记忆沂源·行业篇
JIYI YIYUAN HANGYEPIAN
全媒体图书

8-01

记忆沂源

JIYI YIYUAN

·卫生健康卷·

《记忆沂源》MV

政协沂源县委员会
沂源县文化和旅游局 编

中国文史出版社

图书在版编目（CIP）数据

记忆沂源. 行业篇. 卫生健康卷 / 政协沂源县委员会, 沂源县文化和旅游局编. -- 北京 : 中国文史出版社, 2024. 12. -- ISBN 978-7-5205-5013-0

Ⅰ. K295.24；R199.2

中国国家版本馆CIP数据核字第2024X8Q171号

责任编辑：程　凤　赵姣娇

出版发行：中国文史出版社
社　　址：北京市海淀区西八里庄路69号　邮编：100142
电　　话：010-81136606　81136602　81136603（发行部）
传　　真：010-81136655
印　　装：山东新华印务有限公司
经　　销：全国新华书店
开　　本：889mm × 1194mm　1/16
字　　数：5304千字
印　　张：183
版　　次：2024年12月北京第1版
印　　次：2024年12月第1次印刷
定　　价：1980.00元（全九册）

《记忆沂源》编纂委员会

主　　任　边江风

副 主 任　张　涛　武光明

委　　员　郑　舰　于　庆　张庆勇　周清秀

成　　员　吕春晖　刘明法　杜　强　任　鸣　张仲亮
刘　水　崔春利　张成华　田立勇　陈立兵
郑继光　唐文彬　王世礼　齐元军　张艳秀
周　正　李　冬　陈霄霞　张立新　卢兴民
杜希伟

《记忆沂源》编审人员

主　　编　武光明

执行主编　张立新　杜希伟

编　　辑　（按姓氏笔画排序）
王明娟　刘　磊　李永红　李崇高　陈富锋
杨德明　周左锋　郑作昭　翟玉群

《记忆沂源·卫生健康卷》编纂委员会

《记忆沂源·卫生健康卷》编纂人员

总　序

沂源历史悠久，文化厚重，在这片古老的土地上，在可考证的几十万年的岁月流转中，文明的脉络延绵不断；在这里，生命文化、爱情文化、红色文化交相辉映、一脉相传，悠悠吟唱着亘古昨天和崭新今天。编纂出版“记忆沂源”系列丛书，旨在全面记载沂源县自然地理、人文历史、政治经济和社会事业的发展变化，深入挖掘沂源特色地域文化，集中展现全县经济社会发展成果，铭记历史，传承文化，留住乡愁，增强自信，凝聚力量。这是沂源建县以来，首次对全县人文历史资料等进行全面系统挖掘整理，必将载入沂源发展史册。

走遍天涯路，最是乡情深。人一旦生长在什么地方，那里的山水草木、人文地理、村闾小巷、乡俗民情，便会像盐渍刀斫一样深深渗透在心窝里、镌刻在记忆中，与之结下浓得化不开的乡情，时刻都在怀念、向往与追忆。乡愁是一种故土情结、人文情怀，是一种精神寄托，流淌于人的血脉中，是凝聚力和向心力所在。在长期的社会变迁和历史发展中，乡愁成为民族情感的依托与精神家园的归附。在新时代建设现代化新沂源的壮阔征程上，必不可少的正是无数沂源人对乡土气韵、桑梓情怀的依恋和历史记忆的渴求。

沂源自1944年建县至今，发生了翻天覆地的变化，许多历史的印记已经或者正在被湮灭在时代的潮流中，迫切需要通过修史编志的方式，记录历史、留住乡愁。沂源县具有众多特色鲜明的地域文化标志，每一个都蕴含着一段难忘的历史，讲述着一个动人的故事，寄托着一种殷切的期盼。古建筑、古树名木、古老手艺、传说故事等，都是弥足珍贵的文化遗产，也是历史文脉重要的传承载体。沂源人民在不同的历史时期，创造出了辉煌的成就，其中蕴含着宝贵的精神财富，这些都需要记录好、传承好、弘扬好。通过编纂“记忆沂源”系列丛书，深入挖掘、整理、珍藏历史文化，全面、真实、客观反映沂源的发展历程，必将进一步增强全县人民的自豪感、责任感和使命感，激发广大干部群众干事创业的热情和斗志，汇聚起推动各项工作突破提升、走在前列的磅礴力量。

“记忆沂源”系列丛书分为“乡村篇”“行业篇”“经济开发区篇”和“小三线建设篇”四部分，其中“乡村篇”收录全县12个镇（街道）446个行政村和21个城市社区的翔实资料，一镇（街道）一卷。“行业篇”收录工业、农业、商业、水利、教育、卫生、住建、交通等行业资料，每个

行业独立成卷，着力展现沂源经济社会的发展历程和辉煌成就。丛书综合运用文字、图片、视频、音频、插画等多种方式，打造“全媒体”图书。读者除正常阅读外，还可以扫码听书、看视频，更加契合现代人学习阅读需求，成为展现沂源形象的“伴手礼”和沂源游子寄托乡愁、追思乡情的“枕边书”。

乡愁难忘，征程未老。牢记历史，是为了开创未来。沂源正站在一个新的发展起点上，全县上下正在深入学习贯彻党的二十大精神，聚焦“突破提升、走在前列”目标定位，强化生态立县、产业强县、创新兴县，推进“四新四创”，着力打造“六个高地”、实现“六个走在前列”，踔厉奋发、勇毅前行，奋力谱写沂源现代化建设新篇章。在时代新征程中，我们有信心、有能力、有情怀交出一份无愧于前人的历史答卷。

中 共 沂 源 县 委

沂源县人民政府

序

时光荏苒，沂源县卫生健康事业已经走过了整整80年的风雨历程。

八十年来，在党的领导下，沂源县卫生健康事业实现了从无到有、由弱到强的历史性巨变，取得了令世人瞩目、人民满意的历史性成就。回顾记录80年来的点点滴滴和每一个闪光时刻，我们由衷地感到，所有成绩的取得，靠的是历届县委、县政府始终把人民群众的健康安危放在心中最高位置，始终把卫健事业视为所有民生工作重中之重的不变初心；靠的是一代代卫健人始终把救死扶伤视为心中最神圣职责，接力捧出无疆大爱的奉献和担当；靠的是社会各界始终如一的鼎力支持和帮助。

80年如驹过隙未及系统回顾总结，《记忆沂源·卫生健康卷》的编纂工作为我们全面细致梳理80年发展变迁和经验得失提供了宝贵的契机。我们在深入挖掘整理大量珍贵史料的基础上，遵循史实，秉笔直书，以求留住记忆。这份记忆中，有事业初期的蹒跚起步，有业务发展的豪情满怀，有苦心探索的一方一例，有医者仁心的难忘瞬间。

全书共63万字、216幅图片、20个音频、1个视频。记述了沂源从民国时期到中国特色社会主义新时代卫生、计生、老龄三个方面的史料，从体系建设到技术进步，从临床医疗到预防保健，从优生优育到银龄服务的卫健事业全过程，力求全面翔实、可存可鉴。

展开书卷，你可以听到卫生健康事业发展道路上坚实的脚步声；也能听到历风雨、上陡坡的发奋声；更能听到大疫面前舍我其谁的请战声。

展开书卷，你能看到从战场上走来的第一代卫生工作者的形象；也能看到手术台上一站几个小时甚至十几个小时医务人员的模样；更能看到别亲离家毅然走向未知风险的“逆行”者身影。

展开书卷，你能闻到源远流长传统中医药的杂陈五味；也能闻到过往岁月里计生工作的甘苦；更能闻到老龄服务中春风化雨般的温馨。

记忆中有泪水，记忆中更有力量。《记忆沂源·卫生健康卷》的出版发行，既是社会各界深入了解沂源卫健的一扇窗口，也是卫健人温故励志、再创辉煌的鲜活教材，更是我们推动高质量发展、更好服务全县工作大局、竭力保障人民群众健康平安的强大力量源泉。

编纂过程中，各级领导关心支持，干部群众倾心相助，编纂人员呕心沥血，付梓之际，表达深深的敬意！

沂源县卫生健康局

沂源县医疗卫生机

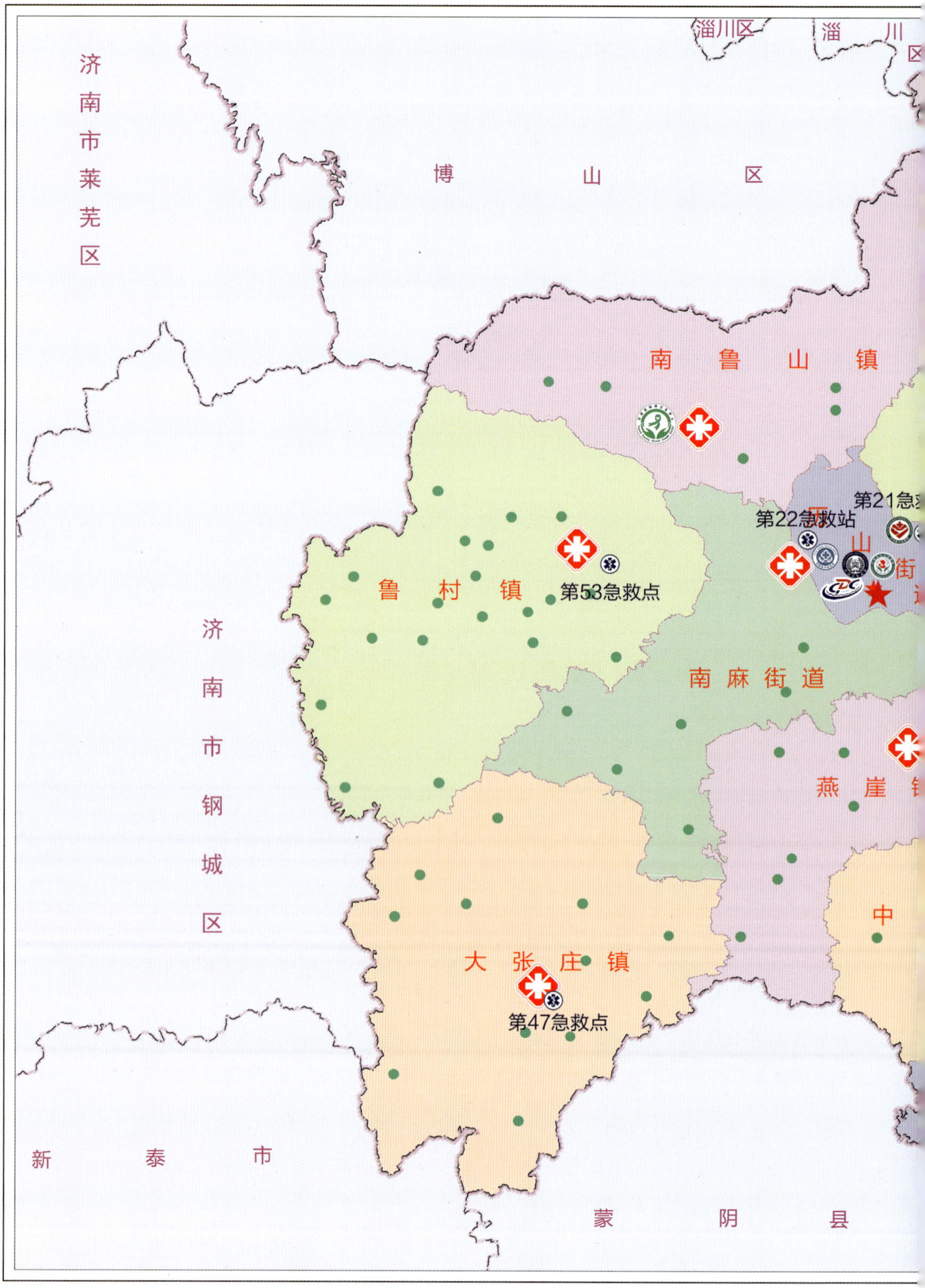

★县卫生健康局　县人民医院　县疾病预防控制中心
县中医医院　县卫生健康监督执法大队
县妇保院　县精神卫生中心1处、服务点1处

构分布示意图（2023年）

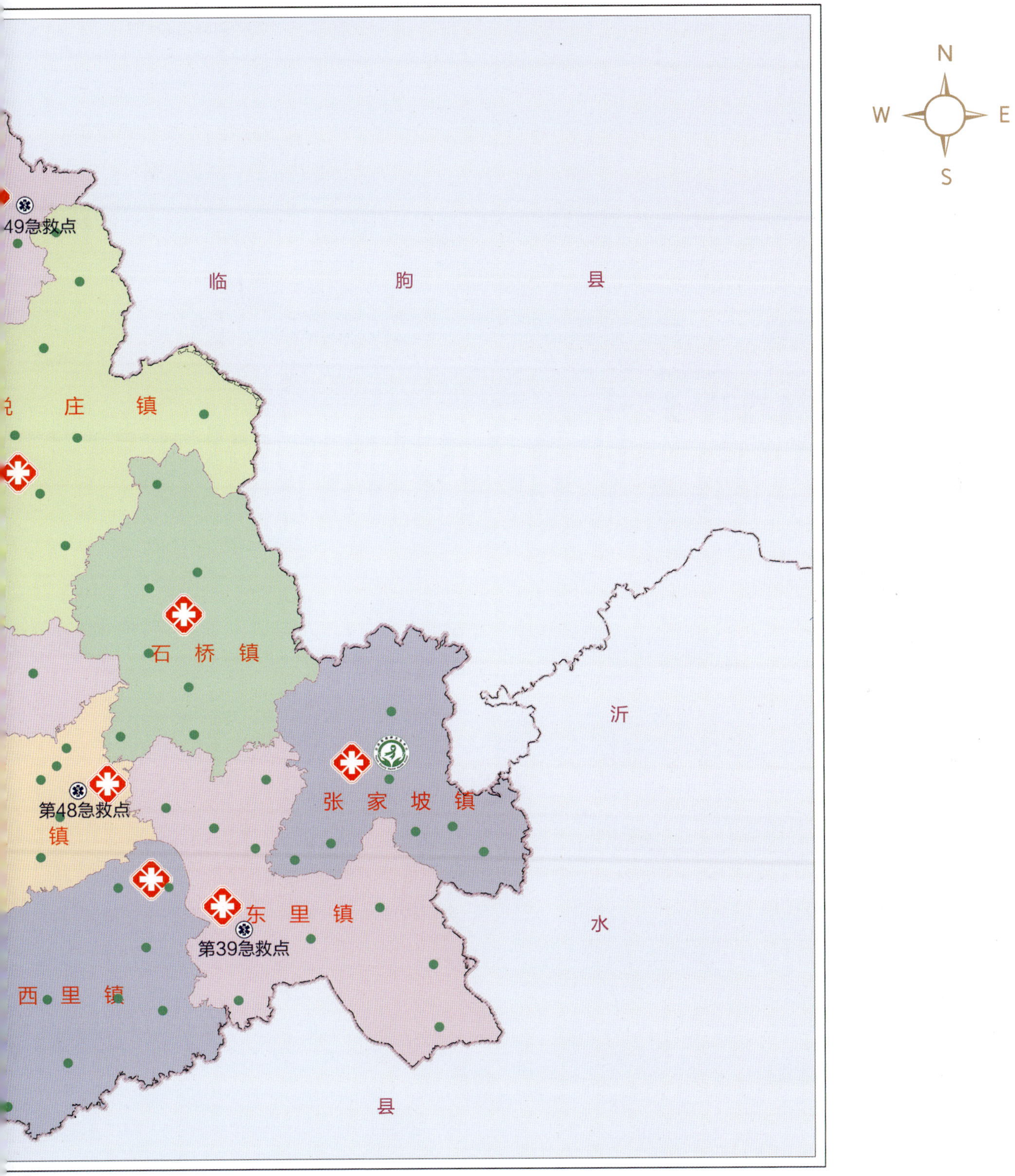

乡镇卫生院

中心村卫生室106处，服务覆盖全县12个镇街、231个村居

淄博市120沂源急救站、点7处，构建20分钟急救圈

山东省立医院集
博学精医
沂源

沂源县人民医院新院区（2022 年）

沂源县中医医院（2020 年）

沂源县疾病预防控制中心（2023 年）

沂源县妇幼保健院（2013 年）

沂源县东里中心卫生院（县第二人民医院）（2018 年）

沂源县精神卫生中心（南鲁山卫生院）（2021 年）

沂源县规模最大的村卫生室——胡围村卫生室（2019 年）

20世纪60年代，沂源县人民医院门厅原貌

沂源东里人民医院门厅原貌
（1974年）

中国人民解放军第
140医院移交给县中医
医院的门诊部（1987年）

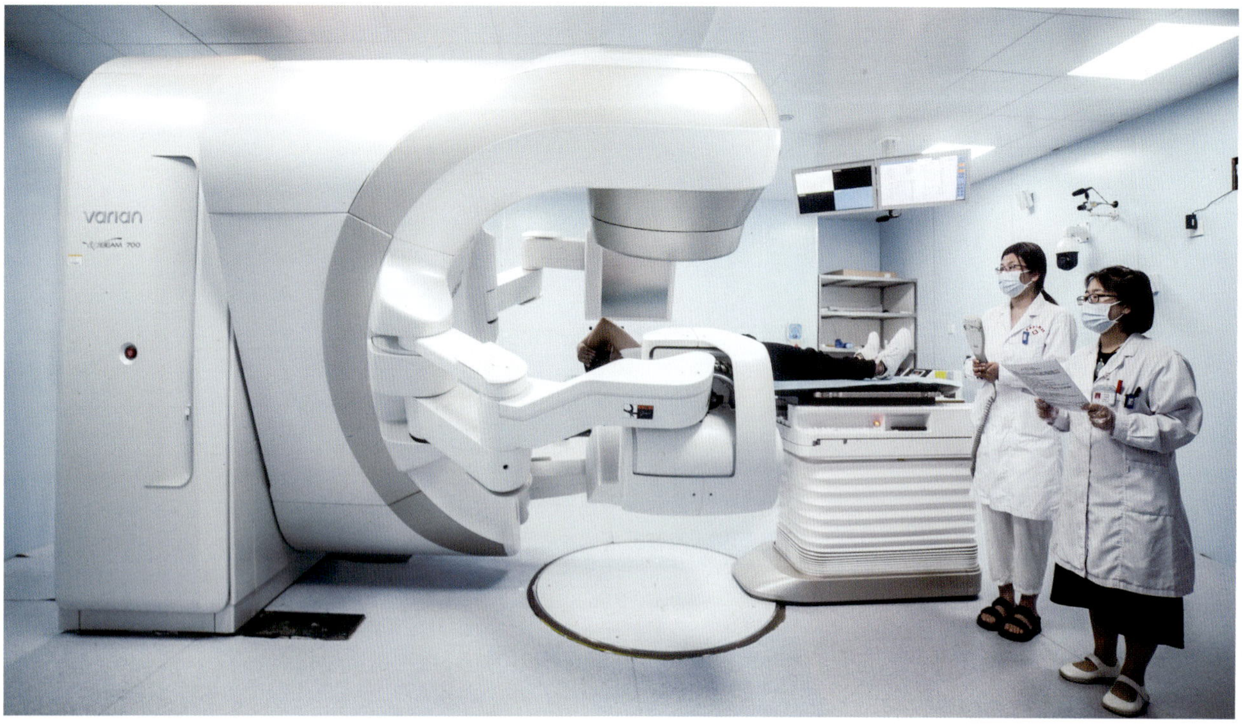

沂源县人民医院配备的淄博市最先进的直线加速器（2023 年）

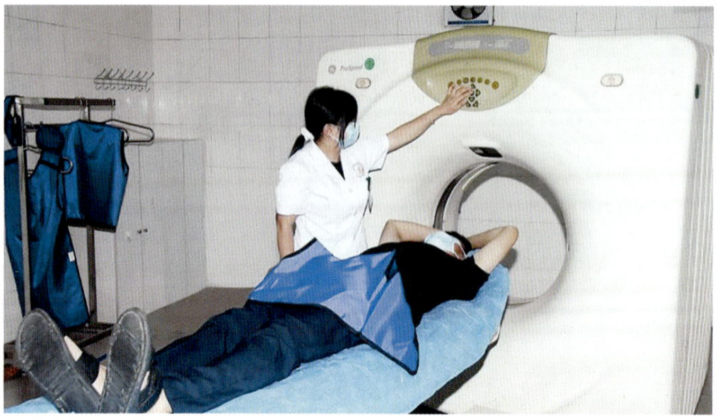

淄博市乡镇卫生院第一台 CT
落户东里中心卫生院（2008 年）

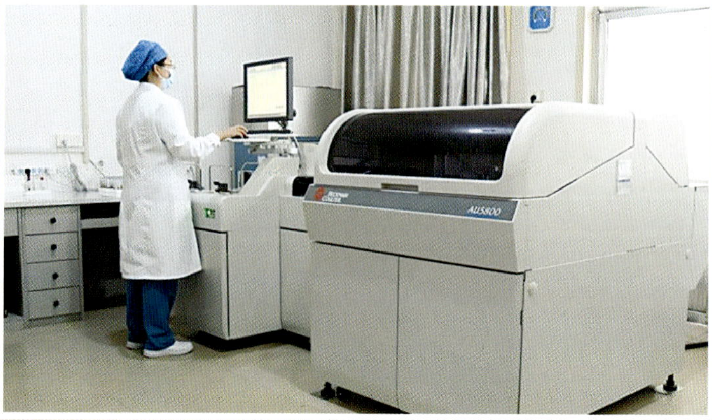

沂源县中医医院全自动生化分析仪（2023 年）

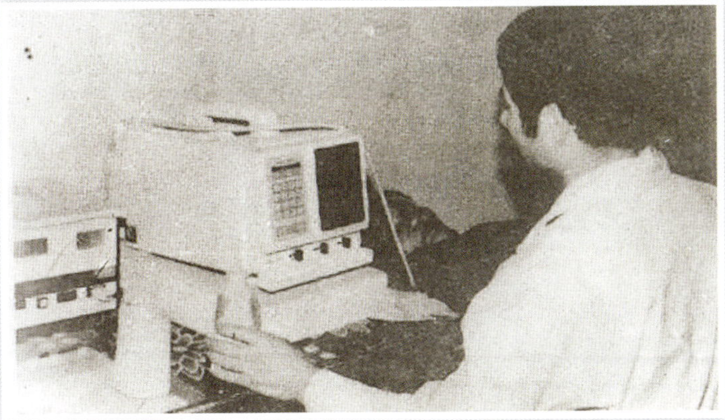

沂源县中医医院使用的阿洛卡黑白B超诊断仪（1987年）

20世纪60—70年代，医生出诊箱

20世纪60—70年代，加工中药的药碾子

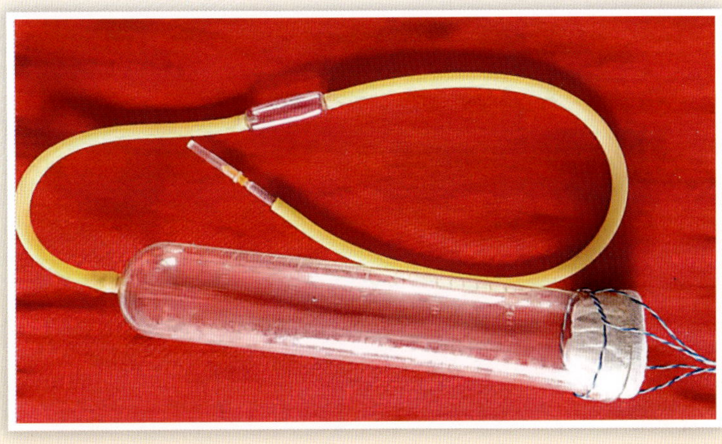

20世纪70年代，静脉输液用吊桶

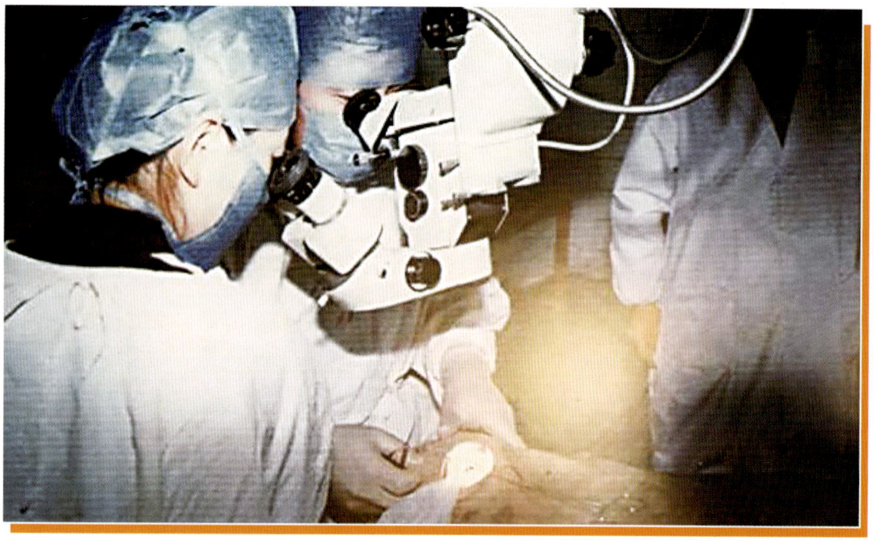

沂源县第一例人工晶体植入手术（1999 年）

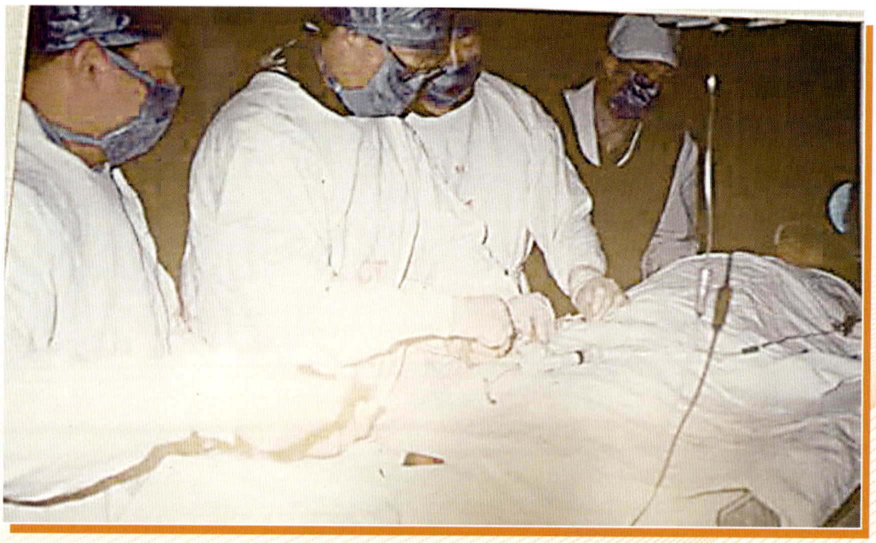

沂源县第一例经皮穿刺心脏二尖瓣球囊扩张手术（2000 年）

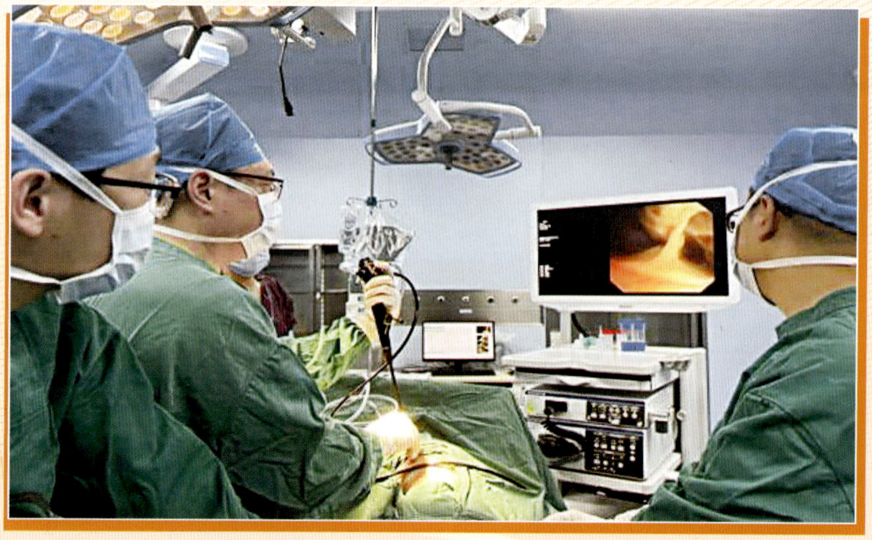

沂源县第一例内科腹腔镜手术（2013 年）

沂源县方舱隔离点（2022 年）

“新冠”疫情防控沂源县文化广场核酸采样点（2022 年）

沂源县卫生学校第一届毕业师生合影留念（1959年）

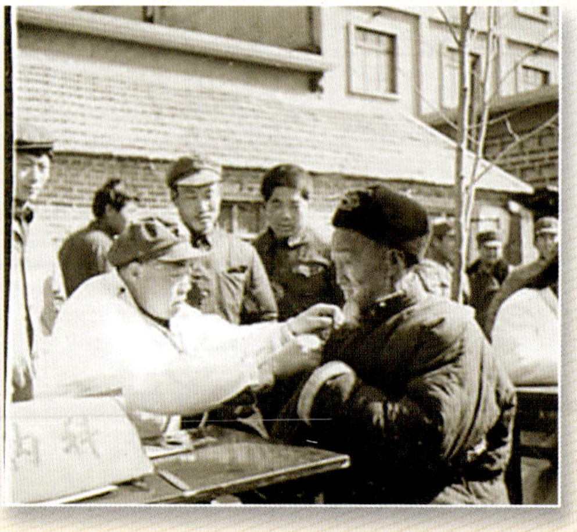

20世纪70年代，内科医生下乡义诊

解放军第27野战医院自编舞台剧宣传合作医疗（1976年）

编辑说明

一、坚持以马克思列宁主义、毛泽东思想、邓小平理论、“三个代表”重要思想、科学发展观、习近平新时代中国特色社会主义思想为指导，坚持辩证唯物主义和历史唯物主义的立场、观点和方法，客观、系统、简约记述沂源县工业、农业、商业、教育、卫生、水利、交通以及“小三线”建设等各行业发展变化进程和改革开放成果，挖掘行业内模范事迹，展示时代精神风貌，传承和抢救历史文化，激发爱国爱乡情怀，为地区经济和社会发展提供有益借鉴。

二、参照执行中国地方志指导小组印发的《地方志书质量规定》。在参照志体的前提下，在体裁运用、篇目设置、资料选择等方面作适当创新。“行业篇”的内容以记载本行业范围内的微观资料为主，详县志之所略。突出行业各自特点，有选择性地记述域内自然、政治、经济、文化、社会的历史与现状，从而达到执简驭繁、文约事丰、易于阅读、利于普及的目的。

三、为全面反映入书事物发展脉络，上限尽量追溯至事物发端，下限断至2023年年底。

四、以各行业为单位单独成卷。每卷记述地域范围以下限年份2023年的行政辖区为主。

五、横排门类，纵述史实，采用纲目体。总体基本篇目框架根据行业特点科学合理设置，所设条目依照突出时代特征、行业特色的原则作适当安排。

六、综合运用述、记、志、图、表、录等诸体裁，以志为主。随文配图，图下设文字说明，图文并茂。

七、打造新时代全媒体志书，各行业卷根据需要，按照综合衡量、集中展示、高度概括的原则，选择主要的篇目录制短视频资料和音频资料，引入扫码识别延伸阅读功能，形成文字、图片和音视频三条独立的记述线索，相互补充、相得益彰，使丛书从无声变成有声，从平面成为立体，从静态变为动态，力求满足人民群众对方志文化的新需求。

八、除引文和附录文献资料外，统一使用规范汉字及现代语体文记述体。记事坚持秉笔直书、述而不论，行文力求朴实、严谨、简洁、流畅、优美。

九、书中“人物”，均为简介，只选录本行业内有较大影响的人物及其他政策法规规定的应入志人物，不面面俱到。人物排序，去世人物按照去世时间先后排序，在世人物按照生年排序。

十、本书资料来源广泛，其出处不一一注明。所需数据一般采用政府统计部门数据，无政府统计部门数据时选用主管部门或主办单位提供的数据，个别数据由于统计口径和来源不同存在差异。

十一、原则采用国务院1984年2月发布的中华人民共和国法定计量单位。考虑到使用习惯，保留“公里”“亩”“斤”等。历史上使用的计量单位，如斗、石、里、尺等，在引文中可照录。

十二、中华民国成立前的纪年，使用历史纪年，括注公元年份；中华民国成立后的纪年，使用公元纪年。书中书“××年代”，凡未加世纪者，均指20世纪的年代；书中所称“解放前（后）”，以1944年5月沂源建县为界；“新中国成立前（后）”，以1949年10月1日中华人民共和国成立日为界；“改革开放前（后）”，以1978年12月中共十一届三中全会召开为界。

十三、记事概以第三人称记述。人名直书其姓名，必要时冠以职务职称。地名以现行标准地名为准。如使用历史地名，于每个类目首次出现时括注现行地名。各个历史时期的党派、团体、组织、机构、职务等均以当时名称为准。对于称谓过长而又频繁使用者，首次出现时使用全称并括注规范化的简称，之后使用简称。

十四、遵循国家标准和出版规定，数字书写以GB/T 15835—2011《出版物上数字用法》为准，标点符号使用以GB/T 15834—2011《标点符号用法》为准。

目录 CONTENTS

卫生篇

综述

扫码看视频

扫码听书

记忆沂源·卫生健康卷

概　况

人类发展史，贯穿着人类与疾病斗争史。早在战国时期，人们就总结治疗疾病经验，形成中国第一部医学专著《黄帝内经》。此后世世代代，人类对疾病的认识也在不断加深，先后有《神农本草经》《伤寒杂病论》《难经》《本草纲目》等医、药名著传世。扁鹊、华佗、张仲景、孙思邈、李时珍等一大批医、药名家为战胜疾病贡献着智慧。古代“人痘”接种及后来的“牛痘”接种，开启人类预防疾病的历史。近、现代，医学作为一门应用科学，开始萌芽并逐步发展，人们对疾病的认知由传统“阴阳、五行”理论向生物学迈进，逐步形成现代医学体系。

在封建社会，官府漠视百姓健康，生活在社会底层的广大劳动人民长期处于缺医少药的困苦中。新中国成立前，沂源区域内没有官办的医药卫生机构，私人开业的医家、药铺为数甚少，医疗能力低下，处在自生自灭的困境中。中华民国政府实行限制、取缔中医药的政策，制约了中医发展。《沂源县卫生志》记载，1921—1945年，沂源区域内天花、黑热病、霍乱、疟疾、伤寒、麻疹等疫病多次流行，死亡人数众多。疾病治疗只能依靠零散分布在乡村的医药个体“堂号”和药铺。富人家生病尚可到药铺请医、抓药；穷苦百姓生病，大多听天由命，或求助巫医或江湖术士，不但被坑骗钱粮还耽误病情，落得人亡家败。截至新中国成立前夕，国人的平均寿命不超过40岁。

1944年4月，沂源县抗日民主政府成立。建县伊始，政府即组织医药人员走合作互助道路，开启人民卫生事业之路。新中国成立后，党和政府更是把卫生事业摆到重要议程，从最初面向工农兵、预防为主、团结中西医、卫生工作与群众运动相结合的“四大方针”；到改革开放后“以农村为重点，预防为主，中西医并重，依靠科技进步，动员全社会参与，为人民健康和社会主义现代化建设服务”，再到新时期“以基层为重点，以改革创新为动力，预防为主，中西医并重，将健康融入所有政策，人民共建共享”。在不同时期卫生工作方针政策的指引下，全县卫生事业经历了20世纪50年代的初始发展、60年代的有序发展、70年代的快速发展、80—90年代的探索发展等时期。进入21世纪，党中央、国务院实施医药卫生体制改革，医疗卫生事业更加彰显为人民群众健康服务的本质属性，县委、县政府全面贯彻落实促进卫生事业发展的政策、措施，卫生事业由此进入全面、规范、健康的发展时期。2012—2023年，随着改革的深化，不断创新机制，完善保障制度，沂源县卫生基础设施建设快速发展，相继完成县妇幼保健院、县人民医院新院建设和搬迁；县中医医院和东里、悦庄、鲁村等卫生院现代化病房楼建设；核磁共振、螺旋CT等大批高科技设备应用到临床；院士工作站带动新技术、新项目为患者解除病痛。卫生事业进入迭代发展的新时代。

截至2023年12月，全县有卫生健康行政机构1处、局属事业机构3处、县级公立医疗卫生机构5处、镇级卫生机构24处、村级卫生室592处、民办专科医院2家、城乡个体诊所110家。全县县、镇两级公立卫生机构从业人员4300人，村级卫生室和个体卫生机构从业人员875人；公立机构开设床位3770张，按全县常住人口统计计算，千人拥有床位7.3张、千人拥有卫生技术人员5.7名。经过新中国成立以来70多年的改革和发展，沂源县逐步建立起纵向覆盖县、镇、村，横向覆盖医疗服务、中医中药、疾病防控、妇幼保健、卫生监督五大方面完善的卫生健康体系。

昔日医药

堂号医家

新中国成立前，境内历代都有造诣颇深的医、药名士，他们在长期的医疗实践中积累了丰富经验，在预防治疗疾病、保护健康、保障人口繁衍等方面发挥着积极作用。中医药人员中，多数是店铺诊病兼卖药，较大的药店聘请有名望的中医人员在店内应诊，称为坐堂先生。游医则携带简单的中草药或自制的膏、丹、丸、散赶集摆摊。中医传承多数靠祖传、跟师，也有人自学成才。1900—1949年，沂源区域内有堂号的中医药堂店46家、无堂号的医家189人。存在时间20年以上的堂号有魏瑞清的中和堂、周敬斋的德义堂、周敬位的同生堂、刘道三的仁述堂、唐瑞祥的正新堂、刘道星的慎述堂、王敬青的同仁堂、李永达的广德堂、张俊的济生堂、育凤春的大胜堂、张化一的民生堂和博济堂、崔永谌的广聚堂、张树国的成春堂。这些堂号和医家、郎中在解决老百姓的就医用药需求上发挥了重要作用。

域内名气较大的中医有：鲁村王村王太东（1891—1969）、东里韩旺村张化一（1894—1980）、悦庄辽军埠村叶本第（1901—1985）、鲁村一村唐建策（1910—1975）、南鲁山芝坊村唐烁振（1885—1955）、南麻二村白现奎（1905—1961）、南麻许村孔庆荣（1893—1966）、石桥闵山宋村闵繁功（1894—1968）、悦庄黑山峪村陈启汉（1898—1970）、鲁村徐家庄李稼祥（1895—1972）、张家坡南流泉村王汝林（1895—1975）、南麻侯家官庄周学绍（1901—1976）、燕崖西白峪村孙文章（1893—1979）、西里梭背岭村李玉和（1917—1981）、中庄李家河西村李永达（1898—1983）、南鲁山车厂村柳汝鉴（1918—1984）。王太东著有《重订胎产方书》《丸丹良方》《四诊要诀》《妇科要旨》；叶本第著有《便易良方》《世传经验良方》；李玉和著有《广义伤寒》《内经诊脉简释》《金匮简义》《伤寒论简释》等验方集锦50万字；柳汝鉴著有《妇科集锦》《医学漫笔》。还有些医著，或毁于战乱，或遗失殆尽，未能得到传承。

旧时接生

新中国成立前，域内农村经济薄弱，文化落后，人们对生育知识认知浅显，甚至受迷信和封建礼教的不良影响，认为妇女生孩子是“不干净”的事，接触到生产时的有关物品会“倒运”。产妇分娩时只能在阴暗的“偏房”，不能“污浊”正房。较大的村庄一般会有接生婆，孕妇临盆时大多由本村或者邻村的接生婆帮助接生。这些接生婆只凭着自身经验帮助产妇生产。

因缺乏科学知识和受条件局限，瓦盆、剪刀、碎旧布片等接生用物品和器具，只能用热水浸烫一下或者用炉火燎烤一会就算是消毒，脐带用裁剪衣服的剪刀剪断，新生儿由此感染破伤风而导致死亡的很多。如果遇到难产，只能用土办法生拉硬拽，或求神拜佛，产妇生命难以保障，真正是“大命换小命”，甚至胎儿的“小命”也保不住。由于落后的接生方式，很多产妇死于难产，很多新生儿早亡于破伤风感染。受封建思想的束缚，婴幼儿死后不能进家族墓地，只能被抛尸在荒郊野外的沟边堰旁，久而久之便形成了固定的场所——“舍地”，弃婴暴尸其中，狗拖狼拉，鹰叼鸟啄，其状惨不忍睹。

旧时期的接生婆，是一个自发形成的队伍，由年长者或者有一定经验的妇女组成，业余从事产妇接生。接生方式主要依靠经验和口口相授的传统知识，虽然缺乏科学，但在漫长的时期、在缺医少药的社会里，担负着孕妇分娩的重要角色，是保障妇女儿童健康不可或缺的力量。新中国成立后，党和政府推行新法接生，以科学知识培训接生婆，传授现代接生技能，使之成为新中国成立后较长时间内妇幼卫生工作的辅助力量。1952—1955年，通过培训，改造旧接生婆431名。20世纪70—80年代，随着国家医疗制度的不断完善、医疗技术的日趋进步和人们认知水平的不断提高，产妇逐渐到医院分娩，接生婆逐步退出妇幼卫生工作的历史舞台。

中医抗疫

急性、烈性传染病被称为“瘟疫”或者“疫疠”，具有传播速度快、传染性强、病死率高的特点，是危害人类生存和生活的严重灾害。自有疫病记载的1921—1948年，域内曾发生过霍乱、天花、黑热病、伤寒、疟疾、麻疹、流脑等重大疫病5次，造成人员的重大病亡。1948年，全县暴发“烧汗”（据老中医讲述，症状近似“出血热”），染病者高烧不退，严重者口、鼻出血而亡。青龙区一带尤为严重，据老人们讲，辽军埠村一夜抬出7具病尸。

据《中国疫病史鉴》，西汉至新中国成立前的2000多年里，历代曾先后发生过320余次重大疫病，防治主要依靠中医药“清瘟败毒散”“避瘟丹”“泽泻汤”口服、中药方剂烧熏、药汤沐浴、药粉涂抹、药物塞鼻等方法。新中国成立后，党和政府组织当地行医卖药的医药人员开展抗疫自救。当时知名中医叶本第（字道生）根据发病者症状辨证施治，用“人参五苓散”或“人参白虎汤”灌服，疗效明显，四乡八庄广为推广，为防治瘟疫灾害发挥中医特有的作用。

西医传入

1944年前，沂源区域地处三县之边，偏僻闭塞，西医传入较晚。1924年，东里人杨明山、益都（今青州市）人朱益斋在东里店各开设西药房1处，以售药为主。1926年前后，德国人在张庄街设教堂，传教士行医并招收徒弟；南麻马汉三开“同益药社”。1930年，鲁村人冯伯公在鲁村街开办“平民药房”，聘请齐鲁大学医学院毕业的潍坊人氏于士英坐诊。1933年，黄庄一带开始出售西药片剂及外用消炎粉等；东里人郭志伟在临沂一所美国教会医院系统学习西医3年归来，为乡间村民医病。1936年，燕崖杜佃林在本村开办“济生医院”，行医兼卖药，能打针并做简单的浅表脓肿切开等小手术。1938年，国民党山东省政府主席沈鸿烈率省府机关及保安司令部进驻鲁村，后迁往东里。其保安司令部后方医院院址不固定，院部设在苗庄，院长孙官一，工作人员30余人。医院主要为国民党部队服务。另有新四师（吴化文部）后方医院一处，工作人员近20人，院长姓乔，院址亦不固定。此两处医院主要治战伤，能做截肢手术。20世纪30—40年代，种牛痘、治梅毒的“六〇六（洒尔佛散）”、外用药“二百二（红汞、红药水）”、磺胺嘧啶等亦陆续被人们接受。解放战争初期，县内青年踊跃参军，有些人在部队从事卫生员工作，在战争中学习医药知识，复员回乡后开展防病治病工作，成为新中国成立前夕和初期医药卫生的新生力量。由此，西医西药渐渐传入县域内。

机构建立

新中国成立后，全县医疗卫生机构从无到有、从小到大、从局部到全域、从单一到成体系逐步覆盖县域城乡。

事业兴起

建县伊始，党和政府高度重视医疗救治工作，动员县内多家医、药私营业主参加民间医药组织“利民医药合作社”，为根据地军民开展医疗卫生服务，此为沂源县首个由沂源县抗日民主政府支持并资助的医药组织。1945年，党和政府组织各区个体医药从业人员成立“医联会”，在解放区开展战勤、防疫和医疗服务。自此，沂源县域内产生了由党和政府倡导的医药卫生组织。1946—1948年，沂中县（沂水县）、鲁中区先后派医疗队会同沂源县的医药组织救治传染病病人，开展防病救灾工作，此为党和政府关心人民疾苦、开展普惠型卫生工作之始。1948年10月，县人民民主政府设立“沂源县大众诊疗所”，为该县第一家公立医疗卫生机构，标志着沂源县卫生事业建立并发展。

县级机构

1946年底，县人民民主政府设立卫生科，但未委派人员。1947年，县人民民主政府撤销卫生科，卫生工作由民政科主管。此后，又经历了设立和再撤销。1950年10月，组建沂源县卫生院（以下简称县卫生院，为沂源县人民医院前身），为医、政一体，在开展医疗服务工作的同时行使行政管理职能。1951年12月，县人民政府复设卫生科，县卫生院不再行使行政管理职能。1952年初，成立沂源县防疫委员会及防疫大队，承担全县爱国卫生、传染病防治和疫苗接种等。1953年8月，东里医院在东里店成立。至1956年底，相继成立沂源县妇幼保健站（以下简称县妇保站）、沂源县麻风病防治站、沂源县卫生防疫站（以下简称县防疫站）3处预防保健职能的卫生机构，医、防结合的县级卫生体系初步形成。1959年，成立沂源县卫生学校，培养卫生专业人员。1979年，成立沂源县药品检验所。1985年，成立沂源县结核病防治所（以下简称县结防所）。1986年，成立沂源县中医医院。至1999年，全面建成“三站、二所、一校、两大医院”组成的医、防、教公立卫生服务机构体系。

1999年，沂源县实行卫生监督体制改革，撤销县防疫站、皮防站、结防所，成立县疾病控制中心（以下简称县疾控中心）和县卫生监督所2个正科级事业单位。其中，县卫生监督所直属县卫生局，行使执法监督职能。2002年，原由卫生部门承担的药品执法监督职能调整到新成立的药品监督管理局，县药品监督检验所机构和全部人员整建制划归县药监局。2010年，县卫生监督所的食品卫生科及人员亦整建制划到沂源县食品药品监督管理局。20世纪90年代，由于国家教育体制改革，沂源县卫生学校已不具备专业学历教育资质，1999年县卫生学校整体划归县中医医院管理，不再直接隶属于县卫生局。2016年，原直属于县人口和计划生育局的计划生育服务站职能划归到县妇保院，更名为县妇幼计生服务中心（以下简称县妇计中心）。2016年，县卫生监督所更名为县卫生和计划生育综合执法大队。2019年，老龄事业职能划入县卫计局，县卫计综合执法大队更名为沂源县卫生健康监督执法大队（以下简称执法大队）。2023年，县妇计中心更名为县妇幼保健院（以下简称县妇保院）；12月，县卫生健康监督执法大队撤并到县疾病预防控制中心并加挂沂源县卫生监督所牌子。至2023年底，县卫生健康机构由县卫生健康局、县人民医院、县中医医院、县疾病预防控制中心、县妇幼保健院组成。

乡镇卫生机构

乡镇卫生机构自1952年的区卫生所、1957年前后的联合诊所转制合并，经历增设、合并、撤销、调整等不断发展、改革的过程，形成2023年末12处镇办卫生院的格局。

卫生院的设立 1952年7—8月，鲁村、悦庄、三岔、燕崖4处区卫生所相继成立，开始吸收个体开业的卫生技术人员到卫生所工作。同时期，个体行医户在政府号召下，陆续自愿组成联合诊所。1953年，新成立张庄、黄庄、唐山3处区卫生所。1955年，随着国家对私营工商业户的社会主义改造，大多数个体行医者加入集体性质的联合诊所，至1956年末，县域内有7处区卫生所和51处经政府备案、批复的联合诊所。1957年，南麻、张家坡分别成立区卫生所。1958年，12个区卫生所改建为13处公社卫生院，同时下设19处联合保健站、55处分站。1971年，成立徐家庄人民公社卫生院。此后，随着公社改区、区辖乡、区改乡镇的一系列改革，至1988年9月，沂源县的行政区划为6镇11乡，乡镇卫生机构分别为：沂源县人民医院土门分院、鲁村分院、黄庄分院、张庄分院、中庄分院、东里分院、石桥分院、三岔分院，南麻镇卫生院、梭背岭乡卫生院、燕崖乡卫生院、张家坡乡卫生院、徐家庄乡卫生院、悦庄镇卫生院、韩旺乡卫生所、金星乡卫生所、沟泉乡卫生所。

卫生院的变更 1971年，东里公社卫生院并入县人民医院东里分院。1972年1月，将张庄、黄庄、土门、三岔、石桥、鲁村（位于草埠）、中庄7处地段医院改为沂源县人民医院分院。1986年，东里、张庄、鲁村3处分院被确定为重点建设的3处中心卫生院，此为中心卫生院称谓的开始。20世纪90年代，悦庄、中庄卫生院被定为中心卫生院。1990年，沂源县划归淄博市，原属沂源县的黄庄镇划到莱芜市，镇卫生院随之划出。2002年9月，韩旺、金星、沟泉3个乡镇撤并，3个乡镇的卫生院随之撤并。其中，韩旺卫生所撤并到东里中心卫生院，金星卫生所撤并到西里卫生院，沟泉卫生所撤并到南麻卫生院。2010年10月，三岔乡、徐家庄乡撤并，徐家庄乡卫生院随之撤并到鲁村中心卫生院，保留三岔卫生院。

医共体的建立 医疗服务共同体（简称医共体）是适应城乡居民医疗服务需求，充分、高效利用卫生资源，提升区域卫生服务能力的一种管理模式。2016年，沂源县开始建设医疗服务共同体。2018年，全面建成城乡结合的医共体。悦庄中心卫生院、石桥卫生院、张家坡卫生院、东里中心卫生院、南鲁山卫生院、大张庄中心卫生院、三岔卫生院与沂源县人民医院结成医疗服务共同体。南麻卫生院、鲁村中心卫生院、燕崖卫生院、中庄中心卫生院、西里卫生院与沂源县中医医院结成医疗服务共同体。

特色发展 1953年8月，东里医院成立，为沂蒙山区4处“革命根据地纪念医院”之一。初为县级医院序列，后随着形势变化和工作实际，医院按卫生院体制管理并承担卫生院预防保健职能。2006年后，医院抓住政策机遇，充分发挥区位优势，通过培养人才、增加设备、建设楼房、开拓项目等一系列措施，大力发展医疗服务，一举扭转了业务萧条、发展缓慢的被动局面，走向了快速发展的轨道。2014年，更名为沂源县第二人民医院。2020年，医院通过了二级乙等综合医院评审，时为全市唯一一所达到此标准的卫生院。

1991年，经县政府批准，土门卫生院改制成沂源县精神病防治院，承担全县精神病防治工作，同时继续承担镇卫生院的基本医疗和预防保健等职责。在多年发展中，县精神病院抓住国家医改扶持政策的机遇，在省、市、县各级财政支持下，投资2000万元，新建病房楼、门诊楼各一座，共5011平方米，装配高标准病房37间，增加床位80张，提升了精神病人住院条件。同时，医院不断加强管理，全方位提高医护服务质量，住院病人大幅增加。2022年，为了满足精神患者医疗需求，县精神卫生中心在张家坡镇增设医疗点1处，利用张家坡卫生院病房资源，设精神科病床50张；11月，开诊收治精神障碍患者，实现精神病防治网络有效覆盖。

村级卫生机构

私营时期 沂源县建县初期，农村卫生机构均为私营的“堂号”、药铺。在此期间，人民民主政府动员他们成立医药互助组织，为人民群众开展医疗卫生服务。1950—1954年，县政府对县内医药人员进行登记审查，部分录用为区卫生所工作人员，部分医药人员由县政府倡导走合作化道路，先后在一些人口较多的大村组成联合诊所，少数仍然从事个体经营。至1955年初，全县经政府备案的联合诊所25处，人员220人。

集体时期 1955年，随着农业社的兴起，农村开始兴办集体性质的卫生机构，名为“农业社保健室”。至1956年底，全县有村级卫生机构120个，村保健员478人。1958年，人民公社化后，统称为大队卫生室，保健员改称卫生员，卫生员大多由区卫生所（卫生院）培训，亦有原个体行医者加入。大队卫生室的主要职责为预防接种、小病小伤处置、除“四害（老鼠、蟑螂、苍蝇、蚊子）”和爱国卫生“两管（管水、管粪）、五改（改良水井、厕所、畜圈、炉灶、环境）”。1970年，全县兴办农村合作医疗，大队卫生室随之在全县生产大队（村庄）普遍建立，当年兴办130个合作医疗卫生室，占全县大队数的20%，大队卫生员改称为“赤脚医生”。1975年底，村级卫生室达到485处。20世纪80年代初期，全县669个行政村有村卫生室654处，覆盖率97.7%。

个体时期 1982年后，农村落实家庭联产承包责任制，集体办合作医疗卫生室的形式也发生改变，向承包责任制转化，村集体办卫生室大多转为个体承包经营，出现一村多室情况。“赤脚医生”称谓改为乡村医生。1984年9月，县政府转发《山东省行政村卫生室（所）管理暂行办法》，开展全县农村卫生室整顿。年底，全县672个行政村有卫生室956处，其中以集体名义开办的429处、个体502处、乡医联办5处、卫生院派出门诊20处。此后几年，村卫生室集体性质不断弱化，基本以个体经营为主。

一体化时期 1996年初，在全县推行乡、村卫生一体化制度，即统一管理村级卫生室的规划、建设、管理、运行。其主要内容是“三制”“四统一”。“三制”是人员聘用制、奖励性绩效工资制、养老医疗保险制。“四统一”是指统一业务管理、统一财务管理、统一药械标准、统一工资发放。1999年下半年，在村级卫生室推行一体化管理的基础上，村卫生室由“村办镇管”向“镇办镇管”过渡。村卫生室的所有权、经营权、人事权全部被纳入乡镇卫生院统一管理。县卫生局根据省、市政策，在1999年10月印发《关于进一步加强乡村卫生一体化管理工作的意见》，对乡村卫生一体化制度进行指导、规范。

规范化建设时期 2003年11月，对全县634个行政村的村级卫生机构进行调查，并完成规划设置工作。2004年3月，出台《村级卫生组织规划设置方案》；同年，全面推开村卫生室市级规范化建设，首次由政府出资对村卫生室基础设施进行升级改造。2008年10月，根据省卫生厅、省财政厅

《关于加快提升村卫生室服务能力的意见》，沂源县加快推进村卫生室规范化建设，每处补助2万元，各级财政总投资468万元。主要新建、改建卫生室业务用房，基本标准为“三室一房，面积不低于80平方米”，两年时间建成234处省级规范化村卫生室。2017年11月，对村级卫生室进行内部配套的标准化建设。至2018年底，经验收达到省级标准化村卫生室151处。

中心卫生室时期　2019年4月，开始兴建中心村卫生室。至2022年，财政投资建成中心村卫生室106处。2020年，创新“县招镇管村用”用人机制，为中心村卫生室招录村医。至2023年，累计招录77名基层医疗卫生服务人员，在各卫生院进行全科医师和综合服务能力培训，培训合格后根据实际需求充实到村级医疗机构工作。

队伍建设

新中国成立初期，全县卫生队伍只有10人。经历了个体开业医生转制、上级医院派遣支援、卫生学校自行培养、卫生专业院校统一分配、体制内招考等各历史阶段。截至2023年末，全县公立卫生机构各类专业人员3425人。其中，大学以上学历2399人，占比70%；副高以上专业技术职称463人，占比13.52%；村级卫生室医务人员765名，中专以上专业学历的743人，占比97%。

多成分转制

1948年10月，沂源县人民民主政府在驻地设立“沂源县大众诊疗所”，有工作人员4人，此为全县第一处公立卫生机构，所属工作人员为第一批体制内的卫生工作人员。1950年10月，沂源县卫生院成立，有工作人员10人，其中卫生专业技术人员6人，此为沂源县卫生专业技术人员队伍之始。

1956年，卫生系统有工作人员185名，其中录用个体医生和联合诊所（保健站）人员108名。通过短期培训、中医学徒、自学成才等途径培训专业技术。同期，各级卫生行政主管机关开始分层次对吸收录用的人员进行卫生专业培训。区卫生所培训农村保健员、接生员，县卫生院培训区、乡卫生技术人员，县选拔医疗专业人员到省专业院校深造进修。1958年，县内存在的各区、乡的卫生所、联合保健站改制为公立的公社卫生院，大部分卫生技术人员同时录用为各卫生院正式工作人员，成为较长时期内乡镇卫生工作的主要组成人员。这批转制的卫生工作者，其成分多样，主要来自原联合诊所、保健站的个体开业医、部队复员专业人员和供销社系统的医药经营人员等。所从事的专业主要是临床诊疗、药品调剂、卫生防疫等。

省地“支医”

建县初期，卫生技术队伍建设尚在起步中，无力承担较大的防病治病任务，重要的防病治病工作大多数由省、地派遣医疗队完成。1946年1月，沂中县民主政府组织医疗队到鲁村、青龙、张庄等区救治脑膜炎、麻疹病患者3460人；3月，鲁中地区医疗队在三岔店开展巡回医疗，7天时间治疗患者556人。1947年10月，省政府组织医疗队在安平、大泉两区救治黑热病患者。同年，东里一带疟疾暴

山东省立中医进修学校临沂专区全体同学合影及结业纪念章（1957年）

发，省政府派防疫队赴疫区救治患者。

初期的卫生技术队伍中，大多数人员为个体开业医生转入，专业院校培养的技术人员占比极少。技术力量不足的问题引起各级卫生行政部门重视，山东省卫生厅分批从济南、青岛等地医院调配卫生专业技术人员到沂源县安家落户，支援山区卫生事业发展。1963年5月，从省级医院抽调10名医学院校毕业的专业技术人员支援沂源老区的卫生事业。1968年5月，为支援“三线”建设，省卫生厅从济南、青岛两地调11名医务人员到土门分院工作。1969年12月，青岛市级医院下派8名专业技术人员到沂源工作。3批29名专业技术人员的到来，极大带动了医疗技术水平的提高，拓展了医疗服务的范围，成为此后很长一段时间内沂源县卫生技术力量的中坚。

自办卫校培养

新中国成立后，国家虽然逐年分配少量大、中专毕业生充实卫生队伍，但难以满足医疗卫生、防疫保健工作快速开展的需要，为解决这一矛盾，县卫生局在县委、县政府和上级卫生行政部门的支持下，大力发展医学教育，自行培养急需的卫生专业人员。

1959年春，沂源县卫生学校挂牌成立。首届招收护理专业45名女性学员，学制三年。1961年9月，学员全部毕业，37人分配到县、乡医疗卫生单位工作。1966年4月，县卫校再次招生，采取社队基层推荐和文化考试结合方式，从全县各社队中招收初中文化程度的青年学员43名；7月，省卫生厅、教育厅将沂水县半工半读护士学校迁到沂源，与沂源县卫生学校合并，招生列入国家计划。1967年2月，定点招收学员35名。1969年7月，学员毕业后全部回社队开办保健站，后经过招工途径，部分人员参加县、乡公立卫生机构工作。1975年8月，县卫校从社会初中生中招生40名。1977年8月，毕业生参加临沂地区分配，沂源籍学员分配到沂源县县、乡医疗卫生单位工作。四届招生，培养了具有中专专业学历的护理人员163名，基层医疗技术人员缺乏的现状得到缓解。

1978年10月，鉴于大批不具备专业学历的社会招工人员和接班招工人员进入医疗卫生单位，县卫生学校先后开办医学基础班、护理专业学习班、药学班、中医提高班、检验班多届班次，学制1—3年不等，培训人数450人次。通过多轮次的医学教育，提高新入职青年的专业素质。

1977—1979年，临沂卫生学校在沂源开办分校，招生纳入国家教育计划，连续三届从沂源、沂水、蒙阴定点招收初、高中毕业的社会青年242名，学成毕业后参加全省分配。沂源学员大部分配到沂源县县、乡医疗卫生单位工作。

20世纪80—90年代，先后开办乡医培训班9期，培训乡医850人次；开办各专业医学班、专业证书班、社区医学班11期，培养基层医疗卫生工作者870人次。

专业院校分配

20世纪60年代至90年代后期，院校分配是卫生专业技术队伍建设的主要来源。1951年12月，国家首次分配2名中专生到县卫生院，分别为医士专业和助产专业。自此开启国家计划分配专业院校毕业生的时代。至1957年末，每年有几名中专学历的毕业生到岗就业。1958年9月，首次分配2名医疗专业的大学本科毕业生到沂源。20世纪70年代后，国家计划分配的大、中专毕业生逐年增多，主要来自沂水医专（后为临沂医专）、临沂卫校、潍坊医学院、济宁医学院、青岛医学院等省内医学院校，学历层次亦逐步提高，从中专向大学专科、本科过渡。20世纪80年代中期至90年代中期，包分配毕业生大幅增多，大学本科学历比例逐年增大，主要来自省内山东医科大学、青岛医学院、省中医学院及潍坊、泰山、滨州、济宁、临沂等医学院校。这部分专业技术人员成为当时卫生事业发展的新生力量。

编制内招考

1996年，国家改革人员录用政策，院校毕业生实行双向选择，自主择业。医疗卫生事业单位在政府部门下达的用人计划内，按所需专业面向社会招聘工作人员。招聘办法为笔试和面试相结合。自

1996年实行新的人员录用办法至2023年底，全县各医疗卫生单位招录人员1497名。在卫生队伍的建设历程中，随着人员规模的逐步壮大，学历层次也实现由中专、专科、大学本科到研究生的节节提升。同时，改革开放后，函授教育、自学、广播电视大学等在职学历教育模式广泛兴起，卫生技术队伍中学历较低的人员，通过在职教育取得更高学历，提升学历层次。各医疗卫生单位根据业务发展需求，选送人员到上级医院进修学习，以此提高业务技术水平。1952—1990年，全县参加省、市级进修人员275人次，涉及22个专业科目。1991—2023年，参加各级专业进修人员达到2100人次。

医疗服务

技术进步

从新中国成立至2023年70多年间，医疗卫生技术也从单一的药物治疗手段发展成为药物、手术、理疗、检验、影像等系统化、数字化体系。在医疗技术的发展中，人们得到更加安全、便捷、高效的医疗卫生服务。特别是20世纪80年代以来，尊重知识、尊重人才逐渐成为社会风气，医务人员钻研业务、研讨学术的积极性高涨，各学科专家讲座、上级医院会诊、手术示范、远程会诊、院士工作站等形式带动着技术进步和能力提升。

单一用药　20世纪50年代初期，对疾病的认知尚为浅显，医疗预防手段处在经验型诊断阶段。西医医疗体系尚不健全，乡村医疗主要以中医中药为主，治疗措施依靠单一的口服用药或者简单的外用药物，检查和诊断措施主要依靠听诊器，常规处理常见病和多发病。外科只能开展浅表脓肿切开、一般创伤清创缝合等。尽管如此，比较于新中国成立前，已经是巨大进步。

腹内手术　1955年，县卫生院（县人民医院前身）实施第一例阑尾切除手术。同年，疝修补、肠梗阻等腹部手术相继开展。自此，开启外科手术时代。此后十几年间，内科、外科、妇科、五官科快速发展，技术水平逐年提高。1958年，首次为一白喉患者开展气管切开手术。1963年，县人民医院被列为全省重点县级医院，在设备、技术力量等方面得到了重点扶持，医疗技术水平有大幅提高，成为临沂地区县级先进医院。1963—1965年，相继开展腰椎、心包穿刺，胃大部切除，剖宫产、宫外孕、计划生育放环、结扎等4种手术。同期，白内障手术广泛开展，大批患者重见光明。

1975年7月，县人民医院多科室联动，成功为患者魏某某摘除79斤巨大卵巢囊肿。1977年9月，东里医院成功抢救一例心肌梗死引起心搏骤停70分钟的病例。两个典型病例，代表着当时县内先进的医疗技术水平，也体现着医疗卫生工作者精益求精、救死扶伤的精神风貌。

开颅除病　20世纪80年代，沂源县以开颅手术为代表的医疗技术水平继续领先临沂地区同级医院。典型病例主要有1980年的心脏二尖瓣分离术、1983年的胰腺癌根治术、1984年的半肝切除术等。1983年，县人民医院首例颅内肿瘤手术治疗获得成功。20世纪90年代初，县人民医院开展颅脑外伤、颅内肿瘤、快速钻孔脑室体外引流等精细高难度治疗手段。1990年，县人民医院成功施行首例膀胱全切，并新上体外反搏、椎间盘脱出切除术、关节置换、食道癌手术等多项新技术、新项目。2008年8月，开展第一例颈内动脉支架植入。2010年，开展动脉瘤栓塞技术。2017年，开展第一例急性脑梗死介入取栓治疗。

心上动刀　心脏医疗技术亦是技术进步的重要标志。1977年，县人民医院抢救一名呼吸衰竭、重度昏迷的格林巴利综合征患者，坚持为病人人工呼吸（简易呼吸器辅助呼吸）56天，获得成功。1999年，相继开展先天性心脏病根治手术、心脏瓣膜置换手术，在全市县级医院中率先开展心脏二尖瓣狭窄球囊扩张手术。2002年，在全市区县级医院率先开展冠状动脉造影术。2010年，首次开展经桡动脉冠心病介入治疗。2018年8月，首次独立完成冠脉支架植入术，填补沂源县医疗服务的一项技术空白。在这一阶段，断指再植这一以高难、精细为特征的手术，在县人民医院成功实施。

微创介入 微创手术是代表当下医学前沿科技手段之一。1998年10月，县人民医院开展第一例腹腔镜胆囊切除术，标志着微创外科在沂源县起步。2005年，开展肛门微创手术。2006年，相继开展肝脓肿、胰腺脓肿等穿刺介入治疗。2013年，先后完成腹腔镜下胃癌根治等胃肠道微创手术。2017年，向微创高难手术发起挑战，先后进行腹腔镜下半肝切除、脾切除等手术。2018年，首次独立开展腹腔镜下肾癌根治、肾部分切除。截至2023年末，县内各家医院开展各类微创手术10万余例，外科手术全面进入微创时代。

设备提升

听诊器、体温计年代 20世纪50年代初，全县的医疗检查设备和治疗设备还是空白，检查手段只能依靠听诊器、体温计这些最基础的器械。诊断凭医生的经验，诊断符合率难以保证。1950年，县卫生院建院，设备有药柜1个，器械只有刀、剪、镊子、空针。1952年，购进中型手术包1个，首次配备外科器械。1954年，在上级医院的支持下，县卫生院设立化验室，配备化验人员1名，开展血、尿、粪便的常规检查。1955年8月，在此简陋条件下，首次成功开展阑尾切除术。

一把草药、一根针时期 20世纪60年代中后期，卫生事业快速发展，卫生工作贯彻党中央“把医疗卫生工作的重点放到农村去”的方针，群众就医用药需求不断增加，就诊患者和住院人次呈不断增长态势。在此形势下，20世纪70年代初，全县广大农村建立起合作医疗制度，推行自采、自种、自制、自用中草药为患者服务，“赤脚医生”身背药箱，穿梭在大街小巷、田间地头“一根银针治百病，一颗红心暖千家”。县、公社医疗卫生单位创造条件，土法上马，自制灭菌注射制剂和中药膏、丹、丸、散等用于临床。1966年，县人民医院利用旧手术室生产生理盐水、葡萄糖等注射用大液体。各公社卫生院先后建立制剂室，生产、加工山楂丸、无菌注射用汽水、柴胡注射液等临床急需药品。以安全视角，虽有风险，但却是彼时卫生事业发展的一道风景。

影像岁月 X光、超声波的应用是医疗进步的重要标志，设备的更新换代经过了黑白影像到彩色再到数字化的过程。1960年11月，县人民医院购进1台30毫安X光机，临床诊断自此由“隔皮猜瓜”向影像透视过渡。1963年5月，省卫生厅确定沂源县人民医院为全省3处重点建设的县级医院之一，从省级医院调来10名卫生技术人员，同时调拨大、中型医疗器械47台件，其中包括200毫安X光机、救护车、万能手术床、麻醉机等，这些设备的投入使用，大幅提升了医疗服务水平。同年，县医院化验室开展生化分析和细菌检验，临床开展胃大部切除、胆囊摘除、甲状腺手术等多项新技术、新项目。20世纪80—90年代，医疗设备又从黑白B超、500毫安X光机、半自动生化分析仪、心电监护仪过渡到心脏彩超、CT。

数字化新时代 进入21世纪，医疗设备向数字化、高精尖化快速发展。1996年，县中医医院首次引进美国GE-8800全身CT。2003年，数字减影血管造影术（DSA）投入使用。同年，钴60、DR、彩超等高科技设备为临床新业务开展奠定基础。2007年，县人民医院投资1000余万元，购进

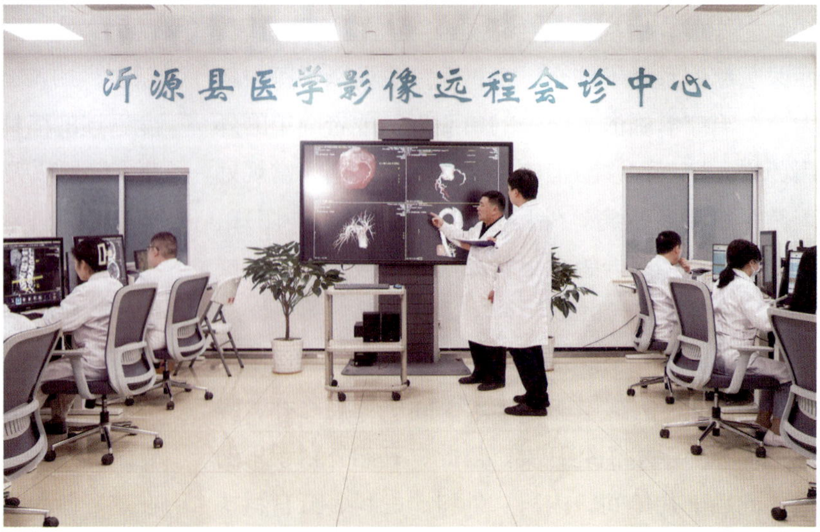

医学影像会诊中心（2019年）

核磁共振、新一代GE彩超、雅培全自动生化分析仪等多台设备，开展新技术、新项目30项。2014年，总投资1400余万元的大型C臂、数字化乳腺诊断系统、数字化肠胃镜、直线加速器等设备用于临床诊断。截至2023年末，全县县、镇办医疗卫生健康机构拥有10万元以上大型医疗设备803台件。

随着高科技医疗设备的应用，实现了早发现、早诊断、早治疗，极大提高了诊断符合率，防止误诊、漏诊问题发生。高精尖治疗设备帮助人们完成高难度治疗措施，有效减轻患者治疗痛苦。

体系建设

医疗体系扩面提质　1950年10月，沂源县卫生院建立初期，10人的卫生队伍中有2名医生和4名护士，开展一般常见病的诊疗。随着社会发展，卫生队伍不断壮大，卫生工作逐步规范化，防疫工作、妇幼卫生工作先后独立发展。20世纪50年代末，各公社（乡镇）相继成立卫生院并开展医疗服务工作。20世纪60年代初期，各大队陆续建立村级卫生机构，为社员开展医疗卫生服务。改革开放后，社会力量办医，个体诊所和私营医院逐步发展。1986年，沂源县中医医院成立，填补了中医医疗事业空白。至此，县、乡、村三级医疗预防保健网络体系基本形成。全县医疗机构开设床位数由初期的25张，扩展到1990年的920张、2023年的3770张。全县各级各类医疗服务机构（县、镇公立机构、村卫生室、城区个体）719家，年出院病人71791例。

服务项目提档升级　从初期的大一统内科，到20世纪60—70年代的内科、外科、妇产、儿科、放射、化验，再到20世纪90年代末神经、消化、理疗、康复、五官、口腔、骨伤等，直至21世纪的肿瘤、危重症、胸痛、卒中、两腺、特检、超声等。分科的精细化，带来的是更加专业的医疗服务。截至2023年末，全县各级医疗机构独立建科的服务门类达到52个。

医护质量精益求精　在医疗服务中，精益求精是一以贯之的方针，医疗质量始终是服务的生命线。新技术、新项目、新设备的广泛应用，为医疗质量提供了可靠的保障，由此带来了医疗质量的不断提高。以县人民医院为例，1980年，入院病人诊断符合率91.84%，出院病人治愈好转率90.71%。2023年末，入院病人诊断符合率97.40%，出院病人治愈好转率96.74%。

在发展的路上，医院坚持以病人为中心，以质量为核心，不断创新管理思路，不断引进新技术、新项目，加强学科建设，先后建成院士工作站、省级医院共同体、百姓放心医院等，提升医疗技术，提高管理水平。2019年，县人民医院成功创建为三级乙等综合医院，为县级医院最高等级。新院的启用，新增医疗服务用房15万平方米，医院床位达到1200张，全县人均拥有病床床位数由全市倒数上升为全市上游水平。县人民医院基础设施由此成为全市乃至全省先进。

疾病防控

新中国成立前，官府没有主管卫生防疫的机构，传染病、地方病肆虐，严重危害人们健康。新中国成立后，党和政府高度重视传染病防治。1949年5月，组织地方医生开展预防接种。后组建防疫大队，成立县防疫委员会，开展传染病、地方病防治工作。1956年12月，沂源县卫生防疫站挂牌成立，由此开启疾病防控新纪元。此后，各卫生院相继设立防疫组，配备专职防疫人员。20世纪50—60年代，被人们戏称为“白大褂、钢铁嘴、橡皮肚子飞毛腿”的10余名县卫生防疫站人员与公社卫生院的防疫人员一道，完成主要传染病、地方病调查，全面推开防疫疫苗的接种工作。20世纪70年代，防疫工作逐渐走向规范，县防疫站人员增加到近20人，配备了3辆自行车等交通工具，化验室建成并投入使用。1973年，迁入县胜利路中段路南，建设房屋35间550平方米。主要开展预防接种、丝虫病普查、食品卫生管理、突发疫情处置等。20世纪80年代，县防疫站按业务性质分设流行病科、地方病科、食品卫生科、卫生科、宣传科、检验科，工作人员增加到40名，主要开展计划免疫、地方病预防、食品卫生、环境卫生、学校卫生等监督管理。

1981年，与县卫生局、药检所合建办公楼一座，建筑面积2000平方米。20世纪90年代初，县卫生防疫站为正科级事业单位，内设机构更加健全，在原来6个业务科室基础上，增设办公室、总务科2个科室，人员达到45人，主要开展疫情管理、计划免疫、卫生监督管理等。

1990年11月，各乡镇建立卫生防保站，承担本乡镇预防保健职能，经费财政全额保障。1999年，卫生监督体制改革，成立县疾病控制中心，全面承担原卫生防疫站、皮肤病防治站、结核病防治所中防疫性质的业务职能。各卫生院进一步健全防疫组织，成立公共卫生科，专职负责卫生防疫工作。疾病预防控制进入新的历史时期。2023年末，城乡居民人均寿命提高到78.1岁。

疾控专家在沂源县第四实验幼儿园科普病媒生物防治知识（2023年）

1999年12月，沂源县疾病控制中心建设疾病预防控制体系。2023年5月31日，沂源县疾病预防控制局挂牌。截至2023年末，有业务科室18个，卫生防疫专业人员69名，检验检测设备价值729.41万元。

疫情检测

疫情发现和报告历来为疾病预防的重要环节，初期疫情报告由县卫生院负责，后由卫生防疫站专门科室负责。1958年，全县13处公社卫生院均配备1名专职防疫员负责疫情报告。1970年，全县普遍建立起大队（村）卫生室，“赤脚医生”负责所在大队的疫情报告。至此，县、社、队三级疫情报告网络形成。新中国成立以后，沂源境内发生过的主要疫情有：1960年，白喉病流行，全县发病752例；1978年8月，唐山公社发现6例副霍乱，经救治无死亡病人，疫情得到及时有效处置，未发生流行；1985年，流行性出血热发病295例；2011年，手足口病发病939例；2017年，禽流感发病2例，处置及时得当，未发生流行；2003年，传染性非典型肺炎疫情防控得当，未传入县内；2023年初，“新冠”疫情防控取得阶段性成果。

免疫接种

疫苗接种是防控传染病最有效的手段。1949年5月，开展副霍乱疫苗接种，首开沂源预防接种的先河。1950年2月，沂源县组建防疫大队，开始普种“牛痘”疫苗预防天花传染病。1952年，全县大规模开展鼠疫疫苗和霍乱疫苗的预防接种，并首次向居民发放《预防接种证》。在此后近30年的时间内，先后进行白喉类毒素、百白破三联、脊髓灰质炎、麻疹、乙脑、卡介苗等多类疫苗接种。1980年，预防接种向更高的管理模式——计划免疫过渡。20世纪90年代，疫苗接种工作由计划免疫提升为免疫规划。疫苗接种门诊由规范化上升为数字化，进而智慧化。一类免疫疫苗由卡介苗、乙肝、脊髓灰质炎、百白二联等11种疫苗组成基础免疫体系，二类疫苗由流脑、甲肝等24种疫苗组成扩大免疫体系。

经过持续的预防接种，1954年，天花病毒在沂源县绝迹。1974年后，未再发生白喉病例。1979年后，未再发现副霍乱病人。1982年后，脊髓灰质炎（婴儿瘫）无病例发生。1988年后，未再发生伤寒、副伤寒、疟疾病例。

麻风病和结核病防治

1955—1957年，先后开展3次麻风病普查，全县新查出麻风病确诊患者540人。1956年10月，建立沂源县麻风病防治站。1958年，县麻风病防治站迁往中庄公社盖冶大队。同年，分别在中庄、石桥、悦庄、鲁村建立4处麻风病人集中居住点，分别称为康乐村、康复村、康健村、康愉村，全县麻风病人中先后有380人就近入村居住并接受治疗，生活费由国家负担，其余160人居家隔离治疗。1970年，在盖冶康乐村附近建10间门诊，面积260平方米，设有医务科室。1987年后，未再发现新患者，原有患者经治疗部分康复回归社会，部分驻村病人亦随着年龄增长，逐渐去世。1990年11月，经省、市考核，宣布沂源县基本消灭麻风病。截至2023年，中庄镇康乐村仅有2名已治愈麻风病人居住。

1985年前，结核病防治工作由县卫生防疫站负责。1985年9月，由新成立的结核病防治所接管。1986年，在荆山路（原东风路）西段路北设门诊及办公场所，人员最多时12人。主要开展肺结核病流行病学调查，建立县、乡、村三级防痨网络，开展防痨知识宣传等。门诊业务主要是对现症肺结核病人进行规范化治疗和全程服药督导。1987—1990年，4年规范化治疗肺结核患者728例，治愈710例，治愈率97.5%。1999年，卫生监督体制改革，县结核病防治所撤销，其业务工作和人员划入县疾病控制中心，设立专门科室配备专员从事结核病防治工作。

卫生监督

卫生监督从食品卫生监督开始，逐步发展到劳动卫生监督、学校卫生监督、环境卫生监督、放射卫生监督，称“五大卫生”监督。

食品卫生监督　1956年，县卫生防疫站成立后，食品卫生管理就纳入防疫工作的范畴，有专人分管，并和商业、粮食、供销等部门联合开展工作。1974年，配备专职食品卫生管理员。1984年，县卫生防疫站设食品卫生科，配备专职人员3名。1985年，食品卫生监督员着全国统一制式执法服装。至1999年，食品卫生科有执法监督员12人。14个乡镇卫生院各有1人兼任食品卫生管理员。食品卫生管理的主要内容是指导相关行业、单位建立健全食品卫生管理制度，对从业人员进行法律知识培训、预防性健康查体，指导、监督、验收相关单位落实食品卫生标准并签发《卫生许可证》，对违法违规单位或者个人依法调查处理等。

劳动卫生监督　主要内容是工业企业的防尘、防毒和职业病预防。监督管理依据为国务院、省、市、县各级关于劳动卫生管理办法、尘肺病防治条例、防尘防毒工作规定等。监督管理措施主要有粉尘检测、有毒有害气体检测、接毒接害人员查体、违法违规企业依法调查处理等。

学校卫生监督　依据为《国务院学校卫生管理条例》，主要内容为卫生知识教育，青少年生长发育调查，学生健康体检、视力防护和疾病预防指导等。

环境卫生监督　起始于新中国成立初期的爱国卫生运动，先后经过“三圈上山”“两管五改”。1981年，对县城区域的服务行业人员进行预防性健康查体、建档、发证。1987年4月，国务院颁布《公共场所卫生管理条例》，环境卫生监督管理进入法治化阶段，主要工作内容为从业人员知识培训、健康查体、签发《卫生许可证》、采样检测并出具报告等。

放射卫生监督　1985年，开始放射卫生监测，主要承担射线装置及射线防护监督监测工作。开展X光机防护测定、使用放射源的企业防护监测、全县放射专业人员健康查体和健康监测工作。

初级卫生保健

世界卫生组织提出一项人类健康目标，1990—2000年，人人享受到基本的卫生保健服务。1990年，国家卫生部等5部委联合颁布中国《“2000年人人享有基本卫生保健”规划目标》（以下简称《规划》）。由国务院总理代表中国政府向全世界庄严承诺，中华人民共和国于2000年实现全民初级卫生保健。1990年底，沂源县全面铺开这项工作，主要工作内容为“健康促进、预防保健、合理治疗、社区康复”4个方面和健康教育、合理膳食、饮用水安全、妇幼保健和计划生育、预防接种、控制地方病和常见病等八项目标。经过几年努力，《规划》内各项任务目标全面完成。1996年，经省级考核验

国务委员彭珮云（前排左三）一行到三岔卫生院视察工作（1993年）

收，沂源县全面实现初级卫生保健目标。

山区卫生建设是实现初级卫生保健目标的基础性条件。沂源县加大投入改造乡镇卫生院基础设施，提升医疗卫生服务能力。1993年6月，国务委员彭珮云、卫生部部长陈敏章在潍坊召开全国山区卫生建设会议期间，专程到三岔卫生院视察沂源县山区卫生建设，并召开现场会。

重点传染病防控

人类与传染病的斗争从未停止。新中国成立后，党领导人民建立起科学、高效、完备的传染病防控体系和运行机制，有效控制了各种传染病疫情。

疟疾防治　1947年，疟疾（俗称“发皮汗”）流行于沂水、蒙阴、沂源一带，东里片区的部分村庄发病率达50%，中国共产党领导的山东省政府派防疫队到疫区帮助处置疫情，用盐酸奎宁进行普治。20世纪50—60年代，县域内时有疫情发生。1971年，县内全境疫情暴发，报告患病人数9009人，发病率2562.5/10万。县卫生防疫站组织各公社防疫人员和“赤脚医生”开展现症病人药物治疗、全民预防性服药、灭蚊防蚊爱国卫生运动等综合性措施，有效遏制了疫情蔓延趋势，发病率逐年下降，至1980年，疟疾发病率下降到39.6/10万。20世纪90年代，疾病监测网络建立，疟疾被纳入严密监测体系中，其间虽有零星发病，但未形成流行趋势。2014年，经市卫计委组织的评估组考核，沂源县通过消除疟疾标准验收。此后的连年监测，均未发现本土病例。

“非典”防治　传染性非典型肺炎又称“严重急性呼吸综合征（SARS）”，是由传染性非典型肺炎病毒引起的一种呼吸系统疾病，以传染性强、传播速度快、病死率高为主要特点。2002年冬至2003年春，传染性非典型肺炎（以下简称“非典”）流行。全国大部分省份均发生疫情，病人达5000余例，死亡300余例，病死率6%。面对严峻的疫情形势，县委、县政府认真贯彻落实党中央确定的“沉着应对、措施果断、依靠科学、有效防治、加强合作、完善机制”的工作方针和省委、省政府提出的“堵住源头不输入，一旦输入不扩散、医护人员不感染、及时救治不死亡”的工作目标，按照市委、市政府提出的“科学、规范、持久、有效”的八字方针，全民动员，群防群控。在组织指挥、医疗救护、疫情监测、交通检疫、物资保障、宣传教育等方面全方位实施严控，沂源县未发生疫情。

出血热防治　流行性出血热是由老鼠等啮齿类动物传播的乙类传染病，传染性强、病死率高。1996年，沂源县多个乡镇出现集中发病，当年发病530例。2001年，被山东省卫生厅列入全省重点管理的县。县委、县政府高度重视出血热疫情，全县上下按照政府主导、部门协作、群防群控的策略，大规模开展疫苗接种、灭鼠、疫情监测等专业措施，同时向城乡广大居民科普出血热防治知识，最大限度减少与鼠类间接接触的可能，阻断传播途径。重点开展对乡村医生的培训，指导基层医务人员早发现、规范治疗，避免误诊。3年时间，发病率由40.2/10万下降到11.23/10万。2004年，顺利摘掉“重点管理县”帽子。

“发热伴”防治　2004年，一种不明原因的疾病呈散发状态在县域内时有发生。由于病因不明，治疗难以奏效，导致高病死率。2004—2007年，报告病例40例，死亡8例，病死率20%。县疾控中心组成专业课题组攻关，在做了大量病案调查和检测的基础上，2008年上报省、市疾控部门进行技术分析和检测。2010年，山东大学组成流行病学专家组，到沂源县进行野外病原体采样和患者检验样本采样，经病毒学监测分析，确认致病原因为携带布尼亚病毒的蜱虫叮咬，中国疾控中心将该类病例定义为“发热伴血小板减少综合征（简称发热伴）”。这一重大发现是国内首次，也为临床治疗提供了依据。

“新冠”防治 新型冠状病毒肺炎（Corona Virus Disease 2019，COVID-19），简称“新冠”肺炎。

2019年12月，在湖北省武汉市暴发。2023年1月8日，“新冠”肺炎实行乙类乙管。三年时间里，全县卫健系统坚决贯彻落实县委、县政府和县委指挥部安排部署，抓牢“外控、内筛”两个关键环节，紧盯“人、车、物、场所”四个核心要素，坚决守好淄博“南大门”。

交通管控。2020年1月，全国多个省份呈蔓延态势，在此情况下，县委、县政府果断决定全县采取交通管控，在各入沂交通路口设立检测点，逢车必查、逢人必检，全力守住沂源抗击疫情的前哨站，挡住了第一波次疫情的冲击，全县没有发生输入病例。

科普宣传。“新冠”初期的高传染率和高致死率，一度引起人们的恐慌。对此，县疾控中心及时成立“新冠”疫情防控宣传教育组，第一时间部署落实疫情防控健康教育与宣传工作，印发“新冠”肺炎防控健康科普知识传播材料10万余份，利用新媒体网络广泛传播防控知识，并到社区、学校、企业、商超等公共场所开展现场讲解，为大众解疑释惑，提高市民的防护技能。

医学隔离观察。实施医学隔离是防治输入性传播，阻断传染源最直接的措施。为此，全县通过临时征用、租用、改建等方式，建立外来人员风险人员集中隔离观察点，并在郊外新建立沂源隔离方舱，对重点人群实施管控。防控期间，各个集中隔离点接受隔离观察人员5060人次。

精准流调。流行病学调查是对感染人员和密切接触者的行动轨迹和接触的人员、物品进行精准确认，是对发病患者病情科学、准确的评价，也是阻断传播链条的有力措施。全县卫生防控人员会同公安、交通运输、社区等部门人员承担了这一耗时费力的巨大工程。深夜里敲门、寒风中溯源、几十里的追踪、不厌其烦的询问、和感染者零距离接触是流调的常态。三年间，派出卡口职守、流调溯源、隔离点服务、消毒消杀人员3550人次，查验车辆137.2万车次、人员183.3万人次，对850个重点场所进行消毒消杀；完成5060名集中隔离人员、5322名居家隔离人员上门采样服务，累计检测8.5万人次，登记调查密切接触者人员1200人。

核酸检测。疫情初期，各重点人群如医院工作人员、公共场所工作人员和密切接触者等即开始检测核酸。2022年3月，周边地区疫情频发，在省、市统一部署下，沂源县启动全民免费核酸检测，截至12月20日，共开展83轮全员核酸检测，检测4613.1万人次，采样人员人均采样2万人次、PCR中心实验室检验人员人均检测46万人次。

“新冠”疫苗接种。疫苗接种是建立全民免疫屏障长效机制的有效手段。从初始接种到加强接种，再到强化免疫，卫健系统各单位全员参与，走村入户，不分昼夜的连续工作，累计接种疫苗125.1万剂次。

全力救治。2022年12月26日，国家卫建委发布公告，将“新型冠状病毒肺炎”更名为“新型冠状病毒感染”，防控工作重心逐渐从“防”转到“治”上来，2023年1月8日，新型冠状病毒感染正式实施乙类乙管，按甲类管理时的防控措施被放开。卫健系统各单位迅速调整工作重点，全力做好感染患者医疗救治。县、镇各医疗卫生单位设置54处发热门诊和哨点诊室，24小时开放。建设118张ICU床位和可转换监护床位，实施1000张床位亚定点医院建设，紧急调配45.3万片布洛芬退烧药到各卫生院，各医疗机构科学统筹医疗资源，集中优势兵力全力保障就诊患者有药可用、有医可看、有床可住，全县医疗秩序整体平稳有序。各医疗单位8成以上医务人员感染，广大医务人员带病坚持工作，奋战在救治他人的第一线。

卫健系统作为沂源铁军一员和先锋部队在抗疫过程中，累计派出医务人员11.7万人次，迅速处置13起输入型突发疫情，均未发生社会面传播，保障了群众生命健康安全。派出医务人员303人，支援海南、重庆、文昌湖、临淄、周村等地疫情防控。圆满完成山东大学、枣庄、周村等7地2239名重点人员接驳隔离工作。

重点非传染性疾病管理

慢病防治 慢性病是指非传染性的长期累积形成的疾病，主要包括癌症、心脑血管疾病、慢性呼吸系统疾病和糖尿病等。慢病是目前导致死亡的主要因素。沂源县是最早的国家慢性病危险因素监测点、心脑血管疾病监测点、肿瘤随访登记监测点。2011年，创建国家级慢性病综合防控示范县，其间，世界卫生组织驻华代表等官员到沂源县、镇、村考察指导慢病综合防治工作。后经国家级考核，确认沂源县达到慢病防治综合示范县标准。2017年、2023年两次通过国家级复审。重大慢性病过早死亡率由2017年的13.29%下降至2022年的11.88%。

地方病防治 1958年9月，临沂地区组织全区碘缺乏病普查，沂源县三岔公社片区内甲状腺肿患病率34.6%，女性是男性的2倍，许多妇女因患甲状腺肿脖子上挂着一个比脖子还粗大的肿块（俗称“瘿”）。1966年，沂源县首次向三岔片区供应加碘食盐，次年向全县供应。经碘化钾药物治疗和碘盐预防，至1978年，三岔片区碘缺乏病患病率下降到3.17%。2022年，检测儿童甲肿率均2%以下；合格碘盐覆盖率在90%以上；8～10岁儿童尿碘中位数均≥100μg/L，达到碘缺乏病消除目标。

1980年，首次开展生活饮用水含氟量调查和氟斑牙患病调查，重点在张庄公社、徐家庄公社、鲁村公社等地的部分村庄，调查结果为生活饮用水含氟1毫克/升以上，斑牙患病率69.12%。1983年4月，在张庄公社南墁大队启动除氟改水试点。20世纪80—90年代，在全县重点区域实施除氟改水项目。经连续检测，县改水工程保持良好运转状态，改水率和正常使用率均为100%，所有病区村的水氟含量均符合国家生活饮用水（含氟量1.2毫克/升以下）卫生标准。2020—2022年，8～12岁儿童氟斑牙检出率分别为10.48%、7.49%、8.63%，达到国家饮水型氟中毒控制标准。

世界卫生组织专家到燕崖镇胡围村卫生室考察慢性病防控工作（2011年）。卢森堡驻华大使柯意赫（左五），美国CDC项目主任（左八）、蓝睿明（左七），加拿大使馆公使李振全（左九）

20世纪50年代，沂源区域是丝虫病高发区，民间流传“沂河两岸，粗腿大蛋”。丝虫病防治从1957年的部分村庄抽样调查开始，当时部分村庄微丝蚴阳性率4.5%。1964年，征兵体检中，14个公社2428名应征青年血检微丝蚴阳性76人，阳性率3.13%。1971年1—12月，全县完成一次丝虫病普查，14个公社666个大队实际检测34.5万人，实检率90.07%，阳性率1.06%。对阳性感染人员，均给予海群生（枸橼酸乙胺嗪）规范治疗3周转阴。1971—1980年，每年分批抽查部分大队，监测治疗效果。1980年，山东省组织考核检测，阳性率为0.04%，宣布沂源县基本消灭丝虫病。此后至2023年，丝虫病监测纳入地方病防控监测体系，未发现新发病例。

克山病亦称地方性心肌病，是以原因不明的心肌损害为主的地方病，因1935年在黑龙江克山县首次发现而命名。1973年3月，在临沂地区组织的沂源等5县克山病联合调查中，沂源县确诊病例42人，死亡8人。1974—1985年，确诊病例20人，死亡14人。对存活病人，县卫生防疫机构每月一次送药随访，危重病人随时入院治疗或建立家庭病床。1985年后，通过多年的病例搜索和病情监测，均未发现潜在型、急型、亚急型及慢型克山病病例，达到消除标准。

自新中国成立，经过70余年的努力，沂源县碘缺乏病、饮水型地方性氟中毒、克山病、丝虫病等主要地方病均达到了消除标准。

妇幼保健

妇幼保健工作开始于沂源县卫生院建立初期，由2名助产士负责。1956年10月，沂源县妇幼保健站挂牌成立，有工作人员6人，主要推广新法接生，培训新法接生员，指导建立乡村接生站等。1960年6月，任命站长，县妇保站正式成为建制单位。同期，各公社卫生所开始配备妇幼保健工作人员。1958年，人民公社化后，各卫生院配备妇幼保健人员10人。2004年，妇保站扩大业务范围，增加服务项目，在做好妇幼保健工作的同时，向医疗服务方向发展，并更名为沂源县妇幼保健院。2016年，原县人口和计划生育局下设的计划生育服务站职能划入县妇保院，由此更名为沂源县妇幼和计划生育服务中心。2023年，更名为沂源县妇幼保健院（加挂沂源县妇幼保健计划生育服务中心牌子）。

20世纪50年代，新法接生培训班

新法接生

人民卫生事业发展初期，首先推广新法接生，把保障母婴健康，保护和解放妇女劳动力作为卫生工作的重要内容。1952年，县卫生院派助产士在一区（南麻）和九区（东里）培训新法接生员，改造旧产婆，当年培训95人。1952—1955年，在新法接生技术培训的同时，新法接生逐步在全县10个区推开，在4年时间内，改造旧产婆431名。1955年，新法接生婴儿1941人。新法接生，是广大产妇摆脱封建迷信和旧礼教束缚，告别高危风险生育，降低产妇和婴儿死亡的重要里程碑，是人民医疗卫生事业发展史上具有重要意义的事件。

妇女病普查普治

1959年，县妇幼保健站在东里公社韩旺大队进行妇女病调查试点。自此在全县范围内开展妇女病普查普治，三年时间，查出妇女病患者2453人，治疗1162人。1973年，各公社举办妇女病普查普治培训班，再次开展妇女病普查，两年内完成了全县2/3大队的普查。1975年，全面完成第一轮普查普治工作。此后，妇女病查治一直作为妇幼卫生工作的重要内容。进入21世纪，此项工作更加有序、规范。

围产期保健

1980年，率先在东里公社24个大队进行围产期保健试点，开启孕产妇产前、产后规范化保健的新时期。接受围产期保健服务的孕妇全部建档立卡，产前在规定时间节点检查4次以上，产时住院分娩、产后访视3次以上。1990年，围产期保健在全县全面推开，保健项目和质量不断改进和提升，孕产妇管理率89.75%。进入21世纪，围产期保健项目得以发展提升，新的保健项目进入围产期保健服务内容并纳入基本公共卫生项目，围产期保健走向更加规范化时期。这一制度的实施，极大提高了孕产妇的保健水平，也使得婴儿死亡率和孕产妇死亡率分别由1980年的3.6‰和3.5/10万降至2020年的1.57‰和0。

儿童健康查体

1958年，县妇保站、县人民医院、县防疫站组成联合体检组，在南麻完小首次开展儿童查体工作，当期查体儿童427名。在此后的50多年，儿童保健始终是妇幼保健工作中重要的内容。服务项目先后经历基本项目查体、预防性筛查查体、网络化管理等时期，保健质量不断提升，成为深受人民群众和社会信赖的服务项目。2021年，启动全县儿童青少年视力筛查工作，完成全县5万名中小学生首轮视力筛查，同时开展儿童弱视、斜视治疗，更好地满足全县人民群众对儿童眼保健的需求。同年，启动“关爱孤独症儿童爱心救助项目”，开展孤独症儿童康复治疗工作，针对儿童发育特点，积极探索儿童早期综合发展医教结合新模式，给予家长综合指导，对生长异常儿童（脑瘫、精神发育迟滞、孤独症等）实行康复个案化管理。在做好儿童查体的基础上，儿保工作进一步拓展范围，开展新的服务项目。

育龄妇女查体

2013年1月，县妇幼保健院实施免费孕前优生健康检查，为计划怀孕生育的夫妇免费提供优生健康教育、体格检查、临床实验室检查、影像学检查、咨询指导、风险评估、早孕随访、妊娠结局随访等服务。2015年，组织实施重大公共卫生和基本公共卫生妇幼项目，开展育龄妇女的健康查体项目，根据农村育龄妇女健康状况，单独开展增补叶酸预防神经管缺陷项目。随着医疗服务水平不断提高，不断引进新设备、新项目，服务领域日趋广泛，查体项目和技术不断更新发展。2016年，建立以县妇计中心为龙头、镇办服务站为依托、村服务室为基础的计划生育技术服务三级网络，以此拓展服务项目，实施“四种手术”。

产前筛查

2017年，沂源县开展产前筛查服务，对胎儿的发育情况和相关先天性疾病进行检查滤筛，以降低先天性疾病的发病率，提高优生率。在筛查胎儿疾病的同时，对孕妇进行健康查体，免费咨询艾滋病、梅毒、乙肝等病症，筛选出高危妊娠孕妇并建档立卡实施保护性服务。2017年，开始对符合条件的孕产妇进行无创产前DNA筛查，有效降低出生缺陷的发生率。

“两癌”筛查

2012年，全面开展妇女宫颈癌和乳腺癌筛查项目，优化适合基层的“两癌”检查服务模式，累计完成“两癌”筛查1.6万人次。2022年2月，县妇联、县财政、县卫健等三部门出台《2022—2024年度城乡适龄妇女“两癌”免费筛查实施方案》，确定三年一周期对全县城乡适龄妇女做免费“两癌”筛查。

沂源县妇幼保健院儿童保健服务场所（2018年）

分娩补助

分娩补助是国家实施基本公共卫生项目中的一项特殊政策，由财政出资，通过妇幼保健机构直接给予分娩的产妇资金补助，每胎补助500元。截至2023年，补助28313例分娩人员，共发放补助资金1415.65万元。

出生医学证明管理

1996年4月，开始实施出生医学证明制度。此项制度是由新生儿接生单位出具，证实自然人出生于世的第一份原始身份证明，具有高度的严谨性和法律意义。县妇保院为出生医学证明的具体管理单位，严格按照法律流程组织实施，操作也由手工填制过渡到电子化进而提升到网络智能化。

拓展服务

2013年，县妇幼保健院迁入新院址，拓展服务项目，增设妇科、儿科、产科、“两腺”科病房，床位达到100张，年出院2800人次。同时，开展疼痛科、眼科、口腔科、中医科、内科门诊等21个业务部门，医务人员115名，医疗服务体系更加健全，卫生资源得到更合理地应用。

2018年，创建为二级甲等妇幼保健院。

中医中药

在人民卫生健康事业中，中医中药一直占有重要地位。新中国成立初期，党就确定了“面向工农兵，预防为主，团结中西医，卫生工作与群众运动相结合”的卫生工作方针并于1954年发出“加强中医工作的指示”。1958年，党中央提出“中国中医药是一个伟大的宝库，应当努力发掘，加以提高”。改革开放后的卫生工作方针也提出“中西医并重”。经过几代中医药人员的不懈努力，中医药得以传承、发扬和提高，在防病治病中发挥着越来越重要的作用。

老中医的承接

新中国成立初期，民间医务人员大多是从旧社会走过来的中医药人员，他们中不乏治病经验丰富且有一定声望的老中医。为了利用好这一资源，县

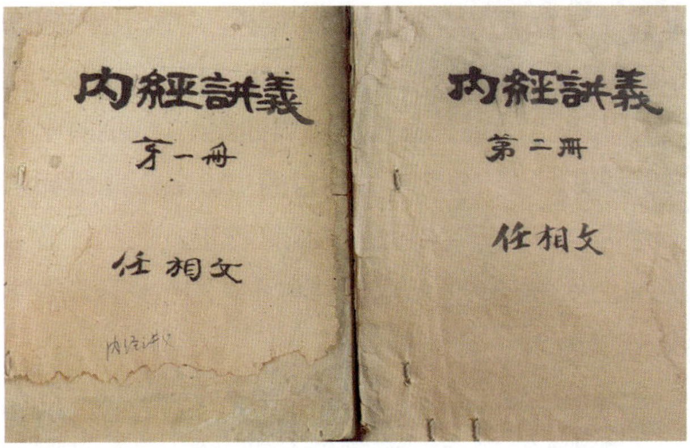

20世纪60年代，任相文著内经讲义

政府卫生科遵循党的中医政策，在1951—1955年间对1949年以前开业的中医药人员进行了调查登记，择优吸收部分中医药人员到政府开办的卫生所工作，允许其余人员个体开业行医。1954年，调查登记中医药从业人员142人。1955年，认定中医94人，其中在医院工作的18人，吸收到卫生所的61人，个体开业15人。

中医学徒

鉴于中医传统和当时的教育条件，中医传承延续师傅带徒的模式。1956年，县人民委员会卫生科为在公立卫生机构的老中医招收学徒13人。1958年8月，县卫生科在县人民医院开设中医针灸班，招收中医学徒20人。1963年，根据山东省卫生厅关于加速继承名老中医学术和经验的意见，县卫生科按照国家计划，再次招收中医学徒47名。三批次80名中医学徒人员学成后均参加了卫生工作，在各自岗位上发挥了中医药防病治病的独特作用和中医药传承作用。

“西学中”热潮

1950年，毛泽东主席为第一届全国卫生工作会议题词：“团结新老各部分医药卫生工作人员，组成巩固的统一战线，为开展伟大的人民卫生工作而奋斗。”1954年，毛主席又发出“西医学习中医”的号召，指出“西医学习中医是光荣的”。领袖对中医的高度重视和一系列指示，极大鼓舞着广大中医界的信心，也极大提高了中医的社会地位。1955年12月，中国中医研究院首开西医学习中医先河，由此在全国掀起了“西学中”的热潮。1959年，沂源

县卫生学校首次培训28名西医学习中医卫生专业。1964年1月，县人民委员会卫生科发出“西学中”通知，各卫生院医务人员每周抽出10个小时学习中医知识。至1965年，全县有159名西医坚持学习中医，并能运用中医理论辨证施治。此后，县卫生局先后举办3期西医离职学习中医的学习班，学员150人次。

中医专业门诊的设立

1958年11月，首批6名中医药人员分别调进县人民医院和东里医院工作并开设中医门诊接诊病人，此为综合医院设中医门诊之始。至1962年夏，全县2处县级医院、14处公社卫生院均开设中医门诊，在临床上利用中药治疗乙脑、阑尾炎、水肿病、妇女病等收到良好效果。

中西医结合医院的创建

鲁村中心卫生院有深厚的中医药基础。1952年，建院以来几代中医药人员坚持“传承、发展、提高”的中医药路线，中医药在临床中的应用率逐步增加，针灸、康复等医疗服务效果良好，深受患者信赖。2017年，医院进一步加强中医药基础设施建设和中医药人才队伍建设，先后投资300多万元，建成规范化中药房、煎药室、理疗室、康复大厅，购置理疗、康复设备。培养省级名中医2人、市级名中医2人，直接从事中医药工作的人员达到27人，业务量占据医院业务的50%。2017年，经考核验收达到中西医结合医院建设标准。2021年，沂源县委编制委员会正式发文公布其为沂源县中西医结合医院。

国医堂的兴起

中共中央总书记习近平指出：“中医药是中华民族的瑰宝，一定要保护好、发掘好、发展好、传承好。”2020年4月，又强调指出：“疫情防控中，中医发挥了重要作用。”在长期的医疗服务实践中，中医药的独特优势和中西医结合治疗疑难病症的良好疗效为医学界所公认。在党和政府的大力倡导及政策扶持下，各级医疗单位加大中医人才培养和中医医疗设施建设，中医药宝库得到更深入的挖掘和利用。沂源县把国医堂建设作为进一步发展中医事业新的突破口。2019年，出台关于建设规范化国医堂的意见，各医疗单位科学规划、标准化建设、优化配置中医资源，陆续建立成一批符合标准的国医堂。截至2023年末，全县有15家开展中医药医疗服务并以“扁鹊堂”命名的国医堂。

中草药的应用

沂源县属低山丘陵区，山岭连绵，沟壑纵横，土壤各异，属大陆季风性气候，优越的自然地理条件，孕育了丰富的中药材资源。1985年，全县中药材普查，县域内共发现各类中药材562种。

境内鲁山为全省第四高山，海拔1108.3米。鲁山海拔较高，气候温暖湿润，土质中性偏酸，林木茂盛，自然条件优越，生长着众多重要中药材品种，占全市品种总数的80%以上。鲁山是著名的中药宝库，其中有很多品种为珍贵稀有药材，如紫草、黄精、玉竹、柴胡、远志、石韦、苍术、虎杖、徐长卿、草乌、灵芝等。

20世纪60—70年代，全县村级卫生室普遍自采、自制中草药，用于治疗常见病、多发病，部分野生药材蕴藏量逐年下降。为解决这一矛盾，1970年，县药材部门开始安排中药种植。种植的主要品种有洋

老中医进山采药

地黄、桔梗、半夏、黄芩、远志、牛膝、双花、丹参、香附、白头翁、玄参、沙参、白芷等。1981年，县农业局、林业局、卫生局、供销社联合下文安排药材生产收购计划。1995年出版的《淄博本草》记载，沂源县药材公司收购种植品种中药材11个，野生品种中药材63个，年加工中药饮片45000公斤。

土单验方发掘

沂源县境内中药资源丰富，人们在长期的生产、生活、医疗活动中，探索、积累了中药利用的丰富经验，形成了很多行之有效的土单验方甚至是秘方。20世纪70年代，全县推行合作医疗制度，重点推广“三土四自”（土方、土法、土药，自采、自种、自制、自用）做法为群众服务。其间，一些本地名老中医收集整理一些土单验方，亦有自行试制的部分方剂，这些土单验方在当时的合作医疗中发挥一定作用。1990年，《沂源县卫生志》编纂中，县卫生局组织部分中医药专业人员，对中医土单验方进行系统整理，形成16类294方。

监督执法

事业执法

1956年，县防疫站成立，开始卫生执法监督。为防止发生食源性疾病，县防疫站承担卫生监督职责，监督范围主要是食品卫生，主要承担从业人员卫生知识培训、查体、发证，食品生产经营企业卫生制度建立和落实，对违法行为实施行政处罚等。随着经济发展和社会进步，卫生监督工作的范围由最初的食品卫生监督，扩展到环境、劳动职业、公共场所、医疗行业等多方面。监督工作由卫生防疫监督走向卫生行政执法监督。

行政执法

1999年12月，卫生监督体制改革，县防疫站撤销，新成立县卫生监督所，为县卫生局直属正科级事业单位，代表县卫生局行使执法监督职责。成立初期设卫生监督一科、二科、三科，分别负责食品卫生监督、医疗机构监督、公共场所监督工作，法制科负责法制建设和案件审查工作，办公室负责日常事务工作。所长先后由卫生局局长、副局长兼任。2002年，县委任命专职所长。改制后的执法监督体系分为医疗市场监督、公共场所卫生监督、职业卫生监督、食品卫生监督、生活饮用水卫生监督、学校卫生监督等。执法依据为《食品卫生法》《医疗机构管理条例》《中华人民共和国职业病防治法》《健康促进法》《生活饮用水管理条例》《学校卫生监督管理办法》以及省、市、县各级法规和规章。2010年，根据新颁布的《食品安全法》，食品卫生监督管理职责划归新成立的县食品药品监督管理局。

综合执法

2016年，原县人口和计划生育局的部分执法监督职能撤并到县卫生监督所，更名为沂源县卫生和计划生育综合执法大队，人员36名。行政执法监督工作范围包括医疗机构、公共场所、学校卫生、劳动卫生、生活饮用水和计划生育服务等，在培训、检测、查体、颁发许可证的同时，还开展现场巡查和违法行为的立案查处。

2019年，卫生健康体制改革，县卫生和计划生育综合执法大队再次更名为沂源县卫生健康监督执法大队。2020年，试行职业卫生分类分级监督执法；11月，迎接国家卫健委综合监督局组织的职业卫生分级分类监督执法现场评估，被评价为沂源试点是县政府领导下多部门协作联动等6个典范。职业卫生分类分级监督执法推开了一种全新的监管模式，也使得职业危害病人由1999年以前平均年发病12.5人，降至2020年以来3年年均发病2.5人。国家卫健委内参两次刊发沂源县的工作经验，全省10个市、70多个县（市）、区到沂源县交流学习，在全省发挥了示范带动作用。2019—2022年，在全市卫生健康监督执法综合考核中连续4年荣获第一名。

重要发展政策

人民公社化

20世纪50年代中期，县域内各区先后建立区卫生所，同时各区还存在合作性质的联合诊所，机构性质、职能、名称、人员构成等未能完全统一。

1958年，人民公社化，全县整合卫生资源统一成立公社卫生院，并将联合诊所改制为集体所有制性质的联合保健站，诊所人员录用为保健站人员。公社卫生院在机构性质、职能、人员、管理达到完全统一，成为县、乡、村三级医疗预防保健网的中枢环节，发挥着区域卫生管理和医疗预防双重职能。

“六二六”指示

1965年6月26日，党中央针对农村医疗卫生发出指示：“把医疗卫生工作的重点放到农村去”，为广大农民服务，保证人民群众的健康。该指示对我国的医疗卫生事业，尤其是对农村医疗卫生工作产生着重要影响。“六二六”指示发出后，针对农村医疗卫生事业的巡回医疗、基层卫生员大培训等相继展开，农村合作医疗制度在此形势下应运而生。卫生部选取湖北省麻城市、江苏省句容市、北京通县和湖南省湘阴县4个地方进行试点，总结了很多切实可行的经验。1968年底，中央领导人批转了湖北省长阳县乐园人民公社举办合作医疗的经验，称赞“合作医疗好”。一时间，《人民日报》《健康报》《红旗》等多家报刊连续发表宣传合作医疗的报道，大办合作医疗的政治动员促成了1969年合作医疗的高潮。

1969年5月，沂源县四级干部大会后，农村合作医疗在县域内开始试点。1970年，全县推广普及农村合作医疗，各大队普遍建立合作医疗卫生室。合作医疗资金筹集由生产大队、生产小队、社员个人三方按一定比例筹集。合作医疗的管理由生产大队党支部成员、妇女主任、民兵连长、贫下中农代表、“赤脚医生”组成的管理委员会负责。合作医疗卫生室的主要任务是：预防接种和传染病报告；协助查治地方病；治疗常见病、多发病；指导妇女的“四期”卫生保健；推广新法接生等。在村级合作医疗的基础上，逐步向社、队两级合作医疗组织形式过渡。1978年底，全县实行合作医疗的生产大队660个，参加社、队两级合作医疗的生产大队572个。1982年，农村实行家庭联产承包责任制，合作医疗的形式发生变化，村级卫生室经营方式向承包责任制转变。社、队两级合作医疗随之结束。

合作医疗以最低的成本获得农民基本医疗需求的最大效益，因此，曾被世界卫生组织誉为“是发展中国家群体解决卫生经费的唯一范例”，并被作为“中国模式”，在发展中国家推广。尽管实行家庭联产承包责任制后，各地合作医疗纷纷解体，但国家寄希望于合作医疗来解决农村医疗卫生问题的初衷一直没有改变。

加强农村卫生工作

2002年，党中央、国务院针对农村卫生制度不健全、设施不完备、发展缓慢的实际，作出《关于加强农村卫生工作的决定》，提出“建立具有较高专业素质的农村卫生服务队伍，建立精干高效的农村卫生管理体制，建立以大病统筹为主的新型合作医疗制度和医疗救助制度，使农民人人享有初级卫生保健，主要健康指标达到发展中国家的先进水平”的任务目标。此项决定，启动了多个事关长远发展的农村卫生项目。2003年，国家开始试行新型农村合作医疗（以下简称“新农合”）。2004年，沂源县“新农合”在张家坡镇试点，此后逐年扩面，至2007年，全县普及“新农合”制度，行政村覆盖率达100%，农民参合率达95%以上。2014年，农

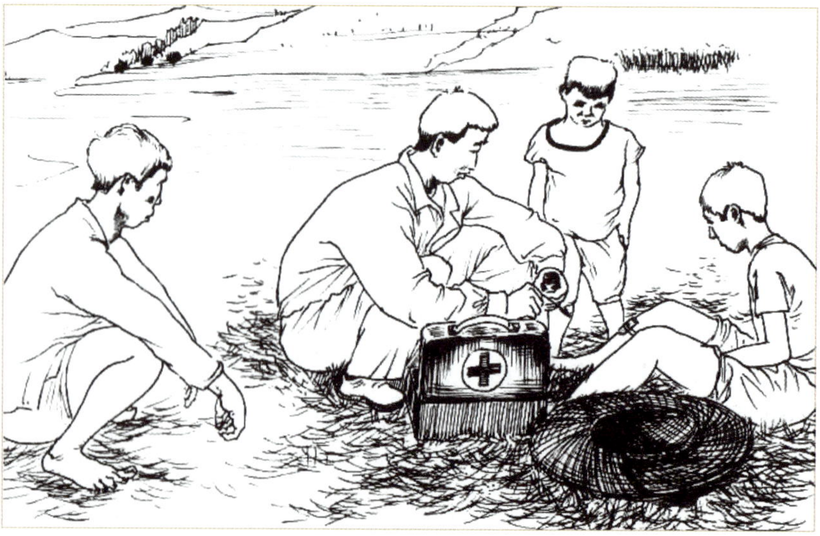

医务人员到农村进行巡回医疗

村合作医疗制度以医疗保险的形式被固定下来，成为农村居民健康的主要保障。2005年，山东省启动“360工程”和“1127工程”，实施乡镇卫生院业务用房改造建设和服务能力建设，沂源县有7处卫生院实施改貌建设，卫生院自此改变“石头房子、土院子，几十年一贯老样子”的面貌。

巡回医疗制度

1965年，鉴于医疗卫生资源集中在大、中城市，而大多数人口分布在广大农村的状况，党中央要求各级医疗卫生机构的医务人员逐级下沉，深入农村开展基层卫生人员培训、下乡巡回医疗等活动，决定将城市卫生人员到农村开展巡回医疗作为一种制度长期实施，凡主治医师以上的医药卫生技术人员，除年老体弱多病者外，都要分期分批轮流参加。在巡回医疗中，大批医务工作者下乡与农民同吃、同住、同劳动，深入农民家中或田间地头看病治疗。很多知名专家纷纷下乡，在为群众看病的同时，手把手地辅导农村卫生人员，提高他们的技术水平。当年，济南、青岛、临沂地区各医疗卫生单位派出的巡回医疗队4批36人次先后来到沂源。

1966年2月，县卫生科抽调县人民医院、县卫生防疫站、县妇幼保健站、各公社卫生院医务人员，组成5支巡回医疗队到村庄、田间地头、群众家中开展巡回医疗服务。巡回医疗制度一直延续至今，以对口支援、文化科技卫生“三下乡”、卫生扶贫、“医心向党，卫生惠民工程”等多种形式开展巡回医疗。

20世纪90年代，市、县联合义诊队在农村义诊

市场化探索

20世纪90年代初期，国家开始实行社会主义市场经济体制，在此背景下，卫生经济政策进入探索时期，各地对卫生事业在社会主义市场经济体制下的定位不准确，形成卫生事业要面对市场政策导向，以至进一步提出卫生事业要进入市场。在此政策导向下，卫生事业的社会公益性质被淡化，有些地方经费得不到保障，影响卫生事业的健康发展。沂源县乡镇卫生院在此时期下放到乡镇管理，16处卫生院不同程度地出现卫生技术人员外流、服务能力下降、经营困难的局面，卫生院的医疗和预防保健职能严重缺失。张家坡卫生院、石桥卫生院、燕崖卫生院、徐家庄卫生院等出现入不敷出、负债经营的问题。1997年1月，中共中央、国务院发布《关于卫生改革与发展的决定》，提出新时期卫生工作的方针，着重提出“我国卫生事业是政府实行一定福利政策的社会公益事业”这一事业性质的定位，纠正了一些地方把卫生事业推向市场的错误导向。2003年，“非典”疫情发生后，国家更加重视县、乡、村三级医疗预防保健网建设，财政部等三部委出台《关于农村卫生事业补助政策的若干意见》，对乡镇卫生院经费补助、农村卫生基础设施建设、“新农合”补助资金等作出明确规定。沂源县委、县政府全面贯彻中央、省、市卫生事业政策，适时将卫生院管理上划到县卫生行政部门，并在财政政策上予以倾斜支持，同时受“新农合”政策拉动，乡镇卫生院逐步走出谷底，走向健康发展轨道。

预防接种“三步曲”

新中国成立前，重大传染病疫情被称为“瘟疫”，严重危害人民生命安全。在人类同疾病斗争的历史中，消灭和控制传染病是重要目标。新中国成立后，“预防为主”成为卫生工作的方针，预防传染病成为卫生工作的第一要务。1949年5月，沂源县首次组织地方医生开展全县范围内的霍乱疫苗接种。1950年，组织成立防疫大队，开始普种“牛痘”疫苗预防“天花”。1954年，成立爱国卫生运动委员会，开始政府主导、部门协调、全社会参与的除害灭病爱国卫生运动。1954年9月，首次开展麻风病调查。1957年，山东省丝虫病防治调查队到沂源县，在南麻区河北、涝坡河、吴家官庄3个村进行丝虫病调查，防疫人员夜间提着马灯挨户上门采集人们的耳垂血，查验丝虫病病原体，共查出微丝蚴阳性者66人。在广泛开展传染病调查防治的同时，疫苗的预防接种（俗称打防疫针）作为预防传染病最有效、最便捷的手段被确定为卫生工作的重要政策。疫苗接种和管理的发展经过了预防接种时期（1950—1977）、计划免疫时期（1978—2000）、免疫规划时期（2001—）。随着疫苗接种质量提高和疫苗防控面的扩大，一些严重危害人们生命的传染病被消灭或被控制。截至2023年末，麻风病、脊髓灰质炎（婴儿瘫）、天花、黑热病、丝虫病、霍乱、副霍乱等传染病被消灭或被控制。

基本药物制度（药品零差价制度）

2009年，国家实施医药卫生体制改革，按照“打基础、强基层、保基本”方针，实施五项改革：加快建设基本医疗保障制度；初步建立国家基本药物制度；健全基层医疗卫生服务体系；促进基本公共卫生服务逐步均等化；推进公立医院改革。同年，沂源县全面启动五项改革，其中，建立基本药物制度成为改变医院几十年一贯制药品经营方式的重要改革。

新中国成立初期，政策规定医院在开展医疗服务中，用于治疗的药品可以以商品经营方式加价15%出售给患者，其利润用于弥补卫生经费不足，这项制度一直实行至2009年。在此期间，国家经济体制由计划经济改革为社会主义市场经济，原有药品经营制度不能适应新的发展要求。医药的生产、供应、销售各环节出现不协调、不规范问题，甚至出现开大方、卖贵药等损害患者利益的情况。2009年8月，国家发改委等9部门发布建立国家基本药物制度的实施意见，推行基本药物制度，其主要内容为建立基本药物目录、国家集中招标采购、零差价销售。2009年10月，沂源县全面实施基本药物制度，有药品经营的县人民医院、县中医医院、县妇幼保健院和13处乡镇卫生院在规定时间点进行药品盘点清资，目录内药品降到购进价销售，目录外药品退出经营。基本药物制度结束了60年一贯制的“以药养医”药品经营模式。

重大建设

专项工程建设

2005—2009年，山东省卫生厅在全省实施“360工程”和“1127工程”，分别选择360所中心卫生院和1127所一般卫生院，进行业务用房建设、设备配套建设和人员培训。沂源县东里、悦庄、鲁村3所中心卫生院列入“360工程”，大张庄、三岔、燕崖、金星4所卫生院列入“1127工程”，分别进行业务用房改造和X光机、B超、半自动生化分析仪的配置以及专业技术人员能力培训。7个单位共投资625万元，新建、改造业务用房和设备。2005年，投资143万元，石桥、张家坡、徐家庄3所卫生院实施改貌建设，各建成门诊楼1座，建筑总面积2400平方米。

医改投资项目建设

2009年，国家全面启动医药卫生体制改革，以提高医疗服务能力为目标，安排基层卫生机构基本建设项目，由各级发改、财政、卫生部门共同实施。2010—2016年，投资1535万元，东里、张家坡、西里、中庄4所卫生院先后实施业务用房建设，建成门诊病房综合楼4座并配套设施，共增加业务用房面积6150平方米。2011年，总投资2050万元，建设县精神病防治院（土门卫生院）精神病专业住院楼、门诊楼各1座，面积5011平方米。2013—2016年，投资225万元，大张庄、石桥、燕崖、三岔、徐家庄5所卫生院建成周转房，总面积1125平方米。

其他投资项目

2007年，县中医医院以自筹资金为主，并争取省、市财政支持，总投资3850万元，建成13766平方米病房楼。2016年，投资6121万元，建成15482平方米综合服务楼。2011年5月，县妇幼保健院通过省、市、县政策扶持并自筹资金，总投资7710.55万元，征地50亩，建病房楼、门诊业务楼各1座，建筑面积22324平方米。2013年，实施整体搬迁。2020年，县疾控中心自筹资金425万元，新建检验楼。2018年，县第二人民医院（东里中心卫生院）自筹资金4373.71万元，新建6950平方米病房楼。2017年，悦庄中心卫生院投资3224万元，新建5000平方米业务楼。2021年，鲁村中心卫生院开工新建病房楼，各级投资3389万元，新增业务用房面积7000平方米，建成后为县内卫生院最大单体楼房。2020年，投资292万元，改造南鲁山卫生院三岔分院新院区。2017年，总投资10.3亿元，新征土地253亩，县人民医院新院建设项目开工，建筑总面积15万平方米，为沂源县历史上最大的单体建设项目。2022年6月30日，新院启用。2023年4月1日，全部搬迁完毕投入使用。

2004年，各卫生院改貌工程启动，至2023年县人民医院新院投入使用。20年间，通过各级政府投资和建设单位自筹，总投资达14.454亿元，县、镇医疗卫生单位全部实现新建或改建。特别是2012年以来，卫生基础设施建设更凸显出投资大、项目多、标准高、效果好的良好态势。

重点改革

乡镇卫生院管理体制改革

在乡镇卫生院发展历程中，经历了两次下放管理的体制变革。第一次是1962年，按照中央统一部署，进行体制改革，公社卫生院全部转为大集体性质，实行“三权下放、自负盈亏”体制，同时精减下放医务人员99名。第二次是市场经济制度尚在探索和完善中，社会事业单位的管理体制处在摸索阶段，曾一度出现让卫生事业面对市场和进入市场的政策导向，在此背景下，1995年，将乡镇卫生院人事和财务管理权下放到所在地乡镇政府，县财政将卫生院预算切块到乡镇财政。县卫生局只履行对业务工作的监督和指导。由于乡镇之间经济状况不同，对卫生院的财政支持力度亦有较大差别，有的乡镇甚至提出“甩包袱”。卫生技术人员横向流动也出现了很大障碍。这一政策极大削弱了卫生院的公益性质，导致多数卫生院运营困难，少数几家卫生院濒临停业。2003年，“非典”疫情后，国家及时调整卫生政策。2009年，全面启动医药卫生体制改革，明确卫生院社会事业的本质属性。至此，卫生院人、财、业务全部收归县级管理。在医改政策的推动下，卫生健康事业步入良性发展时期。

干部制度改革

1953年，县委任命县卫生院院长，首开卫生系统干部任命之始。自此，卫生系统各单位副科级以上干部全部纳入县委管理干部之列。1984年，干部任命渠道改革，副科级以上党内职务由县委下达任免通知，副科级以上行政职务由县政府下达任免通知。同年，县委组织部最后一批任命医疗卫生单位股级干部。此前，卫生局机关内设机构，乡镇卫生院院长、县直医疗卫生单位中层股级干部均由县卫生局向县委组织部提报拟任计划，经批准后由县委组织部下达任免通知。1984年，干部管理权限下放后，卫生系统股级干部在县编制部门“三定”方案内由医疗卫生单位聘用，经由县卫生行政部门审查批准报县编制部门备案。

20世纪60—70年代，一大批行政干部和部队转业干部在卫生系统各单位担任领导职务。改革开放后，党中央实施干部革命化、年轻化、知识化、专业化改革（时称“四化”改革）。1984年，沂源县全面实施干部“四化”改革，卫生系统各单位14名老干部退出领导岗位，具备干部“四化”标准的卫生专业知识型人才走上各单位领导岗位。

工资制度改革

1956年，卫生系统干部职工工资制度跟随全国工资制度改革，由实物供给制改为货币薪金制，并建立起职务等级工资制度。卫生技术人员执行卫生技术级别，从卫生技术24级到1级逐次增高；行政管理人员执行通用行政级别，行政18级为89元（六类地区）；工勤人员执行工人8级工资标准。此次改革涉及全县85名医务人员，调整后人均月工资35.58元，增长11.43%。

1985年，卫生系统全体人员参加工资改革，由级别工资制度改为由基础工资、职务工资、工龄津贴和奖励工资组成的结构工资制度。所有人员按四项标准逐一套改出新的工资标准。套改后，工资额有较大幅度的提升，套改前卫生技术17级同一人员在套改后工资由41元增加到57.5元，增幅40.24%。

2002年7月，中央组织部、人事部、卫生部联合下发《关于卫生事业单位内部分配制度改革的指导意见》，确定在卫生事业单位实行绩效工资、岗位工资、课题工资等多种工资形式，规定在总额控制的前提下，单位可以自主确定分配形式，向关键岗位和优秀人才倾斜，体现能者多得，多劳多得的原则。这一制度的实施，打破了传统的固定工资模式，赋予用人单位工资分配的极大自主权，进一步调动了单位和个人的劳动积极性。

财经体制改革

卫生事业建立伊始，国家就确定预防保健机构实行全额预算管理，医疗机构实行差额预算管理的财政体制。在这一大政策框架下，不同发展时期作了相应的调整。1989年前，全额预算和差额预算单位分别编制年度收支预算，报县财政部门审核批准后实施。财政按时间进度拨付经费到卫生局，由卫生局分拨到各事业单位。1990年，全县卫生事业费决算948万元。2023年，预算收入为6244.6万元。

1999年，全额预算管理单位和乡镇卫生院业务收入实行先缴后拨，部分纯收益冲抵部分财政预算拨款，同时设立预算外管理账户，由县预算外管理局监督管理，时称收支两条线。

2009年，国家启动公共卫生服务项目，主要是向社区居民提供老年人健康查体、建立个人健康档案、免费提供药物等基本的健康服务。实施这些项目的镇办卫生院和社区卫生服务站由财政以购买服务的方式给予经费补助，列入财政预算。2022年，来自公共卫生服务项目经费拨款4337万元。

在政府立项的乡镇卫生院基础设施建设中，由于各级财政配套资金落实不到位和超预算建设等问题，形成卫生机构对承建单位的部分债务。在医药卫生体制改革中，国家决定对2009年前形成的基本建设欠账进行化解。2012年8月，县发改、财政、审计、卫生4部门组成工作组，审查认定13处卫生院纳入化解的债务1511万元，包括业务用房建设及维修债务1129万元，设备购置债务181万元，拖欠职工保险金201万元。从2012年开始分三年全部化解完毕。

医药卫生体制改革

2009年3月，中共中央、国务院下发《关于深化医药卫生体制改革的意见》，启动“建设覆盖城乡居民的公共卫生服务体系、医疗服务体系、医疗保障体系、药品供应保障体系”改革；9月，沂源县进入改革的实施阶段，从完善公共卫生体系入手，建设社区卫生服务站，开展面向城乡全体居民的公共卫生服务项目。在完善医疗服务体系中，重点开展公立医疗机构内部运行机制建设；县、乡、村三级医疗服务机构的基础设施建设；乡、村卫生技术人员系统培训。在医疗保障体系中，重点推进新型农村合作医疗制度和职工医疗保险的完善、提高，推进城市居民医疗保障制度改革。在药品保障体系改革中，重点在全县公立卫生机构全面实施药品零差价制度。

大事记

1924年　东里人杨明山、益都（今青州市）人朱益斋在东里店各开设西药房1处，自此始有西医、西药传入。

1931年　昌乐县一医生到鲁村、黄庄一带接种牛痘，牛痘（浆）苗开始传入本地。

1938年　莱芜人何尚春在黄庄一带串乡行医，使用斯锑波霜治疗黑热病。

1940年　南麻、悦庄、鲁村一带，“烧汗”（“烧汗”病是当时回归热、伤寒、疟疾等病的统称）病势蔓延，此后数年间流行不断。

1944年　6月，“利民医药合作社”在鞠家河南村（时属沂中县十区）开办。中医张化一、黄干臣，西医杨明山，司药罗寿山入股组成。此为本地最早一处由民主政府支持资助的医药联合组织。

1945年　沂源县个体医药卫生人员响应政府号召，积极组织起来，成立基层医药联合会，简称“区医联会”，开展疾病防治和战勤服务。

1946年　1月，沂中县民主政府组织医疗队到鲁村、青龙、张庄等区救治脑膜炎、麻疹病患者3460人。

1947年　10月，黑热病流行，省医疗队到沂源县救治，仅在安平、大泉两个区即救治127人。主要治疗药物为吐酒石（酒石酸锑钾）。

1947年　县人民民主政府撤销卫生科，卫生工作由民政科主管。

1948年　10月，县人民民主政府设立“沂源县大众诊所”，有工作人员4名，负责人李玉坤。

1949年　5月，沂源县首次组织地方医生开展全县霍乱预防接种工作。

1950年　2月，沂源县组织防疫大队，开始在全县普种牛痘（春、秋两季进行接种）。

1950年　10月，沂源县卫生院成立，院址在西台村，有工作人员10人。

1951年　12月，县政府复设卫生科，主管全县卫生事业，为卫生行政之起始。

1952年　1月，沂源县防疫委员会成立。

1952年　7月，二区（鲁村）、三区（悦庄）、八区（三岔）、四区（燕崖）4处区卫生所相继成立。

1953年　8月，东里医院成立，有9名工作人员。

1953年　8月，县卫生院由西台村迁往一区（南麻）东南之二郎山新址。占地面积30亩，建筑总面积930平方米，有病床25张。

1955年　6月，成立沂源县中医委员会，由7人组成。

1955年　8月，县卫生院首次成功施行阑尾切除术。

1955年　随着国家对私营工商业户的社会主义改造，大多数个体行医者加入集体性质的联合诊所，至1956年末，县域内有7处区卫生所和51处经政府备案、批复的联合诊所。

1957年　10月，山东省丝虫病防治调查队到沂源县，在南麻区河北、涝坡河、吴家官庄3个村进行丝虫病调查，共查出微丝蚴阳性者66人。

1958年　2月，县卫生院门诊部由二郎山搬迁到县卫生科大院内，实行24小时门诊制。

1958年　4月，县卫生院首次为一白喉患者进行气管切开术。

1958年　9月，国家首次分配沂源县2名医疗专业大学本科毕业生到县卫生院工作。

1958年　9月，人民公社化运动中，12处区卫生所改建为13处人民公社卫生院，各区的联合诊所改编为人民公社集体所有的联合保健站，全县共有19处联合保健站总站，下设55处分站。

1958年　10月，全县建成4处麻风村，收容240名患者入村隔离治疗。

1959年　6月，沂源县卫生学校正式成立。

1959年　8月，县卫生院改称沂源县人民医院。

1959年　10月，东里医院开展腹部手术和输血，首例手术治疗肠扭转病人救治成功。

1960年　9月，县人民医院迁入新址（现胜利路东段路北，健康路东）。

1961年　春，全县首次普种卡介苗预防肺结核，共接种3万人份。

1962年　按照中央统一部署，进行体制改革，公社卫生院全部转为大集体性质，实行“三权下放、自负盈亏”体制，同时精减下放医务人员99名。

1963年　2月，南麻、鲁村、中庄先后发生河豚中毒事故，14人中毒，4人死亡。

1963年　5月，省卫生厅确定沂源县人民医院为第一批装备的1/3重点县医院。拨给医疗器械设备47台件，价值13万余元。从省级医院调来10名卫生技术人员支援沂源县卫生建设。

1964年　1月，县人民医院外科施行首例脾切除手术获得成功。

1966年　经专署卫生局批准，张庄、黄庄、土门、三岔、石桥5所公社卫生院改称县人民医院分院。

1968年　5月，为支援“三线”建设，省卫生厅自济南、青岛调来11名医务人员到沂源（土门分院）工作。

1969年　12月，按照“六二六”指示，从青岛下放到沂源县8名医务人员。

1970年　全县大办农村合作医疗。大搞中草药采集和标本展览。年末，全县共有130个大队实行合作医疗，占大队总数的20%。

1971年　1月，县人民医院首次在胃大部切除、疝修补、甲状腺瘤切除和阑尾切除术中应用针刺麻醉。

1972年　7月，县革命委员会生产指挥部卫生组改称为沂源县革命委员会卫生局。

1975年　7月，县人民医院为悦庄公社北营大队55岁的社员成功切除39.5公斤特大卵巢囊肿。

1978年　8月，全县普查地方性甲状腺肿，共查561个大队，33.94万人接受检查。

1978年　8月，唐山公社柳花峪大队发生副霍乱6例。

1979年　4月，县卫生局迁入县卫生防疫站院内（现胜利路中段路南）。

1979年　12月，沂源县药品检验所成立。

1980年　4月，临沂地区防疫站对沂源县丝虫病防治工作进行检查验收，达到基本消灭标准。

1980年　5月，县人民医院第一例二尖瓣狭窄分离术获得成功。

1982年　县卫生局、卫生防疫站、药品检验所办公大楼竣工并交付使用，实用建筑面积达2200平方米。

1983年　3月，县人民医院第一例颅内肿瘤手术治疗获得成功。

1983年　沂源县首次发现流行性出血热病人5例，死亡1例。

1985年　3月，县成立红十字会第一届理事会。

1985年　9月，沂源县结核病防治所成立。

1985年　11月，土门医院精神病专科开诊，设病床32张。

1985年　12月，县卫生局被国家计划生育委员会评为“全国计划生育先进集体”。

1986年　8月，沂源县中医医院成立。

1986年　9月，联合国儿童基金会卫生项目官员到沂源县考察扩大免疫工作。

1986年　12月，县药检所被卫生部评为“全国先进县级药检所”。

1987年　5月，设立公费医疗办公室。

1987年　12月，中国人民解放军140医院撤销，房屋和部分医疗器械移交给沂源县，县中医医院搬迁到原140医院院内。

1988年　7月，县红十字会办公室设立，为县卫生局股级内设机构。

1990年　6月，县政府发文明确县中医医院为正科级事业单位。

1990年　11月，县编制委员会行文公布设立乡镇卫生防保站；12月，完成17处乡镇防保站组建。

1990年　11月，省、市麻风病防治专家考核组，对沂源县麻风病防治工作进行考核验收，确认沂源县基本消灭麻风病。

1990年　12月，沂源县人民医院黄庄分院划归莱芜市。

1991年　3月，联合国儿童基金会、世界卫生组织、国家卫生部审评团一行14人到沂源县审评计划免疫工作，确认沂源县提前一年实现计划免疫第二个85%。

1991年　7月，市卫生局批准沂源县8处市、县、乡（镇）三级投资乡镇医院改貌单位，总投资120万元。

1992年　12月，县卫生局成立党委，原党组撤销。

1992年　12月，省档案局授予县卫生局机关档案“省级先进单位”。

1993年　6月30日，国务委员彭珮云，在卫生部部长陈敏章陪同下，到沂源县视察山区卫生建设、调研初级卫生保健工作情况，在三岔卫生院召开座谈会。

1993年 11月，乡镇卫生院移交到乡镇政府管理。

1993年 12月，县爱国卫生运动委员会办公室合并到县卫生局，明确为副科级内设机构。

1993年 沂源县创建为省级卫生城。

1994年 5月，实施医疗保险制度改革，变公费医疗为医疗保险。

1994年 9月，成立“沂源县医疗保险管理处”，正科级事业编制，归口县卫生局。

1996年 4月，开始使用《出生医学证明》。

1996年 经省级评估，沂源县全面实现初级卫生保健目标。

1996年 全县推行乡、村卫生一体化制度。

1996年 组建“120”急救系统并纳入全市统一指挥系统。

1998年 5月，沂源县首次组织无偿献血活动，有32名志愿者到县中心血库献血。

1999年 12月，卫生监督体制改革，撤销县卫生防疫站、皮防站、结核病防治所，成立县卫生监督所、县疾病控制中心。

1999年 县卫生学校整体划归县中医医院管理，不再直接隶属于县卫生局。

2002年 3月，县药品监督所独立成为沂源县药品监督管理局。

2002年 9月，撤销韩旺镇卫生院、金星乡卫生院，将其分别并入东里中心卫生院和梭背岭乡卫生院，梭背岭乡卫生院改称西里镇卫生院。设立东里中心卫生院韩旺分院、西里镇卫生院金星分院。

2003年 4月，全国各地发生传染性非典型性肺炎疫情，沂源县严格落实防控措施，疫情未传入县域内。

2004年 新型农村合作医疗在张家坡试点。

2005年 市卫生局确定了沂源县63处市级规范化村级卫生组织建设指标，其中包括20处社区卫生服务站和43处村卫生室。

2005年 投资143万元，石桥、张家坡、徐家庄3处卫生院实施改貌建设，各建成门诊楼1座，建筑总面积2400平方米。

2005年 省卫生厅开始在全省实施“360工程”和“1127工程”。

2006年 县红十字会办公室升格，成为县政府管理的科级事业单位，不再隶属于县卫生局。

2008年 全县普及新型农村合作医疗。

2009年 沂源县开展国家基本公共卫生服务项目。

2011年 6月，山东省副省长王随莲在市委书记周清利陪同下，视察沂源县医药卫生体制改革。

2011年 沂源县被评为全国首批国家级慢性病综合防控示范县。

2013年 县妇幼保健院迁建新址，征地50亩，总投资9500万元，新建病房楼、门诊楼各1座计2.2万平方米。

2013年 新型农村合作医疗划归县人力资源和社会保障局管理，县新型合作医疗管理办公室及人员整建制划出。

2014年 徐家庄卫生院合并到鲁村中心卫生院。

2014年 推行城乡居民基本医疗保险制度。

2016年 1月，县卫生局与县计划生育局合并成立县卫生和计划生育局，县计划生育服务站职能划归到县妇幼保健院，县妇幼保健院更名为县妇幼计生服务中心。

2017年 沂源县突发2名甲型H7N9禽流感患者，经防控救治，疫情被迅速扑灭。

2018年 7月，美国医学科学院国际院士励建安为沂源县人民医院工作站揭牌。

2018年 沂源县全面推行医共体。

2019年 4月，开始兴建中心村卫生室。

2019年 老龄事业划入县卫计局，县卫计局更名为县卫生健康局。

2019年 机构改革，成立县卫生健康服务中心，科级事业编制，隶属县卫生健康局。

2020年 1月22日，沂源县委统筹疫情防控与经济运行工作领导小组（指挥部）成立。

2020年 1月25日，沂源县全面启动“新冠”

疫情防控。

2020年　1月25日，沂源县城区限制人员流动54天，居民戴口罩。

2020年　1月30日，沂源县在淄博广电度假村（618）建立首个“新冠”疫情防控隔离点。

2020年　2月，批复设立沂源县传染病医院。

2020年　沂源县列入全市唯一国家职业卫生分类分级监督执法试点县。

2020年　实行“县招镇管村用”政策，为中心村卫生室招录村医。至2023年，累计招录77名基层医疗卫生服务人员。

2021年　5月，开始全民接种“新冠”疫苗。

2021年　5月，县爱国卫生服务中心更名为县医疗急救指挥中心，为县卫生健康局所属副科级公益一类事业单位，挂沂源县医疗紧急救援中心牌子。

2022年　3月19日，建立沂源县方舱隔离点，地址在南麻街道南刘庄村西南侧。

2022年　5月2日，山东大学基础医学院444名学生进入沂源县方舱隔离点隔离7天。

2022年　9月5日，沂源县出现第一例“新冠”病毒感染者。

2023年　1月8日，“新冠肺炎”更名为“新冠病毒感染”且实行乙类乙管。

2023年　沂源县创建为国家卫生县。

2023年　县人民医院新院全部搬迁完毕并投入使用。

卫生篇

卫生行政机关

记忆沂源·卫生健康卷

概　况

卫生行政机关，是受县政府委托管理全县卫生事业发展的正科级政府序列部门。从1950年成立至2023年，经历了县卫生科、县卫生局、县卫生和计划生育局、县卫生健康局名称的变迁。其主要职责是贯彻落实县委、县政府卫生事业发展的方针政策；编制和实施卫生事业发展规划；监督、管理卫生事业单位业务工作；服务全县人民身体健康；依法行使卫生健康监督执法职能；完成上级卫生行政机关交办的工作任务。

卫生行政机关根据不同时期的卫生健康工作中心，由县委编制部门设置领导岗位职数和内设机构，实行党组（党委）集体领导制度。从成立初期的单一管理，经过70多年的历程，建立起集管理、服务、监督为一体，科学、高效、担当、廉洁的行政体系。2023年末，县卫生健康局内设党组、机关党委、工会工委、团委、中医药管理局、卫生健康事业发展中心、计生协会、医疗急救指挥中心等领导服务机构，以及办公室、人事科、规划信息科、财务审计科、疾病控制科、医政科、基层卫生妇幼保健科、综合监督科、医养老龄科、人口家庭科等10个内部工作机构。

机构沿革

1946年12月，沂源县人民民主政府设立卫生科，但未委派人员。1947年，撤销卫生科，卫生工作由民政科主管。

1951年，县政府复设卫生科，与县卫生院合署办公，县卫生院院长兼任科长，地址在一区（南麻）西台村。

1953年冬，县卫生科与县卫生院分离，成为独立行政机构，人员5人，科长1人、副科长1人、工作人员3人，地点在南麻老街县政府院内。1954年，县卫生科随县政府迁入振兴路县委院内，与县文化科共用5间房屋。

1955年12月，县政府卫生科改称沂源县人民委员会卫生科，职能不变。

1956年，县卫生科在商业街（南麻老街）以南、健康路西新建平房21间，面积378平方米。1957年，与县卫生防疫站、县妇幼保健站、县麻风病防治站一并迁入新址。县卫生科有副科长1人、工作人员3人。

1967年初，县人民委员会卫生科被新成立的沂源县卫生系统革命委员会取代，成员5人；8月，沂源县卫生系统革命委员会解体，随之成立由县人民医院、县卫生防疫站、县妇幼保健站、县麻风病防治站、县药材公司组成的“六二六”公社革命委员会。

1968年3月，县革命委员会下设生产指挥部，内设卫生组，有组长1人，成员4人。

1972年，县革命委员会生产指挥部卫生组改名为县革命委员会卫生局，编制7人。县计划生育办公室、县爱国卫生运动委员会办公室与县革命委员会卫生局合署办公。1979年，县革命委员会卫生局由原址迁入县卫生防疫站院内（今胜利路中段路南）。

1981年6月，县革命委员会卫生局改称为县卫生局。人员10人，有局长1人、副局长4人，内设机构为人秘股、药政股、财务股。

1984年6月，机构改革，县卫生局编制13人，设局长1人、副局长2人、调研员1人、工会工作委员会主任1人。内设机构为办公室、人事股、医政股、药械股、财务股。

1988年10月，县卫生局由原址迁入现塔山路北、历山路西的140医院门诊楼。内设机构增至8个，分别为局办公室、人事股、医政股、药政股、防保股、财务股、公费医疗办公室、红十字会办公室。

1990年，县卫生局工作人员28人。其中，局长1人、副局长3人、调研员2人、工会工作委员会主任1人。

1993年，机构改革，人员编制17人，设置人秘科、医政科、法制监督科、财务科等4个行政科室和爱卫会办公室、公费医疗办公室2个事业编科室。

2016年1月，县卫生局与县计划生育局合并成立县卫生和计划生育局（以下简称县卫计局），办公地址搬迁到军民路2号。

2019年1月，机构改革，县老龄办撤销，相关职能并入县卫计局，更名为县卫生健康局（以下简称县卫健局），加挂沂源县中医药管理局牌子。局内设10个科室。行政编制22人，设局长1名、副局长2名，县中医药管理局局长由局长或副局长兼任，中层领导职数15人（含机关党委专职副书记1人）。

卫生行政机关历任主要负责人

机构名称	姓名	职务	任职时间
沂源县人民民主政府卫生科（1946—1951）	杨蕴玉	科长	1950.02—1950.06
沂源县人民政府卫生科（1951—1955.12）	庞承熙	科长	1951.03—1955.12
沂源县人民委员会卫生科（1955.12—1967.01）	庞承熙	科长	1955.12—1958.06
	李绍义	副科长（主持工作）	1958.06—1959.05
	王德成	科长	1959.05—1961.05
	唐敬尊	科长	1963.05—1967.01
沂源县卫生系统革命委员会（1967.01—1967.08）	唐敬尊	科长	1967.01—1967.08
“六二六”公社革命委员会（1967.08—1968.03）	唐敬尊	科长	1967.08—1968.03
“六二六”公社革命委员会卫生组（1968.03—1972）	张瑞义	组长	1968.03—1972.10
县革命委员会卫生局（1972—1981.06）	唐敬尊	局长	1972.10—1975.09
	左根田	局长	1975.09—1981.06
沂源县卫生局（1981.06—2016.01）	左根田	局长	1981.06—1984.06
	高绍佐	局长	1984.06—1988.02
	许淑河	局长	1988.02—1992.11
	徐爱祯	局长	1992.11—1995.12
	王世贵	局长	1996.03—2001.07
	段连华	局长	2001.07—2008.01
	张纪军	局长	2008.01—2016.01
沂源县卫生和计划生育局（2016.01—2019.01）	高贵明	局长	2016.01—2019.01
沂源县卫生健康局（2019.01—）	高贵明	局长	2019.01—2022.04
	王世礼	局长	2022.04—

党组织

党组（党委） 1982年12月，县委公布成立县卫生局党组，党组书记由局长兼任。1992年11月，县委决定成立县卫生局党委，并任命专职党委书记，县卫生局领导机制实行党委领导下的局长负责制。按照属地管理原则，局党委管辖县直医疗卫生单位的党组织。2019年1月，机构改革，县卫生健康局重新设立党组，行使领导核心职能。卫生局党委撤销，新成立县卫生局机关党委，负责县直医疗卫生单位党的建设和党员管理等党务工作。

截至2003年末，局党委管辖县直5个医疗卫生单位，党的基层组织27个，党员617名。

卫生系统党组织历任主要负责人

机构名称	姓名	职务	任职时间
沂源县卫生局党组（1982.12—1992.11）	左根田	书记	1982.12—1984.06
	高绍佐	书记	1984.06—1989.06
	许淑河	书记	1989.06—1992.11
沂源县卫生局党委（1992.11—2016.01）	苗宗祥	书记	1992.11—1999.05
	王世贵	书记	1999.05—2001.03
	段连华	书记	2001.03—2003.03
	李淑华	书记	2003.03—2003.09
	段连华	书记	2003.09—2007.11
	董　洋	书记	2007.11—2008.01
	张纪军	书记	2008.01—2016.01
沂源县卫生和计划生育局党委（2016.01—2019.01）	高贵明	书记	2016.01—2019.01
沂源县卫生健康局党组（2019.01—　　　）	高贵明	书记	2019.01—2022.04
	王世礼	书记	2022.04—

卫生局党组（党委）所属基层党组织光荣在党50年人员名录

姓名	性别	出生年月	入党时间
王化奎	男	1925.11	1945.05
王维忠	男	1928.06	1946.02
崔维琪	女	1934.07	1947.08
潘世庆	男	1926.02	1947.10
李其笃	男	1928.10	1948.02
王锡玉	男	1929.08	1948.07
王德成	男	1923.01	1948.11
何兴亮	男	1936.05	1956.02
王本记	男	1939.09	1956.10
杨步连	女	1939.04	1958.01
陈素贞	女	1940.02	1958.06
孙永法	男	1937.10	1960.07
王祥德	男	1939.10	1960.11
翟所爱	男	1942.09	1960.12
江东美	女	1933.11	1962.05
王学信	男	1944.09	1965.03
郑功学	男	1944.02	1965.05
高俊福	男	1941.07	1965.10
王秀英	女	1947.07	1965.10

续表

姓名	性别	出生年月	入党时间
房德柱	男	1941.06	1965.10
张道三	男	1946.08	1966.04
王玉芬	女	1942.07	1966.04
李化本	男	1945.12	1966.04
赵光贞	男	1949.12	1966.06
沈传友	男	1944.01	1966.10
王光兴	男	1946.11	1966.10
苏志奎	男	1946.05	1967.04
江　涛	男	1945.09	1968.02
张汝武	男	1946.10	1968.08
张传智	男	1947.03	1968.10
刘志明	男	1945.03	1969.03
苗宗祥	男	1945.05	1969.05
邵炳坤	男	1948.04	1969.05
刘维玉	男	1947.02	1969.06
王成吉	男	1948.12	1969.08
段连文	男	1948.10	1969.09
侯学利	男	1949.11	1969.10

续表

姓名	性别	出生年月	入党时间
袁圣启	男	1949.01	1969.10
刘炳峰	男	1950.01	1969.10
刘书祥	男	1949.12	1969.11
牛恩强	男	1948.12	1969.11
邹笃友	男	1950.01	1969.12
刘居安	男	1951.10	1970.04
李敬平	男	1952.05	1970.04
李桂英	女	1951.06	1970.08
曲平祥	男	1949.04	1970.10
许　新	男	1950.02	1970.10
崔希河	男	1950.09	1970.12
李云山	男	1952.02	1971.01
翟学传	男	1948.03	1971.02
张富京	男	1947.01	1971.02
宋玉太	男	1948.05	1971.02
李绍贵	男	1950.12	1971.03
曹秀叶	女	1950.06	1971.04
李传芳	女	1950.02	1971.04
李明秀	女	1950.12	1971.05
沈光举	女	1948.08	1971.05
王香田	女	1949.12	1971.05
张世全	男	1947.09	1971.06
郑功泉	男	1952.06	1971.07

卫生局（科）机关党支部 1953年，建立中共沂源县卫生科支部委员会，县卫生科、县卫生院同一个支部，党员5人。1955年，县卫生院党支部独立，县人委卫生科成立机关党支部。“文化大革命”中，党组织遭到破坏，组织生活停顿。1970年，沂源县革委生产指挥部卫生组党支部成立，隶属于县革委机关党委，包括卫生科机关、卫生防疫站、麻风病防治站、妇幼保健站、计划生育办公室5个单位13名党员。1984年底，县卫生局党支部含局机关、妇保站、皮防站、药检所、卫校5个单位，分3个党小组，党员37名。1989年，县直站、所各自成立党支部，县卫生局党支部有局机关、结核病防治所2个单位22名党员。1995年，县结核病防治所成立党支部，局机关党员18名，隶属于县直机关党委。2016年，机构改革，成立县卫计局机关党支部。2019年，机构改革，成立沂源县卫生健康局机关党支部，中共党员30名。局机关退、离休人员党支部党员39名。

工　会

卫生系统工会组织最初为1957年10月成立的沂源县卫生工作者协会，辖全县11个区的公立卫生机构。县卫生院和东里医院分别成立工会委员会。1976年后，工会组织解体，活动停止。1979年，县人民医院率先恢复工会，其他医疗卫生单位亦相继恢复工会组织。

1984年10月，县卫生系统工会工作委员会成立，在县总工会和局党组（党委）领导下开展工作，单设副科级工会工委主任领导岗位，由局党组（党委）成员兼任。2014年，不再单设副科级工会工委主任领导岗位，由一名副局长兼管工会工作。

共青团

2000年前，县直医疗卫生单位先后建立共青团组织，围绕卫生工作中心任务，组织团员开展活动。2000年12月，召开县直医疗卫生单位第一届团员代表大会，选举产生共青团县卫生系统第一届委员会。2004年和2012年分别进行换届选举，选举产生第二届、第三届团委会。截至2023年末，卫生系统团委辖6个基层团支部，团员420人。

队伍建设

早期的基层卫生管理者

20世纪50—60年代，卫生事业建立初期，卫生机构人才严重不足，尤其缺乏卫生管理干部。其间，一批从部队转业的干部陆续调入卫生系统，到区（公社）卫生机构担任领导职务。

在第一代卫生队伍中，有部队转业的卫生工作人员，有从个体从业人员中考核选拔进入公立卫生机构的中医药人员，还有医学院校毕业的卫生技术人员。

卫健系统离休人员名录

姓名	性别	出生日期（年）	参加工作时间	入党时间	原工作单位	职务或职称
郭志伟	男	1914	1944.1		东里分院	医师
付尚礼	男	1915	1946.11	1946.01	县医院	党支部书记
周国谋	男	1916	1945.08		县医院	中医师
张道远	男	1917	1946.11	1949.11	县医院	股长
侯学增	男	1918	1948		鲁村分院	医士
隋兆俊	男	1918	1945.01	1949.04	鲁村分院	卫生科副科长
徐　习	男	1918	1941.01		南麻卫生院	
刘继光	男	1919	1947.08	1957.05	东里分院	副院长
苗永福	男	1919	1948.1	1945	张庄分院	支部书记
宋允泉	男	1920	1943	1945	张家坡卫生院	院长
狄洪超	男	1920	1937.1	1941.08	土门分院	院长
马福山	男	1920	1946	1948.08	悦庄卫生院	医士
杜培深	男	1921	1942	1945	石桥分院	支部书记
肖衍青	男	1921	1946.06		县卫生学校	会计
赵存忠	男	1922	1945.07	1949.03	东里分院	护士
唐守高	男	1922	1947.1	1949.06	土门分院	副院长
杜洪章	男	1922	1946.1	1943.07	县卫生局	会计科员
刘纪富	男	1922	1937.1	1938.07	县医院	副院长
吴彦坤	男	1923	1947.02		东里分院	医士
许克明	男	1924	1943	1945	梭背岭卫生院	医士
左根田	男	1924	1942	1955.02	县卫生局	局长
赵子文	男	1924	1946	1948.08	张庄分院	医士
王化奎	男	1925	1947.01	1947.03	土门卫生院	院长
耿文治	男	1925	1946.09		东里分院	副院长
陈向胜	男	1925	1943.12		东里分院	护士
杨继常	男	1925	1947.02	1948.02	鲁村分院	支部书记
张建中	男	1925	1945.03	1949.04	县卫校	书记
郎瑞云	男	1925	1946.1		县医院	会计
杜春彬	男	1925	1948.11		悦庄卫生院	医士
潘世庆	男	1926	1947.06	1948.04	南麻卫生院	书记
陈秀宝	男	1926	1945.08	1948.01	中庄卫生院	院长
王德成	男	1926	1947	1948.11	计划生育局	局长
任克孝	男	1926	1945.01	1946.06	梭背岭卫生院	支部书记

续表

姓名	性别	出生日期（年）	参加工作时间	入党时间	原工作单位	职务或职称
房成英	男	1926	1946.11		张庄分院	支部书记
张文一	男	1927	1945.08	1943.07	县爱卫办	主任
蒋永安	男	1927	1946.07	1945.12	县医院	副主任医师
褚乐香	女	1927	1946		张庄分院	护士
王玉瑞	男	1928	1945.09	1946.01	东里分院	院长
苏成文	男	1928	1944.05	1956.05	南麻卫生院	院长
刘焕宝	男	1928	1946.11	1945.05	悦庄卫生院	院长
谭德云	男	1928	1945.06		东里分院	放射医师
丛慧兰	女	1928	1948.09		东里分院	护士
薛庆远	男	1928	1946.01		鲁村分院	副院长
王　兰	女	1928	1947.05		县医院	护士
李全成	男	1928	1945.01	1947.05	县医院	放射技士
王维忠	男	1928	1947	1946.03	县医院	药剂科主任
徐国成	男	1928	1946		徐家庄卫生院	医士
周国伦	男	1929	1946.01	1948.06	燕崖卫生院	院长
梁文胜	男	1929	1949.07		东里医院	护士
齐元明	男	1929	1946.09		鲁村分院	医士
李其笃	男	1929	1946.02		鲁村分院	医士
李文涛	男	1929	1944.09		县防疫站	主管医师
唐　白	男	1929	1945.05	1946.05	县医院	院长
张建修	男	1929	1942.06	1946.05	县医院	主治医师
张桂美	女	1929	1947.03	1948.07	县医院	药士
刘兆友	男	1929	1946.01	1946.11	燕崖卫生院	副院长
邱金慧	女	1929	1946.01		悦庄卫生院	护士
伊永祥	男	1929	1945		张家坡卫生院	副院长
张云珠	男	1929	1946.08	1948.02	张庄分院	医士
刘守成	男	1929	1945.07	1948.07	县医院	副主任麻醉师
齐登山	男	1930	1946.07	1948.12	黄庄分院	院长
刘忠法	男	1930	1945.04	1948.04	东里医院	医师
许佃水	男	1930	1949.08		土门分院	医士
孙吉珍	男	1930	1948.09		县皮防站	医士
李志勇	男	1930	1945.07	1956.07	县卫生局	局调员
张洪杰	男	1930	1945.11		张家坡卫生院	副院长
张云坡	男	1930	1948.09		张庄分院	中医士

续表

姓名	性别	出生日期（年）	参加工作时间	入党时间	原工作单位	职务或职称
张元清	男	1931	1946.01	1947.12	徐家庄卫生院	院长
崔冠三	男	1931	1946		鲁村分院	院长
符文杰	男	1931	1948.01		三岔分院	副院长
扈本智	男	1931	1949.06	1954.07	县医院	主管药师
周培才	男	1931	1946.07	1949.06	县医院	副主任
王锡玉	男	1931	1945.07	1956.12	县医院	副主任药师
徐　斌	女	1932	1944.08	1946.08	南麻卫生院	副院长
黄桂荣	女	1932	1947.09	1951.12	南麻卫生院	护师
滕信起	男	1932	1945		县皮防站	副站长
崔维琪	女	1932	1946.04	1947.08	县卫生局	工会办主任
栗　营	女	1932	1946.06	1949.02	县医院	护士长
张化美	女	1933	1946.08		县医院	药剂士
谢培先	女	1934	1948.08	1966.05	东里分院	护士长
于凤英	女	1934	1947.02	1946.03	县医院	护师
冷　沂	男	1936	1948.12		梭背岭卫生院	医士

行政管理

医政管理

县卫生科成立至1984年6月，县卫生局（科）由1名专职人员负责医政工作。1984年7月，设立县卫生局医政科，履行医政管理职责。

沂源县先进工作者代表大会卫生系统代表合影（1963年）

医疗机构建设　1950—1956年，医政工作重点抓医疗机构建立和医疗队伍建设。这一时期，调查登记开业医务人员，把其中优秀者吸收加入公立医疗卫生机构，合格的颁发“行医执照”，准许其开业行医，不合格的予以停业。1956年，社会主义改造基本完成，个体开业医务人员部分被吸收到公立医疗卫生单位或联合诊所。1958年，人民公社化运动，12处区卫生所改建为13处人民公社卫生院，各区的联合诊所改编为人民公社集体所有的联合保健站，全县共有19处联合保健站总站，下设55处分站。

医疗业务建设　20世纪60年代，医政工作重点转为医疗卫生单位的业务建设，指导开展医疗、防疫、妇幼保健等业务工作，加速培养卫生技术人员。在“三年困难时期”（1959—1961），组织医务人员下乡开展“四病”（营养不良性水肿、干瘦病、小儿营养不良、妇女子宫脱垂）调查和防治，并从上海、福建等地发来救灾药品挽救重症病人。20世纪70年代，重点贯彻卫生部《医院工作条例》《医院工作人员职责》和《全国农村人民公社暂行条例》等法律法规，建立和完善医疗卫生单位规章制度，促进医疗卫生服务制度化、规范化进程。20世纪80年代，重点开展急诊急救业务建设。县卫生局制定下发《急诊工作制度》，规定在全县各级医疗机构实行首诊负责制，健全完善急诊指挥系统。20世纪90年代，组建"120"急救系统并纳入全市统一指挥系统。在县医院、县中医医院急救点的基础上，2009年增设东里中心卫生院（县第二人民医院）急救点。2017—2018年，扩展南鲁山镇三岔卫生院、中庄卫生院、大张庄中心卫生院、鲁村中心卫生院4处急救点，实现县内急救车辆全覆盖。进入21世纪，医政管理重点是依法审批和监督医疗机构执业。

医疗机构和医务人员的依法管理 1994年2月，国务院颁布《医疗机构管理条例》，医政工作由此进入依法管理阶段。主要对全县公立和私营医疗机构进行全面登记注册并核发新的《医疗机构执业许可证》。同时，取缔不符合规定的个体诊所，关停不符合标准的村级卫生室。1999年10月，卫生监督体制改革，医疗机构的执法监督职能划归新成立的县卫生监督所，医政管理保留医疗机构的设置审批。1998年5月，依法开展各级各类医疗机构的执业医师管理。2023年末，全县各级各类医疗卫生健康机构在册执业医师1228人、助理执业医师487人。2008年5月，启动护士的依法注册登记。截至2023年末，全县通过考核依法注册护士1822人。

行政村卫生室管理 1970年，全县开始兴办农村合作医疗。县卫生局按照全国《农村合作医疗章程（试行）》，选派工作人员到各公社蹲点，指导村队合作医疗工作。1979年底，全县14个公社中有8个公社实行合作医疗制度。1986年，全县1054个行政村中有合作医疗卫生室955所。同年，全县村级乡村医生统一考试，566人合格者获颁乡村医生证书，390人发放了乡村卫生员证书。1987年8月，医政股配备卫生室专管员。是年，村集体办789处、个体办227处、乡医联办5处卫生室。1988年7月，卫生局成立防保股，村级卫生室管理职能划入防保股。

私营医疗机构监督管理 1955年，除县卫生院、东里医院和各区卫生所，其余散布在城乡的诊所、药铺全部为个体私营组织，有个体开业医219人。1956年，社会主义改造完成后，只有39人个体行医执业。1964年，个体私营医疗机构全部停业。1980年，国务院批转卫生部《关于允许个体开业行医问题的请示》，山东省卫生厅下发《山东省个体开业和联合诊所管理暂行办法》，自此，个体私营医疗机构又重新出现在人们的日常生活中。至1990年，全县共批准14家个体诊所开业。1990年后，具有执业资质的医疗机构退休人员和社会人员申请在城区个体开业者大量增加，至2005年，批准个体诊所开业39家。2010年后，私营医疗机构设置政策进一步调整，对符合人员资质和开业行医条件的应当予以审批颁证。2023年末，全县共有个体诊所110所，私立医院2家。

医疗纠纷和医疗事故处理 1954年，县政府卫生科把防范医疗事故和处理医疗纠纷纳入卫生行政管理范围。1954—1978年，尚无健全的法律法规和专业的医疗事故鉴定机构，医疗条件较差、技术水平较低，医疗事故频发、多发。事故调查临时抽调医疗单位卫生技术人员参与，对责任医务人员一般进行批评教育。1979年1月，县卫生局成立"沂源县医疗事故鉴定委员会"，首任主任委员梁国栋。县卫生局同期下发《关于建立医疗事故、差错报告制度的通知》，全县各医疗卫生单位成立事故鉴定小组，并开展防范医疗事故教育。2002年4月，国务院颁布《医疗事故处理条例》，对医疗事故的防范、鉴定、等级、处理、法律责任等作了明确规定，各单位成立质控科室，主抓医疗质量和医疗事故的防范工作。

1995—2010年，医患纠纷大量增加。受社会不良风气影响，医患纠纷由起初的一般纠纷演变成为以维权为幌子、以索取经济利益为目的的"医闹"，有的甚至有社会闲杂人员参与其中聚众闹事。

这一时期医患纠纷的患者方大多采取“三不”（不做事故鉴定、不按法律程序处理、不走诉讼途径）策略，采取拉横幅、封堵医院大门等非法行为，甚至围困、伤害医务人员，严重扰乱医疗服务秩序，影响正常的医疗活动。2012年4月，国家卫生部、公安部联合发布《关于维护医疗机构秩序的通告》，规定对7种扰乱医疗机构秩序的行为依法予以坚决打击。同时，医疗机构不断加强制度建设，规范医疗服务行为，不断提高医疗质量，从源头防范医疗纠纷的发生，医患纠纷逐步下降。

预防保健管理

1950—1984年，县卫生科（局）有专职人员从事预防保健行政管理工作。1984年以后由县卫生局医政股负责。1988年5月至2012年，由县卫生局防保科专职从事预防保健行政管理。2012年，撤销防保科，其职责划入县卫生局法制监督科。2016年，机构改革，法监科撤销，预防保健行政管理职责划入疾病预防控制科。

开展早期基础性预防保健业务 1952年2月，全县开展反细菌战运动，县卫生科组织人员到区（乡）、村指导除“四害”，掀起广泛的爱国卫生运动；8月，县卫生科举办黑热病培训班，指导各级卫生机构开展疫情处置和疫情防治；12月，全县麻疹流行，县卫生科首次组织县内17名医务人员组成医疗队，配合上级医疗队开展巡回医疗。20世纪50—60年代，组织开展地方病、妇女病普查等基础性工作，1955年开始普查麻风病、1956年开始普查黑热病、1957年调查丝虫病、1961年普查“四病”等。

重大传染病防控与突发公共卫生事件管理 1960年10月，黄庄、徐家庄、鲁村发生白喉病流行，发病740例，死亡16例。县卫生科抽调医疗队奔赴疫区开展防控和救治；11月底，疫情得到完全控制。2003年，国内暴发“非典”疫情，县卫生局组织卫生系统各单位按照重大公共卫生事件启动响应程序，建立传染病应急医院，各医疗单位开设发热门诊，组建留验站对外来人员实施隔离观察。38名医护人员进驻留验站，开展隔离检测观察工作。2003年4—12月，共完成外地到沂返沂人员查体5771人，留验观察94人。

2020年1月，国内暴发“新冠”疫情。卫生系统在资源调配、队伍组织、机制建立、分级督导等方面全面开展防控工作。全县通过临时征用、租用、改建等方式，建立外来人员风险人员集中隔离观察点，并在郊外新建立容纳512人的专业集中隔离点，对重点人群实施管控。各个集中隔离点接受隔离观察人员6000余人次。全民开展疫苗接种，从初始接种到加强接种，再到强化免疫，卫健系统各单位全员参与，全县“新冠”病毒疫苗累计接种44万余人，全程接种率达98%以上。2022年3月9日，沂源县启动全民免费核酸检测，全县设置采样点645个，设置核酸检测实验室7处，建成县PCR中心实验室，日最大检测能力达到4.24万管。培训采样人员2625人，3年组织开展全员核酸检测83轮，检测并出具检测报告4613.2万余人次。

2022年12月，国家不断优化调整“新冠”疫情防控措施，防控工作重心逐渐从“防”转到“治”上来。2023年1月8日，“新冠”感染正式实施乙类乙管，放开按甲类管理时的防控措施，研判

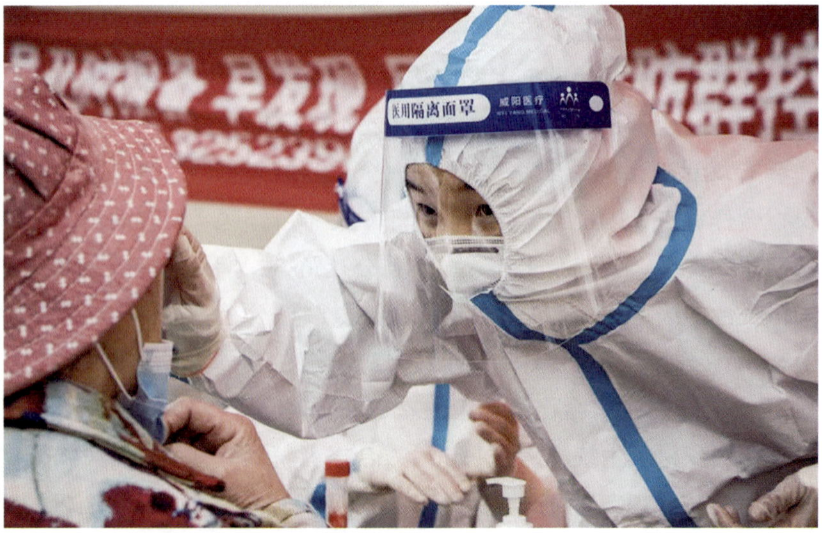

核酸检测采样（2022年）

出现感染高峰。卫健系统各单位迅速调整工作重点，全力做好感染患者（核酸检测呈阳性确诊为感染发病，俗称“阳了”）医疗救治。各医疗单位最大化扩充感染病床，尽可能收治感染者。2023年1—3月期间，全县县、镇两级医疗机构收治“新冠”感染患者10477例。

实施国家基本公共卫生服务项目　2009年，沂源县开展国家基本公共卫生服务项目，将12个项目包括居民健康档案、健康教育、孕产妇健康管理、0~6岁儿童健康管理、预防接种、老年人健康管理、慢性病（高血压、2型糖尿病）患者健康管理、严重精神障碍患者健康管理、肺结核患者健康管理、中医药健康管理服务规范、传染病和突发公共卫生事件报告和处理、卫生监督协管服务规范纳入国家基本公共卫生服务管理。2017年7月，实施以奖代补政策，落实严重精神障碍患者监护责任。2018年11月，按照“保基本、兜底线”原则，建立严重精神障碍患者“医保报销、民政救助、财政兜底”的救治经费保障机制。对建档立卡的贫困严重精神障碍患者和危险性评估三级及以上的患者全部免费救治。2017年，开展家庭签约医生服务，惠及全县城乡居民。

法制监督管理

1956年，县卫生防疫站陆续开始“五大”卫生的执法监督工作。县卫生科（局）只负责宏观指导，不承担具体执法监督职责。1995年10月，《食品卫生法》颁布实施。次年，县卫生局成立执法科，配备执法监督员6人，着全国统一执法监督制式服装，承担食品卫生执法监督的具体工作职责。1999年12月，卫生执法监督体制改革，行政执法职责由新成立的县卫生监督所承担，执法科不再承担具体执法工作，只对卫生执法监督进行宏观管理，对行政处罚案件履行审查和审批职责。2002年，县卫生局职能调整，撤销执法科，成立稽查科，负责卫生监督执法的行政管理和监督；审查、审批行政处罚案件。同时行使卫生局机关各科室、县镇各医疗卫生单位工作任务落实情况、党风廉政和行业作风的督查职责。2010年，撤销稽查科，成立县卫生局卫生法制与监督科（简称法监科）。2016年，机构改革，法监科改称县卫计局综合监督科。

三级卫生监督网络的建立　2012年，按照“保基本、强基层、建机制”的要求，全面建立以县卫生监督机构为指导，镇（街道）卫生院（社区卫生服务中心）为基础，村卫生室（社区卫生服务站）卫生监督信息员为补充的三级卫生监督网络，充分利用三级公共卫生网络和基层医疗卫生机构的前哨作用，解决基层尤其是边远山区卫生监督相对薄弱的问题。每个镇（街道）都配备卫生监督协管员，每个村卫生室（社区卫生服务站）都设立卫生监督信息员，建成横向到边、纵向到底，覆盖城乡的卫生监督网络体系。

医疗市场整顿行动　2014年，县卫生局开展打击非法行医专项行动。下达卫生监督意见书1200余份，对14家未取得《医疗机构执业许可证》的黑诊所依法予以取缔。对因不符合基本标准的70家医疗机构进行了依法注销登记。

食源性疾病监测　2019年，县卫生健康局重点提高食源性疾病监测能力，集中开展监测人员

家庭签约医生健康服务到村头（2016年）

培训和对哨点医院、乡镇卫生院和村卫生室的督导检查。沂源县代表队在全市食源性疾病监测技能竞赛活动中荣获团体第一，在全省食源性疾病监测技能竞赛决赛活动中荣获全省第六名。

基层卫生和妇幼保健管理

县卫生科成立初期，设专人负责基层卫生和妇幼保健（简称“基妇”）行政管理。1984年6月，“基妇”工作由县卫生局医政股负责。1988年5月后，基层卫生工作职责划入防保科负责。2011年，设立县卫生局基妇科，专职负责基层卫生和妇幼保健行政管理。

1955年，全县推广新法接生，县卫生科指导各区建立乡村接生站52处，培训新法接生员435人。同年，在已经建立的区卫生所，配备兼职妇幼保健人员12人。1965年，全县13处公社卫生院各配备1名专职妇幼保健人员。1975年，全县普及农村合作医疗，同时培训配备女“赤脚医生”、接生员748人。1986年，全县14处乡镇卫生院均设立妇幼保健科（组），妇保人员38人。

1987年，对村级卫生室实行分级管理，经考核验收，全县有甲级卫生室259处、乙级卫生室350处、丙级卫生室400处。1988年，对村卫生室整顿发证，906处农村卫生室获颁证书，139处停业整顿，12处被取缔。2010年4月开始，全面推行村卫生室量化分级管理，经市级审核198家村卫生室达到甲级村卫生室标准。2019年，开始创建“中心村卫生室”。2019—2023年，全县累计建设中心村卫生室105处，覆盖231个行政村，19万人。

人事管理

初期人事管理是在局党组领导下，由局专职秘书承办相关事务。1981年6月，设立人秘股，负责人事管理工作。1984年6月，人秘股更名为人事股。1993年12月，机构改革，人事股、局办公室合并设立人秘科。1997年，县委编办下达编制通知，重新设立人事科。

卫生技术人员的初始录用和管理 1950年，县政府开展医务人员登记审查。经审查符合录用标准的个体卫生技术人员录用为公立卫生机构工作人员。1954年7月，全县8个医疗卫生单位有职工73人，其中从社会录用人员54人。1954年后，各区散布在社会的医务人员陆续加入联合诊所，少数个体开业。1956年底，部分个体开业医和联合诊所人员转为各区卫生所的工作人员。全县卫生系统实有职工185人，其中录用人员108人。1960年末，全县各级各类公立卫生机构人员465人，其中卫生技术人员403人。1962年，按照中央“调整、巩固、充实、提高”方针，精减下放卫生工作人员99人。1968年12月，撤销全县45处小公社（人民公社下辖的行政机构）卫生所，236名工作人员全部下放到生产大队。其间，部分人员被收回且再次被下放。1973年12月，临沂地区革委批示，1968年后下放人员全部收回。2004年，根据省、市关于事业单位录用人员必须经过公开招聘的政策规定（逢进必考），县卫生局、县人事局、县监察局联合组织实施，面向社会公开招录县、镇事业单位卫生技术人员。被录用的人员和用人单位签订聘用合同，县人事部门落实事业编制。

中心村卫生室新貌（2019年）

编外人员录用管理 1993年后，国家对基层卫生事业政策进一步倾斜，城乡居民医疗需求快速增长，医疗单位门诊和住院业务量增加，医护人员不足的问题日益突出，特别是护理专业的人员尤其短缺。受编制员额的限制，每年录用的人员远远不能满足需求。在此背景下，县人民医院、县中医医院率先打破“瓶颈”，经县卫生局同意，有计划地从社会上招录具备卫生专业正规学历并具有执业资质的编制外人员充实临床一线岗位。业务发展较快的卫生院亦适时跟进，根据业务需求招录临床急需人员。2008年1月1日，《中华人民共和国劳动合同法》颁布实施，各医疗卫生单位编制外人员，由第三方劳务公司代理同用人单位签订劳动合同，并缴纳“五险一金”，成为合同制用工人员。截至2023年底，县、镇公立卫生机构实有签订劳动合同的编外用工人员1440人。

人员聘任制管理　2007年，卫生事业单位实行聘任制，职工与所在单位签订聘任合同，并执行相应岗位的工资待遇。2011年，卫生系统实行新一轮乡镇卫生院人事制度改革，重新核定乡镇卫生院人员编制，按照比例设置工作岗位（全科医生占卫生专业技术人员20%以上、公共卫生占20%以上、中医药10%、其他卫生技术人员50%以下）。各卫生院按照公开报名、资格审查、竞聘答辩、民主测评、组织考核等程序，组织职工进行公开竞聘上岗。当年，全县13处卫生院人员竞聘上岗工作全部完成，558名职工参加竞聘，竞聘成功岗位548名，办理内部退养职工10名。

干部聘任制管理　1993年，党政机关事业单位全面实施机构改革，县编委下达“三定方案（定机构、定人员、定职责）”，重新核定县卫生局内设机构和人员编制，内设机构中层干部竞聘上岗，科员、办事员双向选择，组织确认。经过个人报名、组织审查、竞争答辩、群众评议等程序，经局党组确认，局人秘科、医政科、法制监督科、财务科4个行政科室和爱卫会办公室、公费医疗办公室2个事业编科室的科长（主任）竞聘上岗。2009年，对空缺的或者需要调整的7个乡镇卫生院院长职位进行竞聘上岗，签订院长目标责任书。由此开启多形式选拔卫生院院长的模式。

职称管理　1979年，国务院批转卫生部《卫生技术人员职称及晋升条例（试行）》，沂源县首开卫生技术人员职称晋升工作。符合报名条件的卫生技术人员参加全省统一的笔试、口试、论文评议、病例分析等环节的考试考核，由临沂地区卫生局批准公布。1980—1982年，全县共有318人取得各类卫生技术职称。1983年，职称晋升暂停。1986年10月，职称晋升重开，政策有较大调整，改技术职称终身制为聘任制，职称与职务结合，与工资挂钩、与岗位职责相称。县卫生局组成卫生系列初级评审委员会，负责卫生系列职称初评。截至1989年底，全县卫生系统聘任各类卫生技术人员812人，其中副高级职称16人、中级职称156人、初级职称640人。2002年，职称政策再作调整，实行评、聘分开，由原来的评审通过即聘任到位，改为评审通过后等待岗位空出后再行聘任。2018年，实行中高级专业技术职称直评直聘。截至2023年末，全县卫生系统在职在岗各专业正高级职称76人、副高级职称387人、中级职称673人。

名医评选　2004年2月，县委组织部、县卫生局、县人社局联合组织第一届“沂源名医”评选。按照学科技术水平、个人业绩、群众满意度、医疗效果等条件，经过单位推荐、集体评议、组织审查、社会公示等环节，评选厉向玲、孙纯祥、郑功泉、周世良、侯学艺为第一届沂源名医。2020年，调整完善评选条件和程序，评选任大利、刘云英、张家富、孟庆学、姜虹、唐光波、崔宝文、崔锡范、李俊云为第二届沂源名医。

卫生经济管理

预算管理　卫生事业建设之初，党和政府就确定卫生事业单位全额预算管理和差额预算管理相结合的经济体制。县卫生行政主管机关根据年度卫生事业发展计划，在各单位上报预算草案的基础上，编制全县卫生事业预算计划报县财政主管机关审批实施。对于预防保健事业单位，实行全额预算管理，收支全额列入财政预算；有盈利收入的医疗单位实行差额预算管理。县卫生局（科）通过经费拨付、内部审计、财务分析等措施，管理、监督医疗卫生单位预算执行情况。1998年，县卫生系统各单位实行收支两条线管理，县预算外资金管理局委派财会人员指导、监督执行预算收支管理和预算外资金使用。

会计核算集中管理 2009年8月，县卫生局创新管理模式，成立卫生院会计核算中心，按照县卫生、财政、非税收入监管三部门联合下发的《沂源县卫生院会计集中核算办法》，开展会计核算工作，对各医疗卫生单位财务和经济运营情况实施核算和监督。在保持乡镇卫生院法人单位性质、独立核算实体、财务自主权和资金支配权不变的前提下，对分散在各卫生院的财务核算实行集中办理，取消卫生院会计岗位，由会计核算中心对各卫生院的账务进行统一记账、统一核算、统一审核、统一监管。

招标采购监督管理 2008年，县卫生局根据有关规定要求，制定《医疗卫生机构设备购置管理办法》，对县直医疗单位10万元以上、乡镇卫生院2万元以上的医疗设备，全部由单位填写医疗设备采购审批表，报县卫生局医疗设备采购审批小组，调查论证同意后，由县卫生局报县政府集中招标采购办公室，按程序进行招标采购。其中，对100万元以上的医疗设备，必须报请县政府审批同意后，再进入政府集中招标采购程序，未经审核批准和政府集中招标，各单位一律不得私自采购。

综合管理

安全应急指挥管理 2012年6月起，县卫生局医政科牵头负责安全生产工作，主要对医疗机构用水、用电安全及消防安全进行监管和业务指导。2016年1月，县卫生和计划生育局医政科牵头负责安全生产工作；9月，局办公室负责安全生产工作。主要对医疗卫生单位消防安全、特种设备安全、易燃易爆物品安全、毒麻精药品安全、电气线路安全、生物实验室安全等环节进行监管和业务指导。

爱国卫生工作 1952年1月，成立爱国卫生运动委员会后，先后开展除“四害”“两管、五改”“爱国卫生月”、城乡环境卫生综合整治、卫生创建等主要工作。2021年5月，沂源县开展事业单位机构改革，将县爱国卫生服务中心更名为县医疗急救指挥中心，为县卫生健康局所属副科级公益一类事业单位。编制5人，设主任1人、副主任1人。经费来源为财政拨款。主要职责是承担院前医疗急救的组织、指挥、调度、急救网络管理工作和爱国卫生工作。下设医疗急救指挥科、爱国卫生科2个内设机构。2021年8月，启动国家卫生县城创建工作；9月，通过国家卫生县城创建暗访验收；11月，鲁村镇、大张庄镇、中庄镇、西里镇、张家坡镇、石桥镇等6个镇，先行通过创建国家卫生乡镇暗访验收。同年，沂源县23个单位创成省级卫生单位、113个村创成省级卫生村。2022年，沂源县6个单位创成省级卫生单位、129个村创成省级卫生村、3个镇创成市级健康镇。

2023年6月，沂源县召开创建国家卫生县启动会议，9月沂源县通过国家卫生县创建现场评估。南鲁山镇、鲁村镇、大张庄镇、燕崖镇、中庄镇、西里镇、张家坡镇、石桥镇、悦庄镇，通过国家卫生镇创建现场评估验收。至此，沂源县实现国家卫生县、国家卫生镇创建全覆盖。

档案管理 1952年，建立沂源县卫生科全宗。1968年，改称为沂源县革命委员会卫生局。1981年，改称为沂源县卫生局，全宗号44。档案来源是该单位在工作活动中形成的文件材料；下属单位报送的材料、上级业务主管部门下达的文件材料、非业务主管机关下达的需要贯彻执行的法规性文件；县委、县人大、县政府、县政协及有关部门针对该单位的文件材料。2019年，以上档案移交到县档案馆。

荣誉称号

单位名称	获奖时间（一年）	获奖名称	批准机关
县卫生局	1985	全国计划生育先进集体	国家计划生育委员会
县卫生局	1988	《中华人民共和国药品管理法》执法先进单位	国家卫生部
县卫生局	2008	干部人事档案工作目标管理一级单位	中央组织部
县卫计局	2017	2016年山东省卫生和计划生育新闻宣传奖优秀工作奖	山东省委宣传部、山东省卫计委、山东省新闻工作者协会
县卫生健康局	2019	智慧基层服务品牌	山东省卫生健康委员会
县卫生健康局	2020	山东省抗击新冠肺炎疫情先进集体	中共山东省委、省政府
县卫生健康局	2021	2018—2020年全国计划生育优质服务先进单位	国家卫生健康委员会
县卫生健康局	2023	2022年打造高品质民生促进共同富裕先进集体	中共淄博市委、市政府

重要成果

沂源县国家卫生县和卫生镇创建实现全覆盖

2023年6月16日，沂源县全面启动国家卫生县和卫生镇创建工作。在县委、县政府的正确领导下，全县上下按照“全面铺开、重点突出、由外及内、典型带动”的工作思路，健全“六项机制（组织领导机制、宣传发动机制、网络包保机制、分线推进机制、督导调度机制、长效保持机制）”，实施“六大工程（畅通工程、净化工程、美化工程、亮化工程、绿化工程、生态工程）”，开展“六项整治（‘四城两场’专项整治、‘蜘蛛网飞线’专项整治、旱厕等‘五类’重点场所专项整治、城区秩序专项整治、‘七小’场所专项整治、建筑工地专项整治）”，完善“六个体系（健康促进体系、疾病防控体系、医疗服务体系、中医药发展体系、生活饮用水管理体系、病媒生物防制体系）”，国家卫生县、卫生镇创建取得丰硕成果。

2023年9月8日，沂源县顺利通过国家卫生县的现场评估；9月17日，南鲁山镇、鲁村镇、大张庄镇、燕崖镇、中庄镇、西里镇、张家坡镇、石桥镇、悦庄镇顺利通过国家卫生镇的评审验收；9月22日，东里镇顺利通过国家卫生镇的复审验收。至此，沂源县国家卫生县、卫生镇创建实现全覆盖。

2024年2月28日，沂源县人民政府副县长宋朋朋在全省规划信息（爱国卫生）工作会议上就国家卫生城镇创建作了典型发言。

省专家组反馈国家卫生县创建现场评估情况（2023年9月8日）

沂源县中医医院院长王世礼在大会上作典型发言（2021年6月1日）

淮河流域上消化道癌症早诊早治项目惠及群众2万余人

2010年9月，沂源县被国家癌症中心确定为淮河流域胃癌早诊早治项目县，沂源县中医医院具体负责筛查工作，每年对全县40~69岁目标人群进行胃癌筛查。截至2023年底，沂源县12个镇（街道）共筛查2万余人，查出阳性病例250人，其中早癌172人，均得到及时有效治疗，保障了群众的健康安全。

2021年6月1日，国家癌症中心在江苏省淮安市举办“2021年淮河流域癌症早诊早治项目培训班暨淮河经济生态带卫生健康发展论坛”，沂源县作为优秀项目点代表在大会上作典型发言。2022年7月，沂源县在全省淮河流域癌症早诊早治项目工作会议上作经验介绍。

家庭医生临床服务能力提升建设试点项目带动基层卫生工作高质量发展

2019年12月，沂源县被确定为国家家庭医生临床服务能力建设试点单位。项目实施中，沂源县抓实“四个保障”（抓实组织领导、抓实资金监管、抓实协调调度、抓实培训推广），做好“三个结合”（与“互联网+医疗健康”紧密结合、与基本公共卫生服务紧密结合、与党建惠民系列活动紧密结合），搭建“两个平台（镇级枢纽平台、村级辐射平台）”，建设“一个中心（诊疗方案设计中心）”，12家镇卫生院、106处中心村卫生室开展了人工智能辅助诊疗系统应用工作，累计接诊14.96万人次，生成门诊电子病历9.5万份，辅助诊断推荐16.84万份，智能外呼服务39.25万人次，有效破解了偏远山区群众看病不方便、基层服务能力不强的问题。

2023年2月，沂源县《医疗人工智能辅助推动基层就医提质升级》案例获评山东省新型智慧城市扩面打榜优秀案例。2023年11月，沂源县顺利通过国家卫生健康委的现场评估和项目终验。2024年4月19日，国家卫生健康委在北京召开家庭医生临床服务能力建设试点项目评估工作总结会议，沂源县作为山东省唯一代表在会上作典型发言。

沂源县获评首批省级新型婚育文化示范县

2023年，沂源县启动实施省级新型婚育文化示范县创建工作，建立县统筹、镇组织、村推进的三级联动模式，把落脚点放在“进”家上，经常下乡为群众开展健康查体、义诊活动，进门入户提供宣传、保健服务，开展“美在庭院”“健康家庭”“好媳妇”“好婆婆”评选，利用赶大集、进社区、进村居宣传国情国策、计生新政策、优生优育知识，消除陈规陋习，倡树婚育新风，取得明显成效。

2024年1月，沂源县顺利通过省级新型婚育文化示范县的现场评审验收。

沂源县创成首批国家慢性病综合防控示范区

2011年1月，沂源县启动实施国家慢性病综合防控示范区创建工作；11月，卫生部专家组到沂源县进行现场考评验收；12月13日，沂源县被卫生部评为全省三个、全市唯一的全国首批国家慢性病综合防控示范区。

国家慢性病综合防控示范区创建以来，沂源县健康素养水平从2017年的24.14%提高到2023年的30.09%，居民期望寿命从2011年的78.34岁提高到2023年的81.56岁。构建起综合医疗机构、基层卫生服务机构和疾控机构“三位一体”的慢性病综合防控体系，提升了群众的健康保障水平。

2017年，沂源县通过国家卫生计生委组织的第一次复审验收。2023年8月，沂源县通过国家卫健委的第二次复审验收。

县域医疗服务次中心促基层医疗服务提档升级

山东第一医科大学（山东医学科学院）医药管理学院院长陈士福与沂源县卫生健康局党组书记、局长王世礼签署合作框架协议（2022年6月）

2020年7月，山东省卫健委等8个部门首次提出在县域面积大、交通不便捷的涉农县（市、区）建设县域医疗服务次中心，构建农村地区30分钟重点疾病救治服务圈。同年，沂源县将东里、鲁村、悦庄3家卫生院纳入县域医疗服务次中心建设计划，全力开展创建工作。

2020年12月，市卫生健康委发文公布，沂源县第二人民医院（东里中心卫生院）通过“二级乙等综合医院”等级评审。同年，经市卫生健康委审核确认，县第二人民医院（东里中心卫生院）达到县域医疗服务次中心标准。

2023年12月，悦庄和鲁村中心卫生院通过市卫生健康委“县域医疗服务次中心”评审验收，认定两家卫生院达到县域医疗服务次中心标准。

截至2023年底，沂源县共建成3处县域医疗服务次中心，占全市县域医疗服务次中心的50%。

胸痛救治单元打通救治起跑“第一公里”

2021年，沂源县开始规划、建设胸痛救治单元，把胸痛救治网络延伸到基层，打通胸痛救治起跑“第一公里”，不断提高急救服务的可及性和覆盖面，为急危重症患者畅通救治赛道。

2022年4月，县第二人民医院胸痛救治单元为全市第一家。2023年8月21日，鲁村中心卫生院、南鲁山卫生院三岔分院、悦庄中心卫生院通过胸痛救治单元评审。2024年1月12日，大张庄中心卫生院、西里卫生院、张家坡卫生院等7家卫生院通过胸痛救治单元评审。2024年1月25日，县精神卫生中心通过胸痛救治单元验收。至此，沂源县12家卫生院全部通过胸痛救治单元评审。

建立基层卫生事业管理研究基地

2022年6月，依托山东第一医科大学基层卫生管理教学资源和研究成果，结合沂源县县、镇、村基层卫生事业管理资源优势，校地合作，建成淄博市第一个“基层卫生事业管理研究基地”，校地协同，培养高素质基层卫生事业管理人才，促进基层卫生事业管理质量提升。

卫生往事

来自省级医疗单位的“支医”

20世纪50年代初期，县卫生事业刚刚起步，县、区（乡镇）医疗卫生机构相继成立，卫生队伍逐步建立。1956年，全县公立和集体卫生机构职工171名，其中卫生技术人员143名。至1958年全部成立人民公社卫生院，县、区各医疗卫生单位共有职工390人。其中，卫生技术人员327人。医疗队伍中，大多是由联合诊所和联合保健站的个体行医人员组成，亦有少数部队转业的卫生员，医学院校毕业分配的专业技术人员，占比不足10%，队伍整体技术水平较低。在医学院校毕业分配人员严重不足，不能满足卫生事业发展的情况下，山东省卫生厅实行一项针对沂蒙山区的优惠政策，从省级医疗单位抽调医护业务骨干，安家落户到县、区（公社）医院，支援山区医疗卫生事业发展。

1963—1969年，有3批29名人员分别在县医院、东里医院、土门卫生院、张庄卫生院等单位开展医疗卫生服务。

在生活艰苦、办医条件简陋的年代，这些来自省城医院的学者、专家们，克服困难，认真负责，以白求恩为榜样，为山区卫生事业贡献青春和智慧。在他们带领下，沂源县相继建立起内科、外科、妇科、儿科、检验、影像等多学科医疗服务体系，沂源县医疗技术水平进入到临沂地区县级医院先进行列。他们成为一个时期全县医疗技术的中坚力量。

省级单位第一批支援山区卫生事业发展的卫生技术人员

姓　名	人物关系	毕业院校及时间	专业	原工作单位	沂源工作单位
刘振环	夫妇	山东医学院　1955年	内科	省级医院	县人民医院
陈希贞			护理	省级医院	县人民医院
贺师贤	夫妇	山东医学院　1958年	外科	省级医院	县人民医院
李慧娟		山东医学院　1960年	内科	省级医院	县人民医院
王志智	夫妇	山东医学院　1959年	妇科	省级医院	县人民医院
于秀荣			护理	省级医院	县人民医院
李再仁	夫妇	上海医学院　1957年	口腔	省级医院	县人民医院
李彩丛			护理	省级医院	县人民医院
谭德云	夫妇	山东医学院　1958年	放射	省级医院	县人民医院
丛慧兰			护理	省级医院	县人民医院

省级医疗单位部分支援“三线”建设的专业技术人员

姓　名	人物关系	毕业院校及时间	专业	原工作单位	沂源工作单位
邵同太	夫妇	山东医学院	检验	省精神病医院	土门医院
张惠华		济南护校　1962年	护理	省精神病医院	土门医院
陈吾根	夫妇	青岛医学院　1962年	妇科	青岛市立医院	土门医院
谷淑琪			护理	青岛市立医院	土门医院
高常俭		山东医学院　1963年	外科	省立医院	土门医院
张根礼			内科	青岛市立医院	土门医院
吕太聪			内科	省立医院	土门医院
辛钦章	夫妇	山东医学院	放射	青岛市立医院	东里医院
胡路德			护理	青岛市立医院	东里医院

沂源山区村民看病更方便

中心村卫生室实现空白村全覆盖 2019年5月，沂源县按照“县医院为龙头，乡镇卫生院为枢纽，村卫生室为基础”的管理思路，由政府出资，在卫生室空白村、薄弱村的中心位置，集中建设中心村卫生室。建设用地由所在村无偿提供，产权归卫生院所有，乡村医生无偿使用。截至2023年年底，沂源县已建成106处中心村卫生室，77名乡村医生拎包入住，医疗服务覆盖231个村。

中心村卫生室有诊断室、治疗室、观察室、24小时值班室、药房，配有血糖仪、血压计、氧气瓶等设备，开通全民健康信息系统，与县、镇医疗机构实现居民健康信息的互联互通和远程会诊。

沂源县东里镇前水北中心村卫生室，就是规范、整洁的标配版卫生室。水北片区没有大村，大部分都是二三百人的小村，片区9个村共有4000余人。之前每个村都有卫生室，但水平能力不一。投入使用的前水北中心村卫生室，不但为前水北村村民看病就医带来了方便，也方便了周边高家官庄等9个村4000余名村民。

返聘村医 鄌家峪村有户籍村民100余户，常住人口仅有180余人，其中50岁以上的老人有140多人。村庄实在太偏远，村里的常住人口还少，导致老村医退休了，新村医不愿意来。

已经65岁的申宗臣在这里当了42年乡村医生，2016年办理了退休，不想，一纸返聘书让他接过原来的担子继续干。与退休前不同的是，曾经的卫生室现已被更名为卫生院的医疗服务点。

对于因条件限制不能设置卫生室的村，沂源县卫生健康局工作人员一对一协调房屋设施设备，由卫生院或附近业务水平较高的村卫生室设立医疗服务点，定期前去坐诊服务。医疗服务点配备出诊箱、血压计、听诊器、体重秤等基本设施，配备20多种常见病、多发病需要的基本药物。

对于不能设立医疗服务点的空白村，委托离村较近、群众就医相对方便、认可程度高的乡村医生定期前往坐诊、巡诊，在非坐诊时间随叫随到。这种服务模式，改变了101个空白村村民看病不方便的窘境。

南鲁山卫生院三岔分院还选派公共卫生团队成员，每5天到像鄌家峪这样的村巡诊一次，每次坐诊半天。卫生院结合“流动共享医院”活动，组建家庭医生团队为村民送医上门。

县招镇管村用的村医 为保证中心村卫生室的长效运转和队伍稳定，沂源县卫生健康局按照县招、镇管、村用的模式，每年招聘临床医学、中医学、中西医结合专业的卫生专业技术人员，补充到中心村卫生室。

干乡村医生多年，现在有机会考编制成为“公家人”。沂源县大张庄镇娄家铺子中心村卫生室村医王训刚就通过参加2021年县卫生健康系统事业编制（乡村医生合并岗）考试，成为一名全额事业单位人员。

急诊绿色通道 沂源县加快急救站点建设，增加急救辐射范围，新建乡镇“120”急救站点4处，全县急救站点达到7处，最远“120”急救接诊时间由单程1小时缩短到20分钟。县域各医疗机构都建立了急诊绿色通道。县级医院作为全县诊疗服务

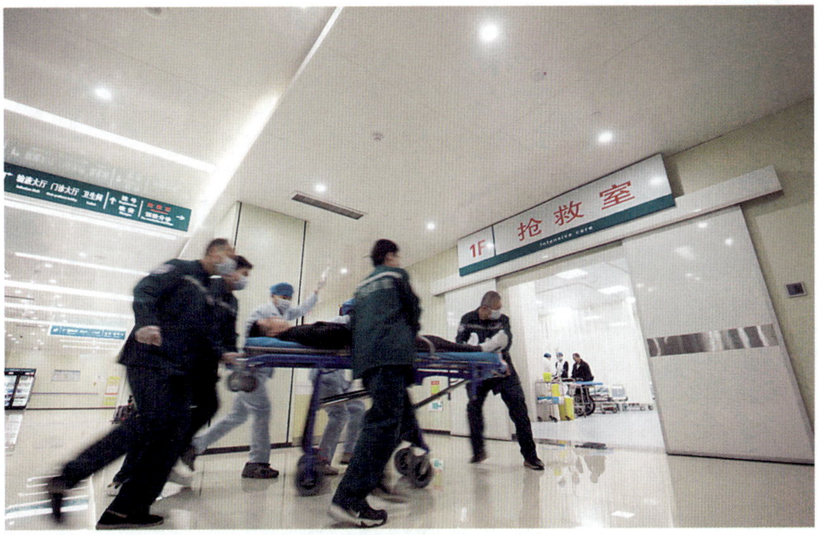

生命急救绿色通道（2020年）

龙头，在承接好下级医院上转重症患者的同时，还加强与省市级医院联系，建立起保护生命的“快车道”。

一天深夜，沂源县大张庄镇的陈大爷突发脑梗死，急救人员赶到他家时，他已经完全瘫痪，家属早就吓得不知所措。大张庄中心卫生院医护人员立即联系医共体牵头单位——沂源县人民医院卒中中心，开通急诊绿色通道，把陈大爷火速送往县城。

医务人员一直守护在陈大爷身边，直到溶栓成功。从发病呼叫“120”到溶栓成功，全程仅用时62分钟。来之不易的62分钟，是沂源县提升山区乡村急救能力的一个缩影。（原载2021年9月2日《健康报》）

卫生篇——沂源县人民医院

扫码听书

记忆沂源·卫生健康卷

概　况

沂源县人民医院始建于1950年，位于胜利路21号，占地面积33亩，建筑面积4万平方米。2022年6月30日，开始迁址新院。

新院位于县城人民路中段，占地面积253亩，建筑面积15万平方米，规划床位1200张。按照区域医疗中心、区域检验中心、区域影像中心和国家级药物临床试验中心建设和发展，是一所集医疗、教学、科研、预防、康复、保健、医养结合为一体的三级乙等综合医院。

该院为滨州医学院、济宁医学院和山东医学高等专科学校等实践教学医院。建有励建安等2家院士工作站。设有国家级示范卒中防治中心、胸痛中心、呼吸与危重症中心（PCCM）、心衰中心、高血压达标中心和国家级药物临床试验机构。建有省级癌症规范化诊疗病房。为全国VTE防治能力建设项目评审三级医院优秀单位。神经内科是县域省级临床重点专科，康复医学科、泌尿外科是省级重点学科培育单位。

机构沿革

1944年3月，沂源境内解放，在党和政府的倡导下，医务人员自愿成立医救会组织，积极开展解放区的医疗、防疫工作。1948年10月，县人民民主政府设立沂源县大众诊所，负责人是李玉坤，有工作人员4人，地址在政府院内。

1950年10月，在大众诊所的基础上成立沂源县第一处公立医疗卫生机构——沂源县卫生院（沂源县人民医院前身），职能为疾病预防和治疗、全县卫生行政管理，为全县卫生行政和医疗技术中心，院址在南麻街道西台村。有工作人员10人，首任院长庞承熙。

1953年，政府拨专款在二郎山建设沂源县卫生院。设病床25张，人员由原来的10人增加到26人，分医疗、防疫、妇幼保健、后勤4部分。设立化验室，配备检验员1人。

1956年，县妇幼保健站、县麻风病防治站、县卫生防疫站相继成立，并与县卫生院分离，县卫生院成为以医疗业务为主导的综合性医院。

1958年2月，县卫生院在县卫生科所在大院内设门诊部，实行24小时门诊制。

1959年8月，更名为沂源县人民医院。1960年9月，医院由二郎山旧址搬迁至县城东北角（现健康路与胜利路交界处），设门诊、病房110间，病床60张。设内科、外科、中医科、药剂室、X光室、化验室、总务科等科室，有工作人员61人。

1961年11月，根据县委安排，在县人民医院附设干部疗养院，设病床30张。1963年，省卫生厅确定沂源县人民医院为全省三处重点建设的县级医院之一，调拨大中型医疗设备47台（件），从省级医院调来有较高水平的医护卫生技术人员10名。从此，县人民医院的医疗设备和卫生技术水平跃居临沂专区先进行列。一些常见病、多发病、腹部手术、妇科难产手术等，不再出县城诊治。

1966年8月，与县防疫站、妇幼保健站、麻风病防治站、药材公司合并成立“六二六”公社革命

20世纪80年代，沂源县人民医院院区

委员会。1968年3月，药材公司析出，县卫生防疫站、妇幼保健站、麻风病防治站、县人民医院合并成立沂源县人民医院革命委员会。1972年1月，全县有7处地段医院，改称为沂源县人民医院分院，加上原有的县人民医院东里分院，县人民医院共8处分院。

2023年4月1日，医院整体搬迁至沂源县人民医院新院，地址在县城人民路东段北侧。

沂源县人民医院历任主要负责人

机构名称	姓名	职务	任职时间	备注
沂源县卫生院（1950.10—1959.08）	庞承熙	院长	1950.10—1953.12	
	宋恒世	院长	1953.12—1956.06	
	刘纪富	院长	1956.06—1958.07	
	田广居	院长	1958.07—1959.08	
沂源县人民医院（1959.08—）	田广居	院长	1959.08—1961.04	
	王德成	院长	1961.04—1966.12	
			1966.12—1968.03	文化大革命开始，县医院“文革”领导小组临时执政
	王德成	副主任	1968.03—1968.06	县医院成立革命委员会；主持工作
			1968.06—1969.05	卫生系统多个单位成立“六二六”公社革委会，负责人不祥
			1969.05—1971.06	“六二六”公社革委会解散，县医院重新成立革委会，负责人不祥
	王德成	院长	1971.06—1978.10	
	唐　白	院长	1978.10—1984.06	
	刘同顺	院长	1984.06—1987.10	
	王志智	院长	1987.10—1988.04	
	刘长泉	院长	1988.04—1992.01	
	唐光礼	院长	1992.11—2000	
	曹富顺	党总支书记	2000—2002.05	主持工作
	曹富顺	院长	2002.05—2007.04	
	厉向玲	院长	2007.04—2013.03	
	李　强	院长	2013.03—2023.04	
	齐元琳	院长	2023.04—	

党组织

1955年，经沂源县委批准，县卫生院单独成立党支部，第一任支部书记刘纪富。1959年8月，县卫生院党支部改称县人民医院党支部。1966年9月，“文化大革命”开始，医院党支部停止活动。1971年6月，重建党支部，开始恢复活动，对医院实行一元化领导。1978年，医院开始实行党支部领导下的院长负责制。1990年5月，医院设立党总支，下设10个党支部，共有中共党员102人。2016年5月，医院党委成立，有中共党员214人。

2021年7月，王锡玉、翟所爱、江东美、刘居安、李云山、曹秀叶、张传智、段连文、李传芳、李明秀、郑功泉获颁“光荣在党50年”纪念章。

截至2023年末，共有中共党员269人，其中离退休中共党员92人，在职中共党员177人。

沂源县人民医院党组织历任主要负责人

机构名称	姓名	职务	任职时间
沂源县卫生院（1950.10—1959.08）	刘纪富	党支部书记	1955.11—1958.07
沂源县卫生院（1950.10—1959.08）	田广居	党支部书记	1958.07—1959.08
沂源县人民医院（1959.08—）	田广居	党支部书记	1959.08—1961.04
	王德成	党支部书记	1961.04—1964.04
	沈　柱	党支部书记	1964.07—1965.06
	张文一	党支部书记	1965.09—1966.12
	傅尚礼	党支部书记	1972.01—1981.12
	唐　白	党支部书记	1981.12—1984.05
	王志智	党支部书记	1984.06—1988.06
	刘新平	党支部书记	1988.06—1990.05
	高绍佐	党总支书记	1990.05—1993.03
	李梅香	党总支书记	1993.03—1998.03
	曹富顺	党总支书记	1999.11—2002.05
	王圣友	党总支书记	2002.05—2005.03
	张忠华	党总支书记	2005.03—2007.04
	唐光京	党总支书记	2007.04—2010.04
	李爱清	党总支书记	2010.04—2012.04
	李　强	党总支书记	2012.04—2013.03
	何　俊	党总支书记	2013.03—2014.02
	李学贤	党总支书记	2014.02—2016.05
	李学贤	党委书记	2016.05—2019.01
	李　强	党委书记	2019.01—2023.04
	齐元琳	党委书记	2023.04—

工　会

工会组织成立于1957年9月，有会员28人。1966年，工会停止活动。1979年9月，恢复工会。

共青团

1954年，共青团沂源县卫生院支部委员会成立，由孙会玲任支部书记，张汉兴任组织委员。自成立至2007年，经历9次换届。2007年，经共青团沂源县卫生局委员会研究同意，由英成祥、许传武、刘盛娟、孙艳群、崔琳组成共青团医院支部委员会，英成祥任书记，许传武任副书记。2010年，县卫生局组织县人民医院各团支部竞聘，产生共青团沂源县人民医院支部委员会，委员由许传武、刘盛娟组成，许传武任书记、刘盛娟任副书记。2016年11月，共青团沂源县人民医院委员会成立。截至

2023年末，共有共青团员258人。

队伍建设

1950年10月，沂源县卫生院成立，有职工10人，其中卫生技术人员6人。1951年12月，首次分配2名中专生，分别是医士、助产专业。

1958年9月，首次分配2名医疗专业大学本科毕业生，山东省卫生厅从济南组织一批医务人员支援沂源县卫生院；11月，唐建策等6名中医进入医院工作，增设中医诊室，这是县级医院设中医之始。1963年，县人民医院被省卫生厅确定为重点县人民医院，从省级医院调来内科主治医师刘振环等10名卫生技术人员支援沂源县卫生建设。1963—1965年，国家又先后从上海第二医学院、上海中医学院、山东医学院、青岛医学院等大专院校分配21名毕业生到医院，其中1964年分配来的上海中医学院七年制毕业生朱晓鸣为沂源县中医界最早的大学生。通过上级支援和国家分配，截至1965年底，医院有职工146人，各类卫生技术人员比较齐全，技术队伍不断扩大，医疗水平有了飞跃提高。

1967年，省级医疗单位派驻卫生技术人员支援医院建设。1969年，从青岛下放6名医务人员到医院工作。同年，选派6名医务人员去青岛纺织疗养院学习新医疗法，次年开设新医疗法门诊，仅半年门诊量达7200人次。1973年，下放到乡村支援农村医疗建设的医务人员陆续返回医院工作。截至1990年，医院有职工276人，其中副主任医师12人、主治医师59人、医师级130人、医士级34人，行政工勤人员41人。各类人员中，有大学本科学历17人、大学专科学历34人、中专学历104人。医士级以上卫生技术人员占总人数的84.1%。1998年，卫生技术人员增加到352人，其中卫生系列高级专业技术人员31人、中级专业技术人员58人。

医院始终秉持人才立院、科教兴院战略，积极引进高层次、紧缺人才。1999年，该院首位硕士研究生厉向玲回医院工作。2004年，有8名大学本科毕业生进入医院工作。2006年，开始引进硕士。2016年，公立医院改革用人机制，通过高层次人才引进，人才队伍质量和水平不断提升，人才梯队建设不断加强。截至2023年末，医院在职职工1381名，其中高级职称（含正高级）168人、中级职称504人，博士1人、硕士71人、大学本科1082人。

人物简介

梁国栋（1934—2000），男，吉林省长春市人。中共党员，副主任医师。山东省计划生育先进工作者。

唐　白（1929.02—2009.03），男，鲁村镇唐家沙沟村人。中共党员，主治医师。曾任县人民医院院长、党支部书记。山东省先进工作者。

王志智（1933.04—2010.12），男，潍坊市青州市人。中共党员，副主任医师。曾任县人民医院院长、党支部书记。山东省计划生育先进工作者。

夏传孔（1936—2014），男，潍坊市高密市人。中共党员，主任医师。县外科学科带头人。

赵化琛（1938—2014），男，青岛市人。主任医师，县内科学科带头人。

孙纯祥（1954—2016），男，中庄镇中庄村人。中共党员，主任医师。沂源县第一届名医。

高绍佐（1937—2018），男，淄川

兵员体格检查组在县卫生院门诊（二郎山）合影留念（1955年）

区寨里镇人。中共党员，主任医师。曾任县卫生局局长、党委书记，县人民医院党总支书记。全国皮防先进个人。

李梅香，女，1944年出生，东营市广饶县人。中共党员，副主任医师。曾任县人民医院党总支书记。全国计划生育工作先进个人。

毛金祥，男，1945年出生，滨州市滨城区人。中共党员，主任医师。县外科学科带头人。

胡淑琴，女，1947年出生，淄川区淄城镇人。中共党员，副主任护师。山东省三八红旗手、山东省优秀护士。

郑功泉，男，1952年出生，历山街道苗山村人。中共党员，主任医师。沂源县第一届名医。

厉向玲，男，1961年出生，日照市东港区人。中共党员，主任医师。沂源县第一届名医。

李　强，男，1965年出生，历山街道东沙沟村人。中共党员，主任医师。曾任县人民医院党总支书记、党委书记、院长。荣获山东省“双拥”工作先进个人，山东省医院优秀院长。

何　俊，男，1965年出生，悦庄镇西埠村人。中共党员，主任医师。曾任县人民医院党总支书记。县内分泌学科带头人。

孟庆学，男，1965年出生，燕崖镇偏良山村人，主任医师。沂源县第二届名医。“振兴淄博劳动奖章”获得者。

唐光波，男，1965年出生，鲁村镇上头庄村人，主任医师。沂源县第二届名医，“振兴淄博劳动奖章”获得者。

李庆玉，男，1965年出生，大张庄镇东唐庄村人。中共党员，主任医师。获全国无偿捐献造血干细胞奖奉献奖。

郑作隆，男，1965年出生，历山街道苗山村人。主任医师，县外科学科带头人。

任大利，男，1966年出生，西里镇金星村人。主任医师，沂源县第二届名医。

崔宝文，男，1967年出生，鲁村镇曹家庄村人。主任医师，沂源县第二届名医。“振兴淄博劳动奖章”获得者。

张家富，男，1968年出生，鲁村镇草埠村人。主任医师，沂源县第二届名医。

姜　虹，女，1971年出生，鲁村镇小黄庄村人。主任医师，沂源县第二届名医。“振兴淄博劳动奖章”获得者。

陈德峰，男，1980年出生，石桥镇葛庄村人。中共党员，主治医师。2020年，被湖北省委、省政府授予“新时代‘最美逆行者’”，被山东省委宣传部授予“淄博战‘疫’最美逆行者”。

桑　园，女，1990年出生，历山街道西北麻村人。中共党员，主管护师。2019年，被湖北省委、省政府授予“新时代‘最美逆行者’”、被山东省委宣传部授予“淄博战‘疫’最美逆行者”。

医疗技术

药学技术

1965年，医院无菌制剂室建成投产，能够生产各种大液体及其他无菌制剂。1967年，医院购进塔式蒸馏器1台，大液体日产量增加到200瓶。1976年，中西医结合专业医生唐白，利用当地野生草药芫花条，配合其他药物制成“复方消络痛”药酒，治疗关节炎、风湿性心脏病、风湿性神经痛。同年，医院开始生产胎盘注射液、胚胎注射液和苦参注射液等。1978年，医院大液体室改名医院药厂，每天定量生产400瓶大液体，同时还生产甘露醇注射液、碳酸氢钠注射液、丹参注射液、维生素C注射液、维生素B_{12}注射液和糖浆制剂、蜡蜜丸、复方消络痛、类风湿酊剂以及加工四环素、土霉素片剂。1982年，医院药厂更名为制剂室，日产大液体800瓶。1991年10月，投资8万余元，为制剂室购置和安装空气净化装置，提高制药质量。

2017年9月，成立临床试验机构。2018年7月，通过国家药物临床试验资格认证，获得《药物临床试验机构资格证书》。2020年10月，机构在国家药监局备案系统完成药物和医疗器械临床试验备案工作，药物临床试验备案I期临床试验研究室生物等效性试验专业；医疗器械临床试验备案泌尿外科专业。同年，成立沂源县人民医院伦理委员会，对医院药物临床试验项目、医疗器械临床试验项目、新诊疗技术项目和涉及人的临床科研项目的科学性和伦理合理性进行独立、称职和及时的审查，保护受试者的权益和安全。

药学临床试验机构制定各项管理制度16项、SOP（标准化操作流程）29项、人员职责13项和设计规范5项，有各类突发事件和严重不良事件的应急预案。医院有200余人取得药物GCP（临床试验管理规范）证书、100余人取得医疗器械GCP证书。截至2023年末，共完成I期预试验18项，包括瑞阳制药公司开发的仿三类药物阿齐沙坦片、阿普斯特片、氯卡色林片、氟诺拉赞片等4个项目。完成Ⅲ期临床试验3项。

外科技术

建院初期，全院只有10名医生，兼做全县的卫生防疫、妇幼保健、医疗服务工作，开展内科、外科、妇科、传染病科等各科常见病、多发病的一般处理。做表浅脓肿切开，表浅良性肿瘤切除及一般创伤的清创缝合等。1955年，开展阑尾切除、疝修补、肠梗阻等简单腹部手术。1958年，医院开始建立分科诊疗制度，大体分为内科和外科。同年，开展气管切开手术。1960年9月，正式设置外科。1963年，首次做胃大部切除、胆囊摘除、甲状腺等手术。1964年1月，首例脾切除术成功。1974年4月，成功抢救5名因瓦斯爆炸被严重烧伤的矿工。1975年7月，在针刺麻醉配合药物麻醉下，成功为55岁的女社员魏某某摘除重达79斤的卵巢肿瘤。

20世纪80—90年代，外科逐步细分专业，至1998年，设有普外科、胸外科、骨外科、泌尿外科、神经外科等。相继开展心脏、肝脏、颅脑、胰脾、胃、阑尾、甲状腺、骨科等开放手术。其中，1980年，首例二尖瓣狭窄分离术成功。1983年，

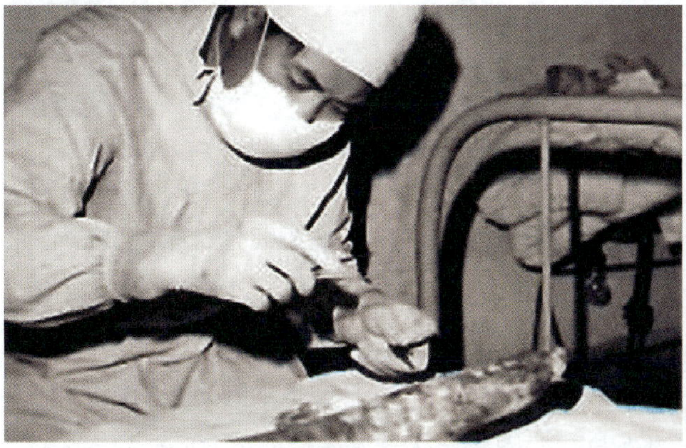

为山东东风化肥厂严重烫伤病人做植皮手术（1983年）

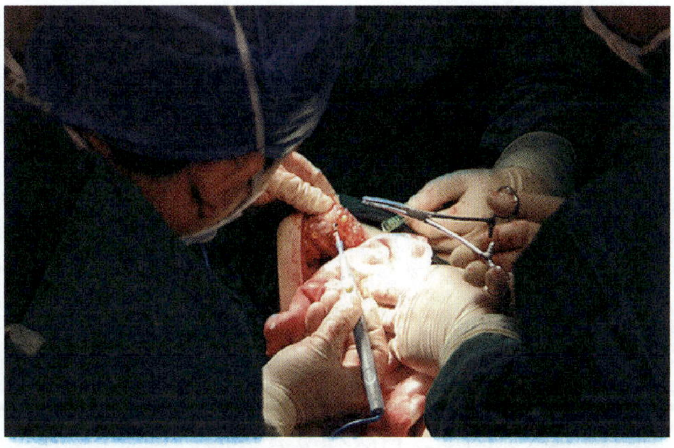

外一科保乳手术

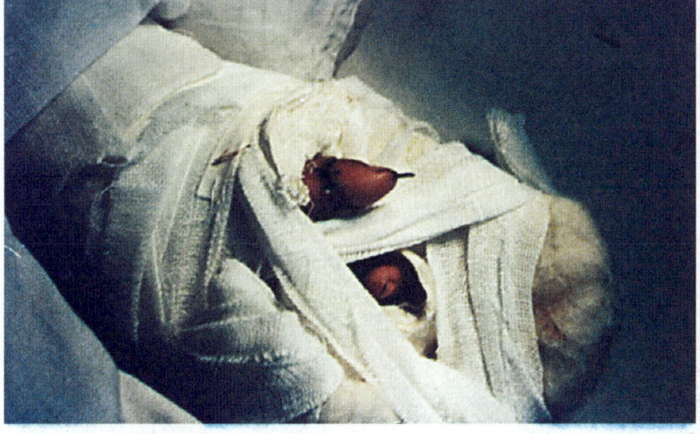

医院首例断指再植术（1999年12月）

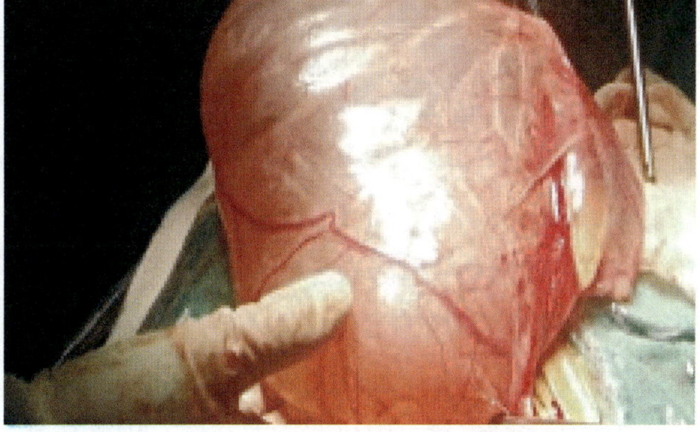

多科联合为89岁患者取出体内重达3千克的巨大包块（2018年6月）

首例颅内肿瘤手术及胰腺癌根治术成功。1985年，甲状腺手术达到临沂地区先进水平；成功为山东东风化肥厂严重烫伤病人做植皮手术。1986年，成功抢救烧伤面积达88%的鞭炮厂工人。1987年，开展“肛门重建”手术。1990年，开展胃癌根治术。1996年，建立骨科专业，开展一般四肢创伤骨折手术治疗。1998年10月，开展首例腹腔镜胆囊切除术，标志医院微创外科的起步。1999年12月20日，率先在周边区县成功开展体外循环下心内直视手术。1999年，骨科成为独立科室，开展首例断指再植手术。

21世纪，进入微创外科时代。2000年，开展二尖瓣置换、二尖瓣球囊扩张手术。2005年10月，开展痔上黏膜环切术（PPH），开始肛门疾病微创治疗。2010年，购置蔡司S-88手术显微镜开展显微神经外科手术。2011年，开展膝关节镜手术。2012年，开展首例显微镜下经鼻蝶垂体瘤切除术、显微镜下开颅脑动脉瘤夹闭术。2013年，首次开展椎间孔镜手术，截至2017年，共开展17例手术，填补了县内此类手术的空白，其中退变性腰椎管狭窄症的微创内镜治疗在淄博市尚属首例。同年，完成首例胸腔镜下肺叶切除术，开辟肺癌的微创治疗新纪元。2014年，先后开展腹腔镜下阑尾切除术、消化道穿孔修补术、胃肠癌根治术等，标志着医院胃癌诊治达到三级医院水平，胃肠道手术进入微创时代。2018年，开展腔镜下甲状腺手术、腔镜下皮下乳腺切除等手术。同年，首次独立开展腹腔镜下肾癌根治术、腹腔镜下输尿管切开取石术、腹腔镜下肾部分切除术。

内科技术

建院初期，只设一个大内科专业，收治各类内科疾病。1960年9月，医院设立内科，兼收儿科、传染病等科病人，开放床位51张。1961年前后，由于3年严重自然灾害导致浮肿病、月经闭止、小儿营养不良等疾病普遍发生。县人民医院多次派出医疗队，分赴各公社深入基层为群众防病治病。

1963—1966年，内科业务大发展，相继开展腰椎、骨髓、心包穿刺等技术，并开展心电图检查业务。1977年，坚持为1名呼吸衰竭、重度昏迷的格林巴利综合征患者给予简易呼吸器辅助呼吸56天，抢救成功。1978年8月28日，参与救治唐山公社6例副霍乱患者，未发生死亡。1990年，开放床位70张，能处理疑难的心血管疾病，开展心电监护、胃镜检查、有机磷中毒换血疗法，历经8小时成功抢救一名有机磷中毒、呼吸骤停病人。1998年，医院内科完全达到国家规定的“二级甲等”医院的技术水平，对心血管、脑血管、呼吸系统、消化系统、内分泌系统、神经系统的各种疑难病症，均能做出正确诊断和恰当治疗。

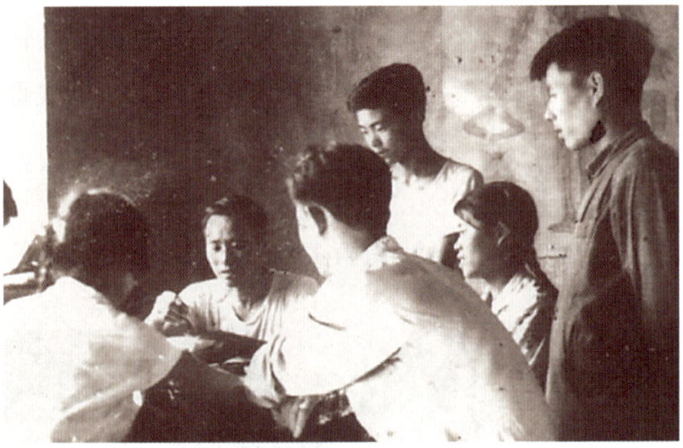

20世纪70年代，老中医周国谋（左二）下乡义诊

2003年，内科专业不断细分，相继成立心血管内科、神经内科、内分泌科。2004年，开展无创呼吸机治疗呼吸衰竭。2008年，开展内镜下消化道肿瘤摘除术，以后陆续开展多项内镜下治疗。2010年5月，心内科首次开展经桡动脉冠心病介入治疗。同年，神经内科开展动脉介入溶栓、支架微创技术、动脉瘤栓塞技术。2011年3月，开展电子纤维支气管镜。2012年，成立呼吸内科、消化内科。2016年4月18日，县人民医院卒中中心挂牌仪式暨脑血管病学术大会在医院举行。2017年4月，神经内科开展首例急性脑梗死介入取栓治疗，平均DNT时间（急性脑卒中患者进入医院到静脉溶栓开始给药时间）为41分钟，当年开展急诊动脉取栓25例，颈内动脉支架植入12例。2018年，医院成立卒中防治中心、胸痛中心，优化了胸痛、脑卒中患者救治流程，缩短救治时间，提高救治水平。同年，心内

科成功独立开展首例急性心肌梗死急诊冠脉介入治疗（PCI），及时开通急性心肌梗死患者的冠脉血流，挽救了大量患者的生命，明显降低了死亡率。

妇产科技术

1951年12月，医院开展新法接生。1952年，派2名助产士在一区、二区（南麻、东里）推广新法接生，宣传妇女四期（月经期、孕期、产褥期、哺乳期）卫生保健，培训95人。1953年，设产房，王若婷、许秀英2人分管全县妇幼保健工作。1963年12月，设立妇产科，开放床位32张，同时开展子宫下段剖宫产及宫外孕手术。1965年，妇产科配合外科在基层进行计划生育指导，共做4种手术400余人次。1990年，开放床位60张，能做子宫全切术、剖宫产、阴道成形术、卵巢肿瘤切除术等手术。1991年10月，开展宫颈癌根治术。2003年6月，开展全程胎儿监护。2006年12月，开展妊高症监测，建立高危妊娠病房。同年，开展改良式剖宫产手术加腹膜外剖宫产术，缩短手术时间，减少出血量及手术创伤，术后外形美观。2007年1月，开展妊娠期糖尿病患者筛查、确诊及治疗，羊膜腔穿刺取羊水遗传病筛查工作；9月，首次成功救治一名3胞胎产妇。2010年，开展脐血流图，降低胎儿宫内窘迫、新生儿的窒息率。2012年5月，开展自由体位分娩，笑气（一氧化二氮）无痛分娩。2015年10月，首次应用子宫动脉栓塞术治疗产后出血，效果良好。2016年4月，开展硬膜外麻醉下无痛分娩手术，减少分娩痛苦。2023年，在新院区建设家庭化产房，将待产、分娩、恢复和产后过程整合在一个房间内，注重家庭成员对孕产妇的关心和陪护。

2003年，设立妇科，病床20张。2004年，开展广泛性子宫切除加淋巴结清扫术。联合麻醉科开展无痛人流及无痛刮宫术。

受限于腹腔镜屏幕小、图像欠清晰。2002年，仅可开展腹腔镜下附件良性肿瘤及异位妊娠手术等简单的腔镜手术。2009年，医院引入奥林巴斯腹腔镜后，才陆续开展操作复杂、要求较高的镜下手术。2012年，开展首例腹腔镜下子宫肌瘤剔除术。2014年，开展首例完全腹腔镜下子宫全切术。2016年，外请教授完成首例腹腔镜下子宫内膜癌的次广泛性子宫全切+双附件切除+盆腔淋巴结清扫。

儿科技术

1986年6月30日，山东省千佛山医院援蒙医疗队李兰主任主持筹建儿科，有医师6人，床位20余张。由于医务人员短缺，儿科与干部保健科合为一科。成立之初，只能治疗常见病、多发病，医疗设备仅有听诊器、血压计等简单设备。接收的第一位住院病人为一个误服洗衣粉的新生儿，医生为其插胃管洗胃，使患儿转危为安。经过30多年的发展，儿科能治疗多种疑难病症和重症，如重症肺炎、支气管扩张、呼吸衰竭、严重心律失常、重度心肌炎，各种脑炎、癫痫及各种惊厥、重症肾炎、肾衰、溶血尿毒综合征；各种出血，重度贫血等。

医疗设备

检验设备

1953年，购置第一台显微镜。1954年，医院设立化验室，开展三大常规检验及血型检验，配合临床输血等技术。1965年，购买价值2000元的自动血球计数仪，迈出实验室自动化第一步。1983年，购置显微镜4台。1989年，购置三分类血球计数仪。1990年，购置微电脑自动化生化分析仪1台。1991年，购买日本岛津生化分析仪，实现血生化分析的全自动化。同年开展血气分析。1992年，更新全自动血球计数仪。实验室自动化程度明显提高，领先同级医院。2000年，购买日本希森美康全自动血细胞分析仪，实现血细胞分析全自动化。2004年，购买日本希森美康全自动血凝分析仪，实现血凝项目检测自动化。2005年起，先后购置五分类血球计数仪、五分类全自动生化分析仪、雅培全自动生化分析仪、全自动血凝分析仪、全自动染色机等自动化设备，大幅缩短了检验时间，精确检验结果，提高检验效率。

影像设备

1960年，购置30毫安X光机1台，设置X光室。1963年，省卫生厅拨给200毫安X光机1台。1989年，购置价值20余万元500毫安X光机1台。1991年，医院自筹资金3万余元，购置200毫安X光机1台。1996年5月15日，引进第一台西门子DRH全身快速扫描机（CT），开展全身CT检查。1998年，日本第二批青年协力队赠送总价值200余万元的800毫安X光机1台、B超机1台。2000年，引进GE单螺旋CT，开展CT增强扫描，可以进行简单三维重建，提高扫描速度、图像质量及疾病检出率。2003年，引进富士CR系统，实现虚拟图像数字化，方便图像传输、储存及阅览，给患者带来极大便利。2007年，引进西门子0.35T核磁共振，开展全身各部位MR检查，大大提高影像诊断准确性及疾病检出率。2008年6月16日，引进GE16排螺旋CT，实现容积扫描、薄层重建、任意方向三维重建、曲面重建、虚拟重建等相应技术。2012年6月，引进飞利浦双板DR系统，为沂源县第一台直接数字平板X线成像系统，实现虚拟图像完全数字化；10月，引进原装进口西门子1.5T核磁共振，图像质量及扫描速度显著提高。同月，引进西门子64排128层螺旋CT，除一般的CT业务外，开展全身各部位血管造影技术、动态及功能扫描等高新业务。2015年，引进数字乳腺X射线摄影机，开展乳腺癌筛查。

1986年，购置SSD-256型B超诊断仪1台，同时开展B超业务。1992年6月，医院向县政府申请设备购置款购置心脏B超1台；10月，医院职工自愿集资60余万元，购置心脏彩超1台、心电频普测量仪1台。1999年，引进日立胃肠机，开展钡餐透视、查体等相关业务。同年，引进东芝数字胃肠系统，图像数据实现数字化，极大地方便图像传输、储存及阅览。2003年，引进彩色多普勒超声诊断仪，既具有二维超声结构图像的优点，又同时提供了血流动力学的丰富信息。2013年后，又陆续购进多台全数字彩色多普勒超声诊断设备、便携式彩色超声诊断系统等。

2002年，引进万东大型DSA（数字减影血管造影），同时开展血管造影及支架植入等介入手术。2009年12月，引进卫金帆大型DSA诊疗系统。2014年11月，引进西门子大平板数字减影系统，大大扩展了介入手术的适用范围，开展动脉导管取栓术、动脉瘤夹层支架治疗术、颈颅内动脉支架置入术、脑动脉瘤破裂弹簧圈封堵术等高精难手术。

治疗设备

1997年5月，医院多方筹资100余万元，购进钴60治疗机1台；12月，钴60室正式投入使用。但传统钴60治疗范围小、放射线不易防护、无法治疗较大的肿瘤病变。2010年，购置ClinacCx型医用电子直线加速器、新华SL-IE放疗模拟定位机及相关配套设备，成立放疗室，开展肿瘤普通放射治疗、适形放射治疗及调强放射治疗，标志着医院肿瘤治疗进入新时代。

学科建设

康复学科建设

2018年7月，医院与美国医学科学院国际院士、全国康复医学专家励建安达成协议，在县人民医院设立院士工作站。依托院士工作站，邀请中国康复护理专业委员会专家及中国康复研究中心专家到县人民医院康复科进行实地考察并进行技术指导，为医院培养康复专科人才，并帮助医院规范康复病历。邀请德国康复专家到医院进行康复技术教学。选派人员参加意大利米兰整骨学习班、脉冲枪临床应用培训班及整体康复培训班，把世界最先进的生物力学和整体康复理念引入临床。设立沂源县康复医学科专科联盟，每2周组织一次集体授课并进行病例讨论。

在励建安院士工作站指导下，医院康复医学科制订战略发展规划，培训科技创新团队，集聚创新资源，突破关键技术制约，合作开展各项新技术。把最新的康复理念、治疗技术引进医院，打造康复临床一体化。2023年7月，加入山东第一医科大学附属省立医院康复医学专科联盟，成为山东第一医科大学附属省立医院康复医学专科联盟理事单位、山东中医药大学附属医院中医康复联盟成员单位、山东第一医科大学附属省立医院中西医结合推拿专科联盟常务理事单位，被淄博市卫生健康委推荐为山东省重点学科培养对象。

沂源县人民医院励建安院士（左三）工作站成立大会（2018年7月1日）

泌尿学科建设

2019年1月23日，县人民医院派出代表前往上海与孙颖浩院士举行签约授牌，依托院士工作站，王海峰、彭咏涵、何必鸣、侯建国等教授先后在县人民医院开展学术讲座、泌尿科微创高难手术演示教学。医院建成泌尿学科，并实施泌尿外科3年发展规划，从临床、人才、科研、学术4个方面全面推进泌尿学科发展。医院泌尿外科被淄博市卫生健康委推荐为山东省重点学科培养对象。

神经学科建设

2023年7月，“赵秀鹤医生工作站”“江玉泉医生工作站”“尚伟医生工作站”在县人民医院揭牌。依托名医工作站的优势，医院积极探索建立学术传承推广应用的有效方法和创新模式，带动综合管理能力和诊疗技术水平提升。医院神经外科加入山东省功能神经外科专科联盟，并设置帕金森、癫痫、三叉神经痛、面肌痉挛工作站。神经内科依托山东省抗癫痫协会高精尖专家的技术优势，建立癫痫诊疗中心。

截至2023年末，医院建立37个职能科室、10个医技科室、48个临床科室。

其他建设

新院建设

2016年4月，新院建设项目地址正式选定在人民路以北、东埠路以东，并于当年完成立项、初设、环评等工作。2017年9月15日，破土动工。新院区占地253亩，总建筑面积15万平方米，床位1200张，机动车停车位1200个，绿化面积54000平方米，装载2部扶梯、48部直梯。主要建设项目为门诊医技楼、病房医技楼、妇儿专科楼、医养结合楼、行政后勤楼、感染专科楼、高压氧舱楼、沂源县PCR中心实验室以及附属用房等配套设施。总投资10.3亿元，为沂源县建县以来单体建筑规模和投资额最大的民生项目。2022年6月30日，医院在新院区举行新院启用仪式。2023年4月1日，全部科室搬迁至新院区。

新院建设项目由同济大学建筑设计研究院设计，采用庭院式布局设计理念，以合理、便捷的医疗流程为导向，以建筑与园林相结合的形式，将门急诊、住院功能单元紧密围绕“医技单元”排布，设计新颖、大气，功能齐全、布局合理、设施先进、环境优美，俯瞰呈“七星抱月”之势。

新院的启用改善了全县医疗硬件条件及百姓就医体验，满足群众对优质医疗卫生服务的需求。引进256排512层超高端CT、3.0T核磁共振，新购置双板DR、移动DR、数字乳腺钼靶X线机、口

沂源县人民医院新院启用仪式（2022年6月30日）

腔CT、双能X线骨密度仪、多功能动态平板胃肠机、大平板数字减影血管造影机、ECT、直线加速器、大孔径CT等一系列高精尖医疗设备，为患者提供更加先进智能的医疗服务。手术室科学净化杀菌，室内提供舒适气流，正压气流感染率为零。感染性疾病科楼按负压隔离病房设计，是救治呼吸道传染病人，应对公共卫生事件的重要保障。专业化的静脉调配中心将各病区紧密联系起来，规范配制，确保药品质量和输液安全，护士有更多的时间和精力护理病人。

信息化建设

2003年3月，医院信息系统（HIS）建立。2005年12月，医院上线影像传输系统（PACS），医生在门诊即可看到病人的影像检查结果。2008年12月，上线检验系统（LIS），护士可以在护士站打印检查结果，医生也可以查看病人检验结果。2013年，投资400余万元，将医院的老三大系统（HIS、PACS、LIS）进行升级，并上线电子病历系统（EMR）、临床路径管理系统、抗生素分级管理系统、合理用药系统。

2015年，医院秉持“医院发展、信息先行”理念，投资500余万元，新上门诊叫号系统、预约诊疗系统、随访系统、省立医院远程会诊系统、各乡镇远程放射诊断系统等，将医院打造成全县一体化数字医院领头人。2016年，投资100余万元新上查体中心叫号系统、门诊输液系统及全市的智慧医疗系统。

2017年，新上“银医通”自助服务系统，将诊疗卡、银行卡、社保卡“三卡”合一，使转账充值、挂号、缴费、查询报告等实现自助应用操作，由以前的看一次病最少要到收款处缴费3次，改变为不用到收款处就可以成功缴费。并依托门诊叫号系统，建立独具特色的心电图、B超叫号系统。

2018年，医院全面上线微信、支付宝支付；10月，更换门诊叫号系统。成立沂源县人民医院医共体信息系统，建成心电远程会诊中心、影像远程会诊中心、病理远程会诊中心“三个中心”，搭建起省、市、县、镇、村五级联网的诊疗服务平台，在解决疑难患者诊疗难题的同时，也带动基层医疗机构业务技术水平的快速提升，让广大群众得到更多实实在在的实惠，不出县城即能享受到省市级名医的诊疗服务。

2019年，医院上线重症监护系统，为ICU搭建无线内网，使病号监护数据可以准确、及时上传到服务器；上线门诊电子病历系统，规范门诊电子病历书写；上线血液信息管理系统，及时准确响应患者的用血需求，并提供用血情况分析功能；升级手术麻醉系统，规范手术行为管理，准确统计手术数据。

2023年，新院区启用，引入先进的“智慧医院”理念，借助科技手段打造现代化“智慧医院”，为患者提供线上线下全方位服务，实现了床头面板查询住院信息、患者远程排队叫号、5G远程会诊、5G远程手术示教、患者家属重症探视等新功能，减少了患者往返医院、重复排队次数及候诊时间，让信息多跑路，让患者少跑腿。

急救系统建设

1964年，医院建急症室，设观察床5张。1989年10月，成立急诊科，设观察病床15张，配有普通医疗抢救器械及部分抢救药品，实行24小时值班制，医生由临床科室轮换，开展洗胃、心肺复苏等急救项目。1999年5月，率先在沂源县开通全国统一急救电话“120”急救专线，添置2台新型救护车，24小时应诊。同年，开展气管插管、机械通气等诊疗项目。2001年4月，急救中心被淄博市卫生局批准为淄博市院前急救第21急救站、乙级医疗急救站，此后，院前急救工作由淄博市医疗急救指挥中心统一调度、指挥。

2005年9月，医院成立“120”指挥中心，承担全县及周边突发公共卫生事件的紧急医疗救援、日常急危病人的现场医疗急救及转接、大型公益活动的医疗保障服务等医疗急救工作。2013年4月，按照市指挥中心统一要求，医院投资200余万元，为急救车安装GPS卫星导航系统，购置车载除颤监护仪、呼吸机、电动吸引器、心电图机、喉镜、急救保健箱等医疗设备，进一步增强急诊急救及院前抢救能力，提高抢救成功率。2015年、2017年，年度考评综合成绩和出车次数分别位居全市急救系统首位，获得“两连冠”。

医联体建设

2015年6月，沂源县人民医院加入省立医院集团，设立沂源县首家远程会诊中心，充分依托省立医院强大的专家资源，集专家咨询、病例分析、病情诊断、培训教学等于一体，使群众不出县城就能享受到省立医院专家的诊疗服务。省立医院每月派专家到医院坐诊1～2次，参与医院查房、坐诊、会诊、手术、学术讲座等工作，医院临床科室主任、护士长也分批到省立医院进行业务轮训。同时，省立医院对沂源县人民医院的肾内科、小儿科、神经内科、眼科、耳鼻喉科等相对薄弱的科室进行重点帮扶，先后帮助开展“术中自体血回输”“乳腺癌调强治疗”“骨引导再生术”“支气管肺泡灌洗”等新技术。

2015年，与淄博市第一医院建立帮扶关系，已有多例危重患者在上级医院指导下成功治愈。市第一医院每月第二、第四周派知名专家到医院坐诊并参与科室日常查房，指定3位专家对骨科、儿科、心内科进行专项帮扶一年，帮助ICU开展CRRT（持续性血液净化技术），指导介入室开展急性大出血介入治疗，带动消化内科开展尼绒圈带蒂息肉切除和无蒂息肉切除等新技术、新项目，提升了微创手术占比。

2016年，齐鲁医院心脏远程监护中心项目落户沂源县人民医院，该项目在沂源县搭建起县人民医院和卫生院共13个心脏远程监护站，实现县域全覆盖，在淄博市范围内尚属首例。

2018年10月26日，与山东大学第二医院签约，成立医联体；11月14日，与山东省肿瘤医院签约，成立医联体，建成山东省肿瘤医院肿瘤规范化诊疗基地。

2021年，成为山东第一医科大学附属省立医院泌尿外科专科联盟成员单位、山东大学齐鲁医院分级诊疗合作医院、山东省立口腔医院沂源分院，建有“泰山学者”内分泌科工作站、吕家驹教授博导工作室、山东大学齐鲁医院骨科工作站、张东升博导工作站、宋尚明博士工作室、赵秀鹤医生工作站、江玉泉医生工作站、尚伟医生工作站、“齐鲁农工医心助沂”名医工作站。2022年，与山东省立第三医院结成医联体。

特色项目

1995年5月16日，淄博市“爱婴医院”评估组一行5人对县人民医院创建“爱婴医院”情况进行评审；9月20日，国家卫生部组织的爱婴医院评审团一行4人到医院对创建爱婴医院工作情况进行考核评估，专家们经过详细的考核验证，一致认为县人民医院达到国家级“爱婴医院”标准。

1996年1月15日，山东省卫生厅组织的“二级甲等”医院复审团一致认为县人民医院达到“二级甲等”医院标准，通过省级评审。

2004年3月25日，山东省临床教学工作评审团对医院教学工作评审，被山东省卫生厅命名为临沂医学专科学校定点教学医院。

2005年11月，被评为淄博市二星级医院。

2013年6月22—24日，二级甲等医院评审团11个组22位专家，经过2天评审，沂源县人民医院以全市第一名成绩顺利通过二级甲等医院评审。

2014年6月24日，高分通过二级综合医院标准化建设评审。

2018年7月17日，顺利通过国家药监局组织评审的国家药物临床试验资格认证，成为全国首家具有药物临床试验机构资格的二级甲等综合医院；12月14日，医院高分通过中国医师协会呼吸医师分会、中华医学会呼吸病学分会、全国呼吸专科医联体、国家呼吸医疗质量控制中心共同发起的呼吸与危重症医学科规范化建设（PCCM）项目，是淄博市第3家、二级医院首家通过国家评审的单位；12月26日，医院卒中中心高分通过国家卒中防治中心评审，脑血管介入科被市卫生和计划生育委员会评为淄博市精品专科。医院卒中中心成为淄博市二级综合医院唯一红星单位和“十大中心”（危重孕产妇救治中心、危重儿童和新生儿救治中心、胸痛中心、卒中中心、癌症中心、呼吸重症中心、急救医学中心、创伤中心、影像中心、检验中心）。

2019年12月16—18日，山东省卫生健康委7位专家对县人民医院开展三级综合医院现场评审工作，专家们一致认为沂源县人民医院现场评价成绩符合三级综合医院标准要求，通过三级综合医院现场评审。

公共卫生

疫情防控

传染性非典型肺炎　2003年3月，“非典”疫情在全国各地暴发，县人民医院作为“非典”防治定点医院，短时间内建成符合要求的发热门诊、发热门诊留观室、1300平方米疑似病人及“非典”病人专用病房，购买1辆负压救护车、专用X光机、4台呼吸机、2台监护仪、大量防护用品、消杀药品、救治药品。成立“非典”防治专家组，制定传染性非典型肺炎救治预案，成立由90名业务骨干组成的传染性非典型肺炎医疗救护队，大力开展防治“非典”专业培训。

新型冠状病毒肺炎　2020年初，“新冠”肺炎疫情暴发。医院第一时间组织制定新型冠状病毒肺炎应急处置预案及诊疗流程，成立新型冠状病毒肺炎防治工作领导小组和救治工作专家小组。组织全院职工取消春节休假，全部在位在岗。依照国家传染病医院的建设标准，对位于南麻街道沟泉村的传染病预备医院进行了全面维护，依托医院信息化平台，打造成小型的数字化、智能化传染病医院。院区预定了美国GECT，配备了美国产GE移动DR、新华空气消毒机、博科负压担架、负压救护车等医用设备200余台（件）。装备完成占地3700平方米、建筑面积3500平方米、床位60张的标准化传染病医院。

沂源县传染病医院（沂源县人民医院沟泉分院）

卫生往事

对外援助

援川医疗　2009年2月1日，县人民医院派出宋维光、倪庆杰2名医生参加援川医疗队，赴四川省北川羌族自治县香泉乡帮助震后重建，开展2个月的医疗援助工作。在香泉乡卫生院，医疗队帮助制定了40多项医院管理制度和诊疗操作规范，举办培训班19期，培训医务人员160余人次，出车接诊病人120余人次，救治伤员673人次，门诊接诊2000余人次，收治住院病人110余人次。为2~14岁儿童接种流脑（A+C）疫苗1400余人次，基础疫苗接种600余人次，卫生监督覆盖率达100%。积极深入村寨开展巡回医疗，为抗震救灾英雄少年申龙捐款1000元，免费义诊群众1500余人，发放药品5000余元。帮助开展超声诊断业务，提高诊疗技术水平，开创了香泉乡卫生院超声诊断先河。

援藏医疗　2017年8月7日，沂源县人民医院B超室主治医师李伟启程进藏，支援西藏棘球蚴病（包虫病）筛查；8月14日，援藏队员们到达海拔4700米的日吾其乡，为藏民开展疾病筛查和健康查体。由于严重的高原反应，每次检查间隙，他们就不得不停下来吸氧，为了照顾远道而来的牧民，午饭到了下午近5点钟才吃上。历时3个月，援藏队伍高质、高效地完成了筛查任务，建立起一座藏汉友谊与健康的桥梁。

2022年7月22日，沂源县人民医院援藏干部、淄博市第十批援藏工作组成员齐贡明跟随山东省援藏团队赴藏，在西藏自治区日喀则市昂仁县卫生服务中心开展为期3年的支援帮扶工作；9月，日喀则“新冠”疫情发生，援藏工作组历时14天，踏遍17

个乡镇，行程2000余公里，在平均海拔4300米的雪域高原开展疫情防控督导检查，展现了淄博援藏新风采。

2023年4月，沂源县人民医院主管护师、淄博市第五批“组团式”援藏医疗队队员曹秀花抵达昂仁，开启为期6个月的对口帮扶活动。其间，县人民医院向昂仁县捐赠50万元医用物资，医疗队走遍10个平均海拔超过4800米的高海拔牧区进行牧区巡诊，为牧民开展常规体检，对常见病症诊疗送药，得到牧区群众的高度认可。

援渝医疗 2018—2019年，县人民医院先后选派周莹、孟令峰、张丙玉、江龙杰4名医务人员到重庆市石柱土家族自治县三合镇卫生院、中益乡卫生院及石柱县中医院支医。医疗队员按照分工分别负责医疗和护理工作，他们克服语言不通、习惯不同、环境不适应等困难，深入参与医院日常工作，规范病历书写、诊疗、用药，协助卫生院开展牵引、小儿推拿、中药透入等项目，开展心电监护仪、简易呼吸器、除颤器等仪器的使用、维护、保养；心肺复苏等急救技能的培训，参与卫生院组织的下乡义诊，免费义诊、送医送药，宣传医疗卫生政策、“新农合”政策等。

援鄂医疗 2020年，“新冠”疫情暴发，县人民医院呼吸与重症医学科主治医师陈德峰、普外科副护士长桑园先后前往武汉支援疫情防控。在大别山区域救治中心，陈德峰不畏艰辛，穿上防护服坚持8小时不吃不喝，甚至还穿上尿不湿，细心医治每一位患者。在武汉客厅方舱医院，桑园看到一位高三学生因为没有手机无法上网课只能自己埋头复习，而武汉全城封控买不到手机，无奈之下，她联系沂源的亲友买到一部手机寄回武汉交到这名高三学生手中。

草埠煤矿爆炸事故救治

1974年4月29日，草埠煤矿井下发生瓦斯爆炸事故，5名矿工严重烧伤，其中孙某某烧伤面积70%，以头面部为主，占30%，全身Ⅱ度烧伤面积达15%。临沂矿务局邀请山东医学院附属医院教授张学衡、主治医师寿楠海，临沂地区医院副主任医师戚士良等5位专家赶赴沂源，与县人民医院医护人员组成抢救班子，昼夜轮流值班，积极抢救。经过几十个日日夜夜的艰苦努力，5名病人全部脱离危险，4个月后均痊愈出院。

为患者切除79斤瘤体

1975年7月4日，55岁患者魏某某因腹部发现增大包块住院就诊，入院前3个月既不能站立又不能平卧，呼吸困难，腹壁及下肢浮肿，食欲差，生活不能自理。

入院后经内、外科会诊，数次讨论决定剖腹探查。术前共排放囊肿内液体3次，累计23000毫升（46斤）；7月22日，在针麻及局麻下行剖腹探查术，见右侧巨大卵巢囊肿且有广泛粘连，腹腔内有200毫升橙黄色液体，整个小肠浆膜面皆有炎性渗出物。医生分离粘连后，切除部分大网膜，放出囊肿内溶液6800毫升，娩出肿瘤，瘤体总重量79斤。术中病人情况良好，术后半个月可下地活动，生活自理，术后1个月痊愈出院。

沂源县人民医院首例断指再植

1999年12月28日，患者高某在施工中不慎被铁器挤伤右手，致使右手拇指末节完全离断。入院后外三科医务人员进行了近10个小时的断指再植手术，成功为患者进行了断指清创、血管移植和断指再植。术后10天患指功能恢复良好。

这是该院完成的首例断指再植术。该手术的成功，标志着该院显微外科技术水平有了重大突破，填补了沂源县人民医院在该领域的空白。

首例经皮穿刺二尖瓣球囊扩张手术

2000年3月，县人民医院收治2位女性患者，均有风湿性关节炎病史，其中一例40岁，劳累性呼吸困难3年，心力衰竭Ⅱ度伴有心房纤颤；另一例41岁，劳累性呼吸困难4年，心力衰竭Ⅲ度。

传统治疗此病的方式为开胸手术，但创伤大、费用高、病人恢复慢。而经皮穿刺二尖瓣球囊扩张术，不开胸，创伤小，安全系数大，操作简便，病人恢复快。3月5日，在省立医院教授的指导下，县人民医院医师成功为患者实施了经皮穿刺二尖瓣狭窄球囊扩张术。此手术的成功开展，使县人民医院治疗心脏疾病的水平上了一个新台阶，成为山东省首家开展经皮穿刺二尖瓣球囊扩张术的县级医院。

成功开展介入治疗

在过去冠心病治疗中，许多病人的冠状动脉狭窄部位及程度难以辨认，无法明确诊断及治疗。2002年，县人民医院投资300余万元引进数字减影X光机（DSA）开展高难度的介入治疗，冠状动脉病变复杂病人得以明确诊断及治疗。

患者胡某某，因劳累性呼吸困难3年、心力衰竭到院就诊，因病人体质较差，拒绝手术治疗。2002年10月25日，县人民医院利用数字减影X光机成功为其实行了二尖瓣球囊扩张术，经过30分钟的治疗，病人自我感觉良好，没有任何不适反应。当时此项技术在我国县级医院开展的为数不多，这标志着该院介入治疗技术达到国内先进水平。

3岁男孩肝破裂修补术

2017年1月，3岁的童童在家门口玩耍，无意中启动了电动车并撞上了墙，家属看到孩子毫发未伤时本想松口气，但孩子直喊肚子疼，为放心起见将孩子立即送到了县人民医院。急诊科值班医生详细了解情况后，怀疑童童是“肝破裂”，考虑到孩子病情危急，如果不及时治疗，随时会有危险，于是立刻开通急诊绿色通道，亲自带着孩子做检查。

果然，CT显示童童是肝破裂，肝包膜下血肿持续增大，家属本想转院，但孩子当时命悬一线，若是转院途中道路颠簸等因素导致肝包膜一旦破裂，情况将极其严峻。普外科医生们当机立断，在征得患儿家长的同意后，争分夺秒，紧急行肝破裂修补术。术中见血肿约11×10×3厘米大小，肝脏裂伤深达肝实质内约3厘米，并见活动性出血和腹腔积液（血），经过1个小时的“止血”奋战，终于将孩子从死亡线上拉了回来。

术后，童童妈妈感激地说：“当时我们都吓坏了，完全不知道怎么办，大夫知道俺不熟悉医院，亲自带着去做CT，怕孩子检查途中病情变化，亲自送到病房。住院后及时做手术，护士还买玩具，现在孩子恢复那么好，俺是越寻思越觉得多亏了县人民医院的好大夫，是大夫保住了孩子的命。”当谈到受伤经过时，童童爸爸仍心有余悸，“听大夫说‘肝破裂’时俺怎么也不明白，孩子肚皮都没破，谁寻思伤到了肝，幸亏大夫发现及时”。

创伤中心成功救治全身多处骨折的急危重症患者

2021年9月17日，60多岁的患者丁某因车祸到院就诊，到院时处于休克状态，情况十分危急。创伤中心迅速开通绿色通道，以最快速度完善相关检查，检查结果显示患者有左肩关节脱位、右肱骨近端骨折、右桡骨远端骨折、左右两侧股骨髁上骨折、左小指伸肌腱闭合断裂、双侧肺挫伤、双侧胸腔积液、多发肋骨骨折等10余处损伤点。因患者体型肥胖，既往有糖尿病、高血压等症状，血糖控制不理想，在骨一科、胸外科、内分泌科、心血管内科、手术麻醉科等科室共同会诊后，考虑到患者全身多发骨折、创伤、麻醉等问题，一次完成所有手术，创伤大，风险高，最终决定选择分上下肢两次手术完成。

骨一科团队分两次在全身麻醉下进行手术，两次手术都有左右侧，故选择双侧手术分两组人员同时进行，减少手术时间及病人麻醉时间，从而提高手术成功率。术后患者身体恢复良好，康复出院。

多学科联合挽救一名肠破裂新生儿

2023年10月13日凌晨5点，一名出生仅1天14小时的新生儿被紧急送往沂源县人民医院新生儿科。该患儿因腹胀由其他医院转入县人民医院，到院时全身皮肤苍黄，生命体征极其不稳定，随时有生命危险。

新生儿科值班医师立即对患儿进行气管插管，连接有创呼吸机辅助呼吸，纠正休克。其间，患儿家属要求到上级医院进行治疗，医生告知家属患儿病情危重，转运途中发生风险概率极高。随后邀请胃肠外科、手术麻醉科进行会诊，组成抢救小组，进行剖腹探查术，术中见患儿升结肠破裂，腹腔内存有大量粪便和脓苔，给予大量温水冲洗后，胃肠外科团队完成升结肠破裂修补术和回肠双腔造口术，腹腔留置引流管，手术顺利。患儿出院后，家属向县人民医院送锦旗和感谢信。

大事记

1948年　10月，沂源县人民民主政府设立沂源县大众诊所。

1950年　10月，沂源县卫生院成立，为医、政合一的医疗卫生机构。

1951年　12月，国家首次分配2名医士、助产专业中专毕业生到沂源县卫生院工作。

1952年　12月，县卫生院购买进口中型手术包1个，首次配备外科器械。

1954年　8月，设立化验室，配检验员1人，开展血、尿和粪便的常规检查。

1955年　8月，首次开展阑尾切除术。

1958年　9月，国家首次分配2名医疗专业大学本科毕业生到县卫生院工作。

1959年　8月，经县委、县政府批准，县卫生院改称沂源县人民医院。

1960年　9月15日，医院迁入新址（健康路与胜利路交叉处）。新建房屋110余间，建筑面积2477平方米，编制病床60张，有职工61人。

1963年　5月，山东省卫生厅确定沂源县人民医院为全省三处重点建设的县级医院之一，调拨大中型医疗设备47台（件），从省级医院调来有较高水平的医护卫生技术人员10名。

1963年　首次实施胃大部切除、胆囊摘除、甲状腺手术。

1964年　1月，外科首例脾切除手术获得成功。

1966年　5月，半工半读卫生学校成立。校址设在城区二郎山，招生42名。

1967年　购进塔式蒸馏器1台，大液体日产量增加到200瓶。

1976年　7月，唐山大地震，医院派人参加县医疗队，医生唐白带队，医务人员捐款捐物支援唐山地震灾区人民。

1978年　被山东省卫生厅授予“先进集体”荣誉称号。

1982年　建成三层宿舍楼一座，建筑面积1360平方米，主治医师级卫生技术人员搬入新居。

1982年　被中共山东省委、省政府授予“先进集体”荣誉称号。

1983年　8月，门诊楼破土动工，建筑面积3200平方米。1984年6月竣工。

1985年　5月，卫生部副部长、顾问张志强到医院视察工作。

1987年　5月，病房楼建成，建筑面积4400平方米。

1988年　建设建筑面积475平方米的制剂楼，添置大液体联动机1台、空气净化机1台。

1990年　10月，投资30万元，建成面积1000平方米的职工食堂；在职工宿舍区建400余平方米的花池；硬化水泥路面700余平方米。

1991年　10月，职工自愿集资建设宿舍楼1幢，建筑面积1900平方米。

1993年　12月20日，由县政府和医院共同投资兴建建筑面积1500平方米干部病房楼；由省、市资助和医院自筹资金新建建筑面积1200平方米的放射楼同时竣工，交付使用。

1995年　被国家卫生部授予“爱婴医院”荣誉称号。

1996年　1月15日，通过“二级甲等”医院省级评审。

1996年　6月，自筹资金100余万元，建2000余平方米药库办公楼。1997年5月5日，正式启用。

1996年　被山东省卫生厅授予“二级甲等医院”荣誉称号。

2003年　3月8日，医院新建病房楼投入使用，建筑面积17000平方米，设有病床450张。

2004年　3月25日，通过山东省临床教学工作评审团对医院教学医院工作评审，被山东省卫生厅命名为临沂医学专科学校定点教学医院。

2005年　5月25日，沂源县人民医院沟泉分院开诊。

2005年　6月，投资100余万元对门诊楼进行改造。

2008年　9月，被命名为滨州医学院临床教学实践医院。

2009年　2月，全省首批赴四川汶川支援灾后重建医疗队启程。

2009年　8月18日，正式成为山东大学齐鲁医院协作帮扶医院。

2010年　10月，门诊综合楼正式动工。2012年8月6日正式启用。

2011年　1月6日，医院DSA及直线加速器投入使用（放疗中心及介入中心开业典礼）。

2015年　国家卫健委联合国儿童基金会世界卫生组织授予“爱婴医院”荣誉称号。

2016年　4月18日，县人民医院卒中中心挂牌仪式暨脑血管病学术大会在医院举行。

2016年　6月，齐鲁医院心脏远程监护系统落户该医院。

2016年　6月，医院行政办公区搬迁至县城健康路15号。

2016年　山东省卫生厅授予“山东省百姓满意最佳品牌单位”荣誉称号。

2017年　5月，收治淄博市第一例人感染H7N9禽流感患者，经积极救治，患者恢复健康出院。

2017年　7月23日，沂源县征兵体检站落户该医院。

2017年　9月15日，沂源县人民医院新院区破土动工，地址在人民路以北、东埠路以东。

2017年　卫生部全国医院感染监测网全国医院感染监控管理培训基地授予“2016年度全国医院感染监测网医院感染横断面调查先进单位”荣誉称号。

2018年　5月24日，沂源县人民医院药物临床试验机构启用。

2018年　7月9日，医院卒中防治中心、胸痛中心成立。

2018年　7月19日，全国首个县级综合医院“励建安院士工作站”落户该医院。

2019年　1月19日，沂源县卒中救治联盟成立。

2019年　1月23日，孙颖浩院士工作站签约授牌仪式在上海长海医院举行。

2019年　12月18日，通过三级综合医院现场评审。

2021年　4月18日，成为山东第一医科大学附属省立医院泌尿外科专科联盟成员单位。

2022年　6月30日，新院区正式启用。占地253亩，总建筑面积15万平方米，床位1200张。

2022年　与山东省立第三医院结成医联体。

2023年　4月1日，新院区病房完成搬迁，全面投用。

2023年　被中华妇女联合会授予“全国巾帼文明岗”。

2023年　被山东省卫生健康委员会、山东省药品监督管理局授予“2022年度药品安全监测工作中表现突出的集体”。

2023年　医院创编的舞台剧《预防静脉血栓，我们一起在行动》获得国家卫生健康委、科技部、国家中医药局、国家疾控局、中国科协“关于健康知识普及行动——2023年新时代健康科普作品征集大赛优秀入围作品”。

2023年　被山东省卫生健康委员会、山东省教育厅、山东省市场监督管理局、山东省体育局授予“山东省营养健康食堂（餐厅）”。

2023年　被山东省卫生健康委、大众报业集团授予“敬佑生命荣耀医者”2023公益推选活动（山东）金牌团队奖荣誉称号。

卫生篇——

沂源县中医医院

扫码听书

记忆沂源·卫生健康卷

概　况

1986年8月，沂源县中医医院成立，前身为沂源县中医门诊部，为全民所有制二级甲等中医医院，是淄博市医疗急救指挥中心第22急救站、沂源县脑瘫儿童康复定点单位和全县残疾人康复中心。全县职工医疗保险、城乡居民基本医疗保险、商业保险定点单位，是集医疗、预防、康复、保健、教学、急诊急救于一体的综合性中医医院、互联网医院。

该院占地总面积3.6万平方米，建筑面积4万平方米，业务用房3.8万平方米。编制床位400张，开放床位600张。2023年末，有职工626人，其中正高级职称15人、副高级职称61人。医院党委下设行政、内科、外科、医技、老干部一、老干部二共6个党支部，中共党员192人。

该院有24个临床科室、15个医技科室和19个行政职能科室。年门诊量37.6万人次，年收治住院病人2.3万人次，年手术6586例。为国家中医药管理局龙砂医学流派传承推广工作站、山东省儿童青少年近视小儿推拿防控县级基地、山东省中医药预防保健服务中心、山东大学齐鲁医院分级诊疗合作医院、山东省千佛山医院合作医院、山东中医药大学医疗集团盟员单位、山东中医药高等专科学校临床实习基地、淄博市中医药适宜技术培训基地。医院设有全国基层名老中医药专家、龙砂医学流派传承、国医大师李佃贵传承和“泰山学者”孔北华教授等13个名医专家工作室。2021年，完成区县级卒中中心、胸痛中心和癌痛规范化示范病房建设。2023年，胸痛中心顺利通过国家级基层中心认证。

该院先后获得山东省消费者满意单位、中医工作先进集体、惠民医疗先进单位、残疾人康复工作先进单位、淄博市抗击“新冠”肺炎疫情先进集体、中医药文化建设示范单位、卫生系统先进基层党组织、急诊急救先进集体、卫生系统十大服务品牌等多个省、市级荣誉称号。

机构沿革

1986年6月，沂源县中医医院的前身——县中医门诊部成立，地址在健康路原卫校院内，主要开展中医门诊业务；8月，县政府行文公布成立沂源县中医医院，副科级事业单位。

1987年12月，原中国人民解放军第140医院奉命撤销，房产、部分设备物资无偿移交沂源县。县委、县政府决定在此基础上开办县中医医院。年底，县中医医院迁入县城历山路西侧原中国人民解放军140医院院内，原县中医医院旧址继续开诊至1988年6月。新院占地70亩，建筑面积17000平方米。

1990年6月，县政府明确县中医医院为正科级事业单位，机构性质、人员编制、隶属关系、经费渠道不变，实行院长负责制，行政体制实行院、科两级制。

1999年12月，县卫生学校撤销，划归县中医医院，更名为县卫生技术培训中心，主要依托上级学校面向社会开展函授培训。2016年5月，县卫计局整体搬迁，原办公楼移交给县中医医院。

沂源县中医医院历任主要负责人

机构名称	姓名	职务	任职时间
沂源县中医医院（1986.08—）	张玉瑗	院长	1987.07—1999.04
	李　志	院长	1999.04—2005.02
	王圣友	院长	2005.02—2012.04
	李爱清	院长	2012.04—2020.05
	王世礼	院长	2020.05—2022.05
	齐元琳	院长	2022.05—2023.04
	张　东	院长	2023.04—

党组织

1988年9月，县中医医院成立党支部，中共党员42名。1990年11月，完成党支部换届选举。1991年，实行支部包党小组、小组包党员、党员包群众的思想政治工作网络。同年，被授予淄博市社会主义思想主体教育工作先进单位。1993年4月，医院党支部升格为党总支。2000年，在全院实施一次申告待岗制度。2003—2005年，县中医医院先后开展“三个代表”、包村工作队、文明共建党建活动。2005年，党总支组织开展中共党员先进性教育活动。2011年，开展庆祝建党九十周年庆祝活动，被授予“淄博市先进基层党组织”荣誉称号。有7人被评为“全县卫生系统优秀共产党员”、4人被评为先锋党员和服务明星、3个科室被评为“共产党员先锋模范岗”。2012年3月，全县实行下派第一书记包村扶贫工作。至2023年末，医院先后派出4人分别在悦庄镇、西里镇、燕崖镇担任包村第一书记。2012年9月，县中医医院党总支进行缺额补选。2016年7月，医院党总支升格为党委。2019年7月，实行党委书记、院长一人两职，党委书记履行领导核心职责。党总支下设5个党支部，有中共党员160名。2023年末，党委下设6个党支部，有中共党员192名。

2021年7月，刘志明、李敬平、高俊福、沈传友、王本记、王学信、王秀英、刘炳峰、邹笃友、曲平祥、袁圣其获颁“光荣在党50年”纪念章。

沂源县中医医院党组织历任主要负责人

机构名称	姓名	职务	任职时间
沂源县中医医院（1986.08—）	刘志明	党支部书记	1990.06—1993.04
	刘志明	党总支书记	1993.04—1999.05
	周世良	党总支书记	1999.05—2014.02
	唐光明	党总支书记	2014.02—2016.07
	唐光明	党委书记	2016.07—2019.06
	李爱清	党委书记	2019.06—2020.05
	王世礼	党委书记	2020.05—2022.05
	齐元琳	党委书记	2022.05—2023.04
	张　东	党委书记	2023.04—

队伍建设

1988年1月，县中医医院有职工46人，其中原中国人民解放军第140医院移交人员17人；6月，从县、乡各医疗卫生单位调入58人。至1990年底，人员达到132人。其中，大学本科生5人、大学专科生26人、中专生58人；副主任医师1人、主治医师18人、主管药师6人、医（药、护、技）师57人、医（药、护、技）士27人；行政、工勤人员23人。卫生技术人员的增加，搭建起主要业务科室技术班底，医院展开科室布局和设置，带动业务进入快速发展时期。

1991—1998年，每年接收医学院校大学生、中专毕业生3~4人。1998年，引进首位中医硕士研究生、肾病专家贾士安，医院随之建立起中医肾病专科。1997—1999年，引进外科专业中级人才2人。2003年，人员达到253人，其中专业技术人员222人、工勤人员30人。2004年，招聘大学本科生3人。2005年，医院实施名医、名科、名院“三名”战略，通过引进高层次人才、招聘高校毕业生，加强人才梯队建设，招录大学本科生5人。1991—2005年，医院人才队伍数量和技术层次形成双提升阶段。

2006年，医院业务扩大，专业技术人员需求增加，招聘大学本科生4人、大学专科生3人。2007年，招聘大学本科生18人、大学专科生5人；调入专业技术人员15人。2008—2011年，招聘硕士研究生、大学本科生60人、大学专科生10人，调入专业技术人员8人。截至2023年12月，有职工626人，其中研究生学历20人（中医研究生16人）、大学本科学历380人；高级职称76人（正高级15人、副高级61人）、中级职称169人，全国基层名老中医药专家传承工作室项目专家1人；省名中医1人，市名医1人，市学科带头人1人，市名中医1人，市青年名中医3人，县名医4人，县学科带头人4人。

人物简介

李玉荣，女，1937年出生，东营市广饶县人。中共党员，副主任医师。山东省计划生育先进工作者。

张大川，男，1949年出生，鲁村镇草埠村人。中共党员，副主任医师。山东省计划生育先进工作者。

侯学艺，男，1958年出生，鲁村镇姬家峪村人。中共党员，副主任中医师。沂源县第一届名医，淄博市名中医。

王圣友，男，1960年出生，南鲁山镇水么头村人。中共党员，主任医师。曾任县医院党总支书记、县中医医院院长。淄博市名医，沂源县第一届名医。全国卫生产业先进个人、山东省医院管理优秀院长。

周世良，男，1962年出生，南麻街道东高庄村人。中共党员，主任医师。沂源县第一届名医，全国县级中医医院技术骨干。

唐　辉，男，1963年出生，历山街道西北麻村人。中共党员，主任技师。沂源县第一届学科带头人。

孙吉冰，男，1963年出生，鲁村镇崮山村人。中共党员，主任医师。沂源县第一届学科带头人。

冯学花，女，1964年出生，南麻街道许村人。中共党员，主任医师。沂源县第一届名医。

崔锡范，男，1967年出生，大张庄镇松山村人。主任医师。沂源县第二届名医。

王　丽，女，1975年出生，中庄镇李家河西村人。中共党员，主任护师。曾获“山东省五一劳动奖章”“山东省先进工作者”荣誉称号。2019年，参加武汉抗疫，被中共湖北省委、省政府表彰为“新时代最美逆行者”。

徐　涛，男，1975年出生，历山街道南麻三村人。中共党员，主任医师。山东省名中医，淄博市青年名中医。

李俊云，男，1977年出生，东里镇东桃花坪村人。主治医师。淄博市青年名中医，沂源县第二届名中医。

医疗技术

县中医医院医疗服务发展，经历了三个阶段，即建院初期（20世纪80—90年代）的中医为主阶段、2000—2010年的中西医并重阶段、2011—2023年的全面发展阶段。内科技术水平由一般到复杂疑难；外科手术向显微外科、微创手术等高难技术阶梯形上升。

骨伤治疗

1997年，开展脑出血病人血肿清除、颅骨缺

沂源县中医医院住院部（2006年）

损修补颅脑手术，实现腹腔手术向颅脑手术突破。1999年，开展显微外科手术，完成断指再植手术15例。2005年，开展颅内血肿碎吸术。2010年，收治病种扩大，手术水平快速提升，先后开展骨盆前后环骨骨折联合固定术、腓肠肌瓣转移术、腰椎滑脱切开复位融合器融合固定术、肩关节盂骨折后路切开复位内固定术、尺神经炎的尺神经前移术、腰椎间盘突出射频消融及臭氧融合术。2011年4月，成功开展第一例椎间盘突出症CT引导下射频消融加臭氧治疗（微创治疗）和椎体成形术。2020年，神经外科首次成功开展颈内动脉狭窄支架植入术，陆续开展后颅凹小脑血肿、四脑室出血穿刺微创置管引流术、全脑血管造影术、动脉瘤栓塞术、颈动脉狭窄—颈动脉内膜剥脱术、神经内镜下颅内血肿清除术、有创颅内压检测探头植入术。2021年，骨伤开展微创前侧入路髋关节置换术和关节镜下半月板缝合术及桡骨小头置换术、四肢长骨干骨折闭合复位髓内钉固定术。2022年，显微外科成功完成游离股前外穿支皮瓣等高难度手术。2023年，开展在CT引导下椎间孔镜治疗腰椎间盘突出，实现靶向治疗，手术定位精准、创伤小。

门诊病房综合楼（2019年4月）

外科技术

建院至2000年，外科开展一般肠胃腹腔手术，技术要求相对较低。此后，外科向技术要求更高的开胸手术发展，输尿管矫形、肝不规则切除、脾切除等技术广泛应用。2005年，开展复杂、难度较大的胰、十二指肠切除术、经腹全胃切除术等17项新技术。2007年，外科手术水平再次提升，先后开展腹腔镜胆囊切除、肾囊肿引流等技术，外科手术全面进入微创时代。2010年，开展CT导引下肺脓肿穿刺引流术。2018年，开展经皮经肝胆道穿刺取石。2019年，泌尿外科先后开展前列腺气化切除、压力性尿失禁经闭孔尿道中断吊带术、腹腔镜下肾上腺肿瘤切除、小肾癌肾脏部分切除术。2020年，相继开展下腔静脉滤网植入术及取出术、腔镜下脾切除术。2021年，先后开展周围动脉支架植入、腔镜甲状腺切除、腔镜腹股沟疝修补、复杂肺癌支气管成形切除、复杂肺癌肺动脉成形切除、食管癌切除管形胃吻合。2023年，开展县域内首例十二指肠镜下胆总管（括约肌）切开取石术。截至2023年末，县中医医院外科全面达到县级医院前沿水平。

妇科技术

1999年12月，在原有一般妇科手术的基础上，开展保留生育功能妇科手术。2000年，在县域内首先开展卵巢癌、子宫内膜癌及宫颈癌的广泛性子宫切除等四级手术。2007年，开展微创手术，妇科手术水平不断提高，先后开展腹腔镜子宫全切、子宫肌瘤、卵巢囊肿摘除术和宫腔镜手术。2010年，开展输卵管粘连不孕症患者的腹腔镜下输卵管造口加直视下通液术、宫颈良性肿物及上皮内瘤变的利普刀切除术。2011年，相继开展无痛分娩技术、阴道镜检查及诊断，诊疗范围进一步扩大。2018年，开展腹腔镜辅助经阴子宫加双附件切除加阴道脱垂悬吊术、腹腔镜下盆腔淋巴结清扫术。2022年，开展产后盆底评估、腹直肌纠正分离康复治疗。先后成功抢救羊水栓塞至弥散性血管内凝血4例及妊娠期脂肪肝至弥散性血管内凝血1例。

内科医疗

在治疗常见病、多发病的同时，重点学习、引进心脑血管疾病治疗的先进技术。2000年，开展时间窗内急性心肌梗死、脑梗死的静脉溶栓治疗、蛛网膜下腔出血的脑脊液置换方法、股动脉穿刺注入溶栓药物治疗下肢动静脉血栓形成等项目。中医药“参竭胶囊”治疗气虚血瘀型冠心病心绞痛临床研究取得重要进展。2007年，开展颅内血肿微创穿刺清除术、脑室穿刺引流联合蛛网膜下腔脑脊液置换治疗重症脑室出血技术项目；锁骨下静脉置管持续泵入化疗药物治疗恶性肿瘤，获得成功。

2010年，肿瘤学科开展肿瘤微创靶向综合治疗，配置体内伽玛刀设备，引进“和佳”肿瘤微创综合治疗技术，有效结合高新技术与常规治疗。开展经皮肺、肝穿刺活检术。

重症医学相继开展床旁危重中毒患者血液灌流联合血液过滤技术、经皮气管切开术、电子纤维支气管镜检查术及肺泡灌洗术、持续性血液净化技术（连续48小时）、经呼吸机肺不张复张术。

2011年，开展无创通气技术治疗慢阻肺、心包穿刺术。2018年，内科医疗快速发展，临床诊治向心脑血管疾病介入方向延伸，先后开展时间窗内急性缺血性脑卒中的阿替普酶溶栓治疗、超溶栓时间窗的急性缺血性卒中的替罗非班静脉治疗、头颈部血管造影及支架置入术、动脉取栓及动脉内溶栓治疗、应用醒脑开窍针治疗昏迷及癫痫病人的急救及重症肌无力的特色中药治疗。2019年，开展心脏冠状动脉造影及心脏支架介入手术。2021年11月，完成省级卒中中心评审；12月，被确定为山东省卒中防治中心建设单位。2022年，先后开展临时起搏器、永久起搏器植入术及心房颤动射频消融技术；与山东第一医科大学第一附属医院呼吸重症医学科联合开展县内第一例人工体外膜氧合技术，重症患者救治水平逐步提升。2023年，开展冠脉闭塞血管再通技术；5月，成立胸痛中心并通过国家认证。

影像检查及病理诊断

2000年，医学影像学科首次开展动静脉造影、介入治疗。2010年，开展食道支架植入术、B超引导下各种穿刺引流术。2011年，开展脾栓塞治疗脾亢、大咳血栓塞治疗技术；开展三维重建、血管强化技术；与北京301医院、北京医院、北医三院开展影像远程会诊业务。2021年，引进人工智能（AI）诊断系统，开展肺结节和肋骨骨折智能诊断。

2002年，内窥镜学科开展消化道良性肿瘤切除微创手术，后陆续开展内镜下消化道异物取出术、声带息肉小结摘除术、肺活检术、肺泡灌洗术等微创治疗，先后开展无痛胃镜、肠镜、支气管镜检查及幽门螺杆菌呼气检测技术。2023年，首次成功实施内镜下黏膜剥离（ESD）手术。2009年，特检学科在全国二甲医院中首家启用心电远程会诊技术。2011年，心电远程会诊技术通过市科技成果鉴定，被市卫生局列为淄博市第二批适宜卫生技术推广项目。

1995年，病理学科主要开展内镜活检、各种穿刺活检、普通外检诊断。2004年，完成二级甲等医院病理质控达标。2015年，增加宫颈液基薄层细胞学检测。2016年，开展术中快速冰冻诊断。2021年，开展人乳头状瘤病毒基因分型检测。是县域内唯一一家能在本院自行检测人乳头状瘤病毒基因分型的医疗机构。2023年，开展免疫组化、快速石蜡切片检查与诊断，病理诊断正确率及病理切片优质率均达到98%以上。

急诊急救

1992年，开展院内一般急诊、有机磷中毒病人救治。1999年12月，依托“320便民急救电话”，开展常规院前急救和院内一般病人抢救。2001年4月，“320便民急救”并入淄博市“120”急救指挥中心，急诊急救业务得到加强，应急处置、急诊急救能力稳步提升，在全县院前急救、院内抢救、县域内公共卫生事件处置、重大事故抢救发挥重要作用。2003年，“120”急救达标，医院急诊急救建设快速发展，陆续开展心肺复苏、电除颤、电复律、气管插管、呼吸机机械通气、急性心肌梗死溶栓术、急性缺血性脑卒中溶栓术、急诊洗胃等技术，2023年，院前急危重病人抢救200余例。

远程会诊技术

2009年，建立心电远程会诊中心，开展远程心电会诊技术，对下实施心电会诊，对上接收上级医院影像会诊业务指导。采用“基层检查、中心诊断、远程心电零距离”的互联网模式，通过会诊中心与国家级胸痛中心联动、医院“三大中心”和乡镇卫生院胸痛救治单元有机整合，建立院前和院内协同救治机制，使心血管疾病患者第一时间得到有效救治。2023年，远程心电会诊服务模式和服务范围及远程设备进一步优化升级，更新换代70余台动、静态心电远程设备，覆盖县、镇、村三级心电远程会诊服务网络体系网点增至386个。

中国胸痛中心授牌仪式（2023年4月）

2011年，建立医学影像远程会诊中心，与解放军总医院（北京301医院）、北京协和医院、首都医科大学附属友谊医院、清华大学长庚医院合作建立远程医学影像诊断平台。通过远程影像诊断服务系统，提供疑难病例远程影像诊断会诊服务，解决疑难技术问题。

其间，累计诊断心电、影像会诊10万余例，解决复杂疑难病症患者1.3万余例，抢救急危重症患者4500余人次，实施网络心电图培训医生3180人次。

1988—2023年医院业务量统计表

年份	门诊量（人次）	住院量（人次）	手术人次（人次）	开放床位（张）
1988	27500	1560	298	100
1989	35900	1620	309	
1990	55000	1652	475	
1991	64800	2089	540	
1992	65000	2414	546	
1993	69500	2575	547	
1994	60000	2654	624	
1995	40345	2846	656	120
1996	62966	2932	685	
1997	71392	3236	681	
1998	73764	3106	690	
1999	64800	3016	786	
2000	61000	3384	824	200
2001	61890	3505	1021	
2002	60276	4982	1160	
2003	72300	5710	1317	

续表

年份	门诊量（人次）	住院量（人次）	手术人次（人次）	开放床位（张）
2004	85923	5287	1229	
2005	89000	5538	1431	300
2006	104000	5538	1544	
2007	105000	5922	1710	
2008	122000	7270	2123	
2009	132000	7747	2234	400
2010	150000	9498	2474	
2011	160000	10268	2592	
2012	163000	12456	1325	
2013	140000	13131	2895	
2014	136000	13619	3150	
2015	141000	16000	3519	
2016	170000	15000	3600	
2017	200000	16623	3822	
2018	197000	16948	3329	
2019	215779	18845	3588	
2020	221623	20092	3362	
2021	244740	16039	4736	
2022	260599	16547	5029	
2023	376407	23003	6586	600

医疗设备

影像设备

建院初期，医院使用的设备是解放军140医院移交的陈旧设备。1992年，购置影像增强遥控摇篮装置500毫安X光机。1996年，引进县内首台美国GE-8800全身CT，填补沂源县大型医疗设备的空白，同时承担县内各医疗单位医学CT检查任务。2005年，购置CR、数字胃肠透视系统，门诊、临床诊断技术进入数字化时期。2007年，更新配置西门子双螺旋CT。2008年，购置800毫安数字胃肠机。2011年，引进国际先进西门子1.5T超导核磁共振。3台大型设备的引进，使临床检查设备再次升级，诊断更加明晰。2013年，购置飞利浦数字X射线成像系统（DR）。2014年，购置岛津医用诊断X射线透视摄影系统。2019年，更新牙科X线机，购置移动式平板C形臂X射线机，实现临床检查便捷化。2022年，增添GE螺旋CT1台，解决CT病人检查等待时间长的矛盾。

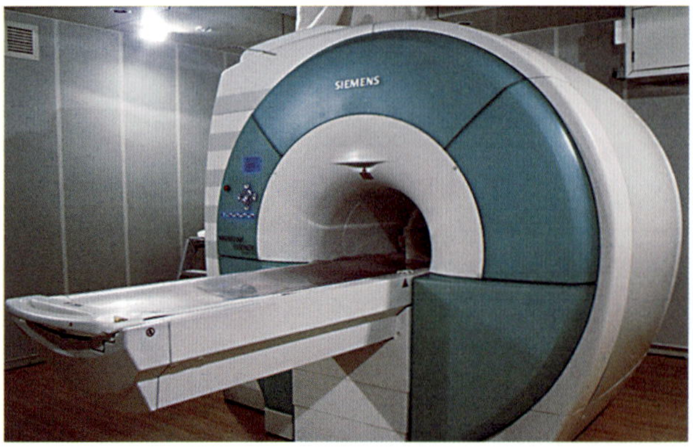

1.5T超导核磁共振（2011年）

超声和检验设备

超声设备　医学超声检查经过了由黑白到彩

色、由平面到四维的发展过程。1990年，B超检查使用的是岛津牌黑白B超。2002年，购置惠普彩超。2007年，更新为福田彩超。2010年，引进沂源县第一台美国GE公司产V7彩色超声多普勒诊断仪，在心血管领域诊断方面更具特异性，定量分析更准确。2011年，购置西门子彩超1台。2015年，购置GE四维彩超1台。2023年，购置全身彩色多普勒超声诊断仪、全数字化高端彩色多普勒超声诊断仪。

检验设备 1992年，购置荷兰产半自动生化分析仪，更新原有手动检验设备。2002年，购置全自动生化分析仪，由半自动升级到全自助，检验检查效率再次提高。2003年，购置血球数字计数仪。2005年，购置全自动电介质分析仪。2007年，更新发光仪。2008年，购置五分类血球计数仪。2014年，购置五分类血液分析仪。

治疗设备

1999年，先后购置短平快亟需设备血液透析机、微波治疗机、电脑牵引床、6台心电监护仪。2003年，引进高端设备高频电刀、心电监护、呼吸机等设备。2005年，通过与外合作方式引进体外碎石机、超高倍显微镜；先后购置乳腺动力治疗仪、多功能彩色病理分析系统；更新5座高压氧舱。2007年，先后购置呼吸机、除颤监护仪、心电监护仪、腹腔镜、血透机、麻醉呼吸机、手术对接车等先进医疗设备。2008年，先后更新配置内窥镜、C形臂等设备。2011年，争取国家资金200万元，招标采购中医诊疗设备17件。2012年，改善手术室条件，购置美国C形臂/DSA1台。2014年，购置奥林巴斯腹腔镜1台。2015年，购置560HD数字高清关节镜系统。2019年，先后购置大型DSA（数字减影血管造影系统）、神经外科显微镜。2023年，贴息贷款购置激光治疗机。

病理和康复设备

1995年，病理诊断设备仅有国产显微镜、电热恒温干燥箱、国产切片机各1台。1999年，病理诊断设备逐步得到改善，购进进口显微镜1台，添置彩色病理分析系统，实现病理诊断电子存储。2004年，更新进口切片机1台，购置取材台、智能程控生物组织脱水机、生物组织包埋机、包埋专用冰台、摊片机、烤片机等，病理学科建设达到二级甲等医院病理质控标准。2007—2014年，先后购置晾片柜、切片蜡块存储柜、抽风柜、进口自动封片机等设备；更新彩色数字医学图像病理分析系统及进口组织包埋机、摊片机、烤片机、取材台等。2015年，增添液基薄层细胞学制片系统，实现了县内液基薄层细胞学病理检测不外送。2016年，建立病理远程会诊系统，购置进口冰冻切片机。2021年，更新液基薄层细胞学检测系统、进口全自动组织脱水机，购置进口显微镜1台。2023年，购置快速石蜡组织处理机、全自动免疫组化机及染封一体机，缩短活检病理时间。

2014年，康复设备以高起点配备美国四肢联动功能训练器、德国主被动训练系统、减重步行训练系统、言语认知评定训练系统、吞咽治疗仪、气压治疗仪及电子生物反馈治疗仪、经颅磁治疗仪、中低频治疗仪等先进康复设备。2019年，康复项目拓宽，先后增添悬吊治疗设备、平衡功能评估训练设备、核心肌群训练器、脉冲治疗仪、经颅超声治疗仪、冲击波、呼吸评定训练系统、智能控温蜡疗机及康复基础设备一宗。

制剂设备

建院初期医院依托27野战医院移交的老旧制剂设备开展日常制剂工作。1995年，制剂室改造升级，引进软包装无菌制剂流水线设备1套，更新膏丸散普通制剂设备一宗，购置打片机1台。2007年，购置三组一体加压中药煎药机1台，后期逐步更新配套。截至2023年，已有加压中药煎药机3台、常压煎药机2组、多功能自动煎药机24台、药液包装机8台、膏方包装机1台、大型消毒柜1台。

学科建设

基础建设时期

1986年6月，县中医医院建院，仅设立中医门诊，工作人员9人。1988年6月，正式建院，有职工46人，开放床位30张。同年，县卫生局从县、乡各医疗卫生单位抽调58名卫生技术人员充实到县中医医院。1990年，逐步发展到行政科室5个：院办公室、财务科、医务科、总务科、门诊部；临床科室7个：内科、外科、妇产科、传染科、五官科、皮肤科、针灸推拿科；医技科室5个：药剂科、放射科、检验科、特检科（心电图、脑电图、中风预测、胃镜、病理）、供应室；开放病床80张。1991年，重点加强中医学科建设，初步实行专业定向，陆续设立痔漏、脾胃病、肝病、肾病、不孕症专病门诊。1992年，成立急症室，开展急诊急救，设观察床6张。1994年，设立骨伤和颈肩腰腿痛、中风病、消渴病、刮痧、医学咨询5个专病门诊。1995年，制剂室实施升级改造，该院临床所用葡萄糖、氯化钠制剂及部分丸膏散片药品基本实现自足。1996年10月，外科扩分为骨伤科、普外科两个病区，优先发展中医骨伤学科。1998年，引进沂源县首位中医硕士研究生、肾病专家贾士安，设立肾病专家门诊。2000年1月，成立肾病专科，开展血透业务，在专病专治方面不断进步。1999年10月，根据业务需要，开通“320急救便民服务”。2001年4月，中医医院急救并入市“120”急救指挥系统。2003年，通过市“120”急救中心急诊达标验收，成为淄博市第22急救站。

全面建设时期

2001年，成立五官科病房，开设病床10张。2002年，成立小儿科病房；8月与原解放军泰安88医院肝病研究所协作成立肝病诊疗中心并挂牌运行。2003年11月，成立内三科，主要诊治以糖尿病为主的内分泌病人。2005年，县民政局依托县中医医院成立沂源县优抚对象康复医疗中心，主要服务全县伤残军人、烈军属优抚对象；6月，成立输血科；设立中医妇科、肛肠、泌尿门诊。2007年7月，进一步细化学科设置，增设泌尿外科、神经外科、肿瘤科、肺病科，组建查体中心，成立重症医学科，开设ICU；10月，骨伤科通过淄博市重点中医专科评审验收。2008年9月，病理科通过上级达标评审，成为淄博市中医系统唯一一家达标单位。2011年3月，B超室从放射科分出设科；4月，肿瘤微创靶向综合治疗中心成立，开展肿瘤综合治疗；6月，成立心内科，收治心血管疾病住院病人。2012年7月，设立针灸推拿科病房，设置床位10张；11月，县中医医院被国家中医药管理局批复为中医肿瘤特色专科建设单位。2013年1月，针灸推拿科被批准为“农村医疗机构针灸理疗康复特色专科”“沂蒙老区基层康复技术帮扶基地”。

重点建设时期

2013年1月，肿瘤科被确定为“十二五”重点专科建设单位；内分泌科为淄博市中医重点专科建设单位。2014年4月，成立康复医学科，设立敞开式康复大厅；市残联批准县中医医院为脑瘫儿童定点康复医疗机构和沂源县残疾人康复中心。2016年3月，肛肠科从泌尿外科分离，分别设立独立的病区；5月，内分泌科被确定为市级中医重点专科。2017年3月，成立内镜室，开展胃镜、肠镜、支气管镜、喉镜检查和相关疾病微创治疗。2019年4月，血液透析中心扩建至600平方米，成为全县唯一一家实现超纯透析的血液透析中心。2020年8月，建立“泰山学者”、国之名医、卓越建树孔北华名医工作室，定期坐诊，指导业务。同期，成立淄博市唯一一家中医日间诊疗中心，打造区县级中医日间诊疗中心样板，建立全市统一中心运作标准模式；9月，成立介入治疗室，陆续开展外周血管造影、介入治疗业务。2023年4月，县中医医院胸痛中心通过中国基层版胸痛中心认证。

中医特色

中医传承和中药使用

医院突出中医特色，优先发展中医、中药，设立24个中医专家工作室、中医诊室及中医治疗室，中药材、中药颗粒品种达700余种。

2018年5月，县中医医院被批准为国家龙砂医学流派传承推广工作站，通过建立工作站，进一步

中药房

化）项目试点单位，开展15项中医适宜技术。“对下”依托“淄博市中医适宜技术培训基地”培训中医业务骨干开展中医适宜技术；“对内”发挥中医药特色优势，加大中医药在疾病防治中的优势。2021年，国家中医药管理局批准该院为淄博市唯一一家全国基层名老中医专家传承工作室建设单位。2023年9月，由全国基层名老中医药专家传承工作室牵头，为全县36名百岁及以上老年人查体，建立健康档案；10月，中医医院与省中医医院签署医联体合作协议。

带动“五运六气”（“五运”是木运、火运、土运、金运、水运的简称；“六气”是风、热、火、湿、燥、寒六种不同气候的总称）学说的推广和中医传承工作，招纳“龙砂弟子传承人”7人。2019年2月，国医大师李佃贵教授在县中医医院建立传承工作室，招纳传承弟子3人，开展学术思想和临床经验传承；5月，邀请全国名中医武连仲教授、中医经方大家黄煌教授到县中医医院授课、查房，指导中医工作，带教学生1人；11月，邀请第六批全国名老中医庞国明教授到县中医医院举行中医带徒活动，招纳传承弟子3人，开展推广中医适宜技术，先后组织开展乡镇中医适宜技术培训班5期，培训人员达500余人次。

2020年11月，县中医医院先后在西里卫生院、中庄卫生院、燕崖卫生院建立名医、名中医工作室，通过名医下乡坐诊、技术指导等方式，推动乡村中医药事业发展；12月5日，全省基层龙砂“五运六气”培训班暨沂源县第五届膏方节在中医医院召开。2021年5月，县中医医院牵头成立沂源县中医药专科联盟医联体，实现县直医疗机构、社区卫生服务中心、乡镇卫生院和乡村卫生室有机融合，推动区域内中医药优质医疗资源扩容与均衡布局。县中医医院“对上”积极争取中医药扶持政策，成为“五个全科化”（中医经典全科化、中医治未病全科化、中医外治全科化、中医康复全科化、中医护理全科

中医骨伤

骨伤以中、西医并重快速发展，成为淄博市第一批中西医结合重点专科，临床应用中医正骨手法治疗骨折、脱位，创新现代医疗技术，开展四肢骨与关节复杂骨折、脱位的治疗手术；脊柱及四肢骨肿瘤切除手术；人工髋、膝关节置换术；脊椎疾病的减压融合固定术；断肢再植术等项目。重点开展老年骨质疏松性胸腰椎骨折经皮穿刺椎体成形术；膝关节镜手术；内镜下单侧双通道椎管减压术；膝关节单髁置换术；微创前侧入路髋关节置换术；骨折手法复位经皮穿针内固定术；骨折微创小切口钢板置入术等一系列微创化骨伤骨病治疗项目。与齐鲁医院、省立医院、千佛山医院3家三甲医院建立业务指导和人才培养业务关系。年收治住院病人1600余例，手术1000余例。

中医康复

康复医学突出中医特色和疗效，已建成全县残疾人康复中心、沂源县脑瘫儿童定点康复训练机构、中华医学会基层康复技术帮扶基地。设有病房及康复大厅，配备美国四肢联动功能训练器、德国主被动训练系统、平衡评定训练系统、呼吸评定训练系统、减重步行训练系统、言语认知评定训练系统、吞咽治疗仪，以及电子生物反馈治疗仪等康复设备，开展物理疗法、作业疗法、言

语与吞咽障碍治疗、认知知觉障碍训练、辅助器具应用、传统中医技术等项目，临床中采取现代康复技术与传统康复治疗相结合，对脑卒中、脑外伤、脑瘫、脊髓损伤、骨关节疾病及肌骨疼痛等造成的功能障碍进行康复评定与治疗，最大程度地恢复患者功能状态，提高患者的生活质量，降低后遗症的风险。年收治住院康复病人2000余例，康复治疗3万余人次。

针灸推拿

该项目为国家中医药管理局农村医疗机构针灸、理疗、康复特色专科，山东省预防保健中心，沂源县针灸推拿临床教学基地。开展针刺、电针、推拿、耳穴压豆、艾灸、拔罐、刮痧、皮肤针、三棱针、穴位注射、穴位贴敷、牵引、理疗、熏洗等传统、现代治疗技术，治疗各种疾病60余种，尤其对中风后遗症、头痛、面瘫、腰痛、椎间盘突出、颈椎病、痛经、胎位不正、小儿腹泻、耳聋耳鸣、带状疱疹等疾病有较好疗效。2012年7月，针灸推拿科成立病房。2022年，依托针灸推拿项目开设中医日间诊疗中心，发挥中医“简、便、验、效”治疗优势和效果，业务进一步拓宽，中医特色更加鲜明。同年，设立灸疗室开展热敏灸、督灸、脐灸、隔姜灸、隔蒜灸、温针灸及温灸、器灸疗法。其中，特色疗法热敏灸可作为针灸的替代疗法，治疗范围广泛，临床上对面瘫、腰腿痛、胃痛、痛经、结肠炎、膝关节骨性关节炎效果明显；脐灸疗法将艾绒、面碗、脐灸粉施治于神阙穴，通过激发经络之气，疏通气血，调理脏腑，利用艾绒的纯阳和引药入里的作用，预防和调理疾病，对虚劳诸疾、神经衰弱、小便不利、自汗、盗汗、久泄久痢、女子月经不调、痛经、不孕等疗效明显，督灸疗法，综合利用督脉、督灸粉、生姜、艾绒的协调作用，温阳通络、祛除寒湿、扶正固本，用于风寒湿邪痹阻经络所致的颈、肩、腰、腿、膝关节疼痛效果显著；“冬病夏治中药贴敷疗法”可治疗慢支、肺气肿等肺系疾病多达10余种；针刺艾灸治疗出血热少尿期成功率为95%。

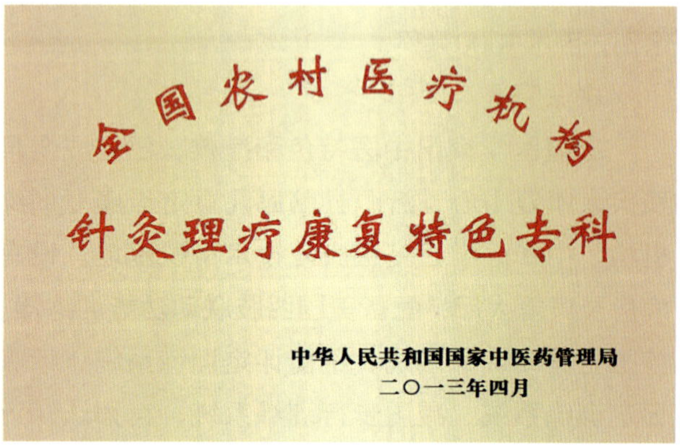

全国农村医疗机构针灸理疗康复特色专科牌匾

国医堂

2020年11月，县中医医院争取上级资金200万元，将卫健局原办公楼改造成国医堂，总建筑面积1500平方米。通过公开招标方式实施国医堂建设。工程采用中央空调供暖制冷，大厅全部按照中医特色进行装饰装修设计，中医氛围甚浓。2021年5月，国医堂启用后，该院将中医、西医门诊做了合理调整划分，中医药特色优势得到有效发挥。一楼为特色针灸理疗室、中药房、中药颗粒室、中药库、膏方汤剂煎药室，有中药饮片、颗粒700余种；将国医堂二楼设治未病科、针灸推拿科。2022年8月，三楼组建为日间诊疗中心，着力打造基层中医药适宜技术培训中心和颈肩腰腿疼诊疗中心。

膏方节

2016年10月，该院举办沂源县第一届膏方节。国家中医药管理局龙砂医学流派主要传承人、北京“五运六气”医药研究院院长翁朝明亲临指导。

膏方又称为膏滋，作为重要的治未病途径，可医可补，是传统医学的瑰宝。膏方又以辨证论治为基础，一人一方，量身定做，对慢性病，尤其对亚健康人群的调理、多种体质的调治、未病先防具有独特优势，是一种服用方便的独特中药制剂。2021年11月12日，沂源县第六届膏方节开幕，山东中医药大学教授、博士生导师、教学名师、国家级重点学科——中医基础理论学科后备学科带头人、山东省名中医药专家张庆祥教授工作室在该院揭牌。

沂源县第六届膏方节开幕暨名中医张庆祥工作室揭牌仪式

截至2023年，县中医医院已连续开办8届膏方节。其间，许多名中医药专家应邀汇聚沂源，坐诊、讲课、交流指导。

公共卫生

社区卫生

1997年10月，在县城沿河西路西山居民小区设立全科医疗服务站一处，配备人员6人，主要从事医疗、保健、康复、妇幼等门诊及部分社会工作。2008年7月撤回。

1999年，在历山路中段原啤酒厂处设门诊，派出工作人员3人，主要对啤酒厂内部职工及周边社会群体开展便民医疗服务。2005年8月，该门诊自主经营，不再隶属该院管理。

2006年7月，设立县中医医院驻沂源一中门诊，配备简易医疗设备、器械和医护药人员3人，承担全校师生的医疗服务保障，年查体5800人，门诊8000余人次。

疫情防控

传染性非典型肺炎　2003年5月，“非典”疫情中，为全面做好疫情防治工作，县中医医院先后成立防治领导小组、“非典”救护预备队，设立发热门诊、留观室及病区，抽调5名医护人员充实到“非典”第一线。在防护措施上，从消毒、设备购置到人、财、物的准备都作了周密细致的安排，用于抗击“非典”设备购置资金达30余万元。

新型冠状病毒肺炎　2020年“新冠”肺炎疫情中，县中医医院建设高标准PCR实验室1处。成立3个医疗救治梯队和核酸检测梯队以及采样队、流调队、消杀队、追阳队，设立发热门诊和隔离病房。其间，共派出支援省外及省内各市外援人员58人，50人参与县中心实验室核酸检测，55人进入方舱隔离点，12人固定文化广场采样点、高速路口检查站，86人到学校、企业、看守所采样。全员核酸检测工作中，共派出核酸采样人员累计1.3万人次，采样651万人次，检测标本16.1万管。

“新冠”疫情期间，发挥中医药优势，组织相关科室专家制定抗感1号、2号、3号、4号中药预防、治疗方。同时，采取患者线上就诊的方式，开通在线咨询、在线处方、在线支付、中医预防颗粒处方配送等服务。

淮河流域胃癌筛查项目

2010年9月，沂源县被确定为淮河流域消化道癌早诊早治项目县，县中医医院被定为项目依托单位。该项目筛查范围涵盖全县10个乡镇。

2010—2018年，该项目每年筛查任务数2000例。2019—2022年，每年筛查任务数1334例。胃

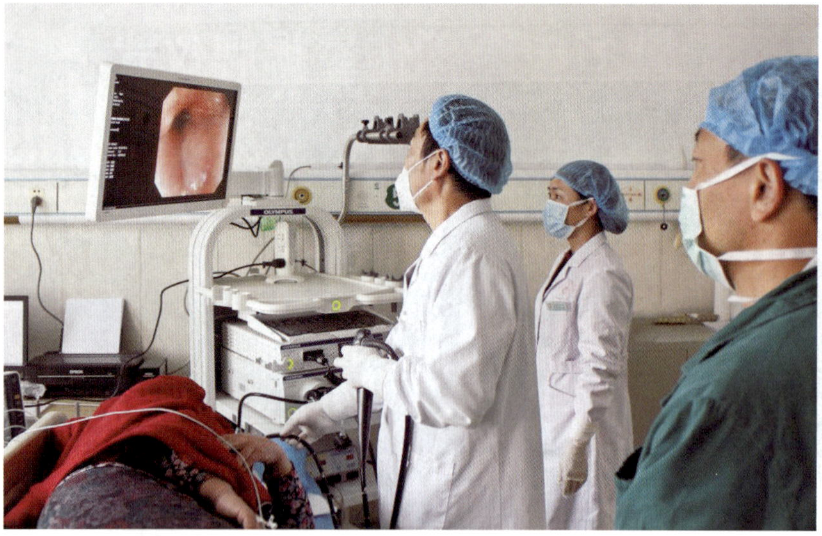

胃癌筛查（2020年4月）

癌筛查共13期，完成筛查人数23841例，筛查出阳性患者222人，其中早癌患者148人，最高检出率86.7%。

宫颈癌筛查项目

2017年，齐鲁医院牵头开展国家级宫颈癌筛查跟踪科研课题，连续跟踪3年。沂源县中医医院是全国4个筛查点之一；6月，共对4600余例筛查对象进行了TCT、HPV和妇科彩超检查，对37例患者实施手术。2018年，对11例患者进行手术。2019年，对6例患者进行手术。2020年，对15例患者进行手术。

该宫颈癌筛查共发现600余例早期病变者。其中，早期手术95例（在该院手术69例），术后均进行随访科普指导，有效避免晚期恶性肿瘤发生。

卫生往事

沂源县第一台CT落户县中医医院

1995年，县中医医院门诊、住院、手术病人增多，就诊病人CT检查要到济南或周边三甲医院，既浪费时间，又影响病人检查治疗；11月，医院在资金紧缺的情况下，积极探索发展思路，从高起点发展角度，报请上级部门以与外合作方式引进美国GE-8800型号CT，该设备技术性能先进。1996年初，设备投入使用，成为沂源县第一台高清人体扫描设备，填补了沂源县县级医院没有CT大型医疗检查设备的空白，县内病人不出县城就能享受到大型医疗检查服务。

黑白B超

1990年，该院购置第一台日本岛津牌手提便携式黑白单探头B超机，价值4万元，主要用于腹部和妇科方面检查诊断。虽然是黑白B超，设备不先进，用途单一，清晰度差，但因其便携，常穿梭于门诊与病房之间，在县中医医院刚建院时也是重要设备之一，工作人员都非常爱惜。2002年，医院更新老旧设备，购置惠普彩超，这台工作12年的黑白B超不再服务于临床，开始用于医疗队下乡义诊，免费为百姓服务。

县中医医院引进全县第一台高压氧舱

高压氧治疗始于20世纪60年代，80—90年代被临床广泛应用。高压氧治疗具有对因治疗、对症治疗、康复治疗等多种治疗作用，如中毒、脑部问题、周围神经损伤、心血管疾病、耳鼻喉疾病、骨科疾病、感染性疾病、皮肤科疾病等，特别是治疗脑梗、脑出血、脑外伤预后恢复期，一氧化碳有害气体中毒，耳聋、耳鸣等疾病效果显著，被广泛运用到临床。1990年，该院扩大医疗范围，增加服务项目，与济南市传染病医院挂钩协作引进沂源县首台六人座杭州产高压氧舱。

“医疗夜市”

2020年7月，该院率先在全市组织开展“医疗夜市”惠民品牌服务活动，向社会传播急救技能，科普疾病防治知识，宣传中医药文化，让更多人享受到“医疗夜市”带来的便捷与实惠。“医疗夜市”分急救互动演示、健康咨询、中医特色体验。现场向群众演示心肺复苏、溺水急救、气道异物急救技能，科普高血压、糖尿病、心脑血管等疾病预防知识，组织开展“中医送健康”进农村、进社区、进企业、进学校、进家庭“五进”医疗服务。每年服务群众近万人。先后被《大众日报》

《鲁中晨报》、“学习强国”客户端等多家媒体宣传报道。

黑白照片

中医中药是中华民族的国粹。很多西医难以医治的慢性病、疑难病，用中医方剂及方法可以有良好的效果。尤其是老中医的祖传秘方，更是一方难求。

1978年下半年，薛慎伍（原解放军第27野战医院药剂科主任）参加医院组织的医疗队，到石桥公社下乡义诊。下村时，听说当地有一位知名老中医医术很高、名气很大，别人治不了的病他能治，经过他本人调制的方剂效果很好。尤其是西医感到棘手的慢性病、常见病，经他采用中医辨证施治调方医治，效果都比较满意。于是，在王东来教导员带领下，到老中医家中登门求教。老中医年逾五十，性格开朗，热情接待了医疗队。医疗队本着当小学生、虚心好学的态度，向老中医求教。在交谈过程中相互交流中西医结合在诊断、治疗慢性疾病中的优劣，肯定了西医在疾病急救中的地位，中医在慢性病、疑难杂症中的功效，认为中西医结合互补性很强。请老中医介绍偏方在疾病治疗中的疗效、副作用及应用时的注意事项。医疗队认真听取老中医治疗疾病的经验介绍，不懂的问题及时请教，对关键性方剂组合一一记录。老中医详细地将他的祖传方剂所治疾病的种类和基本组方内容告诉了医疗队。分别时，医疗队与老中医合影留念。

老中医与医疗队合影（1978年）
前排左起：女患者、老中医、贾亦兵，后排左起：刘素萍、薛慎伍、王东来

大事记

1986年　8月，沂源县中医医院成立。

1987年　12月，迁入县城历山路西侧原中国人民解放军140医院院内。

1988年　9月，该院成立党支部。

1992年　1月，被淄博市人民政府授予花园式单位。

1995年　11月，首次通过二级甲等医院评审。

1999年　12月，县卫生学校撤销归并县中医医院，更名为沂源县卫生技术培训中心。

2006年　5月，投资3850万元，建住院楼，建筑面积13766平方米，2007年9月竣工，并投入使用。

2006年　5月，被淄博市委、市政府授予市级文明单位。

2008年　3月，医院开发建成家属区住宅楼190套住房，面积23820平方米。

2009年　1月，派出李学贤、闵凡超2人参加四川汶川北川震后救灾医疗对口支援，时间60天。

2009年　5月，被山东省人事厅、山东省卫生厅授予山东省中医工作先进集体。

2011年　6月，建康复楼，总建筑面积1200平方米，竣工后针灸推拿科、康复理疗科、消毒供应、教学培训等科室迁入。

2012年　3月，马乐乐在山东省千佛山医院成功捐献造血干细胞，为沂源县第一位捐献者。

2013年　10月，通过第二次二级甲等中医医院评审。

2015年　9月，省级检查评估专家组对县中医医院二甲持续改进活动进行检查评审。

2016年　7月，投资6121万

元，建门诊病房综合楼，总面积建筑15482平方米，2019年4月投入使用。

2020年　2月，王丽参加“新冠”疫情救援医疗队，前往湖北支援疫情防控，时间为40天。

2020年　12月，被淄博市委、市政府授予淄博市抗击“新冠”肺炎疫情先进集体。

2023年　5月，省卫健委一行9名专家，对县中医医院进行第四次二级甲等中医医院等级评审并顺利通过。

2023年　10月，与省中医医院签署医联体合作协议。

卫生篇

沂源县疾病预防控制中心

扫码听书

记忆沂源·卫生健康卷

概 况

1956年12月，县卫生防疫站成立。1999年，撤销县卫生防疫站、皮防站、结防所，成立沂源县疾病控制中心。2008年6月，更名为沂源县疾病预防控制中心，为正科级全额预算管理事业单位。总建筑面积4755.48平方米，有胜利路、历山路和军民路3处办公区，核定编制78人。

该中心是承担全县疾病预防控制业务的专业公共卫生机构，负责全县传染病、慢性病、地方病等疾病防控；免疫规划的贯彻实施；疫情管理及突发公共卫生事件应急处置；健康教育与健康促进；公共卫生检验检测等工作。共设有18个科室。

2023年，有职工69人（卫生系统专业技术人员52人），其中高级职称14人、中级职称19人、初级职称19人。

机构沿革

1956年12月，县卫生防疫站成立，隶属县政府卫生科，是全县卫生防疫工作的技术指导中心，地址在振兴路中段路北（原五金交电大楼对面）。1957年秋，县卫生防疫站迁至健康路南段路西原妇幼保健站院内。1973年底，县卫生防疫站迁入南麻村北、北埠子东。

1981年，县卫生局、防疫站、药检所共建办公楼1座。1982年底，3家单位搬入。1988年11月，县直卫生单位布局调整，县卫生局迁至原140医院，县卫生防疫站业务用房面积由原来的850平方米扩大为1600平方米。1996年2月2日，县药检所迁至县城军民路。

1999年6月，沂源县人民政府发文确定县卫生防疫站为正科级事业单位；10月，撤销县卫生防疫站、皮防站、结防所，成立沂源县疾病控制中心，设股级业务科室15个。2008年6月8日，沂源县疾病控制中心更名为沂源县疾病预防控制中心，简称县疾控中心。2020年5月31日，县疾控中心加挂县健康管理指导中心、县卫生检测检验中心牌子。

2023年12月，县委编制委员会办公室行文公布县卫生健康监督执法大队并入县疾病预防控制中心，加挂县卫生监督所牌子。2024年8月，先后公布新成立单位的党委及行政班子；26日，原卫生健康监督执法大队搬迁到新县疾病预防控制中心合署办公。

沂源县疾病预防控制中心历任主要负责人

机构名称	姓名	职务	任职时间	备注
沂源县卫生防疫站（1956.12—1999.10）	李志勇	副站长	1957.06—1960.12	主持工作
	马福云	副站长	1960.12—1962.02	
	魏学忠	站长	1962.02—1966.01	
	李 辉	站长	1966.01—1984.06	
	杜泗奎	站长	1984.06—1990.10	
	桑学成	站长	1990.10—1999.10	
沂源县疾病控制中心（1999.10—2008.06）	任大礼	主任	1999.10—2004.04	
	任四富	主任	2004.04—2008.01	
	刘绵坤	主任	2008.01—2008.06	
沂源县疾病预防控制中心（2008.06—）	刘绵坤	主任	2008.06—2017.01	
	刘绵坤	非领导职务	2017.01—2017.12	主持工作

续表

机构名称	姓名	职务	任职时间	备注
沂源县疾病预防控制中心（2008.06—）	张　东	主任	2017.12—2023.04	
	曹洪星	县卫生健康局党组成员、副局长	2023.04—2024.08	主持工作
	唐文忠	主任	2024.08—	

党组织

1984年11月，县卫生防疫站成立党支部，有中共党员9名。2016年6月，县疾控中心成立党总支，下设3个党支部。截至2023年末，县疾控中心共有中共党员81人。

2021年7月，牛恩强、王成吉、王玉芬、江涛、李化本、张汝武、刘维玉、邵柄坤获颁“光荣在党50年”纪念章。

沂源县疾病预防控制中心党组织历任主要负责人

机构名称	姓名	职务	任职时间
沂源县卫生防疫站（1956.12—1999.10）	杜泗奎	党支部书记	1984.11—1991.03
	苏志奎	党支部书记	1992.11—1999.10
沂源县疾病控制中心（1999.10—2008.06）	张忠华	党支部书记	1999.10—2005.03
	李　志	党支部书记	2005.03—2007.03
	张忠华	党支部书记	2007.03—2008.06
沂源县疾病预防控制中心（2008.06—）	张忠华	党支部书记	2008.06—2009.04
	唐光京	党支部书记	2010.03—2015.01
	刘绵坤	党总支书记	2016.06—2017.12
	张　东	党总支书记	2017.12—2021.04
	齐元琳	党总支书记	2021.04—2022.05
	张　东	党总支书记	2022.05—2023.04
	唐文忠	党委书记	2024.08—

队伍建设

县卫生防疫队伍

1956年，县卫生防疫站成立，有职工5人，负责疫情报告及常见传染病预防控制工作。1965年，有职工13人，分配检验士1名，建立化验室，开展部分细菌及理化检验项目。

20世纪70年代，防疫队伍逐步壮大，并进行简单分工。1981年，设防疫科、地方病科、卫生科，工作人员24人，其中行政管理、工勤人员5人，主管医师3人，医师7人，医士9人。

20世纪80年代，根据工作内容增设业务科室。1990年，设办公室、总务科、流行病科、地方病科、食品卫生科、卫生科、宣传科、检验科8个科室。有职工44人，其中医师27人、医士5人、检验师2人、检验士1人、后勤人员9人。

20世纪90年代，共分配大、中专毕业生21人。1999年10月，县疾病控制中心成立，共有职工101人，其中高级职称7人、中级职称32人、初级职称37人，行政及工勤人员17人。

2004年开始，陆续有全日制大学本科毕业生进入县疾控中心，人才队伍不断充实。2011年，首位分析化学专业硕士研究生考入县疾控中心，从事理化检验工作。

2020—2022年，共招聘10人充实“新冠”疫情防控队伍。其中，临床医学专业5人、公共卫生专业2人、检验专业3人。

截至2023年末，共有职工69人，其中硕士3人、大学本科54人、大学专科7人、中专及以下5人；卫生系统专业技术人员52人，其中高级职称14人、中级职称19人、初级职称19人。

基层卫生防疫队伍

1950年2月，沂源县组织防疫大队，普种牛痘。1952年1月，沂源县防疫委员会成立。1954年，沂源县卫生院设社会卫生组，由5人组成，其中3人分管社会防疫，负责全县卫生防疫工作，各区均有地方医生组织的联合诊所，承担防疫任务。1958年，人民公社化，建13处公社卫生院，每院设防疫医生1人，公社卫生院下设联合诊所，在公社卫生院指导下负责辖区内卫生防疫。

1965年，全县有管理区卫生所55个，大队卫生室65个，经过培训的大队卫生员3350人，承担全县基层卫生防疫。1968年，管区卫生所下放。1969年，推广农村合作医疗。至1976年，共有农村合作医疗卫生室655处，“赤脚医生”1593人。1979年，各公社卫生院成立社会卫生组，有1~2名防疫员，负责卫生防疫。同年，全县有农村合作医疗卫生室519个，“赤脚医生”1325人。

1985年，各乡（镇）卫生院防疫组共有卫生防疫人员28人，有乡村医生1091人。1991年10月，县卫生局调整乡（镇）防保站管理模式，将东里、大张庄、悦庄、中庄4处完全独立的乡（镇）防保站改为相对独立的防保站，沟泉、金星、韩旺3个乡（镇）的防保站与医院一体。乡（镇）卫生防保站负责辖区内的卫生防疫。

1999年10月，县疾病控制中心成立后，形成以县疾控中心、县直医疗机构公共卫生科、乡（镇）防保站、村卫生室为主的县、乡（镇）、村三级卫生防疫工作体系。

人物简介

王瑞成，男，1954年出生，鲁村镇王村人，中共党员，副主任医师。荣立山东省防治“非典”型肺炎三等功1次。

张寿锋，男，1981年出生，石桥镇北河峪村人，中共党员，副主任医师。山东省抗击“新冠”肺炎疫情先进个人。

重点传染病防控

麻　疹

民国二十六年（1937），麻疹流行。张家坡域内的河东村、东王庄村、西王庄村、林前村一带流行严重，婴幼儿死亡无数。

新中国成立后，麻疹疫情依旧严峻，截至1970年，每年均流行。1959年，为发病高峰年，共发病10345例，发病率3358.76/10万，死亡100人，病死率0.96％。1970—1986年，实施麻疹疫苗预防接种。1976年，麻疹流行，发病18006例，死亡24人，此后发病率逐年下降。1987年，计划免疫“冷链”运转后，麻疹疫苗接种率和接种质量提高，每年接种率均达到95％以上，病例呈散发，发病率控制在1/10万以下。

细菌性痢疾

1951—2012年，菌痢发病率持续居高，共发病137418例，死亡119例。其间，1975年发病最多，为26624例，发病率5478.18/10万。2001年，开始推广口服痢疾菌苗，广泛开展爱国卫生运动，疫情得到控制。2012年，报告20例，发病率3.57/10万，降至该段时期最低水平。2013—2022年，报告76例，年平均发病率1.36/10万，无死亡病例和暴发疫情。

百日咳

1955—1987年，百日咳流行，平均年发病1454例。1974年为发病高峰年，年发病11693例，发病率2446.23／10万，死亡5人，病死率0.04％。1962年，开始接种白破二联疫苗。1978年9月，执行新的免疫程序，实行计划免疫。1980年，全县接种百日咳疫苗人数达到10000人次，截至1987年，适龄儿童百白破疫苗接种率达到90％以上。1990

年以来，百白破疫苗接种连续23年保持95%以上。1988—2022年，除2011年报告5例6个月以内婴儿发病、2017年报告百日咳病例5例、2022年报告252例外，其他年份无病例报告。

布鲁氏菌病

1957年，沂源县有放牧农民患病，经省卫生防疫站确诊为布鲁氏菌病，是临沂地区首次确诊布鲁氏菌病。1996年5月，经山东省卫生厅考核，确认沂源县布鲁氏菌病防治工作实现国家规定的稳定控制区标准。1977—2005年，流行病学调查及临床均未发现布鲁氏菌病病例。2005年起，再有“布病”报告，呈现散发，病例多有养殖业接触史。

猩红热

1970年前，沂源县统计在案的共发病319例，年平均发病率7.92/10万。1970—1979年为发病率最高的10年，共发病2046例，年平均发病率为69.54/10万。1980—1990年共发病292例，平均发病率为6.82/10万。1990年起，猩红热主要以散发为主，临床症状有逐渐减轻的趋势，且病程短，并发症少。

病毒性肝炎

20世纪90年代前，病毒性肝炎疫情经常暴发。其中，1977年发病达最高峰，共发病9097例，发病率1829.96/10万，死亡1人。20世纪90年代后，以散发为主，无明显的季节性，偶有暴发流行，1992年、1997年各有一次甲肝暴发。1991年起，开始对病毒性肝炎分型统计，乙肝发病率呈波动上升趋势。1992年，乙肝疫苗纳入计划免疫管理。1994年，县级以上综合医院陆续开展新生儿乙肝疫苗接种。1995年后，县级以上综合医院均实现新生儿出生24小时内接种乙肝疫苗。人群乙型肝炎患病率呈逐年下降趋势。

流行性出血热

1983年，沂源县发现首例出血热病例，至2001年8月，共报告出血热病例5429例，年平均发病率53.9/10万，发病最高年份为1996年，共报告530例，发病率为96.9/10万，死亡130余人。2001—2022年，共发病812例。其间，最高为2013年报告65例，2020年降至历史最低点，共报告6例，发病率为1.07/10万。

肺结核

1987年，开始肺结核社会防治工作，建立初级防痨网，配社会防治人员1名，各乡（镇）卫生院设防痨医生。1992年，建立并逐渐完善以县结核病防治所为中心的县、乡（镇）、村三级防痨网络。

1987年4月，在石桥乡东北庄村开展历时8天的结核病流行病学调查，查出活动性肺结核病例11例。1988年，开展全县结核病线索调查，查出肺结核病例145例。1990年4月，全国第4次结核病流行病学调查，在鲁村镇草埠村历时7天，查出肺结核病例4例。

1993—2001年，执行世界银行贷款中国结核病控制项目，共筛选可疑肺结核病例6300余人次，检出活动性肺结核病例1197例。2001—2010年，执行中国结核病防治规划，共筛选可疑肺结核病例8250人次，检出活动性肺结核病例1211例。2011—2015年，执行中国结核病防治规划，共筛选可疑肺结核病例5643人次，检出活动性肺结核病例611例。病例全部纳入规划内进行管理，总体规则治疗率100%，督导化疗管理率90%以上，治疗覆盖率100%。

2018年，推进结核病防治服务体系建设，建立疾控机构、结核病定点医院、基层医疗卫生机构“三位一体”的结核病防治工作网络。

艾滋病

2004年，沂源县被确定为艾滋病宣传教育和干预项目县，县委、县政府成立全县防治艾滋病工作委员会。2005年，县疾控中心设立艾滋病防制科，并成立艾滋病防治宣传干预工作队。同年，建立全县第一家艾滋病初筛实验室，并通过省级验收。

2005—2006年，开展既往有偿献血者筛查项目，对全县1998年以前148名有偿献血人员进行调查、抽血检测，未发现阳性感染者。2007年，省疾控中心将沂源县确定为中美艾滋病防治合作项目县，共调查660个村庄，44万余人，查明“外来妇女”213名，共检测出HIV（人类免疫缺陷病毒，又称艾滋病病毒）抗体阳性者9例。2006年开始，对符合条件的艾滋病患者/病毒携带者进行免费抗病毒治疗。2018年，治疗工作交由县人民医院负责。2013年起，为全县受艾滋病影响的儿童争取到生活补助资金项目（县民政局发放），累计受助24人。截至2023年，共报告HIV感染者/艾滋病病例70例。其中，死亡14人，失访6人（返回原籍），现存活50人。

发热伴血小板减少综合征

2004—2006年，县人民医院、县中医医院陆续报告29例“不明原因发热病人”，发病时间集中在6—8月，多数有蜱虫接触史，其中死亡2例。省、市专家多次组建调查队伍来沂源县现场调查、采集标本等。2007年3月，中国疾控中心在沂源县“不明原因发热病人”标本中检测到“人粒细胞无形体病”病原体，该病曾称为埃里希体病。2010年5月，中国疾控中心在其他省份类似病例中检测出一种新型布尼亚病毒，并将该类疾病命名为“发热伴血小板减少综合征”（简称“发热伴”），随后在沂源县报告病例中也检测出新型布尼亚病毒，确定为发热伴血小板减少综合征。

2010—2021年，报告发热伴237例，平均发病率3.13/10万，死亡12例，病死率0.16/10万。呈现季节性发病，每年4—11月高发，病例以农民为主，多数有蜱虫接触史。

2021—2023年，山东省卫生健康委员会根据各地市近三年“发热伴”平均发病例数排名划分疫情分区，将沂源县列为“发热伴”防治Ⅰ类县，作为全省重点防治区县，对医疗机构上报的疑似“发热伴”病例进行流调、采血检验，同时在高发季节开展蜱虫监测。

手足口病

2005年5月19日，县疾控中心接到县实验幼儿园报告，10名儿童出现手足皮疹、口腔溃疡症状，经鉴别诊断为手足口病病例，这是沂源县首次报告手足口病。2009—2010年，山东省各地手足口病暴发，县疾控中心成立手足口病防控工作组及消杀督导队，指导各学校开展监测、消毒等综合防控。其间共报告病例1547例，住院130例，重症2例，均痊愈。2011年后，手足口病发病逐渐稳定。2011—2022年，共报告2217例，无死亡病例和暴发疫情，其间2014年发病最多，报告423例，发病率75.54/10万。

已经消灭和基本消灭的传染病

天　花

新中国成立前，民国十年（1921）天花流行，东里黄崖子一带发病多。民国十七年（1928），鲁村一带天花流行。民国二十四年（1935），现大张庄一带天花流行。1947—1948年，天花流行，人民民主政府组织医生抢救，购进疫苗组织医疗队，广泛开展施种。1950年，中央人民政府发布《种痘暂行办法》，沂源县组织大量人员，开展接种牛痘。1951—1978年，共开展3次全民普种，累计接种100万余人，除1953年发生天花病例2例，其余年份未发生疫情。1979年10月26日，世界卫生组织宣布全球消灭天花。1982年，沂源县根据上级要求不再开展预防天花工作。

霍　乱

新中国成立前，发生多次霍乱流行。1925年，霍乱流行，现鲁村镇王村、舍庄、草埠、南官庄一带死亡众多。新中国成立后，沂源县开展霍乱菌苗预防接种工作，接种人数最少年份为1963年，接种8306人；最多为1979年，接种89114人。1981年后，逐渐不再开展霍乱疫苗接种工作。1949—1977年，无霍乱疫情记载。1978年8月28日，唐山公社柳花峪大队发现副霍乱病例6例，随即对疫点进行封锁、流行病学调查、救治病人、消毒杀虫等处理。解除封锁后，当年进行2次疫区清理。共做粪检1296人次，未检出副霍乱弧菌，发现带菌者3例，给予四环素预防服药；检测水样27份，无阳性发现。次年对疫区进行了3次清理。

1979年至今，未再发现霍乱病人。每年5—10月，县、乡（镇）医院（卫生院）设立腹泻病门诊，建立防治机动队并配备防治药械，做好监测应对准备。

白　喉

新中国成立前，沂源县白喉发病较重的一次是民国二十五年（1936），死亡人数甚多。1950—1960年，常有疫情发生。1954年起，使用白喉类毒素对学龄儿童施种。1960年，白喉暴发，发病752例，发病率234.26/10万，死亡19人，病死率2.52%。1961年起，发病人数逐年下降。1962年起，使用百日咳、白喉二联制剂对幼、少儿开展预防接种。1966年后，改用百日咳、白喉、破伤风三联制剂。1987年，停用白喉类毒素，单用百白破三联制剂。1975年后，无白喉发生，远早于山东省1992年实现消除白喉的指标要求。1990年至今，沂源县百白破三联疫苗单苗接种率一直保持在95%以上。

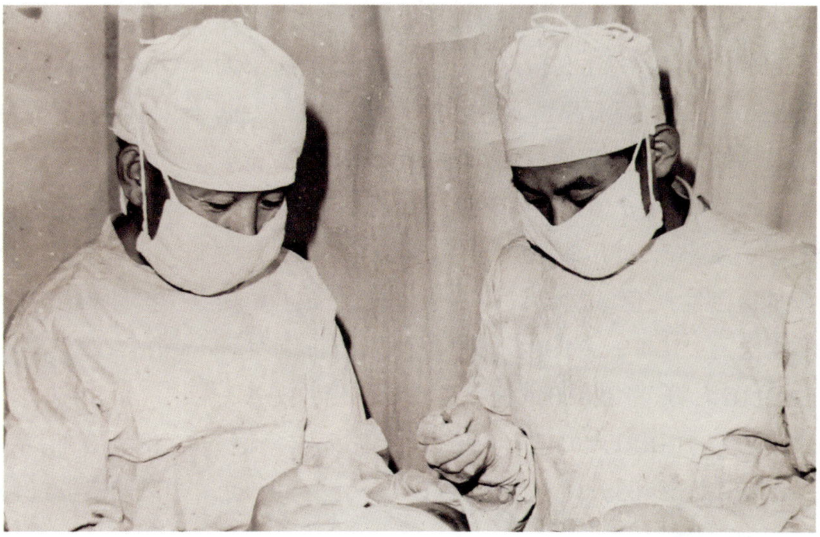

麻风病人眼矫形手术

麻　风

1955年9月，开展历时3个月的普查，查出麻风病例186例。1956年10月，东里、唐山两区全民普查，查出麻风病例25例。1957年10月，组织各区卫生院，历时5个月，查出麻风病例29例。

1958年10月，沂源县建设4个麻风村：中庄公社康乐村、石桥公社康复村、悦庄公社康健村、鲁村公社康愉村。沂源县540名麻风病人中先后有380人就近入村治疗，其余160人在家隔离治疗。麻风村由当地政府划给一部分土地，病人入村后，有劳动能力的自产自给，丧失劳动能力的由原生产队负担每人每月8元生活费。1975年起，麻风病人的生活费用改由国家负担，按每人每月14元拨给。病人在村内边治疗边从事农业生产，实行“按劳分配”，减轻了各级政府的负担，改善了病人生活。1961年，鲁村公社康愉村合并到中庄公社康乐村，石桥公社康复村合并到悦庄公社康健村，全县保留2处麻风村。2023年，中庄康乐村有2名麻风病治愈患者居住。

1966年6月，临沂地区皮肤病防治所调查队在沂源调查3个公社、157个大队，确诊麻风病例36例。1973年8月，沂源县皮肤病防治站对14个公社进行调查，历时3个月，查出麻风病例11例。1975年5月，对全县进行普查，查出线索病例8例。1987年起，对已治愈的麻风病人进行随访，超出巩固期25年且60岁以下者给予抗复发服药，并对其家属进行健康查体。

1955—1985年，沂源县累计确诊麻风病例686例，治愈470例，死亡194例，实有现症病例6例，均为男性瘤型病例。全县平均患病率由1958年的1.6‰下降为0.1‰。1990年11月，经省、市专家考核验收，沂源县达到基本消灭麻风病指标。1990年后，共发现麻风病复发病例5例，新发病例3例。

2015年1—6月，沂源县疾控中心牵头实施麻风病早期发现项目，共筛查出麻风病密切接触者7例，可疑者42例，未发现疑似麻风病患者。2022年8月，沂源县疾控中心在省皮研所的指导下对全县参加2015年早期发现项目的83名麻风病愈后者进行了临床信息、家族史、传染源等数据核查。

流行性脑脊髓膜炎

新中国成立后，每年均有流行，出现2次暴发：

1965—1967年暴发，发病率在75.20～173.35/10万之间，病死率11.03%，其间1967年发病率为173.35/10万，是沂源县历史上流行强度最高、发病率最高的一次流脑疫情；1973—1974年暴发，年平均发病率126.79/10万，病死率7.72%。

1978年，使用流脑疫苗，接种9360人次，临沂地区卫生防疫站规定，从1978年起，每6年接种1次。1984年、1985年为普种年，分别接种140415人份、132336人份，其他年份接种任务一般不超过10000人份。自1985年起无死亡病例，1989年后无病例。

伤　寒

1947年春，伤寒病流行，唐山区杨家庄村病死20余人。1951—1987年，散在发病。其间，1961年发病最多为177例，年发病率53.63/10万，死亡3例，病死率1.69%。1988—1994年，未发病。1995年10月，报告1例。1999年10月，报告3例。2004年2月，报告1例。2005年后，沂源县无伤寒病例报告。

斑疹伤寒

1953年，沂源县开始有斑疹伤寒疫情记载。1953—1990年，间断性发病。1974年，土门公社龙泉大队暴发疫情，共发病42例，无死亡病例，县卫生防疫站8名工作人员驻村防治，控制并消灭疫情。2000年后，全县无疫情发生报告。

脊髓灰质炎

1959—1980年，共发病69例，死亡3例，均为散发病例。1970年起，开始使用脊髓灰质炎病毒减毒活疫苗（俗称“糖丸”）预防。1981年2—10月下旬发生流行，共发病71例，无死亡病例，发病率13.60/10万，发病年龄组以5岁以内为主，各公社均进行了应急服用“糖丸”预防，疫情得到及时控制。1982年起，未再发生疫情。

乙　脑

1952年，开始有乙脑病例出现，至1985年，共发病1195例，死亡180例，病死率15.06%。1966—1971年，为发病率最高的年份。其间，1967年发病最多，共248例，发病率为62.92/10万，死亡13例，病死率为5.2%。

1956年，开始接种乙脑疫苗，大多采取突击接种方式，按照“重点地区、重点疾病、重点人群、接种一片、免疫一片、巩固一片”的原则展开各种预防接种工作。1978年，根据“省计划免疫程序”开始接种。1981年，接种达45394人次，接种率90.78%。1990年以后，接种率均保持在95%以上。

1985年后，除2018年山东省千佛山医院报告1例乙脑确诊病例、2022年山东公共卫生临床中心鲍山院区报告1例疑似乙脑病例外，其余年份无病例报告。

重大疫情

传染性非典型肺炎

2002年冬至2003年春，传染性非典型肺炎（以下简称“非典”）流行。全国大部分省、市、自治区均发生“非典”疫情，病例多达5000余例，死亡300余例，病死率约6%。

2003年4月15日，县疾控中心成立“沂源县疾病控制中心非典型肺炎防治工作领导小组”，下设宣传、流调、消杀、疫情管理、后勤保障5个职能小组和5个应急处理机动队，承担县“非典”防治指挥部办公室下达的有关“非典”防治的流行病学调查、消杀、卫生宣传和检验等工作任务。宣传组制作、翻印软盘11万余份，印发消毒方法明白纸2万余份，与沂源电视台联合摄制不同内容的电视宣传节目5期。开展全员培训，强化能力提升，对县、乡（镇）、村三级机动队进行全员培训。连续举办乡（镇）卫生院院长、防疫组长、门诊医生、检验人员及县直厂矿、学校等卫生室负责人参加的业务培训班5期，全县“非典”应急处理机动队培训班1期，共计培训不同专业业务骨干和机动队员2137人。

4月20日起，县疾控中心与通过省卫生防疫站联系，购进发放消毒液（ClO_2）16.5吨，部分县直单位自购消毒液开展消毒工作，基本保证全县的消毒需求。县疾控中心以明白纸等形式对消毒液的配制及消毒方法进行指导。

4月21日，开始实行24小时值班制。安装并在电视台公示值班电话2部，共解答咨询电话1813人次，接收并处置举报外地返回人员信息336人次。4月26日，县委、县政府决定在原奇可力厂建“留验站”1处，以检查、留验观察外地返回人员。留验站共有用房840平方米，工作人员38人，设置诊断、检验、放射、治疗、后勤、保卫6个业务职能科室。站长由县疾控中心副主任王谦担任。共计完成外地返乡人员查体5771人，留验观察94人，出车186车次，未发现疑似病人。9月2日，县政府印发《关于印发沂源县突发公共卫生事件应急预案的通知》，完善沂源县突发公共卫生事件的应急处理机制。制定由卫生、计划、财政、建设、规划、国土资源、人事、环保等部门参加的联席会议制度，负责研究和解决疾病防控工作中遇到的困难和问题。建立健全沂源县防治“非典”及其他重大疫病的长效防控机制。

禽流感

2017年，沂源县相继发现2例人感染H7N9禽流感，为非同源性感染，分别为全市首例和全省首例孕妇患者，均得到及时有效救治。

疫情发生后，县疾控中心立即开展密切接触者追踪调查、采集标本送检，对密切接触者实施医学观察，对患者居住环境进行终末消毒处理，防止继发病例出现。同时，开展禽类监测和医疗机构应急监测。对病例可能暴露的家中饲养禽类及周边环境进行采样检测，对全县活禽市场开展外环境标本采样检测。2018年起，每年对不同镇（街道）饲养禽及宰杀鸡的活禽市场外环境进行采样检测，均未检测出阳性标本。对二级及以上医院强化监测2周，共监测门诊就诊患者7101人次、住院患者11566人次。其中，ILI病例（流感样病例）455例、SARI病例（严重急性呼吸道感染病例）5例，采集ILI病例标本29份、SARI病例标本5份，H7N9检测均为阴性。随后，监测范围扩大到镇（街道）和村（居）医疗机构，共监测门诊就诊患者16383人次，住院患者886人次。其中，ILI病例339例，采集ILI病例标本1份，H7N9检测均为阴性。

新型冠状病毒肺炎

2019年12月，湖北省武汉市部分医院陆续发现多例有华南海鲜市场暴露史的不明原因肺炎病例，证实为2019新型冠状病毒感染引起的急性呼吸道传染病。最早命名为“新型冠状病毒感染的肺炎”，随后更名为“新型冠状病毒肺炎（简称‘新冠’肺炎）”。

2020年1月20日，县疾控中心成立“新冠”肺炎疫情防控工作小组，下设疫情报告组、流行病学调查组、密切接触者管理组、标本采集和运输组、消杀与监测组、宣传教育组和后勤保障组7个工作小组，负责全县“新冠”肺炎疫情防控和协调调度工作。县疾控中心微信公众号发布疫情防控及健康教育科普知识949篇、沂源疾控工作动态信息209篇，及时公开公布疫情实况，引导个人、家庭、单位的防控，总阅读量达307113人次。同时，印发“新冠”病毒防控健康科普知识传播材料10万余份，发放到社区、学校、企业、商超等公共场所。

2020—2021年，县疾控中心采样队参与重点疫情地区返回人员及进口非冷链集装货物采样。2022年，参与沂源县全员核酸采样，累计采集鼻咽拭子435361份、外环境涂抹物9168份、血液样本4098份。县疾控中心实验室累计检测鼻/咽拭子490311份、外环境涂抹物62921份、血液样本6311份，并外送检测样本44951份。累计检出3000余管单管阳性和800余管混管阳性标本。安排人员24小时轮班值守，累计处置13起外地输入疫情，判定密切接触者（简称密接）1383人、次密切接触者（简称次密接）89人、重点人员1475人，均及时落实隔离管控措施。累计完成80次混管阳性检测标本“追阳”流调工作，“追阳”713起，“新冠”核酸阳性人员流行病学调查1457人次，并通过电话、短信等方式完成16余万人次“追阳”工作。参与接返境外返回人员236次共368人；指导进口非冷链集装货物消杀，累计指导消杀3975吨进口货物入仓静置，3725吨货物出仓；参与13起疫情及现场处置，采样和消杀疫点疫区外环境50余处，累计消杀面积达1万余平方米。

2020年12月，县疾控中心与国药集团北京生物签订首批新型冠状病毒疫苗采购协议。12月18日，完成全市第一支“新冠”疫苗接种，“新冠”疫苗接种工作由此开始。全县共设24处临时接种点，组织8次“新冠”疫苗接种培训会议，累计培训接种工作人员1000余人次。截至2023年末，全县共接种“新冠”疫苗444466人，累计接种1252999剂次，全程接种率98.76%，第一剂次加强接种率97.31%。

防疫人员身背药箱到农村组织疫苗接种

“新冠”疫情发生后，县疾控中心先后派出11批、20人次支援队伍，分别驰援日照、周村、莱芜、临沂、滕州、临淄、博山、淄川、济南等9个地（市）、区的“新冠”疫情处置工作，累计198个工作日；参与或负责流调处置病例279例、撰写流调报告279份，排查密接3031人次、次密接2411人次、重点人群834人次，涉疫风险场所155处、现场流调勘察36处、疫点处置及消杀指导4次，处置聚集性疫情27例，采集样本624管，协助检测核酸样本几十万管。

2022年12月26日，国家卫生健康委员会发布公告，将“新型冠状病毒肺炎”更名为“新型冠状病毒感染”。经国务院批准，自2023年1月8日起，解除对新型冠状病毒感染采取的《中华人民共和国传染病防治法》规定的甲类传染病预防、控制措施，新型冠状病毒感染不再纳入《中华人民共和国国境卫生检疫法》规定的检疫传染病管理。工作重点从“预防为主”转向“保健康，防重症”。2023年5月5日，世界卫生组织宣布，“新冠”疫情不再构成“国际关注的突发公共卫生事件”。

计划免疫

预防接种门诊

经历了从无到有、从分散式接种到集中接种、从合格预防接种门诊到规范化预防接种门诊，再到示范化、数字化和智慧化预防接种门诊的发展历程。

20世纪60—80年代为分散式接种，主要开展麻疹、脊髓灰质炎、天花、乙脑等疫苗的预防接种，防疫人员身背药箱，在传染病流行季节前，深入到农村、田间地头、学校、厂矿企业等，开展宣传、组织疫苗接种，使一些疫苗相关传染病发病率大幅度下降。这段时期的儿童接种信息由村队卫生室留存。

1995年，开始建设专门的预防接种门诊，每个乡（镇）至少建设1处预防接种门诊，共建成16家，均通过验收，成为合格预防接种门诊，集中式接种开始。

2005年，开始创建示范化预防接种门诊。县疾控中心、南麻、东里、鲁村、张家坡5家接种门诊率先创建为省级示范化预防接种门诊。截至2010年，其余11家预防接种门诊均创建为市级示范化预防接种门诊。2011年，县疾控中心投资20余万元，建成全县第一家数字化预防接种门诊，面积200余平方米。2019年9月25日，全县17处预防接种门诊，均建成数字化接种门诊。2021年，启动智慧预防接种门诊建设。当年，县中医医院、县妇幼保健院和悦庄中心卫生院3处智慧化预防接种门诊投入使用。2023年，全部建成智慧化预防接种门诊并投入使用。至此，沂源县共有18处预防接种门诊、3处产科接种室。

预防接种历程

预防接种工作主要经历了预防接种、计划免疫、免疫规划3个历史时期。

预防接种时期（1950—1977） 在此时期，先后开展牛痘、霍乱疫苗、脊髓灰质炎疫苗（糖丸）、伤寒菌苗、麻疹疫苗、白喉类毒素、流脑疫苗、乙脑疫苗、百白破三联9种疫苗的预防接种，由于无固定的接种场所及规范的免疫程序，接种率低于60%。

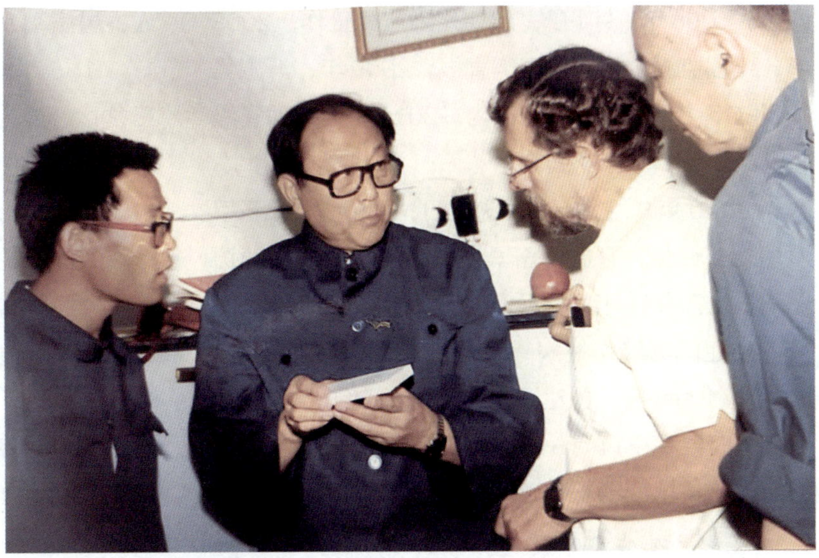

世界卫生组织考核计划免疫冷链运转（1986年）

计划免疫时期（1978—2000） 1978年，按照疫情流行形势和疫苗使用计划开始分配疫苗。1983年，县卫生防疫站设立计划免疫门诊，对县直机关、厂矿企业儿童提供疫苗接种服务。其间，共有4种疫苗列入国家计划免疫。1986年，全面实施计划免疫，国家提出了以省、县、乡（镇）为单位计划免疫、疫苗全程接种率分别达到85%以上的目标。沂源县代表国家、省、市迎接了联合国儿童基金会、世界卫生组织对计划免疫、冷链工作评审，达到相关规划标准。

免疫规划时期（2001— ） 2001年，国家实施扩大免疫规划，由过去"5苗防9病"扩大到14种疫苗预防15种传染病，14种疫苗全部实行免费接种。"八苗"接种率以乡（镇）为单位达到90%以上，麻疹疫苗接种率达到95%以上，首针乙肝疫苗和麻疹疫苗接种及时率达到90%以上。

2006年后，沂源县将免疫规划工作经费纳入财政预算，所有出生儿童100%纳入系统管理。1~7岁儿童免疫规划疫苗全程接种率达95%以上，免疫规划疫苗单苗全程接种率均达95%以上。

冷链管理

1986年8月10日，县政府召开计划免疫工作会议暨全县第一次冷链运转会议。县财政拨款购置冷链设备，配备冷链专车。同年，成立计划免疫冷链工作领导小组，各乡（镇）政府相应成立15个领导小组，共建立149个预防接种队，有47人从事计划免疫工作，形成了一个完整的县、乡（镇）、村三级计划免疫网络。

预防接种信息化建设

1975年，疫苗开始按计划分配，接种时进行儿童接种信息登记。1980年，开始使用免疫卡片记录儿童疫苗接种信息。1982年，全面落实免疫卡片记录儿童接种信息工作，接种信息存放于各村队中。1983年，县卫生防疫站开设计划免疫门诊，实行"一孩一卡一证一簿"制。1984—2004年，全面推行统一的儿童计划免疫卡片。

2004年，启用《山东省免疫规划信息系统》金苗客户端，对所有6周岁以内的儿童纳入信息系统管理，实现了儿童预防接种信息化管理。2016年，使用《山东省生物制品管理系统》对疫苗实行信息化管理。2019年12月，购置疫苗信息追溯设备，疫苗使用全程可追溯。

慢性病防控

慢性病综合防控

1989年，沂源县被确定为全国疾病监测点，土门、鲁村、东里镇成为国家级二类农村监测点，总监测人口10万人。2004年，全国开展第一次慢性病及其危险因素监测现场调查工作，将沂源县作为全省9个调查点之一，以后每5年进行1次现场调查。2006年1月1日，启动死因监测工作。2008年，死因监测全面采用网络直报。2009年，沂源县开展脑卒中和冠心病发病报告。2012年，成为省级监测点。

2010年9月，沂源县被省卫生厅列为胃癌早诊早治项目县，开展胃癌早诊早治与肿瘤登记随访登记报告工作。年底，沂源县被山东省卫生厅列为首批创建国家级慢性病综合防控示范区单位之一。2011年1月6日，创建国家慢性病综合防控示范区工作全面展开；11月6—8日，卫生部考评专家组进行考评验收；12月13日，沂源县被评定为全国首批国家级慢性病综合防控示范区。2017年、2023年分别通过国家复审。

卢森堡—世界卫生组织—山东省农村卫生人员培训与慢性病控制项目

2007年，沂源县被山东省卫生厅列为卢森堡—世界卫生组织—山东省慢性病综合干预项目试点，项目时间3年。针对心脑血管疾病主要危险因素开展综合监测干预措施，提高人群慢性病危险因素知晓率、健康行为形成率及病人管理率、治疗率和控制率。2009年10月和2010年10月，分别通过卢森堡项目中期和终期考评。2011年8月8日，在沂源县召开卢森堡—世界卫生组织—山东省农村卫生人员培训与慢性病控制现场工作报告会，沂源县作典型发言。随后召开现场会，卢森堡驻华大使、世界卫生组织驻华总代表以及美国、加拿大等国家的官员、专家对沂源县慢性病综合防控工作进行实地考察。

地方病和寄生虫病防控

地方性甲状腺肿（碘缺乏病、地甲病）

1966年，县卫生防疫站组织了首次普查，共调查15311人，患病4088人，患病率26.7%。此后，分别于1967年、1972年、1974年、1976年、1977年和1978年，进行过6次大规模普查。其中，1978年，组织全县各公社专业队完成了普查，全县总人口433798人，实查360895人，患病39697人，患病率11%。

1957年11月—1958年，县卫生防疫站在三岔区（公社）下文坦村（大队）试用中药黄药子进行试验治疗，共治疗50例，治愈31例，好转19例。1958年9月—1959年7月，在三岔店一带试用10%碘化钾治疗。1966年，益都（今青州）盐业批发部向沂源县三岔公社供应碘盐防治地方性甲状腺肿，自此开始推广碘盐。1980年，对51万人口供应碘盐，每年定期检测碘盐，当年平均有碘率26.74%。1983年，碘盐平均含碘率68.6%。1984年，平均有碘率达98.5%以上。1994—1998年，重点人群服用碘油丸304178人次，重点人群碘油覆盖率大于95%。

1983年，临沂地区卫生防疫站在中庄、张家坡2个公社5个大队进行考核，全县达到基本控制指标。1990年10月，卫生部专家考核小组对沂源县地甲病防治进行全面考核，达到基本控制标准。1998年1月，经省、市考核审评，确认沂源县提前2年实现消除碘缺乏病阶段工作目标。

克山病

1973年3—7月，临沂地区克山病联合调查组对莒县、沂水、沂源、蒙阴、平邑5个县调查后，确定沂源县为克山病病区县。此次调查，最终确定克山病病人16人，发病率1.08/万。1973—1985年，全县共发病21例，死亡14例。

1974年起，开展防治工作，县卫生防疫站每季度送药随访1次，公社医院每月随访1次，危重病人入院治疗或建立家庭病床。1982年，沂源县粮食局每月供应每名克山病人3斤大豆。1985年起，克山病病人住院治疗费用由省地方病研究所报销，省地方病研究所每年到沂源县对克山病病人进行1次系统检查，根据病情调整治疗方案。1986—1990年，未发现新病人。1992年8月，经省卫生厅考核评审，确认沂源县已达到国家规定的基本控制克山病标准。

地方性氟中毒

1980年、1982年，临沂地区卫生防疫站分别对沂源县氟中毒病情调查并进行水质化验，确定沂

在鲁村唐家山改水降氟

源县为山东省饮水型地方性氟中毒轻、中病区之一，属于浅层高氟水地区。全县地方性氟中毒分布在5个公社、16个大队，受害人口6228人。重病区在张庄公社松崮大队周围、徐家庄公社四门地大队周围，以及鲁村公社杨家岭大队附近。1983—1992年，对大张庄乡南墁、沙崖子村、红星村、福峪村，鲁村镇杨家岭，徐家庄乡四门地村、徐家庄乡涝坡村，土门镇龙泉村、左家峪村共9个病区村进行改水降氟工程，改水完成后均符合生活饮用水卫生标准。

2012年，开展高氟镇病区监测村8～12岁学生氟斑牙监测，可疑氟斑牙检出率10%。2022年，调查氟病区村出生并居住的8～12周岁儿童氟斑牙患病率10.87%，13～18岁青少年氟斑牙患病率8.63%。达到基本消除氟中毒标准。

钩端螺旋体病

1970年，临沂地区钩端螺旋体病（简称钩体病）暴发，悦庄公社唐家官庄大队发病100人。1974年，徐家庄公社西徐家庄大队暴发流行，共发病28例。1975年，发病4例。1977年，张庄公社松崮大队暴发，共发病65例。1978年，发病49例。1978年后，无病例发生。

丝虫病

1957—1967年，开展丝虫病调查，对重点村庄（工地）查血37235人，查出微丝蚴血症者1169人，微丝蚴阳性率3.14%，对查出的阳性者全部给予海群生（枸橼酸乙胺嗪）治疗。

1971—1972年，开展普查普治，共查血345019人，实查率90.07%，查出微丝蚴血症者1708人，微丝蚴阳性率0.49%，对患者及时进行海群生（枸橼酸乙胺嗪）正规治疗。通过普查证实，全县14个公社均有丝虫病流行，流行村庄666个，病区人口509814人。

“赤脚医生”培训

1973年，对发病较多的公社和重点村庄进行了反复查治。1973—1979年，共查治村庄367村次，血检183095人次，查出微丝蚴血症者1183人，并及时给予海群生（枸橼酸乙胺嗪）正规治疗。在复查普治和重点反复查治的同时，开展防治宣教、环境卫生整治、防蚊灭蚊和预防服药等综合防治措施。

1978—1979年，在中庄、东里、石桥、悦庄公社抽查26个大队，查血12471人，微丝蚴阳性率

0.04%，以大队为单位微丝蚴阳性率均在1%以下。1980年，经省级考核，确认沂源县达到国家规定的基本消灭丝虫病标准。2003年10月，通过淄博市消灭丝虫病审评组审评；12月，通过省卫生厅消灭丝虫病复核审评。

黑热病

最早记载莱芜人何尚春在黄庄一带串乡行医，用圣露斯锑波霜治疗黑热病，证实在此前沂源县已有病例发生。1947年，黑热病在沂蒙山区流行，省医疗队到沂源救治，仅在安平、大泉两个区即救治127人，主要治疗药物为吐酒石（酒石酸锑钾）。至1948年，死亡47人，死亡率50%。1953年，开始使用斯锑黑克（葡萄糖酸锑钠）治疗黑热病，病人家中喷洒药物杀灭白蛉。1953—1962年，共报告黑热病患者830人，年平均发病率27.84/10万。1969年、1973年各确诊1名病人，此后未再发现报告病例。

疟　疾

1940年，南麻、悦庄、鲁村一带“烧汗”病（当时回归热、伤寒、疟疾等病的统称）蔓延，此后数年流行不断。1944年，疟疾多发。1947年，临沂地区沂源、沂水、蒙阴疟疾流行，沂源县东里店一带部分村患病率50%，省政府派防疫队用盐酸奎宁进行普治。

新中国成立后，全县每年数千人发病。1971年，发病人数最多，共报告11539人，发病率2562.5/10万。1976年后，报告病例数明显减少，并呈逐年降低状态。至1985年，全县17个乡（镇）中有11个乡（镇）无疟疾病例，有病例的6个乡镇发病率均降至1/万以下，全县无疟疾病例村655个，占全县行政村总数的97.5%。

1951—1987年底，累计发病72994人，均及时给予对症治疗，共进行休止期根治（抗复发）52232人。1957—1974年，共进行全民预防服药2560320人次。此后，无疟疾病例报告。1975—1990年底，共进行预防服药242044人次。

1984年，在五省（山东、江苏、河南、安徽、湖北）疟疾联防中，沂源县受到国家卫生部嘉奖。1988年，经省、地（市）考核验收达到了基本消灭疟疾标准。2014年，通过市卫生和计划生育委员会组织的消除疟疾考核评估专家组考核，沂源县达到消除疟疾标准。

特色项目

基地建设

沂源县地理条件复杂，蜱虫等病媒生物种类繁多，“发热伴”等病媒相关疾病多发。2012年起，山东大学公共卫生学院与县疾控中心合作，在沂源县多次开展蜱虫监测、“发热伴”调查等工作。2021年，山东大学在县疾控中心建立病媒反向病原学监测验证基地，从病原学角度研究病媒疾病防治措施。

检验检测

1965年，县卫生防疫站建立化验室，房屋4间，面积80平方米。1973年，县卫生防疫站搬迁后，化验室房屋增加为6间，面积302平方米。2005年，建成检验楼1座，使用面积850.12平方米。2020年，申请立项“沂源县疾病预防控制中心实验室检验检测能力提升项目”，加盖一层实验楼，对实验室房屋布局、基础设施等重新规划调整，使用面积1700.24平方米。截至2023年，实验室面积共计1735.84平方米。

化验室初期仪器设备有12种、14台（件）。2017—2018年，添置离子色谱仪、PCR扩增仪、离子发射光谱仪等仪器设备67台（件）。2020年，购置全自动微生物鉴定系统、核酸提取仪、PCR扩增仪等仪器设备。2022年，购进高锰酸盐指数仪、全自动碘分析仪等仪器设备。截至2023年，共有仪器设备132台（件）。

县卫生防疫站建站初期，可开展细菌及部分理化检验项目。随着实验室设备增加和人员技术提升，可开展一般卫生防疫检验项目。正式成立检验科后，具备食品从业人员查体、新兵体检相关体检项目、二号病疫源检索、水质、环境监测、盐碘等项目检验能力。随着县疾控中心发展，现在能够开展生活饮用水、碘盐、尿碘、水氟、工作场所危害因素等理化检测项目；水痘、腮腺炎、出血热病毒IgM抗体（EHF-IgM）检测；“新冠”、流感、“发热伴”、水痘、腮腺炎及5种腹泻病毒等核酸检测项目。2020年5月，检验科新建分子生物学实验室通过备案审核，正式启用，成为全县首家“新冠”病毒核酸检测单位。2022年11月，被淄博市卫生健康委员会确定为市卫生检测检验中心区域分中心建设单位。

甲级卫生防疫站

1986年8月，临沂地区卫生局对13处县、市卫生防疫站进行统一考核，评定出5处防疫站达到甲级站的标准要求。1987年1月，授予沂源县卫生防疫站“甲级卫生防疫站”荣誉称号。

一等卫生防疫站、计量认证合格单位、省二级档案管理单位（三项达标）

1997年3—12月，县卫生防疫站开展计量认证、创建一级卫生防疫站和档案管理升级三项达标活动；被国家卫生部授予“一等卫生防疫站”，被山东省技术监督局授予“计量认证合格单位”，被山东省档案局授予“省二级档案管理单位”。2002年、2008年、2011年、2015年、2018年、2023年分别通过了省级计量认证复核评审。

卫生往事

首次参与丝虫病调查

1970年冬，县卫生防疫站组织2个分队在中庄、唐山2个公社分别抽取一个管区作为丝虫病调查试点。任务是对1周岁以上的居民进行晚9—12时采耳垂血涂片染色镜检。中庄队队长是土门分院的唐敬甲医师，采血范围是中庄管区的所有村庄。当时天寒地冻，夜间更冷，工作人员没有很好的保温衣物，用冻僵的手登记，拿着“三棱针”采血，非常艰难。有一晚上分队医师去桃峪大队采血，下着雨雪，脚下路很滑，又是在山区，一行3人手提马灯，在小队会计等人的引导下，一户一户逐人登记编号，采血涂片，工作结束时已近零时。步行回到住处（中庄医院）时已是下半夜，食堂给调查分队队员准备了夜餐：两个馒头、一碗米面汤，按当时的条件来说很知足。睡的是地铺，苇席下面一层草，自带被褥，夜里冻得睡不着，年长的同志就讲故事。经过同志们团结一致，密切配合，努力工作，不怕苦、不怕累，历时10余天圆满完成工作任务。也正是靠着这种精神，最终取得了全县消灭丝虫病的胜利。（刘加坤提供资料）

一次不平凡的计免冷链工作考核始末

1986年5月10日，沂源县冷链正式运转；8月21日，县卫生防疫站领导和相关科室工作人员去省城济南参加全省计划免疫和冷链工作会议。主要内容是：国家卫生部考察山东省已建冷链运转工作和迎接联合国儿童基金会、世界卫生组织对沂源县和苍山县计免冷链工作全面考核评审。会上，县卫生防疫站站长杜泗奎详细汇报了沂源县计划免疫冷链工作情况，省卫生厅、省外事办、省卫生防疫站的有关领导和专家对做好考核评审工作提出要求和注意事项；8月26日，省卫生厅、公安厅、外事办和临沂地区卫生防疫站等有关领导到沂源县考察工作并对迎接评审作了重要指示。此后，按照高、严、细、实、精，万无一失的要求，对照评审项目、内容、标准逐条落实，层层把关，责任到人，全面准备；9月24日上午，联合国儿童基金会、世界卫生组织官员（专家）在卫生部和省、地市领导的陪同下到沂源县考核评审计划免疫和冷链工作，全面翔实地进行了考核评审。这应该是沂源县迎接的最高级别的考核验收，最终沂源县工作达标并赢得一致好评，一批计免冷链工作人员受到省厅表彰。（刘加坤提供资料）

柳花峪副霍乱疫情防控纪实

1978年8月29日中午，县卫生防疫站办公室接到沂蒙工人医院电话告知，唐山公社柳花峪就诊2名腹泻病人，怀疑是副霍乱。这一个电话，使同一院子内办公的县革委卫生局和县卫生防疫站立即处在了重大疫情临战状态，全体人员迅速行动起来。

县革委卫生局副局长李志勇带领县卫生防疫站2名分管副站长和2名防疫检验人员即刻前往40公里外的沂蒙工人医院，展开初步调查并采集检验标本，次日凌晨，患者确诊为副霍乱（甲类第2号传染病，简称2号病）。

重大疫情防控实战，各层面、各专业坚定而有秩序地应对……

8月30日早晨，县卫生防疫站副站长马福云带领防疫人员，会同唐山公社党委常委、公安特派员齐登法，姚宅管区党支部书记潘纪庆，公社卫生院院长周国伦赴疫区组成一线指挥部，负责疫区封锁和指挥各大队开展防治工作，防疫抢救队（先后共进入疫点11人）在发病现场，开展治疗病人，流行病学调查，疫区消毒等相关工作，实施各项防治措施，控制疫情蔓延。

县卫生局副局长丁士祯带领医疗专家组深入一线指导人员救治。一线指挥部人员认真分析疫情，制定应急方案。在唐山卫生院设二线指挥部，集结医务人员待命，准备相关药品和器材。

县卫生局局长左根田和防疫站站长李辉在防疫站坐镇指挥，负责药品、器材供应，人员调配，及时掌握疫情进展并研究处理方案。

县委书记解广先和分管卫生工作的县委副书记葛金友听取汇报，指示全力以赴应对疫情。

省卫生防疫站、地区卫生局、地区卫生防疫站选派专业技术人员到沂源县深入疫区了解情况，指导工作。

县防疫队第二批次12人进驻疫区全面开展现场处置工作。

疫点封锁　根据自柳花峪四队流下的小河污染范围和交通情况将柳花峪、瓦屋河、梅家庄子、姚宅4个大队进行封锁，由发病的第四生产队作为一个小封锁圈，从严封锁。所有病人及带菌者严禁出门活动，病情较重的郝德亮、郝德祥均由防治队到其病家进行治疗，并指导其对吐泻物及被吐泻物污染的衣物等进行消毒处理。发动群众大搞环境卫生，病户均留给适量消毒剂，指导其进行各项消毒事宜。

水源保护　封锁区内饮水井，全部用漂白粉消毒，每天一次，全管区共处理饮水井94眼，从四队发源的小河河水，自发源处至大队办公室西边的小水库（约300米）选6个消毒点，每天一次以漂白粉处理。第四生产队加用哈拉宗进行缸水消毒。

灭蝇及病家消毒　开始封锁后对柳花峪大队第四生产队药物喷洒灭蝇（其他3个队因养蚕较多暂未喷洒），共喷洒23户，房屋113间，厕所31个，猪圈26个，鸡窝28个。病户及邻居从外环境到室内以3%~5%来苏喷洒消毒，共喷洒7户，房屋27间，厕所8个，猪圈6个，鸡窝8个。厕所的粪肥全部收集起来以石炭酸处理后挖坑深埋。全管区其他5个大队也普遍进行药物灭蝇一次，共计41个生产队、1219户，喷洒房屋4395间、厕所1283个、猪圈1315个、鸡窝1258个。

9月12日，进行全面的终末消毒处理；9月13日，解除封锁。柳花峪大队普遍以敌敌畏室内喷洒灭蝇，共喷138户、房屋435间，第四生产队以来苏喷洒消毒，共喷洒房屋78间、厕所22个、猪圈20个、院落12个；9月10—12日，病户及病家周围户共13户，16个厕所，以漂白粉进行消毒处理。

疫源检索　柳花峪第四生产队全民粪检三次，重点人群进行多次粪检，共检查119人（在岱崮住院病人及陪护人员未统计在内），其中七次的5人，六次的25人，五次的35人，四次的15人，三次的38人，二次的1人；其他3个生产队全民粪检1次，重点人群3次，梅家庄子、瓦屋河两个大队重点人群进行一次粪检。总计工作粪检1289人次，除第四生产队共有粪检阳性9人外，其他均未发现阳性者。

封锁期间对10个采水点进行过3次采样检验，共计采样45份，未发现阳性结果。

密切接触者的处理及健康人保护　柳花峪大队普遍采用四环素预防服药，平均服药率91.2%，第四生产队无一人漏服。病人、带菌者及密切接触者，共42人，均服药两个疗程。服药办法采取由医务人员、“赤脚医生”或干部“送药看服（送药到手，看药入口，咽下再走）”，保证了服药质量。另外，全管区还进行了霍乱菌苗普种，柳花峪大队共完成1120人次，接种率83.2%。

科普培训　姚宅管区各大队均召开小队长以上干部会，对全管区“赤脚医生”进行4次培训，他们在防治工作中充分发挥了重要作用，使疫情得到严密控制。

全县强化预防 疫情发生后，县爱卫会于8月30日发出了《大力开展爱国卫生运动的通知》，全县立即掀起以“除害灭病”为中心的爱国卫生运动新高潮，大搞“三管一灭（管水、管粪、管饮食卫生，消灭苍蝇）”，广泛宣传肠道传染病的防治常识，发动群众，人人把好“病从口入关”。县委副书记葛金友在县直各部门负责人会议上作了动员，组织大检查，使蚊蝇密度比往年同期大大降低，饮食卫生和环境卫生有很大改善。

在及时应对、科学精准施策的综合防控下，副霍乱这种烈性传染病在第一时间内被牢牢控制在了初始发病现场，没有形成新的扩散和流行趋势，成为重大传染病防控的一次经典案例。（刘彤彤提供资料）

2例人感染H7N9禽流感处置

人感染高致病性禽流感致病性强，病死率高。县疾控中心每年都对人感染高致病性禽流感、流感防控进行部署，并在冬春季开展不明原因肺炎监测，目的就是提高对人感染高致病性禽流感、流感等重点呼吸道疾病的早发现、早报告能力。2017年，沂源县先后确诊2例禽流感病例，且有一位是妊娠26周孕妇。县疾控中心工作人员冒着被感染的风险进行现场流行病学调查和标本采集，对38名密切接触者实施了为期10天的医学观察，对病家鸡舍及当地活禽市场开展了监测和环境标本采集，并对全县医疗机构进行了2周的应急监测。通过多日不眠不休的调查、分析，确定2例病例为非同源性感染，在市疾控中心的指导下，科学制定综合防控措施，最终成功阻断了人感染H7N9禽流感的传播。同时，市、县卫生行政部门领导积极调动一切可调动的医疗资源，全力救治感染患者，最终达到了2例病例无死亡、省内首例妊娠期感染病例成功救治的理想结果，取得了非常宝贵的防控和救治工作经验。（张寿锋提供资料）

救治一例输入性疟疾患者的难忘经历

沂源县自1988年达到疟疾基本消灭标准后，无本土病例发生，无论是医务人员还是居民，已逐渐淡忘疟疾病例的凶险和危害。但近年来，随着境外务工等人员增多，陆续发生输入性疟疾病例。

2015年10月21日16时30分，王某到科室咨询疟疾防治知识并要求进行疟原虫检测。经了解，王某曾在非洲尼日利亚打工，10月9日返乡，10月18日14时，突然发热达41℃，并有发冷、出汗、头疼、呕吐的症状，经村卫生室医生治疗，体温恢复正常，但常感身体乏力。经对患者病情分析，大家高度怀疑王某患有疟疾，且患有最凶险的恶性疟的可能性较大。检验科人员立即对王某采血做了疟疾RDT快检和镜检，检测结果显示为恶性疟。经留样送市疾控中心复核，后确定为恶性疟。

其间，王某精神状态逐渐变差，体温达40℃，应是疟疾发作期。立即请示市疾控中心，先行给予王某3片科泰复治疗。鉴于王某病情较严重，应住院治疗，但由于沂源县多年以来未诊治过疟疾病例，现有医务人员无诊疗经验，只好转到上级专科医院进行治疗。副主任王谦再次与市疾控中心协调，派2名人员陪护将患者转往市传染病医院。

顾不上吃饭，工作人员马不停蹄护送患者王某到市传染病医院，其间不断观察询问，生怕耽误黄金救治时间和病人发生惊厥等意外情况。22时30分，到达市传染病医院，市疾控中心张蓓贝等3人已带药（蒿甲醚注射液）在医院门口等候，病人顺利入院。护送人员返回沂源时已是凌晨1时。因发现救治及时，两周后病人康复出院。（王磊提供资料）

处置一起诺如病毒感染疫情的经历

2018年8月6日，传染病防制科接到南麻卫生院防疫人员报告：在沂源大酒店举办的“鲁阳杯”全国国际象棋新秀赛上，3名参赛选手和8名家长出现腹痛、腹泻、呕吐、发热等症状，怀疑为食源性疾病事件。县疾控中心派出专业技术人员进行现场调查，认为该次事件可能是病毒感染引起的，人际传播的可能性大。比赛规格较高，选手来自全国各地，社会关注度格外高。经现场流行病学和相关危险因素调查，结合病人临床表现等情况认真分析，初步判断为诺如病毒感染，采样送到市疾控中心实验室检验，确认为诺如病毒阳性。

这次中毒事件在最短的时间查明原因，及时向参赛人员作了解释，将影响降到了最低。（王谦提供资料）

一个检验人员所经历的“新冠”核酸检测

核酸检测在“新冠”疫情防控中发挥着“眼睛”作用。疫情初期，淄博市只有市疾控中心具备核酸检测能力，建设沂源县核酸检测实验室迫在眉睫。

2020年5月25日，沂源县首个PCR实验室顺利通过淄博市卫生健康委专家组的验收备案。5月27日，实验室第一次顺利完成18人份的“新冠”核酸检测，成为全市第2家区县级核酸检测实验室。从那天起，3名实验人员和仅有的1台提取仪（15通量）不停歇满负荷运转，核酸检测在整个疫情防控期间充斥了他们的全部。

2020年10月，县疾控中心建成1处120平方米负压实验室，添置3台（96通量）核酸提取仪、4台实时荧光定量PCR仪，实验人员也由3名增加到6名。随着“追阳”工作开始，全体检验人员随叫随到，进入了“5＋2”“白加黑”的工作模式。白天做隔离点、应检尽检人群样本，晚上通宵进行“追阳”标本检测。那段时间黑白连轴，身心俱疲，现在回想起来，是心中那份责任才使他们坚定而顽强地度过了那段时光。

2022年3月8日，周村区发生本土疫情，全市进入高度严防状态，组织了多轮区域全员核酸检测。检验员们还清晰记得第一次全员核酸检测的情景，面对庞大的检测标本，检验人员提前穿戴好三级个人防护装备进入负压核心区等待，样本送到后，迅速拆袋摆管、核对信息、样品处理、上机提取……一系列检验操作必须环环相扣，不能有任何的懈怠和失误。一个班次就要连提15“锅”核酸样本，连续6个多小时。等他们脱下防护服踉跄走出实验室时，几乎虚脱，内层蓝色工作服上全是白色汗碱，双手也被汗液泡得泛白，脸上的口罩勒痕久久不能褪去。不久后沂源县出现了本土病例，全员核酸检测间隔时间必须进一步缩短，面对核酸检测工作量的剧增，所有检验人员以高度负责的态度和严格的技术规范经历了一次又一次的挑战。

3年“新冠”疫情，让同志们更加充分感受到疾病预防控制的职责与使命。路虽远，行则将至；事虽难，做则必成！（潘娜提供资料）

难忘的“新冠”流调

县疾控中心传染病防制科在3年的“新冠”抗疫中承担着现场流行病学调查（以下简称流调）任务，对“新冠”疑似病例、密接、次密接、外地返沂人员及健康通行码黄码、红码人员等各类重点人员均开展全面流调。严格的时限性和准确性要求，成为流调最为艰巨，也是防控人员记忆最深刻的事项。

第一例确诊阳性病例是济宁大货车司机。2022年9月4日22时40分左右，济宁市疾控中心电话告知，有2名核酸检测阳性人员流动到沂源县境内。接到信息后，工作人员通过电话联系，迅速锁定了2名司机的位置并立即上报县疫情防控指挥部，流调人员随即严格按程序开始了各项工作。2个小时内完成阳性人员的隔离转运和疫点消杀，4个小时内完成了复采标本检测（2人单采检测阳性），6小时完成了核心信息报告。完成这些工作已经到了凌晨5点。来不及休息，马上进入与感染者面对面的询问调查。5时30分，市疾控专家组赶到现场（隔离点楼下），市疾控中心传染病防制所所长王玲带领县流调人员进入隔离区与2名病例面对面流调。和预想的不同，2名“新冠”病毒感染者并不配合，很多事情以记不清楚搪塞，流调人员只能按照货车定位和手机定位反复询问，本来预计1个小时的流调时间，最后用了近3个小时。完成调查时防护服里的汗水已经流到了鞋套里，回单位完成首次调查报告时已是上午10点多。

2022年国庆节期间，人员流动性增大，流调任务压力随之增大。10月9日凌晨2点，疾控中心收到县医院PCR中心实验室报告，长途汽车站核酸采样点10月8日下午送检“20混1”核酸检测阳性。中心流调队与“追阳”专班一起快速追踪检测，7点30分，最终确定1名从泰安肥城返回人员核酸检测阳性。为了尽快摸清阳性人员的感染源头，流调人员迅速进入现场工作状态，到达时社区工作人员已经将阳性人员所在的楼区进行了临时封控。流调人员做好防护，上楼对阳性人员进行了全面流调，阳性人员虽然很配合，但是她在泰安肥城的三天行程轨迹非常复杂，涉及重点场所十几个，密接人员几十个，同时泰安肥城方面否认当地有疫情，流调溯源工作一下陷入了僵局。现场进行了分析，首先对沂源县的行程轨迹进行全面调查处置，降低在沂源县传播的风险，然后将泰安市区和肥城市行程分开，对密接人员也进行再次调查摸排，经过一上午的调查分析，最终确定了传染源头在泰安市区，为本次流调画上了一个完美的句号。由于处置果断及时，本次疫情没有发生本土传播，还为泰安市提供了准确的疫情风险线索。（崔宝强提供资料）

大事记

1956年　8月，县卫生防疫站成立。

1956年　10月8日，动工修建沂源县卫生防疫站、南麻区卫生所。

1964年　8月，防疫站首次进行工业卫生、学校卫生调查。

1973年　购买跃进牌救护车1辆。

1973年　在南麻村北、北埠子东（现址）征地9亩，建房屋35间，实用面积550平方米。年底，县卫生防疫站迁入。

1980年　4月，临沂地区防疫站对沂源县丝虫病防治工作检查验收，达到基本消灭标准。

1980年　在全县开展“地甲病”普查和水氟调查工作。

1981年　卫生局、防疫站、药检所共建办公楼1座，2000余平方米。1982年年底竣工。

1983年　县卫生防疫站设立计划免疫门诊。

1984年　国家卫生部授予“五省疟疾联防先进单位”，山东省卫生厅授予“重点传染病防治工作先进单位”荣誉称号。

1986年　8月，计划免疫冷链运转。

1986年　8月，临沂市卫生局对全区13个县（市）防疫站进行统一考核，沂源县卫生防疫站达到甲级站标准。

1987年　山东省爱卫会、省卫生厅授予“山东省医学科普优秀工作奖”。

1988年　被山东省人民政府授予“提前实现国家普及儿童免疫第一个目标”奖、“计划免疫提前实现第一个目标达标县”，被山东省爱卫会、省卫生厅授予“医学科普先进集体”。

1989年　被山东省人民政府授予“全省基本消灭疟疾先进集体”“基本消疟疾先进单位”，被山东省爱卫会、省卫生厅授予“医学科普先进集体”。

1990年　被全国爱卫会、国家卫生部、国家健康教育协会，山东省爱卫会、省卫生厅、健康教育协会分别授予“卫生报刊发行工作先进集体”。

1991年　被山东省人民政府授予“计划免疫先进集体”，被淄博市委、市政府授予“在建设淄博立志立功竞赛中荣立集体三等功”。

1992年　被山东省卫生厅、畜牧局授予“布鲁氏菌病防治达标单位”，被山东省卫生厅授予“基本控制克山病达标县”。

1993年　2月23日，县卫生防疫站冷饮厂破土动工，建筑面积508平方米，购置冷饮生产设备1套，建小型低温冷库1座。5月25日投产。

1997年　国家卫生部授予“县级一等卫生防疫站”。

1999年　撤销县卫生防疫站、皮防站、结防所，成立县疾病控制中心和县卫生监督所。

2000年　被山东省爱卫会、省卫生厅授予“1991—1999年度医学科普先进集体”。

2005年　10月，动工建设检验楼1幢，共3层，2006年10月投入使用。

2005年　县疾控中心接种门诊创建为省级示范化预防接种门诊。

2007年　被淄博市委、市政府授予“市级文明单位”。

2008年　9月20日，县疾控中心建成冷藏容积8立方米冷库1座，10月10日启用。

2008年　被山东省卫生厅评为“全省丝虫病

防治工作先进集体”。

2009年　1月20日，县疾控中心张寿锋加入“沂源县支援北川羌族自治县香泉乡卫生队”支援四川省北川县香泉乡抗震救灾。2月1日到达，4月3日完成援建返回。

2011年　县疾控中心投资20余万元，将预防接种门诊建成全县第一家数字化预防接种门诊，面积200余平方米。

2013年　被淄博市委、市政府授予“淄博市级文明单位”。

2014年　被淄博市委、市政府授予“淄博市级文明单位”。

2015年　被淄博市委、市政府授予“淄博市级文明单位”。

2016年　10月28日，县疾控中心建成冷藏容积25立方米冷库1座，11月10日启用。

2019年　被山东省精神文明建设委员会授予“省级文明单位”。

2020年　10月1日，撤销县疾控中心预防接种门诊。

2020年　在原实验楼加盖一层，实验室面积扩展到1700.24平方米。

2020年　被淄博市委、市政府授予“淄博市抗击‘新冠’肺炎疫情先进集体”称号。

2023年　被山东省卫生健康委员会评为全省“新冠”疫苗接种工作表现突出集体、全省地方病防治专项攻坚行动表现突出集体。

2023年　疾控机构改革，县卫生健康监督执法大队合并到县疾病预防控制中心（加挂县卫生监督所牌子）。

卫生篇——

沂源县妇幼保健院

记忆沂源 · 卫生健康卷

扫码听书

概　况

沂源县妇幼保健院位于县城鲁山路138号，占地面积50亩，建筑面积2.2万平方米，是一所集妇幼保健、医疗、康复、中医、预防、计划生育技术服务和社区服务于一体的二级甲等妇幼保健院，为公益性事业单位。

该院是全县妇幼卫生、人口计生工作的技术指导和服务中心，设有妇科、产科、儿科、外科、内科、眼科、疼痛科、皮肤科、儿童保健科、妇女保健科、妇女康复科、中医科、口腔科、查体科、麻醉科、影像科、检验科、药剂科、计生科等19个临床保健医技科室。

该院履行公共卫生职能，按照“全生命周期和三级预防”的理念，以一级和二级预防为重点，为妇女、儿童提供从出生到老年，从生理到心理的健康服务。

机构沿革

1956年10月，沂源县妇幼保健站成立，为股级事业机构，地址设在县卫生院内，有工作人员6人，王若亭为临时负责人。1958年秋，精简机构，县妇保站精减下放1人。同年，县妇保站迁入健康路南段路西（卫生科院内）。1960年9月，李树荣任站长，为县妇幼保健站首任正职。1968年3月—1973年2月，县妇幼保健站合并于县人民医院妇产科。

1973年3月，县妇幼保健站正式开设门诊。1983年，县妇保站分设门诊组和社会组，社会组负责全县妇幼保健工作业务指导，门诊组负责站内开展业务工作，门诊组和社会组的人员一年轮换1次。1991年，县妇保站升格成为副局（科）级全额事业单位。1996年5月，更名为县妇幼保健院，为正科级全额事业单位。1998年，通过一级甲等妇幼保健院评审。

2013年5月1日，妇幼保健院由中心老城区搬迁至新院（鲁山路138号），设妇女医疗保健、围产期保健、儿童医疗保健等三大保健中心和16个专业科室。

2016年4月，县妇幼保健院和县计生服务站合并成为县妇幼保健计划生育服务中心（以下简称县妇计中心），合并后人员97名，增加编制床位50张，达到100张规模。

2018年1月3日，县卫计局批复县妇计中心成立县不孕不育治疗中心。2023年8月，沂源县妇幼保健计划生育服务中心经中共沂源县委机构编制委员会批复更名为沂源县妇幼保健院（挂沂源县妇幼保健计划生育服务中心牌子）。

沂源县妇幼保健院历任主要负责人

机构名称	姓名	职务	任职时间
沂源县妇幼保健站（1956.10—1996）	王若亭	临时负责人	1956.10—1957.03
	李志永	代理负责人	1957.03—1958.09
	李树荣	站长	1960.09—1962.09
	桑云莲	站长	1962.09—1965.03
	李希兰	站长	1965.03—1979.05
	孙志梅	站长	1979.05—1984.10
	刘兰香	站长	1984.10—1992.10
	何家田	站长	1992.10—1995.11

续表

机构名称	姓名	职务	任职时间
沂源县妇幼保健站（1956.10—1996）	徐爱祯	站长	1995.11—1996.05
沂源县妇幼保健院（1996—2016.04）	徐爱祯	院长	1996.05—2003.03
	董玉贞	院长	2003.03—2016.04
沂源县妇幼保健计划生育服务中心（2016.04—2023.08）	王　凯	主任	2016.04—2023.08
沂源县妇幼保健院（2023.08—）	王　凯	院长	2023.08—2024.04
	王延进	院长	2024.04—

党组织

1989年6月，成立县妇幼保健站党支部，有中共党员3人。2005年，县妇幼保健站党支部更名为县妇幼保健院党支部。

2016年，成立沂源县妇幼保健计划生育服务中心党总支，按照中共党员分布情况将单位60名中共党员划分为4个支部，并进行了改选。

2021年7月，李绍贵、沈光举、王香田获颁“光荣在党50年”纪念章。

沂源县妇幼保健院党组织历任主要负责人

机构名称	姓名	职务	任职时间
沂源县妇幼保健站（1956.10—1996）	刘兰香	党支部书记	1989.06—1992.10
	何家田	党支部书记	1992.10—1995.11
	徐爱祯	党支部书记	1995.11—1996.05
沂源县妇幼保健院（1996—2016.04）	徐爱祯	党支部书记	1996.05—2003.03
	王兴武	党支部书记	2003.03—2008.04
	王爱芳	党支部书记	2008.04—2011.11
	王　凯	党支部书记	2011.11—2016.04
沂源县妇幼保健计划生育服务中心（2016.04—2023.08）	王　凯	党总支书记	2016.04—2016.08
	王　凯	党总支书记	2016.08—2023.08
沂源县妇幼保健院（2023.08—）	王　凯	党总支书记	2023.08—2024.04
	郑爱斌	党总支书记	2024.04—

队伍建设

1952年，县卫生院助产士王若亭、许秀英2人负责全县妇幼保健工作。其后，由县卫生院社会组5人负责全县妇幼预防和保健工作。1956年，人员增加至6人（助产士3人、保健员3人）。1964年，工作人员增加到10人（医士6人、助产士3人、护士1人）。1979年，人员为12人（医师2人、医士3人、助产士2人、护士1人、保健员3人、会计1人）。1983年，人员为14人。1986年，人员为18人。1990年，人员为24人。1996年，人员为47人。1998年，人员为52人。2003年，人员为53人。2005年，人员为86人。2016年，人员为97名。2023年底，人员达到213人。

人物简介

董玉贞，女，1957年出生，鲁村镇鲁村四村人。曾任妇幼保健院院长。

王　凯，男，1969年出生，西里镇唐庄村人，中共党员。主任医师。曾任县妇幼保健院（妇幼保健计划生育服务中心）党支部书记、党总支书记，院长（主任）。2014年，获山东省科技进步二等奖。

妇产技术

旧时印记

新中国成立前，沂源区域经济发展缓慢，交通不便，生活落后。农村卫生状况差，广大劳动人民生活水平低，妇女更是受到多重压制和束缚，不但妇女保健闻所未闻，就连婚姻、生育也都受到封建迷信和旧礼教的愚弄和制约。妇女生孩子的过程被认为是“最脏”的事，不能进正房，不能上席上炕，只在房内地上铺点干草，产妇由接生婆（当地称为老娘婆、接生婆）辅助，蹲着、坐着、躺着或站着生产，孩子生下来叫“落草”。

因缺乏科学知识，母婴健康得不到保障。如遇滞产，就会被误认为产妇“大髋不开”，生拉硬拽；如遇胎位不正胎儿手臂先露，则迷信认为“小孩要油要盐”，将胎儿手里放上“油盐”后，再推回母体，常常引起产妇子宫破裂，母子双亡；如有胎盘不下，有的用扁担压产妇腹部或把头发塞入产妇口中，引起恶心呕吐以图娩出胎盘；更有愚昧者将穿旧的鞋子、斧把或木棍之类不洁物品系在脐带上，以图引出胎盘。可以看出旧法接生对广大妇女的摧残和愚弄摆布已达到无以复加的地步。巫婆神汉常借机装神弄鬼，诈骗钱财。因难产、产后流血当即发生死亡者和产后破伤风、产褥期感染无条件医治而丧生者相当多。群众把生孩子看作“一大关口”，称“大命换小命”。

旧法接生的断脐带法，容易造成新生儿破伤风。正如群众中流传的俗语：“七天风，八天扔”“只见娘怀胎，不见娘抱孩”。舍地（扔死婴的场所）里终年不断扔弃的死婴，狼咬狗啃，路人目不忍睹。妇女一生中，孩子降生的多，成活的少。

新法接生

新中国成立后，人民卫生事业受到党和政府的高度重视。新法接生成为妇幼卫生一项重要内容，列入首先发展的工作，具有划时代意义。20世纪50年代初，国家培养的助产士、护士分配到沂源县工作。1951年，县卫生院派助产士到农村，宣传新法接生知识，受到群众欢迎。

1952年，县卫生院派助产士在南麻区、东里区培训新法接生员（当时也叫乡村助产员），改造旧产婆。培训内容为“一躺”（躺着生）“三消毒”（产妇外阴消毒、接生员手消毒、新生儿脐带消毒），当年培训95人。

1953年，在南麻、东里、悦庄3个区的33个乡，推广新法接生，培训乡村助产员252人（包括改造旧产婆55人），新法接生婴儿593人。

1954年，新法接生进一步推广，国家配备产包161套，全县共有新法接生员316人，开展了产前、产后的家庭访视。全年新法接生婴儿1296个。

1958年，全县共建大队妇产院200处，设床位308张，大部分产妇能在妇产院分娩。当年，全县出生婴儿3896个，新法接生占71.2%。1962年，全县14处公社卫生院都配备妇幼保健人员（助产士或妇幼保健员），共有接生员443名，配产包320个。

1973年，县妇幼保健站正式开设门诊，开展

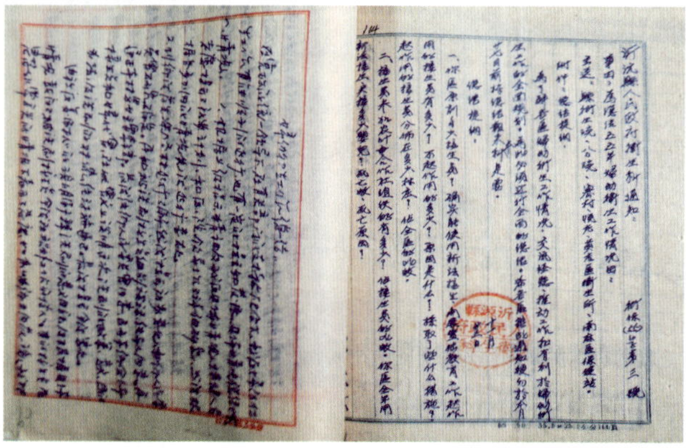

县政府卫生科下发的调度妇幼卫生工作通知（1955年）

妇科病查治、人工流产、放环、取环、透视节育环、理疗等业务，并开始带训放环员。培训接生员709人，培训女“赤脚医生”89人，成立接生站78个，配产包645套。全年出生婴儿12013个，其中新法接生占82.4%。

1978年，全县建妇产室396处，配接生员831人，配产包668套。全年出生婴儿6259个，其中新法接生率95.8%，达到县级普及新法接生标准。1983年，全县共出生婴儿6748个，新法接生率99.91%。

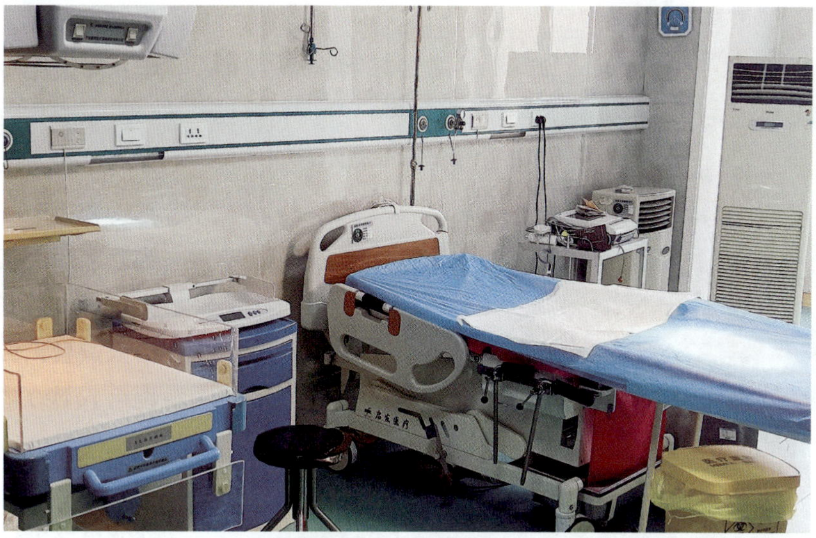

标准化产房（2018年）

住院分娩

1984—1990年，新法接生率99%以上，科学接生率都达到60%以上。

1988—1993年，16个乡镇都逐渐开展了所辖区部分村孕产妇程序化管理，并积极宣传科学接生和住院分娩。

1994年，全县推行妇幼保健保偿制度，对孕产妇进行系统化管理，并对高危妊娠孕产妇实行专案管理。全县孕产妇系统化管理5477人，管理率为99.8%，高危妊娠专案管理1480人，管理率96.42%。

1996—2000年，开展联合国儿童基金会妇幼卫生合作项目。其间，各乡镇相继实行孕产妇程序化管理分片包干责任制。按照孕早期每月一次产检，孕中期半月一次产检，孕晚期每周一次产检和产后第3天、第7天、第28天的访视要求，妇幼专职人员分片入户进行孕期查体和产后访视，并负责本片区的健康教育工作。

2022年，重点孕产妇专案管理率100%，产前筛查率达到90%以上。

保健技术

妇女保健

新中国成立前，人们对妇女生理特征和妇女病缺乏科学认识，甚至讳莫如深，保健更是无从谈起，广大妇女群众自我保健知识匮乏，特别是旧法接生造成孕产妇和婴幼儿死亡率高。因观念束缚，妇女生理疾病得不到及时治疗，很多妇女病患者只能忍受疾病折磨，难以启齿，造成过早死亡。

1956年，县妇幼保健站成立后，重视基层妇幼保健工作人员的配备和业务培训，加强乡村接生员的培训教育，提高其技术水平。1960年，开始对子宫脱垂妇女进行普查普治。

1972年，搜集中草药方剂印制《治疗妇女病中草药方剂介绍》，指导基层开展治疗阴道炎、宫颈糜烂、外阴瘙痒、附件炎、月经不调、子宫脱垂、宫颈炎、尿道炎治疗工作。

1979年，门诊开展计划生育技术（流产、放环、取环），妇科病查治（防癌为重点的妇科病普查），产前、产后检查，理疗，培训女“赤脚医生”和放环员等项目。

1983年，全县开展围产期保健，加强产前检查、产后访视和产时科学接生，提高住院分娩率。经围产期保健管理的孕产妇占总孕产妇的91%。1986年，在鲁村镇的27个村开启妇幼卫生程序化管理工作。对全镇80%以上的孕产妇和2000名3岁以内的小儿进行系统保健工作。1987年，县妇幼保健站率先在南麻镇开展第二个程序化管理试点，除3个新建乡及梭背岭乡外，其他乡镇都搞5～10个

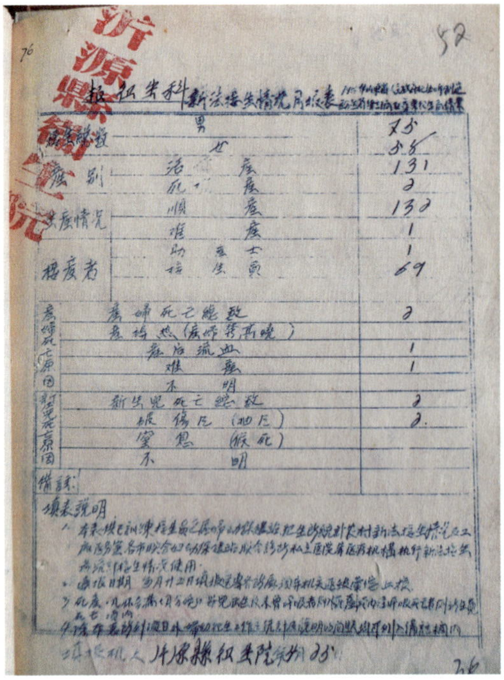

妇幼卫生科新法接生情况月报表

出生婴数	男	75
	女	58
产别	活产	131
	死产	2
生产情况	顺产	132
	难产	1
接产者	助产士	1
	接生员	69
产妇死亡原因	产妇死亡总数	2
	产褥热（产妇发高烧）	
	产后流血	1
	难产	1
	不明	
新生儿死亡原因	新生儿死亡总数	2
	破伤风（四六风）	2
	窒息（假死）	
	不明	
备注		

填表说明

填报机关 沂源县卫生院

沂源县卫生院新法接生报表（1952年）

村的程序化管理试点。

1996年，统一发放管理《出生医学证明》，配合孕产妇系统化管理，进一步推广住院分娩和科学接生，住院分娩率达到95.30%。县妇幼保健院在妇女病普查普治中，开始治疗更年期综合征。

1997年，县妇幼保健院购置波姆光治疗仪，开展宫颈糜烂治疗。1999年，县妇幼保健院投资30万元，购置上海阿洛卡SSC-390型B超和远红外线乳腺诊断仪，用于妇女病普查普治，配合妇科检查和宫颈涂片，重点对乳腺癌和宫颈癌早期筛查。同年，筛查乳腺癌3例，宫颈癌1例。

1994—2002年，沂源县城区妇女病普查普治率均达到70%以上。

2007—2012年，县妇幼保健院主要开展临床医疗、妇女查体、幼儿园查体、婚前保健和公共卫生等工作。2012年，全省确定20个宫颈癌筛查项目试点县，沂源县作为其中之一，历时2个月，为农村14120名、35~64岁的妇女免费进行宫颈脱落细胞液基细胞学（TCT）检查，共查出宫颈癌前病变206例，确诊宫颈癌5例，对所有确诊为癌前病变的患者进行专案管理，分别对不同的病变分期给予追踪观察、宫颈锥形切除、子宫全切等治疗措施，宫颈原位癌治愈率达100%。同年，全县孕产妇管理率平均达到99.31%以上，高危妊娠管理率达到100%，孕产妇死亡率均控制在国家要求指标以下。

2013—2016年，保健范围扩大，逐步延伸到女工查体、宫颈液基细胞学检查、叶酸发放、“艾乙梅（艾滋病、乙肝、梅毒）”筛查等，产前筛查通过省考核验收、卫生部第一批中孕期产筛质量考核。实验室通过省疾控中心艾滋病实验室复审，成为省疾控中心梅毒螺旋体检测合格实验室。该院成为血常规、尿常规、血凝、HIV抗体检测、乙肝五项、HCV抗体检测结果全省“一单通”认可单位。

2017—2020年，免费孕前优生健康查体、婚

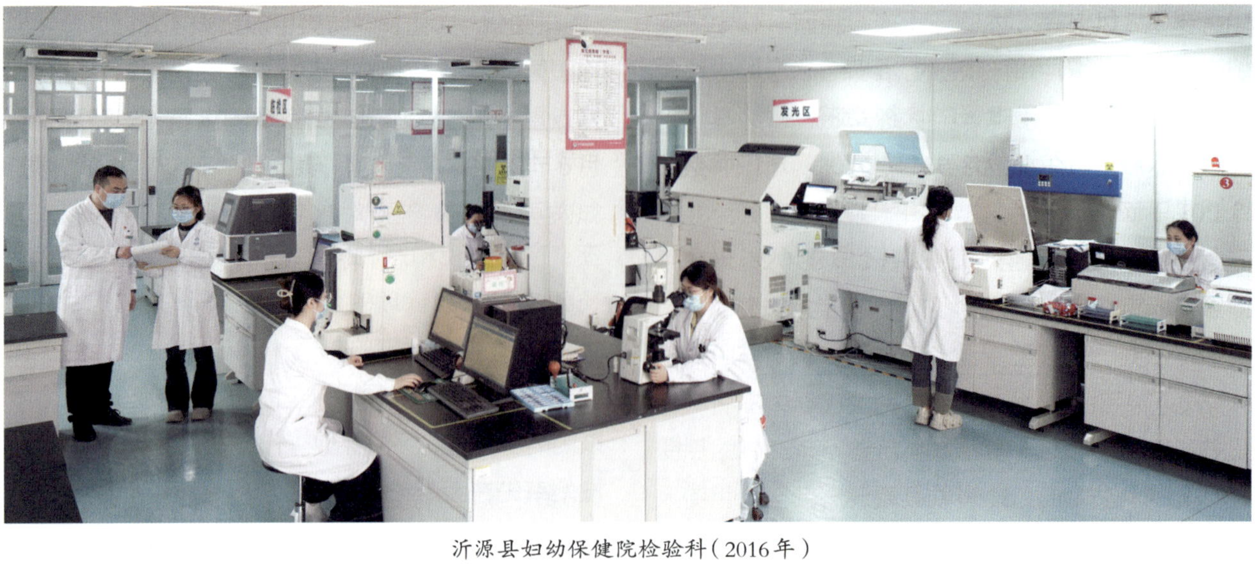

沂源县妇幼保健院检验科（2016年）

前医学检查、计划生育技术服务、计划生育“四种手术”、避孕药具发放、适龄妇女进行“两癌”筛查、孕期保健等工作快速发展，各项任务指标走在全市前列。县妇幼保健院上线妇幼信息系统，实现县、镇各医疗机构信息互通和共享。

2022年，免费婚前医学检查率达到85%；适龄妇女“两癌”检查筛查完成目标任务率100%；孕前优生健康检查目标人群覆盖率100%；孕期艾滋病、梅毒、乙肝检测率达到95%以上；健康教育覆盖率100%；宫颈癌检查19200人，乳腺癌检查20005人，完成全年任务数的101.37%；适龄妇女叶酸服用率达到96.59%；目标人群的增补叶酸知识知晓率和依从率均达到90%以上。

儿童保健

新中国成立以来，儿童的健康水平不断提高。1958年，全县大办托儿所、幼儿园，入托儿童54115人。同年，县妇保站、县卫生防疫站、县人民医院组成体检组到南麻完小为427名小学生查体，查出营养不良及患病儿童153人。1959年，县《妇幼卫生工作计划》要求做好儿童保健工作，按时进行预防接种，定期健康检查，矫正缺点，提出预防为主的工作思路。自此，大力开展儿童保健工作，儿童的发病率、死亡率大大下降，健康水平日益提高。20世纪60—70年代，托幼机构中的儿童保健员承担儿童保健工作，主要任务是预防各种疾病的发生，提高儿童机体抵抗力，增强体质，保证儿童健康成长；工作内容包括儿童健康检查、预防接种、传染病的管理、儿童体格锻炼、儿童喂养的指导。

1962年，该院为全县4.5万名7岁以下儿童免费驱蛔虫。

1975—1976年，开展以防治小儿佝偻病为重点的儿童查体工作，共查31496人，患病6299人，其中，佝偻病1260人，用钙剂和鱼肝油进行治疗。

1979年10月，该院历时15天，对全县20名妇幼保健医生进行儿童保健培训。1981年7月，县妇保站举办为期16天的儿童保健培训班。培训内科医生9人、妇幼保健医生16人。1982—1984年，县妇保站开展以防治小儿“两病（佝偻病、营养性贫血）”为重点的儿童保健工作。

1986—2002年，儿童保健工作一直本着“一切为了孩子，为了孩子一切，全面提高儿童健康水平”的服务宗旨，以贯彻落实《儿童发展纲要》、降低婴儿死亡率、0~5岁儿童死亡率和出生缺陷率为目标，以开展儿童系统化管理、托幼机构从业人员管理、儿童入托查体为工作重点，并随社会保健需求的转变不断调整儿童保健工作的内容，有效落实妇幼卫生工作指标。

1986—1989年，每年对0~7岁儿童健康查体1次，县直机关厂矿查体率达80%，乡镇达40%。1986年，在县师范学校举办幼师培训班，共40人参加，重点讲授小儿常见病、多发病防治及外伤处理，托幼园所的保健指导。1986—1990年，每年在“六一”儿童节为机关幼儿园查体，定期检查托幼园所的卫生保健工作情况。

1990年，全县小儿健康检查，共查11275人，患病率18.27%（含弱视、近视），疾病矫治率98.01%。同年，全县系统化管理小儿4736人，身高达标率95%，体重达标率70.84%。

1993年，县妇保站利用“氟离子透入”对城区托儿所、幼儿园5274名3~7岁儿童进行龋齿防治。

1994年7月，推行妇幼保健保偿制度，全面开展儿童系统化管理，体弱儿实现专案管理，保健的重点从过去的单纯体格检查和“四病”筛查向系统保健过渡。主要工作内容是“四、二、一”查体（1岁之内每年查体4次，1~2岁每年查体2次，2~3岁每年查体1次）、健康教育和儿童保健指导。同年，全县儿童系统化管理4946人，管理率82.3%，体弱儿专案管理率95.66%。

1995年，开展骨碱性磷酸酶检测筛查佝偻病工作，筛查1804例，对患病儿童给予维生素D和钙剂治疗。

1996年，利用同视机、视力表和弱斜视诊疗仪对3~7岁儿童开展视力保健和弱视、斜视筛查，共检查4780名儿童，筛查出视力不良256例，均给予治疗和指导。对全县托幼机构从业人员进行管理，每年一次进行以筛查传染病为主的查体，至2002

年，共完成4260人次，筛查出传染病26例，查体合格者，发放上岗证，对患传染病者，向托儿所、幼儿园提出给予调离工作岗位建议。

2000年，县妇幼保健院开展新生儿疾病筛查，并成立全县儿童苯丙酮尿症和甲状腺功能减退筛查血样管理和递送中心。

2001年，在儿童系统管理中增加心理行为保健，对0~6岁儿童利用DST（0~6岁小儿神经心理发育检查量表）法进行发育、智商筛查。同年，筛查524例，对筛查可疑者10例，给予早期干预。

2004年，幼儿查体由县直延伸到乡镇。同年，开展新生儿听力筛查，为全市听力障碍儿童“聋而不哑”目标奠定基础。

2007年，对《出生医学证明》规范管理，加强乡镇卫生院妇幼信息人员指导、培训和信息质控，此项工作在全市年度考核中取得第一名的好成绩。

2008—2009年，成立儿童保健中心，是沂源县首处儿童保健场所，对0~3岁儿童进行系统化保健管理，同时开展“一对一”保健指导、新生儿抚触、新生儿神经行为20项检查等项目。共建立儿童保健系统管理档案500余份，系统化管理1500人次。

2010年，0~3岁儿童健康保健项目正式启动，妇保院作为项目的实施单位累计投资近50万元。其中，投资21.9万元，购置血球计数仪；投资10万元，添置1台500毫安X光机；投资8万元，更新公共卫生妇幼项目网络、办公设备；投资2万元，设立儿童洗浴中心。

2012年，制订儿童保健服务三年发展规划，儿童保健查体数据全部录入妇幼卫生和居民健康档案。开展0~3岁儿童早期潜能开发、儿童心理咨询与指导、儿童多动抽动行为问题治疗等项目，并“一对一”地为家长传授育儿技巧、日常生活训练、辅食添加、疾病预防等知识。

2013年，开展儿童骨密度测查、高危儿康复和儿童早教。在全省妇幼保健网共录入儿童健康档案3716人，儿童保健查体13155人，网络管理25828人，位居全市第一。

2014年，开展1岁以上幼儿DDST（丹佛发育筛查）测试，分别从大运动、社会适应能力、语言等方面发现孩子存在问题，给予干预指导，筛查出贫血、佝偻病、营养不良等营养性疾病儿童568例，分别给予个案管理和检测。规范“听筛、新筛”工作，开展串联质谱技术筛查新生儿疾病，全年听筛4109人次，复筛318人次，确诊阳性患者10人。2017年，全县5451人兑付新生儿筛查补助资金59.96万元。2018年，对全县92处托幼机构进行卫生评价、人员培训和师生查体工作。为儿童提供“生理、心理、社会”适应三位一体的保健服务，新开设身高促进门诊和五官保健门诊。开展心理门诊业务，完成0~6岁儿童心理发育测试2821例，对于儿童心理行为异常起到早期筛查早期干预，有效减少心理行为异常的发生。

2021年，开展新生儿家庭访视、婴幼儿健康管理、学龄前儿童健康管理，规范健康档案管理。新生儿访视率、3岁以下儿童系统管理率、7岁以下儿童健康管理率分别达到96.99%、91.71%、98.65%，均达到省市指标要求。开设儿童眼保健门诊，开展眼科疾病治疗及近视防控工作，成为“淄博市妇幼保

沂源县妇幼保健院儿童康复项目（2021年）

健院眼科中心沂源分中心”。启动全县儿童青少年视力筛查工作，为全县5万名中小学生进行首轮视力筛查。启动“关爱孤独症儿童爱心救助项目”，开展孤独症儿童康复治疗工作。对发育异常儿童（脑瘫、精神发育迟滞、孤独症等）实行康复个案化管理。2023年末，新生儿死亡率为2.06‰，5岁以下儿童死亡率为3.08‰，婴儿死亡率为2.74‰，均控制在妇女儿童发展纲要规划目标要求以内。

综合发展

1973年，开设门诊前，妇女保健工作重点为推广新法接生、妇女病普查等工作，妇幼卫生保健没有形成完备的体系。1973年开始，妇幼卫生工作兼备社会保健和医疗保健，逐步形成完备体系。在这一时期，重点以基础性的保健工作为主。

基础建设时期（1975—1995）

1973年3月，县妇幼保健站正式开设门诊，开展妇科病诊治、人工流产、放环、取环、透视节育环、理疗等业务，并开始带训放环员。1979年，县妇幼保健站门诊开展计划生育服务，产前、产后检查，儿童健康查体，培训女“赤脚医生”和放环员等项目。1980年，开展妇科病手术治疗，邀请省立医院韩殿存为3例尿瘘患者进行了手术治疗，其中2例治愈、1例好转。

1986年，主要医疗设备有显微镜2架，万能产床1张，简易手术床2张，手提式、立式高压消毒锅各1个，电动吸引器1台。1988年11月，投资33万元，翻建一座1132平方米的门诊楼，并投入使用。1992年，新建业务用房537平方米，业务总用房面积达1669平方米。主要开展普及科学接生，提高产科质量，开展围产期保健，降低产妇死亡，定期进行妇女常见病多发病的防治，做好计划生育技术指导。

1990年，开设妇科、儿科、药房、理疗室、注射室、治疗室、化验室、西医门诊等科室，附设病床4张，有电动人工流产吸附器2台，添置中、西药橱；设立妇幼卫生示教室并开展宣教工作；各乡镇防保站成立。

1994年7月1日，全县推行婚前保健工作，在东里、鲁村、三岔、徐家庄、大张庄卫生院设立婚检点，由妇保站婚检人员每周2次下乡查体，以婚检为契机在全县推行保健保偿责任制，全面启动孕产妇和儿童系统化管理。同年，为配合婚检出差，购置价值6万元燕京牌救护车1辆。

业务拓展时期（1995—2012）

这一时期，在开展基本妇幼保健业务基础上，重点依托布局调整、联合国妇幼卫生合作项目、信息化建设、《妇幼卫生发展纲要》实施等有利时机，拓展和规范业务范围，提升服务质量。

1996年，妇幼卫生合作项目启动，县妇幼保健院在4个乡镇（鲁村、张庄、石桥、三岔）140个样本村开展死亡调查。1997年，县皮防站158平方米门诊、850平方米土地转让给妇幼保健院使用，该院投入50万元新建手术室；3月，开展第一例产科手术。县妇幼保健院通过省级评审被确立为“爱婴医院”；7月，购置波姆光治疗仪重点对宫颈糜烂进行治疗，年内治疗1655例。1998年，县妇幼保健院实行“五制改革”，按照科室设置与按需设岗相结合的原则设立14个医技科室和6个职能科室，确立走保健与临床相结合之路、勇当“妇女、儿童身心健康使者”的发展思路，扩展改造妇产科、儿科业务用房，扩建手术室，开放床位30张，增加检验、影像保健等10台医疗设备。

2000年，沂源县“1996—2000年联合国儿童基金会基层卫生与妇幼保健项目”顺利通过终期评审，这是沂源县妇幼卫生首次与国际合作的项目。2004年，成立儿科。投资40余万元，添置半自动生化分析仪、心电监护仪等10余种医疗设备，实现财务、药库、药房、收费网络化管理。分娩量由2003年的574人增至1483人，增长258%；计划生育和妇女病普查合二为一，增长100%；幼儿查体由中心园延伸到示范园，覆盖到全县所有的幼儿园，增长122.72%，托幼从业人员查体增长35.5%。2005年，设立医务科；投资120万元，购置GE彩超、微量元素分析仪等仪器设备。在职工中开展"病人无小事""医疗质量零缺陷""护理服务零投诉"等活动。2006年，投资22万余元，建成手术设施、医疗器械、监护设备齐全的手术室1间；建成艾滋病筛查室1处，并通过省级考核达标投入使用；开展打造"亲情化服务"品牌活动。2007年，开展静脉麻醉下人工流产术和新生儿游泳等项目。山东大学齐鲁医院妇产科结对帮扶县妇幼保健院妇产科。中医科开展中药灌肠治疗盆腔炎业务，有效率达95%以上。2008年，城区党政机关、企事业单位育龄妇女全部纳入女职工计划生育健康查体范围。成立儿童保健中心，对0~3岁儿童进行系统化保健管理。妇产科在全县率先引进无痛分娩新技术。

2011年5月，县妇幼保健院迁建工程一期开工建设，投资9500万元，建设业务用房2.2万平方米，其中，病房楼1万平方米，设置床位200张；门诊、保健、医技综合楼1.2万平方米。2013年5月，正式启用，县妇幼保健院达到二级甲等妇幼保健院建设标准，成为沂源县东部新城区公共医疗卫生服务机构。

2012年，投资170万元，购置美国GE公司四维彩超1台，填补该县四维彩超的空白。

快速发展时期（2013—2023）

这一时期，借助新院建设和二甲创建，妇保工作在人才队伍、基础设施服务项目、服务质量各方面实现快速发展。

2013年5月1日，县妇幼保健院由中心老城区搬迁至鲁山路138号新院，设妇女医疗保健、围产期保健、儿童医疗保健三大保健中心。医技科室在临床科室的带动下，不断引进新设备、新项目，其中检验科引进产前筛查仪，填补了沂源县此项工作的空白。妇产科、儿科、产后康复科等临床科室的住院量、门诊量均比同期增长20%以上，服务领域日趋广泛，通过全市产期超声筛查技术服务及产前筛查工作的现场评审。

2016年，县妇幼保健院和县计生服务站合并组建成为沂源县妇幼保健计划生育服务中心，实现了卫生、计生的优势互补。检验科开展孕产妇无创产前DNA筛查项目。2017年，成立了预防接种门诊、狂犬病暴露处置门诊，与山东大学第二医院建立合作医院关系。

2018年1月，成立沂源县不孕不育治疗中心；5月，山东大学附属生殖医院远程会诊中心在妇幼保健院成立，并接诊不孕不育患者。妇科新上宫腔镜设备，LEEP手术（宫颈环形电切术）和无痛人流等新项目，开展宫腔镜、宫颈锥切、LEEP等手术。

2019年，优化适合基层的"两癌"检查服务模式，开展"两癌"筛查工作和"两癌"知识宣传工作；3月，加入"山东省矮小症、性早熟中西医结合专科联盟"，首次开展生长激素激发试验；4月，被淄博市残联确定为残疾儿童定点康复机构；10月，取得职业健康查体资质，成为沂源县首家职业健康查体机构，当年完成230家用人单位职业健康检查；11月，成为济宁医学院继续教育培训基地。

2020年，建立前置预检分诊工作机制，实行24小时预检分诊。有序完成查体中心、妇保科、超氧办公室以及国医堂等科室的装修及改造。可独

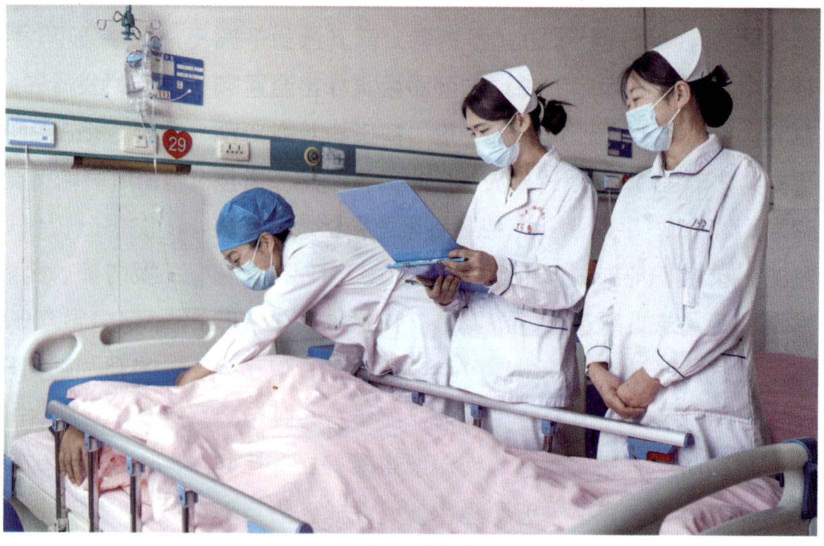

医务人员查房

立开展二、三级宫腔镜手术、腹腔镜手术、乳腺微创旋切术、乳腺微创手术、输卵管造影。同年，为全县230余家用人单位完成职业健康检查。

2021年，修订完善“新冠”疫情防控方案，全力做好预检分诊、核酸检测、“新冠”疫苗接种，全年共接诊发热患者3000人次，实施核酸检测4.7万份，“新冠”疫苗接种7.8万剂次。规范儿童眼保健门诊，成立淄博市妇幼保健院眼科中心沂源分中心，启动全县儿童青少年视力筛查工作。同年10月，启动“关爱孤独症儿童”爱心救助项目。

2022年，在病房楼东北侧建设完成343平方米的发热门诊1处。PCR实验室新增96孔金迪安EB-2000提取仪、96孔金迪安MC-1000扩增仪等设备，“新冠”核酸检测210.3万人次。全年共接诊发热患者3300人次、“新冠”疫苗接种2.5万剂次；7月24日，成立“山东省基层妇幼保健微创培训基地合作单位”“鲁中微创第一人周克水教授工作室”和“乳腺微创专家李乃刚教授工作室”；8月，与莱芜中心医院签约合作，引进疼痛新技术，微创介入治疗颈椎、胸椎、腰椎间盘突出症，在神经病理性疼痛治疗实现新的突破。

特色项目

联合国儿童基金会妇幼卫生合作项目

1996年，沂源县被列为1996—2000年中国与联合国儿童基金会妇幼卫生合作项目县，这是沂源县母婴保健事业与国际组织的首次合作。县妇幼保健院作为具体实施单位完成了机构建设、设备购置、技术培训、人员配备等工作，促进了沂源县妇幼卫生事业的发展。

1997年，投资50万元，新建780平方米业务用房。购置B超、尿液分析仪、半自动生化分析仪、乳腺治疗仪等10余台医疗设备。新上手术室，开展产科、妇科和普外科手术，改善了该院的医疗条件，提高了救治水平。县妇幼保健院在全县范围内开展技术培训，妇幼卫生合作项目实施5年，累计培训3200余人次，其中乡镇人员1200余人次。集中安排全县产科、儿科临床医师轮修，46名乡镇妇幼卫生人员进修，为项目落实提供了人员、技术支持。同时，县妇幼保健院不断完善母婴保健管理体制，依法开展婚前医学检查工作，截至2001年，婚检率一直保持在97%以上。1999年，《出生医学证明》管理实现微机化管理与打印，发放合格率为100%。2000年6月1日，沂源县开展新生儿疾病筛查工作，半年内成功筛查新生儿2863例，筛查出新生儿先天性甲状腺功能减退1例、苯丙酮尿症1例。本着“切实将基本卫生知识送到百姓家，送到最需要的地方，为百姓造福”的原则，围绕“母婴安全”“安全注射”“不滥用抗生素”等重点内容，利用广播、电视、宣传栏、黑板报等形式面向目标人群开展广泛而持久的健康教育活动，使基本卫生知识深入人心。通过健康教育，妇女、儿童自我保健意识和能力进一步增强，社会对妇幼卫生工作有了更高层次的认识，为促进妇幼卫生事业的发展创造了良好条件。

妇幼卫生合作项目的实施，改善了沂源县妇幼卫生状况，婴儿死亡率由1995年的30.32‰下降至2000年的12.22‰，孕产妇死亡率由1995年的141.04‰下降至2000年的40.36‰。妇幼卫生工作人员服务能力和水平进一步提高，因产后出血、腹泻、急性呼吸道感染死亡的产妇、儿童大幅度减少。

新院建设

2013年5月1日，县妇幼保健院由中心老城区正式搬迁至新院（鲁山路138号），新院占地50亩，建筑面积2.2万平方米，设妇女医疗保健、围产期保健、儿童医疗保健等三大保健中心和16个专业科室，开放床位200张，进一步改善病人就医条件，有效缓解群众住院难、住院条件差的问题，更大程度地满足妇女儿童及周边居民诊疗需求。

机构合并

2016年4月，沂源县妇幼保健院和沂源县计生服务站合并成立沂源县妇幼保健计划生育服务中心，实现了卫生、计生的优势互补，在管理、技术服务力量、设备、医疗环境等方面均得到明显提升。县妇计中心坚持“以保健为中心，以保障生殖健康为目的，保健与临床相结合，面向群众，面向基层和预防为主”的妇幼保健工作方针，以降低孕产妇和儿童死亡率、提高妇女保健计划生育服务质量为目标，以满足社会需求和适应市场为导向，不断拓展特色保健、计生服务。

县妇计中心成立以来，计划生育工作成为妇计中心的一项重要发展工作，成立了计划生育技术服务部，负责全县计划生育工作。巩固完善以妇计中心为龙头，以乡镇服务站为依托，以村服务室为基础的计划生育技术服务体系。2016年6月，根据两单位合并后中共党员人员数量，报请县卫计局党委批准，成立沂源县妇幼保健计划生育服务中心党总支。按照中共党员分布情况，将单位60名中共党员划分为4个支部，并进行了改选，健全党组织。

等级评审

2018年5月30日，召开创建二级甲等妇幼保健院等级评审工作动员大会。创建工作办公室对职能部门和科室工作开展情况定期进行督导检查和质量控制，根据专家的指导意见和自查情况，边学习、边整改、边落实、边提高。各职能部门、各科室密切配合、分工协作，按照各自工作职责、任务目标和工作要求，积极开展各项妇幼保健工作，确保了等级评审及各项保健工作的稳步推进。为使创建与常规工作紧密结合，医院制定下发了等级评审工作实施方案和配套措施，以创建二级甲等妇保院为推动力，带动了各项保健工作的全面落实。

2018年11月26日，市卫计委组织省内行政管理、后勤管理、医务、医疗（产科、儿科）、医技、护理、院感、妇保、儿保等9位评审专家对县妇幼保健院创建二级甲等妇幼保健院进行全面系统的验收。专家按照《二级妇幼保健院评审标准实施细则（2016年版）》，通过查阅资料、现场检查、访谈、应急演练、追踪调查等形式对医院的“二甲”创建工作进行了整体评价，妇幼保健院通过二级甲等妇幼保健院现场评审。

信息化建设

2017年1月1日，上线医院信息系统（HIS）、检验系统（LIS）、电子病历系统（EMR），将医院业务流程进行整合，实现各部门之间信息共享，医生在电脑上即可查看患者检验结果，提高病历合格率，提高工作效率；7月，上线影像传输系统（PACS），医生在门诊即可看到病人的影像检查结果。2018年，上线山大附属生殖医院远程会诊系统，实现远程会诊。2019年，上线妇幼信息系统，实现了对妇女儿童信息的收集、管理及动态观察，县、镇各医疗机构妇幼信息互通和共享。同年，县妇保院成为职业健康检查机构，上线职业病体检信息系统，通过更专业性、标准化、规范化的技术手段，为职业病体检提供信息化工具，全面提升了职业病体检的质量和效率。2021年，上线心电信息系统、血库信息管理系统和门诊电子病历系统。2022年，上线医孕通信信息系统。

截至2023年末，县妇保院有HIS、LIS、PACS、EMR、妇幼信息五大核心信息系统。2023年，电子病历系统应用水平评级为3级。2021—2023年，信息系统安全等级保护评测评级均为3级。

儿童康复建设

2019年1月，该院成为沂源县残疾儿童康复定点机构，有康复医生3名、康复儿童5人。2020年，投资10万元，进行工作场地改造，购置经颅磁治疗仪1台、经络导平仪1台、艾灸仪1台，招录工作人员3人，开展脑瘫、肢体功能障碍康复项目，提升服务能力，康复儿童增加到17人。2021年，投资20余万元，根据肢体残疾儿童训练特点，设计了功能评估室、运动疗法训练室、作业疗法训练室、言语训练室、感统训练室、集体训练室、针灸推拿室等各类功能室，配备康复设施设备，基本满足残疾儿童康复训练需求，康复人员达到8人，康复儿童53人。2022年，选派业务骨干，先后到青岛市儿童医院、济宁医学院附属医院、淄博市妇幼保健院等儿童康复机构进行培训学习，投资100

余万元，在病房楼3楼打造1800平方米的儿童康复中心，配备各类康复设施设备，有专业康复人员10人，康复儿童83人。2023年，取得了脑瘫、孤独症、智力低下的定点康复资格，全员参加2023年全省残疾儿童康复专业技术人员理论提升培训，均取得合格证，选派1名康复师到山东特殊教育职业学院进修学习。康复技师达到11人，康复儿童达到105人。

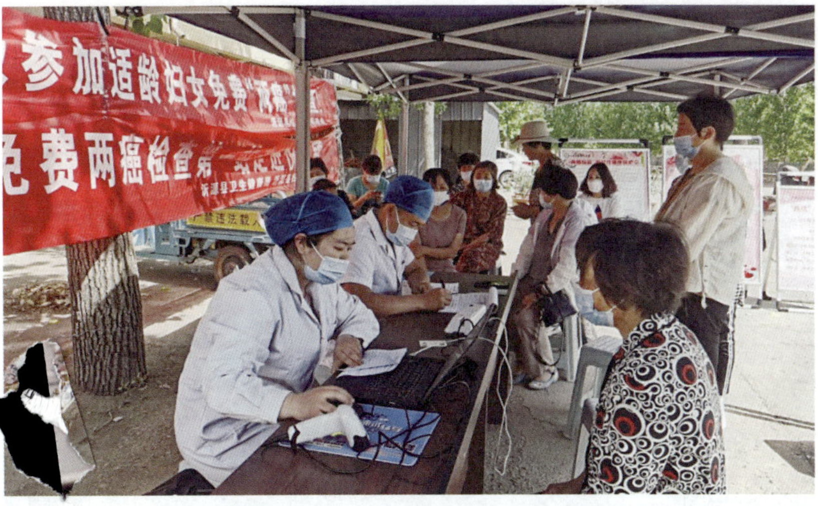

“两癌”筛查入村为适龄妇女开展服务

公共卫生

疫情防控

2020—2023年，医院统筹落实院内外各项防控措施，落实预检分诊制度，加强发热门诊管理。严格按要求落实区域核酸检测、“应检尽检”“愿检尽检”等各项核酸检测工作。做好义乌佳慧采样点、祥源社区采样点、文化广场采样点、院内核酸采样点，3所学校6所幼儿园的核酸采样，83轮区域核酸采样和检测任务。先后派出业务骨干参加济南市、周村区、经开区、临淄区、博山区、淄川区、张店区核酸采样工作，参加市核酸检测、县方舱、隔离点、高速口卡口、重点区域值班、接返、追阳等工作，累计流调112人次。

基本公共卫生服务

2018年5月，进一步规范孕产妇健康管理，为辖区内常住孕产妇开展孕期管理及产后访视、健康检查。0～6岁儿童健康管理服务流程，为0～6岁儿童提供综合性保健服务，帮助家长掌握儿童保健知识，降低疾病发生率、死亡率，促进儿童全方面发展。

2019年3月，该院承担全县适龄妇女“两癌”检查，不断探索出适合农业县妇女健康状况的检查与诊疗服务模式。2023年，县卫生健康局谋划实施“2万名适龄妇女两癌检查全覆盖项目”，纳入全县“十大”民生实事项目，在全县适龄妇女中普及“两癌”预防知识，进一步增强女性的自我保健意识，提升健康水平。为便利受检群众，通过适龄妇女“两癌”检查专车开到村或专车接送到院检查的形式，“走出去、请过来”为适龄妇女开展服务。同时，优化服务流程，将登记、检查等环节安排在同一楼层，一站式服务，打通方便群众“最后一米”。2021—2023年3年间，宫颈癌检出率从0.17%下降至0；乳腺癌检出率从0.97%下降至0.54%；宫颈癌、乳腺癌早诊率分别从95.6%、81.82%提升到100%，切实保障了适龄

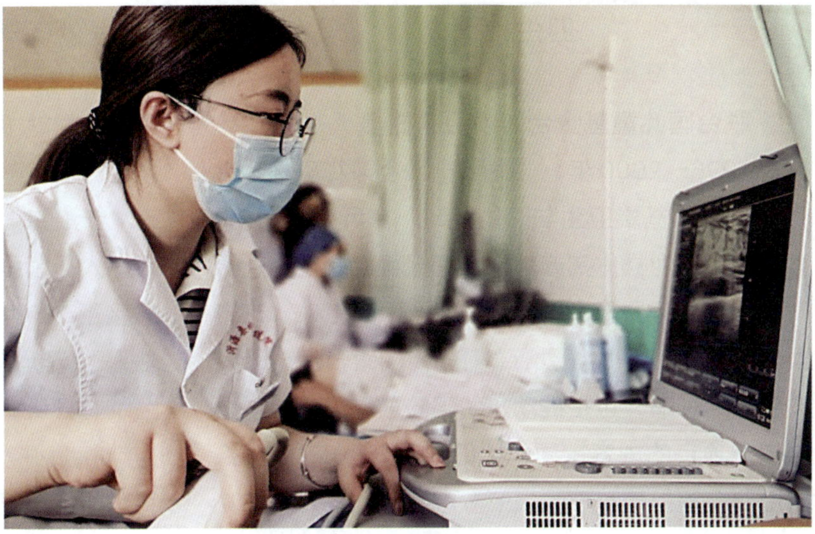

县妇幼保健院工作人员为适龄妇女进行“两癌”筛查

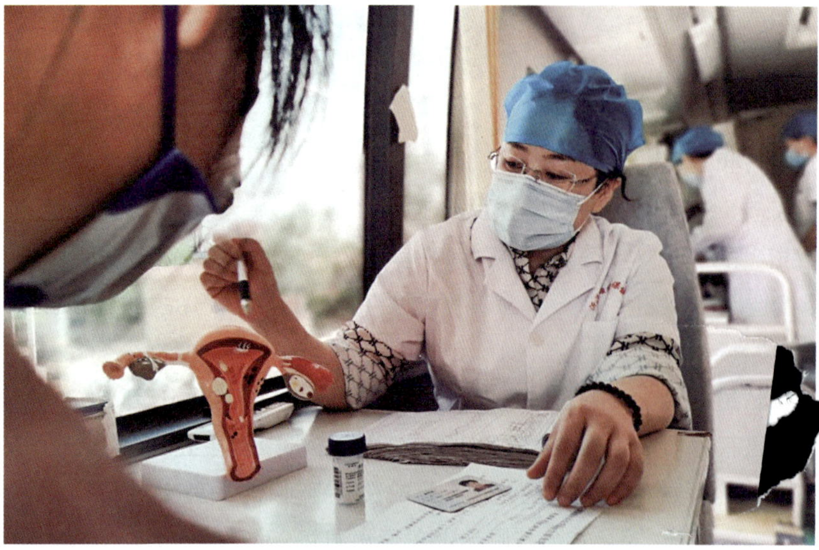

县妇保院工作人员为适龄妇女科普宫颈癌防治知识

妇女的身心健康。

2019年10月，国家将孕前优生健康检查、育龄妇女增补叶酸、基本避孕服务项目管理工作规范划入基本公共项目后，服务人群由农村逐步覆盖到城区。在工作中整合项目，为群众提供一体化、链条化服务。在落实妇幼重大公共卫生预防艾滋病、梅毒、乙肝母婴传播工作中，强化对目标人群的早检测、早管理、早干预。2023年10月，开始为艾滋病、乙肝、梅毒阳性母亲分娩儿童提供免费监测服务，跟进随访提供干预措施。截至2023年末，沂源县艾滋病、梅毒、乙肝母婴传播均为零。

卫生往事

联合国儿童基金合作项目的往事

1996—2000年，卫生部—联合国儿童基金会合作项目“基层卫生与妇幼保健”在沂源县实施，县妇保院作为具体实施单位，承担着机制建立、人员配备、服务保障、任务落实等方面的工作。这个项目是沂源县开展妇幼保健工作以来的最大项目，关乎国际影响，也是推动妇幼保健工作进步的重要阶梯。项目的内容主要包括母亲安全、安全注射、规范例会等。

儿童保健科作为主要承办科室，主要承担着母乳喂养、小儿腹泻防治、婴幼儿童急性感染病例、安全注射和防止滥用抗生素等内容的县级培训工作。培训主要采用参与式教学方式，当时教学条件没有电子屏、PPT、投影仪，统一使用大白纸和碳素笔，县、乡、村三级统一培训内容和培训模式。为促进此次培训落到实处，培训结束后，县妇幼保健院工作人员立即分头先后到各乡镇参与指导村级培训。在培训防止滥用药物方面，采取制定形象生动的顺口溜（药物好比双刃剑，甘蔗没有两头甜，自古是药三分毒，治病亦可把病添，用药未必是上策，避免滥用是关键）的方式，让宣传变得更加通俗易懂，使广大人民群众能够一目了然，切实增强群众避免滥用药物的意识，也大大减少医疗资源的浪费。在农村普及安全注射、母乳喂养、母婴安全等基本医疗知识，杜绝过度医疗和不规范医疗服务行为，小儿腹泻和呼吸道感染防治趋于规范，口服补液在腹泻治疗中得到广泛推广，基层民众自我保健意识和能力得到加强。（郑友凤提供资料）

一例疑似“非典”患者的处置

2003年，“非典”疫情快速传播，全国进入“非典”防控特殊时期，县计划生育服务站成为全县计划生育系统的防控“非典”的重要力量。服务站全体人员在上完夜班后，顾不上合合眼就继续工作。

土门镇一位流动人口在接受查体时，着实让医护人员紧张了一阵子，因为病人是外出返回，体温接近38℃，并伴有咳嗽等症状，因此，县计生站采取果断措施将病人隔离观察治疗。并及时请县医院、县疾病控制中心的专家一起会诊，确定患者为结扎后并发上呼吸道感染。由于患者家庭情况特殊，已与妻儿分居多年，又加上现在的症状，没有人护理，这样一来病人情绪波动很大，时常对医生、护士大发脾气。服务站工作人员了解情况后，担当起亲人的角色，一日三餐照顾病人的生活，直至病人全部症状消失，返回家中。此事由于服务站准备充分，防护措施到位，没有引发恐慌，安全度过了“非典”疫情。（杜宏伟提供资料）

等级评审的故事

在2016年的一次全省妇幼院长会议上，看到其他区县妇保院都陆续成为二级甲等妇幼保健院（以下简称“二甲”），想想自己所在的妇保院条件也不比人家差，也有完善的设备设施。业务工作也有自己的特色，人家能我们为什么不能？主要还是思想不够开放，赶超发展的决心不足。为此，经过几次集体讨论，达成一个共识：创“二甲”。

2017年，全院上下齐心协力为创“二甲”推进基础性工作，从改善就医环境开始，对产房重新装修，儿科病房设立VIP病房，开设新生儿重症监护室，产科、产后康复科、儿童保健科、妇科不断增加新项目。2018年5月，创“二甲”进入冲刺阶段，医院召开动员大会，建立创建工作机制，边学习、边整改、边落实、边提高。各职能部门、各科室密切配合、分工协作，各项保健工作稳步推进。领导干部从自身做起，加班加点研究评审细则，督促科室开展技术练兵，知识大学习，质量大提高行动，全院形成了全院创“二甲”的浓厚氛围。

2018年11月27日，经市专家组经过2天评审，县妇保院全面达到“二甲”标准，宣布创“二甲”成功。2023年4月16日，妇保院顺利通过二级甲等妇幼保健院复审。（王凯提供资料）

大事记

1956年　10月，沂源县妇幼保健站成立。

1958年　县妇保站迁入健康路南段路西（卫生科院内）。

1960年　9月，李树荣任站长，为县妇保站首任正职。

1973年　3月，县妇保站正式开设门诊。

1988年　县政府出资33万元，翻建1132平方米门诊楼，1989年11月交付使用。

1991年　新建1200平方米门诊楼。

1993年　开展儿童龋齿矫正。

1994年　投资10.8万元，购置第一台救护车、彩超设备、波姆光治疗仪、显微镜。

1997年　投资50万元，新建手术室，购置B超机、尿液分析仪、半自动生化分析仪、乳腺治疗仪等10余台医疗设备。

1997年　被中华人民共和国卫生部联合国儿童基金会世界卫生组织评为“爱婴医院”。

2002年　新建3600平方米综合病房楼。

2005年　投资120万元，购置GE彩超机、微量元素分析仪等仪器设备。

2006年　投资22万余元，建设手术设施、医疗器械、监护设备齐全的手术室1间；建设艾滋病筛查室1处，并通过省级考核达标。

2011年　投资9500万元，在鲁山路138号建新院，占地50亩，建筑面积2.2万平方米，2013年5月1日正式搬迁。

2016年　被山东省爱国卫生运动委员会授予“省级卫生先进单位”荣誉称号。

2016年　成为淄博市妇幼保健院合作医院。

2017年　成为山东大学第二医院合作医院。

2017年　被山东省爱国卫生运动委员会授予“省级卫生先进单位”荣誉称号。

2017年　成为山东大学附属生殖医院合作医院。

2018年　被山东省爱国卫生运动委员会授予“省级卫生先进单位”荣誉称号。

2018年　成为沂源县不孕不育诊疗中心。

2019年　被山东省爱国卫生运动委员会授予“省级卫生先进单位”荣誉称号。

2020年　被山东省卫健委授予“三双行动智

慧妇幼品牌”荣誉称号。

2020年　被中共淄博市委、市政府授予“在抗击‘新冠’肺炎疫情中表现突出集体”荣誉称号。

2021年　成为淄博市第一医院技术协作单位。

2022年　投资130万元，在病房楼东北侧建设343平方米发热门诊。

2023年　被山东省爱卫会办公室授予“2023年度山东省卫生单位”荣誉称号。

卫生篇——沂源县卫生健康监督执法大队

扫码听书

记忆沂源 · 卫生健康卷

概　况

1999年10月，沂源县卫生监督所成立。2021年1月，更名为沂源县卫生健康监督执法大队，位于县城军民路2号，为正科级全额预算管理事业单位，隶属县卫生健康局管理，实施卫生健康监督执法。

大队下设综合科、法制稽查科、信息宣传科、计划生育执法中队、医疗机构监督科、公共卫生监督科、学校卫生监督科、生活饮用水卫生监督科、传染病防治监督科，负责公共场所卫生、医疗机构卫生、职业卫生、学校卫生、生活饮用水卫生、餐（饮）具消毒卫生的卫生监督执法工作。

截至2023年，有职工28人，其中正高级职称4人、副高级职称4人、中级职称12人、初级职称5人，管理岗位2人、工勤岗位1人。

机构沿革

1956年，沂源县卫生防疫站成立。1999年10月，县委、县政府确定实施卫生监督和防保体制改革，撤销县卫生防疫站、县皮肤病防治站、县结核病防治所，成立沂源县卫生监督所和沂源县疾病控制中心两个正科级事业单位。

县卫生监督所为淄博市第一家卫生执法监督机构，是县卫生局直属执法监督机构，人员从县防疫站、县皮防站、县结防所承担各项卫生监督任务的、具有执法资格的人员中择优选配。在悦庄、鲁村、东里、大张庄、中庄5个乡镇设立派驻所，执行所辖区域的卫生监督执法任务。派驻所所长由县卫生监督所选派，监督人员从乡镇卫生院聘任，所聘任人员的经费渠道不变。

2009年，办公地点在县卫生局办公楼一楼。2016年，办公地点随县卫生局搬迁至县城军民路2号。2017年11月，全县综合行政执法体制改革，县卫生监督所更名为沂源县卫生和计划生育综合执法大队。2021年1月，按照全县深化事业单位改革试点工作要求和县级事业单位改革试点实施方案，县卫生和计划生育综合执法大队更名为县卫生健康监督执法大队。

2023年12月，县委编制委员会办公室行文公布，县卫生健康监督执法大队并入县疾病预防控制中心，加挂县卫生监督所牌子。

沂源县卫生健康监督执法大队历任主要负责人

机构名称	姓名	职务	任职时间	备注
沂源县卫生监督所（1999.10—2017.11）	王世贵	所长	1999.10—2001.06	县卫生局局长（兼任）
	何家顺	党支部书记	1999.12—2001.07	主持工作
	任嗣富	所长	2001.07—2005.03	县卫生局副局长（兼任）
	桑培栋	所长	2005.03—2012.03	
	翟慎国	所长	2012.03—2017.11	
沂源县卫生和计划生育综合执法大队（2017.11—2021.01）	翟慎国	大队长	2017.11—2021.01	
沂源县卫生健康监督执法大队（2021.01—）	翟慎国	大队长	2021.01—2023.04	
	唐文忠	县卫生健康局党组成员、副局长	2023.04—	主持工作

党组织

1999年12月，县卫生监督所党支部成立。截至2023年末，有中共党员27名。

2021年7月，苏志奎、翟学传获颁“光荣在党50年”纪念章。

沂源县卫生健康监督执法大队党组织历任主要负责人

机构名称	姓名	职务	任职时间
沂源县卫生监督所（1999.10—2017.11）	何家顺	党支部书记	1999.12—2003.03
	崔维朴	党支部书记	2007.04—2010.05
	翟慎国	党支部书记	2010.08—2012.03
	李学贤	党支部书记	2012.11—2014.02
	翟慎国	党支部书记	2014.03—2017.11
沂源县卫生和计划生育综合执法大队（2017.11—2021.01）	翟慎国	党支部书记	2017.11—2021.01
沂源县卫生健康监督执法大队（2021.01—）	翟慎国	党支部书记	2021.01—2023.04

队伍建设

1956年，卫生监督执法工作人员落实县司法局要求，参加执法证培训及考试，成绩合格颁发执法证书。1990年，卫生监督执法人员开始着制服，县卫生防疫站有食品卫生工作人员9人，其中，监督员6人。1995年，卫生部更改卫生监督标志，县卫生防疫站全员着卫生监督标志制服。

1999年10月，县卫生监督所成立，县委机构编制委员会下达县卫生监督所“三定”方案，确定编制员额30人，设所长1人、书记1人、副所长1人，有办公室、审证科、监督一科、监督二科、监督三科5个股级内设机构。在编干部职工33人，其中副高级职称2人、中级职称11人、初级职称20人。此后职工每年参加县司法局组织的国家工作人员学法考试，登录山东省行政执法人员培训学习平台，接受60小时的公共法律知识教育，成绩合格颁发执法证书。

2000年，县卫生局局机关、卫生监督所50余人，在县实验小学操场开展为期一周的军事训练，聘请县人民武装部军事教官带领训练。从军姿、队列练习到南麻镇高堂峪村靶场实弹射击，展示卫生监督执法人员风采。

2017年11月，沂源县卫生和计划生育综合执法大队核定事业编制41名，配备大队长1名、副大队长3名。在编干部职工34人，其中副高级职称5人、中级职称18人、初级职称5人、管理岗位6人。2017年起，市卫生健康监督执法局每年举办“全市卫生监督员综合素质能力提升班”，培训基层人员，提高执法水平。

2021年1月，县卫生健康监督执法大队核定事业编制41名，设大队长1人、副大队长3人，在编干部职工32人，其中正高级职称1人、副高级职称4人、中级职称15人、初级职称6人、管理岗位5人、工勤岗位1人。截至2023年末，在编干部职工28人，其中正高级职称4人、副高级职称4人、中级职称12人、初级职称4人、员级职称1人、管理岗位2人、工勤岗位1人。

人物简介

何家顺，男，1951年出生，东里镇东村人，中共党员，副主任医师。曾任县卫生监督所支部书记。

山东省计划生育工作先进工作者。

执法监督

食品卫生监督

食品卫生管理工作开始于20世纪50年代。1956年，县卫生防疫站即有兼职食品卫生管理人员，在县政府统一领导下，会同县商业、供销、粮食等有关部门配合开展食品卫生管理工作。1974年，县卫生防疫站开始配备专职食品卫生管理人员。1977年，首届县食品卫生领导小组成立。1983年，县卫生防疫站设卫生科，配备专职食品卫生管理人员2人。1984年，县卫生防疫站设食品卫生科，配专职人员3人。1985年，设食品卫生检验室，人员增加到8人，其中检验人员3人。1990年6月，县卫生工作协调委员会成立，食品卫生领导小组同时撤销。1992年，在各乡镇卫生院设2~3名食品卫生检查员，全县16个乡镇共设45名。1996年1月，县食品卫生执法监督主体转移到县卫生局，县卫生防疫站受县卫生局委托实施具体执法工作。1998年，食品卫生科工作人员增加到10人。1999年，县卫生监督所设食品卫生科，工作人员9人。2010年5月，监管、许可等工作职能移交到县食品药品监督管理局。同时，原卫生监督所监督三科8名食品卫生监督执法工作人员工作关系转到县食品药品监督管理局。

1956年，沂源县人委卫生科和沂源县供销合作社发出《关于对饮食业、理发业颁发卫生许可证的通知》，在全县首次签发《卫生许可证》。1984年，县卫生防疫站首次签发《食品从业人员健康证》。1999年，县卫生监督所设置审证科，具体负责各类卫生许可证和健康证的发放工作。2006年，沂源县成立政务服务中心，设卫生局窗口，主要负责各类证件的受理和发放工作。

1959年，在全县首次进行餐饮食品行业从业人员培训，共90人。1960—1980年，全县培训食品从业人员13657人。此后，县卫生防疫站及各乡镇卫生院（县分院）对全县食品行业从业人员进行培训，年培训5500人。成立卫生监督所后，继续加大食品从业人员培训力度，加强食品卫生管理人员和食品企业负责人的培训。培训食品卫生法律法规、食品卫生标准、食品卫生风险评估、食品卫生监督检查要点和预防食物中毒等内容。

2006年，全面实施食品卫生监督量化分级管理和餐饮业卫生监督公示制度，全县食品卫生监督量化分级管理实施率达95%。2007年，沂源县有6家食品生产经营单位被省卫生厅认定为食品卫生监督量化分级管理A级单位，有7家食品生产经营单位被市卫生局认定为食品卫生监督量化分级管理B级单位。

2009年，开展食品安全工作“1+5”行动，实施食品卫生检验检测能力建设，配备现场快速检测设备，开展食品中有毒有害成分的检验检测。开展生活饮用水、馒头房、熟肉制品、学校食堂卫生、早餐及街头食品摊点等五项食品卫生整治行动。食品卫生的监督覆盖率保持100%。

2015年，开始开展食源性疾病监测，县人民医院成为首家监测哨点医院。2016年，县中医医院纳入食源性疾病哨点医院管理。2018年，12家镇医疗机构纳入食源性疾病哨点医院管理。2019年起，将卫生室纳入食源性疾病监测点范围。

公共卫生场所卫生监督

1956年，沂源县组织爱国卫生运动，清理环境卫生和消灭“四害（老鼠、臭虫、蚊子、蟑螂）”。1959年，实行“三圈”上山，在山上建牛、羊、猪圈740处共10904间，建粪场816个，成立积肥专业队266个，共计2567人。1960年，在县城驻地南麻开展植树绿化。1964年，改造厕所，沂源县70%以上的住户实行人畜厕所分开，粪便实行泥封发酵无害化处理。

1984年，县卫生防疫站卫生科开展环境卫生、学校卫生、劳动卫生监管，对县城服务行业从业人员进行查体、发证、建立档案。1986年，开展县城理发店、旅馆、电影院等公共场所环境空气、服务用品检测。1987年4月，对乡镇驻地的商店、旅馆、招待所、车站、影剧院、饭店、浴池等行业进行检测，对从业人员进行卫生知识培训、健康查体，签发《公共场所卫生许可证》。1990年，全县共审核公共场所卫生许可证379个，新签发521个，发证率95.6%，全县乡镇驻地以上公共场所从业人员（不含饭店）2380人，健康查体率99%以上，因病调离岗位人员3人。

1999年，卫生监督二科具体负责全县公共场所卫生监督管理工作。2006年，推行公共场所量化分级监督管理，年内对辖区内已发证的全部住宿业及部分公共场所实施量化分级管理。2008年5月，对全县乡镇、村公共场所经营单位，开展创新性卫生监督执法，上门办理相关证照。在悦庄镇试点后，完成47家公共场所经营单位的公共场所卫生许可证的办理工作、107名公共场所从业人员的健康查体工作，结束镇、村部分经营单位多年无证经营的历史。

2008年，开展人员培训和检测。2009年，举办各类公共场所培训班10余期，培训各类卫生管理人员364人。2010年，对全县公共场所卫生管理员及集中空调通风系统使用单位卫生管理员集中培训。2011年，联合县疾控中心开展公共场所微小气候、CO、CO_2、噪声、甲醛等卫生质量检测。2015年，指导公共场所慢病宣传画张贴、宣传卡片的摆放、食物热量卡制作张贴、控盐宣传员慢病防治知识培训、戒烟标志张贴等工作，通过国家慢病示范县复查。2016年，按照规范化、标准化要求，通过卫生城市复核验收。2018年，开展全域旅游示范县创建，对各住宿场所开展卫生执法监督。

职业卫生监督

1956年，防疫站开展劳动卫生管理工作。1959年，工业劳动卫生以防尘、防暑、降温、防伤、防病为主要内容。20世纪60年代，劳动卫生科主要承担厂矿、企业及有关单位的防暑降温指导。1963年4月，开展防尘工作监督管理，建立群众性防尘组织及检查评比制度，指导企业制定防尘措施，加强个人防护，督促企业重视防尘和查体工作。1964年，劳动卫生科对县水泥厂、草埠煤矿的防尘、除尘、劳动保护进行检查，对粉尘浓度进行检测，书写防尘工作情况调查报告。

1982年，开始对工矿企业工人的操作环境中有害因素及气象条件进行监测。1984年，在县及县以上重点工业企业中的29个单位中建立劳动卫生职业病档案。1985年，开始对县及乡镇企业的劳动卫生进行管理。1997年，劳动卫生科开始对X光线机开展防护监测工作。

2001年，职业卫生科由疾病控制中心划归县卫生监督所，主要承担职业卫生和放射卫生监督监测工作。2008年，职业卫生监测重新划归疾控中心。2011年，职业卫生监督管理职能划归到县安全生产监督管理部门，放射卫生监督管理职能仍由县卫生监督所承担。2018年，职业卫生监督管理职能重新划归卫生行政部门。2019年4月，县卫生和计划生育综合执法大队抽调3名工作人员成立职业卫生监督科（含放射卫生监督）。

2020年4月，沂源县列入全市唯一国家职业卫生分类分级监督执法试点县。5月28日，召开全县国家职业卫生分类分级监督执法试点启动工作会议，启动职业卫生分类分级监督执法试点。

2020年，全县有涉职业危害的企业306家，其中大型企业4家、中型企业36家、小型企业108家、微型企业158家。1999—2019年，按程度轻重，将涉及职业危害的企业由轻到重分为甲、乙、丙三类。确诊各类职业病254例，其中尘肺病占所有职业病比例为93.3%。经全面评估，甲类企业134家、乙类企业134家、丙类企业38家，分别占企业总数的43.8%、43.8%、12.4%。实现差异化监管、诚信监管和精准执法，抽取甲类企业的10%、乙类企业的30%和全部丙类企业进行监测。将全县13个镇、街道、开发区划为13个横向管理网，按照部门行业管理，由15个行业主管部门形成纵向管理网，建立横向和纵向相互叠加的双重管理网格，形成全县职业健康监管网络体系。在职业病预防机制上实行“三同时”（建设项目职业病防护设施与主体工程同时设计、同时施工、同时投入生产和使用）管理制度。由卫健、政务中心、工信、住建、环保、应急管理、综合执法、文旅、发改等部门组成投资项目联合审批制度。对可能产生职业病危害的新建、扩建、改建项目和技术改造、技术引进项目建设情况进行检查。

2020年，按照《关于印发沂源县国家职业卫生分类分级监督执法试点工作实施方案的通知》要求，瑞阳制药股份有限公司开始实施职业卫生分类试点工作，成立专项工作领导小组，制定实施方案，进行职业病危害暴露风险类别评估，组织开展职业病防治责任自查，形成内部评估报告，通过自查和评估，确定公司类别和级别。公司抓住重心、完善制度、整顿现场、重点岗位重点管理，危害岗位由原来160余个减少到140余个，减少10%。2022年，按照《关于开展职业卫生分类监督执法试点工作的通知》，公司重新进行分类评级，判定职业病危害风险等级为Ⅱ级；职业卫生管理状况为A级；职业病危害综合风险评估风险类别为甲类。完备的职业卫生分类分级监督执法制度体系和工作程序，得到各级各部门的肯定。市政府专门召开会议，认为沂源职业卫生分类分级管理模式可复制、可借鉴、可推广。2020年，国家卫健委在工作内参上刊发沂源县的经验做法。2021年5月31日，9个县直部门联合印发《沂源县健康企业建设活动实施方案》，推开健康企业创建工作，申报首批省级健康企业。创建企业按"健康企业"标准进行全面整改；10月，省健康企业创建评估组对沂源县3家企业进行评估验收，全部达到验收标准，其中瑞阳制药股份有限公司入选为国家级健康企业建设优秀案例。2022年8月，又有5家企业通过省级健康企业评估验收、1家企业通过市级健康企业评估验收，通过率100%。

2023年4月，广东省卫健委组织部分市、区的同仁到沂源进行试点工作参观交流。山东省16个市中12个市的70多个县、市、区到沂源进行参观交流；5月，国家疾病预防控制局在浙江省举办全国用人单位职业卫生监督执法实训班，沂源县卫生健康监督执法大队翟慎国受邀参加并进行专题授课。

放射卫生监督

放射卫生监督监测始于1985年，负责射线装置及射线防护监督监测工作。主要开展X光机防护测定、使用放射源的企业防护监测、全县放射专业人员健康查体和健康监测工作。

2008年，县卫生监督所启动放射卫生监管，将放射卫生监督量化分级管理工作列入当年创新项目。先后开展放射工作人员放射防护知识培训、职业健康检查、个人剂量计佩戴及定期检测、放射诊疗设备性能和放射防护场所检测及建设项目评价等工作。持证率、职业健康检查率、设备性能和工作场所检测率均为100%，个人剂量计佩戴率100%，机构持证率100%。

2012年4月，放射线使用单位建立放射卫生监督管理档案，申报医疗机构放射卫生分级管理。对放射诊疗机构进行放射诊疗许可证制度。

传染病防治监督

1954年，县卫生院（县人民医院前身）设社会卫生组，由5人组成，其中1人负责传染病防控工作。1956年，县卫生防疫站成立，传染病防控进入专业机构阶段。

1958年，每个公社卫生院设1名防疫医生，承担传染病防控职责。1981年，县卫生防疫站设防疫科、地方病科、卫生科3个科室，共同负责落实全县传染病疫情防控工作和流行病学调查研究工作。县卫生局成立防疫科，负责全县卫生防疫工作的行政管理。1989年9月，《中华人民共和国传染病防治法》颁布实施，县卫生防疫站地方病科负责流行病学流调工作。

1999年10月，县卫生监督所设医疗机构监督科，负责全县医疗机构内传染病防控工作的监督管理，各乡镇卫生院公共卫生科负责本区域内传染病疫情的防控落实和管理。

2003年，"非典"疫情发生，县卫生监督所开展疫情防控的督导管理，组成消毒消杀队伍对各道路检查卡点进行消毒喷杀。

2012年，县卫生监督所成立学校卫生科，负责全县范围内学校卫生管理、学校疫情管理、生活饮用水管理等工作，同时兼顾各医疗卫生单位消毒消杀管理检测工作，和医疗机构监督科共同负责疫情防控管理工作。

医疗服务监督

1950—1954年，县卫生科调查登记个体开业医务人员，审查合格者颁发行医执照，批准开业行医，逐级办理医生登记手续，取缔游医、巫医。截至1955年末，沂源县先后批准219人个体开业行医。1956年，个体开业人员除部分歇业外，只有39人个体开业，其余自愿组成联合诊所或参加医疗卫生单位工作。1962年底，全县有个体开业医生17人。1980年9月，山东省卫生厅下达《山东省个体开业和联合诊断管理暂行办法》，沂源县开始审批个体开业行医。截至1990年末，共批准14人个体开业行医。县卫生局颁发个体行医执照，实行定期检查和随时抽查的办法进行检查管理。

1991—1993年，集中培训从事口腔医疗工作的师承人员和从业人员，14人考核合格后发放“行医资格证书”，县卫生局为其发放《医疗机构执业许可证》，从事镶牙、补牙口腔诊疗活动。口腔诊所重点监管医疗机构执业许可、规章制度建立、消毒隔离、医疗废弃物处置、口腔诊疗布局和配置、医务人员从业行为等情况。2023年，对全县口腔诊所进行量化分级管理评审，7家口腔诊所被评为A级单位。截至2023年末，沂源县有口腔诊所33家。

1999年10月，县卫生监督所承担全县医疗卫生服务的监督工作。

2003年6月，依法开展医疗废物处置监管。指导医疗机构成立管理组织、制定管理制度和应急方案，监督医疗机构履行医疗废物分类收集、运送、运转、登记。

2005年，开展打击非法行医专项行动，对无证行医行为、医疗机构聘用非卫生技术人员行医行为、医疗机构出租承包科室行为、非法从事性病诊疗活动行为、利用B超开展非医学需要胎儿性别鉴定、非医学需要施行终止妊娠手术和使用药物为妊娠妇女选择性别终止妊娠行为，给予取缔、停业整顿、罚款等行政处罚。2007年，相继开展查处非法从事医疗美容诊疗的机构和个人，对医疗机构超出登记范围开展诊疗活动行为、医疗机构违法发布医疗广告行为进行重点整顿。2011年，县卫生监督所重点查处退休乡医非法行医、无证举办中医诊所非法行医、使用非卫生技术人员从事医疗卫生工作等违法案件。

学校卫生监督

1961年，在疾病预防、生长发育与青春期保健、健康行为与生活方式、心理健康、安全应急与避险、新建教室卫生学评价等多个领域开展学校卫生监督管理工作。

1981年，开始对沂源中学、南麻完小学生进行健康查体，县卫生防疫站逐步承担全县所有中小学生查体工作。

1986年2月，开展学校卫生知识教育，指导学校建立学校卫生制度，培训中小学保健医生，建立学生健康查体档案。

1992年，城区各类学校卫生健康教育率达100%（每周不少于一节课），县城和乡镇驻地学校卫生监督检测率达100%。指导协助乡镇卫生防保站对学生进行健康查体和建卡，查体率达60%以上。近视、龋齿、蛔虫、沙眼、贫血、营养不良等疾病防治全面展开。

1999年，卫生监督体制改革，学生查体指导协助工作由县疾病控制中心承担。2015年，学生查体工作由具有相应资质的医疗机构承担，不再由县疾病控制中心承担。

2008年5月，全县学校开展“打造绿色餐厅，构建和谐校园”活动。按照食堂食品卫生量化等级升级、卫生监督公示的状况良好、采购索证和进货验收制度完善、餐具热力消毒规范、营养配餐员配备到位等绿色餐厅标准，全面升级学校餐厅卫生标准。各学校按标准在教学建筑、环境噪声、室内微小气候、采光照明、黑板、课桌椅、厕所和洗手设施等方面开展达标升级，创建“和谐校园”。

2012年，县卫生监督所成立学校卫生科，负责全县范围内学校卫生管理、学校疫情管理、生活饮用水管理。

生活饮用水卫生监督

1956年，居民生活饮用水卫生监督管理纳入食品卫生监督管理范畴。1969年，县自来水公司成立，城区居民开始饮用集中式供水。1981年，对生活饮用水水质抽样检验。1986年，开始在枯水期、丰水期、平水期对县自来水公司及各单位自备水源进行监测。

1993年，县卫生防疫站开展定期水质监测，卫生合格率均达98%以上。1996年，县卫生防疫站依法对集中式供水单位、二次供水单位、分质供水单位、涉及饮用水卫生安全产品和现制现售饮用水单位进行检测监督。

1999年12月，县政府颁布《沂源县城区饮用水源保护区管理办法》，明确界定城区饮用水源保护区范围。卫生防疫部门和卫生行政执法部门参加新建、扩建、改建饮用水水源的论证、选址和竣工，对直接从事供水的供管人员进行健康查体，签发健康合格证。

2008年，县疾病控制中心承担省财政农村饮用水监测项目，每年对11个镇、20个省级监测点末梢水进行水质监测工作。

2012年5月，县卫生局和县水务局下发通知，开展农村生活饮用水检测监督，重点对生活饮用水水源选择和供水设施建设、农村集中式供水单位卫生、农村集中式供水单位消毒、水质检测、饮用水水质、档案建立等六个方面进行管理。县水务部门重点负责饮水工程资金的争取和建设。卫生部门在水源地选择、工程预防性卫生监督和竣工验收等方面实施监管，负责从业人员的健康管理和培训，推行卫生监督量化分级管理，立案查处不达标准违法开展集中供水活动单位。

2020年4月，现制现售饮用水经营纳入卫生健康主管部门备案管理。5月，对全县的现制现售饮用水经营进行整顿。城区60个小区83台、乡镇120余台经营性质的现制现售饮用水设备，均纳入检测监督。

截至2023年末，城区共有现制现售饮用水经营业户12家，现制现售饮用水设备118台。

计生服务监督

2017年11月，计生服务监管纳入卫生执法监督工作范畴，监督检查计划生育相关法律法规执行情况；监督从事计划生育技术服务机构及人员利用B超开展非医学需要胎儿性别鉴定、非医学需要施行终止妊娠手术和使用药物为妊娠妇女选择性别终止妊娠行为；指导和督查镇（街道）计生综合监督执法工作；督查督办计划生育重大案件。

餐（饮）具消毒单位卫生监督

2007年，开始对餐（饮）具消毒进行监管，县内7家餐（饮）具消毒单位纳入检测监管中。2016年，原有7处餐（饮）具消毒服务单位整合为4处。2022年，餐（饮）具集中消毒单位整合成1家标准示范单位。整合后的餐（饮）具消毒单位对标卫生标准规划设计，采用全封闭式生产方式的餐（饮）具集中清洗消毒流水线，实现餐（饮）具消毒规范化、标准化。

卫生往事

放射源丢失案

1991年10月20日，县水泥厂对控制熟料出量的料位计进行检修时，操作工人唐某将装有放射源铯－137的球形铅罐取出后偷偷拿回厂里的职工宿舍，在职工宿舍拆卸后将球形铅罐卖给城区某某废品收购站。在拆卸过程中将放射源铯－137（长约2厘米、直径0.5厘米的银白色圆柱体）掉落在职工宿舍里，被同村同宿舍周某捡到放在自己右侧裤袋中。3天后，周某将一直携带在身的放射源带回鲁村镇舍庄村老家。当日下午，周某抱着其女儿到本村村南查看正在用喷灌浇地的小麦，因女儿哭闹，周某便从裤袋中拿出捡到的放射源哄女儿玩耍，玩耍过程中，其女儿将放射源丢失在村南的小溪边。

1991年11月11日，市卫生防疫部门、市公安部门对县水泥厂使用放射性同位素进行监督监测时发现铯－137放射源缺失1枚。发现案情以后，县公安部门、县卫生部门立即抽调40余人组成侦破小组，负责侦破此案。侦破小组围绕侦查取证获得的信息，先后到水泥厂职工宿舍、城区各废品收购站、周某家中、周某女儿学校等地方仔细认真查找，均未找到。追问周某的活动轨迹，最终于15日下午3点在鲁村镇舍庄村村南小溪边的旧玉米秸、烂树叶子堆中通过放射源探测仪找到放射源。市卫生防疫站专家身穿放射防护服，用专业盛放放射源装置工具箱将放射源从鲁村镇舍庄村安全取回。

铯－137是金属铯的同位素之一，呈银白色，质软，化学性质极为活泼，遇水发生爆炸，放射性较强。人体摄入量小于0.25戈瑞属于安全范围；超过此值会导致造血系统、神经系统损伤，非正常生育乃至绝育；人体摄入量超过6戈瑞，能够致人死亡。

县卫生防疫站工作人员陪同周某到省医学科学研究所检查身体，经诊断周某右侧大腿外侧皮肤为放射性皮炎，精子畸形率85%，无生育能力。

此案系木工偷盗铯－137放射源1枚，并进行藏匿。此案的发生是该厂领导管理不善，违反《放射性同位素与射线装置放射防护条例》的有关规定而造成的重大责任事故。县卫生局对县水泥厂法人代表及相关责任人给予警告处分、限期整顿改进、罚款1万元，偷盗人员由公安部门另案处理。

一起食物中毒案

2008年8月22日，卫生监督员接到县瑞阳制药公司职工白某某电话投诉称：8月19日中午，其在沂源县友和大酒店举办喜宴，当日下午6时许，参加喜宴的亲属相继出现恶心、呕吐、腹痛、腹泻等症状。接到举报后，卫生监督员立即赶到友和大酒店，询问调查确认相关事实，当场下达卫生监督意见书，责令该酒店对食品原材料进货环节和凉菜间卫生进行限期整改，给消费者使用的餐（饮）具和刀具进行消毒；8月23日，卫生监督员对出现症状的病人进行流行病学调查。普遍存在潜伏期时间短、发病快，恶心、呕吐、腹痛、腹泻等消化道症状，住院输液治疗2～3天相继出院，临床症状结合流行病学调查确定为食物中毒。8月24日，又接到李某某电话举报：8月19日，在沂源县友和大酒店举办喜宴，就餐的亲属先后出现同样的症状。由于酒店没有留存当日喜宴饭菜样品，没有提取到病人的呕吐物进行化验。8月20日，举报人曾向酒店反映过就餐人出现的症状，酒店工作人员知情不报，耽误了调查取证的最佳时间。经分析，此时气温高、空气湿度大，在饭菜加工过程中没有煮熟煮透，凉菜间生熟刀案不分，出现交叉污染是造成本次群体食物中毒事件的主要原因。对该酒店存在的违法事实，依据《中华人民共和国食品卫生法》规定，卫生监督员给予该酒店罚款人民币2万元的行政处罚，同时承担本次食物中毒病人治疗产生的医疗费用。

非法近视眼治疗案

2014年8月28日，接到电话，询问其在某中心三楼治疗孩子近视眼是否合法可靠。次日，县卫生监督所执法人员赶往该中心进行调查。

调查发现，在该中心办公楼三楼东侧第一个门口悬挂着视力矫正科牌子，室内发现治疗近视眼的仪器，检查时发现工作人员刘某正在使用增视仪为患者进行治疗，另一名工作人员王某正在给患者进行穴位按摩，在办公桌上发现登记本1本，记录了自3月27日至8月10日的收入情况。

进一步调查发现，该科室负责人为一名卫生系统退休职工刘某，自2014年3月租用某中心三楼东侧3间房屋，以“视力矫正科”名义开展近视眼治疗活动。当事人不具备医师执业资格，该行医点未取得《医疗机构执业许可证》，也未能提供《工商营业执照》。检查人员查证了房屋租赁合同，证实该视力矫正科与某中心只存在房屋租赁关系。

当事人未取得《医疗机构执业许可证》从事近视眼治疗活动，违反了《医疗机构管理条例》第二十四条的规定，依据《医疗机构管理条例》第四十四条、《医疗机构管理条例实施细则》第七十七条第（二）（三）项的规定，责令其立即停止执业活动，给予没收器械、没收违法所得人民币37800元、罚款人民币4000元的行政处罚。2014年11月3日，向该当事人送达《行政处罚决定书》。2014年11月13日，当事人自觉履行行政处罚，该案结案。

一起非法医疗机构执业案始末

2021年5月6日，县卫生健康监督执法大队接到群众举报，在城区某某路有人开展中医诊疗活动。医疗机构监督科和法制稽查科执法人员联合赶到现场调查，发现该中医诊疗点位于某某居民小区，门口无标识，室内有人正在开展诊疗活动，在桌上有开具的中医处方笺，医师签名是王某。在询问过程中，王某最初拒不承认自己开展非法行医活动，对医师签名为王某的处方笺，拒不承认是给患者看病开具的，辩称为个人爱好，自己学习、对照相关病历开具的，未给他人使用。执法人员根据现场调查情况，耐心地对王某进行相关法律知识讲解，王某承认自己存在行医行为，并配合执法人员检查，执法人员对王某进行询问，制作现场检查笔录，封存已开具的处方笺，对现场进行拍照取证，下达责令立即停止执业活动的监督意见书。

执法人员对投诉人李某、张某和杜某进行询问（投诉人为癌症患者，就诊时均使用化名），制作了询问笔录，详细询问了她们的就诊过程，到县公安部门查询，固定王某微信账号，提取三人与非法行医人的微信聊天记录，查实银行现金转账、微信转账、现金支付就诊费，李某共计支付14700元、张某共计支付18741.8元，杜某共计支付16000元，看病付款后，王某采取邮寄的方式把药品交付给她们。

案件通过收集现场笔录、证人证言、视听资料、书证、物证，形成完整的证据链，最终确认王某非法行医的违法事实，认定违法所得为47000元。

行为人王某涉嫌违反《中华人民共和国基本医疗卫生与健康促进法》第三十八条的规定，依据《中华人民共和国基本医疗卫生与健康促进法》第九十九条第一款的规定，拟给予没收违法所得人民币47000元、罚款人民币564000元的行政处罚，并责令立即停止执业活动。2021年7月20日，下达行政处罚事先告知书，经过听证、复议后，2021年7月29日下达《行政处罚决定书》，案件执结，没收违法所得和罚款上缴国库。

某游泳场所不符合卫生标准案

2021年7月13日，卫生监督员对县城游泳场馆进行卫生监督抽检，按照卫生监测技术规范要求，对某游泳场水质采样，样品送县疾控中心进行检测，并制作现场笔录和产品样品采样记录。经实验室检测泳池深水区池水游离性余氯、浅水区池水游离性余氯和大肠菌群均不符合《游泳场所卫生标准》的要求；7月30日，卫生监督员现场送达检验结果告知书和检测报告，并对游泳场馆经营者王某某进行询问调查，制作询问笔录。经合议认为，当事人的行为违反了《公共场所卫生管理条例》《公共场所卫生管理条例实施细则》的规定，决定对该游泳场给予警告，并处罚款人民币1000元；8月25日，下达《行政处罚决定书》，当事人在期限内自觉履行了处罚决定。

沂源县疫情消杀专班纪实

2022年春，淄博市陆续发生多起本土“新冠”疫情，县卫生健康监督执法大队成立消杀专班，在全县疫情重点区域开展专业消杀。消杀专班是疫情防控冲在最前面的几支队伍之一，7名消杀专员，按消毒消杀流程，全面铺开预防性消毒消杀工作。

2022年3月16日，对一所集中隔离医学观察点发病的房间、空气、桌面、地面、门把手、电源开关、厕所马桶、公共区域通道等阳性患者接触过的物体表面及内环境进行终末消杀，此次累计消毒面积2000余平方米；3月17日，对12处集中隔离医学观察点开展消毒消杀，消毒环境表面24780平方米，使用5%含氯消毒剂（84消毒液）消毒化粪池12处，形成长效消毒管理机制，每天次消毒消杀面积24780平方米；3月18日，消毒消杀专班对2家被服清洗消毒企业进行督导。指导2家单位实施常态化消毒管理，对紧急启用的3处集中隔离医学观察点和方舱隔离点的26名医务人员进行消毒消杀技术指导培训，同时制定并实施沂源县《消毒消杀组常态化疫情防控工作方案》。

各镇（街道）建立消毒消杀指挥体系和队伍，组建消毒消杀工作技术指导和监督检查队伍，各行业主管部门进一步指导养老机构、商超、车站等高风险点位开展消毒消杀工作，明确各集中隔离医学观察点的消毒消杀工作负责人和物资储备。

2022年3—11月，消杀专班对车站、学校、各大商超、旅馆、美容、理发等公共场所实施专项督导检查29次、督导96家次，对574家各级各类医疗机构消毒消杀实施督导检查。

职业卫生违法案

2022年9月13日，县卫生健康行政执法人员对县内某公司进行检查，发现其从事矿物棉、硅酸铝纤维制品的制造和销售，公司院内存放硅酸铝纤维废料，车间内有一条硅酸铝保温板生产线，现场未生产。主要设备有水利碎浆机、搅拌罐、自动化长网机、电烘干炉、切割机等，提供的建设项目环评影响报告表（2020年9月编制）中识别的危害因素有粉尘、噪声、高温等，提供的职工花名册共有史某、袁某、潘某、鹿某4名职工，未提供出这4名职工的职业健康检查表和工作场所职业病危害因素检测报告。现场调查表明该企业涉嫌违反《中华人民共和国职业病防治法》第三十五条第一款的规定，依据《中华人民共和国职业病防治法》《工作场所职业卫生管理规定》的规定，上述行为涉嫌违法，应依法给予行政处罚。经过合议、重大行政处罚决定法制审核，决定给予警告、罚款人民币5万元的行政处罚。2022年10月18日，下达《行政处罚决定书》，2023年4月19日结案。

综合考核“四连冠”

2022年5月30日，淄博市卫生健康委员会给沂源县委、县政府发来喜报“5月26日，淄博市卫生健康监督执法工作会议召开。会上，通报了2021年度全市卫生健康监督执法工作先进单位，沂源县卫生健康监督执法大队再次获得全市卫生健康监督执法工作综合考核第一名，喜获四连冠，为淄博市卫生健康监督执法局在全省卫生健康监督执法系统综合考核取得三连冠作出了突出贡献”。

国家卫生县、镇创建

2023年，根据沂源县创建国家卫生县、镇领导小组计划安排，县卫生健康监督执法大队周密部署，组织执法人员认真学习《国家卫生城镇标准指导手册》，经过县创卫培训，成立6个创卫小组，将县城和镇办分为6个网格责任区，重点检查责任区内公共场所、生活饮用水、学校卫生、职业卫生等。

对小美容美发店、小旅店、小浴室、小歌舞厅“四小行业”等进行全面监督检查和治理整顿，检查公共场所经营单位928家，更换公示牌432个，配备皮肤病理发专用工具箱376个、消毒记录本680本、禁烟标识928个、培训合格证1200个，逐户建立分户档案，做到监督检查全覆盖。

对生活饮用水水源、供水设施进行检测，确保水质安全达标。检查芝芳、西台2个水源地和历山水厂、供水二站的巡查日志，以及二氧化氯消毒设备运转和在线自动检测系统运转情况、水质自检情况、供管水人员上岗培训情况。开展自备井、二次供水单位卫生监督检查和抽检。

检查学校卫生状况，检查教室采光、照明、通风等情况，核查学校传染病防控管理制度、疫情报告流程，对学校供水的水源水质、净化消毒进行检测。检查学生健康体检的组织与档案管理、按规定实施学生健康体检等情况。

核实企业是否如实申报职业病危害项目，检查工作场所防护设施是否完备有效，查看工作场所职业病危害警示标识设置，督促相关单位落实职业防护措施。审查企业对职业病危害因素的检测与评价情况，检查职工职业健康检查及档案管理。检查企业职业卫生管理档案是否完整规范，保障劳动者对职业病防治的知情权等权益。查看新建、改建、扩建项目的职业卫生“三同时”执行情况。核查企业职业病危害应急救援预案及设施。

2023年9月，通过国家级卫生县评审验收，悦庄、石桥、燕崖、中庄、南鲁山、鲁村、大张庄、张家坡、西里等9个镇通过国家级卫生乡镇评审验收。

大事记

1956年　县卫生防疫站成立。

1956年　县人委卫生科和县供销合作社首次签发《卫生许可证》。

1977年　首届县食品卫生领导小组成立。

1984年　县卫生防疫站首次签发《食品从业

人员的健康证》。

1990年　县卫生工作协调委员会成立。

1996年　县食品卫生执法监督主体转移到县卫生局。

1999年　县卫生监督所成立，设置审证科，具体负责各类卫生许可证和健康证的发放工作。

2006年　全面实施食品卫生监督量化分级管理和餐饮业卫生监督公示制度。

2008年　被评为全市卫生监督执法工作先进集体。

2009年　被评为全市卫生监督执法工作先进集体。

2010年　被评为全省卫生监督执法工作先进集体。

2010年　被评为全市卫生监督执法工作先进集体。

2010年　被评为全市卫生行政执法工作先进单位。

2010年　食品卫生监督管理职责移交到县食品药品监督管理局。

2011年　获得全市“优秀妇女维权岗”。

2011年　被评为全市卫生监督执法工作先进集体。

2011年　职业卫生监督管理职能划归到安全生产监督管理部门。

2011年　被评为全省职业卫生“四个一”工程先进单位。

2012年　被评为淄博市卫生监督执法工作优秀单位。

2012年　被评为全省卫生系统“五五”普法先进单位。

2012年　被评为全市卫生系统先进基层党组织。

2012年　获得全市卫生监督执法能力大赛一等奖。

2013年　被评为全市卫生监督执法工作“优秀单位”。

2017年　县卫生监督所更名为沂源县卫生和计划生育综合执法大队。

2018年　职业卫生监督管理职能重新划归卫生行政部门。

2018年　被评为全市卫生计生监督执法工作先进集体。

2019年　被评为全市卫生监督执法办案工作先进单位。

2020年　被评为全市卫生监督工作先进单位。

2020年　沂源县列入国家职业卫生分类分级监督执法试点县，全市唯一。

2020年　国家卫健委工作内参上刊发沂源县职业卫生分类分级监督执法经验做法。

2021年　县卫生和计划生育综合执法大队更名为县卫生健康监督执法大队。

2022年　获全市卫生健康监督执法工作综合考核第一名，喜获“四连冠”。

2022年　被评为全省职业卫生分类监督执法工作突出集体。

卫生篇——

南麻卫生院

扫码听书

记忆沂源 · 卫生健康卷

概　况

沂源县南麻卫生院成立于1958年，位于县城振兴路20号，是集医疗、预防、康复、保健、公共卫生为一体的一级甲等综合医疗机构。主要承担南麻街道、历山街道范围内居民的基本医疗和公共卫生服务工作。

该院占地面积1634.9平方米，设有内科、外科、妇科、口腔科、放射科、B超、检验科、医务科、护理部等26个临床医技科室，编制床位50张。

辖区内有中心直管站、城中、城西、城东、城南、城北、鲁阳、胜利山1站和胜利山2站等9处社区卫生服务站，75处村卫生室，6处中心村卫生室，均达到国家或省级有关要求。

2023年末，有职工91人。其中，正高级职称5人、副高级职称24人，全科医师23人，临床执业（助理）医师及护士62人。

机构沿革

1955年，在南麻老街西首成立联合保健站。1957年，成立南麻卫生所，属全民所有制卫生所。1958年9月，在卫生所基础上成立南麻公社卫生院，院址在南麻老街西首路北。

南麻保健站全体人员合影（1962年6月）
后排左起：庞桂珍（女）、于时新（女）、周世民、孙兆信、徐长鸿；前排左起：周作俊、周学绍、腾信启、张士贞

1965年，公社改区，九会公社卫生院并入南麻区卫生院。1966年8月，九会区人员调出到土门卫生院。1984年，更名为南麻镇卫生院。同年，在县城西郊沂源柴油机厂东侧、东郊烈士陵园南端设门诊2处。

1990年12月，成立南麻卫生防保站。2004年，沟泉卫生院部分人员并入到南麻卫生院。

2008年，沂源县南麻卫生院加挂沂源县南麻社区卫生服务中心牌子。2010年，成立城中社区卫生服务站。2019年，在历山街道城南社区服务中心成立城南便民社区卫生服务站。2021年5月，更名为沂源县南麻社区卫生服务中心，加挂南麻卫生院牌子。

南麻卫生院历任主要负责人

机构名称	姓名	职务	任职时间	备注
南麻联合保健站（1955—1957）	周作林	站长	1955—1957	
南麻卫生所（1957—1958.09）	周作林	所长	1957—1958	
南麻公社卫生院（1958.09—1984）	唐孝涛	站长	1958—1958.09	主持工作
	腾信启	院长	1958.09—1963	
	苏成文	院长	1965—1983.10	
	黄树瑞	院长	1983—1984	
南麻卫生院（1984—2021.05）	黄树瑞	院长	1984—1985.09	
	张本环	院长	1985.09—1988.06	
	刘洪华	院长	1988.06—1998.06	
	刘淑梅（女）	院长	1998.06—2001.07	

续表

机构名称	姓名	职务	任职时间	备注
南麻卫生院（1984—2021.05）	郑爱斌	院长	2001.07—2009.03	
	李家兵	院长	2009.03—2014.11	
	毛永国	院长	2014.11—2021.05	
南麻社区卫生服务中心（南麻卫生院）（2021.05—）	毛永国	院长	2021.05—2024.10	
	任洪青	院长	2024.10—	

党组织

1966年，成立党支部，有中共党员5人。截至2023年，全院共有中共党员39名。

2021年7月，潘世庆、杨步连、陈素贞获颁“光荣在党50年”纪念章。

南麻卫生院党组织历任主要负责人

机构名称	姓名	职务	任职时间
南麻公社卫生院（1958.09—1984）	苏成文	党支部书记	1966—1978.02
	张汉兴	党支部书记	1978.02—1979.06
	潘世庆	党支部书记	1979.06—1984.10
南麻卫生院（1984—2021.05）	黄树瑞	党支部书记	1984.10—1985.09
	张本环	党支部书记	1985.09—1988.06
	刘洪华	党支部书记	1988.06—1998.06
	刘淑梅（女）	党支部书记	1998.06—2001.07
	郑爱斌	党支部书记	2001.07—2009.03
	刘思军	党支部书记	2003.03—2009.03
	李家兵	党支部书记	2009.03—2014.11
	葛书含（女）	党支部书记	2014.12—2021.05
南麻社区卫生服务中心（南麻卫生院）（2021.05—）	葛书含（女）	党支部书记	2021.05—2024.10
	任洪青	党支部书记	2024.10—

队伍建设

1950年4月，在一区（历山）成立供销社，内设药股，聘请4名当地中医药人员，承担看病卖药、配合政府开展爱国卫生和预防接种等工作。1955年10月，区名称复改为地名称谓，即南麻区（一区）。卫生所有5名中医药工作人员，主要开展门诊治疗、爱国卫生和妇幼保健业务工作。

1958年，供销社药股人员并入卫生系统，人员转入卫生所；9月，南麻公社卫生院成立，医院职工7人，人员分工不严格，属“多面手”，主要开展医疗、防疫和妇幼保健工作。1965年，九会公社并入南麻公社，部分医务人员并入该院。1966年，九会公社划出，调入医务人员返回。该院有医疗、护理、防疫、药房、收款人员共12人。

20世纪70年代，响应党中央关于“把医疗卫生工作重点放到农村去”的指示，上级医院派出5名卫生技术人员到院支援。截至20世纪70年代末，医院人数达到25人。

1980年，成立外科，并派出人员进修学习。1981年，成立产科，开展接生服务。截至20世纪80年代末，医院人数达到50人。

1990年，该院有职工39人，其中主治医师3人，医师级15人、医士级15人、工勤人员6人。主要收治内科、外科、眼科、妇产科住院病患及门诊输液患者。

2004年，沟泉卫生院13名人员合并到南麻卫生院，职工人数59人。2011年，医学毕业生分配逐年增多，临床医师队伍和技术力量得到加强。外科、眼科、妇产科病患减少，主要收治脑梗、慢支肺气肿、高血压、糖尿病患者。

截至2023年12月，该院有职工91人。其中，编制内职工74人，卫生系列专业技术人员81人（高级职称29人、中级职称27人），专科及以上学历89人，注册执业医师42人、护士20人。

医疗技术

设　备

1956年，医院成立初期，器械设备极为简陋，只有1个小煮锅和剪刀、镊子。1964年，医院配备单目显微镜，能够开展在镜下计数细胞个数及细胞分类，检测三大常规，满足患者常规检验需求。

1965年，该院设立X光室，购置30毫安医用X线机，开展胸腹透，自此放射诊断用于临床。1974年，该院购置50毫安医用X线机，具备透视和四肢、胸部拍片功能，头颅只能做平片。1980年，购置200毫安X光机，实行暗室操作，放射诊断实现换代升级，功能更齐全，包括透视、拍片、胃肠钡餐、胆囊造影。2001年，购置新华500毫安双床双管X光机，再次提升医学影像水平和诊断质量。2009年，购置CR（第1代数字化拍片系统）、数字胃肠透视机。2022年，购置普利德DR机（第二代数字化拍片系统）。

1966年，开展一般外科手术，器械设备包括手术刀、手术剪、手术镊、血管钳、弯盘。1980年，设外科手术床、麻醉机、心电图机。2005年，增设普外科手术室，配备油压自动升降手术台、16孔手术无影灯、心电监护仪设备1套，常用普外科器械包3套。

1978年，成立检验科，可开展血细胞检测、尿液分析、血沉和生化项目中肝功能、血脂血糖常规项目。2012年，购置迈瑞全自动生化分析仪，生化检测项目由手工转变到自动化检测。2014年，购置迈瑞全自动五分类血细胞分析仪，采用酶联免疫吸附试验方法开展血清钾钠氯检测、乙肝两对半检测。与济南迪安医学检验中心合作，开展医院检测能力以外项目。2022年，购进尿沉渣分析仪、英诺华全自动生化分析仪，尿液检测实现机器自动化。

1982年，该院购置1台超声波仪（A型），用于胎心、胎位检测。1995年，购置上海阿洛卡B型超声诊断仪，开展腹部超声诊断技术，自此超声诊断用于临床。2010年，购置上海阿洛卡彩色超声诊断仪，开展血管、甲状腺小器官超声诊断，提高超声诊断水平。2022年，购置全数字彩色超声诊断机，心腹两用彩色多普勒超声诊断仪，增加心脏超声诊断，此仪器功能全，图像清晰，诊断准确。

技　术

内科技术　20世纪50年代，该院医疗基础水平差，专业技术人员短缺。仅开放中医门诊、药房，集内科、妇科、儿科为一体综合科室，观察室、消毒室未单独设置。仅能对常见病、多发病做一般处理，遇到疑难复杂病症需转往县卫生院。1965年，内科设立床位6张，开始收治住院病人，能诊治心血管病症。1980年，中医科、内科、儿科、妇产科、外科、手术室成立，医务人员相对独立，不再兼职其他科室，在破伤风、麻疹、中毒性痢疾、地方病和传染病抢救治疗上成效显著，具备抢救和诊治农药中毒、休克、心衰、呼衰、流行病、糖尿病和心脑血管病能力。

20世纪90年代后期，医务人员不断调整，科室骨干力量充实到县人民医院、县中医医院，医疗水平下降。内科仅能对常见病、多发病做一般处理，遇到疑难复杂病症只能转往县人民医院。

外科技术　20世纪50年代，该院只能做简单清创、外皮缝合术。1968年，能够开展胸、腹、腰穿刺术。1980年，手术室正式成为独立科室，配备手术床、无影灯设备，开展阑尾、疝气、下肢静脉曲张手术185例，1期愈合率90％以上。1988年9月，开展外科常规手术，配备心电监护仪、消毒机专用设备。

妇科技术　1958年，设立妇产病房，床位4张，开展一般常规妇科病治疗，并负责为南麻公社（红旗公社）孕妇接生，产科业务仅接平产孕妇。1966年，妇产科可开展剖宫产、子宫切除、肿瘤切除，并做放避孕环、人工流产节育工作。1975年，妇产科正式成为独立科室。

20世纪80年代中期，妇产科年接生婴儿200人左右，开展宫外孕、卵巢肿瘤切除、子宫全切术、子宫肌瘤剔除术多种妇科手术。2005年10月，开展第一台剖宫产手术，开展无痛人工流产，是县内唯一开展无痛流产手术的乡镇卫生院。

综合技术　1966年，成立化验室，开展血常规、尿常规、粪便常规检查及细菌培养、二氧化碳结合力及生化检验检查。1975年，增加肝功、肾功项目。1982年，开始对发热病人进行疟原虫检测。2014年，采用酶联免疫吸附试验方法开展血清钾钠氯检测项目、乙肝两对半检测。

2018年，成立国医堂，设针灸室、康复大厅、熏蒸室、艾灸室、治疗室、煎药室、中药房功能室，主要开展针灸、推拿、大药灸、刮痧、拔罐、中药熏蒸、中药泡浴、电针项目。

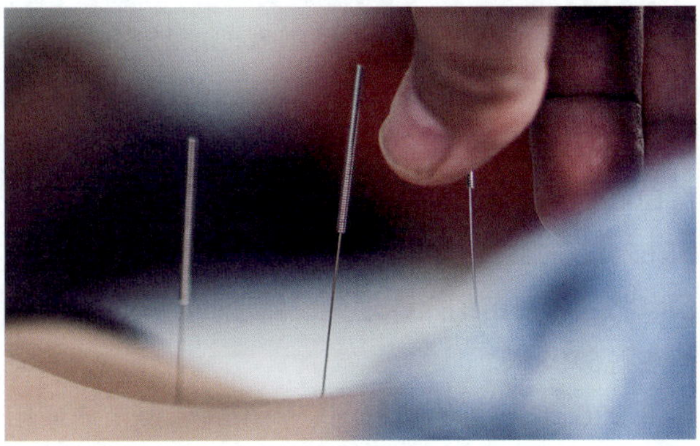

针　灸

2019年9月，口腔科开展龋齿早期预防与充填治疗、牙髓炎、根尖周炎完善、根管治疗、超声波洁牙、复杂牙齿拔除、唇系带矫正术、舌系带延长术、黏液腺囊肿摘除术、根尖切除术、颌面部外伤缝合术、全冠类修复体固定义齿、可摘义齿、精密附着体修复，以及全口义齿常规制作。

特色专科

眼　科　2003年8月，与淄博市中心医院眼科中心联合成立淄博市中心医院沂源眼病中心，淄博市中心医院眼科主任李凯军、王光芝、翟虹3名市级知名眼科专家每周到该院轮流坐诊。增加眼科手术显微镜、裂隙灯显微镜、眼科A超设备。开展白内障囊外摘除联合人工晶体植入术、泪囊鼻腔吻合术、小儿泪道探通术、上睑下垂睑内翻手术。

肛肠科　2003年3月，肛肠科、门诊手术室、换药室开诊。对无手术指征患者给予中药熏洗和局部用药方法治疗。符合手术指征患者实施混合痔外拨内扎术、肛瘘切除及高位挂线术，术后中药坐浴加中药膏换药措施；7月，增设电子治疗仪，采取电子肛肠仪射频治疗加中药涂抹，有效治疗难治愈、易复发尖锐湿疣患者。

国医堂　2010年，成立城中社区卫生服务站。2016年6月，城中社区卫生服务站改建为“国医堂”门诊。配有中医师3名，中药师1名，护理人员2名，收款人员2名。配备中药饮片326种，艾灸床、频谱治疗仪、熏蒸床、牵引椅、拔罐、刮痧板、针灸器具和中医设备。开展针刺、刮痧、拔罐、推拿、小针刀治疗、放血疗法、穴位贴敷、耳穴诊疗、艾灸、中药熏蒸等中医适宜技术项目。

药　剂　成立初期，设药房1间，人员1名，药品品种少且紧缺。1983年，成立药库，房屋2间，人员2名。主要由沂源县药材公司（现山东康健医药有限公司）、沂蒙新华制药厂（现瑞阳制药股份有限公司）供货。1996年，实行乡村卫生一体化管理，辖区内乡医使用药品到医院药库采购。2002年，在河西租房4间，配备4名工作人员，设立药库采购点。

2003年，“非典”时期，免费发放中药饮片、消毒剂，用于预防传染性非典型肺炎。2007年，实行新型农村合作医疗，手工记账方法改为电子记账。2008年，实行网上采购，所有药品均从山东省药品集中采购平台购进。2009年，实施药品零差价管理（医用耗材和中药饮片除外）。2016年，医用耗材实行零差价销售，基层医疗卫生机构实行基本药物制度，国家基本药物目录品种由520种增加到658种。2019年，实行“4+7”药品集中采购，部分药品大幅度降价，五市联盟耗材集中采购开始。2023年，国家按照第八批次目录集采药品，山东省按照第三批次目录集采药品。

特色项目

2013年8月，该院被山东省卫生厅、财政厅评为山东省星级社区卫生服务中心。2015年12月，在全国慢病示范县复审中，在历山街道内建设4处“健康小屋”。2016年，与县中医医院结成紧密型医共体。2018年12月，被淄博市卫生健康委评价为一级甲等乡镇卫生院。2022年，被山东省卫生健康委授予“全省预防接种工作表现突出集体”荣誉称号。2023年，通过淄博市卫生健康委“社区医院”创建评审。2023年，获得山东省家庭医生签约岗位技能竞赛决赛团体三等奖。

疾病防控

机构队伍

1958年，南麻公社卫生院成立后，设防疫组1人负责防疫工作。1965年，该院设防疫医生2人。1968年5月，南麻公社有卫生员32人，经培训承担各大队卫生防疫任务。1971年，南麻公社大部分“赤脚医生”并入南麻公社卫生院，主要是到县防疫站参加培训领取疫苗，再分发到各村，指导乡村医生完成接种任务。1979年，设立防疫组，实行目标管理，年初拟定工作和经济指标，年终考核。人员工资、福利和医务人员一样，由卫生院统一支付。1985年，卫生防疫工作人员增加至5人。

1990年12月，正式成立南麻镇卫生防保站，配备5名防疫人员，设防保站站长、副站长。负责该镇疫苗接种、传染病防治及慢病健康档案管理。1999年，防保站相关职能重新并入卫生院，成立防保科。开展预防接种，传染病流调、监测、上报，结核病管理，学校传染病防控，健康教育等工作。保留防保站机构牌子。2009年，国家开展基本公共卫生服务，防保政策由专业性、针对性转向改善全民健康水平，提高全民健康服务质量。公共卫生科下设卫生协管科、疾病预防控制科、妇幼保健科3个科室。公共卫生工作人员增加到26人。

2020年，公共卫生人员增加至35人，下设卫生协管科、计划免疫科、妇幼保健科、健康教育科、慢病科、查体科室，其中从事预防接种人员4人。全部达到大专以上学历。2023年，公共卫生科有工作人员45人。

疫苗接种

1951年，域内开始普种牛痘疫苗。至1978年，共开展3次全民普种，接种125441人次。1982年，根据省卫生厅规定，停止种痘。1963年，卫生部发布《预防接种工作实施办法》，至1978年，接种卡介苗21321人、脊灰疫苗23435人、百日咳菌苗白喉类毒素混合制剂23598人、破伤风类毒素23627人、霍乱疫苗12216人、鼠疫活菌苗11327人、乙脑疫苗24325人。

1978年，为预防结核病、百日咳、白喉、破伤风、麻疹、脊髓灰质炎（小儿麻痹症）6种疾病，开始实施四种疫苗有计划免费接种工作。共接种卡介苗1075人、百白破疫苗1186人、麻疹疫苗1219人、脊灰疫苗（糖丸）1129人。1980年开始，执行国家颁布预防接种相关技术规范。1982年，为保证疫苗质量，开始进行冷链系统建设。疫苗“冷链”首次运转历时1天，共接种620人次，卡介苗、百白破、小儿麻痹症疫苗接种率分别为91.62%、91.62%、91.14%，接种量达到预期目标。1992年，国家将乙肝疫苗纳入计划免疫管理。同年，乙脑疫苗注射6792人。

2005年，开始执行国家颁布的《疫苗流通和预防接种管理条例》《预防接种工作规范》《疫苗储存和运输管理规范》等技术规范。加强预防接种规范化和法制化管理。2008年，基础疫苗及加强疫苗接种率有明显增长，证、卡、簿基础资料全面符合规范，三级预防保健网络网底作用得到充分发挥。2009年，根据疾病防控需要，开始实施扩大免疫规划。同年，接种卡介苗856人、乙肝疫苗1285人、脊灰疫苗（糖丸）1298人、无细胞百白破疫苗1578人、白破疫苗1234人、麻风疫苗657人、麻腮风疫苗798人、A群流脑疫苗1457人、A+C群流脑疫苗607人、乙脑疫苗1783人、甲肝疫苗1105人。

2015年底和2016年5月，分别对脊灰疫苗接种程序进行调整，共注射1剂次脊灰灭活疫苗+口服3剂次二价脊灰活疫苗4519人。2019年，建立疫苗全周期监管体系，实现疫苗全程可追溯管理。2022年，引进智慧化管理系统，升级为智慧化预防接种门诊。

重要传染病防控

新中国成立初期，域内鼠疫、霍乱、天花、黑热病、血吸虫病流行，该院负责南麻区卫生防疫和妇幼保健工作，主要任务是下乡开展预防接种、卫生宣传和培训接生员。

1952年6—7月，沂源县防疫委员会组织防疫大队到南麻区域内开展鼠疫疫苗、霍乱疫苗预防接种工作，第一次发放预防接种证；8月，县政府在一区（历山区）儒林庄举办防治黑热病培训班，域内有8人参加。1955年，卫生部颁布《传染病管理办法》，将传染病分为甲、乙两类，建立传染病疫情报告制度，域内报告乙类传染病95例。同年，全县进行全民麻风病普查，域内共查出麻风病人532人。

1962年，到南麻公社培训急腹症、胆道蛔虫、脑膜炎等常见疾病诊断与治疗。1965年6月，按照毛泽东同志关于“把医疗卫生工作重点放到农村去”的指示，派出8名卫生人员到各大队开展巡回医疗，深入农民家庭或田间地头为社员看病，并手把手辅导大队卫生员，提高医疗业务水平。1971年，全县卫生系统、畜牧兽医系统共同在县城南麻举办“一打三反”学习班。历时2个月，公社卫生院派出23人参加培训。1972年，域内暴发病毒性肝炎疫情，域内共有734人感染，卫生院11名医务人员参与治疗。1976年，卫生院分批对“赤脚医生”进行培训，2/3“赤脚医生”在业务上达到中级卫生人员水平，域内传染病显著减少。1982年，在全县开展地方病防治考核工作中，南麻镇达到基本控制指标。

2003年，在传染性非典型肺炎疫情防控期间，开展流调工作，严格落实隔离、监控措施。对外来人员进行流调和健康查体，对车辆进行消毒。对托幼机构进行手足口春季常见传染病防治知识宣传教育，对发生病例开展流调及个案调查。2008年，域内出现手足口病疫情。该院组织人员对全镇0~6岁儿童进行逐一摸排，登记造册，对全镇幼儿园、小学老师及60名乡医进行手足口病防控知识培训。2009年底，全镇有45例手足口病患儿进行隔离治疗。

2019年12月，国内发生“新冠”疫情，域内历山街道外地返沂人员数量较多、人员情况复杂、居住分散、防控任务重。累计对湖北和武汉返回的166人实施重点电话跟踪管控并实行电话回访6000

副省长王随莲（中）到南麻卫生院检查指导工作（2012年）

人次。派出9人到社区服务专组参加社区返沂人员回访工作，回访中对所有发热和身体有异常情况返沂人员上门进行随访服务、制定个性化解决措施。接送境外返沂人员3769人。选派26人次参加隔离点医疗保障工作。选派13人次参加市内县外疫情防控支援任务。选派10名医务人员到县PCR实验室进行核酸检测。2020年6月，在医院入口处发热哨点诊室，开展预检分诊和日常值班值守。同年，开展区域核酸检测，该院承担南麻、历山街道重点人群入户核酸采样任务，累计入户采样3.9万人，共采样15.347万人次。2021年3月，医院开始接种“新冠”疫苗；4月，临时接种点正式运行。

公共卫生

2009年，该院开始实施国家基本公共卫生服务工作。当年建立居民健康档案1.4万份。2010年，实行电子健康档案，除纸质版健康档案相关内容，还涵盖居民日常生活中健康信息。医生可以随时提取有关信息，快速全面了解健康情况。同年，对65岁及以上老年人、慢病患者（高血压、糖尿病、严重精神障碍患者、残疾人）、重点人群每年进行1次免费健康体检。2011年3月，完成4100名65岁及以上老年人、高血压、糖尿病慢病患者查体和建档。

2012年，南麻卫生院接管机关门诊，成立城中社区卫生服务站，成立4个公共卫生服务小组，开展随访、建档、宣传、培训健康教育知识活动。2013年，医院出台相关惠民政策，鼓励慢病患者主动参与门诊随访，在享受国家基本公共卫生服务项目基础上，免费为高血压、糖尿病患者每年检测1次血脂、血糖、肝功、肾功及心脏功能。

2017年，推行以临床医生、护理、公共卫生、乡村医生组成的“健康管家”家庭医生签约服务。2023年，域内签约履约人数84740人。2019年，成立社区卫生科，履行社区卫生服务中心管理职能，负责3处医院直管服务站及6处社会办卫生服务站业务培训督导、绩效考核管理。同年，投资16万元，在全县率先应用数字化老年人健康查体系统。2020年，结合“新冠”肺炎核酸检测摸底，联合社区工作人员耗时45天，采集可用信息3.2万份，完善社区卫生服务站信息系统。社区中心国家基本公共卫生服务项目各项管理率全部达标。

2023年5月，山东省卫生健康委员会、山东省总工会主办“全省家庭医生签约服务岗位技能竞赛省级决赛”活动。该院派出参赛队代表淄博市参赛，荣获团体三等奖，全省个人一等奖、二等奖、优秀奖各1项。

截至2023年12月，建立居民健康档案129920份，健康管理老年人11748人。管理高血压患者12316人、2型糖尿病患者4874人、严重精神障碍患者677人。

妇幼保健

1953年，开始培训新法接生人员，2人在一区参加培训。1955年，全面推广新法接生技术，配备妇幼保健工作人员1人。1958年，对50个大队接生员进行培训。1962年，分别在东高庄、南刘家庄、河北、北麻设接生站，产包配备齐全。1975年，开展妇女病普查普治，域内60岁以下已婚妇女体检率达60%以上。1977年，开展儿童健康查体，普查儿童8926人，查出患病儿童85人，全部进行规范化治疗。1978年，全社各大队建立妇产室，开展新法接生和妇幼保健工作，新法接生率达95%。

1983年，在普及新法接生基础上，开展围产期保健，加强产前检查、产后访视和产时科学接生。新法接生率达100%，经围生期保健管理孕产妇占孕产妇总人数的92%。1984年，设立社会卫生组，有妇幼保健工作人员2人，其中助产士1人。1988年，设立妇幼卫生宣教室，对妇幼人群进行知识普及和健康查体。1990年，防保站正式成立，配备专职妇幼保健工作人员2人，其中助产士1人。1991年，接生婴儿300人次，产后随访，母乳喂养率达100%。

2000年，该镇孕产妇入保率达95%，产前检查率达91%，产妇死亡率0，婴儿死亡率12.21%。2010年，山东省齐鲁医院张友忠教授团队到南麻镇开展免费宫颈癌筛查工作，筛查2000人，查出宫颈癌前病变12人。2012年，启动35~64岁农村妇女宫颈癌免费筛查。截至2014年，共筛查6287人，查出宫颈癌前病变38人、宫颈癌3人。

2015年，启动农村35~64岁妇女“两癌”免费筛查项目。截至2017年，共筛查4900人，查出宫颈癌前病变28人、乳腺癌2人。2016年，该院设立婴幼儿洗浴中心，为周边婴幼儿提供温馨舒适服务，同时通过洗浴后抚触、捏脊、穴位保健指导项目，向家长科普儿童中医保健手法及知识。2017年8月，妇幼保健科与妇科分离，有医师4名，护理2名。主要负责辖区内孕产妇健康管理、0~6岁儿童健康管理、农村妇女增补叶酸预防神经管缺陷、妇幼重大公共卫生项目及全镇妇幼信息相关工作。2023年，动态管理孕产妇839人，分娩847人，早孕建档率98%，产后访视率98%，新生儿访视率99%。辖区内0~6岁儿童11147人，查体10925人，健康管理率98%。

拔火罐

中医中药

新中国成立前，域内有零散的中医堂号12家，存在时间较长的有“中和堂”“德义堂”“同德堂”“好生堂”。建院初期，医务人员积极开展日常中医基础理论培训，开展梅花针治疗神经性皮炎、皮下埋针治疗慢性鼻炎、中药治疗阑尾炎，挖掘土单验方业务。1962年，继续推广外地经验及中西医结合治疗慢性病和疑难病，特别对胆道蛔虫治疗疗效显著。1964年，中药工作基本达到遵古炮制。每名老中医带1名徒弟，传授知识经验。

1977年，全社范围内兴办小药厂，生产大液体、各种针剂、丸剂、散剂、膏剂中草药制剂。公社统一购买化学原料与器械，生产中草药制剂供给本队使用，不准对外出售。生产队还大搞种植中草药和组织采集中草药，作为配制材料。20世纪70年代末至80年代初，中西医结合治疗在外科、内科、妇产科专业应用广泛。1996年8月，分配到1名中药专业学生，优化药房布局，增添常用药。1998年6月1日，成立中医门诊。

南麻卫生院国医堂外貌（2022年10月）

2016年6月，该院联合鲁村中心卫生院将城中社区卫生服务站改建为国医堂门诊。有房间10间，建筑面积300平方米。设小针刀室、护理治疗室、艾灸室、理疗室、中药熏蒸室。配备熏蒸床、艾灸床、中医定向透药仪、电脑中频治疗仪、电麻仪、神灯、颈椎牵引椅仪器。可开展针灸、推拿、刮痧、拔罐、艾灸、三伏贴中医中药诊疗项目。

村卫生室

村医队伍

1958年，辖区内各大队设卫生室，配35名不脱产卫生员。1965年9月，南麻公社52个大队共有卫生员46人，卫生员职能、管理模式不变，以计工分方式参与生产队劳动分配。

1970年，沂源县开始兴办合作医疗，大队卫生员改称为“赤脚医生”。1975年，南麻公社52个大队共有“赤脚医生”104人。1979年，举办“赤脚医生”培训班，对该公社全部“赤脚医生”展开培训，培训内容为多发病、常见病初诊及治疗。

1982年7月，有55名“赤脚医生”参加县卫生局培训考核，经考核达到中专水平，回到村中开展以西医为主、中医为辅的治疗、防疫、除害等医疗服务。1986年7月，辖区内“赤脚医生”参加考试，通过后授予乡村医生证书。南麻镇52个村，有乡村医生57名。乡村医生归镇卫生院管理，部分卫生室转为个人经营，自负盈亏。1989年，开始整顿一村多室问题，52处村卫生室合并为32处，3年后未达到预期效果，卫生室又恢复原状。

1996年，全镇推行乡村卫生一体化，卫生室合并，域内共有乡村医生62名。1998年6月，域内乡村医生参加国家统一执业医师资格考试。截至2023年，域内有17名乡村医生取得执业医师或执业助理医师资格。2008年，域内132名乡村医生参加县卫生局组织的乡村医生在岗集中培训。

2013年8月，国家卫计委发文要求完善乡村医生养老政策，建立乡村医生到龄退出机制。2015年1月，沂源县开始按照工作年限每满1年每月20元标准，发放老年乡村医生生活补助，域内共有227名退休乡村医生享受补助。2019年，为解决乡村医生老龄化问题，按照县招“镇管村用”原则招聘乡村医生3名。2020年，强化工作人员及乡村医生培训，考核结果纳入绩效。截至2023年末，该镇共有98名乡村医生。

村级机构

新中国成立初期，按照“统筹兼顾、适当安排”方针政策，政府允许少数私人开业行医，并提倡其组成半合作性质联合诊所。1951年起，域内开始兴办各种类型联合诊所。1955年起，随着农村合作化运动发展，有部分农业生产合作社集资办保健室。

1958年，南麻公社各大队均已建立卫生室。卫生室基础设施和硬件设施都比较差，房间由大队提供，大多借用民房或破旧的闲置房间。1978年，“赤脚医生”开始以联合办医、个人承包形式开业。当时域内规模较大的是南麻一大队卫生室。

1986年，域内实施村级卫生室达标升级建设，25处村卫生室达到甲级卫生室标准。1999年，甲级村卫生室共有32个。2004年，推行市级规范化农村卫生室建设，域内共建设13处。2006年，建设市级规范化村卫生室6处，其中新建3处、改建3处。

2019年，开展中心村卫生室建设。医院根据地理位置选出中心村，中心村无偿提供房屋建设用地，县财政出资金建设，房屋建成后产权归乡镇医院，招聘县招镇管村用乡村医生，医院派驻到中心村卫生室工作，确保满足中心村及周边村村民就医需求。2023年，有卫生室75处。其中，中心村卫生室6处（雕崖村中心村卫生室、朱家庄村中心村卫生室、沟泉村中心村卫生、下高村中心村卫生室、侯家官庄村中心村卫生室、南刘庄村中心村卫生室）、医疗服务点17处。

卫生往事

建卫生系统第一座楼房

1965年，该院在南麻老街西北征地2.5亩建新院，房屋18间。后期发展过程中因房屋数量少、条件落后制约公社卫生院发展。1978年，响应中国共产党第十一届三中全会“解放思想、开动脑筋、实事求是、团结一致向前看”指导方针，与南麻公社对接，在公社卫生院东临征地3.8亩建设门诊楼。

建设中，县卫生系统内没有楼房建设经验可以借鉴学习，困难重重。缺图纸，仿照原解放军第27野战医院楼房图纸；缺钢筋，在县内购买需要物资局备批，一时难求，院领导多方施计，征得山东胜利石油化工总厂支持；缺石子，职工们空余时间自己砸；缺楼板，职工们在县预制厂技术人员指导下，用晚上时间集体预制水泥板……缺什么，大家伙就集体干什么。全体职工任劳任怨、无私奉献，用勤劳的双手，汇聚一砖一瓦。历时两年，南麻公社卫生院门诊楼投入建成使用。

公共卫生开始之路

2009年秋，医院抽调部分人员下社区，入户采集居民健康档案信息。面对陌生工作，没有经验可以借鉴，没有捷径可以走，被抽调人员分组分片迅速展开工作。没经历过的人不会明白，当你一个人，敲开人家门时，用警惕的眼神瞪着你，端详半天问道：

“你是干吗的？”

“来建档案。”

“你是哪个单位？”

“南麻卫生院。”

“怎么能证明是南麻卫生院？”

“嗯……”（没法证明）

因为没有经验，第一次上门既没有准备工作牌也没有工作服，每人拿着笔和健康档案信息表就来。面对居民询问，竟无从回答。

有些居民还不错，说：“看着你一个小姑娘，也不像坏人，进来吧！”也有态度非常坚决，话也不容你多说半句就被赶出来的。

李医生来到熟人家，被请进家，详细解释国家基本公共卫生服务项目、居民健康档案政策后，主人说：“政策了解，也体谅你们工作不易，但认为健康档案对其而言没太大用处，现在还不想建。”最后又被非常客气地请出去。

当然，多数居民还是很配合支持工作。唐医生采集历山小区东风家属楼片区，楼长很好，非常负责任，领着唐医生挨家挨户跑，居民也都非常配合。

档案建立之初，刚纳入慢病管理的居民有些不配合随访。医务人员就抱着血压计、血糖仪，骑着自行车，挨家挨户走访。一个方凳、一个马扎，或在楼下过道，或在家中院子，或在家中客厅中都留下公共卫生人员的足迹。

健康扶贫

“看，咱镇卫生院大夫又来看我们了”“今年都来五六次了”“镇医院大夫上门服务真周到，感谢党，感谢政府。”南麻卫生院家庭医生团队每次到村里进行履约时，村里大娘、大爷都赞不绝口。

自健康扶贫工作开展后，该院从临床、护理、公卫、乡医专业中抽调业务骨干，组成7个家庭医生签约团队。指定每个团队长带队承担扶贫任务7—10个村。团队成立后，组织所有家医成员进行专项培训，做到统一规范、统一要求。为贫困人口提供上门健康查体，包括测身高，量体重、腰围、血压，对慢病人员实行每年至少4次履约上门服务。针对不同人员提供个性化健康指导。不管天气如何，家医团队都坚持按时完成履约；不管道路有多难走，家医团队都顺利到达贫困户家中。

特殊情况特殊对待，绝不让一个人在追求健康的道路上掉队。部分贫困人口因各种原因长期不在家，家医团队对其进行电话随访，对短期外出人员，约定时间再次上门进行履约服务，保证与每个贫困人口均建立联系。为方便群众就医，在贫困人员家中张贴《沂源县南麻卫生院家庭医生签约服务联络卡》，联络卡上有家医团队人员联系方式，群众有需要时，可随时对其进行健康问题咨询。

每到贫困户家中都不忘宣传“两免两减半，先诊疗后付费”政策。“两免”是指门诊看病不收挂号费，不收一般诊疗费；“两减半”是指专家看病诊疗费减免一半，需要做大型医疗设备CT、核磁共振检查费用减一半。贫困人口住院时享受“先诊疗后付费”，是指贫困人口住院治疗，不收住院押金，出院时一并结算，只交纳应付金额。

大事记

1955年　在南麻老街西首成立南麻联合保健站。

1957年　成立南麻卫生所，属全民所有制卫生所。

1958年　9月，在卫生所基础上成立南麻公社卫生所，院址在南麻老街西首路北。

1958年　供销社药股人员并入卫生系统，人员转入卫生所。

1965年　九会公社卫生院并入南麻区卫生院。

1965年　在南麻老街西北征地2.5亩建新院，造房18间。

1978年　在该院以东征地3.8亩，建设门诊楼。

1980年　在医院东侧毗邻处征地3.8亩，建门诊楼1座，建筑面积1800平方米。

1990年　成立防保站，配备专职妇幼保健工作人员。

2003年　与淄博市中心医院联合成立淄博市中心医院沂源眼病中心，开展眼科手术。

2004年　沟泉卫生院13名人员并入南麻卫生院。

2008年　沂源县南麻卫生院加挂沂源县南麻社区卫生服务中心牌子。

2012年　该院接管机关门诊，成立城中社区卫生服务站。

2013年　8月，被山东省卫生厅、财政厅评为山东省星级社区卫生服务中心。

2016年　6月，城中社区卫生服务站改建为“国医堂”门诊。

2016年　与沂源县中医医院结成紧密型医共体。

2016年　与山东大学齐鲁医院建立心脏远程实时监测合作。

2018年　12月，通过淄博市卫生健康委组织的一级甲等乡镇卫生院评审。

2019年　3月，在全县率先应用数字化老年人健康查体系统。

2019年　在历山街道城南社区服务中心成立城南便民社区卫生服务站。

2021年　5月，南麻卫生院更名为沂源县南麻社区卫生服务中心，加挂南麻卫生院牌子。

2022年　被山东省卫生健康委授予“全省预防接种工作表现突出集体”荣誉称号。

2023年　5月，获得山东省家庭医生签约岗位技能竞赛决赛团体三等奖。

2023年　12月，通过淄博市卫生健康委组织的“社区医院”创建评审。

2023年　12月，通过淄博市卫生健康委组织的“胸痛救治单元”创建评审。

卫生篇——

沂源县精神卫生中心

（南鲁山卫生院）

扫码听书

概 况

沂源县精神卫生中心（南鲁山卫生院）位于南鲁山镇，是一所集社区防治、医疗、康复为一体的公益性精神专科医院，为全县提供各类精神心理疾病的预防、治疗、康复和管理工作，负责全县精神残疾等级评定工作，承担南鲁山镇辖区内基本医疗和基本公共卫生服务职能。

医院始建于1958年。1985年，开设精神科。2018年，成为山东省精神卫生专科联盟成员单位、淄博市互联网+精神卫生专科联盟常务理事单位。2016年，与淄博市精神卫生中心组建医联体。2018年，与沂源县人民医院组建医共体，加挂“沂源县人民医院土门分院”牌子。2021年4月1日，更名为沂源县精神卫生中心。2021年12月8日，成立沂源县精神卫生中心张家坡医疗服务点。

医院总建筑面积7400平方米，医院编制床位200张。2023年，实际开放床位299张。全院职工145人，专业技术人员139人。其中，副高级职称18人、中级职称17人。

医院设有综合管理、临床、辅助检查、公共卫生等服务科室30个，精神科、心理科、国医堂、口腔科为特色科室。

机构沿革

新中国成立前，域内百姓求医取药主要靠个体开业医生和中药铺，或用传统民间药方自行调理，取药多到周边地区。1956年3月，经沂源县人民政府批复，在九会粮站建立联合诊所。

1958年7月，建立九会卫生所，属全民所有制；8月，在菜园村建立保健站；10月，在九会卫生所的基础上组建九会公社卫生院。

1962年，九会公社联合诊所撤销并入九会公社卫生院，实行院站统一，人员统一使用、调配。1965年，公社改区，九会公社卫生院并入南麻区卫生院。1966年5月，九会区从南麻区析出，和山东第一机械修配厂、山东第二机械修配厂合并为土门区；8月，经临沂行署卫生局批准，在土门区南山新建综合性医院，称土门卫生院。1972年，根据国家建立地段医院的部署，改制为沂源县人民医院土门分院，按地段医院标准建设，日常简称“土门医院”。

1984年10月，县卫生局拨款2万元在该院建设精神病科。1985年10月，精神病科正式开诊。1991年，改称沂源县精神病防治院。2021年4月，改称沂源县精神卫生中心，加挂南鲁山卫生院牌子。

沂源县精神卫生中心（南鲁山卫生院）历任主要负责人

机构名称	姓名	职务	任职时间	备注
九会卫生所（1958.07—1958.10）	徐斌（女）	所长	1958.07—1958.10	
九会公社卫生院（1958.10—1966.08）	徐斌（女）	副院长	1958.10—1966.08	主持工作
土门卫生院（1966.08—1972）	隋兆俊	院长	1966.08—1972	
沂源县人民医院土门分院（1972—1991）	隋兆俊	院长	1972—1975.10	
	王化奎	院长	1976.10—1984.10	
	卢玉梅	院长	1984.10—1988.06	
	王兆才	院长	1988.06—1991	
沂源县精神病防治院（1991—2021.04）	王兆才	院长	1991—1992.06	
	张汝武	院长	1992.06—1996.10	
	孙修合	院长	1996.10—1999.04	
	刘成友	院长	1999.04—2002.12	

续表

机构名称	姓名	职务	任职时间	备注
沂源县精神病防治院（1991—2021.04）	唐伟宏	主持工作	2002.12—2003.03	
	李明双	院长	2003.03—2012.04	
	房孝国	院长	2012.04—2017.07	
	任洪青	院长	2017.07—2021.04	
沂源县精神卫生中心（2021.04—）	任洪青	院长	2021.04—2024.10	
	齐元兵	院长	2024.10—	

党组织

1970年，成立党支部，有中共党员5人。2021年7月，王化奎获颁“光荣在党50年”纪念章。截至2023年，全院共有中共党员27名。

沂源县精神卫生中心（南鲁山卫生院）党组织历任主要负责人

机构名称	姓名	职务	任职时间
土门卫生院（1966.08—1972）	隋兆俊	党支部书记	1970.08—1972
沂源县人民医院土门分院（1972—1991）	隋兆俊	党支部书记	1972—1975.10
	王化奎	党支部书记	1976.10—1984.10
	卢玉梅	党支部书记	1984.10—1988.06
	王兆才	党支部书记	1988.06—1991
沂源县精神病防治院（1991—2021.04）	王兆才	党支部书记	1991—1992.06
沂源县精神病防治院（1991—2021.04）	张汝武	党支部书记	1992.06—1996.10
	孙修合	党支部书记	1996.10—1999.04
	刘成友	党支部书记	1999.04—2002.12
	陈志刚	党支部书记	2002.12—2005.06
	李明双	党支部书记	2005.06—2012.04
	陈　峰	党支部书记	2012.04—2021.04
沂源县精神卫生中心（2021.04—）	陈　峰	党支部书记	2021.04—2024.10
	齐元兵	党支部书记	2024.10—

队伍建设

1949年，文坦区成立供销合作社，内设药股，聘请2名当地中医药人员。除看病卖药外，配合开展爱国卫生和预防接种工作。

1958年，供销社药股从商业系统转入卫生系统，人员并入卫生所；10月，徐斌（女）任九会公社卫生院副院长，有医务人员6人。他们分工不严格，尤其是医疗一线的人员属于“多面手”，遇到什么病处理什么病，主要开展医疗、防疫、妇幼保健等工作。

1968年8月，山东省立医院、山东省精神病院、青岛医学院等单位抽调11名卫生技术人员到该院支援。1975年10月，该院由土门南山迁至黄崖村（现南鲁山镇政府驻地），有医务人员38人。

20世纪80年代中期，随着国家政策调整，山东第一机械修配厂、山东第二机械修配厂转型，老职工离退休，外籍人员返回原籍或调往其他单位。土门医院职工减少，技术力量受到较大影响。

1985年10月，该院正式开办精神病专科，有4名医师、3名护理人员，经培训从事精神病科工作。1990年，该院有职工30人，其中主治医师3人、医师级15人。2011年，医学毕业生分配逐年增多，临床医师队伍和技术力量得到加强。

2016年，国家对严重精神障碍患者治疗管理和推动社会心理健康服务能力建设提出明确要求。该院分批次招收精神科医师12人、精神科护理人员86人，选派165人次到省市级三甲精神专科医院进修学习。2023年，该院职工总数145人，有专业技术人员139人，其中副高级职称18人、中级职称17人。

医务人员在门诊厅前合影（1985年）

医疗技术

设 备

1956年，建院初期，药品、器械甚少，给病人看病时全靠听诊器和问诊。

1964年，该院配备单目显微镜，进行血细胞计数、尿液和大便有形成分检测。2000年，添置尿液分析仪、血液细胞分析仪、半自动生化分析仪、电解质分析仪等设备。2014年，购置全自动五分类血细胞分析仪。2022年，购置尿沉渣分析仪、自动生化分析仪，项目检测速度大幅提升。

1966年，有开展一般外科手术的器械设备，包括手术刀、手术剪、手术镊、血管钳、卵圆钳、弯盘以及吸引器等。1975年，有手术床、麻醉机、心电图等医疗设备。

1967年，购置30毫安X光机，开展胸腹透，自此放射诊断用于临床。1974年，设X光室，购置50毫安X光机，具备透视和四肢、胸部拍片功能，头颅只能做平片。1976年，购置200毫安X光机，放射诊断实现换代升级，能开展瘘管造影。2000年，购置300毫安双床双管X光机，功能更齐全，包括透视、拍片、胃肠钡餐、胆囊造影等，再一次提升医学影像水平和诊断质量。2009年，投资150万元，购置CR（第一代数字化拍片系统）。2021年，购置DR（第二代数字化拍片系统）。

技 术

内科技术 20世纪50年代，该院医疗技术处在起步阶段，发展缓慢，基础水平差。建院初期，设门诊、药房、治疗室、观察室（有简易观察床3张）和消毒室，对常见病、多发病做一般处理，遇到疑难复杂病症只能转往县卫生院。1968年，在山东省立医院、山东省精神病院、青岛医学院等单位专家帮助下，该院医疗技术不断提高，门诊人数、住院人数和病床使用率逐年增高，在诊治常见病、多发病的同时，还能诊治心、脑血管等疑难病症。1975年，中医科、内科、儿科、妇产科、外科、手术室成立，医务人员相对独立，不再兼职其他科室，具备抢救流脑、乙脑、病毒性痢疾、食物中毒、农药中毒、心衰等危重病人的能力。1986年，山东第一机械修配厂、第二机械修配厂转型，医务人员不断调整，医疗水平下降。

外科技术 20世纪50年代，该院只能做简单的外皮缝合术。1964年，开始分科施治，设外科，实行24小时门诊制，开展第一例阑尾切除手术。1968年，添置骨科医疗器械，开展胸、腹、腰穿刺术及甲状腺切除术。1972年，外科、手术室独立设置，配备手术床、无影灯等设备，开展阑尾、疝气、胆囊、下肢静脉曲张、剖宫产、四肢骨干骨折内固定手术共265例，除个别化脓性阑尾炎手术外，一期愈合率可以达到90％以上。1986年后，外科停诊，大部分医疗设备闲置。

妇科技术 新中国成立后，域内开展新法接生。1958年，九会公社卫生院开展常规妇科病治疗，负责平产孕妇接生。20世纪70年代，国家倡导计划生育，妇科手术以绝育手术为主。1968年，妇产科单独设置，在外科的协助下开展剖宫产、子宫切除、肿瘤切除、放避孕环和人工流产等手术。20世纪80年代，妇产科年接生婴儿160人，协同外科开展子宫切除术、附件切除术、卵巢囊肿剔除术、宫外孕手术等妇科手术。1997—1999年，设立芝芳村妇产科门诊，接生婴儿312人。1999年，卫生院妇产科停诊。

综合技术 1967年，该院成立化验室，采取人工检验方式，开展血常规、尿常规、粪便常规检查及细菌培养、二氧化碳结合力检查。1975年，增加肝功、肾功等项目。1979年，增加胆固醇、钾、氯、黄疸指数、淀粉酶检查项目，年服务12324人次。20世纪90年代，购置血球分析仪、生化分析仪，实现人工检验到自动化检验的转变。2014年，采用酶联免疫吸附试验方法开展乙肝两对半检测。

2018年，成立国医堂，设针灸室、康复大厅、熏蒸室、艾灸室、治疗室、煎药室、中药房等功能室，开展针灸、推拿、大药灸、刮痧、拔罐、中药熏蒸、中药泡浴、电针项目。2019年9月，成立口腔科，开展龋齿的早期预防与充填治疗、牙髓炎治疗、根管治疗、超声波洁牙、唇系带矫正术、舌系带延长术、黏液腺囊肿摘除术、根尖切除术等项目。

精神病专科

精神病住院诊疗 20世纪80年代前，沂源县没有精神卫生机构，各医院也没有开设精神病科。为解决沂源县精神疾病患者较多、就医不方便的情况，1984年10月，县卫生局拨款2万元在该院建设精神病科，卫生院职工一边进行正常诊疗，一边建设医院，共同建起3米高院墙，窗户安装钢筋，设病床32张。1985年，该院派出医护人员4人，到淄博市精神病院、临沂地区精神病医院进修学习。10月，精神病科正式开诊，设1个病区，有门诊1间、病房10间、病床32张，工作人员9人。医疗设备有心电图机1台、电休克治疗仪1台及其他常用医疗器械，病人娱乐设备有录音机、羽毛球、象棋、扑克等，管理上实行无陪护住院制度。面对医疗器械、医护人员匮乏的困难，全体医务人员本着因陋而简、边建边改、边治边学的原则，开始收治县域内及莱芜、博山、临朐等周边地区精神疾病患者，以氯丙嗪等抗精神病药物治疗，同时配合心理治疗、工娱疗法等疗法，取得一定临床效果。

1986年，精神病科建立较为完善的医疗制度，开始使用医疗护理文书。工作人员在相互协作的基础上有了一定分工，精神疾病诊疗工作逐渐走上正轨。1986—1990年，精神科门诊4500人次，住院850人次，治疗显著率90％，病床使用率95％。2002年3月，精神科整体搬迁至南麻镇（现泰薛路与沿河西路交界处）。2003年4月，精神科病区迁回原址。2004年5月，在南麻镇（现历山街道居家城）租用民房2间，开设精神科门诊。2006年6月，门诊撤回。至2007年，应用第一代精神病药（氯丙嗪、奋乃静、氟哌利多醇等），配合心理治疗、文娱疗法等项目治疗精神疾病。

2013年9月，精神科病区迁入新病房楼二楼，设床位40张，有精神科医师5人，护理人员12人，工勤人员3人。添置生物反馈治疗仪、音频电疗机、音乐治疗机、脑电图地形图仪、兴奋病人监控系统、床旁心电监护仪、床旁心电图机等精神疾病辅助检查设备。

2017年9月，精神科病区分为男、女2个病区，设床位54张，有精神科医师5人、护理人员15人、工勤人员3人。建立精神科和内科等综合科室的会诊制度，开始走上精神科和综合科相互保障、共同发展的道路。2018年10月，精神科增设1个男病区。3个病区（男一、男二、女病区）开放床位120张，有精神科医师5人，护理人员45人，工勤人员3人。2021年3月，经县卫生健康局批复，在张家坡卫生院病房楼成立医疗服务点。2023年，该院综合应用神经电休克治疗技术、脑电生物反馈治疗技术、药物治疗（二代精神类药物：利培酮、氯氮平、奥氮平、喹硫平、阿立哌唑等）、心理治疗、物理治疗等项目用于治疗精神疾病。

截至2023年，精神科设精神科门诊、专家门诊、心理CT室、儿童青少年心理门诊等科室，有5个封闭式管理病区，开放床位299张，卫生专业技术人员138人，其中副高级职称5人、中级职称4人，注册护士78人。2023年，门诊44011人次，住院1376人次。

精神病社会防治　该院是沂源县唯一一所集社区防治、医疗、康复为一体的公益性精神专科医院，为全县人民提供各类精神心理疾病的预防、治疗、康复和管理工作，负责全县精神残疾等级评定工作。1958—2009年，县域内未成立专业机构，未开展社会防治工作。

2009年，严重精神障碍患者随访管理被纳入国家基本公共卫生服务。2013年5月1日，《中华人民共和国精神卫生法》正式实施。2019年6月，《山东省精神卫生条例》施行。沂源县成立严重精神障碍患者管理服务工作领导小组、社会心理服务体系建设工作领导小组，构建起完善的精神卫生和社会心理体系。该院开始指导全县镇级精神疾病防治工作，定期调查、统计、分析、评估和报告相关数据与工作信息；承担镇级精神卫生工作人员的业务指导与技术培训；开展精神疾病防治的健康教育和宣传；组织和指导突发公共卫生事件心理救援工作。2019年9月，该院被确定为全县严重精神障碍患者免费救治定点医院。2019—2023年，兜底全县建档立卡贫困严重精神障碍患者和危险性评估三级及以上患者41488人次，补助797.51万元。

截至2023年末，沂源县在册管理严重精神障碍患者3964人，享受“以奖代补”政策患者1890人。严重精神障碍患者报告患病率为7.67‰，规范管理率99.16%，规律服药率98.31%，面访率99.64%，体检率99.57%。

特色项目

1985年10月，该院正式开办精神病科，是沂源县唯一一家开设精神疾病治疗的医疗卫生机构。2016年，与淄博市精神卫生中心组建医联体。2018年，成为“淄博市互联网+精神卫生专科联盟常务理事单位”。2018年，成为山东省精神卫生专科联盟成员单位。2019年11月，全面托管三岔卫生院，成立南鲁山医共体。2020年，被山东省卫生健康委授予“省级精神卫生服务管理优质单位”荣誉称号；12月，被淄博市委、市政府授予“淄博市抗击新冠肺炎疫情先进集体”荣誉称号。2023年，被淄博市卫生健康委授予“全市严重精神障碍患者管理工作表现突出集体”荣誉称号。2021—2023年，连续3年承办“惠心千万家践行二十大”强基行动（全省基层精防人员能力提升培训班），沂源县严重精神障碍患者管理服务工作领导小组、社会心理服务体系建设工作领导小组成员单位，各镇（街道）综治中心相关人员，全县各医疗卫生机构、教育及其他部门从事精神卫生、心理服务人员，社会心理服务志愿者累计770人次参加培训。2023年6月，在“山东省精神卫生中心药物临床多中心项目”启动仪式上，被山东省精神卫生中心授予“临床药物试验科研合作单位”称号。

疾病防控

机构和队伍

1958年，人民公社成立后，公社卫生院有防疫医生1人，负责辖区卫生防疫工作。1965年5月，

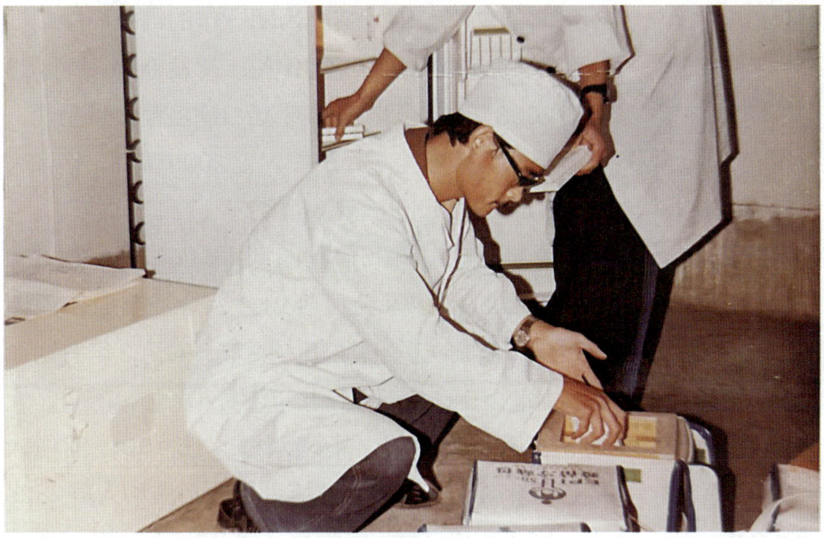

疫苗冷链运转（1987年）

下设计划免疫科。有公共卫生工作人员7人。2009年，国家开展基本公共卫生服务，防保政策由专业性、针对性转向改善全民健康水平，提高全民健康服务质量。2020年，根据《山东省医疗卫生服务体系规划（2016—2020年）》（鲁政办发〔2016〕33号），关于街镇卫生院从事公共卫生服务工作的人员应不低于辖区公共卫生人员总数的20%的要求，公共卫生科有工作人员10人，下设卫生协管科、计划免疫科、妇幼保健科、健康教育科、慢性病科、查体科等科室。截至2023年末，从事公共卫生工作的人员达到13人。

九会公社辖23个大队，有卫生员17人，经培训承担各大队卫生防疫工作。20世纪70年代，在计划经济体制下建立“医防合一（医疗与预防合一）”模式，医疗、预防均由卫生院承担，政府拨付一定的经费。

1970年，沂源县开始兴办合作医疗，辖区有合作医疗卫生室23处，“赤脚医生”35人，承担各大队卫生防疫工作。1979年，成立防疫组，有2名防疫人员，实行目标管理，年初拟定工作和经济指标，年终考核。人员工资、福利和医务人员一样，由卫生院统一支付。1986年，辖区16名乡村医生在防疫人员的指导下完成各项卫生防疫工作。

1990年12月，以卫生防疫组为基础组建防保站。防保站与卫生院独立行使职权，根据镇人口数设防疫人员6人，以公共卫生专业人员为主，负责卫生防疫工作和全镇食品卫生及环境卫生监督执法。1999年，防保站相关职能重新并入卫生院，保留防保站机构牌子，不再单独开展防保工作。卫生院成立防保科，开展预防保健业务。

2005年，成立公共卫生科。防保站相关职能划归公共卫生科，

疫苗接种

1951年，该院负责九会区卫生防疫任务，下乡接种天花疫苗，俗称“种牛痘”。1956年，沂源县卫生防疫站成立，县卫生防疫站将疫苗分配到卫生所，由卫生所分配到各村保健站，各村保健站人员义务为本社登记在册儿童免费接种。

1978年，域内1600名绦虫病病人服药治疗21天后，复查疗效良好。同年，2560人注射麻疹疫苗，650人接种牛痘疫苗，280人注射布氏菌疫苗，630人注射乙脑疫苗，650人注射百日咳疫苗，

防疫人员到村开展疫苗接种（1987年）

485人注射破伤风疫苗。1987年，辖区23018人次完成各种预防接种和预防服药，疫苗接种率达85%以上。2000年，辖区疫苗全程接种率90.8%，配合北京生物制品有限公司进行麻疹疫苗试验。2001年，卫生院成立集中式接种门诊，16069人次完成14种生物制品基础免疫和加强免疫预防接种。2009年，基础疫苗及加强疫苗接种率明显增长，证、卡、簿等基础资料全面符合规范，三级预防保健网络作用得到充分发挥。2021年，该院选派医务人员23人进行"新冠"疫苗接种培训并取得上岗证。截至2023年末，辖区接种"新冠"疫苗30610剂次，其中，接种第一剂次10350人、第二剂次10260人、第三剂次9011人、第四剂次863人，总接种率98.75%。

重要传染病防控

新中国成立初期，域内鼠疫、霍乱、天花、黑热病、血吸虫病等传染病流行。防疫人员在县防疫委员会及防疫大队的指导下，主要任务是开展卫生防疫和妇幼保健工作，预防接种、卫生宣传和接生员培训。1952年6—7月，沂源县防疫委员会组织县防疫大队到辖区开展鼠疫疫苗、霍乱疫苗的预防接种工作；8月，沂源县人民政府在儒林庄举办防治黑热病培训班，域内有4人参加。1955年，沂源县进行全民麻风病普查，域内共查出麻风病人11人。

1977年，传染性肝炎暴发，土门公社共有200人感染，7名医务人员参与治疗。1979年10月，山东省派肝炎调查组到土门公社进行肝炎调查工作，共调查210人。1982年，沂源县开展地方病防治考核工作，土门公社达到基本控制指标。2001年，沂源县开展地方性氟中毒防治工作现状调查，土门镇（龙泉村、左家峪村）进行改水降氟。2001年冬，开展集中灭鼠活动，集中投放鼠药（第二代抗凝血药—溴敌隆）1504斤。2003年，传染性非典型肺炎开始流行。卫生院开展流调工作，严格落实隔离、监控措施，对外来人员进行流调和健康查体。至疫情结束，辖区未发现确诊病例和疑似病例。2004年，卫生院对土门镇4个村进行食盐一次性抽样检测，检测碘盐32份，合格碘盐30份，不合格碘盐2份。2007年，辖区实施为期一年的结核病控制项目。共筛查密切接触者45人，新发新涂阳病人5人。2008年，土门镇出现手足口病疫情，且呈现上升趋势，防控形势十分严峻。至2009年底，辖区有9例手足口病患儿进行隔离治疗。

2014年，按照沂源县卫生局《关于印发2014年沂源县扩大国家免疫规划肾综合征出血热疫苗接种工作实施方案的通知》要求，对近3年有出血热发病的重点村（芝芳村、芦芽、水北、茨峪、大坡、菜园、上土门、唐家六村）16~60岁常住人群进行3剂次出血热疫苗接种。项目应种人群2825人，实种1992人，接种率达到70.5%。以村为单位，目标人群接种率达到70%以上。2020—2022年，新型冠状病毒肺炎疫情暴发，该院实行全封闭管理。至疫情全部放开管控，共封闭医护人员676人次；发热门诊共接诊患者1250人次，参与转运隔离人员156人次；累计培训115名接种工作人员，接种"新冠"疫苗30484人次。2022年3月，该院设46个采样点、有138个采样组，累计采样70.55万人次；对510人进行流行病学调查，覆盖了南鲁山镇23个村；入户发放84消毒液1000瓶，口罩1005个，体温计510支；发放宣传单及知情通知书共计1300份；排查密切接触者3人，次密切接触者12人。

公共卫生

2009年3月，该院开始实施国家基本公共卫生服务项目和重大公共卫生服务项目。2010年，实行电子健康档案，公共卫生科工作人员可以随时随地提取有关信息，快速全面了解辖区居民健康情况。同年，开展65周岁以上老年人、慢病患者（在管高血压、糖尿病、严重精神障碍患者、残疾人）等重点人群健康体检。2012年，南鲁山镇开展"淮河流域农村居民胃癌筛查"工作，共筛查2512人。2013—2017年，南鲁山镇开展农村妇女宫颈癌、乳腺癌筛查两项重大公共卫生项目，共筛查5121人次。2015年，居民健康档案由国家统一编码，采用17位编码制，居民身份证号作为统一身份识别码，规范建立居民健康档案18322人份。2017年，推行家庭医生签约服务。截至2023年末，辖区履约人数10788人。2019年，引入移动查体终端设备，体检过程实现信息化、无纸化和便捷化，查体数据实时上传，在线生成体检报告。截至2023年末，辖区规范建立居民健康档案16290份，建档率达到97.85%。

妇幼保健

1953年，沂源县开始培训新法接生人员，域内1人在南麻区参加培训。1955年，沂源县全面推广新法接生，土门域内配备妇幼保健工作人员1人，培训24名接生员。1975年，开展妇女病普查普治，土门公社已婚至60岁妇女参加体检率60%。1977年，开展儿童健康查体，普查儿童3126人，查出患病儿童26人，全部进行规范化治疗。1978年，土门公社各大队建立了妇产室，开展新法接生和妇幼保健工作。年底，有女“赤脚医生”13人、接生员43人。1983年，卫生院在普及新法接生的基础上，开展围产期保健，加强产前检查、产后访视和产时科学接生，新法接生率达100%，经围产期保健管理的孕产妇占孕产妇总人数的92%。1984年，卫生院设立社会卫生组，有妇幼保健工作人员2人，其中助产士1人。1990年，土门防保站正式成立，配备专职妇幼保健工作人员2人，其中助产士1人。2000年，辖区孕产妇入保率达95%，产前检查率达92%。截至2023年末，管理0~6岁儿童894人，管理率98.34%；管理孕产妇68人，早孕建册率92.95%；产后访视产妇68人，访视率95.77%。

中医中药

新中国成立前，芦芽村有张德明开设的“恒春堂”中药店，主要开展中医药业务。在黄崖村、芝芳村开设2处无堂号中药店。1958年，卫生院组织医务人员参加中医基础理论培训，开展梅花针治疗精神性皮炎、皮下埋针治疗慢性鼻炎、中药治疗阑尾炎，挖掘土单验方等业务。1960年，设立中医门诊，有3名中医药人员，占医务人员总数的8%。有黑漆药柜1只、戥子1个、捣药罐2只、药碾2只、木质药罐若干，中药220味。1977年，全社范围内兴办小药厂，生产大液体，各种针剂、丸剂、散剂、膏剂等中草药制剂。公社合作医疗站统一购买化学原料与器械，生产出来的中草药制剂供给本队使用，不准对外出售。生产队还积极种植中草药和组织采集中草药，作为配制材料。1986年，医务人员不断调整，部分业务骨干充实到上级医院，支援人员大部分返回原籍，人员减少，中医药服务水平停滞不前。1989年，中医门诊已鲜有病人前来就诊，大部分中药转卖，中医药人员转至其他岗位工作。此情况一直延续到2018年。

2018年6月，国医堂成立，有1名中医师；9月，中医科成立，有1中医师，2名工作人员。设小针刀室、护理治疗室、艾灸室、理疗室、中药熏蒸室。配备熏蒸床、艾灸床、中医定向透药仪、电脑中频治疗仪、电麻仪、神灯、颈椎牵引椅等仪器。开展针灸、推拿、刮痧、拔罐、艾灸、三伏贴等中医中药诊疗项目。

村卫生室

村医队伍

1952年，国家卫生部《关于县以下卫生基层组织的组织系统、编制及任务的规定》提出，自然村要设卫生室，配备脱产卫生员。当时，20个村有卫生员23人。1965年9月，九会公社辖23个大队（1965年5月，撤社划区，九会公社并入南麻区），共有卫生员25人，卫生员职能、管理模式不变，以计工分方式参与生产队劳动分配。1970年，沂源县开始兴办合作医疗，原有村卫生员改称为“赤脚医生”。1982年7月，有35名“赤脚医生”参加县卫生局组织的培训，经培训达到中专水平的，在本村开展治疗、防疫、除害等医疗服务。

1985年1月，全国卫生厅局长会议决定停用“赤脚医生”这一名词，规定在村卫生人员需参加考试考核，合格后授予乡村医生证书。1986年7月，经考试考核，土门镇35名乡村医生全部合格。乡村医生归卫生院管理，卫生室转为个人经营，自负盈亏。1996年，土门镇推行乡村卫生一体化，部分卫生室合并，有乡村医生36名。

1998年6月，全国人大常委会通过了《执业医师法》，符合规定的乡村医生可依法取得执业医师资格或执业助理医师资格，有2名乡村医生持有执业助理医师资格。2008年，沂源县卫生局印发《关于做好2008年度乡村医生在岗集中培训工作的通知》，要求认真贯彻落实《乡村医生从业管理条例》，进一步提高乡村医生的整体素质和医疗服务水平。2008年11月14—26日，辖区34名乡村医生参加培训。2011年7月，为确保农村医疗卫生服务“网底”不破，保障广大农村居民基本医疗和公共卫生服务的公平性、可及性，辖区内村卫生室和乡村医生实现全覆盖，每个卫生室都有乡村医生。2013年8月，国家卫计委发文要求完善乡村医生养老政策，建立乡村医生到龄退出机制。2015年1月，沂源县开始按照工作年限每满1年，每月补贴20元的标准，发放老年乡村医生生活补助，辖区共有15名退休乡村医生享受补助。2019年，为解决乡村医生老龄化问题，按照县招镇管村用的原则招聘乡村医生2人。截至2023年末，共有乡村医生27人，“县招镇管村用”乡村医生7人。

村级机构

1951年，域内开始兴办各种类型的联合诊所。1955年，随着农村合作化运动的发展，有部分农业生产合作社集资举办农业社保健室，实行集体医疗保健制度。1958年，九会公社辖23个大队均建立大队卫生室。卫生室基础设施和硬件设施都比较差，大多借用民房或较为破坏的闲置房间，“老三件（听诊器、体温计、血压计）”，一只破药箱和一些常用的零散药片是大队卫生室的全部装备。

1978年，“赤脚医生”开始以联合办医、个人承包的形式开业，生产大队将卫生室承包给一般社员或“赤脚医生”并定期收取费用。大队卫生室配置简陋，少数有条件的大队为其提供房间。土门公社规模较大是九会、菜园、芝芳大队的卫生室。“老三件”仍是卫生室主要配备。

1986年，土门镇开始推行村级卫生室达标升级建设，12处村卫生室达到甲级卫生室标准。1989年，力求解决一村多室现象，实行合并政策，土门镇有6处卫生室合并，3年后未达到预期效果，卫生室又恢复原状。

1996年，土门镇根据省政府〔1995〕123号文件精神，改革村卫生室管理，实行推行乡村卫生一体化政策，以“三制四统一”（“三制”指人员聘用制、奖励性绩效工资制、养老医疗保险制；“四统一”为统一业务管理、统一财政管理、统一药械管理、统一工资发放）为主要内容，辖区共组建25处一体化村卫生室。

2004年，沂源县政府把建设市级规范化农村卫生室列为年度9件实事和全县50项重点工作之一。南鲁山镇辖区内建设15处，总投资318.82万元，其中村集体与个人投资75万元，上级补助及卫生院投资15万元。2006年，辖区建设市级规范化村卫生室4处，其中新建2处、改建2处。2007年，沂源县实行新型农村合作医疗制度，南鲁山镇村卫生室也迎来了难得的发展机遇；12月，辖区共有23个村全部实行新型农村合作医疗，18200名农民参合，参合率95%。2018年，辖区有6处村卫生室达到省级标准，8处达到市级标准。

2019年，南鲁山镇开始建设中心村卫生室，招聘“县招镇管村用”乡村医生。截至2023年底，有卫生室26处，其中中心村卫生室5处（菜园中心村卫生室、九会中心村卫生室、芦芽中心村卫生室、大坡中心村卫生室、水么头河南中心村卫生室），医疗服务点2处（陈家山村医疗服务点、朱阿村医疗服务点）。

卫生往事

消除疟疾

新中国成立后，域内缺医少药，卫生条件差，群众缺乏对疟疾的正确认识，疫情较为严重。人患疟疾后会出现急剧高烧、全身出汗、时冷时热，所以又形象地称疟疾为“打摆子”。

为消灭农村地区的疟疾，党和政府倡导“预防为主”的方针。主要由公社卫生院防疫医生和大队卫生员逐家逐户逐人排查，详细登记造册，留备第一手资料，将乙胺嘧啶、佰氨喹啉送到群众手里，服药后再走。得益于合作医疗制度，群众所需药钱由集体在分配前扣除，省去收费的难题，防疫人员将更多的精力放在宣传、药品发放等工作中，群众实现了高参与率，疟疾得到有效防控。

20世纪60年代，受域区多为山地、丘陵地貌影响，各大队均采取平整土地、修建水渠、填洼清淤、药杀等方法消除蚊虫滋生地。部分大队定期对牲畜棚进行药物滞留喷洒，大力降低蚊虫密度，减少蚊虫叮咬。对蚊虫集中越冬场所，如菜窖、水井、防空洞、溶洞等应用敌敌畏、六六六等农药进行彻底熏杀。

20世纪70年代初期，国家采取对易感重点人群进行休止期治疗和流行季节预防服药的方式阻断传播，分层管理，重点控制传染源。防疫医生采取疫点人群服药、媒介控制和健康教育等综合措施。1970年以后，辖区内发病率直线下降。1999年，辖区达到“基本消灭疟疾”标准。

小药厂土法制药缓解“药荒”

20世纪60—70年代，卫生院所需葡萄糖注射液全部从外地购入，分配数量很少，不能满足临床使用。受当时的条件限制，要治病救人的话就得自己制作。因此药房工作人员购来注射用的葡萄糖粉，自行调配成5%、10%、20%等不同比例的葡萄糖注射液，供临床使用。

1977年，土门公社范围内兴办小药厂，生产大液体，各种针剂、丸剂、散剂、膏剂等制剂。因人手不足，卫生院从各大队“赤脚医生”中选出5人充实到制药队伍中。没有技术，医务人员就到别的公社小药厂取经、学习；没有设备，就因陋而简用研槽、柴刀代替切片机。他们一起到鲁山采摘中草药，制出来的药品根据中草药的情况，相互调剂，发给各大队使用，基本满足了辖区日常诊疗需要。1978年，辖区内流感、百日咳等病流行。卫生院小药厂加班加点制作各种片剂，及时送到各大队，很快扑灭了疫情。

封闭管理

2020年1月，“新冠”肺炎疫情暴发，县精神病防治院决定精神科病房实行封闭式管理。精神科病区只设置一个出入口，并设立预检分诊台，所有患者在入院前都要做核酸检测，并安排到隔离病房进行隔离观察，检测结果阴性者才可收治入院。

2020年2月，医务人员分批次进驻病区，与患者同吃、同住、同封闭。各病房定时通风，做好各项消毒工作。医护人员统一领取和发放食物、耗材、药品；每天更换一次被服、衣服和无菌物品；将生活垃圾和医疗废物收集、包好后由专人送出按垃圾分类处理。

封闭管理期间，患者吃饭、吃药、打针、治疗，包括洗澡等生活起居都在医务人员的照顾下有序进行。医务人员和患者就餐均由医院食堂每天按时配送，工作人员首先为患者分餐，照顾好每一位患者用完餐之后才吃饭。各病区严格实施日常防护措施，对患者居住房间、走廊、卫生间等设施每天进行定时消毒灭杀，保持环境卫生，早晚对患者两次测量体温。对失能、半失能及患有慢性病的患者重点关注，悉心喂水喂饭，勤擦拭、勤翻身、勤更换、勤整理，确保患者舒适、安全度过疫情期。

为不让患者因疫情影响出现情绪波动，影响治疗，医护人员既要承担正常的医疗护理工作，还要时刻关注患者的心理变化，主动与患者谈心聊天，带他们做娱乐活动，以此缓解患者因疫情带来的焦虑、紧张。医护人员全天和患者生活在一起，大家齐心协力，克服种种困难，舍小家、顾大家，置身隔离病区内高强度、高频率的工作环境。每天工作十几个小时，没有一个人“掉链子”，没有一个人叫苦喊累，展现出良好的精神面貌、顽强意志和战斗精神。

因“新冠”防控政策调整，按传染病“乙类乙管”，2022年12月，住院患者在2周内几乎全部感染，出现发热、咳嗽、胸闷、心慌、乏力、头痛等症状。相继感染的医护人员带病坚持工作，积极治疗感染患者，住院患者未出现白肺和严重并发症。

从2020年2月至疫情全部放开管控，精神科共封闭医护人员26批次，676人次。

大事记

1958年　7月，设常规病床，收治住院病人。

1966年　在土门南山建设新院，门诊13间，病房24间，占地面积13亩，建筑面积1328平方米。

1975年　3月，在土门镇驻地以北（现址）新建连廊式平房4排，病房26间，设床位34张。

1985年　10月，正式开办精神病科。

1991年　投资14万元建成新门诊楼，共2层，建筑面积900平方米。

2009年　2月，新建门诊楼、病房楼各1栋，占地面积18600平方米，建筑面积5011平方米，病房37间，设置床位80张。

2016年　与淄博市精神卫生中心组建医联体。

2018年　成为淄博市互联网+精神卫生专科联盟常务理事单位。

2018年　成为山东省精神卫生专科联盟成员单位。

2019年　9月，成为全县严重精神障碍患者免费救治定点医院。

2019年　11月，全面托管三岔卫生院，成立南鲁山医共体。

2020年　12月，被淄博市委、市政府授予"淄博市抗击新冠肺炎疫情先进集体"荣誉称号。

2020年　被山东省卫生健康委授予"省级精神卫生服务管理优质单位"荣誉称号。

2021年　6月，建设张家坡医疗服务点。

2023年　6月，成为山东省精神卫生中心临床药物试验科研合作单位。

2023年　被淄博市卫生健康委授予"全市严重精神障碍患者管理工作表现突出集体"荣誉称号。

卫生篇——南鲁山卫生院三岔分院

扫码听书

概　况

南鲁山卫生院三岔分院位于南鲁山镇三岔店村，其前身为沂源县三岔卫生院，占地面积6036平方米，总建筑面积4675平方米，设有13个业务科室，开设病床50张。2022年，门诊人次35695人次，住院451人次。

医院先后通过“优质服务基层行”“社区医院”评审和“6S管理”考核，上榜国家卫生健康委发布的2022年度“优质服务基层行”活动表扬机构名单。截至2023年，有职工49人，其中正高级职称1人、副高级职称15人。

机构沿革

新中国成立前，辖区内没有医疗卫生机构，只在三岔店村菜市胡同口路东有私人中药铺1处，郭姓人士掌管，1950年，药铺停办。百姓就医用药一般靠郎中、“神婆”、民间土方等，健康得不到保障。

新中国成立后，党和政府高度重视人民群众健康，创造条件发展医疗卫生事业。1952年8月，窦玉华、陈锡汉等人借用三岔店村3间民房，成立八区卫生所（南鲁山卫生院三岔分院前身）。

1958年，三岔人民公社成立，八区卫生所、农村联合诊所、保健站合并成立三岔公社卫生院，吸收部分个体医务人员参加。1960年，因山洪暴发，三岔公社卫生院迁址至三岔人民公社大院内。1965年，在三岔店大队村东征地7083.7平方米建新院。1966年，更名为沂源县人民医院三岔分院。1993年，更名为沂源县三岔卫生院。

2019年11月，三岔卫生院与县精神病防治院（土门卫生院）成为紧密型医共体。由县精神病防治院（土门卫生院）院长兼任三岔卫生院院长。

2020年10月，三岔卫生院搬迁至原三岔乡政府院内。2021年3月，更名为南鲁山卫生院三岔分院。

南鲁山卫生院三岔分院新院区院貌（2020年10月28日）

南鲁山卫生院三岔分院历任主要负责人

机构名称	姓名	职务	任职时间
八区卫生所（1952.08—1958）	窦玉华	代理所长	1952—1955
	吴安顺	所长	1955—1958
三岔公社卫生院（1958—1966）	吴安顺	院长	1958—1964
	宋允泉	院长	1964—1966
沂源县人民医院三岔分院（1966—1993）	宋允泉	院长	1966—1977
	何家田	院长	1977—1982
	符文杰	院长	1982—1983
	王本纪	院长	1983—1984
	徐在瑞	院长	1984.10—1987.10
	杜池伦	院长	1987.10—1990.10
	房现义	院长	1990.10—1992.03
	孙兆彪	院长	1992.03—1993

续表

机构名称	姓名	职务	任职时间
三岔卫生院（1993—2021.03）	孙兆彪	院长	1993—1997.06
	柳　成	院长	1997.06—2003.08
	房孝国	院长	2003.08—2012.04
	白道福	院长	2012.04—2016.10
	张振宾	院长	2016.10—2017.07
	唐永健	院长	2017.07—2019.11
	任洪青	院长	2019.11—2021.03
南鲁山卫生院三岔分院（2021.03—）	任洪青	院长	2021.03—2023.08
	宋传国	院长	2023.08—

党组织

1966年，县人民医院三岔分院未建立党组织，该院的2名中共党员宋允泉、房德柱加入三岔公社机关党支部，宋允泉任党支部副书记。1967年，该院成立党支部，宋允泉任党支部书记。此后，卫生院党支部书记由历任院长兼任。

2021年7月，房德柱、王光兴获颁“光荣在党50年”纪念章。

截至2023年，南鲁山卫生院三岔分院党支部共有在职中共党员11人，退休中共党员3人，宋传国任党支部书记。

南鲁山卫生院三岔分院党组织历任主要负责人

机构名称	姓名	职务	任职时间	备注
三岔公社卫生院（1958—1966）	宋允泉	副书记	1964—1966	公社机关党支部
沂源县人民医院三岔分院（1966—1993）	宋允泉	党支部书记	1966—1977	
	何家田	党支部书记	1977—1982	
	符文杰	党支部书记	1982—1983	
	王本纪	党支部书记	1983—1984	
	徐在瑞	党支部书记	1984.10—1987.10	
	杜池伦	党支部书记	1987.10—1990.10	
	房现义	党支部书记	1990.10—1992.03	
	孙兆彪	党支部书记	1992.03—1993	
三岔卫生院（1993—2021.03）	孙兆彪	党支部书记	1993—1997.06	
	柳　成	党支部书记	1997.06—2003.08	
	房孝国	党支部书记	2003.08—2012.04	
	白道福	党支部书记	2012.04—2016.10	
	张振宾	党支部书记	2016.10—2017.07	
	唐永健	党支部书记	2017.07—2019.11	
	任洪青	党支部书记	2019.11—2021.03	
南鲁山卫生院三岔分院（2021.03—）	任洪青	党支部书记	2021.03—2023.08	
	宋传国	党支部书记	2023.08—	

队伍建设

1952年，窦玉华、陈锡汉等成为八区卫生所第一代医生。1958年，三岔公社卫生院设中医科门诊和中药房，有2名中医药人员。同年，该院增加1名防疫专职人员。

20世纪60年代，分别毕业于昌潍医校、山东医科大学、临沂卫校的3名专业技术人员分配到该院，从事门诊工作。1965年，1名卫生学校护理专业人员调入三岔公社卫生院，从事护理工作，是该院第一位护理专业工作人员。1966年末，县人民医院三岔分院有职工12人，其中医师1人、医（护）士3人。1968年，11名大学专科、中专毕业生分配到县人民医院三岔分院，技术力量增强。同年，成立五官科，有1名专业技术人员从事五官科工作。2名专业技术人员到妇产科工作，是该院第一代妇产科工作人员。

20世纪70年代，毕业于沂水医专、淄博卫校、临沂卫校等学校的12名专业技术人员陆续分配到卫生院，分别在门诊、护理、检验科、妇产科、放射科工作。1975年，2名医疗专业人员分配到卫生院，分别从事放射科、外科工作。截至20世纪70年代末，该院有专业技术人员42人，其中医师13人、护士9人。

1980—1986年，先后有11名专业技术人员加入三岔分院的队伍，分别进入护理科、检验科、妇产科、内科、防疫科工作，有9名同志后期因工作调整陆续到其他单位工作。20世纪80年代末，该院有职工22人，其中专业技术人员16人，包括医师5人、中医师3人、中药师2人、西药师1人、检验师1人、护士3人，其他专业技术人员1人。

20世纪90年代，有26名妇产、护理、药剂、助产、临床医学、医学影像学、财务、公共卫生、口腔医学等专业的专业技术人员分配或调入该院工作，有13名人员调出到其他单位。截至1999年末，三岔卫生院有专业技术人员33名，涉及临床医学、护理、公共卫生、口腔医学、妇产科、检验、医学影像等专业。

2000—2023年，有34名专业技术人员分配或调入该院，涉及临床医学、医学检验、医学影像、麻醉、防疫、护理、中医等专业；有15名专业技术人员调出该院到其他单位工作。

截至2023年末，南鲁山卫生院三岔分院有专业技术人员43人，其中主任医师1人、副主任医师7人、副主任护师4人、副主任药师1人、副主任技师3人、主治医师7人、主管护师2人、主管技师2人、主管药师1人。学历为大学专科、大学本科的42人，涉及临床医学、中医学、中西医结合、护理学、中药学、医学检验学、医学影像诊断学、公共卫生、助产、口腔医学等专业。

医疗技术

设　备

治疗设备　建院之初，医疗设备很简陋，仅有镊子、剪子、缝合针等相对简单的器械。肌内注射用玻璃质地的针管。器械消毒和玻璃针管针头的消毒用铝制消毒盒，消毒盒形状似铝制饭盒，底部有2个支架，架起支架后点燃酒精灯加热消毒。之后，消毒盒已不能满足消毒需要，又改用铝锅煮沸消毒。1969年，该院添置手术刀、血管钳、腹壁拉钩等外科手术器械1宗，开展一般外科手术。还购置拔牙钳等设备开展拔牙术。

20世纪70—80年代，用高压消毒锅消毒，当时高压消毒锅不是用电加热的，而是用木柴加热，职工在卫生院的院子里支起大灶，烧木柴加热消毒锅消毒。2000年，消毒设备升级为电高压消毒锅。2018年，开始托管到县人民医院消毒，三岔卫生院不再使用高压消毒锅消毒。

2002年7月，三岔卫生院购置手术床、无影灯、骨科器械、普外科器械、观片灯、洗手设备、消毒设备、吸氧设备等，重新开展外科医疗服务。

2007年5月，三岔卫生院门诊平房改建成三层门诊楼房，在卫生院院子西侧新建房屋4间，作为放射科、B超室的业务用房，业务用房建筑面积

2465平方米。医院开放床位由20张增设到36张，门诊人次和住院人次相较以前有所增长。

2016年5月，三岔卫生院国医堂添置3台煎药机、牵引床、红外线治疗仪、神灯、针灸治疗仪、筋膜枪等，在中医药、中医适宜技术等方面的发展又进一步。

2020年12月，购德国臭氧机1台，成立三氧科，开展三氧治疗。2021年8月，购置1台胃镜设备，开展胃镜检查；12月，购置救护车2辆、除颤仪、心电图机、脉冲枪等设备，为急诊科的发展和提高院前急救效率奠定基础。

检验设备 1968年，添置显微镜等设备，开展检验工作，主要开展血常规、尿常规检验。1991年，添置显微镜、半自动分析仪，能开展血常规、尿常规、肝功、血沉、尿妊娠等项目。1998年开始，陆续添置全自动生化分析仪、尿液分析仪、显微镜等设备。2020年，添置全自动血液分析仪、全自动生化分析仪、全自动尿液分析仪等设备，开展血尿大便常规、电解质分析、生化分析、肺炎支原体、肝功、肾功、“甲功五项（指甲状腺的五项健康情况检测数据，甲状腺素（T4）、碘塞罗宁（T3）、促甲状腺激素（TSH）、游离T3、游离T4的测定）”、心肌酶谱、“胃功能四项（胃蛋白酶I、胃蛋白酶II、胃蛋白酶I/II的比值及幽门螺杆菌）”等检查项目。

放射设备 1969年，购置50毫安X光机1台，开展放射工作。20世纪80年代，购置100毫安X光机1台，一直使用到2000年。2000年，县人民医院赠送三岔卫生院1台500毫安X光机。2012年，投资23.24万元，购置1台500毫安X光机。2016年，投资15.25万元购置CR1台。2022年，投资39.8万元，购置DR数字化摄影机1台。截至2023年，X光机设备已更新6代，通过设备不断更新，为疾病确诊提供可靠依据。

1988年6月，该院增添岛津32黑白B超1台和1台心电图机，辅助诊断，降低误诊率。2002年，购置迈瑞黑白B超1台。2015年，购置美国GE彩色B超1台。2018年，添置24小时动态心电图机，进一步提高确诊率。2022年，购置迈瑞彩色B超1台。截至2023年，设备已更新4代。

截至2023年，有DR数字化摄影机、彩色多普勒超声、十二导联心电图机、24小时动态心电监护等设备，开展肝胆胰脾、前列腺、膀胱等腹部常规彩超及甲状腺、乳腺等部位的常规彩超，X线摄影及常规心电图、24小时动态心电监护等项目，为临床诊断提供可靠、准确依据。

技　术

西医的开始 20世纪50年代，在济南大药店工作的刘维鲁携全家迁到三岔区北流水村，是三岔公社第一位西医大夫，用西医技术治好很多疾病，特别是当时流行的黑热病等传染病，疗效好、见效快，受到村民信任。

1966年，全院职工12人，设床位20张，分设内科、外科、中医科、妇产科等科室，下辖璞邱、茅台、丝窝、鲍庄4处门诊。20世纪60—70年代，门诊开展疟疾、麻疹、百日咳、流脑、乙脑、出血热、野兔热（亦称吐拉累斯病，主要是食用野兔引起的疾病）等传染病治疗工作。有一名内科大夫在有机磷中毒急救方面颇有专长，治愈率达90%以上。

20世纪90年代以前，该院科室不细分，门诊大夫在开展内科常见病、多发病诊治同时，也开展外科门诊工作，后续开展简单五官科疾病诊治，被称为“全科大夫”。

外科的发展 20世纪50—60年代，卫生院未单独设外科，外科门诊主要由内科大夫兼职，刘维鲁是该院第一位开展外科门诊服务的大夫，能开展部分外科门诊常见病的一般诊治，如简单的包扎、清创缝合、皮肤表面脓肿切开引流等。无手术室，不能开展外科手术。

1969年，添置50毫安X光机1台和普外科手术器械1宗（无影灯、手术床等），筹建手术室。在县人民医院下派支医医师高源长的帮助下，用该院西侧2间平房建手术室，裴长利是该院第一位外科专业医生；12月，做首例阑尾切除术。此后，外科逐渐开展腹部手术，妇产科能做剖宫产。医师李风亭分配到该院成立五官科，开展五官科常见疾病诊疗，能做拔牙、息肉切除、鼓膜切开引流等手术。

1979年，由于三岔分院工作人员调整，卫生专业技术人员陆续调整到其他单位，医疗水平有所下降。1983年，该院已不能做外科手术，外科门诊仅能做些简单的包扎、外伤清创缝合等工作。

1999年，选派1名医师到淄博市第一医院骨伤科进修。2001年，选派1名医师到山东省文登整骨医院进修学习，为外科发展打基础。2002年5月，在病房与门诊之间的空地建手术室，按照手术室标准建设建筑面积180平方米8间房屋。购置手术床、无影灯、骨科器械、普外科器械、观片灯、洗手设备、消毒设备、吸氧设备等。配备器械护士1名、巡回护士1名、麻醉医师1名；9月，成功完成第一例胫腓骨骨折术后骨性愈合内固定取出术，标志着三岔卫生院手术室工作重新开展。妇科也陆续在手术室开展剖宫产、子宫肌瘤摘除术等手术。

2022年，在新院区整修改造标准化手术室，开展急（慢）性阑尾炎、腹股沟疝、内外痔疮的手术治疗，四肢长管状骨折内外固定及内固定取出术、肌腱断裂的吻合术等一级手术。

截至2023年，卫生院内科配备3名临床医学专业医生和1名中西医结合专业医生；外科配备4名外科专业医生。内科能利用中西结合的方法诊治心、脑、呼吸、消化等系统疾病。外科除开展常见病多发病诊治外，还能开展四肢长管状骨折的保守及手术治疗，疝气手术修补，阑尾炎手术切除，内外痔等多种疾病的手术治疗。

“乡村120” 1998年10月，三岔卫生院率先开通“乡村120”，急救电话3400120，配备内科、外科医师各2人，司机2人，24小时轮流值班值守，为患者提供院前急救、免费接送服务，被称为“大山深处的120”，中央电视台《新闻联播》曾做过报道。2017年，该院“乡村120”停止运行。

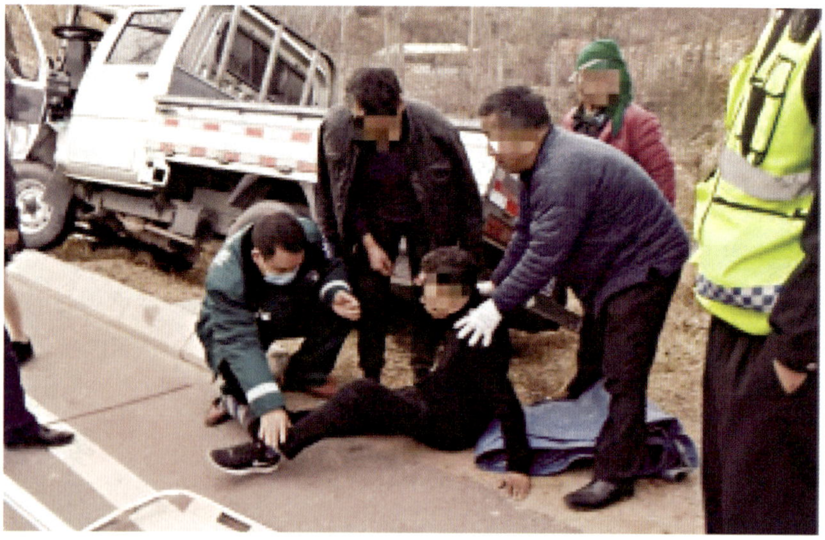

120急救出诊车祸现场

2018年，在县人民医院帮扶下，筹建淄博市第49急救站。设急诊内科、急诊外科、急诊观察室、治疗室、处置室、抢救室、“120”接警室、值班室等科室。与县人民医院“120”急诊、胸痛中心、脑卒中中心形成绿色通道，急救时间由原先的50余分钟缩短到20余分钟。2021年，购置2辆救护车和除颤仪等设备。截至2023年，急诊科配备医护人员8名、司机2名、救护车2辆，心电监护仪、除颤仪、洗胃机等急救设备和急救药品齐全，24小时待命，随时出诊。

护理服务 护理服务工作伴随着医疗业务发展而开始，主要是肌内注射、治疗室换药、消毒包扎、为病人测量体温和脉搏以及对注射器针管、针头、镊子消毒等。1965年，护士刘贵美进入三岔公社卫生院，是该院第一位护理专业工作人员。1966年，设20张床位，收治住院病人，基础护理工作逐步展开。20世纪60—80年代，先后有15名护理专业工作人员到该院工作。

20世纪70年代，护理工作主要是开展肌内注射、有机磷中毒洗胃、小儿腹泻的头皮针输液等。20世纪80—90年代，一天最多能为60余名腹泻儿童患者打头皮针；每年对60余名有机磷中毒患者进行洗胃。随着时间和工作人员更迭，卫生院建立病房工作规则和保护性医疗制度，护理工作内容发生改变，从早期简单护理工作到精细化服务，从开始

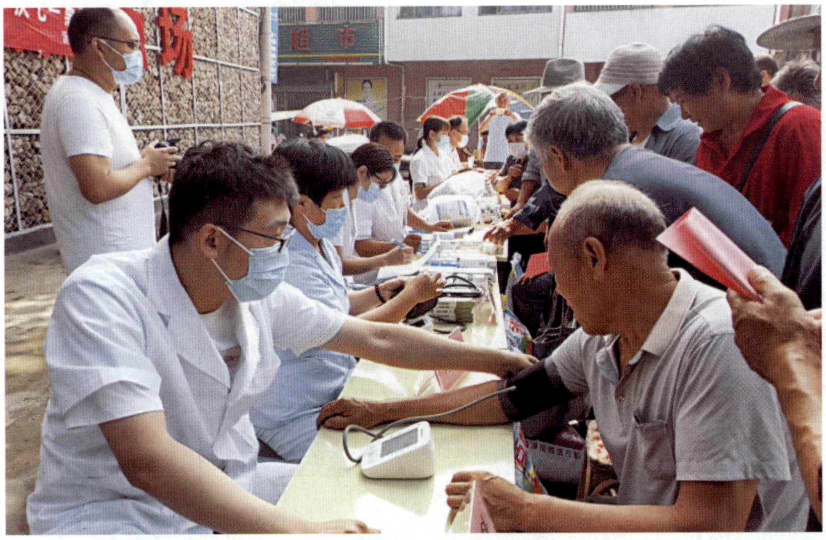
医务人员在三岔店村开展义诊服务（2022年）

"三查（查医嘱、查治疗单、查病例）五对（对床号、对姓名、对药名、对计量、对用法）""三查七对""三查八对"，到执行"三查九对（对床号、对姓名、对药名、对剂量、对用法、对浓度、对时间、对效期、对过敏史）"，护理工作制度日趋完善。

截至2023年末，有9名专业人员从事护理工作。其中，有2名护士兼任急诊科护士。

护理工作把制度、承诺从墙上"请"下来，让优质服务从文件中"走"出来，变被动服务为主动服务，深入到病房中，了解病人的心理和需求，改善医患关系。只要在入院时，发现患者生活上或是护理中有什么需要解决的问题，护士们都会第一时间为患者及时处理，解决到位。

特色专科

中医康复科　1999年，卫生院设立中医康复科，以中医传统康复与现代康复技术相结合的方法开展康复理疗业务。2023年，中医康复科有医务人员5人，配备三维自动牵引床、中频治疗仪、电针仪、中医定向透药治疗仪、颈椎牵引椅等设备，有中药饮片300余种，开展传统中医、针灸、推拿、熏蒸等科目。

口腔科　1998年，口腔科成立，主要开展口腔医疗、预防保健、口腔美容，配置2台口腔牙科综合治疗椅。

2020年，三岔卫生院口腔科与县精神病防治院口腔科组建成南鲁山医共体口腔科，实行人才和技术互通、交流。主要开展拔牙、补牙、镶牙、牙齿矫正等业务。

三氧科　2020年12月，成立三氧科，有副主任医师1名、主治医师1名、护理人员3名，使用德国进口卡特三氧治疗机开展疾病治疗新项目"三氧大自血疗法"。

特色项目

1993年，向上级申请危房改造名额进行卫生院改貌建设，多方筹集15万元资金整修房屋，绿化卫生院庭院。

2001年，建成省级示范化预防接种门诊，是沂源县第一个建成的省级示范化接种门诊。

2018年6月，与县人民医院组建紧密型医共体，依靠沂源县人民医院成熟的管理经验及医疗技术，建立机构间技术支持、人员培训、双向转诊等管理制度。同年，成立淄博市第49急救站，通过淄博市120急救指挥中心考核验收。

2020年开始，"李庆玉名医基层工作站"和"齐新春名医基层工作站"入驻三岔卫生院，先后有10余名县人民医院的专家到卫生院坐诊和教学查房。该院发挥名医基层工作站"名片效应"，提高医疗服务水平，满足群众不出远门就能让专家看病的就医需求。

2022年，在自主申报、建设提升的基础上，南鲁山卫生院三岔分院中医康复科通过县卫生健康局评审，成为全县基层医疗卫生机构临床特色科室之一。同年，该院分别通过"优质服务基层行"和"社区医院"评审，并上榜国家卫生健康委发布的"2022年度优质服务基层行"活动表扬机构名单。

2023年，通过"胸痛单元建设"验收和"6S"管理（整理、整顿、清洁、规范、素养、安全）验收。

疾病防控

机构队伍

1958年以前，设防疫组，有1名专职防疫人员从事预防保健工作。20世纪80年代，防疫组增加2名专职防疫人员。1990年，该院成立防保站。院长兼任站长，配备专职防保人员4名。

2009年，开始实施基本公共卫生服务工作，卫生院除防疫科3人外，另外有4人兼职公共卫生工作，兼职项目有组织管理、健康教育、妇幼保健、居民健康档案、65岁及以上老年人健康管理等项目。2009—2018年，该院公共卫生科始终保持4名专职工作人员。2020年，公共卫生工作重新分工，有专职工作人员11人。

截至2023年，该院设有公共卫生科、健康教育科、疾病控制科、计划免疫科、妇幼保健科、监督协管科等科室，专职公共卫生工作人员10人，工作人员专业涉及公共卫生、护理、临床医学等。其中，副高级职称6人、中级职称2人，共同为群众提供预防保健和公共卫生服务。

疫苗接种

20世纪60—70年代，疫苗接种形式为分散接种，工作人员入户开展疫苗接种，疫苗用“保温瓶”（类似于暖瓶的内胆）盛放。

20世纪80年代，三岔乡成立接种队，主要由乡村医生担任接种队员，全乡分三岔片、文坛片、鲍庄片、流水片、丝窝片5个集中片区，主要是开展“四苗（脊灰疫苗、麻疹疫苗、百白破疫苗、乙脑疫苗）”接种。1980年，建立并使用预防接种卡片。1984年，购置卡片橱，规范管理。1985年，实行计划免疫疫苗接种正规管理，即卡、证管理，全部到该院集中接种疫苗。1986年，实行冷链系统管理，预防接种工作逐步走向正规、科学。

2001年，三岔卫生院建成省级示范化预防接种门诊，是沂源县首个省级示范化接种门诊。2017年，建成数字化预防接种门诊，疫苗接种工作进一步规范。2022年，建成智慧化预防接种门诊，预防接种信息全部录入“山东省预防接种信息系统”，设置预检室、登记室、接种室、留观室、冷链室、档案室，有专用冰箱7台，为辖区1600余名儿童接种疫苗，为成年人接种乙肝疫苗、流感疫苗、带状疱疹疫苗、“新冠”疫苗等。截至2023年，接种四针“新冠”疫苗3.9万余针次。

重要传染病防控

20世纪70年代，防疫组主要开展疟疾、霍乱、流脑、丝虫病等传染病及甲状腺肿大、低氟病等地方病防治、饮用水消毒、灭蝇、灭蚊等工作。

2020年，新型冠状病毒肺炎疫情发生，该院抽调2人成立预检分诊科、3人成立发热哨点诊室，24小时轮流值班。建立“愿检尽检”核酸采样点，为辖区内村民及外地旅居人员提供24小时核酸检测。2022年，卫生院共完成区域核酸检测、“应检尽检”人群以及学生采样70万人次。

公共卫生

2009年，开始实施基本公共卫生服务项目，每年为辖区内65岁以上老年人健康查体。截至2023年，辖区内建立健康档案20196份，建档率达

医务人员开展家医签约和随访服务（2021年）

到95.46%；管理老年人3030人，管理率83.49%；管理高血压1891人，管理率44.33%；管理2型糖尿病731人，管理率44.52%；管理严重精神障碍患者184人；管理0～6岁儿童1134人，管理率98.69%；管理孕产妇51人，管理率98.07%。

妇幼保健

20世纪60年代，三岔公社卫生院设有妇产科。1968年，2名临沂卫校妇产专业技术人员分配到该院妇产科工作，她们是该院第一代妇产科工作人员。

20世纪70—80年代，妇产科主要工作是接生和计划生育服务工作。1979年，成立社会卫生组，负责卫生防疫和妇幼保健工作，配1名妇幼保健医生。1986年，设妇幼保健科，建立妇幼卫生宣教室，对妇女进行保健知识宣教。20世纪90年代，开展妇产科常见病、多发病诊治及正常分娩和计划生育各项手术。

2000年，该院不再承担接生工作，妇科门诊有3名工作人员。2002年，该院手术室成立，妇科能开展子宫肌瘤摘除术、卵巢囊肿切除术、子宫全切和次全切术、宫外孕等手术。2020年，妇科门诊有1人坐诊，为辖区妇女服务，配备红外线乳腺理疗仪、医用臭氧治疗机、负压养生仪、远红外线治疗仪等设备，满足妇科疾病诊治需求，提供终身生殖健康管理服务。

2023年，由2名公共卫生人员从事妇幼保健工作，实施0～6岁儿童和孕产妇管理。为各村待孕和孕妇妇女及时免费发放叶酸；对孕产妇孕期直至产后42天，每月1次随访；高危孕产妇根据需要随时随访；对产妇和新生儿同时开展产后访视工作。

中医中药

20世纪50年代初，三岔供销合作社设“药股”，收购、销售中药材。八区卫生所成立后，李官廷从三岔供销社药股调到八区卫生所药房（中药房前身）工作。1958年，中医大夫陈锡汉到卫生院从事中医诊疗工作，开展常见病、多发病诊治。当时的中药材大部分是就地取材。

三岔乡车场村教书先生柳汝鉴自学中医，擅长治疗妇科病，周边许多妇女找其看病，著有《妇科集锦》《医学漫笔》。1962年，柳汝鉴弃教从医，调到公社卫生院中医门诊工作。1966年，柳汝鉴医生招收陈作新、贺光兰2名中医学徒。1974年，有2名中医专业人员加入该院中医队伍。中药饮片达到600余种。

2016年，国医堂成立，配备3台煎药机和牵引床、红外线治疗仪、神灯、针灸治疗仪、筋膜枪等设备。2020年，国医堂改称为扁鹊国医堂，成为集中医诊疗、康复为一体的中医特色专科，设有中医门诊、中药房、煎药室、康复理疗室。配备执业中医师3名、康复技师1名。其中高级职称1人、中级职称2人、初级职称1人，都具有相关资质并长期从事中医及中医康复专业。每年入伏，以“冬病夏治”“冬病冬治”的理念开展三伏贴、三九贴等贴敷业务。

村卫生室

村医队伍

1955年，设农业社保健站，每个保健站配保健员1名。1958年，各大队设卫生室，人口较多的大队配2～3名卫生员，主要承担本大队社员小伤小病的处理和预防工作。1970年，卫生员改称“赤脚医生”，又称“条子工”，由大队记工分，年底大队根据工分兑现报酬。

1975年，三岔公社组织50余人在沂源县第七中学（现沂源县三岔中心学校）参加为期6个月的“红医班”培训班，培养一批服务农村基层的卫生技术人才，毕业后成为“赤脚医生”，到各自大队开展医疗服务。同年，三岔公社“赤脚医生”共82人，其中女“赤脚医生”17人。1978年，实行“亦工亦农”政策，有一部分“赤脚医生”招工离开。1985年，“赤脚医生”更名为乡村医生。截至1986年，乡村医生51名，其中男46人、女5人。

2000年，域内有乡村医生51人。截至2023年末，辖区内共有在职在岗乡村医生22人（含县招镇管

三岔乡乡村医生合影（1986年）

1996年，全面推行乡村卫生一体化管理制度，在一村一室基础上，实行“三制、四统一”管理。三岔乡按规定实施村卫生室合并，每年对村医进行考核和表彰奖励。当时有乡村医生40余名。

2007年，实行新型农村合作医疗，村民看病按比例报销，改善农民看病贵、看病难的状况，减轻农民负担。2009年，推行基本药物制度，破解群众看病贵问题。

村用医生1人），其中执业中医师1人、乡村全科助理医师8人、执业助理医师2人。2015年1月，沂源县按照工作年限发放老年乡村医生生活补助，每满1年每月20元。三岔辖区首批有54名乡村医生享受补助。

村级机构

1955年，各农业社陆续成立集体性质保健室。1958年，大队建立卫生室，处理常见病初诊和转诊，开展除“四害”（苍蝇、蚊子、麻雀、老鼠）爱国卫生运动。有34处大队卫生室，卫生员由区卫生所组织培训。

1970年，三岔公社实行合作医疗，社员看病记账，年终与各小队结算；9月，部分卫生员参加为期3个月的“赤脚医生”培训班，培训合格后，回到大队开展以西医为主、中医为辅的疾病治疗、防疫、除害等医疗服务。这批卫生人员回到大队，由大队提供房屋和药品，药品按成本价给患病社员诊治。截至1975年，三岔公社有大队卫生室31处。20世纪80年代初，逐步发展到“村村有卫生室”。1982年，随着家庭联产承包责任制全面推行、“政社合一”人民公社体制废除，卫生室转为个人经营。

2018年，建成5处省级规范化标准卫生室、7处市级规范化标准卫生室，其余卫生室都达到基本规范化标准要求。2019年，建成115平方米的鲍庄社区卫生室，服务辐射北鲍庄村、黑山峪村、南鲍庄村、前坡村等村，方便群众就医。2019年，开始建设中心村卫生室。截至2023年，先后建设启用悦庄镇董家田峪村、南鲁山镇下文坛村、悦庄镇北鲍庄村、南鲁山镇枫泉村4处中心村卫生室，服务覆盖周边近7000名群众。

截至2023年末，有19处村卫生室和1处鄢家峪村便民服务点，承担基本医疗和国家基本公共卫生服务工作。

村卫生室一体化管理表彰会（1999年）

卫生往事

国家领导人视察该院

1993年6月30日，国务委员彭珮云、卫生部部长陈敏章一行到山东省贫困边远山区4家乡镇卫生院视察初级卫生保健及卫生院改貌等工作。在三岔卫生院召开座谈会，听取工作汇报，对卫生院的工作给予肯定。卫生部部长陈敏章为卫生院题词："为实现人人享有卫生保健的目标作持久不懈的努力"。

国务委员彭珮云（左一）到三岔卫生院视察（1993年）

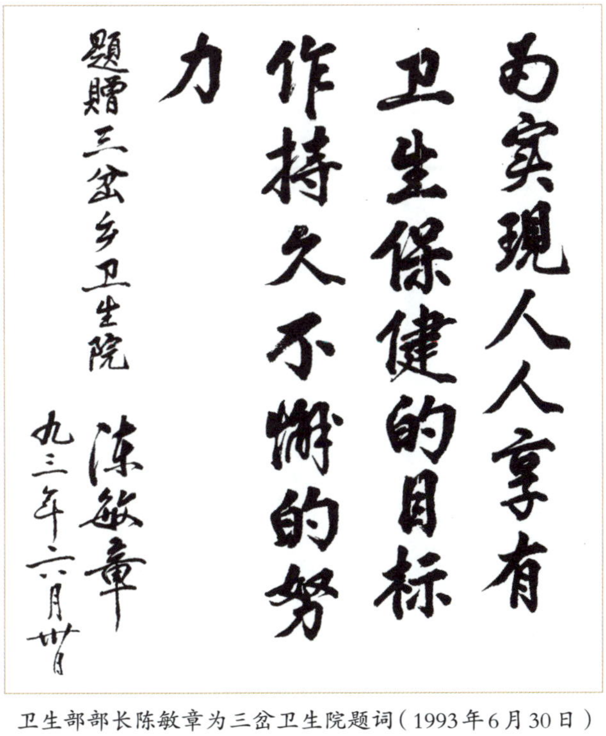

卫生部部长陈敏章为三岔卫生院题词（1993年6月30日）

药物过敏患者急救

2019年10月20日，一名67岁的女性患者，因被狗咬伤到该院就诊。急诊科医师初诊为右小腿皮裂伤，随即对其进行清创、冲洗、消毒，并由防疫科医师注射狂犬疫苗。患者经过注射疫苗30分钟观察期准备离开时，突然出现大汗、头晕、呼吸困难等症状，摔倒在卫生院走廊。值班医生发现后，迅速将患者抱至抢救室抢救。2分钟后，患者出现呼吸不畅、双眼紧闭、口唇发绀、嘴角溢出少量白色泡沫、意识模糊等危重症状。卫生院各科医护人员立即投入抢救，给予吸氧、强心药物注射、维护血压等措施。10分钟后，患者恢复意识，生命体征稳定。

第一座门诊楼的变迁

1978年夏天，三岔卫生院老院区原有的几间平房门诊已不能满足业务发展需要，卫生院与三岔店村生产队协商，购买紧邻卫生院南侧的5亩地筹建门诊。价格（5亩地三年所产粮食折算成的钱数）花费不到万元。最开始，是准备盖平房的，经院班子反复斟酌和与职工探讨研究，最后决定盖楼房。卫生院邀请县人民医院基建科潘士杰到三岔卫生院指导建设，并设计门诊楼的平面图。盖楼所用的钢筋、水泥、水泥板等建筑材料都是从临朐购买的，由李学富担任仓库材料保管员，由三岔当地的石匠作坊施工。没有现在的机械化设备，全靠人工，而且是第一次盖楼房，进度慢，卫生院的职工利用下班后的时间去义务帮忙干活。所用的石头全部由职工到丝窝村口采石场自行开采，男女齐上阵，下夜班的同志接着去工地帮忙，连轴转，有些男同志通宵达旦，毫无怨言。当时卫生院的一名护士正值孕期，也坚持去采石场干活，无半分娇气，成为职工学习的榜样。在门诊楼盖完第一层时，由于资金短缺，缺少人力、物力，建设暂停。直到第二年，得到上级拨款，门诊楼才又重新建设。历时2年余，几经波折，两层门诊楼才终于竣工。门诊楼建成后，门诊、放射科、化验室、妇科等科室在此开展业务。

1989年，三岔卫生院经济运转困难、业务量减少，当时的三岔乡计生委急需业务用房，经多方协调，卫生院以11万元的价格将门诊楼卖给三岔乡计生委。卫生院将门诊又搬回原先的平房。卫生院用此款安装自来水设施1套，建院墙400米，铺路面2000平方米，建大门1座，并添置了部分医疗器械。门诊楼完成了业务用房的使命。

大事记

1965年　在三岔店大队村东征地7083.7平方米建新院（南鲁山卫生院三岔分院老院区），建门诊12间。

1966年　卫生院改称沂源县人民医院三岔分院，建16间土坯简易病房。

1968年　将土坯病房改建为石头病房、建宿舍，院区建筑面积1247平方米。

1969年　成立手术室，开展首例阑尾切除手术。

1981年　上级拨款，建2层门诊楼1座，面积965平方米。

1989年　门诊楼卖给原三岔乡计生委，医院门诊搬回平房。

1993年　6月30日，国务委员彭珮云、卫生部部长陈敏章一行到卫生院视察初级保健及卫生院改貌等工作。

1998年　10月，三岔卫生院在全国范围内率先开通“乡村120”。

2007年　翻建3层门诊楼和放射科平房1处，建筑面积为2465平方米。

2018年　与县人民医院组建紧密型医共体。

2018年　成立淄博市第49急救站，县人民医院捐赠救护车1辆。

2019年　11月，沂源县精神病防治院正式托管三岔卫生院，成立紧密型南鲁山医共体。

2020年　10月，三岔卫生院搬迁至原三岔乡政府院内。

2021年　3月，三岔卫生院更名为南鲁山卫生院三岔分院。

2022年　12月，卫生院被山东省卫生健康委员会命名为第四批社区医院。

2022年　卫生院通过“优质服务基层行”评审活动，并光荣上榜国家卫生健康委发布的2022年度“优质服务基层行”活动表扬机构名单。

2023年　6月，卫生院通过胸痛单元建设验收。

2023年　12月，卫生院通过“6S管理”（整理、整顿、清洁、规范、素养、安全）验收。

卫生篇——

鲁村中心卫生院

（沂源县中西医结合医院）

扫码听书

记忆沂源·卫生健康卷

概　况

鲁村中心卫生院（沂源县中西医结合医院）位于镇政府驻地，始建于1952年，是集医疗、康复、预防保健、公共卫生于一体的综合性医疗机构。2023年12月，通过淄博市卫生健康委二级综合医院评审。

2023年，新建门诊综合楼1栋，建筑总面积8917.78平方米。设有心内科、消化内科、急诊科、外科、眼耳鼻喉科、口腔科、骨伤科、肺病科、康复科、影像科、检验科、公共卫生科等29个科室和1处医疗服务点，设有床位226张，医疗服务覆盖全镇和周边乡镇6万余人。

截至2023年，卫生院有职工135人（专业技术人员128人），其中正高级职称4人、副高级职称28人、中级职称32人，省、市级名医3人。

机构沿革

鲁村中心卫生院

1952年7月，鲁村成立二区卫生所（鲁村中心卫生院前身），位于鲁村老街北面关帝庙，为全民所有制性质，人事调转、人员档案由县政府卫生科负责和管理，财政拨款实行全额和差额补助两种办法。

1953年3月，辖区内个体医生自愿集资组建5处联合诊所，联合诊所单独建制，独立管理，与卫生所并存。1955年，公私合营，鲁村街私人经营的3家药铺及杨庄供销社药股合并到二区卫生所。1958年5月，联合诊所改组为联合保健站，鲁村共设9处，卫生所改建为鲁村公社卫生院。1960年，卫生院迁至鲁村东门里路北原铁木业社旧址，房屋10间。

1962年，国民经济调整，鲁村公社卫生院转为集体性质，与辖区12处联合保健站合并统一管理，上级主管单位同属县人民委员会卫生科。1963年6月，卫生院迁至鲁村东门里路南炼铁厂旧址，占地面积5亩，总建筑面积约190平方米，房屋16间。1968年3月，卫生院再次搬迁，新院位于鲁村莱马公路北侧，建筑面积130平方米，房屋8间；5月，临沂行政专署批准鲁村在草埠建地段医院，在原址保留门诊。新院占地面积12.9亩，建筑面积1100平方米，门诊用房17间，病房6间。

1972年1月，鲁村卫生院更名为沂源县人民医院鲁村分院（简称鲁村医院）。1974年，卫生院下设卫生所全部撤销，所有人员回归鲁村分院。

1984年，草埠煤矿开发，村民搬迁，医院由草埠迁回鲁村。新院址位于鲁村西河桥东，莱马公路南侧，建设病房17间、宿舍43间、办公及后勤用房15间。1986年，更名为鲁村中心卫生院。

2014年9月，徐家庄卫生院合并到鲁村中心卫生院，原徐家庄卫生院设医疗服务点。2017年6月，鲁村中心卫生院加挂沂源县中西医结合医院牌子，编制床位数增加至100张。2021年6月，医院更名为沂源县中西医结合医院，加挂沂源县鲁村中心卫生院牌子。

鲁村中心卫生院（沂源县中西医结合医院）历任主要负责人

机构名称	姓名	职务	任职时间	备注
二区卫生所（1952.07—1958.05）	周国谋	所长	1954.01—1958.05	
鲁村公社卫生院（1958.05—1972.01）	白正甫	院长	1958.05—1961.03	
	周国伦	院长	1961.03—1962.05	
	杜鸿儒	院长	1962.05—1965	
	张道元	院长	1965—1972	
沂源县人民医院鲁村分院（1972.01—1986.12）	杨继常	指导员	1966.06—1975.10	1972—1975.10主持工作

续表

机构名称	姓名	职务	任职时间	备注
沂源县人民医院鲁村分院（1972.01—1986.12）	隋兆俊	党支部书记	1975.10—1984.10	主持工作
	丛培云	院长	1984.10—1986.12	
鲁村中心卫生院（1986.12—2021.06）	唐效义	院长	1986.12—1994.10	
	陈玉新	院长	1994.10—1998.05	
	王金录	院长	1998.05—1999.03	
	唐效合	院长	1999.03—2000.11	
	何家宪	院长	2000.11—2002.05	
	孙兆彪	院长	2002.05—2003.04	
	公维国	院长	2003.04—2003.07	
	柳　成	院长	2003.07—2005.03	
	张成军	院长	2005.03—2011.12	
	李　强	院长	2011.12—2012.04	
	刘思军	院长	2012.04—2016.10	
	白道福	院长	2016.10—2021.06	
沂源县中西医结合医院（2021.06—）	白道福	院长	2021.06—2023.08	
	齐登宏	院长	2023.08—	

徐家庄乡卫生院

1955年10月，徐家庄成立门诊，隶属于黄庄区卫生所。1965年，黄庄区卫生院改称黄庄分院，在徐家庄、埠西、四门地设置3处下属卫生所，徐家庄卫生所设置在北徐家庄大队。1971年12月，调整行政区划，成立徐家庄公社，黄庄公社卫生院徐家庄卫生所改建为徐家庄乡卫生院，属集体性质。

2014年9月，徐家庄卫生院合并入鲁村中心卫生院，原徐家庄卫生院保留医疗服务点。

徐家庄乡卫生院历任主要负责人

机构名称	姓名	职务	任职时间
徐家庄乡卫生院（1971—2014.09）	唐守高	院长	1972.01—1975.03
	张元清	院长	1975.03—1982.10
	刘加坤	院长	1981.11—1984.10
	崔希礼	副院长（主持工作）	1984.10—1987.10
	刘维玉	院长	1987.10—1988.06
	崔希礼	院长	1988.06—1990.12
	刘维玉	院长	1990.12—1998.05
	杨　清	院长	1998.05—2003.03
	宋爱民	院长	2003.03—2005.04
	唐守学	院长	2005.04—2006.09
	白道福	院长	2006.09—2012.04
	左志波	院长	2012.04—2014.09

党组织

1952—1957年，二区卫生所中共党员较少，跟随鲁村区党组织参加活动。1958年，公社化后，卫生院参加鲁村公社党组织活动。1970年以后，卫生院建立党支部，隶属于鲁村公社党委。1975年10月，隋兆俊任卫生院党支部书记。

2014年之前，徐家庄卫生院未成立独立党支部，参加徐家庄公社党组织活动；9月，徐家庄卫生院并入鲁村中心卫生院，参加鲁村中心卫生院党支部组织活动。

2021年7月，李桂英、李其笃获颁“光荣在党50年”纪念章。

截至2023年，全院共有中共党员43人。

鲁村中心卫生院（沂源县中西医结合医院）党组织历任主要负责人

机构名称	姓名	职务	任职时间
沂源县人民医院鲁村分院（1972.01—1986.12）	隋兆俊	党支部书记	1975.10—1984.10
鲁村中心卫生院（1986.12—2021.06）	左志波	党支部书记	2014.09—2021.06
沂源县中西医结合医院（2021.06—）	左志波	党支部书记	2021.06—2024.10
	齐登宏	党支部书记	2024.10—

队伍建设

1952年7月，王希尧等3人筹办二区卫生所。1955年，公私合营，原鲁村街私人经营的3家药铺及杨庄供销社药股合并到二区卫生所，董宗彭等人合并到卫生所，这个时期卫生所有职工11人。1968年，公社卫生院历经联合保健站扩建、搬迁、建设新院，职工队伍增加到41人。同年，上级分配给该院大中专毕业生12人，其中西医师2人。

1971年，徐家庄乡卫生院共有职工15人，其中主治医师1人，有医（护、药、技）师职称9人，有医（护、药、技）士职称4人。2014年9月，徐家庄乡卫生院27名职工合并入鲁村中心卫生院，此时医院共有职工99人。国家卫生政策向基层，乡镇卫生院招聘卫生技术人员数量逐年增加。截至2021年，医院共有职工112人，其中卫生系列专业技术人员101人。

截至2023年，医院共有职工135人，其中卫生系统专业技术人员128人（正高级职称4人、副高级职称28人、中级职称32人、初级职称46人），占全院总人数的94.8%；省、市级名医3人；硕士1人、大学本科47人。

医疗技术

设　备

1985年，该院购置老式50毫安X光机1台，成立放射科，有专业技术人员1人，放射技术开始应用于临床。2007年，购置西南内江牌500毫安X光机1台，实现全自动洗片，胶片清晰度和出片时间得到提升。2014年9月，购置数字化X射线摄影系统DR1台，与沂源县人民医院、沂源县中医医院建立影像线上远程会诊，实现影像检查数字化。2017年7月，医共体牵头单位沂源县中医医院为该院捐赠西门子双排螺旋CT1台，当年接诊患者5000人次，成为沂源县第二家能够开展CT检查项目的乡镇卫生院。2022年6月，投资230万元，购置西门子16排螺旋CT1台，提升医学影像技术水平和诊断质量。

1987年，该院购置国产CX—852型B超1台，增设B型超声检查项目，之后更新国产迈瑞牌B超机1台。2007年，购置日本福田B超机1台。2018

年，投资80万元，采购美国GE彩超1台，并邀请淄博市第一医院彩超室专家指导开展心脏彩超检查，填补心脏彩超检查的业务空白。

1989年，该院购置国产八达牌小型救护车1辆，提供急诊急救服务。2018年，医院筹备建设“120”急救点，医共体牵头沂源县中医医院帮助建设，捐赠“120”急救车1辆，对医院急诊科工作人员进行系统培训；11月，医院“120”急救点顺利通过市急救指挥中心验收，成为淄博市医疗急救指挥中心第53急救点。急救点业务用房130平方米，设置接警室、门诊、处置室和观察室，配备医师2名、护士2名、司机2名。2022年3月，医院投资33万元，购买康福佳牌监护型急救车1辆，更新急诊急救设备。

2003年以前，化验设备主要有半自动生化分析仪、单目显微镜、离心机、试管、杜波氏比色计、计数板、恒温水浴箱等，能够进行血液、尿液、大便常规等生化项目检查。2003年，化验室扩建，购置全自动血液分析仪，强盛双目显微镜、优利特尿11项分析仪等设备。2010年，化验室更名为检验科，配备迈瑞全自动生化分析仪、全自动血液分析仪、血凝仪、干式免疫分析仪、特定蛋白仪、尿液分析仪、血栓弹力图仪等。

技　术

手术技术　1969年，医院完成首例阑尾手术。1975年，卫生院设备和技术力量加强，开展胃大部切除术等外科手术。20世纪80年代，医务人员整体调整，外科、手术室等科室骨干力量充实到县级医院，支援人员返回原籍，医院手术诊疗水平下降。2002年，医院重新规范手术室布局和管理，派出眼科、外科、妇科业务骨干进修学习，与淄博市第一医院、沂源县人民医院、沂源县中医医院建立长期帮扶合作关系，邀请上级医院专家到院坐诊指导，提高手术技术水平，开展胃大部切除术、肠切除术、四肢骨折固定术、卵巢癌根治术、子宫癌根治术、子宫肌瘤切除术、剖宫产术、白内障手术、青光眼手术等。2021年，医院购置眼科超声乳化仪1台、腹腔镜1台，在淄博市第一医院专家指导下开展眼科超生乳化手术。

口腔技术　2000年，医院成立口腔科，有口腔医师1名，开展拔牙、补牙及根管治疗等业务。2006年3月，购置全电脑牙科综合治疗机4台、洁牙机1台、光固机1台，聘请莱芜钢铁总厂医院口腔科专家坐诊，开展固定义齿、活动义齿修复、拔牙、光固化补牙等治疗，人员增加到4人。2016年之后，更新全电脑牙科综合治疗机3台，引进日本森田根测、机扩，韩国三星口腔全景机、牙固治疗机，德国迪尔牙片宝，扩大诊疗范围。科室共有口腔主治医师2名、执业医师1名、助理医师1名、护理人员2名。

特色专科

康复科　2019年12月，医院建设500平方米康复大厅，规划运动治疗区（PT）、作业治疗区（OT）、中医适宜技术治疗区等功能区域，投资80万元，配备医用跑台、四肢联动、上下肢主被动训练器等现代康复设备。派出4名中医师参加山东省基层医师康复能力提升培训，取得培训合格证书，招聘专业康复技师4人，充实康复治疗团队专业技术力量。临床康复诊疗方案将传统中医适宜技术与现代康复治疗技术有机融合，形成以中医、疼痛、康复多学科联合发展模式。2022年，淄博市第一医院康复专家团队定期到院坐诊带教、技术指导，带动康复科服务水平提升。

2020年7月，建成“沂源县尘肺病康复站”，成为县内首家职业病公益性康复救治单位。完成167名在册尘肺病患者建档随访，累计治疗360人次。康复站在工作中探索总结出“1+2+3”经验模式，2022年，在淄博市尘肺病工作推进会上作典型发言。2023年6月，国家卫生健康委职业健康视察调研暨设备捐赠活动在鲁村举行，捐赠一批先进康复设备；12月，医院通过山东省尘肺病康复站管理运行现场验收。

消化内科　2015年，医院筹备建设胃镜室，派出1名骨干医师到县人民医院胃镜室进修学习。同年，投资60万元，购置奥林巴斯胃肠镜1台，招聘专业医师1名，开展胃镜、肠镜检查项目。2017

年，派出1名骨干护士到县人民医院消化内科进修学习，充实胃镜室人员力量。2018年，在淄博市第一医院消化专家帮扶指导下，开始开展无痛胃、肠镜检查，成为县内首家开展无痛胃、肠镜的乡镇卫生院。

特色项目

2015年，医院国医堂通过“山东省基层医疗卫生机构中医药特色诊疗区（中医馆）服务能力建设项目”评审验收。2016年11月，医院通过一级甲等乡镇卫生院等级评审。2017年，医院作为沂源县推荐乡镇卫生院，先后迎接省、国家“国家基层中医药先进单位”评审专家组现场验收；同年，被评为“山东省中医药文化建设示范单位”。2018年11月，淄博市县域医共体和“互联网+医疗健康”推进会在沂源召开，鲁村中心卫生院被列为现场观摩点。

2021年7月，医院通过国家卫生健康委“优质服务基层行”推荐标准和社区医院评审。2023年，医院通过国家卫生健康委能力建设和继续教育中心专家组“家庭医生临床服务能力建设试点项目”现场验收；完成山东省尘肺病康复站管理运行评估小组对尘肺病康复站管理运行现场评估；通过淄博市卫生健康委“6S管理”现场验收；12月，医院通过淄博市卫生健康委二级综合医院评审，被定为县域医疗次中心。

疾病防控

机构队伍

建院至1990年，该院设防疫组，由卫生院（所）防疫医生、联合诊所工作人员、乡村医生组成，在上级防疫医生指导下，共同承担辖区疫苗接种、传染病防控、爱国卫生运动等工作。1990年12月，组建全民所有制卫生防保站，站长由院长兼任，副站长1人，工作人员4人，全镇共分4个片区，每2人负责一个片区。1998年，防保站并入医院统一管理，医院成立防疫科，有工作人员7名。

2009年9月，医院细化公共卫生科室，重组预防免疫科、卫生监督协管科、妇幼保健科3个科室。单独设置预防免疫科（公共卫生一科）负责疫苗接种、传染病防控、慢性病管理等工作；卫生监督协管科负责居民健康档案、卫生监督协管；妇幼保健科负责妇女儿童保健、查体等。截至2023年末，公共卫生工作人员达到18人。

疫苗接种

1954年，第二区（鲁村）开始对学龄儿童接种白喉类毒素疫苗。1962—1965年，开始使用百日咳、白喉二联制剂。1966年以后，开始使用百日咳、白喉、破伤风三联制剂。1987年，停用白喉类毒素，单用百白破三联制剂。

1978—1994年，域内预防接种模式为分散式，大队（村）卫生室负责疫苗接种并保存儿童接种信息。1995年，建设合格预防接种门诊，结束分散式预防接种模式，开始集中接种。2005年，建成省级示范化预防接种门诊。2016年10月，建成数字化预防接种门诊。2017年10月，徐家庄接种门诊设置为预防接种站。2018年，徐家庄预防接种站合并至鲁村中心卫生院预防接种门诊。

2021年3月，卫生院成立“新冠”疫苗接种队伍，建立流动接种点，采取卫生院接种门诊接种与上门接种相结合的方式，保障“新冠”疫苗接种工作有序进行。截至2023年末，接种“新冠”疫苗总剂次95983次。其中，接种第一剂次33882人、第二剂次32114人、第三剂次29235人、第四剂次752人。2022年，鲁村预防接种门诊建成智慧化预防接种门诊。

2023年，医院各类疫苗接种率100%；加强免疫疫苗接种率98.5%以上；2岁以下儿童每月开展一次查漏补种，共查漏421人次，查漏率100%；6岁以下儿童每季度开展一次查漏补种工作，共查漏373人次，查漏率100%，补种332人，补种率89%。

重要传染病防控

1925年，霍乱大流行，鲁村地区较严重。1952年6—7月，沂源县防疫委员会正式开展霍乱菌苗预防接种，卫生院成立救治小组，配备治疗和预防药品、器材。在流行季节开展副霍乱疫源检查，预防疫情的发生。至1979年未再发现病例。

1960年，鲁村公社白喉流行，发病356例，占全县发病总数的47.3%。从出生11个月到72岁均有发病，以学龄儿童为最多。该院医务人员对患者实施隔离治疗、预防服药、应用中医技术“朱砂巴豆膏贴印堂穴”配合治疗等措施，同时对15岁以下儿童给予预防接种，经2个多月的防治，域内疫情得到控制。

1972年，鲁村公社病毒性肝炎暴发，主要采取开展爱国卫生运动、以中草药为主中西医结合的方法进行预防和治疗。1979年10月，省卫生防疫站肝炎调查组在鲁村公社等3个公社进行抽样调查，共查9个大队、1114人，查出现症肝炎患者16人（占1.43%），可疑病人44人（占3.94%），表面抗原携带者27人（占2.42%）。1987年开始，注射乙肝疫苗进行预防。1995年后，县级以上综合医院全部在新生儿出生24小时内为其接种乙肝疫苗。2002年，乙肝疫苗纳入儿童计划免疫后，新生儿乙肝疫苗接种率保持在99%以上。2009年10月，对全镇1994—2001年出生的1523名儿童实施乙肝疫苗查漏补种工作。截至2011年6月，全镇15岁以下人群乙肝疫苗补种工作全部完成。

2002年11月，传染性非典型肺炎疫情发生后，卫生院组成专业流调队伍入村、入户流调消杀，派驻专人配合县政府统一调配入住“留验站”。

2008年，鲁村镇出现手足口病疫情，医院对全镇0~6岁儿童进行摸排、登记，对学校老师、村医进行防控指南培训，指导托幼机构开展手足口病防控，进行日常消毒、晨午检、因病缺课登记等防控措施。截至2009年末，隔离治疗手足口病病例39例。

2009年，鲁村镇发现甲型H1N1流感病例，卫生院成立工作组，居家隔离管理密切接触人员2人，免费接种甲型流感疫苗4000人份。

2019年底，武汉发现新型冠状病毒肺炎病例，“新冠”肺炎疫情防控期间，医院共流调管理武汉返乡人员90人次，其他疫区返乡人员650人次。派出医务人员完成紧急支援，隔离点、交通道路卡口值守，采样、检测等防控任务，累计派出医务人员360人次。

公共卫生

2007年11月—2010年10月，山东省在中西部农村8个县实施由卢森堡政府资助、世界卫生组织提供技术支持的卢森堡—世界卫生组织—山东省农村卫生人员培训与慢病控制项目，其中鲁村镇王村、南官庄村被列为项目实施点，是社区卫生服务的雏形。

2009年7月，正式实施国家基本公共卫生服务项目和重大公共卫生服务项目，由乡镇卫生院、村卫生室共同承担基本公共卫生服务任务，村卫生室接受乡镇卫生院的业务指导。主要服务项目有居民健康档案管理、65周岁及以上老年人查体、高血压患者和2型糖尿病患者等重点人群管理，老年人和重点人群每年接受1次健康检查和4次面对面随访。

2011年，开始实行电子健康档案管理。2017年，鲁村镇全面开展家庭医生签约服务工作，组建18个家庭医生签约团队。2023年，鲁村镇居民健康

卫生部疾病预防控制局副局长孔灵芝（左一）到鲁村镇福安官庄村第二卫生室（原南官庄村卫生室）指导工作（2010年）

档案建档5.5万人，建档率93.3%；管理高血压患者5898人、糖尿病患者2413人，任务目标完成率均为100%；管理严重精神障碍患者503人、肺结核患者15人；健康管理孕产妇224人、0~6岁儿童2925人；各类疫苗接种率、加强免疫疫苗接种率均达到指标要求；家庭医生签约37663人，签约率68.4%；针对失能人员和就医不便人员开展家庭医生送医上门精准服务，累计入户203户；升级老年人健康查体设备，完成8024名65岁及以上老年人健康查体工作。连续开展“淮河流域癌症早诊早治项目”，农村妇女宫颈癌、乳腺癌筛查等重大公共卫生项目，其中胃癌筛查512人，发现阳性病例4例。

妇幼保健

20世纪50年代，沂源县开始兴办农业社保健室，推广新法接生，医院承担新法接生的推广、培训职责，保障母婴健康。

1979年，部分村级卫生室设置妇产室，推广新法接生，降低新生儿破伤风和产褥热发病率。同时开展妇女劳动卫生保健、围产期保健、计划生育和优生优育宣传等工作。1985年后，农村孕妇均到镇卫生院或县级医院生产。1984年，医院妇产科承担鲁村镇及周边莱芜、黄庄、徐家庄等乡镇的接生工作，每年分娩700人次。

2004年，医院开展剖宫产、妇科手术，每年开展剖宫产手术100人次，妇科手术300人次。2009年9月，妇产科开始承担公共卫生服务职责，主要负责孕产妇、儿童健康查体。2011年10月，全县乡镇卫生院统一停止分娩工作，妇产科工作人员专职公共卫生工作，兼顾妇科门诊。

2012年5月，医院对公共卫生科室进行调整，妇产科重组为公共卫生三科（妇幼保健科），工作重点由临床诊疗转为妇女、儿童保健，同时建立儿童保健查体室；8月，开始开展妇女“两癌”筛查工作，妇产科承担全镇适龄妇女宫颈癌初筛任务。2015年，妇女“两癌”筛查工作模式升级，由县妇幼保健院负责初筛工作，乡镇卫生院负责做好宣传发动等协助工作，累计开展宫颈癌、乳腺癌筛查10000人次。

2014年8月，徐家庄卫生院妇幼保健工作人员合并到鲁村中心卫生院，妇幼保健科人员得到充实。2017年，医院筹备重设妇科门诊，发展妇科业务。2021年，独立设置妇科、妇幼保健科。妇科主要开展妇科常见病诊疗，先后开展臭氧治疗、乳腺理疗、盆底肌修复等新技术新项目；妇幼保健科主要承担辖区内孕产妇健康管理、产后访视、高危孕产妇转诊随访以及儿童健康管理、健康查体等工作。

2023年，医院共管理孕产妇224人，早孕建册220人，产后访视224人，产后访视率100%，管理高危孕产妇58人，管理随访率100%；新生儿访视224人，辖区内访视率100%。0~6岁儿童健康管理2905人，进行0~6岁儿童眼保健及视力筛查2905人次，0~6岁儿童健康管理率及视力筛查率98.91%；0~3岁儿童中医药健康管理764人，中医药管理率88.83%。

中医中药

中医旧事

新中国成立前，域内11处有堂号的中医药堂，分别为：尚守春开办的保舒堂（1902—1915）、张瑞符开办的德兴堂（1939—1955）、郑玉函开办的广济堂（1939—1955）、于仁安开办的保安堂（1941—1947）、刘新亭开办的益生堂（1942—1955）、刘道三开办仁述堂（1902—1940）、唐瑞祥开办的正新堂（1907—1935）、刘道星开办的慎述堂（1911—1950）、唐建策开办的延益菊（1938—1947）、王相武在乐村开办的积善堂、赵凤娄在凉泉开办的中益堂。另外，在杨庄和安平开设2处村联社药股，开办人分别为孙志森、元宗祥，开办时间分别为1941—1947年、1944—1949年。

除以上有堂号的中医药堂外，还有26处没有堂号的中医药堂，由当地知名中医大夫坐诊，分别为：王村的王太东、齐作池，崮山村的齐立彦，草埠村的李之明、张德新，姬家峪村的侯显德，西坡村的袁荣毅、崔永吉，西官庄村的崔明德，刘家石沟村的刘学俭，唐家沙沟村的崔友堂、唐学锡、唐学德，南官庄村的丁念胜，石门村的李玉森，西官庄村的崔明德，西五陡村的穆若坤，徐家庄村的亓历芝，小张庄村的李稼祥、王兰芳，贾庄村的王登贵、刘昌龙，月庄村的崔京涵、崔成仁、崔庆云、王庆尧，于家石沟村的于学胜。

国医堂

建院伊始，该院已设置中医门诊，开展中医诊疗服务。1950—1955年，县人民政府卫生科对新中国成立前中医药人员进行调查登记，并将其中一部分人吸收到全民或集体医疗单位工作，在这个契机下，董宗彭等人合并到卫生所从事中医工作，充实卫生所中医力量。

2011年，鲁村中心卫生院成立国医堂，为县内首家成立国医堂的乡镇卫生院。国医堂最初设置2个中医门诊、中医综合治疗室、熏蒸室、艾灸室、针刀治疗室、中药房、煎药室等，有中医师5人、中药师2人，配备中医定向透药治疗仪、熏蒸床、艾灸床、颈椎牵引治疗椅等设备，能够开展针刺、针刀、熏蒸、牵引、艾灸等8大类36小类中医治疗技术，年中医门诊量1.7万人次。

2017年，国医堂升级改造，门诊由2个增加到3个，设置独立中医病区，开放床位30张，配备护士3人。截至2017年末，国医堂医务人员增加到16人，其中医师9人，护士4人，中药专业技术人员3人，年门诊量2.3万人次，住院患者640人次。同年，被县卫计局确定为“中医适宜技术培训点”，在辖区内开展培训、讲座、义诊，推广中医药适宜技术，弘扬中医药文化。

2019年8月，国医堂成立“国家名老中医药专家陶凯工作室”；12月，依托国医堂成立康复科，建设康复大厅，配备现代康复设备，开始开展基层康复诊疗项目。2021年，与县中医医院签署合作协议，成为县中医药专科联盟医联体成员单位。2022年，与县中医医院联合挂牌成立颈肩腰腿痛诊疗康复站。淄博市第一医院、北大医疗淄博医院专家团队专家定期坐诊、带教，提升国医堂中医药服务能力。2023年，医院承办“鲁中针刀医学学术会议”，市内外100名中医同仁参会交流。

截至2023年，医院共有中医类别执业（助理）医师12人，其中主任医师1人、副主任医师3人、有临床“西学中”医师6人、康复技师4人、中药专业技术人员5人。培养省、市级名中医4人，建设名中医工作室3个。

村卫生室

村医队伍

新中国成立前，域内百姓看病主要到私人开设的药铺药店，大多数药铺药店以中医中药为主，其中有堂号的中医药堂11处，没有堂号的中医药堂26处。1930年前后，西医诊疗传入域内，当地人冯伯公开设“平民药店”，应用西医西药治疗常见病，是县内较出名的西医诊所之一。

人民公社化后，建立大队卫生室，由公社卫生院负责培训各大队卫生员，卫生员不脱产，按天记工分。采取自采自制中草药，中西医结合，利用偏方、验方治病，主要承担本大队社员小伤小病的处理、预防接种、除“四害”讲卫生、农村“两管五改”等工作。部分大队设置妇产室，配备新法接生员，推广新法接生，降低新生儿破伤风和产褥热的发病率。

1970年，全县兴办农村合作医疗，生产大队卫生员改称为“赤脚医生”，开展“三土四自”（三土为土方、土法、土药，四自为自采、自种、自制、自用中草药），使用一根针一把草，做到小伤小病不出村，危重病人不耽误。

1979年2月，沂源县对全县“赤脚医生”进行考核发证，实现持证上岗。

2023年，全镇共有在岗村医108人（含在编村医11人），其中60岁以上32人，占29.6%；50～59岁48人，占44.4%；40～49岁21人，占19.4%；40岁以下7人，占6.4%。乡村医生中具有执业助理医师证（包含全科执业助理医师）及以上36人，具有乡村医生证书72人，承担村级常见病、多发病的诊疗及基本公共卫生服务等工作。

村级机构

1955年，沂源县开始兴办农业社保健室。1958年，人民公社化后改称为大队卫生室，鲁村公社有68个生产大队、68处大队卫生室；徐家庄公社有19个生产大队、19处大队卫生室。

1970年，开始普及农村合作医疗。其中徐家庄乡开展较好，21个大队全部开展农村合作医疗；鲁村公社有62个大队开展合作医疗，占比86.1%。1982年，农村落实生产责任制，合作医疗形式也发生相应改变，开始向承包责任制转化，社队合作医疗随之结束。这个时期，村级卫生机构经营形式有4种：一是经济较好的村，仍由集体办；二是将原卫生室的药品折价给乡村医生，由个人保本经营；三是由乡村医生联合承包或个人承包，向村里提交部分收入；四是个人保本吃利，村里给予一定补助。

1983年，县卫生局对村卫生室进行整顿，规范对村卫生室的监督和管理，每年进行两次卫生室工作考核。鲁村分院承担对乡村医生的业务培训与技术指导职责，并与卫生室签订防疫合同。1985年，整顿后的卫生室做到工作有制度、看病有登记、取药有处方、收费有单据，药价、收费标准明码上墙。

1987年，县卫生局对村卫生室进行考核验收，将村卫生室分为甲、乙、丙3个等级，鲁村有甲级村卫生室10处。村医自觉参加培训、继续医学教育，提高医疗服务水平。2006年，新型农村合作医疗在该镇部分村进行试点，定点为“新农合”医疗服务的村卫生室38处。2007年，新型农村合作医疗工作全面推开，村民参保率达100%。

2008年，落实省卫生厅、省财政厅《关于加快提升村卫生室服务能力的意见》，按照“三室一房，面积不低于80平方米”的标准，改建、新建村卫生室。鲁村镇列入规划的村卫生室25处，两年全部完成并达标。

2018—2021年，全县统一开展卫生室标准化建设，从卫生室面积、内部设置、仪器设备、药品配置、人员资质等各方面对卫生室进行规范建设及达标验收。草埠三村中心村卫生室创建为省级规范化卫生室，西南峪村中心村卫生室、邢家庄村卫生室、王家坪村卫生室等评为市级规范化卫生室，其他卫生室均达到县级规范化卫生室标准。

2021年，以财政出资，村委出地，产权归卫生院使用的形式，建设中心村卫生室。截至2023年末，鲁村镇共建设中心村卫生室20处，总量占全县的近五分之一。每个中心村卫生室均做到四室分开，开通智慧医疗远程会诊，配备心电图、除颤仪等设备，选配本村或就近村庄业务能力较强的村医坐诊，填补空白村医疗服务短板。

2022年，村卫生室按照五星、四星、三星3个等级进行评定。通过卫生院自评、初评和县卫生健康局组审核，评定鲁村镇五星级卫生室20处，四星级卫生室29处，三星级卫生室34处。

2023年，鲁村镇共有行政村67个，村卫生室89处，其中中心村卫生室20处。一村一室的30个，一村多室的24个。开展村卫生室标准化建设和动态评价管理工作，初步评定A级村卫生室25处、B级村卫生室32处、C级村卫生室36处。

卫生往事

具有革命传统的中医世家

在革命老区沂源，有一个四代传承的中医世家。太祖辈以行医卖药作掩护，投身革命工作，为中共地下党、八路军服务，为中华民族解放和新中国卫生事业建设作出过贡献。后致力中医事业传承，以扎实的中医功底和丰厚的辨证施治经验带徒传教，在带徒多人的同时，注重子孙继承中医，先后带教儿辈和孙辈，代代相传，形成了祖、儿、孙、曾孙四代中医传承梯队，成为具有光荣革命传统的中医世家。

王俊岩（1891—1969） 字太东，祖籍莱芜县苗山乡北柳子河村。1935年，徙居蒙阴县鲁村区土门村，1938年，定居鲁村王村。先生早年习医，并参加革命工作，行医60年，终生研习，成为沂源县著名老中医。先生思想进步，医德高尚，深受群众爱戴，得到党和政府重视。新中国成立后被选为沂源县政协常委，县、区多届人民代表大会代表。

少壮立志，习医济世。先生出生于泰莱山区贫寒劳动人民家庭，自幼聪颖。靠父兄集微薄之收入读书，先入乡塾，后考入鲁西书院，熟读五经，尤善诗文。上学期间，先生目睹山区群众缺医少药，贫病交加之现状，立志攻读医籍，以医济世。此后，投师淄博名医阚伯阳，靠名师指教，攻读中医经典，并悉心临床。经多年临床实践，对张仲景的《伤寒杂病论》《金匮要略》《医宗金鉴》等古籍，深有研究，运用自如。先生行医乡里，医术精湛，乐善好施，凡贫苦群众求诊，有求必应。其高尚医德，名扬四方乡里，在莱芜苗山，沂源鲁村、草埠、土门、燕崖，临朐九山一带，均有盛名。

投身革命，送子参军。七七事变前，先生在原籍半农半医。因父母去世、兄弟病亡关东，家境贫困，1935年，经人介绍到蒙阴县土门一带行医维生。1938年，王村教师齐立堂在土门事教，先生与之密交。两人愤慨封建剥削制度，忧虑国难当头。时国民党军沈鸿烈、吴化文部驻扎在鲁村一带，横行乡里，杀掳百姓。共产党员齐立堂以教师身份做地下工作，组织先生以小药铺为掩护，了解敌情，收治革命同志。先生自此投身革命，为我八路军服务，精心救治伤病员，结识当地一批有影响的革命同志，受到革命思想的教育和斗争锻炼。经齐立堂介绍，先生移到王村、草埠开小药铺，继续为我八路军服务。此间，草埠伪乡长、国民党特务连长李之沂勾结国民党团长杨成章(后被抗日民主政府处决)，以勾通八路之罪名，关押先生15天，罚粮2000斤。先生宁死不屈，掩护了同志。在革命思想熏陶下，先生忧国家之命运，1939年8月，毅然将长子王希尧送到八路军苗山区基干民兵团参军，后又送转到“国民革命军第十八集团军山东纵队第四支队后方医院附属一所”工作。在抗日战争和解放战争时期，先生以医疗为职业，积极为共产党和八路军服务，广泛采集中草药，炼制膏丹丸散，利用土单验方，精心救治伤病员，作出显著贡献。此间，共产党和八路军的许多干部，如齐立堂、刘启奎、张学伟等同志，都与先生交往甚密，结下了深厚的革命情谊。

救死扶伤，为民造福。新中国成立后，先生积极响应党的号召，组织联合诊所，先后在鲁村区所属的鲁村、王村、西坡等卫生所工作，专事中医诊疗，并发动群众，开展卫生防疫。先生医德高尚，性格豪爽，为人忠厚，不求名利。先生常说：“医者当以救死扶伤为己任，不得求财谋利。贵贱贫富，普同一等，乃医者之德。”早年先生开业，每遇穷苦危重病人，不收药费，舍钞以济贫。1945—1947年，鲁村、莱芜一带疟疾流行，先生采集中草药制成疟疾丹，免费为民医病。先生还常说：“人之患病不分时，医者治病亦不得分时。”凡病急求医者，先生不问昼夜寒暑，饥渴劳累，总以济世活人为先。常披星戴月，走乡串户，足迹遍及乡里，远及上百里。20世纪60年代中、后期，沂源县内“小三线”工厂蓬勃发展，来自全国各地的工程技术人员，闻先生之名，成批结伴地来找先生看病，3名药工包药都忙不过来。来自国营山东第一机械厂、国营山东第二机械厂、山东东风化肥厂、国营山东红旗机械厂的就诊者居多。先生终前患病卧榻年余，求诊者仍络绎不绝。先生或卧床诊脉处方，或跪床看病施治，病者及家人无不感动不已。故多人赞颂曰：“先生济世活人，德高望重，为人行善一生而瞑于世，谁能忘先生之恩德!”

编著医籍，精心带徒。王太东生前勤奋好学，平时常做读书、临床笔记，整理医案，积累经验。曾整理、编辑医案数十册（“文革”中部分散失）。先生后半生为临床和带徒所需，在医疗闲暇编著医籍多部，有《重订胎产方书》《丸散良方》《四诊要诀》《女科要旨》等书，并亲手以清秀的毛笔小楷抄写成册，供临床所用，发给每位徒弟学习参考。先生之遗著，纲目清晰，文辞流畅，内容丰富，总论及各论皆通俗易懂。所著医籍，皆附有大量方剂和医案举例，并有亲身的经验体会。如先生遗著《重订胎产方书》，即为理论与实践经验结合之精华，曾几易其稿而成书定名。该书中论述了经带崩漏和产前三十三症、产后五十六症的理、法、方、药，附有经验良方251个，医案83例。

先生为中医学术经验后继有人，以传承为己

任，对子孙耳濡目染，言传身教，教两个孙子从小就背《汤头歌》《药性赋》，循序渐进，临症指教。先生先后带徒8人。这些子孙和徒弟，在革命战争年代和新中国成立后的社会主义建设中，为救死扶伤、传承中医药学术经验、教书育人，作出过重要贡献。

地段医院的搬迁往事

1952年7月—1984年12月，鲁村公社卫生院历经过从鲁村公社驻地到草埠村、从草埠村搬迁回鲁村的辗转，缘于地段医院建设规划。

20世纪50年代中期，山东省临沂专区卫生行政部门决定在县级行政区域内建设部分地段医院，并在设备、资金、技术力量配备等方面重点扶持。地段医院设置的标准之一是与另一医院间隔20公里以上。从1952年7月成立二区卫生所至1968年5月，卫生院的地址先后在鲁村老街关帝庙大殿、鲁村东门里路北铁木业社旧址、鲁村东门里路南炼铁厂旧址3个地方。

鲁村公社卫生院因为距离县城的医院不足20公里，县政府（人民委员会）决定将鲁村公社卫生院搬迁到草埠村，建设新院，作为地段医院。

在新征土地上建设一处医院，并实施设备设施的搬迁，鲁村公社卫生院面临着很大困难，在当时物资匮乏的情况下，县卫生行政部门和鲁村公社革委给予全力支持，卫生院干部职工响应党的号召，以“党指向哪里，我们就去哪里”的主人翁精神投入到新院建设中。省、地区、县拨给卫生院建设搬迁费2万元和部分建设用木料。工程从1968年5月开工，10月竣工，鲁村公社卫生院迁入并开展诊疗业务。新院占地面积7004平方米，建筑面积1100平方米，有门诊用房17间、病房6间、办公室6间、职工宿舍12间。曾经在鲁村公社卫生院（草埠）工作过的王本记感慨地说：“1971年转业后，安排到鲁村公社卫生院，已经过去50多年了，回想起来，那个时候卫生院院区还在草埠村，沿路走到村头能看到没有院墙的三排平房，就是鲁村公社卫生院。”

建设地段医院后，上级分配给卫生院大、中专毕业生12人，县人民医院对口帮扶鲁村卫生院，下派了多名外科、内科、妇产科、影像科等专业的医师，依托山东省的支援帮扶政策，分配1名青岛支援医师，医院职工达到60余人。“那个时候，很多职工都住在医院里，有更多的时间在门诊和病房。工作之余，医院的中医最喜欢和新分来的年轻大学生凑在一起，学习他们西医方面的理论知识，交流业务。”时隔多年，王本记对鲁村公社卫生院的往事依然历历在目。

随着业务的发展，临床用房逐渐紧张，卫生院在院中空地又加盖了一排平房，设置内科、中医科、外科、妇产科、防疫科、检验科、放射科等，建设了手术室，临床科室健全。在上级医院医师的带动下，外科成为鲁村公社卫生院（草埠）的优势学科。1969年，完成了第一例阑尾炎手术。

王本记（左二）在鲁村卫生院（草埠）讲授人体解剖知识（1972年）

20世纪80年代初，草埠煤矿开发，草埠村及附近区域成为矿区，为防止塌陷，卫生院面临再次搬迁。1984年，鲁村公社医院由草埠搬迁回鲁村。新院址在莱(芜)马（站）公路的南侧、鲁村西河桥东，即鲁村中心卫生院现址。临沂矿务局拨给搬迁建设费20万元，卫生院新征地8604平方米；7月，开工建设；11月底，建成业务用房32间、职工宿舍43间；12月，开诊。

山东省农村卫生人员培训与慢病控制项目

2007年11月，山东省在中西部农村8个县启动卢森堡—世界卫生组织—山东省农村卫生人员培训与慢病控制项目，由卢森堡政府资助、世界卫生组织提供技术支持。鲁村镇王村、南官庄村被列为项目实施点。

项目组刚进驻入村时，乡村医生第一次听说"慢病"这个称谓，更不用说普通村民。国外专家从最基本的理论知识开始，对乡村医生进行培训，指导怎样开展慢病筛查和防控，对村民开展科普知识宣传，让老百姓了解什么是慢病、慢病的危害、生活中怎样预防。起初，老百姓从内心里排斥，他们认为吃饭香、有力气、能下地干活就是健康。健康观念的转变是一个漫长的过程，专家组开始指导乡村医生入户走访，免费测量血压、血糖，发放限油壶、控盐勺，不断向老百姓灌输健康保健、减盐控油、监控血压血糖等知识。慢慢地，老百姓不再排斥，专家组指导乡村医生对全体村民进行一次筛查，其中，南官庄村筛查出高血压患者260人、糖尿病患者60人。

收集到最初数据，专家组又给乡村医生安排新课题：建立慢病患者健康档案，开展跟踪随访、健康指导和讲座。乡村医生开始往返穿梭在村内大街小巷，往往会为了找一个患者，从村东跑到村西。南官庄村乡村医生回忆起第一次为村民宣讲，虽然提前跟专家学习宣讲重点和方法，但是第一次面对这么多乡里乡亲，还是紧张卡顿，随着宣讲次数增加，乡村医生慢慢成为健康宣讲专家。

2010年，国家卫生部、省、市领导到试点村对卢森堡—世界卫生组织—山东省农村卫生人员培训与慢病控制项目开展成果进行现场调研。试点村村民对慢病有了一定的了解，随口就能说出一些防控小知识，慢病患者能够定期监控、科学服药、减盐控油、不吸烟等自我管理。2011年秋，世界卫生组织驻华代表团对试点村进行现场验收。试点村积累的工作经验，为全面推开国家基本公共卫生服务打下基础。

大事记

1968年　3月，鲁村卫生院由鲁村老街北面关爷庙迁至莱马公路北侧，建筑面积130平方米，房屋8间。

1968年　5月，在草埠建地段医院，占地面积12.9亩，建筑面积1100平方米。10月竣工。

1971年　沂源县政府拨款对徐家庄乡卫生院进行基础建设。至1990年，卫生院占地6亩，建筑面积985平方米，开设床位20张。

1984年　医院由草埠迁回鲁村，院址在鲁村西河桥东，莱马公路南侧，占地12.9亩，病房17间，宿舍43间，办公及后勤用房15间。

1986年　该院被临沂市评为"临沂地区文明单位"。

1989年　10月，该院在原址北侧征地5.49亩，投资40万元，建设门诊楼1座，建筑面积1504平方米。

1991年　徐家庄乡政府出资12万元，为徐家庄乡卫生院建设10间病房。

1995年　淄博市卫生局为徐家庄乡卫生院捐赠日本岛津B超机1台，卫生院增加B超检查项目。

1997年　4月，徐家庄乡卫生院建设病房楼，总建筑面积860平方米，开设病床15张。

1998年　所有防保站并入医院统一管理，该院成立防疫科，承担相应工作。

2002年　鲁村中心卫生院与淄博市第一人民医院、沂源县人民医院、沂源县中医医院建立长期帮扶合作关系，邀请上级医院外科、妇科、眼科专家到院坐诊指导。

2005年　淄博矿务集团为徐家庄乡卫生院捐赠200毫安X光机1台，B超1台。

2008年　鲁村中心卫生院在门诊楼北侧建设综合楼1栋，建筑面积1700平方米。

2009年　鲁村中心卫生院设置内科病区，综合门诊（内科）正式开始收治住院患者。

2011年　鲁村中心卫生院被山东省卫生厅、山东省中医药管理局评为“山东省中医药特色乡镇卫生院”。

2013年　9月，徐家庄乡卫生院投资25万元建设180平方米周转房。

2016年　3月，鲁村中心卫生院投资18.4万元对病房楼进行内部装修改造。

2016年　鲁村中心卫生院与山东大学齐鲁医院建立心脏远程实时监测合作。

2016年　与县人民医院、县中医医院建立医疗联合体。

2017年　被山东省卫生和计划生育委员会、山东省中医药管理局评为“山东省中医药文化建设示范单位”。

2018年　7月，与县中医医院成立医共体，成为沂源县中医医院鲁村分院。

2018年　9月，医院投资28万元，对门诊楼内部进行重新装修，改善就诊环境。

2018年　被国家卫生和计划生育委员会评为“全国群众满意的乡镇卫生院”。

2022年　被山东省爱国卫生委员会评为“山东省卫生单位”。

2022年　投资3389万元，建门诊综合楼，占地面积1.86亩，建筑面积8917.78平方米。

卫生篇——

大张庄中心卫生院

扫码听书

记忆沂源·卫生健康卷

概　况

大张庄中心卫生院始建于1953年，位于大张庄镇政府驻地，是一所集医疗、预防、保健为一体的综合性一级甲等公立医院。该院占地面积2162平方米，建筑面积2664.68平方米，承担辖区3.6万人口的基本医疗和基本公共卫生服务工作。2017年，与县医院组建医共体。2017年10月，成立淄博市“120”急救点。2018年，一级甲等乡镇卫生院评审通过。

该院有16个业务科室和内科、外科2个住院病区，开放床位数50张。有职工78人，其中卫生专业技术人员73人（副高级职称12人，中级职称12人）。辖区内44个行政村有45个村卫生室，其中有12个是中心村卫生室。

机构沿革

1953年，上级拨款3100元，在张庄老街官井附近建立第五区卫生所，有草房5间，工作人员3名。1957年，原供销系统医联社并入区卫生所。1958年秋，在区卫生所基础上成立张庄公社卫生院，位于张庄村西（农机修配厂现址），有草房12间，占地面积1.2亩，人员增至8人，分中医、西医、妇产3个科室。1966年，经临沂行署卫生局批准被确定为地段医院；12月，迁往张庄西沟前坡山梁上（现老医院旧址），占地14亩，建瓦房50间（病房、门诊、宿舍），建筑面积1000平方米。

1967—1968年，建立7处小卫生所。1972年，张庄公社卫生院更名为沂源县人民医院张庄分院。

1986年，张庄分院更名为沂源县大张庄中心卫生院。有行政业务科室18个，设病床50张，建筑面积3447平方米。

2002年6月，卫生院迁至沂蒙路36号原农行办公楼，改造装修成现在卫生院的门诊病房综合楼。设内科、外科门诊、中医科、病房、手术室、口腔科、放射科、化验室等医疗业务科室。

大张庄中心卫生院历任主要负责人

机构名称	姓名	职务	任职时间	备注
五区卫生所（1953—1958）	丁忠祥	所长	1953—1958	
张庄公社卫生院（1958—1972）	宋作诗	副院长	1958.08—1958.11	主持工作
	齐元书	副院长	1958.11—1963.11	主持工作
	刘云山	院长	1963.11—1972	
沂源县人民医院张庄分院（1972—1986）	刘云山	院长	1972—1973.12	

张庄公社卫生院原貌（1966年）

沂源县人民医院张庄分院职工合影（1984年元旦）

续表

机构名称	姓名	职务	任职时间	备注
沂源县人民医院张庄分院（1972—1986）	宋作诗	院长	1973.12—1977.12	
	宋修文	院长	1977.12.—1981.03	
	杜泗奎	院长	1981.03—1982.10	
	张元清	院长	1982.10—1984.10	
	张大川	院长	1984.10—1986.12	
大张庄中心卫生院（1986—）	崔学亮	院长	1986.12—1988.06	
	刘维玉	院长	1988.06—1990.08	
	刘希平	院长	1990.08—1998.12	
	赵树国	院长	1998.12—1999.12	
	王　谦	院长	1999.12—2000.03	
	李可成	院长	2000.03—2002.03	
	刘乐华	院长	2002.03—2006.03	
	杜池丽	院长	2006.03—2012.04	
	毛永国	院长	2012.04—2014.11	
	郭守军	院长	2014.11—2017.07	
	齐元兵	院长	2017.07—2024.10	
	李敦全	院长	2024.10—	

党组织

1966年，成立党组织，有中共党员6人，苗永福同志任党支部书记，隶属于张庄公社党委。主要负责该院党组织建设，职工思想政治工作。

截至2023年，全院有中共党员27人。

大张庄中心卫生院党组织历任主要负责人

机构名称	姓名	职务	任职时间
张庄公社卫生院（1958—1972）	苗永福	党支部书记	1966.08—1972
沂源县人民医院张庄分院（1972—1986）	苗永福	党支部书记	1972—1974.12
	王延琪	党支部书记	1974.12—1975.03
	房成英	党支部书记	1975.03—1978.12
	宋修文	党支部书记	1979.01—1981.10
	杜泗奎	党支部书记	1981.10—1982.03
	张元清	党支部书记	1982.10—1984.10
	张大川	党支部书记	1984.10—1986.12
大张庄中心卫生院（1986—）	崔学亮	党支部书记	1986.12—1988.06
	刘维玉	党支部书记	1988.06—1990.08
	刘希平	党支部书记	1990.08—1997.12
	赵树国	党支部书记	1998—1999.12

续表

机构名称	姓名	职务	任职时间
大张庄中心卫生院（1986—）	李可成	党支部书记	1999.12—2002.12
	刘乐华	党支部书记	2003.01—2006.03
	杜池丽	党支部书记	2006.03—2012.04
	毛永国	党支部书记	2012.04—2014.11
	郭守军	党支部书记	2014.11—2017.07
	齐元兵	党支部书记	2017.07—2024.10
	李敦全	党支部书记	2024.10—

队伍建设

1953年，全院有3名医务人员，其中院长兼医士1人、医士1人、会计1人。1958年，张庄公社卫生院成立，人员增至8人，其中院长1人、医士2人、会计1人、护士2人、药剂员1人、公务员1人，除1名护士受过短期培训外，其余人员未经过系统学习。

1966年12月，先后有12名大、中专毕业生分配到张庄公社卫生院，技术力量大为加强，各类科室也相继建立健全，人员总数增至49人。1969年12月，按照“六二六”指示，从青岛下放到沂源县8名医务人员。其中，青岛市市南第二医院1名内科医师到张庄公社卫生院工作。

1975年，重点加强乡镇医院建设，配备3名外科大夫、1名麻醉医师开展外科业务。1977年，毕业于山东医科大学的常向东、江自瑞夫妇分配到该院。同年，军转干部6人（3对夫妻）分配到张庄分院。成立口腔科，有3名医师，开展拔牙、补牙、镶牙及眼耳鼻喉科常见病。1978年，苏宝云在上海医科大学毕业后到大张庄分院内科工作。当年，大张庄分院达到职工62人，其中卫生专业技术人员48人。

20世纪80年代，由于充实上级医院、老职工退休和外籍人员调回原籍，张庄分院职工总数减少，技术力量有所下降。

20世纪90年代，上级主管部门采取一系列措施控制基层卫生技术人员“逆向流动”，初步稳定基层卫生人员队伍。医院先后选派10名职工到上级医院进修，医院业务技术骨干基本维持原状，人员和80年代末持平，保持在35人。

职工人数表（1990—1996）

年份	职工数（人）
1990	21
1991	23
1992	25
1993	26
1994	28
1995	29
1996	34

2007—2009年，2名大学本科毕业生进入该院工作。2018年，医院职工55人。

2018年，选派4名医师到市、县级医院进修学习，进修学习完成后成为该院相关学科带头人。

2023年，全院职工总数78人，其中卫生专业技术人员73人。编制内员工48人，其中正高级职称1人、副高级职称12人、中级职称12人，大学专科及以上学历48人；注册护士26人，执业医师17人，执业助理医师8人。

医疗技术

设 备

1953年建院初期，器械设备极为简陋，只有1个小煮锅和几把剪刀、镊子。1963年2月，配有能开展一般外科手术器械设备，包括开胸器、血管钳、卵圆钳、腹壁拉钩、大碗、小碗、弯盘以及吸引器等。

1963年10月，购置1台30毫安X光机，开展胸腹透，用于临床放射诊断。1978年，添置1台功能较全的50毫安X光机，具备透视、四肢、胸部拍片、做头颅平片功能。1983年，购置1台200毫安X光机，放射诊断实现换代升级，功能更齐全，包括透视、拍片、胃肠钡餐等。2012年，添置1台日本岛津500毫安X线诊断机，开展胆道造影、肾盂造影、支气管造影、胃气钡双重造影等，再次提升医学影像水平和诊断质量。2016年，购置DR（第二代数字化拍片系统），开启医学影像诊断质量数字化时代。2020年，购置C臂1台。

1966年，医院配备单目显微镜，开展血细胞计数、尿液有形成分和大便有形成分检测，满足患者常规检验需求。2007年，购置1台血凝仪。2008年，购置1台半自动生化分析仪。2011年，购置1台全自动血细胞分析仪。2013年，购置1台科华全自动生化分析仪。2018年，购置1台迈瑞全自动化学发光分析仪，提升临床实验诊断水平。

1977年，购置油泵式牙科椅1台，简易治疗椅1台。开展拔牙、补牙、镶牙、口腔常见病、多发病及口腔美容手术。1990年，购置综合治疗椅1台，开展口腔内科、口腔颌面外科等业务。2017年，购置种植综合治疗椅2台，开展无痛性根管治疗、牙周病、复杂牙阻生齿治疗、正畸、儿童龋病治疗与预防等业务。

1987年，购置1台四川绵阳产A超机，用于临床诊断。2000年，投资5万元，购置1台日本阿洛卡B型超声诊断仪，开展腹部超声诊断。2008年，添置1台迈瑞黑白B超诊断仪，开展小器官探查诊断。2010年，购置1台迈瑞D-3彩色超声诊断仪，开展腹部超声及浅表脏器的超声诊断。2018年8月，县人民医院赠与奥林巴斯V70胃肠镜1台，开展胃肠镜检查业务。

2020年，投资90万元，购置彩色多普勒超声诊断仪1台，开展心脏及四肢血管超声诊断。2022年8月，购置美国GE16排螺旋CT1台。2023年，3210人接受优质便捷诊疗服务，致使医院诊疗水平迈上新台阶。

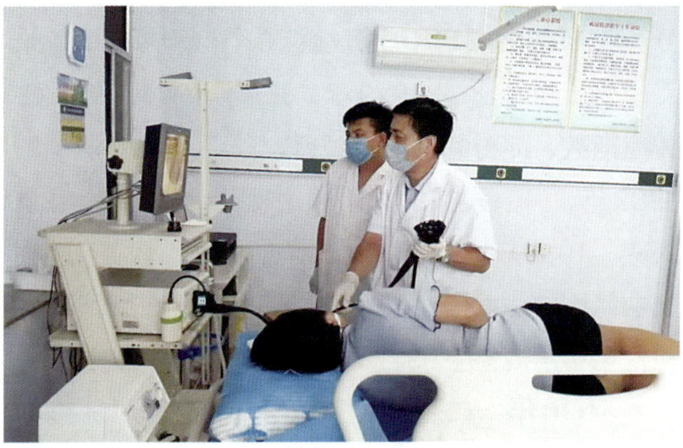

沂源县人民医院赠送的奥林巴斯V70胃肠镜（2018年）

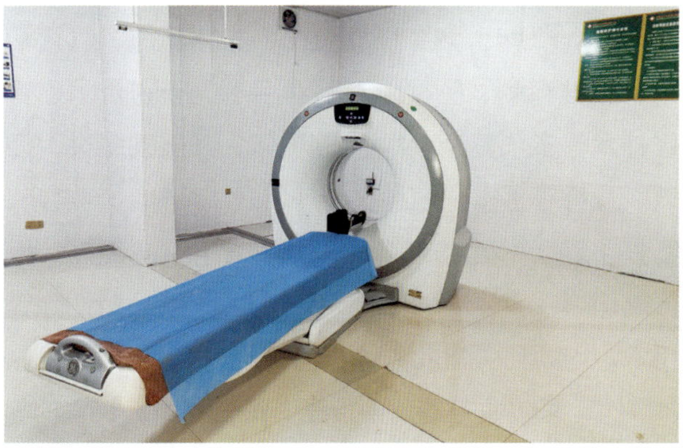

美国GEX射线计算机体层摄影设备（CT）（2022年8月）

技 术

内科技术 20世纪50年代，张庄公社卫生院内科诊疗技术处在起步阶段，发展缓慢。建院初期只设西医门诊、西药房、治疗室、观察室（设简易观察床5张）和消毒室，仅对常见病、多发病做一般处理，遇到疑难复杂病症转往沂水县医院和莱钢医院。1954年9月，开设病床收治住院病人。1958年，抽调人员组成巡回医疗组，挑着药箱到各生产队进行巡回诊疗。20世纪50年代末，年度门诊量达1.5万人次，出院病人330人次。1960年，中医成为独立科室，中药房相继成立，中医门诊人次达到4900人，用大黄、芒硝、枳实等治疗肠梗阻；灯芯草、钩藤、金银花、水牛角等治疗无名高热；中西医结合治疗乙型脑炎。20世纪60年代，在沂水县医院和沂源县人民医院的帮助下，诊断符合率、治愈率、病床使用率逐年增高，死亡率逐年降低。破伤风、麻疹、中毒性痢疾等疾病抢救治疗成效显著。

20世纪70年代，成功抢救流脑、乙脑、病毒性痢疾、食物中毒、农药中毒等危重病人200例。对常见传染病、各种原因引起的休克及农药中毒救治成功率大幅提高。

20世纪80年代中期，内科在抢救和诊治农药中毒、休克、心衰、呼衰、传染病、糖尿病和心脑血管病等方面逐步形成技术优势。2017年10月，开展急诊急救业务。

外科技术　1966年，外科医生夏传孔开展阑尾炎手术，为该院第一台手术治疗病例。1970年，外科开展气胸、胸腔积液治疗、静脉切开、气管切开、腰椎穿刺、肠梗阻、胆囊手术、肠吻合术、胃修补术等多项复杂手术。1976年，开展阑尾炎、疝气、骨折等手术，妇科联合外科开展结扎、剖宫产、宫外孕等手术。1978年，开展胃穿孔、胃溃疡、胃大部切除、胆总管取石术、外伤性脾切除、肾切除等手术，均顺利实施且未发生医疗事故，平均年手术量360例，医院业务辐射到黄庄、鲁村等乡。1980年，张庄分院日住院患者达到70人，有内科、外科、妇产科、口腔科等科室，各科室因工作人员紧缺无法完全独立值班，形成“小分科大综合”工作模式，外科医护人员参与到内科患者抢救当中，内科护士也会支援外科手术业务，尤其是外科与妇产科联合更是开展正常工作的基础，妇产科患者会阴裂伤、子宫大出血等均有外科医师参与。2008年，大张庄中心卫生院成为莱钢医院合作医院，开展皮肤组织缺损皮瓣修复术、股骨骨折髓内针取出术等手术。2017年，医院重新装修手术室，开展阑尾炎、疝气、外伤骨折、皮瓣修复、肛肠等手术。2018年，沂源县人民医院赠与奥林巴斯胃肠镜1台，开展胃肠镜检查手术，年平均胃肠镜检查200例。

典型病例　1970年，张庄公社南村大队60岁社员张某某，因腹痛到该院就诊，当班医师接诊后诊断肠坏死，需要及时手术治疗，剖腹探查发现患者肠系膜上动脉栓塞，导致患者90%小肠坏死，立刻实施手术进行90%小肠切除，住院治疗15天后出院，随访12年，患者生活质量良好。

妇科技术　1958年，设立妇产科，床位2张，开展一般常规妇科病治疗、放避孕环等节育工作，产科业务仅接平产孕妇。1978年，妇产科在外科协助下开展子宫脱垂复位术、剖宫产术、子宫次全切、尿道修补等工作。1996年，大张庄中心卫生院被确定为定点接生单位。1998年8月，聘请中医院妇产科主任李玉荣坐诊，带领妇产科医生陆续开展剖宫产、子宫全切、次全切手术、子宫肌瘤挖除术以及附件切除、卵巢囊肿切除等多种妇科手术，结束了妇产科手术由普外科医师操作历史。

医院病床使用情况统计（1957—1959）

年份	数量	
	实用床数（张）	使用率
1957	10	33.%
1958	15	50%
1959	25	83.3%

综合技术　1960年，成立化验室，开展血常规、尿常规、粪便常规检查。1964年，增加白细胞分类、尿蛋白测定和血沉检测3个检验项目，全年完成化验6498次。1979年，开展胆固醇、钾、氯、黄疸指数、淀粉酶等检验项目，年服务16255人次。1982年，开展发热病人疟原虫检测，全年检测260人次。1986年，开展二氧化碳结合力、尿三胆、非蛋白氮测定、血清、钾、钠、氯离子等26项常规检验，全年常规检验9337人次，生化763人次。

1990年，口腔科开展镶牙、洁牙、口腔美容手术。

2018年，新上胃肠镜诊治技术、中医康复技术。年门诊诊疗人次由3万人次上升至5万人次，年出院人次由359人次上升至773人次，年手术75例。2015—2023年，年度门诊量由6万人次逐年增长至8万人次、住院人次1912人次。

特色专科 1977年，张庄分院成立口腔科。有3名医师，开展拔牙、补牙、镶牙及眼耳鼻喉科常见病治疗，配有油泵式牙科椅1台，简易治疗椅1台。1978年，开展口腔常见病、多发病及口腔美容手术。1980年，开展唇裂手术、颌下腺摘除术、扁桃体摘除术、泪腺摘除术等手术，医疗业务发展迅速。2000年，多次选派人员到莱钢医院、沂源县人民医院口腔科进修学习，独立开展无痛性根管治疗、牙周病及复杂牙阻生齿治疗、根管治疗后纤维核桩核修复、全口义齿修复、儿童牙列不齐等疾病治疗。

2017年10月，大张庄中心卫生院成为淄博市“120”急救指挥中心第47急救点，接受淄博市“120”急救指挥中心指令调度出车、现场处置、紧急转运，开展急性心脑血管疾病、休克等急危重症抢救及处理；该院同时成立急诊科，配置抢救室、急诊留观室、外科处置室、输液室及除颤仪、心电监护仪、心电图机等急救设备。开展急救知识下乡村、进校园、进机关活动，培训心肺复苏术、急救止血、海姆立克急救法等常用急救技术。

特色项目

2017年9月，大张庄中心卫生院与县人民医院组建县域医共体；10月，成立淄博市120急救指挥中心第47急救点。2018年，张庄分院首次一级甲等乡镇卫生院评审通过。2023年，张庄分院业务用房建筑面积2664.68平方米。

疾病防控

机构和队伍

1958年秋，设防疫医生1人，承担防疫工作。1967—1968年，建立7处小卫生所，培训大队卫生员28人，承担全公社卫生防疫工作。1979年，成立8个社会卫生组，有32名防疫员，负责卫生防疫工作。1985年，成立8个卫生防疫组，有卫生防疫人员40人，负责8个管区卫生防疫工作。

1990年12月，成立大张庄乡卫生防保站，防保站以卫生防保组为基础，完成卫生防保站组建工作。1995年，卫生院院长刘希平兼任防保站站长，防疫工作人员5人，培训预防接种队员42人。2009年，医院成立公共卫生科。截至2023年，公共卫生科下设卫生协管科、疾病预防控制科、妇幼保健科3个科室，有工作人员13人。

疫苗接种

建院初，医院负责黄庄、张庄、沟泉3区卫生防疫任务，下乡接种天花疫苗，俗称“种牛痘”。1958年，各大队成立大队卫生室后，县防疫站将疫苗分配到公社卫生院，再由卫生院分配到各大队卫生室，由各大队卫生员义务为本村登记在册儿童免费接种。1969年，口服婴儿瘫糖丸950人次，接种麻疹疫苗1230人次、“牛痘”6900人次、白喉类毒素384人次、霍乱菌苗620人次、乙脑疫苗265人次，接种百日咳、白喉、破伤风混合制剂2530人次。

1978年，疟疾预防服药1156人，病人及家属周围健康人服药3682人，服婴儿瘫糖丸1226人次，接种牛痘1185人次、卡介苗1967人次、小儿卡介苗186人次、麻疹疫苗1634人次、乙脑疫苗3210人次、百白破疫苗2870人次、白喉类毒素685人次、霍乱疫苗5626人次，实现普及儿童免疫目标。同年，相关疾病发病率显著下降。

1984年，服婴儿瘫糖丸9866人次，接种卡介苗3489人次、麻疹疫苗8975人次、乙脑疫苗9130人次、百白破疫苗3692人次、白喉类毒素1156人次。同年，相关传染病发病率下降15.6%。

1989年、1991年、1996年，实现普及儿童免疫目标，同步实现卡介苗、脊灰疫苗、百白破疫苗和麻疹疫苗接种率达85%的目标，免疫规划针对传染病的发病率降到历史最低水平。2008—2011年，开展8月龄至6岁儿童麻疹疫苗、0～4岁脊灰强化免疫活动，累计接种麻疹疫苗4183剂次、脊灰疫苗1927剂次。

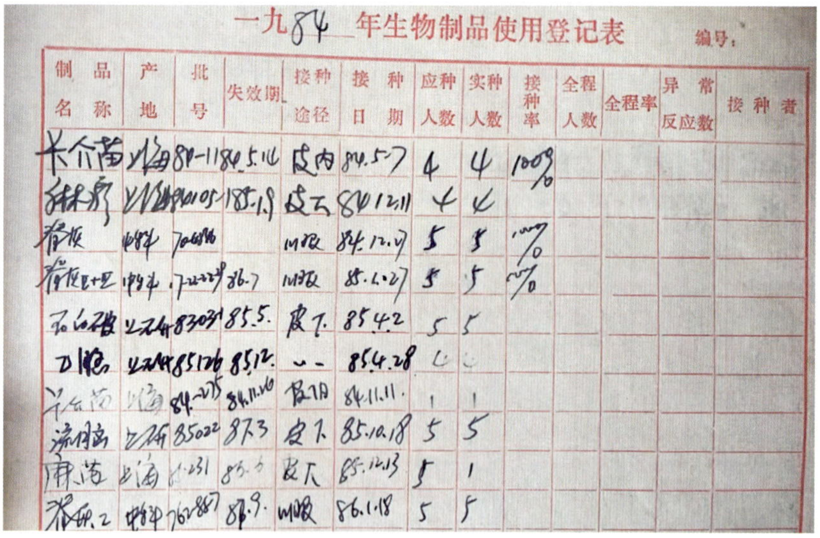

一九84年生物制品使用登记表 编号：

制品名称	产地	批号	失效期	接种途径	接种日期	应种人数	实种人数	接种率	全程人数	全程率	异常反应数	接种者

生物制品使用登记表（1984年）

2012年，建立预防接种卡、办理预防接种证178人次，接种卡介苗178人次、脊髓灰质炎疫苗1366人次、无细胞百白破疫苗1158人次、麻风疫苗219人次、麻腮疫苗86人次、麻腮风疫苗1526人次、麻疹疫苗169人次、A群流脑疫苗414人次、A+C群疫苗281人次、乙脑疫苗439人次、甲肝疫苗158人次、乙肝疫苗555人次，补种乙肝疫苗507人次，一类疫苗接种7056人次。

2013—2023年，接种国家免疫规划疫苗55737人次，国家免疫规划疫苗“八苗”全程接种率达95%以上。2021年，选派25人次医务人员进行“新冠”疫苗接种培训并取得上岗证。2021—2023年，共接种“新冠”灭活疫苗61021剂次。2023年，报告法定传染病37例，无漏报、缓报、迟报。

重要传染病防控

麻　疹　1976年3月，域内麻疹流行，共发病989例，最大患者82岁，最小刚满月，发病率1939.21/10万；死亡1人，病死率1‰。张庄分院指导患者及家属进行居家隔离，组织对症治疗、预防性接种等综合措施。1978年，发病大幅度减少，共发病21人，发病率41.18/10万，无死亡病例。1990年，发生麻疹2例，发病率4.7/10万。2009年，发生麻疹1例，发病率2.41/10万。2010—2023年，未发生麻疹病例。

传染性非典型肺炎　2003年初，“非典”暴发。卫生院医务人员下村、入户开展流调消杀，追踪北京、广东返乡人员活动轨迹，主动搜索密切接触者，果断采取隔离措施。在松崮、土屋峪2个监测哨点设立卡口，派驻专人入驻“留验站”工作。

甲型H1N1流感　2009年，配合镇政府制定《流感样病例居家隔离观察治疗管理责任书》，追踪H1N1流感密切接触者居家隔离观察1人，免费为群众接种甲流疫苗2000人份，发放宣传单、明白纸计3000份，小册子400份。

手足口病　2008年，发生手足口病疫情，立即开展防控工作。对6处幼儿园、5所学校老师及60名乡医开展手足口病防控知识培训，科学指导幼儿园、学校开展手足口病防控工作，重点落实晨午检，要求各班晨检工作落实到人，发现一例、流调一例、追踪一例、管理一例，以减少和控制手足口病疫情发生与蔓延。

新型冠状病毒肺炎　2020—2022年，新型冠状病毒疫情防控期间，发热门诊共接诊患者218人次，累计参与转运和隔离人员116人次。累计培训130名接种工作人员，接种“新冠”疫苗61021人次。2022年3月，开展全员核酸检测，全体职工参与采样。辖区内分设20个采样点、36个采样组，累计采样237.7万人次。2022年5月5日，大张庄镇中心幼儿园不同年级先后出现5例发热儿童，立即开展流调、消杀、采样工作，累计流调10人、消杀2000平方米、采样800人次，未发现阳性病例。

公共卫生

2009年，开展基本公共卫生服务工作，建立9000份纸质版居民健康档案。同年，推行首诊测血压制度。2010年，建立8000份电子健康档案。2011年，医务人员采取进村入户调查和集中体检等方式，核准健康档案基本信息。同年，开展60岁及以上老年人查体工作。查体项目包括健康体检、健康咨询、健康指导、健康干预。生活方式与健康状况评估包括体育锻炼、饮食、吸烟、饮酒、慢性病常见症状及既往疾病史、目前治疗情况及用药情况等。体格检查包括脉搏、血压、体重、身高、腰围、臀围等。一般检查包括口腔、听力、视力检查、空腹血糖、血、尿常规、血脂、B超、心电图等，年体检4238人。2012年，规范居民健康档案管理，建立健康档案3.5万份，其中电子档案35413份。2016年，将疾病控制、卫生监督、妇幼保健等功能相近科室进行重组，整合资源健全公共卫生服务科室，细化各科室负责项目，组建镇、村两级基本公共卫生服务指导团队，制定严格考核奖惩制度，形成卫生院医生包村，卫生室乡医包户网格化、制度化管理模式。2017年，开展居民健康档案复核升级工作，对居民信息进行再收集更新，完善居民健康档案个人史、家族史、既往史以及手术外伤史等信息，居民进行信息确认签字，进一步规范居民健康档案信息。

2018年，卫生院和52处卫生室建立全民健康系统，医疗信息、公共卫生服务信息、居民健康信息全部联网，实现居民看病“一卡通”。

2019年，组建一支以医疗、护理、公共卫生人员为主的专业队伍下村为老年人健康查体。2020年，将辖区村庄分为8个片区，科室人员分片包干，对片内乡医进行指导和质量控制，提升辖区内基本公共卫生工作服务能力。

截至2023年末，共建档35232份，建档率97.55%。管理高血压患者3287人、糖尿病患者1286人。开展家庭医生签约服务25340人，签约率为70.16%。其中，贫困人口、残疾人、失独家庭签约率100%，老年人、慢性病患者、严重精神障碍患者、孕产妇、0~6岁儿童等重点人群签约率均达到基本公共卫生服务标准要求。对签约居民进行履约服务，签约居民享有优先就诊、检查、转诊等服务。2023年，免费为4267名老年人进行查体。查体资料及时补充到健康档案中，体检结果及时反馈给村民。

妇幼保健

1954年，医院培训64名村接生员，推行新法接生，保障母婴健康。1976年，全社64个大队分设8个接生站，共有接生员60人，产包配备齐全。1977年，开展儿童健康查体，普查儿童6540人，查出患病儿童64人，全部进行规范化治疗。1979年，全面系统培训大队接生员，新法接生率达98.69%，产前检查率达85%。1987年，新法接生率达100%，对12个村进行孕产妇系统化管理。

1989年，设立妇幼卫生宣教室，对妇幼人群进行知识普及和健康查体。1996年，大张庄中心卫生院被确定为定点接生单位，接生婴儿200人次，产后随访、母乳喂养率均达100%。2002年，孕产妇入保率达95%，产前检查率达90%，产妇死亡率为零，婴儿死亡率为零。2010年，卫生院不承担接生工作，产科取消，配有2名工作人员开展妇科门诊工作。2018年，配备微波治疗仪、红外线治疗仪等设备，用于治疗妇科常见病。2009年，开展孕产妇健康管理服务工作，建立300份纸质版孕产妇档

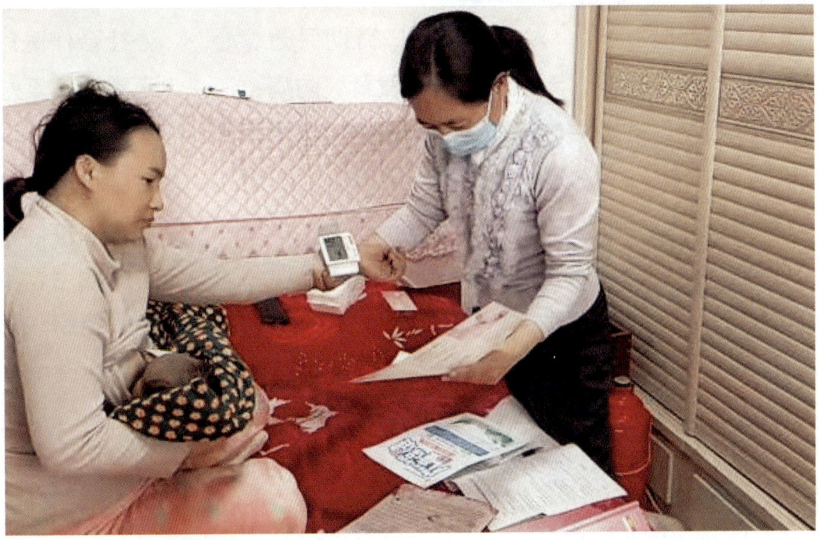

妇幼保健科工作人员在产妇家中开展产后访视工作（2021年）

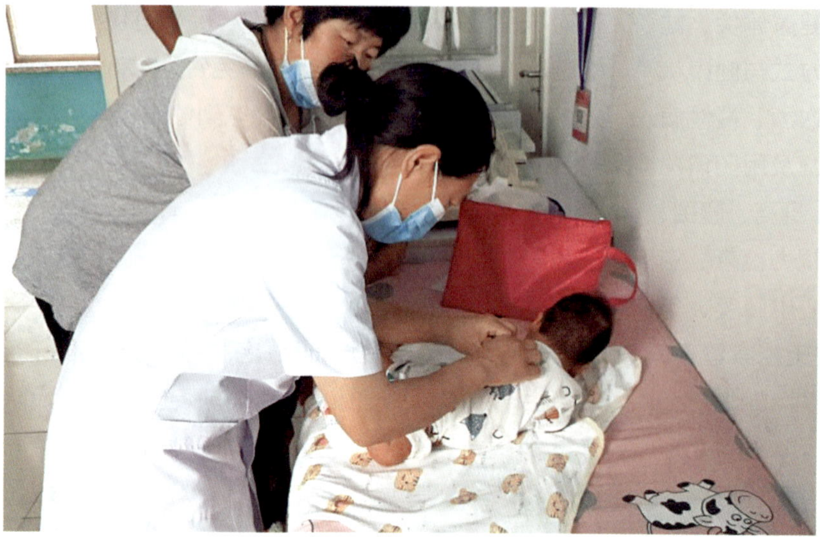

妇幼保健科工作人员在妇保科开展产后访视工作（2022年）

案，孕13周前建册270份。2010年，建立孕产妇电子档案260份、孕13周前建册234份，对256名产妇、新生儿进行家庭访视。2016—2023年，孕产妇建档管理2306人，孕13周前建册2272人，早孕建册率90%以上。儿童建档管理2446人，规范健康管理2380人，健康管理率90%以上。管理高危儿童360人，做好随访登记。新生儿出院后1周内到家中进行新生儿访视和产后访视。询问新生儿出生时情况、预防接种、先天性疾病筛查情况、喂养情况、睡眠等。为新生儿测量体温、测黄疸、听心肺、称体重、脐部消毒等检查，指导新生儿护理和母乳喂养。为产妇测血压、量体温，了解产妇一般情况、会阴或腹部刀口恢复等情况，叮嘱其产后42天进行健康检查。对产妇进行产褥期保健、心理保健、儿童保健、新生儿喂养、发育、防病、口腔保健等指导并发放健康知识宣传资料。其中，产后访视2306人，产后访视率达90%以上。新生儿访视2318人，新生儿访视率达90%以上。管理随访高危孕产妇182人，高危孕产妇无1人出现漏管情况。

辖区内儿童建档管理2446人，规范健康管理2380人，健康管理率90%以上。管理高危儿童360人，做好随访登记。

中医中药

1960年，医院增设中医门诊，有2人能开中医方，能用中药治疗一般常见病。同年，自制中药丸散，主要配制有桃花散、金黄散、小儿镇惊散以及破血丸、调经丸等26种中药丸散。1973年，中医人员增至4人，运用太子参、茵陈、玉米须等治疗传染性肝炎伴有黄疸、发烧，疗效显著；用黄连、黄柏、大黄、栀子等治疗脑膜炎；运用中药海藻、昆布、夏枯草等治疗地方性甲状腺肿；用金钱草、滑石、鸡内金、海金沙等治疗肾结石；用大黄、芒硝、枳实等治疗肠梗阻。1974年，继续推广中西医结合治疗慢性病和疑难病症，特别对阑尾炎、胃炎、胆道蛔虫治疗，疗效显著。1978年，临床医生中有4人能熟练应用中西医结合方法处理常见病、多发病。

1976年，张庄分院建立制剂室，自制各种膏、丹、丸、散、片剂，广泛应用于临床。如熬制狗皮膏、接骨膏、益母膏、麻黄膏。自制水丸有止泻丸、龙胆泻肝丸、当归丸、调经丸等中药制剂，如狗骨针治疗坐骨神经痛。药厂一切化学原料与器械，由公社合作医疗站统一购买，用于加工土霉素片、四环素片、复方新诺明（磺胺甲唑）片。同时生产注射用水、柴胡注射液、大青叶注射液，以及配制一些甘草合剂、颠茄合剂、碘甘油等制剂，儿科常用糖浆等品种。生产出来的膏、丸、丹、散、针只供给本队使用，不准对外出售。生产队还大搞种植中草药，组织人员上山采集中草药，作为配制材料。至20世纪80年代初，中西医结合治疗在外科、内科、妇产科等专业广泛应用。

村卫生室

村医队伍

1962年，各大队开始建立保健室，为大队集体所有，由大队负责召集人员担任大队卫生员（保健员），实行集体经济模式，大队卫生员按工分制在大队卫生室上班，年底大队根据工分分红兑现报酬。1970年9月，张庄公社卫生院配合县卫生局组织71名人员在医院内参加为期3个月的“赤脚医生”培训班，每人每天给予6个工分待遇，培养一批服务农村基层的卫生技术人才。1970年12月，由医院内科医师对64名大队接生员进行第一批培训。1976年，“赤脚医生”共106人，其中男81人、女25人。1977年，发展到139人，其中女“赤脚医生”28人，新训22人，18人能用中西医结合治疗疾病。1978年，共有“赤脚医生”148人，其中27人能放（取）环、31人会接生、38人能用中西医结合治疗疾病，有3人达到中专水平，能治疗常见病、多发病。1978年，在张庄分院举办“赤脚医生”训练班，主要学习膏、丹、丸、散制作，运用中西医结合方法治疗常见病、多发病。举办中西医结合训练班，每大队1人，时间半年，做到“一病三方（中医方、西医方、土单验方）”，积极开展中医药讲座，经验交流会。1979年，举办“赤脚医生”培训班，对全部“赤脚医生”开展培训，培训内容为多发病、常见病初诊及治疗。1986年，经县卫生局统一组织考试考核、评审，大张庄乡46名“赤脚医生”达到乡村医生标准，获得乡村医生证书，成为第一批乡村医生，村卫生室由乡卫生院统一管理。同年，大张庄乡64名接生员及21名女乡村医生组成妇幼卫生工作网，负责计划生育、孕情摸底、孕期检查等工作。2009年，共有乡村医生102名。2015年1月，沂源县开始按照工作年限每满1年每月20元标准，发放老年乡村医生生活补助，大张庄镇首批共有108名乡村医生享受补助。2020年，为解决乡村医生老龄化问题，按照县招镇管村用招聘乡村医生。同年，招聘乡医3人。2021年，招聘3人。2022年，招聘3人。2023年，招聘1人。卫生院强化乡村医生培训，加强对乡村医生管理，开展培训和考核。截至2023年末，该镇共有63名乡村医生。

村级机构

人民公社成立后至“文化大革命”初期，全公社医疗卫生工作主要由张庄公社卫生院承担，实行行政管理与诊疗服务一体化。1970—1975年，张庄公社64个大队全部实行合作医疗，各大队出房屋建卫生室，出资金购药，大队卫生员按出勤记工分，年终按工分兑现报酬。实行合作医疗，社员看病拿药记账，当时不收费用，一般年底统算，大队承担50%，社员承担50%，社员报销后需要支付费用由生产队年底按工分扣回。这种基层农村卫生运营模式一直延续到1982年实行分田到户，随后合作医疗解体，卫生室转为个体经营。

1986年，大张庄乡实施村级卫生室达标升级建设，21处村卫生室达到甲级卫生室标准。1989年，开始实行乡村一体化管理，部分村卫生室合并，1年后未达到预期效果，卫生室又恢复原状。1990年，对村卫生室实行“一村一室”管理制度，即每村只设1处卫生室，卫生室房屋必须达到“诊断室、治疗室、药房”三配套要求，满足本村村民医疗、卫生防疫服务要求。1996年11月，卫生室实行“三制四统一”一体化管理，卫生院全面负责村卫生室管理，实行乡村医生工资制、聘任制、退休制，卫生室人员统一调配，乡医药品清资后，纳入医院统一管理，村卫生室统一到卫生院购药，所有收入上交医院，卫生院每月按药品收入一定比例返还卫生室作为乡医工资。其间，医院为乡医购买养老保险。2000年5月，南村和北旋峰村卫生室被评为甲级卫生室。同年，甲级村卫生室有25个。2007年，全镇推行新型农村合作医疗制度。9处村卫生室通过市级规范化村卫生室达标验收。

2019年，开展中心村卫生室建设。医院根据地理位置确定中心村，中心村无偿提供房屋建设用地，县财政出资建设，房屋建成后产权归乡镇医院，新建双山村、福阳峪村、松崮村、娄家铺子村4处中心村卫生室。2020年，招聘县招镇管村用乡村医

房立友被评为全国优秀乡村医生（2009年1月）

生，由医院派驻到中心村卫生室工作，确保中心村及周边村村民及时就医。截至2023年末，全镇共有45处村卫生室，其中中心村卫生室12处。

知名村医

房立友，男，1962年出生，沂源县大张庄镇南村卫生室乡村医生。卫生室被表彰为“淄博市市级规范化村卫生室”“淄博市中医药特色卫生室”。

2005年12月，参加中国中医研究院举办的中医治疗疑难病学术会议，发表论文获一等奖，被授予“全国优秀基层医生”称号。2009年1月，参加全国卫生工作会议，受到国家领导人亲切接见，被卫生部评为“全国优秀乡村医生”。2012年12月，被评为“全国卫生系统先进工作者”。

卫生往事

“房姑娘”和“仁慈堂”的往事

房同秀（1905—1993），女，沂源县大张庄镇人，终生从事医疗慈善事业，未嫁，人称修女“房姑娘”。

开办“仁慈堂” 1913年，8岁的房同秀被送入青岛天主教堂修女院读书，后学习现代医学知识。其间，在家人和亲朋的帮助下，向青岛的中医名家学习中医中药知识，成为中、西医兼修的医学学生。1921年，16岁的房同秀完成学业，回到家乡张庄，依托张庄天主教堂（后拆毁圮敝），开设了大张庄有史以来第一家中、西医药铺“仁慈堂”。回乡时，房同秀在亲属帮助下，雇佣一头毛驴，驮回了包括犀牛角、麝香、牛黄等名贵中药材在内的大量常用中药。有教堂的经济支撑，加之修女们采摘加工炮制中药（“仁慈堂”附近专门辟出了一块晒中草药的场地），“仁慈堂”为百姓治病施药从不收钱，在十里八乡享誉遐迩。

传奇“秘方” 在青岛学医期间，房同秀发现外国传教士毛神父藏有一个秘方，是清咸丰庚申战乱年间宫廷散逸在民间的“八宝镇惊化痰化食散”，与“六神丸”是姊妹方。年少聪慧的房同秀想尽办法得到了此方的详尽内容，使这一方剂在中国销声匿迹半个世纪后再次在祖国面世，也是因为这一有良好治疗效果的方剂，让“仁慈堂”声名远播，求医者络绎不绝。

远走他乡 1937年，日军侵略中国，房同秀避乱于徐州天主教堂，后辗转到江苏徐州沛县敬安集天主教堂行医，普济众生，治病救人，直至终生。“仁慈堂”亦由此停办。1979年春，房同秀倾其积累珍藏的诸多方剂传承给了在家乡行医的侄孙房立友。（卫建卷编辑部提供资料）

癫痫患儿救治

1978年10月20日，一位10岁患儿到院就诊，其父诉说该患儿早晨5时出现四肢抽搐、双眼上翻、口吐白沫症状，速将患儿送往医院，途中患儿病情发作停止，但有轻微头疼感觉、小便失禁。经家属叙述，因患儿幼年时曾受惊吓，常突然昏倒不省人事、口角流涎、四肢抽搐，每日发作3~5次不等，去上级医院多次诊治，诊为无名原因癫痫，用药两年无效。当班医生综合所有临床表现及症状诊断为惊痫，治以定痫熄风，化痰开窍，镇惊安神，运用八宝镇惊化痰化食散治疗；11月12日，患儿再次到院就诊，家长诉回家后下午发作2次，开始服药至今未发作。1979年1月20日，三诊，一切正常。继续服药180天以巩固疗效并治愈，跟踪随访多年，从未复发。（房立娥提供资料）

有机磷农药中毒抢救

1999年，36岁的赵某某有机磷农药中毒。3小时后被家属发现，紧急送往该院就诊，到达医院时病人已经昏迷，医生迅速对其洗胃抢救。县医院“120”赶到时，病人依然昏迷，当时大张庄中心卫生院至S235国道修路，救护车不能到达医院接病人，县级医院不能保证路上患者生命体征稳定，患者家属愿意在大张庄卫生院继续治疗。

患者洗胃完成后进入病房，医生给予吸氧、导尿、推注阿托品等救治措施，严密观察病情变化，护理人员轮班守护在病人床旁2天。入院第5天，病人意识清醒后悲观失望，拒绝治疗，突然跳窗逃跑，医护人员和家属立即找回病人。医护人员意识到有效心理护理是救治有机磷农药中毒患者的关键一环，因此医生和患者聊家常，让她认识生命宝贵，鼓励她重新振作起来，同时做好家属思想工作，让家属多理解体贴关心患者，经过21天治疗，病人康复出院。病人出院时激动地说：“张庄医院医护人员救了俺一命，往后俺再也不会干这种傻事了，横竖一条心地活着，报答你们的救命之恩。”（齐共菊提供资料）

大事记

1954年　9月，开设病床收治住院病人。

1958年　秋，在区卫生所基础上成立张庄公社卫生院。

1958年　设立妇产科，床位2张。

1960年　中医科成为独立科室。

1960年　成立化验室。

1963年　10月，购进1台30毫安X光机。

1966年　配备单目显微镜。

1972年　张庄公社卫生院更名为沂源县人民医院张庄分院。

1976年　建立制剂室。

1977年　开展儿童健康查体。

1977年　成立口腔科。

1978年　购进1台50毫安X光机。

1982年　南墁大队被确定为“除氟改水点”。

1983年　购进1台200毫安X光机。

1984年　10月，被临沂地区卫生局授予“全区先进单位”。

1987年　购置1台四川绵阳产A超机。

1996年　被确定为定点接生单位。

2000年　4月，职工集资20余万元，盘下沂蒙路36号原农行办公楼，改造装修成现在卫生院门诊病房综合楼。2002年6月，完成医院搬迁。

2000年　投资5万元，购置日本阿洛卡B型超声诊断仪。

2007年　7月，通过省市“1127”工程项目帮扶，投资80万元，扩建楼房、平房22间，新增业务用房695.61平方米，新建楼房供水水塔1座，水暖锅炉烘暖设施1套。

2007年　购置血凝仪1台。

2007年　成立中医骨伤科。

2008年　“新农合”实现全县联网，参合门诊、住院病人随即报销。

2008年　配备1台迈瑞黑白B超诊断仪。

2008年　购置半自动生化分析仪1台。

2010年　国家“1127”工程购置1台迈瑞D-3彩色超声诊断仪。

2011年　购置1台全自动血细胞分析仪。

2012年　购置1台500毫安X线诊断机。

2013年　购置1台科华全自动生化分析仪。

2015年　11月，在门诊楼西侧增加综合楼1座，建筑面积591.57平方米。

2016年　购置DR（第二代数字化拍片系统）。

2017年　9月，与县人民医院组建县域医共体。

2017年　10月，成立淄博市“120”急救点。

2018年　8月，县人民医院赠与奥林巴斯V70胃肠镜1台。

2018年　首次一级甲等乡镇卫生院评审通过。

2018年　购置迈瑞全自动化发光分析仪1台。

2020年　购进1台C臂设备。

2020年　投资90万元，购置1台彩色多普勒超声诊断仪。

2021年　通过国家高血压达标中心验收。

2022年　8月，在县卫生健康局的帮扶下添置美国GE16排螺旋CT1台。

2023年　被国家卫生健康委表彰为“‘优质服务基层行’先进单位”。

卫生篇

燕崖卫生院

扫码听书

记忆沂源·卫生健康卷

概　况

燕崖卫生院位于燕崖镇西白峪村，是一所集医疗、预防、保健为一体的综合性卫生院。占地面积2523平方米，建筑面积1092平方米。设置全科医疗科、外科、口腔科、中医科等临床科室及公共卫生科等业务科室，开放床位40张，服务辖区内33个行政村25610人。

该院承担辖区内基本医疗及基本公共卫生工作，是全镇职工医疗保险、城镇居民医疗保险定点单位。2018年8月，与沂源县中医医院组建紧密医联体，燕崖卫生院加挂沂源县中医院燕崖分院牌子。2018年12月，通过一级甲等综合卫生院评审。

2023年末，卫生院有职工50人（专业技术人员49人）。其中，执业医师14人、执业助理医师7人、注册护士15人；高级职称1人、副高级职称10人、中级职称6人；专科及以上学历48人。

机构沿革

1952年8月，3名个体医生自愿组建医联社，在燕崖村西租赁4间草房，为四区卫生所前身。1953年，医联社改建，成立四区卫生所，为全民所有制卫生所。有资金3000元，下设4处联合诊所。1956年，卫生所搬迁至燕崖村东的木业社旧址（燕崖卫生院旧址）。

1958年，成立人民公社，四区卫生所改称燕崖公社卫生院，有房屋6间。另有1处联合保健站，为集体所有制，与卫生院并存。1962年，联合保健站合并于公社卫生院，人员统一使用调配，实行“院站合一”，统一核算。

1984年，燕崖公社卫生院改称燕崖乡卫生院。1990年，燕崖乡卫生院设立卫生防保站，由院长兼任防保站站长。1997年，政府投入专项资金建设新院，该院搬迁至西白峪村学校旧址。

2003年12月，卫生院分设5个服务站：西白峪服务站、燕崖服务站、马岭服务站、安乐服务站、碾砣服务站。2004年3月，医院收回西白峪服务站。之后，其他服务站陆续收回。

2018年8月，与沂源县中医医院组建医联体，加挂沂源县中医医院燕崖分院牌子，院长由中医院委派，财务由中医院托管，实现医疗资料共享。

燕崖卫生院历任主要负责人

机构名称	姓名	职务	任职时间
四区卫生所（1953—1958）	刘筱甫	所长	1955—1958
燕崖公社卫生院（1958—1984）	刘继光	院长	1958—1959
	王化奎	院长	1959—1965
	周国伦	院长	1965—1972
	潘世庆	院长	1972—1980
	孙玉伦	院长	1980—1984
燕崖卫生院（1984—）	杨清富	院长	1984—1986
	孙洪启	院长	1986—1990
	王一伦	院长	1990—1992
	刘成友	院长	1992—1994
	吴学厚	院长	1994.03—1995.03
	马吉厚	院长	1995.03—1996.03
	伊永富	院长	1996.03—1998.07
	徐　健	院长	1998.07—2004.03

续表

机构名称	姓名	职务	任职时间
燕崖卫生院（1984—）	唐孝和	院长	2004.03—2009.03
	齐贡明	院长	2009.03—2012.03
	葛书晗	院长	2012.03—2014.09
	董效长	院长	2014.09—2015.03
	江秀利	院长	2015.03—2018.03
	郑继华	院长	2018.08—2018.12
	徐继峰	院长	2018.12—2021.05
	齐登宏	院长	2021.05—2023.08
	杨朝飞	院长	2023.08—

党组织

1953年，四区卫生所成立党组织，并参加四区党组织活动。1956年，成立四区卫生所党支部，刘照友任党支部书记。1958年，人民公社化后，燕崖公社卫生院参加燕崖公社党组织活动。1970年，成立公社卫生院党支部，隶属于公社党委，由院长兼任党支部书记。

2023年，全院共有中共党员19名，占职工总数的38%。

燕崖卫生院党组织历任主要负责人

机构名称	姓名	职务	任职时间
四区卫生所（1953—1958）	刘照友	党支部书记	1956—1958
燕崖公社卫生院（1958—1984）	刘照友	党支部书记	1958—1959
	王化奎	党支部书记	1959—1965
	潘世庆	党支部书记	1965—1980
	孙玉伦	党支部书记	1980—1984
燕崖卫生院（1984—）	杨清富	党支部书记	1984—1986
	孙洪启	党支部书记	1986—1990
	王一伦	党支部书记	1990—1992
	刘成友	党支部书记	1992—1994
	吴学厚	党支部书记	1994.03—1995.03
	马吉厚	党支部书记	1995.03—1996.03
	伊永富	党支部书记	1996.03—1998.07
	徐　健	党支部书记	1998.07—2004.03
	唐孝和	党支部书记	2004.03—2009.03
	齐贡明	党支部书记	2009.03—2012.03
	葛书晗	党支部书记	2012.03—2014.09
	董效长	党支部书记	2014.09—2015.03
	江秀利	党支部书记	2015.03—2018.03
	郑继华	党支部书记	2018.08—2018.12
	徐继峰	党支部书记	2018.12—2021.05
	齐登宏	党支部书记	2021.05—2023.08
	杨朝飞	党支部书记	2023.08—

队伍建设

1952年，燕崖医联社有3名个体医生。1958年，燕崖公社卫生院成立，有职工7人，其中医师2人、护士2人、药剂员1人、后勤2人。设中医门诊，能够开展常见病的诊疗。1959年，毕业于兖州医校的张本环分配到公社卫生院工作。

1968年到20世纪70年代初，有5名医学专业毕业生分配到公社卫生院。截至20世纪80年代，该院有职工28人，其中专业技术人员21人，包括医师（含中医师）10人、护士5人、医技人员6人，后勤行政人员等7人，设中医科、内科、妇科、外科等科室。

1990年，有职工20人，其中专业技术人员18人、后勤行政人员2人。分配大、中专毕业生4人。设中西医门诊、护理科、药剂科、放射室、化验室等科室。

2023年，卫生院共有职工50人（编制内员工33人）。其中，卫生系列专业技术人员49人（正高级职称1人、副高级职称10人、中级职称6人）、执业医师14人、执业助理医师7人、注册护士15人。大学专科及以上学历48人。

医疗技术

设　备

建院至1990年，该院医疗设备有30毫安X光机、老式显微镜、妇科综合手术床、吸引器、心电图机等，能够开展三大常规检验、拍片等检查。

1997年，卫生院搬迁至西白峪村，添置125KB型号500毫安X光机、黑白B超诊断仪。同年，放射科、阅片室、B超室合并为影像科。2012年，影像科搬迁到门诊楼一楼北侧，阅片室、B超室单独设立，并增设心电图室，开展心电远程会诊服务。2020年8月，购置彩超MRT-2000多普勒诊断仪1台，不再使用黑白B超诊断仪。2022年2月，政府投资49.5万元，购置1台150KV型号800毫安X光机。

2001年，西白峪院区门诊楼投入使用，添置半自动生化分析仪和水浴箱，检验科开展三大常规、生化分析、肝功、乙肝五项等检查项目。2003年，添置迈瑞BC-2300血球仪，血常规检查不再手工计数。2011年，购买迈瑞BC-180生化分析仪，实现全自动分析。

截至2023年末，该院检验科有全自动血细胞计数仪、全自动生化分析仪、全自动化学发光免疫分析仪、全自动凝血测试仪、干式免疫荧光分析仪、特定蛋白分析仪、干式荧光免疫分析仪等仪器设备，可提供血细胞分析、凝血四项、D-二聚体、甲功五项、心梗三项、脑钠肽前体、胃功能四项、同型半光氨酸、弹力图检测以及丙肝抗体、梅毒抗体、艾滋病抗体等手工项目。

技　术

外科技术　20世纪70年代，公社卫生院设置外科，有外科医师3人，开展胃溃疡、胆石症、阑尾炎等腹部手术。20世纪80年代末，大部分医生调到上级医院，该院外科诊疗水平下降，不再开展外科手术。2018年，卫生院与县中医医院组建紧密型医联体，在县中医医院的帮扶与指导下，重新设立手术室，选派医师进修学习，购进手术台、无影灯、心电监护仪、吸引器等设备，恢复开展外科手术，如阑尾切除术、疝气修复术、四肢骨折内固定术等。

妇科技术　1958年，公社卫生院设置妇产科，开放床位2张，开展妇科常见病诊疗、顺产接生。20世纪70年代，高等学历毕业生分配到该院从事妇产科工作，妇产科诊疗水平提高，可开展剖宫产手术。20世纪80年代末，因医师调到上级医院，妇产科手术停止。2011年10月，全县乡镇卫生院统一停止分娩工作，妇产科转型为妇幼保健科，以公共卫生服务为主，开展优生优育咨询指导、产前指导、产后访视、妇幼保健等服务项目。

特色项目

2017年，“国家基层中医药先进单位”评审专家组到院检查验收。2018年12月，通过一级甲等乡镇卫生院等级评审。

疾病防控

机构队伍

1990年之前，卫生院防疫医生、联合诊所工作人员、乡村医生组成防保组，防疫医生承担指导辖区联合诊所、乡村医生开展卫生防疫工作任务，共同承担辖区疫苗接种、传染病防控、爱国卫生运动等工作。

1990年12月，组建卫生防保站，站长由院长兼任，副站长1人，工作人员4人。1998年，防保站并入医院统一管理，医院设防疫科，有工作人员4名。

2009年10月，成立公共卫生科，工作人员增加到6人，设疾病预防控制科、监督协管科、妇保儿保科3个科室，负责疫苗接种、传染病防控、慢病管理；监督协管科负责居民健康档案、卫生监督协管等项目；妇保儿保科负责妇保儿保工作，并设立儿童保健查体室。

疫苗接种

建院初期，该院负责域内的卫生防疫任务，下乡接种天花疫苗，俗称“种牛痘”。建立农业社保健站后，保健员为辖区内儿童免费接种疫苗。1969年，接种麻疹疫苗1304人次、服糖丸2591人次、接种牛痘疫苗1305人次、接种霍乱疫苗155人次、接种乙脑疫苗147人次。

1980年，接种麻疹疫苗4973人次、接种卡介苗9621人次、接种小儿卡介苗104人次、服用糖丸6903人次。1986年，开始计划免疫，医务人员组队下乡，为群众注射冷链疫苗。1987年，进行各种预防接种和预防服药14078人次，疫苗接种率达95％以上，传染病发病率大幅下降。

1991年，卫生院成立预防接种门诊，承担全乡适龄儿童接种疫苗工作。2017年，数字化预防接种门诊建成并投入使用。2021年3月—2022年12月，卫生院开展“新冠”疫苗接种工作，完成51808剂次疫苗接种。2023年12月，卫生院疫苗接种种类涵盖乙肝疫苗、卡介苗、脊灰疫苗、百白破疫苗、麻疹疫苗、A群+A+C群流脑疫苗、乙脑减毒活疫苗、甲肝减毒活疫苗等，疫苗接种率均达到国家规定标准。

重要传染病防控

传染性非典型肺炎防控　2003年，卫生院先后派遣多名医护人员到县留验站参与值班。同乡政府工作人员入村、入户进行流调消杀，每日用传真报送的方式向上级部门报送每日返回人员信息，并派遣专业人员配合乡政府及交通部门到检查站值班。

刘庄村新型冠状病毒疫情处置　2022年3月11日10时，卫生院接到县疫情防控指挥部紧急通知，潍坊市的一名确诊病例（男性），在2022年3月5日19时自驾到燕崖镇刘庄村参加寿宴，3月6日13时返回潍坊。

县疾控中心立即组织流调队进入刘庄村，摸排密接、次密接人员；镇政府、派出所立即组织干部职工、公安干警对刘庄村进行封控；县疫情防控指挥部组织转运车辆集结待命；卫生院组织16名医护人员，组建8个核酸采集队准备入户采样和定点采样。县疾控中心流调队确定刘庄村密接者38人，涉及石板村、郑王庄村、火石盖村、南鲁山镇流水村。县疫情防控指挥部立即对上述村庄进行相应的封控

转运“新冠”密切接触者（2022年）

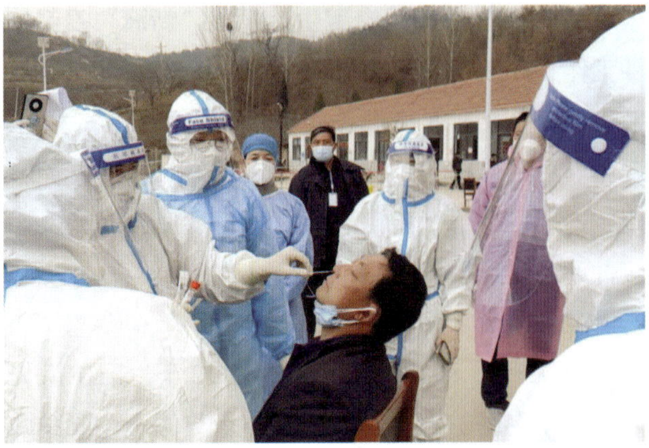

县疾控中心医务人员在刘庄村示教鼻拭子采集(2022年3月12日)

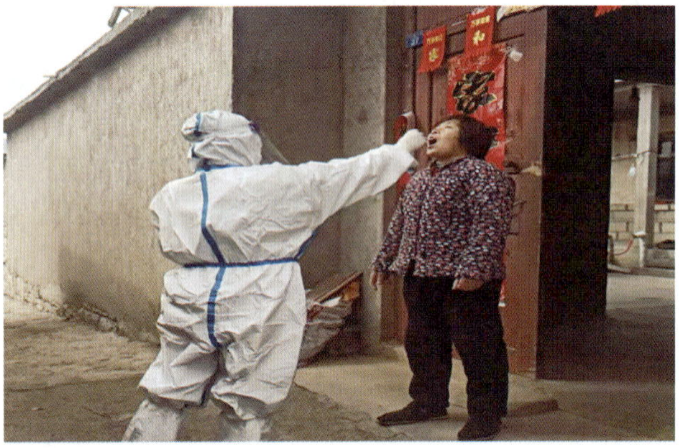

燕崖卫生院医务人员在刘庄村入户核酸采样(2022年3月12日)

处理。密接者以家庭为单位，按转运流程紧急送往隔离点。在对次密接的排查中发现，村小卖部是一个交集点，卫生院立即对小卖部进行彻底消杀和流调，最终确定次密接者98人，随即对他们居家隔离观察。

县疫情防控指挥部决定对刘庄村进行全员核酸检测。3月11日21时，在刘庄村设置4个固定采样点、2个流动入户采样组，至次日凌晨2点，完成第一轮核酸采样。3月12日，启动第二轮核酸检测，22时，完成第二轮核酸检测，结果均为阴性。经过5天的连续工作，该村“新冠”疫情防控工作顺利完成。

公共卫生

2007年11月—2010年10月，山东省在中西部农村8个县实施由卢森堡政府资助、世界卫生组织提供技术支持的“卢森堡—世界卫生组织—山东省农村卫生人员培训与慢病控制项目”，燕崖镇胡围村卫生室被列为项目实施点。

2009年，开始实施国家基本公共卫生服务项目和重大公共卫生服务项目，由乡镇卫生院、村卫生室负责具体实施，村卫生室接受乡镇卫生院的业务管理，共同承担基本公共卫生服务任务。陆续开展建立居民健康档案、慢性病随访、健康教育讲座、老年人健康管理、传染病及突发公共卫生事件报告等工作。

2011年，实行电子健康档案管理，通过卫生院工作人员和乡医入户调查、集中体检等方式，核准健康档案的基本信息，建立24696份居民健康档案(含电子档案)。

2011年8月，世界卫生组织驻华总代表兰睿明、卢森堡大使柯意赫以及美国、加拿大的专家到燕崖镇胡围村卫生室进行指导；11月，沂源县创建“国家慢性病综合防控示范县”，燕崖镇胡围村卫生室作为沂源县试点村卫生室，通过卫生部“国家级慢性病综合防控示范县”的现场考核验收。

2012年，卫生院开始入村为65周岁及以上老年人健康查体。2017年，开展家庭医生签约服务工作，卫生院成立4个家庭医生签约团队，下村入户为重点人群开展签约工作。2019年，家庭医生签约团队增加至8个，每个团队由医师、护士、公共卫生人员及乡村医生组成，集中开展健康扶贫、家庭医生签约、慢性病随访。家庭医生签约团队定期到责任村，开展贫困人口、慢性病患者随访，提供健康生活指导。全镇共2283人签约，贫困人口、残疾人、失独家庭等重点人群签约率均100%。

2021年，全面升级居民健康档案，为全镇学生健康查体，及时发现孩子的健康隐患，及时反馈查体结果，积极宣传健康知识、急救知识，减少农村突发事件的发生。承担征兵查体，党政机关、教育、老党员、退休人员、各村“两委”干部的健康查体。2023年，燕崖镇建立居民健康档案2.47万人，建档率95.3%；管理高血压患者2404人、糖尿病患者927人，任务目标完成率均为100%；管理严重精神障碍患者175人、肺结核

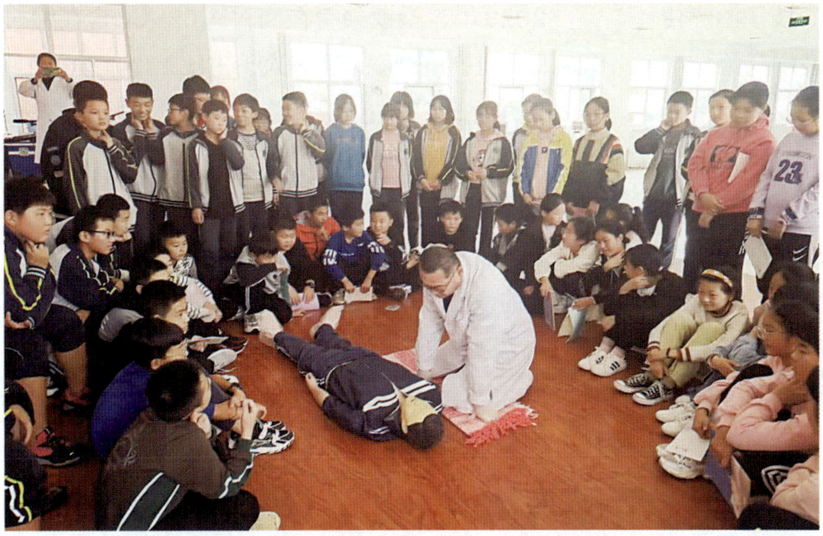
燕崖卫生院医务人员在燕崖中学为学生示教急救知识

患者2人；管理孕产妇501人、0～6岁儿童1364人；各类疫苗接种率、加强免疫疫苗接种率均达到指标要求；家庭医生签约17615人，签约率68.1%；针对失能人员和就医不便人员开展家庭医生送医上门精准服务，累计入户107户；升级老年人健康查体设备，完成3356名65岁以上老年人健康查体工作，查体率达75.7%；连续开展“淮河流域癌症早诊早治项目”，农村妇女宫颈癌、乳腺癌筛查等重大公共卫生项目，其中胃癌筛查217人，发现阳性病例2例，均得到及时救治。

妇幼保健

1955年，沂源县开始推广新法接生，该院承担新法接生员的培训职责，培训13名接生员，保障母婴健康。1976年，燕崖公社36个大队分设4个接生站，共有接生员34人，产包配备齐全。1977年，开展儿童健康查体，普查儿童1756人，查出患病儿童16人，全部进行规范化治疗。1979年，全面系统培训大队接生员，新法接生率达98.39%，产前检查率达86%。

1987年，新法接生率100%，对11个村进行孕产妇系统化管理。1988年，设立妇幼卫生宣教室，对妇幼人群进行知识普及和健康查体，开展产后随访，母乳喂养率达100%。

2000年，燕崖乡孕产妇入保率95%，产前检查率90%。2023年，共管理孕产妇123人，早孕建册154人，产后访视122人，产后访视率100%。管理高危孕产妇26人，管理随访率100%；新生儿访视122人，辖区内访视率100%；0～6岁儿童健康管理人数1443人，进行0～6岁儿童眼保健及视力筛查1565人次，0～6岁儿童健康管理率及视力筛查率均为97.73%；0～3岁儿童中医药健康管理368人，中医药管理率为89.43%。

中医中药

中医旧事

清代，淄川河西乡马氏一家（马有义），祖传秘方专治妇科病（不孕不育症），在民间广受好评。清末民初，马氏父子到沂源县南麻一带开设药铺，燕崖姚南峪村的张学孔在“万英堂”帮工学徒。后因战乱，药铺行当深受其害，马氏父子改行经营布匹。担心秘方失传，马有义将秘方传授给张学孔。张学孔回到姚南峪村后，为当地民众治愈病痛。新中国成立后，组建燕崖卫生所，张氏父子被吸收到卫生所工作。

1930—1947年，张新树在燕崖村开设“同聚堂”。孙文章（1893—1979），男，字焕廷，燕崖乡西白峪村人，祖传世医，善于内科、妇科、儿科疾病的诊疗。1942—1955年，开设药铺“保生堂”，著有《医案》《验方摘》（手稿均已遗失）。

国医堂

1956年，该院设中医门诊，后相继建立中医科、针灸室。1959年，该院响应国家号召大力发展中医，中药房、针灸室也相继加强。中医门诊达到年3000人次，针灸每年数百人次，并开展豆油治疗肠梗阻、中药治疗阑尾炎、针灸治疗尿潴留等。

1984年，运用中医中药柴胡汤、茵陈、枝子治疗传染性肝炎伴发烧；中西医结合用豆油及中药治疗肠梗阻，治愈率均达80%以上。

2016年12月，该院设国医堂，中医师1人，诊断治疗床3张，开展针灸、艾灸、推拿、理疗、拔罐等诊疗项目。2018年8月，与县中医医院组建紧密医联体，发展中医技术，有医师3人，陆续开展中药内服外敷，根据中医整体观念和辨证论治原则治疗胆囊炎、胃炎、胃溃疡、泌尿系结石、痛经、不孕不育等。通过针灸、拔罐治疗中风后遗症、面神经麻痹、颈腰痛等。从外部直接作用于人体，调节脏腑经络气血的正常运行。利用中医手法治疗四肢骨折、关节脱位、颈腰椎间盘突出。在祖国医学整骨手法基础上，运用现代医学基础知识和生物力学原理，“筋骨并重，内外兼治”，迅速减轻疼痛，缩短病期，促进康复。开展中医浮针治疗颈椎病、腰椎病、落枕、急性关节扭伤等。

村卫生室

村医队伍

新中国成立前，燕崖一带百姓看病主要到私人开设的药铺药店，大多数药铺药店以中医中药为主，其中有堂号的中医药堂3处、没有堂号的中医药堂6处。1955年，沂源县开始兴办农业社保健室，培训保健员。1958年，改称为大队卫生室，配备卫生员，卫生员不脱产，按天记工分。采取自采自制中草药，中西医结合的方式，利用偏方、验方治病，承担该队社员小伤小病的处理、预防接种、除“四害”讲卫生、农村“两管五改”等工作。为推广新法接生，部分大队设置妇产室，配备新法接生员，降低新生儿破伤风和产褥热的发病率。1970年，大队卫生员改称为“赤脚医生”。开展“三土四自（三土为土方、土法、土药，四自为自采、自种、自制、自用中草药）”，使用“一根针一把草（针灸和中药材）”，做到小伤小病不出村，危重病人不耽误。1986年，沂源县对全县“赤脚医生”进行考核发证，改称为乡村医生，实现持证上岗。

2023年，全镇共有在岗村医62人（含在编村医3人），其中60岁以上8人，占比13%；50~59岁23人，占比37%；40~49岁29人，占比46.7%；40岁以下2人，占比0.03%。乡村医生中具有执业助理医师证（包含全科执业助理医师）及以上的16人，具有乡村医生证书的46人；承担村级常见病、多发病的诊疗及基本公共卫生服务等工作。

村级机构

1955年，沂源县开始兴办农业社保健室，各村大都建立集体所有的农业社保健室。1958年，燕崖公社有生产大队36个，村级卫生机构34处。1970年，开始普及农村合作医疗，燕崖公社36个生产大队中有32个生产大队开展合作医疗，占比88.8%。

1982年，农村落实生产责任制，合作医疗形式也发生相应改变，开始向承包责任制转化，合作医疗随之结束。村卫生室经营形式有经济较好的村，仍由集体办；将原卫生室的药品折价给乡村医生、卫生员，由个人保本经营；由乡村医生联合承包或个人承包，向村里提交部分收入；个人保本吃利，村里给予一定补助。

1983年，县卫生局对村卫生室进行整顿，规范对村卫生室的监督和管理，每年进行2次卫生室工作考核。各卫生院（县分院）承担对乡村医生的业务培训与技术指导职责，并与卫生室签订防疫合同。1985年，卫生室整顿，做到工作有制度、看病有登记、取药有处方、收费有单据，药价、收费标准明码上墙。1987年，县卫生局医政股对村卫生室进行考核验收，将村卫生室分为甲、乙、丙3个等级，燕崖乡有甲级村卫生室4处。村医自觉参加培训、继续医学教育，提高医疗服务水平。

1996年，全乡推行乡村卫生一体化管理制度。卫生院负责管理本辖区内卫生室，卫生室人员统一调配，乡医药品清资后纳入医院统一管理，村卫生室统一到卫生院采购药品、材料。

2006年，新型农村合作医疗在部分村进行试点，定点为新农合医疗服务的村卫生室18处。2007年，新型农村合作医疗工作全面推开，村民“新农合”参保率达100%。2014年，实行城乡居民基本医疗保险制度。2019年，由县财政出资，每年建设高标准中心村卫生室2处。2023年，有中心村卫生室8处。

2023年末，燕崖镇共有33个行政村，设村卫生室49处。其中，五星级卫生室11处、四星级卫生室16处、三星级卫生室18处；县人民医院、县中医医院每年轮流下派10余名专家到中心村卫生室或者贫困村卫生室坐诊，以其姓名成立工作室，由镇卫生院负责管理考勤。

服务队队员教村民学习八段锦

卫生往事

山东民盟中医服务队进驻沂源县燕崖镇朱家户村卫生室，开展助力乡村振兴公益活动

2021年9月，由民盟山东省委组织的中医服务队进驻到沂源县，第二站走进朱家户村，开展为期1周的中医公益活动。中医服务队由14人组成，为村民免费提供针灸、理疗、拔罐、刮痧等中医特色诊疗服务。帮助朱家户村卫生室增设中医诊疗项目，捐赠部分中医诊疗器械、中药与消杀物资。服务队在驻村期间，对乡村医生开展中医理论知识与技能培训指导，村医通过学习掌握了多项中医适宜技术的操作，卫生室增设了相应的服务项目，并与服务队建立了中医远程诊疗合作。

活动期间，服务队收集朱家户村150名50～70岁村民的血压变动数据，连续5天测量血压值统计后，发现高血压患病率较高，针对村民血压普遍偏高的情况，服务队调整课程内容，为村民讲授《高血压病中医防治》知识。

服务队队员每日清晨在村广场教村民学习八段锦，利用业余时间教授村民学习制作防疫香包和防疫茶等。

民盟淄博市委主委李玲向朱家户村捐赠价值16.9万元的纤维光触媒喷雾和纳米光触媒洁手宝等物资

大事记

1953年　成立四区卫生所，为全民所有制卫生所。

1955年　承接全县新法接生员培训职责。

1956年　卫生所搬迁到燕崖村以东木业社旧址，开设病床，收治住院患者。

1958年　四区卫生所改称燕崖公社卫生院。

1958年　成立集体所有制性质的联合保健站。

1958年　公社卫生院抽调人员组成巡回医疗组，挑着药箱到各队进行巡回医疗。

1962年　联合保健站合并到公社卫生院，实行院站合一，统一核算。

1970年　卫生院进行扩建，截至1971年底，共有房屋22间。

1973年　卫生院建门诊用房，扩建病房，开始分科。

1984年　燕崖公社卫生院改称燕崖乡卫生院。

1986年　卫生院进行改貌建设，新建医院大门和院墙。

1987年　卫生院建自来水水塔，供水情况得到改善。

1990年　设立卫生防保站。

1997年　卫生院迁到西白峪小学旧址。

1998年　开始筹建门诊病房楼。

2001年　卫生院二层门诊综合楼竣工，建筑面积700平方米，当年投入使用。

2002年　建成中医科平房、公共卫生平房，并投入使用。

2003年　卫生院分设西白峪、燕崖、马岭、安乐和碾砣5个服务站。

2013年　6月，将院内北屋改造，面积339平方米，共2层14间。

2016年　12月，设国医堂，开展针灸、艾灸、推拿、理疗、拔罐等项目。

2018年　8月，燕崖卫生院与沂源县中医医院组建紧密医联体。

2018年　对门诊楼、化验室进行装修改造，修建5个集中供氧系统，病房配备空调。

2020年　将镇政府用房改建为职工食堂并装修宿舍360平方米。

2022年　医院对职工食堂、宿舍进行改造。

卫生篇

中庄中心卫生院

扫码听书

记忆沂源·卫生健康卷

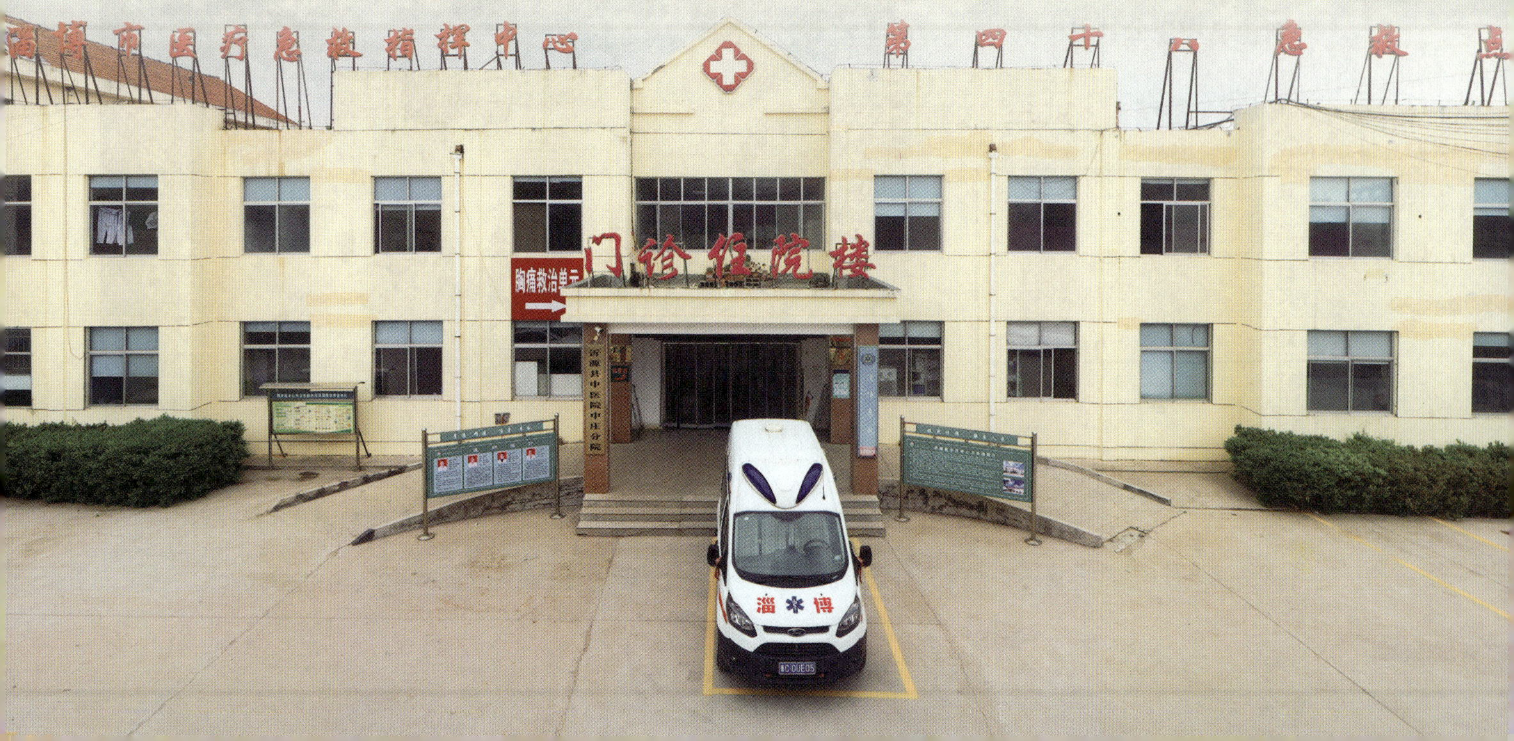

概 况

1958年，中庄中心卫生院成立，该院位于镇政府驻地，占地面积7816.04平方米，建筑面积3042平方米。其中，业务用房面积2138平方米。是一所集医疗、预防、保健为一体的综合性卫生院。承担辖区内基本医疗、基本公共卫生工作，是全镇职工医疗保险、城镇居民医疗保险定点单位。开放床位40张，服务辖区内26个行政村26704人，服务面积107平方公里。

2018年，与沂源县中医医院组建紧密型医联体，加挂沂源县中医医院中庄分院牌子。2019年，与沂源县中医医院组建医共体。2018年，加入沂源县南部山区医联体（以沂源县第二人民医院为主体，联合中庄中心卫生院、石桥卫生院、张家坡卫生院和西里卫生院组建沂源县南部山区医疗联合体）。同年，建成淄博市医疗急救中心第48急救点。2016年，通过一级甲等综合卫生院评审。2020年，通过复审。

截至2023年末，在编职工50人（专业技术人员43人）。其中，副高级职称11人、中级职称11人；执业医师18人、执业护士19人。

机构沿革

新中国成立前，中庄区域内有零散的几处中医堂号、药铺，名声较大的有北刘家庄任宏玺开设的同春堂，南庄村江佰才开设的杏林堂，杨家庄村田启蘭开设的济生堂以及李家河西村李永达、李永莲各开设的中医堂。

1953年，北刘家庄村任宏玺、南庄村江佰才等在中庄村成立公私合营的卫生所，有房屋3间，人员5～6人，主要以中医治疗为主。1955年，改造为中庄卫生所。1956年，在胡家庄再建立一处卫生所，租用民房3间，有工作人员2人，开展医疗和社会性防疫工作。

1958年，在中庄、胡家庄卫生所基础上，成立中庄公社卫生院，胡家庄保留一处诊所。1962年，县政府拨款在中庄大队东沂河边建草房4间，另赁草房5间，职工7人。

1965年9月，中庄公社并入唐山公社，中庄公社卫生院改为门诊所，属唐山卫生院管理。所址在店头大队西原中庄公社机关院内，房屋9间。

1971年，沂源县行政区划重新调整，恢复中庄公社建制，卫生院建制随之恢复。县政府拨款，在

沂源县中庄公社卫生院

就 诊 证

姓名		年龄		男女	
籍贯		职业			
就诊		年	月	日	
地址		县	公社	村庄	

说明 此证各科通用，注意保存。凡每次来院就诊，务须带此证来。

公社卫生院时期的就诊证

中庄医院全体工作人员合影（1963年）

前排左起：苗启盈（西孝村人），江佰才（南庄村人，老家西里镇杨家庄），周国伦（燕崖北安乐人），王兴花（女，中庄道座崮人）

后排左起：王元美（女，原梭背岭人），李清杰（沂水县人），冷沂（曲阜人）

中庄大队西北1公里处的山坡上建房19间，为单面走廊的平房，建筑面积329平方米，并打水井1眼。12月开诊。

1972年1月，更名为沂源县人民医院中庄分院。经数次扩建，至1990年，占地13.7亩，建筑面积1640平方米，此时名称改为中庄中心卫生院。截至2023年，中庄中心卫生院建筑面积3042平方米，业务用房面积2138平方米。

中庄中心卫生院历任主要负责人

机构名称	姓名	职务	任职时间	备注
中庄公社卫生院（1958—1965.09）	唐守高	副院长	1960.07—1962.05	主持工作
	周国伦	副院长	1962.05—1965.09	主持工作
唐山卫生院中庄门诊（1965.09—1971）	王世清	临时负责人	1965.09—1971.06	
中庄公社卫生院（1971—1972.01）	周国伦	院长	1971.06—1972.01	
沂源县人民医院中庄分院（1972.01—1990）	周国伦	院长	1972.01—1976.04	
	陈秀宝	院长	1976.04—1984.10	
	于在海	院长	1984.10—1987.08	
	王起（女）	院长	1987.08—1989.10	
	孙启同	副院长	1989.10—1990	主持工作
中庄中心卫生院（1990—）	孙启同	副院长	1990—1993.11	
	苗兴进	院长	1993.11—1999.06	
	段升新	院长	1999.06—2014.11	
	李敦会	院长	2014.11—2024.10	
	王云飞	院长	2024.10—	

党组织

1991年，成立中庄中心卫生院党支部，有中共党员5人。截至2023年，该院共有中共党员15名。

中庄中心卫生院党组织历任主要负责人

机构名称	姓名	职务	任职时间
中庄中心卫生院（1990—）	于在海	党支部书记	1991.10—1999.12
	江玉生	党支部书记	1999.12—2003.03
	段升新	党支部书记	2003.03—2014.11
	李敦会	党支部书记	2014.11—2024.10
	王云飞	党支部书记	2024.10—

队伍建设

1953年，公私合营将个体中医诊所合并成立中庄卫生所。有人员5～6人，其中中医3人、司药2人、会计1人，主要以中医治疗为主。1966年，因发生火灾，房屋烧毁，胡家庄诊所搬迁至河东，房屋5间，工作人员4人。

1962年，职工7人，周国伦任院长，开设科室有门诊、药房、防疫。1969—1972年，医院陆续接收国家分配的大中专毕业生，职工总数达到17人，其中，医生4人、护理人员3人。设有门诊、中西药房、妇产科、收款室等科室。

1976—1978年，陆续增设放射科和检验科，医疗服务能力显著提升。1981年，职工总数达到24人（男14人、女10人），其中，医师3人、医士2人、护士2人、药剂员2人、放射人员1人、检验人员1人、妇产士1、中医士1人、妇保员1人、卫生医士1人、中药士2人、其他人员7人，开放床位15张。

20世纪80年代初，人员达到32人。80年代中后期，随着老职工离退休、外籍人员调回原籍或调往外单位，该院职工减少。1990年，职工21人，其中卫生技术人员16人（主管中药师2人、医师10人、初级卫生人员4人）、工勤人员5人。设病床40张，开放床位25张。

20世纪90年代，国家重视基层医院的发展，每年分配大、中专毕业生到乡镇卫生院。截至2023年，有职工50人，其中卫生专业技术人员43人（医师18人，护理人员19人，医技4人，药学人员2人），副高级职称11人、中级职称11人、初级职称12人。

人物简介

李心机，男，1942年出生，烟台市蓬莱区人。1969年初，到唐山公社中庄门诊所从事中医门诊工作。1978年，考入山东中医药大学伤寒论专业的研究生，毕业后留校任教，后晋升教授。致力《伤寒论》理论与临床研究，出版学术专著《伤寒论疑难解读》《伤寒论通释》《伤寒论图表解》等。

医疗技术

设　备

1976年冬，县卫生局从东里分院调配1台30毫安X光机给中庄公社卫生院，开展透视、胃肠钡餐等简单检查，为临床诊断提供依据。后期又添加防护屏风和防护器材。1977年，开始拍X片。1993年，市、乡政府投资6.3万元，购置200毫安X光机1台，实现了透视设备的第一次更新。2009年，通过县卫生局组织的统一招标，购进500毫安X光机1台（上海医疗器械厂有限公司），明室透视，暗室手工洗片，可拍摄胸部、腹部、头颅、脊柱、四肢等部位X线平片及胸腹部透视、上消化系统钡餐透视。2012年5月，县人民医院赠送CR设备1套，激光打印X线片，结束暗室手动洗片历史，实现向数字化的过渡。2020年3月，购进DR设备1套，可做胸部、腹部、头颅、脊柱、四肢等部位X线平片，X片质量大步提高。至此，放射诊断设备经过由低到高，由模拟到数字的发展历程。

1978年，开设化验室，设备只有1台显微镜，开展血、尿、大便常规镜检检测。1993年，化验室购置721光电比色计1台、分析天平1台、恒温箱1台、离心机1台，开展生化检查。2000年，购进1台半自动生化分析仪，开展生化检查。2016年，配备全自动干式生化分析仪、五分类血细胞分析仪、尿液分析仪、血糖仪、干式荧光免疫分析仪、全自动化学发光免疫分析仪、特定蛋白分析仪等先进设备，开展临床生化、免疫等检查项目。

1991年，投资3.4万元，购置便携式黑白超声诊断仪（日本岛津）1台，可做肝胆胰脾、肾输尿管膀胱前列腺、子宫附件的超声检查，超声诊断开始服务于医疗临床，医疗服务能力得到提高。2008年，购置数字化多普勒超声诊断仪（深圳迈瑞），可做肝胆胰脾、肾输尿管膀胱前列腺、子宫附件、浅表部位器官（乳腺、甲状腺、阑尾、肠系膜淋巴结等）超声检查。2015年8月，新上彩色多普勒超声诊断仪，结束黑白超声历史，可做肝胆胰脾、肾输尿管膀胱前列腺、子宫附件、浅表部位器官超声检查。

技　术

内　科　20世纪50年代，门诊治疗主要以中医治疗为主，诊断依靠传统“望、闻、问、切”。20世纪60年代，开始用听诊器、血压计等诊断工具，辅助内科医生诊断病情，进行常见病、多发病的治疗。

1972年，设有门诊（含治疗室），白天治疗室人员兼护理，夜班医生兼职护理、收款工作。1976—1978年，开设放射科和检验科，提高诊断准确率。

20世纪80年代，内科主要进行常见病、多发病的诊疗、有机磷农药中毒的抢救治疗。随着生活方式的转变和人口老龄化，慢性病患者（如心血管疾病、糖尿病等）增多，慢性病成为内科治疗的重点。该院相继开展动态血压、动态心电图等监护业务。

妇　科　20世纪70年代，主要开展妇科检查、取环放环、接生和培训村接生员等工作。20世纪80年代，妇产科开展顺产接生。20世纪90年代后期，妇产科使用一次性产包，开始用紫外线消毒，孕产妇产前常规做B超、血液检验、乙肝五项等项目。有妇产科医师2人、助产士2人，每年接生200人次，为孕产妇查体随访、育龄妇女取环放环等。2002年，聘请县医院妇产科退休副主任医师庞桂珍到妇产科坐诊。2011年，根据全县统一要求，该院停止分娩工作，妇产科人员专职妇保、儿保工作。

综合技术　2016年11月，开设口腔科，有工作人员1名，由县人民医院赠送1台牙科综合治疗机，开展拔牙、补牙、镶牙等项目。2017—2018年，陆续招收2名口腔专业的卫生技术人员。2019年10月，建立口腔门诊，购进2台中创牌牙科综合治疗机、2台口腔内窥镜及1台一拖二空气压缩机。2023年，开展口腔常见病治疗、拔牙术、牙齿矫正、活动义齿、烤瓷牙等业务。2022年3月，创建胃镜室，室内面积66平方米，引进国产奥华VME—2300型电子胃镜，可完成食管、胃、十二指肠疾病（炎症、溃疡、出血、异物等）的诊断。

特色专科　2018年6月，该院120急救中心成为淄博市120第48急救点，位于门诊楼一楼东侧，总面积150平方米，设120接警室、急诊内科、急诊外科、治疗室、处置室、抢救室、观察室，配备专业院前急救团队，其中医师7人（副主任医师2人、主治医师3人），护士6人（副主任护师1人，主管护师1人），司机2人，配备120急救车1辆。急救医疗器械配备除颤监护仪、吸痰器、心电图机。抢救室配备全自动洗胃机、除颤监护仪、全自动心电图分析机、吸痰器等设备。该急救点除服务中庄镇外，还辐射到周边西里、石桥、东里、张家坡4个乡镇的邻近村庄。

特色项目

1998年，依据标准改建产房，顺利通过省级验收，达到省级爱婴医院标准。2009年11月，建立开放式护士站，实现中心供氧，安装床头呼叫器。年底，上新医院管理系统，实现全院电子化办公。2016年12月，顺利通过一级甲等综合卫生院评审，2020年通过复审。

2017年3月，与县中医医院建立医联体关系，成为县中医医院“中医药适宜技术培训点”，培训周边医务人员，带动中医药的发展；7月，原镇计生办14间房屋划归卫生院使用，建成数字化接种门诊和公共卫生镇村一体化管理办公室。同年，按照县里统一部署，开展国家慢性病示范县复审工作和全国基层中医药工作先进县创建工作。王家桃峪村卫生室代表县卫生室迎接全国基层中医药工作先进县创建工作验收。2023年11月，胸痛单元通过验收。

疾病防控

机构队伍

公社卫生院时期，设防疫医生1人，和辖区内卫生室共同承担卫生防疫任务。1979年，卫生院成立社会卫生组，有2名防疫人员，指导辖区内46名“赤脚医生”负责卫生防疫工作。1991年，建立中庄防保站，于在海担任站长，有工作人员3人。

1996年，防保站纳入卫生院统一管理，成立公共卫生科，下设疾病预防控制科、卫生监督协管科、妇幼保健科3个科室。截至2023年末，有工作人员10人。

疫苗接种

20世纪60年代，卫生院防疫组承担社会性防疫任务，开展种“牛痘”、麻疹、卡介苗、脊髓灰质炎疫苗接种等工作。20世纪80年代，计划免疫是卫生防疫工作的重点，接种卡介苗、脊髓灰质炎、百白破、麻疹疫苗等。1986年，计划免疫开始冷链运转，每2个月1次，全年运转6次，冷链运转后实行簿、卡、证管理。全乡成立8个冷链小组，每个小组配2个冷藏包。1998年，集中式接种“四苗（卡介苗，脊髓灰质炎疫苗、百白破疫苗、麻疹疫苗）”，接种率达到100%，儿童出生率建证率100%，全年各类疫苗预防接种1.7万人次。2023年，儿童建证、建卡及时，建卡率100%，“八苗（乙肝、脊髓灰质炎、流脑、百白破、卡介苗、含麻成分疫苗、甲肝、乙脑疫苗）”全程接种率98.23%，与计生、公安部门密切配合，及时掌握辖区内儿童信息并建立接种档案，累计管理0~6岁儿童1860名，建证、建卡率均100%。

重要传染病防控

20世纪50年代，域内麻风病发病率较高。1958年，为方便诊治麻风病人，沂源县麻风病防治站迁往中庄公社盖冶大队东围子；10月，县政府决定在盖冶大队与罗家庄大队交界处建立麻风村——康乐村，附近麻风病人就近入村治疗，病人在村内边治疗边从事农业生产，实行“按劳分配”。截至1960年，康乐村有126人。1961年，鲁村公社康愉村合并到中庄公社康乐村。截至2023年，中庄镇康乐村尚有2人。

20世纪70年代，社员感染血吸虫病。卫生院防疫人员和大队里的“赤脚医生”利用夜间（查血吸虫必须晚上查）手提灯笼，三五一组，走家串户采血筛选血吸虫患者。对筛选出的血吸虫患者给予口服药海群生（枸橼酸乙胺嗪）片治疗，1次200毫克1天3次，连服1周，直至复查转阴为止。通过努力，中庄公社彻底消灭了血吸虫。

新中国成立后，疟疾（也叫“打摆子”）在域内时有发生。1956年，开展爱国卫生运动，发动社员灭蚊蝇，除“四害”，搞好环境卫生。在疟疾发病季节，对公共场合、大街小巷、卫生死角进行杀菌消毒。实行早发现、早治疗、就地治疗的方针，对疟疾患者实行送医到户，送药到手，当面服药，不咽不走（当时俗称叫“看服到肚”），降低发病率和死亡率。

禽流感（H7N9）防治工作中，组织全体医务人员学习《H7N9禽流感临床表现及诊疗方案》和《人感染H7N9禽流感医院感染预防与控制技术指南（2013年版）》，建立健全预检分诊制度，对疑似病例做到能识别、会分诊，实现早发现、早隔离、早报告、早转诊的目标。

2003年，全国发生“非典”疫情，卫生院组织医务人员培训防治非典型肺炎知识，掌握其临床特征、诊断标准、治疗原则及防护措施，发热病人一律到发热门诊就诊。根据指挥部安排抽调人员做好路口执勤，外地来访、返乡人员隔离和消毒消杀工作。派出检验工作人员前往南麻检查站化验室协助工作，同时做好防护物资及药物的储备。

2020—2022年，“新冠”疫情防控期间，医院组织全员培训300余人次。流调武汉归来人员51人次，流调其他地区归来人员157人次。2021年3月25日，在卫生院设立接种点开始接种“新冠”疫苗。2021年4月，在中庄镇电商大楼增加2个临时接种点，接种人员由5人增至17人。截至2023年末，接种“新冠”疫苗52766剂次，其中，第一剂次18606人、第二剂次18219人、第三剂次15694人、第四剂次247人。2022年，开展学校、区域全员核酸检测，学校师生开展全员检测63次，累计11万人次；开展区域全员核酸检测84次，累计132万人次。卫生院核酸采样点累计采样15万余人。

公共卫生

2009年，医院开始承担国家基本公共卫生服

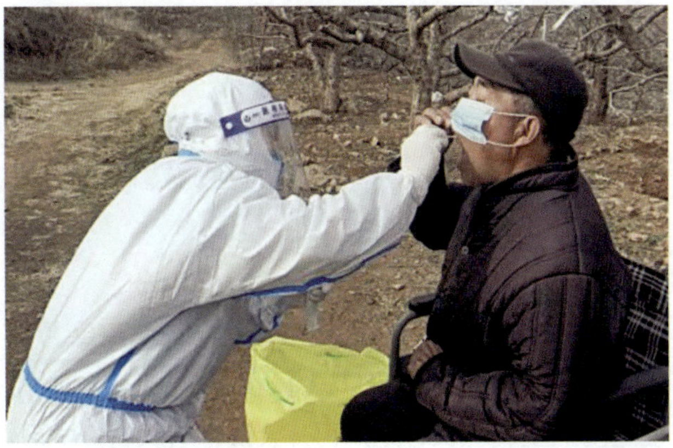

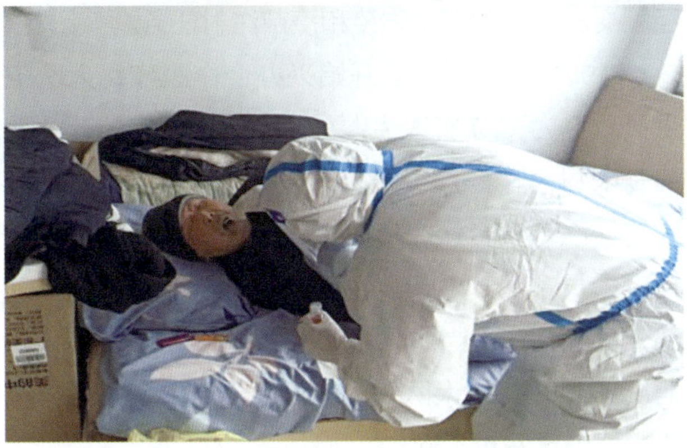

中庄中心卫生院工作人员进村入户为村民进行核酸采样

务，在原有村卫生室基础上，逐步开展基本公共卫生服务工作，实现人人享有基本公共卫生服务和家庭医生签约服务。2010年，在上庄、社庄、马连峪、北刘庄村开展农村村民健康档案试点，当年完成全镇20%农业人口的建档目标。次年，全面完成村民建档，建档率达到100%。依据健康档案重点开展以贫困人口、妇女、儿童及慢性病患者为重点的疾病防控工作。同时结合家庭医生签约服务对一般人群的健康档案进行核实与更新，动态使用。截至2023年末，共建立电子健康档案25469份，建档率达到94.45%。

2011年开始，对全镇65岁及以上老年人进行健康查体、中医体质辨识、中医药保健指导等服务，每年惠及人数4000人。公共卫生科开展健康教育、慢性病防控、老年人管理、严重精神障碍患者管理、预防接种、传染病及突发公共卫生事件防控、妇幼保健、卫生监督协管等服务。2016年起，成立由医师、护士和公共卫生人员组成的公共卫生服务督导团队，对村公共卫生工作进行指导、管理、考核，同时对公共卫生薄弱的村进行指导。2020年，完成45个行政村，6个省定贫困村，1860名贫困人口的健康扶贫工作，贫困人口家庭医生签约1813人。截至2023年末，公共卫生团队管理中庄镇域内高血压患者2706人、糖尿病患者1077人、严重精神障碍患者270人。

妇幼保健

该院从公社卫生院时期就承担妇科检查、取环、放环、接生和对村接生员的培训等工作。1998年，按照标准改建产房，通过省级验收，达到省级爱婴医院标准。2000—2005年，每年接生200人次左右。2011年，根据全县统一要求，中庄中心卫生院停止分娩工作，妇产科人员专职妇保、儿保工作，对孕产妇及0～6岁儿童进行健康管理。孕产妇健康管理从孕前优生做起，孕前开始发放叶酸，共服用6个月。孕早、中、晚期进行健康管理包括产前随访、血尿常规检测等，分娩后对产妇进行产褥期保健指导。0～6岁儿童健康管理主要从新生儿出院后一周内到新生儿家中进行家庭访视，重点询问和观察喂养、睡眠、大小便、黄疸、脐部、口腔发育等情况，根据新生儿的具体情况对家长进行指导。截至2023年末，管理孕产妇88人，0～6岁儿童1288人。

中医中药

20世纪80年代，该院单独设立中医科。1981年，中医师王兆秀到卫生院开设中医门诊，日诊疗30人次。1984年，其调走后中医门诊不再单设。2015年，根据标准建立国医堂，设置中医诊室、针灸室、理疗康复室、中药熏蒸室、艾灸室、中药房及专用中药煎药室等科室。配备针灸治疗床、推拿治疗床、针灸针、针灸治疗仪、中频理疗仪（单路及多路）、定向中药透药治疗仪、神灯、电动颈椎牵引椅、中药熏蒸床、站床、远红外热疗仪、扶梯、站桩、站立斜坡等10余种专业中医诊疗设备康复器材。由3名中医医师组成国医堂中医团队。随着科室不断发展，在上述器材设备的基础上先后购进整脊枪、空气压力波治疗仪等先进设备。

2019年，邀请上级医院中医专家到该院坐诊，对疑难、典型病例进行教学式查房，现场查看病历、查体，现场讲解理法方药，科室整体诊疗水平提升，国医堂的门诊诊疗人次及针灸人次大幅度提高。2020年，国医堂门诊1596人次、针灸3334人次；2021年，国医堂门诊1713人次、针灸3500人次；2022年，国医堂门诊2100人次、针灸3600人次；2023年，国医堂门诊2500人次，针灸3700人次。

典型案例　中庄镇东韩庄村70岁患者张某某，“新冠”感染后感觉四肢乏力，动作迟缓，颈椎、腰椎疼痛不适，烦躁，记忆力减退，大便干结。经上级医院多方检查，按照颈椎病、腰椎间盘突出以及脑供血不足、焦虑症等治疗无效。中庄中心卫生院国医堂针灸科大夫接诊后根据上述症状以及查体下肢轻度齿轮样运动，初步诊断为帕金森病。对其进行针灸、口服中药汤剂真武汤治疗，经过10余天的治疗，患者病情得到有效控制。后经齐鲁医院神经内科专家确诊为帕金森病，口服多巴丝肼片等药物，病情好转。

村卫生室

村医队伍

新中国成立前，农村缺医少药，乡村医疗卫生组织空白，一些零散的个体中医仅能为群众提供有限的医疗服务。20世纪60年代，中庄公社立足实际，由各大队推荐、公社医院和公社党委把关审核，招收有一定文化水平的青年进行短期培训，成为卫生员，回各大队为社员进行一般医疗服务。卫生室属于集体性质，卫生员挣工分，使用大队的房子。1976年春，第二批培训班在原十三中学（现中庄中学的前身）开班，共有学员40人，主要学习西医（基础知识和常见病、多发病的诊治）、中医（中医基础知识、针灸、拔火罐的理论与技术操作）及跌打损伤骨折类的包扎、止血、固定、搬运等技术。1970年，大队卫生员改称为“赤脚医生”。1986年，沂源县组织考试发放乡村医生证书，中庄乡有65名“赤脚医生”参加考试并取得证书。1993年，中庄乡有乡村医生78人。按照县招镇管村用招聘乡村医生1人。截至2023年末，中庄镇有乡村医生51人。

村级机构

20世纪70年代，卫生院对大队卫生室实行业务指导和管理。将大队卫生员按管理区分组划片，推选出卫生员组长，定期召开会议，组织业务学习、经验交流，布置卫生防疫和疫苗注射任务。

1970年，沂源县开始兴办合作医疗，大队卫生员改称为“赤脚医生”。1975年，中庄公社全面铺开农村合作医疗，按个人1元钱，大队集体1元钱的标准筹集合作医疗资金，汇总后由大队会计保管。社员拿药100元以内不用花钱，100元以上的部分自己花钱。当时耿庄的参保率100%。（各大队情况不同，有的大队每人2元钱全部由大队集体出钱，报销比例也不同。）

20世纪80年代初，随着农村经济体制改革，家庭联产承包生产责任制的实行，各大队卫生室陆续转由集体保本经营或“赤脚医生”承包经营方式，群众看病缴纳全部医药费。合作医疗随之解体。90年代初，开始使用一次性输液器，接诊人数增加。重新医改后，乡村医生的工作职责从坐诊看病转变为以基本公共卫生服务为主，开展12项基本公共卫生工作。

1993年，中庄乡有卫生室70处，甲级卫生室15处，乡村医生78人。1996年，对辖区内的村卫生室实行“乡村卫生一体化管理”，卫生院派工作组进村，逐村进行清产核资和卫生室合并，每村只保留1处卫生室。1998年，乡村卫生一体化管理覆盖率100%，“三制四统一”合格率达到90%以上。2006年，黄土崖村、盖冶村、富家村、大沟村、社庄村、河东村卫生室建设为市级规范化村卫生室。2008年，马连峪村、桐峪村、杨庄村卫生室建设为市级规范化卫生室。2021年，开始建设中心村卫生室，由县财政出资，按照统一的图纸、统一的内配设施建设，建筑面积110平方米，设有诊断室、观察室、治疗室、药房、卫生间、值班室等。截至2023年，全镇累计建成9处中心村卫生室。

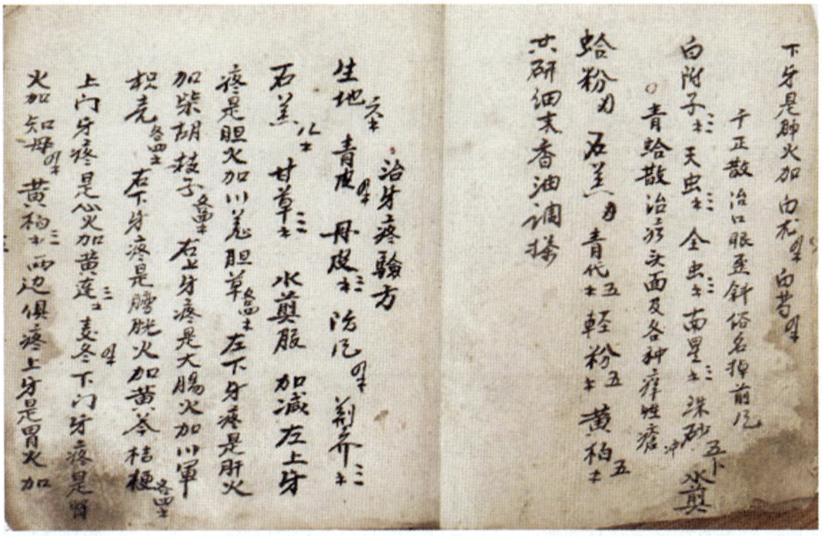
下牙是肺火加白术 白芍
牵正散 治口眼歪斜俗名抽前风
白附子 天虫 全虫 南星 朱砂 水煎
青蛤散 治疗头面及各种痒性疮
蛤粉 石羔 青代 轻粉 黄柏
共研细末香油调搽
治牙疼验方
生地 青皮 丹皮 防风 荆芥
石羔 甘草 水煎服 加减 左上牙
疼是胆火加川芎 胆草 左下牙疼是肝火
加柴胡 栀子 右上牙疼是大肠火加川军
枳壳 右下牙疼是膀胱火加黄芩 桔梗
上门牙疼是心火加黄莲 麦冬 下门牙疼是胃
火加知母 黄柏 两边俱疼上牙是胃火加

《山东验方集》中记载的任宏玺2个中药方

卫生往事

北刘家庄战地医院

1947年5月，华东野战军区第一总医院院长陈海峯带领在孟良崮战役中负伤的伤员和医护人员32人，秘密进驻到北刘家庄村中医先生任宏玺（《山东验方集》书中名字任鸿玺，字成玉）家。任宏玺是北刘家庄"同春堂"经营人，曾在鲁中子弟兵团担任卫生员兼司务长，在此救治伤员。

战地医院在北刘家庄驻扎后，村民在党组织领导下，男劳力劈柴，女劳力洗衣、做饭，保障野战医院伤病员及医护人员的生活。那时纱布紧缺，伤员用过的绷带必须清洗后再用，为严守秘密，伤员的绷带、床单、衣服只能在晚上清洗，晾晒在院内柴草棚或村民屋内。任宏玺家仅有1间草屋，配有药橱、柜橱、诊断桌，治疗药材仅有中草药，川芎、当归、党参、甘草等常用药材靠自采自制，其余药材去博山采购，《山东验方集》中记载了任宏玺2个中药方。1947年6月底，战地医院迁至临朐县蒋峪庄。

1991年8月8日，陈海峯专程从北京到沂水县寻找战地医院旧址，沂水县政府一位秘书做向导，带领陈海峯从沂水县辗转来到北刘家庄，找到村书记王相法的妻子王桂兰，王桂兰将陈海峯领到任宏玺家，任宏玺及儿子任道恩热情接待陈院长。王桂兰又找来曾经亲身经历过的齐来福、张永发、房际忠老同志。时隔44年，陈海峯和旧友重逢，叙谈往事。陈海峯回忆说："除了一棵大榆树没有了以外，房子地形还是原样，我要把在此的情景写进我的革命回忆录里。"并同老朋友合影留念。

陈海峯在北刘家庄任宏玺家与老朋友合影（1991年8月8日）
左起：齐来福、张永法、房云桂、房际忠、陈海峯、王桂兰

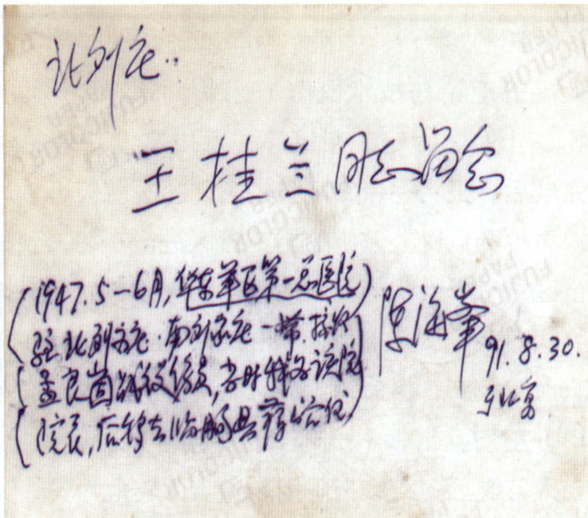
北刘庄.
王桂兰
91.8.30.

陈海峯在照片背面的简要记述

陈海峯回北京后，给王桂兰寄来照片，照片背面留有简要记述："1947年5—6月，华东军区第一总医院驻北刘家庄、南刘家庄一带，接收孟良崮战役伤员，当时我为该院院长，后移去临朐县蒋峪住。陈海峯91.8.30于北京"。这张珍贵照片给北刘家庄人留下永久的记忆。（贾发远、毕玉孝提供资料）

"赤脚医生"培训

20世纪60—70年代，为改善农村落后的医疗条件，让农村人方便看病，看得起病，中共中央发出"把医疗卫生的重点放到农村去"的号召。借助这一东风，中庄公社决定开展大队卫生员培训。决定由各大队推荐、公社医院和公社党委负责把关审核，招收有一定医学常识或热爱医学，并且根正苗红，有高、初中文化水平的青年进行短期培训，作为大队卫生员回各大队为社员进行医疗服务。

1974年秋，第一批培训班在中庄公社卫生院开班，学员20余人，学期3个月。条件极其简陋，腾出2间库房作为教室，临时做一块木质黑板，学员坐着小板凳，自己的膝盖就是学习的课桌。1976年春，第二批培训班在原十三中学（现中庄中学的前身）开班，教学条件有所改善，教室里有电灯、课桌椅。西医教师是王均孔，中医教师是许克明。学员40余人，基本上每个生产大队1人，学期6个月。

培训课程主要教授西医（基础知识和常见病、多发病的诊治）、中医（中医基础知识、针灸、拔火罐的理论与技术操作）及跌打损伤骨折类的包扎、止血、固定、搬运等技术内容。在理论学习完成后，王均孔带领学员去离公社医院较远、严重缺医少药且比较偏僻的胡庄管区进行实习，到胡庄管区的每个大队的合作医疗巡回坐诊，为社员诊病治病。芦峪大队社员齐某的奶奶80岁高龄，忽患脑血管疾病，生命垂危，家人给穿上寿衣，准备后事，王均孔带领学员利用现有条件及时就地抢救，老人苏醒后，继续指导用药，老人转危为安，又活数年，这件事在当时影响很大，深受社员的好评，社员纷纷找王均孔询医问药。

有了"赤脚医生"，中庄公社每个大队的医疗状况都得到很大改善，"赤脚医生"基本掌握常见疾病、多发病的治疗方法和一些防疫知识。他（她）们不管白天黑夜随叫随到，服务贴心周到，身背药箱，行走在田间地头、大街小巷，宣传医学科普知识。在那个缺医少药的年代，"赤脚医生"是农村人留得住、信得着，同广大社员一心一意的医务工作者，在当时撑起了农村医疗的一片天，在一定程度上解决老百姓求医问药的需求。（刘洪生、张广宝提供资料）

"新冠"抗疫10天纪实

2019年12月8日，武汉市发生"新冠"疫情。

2020年1月21日，县委、县政府召开"新冠"肺炎疫情防控会议，沂源县全面进入"新冠"疫情防控工作中；1月23日（农历腊月二十九），卫生院院感科分别对该院职工、乡医进行培训，把现有的抗疫物资分配到各个科室；1月24日（除夕），医院工作人员把发热门诊整理成独立隔离观察室，备用；1月26日9点，县疫情防控指挥部在新城宾馆召开会议，到会场时发现，所有参会人员、工作人员全部都佩戴了外科口罩。会议要求取消休假，全体医务人员到岗到位，取消所有聚会，关闭活禽市场，高速路口及各镇村设检查站点，开展从武汉等外地返回人员的流调工作，所有工作开展时做个人防护。会议结束，医院随即通知科主任以上人员集中安排流调人员，启动预检分诊和发热门诊，排查物资；1月27日，全体人员在单位上班。中庄镇党委书记召集会议，成立镇防控指挥部，在镇综治中心集中统一办公，根据疫情通报中庄镇从武汉、湖北其他地市返回47人，在家隔离，不能出户，封村、封路；1月28日，镇政府开调度会，镇防控指挥部部署暂停农村大集、停止集体文娱活动、企业复工必须打报告。市场、超市、卫生院人员密集场所，入内必须先测体温。卫生院将预检分诊设置到大门口，摆放反光锥，拉设警戒线，只设一个出入口，入院必须测体温。派出职工到省道入口测量体温。社会面全部静止。村路口封闭、小区门口封闭；企业停工、学校停课；禁止人员随意走动，加强外来人员管控、加大消毒场所频次，举全社会之力构筑疫情防控防线；2月7日，县防控指挥部根据实际情况和上级相关要求，决定企业开始陆续复工复产。预检分诊关口前移、卫生室不接诊发热病人、发热病人一日一报，一人一诊室、建立隔离缓冲病房、住院患者一人一陪护，外派人员执勤等防控措施逐条落地，严防死守，至此医疗卫生系统开始承担常规化疫情防控。（李敦会提供资料）

“新冠”疫苗接种纪实

“新冠”疫苗接种之初，有很多人因网传不实言论、夸大疫苗副作用等原因对疫苗接种产生畏惧心理，不愿接种，医院疫苗接种人员动之以情，晓之以理地做耐心解释工作，“新冠”疫苗接种得以顺利开展。有的接种对象行动不便，无法到接种点，卫生院组织了一个流动接种队，上门为其接种。烈日当头，翻山越岭，有的地方需要步行经过很长的山路，但是他（她）们从来没喊过苦、累，有时连喝水的时间都没有，但同志们无怨无悔，始终坚定一个信念：“一个都不能少！”正是有着这份执着，在疫情防控期间共接种“新冠”疫苗52766剂次，其中，第一剂次18606人、第二剂次18219人、第三剂次15694人、第四剂次247人。为战“疫”作出了自己应有的贡献，为群众筑就了一道牢固的防疫屏障。（柳红英提供资料）

大事记

1953年　北刘家庄村任宏玺、南庄村江佰才等个体中医在中庄村成立卫生所。

1958年　成立中庄中心卫生院。

1962年　沂源县政府拨款在中庄大队东沂河边建草房4间，另赁草房5间。

1965年　9月，中庄公社并入唐山，中庄公社卫生院改为门诊所，属唐山卫生院管理。所址在店头大队西原中庄公社机关院内，有房屋9间。

1971年　恢复中庄公社卫生院建制。县政府拨款，在中庄大队西北1公里处的山坡上建中庄卫生院，房屋19间，建筑面积329平方米，并打水井1眼。同年12月开诊。

1976年　设置病房开始收治住院病人。

1990年　中庄卫生院更名为中庄中心卫生院。

1991年　中庄乡政府及县卫生局投资20.5万元进行改貌，新建病房8间、新建家属院4套、维修单身宿舍20间、硬化地面及院墙修补等。

1991年　建立中庄防保站。

1991年　投资3.4万元，购置便携式黑白超声诊断仪1台。

1996年　对辖区内的村卫生室实行“乡村卫生一体化管理”，每村只保留1处卫生室。

1997年　投资25万元，建成门诊楼1座，面积约600平方米，并于1998年投入使用。

1997年　新购买燕京牌救护车1辆。

2001年　投资近9万元，完成卫生院大院南北两排14间旧房改造及地面硬化任务。

2004年　拆除原来的在卫生院范围内的个人非法建筑，并对卫生院大门两侧的原老旧房屋进行改貌建设。

2009年　10月，实行基本药物制度，药品零差率销售。

2009年　中央财政投资80万元，县政府配套投资70万元，新建门诊综合楼，建筑面积1200余平方米，于11月建成并投入使用。

2011年　正式实行全省统一的基本药物网上集中采购。

2016年　12月，顺利通过一级甲等综合卫生院评审。

2017年　3月，与县中医医院建立医联体关系。

2017年　预防接种门诊升级为数字化接种门诊。

2018年　6月，该院120急救中心成为淄博市120第48急救点。

2018年　与沂源县中医医院组建紧密型医联体，加挂沂源县中医医院中庄分院牌子。

2018年　加入沂源县南部山区医联体（以沂源县第二人民医院为主体，联合中庄中心卫生院、石桥卫生院、张家坡卫生院和西里卫生院组建沂源县南部山区医疗联合体）。

2020年　3月，购进DR设备1套。

2022年　成立胃镜室。

2022年　投资70余万元，购置2辆“120”急救车。

2023年　3月，创建胸痛救治单元，11月，通过验收。

2023年　建成智慧化预防接种门诊。

2024年　4月，成为临沂市中心医院医联体成员单位。

卫生篇

西里卫生院

扫码听书

记忆沂源·卫生健康卷

概　况

沂源县西里卫生院是一所集医疗、预防、保健、康复、优生优育指导、公共卫生服务为一体的综合性公立医院。业务用房面积3600平方米，编制床位50张，开放床位47张，承担全镇44个行政村，4.2万群众的基本医疗、公共卫生服务等工作。

该院拥有西里院区（原梭背岭乡卫生院）和金星院区（原金星乡卫生院），设有内科、外科、中医科、口腔科、抢救室等临床科室，有疾病预防控制科、卫生协管科、妇幼保健科、数字化接种门诊等公共卫生科室，以及中西医药房、放射科、检验科、B超室、心电图室等医技辅助科室。

卫生院有各类专业技术人员57人。其中副高级职称6人、中级职称15人，专科以上学历36人。

机构沿革

清光绪年间（1875—1908），中西里村的江中泰在本村开设“颜喜堂”药铺，造福桑梓乡邻。1900年，唐庄村赵立在本村设立诊所，专治黄疸型肝炎。

民国时期，笊篱坪村（现黎明新村）任俊三、蝙蝠峪村公毓富、曹宅村李家驹、苗庄村（现欣苗村）曹效喜等各自在本村开设中医药房，坐堂行医。前西里村（现前西新村）翟永明依托祖传“中九丸”，开办专治痈肿、疮疖疙瘩的“翟先生”诊所。

新中国成立前，医药资源匮乏，农村地区医疗技术落后。有病只能靠土方草药，大病重病治愈率低。1948年冬季，瘟疫暴发，辖区内各位中医积极施药献方，境域内无人因瘟疫死伤。

1949年，新中国成立后，党和人民政府积极推进医疗事业发展，各地中医诊所继续开办。

1952年1月，区公所在曹宅村设立。1953年，成立十区卫生所（唐山公社卫生院及梭背岭乡卫生院前身），负责辖区内的基层卫生保健工作。1954年8月，区卫生所随区公所由曹宅村迁址至泉头村。1956年1月，成立十区联合诊所，另招收16名地方医生开设6处诊所（后改名为联合保健站）。

1958年9月，人民公社化，卫生所与联合诊所、联合保健站合并，成立唐山公社卫生院。1985年9月，行政区划调整，唐山公社卫生院更名为梭背岭乡卫生院。1991年，建设梭背岭乡卫生院新院，次年3月迁入。

1988年6月，抽调张德宝等人组建金星乡卫生所。1989年5月，金星乡卫生所征地3.4亩建设新院区，10月迁入，开诊营业。1992年，金星乡卫生所迁入“双星”鞋厂职工医院。1995年，金星乡卫生所更名为金星乡卫生院。

2002年9月，梭背岭乡卫生院、金星乡卫生院合并成立沂源县西里卫生院。金星乡卫生院更名为西里卫生院金星分院。2016年，撤销西里卫生院，设西里卫生院金星院区。

梭背岭乡卫生院历任主要负责人

机构名称	姓名	职务	任职时间	备注
十区卫生所（1953—1958.09）	李志勇	所长	1955—1957	
	孙彦南	副所长	1957—1958.09	主持工作
唐山公社卫生院（1958.09—1985.09）	符文杰	负责人	1958.09—1963.05	主持工作
	滕信启	副院长	1963.05—1965.07	主持工作
	庞传合	党支部书记	1965.07—1975.10	主持工作
	周国伦	院长	1975.10—1978.02	
	李清杰	副院长	1978.02—1980.03	主持工作
	任克孝	党支部书记	1980.03—1982.02	主持工作

续表

机构名称	姓名	职务	任职时间	备注
唐山公社卫生院（1958.09—1985.09）	于在海	院长	1982.02—1983.05	
	王兆才	院长	1983.05—1985.09	
梭背岭乡卫生院（1985.09—2002.09）	王兆才	院长	1985.09—1988.06	
	杨宗清	院长	1988.06—1989.10	
	赵光贞	院长	1989.10—1993.07	
	刘成友	院长	1993.07—1999.06	
	宋传照	院长	1999.06—2002.09	

金星乡卫生院历任主要负责人

机构名称	姓名	职务	任职时间	备注
金星乡卫生所（1988.06—1995）	王一伦	所长	1988.06—1990.06	
	王兆秀	副所长	1990.06—1992	主持工作
	王兆秀	所长	1992—1995.06	
金星乡卫生院（1995—2002.09）	王兆秀	院长	1995.06—1999.06	
	靳志文	院长	1999.06—2002.09	

西里卫生院历任主要负责人

机构名称	姓名	职务	任职时间
西里卫生院（2002.09—）	靳志文	院长	2002.09—2008.12
	江秀利	院长	2008.12—2015.05
	刘长久	院长	2015.05—2019.11
	刘思军	院长	2019.11—2023.08
	李德刚	院长	2023.08—

党组织

据已有资料记载，梭背岭乡卫生院（含唐山公社卫生院时期）党支部书记先后有6位，其中4位由院长兼任。

金星卫生所至西里卫生院金星院区时期，均由卫生所所长、卫生院院长兼任党支部书记，主持相关工作。

梭背岭乡卫生院党组织历任主要负责人

机构名称	姓名	职务	任职时间
唐山公社卫生院（1958.09—1985.09）	庞传合	党支部书记	1965.07—1975.10
	任克孝	党支部书记	1975.10—1982.02
	王兆才	党支部书记	1982.03—1985.09
梭背岭乡卫生院（1985.09—2002.09）	王兆才	党支部书记	1985.09—1989.10
	赵光贞	党支部书记	1989.10—1993.05
	刘成友	党支部书记	1993.07—1999.06
	宋传照	党支部书记	1999.06—2002.09

金星乡卫生院党组织历任主要负责人

机构名称	姓名	职务	任职时间
金星乡卫生所（1988.06—1995）	王一伦	党支部书记	1988.06—1990.06
	王兆秀	党支部书记	1990.06—1995.06
金星乡卫生院（1995—2002.09）	王兆秀	党支部书记	1995.06—1999.06
	靳志文	党支部书记	1999.07—2002.09

西里卫生院党组织历任主要负责人

机构名称	姓名	职务	任职时间
西里卫生院（2002.09—）	靳志文	党支部书记	2002.10—2008.12
	江秀利	党支部书记	2008.12—2015.05
	刘长久	党支部书记	2015.06—2019.11
	刘思军	党支部书记	2019.11—2023.08
	李德刚	党支部书记	2023.08—

队伍建设

1953年，十区卫生所仅有职工3人，只能开展基础性医疗服务。1956年1月，十区联合诊所（联合保健站）因人才缺失严重，上级批准招收当地医生16人，开展医疗卫生工作。1956年，区卫生所先后开设中西医结合技术和卫生常识普及培训班，培训卫生保健员40名。

1958年，为响应党中央把医疗卫生工作重点放到农村去的政策，唐山公社卫生院新进济南、青岛等外地医疗人才，他们带来先进的医疗技术与规范的诊疗流程，唐山公社卫生院职工增加至20人。

20世纪80年代，前期外来人才陆续调走，梭背岭乡卫生院与金星乡卫生所一度陷入人才紧缺状态。1988年6月，王一伦任金星乡卫生所所长，仅有工作人员2名。

1990年，梭背岭乡卫生院在职职工19人，其中中级职称1人、初级（师级）称职7人、初级（士级）职称6人、工勤人员5人。金星乡卫生所在职职工4人，其中中级职称1人、初级（师级）职称1人、初级（士级）职称1人、工勤人员1人；6月，王兆秀调任金星乡卫生所副所长兼任防保站副站长，主持卫生所日常工作。

1996年后，陆续有医药学校的中专毕业生分配到梭背岭乡卫生院，金星卫生院包括临床、护理、检验、影像、助产等多个专业。卫生院科室逐渐完善，人才匮乏问题得到缓解。2012年10月，西里卫生院迎来第一名全日制本科毕业生。

截至2023年，沂源县西里卫生院共有工作人员60名，其中专业技术人员58人（高级职称6人、中级职称15人），大学专科以上学历36人。

医疗技术

设　备

1973年，唐山公社卫生院使用一台30毫安X光机，开展胸透和骨骼拍片。1990年，购进50毫安光机1台。2012年，金星院区与西里院区放射科设备更新换代，老旧X光机被淘汰，购进新华500毫安X光机1台，图像较旧机器清晰度更高，放射诊断准确率提高。2017年，西里院区新购进深图DR图像处理系统，实现从暗室洗片到明室打印胶片的跨越。2021年，金星院区引进南京普爱DR系统、数字化摄影、双板自动化，硬件设施不断更新换代，检查效率与检查结果准确率不断提高，在辅助临床诊断结果上有重要意义。2023年，结合口腔科业务发展，西里院区新进颌骨CT（CBCT）1台。

2005年，西里与金星院区使用便携式黑白B超，能够辅助医生检查，让诊断结果更加准确。2015年，超声科添置迈瑞台式黑白B超，图像较之前的便携式B超质量与清晰度有所提高，能够进行小器官的探查诊断。2022年，两个院区分别更换彩色多普勒超声检查仪，分辨率提高，图像更加清晰，能够进行心脏血管的探查诊断，超声诊断符合率及诊断水平提高。

2005年，西里院区成立口腔科，购进第一台牙医综合治疗椅，开展简单的口腔外科治疗。2022年，口腔科购进综合治疗椅5台，种植治疗椅1台，开展口腔内科、修复、正畸、口腔颌面外科、儿童龋病治疗与预防等业务。

2019年，血液细胞分析仪由原来的BC-1800型号更新为帝迈DH71CRP型号，BC-1800型号对于血细胞的分析只是根据白细胞的形态特点，将白细胞分为淋巴细胞、单核细胞和颗粒细胞三大类，这种方法较简单，但对白细胞的分类较粗略。帝迈DH71CRP型号可以利用电子自动血细胞分析仪对外周血液进行检测，进行血常规五分类分析，即将白细胞分为中性粒细胞、嗜酸性粒细胞、嗜碱性粒细胞、单核细胞和淋巴细胞五大类，对白细胞的分类更加详细，能够提供更多的关于白细胞亚群的信息，有助于疾病的诊断和治疗评估。

2023年12月，西里与金星院区分别引进麦克i800全自动化学发光免疫分析仪1套；金星院区引进亚辉龙iFlash3000—H机器1套，实现乙肝五项（乙肝表面抗原、乙肝表面抗体、乙肝e抗原、乙肝e抗体、乙肝核心抗体）、病毒三项（梅毒、艾滋病、丙肝）从定性检测到定量检测的转变，抗原抗体的含量检测更加准确，化验结果更加精确，解决了定性分析准确度不高、低浓度的抗原抗体检测含量受限问题，为临床提供更加准确的检测数据，提高了医务工作者自身的安全系数，有效避免了针刺伤等暴露的危险性。化学发光免疫分析仪HSCL—5000、全自动凝血分析仪RAC—030、微纳芯干式生化分析仪的引进，实现了甲功五项、血凝和血生化的快速检测。在此基础上开展的甲功五项定量分析，对甲状腺病人的筛查及用药起到很好的指导作用。

技　术

1954年，十区卫生所陆续开展一般常见病、多发病的中、西医诊疗。1956年，联合诊所开设综合门诊，可以进行妇科、儿科、内科等常见病诊疗，但无法接收住院病人。1958—1985年，唐山公社（梭背岭乡）卫生院设有妇产科病房，开设内科、外科、妇产科门诊，提供中、西医诊疗、门诊输液、肌注，开展简单外科治疗和妇科接生工作。1989—1992年，金星乡卫生所设有综合门诊、妇产科、检验科、放射科、防疫科等科室。主要开展一般常见病、多发病的诊治与检查，负责金星乡辖区内预防工作。

2005年，西里院区大门东侧平房内设立口腔科，配备1台牙医综合治疗椅，进行简单的口腔外科治疗。后来，诊疗范围渐渐扩大至固定义齿、活动义齿修复、洗牙、简单拔牙、光固化补牙等。2014年，西里院区化验室开展临床检验、生化检验、免疫检验等辅助检验技术。2017年9月，金星院区设立中医科，推广中医适宜技术，开展中医业务。2018年，西里卫生院成立康复科。面积30余平方米，有医师4人，开展拔罐、针灸推拿、理疗、牵引等诊疗服务。2019年，设立“名医工作室”。

特色项目

2018年11月，卫生院创建一级甲等卫生院。在综合管理、医疗服务内容、功能任务和资源配置、医疗质量与安全、公共卫生服务等方面，进行整改提高，当年通过评审验收。

2018年12月，与县中医医院结成医疗共同体。医共体实现资源共享、优势互补、基层首诊、分级诊疗、上下联动、共同发展、群众受益。开展基本医疗服务，承担常见病、多发病及慢性病诊疗、康复和接转诊管理。建立“名医基层工作站”，专家坐诊、巡诊、带教查房。

2018年，由县第二人民医院牵头，西里卫生院与周边5家卫生院建立“南部山区医联体”，实行影像中心、检验中心共享。

2023年3月10日，创建胸痛救治单元；11月18日，接受省级胸痛救治单元相关专家现场评审；12月4日，顺利通过省级验收。

特色专科

口腔专科 2021年，西里卫生院扩建口腔科，购置口腔综合治疗椅5台、种植治疗椅1台、CBCT1台、口腔X射线机1台，配备超声波洁牙机、口腔专用灭菌柜、医用等离子空气消毒机等设备。开展口腔内科、修复、正畸、口腔颌面外科、儿童龋病治疗与预防等业务。2023年，口腔科在职职工4人，其中副主任医师1人、主治医师2人、医师1人，均有去上级医院进修、学习的经历。西里卫生院定期邀请临沂市中心医院的口腔科专家提供诊疗技术指导，更加科学、全面地为老百姓解决各类复杂疑难病症。2001年—2023年12月，西里卫生院口腔门诊人次为1944人。

中医专科 2017年，成立中医科，设中医病床，以中医望、闻、问、切“四诊”诊断、辨证处方为基础，运用现代中医医疗熏蒸、穴位电磁疗设备，发展康复治疗新技术，形成中医药特色文化氛围。配备执业医师2名、执业助理医师1名、全科医师1名、主管药师1名、药师1名。开展针刺、艾灸、拔罐、刮痧、点刺放血、皮肤针、耳穴、穴位按摩、穴位注射、穴位埋线、穴位贴敷、小针刀、湿敷、方药等10余项中医特色诊疗项目。2023年，中医科门诊量达到9583人次。

疾病防控

机构队伍

卫生院建立之初，只有1名专职防疫人员从事疾病防控的有关工作。1978年，防疫工作不断细分，工作量逐渐增大，防疫人员增加到3人。1990年，梭背岭乡与金星乡分别成立防保站。梭背岭乡防保站在编在岗防疫人员5人，全乡划分片区，防疫人员负责本片区内的防疫工作。防保站还要兼负全乡的食品卫生和环境卫生监督执法工作。

防保站业务受县防疫站、妇保站指导。防保站站长由卫生院院长兼任。防保站主要任务是开展慢性传染病、地方病、妇科病的防治以及母婴和儿童计划免疫服务；对乡村医生、接生员的管理以及培训；定期开展卫生监督检测，做好当年的计划生育以及卫生健康知识的宣传教育等工作。1998年，防保站与卫生院合并。2009年，西里卫生院成立公共卫生科，下设卫生协管科、疾病预防控制科、妇幼保健科3个职能科室，分别开展公共卫生服务、疫苗接种服务和妇保儿保服务工作。根据西里镇人口数量，设置专职防疫人员，人员组成以公共卫生专业人员为主。截至2023年12月，从事公共卫生工作的人员达到13人。

疫苗接种

唐山公社卫生院建立后，将县防疫站分配的疫苗根据标准分配到各大队卫生室，由大队卫生室工作人员进行疫苗接种。1969—2000年，由“赤脚医生”或村医负责本大队（村）疫苗接种工作，下村入户注射疫苗。1969年，1098人接种牛痘疫苗、2097人服用糖丸、201人注射霍乱疫苗、183人注射乙脑疫苗。1980年，5178人次接种麻疹疫苗、10318人次接种卡介苗、98人次注射小儿卡介苗、6700人次服用糖丸。1986年，开始计划免疫工作，乡村医生们组队一起下乡注射冷链疫苗。1989年，进行各种预防接种和预防服药17893人次，疫苗接种率均达到95%以上，传染病发病率得到有效控制。2000年4月，梭背岭乡卫生院与金星乡卫生所各自成立接种门诊，两月1次接种疫苗。疫苗接种工作实现由保健员下乡入户打疫苗发展至统一到接种门诊接种疫苗的转变。

2004年，在西里院区建设标准化接种门诊，由两月1次疫苗接种改为一月1次。2017年11月，西里院区数字化接种门诊投入使用，预防接种工作实现规范化、人性化、安全化、信息化，提高了接种率、服务能力及水平。同时，金星院区接种门诊撤销。2022年，“新冠”疫苗接种培训累计42人次，累计接种76468人次。

截至2023年12月，西里卫生院疫苗接种种类涵盖乙肝疫苗、卡介苗、脊灰疫苗、百白破疫苗、麻疹疫苗、A群+A+C群流脑疫苗、乙脑减毒活疫苗、甲肝减毒活疫苗等，疫苗接种率均达到国家规定标准。

重要传染病防控

1978年8月，唐山公社柳花峪大队发现副霍乱疫情，县防疫站、卫生院等多部门联动，迅速在柳花峪大队划定疫点，成立指挥部、防疫抢救队，在现场对发病病人、疫区采取治疗、消毒等防疫措施，有效控制疫情进一步蔓延。

2002年11月，“非典”在域外开始流行，西里卫生院先后派遣多名医护人员到县留验站参与值班。联合镇政府入村、入户进行流调消杀，每日用传真报送的方式向上级部门报送每日返回人员信息，并派遣专门人员配合镇政府及交通部门到检查站轮值。

2008年，手足口病暴发，疫情传播速度快，其他地市陆续发现死亡病例。根据上级安排和要求，沂源县西里卫生院对辖区内6岁以内儿童进行逐个摸排，将信息登记在册；对辖区内学校及托幼机构的教师进行手足口病防控工作培训指导。日常工作中，严格落实早晨、中午两检查，记录缺课情况，做到日常消杀到位。有效控制辖区内手足口病。

2009年，甲型H1N1流感暴发，主要表现为发热、咳嗽、咽喉疼痛、流鼻涕、头痛、无力等，病情发展迅速。西里卫生院专门成立流感防控小组、医疗救治小组、疫情报告小组，应对“甲型流感”疫情，医护人员履行职责，为辖区内村民免费接种“甲型流感”疫苗。

2020年1月，“新冠”肺炎防控工作启动，西里卫生院全员投入防控和应急处置工作中。卫生院参与流调6人、医学隔离观察128人，处理疑似疫情紧急状况4件次。派出6人参与县、镇设立的防控卡口值班，全员参与预检分诊，发热诊室24小时值班。改造西里、裕华2处哨点诊室，细化院内防控流程，杜绝隐患风险。疫情进入常态化防控后，卫生院细化防控方案与流程，储备防控物资，开展防控演练。建立疫情防控与采样队伍，做好应检尽检及疫情重点地区及境外返回人员的核酸采样工作，年核酸采样130万人次。

公共卫生

2009年，开始实施国家基本公共卫生服务项目，服务内容包括居民健康档案管理、健康教育、0~6岁儿童健康管理、孕产妇健康管理、老年人健康管理、预防接种、传染病及突发公共卫生事件报告和处理、高血压和糖尿病患者健康管理、严重精神障碍患者管理共9类35项。2011年，增加卫生监督协管；2013年，增加老年人及儿童的中医药健康管理；2015年，增加肺结核患者健康管理。截至2015年，服务项目类别达到12类45项，由卫生院和辖区31处卫生室共同承担，其中，卫生院承担60%的工作量、卫生室承担40%的工作量。卫生院对卫生室及卫生院分担的公卫工作每季度进行一次考核，公卫经费按照数量加质量的方式核发。

2023年，为改善老年人健康体检环境，老年人体检工作由原先的入村体检改为车接车送到卫生院开展，大大提高了老年人参与体检的积极性。截至2023年，西里辖区常住居民41964人，建立居民健康档案40492人，家庭医生签约31964人，其中，管理高血压患者4397人、管理糖尿病患者1679人。

妇幼保健

1956年，联合诊所开设的综合门诊，进行妇科、儿科常见病的中、西医诊疗。1958年，唐山公社卫生院陆续开设妇产科门诊，开展孕产妇的接生工作。1982年，严格对“赤脚医生”考核，人员素质不断提高，基本做到小病不出村。辖区内村级卫生室配有女“赤脚医生”，积极推广新法接生，新生儿破伤风和产褥热的发病情况大大减少。积极开展妇女劳动卫生保健、围产期保健、计划生育和优生优育宣传等工作。

2006年，西里卫生院妇产科裁撤。2009年，成立公共卫生科，下设妇幼保健科，负责辖区内孕产妇叶酸及避孕药具发放、0~6岁儿童眼保健等。

中医中药

中　药

西里镇位于沂源县东南部山区地带，中草药资源丰富。向阳山坡气候干燥、土壤瘠薄，地温较高，多分布有地榆、石竹、丹参、翻白草、柴胡、桔梗、酸枣、连翘、苦参等耐旱草本药用植物。背阴坡土壤较肥沃湿润，在石崖、石缝等较阴湿处分布着石苇、卷柏、元胡、天南星、马尾莲、黄精、玉竹、草乌、太子参等中草药。山林树下较阴湿的地方，土层较厚，富含腐殖质，生长的药用植物与背阴坡相似。水塘山涧溪旁的草丛中，分布着水蓼、芦苇、薄荷、车前草、旱莲草等；田边路旁，土地肥沃，土内水分受季节影响较大，多生长益母草、茵陈、仙鹤草、马兜铃、车前草等。位于沂河两岸的滩边地堰，气候湿润，适宜香附、柴胡、桔梗、远志、地榆、白头翁、马兜铃、半夏、丹参、酸枣仁、白果等药材生长繁殖。

国医堂

2016年11月，西里卫生院整修金星院区中医门诊，改造中医病房，将门诊楼第三层房屋全部用于国医堂建设，独立设置中医诊断室、康复治疗室、中药房、煎药室及针灸室、电脑中频治疗室等。购置电针仪、艾灸盒、电脑中频治疗仪、电热煮沸消毒器、颈椎牵引器、红外线治疗器、特定电磁波治疗器等多种治疗仪器，配置包括国家基本药物目录规定品种在内的中草药饮片275种、中成药品192种。

国医堂配备中医5名（执业医师2名、执业助理医师1名、全科医师1名，邀请1名副主任医师定期坐诊）、主管药师1名、药师1名。开展针刺、艾灸、拔罐、刮痧、点刺放血、皮肤针、耳穴、穴位按摩、穴位注射、穴位埋线、穴位贴敷、小针刀、湿敷、方药等10余项中医特色诊疗项目。基于“治未病”理念，国医堂开展特色诊疗项目，进行亚健康诊断，提出防治建议，提供中药内服结合熏浴汽疗、桑拿热疗等疗法。根据个人体质指导药膳食疗、中医汽化熏蒸治疗。增强人体免疫功能，防治未病。国医堂开展以“传承中医国粹 共享健康和谐”为主题的中医药养生保健科普宣传活动。在周边社区居民中举办中医药养生保健讲座，促进中医药在临床各科的合理应用，让群众了解中医、认识中医、感受中医。

村卫生室

村医队伍

1955年，农村开始建立保健室，区卫生所负责培训村级卫生保健人员。1958年，生产大队普遍建立卫生室，卫生员不脱离农业生产，主要承担本队社员小伤小病的处理和爱国卫生工作。1970年，实行农村合作医疗，生产大队卫生室的卫生员改称“赤脚医生”；同年，公社卫生院在唐山供销社集中培训“赤脚医生”71人，6个月结业后回到各自大队开办合作医疗卫生室。

1979年8月，唐山公社的“赤脚医生”根据县革命委员会发出的《关于对全县“赤脚医生”进行考核发证的通知》（1979.2.10）要求，参加全县考试，成绩合格后颁发证书，“赤脚医生”行医规范化。

1986年，经县卫生局统一组织考试考核、评审，梭背岭乡和金星乡的59名“赤脚医生”达到乡村医生标准，获得乡村医生证书，成为第一批乡村医生。

1990年，由县卫校牵头培训乡村医生，各村乡村医生定期参加培训班学习，发放学习结业证书。2011年，全镇共有乡村医生100名。2016年7月，沂源县开始为老年乡村医生发放生活补助，标准是工作年限每满一年每月发放20元。2020年开始，按照县招镇管村用的方式招聘乡村医生，解决乡村医生老龄化问题。当年，招聘乡村医生2名。2021—2023年，招聘5名。

截至2023年，西里镇有乡村医生65人。其中，执业医师1人、执业助理医师2人、乡村全科助理医师23人。具有大学本科学历11人、大学专科学历28人。

村级机构

1955年，各村开始兴办保健室，负责本村的预防接种、预防服药、除“四害”讲卫生、农村“两管五改（管理饮水和管理粪便；改良水井、厕所、畜圈猪栏、炉灶和改善环境卫生）”等工作。1958年，唐山公社67个大队，300人以上的大队设立村级卫生室，由保健员负责卫生室工作。

1970年，以人民公社为基础，逐步完善基层医疗卫生机构，通过“队办队管”和“社队联办”等管理体制，进入大办合作医疗的阶段。1972年，唐山公社所有大队均设立卫生室。

1982年，农村实行家庭联产承包责任制，合作医疗形式开始向承包责任制转化，社队两级合作医疗随即结束。由“赤脚医生”开办个体卫生室，辖区内卫生室数量增加，出现一村多室、以药养医的情况。1988年，县卫生局组织农村卫生室整顿工作队，整顿卫生室。卫生室建立起规范的工作制度，看病登记、处方取药逐渐成为主流。私抬药价、胡乱定价的行为明显减少。村级医疗条件不断改善，村级卫生室建设逐渐标准，对村级卫生室的监管更加规范。1989年，部分村卫生室合并，三年后未达到预期效果，卫生室又恢复原状。

1990年，开展村卫生室设施达标建设，房屋必须达到“诊断室、治疗室、药房”配套要求。1996年9月，对村卫生室实行“三制四统一”（人员聘用制、奖励性绩效工资制、养老医疗保险制；统一业务管理、统一财政管理、统一药械管理、统一工资发放）一体化管理。由乡卫生院全面管理村卫生室，卫生室的进药渠道实行卫生院代购分发制度。

2003年9月，西里卫生院响应上级指示，方便群众就医，大量下设门诊及便民药店，包括中西村门诊、泉头村门诊、大刘庄村门诊、公家场村门诊、曹宅药店、苗庄药店。在金星院区也下设裕华门诊等。后续根据政策要求，所有下设门诊均改为卫生室。2007年，在全镇推行新型农村合作医疗制度。

2019年，开展中心村卫生室建设。医院根据地理位置选出中心村，所在村无偿提供房屋与建设用地，县财政出资金建设，房屋建成后产权归乡镇医院。内部配有空调、电脑、药架、病床、桌椅等设施。2020年，招聘县招镇管村用乡村医生，派驻到中心村卫生室工作，确保中心村及周边村村民能及时就医。2021年，在山东头村等10处空白村设置医疗服务点，派驻周边村卫生室工作人员每周两次到服务点巡诊。

截至2023年，西里镇共有47家卫生室。其中，建成的中心村卫生室9处。先后有10家卫生室达到五星级、15家卫生室达到四星级、24家卫生室达到三星级标准。11处医疗空白村中5处已设立服务点，其余6处均由附近村提供医疗服务，全镇实现医疗全覆盖。

卫生往事

“赵氏肝病秘方”的由来

清光绪二十六年（1900）冬，赵立去东里店大户人家打工，途中发现人群正在围观一名瑟缩在墙角处、身体虚弱、乞丐模样的老人。寒冬腊月，老人身上的破衣烂衫根本无法蔽体保暖。而且看上去神情恍惚、反应迟缓、精神状态不好，如不及时保暖，就有冻饿致死的危险。赵立于心不忍，便急匆匆赶往东家说明原委，然后原路返回，不顾周围人的不解与劝阻，将老人带回家中悉心照料。

数月后，在赵立的照顾下，老人身体康复。老人与赵立相约上山采药，治病救人。光绪二十八年初（1902）春，老人离开赵立家前与其结为兄弟，并嘱托来年有黄病（肝病）流行，赠予一方可治。第二年春夏之交，果然如老人所言，当地黄病暴发，赵立想起老人留下的药方，按方配药，救治乡邻，效果奇佳，被附近的乡亲们誉为“赵家黄病丸子”，声名远播。

后来得知，被赵立相救的老人姓黄，祖籍南方，原为宫廷御医，医术精湛，在八国联军攻占北京后逃出京城，不幸途中遭遇劫匪，身上被洗劫一空，幸好留下一条性命，一路乞讨流落至此。

赵氏肝病秘方，至今已传至六代，已经120余年。1996年，获国家中医药发明专利，“治疗肝炎、肝硬化腹水的药丸”，专利号ZL96116131.0。2019年，列入沂源县非物质文化遗产名录。

杏林春暖，医者仁心

2021年，张大爷出现腰背部和双腿剧烈疼痛的症状，平日里不能弯腰，行走也不灵活，疼痛导致张大爷夜不能寐。他曾先后到多家医院求治，但症状均未得到改善。

张大爷赶集的时候，恰好碰到正在进行每周义诊的中医康复科的医护人员，经过介绍，张大爷得知西里卫生院中医康复科的特色诊疗项目，决定前去尝试。首次就诊时，大夫细心询问病情，仔细分析病情特点、症状和体征，明确诊断后辨证施治，并详细解答张大爷的疑问。中医康复科在治疗过程中，采用中药汤剂口服、针灸、浮针、中频电疗。在医护团队精心治疗和患者积极配合下，张大爷的疼痛症状日渐缓解，生活质量明显提高，晚上能够逐渐入睡。

2022年8月，西里卫生院收到患者张大爷送来的感谢信，字里行间中流露着患者对该院医护人员精心服务的认可和感激。（白先留提供资料）

大事记

1953年　建立十区卫生所。

1958年　成立唐山公社卫生院。

1973年　唐山公社卫生院在院址以南征地5亩，扩建宿舍24间。

1975年　唐山公社卫生院在院址周围征地8亩，扩建医院业务用房，建设单面走廊式门诊。1976年投入使用。

1985年　唐山公社卫生院编制床位增至35张。

1985年　唐山公社卫生院更名为梭背岭乡卫生院。

1988年　设立金星乡卫生所。

1991年　建设梭背岭乡卫生院新院，占地面积达13.42亩，建筑面积1332平方米。

1992年　金星乡卫生所迁入双星鞋厂职工医院。

1996年　金星乡卫生所扩展业务用房，面积增至1300平方米。

2002年　梭背岭乡卫生院与金星乡卫生所合并成为西里卫生院。

2005年　西里院区设立口腔科。

2007年　利用“1127”工程项目政策扶持，金星院区在原门诊楼前、韩莱路北侧，新建700平方米三层门诊综合楼。

2009年　西里卫生院实行竞聘上岗制度。

2015年　西里院区动工建设业务综合楼，2016年投入使用。

2017年　金星院区设立中医科。

2018年　西里院区设立康复科。

2021年　西里院区口腔科增添硬件设备，吸纳相关专业人才，定期邀请专家进行诊疗技术指导。金星院区增设口腔科门诊。

2021年　升级改造金星院区门诊综合楼。次年1月投入使用。

2023年　胸痛单元创建工作通过省级验收。

2023年　投资20万元，改造金星院区病房楼，重新装修病房、护士站，一楼改为中医诊疗区。新建300平方米停车场。

卫生篇——

东里中心卫生院

（沂源县第二人民医院）

扫码听书

记忆沂源·卫生健康卷

概　况

1953年，东里医院成立。该院为沂蒙山区四处革命根据地纪念医院之一，是一所集医疗、预防保健、公共卫生为一体的二级乙等综合医院，是淄博市医疗急救指挥中心第39急救点。

医院占地面积1.7万平方米，建筑面积1.34万平方米，设有10个专业病区及23个临床医技科室。编制床位290张，实际开放床位290张。医疗服务覆盖全镇和周边乡镇近15万人，年门诊约14万人次、出院约1万人次，三、四级手术率达50%。

1994年，创建为一级甲等医院。2015年，以全市第一名的成绩通过一甲复审。2020年，通过山东省首批社区医院、淄博市二级乙等综合医院评审，是淄博市唯一晋升为二级综合医院的乡镇卫生院。2022年，成为国家第一批次通过胸痛救治单元验收的医院。

医院先后与国家心力衰竭医联体、山东省医学会疼痛分会、齐鲁医院心脏远程监护中心、县人民医院等建成医联体、医共体。是山东省乡镇卫生院建设与发展动态信息联系点、山东省助理全科医生基层临床实践基地、山东省第一医科大学（山东省医学科学院）药学与制药学院大学生社会实践基地、淄博市全科医生转岗培训基层实践基地。2018年，牵头与周边4家乡镇卫生院成立沂源县南部山区医疗联合体。2020年，与山东省立医院眼科签约为专科联盟。2023年，同临沂市中心医院建立专家工作站。

医院在国家卫生健康委“优质服务基层行”活动中表现突出、达到推荐标准。先后获得国家级群众满意乡镇卫生院、山东省卫生单位、淄博市医疗质量管理先进集体等荣誉称号。

机构沿革

新中国成立前，东里境域内先后有“同春堂”“同仁堂”“宏济堂”“镇东药社”等老字号中药铺卖药兼行医，求医问药者多为富贵人家，贫穷人家看病一般靠郎中、“神婆”、民间土方、验方等。新中国成立后，党和政府发展人民卫生事业，倡导个体行医者走合作化道路，自愿组成联合诊所，为人民群众开展治病、防病服务，后转为集体性质的联合保健站。

新中国成立初期，省委、省政府决定在沂蒙山革命根据地筹建4处纪念性医院，东里医院是其中之一。

1952年，医院在东里西村簸箕洼前开工建设，院址距县城40公里。1953年8月，正式启用。县级医院编制，初称东里店医院，又名沂源县卫生院东里分院，习惯称为东里医院。

筹建时，东里区政府从农户手中征购土地49亩，北至北山根，南至东西大道，南北长240米、东西宽136米，共计3.26万平方米。因限于医院当时的资金缺乏未及时修建院墙，医院的实际占地面积仅为1.04万平方米，建筑面积540平方米，共有房屋32间，病房后面的大片土地仍由驻地群众耕种。

东里店医院门诊（1953年）

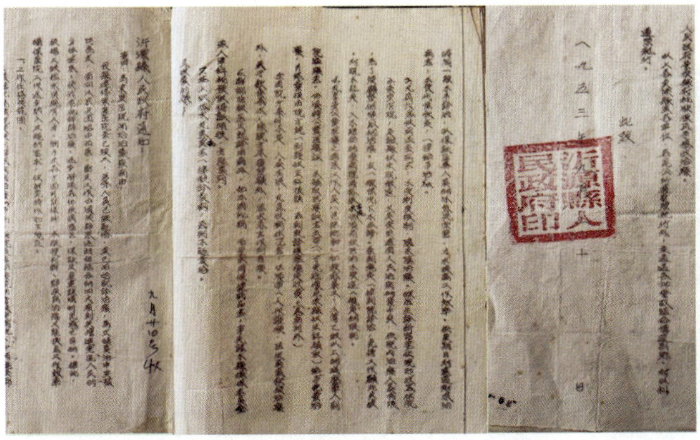

沂源县人民政府关于东里医院开展医疗工作的通知（1953年）

东里中心卫生院病房（1985年）

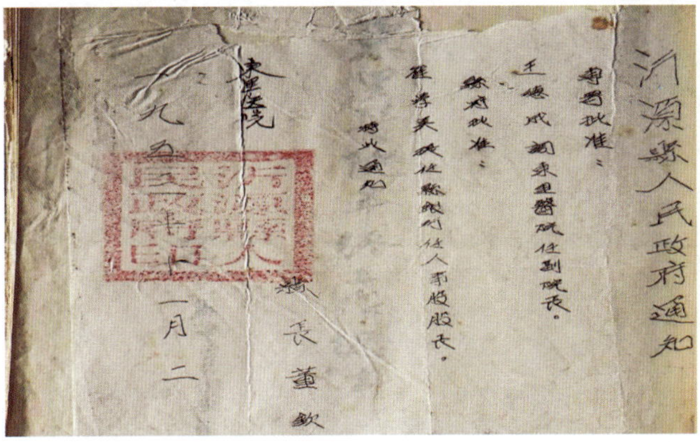

沂源县人民政府通知

专署批准：王德成调东里医院任副院长。

[illegible]批准：

程[illegible]任[illegible]股长。

特此通知

东里医院

县长 董钦

一九五[illegible]年[illegible]一月二[illegible]

沂源县人民政府关于王德成任命通知（1953年）

东里中心卫生院门诊楼（1992年）

1953年9月，县政府下发东里医院开展医疗工作的通知，明确工作任务和诊疗范围，只开展门诊治疗，为抢救危重病人，设急诊病床，留院观察急诊病人，其他慢性病员不收容住院；11月，县政府下发通知，批准王德成任东里医院副院长，为东里医院第一任行政负责人。

1958年10月，东里公社在东里东村新建立一所公社卫生院，属集体所有制单位，承担东里公社卫生防疫和妇幼保健工作，并为驻地群众诊疗疾病，指导下设卫生所业务。1959年8月，东里医院更名为沂源县人民医院东里分院。

1960年，东里分院承担区域卫生工作任务，负责东里、唐山、中庄三个公社的卫生指导，培训卫生技术人员。1971年5月，东里公社卫生院并入东里分院。

1982年，在韩旺粮站对过开设韩旺门诊，房屋5间，设诊室、药房、治疗室。1986年，东里分院被确定为沂源县三处重点建设县分院之一，更名为沂源县东里中心卫生院。

1988年10月，韩旺门诊更名为韩旺卫生所，成为独立的乡镇卫生机构，不再隶属于东里中心卫生院。1995年，韩旺卫生所更名为韩旺卫生院。2002年8月，韩旺卫生院撤并至东里中心卫生院，更名为东里中心卫生院韩旺分院。

2005年，县委、县政府确定东里中心卫生院为沂源县卫生系统股份制改革试点医院。同年，东里中心卫生院与韩旺分院财务统一管理。

2014年5月，县编制委员会下发通知，东里中心卫生院更名为沂源县第二人民医院，保留沂源县东里中心卫生院牌子。

东里中心卫生院(沂源县第二人民医院)历任主要负责人

机构名称	姓名	职务	任职时间	备注
东里店医院(1953.08—1959.08)	王德成	副院长	1953.09—1959.08	主持工作
沂源县人民医院东里分院(1959.08—1986)	唐守诺	副院长	1959.08—1978	主持工作
	王玉瑞	院长	1978—1982.05	
	何家田	院长	1982.05—1986	
东里中心卫生院(1986—2014.05)	何家田	院长	1986—1989.08	
	裴长利	院长	1989.08—1996.04	
	王春田	院长	1996.04—1997.02	
	崔希礼	院长	1997.02—1998.07	
	王富才	院长	1998.07—2002.08	
	苗祥海	院长	2002.08—2005.03	
	柳　成	院长	2005.03—2012.04	
	齐贡明	院长	2012.04—2014.05	
沂源县第二人民医院(2014.05—)	齐贡明	院长	2014.05—2016.10	
	刘思军	院长	2016.10—2023.08	
	白道福	院长	2023.08—	

党组织

1959年，沂源县人民医院东里分院成立党支部，有中共党员12人。

2021年7月，张世全、何兴亮、赵光贞获颁“光荣在党50年”纪念章。

2023年12月，该院共有中共党员52名。

东里中心卫生院(沂源县第二人民医院)党组织历任主要负责人

机构名称	姓名	职务	任职时间
东里店医院(1953.08—1959.08)	王德成	党支部书记	1953.09—1959.08
沂源县人民医院东里分院(1959.08—1986)	唐守诺	党支部书记	1959.08—1975
	王廷启	党支部书记	1975—1976
	孙玉伦	党支部书记	1976—1980
	周培才	党支部书记	1980—1982
	何家田	党支部书记	1982—1986
东里中心卫生院(1986—2014.05)	何家田	党支部书记	1986—1989.08
	裴长利	党支部书记	1989.08—1996.04
	王春田	党支部书记	1996.04—1997.02
	崔希礼	党支部书记	1997.02—1998.07
	王富才	党支部书记	1998.07—2002.08
	苗祥海	党支部书记	2002.08—2005.03
	柳　成	党支部书记	2005.03—2012.04
	齐贡明	党支部书记	2012.04—2014.05
沂源县第二人民医院(2014.05—)	齐贡明	党支部书记	2014.05—2016.10
	刘思军	党支部书记	2016.10—2023.08
	白道福	党支部书记	2023.08—

队伍建设

1953年，东里店医院建成后，上级主管部门从沂水专属诊所、沂水中心医院和沂水县卫生院等单位选调9名工作人员到东里店医院开展工作。其中，院长1人、医士2人、会计1人、护士2人、药剂员1人、公务员1人、炊事员1人，除1名护士受过短期训练外，其余人员均未经过系统学习。西医医生李福东、刘继光是医疗一线人员，属全科医生。以后，又陆续从周边县调入医务人员。1953年底，该院有13人。1954年增至20人。

1955年7月，燕彤云调入东里医院，是建院以来的第一个中专毕业生。1956年，被派到沂水中心医院进修外科一年。1957年，开展睑下垂手术，病人术后反应良好。1956年，医院增设中医门诊，先后将东里联社药股地方名医张化一、中药人员罗寿山调入东里医院。

1959年7月，陈国英被分配到东里医院工作，是该院第一个全日制医科大学毕业生。陈国英到院后推行技术革新，应用头皮针，自制胃肠减压器，开展腹部手术、输血工作，采取会诊、术前讨论、病案讨论等提高医疗质量措施，效果良好。同年年底，该院职工总数增至28人。

1969年12月，青岛市立医院等单位派辛钦璋（放射主管医师）和胡路德（护士长）到东里分院支援工作，医院放射诊断工作和医疗护理工作质量得到提高。辛钦璋在职期间，带教出多名优秀放射医师。

20世纪70年代初期，内、外科正式分设，外科成为独立科室。上级主管部门遵照党中央关于“把医疗卫生工作的重点放到农村去”的指示，将外科医生丛培云、刘忠法调配到东里分院。截至20世纪70年代末，该院人数达到77人。

20世纪80年代中期，随着老职工离退休、外籍人员调回原籍或调往外单位，东里分院职工减少，技术力量受到削弱。1986年，裴长利调入东里中心卫生院开展外科工作。1987年，刚从医学院校毕业的张怀华、王春田等4人组成外科进修队，被送往淄博市第一医院学习外科、麻醉及手术器械。1989年，外科扩大业务范围，因手术质量较高，术后患者恢复良好，在短时间内打开工作局面。

20世纪90年代，上级主管部门为控制基层卫生技术人员的“逆向流动”，采取一系列措施，初步稳定基层卫生人员队伍。该院先后选派18名医务人员到上级医院进修，业务技术骨干基本维持原状，医院职工人数保持在50人左右。

1990—1996年职工人数表

年份	职工人数（人）
1990	46
1991	49
1992	51
1993	73
1994	62
1995	68
1996	78

2005年10月，聘请县人民医院主任医师李梅香到该院妇产科坐诊，带领妇产科医生开展剖宫产、子宫全切、子宫次全切、子宫肌瘤挖除手术以及附件切除、卵巢囊肿切除等手术。成功抢救1例脐带脱垂的急危重病人，结束该院妇产科手术由普外科医师操作的历史。

2006年后，医学院校毕业生分配逐年增多，临床医师队伍和技术力量得到加强。随着医院规模扩大，相应选派30人次到省、市级医院进修学习，进修完成后多数医师成为该院学科带头人，带领各专业不断发展壮大。截至2016年，该院职工165人。

2023年，该院职工总数248人。其中，卫生系列专业技术人员238人（副高级职称47人、中级职称48人）；大学专科及以上学历217人。

注册护士116人，病区护士69人。执业医师58人，执业助理医师17人。

医疗技术

设　备

1953年，东里医院器械设备极为简陋，只有一个小煮锅和几把剪刀、镊子。1959年，配置腹部手术器械设备，包括血管钳、卵圆钳、腹壁拉钩、大碗小碗、弯盘以及吸引器等。

1958年，该院配备单目显微镜，进行血细胞计数、尿液有形成分和大便有形成分检测，满足患者常规检验需求。2018年，投资近300万元，建成高标准检验中心。2019年，购置日本东芝ELISA全自动生化分析仪、I3000全自动化学发光分析仪各1台。

1964年，购进一台30毫安X光机，设立X光室，配有动力发电室，开展胸腹透，自此放射诊断用于临床。1969年，配置一台功能较全的30毫安X光机，具备透视和四肢、胸部拍片功能，头颅只能做平片。1975年4月，更新为200毫安X光机，放射诊断实现换代升级，功能更齐全，包括透视、拍片、胃肠钡餐、胆囊造影等。2006年，500毫安胃肠机、1000毫安日本岛津拍片机投入使用，进一步提升医学影像水平和诊断质量。2009年，投资150余万元，购置CR（第一代数字化拍片系统）、数字胃肠透视机。2018年，购置DR（第二代数字化拍片系统）。

1982年，该院购置一台超声波仪（A型），用于胎心、胎位检测。1989年，购进第一台价值4万元的日本产黑白B超机，开展腹部超声诊断技术，自此超声诊断用于临床。2001年，升级为2000CB型超声诊断仪。2006年，购置日产阿洛卡彩色超声诊断仪，扩大血管、乳腺、甲状腺等小器官的超声诊断范围，提高超声诊断水平。2014年，引进GE—F8心腹两用彩色多普勒超声诊断仪，增加心脏超声诊断，此仪器功能更全，图像更清晰，临床应用更广泛，诊断更准确。2022年，更换为国产祥生彩色多普勒超声诊断仪。

2007年，投资10万余元，装修CT室。2008年4月，投资260万元，引进美国通用电气公司最新生产的全身螺旋CT，成为淄博市唯一一家拥有全身螺旋CT的乡镇卫生院；4月7日，CT室正式投入使用。CT引进当月，附近乡镇近80名患者接受了优惠便捷的诊治，对学科建设起到积极推动作用。2020年9月，引进美国通用公司GE62排124层CT机，替代原GE单层螺旋CT机。2018年，投资500万元，购置磁共振并投入使用，标志着东里医院医学影像全面进入数字化时代。

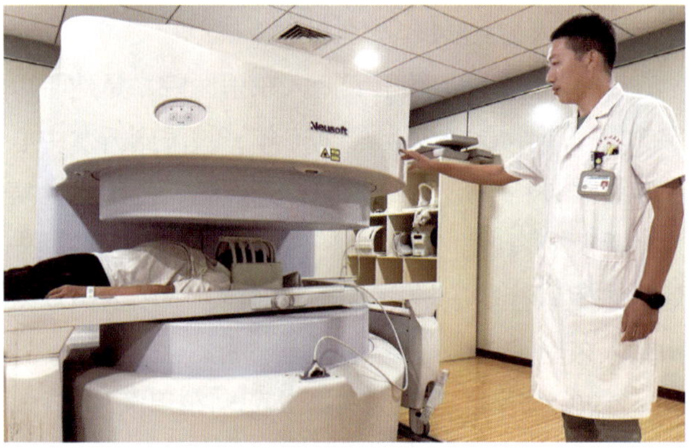

0.35T永磁磁共振

技　术

内科技术　20世纪50年代，东里医院医疗技术处在起步阶段，建院初期只设西医门诊、西药房、治疗室、观察室（设简易观察床10张）和消毒室，仅能对常见病、多发病做一般处理，遇到疑难复杂病症只能转往县卫生院或沂水县的医院。1954年9月，开设病床收治住院病人。1958年，抽调人员组成巡回医疗组，挑着药箱到各生产大队进行巡回医疗。1959年，中医成为独立科室，中药房、手术室、针灸室也相继成立，中医门诊量达到9150人次、针灸460人次，开展豆油治疗肠梗阻、中药治疗阑尾炎、针灸治疗尿潴留和催产、中西医结合治疗乙型脑炎等医疗服务。截至20世纪50年代末，年度门诊诊疗人次由1万人次上升至2万人次，年度住院人次由200余人次上升至800余人次。

20世纪60年代，在沂水中心医院和县人民医院的帮助下，医疗技术不断提高，诊断符合率、治愈率和病床使用率逐年增高，死亡率逐年降低，截至1963年，分别达到90%、72%、89%、2.9%。在破伤风、麻疹、中毒性痢疾等地方病和传染病的抢救治疗中成效显著。1964年，成功抢救3名重症小儿中毒性痢疾，成为抢救危重病人成功的范例。

20世纪70年代，对常见传染病、各种原因引起的休克及农药中毒的救治成功率大幅提高。1975年，成功抢救流脑、乙脑、毒痢、食物中毒、农药中毒、心衰等危重病人300余例。

20世纪80年代中期，内科在抢救和诊治农药中毒、休克、心衰、呼衰、流行病、糖尿病和心脑血管病等方面逐步形成技术优势。1983年，抢救1例敌敌畏重度中毒患者，插胃管失败，果断采取剖腹洗胃，救治成功。2008年4月，开展急诊急救业务，成功救治1例百草枯中毒患者。2012年，成功开展9例心肌梗死溶栓术、165例糖尿病胰岛素强化治疗。

典型病例　1980年，患者翟某某，男，成年人，唐山公社前西里大队人，因服过量催眠药（司可巴比妥30片、鲁米那30片）中毒，深度昏迷入院。患者病情危重，多次停止呼吸，医务人员全力以赴，密切配合，采用气管插管、吸氧、药物治疗等多种方法进行救治，昏迷5天后清醒。患者清醒后，因肺部感染，引起持续高热，又经中西医结合（抗生素加千余苇茎汤加减）方法治疗，住院41天痊愈出院。

典型病例　2022年，63岁男性患者，阵发性胸痛5小时，持续性胸痛2小时急诊入院，首次医疗接触5月22日10：28。1分钟完成首份心电图，立即传输至二院胸痛微信群，胸痛救治单元值班医师10:35解读并诊断出结果，显示“急性下壁心肌梗死”，10：36紧急给予溶栓、抗凝治疗。溶栓过程中，患者病情危重，并发心源性休克。11：30注射第二针瑞通立后，患者状况开始好转，出现加速性室性自主心律，溶栓成功。

外科技术　1957年3月，医生燕彤云开展睑下垂手术，该手术为东里医院第一个手术治疗病例。1959年，该院开展腹部（阑尾、肠套叠及宫外孕）、静脉切开等手术。1964年，外科相继开展气胸及胸腔积液治疗、静脉切开、气管切开、腰椎穿刺、髂骨穿刺及肠梗阻、胆囊手术、肠吻合术、胃修补术等腹部较大手术，转往上级医院的病人比例大大降低。1972年，外科正式成为独立科室，每年进行腹部、甲状腺、骨科、泌尿科及其他手术约200例。1988年9月，外科先后开展病理性和外伤性脾切除、右半侧结肠切除、胆道探查术、胃癌根治术、尿道及膀胱部分手术、长管状骨骨折内固定术等手术，年平均开展手术200余例，并承担周边4个乡镇的外伤急救。2007年，分为普外、骨外科，除开展一般的普外、骨外手术外，推广开展结肠癌根治切除术、前列腺肥大膀胱镜电灼术、椎体骨折撑开复位固定术等较大手术。2009—2010年，在全麻下实施根治性胃大部切除等大型手术30台。2010年4月，顺利实施一例历时5小时的全麻下行全胃切除加右半结肠切除术，此例手术标志着该院手术能力、麻醉水平及术前术后综合处理能力再上一个新台阶。2012年，开展一例纤维镜下足踝外侧皮肤软组织缺损股前外侧游离皮瓣修复术，开创该院显微外科之始。2013年后，外科三、四级手术逐年上升，推广开展椎体成形、全髋置换、胃癌根治术等较大手术。2022年，开展腹腔镜微创手术。

典型病例　杨某某，男，35岁，东里镇东里东村村民。1988年7月，在外打工不慎摔倒致右胫腓骨骨折，经当地医院保守治疗2月余，回家后到东里医院就诊，当班医师接诊后，见患者胫腓骨呈角畸形，下肢力线偏移25°，严重影响肢体功能，建议其手术治疗。该院当时骨科器械不全，从县人民医院借取了部分器械，给予胫腓骨切开复位内固定术，手术顺利，恢复良好，患者一年后行走自如。

妇科技术　1958年，设立妇产科，床位4张。开展一般常规妇科病治疗，并负责周边张家坡、唐山等几个公社的接生、妇科基本治疗，产科业务仅接平产的孕妇。1964年，妇产科在外科的协助下可开展子宫脱垂复位、剖宫产、子宫次全切、尿道修补等手术，同时做放避孕环、人工流产等节育业务。

20世纪80年代中期，妇产科年接生婴儿200人左右，协同外科开展宫外孕、卵巢肿瘤切除、子宫全切术、子宫肌瘤剔除术等多种妇科手术。

1957—1959年医院病床使用情况统计

年份	数量	
	实用床数（张）	使用率（%）
1957	15	30
1958	25	53.2
1959	25	67

综合技术 1960年，成立化验室，开展血常规、尿常规、粪便常规检查。1964年，新增白细胞分类、尿蛋白测定和血沉检测3个检验项目，全年完成化验10489人次。1979年，检验项目在常规和肝功的基础上，开展胆固醇、钾、氯、黄疸指数、淀粉酶等项目，年服务16255人次。1982年，开始对发热病人疟原虫进行检测。1986年，开展26项常规检验，全年常规检验15337人次，生化1235人次，比1985年增长8.23%。2016年，医学检验结果通过全省质控。

20世纪70年代末至80年代初，医院各专业发展速度快，门诊病人保持在8万～9万人次。其中，西医门诊人次达5万余人次、中医门诊人次近万人次、妇产科门诊人次达1万余人次。住院病人从1400余人次逐年增长至1800余人次。

1980年，县医院赠送一台牙科治疗仪，开展拔牙、口腔和耳鼻喉一般疾病诊治。1982年，成立五官科。1990年，五官科进行镶牙、洁牙、口腔美容及耳鼻喉常见病治疗及手术。2001年，扩展服务项目，引进口腔综合治疗机、光固化机、超声波洁治器，方便群众就医。

2005—2014年，先后开展胃肠镜诊治技术、白内障超声乳化加人工晶体植入术、三氧血治疗、中医康复技术以及宫腔镜检查及治疗术。年门诊诊疗人次由6万人次上升至10万人次，年住院人次由2000人次上升至6000人次，年手术300～400例。

2015—2022年，年度门诊诊疗人次逐年增长至14万余人次，年度住院人次增长至8000余人次，手术例数增长至1000余例。

2022年末，东里中心卫生院设有心血管内科、神经内科、呼吸内分泌科、消化内科、骨外科、普外科、妇产科、儿科、康复科、眼科10个病区及23个临床医技科室。

特色专科 20世纪70年代，医院采用中西医结合方法治疗农村常见病、多发病如慢性支气管炎、大叶肺炎、溃疡病、肝炎、妇科常见病等40多种疾病。对胆道蛔虫、胆囊炎、胆石症、胰腺炎、阑尾炎等常见急腹症治疗率达90%以上。1977年9月，运用中西医结合疗法成功抢救1例心肌梗死引起心搏骤停70分钟的危重病人。

典型病例 1977年9月9日，40岁男性患者，反复胸闷、心悸半年，加重伴头晕半小时，于早上7点40分紧急入院。检查时患者突发昏厥，四肢强直，口唇发绀，心跳、呼吸停止。立即就地胸外心脏按压、人工呼吸、吸氧，多次心内注射或静脉注射肾上腺素等抢救药物，无效果。自搏心律停止70分钟后，再次给予阿托品10毫克加正肾素1毫克做心内注射，约半分钟，患者出现自搏心律，自动呼吸恢复。但随后，患者再次出现心律失常、心跳停止、脑水肿等病情变化，医务人员及时采取相应的抢救措施以及抗休克、镇静等对症处理。48小时后，患者神志清醒，心电图显示前壁心肌梗死，合并完全性右束支传导阻滞。后续配合中药瓜蒌、薤白汤加味中药方治疗；10月2日，请县医院医生到该院复查，心电图显示心肌梗死恢复中。1个月后，患者开始下床活动，无并发症和后遗症；11月7日，步行出院。随访2年，患者情况良好，能胜任一般体力劳动。

2009年4月，该院成为淄博市“120”急救指挥中心第39急救点，接受淄博市“120”急救指挥中心指令调度出车、现场处置、紧急转运，进行急性心脑血管疾病、休克、多发性创伤等急危重症的抢救及处理。2012年4月，成立急诊科，配置抢救室、急诊留观室、外科处置室、输液室及除颤仪、心电监护仪、心电图机等急救设备。同年，开展急救知识下乡村、进校园、进工厂活动，培训心肺复苏术、急救止血、海姆立克急救法等常用急救技术。2013年，参加淄博市第四届“天士力”杯全市卫生系统医疗护理急救技能大赛，参赛6人全部获奖。其中，4人获单项第一、1人获“振兴淄博劳动奖章”称号。该院先后获全市院前急救工作先进单位、淄博院前急救工作先进集体等荣誉称号。

2019年7月，该院被淄博市医保局定为白内障单病种定点结算单位，为白内障患者提供优惠服务。2020年8月，眼科团队到县域内所有乡镇进行免费义诊，筛查出白内障患者2000余人。同期，加入山大二院眼科联盟，聘请专家团队到该院带教、开展白内障超声乳化加人工晶体植入术。截至2022年，1154名白内障患者经手术重见光明。

特色项目

1988年，该院占地面积1.32万平方米，建筑面积4109平方米。其中，门诊575平方米、病房940平方米、医技科室175平方米、职工生活用房844平方米。1994年，该院创建为一级甲等医院。1997年8月，依据标准，对妇产科门诊、病房基础设施进行改建，创建为淄博市爱婴医院。2015年底，以全市第一名的成绩通过市卫计委首批一级甲等卫生院复审。2017年5月，县卫计局批准县第二人民医院为二级综合医院。

2018年6月，县第二人民医院牵头与石桥、中庄、张家坡、西里4家卫生院成立南部山区医联体。该院作为主体单位，利用医疗资源、技术、先进设备优势，建设区域检验中心、影像中心，成立工作领导小组，制作《沂源县南部山区医联体服务手册》，建立业务交流与预约检查微信群，依托健康云平台，通过软件传输实现检查、检验结果共享，为其他卫生院提供临床业务指导和技术支持。

2019年4月，该院向淄博市卫生健康委递交《沂源县第二人民医院关于二级综合医院等级创建的请示》；6月，成立评审办公室，按照《二级综合医院评审标准（2012年版）实施细则》分解任务，落实责任，督导执行；8月，召开二级综合医院等级创建启动大会，先后召开15次工作推进会，督促各项工作开展。2020年7月16日，市卫生健康委组织专家一行对该院进行现场评审，确定沂源县第二人民医院为“二级乙等综合医院”。

2019年8月，通过国家卫生健康委“优质服务基层行”评审。同年，成为全市唯一通过国家首批社区医院验收单位。

2022年，该院成为集医疗、公卫、康复、教学、科研为一体的公立性综合医院，被县卫生健康局确定为全县医疗次中心。

疾病防控

机构和队伍

建院初期，东里医院设有兼职人员，承担东里、张家坡、唐山、中庄4个区域的卫生防疫和妇幼保健工作，主要任务是预防接种和卫生宣传。

1957年，设防疫办公室。1958—1971年期间，东里公社防疫工作由东里公社卫生院负责。1960年，设专职医疗预防工作人员。

1971年，东里公社卫生院撤销后，大部分人员并入东里医院，崔英斋、杜洪友等人员专职从事医院防疫工作，到县防疫站参加培训后，将疫苗分发到各村，指导乡村医生完成接种任务。1986年，卫生防疫工作人员增加至3名。

1990年，东里成立独立的防保站，配备4名防保人员，负责全镇疫苗接种、传染病防治及慢病健康档案管理等。1991年始，陆续有大中专毕业生充实到防保站，设立接种门诊和接种点，集中接种疫苗，不再进村入户接种疫苗。1997年9月，东里中心卫生院设立防疫科，防保站并入到该科。2001年，成立集中式接种门诊，后升级为数字化接种门诊。2007年，经验收，韩旺分院预防接种门诊达到市级规范化预防接种门诊标准。

2012年，开展国家公共卫生服务项目，医院设立公卫一科（疾病控制科）、公卫二科（监督协管科）、公卫三科（妇幼保健科），分别承担疫苗接种、传染病防治、慢病管理、健康教育、妇幼保健等工作任务。

疫苗接种

建院初，该院负责东里、张家坡、唐山、中庄等区域卫生防疫任务，下乡接种天花疫苗，俗称“种牛痘”。各大队有了卫生室后，疫苗逐级分配到各大队卫生室，由卫生员义务为该村登记在册儿童免费接种。1976年，麻疹疫苗注射6028人次，婴儿瘫糖丸服用16500人次，牛痘疫苗接种2020人次，布鲁氏菌疫苗注射3055人次，霍乱疫苗注射286人次，乙脑疫苗注射295人次，百日咳疫苗注射2701人次，破伤风疫苗注射585人次。

1979年，疟疾预防服药6594人次，病人及家属、周围健康人服药23595人次，婴儿瘫糖丸服用10500人份，牛痘疫苗接种2460人次，卡介苗接种18210人次（其中，小儿卡介苗接种198人次），麻疹疫苗注射8850人次，乙脑疫苗注射6792人次，百白破疫苗注射16750人次，白喉类毒素疫苗注射3560人次，霍乱疫苗注射7500人次。当年疫情显著下降，疟疾病人由1978年的93人降至1979年的64人，下降31.2%。

1987年，进行各种预防接种和预防服药23018人次，疫苗接种率达95%以上，传染病发病率大幅下降。其中，流行性出血热同比下降20.8%，病死率由1986年的4.16%降低到1.31%。

2000年，疫苗全程接种率99.8%，成功配合北京生物制品有限公司进行麻疹疫苗试验。2001年，全镇完成14种生物制品基础免疫和加强免疫预防接种17069人次。2009年，基础疫苗及加强疫苗的接种率明显增长，证、卡、簿等基础资料全面符合规范，三级预防保健网络的“网底”作用得到充分发挥。

2021—2023年，该院86名医护人员参加新型冠状病毒疫苗接种培训，取得上岗证。累计接种新型冠状病毒灭活疫苗90164剂次。2023年，报告法定传染病102例，无漏报、迟报。

重要传染病防控

1954年，中庄、唐山、东里等地发生麻疹大流行，该院派出抢救组，配合地方医生，经过5～6个月的紧张工作，救治2000余名麻疹患者，疫情得到控制。1960年，抽调部分医护人员到所负责的辖区内帮助大队卫生室建立制度，开展以除“四害”为中心的爱国卫生运动。4—5月，东里、唐山公社出现营养不良性水肿，医院7名医务人员参与治疗。1962年，到东里、唐山、中庄公社开展急腹症、胆道蛔虫、脑膜炎等常见疾病的诊断与治疗培训。1964年，全民普查疟疾患者41560人、地方甲状腺肿患者38850人、绦虫病患者2988人。1976年，分期分批对“赤脚医生”进行培训，2/3“赤脚医生”在业务上达到中级卫生人员水平，东里公社的传染病显著减少。1982年1—5月，发现52例流脑病人，除4人死亡外，其余病人得到及时服药、喷喉治疗，疫情得到控制。在苇子峪大队发现6例伤寒病人，及时对该大队进行饮水消毒和部分人员预防服药。2003年，对全镇托幼机构进行手足口等春季常见传染病防治知识宣传教育，对发生的病例开展流调及个案调查。

1983年，医生马纪顺、安会丽在沂源县首次报告疑似流行性出血热病例；12月9日下午，经省防疫站化验确诊；12月10日，在东里医院召开出血热防治专题业务讨论会，县卫生局、防疫站有关人员及石桥、张家坡、唐山、悦庄4个公社医院的临床医生参加，为全县防治流行性出血热提供了重要资料。1985年1月—1986年6月，沂源县流行性出血热共发病393人。其中，东里医院诊治244例。

2003年，传染性非典型肺炎防治期间，该院分层成立防治专班，建设发热门诊，储备物资，开展流调工作，落实隔离、监控措施，在路口设立检查站，与公安、交警等执法部门实行24小时值班，对外来人员进行流调和健康查体，对车辆进行消毒。

2020—2022年，新型冠状病毒疫情防控期间，发热门诊共接诊患者3500余人次，请求上级行政部门和医疗机构会诊20次，累计参与转运待排除和隔离人员200余人次。2022年3月，东里镇开始全员核酸检测，该院全体职工参与采样，辖区内分设64个采样点、140余个采样组，累计采样200万人次。医院PCR实验室承担周边5个乡镇的部分核酸检测任务，日单检测量约1600人次，累计检测83万余人次。医院应急队伍共处置3起突发疫情。东里镇东安村疫情发生一周时间内，配合镇政府参与流调、消杀、采样工作，累计流调15名密切接触者和次密切接触者，消杀面积2万余平方米，核酸采样75400人次。

公共卫生

2012年，由卫生院和乡医通过入户调查和集中体检等方式，核准健康档案基本信息，规范建立5.1万份居民健康档案。其中，电子档案49660份。

2016年，组建镇、村两级公共卫生服务指导团队，形成卫生院医生包村、卫生室乡医包户的网格化、制度化管理模式。以居民健康档案为基础，开展健康教育、慢性病防控、老年人管理、严重精神障碍患者管理、预防接种、传染病及突发公共卫生事件防控、妇幼保健等服务。

2018年，该院和56处村卫生室建立全民健康电子管理系统，医疗信息、公共卫生服务信息和居民健康信息全部联网，实现居民看病“一卡通”。2019年，组建2支以医疗、护理、公卫人员为主的专业队伍，下村为老年人健康查体。2021年，全面升级居民健康档案，家庭医生签约服务21577人，贫困人口、残疾人、失独家庭签约率100%。

妇幼保健

1954年，该院培训69名农村接生员，推行新法接生，保障母婴健康。1976年，东里公社52个大队分设6个接生站，产包配备齐全，共有接生员54人。1979年，全面系统培训接生员，新法接生率达98.69%，产前检查率达85%。1987年，新法接生率达100%，并对15个村进行孕产妇系统化管理。

1977年，开展儿童健康查体，普查儿童8654人，查出患病儿童82人，全部进行规范化治疗。

1983年，开展计划生育工作，全年节育手术4226人。1986年，设妇幼保健科，由妇产科大夫兼职。1988年，设立妇幼卫生宣教室，对妇幼人群进行知识普及和健康查体。1991年，接生婴儿200人次，产后随访，母乳喂养率达100%。2000年，该镇孕产妇入保率达95%，产前检查率达90%，产妇死亡率0，婴儿死亡率15.23‰。2004年，工作人员均取得母婴保健专项技术服务合格证，持证上岗。为全镇孕产妇建立档案，承担产前、产时、产后保健服务，及时筛查高危孕产妇，进行专项管理；做好新生儿疾病筛查和听力筛查，并开展优生优育宣教、提供咨询等服务。2012年2月，独立设置妇幼保健科，主要负责辖区内孕产妇健康管理、0~6岁儿童健康管理、农村妇女增补叶酸预防神经管缺陷、妇幼重大公共卫生项目及全镇妇幼信息统计上报等相关工作。2014年6月，启动农村35~64岁妇女“两癌”免费筛查项目，年筛查约3000人。2018年4月，该镇卫生和计生融合，镇计生药具工作归入该院妇幼保健科。

2023年，动态管理孕产妇221人（辖区内133人），分娩133人，早孕建档率99%，产后访视率99%，新生儿访视率99%。辖区内0~6岁儿童2050人，查体2029人，健康管理率99%。

妇幼保健工作统计表（2012—2023）

年份	管理孕产妇数（人）	管理0~6岁儿童数（人）	叶酸发放数（瓶）	药具发放数（盒）
2012	338	3487	1766	
2013	265	3136	1535	
2014	269	3126	2639	
2015	402	3403	2544	
2016	576	3522	2364	
2017	427	3979	1464	

续表

年份	管理孕产妇数（人）	管理0～6岁儿童数（人）	叶酸发放数（瓶）	药具发放数（盒）
2018	300	2871	1455	71000
2019	344	2865	857	46000
2020	270	2786	821	60000
2021	210	2766	798	57340
2022	151	2300	690	43670
2023	133	2029	670	54420

中医中药

1956年，该院增设中医门诊，相继建立中医科、针灸室。医务人员陆续学习针灸、中医护病学。1959年，2人能开中医方、6人能做一般针灸。同年，自制丸、散、膏等约35种。其中，配制预防百日咳等病的药品就有200余副。

1960年，运用中医中药柴胡汤、茵陈、枝子治疗传染性肝炎伴发烧，疗效明显。中西医结合用豆油及中药治疗肠梗阻，治愈率达80％以上。用枝子、茵陈、大黄、大麻等治疗黄疸型急性传染性肝炎。用海棠、昆布、夏枯草（各1两）治疗地方性甲状腺肿。1962年，推广外地经验及中西医结合治疗慢性病和疑难病，特别对胆道蛔虫的治疗疗效显著。1964年，中药工作基本达到遵古炮制。中医传承，每名老中医带1名徒弟，传授知识经验。

1976年，已有12名临床医生能用中西医结合治疗，其中4人能较熟练地应用西医辨病和中医辨证相结合的方法处理常见病，对危重病人开展中西医结合治疗。例如，用生脉散、参附汤抢救休克、心衰患者；用补气、止血中药治疗消化道出血、大咯血；对重症脑外伤的中西医结合治疗。学习外地先进经验，采用大连医学院介绍的胆道排石汤治疗胆囊炎、胆石症，通过临床应用，逐渐发展为复方胆道排石汤，并根据病情灵活加减，配合针灸电针，疗效良好。1977年，建立社办药厂1个，生产大液体、各种针剂、丸剂、散剂、膏剂等中草药制剂40余种。各大队兴办小药厂，种植和采集中草药，作为配制材料，自制针剂和膏丸丹散片等。小药厂的一切化学原料与器械，均由公社合作医疗站统一购买，生产出来的膏、丸、丹、散、针等只供给本大队社员使用，不准对外出售。20世纪70年代末至80年代初，中西医结合治疗在外科、内科、妇产科等专业应用。

1985年，开设中医病房，设病床3张，用中医方法系统治疗疾病，书写中医病历。组织医务人员深入农村防病治病，搜集50余个土单验方及150余种常用的中草药汇编成《东里医药》小册子，内容主要介绍中草药的种植、炮制操作技术以及方剂配伍等。

村卫生室

村医队伍

1955—1957年，村内设保健站，保健站人员称保健员。1958年，人民公社化，大队保健室改称为大队卫生室，保健员亦改称为卫生员。1970年，推广普及合作医疗，卫生员始称“赤脚医生”；9月，东里分院配合县卫生局，在县第一中学（现沂源县第三中学）举办为期3个月的“赤脚医生”培训班，全县90人参训。每人每天计10分工和补助1斤粮食。通过培训，培养出一批服务农村基层的卫生技术人才。1975年，该公社“赤脚医生”共119人（男88人、女31人）。1976年，发展到141人，其中，女“赤脚医生”36人，16人能用中西医结合治病。1977年，全公社有“赤脚医生”159人，10人能放取环、26人会接生、51人能够用中西医结合治疗疾病，有4人达到中专水平，能治疗常见病、多发病。1978年，在西长旺大队举办“赤脚医生”训练班，主要学习膏、丹、丸、散制作。同年，在医院举办中西医结合训练班，每大队1人参加，经过半年培训，做到“一病三方（中医方、西医方、土单验方）”治疗疾病。1979年，举办“赤脚医生”培训班，对该公社全部“赤脚医生”进行培训，培训内容为多发病、常见病的初诊及治疗。

1985年，“赤脚医生”更名为乡村医生。1986年，由全镇64名新法接生员及12名乡村女医生构建成妇幼卫生工作网，在各行政村开展计划生育、孕妇摸底、孕期检查、产后访视等工作。1996年，共有乡村医生90余名。2009年，乡村医生113名。

2015年1月，沂源县开始发放老年乡村医生生活补助，按照工作年限，每满一年每月发放20元。东里镇首批99名乡村医生享受补助。2019年开始，按照县招镇管村用形式，招聘乡村医生，解决乡村医生老龄化问题。

2020年，强化工作人员及乡村医生培训机制，结果纳入绩效考核。截至2023年末，该镇共有68名乡村医生。

村级机构

人民公社成立后至“文化大革命”初期，全公社医疗卫生工作主要由东里医院承担，实行卫生管理与诊疗服务一体化。1970—1975年，东里公社52个大队全部实行合作医疗，各大队出房屋建保健站并出资金购药，“赤脚医生”在卫生室上班，按出勤记工分，年终按工分兑现报酬。药品价格按进价加收15%费用，所有收入均上交大队，社员拿药、打针记账，一般年底统算，大队和社员各承担50%。社员报销后需要支付的费用，年底时由生产队从工分分红中扣回。1982年后，这种基层农村卫生运营模式解体，卫生室转为个人经营。

1986年，东里镇实施村级卫生室达标升级建设，27处村卫生室达到甲级卫生室标准。其中，韩旺乡12处；11月，成立东里镇韩旺乡农村卫生工作者协会。1999年，开展甲级卫生室创建，东里镇有甲级卫生室30处。2020年，建成墨牛官庄村、福禄坪村、龙王峪村3处中心卫生室。截至2023年末，该镇共有51处村卫生室。

1996年，全镇推行乡村卫生一体化管理制度，卫生院负责管理本辖区内卫生室，统一调配卫生室人员，乡医药品清资后纳入医院统一管理，村卫生室统一到卫生院购药，所有收入交到医院，卫生院每月按药品收入的一定比例返还卫生室，作为乡医工资。其间，医院为乡医购买养老保险。

2018年，开展中心村卫生室建设。医院根据地理位置选出中心村，中心村无偿提供房屋建设用地，县财政拨付资金建设，房屋建成后产权归乡镇医院，通过“县招镇管村用”的形式，招聘乡村医生，由医院派驻到中心村卫生室工作，确保中心村及周边村村民及时就医。2023年末，全镇建成中心村卫生室9处。

卫生往事

利民医药合作社

新中国成立前，沂蒙山区的医药卫生条件极差，域内只有零散的药铺和医家“堂号”，群众有了疾病得不到及时治疗。回归热、伤寒、疟疾等“烧汗”病反复流行，染者无数，死者无算。

1944年，沂源县抗日民主政府成立，面对缺医少药的状况和根据地军民就医用药的迫切需求，区政府倡导当地私营药铺和医家成立医药组织。通过部分土改果实、群众入股、区政府贷取等三种方式筹集资金，在沂中县十区鞠家河南村（现属沂源县东里镇后河南村二区27号），征用土地约1亩，建设房屋3间，成立了利民医药合作社，成为当地最早一处由民主政府支持资助的医药组织。

区政府出面聘请在当地颇负盛誉的张化一担任中医医生，张化一积极响应政府号召，将其“民生堂”内药品入股到利民医药合作社。中医黄干臣、西医杨明山、司药罗寿山同时加入到合作社。

因当时西药奇缺，利民医药合作社主要靠中药治疗疾病，中药药品来源主要通过自采和购进两个渠道取得。社内中药药品品种比较齐全，规模比较大，药品炮制规范，药品质量高，治疗效果好。另外，辅以针灸、拔罐等方式进行诊疗活动。利民医药合作社医疗范围广泛，运用经方开展内科、妇科、儿科等疾病的诊治。在治疗感冒、伤寒、疟疾、麻疹等内科疾病，新生儿黄疸等儿科疾病，手癣、体癣等皮肤科疾病以及妇科疾病等方面均有良效。十区区长丁文祥患伤寒，表散太过，前医用猛药攻下，致使其神志恍惚，胸闷烦热，赤身裸体，坐卧凉地之上，其状若狂。张化一用栀子豉汤加瓜蒌实，两剂而愈。利民医药合作社每天接诊病人众多，诊疗服务遍及沂源、沂水、临朐、蒙阴等地。

1947年，沂北县韩旺区在福禄坪峪成立区联社，社内设药股，张化一被聘入区联社。不久，沂中、沂北县撤销，并入沂水县，区联社迁入东里店，药股设在原药材公司批发部处，利民医药合作社亦解散。

巡回医疗组指导救治地方传染病

1963年4月，张家坡公社南流泉及刘家圈等大队流行麻疹病、百日咳等疾病。南流泉大队疾病患者较多，其中麻疹病患者240人，处在发诊期的100余人，并发肺炎患者22人。社员非常恐慌，已影响正常生产、生活。巡回医疗组指导该大队卫生员不分昼夜开展救治，除1名7岁儿童患麻疹、百日咳并发毒血症经抢救无效死亡外，其余患者完全治愈。该大队书记王巨连说：“政府派你们来，治好了俺村这么多危险的小孩，俺都非常感激，既给俺治好了病，还帮助了俺村的生产，最重要的是破除了俺们以前‘麻疹不能打针’的迷信思想。”又感慨地说：“对照过去，俺村在1943年发生一次麻疹，死亡了多名小孩，这次真是太谢谢你们了！”

“李军生”名字由来

1975年8月1日，东里民兵在实弹演习中发生意外，9岁男孩李方泉被弹片炸伤，弹片自上腹部正中打入，从右腰部穿出，生命垂危。接到消息，东里医院全院人员立即行动，手术室备好剖腹探查工具，医务人员做好术前准备，供应室备好输血器械和各种急救包，化验室、X光室、药房也都整装待命。事故发生不到5分钟，孩子就被送进手术室，在解放军医疗队指挥下，10几分钟后打开腹腔。经探查，腹内脏器破裂，出血量大，半小时内解放军捐献的鲜血已经流进患儿体内，经过1个多小时的紧张抢救，患儿脱离危险。经过全体医护人员的精心护理，14天后，患儿康复出院。出院时小孩的奶奶紧紧握住解放军战士的手，激动地说：“你们真是毛主席他老人家派来的好医生！要不是你们抢救得快，我孙子就是十条命也留不下来！”为纪念此事，孩子的父亲将小孩名字改为“李军生”。

截肢患者救治

1993年秋，东里镇罗家庄子村砖场上，25岁的江姓民工右下肢卷入搅拌机，下肢损毁，臀部和会阴部均被撕裂，大量出血，工友们紧急用三轮车将他送到了东里医院。值班医师王春田检查后，立即给予止血处理，用手术钳夹住股部动脉，控制住致命性动脉出血，决定立即进行手术。手术室、化验室以及病房等相关科室接到通知后，紧急做好手术、输血等准备工作。3个多小时后，顺利完成清创截肢手术，挽救了病人生命。直到现在，江姓患者到该院就诊时逢人就说：“东里医院给了我第二次生命。”

百草枯中毒患者救治

2009年4月23日，一位38岁的男子口服150毫升百草枯半小时后入院，主治医师孙永亮立即组织抢救，紧急给予洗胃、输液、促排泄以及应用药物等措施。针对其肺纤维化逐渐加重（肺纤维灶占肺组织约40%）、肝肾功能损害等症状，及时采取相应的治疗措施。住院21天后，患者肝肾功能恢复正常。进行第8次胸部CT检查示肺纤维化无进展，患者病情平稳出院。后随访患者，无不适，可从事正常体力劳动。患者出院时激动地对孙永亮等医务人员说：“是您给了我第二次生命，我一辈子都感激你们。”该病例成为区域内百草枯中毒救治成功的先例。

大事记

1952年　医院开工建设。1953年8月，正式启用。

1953年　9月，县政府下发东里医院开展医疗工作的通知，明确工作任务和诊疗范围，只开展门诊治疗。

1954年　9月，设常规病床，收治住院病人。

1956年　该院增设中医门诊，相继建立中医科、针灸室。

1957年　开展睑下垂手术，病人术后反应良好。

1974年　在原址新建连廊式平房门诊750平方米。

1980年　县医院赠送1台牙科治疗仪，开展拔牙、口腔和耳鼻喉一般疾病诊治。

1982年　成立五官科。

1985年　投资20万元，建成二层病房楼，建筑面积1300平方米。其中，病房940平方米。设有床位70张，实际开放40张。

1985年　开设中医病房，设病床3张，用中医方法系统治疗疾病，书写中医病历。

1986年　实行财政体制改革，由县财政统一管理经费，县卫生局对医院财务支出进行检查指导。

1989年　4月，制剂室投入生产。

1989年　被山东省人民政府授予“全省基本消灭疟疾先进集体”。

1990年　东里成立独立的防保站。

1992年　投资50万元，建成新门诊楼，共3层，建筑面积1500平方米。

1994年　创建为一级甲等医院。

1995年　12月，投资45万元，建成二层新制剂楼，面积1250平方米。

2005年　4月，药品超市开业。

2008年　4月，投资260万元，引进美国通用电气公司最新生产的全身螺旋CT，成为淄博市唯一一家拥有全身螺旋CT的乡镇卫生院。

2009年　4月，该院成为淄博市120急救指挥中心第39急救点。

2009年　投资150余万元，购置CR、数字胃肠透视机。

2012年　6月，投资520万元，新建综合楼，占地面积612平方米，建筑面积1900平方米，为三层框架结构。2013年7月，投入使用。

2014年　5月，东里中心卫生院更名为沂源县第二人民医院，保留沂源县东里中心卫生院牌子。

2015年　6月，与县人民医院签订协议，成为医共体合作单位，开展远程会诊、专家帮扶等工作。

2015年　被国家卫计委授予“群众满意乡镇卫生院”。

2015年　以全市第一名的成绩通过一甲复审。

2016年　8月，与山东省齐鲁医院签订远程心电监护协议，形成远程会诊合作关系，每年约有300例病人实施远程心电监护。

2016年　被国家卫计委授予“群众满意乡镇卫生院”。

2017年　3月，投资4000万元，建设病房楼，占地面积3735平方米，建筑面积6950平方米。2018年12月27日，投入使用。

2018年　6月，该院牵头与石桥、中庄、张家坡、西里4家卫生院成立南部山区医联体。

2018年　投资500万元，购置磁共振并投入使用。

2018年　投资300万元，建成高标准检验中心。

2019年　11月，全面托管西里卫生院，成立紧密型医共体。

2019年　被国家卫健委表彰为“‘优质服务基层行’表现突出单位”。

2019年　被山东省卫生健康委员会授予“山东省首批社区医院”。

2019年　县人民医院向该院捐赠24.8万元救

护车1辆。

2020年　7月，市卫生健康委组织专家一行对该院进行现场评审，认定达到“二级乙等综合医院”标准。

2020年　12月，被中共淄博市委、市人民政府授予“在抗击‘新冠’肺炎疫情中表现突出集体”。

2020年　与山东省立医院眼科签约为专科联盟。

2022年　4月，该院成为2022年度淄博市首批通过“胸痛救治单元”验收的医院。

2022年　被山东省爱国卫生运动委员会办公室授予“山东省卫生单位”。

2023年　与临沂市中心医院建立专家工作站。

卫生篇——

张家坡卫生院

扫码听书

概况

张家坡卫生院位于张家坡镇政府驻地，占地面积1.12万平方米，建筑面积3300平方米，开放床位25张。全镇行政村24个，辖区人口2.7万人，卫生室26处（有的村一村多室），5个空白村均有规范化卫生室覆盖。

全院职工59人（专业技术人员33人）。其中，主任医师1人、副主任护师2人、副主任药师1人、副主任技师2人、主治医师3人。全镇乡村医生36人。

该院设内科、外科、精神科、国医堂、急诊科、妇科、口腔科、放射科、B超室、检验科、心电图室、公共卫生科等医疗医技科室。

机构沿革

1952年，成立保健站。1953年3月，成立张家坡乡属诊所。1957年4月，诊所改制，成立张家坡区卫生所。1958年3月，分别成立河疃保健站、瓜峪保健站、张家坡保健站、流泉保健站4处联合保健站；12月，卫生所隶属于张家坡区，接受东里公社卫生院业务指导。

1959年1月，4处联合保健站并入张家坡区卫生所。1962年10月，张家坡公社在张家坡大队以南征地建卫生院，成立张家坡公社卫生院，挂牌开诊。

1966年4月，卫生院在原址重建。1976年2月，在张家坡中学东，征用前瓜峪大队土地20亩，建沂源县张家坡医院，1978年正式搬迁。1984年，更名为张家坡乡卫生院。

1990年，张家坡乡卫生院扩建，占地面积9905平方米，总建筑面积1081平方米。1992年8月，重新规划建设病房10余间。

2005年，在放射科和药库的位置，规划建设3层新病房楼，面积800平方米。

2014年7月，口腔科成立，提供以口腔医疗、预防保健、口腔美容为一体的综合服务；成立国医堂，配备中医治疗设备，开展治疗和康复。

2018年，与沂源县人民医院结成医共体，成为沂源县人民医院张家坡分院。2021年，设立沂源县精神卫生中心张家坡医疗服务点。

2023年，设全科门诊、药房、收款室、化验室、放射科、B超室、心电图室、药库、国医堂、口腔科、护理科、公共卫生科、疾病控制科、院感科、医保科、计划免疫科、妇幼儿童保健科、财务科等科室。

沂源县张家坡医院门厅原貌（1976年）

张家坡卫生院历任主要负责人

机构名称	姓名	职务	任职时间	备注
张家坡乡卫生所（1957.04—1962.10）	孟　杰	所长	1957.04—1962.06	
	符文杰	所长	1962.06—1962.10	
张家坡公社卫生院（1962.10—1984）	符文杰	院长	1962.10—1965.05	
	王化奎	院长	1965.05—1976.11	
	宋允泉	院长	1976.11—1983.10	
	曹洪悦	院长	1983.10—1984	
张家坡卫生院（1984—）	曹洪悦	院长	1984—1989.08	
	王洪伟	院长	1989.08—1992.08	
	王俊田	院长	1992.08—1993.04	
	王洪伟	院长	1993.04—1994.04	
	任玉忠	院长	1994.04—1996.11	聘任
	公维国	院长	1996.11—2003.06	
	王　涛	院长	2003.06—2009.03	
	刘思军	院长	2009.03—2012.04	
	任洪青	院长	2012.04—2017.07	
	张振宾	院长	2017.07—2024.10	
	沈　金	院长	2024.10—	

党组织

1962年10月，成立卫生院党支部，有中共党员3人，孟杰任党支部书记。1989年，有7名中共党员。2023年，张家坡卫生院党支部委员共3人，党支部书记1人、组织委员和纪检委员1人、宣传委员1人，中共党员16人，其中预备党员1人。

2021年7月，张富京、宋玉太获颁“光荣在党50年”纪念章。

张家坡卫生院党组织历任主要负责人

机构名称	姓名	职务	任职时间
张家坡公社卫生院（1962.10—1984）	符文杰	党支部书记	1962.10—1965.05
	王化奎	党支部书记	1965.05—1976.11
	宋允泉	党支部书记	1976.11—1983.10
	曹洪悦	党支部书记	1983.10—1984
张家坡卫生院（1984—）	曹洪悦	党支部书记	1984—1989.08
	王洪伟	党支部书记	1989.08—1992.08
	王俊田	党支部书记	1992.08—1993.04
	王洪伟	党支部书记	1993.04—1994.04
	任玉忠	党支部书记	1994.04—1996.11
	公维国	党支部书记	1996.11—2003.06
	王　涛	党支部书记	2003.06—2009.03
	任洪青	党支部书记	2009.03—2010.04
	马中金	党支部书记	2010.04—2017.07
	房士平	党支部书记	2017.07—2024.10
	沈　金	党支部书记	2024.10—

队伍建设

1958年3月，4处联合保健站有中医医生贾茂俊、闵祥竹、伊永祥、闵祥文、朱云昌、崔永谌，主治妇科、胃病、中风、胸痹等疾病。西医杨明安、赵兴全、孟杰，妇产医生王翠云等10名工作人员，担负辖区内群众的医疗保健工作。

1962年，妇科医生徐运英调入张家坡公社卫生院工作。1964年，张洪杰从部队转业到张家坡公社卫生院，建立张家坡公社卫生院西医诊疗体系。1968年，医学专业大学生刘相正被分配到张家坡公社卫生院工作，与张洪杰配合，将新的西医诊疗技术带进卫生院。1968—1972年，城市下放的医务人员及卫校毕业生相继到张家坡公社卫生院工作。

20世纪80年代，有2名中医工作人员、3名医士、2名护士分配至卫生院。截至1989年12月底，卫生院共有职工25名。

2002年，派出2名医生进修学习外科，开展阑尾炎、疝气、骨折等常规外科手术，外科技术进一步提高。2003年后，医学院校毕业生分配增多，临床医师队伍和技术力量得到加强。1名本科护理、1名本科临床医学工作人员分配到卫生院工作。卫生院先后选派10人次到市、县级医院进修学习，内科诊疗技术提升，服务能力增强。

2014年7月，口腔科成立，工作人员3名，提供以口腔医疗、预防保健、口腔美容为一体的综合服务。成立国医堂，工作人员3人，配备中医治疗设备，开展治疗和康复。

2021年，县精神卫生中心张家坡医疗服务点开诊，配备医生6名、护理人员26人、药师2人，设精神科门诊、男女病区，该服务点设床位100张，收治各类型精神心理障碍患者。

2023年，张家坡卫生院共有职工59人，事业编制33人，均为专业技术岗位。其中，主任医师1名、副主任护师2名、副主任药师1人、副主任技师2人、主治医师3人、主管护师5人、主管技师1人。

医疗技术

设　备

卫生院初建时期，器械设备极为简陋，主要依靠中医，“一把草药、一根银针”治病，只有1台听诊器、1台血压计和几个体温计。

1962年，医院开展简单的外科手术，添置外科器械设备，包括手术刀、剪刀、镊子、血管钳、大碗小碗、弯盘、缝合针等，器械消毒采用铝锅煮沸法。

1978年，主要医疗设备有30毫安X光机1台，显微镜、电冰箱、培养箱各1台，万能手术床、产床各1台。

1989年，增加设备A超、心电图机、听诊器等，能提供更为准确的体检结果。

2009年，检验科购置血细胞生化分析仪、三分类血细胞计数仪各1台，增加检验科的检验项目，为辅助临床诊断结果提供依据。

2014年，国医堂配备电脑中频治疗仪、特定电磁波、治疗仪电针、火罐、艾灸床、灸疗凳、TDP红外治疗仪、中频治疗仪、中医定向导入仪、脚踏运动器、站床、插棒等治疗设备，提供特色康复治疗，满足脑梗死后遗症患者的康复治疗需求，扩大诊疗范围，与全科门诊治疗相结合，逐渐形成特色中西医结合治疗。

2022年9月，医院的业务量提升，结合患者需求，配备数字化X光机1台，与县人民医院、县中医医院建立合作关系，依托信息化实现影像线上远程会诊。

2022年11月，购进颌骨CT1台、心腹两用彩色多普勒超声诊断仪1台，提高医院诊疗水平。

技　术

内科技术　1962年10月，分设中医科、西医科，增设病床，一些较重的病人能够住院接受治疗。

20世纪60年代，张家坡公社卫生院医疗技术处在起步阶段。重建初期设置药房、诊断室，对常见病、多发病做一般处理，遇到疑难复杂病症需转往上级医院。

1978年，迁新院后增设妇科、护理、放射、化验室等科室，职工30人，诊疗技术和服务能力得到提高。

1995年，内科在抢救和诊治农药中毒、休克、心力衰竭、呼吸衰竭和心脑血管病等方面形成技术优势。同年，选派2名临床医生到淄博市第一医院、沂源县人民医院进修。

2014年，国医堂开展颈椎病、腰椎病等慢性病治疗和康复。设立中医病房，收治住院患者，采用中西医结合方式，开展诊疗服务。

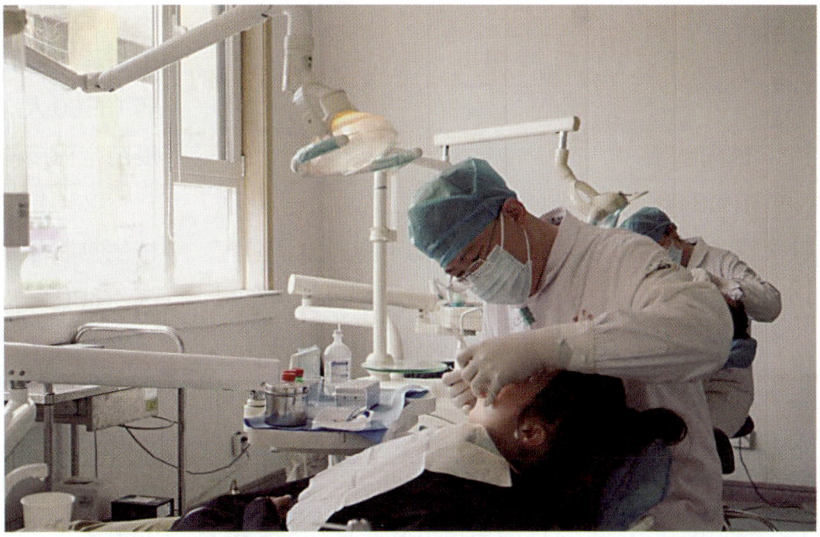
口腔科病人诊疗

2023年，门诊人次达到47020人，收治住院病人776人。对常见病、多发病的诊断与治疗能力提高；对糖尿病、高血压病、冠心病的治疗规范化，为患者提供合理用药指导；对出院患者进行定期随访及康复指导。对急危重患者开通绿色通道，积极采取救治措施，需要转诊者及时转至上级医院。

外科技术　1968—1972年，城市下放的医务人员及卫校毕业生到张家坡公社卫生院工作，开展常规医疗服务。能诊治外科常见病、多发病，能做结扎、脂肪瘤切除及骨折固定等外科手术等。

1971年，配合落实国家计划生育政策，张家坡公社卫生院的医生外出学习培训，在县人民医院和东里医院的技术支持下，开展结扎手术。全部手术无一例重大感染。

2002年，医院派出门诊医生到山东省千佛山医院进修，开展阑尾炎、疝气、骨折等常规外科手术。

特色专科　2014年7月，招聘1名口腔科专业人员，开展以口腔医疗、预防保健、口腔美容为一体的综合服务。2017年，卫生院对口腔科进行改、扩建，工作房扩建为7间，技术人员3人，新上诊疗设备2台，开展种植牙业务。设置口腔内科、口腔外科、口腔修复、口腔正畸、口腔种植等科室，配备口腔治疗椅4台、颌骨CT1台。同年，成立山东省口腔医院陈国昆工作室，开展各类复杂种植手术及上颌窦提升、骨劈开、骨挤压、Onlay植骨术等骨增量手术。

2017年，中医科创建为特色专科，引进专业技术人员开展特色推拿治疗技术。建成张士伟基层名医工作室；提升国医堂能力建设，开展传统中医，针灸、推拿、熏蒸、中药透入等重点科目。

2022年7月1日，以名医基层工作站为依托，定期邀请县人民医院专家到院坐诊、查房、业务指导，到农村大集以及空白村开展义诊，推动医疗资源下沉、提升卫生健康软实力。

特色项目

2016年10月，张家坡卫生院以全市第一的优异成绩通过淄博市一级甲等医院评审。2018年，成为沂源县人民医院张家坡分院。2018年6月，县第二人民医院牵头与石桥、中庄、张家坡、西里4家卫生院成立南部山区医联体。该院作为主体单位，充分发挥二级综合医院优势，利用医疗资源、技术、先进设备优势，建立区域检验中心、影像中心，成立工作领导小组，制作《沂源县南部山区医联体服务手册》，建立业务交流与预约检查微信群，依托健康云平台，通过软件传输实现检查检验结果共享。

2019年10月，张家坡卫生院通过一甲复审工作。2021年，沂源县精神卫生中心成立张家坡服务点。2023年3月10日，胸痛救治单元启动创建；12月4日，胸痛救治单元通过省级验收；同年，在国家卫生健康委“优质服务基层行”活动中通过评审。

疾病防控

机构队伍

1953年，张家坡域内的防疫工作由东里店医院代管，张家坡诊所工作人员协助下乡搞疫情防控和卫生宣传工作。1962年，张家坡人民公社从东里公社析出后，卫生院成为张家坡公社所属卫生院，负责张家坡公社的卫生和防疫工作。1964年，张家坡卫生院成立防疫组，人员3人，负责辖区内防疫工作。1968年，建立起以张家坡公社卫生院为主导的农村防疫网络，各大队卫生员负责辖域内的流调、卫生防疫工作，防疫人员3人。

1990年，张家坡卫生院成立防保站，由卫生院院长兼任防保站站长。防保站主要负责制订农村卫生、社区卫生服务、初级卫生保健的发展规划和服务标准；指导农村基层卫生组织建设；制订防治领导小组的日常工作；负责制订卫生监督、执法检查工作计划，并组织实施；负责审核卫生监督机构，提高卫生行政许可资格认证和立案报告、处罚建议，并作出决定；负责卫生监督员的管理工作；监督管理传染病防治及食品、职业、环境、放射和学校卫生，组织实施食品、化妆品质量管理规范并负责认证工作。1995年10月，防保站撤销，成立计划免疫科。计划免疫科的工作是预防、控制、消除危害儿童健康和生命安全的传染病，防疫人员5人。

2011年，卫生院设立公共卫生科、计划免疫科、妇保儿保科、健康教育科等科室。防疫队伍扩大到7人。2023年，卫生院公共卫生科有工作人员7人，妇保儿保科3人，计划免疫2人，监督协管科1人，健康教育科1人。

疫苗接种

1979年，疟疾预防服药4580人，病人家属及周围健康人服药18642人，服婴儿瘫糖丸8500人份，牛痘接种1852人，卡介苗接种12350人次，麻疹疫苗注射6730人次，乙脑疫苗注射5530人次，百白破注射14380人次，白喉类毒素注射2750人次，霍乱疫苗注射5667人次。疫苗相关传染病发病率显著下降。1987年，进行各种预防接种和预防服药18560人次，疫苗接种率达95%以上。2000年，疫苗全程接种率96.8%。

2001年，成立集中式接种门诊。全乡完成14种生物制品基础免疫和加强免疫预防接种14052人次。2001—2003年，接种出血热疫苗6839人份，在出血热防治工作中取得了显著效果，实现3年内出血热发病率降至21.4/10万人以下，病死率下降到1%以下。2004年以来，接种疫苗实行网络化管理，疫苗接种30580人、158092剂次，接种率在98%以上，降低疫苗相关传染病的发病率。

根据山东省卫生厅制定的《2006—2012年山东省消除麻疹行动计划》，到2012年，将麻疹发病率控制在1/100万以下（不包括输入病例），无本土病毒传播。2006年，按照上级要求对麻疹疫苗免疫程序进行调整，即在国家规定的8月龄初次免疫、18月龄复种2针次免疫程序的基础上，增加6岁儿童常规接种1针次麻疹疫苗，作为实行新免疫程序的过渡，并确保接种率达到95%以上，2012年达到工作目标。2009年基础疫苗及加强疫苗的接种率有明显增长，证、卡、簿建卡建证率100%，三级预防保健网络的“网底”作用得到充分发挥。2021—2023年，累计接种新冠疫苗44690剂次。

重要传染病防控

新中国成立初期，传染病是对人民群众生命健康的重要威胁，党和政府陆续出台一系列方针政策。开展对婴儿瘫、结核、疟疾、天花、麻疹、脑膜炎等传染疾病的防治。各村队卫生员兼职防疫工作，卫生院定期给防疫人员培训，使防疫工作逐步到位。通过高密度防疫，到20世纪80年代，基本消灭了以上几种传染性疾病。

伤　寒　1947年，伤寒在张家坡域内暴发，民间称为“烧汗”。病人高热不退，传染性强，据老人讲，隔着2道门跟病人说话就能被传染，往往是一个家族或者一个村庄全部被传染。春秋较重，死亡率高，传统中医只能对症治疗。当时的莒沂县抗日民主政府组织韩旺区内的所有民间中医，同时派驻一位西医进行指导防治，张家坡域内贾茂俊参与此病诊治。他是中医出身，西医技术就是在那个时代学习的。采用隔离病人、艾蒿熏蒸、石灰水泼洒消毒等方式，中西医结合对症治疗。1952年，疫情得到控制。

天花病 1950年，莒沂县韩旺区政府就组织医疗部门，在域内接种天花液体疫苗，俗称“种豆子”。历经东里医院时期、张家坡诊所时期、张家坡卫生院时期，一直不间断地在民间接种“豆苗”，有效防止了天花流行。1980年，世界卫生组织宣布全世界消灭了天花。1956年以来，域内没有发生过此病。

麻疹、黑热病 1954年，麻疹、黑热病大流行时期，张家坡诊所医务人员积极协助东里医院抢救组治愈120余名麻疹病人，治疗黑热病人4例。20世纪60年代，张家坡卫生院承担多次重大疫情的防控。1971年，张家坡公社域内再次暴发麻疹，12岁以下儿童发病率达到90%，张家坡卫生院成立专门防疫治疗小组，各大队“赤脚医生”全员出动，并结合民间中药方进行中西医结合诊治，注射疫苗1000余例，治愈病例1500余例。经过6个月的时间将疫情控制住。

血吸虫病 1975年，防治血吸虫病，卫生院医护人员全体出动，联合“赤脚医生”，逐大队逐户落实到人，每天晚上进村，一直工作到深夜，采集耳血样2万余份。由于普查准确及时，防疫措施得力，域内没有发生血吸虫病病例。

流行性出血热 1983年9月，张家坡公社邵家峪大队社员魏某某突发高热、面赤、全身疼痛，症状类似伤寒。张家坡公社卫生院未能确诊，转至县人民医院，也未能确诊，病人于当月去世；10月，河疃大队社员赵某某也发生了类似病症，并出现了“三红”和疼痛症状，公社卫生院、东里医院、县医院均未能确诊病情。县人民医院及疾控部门高度重视，最终请临沂地区相关卫生专家会诊，确诊为“流行性出血热”。按照此病对症治疗痊愈出院。以上两例病例出现在相邻村庄1公里内，发病时间相同，最终被确定为重大疫情。张家坡卫生院按照县防疫站指导进行了全公社范围流调，发现有典型症状之一的病例立即上报。经流调研判分析，省、地、县三级疾控专家，确定黑线鼠为病毒主要传播载体。张家坡公社组织卫生院员工、大队“赤脚医生”、各大队全体社员集中开展灭鼠，切断传染源。在长达一年的工作中，卫生院工作人员、“赤脚医生”出动2000人次，发动社员5万人次，灭鼠疫取得显著效果。当年报告疑似病例9例，确诊1例，阻断了疫情进一步扩散。

传染性非典型肺炎 2003年春，传染性非典型肺炎疫情在沂源域外暴发。疫情发生后，按照省、市、县、镇各级疫情指挥部部署，建立起镇村防疫网络机构，每天进行3次环境消毒，建立隔离点，外来人员实行定点隔离。疑似病例及时上报，隔离观察。各路口设立防疫劝返点消毒点，疫情防控期间，卫生院全员无休，实行24小时轮岗制。投放84消毒液1万余瓶，酒精消毒液5000余瓶，发放喷雾器500余个，口罩6000余只，隔离服50余套，防护手套1万余副。由于防控得力，境内无病例发生。

新型冠状病毒 2020年正月初二，新型冠状病毒疫情暴发，张家坡卫生院迅速成立疫情防控领导、巡查、医疗、流调、消杀、采样、送样、后勤保障等小组。2020—2022年，张家坡卫生院对辖区内医务人员（包括乡医）定期进行疫情防控、院感知识培训20余次，共计800余人次。积极开展核酸检测工作，为辖区内居民及外地旅居人员提供24小时核酸检测。2022年，张家坡卫生院共完成区域核酸检测、“应检尽检”人群以及学生采样11万余人次。从业务骨干中抽调11人次赴济南、文昌湖、周村、博山、桓台、高青等地支援疫情防控工作；抽调16人做好青兰高速张家坡出口的疫情执勤防控工作；合理调配，抽调专业人员3名配合县PCR实验工作。

公共卫生

2004年，建立公共卫生科。2009年，规范建立1.8万份居民健康档案，其中电子档案8230份。由卫生院和乡医通过入户调查和集中体检等方式，核准健康档案的基本信息。

2011年，设立公共卫生、计划免疫、妇保儿保、健康教育等科室。防疫人员队伍扩大到7人。组建镇、村2级公共卫生服务指导团队，形成卫生院医生包村，卫生室乡医包户的网格化、制度化管理模式。以居民健康档案为基础，开展健康教育、慢性病防控、老年人管理、严重精神障碍患者管理、预防接种、传染病及突发公共卫生事件防控、妇幼保健、卫生监督协管等服务。同年，组建一支以医疗、护理、公卫人员为主的专业队伍下村为老年人健康查体。

2018年，医院和56处卫生室建立了全民健康信息系统，使医疗信息、公共卫生服务信息和居民健康信息全部联网，实现了居民看病“一卡通”。2020年，累计建档23259份，建档率85.10%。2021年，全面升级居民健康档案。张家坡镇常住居民数24455人，累计建档22665份，建档率92.68%，家庭医生签约服务11372人，贫困人口、残疾人、失独家庭签约率100%。2022年，常住居民数24449人，累计建档22438份，建档率91.77%。2023年，常住居民数24449人，累计建档22509份，建档率92.07%。居民规范电子健康档案覆盖人数14901人。

妇幼保健

1949年前，各村就有接生婆，在缺医少药的年代，他们担负着接生任务。1956—1958年，由各村队卫生员，担负起妇幼保健工作，称为保健员。1973年8月，张家坡公社卫生院正式成立妇产科，徐运英为首名妇产科助产士。1989年，妇产科先后调入2名专业妇产人员。1991—1996年，先后分配调入4名人员从事妇产工作。2011年，乡镇医院妇产科转型为妇幼保健科，不再接生。妇产科专职从事“妇保儿保（妇女保健、儿童保健）”工作，兼职妇科门诊。

截至2023年，纳入管理的6岁以下儿童数1324人，6岁以下儿童健康管理数1218人，管理率92%；3岁以下儿童数258人，系统健康管理数249人，管理率96.51%；0~6岁儿童眼保健和视力筛查人数1194人，筛查率90.18%；中医药健康指导247人，中医药健康指导率95.74%。孕产妇活产数47人，产后访视数46人，产后访视率97.87%；新生儿访视数46人，访视率97.87%。

中医中药

中　医

早在清朝时期，域内就有中医世家，邵家峪村的清末秀才魏学章、南流泉村的武秀才王汉章、下巨石崖村的贾茂俊、前瓜峪村的宋训恒、前大泉村的崔永谌等都是中医世家。1962年，张家坡公社卫生院成立后，设立中医科。1971年6月，县卫生局统一在沂源一中（东里）培训“赤脚医生”，重点学习中医临床、药学、中医基础理论知识，学制一年，为张家坡公社培养了一批中医药人才。1978年，卫生院搬迁至张家坡中学东，开设中医科，坐诊中医有崔永谌、杨道全、历孟芳。老中青结合，开展中医全科医疗。此时期是张家坡中医发展较好时期。

1988年，军队退伍的卫生员、黄家峪村民任玉忠买下原公社车站饭店，开设中医正骨诊所，开展中医正骨特色医疗。2000年，返聘杨道全坐诊。

2014年，成立国医堂。2020年，成立基层名医工作室。县人民医院副主任中医师张士伟带领团队到该院坐诊。国医堂配备专业人员，并多次派人到外地学习，高标准建起了中药房，购买高质量药材，开展传统中医针灸、推拿、熏蒸、中药透入等重点科目，免费为住院病人煎药送药。外聘中医专家任玉金、基层名中医张洪兵到医院坐诊，以解决缺乏中医专业人才的困境，并购进中药造粒设备，进一步提升中医药服务水平。

中　药

张家坡域内属于半山地、半丘陵地带，海拔落差大，同时具备沙壤、腐殖土壤、淤积土壤、红壤等适合各类中药材生长的地质条件和物候条件。1949年前，张家坡域内的大山周边，就有专门以采药为生的山民，他们熟练掌握晒、洗、煮、蒸、炙、萃、晾、水飞、切片、打粉等二十几项炮制技术。1949年初期，张家坡域内各诊所、保健站，都有自己固定的“采山人”供应各类中草药。

1976年3月，沂源县药材公司派技术员李文坦指导各大队卫生室种植中药材，各大队成立以“赤脚医生”为领队的“采药队”“种药队”，以满足医用。北店子大队在窝峪沟成功种植出3亩茯苓，品质好、产量高。同年种植大青叶、黄芩、丹参、苦参、柴胡各1亩，并一次性种植成功。河疃大队在下河成功种植茯苓2亩、丹参2亩。各大队纷纷效仿，在1976—1977年间，全公社种植各类中草药560余亩，15个品种。改革开放后，村民仍有在山间地头种植中草药的习惯，还有部分农户养殖土元、沂蒙全蝎等珍贵药材。1976年，各大队纷纷开展中药制药提纯活动，以弥补国家医药的短缺。北店子大队卫生室，在赵学成的带领下，认真学习中药理论，经过反复实验，制造出中药益母膏、逍遥丸、止泻丸、祛疼散、消食片。用蒸馏法制造苦参注射液、松球注射液、大青叶注射液、柴胡注射液、丹参注射液。通过低温萃取青蒿注射液、地龙注射液、鱼腥草注射液，这些注射液涵盖抗菌消炎、清热解表、活血化瘀、凉血止痛等各个门类，免费对社员使用，提高药品的使用安全性。“赤脚医生”们用自身做毒理、疗效、副作用等安全实验，尤其是注射液，他们相互给对方注射同一种注射剂，待没有毒性、副作用时才给社员使用。20世纪70年代，野炉坡大队“赤脚医生”江玉泉也曾自制丹参注射液、大青叶注射液、鱼腥草注射液，在那个条件艰苦的年代节约开支，提高医疗技术。2022年8月，第四次全国中药资源普查显示，沂源县有野生药用植物96科、262属、444种，张家坡境内都有分布，野生中药资源十分丰富。

民间经典中药方

小儿退热　栀子、黄芩、连翘、柴胡。

月经不调　丹参、益母草、红糖，温通。

高　热　柴胡、黄芩、半夏、枳实、白芍、大黄、生姜、大枣，加石膏（需根据病人症状加减）。

不孕不育　熟地黄、当归、白芍、川芎（四物汤）。

痔　疮　五倍子、车前子草叶、玉米须叶烧制外用。

小儿黄疸　生地、当归、川芎、赤芍、茵陈、朱苓、茯苓、泽泻、苍术、白术、栀子、甘草、天花粉、大枣。

牙　疼　生地、当归、升麻、丹皮、青皮、细辛、防风。

肠痉挛　藿香10g、厚朴10g、杏仁12g、茵陈30g（后下）。

小脑萎缩　生箭芪30g、当归15g、龙眼肉15g、真鹿角胶9g（另炖同服）、丹参9g、乳香9g、没药9g、甘松6g。

村卫生室

村医队伍

1968年，落实中央“六二六”指示精神，将医疗卫生事业放到农村去，张家坡公社分别在5个管区设立5处管区卫生室（院），冯家圈管区设在河疃村南，有孟杰、贾茂俊、闵祥竹；瓜峪管区有伊永祥、闵祥文；大泉管区有杨道全、刘建吉、朱云昌、崔永谌；南流泉管区有王瑞和、王部欣；张家坡管区由公社卫生员服务。

1971年6月，县卫生局统一在东里沂源一中开设“赤脚医生”培训班，成员有林前大队杨兴德、东王庄大队张朝余、张家坡大队张文福、前瓜峪大队宋传升、河东大队王杰、刘家峪大队刘启高、北店子大队赵学成、大石沟大队赵瑞民。中医老师是徐本云，药学老师是何明仁，院长黄树瑞兼职中医理论基础老师，学期一年。每人每天给予10个工分和1斤粮食补助的待遇。考核合格后，准予回大队开展医疗服务。通过培训，培养了一批服务基层的卫生技术人才。这批人员回到村庄，由大队提供房屋开展医疗服务，大队提供药品，按成本价给患病社员诊治。

1985年，经县卫生局统一组织考试考核、评审，“赤脚医生”达到乡村医生标准的获得乡村医生证书，成为第一批乡村医生。1999年，乡村医生在岗人数49人。2015年1月，开始按照工作年限以每满一年每月20元的标准，发放老年乡村医生生活补助，张家坡镇首批共有130名乡村医生享受补助并离岗。2018年，乡村医生在岗人数42人。

2019年开始，招聘“县招镇管村用”乡村医生，缓解乡村医生老龄化问题。2020年，乡村医生在岗人数41人。2022年12月，“县招镇管村用”医生3名，卫生室26处（中心村卫生室7处）。2023年，乡村医生在岗人数36人。

村级机构

1971—1981年，张家坡公社逐步发展到每个大队都有卫生室。1982年，张家坡公社实行家庭联产承包责任制，随后合作医疗解体，卫生室转为个人经营。1989年，开始实行乡村一体化管理，部分村卫生室合并，3年后未达到预期效果，卫生室又恢复原状。

1975年，按上级要求，33个大队都办起合作医疗，各生产队按每人1元钱集资，由合作医疗领导小组统筹管理。社员在当地医院治病报销50%。为降低药物成本，每个大队给合作医疗室几亩地种植中草药，做到自种、自采、自制、自用。卫生院在业务上培训、技术上指导，土法上马，自制汽水、生理盐水，在卫生院指导下，把种植和采集的中草药制成大青叶、苦参、松球、梧桐花、甘松、鱼腥草、黄连素（小檗碱）等十几种针剂。卫生院医生带领大队的“赤脚医生”在潍坊、临沂、泰安等地，购买西药材，指导制造西药针剂：氨基比林、安痛定、阿托品、苯甲醇、普鲁卡因等，药物成本降低60%，为集体节省了开支。改革开放后，药品安全和质量要求与标准提高，不提倡土法制药。

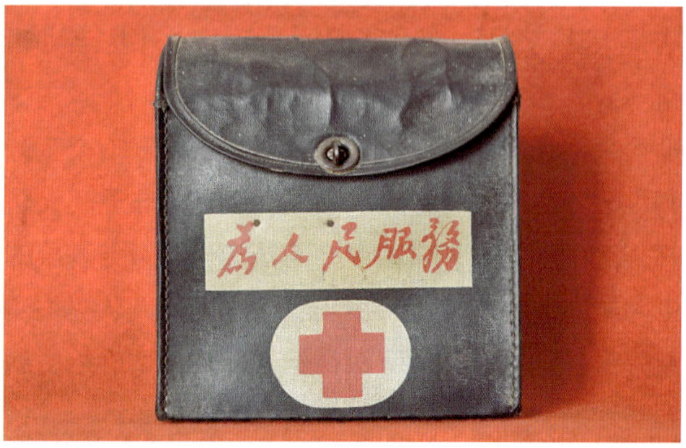

20世纪60—70年代，乡医使用的保健箱

1996年，按照“三制四统一（“三制”指人员聘用制、奖励性绩效工资制、养老医疗保险制；“四统一”为统一业务管理、统一财务管理、统一药械管理、统一工资发放）”的要求，实行卫生室一体化管理制度，张家坡卫生院药库负责村级卫生室药品代购分发，统一建账管理。

2019年，建设巨石崖村中心村卫生室。2020年，建设新村中心村卫生室。2021年，建设林前村中心村卫生室、大石沟村中心村卫生室、林前村中心村卫生室。2022年，建设冯家圈村中心村卫生室、西流泉村中心村卫生室。

卫生往事

王汉章中医家族传奇

王汉章（1868—1939），男，字星乔，清代沂州府沂水县南流泉村（今山东省淄博市沂源县张家坡镇南流泉村）人。年幼身单体弱，其父请家师授其习文练武，在习武过程中，遇到跌打损伤，就兼学中医自救。18岁时，中医整骨、疖、痈及金创伤治疗就享誉沂水县。22岁时，参加武科乡试。光绪二十五年（1899），31岁时中武庠生，“恩准思武举”未赴任。同年，设馆行医练武，“执青龙刀重82斤，练功石锁350斤，现存于村民俗馆。”（引自南流泉王氏族谱）光绪十五年（1889），研制“正骨备急方”“金创散”，为域内伤科创始人。自王汉章开始，中医便在家族中世代传承。截至2023年，已经有4代人行医。

行侠仗义 王汉章父辈家境殷实，耕种土地数十亩，兼做土特产生意，商品销往青岛等地。虽然家境富有，却一直沿袭进步、开明的传统家风，是十里八乡有名的行善人家。王汉章在长期习武学医中广结善缘、乐善好施，形成了行侠济贫、耿直仗义的处世风格。他对于家境贫寒的求医者，总是以

“先记账，年底结算”为由免收诊疗和药费，就是到了年底也不催收。对于主动上门结算人，又以“有人给你结了”等理由免除所有费用。

王汉章家里备有一口直径4尺的大铁锅，每逢疫病流行，他便据症开出药方，用大铁锅熬制好后，抬到大街上，供乡亲们免费服用，每日一锅，直至疫病祛除。

火针治痈 王汝林（1892—1975），王汉章独子。受父辈熏陶，王汝林读完私塾便开始通读医书，在父亲身边学习“望、闻、问、切”诊病方法并跟随出诊。1911年，刚刚步入成年便能独立坐堂行医。平时精读细研中医经典书目，医路更加开阔，中医外科、内科、妇科皆有作为，火针治疗痈、疖方面有独到之处。1944年，王汝林加入沂源县抗日民主政府倡导成立的“利民医药合作社”，与名医张化一在中医科坐诊。

沂水县诸葛乡一妇人得乳痈多日，久治不愈，一侧乳房肿胀化脓，病人疼痛发烧。病家慕名找到王汝林诊所求医。王汝林认真检查后，先用桑木碳火进行煨熏，促其病灶熟化。时机成熟，再用烧过的铁针刺破肿胀的皮肤，瞬间，脓血涌出两大碗。引流完脓血，施以药汁浸泡过的桑皮纸填充引流，辅以汤药，半月痊愈。

人参汤救亡阳 王瑞华（1916—1997），王汉章之孙、王汝林次子。1931年，15岁的王瑞华便在爷爷的诊所里拉药匣子（按处方包中药）学徒，并在祖、父指导下研读中医典籍，五年学成，子承父业，在自家药铺坐诊，在继承祖辈中医外科的基础上，钻研中医妇科和内科。23岁时，王瑞华便随同胞的兄弟姐妹一起参加革命工作。

邻村一妇人突发妇科病，崩漏不止，病人奄奄一息，出现“亡阳”症状。亲属将其用担架抬到王瑞华家求医。王瑞华见病人面如白纸，叫不应声，立即以大剂量独味人参汤灌之，以求扶阳救亡。见效后，施以调理止血，根据病情变化不断调整处方，1个月后，病人完全恢复。

四世传承 王祥东，1970年出生，王汉章的玄孙。中学毕业后，跟随祖父王瑞华在本村卫生室学习中医。其间，在县卫生学校中医专修班系统学习中医理论，遍习中医外科、内科、妇科各科，诸症均能辨证处方。

1990年，距离南流泉村15里路的沂水县华庄村，有一男性患者，腹胀如鼓，疼痛无比，医院行开腹探查，无果。重新缝合后，病情重发如故。病人亲属经亲戚介绍找到王家，求医出诊。爷孙俩步行到病家，通过诊脉、观象、问病史等，诊断为气滞所致，脉络淤塞之实症，辨证处方。连续4次上门诊察调方，服用60余剂中药后，病人康复如初。为此，病家带上锦旗等厚礼专程到王祥东家致谢。

急性心肌梗死患者的救治

2014年1月29日，上河疃村43岁男性患者，夜间突发胸痛，家人将其紧急送到张家坡卫生院，夜间值班医生立刻对其进行初步体格检查，经心电检查，根据心电图的动态变化及肌钙蛋白化验检查结果，初步诊断为急性心肌梗死。因大雪封路，上级医院120急救车无法到达，患者无法转诊，情况十分危急。值班医生立刻给予患者吸氧、抗凝、扩冠等紧急处理。经过医护人员严密观察及全力救治，患者胸痛症状缓解，生命体征平稳，病情稳定。患者家属对张家坡医院医护人员的及时救治送来了锦旗表达感谢。

颈椎间盘突出患者的治疗

2023年9月11日，张家坡村一名56岁女性患者拿着颈椎核磁报告单来到国医堂门诊，自述手臂麻木10年，辗转于张店、济南等地的多家医院进行治疗，不能减轻疼痛。经人介绍，到张家坡卫生院就诊。医生根据这位患者的影像报告及体格检查，详细地向患者介绍了中医科特色的中西医结合治疗方法，患者愿意尝试，医护人员为其办理了住院手续。住院期间经过针灸、拔罐等中医特色疗法，口服中药舒筋通络、活血止痛，外加西医药物镇痛消炎。治疗7天后，患者疼痛基本消失。出院后对医院表示感谢，并为主治医师及护理人员送上锦旗。患者激动地说：“我没想到这么多年的老毛病能这么快治好，还是要感谢张家坡卫生院的大夫。”

大事记

1953年　3月，成立张家坡乡属诊所。

1957年　4月，成立张家坡乡卫生所。

1959年　1月，原4处联合保健站并入张家坡区卫生所。

1962年　7月，张家坡公社突发特大洪水，淹没村庄，冲毁医院。

1962年　10月，张家坡公社在张家坡大队以南征地重建卫生院，成立张家坡公社卫生院，挂牌开诊。

1965年　设置药房、诊断室、宿舍、食堂等。

1966年　4月，卫生院在原址重建，新建瓦房14间，增加病房6间。

1973年　2月，征前瓜峪村土地20亩，建新卫生院。1978年正式搬迁。

1986年　实行财政体制改革，由县财政统一管理经费，县卫生局对医院财务支出进行检查指导。

1990年　张家坡乡卫生院扩建，占地面积9905平方米，总建筑面积1081平方米。

2004年　完成“新农合”试点工作，建立了较为完善的“新农合”运行机制，农民参保率达90%以上。

2005年　张家坡卫生院规划建设新病房楼，面积800平方米，上下3层楼。

2007年　“新农合”实现全县联网，参合的门诊、住院病人即报即销。

2012年　6月，建设2580平方米的综合门诊楼。

2016年　10月，张家坡卫生院以全市第一的优异成绩通过淄博市一级甲等医院评审。

2018年　6月，与县第二人民医院及石桥、中庄、西里卫生院成立南部山区医联体。

2018年　张家坡卫生院和沂源县人民医院结成医共体，成立沂源县人民医院张家坡分院。

2018年　与齐鲁医院建立心电监护远程会诊。

2019年　10月，通过一甲复审工作。

2020年　成立6个家庭医生签约团队。

2021年　与沂源县精神卫生中心联合成立沂源县精神卫生中心张家坡服务点。

2023年　10月，通过国家卫生健康委“优质服务基层行”评审。

2023年　12月，通过省级胸痛救治单元验收。

卫生篇

石桥卫生院

扫码听书

记忆沂源·卫生健康卷

概　况

1962年，石桥公社卫生院成立。该院是一所集基本医疗和预防保健为一体的公立医疗卫生机构。初建时，院址位于石桥公社驻地博沂路西侧。2006年，搬迁到石桥镇圣佛山路12号，为一级甲等医院。占地面积4800平方米（包括镇敬老院），建筑面积1500平方米。设有内科、外科、妇保儿保科、计划免疫科、卫生协管科、药剂科、检验科、口腔科、放射科等9个业务科室，开放床位30张。2018年，与县第二人民医院（东里中心卫生院）等合作成立沂源县南部山区医疗联合体。

2023年末，有职工48人（在编人员31人）。其中，副高职称8人、中级职称9人、初级职称13人、见习期1人。有8个家庭医生签约服务队。

机构沿革

1958年，石桥、葛庄、大泉、珩崖4处联合诊所合并成立石桥联合保健站。

1962年，石桥联合保健站转为公社卫生院。

1965年春，因行政区划变更，石桥公社卫生院和悦庄公社卫生院合并，在石桥设地段医院，称沂源县人民医院石桥分院，悦庄公社设立门诊，人员统一管理。1971年，恢复悦庄公社卫生院建制。

1990年，设立石桥卫生防保站。1997年，石桥分院更名为石桥卫生院，防保站和卫生院合并。

2005年秋，建设新院，新院位于圣佛山路12号。2006年6月，正式搬迁。

2018年，石桥卫生院挂牌沂源县人民医院石桥分院。

石桥卫生院历任主要负责人

机构名称	姓名	职务	任职时间	备注
联合诊所	郑功阶	所长	1954—1958	
石桥联合保健站（1958—1962）	田中兴	站长	1958—1962	
石桥公社卫生院（1962—1965）	刘筱甫	院长	1962—1965	
沂源县人民医院石桥分院（1965—1997）	李　辉	院长	1965.1—1965.5	
	陈秀宝	院长	1965.5—1971.12	
	刘云山	院长	1972.01—1978	
	黄树瑞	院长	1978—1983	
	于在海	院长	1983—1984.10	
	刘加坤	院长	1984.10—1985.10	
	裴长利	院长	1985.10—1986.5	
	刘希平	副院长	1986.5—1987.10	主持工作
	徐在瑞	院长	1987.10—1994.6	
	徐信宽	副院长	1994.6—1994.12	主持工作
	刘太礼	副院长	1994.12—1996.7	主持工作
	伊永富	院长	1996.7—1997.7	

续表

机构名称	姓名	职务	任职时间	备注
石桥卫生院（1997—）	何家宪	院长	1997.7—1999.12	
	徐志和	院长	1999.12—2001.3	
	段连江	院长	2001.3—2003.7	
	孙　涛	院长	2003.7—2004.3	
	唐伟宏	局派主持工作	2004.3—2004.5	
	宋传照	院长	2004.5—2004.10	
	唐伟宏	局派主持工作	2004.10—2005.4	
	李家兵	院长	2005.4—2009.3	
	毛永国	院长	2009.3—2012.4	
	齐元兵	院长	2012.4—2017.7	
	王云飞	院长	2017.7—2024.10	
	李志萌	院长	2024.10—	

党组织

1965年，成立党组织，公社卫生院院长主持工作，负责该院党组织建设、思想建设和职工思想政治工作。1984年10月，全院有中共党员6人，预备党员2人。

截至2023年，全院有中共党员15人、预备党员1人。

石桥卫生院党组织历任主要负责人

机构名称	姓名	职务	任职时间
沂源县人民医院石桥分院（1965—1997）	杜丕琛	党支部书记	1965—1975
	张建忠	党支部书记	1980—1983
	刘加坤	党支部书记	1984.10—1985.10
石桥卫生院（1997—）	王云飞	党支部书记	2017.7—2024.10
	李志萌	党支部书记	2024.10—

队伍建设

1958年，石桥联合保健站有职工19人。1965年，石桥公社卫生院和悦庄公社卫生院合并，共有职工44人，归石桥分院统一管理。1965—1968年，陆续分配大、中专毕业生17人，分院设内科、外科。1968年，石桥分院（含悦庄门诊）有职工52人，增设检验科、放射科等科室。

1971年，悦庄公社卫生院恢复建制，人员分流到石桥、悦庄2个公社卫生院，其中，石桥公社卫生院职工25人。1974年，县人民医院陆续下派12人到石桥分院支援科室发展，协助石桥建立制剂室、中医科、妇产科等6个业务科室，其中，中医科2人、护理3人、妇产科3人、医生4人。

1985年，全院职工28人，其中医师5人、中医2人、护理3人、医技6人、防疫4人、工勤3人、行政管理人员4人、在职上学1人。1990年春，职工人数减少，有职工17人，其中卫生技术人员13人。2006年6月，卫生院职工23人，其中卫生技术人员19人，专业分布为检验科2人、放射科2人、防疫组4人、内科4人、护理3人、中医科1人、妇产科3人。

2016年10月，聘请省内著名中医专家坐诊，并带动中医队伍建设。2018—2020年，聘请淄博市第一医院中医师到石桥卫生院坐诊。2023年3月，聘请山东省千佛山医院副主任医师到石桥卫生院坐诊。

截至2023年，医院职工48人，其中医护人员30人、公共卫生人员12人、工勤服务人员6人。

医疗技术

设　备

1958年，石桥联合保健站期间，设备简陋，只有水银血压计、听诊器、体温计。1985年，有1台手摇式心电图机。1988年，引进部分设备，设床位28张。1995年，检验科只有1台显微镜及采样器具，开展做血、尿、大便“三大常规”检验。2000年，淄博市第一医院检验科帮扶1台三分类血细胞计数仪。2005年，购置1台迈瑞血细胞分析仪。2008年，购置1台优利特尿液分析仪和1台半自动生化分析仪。2012—2017年，检验科购置湘麓仪器厂的离心机、科华全自动生化分析仪、血流变分析仪、电解质分析仪、普迈德血栓弹力图、深圳帝迈血细胞五分类分析仪、北京热景化学发光免疫分析仪、上海（太仓）精宏电热恒温培养箱等。2018年，购置彩色多普勒超声诊断仪。同年，口腔科购置牙科综合治疗仪。2019年，口腔科因业务发展迅速，购置第二台牙科综合治疗仪。2020年，口腔科购置1台根管治疗仪和口腔数字化阅片设备。2020年初，“新冠”疫情暴发，购置数字化透视摄影X射线机、呼吸机、除颤仪、心电图机、救护车等专用设备。

内、外科技术

1958年，医疗业务主要开展常见病、多发病的治疗。1966年，贯彻“六二六”指示，开展“三土四自（‘三土’即土医、土药、土药房；‘四自’即自种、自采、自制、自用）”方法治疗常见病、多发病。1968年，石桥分院开展巡回医疗工作，医务人员背着药箱走街串巷、走向田间地头，为社员提供随叫随到的诊疗服务。1974年，能救治多种原因引起的休克、呼吸衰竭、脑血管意外、重度有机磷中毒等危重病人，能做结扎、脂肪瘤切除及骨折固定等外科手术。1988年，住院患者主要以肺心病、胃肠病为主。

20世纪90年代初，卫生技术力量薄弱，外科、妇产科等业务科室基本处于停业状态。2007—2015年，新院建成，医疗条件得到改善，技术力量得到加强，医疗服务快速发展。常见病、慢性病、老年病患者门诊和住院人次大幅增长，年平均门诊量3万人次，年平均出院病人500人。

2016年10月，开设理疗科，为群众提供中药及针灸治疗颈肩腰腿痛等中医药服务；12月，通过淄博市一级甲等医院评审，业务科室设置更加优化，人员配置更加合理，医疗服务水平提升。2018—2020年，卫生院与市、县医院组成医共体，上级医院派专家坐诊，带动卫生院医疗技术进步，疑难重症患者不用出远门就能享受到三甲医院专家的优质医疗服务，中医科逐步发展为卫生院的“拳头”科室。

口腔技术

2012年，石桥卫生院口腔科成立，起步较晚，业务基础薄弱，有口腔执业医师1人，业务用房约60平方米，有口腔综合治疗仪2台、根管治疗仪1台，年门诊量3000人次。2016—2019年，对口腔常见病、多发病如牙体牙髓病、牙周病、牙列缺损（失）等牙病的治疗效果较好。

2020年11月，成立周国元工作室，在县人民医院口腔科主任周国元带动下，牙科的技术水平显著提高，能开展根管治疗、复杂牙拔除、复杂活动义齿的修复项目，年门诊量850人次，实施精细化根管治疗428例。牙齿修复技术由传统的锤造冠、铸造冠，逐渐发展到全瓷冠，同时开展纤维桩核冠修复208例。全口义齿采用二次印模法，减少义齿戴用后调磨次数，更好地满足全口牙列缺失患者美观和咀嚼功能的恢复。截至2023年末，完成二次印模修复病例1100例。器械消毒从最初的消毒液浸泡到县医院托管灭菌，每年灭菌器械2100件次。

口腔科积极配合上级专家开展义诊活动，先后在卫生院和赶集期间参与义诊，普及口腔保健知识，解答群众疑问。积极配合公共卫生工作，实施适龄儿童窝沟封闭843人。

综合技术

1985年，检验科、放射科开展检验放射检查诊断。2000—2008年，检验科购置新型仪器，开展血常规计数，如白细胞、红细胞、血红蛋白、血小板等数值，全血比黏度、全血还原黏度、血浆黏度、红细胞电泳时间、血小板电泳时间等。2012—2017年，检验科开展肝功、肾功、血脂、血糖等检验项目。2018年，开展甲状腺功能检验、“心梗三项（肌红蛋白、肌酸激酶同工酶、肌钙蛋白）”检验等。

疾病防控

机构和队伍

1958年，3人负责石桥公社防疫工作。1990年，该院组建防保站，站长由院长兼任，防疫工作人员7人。全乡分片区管理，每人负责一个片区，防保站同时负责全乡食品卫生及环境卫生监督执法。1997年，防保站合并到卫生院，一名副院长主持防保工作，保留防保站牌子。2009年，实施基本公共卫生服务，设公共卫生科，负责组织管理、健康教育、妇幼保健、居民健康档案、65岁及以上老年人健康管理等工作。2017年，防疫科有3名工作人员，公共卫生科有4名工作人员。

截至2023年，设置公共卫生科、疾病控制科、计划免疫科、妇幼保健科、监督协管科等科室，公共卫生工作人员9人。

疫苗接种

1960—1970年，开展麻疹、婴儿瘫、牛痘、乙脑等疫苗的无缝衔接接种。防疫人员身背药箱，在传染病流行季节前，深入到田间地头、学校、厂矿企业开展防疫知识宣传，组织疫苗接种。接种疫苗无固定场所，无规范的接种流程，按照疾病流行趋势开展接种。

1978—1995年，预防接种工作为分散式接种，以村为单位建预防接种册，为每名儿童建立登记卡，每月1次组织接种，发放儿童接种通知单，防保人员分片向各村乡村医生发放疫苗，由乡村医生完成预防接种工作，儿童接种信息由卫生院建档留存并报县卫生防疫站（县疾控中心）。

1995年，建设一处合格预防接种门诊，结束分散式预防接种模式，所有疫苗在卫生院集中接种。每月按旬接种疫苗，月底统计儿童接种情况。2005年，实行儿童接种档案电子化管理。2015年，建成省级示范化预防接种门诊，按照预检室、登记室、接种室、留观室、冷链室和资料室设置，分区合理，流程清晰。2017年10月，建成数字化预防接种门诊，配备智能取号机、登记系统、候诊大屏等设备，家长通过智能取号机预约取号后，便可享受登记、接种、留观数字化“一站式”服务，引导儿童家长按照流程完成预防接种，改变以往接种门诊人多、排队拥挤、等待时间长、留观时间不准确等问题。

2023年9月，预防接种门诊升级成为智慧化预防接种门诊。配备双屏问询客户终端系统、签核终端系统、接种验证终端机、声像回溯系统，全流程智慧化管理，实现疫苗信息、接种信息、接种数据互通，保证全过程可透明，提高接种效率和安全性。

重要传染病防控

2008年，石桥乡出现手足口病疫情，石桥卫生院对全乡0～6岁儿童进行摸排，登记在册，对全乡托幼机构老师及村医进行手足口病预防控制知识培训，发放手足口病宣传材料2600份，对学校及卫生室进行消杀督导。全乡11例手足口病患儿得到及时有效治疗并完全康复。

2009年，甲型流感流行，石桥卫生院成立流感防控、医疗救治、疫情报告小组，发放防治知识宣传单，制定流感样病例居家隔离观察治疗管理责任书。政府免费为该乡居民接种1500人份甲型流感疫苗。

2020年，新型冠状病毒肺炎疫情暴发，石桥卫生院干部职工下村入户开展核酸采样、环境消杀及人员隔离等，先后派出10人次支援周村、临淄、桓台、淄川、博山、济南等周边区县。4月11日起，石桥卫生院派出3名医务人员在高速出口设岗值班，对外来人员进行疫情监测，实施体温测量、健康状况询问、行程登记等防控措施。疫情防控3年时间里，卫生院全员参与外地疫区到沂返沂人员的流调、疫苗接种、核酸检测等工作。累计检测车辆1500车次；流调密切接触人员1800人，其中，湖北武汉归来8人、外省市流入56人；入户发放消毒液、口罩、体温计等防控物资，做到防控工作零差错。

公共卫生

2009年，该院开始承担国家基本公共卫生服务，在原有村卫生室接种队员的基础上，逐步推开基本公共卫生服务工作，实现人人享有基本公共卫生服务和家庭医生签约服务。连续开展“淮河流域农村居民胃癌筛查工作”，农村妇女宫颈癌、乳腺癌筛查等重大公共卫生项目，规范建立26283份纸质居民健康档案。

2012年，由石桥卫生院和各村乡医通过入户调查和集中体检等方式，收集健康档案基本信息，规范建立28751份居民电子健康档案。2016年，组建镇、村两级公共卫生服务指导团队，形成卫生院医生包村、卫生室乡医包户的网格化、制度化管理模式。以居民健康档案为基础，开展健康教育、慢性病防控、老年人管理、严重精神障碍患者管理、预防接种、传染病及突发公共卫生事件防控、妇幼保健等服务。2018年，卫生院和23处卫生室建立全民健康系统，医疗信息、公共卫生服务信息和居民健康信息全部联网，实现居民看病“一卡通”。2019年，组建以医疗、护理、公共卫生人员为主的专业队伍下村为老年人健康查体。2021年，全面升级居民健康档案，家庭医生签约服务12085人，贫困人口、残疾人、失独家庭签约率100%。

妇幼保健

1962年，为石桥公社7岁以下儿童免费驱蛔虫。1975—1976年，开展以防治小儿佝偻病为重点的儿童查体工作，用钙剂和鱼肝油进行治疗。妇幼卫生和计划生育工作互相配合，向产妇家庭、节育对象宣讲4期卫生保健知识及计划生育知识。1980年，采用中医治疗开展妇科病患者复查工作。1981年，开始以管理区为单位开展妇女围产期保健。1982年，围产期保健范围进一步扩大并提高标准，每个孕妇产前检查不少于5次、产后访视不少于4次。1984年，加强孕产妇的初检工作，对全乡怀孕3个月内的孕妇进行全面查体和登记建卡，对产后42~56天的妇女进行全面检查和妇科检查，进一步提高围产期保健工作质量。1989年，做好优生优育工作，减少畸形儿、病残儿的出生。2012年2月，独立设置妇幼保健科，负责辖区内孕产妇健康管理、0~6岁儿童健康管理、农村妇女增补叶酸预防神经管缺陷、妇幼重大公共卫生项目及全镇妇幼信息等相关工作。2014年6月，启动农村35~64岁妇女“两癌（乳腺癌和宫颈癌）”免费筛查项目，年筛查约800人。

2023年，动态管理孕产妇222人，早孕建档率99%，产后访视率100%，新生儿访视率100%，辖区内0~6岁儿童1523人，查体1498人，健康管理率98%。叶酸发放、幼儿园查体等工作同步推进。

2012—2023年妇幼保健工作统计

年份	管理孕产妇数（人）	管理0～6岁儿童数（人）	叶酸发放数（瓶）
2012	222	1524	269
2013	242	1538	243
2014	239	1499	285
2015	277	1509	310
2016	413	1750	389
2017	418	2011	346
2018	226	2037	368
2019	249	2064	316
2020	180	2002	386
2021	157	1920	307
2022	147	1800	215
2023	151	1523	246

中医中药

新中国成立前，石桥区域内有行医兼开药铺的医家，还有人携带中草药或者药丸膏药等赶集摆摊，分散行医，水平高低不一。20世纪60—70年代，西医学习中医，该院先后有7名临床西医学习中医，能用中药医方处置常见病。1993年，设中医科，2名中医从事临床诊疗工作。

2016年10月，石桥卫生院开始筹建国医堂。2019年，“扁鹊国医堂”挂牌，为群众提供中医药特色的综合性医疗服务，开展针灸、推拿、拔罐、刮痧、穴位贴敷、定向透药、中药熏蒸等多种疗法。卫生院购进中频治疗仪、定向透药治疗仪、全自动灸疗床、电针仪等康复理疗设备，配有526种中药饮片及煎药机。国医堂业务用房面积350平方米，中医人员6人，分成2个中医科室，治疗床30张，每天利用中医针灸、推拿、康复等技术治疗患者，日诊疗72人次，年中药处方量5000张。设置中药房，提供中药饮片和服用便捷的中药颗粒等服务。

2023年3月，卫生院开展中西医结合防治心脑血管病、脾胃病、呼吸系统疾病、颈肩腰腿痛、男科病、肿瘤、妇科病等疾病。

石桥镇有黄土山、砂石山及山前坡地，适宜种植中草药，主要品种有荆芥、沙参、丹参等。

中药非遗项目——荆油

大泉村盛产“荆棵（学名黄荆，别名牡荆、布荆、黄荆条、黄荆子、荆梢子）”，马鞭草科的一种落叶灌木，其果实（黄荆子）及根、茎、叶入药。该村村民代代相传古法熬制荆油，原料还有荆芥草、娃娃拳等天然植物。荆芥草，唇形科荆芥属草本植物，当地盛产，村民自采，去其根末，或鲜草煮汤服用，或洗净晾干备用，具有祛风、解表除湿、通血顺脉、益力填精、补肚子止泻的功效；娃娃拳，椴树科扁担杆属植物，具有健脾益气、祛风除湿、固精止带等功效。为保证荆油纯度和稳定性，用木柴、铁锅经30个小时以上不断用火熬制。第一遍熬好后过滤，第二遍再使用小锅熬，熬至黏稠拉丝状后装瓶。其味辛、微苦，具有安神镇静、祛风化痰、通血除湿、健脾益气等功效。每年农历八月初一，家家户户支起大锅熬制，独特香气飘满全村。2020年，荆油被评为沂源县医药类非物质文化遗产。

村卫生室

村医队伍

1970年9月，县卫生局集中组织“赤脚医生”培训，为期3个月，石桥公社共有26人参加。这批人员回到大队，开展合作医疗工作，并以中草药为社员开展常见病治疗。

1985年，“赤脚医生”改称乡村医生。1986年7月，通过政府组织考试，获得乡村医生证书，具备执业资格，乡村医生队伍逐步走向正规化。

2005年，全乡有61处村卫生室，65名乡村医生。

截至2023年底，全镇共有卫生室33处，乡村医生38人。

村级机构

1900—1920年，域内有堂号的中医诊所3家，分别为马庄张化一开办的“民生堂”；大泉村崔永谌开办的“广聚堂”，后改名为“济世堂”；北庄村李福汉、李存朴、李思义祖孙三代开设的“泰和堂”，利用中草药自制镇惊丸、接骨丹、腹泻散、地榆粉等药物。除以上有堂号的中医药堂外，还有12处没有堂号的中医药堂。

1919年，“广聚堂”建立。1923年，崔永谌为实现悬壶济世的理想，将“广聚堂”改名为“济世堂”，治病救人，广施仁心，乡邻大受裨益，世代相传。1958年，“济世堂”合并到石桥联合保健站。1960年，崔永谌被调至张家坡公社卫生院，并带徒授学。1975年，73岁的崔永谌退休回到原籍，被聘到大队卫生室发挥余热。

新中国成立后，党和政府大力发展卫生事业。1955年，域内村庄相继建立诊所或联合诊所，在社会主义改造时期，成立农业社保健室。1970年，推行合作医疗制度，石桥公社有29个大队，其中，葛庄、松峪、石龙官庄、石楼、北庄、大泉、分水官庄、关河峪、茶峪、黄墩河、亳山、黄安、马庄、石桥、北河峪、旋风峪、红岭子、珩崖、郭家上峪、黑崖大队均成立合作医疗卫生室。

1982年，村集体办卫生室大多成为个人承包经营，逐渐变为个体性质。

1996年，按照“三制四统一”（“三制”指人员聘用制、奖励性绩效工资制、养老医疗保险制；“四统一”为统一业务管理、统一财务管理、统一药械管理、统一工资发放）要求，实行乡村卫生一体化管理制度，石桥卫生院药库负责村级卫生室药品代购分发，统一建账管理，卫生院和村卫生室签订药品采购目标责任书。

2004年，优化村卫生室布局，实行规范化管理。2007年，石桥乡实行新型农村合作医疗制度，61处村卫生室实现“新农合”全覆盖。2009年，开展国家基本公共卫生服务，在原有村卫生室接种队员基础上，逐步推进基本公共卫生服务工作，实现人人享有基本公共卫生服务和家庭医生签约服务。2009年，在全镇实行国家基本

“赤脚医生”深入田间地头诊疗

药物制度，全部村卫生室实行基本药物零差率销售，解决群众吃药贵的问题。2014年，开始实行城乡居民基本医疗保险制度，村卫生室承担参保人员基本医疗服务。截至2023年，石桥卫生院医保签约22647人。2019年，开始建设中心村卫生室。截至2023年末，全镇共有卫生室33处，其中中心村卫生室7处。

卫生往事

急性心肌梗死患者救治

2020年8月，患者宋某在工作中突发休克、意识丧失，家属急奔石桥卫生院求救，值班医师及时到达现场进行心肺复苏抢救并拨打县人民医院“120”，将患者及时转运到石桥卫生院急救室进行抢救，心电监护显示为室颤，第一时间给予患者除颤治疗，在经过心肺复苏、除颤、使用急救药物等治疗措施后，整个抢救过程中发生2次心电风暴，患者意识恢复，为患者后续治疗赢得宝贵时间。心电图显示为急性心肌梗死，“120”到达石桥卫生院后，及时将患者转运到沂源县人民医院进行进一步诊治，患者好转出院后，送来一封感谢信和写有“救死扶伤，大德无形”的锦旗一面，对石桥卫生院3位参与抢救的医务人员表示感谢。

大事记

1958年　石桥、葛庄、大泉、珩崖联合诊所合并成为石桥联合保健站，借用民房6间，有职工19人。

1960年　联合保健站迁入石桥公社粮站，借用民房办公。

1962年　石桥公社卫生院成立。

1965年　春，因行政区划变更，石桥公社卫生院和悦庄公社卫生院合并，在石桥设地段医院，称沂源县人民医院石桥分院，悦庄公社设立门诊，人员统一管理。

1965年　秋，在石桥大队西北虎山子南侧博沂路西启动建院，1966年6月竣工，占地3亩，建房51间。

1971年　恢复悦庄公社卫生院建制。

1990年　设立石桥卫生防保站。

1997年　更名为石桥卫生院；防保站与卫生院合并。

2005年　秋，在圣佛山路12号建新院，占地面积3000平方米，建筑面积1500平方米。2006年4月竣工；6月，正式搬迁。

2016年　10月，石桥卫生院通过淄博市国医堂项目验收。

2018年　6月，石桥卫生院与县人民医院建立医共体合作关系，挂牌县人民医院石桥分院，并成立远程影像会诊中心。

2018年　与县第二人民医院及西里、张家坡、中庄卫生院组建沂源县南部山区医疗联合体。

2019年　6月，石桥镇民兵训练基地划归卫生院使用，占地面积1000平方米，建筑面积780平方米。

2022年　5月，与县中医医院合作成立远程心电会诊中心，方便群众就医。

国画《山村诊所》　崔志民（山东省美术家协会会员）

卫生篇——

悦庄中心卫生院

扫码听书

记忆沂源 · 卫生健康卷

概 况

悦庄中心卫生院位于悦庄镇政府驻地，是集医疗、预防、康复、保健、公共卫生为一体的公益性二级乙等综合医疗机构，为县域医疗服务次中心单位，承担辖区基本医疗和基本公共卫生服务。2017年，与县人民医院组建医共体。

该院设综合诊疗、中医药、公共卫生、发热门诊4个服务区。占地面积1.2万平方米。其中，业务用房8000余平方米，设置床位85张。有职工110名。其中，正高级职称3人、副高级职称18人、中级职称27人。辖区村卫生室88处，乡医106人。

内设医务科、护理部、院感科、内科、外科、妇科、眼耳鼻喉科、口腔科、国医堂、医学影像科、医学检验科、全科医疗、预防保健、疾控科、公卫科、妇保科等32个职能科室。其中，眼科、中医科、口腔科为特色科室。眼科为淄博市糖尿病眼病AI筛查联盟单位，配备百级层流洁净专用手术间，为全县镇域唯一具备开展眼后节手术条件、独立开展眼科手术的医疗机构。

机构沿革

民国时期，域内一些大村有专职郎中，也有的村里私塾先生兼做郎中看病行医。1930年，东辽军埠村叶本第在悦庄开业行医，堂号“盛春堂”，后改为“同德堂”。

新中国成立前，悦庄老街上有“恒顺昌”“同心堂”“谦益堂”“同春堂”“长春堂”等药铺。各村庄的中医药铺还有赵庄任清涌的“益寿堂”、任相文的“益东堂”、埠村宋训谭的“松寿堂”、宋训泽的“松竹堂”、宋诚村的“同丰堂”。

1945年，青龙区个体医药卫生人员成立基层医药联合会，简称“区医联会”，开展疾病防治和战勤服务。

1951年秋，悦庄区苗山村郑功阶等几名地方医生合资成立“信东医药社”。1952年4月，又有4人合办“健民诊疗所”；8月，区公所将2处诊所合并成立第三区卫生所，设中西医门诊、药房、治疗室。所址在悦庄西门里路北民房内。

1954年3月，县政府在悦庄大街路南的石胡同建卫生所，面积150平方米。

1958年9月，三区卫生所改称悦庄公社卫生院，下设8处联合保健站；10月，县卫生科在悦庄公社北辽军埠大队建麻风病医院——悦庄公社康健村。

1961年，公社卫生院建立中医科、西医科等科室，形成较为完善的医疗体系。

1962年5月，悦庄公社卫生院由全民所有制转为集体所有制，“三权（管理权、考核权、财政权）”下放，独立核算，自负盈亏。

1965年6月，石桥公社与悦庄公社合并，落实“20公里建地段医院”方针政策，因悦庄离县城不足20公里，上级决定在石桥建地段医院，悦庄卫生

山东省临沂专员公署卫生局奖励悦庄门诊优秀员工《医宗金鑑》全册（1965年12月）

悦庄公社卫生院门诊（1972年）

院改称悦庄门诊。

1972年1月，县政府批准恢复悦庄公社卫生院建制，在悦庄大队东250米处公路以北重建卫生院，设中西医门诊、妇产、护理、后勤等科（组）。

1984年10月，悦庄公社卫生院改称悦庄乡卫生院。1985年9月，改称悦庄镇卫生院。1986年，实行院长负责制，经费由悦庄镇财政所拨付。1990年，更名为悦庄中心卫生院。

1990年12月，悦庄镇卫生防保站成立，为全民所有制股级事业单位。1995年，并入悦庄中心卫生院。

悦庄镇防保站挂牌成立（1990年12月）

悦庄中心卫生院历任主要负责人

机构名称	姓名	职务	任职时间	备注
三区卫生所（1952.08—1958.09）	郑功阶	副所长	1952.08—1954	主持工作
	任元传	所长	1954—1958.09	
悦庄公社卫生院（1958.09—1965.06）	郑功阶	院长	1958.09—1960.02	
	董玉林	院长	1960.02—1960.12	
	尹孚中	负责人	1960.12—1962.03	
	王毓恩	院长	1962.03—1965.06	
悦庄门诊（1965.06—1972.01）	符文杰	负责人	1965.06—1972.01	
悦庄公社卫生院（1972.01—1984.10）	陈秀宝	院长	1972.01—1976.05	
	杜泗奎	副院长	1976.05—1978.08	主持工作
	刘云山	院长	1978.08—1980.08	
	唐效义	院长	1980.08—1984.10	
悦庄卫生院（1984.10—1990）	高俊福	院长	1984.10—1988.01	
	苗兴进	副院长	1988.01—1988.06	主持工作
	苗兴进	院长	1988.06—1989.10	
	唐慎悦	院长	1989.10—1990	
悦庄中心卫生院（1990—）	唐慎悦	院长	1990—1994.04	
	王　谦	副院长	1994.04—1995.02	主持工作
	王　谦	院长	1995.02—1999.10	
	孙兆庆	副院长	1999.10—2001.04	主持工作
	赵树国	院长	2001.04—2009.03	
	王　涛	院长	2009.03—2024.10—	
	毛永国	院长	2024.10—	

党组织

建院初期，卫生所中共党员参加悦庄区党组织生活。1958年后，公社卫生院中共党员参加悦庄公社党组织生活，与其他系统的单位同一个党支部。1972年1月，悦庄公社卫生院成立党支部，党组织负责人由院长兼任。

2021年7月，王维忠获颁“光荣在党50年”纪念章。

截至2023年，有中共党员20名。

悦庄中心卫生院党组织历任主要负责人

机构名称	姓名	职务	任职时间	备注
悦庄公社卫生院（1972.01—1984.10）	陈秀宝	党支部书记	1972.01—1976.05	
	杜泗奎	党支部书记	1976.05—1978.08	
	刘云山	党支部书记	1978.08—1980.08	
	唐效义	党支部书记	1980.08—1984.10	
悦庄卫生院（1984.10—1990）	高俊福	党支部书记	1984.10—1988.01	
	苗兴进	党支部书记	1988.01—1989.10	
	唐慎悦	党支部书记	1989.10—1990	
悦庄中心卫生院（1990—）	唐慎悦	党支部书记	1990—1994.04	
	王　谦	党支部书记	1994.04—1999.10	
	孙兆庆	党支部书记	1999.10—2001.04	主持工作
	赵树国	党支部书记	2001.04—2009.03	
	王　涛	党支部书记	2009.03—2024.10	
	毛永国	党支部书记	2024.10—	

队伍建设

1952年8月，第三区卫生所有职工8人，开展医疗服务，郑功阶任副所长，主持工作。其中，中医2人、部队转业西医1人、护士1人。1958年9月，悦庄公社卫生院有职工15人，负责训练各个大队卫生员。1961年，职工数增至27人，其中，女职工3人。1965年6月，悦庄门诊有职工9人。

悦庄公社卫生院医务工作者合影（1961年）

1972年1月，悦庄卫生院有职工24人，设护理组长等岗位。1982年，职工总数达58人。之后，由于部分职工充实到上级医院及外籍人员回原籍，人员不断减少。

1990年，实际开放床位20张，全院职工减少至23人。其中，中级职称人员3人、医（护）师职称7人、医（护）士职称2人。

20世纪90年代，卫生院规模不断壮大。至90年代末，职工达到61人。其间，先后分配正规院校大、中专毕业生49名，专业技术人员占比增高，医疗服务能力提升。21世纪初，清退编外人员。

2006年5月，通过县卫生系统事业编考试引进大学本科生1人。截至2014年，陆续引进大学本科生7人、大学专科生12人，通过第三方考试招入部分护理、检验、影像专业等专业技术人员。职工人数达到78人。其中，副高级职称2人、中级职称11人。2012年，建内科病区，配内科护士5人。2019年6月，新建门诊综合楼投入使用，设置床位增至85张，人员增至92人。

2023年，全院职工110名。其中，正高级职称3人、副高级职称18人、中级职称27人，专科及以上学历106人，40岁以下71人，医护技人员105人，人员结构年轻化、专业化、合理化。管理辖区村卫生室88处，乡医106人，配备7名全额事业编人员。

医疗技术

设　备

1952年，三区卫生所医疗设备简陋，仅局限于药碾子、药桶、药筛子等中药加工设备。1958年，有剪刀、镊子、止血钳等简单器械和药筒、橡胶管、针头组成的重复使用输液装置以及氧气瓶等设备。

1975年5月，购置新华牌50毫安X光机1台；9月，配备单目显微镜。1980年，配心电图机1台。1982年，更换显微镜、计数仪、721型分光光度计。1990年，购价值4万余元的B超1台，开展超声诊断。1997年，更换200毫安X光机1台。1998年，购置血生化分析仪。

2003年10月，配岛津便携式黑白B超机1台、单导联心电图机1台。2004年5月，县中医医院支援X光机1台。2006年6月，“360工程”捐赠推车式迈瑞黑白超1台。

2011年11月，购置新华500毫安双床双球管X光机。2014年，升级为DR数字成像系统，实现数字化拍片，直接成像打印，结束胶片显影—水洗—定影—水洗的人工洗片时代。2015年，县医院支援影像之星彩超1台。2016年，配德国西门子凤凰彩超1台。2019年6月，购置科华全自动生化分析仪、血球计数仪、血凝分析仪、尿液沉渣分析仪、特定蛋白分析仪、血栓弹力图、化学发光分析仪等检测设备。

2020年5月，引进德国西门子16排32层螺旋CT，可进行各部位普通扫描及增强扫描，具有定位准确、定性诊断的优点，解决患者外出检查不方便的问题。2022年，购置祥生彩超1台，上级配备移动方舱实验室。

1995年9月，成立眼科，配备简易眼底镜、压陷式眼压计。2000年，增置苏州66裂隙灯、手术显微镜等眼科设备。2009年3月起，陆续更新引进手术显微镜、非接触式眼压计、电脑验光仪、角膜曲率计、眼科A超等手术设备。2019年6月，配备百级层流洁净眼科专用手术间，购置德国徕卡手术显微镜、德国海德堡OCT、美国眼力健超声乳化仪、日本尼德克角膜内皮镜、AB超，开展白内障超声乳化手术。2021年6月，购置眼底照相、眼底造影、眼底激光等眼科专用设备。

技　术

内科技术　建院初期，设置中西医门诊，能处理一般常见病、多发病及传染病的诊治。在麻疹、白喉、流脑、百日咳等传染病流行期间，该院积极应用中西医结合及西药救治。

1958年，开设病床，收治患者，利用重复使用的输液器件和氧气瓶等，开展输液、吸氧治疗，医疗体系不断完善。至1982年，中西医门诊能抢救有机磷中毒和一般危重病人，逐渐形成内科优势。

1990年后，人员得到充实，科室职责细化明确，急诊急救能力提升，对农药中毒的救治技术成熟。2011年，内科病区设置床位27张，全院开放床位增至50张。2019年，内科分设内一、内二科，发展成集临床、教学为一体的综合学科，建立肺功能室，配备呼吸机、除颤仪、心电监护仪等医疗设备。开展急性心肌梗死、肺性脑病、脑出血、脑梗死、上消化道出血、哮喘急性发作、过敏性休克、农药中毒、恶性心律失常、癫痫急性发作、恶性高血压、糖尿病酮症酸中毒等危重症的救治。2022年，通过中国高血压联盟关于“高血压治疗单元”验收。2023年，通过中国胸痛中心关于“胸痛救治单元”验收。

典型案例1：2019年9月，悦庄镇花水村65岁女性患者，自服安定片30片、佳乐定20片。家人发现时，患者已重度昏迷，呼之不应、四肢冰冷。入院后，立即给予洗胃及纳洛酮、醒脑静等药物治疗。患者多次出现心跳呼吸骤停，给予心肺复苏、气管插管、呼吸机辅助通气等急救治疗，抢救成功，住院20天，治愈出院。为该院第一例气管插管、应用呼吸机抢救的患者。

典型案例2：悦庄镇黄家宅村80岁女性患者，心慌、胸闷50余年，2020年12月，加重伴胸痛急诊入院，诊断为急性冠脉综合征、心肌梗死、心源性休克、室性心律失常。患者收缩压在60～30毫米汞柱、舒张压在20～25毫米汞柱之间波动，给予多巴胺静脉滴注维持血压、电除颤、心电监护等急救处理，患者心源性休克持续8天，共应用多巴胺注射液132支、2640毫克，经过13天治疗，患者痊愈出院。

外科技术 建院初期，设置门诊治疗室，能处理一般清创缝合。1958年，利用简单器械能对割伤、磕碰小外伤进行简单清创缝合。1972年，成立外科，开展门诊小手术、清创缝合、换药等。20世纪70年代，开始实行计划生育手术，卫生院搭建简易手术台，县里成立手术队巡回实施手术。

20世纪90年代，卫生技术力量得到充实，发展逐步规范化、专业化。外科、骨科、妇产科、五官科、手术室等科室相继建立健全，能够开展胃大部切除术、阑尾手术、疝气手术、骨折内固定手术、剖宫产等手术。1995年，先后派出8名业务骨干分别到省立医院、文登骨科医院、县人民医院、县中医医院进修骨科、普外科手术，2名护士进修手术器械。同年，分配麻醉专业医生1名，建设规范手术室，独立开展骨科手术及胃大部切除、肠切除、疝气修补术等普外科手术。

骨科发展较快，在保守闭合整复外固定基础上，开展骨折切开复位内固定手术。特别是闭合穿针内固定手术，创伤小、费用低、愈合时间短，减轻患者痛苦。1996年，开展骨科手术106台。

2019年6月，新建综合楼，建专用层流洁净手术间，医护人员轮流到上级医院进修学习，外科诊疗疾病细分为普外科、肝胆外科、肛肠外科、骨外科，开展甲状腺、乳腺手术。2023年，1人到淄博市第七医院进修学习腹腔镜技术。

典型案例1：该院第一例骨折闭合穿针内固定手术为68岁男性患者，悦庄镇卢家泉村人。1996年9月，患者左肱骨干骨折，给予闭合穿针内固定术、外用小夹板固定，术后拍片骨折对位对线好、髓内针固定适中，住院5天出院。1年后，取出髓内针，患肢功能恢复正常。

典型案例2：患者为悦庄镇中小水村人，男性，65岁。2001年，因突发腹痛就诊，经检查诊断为上消化道穿孔，紧急行上消化道穿孔修补术，手术顺利，患者恢复良好，住院12天痊愈出院。此手术为该院第一例上消化道穿孔手术，标志着医疗技术水平的又一次提升。

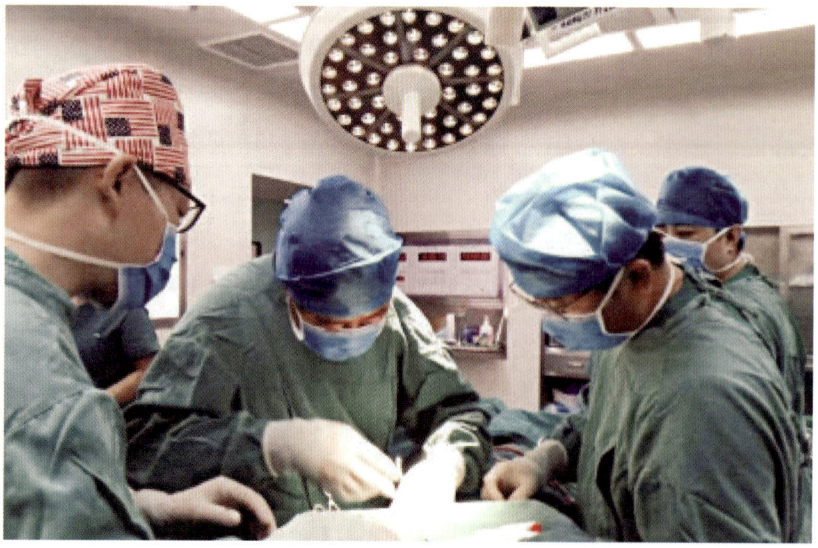

外科手术（2023年）

妇产科技术 1953年，域内推广新法接生，各村庄有助产员90人。卫生所设妇产科，开展接生及妇科常见病的诊疗。1977年1月，卫生院作为试点，进行291—3明矾注射液宫旁注射治疗子宫脱垂。1982年，妇科能做接生、处理一般难产及常见妇科病的检查治疗。1983年，在新法接生的基础上，开展围产期保健，加强产前检查、产后访视和产时科学接生，提高住院分娩率。1996年，人员增至6人，开展巴氏腺囊肿剥除、脓肿切开引流、放取环、平产接生、难产接生、产妇保胎等。能独立开展剖宫产、子宫肌瘤挖除、子宫次全切、子宫全切、卵巢囊肿摘除、巧克力囊肿剥除、宫外孕等手术。2008年，国家取消乡镇卫生院接生资质，妇产科功能重新定位，工作重点放在妇幼保健。卫生院保留妇科，设门诊手术间、理疗室，开展妇科常见病、疑难病症的中西医结合诊疗。

口腔科技术 2013年，口腔科从五官科析出，独立设科，开展口腔常见病的诊治、口腔正畸等。2019年6月，迁至新建综合楼门诊楼二楼西，设诊疗室、放射室、修复室、消毒室，配置可视化综合治疗椅4台、机扩治疗仪、根管长度测量仪、口腔X线片机、热牙胶充填治疗仪、智齿拔除成角手机等设备。2022年5月，建口腔种植手术室，购置ZIANN种植牙椅、朗视口腔CBCT、啄木鸟牙科种植机，设病区。2023年，开展种植牙手术96台。

特色科室眼科技术 1995年9月，成立眼科，仅有1名眼科医生，能够开展眼科一般病症的简单诊治。1996年12月，分配五官专业中专生1名。1996—2000年初，医务人员先后到临沂市人民医院、淄博市中心医院眼科轮流进修学习。2000年，开展现代白内障囊外摘除加后房型人工晶体植入术、抗青光眼手术及眼科常见病、多发病的诊治，为沂源县第一个开展眼科手术的乡镇卫生院。2011年3月，改良白内障手术方式，开展小切口白内障手术。2019年8月，开展白内障超声乳化手术。2021年6月，开展玻璃体腔药物注射术、黄斑疾病、视网膜静脉阻塞、糖尿病视网膜病变等视网膜疾病的诊疗。

典型案例：60岁男性患者，悦庄镇寨里村人。2000年9月，因左眼视物不清5年、加重3年到该院就诊。经检查，视力表无法辨认，医生在患者左眼前晃动手指，患者只能看到手指在眼前动，不能分辨，确诊为“左眼老年性白内障”，在局麻下进行左眼现代白内障囊外摘除加后房型人工晶体植入术，术后左眼视力恢复到4.7，住院4天治愈出院。此为该院第一例现代白内障囊外摘除加后房型人工晶体植入术。

2009年，卫生院加强学科建设，加大眼科投入，选派人员到山东大学齐鲁医院眼科进修学习，陆续增加手术设备。常规开展白内障、青光眼、翼状胬肉、泪囊炎、视网膜病变等疾病的诊治。2011年3月，开展小切口白内障囊外摘除加后房型人工晶体植入术、眼球摘除、填充义眼台等手术。

典型案例：2011年3月，61岁男性患者，悦庄镇唐家官庄村人，因右眼视物不清半年、加重2个月到该院就诊。入院检查，视力右眼4.0，诊断为“右眼老年性白内障”，在局麻下行右眼小切口白内障囊外摘除加后房型人工晶体植入术，术后视力右眼4.8，住院2天治愈出院，病人术后视力恢复快。此为该院第一例小切口白内障囊外摘除加后房型人工晶体植入术。

2018年8月，招考眼视光专业大专生2名，人员得到充实。2019年6月，成为淄博市糖尿病眼病AI筛查联盟单位；8月起，开展白内障超声乳化加后房型人

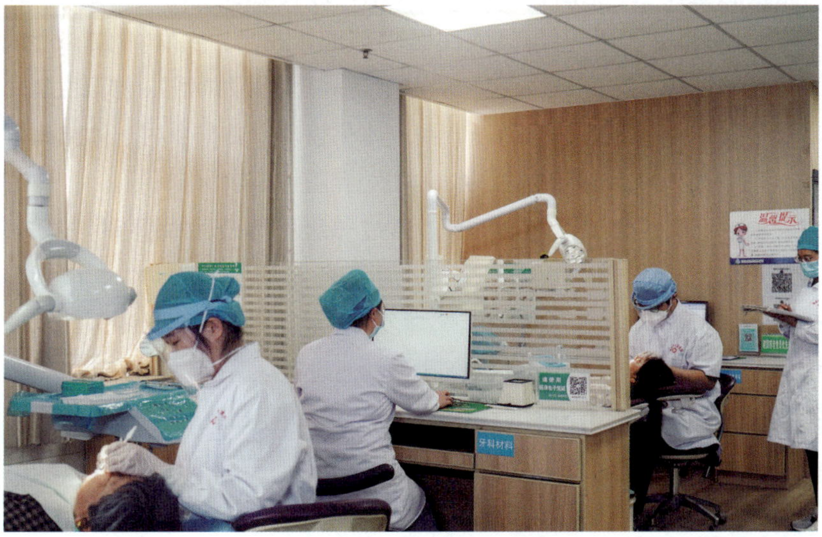

口腔科医护人员为病人诊疗（2023年）

工晶体植入术、翼状胬肉切除联合自体球结膜移植等手术。

典型案例：2019年8月，开展白内障超声乳化术，第一例手术患者为65岁女性患者，悦庄镇东赵庄村人，左眼视物不清5年。经检查，视力右眼4.2、左眼视力表检查不到视力，诊断为“老年性白内障”，行左眼白内障超声乳化加后房型人工晶体植入术，术后视力左眼4.8，住院2天痊愈出院。

2021年6月，开展玻璃体腔药物注射术，开启卫生院黄斑疾病、视网膜静脉阻塞、糖尿病视网膜病变等视网膜病变的治疗。成为全县镇域唯一具备开展眼后节手术条件并能独立开展眼科手术的医疗机构，眼科医护人员增至15人。

2023年，开展各类眼科手术586台次。其中，白内障超乳手术452台次、玻璃体腔注药手术、翼状胬肉切除术联合自体球结膜移植手术134台次。

综合技术 1975年，放射科开展胃肠及全消化道钡透、胸透、拍片等项目。1980年，开展心电图检查。1990年，开展超声诊断。2012年，放射科更名影像科，与山东大学齐鲁医院建立24小时动态心电图远程会诊监测站，成为县人民医院、县中医医院心电图远程会诊监测站、县人民医院影像中心远程会诊监测站。2016年，配德国西门子凤凰彩超、祥生彩超。2020年5月，引进德国西门子16排32层螺旋CT，开展各部位普通扫描及增强扫描；11月，县人民医院影像科“孟庆学名医基层工作站”在该院成立，开展脑出血、脑部肿瘤、脑外伤等颅脑病变的诊断，胸腹部脏器检查，脊柱及四肢等骨骼检查及DR成像、钡透等检查。

1976年，检验科进行血细胞计数，尿液及大便寄生虫、细胞、结晶等有形成分检测。1982年，化验室能做血、尿、大便三大常规及肝功检测。1998年，开展血生化项目检测。2019年6月，开展肝功、肾功、血脂、血糖、心肌损伤指标检查、甲功检测、肿瘤标志物检测、过敏原等30多个检测项目，涵盖门急诊、临床、生化、免疫等检验。

2020年3月，悦庄镇启动“智慧医疗”助力脱贫项目，卫生院与上级医院及村级卫生室的医疗技术和人力资源实现共享，通过视频连线进行问诊和健康随访，为群众提供日常健康咨询、用药指导、疾病预防等服务。

2020年11月，依托县人民医院的“名医基层工作站”，上级医院专家定期到院坐诊。节假日期间，特邀北京301医院、北京世纪坛医院、中国医学科学院肿瘤医院、北京大学首钢医院专家教授到该院义诊，使患者在家门口就能享受专家诊疗服务。

2022年9月，成立集内镜检查、治疗一体的电子胃肠镜室，配备专业医师2名、护士3名，配置澳华AQ—100电子胃肠镜，进行胃肠道早癌筛查，实现胃肠疾病的“早发现、早诊断、早治疗”。2023年，开展碳13幽门螺杆菌检测及无痛电子胃肠镜检查，当年共开展胃镜162人次、肠镜43人次、碳13检测196人次。

2022年，开展“红心向党，医心为民”义诊惠民活动，通过“行走的药箱、流动的医院”进村入户，为常年患病、行动不便群众开展送医送药送健康精准服务活动，为老百姓送医送药到村口社区，满足偏远村庄、空白村群众就医需求。2023年，开展义诊活动40次。

特色项目

1996年，创建为一级乙等卫生院。2011年，门诊、病房实现信息化办公，逐步实现电子化病历。2012年，与山东大学齐鲁医院建立24小时动态心电图远程会诊监测站，开展动态心电图检查。2017年，与县人民医院结成紧密型医共体单位，形成“以县人民医院为龙头，卫生院为枢纽，村卫生室为基础”的县、乡一体化管理，并与乡村一体化有效衔接的县、乡、村医疗卫生机构协作机制。

2018年，通过一级甲等卫生院评审。2020年10月，在“优质服务基层行”活动中，成绩突出，成效显著，受到国家卫健委、国家中医药管理局通报表扬；同年，通过社区医院建设评审。2022年，通过中国心血管健康联盟高血压达标中心认证。2023年8月，通过国家胸痛中心“胸痛救治单元”创建验收。

2023年12月，通过淄博市卫生健康委二级乙等综合医院评审，达到县域医疗服务次中心标准，为全县首批县域医疗服务次中心单位。

疾病防控

机构队伍

1958年9月，公社卫生院有卫生防疫医生1人，下设8处联合保健站，联合保健站在公社卫生院指导下负责域内卫生防疫任务。1965年，悦庄公社有61处大队卫生室，经过培训的卫生员136人，承担卫生防疫任务。1979年，公社卫生院成立社会卫生组，有卫生防疫员3人，69个生产大队共有63处卫生室，108名“赤脚医生”负责卫生防疫工作。

1985年，社会卫生组改称卫生防疫组，有卫生防疫员3人、乡村医生129人，负责各项卫生防疫任务。1990年12月，悦庄镇卫生防保站正式成立，配备站长1人、兼职会计1人、卫生防疫人员2人、妇幼保健人员2人。负责农村卫生室整顿和业务建设、乡村医生培训管理、初级卫生保健、卫生防疫等工作。

1995年，防保站并入卫生院，设立卫生防疫科与一体化管理办公室。卫生防疫科配置卫生防疫专业人员5名，开展预防接种，传染病流调、监测、上报，结核病管理，健康教育，学校传染病防控等工作。一体化管理办公室配置5人。

2019年，卫生防疫科更名为疾控科，科室功能细化。预防接种门诊有6人，其中副高级职称4人。

疫苗接种

建院后，牛痘疫苗为首次全区普种的疫苗，之后开展白喉、百日咳、破伤风等疫苗的接种。1958年，公社卫生院设卫生防疫医生1人，与下设的联合保健站联合承担疫苗接种等卫生防疫任务。1980年，开始使用预防接种卡片，69个大队全部建卡，建卡率80%。1986年，实施冷链运转项目，疫苗供应渠道实现低温保存条件下的无缝运送和接种。全镇分9个片区，由乡医组成小组逐村对适龄儿童进行预防接种。

1995年，悦庄接种门诊通过市级合格门诊验收。2005年，建成省示范化接种门诊。2000—2011年，按片区进行免疫规划及非免疫规划疫苗的预防接种，分两县、赵庄、小水、沂河、埠村、黄山子6个片区，疫苗接种每月1次，每个片区选择1个村作为接种点，由防疫科专业人员进行预防接种。2012年，实行集中接种，每月运转3次，缩短接种周期。麻疹、风疹、流腮、乙脑、百日咳等传染病发病率显著下降，实现计划免疫微机网络化管理。

2017年，建成数字化预防接种门诊，实现不间断疫苗管理和超温实时报警管理，确保冷链管理疫苗的储存质量。2019年，新建预防接种门诊，按照温馨、舒适的原则规划布局，以孩子们喜爱的动物为装饰元素，将接种点的候种区、接种区、留观区连贯设置，在候种区、留观区安装电子彩屏，滚动播放生动有趣的动画科普，宣传疫苗接种相关知识。2021年10月，建成全县第一家智慧化预防接种门诊，引进全新智慧化管理系统。工作人员在接种时扫描疫苗包装盒上的条形码，电子屏幕显示审核需要接种的疫苗，并由受种者再次确认签核，让受种者安全接种、放心接种。1~7岁儿童全程接种率97%。

悦庄区卫生防疫先进工作者合影留念（1984年12月）

2021年3月，开展辖区居民新型冠状病毒肺炎疫苗接种。61名医务人员接受“新冠”疫苗接种培训并取得上岗证。2021—2023年，共接种“新冠”疫苗115959剂次。

重要传染病防控

麻疹、疟疾等传染病 1940年，悦庄一带“烧汗”病势蔓延，流行数年不断，民间以清热败毒中药治疗。1954年，麻疹流行，区卫生所积极防治；9月，开展麻风病普查。1956年，区卫生所响应县委号召开展除“四害”（老鼠、麻雀、苍蝇、蚊子）爱国卫生运动。以“五洁”（厕内外环境洁、蹲位小便器（槽）洁、墙壁天花板洁、水池洁、出粪口洁）“四无”（厕间无蛆虫、无苍蝇、无尿碱、无乱写乱贴）标准改旱厕、填污水坑、灭鼠、灭蚊蝇、扑麻雀，进行建“三圈”“两管五改”（“两管”指管水、管粪；“五改”指改良水井、改良厕所、改良畜厩、改良炉灶、改良环境）活动。1960年，白喉流行，公社卫生院协调防治。1967年，域内流脑暴发，悦庄门诊医护人员走街串巷发放救治药品。1975年10月，百日咳暴发，公社卫生院积极救治。1977年3月，按照上级要求，开展春季灭蚊工作，改善卫生居住环境；10月，传染性肝炎暴发，公社卫生院筹集资金购进药品，进行救治，开展水井消毒等。

出血热 1984年，域内出现首例出血热患者。此后，病情蔓延，发病增多，该院开展全域灭鼠预防和注射出血热疫苗。1989年，悦庄镇进行鼠情调查，室内密度为12%、野外密度为7.14%，发病例数呈逐年下降趋势。

传染性非典型肺炎 2003年，全国暴发“非典”疫情，该院建立疫情监测、疫情报告、医疗救护体系应对“非典”疫情。组建医疗救护预备队，开展救治培训、模拟演练。加强重点环节、重点部位的管理，对返乡人员和外籍到悦庄人员的医学观察，每日报告疫情。

手足口病疫情 2008年，悦庄镇出现首例手足口病患者，该院联合教育部门成立督导组，对全镇幼儿园、学校进行摸排督导检查，指导幼儿园、学校做好日常消毒，落实晨午检，建立学生因病缺课登记制度等，对病例进行流调、追踪，按法定丙类传染病管理上报。向幼儿、学生家长宣传手足口病相关防治知识，推广手足口病疫苗接种，有效遏制手足口病疫情。

新型冠状病毒肺炎疫情 2019年12月，发生“新冠”肺炎疫情。疫情防控期间，该院共流调武汉等疫情重点地区返回人员598人，为其送达居家观察告知书和明白纸，发放体温表、84消毒液、外科口罩等防护物资。2020年6月，按照“3区2通道”建发热门诊1处，设置诊室、备用诊室、隔离留观室、采样间、检验室等功能区域，配建专用污水处置系统，共接诊发热患者2168人。2021年3月，组建“新冠”疫苗集中接种队，实现疫苗接种当日清零，日最大接种人次1700人次，共接种“新冠”疫苗115956剂次。2022年3月，区域核酸检测开始，

“新冠”疫情演练

“新冠”疫苗接种（2021年7月）

组建41个采样组，共进行全民采样83次、300万人次。先后派出62人次支援文昌湖、临淄、博山、济南及高速路服务区、道路卡口、车场开展“新冠”核酸采样；支援市、县核酸检测实验室；进驻集中隔离点开展医疗服务等工作。

地方病防治

地方性甲状腺肿 地方性甲状腺肿俗称大粗脖子病，因长期食用缺碘饮用水和食物所致。1967年，县盐业批发部开始向悦庄公社供应碘盐。1978年，悦庄公社开展地方性甲状腺肿普查，卫生防疫人员进学校入村庄，通过“一查二看三摸”的方式逐一排查，悦庄患病率在10%左右。卫生院为地方性甲状腺肿病人建档立卡，进行食用碘盐宣传，定期监测碘盐等防控措施。1982年8月，临沂地区卫生防疫站对悦庄公社地甲病进行考核，达到基本控制标准。

疟疾 1971年，疟疾暴发，卫生院社会卫生组和大队卫生员采取现症病人治疗、休止期根治、全民预防服药的方式防治疟疾，并开展爱国卫生运动、灭蚊防蚊，切断传播途径。1977年，悦庄公社发病例在10‰以上，卫生防疫人员送药到大队、看服到肚、督促用药。自配灭蚊药，与“赤脚医生”一起背着喷雾器到闲置房屋、地窖等处喷洒灭蚊。1988年，悦庄镇未再发生疟疾。

公共卫生

1963年9—10月，临沂地区卫生防疫站在东悦庄、西悦庄、韪庄大队开展卫生防疫调查工作，对职业病、传染病、肠寄生虫病、儿童及青少年发育情况进行调查。

1979年，由社会卫生组负责卫生室管理及食品卫生监管工作，同时开展卫生宣传。1985年，社会卫生组改称卫生防疫组，负责公共卫生工作。1988年，卫生院制作卫生宣传版面进行吸烟有害健康、农药中毒等知识宣传。1990年12月，悦庄镇卫生防保站成立，负责辖区内农村卫生室整顿和业务建设、乡村医生培训管理、开展初级卫生保健工作。

1995年，防保站并入卫生院，设立卫生防疫科与一体化管理办公室，配5名工作人员，履行公共卫生职责。2009年，一体化管理办公室改称公共卫生科，负责辖区村卫生室以及乡村医生的日常管理，推行村卫生室基本药物制度，辖区公共场所营业人员健康体检及健康证办理等工作，履行12项国家公共卫生服务项目。2009年3月，国家实施基本公共卫生服务项目和重大公共服务项目，建立居民健康档案，开展健康教育、家庭医生签约、预防接种等服务项目，实现城乡居民平等享有基本医疗卫生服务。同年，开展“淮河流域农村居民胃癌筛查工作”，农村妇女宫颈癌、乳腺癌筛查等重大公共卫生项目。国家按人口给予基本公共卫生服务项目经费补助。

每年为65岁及以上老年人和高血压、糖尿病、严重精神障碍患者、残疾人等重点人群进行1次健康查体。查体项目包括血生化分析、心电检测、B超影像检查等。2019年，引进移动查体终端，实现查体信息化、便捷化，缩短查体时间，保证数据的真实性、规范化，增加中医体质辨识等查体项目。2023年，共查体6458人。

2009年，开展辖区居民逐村摸排，建纸质档案。同年，开展高血压、高血脂、糖尿病、脑卒中等4种慢性病筛查技术；对辖区内35岁及以上村民免费测量血压，高血压患者纳入慢病管理，每年向辖区内原发性高血压患者提供4次面对面随访评估；对2型糖尿病高危人群进行针对性健康教育，对糖尿病确诊患者实施分类干预；对重度精神障碍患者定期随访，免费发放药品，指导监护人按时给予用药。2010年，实行电子健康档案。2015年，居民健康档案采用国家统一17位编码，以建档居民的身份证号作为统一身份识别码。2023年，管理村民健康档案54292份、高血压4855人、糖尿病1944人、严重精神障碍患者391人。

2017年，将辖区分为悦庄、埠村、石臼、小水、沂河、两县、黄山子共7个片区，由临床医生、护理、公共卫生、乡村医生组成家医团队，进行签约服务。按群众所需提供基础包、初级包、中级包、高级包健康服务。2019年，以医共体为依托，结合

防保工作先进个人合影（1990年）

基层名医分别建立一级、二级、三级共12支家医团队。团队由上级医师、护士、公卫、乡村医生组成，为方便辖区村民联系，在各村内张贴家医团队人员信息公示牌。2023年，共签约居民43522人。

2022年，设立健康驿站1处，购进健康驿站一体机，患者可自助测量血压、身高、体重等指标，现场自主打印体检报告，检测结果及时上传到公共卫生系统。在内二科设“三高”基地，落实“三高共管、六病同防”（“三高”指高血压、高血糖、高血脂；“六病”指冠心病、脑卒中、肾脏病变、眼底病变、周围神经病变、周围血管病变等六种主要并发症）医防融合慢性病管理。内一科设戒烟门诊，提供戒烟咨询服务。

妇幼保健

1955年，悦庄区推广新法接生，区内建乡村接生站。1956年，区卫生所配备妇幼保健人员1名。1975年，妇幼保健人员增至2名，大队配女“赤脚医生”、接生员，形成县、社、队三级妇幼保健网。1979年，公社卫生院成立社会卫生组，配妇幼保健医生2名，负责妇幼保健工作。1986年，卫生院设妇幼保健组。1988年，卫生院建立妇幼卫生宣教室。

1990年，悦庄镇卫生防保站成立，配备专职妇幼保健人员2名，负责妇幼保健工作。1995年，防保站并入卫生院，成立妇幼保健科，配备妇幼专业人员3人，负责与县妇保院对接，开展妇幼保健工作。1996年11月，悦庄镇举办妇幼卫生合作项目第一轮师资培训，52名基层妇幼卫生人员参加培训。1997年、1998年，分别进行第二轮、第三轮培训。通过合作项目完善妇幼卫生县、镇、村三级保健网的建设，提高基层妇幼卫生保健服务质量和可及性，推动妇幼卫生管理。

2008年，开展孕前保健、孕期检查、产后访视、新生儿访视和0~6岁儿童保健等工作。卫生院取消产科，人员纳入妇幼保健科，有大、中专妇幼、助产专业人员6名，人员得到优化。

2023年，分娩活产416人，早孕建册412人，产后访视407人，新生儿访视411人，各项指标大于考核要求。0~6岁儿童健康管理3850人，叶酸发放246人、1115瓶、母子健康手册发放144人份。

悦庄镇举办妇幼卫生合作项目第一轮师资培训（1997年11月）

中医中药

中医药旧事

民国时期，悦庄、朱家庄、崔家庄、苗山等村庄有专职郎中。无堂号的郎中亦凭祖传秘方、验方在乡间行医，如南张良村陈啓玉的接骨药，胡家沟村陈锡润治疗小儿惊厥、陈茜玲治疗妇科不孕不育，西山村孔宪常有治疗疖、痈、肿等特长和药方，篓峪村张德堂的痔疮药、中耳炎药，悦庄马家咽喉疾药、李家烧伤药，张家庄村张德敬治疗黄疸型肝炎、王德甫针刺治疗面瘫等都有独到之处。

悦庄丘陵地多为红土、沙土地，中药主要有茵陈、蒲公英、菊花、车前子、萹蓄、白茅根、旱莲草、艾叶、马齿苋等，村民种植生地、桔梗、半夏、黄芩、远志、牛膝、双花等中药。

国医堂

1953年，区卫生所设中医门诊和中药房，利用中医中药防病治病。

2016年12月，在中医门诊基础上建“国医堂”，为群众提供中医中药及针灸治疗颈肩腰腿痛等中医药服务，设诊断室、理疗室，配备中医医师3名、护士1名。2019年10月，“国医堂”改建为“扁鹊国医堂”，设中医门诊、住院病区、康复大厅、理疗室、艾灸室、煎药室、中药房等，业务用房500平方米。有中医师9人，成立“名中医工作室”。配备针灸、火罐、中频治疗仪、短波治疗仪、超声波治疗仪、多功能治疗床、起立床、平衡杆、楼梯等理疗康复设备。开展中医中药、针刺、脐灸、督灸、推拿、拔罐、刮痧、穴位贴敷、中医超声波治疗、中频治疗、短波治疗及康复理疗等多项中医服务。配中药饮片400余种、中药颗粒和中成药300余种，提供中药代煎代送服务。开展督脉灸治疗强直性脊柱炎、类风湿关节炎、腰椎间盘突出症、骨性关节炎、股骨头坏死、颈椎病、肩周炎等疾病，脐灸治疗宫寒、痛经、产后腹部疼痛、月子病、产后恶露不尽等，通过经络、腧穴、药物、艾灸、发泡等多种因素共同作用，发挥经络的调节作用，达到益肾通督、温阳散寒、壮骨透肌、破瘀散结、通痹止痛的功效。

村卫生室

1945年，青龙区个体医药卫生人员响应政府号召，成立基层医药联合会，简称“区医联会”，开展疾病防治和战勤服务，此为村级卫生机构雏形。之后，陆续成立医药社、诊疗所。

1955年，悦庄区域内兴办农业社保健室，有个体行医人员加入保健室做保健员。1958年，由公社卫生院负责训练卫生员，提高大队卫生员医疗技术水平。至1965年，域内有大队卫生室61处，卫生员136人。

1969年5月，试行农村合作医疗。1970年4月，第一次推广新医疗法；同年，大办农村合作医疗，卫生员改称“赤脚医生”，大搞“三土四自”，利用中草药防病治病活动。1975年，悦庄公社普及大队合作医疗，有“赤脚医生”129名，其中女“赤脚医生”12名，负责医疗防疫工作。1976年，县卫生学校在悦庄公社设分校，培训各大队“赤脚医生”。

1979年8月，悦庄公社共有“赤脚医生”122人参加考试，102人获颁证书。

1982年，村级医疗机构开始向承包责任制转化。

1986年7月，第一批乡村医生考核，116人获颁乡村医生证书。1987年12月，县级考核，悦庄镇有甲级卫生室56处、乙级卫生室32处、丙级卫生室13处。1989年5月，全省乡村医生职称晋升，全镇报名考试考核的乡村医生123人。其中，晋升为乡村医师6人、乡村医士89人、卫生员28人。

1990年12月，悦庄镇卫生防保站成立，负责全镇农村卫生室整顿和业务建设及乡村医生的培训管理。

1994年，设立埠村、两县村、黄山子村、龙王官庄村等多个村级门诊；12月，全县乡村医生一体化管理现场会在该院召开。同期，医院聘请上级

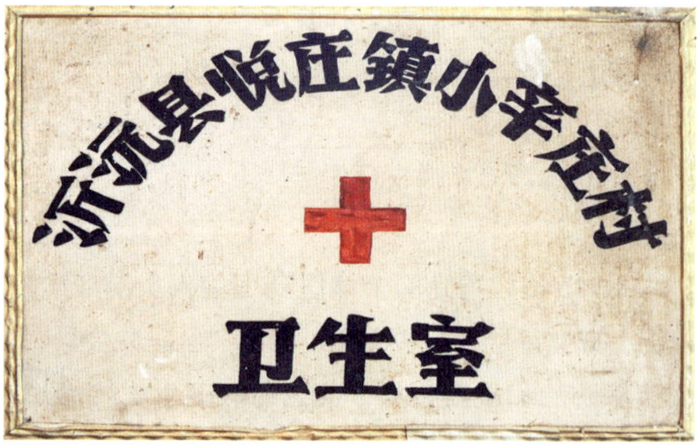

村卫生室牌匾（1980年）

医院医师，组织辖区乡村医生，进行医学基础理论、基本知识、基本技能的培训考核，开展“学中医、用中医”中西医结合治疗。

2009年3月，卫生院加强基本公共卫生服务工作，联合村卫生室推广基本公共卫生服务、家庭医生签约服务等；5月，卫生院及全体村卫生室，实行基本药物零差价销售。

2018年，开展标准化卫生室创建工作。2019年，开展中心村卫生室建设。截至2023年，共建成中心村卫生室12处，配备“县招镇管村用”专业技术人员7人。中心村卫生室按省级标准化卫生室建设，设置诊断室、治疗室、药房、观察室、值班室，配备诊断桌椅、观察床、心电图机、电除颤等仪器设备，安装使用基本公共卫生信息系统、远程会诊系统、家庭医生签约服务等智慧健康平台体系。

2022年，按照《沂源县村卫生室星级评定标准》，评定五星级卫生室19处、四星级卫生室27处、三星级卫生室36处。2023年，按照《沂源县提效争先，进一步强化村卫生室动态评价管理实施方案》要求，开展村卫生室标准化建设和动态评价管理工作，初步评定A级村卫生室16处、B级村卫生室27处、C级村卫生室36处。

卫生往事

悦庄公社康健村

1958年10月，县卫生科在北辽军埠村建麻风病患者集中收治点，称悦庄公社康健村。康健村有当地政府划给的一部分土地，病人入村后，有劳动能力的生产自给；丧失劳动能力的由原生产队负担生活费，每人每月8元。1975年，麻风病人的生活费用改为国家负担，按每人每月14元拨给。病人在村内边治疗边从事农业生产，实行按劳分配，减轻政府负担，改善病人生活。康健村积极开展文体活动，组织病人学文化、学知识，病人精神面貌焕然一新。1961年，石桥公社康复村合并到悦庄公社康健村。1990年11月，经省、市专家考核验收，达到基本消灭麻风病指标，康健村随之撤销停办。

院内制剂室

20世纪70年代，推行“三土四自”（土方、土药、土法，自采、自种、自制、自用）方针，推行利用中草药治病防病活动，倡导“一把草、一根针”（草药与针灸）治病，尽量少花钱治大病，不花钱也治病。1972年，公社卫生院及两县门诊建制剂室、土药厂，自制丸、散、片剂、针剂等。院内制剂室设在原门诊斜坡处，占房3间，有人员3人。其中，王英登为主要技术人员。两县门诊制剂室，有人员2人。他们将土霉素、四环素粉剂按照比例兑白糖、淀粉和成团，用压片机压成片。山楂粉碎成面，蜂蜜熬开调好，揉成团，经木制模子压滚成丸，1次10丸。把中药用大锅熬汤，蒸馏器制成蒸馏水，用滴管灌注到安瓿瓶，酒精灯熔化安瓿顶端，镊子捏住封口后高压锅消毒，制成大青叶、柴胡、丹参、银杏等注射剂。同法自制狗骨针肌内注射用于治疗腰腿疼。还自制注射用水、儿科糖浆、妇科膏剂等，解决当时农村卫生资源匮乏、缺医少药问题。1980年6月，停止注射用针剂生产。土霉素、四环素等片剂的生产持续至20世纪90年代初。

一代名医叶本第

叶本第(1901—1985)，字道生，原籍沂源县南鲁山镇朱阿村，后行医迁居沂源县悦庄镇东辽军埠村。1953年，大联诊后在悦庄区卫生所工作。1962年，调往沂源县人民医院工作。1965年退休。先生一生业医60余年，医术精湛、医德高尚，享有盛誉。新中国成立后被评为沂源县名老中医之一，曾连选为沂源县第四、五、六届人民代表大会代表。自参加联合诊所工作至退休期间，每年均被评为先进工作者。

立志习医，济世济民　先生16岁时，抱济世济民之心立志习医，投师于其外祖父杨氏，刻苦研读四部医学经典，面受指教，悉心临床实践。20岁时，遇天旱大灾，随全家荒难山西临汾一带，以租种菜园为生，并继续潜心研究医学，孜孜不倦，锲而不舍，再度投名师指教，数年后，学有所成，学验俱进。

当时涉居山西者甚多，因不服异乡水土，有不少大骨节病、痈疡皮肤病患者，先生以其学验治疗，顿收奇效。24岁受聘于临汾一大药店坐堂应诊。

1930年，先生返乡，在沂源县悦庄镇开业行医，堂号为“盛春堂”，后改为“同德堂”，并兼营中药材批发，为当时该地颇有名气的药店。先生思想进步，曾参加过当时刘惠民等人组织的“医学同盟会”，并在抗日战争和解放战争期间为八路军、新四军伤员诊治疾病，为此曾受到国民党反动当局的迫害，致使药店倒闭。1938年，先生到悦庄镇东辽军埠村定居，继续行医。解放后，先生响应号召，到沂源县医疗卫生单位工作，直至1985年病逝，一生业医，恒无二志，兢兢业业，晚年仍坚持抱病带徒，为群众治病，将一技之长毫无保留地奉献给人民，实践了自己以医济世济民的志愿，颇受群众赞誉。

学识渊博，医术精湛　先生一生喜读书，能背诵《伤寒杂病论》《医宗金鉴》等。崇尚方术，对所读之书，遇重要之处及名医良方常自编成诀，背诵如流，至晚年仍朗朗应口，临床应用得心应手。编著有《便易良方》《世传经验良方》及教本笔记，今手书本尚存。

先生对内、外、妇、儿等科疾患有丰富的临床经验，对某些疾病的治疗有独到之处。内科以治疗癫狂、半身不遂见长；对儿科“麻、痉、惊、疳，吐、泻、初生”等方面皆有研究；妇科方面擅治月经不调、女性不孕等症，其总结的加味佛手散，对骨盆偏小致难产者效果极佳。

1947年，瘟疫流行，民间俗称“烧汗”，民相染疫，染则阖户，甚至病死满门。先生以清瘟败毒饮治之，皆收奇效。一时，慕名求医者甚众。先生让家人备好协定方，来者即投三剂，无不如鼓应桴。

悦庄小水村一麻疹患儿，高热喘息、神昏，疹色黑紫，病情危重，服药一次，即神清疹和，喘息减轻。其邻居两男童患麻疹，症状亦然，即讨服余药，服后亦速见其效，故先生曾有“一方救三命”之美谈。

乐善好施，医德高尚　先生十分赞赏孙思邈的大医精诚篇。他常对后人说，医者必须同时具备精湛的医术和高尚的医德方为良医。先生行医60余年，身言立行堪为楷模。对求诊者，不分贫富、亲、疏，有求必应，不论昼夜、寒暑。有时出诊往返几十里，不辞劳苦。

先生诊病时，详细询问前医之治疗经过，但从不对前医评头论足。常说，观前医之方药，可吸其长，避其所短，增己之验。认为，有些人偶尔治好一病，就认为天下无双，贬低同道，这是不道德的。先生还认为，为病人治病是医生应尽之责，若借诊病之机，有意向病家表露自己爱好，贪财求物，同样是不道德的。

先生一生乐善好施，对贫穷者常舍药舍钱以济之，从不图报。先生一生节俭，行医几十年却未修盖房屋一间，至退休后才修建草房定居。其高尚医德至今仍为人们所称赞。

大事记

1958年　悦庄公社卫生院开设病床，收治患者。

1962年　悦庄公社卫生院由全民所有制转为集体所有制，“三权”下放，独立核算，自负盈亏。

1965年　上级决定在石桥建设地段医院，悦庄公社卫生院改为悦庄门诊。

1972年　县政府批准恢复卫生院建制并选址另建。

1976年　建病房15间。

1984年　悦庄公社卫生院改称悦庄乡卫生院。

1986年　悦庄镇卫生院实行院长负责制，经费由悦庄镇财政所管理。

1990年　12月，悦庄镇卫生防保站成立，为全民所有制正股级事业单位。

1990年　市、县、镇三级投资实施卫生院改貌建设，整修院墙、修缮房屋，解决医疗生活用水。

1990年　县药材公司设悦庄药材批发部。

1994年　设立埠村、两县村、黄山子村、龙王官庄村等多个村级门诊，对辖区村卫生室和乡村医生实行“一体化”管理。

1995年　建1000余平方米的门诊病房楼。

1995年　悦庄中心卫生院预防接种门诊通过市级合格门诊验收。

1996年　医院创建为一级乙等医院。

1997年　购置燕京牌救护车1辆，为全县乡镇卫生院的首辆救护车。

1999年　10月，被淄博市人事局与市卫生局联合授予“全市中医工作先进单位”。

2005年　建成省示范化接种门诊。

2009年　开展“淮河流域农村居民胃癌筛查工作”、农村妇女宫颈癌、乳腺癌筛查等重大公共卫生项目，加强国家基本公共卫生服务工作。

2009年　开始施行国家基本药物制度，卫生院及悦庄镇全体村卫生室，实行基本药物零差价销售。

2010年　实施改貌建设，装修门诊楼，建水冲式厕所、污水处理设备。

2011年　建内科病房9间，设床位27张，全院床位增至50张。

2011年　门诊、病房配置计算机、打印机等设备，实现信息化办公，逐步实现电子化病历。

2012年　与山东大学齐鲁医院建立24小时动态心电图远程会诊监测站。

2012年　建县人民医院心电图远程会诊监测站、影像中心远程会诊监测站。

2012年　建县中医医院心电图远程会诊监测站。

2014年　实行城乡居民医疗保险制度。

2016年　在原中医门诊的基础上建国医堂。

2017年　建成数字化预防接种门诊。

2017年　与县人民医院结成紧密型医共体。

2018年　12月，通过一级甲等卫生院评审。

2019年　6月，建筑面积5400平方米的综合楼投入使用，开放床位增至85张。

2019年　建成“扁鹊国医堂”及460平方米公共卫生服务区。

2020年　3月，启动“智慧医疗”助力脱贫项目，实现与上级医院及村级卫生室的医疗技术和人力资源共享。

2020年　6月，建发热门诊1处。

2020年　9月，通过优质服务基层行评审。

2020年　10月，通过社区医院建设评审。

2020年　10月，在“优质服务基层行”活动中，受到国家卫健委、国家中医药管理局通报表扬。

2020年　11月，县人民医院影像科“孟庆学名医基层工作站”在该院成立。

2020年　12月，被中共淄博市委、淄博市人民政府授予在抗击“新冠”肺炎疫情中表现突出集体。

2021年　3月，开展“新冠”疫苗接种工作，共接种“新冠”疫苗115959剂次。

2021年　建成全县第一家智慧化预防接种门诊。

2022年　通过中国高血压联盟关于“高血压救治单元”验收。

2023年　1月，被淄博市卫生健康委表彰为“全市严重精神障碍患者管理工作表现突出集体”。

2023年　8月，通过中国胸痛中心“胸痛救治单元”验收。

2023年　12月，通过二级乙等综合医院评审，达到县域服务医疗次中心标准。

卫生篇——

民营医院

记忆沂源·卫生健康卷

概　况

个体私营时期

1955年前，县域内分布在乡村的堂号、药铺全部为私营性质。1944年建县时，沂源区域内有堂号的医家、药铺46家，游医、郎中86人。以后形成的合作性质的联合诊所亦是私有性质。1955年，社会主义改造基本完成，大部分个体诊所、联合诊所改造成集体性质的联合保健站或者农村集体所有的农业社保健室。经批准的仍然以个体存在的医家15处。1958年人民公社化，个体私营医疗机构全部歇业。

计划经济时期

1958—1982年，国家实行计划经济政策，域内县、乡、村三级医疗机构全部为全民所有制或集体所有制，不允许个体经济形式存在，医疗卫生行业属特殊经济实体，被严格控制。

改革开放时期

1982年，农村实行家庭联产承包责任制，农村经济体制发生变化，村集体所有制的卫生室大多数变为村医个体经营。1984年，全县956处村级卫生室中个体经营502处。

1980年，国务院批转卫生部《关于允许个体开业行医问题的请示》，山东省卫生厅下发《山东省个体开业和联合诊所管理暂行办法》，个体私营医疗机构又重新出现在人们的日常生活中。截至1990年，全县共批准14家个体诊所开业。1990年后，具有执业资质的医疗机构退休人员和社会人员申请在城区个体开业者大量增加。截至2005年，批准个体诊所39家。截至2023年末，城区个体诊所110家。

进入21世纪，2家民营医院经依法审批开业，1家从事专业体检的门诊部开业。

瑞康医院

2007年，在临沂中心医院（位于沂水县城区）消化内科工作的沂源籍人士沈玉法回沂源县创办消化专科门诊，该院加挂城北社区卫生服务站牌子，承办城北社区的公共卫生任务。2016年，经审批扩建为医院，定名为沂源县瑞康医院，位于历山街道鲁山路中段，是县域内首家民营医院。建筑面积2000平方米，床位30张，在岗职工40人，内设预防保健科、内科、外科、妇产科、急诊科、检验科、影像科等临床科室。医院配有核磁共振、彩超、电子胃肠镜、全自动分析心电图机等大型设备。

明圣医院

2016年10月，济南明水眼科医院（三级专科医院）在沂源县历山街道健康路设立眼科医院，定名为沂源明圣医院，医院以眼科为主，兼营内科、外科，床位20张，建筑面积900平方米。配备光学断层扫描仪、超声乳化仪、综合验光仪、眼底照相机、视野计等检查、治疗设备。医院开展白内障超声乳化手术、翼状胬肉切除等手术，治疗青光眼、眼底病变、角膜病等疾患。年诊疗量4000人次、手术300例。

京医到家综合门诊部

2020年，民营资本合作成立沂源京医到家健康管理有限公司，在历山街道瑞阳路南端开办京医到家综合门诊部，主要开展健康查体、健康咨询、健康评估、健康管理等业务。门诊部业务用房面积近4000平方米，有1.5T超导核磁共振、128层螺旋CT、数字化影像系统（DR）、超声骨密度仪、全自动生化分析仪等大型检查诊断设备。

卫生篇——

撤并划转

记忆沂源·卫生健康卷

红十字会

机构沿革

1985年3月，沂源县成立红十字会，选举产生第一届理事会。县长兼任名誉会长，分管卫生工作的副县长兼任会长，县政府办公室、县卫生局、县财政局、县民政局、县教育局、县科委、解放军140医院、县人民医院等部门、单位的主要负责人兼任副会长，常务理事13人。办公室设在县卫生局，但未列编为常设机构。

1988年7月，县红十字会办公室正式列编，股级事业单位，人员编制2人。为县红十字会的办事机构。

1991年，开始建立红十字会基层组织，第一批16个乡镇和教育系统建会，第二批县直各部门、部分厂矿企、事业单位建会。截至2006年末，全县红十字会基层组织115个，团体2个，会员518人。

2006年，县编制委员会办公室发文，明确县红十字会为县政府领导的独立常设机构，配备正科级常务副会长1名，副科级副会长2名，组成领导班子（2009年人员到岗到位）。工作人员设编3人。原设在县卫生局的股级事业编红十字会办公室同时撤销。

沂源县红十字会历任会长

机构名称	姓名	职务	任职时间	备注
沂源县红十字会（1985.03—）	刘曙升	会长	1985.03—1990.02	副县长（兼任）
	周世莲	会长	1990.02—2000.02	副县长（兼任）
	陈兆爱	会长	2001.03—2011.01	副县长（兼任）
	陈保华	会长	2011.02—2011.10	副县长（兼任）
	李　玲	会长	2011.11—2016.12	副县长（兼任）
	张莹莹	会长	2017.01—2022.12	副县长（兼任）
	宋朋朋	会长	2022.12—	副县长（兼任）

沂源县红十字会历届常务副会长

机构名称	姓名	职务	任职时间
沂源县红十字会（1985.03—）	王恩竹	常务副会长	2009.03—2019.01
	刘云堂	常务副会长	2019.01—

业务开展

抗灾救灾　1988年，莒县发生龙卷风灾害，县红十字会组织有关单位捐助1500余元的药品和物资，支援莒县抗灾救灾。

1990年，张庄、黄庄、徐家庄等乡镇发生风雹灾，县红十字会组织人员赶赴受灾现场考察上报灾情，指导救灾抗灾活动，并向省、市上报灾情，争取上级红会组织的支援。

1997年，沂源县发生风、雨、雹灾害，全县的乡镇都不同程度出现灾情；8月中旬，受第11号台风影响，出现大风大雨天气，暴雨降水量210毫米，石桥、张家坡两个乡镇为重灾区，因灾伤、病20余人，死亡2人，其他经济损失6000多万元。遇灾期间，县红十字会密切关注灾情，带领医疗队赴重灾区石桥乡和张家坡乡看望伤病灾民，及时给予治疗，对灾区的饮用水进行消毒。同时按规定接收、运转、分发救灾物资。

无偿献血　1998年，县红十字会首次组织发动沂源县公民无偿献血，实现从有偿供血到无偿献血的历史性转变。5月8日，部分党政机关、企事业单位320人参加无偿献血，当日献血量64000毫升。

胡以山，男，1962年出生，燕崖镇胡围村农民。1998年5月，开始第一次无偿献血。截至2023年末，累计献血10万毫升（以成分血推算全血量），是20个成人的血液量。2002年，到淄博市中心血站进行志愿捐献造血干细胞登记，成为沂源县第一个造血干细胞志愿捐献者。2010年10月，到沂源县红十字会依法办理了遗体（器官）志愿捐献登记，成为沂源县第一个遗体（器官）志愿捐献者。2016年，被授予“全国无偿献血奉献奖金奖”荣誉称号。

任纪平，男，1966年出生，县人民医院中心血库工作人员，累计献血8200毫升。2006年1月，报名并采集血样成为一名造血干细胞捐献志愿者；2月，与一名白血病患者配型成功，捐献280毫升造血干细胞悬液。

逯纪亮，男，1974年出生，南麻街道沟泉村人。副主任医师。2023年，被国家卫生健康委员会、中国红十字会总会、中央军委后勤保障部卫生局授予“2020—2021年度全国无偿献血奉献奖金奖”。

药品监督检验所

机构沿革

1979年6月，县药品检验所挂牌成立，股级全额卫生事业单位，工作人员5人，地点位于胜利路县防疫站院内平房。1990年，工作人员8人，业务用房屋21间，设置中药室、仪器室、生测室、理化室、毒气室、无菌室等科室。后更名为县药品监督检验所。

1993年12月，机构改革，县药品监督检验所升格为副科级事业单位，隶属县卫生局，在编工作人员13人。

2002年3月，药品监督体制改革，组建“沂源县药品监督管理局”，正科级单位，县药品监督检验所人员整建制转入。

沂源县药品监督检验所历任主要负责人

机构名称	姓名	职务	任职时间	备注
沂源县药品检验所 （后更名为沂源县药品监督检验所） （1979.06—2002.03）	毕庶波	副所长	1981—1984.10	主持工作
	齐兰英	副所长	1984.10—1987.10	主持工作
	齐兰英	所长	1987.10—1998.03	
	苗兴满	副所长	1998.03—1998.07	主持工作
	苗兴满	所长	1998.07—2002.01	

业务开展

药品检验 1980年9月，县药检所开始大液体热原试验、化学药品理化常规检验、中草药针剂成药常规检验等检验项目。对全县各医疗单位自制、采购的部分制剂进行抽样检测。依法停止公社社办药厂的生产经营，对违法生产的复方大青叶注射液、丹参注射液、银花注射液、注射用水及部分片剂进行检验作销毁处理。1980年11月，对6个“三线厂”职工医院的麻醉药品使用管理进行检查整顿。1981年，帮助县医院建起快检室，增加医院自制大液体的检验关；9月，召开全县各医疗单位及药房负责人会议，印发了《制剂规范》。1983年，增加无菌试验、抗生素效价、部分药品光谱分析、卫生标准检查等检验项目。1986—1990年，新开展大液体不溶性微粒检查，荧光检验项目。1992—1997年，重点提升检验准确率，检验报告书准确率100%。2000年，完成检品326批次，检验结果准确率100%。

药品市场治理整顿 1985年，开展药品市场集中治理，查处福建晋江假冲剂案和中药市场伪人参、假虎骨案，取缔两处药品非法经营点。至1989年，先后取缔来自新疆、江苏等10几个省、自治区、直辖市，50多个县、市的非法游医药贩400多起。1990年，检查农村卫生室900余处，共查处假劣药品886种(件)。1996年,对全县药品生产企业、药品经营企业和药品使用单位实施全面执法检查。查处违反《中华人民共和国药品管理法》案件9件。

毒、麻、精神类药品管理 1998年,依法对麻醉药品、精神药品、医疗用毒性药品和放射性药品,实施"五专"(专人管理、专门处方、专门库存、专门账目、专门供应渠道)管理政策,逐单位落实。对防疫用疫苗、菌苗和临床用血实施"三统一"(统一采购、统一价格、统一配送)管理制度。查处违反《中华人民共和国药品管理法》及"五专""三统一"案件21起。

2001年,开展集中打假,以打击非法售假劣药品、食品、一次性输液器、化妆品为重点,公安、工商、药检多部门联合行动,对城区各类卫生室(所)、牙科诊所、保健品店和92家药店进行集中检查,查处假劣药品100余批次,清理非法药品经营企业4处,处罚违法单位89个。

集体荣誉

1983年,获全省药检工作先进单位、先进集体荣誉称号。

1986年,先后被评为全国先进县级药检所、全省先进县级药检所称号。

1986—1988年,被评为全省先进县级药检所称号。

1990年,被评为全省先进县级药检所称号。

1995年,荣获淄博市药品监督管理工作先进集体称号。

个人荣誉

齐兰英,女,1988年被评为《中华人民共和国药品管理法》执法先进工作者,受国家卫生部表彰。

沂源县人民医院黄庄分院

1953年2月,上级拨款2000元,建立六区卫生所(黄庄分院的前身)。借用民房3间,有职工2人。1955年10月,在徐家庄设立门诊。

1958年8月,卫生所与原供销社医药部合并成立黄庄公社卫生院,院址仍在原卫生所处。1959年,卫生院迁至洪沟,另在黄庄原址设门诊所一处。1962年,卫生院迁回黄庄。1965年,更名为沂源县人民医院黄庄分院;5月,在黄庄村西北角建新院(现址),建筑面积520平方米。设中医、西医、妇产等科室,有床位20张。另设徐家庄、埠西、四门地3处门诊,共有职工24人。

1968年,上级分配给大中专毕业生10余人,技术力量得到加强。之后几年医院建设不断发展。至1990年医院占地14亩,建筑面积2300平方米。有职工26人,其中医师级人员9人、医士级人员4人、其他人员13人,设床位40张,实际开放20张,能开展一般常见病、多发病的治疗工作。

1990年12月,黄庄镇划归莱芜市钢城办事处管辖,黄庄分院同时划出。

沂源县人民医院黄庄分院历任主要负责人

机构名称	姓名	职务	任职时间	备注
六区卫生所(1953.02—1958.08)	白正甫	所长	1953.5—1957.3	
	齐登山	副所长	1957.3—1958.08	主持工作
黄庄公社卫生院(1958.08—1965)	齐登山	副院长	1958.08—1960.10	主持工作
	董玉林	院长	1960.10—1964.2	
	齐登山	院长	1964.2—1965	
沂源县人民医院黄庄分院(1965—1990.12)	齐登山	院长	1965—1984.7	
	张本环	院长	1984.7—1985.9	
	赵　勇	副院长	1984.11—1986.12	
	赵　勇	院长	1986.12—1990.12	

山东红旗机械厂职工医院

1970年2月，国营山东红旗机械厂职工医院建成开诊。院址在张庄公社沟泉北，建筑面积1888.26平方米。

1988年，购置B超机，配置200毫安X光机，心电图机、救护车、万能手术床等医疗器械30台（件）。设内、外、妇、儿、五官、中医、医疗、放射、化验等科室。能诊治内、外、妇、儿科一般疑难病症及工伤的急救处理，主要服务于本厂职工及家属，同时也对外服务，日门诊量120人次。

1990年，有工作人员48人，其中副主任医师1人，主治医师9人，医师、医士级31人。设床位50张，实际开放30张。

1994年12月，工厂搬迁，该院随迁。

山东第一机械厂职工医院

1980年10月，在土门公社建立山东第一机械厂职工医院。建筑面积2000平方米，业务用房面积1800平方米。

1990年，卫生技术人员35人、管理人员2人、工勤人员2人。隶属山东省日照市经委。开设内、外、妇、儿、五官、中医、放射、药房、化验、心电图等10个科室，床位30张。服务于本厂职工及家属子女，日门诊量120人次。内科能收治慢性气管炎、胃溃疡病、肺心病、高血压病、外伤感染及各种常见疾病；外科开展阑尾切除、疝修补等手术。

1995年，工厂搬迁日照市，医院随迁。

山东第二机械厂职工医院

1965年7月，在土门公社建成山东第二机械厂职工医院。1990年10月，总建筑面积730平方米，业务用房面积550平方米，隶属淄博市塑料工业公司。

1990年，有医护人员18人，其中副主任医师1人、主治医师3人，医师、医士级10人，床位20张，服务于本厂职工及家属，同时也对外服务。开设内、外、妇、儿、理疗、放射、化验等科室。配置200毫安X光机、心电图机等医疗设备，能诊治一般常见病或疑难病症，开展外科小手术，如囊肿切开引流、骨折固定等。

2002年，工厂搬迁张店区，医院随迁。

新华机器厂职工医院

1978年，新华机器厂职工医院在原厂医务室基础上建立。院址在黄庄镇大上峪大队。医院业务用房面积600平方米，设置内科门诊、外科门诊、病房、检验科、放射科、治疗室、药房等科室，配备X光机、培养箱、分光光度计、显微镜等医疗器械。开展常见病、多发病及简单外科处置。隶属淄博市机械公司。

1990年，有医护人员38人，设50张床位，服务于本厂职工及家属，同时也对外服务。同年，随着行政区划变更，划归莱芜市。

医疗保险事业处

组织管理机构

1952年8月，成立沂源县公费医疗实施小组，负责全县公费医疗组织实施和管理工作。组长1人，成员2人，办公地点在县卫生科。

1987年5月，由卫生局、财政局共同管理公费医疗，并成立公费医疗办公室，负责公费医疗的日常工作。

1994年9月，设立沂源县医疗保险管理处，为正局级事业单位，归口县卫生局。具体负责医疗保险的日常工作，定编5人。

1998年10月，医疗保障体制改革，建立全县统一管理、统筹运行的医疗保险新体制，县医疗保险事业处职能、编制、人员整体划入县劳动和社会保障事业局。

公费医疗制度

新中国成立初期，实行公费医疗制度，政府、党派、团体及所属事业单位工作人员的医疗、预防费用实行报销制，资金由各级政府财政开支。

实报实销阶段 1953年1月，凡享受公费医疗人员，凭医疗证到指定医疗单位就诊（县驻地人员到县卫生院，区、乡人员到区卫生所），医疗费统一上报县卫生科，由卫生科拨款核销，公费医疗经费列入财政预算。1964年，县人民委员会（县政府）成立由人事、文教、卫生、财政、劳动等部门组成的公费医疗管理委员会，重新核定享受公费医疗的人员范围，包括县、区（镇）、公社的国家机关、党派、团体中经县编委核定的编内正式人员，农业、林业、水利、气象、文教、卫生等事业单位的正式工作人员，国家预算内开支的编内人员，二等乙级以上在乡革命伤残军人，区（镇）和公社的人民武装干部，县人民银行在编的行政人员。报销开支范围包括门诊、住院、医疗中产生的药品和材料费、接生费等。1977年10月，开始实行定点医疗及逐级转诊制度。

定额包干阶段 1980年，县卫生局不再统管全县公费医疗。县财政局拨给卫生局经费后，由卫生局根据上级规定标准，按人头拨付各党、政事业单位，结余留用，超支不补。各单位根据自身情况，掌握使用，有的实报实销，有的实行小包干。1984年，全县享受公费医疗人员为5920人，实际开支公费医疗经费42.9万元，人均支出额72.47元。1987年5月，县政府改变公费医疗分散管理的办法，恢复由卫生局、财政局共同管理，并成立由计划、财政、卫生等10部门组成的沂源县公费医疗管理委员会，在县卫生局下设股级事业编制的公费医疗办公室，具体办理公费医疗管理事务。本年度全县享受公费医疗6950人，公费医疗经费实际支出74.3万元，人均106.9元。

“双挂钩”阶段 1989年，医疗费与单位和个人“双挂钩”，因医疗需求不断增长，干部职工逐年老龄化，新医疗设备技术的增多等多重因素，全县的公费医疗费用逐年上升。同年底，全县享受公费医疗7150人，公费医疗经费实际支出96万元，人均支出134元。1990—1991年，职工医疗费用出现新增，最高年增长率达到25%以上。1991年，全县公费医疗支出达219.3万元，人均297.23元，公费医疗发生的实际数额近全县财政收入的8%。

“三挂钩”阶段 1992年，公费医疗管理委员会拟定《沂源县公费医疗暂行办法》，全面推行公费医疗经费与医院、公费医疗享受者、公费医疗人员所在单位“三挂钩”的办法，定点医疗，定额包干，超支由单位、个人和医院三方负担。1993年，全县实际发生医疗费用236.5万元，人均支出246.84元，比1991年人均减少50.39元，下降16.95%。

特殊人群政策

1994年，县政府印发文件，规定在乡二等乙级以上残废军人和老红军的医疗保险资金按每人每年500元筹集，全部由县财政承担，不设立个人医疗账户，其医疗费用由医疗保险统筹基金解决。1998年，执行国务院发布的医疗保险制度，允许离休人员、老红军、二等乙级以上革命伤残军人的医疗待遇不变，其医疗费用按公费医疗政策下的原资金渠道解决，由社会保险经办机构单独列账管理。

新中国成立后，党和政府对严重危害人民身体健康的传染病、地方病实施特殊病种减免政策。黑热病、疟疾、地甲病、丝虫病、麻风病列入减免范围。对危害妇女身体健康的部分妇女病等也实行免费治疗。1960—1962年，严重自然灾害期间，沂源县出现大批浮肿、干瘦病和营养不良病人，县委、县政府确定对以上病种实行免费治疗。1976年，医药减免的范围缩小，县卫生局只管理三项减免，即带病回乡的复员军人、烈军属和少数民族，由县财政将经费一次性拨付卫生局，由县卫生局写介绍信，限定金额，到指定县医院就诊取药。

机关事业医疗保险改革

1993年，县委、县政府责成卫生、财政部门筹备公费医疗制度改革，测算论证由公费医疗向医疗保险制度过渡转轨的有关事宜。

1994年5月，县卫生局、县财政局联合开展工作，形成《沂源县医疗保险暂行规定》和《沂源县医疗保险暂行规定实施细则》两个规范性文件，提出改革的具体方案。改革的范围是享受公费医疗的人员，改革的主要内容是实行医疗保险制度，变公费医疗为医疗保险，并于1994年10月1日实施。

企业医疗保险改革

1998年，医保改革向企业延伸，县辖区内的县属以上企业职工（含在岗和下岗、内退、停薪留职的固定工、城镇合同工、农民合同工、计划内临时工和离退休人员）的医疗全部纳入改革。按照“小病包干、大病统筹”和“社会共济与自我保障相结合”的原则，建立社会医疗保险制度。医疗保险费由用人单位和职工双方共同负担，实行定点医疗。

新型农村合作医疗办公室

组织管理机构

2004年，县政府成立新型农村合作医疗（以下称“新农合”）管理委员会，分管卫生工作的副县长任主任，县政府办公室、卫生、财政、农业等部门和各乡镇政府主要负责人任委员，在县卫生局设立县“新农合”管理委员会办公室，副科级事业单位，编制5人。各乡镇设立“新农合”经办机构，由财政所、农经站、卫生院人员组成。2013年12月，“新农合”办公室随着医疗保障制度改革划归县人力资源和社会保障局。

新型农村合作医疗的试点和普及

2004年，“新农合”制度首先在张家坡镇进行试点。试点方案确定以乡镇为单位核算管理，农民以户为基本单元参加。实行个人缴费、村集体扶持、各级财政补助的筹资模式。当年筹资标准为农民个人缴纳每人每年15元，村集体补助每人每年5元，市、县、镇三级财政每人每年补助15元组成合作医疗基金。医疗费用报销模式为参合农民全年门诊医药费用和累计2000元以下的住院医药费用，按15％的比例报销。参合农民全年累计2000元以上的住院医药费用，实行分段按比例从县级统筹资金中报销，年最高报销限额为5000元。“新农合”实行定点医疗制度。张家坡镇卫生院为本镇新型农村合作医疗的定点医院。试点当年筹集基金70.22万元，当年核算完成报销门诊和住院费用54.0954万元，基金使用率77％。

2005年，新增南麻镇、东里镇参加试点。试点覆盖3个镇167个行政村12万人，试点镇农民参保率均达到90％以上。在总结上年试点经验的基础上对运行方案做优化调整。筹资标准仍为参合个人每人15元，村集体5元，市、县、镇财政10元标准筹集。基金使用调整为家庭账户、镇级统筹账户、大病统筹基金账户“三位一体”模式。参合人员个人缴纳的资金和村集体补助全部划入农民家庭账户，用于在镇卫生院门诊及村级定点医疗单位就诊的医疗费报销，报销比例为实际费用的50％，报完为止。由市、县、镇财政补助资金的50％组成镇统筹基金，用于报销年累计2000元以下的在本镇卫生院的住院医疗费用，最高报销额为3000元。同时用于转到县级定点医院门诊就诊或住院累计2000元以下费用的报销。市、县、镇财政补助资金的50％形成大病统筹基金。参合农民年累计2000元以上的住院费用分段按比例报销，全年最高5000元。在报销医疗费用时，凡在镇卫生院住院的，按报销比例全额支付；在县级定点医院的，按报销比例的70％支付；其他非定点单位的住院费用，不论医院级别、性质均按报销比例的50％支付。

2007年，全县普及“新农合”制度，行政村覆盖率达100％，农民参合率达95％以上，各级财政补助资金到位率100％，年度统筹基金使用率达95％以上，参合农民受益率达90％。省、市、县、乡镇各级财政补助提高到60元/人，农民个人缴费由每人每年15元提高到每人每年20元。

“新农合”制度向医疗保险的改革

2013年5月，新型农村合作医疗制度改革为农村居民医疗保险，并将机构、人员、职能全部划归县人力资源和社会保障局统一管理，实行市级统筹，逐步实现管理体制、政策体系、信息系统的“三统一”。城镇居民医保和“新农合”全面整合，参合居民政策规定实行过渡期。至此，“新农合”制度从试点到普及完善。

爱国卫生委员会

机构沿革

1952年1月，县人民政府成立防疫委员会。1953年，改称县爱国卫生运动委员会（简称县爱卫会）。1966年“文革”开始后爱卫会解体。

1970年，县革命委员会（简称“县革委”）党的核心领导小组成立，恢复爱国卫生运动委员会组织，并设立爱国卫生运动委员会办公室（简称爱卫办）。

1974年9月，爱卫办正式列编，副科级事业编制，设主任1人，办公地点在县卫生防疫站。1977年4月，爱卫办增加编制1人。1984年11月，爱卫办地点调整到县卫生局。

1991年1月，县爱卫办由副科级事业单位升格为正科级事业单位。1993年，机构改革，县爱卫办合并到县卫生局，成为副科级内设机构。

1999年1月，县委机构编制委员会重新确定县爱卫办为副局（科）级全额预算管理事业单位，隶属县卫生局，人员编制3人。

2002年8月，机构改革，县卫生局“三定”方案明确爱卫办为副科级全额预算管理事业单位，隶属县卫生局领导，办公室事业编制人员5名，设主任1名。

2019年3月，机构改革，县爱国卫生运动委员会办公室承担的行政职能划入县卫生健康局。县爱国卫生运动委员会办公室更名为县爱国卫生服务中心，为县卫生健康局所属副科级公益一类事业单位，人员编制5人。

2021年5月，县爱国卫生服务中心更名为县医疗急救指挥中心，为县卫生健康局所属副科级公益一类事业单位，人员编制5人，配备主任、副主任各1人。下设爱国卫生科、医疗急救指挥科，其中爱国卫生科承担县爱国卫生运动委员会的具体工作。

沂源县爱国卫生运动委员会历任主要负责人

机构名称	姓名	职务	任职时间
沂源县爱国卫生运动委员会（1953—）	高复顺	主任	1973—1977.04
	李文本	主任	1977.04—1979.04
	葛金友	主任	1979.04—1982.05
	冯学训	主任	1982.05—1984.11
	朱兆彬	主任	1984.11—1987.08
	刘曙升	主任	1987.08—1990.06
	周世莲	主任	1990.06—2001.03
	陈兆爱	主任	2001.03—2011.02
	陈保华	副县长分管	2011.02—2011.11
	李　玲	主任	2011.11—2017.01
	张莹莹	主任	2017.01—2023.01
	宋朋朋	主任	2023.01—

沂源县爱国卫生运动委员会办公室单列时期历任主要负责人

机构名称	姓名	职务	任职时间
沂源县爱国卫生运动委员会办公室（1974.09—1993.01）	张文一	主任	1974.09—1984.11
	张汉星	主任	1984.11—1990.06
	张道三	主任	1991.09—1993.01

主要业绩

除“四害” 1952年1月，美国侵略军在朝鲜战场上发动细菌战争，同时向我国东北地区和山东沿海城镇、农村空投大量细菌毒虫。沂源县成立防疫委员会，组织医务工作者普种牛痘疫苗、霍乱疫苗、伤寒疫苗，宣传发动人民群众开展以反细菌战为内容的爱国卫生运动。1956年，全县开展大规模的除“四害”（苍蝇、蚊子、臭虫、老鼠）运动。县政府成立除“四害”指挥部，县长任指挥长。开展灭鼠、捕麻雀、处理蚊蝇滋生地、建公养“三圈”（牛圈、羊圈、猪圈）等活动。全县116个小乡达到“五洁”（室内、街道、公共场所、厨房、厕所）、“四无”（蚊、蝇、鼠、臭虫）标准。

“两管、五改” 1974年9月，开展以“两管”（管饮水、管粪便）“五改”（改造厕所、改造畜圈、改造炉灶、改造环境、改造水井）为主要内容的农村卫生基本建设试点。1975年“两管”“五改”全面展开。1979年，全县21个大队“两管”“五改”达到基本配套标准，组织灭鼠专业队9734人，采用敌鼠钠盐在全县统一灭鼠。1980年3月，成立城关清洁队，县财政局拨款3万元作为开办经费，从县城驻地生产大队调集58人组成清洁员队伍。城关清洁队受南麻公社革委领导，负责县城各单位粪便垃圾的清理和主要街道的保洁工作。1988年3月，城区环卫所成立，在主要道路、街巷增设垃圾箱。

1985年，全县开展卫生达标、争创卫生先进单位活动。城区实行“门前三包”（包卫生、包绿化、包美化）。县委、县政府召开年度爱国卫生工作总结大会，表彰了县直22个文明卫生单位，对前3名发给奖金4000元，并授予锦旗。对卫生状况差的2个单位点名批评，并罚款800元。

2005年，沂源县被确定为国家农村改厕项目县，争取到改厕指标300个、配套资金4.5万元，在东里镇、中庄镇实施。南麻、东里、中庄、鲁村、悦庄、大张庄等6个乡镇实施“一池三改”（一个沼气池，改畜、改厕、改圈）。沂源县连续两年被列入国家农村改厕项目县，县政府按新建一个农村卫生厕所补助500元的标准投资70万元，在全县75个村新建1400个标准卫生厕所。

“爱国卫生月” 1989年4月，开展第一个“爱国卫生月”，全县有13万人次参加活动。在临沂地区组织的爱国卫生大检查中，沂源县有15个单位被评为卫生先进单位，自此每年开展一次“爱国卫生月”活动。2002年，第十四个“爱国卫生月”活动，城区各单位门前卫生由原来的单位自管方式改为城市综合管理办公室“统管”方式，对城区垃圾的收集、运输、消杀、处理等由县环卫处统一管理。

城乡环境卫生综合整治 2008年，以“迎奥运”为契机，全县集中开展城乡环境卫生综合整治，对贯通全县的9条主干道和沿路188个村庄的垃圾和白色污染进行集中治理，清理“三堆”（柴堆、粪堆、垃圾堆），新建农村生活垃圾池，拆除沿路违章建筑，设村级保洁队伍270个，保洁员475人。2009年，全县开展“迎全运会”环境卫生专项整治活动，以洁净、有序、和谐的城乡环境迎接全运会在山东省召开，6—10月，全县范围内开展“五治理”（城乡卫生整治、交通秩序治理、城乡市场管理、违章建筑整治、广告牌匾整治）“两建设”（城乡基础设施建设、城镇美化绿化工程建设）活动。2011年，以“健康山东”行动为主线，在全县组织开展城乡环境卫生集中整治活动。全县11个镇的360个村开展了村庄中心街绿化、美化、净化、亮化。2020年，全面开展垃圾分类工作，建立垃圾分类工作目标责任制，将垃圾分类工作纳入监督考核、示范创建内容，投资3万余元，建成15处标准化垃圾收储点。

卫生创建 1987年，城区以治理“脏、乱、差”为重点，开展争创文明卫生单位活动，30%驻城单位被评为文明卫生单位。全省临沂地区爱国卫生检查评比，沂源县被评为第三名。

1991年，县委、县政府确定开展省级卫生县城创建，是我县历史上首次开展此类大规模创建活动。按照《沂源县创建省级卫生城实施方案》，分解创建任务，对爱卫会成员单位，拟定考核细则，要求80人以上的机关，200人以上的企、事业单位成立爱卫会组织。1992年开始创建，1993年10月通过验收，被省爱卫会命名为省级卫生城。

2011年，创建省级卫生先进单位2个、省级卫生村5个。2个省级卫生乡镇通过验收。2018年，石桥镇和大张庄镇评审通过，成为山东省卫生乡镇，55个村被评为第一批山东省卫生村。2019年，东里镇创成了沂源县第一个国家卫生乡镇。

2021年，县委、县政府确定创建国家卫生县城；9月28日，顺利通过国家卫生县城暗访验收。

2023年，县委、县政府确定按照新的创建标准开展国家卫生县、国家卫生镇创建工作；9月4—8日，省专家组来现场评估，沂源县高分通过国家卫生县现场考核验收；9月14—17日，南鲁山镇、鲁村镇、大张庄镇、燕崖镇、中庄镇、西里镇、张家坡镇、石桥镇、悦庄镇通过国家卫生镇现场评估验收；9月22日，东里镇通过国家卫生镇复审验收。至此，沂源县国家卫生城镇创建实现全覆盖。截至2023年底，沂源县省级卫生单位39个，省级卫生村435个，覆盖率达到93%。

2024年2月28日，沂源县作为唯一区县代表，在全省规划信息（爱国卫生）工作会议上就国家卫生县创建作典型发言。

县卫生学校

机构沿革

1959年春，县卫生学校挂牌成立，由县人民委员会卫生科主办，地址在县政府驻地南麻镇东南二郎山县卫生院院内，股级事业单位，专职教师2名，兼职教师6名，主要培养当时急需的中专学历护理专业人员。

1961年，首届学生毕业后，学校停办。1966年4月，学校恢复招生，校址仍在原址，专职教师3名，兼职教师4名。采取社队推荐和文化课考试相结合的方法，招收县内具有初中文化的学员43名，教学使用全日制护士专业中专教材；7月，经山东省教育厅批准，沂水半工半读护士学校迁到沂源，与沂源卫校合并成立沂源县半工半读护士学校，招生列入国家计划，学制3年。有管理和专职教师6人，兼职教师5人。设有实验室、解剖室、图书室、仪器标本室等。校址仍在二郎山原县卫生院旧址。

1969年，受“文化大革命”影响，学校再度停止招生。1975年8月，学校恢复招生，有专职教师2名，兼职教师5名，校址在县人民医院院内。

1979年，县卫校迁入现健康路西、振兴路南县妇保站原址。1999年12月，县卫生学校编制撤销，机构并入县中医医院。

沂源县卫生学校历任主要负责人

机构名称	姓名	职务	任职时间	备注
沂源县卫生学校（1959—1999.12）	侯　健	校长	1959.03—1959.12	兼任
	王德成	校长	1959.12—1961.09	兼任
	田广居	名誉校长	1959.03—1961.09	兼任
	唐敬尊	校长	1966.04—1969.07	兼任
	左根田	校长	1975.08—1984.06	兼任
	唐　白	校长	1977.12—1982.07	兼任
	高绍佐	校长	1984.06—1988.02	兼任
	张建忠	党支部书记	1982.12—1990.12	
	黄树瑞	校长	1985.12—1992.06	
	王兆才	校长	1992.06—1999.12	

主要班次

年份	开设专业（学习班名称）	招生人数（人）	学制
1959.06	护理班	45	三年
1966.05	护理班	43	三年
1967.02	护理班	35	二年半
1975.07	护理班	40	二年
1976.10	医学基础班	46	半年
1979.03	医学基础班	48	二年
1981.04	护理班	47	二年
1981.04	西药班	48	二年
1980—1981	“赤脚医生”提高班（两个班次）	106	一年
1982.08	中医提高班	42	二年
1983.10	中药班	28	一年
1983.10	临床检验班	54	一年
1985	高中文化补习班	40	三个月
1986	妇幼保健培训班	36	三个月
1987	乡村医生培训班	50	八个月
1988.03	乡村医生培训班	50	八个月
1988.09	卫生职业中专医士班	64	三年
1989	卫生职业中专医士班	中医63 西医73	三年
1991	社区医学	62	三年
1992	社区医学	64	三年
1993	社区医学	57	三年
	乡村医学	76	二年
1994	社区医学	61	三年
	乡村医学	43	二年
1995	社区医学	64	三年
	续读班	40	一年半
1996	乡村医学	214	三年
1997	全科医学	73	三年
	乡村医学	109	二年
	大专专业证书	73	一年半
1998	全科医学	67	三年
	中西医结合	53	三年
	大专专业证书	22	一年半
	乡村医学	101	二年
1999	全科医学	58	三年
	大专专业证书	27	一年半
	乡村医学	66	二年
2000	大专专业证书	45	一年半
	乡村医学	35	二年

续表

年份	开设专业（学习班名称）	招生人数	学制
2001	全科医学	60	三年
	中西医结合	42	三年
2002	乡村医学	33	二年
	全科医学	58	三年
2003	乡村医学	45	二年
2004	乡村医学	30	二年
	全科医学	48	三年
	中西医结合	25	三年
2005	临床医学	38	四年
	乡村医学	35	二年
	全科医学	45	三年
2006	中医	36	三年

县皮肤病防治站

机构沿革

1955年，沂源县卫生院（县医院前身）建立麻风病防治组。1956年10月，建立沂源县麻风病防治站，地点在二郎山县卫生院内。1958年，迁往中庄区盖冶村东围子。1963年，有工作人员12人，其中站长1人、医生3人、护士3人、其他工作人员5人。1970年，设置更衣室、消毒室、诊断室、药房、化验室、手术室、换药室等内部科室。

1973年，改称沂源县皮肤病防治站。1984年，增设皮肤科门诊、药房等科室，有卫生技术人员9人，地点在中庄盖冶村东。1985年，迁入县城东风路中段路北，与县结核病防治所共用一座二层小楼。1988年，迁址于健康路西、南麻老街南县卫生局旧址，房屋10间。截至1990年末，全站职工18人，其中卫生技术人员14人。

1999年12月，卫生监督体制改革，县皮防站编制撤销，职能并入新成立的县疾病控制中心，人员分流到县卫生监督所和县疾病控制中心。

沂源县皮肤病防治站历任主要负责人

机构名称	姓名	职务	任职时间
沂源县麻风病防治站（1956.10—1973）	唐守润	站长	1957—1962
	王致卓	站长	1962—1964
	窦玉华	站长	1964—1968
	符文杰	站长	1970—1973
沂源县皮肤病防治站（1973—1999.12）	符文杰	站长	1973—1980
	高绍佐	站长	1980—1984.6
	郭安存	站长	1984.10—1987.10
	张大川	站长	1987.10—1988.08
	郭安存	站长	1988.08—1999.11

业务开展

麻风病患者调查 1955—1958年，经过4年基础调查，全县确诊麻风病患者540名。1959—1985年，补查新发现麻风病人146名。全县登记在册麻风病患者686人。

麻风病集中治疗 1958年，县卫生局分别在中庄公社、悦庄公社、鲁村公社、石桥公社各建麻风病人收治居住点，全县登记在册麻风病患者，先后在集中收治居住点治疗520人，部分病人居家隔离治疗。1961年后，鲁村、石桥、悦庄的收治居住点相继撤销，并入中庄盖冶收治点，称康乐村。居住康乐村的病人，在国家给予每人每月14元的定额治疗生活费的同时，组织有劳动能力的患者，在当地拨付的土地上开展生产活动，种植粮食、蔬菜作物，养殖家禽、耕牛、猪、羊，患者生活一度富足。工作人员积极组织患者开展文体活动，学文化、搞娱乐，形成良好的治疗和生活氛围，促进患者康复。1988—1990年，对现症存活病人和亲属开展全面健康查体，均未新发确诊病人。1990年11月，经省、市专家考核验收，沂源县达到消灭麻风病标准。至2023年持续监测，未新发现麻风病患者。

皮肤病防治 20世纪70—80年代，在主要开展麻风病防治的同时，还兼顾其他皮肤病的防治，先后开展头癣病、螨虫病等病种的调查和防治。1985年，县皮防站迁入县城后，主要开展普通皮肤病的防治工作，开设变态反应门诊等业务。截至1999年，相关业务并入县疾病控制中心。

县结核病防治所

机构沿革

1985年9月，县结核病防治所成立，股级事业编制。有副所长（主持工作）1人、放射医师1人、财务人员1人。

1986年12月，迁址东风路中段路北二层小楼，开设结核病专业门诊，有卫生技术人员6人、后勤人员2人，设有门诊、化验室、放射室、社会组等内部科室。1990年，人员增至12人。其中，主治医师1人、门诊医师2人、放射医师1人、化验医生1人、药剂员2人、护士1人、社会医师2人、后勤人员2人。

1999年12月，县结核病防治所编制撤销，相关业务并入县疾病控制中心。

沂源县结核病防治所历任主要负责人

机构名称	姓名	职务	任职时间	备注
沂源县结核病防治所（1985.09—1999.12）	王瑞成	副所长	1985.09—1989.12	主持工作
	王瑞成	所长	1989.12—1998.03	
	唐效益	所长	1998.03—1998.07	
	刘希平	所长	1998.07—1999.12	

业务开展

门诊业务开展结核病患者的痰涂片细菌检查和X光放射诊断确诊，使用全省统一的异烟肼、利福平、链霉素、乙胺丁醇联合化疗方案。社会卫生业务定期回访服药患者，免费派送治疗药物，督导规范治疗。1987—1989年，规范治疗病人646人，治愈630人，治愈率97.5%。

韩旺乡卫生院

1982年，东里医院在韩旺粮站对过设东里医院韩旺门诊，有3间平房。

1988年10月，成立韩旺乡卫生所，属全民所有制卫生事业单位，原东里医院韩旺门诊交韩旺乡卫生所。1990年，卫生所迁至乡政府驻地，院址为原农机站平房，共9间。有职工3人，其中中医师1名、防疫师1名、检验士1名。

1995年，更名为韩旺卫生院，卫生专业技术人员增至12人，成立妇产科，增设中医门诊。

1997年，增设放射科、化验室、B超室，启动卫生院门诊楼的基建。1999年3月，启动新门诊楼的医疗卫生工作，卫生专业技术人员增至29人，增设心电图室。2002年8月，政府撤乡并镇，合并至东里镇中心卫生院。

韩旺乡卫生院历任主要负责人

机构名称	姓名	职务	任职时间
韩旺乡卫生所（1988.10—1995）	王丙田	所长	1988—1995
韩旺卫生院（1995—2002.08）	王丙田	院长	1995—1998.08
	宋爱民	院长	1998.08—2002.08

金星乡卫生院

1985年，沂源县撤区划乡，从唐山区划出部分村庄，新成立金星乡。1988年6月，正式抽调人员组建金星乡卫生所，属全民所有制卫生事业单位。1989年5月，金星乡卫生所在滑石峪村附近的乡政府驻地正式开诊。

1993年，金星乡卫生所在原裕华机械厂医务室旧址设立鲁中公司职工医院，卫生所由原址搬迁至现址，设有综合门诊、妇产科、检验科、放射科、防疫等科室，业务用房20间，建筑面积600余平方米。1995年，更名为金星乡卫生院。

2002年，政府撤乡并镇，金星乡卫生院与梭背岭乡卫生院合并为西里卫生院，金星乡卫生院更名为西里卫生院金星分院。2016年，撤销西里卫生院金星分院，设西里卫生院金星院区。

金星乡卫生院历任主要负责人

机构名称	姓名	职务	任职时间	备注
金星乡卫生所（1988.06—1995）	王一伦	所长	1988.06—1990.06	
	王兆秀	副所长	1990.06—1992	主持工作
	王兆秀	所长	1992—1995.06	
金星乡卫生院（1995—2002.09）	王兆秀	院长	1995.06—1999.06	
	靳志文	院长	1999.06—2002.09	

沟泉乡卫生院

1985年9月，沂源县撤区划乡，从张庄区划出沟泉乡。1988年10月，成立沟泉乡卫生所，属全民所有制卫生事业单位。在乡驻地沂蒙路（S231张台线）西新建2排12间平房，建筑面积300平方米，作为门诊、防疫业务和行政办公用房。有医护、防疫、后勤等人员6名。

1995年，改称沟泉乡卫生院。1997年，开设门诊、观察室、药房、检验室、放射室、防疫、后勤等科室。有工作人员16人。

2002年，撤乡并镇，沟泉乡撤并到南麻镇和大张庄镇，乡卫生院财产和债务部分划拨南麻镇卫生院，不动产房屋改建为传染病备用医院。3名人员留守改建县传染病医院，13名人员调入南麻镇卫生院。

沟泉乡卫生院历任主要负责人

机构名称	姓名	职务	任职时间
沟泉乡卫生所（1988.10—1995）	李浩明	所长	1988.10—1995.05
沟泉乡卫生院（1995—2002）	李浩明	院长	1995.05—1998.04
	张丙玉	院长	1998.04—2000.10
	田永春	院长	2000.10—2002.05

徐家庄卫生院

新中国成立至1971年，徐家庄乡属黄庄区（公社），设黄庄卫生院徐家庄卫生所。1971年底，调整行政区划，成立徐家庄公社，黄庄公社卫生院徐家庄卫生所改建为徐家庄乡卫生院，属集体性质。

1971年底，县政府拨款开始基本建设。至1990年，卫生院占地6亩。建筑面积985平方米，开设床位20张，职工15人。设置科室主要有中西医门诊、药房、妇产科、放射科、化验室、病房等。主要医疗设备有30毫安X光机1台，显微镜及一般化验器材等。地址在兴徐路西乡政府东邻。

2000年，卫生院搬迁新址，病房楼正式投入使用，设置病床15张，开设内科、妇产科、五官科、防疫、检验室、放射科、药房、收款室、办公室等，共有医院职工27人。

2014年9月，合并入鲁村中心卫生院，成为沂源县鲁村中心卫生院徐家庄医疗服务点。

徐家庄乡卫生院历任主要负责人

机构名称	姓名	职务	任职时间
徐家庄乡卫生院（1971—2014.09）	唐守高	院长	1972.01—1975.03
	张元清	院长	1975.03—1981.11
	刘加坤	院长	1981.11—1984.10
	崔希礼	副院长（主持工作）	1984.10—1987.10
	刘维玉	院长	1987.10—1988.06
	崔希礼	院长	1988.06—1990.12
	刘维玉	院长	1990.12—1998.05
	杨　清	院长	1998.05—2003.03
	宋爱民	院长	2003.03—2005.04
	唐守学	院长	2005.04—2006.09
	白道福	院长	2006.09—2012.04
	左志波	院长	2012.04—2014.09

草埠煤矿医院

1958年，成立草埠煤矿卫生所。1989年，在卫生所基础上建立草埠煤矿职工医院。建筑面积1000平方米，隶属临沂矿务局。地址位于鲁村镇草埠村。有医护人员22人，设床位20张，院长谢同卿。院内设有内、外、放射、化验、心电图等科室。服务于该矿职工及家属，同时也对外服务。

1974年，购置200毫安X光机并用于诊断。1990年10月，院内有卫生技术人员19人，其中主治医师2人、主管护师1人，医师、医士级16人。日门诊量150人次。

2006年，煤矿改制，医院停办。

东风化肥厂职工医院

1980年，东风化肥厂职工医院在原厂卫生所基础上建立。建筑面积500平方米，医护人员18人，床位30张。院长李志坤。

1990年10月，有主治医师2人，医师4人；医技人员12人，配置200毫安X光机开展摄片、造影。设有内、外、妇、理疗、放射、化验、药房等科室，主要服务于本厂职工，日门诊量120人次。

2006年，企业改制，医院停办。

鲁村煤矿职工医院

1983年11月，在鲁村公社建立鲁村煤矿职工医院。

1990年10月，建筑面积扩大到792平方米，业务用房576平方米，医护人员20人。隶属沂源县经委。设内、外、药房、放射、化验、病房等科室，床位20张。服务于本矿职工及家属，同时也对外服务。内科收治慢性气管炎、胃溃疡、高血压病、肺心病等常见疾病，外科能处理一般工伤等。内有200毫安X光机、电光分析天平、心电图机等20余台（件）医疗设备。煤矿改制后，医院搬迁至县城城区。

计生篇

综述

扫码听书

记忆沂源·卫生健康卷

概 况

1944年，沂源县建县时人口18万。1949年，新中国成立时沂源县人口23万，年均人口出生率为15‰。新中国成立后，受经济、社会、政治诸多因素的影响，在传统文化、历史人口的作用下，人口迅速增长。1950—1960年，年均人口出生率为32.27‰，人口自然增长率由1949年的9.8‰上升到1960年的23.52‰，年均净增人口6373人。1961—1972年，全县人口快速发展，年均人口出生率达36.57‰，自然增长率达26.33‰，比前11年年均分别增长4.3个和2.81个千分点。20世纪70年代，特别是改革开放以后，沂源县认真落实计划生育基本国策，经过几十年的艰苦努力，生育水平达到更替水平以下，实现人口再生产类型由高出生、低死亡、高增长转向低出生、低死亡、低增长。人口出生率由1990年的18.52‰下降到2022年的5.98‰；人口自然增长率由1990年的12.75‰下降到2022年的-1.67‰，第一次出现人口负增长。总和生育率由20世纪70年代的3.5左右，下降到21世纪的1.5以下。

沂源县计划生育工作起始于20世纪60年代，70年代全面展开，80年代上水平，90年代步入规范化，人口增长得到了有效控制，人口素质不断提高，保证了人口与经济社会、环境资源的全面、协调、可持续发展。沂源县计划生育发展历程，主要经历了两个大的时期和4个发展阶段。

党的十一届三中全会之前

这一时期，计划生育作为一项工作提出并开展，大致可分为两个阶段。

宣传倡导节制生育阶段（20世纪50—60年代） 新中国成立初期，面对第一次出生高峰、人口增长过快的态势和超过6亿的规模给新中国国民经济恢复发展、人民温饱带来的沉重压力，毛泽东提出“要提倡节育，要有计划地生育”，首次把生育和“计划”联系在了一起。1956年9月，国务院总理周恩来在党的八大报告中提出：“我们赞成在生育方面加以逐步地节制。”同年，县妇幼保健站利用墙报在县城南麻宣传避孕知识。1962年，在唐山公社曹宅村开展宣传教育试点工作。1963年，县节制生育委员会、县妇女联合会、县妇幼保健站在南麻宣传计划生育知识。1964年，县委、县人委提出“计划生育工作要先党内后党外、先干部后群众，从上而下，层层进行”的要求，并在全县局级干部大会上，率先动员176名多子女的脱产干部和村党支部书记实施绝育手术。随后，计划生育工作在全县展开。到1966年，全县共做4种节育手术8324例，其中93%的受术人员为有4个孩子以上的育龄男子或妇女，人口自然增长率由1963年的34.96‰下降到1969年的28.6‰。

计划生育在全县普遍推行阶段（20世纪70年代） 1971年，县委、县革委认真贯彻落实国务院提出的生育政策“一个不少、两个正好、三个多了”的要求，动员全县已有2个孩子的夫妇不再生育，当年做4种节育手术14691例，其中92%是3个孩子以上的育龄男子或妇女。1976年，县委、县革委根据中共中央计划生育领导小组负责人“一对夫妇一对孩，两胎间隔四五年，杜绝多胎生育”的讲话精神，要求全县育龄夫妇积极响应，到1979年上半年，共做4种节育手术52982例，其中98%是已有2个孩子的育龄夫妇，人口自然增长率由1971年的25.32‰下降到1979年的12.66‰。

1979年4月25日，驻沂源的山东裕华机器厂22名生育一孩的夫妇向全县青年夫妇发出“终生只要一个孩子”的倡议书，在全县反响较大；9月14日，县委、县革委召开表彰大会，为首批报名终生只要一个孩子的453对青年夫妇披红戴花，颁发《独生子女光荣证》，并予以通报表扬。同年底，全县有7835对青年夫妇领取《独生子女光荣证》，占一孩夫妇的64.7%，其中徐家庄、石桥、大张庄、燕崖公社一孩夫妇报名领证率达90%以上。

党的十一届三中全会之后

改革开放和现代化建设新时期，计划生育作为一项基本国策被摆在全局发展的战略高度，步入持续稳定健康发展的轨道。这一时期，也经历了两个阶段。

以经济建设为中心，控制人口过快增长，实现低生育水平阶段（20世纪80—90年代） 党的十一届三中全会以后，党中央、国务院更加重视和加强计划生育工作。1980年，中共中央发出《关于控制我国人口增长问题致全体共产党员、共青团员的公开信》，向全党全社会发出了“提倡一对夫妇只生育一个孩子”的号召。1982年，党的十二大把实行计划生育确定为我国的一项基本国策，同年，写入新颁布的《中华人民共和国宪法》，计划生育政策提到全局发展的战略高度。

县委、县政府认真贯彻落实党中央、国务院发出的一系列计划生育方针政策，保证计划生育工作健康发展。1982年，县委决定：凡年龄在40周岁（含40周岁）以下，2个及2个以上孩子的育龄夫妇，只要一方适合结扎条件的一律结扎，全县共做4种节育手术27790例，其中结扎手术9856例。1984年，全县出生5984人，其中一胎占95.6%，人口自然增长率下降到5.91‰，被省委、省政府授予“计划生育先进县”荣誉称号。1985年，省计生委、临沂地区计生委根据沂源县系纯山区、劳动强度大的实际情况，确定沂源县为“间隔式”生育政策试点县，即对农村独女户有计划有间隔地生育第三胎，全县共安排1884对夫妇间隔式生育。20世纪80年代，共做男扎2468例，女扎23328例，放环92652例。人口出生率由70年代的年均21.54‰下降到15.79‰，自然增长率由70年代的年均14.58‰下降到10.38‰。1986年3月，全国计划生育先进集体、先进个人表彰会上，沂源县被授予“全国计划生育先进县”称号。

20世纪90年代，党中央、国务院进一步加强对计划生育工作的领导。1991年起，在每年全国人代会和全国政协会期间，连续召开计划生育座谈会，专题研究部署计划生育工作。在这期间，进一步提出和完善计划生育工作的指导思想，即坚持“三不变”（现行计划生育政策不变、既定的人口控制目标不变、各级党政一把手亲自抓负总责不变），落实“三为主”（以宣传教育、避孕节育、经常性工作为主），推进“三结合”（计划生育工作同发展经济、帮助农民勤劳致富奔小康、建设文明幸福家庭相结合），实现工作思路和工作方法的两个转变。

这一阶段，沂源县计划生育工作坚持“抓基层、打基础，抓后进、促平衡，抓改革、上水平”，坚持毫不放松地抓紧抓好计划生育工作。1991年，全县进行万例集中大结扎活动。1994年，全县开展育龄妇女信息集中清理整顿活动。1995年，开展“计划生育六好合格村”创建活动。1998年，开展“五查五看”活动。1999年，开展争创市级优秀乡镇计划生育服务站建设达标活动和计划生育数据信息“三对照”活动。20世纪90年代，做男扎950例，女扎21144例，皮埋2627例，放环62222例；平均人口出生率为12.64‰、平均人口自然增长率为7.01‰，实现了人口低出生、低死亡、低增长的历史性转变。

以科学发展观为指导，稳定低生育水平，统筹解决人口问题阶段（2000年以后） 进入21世纪，我国进入全面建成小康社会的新时期。党中央、国务院将稳定低生育水平、统筹解决人口问题纳入科学发展观、以人为本、构建和谐社会的重要内容，全党对人口问题的认识提高到一个新水平。2000年3月，中共中央、国务院颁发《关于加强人口与计划生育工作稳定低生育水平的决定》（以下简称《决定》）；2006年12月，中共中央、国务院颁发《关于全面加强人口和计划生育工作统筹解决人口问题的决定》（以下简称《决定》），两个《决定》指出：“计划生育是我们必须长期坚持的基本国策。在实现人口再生产类型的转变之后，人口与计划生育的主要任务将转向稳定低生育水平”。山东省通过深入开展人口基础信息核查，正确分析人口形势，进一步明确把稳定低生育水平作为现阶段的根本任务和首要任务，确立坚持“三个不动摇”指导思想，即坚持计划生育基本国策不动摇，坚持人口计生工作大的方向不动摇，坚持稳定低生育水平不动摇，保持生育政策持续稳定、人口计生工作持之以恒。

沂源县出台一系列政策措施，坚持以稳定低生育水平为首要任务，把统筹解决人口问题的各项任

国家计生委副主任彭玉（左一）到沂源视察计划生育宣传教育工作（1993年3月）

务落到实处。深入开展人口基础信息核查，坚持发挥政治主导作用，加强和改进目标管理责任考核，抓好以长效为主的节育措施落实和社会抚养费征收等关键措施，遏制违法生育和控制出生人口性别比，保持低生育水平长期稳定。进一步加强和改进人口和计划生育宣传教育，统一社会各方面的思想认识，利用庆祝改革开放30周年、新中国成立60周年、《公开信》发表30周年有利时机，大力宣传人口计生政策，树立正确舆论导向。进一步加大利益导向、强化管理服务、技术服务，坚持鼓励与制约并举，政府层面与社会层面特别是村集体经济组织互动，普惠政策与优惠政策相衔接，建立全面系统的利益导向政策体系。坚持依法行政与基层群众自治相结合，大力推行修订完善《村规民约》，增强村居自治能力。重点围绕稳定低生育水平，搞好避孕节育服务，开展优生优育、生殖保健健康服务工作。

随着国家生育政策的不断调整，计划生育工作逐步由管理向服务、由法治向自治转变。2014年7月，沂源县按照省、市人口计生委的安排，开始实施"单独两孩"政策，当年审批办理二孩《生育证》5382例。2016年1月，全国实施"全面两孩"政策，沂源县当年新出生10370人，人口出生率增至18.04‰，自然增长率达12.02‰。2017年，出生10099人，人口出生率17.5‰，自然增长率9.77‰，出现生育高峰。2018年后，出生人口逐年下降。2023年，全县出生3091人，人口出生率5.43‰，自然增长率-1.32‰。2021年6月，中共中央、国务院印发《关于优化生育政策促进人口长期均衡发展的决定》，全面实施三孩政策。沂源县积极组织实施和宣传引导，但群众的三孩生育愿望不大，短期内未出现较大的出生人口波动。

机构沿革

县人口与计划生育领导小组

根据国家、省、市要求设立县人口与计划生育领导小组，组长一般由县长担任，副组长一般由县委、县人大、县政府、县政协的分管领导担任，县委宣传部部长、县纪委书记也担任过副组长；办公室设在县计划生育局（委员会），县计划生育局（委员会）局长（主任）担任办公室主任。

1970年6月，山东省革委计划生育领导小组成立。此后，各地市、区县相应成立计划生育领导小组。20世纪70年代，沂源县成立计划生育领导小组。1982—2013年，历任县计划生育领导小组组长、副组长名单如下。

1982—2013年，县计划生育领导小组历任组长、副组长名单

时间	名称	组长	副组长
1982年6月	沂源县计划生育领导小组	尚积席	宋奎元、李华斌
1984年6月	沂源县计划生育领导小组	冯学训	冯延明
1984年10月	沂源县计划生育领导小组	冯学训	刘曙升、王祥德

续表

时间	名称	组长	副组长
1987年9月	沂源县计划生育领导小组	李爱民	丁德民、王祥德
1988年7月	沂源县计划生育领导小组	李爱民	任明喜、王启友、王祥德
1990年9月	沂源县计划生育领导小组	王可臣	于书太、吕文才、宋传书、周世莲、刘曙升、王祥德
1993年7月	沂源县人口与计划生育领导小组	陈留泉	申文良、陶家亮、宋传书、周世莲、汪志弘
1998年11月	沂源县人口与计划生育领导小组	王世庆	周仕来、王恩明、尹玉法、周世莲、陶家亮
2000年8月	沂源县人口与计划生育领导小组	王世庆	周仕来、张景春、尹玉法、周世莲、陶家亮
2008年4月	沂源县人口与计划生育领导小组	苏　星	谭秀中、陈　茜、曹秀芹、陈兆爱、秦明兰
2011年5月	沂源县人口与计划生育领导小组	谭秀中	陆汉明、李庆彪、邹宗森、黄雪颂、秦明兰、陈兆爱、魏成浩
2013年6月	沂源县人口与计划生育领导小组	谭秀中	陆汉明、陈保华、黄雪颂、何剑明、李　玲、魏成浩

县计划生育局（委员会）

1957年，成立县节制生育委员会，为临时机构。1964年6月，成立县计划生育办公室，与卫生局联合办公。1966年，“文化大革命”开始后工作中断。1971年10月，恢复县计划生育办公室。1972年9月，成立沂源县革命委员会计划生育办公室，为常设机构，独立办公。1981年11月，改称“计划生育局”。1984年6月，改称“计划生育委员会”。2002年6月，又改称“计划生育局”，内设4个科室，编制14人。2010年4月，改称“人口和计划生育局”。2016年1月，机构改革，与县卫生局合并为“沂源县卫生和计划生育局”。

历任主要负责人

机构名称	姓名	职务	任职时间
沂源县计划生育局（1981.11—1984.06）	王德成	局长	1981.11—1984.06
沂源县计划生育委员会（1984.06—2002.06）	王祥德	主任	1984.06—1993.12
	彭忠庆	主任	1993.12—1998.03
	朱道喜	主任	1998.03—1999.03
	郭宝庆	主任	1999.03—2001.03
	郭守秘	主任	2001.03—2002.06
沂源县计划生育局（2002.06—2010.04）	郭守秘	主任	2002.06—2008.01
	刘绵锋	局长	2008.01—2010.04
沂源县人口和计划生育局（2010.04—2016.01）	刘绵锋	局长	2010.04—2013.10
	耿益民	局长	2013.10—2016.01

内设科室及所属事业单位

内设科室　1993年，机构改革后，县计划生育局设三科一室，即人秘科、宣传教育科、计财科、县直机关计生办，内设法规信访科、科技科。1995年5月，县直机关计生办撤销，业务由城区计生委承办。2010年12月，县政府办公室印发《沂源县人口和计划生育局主要职责内设机构和人员编制规定》，核定编制13人，内设4个科室，即办公室、督查科（挂计划统计科牌子）、宣传教育科、科学技术科。

县计划生育服务站　1988年，成立县计划生育宣传技术指导站，后改称计划生育宣传服务站，为副科级全额预算管理事业单位。1993年，机构改革时核定编制20人。1996年7月，设综合服务科、技术科、特检科、宣培科、药管科和护理部。2000年，全站有人员34人，其中高级职称2人、中级职称4人、初级职称21人。2002年11月，核定编制32人，设办公室、宣传培训科、技术科、避孕药具管理科、特检科、护理部6个业务科室。2016年4月，将县计划生育服务站的人员和职能，整建制合并到县妇保院，组建县妇幼保健计划生育服务中心。

县流动人口计划生育管理办公室 1995年5月，成立县流动人口计划生育管理办公室，为股级事业单位，定编3人。1999年5月，升格为副科级全额预算管理事业单位，定编6人。2002年11月，设督查科和统计科2个业务科室。2021年1月，整合县流动人口计划生育管理办公室、县卫生和计划生育会计核算中心2个事业单位，成立县卫生健康事业发展中心。

初期的县计划生育宣传站（1988年）

县计划生育执法大队 2007年6月，成立县计划生育执法大队，为副科级全额预算管理事业单位，人员编制5名。2013年2月，升格为正科级事业单位，设一中队、二中队。2017年11月，县政府办公室印发《沂源县综合行政执法体制改革实施意见》，将沂源县卫生监督所更名为沂源县卫生和计划生育综合执法大队，整合县计划生育执法大队职责、机构和人员编制，划入县卫生和计划生育综合执法大队，不再保留县计划生育执法大队。

基层计生机构

乡镇计划生育办公室（委员会） 是乡镇党委、政府在人口与计划生育工作中的职能部门。业务受县计划生育局（委员会）的指导、监督和检查，具体负责管理区域内各村（居）的计划生育工作。1964年6月，各公社设立计划生育领导小组办公室，一名副书记任组长，公社妇联和卫生院负责具体计划生育工作。1984年，全县各乡镇成立计划生育办公室，为股级事业单位。1988年，改称计划生育委员会，升格为副科级事业单位。1999年5月，成立城区计划生育委员会，为副科级全额预算管理事业单位，隶属城区办事处。2002年6月，机构改革，全县乡镇计划生育委员会改称计划生育办公室（简称计生办，下同），降格为股级单位，南麻、悦庄、东里、鲁村和西里镇计生办单设，其余乡镇计生办挂靠乡镇社会事务办公室或综合治理办公室。2005年6月，县委机构编制委员会下发通知，各乡镇设立计划生育办公室，为股级全额预算管理事业单位，从社会事务办公室中独立出来，单独挂牌，独立设编。

乡镇计划生育服务站 是乡镇计生办（委）领导下的事业单位，对区域内育龄人群实施宣传、培训、技术、药具服务，婚、孕、育、养和生殖保健、优生指导等一条龙服务。1984年，各乡镇设立计划生育办公室后，为做好计划生育服务，实施计划生育手术，均成立计划生育服务站，为股级全额预算管理事业单位，由乡镇计生办（委）管理。2012年，机构改革，在便民服务中心加挂计划生育服务站牌子。1985年，县、乡两级服务站建成后，基础设施、装备水平和服务功能不断完善，逐步形成了“县站为龙头，乡镇中心站为骨干，乡镇服务站为依托，村服务室为基础，流动服务车为纽带”的技术服务网络。2000年后，不断强化规范化、标准化建设，13个乡镇服务站全部创建为市级优秀服务站。

村（居）计划生育办公室 计划生育网络中的“网底”是村（居）计划生育办公室。计划生育政策实施后，特别是20世纪80年代后，各行政村（居）都设立计划生育办公室和已婚育龄妇女查体室，配备1名女性专职计生主任。村计生办的工作职责是开展宣传教育、加强档簿管理、组织已婚育龄妇女查体、孕情跟踪，落实各项计划生育利益导向政策。各村（居）根据实际，下设多个育龄妇女小组，配备小组长，在村计生主任的统一协调组织下开展计划生

东里镇计划生育服务站（2008年7月15日）

育服务工作。

计划生育协会

1987年9月，沂源县计划生育协会（简称计生协，下同）成立。1990年10月，为正科级事业单位，办公室设在县计生委，定编3人，何家顺任专职会长。1994年9月，县政府公布崔成等为专职会长（正科级）。1997年4月，沂源县计生协第二次换届，县政府副县长周世莲当选为会长。2001年，县政府副县长陈兆爱当选为会长。2009年3月，第四届沂源县计生协换届，副县长李玲当选为会长。2012年11月，设立沂源县计划生育协会办公室，为正科级事业单位，人员编制4名，配备主任1名、副主任1名，左新明担任计划生育办公室主任。2019年2月，唐光明任沂源县计生协办公室主任。2021年5月，县委编办下发文件，将沂源县计划生育协会办公室调整为沂源县计划生育协会机关，列入群团机关管理，编制增加到5人。2023年6月，县计划生育协会换届，宋朋朋当选为会长。

各乡镇、村（居）根据上级要求，也分别成立计划生育协会。1998年8月，在南麻镇西北麻村召开镇、村两级第一届计生协会成立工作会议后，全县共建立计生协会711个，拥有会员57550人，占全县总人口的10.2%，其中县计生协1个、乡镇计生协16个、村级计生协617个、企事业计生协75个。经过镇村合并、政策调整，2021年，镇、村两级计划生育协会换届。截至2023年底，全县有县级计生协会1个、镇级12个、村级486个、企业和流动计生协4个，从事计生协会专职人员23人，理事2467人，会员小组1944个，会员38568人，占全县总人口的7.6%。

队伍建设

沂源县委、县政府高度重视计划生育干部队伍建设，作为全县干部队伍建设的重要内容之一，纳入全县干部队伍建设总体规划。自20世纪70年代开始，逐步建立起县、乡（公社、镇）、村（大队、居）三级计生队伍网络体系，管理和服务队伍逐步实现专业化、专职化。1995年，与县职工中专联合举办人口理论学业中专班，培训58名计划生育工作人员。1998年，沂源县按照市人事局、市委编办、市计生委《关于做好转招乡镇、街道办事处计划生

全县第一期村级计生协会会长培训班（1998年8月）

育临时工为乡镇聘用制干部工作的通知》要求，从全县计划生育临时工中，通过严格考试，择优录取40名计划生育聘用制干部。2006年，县委、县政府专门下发了《关于加强人口和计划生育队伍建设的意见》。2008年，乡镇计生办主任按照副科级配备，对符合条件的11名乡镇计生办主任提拔为副科级干部。

1990年，全县有计划生育技术人员96人。1991年后，计划生育专业技术队伍从质到量都有较大发展。2002年，全县共有计划生育技术人员125人，其中高级职称2人、中级职称26人、初级职称97人。2010年，全县共有计划生育工作人员897人。其中县级50人、乡镇级202人、村级计生主任645人。共有专业技术人员153人，其中高级3人、中级26人、初级124人。

2006年、2007年、2009年，县政府分别下发《关于表彰全县人口和计划生育先进工作者的通报》，分别表彰了60名、85名、95名全县人口和计划生育先进工作者。2011年、2012年、2013年，县委、县政府分别下发《关于表彰沂源县人口和计划生育工作先进单位、先进个人的通报》，分别表彰了73名、75名、75名全县人口和计划生育工作先进个人。

县　直

2010年，县级机构共5个，分别是县人口计生局、县计生协会、县计生服务站、县流动人口计划生育管理办公室和县计划生育执法大队，除局机关为行政单位外其他均为全额财政拨款事业单位。总编制60人，实有人数50人。其中行政机关编制14人，实有10人；事业单位编制46人，实有40人。共有专业技术人员27人，其中高级3人、中级11人、初级13人，工勤人员3人。

乡镇（街道）

1976年4月，从全县农村选拔不脱产计划生育干部19名，作为乡镇专职计生工作人员。1983年，将符合条件的工作人员转为正式干部。2010年，全县13个乡镇和1个城区办事处，共有42个计划生育机构，各乡镇分别设有计划生育办公室、计划生育服务站和计划生育协会，均为全额财政拨款事业单位。全县乡镇编制总人数176人，实有202人。全县乡镇事业编制人员168人，其中专业技术人员126人，管理人员27人，工勤人员15人。乡镇计生工作人员全部由乡镇党委、政府管理，实行竞争上岗、工资统筹，并实行岗位责任制、服务承诺制和人员准入制。

村（居）、社区

自实行计划生育政策以后，全县各村（大队）均配备计生主任1名，大部分村（大队）计生主任属“两委”成员。另外，各村还配备了计划生育“三大员”（宣传员、统计员、药管员）和育龄妇女小组长，有的村还配备了流动人口管理员。对村（居）计生主任管理实行“乡聘村用、县管档案”的办法和聘任制、目标责任制、奖惩制、淘汰制“四位一体”管理模式，定期考核、严格兑现奖惩，对连续两年完不成责任目标或出现违法生育的予以解聘。2004年、2007年，沂源县按照“公平、公正、公开”的原则，由县计生局会同乡镇党委、政府，通过考试、考核的办法，择优聘用村（居）计生主任645名，其中女性611人，大专以上学历的19人、中专或高中学历的265人、初中以下学历的361人。自2008年

全县村（居）计生主任职业化培训班（2013年9月）

起，沂源县对村计生主任待遇实行县、乡镇统筹发放，其中县财政统筹每人每月平均100元，乡镇财政统筹50～100元，县财政统筹部分通过银行以“直通车”的形式直接发放到村（居）计生主任手中。

2009年，沂源县开始探索实行社区计划生育管理员办法，面向全县公开招考46名社区计划生育管理员，组织岗前培训班，城区计生办制定具体的管理制度，按照每名社区计划生育管理员管理100～120名已婚育龄妇女的标准分配具体管理对象，待遇实行基本工资加绩效工资，由县财政和南麻镇各承担50%，建成一支职业化计划生育管理队伍。

“最美计生人”评选

2013年，市人口计生委下发《关于开展“身在基层为群众争当最美计生人”主题系列活动的实施意见》，沂源县以村（居）计生主任、社区计生协管员为主，层层筛选出30名县级“最美村计生主任”。燕崖镇计生办冯成玲、南麻街道埠下村张秀芹、悦庄镇东赵庄三村田光梅被评选为市级“最美计生人”，在全市万人计生主任大培训活动中，进行了事迹宣讲。

1986年，郑功学、李梅香获得国家计生委表彰的全国计划生育先进个人。

1988年，王祥德、赵兴玉、王宝叶、刘成梓、伊树国获得省委、省政府表彰的全省计划生育先进个人。

社区计生管理员上门宣传服务

1993年，王祥德获得山东省“富民兴鲁”五一劳动奖章。

1993年，周世莲、何家顺、丛培云、沈学彪、颜景山、侯学菊获得省委、省政府表彰的山东省计划生育先进工作者。

1995年，丛培云获得国家计生委、国家卫生部表彰的计划生育万例手术无事故先进个人。

2000年，北徐家庄村吕会春获得国家计生委表彰的全国基层优秀计划生育工作者。

2003年，杜宏伟获得国家人口计生委表彰的全国人口和计划生育系统防治非典型肺炎工作先进个人。

2006年，郭守秘获得国家人口计生委表彰的全国人口与计划生育科技工作先进个人。

计划生育统计

育龄妇女信息统计

按照《山东省人口和计划生育基层统计管理规范》和《山东省育龄妇女信息管理规范》要求，育龄妇女信息日常管理，以县（市、区）为单位建立、管理、维护育龄妇女信息系统（简称WIS系统，下同），以村（居、单位）为起报单位，以乡（镇、街道）为信息录入、变更、审核单位，每个育龄妇女为具体服务管理对象。系统运转主要体现为“五个一”，即一卡、一单、一板、一表、一册。“一卡”，即《育龄妇女基础信息卡》，由村（居）填写，主要记录育龄妇女的基本情况及婚姻、家庭子女、避孕节育等基础信息，是建立和应用育龄妇女信息系统的依据。“一单”，即《村级计划生育信息变更报告单》，是村（居）每月登记育龄夫妇婚姻、妊娠、生育、避孕节育等动态变化的原始记录，是更新育龄妇女基础信息和汇总人口计生统计报表的依据。“一板”，即《村级当前情况一览板》，由乡

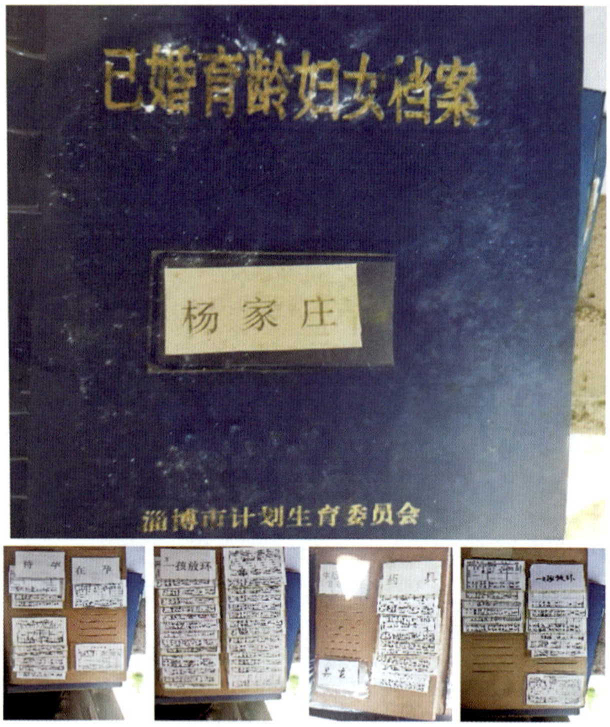

20世纪90年代的育龄妇女档案

（镇、街道）按照育龄妇女孩子数量、避孕措施进行分类汇总，并向村（居）反馈，主要反映村（居）计划生育工作每月动态变化情况，方便村（居）掌握育龄妇女计划生育服务管理整体情况。“一表”，即《村级计划生育任务反馈表》，由乡（镇、街道）向村（居）级反馈，主要内容为村（居）所有发生的女性初婚、生育、《生育证》发放、《生育服务手册》发放、当月落实避孕节育措施、办理生育登记人员及预计出生信息，指导村（居）开展相应服务。“一册”，即《村级育龄妇女信息花名册》，由乡（镇、街道）从WIS系统中调取数据，反馈到村（居），以村（居）为单位，反映每名育龄妇女的婚姻、妊娠、生育、避孕信息，便于村级核实、查对育龄妇女信息。通过“一卡、一单、一板、一表、一册”的形式，WIS系统在管理人口信息（总人口、出生、死亡人数）、育龄妇女变动信息（迁入、迁出和死亡个案）、育龄妇女基本信息（婚姻、妊娠、生育、避孕节育、生育登记、《生育证》审批等服务管理）发挥了便捷、高效的作用。

育龄妇女信息是一个不断更新完善的过程。1993年10月，全县开展育龄妇女信息计生、公安、民政、卫生防疫登记“四统一”活动。1994年，开展育龄妇女信息集中清理整顿活动，县六大班子领导分工包乡镇，抽调县直部门300名干部组成工作组，到乡镇逐村、逐户、逐人、逐项进行清理清查，对全县广大育龄妇女的婚育信息进行全面登记，健全档案，对违反计划生育政策的进行清查处理，进一步拓清全县计划生育基础信息。1996年10月，完成全县已婚育龄妇女基础信息调查并录入WIS系统。1998年，开展“五查五看”活动。1999年，开展计划生育数据信息“三对照”活动，村不漏户、户不漏人、人不漏项，对1997年1月1日以后有婚、孕、育现象的育龄妇女信息进行逐户逐人逐项登记，并与村报告单和有关档簿资料、与乡镇报表资料、与计算机信息进行对照，全县共核对6万余户、14.5万余项。2000年，在继续搞好“三对照”的基础上，结合全国第五次人口普查，进一步核对基础信息。

WIS系统自1995年运行以来，不断迭代升级，现在使用的版本为2020年更新的山东省人口监测与家庭发展服务管理信息系统。

自2002年以后，出现已婚育龄妇女（15~49周岁）数逐步下降趋势一览表

年度	人数（人）	同比（人）	增幅（%）
2002	128702	-	-
2003	128301	-401	-0.31
2004	125879	-2422	-1.89
2005	124511	-1368	-1.09

续表

年度	人数（人）	同比（人）	增幅（%）
2006	123304	−1207	−0.97
2007	119832	−3472	−2.82
2008	117020	−2812	−2.35
2009	115116	−1904	−1.63
2010	112949	−2167	−1.88
2011	111846	−1103	−0.98
2012	109517	−2329	−2.08
2013	106028	−3489	−3.19
2014	104296	−1732	−1.63
2015	101402	−2894	−2.77
2016	97711	−3691	−3.64
2017	94955	−2756	−2.82
2018	90971	−3984	−4.20
2019	87162	−3809	−4.19
2020	83909	−3253	−3.73
2021	81257	−2652	−3.16
2022	80079	−1178	−1.45
2023	79360	−719	−0.90

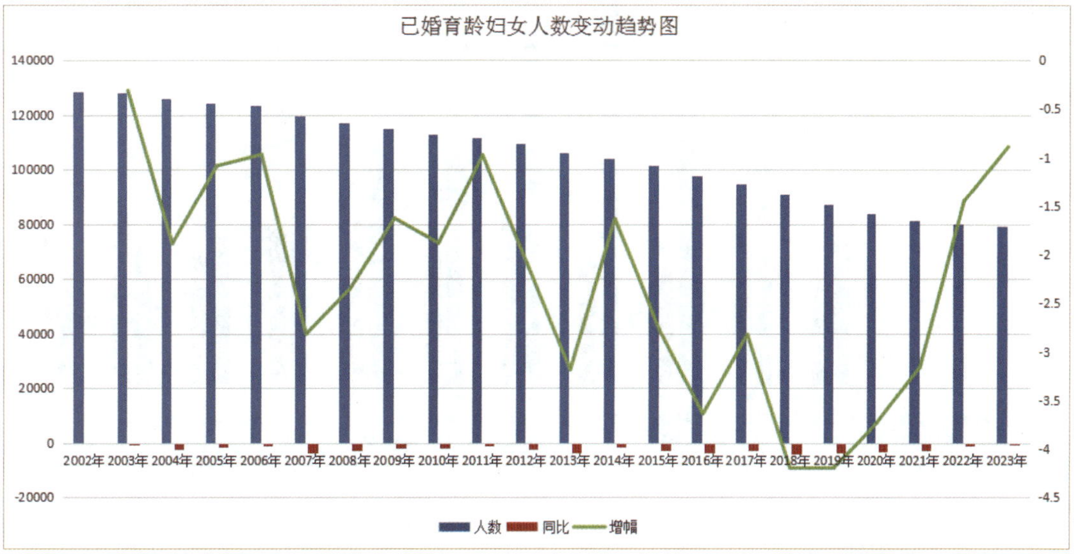

已婚育龄妇女人数变动趋势图

人口出生数、出生率、自然增长率一览表（2001—2023）

年度	出生人数（人）	出生率（‰）	自然增长率（‰）
2001	5100	9.23	—
2002	5690	10.28	4.53
2003	5248	9.49	3.74
2004	5796	10.46	5.02
2005	5386	9.69	3.47
2006	4851	8.70	2.90
2007	5152	9.20	3.30
2008	4680	8.30	1.80
2009	4190	7.40	0.90
2010	4561	8.10	0.50
2011	4331	7.69	1.91
2012	5025	8.92	1.48
2013	4285	7.60	2.01
2014	5500	9.73	2.90
2015	6640	11.65	6.40
2016	10370	18.04	12.02
2017	10099	17.50	9.77
2018	6865	11.99	5.33
2019	6011	10.52	3.23
2020	4456	7.71	0.25
2021	3765	6.57	0.51
2022	3418	5.98	−1.67
2023	3091	5.43	−1.32

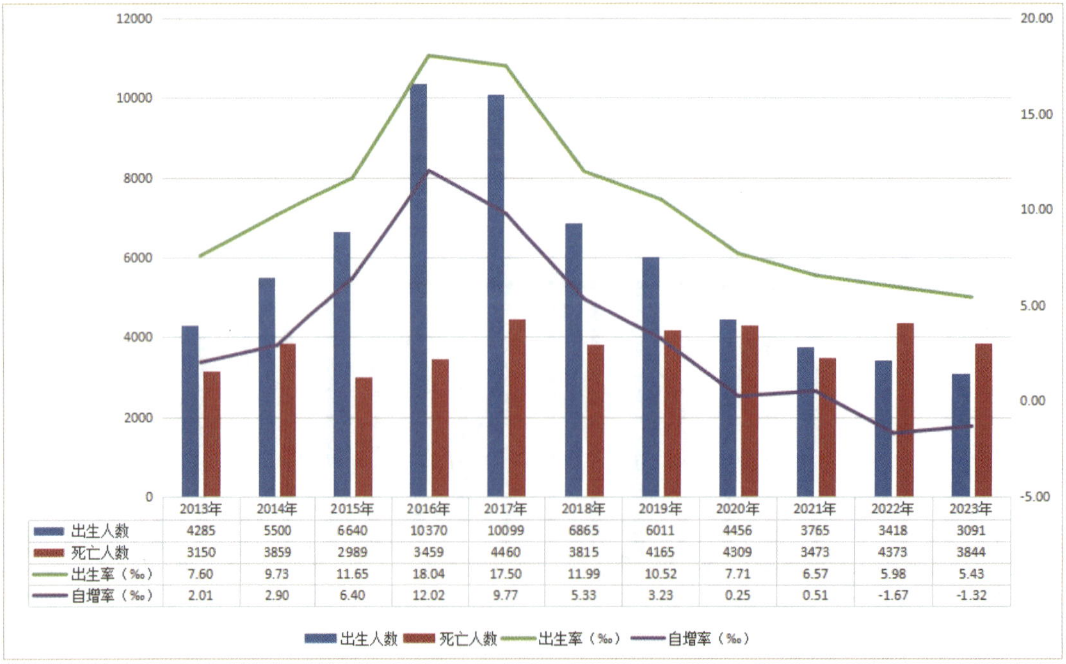

人口出生率、自然增长率柱状图（2013—2023）

出生人口性别结构统计

出生人口性别结构情况一览表（2001—2023）

年度	出生人数（人）	男孩人数（人）	女孩人数（人）	性别比
2001	5100	2665	2435	109.45
2002	5384	2789	2595	107.48
2003	5004	2591	2413	107.38
2004	5540	2942	2598	113.24
2005	5190	2769	2421	114.37
2006	4711	2438	2273	107.26
2007	5271	2807	2464	113.92
2008	4511	2398	2113	113.49
2009	4144	2182	1962	111.21
2010	4530	2410	2120	113.68
2011	4365	2249	2116	106.29
2012	5025	2592	2433	106.54
2013	4285	2187	2098	104.24
2014	5500	2849	2651	107.47
2015	6640	3405	3235	105.26
2016	10370	5322	5048	105.43
2017	10099	5236	4863	107.67
2018	6865	3519	3346	105.17
2019	6011	3173	2838	111.80
2020	4456	2264	2192	103.28
2021	3765	1959	1806	108.47
2022	3418	1787	1631	109.56
2023	3091	1638	1453	112.73

生育指标审批

1988年7月20日，山东省第七届人民代表大会常务委员会第四次会议通过《山东省计划生育条例》（以下简称《条例》），7月23日公布施行。《条例》规定，提倡晚婚、晚育。男年满25周岁、女年满23周岁以上初婚的为晚婚；晚婚并按计划生第一个孩子的为晚育。提倡一对夫妻只生育一个孩子，对确有实际困难和特殊情况的夫妻可以允许有间隔地再生一个孩子，但无论什么情况都不准生第三胎。

《条例》规定，实行生育证制度，持有生育证的夫妻方可生育。依法结婚后要求生育第一个孩子的，由夫妻双方申请，所在单位报乡（镇）人民政府、街道办事处批准发给生育证。符合规定要求再生育孩子的，由夫妻双方申请，经乡（镇）人民政府、街道办事处审核，报县级计划生育主管部门批准发给生育证。

国家机关和企业事业单位职工、城镇居民符合《条例》规定再生育条件的，夫妻双方均为农业人口符合《条例》规定再生育条件的，只生育一个女孩、母女均为农业户口符合《条例》规定再生育条件的，夫妻双方再婚或者涉外符合《条例》规定再生育条件的，可申请再生育审批。

1996年10月14日，山东省第八届人民代表大会常务委员会第二十四次会议通过《关于修改〈山东省计划生育条例〉的决定》（以下简称《条例》)。《条例》对再生育审批条件进一步完善，并要求女方系再育的须年满30周岁，女方系初育的须年满25周岁。

2002年9月28日，山东省第九届人民代表大会常务委员会第31次会议通过《山东省人口与计划生育条例》(以下简称《条例》)，并公布施行。《条例》对再生育审批又作了具体规定，农村居民双方是独生子女的可以再生育审批。

2013年6月2日，山东省第十二届人民代表大会常务委员会第二次会议第一次修正《山东省人口与计划生育条例》。2014年5月30日，山东省第十二届人民代表大会常务委员会第八次会议第二次修正《山东省人口与计划生育条例》。规定一方是独生子女的可以再生育审批，进一步放宽二孩生育条件。

2016年1月22日，山东省第十二届人民代表大会常务委员会第十八次会议第三次修正《山东省人口与计划生育条例》(以下简称《条例》)。《条例》规定：提倡一对夫妻生育两个子女，生育第一个、第二个子女实行免费登记制度，符合条件的可以审批生育三孩。

2022年7月28日，山东省第十三届人民代表大会常务委员会第三十六次会议第四次修正《山东省人口与计划生育条例》(以下简称《条例》)。《条例》规定：提倡适龄婚育、优生优育。一对夫妻可以生育三个子女。已生育三个子女的夫妻，有子女死亡或者有病残儿不能成长为正常劳动力的，可以等额再生育子女。

生育登记人数一览表(1988—2023)

年度	生育一孩办理生育证(生育登记)人数(人)	生育二孩办理生育证(生育登记)人数(人)	生育三孩办理生育证(生育登记)人数(人)
1988	4764	1945	–
1989	5052	2166	–
1990	4562	1769	–
1991	4066	1731	–
1992	3641	1582	–
1993	4204	1672	–
1994	3967	2010	–
1995	4305	2246	–
1996	4304	2042	–
1997	3999	2171	–
1998	3759	2576	–
1999	3452	2168	–
2000	3225	2179	–
2001	2829	2164	–
2002	2692	2571	–
2003	2848	2032	–
2004	3243	2015	–
2005	3052	1820	–
2006	2930	1537	–
2007	3041	1714	–
2008	2706	1466	–
2009	2595	1320	–
2010	2989	1324	–
2011	2880	1286	–

续表

年度	生育一孩办理生育证（生育登记）人数（人）	生育二孩办理生育证（生育登记）人数（人）	生育三孩办理生育证（生育登记）人数（人）
2012	3416	1452	–
2013	2938	1213	–
2014	3227	2061	–
2015	2420	3922	–
2016	2896	7221	94
2017	2212	7037	198
2018	2041	4085	165
2019	2010	3318	148
2020	1636	2371	137
2021	1508	1836	312
2022	1306	1550	504
2023	1170	627	269

依法行政

沂源县制定出台的计划生育政策措施

1978年12月，县革委会印发《关于计划生育工作若干问题的试行规定》。

1982年4月，县委下发《关于当前计划生育工作的几点意见》，要求加强对计划生育工作的领导，做好避孕节育、一孩报名、计划生育责任制等工作。

1985年5月，县委、县政府印发《关于计划生育若干问题的暂行规定》，规定晚婚、晚育、优生、优育的要求，计划生育的奖励及处罚措施。

1988年7月，县委、县政府印发《关于学习〈山东省计划生育条例〉抓紧当前计划生育工作的意见》。

1991年4月，县政府制定《实施〈山东省计划生育条例〉办法》。1993年5月，县政府下发《关于加强村级计划生育组织建设的意见》。

1994年8月，县委、县政府印发《关于创建计划生育“三为主”乡镇和合格村的意见》。

1995年4月，县委、县政府印发《关于实行计划生育一票否决制的若干规定》《关于各级党政领导干部实行计划生育离职审计追踪奖惩的若干规定》。同月，印发《关于对计划生育几项政策规定进行重申和补充的通知》；11月，印发《关于大力推行计划生育“三结合”工作的意见》和《关于共产党员违反计划生育政策法规党纪处分的若干规定（试行）》等文件。

1998年4月，县政府制定《关于加强计划生育工作的决定》。1999年，制定《县级有关部门计划生育工作职责分工通知》和《关于计划生育工作实行属地管理的通知》。

2000年3月，县委、县政府印发《沂源县计划生育优质服务试点工作实施方案》，对计划生育优质服务作出部署；12月，县委、县政府下发《关于进一步提高人口与计划生育工作水平的决定》，对沂源县未来10年人口与计生工作进行谋划。

2003年10月，县政府印发《关于对农村自愿终生只要一个女孩的夫妻实行奖励优待的规定（暂行）》，对农村符合生育二孩条件，自愿终生只要一个女孩的夫妻分别给予奖励和优待。

2004年6月，县政府印发《沂源县城镇居民病残儿医学鉴定管理规定（试行）》，对城镇居民病残儿医学鉴定工作进行规范。

2005年6月，县委、县政府下发《关于进一步加强计划生育工作的意见》，明确各级的计划生育职责，规定责任追究办法和奖励办法，实行计划生育风险抵押金制度；10月，县委、县政府下发《关于认真落实科学发展观进一步加强新时期人口和计划生育工作的决定》，对新时期人口和计划生育工作作出部署。同期，县委办公室、县政府办公室印发《沂源县加快建立完善人口和计划生育工作新机制的实施意见》，全面启动计划生育新机制建设。

2006年3月5日，县政府下发《关于进一步推进人口和计划生育依法行政工作的意见》，对计划生育依法行政工作进行部署；3月7日，县委、县政府下发《关于加强人口和计划生育队伍建设的意见》，对人口和计划生育队伍建设作出部署。

2007年10月12日，县委、县政府印发《关于全面加强人口和计划生育工作统筹解决人口问题的实施意见》。

2009年3月2日，县政府印发《关于进一步加强城区人口和计划生育工作的实施意见》，对城区计划生育工作进行改革。同日，县政府还印发了《沂源县禁止非医学需要鉴定胎儿性别和选择性别终止妊娠的管理办法》。

2010年6月29日，县政府下发《关于进一步加强人口和计划生育基层基础工作的意见》，从基层队伍建设、服务阵地建设、制度建设等方面进行规范。

2011年5月16日，县委、县政府下发《关于健全完善人口和计划生育利益导向政策体系的意见》。制定了奖励激励政策、扶持救助政策、社会保障政策、优先优惠政策和惩处制约政策。

目标管理责任制和“一票否决”制

1988年起，根据省市要求，沂源县开始实行人口与计划生育目标管理责任制。1989年1月，沂源县首次与各乡镇签订《人口目标责任书》，正式将计划生育列入年度考核。之后，每年县、乡镇、村(居)层层签订《人口目标管理责任书》。实行人口与计划生育目标管理责任制后，夯实对乡镇、村(居)及各党政机关、企事业单位考核与奖惩机制，每年春季召开人口与计划生育工作会议，兑现奖惩，部署工作。沂源县自1990年划归淄博市后，截至2015年市人口计生委与市卫生局合并，连续25年被淄博市委、市政府表彰为执行《人口目标责任书》“先进单位”。

1992年11月18日，省人口与计划生育领导小组印发《关于实行计划生育“一票否决制”的若干规定》和《关于对党政各级领导干部实行计划生育离职审计追踪奖惩的若干规定》，规定了计划生育工作“一票否决”制的责任、标准和方法。1993年4月14日，市委、市政府印发《关于新形势下进一步抓好计划生育工作的决定》。指出：坚持“三个不变”，即坚持现行的计划生育政策不变，坚持人口控制目标不变，坚持党政一把手亲自抓、负总责不变。严格实行计划生育离职审计和追踪奖惩、“一票否决制”。2008年2月，市委办公厅、市政府办公厅印发《淄博市人口和计划生育“一票否决”制度暂行规定》，对区县、乡镇(街道)、村(居)“一票否决”的条件作了明确规定，并对乡镇(街道)实行“重点管理”制度。2010年3月，市人口计生委下发《关于建立全市人口和计划生育重点关注制度的通知》，决定对乡镇(街道)实行“重点关注”制度。2005年6月，县委、县政府印发《关于进一步加强计划生育工作的意见》，对乡镇、村、企事业单位“一票否决”条件及处罚措施做了具体规定。2008年4月，县委办公室、县政府办公室印发《沂源县人口和计划生育“一票否决”及责任追究制度暂行规定》。2013年5月22日，县人口和计划生育领导小组下发《关于转发〈淄博市人口和计划生育“一票否决”制度规定〉的通知》。2014年9月16日，县委办公室、县政府办公室印发《沂源县人口和计划生育“一票否决”制度规定》。2006—2015年，被市县“一票否决”的村居、机关、企事业单位共257个、455次，其中，2006年45个、2007年21个、2008年27个、2009年75个、2010年53个、2011年57个、2012年46个、2013年69个，2014年未发通报文件，2015年62个。

实行计划生育政策后，特别是20世纪80年代以来，沂源县委、县政府高度重视计划生育工作，多次召开工作会议，兑现奖惩，表彰先进单位，通报批评落后单位。

沂源县委、县政府历年召开的计划生育工作会议表扬和批评单位情况一览表（2006—2015）

年度	通报表扬				通报批评	
	乡镇一等奖（个）	乡镇二等奖（个）	县直单位（个）	先进个人（人）	"一票否决"（个）	相关责任人（人）
2006	7	5	27	60	45	—
2007	13	—	32	85	21	—
2008	7	6	32	—	27	—
2009	11	—	28	95	75	65
2010	10	—	30	—	53	85
2011	10	—	36	73	57	103
2012	11	—	36	75	46	27
2013	10	—	42	75	69	33
2014	未召开会议					
2015	12	—	61	—	62	—

2016年机构改革后，县委、县政府不再召开专题会议。

全县人口和计划生育工作会议签订目标责任书（2013年6月）

社会抚养费征收

1980年，省政府公布《山东省关于计划生育若干问题的试行规定》，开始对超生者予以处罚。1988年，《山东省计划生育条例》颁布施行，进一步明确不按计划生育的要征收超生费。1996年，《山东省计划生育条例》修改后，改称为“计划外生育费”。1998年，省政府公布《山东省计划生育社会抚养费征收管理办法》，明确计划生育社会抚养费征收的范围、标准，进一步规范社会抚养费征收、使用和管理等。2002年，将征收社会抚养费权限由乡镇改为县级计划生育行政部门，县级计划生育行政部门可以委托乡镇人民政府征收。2005年5月，县政府印发《关于加强社会抚养费征收工作有关规定的通知》，改革社会抚养费征收办法，规定由乡镇代征社会抚养费。2008年4月，县政府印发《沂源县社会抚养费征收管理办法》，对社会抚养费的征收、管理、使用作出详细的规定，改由县计划生育局统一征收。

2007年12月11日，省委组织部、省人口计生委、省监察厅、省文化厅、省人事厅、省工商局、省广电局、省体育局、省文联、省青联、省工商联等11个部门，联合转发中组部等11个部门《关于加强人口和计划生育工作若干政策措施的通知》，明确凡是违法多生育子女的，不得录（聘）用、招用为国家工作人员；不得晋升国家机关、人民团体、事业单位、国有企业领导职务。县纪委、镇办党工委联合，严肃查处违法生育的党员干部和违反计划生育规定的相关责任人，在每年的全县人口和计划生育工作会议上，县纪委都下发《关于对违法生育的党员和违反计划生育规定的相关责任人处理意见的通报》，对违法生育的党员干部及相关责任人给予党纪、政纪处分。

性别比综合治理

出生人口性别比持续升高将产生严重的社会后果，影响到人口与经济、社会、资源和环境协调发展和可持续发展，关系到民族的繁荣和国家的长治久安。1998年11月21日，山东省九届人大常委会第5次会议通过《山东省禁止非医学需要鉴定胎儿性别和选择性终止妊娠的规定》。2002年，中共中央宣传部、国家计生委等11个部委联合下发了《关于综合治理出生人口性别比偏高问题的意见》，国家计生委、卫生部、国家药品监督管理局联合发布了《关于禁止非医学需要的胎儿性别鉴定和选择性别的人工终止妊娠的规定》，出生人口性别比治理由此展开。沂源县制定下发《沂源县关于推行出生人口实名登记制度的实施意见》《沂源县非医学需要鉴定婴儿性别和选择性别人工终止妊娠管理办法》《沂源县人口出生信息共享管理办法》《关于全面做好孕情随访工作的实施意见》等一系列规定，健全完善综合治理、孕情随访、宣传教育、利益导向"四项"工作机制。各镇、街道落实责任、宣传、服务、保障"四到位"。全县医疗机构实行出生人口实名登记、直报等制度，加强对B超、终止妊娠药品、手术的管理，全县出生人口性别比基本保持在合理范围内。

计生服务

育龄妇女健康服务

每年对已婚育龄妇女进行2次（后来改为3次）免费健康查体。2008年，创新已婚育龄健康查体机制，实行"全面督查、重点管理"的做法，采取各级干部（乡镇领导干部、管区干部、包村干部及各村村干部、村计生主任）组织育龄妇女、计生办技术人员负责技术实施的健康查体办法，严格实行责任人签字备案和责任追究制度。2009年起，在每年的全县人口和计划生育工作会议上，县委办公室、县政府办公室以文件的形式，对全县已婚育龄妇女健康查体工作中出现问题的相关责任人进行通报批评。

2011年8月，县人口与计划生育领导小组下发《关于进一步完善全县已婚育龄妇女健康查体制度的通知》，进一步明确村及社区居委会管理的已婚育龄妇女每年查体次数不少于3次，机关、企事业单位管理的已婚育龄妇女每年查体不少于2次，对查体的基本要求、查体结果等又作了明确要求。2016年1月，全面两孩政策实施后，已婚育龄妇女健康查体逐步取消。2017年后，各镇、街道不再组织已婚育龄妇女健康查体。

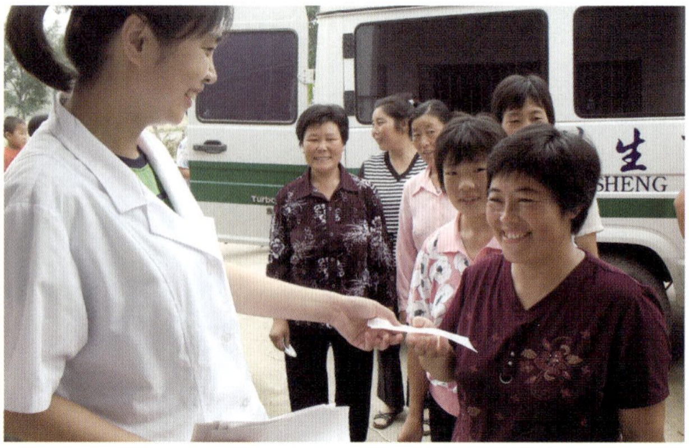

镇、街道组织已婚育龄妇女健康查体（2012年）

节育措施

1983年前，沂源县节育措施主要以放置宫内节育器为主、其他措施为辅，各村设有放环员，负责已婚育龄妇女放环工作。1996年，在徐家庄乡、大张庄乡、梭背岭乡的79个行政村开展避孕节育措施知情选择试点工作。1998年，随着节育措施知情选择工作的开展，放置宫内节育器、服用避孕药、使用避孕套在节育措施中的比例较大，全县避孕措施落实率逐年提高。2000年，全县农村免费实施放取宫内节育器、绝育术等节育手术，较大地促进了全县节育措施的落实。2006年，全县落实避孕节育措施的已婚育龄妇女达11万余人，节育率为100%，比1991年提高17.85%；节育手术并发症率由1990年的10.7例/万人，下降到0.2例/万人。

"万例大结扎"活动 1991年10月，县委办公室、县政府办公室印发《沂源县以结扎为重点的计划生育集中活动实施方案》，决定在全县范围内集中进行以结扎为重点的集中活动。成立计划生育集中活动指挥部，设宣传发动组、技术服务组、后勤行政组、组织检查组、治安保卫组。县六大班子领导分工包乡镇，县直11个大口负责人参加，50名副科级以上干部带队，抽调各医院技术人员40名。市科研所和其他区县派技术员支援。出动宣传车17辆，张贴宣传标语6000余条，印发宣传材料4万余份，县电台、电视台录制专题节目播放。活动历时1个月，结扎9878例，后称“万例大结扎”。

1991年11月，大张庄乡出台关于结扎准备工作的意见，成立大张庄乡集中结扎活动指挥部，乡党委书记周仕来担任总指挥，乡长张富业担任副总指挥。1991年11月15日，乡党委、政府召开全乡各村党支部书记、村主任、计生主任及部门负责人会议，广泛宣传发动，实行党政脱产干部包点包村，分工负责，责任到人；11月21—26日共结扎888例，其中男扎66例、女扎822例。

集中活动体现了“四好”“两个突破”，即党委、政府宣传发动好、计生委摸底工作做得好、手术质量好、乡医院密切配合好，应结扎人数突破96%、日结扎人数突破168例。

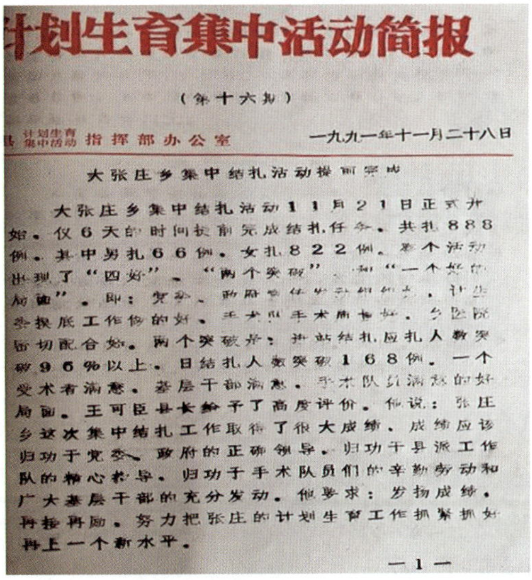
计划生育集中活动简报

（第十六期）

县计划生育集中活动指挥部办公室　一九九一年十一月二十八日

大张庄乡集中结扎活动提前完成

大张庄乡集中结扎活动11月21日正式开始。仅6天的时间提前完成结扎任务。共扎888例。其中男扎66例。女扎822例。整个活动出现了“四好”、“两个突破”和“一个好的局面”。即：党委、政府宣传发动好，计生委摸底工作做的好。手术队手术质量好。乡医院密切配合好。两个突破是：共结扎应扎人数突破96%以上。日结扎人数突破168例。一个受术者满意。基层干部满意。手术队员满意的好局面。王可臣县长给予了高度评价。他说：张庄乡这次集中结扎工作取得了很大成绩。成绩应该归功于党委、政府的正确领导。归功于县派工作队的精心指导。归功于手术队员们的辛勤劳动和广大基层干部的充分发动。他要求：发扬成绩。再接再励。努力把张庄的计划生育工作抓紧抓好再上一个新水平。

—1—

集中大结扎活动简报（1991年）

中美洛氏合作项目　1991年，由美国洛克菲勒基金会资助的“中国农村地区引进新型避孕药具改进服务质量项目”在沂源正式实施。截至1997年底，在试点的6个乡镇开展工作，制作、发放各种宣传品30多万份，基本做到已婚育龄妇女一人一册，使人口与计划生育基础知识、优生优育知识更加深入人心。在项目试点乡镇共做皮埋手术2030例，放置T铜环5512例，避孕节育措施落实率在

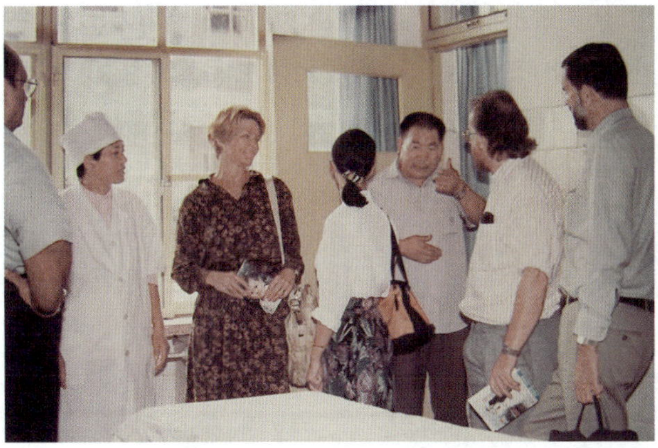
美国洛氏基金会人口科学部主任西格尔博士到沂源视察项目工作（1992年9月）

99%以上，特别是皮埋手术施术量比整个洛氏项目其他试点区县的总和还多，有效地保障了整个项目工作的顺利开展，受到国家计生委及美国专家的高度赞扬。同时也使全县广大干部、计生工作人员对知情选择和优质服务的认识有了很大转变，服务质量和干群关系明显改善，避孕率进一步提高，避孕方法更加合理，人工流产大幅下降。

优生优育

20世纪80年代，沂源县开始开展优生优育工作，在每年对已婚育龄妇女进行2次健康查体基础上，利用先进的B超诊断仪、微波治疗仪、X光仪、乳腺诊断仪等设备，开展孕前指导、优生监测、孕期保健、产前检查、产后服务等婚、孕、育、产一条龙服务，将优生优育常识制成宣传折页，发给生育夫妇，并定期举办优生优育培训班。

1991年，全县开展孕情跟踪服务管理，并建档立卡。1994年起，县服务站每年仅B超即可查出

县计生局组织全县优生优育培训班（2006年10月）

30余例畸形胎儿，均采取补救措施，减少病残儿的出生。1999年起，对病残儿再生育二胎家庭和遗传病高危家庭实行优生监护。同期，县服务站建成优生实验室，全面开展优生监测工作，对巨细胞病毒、单纯疱疹病毒、风疹病毒、弓形体等导致胎儿残疾的病毒进行检测。2001年，全面开展“出生缺陷干预工程——福施福引入性试验项目”。2006年，开展尿碘检测。1999—2006年，全县通过孕期保健共查出胎儿异常350例；优生检测18560人次，查出阳性患者1011例，阳性率为5.45%，人口出生缺陷率由1990年的1.55‰下降到1.08‰。

2013年，沂源县根据国家、省、市要求，制定下发《沂源县免费孕前优生健康检查项目工作实施方案》，为计划怀孕夫妇提供优生健康教育、体格检查、临床实验室检查、风险评估、咨询指导等孕前优生健康检查服务。项目实施后，建立并完善全县出生缺陷预防体系，形成健全的出生缺陷干预网络，孕前优生健康检查率80%，对生育病残儿夫妇再生育优生指导率100%，全县已婚育龄夫妇生殖健康和优生知识普及率均90%，免费孕前优生健康检查结果及评估建议告知率均95%。

计划生育技术服务

20世纪90年代，不断加强计划生育服务站标准化、规范化建设，技术力量、基础设施、器材设备、服务领域和服务质量不断提高。1991年，沂源县根据淄博市计划生育委员会印发的《关于乡镇计划生育服务站达标创优标准及考核办法》，加强计划生育服务站建设，悦庄、石桥、大张庄等乡镇建成高标准计生服务站。到1995年，全县各乡镇均建成建筑面积800平方米以上的计生服务站，配齐B超仪、乳腺诊断仪等仪器设备，配备7~15人的计生技术服务人员，农村放取环等手术多数在乡镇计划生育服务站实施，结扎等手术到县计划生育服务站实施。1999年，下发《关于进一步加强全县计划生育服务站建设的意见》，本着“建设高档、科室齐全、设置规范、技术到位、设备领先、功能完备、服务一流”的原则，开展了争创市级优秀乡镇计划生育服务站达标活动。先后3次召开全县计划生育科技工作和乡镇服务站建设现场会，推广悦庄、东里、石桥、大张庄等乡镇服务站的建设、管理、服务经验，调动各乡镇参与达标活动的积极性；10月，全市计划生育服务站建设现场会参观沂源县大张庄乡等8个乡镇的计划生育服务站，与会领导给予高度评价；12月，顺利通过市级优秀乡镇计划生育服务达标验收。截至2000年底，全县累计投资1250万元，建设服务站面积1.6万平方米，购置B超仪、酶标仪、微波治疗仪、乳腺诊断仪等先进设备，价值400余万元。增设优生检测、妇科病诊治、不孕症治疗等服务项目，基本实现了婚、孕、育、教、养、生殖保健一条龙服务。

2003年，县计划生育服务站配备国家标准配置的计划生育流动服务车，全县建成以县计划生育服务站为龙头、以乡镇计生服务站为骨干、以村计生服务室为基础、以流动服务车为纽带的计划生育技术服务网络。至2006年，县服务站配齐精液分析仪、宫颈肿瘤诊断仪、彩超、血液分析仪、尿液分析仪等设备。乡镇服务站配齐微波治疗仪、乳腺诊断仪、B超等设备，大力开展以技术服务为重点的优质服务，实施计划生育避孕节育优质服务、生殖道感染干预和出生缺陷干预计划生育／生殖健康三大工程，提高全县育龄群众的生殖保健水平。2009年5月，沂源县计划生育服务站启用全数字彩色多普勒（飞利浦IU22彩超）。全县已婚育龄妇女避孕节育措施落实率为99.8%，知情选择率为98%，出生缺陷发生率控制在3.32‰以内，已婚育龄妇女生殖健康建档率为95%。

计划生育宣传教育

社会宣传 20世纪90年代，全县计划生育工作坚持“宣传教育、避孕节育、经常性工作”的“三为主”工作方针，把计生宣传教育工作放在首位，深入开展“计生宣传教育进村、婚育新风进家”活动。把计生政策法规、优生优育、避孕节育知识编成“计生知识袋”，发给育龄夫妇，让群众全面了解人口与计生知识，转变婚育观念。

1992年，健全宣传培训机构，县、乡、村三级配备计生宣传员，成立人口学校，对育龄群众开展人口与计划生育基础知识教育。县计生委设宣教科，乡镇计生委建立宣教室，配齐触摸屏、电视机、VCD、放像机、照相机等设备。每年在县广播电台、电视台、《沂源通讯》开办300多期“人口之窗”“少生快富”“365四季谈人口”“计划生育与幸福家庭”专题栏目。1993年，县计生委制作《为了这方热土》电视专题片，获全市计生电视片展播评比第一名。1995年起，每年举办“国策杯”计划生育知识竞赛，同时利用人口学校，对乡村计生人员和育龄人群进行政策法规、优生优育、避孕节育、“少生快富”等内容的培训。1998年，南麻镇和三岔乡自编的宣传节目在省电视台播放。1999年，全县开展“世界60亿人口日”宣传活动。2000年，县直各部门联合开展《中共中央关于控制我国人口增长问题致全体共产党员、共青团员的公开信》发表20周年集中宣传活动。2005年，根据育龄群众的不同需求，在“结婚登记、举行婚礼、孕前孕后、生育宝宝、孩子满月、计划生育‘四术’之后、二孩生育、奖励扶助”人生8个关键时期，开展上门宣传服务活动，简称为“八喜临门”宣传活动。

新婚时计生人员送贺礼

2012年夏，为纪念计划生育基本国策实施30周年，县计划生育局聘请文化馆原馆长张宝祥创作计生作品，组织专业和业余文艺工作者，成立15人的“沂源县计划生育宣传队”，开展3个多月的巡回下乡演出，先后演出17场。节目形式小型多样，乡土气息浓郁，群众喜闻乐见。节目内容来源于日常计生工作，把生活中与计划生育的事件艺术化，用通俗有趣的艺术形式表现出来。节目有小品、天津快板、歌曲等，其中小品《过生日》《双喜临门》，天津快板《健康查体》等作品用身边人演身边事、身边事教育身边人，受到广大观众的热烈欢迎。

纪念计划生育基本国策实施30周年巡回演出活动现场（2012年）

计生咨询 20世纪90年代，逐步形成以县、乡、村三级计生日常咨询与集中咨询相结合的服务活动。县、乡镇计生服务站开设优生咨询门诊、悄悄话室，并开通咨询电话，不定期在县城和乡镇驻地集中开展计生咨询服务活动。

闹元宵活动 1995年起，县计划生育局每年在元宵节期间，组织各乡镇、县服务站精心策划组装计划生育宣传彩车，少则14辆，多时达18辆，宣传计划生育基本国策及国家、省、市有关计划生育政策。县计划生育局组织秧歌队编入全县的闹元宵游艺队伍，在每年的正月十四或十五上午，从县城的西端（县农村商业银行）开始，经鲁山路、历山路、胜利路至瑞阳路结束。在全县元宵节游艺活动后，正月中下旬再到各乡镇、街道、村（居）进行集中巡回宣传。

流动人口计划生育管理服务

1991年12月，国务院批准，国家计生委发布《流动人口计划生育管理办法》。1992年8月，山东省政府颁发《山东省流动人口计划生育管理办法》。1995年3月，淄博市政府颁发《淄博市流动人口计划生育管理办法》。1998年8月6日，国务院批复了国家计生委制定的新《流动人口计划生育管理办法》；9月22日，国家计生委发布施行。

沂源县流出人口遍布全国29个省、市、自治区的300个县市区。同年，全县开展流动人口计划生育清理整顿活动，摸清流动人口计生管理底数，健全工作制度，管理工作日趋规范。1999年11月29日，国家计生委印发《流动人口婚育证明管理规定》，对流动人口办理、审验婚育证明予以明确规定，开始为流动人口办理婚育证明。

流动人口婚育证明

2004年，在全县推行计划生育楼长负责制及流动人口协管员和租房户计划生育管理员制度，实现计划生育管理服务“纵到底、横到边、全覆盖、无缝隙”，全县流动人口计划生育管理达到“十清”，即群众对流动人口计划生育的服务内容和管理要求清，流动人口底数清，流动人口持《婚育证明》情况清，流动人口合同管理情况清、流动人口联系方式清，流动人口管理单位清，流动人口婚、孕、育、节育情况清，流动人口计划生育奖励和免费政策落实清，流动人口违法生育后社会抚养费征收情况清，流动人口信息管理平台使用情况清。

计划生育先进单位、先进村创建

计划生育“三为主”先进县创建 1981年，荣成县在实施计划生育中提出“宣传教育与经济限制，以宣传教育为主；避孕节育与人工流产，以避孕节育为主；经常工作与突击活动，以经常工作为主”的“三为主”工作方法。1983年，国家计生委在荣成召开全国计划生育现场会，把“三为主”确定为全国计划生育工作的指导方针。1989年5月，省计生委下发《关于开展计划生育“三为主”文明单位达标活动的实施意见》，提出计划生育“三为主”文明单位的标准和实施办法，并从当年起在全省开展“三为主”文明单位达标活动，促进“三为主”落实。1993年11月，省委、省政府在济南召开全省计划生育工作“三为主”经验交流暨先进县、先进个人表彰会，总结10年来全省贯彻计划生育“三为主”工作方针取得的成绩和经验，表彰全省首批计划生育“三为主”先进县。1996年、1999年，沂源县先后被省委、省政府表彰为“山东省计划生育工作‘三为主’先进县”。

计划生育“三为主”乡镇创建 自全省开展计划生育“三为主”文明单位达标活动以后，1994年，县委、县政府下发《关于创建计划生育“三为主”乡镇和合格村的意见》，开展计划生育“三为主”乡镇达标创建活动；6月，市政府下发《关于表彰全市第一批计划生育“三为主”乡镇（办事处）的决定》，全市61个乡镇（办）首批达到计划生育“三为主”乡镇标准，沂源县的悦庄镇、东里镇受到表彰。1995年5月，市政府下发《关于表彰全市1994年计划生育“三为主”乡镇（办事处）的决定》，对46个乡镇（办事处）进行表彰，沂源县的石桥乡、土门镇、徐家庄乡、鲁村镇、梭背岭乡受到表彰。1999年4月，市政府下发《关于表彰全市第四批实现计划生育工作“三为主”乡镇的通报》，对3个乡镇进行表彰，沂源县燕崖镇受到表彰。

“六好”合格村、“三为主”模范村创建 沂源县结合省市开展的计划生育“三为主”达标活动，在全县开展计划生育“六好”（队伍建设好、政策落实好、宣传教育好、技术服务好、建立制度好、干群关系好）合格村和计划生育“三为”主模范村创建活动。1998—2000年，县政府每年下发文件，命名“计划生育‘六好’合格村”，共计568个，其中1998年447个、1999年73个、2000年48个。1999年撤销18个村“计划生育‘六好’合格村”

荣誉称号。2001—2007年，县政府共命名“计划生育‘三为主’模范村”427个、“计划生育‘六好’合格村”238个。

协会带动，促进自治

计划生育“三结合” 1996年12月，山东省委、省政府下发《关于在全省农村积极推行计划生育工作“三结合”的意见》，指出计划生育“三结合”（计划生育工作同发展经济、帮助农民勤劳致富奔小康、建设文明幸福家庭相结合）工作的开展方向、指导思想、目标要求。同年，淄博市政府办公厅转发《淄博市计划生育“三结合”工作实施方案》，全面开展计划生育“三结合”工作。沂源县根据省、市要求，依托计生协会，组织协会会员积极开展“手拉手共同富”“一帮一会员带农户”“先富帮后富”等活动，帮助群众脱贫致富。县计生委与县财政局、县扶贫办联合下发“三结合”资金使用文件，由县计生委、县计生协严格掌握投放资金，由各乡镇计生委、计生协组织实施，县计生委负责监督。1999年、2000年，共拨扶贫专项资金20万元、社会抚养费30万元，采取一次扶持、分期收本、滚动使用、逐年增加结合户、不断扩大社会效益的办法，逐步发展100个“三结合”示范村、1000个示范户。帮助计划生育户发展养殖鸳鸯鸭、波尔山羊，在南麻二村建立肉鸳鸯养殖基地，为500个计划生育家庭提供10000只肉鸳鸯。

省计生协会名誉会长赵志浩（左二）到燕崖镇双泉村指导计生协会工作（2008年4月）

计划生育村民自治 随着国家对计划生育政策的调整，在每届村“两委”换届后，对村计生协会组织及时换届，并把计划生育、优生优育、婚育新风、脱贫攻坚、健康家庭、新农村建设纳入《村规民约》，及时调整计划生育村民自治内容，发挥“带头、服务、宣传、监督、交流”5项职能，达到自我教育、自我管理、自我监督的目的。全县共表彰健康家庭县级350个、市级150个，其中中庄镇毕玉美家庭被评为全国健康家庭。

生育关怀行动 “生育关怀行动”是聚焦人口和计划生育工作、造福计划生育家庭的社会公益性活动。生育关怀的对象包括独生子女发生意外伤亡的空巢家庭、群众生殖健康、独生子女家庭教育、儿女健康成长、基层工作的计划生育工作者5个方面。通过关怀，让实行计划生育的家庭政治上有地位、经济上有实惠、生活上有保障。2012—2015年，市卫计委救助沂源县生育关怀资金50.69万元。2016年，随着社会抚养费取消，沂源县建立特殊家庭“三级帮扶网络”，实现村内相互关爱，小事不出村；镇内关爱，难事不出镇；县域关爱，大事不出县。2016—2023年，县委、县政府为全县特殊家庭购买商业保险155.77万元，春节走访特殊家庭慰问资金364.56万元。联合中国人寿保险公司，开展生育关怀金秋助学行动，建立下龙巷暖心家园1处，为特殊家庭活动提供场所。沂源县的“幸福保障保险、阳光旅游、健康快车、爱心致富、幸福互助”特殊家庭“一地一品”帮扶项目被中国计生协列为首批示范点。全县12个镇（办）或（街道）立足各自实际，均创建自己的帮扶品牌项目。

青春期健康教育 2015年，下发《沂源县青春健康教育工作五年规划（2015—2019）》，建立协会指导、社会联动，学校为主、家庭参与，志愿互助、青年受益的青春健康教育机制，全面开展青春期健康教育。沂源二中被评为“山东省青春期健康教育示范基地”，土门中学、历山中学被评为“淄博市青春期健康教育基地”。

计划生育奖励和扶助政策

独生子女父母奖励费

1988年7月23日，颁布实施《山东省计划生育条例》，规定生育一个孩子后采取节育措施不再生育的，经夫妻双方申请，所在单位核实，乡（镇）人民政府或街道办事处批准，每月发给独生子女保健费不少于5元，由双方所在单位、村（居）分担。独生子女保健费从领取《独生子女证》之月起，到独生子女满14周岁止。党政机关、企事业单位工作人员，每人每月5元的独生子女父母奖励费均随工资发放。农村受经济条件制约，基本上没有兑现。

2000年10月，县政府下发《关于计划生育费和独生子女奖励费等有关问题的规定》，要求乡镇政府按夫妇双方每人每月5元的标准以现金形式支付农村独生子女父母奖励费，乡镇、村可按一定比例分担支付，村级承担部分可从村提留、承包费中支付，以现金支付确有困难、村又执行提留政策的，可采取支付部分现金和冲减提留的形式解决。企业下岗、内退职工的独生子女父母奖励费由单位支付；破产企业职工未再就业的独生子女父母奖励费，由县财政局会同县劳动和社会保障局筹措资金支付；城区无业居民的独生子女父母奖励费由城区办事处从计划生育费中支付。

独生子女家庭领取独生子女父母奖励费

2005年7月，县政府下发《关于兑现农村独生子女父母奖励费的通知》，对农村独生子女父母奖励费实行县、乡镇、村三级各承担1/3的办法，由县财政统筹，通过银行以“直通车”的形式统一发放。

独生子女父母奖励费发放表（2005—2015）

年度	14周岁内独生子女父母数（人）	发放金额（万元）
2005	38857	233.1
2006	38296	229.8
2007	37725	226.4
2008	37317	223.8
2009	37028	222
2010	36347	217.9
2011	35198	211.2
2012	33189	196
2013	32277	193.7
2014	26486	151.8
2015	19151	114.9

2016年1月，新修正的《山东省人口与计划生育条例》规定：国家提倡一对夫妻生育一个子女期间，自愿终生只生育一个子女的夫妻，发给《独生子女父母光荣证》，从申请当月起至子女年满18周岁止，每月领取不少于10元的奖励费。奖励费由夫妻双方所在单位各发50%。

独生子女父母奖励费发放表（2016—2023）

年度	18周岁内独生子女父母数（人）	发放金额（万元）
2016	35999	216
2017	27770	149.8
2018	21969	120
2019	17217	103.3
2020	14238	85.4
2021	12100	72.6
2022	10234	61.4
2023	8745	52.47

农村部分计划生育家庭奖励扶助

2004年1月，省政府决定从4月开始，在全省7个县（市、区）率先对农村部分计划生育家庭实行奖励扶助制度试点。在试点县（市、区）农村只有1个子女或2个女孩、年满60周岁的计划生育夫妇实施奖励扶助，奖励扶助金发放标准为每人每月30元。

2005年，省奖励扶助试点县进一步扩大；5月，沂源县政府下发《关于开展对农村部分计划生育家庭奖励扶助制度试点工作的实施意见》，在徐家庄乡开展农村计划生育家庭奖励扶助制度试点工作，当年有53人受到奖励。

2006年3月，全省召开全面实行农村部分计划生育家庭奖励扶助制度视频会议，农村部分计划生育家庭奖励扶助制度开始全面实施。省计生委印发了《山东省农村部分计划生育家庭奖励扶助对象确认条件的政策性解释（试行）》，规定同时符合“本人及配偶均为农业户口或界定为农村居民户口；1933年1月1日以后出生，1973年以来没有违反人口与计划生育法规、规章或政策规定生育；现存一个子女或两个女孩或子女死亡现无子女；年满60周岁”4个条件的对象可以申请农村奖励扶助。奖励扶助金实行省财政补助50%、市财政补助30%、县财政承担20%的办法，按照每人每月50元的标准，通过银行以“直通车”的形式发放到户。当年，全县892人受到奖励。

自2009年1月1日起，按照省相关规定，调整农村部分计划生育家庭奖励扶助标准，从每人每月不低于50元，提高至每人每月不低于60元。自2012年1月1日起，提高到每人每月不低于80元。

2019年12月，省卫健委修订《山东省农村部分计划生育家庭奖励扶助对象确认条件的政策性解释（试行）》，自2020年起修改、删除关于生育间隔、未育合法收养、再婚夫妻再婚后未生育或收养子女、不符合法定结婚条件生育子女等情况的规定，放宽部分限制条件。

农村部分计划生育家庭奖励

年度	当年新增数（家）	累计数（家）	发放金额（万元）
2006	892	945	56.7
2007	267	1124	67.44
2008	316	1334	81.69
2009	560	2154	133.49
2010	750	2750	184.1
2011	1377	4127	282
2012	1919	5972	531.6
2013	2200	8052	773

续表

年度	当年新增数（家）	累计数（家）	发放金额（万元）
2014	2723	10705	1027.7
2015	3490	14069	1350.6
2016	3710	17628	1692.3
2017	4559	21726	1967.6
2018	3900	25321	2334.7
2019	4092	29110	2596.1
2020	6173	34884	3339.6
2021	4144	38562	3689.4
2022	6159	44170	4228.6
2023	6283	49870	4771.6

计划生育特别扶助

2008年11月15日，山东省人口计生委下发《关于印发〈山东省计划生育家庭特别扶助对象具体确认条件的政策性解释〉的通知》，开始实行计划生育特别扶助制度，对符合条件的独生子女父母，自2008年1月1日起，可以申请每人每月不低于80元的计划生育家庭特别扶助。按照国家关于计划生育家庭特别扶助标准动态调整机制和省市有关工作要求，特别扶助标准多次调整提高。

2012年1月1日起，按照省相关规定，独生子女死亡家庭特别扶助标准提高到每人每月不低于135元，独生子女伤残家庭特扶标准提高到每人每月不低于110元。2014年1月1日起，独生子女死亡家庭特别扶助标准提高到400元，独生子女伤残家庭特别扶助金标准提高到城镇每人每月270元、农村每人每月150元。2015年1月1日起，独生子女死亡家庭特别扶助金标准提高到每人每月500元，独生子女伤残家庭特别扶助金标准不分城乡统一提高到每人每月400元。2018年1月1日起，分别提高到每人每月610元、480元。2020年1月1日起，分别提高到每人每月750元、600元。2021年7月1日起，分别提高到每人每月850元、700元。2022年7月1日起，分别提高到每人每月990元、810元。

实行计划生育家庭特别扶助金发放情况表

年度	当年新增数（家）	累计数（家）	发放金额（万元）
2008	82	82	12.4
2009	57	139	13.3
2010	54	190	18.2
2011	45	235	22.6
2012	50	280	43.1
2013	47	313	48.3
2014	48	350	153.7
2015	68	393	223.8
2016	65	447	254.6
2017	116	556	336
2018	119	659	448.3
2019	84	741	497.4
2020	153	882	729.6

续表

年度	当年新增数(家)	累计数(家)	发放金额(万元)
2021	144	998	886.5
2022	121	1100	1126.6
2023	119	1188	1311.6

独生子女父母退休养老补助

1988年7月,《山东省计划生育条例》规定:独生子女父母为国家机关和企业事业单位职工,退休后加发5%的退休金(退休金为100%的不加发)。2002年9月,《山东省人口与计划生育条例》规定:独生子女父母为机关、事业组织职工的,退休后加发本人标准工资5%的退休金(退休金为100%的不加发),其经费从原渠道列支。独生子女父母为企业职工的,退休时由所在单位按照设区的市上一年度职工年平均工资的30%发给一次性养老补助。2016年1月,新修正的《山东省人口与计划生育条例》规定:独生子女父母为机关、事业组织职工的,退休时按照省有关规定给予本人一次性退休补贴,其经费从原渠道列支。独生子女父母为企业职工的,退休时由所在单位按照设区的市上一年度职工年平均工资的30%发给一次性养老补助。2022年7月,新修正的《山东省人口与计划生育条例》规定:在国家提倡一对夫妻生育一个子女期间,自愿终生只生育一个子女的夫妻,发给《独生子女父母光荣证》。退休或者年满60周岁时,领取一次性养老补贴、补助或者定期领取奖励扶助金。2022年10月,省卫健委、省财政厅、省人社厅联合印发《关于印发〈山东省全面两孩政策调整前独生子女父母奖励扶助办法〉的通知》,规定自2022年11月1日起,符合条件的独生子女父母可以享受以下政策:独生子女父母为企业、社会团体、民办非企业等单位职工的,自退休后每人每月领取100元的奖励扶助;无用人单位的城镇独生子女父母,参照国家农村部分计划生育家庭奖励扶助制度给予奖励扶助,自审批通过后每人每月领取80元的奖励扶助。沂源县均按照上述要求落实了独生子女父母退休养老补助。

全县落实企业退休独生子女父母养老补助工作会议召开(2011年5月)

2011年9月,县政府办公室下发《关于认真落实企业退休职工中独生子女父母养老补助有关规定的通知》,将市里提供的6568名企业退休职工逐人落实到了198个企业,由这些企业的主管部门组织企业进行了独生子女调查摸底、资格认定、申领登记等工作。沂源县扩大了省、市规定的落实范围,将因企业改制、停产、破产等原因,将劳动关系转到劳动保障部门后办理退休手续的220人和关停、吊销、注销的5个企业24人全部纳入县财政负担。2011—2012年,县财政落实2008年以前退休的514人的养老补助金314.9万元,63个企业落实2008年以前退休的885人的养老补助金353.4万元。

城镇其他居民奖励扶助

2016年1月,新修正的《山东省人口与计划生育条例》规定:对农村年满60周岁,符合计划生育家庭奖励扶助条件的夫妻,按照国家和省有关规定给予奖励扶助。独生子女父母为城镇其他居民的,由县(市、区)人民政府参照农村部分计划生育家庭奖励扶助制度给予奖励扶助。

城镇其他居民奖励扶助情况表（2016—2023）

年度	城镇其他居民独生子女父母人数（人）	发放金额（万元）
2016	512	28.3
2017	774	67.4
2018	968	88
2019	1117	103.4
2020	1351	124.6
2021	1484	140.1
2022	1703	154.2
2023	1992	180.37

其他奖励优惠补助政策

独女家庭奖励 2003年10月，县政府印发《关于对农村自愿终生只要一个女孩的夫妻实行奖励优待的规定（暂行）》，对农村符合生育二孩条件，自愿终生只要一个女孩的夫妻分别给予不低于1000元的奖励。自这项政策实施以来，办理手续领取奖励的很少。

独生子女、双女家庭低保补助 2009年9月，县政府办公室下发《关于提高农村低保对象中独生子女家庭和双女家庭低保补助水平的通知》，对农村低保对象中的独生子女家庭和双女家庭在享受目前低保补助的基础上，再按高出全市平均水平20%的标准（每人每月10元）进行补助。2021年12月，市卫健委、市民政局、市财政局联合下发《关于提高农村低保对象中独生子女家庭和双女家庭低保补助水平的意见》，对低保对象中的独生子女家庭和双女家庭在享受目前低保补助的基础上，再按每人每月20元标准进行补助。

各年度低保补助情况表（2009—2023）

年度	低保中独子和双女户数（户）	兑现金额（万元）
2009	1434	17.2
2010	1591	19.1
2011	1774	21.1
2012	1952	23.4
2013	1954	23.4
2014	2022	24.3
2015	1652	23.8
2016	1741	20.9
2017	2487	29.8
2018	2857	34.3
2019	3730	44.8
2020	5673	61
2021	6596	75.6
2022	6543	157
2023	6569	157.6

独女家庭“新农合”补助 2011年4月，市人口计生委、市财政局、市卫生局、市民政局联合下发《独女家庭参加新型农村合作医疗补助制度实施意见》，对农村居民符合生育第二个子女条件，自愿终生一个女孩、领取《独生子女父母光荣证》的农村独女家庭，参加新型农村合作医疗时，个人应缴纳部分全部由政府财政承担。

农村独女家庭享受医保补助情况表（2011—2023）

年度	农村独女家庭数（户）	发放金额（万元）
2011	1271	6.3
2012	1422	7.1
2013	1506	11.5
2014	1613	15.6
2015	1846	22.2
2016	1686	35.3
2017	1640	39.9
2018	1564	42.7
2019	1515	46.2
2020	1385	46.5
2021	1133	41.4
2022	1075	43.5
2023	1049	45.4

人物风采

颜景山（1954—1994），男，原沂源县三岔乡人，中共党员。曾任悦庄镇、东里镇计生委主任。山东省计划生育先进工作者。

侯学菊（1943—2023），女，沂源县鲁村镇人，曾任徐家庄乡姬家峪村妇代会主任。山东省计划生育先进工作者。

王祥德，男，1939年出生，沂源县燕崖镇人，中共党员。曾任县计划生育委员会党组书记、主任。山东省计划生育先进个人，省“富民兴鲁”五一劳动奖章获得者。

丛培云，男，1941年出生，威海市文登区人，中共党员。山东省计划生育先进工作者，全国计划生育万例手术无事故先进个人。

郑功学，男，1944年出生，沂源县历山街道人，中共党员。曾任悦庄镇、三岔乡计生委主任、县计生委工会主席。全国计划生育先进个人。

王宝叶，女，1944年出生，沂源县西里镇人。全省计划生育先进个人。

刘成梓，男，1945年出生，济南市莱芜区人，中共党员。曾任大张庄乡计生委主任。全省计划生育先进个人。

赵兴玉，男，1952年出生，沂源县张家坡镇人，中共党员。曾任中庄乡党委副书记。山东省计划生育先进个人。

戴洪英，女，1957年出生，沂源县燕崖镇人，中共党员。全国人口与生殖健康调查优秀调查员。

郭守秘，男，1960年出生，沂源县大张庄镇人，中共党员。曾任县计划生育委员会（县计划生育局）党组书记、主任（局长），县民政局局长，县职业教育中心学校校长。全国人口与计划生育科技工作先进个人。

沈学彪，男，1962年出生，沂源县悦庄镇人，中共党员。曾任石桥乡计生委主任。山东省计划生育先进工作者。

杜宏伟，女，1973年出生，沂源县历山街道人，中共党员。全国人口和计划生育系统防治非典型肺炎工作先进个人。

大事记

1963年　11月，成立沂源县避孕节制生育领导小组，开始采取晚婚、节育、结扎等措施。

1964年　4月，全县召开四级干部大会，动员党员干部带头做结扎手术，成为有史以来全县第一次结扎活动，176人做绝育手术。

1979年　2月，全县开始执行“一对夫妇一个孩”的计划生育政策。

1982年　3月，全县开展“四〇二”大结扎活动（女方年龄40周岁以下、两个小孩以上）。

1982年　沂源县被省委、省政府表彰为全省计划生育先进县。

1984年　10月，沂源县被省委、省政府表彰为计划生育工作先进单位。

1985年　5月，省计生委、临沂地区计生委在徐家庄乡、黄庄镇、土门镇进行“间隔式”照顾二胎生育试点。

1986年　3月，沂源县人民政府、县计生委、县卫生局、徐家庄乡、黄庄镇、新华机械厂被国家计生委表彰为全国计划生育先进集体。

1988年　沂源县被省委、省政府表彰为计划生育先进单位；徐家庄乡荣获全省计划生育模范乡称号；县计划生育委员会、张家坡乡张家坡村荣获全省计划生育先进集体称号。

1989年　1月，全县首次与各乡镇签订人口目标责任书，正式将计划生育列入年度考核。

1989年　沂源县获临沂地区人口责任目标考核一等奖。

1990年　3月，淄博市政协副主席马保平到沂源县宣讲计划生育政策。

1990年　6月，市计生委在沂源县召开区县计生委主任会议，听取各区县上半年计划生育工作情况汇报，部署下半年工作。

1991年　4月，颁布《沂源县实施〈山东省计划生育条例〉办法》，全县计划生育工作走上依法管理轨道。

1991年　5月，沂源县获得全市人口目标达标二等奖。

1991年　10月，全县“万例大结扎”手术全面展开。

1991年　省计生委主任王维视察沂源县计划生育工作。

1991年　国家计生委确定的美国洛克菲勒基金会“在中国农村地区引进新型避孕药具提高服务质量”沂源试点县项目启动。

1992年　4月，县、乡、村三级设立人口学校，对育龄群众开展人口与计划生育基础知识教育。

1992年　7月，国家计划生育协会副会长兼秘书长、国家计生委科技司司长邱淑华到沂源视察计划生育工作。

1992年　9月，美国洛氏基金会人口科学部主任西格尔博士到沂源视察项目工作。

1993年　3月，国家计生委副主任彭玉到沂源视察计划生育宣传教育工作。

1993年　4月，沂源县获得全市1992年度人口控制目标责任一等奖。

1993年　4月，美国洛克菲勒基金会人口部主任史蒂文—森丁先生与法瑟拉博士、何维德博士到沂源视察洛氏合作项目工作。

1993年　9月，美国洛氏基金会访华团在沂源视察洛氏项目开展情况。

1993年　10月，全县计划生育育龄妇女信息进行公安、民政、卫生、计生“四统一”。

1994年　3月，省计生委主任孟云到沂源视察计划生育工作。

1994年　5月，省计生委副主任李翰章到沂源视察计划生育工作。

1994年　6月，国家计生协会副会长邱淑华到沂源视察计划生育工作。

1994年　7月，美方人员茉莉在北京大学柳玉枝教授陪同下，到沂源县石桥乡、沟泉镇与育龄妇女座谈、检查指导中美洛氏合作项目的实施情况。

1994年　10月，美国迈伦基金会官员到沂源视察计划生育工作。

1995年　4月，全国中美洛氏项目研讨会在济南召开，与会人员到石桥乡、沟泉镇现场参观。

1995年　5月，沂源县获得市委、市政府授予的“执行人口与计划生育目标责任先进单位”称号，获一等奖。

1996年　4月，沂源县获得省委、省政府表彰的计划生育工作“三为主”先进县。

1996年　5月，沂源县获得市委、市政府授予的“完成人口与计划生育目标管理责任达标区县”。

1996年　6月，国家计生委外事司双边处处长倪家俊、北京大学人口研究所教授涂平到沂源县视察计划生育工作。

1996年　9月，省计生委主任张传林到沂源县视察计划生育工作。

1997年　1月，国家计生委科技司倪家俊处长、北京大学人口研究所涂平教授，在省计划生育科研所所长田奎武的陪同下，到沂源县考察洛氏项目实施情况。

1997年　5月，沂源县获得市委、市政府表彰的人口与计划生育目标管理先进区县。

1998年　4月，沂源县获得市委、市政府授予的“人口与计划生育目标管理先进区县”称号。

1998年　9月，县计生委副主任崔成等、何新菊随市考察团赴泰国执行人口与计划生育生殖健康考察。

1998年　10月，省计生委召开中美洛氏项目总结表彰会议，沂源县计生委负责人汇报了项目工作情况，县计生委、沟泉镇计生办、东里镇计生办、石桥乡计生办、韩旺镇计生办、鲁村镇计生办、南麻镇计生办被表彰为先进集体，7人被表彰为先进个人。

1998年　沂源县计划生育服务站被省计生委命名为省级优秀计划生育服务站。

1999年　4月，沂源县获得市委、市政府表彰的1998年度执行人口与计划生育目标责任先进区县、人口与计划生育目标责任连续3年先进县。

1999年　沂源县获得省委、省政府表彰的计划生育工作“三为主”先进单位。

2000年　3月，沂源县获得市委、市政府授予的“1999年度人口与计划生育目标责任先进区县”称号。

2000年　12月，沂源县计生协会获得省计生协会表彰的全省计划生育协会工作先进集体。

2000年　沂源县被市计生委确定为计生优质服务试点县，获市政府特殊贡献奖。

2002年　11月，全国计划生育观摩现场会在徐家庄乡召开。

2002年　沂源县计生委获得省计生委表彰的全省计生系统行风建设先进单位。

2003年　省计生委、省监察厅联合对沂源县“一法三规一条例”贯彻落实情况进行检查。

2003年　县委、县政府根据省、市要求，退还计划生育保证金1300万元。

2004年　沂源县获得市委、市政府表彰的“2003年度落实人口与计划生育目标管理责任先进单位”。

2005年　12月，沂源县计划生育协会被评为“全国计划生育协会工作先进单位”。

2005年　在山东省人口和计划生育目标管理基层线考核中，获得全省第一名。

2005年　沂源县被市委、市政府授予“特殊贡献奖”。

2005年　县计生局获得省计生委表彰的山东省人口和计划生育工作先进集体。

2006年　1月，省人口计生委副主任杨心胜到沂源县开展“三下乡”活动，带来慰问物资微机10台，走访贫困户5户，发放慰问金5000元。

2006年　2月，沂源县获得市委、市政府表彰的“2005年度执行人口和计划生育目标责任先进单位”。

2006年　沂源县计划生育局被省文明办授予“山东省文明机关”称号。

2006年　全县开展争创省级计划生育优质服务先进县活动。

2007年　1月，沂源县被省委、省政府授予“山东省计划生育优质服务先进县”。

2007年　4月，沂源县获得市委、市政府授予的“2006年度执行人口和计划生育目标责任先进单位”。

2008年　2月，沂源县获得市委、市政府表彰的“2007年度执行人口和计划生育目标责任先进单位”。

2008年　4月，省计划生育协会名誉会长赵志浩到沂源县调研指导计划生育协会工作。

2008年　11月，国家人口计生委人口与发展研究中心人口研究部主任刘鸿雁到沂源县调查《人口与计划生育法》实施情况。

2009年　2月，沂源县获得市委、市政府授予的“2008年度人口目标管理责任制考核一等奖”。

2010年　4月，沂源县获得市委、市政府表彰的“2009年度圆满完成人口和计划生育目标管理责任嘉奖”。

2010年　4月，县计划生育局改称县人口和计划生育局。

2011年　5月，沂源县获得市委、市政府表彰的“2010年度人口和计划生育目标管理责任制考核”一等奖；县人口计生局获得市委、市政府表彰的淄博市人口和计划生育先进集体。

2011年　12月，沂源县获得“全国计划生育优质服务先进县”称号。

2011年　沂源县开始发放企业退休独生子女父母养老补助。

2012年　4月，沂源县获得市委、市政府表彰的“2011年度人口和计划生育目标管理责任制考核”一等奖。

2013年　5月，沂源县获得市委、市政府表彰的“2012年度人口和计划生育目标管理责任制考核”一等奖。

2013年　8月，全市人口和计划生育基层基础工作现场观摩点评会召开，在沂源现场观摩了燕崖镇双泉村、燕崖镇计划生育服务站和历山街道城北社区。

2015年　9月，全市出生人口性别比综合治理工作点评组到沂源点评，先后到县妇幼保健院、南麻街道、历山街道沙沟社区、东里镇点评性别比综合治理工作。

2016年　1月，县人口和计划生育局与县卫生局合并为沂源县卫生和计划生育局。

2017年　4月，沂源县获得市委、市政府表彰的“2016年度人口和计划生育目标管理责任制考核优秀单位”。

2021年　1月，沂源县获得国家卫健委表彰的全国计划生育优质服务先进单位。

老龄篇——

综述

扫码听书

记忆沂源·卫生健康卷

概　况

老龄事业的起始

老龄事业是中国社会主义事业的重要组成部分。党和政府十分关心和支持老龄事业的发展。党的十三大明确提出“要注意人口迅速老龄化的趋向，及时采取正确的对策”。党的十四大提出要“重视研究人口老龄化问题，认真做好这方面的工作”。七届人大和八届人大都要求关心老年人工作，把老年人的事情办好。1983年，国务院正式批准成立中国老龄问题全国委员会。

1988年4月，沂源县老龄工作（问题）委员会（简称县老龄委）成立，作为中共沂源县委、县政府领导下进行老龄工作的综合办事机构，统管全县老龄工作。1996年10月1日，国家实施《中华人民共和国老年人权益保障法》（简称《老年法》），县老龄委为贯彻行政执法主体机构。

《中华人民共和国老年人权益保障法》第2条规定，老年人的年龄起点标准是60周岁，即凡年满60周岁的中华人民共和国公民都属于老年人。

县委、县政府重视人口老龄化进程，不断建立健全组织机构，增加对老龄事业的投入，确保老龄事业健康发展。各镇（街道）成立有兼职的老龄办，机关和企、事业单位建立起离、退休职工服务管理机构，老龄工作网络基本形成。

为培养老龄工作干部，县、镇两级老龄委多次举办老龄工作干部培训班，提高专职、兼职老龄工作干部素质。根据老年人的特点、特长和爱好，成立老年书画协会、老年人体育协会等各种类型的老年群众组织。

县老龄委成立之后，采取各种形式，广泛宣传，不断营造尊老敬老氛围。每年重阳、元旦、春节等传统佳节，老龄部门都开展一系列慰问活动和文体活动，并会同新闻单位广泛宣传。春节期间，县委、县政府领导登门慰问百岁老人和看望特困老人。印刷《老年法》和国际老年人宣传资料发放至机关、学校、企业和市民。

人口老龄化状况

老年人口规模不断扩大　截至2013年，全县60岁及以上户籍人口9.70万人，之后历年攀升。2022年，比上年净增加0.66万人，比2013年增加4.95万人，年均增加0.495万人。

老年人口占总人口的比重不断提高　2022年，全县60岁及以上人口占总人口的比重为25.73个百分点（户籍统计），比重较2013年增加8.52个百分点。其中，70~79岁人员为42984人，占总人口比重7.55个百分点，比10年前增加10984人，比重增加1.88个百分点；80~89岁人员为14505人，占总人口比重2.55个百分点，比10年前增加2299人，

2013年，60岁以上人口变动趋势图

比重增加0.38个百分点；90~99岁人员为2555人，占总人口比重0.45个百分点，比10年前增加1146人，比重增加0.22个百分点；100岁以上人员为36人，占沂源县总人口的0.063个千分点，比10年前增加24人，比重增加4.196个百分点。

全县老年人口变化情况表（2013—2022）

年度	总人口数（人）	60岁以上		70~79岁		80~89岁		90~99岁		100岁以上	
		人数	占比（%）	人数	占比（%）	人数	占比（%）	人数	占比（%）	人数	10万分占比（%）
2013	563824	97022	17.21	32000	5.68	12206	2.16	1409	0.25	12	2.128
2014	565169	102133	18.07	31413	5.56	12612	2.23	1339	0.24	11	1.946
2015	567642	108721	19.15	32172	5.67	13463	2.37	1451	0.26	18	3.171
2016	571430	114045	19.96	33051	5.78	14492	2.54	1593	0.28	22	3.850
2017	575446	119397	20.75	33719	5.86	15137	2.63	1591	0.28	24	4.171
2018	575777	124728	21.66	33309	5.79	16357	2.84	1792	0.31	31	5.384
2019	575074	129057	22.44	35268	6.13	15106	2.63	1664	0.29	25	4.347
2020	573897	135474	23.61	37654	6.56	15705	2.74	1845	0.32	30	5.227
2021	572476	139822	24.42	39518	6.90	16077	2.81	2012	0.35	28	4.891
2022	569236	146453	25.73	42984	7.55	14505	2.55	2555	0.45	36	6.324

人口高龄化趋势明显 居民生活水平提高，居民寿命不断延长。2013—2023年，80岁以上高龄老年人的比重逐年递增，从2013年的占比2.42个百分点，逐年为占比2.47、2.63、2.82、2.91、3.16、2.92、3.06、3.16，到2022年的占比3.17个百分点，提升了0.75个百分点。

全县人口老龄化程度，以后将会继续攀升。全县人口出生率保持下降态势，人口出生率从2013年的7.6‰下降到2022年的5.98‰，预计未来10年将呈现持续降低态势。

老年人口呈阶段性增长。近年来，全县老龄人口年增长5000人、速度保持在4%左右，预计至2027年，全县60岁以上的老年人总数将达到17.15万。

老年人口内部的高龄化发展较快。截至2023年，全县老年人中仍以60~69岁的低龄老人为主，但80岁以上高龄老人的比例将逐年增大，逐渐由2022年的3.17%达到6%~7%左右。

老年人口主要特点 60周岁以上老年人口逐年递增，年增近0.5万人。70周岁以上的中高龄老人占全县老年人口总数的31%，中高龄老年人增加较快。

5.7万老年人属于农业人口，占老年人总数的39%，这部分老年人没有养老金，属家庭养老。8.76万老年人属城镇户口。其中，90%的老年人有退休金，属社会养老；10%的城镇老人无社会保障。

老年人家庭结构和代际关系。全县共20.28万户家庭，平均每2.38户就有一位老年人，其中单身老人（含未婚、丧偶、离婚）占老年人总数的40%，为5.8万人。抽样调查，老年人认为“和睦”的家庭占40%、“一般”的家庭占55%、“不和睦”的家庭占5%。

老年人宗教信仰状况。老年人信仰佛教的约占7%、信仰基督教的约占1%、信仰伊斯兰教的约占1%、其他信仰约占3%；无宗教信仰的老年人达88%。

老年人的社会保障水平。农村老年人中的95%和城市无退休金的老年人共占到全县老年人总数的50%。其中，月收入600元以上的老年人占20%，2.9万人；月收入30~600元的老年人占30%，4.4万人；月收入300元以下的老年人占50%，7.3万人。

机构沿革

1988年，沂源县老龄问题委员会下设办公室，为全额事业正科级事业单位，编制5人，隶属县政府办公室。1990年4月，沂源县老龄问题委员会改为沂源县老龄委员会，各乡镇、县直各部门的老干部工作机构和老龄委工作机构合署办公。1993年12月，机构改革，老龄委员会办公室归为县劳动局管理，内设股级行政科室，编制2人，设科长1人、办事员1人。

1998年7月，全县老龄工作管理体制调整，将县老龄委员会办公室由县劳动局成建制（职能、人员、编制1人）转归县民政局，仍为股级内部机构；12月，沂源县老龄工作委员会办公室改设为隶属民政局的副科级全额事业单位，定编3人。

2002年11月，沂源县老龄工作委员会办公室升格为正科级全额预算管理事业单位，编制4人，归县民政局管理。主要开展对老龄工作进行调查研究，统筹规划、综合治理、组织协调、监督检查等各项工作。

2012年，新增编制2人，编制总数为6人，实有在编人数5人。其中，领导班子成员2人。2019年1月，机构改革，与县卫生和计划生育局合并成立县卫生健康局，局内设医养老龄科负责老龄工作。

历任主要负责人

机构名称	姓名	职务	任职时间	备注
沂源县老龄工作委员会办公室（2002.11—2019.01）	赵玉玺	副主任	2002.11—2007.6	主持工作
	任向东	主任	2007.6—2010.3	
	韩国栋	主任	2010.3—2012.3	
	张志杨	主任	2012.3—2017.12	
			2017.12—2018.5	空缺
	曹洪星	主任	2018.5—2019.1	

老年人优待政策

老年优待证办理

2011年12月，《山东省优待老年人规定》颁布，老年人免费办理《山东省老年人优待证》，凭证在全省范围内享受老年人各项优待。2018年10月29日，淄博市委、市政府印发《关于深化“一次办好”改革打造“三最”城市升级版实施方案的通知》，山东省老年人优待证办理工作下放至各区县。2020年12月1日起，沂源县停办纸质山东省老年优待证，老年人持居民身份证享受各项优待政策。2021年3月1日，全面启用老年人电子优待证。

养老优待

实行高龄老人津贴政策 2003年起，户口在沂源县境内的90周岁及以上的老年人，每人每月享受长寿补贴30元；2011年，沂源县实施“高龄老人补贴扩面提标”工程，新制定出台80～89周岁老人长寿补贴政策，调整提高了90周岁及以上老人长寿补贴标准，自2011年1月起，凡户口在沂源县境内的，80～89周岁老年人每人每月享受长寿补贴10元，90～99周岁老年人每人每月享受长寿补贴50元，100周岁及以上老年人每人每月享受长寿补贴420元（其中县级补贴100元，市级补贴120元，省级补贴200元）；2018年，沂源县再次调整提高80周岁及以上高龄老人长寿补贴发放标准，自2018年1月起，凡户口在沂源县境内的80～89周岁老年人，每人每月长寿补贴20元，90～99周岁老年人每人每月长寿补贴70元，100周岁及以上老年人每人每月520元（其中县级补贴200元，市级补贴120元，省级补贴200元）。

每年年初，由村（居）、镇（街道）老龄工作职能部门负责调查统计本辖区内80~89周岁、90~99周岁、100周岁以上的老年人数据，并编制准确花名册（具体包括老年人姓名、性别、身份证号码、单位及家庭住址等）。按时上报县老龄工作委员会办公室，2019年2月起，上报县卫生健康局，经审核后反馈给各镇（街道）老龄工作职能部门，由镇（街道）老龄工作职能部门、财政所将符合条件的老年人信息导入财政惠民补贴“一本通”信息管理系统，经县财政局审核通过后，将补贴资金通过邮储银行发放到高龄老人“一本通”账户中。高龄老年人名单实行动态化管理，每半年核查一次。

实行政府购买养老服务 对孤寡老年人、半自理和不能自理的贫困老年人以及80周岁以上空巢老年人，县政府根据本人申请，经认定后，给予购买居家养老服务或机构养老服务照顾。政府兴办和支持的居家养老服务信息化呼叫机构，对贫困老年人免收服务费。实行住房优先保障，对城镇低收入、住房困难的纯老年人家庭户，优先纳入廉租房保障范围；对农村贫困老年人无房户、危房户的住房优先纳入农村危房改造工程。

医疗保健优待

对农村和城镇未参加医疗保险的老年人，落实符合老年人个人缴费的政府资助政策，参加新型农村合作医疗和城镇居民基本医疗保险。尚未参加城镇居民医疗保险和新型农村合作医疗的老年人，在政府兴办和支持的区县级以上医疗机构就医，减免不低于20％的治疗、检查、住院普通床位等费用。老年人优先就医，需要住院治疗的，优先安排住院。政府兴办和支持的区县级以上医疗机构，免收普通挂号费；急救出车费、住院普通床位费、CT、核磁共振等检查费优惠10％；社区医疗老年家庭病床巡诊费优惠20％。依照《国家基本公共卫生服务规范》，每年对辖区内65周岁以上老年人进行1次免费体检。健全县、镇、村三级老龄工作网络机制，整合和配置健康资源，创建老年友善医疗机构，开展便利老年人就医服务，为65岁及以上老人建立健康档案，每年进行一次免费体检。

2020年，沂源县创建为全省医养结合示范先行县，鲁村镇创建为省级医养结合示范镇，县3家二级以上医院设立老年科门诊。2022年11月，县人民医院、县中医医院等15家医疗单位全部被评定为市级老年友善医疗机构。

全县组建122支、698人的专家医疗团队，为老年人提供健康指导、疾病预防、心理咨询等健康服务。截至2023年底，全县建立65岁以上老年人健康档案92944人，老年人家庭医生签约77423人，签约率达83.3％。以养和养老院为依托，开展托管合作服务，采取政府购买服务的方式，为重点优抚对象、低保户、特困户、计生特殊家庭提供以医疗保健服务、日间照料服务、亲情关怀服务、家政服务为主要内容的“一站式”健康养老服务，提高老年人的健康保障水平。全县老年人城乡社区规范健康管理服务率达74.6％。全县二级以上医疗机构建设国家级卒中中心、胸痛中心、心衰中心、2个院士工作站、21个“泰山学者”和名老中医专家工作室，规范提升7处“120”急救站点，12处乡镇卫生院建立胸痛救治单元。全县医疗机构建设智慧化远程诊疗中心，实现心电远程和影像远程会诊。全县15处医疗机构已全面开通老年人就医绿色通道，与5处养老机构签订合作协议，有6处医疗机构设立了安宁疗护病房。

生活服务优待

60周岁以上的老年人，可在淄博市各区县城市建成区内，免费乘坐公共汽车。省内60周岁（含60周岁）以上老年人乘坐公交车免费政策实施前，全县办理免费乘车卡3.5万张，提供免费乘车服务140.8万人次。政府兴办和支持的供水、供暖、燃气等公用事业经营单位，对贫困老年人实行降低30％以上的价格优惠。有线（数字）电视经营单位对贫困老年人家庭，在有线电视初装费、月租费等方面均给予不低于30％的价格优惠。城市道路、车站、商场、公交站点、住宅小区和其他公共建筑，应按有关规定建设无障碍设施，方便老年人出行。倡导通信、旅游、保险、商业、家政、餐饮及其他相关服务行业，对老年人提供优先服务和优惠照顾，并对空巢老年人和有特殊困难的老年人实行上门服务。

文体休闲优待

政府兴办和支持的博物馆、文化馆、图书馆、美术馆、科技馆、展览馆、纪念馆等文化场所，对老年人免门票费。社会力量兴办的上述场所，凡收取门票的，对60~64周岁老年人实行门票费半价优惠；65周岁以上老年人免门票费。政府兴办和支持的公共体育健身场（馆），除举办正式比赛和商业赛事外，应在所有开放时间对老年人免费。学校等企事业单位和各机关所属的文化体育设施，凡具备条件的，应按时段对老年人免费开放。影剧院星期一至星期五（节假日除外）的日场，电影放映对老年人实行门票半价优惠，商业演出不优惠。收费公园对老年人免门票费。政府兴办和支持的旅游景点对老年人免门票费；社会力量兴办的旅游景点对60~69周岁老年人实行门票半价，70周岁以上老年人免门票费；提倡社会力量兴办的旅游景点对65周岁以上老年人免门票费。

维权优待

老年人优先享受司法救助和法律援助，咨询自身涉法事务时，司法机关和法律服务机构应提供优先服务并免收服务费。老年人因合法权益受到侵害提起诉讼时，县人民法院应优先立案、优先审理、优先执行。对纳入最低生活保障对象的老年人、优抚老年人、无固定收入的贫困老年人和80周岁以上老年人，因赡养、抚养、婚姻、养老保障、医疗保障等自身合法权益受到侵害提起的诉讼，需承担诉讼费的，按有关规定办理缓、减、免。县各律师事务所、基层法律服务所，对老年人因自身合法权益受到侵害需要聘请律师、基层法律工作者提供法律服务的，如符合法律援助条件，免收服务费；不符合法律援助条件的，视情况给予减免不低于30%的服务费。公证机构对老年人因办理遗嘱、继承、赡养、扶养、婚姻、养老保障、医疗保障、救助赔偿等保护自身权益需申请公证的，给予减免30%公证费的优惠；符合法律援助条件的免收公证费。

银龄安康工程

为积极应对人口老龄化，建立健全养老保障体系，沂源县政府联合央企中国人寿保险公司为全县老年人和银龄家庭设计普惠型专属意外伤害保险。2012年始，由县财政负担，为全县70~80岁老年人每人每年购买一份意外伤害组合保险（367.6万元），切实保障老年人身体健康，提高抵御风险的能力。

老年人权益保障

1996年10月1日，《中华人民共和国老年人权益保障法》（以下简称《老年法》）正式实施。1999年，山东省九届人大常委会第十二次会议通过《山东省老年人权益保障条例》，明确各市老龄委和各区县老龄委为法律授权的贯彻实施《老年法》的专门机构，具有行政执法主体资格，并赋予其具体工作职能。

《老年法》颁发后，县老龄办及时翻印《老年法》和宣传单发到全县各镇、街道和居、村委会，并通过普及教育、知识竞赛等措施强化宣传。在全县老年人中的宣传普及率已超过90%。2018年，中共沂源县委、县政府印发《沂源县老龄事业发展和养老体系建设规划（2018—2020年）》。县老龄委依法维护老年人的合法权益，及时协调和处理侵犯老年人合法权益、虐待老年人事件，接待和回复老年人信访等工作。同时，还处理县人大、政协涉及有关老龄问题的议案、提案。

老龄产业

全县共有综合养老机构10家、社区日间照料中心7家、“沂源红”幸福家园民生综合体230处。养老机构养老床位539张，其中县医院新院医养结合楼建筑面积14573平方米，设置床位 350张，有康复中心、娱乐活动中心。养和健康养老中心，占地面积24.98亩，建设面积19288平方米，总投资1000万美元，设有医疗区3437平方米，文化活动区2834平方米，养护区8901平方米，短期入住体验区4094平方米的设施配套，项目已列入市政府重点项目。

敬老助老活动

沂源县推行“银龄互助”模式，全县成立34支春松分队，成立105个银龄互助小组，提供榻前问、叩门行动、送学上门等10项服务内容。626名志愿者参与结对，通过“邻帮邻、亲帮亲”等形式，为结对老年人提供服务。截至2023年底，全县有830余名老干部志愿者参与到“红色领航·银龄互助”项目，共计“接单”3700余次，累计服务时间达1.3万余小时。累计帮扶空巢、独居、失能、高龄及特困老年人1229人，老年人志愿服务实现县域内全覆盖。

老年大学

2000年11月，沂源县老年大学成立。该校是一所多学科、多层次的综合性老年大学，省级老年大学先进示范校。学校开设书法、绘画、声乐、合唱、二胡、电子琴、古筝、英语、舞蹈、诗词、太极拳、器乐、曲艺、京剧等专业。学校有春松老年志愿服务队、春松艺术团、春松乐团、老年书画协会、老年摄影协会、诗词学会、关工委等10余个学会和社团组织。2019年6月，春松老年志愿者服务队党委被省委授予山东省优秀基层党组织荣誉称号，成为受表彰的100个党组织中唯一一个离退休干部党组织。春松老年志愿者品牌分别被省委宣传部和省委老干部局等部门表彰为最美志愿者组织，被淄博市委命名为时代先锋岗，全省老干部志愿服务工作现场经验交流会和全市老年大学会议在沂源召开，沂源县老年大学逐步成为全县老年人学习的乐园、有为的舞台。

2022年3月，沂源县创办老年大学农商银行分校，建筑面积600余平方米，集老年人学习教育、活动健身、休闲娱乐、作用发挥为一体的开放共享式老年教育综合体，也是淄博市第一所老年大学企业分校。县老年大学和春松老年志愿者服务队、金色年华俱乐部等一批老干部志愿者协会团体会员单位入驻。校内设有健身活动室、阅览区、棋牌区、教学室、舞蹈室、走秀室、书画室、心理咨询室、茶室等，共开设声乐、舞蹈、走秀、书法、绘画、二胡、葫芦丝等9类专业课程，打造“10分钟学习生活圈”，学员达1016人。

百岁老人

截至2023年底，全县共有百岁老人33人。西里镇5人、鲁村镇4人、南麻街道4人、石桥镇4名、东里镇3人、燕崖镇3人、悦庄镇3人、历山街道2人、南鲁山镇2人、大张庄镇1人、张家坡镇1人、中庄镇1人。

从性别分析，女性更具长寿优势。在33位百岁老人中，男性只有13位，女性20位。这与男女的正常寿命趋势基本一致，但也进一步体现出，随着年龄的增长，女性更具长寿优势，到百岁以上的年龄段更为明显。

从家庭分析，与上一辈的寿龄有关。百岁老人的母亲寿龄大于80岁的占65%以上，父亲寿龄大于80岁的占70%以上，都高于正常人群。

从出生分析，家中老大往往最长寿，百岁老人是独生子女的占3%，有兄弟姐妹2~5个的老人接近80%。排除独生子女，在百岁老人中，家中老大一般是最长寿的。

从心态分析，百岁老人的经济和身体状况不如一般人，约2/3的百岁老人表示对生活满意度和快乐感都比一般人高。大多数百岁老人特别自信，善于听取家人的意见，表明他们的人生态度十分宽容。

从调查来看，百岁老人绝大多数不经常进行锻炼，1/3的百岁老人能坚持简单劳作，如洗衣、烹饪等。这可能与当时老人生活的年代、文化有关。

从饮食来分析，保持清淡饮食，主食以玉米、土豆、大豆、花生等粗杂粮为主，细粮是自己加工的面粉和大米。大多百岁老人们牙口很好，喜欢吃凉拌菜，如萝卜缨、大蒜、黄瓜等蔬菜，常备葱、姜、蒜。天天吃水果的百岁老人还不到1/4，有近1/4则很少吃。约85%的百岁老人常吃肉、鱼、蛋和腌菜，90%以上的老人经常吃豆制品。

山东健康老人

2023年7月，山东省卫生健康委开展第三届“山东健康老人”推选活动，全省共推选出100位“山东健康老人”。沂源县陈大鲁入选“山东健康老人”，左文平入选“山东健康老人提名”。

陈大鲁，男，1951年9月出生，1968年12月参加工作，1989年6月加入中国共产党，2011年退休。2016年4月，担任沂源县春松志愿者服务队队长。2019年，作为全国离退休干部先进集体代表在人民大会堂受到习近平总书记的亲切接见。

左文平，男，1932年7月出生，1948年3月加入中国共产党。10岁参加抗日儿童团，14岁参军，15岁随华东野战军第七纵队离开沂源，先后参加过解放战争、抗美援朝战争和援越抗美战争。1976年6月，转业地方。1992年10月离休。

故事琐忆

大山里的百岁老人刘玉花

刘玉花，女，燕崖镇刘庄村人，1920年出生，原籍蒙阴县。17岁时嫁到刘庄村，育有6子2女8个孩子，最年长的孩子已近八旬，老伴已经在30年前先她而去。老人饱经沧桑的脸上，镌刻着曾经艰难的岁月痕迹；弯曲的脊背和变形的双腿，承担过繁重的生活重担。如今，老人虽然眼花耳背，但依然精神饱满，思维清晰，并且尚能做些简单的饭菜，能拄着拐棍到离家500米开外的地里侍弄菜园子。

刘玉花自从嫁到刘庄村，便再也没有离开过这个山清水秀的地方。这里山峦连绵、草丰林茂，地势高、空气新。刘玉花老人同三儿子居住在一个内外两道的套院内，老人独居一房，房屋并不高大，也不明亮。门外是流淌的山泉和弯曲的山路；屋内陈设简单，日常生活锅碗瓢盆之类，山里人家常有的样子。

在与老人及其家人的交谈中得知，老人晚年患有高血压病，日常口服药物控制，无其他基础性疾病。牙齿已经全部脱落，一日三餐以细软面食为主，一顿半个馒头加炒菜，基本定时定量。生活中无特殊嗜好，茶酒无缘，菜食以青菜、豆类、鸡蛋为主，少量肉食。平时喜欢生吃花生米，在石臼捣碎，每天一大把。老人起居自理，有早睡晚起的习惯，睡眠质量良好。

老人一生简朴勤劳。在回忆过往的困难时期，老人清楚记得，家中人口多，经常处在吃了上顿没下顿窘境中，柳树叶、榆树皮经常用来充饥，吃糠咽菜更是家常便饭。新中国成立后的20世纪50—60年代，生活虽然有改善，也只是勉强吃饱肚子，地瓜是当时的主食。在操持家务的同时，刘玉花作为生产队劳动力参与农活，以挣工分养家糊口。随着社会发展，生活条件逐步改善，特别是晚年阶段，各项有利于老年人的政策落实到位，加之家中子女孝顺，老人言语间满满的幸福感。

作为生活了一个多世纪的老人，经历过民国时期的动荡；目睹过日寇侵华的罪恶行径；遭受过反动派、土匪的掠夺侵扰。人们惊叹刘玉花老人对新、旧两重天的爱憎分明。回忆起战争年代，老人对日军、汉奸的痛恨溢于言表；对新中国成立给人们带来的幸福生活由衷地感慨。老人还向人们讲述了一个共产党领导的抗日连队，在被日伪军重重包围、英勇战斗，最后全部壮烈牺牲的故事。她说，现在好了，没有战争，不用担惊受怕，不用东躲西藏，人们吃得好、穿得好，应当感谢共产党。

新中国成立前老党员、百岁老人周文爱

周文爱，东里镇福禄坪村人，1923年6月14日出生，1948年9月1日加入中国共产党。家中五口人，她排行老大，还有两个年幼的弟弟。16岁那年，母亲去世，父亲从军。父母离开后，周文爱便肩负起照顾弟弟的担子。到了第二年，周文爱在媒人的劝说下，嫁到了福禄坪村。

为人妻后，周文爱仍旧挂念年幼的弟弟，隔三差五地回家照看。因为此事，婆婆跟周文爱闹过矛盾。之后，周文爱又开始组织村里的青年妇女上识字班。她越来越忙，在家的时间越来越短，婆媳

关系也越来越紧张。婆婆屡次跟丈夫告状，最终，丈夫顶不住婆婆的压力，跟周文爱大吵了一架。周文爱当时对于丈夫的不理解非常委屈，或许是因为年轻，她哭了一整晚，但自此之后，便再也没有提过此事。

周文爱生活虽然坎坷，但她却总是不遗余力地帮助身边的人。解放战争时期，大量部队从东里经过，周文爱发动村民在路两旁摆满水缸，供路过的战士们喝水。水井在山脚下，距离路边还有一段距离，为了保持水缸里有水，周文爱积极动员村里的妇女来回挑水。当看到身边的人累了的时候，周文爱便劝说他们休息，等自己到达后，再回来帮忙挑水。一天下来，周文爱脚底会磨起许多水泡，但她从来没有喊苦叫累，狠狠心挑破水泡，第二天照旧工作。

周文爱老人表示："身体累了，睡一觉就好了，但旁人的误解是最难熬的！"在她看来，最困难的工作是动员参军。"人家在家过着好好的日子，谁都不想去参军，但是有需要还是要去啊，我只能一遍遍地跑着去做工作。"虽然有时会碰钉子、被人吼出来，但她还是一遍遍地去动员。最终，村里很多青壮劳力都被周文爱感动了，纷纷从军。周文爱也信守承诺，积极帮助军属干农活、照看孩子，甚至年三十的时候，周文爱还会奔走各家，看有没有需要帮助的地方。人心换人心，周文爱对他人的关爱得到了村民的一致认可，后来大家也都会热心帮忙。

在周文爱的记忆里，还有件事情终生难忘，也让她深感悲伤。当时，在离家不远处安置了一群伤病员，周文爱每天都会去照顾他们。有一位年纪较小、看起来只有10多岁的伤员，黑黑的皮肤，瘦瘦的身体，每次见到周文爱都会冲她腼腆地笑笑。他这一笑便露出一排整齐洁白的牙齿，在阳光下闪闪发光。周文爱喜欢这个单纯的小战士，也像照顾自己的亲弟弟一样照顾着他。在当时，鸡蛋是特别稀缺的食物，周文爱会将好不容易得到的鸡蛋悄悄地送给这个小战士。小战士再三推却之后，才难为情地收下，放在手里，观察半天，总也舍不得吃掉。闲暇之余，周文爱还会跟他聊天，憧憬着战争胜利的场景。

每当这个时候，小战士会说："我要赶紧好起来，继续上前线。"周文爱则会轻轻抚摸小战士的头，笑着鼓励说："会好的，放心！"日子一天天过去，跟其他伤员一样，小战士也在一天天地好转。但有一天，国民党的飞机突然对伤员驻扎的地方进行轰炸。一时间尘土、鲜血弥漫着整个村庄，所有的希望也都在这一刻毁灭。当空袭结束，周文爱看着这片满目疮痍的土地时，眼泪簌簌流下。看着一处处住所夷为平地，鲜活的生命消逝在硝烟里。

周文爱照片（2023年）

周文爱历经苦难，但在苦难中，她愈发懂得了奉献和爱，继续没日没夜地工作、不遗余力地助人、不求回报地付出。她主动承担更多的任务，自愿奔走于山路之间护送军鞋，将家中仅有的粮食留给伤员……她做了她能想到、能做到的一切，为革命事业作出了非凡的贡献。

周文爱命途坎坷，丈夫也很早地离开了她。1958年，全国掀起了轰轰烈烈的"大跃进"运动，大炼钢铁成了当时重要的一项任务。丈夫是个铁匠，也响应号召参与其中，这一去就是大半年。等丈夫回来的时候身体已经很是虚弱，腊月二十八丈夫回家，转过年几天便去世了。

周文爱说完后，叹了一口气。旁边的儿媳也忍不住掉眼泪，感叹道："俺知道，俺娘不容易，我当时就是冲着她人好才来到这个家。这么多年，俺娘就像对亲闺女一样对待俺，再苦再难都没让我们受一点委屈。公公死得早，两个儿子也去世了，眼下就俺娘俩相依为命，但日子再苦，只要俺娘在，俺心里就踏实！"

周文爱老人知足常乐，她很满意眼下的处境。她感谢党组织没有忘记她；她感谢邻里乡亲都在照顾她；她感谢子孙儿媳始终孝敬她……她感恩一切，善待一切。要有怎样的心胸才可以一生奉献、一生爱人？即使人生多艰，她依然活得坦然！（根据周文爱口述整理）

老革命战士、百岁老人董光兴

董光兴，男，沂源县悦庄镇西鲍庄村人，1923年2月20日出生。1944年1月参军，服役于山东军区鲁中军分区第11团，历经抗日战争、解放战争。先后参加临沂、胶东、诸城、安丘、孟良崮、费县、莒县、沂水、郯城、沂南等大小战斗、战役103次。在攻打临沂东关战斗中受伤，被评为三等乙级伤残军人。1950年4月退役回村，曾任西鲍庄村会计，1981年离职。

董光兴生于一个普通农村家庭，自幼饱受封建压迫和剥削之苦，深知国家兴亡、匹夫有责。1937年，日本侵华战争爆发，董光兴作为一名热血男儿，见证了日本侵略者在祖国领土上犯下的种种罪行，义愤填膺，家仇国恨交织在一起，激发了董光兴保家卫国的坚定信念。1944年1月，董光兴参加了八路军，成为一名坚强的抗日战士。

董光兴在抗日战争中屡建奇功。在战场上，他勇敢顽强、临危不惧，机智灵活，冷静应敌。抗战时期，表现出一名革命军人视死如归、战无不胜的革命斗志。其间，八路军部队缺医少药、弹药匮乏，董光兴所在的连队，每人仅配3发子弹，战斗打响后开枪射击时，只有在指挥员发出指令后才能射击。在胶州对日寇的一次阻击中，他百发百中，一发子弹击毙了日军，获得了连队的嘉奖。他勇敢作战，听从指挥，信念坚定，荣获多枚荣誉勋章，成为家乡的传奇英雄。

在大张庄娄家铺子一次秋收保卫战中，鲁中军区七连、九连参与战斗。董光兴和班长及战友田相兴作为一个战斗小组执行战斗任务。日军的碉堡居高临下，重机枪疯狂射击，火力凶猛，战友田相兴不幸中弹牺牲。在一阵密集地扫射中，董光兴感觉右脚下一陈骤热，本能地迅速卧倒，原来是日军的机枪子弹穿透了董光兴千层底布鞋的鞋底，不幸中的万幸，董光兴躲过一劫。

在第二次秋收保卫战中，董光兴和十几名战友在班长的带领下，涉水在漫至膝盖的山沟河道里行军，向阵地进发，行至山沟上游一座土桥处，机智的董光兴发现了桥头边上还在冒着烟的三个香烟头，及时向班长汇报敌情，并准确判断出日军就在附近隐藏着。进入200米左右的前沿阵地，与日军交火，毕竟弹药匮乏，战士们在阵地上与日军展开了白刃战，班长当场牺牲，十几名战士牺牲过半。

新中国成立后，董光兴积极投身家乡建设。在参军前，他

董光兴照片（2023年）

董光兴（中）照片（2021年）

曾经上过私塾，是村里屈指可数的文化人，他便做起了村里会计。在村里任职期间，为改善生产、生活条件，他积极参加村里开挖机井、建扬水站、修建大桥、钻深水井等建设，为推动农业经济发展做出不懈努力。工作之余，他关心国家大事，积极参与公益活动，致力传播红色文化。董光兴始终保持初心，用实际行动践行对党的事业的忠诚。

董光兴生活节俭，虽年过百岁，但头脑清醒，思路清晰，精神矍铄，保持着开朗的性格，乐观向上的精神状态。他的脸上是满满的幸福感、荣誉感和自豪感。一日三餐清淡饮食，身体健康状况良好，也没有患上常见的老年病。爱劳动、爱生活、爱学习是董光兴老人多年的习惯。董光兴年过百岁，一直未花眼，每天坚持读书看报和饭后散步的好习惯，老人不用戴花镜就能够熟练地使用智能手机看新闻，关心国际、国内大事，尤其是对台湾回归问题尤为关注。

董光兴坚守初心，忠诚党的事业的精神风貌令人敬佩。他曾对子女说："我的一生都在践行共产党员的初心和使命，那就是为人民服务，为国家繁荣富强奋斗。"他的事迹感动了无数人，成为鲍庄一带后人学习的榜样。许多年轻人受到他的熏陶，刻苦学习，努力工作，成为各行各业的中流砥柱。董光兴经常为周边村党员和中小学生讲述党史、国史，他不求索取，默默奉献，用自己的言行和革命经历鼓舞着后人砥砺前行，勉励后辈继续为实现中华民族伟大复兴而努力拼搏。他深情地说："我相信，在我们党的领导下，我们的国家一定会越来越强大，我们的生活一定会越来越美好。"这正是董光兴百岁老人最好的祝福，也是他对中华民族伟大复兴最真切的期待。（根据董光兴及家人口述整理）

乐观豁达、百岁老人唐敬常

沂源县南鲁山镇九会村位于鲁山脚下张家寨之东，北、东、南山坡之间，三面环山，螳螂河由村西向东顺流而下，环绕整个村庄，河水清澈见底，长年不断。这里山环水抱，生态宜人。村里生活着一位百岁老人，他就是唐敬常。

唐敬常，1923年5月24日出生。1946年参军，参加过解放战争。复员后在生产队担任多年保管员，他在工作中任劳任怨，不计个人得失，深受村民们爱戴。

唐敬常生活节俭、性格豁达，起居规律，每日中午睡一小时，晚上6~7点睡觉。早晨有早起的习惯，不论严冬还是酷暑，每天坚持4点半起床，在庭院内慢走半个小时。不吸烟，饮食清淡，定时定量，粗细搭配是老人的饮食习惯。老人说得最多的一句话就是"身体的健康与心理的健康同样重要"。

老人一生共生育两男两女，生活积极，从来不悲观厌世。老伴离他而去后，老人依然振作精神，以顽强的毅力料理老伴的后事。老人每天生活得颇有质量，喜欢看电视，天气好的时候经常上街和同村的老人们聊天、下棋。简单的石子棋，老人就能下得很开心。

老人的内心世界明亮透彻，对子女、对邻里乡亲、对同事、对所有遇到的人都宽容大度，从没有让自己的内心纠结于生活琐事，始终抱有平和的心态和与世无争的人生态度。子女们认为乐观积极的心态就是老人长寿的秘诀。

国画《松鹤延年》 唐慎义（淄博市老年书画协会会员）

附录

记忆沂源·卫生健康卷

第27野战医院在沂源

第27野战医院初创于1970年，始为中国人民解放军第89医院分院。1972年，正式命名为中国人民解放军第27野战医院。1984年，更名为中国人民解放军第140医院。1987年，撤编移交给沂源县，改为县中医医院。该院在沂源县度过了18年的历程。

时代背景

1969年，国际上的反华“噪声”甚嚣尘上，随时可能有战争发生。党中央制定“积极防御，诱敌深入”战略方针，明确战争初期中国人民解放军的主要战略任务是“粉碎敌人的战略突袭，保存有生力量，制止敌人长驱直入，掩护国家转入战时体制”。根据毛主席“备战、备荒、为人民”的号召以及中央军委的要求，各大军区都着手建立战时“小三线”，主要包括军工厂、物资仓库和野战医院。济南军区决定，将小三线建立在沂蒙山区。当时陆军第67军军部设在青岛，隔海相望的日本、南朝鲜都是帝修反阵营的敌对国，距离太近，一旦战争爆发，敌军必将从空中、海上和地面上发起突然袭击，对中国人民解放军非常不利。因此，军委要求沿海地区的部队适当后撤至内陆地区，67军奉命从青岛移防鲁山后的博山区。军区后勤部决定，从中国人民解放军第89医院（驻潍坊坊子）组建一个由50名医护人员组成的野战医疗一所（以下简称一所），由23野战医院（驻胶县）组成野战医疗二所（以下简称二所），两个野战医疗所配合67军的移防行动。

建院过程

1970年3月9日，一所所长李维祯、教导员田耕、副所长闫竹亭率领军医班、护士班、卫生员班、炊事班、通讯班、保密员等全副武装，携带药械随67军向内地野营大拉练（移防）。他们从坊子乘火车赴黄海之滨的胶县，沿高密、诸城、沂水县等区域徒步向沂蒙山区进发。3月19日，顺利完成野营拉练任务。67军军部抵达博山后，野战医疗所一所奉命在沂源县城原师范学校旧址处筹建第89医院分院（后为27院医疗一所）。

卫生员班7名女战士合影留念
前排左起：许丽华、陈肖军、张少平、张爱平
后排左起：李华凤、王浣沙、张延平

1970年8月1日，沂源县民政局受县领导的委托代表全县人民到院举行了隆重的拥军活动，热烈欢迎第27野战医院进驻沂源；8月，医院正式动工兴建。建院之初，没有专业施工单位，几十名医生、护士和管理人员自力更生搞营建。无论领导，还是医生、护士、卫生员或一般战士，官兵一致，上下

野战医疗一所（外科）全体医护人员合影，背景为正在建设中的水塔

同心，一人一身“劳动服”（旧军装），人人都是建筑工。1971年，助理军医张元顺为了建院工程献出了宝贵生命，年仅22岁。1972年，专业施工队伍进入建院工地，济南军区后勤部部长况开田将军亲自到沂源视察督导建院工作。1973年，大规模营建基本结束（建院期间，医院还担负着淄博市机械局系统的“三支两军”任务。1971年开始，1973年撤回）。历经3年多的时间，建成一所300张床位、各科俱全的综合性野战医院。特别是为了备战和突然断电的需要，门诊、病房、手术室与病房间采取人工动力旋转式楼梯设计。建院之初，沂源县革委（县政府）多次下文帮助解决具体问题，支持土地使用、安排子女就近入学、招工，保证水电、粮油供应，并为医院建立银行储蓄代办机构，方便日常工作需要。

1970年8月，趁建院未收病人之机，医院抽调司药荣学臻，军医林东峰、汉恒德、王浣纱、刘向农组成了野外采药队，荣学臻为队长，林东峰为副队长，任务完成期限是半个月，鲁山主峰是他们的主攻目标。5人每天跋山涉水采集珍贵中草药材40多种，并制成标本存放，为日后炮制中成药、培训“赤脚医生”打下了良好的基础。1971年2月初，济南军区机关和通讯团在副司令员范朝利的率领下野营拉练要到沂源、蒙阴一带。上级决定由435、624军用仓库联合成立一个野战兵站，兵站总部设在89分院。分院成立一支10人左右的医疗小分队配合兵站负责拉练部队的卫勤保障工作，虞家彬军医担任队长。小分队在坦埠、坡里（岱崮）、悦庄、南麻、北博山等地为野营拉练的军区机关、通讯团、67军、199师及炮兵团官兵巡诊、慰问演出，空闲时为当地群众诊病送药。这项任务历时一个多月，小分队胜利完成凯旋回院。

第27野战医院时期

1970年8月14日，济南军区通知，根据总参谋部《关于修复调整加强医疗力量问题的批复》（部发〔1970〕后务字第548号文件）命令，决定在沂源县组建“中国人民解放军第27野战医院”，此为济南军区在沂蒙山区“小三线”新建立的3所野战医院之一。随后，济南军区下发《关于贯彻执行中央军委〈关于加强全军医疗力量的通知〉通知》（〔70〕济字第102号），要求尽快落实。1971年4月，分院派政治干事周乐恒去青岛中国人民解放军第141医院接收49人组建的二所（含随军家属、子女等80余人），从青岛沧口乘军列到达淄博八陡火车站，济南军区后勤部第12分部汽车团转运到沂源；10月，林东峰前去接收济南白马山106部队医院60多人组建的三所加入，济南军区后勤部派汽车团把人员和物资全部运送到沂源。

1972年12月，医院番号正式定为中国人民解放军第27野战医院，执行团级权限，隶属济南军区领导，医护人员每年保持在300多人。野战医院实施分所制，能分能合，便于战时机动使用。即一个所就是一个小医院。做到战时一声令下，立即行动，开得动、展得开、救得下、治得好。首任院长史国柱（山西人，1925年出生，12岁参加八路军，参加过抗日战争、解放战争和抗美援朝战争。回国后在济南军区后勤部、第23野战医院担任领导，1971年调入89医院分院）、政委邢义廉、副院长王继臣和王全荣，副政委姜开武。1973年9月，毛忠恕担任政委，医院由重点营建工作开始转入全方位收治病人。位于三岔公社璞邱大队北大山的济南军区837仓库，为其供应充足的医药、器械。位于土门公社芝芳大队济南军区504仓库，为其装备必要的枪支、弹药。1975年8月，一起强台风突袭河南省南部地区，造成5天5夜的特大暴雨，大量水库决堤溃坝，情况万分危急。第27野战医院奉命组建一支抗洪救灾医疗队，由内科军医许伶俐、张爱平、李洪祥、魏焕荣、王达路等20名业务骨干组成，孙仪亭、刘维德任正、副队长，李基秋任副教导员，奔赴西华县丰母公社。经过77天的日夜奋战，透视检查4000多人、发出化验报告4000多份、完成手术104例、调配处方1.5万张，圆满完成拥政爱民抗洪救灾任务。年底，由政委毛忠恕、副院长张志强带队，组织全院开展为期7天的野营拉练。拉练人员徒步两天到达沂水县马站公社杨家城子大队，开展访贫问苦、忆苦思甜教育，同时为群众防病治病。1978年，曲显勳任院长，始建传染病房楼，扩大自采、自制、自用中医药品种和规模。后勤部指示在第27野战医院进行“典验”内容考核，考核人员上至院领导下至基层人员，考试方式有口试、笔试和实际操作，考核内容为实战行进中的防空袭演习，现场展开收容、分类、手术、后送、撤收等工作。所有考核项目和考核人员全部合格通过。总后卫生部副部长到第27野战医院考察时对该院的工作给予高度评价。1976年7月，唐山大地震发生后，医院派出吕金柱等参加由各兄弟单位组成的抢险医疗队，赴河北省丰南县执行任务。对越自卫反击战期间，第27野战医院全员待命，随时出发。1980年，邹和发担任院长、戴福海任政委（1983年调任11分部政治处主任，周乐恒接任政委），副院长李维祯（1983年调任148医院院长，林东峰接任副院长）。同年，传染科病房楼落成，医院设床位345张，达到建院最高峰。

第140医院时期

1983年11月28日，济南军区根据总参谋部8月31日批准的《医院、疗养院整编方案》，将第27野战医院改为驻军医院，番号为“中国人民解放军第140医院”。1984年8月，医院正式更名，更名后的医院不再履行野战职能而成为普通的驻军医院。收治范围包括沂源、莱芜、新泰、沂水、诸城、益都等地的驻军。收治床位缩减到100张，医护人员不足百人。医院虽小、人员少，仍能有序、高速运转。日门诊仍达150～200人次，住院病人保持在80人左右。创建特小医院的经验在济南军区办院经验交流会上作典型介绍，深受后勤部领导的好评，解放军第142、143、11医院前来参观学习；10月，济南军区组织“804”军事演习，140医院奉命组建野战医疗所，由林东峰带队在平阴县境内开展帐篷内手术；12月，为了保证国家领土完整和中越边境安全，上级决定从大部队医院、原野战医院抽调业务骨干充实前线部队卫生队，配合作战。1985年1月，外科军医刘炳峰（第三军医大毕业）、麻醉师常俊会、化验员郭进清医疗小组悄悄地写好遗书藏在包裹里，随67军炮兵12师22团开赴云南老山前线。他们在蚊虫遍地、炮火连天的战场上，在525高地、315高地的猫耳洞治疗所里开展医疗救护，经历了大小战斗26次，用过硬的医疗技术救治了300多名重症伤病员。由此，刘炳峰荣立个人三等功1次，晋升为22团正营职卫生队长。

撤编移交

1986年11月25日，济南军区命令，根据总参〔1986〕参务字第293号文件批复，医院、疗养院实施整编，第140医院撤销，其房屋、设施、设备移交地方。1987年10月28日，济南军区后勤部通知，根据军区医院、疗养院精简整编实施方案和“三总部”关于军队编余医院移交地方有关问题的通知精神，实施第140医院的移交。曾在沂源县打过仗、负过伤、接受过当地群众救治的济南军区政委迟浩田将军强调，沂源县是沂蒙山区老革命根据地的重要组成部分，是沂蒙精神发祥地之一。沂源人民为新中国的建立作出了突出贡献，移交工作必须高度重视，必须把医院完好无损地交给沂源县政府，以实际行动支援沂蒙山区的卫生建设。济南军区第九分部根据文件要求和首长指示，决定将140医院现有房地产（不含染病区）、营具（不含干部家

在县政府会议室举行140医院交接仪式（1987年）

庭配备及沂源药材仓库中转站留用的）、医疗设备、卫生被服全部无偿移交给沂源县管理使用。医院现有工作人员原则上随医院一并移交地方，办理有关手续，限12月15日前交接完毕。12月，140医院受命撤编，按照100个床位的装备移交给沂源县人民政府。院长林东峰主持移交物资设备，政委周乐恒、高圣久负责人员安置。沂源县政府领导及有关部门负责人参加了交接仪式，军区第九分部副部长司继耀等首长进行了全程监督。医院除了需要转走的部分医疗器械外，移交土地面积65720平方米、建筑面积21914平方米、医疗设备9295件、军需物资6265件、营具1620件、救护车1辆、电话中继线3条、交换机1台、电话机50部及其他通信器材、广播器材、中西药品一宗。对符合条件留在部队的军医林宪军、芦信行、郭成美、王浣纱等分流到部队各兄弟单位；已经离休和符合离休条件的老干部入住张店干休所；对义务兵商请沂源县政府接收并转为正式职工；对申请转业的军医顾玉英、张元明、刘炳峰、董新彦、曲平祥、刘汉玉、任维远、袁圣其等以及政工干部、护士等安排转业；对志愿兵采取就地录用，将其家属从原籍迁来并改为非农业户口。医院最后一任院长林东峰调入88医院，政委周乐恒调入藤县部队仓库（他两位都是院龄最长的建院元老。建党70周年时，《人民日报》曾专题报道林院长的事迹。周乐恒任正团职满7年，1990年转业到地方工作）。整个撤编移交工作做到了部队满意、政府满意、人员满意。

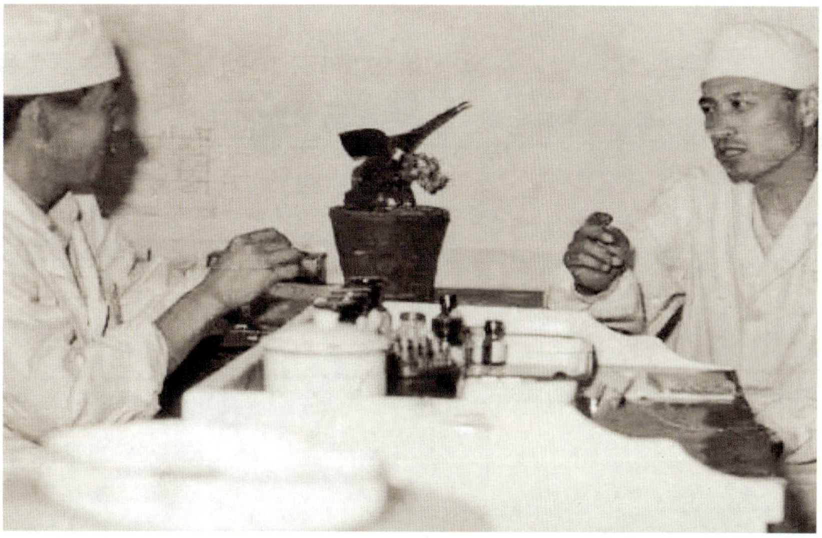

政委周乐恒（右）与军医董新彦讨论一例重症患者病情（1985年夏）

山沟里的爱民医院

医院驻扎沂源县18年间，先后有1500多名部队医务人员在此服役过（其中沂源籍军医有张元明、刘炳峰、刘继兰、张玉义、曲平祥等，政工干部有夏庆田、秦亦兵等，护士有刘汉玉、唐守娟、任维远等）。医院始终恪守毛泽东主席倡导的“救死扶伤，实行革命的人道主义”办院宗旨，在前线救治、后勤保障、抢险救灾、为民服务等方面，既保障体系内陆海空三军的医疗保健任务，又完成医疗科研项目研究、后勤保障项目研究和实施重大外科手术，还收治大量急重症的地方患者。医院每年派出医疗队，到全县社村基层为群众巡诊送药、建立合作医疗站、野外采挖当地中药材制药、培训“赤脚医生”，帮助驻地村庄群众收割庄稼、慰问演出等。医院医疗水平高、服务态度好、收费标准低，在当地老百姓的心目中有着极高的地位。1974年，全国再次掀起学雷锋高潮期间，第27野战医院曾作为典型代表介绍了经验。1982年，第27野战医院支持沂源教育卫生事业发展，成为搞好沂源幼教工作、为“四化”作贡献的排头兵。中国人民解放军济南军区《前卫报》曾载文誉为“山沟里的爱民医院”。军民融合，国泰民安。有着光荣革命传统和沂蒙精神的沂源县父老乡亲们泪水涟涟，舍不得这所亲民部队医院裁编撤走。

历任领导

第27野战（140）医院历任主要负责人

机构名称	职务	姓名	任职时间
中国人民解放军第27野战医院（1970.08—1984.08） 注：该院1970年始建，1972年正式下达部队番号	院长	史国柱	1971.09—1977.05
		曲显�	1978.09—1980.11
		邹和发	1980.11—1984.08
	政治委员	邢义廉	1971.09—1973.08
		毛忠恕	1973.08—1978.09
		马琳泽	1978.09—1980.11
		戴福海	1980.11—1983.06
		周乐恒	1983.08—1984.08
	副院长	王继臣	1971.05—1972.05
		张志强	1971.09—1982.02
		王全荣	1972.04—1978.10
		周　济	1972.07—1980.12
		孙建堂	1980.01—1983.08
		齐　辉	1980.12—1983.10
		李维祯	1980.12—1983.08
		林东峰	1983.08—1984.08
		蔡克军	1983.08—1984.08
		葛玉斌	1984.06—1984.08
	副政治委员	姜开武	1971.05—1973.05
		李洪山	1973.05—1977.03
		国发成	1977.03—1978.10
		周乐恒	1980.12—1983.08
		王华文	1984.01—1984.08
中国人民解放军第140医院（1984.08—1987.12）	院长	邹和发	1984.08—1985.01
		王铭章	1985.01—1985.09
		林东峰	1985.12—1987.12
	政治委员	周乐恒	1984.08—1987.12
	副院长	林东峰	1984.08—1985.12
		蔡克军	1984.08—1985.08
		葛玉斌	1984.08—1987.12
	副政治委员	王华文	1984.08—1985.08

红色传承

1988年初，沂源县中医医院入驻移交地方的解放军140医院。原大礼堂、办公楼、医技楼、车库等设施至今仍在使用，院内钻天入云的水杉树生长茂盛，院训碑还完好无损地保留着。更重要的是部队就地转业人员退伍不褪色，在中医院的发展壮大历程中起到了传帮带的重要作用。转业留院工作的军医刘炳峰曾任外科主任，现已退休且还在发挥余热。他在回忆奉命赴老山前线的那段日子时感慨万千，曾赋诗一首。县中医医院把人民健康放在优先发展战略地位上，传承红色基因，弘扬红色文化，救死扶伤，实行革命的人道主义。全院人员以部队院训为宗旨，明确责任担当、加强医德修养、切实提高医疗水平、加大投入搞好基础设施建设，促使

沂源县中医医院院训碑（2023年）

医院中西医结合健康发展，努力办好人民群众满意的中医院。目前，该院已成为集医疗、教学、科研、预防于一体的综合性医院，二级甲等医院、战时后备医院。（谭立忠　谭磊提供资料）

杏林琐忆

从乡卫生院走出去的大学教授

李心机，男，1942年出生，蓬莱市人。1962年，考入山东中医学院（现山东中医药大学），六年制本科中医医疗专业。1968年，毕业分配到沂源县唐山公社卫生院，后到中庄公社卫生院从事中医临床工作。1978年，考取山东中医学院，成为国家在恢复研究生招生制度后沂源县考取的第一个研究生，学成后留校任教，并担任教授。在沂源县公社卫生院的10年从医经历中，李心机先生用其所学、所为、所干、所思，诠释了医者仁心、医者精心、医者纯心的深刻内涵。2018年，他用饱含深情的笔墨，写成并出版22万字的《沂源山区从医记》，现节录如下：

初来乍到　1968年的隆冬，我从山东中医学院中医专业六年制本科毕业，我和我的62级同学们一样，开始了人生与梦想结伴而行的跋涉。按照学校的分配，我将直接到当时的临沂地区沂源县工作（1990年转隶归属淄博市）。沂源县在哪里？自己并不很清楚，心里也没有底，大体知道是在山东南部的临沂地区，并且那是一个比较贫穷的地方。当时的我们，心里都很单纯，都是被分配到哪里就到哪里去，心里没有其他的想法。

我向以往比较熟悉的老师打听沂源县在哪里，学校的一位中年干部说："熊部长老家是沂源县，你可问他。"熊部长是20世纪40年代后期的老兵，曾参加过解放战争与抗美援朝战争。恰好当时正流行着歌曲《沂蒙山小调》，同学们都会哼哼，"沂蒙山好风光"在我的脑海里留下了"沂蒙山是个山清水秀好地方"的深深印记。熊部长特别嘱咐我，可以从张店转博山，再坐汽车到沂源。一路费尽周折，终于坐上了由博山开往沂源的客车。车窗外叠叠的丛山开始映入眼帘，丛山的远处是一座巍峨的高山，半山腰堆着厚厚的积雪。我问了邻座的一位农民模样的中年人，他说这座山叫松仙岭。

汽车在狭窄的山路上喘着粗气，缓缓地爬行着。山路上没有行人，路边的枯草上挂满一层厚厚的白霜。汽车逆着大"之"字的笔画，缓缓向山顶爬行，当爬到"之"字的转折处，司机会小心地从车窗向外观察。我也从车窗向外望去，心中猛然一震，车外就是陡直的悬崖，幽幽的深谷让我后背阵阵飕冷。霎时心头涌起一股对年老父母牵挂与离别的乡愁，思绪万千，蓦然间心潮澎湃，一种壮士一去不复返的感怀猛然撞击。这一幕情境，已经过去50年了，可每当忆及这一幕，仍历历在目，念念在心，深深地刻写在我的记忆中。

过了土门，眺望窗外，不一会就有一条波光粼粼、宽宽清澈的大河从西北方向斜着插过来，绕过远处一片落了叶的高耸的大白杨树林，树林的后面隐隐地藏着一片低矮老旧民房，中间夹杂着一些新式的红瓦建筑。在已近中午时分的太阳逆光下，波光粼粼的大河从它的南侧，像一把银光闪闪的大宝剑，向东南方向刺去，远处的河岸边，好像还堆积着残雪。我想这就是沂河了吧！那一大片隐约的村落难道就是南麻吗？南麻，这个陌生的地名，还有这条银光闪闪的沂河，使我猛然想起了在中学时代与大学时代看的电影《南征北战》与《红日》，原来我已经来到了久闻盛名的沂蒙山区了。

一路曲折，找到县机关招待所，大约又等了两天，招待所黑板上通知，近几天来这个县报到的大、中专毕业生到县人事部门“听分配”。我被分配到唐山公社卫生院，据说这是沂源县最南边的公社医院。从县城到唐山公社本来有直达的汽车，因为有近30公里的山路，其中有一段据说比松仙岭还险要，前几天这里刚下过小雪，因为路滑，这条路暂不通车。在一位好心人的指引下，我坐上了一辆不需要经过盘山路直达东里店的汽车。汽车到达东里车站时，日头已压着了西面天边的山顶。唐山公社医院里的3位我还不认识的新同事，在接到电话后骑着自行车早已到东里店等候我。山区的日头下落得早，日头一掉到山窝里，天就昏黑下来。在黑乎乎的夜色中，3辆自行车载着我的行李不一会窜得只剩下模糊的影子了。

在我的想象中，医院一定会是一个有大门与围墙的院落，于是我瞪大眼睛，在夜色中专注地寻找医院的大门。正在我有些沮丧、犯急的时候，从北边墙角拐弯的地方，走出来一个黑影，黑影渐渐走近，原来是一个高高的个子，略有些驼背的中年人，他问道：“你是医院新来的李大夫吧？”我说：“是。”他说：“跟我走吧。”不一会儿来到一个农家大院前，他说：“到了！”我模糊地感觉到眼前是一个在乱石堆砌的院墙上留下一个朝西的没有大门的“豁口”，根本就没有我刚才费力寻找的心目中的“大门”。我一点也没有身处医院的感觉，心里想：这哪儿像个医院呢？

他们向我介绍了医院的一些情况，特别讲了三件事：一是同院的南屋是兽医站，给人看病与给牲口、猪看病在一个地方，这我还是第一次听说，他们二人也感到特别新奇，所以做重点介绍；二是医院还有一个诊所在中庄管理区，那里还有一位新来的王纪泰医生，他是淄博卫校四年制医士班毕业，学的临床与卫生学专业；三是医院还有来自济南护校、淄博卫校、莱阳中医学校的几位女生。另外，他们还把医院里资深“老人”的情况也简单说了一下，这些老同事分为“国家人员”与“集体人员”，这个问题当时大家也都不是很明白。山区的小医院，就像摆在我面前的一本已经打开的崭新大书，内容丰富、新颖而又陌生，未知的东西太多。驻在梭背岭的唐山公社卫生院是我人生工作的第一岗。半个世纪过去了，梭背岭，还有那个小医院，您还好吗？

山村出诊　沂源这个地方是我从“书生”成长为医生的人生第一站，对我人生的影响太大了，在那里，尽管生活简单、工作艰苦，但我人生中最美好的时光是在那里度过的，留下了深深的记忆，我一直把她看成我人生的第二故乡。

出诊是医院的一项必须做好的传统工作。到岗以后，待的时间略长了，我慢慢地了解到我所在医院的工作环境与条件，逐渐加深了对出诊的理解。我工作的医院，全称叫唐山公社卫生院，简称唐山医院。实际上卫生院与医院在功能上是有一定区别的。医院是以住院诊治为主，有正式的、规范的病房和一定数量的病床设施，有能力对住院的病人提供必要的、合格的护理与基本的生活服务，有基本的医疗设备，有相应的层次合理的医、护、药、技业务人员构成的医疗队伍与行政管理及后勤服务人员，有基本的工作制度如查房、病历书写、医嘱、消毒隔离等医疗护理制度，从而保证医疗质量和病人的安全。这一些基本要求，公社卫生院都不能完全达到。卫生院虽然规模不大，却集各类卫生工作于一体，它的经常性任务是分管全公社的医疗卫生工作，根据县卫生局或公社安排组织群众性卫生运动，培养农村卫生员或乡村医生。它所担负的医疗、防疫、妇幼保健与计划生育的专业性任务（公社一级的计划生育工作另组建新的部门是在此之后的事情），成为解决农村缺医少药、看病难、保护农村劳动力不可缺少的重要一环。这样一个把触角伸展到山区乡间最深层的综合性的卫生机构，深入民间，也深入人心。卫生院的医生、护士等工作人员受到民众的依赖、信任与普遍尊重，正像古人所说：“桃李不言，下自成蹊”。你只要真诚地工作，友善地待人，时间久了，就会有不少农民朋友，会知道许多农民的故事。

山区百姓有病，叫医生来家看病，是这个地方多少年来形成的传统。病家叫诊，即使夜间也必须出诊，医院出诊是常规性工作，这也是过去多年来医院形成的规矩。由于山区交通不方便，病家感到病人的病情严重，或家中有卧床不起的老年病人时，都会到医院里叫医生去家中看病，这种出诊是不收任何费用的。我想其中可能有两个方面的原因：一方面，这里是老革命根据地，长期以来，从战争年代开始，根据地的医院就是政府设立的，宗旨是为人民服务，医院的医护人员都属于政府系统内“脱产”的工作人员，所以在当地都被称为“公家人”，医院的工作属于政府职能的一部分。医院给病人看病是政府联系、团结群众的一个渠道，也是保护生产力的一项不可少的措施。在山区出诊，少则几里路，多则十几里或二十几里山路，不论冬天还是夏天，都会出一身汗，因此出诊是一件累人的苦差事。虽说是苦差事，每当有人来叫诊时，我们这些刚来的年轻医护人员都抱有极大的热情，真心实意地争着去，这也体现出那个时代年轻医护人员确有恫瘝在抱的情怀。另一方面，从医院与医生自身角度考虑，因为山区医疗条件有限，交通不方便，担心是急重症，怕耽误了治疗。那时心脑血管急症比较少，人们的主食是地瓜干做的煎饼，因此胃肠消化道疾病比较多，医生主要是担心急腹症，如胃穿孔、急性腹膜炎、胆囊炎并发坏疽、急性阑尾炎、肠梗阻、少儿肠套叠等被耽误了。这些急症若医生不到现场，诊断不明，耽误了治疗，既是工作上的失职，也是愧对自己良心的事情。所以，尽管是凛冽三九，天寒地冻，凡是夜里敲门叫诊，都是立刻离开好不容易暖和了的被窝，迎着冰冷的寒风去几里地或十几里地以外的山村出诊。

记得那是新年后的一个下午，太阳虽然已经偏西了，但仍坚持着在西边的山顶上尽职地燃烧着。记忆中好像是徐家庄村的人来叫诊。老同事说，徐家庄村是一个不远的小山村，大约在梭背岭的东南方向1公里，在西里村西南方向的山坡上。医院里配备有专门用于出差、出诊用的公用自行车。清一色的青岛自行车厂生产的二八式“大国防”，也就是后来“大金鹿”的前身，而“大金鹿”的零部件则是公制。

我推着一辆没有前轮挡泥瓦的二八“大国防”，背上常规配好的外面带有红十字的紫红色的出诊箱就上路了，拐出医院的毛石干插的“豁口门”，出了梭背岭村。我这一米七的略矮的身高，骑坐在高高的座位上，感觉如同骑上了高头大马，心中不免有那么点洋洋得意。顺着公路直向南奔去，不一会前方左侧有一条岔向东南方向的田间小路，接着就是一溜下坡的蜿蜒崎岖的山间小道，这也是我第一次来医院时走过的小路。小道顺着两边高中间低凹的山沟，“大国防”一路坑坑坎坎，左摇右晃。正走着，前面冷不丁来了一个急拐弯，向右一拐，突然出现一道沟渠，心里一慌，大半个身子从车子上向左侧摔下来。还好沟渠不深，加上冬天穿着大棉袄、大棉裤，所幸并无大碍，只是左膝盖和左侧肩膀摔得挺痛。因为走得匆忙，没来得及戴手套，所以手腕与手背有些擦伤，冬天皮肤脆薄，一碰就破，于是弄得手掌、手背都是血，我只得打开出诊箱先给自己处理一下，擦上红汞再用无菌纱布简单包扎一下。到了病家，天色慢慢地暗淡了下来。病人是一位大龄产妇，产后近一个月了。发热，略有些怕冷，不咳嗽，无其他明显感染情况，基本可排除其他常见疾病，病情倒不严重，只是产后体弱，冬天顾护失宜，外感高热。病人不愿喝中药，只得按常规肌注2毫升当时的常用解热镇痛剂“复方氨基比林”，再嘱咐多喝热水，卧床避风。考虑到是在产后，不得不想到有感染的可能，所以又留下一包当时常用的口服抗生素“四环素”片，几日后，病家来告，病人已不发热，也没有其他的症状。刚工作，初出诊就摔了一跤，我心中不免有点念孜孜的，我心里暗想，这工作第一步，就摔了一跤，或许今后的人生道路上会有点坎坷，也许会有些磨难。不过这个想法，一闪也就过去了，日子长了慢慢地也就淡忘了。

“亡阳”急救 1974年春，某日中午我正在吃着饭，突然前排门诊的一位年轻女护士声嘶力竭地大声呼喊：“李大夫！快！”我听到这个不同寻常的呼喊，知道来急症了，本能地急忙放下筷子，一面嚼着嘴里吃进的饭，一面就窜出了家门，直奔前排门诊病房现场，只见从中庄方向一群人抬着一个担架，急攘攘地跑来，径直抬进简易病房。来人我认识，是中庄河东的苗某，他的妻子怀孕两个多月了，突发阴道大出血。担架下滴着血，病人向左侧身躺在担架上，面无血色。我蹲在担架旁一边急忙仔细看她的面色，一边做着睫毛反射。病人口吐白沫，面部肌肉松弛，两腮与鼻梁、鼻翼、口唇向左侧垂歪，睫毛反射已消失，颈动脉搏动已非常微弱，血从担架下面不间断地流淌着。医院无输血条件，我大声呼喊："快输盐水"。这时护士报告血压已测不到了。病人的心音极微且遥远，心率极快，心律不齐，双手冰凉，两手脉象若有若无，寻按游移如细丝。我内心万分焦急紧张，强作镇静，当我的头脑在飞快运转的时候，我注意到病人的手足略有躁扰，我意识到这是大亡血，阴阳离决，亡阳之象，病已至垂危。本当急用茯苓四逆汤回阳救逆，可我顾不得这些了，就大声疾呼："快抓半把附子、人参！少加水，快煎药！"这时盐水已经输上了，我又让护士加上2毫克去甲肾上腺素，嘱咐护士观察静滴的速度，根据血压情况，可略加快一点输液速度，以尽快恢复血压，稳住血压。附子与人参也正在医院的大土炉子上煎着了，不一会，水开药沸，顾不得时间长短，快快给病人喂上参附汤，意在急速回阳，接着加水再煎。有五六分钟，病人又喝一次参附汤。一会儿，只听病人"唉"地呻吟了一声，叹上来一口气，慢慢地睁开了眼睛。我心想："好危险！"病人总算缓过神来了。我问她，你感觉怎么样了，我把耳朵贴近她的嘴，听她声低气馁懦懦地说："比刚才好多了，刚才真不行了……"护士报告，血压开始回升了，测量体温，病人不发热。这时，心律还略有不齐，脉来沉细微弱仍如游丝，手仍冰凉。继续服用大剂参附汤，这时让病人家属把药煎的时间略长一些。半小时后，病人不再流血了，这时病人的面部肌肉不像刚来医院时那样松弛了，鼻子、口唇已无明显歪垂。又观察1小时，病人开始阳回神定了，苍白萎黄的面色虽毫无红润，但已微显神气。病人终于从死神手中逃了出来，我与护士都松了一口气，看刚才那个样子，都到了濒死的状态了。我嘱咐护士放慢点滴速度，同时与病家商量，病人基本上可以诊断为"不完全流产大出血"，中医叫"血崩"，非常危险，现在把血止住了，但还有再次大出血的可能，中庄医院已经没有再继续进一步治疗的条件了，建议快快转往有妇产科的东里店医院，继续抢救，稳定血压，做清宫术以防再次大出血。家属同意转院。

此事过后不久，在中庄大集上见到病人的丈夫，我问起病人情况，他说病人在东里医院刮宫后，病情一天一天好起来，没几天就出院了，眼前正在家养着。言谈间不停地感谢，其实医生就是干这个活的，不言谢。山区小医院，虽然大事办不了，但小事必须办好，不能误诊、不能误治，大病不能耽误在自己手里。在这个节骨眼上，才更能彰显出存在的意义与价值。在这个时候，时间就是生命。

写到这里，我从中又悟出一个平易的道理：不论中医、西医，能治好病才是上医；不论中药、西药，能治好病才是好药；不论这法、那法，能治好病才是好法；不论经方、时方，能治好病才是良方。作为一名医生，医学是为病人治病的工具，不是医生手中炫耀的玩具，治好病才是目的，不能刻意地把自己打扮包装成所谓的什么流派。世界上的事情没有绝对化的，好像一位历史名人说过一句话，大意是"真理向前一步，哪怕是一小步，就会成为谬误。"这话是真理。医学史上的流派，也不能绝对化，这都是当事人过世之后，由后世人根据其理论特色、学术特长、用药特点总结出来的，而且总结得是否恰当正确，还有待历史的验证。更重要的是，这些都是盖棺定论的事情，哪有活生生的人刻意自称自己是什么流派这样的事？关键是不能"刻意"，一"刻意"必定耽误病人的大事！

再启学程　1978年，金色的十月，艳阳当空，蓝天白云，澄清而又缥缈。在这个丰收的季节，我考取了我的母校山东中医学院的研究生，有幸成为国家恢复研究生招生制度后的第一批全日制研究生。临行的这天，我仍然提着来沂源时的蓝绿色旧帆布行李箱，告别了工作10年的红瓦平房、没有围墙的中庄医院，告别了同甘共苦、朝夕相处的各位同仁，告别了一张张我非常熟悉的笑脸，踏上研究生学习的征程。过去的10年生活虽然艰苦，但平安顺畅，从方方面面改变着自己。这10年山区医院的工作，成了我铭记一生的经历，它给了我宝贵的人生经验，升华为受益终生的精神财富。10年山区医院的工作经历，让我内心深处充满了感恩之情，使我既有满足感，也有成就感，还有掩饰不住的山区基层医院工作的自豪感。我的心绪就像盘山路一样，山回路转，绕来绕去，心底涌动着几分说不清的纠结。我渴望着去继续学习深造，渴望与家乡年迈父母团聚，而在沂源县的10年又是我人生经历中的一段最为难忘的激情与艰辛相伴、快乐与寂寥交织、砥砺成长的岁月，深厚的山情、水情、人情结满心头，让我难舍难离。我双眼满含泪水，为难地离开了这片深情的土地。

韩旺张氏“药铺门”的传承与变迁

张思唐，生卒年月不详。大约生活在清光绪、民国年间。山东省沂水县西北乡韩旺村人。早年习文，耽于科举，然屡试不第，遂倾心于医学，弃文从医。熟读《内经》《难经》《伤寒论》《金匮要略》等中医经典。成名后在韩旺开办药铺，堂号“达生堂”。采用前店后厂形式，前院为诊所药铺，后院为药材加工场所。由于生意红火，时人称为“药铺门”。他好学深思，精于辨证，治病多奇中，加之药材精良，遵古炮制，故疗效显著。

张思唐注重后备力量的培养，选中长房长孙张化一为他的传承人，令其随侍左右，悉心培养，言传身教。在祖父的教诲下，化一先生逐步成长为一名成熟的中医生。

张化一（1894—1980），字龙初，晚号讷翁，出身于中医世家。其祖父张思唐为当地名医，其父张荫南亦通医理。张化一幼承庭训，继承先祖遗志，潜心医学，24岁即悬壶乡里，坐堂行医，堂号“博济堂”“民生堂”。1944年接受共产党邀请，加入沂中县十区“利民医药合作社”，1948年转入沂源县东里区联社药股，1956年调入东里医院工作。他行医60余年。医名远播沂源、沂水、蒙阴三县，先后当选为沂源县第三、第四、第五、第六届人大代表，为沂源县已故名老中医。张化一治学严谨，一生勤奋，喜读书，手不释卷，上自中医经典，下迄历代医学著作，无不博览披阅，熟读深思。惜战争年代遇土匪、日寇两次兵火，药橱、药材及大量藏书、医案笔记付之一炬，荡然无存，仅剩余一个铁捣筒，一个铁药碾。

张化一治学，对仲景《伤寒杂病论》推崇备至，精心钻研数十年，经文脱口而诵，运用时得心应手。他曾诊一江姓妇人，患心脏病吐血，遍尝中西药物，效果不良。诊得舌赤少苔，脉沉细而数。诊断为少阴热化证，用黄连阿胶汤加三七、丹参滋阴清热，止血和血，应手而愈。张化一禀性忠厚，心地善良，早年开业时，每遇穷苦危重病人无钱医治时，常舍药济贫。沂水张庄雇农董大山，身体有病，有时就在先生家中住着，看病用药不取分文。

张玉瑗（1949—），字蓝田，号璞石山人。出身中医世家，为化一先生之第四子，“药铺门”第三代传人。自幼受家庭影响，耳濡目染，立志学医。上初中时，即在父亲的指导下阅读《医学三字经》《汤头歌决》《药性赋》等中医启蒙读物，打下了良好的中医学基础。成年后又到山东中医药学校和山东中医学院求学深造。参加工作后先后在燕崖卫生院、唐山卫生院（现西里卫生院）、县卫生学校、县中医医院工作。曾任县中医医院院长。

刘振环二三事

1958年，刘振环毕业于山东医学院，后任山东省立医院内科医生。1963年，响应党和政府支援山区卫生事业建设的号召，与同样是卫生院校毕业的妻子，带着3岁的孩子，放弃了省城优越的工作、生活条件，到沂源县医院“支医”，成为沂源县第一代卫生技术团队的核心人物。他精湛的医术、朴实的作风、认真负责的态度、谦和文雅的风度，广受患者信赖和业内人士尊敬。

自家床上诊病人　20世纪50—60年代的沂源城乡，人们对大学生特别是大学生医生，有一种天然的仰视心态，可是刘振环却没有一点点大城市人的清高架子，一来就融入了山区人民群众的生活环境，不久便以其扎实的医学知识和良好的诊疗效果，在全县城乡老百姓中赢得了良好口碑，慕名求医者络绎不绝。一天下午，刚下班回家端起饭碗的刘振环，一抬头看见有人站在门口。那人怯生生地问：“您是刘大夫吧？俺是从乡下赶来的，想找您看病，这不在路上耽搁来晚了”。望着这位满身尘土、一脸病容的人，想着晚饭后还有约好的出诊也不能耽误，刘振环就赶紧招呼来人进门，躺到自家的床上，为病人做腹部触诊等检查、开方，详细嘱托治疗事项。事后家人责备，刘振环只是平和地说：“与人方便于己方便，总不能让人家大老远白跑一趟”。这就是一代名医对病人的态度。

手把黄泥掇炉子 在穿衣靠布票，吃饭要粮票的20世纪60—70年代，职工的生活条件还很简陋，住的是连排的青砖平房，每家一间或两间，没大门没院墙，随便在自家门前撑个棚子或者干脆露天烧柴做饭。某日，一夜的大雨把刘振环家做饭用的泥土炉子淋瘫了，不得已，一向斯文的刘振环挽起袖子和泥巴，重新掇一个，要不吃饭就困难。可是这和泥的活总不像看病开方那样得心应手，反反复复几次，捏腿、造膛、做焰口，搅和得一塌糊涂，泥水和着汗水抹得满脸皆是，但做出来的炉子总也是歪七扭八，不成样子，最后还是在邻居的帮助下鼓捣成了一个成型的炉子。这就是那个年代知识分子也是普通职工的生活状态。

戴着高帽扫厕所 天有不测风云，正当刘振环潜心医学研究，全身心投入治病救人的时候，一场“文革”风暴同样席卷了沂源大地。由于刘振环当时的高学历身份，优秀的内科专家，学科带头人，“理所当然”地被戴上了反动技术权威、“黑五类”分子的高帽子，不仅接受无休止的游街批斗，还要打扫公共厕所，饱受磨难。即使这样，刘振环以“大肚能容，容天下难容之事”的雅量，默默承受这天降的不公，仍然以一个医生的良心为病人夜以继日地工作着，直至党组织为他摘掉“右派”帽子。

巡回医疗队的药箱

20世纪60年代，新中国的卫生事业建设初期，医疗卫生设施不完善、服务能力不高，这种状况和人民群众医疗保健需求的矛盾非常突出，在此背景下，巡回医疗、下乡服务成为卫生工作常态化的任

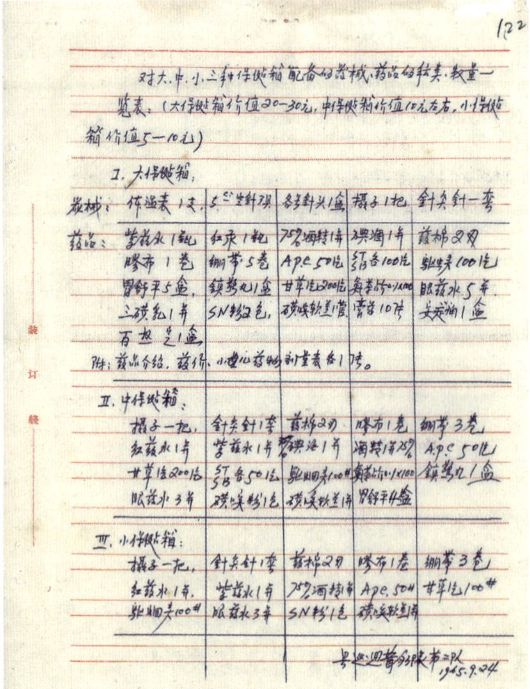

巡回医疗队的3种保健箱明细表

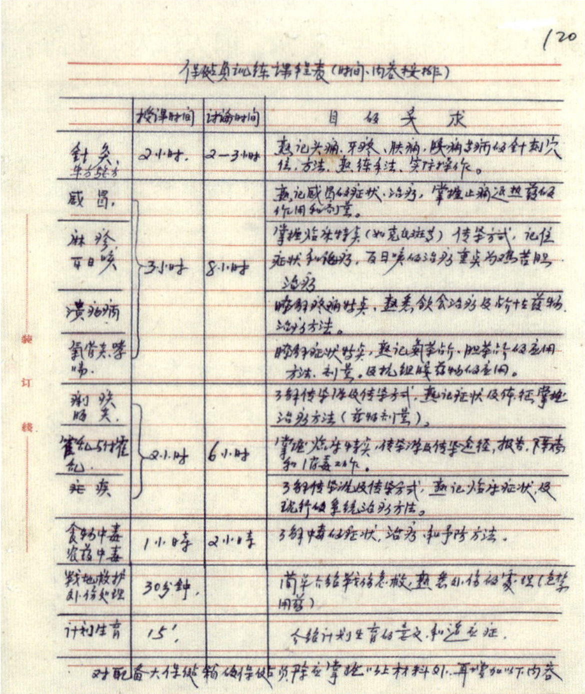

巡回医疗队保健员训练课程表

务。各级医疗卫生单位纷纷组成巡回医疗队开展巡回医疗服务。队员们身背药箱，穿梭在田间地头、农家院落。白天，他们送医送药；晚上，他们举办培训班培训村卫生员。巡回医疗队吃、住在村，一去十天半月。

1960年，县人民委员会卫生科（县卫生局前身）的一份文稿，记录了青岛医学院30名医务人员到沂源县开展巡回医疗的情况。所列举的工作内容包括：大张旗鼓地进行卫生宣传教育；大除“四害”、讲卫生；抓食堂卫生安全和节约；开展巡回医疗服务，要求队员身背药箱、手拿生产工具，分片包干，深入到田间、工地、食堂、社员家庭，有病治病，无病参加劳动。队员们针对当时散发的痢疾、腹泻、疟疾、伤寒、乙脑等传染病积极开展治疗和预防。

1965年9月，县人民委员会卫生科组织的第二巡回医疗队在燕崖区马岭公社的工作计划，详细列举了培训村庄保健员的课程内容和集中讲课、分散辅导方法，使接受培训的保健员真正起到“小医生”的作用，更好地为群众服务。巡回医疗队由省立医院支援山区卫生事业建设来医院工作的内科专家刘振环带队，县医院葛文友、沈秋玉、王文青及燕崖公社卫生院姜玉美组成。

巡回医疗队制定了详细的培训课程并对保健箱装备的必需药品和简单器械列举了明细，内容之翔实，装备之完善，充分体现医疗队的严谨、扎实的工作作风和全心全意为群众健康服务的态度。

基层卫生工作中的模范伉俪

1968年，位于沂蒙山老革命根据地的县人民医院三岔分院，迎来两个朝气蓬勃的年轻人，他们是毕业于山东医学院医疗系的本科生丁世祯和毕业于淄博卫校护理专业的胡淑琴。他们怀揣梦想，来到艰苦偏远的三岔区，践行为老百姓健康服务的使命。因为缘分，他们一个从青岛，一个从淄川，同年来到同一个地方工作，亦是因为缘分，在工作2年后，于1970年10月1日，他们参加了没有婚宴的、穿着带补丁衣服的集体婚礼。2023年，夫妻两人已相濡以沫50余载，伉俪情深，携手共进，在各自的工作岗位上创造佳绩，成为后辈们学习的榜样。

丁士祯，男，1942年10月出生，青岛市市北区人，中共党员。1968年，在县人民医院三岔分院参加工作，是卫生院最早的本科生之一。当时的卫生院门诊科室不像现在分得这样细，内科、外科、儿科等没有细分出来，都由门诊大夫兼职，实为“全科大夫”，丁大夫同时还兼职放射科的工作。在干好门诊科室工作的同时，用自己所学所长，上门为当地老百姓服务。他利用自己工作之余下村入户，到文坦大队、鲍庄大队、丝窝大队等山村为100多名行动不便和年老的群众送医上门，得到群众的交口称赞。

作为一名有着近50年党龄的共产党员，丁士祯退休后不忘党的教诲，继续发挥余热，曾任青岛市老年学学会、青岛市老年书画研究会常务副会长，获得“青岛市模范老人”“青岛市离退休先进个人”等荣誉称号。

胡淑琴，女，1947年9月出生，淄博市淄川区淄城镇城张村人，主任护师。1968年，在县人民医院三岔分院参加工作。1975年，加入中国共产党。在毕业分配填写志愿时，她写道：祖国需要就是我们的第一志愿，到最艰苦的地方去！她是这样想的，也是这样做的。

20世纪60—70年代，卫生院工作人员少，她在病房、门诊换药室（治疗室）、药房、收款室等科室身兼数职，全年无休息日，24小时值班，无论白天黑夜，随叫随到，在艰苦的工作环境中，真正做到全心全意为人民健康服务。除在卫生院值班，她还下村入户，到璞邱、丝窝、双石屋、南水沟等大队为社员服务，路途稍平坦点的地方可以骑自行车下村，遇到山路崎岖的地方，只能步行到村，她毫无怨言，因为心中有信念——“我要为老百姓服务”。晚上有急诊病人，她毫不犹豫骑上自行车，打着手电灯就入户了，从不因为自己是女生深夜害怕而不出诊。接到急诊，她骑自行车到当时的“2号工地”去帮人家接生。在孕期，背着药箱下村为村民服务。怀孕9个月时，到南水沟等大队开展计划生育工作，为妇女放环。在工作中，她不畏艰难，吃苦耐劳，从不因为个人的事情影响到工作。

1975年12月，胡淑琴到县人民医院内科从事护理工作，先后担任护士长、副院长。1985年，到青岛市第五人民医院内科从事护理工作，之后到护理部担任护理部主任，直至退休。在35年的工作中，她听党话、跟党走，认真工作，不断进取，为解除患者痛苦而鞠躬尽瘁，得到领导和同事们的肯定，获得山东省人民政府授予的“山东省优秀护士”、省妇联授予的“山东省三八红旗手”及青岛市优秀护士、青岛市卫生系统优秀党员等60余项荣誉称号。

2002年，胡淑琴退休后，仍不忘党的教诲，一直在社区志愿服务，发挥余热，参加青岛市妇联组织的“童爱市南　点亮未来”2023年儿童友好公益活动暨慈善点灯仪式，义卖自己10多幅剪纸和画作。作为一名近50年党龄的老共产党员，她用自己的言行，真正做到了“不忘初心、牢记使命”！

青兰高速黄家峪隧道特大交通事故救援纪实

2010年4月11日15时20分，淄博市“120”指挥中心的指令秒传到县医院：青兰高速张家坡段黄家峪隧道发生重大交通事故，伤亡众多，请你们迅速赶往现场处置。3辆救护车鸣起长笛迅疾驰向事故现场的同时，医院迅速启动应急预案，院长及相关负责人、休假的、倒班的全部召回到工作岗位，急诊、骨伤、神经外、血液、药品等多科室联动，人员齐聚急诊大厅等候……

现场，满目惨烈。一辆由泰安开往青岛的长途大型客车追尾到一辆运输钢材的半挂大货车，货车尾部插入客车右前部车厢，货车车头扭转，几乎塞满了隧道，客车严重扭曲，车厢内满是插入的钢筋和变形的板块，在剧烈的冲击下，座椅全部后移叠挤，乘客叠压在一起，哀号声掺杂着浓烈的血腥味、汽油味冲击着人们的感官。

此刻，被严重挤压在狭小空间的伤员有的已经休克，重伤员也随时会有生命危险，时间就是生命，救命高于一切。首先到达现场的是县医院随车护士鞠萍，一位身材比较瘦弱的姑娘，不顾随时可能出现的危险，只身从砸碎的车窗内钻入一片狼藉的车内，为伤情严重的人员注射药物，准确而娴熟地实施院前急救。“药品不够，怎么办”？！话音未落，附近东里医院和张家坡卫生院赶来的医护人员应声答道：“我们车上有，还需要什么马上再送”！就这样，维护生命的药物在第一时间用到了伤员身上。破拆、检查、抬担架，卫生、交警、武警、路政各路人员共同努力，被困乘客被一个个救出，33名伤员被救护车一趟趟送往医院……

医院，救护车呼啸而至，早已严阵以待的医护人员即刻投入抢救，初检、吸氧、注射、止血、包扎、影像检查，一切紧张而有条不紊地进行着。不管身份、不问来路、不关费用，全启生命绿色通道。3名严重骨折的伤员同时推进县医院手术室，30名各种情形的伤者分别进入不同科室进行治疗。

处置，急诊科处置室内，医生夏卫东正在为一名19岁的女孩处理断肢伤口，这名乘客在强烈的撞击中，被插进车内的板块整齐地截去了左脚，失血严重，几近休克，为保其生命，被先行抬上救护车。望着尚还整齐的残肢断面，医生的责任感强烈地促使夏卫东创造一切条件，保留这位伤者哪怕是一点点的断肢再植希望，清创、止血、包扎……

现场，护士长杜霞和“120”驾驶员急切的寻找遗留的伤残肢体，最终通过鞋子比对，在运送尸体的车上发现了这只残脚，并迅速采取清理、包裹、覆冰等保护措施送往医院。当晚，医院派出专车由一名医生、2名护士将断肢伤者护送到潍坊解放军89医院实施断肢再植。

这次医疗救护，县人民医院、县中医医院、东里医院、张家坡卫生院4个医疗卫生单位177名医护人员参与，出动车辆17台次，救护伤员33名。

“5·12”汶川地震援建北川

2009年1月，沂源县组建医疗队援助遭受地震重创的四川省北川羌族自治县医疗卫生工作。援川医疗队由县中医医院副院长李学贤带队，县人民医院倪庆杰、宋维光，县中医医院闵凡超，县疾控中心张寿锋，县卫生监督所白方震6人组成。他们接到援川任务后，放下家中孩子和老人，整理行装踏上了去往灾区的列车。他们带着对家人的不舍和领导、同事们的嘱托，来到了受灾最严重的北川县香泉乡，在接下来的时间里支撑起了整个香泉乡卫生院的工作。灾后条件十分艰苦，余震时有发生，加上工作场所简陋，天气寒冷，他们无惧危险和艰辛，坚守一线。闵凡超同志之前手臂刚骨折过，还未完全康复，一天下来手都无法伸曲，他明白前来就诊的患者更需要得到及时的救治，为了他们早日康复，他咬牙坚持。当时，时逢国家公共卫生项目老年人查体正在进行，交通不便，山路不通车，为了不遗漏一位适龄老人，队员们牺牲休息时间背着机器步行上山入村到户，雨后的山路泥泞不堪，还要时刻提防泥石流的发生，深一脚浅一脚，带着满身的泥土和汗水，一村村一个人不漏地完成了体检任务。很多留守老人面对来自山东的援建者激动得说不出话来，有一位大爷含泪说："解放军给了我们第二次生命，山东人给我们带来活下去的希望"。汶川地震申龙同学多次往返教室救出其他同学的英雄事迹在全国流传，医疗队一行来到他的家中进行了慰问，同志们说："这样的英雄儿女是我们所有人学习的榜样，我们要像他一样舍己为人，高质量完成援建工作"。2个月的时间里，医疗队同志们吃住在卫生院，在高质量完成任务的同时，还在工作之余帮助卫生院搞基础建设规划和宣传。医疗队是第一批接受中央电视台采访的团队，4月初，医疗队同志带着灾区人民的感谢圆满完成援建任务回到沂源。（王丽提供资料）

抗击疫情的勇者王丽

2020年初春，突如其来的"新冠"疫情威胁着武汉人民的生命，急需大批医务人员出征疫区。2月5日下午1时，医院党委接到上级紧急通知，抽派1名护士支援湖北参加抗疫医疗救治任务。当时的武汉为"新冠"疫情首个暴发区，病毒传播性强，感染者病死率高，疫区凶险性极高，武汉全城封控。王丽深知疫情的危险，但她毫不犹豫，第一个向医院党委递交了请战书，"我是党员我先上"！那年她48岁，副主任护师，中医医院护理部主任。王丽坚决要求奔赴一线的请战书得到了医院党委的批准。两个小时后，王丽奉命集结，2月6日下午3时，到达武汉客厅方舱医院。

方舱医院就是战场，到方舱医院后，从集中培训到开展工作，大家都在有序地忙碌。其间，王丽身先士卒，时时处处发挥着先锋模范作用，积极参与方舱抢救流程、抢救设施的调整，以严谨认真的态度对待每一项护理工作。她仔细观察患者病情变化，及时与医生沟通，积极采取紧急救护措施，使患者转危为安。为减轻患者的思想和心理负担，让病人积极、乐观地配合治疗，王丽在方舱里组织各种活动，帮助患者强身健体，促进身体和心理康复。她是第一个在方舱内带领患者练习八段锦的医务工作者，其视频登上微博热搜，受到业界专家、《人民日报》等媒体的好评，很快在各方舱医院推广。41天的援鄂抗击疫情任务共救治患者356人，实现了方舱医院患者"零死亡"的佳绩。

家中年仅3岁的儿子，尚不知妈妈去哪里？去做什么？临走前的一分钟，她对儿子说："妈妈是奥特曼，去打怪兽了！""等妈妈回来，你就可以上学了！"视频传到了方舱医院，感动了所有的患者。抗击疫情任务完成回到山东后，有多名患者寄来锦旗或感谢信："逆行而来的王者，方舱的靓丽天使"，特别用心地把"王丽"两个字融在锦旗里，表达了一份由衷地感谢和深深的敬意。

一路走来，王丽秉承医者初心，勇于担当，敢于负责，在平凡的岗位上散发着光和热，先后荣获淄博市第十三次党代会代表、"淄博市抗疫最美护士""山东省五一劳动奖章""山东省先进工作者"等称号。（李方显提供资料）

沂源县造血干细胞捐献第一人马乐乐

2011年年底，沂源县中医医院康复科护士马乐乐接到淄博市红十字会电话，一名需要移植骨髓干细胞的3岁尼曼—匹克氏病患儿与她配型成功。如果马乐乐同意，先到张店医院去做体检，然后抽血进行检测，符合捐献条件的话就可以捐献救人了。期间需要时刻做好住院的准备。

"知道自己的干细胞能救一个孩子的命，心里挺高兴。"身为中医医院的护士，马乐乐觉得这是应该做的。但是挂了电话后，她突然想起自己结婚的日子快到了，在阴历十一月，亲戚朋友都已经通知了，酒店也订好了。她认为婚期可以改，但是孩子做移植手术的时间不能改。为了不耽误捐献，只能推迟婚期。但在农村改婚期是不吉利的事情，她很矛盾，只好告诉了男友。没想到男友很支持她，决定跟她一起说服家人推迟婚期。家人顾虑重重，一则考虑当地民俗，二则担心马乐乐的身体健康。但经过两个年轻人的说服，家人都想明白了，“结婚可以等，但是救命的事儿等不及。孩子做得对。”

婚期推迟了两个多月，其间，马乐乐一心等待红十字会的电话通知，孰料等了一个多月后，又接到通知，说孩子的病情发生转变，突患肺炎，需要治疗后再进行移植手术，还得再等。第二次确定好的婚期再度推迟。2012年3月22日，接到了红十字会的电话通知，要求当天到千佛山医院住院准备接受捐献前的检查。体检后开始打一种叫动员剂的药，这种药会促进造血干细胞大量生长释放到外周血中，一天两针,3月27日上午打了第八针。“有些肚子疼，腰也疼，但不是很要紧。”10点左右，躺在病床上的马乐乐，看着自己血液在血细胞分离单采机中循环。手术最终成功。

由于无私无我，两度推迟婚期，马乐乐被人们称为“最美天使”。对于这个称呼，马乐乐显得很不好意思，“我不是什么天使，只是一名护士，救死扶伤就是我的本职，是应该的”。她表示：“只知道对方是个孩子，很可怜。其实是谁不重要，关键是能成功救治那个孩子，这会是我新婚最好的礼物。”（张慧提供资料）

一位参战老兵的故事

1985年1月26日，140医院接到上级命令，抽调外科医生、麻醉医生、化验员各一名参加对越自卫反击战战地救护任务。刘炳峰和一位战友被分派到了曲阜炮二十二团卫生队。当时，刘炳峰的父亲意外偏瘫，孩子只有6岁，还有3个弟弟没有成家，但军人服从命令是天职，刘炳峰毅然奔赴战场。走后一个多月，父亲由于牵挂、思念，旧病复发去世。当时刘炳峰在离前线100公里的地方进行适应性训练，接到电报后，心情万分悲伤、遗憾，140医院领导帮助为刘炳峰父亲料理了后事。

刘炳峰到曲阜炮二十二团卫生队报到后，用一个多月的时间准备参战的药品器材、战前动员、救护训练。4月底，部队把参战物资装上火车启程，3天后到达昆明。途中各大城市都有地方党政军领导接送，群众自发送行。在昆明下车后，刘炳峰及战友乘汽车3天到达战前训练基地，参加战前训练。刘炳峰随团首长提前到老山前线勘察地形，条件艰苦，晚上十几个人挤在一个帐篷里。有一天，半夜突然狂风大作、大雨倾盆，吹跑帐篷，找了1里多地才找到帐篷并重新加固，度过了一个不眠之夜。6月初，部队进入阵地时，路过麻栗坡县城一个埋葬有千人战友的墓地，他们都是在前期作战中牺牲的，令人心情无比悲痛。

刘炳峰所属团救护所驻地在老山主峰背面，住的是木板房，时有炮弹落在附近，非常危险。部队换防一线部队进入阵地后，由于地形不熟、作战经验不足，打了两仗，死伤1000多人。后又从后方补充兵员，熟悉地形，有了前期作战经验，伤员少了许多。

刘炳峰和团首长在老山主峰观察所执行任务1个月，住在坑道里，坑道积水20~30厘米，墙壁滴水，被褥潮湿。去后第二天早晨，起床时，在场8个人全都站立不稳，摔倒在积水里，但意识清醒。原因是坑道通风设施堵塞，造成一氧化碳中毒。战争是残酷的，每次大小战斗后都有数目不等的伤员送下来，需要进行分类临时救治，如夹板固定、止血包扎、穿刺引流、输液、输血等，重伤员送到后方条件好的医院救治。其间，刘炳峰曾被误传为牺牲，家中悲痛欲绝，结果一个月后刘炳峰平安回乡。参战期间，刘炳峰被任命为卫生队队长，由于表现突出先后被授予团嘉奖一次，三等功一次。1986年6月，刘炳峰圆满完成对越防御作战救护任务凯旋。（李方显提供资料）

封控不封爱，隔离不隔心

2022年5月1日，山东大学中心校区一名学生“新冠”病毒核酸检测阳性。5月2日，该校1万余名师生被紧急疏散到济南、淄博、泰安、德州市作预防性隔离，其中，基础医学院2021级444名学生被转运至沂源县方舱隔离点。

隔离期间，沂源县卫健系统参与医疗保障服务的全体人员坚守岗位，辛勤付出，穿梭在隔离点各个角落为隔离人员做核酸检测、环境消杀、送餐等工作，及时回应和解决隔离人员的需求，全力做好服务保障，获得了山大学子的一致好评，他们用一篇篇文字、一封封感谢信表达了对沂源县卫健系统“大白”们的感谢。

时隔一年后的2023年5月20日，山东大学基础医学院党委书记赵福昌、党委副书记姜昆、辅导员孙怡鑫以及20名学生代表重返沂源，启行“感恩”之旅。赵福昌代表山东大学基础医学院向中共沂源县委、沂源县人民政府赠送“携手抗疫、共克时艰、深情永志、友谊长存”的万里江山图。

封控收到浓浓爱 隔离感受满满情（摘自山东大学基础医学院官网） 5月2日，基础医学院中心校区2021级400余名学生在学校和山东省委、省政府连夜组织安排下，转运至淄博市沂源县方舱，开始数天的隔离生活。

沂源县历史悠久、文化底蕴深厚，是沂蒙革命老区重要组成部分，是沂蒙精神的重要发源地。在这里大家深刻感受到了沂源人民血液里传承的革命精神，感受到沂源人民的深情与厚谊。5月4日，正值青年节，同时还是4名学生的生日，在这样一个特别又重要的日子里，沂源方舱隔离点的工作人员身穿厚重的防护服，顶着烈日为每一位师生送来了县总工会和方舱隔离点专门准备的节日蛋糕，上面贴有“封控不封爱 隔离不隔心 祝山大学子们节日快乐！ 一起向未来！”的祝福，过生日的同学则收到了精美的生日蛋糕。同时，工作人员还为师生录制了节日祝福短视频，为同学们的责任与担当点赞，并承诺会竭尽全力，用心用情用力做好服务保障。看着“大白”面罩后红红的脸庞，吃着手中精美的蛋糕，听着情真意切的祝福，学院师生感受到了沂源人民那颗淳朴善良火热的心！王同学说：“今天是五四青年节，也是我们隔离的第三天，以前总觉得隔离很遥远很可怕，觉得那靠近病毒，靠近死亡。但当我被转运到方舱后，心中并未有一丝恐慌，却是满满的感动、感恩。看到为我们忙前跑后的大白疲惫无力地坐在门口，真的会感动、感恩到湿了眼眶。有幸生在中国、长在山东、生活在山大！”张同学说：“我们受到社会上太多太多的帮助、鼓励、支持。在这次转运中，我看到了学校的付出，看到了山东的果断与大气，上万人的隔离转移，从交通组织、车辆调配、人员编队、分批通知，到定点分配、物质保障、属地协调、安全保障等，都有条不紊地进行着，保障了广大师生的生活。感谢所有付出的人，我们定能共克时艰。山大加油！青年加油！中国加油！”李同学说：“感谢学校、感谢政府、感谢同吃同住的老师、感谢沂源方舱工作人员的悉心照顾，希望大家平安度过隔离期，早日出舱。”

百年前的“五四”青年忧国忧民，为国寻路，百年后的山大学子家国情怀，齐心战疫。今年的五四，沂源人民为学院封控的师生上了一堂生动的思政课，使大家对伟大的“五四”精神有了更加深刻的理解和认识。大家将牢记习近平总书记的殷

山大学子“出舱”

殷嘱托，始终坚定不移听党话、跟党走，大力弘扬“五四”精神，砥砺初心使命，以精耕细作的优良作风，将“五四”精神化为强大的精神动力，在青春的赛道上更好地践行“气有浩然 学无止境”的校训，努力工作和学习，以实际行动回报沂源人民的无私奉献与深情厚爱。（山东大学基础医学院 陈佳哲提供资料）

本硕一班隔离日记（摘自山东大学基础医学院2021级本硕一班官方公众号“无影灯下壹班人”） 李冬睿：方舱的空间很大，各种各样的设施也非常齐全，为了照顾我们上网课，每个方舱都有独立的网络，网速也很快，每顿饭都非常丰盛，除了好吃的饭菜还会有水果、牛奶等。工作人员的服务也很周到，他们每天早起晚睡，穿着隔离衣忙前忙后，非常辛苦，十分感谢他们。

彭书杰：来方舱之前，我还沉浸在不知所措的恐慌之中，总是担心隔离期缺这少那，还怕自己吃不饱。来了之后发现，与我所想象的大不相同，舒适的环境，可口的饭菜，既安抚了我的心也安抚了我的胃，让我得以迅速适应这里的隔离生活。希望隔离期平安度过，能再看一眼要溜走的春天。

胡万斌：5月2日，山大中心校区数以万计的学生被紧急转移，而我们幸运地来到了方舱医院，在这里，勤勤恳恳的“大白”们为我们提供无微不至的照顾，每顿丰盛的饭菜更是远超我们的预期，在这里，我们感叹于山东大学做出紧急隔离的魄力，也感谢为我们的生活保驾护航的“最美逆行者”，在这特别的岁月里，我们定能共渡难关！山东，加油！

朱相荣：隔离期间我感受到国家对我们的关怀，方舱用品非常齐全，每天给的饭甚至比我在学校吃得还要好，我觉得非常感激。

谷淑晨：昨天早上就被舍长喊醒，告诉我们要离校单独隔离。一听到这个消息，我就开始惴惴不安。但一切的不安都在到达隔离点后消失了，因为方舱单人单间、每日核酸保障了我们的安全，丰盛的早、午、晚餐和“大白”的亲切叮咛，让我们根本没有任何忧虑。

马晓莹：真的很感谢淄博沂源愿意冒着风险收留我们，他们一定也很害怕，但还是愿意向我们伸出援助之手，他们在疫情带给我不幸的同时又让我收获了满满的感动。

李辉：原本以为在方舱的环境下会过得比较艰苦，但幸运的是，各类设施都十分齐全。不仅可以洗浴，还可以联网上课，不至于落下进度。我对此感到十分激动与感激。是在各行人员的共同努力下，让隔离人员也能宾至如归。

孟欣冉：带着略有些紧张与不安的心情来到隔离点，出乎意料的是环境还算不错，虽然只是临时搭建的方舱，但设施与生活用品一应俱全，每天准

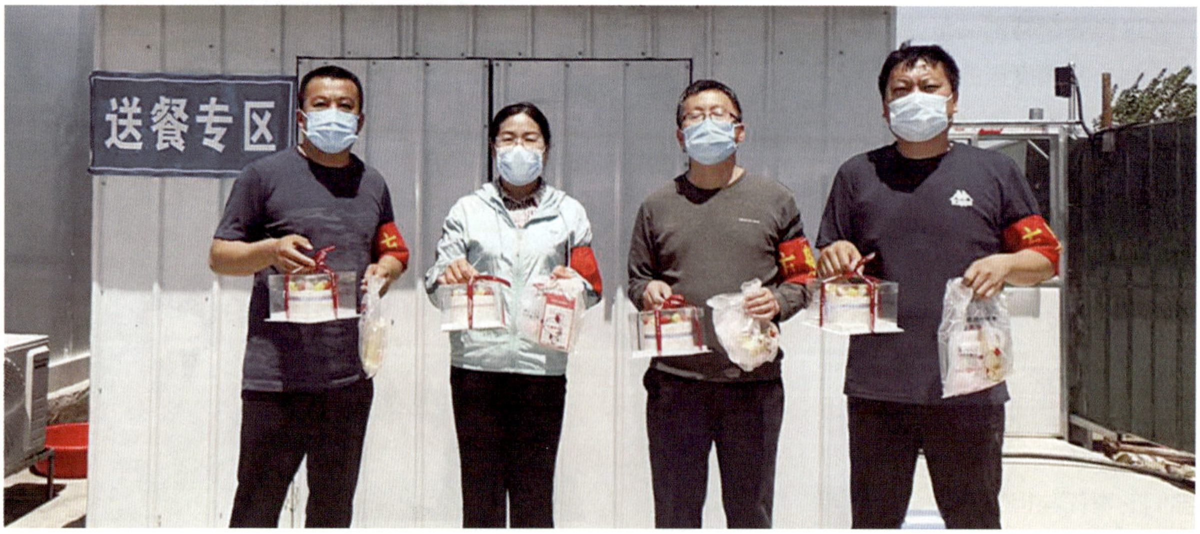

沂源县总工会与方舱隔离点为正在隔离的山大学子送上节日祝福

备的饭菜也充分体现出了用心与关爱，认真敬业的“大白”们也让我倍感温暖。相信没有到达不了的彼岸，没有消散不去的阴霾，在这场众志成城的战役中，我们一定能携手拥抱春暖花开。

张珅萌：当时看到住方舱时，其实内心是非常忐忑的，因为担心设施不够全面，饭菜不够好。但是经过了一天的住宿，我发现我的担心完全是多余的。设施方面非常的完善，饭菜非常非常的丰盛，和在家的感觉一样。

古天宇：这次疫情突发，学校积极安排学生转运到沂源方舱医院，来到了这个大方友善的地方。“大白”不辞辛苦地照顾着我们，伙食的丰富，生活条件的满足，学校处理措施的及时，让我们坚信能够成功打败疫情。

致沂源的工作人员（摘自山东大学基础医学院2021级临五6班公众号“世医大的小可爱”） 别离之际，杨柳依依。解除隔离，我们的故事落下了帷幕，但我们的征途还远远没有结束。

离开沂源方舱，你们将奔赴新的战场，而我们，也将再一次踏上求学之路，向着成为优秀医生的方向终日乾乾，星夜兼程。

我想，在以后的无数个夜晚，我会梦回沂源方舱，和你们再次相逢，悄悄趴在窗前，偷偷拍下你们工作的模样。

我更希望，在未来的某一天，我能成为一名合格的医生，一袭白衣，在国家需要的第一线与你们相遇。到那时，疫情已然退散，山河依然明媚。你我将在阳光下相见，相视微笑，人间皆安。虽然我们可能再也不会相见，但我们一定会在自己的岗位上发光发热。我会始终记得，我们有着共同的职责——救死扶伤，济世安民。（李同学提供资料）

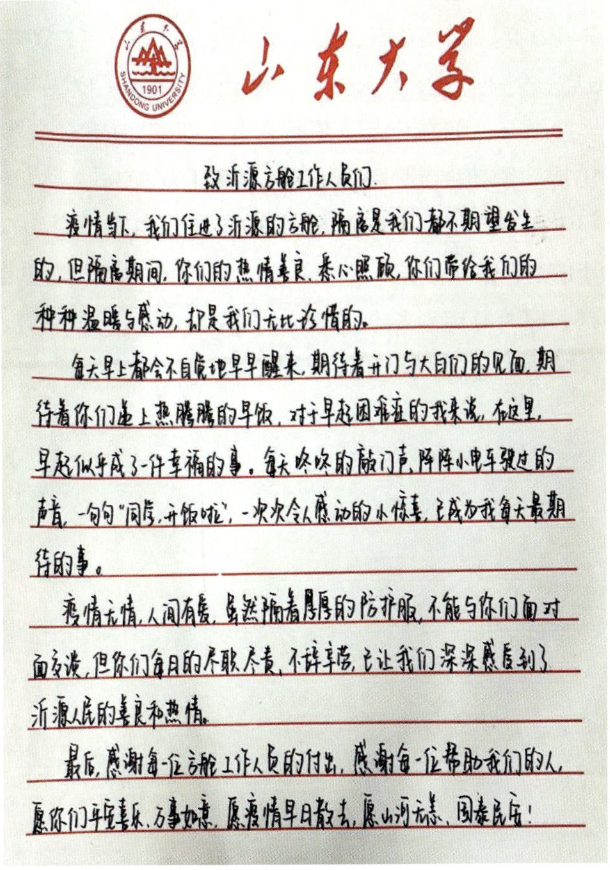
山东大学

致沂源方舱工作人员们

疫情当下，我们住进了沂源的方舱，隔离是我们都不期望发生的，但隔离期间，你们的热情善良、悉心照顾，你们带给我们的种种温暖与感动，却是我们无比珍惜的。

每天早上都会不自觉地早早醒来，期待着开门与大白们的见面，期待着你们递上热腾腾的早饭，对于早起困难症的我来说，在这里，早起似乎成了一件幸福的事。每天咚咚的敲门声、阵阵小电车驶过的声音、一句句“同学，开饭啦”，一次次令人感动的小惊喜，已成为我每天最期待的事。

疫情无情，人间有爱，虽然隔着厚厚的防护服，不能与你们面对面交谈，但你们每日的尽职尽责、不辞辛劳，已让我们深深感受到了沂源人民的善良和热情。

最后，感谢每一位方舱工作人员的付出，感谢每一位帮助我们的人，愿你们平安喜乐、万事如意，愿疫情早日散去，愿山河无恙、国泰民安！

杨同学的手写感谢信

特色方剂和疗法

胃病验方

养正散胶囊 生山楂100克、广木香50克、沙参50克、决明子20克、厚朴20克、元胡20克、灵芝6克。6副药量，水煎3次，去渣，中药液过滤，入锅内大火烧开，浓缩至蜂蜜样。神曲500克，研细粉入浓缩的药膏内，赋型，晒干。鹿茸6克、人参15克、龙涎香1克、鲨鱼胆粉6克，入上药内，用破壁机把上药磨成极细粉，装胶囊，每粒胶囊装0.8克药粉。每次服3粒，每日3次，饭后服。

主治 慢性非萎缩性胃炎，慢性萎缩性胃炎伴或不伴肠上皮化生、非典型增生，慢性胆囊炎，胆囊结石，亚健康，抑郁症。

脾胃方

醋白芍12克、炒白术12克、陈皮12克、防风6克、乌梅24克、黄连6克、干姜6克、附子6克、党参6克、细辛3克、肉桂3克、炙甘草6克。7剂水煎服，日1剂。

肿瘤方

猫眼草2棵（大约15～20克）、仙鹤草30～50克、大枣5～7枚，熬水代茶饮，随访数十例食道癌、乳腺癌、肺癌、直肠癌患者，都正常生活5年以上。

小儿腹泻方

小米适量炒至焦黄，熬粥或磨粉开水冲糊，加适量红糖，趁热服，治疗婴幼儿腹泻，其效如神，服后泻止。

流脑防治方

方一　金银花30克、连翘12克、牛膝10克、竹叶10克、荆芥10克、豆豉10克、薄荷6克、甘草6克、桔梗10克。

方二　大青叶30克、连翘10克、栀子12克、元参10克、川连6克、生石膏12克、丹皮6克、生地12克、天麻10克、钩藤10克、石决明10克、甘草10克。

乙脑防治方

方一　大青叶30～60克，水煎服，每日1剂。

方二　山豆根30克、大青叶30克、板蓝根60克，水煎服，每日1剂。

方三　大青叶30克、板蓝根15克、金银花30克、连翘12克、佩兰10克、藿香10克、滑石30克、甘草10克。

感冒方

方一　紫苏10克、荆芥6克，水煎服，微汗，每日1剂。

方二　葱白30克、豆豉15克，水煎服，发汗。

方三　生姜10克、葱白30克、红糖30克，水煎服，发汗。

方四　荆芥10克、防风10克、薄荷6克、甘草6克，水煎服，发汗。

哮喘方

方一　地龙60克，焙黄研细末。每次服3克，日服2次。

方二　射干根（狼扇子根）30克，水煎荷包鸡蛋。每晨1次。

中药预防“新冠”方

金银花15克、连翘10克、苏叶6克、黄芪10克、炒白术10克、防风6克、太子参12克、麦冬10克、炙甘草3克。

抗“新冠”感染方

1号　柴胡30克、黄芩12克、半夏10克、党参10克、葛根30克、桔梗12克、生石膏50克、连翘30克、桂枝15克、生麻黄6克、白芍15克、生甘草9克、生姜12克，大枣4枚。

2号　柴胡24克、桂枝9克、干姜12克、五味子12克、黄芩12克、半夏10克、党参12克、杏仁9克、厚朴9克、白芍10克、炙甘草9克。

3号　生麻黄9克、桂枝9克、柴胡16克、款冬花9克、枳实6克、炙甘草6克、猪苓9克、黄芩6克、射干9克、陈皮6克、炒杏仁9克、白术9克、半夏9克、细辛6克、藿香9克、石膏30克、茯苓15克、紫苑9克、山药12克、泽泻9克。

4号　藿香12克、大腹皮6克、白芷6克、苏叶6克、茯苓6克、半夏9克、炒白术9克、陈皮9克、厚朴9克、桔梗9克、柴胡12克、党参9克、炙甘草6克、生姜9克，大枣3枚。

后　记

史书，拓印着来时路上的脚印。《记忆沂源·卫生健康卷》记忆着沂源县卫生健康事业从无到有、从单一到体系、从低水平到高科技的发展历程。

在党的领导下，建县80年来，几代卫健人，不忘为人民健康服务的初心，牢记救死扶伤的神圣使命，担时代之大任，履社会之重托，在医疗救治、疾病预防、妇幼保健、中医传承、监督执法、优生优育、老龄服务等不同领域书写着开拓进取、砥砺前行的历史篇章。80年，卫生健康技术队伍从10人起步，发展到了多学科、高技能4300人的人才梯队；80年，公立卫生健康机构由零发展到了县、镇、村三级服务网络；80年，人民群众平均寿命由40岁提高到78岁。进步之巨大，成果之丰硕，足以慰初心，勉世人。在沂源县建县80周年之际，《记忆沂源·卫生健康卷》编纂出版，正逢其时。

2023年4月，《记忆沂源·卫生健康卷》编纂工作启动，县卫生健康局成立编纂委员会，搭建编辑部工作班子，按照“建立高效的机制、挖掘浩瀚的资料、记录一段历史、出版一本好书”的思路开展编纂工作。坚持畅通渠道，开门写书，多方征求意见。在县、镇、村各卫生健康单位的共同努力下，编纂工作遂告完成。

《记忆沂源·卫生健康卷》作为一部全媒体志书类书籍，可读、可看、可听，满足了人民群众对方志文化的新需求。该书编纂力求做到内容翔实，图文并茂，使其既具有史料性，又具可读性。该书在编纂过程中，得到了市、县专家和社会各界的大力支持。县政协、县委组织部、县委宣传部、县档案馆等多个部门、单位对该书给予了指导和审核。县地方文化文史专家及社会各界提出了许多宝贵的意见和建议，在此一并表示感谢。

由于涉及历史年代久远，文献资料匮乏，撰稿、编纂人员水平有限，加之时间紧、任务重，疏漏不当之处在所难免，敬请读者批评指正。

编　者

2024年10月

记忆沂源 · 行业篇
JIYI YIYUAN HANGYEPIAN
全 媒 体 图 书
8-02

记忆沂源

JIYI YIYUAN

·教育体育卷·

《记忆沂源》MV

政协沂源县委员会
沂源县文化和旅游局 编

中国文史出版社

图书在版编目（CIP）数据

记忆沂源. 行业篇. 教育体育卷 / 政协沂源县委员会，沂源县文化和旅游局编. -- 北京：中国文史出版社，2024. 12. -- ISBN 978-7-5205-5013-0

Ⅰ. K295.24；G527.524；G812.752.4

中国国家版本馆CIP数据核字第2024J84K13号

责任编辑：程　风　赵姣娇

出版发行：中国文史出版社
社　　址：北京市海淀区西八里庄路69号　邮编：100142
电　　话：010-81136606　81136602　81136603（发行部）
传　　真：010-81136655
印　　装：山东新华印务有限公司
经　　销：全国新华书店
开　　本：889mm × 1194mm　1/16
字　　数：5304千字
印　　张：183
版　　次：2024年12月北京第1版
印　　次：2024年12月第1次印刷
定　　价：1980.00元（全九册）

《记忆沂源》编纂委员会

《记忆沂源》编审人员

《记忆沂源·教育体育卷》编纂委员会

《记忆沂源·教育体育卷》编纂人员

总　序

沂源历史悠久，文化厚重，在这片古老的土地上，在可考证的几十万年的岁月流转中，文明的脉络延绵不断；在这里，生命文化、爱情文化、红色文化交相辉映、一脉相传，悠悠吟唱着亘古昨天和崭新今天。编纂出版“记忆沂源”系列丛书，旨在全面记载沂源县自然地理、人文历史、政治经济和社会事业的发展变化，深入挖掘沂源特色地域文化，集中展现全县经济社会发展成果，铭记历史，传承文化，留住乡愁，增强自信，凝聚力量。这是沂源建县以来，首次对全县人文历史资料等进行全面系统挖掘整理，必将载入沂源发展史册。

走遍天涯路，最是乡情深。人一旦生长在什么地方，那里的山水草木、人文地理、村闾小巷、乡俗民情，便会像盐渍刀斫一样深深渗透在心窝里、镌刻在记忆中，与之结下浓得化不开的乡情，时刻都在怀念、向往与追忆。乡愁是一种故土情结、人文情怀，是一种精神寄托，流淌于人的血脉中，是凝聚力和向心力所在。在长期的社会变迁和历史发展中，乡愁成为民族情感的依托与精神家园的归附。在新时代建设现代化新沂源的壮阔征程上，必不可少的正是无数沂源人对乡土气韵、桑梓情怀的依恋和历史记忆的渴求。

沂源自1944年建县至今，发生了翻天覆地的变化，许多历史的印记已经或者正在被湮灭在时代的潮流中，迫切需要通过修史编志的方式，记录历史、留住乡愁。沂源县具有众多特色鲜明的地域文化标志，每一个都蕴含着一段难忘的历史，讲述着一个动人的故事，寄托着一种殷切的期盼。古建筑、古树名木、古老手艺、传说故事等，都是弥足珍贵的文化遗产，也是历史文脉重要的传承载体。沂源人民在不同的历史时期，创造出了辉煌的成就，其中蕴含着宝贵的精神财富，这些都需要记录好、传承好、弘扬好。通过编纂“记忆沂源”系列丛书，深入挖掘、整理、珍藏历史文化，全面、真实、客观反映沂源的发展历程，必将进一步增强全县人民的自豪感、责任感和使命感，激发广大干部群众干事创业的热情和斗志，汇聚起推动各项工作突破提升、走在前列的磅礴力量。

“记忆沂源”系列丛书分为“乡村篇”“行业篇”“经济开发区篇”和“小三线建设篇”四部分，其中“乡村篇”收录全县12个镇（街道）446个行政村和21个城市社区的翔实资料，一镇（街道）一卷。“行业篇”收录工业、农业、商业、水利、教育、卫生、住建、交通等行业资料，每个

行业独立成卷，着力展现沂源经济社会的发展历程和辉煌成就。丛书综合运用文字、图片、视频、音频、插画等多种方式，打造“全媒体”图书。读者除正常阅读外，还可以扫码听书、看视频，更加契合现代人学习阅读需求，成为展现沂源形象的“伴手礼”和沂源游子寄托乡愁、追思乡情的“枕边书”。

乡愁难忘，征程未老。牢记历史，是为了开创未来。沂源正站在一个新的发展起点上，全县上下正在深入学习贯彻党的二十大精神，聚焦“突破提升、走在前列”目标定位，强化生态立县、产业强县、创新兴县，推进“四新四创”，着力打造“六个高地”、实现“六个走在前列”，踔厉奋发、勇毅前行，奋力谱写沂源现代化建设新篇章。在时代新征程中，我们有信心、有能力、有情怀交出一份无愧于前人的历史答卷。

中共沂源县委

沂源县人民政府

序

教育是人类社会发展的动力和基础，国家之兴衰，民族之荣辱，皆与教育息息相关。从原始社会农耕时代的萌芽状态到封建时期的私塾教育、近现代的学堂教育到新时期的规范化学校教育，教育经历了一个漫长而曲折的发展过程。

作为山东古人类发源地，沂源县不仅有着悠久的人类文明史、丰厚的爱情文化底蕴、丰富的自然人文资源，更有着重教兴学、诗礼传家的优良传统，有着弘扬传统文化、传承社会文明的良好风气。春秋时期，闵子骞、仲由来沂读书，史存闵仲书院。科举时代，尊师崇学，沂源县域内众多私塾义塾普遍兴起，前瓜峪“名教无断”碑、中庄“学以明伦”碑、前安乐沂蓝小学学田碑，堪为佐证。进入21世纪，一座座现代化学校遍布城镇乡村，朗朗书声萦绕乡间田野。跨越两千多年，沂源县域内尊崇教化，以教育才，以文化人，兴学助学的传统一脉相承，留下一串串坚实的印记。

新中国成立以来，历届县委、县政府关注民生，情系教育，认真实施“科教兴县”之策，坚持教育优先发展，全县教育水平稳步提高。自“普五”“普九”至“优质均衡”，办学条件不断改善；从“素质教育”到“核心素养”，教育质量逐年攀升；强化管理与创新，教育体制不断完善；重视投入及培训，教育源头活水充沛。科学布局，统筹规划，资源配置益趋合理；以人为本，重视人才，名师俊贤层出涌现。学前教育普及普惠，义务教育优质均衡，高中教育特色发展，职业教育多维并举，特殊教育稳步推进，体育事业成果丰硕。党政关爱，社会助学，从“人人有学上”到“人人上好学”，学子称心，人民满意。

记忆是永恒的历史留存。编纂《记忆沂源·教育体育卷》，意在挖掘、弘扬沂源教育体育文化，全面展现沂源县教育体育事业发展轨迹、辉煌成就，总结发展规律，激发内生发展动力，促进沂源县教育体育事业持续提升。全书7个部分，以史为脉，以事为络，再现史实，突出记忆。以翔实的资料、严谨的结构、精练的语言展示沂源县教育体育事业的发展历史，再现一个个精彩瞬间。一幅幅老照片重拾历史记忆，一个个“老”故事惹人细读品味。师者风范激荡人心，学子风采催人奋发。详略得当的布局，图文并茂的呈现形式，使该书成为一部集史料性、可读性于一体的史书性文化著作。

创新是最好的历史传承。新时代赋予教育为党育人、为国育才的光荣使命，沂源县教育体育事业进入优质发展的新阶段。全县上下将接续努力、团结奋斗，聚力推动教育体育事业率先发展。广大教师当心有大我、至诚报国，全面落实立德树人根本任务；启智润心、因材施教，助力每一位学子人生出彩。以敬业之心赓续教育历史，以奉献之举续写新的华章，继续办好新时代人民满意的教育。

沂源县教育和体育局

沂源县中小学布局示意图（2023年）

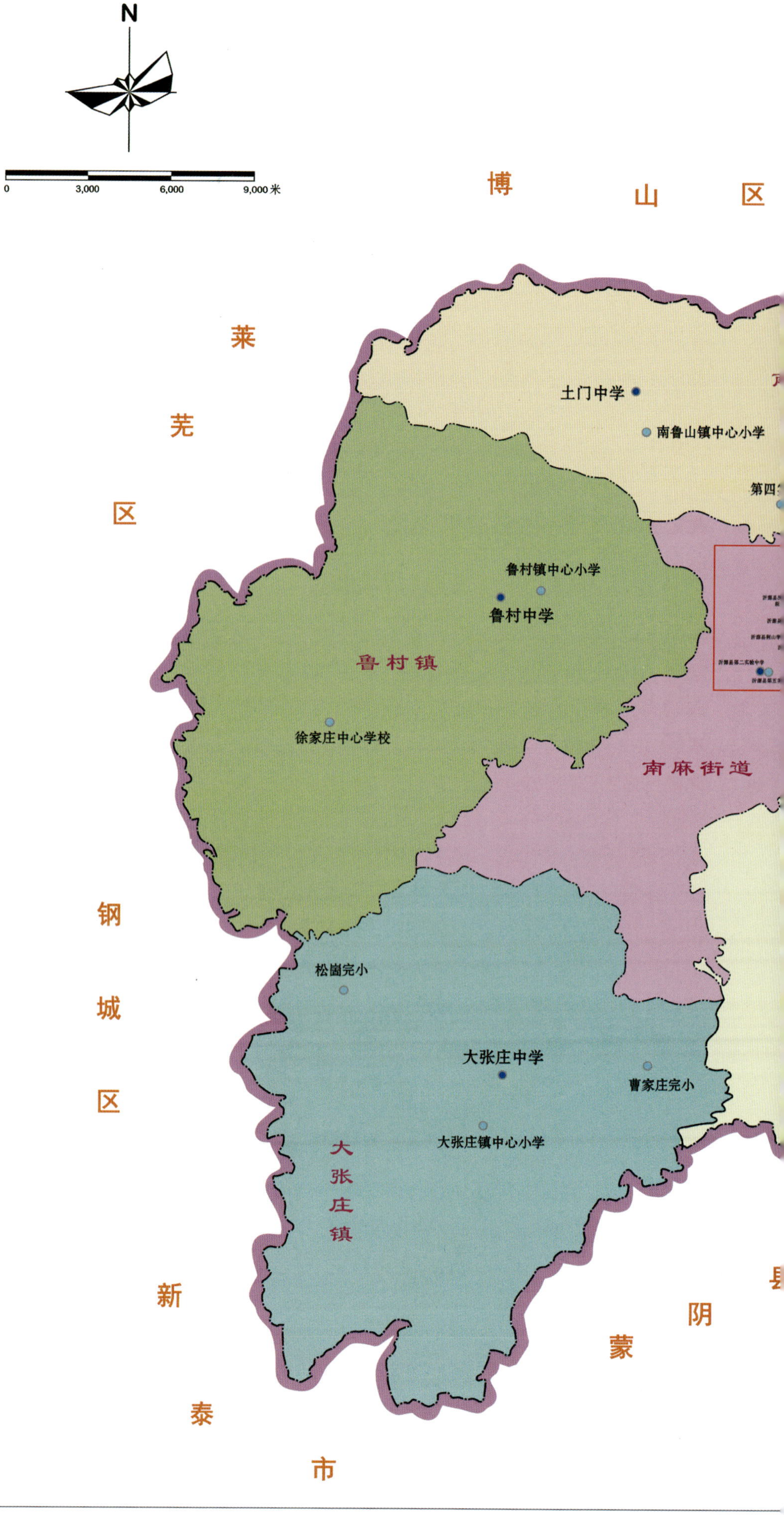

沂源县振华实验学校
淄博市埠村希望小学
沂源县人民路小学
沂源一中
沂源县历山街道办事处
新城路小学
沂源县实验小学
沂源县沂河源学校
鲁山学校
沂源县第二实验小学
沂源县鲁阳小学
沂源县历山中学
鲁山路小学
沂源县荆山学校
淄博电子工程学校
历山街道
沂源县南麻街道办事处
中心小学
沂源县历山街道办事处
荆山路小学
沂源县实验中学
沂源县历山街道办事处
振兴路小学
沂源县第二实验中学
沂源二中
沂源县第五实验小学
沂源县第三实验小学
淄川区
三岔中心学校
鲍庄千簪小学
悦庄镇
青龙山完小
两县春蕾小学
沂源四中
悦庄镇中心小学
东赵庄完小
历山街道
临
朐
县
石桥中学
石桥镇中心小学
石桥镇
燕崖镇中心小学
安乐小学
燕崖中学
张家坡镇
张家坡镇中心学校
中庄中学
中庄镇中心小学
胡庄完小
水北小学
流泉完小
中庄镇
西里中学
西里镇中心小学
社庄完小
沂源三中
东里镇中心小学
东里镇
韩旺中心学校
柳枝峪完小
西里镇
金星完小
团圆小学
沂
水
县
图例
县界
镇、街道办边界
小学
九年一贯制
初中
高级中等学校

沂源县第一中学（2022 年）

淄博电子工程学校（2023年）

沂源县第三中学（2022 年）

沂源县实验中学（2023 年）

沂源县实验小学（2020 年）

沂源县人民路小学（2023 年）

沂源县鲁阳小学（2021 年）

沂源县振华实验学校（2021 年）

沂源县第四实验幼儿园（2023 年）

沂源县悦庄镇第二中学（2010 年）

沂源县第四中学（2023 年）

沂源县西里镇柳枝峪回民小学（2023 年）

沂源县金星乡柳枝峪回民小学（2001 年）

20 世纪 90 年代，沂源县东里镇中心幼儿园

沂源县东里镇中心幼儿园（2023 年）

闵仲书院旧址（东里镇院峪村）

清道光十八年（1838），提督山东学政刘绎，以“名教无惭”四字题赠张家坡前瓜峪村宋氏一族，褒扬宋氏子孙好学上进，秀才举人辈出

清同治九年（1870），山东巡抚丁宝桢为中庄村私塾学堂题“学以明伦”四字，以勉励中庄学子

20世纪60年代，沂源县第一中学

东里店小学党支部旧址（1928年）

20 世纪 70 年代，沂源中学校门

20 世纪 80 年代，沂源县城关一中校舍

20 世纪 80 年代，沂源中学实验室外景

20 世纪 80 年代，国营山东红旗机械厂职工子弟学校

20 世纪 50 年代，张家泉夜校内景

沂源中学第一届毕业生留影（1955 年）

全县庆祝六一儿童节活动（1984 年）

建校时的沂源县城关第二中学（1982 年）

全国教育系统劳动模范李振华

2004年雅典奥运会射击金牌获得者杜丽

编辑说明

一、坚持以马克思列宁主义、毛泽东思想、邓小平理论、“三个代表”重要思想、科学发展观、习近平新时代中国特色社会主义思想为指导，坚持辩证唯物主义和历史唯物主义的立场、观点和方法，客观、系统、简约记述沂源县工业、农业、商业、教育、卫生、水利、交通以及“小三线”建设等各行业发展变化进程和改革开放成果，挖掘行业内模范事迹，展示时代精神风貌，传承和抢救历史文化，激发爱国爱乡情怀，为地区经济和社会发展提供有益借鉴。

二、参照执行中国地方志指导小组印发的《地方志书质量规定》。在参照志体的前提下，在体裁运用、篇目设置、资料选择等方面作适当创新。“行业篇”的内容以记载本行业范围内的微观资料为主，详县志之所略。突出行业各自特点，有选择性的记述域内自然、政治、经济、文化、社会的历史与现状，从而达到执简驭繁、文约事丰、易于阅读、利于普及的目的。

三、为全面反映入书事物发展脉络，上限尽量追溯至事物发端，下限断至2023年底。

四、以各行业为单位单独成卷。每卷记述地域范围以下限年份2023年的行政辖区为主。

五、横排门类，纵述史实，采用纲目体。总体基本篇目框架根据行业特点科学合理设置，所设条目依照突出时代特征、行业特色的原则作适当安排。

六、综合运用述、记、志、图、表、录等诸体裁，以志为主。随文配图，图下设文字说明，图文并茂。

七、打造新时代全媒体志书，各行业卷根据需要，按照综合衡量、集中展示、高度概括的原则，选择主要的篇目录制短视频资料和音频资料，引入扫码识别延伸阅读功能，形成文字、图片和音视频三条独立的记述线索，相互补充、相得益彰，使丛书从无声变成有声，从平面成为立体，从静态变为动态，力求满足人民群众对方志文化的新需求。

八、除引文和附录文献资料外，统一使用规范汉字及现代语体文记述体。记事坚持秉笔直书、述而不论，行文力求朴实、严谨、简洁、流畅、优美。

九、书中“人物”，均为简介，只选录本行业内有较大影响的人物及其他政策法规规定的应入志人物，不面面俱到。人物排序，去世人物按照去世时间先后排序，在世人物按照生年排序。

十、本书资料来源广泛，其出处不一一注明。所需数据一般采用政府统计部门数据，无政府统计部门数据时选用主管部门或主办单位提供的数据，个别数据由于统计口径和来源不同存在差异。

十一、原则采用国务院1984年2月发布的中华人民共和国法定计量单位。考虑到使用习惯，保留“公里”“亩”“斤”等。历史上使用的计量单位，如斗、石、里、尺等，在引文中可照录。

十二、中华民国成立前的纪年，使用历史纪年，括注公元年份；中华民国成立后的纪年，使用公元纪年。书中书“××年代”，凡未加世纪者，均指20世纪的年代；书中所称“解放前（后）”，以1944年5月沂源建县为界；“新中国成立前（后）”，以1949年10月1日中华人民共和国成立日为界；“改革开放前（后）”，以1978年12月中共十一届三中全会召开为界。

十三、记事概以第三人称记述。人名直书其姓名，必要时冠以职务职称。地名以现行标准地名为准。如使用历史地名，于每个类目首次出现时括注现行地名。各个历史时期的党派、团体、组织、机构、职务等均以当时名称为准。对于称谓过长而又频繁使用者，首次出现时使用全称并括注规范化的简称，之后使用简称。

十四、遵循国家标准和出版规定，数字书写以GB/T 15835—2011《出版物上数字用法》为准，标点符号使用以GB/T 15834—2011《标点符号用法》为准。

目录 CONTENTS

综述

扫码看视频

扫码听书

记忆沂源·教育体育卷

概　述

素有“山东屋脊”之称的沂源县，鲁山巍峨，雄踞高耸；沂河悠悠，蜿蜒东西。这里不仅有灵秀的自然风光，更有深厚的文化底蕴，钟灵毓秀，俊采星驰，历史悠久，文化灿烂。早在春秋战国时期，中庄盖冶被封为盖邑，即有官学。后私学兴起，取代官学，教育内容和教育方式得到新的发展。自汉朝始，儒家思想成为中国教育思想正统，历代封建王朝推崇孔教儒学，均以“四书”(《论语》《孟子》《大学》《中庸》)“五经”(《诗经》《书经》《易经》《礼记》《春秋》)为“兴行教化”“作育人材”经典。历朝历代尊师崇学、以文化人、以学取仕，儒家思想成为社会主流价值观念，社会各界积极办学兴校、助学助教。宋、元以来，地方政府设儒学供生员读书。清朝基本沿袭明制，中央设国子监，地方设府学、州学、县学及各类书院，县乡有私塾、社学等。

沂源域内旧式教育办学形式主要有私塾、书院和社学。私塾分为义塾、家塾和村塾3种形式。义塾是专为帮助贫苦儿童粗识文字而设立的一种免费私塾。清光绪末年，域内义塾有2处，分别设在大田庄和南麻。大田庄义塾是本村士绅捐款兴办，南麻义塾靠官地收租兴办。域内塾学，多属村塾，是族长或有权威者联合富裕户集资兴办。东里店自明代即有私塾2所，东里西村江氏家族重视教育，明正德年间(1491—1521)，从临朐县聘请何长师做私塾先生，教授江氏子弟知识。清代，域内有290多个村子办过私塾学校。清道光十八年(1838)，提督山东学政刘绎，以“名教无惭”四字题赠张家坡前瓜峪村宋氏一族，褒扬宋氏子孙好学上进，秀才举人辈出。清同治九年(1870)，山东巡抚丁宝桢为中庄村私塾学堂题“学以明伦”四字，以勉励中庄学子。

私塾学校开馆为年计，一般是正月十六开学，腊月十五左右放学。如果学生数量太少，不能继续开馆，就只好停办。塾师的束脩、学生的笔墨书费均由家长负担。塾师的束脩多少不一，鲁村、黄庄一带一年为两石(将近1000公斤)谷子，按学生年龄大小、程度高低，议定学费的多少。初进学的蒙童交一斗(50公斤)谷左右；年龄大点的学生三四斗不等。使用现大洋以后，南麻、悦庄一带，年薪为50元左右。同一期学生在10~15人之间，最多不超过20人，因为学生分别授业，每人一个进度，人多教不好，也教不了，故豪门大家有单独聘师开馆的。

另外，还有一种流动的高级塾学，叫大林学。当学生在私塾读完“四书”“五经”，考试在即，家长望子成龙心切，而当地塾师资历不深，于是几个村的家长(多是地主豪绅)联合起来，聘请有名气的秀才、贡生，前来授业指点，所请教师的生活待遇自然要高于一般塾师。为了合理负担，便实行轮流招待制。每轮时间，由家长商定，一个月或20天均可。师生每至一村，便由该村家长安排食宿，期满后，再至另一村，往复如是。这种学校，没有固定校址。悦庄、安乐、南麻、张良、胡家庄等村，都有过大林学。到光绪末年，大林学随着科举制度的废止而告终。

域内书院有闵子书院和沂蓝书院2处。《沂水县志》载：“闵子书院在县城西北八十里闵公山(院峪西寺)，明正德八年创办。”据记载，闵子骞于公元前495年隐居鲁国的浮来山西寺(今沂源县东里镇院峪村北保安崮)，举办书院，讲学著书。后又有孔子另一得意门生仲由(字子路、季路)到此地，两人在此读书育人。明正德八年(1513)，沂水知县汪渊出资修复遗址，称闵子书院。明嘉靖十二年(1533)，沂水知县李汝楫到此瞻仰，发现有子路晾书台，就上表呈请立祠祀之，并将闵子书院改称“闵仲书院”。清康熙六年(1667)，训导陈经纶重修瓦房3间、草房14间，基地4.5亩。清乾隆三年(1738)，又有绅士捐修，沂水知县沈应震修建学舍，延师授业其中，以后随时修葺，书院延至民国后停办。历代文人雅士对闵仲书院多有题咏，以明代杨光溥一首七律为最。

题沂阳八景——闵仲书院

杨光溥

人去多年壁亦颓，空闻德行并颜回。

侵阶有草遗书带，映雪无人拨简灰。

古篆还余幽鸟迹，闲云犹锁故山隈。

当年想避权臣召，特地应从汶上来。

杨光溥，字文卿，号沂川，明成化进士，沂水县前杨家庄（今属莒县）人，官至山西按察司副使，任满回籍，赠太中大夫，二品衔。著有诗文集《剪灯缫谈》《沂川文集》《梅花集咏》《杜诗集吟》《月屋樵吟》《素封亭稿》等。

关于沂蓝书院，《沂水县志》载：“沂蓝书院，在织女洞南，迎仙观东隅（燕崖乡大贤山）。”大贤山曾是中国古代道教的一处圣地，山上有唐代迎仙观道教遗址。正殿为老君阁、三清殿，东西配有厢房。观东侧“沂蓝书院”，始建年代无考。清道光《沂水县志》还有如下记载：“沂蓝书院，西北乡白马社，织女洞南，迎仙观东偏。嘉庆二三年间，呈请前任府洪、前任府张俱准，分庙产之半作义学膏火。”据此推测，至少在清朝上半期，书院尚红火兴办。1939年6月，迎仙观和沂蓝书院毁于日军战火。

书院收取的学童有两类，一类是县试考中的童生，入院继续攻读，准备考秀才；另一类是秀才准备乡试考举人。书院聘请名儒学者任教。清末，废科举制度后，书院停办。

除了书院，还有学馆。1885年，鲁村北官庄举人齐振锡在家设“红杏仙馆”教授子弟。齐振锡（1841—1897），字鹤岩，清同治二年（1863）中秀才，光绪五年（1879）己卯科中举人。先后在莱芜“汶源书院”、滕县“道一书院”任山长（主讲）。回乡后，设“红杏仙馆”课于家庭，教于乡里。

社学是地方官奉朝廷诏令在乡村设立的“教蒙童始学”机构，为元、明、清三代的地方小学。

旧式教育的主要目的就是参加科举考试，博取功名。明崇祯元年（1628），域内考中戊辰科进士1名。清道光和咸丰年间，东丈八丘周承惠考中武举。

民国初年，域内经济贫困，兵燹匪患，断续未绝。自然灾害时有发生，人民在饥寒动乱中生活，文化教育甚为落后，此时域内仍以私塾为主。新中国成立后，人民政府对私塾明文取缔，私塾才彻底绝迹。

20世纪20年代初创办的悦庄洋学堂旧址

随着域内最早学堂——大黄庄小学（原属蒙阴县）的建立，学堂开始逐渐发展。20世纪20年代，域内形成学堂和私塾并存局面。30年代，又出现两种新的办学形式。一种是教会学校，包括1928年德国天主教神甫在大张庄建立的1所小学和1935年万国道德会在张庄办的学校。1937年，两所学校因时局恶化同时停办。另一种是乡农学校，包括东里店乡农学校和鲁村乡农学校。1938年底，这些学校全部停办。这一时期，域内还有一些抗日小学和4所临时性中学。

1944年5月，沂源县抗日民主政府成立，设立文教科，负责全县教育工作，动员在乡知识分子90余人，进行培训后分配到较大村庄担任小学教师，全县开办小学70余所。1947年夏，国民党军队进攻沂蒙山区，全县教育停办。1948年夏季，沂源县教育恢复。1949年，全县有初级小学132所，150余个班，学生4228人。新中国成立后，由于学校发展迅速，师资和经费缺乏。1953年，以巩固为主。1955年后，又逐渐发展。1958年，基本上达到村村有小学。之后，贯彻全日制学校和半工（农）半读学校两种教育制度，实行多种形式办学，各种简易小学（工读小学）应运而生。1965年，全县工读小学发展到633所。

20世纪80年代，沂源中学校舍

党的十一届三中全会以后，全县教育工作经过拨乱反正，纳入正常发展轨道。1986年，沂源县完成农村小学校舍改造，实现“一无两有六配套”（无危房，有教室、课桌凳，配套宿舍、灶房、围墙、厕所、大门、操场），全县普及初等教育。1992年，城镇公办学校校舍改造完成。1995年，基本普及九年义务教育。1999年后，新建、改建幼儿园99所，基本普及学前三年教育。至此，学前、义务教育段适龄儿童“人人有学上”成为现实。

沂源二中校舍改造修建操场（1992年）

进入21世纪，沂源县教育开始实施优化提升工程。2006—2007年，沂源县第一中学迁入新校，沂源县高中教育全部集中到县城学校，实现规模、集中、优质办学；全县农村中小学布局调整工程、学校配套设施建设和校舍安全工程全面完成；沂源县第二中学、沂源县职业教育中心学校、沂源县特殊教育学校完成改扩建工程；沂源县历山中学、沂源县实验小学、沂源县实验小学附属幼儿园等教育资源得到重组整合优化。2010年，全县中小学实现“校校通”“班班通”。全县学校办学条件得到改善，实现“最好的房子是学校，最好的环境在校园”。

2011年后，沂源县沂河源学校、沂源县第二实验幼儿园、沂源县第二实验小学、沂源县鲁阳小学、沂源县第三实验幼儿园、沂源县第四实验幼儿园、沂源县第三实验小学、沂源县第四实验小学、沂源县荆山学校、沂源县人民路小学相继建成，缓解城区学校学位紧张问题。同时，按照《沂源县解决城镇普通中小学大班额问题实施方案》以及“统筹规划、分步实施”原则，坚持“起始年级从严控制、其他年级逐年化解”办法，基本解决全县城镇普通中小学大班额问题。期间，开展数字化校园建设，实施学校校舍标准化建设工程。2016年11月，创成县域义务教育发展基本均衡县。

沂源县荆山学校办公楼（2023年）

2023年，全县有各级各类学校129所。其中国办高中2所（沂源一中、沂源二中），九年一贯制学校5所（沂河源学校、振华实验学校、荆山学校、张家坡中心学校、三岔中心学校），初级中学12所（实验中学、历山中学、第二实验中学、土门中学、鲁村中学、大张庄中学、燕崖中学、中庄中学、西里中学、沂源三中、石桥中学、沂源四中），完全小学37所，职业教育中心学校1所，特殊教育学校1所，竞技体校1所，综合实践活动学校1所，民办学校1所，幼儿园68所（公办幼儿园40所、民办幼儿园28所）。

学前教育

沂源县学前教育始于1958年，县妇联牵头，团县委、县工会、商业局、教育局、县社、粮食局参与，于此年“三八”节建起沂源县第一所幼儿园——县机关幼儿园。分大、中、小3个班，在园幼儿90余人，地址在武装部后院内。1965年，县机关幼儿园迁至南麻老街。1958—1960年，沂源县托幼工作迅速发展，全县办起幼儿园522所，入园幼儿2.65万人，占全县幼儿的54.7%。1960年秋，省妇联在沂源县召开托幼工作现场会，与会者有省、地、县妇联主任200余人。他们参观张家石沟、邢家庄、凉泉、柿子峪、西北麻、西鱼台、东赵庄、西孝村、蚕场、西里等10多所幼儿园食堂、校舍，观摩幼儿学习、游戏情况。农村除了办一批长年幼儿园外，还办起农忙幼儿园、地头托儿所、邻里托儿所等。1960年冬天，因生活困难，部分幼儿园无米可炊，逐渐停办。1973年后，托幼工作稳步发展。据1985年9月统计，全县675个村有幼儿园311所，县直机关及各厂矿都建立幼儿园，总计330所，463个班（其中小学附设学前班90个）。

沂源县机关幼儿园师生合影（1963年）

1992年3月26日，全县按照省、市规定要求，根据《淄博市乡镇中心幼儿园办园基本标准》，开始乡镇中心幼儿园建设工作。1995年，全县基本普及学前一年教育，6周岁幼儿入园率达到85%。全县16个乡镇相继建成中心幼儿园。1996年，县政府制定《关于加快发展学前教育的意见》，规范办园工作。1999年5月，县教体委下发《关于加快城乡幼儿园建设的意见》，对基本普及学前三年教育提出具体目标任务、规划和保证措施；制定《关于大力发展社会力量办学的意见》《民办幼儿园、托儿所管理条例》，改革办园形式，鼓励股份制、承办制、国办民助及个人出资等形式办园。同年，全县幼儿园由473所调整到240所，2002年调整到196所。全县13个乡镇全部完成幼儿教育示范乡镇创建任务（3岁以上幼儿入园率达80%以上，中心园达到市级示范园标准，市级一类园数量达到本乡镇园所总数的30%以上），顺利通过市政府验收。

全县第八届幼儿运动会（1988年）

2003年10月，鲁村镇中心园、悦庄镇龙山幼儿园通过省级示范园验收。2004年，沂源县幼儿园由196所合并为140所。沂源县实验幼儿园、悦庄镇中心园分别被评为淄博市城市、农村十佳幼儿园，26所幼儿园通过市级示范园验收。2005年11月，悦庄镇中心园、东里镇中心园顺利通过省级示范园验收。2006年，召开学前教育工作现场会，出台《关于进一步加强幼儿园管理的意见》，全县幼儿园调整到120所。

2011年，制定出台首期《沂源县学前教育三年行动计划》，对学前教育发展目标、阶段性工作任务和工作措施作出具体要求。2012年，建成沂源县汇源幼儿园；翌年，更名为沂源县第二实验幼儿园。2016年，全面构建覆盖城乡、布局合理、资源充足、公益普惠、优质高效的学前教育公共服务体系。

同时，沂源县实施农村幼儿园改造提升工程，幼儿园办园条件得到改善。2018年10月，出台《沂源县普惠性幼儿园达标创建方案》《沂源县人民政府关于公布全县幼儿园达标创建情况的通知》《沂源县普惠性幼儿园认定管理办法》《关于开展全县普惠性民办幼儿园认定工作的通知》，推进普惠性幼儿园达标创建工作。

沂源县第二实验幼儿园（2023年）

2021年，沂蒙佳苑幼儿园（沂源县第三实验幼儿园）、怡康嘉苑幼儿园（沂源县第四实验幼儿园）、中庄镇第二幼儿园投入使用，13所幼儿园改扩建工程完成，新增学位1020个，缓解城区幼儿迅速增长带来的入学难题。2022年，制定《关于成立沂源县幼儿园城乡教育共同体的实施方案》（源教体发〔2022〕11号），成立以优质局属幼儿园为核心的5个城乡教育共同体，发挥县域学前教育优质资源示范带动作用，着力破解城乡差距，促进学前教育由基本均衡向优质均衡发展。

2023年，沂源县有幼儿园68所。其中公办及公办性质幼儿园40所、民办幼儿园28所，省级示范幼儿园23所，省级一类幼儿园34所，省级二、三类幼儿园14所，在园幼儿14222人。

小学教育

新中国成立前，沂源县域内文化教育比较落后。虽然私塾和学堂并存，但大多数穷苦百姓没有接受教育的机会。《蒙阴县志》载：“宣统二年（1910），东乡坦埠庄、北乡大黄庄、萧马庄均设立初等小学堂。”虽未言及初办规模与主办人，但据今考证大黄庄小学是沂源县域内第一所“洋学堂”。1917年9月，改为大黄庄高等小学堂。民国十五年（1926），因匪患停办。

民国四年（1915），沂水片的悦庄、东里店、南安乐办起学堂。之后，南麻、高庄、沙沟、南流泉、瓜峪、福禄坪峪、梭背岭、二郎庙、韩旺均办起小学。1920年前，临朐片除三岔店有1所小学外，其余全部为塾学。以后，璞邱、文坦、鲍庄、丝窝、流水办起学堂。1937年，县域内有大黄庄、鲁村、南麻、悦庄、东里店、汇泉寺、玉泉寺7所高级小学，124所初级小学。抗日战争开始后，这些学校均停办。1938年，中共地下党员齐汇东在鲁村区北官庄创办抗日小学1所，并设农民夜校。国民党山东省政府迁驻东里店后提出开办学校，发展国民教育。但因时局不定，百姓生活贫困，学校开办很少，只有省政府直接拨款的东里、南麻、鲁村、梅家庄子等几所小学办得较正规。1942年，抗日根据地创办一批抗日小学，刘家大峪、刘家旁峪、杨家大峪官庄、小上峪、淤土地、北通香峪、青冶行、埠前等村办得比较活跃。1943年，域内多为敌伪控制区，抗日学校停办。

20世纪70年代，徐家庄公社凉泉大队学生上课

1949年9月，沂源县人民政府在南安乐村创办全县第一所完全小学。1953年，在唐山区柳枝峪创办一所回民小学。1957年，全县小学发展到382所，在校生1.89万人。1958年，坚持“两条腿走

路”（以国家办学为主体，充分调动农村基层组织、厂矿企业等各方面办学积极性，鼓励群众自筹经费办学）办学方针，扩办民办班220个，小学增加到643所，基本达到村村有小学。1959—1961年三年经济困难时期，小学合班并校，大批民办小学撤销，全县小学压缩到460所。1964年，沂源县贯彻两种教育制度（全日制学校和半工半读学校同时存在的学校教育制度），开展多种形式办学，便于贫下中农子女入学。先后办起“半日班”“隔日班”“早午晚班”“一揽子小学”“巡回小学”“二部制小学”等800多所简易小学。同年夏，省教育厅下达通知，改“简易小学”为“工读小学”。

1966年，全县小学由四二制全部改为五年一贯制。1968年，根据“侯王建议”（1968年11月14日，《人民日报》发表山东省嘉祥县教师侯振民、王庆余的一封信，该信“建议所有农村公办小学下放到大队来办，国家不再投资或少投资小学教育，国家发教师工资，改为大队记工分”“教师都回本大队工作”），公办教师回原籍，造成全县公办小学教师严重缺乏，大多数山村小学改为民办。

20世纪70年代，南麻完小师生活动

党的十一届三中全会后，沂源县教育逐步恢复。1979年，全县有小学615所，在校生7.6万人，学龄儿童入学率达到97%。

1986年，《中华人民共和国义务教育法》颁布。1991年，沂源县人大常委会第五次会议通过《关于实施〈中华人民共和国义务教育法〉的若干规定》，开始在全县分地区、分阶段实施九年义务教育。1995年，沂源县实现全面普及九年义务教育目标。在实施九年义务教育过程中，全县积极争取各级帮扶与关注，建立多所希望小学。同时期，全县的学校布局也不断进行调整。小学由1990年的617所调整到1995年的360所。1998年5月，南麻镇侯家官庄希望小学建成；10月，沟泉镇福和希望小学建成。2004年，全县农村中小学布局调整工作开始。到2007年，84所小学完全撤并，56所学校撤并部分年级；新建学校2所；改扩建学校28所。

2010年开始，依据沂源县《2010—2020年城区中小学、幼儿园布局调整规划》，原民办英华学校改建成“五四分段”九年一贯制公办学校——沂源县沂河源学校，原沂源县综合高中改扩建成沂源县第二实验小学。2016年开始，城区相继建成沂源振华实验学校、鲁阳小学，改扩建完成振兴路小学。农村小学全部实现校舍楼房化、操场塑胶化。2021年，沂源县第三实验小学、沂源县第四实验小学建成。2022年，沂源县荆山学校建成并投入使用。2023年，建成沂源县人民路小学。

沂源县人民路小学学生晨诵仪式（2023年）

小学办学规模不断扩大的同时，学校管理日趋规范，教育质量逐年提升。1960年夏，南麻完小被评为红旗单位，被誉为“沂蒙山区一枝花”。1985年5月，全县开展“少先队创造杯”活动，参加此项活动的650所小学，创作作品3250余件。其中，沂源县实验小学获山东省“创造杯”活动一等奖。1991年8月，鲁村中心小学三年级学生房立华，参加全国12家少儿刊物联合举办的“身边的故事”少儿作文大赛，作品《一次有意义的签名》获一等奖，她作为山东省获奖代表赴北京参加颁奖大会；9月29日，大张庄乡中心校被评为省级复式教学先进学校，受到省教委表彰；10月，淄博市复式教学现场会在沂源召开，与会人员参观南麻镇沙岭子小学等4处现场。1994年12月，东里中心小学通过淄博市规范化学校验收，成为沂源县第一批“农村市级规范化学校”。2006年12月，全省“十五”规划重点课题“小学数学问题式教学与合作交流性学习研究”成果展示会在沂源县教体局召开，省、市教科所领导及全县小学数学教研员、骨干教师220余人参加会议。2011年，第九届NOC活动虚拟机器人灭火竞赛全国决赛举办，大张庄中心小学有1人获得全国二等奖。2019年，3人获得“淄博市百姓学习之星”称号。2021年，淄博市举办第十届读书节，沂源县振华实验学校等5所学校被评为市书香校园。2022年，在淄博市第十一届读书节，沂源县河湖中学等5所学校被评为市书香校园。

初中教育

新中国成立前，域内有几所临时性中学。山东省第四联合中学，简称“四联中”，原址在蒙阴县坡里街，设有6个初中班、6个师范班，学生近500人。1939年，日军扫荡，学校被焚。1940年6月，迁至田庄（今南麻街道大田庄），原校长李澄之、总务主任耿光波参加抗日工作，未随校迁移。时任校长吕汉荣，莒县人，带来10余名教师，保留3个初中班、1个简师班，学生160余人。没有桌凳，每人发1块木板、1个讲义夹和1个小板凳。没有课本，以发讲义为主。1940年9月，八路军一部进驻山区，学校师生对共产党军队尚不了解，从田庄逃至儒林，校方宣布学校暂时解散。当时国民党省政府已迁至临朐县吕匣店子，秋后，第四联合中学又在临朐暸子东峪开学。1943年1月，吴化文投敌，炮击省政府，学生跑散，学校关闭。

1942年7月，沂水县政府在南安乐（原属沂水八区）创办简易师范，培养小学教师，派刘祥甫任教导主任并代行校长职务（沂水县长为名义校长）。招收2个班，学生近100人。生活待遇只管饭，不管菜；学习费用自备。有6间教室、3间办公室。没有课桌，自带小座位，每人发图板1块，放在膝盖上，备读写之用。课程设有国语、算术、公民、地理、历史、心理学、教育学、音乐、美术、体育等，强调德智体的发展。1943年1月，时局恶化，学校解散；8月，伪和平救国军第三方面军在苗山建立山东省鲁南公立中学。

1945年6月，中共鲁中区委五地委和专署在青龙区（悦庄）苗山村建立鲁山中学，3个月后停办。

县内公办普通中学教育是在新中国成立以后发展起来的。1952年，山东省政府拨专款，在东里店（东村）建立“山东省立沂源中学”，是新中国成立后沂源县第一所公办中学，也是全县唯一一所省立中学。1956年，山东省沂源第二中学在县城驻地南麻建立，招收初中班；1959年，开始招收高中班，成为全县第一所完全中学。1959—1960年，又相继增建沂源三中（在鲁村公社）、沂源四中（在张庄公社）、沂源五中（在黄庄公社）、沂源六中（在悦庄公社）和沂源七中（在三岔公社）5所初级中学，至此，全县达到7所公办中学。

1962年，贯彻中央调整方针，全县只保留3所中学（沂源一中、沂源二中、沂源三中），其余（沂源四中、沂源五中、沂源六中、沂源七中）停办。1965年，国民经济开始好转，停办的中学相继恢复开学（原沂源六中已改为农中），并增建石桥中学（沂源五中），原沂源五中改称为沂源六中，在燕崖公社建立沂源第八中学。1968年，提倡小学“戴帽”，班级较多的小学设初中班，称为联中。此年，全县公办初级中学全部改为高中，初中招生由联中承担。同时，悦庄农中撤销，改建成全日制公办中学，即沂源第九中学，并增建沂源十中（在土门公社）和沂源十一中（在唐山公社）。1970年，增设沂源十二中（在张家坡公社）和沂源十三中（在中庄公社）。1971年，建立沂源十四中（在徐家庄公社）。同时期，沂源县执行“把学校办在贫下中农家门口，村村办小学、管区办联中”的政策，各乡镇办起联办中学（这些联中于1985年压缩成66所，1996年10月完全撤并消失）或小学增设“戴帽”初中班（实施七年一贯制教育，小学5年、初中2年）。1978年，全县联中发展到192所（含“戴帽”初中班），其中初中班406个，学生达到1.22万人。在这特殊历史阶段，沂源县初中教育发展迅速。

1976年8月16日，全县将各中学名称统一由数字排列改为以公社名称命名：沂源一中改称东里中学，沂源二中改称沂源中学，沂源三中改称鲁村中学，沂源四中改称张庄中学，沂源五中改称石桥中学，沂源六中改称黄庄中学，沂源七中改称三岔中学，沂源八中改称燕崖中学，沂源九中改称悦庄中学，沂源十中改称土门中学，沂源十一中改称唐山中学，沂源十二中改称张家坡中学，沂源十三中改称中庄中学，沂源十四中改称徐家庄中学。同年，县城南麻东、西岭各建立一所初级中学（南麻二中、南麻一中）。1978年，南麻二中合并到南麻一中。

1982年，县城南麻东岭建设城关二中。1985年，全县共有公办中学16所，其中完全中学5所、初级中学11所，初中在校学生7538人。

1987年，城关二中更名为沂源县实验中学。1989年，在县城北新建历山中学。1991年，撤销沂源五中（悦庄中学），改为镇属悦庄三中（初中）。沂源一中、沂源二中分别于1991年、1995年停止招收初一新生。3月，县教育局下发《关于由“五三”学制向“五四”学制过渡的意见》，决定全县初级中学从1993—1996年分批改为四年制。

2004年，全县农村中小学布局调整工程启动，撤并3所农村中学。2007年，县城历山中学整体搬迁至沂源一中老校区。2011年7月，实施农村中学校舍改造工程；9月，九年一贯制学校沂河源学校建成招生，城区初级中学招生压力得到缓解。

2012年，历山中学、实验中学、沂河源学校、南麻中学、西里中学5所初中学校创建成为淄博市数字化学校。2014年，悦庄一中、悦庄二中合并，沂源县第四中学在悦庄二中原址改扩建完成。同年，中庄中学建成教学楼2座；南麻中学改扩建为河湖中学。2018年，沂源县振华实验学校投入使用，设初中部32个班，容纳初中生1600人。2022年，城区西部建设完成一所九年一贯制学校——沂源县荆山学校。2023年，建成沂源县人民路小学。

沂源县历山中学（2023年）

2023年底，沂源县义务教育段有九年一贯制学校5所，初级中学12所，初中在校生2.98万人。

普通高中教育

1959年，沂源县第二初级中学（1956年在县城南麻建立，初中）开始招收高中学生，成为全县第一所完全中学。1968年，全县公办初级中学均改为高中。1980年，全县进行中学调整，压缩高中学校，只保留沂源中学、城关中学、东里中学、鲁村中学、悦庄中学5所完中，1987年，依次改称为沂源县第一、第二、第三、第四、第五中学。1989年，沂源四中初中部划归鲁村镇政府管理，迁入鲁村联中，学校改制为普通高中。

1991年8月，撤销沂源五中。同年，沂源一中停招初一新生，改为普通高级中学。1994年，沂源一中创建成为省级规范化学校。1995年，沂源二中创建成为省级规范化学校；沂源二中停招初一新生，改为普通高级中学。1998年，沂源三中停招高中新生。1999年，民办英华学校、鲁山学校相继成立，2000年，招收高一新生。同年，县政府决定职业教育走灵活办学路子，在职业中专试办综合高中，学校不再招收中等职业教育学生，改为招收普通高中学生。2002年，沂源三中撤销高中部，改制为初级中学，划归东里镇政府管理。2003年，沂源一中与马来西亚思特雅国际大学共同创办淄博中马英伦学校。沂源一中高中毕业生可前往马来西亚思特雅国际大学就读。2006年6月，沂源一中高一、高二年级搬迁至新校。是年，沂源二中新建1.28万平方米综合楼竣工使用；沂源四中整体撤并，教师妥善安置到县城学校，学生分流到沂源一中和沂源二中；综合高中不再招收高一新生。2007年，综合高中撤并。

2008年，英华学校终止办学，学生分流到县内其他学校，符合条件的教职工按政策分期安置。

国际青少年生命树中心现场学习会（1999年）

2023年，沂源县有3所普通高中学校。其中公办学校2所：沂源一中（教职工553人，学生5686人）、沂源二中（教职工278人，学生2604人）；民办普通高中1所——鲁山学校（教职工152人，学生1900人）。

沂源县普通高中教育教学质量在改革发展中不断提升。1977年，全县采取有力措施，落实党的知识分子政策，改善教师政治、经济地位，调动教师教学积极性；树立以教学为中心的思想，教师专心致志教学，学生集中精力搞好学习；建立各科教研组织，开展多种形式的教研活动，教育教学改革取得新进展。1978年开始，为提高教育质量，全县推广运用电化教学。1986年以来，完善校长聘任制、后备干部选拔培养机制，加强干部队伍建设；落实师带徒制度、骨干教师培训制度，加强教师队伍建设。1995年11月，县教委组织全县普通高中教师第一轮课堂教学达标活动，历时1个月，全县有178人次课型达标。1996年，全体高中教师参加“四课型课堂教学达标工程”。1997年，开展“月月清、周周清、堂堂清”活动。同年，普通高中组织开展“教学开放周”“常规管理月”等系列教学常规落实活动。2002年，实施中小学课堂教学等级达标工程，开展新课程课堂教学达标活动。2005年，开展课堂教学质量效益年活动。2005年7月—2008年7月，组织开展高中教师全员参与的新课程课堂教学达标活动。2008年，推行“三课型五环节”教学模式（新授课、讲评课、复习课，每种课型分5个环节组织教学）。2009年，推行“循环大课堂”教学模式，倡导学生自主学习、小组合作学习，打造高效课堂。

2003年，全县本科上线首次突破1000人。2005年，6人被清华大学、北京大学录取。2017年，普通高考各类本科进线2007人，4人被清华大学、北京大学录取。2023年，4人考入清华大学、北京大学。

职业教育

域内最早的职业学校有2所，一所是东里店乡农学校，创建于1936年秋，校址设在东里店观音阁，延至1938年日军扫荡而停办。另一所是鲁村乡农学校（原属蒙阴县办4所乡农学校之一），校址在鲁村街药王庙。1938年底，乡农学校全部停办。

抗日战争时期，省政府创办山东省鲁南特区农业职业中学，原在莒县石壁口，1942年1月，学校迁到苗家河西（今沂源域内），简称农业职业学校。随校迁移学生40余人，又从本地招收2个班，共3个班，120多人。以学习农业、林业、蚕业为主（在石壁口时分农业班、林业班、蚕业班）。开设有国语、数学、英语、物理、化学、动植物、土壤学、昆虫学、肥料学、历史、地理、党义、体育、音乐、美术等18门课程，其宗旨是培养初级农业技术人才。该校于1943年1月解散。

1958年，全县创办16所农业中学。1959年8月，根据上级指示，农中相继撤销。1963年开始，又有计划地恢复农中。1968年，全县农中全部停办。1982年，贯彻中共中央关于中等教育结构改革精神，在悦庄公社儒林集杜家林开办沂源县农业技术中学，学校占地26亩，另有农场108亩，其中，农田95亩、林场5亩、果园5亩、池塘3亩。1987年9月，学校更名为沂源县第一职业高级中学。1989年，省政府批准更名为沂源县职业中等专业学校。1999年，学校先后开设农学、果林、牧医、机电和财会等20多个专业，培养学生3257人。

1959年，沂源县创办卫生学校，先后开办护理班、医士班、中医药班、乡村医生班等。为农村培养卫生技术人员2232人（其中国家承认中专学历和统一分配的200多人），这部分人员在当时成为全县城乡一支医疗技术骨干队伍。1988年4月，沂源县卫生学校改建为沂源县卫生职业中专学校。

沂源县职业高中校门一侧（1995年）

1986年9月，沂源县职业高中成立。1987年，更名沂源县第二职业高级中学。

1988年2月，经山东省编委、山东省劳动厅批准，建立沂源县技工学校，是一所中等专业技术学校，隶属县劳动局。

1996年8月，由县教师进修学校、电大分校、县职工中专、县职业高中4所学校合并成立沂源县职教中心（对外仍保留县教师进修学校、电大分校、县职工中专学校牌子），1997年，称为沂源县职业教育中心学校。2001年6月，县技工学校与县职业教育中心学校合署，县职业中等专业学校职能并入县职业教育中心学校，县职业教育中心学校实现六校合一。

2018年6月，沂源县职业教育中心学校更名为淄博电子工程学校，成为一所集沂源开放大学、沂源县社区教育学院、短期培训于一体的综合性中等职业学校。

特殊教育

1986年，县委、县政府根据国家相关法律法规和中央文件精神，积极发展特殊教育，使盲、聋、哑、智障者和其他残疾儿童、少年能够接受义务教育。1991年，县政府《关于实施〈中华人民共和国义务教育法〉的若干规定》提出，“智障者、盲、聋、哑儿童少年的名单，农村由乡镇人民政府提供给县教育局，县直机关、厂矿企事业单位由单位负责提供给县教育局。教育局根据提供的名单，或指定学生就近随班就读，或在普通小学和初中附设的特殊教学班解决弱智儿童少年的入学问题”。1996年，《沂源县关于实施〈中国教育改革和发展纲要〉的意见》（源发〔1996〕7号）指出，“积极发展特殊教育，建起独立设置的沂源县特殊教育中心，乡镇要采取举办智障者辅读班或随班就读等形式，逐步使全县残疾儿童入学率达到90%以上”。

沂源县特殊教育学校校舍（1996年）

1996年，借用县电大站两排平房做校舍，创办沂源县特殊教育学校，从而形成以县特殊教育学校为龙头，随班就读为主体的特殊教育模式。1996年底，县委、县政府将县职工中专校园及校舍划归特校，中信金道发展公司向学校捐款，投资110万元建成2084平方米的教学办公楼，成为沂源县唯一一所以残疾儿童为教育对象的九年义务教育学校。1998年3月，县教委印发文件，决定从1998年开始建立“特殊教育年度报告制度”，各乡镇每年4月底前，将本乡镇年度特殊教育概况和统计报表，分别报县教委和县特殊教育学校，县教委成立复核小组随即进行复查。1999年，县特殊教育学校搬迁到沂源县城胜利路27号新校，并建起操场，配备语音、康复训练器材，建起校园网和网络教室。2005年起，对特教学生实施“三免两补”（免收学杂费、住宿费、书本费，补助生活费、交通费）政策。2009年，特殊教育学校建成康复中心综合楼，2012年，建成学生餐厅宿舍楼。

成人教育

农民教育

抗日战争期间，域内各抗日根据地利用冬闲时间，开展冬学运动，组织青壮年学文化、学政治。1945年秋，沂源县抗日民主政府组织社教辅导团，由李文平、齐登举、王尔夫、苏法、刘俊之、翟建华等6人组成，发动群众办夜校，组织妇女识字班，开展多种形式的学习活动。

1945—1946年，民校办学活跃，当时的《鲁中大众》报道沂源县冬学消息有十几条。1946年，曹宅村成为鲁中地区有名的文化村，全村480人，有青年、壮年、老年、民兵、妇女等5个学习班，学员210人。其中，民兵班32人，白天带枪上坡（出工），又劳动又练武，晚上学文化。1946年3月，鲁中行署在博山召开“三模”（办学、教学、学习模范）大会，授予曹宅“文化新村”锦旗1面，授予民师李克明“教育英雄”称号。1949年底，全县有妇女识字班91个，学员1595人；青年夜校班131个，学员2931人；秧歌队9个，农村剧团20个，农民通讯组12个。

1951年，全县开展“创模”运动，选出办学模范16人、教学模范46人、学习模范140人，安乐官庄成为“一村三模”典型。是年，共培训民师867人，选拔小先生653人。全县农民业余学员9.21万余人，其中，文化班近2.56万人，政治班近6.65万人。

1952年，全县推行“祁建华速成识字法”，成立沂源县速成识字法推行委员会。先在东高庄试点，秋后在埠村举办民师训练班2期，培训民师428人。是年，全县办速成识字班288个，学员8600多人。翌年春，发展到386个班，学员1.13万人。1956年，张家泉村朱彦夫用自己的抚恤金建起全公社第一个图书室，创办第一所农民夜校。

1958年，各类农民夜校和红专学校均有很大发展。三年经济困难时期，农民业余教育停顿。1963年后，民校逐渐恢复。1966年，全县90%的大队办起民校。全县663个大队，民校学员出身的党支部书记125人、大队会计230人、民兵连长190人、妇女主任438人。全县3754个生产队，民校学员当队长的1135人，当会计的3117人，当保管员的944人，有一部分担任电工和农业、林业技术员。

张家泉农民夜校旧址（2023年）

20世纪70年代，农民教育的重点是扫盲，土门公社专门编写扫盲民谣：

杈杷扫帚扬场锨，
犁耙绳索使牛鞭。
花篓抬筐麻袋囤，

独轮木车用车袢。
碌碡簸箕和筛子，
粪篓系筐和提篮。
锄头镢头铁洋镐，
镰刀犋绳和扁担。
钩担豁子和耩子，
各种农具样样全。

1973年，县农业机械化学校建立。1988年，被评为临沂地区一类农机成人学校。1995年，为农村累计培训各类初、中级农机人才1.32万人。

1975年，沂源县业余教育委员会成立。同年，全县掀起“学高家柳沟赶燕崖”扫盲热潮。1976年，全县基本扫除青壮年文盲。

20世纪70年代，拼音扫盲课本

1980年以后，农民业余教育重点转入业余高小和技术班，巩固扫盲成果和学习专业技术。1981年底，全县有业余高小班198个、学员7205人，各种技术班89个、学员1668人。办得好的技术班有西赵庄的草编班、龙巩峪的果林班、悖椤村的缝纫班、西孝村的果树班、赵家庄的黄烟班。

1986年1月，县委、县政府发布《关于在全县大力开展农民文化技术教育的意见》，要求办好乡镇农民技术学校（或乡镇农民技术培训中心）。1987年，沂源县成立农民教育委员会，由1名县委副书记任组长，1名副县长任副组长，有关部门为成员单位，共同抓好农民教育，乡镇成立相应组织。1988年底，悦庄、鲁村、徐家庄、黄庄、张庄、燕崖、中庄、椶背岭等8所乡镇农民文化技术学校成立。翌年，三岔乡农民文化技术学校建立。1989年，农民业余教育转向实施“燎原计划”，注重培训技术人才。经山东省教委批准，张庄、黄庄、鲁村、金星等4个乡镇为实施“燎原计划”示范乡镇。1992年，大张庄乡农民技术学校被评为省级示范学校。

1995年，县政府制定《关于全面提高劳动者素质的意见》，逐步建立健全县、乡（镇）村三级成人教育网络。在县教委的具体指导下，先后新建和改建金星、韩旺、徐家庄、鲁村、石桥、燕崖等乡镇成人教育中心学校，各乡镇基本设立乡镇成人教育中心学校，配备必需人员和设备。

1996年，农村成人教育的工作重点由扫盲工作转向培养有文化有专业知识的农村干部队伍。各乡镇成教中心学校与外地院校联合举办农村水利工程、经济管理、电工等干部学历教育班，培养乡村干部1100多人，其中700余人取得中专以上学历。其间，椶背岭乡成教中心学校试办全县第一个初中阶段“3+1”职业教育班。1997年，大张庄乡成人教育中心学校招收初一起点职业教育班。随后，张家坡、燕崖、鲁村、南麻、悦庄、石桥、三岔等学校，或与沂源县职业中专、职教中心联合，或与外地职业中专学校联合，或独立举办职业教育培训班和职业中专班，为全县培养2000余名初、中等专业技术人员，其中，获得职业中专学历的有400余人。

1999年，全县农业产业结构调整，利用县、乡、村三级培训基地，各乡镇成教中心学校深入田间地头，利用培训班、黑板报、明白纸、科技大集、播放影片等形式，开展农民实用技术培训。先后组织或参与实施“1611工程”“全县3万人培训工程”“成教富民培训计划”“跨世纪青年农民科技培训工程”，各乡镇成教中心学校每年组织各类农村实用技术培训400余期，培训5万余人次。

2001年后，各乡镇成人教育中心学校根据上级文件精神，走自主办学的道路，成立技术指导、技术培训、营销等机构，开展有偿技术服务。2019年，各乡镇成人教育中心学校撤销。

沂源县东里成教学校冬季修剪培训班（2012年）

2022年，淄博电子工程学校新农民成长工作室在张家坡镇前瓜峪村、东里镇梅家坡村、西里镇红源新村挂牌成立。

职工教育

1951年，县直机关学校成立，各县直机关工作人，根据本人文化基础，参加政治、文化学习，招收2个扫盲班，学员155人。1958年，有初中班2个、高小班2个、扫盲班4个，学员480人。1960年，有高小班1个、初中班2个，学员96人。1966年，县直机关学校停办。

沂源县职工业余教育创办于1958年，由县工会主办，工农业余教育委员会领导。据此年底统计，厂矿企业职工中有文盲半文盲5742人。同年，办扫盲班（组）296个、业余高小班47个、业余中学班27个，学习人数占文盲半文盲的88.2%。从职工中选拔254名义务民师，具体辅导各班组学习。1959—1961年，沂源县开办业余职工学校18所，共69个班，学习人数达1390人。1966年，职工教育停办。

1982年，沂源县职工教育管理委员会成立，职工教育恢复。1984年，成立职工教育办公室，由刘忠吉任办公室主任。

1985年，沂源县职工学校建立，总投资60万元，校舍建筑面积2002平方米，设置商业企业、工业管理、财会、行政管理及文秘等5个中专专业，学员620人，教职工16人。此外，还举办政治、文化、技术等短期培训班。据1985年底统计，全县厂矿企业职工参加学习的达1万余人，其中大专班409人，中专班483人，初级班3044人，短期技术训练班6097人，共毕业5966人。1996年，学校并入县职教中心。

沂源县职工学校招生情况

年度	招收专业（个）	招生人数	毕业人数
1986	1	56	48
1987	1	64	58
1988	1	297	248
1989	1	180	122
1990	2	238	198
1991	2	98	90
1992	6	438	398
1993	8	432	250
1994	5	201	150
1995	7	699	580

函授教育

1957年，沂源县文教科设函授学校办公室，从小学教师中招收初师函授班4个，学员200人。1959年，招收中师4个班，学员200人。同年，沂源函授学校为山东大学和山东师范学院代招高师函授学员32人。1963年，第一批初师语文、数学两科结业后，不再招收初师学员。1966年，函授教育停止。1976年恢复，改为函授站，设在沂源师范校内，从公办教师中招收学员800人。1982年，133名学员获语文、数学两科毕业证书。1983年，县教师进修学校成立。到1995年，培训师资2700余人。1996年，县教师进修学校并入县职教中心。

广播电视教育

1979年2月，设电视大学辅导站，由王健吾负责。从各厂矿事业单位及教育系统招收学员284人，分别开设中文、英语、经济、机械、电子技术、土木建筑、无机化学等专业，定时收看电视大学专业学科讲座。修业期满，参加电大统一考试，按成绩分别取得结业或肄业证书。1982年，第一届电大学员毕业36人，另有188名电大学员从事各种专业学习。1983年，招收经济专业班学员30人。1984年，招收工科学员30人。1985年，扩大招生名额，有352名学员参加各种专业学习，学员来自县直机关、厂矿、部队，均为在职职工和国家干部。沂源电大站曾3次被临沂地区评为先进单位。1996年，并入县职教中心。

成人高等教育自学考试

1984年4月，沂源县首次举行全国成人自学高考。考试科目、时间、收费标准由省自学考试委员会根据教育部高校教学大纲统一规定。考试专业有党政干部基础科、汉语言文学、法律、会计、农业经济管理、英语、政治教育等7个专业。此后，每年4月、10月举行两次考试，及格者发给单科结业证书，全部自学完成大学规定课程后发给毕业证书。

民办教育

1950年春，沂源县第四区当时不足60户人家的偏僻山村黄土崖，在区文教助理孙振岳的帮助下，干部群众自筹资金，自找校舍办起小学，自聘教师，这是沂源县最早的独立民办小学，属于村办小学。

1952年，民办小学有较大发展，全县有167个民办小学班，学生8580人。1953年，为限制民办小学盲目发展，对部分质量差、学生少的民办班进行合并或转为公办。1956年，提倡农业合作社办小学，同年秋天，部分农业合作社增设一批民办班。1959年，全县民办班发展到573个，学生1.64万人。三年经济困难时期，大批民办小学撤销，1963年尚存98所。1964年，大办工读小学，代替民办小学。

1988年8月，县政府印发《关于贯彻执行〈山东省社会力量办学暂行办法〉的通知》，提出社会力量办学条件和要求。1992年，全县第一所非学历教育民办学校——县工人文化宫缝纫学校建立。1996年，全县第一所学历教育民办学校——弘文中学建立。1999年，沂源英华学校、鲁山学校相继建立。2001年，鲁中文武、天宇电脑、黄波儿英语、丰源职业等非学历教育学校相继成立。2002年，县教体委批准成立县武术运动学校；3月，弘文中学并入英华学校。

随着义务教育全面落实和国办高中规模扩大，民办学校生源出现明显不足，办学困难逐年增大。2008年8月，沂源英华学校终止办学；9月，县教体局制定英华学校学生分流方案，完成学生分流工作。

2008年开始，银河幼儿园、彩虹培训、七彩梦钢琴培训学校、鲁阳奥鹏培训等民办非学历教育机构迅速发展，学校办学日趋规范，开展文化补习和艺术特长教育，弥补公办教育不足，为提高全县学生综合素质和教学质量发挥出积极作用。

2010年开始，社会力量办学处境艰难，民办学校生存空间渐趋狭小，但在全县社会力量共同努力下，民办教育稳中有进，在规范中发展，成为全县教育事业重要组成部分。

2022年9月，成立沂源县“双减”工作协调机制，由21个部门参与，明确“双减”工作任务及工作流程，建立各部门责任科室负责人为联络员的工作队伍，对全县67处校外培训机构落实“五亮”（亮资质、亮安全、亮管理、亮信用、亮教学）管理机制。

2023年12月底，全县有民办教育培训机构67所，在校培训学生3532人，教职工315人。

体　育

概　况

1955年，沂源县体育运动委员会（简称体委）成立，是全县体育事业管理机构，其任务是宣传贯彻党的体育工作方针政策，领导全县体育工作，组织全县体育比赛、参加上级举办的有关体育竞赛，组织业余体育训练，培养和输送体育专业人才。县兵役局局长耿恩起兼主任，业务干部在县文教科办公（1956—1958年具体业务由柴启淦兼），体委专职干部2人。

体委成立以前，体育工作由县文化科分管。1961年，文教两科合并为文教局，县体委与文教局合并办公。1967—1974年夏，县体委由军管领导小组接管。1972年1月，设置沂源县革命委员会体育组与文教局，独立办公。1974年12月，设置沂源县革命委员会体育运动委员会。1981年，沂源县体育运动委员会名称恢复。1985年，专职干部9人。1999年5月，县体委与县教委合并成为沂源县教育体育委员会。2002年，更名为沂源县教育体育局。自此，全县教育、体育管理机构未再分设。县体委历任行政机构负责人有耿恩起（1955—1958兼）、杨在芝（1958—1960兼）、王树楷（1960—1967兼）、李茂双（1967—1974）、李宝林（1974—1979）、张彦群（1979—1984.6兼）、刘曙升（1984.12—1985兼）、王庆勇（1987.7—1993.12）。

1958年以前，县城驻地没有体育场地，举行球类竞赛活动借用机关、学校场地；举办田径运动会则到位于东里的沂源县第一中学（当时全县唯一一处田径场地）。1958年，全县田径运动会是在经过平整的南麻老街西南河滩里进行的。1962年，在老街西北角炼铁厂废墟上建成200米跑道的简易运动场，时称“小广场”。随着体育事业发展，1972年，在县造纸厂西北角辟地37亩，新建体育场1处，其中有400米炉渣跑道的田径场1个、乒乓球训练房1个、2000平方米旱冰场1个、射击房1座、篮球场1个、排球场4个、足球场1个以及相应体育器材。“小广场”改建成影剧院。20世纪90年代，因建设沂蒙商城，该运动场地被占用。

学校体育

民国时期，随着政治、经济的发展，学校课程设置也不断变动，1923年6月，国民政府将民国元年开始的体操科目改为体育，名称一直沿用至今。

1944—1949年，学校教育由于受当时政治、军事、经济等社会因素影响及办学思想局限，体育工作还未能纳入正常轨道，直到新中国成立后开始列入学校工作议事日程。

20世纪50年代初，学校学生体育、娱乐活动，主要是通过上体育课和课外活动来进行。由于缺乏体育场地、器材和体育师资，小学体育课着重以各种体育游戏为主，如跳绳、踢毽子、拉羊羔、捉俘虏等。条件较好的学校开展一些简单的田径项目，如跳高、跳远、短跑、投掷、拔河等。1953年5月1日，沂源县黄庄区在丈八丘召开历时3天的全区小学田径运动会，开全县学校体育竞赛之先河。

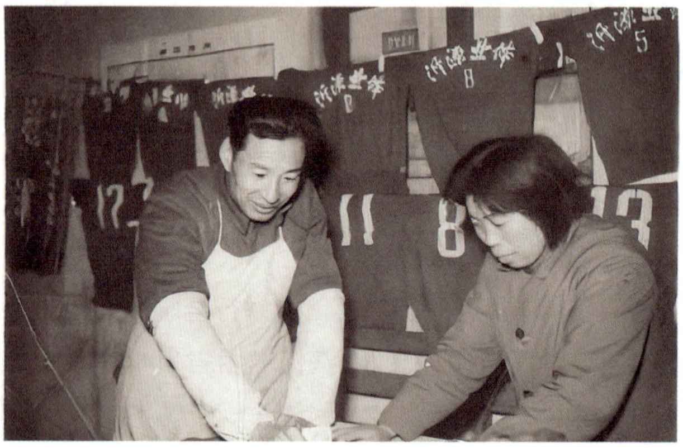

沂源县体委工作人员自己动手制作运动服锦旗（1967年）

1954年，小学推行“少年广播体操”。1955年，又推行适用于1—2年级“儿童广播体操”。1956年，在沂源县第一中学召开全县第一届中小学生田径运动会。20世纪60年代初，全县小学体育活动主要是推行上述两套广播体操和开展一些简单田径活动。在上好体育课基础上，坚持早操和课间操，并适当开展一些课外活动，少数条件较好的学校还开展“少年劳卫制”锻炼活动。

20世纪70年代，农村学生娱乐活动

党的十一届三中全会后，全县中小学贯彻《中小学体育工作暂行规定（草案）》，实施《国家体育锻炼标准》，上好“两操一课”（早操、课间操、体育课），各中学和部分中心小学组建各种体育项目训练队。1985年10月，全县有中小学体育教师52人（专职42人、兼职10人），各种等级裁判员22人。中小学有操场16个、篮球场40个、排球场10个、乒乓球台35台，其他体育器材（如跳箱、山羊、鞍马、单杠、双杠、吊环、铁饼、标枪、手榴弹等）也都从无到有，逐步增加。

1990年，国家教委、国家体委发布施行《学校体育工作条例》（以下简称《条例》），沂源县教育局根据《条例》要求，推行《国家体育锻炼标准》和学生《体育合格标准》，每天安排课间操、眼保健操，每周安排3次以上课外体育活动，保证学生每天1小时体育锻炼时间。

塑胶化改造前的学校操场

1996年，根据淄博市教委要求，进行“体育两类课程整体教学改革”实验，将体育教学课与活动课结合起来，学生既能学到系统体育知识、技术，又能发展相应技能、提高体育水平。

2007年，开展“学生阳光体育运动”（教育部、国家体育总局、共青团中央于2007年4月在全国范围内全面启动的一项吸引广大青少年学生走向操场、走进大自然、走到阳光下，积极参加体育锻炼，掀起群众性体育锻炼热潮的活动），把学校体育工作作为全民健身运动重点，以提高青少年健康素质和2008年北京奥运会举办为契机，掀起体育运动热潮。

2009年，沂源县委、县政府制定出台《关于进一步加强青少年体育增强青少年体质健康的意见》（源发〔2009〕19号），明确全县中小学体育卫生工作的政策和措施，对学校体育卫生工作提出明确目标和要求，以“阳光体育运动”为抓手，以提高学生健康体质为核心，全面推进学校体育工作，加强学校体育教学研究，落实体育课程，提高体育课质量。实施《国家学生体质健康标准》，开展体育大课间活动，保证课外体育锻炼，确保学生每天锻炼1小时。2010年底，全县中小学校共有专职体育教师234人，体育传统项目学校15所（其中省级3所，市级12所），被命名为亚足联青少年足球俱乐部学校13所，县级体育特色项目学校140所，被命名为国家级青少年体育俱乐部学校4所。2010年，全县学生体质检测合格率达95.73%、良好率71.43%、优秀率23.23%。

2011年，总投资3500余万元，建成沂源一中主操场，改造实验小学、实验中学、职教中心、南麻二小、南麻五小、南麻六小操场，合计建成塑胶田径场7块、人工草坪足球场7个、塑胶篮球场31个、排球场18个、羽毛球场17个、网球场3个，总面积12.09万平方米，安装各类器材222件。5月，沂源一中（田径、篮球）、沂源二中（排球）、实验中学（田径、篮球）、历山中学（田径、篮球）、沂源三中（排球）、大张庄中学（篮球）、土门中学（足球）等7所学校被命名为省级体育传统项目学校。2017年，沂源一中、实验小学、南麻街道中心小学创建为全国青少年校园足球特色学校。2019年，印发《关于进一步加强学校体育工作的意见》，开展“班班达标”“一生一案”“体育艺术2+1项目”达

沂源县东里镇福禄坪足球社团队员顶球技能训练（2019年）

标活动。2020年，按照《关于实施全市中小学阳光体育大课间专项提升行动的通知》《关于在全县中小学组织实施阳光体育大课间专项提升行动的通知》要求，开展“阳光大课间”提升活动，举办“阳光大课间”优秀视频案例评选，全面改革学校“阳光大课间”体育活动组织形式和活动内容，有效保证学生每天锻炼1小时。

学校体育工作不断发展的同时，体育成绩显著提高。1984年前，参加山东省运动会，田径获第三名1人，第四名2人次；男排（东里中学排球队）获第六名1次；射击获第三名2人次。1995年，沂源一中代表淄博市参加全省中学生篮球赛获第五名，创全市历史最高水平。2012年，全县5所学校34名运动员参加3个项目省传统项目校5项联赛，历山中学获省田径联赛初中组团体总分第一名。2013年，鲁村中学24名学生代表淄博市参加省第十二届中学生运动会体质测试项目比赛获得第一名。县教体局、鲁村中学被表彰为淄博市参加省十二届中学生运动会先进集体，沂源一中、历山中学、实验小学被表彰为2007—2012年全国亿万学生阳光体育冬季长跑活动优秀学校。

沂源县实验中学操场（2011年）

2014年，全县组织参加山东省中学生体育联赛，沂源一中男队获得高中乙组第四名，历山中学女队获得初中组第四名。

竞技体育

1953年5月1日，黄庄区在丈八丘举办首届全区小学田径运动会，之后，田径运动逐步在全县中小学中开展起来。1954年10月1日，在南麻举行沂源县人民体育运动会，以后每年均在县城举办1次全县田径运动会，各中小学每年均举行1—2次校际田径赛。1972—1985年，举行田径、球类、体操、游泳、越野赛、武术、象棋等运动竞赛98次，学生、职工、农民运动员2.2万人次参赛。1986—1990年，举行各项竞赛76次，运动员1万人次参赛。

1956—1985年，沂源县体育代表队参加山东省体育竞赛71次，参赛运动员157人次。1986—1990年，参赛25次，参赛运动员83人次。其中，1983年全省传统项目学校田径赛，1人获400米第三名；1987年，全省“希望杯”武术赛，1人获自选长拳第三名；1990年5月，参加山东省青少年射击赛，沂源县男女代表队分别获得第一名和第四名。

1991年，县业余体校培养的张明霞，获亚洲赛艇锦标赛第一名。1992年，县业余体校输送到国家少年田径队的夏丰远获全国青少年田运会男子5000米跑第一名。1997年第八届全运会上，夏丰远和张明霞又分别获得10000米、5000米2个第一名和赛艇第一名。

2002年7月，沂源县竞技体校培养、输送的国家射击队运动员杜丽，在芬兰世界射击锦标赛中，与另2名队员一起夺得团体冠军并打破世界纪录，杜丽获得该项目个人亚军。9月，杜丽又在韩国釜山第十四届亚运会上夺得运动步枪3×20米个人、团体及10米气步枪团体金牌，打破1项世界纪录和4项亚运会纪录。2004年8月，杜丽在雅典第二十八届夏季奥运会上夺得10米气步枪金牌。在2008年北京奥运会上，杜丽夺得50米三姿步枪冠军。

2011年，在湖南邵阳举行的全国女子柔道锦标赛上，沂源籍运动员李凤娇夺得48公斤级比赛亚军；在全国现代五项冠军赛（青岛站）中，沂源籍运动员李焕发获得男子团体、男子接力、混合接力冠军；在山东省射击锦标赛上，沂源县竞技体校运动员孟慧芳勇夺女子乙组气步枪40发和小口径标准步枪三姿两项桂冠。

2012年，在射击亚锦赛女子50米步枪3×20

比赛中，杜丽继北京奥运夺冠后再次夺金。在滨州举行的全国女子柔道锦标赛中，沂源籍运动员李凤娇获得48公斤级第三名。在济南举行的全国女子举重锦标赛上，沂源籍运动员李霞夺得75公斤级抓举冠军。在全国田径大奖赛第四站比赛中，沂源籍运动员刘富超夺得男子200米铜牌。

2014年，沂源县144名运动员参加山东省第二十三届运动会，26人次在19个单项中获得26枚金牌，县教体局被淄博市体育局、市人社局记集体三等功。竞技体校女子篮球队代表淄博市参加全国高水平体育后备人才基地U13组北方赛区篮球比赛，获北方赛区第六名。

2017年，沂源县输送的运动员侯光娟获得第十三届全国运动会女子重剑团体冠军，并入选国家集训队。2019年，沂源县运动员王浩与队友获得皮划艇世锦赛男子双人划艇1000米冠军。

群众体育

农民体育　沂源县最早的农民体育是民国二十一年（1932）的“公民训练”。新中国成立后，群众性体育活动广泛开展，传统项目有龙灯、旱船、狮子、扭秧歌、高跷、顶伞、骑竹马等，多在元宵节游行表演。青少年多喜爱跳绳、跳方、摔跤、碰拐、踢毽子、藏猫、黄鼠狼逮鸡等，街头巷尾是其活动场所。

武术活动历史悠久，在民间流传广泛，多在冬闲时开展。项目有长拳、少林拳、刀术、棍术等。以南麻镇的东沙沟，悦庄镇的李家庄、黄山子、小水，石桥乡的石楼，鲁村镇的唐家沙沟，土门镇的芝芳等村为盛。

20世纪50年代后期，农村体育活动逐渐开展。1959年，临沂地区在莒县举办全地区农民篮球赛，沂源县代表队获得冠军。1984年11月，县体委、团县委和农业局联合举办沂源县首届“丰收杯”篮球赛，有13个队、130名农民运动员参赛。1985年，张家坡乡农民运动员张兴太，在全省田径运动会上获男子铅球第四名。1988年，山东省举办农民运动会，沂源县农民篮球队（12名队员）代表临沂地区参赛，获男篮第四名。1993年，中庄乡被评为省级农民体育先进乡。2000年以后，开始在城区和乡镇建设晨练点，每站点配备社会体育指导员2—3人。2023年“村BA”全国首届和美乡村篮球赛，沂源县悦庄镇代表队获得全国第六名。

职工体育　20世纪50年代初期，机关、厂矿、企事业单位普遍推行国家体委公布的第一套广播体操，之后又推广“生产操”和“工间操”，篮球、乒乓球、象棋等活动也广泛开展。沂源县人民银行建立县域企事业单位第一支篮球队，竖起第一副篮球架。1966—1977年，县人武部、县体委每年在田庄水库举办游泳骨干训练班，每期有120余人参加培训。期间，域内“三线”军工厂职工体育活动开展活跃，各厂均有男女篮球队、乒乓球队，且竞赛水平较高。这些厂组成联队经常代表县到省、地市参加比赛，取得较好名次，并带动全县职工体育活动开展。1985年，沂蒙新华制药厂、县玻璃厂、邮电局等单位被临沂地区评为体育先进单位。

职工体育竞赛除在本县开展外，还多次参加省、地举办的竞赛，均取得较好成绩。1960年，县银行职工孔繁珠在省自行车竞赛中获得个人第三名。1965年，陈尚庆等4人在省田径赛中获长跑团体第四名。1971年，赵采玲在青岛获省运动会女子100米第二名和400米第四名。1975年，赵希海获省田径赛800米第二名，闵田获第三名。1983年，赵克江在济南获全省象棋赛第三名。1985年，县银行职工葛涛参加山东省银行系统象棋赛获冠军。

1991年以后，县内多数企业除每天坚持做工间操外，还进行篮球、乒乓球、棋牌类、钓鱼等体育比赛活动。1995年，随着《全民健身计划纲要》的实施，全县职工体育活动日渐丰富，每年定期举办全县职工“五一”篮球、乒乓球、中国象棋、钓鱼等比赛活动。是年，县邮电局被评为山东省体育先进企业。翌年，新华药厂、造纸厂、制丝厂、东风化肥厂被评为市体育先进企业。1999—2002年，先后举办职工篮球赛16次，参赛人数2430人；举办职工象棋比赛6次，职工钓鱼比赛5次。2003—

2006年，先后举办县级职工篮球赛5次，参赛人数1220人。

老年人体育 1986年4月，沂源县老年体协成立，县直机关、厂矿企业和各乡镇相继建立老年体协组织。2006年，全县建立乡镇老年体协8个、活动站点40余处，协会会员达1万人，参加体育活动的老年人近3万人。每处活动站点都配备活动器械、录音机。老年体协每年“五一”劳动节举办门球比赛，国庆节举办老年人综合运动会，经常举办老年人钓鱼比赛等。同时，积极参加市、省举办的老年人运动会。

2013年，举办庆“五一”“易健杯”老年人体育活动大展示，“鲁源杯”门球邀请赛，老年人柔力球、太极拳、太极扇、健身气功比赛等县级群众体育比赛展演活动30余次，参与群众2万余人。组织参加淄博市第五届老年人运动会健身球操比赛，沂源县代表队获得金奖和体育道德风尚奖。

2014年，代表淄博市参加省第三届老年人运动会柔力球比赛获全省第五名。组织参加淄博市首届乡镇老年人运动会象棋、健身气功比赛，获2项金奖、1项银奖。在山东省第二十三届群众体育运动会表彰会上，沂源县被表彰为山东省群众体育先进县。

残疾人体育 沂源县历来重视残疾人体育运动的开展，注重选拔培养残疾人竞技体育运动员。1992年，残疾人运动员唐超在第三届全国残疾人运动会上获田径男子400米和800米2个第一名。1994年9月，唐超代表国家参加在上海举行的远东及南太平洋地区残疾人运动会，夺得田径1000米和4×400米接力赛2枚金牌。2006年，在全省第七届残疾人运动会上，沂源县2名运动员夺得1枚金牌、2枚银牌、1枚铜牌。

全民健身 2011年，印发《沂源县全民健身实施计划（2011—2015年）》，成立全民健身工作领导小组。是年，建成占地8000平方米的全民健身广场，为20个居民小区配套建设全民健身设施，建成3个镇文体活动中心、24个农民体育健身工程。沂源县加强全民健身设施建设，开展全民健身运动的做法，在《中国教育报》《淄博日报》《体育晨报》等重要媒体刊发。9月，以“体育促进和谐，运动改变生活”为主题，举行“鲁阳杯”沂源县第一届全民健身运动。比赛历时近一个半月，全县机关、企业、社区和农村22个代表团、310个代表队、4600多名运动员参加。此次运动会规模之大、范围之广、参赛人数之多，是建县以来的首次全民健身盛会。此后每年举行1次。

2012年，全民健身工作推动机制进一步完善。举办“新力杯”“建设杯”职工篮球赛，全民健身节等活动，全年举办县级群众体育比赛展演活动30余次，2万余人参加，体育健身逐渐成为广大人民群众的基本生活方式。各类体育竞赛、展演活动逐渐成为年度常规体育活动。2013年，沂源县自行车运动协会、沂源县棋类运动协会等4个运动协会俱乐部成立。2020年，承办“中国足球发展基金会杯”中国职工足球联赛华北赛区山东省淄博赛区暨沂源县足球联赛、全省第十届全民健身运动会万人骑行暨第三届沂源山地自行车大奖赛，协助组织全市第十届全民健身运动会定向系列赛暨鲁阳杯沂源县第十届全民健身运动会。开放沂河源学校、振华实验学校、第二实验小学、鲁阳小学等16所学校体育运动设施。2021年，投资2000余万元，实施沂源县体育公园和拇指公园改造提升工程、沂源县全民健身广场塑胶化改造提升工程、社区健身场所改造提升工程，建成2条网红青年夜跑路线、青年骑行路线，全县43所非寄宿制学校体育场地全部向社会免费开放。

沂源县老年体协健身展演（2019年）

教师队伍

概 况

清代末年，教员被称为先生或塾师，大多数来源于参加科举屡遭失败的读书人和获得功名但未入仕或做官被革职的人。民国初年，小学教员大都是清末遗老，有的本身就是塾师，有的是儒生，还有从外地聘请的。

1942年7月，在南安乐村（时属沂水县）创办沂水简易师范，招收2个班，学生百余人。沂源县解放初期，山区文化人才缺乏，党和政府通过多种渠道，从社会上招聘90余名在乡知识分子，加以训练，组成全县教师队伍。新中国成立时，全县已有小学教师155人。1952年，又从在乡知识青年中招考录用76人，经过短期培训，充任教师。

1953—1954年，临沂专署将沂水师范和郯城师范154名毕业生分派到沂源县任教，支援山区文化建设，缓解沂源县师资紧缺的局面。以后，师资来源主要靠各级各类学校的培养输送。同时，适应民办小学发展的需要，由村里推荐一些民办教师。据1957年底统计，全县小学教职工有666人、中学62人。

20世纪70年代，沂源中学教师指导学生做实验

1958年，经上级批准在韩旺村建立沂源师范，从根本上解决师资来源问题。1961年暑假，第一届中师毕业生137人，除7人分配到外县，其余全部分派到沂源县任教。1965年，建立工读师范，招收93名民办教师，在沂源一中（东里）上课，学生社来社去。1968年，招收第二批学生108人，因学校停办未毕业。

1968年以后，由于普及初中教育，大力兴办联中，一批小学骨干教师被选拔到联中任教，造成小学教师缺额，便从社会知青中选拔一批代理教师。1968年，中央提出在知识分子成堆的地方实行“掺砂子”改变知识分子成份，于是从农村、部队及其他行业转入教育系统任教的陆续增多，据1971年统计，共转入210人担任教师。

1978年，实行退休接替政策。退休、离休教师子女，大多数充实到教师队伍。沂源师范自1958年建校至1988年为止，培养中师生586名，初师生177人，这些人90%在本县当了教师。

1986年起，大、中专师范毕业生由县教育局提出分配原则和实施办法，经县政府同意，制定分配方案，派遣到中小学任教。自1988年起，毕业生试行优生优派的办法，对毕业生进行检测考评以后选派，增加分配工作的透明度。1994年，为适应社会主义市场经济的需要，毕业生分配采取“四步走”的措施，一是到毕业生所在学校了解其在校表现；二是岗前培训，提高其业务能力；三是查看档案，看其成绩与水平；四是讲课比赛，看其素质和能力。四者结合，优中选优，根据需要，结合志愿确定毕业生的分配去向。1996年1月，国家人事部印发《国家不包分配大专以上毕业生择业暂行办法》，大学生毕业后国家不负责分配工作，自主择业。国办学校教师来源改为面向社会招聘、择优录用的方法，全县公办中、小学教师招聘由县教体局提出申请，县委编办批准后，通过笔试、面试的方式进行。

民办教师

1949年，全县有8名民办教师。1950年，第四区黄土崖村办起全县最早的独立民办小学，聘请胡家庄村的高老师担任任课教师。1956年，随着社办小学的快速发展，民办小学发展迅速，沂源县制定招收社办教师的条件和解决社办教师待遇的具体措施。1959年，民办教师发展到578人，占小学教师总数的41.8%。1960年后，因为生活困难，许多民办小学停办，大部分民办教师回乡务农。1964年，国家推行两种教育制度，提倡办工读小学。1966年，全县有民办工读教师633人。1968年，推行“侯王建议”，大批外籍教师返回原籍，造成沂源县学校师资短缺，一些公办小学改为民办。1976年，全县有小学教师3001人，其中民办教师2464人，占全县小学教师总数的82%。1978年，全县联中发展到192所（含“戴帽”初中班），从小学中选拔一部分骨干教师到联中任教，造成小学教师短缺，就从社会知青中选拔一批代理教师。1981年，县教育局下发《关于加强民办教师管理的意见》，要求民办教师认真学习《关于新中国成立以来党的若干历史问题的决议》等六中全会文件，学习马克思列宁主义、毛泽东著作，提高认识，统一思想，树立牢固的事业心，增强工作责任感，提高贯彻执行党的路线方针、政策的自觉性。同时，提出按教学规律狠抓民办教师的教学工作，落实工作责任制。实行包班包科包质量，德智体全面要求，期中期末，学年、毕业时对教育质量全面检查，并建立健全考勤制度，对民办教师每年进行一次考核，考核的主要内容是政治思想、工作态度、文化业务水平、教学质量和贡献大小。1987年11月，根据临沂地区教育局要求，对全县中小学民办教师进行登记建档，为1985年9月30日以前录用的1860名民办小学教师和350名民办初中教师建立正式档案。

教师培训

新中国成立初期，为有计划提高教师的文化业务水平，县文教科号召教师开展自学和互教互学，并于1950年选派20人到沂水联师学习。全县普遍办起星期学校，以学区为单位，星期六下午集合，星期日学习，每月集合2—3次。不断抽调教师分批到沂水师范和坦埠师范学习。1956年2月，举办139名教师参加的普通话训练班。1958年，举办汉语拼音训练班、函授班。1962年，参加中师、初师学习的有790人。1986年2月21日，国家教委《关于加强在职中小学教师培训工作的意见》发布，沂源县教师进修学校除办好离职进修班（英语、艺术）和中、高师函授班外，根据中小学教师业务能力提高的需要，还举办各种形式、各种层次的培训班、单科结业班；全县开展教师大练教学基本功活动，以普通话、三笔字、简笔画、教具制作和使用为主要内容；开展短缺学科和应急学科的师资培训，县教师进修学校开办小学音、体、美师资短训班，为每所完小培训1名专职音体美教师。1995年，举办音乐、体育、美术、物理、自然、幼师、英语、化学等短缺学科教师培训班14期，培训490人。县教委与省教育学院联合办学，由省教育学院在沂源县设教学点，开设汉语言文学、英语、教育管理三个专业的本科班和汉语言文学、教育管理两个专业的专科班。同年，教师中通过各种形式进修取得学历的有2465人，其中本科学历335人、专科学历691人、中师学历1439人。1996年7月，县委、县政府印发《关于进一步加强教师队伍建设工作的意见》，实施教师资格证、继续教育证、现代教育技术合格证、基本功训练合格证、校长培训考核证等制度，采取多种形式，对教师进行全员培训。1997年10月，县教委出台《关于开展中小学教师学科基本功训练的实施方案》，开展以“三字一画一话”为主要内容的基本功训练活动，4000余名中小学教干教师全员参与，经过训练，90%以上的教师达标。2008年，出台《沂源县教育体育局关于实施教师素质提升工程的意见》，确立“研训一体化”的工作思路，狠抓骨干教师培训，全面开展校本培训，着力加强短缺学科师资培养，实施计算机初级、中级和高级培训，全县35岁以下教师均取得计算机高级证书，3500名教师参加英特尔未来教育培训。2010年，出台《关于实施教师教学实践能力提升工程的意见》，以“三字一话五能”训练为重点，坚持网上研修和实地研训相结合、集中培训和分散学习相结合，提高教师基本素质。2015年，沂源县被确定为“全省农村义务教育音乐、英语教师学科教学技能培训工程”项目试点县，采用集中培训与自主研修相结合、技能学习与教育实践相结合、专家现场指导与自主训练互补的培训方式，对全县190余名中小学音乐和小学英语教师进行为期一年的培训。2019年，山东省乡村美术教师技能培训项目在沂源实施，省级志愿者26人、淄博市五区三县助教12人，对沂源“义教段”126位参训美术教师进行为期一年的培训。2020年5月，县教育和体育局下发《关于加强沂源县名师工作室建设的实施方案》，组织各单位充实完善名师工作室并开展相应活动。2021年，沂源县教育和体育局先后组织100余名中小学校长、骨干教师，分12批次到青岛跟岗研修，累计学习50余天；邀请青岛“支教岛”专家团到沂源，作专题培训20余场次；开展青岛——沂源两地教师课堂教学交流活动，同课异构20余节。

沂源县中小学校干网络研修开班典礼（2009年）

教师待遇

公办教师 民国初期，教师的薪资由学童家长负担。张庄、黄庄、鲁村一带，年薪两石谷子，南麻、悦庄、东里一带年薪50元（银圆）左右。除薪资外，塾师吃饭由学童家轮流负责，中秋节和年节还要送礼。

沂源解放初期，教师待遇实行供给制，每月60斤餐票，90斤柴票，凭餐票轮流到学生家吃饭。另外，每月3角钱（北海币）的津贴。此待遇仅能维持教师自己的生活。1949年改为薪粮制，以小米计算。低者75公斤，最高为85公斤。1951年增资，小学教师每月85公斤至105公斤小米。对县外教师另发补助饭粮，离家超过75公里的补发15公斤，家住大城市的补发25公斤。1953年，改薪粮制为工资分制（分值2角4分左右），中学教师最高者180分，最低者120分。1956年，按照教育部文件精神，全县公办教师平均增资6.15元。1965年，再次提资，提资面占总人数的44.6%。1981年，公办教师普提一级工资，其中有368人提两级。1985年，中共中央、国务院决定，中小学、幼儿教师自是年1月起执行新工资制度，工资由基础工资、职务工资（或岗位工资）、工龄补贴和奖励工资四方面构成，全县教育界人均增长17元，平均月工资达80元。

1986年10月，全县627名符合条件的教职工浮动工资，每人每月6—8元。1988年9月，取得专业技术职称的教师工资与职称挂钩，从1987年1月补发，月最低标准：中学高级教师122元，中学一级、小学高级教师97元，中学二级、小学一级教师70元，中学三级、小学二级教师64元。1987年10月，国务院规定教师工资再增加10%。1989年，根据〔89〕鲁职改字110文和鲁工改〔89〕3号、4号、5号文件决定，专业技术人员及行政人员在普调的基础上提高1—2档。1988年10月1日起，中小学班主任津贴每月13—15元。

表彰30年教龄老教师（1982年）

1993年10月，国务院决定对机关和事业单位现行工资进行改革，教师实行专业技术等级工资制，教职工工资有较大增幅，人均增资110元，其中中学教师平均月增资113元，小学教师月增资107元，其他教育事业人员月增资120元。同时，建立正常的增资机制，凡年度考核合格（称职）的，每2年晋升一个职务工资档次。同年，《中华人民共和国教师法》规定：“教师的平均工资水平应当不低于或者高于国家公务员的平均工资水平，并逐步提高。”建立教师工资发放保障机制，实行教师工资发放情况月报制度和定期检查制度，解决教师工资拖欠问题。1992年9月，男教师从教满30年发100%退休费。1998年4月，女教师满25年教龄退休也按原标准工资的100%领取退休费。1996—2001年，先后5次调整工资标准。2002年，全县乡镇在编在职的国家正式教职工工资上划到县里管理，实行县级统一发放。除工资收入不断提高外，教师所享有的其他待遇也不断提高。

1985年1月起，教师发放教龄津贴，标准是，教龄满5年不满10年的每月5元，满10年不满20年的每月7元，20年以上的每月10元。1993年10月起发交通费，每人每月10元，全勤费每人每月20元，水电燃料费25元。1995年12月起，在职教师增发误餐补贴，每人每月60元，离退休教师增发生活补贴，每人每月60元。教师还享有冬季取暖费和夏季降温费。1992年，国家制定《关于继续积极稳妥地进行城镇住房制度改革的通知》，县政府采取切实措施改善教师住房，在住房建设和住房改革中对教师实行优先优惠政策。1996年，县政府制定《关于进一步加强教师队伍建设工作的意见》，将教师住房建设纳入城镇建设总体规划，优先安排。1998年7月15日，县教师公寓一期工程完工，建筑面积4020平方米，有40户教师陆续迁入新居。随后，沂源一中新建3幢、沂源二中新建2幢本校教职工住宅楼。2009年开始，利用原综合高中部分土地建设第二个教师住宅小区。自2014年12月起，按省定标准落实农村教师乡镇工作补贴；2018年，贯彻落实农村教师职称直评制度；2022年，实施教师分级聘任制度。

民办教师 新中国成立初期，民办教师的待遇实行薪粮制，由任教学校所在村筹集。每人每月小米60公斤。从1959年开始，实行工分加补贴的制度，每天10分工左右。1971年，国家补助小学民办教师每人每月6元，中学民办教师9元，其中拿出2元交给生产队。1974年，国家每年人均发放156元，其中缴生产队96元。1979年开始，国家补助小学民办教师每年人均170元，中学教师每年人均210元，另外，每人每月增发副食补贴2.5元。1982年开始，每人每年增加补助费50元。这一年，沂源县对民办教师实行“联教计酬”，根据民办教师的政治表现、业务能力、教学成绩，全面考核评定，按等级发工资。一级每月40元，二级36元，三级32元。每年暑假评定一次。1988年12月16日，县政府下发《关于改善民办教师待遇几个问题的通知》，要求民办教师职称评聘后，按职务定工资，按月发放；建立民办教师福利基金，由县、乡财政筹集，每人每月2元，集中管理，统一使用；民办教师享受班主任津贴；实行民办教师退休制度。

1994年起，国家为民办教师增加补助，小学每人每月39.5元，中学44.5元。沂源县民办教师工资总额除国家补助部分每人每月提高5元，达到本乡镇农民上年人均纯收入的1.8倍以上。

1996年，沂源县制定《关于实施〈中国教育改革和发展纲要〉的意见》（源发〔1996〕7号），加强对民办教师队伍的管理，采取切实措施，提高民办教师待遇，适当增加民办教师工资国拨部分，力争民办教师工资收入逐步达到当地农民人均纯收入的1.8—2.3倍，逐步做到与公办教师同工同酬，并保证按月发放。

党团组织

1928年，沂源县东里店小学党支部成立。在新中国成立前，沂源县教师中的党、团员共6人，1952年，党员发展到19人、团员30人，党员占教师总数550人的3.5%。1957年整风运动前，教育系统共有党员56人，其中二分之一是从农村、部队转来的。当时在政治上存有一种偏见，认为教师成分复杂，可以团结利用，不可深信。大多数教师对加入中国共产党也认为高不可攀。1956年1月14日，中共中央召开关于知识分子问题会议，周恩来总理在《关于知识分子问题》的报告中指出，要继续帮助知识分子进行自我改造，发展他们中的进步力量，做好知识分子中的党建工作；8月21日，《人民日报》发表社论《做好在知识分子中发展党员的工作》。沂源县根据上级指示精神，在党、团员较多的校、区，开始建立党、团支部，着手培养党、团员发展对象，每年吸收少量的优秀教师加入中国共产党。1960年，全县教师中有党员112人，其中在中学的28人、在小学的84人，建党支部13个，党小组3个。截至1966年，教师中有党员220人。

1971年，县教育局设立党组，各公社中心校改为教育组，教育组组长担任教师党支部书记。1971—1976年，教师中的党员由227人发展到521人。

1979年以后，各级党组织认真落实知识分子政策，把发展优秀教师加入中国共产党视为一项重要的战略任务，各中学、中心校党支部，按照党章要求，成熟一个发展一个，成熟一批发展一批，清除限制教师加入中国共产党的关卡和附加条件。

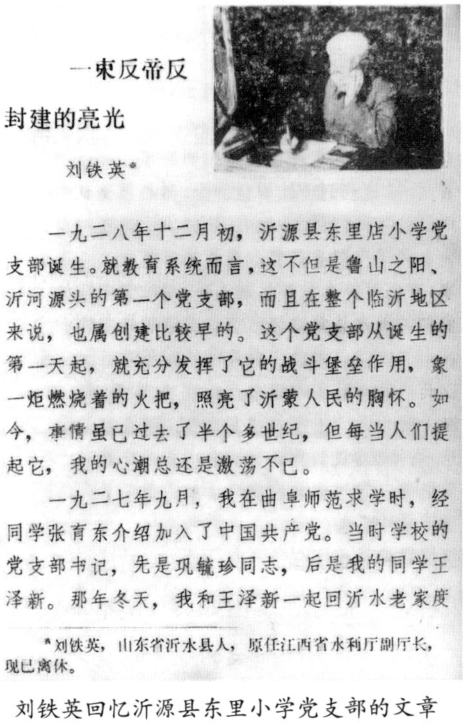
一束反帝反封建的亮光

刘铁英*

一九二八年十二月初，沂源县东里店小学党支部诞生。就教育系统而言，这不但是鲁山之阳、沂河源头的第一个党支部，而且在整个临沂地区来说，也属创建比较早的。这个党支部从诞生的第一天起，就充分发挥了它的战斗堡垒作用，象一炬燃烧着的火把，照亮了沂蒙人民的胸怀。如今，事情虽已过去了半个多世纪，但每当人们提起它，我的心潮总还是激荡不已。

一九二七年九月，我在曲阜师范求学时，经同学张育东介绍加入了中国共产党。当时学校的党支部书记，先是巩毓珍同志，后是我的同学王泽新。那年冬天，我和王泽新一起回沂水老家度

*刘铁英，山东省沂水县人，原任江西省水利厅副厅长，现已离休。

刘铁英回忆沂源县东里小学党支部的文章

1984年，临沂地委《关于进一步落实知识分子政策的试行规定》下发之后，党建工作又有新的进展。1985年1—6月，有104名中小学教师加入中国共产党。这批新党员的特点是文化程度高，大专生居多，发展优秀教师加入中国共产党纳入各级党委的议事日程。

1988年，全县中小学建立党支部35个，党员661人，占教师总数的14.4%。

1984年，沂源县委批准教育局成立党组，党组成员5人，教育局机关党支部和县直学校的党支部由中共沂源县机关党委领导。乡镇教育系统党支部归乡镇党委领导。1992年1月，县委撤销教育局党组，成立教育局党委，王焕明任党委书记。1994年1月，县教委党委成立，有党委成员4人。1994年9月，增补1名党委委员。教委党委设纪检、组织、宣传、统战委员各1人。沂源一中、沂源二中、职业中专、职业高中、实验中学、实验小学、历山中学、教师进修学校、电大分校和教委机关中属事业编制的党组织关系归县教委党委，县教委机关行政编制的党组织关系归县机关党委，各乡镇教育系统党组织关系归乡镇党委。县教委党委负责机关党支部和事业科室站党支部、局属学校、民办学校的党组织发展、党员教育、评议奖惩等工作。

1986年后，全县各学校党组织根据1985年《中共中央关于教育体制改革的决定》“逐步实行校长负责制”的规定，逐步从包揽一切的状态解脱出来，转到领导学校的思想政治工作、管理干部、起保证监督行政业务工作、支持校长对行政业务工作的领导、保证校长负责制实施的轨道上来。

沂源县教体系统各级党组织加强党的组织建设，发挥政治核心作用和保证监督作用。保证党的路线、方针和政策在学校得到正确的贯彻执行，确保社会主义办学方向。负责学校的思想政治教育，发挥其核心作用，定期举行党课学习，提高教师队伍的政治素质，重视在教师中发展党员。沂源县教体局党委重视党的组织建设，协同县委组织部，先后调整和充实局属学校党组织领导班子，加强对党员干部，特别是领导干部的教育。

2003年，全县教体系统党组织根据上级指示，开展学习贯彻“三个代表”重要思想活动，历时3个月，分“动员认识阶段”“联系实际检查对照阶段”和“总结过关阶段”三个阶段。通过三个阶段的教育、学习、总结评议，在全体党员中收到良好

的教育效果。

2005年初，按照《中共中央关于在全体党员中开展以实践“三个代表”重要思想为主要内容的保持共产党员先进性教育活动的意见》和县委实施意见精神，成立沂源县教体局保持共产党员先进性教育领导小组，制定实施方案。由局党委负责共产党员先进性教育活动领导小组统一组织，以支部为单位实施，分三个阶段进行。在学习动员阶段，以支部为单位召开专题大会，学习保持先进性活动的实施方案，每人写心得体会两篇以上，出好心得专栏；在分析评议阶段，召开民主生活会，相互评议，找到存在的问题，明确努力的方向，提高素质，加强党性修养，认识保持共产党员先进性的必要性；在整改提高阶段，广泛征求意见，在领导作风、工作决策等各方面找问题和不足，决心做到“权为民所用，利为民所谋，情为民所系”；6月底，局党委所属党支部、所有党员顺利完成教育实践活动，全体党员普遍受到一次深刻的教育，县教体局被确定为淄博市党员先进性教育活动示范单位。

2008年，按照中央和省、市关于开展深入学习实践科学发展观活动的总体部署和要求，县教体局确定“科学发展，强教为民”活动主题和“城乡统筹、协调发展、提升素质，建设公平优质群众满意和谐教育体育”的实践载体，强化理论武装，抓实理论学习，深入开展问计求智大调研；突出思想解放，开展“继续解放思想大讨论”活动，剖析影响和制约教育体育科学发展的突出问题和矛盾制约，对照先进找差距，选树标杆学经验，形成“牢牢把握教育规律，大力推进教育创新，全面提高办学效益”的共识。

2009年，各局属学校开展第二批学习实践活动，县教育和体育局建立党委成员联系点，成立活动督导组，加强全程跟踪指导。开展“作风效能建设巩固年”活动，确定年度重点工作任务，健全长效机制，实行重点工作领导分工负责制和单位承办制，推行“六制工作法”，完善工作督查制度，确保各项重点工作落到实处。

2010年，开展创先争优、争做教育先锋活动。结合教育系统实际，谋划确定“学赶先进，争创五个一流”活动载体，在局机关和各学校认真落实“五诺”，开展“如何珍惜岗位”大讨论，各学校党组织和全体党员教师，立足工作实际和本职岗位，在推动教育科学发展、提高教育质量、服务师生群众的工作实践中，学先进、赶先进、争先进，在“比、学、赶、超”中增强先锋意识、实践先锋要求、树立先锋形象。

2014年，按照中央和省、市、县委部署要求，县教体局党委围绕保持党的先进性和纯洁性，把握“照镜子、正衣冠、洗洗澡、治治病”总要求，以“坚持党的群众路线，办好人民满意教育”为主题，以为民务实清廉为主要内容，以反对“四风”为主要任务，组织开展党的群众路线教育实践活动。2015年，开展“三严三实”专题教育。2016年，开展“两学一做”学习教育。2019年，开展“不忘初心、牢记使命”主题教育活动。2022年，围绕教育体育中心工作抓党建，抓好党建促教育体育事业发展，全力打造出“红烛先锋”党建品牌，荣获“县直机关十优党建品牌”称号。

2021年，党中央向健在的截至2021年7月1日党龄达到50周年、一贯表现良好的党员首次颁发“光荣在党50年”纪念章，教体系统符合条件的党员有139人。截至2023年，教体系统共有172名符合条件的党员获颁纪念章。

2021年获颁“光荣在党50年”纪念章的党员（139人）

安怀书	何贵文	李玉凡	孟庆来	孙　玉
魏春香	张守礼	白如英	侯本平	李长俊
孟庆茂	孙玉江	吴树江	张廷兴	白咸礼
黄爱功	李兆莲	潘洪太	孙兆征	武善良
张营之	陈丙林	纪祥胜	李振华	亓益祥
谭庆贵	谢彦来	张友仁	陈丙胜	江东坤
刘成梓	齐恒祥	唐敬珍	徐勤国	张玉敬
陈善诚	江东学	刘丰信	齐恒业	滕培发
徐希安	张云芬	陈现英	江玉茂	刘继兰
齐科元	田宝花	徐新权	张照荣	陈作真
江玉忠	刘俊银	齐元爱	王步学	薛庆茂

赵圣贵 褚成文 井复汇 刘乃琪 秦成祥
王德文 杨德坤 赵希传 崔升一 李成爱
刘孝本 任方袍 王桂欣 杨德美 赵希祥
丁念文 李方才 刘新国 任纪贞 王化俊
杨兴清 赵 增 董月菊 李方生 刘学礼
任明菊 王化玉 杨振明 周广富 段连斌
李光明 刘玉成 任玉友 王平文 尹传贵
周士美 房师铭 李广斌 刘宗田 桑才成
王诗文 于存良 周振智 高锡德 李京成
娄成新 沈光法 王学义 张道顺 董纪忠
公培友 李奎斌 马得泉 史忠功 王业祯
张化顺 贾学才 公丕文 李 明 马学明
宋传安 王玉柱 张家范 田茂从 公丕远
李庆爱 马玉德 宋传利 王元海 张俊法
郑作文 巩安荣 李守义 马振邦 宋全忠
王政珍 张培树 王化贵 郭东远 李希兰
孟庆福 宋增汉 魏春兰 张荣财

尊师崇学

沂源县解放初期，山区文化人才缺乏，党和政府把教师作为宣传党的政策、发动群众完成各项中心任务的得力助手。20世纪40年代的山村教师，在村里既是代理文书，又是出谋献策的参谋。村中一般会议均请老师参加。群众来往书信，也由老师代读代写。过年、结婚，请老师写春联、喜联，教师在群众中享有较高的声誉。党赋予教师“政治活动家”“人民教师”之称。1945年和1946年春节，开展拥师活动，给教师贴春联，挂光荣灯，教师与军工属享受同等待遇。新中国成立后，历届代表会议都有教师代表参加。1950年，沂源县召开各界代表会，教师代表李文平、郎卓云出席大会。同年，沂源县再次发起拥师运动，群众为教师代耕土地、送粮送柴。1954年，沂源县召开第一届人民代表大会，孙朝玉、鞠世英、杨本才、于俊三、郑野云、刘洪轩、刘汉军等10名教干教师被选为人民代表，同各界代表共商全县发展大计。之后，历届人代会、党代会、政协会，均有一定比例的教师代表参加。

党的十一届三中全会后，党和国家领导人，大力号召尊师重教。沂源县通过落实知识分子政策，纠正冤假错案，提高教师工资和福利待遇，评选先进模范教师，解决教师住房，评定教师职称等一系列措施，使教师的政治地位和经济地位不断提高。1985年第一个教师节，县委、县政府召开了隆重的庆祝大会。社会各界，多种形式资助教育。自此，每年一届教师节庆祝大会成为惯例。

教体局机关先后有4名教干教师获得国家、省级荣誉。

秦洪奎，男，1937年出生，中共党员，高级教师，山东省首批小学特级教师。

叶 甄，男，1940年出生，中共党员，高级教师，全国优秀教育工作者。

李学骥，男，1960年出生，中共党员，山东省特级教师，全国优秀教师。

周 君，女，1979年出生，中共党员，全国先进工作者，山东省特级教师。

崇学与尊师并行，捐资助学成良好风气。民国时期的办学经费来源之一是学田地租，据《临朐县志（1935年编）》记载：“民国二十三年（1934），经过重新丈量，全县共有学田一百九十五亩一分五厘九毫（大亩）（包括赵疃学田、夫召学田、田庄学田、仰天山荒学田）赖以收取地租，作为办学经费。”原沂水、蒙阴二县均有学田。1940年，南安乐小学办学经费就是靠五亩学田的岁租维持。新中国成立后，学校的办学经费，一部分来源于厂矿企业的集资。1991年5月，全县召开公办学校校舍改造千人大会，发动全社会捐款26万元。自1992年4月—1995年12月，沂源县实施“希望工程”，先后收到省内外社会捐助折合人民币580万元，其中上海中信公司金道俱乐部、山东省直工委、团省委机关各捐赠30万元。全县24所农村小学得以改扩建，4600名贫困少年儿童获得复学、入学机会。东里东村设立“全兴助才奖”，重奖高考优秀大学生及辅导教师。1996年12月，沂源一中汇源教育奖励基金举行首次颁奖大会。该项基金50万元是由汇源公司提供的。1997年，全国优秀教师、教育系统劳动模范李振华，为韩旺中学捐款5000元，作为扶困助学奖励基金。1998年，韩旺镇党委、政府以此为契机成立振华扶困助学奖励基金会。2004年，徐家庄乡“汇泉助学基金”成立，基金会由汇泉矿业集团董事长董方军发起，共捐资16万元。同年，大张庄镇“富源扶困助学基金”成立，基金会由淄博富源食品有限公司发起，共捐资20.64万元。2005年，鲁村镇“庆源爱心帮困助学基金会”、悦庄镇“志祥帮困助学基金会”、西里镇“惠基扶困助学基金会”先后成立。另外，沂源一中建立“华杰”“绿兰莎”“鲁阳”奖学金，沂源二中建立“华联矿业”和“联合化工”奖学金，表彰优秀学子。

管理体制

在管理体制上，清代教育，县设教谕、训导二员，掌管全县教化，为县署知事佐理科举事务。光绪三十二年（1906）四月颁布《各府州劝学所章程》，废教谕训导，设劝学所，此为县教育行政机构之始。民国元年（1912），县教育行政机构沿用清名，仍称劝学所。民国二年（1913），劝学所改称视学所。民国五年（1916）复改为劝学所。民国十三年（1924），教育部公布《县及特别市教育局规程》，县级教育行政机构始为教育局。1944年5月，沂源县抗日民主政府成立，设文教科，统管全县的文化、教育事业。1950年6月，改称教育科。1954年7月，又改称文教科。1956年8月，再次改为教育科，10月改称教育局。1962年5月，县文化科与教育局合并，改为文教科。1970年3月，设教育组，由教育组主管全县的文化、教育工作。1975年9月，沂源县革命委员会将县教育组重新改称沂源县教育局。1993年12月，县政府下达关于机构改革的文件，撤销沂源县教育局，设立沂源县教育委员会，作为县政府主管全县教育的综合职能部门。1999年5月，县教委与县体委合并，成立沂源县教育体育委员会，统管全县的教育、体育事业。2002年7月，沂源县教育体育委员会更名为沂源县教育体育局。2019年1月，沂源县委组建县委教育工作领导小组，作为县委议事协调机构，同时将沂源县教育体育局更名为沂源县教育和体育局。

沂源建县以来教育行政机构历任负责人

机构名称	姓名	职务	任职时间
文教科（1944.05—1950.06）	周锡三	科长（代理）	1944.05—1944.10
	孙星一	科长	1945.10—1948.02
	薛密基	科长	1948.09—1950.04
教育科（1950.06—1954.07）	肖延春	副科长	1950.06—1951
	于汉章	副科长	1950.04—1953.05
文教科（1954.07—1956.08）	赵效颇	副科长	1954.07—1956.08
教育科（1956.08—1956.10）	赵效颇	副科长	1956.08—1956.10
教育局（1956.10—1962.05）	亓永杰	局长	1957—1958.01
	徐恒悦	副局长（代理）	1958.01—1960.03
	张惠庭	局长	1960.03—1962.05
文教科（1962.05—1970.03）	张惠庭	科长	1962.05—1970.03
教育组（1970.03—1975.09）	张惠庭	组长	1970.03—1975.09
沂源县教育局（1975.09—1993.12）	张惠庭	局长	1975.09—1982.04
	刘世谦	局长	1982.04—1984.06
	刘嵩善	局长	1984.06—1984.07
	叶　甄	局长	1984.10—1993.12
沂源县教育委员会（1993.12—1999.05）	张景春	主任	1993.12—1999.05
沂源县教育体育委员会（1999.05—2002.07）	王焕明	主任	1999.05—2001.04
	朱庆雷	主任	2001.04—2002.07

续表

机构名称	姓名	职务	任职时间
沂源县教育体育局（2002.07—2019.01）	朱庆雷	局长	2002.07—2003.03
	侯宪全	局长	2003.03—2011.11
	李志明	局长	2011.11—2017.03
	李 林	局长	2017.03—2019.01
沂源县教育和体育局（2019.01—）	李 林	局长	2019.01—2021.01
	白道德	局长	2021.01—2023.07
	任 鸣	局长	2023.07—

在县级机构沿革的过程中，全县探索并逐步完善“分级办学、分工管理”的体制，调动乡镇、村办学的积极性。1944年5月沂源县建立时，全县设6个区，即历山区、青龙区、安乐区、太平区、大泉区、文坦区。每个区设文教助理1名，管理全区文化教育工作。1957年，撤区建乡，全县划为19个乡（镇）。区教育领导班子作全面调整，改为每乡设1个中心校，设中心校长1人。1958年秋，成立14个人民公社，每公社设中心校长1人，具体负责业务工作。1970年，每公社设立教育组。1982年，公社教育组改为公社中心小学，中心小学校长取代教育组长。从这一年开始，实行联中、小学分管。1984年6月，沂源县14个公社划为12个区，下辖37个乡、5个镇，县政府随即公布区、乡（镇）中心校长。1985年9月，全县改建为11个乡、6个镇，中心校随之改为11个乡、6个镇中心校。1986年9月，按照县教育局部署，各乡镇成立三个中心，即中心中学、中心小学、中心幼儿园。同年，金星、土门、南麻成立教育委员会。之后，各乡镇相继建立教育委员会，负责本乡镇教育，县教育局负责业务指导，乡镇政府主要负责乡镇教师工资的发放、校舍维修和内部设施的配备。乡镇教委主任由分管教育的副书记或副乡镇长兼任，副主任由原中心校校长担任。1994年，乡镇教育委员会更名为乡镇教育中心。乡镇教育中心在乡镇党委、政府的直接领导下，负责全乡镇的教育工作。县教育局（党委）对全县中小学教师实行统一管理，对乡镇教育教学工作实行统一指导。2003年12月，县委、县政府制定《关于深化教育内部体制改革的意见》，撤销乡镇教育中心，设立乡镇教育体育管理办公室。2021年3月，沂源县人民政府办公室印发《关于推进学区制改革的意见》，以镇（街道）行政区划为单位，全县划为12个学区。学区由县教育和体育局及各镇（街道）共同管理，与相应镇（街道）初中（中心学校）或中心小学合署。对本学区初中、小学和公办学前教育机构教育教学等实行一体化统一管理，负责学区内民办教育机构日常监督服务和业务指导，全县教育管理体制进一步优化。

沂源县教育体育荣誉

沂源县被评为全国扫盲工作先进县、中国偏远地区远程教育示范县、义务教育均衡发展县、全国群众体育先进单位，省规范教育收费示范县、省少先队工作红旗县、省信息技术教育实验县、省群众体育先进县，获得全国第四届希望工程建设奖、全国村BA总决赛优秀组织奖。

县教体局被评为省级文明单位、省基础教育工作先进集体、省农村教学先进单位、省学前教育先进集体、省民族团结教育先进集体、省危房改造工作先进集体、省初中教学工作先进单位、省全民健身活动先进单位，荣获北京奥运会金牌突出贡献奖。

附：

农村小学“六配套”和中心中学建设

20世纪70年代，沂源县还是国家级贫困县，因为经济困难，基层的许多学校出现了“四不管”的现象（地、县、乡、村都不管）。其实本质上说，是因为没有钱，管不过来。许多学校长年失修，破烂不堪，有很多教室是危房，黑屋子、土台子比比皆是，办学条件极差，学校很难维持正常运转。1983年，临沂地区开始搞农村小学“六配套”（房屋、院墙、大门、课桌、厕所、伙房）建设。县教育局于1983—1984年在土门镇（现南鲁山镇）搞了“六配套”试点，经临沂地区验收合格后，一间校舍补助几十元钱，一共奖励土门镇8万元钱。1985年，全县16个乡镇全部铺开小学“六配套”建设。

在“六配套”建设具体工作中，采取群众集资、县里补助的办法。县教育局通过班子成员、科室包乡镇，到所包乡镇村去督察、指导工作，帮助解决一些具体困难。经过4年的努力，全县共投入资金1100多万元，完成了农村小学“六配套”建设，全县农村小学面貌有了较大的改观，基本告别了黑屋子、土台子、危房子现象，改善了农村小学的办学条件，受到了临沂地区的表扬。1986年5月，省农村小学校舍改造验收团对沂源县“六配套”进行验收。验收团认为沂源县农村校舍“六配套”搞得扎实，标准质量较高，全部验收合格。11月，省普及初等教育验收团又对沂源县进行验收，认定“沂源县为第五批普及初等教育合格县”。

当时沂源县有16个乡镇，有乡镇中学70多所，大部分是联中，一个管区就有一所中学。由于县乡经济基础差，财政投入很少，多数农村中学校舍破烂不堪、教学设备不足，办学条件极差。临沂地区要求每个乡镇建一所初中学校，规模大的乡镇可以建两所。由于中学建设投入大、标准高，又缺钱缺物，困难重重。临沂地区在莒南县召开了中心中学建设现场会，根据会议精神，县里召开了由乡镇党委书记、乡镇长参加的动员大会。县委书记孙运河到会讲话，分管副书记曹曰荣、分管副县长丁德民参加会议，拉开了乡镇中心中学建设的序幕。当时沂源县有3个新建乡（沟泉、金星、韩旺）还没有中学，需建新校，这进一步增加了全县乡镇中心初中建设的工作难度。县、乡财政困难，群众也不富裕，学校还必须建，压力确实很大。经局长会议研究，县里组织县乡领导去莒南县参观学习，大家统一了思想认识，结合沂源实际，理清了搞好中心中学建设的思路和办法，县委、县政府制定了《关于中心初中校舍标准化建设的意见》。

工作中，首先是抓典型，以点带面逐步展开。县政府出台新建一所乡镇中学补助5万元的政策。沟泉乡是新建乡，还没有中学，县里研究在沟泉抓点。沟泉是个小乡镇，人口少，财政困难，乡书记带领全乡的干部去学习了莒南的经验，把学校房屋建设的任务分解到了村，经过一个多月的努力，新中学建成了。学校建在山坡上，建操场需要开山劈岭，必须放炮和人工开挖，半年多的时间，克服重重困难，完成了操场建设，沟泉乡为全县带了好头。另一个难点是金星乡，该乡地处偏远，是纯山区，也没有中学，乡党委经反复研究，确定在全乡最大最好的地方——金星村西部最大的地块建中学。全乡干部群众齐上阵，光平整地基就干了一个冬天，临沂地区教育局主要领导来沂源检查时看了非常感动，当场表态给了5万元资助。韩旺乡一开始整理原供销社的房子建起中学，先招了4个班，但当时条件较差。乡党委书记多次到韩旺驻地的几个村选校址，并多次到教育局沟通协调，最后选择了交通最方便、地基最平整、乡里最大最好的地段（马家沟南、韩旺西）建了中学。悦庄镇也选择悦庄北部最平整的地块新建了悦庄中心中学。全县其他乡镇都到莒南参观学习建校经验，大部分是在原有的基础上，扩建改建校舍，大部分乡镇盖了教学楼。在中心中学建设的过程中，县教育局局长全面抓，分管局长靠上抓，所有副局长和科室都包乡镇，并组织专门的督察班子和指导班子，历时三年（1987—1989）的时间，经过上上下下各方面的努力，全县共投入资金1100万元，终于完成中心中学建设，并通过临沂地区教育局的验收。

小学“六配套”和乡镇中心中学建设，全县共投入资金2200多万元。作为国家级贫困县，这是一个很大的数字，主要是靠老百姓集资和捐款捐物建的学校，临沂地区也奖励了部分资金。这充分体现了老区人民对教育事业的重视和支持，对全县教育事业的关心，“再穷不能穷教育，再苦不能苦孩子”，又一次得到有力诠释。

1988年，省人大常委会副主任林萍和科教文卫副主任高维真来沂源检查指导工作，称赞沂源办教育有眼光，并要求做好办好教育为人民这篇文章。惠民地区副专员董凤基率队来沂源考察了贫困县如何搞好“六配套”的经验。

（周世莲　沂源县政协原主席）

县外援沂教师

1950年，全县有150余名教师。后来，充实一些沂水师范、郯城师范、沂源师范的毕业生，师资队伍壮大起来。1960年，师资队伍达到1000人。但仍然满足不了全县教育事业发展的需要，同时也存在着教师队伍学历层次不高、知识面不广的缺陷。在新中国成立初期，党中央、国务院大力号召全国各地的大学毕业生，“到山区去，到农村去，到祖国最需要的地方去！”各地大中专毕业生，积极响应祖国号召，从四面八方来到沂源。

当时，沂源县最早的中学在东里（老百姓时称东里中学），成立于1952年10月，时称山东省立沂源中学。学校建修委员会主任古新圃、副主任唐经武是1952年9月到沂源的。建校后，上级陆续派来能胜任中学教学工作的教师。其中副校长郑野云、教导处潘为伦来自日照，教师孙克灿、袁宝道、贾延林、张遂森来自青岛，冯卓成、潘为民、严仍安、王义文、沈钰麟、李汉民来自江苏，高翥梅、齐国忠、李凤俊来自济南。1966年，沂源一中（东里）37名任课教师中，有27名县外教师。东里中学从1952年建校至1984年，担任过中层以上领导职务的44人中，县外教师有27人，包括历任校长古新圃、刘成礼、杨兴利，党支部书记许来湘、陈彦志，副校长郑野云、白凤翔、刘华阳，工会主席张汉泽，中层干部唐经武、庞汇川、刘子厚、徐廷和、李培俊、孙加珍、田俊超、朱晦圃、宋启达、潘为伦、陶永俊、刘世谦、刘桂民、夏春普、王建勋、黄传忠、杨德珍、李廷珍。

从大城市到沂源县，首先遇到的是交通不便。1963年，从曲师毕业分配到沂源的高翥梅，对到沂源报到的经历印象深刻：

“当时正值雨季，临沂没有直达沂源的车，从沂水到沂源的公路又被水冲坏了，需经益都绕道走，再乘火车到八陡，从八陡再到沂源，这是地区有关人员给我们设计的最佳路线。

8月中旬的一天，我们4人一大早带上行李，赶到了沂河桥头，然后坐上小摆渡，由河的西岸到了东岸。那天河水不是很大，我们不但没有害怕，还感到很新奇。过河后，又坐上去益都的班车。尽管这条公路是国道，但路面不宽也很不平，汽车的速度也不快，到了益都已是近黄昏了。从汽车站到火车站大约有五六里路，我们雇了个地排车，拉着行李赶到了火车站，车站上的人对我们说，从益都没有去八陡的车，建议我们乘火车到张店，再转车去八陡。就这样，我们就又去张店住了一夜，第二天坐火车到了八陡的火车站，然后从火车站走到汽车站。车站的人说：‘从八陡到南麻，只有每天一班从北镇到沂源东里的对开车，因当时去东里的路被冲坏，只能通到南麻，天气不好还不发车。’我们只好在八陡的黑山小店又住了一夜，晚上还听到狼叫的声音，吓得我一宿没敢睡。第二天，坐上八陡到沂源的车。那车也不是像现在这样的客车，实际上就是一辆大卡车加了篷布，开了两个小窗，车厢里有两排椅当座位，中间放行李。此时，我们啥也顾不得了，坐上这辆车，一路颠簸，晕车的不断吐着，不晕车的忍着，我就闭着眼捂着鼻子，总算是来到了沂源。我被分配到县城南麻的沂源二中，伦欲蓁则分到了东里的原沂源一中。第二天，教育科的人雇了辆小推车，推着行李，伦欲蓁步行，走80里路到了东里。”

不仅如此，沂源中学在生活困难时期，学生辍学现象严重，为动员辍学学生重返课堂，教师常常日行百余里，走遍近百个村庄。教师家访从不在学生家吃饭，中途饿了就在半道上吃点自己带的煎饼、红薯等；有的老师带领学生去临沂参加比赛，因为下雨不通车，就带领队员们傍晚从学校步行出发，走近百里夜路，天亮赶到沂水，再从沂水坐车去临沂。沂源中学的老师们到南麻开会集训基本是步行。那时的公共汽车，只有一辆从博山开往临沂的“解放”牌大卡车，每天一趟，旅客就坐或站在车厢里。夏天多雨季节，道路泥泞不堪，常常不通车。所以放暑假回家时遇到这种情况，老师们有的从东里步行到八陡坐火车，有的步行到莱芜坐火车，艰难程度可想而知。

沂源二中创建于1956年，是沂源县第二所中学，是东里中学之外县外教师的另一集中地。从建校至1984年，担任过中层以上领导职务的46人中，外籍教师有27人，包括历任校长张惠庭、杨子纯、玄恩同、刘嵩善、赵衍孔，书记张彦群、赵明堂、李廷珍、王效正，副校长张学校、唐经武、徐宽志、周志明、伦欲蓁，其他领导职务的有田培英、孟祥谦、王秉信、刘书湘等。1979年，县教育局在沂源中学首次设立高考补习班，从全县范围内挑选的9名任课教师中，有王效正、杨德珍、胡希鳌、王义文、房筱云、伦欲蓁6名县外援沂教师。

1958年，为解决师资队伍跟不上教育事业发展需要的问题，沂源师范成立。创建者中有赵明堂、唐经武老师，任课教师绝大部分是非沂源籍，如刘纶洲、牛纯武、王效正、冯卓成、王义文、许来湘、玄恩同、刘嵩善、刘洪昌、李福亭等。1960年后，沂源县各乡镇相继建立中学，县外教师逐渐遍布全县各乡镇，并有许多人担任学校中层以上领导职务，包括鲁村中学赵效颇、朱树洪、王金福、许来湘、齐国忠、隋硕德、刘云昌，张庄中学郎会渠、刘光润、于珍莲、纪玉福，石桥中学李培俊、李乃宗、陈兆平、李方才、杨兴利、杨绍贞，黄庄中学张学校、张营之、邹笃新，三岔中学张绍兴、刘廷杰、杨树勋、王建勋、刘爱华、马泮芬，燕崖中学徐曰修、林志坚、张曰浣，悦庄中学李文彩、张友仁、章宫、李培强、王恩廷，土门中学杨得同、刘俊业，唐山中学李光明、马泮芬，张家坡中学林湘云、耿志明、马德全，中庄中学郭富德，城关一中刘玉成、张学校、姚浩田、刘光润、马秀同、孙克灿、杨德珍、莫洪岭，城关二中李振华，实验小学刘乃琪等。

此时期，这些县外教师中，更多的是在普通教师岗位上，担任着学科业务骨干，担任学科教研组长、备课组长，在学科教学教研中发挥着不可替代的作用。如李汉民、胡希鳌、高翥梅、鲁月华、李桂华、任允清、姜荣华、陈延礼、陈桂林、李明、姚发英等。有一些教师走向县内其他单位，包括担任过教育局领导职务的刘世谦、叶甄、秦洪奎，县教研室的路英逵，电大站王健吾、刘华阳，县体委陈尚庆等。

20世纪90年代，这些教师陆续退休，离开一线工作岗位。

（史料选自《沂源县教育志（1986—2010）》）

沂源县第一中学

扫码看视频

扫码听书

记忆沂源·教育体育卷

概 述

沂源县第一中学位于县城新城路985号，创办于1956年，占地面积32.6万平方米，建筑面积13万平方米，所有建筑和设施均按省级规范化学校标准建设和配备，突出“现代化、网络化、园林化、生态化”特点。2023年，有教学班120个，在校学生5686人，在编教职工553人。

20世纪70年代教室

沂源县第二中学时期（1956—1976）

1956年8月，山东省政府拨专款为沂源县再建一所中学，定名为山东省沂源县第二中学。校址位于南麻县城历山脚下，占地54.49亩。临沂行署派张惠庭任校长，并派来教师8人，招收初中一年级2个班，共108名学生。1958年，学校招生扩大到6个班，学生达324人。学校在上级党委和县文教科的领导下，逐步建立各种组织，设立教导处和总务处，建立教育工会、共青团组织和学生会，制定各项规章制度。教学主要借鉴苏联的经验，学习凯洛夫教育学，实行五段教学法，成绩考核运用五级计分制。1959年，根据形势的发展和社会的需要，开始招收高中班，初招1个班，42名学生，成为完全中学。1962年，学校第一届高中学生毕业，有3人考入高等院校。50％以上的初中毕业生升入高中或中专。同年，根据中央“调整、巩固、充实、提高”的八字方针，学校迁至原沂源师范校址。杨子纯任校长，赵明堂任支部书记。1967年秋，学校又迁回原址。

1969年初，沂源二中更名为井冈山中学，被分散到农村、厂矿，边教书边接受工农兵再教育的大部分教师陆续返回。1970年，学校根据“要复课闹革命”“学生也要学工、学农、学军”等指示，组织学生回校上课，并恢复教学常规，部分学生得以推荐入学。学校除坚持上课外，还开展多种形式的社会实践活动。1972年，教育教学秩序逐步恢复正常。按照“开门办学”要求，先后开办木工厂、塑料厂以及无线电维修组等。1974年，开办农机班、电工班、会计班、林果班、文艺班和“赤脚”医生班。

沂源中学时期（1976—1987）

1976年，学校改称为沂源中学。1979年，学校被定为临沂地区重点中学。党的十一届三中全会

沂源一中校园一角（2020年）

高中部首届毕业生留影（1962 年）

后，学校全面坚持四项基本原则，以《中学生守则》规范学生行为，以教研组为单位开展教学研究，以老教师带动年轻教师，提高课堂教学水平，广泛开展公开课、观摩课，举办教学工作交流会，加强教学工作交流。同时，教育主管部门加大对教育教学的监管督导力度。学校开始加强外语教学，并调入大批英语教师。经过七年调整、巩固和发展，1983年底，学校有12个高中班、12个初中班，113名教职工，1287名学生。1985年，学校在原电焊组基础上，建立五金厂，新建印刷厂；征地22.3亩，新建操场1个；建成使用面积1195平方米的四层学生宿舍楼1座。次年，新建面积657平方米的两层教学楼1座。学校升入大中专院校人数逐年增加，由1978年的3人增加到1986年的127人。

沂源县第一中学时期（1987—）

1987年9月20日，沂源县人民政府办公室下发〔87〕59号文件，将沂源县沂源中学更名为山东省沂源县第一中学，随后，经临沂地委同意，学校明确为副县级单位。同年，学校建成18户教工宿舍楼和使用面积2262平方米的四层实验楼1座。这一学年，高考各项指标实现历史性突破，为大中专院校输入新生169人，录取比例居临沂地区第二，左进波、唐传祥同学分别以优异成绩考入北京大学、清华大学，该年度临沂地区高中教学现场会在学校召开，学校领导在会上作经验介绍。

1990年5月，县委决定成立一中党总支委员会，王化俊被任命为党总支书记。1991年，学校改制为普通高级中学。1992年，校舍改造完成。新建教学楼、教工宿舍楼、餐厅综合楼各1座，扩建运动场地，建造400米环形跑道1个，并更换全部课桌凳。在全省第五批49所学校验收中，以总分第二的成绩完成校舍改造“五达标”任务；11月，县政府任命张景春为校长，孟祥谦、朱庆雷为副校长，市教育局召开规范化学校建设现场会，学校决定用一年左右的时间争创省级规范化学校，配备6个理化生实验室、7个仪器（设备）室和1个电教室；建立微机室1个、语音教室2个；新购图书3.5万册，建起符合标准的图书室和阅览室，按标准配备体育、音乐、卫生、劳技器材，并建立起美术、音乐、史地、书法等特种教室。1994年1月5日，通过省规范化学校验收，被命名为“省级规范化学校”。1995年，筹资80余万元，为22个班配备电视机、录音机、放像机、投影仪和投影幕，建立卫星地面接收站，设置音像制作控制中心，建立一条文化长廊，开设240平方米大型学生阅览室，购置自动化办公系统，购买486型微机29台，增建微机室1个，新建教师宿舍楼1座；9月，被省教委、省人事厅授予“山东省教书育人先进单位”。1996年，学校有30个高中班，在校生2000余人，教职工197人。是年，高考本科进线人数列全市各中学之首。学生任国利获第13届全国物理奥林匹克竞赛二等奖，并荣获首届国际青少年消除贫困奖。

1997年，学校成立淄博市第一家现代教育技术应用中心，建起校园网，在全市率先实现教师一人一机。是年，学校高考上线人数再夺全市第一，其中任国利免试保送北京大学。2002年，被确定为淄博市首批初步现代化学校；12月，沂源一中体艺馆落成投入使用，体艺馆建筑面积达6600平

学校教师全员参与校舍改造（1992年）

方米，设有健身房、乒乓球室、篮球场、琴房、画室及音体美各种功能教室，满足音体美特长生的教学、训练及师生业余体育活动的需求，标志着学校办学条件已基本达到国家示范性高中标准。同时，沂源一中被山东大学、山东师范大学、山东艺术学院、山东理工大学等高校分别确定为“教育教学实验基地”。2003年，沂源一中与马来西亚思特雅国际大学共同创立中马英伦学校，马来西亚大使拿督马吉德先生担任名誉校长。此年高考，又创佳绩，文理科本科录取共计526人，3人进入全市理科前10名。其中，邢波以644分的高分摘取全市文科桂冠，居全省第10名，被北大录取。2005年，高考再创辉煌，继续列全市第一，有6人被清华、北大录取。2006—2007年，学校完成整体搬迁。2015年，学校被人力资源和社会保障部、教育部联合授予“全国教育系统先进集体”，是淄博市普通中小学唯一一所获此殊荣的学校。2022年9月，明确“筑基建名校，群山出高峰”办学思想，深化教育教学改革，强化教学研究，“五育”并举，立德树人，力促学生全面发展，学校教育教学质量显著提升。

张惠庭、杨子纯、孟宪贵、玄恩桐、刘嵩善、赵衍孔、张景春、朱庆雷、任大吉、魏述民、杨树锋先后担任校长。

教育教学

学校遵循“以德为先、以师为根、以生为本、以校为家”办学理念，确立“自强不息、知行合一”校训、“阳光、勤奋、创新、坚韧”校风、“诲人不倦、有教无类”教风、“学而不厌、全面发展”学风，坚持德育首位，健全德育工作机构，完善“学校—家庭—社会”三位一体的立体教育模式。落实“学生成长导师制”“人人都是德育工作者”，重视德育校本课程开发，发挥课堂主渠道作用。遵循德育规律，增强德育实效。针对不同年级学生，科学定位德育目标，合理设计德育内容、途径、方法，使德育层层深入、有机衔接，推进社会主义核心价值观内化于心、外化于行。

学校树立“教学中心、生态质量”意识。健全管理网络，发挥“校长—分管校长—处室主任”在学校层面的指导、协调、服务职能，强化“学校—年级—学生会”三级督查机制，优化级部管理模式，在竞争中合作，以竞争激发活力，以合作实现共赢。开展“适合教育”，尊重学生差异，突出学生学习的主体地位。遵循学生的认知规律，遵循学科教学的特点与规律，利用现代技术手段，强化实验探究的教学过程，开展情境教学。落实“严细实”和“八个精心”规范要求。提高教学各环节的精细化水平，实现过程管理的日常化、规范化和精细化，实现质量增长由“单一、粗放、低效”向“科学、精细、高效”的转变。统筹三个年级教学，落实“三年一体化”备考策略。高一重点抓好规范教育，抓规范，抓衔接，打基础，重视学风建设和习惯养成教育，让学生学会学习，主动学习。高二求提升，重知能拓展，构建学科基本知识体系，形成较强的分析能力、探究能力、创新实践能力，形成较好的学科素养。正确处理合格考和等级考的关系，努力提升高考科目的优秀率和学业水平考试科目的合格率。高三求突破，高三年级要激情备考，科学备考，扎实备考，努力提高高三备考的科学化、精细化、实效化水平。加强学生理想目标教育和人生规划教育，开展青春励志教育，加强学生学习方法指导，提高学生学习能力。

学校荣誉

学校被中华全国总工会授予模范职工之家称号、被评为中央教科所远程教育中心基地、全国教育系统先进集体、山东省教书育人先进单位、省电化教育示范学校、省级规范化学校、省级文明单位、省教学示范校、省依法治校示范校、省民主管理先进单位、省体育传统项目学校、省奥林匹克竞赛金牌学校。

教师风采

伦欲蓁，男，1935年出生，中共党员，高级教师，全国优秀班主任。

王秉信，男，1938年出生，中共党员，高级教师，全国优秀教师。

孟祥谦，男，1945年出生，中共党员，高级教师，全国优秀教师。

周作凤，女，1946年出生，中共党员，高级教师，全国优秀教师。

张景春，男，1956年出生，中共党员，高级教师，全国优秀教育工作者。

刘长春，男，1960年出生，中共党员，高级教师，山东省特级教师。

崔　军，女，1960年出生，中共党员，高级教师，全国优秀教师、山东省特级教师。

校园琐忆

沂源县第一中学办学史上唯一一个初中补习班

1983—1984年，在沂源县第一中学（时称沂源中学）的办学历史上，有过唯一一个初中补习班。当时的政策允许办高中补习班，但不提倡县城学校办初中补习班。所以，一些初中毕业考不上高中的学生，或者在家待业，或者到乡镇初中学校复读。

1983年夏天，学校初中部23级毕业生中没考上高中的学生家长，纷纷向学校提出要求让孩子们回母校复读一年。学校研究的意见是，既不能降低标准录取这些学生进入高中，又得考虑到这些学生年龄小不能参加社会招工，去乡镇补习又有实际困难。于是，学校向县教育局作了请示汇报。县教育局同意办一个校外初中补习班，以解决家长的后顾之忧，维护社会稳定，并要求学校安排教学能力强的老师担任这个班的任课教师。所以，学校选拔的任课老师大部分是刚刚送走1983届高三补习班的老师。蔡胜利担任这个班的班主任，谭立忠担任副班主任，任课教师有苗永军、张洪德、李会生、侯宪全、朱庆雷、王太、孙玉维、郑继燚、赵念美。补习班于1983年9月14日下发入学通知书，16—17日报到，19日正式开课。招收学生60人，其中男生34人，女生26人，实行走读制。

沂源中学初三五班毕业合影（1984年）

既然是校外补习班，自然不能在沂源中学校园里学习，校长刘嵩善联系了县委党校领导，借用他们的教室上课，同时党校还多给了一间房子，作为教师办公室。1984年3月，补习班回到沂源中学校园上课，按班级序列称为初三五班。该班利用一年的把初中三年的课程全部复习了一遍，全班同学以优异成绩顺利毕业。这些学生通过扎实的补习大部分如愿以偿地考上了高中，后又考入大学深造，有些家庭经济困难的学生则通过社会招工，进入军工企业就业，补习班画上了一个圆满的句号。1984年4月26日，刘嵩善、周志明、赵衍孔、王效正、李道真等学校领导和各科任课教师，在学校办公楼前与毕业生合影留念。（谭立忠提供资料）

沂源县第一中学变身记

1988年的沂源一中虽然无法与现在相比，可已经是全县最好的学校。学校有办公楼、学生宿舍楼和教学楼（二层小擦屋）各一座；教室、食堂、部分学生宿舍和教工宿舍等仍在石头平房里。教室虽然是水泥地面，但因年久失修，已经多处破损，坑坑洼洼。校园地面没有硬化，所以教室里也免不了尘土飞扬。

当时的教室、宿舍严重不足，学生宿舍楼容纳不下，部分学生住在平房里，一个大房间住几十人；教室容量都在六七十人以上，二层擦屋教室里，曾经达到八九十人。教职工工作和生活条件简陋。校园中间的那两排单身教工宿舍，十几平方米的小屋，居住两人，也只能分给大龄单身教师；很多年轻教师住在校外租赁的集体宿舍里；双职工教师能分到一间房就算幸运了。大门口南边的教工宿舍楼，一个单元八九十平方米的面积，要住两家，厨房、客厅、卫生间共用。

校园里除了几棵老槐树和几排钻天的白杨树显示着学校的厚重和年代感外，基本没有什么绿化和美化。新学年开学的第一课，必定是清除校园和操场的杂草。因为经历一个暑假，操场就变成了草原，开学后各班分片，镰割手拔。虽然条件简陋，但是校园里总是充满了生机。校园前面的那个土操场，是学校的文体活动中心，篮球赛、广播体操比赛、歌咏比赛、文艺演出都在那里举行。天气干燥时，操场尘土飞扬，学生们就在活动前洒水降尘。后来，又在校园后面征地，建成400米跑道的大操场。

1992年，学校迎来了校舍全面改造提升、争创规范化学校的好时机。学校拆除部分平房，建实验楼、学生宿舍楼、餐厅楼和大型教学楼各1座，更换老旧桌椅板凳；建成400米跑道的风雨操场（用炉渣和石灰铺成的跑道）；校园内硬化道路，种植草坪，栽植树木花草，安放雕塑，修建景点。2002年，又建成体艺馆1座，沂源县有了第一座室内篮球场，沂源县第一中学旧貌换新颜，教学条件得到空前改善。面貌全新的一中取代了老旧的石头平房和尘土飞扬的校园，成为当时全县最好的建筑。

校舍改造期间，全校师生齐心协力，党员带头，参与力所能及的劳动。操场的整平和压实任务分到班级，利用放学后和周末加班完成，有的班主任早晨天不亮就在操场上干活。初中部曾经一度借用历山中学教学楼，校舍改造完成后才搬回。

1993年，最后一届初中生毕业后，学校成为完全高中。20世纪90年代末，沂源县第一中学连续几年高考成绩在淄博市领先，吸引了大量外地学生，学校招生规模逐年扩大。2001年，高三年级不得不借居在涝坡河村原劳动技校。

校舍改造后的一中教学楼（1992年）

学校受限的占地和建筑面积与教育发展需要的矛盾日渐突出，学校搬迁扩建提上议事日程。2004年，经过反复考察、论证、选址后，沂源县第一中学新校建设正式开始。2006年，两个年级搬迁新校。2007年，学校实现整体搬迁。

（王学永提供资料）

两排单间小平房的见证

沂源县第一中学老校园中央，曾经有两排教职工单身宿舍，前排10间，后排10间，每间十四五平方米，学校单职工两人一间。

宿舍低矮陈旧，灰蒙蒙的石头墙，玻璃窗子透风漏气，木门上的油漆也脱落了许多。两排宿舍之间有几棵高大挺拔的白杨树，夏天遮天蔽日，增添许多清凉，也给这两排房子添加一些色彩。然而，这里却是全校单身教师集聚的地方，是人气最旺、最热闹的欢乐家园，也是学校思想最活跃的前沿。

曾经有三批教师在这里居住过。第一批是以非沂源籍为主的老教师。20世纪50—60年代，国家号召支援沂蒙山区建设，一批籍贯分别是上海、江苏、济南、青岛、潍坊、济宁等地的毕业于山东师范大学和曲阜师范大学的青年学生，响应祖国号召，怀着美好的理想，支援山区建设，分配到东里、悦庄、鲁村等乡镇中学工作。他们扎根山区，克服困难，历经艰辛，把最美好的青春和才华奉献给了那些大山里的孩子。

1977年，国家恢复高考制度后，这批老师陆续从乡镇中学调到了沂源中学。他们大都在这两排宿舍住过。教外语的陈桂林老师是济南人，曲师大外语系毕业，个子不高，幽默风趣，他给学生讲大学趣事，朗诵英文版《哈姆雷特》经典片段，虽然学生听不懂，但他的神态和那场景让人记忆犹新。上海籍的数学老师刘嵩善、滕州籍的政治老师刘书湘等，都曾经在这里住了很长时间。

在沂源中学上过学的学生对这批老教师的敬业和专业印象深刻。他们大多数是班主任，教着2个班的课，兼任学校其他工作，还要搜集课外辅导资料，亲自动手用钢板刻讲义，夜以继日，辛勤工作，根本顾不上自己的孩子和家。这一批老教师有个特点，穿中山装或中式马褂，古朴讲究，知识渊博，志在讲台，忠诚教育，淡泊名利，保持着那个时代知识分子特立独行的品格和良好的职业素养。教历史的胡希鳌老师，曲师大毕业，济南人，黑黑的脸庞，性格直率，课讲得也好，但他有个习惯，每次下课后，自己都把板书擦得干干净净，然后才离开。

第二批是1977年恢复高考后的沂源籍师范生，毕业后回到母校，接过教书育人的重担。还有临沂地区其他区县的部分老师，也分配到沂源中学，这一大批年轻的老师陆续住进了这两排单身宿舍。

由于历史原因，这批老师年龄悬殊较大，有的已是3个孩子的母亲，有的是二十出头的青年才俊，还有一群亮丽知性的美女老师，成为学校一道风景线。他（她）们朝气蓬勃、充满理想、思想活跃，精力充沛；他（她）们衣着新潮，时尚美丽，是学校的主力军，也是最具活力的新生力量，深受学生喜欢。

这时期，沂源中学的规模不断扩大，班额越来越多，升学压力也越来越大。这批青年教师担任班主任，教着2个班的课，有的教3个班，还负责各种社团、兴趣小组活动，以及迎接各种检查和比赛。这时社会开始重视学历，电大班、职工教育班、企

校改前的单身职工宿舍（1992年）

校改前的职工家庭住房（1992 年）

业培训班等应运而生，这一批老师中的骨干，受学校委派，给他们无偿兼课，常常这边讲完课，马上骑着自行车去另一个地方上课，天天忙得不亦乐乎。1987 年，唐传祥同学第一个考上清华大学。从此，沂源一中学生开启了清华和北大的大门，几乎年年都有考上清华和北大的学生。

第三批是沂源师范毕业生。受当时招生政策的影响，一批各中学的顶尖学生，被提前录取到沂源县师范。这批学生学习能力强，综合素质高，师范毕业后，被迅速充实到全县各中学，沂源中学也分来一大批优秀学生。这批老师如饥似渴地学习，付出了很多心血和汗水，教课非常好。这批老师后来参加函授学习，全部拿到本科甚至研究生学历，并且通过自己努力，陆续走上了领导岗位。一段时间里，沂源县的中小学校长，一半来自这一批人。沂源县第一中学两任校长、县教育局两任局长都出自这一批学生，有的还担任了县领导职务。

那两排单身宿舍，曾集聚过这样一群老师！寒来暑往，花开花落。有来的，有走的。这里住过多少老师，谁也说不清楚，但只要住过的，谁也不会被忘记。

1987 年，沂源中学改称沂源一中。20 世纪 90 年代以后，学校迎来发展的一次高峰。山师、曲师、聊师、烟师等一大批毕业的大学生不断充实进来。县外籍的老师陆续调回原籍。所以，两排宿舍里，天南地北的方言少了，穿中式马褂的少了，端着烟斗的少了，更多的是本地乡音、本土方言了。

单身宿舍的文化体育活动始终比较热闹。南面有个小篮球场，也是当时的小广场，学校开会、演出、比赛常在这里举行，就是这个土地的小篮球场，几乎天天都举行一场教职工比赛。后来，单身宿舍西边放了两张乒乓球水泥台，又激起当时师生的乒乓球热。从下午放学到晚自习这段时间，台子周围天天围满了学生，欣赏老师们打球。时间长了，水泥台下面踩出两个大坑，足见当时师生打球的热情。

1990 年，沂源县划归淄博市，沂源一中也迎来了公办学校大规模校舍改造的机会。先是建了两层的“擦屋”，大阶梯教室，后来建了教学楼、食堂、体育馆，标准化操场，两排单间小平房也完成了它的历史使命。（李继承提供资料）

沂源县第二中学

记忆沂源·教育体育卷

扫码看视频

扫码听书

概　述

沂源县第二中学坐落于县城荆山西路29号，创建于1976年，占地面积8.6万平方米，1座办公楼，2座教学楼，4座教学办公楼。2023年10月，有55个教学班，在校学生2604人，教职工278人。

沂源县第二中学（2023年）

艰难起步阶段（1976—1986）

沂源二中前身为城关一中（南麻一中、城关中学）。1976年初，征荒山13亩，建教室、办公室、宿舍和伙房24间，学校命名为南麻中学，招收2个初中班，学生108人；8月，改称南麻一中。1978年，南麻二中并入南麻一中，增设2个高中部，学制二年，招收学生108人，更名为城关中学。1979年9月，接上直通沂源县第二供水站水塔的自来水管道，结束用拖拉机拉橡胶皮囊运水或人工挑水历史。1980年，建起周长200多米有三条跑道的岭上操场；7月，初中改为三年制，增设英语、历史、美术课。1981年9月，学校办起1个高考理科复习班，这是学校第一届高中复习班。

1982年7月，县教育局决定分片招生，学校分得土门、张庄、燕崖3个公社百名小中专录取后报考高中的112名学生；秋季，在临沂地区行署教育局召开的全区教学工作会议上，学校被评为教学工作先进单位。学校从最初的2个初中班发展为拥有18个班的完全中学，教职工80余人，在校学生1202人，学校校舍规模扩大8倍，校容校貌发生巨大变化。1984年，学校更名为城关一中。1985年，建学校大门，扩建操场500平方米。

发展壮大阶段（1987—1996）

1987年9月20日，县政府决定把城关一中更名为山东省沂源县第二中学（简称沂源二中）。1992年4月，校舍改造工程全面启动，新建教学、办公、实验楼各1座，新建学校大门1个，劈岭填壑建操场1处，修建有300米环形炉渣跑道的田径场，在原操场上建篮球、排球、羽毛球场，硬化道路6638平方米，绿化校园1080平方米，改造扩建原6间教室为学校食堂。学校占地面积达到80亩。8月24日，校改工程被省校改验收团评为优秀等级。

1984年城关一中校门（素描）

1993年6月起，沂源二中逐步撤销初中，改为普通高中学校。1995年7月，教师进修学校办公楼、教学楼等校舍全部移交给沂源二中，学校占地面积达到8.33万平方米，拥有2座办公楼、2座教学楼、1座实验楼；8月，停止初中招生；9月，学校

校舍改造后的操场（1992年）

南麻一中首届初中一班毕业生合影（1978年）

电教服务中心、图书资料中心、后勤服务中心“三中心”建成，电视机、录像机、收录机、幻灯机、投影幕“四机一幕”进入课堂；10月，参加山东省普通高中教学工作会议的领导莅临视察学校现代化教学现场，一致肯定学校现代化教学手段走在全省前列。

创造辉煌阶段（1997—2006）

1997年4月，学校为市电化教学现场会提供现场并作经验介绍；10月，通过省电化教育试点学校验收；12月，新餐厅投入使用。

1998年，学校制定实施“139”（一个中心，三个活动月，九个主题单元）德育工程，《淄博日报》对学校典型经验进行报道，淄博电视台专门制作专题片，在全市宣传推广。

2001年3月，在实验楼建成多媒体教室；5月，建电子备课室，并接入因特网，实现网上资源共享；7月，开始旧房改造工程、暖气工程、学生公寓工程、现代教育技术工程建设，进一步提升办学条件现代化。

2002年6月，启动联结名校、联结名师“双名”战略，创建成北大附中“远程教育示范学校”。2003年1月，建筑面积近1.1万平方米的2幢学生公寓楼投入使用。2004年，完成建筑面积1.2万平方米的教学综合楼审批手续并开工建设。2005年11月，2座教学综合楼以省优工程竣工并投入使用，学校达到60个教学班规模。2006年9月，2万平方米的校园广场落成。

1998年，刘维涛获县文科第一名，被中国人民大学录取。1999年，高考获得量和质的突破，获市同类学校第一名。吴明琴获县文科第一名，王锋获理科第一名，分别被南开大学、北京大学录取。2002年，梁传祝获县文科第一名。2006年、2007年，高考成绩连续2年创校历史新高，高考本科进线人数突破1000人大关，居全市同类学校第一，获高考团体一等奖。

持续发展阶段（2007—）

2009年4月，学校成为全市唯一首批通用技术学科教学改革省级教学联系学校。开展“课堂教学创新深化年”活动，进一步推广和完善“自主合作”课堂模式，被市教育局确定为第一批“生本教育”实验学校。2010年9月，高标准运动场竣工并投入使用。学校通过淄博市第三批数字化校园验收。成为首批山东省中小学安全文化建设重点研究基地之

沂源二中举行山东省电化教育试点学校挂牌仪式（1997年）

一。2013年8月，4名学生获得赴德国参加第65届德国纽伦堡国际发明展资格，学校获团体奖，被授予2013年度中国创新型学校，2名指导教师获中国创新型名师奖。

2014年4月，学校被评为淄博市中小学艺术教育（绘画、书法）特色学校；9月，与俄罗斯诺夫哥罗德市第一中学结为中俄友好学校，实现两校之间教育、文化、体育等领域广泛交流与合作。

2018年12月，学校与韩国广南中学举行线上交流座谈会暨友好学校签约仪式；5月，学校与韩国广南中学举行美术作品、面塑作品、剪纸作品（教师、学生作品）等艺术作品线上交流展示活动。

刘玉成、张学校、张丕述、赵希祥、崔升一、任大吉、李之泓、郑述庆、张国宝、刘峻峰先后担任校长。

教育教学

学校秉承“自强、奉献、开拓、进取”校风和“自强不息、追求卓越”校训，重管理，抓细节，坚持以教促研，以研兴教。以教坛新秀、优秀教师、骨干教师、模范教师、二中名师教师梯级培养体系为依托，遵循“敬业、爱生、博学、严谨”教风，学习并实践“教为主导、学为主体”教学原则，推广“让学生形成知识结构解决实际问题”的教学思路和“文科大单元复习”方法，借鉴杜郎口教学经验，推行学案导学法，落实“施爱心、多鼓励、低起点、扬其长、快反馈、强矫正”教学策略，推广和完善“自主合作”课堂模式。推行艺术教育和小语种教学，实行大单元教学，致力课堂教学创新，取人之长，补己之短，探寻属于自己的办学之路，并取得优异成绩。

学校荣誉

学校被评为中华优秀传统文化传承示范校（非遗面塑研习社）、省级文明校园、省体育传统项目学校、省规范化学校、省文明单位、市电化教学先进单位、市创新教育实验学校、市第三届师德建设先进集体、市2007年普通高考十强学校、市教师教育工作先进单位、市科普教育示范学校、市中小学德育工作先进单位、市数字化学校、市普通高中课程与教学工作先进学校、市微课程资源建设突出贡献奖。

教师风采

张国宝，男，1968年出生，中共党员，高级教师，山东省特级教师。

校园琐忆

1992年校改记忆

沂源二中是1990年城镇公办学校校舍改造的“困难大户、校改大户、投资大户”。1991年8月，动工建设办公楼、教学楼、实验楼。1992年4月，动工建设操场、改造旧房、硬化道路、美化环境。1992年8月，校改验收达标。

学校成立校改领导班子，将校改作为头等大事来抓，对所有项目进行具体分工，分片包干责任到人。同时，学校出台《沂源二中校改施工规章制度》《沂源二中筹措校改资金暂行办法》《沂源二中校改考核评价办法》等规章制度，保证校改工作安全有序和工程的高质量、高标准。

1992年4月21日，学校召开校改动员大会。校长作题为《积极行动起来，奋战一百天，全面完成校改任务》的动员报告。之后又多次召开专题动员会，号召全校师生积极上阵，投入校改义务劳动。全校1017名师生共同上阵，奋勇争先。学校以处室、班组为单位分配任务，有布置，有检查，有验收。

1992年6月，学校团委成立青年突击队，各班也成立自己的突击队。课余和暑假期间，青年突击队冲锋在前，不怕苦不怕累，顶烈日冒酷暑，在班主任带领下，承担清理陈年垃圾、运土、抬石头、装车、栽树、挖沟等校改义务劳动任务。

沂源二中老校址原是一座岭（俗称槐树岭子）、两条沟，上下落差13米，怪石嶙峋，石质坚硬，石深无底。要想推进工程，必须步步放炮，层层放炮。然而炮响无情，药量大，容易飞起石头砸屋伤人。为此，学校严格落实《沂源二中校改施工规章制度》，要求施工队少放药、放小炮，确保房屋、人身安全。同时县委政法委和学校派专人亲自登门苦口婆心、耐心细致地做好周围群众的工作，保证了施工安全。

沂源二中校改后新校区（1992年）

清除老校园陈年垃圾和建筑垃圾、绿化美化校园的任务同样艰巨。各处室、班组都分别领取任务，顶烈日冒骤雨，肩挑、手抬、车运，八仙过海各显神通。师生们用镐在石缝上一点一点地刨，用手一块一块地把石头捡出来，像蚂蚁啃骨头一样，在老校园的3条主干道两侧和花园内，硬是人工凿石、开沟挖穴、填土浇水，栽上冬青、雪松、杨柳，种上花草秋菊，终于把老校园初步绿化起来。

操场原来上下落差13米，乱石交错，工程极为艰难。离验收仅剩13天时间时，还有438方建筑垃圾和793方土石需要清理，同时还要建界墙、设景点、整平硬化地面、绿化美化环境、建车棚。天气炎热，土地坚硬，工程量极大。极端困难时刻，县校改领导小组调遣经委系统9个企业来学校会战，八方力量汇集，社会各界支援，帮助学校完成操场改造工作。

就这样，师生们有时顶着烈日下的高温，有时冒着倾盆大雨，从学校誓师动员大会到8月23日，持续奋战120多天，中间从未休息一个节假日。在校改过程中，学校师生共投入3.5万个劳动日，拣运铺路石1674立方米，运土500立方米，挖土1768立方米，绿化开沟挖穴228立方米，开垦绿化地1080立方米，圆满完成了预定的校改任务。

（张吉爱提供资料）

见证沂源二中特色发展之路

1997年，沂源二中开始专设音美特长班，学生60余人，这些学生文化课成绩比较薄弱，升入高校的难度比较大，但在音乐、美术方面有一定的发展潜力。学校为这个班配备送考经验丰富的文化课教师和专业水平最高的音乐、美术教师。在课程安排上，刚分班时，每周有2个半天的专业训练时间，其余时间仍以文化课学习为主。到了高二下学期，逐步增加专业训练时间。同时，聘请高校专业教师定期到校进行专业指导。高三上学期末开始，学校与济南专业培训学校对接，学生到这些学校进行专业培训，然后参加专业考试。之后，学生返校，集中复习文化课，迎接高考。这级学生于2000年参加高考，本科进线18人，学校特色办学初见成效。

之后，学校在每个年级继续开设音美等特长班，规模不断加大，效果越来越明显。这些班的学生，除了音乐、美术专业外，还有播音主持、广播电视编导、书法等专业，随着高校招生专业增加，学校的特长班专业门类也在增加。

2000级学生有2个音美特长班，每个班高考录取人数都突破了30人。其中1名学生中央美院专业过线，1名学生考入鲁迅美院。

2005年是沂源二中特色发展的丰收年，音体美本科进线470人，6人被中央美院录取，实现了特

沂源二中美术教学楼（2016 年）

长生录取层次上的新跨越。

此后三年，学校大量招收音美补习生。2006年，沂源二中音乐美术毕业班达到12个。次年，学校高考本科进线1037人，进入全市十强学校。

2013年，沂源二中的特色办学再拓新路，根据生源实际，开始组建春考班，学生47人。次年，该班学生参加春考，45人被录取，多人被青岛大学、济南大学、山东建筑大学录取。2016年春考上线121人，2017年春考上线158人。自此，沂源二中“普通高考、特长高考、春季高考”三驾马车并驾齐驱，实现学生全方位发展，多方面成才。

不仅如此，早在2005年，沂源二中就开展小语种教学，开设2个俄语班，2006年增开到4个，2013年停办。2019年下半年，又重新开启小语种教学模式，在开设俄语班的基础上，增加了日语班。

2000年，沂源二中首次开设体育班，一直到2008年。其中2005年成绩辉煌，全班22人过线19人，多人被山东大学、北京体育大学、上海体育大学录取。

经过多年的教学实践，沂源二中通过春考和音乐、美术、体育、播音主持、编导、书法特长班等途径，开展多元化教育，搭建“成才立交桥”。立足实际的多元化教育，有效激励学生的优势发展，实现学生和学校的共同发展。教育教学特色发展之路由“面的展开”转入“质的升华”，积淀了个性鲜明的文化底蕴，形成独特、稳定、优质的办学风格，逐步发展成为多措并举、综合施策、全方位育人的特色高中学校。（张苍明提供资料）

淄博电子工程学校

扫码看视频

扫码听书

记忆沂源·教育体育卷

概　述

淄博电子工程学校位于沂源县城振兴西路1号，占地面积10.93万平方米，建有教学办公楼、实验楼、培训楼、实训中心楼、艺术楼、餐厅、男生公寓楼、女生公寓楼。2023年，学校有5个专业部，17个专业，全日制在校学生3600余人，教职工275人。

学校前身是沂源县职教中心，1996年8月，由沂源县职业高中、沂源县职工中专、淄博电大沂源分校、沂源县教师进修学校合并而成。1997年10月，沂源县职教中心事业法人登记为“沂源县职业教育中心学校”。

2001年6月，县政府印发《关于调整优化教育资源布局的有关意见》（源政发〔2001〕62号），沂源县技工学校与沂源县职业教育中心学校合署。将县职业中等专业学校职能并入县职教中心，2007年7月，沂源县职业中等专业学校主体教学设施（3座教学楼及广场，占地3.47万平方米）划归沂源县职业教育中心学校，教干教师30余人分流到该校。至此，全县职业教育、技工教育统归沂源县职业教育中心学校。同年，学校利用中央扩大内需项目投资的200万元资金，申请建设实训教学楼，当年办理完成各项手续，征地12.35亩，2008年底建设完成，建筑面积4064平方米。2009年，完成配套设备采购，下半年正式投入使用，学校办学条件得到改善，实习实训教学质量提升。2011年，学校投资400余万元，建成建筑面积2.45万平方米的标准田径场，9月投入使用。

2018年6月，沂源县职业教育中心学校更名为淄博电子工程学校。

王焕明、马光照（主持工作）、张振军、桑长城、郭守密、白道德、杨树锋、魏述民先后担任校长。

教育教学

学校紧紧围绕“技能立身，幸福伴身”发展思路，以“1+2+3”（即争创特色名校，重职教高考、强技能培养，创建“活力校园”“书香校园”“幸福家园”三园文化）学校发展规划为指导，让教师收获教育幸福和职业认同，让学生接受幸福教育和快乐成长。坚持“产教融合、职普融通、科普融汇、职前职后联动教育、学历教育、技能培训并举”的发展战略，深入实施教学改革，加强“双师型”教师队伍建设，建设开放型区域产教融合实践中心，拓宽学生成长成才通道，提升职业学校关键办学能力。1994—1996年，设立音乐、美术、微机师资专业共9个班，为全县培养急缺师资人才300余人。

淄博电子工程学校（2022年）

学校预科班始于技工学校，对口升学天津职业技术师范大学。截至2023年，共有近200名学生考入天津职业技术师范大学。

学校积极探索人才培养模式，与淄博职业学院、淄博师范专科学校和山东科技职业学院等高职院校加强合作办学，开展计算机、学前教育和数控技术3个专业的“3+2”贯通培养。与山东轻工学院合作探索中高职衔接办学模式；机械加工技术、化学工艺2个专业成功入围市职业教育中高职一体化人才培养模式改革试点；深入推进“中德智能制造产业学院”“三利智能制造产业学院”育人模式，为学生升学、就业提供更多选择和更专业的教育。

淄博电子工程学校实训中心（2023年）

学校坚持校企合作联合办学的人才培养模式，建校之初与北京齿轮总厂、威海市外资服务中心以及县内的山东鲁阳股份有限公司、药玻总厂、酒厂、内燃机配件厂等企业合作办学。随着学校发展壮大，联合办学延伸到北京汇源食品饮料有限公司，2003—2007年，累计为汇源公司培养员工1000余人。学校积极探索校企合作办学新模式，淄博电子工程职业教育集团成立以后，集团成员合作不断加深，2023年，理事单位达74家。学校与江西合力泰科技有限公司、青岛三利集团、青岛海尔集团、莱茵科斯特、太平洋保险等省内外30多家企业建立联合办学关系，为学生搭建发展平台，毕业生就业率达98%。

2018年5月，学校结合地区经济社会和职业教育发展需求，组建“淄博电子工程职业教育集团”，首批加入集团的单位共32家，其中职业院校16所、县内外企业16家。

学校荣誉

学校被评为国家级重点职业学校、全国燎原广播电视学校先进集体、山东省招生工作先进单位、省电大招生工作先进集体、省电大教学管理先进集体、省绿色学校、省农村和社区基层干部学历教育先进办学单位、省级档案管理考核先进单位、省中等职业学校省级重点学校、省规范化中等职业学校、省高水平中等职业学校建设立项单位。

教师风采

王健吾（1932—2021），男，中共党员，高级讲师，全国优秀教师。

孙　玉，男，1941年出生，中共党员，高级教师，全国优秀教师。

刘俊银，男，1943年出生，中共党员，高级教师，全国优秀教师。

张志英，女，1968年出生，中共党员，讲师，全国优秀教师。

校园琐忆

职教招生“升温”记

沂源县中等职业教育的招生，从最初招生的困难重重，到后来的校园爆满，30年里的变化，映衬出国家经济发展的跨越和对职业教育的重视。

新学期学生开学报到（2023年）

跑保险分名额式的招生　2000年左右，中等职业教育还没有被多数家长认可，中职招生非常困难。那个时候，学校为了能够招到学生，采取分名额的方式，学校规定，每个老师必须招2个学生，中层以上领导要招3—5个学生，任务完成情况和老师的考评挂钩，和职称评定挂钩，这些任务都是硬性的。

为了能够招到学生，所有的老师是骑着摩托车走村入户，到没有考上高中的学生家去做工作，苦口婆心地宣传职业教育的好处。当时，还有外地的中职学校比如淄博第二职业中专，以及青岛、潍坊、济南等地的中职学校，也到沂源招生，并且到他们学校就读不交学费，而沂源职教招的学生，每年要交2500元钱学费。更何况，很多农村的家长都以到外地上学为荣，不愿意到本地的中职学校来，这就给招生增加了难度。尽管老师们挨家挨户地跑，凡是那些分数低的，凡是那些有一丝意愿的学生，几乎都跑个遍，但还是收效甚微，家长的工作相当难做。那时，学校有200多个老师，想完成600个名额都是相当困难的。经常有人开玩笑说，职教学校老师都是带研究生的，在校生基本上有1000多人，平均每个老师也就分到五六个学生。这种招生难的情况一直持续到2011年左右。

下指标定任务式的招生 随着国家对职业教育的重视程度越来越高，也为了能够留住本县生源，2011年开始，学校的招生改在春季招生。春季招生的意思是四年制的初中生，学生在学校上三年半，到最后的半年就到职教学校上。县教体局支持力度也非常大，把学校招生计划分解到全县各中学。学校里负责招生的老师到各中学给家长和毕业生进行宣讲，给学生和家长做工作，各中学的领导老师也帮助招生。在这种情况下，招生形势大有好转，比跑保险式的招生好多了，再加上国家最利好的一个政策，就是从2013年开始，国家所有中职学校的学生不再交学费。因为免除了学费，外地到沂源县招生的学校也就没有了优势。而且家长的年龄也越来越年轻，他们对到外地上学也逐渐有了新的认识，特别是安全方面，在当地上学更好一些，更放心一些。这种招生方式，一直持续到2015年。当然，这种招生方式，职教中心的压力相对少一些，更大的压力转嫁给了各中学。但随着学校的发展越来越壮大，从原先的硬件设施，到后来的软件设施，都有了巨大的提升，尤其是新建了塑胶操场、实训大楼和设施齐全的宿舍。学校考出去的本科生、专科生也越来越多，各类技能比赛成绩突出，职教中心在社会的口碑也越来越好，踊跃报名职教的学生越来越多。在这种形势下，2016—2018年，关于职教招生，教体局不再给各学校下派硬性任务，不再把各中学的招生任务作为考核指标。

自愿报名式的秋季招生 2018年，学校更名为淄博电子工程学校，并加入了淄博职业教育集团。原来的春季招生改为秋季招生，也就是说，原先提前招生占有生源的政策已经发生了翻天覆地的变化。刚开始的时候有人还担心，如果改为秋季招生，让学生自愿报名，是不是淄博电子工程学校的招生再次陷入困境。让人惊喜的是，在2018年第一次由春季招生改为秋季招生后，1200多人的招生计划明显不足，甚至分数低的学生都无法录取，热门专业更是竞争激烈。从2018年开始一直到2023年，每年报名人数都超过了实际的招生计划，年年爆满。这招生形势的巨大变化，首先归因于国家对职业教育的大力扶持，也归因于学校教学质量深层次的提升。学校已经完成山东省示范学校的建设，2023年，学校被立项为山东省高水平中等职业学校建设单位。

30年职业教育的跨越式发展，说明职业教育的未来充满光明，相信淄博电子工程学校，借国家大力发展职业教育的东风，会走向新的辉煌。

（王仕军提供资料）

沂源师范学校的变迁

1958年，县委决定成立沂源师范。报经上级批准，7月，选派赵明堂、唐经武作为学校负责人，带领教师2人，前往当时的东里公社韩旺筹建学校。将东里中学4个班的毕业生161人，转为师范一级学生，1958年9月1日正式上课，宣告沂源师范诞生。

沂源师范刚成立时，临时借用冶金地质队的房子，只能暂时栖身。所以在韩旺上课的同时，即在南麻城北，破土兴建新校；11月，建起两排教室，因交通运输困难，全体师生步行50多公里，完成搬迁任务。

沂源师范迁至南麻以后，在上级大力扶持下，全体师生边学习、边建校，由小到大迅速发展。1961年，已建房220间，有教职工50人。

沂源师范第一级学生，即1958年招收的4个中师班161人，至1961年毕业（实际131人），分配担任教师。第二级学生，即1959年招收的4个中师班156人，至1962年毕业（实际毕业131人），分配担任教师。这两批中师生大大地充实了沂源教师队伍。

1962年，国民经济处于困难时期，根据中央“调整、巩固、充实、提高”的八字方针及缩短各条战线的指示精神，决定将沂源师范撤销。教干教师有的转行，有的调往其他学校任教。1960年，招收的中师第三级181人和1961年招收的中师第四级42人尚未毕业，回家劳动（后来这些人多数当了教师）。学校的房屋、教具由县文教科接管。1971年卖给中国人民解放军第27野战医院。

1964年，大力开展工读教育。翌年，山东省决定在临沂地区办8所工读师范，其中沂源举办一所；7月，沂源县召开工读教育会议，任命唐经武为沂源县工读师范校长，着手招生事宜。第一批招收93人，校址暂时设在沂源一中，9月4日正式上课。学校受地区教育局和县文教科双重领导。经费由上级拨发。学生为社来社去，培养目标为民办工读教师。在校学习期间享受全日制师范学生的待遇。

工读师范开学两个月以后，迁至新校——东里公社院峪北山的西寺，这里有房屋72间，生产基地30亩，上级拨部分教学仪器，购置2000多元的体育器材，还买了一批劳动工具和图书资料。虽然条件差，设备简陋，但由于领导和师生的共同努力，学校办得很有活力。第一批学生至1967年结业，回各公社当工读教师。

1968年春，招收第二批学员108人（其中属沂水县的30人），原定两年毕业，1969年1月，撤销工读师范。学生发肄业证书，各自回家，教师另行分配。历时5年的沂源工读师范解散。

1969年，重新恢复师范教育，地址设在前工读师范。在原来的基础上，增添部分桌凳和教学仪器，配备领导和教师。根据县教育组的要求，从1970年开始，举办半年制的培训班，先后举办四期5个班，共培训216人。前三期4个班招的是民办教师，第四期招收的是公办教师。另外，还举办东里、张家坡、石桥、唐山几个公社的理化教师备课会。

1973年以后，招收中师两个班，73人，不再举办短期培训班。1974年9月4日，沂源师范从院峪西寺迁至南麻西岭。校址坐落在岭的后坡，卧石嶙峋，高洼不平。迁校之初，有校舍70间，占地约30亩，任命杜春瑞为副校长，负责全校工作。经全体师生辛勤劳动，整平校园，拓出操场。此后又经过1976年、1978年和1980年的3次扩建，校舍达到130间，占地面积50多亩。校内桌凳、床铺齐全。教学仪器由迁校时的几百件增至上千件，图书由300多册增至6000余册。有校办工厂1个，能生产塔尺、化学实验箱和摩擦计等。

1980年11月，沂源师范改名为沂源县教师进修学校，以培训在职教师为主要任务。1996年并入县职教中心。（单兆宜　李家宝　周葆印提供资料）

杏坛陈迹

原沂源县职业高中

1986年9月，为适应职业教育快速发展的需要，解决沂源县农业技术中学办学规模小、主要发展农林专业的问题，县委、县政府研究并报经上级有关部门批准成立沂源县职业高级中学。

建校初期，仅有教师9人，共有机电专业学生103人。没有校舍，借用解放军54870部队营房上课2年。1987年，更名为沂源县第二职业高级中学。1988年9月，迁至县教师进修学校上课1年。1989年1月，迁入历山路西侧新校址。从1989年开始校改，历时3年，新征土地1.33万平方米，修校舍2110平方米，建办公实验楼、学生宿舍楼、食堂及金工实习车间楼各1座，共有建筑面积5487平方米。硬化路面3558平方米，绿化2824平方米，新建雕塑、假山、景墙、陶瓷塑画、校改纪念碑等5处景点。

职业高中在完成校改任务之后，学校领导提出以争创市级、省级重点职业学校为目标，更好地为沂源经济腾飞服务。抓住开放式办学、封闭式管理、经科教结合这3条主线，促进学校工作的全面开展和提高。全校教职工苦干3年，使学校面貌发生根本变化，新增价值100万元的内部设施，新增文化课实验室3个，专业实验室3个，实习工厂2个；先后与县内外18家企业和山东工艺美院、山东轻工业学院、山东工程学院等3所高校联合办学，扩大办学规模，增强办学实力。1995年，学校有教职工80人，在校学生726人，10年中17个专业毕业学生1259人。1995年6月，学校被市政府命名为市级职业教育规范学校；11月，学校被国家教委认定为省级重点职业高中，进入全国99所省级重点职业学校行列。1996年，学校并入沂源县职教中心。

陈浩、唐慎会、尹秋枫先后担任校长。

原沂源县职工中专学校

学校前身为沂源县职工学校。1984年，经县人民政府批准成立沂源县职工学校。校址在沂源县人民医院以东、胜利路以北，占地面积9400平方米，建筑面积2300平方米。建校之初，学校共有教职工10人，1985年开始招生。1986年，职工教育重点由进行高中文化补课和技术补课，转移到岗位职务培训，先后开设财会、商企管、工企管、微机、文秘等11个专业。1991年，改建为沂源县职工中等专业学校，正局级事业单位，隶属于县职工教育办公室，教职工18人。至1993年，累计招收22个班，学员1803人。学校先后被评为山东省职工教育十年成果奖先进单位、市职工教育先进单位、市精神文明单位。1996年，与县职业高中、淄博广播电视大学沂源分校、县教师进修学校合并成立县职教中心。

刘玉成担任校长。

原沂源县教师进修学校

前身为沂源师范，1980年11月，更名为沂源县教师进修学校，以培训在职教师为主要任务。1983年，经省政府批准备案，成为沂源县中小学教师培训基地。1995年，学校占地3.9万平方米，校舍建筑面积6200平方米，教职工46人。1996年，与沂源县职业高中、县职工中专学校、淄博广播电视大学沂源分校合并成立县职教中心。

赵明堂、唐经武、杜春瑞、赵希祥等先后担任沂源师范（工读师范）校长。黄爱功、徐涛先后担任县教师进修学校校长。

原沂源县技工学校

该校是一所中等专业技术学校，隶属于县劳动局。1988年2月，经山东省编委、山东省劳动厅批准建立。学校占地面积2.87万平方米，建筑面积1600平方米，固定资产800余万元，建有教学楼、办公楼、宿舍楼、实验楼、图书室、餐厅、卫生室、职工活动室、广播室等教学和服务设施。

学校有教职工91人，大专以上学历占78%，高级讲师8人，讲师27人，助理讲师30人。开设专业从建校之初的烹饪、钳工、车工、砖瓦抹灰和化学分析5个工种专业发展到后期的烹饪、电工、钳工、建筑、电钳、化工、机电、商经、工业发酵等11个工种专业。第二课堂开设篮球、音乐、书法、电气焊、文学写作、机械维修、电工、裁剪、微机、摄影等10个专业，成为学生自愿选修的第二专业。有钳工、电工、电气焊、烹饪、井下电焊等完善的实习条件。

学校实行校长负责制，建立党、政、工、团齐抓共管的全方位、全过程立体管理网络。坚持“在改革中求生存，在生存中求发展”办学思路和“内强素质、外树形象、同舟共济、荣辱与共”办学指导思想，既注重培养学生扎实的基本功，又注重有计划地让学生在生产中锻炼提高。学校共向县直各企事业单位输送合格毕业生1600人，四级工合格率达90%。有8人在市局举办的技能竞赛中获奖。

2001年6月，学校并入县职业教育中心学校。

江毓生、唐建安、马泮芬、江兆华先后担任校长。

原沂源县职业中等专业学校

成立于1982年，原名为沂源县农业技术中学。1987年，更名为沂源县第一职业高级中学。1989年，省政府批准为沂源县职业中等专业学校。

学校占地面积9.2万平方米，总建筑面积1.62万平方米，建有办公综合楼、教学用房、实验楼、学生公寓和师生食堂等基础设施。设果林专业实验室、会计模拟室、建筑专业实验室、电教室、画室、微机室等专用教室。校园内有苹果园、山楂园、银杏园、冬暖蔬菜大棚、饲养场、桑园、淡水养殖场、食用菌场和特种玻璃厂等生产实习基地。

学校本着“以农为本、为农服务、产教结合”办学方针，主动适应当地经济建设需要，采取多种形式，灵活办学，形成“上挂、横联、下辐射”办学模式，先后与农业局、乡镇企业局、科委、科协、厂矿等企事业单位联合办学，定向招生和培养。实行开门办学，送技术下乡，受到群众广泛好评，取得明显育人效益和社会效益。共培养各类中等专业技术人才2100余人，培训各种实用技术人才5800人。

学校先后被评为全国实践教育活动先进单位、省“七五”期间农村科普工作先进集体、市级规范化学校、市学农基地开发建设先进单位。1995年，被国家教委确认为省级重点职业中专。

2000年，学校改制为沂源县综合高中。2001年6月，县职业中等专业学校职能并入县职教中心。2007年，学校撤销，教师分流到沂源一中、沂源二中、县职教中心、县实验中学、县历山中学和县实验小学。

卢洪第（兼）、齐科元、崔远信、朱玉茂、任继功先后担任校长。

原淄博广播电视大学沂源分校

前身为沂源县电大工作站，1979年2月，沂源师范函授站设立广播电视大学辅导站。1986年，在县城东风路柴油机厂路南、煤建公司旁征地10余亩，先后投资近70万元，建校舍72间，电大站逐步发展成为一所运用现代化手段进行远距离教育的综合成人高等教育场所。1993年6月，经市政府批准，改称淄博广播电视大学沂源分校。1995年5月，县政府批准电大分校为正科级事业单位。1996年，与沂源县职业高中、县职工中专学校、县教师进修学校合并成立县职教中心，保留淄博广播电视大学沂源分校校牌。

王健吾、李传衡先后担任校长。

素描　《课间》　狄正梅（中国美术家协会会员）

沂源县实验中学

记忆沂源·教育体育卷

扫码看视频

扫码听书

概　述

沂源县实验中学位于县城荆山路135号，占地面积6.72万平方米，建筑面积1.7万平方米。2023年，有42个教学班，学生1800余人，在职教师198人。

1982年8月，在沂源县城东荒山坡上利用2排旧校舍成立城关二中，隶属南麻镇，首招2个初中班，学生108人，教师6人。

1984年8月，学校扩大招生，每届招收4个班，教室数量严重不足。通过多方筹措资金，盖起第一座可容纳8个教学班的教学楼，学校规模第一次扩大。

沂源县城关二中教学楼（1985年）

1987年8月，完成校舍改造，学校规模扩大到18个班，师生1300余人。更名为沂源县实验中学，隶属沂源县教育局。1988年7月，学校第二次筹资，建成教学楼1座、简易操场和南大门。1991年10月—1992年6月，先后建起教学楼2座、综合教学楼1座、实验楼1座、其他用房200多间，开辟操场1个，建篮球、排球场6个，完成校舍改造。

2001年9月，迁入沂源交警大队以东新建学校。学校有教学楼4座、实验楼1座、信息楼1座、报告厅1座。建成理化生实验室6个、微机室1个、多媒体教室2个，为教学一线教师购买微机142台，完成校园网布线和校园广播网安装，与县教育城域网相连。建起“巾帼建功园”“桃李园”“牡丹园”等园区，绿化美化校园。老校区成立由学校领办的国有民办学校——树人学校，面向全县招生，招收4届学生。

2011年5月，建成400米跑道的塑胶田径场、足球场和6个塑胶篮球场、6个排球羽毛球场、1个健身小广场，绿化美化操场周边环境。

2015年，建成新食堂，建筑面积2157平方米，餐位880个，解决学生就餐问题。2021年，被评为淄博市规范化食堂。2023年，被评为淄博市星级食堂。

2016年7月，校园爱国主义教育阵地建成，用30块大型展板对学生进行党史、国史、沂源史教育，引导学生爱党、爱国、爱家乡。由72块展板组成、具有丰富内涵的“一廊二室三厅三史四苑”，围绕“立心立人”办学核心理念，在耳濡目染中提升学生思想境界。学校被评为省学校文化研究基地、市文化名校。

2017年8月，实行级部管理，聘任4名校长助理负责级部教育和教学，深化课堂教学改革，制定《教师专业发展三年规划手册》和《实验中学教师分类梯次培养实施方案》。2019年9月，学校以“振华精神”铸师魂，定期评选“振华园丁奖”和“振华名师”，强化师德教育，将振华精神进一步发扬光大。实施三年发展规划和教师分类梯次培养，推进质量提升工程，深化“自主互助、有效合一”的课堂教学改革，打造优质高效课堂。一大批青年骨干教师脱颖而出。12月，学校被评为淄博市首批省级文明校园。

截至2023年，有100多名市县优秀教师、优秀班主任、名师、教学能手、骨干教师脱颖而出。学校设立“振华奖励基金”强化师德教育，狠抓课堂教学，在历次中考和各级各类比赛中都取得优异成绩。

李振华、王明阳、李振义、周守太、张涛、齐化勇先后担任校长。

教育教学

建校初，针对艰苦的办学条件和生源差的状况，确立“以德立教”的指导思想，提出“转化一名后进生与向高一级学校输送一名优秀生同等重要”育人理念，以“爱、勤、严、细”工作要求，引导教师耐心细致做好学生思想工作，首批毕业生有88人升入高一级学校。1983年8月，把“雷锋精神”确立为校魂，定期组织学生去敬老院活动，40余年薪火相传。

沂源县城关二中阶梯教室（1986年）

1987年8月，确立“德育为首、教学中心、五育并举、全方位育人，不求人人升学、但求个个成才”办学指导思想，推进课堂教学改革，育人成绩逐年提升。

2004年10月，学校优化办学思想，确立“立心立人”核心办学理念，培养“志向高远、道德善良、聪明智慧、健康快乐、自信成功”育人目标和“创建现代化学校，打造优质品牌”办学目标，落实推进教育思想现代化、办学条件标准化、制度引领规范化、课程实施科学化和师生素质优良化“五化”管理，实施“学会四个关心，做道德善良好人”“三全一多赏识激励育人”的德育和心育特色教育。推行“三课型六环节”课堂教学改革，教学质量显著提高，被评为改革开放30年淄博市最具影响力学校。

2010年8月，加强校园文化建设，建成一条核心理念文化长廊、四个文化苑区和党史国史沂源史爱国主义教育阵地，学校文化品位整体提升，被评为市学校文化建设先进单位、市文化名校；11月，全国积极心理健康教育暨学生积极心理品质发展年会在北京召开，学校在中学分论坛会上作《用赏识激励塑造学生积极的心灵》经验介绍，经验总结在中央教科所主办的《中国特殊教育》杂志刊登。2011年4月，在全市中小学心理健康教育年会上，作为全市的4个代表单位作典型发言。2012年5月，学校经验材料《深化课堂改革，努力提高育人质量》在全市初中教学改革攻坚活动会议上作书面交流。

2013年9月始，在团县委、检察院、教体局指导下，学校开展“聘任法治班主任进课堂”活动，县检察院25名干警受聘，学校成为山东省第一家法治班主任进课堂的学校，受到县委政法委的充分肯定，该活动在城区学校推广。《中国教育报》《法制日报》《山东法制报》《山东教育报》《山东监察网》《淄博日报》等多家新闻媒体先后报道学校“聘任法治班主任进课堂”教育活动，高度赞扬和肯定学校的首创之功。2014年12月，经过深入调研，学校制定《实验中学特邀家长班会实施方案》，在全校所有班级推行特邀家长班会，拓宽家校联系途径，促进所有学生健康快乐成长，被《山东教育报》《淄博日报》等多家媒体报道。

沂源县实验中学校园一角（2012年）

2017年9月，学校党委强化意识形态领域建设，创造性地实践“支部建在级部”，在5个级部设立党支部，由党委委员担任党支部书记，强化党建引领，实现“党建核心、教学中心”二心合一，发挥支部战斗堡垒作用和党员先锋模范作用，形成以党建带校建、工建、团建、共建的党建特色。先后荣获市先进基层党组织、市教育系统党建示范点、县五星级基层党组织称号，全县党建工作经验交流和现场会在学校召开。

沂源县实验中学法治、安全教育报告会（2013年）

学校荣誉

学校被评为全国初中物理竞赛优秀学校、中国教育电视山东台青少年才艺展示基地、全国优秀中学生文学社团百家、全国初中化学竞赛优秀学校、全国中学生物竞赛优胜学校、全国优质品牌学校、全国心理辅导特色学校、国家教育科研创新型学校、全国中小学信息技术创新应用示范学校、全国精细化管理示范学校、全国优秀校园文化建设单位、全国深化实施素质教育典型学校、全国管理名校、全国积极心理健康教育实验学校、省青少年工作先进单位、省中学生社会实践活动先进单位、省创新教育实验基地、省级规范化学校、省初中教学工作先进单位、省科技教育实验基地、省教育工会先进集体、省体育传统项目学校、省初中教学示范校、省中小学家庭教育研究实验学校、省家庭教育示范基地、省绿色学校、省级文明单位、省文明学校。

教师风采

李振华，男，1937年出生，中共党员，高级教师，全国教育系统劳动模范。

李振义，男，1962年出生，中共党员，高级教师，山东省特级教师。

全国教育系统劳动模范李振华

1953年，李振华响应党中央发出的知识青年要支援革命老区经济文化建设的号召，告别繁华的南京城，来到山东，来到沂源。背着简单的行囊，步行来到距县城50多公里的韩旺小学。

当时的韩旺小学就是坐落在半山腰的一座山神庙，破洞一般的窗户，仅有的一扇门和透风漏气的四壁，地面排列着大大小小的石头就是课桌和凳子。旧药瓶制的煤油灯，后墙角支起的一张旧床，不像样的泥炉子和提水用的土瓦罐，这就是李振华的教室和宿舍。

第一堂课时，教室里有38名学生，最大的已是三个孩子的妈妈，最小的只有7岁。学生们听不懂他的南方话，在下面哄笑，乱作一团；乡亲们围在教室外看热闹，指手画脚。他的第一堂课失败了，这让他十分焦虑。为了练好普通话，他发电报让父亲从南京寄来一台半导体收音机。晚上，他在用药瓶自制的煤油灯下备课、批改作业；夏天河里发大水，他就把全班学生一个个背过河；冬天让家里没有被子的男生与自己同铺，最多时挤下3个孩子。

韩旺小学条件简陋，就连孩子们写字用的石板都是李振华去山上拾来的。为了改进教学手段，激发学生的学习兴趣，他节衣缩食，绞尽脑汁，亲手制作了28种教具。用黄泥捏成算盘珠，用木棒穿成串，晒干后，装进木框，制成大算盘，为学生讲珠算。为上好地理课，借回老家南京探亲之机，专门从商店买来篮球，取出球胆打满气，把旧报纸割成条，在球胆外面每天糊上五六层，晾干后再往上糊，连续糊了六七天，最后糊上一层白纸，用各种颜色的笔在上面画上经线、纬线，标上七大洲、四大洋。

用木棍做转轴，和泥巴当底座。就这样，经过十几道工序，一个“地球仪”制成了。

连村子都没出过的学生们大开眼界，通过这个“地球仪”，他们知道了世界有多大，海洋有多深；懂得了山外有山，天外有天。

有了这些“土教具”，李振华教书如鱼得水，课上得更生动了，学生们也听得更入迷了。1955年，李振华带的第一批学生毕业了，12个学生全部考上了初中，对于当时沂源县10:1的初中录取比例来说，韩旺小学100%的升学率在当时引起了轰动。

1965年，李振华被调到张家坡中学任教高中政治课。为更好地照顾住校生，他搬进男生宿舍，冬天为他们盖被子，夏天给他们驱蚊虫。为了不让学生吃变质的饭菜，他骑着自行车翻山越岭逐村到学生家里取，为生病的学生买药送水做“病号饭”。他爱生如子、无私奉献、不舍昼夜。

1980年高考临近时，担任班主任并教着4个班政治课的李振华接到了家里发来写有“父病重，速归！”的加急电报。突如其来的电报上每个字都剜着他的心，望着电报，想到高考在即的农家子弟和那些用血汗供子女求学的学生父母，李振华犹豫再三后，决定派同样在备战高考的儿子回南京伺候老人。

病重的父亲最终没有见到日夜思念的李振华。同一年，李振华的母亲因老伴去世大受打击，突发脑血栓导致半身不遂。南京市和沂源县的教育部门都同意把他调回南京工作，但他无法割舍老区人民的情义，迈不开回家的腿，还是留了下来。

1982年秋，沂源县成立了城关二中，因为生源差、条件差，建校之初被人们称为“后进学校”。为了对这些学生进行教育和管理，县里让李振华担任第一任校长。针对有些教师对这些孩子的教育不抱希望的思想，李振华一次次召开教职工大会，研究讨论治校方略，提出了“让爱改变一切”的口号。李振华提出，转化一名后进生，与向高一级学校输送一名优秀生同等重要，实现这样的转化，要靠每一个老师的责任感和博大无私的爱。

他团结带领全体师生，艰难建校、勤勉治学、严格治校。为了掌握学生情况，他翻山越岭，走家串户访问贫困学生家庭，反复向家长说明上学的重要性，并且表明尽自己最大努力帮助解决费用问题。3年后，当年平均成绩只有28.5分的108名学生全部合格毕业，其中，88人升入高一级学校。一时间，这所“后进学校”的成绩轰动全县。

1987年，沂源县城关二中更名为沂源县实验中学，同年，该校被评为山东省第一批省级文明单位，这也是沂源县第一个省级文明单位。

从工作的第一个月起，李振华就拿出工资的四分之一资助贫困学生，坚持到退休。1997年，李振华退休后，将大半生的积蓄和获得的国务院政府特殊津贴全部捐给他工作过的韩旺中学、张家坡中学和沂源县实验中学，与沂源县政府一起成立了“振华奖学扶困基金会”，专门用于资助贫困生和奖励品学兼优的学生。他还将在一所民办学校担任初中部校长的收入悉数捐出，资助了23名学生。

在李振华的精神感召下，助人为乐、敬业奉献成为沂源县各行各业的行动标杆。社会各界纷纷向“振华奖学扶困基金会”捐款，资助贫困学生，奖励优秀学生和教师。

退休后的李振华，几乎每一天都是那么忙碌。在教师的岗位上，他倾尽心血和汗水，回报老区人民；退休后，他仍为教育忙个不停，关心下一代的脚步一天也没有停歇。

1997年，他设立了“振华青少年思想疏导热线”，先后与省内外290多名问题青少年保持联系，建立帮扶关系，帮助他们疏导心结、树立正确的人生观。李振华还特别在报刊上发表《“转后”与“培优”同样重要》《认真做好未成年人思想道德建设》等文章，在全省关注青少年心理健康工作会议上作《关心下一代健康成长》的发言，利用多种途径和机会，呼吁全社会都来关心下一代，关注青少年的健康成长。

身为沂源县关工委副主任，他深入到乡镇、社区、学校了解青少年思想状况。在全面了解的基础上，他与其他老同志一起组成“五老”志愿者，向全市万名老干部、老战士、老专家、老教师、老模范发起“走出家门、奉献社会，积极参与关心下一代工作”的倡议，得到广大老同志的积极响应。身为山东省人大代表近20年，他提出的“中小学开展感恩教育”“学校建立学生心理咨询室”等建议、议案276条，大部分被政府采纳。

李振华对学生的关爱无微不至。他特别重视学生的安全问题，定期检查校车，经常到学校食堂了解食品安全情况，趁放学时护送学生过马路；担任法治教育进课堂顾问委员，让更多的学生知法守法，增强他们的法制意识；借助优秀传统文化，对学生进行思想品德教育。他先后购买优秀少年读物586本、光碟210张，丰富学生的阅读内容。为弘扬优秀传统文化，对学生进行感恩教育，他创建了“道德讲堂”和“孝德讲堂”，深受学员欢迎。他还主动为自己曾经工作过的3所中学提供资料和实物，分别建立了“荣誉展室”，作为品德课的实际教材，增强直观性；通过“两史”对孩子们进行革命传统教育、爱国主义教育。除讲述老区的红色革命故事外，他还大量讲述了沂蒙老区乡亲如何对自己无微不至的关怀和他如何扎根沂源60多年并努力报恩的经历，教育孩子们知恩图报、奋发有为。

针对青少年迷恋网吧、思想受到毒害的情况，李振华经常不知疲倦地奔波在县城各个网吧，对进入网吧的未成年人耐心说服教育，提醒经营业主牢记社会责任，守法经营，不能只顾赚钱而贻误后代，要为青少年创造健康成长的环境。对于因迷恋网吧而辍学的学生，他就买好文具、书本、优秀课外读物和小食品等，送到他们面前，耐心细致地劝导他们立志成才，返校专心读书。在他的劝导下，26名学生树立自信重返校园。

留守儿童也是李振华特别关注的群体。他经常走村入户，主动了解留守儿童的情况。特别是对那些长期见不到父母而爷爷奶奶又管束不了的孩子，他总是耐心鼓励他们刻苦学习，树立远大理想，并从经济上资助他们。他的爱心感动并激励着每一个孩子，其中有50多个表现一般的留守儿童在他的关心照顾下有了可喜的转变。（张文强提供资料）

校园琐忆

城关二中建校之初的师生们

1982年，实验中学时称城关二中。学校有正、副校长2人，总务兼财务1人，教师4人。当时的校园共有4排石头平房，小学教室和宿舍各占1排，南麻教育组和伙房占1排，城关二中占用西大门口路北1排8间教室。西首2口为教室，1口为宿舍，余下1口是全校领导老师的办公室兼储藏室，还有几个住校生打地铺住在一角。每个教室有28张破课桌和54张坐凳，是从其他学校调来的。每个教师1套办公桌椅、1本备课簿、红蓝墨水各1瓶、2支蘸笔、5分钱的笔记本、每班1盒粉笔。上下课吹哨子，住校老师每人1张小木床。

招生时，校长李振华独自骑自行车到县城各小学摸底。报到时，没有一个家长露面，都是同学结伴而来，有的是被逼哭着来的。到了新校，有几个像小猴子一样吊在铁栅栏大门上，有的趴在院墙上，有的满院子追逐，把老师养的鸡吓得乱飞。有的同学上课时随便走来走去，互相向老师告状。

10月2日开学典礼，教室石头前墙上贴着红纸黑墨写的“城关二中开学典礼”几个字，一张光秃秃的课桌放在前面当主席台，全校108名学生和老师迎面而坐，没有任何外来嘉宾，没有任何单位祝贺，更无录音和摄像。但是大会开得热火朝天，校长李振华号召全体师生同心协力，奋发图强，誓把城关二中办成一流学校。有学生清晰地记得班代表发言的最后几句话：“誓以水滴石穿的精神，铁杵磨针的毅力，争取早日赶上沂源中学，超过城关一中！千里之行，始于足下。同学们，努力吧！”全场掌声雷动，师生个个斗志昂扬。会后，人人表决心，干劲十足！

由于开学晚，没预定上课本，师生们凑借了一部分，也还是几个学生共用一套，教学极为困难。喝水也是问题，请退休工人烧水，开始时，三块石头撑着铁燎壶，后来又制了个泥炉子，到处拾柴烧水，只供住校生和办公室用。直到小学搬走才用上大灶。因学校地势高，自来水压力小，时常上不来水。晚上，老师们在运输公司东北墙角缝伸进管子导水，有挑的、有抬的，灌满伙房水缸，再提些家用。

没有操场，学校号召以“愚公移山”的精神，把学校北面的红沙石丘开辟出来当操场。师生利用劳动课、课外活动、周日，从家里自带工具，钻凿、镐刨。硬砂石震得胳膊发麻，手磨出血泡。但师生们不畏难不叫苦，肩挑筐抬，有的男同学干脆推起小车把开出的砂石运往洼地。一个冬日的星期天，寒风凛冽，老师想让同学们休息一天，但他们很早就悄悄地干起来了。有的连一口水也喝不上，唇干手裂，十几岁的孩子啊，可他们个个乐呵呵地。有的女孩子虽然很瘦弱，竭尽全力，还总觉得自己干少了而不好意思。面对这样的学生，谁能不感动？学校抓住这些闪光点，大力表扬鼓励，让学生明白：只要坚信自己，向着目标不懈努力，就能排除万难达到目标！

操场开出一片先用着，后来学校雇人修建成标准操场。学生们又在周围凿坑栽树。在那坚硬的砂石上挖一个半米见方的坑谈何容易！但是那些愣小子硬是凿出来了，女孩子则从远处抬来好土，所栽树木全部成活。

学校地处黏土地，下雨道路泥泞拔不出脚，师生动手把教室前、伙房前、南北中心路的黏土挖开，铺上修操场开出的红砂石，修得整齐而美观。光中心路就加修了3次。又在路东栽上各种鲜花。学生说走在自己修的路上，自豪感油然而生。

为解决饮水困难，师生还开凿从岭南路到学校伙房200多米长、1米深的自来水管道。又挖了从学校中心路到东家属院的自来水管道200多米。红砂石、黏土地硬是被孩子们征服了。通过劳动锻炼孩子们的身体，培养他们集体主义思想、吃苦耐劳品格、无私奉献的精神、克服困难的勇气和毅力。

学校经常开展歌咏、体操、拔河、演讲等比赛，都搞得有声有色。教室东山墙每班一块黑板报，图文并茂。每周五下午验收，雷打不动。每开展一项活动有始有终，实抓见效。例如：文明礼貌月活动中，做到每日由小组成员轮流把每人的表现记录下来并当天公布，每周小组评议，月终全班总结，进步者和优秀者上光荣榜。好人好事不断涌现，学校抓住这些闪光点大力表扬，又及时开家长会汇报沟通，取得了家长的信任和支持，全校掀起了讲文明礼貌和争做好人好事的热潮。学生的思想、学习、纪律等好习惯逐步形成。学生个个整洁干净，教室宿舍一尘不染，地面虽是土地，但绝无纸屑痰迹。

任课老师绞尽脑汁想方设法让学生学习更好，不断探讨，因材施教，循循善诱，帮学生树立信心，鼓励不同层次的学生更上一层楼。住校生每月回家一次，有的吃干煎饼蘸盐水，咸菜也没有。有时学校没有水，班主任就给他们送水。多数学生从家里捎饭，中午和晚饭都在学校吃，以争取更多的学习时间。晚上规定两节晚自习，大家总是再学一节才回家。周日不加班时也来学校自习。成绩差了有的就哭，不吃饭。第一学期寒假统考，全县交换监考，没有安排城关二中，师生主动要求试试。局长说：“要考倒数第一就不公布，考倒数第二就公布。”结果统考成绩进入全县前5名。这一炮打响，各中学为之大震，城关二中威信猛升。

初中三年，同学们在极其艰苦的条件下，顽强地劳动，勤奋地学习，学校严格的纪律训导，丰富多彩的活动陶冶，老师们的言传身教，淬砺他们诚、严、勤、毅的品格，形成认真负责、团结互助、先人后己的习惯，这些优良品质将成就他们的一生。

那一级108名毕业生，一部分升入中专，一部分升入高中，一部分进了工厂。他们中有工人、医生、创业者，还有的在党政、银行、企业、学校、驻村书记的领导岗位上尽职尽责，奉献着自己的力量。

（高玉梅提供资料）

树人学校

树人学校创办于2001年，是在实验中学老校区由学校领办的国有民办学校，面向全县招生，一级4个班，学生240人，共招收4届初中生。2004年由于教育政策的调整停止招生。到2008年第四届学生毕业，为高一级学校和社会输送了800多名优秀毕业生。

2001年，经县委、县政府同意，县教体局具体指导，由实验中学领办，筹建一所新型的国有民办学校，命名为树人学校。利用原实验中学老校区的校舍，依托实验中学的管理，借助实验中学的师资力量和其他教学资源，招收部分有意向的乡镇初一新生，财政政策允许每生每学期收费1300元。

实验中学由党支部书记尹秋枫全面负责筹建工作，全面管理树人学校。下设办公室、教务处、政教处、总务处，机构设置完毕后即着手校舍的修缮工作和招生工作。学校领导细致分析，周密部署，决定原则上由原籍所在乡镇的教师为骨干力量，搭配优秀教师组成招生小组，到各乡镇小学、村庄，甚至村民家中宣传招生政策，介绍学校情况，让学生及家长和社会了解学校的办学理念、教育教学管理、教育教学成绩，希望家长送孩子到树人学校（实际相当于实验中学）接受更优秀的教育。招生工作并不容易，老师们对地理位置和村庄环境并不熟悉，交通工具是摩托车，路况也不好，正值农忙季节，常常很晚才回家，许多老师遇到危险情况，必要时还需要住在乡镇。尤其是当时鼓励民办学校发展，沂源县的鲁山学校、英华学校、弘文学校等校都已有几届学生的招生，在社会上也有一些影响力。树人学校刚刚建立，很多人还没有听说过这所学校。老师们不怕辛苦，顶烈日冒酷暑，跑遍了全县的所有乡镇和村庄，做了最大的努力和最好的工作。经过一个暑假的艰辛工作，2001年9月初，4个班近200名初一新生报到，树人学校正式开学。

学校选派了年富力强、经验丰富的优秀教师担任班主任，配备了一批优秀的骨干教师和年轻教师组成团结实干、勇于拼搏的教师队伍。实行封闭式半军事化管理，学生全部住校，两周大休一次。起初新生不太适应，吃饭蹲在路边，上课分心，夜里不睡，想家哭闹，个别还要家长来校陪读。但很快新环境就带给学生活力，统一着装，统一理发，统一洗澡，宿舍严格管理，食堂竭诚服务，学生很快适应新的学习生活。起床早操，就餐晚休，平时的课堂自习都井然有序，乡镇学生普遍朴实敦厚，勤奋好学，校风优良，学风浓厚。比如学生跑操训练几乎不用监督，队列队形整齐有序，成为学校一道亮丽的风景线。

2002年，校长杜春友接替党支部书记尹秋枫全面负责树人学校工作，发扬“严、细、实”的工作作风，以身作则，教干教师务实团结，学校各项工作稳步推进。有往年的招生经验，2002年招生工作相对容易多了，很多家长愿意送孩子到树人学校学习，形成良性循环格局。2003—2004年又顺利完成2次招生，生源数量猛增，质量越来越好，学校教育教学效果更加显著，产生了一定的社会影响力。2004年后，国家政策调整，不再允许树人学校招生，在校学生陆续分批次搬往实验中学新校区，与实验中学学生合并管理，统排班次，2008年第四届学生毕业。

树人学校存在时间虽然短暂，但是为到校学习的乡镇学子提供了优质的教育服务，创造了继续提升的机会，为沂源教育事业作出了应有的贡献。

（唐守锋提供资料）

沂源县历山中学

记忆沂源·教育体育卷

扫码看视频

扫码听书

概　述

沂源县历山中学位于县城历山路17号，始建于1989年，1991年9月开始招生。占地面积6.54万平方米，建筑面积3.2万平方米，绿化面积1.4万平方米。1995年9月，学制由三年制改为四年制。1996年7月，原职业高中校舍并入历山中学，学校面积扩大1倍，结束“一个大门，两个学校”的历史。

1992年，学校校舍改造，绿化美化校园，修建300米炉渣跑道，校园环境优化提升。1994年，全校师生齐心协力，多方筹集资金，内配设施一次达标，创建成省级规范化学校。2007年7月，城区学校布局调整，学校整体搬迁至原沂源一中和实验小学老校址。2010年，完成操场改造工程，建成沂源县义务教育段第一个塑胶操场，办学条件进一步改善和提升。

2013年3月，学校进行数字化校园建设，升级校园管理平台；完成南操场塑胶化改造，整修校园主电缆、主网线、暖气管道和教室线路，教室内全部安装24小时监控，高标准建设、健全各类功能室，学校办学条件全面优化提升。2016年11月，学校义务教育均衡化发展工作通过国家级评估验收。

2023年12月，有教学楼2座、办公楼1座、实验楼1座、体育馆1座、多功能塑胶操场2个、篮球场7个、足球场1个、排球场3个。学校有68个教学班，3216名学生，257名教职工。学校有全国优秀教师1人、省特级教师1人、省优秀教师2人。

秦洪奎、崔广成、李振义、王明阳、孙万祥、王军、任环彬先后担任校长。

教育教学

学校明确“创特色、争一流、建名校、育真人”办学目标，以培养“道德、智慧、健康、美丽、自信成功”的人为育人目标，实施“三全（全员、全方位、全程）一多（多方式）”赏识激励育人工程。2003年9月，实施新课程改革，教干教师把实施新课改与推广“洋思”教学模式相结合，构建高效课堂，形成“导学案”引领下的“引导—学练—堂堂清”教学模式，教育教学质量提高。

学校用特色鲜明的学校文化培根铸魂，学生学习校训作为入校“第一课”、种植“毕业纪念树”作为学生离校“最后一课”，成为学校文化经典活动。学校实施以“厚生课堂”为重点的系列教育教学改革，促进学生自主、和谐、个性和可持续发展，

沂源县历山中学（1999年）

教育管理水平与教学质量稳步提高。

学校强化“为党育人、为国育才”初心意识，凝聚“追求卓越”历山精神。重视队伍建设，尊重教育规律，实践养正（浩然正气）教育，探索“全面发展+特色强校”办学路径，打造“四声四有”（琅琅的读书声、愉悦的笑声、嘹亮的歌声、激情的呐喊声，有温度、有故事、有文化、有活力）幸福历山。

学校荣誉

学校被评为全国青少年校园足球特色学校、山东省规范化学校、省学校文化建设示范校、省依法治校示范校、省初中教学示范校、省级花园式单位、省电化教育示范学校、省校本研究先进单位、省绿色学校、淄博市艺术特色学校、市体育传统项目学校、市教学先进单位、市学校思想政治工作先进单位、市文化建设名校、平安淄博建设十佳学校、改革开放三十年淄博最具影响力学校、市教育技术装备先进集体、市中小学德育工作先进单位、市第七届师德建设先进集体、市智慧校园。

教师风采

杜文安，男，1961年出生，高级教师，全国优秀教师。

沂源历山中学创建国际生态学校（2015年）

校园琐忆

教具“变形”记

教具以其直观的形象、生动的示范和实践等特点，在教学中发挥着激发兴趣、丰富内容、优化教学等作用。作为一名任教多年的中学生物教师，回忆和记录下教具不断“变形”给课堂教学带来的便捷与高效亦是一件很有意义的事。

小小粉笔绘精彩　生物学是自然科学中的一门基础学科，课程注重探究和实践，以丰富的生物学知识为载体，通过多种教学活动展现人们认识自然现象和规律的思维方式及探究过程，教学过程中要突出实验教学和直观教学。20世纪80—90年代的乡镇学校条件很有限，学校里没有生物实验室，更不用说显微镜等实验仪器以及各种教具。上课时，老师们就借助简笔画，在讲解的过程中用各种彩色粉笔画出一个细胞的各部分结构，画出一个心脏的外形，心脏的纵剖示意图，画出血液循环的过程和途径，画出一个肾单位的结构示意图……那个时期，板书和板图是生物课堂教学的一大亮点。很多学生说，在老师画图的过程中就搞清楚了结构、过程等生物知识，基本不用死记硬背。

彩色挂图展神奇　1992年，还是新建学校的历山中学，内配不到位，就生物教学来说，没有教具，没有实验仪器，更没有实验室。所以生物课上使用的挂图、模型、标本等都是到沂源一中借用。1994年，学校配置了生物实验室，生物学实验仪器、各种挂图也配备齐全。用挂图，需要挂到黑板的上方，挂上去拿下来都不方便，当看到医务室里输液用的架子，老师们就突发奇想，让总务处制作了专门挂挂图的架子（和输液的架子差不多，只是上面的横杆更长一些）。每到上课的时

沂源县历山中学办公楼（2023 年）

候，老师一手拿着教本一手提着挂图架，就像上战场的士兵一样，有一副雄赳赳气昂昂的感觉。再后来感觉带着挂图架上课太不方便，在阅览室看报时看到报夹只有一根横杆，两个铁夹子就固定了报纸，老师们就自制了和报夹差不多的架子。携带方便多了，而且还可以一次带好几根到课堂，上课前夹好，用哪个就挂哪个，节省了不少时间。不仅生物课如此，地理挂图学习了这种做法。

神奇磁片示细节 在使用挂图的过程中，挂图往往是将一幅图片一次性呈现，图片是静止的，甚至有些边界还不清晰。生物学是生命科学，最好让静态的挂图活起来，并且根据学习内容的需要，分步骤、分层次地呈现。在集体备课研究的过程中，老师们集思广益，想到了用磁性教具。这就需要一个有磁性的黑板，然后将很多的小铁片贴在图片上，想展示哪一部分就出示并贴在黑板上面。这个办法使课堂教学的直观性提高了一个层次，但是需要花费很多精力。挂图很薄，直接贴铁片的话，用的时候不舒展，也不方便拿取，需要在挂图后面先衬上一层厚薄适中的纸（太厚了磁性太小吸不住，太薄了不方便拿取），然后将图片按照展示顺序剪好、顺序排好。还有一个问题是需要很多的铁片，如何找到那么多铁片，老师们想到了用小锯条代替，购买了一些锯条，按照需要折断成为长短适中的小片，

沂源县历山中学教学楼（2023 年）

使用起来方便了很多。

信息技术添活力 2000年，计算机开始服务于教学，老师们开始尝试用Power point制作简单的课件。随着电子科技的发展和电子产品的普及，上课过程中的多媒体课件的展示已经远远不能满足学生主动参与的需要。2022年，学校开始应用“希沃白板”，用希沃软件制作的课件画面更灵动、更美观，动画中的角色可以说话，教学内容和形式更加丰富多彩；希沃的手绘功能将板书和板图效果结合，老师们扔掉了使用多年的粉笔，用希沃设计的游戏、抢答器、任务打卡等形式活跃了课堂，调动全体学生的积极参与意识，很好地巩固了课堂内容；用希沃制作的思维导图可以很好地系统整理零散的知识，体现生物学知识的整体性。

沂源县历山中学毕业纪念林（2017年）

随着科技发展，学校办学条件逐步改善，教学使用的教具也与时俱进，既便利了教师的课堂教学，也进一步推动了教学方式的创新！

（宋以红提供资料）

校训石·纪念林

一进沂源县历山中学校门，首先看到一块极方正的“五莲红”花岗岩巨石，上刻“学思求真、知行至善”八个大字，这就是历山中学的校训石。站在校训石前向南看去，可望见一片茂盛的树林，那些笔直而高耸的银杏树，是历届毕业生种植的纪念树。这一石一树见证了历山中学的一段发展历程。

2007年，为解决城区孩子上学难的问题，县里决定实施城区学校布局调整，沂源一中老校区与实验小学老校区打通合并，由历山中学搬迁过来。这次布局调整后，历山中学由原来一级10个班扩大到一级18个班外加1个体育班，缓解了城区孩子上学难的问题。

搬迁新址后，学校发展走到一个新节点。学校组织教师、学生、家长全员参与教育理念大讨论，把“为高质量人生奠基”作为办学宗旨，以“追求卓越”的精神深化学校管理改革，以“学思求真、知行至善”的校训作为一以贯之的日常要求，时刻提醒师生学、思、知、行的态度、方法和目标。

新生入校，学习“学思求真、知行至善”的校训，成为进门第一课。每一级新生到校，学校讲、级部讲、班主任更是结合实践说明校训的含义及践行要求，每一级都创新学习校训的形式，增强学习的仪式感。调入历山中学的新教师第一次见面会上，校长介绍学校文化时，也把校训作为重点。校训成为对师生的特别提醒。2011年建校20周年之际，学校立校训石，集米芾行书字“学思求真、知行至善”刻于石上，背面刻“历山中学纪铭”，以志纪念。师生们每一天进校门、放学出校门都潜移默化地受到校训的昭示。

迁入新校址后的第一届毕业生是2004级，从这一级开始，学校把学生在初中的“最后一课”确定为种植“毕业纪念树”。2004级学生种植的是银杏树，每班1棵，一字排开。2005级毕业生也种植了银杏树，与2004级种植的连成一片银杏林，春绿、夏翠、秋金黄、冬季有时披银装。四季不同风

沂源县历山中学校训石（2011 年）

光的银杏林，成了学校一处亮丽的风景。学校很重视上好这“最后一课”，有总体要求，有规划地点；级部有方案，或每班一棵或一级一棵，发动学生讨论决定种什么树、有什么样的寓意，怎么解决树苗问题等；仪式很隆重，挖坑、培土、浇水、挂牌、感言、许愿等程序庄重。种植“毕业纪念树”成为一项独特的毕业纪念活动，一级一级传承下来，活动方式也常有创新。漫步校园，会看到挂着“××级毕业纪念树”标识牌的银杏树、柿子树、水杉树……，或婀娜多姿，或伟岸耸立见证着学校的发展，期待着与植树人的约定。

（王明阳提供资料）

沂源县沂河源学校

记忆沂源·教育体育卷

扫码看视频

扫码听书

概　述

沂源县沂河源学校位于县城鲁山路109号。占地面积6.67万平方米，建有教学楼4座，办公楼1座、综合楼1座，建筑面积2.3万平方米，绿化面积1.75万平方米。学校分设小学部和初中部。

2023年，学校有教职工311人，小学部62个教学班，在校生3100余人，初中部40个教学班，在校生2000人。

沂源县沂河源学校（2023年）

2011年，县委、县政府盘活闲置教育资源，将原民办英华学校改建成一所九年一贯制公办学校。

2018年，投资3000多万元，新建学校小操场和初中部教学楼。2019年，投资600余万元，修建配电室、消防水池和体育器材室，维修校园道路、暖气沟及电缆沟等。2020年，投资1500万元，实施操场全面改造提升工程，完成塑胶面积1.07万平方米，人工草皮足球场7684平方米，建成400米标准塑胶场地，建成篮球场5个、排球场7个，惠及师生5000余人。2021年，按标准建成、改造高档微机室、多媒体教室、图书阅览室、舞蹈室、科技活动室、音美活动室、心理咨询室等30余个。

白道德、魏述民、李萍、周仕云先后担任校长。

教育教学

学校始终坚持依法治校、质量立校、科研兴校、特色强校的办学理念，以立德树人为根本任务，以百姓满意为根本目的，以改革创新为第一动力，秉承“攀登不止，奔流不息”沂河源精神，全面推进学校治理体系现代化，加快学校内涵发展和质量提升。

学校一直以“养成好习惯、塑造好品格、奠基好人生”为德育教育目标，通过“走路展精神”“弯腰养美德”“写字显品格”的细节入手，探索实践学生“美言、美行、美德”的“三美”养成教育，配合“晨诵、午读、暮思”的课堂教学，夯实学生学习习惯，通过“爱家人、爱学校、爱祖国”的“三爱”主题教育，落实家国情怀，积极探索符合校情、学情的各类主题教育活动，在活动中育人。

学校紧跟“轻负担，低消耗，全维度，高质量”高效课堂步伐，教学管理抓规范，教学研讨重落实，课程建设求突破，立足校本研究，持续优化“导、学、教、练、结”课堂模式。修订和完善《沂河源学校“导、学、教、练、结”本真高效课堂教学模式》，并在此基础上形成各学科各课型的课堂模式，实施学科教研基地建设工程、名师建设工程、教师梯级培养建设工程、一班一特色建设工程，探索构建主题式教研模式、15种学生团建活动。

学校荣誉

学校被评为山东省未成年人思想道德建设先进单位、省学校安全管理标杆学校、省文明校园、省绿色校园、市德育工作先进单位。

沂源县振华实验学校

记忆沂源·教育体育卷

扫码看视频

扫码听书

概　述

沂源县振华实验学校位于城北瑞阳大道北首路东，是一所九年一贯制义务教育段学校。2015年动工，2018年竣工。占地面积6.67万平方米，建筑面积4.5万平方米，有小学部和初中部教学楼、综合楼各1座，餐厅楼1座，400米塑胶跑道标准体育场1个，塑胶篮球场5个，网络教室118间，报告厅2个，微机室5个，图书阅览室2个，舞蹈室2个，实验室8个，其他功能室25个。2018年9月，开始招收小学、初中一年级学生。2023年12月，学校有教职工304人，小学部47个教学班，学生2162人，初中部47个教学班，学生1944人。

李振明、崔春近先后担任校长。

教育教学

2018年9月，组建振华实验学校筹建工作领导小组，成立振华实验学校管理工作领导小组。领导小组确定，学校办学坚持新时代中国特色社会主义的办学方向，贯彻党的教育方针，遵循教育规律，依法依规办学，坚持立德树人根本任务，以“办人民满意的教育”为宗旨，以“为党育人、为国育才”为培养目标。学校精神为“振华精神”，校训为“修德求知、胸怀家国”，校风为“安静谦和、诚信担当”，教风为“仁爱博学、精细执着”，学风为“勤奋自信、辨思分享”，形成“为成就师生兴学、为振兴中华育人”办学理念的“振华文化”体系。

2018年11月，成立振华实验学校党支部。2021年10月，成立振华实验学校党总支，党总支创新组织管理模式，把党支部建在级部（学部）上、党小组建在备课组上。在综合楼五楼建成党史学习教育基地——铸魂馆。党总支根据学校特色构建“‘沂源红’铸魂、振华精神育人”党建品牌。

学校确立以学生为中心的发展策略，明确学校育人目标，利用升旗、班队会等开展爱国主义教育和社会主义核心价值观教育。利用传统节日和国家重大节日开展传统文化教育。同时学校组织各种竞技体育活动，开展春季、秋季运动会，增强学生的体质。利用“五好教育”建立“华彩”系列全员育人体系。

学校立足九年一贯制特色，注重小学部和初中部的合作与联系，注重课堂教学改革，探索实施小组合作式学习模式和“分层·螺旋上升”课堂教学模式。利用课后服务实施分层作业，让学生“既吃好又吃饱”。

学校的文化特色，主要有“振华文化”长廊，“念初家园”“勤耕园”“濯缨文学社”，利用这些文化阵地积极开展红色教育、立志教育、劳动教育和美育教育。

沂源县振华实验学校办公楼（2022年）

学校荣誉

学校被评为全国心理大数据特色学校、山东省绿色校园、淄博市红旗党支部、市书香校园、市文明校园、市智慧校园、市诗词校园、市先进基层党组织、市教育信息化工作表现突出单位。

沂源县荆山学校

记忆沂源·教育体育卷

扫码看视频

扫码听书

概　述

沂源县荆山学校位于县城振兴西路南侧、南麻大街东侧，占地面积5.56万平方米，建筑面积3.42万平方米，原名“沂源县城西初级中学”。2020年，为进一步优化城区学校幼儿园资源布局，加快推进全县城镇居住区配套幼儿园专项整治工作，县委、县政府研究决定启动城西初级中学建设项目，被列入2021年市级重点工程项目。项目的实施能有效缓解城区大班额、大校额问题，解决城区西部学生入学难问题，满足学生就近入学需求。2021年3月3日，完成项目的施工许可证办理工作，项目正式开工建设。2022年8月，更名为沂源县荆山学校，成为一所九年一贯制学校，分小学部和初中部。2022年9月，开始招收小学、初中一年级。学校配备400米跑道标准化运动场，篮球、排球、乒乓球等场地按照标准建设。2023年，全校有16个教学班，其中，小学一年级6个班，初中一年级10个班，在校生703人，教职工64人。

江玉峰担任校长。

教育教学

学校坚持“和美”教育办学理念，以“各美其美、美美与共”为校风，“用爱助力每名学生成长”为教风，“用心成就最美的自己”为学风，“致和尚美、高山景行”为校训。

开发“和美”教育课堂，美化教学情境、教学内容、教学方式和教学空间，创设学习情境，为学生“探美”增兴趣；丰富课堂内容，帮学生“鉴美”建园地；转变授课方式，为师生“品美”架桥梁；拓展课堂延伸，促学生“创美”挖潜能。

实施“和美”德育课程，构建德育课程、学科课程、传统文化课程和实践活动课程“四位一体”的德育课程实施格局。德育工作遵循“近、实、小、细”原则、尊重性原则、体验性原则和全员性原则，立足学生实际，突出学生主体地位，尊重个体差异，遵循个别“慢”成长规律，变“说教”为师生双向互动，关注特殊群体教育，让学生在师爱滋润下“和美”成长。

沂源县荆山学校图书馆（2023年）

沂源县荆山学校秋季运动会（2023年）

教师风采

李清美，女，1973年出生，正高级教师，全国优秀教师，山东省特级教师，山东省“五一”劳动奖章获得者。

沂源县实验小学

扫码看视频

扫码听书

记忆沂源·教育体育卷

概　述

沂源县实验小学位于县城鲁山路25号，占地面积4万余平方米，有2座教学楼、2座办公楼、1座综合实验楼、1座公寓楼、1座阶梯教室。2022年，发展为沂源县实验小学教育集团，西校区为原沂源县历山街道办事处新城路小学，占地面积1.3万余平方米，有综合教学楼2座、食堂楼1座。2023年12月，沂源县实验小学教育集团共有64个教学班，教职工153人，学生2788人。

初创时期（1945—1949）

1945年，校址在南麻老街路北，始称南麻小学，当时校舍全是草房，只有2间教室，1间办公室，1个教学班，47名学生，1名教师（刘俊芝，南麻西台村人）。1947年，国民党军队重点进攻山东，学校被迫停办。1948年，学校恢复，招收2个班，学生70多人。1950年以前，学校经费开始是靠地方自筹，以后主要是国家拨款，辅以地方自筹。

发展时期（1950—1984）

1950年，扩建教室9间，办公室3间，成为六年制四二分段完全小学，更名南麻完全小学。1952年，县政府拨款征地24亩，新建校舍。翌年，3个高小班（五、六年级）搬到新校（现历山幼儿园校址）。初小3个班（2个单式班，1个二级复试班）仍在原校（现荆山路小学）。自此，南、北两校分而治之，同属南麻公社领导。

1958年以来，学校贯彻党的教育方针，全面提高教育质量，得到快速发展。一是加强思想政治工作，在党支部领导下，发挥工会、共青团、少先队的作用，组织师生走向社会，参与实践活动，请老红军、老工人、老贫农到学校作报告，提高全体师生觉悟，培养艰苦奋斗的作风。二是学校始终坚持以教学为中心，以育人为本，教育教学质量不断提高，一直名列全县前茅。三是重视劳动教育。组织师生开展勤工俭学活动。学校办饲养场、小农场、小林场，种试验田、喂猪、养鸡、养兔、烧石灰，教职工自已动手盖宿舍，改善办学条件，增强劳动观念。学校试验田里的优质高产高粱，曾在省农展馆展出。

其间，学校多次受到上级主管部门表彰奖励。1960年，学校派张宗波（沂水县人）出席在北京召开的全国群英会，受到周恩来总理接见。《小学教师》《大众日报》先后登载该校先进事迹，南麻完小被誉为“沂蒙山区一枝花”。省内不断有人来学校学习经验。同年，学校普通话教学成绩显著，学校教师马中山和他的二年级学生岳慧芹出席“山东省首届普通话教学成绩观摩会”，受到山东教育厅、共青团省委等四部门的表彰奖励。

1976年，以德育为首、教学为中心的思想得到强化和重视，教育教学秩序恢复正常，并进行教改实验，探讨新教学方法。《关于考试改革的尝试》《关于培养学生正确地书写习惯》的改革产生积极影响。

1978年，南麻完小（北校）定为省重点小学，改称沂源县南麻小学。1979年，省电台报道学校少先队工作。

沂源县实验小学原貌（2000年）

提升时期（1985—2007）

1985年，沂源县南麻完小改为沂源县实验小学。学校先后建成办公楼1座，4层教学楼1座，宿舍楼1座。1991年，投资240多万元，扩征土地6.3亩，改建新大门，建成阶梯教室、标准操场。1992年，经省验收，评为省校改优秀单位。1994年，投资80.4万元，建教学实验楼1座，电化教室、语音教室、图书室、微机室设备配套一步到位，音乐、体育、美术器材及实验室建设、实验仪器达到部颁一类标准，校园地面全部硬化，环境绿化、美化，经省验收，被评为省级规范化学校。校内环境幽静，空气清新，景色宜人，成为花园式学校。

这一时期，学校以教学为中心，加强教学研究，优化教学过程，努力提高学生的科学文化素质。学校制定教学工作常规，并狠抓落实。教学质量始终居地（市）县上游，4次参加地（市）县青年教师讲课比赛，均获一等奖。1990年上半年开始，学校进行“愉快教育”实验，改革音乐课教学，将乐器引入课堂，开辟第二课堂，30个兴趣小组坚持常年活动，开设趣味教学课，寓教于乐，所有学科教学、班级管理贯彻愉快教育思想，使学生乐学、会学。

1991年，市教育局在学校召开音、体、美教学现场会，实验小学介绍愉快教育经验。同年，《中小学音乐报》刊出学校音乐教学专版，发表5位老师的有关文章。1994年，学校成立电子琴、手风琴、扬琴、笛子、小提琴、琵琶、二胡、舞蹈、书法、美术、武术等40多个兴趣小组。学生在各类艺术比赛中有77人获奖。1994年，学校被省教委命名为“艺术教育示范学校”。

壮大时期（2007—）

2007年，迁至原历山中学校址。2011年，实施操场全面改造提升工程，完成塑胶面积达1.27万平方米，建成400米标准塑胶跑道1条，人工草皮足球场2个，篮球场5个、排球场4个。2015年，配置、补充各类教学仪器和设施设备，按标准建成、改造高档微机室、多媒体教室、图书阅览室、舞蹈室、科技活动室、音美活动室、心理咨询室等30余个。每间教室配备先进的触控一体机。2017年，铺装校园大理石地面7000多平方米，改造地下管网，更新绿化苗木。2019年，完善校园监控系统，粉刷所有校舍外墙，对部分办公室、功能室进行内部装修，更换教室、办公室门窗，整个校舍面貌焕然一新。2020年，学校立项全国文明校园，办学影响力不断扩大。

2021年8月，与沂源县历山街道办事处新城路小学、沂源县历山街道办事处新城路幼儿园结为“学校教育共同体”。2022年，建成沂源县实验小学教育集团，构建起“两校一园”两校区的发展格局，建立“双校区双职能级部一体化管理”机制，与香港一所学校缔结姊妹学校，与重庆一所学校结为帮扶学校。2023年，作为山东省唯一一所小学入选中国质量奖受理名单。

刘俊芝、刘泽敏、刘汉军、李文彩、毕云生、傅佩玺、刘玉成、周作亮、刘玉成、刘乃祺、王加斌、单连芬、谢平先后担任校长。

教育教学

学校以“溯源求真、笃行致远”为办学理念，以“源·远”文化为引领，以建设滋养生命成长的齐鲁名校、培养德、智、体、美、劳全面发展的时代领跑者为目标，深入实施“多维教育”，构建“点、线、面”融合的多维教育体系，聚焦着力“点”，课堂为中心；握紧拉力“线”，课程为载体；拓展合力“面”，家校社共育人。

教育部基础教育司司长王文湛为学校题词（1996年）

开展“规范化作文教学”实验。1995年，实验报告在《山东教育》上发表，被专家誉为“小学作文教学科学化的一朵奇葩”；研究成果在全国海峡两岸小学语文课程教材教法学术研讨会和中国教育学会教育实验研究会上交流，在省小学作文研讨会、省小学语文实验教师培训会上推广；相关成果先后获得全省小学作文教学研讨会论文一等奖、山东省小学作文教学改革实验会论文一等奖、全省小学作文研讨会交流论文一等奖，市教研室3次组织专题观摩研讨会，向全市推广。

开展以“多维合作”为路径、“高效生成”为目标的大单元整体教学改革，构建“多维·高效”课堂“四三五”教学模式，优化教师的教和学生的学，让教师引领学生进行深度学习，提升学习效益。强化学校、家庭、社会的多维参与综合化实施，开展研究型、项目化、合作式学习，按照基础、拓展两个层面整合、重构、创生多维课程的五驾马车，暨思源课程（人文与社会）、探源课程（科学与技术）、力源课程（身心与健康）、艺源课程（审美与艺术）、致远课程（劳动与实践）“五育”课程。深入落实“双减”政策，推行“3+2N+2”课后服务模式。建立“线上+线下”结合的“课程超市”，156项课程供学生选择，满足学生个性化、多元化需求。

学校首届蓓蕾艺术节（1993年）

学校荣誉

学校被评为全国教育科研先进集体、全国阳光体育运动先进集体、全国红旗大队、全国和谐校园建设典型学校、全国语文教改示范校、全国推行《国家体育锻炼标准实施办法》先进单位、全国青少年校园足球特色学校、山东教育先进集体、省电化教学工作先进单位、省农村教学先进单位、省教育先进集体、省首批中小学艺术教育示范学校、省级规范化学校、省青少年科普教育实验基地、省电化教育示范学校、省级绿色学校、省教学示范学校、省艺术教育示范学校、省依法治校示范学校、省级文明单位、被授予山东省以校为本的课程资源开发重点实验基地称号、省幼小衔接试点校、省网络素养教育基地、省国际象棋特色学校、省规范写字小学联系点学校。

“问题式教学”研究成果推广现场会（2013年）

教师风采

刘乃祺，男，1937年出生，中共党员，高级教师，全国教育系统劳动模范。

黄连泽，女，1946年出生，中共党员，高级教师，全国新长征突击手。

翟佩和，男，1950年出生，中共党员，高级教师，山东省特级教师。

江玉安，男，1960年出生，中共党员，教授，山东省特级教师。

校园琐忆

“三改”带来学校大提升

1984年，实验小学在经历拨乱反正、恢复正常教学秩序以后，如何提高教育教学质量成为全体教师乃至全社会关心的问题。为此，学校开始加强教学研究，优化教学过程，改革课堂教学，面向全体学生，大面积提高教学质量。开展教学实验，深化教育改革。在教改中，学校以改革课堂教学为主攻方向，以思维训练为主线，本着严、精、活、实的原则，取得了显著的教学研究成果。低年级说话教学整体训练经过2年实验取得了成功，实验报告于1987年在《小学语文教学》上发表并在全市推广。1990年，学校进行“愉快教育”实验，改革音乐课教学，将乐器引入课堂，开辟第二课堂，30个兴趣小组坚持常年活动，开设趣味教学课，寓教于乐，在所有学科教学、班级管理中贯彻“愉快教育”思想，使学生乐学、会学。1991年，全市音体美教学现场会上，学校的“愉快教育”经验在全市推广，并在《中小学音乐报》上进行专题报道。

学校改革工资制度，实行浮动结构工资制，把工资分为浮动工资和固定工资两部分，打破分配上的平均主义，调动了全体教职工的积极性和主动性。利用学校资源进行勤工俭学，1984年学校办起了小卖部，1985年办起了印刷厂，1990年建起了雪糕厂、职工食堂，办起了接待室“三室”，改善了办学条件，提高了教职工福利待遇，改善了教职工住房条件。

1992年，城镇公办学校校舍改造开始，全校师生投入到火热的校舍改造中。利用星期天、课余时间参加义务劳动，搬运土石、栽花种树，暑假中教职工奋战40天，拆房屋、挖土、填地瓜石、粉刷门窗、墙面等。校改5项内容经省检查团验收，获得优秀成绩，学校被县委、县政府评为校改先进单位。

经过“三改”，学校从硬件到软件都发生了很大的变化，教学环境的变化让老师们工作更舒心，工资制度的改革让老师们干劲更充足，教育教学改革让课堂教学效益更显著，学校各项工作有显著提升。学校获各级集体荣誉奖159个，其中国家级11个，省级12个，83人次获省、地（市）、县等各级荣誉称号；有12个县、市（地区）4500余人次到学校听课学习。中央电视台、《大众日报》和山东电视台等新闻单位报道了实验小学教育教学情况。

（刘乃祺提供资料）

关于“善”文化的记忆

2004年，沂源县实验小学结合学校、地域实际，全力打造“善”文化教育品牌。校园环境文化方面，在景观设计上巧妙加入“善”文化的元素，辟出以“善”为主题的五大园：百善园、善思园、美善园、养善园、怡善园。在东教学楼走廊呈现“二十四孝故事”，每面墙壁都镌刻着历代关于善的故事。将“新二十四孝”以生动的图文直观地展示出来，让孩子耳濡目染，滋养心灵。校园东南角的一排紫藤架，设计成一条“钢琴走廊”，并以钢琴之王“斯坦威”命名。校园中有名人名言墙、国学精粹文化墙、古诗文墙……每一面墙壁，都成为一页生动的“教科书”。实验楼内，一楼是一串大红灯笼，“日行一善，止于至善”八字校训赫然其上，红色的主色调渲染火热与激情。二楼则悬挂着红红的“中国结”，彰显着实小师生心系祖国的民族情怀。三楼选择的则是古色古香的扇子，“扇”“善”同音，召唤人们融善于心，积极向善。四楼是一排木雕挂件，意味着教育就是对心灵的雕琢。学校建设了“百善墙”，引领学生从善的100种字体入手，领会中国文化的博大精深。

学校设立善行义举榜，组织校委会全体成员，搜集学校师生善行，及时表扬鼓励，产生善的正能量，形成语善、视善、行善、扬善的良好氛围。学校出台《沂源县实验小学教职工业绩考评方案》《沂源县实验小学“善之星”评选活动方案》，表彰善启之星、善教之星、善读之星、善研之星……学生层面上，制定《沂源县实验小学关于对优秀学生表彰奖励的规定》《学校“校园十佳”“百善之星”评选办法》等善行激励制度，实施班级小组评价、一日善行评价、“善行激励卡”评价等方法，全体校委会成员发放“善行激励卡”。发现学生善行就发给学生每人一个“善行”小卡片，他们每凑足5张“善行”卡，就可以得到一个“善心”激励卡。再凑足5个“善心”激励卡，就可以到学校爱心书屋换取一份自己喜爱的精美礼物或者书籍。在此基础上，学校结合少先队“一室两牌”教育活动，组织实施“善行”特色班创建活动，组织各班级结合自己实际，一年级围绕“礼”，二年级围绕“义”，三年级围绕“信”，四年级围绕“仁”，五年级围绕“智”给自己班级命名。与此同时，在1—5年级从仁、义、礼、智、信几个方面着手，筛选了60个习惯加以培养训练，并配以60个“善行”故事，开设60个“善小”习惯培养课堂，在1—5年级践行“每天出入与父母打招呼、每天见到师长问声好、每人每天节约一分钱救助失学小伙伴、每天帮爸爸妈妈做一件家务、每周坚持写2篇‘善行’日记、每月参加一次义工活动、每学期参与一次捐助活动、每学期参加一次敬老走访慰问活动、每年种一盆花活动、每年参与一次捐书活动”等60个“善小”行动，强力推进“善”的教育。家长层面上，借助家委会、家长会、家校通平台、乐学乐教平台等形式或媒介广泛挖掘家长里面蕴含的教育能量，形成教育的良好氛围和正确的舆论导向，让学生从不同角度、不同纬度、不同职业全面深刻了解体会什么是真善美，形成“善”的教育有力补充和合力。

（单连芬提供资料）

见证省级规范化学校的崛起

1982年，实验小学还叫南麻完小，学校有4排平房，70多间房屋。中间2排显得古老，门窗又窄又高，有苏联的建筑风格，是学校最早的建筑。从南向北，前3排是教室、办公室和体育、美术器材室，共40多间。最后一排是伙房、家属区和单身教师宿舍。

1982年放秋假时，最后一排平房中段的10间拆除改建楼房。第二年夏天，学校办公室、教导处和3—5年级办公室，以及部分单身教师和6家住户就搬进新盖的3层综合楼。

1987年夏天，拆除校园中间的2排平房，改建4层的多功能教学楼。期间，除4—5年级外，1—3年级全在校外租房上课。1989年夏天，所有班级、办公室、功能室全部搬进了新盖的综合楼。

2年后盖起2层的阶梯教室。当时，全县小学的大型公开课，教育系统的大型会议，基本上都在这里举行。

1992年3月，学校家属楼建成启用，20户教师入住。在外借住的教师也都搬回学校，住进由原来的教室、办公室改造的家属院。

1992年7月，全县范围的校舍改造拉开序幕。实验小学没有再建楼房，而是开始操场的扩建，目的是通过改造操场，创建省级规范化学校。因当时在校生1500多人，生均活动面积不够，操场面积不够，跑道还是原始的泥土跑道，这些都不符合规范化的要求。操场必须外扩，紧挨操场北侧的一排平房要拆除。为了节省资金，也为了赶进度，学校动员全校60多名教干教师，牺牲暑假休息时间，全部投入到创建规范化学校的工作之中。

基建组的第一项工作就是拆除操场北侧的那一排平房。那些天骄阳似火，老师们又是爬屋顶卸瓦、拆檩，又是拆墙搬砖，一个个灰头土脸，腰酸背痛，手都磨破了皮，但没有一个因为累请假的，都担心时间不够用，怕误了创建工作。

房子拆完了，垃圾清理干净了，给操场外扩腾出了空间。画好跑道的里外边线，就开始下挖。为了建成旱涝两用的渗水炉渣跑道，要下挖1米多深。开始任务分到各年级组，因土方量太大，壮劳力少，单用镢刨，用锨铲，一天、两天看不到进度。无奈学校租来挖掘机。跑道的底槽挖好后，接下来就是填石方，最底层填大石块，第2层是中石块，第3层填粗石子，粗石子上再填粗炉渣，最上面是过筛后的细炉渣。还是为了省钱，学校决定挖地三尺把埋在地下的墙基石全部挖出来，基石被填到了底槽内。

250米的炉渣跑道建成了，平平整整的，松软而有弹性，雨后湿而不滑，比原来的土跑道直接提升一个档次，顺利通过了各级验收。

另外，实验室、图书室、档案室等各功能室顺利完成标准化改造，校园美化绿化高标准完成，省级规范化学校如期创成。（郑家祥提供资料）

沂源县第二实验小学

记忆沂源·教育体育卷

扫码看视频

扫码听书

概 述

沂源县第二实验小学位于县城鲁山路293号，在原沂源县综合高中基础上改建而成。学校占地面积3.47万平方米，总建筑面积1.25万平方米，绿化面积6616平方米。2023年，学校有34个教学班，在校学生1433人，教职工89人。

沂源县第二实验小学（2023年）

2013年，沂源县委、县政府决定盘活原县综合高中资产，建设沂源县第二实验小学，将其列为全县重点项目及民生重点工程。同年4月，成立筹建领导小组；5月，完成对学校资产统计调研工作，制定维修改造方案，分类编制详细预算。对学校大门、运动场地、消防泵房、箱变、校园管网等进行专门设计，对主体建筑做出效果图；8月，维修改造基本完成，高标准塑胶操场、塑胶篮球场、排球场、羽毛球场、乒乓球场等学生活动场地一应俱全。建设数字化校园网，教师人手1台微机，实现教学办公信息化，各教室配备先进的多媒体设备。

2015年，学校以创建教育均衡发展县为契机，投资100余万元，配置图书室图书架10组，登记上架图书3.56万册；配置配全阅览室、实验室、微机室，各种功能室用房落实到位。2021年暑假，县委、县政府投资103万元对学校操场进行维修改造。

窦现永、程万增、杨继学先后担任校长。

教育教学

学校以“和润文化”为主题，确立学校办学理念，以“和润芳华”德育品牌创建为抓手，抓学生行为习惯养成及自主能力培养。以“培养充满个性、上善若水的学子”为育人目标，探讨定位班主任“纳”文化、学生“礼”文化、班级“聚”文化，从制度引领、文化引领、活动引领、评价引领等四个方面来落实立德树人根本任务，实现文化立校、文化育人。

构建“润泽”高效课堂。落实“七个抓”，抓认知、抓制度、抓学习、抓生本、抓活动、抓练习、抓教研，助力“润泽”课堂构建，让学生在安全、愉悦的环境中学习，提高课堂教学效果。

开发“丰润”多彩课程，构建融合课程、特色课程、选择性课程、综合课程四个维度的课程体系。打造陶艺特色课程，编写《从零开始学陶艺》《童颜陶艺》校本课程，开展陶艺课、陶艺社团以及陶艺特色活动，促进学生个性发展。

沂源县第二实验小学运动场（2023年）

学校荣誉

学校被评为全国青少年校园足球特色学校、省教育系统先进基层党组织、省第二批残疾儿童少年随班就读示范校、市少先队工作红旗单位、市中小学德育工作先进单位、市中华优秀传统文化教育示范校、市级文明校园、市首批中小学劳动教育示范校、市困境儿童阅读支持项目爱心单位。

沂源县鲁阳小学

扫码看视频

扫码听书

记忆沂源·教育体育卷

概　述

沂源县鲁阳小学坐落于县城鲁山西路西首，始建于2016年6月，占地面积3.34万平方米，建筑面积2.08万平方米。学校按照省级规范化办学标准配备，陆续配齐校园广播、监控室、阅览室、报告厅、科学教室、微机室、书法教室、国学教室、舞蹈教室、音体美教室、心理咨询室、卫生保健室等功能用室；建成300米环形跑道塑胶操场以及篮球场、排球场、乒乓球场等学生运动场所，配备标准室内体育馆和各类健身器材；建成容纳1300余名师生同时就餐的学生食堂。学校基础设施完善，朝晖楼、春晖楼、思源楼错落有致，功能室、运动场馆、配套设施一应俱全。2023年9月，学校有教学班38个，学生1825人，在编教职工104人。

沂源县鲁阳小学孔子广场（2022年）

2017年9月，沂源县南麻街道鲁阳小学建成招生，南麻街道教体办主任兼任校长。2018年10月，沂源县南麻街道鲁阳小学变更为沂源县鲁阳小学，由街道学校变更为局属学校。

杨圣成、秦昌军先后担任校长。

五音戏走进沂源县鲁阳小学（2021年）

教育教学

学校秉承以文化人的教育理念，以“阳光文化”统领学校发展，形成独具魅力的特色学校文化，并以“阳光”作为学校文化标签，构筑富有本校特色的“阳光事业”，铸就精致教育品牌。在多彩阳光课程体系构建基础上，先后构建“阳光课堂教学模式”和“经典诵读与大单元整合教学模式”。深入开展行为规范教育，加强意识形态教育渗透，关注师生身心健康发展，形成学校心育建设体系，实现家校共育机制。五育并举，致力培养“志于学、健于身、据于德、游于艺”的阳光学子。学校开设50多个社团，涵盖音乐、美术、体育、益智4大类。包括无人机、多元智能竞技、国学、剪纸、航模、烘焙、书法、国画、中国舞、模特、乒乓球、篮球、羽毛球等社团。活动精彩纷呈，成为学生们的快乐驿站。

学校荣誉

学校被评为国家级基于云+端赋能式教学研究实验学校、山东省绿色校园、市文明校园。

沂源县人民路小学

记忆沂源·教育体育卷

扫码看视频

扫码听书

概　述

沂源县人民路小学校门（2023 年）

沂源县人民路小学位于县城人民路南侧、高新路东侧、新城路北侧。学校规划总投资2.38亿元，占地面积3.42万平方米，设计建筑面积2.23万平方米，设计规模30个班，容纳学生1350人。所有工程全部采用钢结构，配备全县最高规格的体育馆、最高配备的学生教室、全自动遥控电动窗户。学校2022年9月开工建设，2023年9月启用招生。

吴晓静担任校长。

教育教学

学校秉承“修身立德、同行致远”校训、“知行合一、立己达人”校风、“以仁育人、善教培源”教风、“以文立仁、明礼好学”学风，以让孩子们遇见更美的自己为办学宗旨，全面培养拥有一颗爱国心、一流好品质、一身好体魄、一种好思维的仁礼好少年。

围绕落实立德树人根本任务，坚持党建引领与教学业务相结合，守正创新与智慧赋能相结合，顶层设计与重心下移相结合，五育融合，构建和谐校园。

按照全面实施素质教育的要求，将校本课程与国家课程、地方课程有机融合，推行聚焦核心素养的“大单元”和“跨学科融合”教学变革和实践探索，推进“课堂大练兵”。学校重视师生阅读，以全员阅读为切入点，以促进教师专业发展为突破，开展校园“读书节”系列活动，开展班级图书角、好书推荐、自制书签评选、淘书义卖、班级经典诵读、教师读书沙龙活动，提高学生的语文素养，打造书香校园。

沂源县人民路小学朗诵表演（2023 年）

沂源县特殊教育学校

扫码看视频

扫码听书

记忆沂源·教育体育卷

概　述

沂源县特殊教育学校位于县城胜利路27号，是全县唯一一所以残疾儿童为教育对象的九年一贯制义务教育学校。占地面积8257平方米，总建筑面积5255平方米。2023年，学校有16个教学班，学生162人，其中在校就读生95人（含康复班学生9人），送教上门学生67人，有教职工45人。

学校创建于1996年7月，原址在县城东风路县电大站两排平房。同年底，县委、县政府将县职工中专校园和校舍划归该校。上海中信金道发展公司向学校捐款30万元，共投资110万元，建成2084平方米的教学办公楼，学校冠名为沂源金道特殊教育希望学校。

1999年，沂源县特殊教育学校搬迁到县城胜利路27号新校。1996—2000年，在校生以听力障碍学生为主。教学班由最初2个班18名学生发展到5个班45名学生，教职工由9人增加到36人。学校初步构建知识教育、语言康复、特长培养、社会适应一体化办学模式。2001—2016年，学校听力障碍、轻度智力障碍两类学生并存，分聋教教学部和培智教学部。学校修订完善108项学校管理制度，贯彻落实《第一期特殊教育提升计划（2014—2016）》，教育教学管理工作逐步规范，提出“让每一个生命绽放光彩”的办学理念，明确将学校打造成“平安和谐的校园、学生成长的乐园、教师发展的家园”的办学目标。

2009年，建成1626平方米的康复楼。2012年，投资150万元，建成1327平方米的学生餐厅宿舍楼。2016年，投资69万元建成2221平方米的塑胶操场。

2017年，淄博市教育局把听障学生统一安置到淄博市特殊教育中心就读，学校转变为以智障儿童、孤独症儿童和脑瘫儿童为主要招生对象的培智学校。学校进一步修订完善307项学校管理制度，落实《第二期特殊教育提升计划（2017—2020年）》，教育教学管理工作流程更加规范，学生人均公用经费提高到8000元，学校办学条件得到全面改善。学校分康复部、启智部和送教上门部，可容纳16个教学班。学校设有PT康复训练室、OT作业训练室、多感官训练室、言语评估治疗室、感统训练

沂源县特殊教育学校校貌（2022年）

沂源县特殊教育学校奠基仪式（1996年）

室、情景教室等35个功能室，室内配备先进教育教学设施。每间教室都配备智慧黑板，教师每人1台微机，实现教学手段现代化、资源建设特色化、学校管理规范化。

王学勤、何兴举、王小朋、冯学增、田亓健、朱广霞先后任校长。

教育教学

学校突出“尊重生命、融合共享”教育理念；以“和·爱”为引领，呵护孩子健康成长。突出抓好学生生存教育，通过在低、中、高3个学段设置自我服务劳动、家务劳动、生产劳动课程，采用“221”结构模式和“学一模一用”递进模式实施劳动教育教学。成立汽车美容、钻石画、劳动种植、烹饪、衍纸画等11个社团，把学生培养成从小具有劳动意识、养成良好劳动习惯、能熟练掌握一定劳动技能的独立或半独立生活者。学校开发校本教材88册、生存教育教材20册。积极抓好康复训练工作，2013年，学校康复机构被确定为淄博市贫困弱智儿童抢救性康复项目定点机构。2015年，学校康复中心创成省级康复训练机构，学校儿童康复中心先后承担100多名受训儿童的康复训练任务，围绕残疾儿童急需发展的感知认知能力、语言能力、沟通交往能力、运动能力、自理能力、社会适应能力六大领域进行针对性康复训练，得到家长们的高度认可。

学校承担着全县残疾儿童的送教上门工作，有30多名骨干教师积极参与，制定专门送教计划和方案，配备专门送教器材，设立专门送教课程，对不能到校就读的重度残疾儿童少年开展送教上门，做到送知识、送康复、送温暖。

学校荣誉

学校被评为山东省康复训练工作先进单位、省规范化学校、省康复训练机构、省第一批绿色学校、淄博市规范化学校、市绿色文明家园、市扶残助残先进集体、市优秀少先队集体、市依法治校示范校、市平安和谐校园、市数字化校园、市平安校园、市文明校园、市“学灯塔、用灯塔”优秀

沂源县特殊教育学校多感官教室（2022年）

沂源县特殊教育学校餐厅宿舍楼（2023年）

党支部、市党建示范点、市先进基层党组织、市公园式（园林式）单位。

教师风采

包彦芳，女，1974年出生，高级教师，山东省特级教师，获得全国特教园丁奖、全国五一劳动奖章。

蔡志利，男，1978年出生，中共党员，高级教师，获得全国特教园丁奖。

沂源县竞技体育学校

记忆沂源·教育体育卷

扫码看视频

扫码听书

概　述

沂源县竞技体育学校位于县城历山路17号，于2002年5月经淄博市人民政府批准建立，建筑面积5598平方米。有教职工20人，其中教练员18人，设4个初中教学班，在训队员200余人。开设田径、射击、篮球、乒乓球、武术、散打、手球、举重、摔跤、柔道、自行车等11个训练项目。

沂源县竞技体育学校前身为沂源县业余体校，创办于1973年，是沂源体委的下属单位。学校创办时设有田径、女篮、武术3个班，学生54人，有专职教练4人。1975年，在原沂源一中（今沂源县第三中学）和东里完小开设中小学挂钩的排球班，兼职教练员2人，学生48人。1979年，开设乒乓球班，教练1人，学生16人。1982年，开设射击班，教练1人，学生10人。截至1984年，共办6个班，专职教练6人（邓金田、张建安、王富义、尹连金、崔九洲、周作河），兼职多人，共招收学生128人。1996年，沂源县业余体校迁至螳螂河东办公。

1999年，迁至54870部队院内训练办公，实行教体合署，构建大教育、大体育同步发展格局，建立完善人才培养输送体系。2002年，更名为沂源县竞技体育学校。1998—2006年，与沂源县实验中学联合办学。2007年，与沂源县历山中学联合办学，开设单独的体育班，训练办公地点迁至历山路17号（今历山中学）体育馆。同时，与沂源县实验幼儿园、沂源县实验小学联合开设体育特长班，面

杜丽射击馆（2013年）

沂源县竞技体校项目训练（2013年）

向全县招生，实行集中训练制，保证体育后备人才的数量和质量。

教育教学

学校牢固树立质量立校意识，以质量求生存、求发展，优化项目布局，加大训练设施投入，狠抓队伍建设，强化训练管理，健全人才培养输送机制，累计向市级训练队输送800余名运动员，2人次获奥运会冠军，3人次获世界冠军，2人次获亚运会冠军，12人次获全国冠军。

学校选拔学生按照“学生自愿报名，学校推荐，体校选拔”的原则，从在校中小学生中选拔，本着“以学为主，以打基础为主，以输送为主”的教学原则对学生进行体育训练。训练教学时间安排在每天早上和下午课外活动，利用周末和节假日，不占用学生正常学习时间。

学校被评为国家高水平后备人才基地、国家级青少年体育俱乐部、山东省青少年训练先进集体、市县级体校考核优秀单位，获得亚锦赛团体冠军、世界杯团体第三名、淄博市第十四届亚运会突出贡献奖、市政府集体三等功两次。

孔涛、邓金田、周作河、崔九洲、周士兵、苏昱宁先后任校长。

竞赛成绩

1997年上海第八届全运会，夏丰远夺得男子

5000米、10000米金牌；张明霞夺得女子八人单桨有舵手皮划艇金牌。

2004年雅典奥运会，杜丽获得女子10米气步枪金牌。

2008年北京奥运会，杜丽夺得女子50米三姿步枪金牌。

2016年里约奥运会，杜丽夺得女子10米气步枪银牌和女子50米三姿步枪铜牌。

2017年全国第十三届运动会，侯光娟夺得女子击剑重剑团体金牌；王浩夺得男子1000米单人划艇铜牌。

2018年雅加达亚运会，王浩与队友夺得皮划艇静水比赛男子双人划艇1000米金牌。

2019年匈牙利世界锦标赛，王浩与队友夺得皮划艇静水比赛男子双人划艇1000米金牌。

学子风采

杜丽，女，1982年出生，中共党员，全国"三八"红旗手、山东省"三八"红旗手标兵、中国共产党第十七次全国代表大会代表。

奥运冠军杜丽的射击人生

饱经磨砺剑始成　杜丽小时候性格有点像男孩，总是喜欢拿着玩具枪各种瞄准、舞弄，邻居长辈都说"这姑娘不爱红装爱武装，将来长大了一定能有大出息"。1994年冬，才12岁的杜丽到历山中学读初一不久，从临沂体校射击专业毕业不久做教练的周士兵到杜丽所在的学校选苗子，性格像男孩、喜欢运动的杜丽被选上了。一开始，杜丽训练并不突出，但后来，周士兵发现这个女孩子很能吃苦。刚起步练习举枪时，体校里枪少人多，往往大半天摸不到枪。为此，杜丽就常在家里举砖头练臂力，动作单调又乏味，但杜丽从未因此而放弃。射击训练一个姿势经常要保持几个小时，在训练中手脚抽筋对射击运动员来说，是再正常不过的。刚入队的这些小队员常常叫苦不迭，只有杜丽每一次都能坚持下来，从不叫苦。平时每天练一个小时，周末每天练6个小时，杜丽的肩膀经常被枪磨得又红又肿，杜丽都能坚持。很快，杜丽成了这些队员中的佼佼者。在参加完市运会后，杜丽被淄博体校录取了。

市体校射击队的训练条件很艰苦，酷暑天没有空调，又不能开风扇。队员们穿着厚厚的服装，每次训练完，背上起满了痱子，花露水一用就是大半瓶。杜丽和别人还不一样，别的孩子上半天课，训练半天，只有杜丽，一整天都在训练房里。但教练和队友从没听杜丽抱怨过。

进淄博体校时杜丽须交近7000元学费，另外她每月的生活费300多元，外出观摩比赛也需要花钱。这对母亲下岗、父亲每月600多元工资的家庭来说，无疑是一笔巨大的开支。可为了女儿的前途，杜丽父母不惜东凑西借，省吃俭用，也要支持女儿训练。由于生活拮据，杜丽的妈妈打过草绳、卖过煎饼，好几年夫妻俩没买过新衣服。在市竞技体校训练时，父亲每隔半个月就去看她一次，为省几个车钱，他都是从汽车站步行到学校。

射击场上不服输　1998年，仅仅接受了两年正规训练的杜丽，实力已经得到普遍认可，被调往省队。入选到山东射击队后，杜丽很快适应了省队的训练生活，她的成绩也有了很大提高，无论多累，只要一端起枪，她就全身心地扑在训练上。同年参加山东省第十九届运动会，获女子40发气步枪第二名。对第一次参加这种大赛的小运动员来讲，这可以说是接近完美！但杜丽却认为："本来我可以发挥得更好。"这就是杜丽的性格——永不服输。2002年，杜丽被选入国家队，但那时，她只是作为替补队员，并没有正式的编制。然而杜丽没有因此而灰心，她一直有一个信念：参加奥运会，做到最好！平日的训练就属她练得最勤奋，沉重的步枪将她本该白皙的手磨出了血泡，结了厚厚的茧子，但是她依然坚持训练。

雅典奥运夺桂冠　2002年，世界射击锦标赛，刚满20岁的杜丽面对各路强手，凭借出色的表现获得个人亚军。

从那以后，杜丽状态趋于稳健，在随后的全国冠军赛中再次夺冠。2003年射击世界杯上，杜丽表现出色，以504.9环的成绩创造新的10米气步枪世界纪录，成为这个项目的中国领军人物。

2004年8月14日下午，雅典奥运会的射击馆，当时年仅22岁的杜丽，第一次参加奥运会便打到决赛。可是由于决赛开局不利，杜丽一直落后，形势非常严峻。就在大家都为她捏把汗的时候，杜丽显示出与年龄不符的沉着冷静，她在形势极为不利的情况下稳扎稳打，在落后俄罗斯强将加尔金娜1.4环的情况下，连续打出高水平。第九枪后，将差距缩小到0.4环；最后一枪，一直表现出色的俄罗斯选手加尔金娜仅打出了9.7环，杜丽打出了10.6环的好成绩，实现了几乎不可思议的逆转。杜丽为中国代表团夺得奥运会首枚金牌。

北京奥运再卫冕 雅典奥运会之后，杜丽成为山东理工大学一名大学生。学习之余，她积极投入到紧张艰苦的训练和比赛中，一边参加各类大赛，一边为2008年北京奥运会备战。

杜丽在2005年世界杯美国站、加拿大站和总决赛中夺得10米气步枪冠军，并在2005年世界最佳射击运动员评选中名列女子第二。

2006年7月24日，在第49届世界射击锦标赛女子10米气步枪决赛中，杜丽以502.1环的总成绩夺冠。

2006年9月8日，中国国家射击队步枪、手枪和移动靶项目的亚运会选拔赛，杜丽打出了400环满环，决赛10发也全部在10环以上，总成绩达到505环，超过了她自己保持的504.9环的世界纪录。

北京奥运会杜丽夺冠（2008年）

2008年北京奥运会上，杜丽在主项女子10米气步枪比赛失利的情况下，没有气馁，在女子50米三姿步枪比赛中，她以稳定的表现打破了奥运纪录，再次夺得金牌。

不少运动员一旦功成名就，社会应酬和活动就会多起来。有人涉足娱乐界，有人干起了自己的企业。杜丽对待这个问题则很有“分寸”，她表示自己不会“迷失”方向。雅典奥运会之后不久，杜丽就投入到北京奥运会备战中，回到原来那种紧张充实的生活状态，认真训练，全心比赛。2016年里约奥运会后，杜丽宣布退役，结束了自己的运动员生涯。

（竞技体校、媒体提供资料）

沂源县综合实践活动学校

记忆沂源·教育体育卷

扫码看视频

扫码听书

概　述

沂源县综合实践活动学校，位于沂源县石桥镇圣佛山腹地，距县城25公里，是一所面向全县中小学生开展校外实践活动的专门学校。学校活动区域占地面积7000平方米，建筑面积5400平方米，一次能接纳300名中小学生到校开展校外实践活动。学校教职工核定编制14人。2023年，有专任教师13人。

2000年4月10日，沂源县教委在圣佛山召开学校成立会议，王家厚负责学校筹建工作，教师有田发明、王维太、郭照绍、陈志刚和郑作昭；10月16日，学校定名为沂源县劳动技术实验学校。沂源县实验中学、沂源县历山中学各2个班到校开展实践活动，举行首次开学典礼。

2002年6月30日，《中共沂源县委、县人民政府关于县级事业单位机构设置和改革的意见》（源发200213号）明确“设立县综合实践活动学校，为副局级全额预算管理事业单位，隶属沂源县教育体育局领导”。2004年8月，首次面向县外中小学生开展夏令营活动。2010年10月，山东理工大学校外教学科研实践基地挂牌。2011年9月，市关工委现场会在学校召开；10—11月，学校争取县水务局200吨水泥、1万余元PPR自来水管的支持，建成1座蓄水量70立方米的水池。2012年3—4月，投资20余万元，扩建学生拓展训练区和生活实践区，添置和更换部分拓展训练设施。2016年，食堂标准化改造。2017年，建成地震体验室。2019年12月，建成电烙画室。

王家厚、田明亮、张纪功、窦现永、唐传成先后任校长。

教育教学

学校本着让中小学生“走进社会、融入自然、贴近生活”的原则，把增添活动设施与积极创造开发自然资源有机结合，精心设计，统筹利用圣佛山内丰富的自然资源和人文资源，先后设计、开发绵延15公里的革命传统教育区、认识资源教育区、环保教育区、劳动实践区、科技教育区、安全教育区、民俗教育区、野外生存训练区、文体活动区和拓展训练区10大区域、23条活动路线、120处景点，对每一个区域、每一条路线、每一个景点，都突出特色、突出教育主题，精心构思，编写故事和传说，科学设置活动内容，营造动态、鲜活的“自然教

沂源县综合实践活动学校全貌（2022年）

学生进行植物资源调查（2018 年）

室”“生态课堂”。

坚持“学生生活的每一个环境都是课堂，学生从事的每一项活动都是学习，学生的每一项学习都是实践”的教育方略，让学生“在活动中体验，在体验中感悟，在感悟中升华”。从横向和纵向两个方面统筹布局规划实践活动内容，设计开发出7大类系列主体实践活动项目，培养学生的劳动意识、科技意识、环保意识、安全意识、生存意识、合作意识、探究意识，增强实践能力、自理能力、学习能力、搜集处理信息能力和创新能力，使学生开阔眼界，增长知识，磨炼意志。

科技活动类

主要包括动、植物标本的采集与制作、奇石根雕的采集和艺术加工、动植物艺术形象设计、日常学习生活用具的制作、无土栽培、园林设计、泥塑、刻瓷、编织等，重点培养学生的创造能力和审美能力，净化心灵，陶冶情操。

劳动实践类

主要包括种子的采集与处理、整地除草、果树土肥水管理、果实采收等，重点培养学生热爱劳动、吃苦耐劳的优良品质。

社会调查类

主要包括农家半日行、乡风民俗考察、革命传统教育等，重点培养学生爱家乡、爱人民、爱祖国的高尚品质。

文体活动类

主要包括观看爱国主义教育影片、卡拉OK歌咏比赛、篝火晚会、趣味运动会、游泳比赛、登山比赛等，重点是张扬学生个性，展示自我，培养学生的自信心。

生活实践类

主要包括洗衣服、包水饺、野炊等，重点培养学生自立能力，学会感恩，尊重父母、尊重他人。

环保教育类

主要包括动植物资源调查、水土状况调查、栽植生命树等，重点培养学生热爱自然、保护环境的意识。

拓展训练类

主要包括信任背摔、巧过电网、滑索过江、登峰架、求生墙、攀岩、步云桥等，重点培养学生团结合作、坚韧不拔的良好品质。

学校荣誉

学校被评为全国劳动技术教育实践基地、国际青少年生命树活动中心——圣佛山基地、山东省科普教育基地、淄博市关心下一代教育基地、市防震减灾教育基地、市青少年校外活动示范基地、市科普教育基地。

学生野营训练（2018 年）

国画 《放学后》 姜娜（沂源县振华实验学校教师）

沂源县实验幼儿园

扫码看视频

扫码听书

记忆沂源 · 教育体育卷

概　述

沂源县实验幼儿园位于县城胜利路10号，始建于1958年，原名沂源县机关幼儿园。幼儿园占地面积7998平方米，建筑面积5948.8平方米，有教学楼2座，综合楼1座。2023年，幼儿园有小、中、大13个教学班，幼儿474人，教职工65人。

1958年2月，为适应当时形势发展需要，沂源县委责成县妇联在8天之内组建一所幼儿园。县妇联随即筹集资金，物色人员，于1958年“三八”节建起沂源县第一所幼儿园，命名为沂源县机关幼儿园，地址在武装部后院，分小、中、大3个班，幼儿90余人，教职工17人。1961年，沂源县机关幼儿园教学设备日益齐全，有脚踏风琴、手风琴、锣鼓、木马、滑梯、转椅、秋千等文娱游戏器材，在园幼儿130人，孩子们每人1张小床，配有被褥、蚊帐以及就餐、洗漱等用具。

1965年，沂源县机关幼儿园由武装部后院迁至南麻老街，园舍更加宽敞，园内草木繁茂，环境优美，设施日趋完备。

1980年，在多方共同努力下，沂源县妇联再次牵头，重新征地筹建新园，园址位于县城胜利路10号。1981年3月，新园建成投入使用。有教师4人，设小班、大班2个班，李希兰任主任。1983年，沂源县机关幼儿园有4个班，幼儿197人，教职工12人，各种大型文体器材包括吊船、转椅、双头摇马、杂技乐器、风琴、幻灯机、小篮球架等40余件。

1993年，借用沂源县图书馆作为园舍，筹划把两排平房改建为1座3层教学楼。1995年，建成投入使用，教学班扩大到10个班。

1994年3月，沂源县机关幼儿园更名为沂源县实验幼儿园，正式由县政府管辖转至沂源县教委接管。

1999年，自筹资金35万元，建起高标准综合楼，一楼是食堂，二楼是活动室。2002年，自筹资金建成4层教学楼。2005年，新建食堂和多功能室。2009年，幼儿园规模达到小、中、大各6个班，另招收1个春季托班，共计教学班19个，幼儿1003人。2016年，教学设备更新升级。2018年，对南教学楼进行全面修缮改造。幼儿园环境优美，各功能室布局合理，设施设备齐全，是一所建园历史悠久、文化底蕴丰厚的幼儿园。

韩京城、秦承福、李希兰、齐秀菊、单连芬、刘传芳、张玲先后任园长。

沂源县实验幼儿园（2016年）

教育教学

幼儿园新建之初，没有固定教学教材，教师找到各种教学资料和教材，结合该园实际，开展语言、计算、音乐、美术、常识、体育等各项教学活动。1997—2004年，幼儿园在常识、美术、语言、音乐、计算、体育6门课程基础上创新发展，引进临沂少儿珠脑心算教学、早期阅读、英语趣味班、民间艺术、特色体育等一系列新课程。

随着学前教育课程改革，山东省出版第一套幼儿园省编教材，幼儿园第一次正式统一教学内容，《幼儿园教育指导纲要（试行）》

中明确提出五大领域为健康、语言、社会、科学、艺术，教学内容更加丰富、严谨、科学。

学校荣誉

该园被评为全国足球特色幼儿园、山东省示范幼儿园、省级实验幼儿园、省十佳幼儿园、省校园安全工作先进单位、淄博市一类幼儿园、市初步现代化幼儿园、市十佳幼儿园、市学前教育先进单位、市基本现代化幼儿园、市数字化幼儿园示范园、市文明单位。

校园琐忆

忆建园初期的攻坚克难

1980年，机关幼儿园园址还是一片空地，参与建设人员拉院墙、进沙子、盖房子，历时6个月，12间平房拔地而起。1981年秋天，幼儿园开始正式招生，招收了一大一小2个班，2位教师担任教学工作。教学上没有统一教材，日常工作以看护孩子为主，各班教师自定教学计划，教授孩子识字、数数、算数、游戏、儿歌等内容，每月进行一次教学成果展示，得到家长们的一致认可。

1984年，为了解决幼儿园班容量大、活动面积小的问题，幼儿园开始征地扩建，新建10间平房，其中包括3间教室、3间睡眠室、2间办公室和2间食堂，幼儿园初具规模，从那以后孩子们终于有了睡觉和吃饭的地方。校改工期短、任务重，所有老师下班后都要参加劳动。记得当时建房用的钢筋、砖头都是老师们用手推车一车一车推回来的，尽管汗水湿透衣背，血泡满手，也不曾听到老师们喊苦叫累，第二天照常按时上课。从此，幼儿园设小班、中班和大班，正式开始分年龄段教学。

1993年，幼儿园继续扩建，县委、县政府投资百万元改建实验幼儿园，占地5066.7平方米、建筑面积为1998平方米的综合性3层现代化楼房，代替昔日的简陋平房，教学环境有了很大改善。教学设备也有了很大改变，从一开始由石墩子和木条组合起来的凳子、水泥黑板，到后来整齐的桌椅，各种现代化设备陆续配备齐全。1994年3月，沂源县机关幼儿园改名为沂源县实验幼儿园，被淄博市教育局命名为市级一类幼儿园。

（李希兰提供资料）

守正创新是发展的必由之路

1997年，沂源县实验幼儿园只有1座教学楼、6个教学班、200个孩子。当时建园资金严重不足，为了节约办园成本，最好的办法就是老师们自己干。老师们自己铺路、自己采购涂料粉刷教学楼的墙壁、在墙上画画装饰校园环境。1999年，建起2层楼幼儿食堂，幼儿在园时间也由原来的半日制成为全日制。当时幼儿午睡需要的被褥要由幼儿园准备，为了节约资金，幼儿园老师只能自己采购棉花，去临沂批发布匹，老师们在地下室自己铺棉花，踩缝纫机棉被褥。就这样，老师们用自己的汗水为幼儿创造了优质的受教育环境。1997—2004年，这7年里班级数量和幼儿数量逐年增加，从1997年最开始的6个班级增加到2004年的17个班级，每班幼儿人数最多时达到60余人，除把能用的空间改造成教室外，有一部分班级只能安排在地下室。为解决教

沂源县机关幼儿园庆祝“六一”国际儿童节（1992年）

迁入新园后沂源县机关幼儿园第一批满托幼儿（1981 年）

学空间不足的问题，2002年，幼儿园自筹资金建成新教学楼；10月，幼儿搬进了新教室。明亮宽敞的教室、漂亮的桌椅、高档的钢琴，这一切代表着实验幼儿园迈向了新的征程。

只有规范化、科学化、细致化的管理模式，才能充分调动教师工作积极性。幼儿园建立了教师考核细则和方案，从多方面规范教师的工作。为提高教师的教育教学水平，1997—1999年，幼儿园先后组织教师进行打击乐器培训、歌咏比赛、教学挂图制作比赛、键盘比赛、计算机培训、团体操表演、达标课评比等丰富有意义的活动，加强了实验幼儿园教师队伍建设。

沂源县实验幼儿园活动区（2023 年）

课程内容是幼儿园教育教学活动的灵魂，对幼儿发展起着至关重要的作用。1997年，幼儿园主要以教授常识、美术、语言、音乐、计算、体育等6个学科为主。1997—2004年，幼儿园在原有课程的基础上不断创新发展。早期阅读、英语趣味班、民间艺术、珠心算课程、级部特色体育等一系列新课程的研究和实施，提高了幼儿园的教学质量。

（刘传芳提供资料）

沂源县第二实验幼儿园

记忆沂源·教育体育卷

扫码看视频

扫码听书

概　述

沂源县第二实验幼儿园位于县城富源路596号，占地面积1.47万平方米，建筑面积6643平方米。2023年，有教职工80余人，小、中、大教学班16个，在园幼儿600余人。

幼儿园创办于2012年9月，曾用名汇源幼儿园，是县委、县政府落实《国家中长期教育改革和发展规划纲要》和国家第一期学前教育三年行动计划投资兴建的一所公办幼儿园，隶属于沂源县教育和体育局。2013年5月，更名为沂源县第二实验幼儿园。

左进凤、公海英先后担任园长。

沂源县第二实验幼儿园（2022年）

教育教学

开园之初，确立"给孩子一个快乐童年"的办园宗旨，把"让每一个孩子享受成长快乐，让每一位教师享受职业幸福，让每一位家长享受育儿乐趣"作为办园目标，以"爱是最好的教育"作为园训，遵循"呵护天性、遵循规律、科学引领、自由发展"的教育理念，培养健康、聪慧、文明、自信、富有个性的好孩子。建园10余年，幼儿园"爱·乐"文化深入人心，逐步形成"敬业、和谐、求实、创新"的园风。

幼儿园积极营造充满"爱"的物质环境与精神氛围，本着"为孩子打造一个没有屋顶的大教室"、坚持做"有用环境"的室内外环境创设理念，通过全园环境创设大教研活动，将环境创设的自主权还给幼儿、教师。幼儿园里的每一处环境都成为重要的教育资源，每一棵树都有故事、每个角落都有温度，孩子们在丰富多彩而又充满挑战的环境中吃得好、玩得好、学得好。

幼儿园积极落实省级游戏实验园要求，让游戏精神渗透在幼儿一日生活中，通过组织体验式游戏教研、现场观摩、游戏备课和"放手游戏 发现儿童"全园游戏案例展示等活动，不断提升教师的观察与支持能力。积极引导教师树立正确的儿童观，坚信孩子是有能力的学习者，在尊重、相信、理解儿童的基础上"大胆放手"，让孩子成为游戏与生活的主人，在做中学、在玩中获得全面发展。

认真落实立德树人的根本任务，坚持一日生活皆课程，在"课程生活化、游戏化、经验化"理念下，形成田园课程理念（园本课程）：看见儿童、关注生活、回归自然、家园共育。总结梳理课程探索实施经验，建园10周年之际，《追寻美好的教育——幼儿园田园课程实施与探索》一书正式出版。

坚持多元协同育人，整合多方教育资源，把家长从服务对象变为合作伙伴。成立家长学校、幼儿园——级部——班级三级家委会和伙委会，招募家长义工、安全护导员，引导家长主动参与幼儿园的管理。成立"爱心树"家长驿站，通过家长助教进课堂、亲子实践活动、毕业生家长回访、家长参与幼儿园课程审议等活动，让家长参与幼儿园教育。

学校荣誉

该园被评为全国足球特色幼儿园、山东省教育信息化试点单位、省级示范性幼儿园、省级游戏实验园、省幼小衔接试点园、省家庭教育示范基地、淄博市花园式单位、市文明单位、市公园式（园林式）单位、市数字化幼儿园、市学前教育教研基地。

其他局属幼儿园

扫码看视频

扫码听书

沂源县第三实验幼儿园

沂源县第三实验幼儿园位于县城新城路919号，总规划用地面积9123平方米，总建筑面积7598平方米。2020年11月14日开工建设，按照《山东省幼儿园办园条件标准》进行建设、内部设施设备配备和园区文化建设，2021年9月，正式投入使用。幼儿园设小、中、大班共15个教学班，可容纳幼儿525人。2023年，有教职工52人，专任教师39人。

沂源县第三实验幼儿园全貌（2023年）

幼儿园严格按山东省幼儿园办园条件标准设计，内设幼儿活动室、睡眠室、盥洗室三室配套，配有钢琴、一体机、直饮机、中央空调、新风系统等先进设备。设有科学发现室、美工室、图书阅览室、烘焙室、建构室、陶艺室六大功能室，满足不同孩子的发展需要。食堂配备两餐两点，荤素搭配，营养均衡，守护孩子舌尖上的安全。户外场地设有沙池、水池、种植园、涂鸦墙等，通过构建绿色生态的户外环境，让幼儿回归本真，快乐游戏。

幼儿园以“润泽生命，涵养心灵”为办园宗旨，以“用心看见，用爱回应”为办园理念，以“释放天性，静待花开”的自然教育为突破口，努力为孩子打造诗意的环境，在“彩虹花”阅读节中共品阅读的价值，共享阅读的韵味；在“追光行动”中，探寻教师专业发展的内驱力，提升教师的专业修养；在“陪你慢慢长大”和“院子里的四季”课程中，顺应孩子的成长，注重习惯养成教育；在后勤保障工作中，防患于未然，用心守护童年院子里的每个人的健康；在家园共育中，通过多层面多维度促进家园和谐共生、互润共长的良好氛围。

崔昱、黄莉莉先后担任园长。

沂源县第四实验幼儿园

沂源县第四实验幼儿园位于城区振兴西路中段，占地面积1万平方米，建筑面积7415.2平方米，投资4500万元，设计规模15个班，容纳幼儿500余名。2023年，全园教职工有53人，招收5个小班、5个中班、2个大班，在园幼儿400人。

2020年11月14日，沂源县第四实验幼儿园开工建设，按照《山东省幼儿园办园条件标准》进行设计建设、内部设施配备和园区文化建设，2021年9月，正式投入使用。

整个园区建筑呈“U”形，南区和北区是班级活动室，每层5个班，共3层，活动室、睡眠室、盥洗室三室配套，南北通透，采光好；西区是幼儿园食堂、各种功能用室、办公室等。

幼儿园确立“让每一个生命自然生长”办园宗旨，秉承“顺应自然、尊重规律、回归生活、滋养灵性”核心理念，以生活教育、自然教育为基础，以游戏为基本活动，培养“爱运动、有担当、善思考、会生活”的新时代儿童。以“办一所老百姓家门口的好幼儿园”为目标，坚持以《3~6岁儿童学习与发展指南》《幼儿园保育教育质量评估指南》为指导，

沂源县第四实验幼儿园（2023年）

以阳光教师梯级培养工程、家园社多元协同育人共同体建设工程为核心，聚焦保教过程质量，以课程实施、自主游戏、亲子阅读为抓手，尊重幼儿年龄特点和发展规律，坚持保育与教育相结合，科学组织一日活动，以儿童化视角实施课程，科学、自然实施幼小衔接，与荆山学校、鲁阳小学结对开展幼小衔接专题活动，组织家长开放日、家长进课堂，密切家园联系，多元协同育人，全面提升家长满意度。

幼儿园被评为淄博市平安校园、市教育系统模范教工之家、市教育系统“书香工会”示范点、市教育系统基层先进党组织。

公海英、贾雯涵担任园长。

沂源县第五实验幼儿园

沂源县第五实验幼儿园始建于2023年2月，位于县城瑞阳大道以东、儿童乐园南侧。园所占地面积3700平方米，投资2500余万元，建成综合活动室、图书室、美工室等，总建筑面积2600平方米，配套钢琴、智能一体机、滑梯、安吉游戏材料、游水游戏等室内外设施设备。2023年底，幼儿园共有小、中、大班7个；在园幼儿270人，专任教师28人，持证率100%。

该园立足整体理念，统筹规划建设室内、户外环境和心理环境，陆续完成室外绿化、塑胶场地、大型玩具等区域改造，创设温馨和谐自然园所环境，让幼儿在自然环境浸润和老师鼓励支持下大胆探索，茁壮成长。结合园所实际，依托自然教育理念，开展“叠衣服、系纽扣”等生活化活动和“一起去春游”等户外游戏活动。完善制度建设，建立健全各项体制机制，提升整体运转效能。探索园本课程创新，融合“五大领域”与地方特色，开发“浪漫春日、快乐烧烤”等园本课程，依托淄博烧烤等本土特色，激发幼儿探索欲和求知欲，促进幼儿认知、情感、社会交往、团队合作等能力发展，加深对本土美食文化认同和理解。创新开展社区与家长工作，“同心同行同向，共商共育共赢”，促进幼儿健康成长。

沂源县第五实验幼儿园幼儿绘本阅读室（2023年）

2023年7月起，开展暑期延时服务工作，根据“一园一策”要求制定方案，投入优秀师资力量，围绕“五大领域”和“自主游戏”，开展形式多样的暑期延时服务，统筹安全、卫生、保教、后勤保障等工作，保障暑期延时服务高质量开展，促进暑期幼儿全面健康成长。

该园被评为省级一类幼儿园、淄博市儿童口腔健康管理示范园。

山虎担任园长。

沂源县第五实验幼儿园（2023年）

沂源县第六实验幼儿园

沂源县第六实验幼儿园位于县城南麻街道高庄社区林荫大道中段。2022年8月1日开工建设，2023年底，正式投入使用，隶属于县教育和体育局。

该园按照《山东省幼儿园办园条件标准》进行规划设计、内部设施配备和园区文化建设。总用地

沂源县第六实验幼儿园（2023 年）

面积9477.47平方米，总建筑面积6813.84平方米，设计规模12个教学班，可容纳幼儿360人。整个园区建筑呈“回”字形，南区是班级活动室，每层4个班；西区是幼儿园食堂；东区是各种功能室；北区三层为办公区及教师活动区。2023年，全园教职工15人。

宋丽娜担任园长。

沂源县历山幼儿园

沂源县历山幼儿园位于县城历山路19号，占地面积4850平方米，建筑面积2850平方米。2023年12月，幼儿园有14个班级，在园幼儿657人、在职教职员工64人，其中专任教师49人，教师任职资格证持证率100%，学历达标率100%。

沂源县历山幼儿园前身是沂源县实验小学附属幼儿园，始建于2000年。2018年12月，更名为沂源县历山幼儿园。2021年，隶属县教育和体育局。

幼儿园从儿童的天性出发，聚焦传统文化、创意戏剧、环保节能的艺术教育特色，将日常活动与“乐蓓尔音乐游戏”相结合，让幼儿放松身心、徜徉在音乐中，利用唱、跳、创意表演等环节，激发幼儿兴趣，丰富幼儿亲身感受与真实体验。

以“乐蓓儿”音乐特色课程展示为主题，以“孩子天赋花开，从‘乐蓓尔’音乐开始”为宗旨，幼儿利用非洲鼓、沙锤、手铃等乐器和多种道具，大胆表现自己的想法，巧妙地将语言、社会、音乐、情感等内容进行整合，让孩子在快乐的音乐游戏中去感知故事背后音乐的内涵，增强幼儿在群体中协调能力和团体合作意识。

幼儿园把传统节日作为载体，开展传统文化教育活动，让幼儿减少陌生感，更主动地参与和融入活动过程中。开展“重阳秋色暖·敬老情更浓”感恩教育活动，让尊老、敬老中华美德在孩子们心中传承。开展“传承红色根脉、弘扬雷锋精神”学雷锋月活动。开展“讲雷锋故事”“唱雷锋歌曲”“画雷锋叔叔”等活动，让幼儿争做“小雷锋”。

该园被评为山东省文学艺术教育先进学校、省级示范园、市级示范园、市平安校园。

齐秀菊、侯亮玉、陈桂红、公丕华先后担任园长。

沂源县历山幼儿园（2022 年）

南麻街道学区

扫码看视频

扫码听书

记忆沂源·教育体育卷

概　述

南麻街道学区有初级中学1所，完全小学3所，幼儿园9所。2023年底，中学有教学班12个，在校生388人；小学有教学班49个，在校生2014人；幼儿园有教学班75个，在园幼儿2377人；在职中小学教师245人，幼儿教师33人。

清光绪末年，域内塾学多属村塾，有大田庄和南麻2处义塾。大田庄义塾为本村士绅捐款兴办，南麻义塾靠官地收租兴办。1915年后，南麻、高庄、东沙沟等村开办学堂，时称“洋学堂”。

1944年，南麻教育由历山区文教助理管理。1953年，成立中心校，负责历山区教育教学工作。1962—1969年，又由文教助理负责全公社教育工作。1969年，南麻区（公社）成立教育组，负责全区（公社）的教育。1985年，改为中心校。1986年，南麻镇设立教育委员会（镇教委），全面管理全镇教育工作。是年，全镇普及初等教育并完成农村小学“六配套”。1989年，成立中心小学、中心中学和中心幼儿园。1994年，南麻镇教委更名为南麻镇教育中心，负责管理全镇的中小学、幼儿园教育，普及九年义务教育。1997年，南麻镇教育系统实行“五制改革”，小学教师进行城乡交流。1999年，南麻镇率先成为淄博市义务教育示范乡镇。

2001年，沟泉镇合并到南麻镇，有6所学校（许村小学、福和希望小学、下高村小学、赵家庄小学、宋家庄小学、沟泉小学）划归南麻镇教育中心管理。2003年12月，南麻镇教育中心撤销，成立南麻镇教育体育管理办公室。2005年，南麻镇完成合班并校工作；抓窗口学校创建，完善教学工作五级负责制和教育质量考核评价体系。2006年2月，被授予淄博市教育初步现代化乡镇。2007年12月，荣获淄博市教师教育工作先进单位；同年，完成对各校实验室的升级改造和教学仪器配备达标。

2012年4月，行政区划调整，成立南麻镇教育体育管理办公室（简称南麻镇教体办），负责管理沂源县南麻中学、南麻镇东高庄小学、南麻镇第四小学、南麻镇第七小学、南麻镇西台小学、南麻镇沟泉小学、南麻镇宋家庄小学、南麻镇赵家庄小学、南麻镇许村小学、福和希望小学及各小学附属幼儿园和南麻二村幼儿园。2021年3月，推行学区制改革，南麻街道教育体育管理办公室撤销，成立沂源县南麻街道办事处学区（与原沂源县河湖中学合署），负责管理所辖1所中学、3所小学、4所公办幼儿园和5所民办幼儿园。

刘泽民、苗永富、李建民、毕云生、傅佩玺、韩建荣、刘悦信、张学校、刘乃祺、唐文训、范振才、周世来、刘学本、崔云沂、张志堂、陈光伦、杨圣成、刘传国先后担任南麻教育管理机构负责人。

齐勋山、刘长庆、刘成学、陈培友、徐在明先后担任沟泉教育管理机构负责人。

学前教育

概　况

1955年，南麻村成立初级社，开办3处托儿所。1956年，南麻村成立高级社，下设3个分会，以分会为单位办托儿所、幼儿园，其形式有常年幼儿园、地头托儿所、邻里托儿所，但缺教师、无设备，群众称为“看孩子组”。1958年，幼儿园单设食堂，由大队按人数拨粮油，进行“五爱”（爱祖国、爱人民、爱劳动、爱科学、爱护公共财物）教育，孩子统一服装。1960年秋开始，农村幼儿园（所）逐渐停办，至1961年全部撤销。20世纪80年代初期，有些村陆续招收学前班，时称“育红班”。1986年，全镇共有幼儿园20余所，在园人数870人。1989年，建成中心幼儿园。20世纪90年代开始，幼儿园学制由两年逐步改为三年（小班、中班、大班）。2002年，城区各小学新建附属幼儿园陆续开园，全镇完成幼儿教育示范乡镇创建任务。2004年，南麻中心小学幼儿园教学楼建成。2006年，全镇民办园达到21所。2010年，南麻镇共注册幼儿园24所。其中，公办园15所，民办园9所，在园幼儿近4000人。

2012年，南麻镇教体办下辖东高庄幼儿园、中心幼儿园、鲁阳幼儿园、西台幼儿园、沟泉幼儿园、宋家庄幼儿园、赵家庄幼儿园、许村幼儿园、福和希望小学幼儿园及南麻二村幼儿园。2018年，辖区内幼儿园进行改造提升，幼儿园学前教育资源全覆盖，城乡入园率达100%。

沂源县南麻街道办事处中心幼儿园木工坊（2022年）

2020—2021年，先后撤并宋家庄、赵家庄、许村、福和、沟泉幼儿园到东高庄幼儿园，实现辖区所有适龄儿童全部进城就读，城乡孩子优质教育教学资源共享。2021年，南麻街道学区实施小学与幼儿园分离措施。新建3所普惠性幼儿园，累计增加学位近2000个，缓解辖区内幼儿入园难问题，学前三年毛入园率达到100%。中心幼儿园通过省示范园复验，西台幼儿园完成省示范幼儿园创建，博苑幼儿园、清华园幼儿园、水韵康庭幼儿园通过省级一类园验收。

2023年，辖区幼儿园累计投资233万余元，完成消防设施、室内外地胶铺设、室外运动场地铺设、厨房改造、木工坊、室外挑战区等项目建设，各幼儿园配齐配全幼教玩具、图书、室内外大中型游戏设施、计算机、触控一体机、舞台设备等，教学设施改善，办学水平提升。辖区内有东高庄幼儿园、南麻街道办事处中心幼儿园、西台幼儿园和鲁阳幼儿园4所公办幼儿园；博苑幼儿园、南麻二村幼儿园、清华园幼儿园、水韵康庭幼儿园和北京小龙人幼儿园5所民办幼儿园，在园幼儿2377名。

学校简介

沂源县南麻街道办事处中心幼儿园 位于沂源县荆山西路15号，是一所省级示范性幼儿园，占地面积5324平方米。2023年，幼儿园有小、中、大12个教学班，在园幼儿422人，教职工60人。

幼儿园始建于1985年，初为南麻镇第四小学附属幼儿园。2004年8月，新建教学楼投入使用，幼儿园搬入新教学楼。2009年，通过市级示范园验收。2012年5月，更名为南麻镇中心幼儿园；12月，顺利通过山东省中心园认定。2015年9月，沿南北路新建教学楼1座并投入使用。2016年7月，创成山东省省级示范性幼儿园。2021年4月，幼儿园与小学分离，独立管理；11月，更名为南麻街道办事处中心幼儿园。

沂源县南麻街道办事处中心幼儿园（2023年）

幼儿园设有攀爬区、钻爬区、平衡区、投掷区、沙水区等区域，每班室内配有笔记本电脑、电钢琴、白板一体机等先进教学设备。

幼儿园以“用爱养育、用心教育”为办园理念，以“关注孩子健康成长，促进幼儿和谐发展”为办园宗旨，探索课程园本化，开展以爱为核心的礼仪教学，让孩子从小在日常生活、礼仪教学中获得正确的礼仪知识，习得各种礼仪行为规范，将礼仪融入日常生活。积极开展活动，逐步形成自己的办园特色。

该园被评为全国家园共育实验基地、山东省省级示范性幼儿园。

陈增兰、王学新、吴宝红、唐敬孟、张德爱、徐纪莲、沈玉华、周在玲、吴本纯先后任园长。

沂源县南麻街道办事处西台幼儿园 位于沿河西路西台村，占地面积7096平方米，建筑面积2350平方米，园室内外布置合理，整体设施配备齐全，活动区域设置合理，教具丰富多样，图书资料优质丰富，是一处规范化、高标准全日制幼儿园。2023年，有小、中、大14个教学班，幼儿557人，教职工58人。

沂源县南麻街道办事处西台幼儿园（2023年）

该园始建于1985年，原址在西台小学，1间平房，1个班，由2位教师管理，户外活动场地和小学共享，时称“育红班”。1995年，西台村在原有校址上修建成办公楼，“育红班”搬进楼房。2000年，西台村委建一座教学楼供幼儿园专用，配备幼教工作人员，成立一所私立幼儿园（南麻街道西台幼儿园前身），名称为沂源县德美艺术幼儿园，有5个教学班，教职工13人，幼儿户外活动面积226平方米，水泥面操场1处，幼儿室内外游戏材料以废旧材料为主。

2005年9月，德美艺术幼儿园转为公办，改名为沂源县南麻镇西台幼儿园。2014年2月，更名为南麻街道办事处西台幼儿园。2018年9月，西台小学并入鲁阳小学，教学楼和户外活动场地划归幼儿园使用。2019年，新建餐厅1023.3平方米，能容纳500人同时就餐。

幼儿园秉承“给孩子一个快乐的童年”办园理念，构建“乐”文化。从大环境、小环境和心理环境三个层面进行提升，全力创设温馨优雅、童真童趣的“乐美”园所环境，让每个孩子体验童年的快乐。坚持“教师优先发展，整合教育资源”发展理念，通过管理创新、课程研讨、资源整合等途径，打造阳光向上、和谐创新的“乐行”教师团队。通过开展“礼仪好习惯、创意美术、阅读、足球特色、室内外自主游戏、构建小农场”等特色活动，关注幼儿发展，拓展思维，培养启发赏识、兴趣引领的“乐学”儿童。

该园被评为全国足球校园、山东省省级示范幼儿园、淄博市平安和谐校园。

毕铁才、沈扬、吴本纯、周在玲先后任园长。

沂源县南麻街道办事处东高庄幼儿园 位于荆山西路97号，是一所公办乡镇驻地省一类幼儿园，占地面积2235平方米。2023年，设有小、中、大班5个教学班，在园幼儿137人，教职工16人。

1986年，在东高庄小学前排平房建成一个“育红班”。1997年，在东高庄小学旧址建成三层教

沂源县南麻街道办事处东高庄幼儿园教学楼（2023年）

沂源县南麻街道办事处东高庄幼儿园活动区（2023年）

学楼的新学校，下设幼儿园。1997—2001年，第一次合班并校，覆盖东高庄村、西下高庄村、西上高庄村、北埠东村、付家庄村适龄幼儿，设4个班。2002—2004年，第二次合班并校，覆盖东高庄村、西下高庄村、西上高庄村、北埠东村、南埠东村、大田庄村、高堂峪村的适龄幼儿，设4个班。2004—2006年，第三次合班并校，覆盖东高庄村、西下高庄村、西上高庄村、北埠东村、南埠东村、大田庄村、高堂峪村、永兴村、小田庄村、刘家大峪村、下高村适龄儿童，设6个班。2006—2021年，第四次合班并校，覆盖27个村，合并沟泉片区沟泉幼儿园、福和幼儿园、许村幼儿园和赵家庄幼儿园4所幼儿园，共7个班。2014年，定名为南麻街道办事处东高庄幼儿园。

2021年起，幼儿园先后投入60余万元，对室内外环境进行改造提升，优化幼儿学习生活环境。户外环境以园所绿化和游戏区建设为主，充分考虑孩子兴趣与需求，新增大型户外攀爬设施、平衡设施、戏水池、沙池、户外美工角。创设竹林园、休闲吧、沙水乐园、探秘土丘、童心童画等户外区域。室内更新8个班的配套桌椅、一体机等，全面提升活动室配套设施。

幼儿园坚持以“生活即教育，游戏即课程”办园理念，以“同心走得更远”为精神引领，注重园所内涵建设，遵循幼儿教育规律，关注幼儿健康发展，逐步形成一套完善的保障体系，培养一批保教水平过硬、师德高尚的师资队伍，建立公平、有效的管理机制。

该园被认定为山东省一类幼儿园。

魏文红、代元霞、蒋永惠、沈玉华、吴本纯（兼）先后任园长。

沂源县南麻街道办事处鲁阳幼儿园 位于北刘庄村东，鲁阳公司路南，是一所全日制幼儿园。占地面积2700平方米，建筑面积856.5平方米。2023年，有中、大班2个班，幼儿39人，教职工6人。

鲁阳幼儿园原名北刘庄小学幼儿园，1985年建园，园舍最初建在北刘庄村西大队院内。1996年后，搬迁至村东。2007年5月，鲁阳公司投资扩建，正式改名鲁阳幼儿园。生源除鲁阳公司员工幼儿外，还招收北刘庄村、南刘庄村、贾家庄村、古泉村、盛家庄村、范子峪村、侯家官庄村等7个自然村3—6周岁幼儿。2014年，改名为南麻街道办事处鲁阳幼儿园。

沂源县南麻街道办事处鲁阳幼儿园（2015年）

园内生活设施配备齐全，室外活动区域铺设塑胶地板，配有新型滑梯，以及游戏、健身等用品。

沂源县南麻街道办事处鲁阳幼儿园教学楼（2022年）

每班配有风琴、电视及足量玩具和幼儿图书。园内有温馨的寝室，便利适宜的盥洗设施，育人环境优良。

幼儿园坚持“一切为了孩子”办园宗旨，以说唱古诗为园本特色，通过古诗与歌曲、绘画相融合，激发幼儿主动学习古诗的积极性，增强幼儿对古诗的感受力和理解力，传承中华文化。

崔宪玲、王凤娟、王学标、任伟民、伊太君、周在玲（兼）先后任园长。

杏坛陈迹

原西下高庄幼儿园 1984年，西下高庄小学内设幼儿园，教师唐慎菊、王艳玲、周春霞等。1997年，撤并至东高庄幼儿园。

原栗行学前班 1984年，在原栗行小学旧址成立学前班（原称“育红班”），校长刘道茂，教师唐慧娟，学生13人。1986—1988年，学生15人，唐晓蕾、张道英等先后任教。2008年，撤并到南麻镇第六小学幼儿园。

原南刘庄幼儿园 1971年，成立，当时叫“半日班”（幼儿分为2组，一组上午上课，一组下午上课，每组上半天）。崔芬珍负责幼儿园工作，崔恩统任教。1983年，小学设“育红班”1个，幼儿30余人。许庆利负责小学及幼儿园工作，教师是鹿纪芬。1987年，王太海兼幼儿园管理工作，教师是崔平玲。1990年，学前班随学校迁至村前砖场，设小、中、大3个班，幼儿40余人。教师是崔太凤、周国芬、崔孝香、唐艳萍等。1995年，学前班改为幼儿园，设小、中、大3个班，幼儿30余人。王太锋兼幼儿园管理工作。2002年，周问海兼幼儿园工作。2005年，幼儿园随小学合并到南麻镇第四小学（现南麻街道办事处中心小学）。

原侯家官庄幼儿园 1958年，侯家官庄大队“育红班”在北岭一处民宅成立，李兴莲任教。1963年，成立半日班，周问夏、刘学礼任教。1973年，“育红班”搬迁至北岭后小学院内。1982年，“育红班”更名为学前班，规模扩大到3个班。1990年，学前班更名为幼儿园，许作莲、周美凤、周艳芳、王君莲、周国芬等任教。2010年，并入南麻二小幼儿园。

原古泉村“育红班” 1995年，古泉村“育红班”在村西南小学开设，由村小学管理，2个教学班，幼儿40余人，教师是崔孝玲、马红吉。2005年，随小学合并到南麻镇第四小学。

原盛家庄幼儿园 1958年，盛家庄大队群英幼儿园成立，王本兰任教。1970年，群英幼儿园搬迁到盛家庄小学院内，王本云、孙芳等先后任教。1985年，并入北刘家庄幼儿园。

原上高村学前班 1960年，上高村大队小学设学前班。2020年，学前班并入赵家庄小学。

原赵家庄幼儿园 1958年，赵家庄托儿所成立，设在一处民宅中，齐立凤、邹学美负责管理。统一提供午饭，是附近村庄唯一的一个托儿所。1992年，改为学前班，后改为幼儿园。2019年，赵家庄小学撤销，保留幼儿园，崔海珍任园长，教师是李叶。2020年，并入东高庄小学幼儿园。

原酸枣峪幼儿园 1975年，酸枣峪大队学前班成立，招收7名学生，李长英任教。1995年，改为幼儿园，李凤英任教。1999年，并入赵家庄幼儿园。

原沟泉幼儿园 1984年，沟泉村小学学前班成立，当时称为“育红班”。1996年，设大班、中班。1998年，学前班改名为幼儿园，学制三年，即小班、中班、大班，李自爱任园长。2011年，幼儿园搬入沟泉小学。2021年，并入南麻街道东高庄幼儿园。

原许村幼儿园 1982年，许村小学招收学前班。1996年，学前班设中班、大班。1998年，学前班改名为幼儿园，设小、中、大班。2021年，并入南麻街道东高庄幼儿园。

原朱家峪“育红班” 1994年，朱家峪村“育红班”成立，任课教师是亓继玲、朱家花。1997年，合并到重喜官庄小学幼儿园。

原东化幼儿园 1979年，东风化肥厂和小田庄村合办幼儿园一所，滕尊兼任园长，教师有孙海英、李翠淑、齐登芬。2004年，东化学校小学部撤销，东化幼儿园保留，齐登亮任园长，教师有张道兰、戴元芹、戴元娜、齐秀娟等。2006年，并入东高庄幼儿园。

原南麻二村幼儿园 1960年，办幼儿班2个，教师是白正爱、吴学兰。1987年，并入南麻镇四小幼儿园。

原永兴官庄学前班 1986年，永兴官庄小学并入山东东风化肥厂联中后，在村小学内设立学前班，代元霞任教。1990年，学前班转入东风化肥厂幼儿园。

原大田庄学前班 1987年，大田庄开办学前班，招收幼儿40余人。2005年，并入南麻镇东高庄幼儿园。

原南埠东学前班 1990年，南埠东村开设学前班，分小、大班，教师是周作兰、唐爱红。2005年，并入南麻镇东高庄幼儿园。

原核桃峪幼儿园 1995年，村小学撤并到赵家庄小学后，校内只设幼儿班。2011年，幼儿园撤并到赵家庄幼儿园。

原天井峪“育红班” 1978年，天井峪小学设“育红班”。2000年，合并到宋家庄小学幼儿园。

原雕崖幼儿园（福和） 建立于1998年7月。2021年，并入南麻街道东高庄幼儿园。

原仁里学前班 1996年，仁里村招收学龄前儿童，设2个班，王连花任教。2006年，并入雕崖幼儿园。

原宋家庄幼儿园 1981年，大队在小学设“育红班”，招收1个班，房红英、巩可云、宋丙红等先后任教。1994年8月，随小学搬迁至村北湾新校。1998年，改为幼儿园。2020年秋，并入东高庄幼儿园。

原朱家庄幼儿园 1981年，大队在小学设“育红班”，招收1个班，李长美、周士香、李永花、柳希英等先后任教。1998年，改为幼儿园。2011年8月，并入宋家庄幼儿园。

小学教育

概 况

民国初，南麻域内始办学堂。1922年，南麻学堂因聘不到教员而停办。1928年，南麻社社长徐敬文牵头办学校，增设“三民主义”、童子军课目，高小增设职业课目。1932年，发展到2个初级班、1个高级班。1934年，高小班和悦庄小学合并，部分学生转到悦庄小学上高小。1936年，沂水县在南麻试办短期班和女子班，不足2年撤销。1937年，南麻设立高级小学。北麻、南刘家庄、北刘家庄、高庄、沙沟、河北、涝坡河、儒林、西台、侯家官庄、雕崖、许村等村相继成立初级小学。1939年3月，国民党省政府在南麻设省立高等小学，初小班4个，高级班3个，学生140余人。1943年春停办。

1945年春，建初级班1个，学生47人。同年，设立南麻完小，招初小班2个、高小班2个，学生110人。1947年7月初，国民党军队占领南麻，学校停办1年。1948年秋，利用伪区公所开办南麻小学，办起2个初级班，学生70余人。1952年，在南麻村北建教室，高小班全部迁入新校舍，4个初小班留在原校舍。1955年，逐步扩大招生。1958年，开展村村办小学和半工半读教育。1968年，域内小学下放到村办。1972年，域内教育走向正轨，落实普通教育九年学制（小学5年，初中2年，高中2年）。1978年，南麻完小被定为山东省重点小学。

1980年，开始建南麻中心小学。1985年，达到完全小学标准。1981年，执行教育部《全日制五年制教学计划》，除保留原课程外，还增加思想品德课。1983年，南麻镇有城区小学5所。1992年，全镇实施校舍改造，财政拨款240万元，征收教育附加费63万元，社会捐资30.4万元，集资84.9万元，翻新校舍45间，新建校舍166间，添置桌凳1050套，添置教学仪器，办学条件有质的提升。1996年，在西北麻建成南麻第六小学。1997年8月，实行全镇小学教师城乡双向流动。2000年，南麻第五小学校舍改造工程完成，教学楼投入使用。2002年

8月，镇域内实施农村中小学现代远程教育。2004年，中心小学、第四小学新建教学楼竣工投入使用。2005年，撤并高堂峪小学、古泉联小、南埠东小学、南刘庄小学等4所小学，南麻第七小学（原涝坡河小学）合并到南麻中心小学。2005年，所有学校实现网络“班班通”。

2012年，南麻镇教体办下辖管理小学有东高庄小学、第四小学、第七小学、西台小学、沟泉小学、宋家庄小学、赵家庄小学、许村小学、福和希望小学等9所小学。

2016—2017年，沟泉片区赵家庄小学、宋家庄小学、沟泉小学、许村小学和福和希望小学撤并到东高庄小学，投资159万元，购置3辆校车，实现南麻街道辖区小学生全部到城区就读。

2021年7月，在原北刘庄小学基础上，投资200余万元，建成沂源县第三实验小学。

学校简介

沂源县南麻街道办事处中心小学 位于县城荆山西路15号，占地面积1.28万平方米，建筑面积6172平方米，绿化面积200平方米，运动场地面积8000平方米。学校拥有现代化多媒体教室、各功能用室。2023年，有25个教学班，在校学生1095人，在职教师79人。

沂源县南麻街道办事处中心小学校门（2023年）

建校之初，借用原柴油机厂厂房，设2间教室、1间办公室、1间教师宿舍。1982年，南麻镇重新选址建设小学，建校舍3排27间，教师10人，设4个教学班，招收236名学生，学校命名为南麻镇第

沂源县南麻街道办事处中心小学教学楼（2023年）

四小学。1991年，建教学楼1座，教师32人，设12个教学班，学生675人。2012年4月，更名为南麻镇中心小学，设15个教学班，学生896人。2014年3月，更名为沂源县南麻街道办事处中心小学，设23个教学班，学生1079人。

学校推进标准化校园建设，累计投资272万余元，完成实验室新建、更换泵房设备、教学楼防漏维修、教室灯具更换、监控安装、一体机安装、教学楼乳胶漆粉刷、校园红色文化建设、教学楼前场地改造等基础设施建设；完成操场塑胶改造工程及校园活动场地塑胶工程，操场占地总面积3725平方米。

学校践行“崇真尚美、润德树人”育人理念，坚持“面向全体学生，促进学生全面发展”办学理念，将“红色文化”融入校园环境建设之中，成立书画、葫芦丝、足球、和雅、国学诵读等12个社团，全面实施素质教育。按照“规范、特色、名师、质量”的工作思路，以“专业引领、实践探索、交流研讨、共同发展”为宗旨，开展教育教学研究活动，推进各项工作，学校教育教学质量持续提升。重视阅读教育，创新阅读方式，创新赋能，驱动发展，构建“1+X”生态阅读共同体。作为全国足球特色学校，学校加强足球课程开发，重视足球文化的宣传与发展。

学校被评为全国青少年校园足球特色学校、省级优秀交通安全示范学校、淄博市第四批语言文字规范化示范校，确立为省以校为本的课程资源开发重点实验基地。

陈增兰、王学新、吴宝红、唐敬孟、何桂广、许立文、刘钰、白先录先后担任校长。

沂源县第三实验小学 位于南麻街道北刘庄村驻地，城市立交桥南、南崔路东50米，经原北刘庄小学改建提升后于2021年7月成立，占地面积5663平方米，建筑面积2276.29平方米。2023年，有教学班11个，在校学生443人，教职工39人。

沂源县第三实验小学（2023年）

1994年，北刘庄村和盛家庄村投入30万元建起2层教学楼1座，配齐教学设施，沂源县南麻镇北刘庄小学搬迁至此。2006年，由北刘庄村、南麻镇政府和南麻镇教体办共同投资200余万元，建起4层教学楼1座，小学迁至新教学楼。2009年，学校改名为沂源县南麻镇第七小学。2014年，撤镇设街道，学校更名为南麻街道办事处北刘庄小学。

沂源县第三实验小学盘纸作品（2023年）

2021年，北刘庄小学全面改造提升，更名为沂源县第三实验小学。累计投资360余万元，新建"双语绘本悦读馆"，配置笔记本电脑、数控一体机、图书等教育教学设备。新购置课桌凳540套，改造照明设备教室20间，打造高标准衍纸教室1口，建设班级文化走廊3处，安装一键智能安全报警设备1套。

学校以"创造适合学生发展的教育"为治校理念，以"学生慧悦成长 教师享悦发展"为目标，秉承"悦己悦人、悦享人生"办学理念，着眼于学生的终生发展，以塑造学生的灵魂和培育健康的人格精神为核心，抓实"1+N"培养模式，全面推行素质教育，开展各种社团活动，培养德智体美劳全面发展的社会主义建设者和接班人，构建"悦享校园"教育体系，着力打造"双减双赢"幸福教育。

学校创建以"盘出精彩、慧悦童心"为主题的盘纸特色课程，筹建教、研、观一体的盘纸馆，开发出2套非遗盘纸校本课程和相关电子教程。盘纸课程以社团形式开展，县非遗盘纸传承人曹洪花为学校专任美术教师。

沂源县南麻镇北刘庄小学教学楼（2010年）

盘纸特色课程入选"山东省优秀传统文化教育资源开发与利用优秀案例"，入选沂源县第九批非物质文化遗产名录，多件作品在学习强国、新华社等媒体发布，并在南麻街道埠下村建立盘纸研习所，学校荣获"山东手造、优品沂源"校园研学示范点称号。

学校被评为山东省第一批绿色学校。

崔瑞春、崔丽芳、徐继峰、王凤娟、王学标、任伟民、郗新梅、方德才先后担任校长。

沂源县第五实验小学 位于县城荆山西路西首，沂源县第二实验中学东侧。占地面积9235平方米，教学设施完备，配备自营学生餐厅，150米环形塑胶运动场。各类音体美器械齐全，图书配备1.2万余册，学生用计算机45台。2023年，学校设13个教学班，在校生503人，教职工47人。

沂源县第五实验小学全景（2023年）

学校始建于1946年，原址为村内鼓楼，生源覆盖东西高庄、北埠东等村。1971年，学校迁入知青点，设1—5年级7个教学班。1977年，增加到10个教学班。1984年，迁入新建村小学，设1—5年级5个教学班。1995年，迁入占地17亩、高标准3层教学楼的新学校，下设幼儿园，设1—5年级，5个教学班。1996年，淄博市市长为该校题写“东高庄小学”校名，并题词“规范加特色、拼搏创一流”。1997—2021年，经4次合班并校，生源覆盖27个村。2014年，改名为南麻街道办事处东高庄小学。2021年4月，小学与附属幼儿园分离。2023年8月，学校更名为沂源县第五实验小学。

学校确立“面向全体学生，促进学生全面发展”办学目标，培养“脸上有笑、眼中有光、心中有梦”阳光少年。图书外移，实现满楼书香。积极搭建成长舞台，引领学生全体登台参加各类展演。推行“小先生”制，各班级建立“读写讲群”，坚持天天读书、练字，周周小先生讲课和练习写作。通过租赁田地的方式建设劳动基地，指导学生居家开辟“责任田”，强化劳动教育。坚持寒暑假开展送教入村、“乡村伴学”活动。在27个村成立“村队志愿服务队”，坚持开展村队志愿服务活动。在各村组建“小喇叭”宣讲小组，定期开展宣讲活动。坚持每年开展1次春季拉练活动。

学校被评为山东省绿色校园、淄博市德育品牌学校、市首批劳动教育示范校、市书香校园。

崔京月、魏学信、魏海闻、魏厚文、崔维瑾、刘钰、伊太君、王书奇、王增鑫先后担任校长。

教师风采

王书奇，男，1975年出生，中共党员，高级教师，全国优秀教师。

杏坛陈迹

原雕崖小学（福和希望小学） 1950年7月，雕崖村民借用清源观侧后方3间房子，成立村小学，第一任教师是亓常德。办学初，因受学生人数、办学条件、教师等限制，主要采取复式教学模式。1962年，学校办学采取半工半读模式，即学生半天学习，半天回家务农。1966年冬，小学四二制改为五年一贯制。小学1—2年级设语文、算术、唱游课，3—5年级设语文、算术、常识、音乐、体育课。房成汉、刘学祥、王效文、冯耀文、刘学英、丁念续等先后任教。1978年，建成雕崖大队完全小学，生源除本大队外，还涵盖仁里、崮坡、祥峪3个大队。

沂源县沟泉镇福和希望小学校门（1999年）

1998年，香港陈廷烨基金会捐资20万元，社会各界也踊跃捐资，兴建沂源县沟泉镇福和希望小学，学生最多时有225人，教师有逯贵田、孔祥合、左进财、刘成新、曹兴荣、公维春等，刘学忠、李富斌、孔祥合先后任校长。2017年，福和希望小学撤并至南麻街道东高庄小学。

原高堂峪小学 1952年冬，在老村委院内成立高堂峪村小学，第一任教师是吕德远。1958年，学校扩大到2个班。1959—1962年，蒋淑谦、蒋淑彬任教。1964年，村队办公室老屋改造，扩大高堂峪小学规模，有1—5年级，大多为复式班，杨淑宝、蒋永利、蒋淑秀等任教，左效周任校长。

沂源县南麻镇高堂峪小学（1984年）

1980年，小学由杨淑宝任校长，教师有蒋永贵、蒋永民、李兰普、王本梓。1983年，在村东建设高堂峪小学新校。全体村民出义务工，由本村县级建筑队施工，用2年时间建成16间高标准红瓦房，硬化道路，下院有操场。在义务教育校舍验收中被定为第一类农村教室，被临沂地区行署评为“农村中小学校舍建设先进单位”。教育设施齐全，办学特色鲜明，成为农村小学教育典范。1989年，义务教育农村第一类教室建设相关经验在《大众日报》刊登。

1985年，学校搬迁至新校，大田庄河西的学生也到此就读。蒋淑堂任新校校长，1—5年级学生共122人，教师有蒋永民、王新远、杨义孝、齐元凤、蒋永章等。1994年冬，学校通过义务教育达标验收，被评为沂源县规范化学校。1997年下半年，蒋孚玉任校长，学生有40人。教师有蒋永惠、李春忠、周占泽、王新远、崔云雷。2005年6月，高堂峪小学并入东高庄小学。

原沟泉小学 20世纪50年代，沟泉村开始兴办学校。没有固定校舍，哪里有空闲房屋就安置在哪里，最后到了三观殿，暂时安定下来。后来，在沟泉村西岭选址，建起新校舍。逯木一、王玉富、公方友等任教。

1985年12月，在沟泉村岭子上建起沟泉乡中心小学。先后建设1—5年级教室15间，音体美教室9间、“五室”15间、办公室3间、教师宿舍3间、幼儿园9间、器材室3间。操场、厕所、伙房各1处。1994年，更名为沟泉镇中心小学。2001年3月，更名为南麻镇沟泉小学。2014年，南麻撤镇设街道，南麻镇沟泉小学更名为南麻街道办事处沟泉小学。2017年，沟泉小学并入南麻街道办事处东高庄小学。历任校长有崔淑法、逯木一、逯乐泉、侯兆俊、刘成学、刘长会、刘钰、伊太君、方德才等。

原宋家庄小学 1951年，宋家庄村借用村中央2间30多平方米的民用草房，办起一所简易小学，1个复式教学班。王克勤、李英敏、张纪爱任教。1963年，学生达40多人，教室搬迁到大队办公院内（原是当地财主的西厅房），3间南屋，容纳全日制2—3年级复式班。郑作明、宋训田、冯文喜、宋增兰任教。

1970年，宋家庄小学迁到村西边原副业大院，有11间草房，设5间教室，1间办公室，从此，结束复式班教学模式，学生最多时达到80多人。宋树好、宋增元、宋丙臣等先后任教。学校属张庄公社管辖。1978年，宋家庄小学搬迁到村南岭，村集体购买并建设10间瓦房作为教室。1979年，宋家庄小学五年级学生去曹家庄完小学习，1—4年级留原校学习，宋增福、李德义、李德凤任教。

1982年，新盖教室4间，按照上级“六配套”标准准建成一所由宋家庄、朱家庄、天井峪、红花峪4个行政村联办小学，生源覆盖朱家庄、天井峪、红花峪3个行政村，设6个教学班（含“育红班”），学生最多时达125人。宋丙福、郭在忠、冯光山、李永全、伊永水、阚吉合等任教。

1994年8月，学校搬迁到村北洼，校园南北长120米、东西宽42米，新建教室20间，其他功能用室10间。全日制教学班5个，学前班2个，学生最多时达到130人。1998年，创建成县级规范化学校。2017年，合并到东高庄小学。宋丙奎、李健合等任教。历任校长有宋丙福、苗本清、王民福。

原赵家庄小学 1951年6月建立，招收一年级1个班，梁绪山为教师。同年，小学搬迁至空闲民宅，教师有高乐长、吕富远。1956年，小学1—5年级设在村西民宅，教师有娄程远、魏成业。1959年7月，小学迁到大队办公室东新校，教师有张树远、纪会渠。1982年11月，小学迁到联中旧址，教师有梁绪禄、宋丙胜、李民生、李永全、邵泽生、王民福等。2017年10月，并入南麻街道办事处东高庄小学。梁绪山、孙成修、李永全、绍泽生、任伟民等先后任校长。

原下高村小学 民国时期，下高村在张家楼子设立学堂，首任教师侯兆方。1950年，建成5间教室，下高村小学正式成立。办学初期，学生多，缺教师，学校主要采取复式教学模式。李文平、房兆生、宋传义、梁绪山、侯念孝、孙连科等任教。1966年，小学四二制改为五年一贯制，1—2年级开设语文、算术科目，3—5年级开设语文、算术、常识、体育科目。1967—1969年，下高村小学增设“戴帽”初中班，每年1个班，连续3年招生。前两年招生范围涵盖上高村和高堂峪大队。1971年开始，连续几年，下高村小学五年级招生范围涵盖上高村。1983—2005年，下高村小学共设5个班，人数最多时达到180人。王明瑞、朱全福、侯兆俊、侯本恕、张保林等先后任校长。孙克修、李民生、王厚才、侯本良、亓永奎、朱全录等先后任教。2005年，撤并到南麻镇东高庄小学。

原许村小学 1948年秋成立，借用本村村民闲置的3间北屋作为教室，第一届学生有18人，第一任教师是由小黄庄村调入的崔平广老师。1950年，学校搬迁至村东老油坊西侧四合院内。1969年，搬迁至村子北边的后地。1962年，学校办学采取“半工半读”模式，即学生半天学习、半天回家务农。小学学制是四二制，即初小4年、高小2年。1966年冬，小学四二制改为五年一贯制。1968年，实行贫下中农管理学校。1979年，许村大队在村西山腰新建校舍30余间，1980年7月迁至新校。2017年，合班并校，学校不再招收1年级新生。2—5年级学生全部转入南麻街道办事处东高庄小学就读，校舍归村管理，成为村集体资产。孔凡章、孔祥福、冯成禄、方德才、周群等先后任校长。

原南埠东小学 1949年前，南埠东村建有学堂1所，教书先生是崔殿堂，学生不足10人，多为生活条件好的世家子弟，主要教授算数、珠算、大仿（毛笔字）、社会公德、三字经等。1950年，南埠东村在学堂的基础上开办小学1所。校址在空闲民宅，3间西屋，学生22人，不分年级，教师只有崔京月1人，学校每2年招生1次。后来学生逐年增加，学校搬迁到另一处空闲民宅，教室4间，分2个班级复式教学，教师是吴高智、郑述功。

1967年，由于学生数继续增加，原校舍不能满足需要，学校再次搬迁，校舍10间，5个班，教师有蒋东来、崔维忠、崔云芬、崔云喜、崔云光、崔云絮等。1972年，在村中建南埠东小学新校，校舍16间，5个班，学生130多人，8名教师。1985年，全面进行校舍改造。由国家和村队共同投资在村南新建南埠东小学，教室10间，建成规范操场和标准的实验室等，实现整体搬迁，学生达200人，教师11人，达到当时农村完全小学配备标准。

1994年，学校义务教育通过“双基”验收，在村队支持下，学校新建、扩建9间功能用室，150米椭圆形跑道、60米直跑道、篮球场、排球场、跳高、跳远等场地齐全。配齐图书室、仪器室、少先队活动室以及体育器材等所需材料，达到义务教育验收标准。崔维传、崔维方、周在芬、周爱丽等任教。1997年，任课教师有刘传庆、齐登忠、王学荣、刘姝莉、张兆庆、崔现文等。1—5年级各1个班。2005年，撤并到东高庄小学。崔云磊、崔维木、齐吉祥、刘兆国等先后任校长。

原古泉小学 1958年成立。社员提供2间房屋作教室，采取复式教学，学生有30人。崔忠太任教。1967年，在村中间建教室3间，成立古泉小学新校，程振英任教。复式班，学生30余人。1968年，新增教师崔忠生、郑作祥、田付军、郑述吉等。1975年，办学规模扩大，学校迁至村南洼子处。1980年，南刘庄学校并入古泉小学。1985年，挂牌成立古泉联办小学，有5个教学班，学生120人，教师有杨传宝、张慧英等，周边3个村适龄儿童在此就读。1995年，有5个教学班，学生150人，郑述清、张慧芳等15人任教。村集体出资为学校购买电脑20台，并配套其他教学硬件设施。2005年，古泉小学撤销，教师分流到南麻镇各学校，学生到南麻镇第四小学就读。张秀仁、李启学、刘道伦、刘学礼、崔瑞春、刘德生、刘持柱、高长庆、白先录、崔孝德、崔忠福、王焕全等先后任校长。

原贾家庄小学 1964年，贾家庄大队用2间民房作为教室，建立贾家庄小学，朱伦山任教，早、中、晚3个班次错时授课。1965年，学校改为全日制小学，招收1—5年级3个班，隔年招生。朱伦山、王本生、贾成林、张传友等先后任教。学校曾被南麻公社评为先进教育典型。1980年，3—5年级学生转入古泉小学。1985年，在村东新建校舍5间，1—2年级学生有30人左右，张传友、任明月、任瑞法先后任教。1987年，撤并到古泉联小。

原南刘家庄完小 1946年在民宅成立，上级派王怀芝任教。有学生20余人，1个教学班。1947年，国民党军队重点进攻山东，学校随之解散。1950年，正式成立南刘家庄完小。学校设在老供销社南一处小院，由本村许庆志担任负责人。房贺章、王怀芝任教，采用复式教学模式。初小为四年、高小为两年，学制共六年。就读学生来自埠下、南埠东、太平、北刘家庄等10余个邻村。

1966年，设南刘家庄学区，隶属南麻教育组管辖，小学每个年级1个教学班，每班学生30人左右，共有学生150人。期间，有许庆志、赵增、孙洪收、宋以海、王学新、刘学礼先后担任学区负责人（校长），许庆利、崔恩统任教。

1978年秋，联中、小学分离，小学迁址到村副业加工坊，5个教学班，学生140余人。崔恩统任校长，王本圣、王太文、王太和、崔太圣、许福友等任教。

1980年秋，联中撤销，学区迁到古泉，村小学迁回联中驻地，6个教学班，学生180余人，魏文平任校长。之后，崔亮统、许庆利任校长，王瑞芳、崔浩统、王太海等任教。1982—1983年，学区迁回，6个教学班，学生180余人，刘学礼任校长。1984年，成立南刘家庄乡，学校改为乡中心小学，6个教学班，学生180余人。1985年，南刘家庄乡撤销，乡中心小学改称南刘庄学区，管理侯家官庄、南刘庄、北刘庄、古泉和范子峪5所小学，在村内原管区驻地办公。1985年，校舍改造，村小学迁至原管区驻地院内，5个教学班，学生140余人。许庆利任校长，王本莹、鹿纪芬、王太锋、唐启锋任教。1987—1994年，王太海任校长，5个教学班，学生140余人。魏建强、鹿成华、许立国、许波、黄庆兵、齐登亮、崔平坤等任教。1995年，实施义务教育，建配套完整、设施齐全的完小1所，有1—5年级5个教学班，学生130余人，王太锋、周文海先后任校长。周国明、崔国春、卢诗论、王太兰等任教。2005年，县教育布局调整，村小学（含幼儿园）合并到南麻镇第四小学（现南麻街道办事处中心小学）。

原东风化肥厂学校 1965年，山东东风化肥厂和永兴官庄、小田庄、刘家大峪3个大队合办中小学，命名为东风化肥厂学校，校址在小田庄村。藤尊、马光照、周作群先后任校长。1984年，学校扩建，分为中学部（东化联中）、小学部（东风小学）。马文章、马光照、张元国先后任中学部分管校长。1986年，修建操场跑道，新上体育设施。1987年，扩建教室6间。1992年，扩建教室12间，校舍规模扩大。1996年，优化信息化设施，每位教师配备电脑1台。1996年10月，东风化肥厂学校初中与高庄联中、北刘庄联中、侯家官庄联中合并，成立南麻中学。2004年，东风小学撤销。

原付家庄完小 1947年，付家庄在民宅建立付家庄小学，任课老师张德信。1949年，付家庄小学搬迁到另一民宅，任课教师有唐敬善、周文臣等。1956年，学校建1—4年级复式班。1958年，分为2个班，张兆春任教。1962年，2个班合并为1个班。1968年，付家庄初小改为完全小学，学制为五年，宋诚域、张士芬任教。1972年，付家庄保留五年制完全小学，王继红、胡立成、张士君、胡立义、周友泽任教。2004年，并入西台小学。唐慎伟、王瑞良、王伟国、杜春胜、李世英、刘淑花、张士君、李春中、张成民、齐恒琛、魏厚文先后任校长。

原西下高庄小学 1961年成立，借用社员的两间南屋作教室，首任教师孙仲泰。1964年，搬至大队馍馍房，学校实行“半工半读”模式。1968年，实行贫下中农管理学校，小学1—2年级设置语文、算术，3—5年级设置语文、算术、音乐、常识、自然等科目。校长周占泽，教师有周世太、赵吉喜、周作兰、周花泽、周世安。1984年，西下高庄小学搬到张家林西，南埠东、北埠东、西上高庄3个村适龄儿童到此就读，学校共设1—5年级，校长周学泽，教师有杨启峰、刘安学、周军、周德营等。1997年，合班并校，1—5年级学生全部转入东高庄小学就读。1999年，本村学生又回到西下高庄小学就读，2004年，全部并入东高庄小学。

原西上高庄小学 1970年在村南成立，建3间（套间）草房，1个班级，23名学生，周学泽任教。1974年，在村西新建西上高庄小学，教室4间，2个班级，61名学生。1981年，在原西上高庄小学基础上，增加村西大院7间北屋、2间西屋作为新教室，设5个年级，复式教学，周世福、周山泽、周德英、周德营、周作湖等任教。1982年，在烤烟房位置建新学校，12间瓦房。西上高庄村和西下高庄村联合办学，4—5年级在西上高庄村上学，1—3年级在西下高庄村上学，周士福、杨启峰任教。2004年，并入东高庄小学。周学泽担任校长。

原西鱼台完小 1963年，在西鱼台大队后建学校1所，设1—4年级。1970年，建完全小学。1980年，在村前增加教学点1处。期间，白咸礼、白如学先后为负责人，白京书、冯学文、刘学才、冯学明、冯学增、吴成宝等先后任教。1992年，并入南麻镇第六小学。

原栗行小学 1957年秋，借用村民2间北屋成立栗行小学，首任教师周香，学生26人。1959年，学校搬迁至唐兆兴家2间东屋，办学规模不断扩大，学生增至37人。1960年，学校搬迁至另一民宅的2间东屋、2间南屋。1962年，选址二队场院，另建栗行小学，新建办公室1间、教室4间，容纳学生30人，校长唐敬贡，教师白咸法、白如增。2002年，合并到南麻镇第六小学。

原陡起峪小学 1947年，在村南场4间屋内成立小学，复式教学，任课教师任文伟。1953年，学校改扩建，招收1—5年级学生，90人左右，实行复式教学，配备学校指导员管理。1951—1973年，先后由王文英、杨朝胜、周文希、马振远、于兴山任校长，唐恒兴、徐立俊、徐建国、徐立进、唐建美、唐守忠等任教。1974年，小学1—5年级达60人左右，杜春柳任校长，教师有唐建美、唐建学、徐光宝等。1976年，小学1—5年级学生70人，校长王本生，教师徐光胜、赵建国等。2002年，小学撤并到南麻镇第六小学。

原东台峪小学 1959年成立，选址在民宅。1966—1978年，新建教室2间、办公室1间。1978—1999年，新建3间校舍。1985年，东台峪村小学被评为沂源县一类学校。2002年，撤并到南麻镇第六小学。历任校长是徐立清、李启英、徐立俊、唐建章、唐建文、唐建成、冯宝成、唐建玉。

原埠下小学 1951年成立，校址设立在官房，1个复式班，5—6年级需要出村到5里之外的南刘庄村就读。1953年，埠下小学搬迁到村门市部处。1966年，小学实行五年一贯制，学校增加至5个班，高庆瑞、王英文、宋作明、唐作厚任教。1968年，推行贫下中农管理学校，周德珠负责管理学校，白如法、周士福、白道兴、白如庆、魏成文、王瑞松等任教。1984年，在村西洼新建埠下小学，小学1—5年级搬入新校。2004年，撤并至南麻镇第二小学。

原重喜小学 始建于1956年，由重喜官庄村、朱家峪村、刘家沟村、马王峪村、浇花泉村联办。原名重喜联小，校址在重喜官庄村西南半山坡上，有1个班级，10余名学生，采取复式教学。后生源不断增加，扩大到1—5年级5个教学班的完全小学。1994年，新建标准教室、办公室、功能用室、标准操场，按义务教育标准基本完成各功能用室配备。1995年，淄博市商业银行帮扶建成“淄博市城市信用联社重喜希望小学”。教师先后有高庆瑞、魏长庚、刘学生、杜春荣、王树民、宋传芳等。2004年，并入南麻镇第三小学。

原朱家峪小学 1962年，在村北建2间石屋作为校舍，成立小学。社员拿出自家闲置的木板搭建课桌，学生自带板凳上学，招收12名学生，1—2年级，复式教学，朱传虎是第一任教师。1965年，全大队齐动手，在村东山坡脚下盖起4间教室，小学搬迁至此，招收20名学生，1—4年级，采取复式班授课，朱传彬、朱学方、朱传胜先后任教。1976年，合并到重喜官庄完小。1987年，朱家峪小学重新办学，把村办公室腾出3间屋，2间作为办公室，1间作为教室，组织1—2年级学生上课，聘任朱家霞作为教师。1989年，再次合并到重喜官庄完小。

原马王峪小学 1950年3月成立，主要招收小学1—4年级学生，实行复式教学，盛新春任校长兼教师。1969年6月，1—2年级分班，马福吉任教。1973年建新校，马洪玉、马分吉任教。1975年，教师有马洪祥、马同吉。1980年，3—4年级并入重喜官庄完小，保留1—2年级。1988年，全部并入重喜官庄完小。

原浇花泉小学 1964年，浇花泉大队成立小学，有教室3间，招收学生20多人。1966年，杜深明任教。1980年，合并至重喜官庄完小。

原刘家沟初级小学 1962年成立，刘学联、张秀信任教。1976年，并入重喜官庄完小。

原齐家屋小学 1964年在村西建立，设3个年级，实行复式教学，先后由齐恒太、齐美祥、李成爱、周作武、齐元福、王太增等任教。1997年后，并入古泉村联小。

原范子峪小学 1955年成立，设在村内民宅，校舍2间、学生10余人，程德新任教。1965年，学校迁至村中枣行处，校舍3间。1968年，学校搬到村南院，新建校舍2间、办公室1间，学生10余人。当时用土坯做桌墩，木板做桌面，用石板、石笔写字。1970年，在学校东设成人半日班，房屋2间，学生10余人，程振萍任教。1980年，扩建教室2间、校舍4间、办公室1间，学生20余人，教师有程德新、程恒利。1983—1985年，实行隔年招生，复式教学，1—3年级复式教学，学生10余人，程恒利任教。1986年起，高静任教。1992年，投资6万余元，在村北新建校舍2间、办公室1间，学生20余人，复式教学。1996年，淄博市文化局捐款2万元，改建学校，成立范子峪希望小学，并捐赠图书600余册。有学生20余人，程德学任校长兼教师，1999年9月，崔孝德任校长兼教师。2001年底，撤并到侯家官庄小学。

原永兴官庄小学 1955年建成，招收4个年级，采取复式教学，张保珠、魏学伦任教。1965年，五年级及初中到东风化肥厂学校就读。1968年，实行贫下中农管理学校，下派教员孙忠态任教，又聘任张道仪等人任教。1986年，并入东风化肥厂学校。

原小田庄小学 1960年成立，大队提供2间房屋作为教室，1—4年级复式教学，杜伟章任教。1964年，安玉珍任教。1965年，小田庄村和东风化肥厂、永兴官庄村、刘家大峪村合办中小学，命名为东风化肥厂学校。

原大田庄小学 清光绪年间（1871—1908），大田庄村绅士捐建义学堂。1949年，义学堂改为村办小学。1987年，建成包括学前教育在内的完全小学1所，建校舍27间、操场1500平方米。2005年，并入东高庄小学。齐法祥、夏文礼、崔统一、刘学礼、蒋淑堂、齐莹祥等先后任校长。教师有王红石、王本升、崔维传、齐然祥、齐恒胜、杨淑然等。

原北埠东小学 1967年成立，设1—4年级，学生27人，校长张忠仁。历任教师有刘守胜、刘安花、刘安平、刘兆红、刘安学、刘增军等。1980年，增设5年级，学生13人。1983年，4—5年级学生转到西下高庄小学，北埠东村保留1—3年级。随后几年，全部转入西下高庄小学。

原刘家大峪小学 1951年成立，村集体在村南建成3间北屋，由周文臣任教。1965年，由于生源增多，建造3间西屋作为教室。1966年，学生增加到50人，分为2个班，实行复式教学，1年级和3年级在一个教室，2年级和4年级在一个教室，由许道美和刘明生任教。1986年，并入东风化肥厂学校。

原上高村小学 1957年，上高村设立小学，教师有王立儒、张同中。1960年，小学扩容，设1—2年级和学前班，教师有白金斗、李化学。3年级以上去赵家庄学校就读。1972年始，学校为完全小学。2000年，并入赵家庄小学。孙科修、李化英先后任校长。

原核桃峪小学 1962年9月，借用闲置民房2间，创办小学。儿童上半天班课，只开设语文、算术两科。1964年，另选址新建3间土坏茅草房教室，内置石垒木板桌凳，采用复式教学，全天上课，设1—5年级。1968年，实行贫下中农管理学校，王功礼、刘树胜、王彦贵3人先后任教。1972—1977年，小学保留1—3年级，4—5年级转到朱家庄村小学。1985年5月，并入赵家庄小学。王功礼、王民福先后任校长。

原朱家庄小学 1948年成立，借用村民3间房屋当做教室，教师是梁绪山、李少云、张立远、李永爱。1965年，朱家庄大队小学搬迁至村南。1975年，学校又迁至东岭，成为联办中学小学部，教师有李永瑞、冯光山、伊永水等，学生规模达到150多人。1996年，小学部并入宋家庄小学。梁绪山、张立远、夏希斋、李永全、王民福等先后担任校长。

原红花峪小学 1970年成立，后新盖教室2间，学生11人，采取复式教学。1974年，保留1—3年级学生，其余学生转到酸枣峪小学就读。1983年，并入宋家庄小学。孙成修、梁绪斗、阚吉才先后任校长。

原天井峪小学 1959年前，天井峪大队没有学校。1960年，天井峪村设巡回学校，学校设在沟北郑淑远机匠屋子，郑淑仁、张玉玲任教。1963年，天井峪大队小学正式成立，采用复式班教学，教室设在闲置的2间民房里，任课教师是夏洪友。1966年，实行1—4年级复式教学，5年级学生到曹家庄小学就读。1974年以来，郭在忠、李成文、褚万同等任教。1994年，学校在东顶子建6间教室。1998年，并入宋家庄小学。宋丙胜、郭在忠、房成文、宋丙奎先后任校长。

原酸枣峪小学 1962年春，借用社员闲置的两间西屋，成立小学。1964年春，新建4间石木结构教室，全天上课，复式教学，设1—5年级。1968年，实行贫下中农管理学校。1972年，学校采取隔年招生的入学模式，1—3年级在2个教室上课，4年级在借的民房里，5年级在学校教室。1975年，因学生减少，学校只保留1—3年级，4—5年级转到朱家庄小学。1992年，保留1—2年级，其余年级学生转到赵家庄小学。1995年，并入赵家庄小学。房庆让、房立文等任教，吕增文、王作军、夏希斋、邵泽生、梁绪斗先后任校长。

原王家庄小学 1959年，借用民房成立小学，1—4年级复式教学，由刘成照、董第昌等任教。1976年，在大队4间北屋进行教学，梁决发任教。1982年，小学搬入村后新址，张胜远、孙成修任教。1986年，投资2万元，建校舍6间，配套齐全，1—4年级在本村上学，王玉富、徐勤兰任教。1997年，并入沟泉小学。

原苍粮峪小学 1966年，在大队大院成立小学，房屋2间，大队特地召集石匠，专门为学校凿制石桌石凳。1—5年级复式教学，学生10余人，最多时18人，唐守东、亓度言任教。1971年，迁至北峪子新建学校，校舍5间，孔繁章任校长，亓继言、亓继凤、亓永奎、亓继山、亓继海、亓晓慧等任教。1983年，并入许村小学。

原仁里小学 1943年成立，在村东借用村民闲置的3间北房为教室，设置1—3年级，冯耀文任校长，陈来宗任教，首批学生30人。后来吴树德、于广福、崔安全3人调入该校任教。1950年，逯贯一调入任教并担任校长。1968年，在原址东侧扩建教室2间，设置1—5年级，由本村王连三、逯明春、冯瑞文先后任教。1995年，在西山脚下新建校舍8间，设置1—5年级，任课教师有逯良孟、逯良后、冯武德等，王守福担任校长。1996年，并入雕崖村福和希望小学。

原崮坡小学 1953年成立，教导主任左贵田，教师张科俊、郭明冉、张树德、周文智、齐玉田等。1960年，搬至另一民宅，黄建三、李家全、傅少纯、赵维胜等任教。1969年，再次搬迁，教师有傅少纯、于天庆、于天禄、伊廷增等。1985年，搬到村委办公室，教师有左效龙、赵维红、左进财等。2010年，并入雕崖村福和希望小学。

原祥峪小学 1959年春成立，招收1年级学生16人，首任教师为李告石。1961年冬，董第昌任教，学校设有1—3年级复式班1个，在校学生45人。1964—1986年，赵森华、桑成美、张宗友、张宗训、李传武、李成孝等任教。教室三易其址，由羊圈迁至食堂，由食堂迁至北梁。1995年，并入雕崖村福和希望小学。

原西台小学 1950年成立。学校有1—4年级，采用复式教学，康树德任校长。1964年，西台小学成为完全小学，宋成玉任校长，任课教师有刘道友、刘学来、李翠花、刘学友。1995年，西台村投资90余万元，在原址新建小学，总面积7092平方米、教学楼面积3320平方米。2004年，付家庄小学并入西台小学，崔红军任校长。2018年，合并到鲁阳小学，时任校长吴本纯。

原侯家官庄希望小学 1952年成立，招收45名学生。1954年，学校搬迁至另一民宅，扩招为2个复式班，李维鹏、尤骏达任教。1955年，学校又回迁到民宅院内，先后调入教师张万勋、贾德年、盛新春、翟所和。1956—1958年，学校分高、低班，速成班，教师有魏长庚、周问斌、庄本荣等。1959年，少年儿童免费入学，教学班扩大到5个，在校学生150人。1962年，学校搬迁到北岭食堂。1964年，国家实行全日制和“半工半读”，新增3处“半日班”，学生新增160人。1965—1980年，任课教师有许庆志、徐立美、周国法、刘学文、周文斌、齐宗祥等。1972年，适龄儿童全部入学。鹿继言、吴宝春、唐传怀、刘道伦、徐在明、周作湖等公办教师先后任教，并招录周问言、刘德生、周问新、卢诗伦、庄本芝等民办教师。1984年，村委改建小学校舍，新建教室12间。1988年，购置投影机5台、录音机2台、广播设备1套，实现电化教学。1995年，由山东教育出版社、共青团淄博市委、淄博市司法局、淄博市审计局、淄博市希望工程办公室及社会各界人士、村民及师生捐资40万元，总投资48万元，建成940平方米的二层教学楼，10间功能用房，300余米院墙。学校更名为山东教育出版社侯家官庄希望小学。2006年8月，资源优化布局，小学合并到南麻第七小学（原北刘庄小学）。3个月后，师生撤回原校址。2010年8月，并入南麻第二小学。周学素、李维鹏、崔京仕、吴曰美、周问懿、刘学礼、刘德生、周问海、周世福、朱传芳、王太峰、崔宪胜、白先春、崔维木先后担任校长。

原河南村教学点 1967年设立，属儒林小学分管，有教室1间，1—4年级学生10余人，采取复式教学，任文山、杜兆廷、杜贞春等轮流教学。1971年，新盖教室3间，学生20余人，专职教师杜荣福。1986年，并入儒林小学。

原盛家庄小学 1950年，与北刘家庄村联办小学。1958年下半年，在村东民宅建小学，西屋2间为教室，王太增任教，主课有语文、算术等。1970年，搬迁至王太亮住宅处，北屋3间为教室，增加司衍庆、王太安2名教师。1983年，再次与北刘家庄村联办小学，简称北刘庄联小，后更名北刘庄小学。

中学教育

概 况

1956年，在南麻建立沂源县第二初级中学。1959年，成为全县第一所完全中学。20世纪60年代，先后创办高庄联中、东化联中、涝坡河联中、北麻联中、沙沟联中、南刘家庄联中、大田庄联中、侯家官庄联中等（20世纪80年代中后期联办中学逐年撤并）。因师资力量不足，部分小学教师调整到联中教学，并从社会招收部分高年级毕业（肄业）生担任民办或代课教师，初中招生由各联办中学承担。1970年，实行“贫下中农管理学校”，废除考试制度，采取“群众推荐、领导批准、学校复审”相结合的办法招生。

1976年，在南麻西岭增设南麻中学（原城关中学、城关一中、沂源二中）。1977年，教育拨乱反正，学校逐步纳入正规化管理，恢复以考试择优录取的办法招生。

1980年，沂源县压缩招收高中的学校，只保留沂源中学、城关中学等5所完全中学。初中在南麻公社招生，高中在全县分片招生。城关中学从南麻公社、土门公社和燕崖公社招生。

1984年，贯彻执行县教育局制定的《中学生学籍管理暂行规定》《学生操行等级标准》《评选三好学生、优秀学生干部和先进班集体的规定》《执行〈中学生守则〉的若干规定》《中小学生日常礼貌》《班主任工作的要求》《教师道德规范》等管理办法，规范和提高学校教学管理工作秩序。

1987年，贯彻县教育局“控制发展、调整布局、适当集中、加强管理、搞好教研、提高质量”指导方针，集中解决初中段教育薄弱问题。1989年，南麻开展中心中学标准化建设。

1992—1993年，县政府制定《关于实施〈中华人民共和国义务教育法〉的若干意见》《关于加快实施九年义务教育步伐的意见》，分地区、分阶段依法实施九年义务教育。1994年4月，实施《南麻镇初级中等义务教育实施方案》，拟建成一所拥有24个教学班的初级中学。1996年12月，沂源县南麻中学建设完成。

2005年，投资150万元，完成2100平方米南麻中学综合楼主体工程；9月，原沟泉中学撤并到南麻中学，进一步优化资源配置。2007—2008年，实施农村中学现代远程教育，建成多媒体教室，配备卫星接收系统，建成计算机教室，中学远程教育覆盖率达100%。

2007—2010年，先后实施农村中学教学仪器更新配备工程、农村中学“211”（两热、一暖一改）工程，农村学校办学条件得到显著改善，促进义务教育均衡发展。初中学生入学率达100%，巩固率达98.9%以上。

学校简介

沂源县第二实验中学　位于县城荆山西路99号，东高庄村驻地，西邻天湖水库，南靠青兰高速入口，占地面积3.3万平方米，总建筑面积1.17万平方米，绿化面积6801平方米。学校建有省级规范化食堂、高标准运动场地，按国家一类标准配备各类功能用室，建成校园局域网，配备微机室2个，学生用机108台，实现每个班级多媒体辅助教学。2023年，学校有12个教学班，64名专任教师，在校学生388人。

学校始建于1968年，前身为高庄联中，依托高庄砖瓦厂旧址建立。1980年，大田庄、南埠东、高堂峪的初中学生合并入该校就读。1985年，学制改为三年。1995年，由政府协调，征地20余亩用于修建300米跑道操场。1996年，高庄、侯家官庄、北刘庄、东化4所联中合并于此，成立沂源县南麻中学。

沂源县第二实验中学（2023年）

2015年1月，学校更名为沂源县河湖中学。

2021年起，沂源县河湖中学累计投资435万余元，完成厕所改造提升工程、防水工程、线路整改工程，完成校园、校园监控、无线网络、触控一体机、录播室5个空中课堂教室建设，实现校园无线网络全覆盖，提升学校信息化水平。2023年8月，沂源县河湖中学更名为沂源县第二实验中学。

沂源县南麻中学落成典礼（1996年）

学校以“自信成功”教育为主线，确立“成就最好的自己”核心办学理念，秉持“上善若水”校训，严格落实课程方案，积极探索“情境体验+问题引领”高效课堂模式，开展“例会集中教研+半天无课日学科组教研+日常教师个人自研”相结合的“三段式”教研组织形式，夯实教研实效，全面提升教师课程实施水平。扎实推进农村初中生个性化培养路径研究，为学生全面发展搭建平台。加强与家长沟通交流，构建家校社合育大格局。努力将学校办成“教师幸福工作家园、学生健康成长乐园、家长社会认可校园”。

学校被评为省级规范化学校、淄博市教育信息化先进学校、市农村中小学现代远程教育工程先进单位、市文化建设先进校、市德育品牌学校、市数字化校园、市文明校园、市书香校园。

滕尊、齐发祥、姚浩田、崔维忠、赵增、刘玉峰、杜道山、李振义、陈光伦、房立刚、刘传国、蒋永成（执行校长）、孙宗强（执行校长）先后担任校长。

沂源县南麻中学参加社会实践活动（2002年）

杏坛陈迹

原沟泉中学 1986年开始筹建，建设教室、办公室、宿舍、伙房等18间。1987年7月，招收初中一年级1个班，学生48人；合并下辖联中初中三年级1个班，学生48人，教职工12人。1988年10月，沟泉乡党委政府扩建学校，将校舍分配到全乡23个村修建，仅用45天时间，建成校舍122间。1989年春，再次施工，完成修建院墙、抹平墙面等工程；9月，撤并许村、雕崖及赤坂3所联中，建成拥有8个教学班、学生400余人、教职工30余人规模的沟泉中学。1994年，新建教室16间，校门由东大门改为南大门。1995年，学校改为四年制，校舍紧缺，接收原红旗机械厂子弟学校校舍（由于地理位置在沟泉中学西北侧的山脚下，海拔较高，被称为“上校”），初中一年级新招收的4个班200余人在“上校”就读。次年，容纳初一、初二2个年级，达到400余人。

沂源县沟泉中学首届毕业生合影（1990年）

1997年，将“上校”校舍与距离主校区较近的“原红旗厂职工医院”，进行调换，职工医院被改造为学生宿舍和食堂，成为沟泉中学生活区。学校在生活区和主校区之间修建一条院墙高筑的通道，便于住校生生活和学习。2005年9月，沟泉中学并入南麻中学。

齐勋山、魏汝祥（主持工作）、陈培友、孙连英、周文忠、孔祥恩先后担任校长。

原北刘庄联中 1976年，北刘庄小学增设初中部，有教室3间，学生30人，教师8人，崔西志任校长。1978年，合并于南刘庄联中。1980年，南刘庄联中撤销后，学生分散就读于侯家官庄联中和县城中学。1985年，由南刘庄管区9个村集资和采取滚地的形式，拟在北刘庄北岭前建校，占地面积1.3万平方米，校名为北刘庄联中。1986年春，动工建设，1987年夏竣工。建教室12间、办公室3间、教师单身宿舍6间、茶水房2间；9月，招收附近村庄初中一年级学生50人，初中二年级、初中三年级由片区内在其他学校上学的学生分别组合成1个班。1996年，北刘庄联中合并到南麻中学，校舍归南麻成人教育中心使用。1988—1996年，历任校长是刘道伦、杜玉德、代明法。

原大田庄联中 1970年，大田庄、南埠东、高堂峪大队合建田庄初级联合中学，实行小学、中学一体化管理。招收大田庄、南埠东、高堂峪村大队学生。教师10人，其中公办教师5人，全校共7个班，校舍16间。后来，南埠东大队学生到高庄联中学习。大田庄联中初中二年级有2个平行班，位置在村南（又叫南校），占地5亩。1977年前后，学校实行勤工俭学，养猪、种谷子，经常组织学生外出帮助收割庄稼等。1980年，撤并到高庄联中。齐发祥、崔统一、夏文礼、刘学礼先后担任校长。

沂源县南麻镇大田庄联中首届毕业生合影（1970年）

原高庄联中 最早校址为村里的炼钢厂，后改建为高庄砖瓦厂，一年后砖瓦厂停产。1964年，在砖瓦厂废墟上建立高庄农中，周作英任教，两年后停办。1968年，成立高庄联办中学，设2个班，学制两年，服务于周边东高庄、西下高庄、西上高庄、北埠东等大队。1979年，付家庄联中并入高庄联中。1980年，大田庄联中撤并到高庄联中。学校服务村队增加付家庄、高堂峪、大田庄、南埠东等。1985年，学制改为三年。1988年，新加固、返修教室6间、办公室2间，初一至初三设6个班级，学生达400余人。从1994年春季开始，在原校舍基础上新建1座教学楼、1座办公楼，学生搬到院墙东侧的小学平房上课。1996年10月18日，高庄联中、侯家官庄村联中、北刘庄联中、东风化肥厂学校合并，成立沂源县南麻中学。先后有唐传湖、唐作斌、崔维爱、韩玉兰、齐莹祥等任教。滕尊、齐发祥、姚浩田、崔维忠、赵增、刘玉峰、杜道山等先后担任校长。

原侯家官庄联中 1964年，在井峪林业队开设农业中学班1个，招生30人，校址先后迁到吴学喜南屋、五队场南屋、北岭老校，开展实践性教学，刘学梓、周国法任教，1966年12月停办。1972年，在原小学院内成立初中学校。1978年底，在周家峪以北划出山地12亩，筹建侯家官庄联办中学。1981年春建成并投入使用。1972—1982年，庄大孟、齐山祥、卢诗伦、周国友、王本生等先后任教，刘学礼、崔统一先后任校长。1983—1996年，刘宵、左金凤、毛贵琴、王光凤、杜爱华、程万增等10人先后任教。刘道伦、周问言先后任联中校长。1980—1996年，先后有50余人考取中专学校。1996年10月，侯家官庄联中与高庄联中、北刘庄联中、东风化肥厂学校合并，成立沂源县南麻中学。

原雕崖联中 1969年成立，招收周边安平、阎家庄、包家庄、龙崖、仁里、小黄庄、许村、苍粮峪、崮坡、祥峪等10个村队的学生。第一届共招收学生40余人，学制二年。20世纪70年代初，学校修建教室10间，办公室2间，翻新教室6间，茶水房1间。1970—1985年，每年招收学生30余人。1985—1989年，改为三年制后，3个年级在校初中学生达到130余人。1989年，并入沟泉中学。逯桂山、于志新、李发亮、公丕水、刘维成、许曰亮等先后任教。历任校长有曹振海、刘维海、刘维秀、魏春和等。

原付家庄联中 1968年，沂源县荆山果园、沂源县荆山邮电所、西台大队和付家庄大队组建付家庄联中，周维宝任校长，教师有李桂华、李世英、胡立成、李春法、张士君。1970年，付家庄联中迁至林校（1965年，县林业局在付家庄村西，建沂源县工读林校，占地13亩。1966年停止招生，1967年停办）。1972年，付家庄联中并入高庄联中。1975年，因学生人数增加，付家庄与西台大队再次联办付家庄联中。1979年，并入高庄联中。唐传怀、张成元先后任校长。

原沟泉联中 1975年，沟泉、王家庄2个大队在沟泉小学成立联中，学制二年。设初一年级1个班，招收学生40余人。1977年，设初一年级、初二年级各1个班，学生达到100余人。校长为逯纯平，任课教师有公方友、公培信、王玉福、王开发、齐登标、逯乐全等。1978年，联中撤销，学生转入赤坂联中就读。

原崮坡—祥峪联中 1968年，崮坡大队和祥峪大队联合成立联办初中，利用崮坡大队南墁背阴坡的半山腰3间草房作为教室，1间小西屋作为办公室和宿舍。当时没有伙房，在北屋和西屋夹缝中支起炉灶烧水。也没有院墙，条件相当艰苦。只招收一届学生1个班，有学生30余人。1968年9月，沂水籍教师付邵存返乡后，李清祥接任，为全科教师兼管整个学校事务，整个联中仅有李老师1人。1970年3月，联中撤销，学生转到南岩联中就读。

原南刘家庄联中 1966年，在南刘家庄小学成立联中，生源来自南刘家庄、北刘家庄、盛家庄、范子峪、古泉、齐家屋、太平庄等8个行政村。初中每级2个班，每班30余人。高中1届（1976.8—1978.7），两年制，1个班，学生40余人。许庆志、赵增、孙洪收、宋以海、王学新先后任联中校长。教师有刘守增、崔太圣等。1978年秋，联中和小学分离，小学迁址到大队副业加工坊。1980年秋撤销。

原上高村联中 1976年，在上高村小学内，成立上高村联中，招生共30余人（包括赵家庄学生）。学校在村东山后岭的山坡上，初中占用2间教室和1间办公室。当时教学条件比较差，黑板是一块用墨汁涂黑的拼接木板，课桌是石头支起的长木板，学生自己带板凳。初中部只招收了一届学生。李民生任校长。教师有李化合、崔同生。1978年，上高村联中撤销，学生到赵家庄联中就读。

原下高村联中 1968年，在下高村小学内，增设初中部，学制两年，招收上高村、下高村、高堂峪3个大队的学生。初中占用3间教室，1间办公室。每年招收一个班30余人，最多时学生将近百人。1970年，学校使用纸浆桌凳。1972年，学校更换为水泥课桌。水泥课桌结实，但固定不能移动，冬天很凉，而且桌面铺设的纸浆板，怕水易坏。1974年，各大队按人口比例为学校打制木课桌。1978年，初中部撤销，学生到赵家庄联中就读。历任校长有侯本恕、孙连科、侯兆俊、王文忠。

原许村联中 1972年，许村学校正式成立初中部，学制二年。第一届学生共招收42人，全部是本村小学毕业生。第二年成立联中，招收周边大队学生入学，生源辐射苍粮、小黄庄、仁里、雕崖、沟泉、下高村等村庄。1976年，学校成立高中班，学制二年。共招生32人，均为本村学生。第二年没再招生，原因不详。1984年，两年制办学模式结束。1985年，改为三年制。1989年，许村联中撤销，学生转入沟泉中学就读。自建校以来，许勤、孔祥玲、孔凡章先后担任校长。逯桂山、孔祥增、孙连英、李发亮、冯成禄、冯武军等先后任教。

原赵家庄联中 1970年，在赵家庄村东南赵家庄小学成立联中，两年制，占用教室2间，办公室1间。招收初一年级1个班，学生40余人。1971—1975年，持续招生，学生达到近百人，使用2间教室。1975年8月，在赵家庄村东建新校成立赵家庄联中，覆盖上高村、赵家庄、核桃峪、朱家庄、红花峪等大队。联中使用6间新教室，各大队按比例配备木质课桌。1975—1978年，每年稳定招生，初中学生数量超过百人。1978年，下高村联中撤销，学生并入赵家庄联中学习。1982年8月，赵家庄联中撤销，学生到许村联中、赤坂联中等学校就读。梁绪山任校长。房成芹、周仕文、王文忠、孙连科、李民生、房成文等先后任教。

原朱家庄联中 1970年，在朱家庄大队小学设立初中部，位置在村中央大队办公室旁。初中实行两年制，占用2间教室、1间办公室，2个年级招收学生60余人。1970—1975年，有150余人毕业。1975年，学校迁至东岭，由朱家庄、酸枣峪、红花峪、核桃峪4个大队成立朱家庄联中，初中学生达100余人。1978年，朱家庄联中撤销，学生到赵家庄联中就读。历任校长有夏希瑞、房立文、李少云、李永全等。

原古泉联中 1976年成立，隶属南麻公社教育组管辖。生源来自古泉、范子峪、齐家屋、太平庄等4个大队适龄学生。李启学任校长。1个教学班，学生30余人。郑述吉、牛启玉、崔孝德、崔忠福等任教。1978年，撤并到南刘家庄联中。

原重喜联中 1965年，在重喜小学内成立南麻公社重喜联中。1975—1977年，开办三届高中。全校有近400名学生，来自南麻、悦庄和燕崖3个公社13个大队，25名教职工。当时学校拥有一批先进的教学仪器，如三球仪、磁力发电机等。1978年，重喜联中撤销。

原栗行联中 1976年秋，栗行大队新建联中1所，在校学生24人，教师张道友、信秀才。1978年，联中学生撤并到陡起峪联中。

原陡起峪联中 1973年，在南梁新建陡起峪"戴帽"初中班，有教室12间、办公室2间。1974年，学校投入使用，解决栗行、东台峪和陡起峪3个大队的孩子上学问题，小学1—5年级60人左右，初中年级1个班27人。杜春柳担任学校校长，教师有唐建美、唐建学、徐光胜、徐光宝等。1976年，联中迁至栗行联中，该大队只留小学1—5年级学生70人，校长王本生，教师唐建美、徐光胜、赵建国。1978年，联中又搬回陡起峪。1980年，初中撤并到西北麻学校。历任校长有杜春柳、王本生、唐建学、徐立俊、唐敬贡。

成人教育

概　况

新中国成立前，农家子弟很少有人读书识字，很多人不认识自己的姓名。新中国成立后，农民迫切需要学习文化，各村纷纷建立冬学、识字班、夜校，开展农民学文化活动。1945年开始，各村陆续开办"识字班"，青年男女利用"识字班"、夜校学政治、学文化。"识字班"大多为未婚女青年参加，家务拖累少，接受新事物快，办事认真，为扫盲活动中最为活跃的群体。若干年后，广大农村群众仍习惯称未婚青年姑娘为"识字班"。识字班学员积极配合拥军支前工作，有的被誉为做军鞋模范、支前模范。

1951年，为快速培养农村急需人才，各村成立速成班。1954年起，使用山东省教育厅统一编写的教材《农民文化课本》，要求两年内认识2000字，达到高小文化程度。农民白天种地，晚上进识字班、夜校学习文化。20世纪70年代中期，青壮年文盲率从新中国成立初期的90%降至45%。1976年，国家号召全面扫除青壮年文盲，村村开设夜校和中午班，聘请全日制老师、村中文化人、初高中学生，采取白天深入到田间地头、晚上入户包教等多种形式组织学习。

1986年，南麻扫除青壮年文盲验收合格。之后，成人教育以培养农村实用人才为主，提倡联办农民文化技术培训学校。1988年底，成立农民文化技术学校。1989年，农民业余教育转向实施"燎原计划"，注重培训技术人才。1990—1994年，成人教育转为农业专业技术培训、推广食用菌栽培、果树管理、葡萄种植新技术等。1995年，成立成人教育中心学校，2019年撤销。

杏坛陈迹

原南麻镇成人教育中心学校 1995年5月，为培养新型农民，服务当地经济建设，南麻镇成立成人教育中心学校。利用民营经济发展平台，先后与多家企业合作，本着"双向投资、自主经营、互惠互利"原则，走出一条校企结合、以企养校的办学路子，形成鲜明的办学特色。学校曾先后创成山东省规范化学校、淄博市初步现代化学校、淄博市燎原广播电视教育先进校。

2000年后，建立农村远程教育终端，对村民进行普法教育、农村政策教育、农业科技实用技术培训，并开展农村妇女母婴护理、服装设计制作等方面的实用培训。2019年，南麻镇成人教育中心学校撤销。王涛、戴明法、唐敬贤、李长文、崔维木、伊希元担任校长。

校园琐忆

合班并校后的南麻中学

1996年，南麻中学是一所由4所联办中学合并而来的新建学校，当时的办学设施极不完善，无大门、无自行车棚、无伙房、无师生宿舍、无操场，电压不足、实验室水电不通、实验仪器到位率不到30%。全校60多位教师，只有高庄联中时期的16张旧办公桌。校园内建筑垃圾成堆，荒草遍地，一片狼藉。面对困难，学校积极征得镇党委、政府的支持，在接下来的一年多时间里，共投入50余万元，先后焊制了学校大门、自行车棚，改造了伙房和学生宿舍，建成标准的篮球场和排球场，配备了语音室和微机室，添置了实验仪器药品，为师生打制了写字台和课桌，改架了线路，为24口教室安装了日光灯，安装风扇。办公和学习条件改善后的南麻中学在当时的乡镇中学中堪称一流。

在平整校园的过程中，为了节约资金，全校师生充分利用课余时间自己动手清理建筑垃圾，植树种草，绿化、美化校园。特别是在平整操场过程中，得到全镇领导干部和父老乡亲的支持，他们自带劳动工具，义务出工出力，开挖跑道，搬运土石，拉碌碡、平操场、压跑道。同学们终于在1998年告别泥泞，用上了吸水性强、弹性好的炉渣跑道。自力更生艰苦创业的精神，换来的是清新的校园环境，激发的是师生的昂扬斗志。

学校在加强基础建设的同时，针对教师来自4所联中的现状，重点在凝聚人心上求突破。学校领导建章立制，靠上抓管理，带头抓教学，领导班子“不怕吃亏、不怕吃苦、不怕得罪人”的“三不怕”精神成为学校工作稳步推进的有力保障。在学校领导班子身先士卒、以身作则精神的感召下，全体教师心往一处想，劲往一处使，形成了“自强不息、艰苦创业精神；爱岗敬业、无私奉献精神；求真务实、开拓进取精神”。

合校后的学生管理也面临同样的问题。学校梳理了学生管理的思路，即规范起步，从爱入手。把养成教育与执行《中学生日常行为规范》结合起来，成立了班内、年级、学校三级考评组，每天检查、公布。政教处一周一总结，两周一评比。组与组之间、班与班之间展开竞赛，优胜者颁发纪律、卫生循环红旗，促进了优良学风的形成。在具体管理过程中，学校从细处着眼，常抓不懈，如要求学生人人佩戴学生证出入校门，将学校的每个水龙头、每扇窗、每盏灯、每个洗漱间、每方绿化区都责任到人，做到事事有人管，时时有人管。成立学生自律委员会，加强学生的自我管理；对学生日常行为习惯表现好的同学随时发放随机表扬卡等，学生的规范意识和文明行为习惯逐步养成。学校虽地处城乡接合部，但学生都来自农村，有不少学生由于家庭困难等原因，往往缺乏学习的信心。学校领导实施了“五包工程”，每人负责包一个年级组、一个教研组、一个班级，包班内所有贫困生、后进生。在帮包学生方面，学校管理干部带头家访、带头与学生谈心、带头捐助学生。在帮扶学生的同时，没有忽视对学生的思想教育，不断激发他们的上进意识、合作意识和自信意识，通过开展“十类明星学生评选”活动，学生人人都潇洒地做一回“明星”。对学生的每一点进步、每一点成功都及时表彰奖励，让学生树立成功的自信心。1997年，学校创成县规范化学校；1999年，创成市级规范化学校。

（李振义提供资料）

教育的攀升

1999年，南麻中学的发展已初具规模，校舍布局日渐完善，操场、校门口及两侧院墙从无到有，从有到优，校园路面从泥泞到硬化，各项建设已接近尾声。学校的各项管理也已形成了制度化、规范化，学生的日常行为呈现出文明有序、礼貌待人的良好风貌；教师的教学兢兢业业一丝不苟。在这样的背景下，思考学校的发展前景，学校管理干部们达成共识，要在提升校园文化品位上下功夫，在改善办学条件上再提升，在自信成功教育上再突破。

学校确立创建省级规范化学校的奋斗目标，在学校文化建设上，从校园绿化美化做起。2000年3月，学校聘请县园林所到校规划校园绿化美化工作。在办公楼北侧设置花坛、绿地，在运动场地周围栽植柳树，便于学生上体育课有乘凉的去处。为了强化校园文化育人氛围，学校安排总务处购买铁皮，自己焊制宣传展板，由学校老师动手书写激励标语，悬挂在校园的角角落落，激励教育学生。另外，在校园主要通道、教学楼南侧、办公楼与教学楼之间均设立了宣传橱窗，每个班级负责一个橱窗版面，每两周更换一次，展出学生的书法、绘画作品、活动照片、节日手抄报等，增强育人效果。

改善办学条件是学校面临的巨大挑战。当时教室内没有现代化的教学设施，学校从办公经费中挤出资金，为每个班级购买了24寸电视机，放置在黑板南侧的墙角，作为影视设备使用。由于屏幕较小，没有很好地发挥教学功能，只是用于让学生收看一些新闻节目、教育片等。即使这样，学校仍然在影视文化教学方面有了很大起色。2000年8月26日，省电教馆领导进校视察，非常满意。同年10月，市县教研室领导到校听了学校老师执教的影视文化教学课，给予好评。随着教育信息化建设的推进，亟需要建设微机室、多媒体教室，学校积极向南麻镇党委、政府反映，决定在教学楼和办公楼之间新建多媒体楼，一楼为容纳120人的会议室，二楼为可容纳两个教学班同时上课的微机教室。多媒体楼于2001年7月动工，2002年3月竣工。征得镇党委、政府的支持，学校购买安装内配设施，2002年4月，微机、音响设备、桌椅等全部安装到位。学校加强现代化设施设备的管理与应用，引导教师学习课件制作，提高教学效率。同年，顺利通过了省级规范化学校的验收。

在学生管理上，学校在全市组织开展法治教育的大背景下，重点加强了学生的法治观念和良好道德品行教育。通过设立法治教育展厅等方式营造教育氛围，取得明显成效。2000年5月，在全县德育工作会上，学校作典型发言；2003年10月，学校在全市依法治校工作会议上，作了题为《崇德守法，文明治校，培养新世纪合格人才》的经验交流。

对于学生的培养，学校注重以自信成功教育为突破口，增强学生的自信心。在校园走廊悬挂了“你能行，我能行，努力都行”“你自信，我自信，自信成功”等激励标语，创设自信教育氛围。2000年，主要通过评选“十类明星”促进学生自信成长。2001年，发展为评选“四十个十佳”。后来扩展为“四十三个十佳”评选，扩大了激励范围，增强了激励效果。2002年5月29日，市电视台到校采访了学生个性化教育方面的做法。（陈光伦提供资料）

抹不掉的回忆

2003年的南麻中学经过历任校长的励精图治，已经形成了自身特有的精神风貌。新的起点上，学校在师生中提出了“为学生的终生幸福奠基”的目标要求，继续推行“四十三个十佳”评选工作，以此激励学生快乐成长。2004年5月18日，《淄博日报》头版头条以《从43个角度给学生找优点》为题，对学校的自信成功教育进行了详细报道。学生管理需要激励，教师管理更需要关心，需要让教师感受到教育的幸福。学校设立教师父母“生日假”，让教师安心孝敬父母；每年9月10日教师节来临之前，集合全体教师拍摄“全家福”合影留念，体验家的温暖。教师安心工作带来了学校成绩的巨大提升，2005年中考成绩名列全县首位，得到了全镇家长的认可和社会的广泛赞誉。

2004年11月，沟泉中学的初三师生并入南麻中学，师生人数骤然增加，校舍明显不足。2005年3月开始新建宿舍楼1座，2005年9月，沟泉中学顺利并入南麻中学。

2005年10月，学校建起4个多媒体教室，达到每个年级一口多媒体教室的标准要求。2006年年底，学校将教室内以电视机为主的陈旧教学设备全部拆除，筹措资金购置投影设备，安装带微机操作台的讲桌，实现多媒体教学“班班通”。2007年4月，学校对物理、化学、生物实验室进行升级改造，并配备实验室多媒体设备，提高了实验教学效果。

2005年7月，学校征得南麻党委、政府支持，投资80余万元更换教学楼、办公楼、公寓楼门窗，粉刷所有楼外墙和院墙，提升校园品位。由于学校合并后师生人数剧增，校园内的活动场所显得格外拥挤，学校于2007年春季清除办公楼北侧的花坛，加宽校园的部分道路，便于学生有足够的活动空间。随着教育全面“改薄”政策的实施，学校又发生了巨大变化。2012年6月餐厅楼建设项目开始施工，2014年底投入使用，改善学生的就餐条件。同年12月，学校被确定为淄博市数字化校园。

2014年7月，学校更换新课桌凳1200余套，更新图书2000余册，实验室仪器设备全部更新完成。在教育基本均衡县创建大背景下，学校于2016年春季开始改造所有运动场地，把炉渣跑道的田径场地改造为塑胶操场，内置人工草皮足球场；变水泥地面篮球场为硅PU场地，学校面貌焕然一新。

2010年，全县组织开展学校文化提升年活动，学校结合“儒学”主题，积极构建“五楼三路二园一体”校园文化，将学校的五座楼分别命名为忠恕楼、礼智楼、仁义楼、孝悌楼、诚信楼。2015年1月，学校更名为河湖中学，针对学校名称，重新设计校徽，更换用颜体书写的校名，彰显学校磅礴之气。2018年，全县倡导各校制定自己的三年发展规划方案，学校在专家的引领下，依托“河湖”之意，以“水”为师，打造“水文化”，培养具有“上善若水”品质的优秀学子。

学校推行“一案二段五环节”的课堂教学模式，通过“每周一平台”教研活动方式，强化教学管理，培养出一大批教学能手、学科带头人、名师，其中全国优秀教师王书奇就是其中的杰出代表。

（房立刚提供资料）

沟泉中学的发展历程

沟泉乡（后改为镇）刚刚成立时，全乡有3处联办中学，分散于许村、赤坂、雕崖等村，教育教学相对薄弱。为了改变这一现实，提高教育教学质量，1987年7月，沟泉中学应运而生。

建校之初，学校校舍只有18间，新招收初一年级1个班，共收学生48人，教职工12人，由联中合并而成的初三年级1个班，有学生48人。当时，教学设施十分简陋，实验室、操场等附属设施一概没有。体育课只能在教室门前几十平方米的院子里跑跑跳跳。为了改善办学条件，学校提出了“自力更生、勤俭建校”的口号，带领全体师生边学习边劳动，自己动手，平整操场。大家心往一处想、劲往一处使，利用劳动课和课余时间，钎凿镐劈，肩挑人抬，硬是在荒坡野岭上开出了1000余平方米的操场。艰苦的劳动，并没有影响学生学习，反而使师生更加珍惜学习的机会。老师更加认真地备课、上课，学生更加努力地听讲、做作业，学习效率显著提高。1988年，中考成绩列全县同类学校上游。

1989年，为了改变全乡中学设置分散，教学水平不高的现状，乡党委、政府决定响应县教委校舍改造的号召，倾全乡之力，进行大规模的校舍扩建。不到一年的时间，122间校舍建成，教室、实验室、图书室、阅览室等一应俱全，创造了沂源建校史上的奇迹。

1989年7月，全乡3所联中的教师、学生全部合并到沟泉中学。学校规模骤然扩大，管理难度也随之加大。在纷繁复杂的工作中，学校把工作重点放在了教学上。针对教师、学生的实际情况，学校制定一系列规章制度。特别是对教师的量化考核、奖惩制度，极大地调动了教师的工作积极性。同时，以教务处为主导，以年级组为单位，大力开展教研活动，努力提高教师的教学水平。在全校师生的共同努力下，学校教学成绩逐年提高。

1993年，学校积极组织加强内配设施建设，完善管理档案，迎接义务教育达标验收。1994年，为了优化教育环境，全校师生齐上阵，利用课余时间到山上捡石头，硬化学校地面1000余平方米。同时，加强校办工厂（水泥编织袋生产）管理，配齐配全实验室相关设施与药品，学校的教学条件得到改善。同年，因学校大门进校途经操场，存在极大的安全隐患，报上级批准，将学校门口改到南侧，并修路200余米。

1995年，面对五四学制改革后在校生数量急剧增多的情况，在沟泉乡党委、政府的协调下，征得了原红旗厂子弟学校的使用权。学校将初一年级安排到子弟学校就读，形成“一校两地”的格局。上下两校管理齐头并进，各方面成绩更加突出。在全县教学工作会上，沟泉中学的教学工作经验被大会作为典型材料印发。先后有许多兄弟单位到校参观学习。

（孙连英提供资料）

历山街道学区

扫码看视频

扫码听书

记忆沂源·教育体育卷

概　述

2012年4月，沂源县历山街道办事处教育体育管理办公室（简称历山街道教体办）正式成立。南麻第二小学、第三小学、第五小学、第六小学、山东省共青希望小学及其附属幼儿园，经济开发区石臼小学、儒林小学及其附属幼儿园、儒林集幼儿园、沂河幼儿园以及辖区内7所民办幼儿园由历山街道教体办负责管理。2021年3月，历山街道教体办撤销，成立历山街道学区（与振兴路小学合署），负责管理辖区内3所小学、3所公办幼儿园和19所民办幼儿园。

陈光伦、唐传水先后任历山街道教育管理机构负责人。

学前教育

概　况

2012年，历山街道教体办管理下辖5所公办幼儿园（振兴路幼儿园、荆山路幼儿园、鲁山路幼儿园、新城路幼儿园、共青希望小学附属幼儿园）、8所民办幼儿园（胜利山幼儿园、银河幼儿园、南麻一村幼儿园、阳光幼儿园、哈佛龙幼儿园、东源幼儿园、绿苑幼儿园、星光育婴早教中心）并代管沂源经济开发区3所公办幼儿园（儒林小学附属幼儿园、儒林集幼儿园、沂河幼儿园）。2014年，山东共青希望小学附属幼儿园和儒林小学附属幼儿园撤销，儒林集幼儿园与沂河幼儿园重新划归悦庄镇教体办管理。2021年8月，新城路幼儿园由实验小学代管。2023年12月，辖区内共有19所民办幼儿园和3所公办幼儿园，在园幼儿达7882人。

学校简介

沂源县历山街道办事处振兴路幼儿园　坐落于县城振兴路54号，占地面积3119平方米，建筑面积3490平方米，户外活动场地1464平方米，绿化面积350平方米。2023年12月，有小、中、大16个教学班，在园幼儿437人，教职工48人，专任教师学历达标率100%。

1986年，南麻镇中心小学（南麻第三小学）合并河北小学，并利用河北小学校舍建设南麻第三小学附属幼儿园，共有教学班3个，专职教师7人。1988年，更名为南麻镇中心小学附属幼儿园。2001年5月，新建教学楼1座，教学班5个，教师14人。2004年，建成标准食堂；8月，重喜小学附属幼儿园并入，教学班达到7个，教师17人。2005年9月，南麻第七小学附属幼儿园并入。2012年5月，更名为沂源县历山街道办事处振兴路幼儿园，教学班10个，教师23人。

沂源县历山街道办事处振兴路幼儿园（2012年）

幼儿园拥有现代化设施设备，功能室配备齐全。运用网络进行制度管理、人事管理、教学管理及幼儿管理。幼儿园本着“一切为了孩子，让孩子拥有幸福的童年”办园宗旨，坚持“敬业、和谐、求实、创新”园风，以“手牵手，共成长”为办园理念，遵循“爱是最好的教育”园训，积极进取，不断探索。

学校被评为山东省示范幼儿园、淄博市十佳幼儿园、市学前教育工作先进单位。

李成爱、崔维爱、朱西华、刘银华、周敏、徐纪莲、宋传娟、黄莉莉、任德玉先后担任园长。

沂源县历山街道办事处荆山路幼儿园　位于县城荆山路15号，占地面积1483平方米，建筑面积2000余平方米。2023年12月，有14个教学班，在园幼儿550人，教职工37人。

幼儿园位于原南麻二小北教学楼内。1990年8

月，招收2个教学班，杨玉英、赵永欣任教。1991年，招收3个教学班，在园幼儿120余人。1994年，开始招收3周岁学前儿童。1996年，开始招收小、中、大班幼儿，共计4个教学班，幼儿约150人。

沂源县历山街道办事处荆山路幼儿园（2023年）

2000年9月，新建3层楼房，成立南麻镇中心幼儿园。2003年9月，合并埠下幼儿园。2005年，招收小、中、大9个教学班，在园幼儿360人，教职工32人。2010年9月，侯家官庄希望小学附属幼儿园并入，共有幼儿350人，教师30人。2012年5月，幼儿园更名为沂源县历山街道办事处荆山路幼儿园。2015年，新建2层食堂用房，可容纳350余名幼儿同时就餐。

幼儿园以“个性化发展、生活化教育、和谐中成长”为办园理念，从孩子视角出发布置园区，让孩子们在游戏中激发更多灵感与想象力。以安全为基石，以高质量发展为目标，通过保教质量标准化建设、课程特色个性化创建、管理团队联动化推进等“三化”举措，办园水平赢得家长好评和社会认可。

幼儿园被评为省级示范园、市级示范园。

刘学礼（兼）、唐敬贤（兼）、周敏、颜世菊、吴平先后担任园长。

沂源县历山街道办事处鲁山路幼儿园 位于县城鲁山路28号，占地面积2500平方米，功能室配套齐全，设有香菇养殖区、室外种植园。所有教室配有空调、一体机。2023年12月，有10个教学班，在园幼儿302人，教职工30人。

幼儿园前身为1994年创办的南麻第五小学“育红班”，仅有几间平房，3位教师照看大约50名幼儿。1999年，与南麻一村托儿所合并，更名为南麻第五小学托儿所，并移至南麻一村一处平房院落。2000年9月，新教学楼投入使用，托儿所更名为南麻第五小学附属幼儿园，9个班级，在园幼儿360人，教职工21人。2012年5月，更名为沂源县历山街道办事处鲁山路幼儿园。

幼儿园以“精细化管理、规范化发展、内涵式提升”为办园理念，以“系好孩子人生第一粒扣子”为办园宗旨，以“责立鲁幼、从‘心’出发”为办园品牌，以“传承经典、浸润童年”为办园特色。在完成国家《幼儿教育发展纲要》规定课程外，重点进行幼儿传统文化教育，开展适合幼儿特点的各项活动，让幼儿积累经验、丰富情感、勤于动手、善于表达，养成良好行为习惯，促进德智体美劳全面发展。

沂源县历山街道办事处鲁山路幼儿园（2023年）

幼儿园被评为省级一类幼儿园、市级示范幼儿园、市学前教育先进单位。

刘银华、沈玉花、周敏、于红先后担任园长。

杏坛陈迹

原沂源县历山街道办事处新城路幼儿园 前身是南麻第六小学附属幼儿园。1992年，南麻第六小学成立后，西北麻“育红班”、东鱼台“育红班”、西鱼台“育红班”合并为南麻第六小学附属幼儿园。1995年6月，南麻第六小学搬迁至西北麻村前，东北麻幼儿园撤并合入。1999年9月，彩板峪幼儿园撤并合入。2009年12月，新城路幼儿园教学楼投入使用，办园规模扩大。2012年5月，更名为沂源县历山街道办事处新城路幼儿园。2021年8月，划归沂源县实验小学管理，更名为沂源县新城路幼儿园。2023年8月，撤并到城区各园。毕轶才、杜春燕先后担任园长。

原中儒林“育红班” 1979年，中儒林大队借用儒林联中办公室成立“育红班”。杜海花任教。1981年，搬到村东南新建小学内，时称学前班，杜焕菊任教。1983年，儒林小学建成后，学前班撤并到儒林小学幼儿园。

原西儒林“育红班” 1981年成立，宋成花任教。1985年，合并到儒林小学幼儿园。

原涝坡河“育红班” 1959年开办，招收幼儿100余人。1966年，将村北的“十间屋”改造为小学，“育红班”搬入。1974年，在村西南新建小学后，“育红班”随迁。1996年，在村西新建小学，院内平房为学前班（原“育红班”），有大班和小班2个班。2005年，合并到南麻镇中心小学附属幼儿园。徐道奇、徐统菊、徐阳、徐凤、宫本娜等先后任教。

原前崖“育红班” 1989年，前崖村依托村小学成立“育红班”，又称学前班，吴茂勇、杜焕兰等任教。1996年，并入儒林小学幼儿园。

原西沙沟幼儿园 前身是西沙沟学前班，始建于1973年，位于西沙沟小学操场西。1977年，迁到大队办公室。1984年，学前班合到小学。1995年，东沙沟、西沙沟、沙岭子、北大岩4所小学合并，幼儿园也一同合并，定名沙沟小学幼儿园，地点在西沙沟教学点。1999年，沙沟小学幼儿园改名为山东共青希望小学幼儿园。2012年，幼儿园撤并到沂源县第二实验幼儿园。历任园长有刘兆菊、张世安、白正贵、王学清、徐玲等。

原吴家官庄幼儿园 1980年，吴家官庄小学成立1个学前班，房屋2间，每年招收幼儿20余人。1994年，在胜利山小区南侧投资15万元建幼儿园，建筑面积400平方米，占地面积1300平方米，分为小、中、大班，每个班大约30人，吴本芳担任园长。2000年，撤并至南麻第五小学幼儿园。

原东沙沟“育红班” 前身是东沙沟学前班。1973年开始招收幼儿，杨秀荣、张先爱、鹿美霞等先后任教。1984年，学前班合并到小学，任纪霞任教。1995年，幼儿园撤并至沙沟小学幼儿园。

原沙岭子“育红班” 1985年，开始招收幼儿，刘守山负责。1995年，撤并至沙沟小学幼儿园。

原北大岩“育红班” 1985年，北大岩村开办“育红班”。1995年，合并到沙沟小学幼儿园。张士花、张霞先后担任园长。

原南麻三村“育红班” 1980年，在泰薛路北侧南麻三村老村委院内建“育红班”，大班35人、小班28人，秦元春、王安敏任教。1982年，王守珍、齐元英、刘相菊任教。1987年，并入南麻中心幼儿园。

原西北麻“育红班” 1975年7月，西北麻大队在村庄中心办“育红班”（也称学前班）。教师有桑正爱、吕香玲、杜春华等。1977年9月，搬到村庄北岭西北麻小学，由西北麻小学统一管理。周保娥、吴秀花等任教。1992年9月，并入南麻第六小学附属幼儿园。

原彩板峪幼儿园 1986年7月建园，原名彩板峪小学“育红班”、学前班。1999年9月，并入南麻第六小学附属幼儿园。唐敬美、唐敬红、唐慎娟等任教。

原东北麻幼儿园 1976年8月建园，原名东北麻“育红班”、学前班。1995年9月，并入南麻第六小学附属幼儿园。张成爱等任教。

原东鱼台幼儿园 1976年7月建园，原名东鱼台“育红班”、学前班。1978年停办。1981年10月，重新开园。1992年7月，并入南麻第六小学附属幼儿园。夏文华、唐守莲、夏文叶、周宝娥等任教。

原南麻一村托幼所 1961年，南麻一大队在南麻老街大队办公室院内成立托幼所。1974年，托幼所停办。1976年，大队将养蚕室改造成幼儿教室，重新开办。1999年，撤并到南麻第五小学学前班。

原南麻中心幼儿园 始建于1987年，园址在县粮食局路西的一家属院内，1个班，王秀菊、徐爱凤任教。1996年，借用胜利山小区的沿街房新建园所。2000年9月，与南麻镇中心幼儿园合并。颜世菊、王玲等先后担任园长。

小学教育

概 况

2012年5月，南麻第二小学、第三小学、第五小学、第六小学分别更名为沂源县历山街道办事处荆山路小学、沂源县历山街道办事处振兴路小学、沂源县历山街道办事处鲁山路小学、沂源县历山街道办事处新城路小学。2015年8月，沂源经济开发区石臼小学、儒林小学撤并到沂源县第二实验小学，山东共青希望小学撤销。

2015年开始，辖区内各小学根据《山东省普通小学基本办学条件标准（试行）》等标准要求，配足配齐各类功能教室及仪器、图书设备设施等。振兴路小学、荆山路小学和鲁山路小学进行改扩建。实验中学老校区划归振兴路小学，县财政投资8000余万元，新建教学楼、综合楼和塑胶操场。学校规模达50个教学班，新校舍于2017年9月投入使用。同时，由县财政投资，新建鲁山路小学综合楼、扩建荆山路小学原教学楼，增加功能室。历山街道各小学办学条件全面提升，顺利通过义务教育均衡化学校达标验收。

2021年8月，根据县教育和体育局实施教育共同体建设要求，县实验小学与历山街道新城路小学建立学校共同体，新城路小学及其附属幼儿园不再属于历山街道学区管理。

学校简介

沂源县历山街道办事处振兴路小学 坐落于县城振兴路54号，占地面积2.67万平方米，建筑面积1.83万平方米。2023年12月，学校有65个教学班，在校学生2879人，专任教师167人。教师学历达标，获省市县优秀教师、优秀班主任、师德标兵、教学能手、骨干教师等荣誉称号者30余人，是山东省教学示范学校。

沂源县南麻镇中心小学（1982年）

学校始建于1980年。建校之初，校舍临时借用城关二中（现南校区）4间平房，2个教学班，学生不足70人，教职工4人，教学设施简陋，初始名称为“南麻东校”。1982年，由县政府统一规划，从南麻三村征地12亩，建成教学及办公用房（现北校区），学校规模达6个教学班，教师达到12人。后续扩建成拥有12间教室、12间行政及办公用房、9间宿舍、3间伙房的学校，达到完全小学标准。1985年，定名为南麻镇中心小学。1986年，河北小学并入。教学班达14个，学生600余人，教职工30人。

2004年，重喜完小并入该校。同年，在老校区建成2600平方米教学楼1座，2005年9月南麻第七小学（原涝坡河小学）并入，学校班额达18个，学生900余人。2010年，占地面积1.2万平方

20世纪80年代末，南麻镇中心小学旧貌

沂源县南麻镇中心小学教学楼（1998 年）

米，建筑面积5400平方米，有教学班21个，在校生1392人，教职工76人。2012年5月，学校更名为沂源县历山街道办事处振兴路小学。

沂源县南麻镇中心小学教学楼（2004 年）

学校围绕“增质提效、打造高地”工作目标，推行阅读生态共同体特色建设和落实“尚美润德、立品树人”德育品牌。以“读书改变命运、习惯造就人生”为校训，构建全科阅读课程体系，开展多种形式的阅读活动。学校有效利用教育资源，创新校本教研模式，构建以语文学科为中心的基地发展方阵，推进“学科基地+主题研修”“学科基地+跨学科融合”“学科基地+名师引领”“学科基地+双微驱动”“四+”路径，促进教师专业化成长。

学校被评为山东省教学示范校、省远程研修先进学校、省首批残疾儿童随班就读示范校、淄博市数字化学校、市中小学德育工作先进集体、市书香校园。

宋以海、崔维忠、徐光平、范振才、崔允沂、曹湘云、周作群、徐在明、唐敬贤、吴宝洪、崔维瑾、程万增、唐传水（执行校长先后是杨继学、翟所璞）等先后担任校长。

沂源县历山街道办事处荆山路小学　位于县城荆山路15号，占地面积1.65万平方米，建筑面积7229平方米，体育运动场面积8500平方米，绿化面积3600平方米，专用功能教室13个。2023年12月，学校有27个教学班，1263名学生，专任教师80人。

沂源县历山街道办事处荆山路小学校貌（2022 年）

学校始建于1945年，校址在南麻老街路北。建校初，设有1个教学班，学生47人，教师1人。1950年，扩建部分校舍，学校规模不断扩大。1966年，兴建新校，时称“南校”。建有教室9间，办公室2间，3个教学班，招收1—2年级学生73人，5名教师任教。1968年夏，学校下放到南麻三大队管理办学。南麻完小分成三部分：一、二大队在“外校”办学，三大队在“里校”办学。所缺教师由各大队招收本大队知识青年接任教育教学工作，史称民办教师。1978年，“里校”被南麻供销社占用。“南校”扩建教室9间，更名为南麻第二小学，招收6个教学班，学生185人，教师7人，归南麻教育组管理。1985年，第二小学归南麻镇中心校管理。学校发展到9个教学班，在校生412人，教师25人。

1987年，1座1895平方米、容纳18个班的教学楼建成。1988年，投入使用。1990年6月，教师家属区建成。1993年，建成1座三层实验楼，建筑面积1290平方米。1994年，投入使用。1996年11

贫下中农管理学校成员合影（1968 年）

月，学校协调购买县自来水公司原宿舍楼。2004年8月，南麻镇埠下小学撤并到该校，学校规模扩大至22个教学班，学生增加到1102人，教师54人。2005年，学校征用南麻三村土地4298.4平方米，建成200米环形炉渣跑道，2009年，建成3223.8平方米塑胶操场。2010年8月，合并侯家官庄小学5个教学班102名学生，学校规模达23个班，教师增加到66人，学生增加到1378人。2012年5月，学校更名为沂源县历山街道办事处荆山路小学。

2016年，新建二层办公楼。2017年，学校在原教学楼接建三层综合楼1座，18间教室，专用教室及功能室配套达到国家级义务教育标准，学校建筑面积达5242平方米，教学班24个，在校学生1189人，在职教师73人。

学校秉承“为孩子拥有幸福人生奠基”发展目标，坚持“规范管理创特色、名师引领树精品、质量立校促发展”办学目标，以特色课程为圆心，秉承“一笔一画写好字、一生一世做真人”书法教育理念，精心打造“书法”元素文化，培养教科研名师队伍，铸造高品质特色教育阵地。

学校被评为全国素质教育榜样学校、山东省语言文字规范化学校、省教育信息化示范单位、省绿色学校和省随班就读示范校、淄博市教学示范校、市数字化学校、市平安校园、市公园式单位。

刘泽民、刘汉君、李文彩、毕云生、傅佩玺、徐建敏、曹富举、周作亮、齐恒堂、潘洪太、王涛、刘学礼、唐敬贤、许立文、白先录、刘华先后担任校长。

沂源县历山街道办事处鲁山路小学 位于县城鲁山路中段，原名南麻第五小学，占地面积7833.8平方米，建筑面积8041.76平方米。2023年12月，有30个教学班，学生1296人，教师89人。

沂源县历山街道办事处鲁山路小学（2022 年）

学校始建于1982年。1983年，招收一年级新生1个班、1个学前班。同年，被县教育局命名为南麻第五小学，简称“五小”，属南麻教育组管辖。1984年，吴家官庄小学并入，吴家官庄村出资建教室9间，成为6个班完全小学。1988—1989年，在学校主路以西建平房教室9间、主路东建二层教室18间，招生范围扩大到历山路以东、胜利路以北、吴家官庄以西。1991—1992年，在主路东南新建二层教室18间，进一步扩大招生，每年级招3—4个班。1993年，因修建北环路（鲁山路）占用学校北教室1排，南麻一村将学校东南角1500平方米土地无偿捐献给学校。自此，学校先后进行校舍改造，所有房间通暖气并修建塑胶操场。2012年5月，学校更名为沂源县历山街道办事处鲁山路小学。2016—2017年，建综合楼、食堂，并将北教学楼及南二层楼外墙装饰与新建楼格调一致。

学校以“责任教育为孩子终生幸福奠基”为办学理念，从学校责任、家庭责任和社会责任三个层面，将“责任”文化巧妙融入环境建设之中，开展生活德育系列活动，引导学生做到自理、关爱、守纪、诚信、爱国，追求“随风潜入夜，润物细无声”教育境界。开展读书节、艺术节、科技节、体育节“四节”活动。重视教育科研工作，深化课堂教学改

沂源县南麻第五小学第二届毕业生合影（1988 年）

革，在全县组织的历次学生素质检测活动中，成绩均位居前列。

学校被评为山东省艺术教育示范学校、省级交通安全示范学校、省绿色学校、淄博市教学示范校、市艺术特色学校、市中小学校本培训示范学校、市依法治校示范校、市智慧校园、市数字化学校。

王秀菊、周士亭、曹香云、刘希增、侯学仁、崔维瑾、刘持柱、许立文、毕泗水先后担任校长。

教师风采

徐爱凤，女，1942年出生，中共党员，获得全国园丁荣誉纪念章。

杏坛陈迹

原沂源县历山街道办事处新城路小学 位于县城鲁山路西首北侧，原名沂源县南麻第六小学。始建于1992年，由西北麻、东鱼台、西鱼台、窗户沟4个村集资联办，同时，西北麻小学、东鱼台小学和西鱼台小学撤并合入。1994年，由东北麻、西北麻、东鱼台、西鱼台、彩板峪、栗行、陡起峪、东台峪、窗户沟9个村集资修建三层教学楼1座。1995年，东北麻小学撤并合入，1999年，彩板峪小学撤并合入。2002年，栗行小学、陡起峪小学、东台峪小学撤并合入。2012年5月，更名为沂源县历山街道办事处新城路小学。2021年8月，县实验小学与历山街道新城路小学建立学校共同体。历任校长有吴宝洪、何桂广、唐敬孟、周太军等。

原涝坡河小学 始建于1953年。1959年，在村北建4间教室。1966年，大队集体的10间房屋成为教室。1974年，在村西南墓地新建学校，共5个年级，学生200余人。1996年，在村西新建学校。1998年，更名为南麻第七小学。2005年，学校撤并到南麻镇中心小学（原南麻第三小学）。吴绍廷、宋中文、徐在林、徐在明、吴曰洲、吴宝春等先后任教。

原东儒林小学 1945年始办小学。1946年，本村学生到中儒林小学上学。1959年，在本村成立初级小学，1—3年级学生回本村上学，杜西秀、杜兆春、杜元菊等任教。1960年，随着学生增多，又搬到村加工厂附近教室。1962年，在村东头场院里扩建两口教室。1983年10月，撤并到儒林小学。

原西儒林小学 前身为1946年6月的儒林小学，杜春瑞为教师。1959年，低年级学生迁回本村，成立简小，1960年、1966年在不同地方扩建了教室。1975年在村南前沙崖新建教室五口，把分散的班级归于一处。1983年10月撤并到儒林小学。

原中儒林小学 1946年6月，在一农户宅院内成立，三个儒林的学生都在此上学，杜春瑞、王英文等任教。1950年，在村东的关帝庙成立完全小学，鹿纪言任校长，有张翠英、孙朝玉、齐录成、张世芬等任教。1959年，其他村低年级学生回本村上学。“文化大革命”开始后，倡导贫下中农办学，当时本村杜润诗负责。1972年，镇教育组派王本生负责。1973年，大队在村东场院内盖5口土坯教室，办起村完全小学，1980年，又迁至村东南新校园，杜兆新、宋传林先后任负责人。1983年10月，撤并到儒林小学。

原山东共青希望小学 前身是沙沟小学，当时叫沙沟完小。建于新中国成立初期，地点设在沙沟东庙，招收周围4个村的学生，许贵任校长。1985年，校舍改造迁址新校。1995年，改称沙沟小学，毕泗水担任校长。同年，东沙沟小学、西沙沟小学、沙岭子小学和北大岩小学4个学校合并，设东沙沟村3—5年级和西沙沟村1—2年级2个教学点，共有7个教学班，260名学生，21名教职员工。1999年，利用“共青团山东省青少年发展基金”在东沙沟小学原址建起二层教学楼和新操场。鲁阳公司投资进行内部设施配备，学校改名为山东共青希望小学，齐恒臣、蒋淑堂担任校长。2000年，西沙沟教学点撤并到山东共青希望小学。2012年，学校停止招生。2015年，撤并至沂源县沂河源学校。

原前崖小学 1959年，前崖初级小学成立，招收1—4年级学生，先后由谢木海、房振华、赵永德、谢加朋、孙即孝等任教。1989年，在村西建成完全小学，设置1—5年级，招收学生110余人，校长是郭俊亭，任课教师先后有任相玲、牟丽、孙兆英、徐祥芳、吴茂荣、李宗香等人。1996年，学校并入儒林完全小学。

原西沙沟小学 建于1953年，位于西、东沙沟村交界处。1964年初，大队投资对学校进行修缮和扩建，成为完全小学。1984年，校舍改造全面完成。1994年，完成义务教育达标。1995年，西沙沟小学改为教学点，设1—2年级，3—5年级合并到沙沟小学。1999年，西沙沟小学全部合并到山东共青希望小学（沙沟小学）。历任校长是李安政、李桂华、王学新、鹿道忠、朱光生等。

原东沙沟小学 始建于1925年，村里借助民舍办学。之后因战乱学校时有中断。1928年，恢复办学。1938年停办。1952年，在村旧庙建学校。小学实行“四二学制”，初小四年、高小两年。1985年，在村东南建沙沟小学。1995年，并入沙沟小学。原东沙沟小学成为沙沟小学3—5年级教学点。历任校长有高庆龙、刘道伦、鹿纪代、鹿成洪、鹿子堂。

原沙岭子小学 始建于20世纪60年代初期，第一任校长贾兴德。1985年，校舍改造全面完成，学校迁到村西，占地面积600平方米。校长是刘守山。1994年，学校完成全省义务教育达标验收。1995年，合并到沙沟小学。

原北大岩小学 始建于1960年，校址在村中央6间草房。第一任校长杨成录。1964年，建起6间瓦房，第二任校长宋诚域。1985年，校舍改造全面完成，学校迁到村前，校长是韩克堂。1995年，学校合并到沙沟小学。

原彩板峪小学 始建于1968年。1974年，在村后新建学校，占地面积1334平方米，复式教学。1999年，合并到南麻第六小学。有唐传怀、张廷仁、刘俊之、马学梅、吴乐宝、白先春等先后任教。

原东北麻小学 1953年，东北麻村借用民宅始建村小，先后由冯学训、高庆堂、宋作文、吴月梅等任教。1970年，成为完全小学。1984年，进行校舍扩建改造，共有学生130人。高桂萍、岳连才、岳增英、艾秀玲等先后任教。1995年，并入南麻第六小学。

原西北麻小学 1957年成立，设1—5年级共5个班，教师9人。1963年，只有1—2年级2个班。1971年，新建西北麻小学，占地面积4700平方米，小学1—5年级5个班、初中1—2年级2个班。1980年，初中班合入北麻联中。1992年，并入南麻第六小学。历任校长有张学校、崔京月、顾研堂、刘加兰、刘玉成、王学新、徐立俊、赵增、桑正宾、葛成彪、高桂萍等。

原吴家官庄小学 1951年，吴家官庄村借用民宅始办初级小学（1—4年级），学生10余人。1965年，学校搬迁至大队仓库。1970年，在大队小北岭新建完全小学（1—5年级），吴兆成负责管理学校。1984年，学校并入南麻第五小学。胡大凤、吴宝亮、吴宝洪、赵自兰、郑安生等先后任教。

原窗户沟小学 1972年，窗户沟小学成立，丁读臣任教师。当时招收7名学生。一年后，因村庄小，适龄儿童少，经学区同意，每2年招生1次，4年级以上学生到西北麻小学就读。1978年，学校并入西北麻小学。

原经济开发区儒林小学 1946年6月，儒林小学成立，杜春瑞、王英文等任教。1952年，儒林小学成为完全小学。鹿纪言、张翠英、孙朝玉、齐录成、张世芬等任教。学校服务范围扩大到附近前崖村、河南村、重喜等村。1983年，东、西、中3个儒林及附近的村集资建成新儒林小学，共建标准房24间，占地面积6930平方米。校长为杜高章，学校共有学生429人，教职工26人。1991—1994年，校舍改扩建，学校“五室”内配率达标。2002年，儒林小学更名为沂源经济开发区儒林小学。2015年，学校并入沂源县第二实验小学。

中学教育

概　况

2012年，历山街道与南麻镇教育分开后，南麻中学归南麻镇教育和体育管理办公室管理，历山街道教体办没有下辖中学。

杏坛陈迹

原南麻二中　始建于1976年8月，校址在南麻镇东岭，征用南麻三大队土地6700平方米。同年，招收二年制初中班2个，104人，因建校尚未竣工，学生暂在沂源中学上课，1977年4月，迁回新校，校长为崔升一。1978年，第一届学生毕业后，该校与南麻一中合并。

原北麻联中　建于1980年，位于南麻镇西北麻村北岭。学校由南麻公社鱼台管理区9个大队出资集体修建，建成后将南麻公社北麻学区西北麻、东北麻、东鱼台、西鱼台、栗行、陡起峪6所小学的初中班（两年制）全部撤并合入。1991年7月，北麻联中停止初中一年级招生。1992年10月，北麻联中与沙沟联中、涝坡河联中3个学校将最后一届毕业班学生合并，借用沂源县历山中学3间教室集中教学。1993年7月，教师分流到历山中学、实验中学、南麻镇高庄联中。历任校长有杜春荣、李学福、周作湖、杜道山等。

原涝坡河联合农业中学　1964年，由涝坡河、东儒林、中儒林、西儒林、前崖、沙岭子、东沙沟、西沙沟、北大岩等10个大队出资，在涝坡河大队北建6间北屋，2间西屋，成立涝坡河农业中学，张继英任校长，招收80多名学生，生源来自10个村。1966年，学校停办。

原涝坡河联中　1972年建校。在农中基础上，埠下、重喜、马王峪、朱家峪、浇花泉等共15个大队，集体投资在涝坡河大队村北建设，总占地约3300平方米。1983—1991年，任课教师有杜春全、徐明学、杜春武、徐明菊、吴忠乾、刘守增等。1992年10月撤校。历任校长有周作亮、赵增、李文彩、吴宝亮、杜春荣等。

原沙沟联中　始建于1976年，位于西沙沟村西南。学校起初是西沙沟小学“戴帽”初中班，后来与东沙沟小学6—7年级合并为沙沟联中。1979年，初中学制改为三年，为过渡期。1984年，小学与初中分开，沙沟联中归城关二中（后改称县实验中学）管理。1989年，学校与实验中学分开，重回南麻镇。1992年后，学校停止招生。1993年，学生并入县历山中学，大部分教师分流到小学，部分分流到县实验中学、县历山中学及南麻中学，沙沟联中至此结束。崔统一、高庆堂、王学梅、唐建学、韩克增等先后任教。

原儒林联中　1968年，在儒林小学关帝庙校区开始办联中，时称“万山红”中学，三个儒林村及前崖、河南村的学生在此上初中，小学高年级学生也在此上学，后随着初中扩班，小学高年级学生全部回本村上学。1974年，并入涝坡河联中，1976年，恢复初中招生，1981年，又撤并到涝坡河联中。周作亮、李文彩、赵增等先后任校长。

成人教育

概　况

1945年开始，域内各村陆续开办识字班和夜校。识字班学员积极配合拥军支前工作。1951年，各村成立“速成班”。20世纪60年代末，扫盲工作持续开展。20世纪70年代中期，村村开设夜校和中午班。1986年，域内扫除青壮年文盲验收全部合格。1986年后，成人教育以培养农村实用人才为主，提倡联办农民文化技术培训学校。1988年底，成立农民文化技术学校。1989年，农民业余教育转向实施“燎原计划”，注重培训技术人才。1990—

1994年，成人教育转为农业专业技术培训，推广食用菌栽培、果树管理、葡萄种植新技术等。

杏坛陈迹

原历山街道成人教育中心学校 2012年10月，在原山东共青希望小学校址成立历山街道成人教育中心学校，履行成人教育职责。2018年，历山街道成人教育中心学校撤销。徐继锋担任校长。

校园琐忆

阶段式层级推进的南麻区域小学教育

20世纪80年代以来，南麻区域小学教育经过各个时期教干教师探索实践、改革创新，层级式不断推进，不同阶段呈现出各具时代烙印的特点。

1988—1994年，以立足课堂抓质量为立身之本，以提高学生的成绩为目的，老师们经常开展教育教学研讨会，提出切实可行的办法，自己动手出试题、刻钢板、印蜡纸，加班加点辅导学习吃力的学生。在全县组织的五年级升初一统一考试中，南麻中心小学的学生全部被录取，语文、数学平均成绩达98分以上。在这一时期，最多的教研活动就是反复听课、评课，研究教材、挖掘教材，在当时教育的大环境下，语文教研组在阅读课教学中大胆尝试让学生自读、自悟，变讲解式为启发式，探索新颖的教学方法。

1994—1998年的几年间，以规范过程、抓管理为发展之基，以全县迎接省义务教育达标验收为契机，各校多方筹资进行校舍改造，配备配齐各类功能室，改善了学校办学条件。对适龄孩子建档，对辍学孩子劝其复学。在学校布局上，进行合班并校，南麻沙沟管理区，克服重重困难，把东沙沟、西沙沟、沙岭子、北大岩4所学校合为一所，整合教育资源，优化资源配置。为规范学校管理，县教育局提出“学习汨罗经验、推行目标管理、实施素质教育、提高教学质量”的口号，对学校德育工作、教学管理等方方面面的工作制定了详细的评估标准细则，每学期组织检查考核，对学校管理工作起到了很好的规范作用。

2001年，国家启动新一轮课程改革，课堂教学更加关注知识与能力、过程与方法、情感态度与价值观三个维度，作为乡镇基层教研室、基层学校，南麻各学校规范落实国家课程。在县教研室构建的“多维合作高效生成”课堂引领下，组织骨干教师编拟《三段六环节——动态生成课堂教学结构模式解读及课例》读本，分9个学科20个课型对各个学科的基本课堂结构进行了设计，广大教师特别是青年教师先学习后使用，做到先入格再出格，有模式但不唯模式，做到举一反三、灵活运用。组织骨干教师团队编拟系列校本课程《可爱的沂源——我的家乡》，作为国家课程的有力补充，所选内容从家乡名胜、富饶物产、沂源名人、风俗人情等四个板块对学生进行热爱家乡教育，这套校本教材先后获得省、市课程资源开发一等奖。在此基础上，开展校本研训活动。依托线上网络教研平台，全镇300余名教师开展多维互动网络校本研训，由镇学科教研员牵头，把各年级各课时分工到骨干老师精心备课然后把教案及课件上传网络管理平台，全镇同年级同学科老师参与网上研讨评改，修改完善为适合自己的个性化教案使用，学科教研员对教案初稿及修改稿作出评价，对老师们的研讨质量进行点评。通过不断积累，形成实用的教学资源库，老师们可根据需要随时借鉴使用。《构建多维互动网络校本研训机制》这一校本研训举措获淄博市2014年教育创新奖。

2021年，南麻街道3所学校依托交互式在线教学系统，开展“一主一翼全域协同”线上交互式教研活动，即“学区主导、一校驱动、全域协同”，振兴路小学的生态阅读“1+X”课堂教学，荆山路小学的五步书法特色课堂教学，鲁山路小学的学科教学中落实责任感教育课堂，得到县教研室领导高度评价和充分认可。（毕泗水提供资料）

回眸复式教学

20世纪80年代前，每个大队都有小学，人口多的大队有一至五年级，叫完全小学，简称完小；人口少的大队只有一、二年级，也有到三四年级的，属不完全小学，俗称简小。有的大队总人口不足二三百人，一般只有一、二年级，高年级的学生到邻村就读，另外还有学前班。倘若某年适龄学生少，那就隔年招收。农村小学每天作息时间分早晨、上午、下午三段，早饭前要上一节课。由于学生数量少、教师不足，常常把几个年级的学生集中到一个教室，由一名教师负责上课，进行复式教学。

复式教学包括二级复式、三级复式等，每个年级有不同的学习任务，时间有限，所以教师要精讲，精心设计课堂任务。给一个年级讲授新课时，另几个年级的学生完成课堂作业，也就是有“动”有“静”，动静交替。“动”指直接教学，“静”指自主作业，二级复式“动”“静”时间其本上各占1/2，多级复式中“静”的时间较长。教师课前要做好充分的准备，特别设计好动静如何搭配的方案，努力做到动静衔接有序。教室里除了讲台上的大黑板，还有许多用木板制作的小黑板，教师根据当天的教学内容，上课前设计好学生课堂活动内容，写在小黑板上。大黑板用来直接教学，呈现“动”的内容，小黑板用于布置学生课堂活动，呈现“静”的内容，根据动静交替节奏，随用随挂。倘若准备工作做不好，课堂上教师会手忙脚乱，学生也会无事可做，课堂教学秩序就乱了。

1993年4月，淄博市教研室到沂源县视导，到沙岭子小学（简小）听复式课，县、镇教育领导极为重视，安排该校刘守山老师执教一节二级复式课。刘老师在县、镇教研室指导下，精心设计了复式课堂教案。上课开始后，根据教案设计，各个环节有条不紊地进行着。突然，一学生在黑板上板演时出现了错题，纠正错题会耽误时间，就会影响“动”“静”交替的衔接。刘老师没有慌张，慢慢引导这位学生，让他纠正了自己的错题。按计划完成了这个年级的教学内容，让他们自主学习，开始了另一个年级学习内容的讲解。接下来的环节非常顺利，一节衔接有序的复式教学课很快结束了。由于时间安排很紧，当时市教研室领导也没评课，又去别的学校视导。一天后，对这节课的反馈信息来了，四个字：“无可挑剔”，有惊无险的这节课得到了充分认可。

随着沂源县教师队伍的发展壮大和教育教学条件的不断改善，复式教学已经成为历史，作为特殊时期的一种特有的课堂教学形式，成为经历者永存心底的记忆。

（刘守山提供资料）

南鲁山镇学区

记忆沂源·教育体育卷

扫码看视频

扫码听书

概　述

南鲁山镇由原土门镇与三岔乡合并而来。教育发展历史悠久。2023年12月，有九年一贯制学校1所、初级中学1所、小学2所、幼儿园2所。在编教职工199人，在校中学生330人、小学生542人，在园幼儿159人。

清末民初，镇域内璞邱村、芝芳村和芦芽村曾开办过私塾。1928年后，片区联村小学逐步发展。截至1937年，镇域内已建成初级小学17所。

新中国成立后，域内形成村村有小学、乡镇有初中的格局。1958年，多数村队建起小学。各村队大多数是利用庙宇、祠堂或借用陈旧民房甚至牛棚改造成教学场所。这一时期，域内开展扫盲运动，开办速成识字班。1964—1965年，菜园、九会、芦芽、璞邱、三岔店、南水沟、茅台等大队办过早、午、晚班和地头班，史称“半工半读学校”。1958年，开办过芝芳农中、璞邱农中，后有芦芽、龙泉等陆续建起农中，是当时高小的补充。1960年，在三岔公社建沂源七中，是域内第一所普通中学。1965年，芝芳完小、三岔完小确定为沂源县定点完全小学。1968年，在土门公社建沂源十中。1970年后，璞邱、鲍庄、流水、土门、芦芽、九会等学校实行小学初中一体化教学（“戴帽”初中班）。1962—1969年，由文教助理负责全公社的教育工作。1971年，公社设教育组，原土门公社刘学生、马玉德先后任组长，统一管理中小学；原三岔公社教育组刘耀汉任组长。

1977年后，国家恢复高考，域内先后设立土门、芦芽、大坡、三岔、璞邱、鲍庄等高中学校，多数村队设立初中学校，教育组统一管理。公社教育组下设学区，土门公社设芦芽、土门、九会、大坡4个学区；三岔公社设三岔、流水、璞邱、茅台、丝窝、鲍庄6个学区。1980年，村办初中、公社办高中先后撤并。1981年，只保留公社办初中2所、联办初中5所。1984年，教育组改称中心校，负责全乡（镇）教育教学工作。1986年9月，土门镇作为试点单位成立教育委员会（简称土门镇教委）。1993年，成立三岔乡教育委员会（简称三岔乡教委）。同年，成立“四个中心”（中心中学、中心小学、成人教育中心、中心幼儿园）。1995年，域内学校全部通过义务教育达标验收。

1994年，三岔乡教委更名为三岔乡教育中心。土门镇教委更名为土门镇教育中心，1994年前，初中教育实行三年制。1994年，土门中学从初一年级开始向四年制过渡；1995年，三岔中学开始向四年制过渡。1999年，域内中学教育完成四年制转变，统一使用修订版义务教育课程。1996年，镇域内中小学贯彻落实县教育主管部门开展的课堂教学课型达标活动。1997年，镇域内中、小学之间进行教师交流。同年，沂源县土门中学（简称土门中学）整体搬迁至原国营山东第一机械厂（土门一厂）职工子弟学校。2000年，实行干部竞聘上岗。2001年，土门镇创成“教育强镇”；三岔乡承接县创建调度会，并提前一年创成教育强乡镇；土门中学、土门中心小学创成市级“规范化学校”；镇域内开展“校校通”“班班通”工程，教育信息化全面发展。2003年，教育中心改称教育

沂源县土门联中最后一届毕业生合影（1978年）

体育管理办公室（简称教体办）。2005年，土门镇合班并校加速推进。2006年，土门镇与三岔乡均创成教育初步现代化乡镇。2010年，合乡并镇，合班并校步伐加快，先后撤并流水小学、芦芽小学、菜园希望小学。2016—2018年，全镇开展教育均衡县创建活动。南鲁山镇校舍及配套设施大提升工程随之展开，域内所有中小学教学楼、宿舍楼、餐厅高标准交付使用，所有操场全部塑胶化，音体美劳等教学器材、各科实验用品配备齐全。2021年3月，学区制改革，南鲁山镇教体办改称南鲁山镇学区。

任文伟、张怀证、李成坤、刘帮礼、杨贞坤、滕尊、朱维贵、马玉德、桑大明、杨中云、陈吉贤、王立会、冯学增、刘志宏、孔祥恩、张明忠、申良虎先后担任土门镇、南鲁山镇教育管理机构负责人。

陈作良、王尔夫、房师太、张功、窦现顺、陈作文、宋作记、王德福、李庆海、陈现英、赵文武、孙兆刚、窦现永先后担任三岔乡教育管理机构负责人。

学前教育

概　况

新中国成立初期，镇域内部分村成立初级社、高级社，开办托儿所，时称“看孩子组”。20世纪80年代初期，村办学前班，时称“育红班”。20世纪80年代中期，学前教育初具规模。1985年9月，土门镇建成25所幼儿园，有教师25人，入园幼儿580人；三岔乡建成15所幼儿园，教师15人，入园幼儿450人。20世纪90年代，规模大的幼儿园学制由二年改为三年。

2010年，南鲁山镇保留东岭、芦芽、凯华、芝芳、菜园、璞邱、三岔和中心园共8所幼儿园。2012年，东岭幼儿园撤并至芦芽幼儿园。2018—2019年，芦芽、凯华幼儿园先后撤并至中心幼儿园。2021年，芝芳、菜园幼儿园撤并至中心幼儿园。2023年10月，三岔幼儿园撤并至璞邱幼儿园。2023年12月，全镇保留中心幼儿园和璞邱幼儿园。

学校简介

沂源县南鲁山镇中心幼儿园　前身是土门镇中心幼儿园。2010年，更名为南鲁山镇中心幼儿园，服务周边23个村。园址在镇创业路1号，占地面积2200平方米，建筑面积1636平方米，户外活动场地962平方米，功能室齐全。内设大型玩具滑滑梯，塑胶场地，具有独立图书阅览室、科学发现室。2023年9月，设有小、中、大班5个，教职工16人，幼儿147人。

该园始建于1983年8月，园址在土门镇政府院内，是镇政府管理的一所全日制幼儿园。1996年，迁至镇政府后院，合并上土门村学前班，定名为土门镇中心幼儿园。2001年，政府投资改造原国营山东第二机械厂（土门二厂）子弟学校，幼儿园迁入。刘家洞等11个村幼儿园并入该园，在园幼儿达136人。2016年，完成教学楼改造工程。教室、寝室、办公室、各功能室完备，园所整体绿化，幼儿园面貌焕然一新，创成省级示范园。

2018—2019年，芦芽幼儿园、凯华幼儿园撤并至该园。2021年，芝芳幼儿园、菜园幼儿园撤并到该园。2018—2021年，对教学楼、户外活动场地、食堂、厕所等进行改建升级工程，每个班级配

沂源县南鲁山镇中心幼儿园（2023年）

备数控一体机。

幼儿园活动区域设立戏水区、沙池、野战区和种植区。贯彻以户外游戏为主的课程改革理念，将户外民间游戏融入“最美大课间”，户外民间游戏是该园特色活动。教师广泛搜集各种民间游戏，经过创新和改进后融入幼儿户外活动中，以户外集体游戏为主，有效激发幼儿游戏兴趣，促使幼儿主动参与游戏；幼儿通过户外游戏获得亲身体验和感知，还开展“玩转篮球、快乐跳绳、幸福童年”户外体育活动，让幼儿在音乐游戏中玩转篮球，轻松跳绳，体验快乐；开设“晨跑打卡活动”，增强幼儿体质。

在教学方面，以绘本阅读为特色的园本课程，填补了农村家长对绘本教学认识的不足，实现家园共育绘本借阅打卡活动，培养幼儿阅读习惯。积极开发园本课程，充分利用传统节日习俗文化中蕴含的育人元素，策划丰富的教育教学活动，引领幼儿发现并感受传统文化魅力，传承中华美德。

该园被评为山东省示范园、淄博市平安和谐校园。

郭新华、陈维忠、唐伟娟、刘云、王庆香等先后担任园长。

沂源县南鲁山镇璞邱幼儿园 前身为三岔乡中心幼儿园，占地面积2100平方米，建筑面积1000平方米。2023年12月，有4个教学班，教职工19人，在园幼儿88人。

该园始建于1978年，地点在璞邱大队联社办公室，时称“育红班”，隶属三岔乡妇联和大队管理。1987年，“育红班”改称幼儿园，乡中心校管理。同年，迁址到璞邱小学（东校），由璞邱小学负责管理。1996年，两个班迁到原837部队处。1998年，在璞邱学校东北角新建房屋8间，837部队处的幼儿搬至新校，成为独立幼儿园，定名为三岔乡中心幼儿园，设2个班，在园幼儿80人；后扩大到3个班，幼儿100余人。2010年，流水幼儿园并入该园，有5个班，幼儿150人，张道霞、陈夫连、张学美、臧文凤、宋琳等任教。2012年，更名为沂源县南鲁山镇璞邱幼儿园。2015年，创成市级示范园。2020年，设6个班，保育员8人，在园幼儿140人，创建成省级一类园。2021年6月，新建保育室7间，面积210平方米；校园铺设人造草坪，配齐卫生保健室、科学发现室、综合活动室；保育员增至11人，在园幼儿150人。2023年10月，三岔幼儿园并入该园。

朱贵艳、陈义玲、刘云、孟祥龙、司吉富、申学刚、张东刚等先后担任园长。

沂源县南鲁山镇璞邱幼儿园（2023年）

杏坛陈迹

原三岔幼儿园 1953年，三岔村办托儿所。1958年，学生由20人发展到50余人。1960年春，托儿所停办。1979年秋，重新开办。1980年，称“育红班”。校址在三岔村委大院，幼儿20人。1986年开始，“育红班”搬迁至乡成教中心，始称幼儿园，后搬迁至三岔乡财政所驻地。设立小、大班，幼儿约50人。1998年，搬迁至三岔乡中心小学，设小、中、大班，在园幼儿70人。2000年前

沂源县南鲁山镇三岔幼儿园（2021年）

后，茅台幼儿园、上文坦幼儿园合并到该园。2010年，三岔乡丝窝幼儿园撤并到该园。同年，幼儿园更名为沂源县南鲁山镇三岔幼儿园。2023年10月，该园撤并至璞邱幼儿园。王桂英、房师红、窦玉环、薛云东、窦学福、高春梅、黄衍美、黄丽娜等先后担任园长。

原芝芳幼儿园　1958年，芝芳大队开办托儿所，园址在村委办公室3间北屋。1983年，招收2个学前班，时称“育红班”。1986年，改称幼儿园，搬迁到芝芳学校西北角2间教室，在园幼儿56人。2010年，更名为南鲁山镇芝芳幼儿园，苗纪英、唐敬英、唐作凤、唐美春、唐爱君、刘道莲、徐纪华等先后任教。2021年，撤并到南鲁山镇中心幼儿园。

原菜园幼儿园　1979年，菜园大队在村西山成立“育红班”。1995年，“育红班”随小学一并搬迁至小山子脚下，更名土门镇菜园幼儿园。2002年，大坡村幼儿园并入。2006年，孟坡村幼儿园合入。2010年，更名为南鲁山镇菜园幼儿园。邹四鸣、魏文花、李桂霞、魏丽君、张司爱、耿佩爱等先后任教。2021年，撤并至镇中心幼儿园。

原芦芽幼儿园　1983年，芦芽村开办幼儿园。1994年，董家庄幼儿园、陈家山幼儿园并入。刘建新、孟红、郭宝玲、刘贵俭、苗秀玲、徐纪爱等先后任教。2018年9月，撤并至镇中心幼儿园。

原上土门村幼儿园　1959年，上土门大队成立托儿所。1982年，改称“育红班”，有幼儿30人，崔学香、唐艺珍等任教。1996年，合并至土门镇中心幼儿园。

原下土门河北“育红班”　1990年，下土门河北村成立“育红班”，刘希花等任教。2001年，撤并到土门镇中心幼儿园。

原下土门河南幼儿园　1987年，下土门河南村开办幼儿园，有2个班，幼儿55人，代红霞、代丽萍、陈玉玲、叶爱美等先后任教。1997年3月，合并到土门镇中心幼儿园。

原朱阿幼儿园　1983年，朱阿村开办“育红班”，招收幼儿25人。1995年，改称幼儿园，陈富花、唐守梅等先后任教。2001年9月，撤并至土门镇中心幼儿园。

原黄崖幼儿园　1981年，黄崖大队建“育红班”，后称幼儿园，招收幼儿23人，孙连珍、孙凤华等任教。2001年9月，撤并至土门镇中心幼儿园。

原池埠幼儿园　1983年开办，招收幼儿18人。崔在花、叶爱美、叶霞、崔广梅等先后任教。2001年9月，撤并至土门镇中心幼儿园。

原刘家洞“育红班”　1983年，刘家洞村开设“育红班”，后称幼儿园，招收幼儿14人，郭秀、叶琳、黄丽君等先后任教。2001年9月，撤并至土门镇中心幼儿园。

原左家峪幼儿园　1985年，左家峪开设“育红班”，后称幼儿园，当招收幼儿16人。刘希花、刘秀霞、刘希艳等先后任教。2001年9月，撤并至土门镇中心幼儿园。

原东松仙岭“育红班”　1958年，东松仙岭大队办托儿所，崔学连、唐孝美等任教。1984年，在小学开设“育红班”，招收幼儿23人，徐纪爱、苗秀玲等任教。2012年，撤并到芦芽幼儿园。

原西松仙岭“育红班”　1958年，西松仙岭大队在村西南开办托儿所，苗永香任教。1985年，依托村小学成立“育红班”，幼儿23人，崔桂兰、徐纪爱等任教。2000年，撤并到芦芽幼儿园。

原董家庄幼儿园　1984年，董家庄成立“育红班”，后改称幼儿园，刘贵俭任教。1994年，合并到芦芽幼儿园。

原陈家山幼儿园　1984年，陈家山村开办“育红班”，后称幼儿园。陈云玲、王庆霞等任教。1999年，并入凯华幼儿园。

原水么头河北幼儿园　始建于1982年，招收幼儿19人。1991年，改为民办园，更名为凯华幼儿园，孙凤花为法人，崔学菊、郭宝玲、王庆霞等先后任教。2018年，撤并至土门镇中心幼儿园。

原水么头河南“育红班”　1958年，水么头河南大队建起托儿所，崔云香任托管教师。1983年，依托大队小学设“育红班”，郭新华、郭保玲等先后任教。1994年，撤并至凯华幼儿园。

原九会幼儿园 前身是“育红班”，始建于1983年，园址在村西山，幼儿21人，任文香、唐作凤、崔学菊等先后任教。2011年9月，撤并至土门镇中心幼儿园。

原龙泉幼儿园 1958年，龙泉大队开办托儿所，崔学芳、崔学珍任教。1975年，开设“育红班”，后改称幼儿园。崔学俭、崔莲花、崔胜英、黄丽君、唐爱君、唐晓丽等先后任教。1995年，撤并到土门中心幼儿园。

原茨峪幼儿园 1986年，茨峪村开办“育红班”。2005年，在校幼儿16人，侯兰花任教。2010年，撤并到芝芳幼儿园。

原大坡幼儿园 1979年，大坡大队开办“育红班”。1986年，唐家六村幼儿到大坡村入园，在园幼儿35人，大坡村幼儿园正式成立。唐凤爱、毕经玉、张泗爱、耿佩爱等先后任教。2002年，撤并到菜园幼儿园。

原孟坡“育红班” 1980年，孟坡大队开办“育红班”，后改称幼儿园。唐凤爱任教。2006年，撤并至菜园幼儿园。

原唐家六“育红班” 1982年，唐家六大队开设“育红班”，招收幼儿13人，耿佩爱任教。1986年，撤并至大坡幼儿园。

原流水幼儿园 1996年，由原车场村、南流水村、北流水村“育红班”合并而来。园址在三岔乡流水小学后排西侧9间教室。2010年，撤并至南鲁山镇璞邱幼儿园。

原丝窝幼儿园 1985年，丝窝村在老村委院内2间教室开设“育红班”。1994年，南水沟幼儿园并入，改称三岔乡丝窝幼儿园。1999年，搬至丝窝小学，在园幼儿28人，由小学管理。张存云、付少芹、卜祥玲、车芳、卜霞、张存菊等先后任教。2010年10月，撤并到三岔幼儿园。

原北流水幼儿园 1981年，北流水村依托小学办起托儿所，翟作英任教。1990年后，称幼儿园，东流水村幼儿到该村入园。1996年，撤并至三岔乡流水幼儿园。

原南流水幼儿园 1978年，南流水大队设立“育红班”，后称幼儿园。在校幼儿21人，白道静、刘增秀等先后任教。1996年，合并到三岔乡流水幼儿园。

原车场幼儿园 1958年，车场大队办托儿所。1981年，在车场完小校内开设“育红班”，陈丙淑、陈玉敏等任教，1983年停办。1990年，改称幼儿园，苏守菊、柳红英、崔传华等先后任教。2000年，并入三岔乡流水幼儿园。

原上文坦幼儿园 1980年，成立“育红班”。1994年，迁址村小学院内，招收中文坦村、下文坦村幼儿。1996年，文泉村幼儿园并入，成立上文坦幼儿园，在园幼儿25人。窦坦军、窦坦娥、夏丰爱、陈丙霞等先后任教。2005年，撤并到三岔幼儿园。

原茅台幼儿园 1958年，成立托儿所，杨花荣任教。1961年停办。1977年，依托大队小学开办“育红班”，后改称幼儿园，陈丙芳任教。1998年，撤并到三岔幼儿园。

原文泉“育红班” 1985年，文泉村开办“育红班”，后改称幼儿园。郭太玲、袁华、朱习华、张成花等先后任教。1996年，合并到上文坦幼儿园。

原胜家庄幼儿园 1986年，村里依托小学开设“育红班”，后改称幼儿园。鄢家峪村幼儿到该村入园，窦孝芹任教。2002年，撤并至三岔幼儿园。

原南水沟幼儿园 1989年，南水沟村开设“育红班”，后改称幼儿园。教师有黄蕊、陶青等。1994年，撤并至丝窝幼儿园。

原双石屋幼儿园 1994年，双石屋村开办幼儿园，招收幼儿12人，张厚爱任教。1996年，撤并到郑家庄村幼儿园。

原郑家庄幼儿园 1977年，郑家庄大队依托小学成立“育红班”，招收幼儿20余人，郑桂莲任教。1996年，双石屋村幼儿园并入，改称郑家庄幼儿园。2001年，撤并至丝窝幼儿园。

原平地幼儿园 1996年，平地村开设幼儿园，有幼儿7人，孙丰英任教。2001年，撤并到丝窝幼儿园。

小学教育

概　况

域内小学教育起步较早。1920年前，三岔先有1处小学堂。之后璞邱、丝窝、南流水、芝芳、菜园、九会、芦芽等村相继建起小学堂。1922年后，一律改称学校。20世纪二三十年代，域内较大村均办起小学，有的联片建校。抗日战争时期，学校陆续停办。

新中国成立后，多数村陆续建起初级小学。芝芳、芦芽、九会、璞邱、三岔等村建起完全小学。

2000—2001年，九会小学、大坡小学先后撤并至土门中心小学。2005年，三岔中心小学、丝窝小学撤并到三岔中学，璞邱小学、流水小学、丝窝小学、鲍庄小学部分年级合并到三岔中学，成立三岔中学小学部。2007年，芦芽小学、菜园小学、芝芳小学、水么头小学五年级撤并到土门中心小学。2009年，水么头小学撤并到土门镇中心小学。2010年，流水小学撤并到璞邱小学。2021年9月，菜园希望小学撤并到沂源县第四实验小学（原芝芳小学），芦芽小学撤并至南鲁山镇中心小学。2023年10月，璞邱小学撤并到三岔中心学校。域内小学只保留南鲁山镇中心小学、沂源县第四实验小学和三岔中心学校小学部3处。

学校简介

沂源县南鲁山镇中心小学　位于南鲁山镇土门村张家寨山脚下，占地面积1.25万平方米，建筑面积5166平方米，运动场面积6411平方米，绿化面积2960平方米。学校服务周围16个村。2023年12月，有5个教学班，专任教师25人，在校学生145人。

学校始建于1930年，校址位于土门村龙王庙。1950年，上土门村设立村办初级小学，1—4年级，4个教学班。1966年，国营山东机械修配厂与地方合办学校，校址建在土门北山，命名为土门学校。1971年，土门学校小学设5个年级，5个班，学生310人。至1999年，下土门河北村、下土门河南村、左家峪村、黄崖村、池埠村、刘家洞村、朱阿村、龙泉村等村办小学先后撤并至该校。2000年，学校占地面积9136平方米，拥有10个教学班，教职工24人。2001年后，土门镇九会小学、水么头小学先后撤并至该校。2010年，更名为沂源县南鲁山镇中心小学。2021年8月，芦芽小学并入。

沂源县土门镇中心小学（1997年）

学校以“塑名师团队、创乡村名校”为目标，立足学校实际，确立“山水育人、文化立校”办学理念，以“品质如山、行智如水”为校训，始终坚持培养具有山水品格的优秀学子、塑造具有山水品格的“四有”（有理想信念、有道德情操、有扎实学识、有仁爱之心）好老师。实施特色办学，注重学生全面发展，开发“民间剪纸”“葫芦烙画”“特色劳动”等校本课程。

沂源县南鲁山镇中心小学师生剪纸喜迎国庆（2012年）

学校被评为山东省绿色学校、淄博市艺术教育特色学校、市规范化学校、市远程教育工程先进单位、市中小学德育工作先进单位、市数字化学校、市依法治校示范学校。

滕尊、朱维贵、刘学生、马玉德、陈吉贤、唐兆增、赵福成、刘希亮、吴本庆、李士平、张涛等先后担任校长。

沂源县第四实验小学 位于南鲁山镇芝芳村，服务芝芳、茨峪、孟坡、菜园、唐家六、大坡6个村。学校占地面积4790平方米，建筑面积1837.4平方米，包括教学楼、平房、餐厅楼。学校教学设施先进，功能教室齐全，运动场地标准规范。2023年，学校有5个教学班，教师14人，学生50人。

沂源县南鲁山镇芝芳小学教学楼（2014年）

1948年，芝芳学校正式建立。1960年，学校规模扩大，下土门、九会、龙泉、茨峪、大坡、孟坡、菜园、唐家六、栗行、东鱼台、西鱼台、彩板峪等大队学生到校就读，在校生300余人。卢运德、杨成坤、杨正坤、刘任玉等先后任校长。1965年，落实省、地“要办好重点小学”指示精神，芝芳完小被确定为全县重点小学。1976年，开设初中部。小学、初中在校生600余人。李英民、崔允沂等先后任负责人。1990年，初中部合并到土门中学，学校改称芝芳小学。2008年，学校布局调整，5年级合并到土门镇中心小学。唐守言、唐慎林、崔学锋、陈维忠、唐敬俸、唐慎河、郑术滨、赵圣富等担任校长。2021年，更名为沂源县第四实验小学，隶属沂源县教育和体育局。

学校确立“和合育人、幸福成长”办学理念，以全面实施素质教育为核心，强化“质量立身、质量立校”意识。以“和合”文化主题、开启“和

沂源县第四实验小学（2021年）

合”德育品牌，构建“和合”课堂，探索“和合”管理模式。以教育科研为切入点，加强教学研究，着重培养学生合作能力和自学能力。在开足、开全三级课程外，开设心理、书法、剪纸等校本课程，成立中国画、泥塑、器乐、声乐等多个社团。

杏坛陈迹

原璞邱小学 1941年，璞邱村设小学。1968年，学校由瓦屋宅子迁至村东大院，建筑面积计450平方米。1989年，璞邱联中撤并至三岔中学，保留小学。1993年，企业家王文慧出资在村南建新校，5个行政村分别出地3335平方米，1995年8月建成，总建筑面积超过1500平方米；9月，校名定为沂源县三岔乡璞邱小学。2010年，流水小学（1998年，车场小学并入流水小学）并入，更名为沂源县南鲁山镇璞邱小学。2021年，该校与县域内3所小学成立“沂源县小规模学校发展联盟”，创设“璞文化”。2022年12月，学校有教职工16人，学生112人。2023年10月，撤并至三岔中心学校。

沂源县南鲁山镇璞邱小学（2010年）

赵丙成、马玉祥、窦坦山、陈传瑞、窦现永、王义华、房现军、陈新宝、申学刚、谢方平等先后担任校长。

原芦芽小学　始建于1948年。1952年，学校成为完全小学，时称芦芽完小。1959年，芦芽完小搬迁至河东原铁厂旧址。1983年，搬迁至北河以西。1995年，启用名沂源县土门镇芦芽小学。2011年，更名为沂源县南鲁山镇芦芽小学。2021年8月，芦芽小学撤并至中心小学。卢润德、朱文贵、李怀恩、邢新兰、郭公明、东明礼、崔广柱、唐孝忠、孟祥林、孟凡智、郭公来、刘珍远、唐孝奇、张涛、张东刚等先后任校长。

原菜园希望小学　前身是菜园小学，始建于1937年9月，原名“菜园学堂”。学校先后经历3次搬迁，最后迁到村西并改名为菜园小学。1995年，村“两委”在小山子脚下新建学校。之后，与中国太平洋人寿保险股份有限公司沂源支公司联合助学，菜园小学启名菜园希望小学。2010年，更名为南鲁山镇菜园希望小学。2021年，学校撤销。学生并入第四实验小学，教师并入璞邱小学。周东升、魏建安、齐登山、陈廷贵、戴明珠、唐敬祥、郑术滨、谢方平等先后任校长。

原上土门小学　1950年，上土门村建立村小学。1966年，国营山东第一机械修配厂与地方合办学校，在村北山建新校，时称土门学校。1969年，开设初中部。小学部有5个班、162人；初中部有2个班、84人。张学忠任校长，刘忠吉、齐恒堂、王秀菊等任教。1971年，中小学一体化办学，小学设5个年级，5个教学班，学生310人，时称“土门完小”。1986年，更名为土门镇中心小学（南鲁山镇中心小学前身）。杜春虎、唐本忠、袁小华、张敬友、戴明法、赵福成等先后任教。

原下土门小学　1956年，在村南建小学，学生30余人，王德明任教。1965年8月，学校分为下土门河北、下土门河南2处。下土门河北小学，设1—4年级，实行复式教学，学生30余人；1976—1978年，下土门河北小学在村东建8间校舍，1—4年级，实行复式教学，学生56人，刘俊业、唐乃贤、杜春虎等先后任教。下土门河南大队在村中成立下土门河南小学，设1—4年级，学生40余人，左效瑞、代明宝先后任教。1980年8月，2所学校撤并到土门完小。

原朱阿小学　始建于1952年。1955年，与黄崖村在池埠合建学校。1957年，重回朱阿村办学。1974年，大队新建学校，学生40余人。陈吉贤、黄素英先后担任校长，耿廷广、唐安田、马玉德等任教。1999年2月，撤并至土门中心小学。

原黄崖小学　1953年，开办初级小学，学生16人，孙启增、陈振合等任教。1955年，与朱阿村在池埠合建学校，1957年分开。1967年，在上村新建学校，时称黄崖小学，学生78人，苗永良、陈纪贤、陈纪平等先后任教。1982年，在村南建小学，学生40余人，薛秀梅、张敬永、陈维忠、苏学成、张敬友等先后任教。1984年，撤并到土门完小。

原池埠小学　1955年，朱阿、黄崖、池埠3个村联合在池埠村建小学，校址在关帝庙东，有学生133人，王在石等任教。1957年，朱阿、黄崖2个村学生回各自村就读。崔志夏、崔志礼、叶本美、徐统祥、崔志水等先后任教。1996年，撤并到土门中心小学。

原刘家洞小学　始建于1958年，刘俊业任教师。1963年，成立“半工半读”小学。1976年，新建学校。1994年，在村东重建新学校。唐高田、郭宝增、唐新田、唐安田等先后任教。1995年8月，撤并到土门中心小学。

原左家峪小学　始建于1950年，校址设在村东村委旧址，学生27人，徐登俭任教。1970年，在校生56人。1985年，村小学迁到新址。董奎来、杜成功、徐建民、李华兰、金洪兰、刘维胜等先后任教。1993年8月，撤并到土门中心小学。

原东松仙岭完小　始建于1950年，学生32人，邢欣兰任教。1983年，学校迁至桑园地，定名东松仙岭完小。1995年，东、西松仙岭2个村自筹资金建成2层教学楼，办学规模扩大，学生达120人。王在石、唐乃业、唐乃朋、邢欣兰、崔广柱等先后任教。2012年，撤并至南鲁山镇芦芽小学。

原西松仙岭小学 始建于1959年，设1—3年级，毕研会、王保儒任教。1972年，新建校舍5间，完成校舍“六配套”。郭公明、崔保安、崔学兴等先后任教。1995年，撤并至东松仙岭完小。

原董家庄小学 1952年，在村北西台始建村小学。丁念选、郭公明、白正修、东明礼、邢欣兰等先后任教。1976年，在小学设“戴帽”初中班，刘珍远、张彦胜、刘华远等任教。1978年，初中合并到芦芽联中，保留小学。1994年，重建董家庄小学。1998年，撤并到芦芽完小。

原陈家山完小 建于1953年。1971年，搬迁至南山，有学生90人，启用名陈家山完小。陈来琮、宋恒信、李良田、王得英、杨克礼等先后任教。1995年，撤并至芦芽完小。

原水么头小学 1994年，水么头河北与水么头河南2个村共建西圈新校，2个村小学合并成水么头小学。2009年8月，撤并至土门镇中心小学。

原水么头河北小学 1972年，小学成立，学生60余人，邢素贞、崔之勋、崔广柱等先后任教。1977年，在小学开办“戴帽”初中班，招收学生27人，崔保安、崔在宏等任教。1980年，只保留小学1—5年级，初中撤并到土门中学。1994年，合并到水么头小学。

原水么头河南小学 始建于1953年。1968年，成为完全小学。邢素贞、崔之勋、崔广柱、崔保田等先后任教。1976年，小学开设“戴帽”初中班，学生30余人。1979年，初中班撤并到土门中学，保留小学。1994年，合并到水么头小学。郭公平、郭公来、刘珍远、孟凡智、崔保安等先后担任校长。

原九会小学 1950年，借用民房始建小学。1958—1967年，杨富新任校长。1968年，学校设1—6年级，刘俊业任校长。1973年，学校搬迁到九会饭店西，学生165人。2000年，撤并到土门中心小学。

原龙泉完小 始建于1958年。孙吉同、路厚坤、刘玉成、张立泽、秦元德、杨克礼、杜春柳等先后任教。1968年，学校成为完全小学，崔学广、崔学德、崔京玉、崔学信、王永富等先后任教。1975年，在村西岭上新建学校。1976年，增建初中部，崔宝成、崔平和、崔业生、崔学珠、戴明珠、崔学昌等任教。1980年，初中部撤并到九会联中，学校只保留完小。1995年，小学撤并到九会小学。

原茨峪小学 建于1954年，设1—4年级。1975年，新建学校。侯厚明、王子忠、任道义、侯发祥、齐望安、侯忠祥等先后任教。1977年，增设初中班，教师有唐兆贵、唐兆车等。1981年，撤销初中部，保留小学。侯利祥、唐敬超、唐敬鹏、唐守言、崔兰花、崔学信等先后任教。2004年，撤并至芝芳学校。

原大坡完小 始建于1954年，教师有周作亮、王成宝等。1969年，在村西南角新建小学，设1—5年级，在校生125人。后来，村小成为完全小学，时称大坡完小，服务菜园、孟坡、唐家六等大队的学生。齐元法、毕泗生、毕京远、李彦禄、毕研生等先后任教。2002年，撤并到菜园小学。

原孟坡小学 始建于1950年，教师有崔京仕、王英文、周文玺、李文庚、李飞胜、唐兆根等。1960—1970年，有学生54人，马锡荣、唐敬善、邹斯敬、贾文礼等先后任教。1967年，小学成为高小。1977年，设初中部，招收1个班55名学生。崔京仕、唐慎林、唐敬祥、魏建安等先后任校长，朱庆卓、于存良、毕会先、唐敬俊、张成友、唐敬会等先后任教。1979年，初中部并入大坡联中，只保留小学。1991年，新建教学楼。2004年，小学撤并到菜园小学。

原唐家六小学 始建于1950年，在校学生28人，毕研会、刘忠吉、白正修等任教。1969年，学校搬到唐家六大队西山，在校学生43人，朱西林、毕研发、毕会先、张成友、耿佩录、毕德安等先后任教。1997年，学校并入大坡完小。

原流水小学 1994年暑假后，北流水村小学、东流水村小学并入南流水完小，成立三岔乡流水完小，校址位于南流水村西，面积为8004平方米，服务南流水村、东流水村、北流水村、车场村4个村学生。1995年7月15日，南流水完小搬迁至新址新校，5个年级，8个教学班，在校学生296人，学校更名为三岔乡流水小学。1998年，车场村完小并入该校。陈作真、赵丙成、张学平、黄衍忠、陈传瑞、张道成、陈新宝、吕新兰等先后任校长。2010年，撤并到南鲁山镇璞邱小学。

原北流水小学 始建于1959年，校址在村中老碾棚旁，3个教学班，张立叶、褚成本等任教。1974年，4个教学班，白浩田、翟培胜、翟作信、陈玉田等先后任教。1994年，合并到南流水小学。

原南流水完小 1950年，在村龙王庙设立小学，有学生69人。亓汝成任校长，教师有房师名、张奎元等。1968年，在小学开设联中，学生80余人，房师成任校长，魏春兰等任联中教师。1985年，更名为南流水完小，陈作真、臧明礼等先后担任校长。1994年，台胞、村队共同出资，在村西建设新校，1995年7月竣工，南流水完小迁址并入新校，定名为沂源县三岔乡流水小学。

原东流水小学 始建于1961年，学生15人，王学福任教。1962年，学校迁至原村委办公室，朱光全任教。1968年，扩大为3个班，庞曰义、孟光秀、董云录、陈传花、付光荣等先后任教。1994年，撤并到南流水小学。

原淄博市共青希望小学 坐落在丝窝村凤凰山西南侧，前身是三岔乡丝窝完小。该完小始建于1975年，学校设7个班级，包括2个初中班、5个小学班。1982年，初中班撤到三岔中学。1994年秋季，共青团淄博市委捐款20万元，丝窝村牵头，郑家庄村、双石屋村、平地村共同集资，新建学校。1995年竣工，校名改为淄博市共青希望小学。1995年夏季，学校由老校迁入新址，在校生300名，教师16人。谭佃文、张希忠、窦学福、房师贞、窦现永、黄衍忠、陈新宝、房现军等先后担任校长。2010年9月，学校撤并到沂源县三岔中心学校。

原三岔乡中心小学 1955年，三岔店村办起第一所完全小学。1980年，由三岔店村内搬迁至村南，定校名为沂源县三岔乡中心小学。1983年，茅台村小学并入。1994年，南水沟小学合并到丝窝小学，后合并到该校。1997—2001年，胜家庄小学、上文坦小学先后并入该校。2005年9月，该校合并到三岔中学小学部。房子明、王德福、窦学德、刘耀汉、李庆海、房新池、马光铸、柳如成、许光增、曾现安、窦坦山、申贤河等先后任校长。

原车场完小 始建于1956年。1974年，迁址至村委西邻四合院，启用名车场村小学。1976年，增设高小，招收过2级学生。柳如见、董延俊、陈作真、陈传智先后任校长。1985年，在村委原址翻建车场村小学。历任校长有陈玉亮、房德春、臧明礼、陈传鹤。1993年，挂牌“三岔乡车场完小”。1998年，撤并到三岔乡流水小学。

原上文坦小学 1951年，上文坦村租用民宅始建小学。1994年，与中文坦村、东溜村合建学校，学生63人。江东波、燕希同、刘汝增、窦坦新等先后任校长。2001年，学校撤并到三岔乡中心小学。

原下文坦小学 1950年，下文坦村在村关帝庙始建小学，在校学生50人，王启山、柳汝剑、陈延志、石志胜等先后任教。1988年，学校撤并入三岔乡中心小学。

原中文坦小学 1965年，在大队大院建小学，董志祥、王英坤等任教。1970年，学校扩建。1995年，学校撤并至上文坦小学。

原茅台小学 1964年，茅台大队建校舍4间，开办村小，学生20人，赵兰恒、李守义任教。1974年，扩建校舍。陈延智、陈丙余、张学福、张丰成、陈丙太等先后任教。1983年，村小撤并到三岔乡中心小学。

原文泉小学 1950年春，文泉村租用民房始建小学。朱文坦任教。1955年，在村南建学校，学生40人，张德全任校长，杜司法等任教。1974年，在村北新建教室10间，在校学生60人，郭元吉任校长，付光荣、张成香等先后任教。1980年，五年级撤并至下文坦小学。1990年，学校撤并到上文坦小学。

原胜家庄小学 1957年9月，胜家庄村始建村小。1959年，有学生40人，复式教学，贺兴太、窦学义、张忠爱、王丰砚、孙法利、戚兴德等先后任教。1972年，在村南新建校舍。张宏志、白金升、王启山等先后任教。1997年，撤并到三岔乡中心小学。

原鄢家峪小学 1953年，始建小学，张云梯任教。1974年，新建校舍，学生40人，张宏志、申宗如、刘玉等先后任教。1982年，新建教室5间，学生45人，于存良、马玉明、申良顺、白道华、聂增新等先后任教。1997年，学校撤并到三岔乡中心小学。

原南水沟完小 1950年，租用民房开办小学，学生15人，复式教学。付廷礼、张同福、陶存孝等先后任教。1976年，新建学校，增办初中班，学制两年。王成印、于存良、李忠福、李庆录、刘长爱、黄衍忠等先后任教。1978年，初中班撤并到三岔中学。村小启用名南水沟完小。1994年，撤并到丝窝小学。

原双石屋小学 1948年建立，学生32人，卜凡毅任教。1951年，重建村小，复式教学，吕振华、王启玉、陈作一、白金升、周京春、张存山等先后任教。1985年，学校撤并到郑家庄村小学。

原郑家庄小学 1954年建立，学生46人。李同会、翟所平、付光荣、孙兆研、谢宜富、王长全等先后任教。1982年，在村东建新校，复式教学，学生30多人。张存虎、郑桂青等任教。2001年，学校撤并到丝窝村小学。

原平地小学 1952年，在村南建立小学，肖俊生、窦现远、苏登科、朱光兴、窦学祥等先后任教。1958年，学校扩建。陈丙华、贺桂喜、孙兆言、谢宜富、孙丰英等先后任教。1985年，小学撤并到郑家庄小学。

原三岔乡大崮小学 1960年设学校，李习千、王三礼任教。1969年，新建学校，任清珠、庞曰礼任教，学生达20人。后有薛云东、于存良、白万才、陈义全等任教。1997年，大崮村整村搬迁，小学撤销。

中学教育

概　况

1960年，三岔公社成立沂源七中，是域内第一所普通中学。1968年，土门公社建沂源十中。随即，域内成立土门、三岔、九会、芝芳、大坡、璞邱、茅台等联中。1980年，公社办初中、镇办高中撤并。1981年，三岔、土门中学均完成中学由二年制向三年制过渡。镇域内只保留初中2所、联办中学5所。1984年，联中基本撤销到2所中学。1986年，普及初等教育。1989年，土门中学、三岔中学均建成标准化中心中学。1994—1999年，镇域内2所中学完成三年制到四年制过渡改革。1995年，九年义务教育通过达标验收。2015—2018年，土门中学、三岔中心学校实施教育均衡县、优质均衡县创建，学校办学条件明显改善。

学校简介

沂源县三岔中心学校 是一所九年一贯制学校，服务整个三岔片23个村庄。学校占地面积2.23万平方米。2023年12月，学校有15个教学班，在校生527人，教职工75人。

沂源县三岔中心学校全貌（2022年）

学校前身是沂源县第七中学，简称沂源七中。1958年春，三岔店青龙山开办初中班，系三岔小学“戴帽”初中班。1960年，更名沂源七中，并迁址三岔大队南门外河滩上，招收高中学生。1965年，迁址三岔西南花园之地。1980年，沂源七中招收初中班，学校更名为沂源县三岔中学，学制三年。

2005年9月，三岔中心小学、丝窝完小合并到三岔中学，璞邱小学、流水小学、鲍庄小学4—5年级学生并入，成立三岔中学小学部。2006年，三岔乡域内学校布局调整，成立九年一贯制学校，启用名沂源县三岔中心学校。

学校师生秉承“审是迁善、自强不息”校训，落实“执事敬、泛爱众”校风，发扬“诲人不倦、精益求精”教风，扎实钻研业务，涌现出大批市、县优秀教师、优秀班主任。学校除重视抓文化课质量，还十分重视体育教学，在2018年第三届淄博市4人制中小学气排球比赛中，学校代表全县参赛，获得第三届淄博市4人制中小学气排球比赛中学女子组全市第一名、男子组全市第二名。

学校被评为山东省第三批乡村温馨校园建设典型案例学校、省绿色学校。

刘耀汉、杨树勋、马泮芬、陈传山、王德福、陈现英、房新堂、赵文武、魏汉文、陈作进、窦现永、张顺海、吴茂胜、申良虎、申学刚等先后担任校长。

沂源县土门中学 地处山东省第四高峰——鲁山脚下，校区占地面积2.3万平方米，教学区、生活区、运动区三区分明。教学、办公楼、普通用房、实验楼、宿舍楼功能齐全，建筑面积1.34万平方米，标准化塑胶运动场面积6895平方米。2023年12月，有8个教学班，专任教师46人，在校学生151人。

沂源县土门中学校园（2015年）

1967年，县文教科拨专款，在土门公社九会大队龙门山脚下，河西苑家林，征地10余亩，建立初中学校，1968年竣工，命名为沂源县第十中学。1970年，招收1个高中班，学生54人。1974年9月，招收2个班，学生104人。其间，共招收4届高中。1976—1977年，学校搬迁到公社驻地土门大队北山。1977年10月，沂源第十中学更名为沂源县土门中学。1979年，原芦芽、大坡等学校高中部撤并至土门中学。1980年，按上级规划停止招收高中新生。1981年，土门、芦芽、大坡联中撤并到该校。1989年，九会联中并入。1989年，扩建2座二层教学楼，学校发展到12个教学班，教职工达45人。1997年8月，学校二次迁址，由土门北山迁至原山东机械一厂子弟学校校址。2002年，实验楼建成并投入使用。2007—2010年，实施农村中学教学仪器更新工程，建成标准理化生实验室3个。2015年，新建餐厅投入使用。同年，开展均衡县创建活动，顺利通过省级验收。2017年，宿舍楼、塑胶操场投入使用。

学校始终坚守“以质立校、健康成长”办学思想，“以心融心、用心逐梦”办学理念，构建以“根植鲁山、扬帆沂河”为主体，以“筑梦（鸿鹄筑梦）、铸魂（经史铸魂）、注学（墨香注学）、助飞（枕藉助飞）”为核心的学校文化。在统筹城乡教育，促进教育均衡开展过程中，结合学校文化传统和历史沿革，提出“构建和美文化，实施和美教育”办学思路，对学校文化进行梳理与甄别，着力打造具有鲜明特色的“和美教育”。

学校被评为全国中学生社会实践活动先进单位、全国初中生化学素质和试验能力竞赛优秀单位、全国青少年校园足球特色校、淄博市规范化学校、市级花园式学校。

孙吉忠、田承龙、刘学生、崔在富、王和祥、周文莲、郭宝贵、郭宝春、陈丙武、刘志宏、田玉法、孔祥恩（执行校长王明慧）、张明忠、申良虎（执行校长齐元平）等先后担任校长。

杏坛陈迹

原一厂职工子弟学校 始建于1965年，1968

年建成，属于国营山东第一机械厂与黄崖、土门等3个单位联办学校，规模1—6年级6个班，在校学生93人，校址设在上土门大队北山。顾秀梅等任教。1968—1972年，学校历经分—合—分历程。1972年开始，一厂、二厂开设小学至高中九年一贯制（小学5年，初中2年，高中2年）规范职工子弟学校，1981年，停办高中班。学校保留小学和初中。截至1985年，职工子弟学校先后有张瑞锡、刘贤坤、赵业海、孙培训、邹大宝、李财家、张庆勇、陈纪明、冯艳萍、娄树菊、刘晓云、张德庆、朱成年、鞠振培、柳荣升、赵斌、贾俊富、高成叶等32人任教。2002年，工厂搬迁至张店，职工子弟学校不再保留，学校教师、学生进行了分流。

原土门联中　1966年，土门一厂与地方合办学校，在土门大队北山下建约5000平方米教学区，设48间教室、3间办公室，学校设6个班，学生305人，教师队伍由地方教师和厂方教师组成，朱为贵任校长，刘玉成、李怀恩等任教。1968年，因山东一厂职工子弟学校建成，学生迁走与地方学校分离。土门学校设小学部5个班、学生162人，初中部2个班、学生84人。张学忠任校长，刘忠吉、齐恒堂等任教。1971年，土门学校实行小学、初中一体化教学体系，小学设5个年级、5个班，初中设3个年级、6个班，时称土门联中。马玉德、王秀菊等先后任校长，戴明法、陈吉贤等任联中教师。1976年，沂源十中（土门中学）由九会大队迁址公社驻地土门北山，与土门联中合并。1977年，正式改名为沂源县土门中学。

原九会联中　1976年，九会大队在村西建新校舍21间，设1—6年级，学生160余人，刘俊业任校长，刘教富、段伦保等任教。1983年，学校扩建，成立九会联中，设小学部、初中部1—7年级，学生210余人，崔在更、周东升、唐敬财、董方亮等先后任校长。1989年，初中部撤并至土门中学，保留小学，九会联中撤销。

原芝芳联中　1976年，芝芳小学设“戴帽”初中班，在村东南桥头建校，时称芝芳联中。设小学部、初中部共14个班，在校学生600余人，李英民、崔允沂、戴明法等先后担任校长，徐希楷、唐敬连等先后任教。1990年，初中部撤并到土门中学，保留小学部，芝芳联中撤销。

原芦芽联中　1964年12月，在村东建芦芽农中，1个班，学生24人，张祥斋任校长。1968年，改为芦芽联中，崔在更、崔在富等先后任校长，李英民、韩松玲等先后任教。1976年，曾招收一届高中班，任课教师由初中教师兼任。1979年，高中撤并至土门中学。1981年，初中部撤并到土门中学，保留完小，芦芽联中撤销。

原大坡联中　1974年成立，时称大坡联中，有3个年级，学生64人，王涛、孙荣华等先后任教。1976年，成立高中班，招收学生36人，徐涛、崔广柱、齐登山、崔在更任教。1979年，高中部撤并到土门中学。1981年，初中部撤并到土门中学，大坡联中撤销。

原水么头河南联中　1976年成立，属于小学“戴帽”初中班，时称联中。1979年，初中合并到土门中学，保留小学。

原水么头河北联中　1977年成立，属于小学“戴帽”初中班，时称联中。1980年，初中部撤并到土门中学，保留小学。

原璞邱联中　1968年，璞邱联中成立。1976年，招收一届二年制高中班。1989年，撤并至三岔中学。

原茅台联中　1975年，茅台联中成立。1980年，并入沂源七中（三岔中学）。

原三岔联中　1973年，三岔联中成立。1980年，撤并至沂源七中（三岔中学）。

原下文坦联中　成立于1963年。张洪志、李庆海、马光铸等先后任校长，李增泰、庞曰忠、刘淑兰、申宗太、许宝华等先后任教。1981年，撤并至茅台联中。

成人教育

概　况

1944年，三岔店村、芝芳村、芦芽村等办起农民学校，形式有速成班、夜校班、半工半读班。1945年开始，各村陆续开办识字班。三岔店、南水沟、丝窝、流水、璞邱、大坡、菜园、芝芳、芦芽、九会、土门等村成立秧歌队、戏剧团，培养许多艺术人才。1954年起，使用山东省教育厅统一编写教材《农民文化课本》，农民白天种地，晚上进识字班、夜校学习文化。

1975年，以各大队小学校舍为主普遍办起夜校。青壮年、老年经过夜校学习后，有的能读书、会看报，有的能写收、借条，有的会写信，还有的当上了记工员。下土门大队唐守英通过夜校学习，珠算学得好，被录用为土门供销社门头会计。1976年，扫除青壮年文盲，村村开设夜校和中午班，聘请全日制老师、村中文化人、初高中学生，采取白天深入到田间地头、晚上入户包教等多种形式组织学习。1986年，镇域内全部扫除青壮年文盲。

1986年后，镇域内成人教育以培养农村实用人才为主，提倡联办农民文化技术培训学校。1988年底，建立三岔乡农民文化技术学校和土门镇农民文化技术学校。1990年，成教校长杜春虎因扫盲工作突出，被评为淄博市扫盲工作先进工作者。

1990—1994年，成人教育转为农业专业技术培训，推广食用菌栽培、果树管理、葡萄种植新技术等。1996年，土门镇和三岔乡分别成立成人教育学校（简称成教中心）。2000年，2所成教中心学校全部建成市级成人教育示范校。2004年，土门镇成教中心建立成人教育试验示范基地，创成省级规范化成教中心学校；三岔乡成教中心建成市级初步现代化成人学校。2012年，土门镇成教中心与三岔乡成教中心合并为南鲁山镇成人教育中心学校。该校苹果量化管理技术在市、县推广。2019年，南鲁山镇成人教育中心学校撤销。

杏坛陈迹

原土门镇成人教育中心学校 1992年，土门镇成人教育学校成立。校址在土门村北山。1996年，建立成人村校23所，建立农村远程教育终端，对村民进行普法和乡村实用技术培训，同时开办成人学历教育和职业教育。2012年以来，学校开发试验田，推广农业先进技术，农资、良种推广等。杜春虎、王学东、戴明珠等先后任校长。

原三岔乡成人教育学校 1996年，三岔乡成人教育中心学校成立，校址设在三岔完小旧址。2000年，迁址到三岔村河南（原三岔罐头厂大院）。同年，三岔中学部分学生分流，改招一届初中学生，4个班，200余人。2003年7月，学生并入三岔中学。2000年，建成农村远程教育终端，开展村民普法、草编、刺绣、养殖、中药管理、果树管理等农业实用技术培训。2012年，三岔成教中心学校撤并到土门镇成人教育中心学校。张学福、陈作江、陈作进、许光增、陈恒忠、柳如成等先后任校长。

原南鲁山镇成人教育中心学校 2012年，土门镇成人教育中心学校与三岔乡成人教育中心学校合并成南鲁山镇成人教育中心学校。2019年9月，成人教育中心学校撤销。戴明珠担任校长。

校园琐忆

三岔联中办学散记

三岔联中是沂源县村办教育的一个缩影，给人们留下了特殊的记忆。

（一）

20世纪50年代初，三岔乡孩子想上初中，需要到100多里之外的沂源一中，后来到五六十里外设在南麻的沂源二中上学。由于当时生活和交通极不方便，上学和放学回家都是步行，能够出去上初中和高中的孩子不多。20世纪50年代末，实施完小“戴帽”，三岔公社需要在政府驻地建一所初中，为了不占农民口粮田，又有建房石料之便利，公社决定在青龙山旧庙址上建中学。

1958年春，三岔公社清理了原青龙山庙无梁殿旧基，依据地势建起一排8间的北屋作教室，还借旧围子墙盖了两间西屋当作老师办公室兼宿舍，北屋和西屋组成了一个横写的数字“7”。完小分成两部分，1—3年级在山下村庄里，4年级在山上学校靠西头的教室，5年级在中间教室，最东边一口教室便是中学，是三年制初中。三岔有了自己的

“最高学府”，孩子们终于不用肩扛干粮、跋山涉水到外地上中学了。1960年夏，县里发文正式命名为沂源县第七中学，简称沂源七中。

按省里的要求，学校实行“四集体”制度，即集体吃饭、集体住宿、集体劳动、集体学习，还有“农闲学习、农忙劳动”的制度。当时的七中“七无”：无院墙、无大门、无校牌、无旗杆、无操场、无学生宿舍、无水喝。第一级学生入学时，学校新建的教室前除了一尺宽的滴水面是平的，整个院子乱石林立、杂草丛生，凸起的卧牛石、上千斤重的残碑，满地锋利的碎石渣。于是师生半天上课，半天劳动。学生从家中带镢掀，按个子高矮分成3个生产劳动小队，自己动手建设校园。半年多的时间，铁锨镢头换了好几次，才把教室前面的场地基本整平，也算有了体育活动的地方。在卧牛石和断碑旁栽下槐树，在槐树下嬉戏，断碑上休息，成了学生们课间唯一的去处。

1960年，沂源七中迁至三岔店大队南门外河滩上，规模是2个初中班，山上的教室成了临时宿舍。七中从青龙山上全部撤走后，又赶上“把学校办在贫下中农家门口，村村办小学、管区办联中”的大形势，三岔管区就用原沂源七中青龙山上的房子，开办了三岔联中。

三岔联中计划六年级、七年级各1个班，需要在原有那排教室前面再新建教室。学生上学时从山下河里捎着沙子到学校，每天的活动课、劳动课就是到大山上往学校扛石头，最终盖了2口6间新教室，把西边3间当教师办公室，其中用秫秸（高粱秆）隔开1间当作教师宿舍，整修原西屋用作伙房。山上一共4个班，三岔完小的4—5年级各1个班，招收的是三岔店大队及公社驻地机关各单位的孩子；初中六、七年级各1个班，招收的是三岔管区各大队及茅台管区河东边的前坡、董家峪、田峪、陈家庄等大队的学生。学生走读，三岔店大队的学生中午回家吃午饭，其余学生均自带午饭。这种办学规模和模式直至三岔联中最后撤并。

（二）

从村里去山上学校上学，有南北两条山路。一条是村北边上山的路，借原有石岩的山势，高低曲折，错阶而上，仅容一人通行，需要有跨越腾挪的功夫才能上下山，住在村北边和三岔管区北部南水沟等村子的学生多从此路上山上学。另一条去山上上学的南路，是人工整理出的“之”字形土路，宽1米多点，坡度多在60°左右，学生多从此路上下山。凡是在青龙山上上过学的，大概一辈子都忘不了爬山上学的滋味，晴天两腿土，雨雪天一身泥。下雨天，山路泥泞，黄泥粘在鞋子上又重又滑；下雪天，路陡，积雪步步滑；雪化了，当天泥泞，次日早上雪水结冰上山更滑。雨雪天上山，那才真的叫做“爬山”，中小学生一起爬，走在前头的同学一个不小心摔倒了，就像倒了多米诺骨牌，一下就砸倒一大溜，有叫的、有笑的，当然也有哭的。遇到这样的恶劣天气，老师时常会在紧要处指挥帮助学生。那时上学虽然没有几本书可念，但学生每人都有一个书包。大多数学生上学背的书包，是母亲用剩下的布料或旧衣服改制的没有盖的简易兜，颜色主要是青、蓝、灰色，样式也五花八门的，并且是哥哥姐姐们用过了弟弟妹妹接着用。能背上军绿色的帆布包（俗称军用“黄书包”）是一件令人羡慕的事儿，书包上写着“为人民服务”的更是难得的上品。那时的书包，主要不是装书的，是用来装饭的。

（三）

在青龙山上办学，无论是七中还是三岔联中，最难的事就是吃水问题。沂源七中曾在学校东边的山坳里找到了一个不大的山泉子，半天可刮一桶水，天一旱就没水了，供应不了学校生活用水。经过数次开辟水源，都未能成功。联办学校的几个村经济都不好，凑不出经费解决学校吃水问题，只能沿用老办法，靠肩挑人抬。

刚建校时山上没有伙房，老师上山要挑一担水，那时还没有保温桶，学生更没有听说过保温杯，课间和午饭前学生轮流值日从山下完小往山上抬热水，为了安全，一次只准抬小半桶。后来山上有了伙房，学生轮流从山下的水井里往上抬凉水，一次抬半桶，如果抬满桶就会洒一身。如果遇到雨雪天，路滑无法抬水上山，这时水就不够喝了。

学校没有操场，办联中的头几年，老师带领学生自己动手建操场。先是在教室东头开山坡、垒堰墙、垫石土，整出来篮球场大小的小操场，老师找来3块木板钉在两根檩条上制作成简易篮球架，竖在小操场北边算是有了半个篮球场。后来又在前排教室前，用两块水泥板支起个简易乒乓球台，两块砖头上横担一根棍子就开始乒乓球比赛。那半个篮球场和教室前的场地能连成一片，学生的体育活动在这里组织，踢毽子、拔河、推排球、打篮球等体育活动有序而又热闹。虽然勉强能组织体育活动，但是影响教室里上课。经常有篮球或排球飞出围子墙，蹦跳着落进山下村民的家里，学生要跑下山去取。若村民家里正好有人在家，说声对不起，就能把球拿回来接着打。如果这家村民上地干活家里没人，球要等第二天才能取回来，这节体育课就扫兴地提前结束了。要是球蹦下山砸了鸡栏子，老师就得去赔礼道歉才能拿回球来。经过几届师生的辛苦劳动，又在后排教室后边，硬是靠肩挑人抬整平旧庙基，开出1个能60米直跑道的操场，可容1个班上体育课。操场虽然小，总算是有了操场，三岔联中从“七无”进步成“六无”。

（四）

三岔联中和其他联中一样，办学很是艰苦。一支粉笔，一块黑板要支撑起教学的全过程。每学期开学，老师领办公用品，两瓶墨水，一瓶红颜色的、一瓶蓝颜色的，墨水是从大瓶里往小瓶里倒，有时发红、蓝颜色片，自己用水研磨，几乎没用过原瓶装的墨水。两只蘸水笔杆、两个笔尖，需要自己组装，把笔尖插进笔杆里，才是一支完整的蘸水笔。

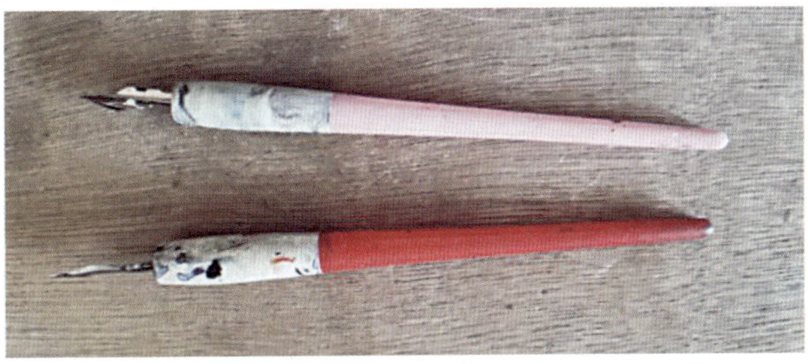

教师办公用的蘸笔

蓝色蘸笔用于备课，红色蘸笔用来批改作业。下学期蘸水笔不能写字了，只能换笔尖，笔杆只要不断就继续用。蘸笔用完了，就笔尖向上插在墨水瓶和包装盒之间的空隙里，墨水瓶也要拧紧盖，防止在空气中蒸发。那时，老师的办公桌上两支蘸水笔是必不可少的，也是唯一的办公标配。

铁笔刻钢板是打着那个时代烙印的教师基本功。1977年恢复大中专招生考试后，对文化课的学习越来越重视，学生的试卷、讲义、班校小报均要刻板油印。三岔联中没有自己的油印机，公社教育组有1台，教育组的办公地点和三岔完小在一个院子里，近水楼台先得月，三岔联中油印东西就到山下完小，用教育组的油印机。学校买1块钢板老师们轮着用。

手推油印机

铁笔刻钢板是个技术活，将一张半透明薄如蝉翼的蜡纸覆盖在如同钢锉一样的钢板上，用铁笔在上面刻字，不亚于雕琢一件工艺品。钢板的一面是布纹，另一面是斜纹；不同的纹对刻字的要求不一样。铁笔刻钢板需要讲究运力来控制住手腕力量的大小。若运笔轻了，蜡层刻不掉，印刷时油墨透不过，字迹就会模糊不清；刻重了，会把蜡纸刻破，油印时漏墨，整张蜡纸也就报废了。铁笔刻钢板大都在晚上，也只有在晚上才是老师备课、批作业、刻钢板的最佳时间。静静的办公室里，“沙沙沙”的写教案声、“哗啦哗啦”的翻作业本声和“咯吱咯吱”的铁笔刻钢板声，独奏或合奏，此起彼伏，老师们常常伏案到深夜。山下村里有了电灯很长一段时间，山上点的还是煤油灯。

（五）

虽然条件艰苦，学生上学的积极性还是挺高的，总觉得能去上学是多么荣耀的事情！那些离校远的学生，上学要走十几里山路，一大早就要离家沿着羊肠小道到学校上学，上学和放学都是三五成群作伴。那时候没有闹钟，早上上学要靠大人看窗户上的月影叫起床，或听鸡叫声起床上学。到了冬天，白天短夜晚长，早晨离家上学的时候天黑乌乌的，有时几个同伴深一脚浅一脚提心吊胆地到了学校，等很长时间天才亮，老师才来开教室门。

三岔联中一直就是开门办学，因为学校从来就没有门，一直就和农村农民打成一片。因为三岔公社没有工厂，所以就以学农为主。春天种实验田，帮助农耕，大一点的学生自带镢头帮着生产队刨地，个小一点的女生就在用牛耕过的田中砸土块。麦收时帮助生产队割麦子、拾麦子。秋收时掰玉米、拔瓜秧、刨地瓜。冬天修剪果树、装石灰窑。联办学校的经费不足，需要学校师生自己动手，开展勤工俭学项目来补充。在学校东北角师生自己动手盖猪圈养猪，饲料也是自己准备，学生轮流去喂食，不小心让猪跑出来，十几个学生满山上围追堵截，费好大劲才能把猪赶回圈去。谷雨前后，老师安排学生到大山上去捉山蝎子，爬山越沟掀石头，累得腿痛胳膊酸。秋天，每周有一个半天是割牛草，每个人自带镰刀和绳子到山上割青草。开展劳动比赛，割的青草要弄到学校过秤，看谁割的斤数多。割来的青草晒干后，卖给生产队喂牛，卖牛草所得的钱，留一点做班费，其余上交学校作办学经费。

劳动不怕累，学习上同学们更是刻苦。恢复高考以后，三岔公社考出去的大学生比例在全县是比较高的。1978年沂源县师范恢复招生，从当年高考成绩较高的考生中录取75人，三岔公社就有11人，是全县录取人数最多的公社。1980年，三岔公社教育组决定，从全公社五处联中选拔基础稍好点的学生，组建一个50人的重点班，重点班的教学任务交给三岔联中承担，老师不足，就都兼课，语文马老师兼任历史并当班主任，数学王老师兼任地理和体育，物理郑老师兼任音乐，化学窦老师兼任生物，英语没有老师能兼课就不开课，李校长兼任政治课。那时教学资料奇缺，为购买参考资料，老师利用星期天骑自行车到100多公里外的沂水、张店书店自费购买参考资料。在县教研室举办的全县初中数学竞赛中，三岔联中获得全县第四名，是全县所有联中学校的第一名。1982年升学考试，分配给13名小中专名额全部考中，其余37名学生全部考入县重点高中——沂源中学，这也成为三岔联中最后的辉煌。

当时县里决定，全县只保留5所高中，其他高中学校停止招收高中班，改招三年制初中班，联中学校依据各乡镇实际，有序停止招生，停止办学。1982年重点班毕业后，三岔联中停办。同时，公社决定在三岔店村南的河南岸新建三岔中心小学，青龙山上三岔联中的后排教室拆掉，把拆下来的木料和石料运到南河边建中心校，三岔联中完成了24年的历史使命。

（王明阳等提供资料）

鲁村镇学区

记忆沂源·教育体育卷

扫码看视频

扫码听书

概　述

鲁村镇教育发展历史悠久，早在战国时期就有官学，明、清两代，私塾教育盛行，沙沟村建有私塾学校——尚学。清代有记载考取功名的达42人，包括举人、拔贡、恩贡、附贡、增生及文、武庠生等。其中，沙沟村唐汝瑾中举人、唐汝玠选中拔贡。因此，沙沟被誉为“蒙邑北乡书香之村”。王村的齐更新、北官庄村齐振锡（举人）、西南峪崔希龄（秀才）等都很有名。

辛亥革命以后，出现一批新式学堂，鲁村、草埠、小张庄、汇泉寺（原徐家庄中心学校前身）相继成立公立初级小学堂。1938年，国民党山东省政府在鲁村设立乡农学校；中共地下党员齐汇东在北官庄创办抗日小学。

1945年，鲁村一带解放，各村纷纷利用庙宇和地主宅院兴办学校，教师主要是清末和民国时期的塾师。1946年2月，鲁村区设文教助理1人，管理全区文化教育工作。1957年，撤区建乡，鲁村乡成立中心校。1958年秋，鲁村公社、徐家庄公社各建立公社中心学校。

1968年，鲁村公社、徐家庄公社相继办起“联中”或在小学增设“戴帽”初中班。1970年，设立教育组。1986年，公社教育组改为公社中心小学，中心小学校长取代原来的教育组组长，实行联中、小学分管；9月，成立3个中心，即中心中学、中心小学、中心幼儿园。1987年，鲁村镇、徐家庄乡建立教育委员会，负责本乡镇教育管理。1994年，教育委员会更名为教育中心。2003年12月，鲁村镇、徐家庄乡设立教育体育管理办公室。2010年，徐家庄乡撤并到鲁村镇，鲁村镇教体办和徐家庄乡教体办继续分署办公。2013年，两处教体办合并。2021年3月，成立鲁村镇学区。

2023年，鲁村镇学区有初级中学1所、中心学校1所、中心小学1所、幼儿园3所，在校学生1609人，教职工428人。

王纪平、李文平、崔峰、赵瑞玲、刘志民、邢子钦、吴宝清、葛长学、刘洪轩、单纪良、吴茂禄、何建鲁、王善信、刘乃祺、刘邦礼、任绪明、宋作祺、井复会、唐文训、周文忠、王立会、唐传水、唐效赣先后担任鲁村镇教育管理机构负责人。

王金贵、璩汉祯、张学校、黄存功、王世林、孙宗义、王学芹、刘希增、崔秀范、王学远、董志安先后担任徐家庄乡教育管理机构负责人。

学前教育

概　况

域内学前教育起步较早。1958年，部分村队办起幼儿园。1960年秋，省妇联在沂源县召开托幼工作现场会，省、地200余名县妇联主任参观张家石沟、邢家庄、凉泉等10多所幼儿园。20世纪60年代末到70年代初，托幼工作断断续续。1973年，托幼工作陆续恢复。

1985年9月，鲁村镇有36所幼儿园。1996年，全镇幼儿园发展迅速，鲁村片有幼儿园35所，徐家庄片有幼儿园20所。2000年，建成8所民办幼儿园，鲁村镇政府驻地建成中心幼儿园；鲁村片有7所规范幼儿园、徐家庄片有10所幼儿园。2010年，全镇有9所幼儿园。

2023年，全镇有鲁村镇中心幼儿园、鲁村镇第二幼儿园（徐家庄中心幼儿园）2所公办幼儿园和草埠幼儿园1所民办幼儿园。

学校简介

沂源县鲁村镇中心幼儿园　位于鲁村镇政府驻地泰薛路南侧100米，始建于1999年，是一所高标准省级示范幼儿园，总占地面积7253平方米，建筑面积3930平方米。2023年，在园幼儿290人，设小、中、大11个教学班，教职工38人。

该园坚持“一切为了孩子、为幸福人生奠基”办园宗旨，确立“自然和谐、全面发展”办园理念，以“孩子开心、家长放心、社会满意”为办园目标，形成团结、求实、敬业、创新的园风，热情、文明、服务、育人的园训，以“爱文化”为园所文化核心，积极构建“以爱育人、用心做事，爱中成长、和谐

沂源县鲁村镇中心幼儿园升旗仪式（2005年）

发展”课程体系。扎实开展快乐跑酷阳光运动，通过钻、爬、跑、跳等多种形式，锻炼幼儿基本素质和动作技能，体验运动快乐，提高幼儿身体素质。

该园被评为山东省省级示范园、淄博市十佳幼儿园、第三批市优秀家长学校、市学前教育先进单位、市平安校园。

刘淼、唐传音、唐文淮、唐明等先后担任园长。

沂源县鲁村镇第二中心幼儿园 前身是徐家庄中心幼儿园，始建于1999年，是一所民办幼儿园，占地面积2668平方米，教学班8个，幼儿165人，教师10人。1999年，被评为沂源县优秀幼儿园。2021年秋，迁至徐家庄社区，更名为鲁村镇第二中心幼儿园，为公办幼儿园，市级三类幼儿园。2023年，4个教学班，幼儿85人，教师6人。

李桂芝、王传慧、张明芬等先后担任园长。

草埠幼儿园 创建于1957年，1960年停办。1968年，重新开办，学制一年，教师有张振英、李秀华、任永翠等。1984年，幼儿教育纳入正轨，袁明山、刘文珍任教，学制三年。2000年7月，成为一所民办幼儿园，由草埠一村李传兴个人独资创办。位于鲁村镇草埠一村（原草埠煤矿矿区内），有楼房24间、平房14间，辐射周边10个村，招收3—6岁孩子。袁明山、刘文珍、徐秀苹等先后担任园长。

杏坛陈迹

原埠西幼儿园 1958年在大队院内成立托儿班，招收幼儿20余人，由张建荣负责管理看护，1960年停办。1980年，在老门市部房内开办学前一年教育，称为“育红班”。1983年，“育红班”搬到埠西小学，招收幼儿40余人，张宝红、张宝菊、赵兰芳等先后任教。2002年，撤并至乐村中心幼儿园。

原邢家庄“育红班” 1959年，在该大队办公室开办托儿班，翟英德、翟硕英等任教，招收幼儿30余人。1970年，成立“育红班”，教师有翟连菊、任会香、黄学香等，招收幼儿20余人。2002年，并入乐村中心幼儿园。

原贾庄幼儿园 1958年，大队在一处民宅成立托儿所，招收幼儿30余人，由刘兰生、刘永珍负责看护，当时人们戏称“小兔班”（孩子都属兔），1960年停办。1981年3月，在一处老宅开办学前一年教育，称之为“育红班”，招收幼儿40余人，张明芬、刘绵芸等任教。1986年，招收幼儿50余人，迁至贾庄小学，刘绵红、田记花等先后任教。2000年，田记花成立民办幼儿园，招收小班和大班2个班级，60余人，张新玲任教。2004年，撤并至贾庄小学院内，成立公办贾庄幼儿园，招收小班和大班2个班级，幼儿40余人。赵玉梅等任教。2010年10月，撤并至徐家庄中心幼儿园。

原凉泉幼儿园 1959年，大队依托小学创办托儿班，毕胜菊、黄学玉、毕敬珍、赵菊、赵入美等负责教学。1997—2004年，幼儿园分小、中、大3个班，刘绵英等任教，赵玉梅担任园长。2004年7月，撤并至贾庄幼儿园。

原乐村幼儿园 1958年，该大队创办托儿班，王登礼、王仕兰任教。1970年，依托小学办幼儿班，张宗爱负责教学。1978年，成立“育红班”，毕京菊、吴增菊、毕京芬等先后任教。2000年，政府提倡社会力量办学，毕京芬成立乐村民办幼儿园，张明芬、赵兰芳等任教，招收小班、中班和大班，幼儿60余人。2010年，撤并至徐家庄中心幼儿园。

原涝崮泉幼儿园 1996年成立，田春爱任教。1998年，撤并至王家峪幼儿园。

原王家峪幼儿园 前身是1958年大队创办的托儿班，后来停办。1995年，开设幼儿园，由村小代管，在园幼儿15—20人，于寿菊、苏霞、崔孝兰、唐爱美等任教。2003年，撤并至庆文育才幼儿园。

原西南峪“育红班” 前身是1958年在大队院内成立的托儿所，招收幼儿20余人，李安秀、齐登香任教。1972年，在大队院内3间北屋成立“育红班”，招收幼儿30余人，崔宝花、崔璀、崔宝艳等先后任教。1998年，撤并至庆文育才幼儿园。

原龙子峪幼儿园 1958年，大队租用个人房子创办托儿班，董继云，桑文爱任教，后来停办。1975—1987年，第二次办幼儿园，桑文俊、董方莲任教。1995—2004年，董仕菊任教。2004年8月，撤并至徐家庄中心幼儿园。

原涝坡幼儿园 1985年4月，在涝坡小学内成立幼儿园，招收4—6岁的学龄前儿童18人，臧秀娟任教。2002年10月，并入徐家庄中心幼儿园。

原刘家庄幼儿园 1992年，由刘家庄村创办，有中班和大班，孙洪菊、陈茂红、刘翠庆、刘香庆等先后任教。2001年，并入徐家庄中心幼儿园。

原鹿角山幼儿园 前身是1976年鹿角山大队创办的“育红班”，王孝英、刘丙菊、王树兰、黄现莲、张爱华等先后任教，后改为幼儿园。1999年，合并到徐家庄中心幼儿园。

原北徐家庄幼儿园 1958年，该大队成立托儿班（后改名“育红班”、学前班、幼儿园），左登芬、王孝芬、左效美、王学美、王孝珍等先后任教。1999年，并入徐家庄中心幼儿园。

原西徐家庄“育红班” 1976年，西徐家庄大队成立“育红班”，学生20余名，由赵洪香、赵翠爱等任教。1999年，并入徐家庄中心幼儿园。

原刘家坡“育红班” 1974年，刘家坡大队利用社员2间西屋成立“育红班”。1980年，在小学院内成立学前班，刘丙厚任教。20世纪90年代，有学龄前儿童15人，赵孔平、张秀美、赵艳华、刘凤群等先后任教。1998年，合并到徐家庄中心幼儿园。

原下土城幼儿园 1983年，在下土城小学内创办，有小、大2个班，学生20余人。亓玲玲、秦成美任教。2000年，并入连清幼儿园。

原姬家峪幼儿园 1983年成立，侯爱俊任教。1994年，迁至村内小学，王翠华、王政章、侯艾俊任教，招收幼儿45人。1998年，合并至西徐家庄幼儿园。

原小张庄幼儿园 1978年成立，黄学菊、徐德花、段秀菊、于艳等先后任教。2020年，并入徐家庄幼儿园。

原杨庄幼儿园 1987年，杨庄村建幼儿园，教师为李家建、李传美、贺长梅。2011年，并入小张庄幼儿园。

原月庄幼儿园 1986年成立。2000年，搬迁至西埠村庆文育才幼儿园。2010年，庆文育才幼儿园又整体回迁至该村，更名月庄幼儿园，服务附近8个村幼儿。2020年，并入徐家庄中心幼儿园。

原楼子幼儿园 1984年成立，张荣菊、刘爱琴、石玉琴等先后任教。2000年，合并到庆文育才幼儿园。

原西埠幼儿园 1985年成立，地点在本村学校内，焦玉芝任教。2010年，并入月庄幼儿园。

原庆文育才幼儿园 1990年，由孙庆文在西埠村南岭创办，招收该村及附近7个村幼儿，孙庆文任园长，焦玉芝、崔宝燕等任教。2010年，撤并至月庄幼儿园。

原南泉幼儿园 1986年，在老村委办公室院内成立，王心香、段秀菊任教。2004年，并入月庄幼儿园。

原泉峪幼儿园 1958年成立，1个班20余名幼儿，设在学校院内，孙佃英任教。20世纪90年代后，并入月庄幼儿园。

原南官庄幼儿园 1958年，大队创办“育红班”，崔玉珍、丁俊英、崔华安任教，几年后停办。1964年，成立一年制“育红班”。1980年，依托小学办起一年制、二年制学前班，齐香英、张士红、张士霞等任教。1999年8月，撤并到草埠幼儿园。

原丁家庄幼儿园 1958年创办，早期叫托儿班，丁资善任教，几年后停办。1980年，依托小学办起学前班，学制三年。先后由丁秀花、丁慎英、丁娟、丁丽萍、孙兆芳、齐艳玲、于光香等任教。2010年5月，撤并至草埠幼儿园。

原福吉山幼儿园 1958年，大队开办托儿班，李家三任教，几年后停办。1980年，依托小学办起学前班，配备幼儿教师，学制三年。李爱笃、狄纯厚、狄纯美、于光香等先后任教。2010年，合并至草埠幼儿园。

原李家庄幼儿园 始建于1958年，李家云等任教，几年后停办。1991年，建成新校，办起一年制学前班，崔宝玲任教。1993年，并入丁家庄幼儿园。

原石门幼儿园 前身是该大队于1958年创办的托儿班，几年后停办。1979年，成立一年制“育红班”。1985年，依托小学办起学前班。2012年，合并至鲁村镇中心幼儿园。

原三黄沟幼儿园 始建于1958年，早期为大队办的托儿班，几年后停办。1964年，成立一年制“育红班”。1980年，依托小学办起一年制、二年制学前班，幼儿教师齐凤娟、马庆香、马庆菊、吴敬香等。2005年，撤并到草埠幼儿园。

原小黄庄幼儿园 创办于1958年，早期叫托儿班，单独设场所。1980年后，改称“育红班”，由小学代管，基本上以学前一年教育为主。早期幼儿教师有伊西英、孟祥兰、崔平富等。2000年，该村村民崔延珍投资新建民办帅伟幼儿园，接收店门、郑家岭、黄埠岭、桃花山、龙崖村等5个村的适龄儿童入园，普及学前三年教育。2012年7月，并入鲁村镇中心幼儿园。

原黄埠岭“育红班” 1957年，在一户村民的北房开办托儿班。1972年，在小学内办起“育红班”。2003年，合并至帅伟幼儿园。

原龙崖幼儿园 1976年，大队开办“育红班”，刘茂禄、李守莲先后任教。1984年，依托小学成立幼儿园，设立幼儿班，教师李守莲。2000年，合并到帅伟幼儿园。

原鲁村一村幼儿园 始办于1958年，园址在鲁村一村老村一处宅院里，占地约300平方米。齐立花、左友兰等任教。1961年，幼儿园停办。1974年，鲁村一村幼儿园重新开办，园址在鲁村一村新村，教师刘明花。1984年，幼儿教育纳入正轨，学制三年，分小、中、大班，幼儿教师增加。2000年10月，合并到鲁村镇中心幼儿园。

原鲁村二村幼儿园 1959年，大队利用袁家大院2间南屋开办幼儿园，冯金贵任教。1964年，边玉英、齐元香先后任教。2000年，合并至鲁村镇中心幼儿园。

原鲁村三村幼儿园 1960年，依托大队小学办起托儿所，20多人，郑方春、郑方花等先后任教。2000年，合并至鲁村镇中心幼儿园。

原鲁村四村幼儿园 1958年，开办托儿所，幼儿25人，教师郭慎英。1982年，在村小学成立“育红班”，幼儿35人，齐俊山任教。2000年，并入鲁村镇中心幼儿园。

原鲁村五村幼儿园 1958年，利用一处闲置房屋成立托儿所，招收幼儿20余人，魏少莲、亓曹氏任教。2000年，撤并到鲁村镇中心幼儿园。

原沙沟幼儿园 1958—1959年期间，该大队建起托儿班，唐光法、孙兆美、唐守花等任教。1975年，“育红班”并入沙沟小学，孙吉英、唐传凤、唐爱玲、唐传秀等任教。1980年，幼儿园迁入沙沟学校新校。1994年，迁入鲁村镇第二小学，分小、中、大3个班。2000年，并入鲁村镇中心幼儿园。

原曹家庄幼儿园 1975年创办，先后由孔庆英、尹守凤、尹西花、唐美任教。2000年，合并至鲁村镇中心幼儿园。

原崮山幼儿园 始建于1958年，前身是该大队办起的学前教育（工读小学），孙兆祥任教。1965年，扩充到2个学前班，唐玉兰、孙启兰任教。1999年，孙兆田创办私立幼儿园，有小、中、大3个班，齐化英、唐彩虹、孙爱英等任教，张德香为园长。2006年，并入鲁村镇中心幼儿园。

原泉子官庄幼儿园 前身是该村于1984年依托小学开办的幼儿班。1999年，撤并到沙沟幼儿园。

原丁崔岭幼儿园 1980年，丁崔岭“育红班”

成立（后称幼儿园），唐红芹、齐连美、齐玉华、孟艳先后任教，张莲任辅导员。2009年10月，撤并至鲁村镇中心幼儿园。

原安平幼儿班 1994年，毕研利在安平小学内开设幼儿班。招收周边闫家庄村、包家庄村、青杨圈村幼儿。2016年9月，撤并至鲁村镇中心幼儿园。

原青杨圈托儿班 1959年，该大队依托青杨圈小学举办。1962年，因办学困难解散。1986年，开办幼儿班，王成菊任教。1994年，撤并至安平幼儿园。

原刘石沟幼儿园 始建于1958年，取名“红花”幼儿园，刘道桂任园长，刘道花、魏元美任教，后并入村办小学。1992年，独立办园，李化珍、胡玉芳任教。2000年，村民李鸿章投资举办幼儿园，称于刘石沟幼儿园，分小、中、大3个班，共40人，胡玉芳、宋爱玲任教。2010年，并入鲁村镇中心幼儿园。

原齐家石沟幼儿园 建于1957年，园址设在村民的一处宅院内，教室3间，分小、大2个班，学生20人。杨秀英、刘持秀任教。1959年，幼儿园停办。

原王家石沟幼儿园 建于1974年，在村西北“一院”东屋建第一所“育红班”，教师刘素珍。1992年，在联中3间北屋成立幼儿园，园长宋爱玲。2000年，并入于刘幼儿园。

原东五陡幼儿园 前身是1956年建立的托儿所，负责人是宋作爱、穆春兰，1959年停办。1983年春，开办“育红班”，后成立东五陡幼儿园，宋志红、唐光美、唐光云、宋爱华先后任教。2008年，撤并到于刘幼儿园。

原西五陡幼儿园 1956—1983年，与东五陡合办托儿所、“育红班”。后独立成立幼儿园，穆克美、穆爱莲、唐加花先后负责园务工作。2007年，撤并到于刘幼儿园。

原郑家岭幼儿园 成立于2001年，贺修远任教。2006年，合并至鲁村镇中心幼儿园。

原南冯家沟幼儿园 1960年，刘教美开办托儿所，后改称幼儿园。2002年，撤并到鲁村镇中心幼儿园。

原店门幼儿园 成立于1958年，借用社员一处民宅西屋开办。1972年，大队在小学院内开办“育红班”。1985年起，幼儿园分小、中、大3个班。2003年，合并到帅伟幼儿园。

原李家泉幼儿园 前身为1958年开办的托儿班，1961年停办。1984年，依托李家泉小学办起学前班，学制一年，李传芬、亓英红任教。1999年，开始学前2年幼儿教育。2003年，撤并到鲁村镇中心幼儿园。

原北官庄学前班 建于1958年，与北官庄小学同在一个校园，设1个学前班，教师齐元相。2001年，并入鲁村镇中心幼儿园。

原王村幼儿园 建于1958年，园址位于王村大队办公大院，在园幼儿40余人，崔秀芝、魏京芸任教，1966年停办。1981年，在原王村管理区办公室开办“育红班”，在园幼儿50余人，后又搬迁到大队办公室后院。1984年，迁至王村小学新校区，史新莲、史新花、齐玉英、齐文霞任教。2001年，合并到鲁村镇中心幼儿园。

原王家坪幼儿园 建于1958年，园址位于王家坪大队部，刘教英、王秀美任教，1960年停办。1980年，与西寨大队联合办起幼儿园，分小、中、大班，先后由齐登芝、齐元香、齐元霞任教。1994年，合并到王村幼儿园。

原吴家庄幼儿园 建于1984年，校舍2间，学生30余人，齐元美、齐海霞、齐登菊任教。1994年，与王村幼儿园合并。

原小北庄幼儿园 1985年，该村成立幼儿园，王瑞常、齐连山等先后任教。1996年，并入北官庄幼儿园。

原西寨“育红班” 1983年，依托村内小学成立“育红班”，周士香、齐元香任教。1985年，并入王村幼儿园。

原舍庄一村期盼幼儿园 成立于1958年，在园儿童30余人，袁荣花、任永更、张敦朴任教，后停办。1972年，在翟氏大院成立大队幼儿园，齐元贵、齐向前、齐登峰等先后任教。2000年，在一处旧宅成立期盼幼儿园，陈怀兰任园长，教师有周文香、尹爱华、张慎英等，学制三年，分为小班、中班、大班。2018年，撤并至鲁村镇中心幼儿园。

原西坡幼儿班 2003年，依托西坡小学开办幼儿班。分小、中、大3个班级，由小学代为管理，教师齐登芝、王立云。2005年，合并到鲁村镇中心幼儿园。

原西官庄新艳幼儿园 1978年5月，西官庄大队依托小学办起“育红班”，有学龄前儿童20余人，齐秀红任教。1999年，齐元孝在东南岭办起私立幼儿园，占地4000余平方米，分小班、中班、大班，丁慎英任园长，崔秀玉、黄德合、唐素华任教。2005年9月，合并到鲁村镇中心幼儿园。

原高峪“育红班” 1978年5月，高峪大队依托小学办起“育红班”。有学龄前儿童18人，孙兆玲任教。1990年，合并到西官庄村幼儿园。

原连清幼儿园 2001年，四门地、松崮后坡、下土城、西峪、上土城5个村，在下土城村西、松崮后坡村地界建立连清幼儿园，校舍8间，占地面积1000余平方米，有3个班级，在校学龄前儿童100余人，教师董丽丽、董昌华。2008年，撤并至徐家庄中心幼儿园。

原上头庄幼儿园 1984年，依托小学办起幼儿园，教师先后有齐化美、孙爱娟。2000年，撤并到崮山幼儿园。

原于家石沟幼儿园 1958年，大队办起托儿班，刘持兰任教。2000年，撤并至于刘幼儿园。

原张家石沟幼儿园 1957年，在村西建幼稚园，于法英、张传英、刘明花任教，1961年停办。1984年，利用北岭学校西边3间教室，成立学前班，于新华、刘其俊任教。1986年，改建为幼儿园，分为小、中2个班，于艳、刘明艳等先后任教。2008年，撤并至小张庄幼儿园。

原四门地幼儿园 1993年，在该村学校院内办起幼儿园，有小、大班，幼儿20余人，亓玲玲、秦成美任教。2002年，合并到徐家庄中心幼儿园。

小学教育

概　况

1937年前，鲁村域内有鲁村、汇泉寺2所高级小学、20所初级小学。抗日战争爆发后，大部分停办。1938年，中共地下党员齐汇东在北官庄创办抗日小学，并开设农民夜校。1940年2月15日，国民党逮捕齐汇东，小学被迫停办。

1945年，鲁村一带解放，党和政府非常重视发展山区教育，组织青年、妇女“识字班”学文化，开办简易小学。1960年，小学合班并校。1964年，提倡多种形式办学，各种简易小学应运而生。

1985年，鲁村镇实行学区负责制（镇“三中心”领导下的学校管理片区，学区设负责人），全镇下设53所小学，分为6个学区。1994年，裁撤学区，全镇合班并校，将53所小学合并为23所，其中完小15所、简小8所。青杨圈、安平、阎家庄、包家庄4个村联合建成安平小学，成为有1—5年级5个教学班的完全小学；于家石沟、刘家石沟2所村小合并成于刘石沟小学；沙沟、泉子官庄、东岭、曹家庄、崮山5所小学合并，改称鲁村第二小学；北官庄、小北庄、石家庄3个村联办，命名为北官庄小学；王家石沟小学由王石沟、齐家石沟、丁崔岭、齐家黄沟、秦家黄沟、章丘庄、义和庄、山家峪8个村联合建校；小黄庄小学由小黄庄、龙崖、桃花山等7个村合办；西坡小学将高峪小学合并；王村小学由王村、西寨、王家坪、吴家庄4个村联办，全校有教学班7个，学生280人，教职工16人。

2006—2010年，全镇学校布局调整，先后将鲁村镇第二小学、北官庄小学、西坡小学和安平小学、王石沟小学、于刘石沟小学4—5年级撤并到鲁村镇中心小学。2015—2016年，安平小学、于刘石沟小学、小黄庄小学全部合并至鲁村镇中心小学；草埠小学、舍庄小学、西官庄小学合并为草埠中心完小。

1996—2006年，徐家庄乡先后撤并8所完小，5个年级学生全部合并到徐家庄中学，更名为沂源县徐家庄中心学校。2006—2010年，下土城小学撤并到徐家庄中心小学，杨庄小学撤并到小张庄小学，埠前小学撤并到月庄小学，乐村小学、贾庄小学撤并到徐家庄中心学校小学部。

2022年10月，草埠中心完小合并至鲁村镇中心小学。至此，鲁村镇的小学只有中心小学和徐家庄中心学校小学部。

学校简介

沂源县徐家庄中心学校 位于鲁村镇乐村、埠西、邢家庄3个村交界处，占地面积4万余平方米。学校有教学楼4幢、学生公寓楼1幢、学生餐厅1座，总建筑面积1.7万余平方米。2023年，在校学生251人，在编教师91人。

20世纪80年代，学校春季运动会场景

学校前身是民国元年（1912）至民国八年（1919）当地政府在汇泉寺遗址上创办的公立小学堂。1959年，县人民政府在此旧校址上建立沂源县红卫农中。1971年，更名为沂源县第十四中学，开

沂源县徐家庄中心学校校园内古柏（2018年）

设二年制初中班和二年制高中班。1976年，更名为徐家庄中学。1978年，初中改为三年制。1982年，撤并高中班。2006年，学校布局调整，改为九年一贯制学校，更名为沂源县徐家庄中心学校。2023年6月，只保留小学部，初中部撤并到鲁村中学。

沂源县徐家庄中心学校（2022年）

学校立足“以爱育人、以情动人、以趣促学”教育模式，孩子通过情境教学、兴趣引导、活动展现等方式，轻松愉快地学习。学校以语文学科为先导，探索“课前演讲、课中探究、课后提升”的“三段式”教学模式，此模式以语文课前演讲为基础，构建开放、互动的课前演讲、课中探究、课后提升的新型课堂，优化课堂教学结构，提高教学质量，培养学生个性特长，提高学生语文素养和创新能力，此课堂教学改革经验在全县推广。

学校被评为山东省绿色学校、省创新少年创新人才培养基地、淄博市规范化学校、市第五批校本培训示范学校、市平安和谐校园、市依法治校示范学校、市智慧校园。

王步学、齐庆录、吴树德、齐庆录、左兰田、黄学良、何桂琛、杨圣成、董志安、亓培义、张明忠、侯念华、傅怀佳先后担任校长。

沂源县鲁村镇中心小学 地处镇政府驻地，占地面积2.4万余平方米，建筑占地3500平方米。2023年，有17个教学班，学生526人，教师95人。

学校始建于1983年，最初是一所6个村联办的小学。2001年，创建成全县第一所农村省级规范化学校。2006年，学校由原址（鲁村镇政府大楼

后）迁至现址（原鲁村一中校址），服务周边48个行政村的学生。2015年，投资553万元重建教学楼。2017年，投资376万元，建成学生餐厅；投资408万元，建成250米环形塑胶操场。2018年，投入10万元，实施校园绿化工程。2021年，投资30余万元，建绿地3200平方米，命名为“博园”。

沂源县鲁村镇中心小学（1983年）

学校以“建设博雅文化、为孩子幸福人生奠基”为办学理念，以“让每一名学生都能在学校里得到最好的成长、办一所老百姓家门口的好学校”为奋斗目标，以落实“多维、高效”各学科课型研究的成果模式为途径，创新课堂结构，转变教学方式，打造高效课堂。

沂源县鲁村镇中心小学（2016年）

学校被评为全国少先队工作先进单位、省首批绿色校园、淄博市农村教学管理优秀单位、市教学示范学校、市规范化学校、市优秀家长学校、市十佳乡村少年宫、市依法治校示范校、市学校文化建设先进学校、市数字化校园、市文明校园、市少先队工作红旗单位、市首批乡村温馨校园。

魏汝祥、夏侯茂贵、安在德、尹守太、苏志伟、刘传文、周文连、曹爱成、王登龙、齐涛先后担任校长。

杏坛陈迹

原鲁村一村小学 始建于1967年，利用搬迁后村里的电磨坊举办。学校有1—3年级1个复式班，教师唐守珍、任明英。1971年，该大队在新村建起新学校，扩大办学规模，学校共有3排平房、27间教室，有5个年级，在校学生200余人，唐建民、唐效尧、唐效芹、逯贵川、齐元贵等任教。1984年，该村小学3—5年级学生到鲁村镇中心小学就读。1994年，义务教育达标验收，1—2年级学生撤并到鲁村镇中心小学。

原鲁村二村小学 1969年，举办1—2年级小学班，齐勋山、崔现安、崔保明任教。1974年，扩招3—4年级学生，石玉行等任教。1975年，大队自筹资金，改善办学条件，新建校舍8间，扩招1—2年级3个班，教师数量增加，教师有冯延明、冯文德、冯新成、刘明月等，崔现平任校长。1984年，3—5年级学生入鲁村镇中心小学。1994年，撤并到鲁村镇中心小学。

原鲁村三村小学 建于1969年，招收1—2年级。1971年，移民搬迁，新建学校10余间，开设1—5年级，教师有齐登远、曹爱成、冯典、郑贵云、齐佃祥、吴会远等。1982年，招一届初中生，1985年毕业。同年，学校撤并到鲁村一村小学。

原鲁村四村小学 1969年，举办1—2年级小学班，唐传成、齐坤山、王洪始任教。1975年，新建校舍12间，扩招初中1—2年级2个班，教师数量增加，李庆泉、崔贯中等12人任教。1984年，小学3—5年级学生到鲁村镇中心小学就读。1994年，撤并到鲁村镇中心小学。

原鲁村五村小学 1964年，大队借用社员闲置房屋开办初级小学，唐效珠、唐效兰、唐效玉等任教。1971年，移民搬迁后，在新村自建校舍，成立小学，于永道、吕纪安、唐文仁、崔学亮等任教，于永道任校长。1974年开始，唐艳霞、唐效炬、王玉英、崔现春等任教。由公社教育组下派校长，先后为周世宽、齐登远、齐佃祥、齐增山、刘启云。1984年，3—5年级合并到鲁村镇中心小学。1994年，学校撤并至鲁村镇中心小学。

原北冯家沟小学　1956年，鲁村教育组派吴书德、李庆久在该村创办小学，开设1—5年级复式班，冯孝成任教。1970年，在村东修建校舍6间，配套办公室、厕所、伙房及运动场所，设1—5年级，学生30余人，冯忠文、姜运全等任教。1988年，撤并入东岭小学。

原东岭小学　建于1958年春，设1—2年级1个复式班，主要开设语文、数学，齐柏山、刘启云、郑贵云、王瑞云等先后任教。1979年，新建4间教室、2间办公室，王瑞云任校长，唐文洲、唐文涛等先后任教。1994年，合并至鲁村镇第二小学。

原唐家沟小学　1963年，在一处民宅南屋设立民办小学，学生8人，设1—2年级，崔宝德、朱长宝、唐孝玉等先后任教。1972年，在村南建学校，2间教室、2间办公室，设1—2年级，学生20余人。1973年，合并至东岭小学。

原杨家岭小学　1978年建立，单独院落，5间瓦房，杨元明任教。由于生源较少，与北冯家沟、东岭、唐家沟4个大队合作办学，设1—5年级。1980年，撤并至东岭小学。

原沙沟小学　建于1957年，石玉行担任校长。1960年，扩建成能容纳200名学生、涵盖1—5年级的完全小学。1965年，沙沟完小设半工半读小学班。1994年，合并至鲁村镇第二小学。

原曹家庄小学　1957年建立，1—4年级共40人，政府派公办教师张可俊到村任教。1975年，在曹家庄大队村北建立1—5年级完全小学。1994年，合并至鲁村镇第二小学。

原鲁村镇第二小学　1994年，沙沟、泉子官庄、东岭、曹家庄、崮山5所小学合并，改称鲁村镇第二小学，位于沙沟村、曹家庄村交界处，占地面积1151平方米，建筑面积491平方米，校舍58间。2006年，3—5年级合并到鲁村镇中心小学；保留1—2年级，2个教学班，作为中心小学教学分部。2011年，教学分部撤并至鲁村镇中心小学。夏侯茂贵、刘传文、齐坤山、唐文洲先后担任校长。

原崮山小学　建于1958年，孙兆才、张连臣等任教。1965年，扩建成完全小学。1976年，成为崮山联中。1980年，恢复为崮山小学，设1—5年级5个教学班，王序远、孙兆庭、唐传仁、孙兆祥先后任校长。1995年，撤并至鲁村镇第二小学。

原泉子官庄小学　始建于1956年，学校设在一处老宅。1960年，迁到村东新学校，校舍5间。1968年，迁至村西南大队部，校舍共5口11间。1970年，成为1—5年级完全小学。1974年，在公路北崮山坡建起新学校，共6口18间。1984年，迁回老村，将原大队及生产队办公用房改建成学校，校舍6口13间。1994年，由完全小学变为简易小学，保留1—3年级。1999年，学校全部合并至鲁村镇第二小学。康成祥、李其现、吴宝清、齐增山、刘贵礼、唐建生、齐隆祥等先后担任校长。

原上头庄小学　1958年10月，在一家社员老屋处创办。1970年，大队在村西桑树台盖起10余间教室，建起上头庄完小，设1—5年级。鲁村公社教育组派遣齐共庆担任校长，唐传仁、唐建生、唐光奎、唐传玲等任教。1999年，合并到鲁村镇第二小学。

原王村小学　始建于1949年，原址在王村北门里。有教学班7个，学生280人，教职工16人，学生来源于4个联办村。1984年，迁至王村村西与西寨村村东处，建筑面积558.1平方米，总面积5722平方米。1994年，王村、西寨、王家坪3所小学合班并校为王村完全小学，王村、西寨、王家坪、吴家庄4个联办村又投资20万元，进行扩建。2006年，合班并校，实行片联校管理，王村小学属鲁村镇中心小学1个教学点。2011年，合并至鲁村镇中心小学。孙振岳、周文连、周文志、李庆尧、唐传庭、石玉行、齐勋山、齐共庆、周士臻、齐登学、安在德、史修德、伊志新、唐文怀、刘希文、李传宝、张慎明、吕德芳、王英家等先后任校长。

原北官庄小学　1938年，齐汇东（原名齐元海）在齐氏家庙创办北官庄抗日民主小学，齐汇东担任校长兼教师，刘明诲任教师。1958年，成立北官庄初级小学，教师有冯秀文、叶甄、齐元炳等。1968年，改为五年一贯制，王勤忠、刘明珍、齐登校、齐元敬、齐登玖等任教。1995年，迎接九年义务教育达标，实施“六配套”，翻新校舍12间。2014年，并入鲁村镇中心小学。

原西坡小学 始建于1945年，当时只有学生16人，由1名私塾先生任教。1965年，进行扩建，新建6间教室，设1—5年级，教师8人。1994年，合班并校，由西坡、高峪2个行政村合办。2006年，3—5年级合并至鲁村镇中心小学，保留1—2年级，作为鲁村镇中心小学1个教学分部。2006年12月，1—2年级合并到鲁村镇中心小学。宋作琪、张和清、齐增山、齐佃祥、崔海、唐文淮、孙启怀、史修德等先后担任校长。

原西寨小学 1962年建立，用2间民居作为教室，齐恒德、刘诚谦、边振玉等任教，招收学生20余人。1966年，学校合并至王村小学。1969年，学校又回到西寨大队，校址迁到生产队仓库，复式班教学，齐登武、周士俊等任教。20世纪70年代，西寨大队另选校址新建学校1所，房屋8间，周士芳、唐建民、齐元学等先后任教。1994年，合并至王村小学。

原小北庄小学 1960年，大队在村西建教室4间、办公室1间，成立小学，1—5年级复式教学。先后由齐元勇、井复会、王瑞云、齐京山等任教。1973年，学校搬迁至齐家老林新盖的教室内，教室6间，办公室2间。齐登孝、刘传岱等先后任教。1996年，并入北官庄小学。

原王家坪（王家庄）小学 1959—1960年，该大队建成小学，建校舍5间，设1—3年级1个班，实行复式教学，齐立举任教。1963年，学校合并到王村完小。1965年，该大队在原校址开办半工半读班，招收1个班，王序远任教。1968年，成立王家庄小学，周文连任校长，齐登连、齐立东、任恒俊等任教。1976—1978年，在小学开设“戴帽”初中班，学生47人，任恒三、齐登和、齐登新等任教。1994年，合并到王村完全小学。

原西官庄小学 1949年12月成立，实行复式教学，陈明震、齐立朱任教。1952年，成立西官庄完小，每个年级1个班，教师有刘佩礼、齐佃祥、齐立素、李同会、齐建华等。2012年，合并到草埠完全小学。

原小黄庄小学 始建于1949年，是一所初级小学。1962年，成立中心完小，校舍24间。1972年，成立小黄庄联中，从小学到初中7个年级，学生300多人。1994年，小学搬迁到北岭新校址，服务南岭片区8个村庄的学生。2006年，合班并校后，实行片联校管理，属鲁村镇中心小学一个教学分部。2014年，学校撤并，1—3年级合并到鲁村镇中心小学。

原店门小学 1950年，建立初级小学，在齐家屋上课，王文学任教。1958年，店门大队建立1—4年级初小，庄大孟、唐传德、张友珍等任教，王文学任校长。1970年，开办完全小学，亓言发、唐光成、伊纪富等任教。庄大孟、王玉美、白咸成先后任校长。1999年12月，合并到小黄庄完全小学。

原黄埠岭小学 1965年，黄埠岭大队成立初级小学，学校设在一户社员家。1970年，开办完全小学，先后由王玉美、齐美山、王传风、王传文、贺生堂等任教。1982年9月，合并到店门小学。

原齐家黄沟小学 1963年，成立半日制工读小学，齐登彦任教。1968年，成立复式班小学，齐立生、齐登彦任教。1978年，在村东建新校，与丁崔岭大队合办小学，后与王家石沟大队小学合并。

原义和庄小学 1964年，葫芦沟（义和庄村原名）大队创办工读小学。1967年，改办为全日制民办小学，设1—5个年级。刘承让、亓柏林、尚元良、刘承谟、尚怀玉、刘同河、刘教安等任教。1984年，合村并校，义和庄小学撤销。

原章丘庄小学 1963年，成立半日制工读小学。1968年，大队成立1—4年级小学。1978年，与王家石沟小学合并。

原南冯家沟小学 建于1950年，杜春坤任教，实施多年级复式教学，主要课程是语文、算术。后来由黄成学、杜丕坤、段元福任教。1966年，成立南岭完小，齐登孝、刘传平等先后担任校长，教师有唐守珍、吴仁德、刘德礼等。1980年，并入小黄庄小学。

原郑家岭小学 1955年，在村内建小学，教室3间，刘德学教授语文、算术。1962年，学生40多人，采用复式教学模式，姜运全任教。1963年，李清江等任教，并负责扫盲任务。1971年，小学并入南冯家沟小学。

原张家洼小学 1958年，张家洼大队建起第一所简易小学，崔志先、王世公任教，采用复式教学模式。1964年，校舍改建，尹守太、王洪始、孙启祥、唐红霞、张许三、高长平等任教。1980年，并入小黄庄小学。

原桃花山小学 1978年，桃花山大队成立初级小学，王顺贵任教，设1—4年级。1980年，并入小黄庄小学。

原龙崖小学 建于1955年，校长齐立珠。1957年，迁至龙崖村大庙。1964年，在村前建校舍。1970年，成为1—5年级完小。1984年，因修公路拆迁，在村前公路以西建新校，校舍10间。1995年，4—5年级合并至小黄庄小学，学校变为简易小学。1999年，全部撤并至小黄庄小学。

原刘家石沟小学 1957年，在农家老院创办刘家石沟小学，魏元富任教。之后，又办起1—4年级初级小学，实施复式教学，石行文任校长，齐深方、任纪禄等任教。1967年，在村东南新建一处完全小学，设1—5年级，学生100余人，周士臻任校长，李化富、李忠义、夏侯茂贵、刘永成等任教。1994年，合并至于刘石沟小学。

原齐家石沟小学 1955年，以农户家3间北屋为教室，成立齐家石沟小学，刘持瑚任教，后来学校合并到于家石沟村。1960年，大队再次成立小学，校址设在一个农家小院，3间北屋为教室、2间东屋为办公室，设1—5年级。齐元臣、郑淑功等任教，阮金伍任校长。1971—1974年，小学搬到两家农院。1975—1979年，学校再次搬到原先的大队办公室院内，设小学5个年级和1个初中班。刘持瑚任校长，刘新远、郑田美、王连美任教小学年级，刘同富、刘新义任教初中班，初中班共开设1个学期。1980年，小学搬到大队东北岭。1985年，与王家石沟小学合并。

原于家石沟小学 1949年，在村南老油坊处建起，有3间教室，2个年级，两年招生1次，招收王家石沟、齐家石沟、于家石沟、张家石沟、刘家石沟村的学生，约40人，学习语文、算术等课程，先后由齐雨田、张贯之、崔资润等任教。1958年，“大跃进”开始，大队办食堂，学校迁到大槐树下，校舍2间，1间办公室兼教师宿舍，1间教室，设1个复式班，2年招生1次，先后由毕乃仁、郑书伦、于学杰任教。1967年，学校迁至村东一个社员家中。1970年，大队新建教室2间、办公室1间，设1—5年级，实行复式教学，王明阳、张仲荣、张光法、周士亮等任教。1982年，在村中心三角地带，扩建教室6间、办公室2间，张河清、张学廉等任教。1994年，与刘家石沟村合建于刘石沟小学，建校舍22间，设1—5年级5个班，学生90余人，齐登祥任校长，张学廉、李献广、魏汝久等任教。2010年，撤并至鲁村镇中心小学。

原王家石沟小学 1950年，借农户2间北屋建学校，有1个班，王复英、王春始任教。学习课本由老师用毛笔写在桑皮纸上，学生用瓦片写字。1954年，借村民6间房屋作教室和办公用房，设1—4年级4个班。高立明、张肃安、孙士成等先后任教，村委派陈敬和管理学校。1967年，在村东建教室8间，成立完全小学。1995年，由王家石沟、齐家石沟、山家峪、丁崖岭、于家石沟、刘家石沟、章丘庄、义和庄8个村联合，按人口出资、出料，在王家石沟村北建校舍31间、厕所10间、操场2640平方米、院墙250米，建筑面积总计4620平方米，成立联办完全小学。设1—5年级5个教学班，学生200人，张忠荣、史修德、崔现勇先后任校长，刘同富、陈福礼、尚怀玉、刘成沐等先后任教。2006年，实行片联校管理，3—5年级合并到鲁村镇中心小学。2007年，学校撤销。

原张家石沟小学 1951年成立，3间房屋当教室，学生30多人。用土坯支起木板做课桌，木板刷墨汁当黑板，学生自带小板凳。1—4级进行复式教学，学生年龄参差不齐。第一任教师是上级派驻鲁村的崔云鹤。1956年，建1—4年级初小，校长为吴茂录。1960年，学校分成2处，另一处迁至西胡同教堂，齐登柱任校长。1968年，初小改为完小，有5个年级，于道仁、张传忠任教。1975年秋，在北岭建校舍16间。2004年，合班并校，并入小张庄完小。1978—2004年，翟升厚、宋忠厚、李代忠、刘明孝、刘其忠等先后担任校长。

原后坡小学 建于1961年，实行四级复式教学，董纪贵、焦方臣、付道学、刘云柱等先后任教。1968年，合并到张家石沟小学。1970年，在村口新建学校，实行五年制复式教学，张传忠、于道仁、王斌始、刘明祥等先后任教。1982年夏，再次并入张家石沟小学。

原东五陡小学 1950年，租用民房建起东五陡小学，设1—4年级，教员黄成学。1953年，在村东南老围子处正式建学校，实行小学四级复式教学，郑淑伦、宋思庆、刘教禄、胡德远、黄新德等先后任教。1967年，办起六年制完全小学，唐光荣任校长，宋忠佳、刘昌世、吴建宝、李义才、宋忠富等先后任教。1969年，实行五年制小学教育，宋作祺、魏春才、王斌始、宋忠敏、宋作新、宋爱华等先后任教。1982年，西五陡小学分年级并入，取消复式教学。1992年，在村委办公室院内建新校。1994年，与西五陡联合建成五陡完全小学，校长宋忠文。1999年，撤并至于刘石沟完全小学。

原西五陡小学 1952年建立，设1—4年级，采取复式教学模式，李玉杰任教，在校学生10余人。1964—1966年，依托本大队小学，开展半工半读教育，教师施韵玲。1977年，在大队东场处建新校，历经小学四级复式教学、小学五年制四级、二级复式教学，教学班最少时1个班，多时3个班。王子升、施福林、穆克贵、庞曰水等先后任教。1982年起，分步与东五陡小学合并。1994年，全部并入东五陡小学。

原闫家庄小学 1955年成立。1965年，在村南选址新建闫家庄小学，首任校长张忠文，张忠良、伊志新、宋忠道等任教。1995年，并入安平完小。

原安平小学 1949年，在栖真观成立安平小学，齐隆祥任校长，教师有石玉行、刘世谦、张忠良等。该小学成为当时鲁村区仅有的两所小学之一，学校设立1—6年级，仁里、小黄庄、沙沟、鲁村等村的学生都在安平小学就读。2016年9月，撤并到鲁村镇中心小学。

原青杨圈小学 1963年创办。1967年，扩展为4个班。1969年，开设高级小学。教师先后有陈进昌、王登贵、宋思明、左效成、王厚斌、高祥全等，左效武担任校长。1987年，并入安平小学。

原丁崔岭小学 成立于1949年，设2个教学班。1964年，规模进一步扩大，有小学1—5年级5个教学班。1995年，合并至王家石沟小学。

原秦家黄沟小学 1954年成立，学生32人，设小学1—4年级。王效文、杜树春、郑树功、王福春等先后任教。1963年，在村中心选址，建教室4间，更名为秦家黄沟小学，校长王福春，任课教师齐元贵、张仲宝、于学杰、张传忠、张学连，设小学1—4年级。1982年，该小学迁至村西南200米处新建学校，教室7间，设小学1—5年级，校长齐登彦，王强三、许宝水、丁秀之、刘持文等先后任教。1985年7月，并入丁崔岭小学。

原包家庄小学 1960年，大队借用社员两间东屋当教室，成立包家庄小学，学生20余人，首任教师林清新。1972—1973年，借用大队办公室教学，校长曹振海，石孝秀、石凤山等任教。1974年，在大队办公室附近建学校5间，设1—5年级，石孝怀、石振成、石振海、张大坤等任教。1977年，在河东处建房5间作为新校，校长周士臻。1985年，撤并到闫家庄小学。

原舍庄小学 1950年，在原舍庄乡公所西侧开办小学，教师有齐登远、张敦厚、王敬仁等。1958年，在乡公所北成立小学，9间北屋为教室，齐隆祥、井福会、唐建安、崔贯中等任教。1975年，搬迁至原舍庄乡公所处，3间北屋、3间南屋、

3间西屋为教室，吴会远、张成春、张永胜、吴科远、贾士仁、周国萃等任教。1993年，舍庄3个村集资成立舍庄完全小学。2018年，撤并至草埠中心小学。翟兴农、齐登远、张维秀、齐坤山、唐文淮、翟作德等先后担任校长。

原三黄沟小学 建于1952年。1960年，在马家黄沟村东建校舍5间，成立初级小学，招收1—4年级学生30余人，实行复式教学。齐恒德、张仲宝等7人任教。1968年，在大队关帝庙旁建校舍10间，占地面积4336平方米，建成完全小学，招收1—5年级学生80余人，分3个班，其中有2个班为复式班。王绍芝任校长，吴兴远、马庆祥、马庆德等任教。1985年，在学校原址重建标准教室12间。1999年，学校撤并到草埠完小。

原李家泉小学 1952年，借用民房当教室办起小学，因学生人数少，采取复式教学。1966年，新建学校，把村内2棵大槐树砍伐做成木板课桌，儿童自带板凳，把墙壁涂成黑色当黑板，3间草房内容纳学生20人，1—5年级实行复式教学，丁念绪为第一任教师。1969年，新盖校舍10间，齐登迅、李家让、朱万伦、李旭昌等先后任教。1971年，张学礼任校长，教师有李庆朋、高长胜、丁学传、袁洪清等。1980—1993年，李家峰任校长，教师有徐家武、刘志军、李家武、李家义。1994年，学校撤并到石门小学。

原李家庄小学 建于1961年。1970年，在村北建起新教室。1976年移民后，将村内房屋改建成教室。1980年，在新村建起新教室。1983年，因师资紧张，村内只保留1—2年级。1985年，合并至丁家庄小学。1991年，在张店化工厂援助下，在村前建成新校，服务本村和李家泉村学生，校长刘文法。1993年，小学再次与丁家庄小学合并。2002年，4—5年并入草埠完小。

原南官庄小学 建于1950年，于俊三任校长，丁念绪、齐登远、崔法安、丁祥一等任教。1964年，校舍从志公庙搬到一处老宅院，校舍12间，办起完全小学。1976年，学校搬迁至村西北新建学校，校舍16间。1994年，学校撤并到草埠中心完小。

原福吉山小学 建于1957年，招收1年级学生10人，从石门小学返回3年级6人、4年级6人。张学孔、李希鸿任教。1958年，建2间房屋，招收1年级学生22人，陈大成、王文献任教。1975年，在单家林建校园，房屋5间，适龄儿童40人在此就读，李绪昌、刘学俭、李爱笃、任昌新等任教，校长张河清。1998年，并入草埠完小。

原石门完全小学 建于1940年，在李玉森私塾的基础上，学生逐步接受国文、算术等教育。1950冬，学校搬迁至石门村街南一处院内。1955年，搬迁至关帝庙，1—4年级复式教学。1972年，在村东修建校舍20间，设立1—5年级。1994年，在村北新建校舍，占地面积5000余平方米，房屋29间。李家泉小学合并到该校，学校改为石门完小，学生160多人。2006年8月，4—5年级撤并到草埠中心完小。2011年2月，学校撤销。

原丁家庄小学 建于1964年，大队独立办小学，丁念选任教。1976—1980年，举办联办中学两届，招收该大队及峨峪大队、福吉山大队的适龄学生到该校初中部就读。初中部停办后，改称完小。2002年，4—5年级并入草埠完小。2004年，学校撤销。穆汝圣、丁念普、任纪录、丁学峰、齐登学、丁秀欣、李庆满、丁来富等先后任校长。

原草埠中心完小 1957年成立，是一所五年制完全小学。1965年，学校称为草埠完小，6个班规模，学生248人，校长齐隆祥。1984年，学校迁新址。1994年，南官庄小学合并到该校。1998年，福吉山1—3年级合并到该校。1999年，合班并校，三黄沟1—3年级合并到该校。2002年，丁家庄小学4—5年级合并到该校。2004年9月，丁家庄完小合并到该校。2006年，石门完小、舍庄完小、西官庄完小的4—5年级合并到该校，学校改称沂源县鲁村镇草埠中心完小，教职员工48人，办学规模14个教学班，在校生700多人。2008年，学校整体搬迁至原草埠煤矿子弟学校旧址。2022年9月，学校撤并，师生整体合并到鲁村镇中心小学。孙启怀、李在实、李传宝、丁来富、唐家国、唐效勤、李传新等先后任校长。

原徐家庄中心小学 1950年，在左氏家前楼位置办小学，首任校长王金贵，生源来自附近村庄及莱芜。有平房21间。20世纪60年代，扩建到36间，学校更名为徐家庄完小。1978年，西徐家庄小学、鹿角山小学、刘家庄小学、龙子峪小学的高年级合并到该校。1986年，西徐家庄小学并入。1992年，校园改扩建，由北徐家庄、西徐家庄、鹿角山、刘家坡、姬家峪、涝坡、刘家庄、龙子峪8个村出工出力，联合办学，学校更名为徐家庄中心小学。鹿角山小学及姬家峪、涝坡村的中高年级并入该校。1998年，姬家峪小学、刘家庄小学、涝坡小学、龙子峪小学撤并到该校。同年，山东省邮电工程有限公司淄博分公司出资盖教学楼1座，学校冠名为淄博邮电希望小学。2009年，下土城完小撤并到该校。2017年，该校并入徐家庄中心学校。王金贵、刘宏轩、张学校、翟佩和、董继忠、赵成水、王金惠、赵忠宝、亓宝忠、翟培水、张明君、左登录、王学忠等先后任校长。

原刘家庄小学 建于1949年，招收1—5年级学生，5个教学班。鞠言福、赵希勤、孙宗义、赵成宝等先后任教，以复式班教学为主。1978年，小学高年级出村学习，剩余学生仍实行复式班教学。孙洪友、赵岳宝、毕东勤等先后任教。1977年，增设“戴帽”初中班，共办3届，学生100余人。左安田、王学勤、毕敬成、陈茂虎、孙宗胜等先后任教。1998年8月，小学合并到徐家庄中心小学。

原涝坡小学 建于1953年，在村民1处老宅修复3间草屋作为教室，招收1—4年级学生24人，任课教师是一位胡姓老师，后由逯贵川、王宗义任教。1968年，在南场建3间北屋作为教室，朱慎芝、刘善孔任教。1974年，在东岭新建校舍6间，招收1—5年级学生40余人，实行复式教学，翟升厚兼任校长。1985年4月，在村东新建学校，占地面积2000余平方米。1987年12月，新校舍投入使用，招收1—5年级学生，霍升学任校长。1998年，并入徐家庄中心小学。

原姬家峪小学 20世纪50年代，村中设立初级小学。1974年，曾一度联合办过初中，光坡大队、西徐家庄大队的学生曾来就读。20世纪90年代，校舍改造，由社委老校迁址西山下。1994年，刘家坡小学并入该校。1998年，并入徐家庄中心小学。

原龙子峪小学 1955年，在关公庙处，利用村民宅院房屋3间成立小学，设1—5年级，复式教学。王兆莲、齐建芳、任茂其等任教。1968年，在村南扩建教室5间，董纪柱、唐建生、董仕孝任教，校长侯印东。1972年，小学搬迁至村后岭，新盖教室7间，陈茂龙、董仕传、赵三宝等任教，王光远任校长。1998年，撤并到徐家庄中心小学。

原四门地小学 1954年，利用村中老油坊开办1—4年级初级小学，亓长德、逯贵川任教。1967年，迁至一个社员院内，北屋3间、西屋2间，在校学生40—80人，逯贵川任校长，房立富、张建花等先后任教。由于青杨圈水库蓄水威胁学校安全，1975年，在村西山建立新学校，每年学生150余人，赵成水任校长，左义田、黄家禄、刘训义、刘照东、刘训安、董友才等先后任教。1994年，该校搬迁至下土城小学。

原刘家坡小学 建于1959年，招收1—4年级学生20余人，实行复式教学，教师翟修业。1969年，在东光坡建成1—5年级完全小学，占地1300多平方米，校舍6间，教师先后有孔凡昌、刘丙和、侯印东等，李家泉、赵希仁、王学勤先后任校长。随着学生逐年增加，教师也不断增加，刘丙厚、尚庆远、赵三宝、黄家禄、张同富、刘丙臣等先后任教。1994年，合并到姬家峪小学。

原松崮后坡小学 1951年，建1—2年级简易小学，房屋2间。1971年，在村中盖北屋4间，新建小学，有1—4年级，高庆义、刘训胜、刘绵成、王金成、陈茂龙等先后任教。1982年，3—4年级到西峪村上学，5年级到四门地小学上学，董纪忠、亓岁海、亓长增等先后任教。1994年，并入下土城小学。

原上土城小学 建于1956年，属初级小学，招收1—4年级学生。学校建在村中大北屋，侯印东、赵有远、刘淑甲、于春成、王登贵、宋思明等先后任教。后来，在东场盖教室5间，秦贞翠任教。1975年，校舍搬迁改造，在东岭建教室6间，教师是董纪利、刘家安。1982年，并入西峪小学。

原下土城完小 1960年，在一农户家西屋成立小学，招收1—4年级学生，实行复式教学，王学香任教。1964年，搬迁到原大队食堂，学生30余人，左安田、谭玉柱、董纪柱等先后任教。1978年，建设新校舍，办公室和教室共6间，分为2个班，1—2年级复式教学、3—4年级复式教学，学生达40人，高庆义、刘照忠、李传增等任教。1994年，上土城、后坡、西峪、下土城4个村联合建成下土城完小，招收学生100多人。2009年，学校并入徐家庄中心小学。黄家禄、翟奉德、刘训义等先后任校长。

原鹿角山小学 1958年，在李家宅子办起第一所学校，当时学生的年龄参差不齐，宋传忠、高庆义、崔希芬、王金成、王登贵、魏汝海等先后任教。1972年，学校新盖10教室、1间办公室。1980年，初中学生陆续合并到姬家峪学校和凉泉村学校。1992年，小学合并到徐家庄中心小学。

原西峪小学 成立于1971年，校舍2间（复式班），招收1—4年级学生，董仲地、薛庆茂、翟国厚任教。1982年，在村西建校舍10间，成立1—5年级完全小学。校长董继忠，教师左义田、陈茂龙、赵洪安、孙洪友等。1994年，并入下土城完全小学。

原西徐家庄小学 1970年，用大队办公室院内6间闲置房屋办学。教师有尚怀莲、赵书宝、赵希功等。1983年，由大队筹资和县教育局资助，筹措资金5万余元，新建教室6间、办公室2间、伙房2间。1986年，并入徐家庄小学。

原小张庄小学 1964年，小张庄大队在三官庙旧址建立小学，1—5年级5个班。齐登秀、唐传廷、周世贞、李家泉、崔西芬、徐德福、刘训明等先后任校长，王富春、王政芬、王庆玉、黄志德、李永昌、李永耐、康成学等20余人先后担任教师。2016年，学校撤并至徐家庄中心学校。

原月庄小学 建于1947年，4个年级复式教学，齐立俊、齐恒德、翟修殿、齐玉田、翟修美、杜春坤等任教，崔成仁、崔经联等先后任校长。2007年，北京新时代健康产业集团投资，在原学校旧址建教学楼1座。校长先后是崔成章、张作厚、李庆义、孙启太、侯田华、黄亮吉等。2016年，学校整体并入沂源县徐家庄中心学校。

原埠前小学 1945年，与张家庄村、西南峪村、西埠村、楼子村联合在观音堂办初级小学，1—4年级1个复式班，崔宝树、杨继厚任教。1957年，在村北关爷庙，办1—4年级复式教学班1个，温廷顺任教。1962年，搬至第二生产队铡草棚。1963年，搬至一家社员西屋。1965年，搬至农户老房北屋，成为完全小学，实行半工半读，张仲宝、马金祥、石玉珩、温廷新等任教。1972年，在村西空地，建4间草房作为新校舍，3间为教室、1间作办公室，1—3年级1个复式班。2010年，合并至月庄完小。李庆胡、张作厚、孙启太、黄立吉、侯田华等先后任校长。

原张家庄小学 1959年，该大队设立1—2年级简易小学，校址在社员院内2间东屋，教授语文、算术，教师张守俭。1970年，大队在村西建校舍3间，张守家、张守礼、张兴业、张道苍等任教。1981年，撤校并入埠前小学。

原杨庄小学 1968年，杨庄大队在村东关爷庙、北庙和南庙3个庙宇旧址改建杨庄小学。1984年，迁至村东山原国营8070厂锻造车间。2007年，并入小张庄小学。张代忠、李家美、张作厚、张荣贵、吴会常、张兴慧等先后任校长。

原南泉小学 1952年，利用村民老房子成立南泉小学，后设1—4年级，学生60余人，实施全日制教育，魏至善任校长，杨云亭、张家勤、刁树林、孙连茵等任教。1976年，大队投资2000元，在村南新建校舍，成立联中，涵盖小学至初中7个年级，学生150余人。石玉行任校长，张家英、孙佃入、杨云厚、魏汝诰等任教。2002年，小学撤至月庄完小。

原西埠小学 1960年，利用村北关帝庙3间房屋，成立西埠小学，1—5年级5个班，学生80余人，校长焦方臣，教师焦金和、焦方顺等。1980年，成立埠前联中，该大队5年级及初中学生40余人在此就读，校长翟升厚，教师崔成章、张道苍、李庆义等。1984年，并入埠前完小。

原泉峪小学 1956年，在村中成立，后搬迁至大队院内，1—3年级1个班，2—4年级1个班，共2个复式班，曹学贵为第一任教师。1966年，于俊三、孙佃入任教。1970年后，李笃庆、徐新远、李代忠等先后任教，侯敬亮任校长。1986年，学校并入月庄完小。

原贾庄小学 建于1946年土改后，招收学生20余人，李言伦任教。1960年，学校迁至村东庙，为全乡第二所完小，招收学生近200人。王金喜、王登贵、薛庆茂、翟新农、王宗礼先后担任校长。1966年初，针对大部分适龄女孩未能入学的实际，大队协助、学校具体组织，成立“半日班”，50多名不同年龄的女孩分2个班，每班上半天，刘绵信任教师。1977—1982年，在小学增设“戴帽”初中班，招收8个年级200余人，赵成水任校长。1982年后，学校复为完全小学。5个年级，学生202人，王宗礼、翟培水、刘绵玺先后担任校长，刘绵贵、刘绵福、刘绵存等先后任教。2001年，淄博国梁烤鸡有限公司董事长郭国梁先生、总经理陈建平先生捐款10万元，援建贾庄完小，贾庄小学更名为“国梁希望小学”。全校5个年级，在校学生200余人，翟明君任校长。2010年10月，撤并至徐家庄中心学校。

原凉泉小学 1951年，大队办起完全小学，赵希仁、赵宝宗、刘安龙等20余人先后任教。1976年，办起“戴帽”初中班，在马家庄建校舍1处，配套房屋36间，共办2届，学生160余人。左孝太、李希玲、毕敬入等任教。1979年7月，初中部停办。2000年，联合办学后完全迁至贾庄小学。

原王家峪小学 1957年，县文教科选派悦庄区苗山村郑建俊创办王家峪（原名王家庄）小学，王家峪村、涝崮泉村适龄儿童20余人入学就读。因生源不足，隔年招生，实行复式教学。唐建生等任教。1994年，实施义务教育，教学班发展到2个班，学生从20余人扩增到40余人，教师3人。2000年，撤并至贾庄完小。

原涝崮泉小学 1966年，开办1—2年级初小，实行复式教学。1967年，撤并至王家峪小学。1972年，重新开办1—4年级初小，实行复式教学。1976年，撤并至王家峪小学。1985年，开办1—3年级初小，实行复式教学。1996年，学校撤并至王家峪小学。李加胜、吕洪福、李学文等先后任教。

原埠西小学 1955年，在村民老宅办起第一所公办小学，实行四级复式教学，招收学生22人，教师李海波。1962年，学校搬至大队办公室后，建房屋7间，招收学生40余人，郑建俊担任校长，苗志富、崔西芬等先后任教。1969年，大队在东岭新建学校，房屋11间，招收学生50余人，刘振龙任校长，刘家龙、刘绵春等先后任教。1995年，撤并至乐村完全小学。

原乐村完全小学 1950年，在村民老宅成立1—4年级简易小学，王玉新、陈新德、逯贵川、赵希仁、王光诗、王光远先后担任校长。郑作臻、李海波、赵希仁等任教。1966年，成立乐村小学，校舍15间，设小学1—5年级，学生150余人，王光远任校长。1975年，设立“戴帽”初中班，共办三届，学生100余人，王宗春任校长，1984年7月，成立乐村完全小学，校舍16间，设小学1—5年级，学生200余人。属临沂地区“六配套”达标单位，被命名为县级花园式学校。1994年，义务教育达标验收后，校舍达到23间，操场3000余平方米，教学设施一应俱全。2011年，撤并至徐家庄中心学校。王宗春、徐德富、刘训义、翟丰德先后担任校长，任绪忠、张建花、王明玉等任教。

原西南峪完全小学 建于1951年，先后由崔守孟、崔西东、崔西堂、崔西伦等任教，招收学生30余人。1972年，建立完全小学，崔瑞明担任校长，崔现东、崔西常、崔现芳等任教。1979年，修建7间校舍。1984年，撤并至埠前小学。

中学教育

概　况

域内中学教育始于1960年，当时建立鲁村完小中学班，承担初中教育。

1968年，在鲁村公社驻地成立鲁村联中，招收初中学生。1969年，建立草埠联中，招收初中班。20世纪70—80年代，鲁村公社各大队普遍办起联中。1970年，鲁村联中招收第一级高中班，共招3级学生。1978年，鲁村联中停止高中班招生。1988年，联中开始合并，管理逐步规范。1996年，鲁村镇有2所初中，鲁村镇第一中学在镇政府驻地，鲁村镇第二中学是原草埠联中。2006年，鲁村镇第一中学与鲁村镇第二中学合班并校，迁入沂源四中旧址，新建2座教学楼，更名为鲁村中学，有36个班，专任教师180人，在校生2153人。

沂源县徐家庄中学（2004年）

1968年，徐家庄完小在公社驻地开办初中班，学校更名为徐家庄联中。1971年，成立沂源县第十四中学（徐家庄中心学校前身），招收初中班。1976年8月，更名为徐家庄中学，为二年制完全中学。1980年，停招高中班，改为三年制初中。1996年，徐家庄乡有1所初中即徐家庄中学，12个班，在校生879人，专任教师54人。

学校简介

沂源县鲁村中学　2006年8月，鲁村镇第一中学和鲁村镇第二中学合并成立沂源县鲁村中学。该校坐落于鲁村镇政府驻地以西3000米处的琉璃河西畔，占地面积5.94万平方米，建筑面积1.5万平方米，36个教学班，教职工180余人，学生2153人。2023年，学校有17个教学班，在校学生542人，在职在编教师142人。

沂源县鲁村中学校园“金钥匙”雕塑（2011年）

学校秉承“让学生享受幸福教育，让教师享受教育幸福，让每个人都拥有幸福人生”办学理念，坚持“科研先导，质量为本，全面发展，争创特色”办学思路，完善处室管理下各年级平行分部竞争的管理体系，打造鲁村中学“幸福教育”特色，落实“善文化”学校管理策略。课堂教学历经“目标教学法”“循环大课堂”“杜郎口教学模式”学习、探索时期，确立学校“小组合作教学模式”，学习支教岛先进教学理念，提升幸福教育课堂教学品位，全方位提升师生教育幸福感。

沂源县鲁村中学教学楼（2009年）

学校被评为山东省绿色校园、淄博市文明单位、市初中教学先进学校、市平安和谐校园、市规范化学校、市现代教育技术示范学校、市初步现代化学校、市规范汉字书写示范学校、市书香校园、市依法治校示范学校、市体育传统项目学校十佳学校、市数字化学校。

唐文训、崔秀范、周文连、任纪顺、周士臻、陈现龙、孙启忠、崔志孟、唐效赣（执行校长唐家坤、唐效勤）先后担任校长。

杏坛陈迹

原沂源县第四中学 始建于1960年3月，从张庄、黄庄、徐家庄、鲁村等7个公社招收学生54人，暂由鲁村完小代管，时称鲁村完小中学班，刘稷田、孔凡章任教。1960年秋，迁至鲁村公社寺岭。1961年8月，全县学校布局调整，更名为沂源县第三中学。1962年7月，学校迁至草埠“十八亩地”，占地面积2.3万平方米，教职工15人。1968年，成为完全中学，皆为二年制。1976年8月，更名为沂源县鲁村中学。1980年，学制改为三年。1986年8月，受草埠煤矿采煤塌陷影响，学校迁至鲁村煤矿驻地。1987年9月，沂源县政府发文《关于变更县管中学校名的通知》，鲁村中学更名为沂源县第四中学，改制为普通高中。1989年，初中部划归鲁村镇政府管理。2006年，沂源四中整体撤并。

校舍改造前的沂源四中（1990年）

原鲁村镇第一中学 前身是鲁村联中，始建于1968年，有2个初中教学班。1976年，增至6个班。1989年，镇政府出资在镇政府旧址建教学楼1座、实验室9间，校园面积2.38万平方米，建筑面积2360平方米，硬化路面2100平方米，校园美化绿化3000平方米。1990年春，鲁村联中、小黄庄联中、鲁村四村联中、北官庄联中和沙沟联中合并迁入，有18个教学班，命名为鲁村镇中心中学，1991年，更名为鲁村第一初级中学。1996年，更名为鲁村镇第一中学，26个教学班。2006年，鲁村镇教育布局调整，在沂源四中校舍的基础上，镇政府征地2.67万平方米，新建教学楼2座，总面积达5.94万平方米，鲁村第一中学、鲁村第二中学合并，迁入原沂源四中旧址，更名为鲁村中学；8月，并入沂源县鲁村中学。

原鲁村镇第二中学 原名草埠联中，始建于1969年，有3个教学班。1985年，增至12个教学班。1987年，鲁村镇西部3所联中搬迁至草埠原沂源三中旧址，改称鲁村镇第二中学。1998年，创成淄博市规范化学校。

原鲁村联中 始建于1968年，校园占地6670平方米，教室18间，主要承担初中教育。1970年，开始招收高中班，二年学制，每级2个班，每班54人，共有3届毕业生，324人。1978年，停止高中招生，恢复初中招生。1990年2月，并入鲁村镇第一初级中学。

原徐家庄联中 建于1968年，在徐家庄完小增设“戴帽”初中班。其中，1971年，开办一年高中班。学校最大规模3个班120人；1988年，并入徐家庄中学。杨德桐、翟佩和、左义田、侯学礼、左发田等先后任校长。

原杨庄联中 1977年，在东北山改建杨庄联中，北屋8间，任绪明、亓宝忠、吴会常先后任校长。1985年，迁至原8070厂5号楼。1986年，并入徐家庄中学。

原四门地联中 位于村北练武厅处，办公室2间、教室10间。1970年，四门地、下土城、上土城、西峪、松崮后坡5个大队联办，为二年制初中，取名四门地联中，每年有学生120余人，翟生厚任校长。左兰田、左安田、秦贞翠、左义田、何桂琛等先后任教。1975年，学校撤并。

原沙沟联中 1974年，沙沟、曹家庄、上头庄、崮山、泉子官庄5个大队（“东五庄”）联办初中，取名沙沟联中，单兆宜、接太荣等任教。1976年，曹家庄大队办起“戴帽”初中班，学制二年，连收2届，毕业生80余人。1978年，迁入沙沟大队移民新村前新校。前后4排，教室30间，有小型操场。集小学、初中于一体，唐光远任校长。1990年，撤并至鲁村一中。

原崮山联中　1976年，崮山小学改名为崮山联中，招收上头庄大队、泉子官庄大队2个初中教学班。1980年，合班并校，初中部合到沙沟联中。

原北官庄联中　1976年成立，初中学制为二年。生源主要来自北官庄、王村、西寨、王家坪、吴家庄、小北庄、石家庄等大队。尹守太、周世宽、李德庄等先后任教。1990年，并入鲁村一中。

原西官庄联中　1972年成立，招收本村及附近几个村庄学生。1980年后，改为三年制，每个年级1个班，李启献、李庆洲、杜文贵、周国福、齐登军、齐登彪等先后任教。1988年，合并到鲁村镇第二中学。

原小黄庄联中　1972年成立，为二年制初中班。1980年，搬迁到崔家林，3排40间8口教室及办公室、宿舍、伙房等。从小学到初中8个年级，学生300多人，初中部最多时服务南岭片区10多个村队的学生。1990年，合并到鲁村一中。

原埠西联中　1975—1980年，大队办起“戴帽”初中班（开办初中部），成立埠西联中，董继忠任校长。1980年，撤并至徐家庄中学。

原王村联中　1970年，在王村完小增设“戴帽”初中班，小学五年制、初中二年制。1984年，新建校舍1处。1982年，初中班迁至北官庄联中。

原南岭联中　1970年，在南冯家沟大队成立南岭联中，新建教室6间，利用原先门市部西屋当教室，教学班扩大到6个班，郑书祥任校长，周士忠、史修良、尹守太、刘承漠、刘德礼、王明阳等任教。1974年，李庆尧任校长，新增教师刘祥礼、齐增山、唐文训、刘克水等。1977年，周文智任校长，教师有秦成水、张友珍、刘克增、刘业文。1979年，张仲宝任校长，新增教师伊志新、刘少文等。1980年，搬到小黄庄联中。

原舍庄联中　1983年成立，学制三年，校长唐建安，周国栋、国成新、张荣民、任永远等任教。1988年，撤并至鲁村二中。

原王家石沟联中　1967年，在完小基础上，成立王家石沟联中。1971年，新盖校舍18间。1975年，校舍翻修成带阳台教室，增盖4间办公室，达到30间校舍规模。8个大队的学生在此就读。李家宝、周士臻、张仲宝、许曰亮、张忠荣等先后担任校长。侯印翠、刘同德、魏汝祥等先后任教。1989年，初中班合并至鲁村二中。

原青杨圈中学　1969年，在村西成立青杨圈中学，设初中2个班，生源来自安平、闫家庄和包家庄3个大队。1971年，中学成为沂源十四中农机知识实践基地，由逯纯友担任农业机械知识指导教师。左效武担任校长，刘绵成、左安田、翟玉德、左效成等先后任教。1973年，中学撤销，学生转到沂源县第十四中学初中部。

原草埠联中　1969年成立，学制二年，学生200余人，教师有张家祥、齐京山、李家海等，崔贯忠任校长。1984年，村庄整体搬迁，学校迁新址，规模扩大，1—5年级7个教学班，在校生284人，周士忠任校长，齐登祥、王连美、袁洪清、刘文法等先后任教。1987年，搬迁至沂源三中旧址，改称鲁村第二中学。

原月庄联中　前身是1964年开办的月庄农中。1970年，改为月庄联中，有小学、初中7个年级，招收附近10个大队的250余名学生。崔成章、马振邦等任校长，徐勤、杜文贵、崔成贵等先后任教。1980年，初中撤至杨庄联中。

原埠前联中　1970年，埠前小学增设“戴帽”初中班，更名埠前联中。1984年，合并至杨庄联中。

原小张庄联中　1971年成立，设初一、初二2个班。1984年，小张庄联中迁至国营8070厂办学。齐登秀、唐传廷、张贯之、李庆尧、李庆周等先后任校长。1986年，并入徐家庄中学。

原石门联中　1975年，成立石门联中，服务该大队、福吉山、李家泉、李家庄4个大队学生。

1984年，联中撤销。

原姬家峪联中 1974年，成立姬家峪联中。1980年，合并至徐家庄联中。

原鲁村四村联中 建于1975年，地址在本村小学，1978年停办。1984年，鲁村联中招收4个初中班。因校舍不够，借用鲁村四村小学校舍安置2个班。1985年，设立鲁村四村联中，刘启升任校长，招收1个班。1987年，招收2个班。1988年，招收1个班。1990年，初撤并到鲁村镇第一初级中学。

原齐家石沟初中班 1979年，在齐家石沟小学增设1个初中班，3间北屋为初中班教室，刘持瑚任校长，刘同富、刘新义任教。开设一个学期后撤并。

原临沂矿务局草埠煤矿职工子弟学校 20世纪80年代中期，草埠煤矿在原后勤处盖三层楼1栋，创办职工子弟学校。1986年2月奠基，1987年5月竣工。1988年9月1日，举行开学典礼，1—8年级8个班同时招生，在校学生260人，教职工20人。1989年，学校附属幼儿园建成，3个班级开始招生，在园幼儿60余人，教职工3人。建校20余载，学校高峰期教职工32人，小学、初中生有400余人，幼儿园有100余人。2007年11月，学校整体移交给鲁村镇政府。

成人教育

概　况

域内成人教育始于1946年。该区域解放之初，山村识字的人少，全县民校开始兴办，各种形式的识字班、民兵班、夜校等陆续开展起来，组织识字学习。鲁村区的舍庄民校办得有声有色，其经验刊登于1946年春《鲁中大众》。1958年，“大跃进”时期达到小高潮，三年经济困难时期成人教育基本停顿。1963年后，逐渐恢复。1966年，“文化大革命”开始，部分大队的成人教育一度停办。1972年，成人教育开始恢复，以扫盲为主的成人教育纳入基础教育工作，成为各村队小学正常工作。

1977年后，农民业余教育重点转为各类技术班，多以有专业技术的村队或几个村队为依托，由公社相关部门牵头，组织农村实用技术培训学习。办得比较好的班有公社林业站与崮山大队的果树班；防疫站的畜牧班；农技站的良种培育试验班；妇联与沙沟大队的草编班、与鲁村5个村的缝纫班；科协与草埠的食用菌班和菌肥班；农机站的拖拉机班；黄烟站与曹家庄和南官庄的黄烟班；蚕茧站与王村和石沟的桑蚕班等。

1981年，中央农业广播学校开播，公社农技站组织回村初、高中生参加学习。1990年后，把每届年轻村干部都编入学习班，有很多村干部通过坚持学习相继取得了中专或大专学历。

1988年，利用草埠联中校舍成立鲁村镇农民文化技术学校，配备专职校长、教师。1989年，开始实施以培训实用技术人才为主的“燎原计划”，鲁村被省教委评为实施“燎原计划”示范镇。

1994年，鲁村镇农民文化技术学校更名为鲁村镇成人教育中心学校，职业教育和成人教育进入新发展阶段。1995年，镇政府投资80余万元，建成1340平方米成教中心综合楼，将成人教育中心学校从草埠迁到镇政府驻地。

自1996年起，全面开展各村成人学校建设，至1999年，全镇所有村都建起村成校，村成校在镇成教中心学校指导下开展立足本村实际的成人教育工作，积极争创市级规范化村成人学校。截至2015年，全镇有56个村建成市级规范化村成校，建立专业技术互助组60多个。

杏坛陈迹

原青杨圈农业中学 1974年，在牛栏峪创办青杨圈农业中学，设农技班和初中班。农技班以劳动为主、学习为辅，重点学习农业实用技术，课程包括果树栽培与管理、农作物科学种植、改河造地、荒山绿化与管理、畜牧业养殖技术等；初中班采用半日学习、半日劳动的模式，以学习文化为主、劳动为辅，以初中正规课程进行教学。1978年，在初中班基础上，增设高中班。办学期间，农中有3个班50余名学生，生源涵盖涝坡大队、安平大队部分学生，教室10间、办公室2间、伙房2间、养猪场

6间。被临沂地区教育系统评为先进单位。左效武任校长，教师有宋思明、左效成、王厚生、吴建顺等。1979年，青杨圈农业中学撤销，学生并入沂源县第十四中学高中部。

原龙子峪农中 1974年，龙子峪新建农中，校舍4间，占地面积660平方米，只招收1届学生30余人，自编乡土教材，培养出一批生产队会计、保管等。教师有陈红叶、唐效芳、咸德才等，张学法任校长。

原月庄农中 1964年，开办月庄农中，一个年级1个班，3间东屋作为教室兼办公室，崔成章任教师。1970年，改为月庄联中。

原鲁村镇成人教育中心学校 1994年，鲁村镇农民文化技术学校更名为鲁村镇成人教育中心学校（简称成教中心）。1997年，成教中心学校开始探索举办职教班，先后举办经警职业教育班、幼师学历教育班、2个“3+1”职教班。2010年后，主要开展以农村富余劳动力转移方面的培训，先后开展电工焊工培训、镇内企业员工岗前培训、“万村千乡工程”技能培训、水利移民帮扶项目培训等，有500多人通过培训获得电工、焊工、初级微机操作、企业安全员、家政等从业合格证。2012年，合乡并镇后，徐家庄成人教育中心学校合并至鲁村镇成人教育中心学校。2019年8月，鲁村镇成人教育中心学校撤销。王加国、齐元学、唐文淮、翟山厚等任教，齐元亮、李德庄先后担任校长。

原徐家庄乡教育成人教育中心学校 1988年，徐家庄乡成立农民文化技术学校，配备专职校长教师。1989年，开始实施以培训实用技术人才为主的“燎原计划”。1994年，徐家庄乡农民文化技术学校改为徐家庄乡成人教育中心学校，工作重点转向对农村脱盲青壮年的劳动技能培训，开展种植、养殖等方面的技术培训，推动村级成人学校建设，督促和引导村级成人教育。2012年，徐家庄成人教育中心学校并入鲁村成人教育中心学校。刘安龙、崔现柱、赵中宝、黄家禄先后任校长。

校园琐忆

永远的鲁村中学

2006年6月，沂源四中（时为高中）撤并到县城学校，鲁村镇的2所初中学校（鲁村一中和鲁村二中）合并到沂源四中所在的校址，命名为沂源县鲁村中学。

鲁村中学校园面积有80多亩，建校之初，基础设施包括沂源四中的旧校舍和2座新建的教学楼，此外，校园南部有一块准备建操场的空地。沂源四中的校舍始建于20世纪80年代，有3座是分别用于教室、男生宿舍、电化教学和理化生实验室的瑔屋，1座是用于女生宿舍的五层楼房，还有用于教师办公和宿舍的3排平房。基础设施最多可以满足12个教学班的教学和师生住宿的需要。新建的2座教学楼可容纳36个教学班。而鲁村中学的第一届新生就有近700人，学生总数达到了2216人，班容量多达60多人。因此，现有的教室、办公室、师生宿舍、各种功能用室等学校必备的基础设施显得捉襟见肘。教职工住宿、学生住宿全部安排到学生宿舍楼，教室安排在2座新建的教学楼，理化生实验室和电教室仍然安排在沂源四中的功能室。优先安排教室、功能室和学生宿舍后，每个年级20几位老师只能挤在沂源四中留下的2间教室里办公。

当时面临的困难和压力不仅仅是校舍紧张，还有平整操场、清除杂草、移栽花木、整修路面、老校舍改造等一系列校园建设的后续工作都需要尽快完成。但最主要的是要保证教学工作的正常开展，保证教育教学质量不能滑坡。

2006年暑假，学校围绕如何提高教育教学质量这一核心任务，对面临的问题、具体的工作进行梳理，对解决方案进行反复论证。最后确定继续实行鲁村一中的分级管理模式，并把原来只在教学工作中实行的分级管理深入推进到学校的全面工作。把教学工作、教师队伍建设、学生管理、校园建设等各项工作整体分配到年级，让年级形成一个独立的管理单元。目的是让2所学校的老师在共同完成各项工作的过程中加快磨合，相互取长补短，增强凝聚力，同时提高领导和老师解决问题的能力。

建校之初，办公条件差，教学任务重，老师的课时量远远超出规定的标准。另外由于种种原因，除了校舍改造要请校外工匠，清除杂草能够让学生利用劳动课完成之外，平整操场、移栽花木、整修路面等大量工作全部由老师们去做。老师们一边上课一边劳动，常常是从教室到工地，从工地到教室，几乎不回办公室。只有在吃饭时间，一边吃饭一边备课，甚至在下午放学后还要加班，再苦再累也从没有怨言，每一项任务都按时完成。占地5.34万平方米的校园用了2个多月的时间就完成全部改造和整理，校容校貌焕然一新，学校的各项工作也步入了正轨。

合校后的第一次中考（2007年），即获沂源县初中毕业年级教学质量优胜奖，同时获沂源县教学工作优秀单位。之后，连续3年学校都被评为沂源县教学工作优秀单位，这是政府对学校工作最大的肯定和最高的褒奖。（孙启忠提供资料）

鲁村联中蜕变记

1986年之前，鲁村联中给人的印象是破烂不堪，仅有3排石头瓦房。墙是用大块的石头垒砌，屋面是红瓦，玻璃木门窗。办公室的办公桌是木制的三抽桌，桌上摆满了一摞摞作业本。教室里，课桌是用水泥板垒砌的，坐凳五花八门，是学生从家里带来的。室内除了前后2块水泥黑板，再也找不到其他教学设施了。全校6个班，初一到初三各2个班，有3间伙房，2间教师宿舍，跟鲁村中心小学共用一个土质操场。校园足有15亩地，没有绿化，仅在最前排教室院子里有5棵2人合抱粗的白杨树。

1986年始，鲁村镇政府集全镇之力，在镇政府大院旧址（鲁村西桥东侧，与鲁村三村为邻），新建1座能容纳18个班的3层教学楼，样式独特。楼正中是方正的教室，两头是圆弧形办公室；楼顶起脊，红瓦覆面，庑殿顶。教室内前后2块水泥黑板，无其他教学辅助设施。伙房、图书室、会议室、行政办公室、图书阅览室等功能用室，全部沿用镇政府留下来的平房。在校园西南，新盖21间平房，作为理化生准备室和实验室。1990年春，鲁村联中等鲁村东片区的5所联中，全部合并到这新校园，更名为鲁村一中。新学校，占地2.33万平方米；新教室，每室容纳学生50人，新旧课桌兼有，坐凳依然学生自带。操场在教学楼后，是一面斜坡，需要挖掘整理。当时，镇政府财政困难，这操场整平的任务交给了学校。学校采取责任分工制，每班分1块，师生齐下手，镢头刨，木车推，用了1个月时间，整出250米跑道的操场。师生在这样的环境中工作、学习，尽管距离城区学校办学条件还有差距，但师生们却感到很满足。

2006年，鲁村一中旧址改建为鲁村镇中心小学，校园面貌焕然一新。西南大门，高端大气；校门内耸立的迎客松，好像时刻等待每一位进校师生和客人。原来庑殿顶的3层教学楼不见了，取而代之的是巍峨的四层教学大楼。黄白相间的外墙壁、宽大的塑钢门窗，宽阔的走廊，煞是壮观。教室内，配备崭新的自动升降课桌凳，吊扇、节能吊灯、暖气片，一应俱全。教室全部配备多媒体，网络终端进教室，wifi全覆盖。黑板、白板、显示屏，辅助教师教学。加固装饰后的办公楼，与教学楼前后相对。图书阅览室、心理咨询室、卫生保健室、少年宫、行政办公室、音美器材室等，全部设置在此。两楼中间是集绿化与文化于一体的“雅园”；办公楼前是占地3200平方米的“博园”。“博园”“雅园”，蕴含着鲁村中心小学崇尚“博雅”文化之意。教学楼后，土操场改建成250米塑胶跑道、面积2000平方米、人工草坪2340平方米的塑胶操场。教学楼西侧，原来12间瓦房的伙房，变成了结构坚固、美观

重建后的沂源县鲁村镇中心小学教学楼（2016年）

大气的餐厅。厅内，4人一组的连体餐桌、制冷取暖设施俱全。与鲁村一中时期伙房吃饭用的小“八仙桌”、小马扎，条件差距真是天上地下。10间瓦房的“小卖部”，变成了多功能报告厅，报告厅软座椅、空调、计算机、大屏幕，一一按设计配置安装。原来鲁村一中7间屋会议室的编织袋天棚、昏暗的灯光，早已成为历史。

在同一片校址上，从鲁村联中到鲁村一中，再到鲁村镇中心小学，是教育投入的不断加大，带来了学校校舍及配套设施质的飞跃。

（唐光川提供资料）

校园拾遗

徐家庄联中——地主大院

徐家庄联中原是大地主“恒顺堂”家三少爷的大院。大院进门正对的是一排长长的西屋，本来是两层的，早年失火，二楼焚毁，改为平房。西屋把大院分成东西两院，东西两院的中间又有房屋隔开，分成前后院，使得整个大院呈“田”字形的4个庭院。虽然院大房多，可作为一所完整的乡镇联中还是勉为其难。虽然也算高堂阔府，可旧式的老屋，房间大小不一，门窄窗小，光线暗淡，冬天无炉取暖，夏天通风不畅。那时天冷，冬天衣少，门窗透风漏气，脚冻得不能走路，手握不住笔，是常有的事，多数学生手脚和脸上都有冻疮。实在受不了的时候，老师偶尔允许跺脚取暖，于是，教室地面上飞起的尘土，令人窒息。四年级以下，教室里没有桌凳，从村民家中借来长短和宽窄不同的木板，用石块或土坯支起，就是课桌了，学生自己带板凳或木墩。尽管高年级的课桌简易得连桌洞都没有，老旧不堪，榫卯松动，桌面不平，可同学们还是由衷地羡慕，向往着自己哪天上学不用带板凳了。黑板都是用水泥直接泥在墙上，然后涂上墨汁和锅灰。水泥的密度不均匀，粉笔在上面写字时常打滑，字迹模糊不清。新涂的黑板，脱落的锅灰和粉笔末往往让勤奋的老师（写得多，擦得多）变得“两鬓苍苍十指黑”。校内没有操场和跑道，操场只能和生产队的打谷场共用。两根木杆上的篮板是学校唯一的体育设施，鼓了泡的那个篮球便是唯一的体育器材。那时沂河岸边的沙滩宽阔平坦，全乡学生运动会和庆“六一”大会都在河边沙滩举行。那架“五音不全”（有些按键已经坏了）的脚踏风琴，应该是学校最高档的教学器材了。因为没有音乐老师，很少有人弹奏成曲，偶有心灵手巧的民办老师用“一指禅”弹出一段简单的曲调，那是校园里最美的音乐，总会引来很多的学生挤在办公室门口动情聆听。简陋的校舍和设施之外是师资的缺乏，小学老师基本是民办教师，有些是部队转业军人，中学毕业的就是高水平了。到了初中就有个别师范毕业的正式老师。其实，在地主老宅里上学，条件是很好的。因为大多数的乡村小学都是透风漏雨的石头草房，甚至没有窗户。

沂源十四中校舍（20世纪70年代）

沂源十四中——汇泉寺

沂源十四中是一所由寺院——“汇泉寺”改建的学校。那时是高中，虽属正规中学，但条件依然简陋，寺院在民国时期就做了学校，直到新中国成立后才有所改造。几排石墙瓦房，取代了前几年才拆除的和尚房，但那棵郁郁葱葱的千年古柏和仍然用作学生宿舍的佛殿，以及周边的残垣断壁，还是清晰地呈现出寺院的轮廓和影子。低矮的教室有的门板已经脱落，窗玻璃残缺不全，冬天不得不用土坯将后窗堵死。不管室内室外都是泥土地面，晴天尘土飞扬，雨天泥泞难行。学校没有自来水，那个石砌的小水塔仅供应食堂用水。全校师生无论洗涮还是饮用，不管春夏秋冬，就靠慷慨喷涌、四时不竭的“汇泉”了。20世纪80年代，沂源十四中校园的北半部，虽然泥土地面，凹凸不平，偶有山石裸露，但总算是做了平整；校园的南半部仍是原生态的荒郊野坡，巨大的卧牛石无规则地排列着，中间生长着荒草，像一片牧牛的草场——那是学生的露天食堂。因有的同学从家里带的是窝头、地瓜等寒酸的午饭，又无钱从食堂买菜，不好意思在教室吃，所以不管五冬六夏，无论寒风烈日，每到饭时，大家用搪瓷茶缸接了泉水，带着煎饼和咸菜等，三五成群，坐在卧牛石上“野餐”。偶尔花2分钱，买一铁勺白菜小豆沫，那就是改善生活了。学校的操场，只是校园外面整平的一片山坡，那是全校师生镐刨钎凿，肩挑人抬整平的。那年为了迎接县运动会在十四中召开，大家从家里带了锨镐和手推车，全校停课几周，任务分到各班，硬是在大会之前，把操场拼了出来，从此，虽然雨雪天气都不能用，但是学校总算有了百米跑道的操场。

恢复高考后，有志参加高考的学生开始住校，大房间，大通铺，三四十人，没有床，自带草苫和被褥。夏天人多闷热，冬天早晨醒来头上会有冰霜。夜晚天黑，校内无灯，厕所离得远，大家门口小便。宿舍门口夏天骚气冲天，冬天小便冻成冰山。高中的正式老师相对多了，但还是很多的民办和代课教师，很多时候老师解不出难题时，会求助学习好的学生，师生群策群力，共教共学，共同提高。像“儿不嫌母丑，狗不嫌家贫”一样，学生们依然爱着自己的学校和老师，不管是学农林（高一有农林班）还是数理化，都扎扎实实，勤勤恳恳。40多年过去了，当时的学生们依然记得石硫合剂如何熬制，依然记得促使果树花芽形成的措施是拿枝、扭梢、环剥。1978年，沂源县举行第一届全县数理化竞赛，沂源第十四中学代表队，虽然两年的课程只学了一年，还是完胜全县所有学校，荣获团体总分第一名。到了20世纪80年代，拆除了佛殿。90年代建起了教学楼，校园面貌大为改观。

沂源三中——炼钢厂

沂源三中是当时沂源县4所县直属中学之一，坐落在鲁村镇草埠村与舍庄村之间的一片开阔的农田中间，是前不着村后不着店的“十八亩地”。天气好的时候，车辆可以开到学校，雨雪天气道路无法通行，学生上学只能在草埠或者南官庄下车步行到校。学校是20世纪60年代在一个原炼钢厂遗址上建起来的，算是当时条件较好的学校。高高的水塔是学校的标志性建筑，苏式风格的几排教室虽然低矮，但门窗玻璃也算完好，校园的最后一排是职工宿舍，宿舍后面是操场，在校外。教室、操场、道路等校园地面都没硬化，只有办公室地面铺了粗糙的红砖。校办工厂有一个镀锌车间，还有2台自动油印机，可以油印试卷、讲义等，对外承接业务，是当时全县最先进的印刷设备。校园东半部是空地，老师们每人分一小块做菜园。教工宿舍前的树下有一个磨盘，老师们食堂打了饭菜围着磨盘吃，磨盘周围是教职工的文化广场和信息交流中心。磨盘也是对弈的场所，围观者比棋手多。宿舍前有一副砖块支起的乒乓球台，水泥的；教室前有一个篮球场，是教职工的主要活动场所，每天下午的饭后年轻教师们必有一场激烈的厮杀，夏天干脆穿着拖鞋上阵。学校还有一台17英寸的黑白电视，晚上观看中国女排争夺“三连冠”，大家群情激昂。偶尔看电影，要步行到草埠煤矿电影院。三中的校风正，学风浓，师资水平相对较高，多是支援沂蒙山区的县外教师。老师们任劳任怨，勤奋敬业。有些县外教师从毕业分配到离岗退休，夫妻分居，在这个远离县城的十八亩地里，奉献了自己的一生。

1985年，学校搬迁至鲁村镇驻地，由沂源三中改为沂源四中，由完全中学改为普通高中。1986年，学校顺利搬迁至交通便利、经济繁荣、风景秀丽的琉璃河畔。（王学永提供资料）

剪纸 《一路欢歌》 武玉静（沂源县南鲁山镇中心小学教师）

大张庄镇学区

记忆沂源·教育体育卷

扫码看视频

扫码听书

概　述

2023年9月，大张庄镇学区有中学1所、小学3所、幼儿园3所。中学有16个教学班、学生472人、教师95人，小学有23个教学班、学生590人、教师73人，幼儿园有11个教学班、学生239人、教师32人。

清末民初，域内有私塾16处、学堂5处。教材有《日用杂字》《百家姓》《千字文》等，应考课程主要为“四书五经”，兼学《古文观止》《孝经》及韵律、对仗等，写作八股文，私塾先生多是秀才。清末，唐庄村顾海门、北村刘瑞芝、大三地村赵致绅、旋峰峪村李继昌相继考取秀才，南村姜渭滨考取监生。

新中国成立后，学前教育、小学教育、中学教育、成人教育得到全面发展。

1953年，张庄区政府成立文教组，负责教育教学管理。1962—1969年，由文教助理负责全公社教育工作。1971年，张庄公社成立教育组，学校秩序日趋稳定，小学公办教师由“吃工分”改为发工资。1982年，公社教育组改为公社中心小学，以中心校长取代过去教育组长，小学由县教育局和乡镇政府双重领导，实行联中、小学分管，改变原来由教育组负责人统管的办法。

20世纪80年代初，大张庄人民公社（区）全面普及初等教育，学制由二年制改为三年制，使用全国统编教材。1988年，公办教师评定职称，实行教师全员聘任制。翌年，民办教师评定职称，贯彻落实《全日制中小学教学全过程常规要求》。1991年，设立沂源县大张庄乡教育委员会（简称大张庄乡教委），负责管理全乡各学校。同年，成立中心小学、中心中学、中心幼儿园。1993年，全面推行校长选聘负责制、教师定编聘任制、岗位目标责任制“三制”改革。1994年，大张庄乡教委改为大张庄乡教育中心，普及九年制义务教育。2001年，沟泉镇有2所学校（赤坂完小、东唐庄完小）划归大张庄乡教育中心管理。2002年9月开始，实施农村中小学现代远程教育，3年实现网络“班班通”。2003年，张庄中学中考成绩位列全县第二、乡镇第一；12月，大张庄乡教育中心更名为大张庄镇教育体育管理办公室。2017年，按照省级标准，全镇各学校健全功能室，配齐设施设备，教室及部分功能室配有电子白板等多媒体设备，校园网络全覆盖。同年冬，实施煤改电工程，部分学校实现空调取暖。2019年，大张庄镇完成合班并校工作。2021年3月，大张庄镇教育体育管理办公室更名为大张庄镇学区，负责管理辖区内1所中学、3所小学、3所公办幼儿园。

巩振岳、赵中华、赵孝光、徐博文、王杰鲁、房春华、公丕铸、李安本、左根田、李同聘、翟新农、江伯烈、房思礼、杜春瑞、张士学、李云山、周振智、吕胜远、孙玉、何秀堂、王功忠、亓培义先后担任大张庄教育管理机构负责人。

20世纪80年代，张庄中学水泥黑板

学前教育

概　况

1951年，左家旁峪村成立托儿所。1955年，董家河沟开办托儿所。人民公社成立后，各大队开始成立幼儿园。1958—1960年，除开办一批常年托儿所外，还办起农忙托儿所、地头托儿所、邻里托儿所等。1966年，各大队幼儿园相继停办。其后，幼儿园改成“育红班”。

1980—1990年，宋家峪、牛栏峪、南旋峰等先后开办“育红班”、幼儿园。20世纪90年代，学前教育发展迅速，淤土地、茧场、松崮、南岩、赤坂、东唐庄、旋峰、曹家庄、刘家旁峪、左家旁峪等村相继成立幼儿园，镇中心幼儿园扩建。

20世纪90年代末，国家鼓励社会力量开办幼儿园。1999年，南岩四村吕同芬自费办起域内第一所民办幼儿园。2002年，曹家庄村齐山云创办第二所民办幼儿园。2004年，房家圈幼儿园撤并至松崮幼儿园。2010年，大三地幼儿园、旋峰幼儿园、娄家铺子幼儿园等并入镇中心幼儿园；赵家旁峪幼儿园、刘家旁峪幼儿园、左家旁峪幼儿园、宋家峪幼儿园、南岩同芬民办幼儿园并入松崮幼儿园；曹家庄民办幼儿园并入曹家庄幼儿园。曹家庄村、马峪村、大洼村、磨石山村、双庙村、福峪村、向阳峪村幼儿全部到曹家庄幼儿园上学。2015年、2016年、2019年，茧场、淤土地、赤坂等村幼儿园分别并入镇中心幼儿园。2022年底，全镇幼儿园完成撤并整合。辖域内共有3所公办幼儿园，即镇中心幼儿园、松崮幼儿园、曹家庄幼儿园，在园幼儿436人。

学校简介

沂源县大张庄镇中心幼儿园　位于大张庄镇宏大路1号（镇政府南邻），占地面积5600平方米，建有教学楼1座，建筑面积2077平方米。2023年，有大班3个、中班2个、小班1个，幼儿158人、教职工21人。

幼儿园于1986年9月建园，初期园址位于北村驻地老张庄完小，有8间教室，开设小、中、大班，共招4个班，幼儿82人。1997年9月，迁至大张庄镇学区院内，有8间教室，1个小班、1个中班、2个大班，幼儿120余人。2010年9月，合并旋峰幼儿园、大三地幼儿园、娄家铺子幼儿园，新建2间教室扩班，幼儿人数200余人。

沂源县大张庄镇中心幼儿园（2023年）

2012年，镇党委、政府总投资500万余元，按山东省乡镇中心幼儿园标准建设新园。2014年1月，通过山东省教育厅乡镇中心幼儿园认定，设6个教学班，入园幼儿180人。2015年，合并茧场幼儿园。2016年，合并淤土地幼儿园。2019年，合并赤坂幼儿园，人数达208人。

幼儿园确立“以爱启智、和谐发展”办园宗旨，以乡土资源（沙、土、石、树枝、秸秆、塑料等自然资源）为依托，开设园本课程，并将课程融入幼儿一日活动中，调动幼儿学习积极性，使其在真实情境中直接感知，动手操作，亲身体验，在摸摸、看看、问问、动动、做做、玩玩中进行深度学习。从幼儿兴趣爱好入手，寓教于乐，融情操教育于其中，使幼儿形成独立自理、乐观自信、积极向上、具有亲和力和团队精神的健康人格。

幼儿园被评为省级示范园、淄博市示范幼儿园、市首批数字化幼儿园。

王德新、崔宝香、李乾彬、李秀梅、相琼、唐家帅（主持工作）先后担任园长。

沂源县大张庄镇松崮幼儿园　位于大张庄镇松崮村，占地面积约1900平方米。2023年，有小、中、大班共3个班，幼儿51人、教职工7人。

幼儿园创办于1985年。园址在松崮完小北侧，有4间教室，招收中、大班2个班。1998年，松崮村集体出资新建幼儿园，开设大班、中班。

2010年，松崮中心幼儿园成立，开设小、中、大班。刘家旁峪幼儿园、左家旁峪幼儿园、南岩幼儿园、张家旁峪幼儿园、宋家峪幼儿园并入该园。

2018年，利用国家专项学前教育资金20万元、镇党委政府筹集30万元，新建餐厅2间，维修校舍26间，新配备大型玩具、桌椅橱床等教学设施，改善办园条件。2019年，利用国家专项资金90万元，争取香港福建希望工程基金会志娟基金捐赠55万港币，历时1年，于2020年10月建成建筑面积540余平方米教学用房，功能室齐全，投入10万元购置触控一体机3台、空调5台以及全新桌椅、区角橱、午休床，办园水平得到提升。

沂源县大张庄镇松崮幼儿园（2023年）

幼儿园确立“以自然为本、启探索之蒙、创童梦乐园”办园宗旨以及“自然育人、育自然人”办园理念，为幼儿提供亲近自然，了解自然的机会，将自然教育、事物教育和人为教育三者结合起来，促进幼儿身心健康发展，德智体美全面提高。

2023年，幼儿园被评为山东省一类幼儿园。

董忠云、陈传荣、齐俊杰、左孝娥、张兆慧等先后担任园长。

沂源县大张庄镇曹家庄幼儿园 位于大张庄镇福阳峪村，曹家庄完全小学院内，占地面积800余平方米，建有教室2间，建筑面积140平方米。2023年，有小、中、大3个班，幼儿25人、教职工3人。

幼儿园前身为曹家庄“育红班”，创建于1984年，原址在村3户民宅院内，分大、中2个班，招收幼儿40余人。1987年，在村中建教室3间，招收幼儿50余人，生源来自周边村，张荣凤、王秀花等任教。1994年9月，迁至福峪村曹家庄完全小学院内，时称曹家庄幼儿园，有2间教室，小、中、大班共3个班，幼儿60余人。2010年，新建教室4间。同年，齐山云私立幼儿园并入曹家庄幼儿园。

沂源县大张庄镇曹家庄幼儿园（完小院内　2023年）

2011年，硬化场地，购置大型玩具，新建活动场地、水池等设施。2016年，新建教学楼1座，幼儿园迁入楼内办学。

2020年1月，幼儿园创成山东省三类幼儿园。

包培云、齐山云、王孝芳和亓慧（主持工作）先后担任园长。

杏坛陈迹

原左家旁峪幼儿园 1951年，在村老学校设立托儿所，有4间教室，设2个班。1985年，在左家旁峪小学南边，新建校舍6间，独立成院，招收幼儿30余人。1995年，张家旁峪幼儿园撤并到该园，招收2个班，幼儿达50余人，左进花、左进霞等任教。2010年，该园合并到松崮幼儿园。

原刘家旁峪幼儿园 1986年，在丰山前建3间校舍，招收幼儿30余人，董昌玲任教。1995年，迁至东沟原左家林处，建房屋3间，房秀娜任教。2010年，该园合并到松崮幼儿园。

原南岩四村幼儿园 1985年，南岩四村“育红班”成立，牛同英任教。1992年，“育红班”改为南岩幼儿园。1996年，在南岩四村公路南建民办幼儿园，占地面积1333平方米，其间吕同芬任教。2010年，该园合并至松崮幼儿园。

原赵家旁峪“育红班” 1996年，成立“育红班”，先后由左效琴、张艳芳、苗纪香等任教，设在村小学内。2005年，“育红班”合并到刘家旁峪幼儿园。

原张家旁峪幼儿园 1958年，张家旁峪“育红班”成立，有教室1间，幼儿50余人，张振香、张立俊等任教。1995年，改名张家旁峪幼儿园。同年，并入左家旁峪幼儿园。2000年，幼儿园迁回张家旁峪村。2010年，该园并入松崮幼儿园。

原房家圈幼儿园 20世纪60年代初，大队开办托儿所。1985年，房家圈村在小学院内开办“育红班”，房孝凤、苗纪玲、张合芹任教，入学率达95%以上。1994年9月，“育红班”改名为幼儿园。2005年，该园撤并至宋家峪幼儿园。

原宋家峪幼儿园 1985年，宋家峪村“育红班”成立，在村小学占用6间教室，刘道兰等任教，招收幼儿20余人。1994年9月，改称幼儿园，左孝娥等任教。2010年，幼儿园撤并至松崮幼儿园。

原董家河沟幼儿园 1955年，在该村一处民宅开办托儿所，熊自富任教，招收幼儿20余人。1963—1966年，大队开办半日班，何秀香任教。1979—1983年，办起“育红班”。1992—1997年，何心兰、徐志芬、孙孝美等先后任教。1994年9月，“育红班”改称幼儿园。2005年，幼儿园并入南岩四村同芬园。

原赤坂幼儿园 1975年，赤坂大队开办“育红班”，后改称幼儿园。刘学美、刘成美任教。幼儿园是赤坂小学附属幼儿园，始建于1994年，总占地面积8800平方米，建筑面积840平方米，分小、中、大班共3个班。刘梅信、陈文华、刘宫美、刘祥兰、尚翠等任教。2019年，该园合并至大张庄镇中心幼儿园。

原大三地幼儿园 建于1986年，前身是大三地村农忙托儿所，位于大三地小学院内。有2间平房作教室，设1个教学班，招收幼儿40余人。1986年，迁至包家林。2007年，随小学搬迁至村南教学楼，并改名为大三地幼儿园，有5间教室，设小、大班2个班，每班有学生20人左右，王文香、房小琴任教。2010年，幼儿园撤并至大张庄镇中心幼儿园。

原东唐庄幼儿园 1980年，东唐庄村“育红班”成立，校址在村南东唐庄小学里，李艳青任教。1994年，“育红班”随小学搬迁至村北新校，正式更名为东唐庄村幼儿园。2000年，西唐庄村幼儿园并入该园，分中、大2个班，李庆菊、张振玲任教。2018年，该园并入赤坂幼儿园。

原上淤土地“育红班” 1986年，上淤土地依托闲置民房办起“育红班”，幼儿10人左右，陈爱秀任教。2000年，并入淤土地幼儿园。

原淤土地幼儿园 2000年，上、下淤土地等7个村的“育红班”合并成立淤土地幼儿园，分小、中、大班3个班，幼儿100人，由左新花担任负责人，吕继荣、亓圣珍、杜芳、陈爱云、刘芳爱等任教。2016年，该园并入大张庄镇中心幼儿园。

原娄家铺子幼儿园 1980年，娄家铺子“育红班”成立，娄和莲、娄和云任教。1996年，1个教学班，幼儿16人，娄燕凤任教。1999年，洼子、土眉峪及周边“育红班”合并到娄家铺“育红班”，并改名娄家铺子幼儿园，李在美任园长。2010年，该园并入大张庄镇中心幼儿园。

原回峪“育红班” 1979年9月，回峪“育红班”成立，2间教室，招收1个班，刘玉香任教。1984年12月撤销。1985年2月，再次成立“育红班”。1993年，迁至东岭，吕云远任教。2002年9月，合并到大张庄镇中心幼儿园。

原旋峰幼儿园 建立于1998年春，有7间教室，开设小、中、大3个教学班，共幼儿60余人。李梅任园长，李春田、王明霞、石绍荣、李琳任教。2002年，于超莲任园长。2006年，李娟任教。2010年，幼儿园并入大张庄镇中心幼儿园。

原茧场幼儿园 1980年，在瞎汗脊梁处开办茧场“育红班”，校舍3间。2001年，在茧场完小院内成立幼儿园，校舍9间，招收幼儿30余人，娄树凤、崔西凤等先后任教。2015年，该园合并至大张庄镇中心幼儿园。

原北村幼儿园 创建于1985年，位于北村村委会旧址，有2间教室，招收学前儿童60人，李敦荣、刘琳等任教，费用由村筹办。1988年，该园撤并至大张庄乡中心幼儿园。

原东上峪“育红班” 1981年，东上峪村“育红班”依托小学建立，1个教学班，张继信、马爱香、张金凤先后任教。2002年，刘金英任教。2003年，并入大张庄镇中心幼儿园。

原小官庄“育红班” 创建于1990年，位于小官庄村小学院内，有2间教室，设1个教学班，有20名幼儿，李碧勤任教。2003年，撤并至大张庄镇中心幼儿园。

原水营幼儿园 1984年，水营“育红班”成立，位于水营村小学院内，当时设1个班，史修水、李化凤、李艾芳任教。后改名水营幼儿园。2000年，撤并至茧场幼儿园。

原土眉峪“育红班” 1985年，在土眉峪小学建立“育红班”，1个班，幼儿15人，郭守风任教。1986年，幼儿26人，李在美任教。1999年，“育红班”并入娄家铺子幼儿园。

原洼子“育红班” 1980年，洼子村“育红班”在村委会办公室成立，娄成香任教。1988年，设1个班，幼儿20人，娄树风任教。1999年，并入娄家铺子幼儿园。

原南旋峰“育红班” 1985年，“育红班”在村委成立，1个教学班，李敦凤任教兼园长。1989年，李绍叶任教。1998年，“育红班”并入旋峰幼儿园。

原北旋峰“育红班” 1987年，“育红班”依托小学成立，1个教学班。1996年，并入旋峰完小“育红班”，李爱云、李艳红、王明霞、王再荣等任教。

原地淤沟“育红班” 1987年，在北平成立，1个班，史修玲、朱明英等先后任教。1998年，并入旋峰幼儿园。

原西顾庄“育红班” 1982年，北山大队与西顾庄大队联合在该大队成立“育红班”，2间教室、2个班、20余人，李敦荣、王桂美先后任教。1998年，并入旋峰幼儿园。

原下淤土地“育红班” 1987年成立，吕继荣任教，幼儿10人左右。2000年，并入上淤土地幼儿园。

原牛栏峪“育红班” 1984年，牛栏峪村在十八盘沟用1间办公室、2间教室成立“育红班”，杜纪珍、杜娟、杜芳任教，幼儿10人左右。2000年，并入淤土地幼儿园。

原上升科“育红班” 1986年成立，左新花任教，幼儿10人左右。2000年，并入淤土地幼儿园。

原保安庄“育红班” 1984年成立，有教室2间，吴连菊、彭焕玲、刘芳爱任教。2000年，并入淤土地幼儿园。

原石柱“育红班” 1986年成立，亓圣云、亓圣珍任教，幼儿10人左右。2000年，并入淤土地幼儿园。

原北宅“育红班” 1996年成立，陈爱云任教，幼儿10人左右。2000年，并入淤土地幼儿园。

原闲场幼儿园 1990年，原闲场村与半截沟村联办幼儿园，取名闲场幼儿园，设1个班，崔西芳任教。2001年，并入茧场完小幼儿园。

原东洼“育红班” 1973年，在北梁顶新建学校，设立附属“育红班”，设1个班，幼儿10余人，杜良忠任教。1991年，刘美君、朱清英、潘传法等任教。1996年春，合并到赤坂幼儿园。

原大桑树“育红班” 1982年成立，张平菊任园长，设1个班，幼儿12人。2005年，合并至赤坂幼儿园。

原南村“育红班” 创建于1985年，位于南村村委会旧址，有2间教室，招收学前儿童20余人，于朝莲、伊廷美、张继花等任教。1988年，并入大张庄乡中心幼儿园。

原松山“育红班” 建于1986年，村东头2间教室，招收幼儿26人，张玉山、包希华、张爱玲等任教。2000年，并入茧场完小幼儿园。

原福峪“育红班” 创建于1985年，位于原福峪村委会旧址，有2间教室，招收学前儿童9人，戚照兰任教。1994年，撤并入曹家庄幼儿园。

原向阳峪“育红班” 创建于1989年，位于向阳峪村小学，2间教室，招收小班和大班，幼儿30人，张荣和、王玉叶任教。1994年，撤并入曹家庄幼儿园。

原西唐庄“育红班” 1958年，在西唐庄大队中开办幼儿园，校舍2间。1983年，在大队办公室成立“育红班”，校舍2间，招收幼儿26人，崔学花、彭万香、张振玲先后任教。2000年，撤并入东唐庄幼儿园。

原西峪“育红班” 成立于1982年，位于西峪大队，招收幼儿17人，冯成菊任教。1994年，并入赤坂幼儿园。

原下升科“育红班” 1986年，依托闲置民房设立“育红班”。2001年，并入淤土地幼儿园。

原栗洼“育红班” 20世纪80年代，设立“育红班”，招收幼儿10余人，朱明成任教。2001年，并入淤土地幼儿园。

原太平庄“育红班” 1985年，在太平庄村设立“育红班”，2间教室，王成美、亓振花等任教。2005年，并入松崮幼儿园。

原西山“育红班” 1983年，西山大队“育红班”成立，1个班，徐希红任教。1998年，并入旋峰幼儿园。

原磨石山“育红班” 1983年，该大队在西岭开办“育红班”。1985年，迁入小学校舍，包培云、公东红等先后任教。2004年秋，并入曹家庄幼儿园。

原南岩六村“育红班” 1982年，设立“育红班”，有2间教室、1个教学班，幼儿20余人，于守菊任教。1998年，并入南岩四村同芬园（民办园）。

原尧峪“育红班” 1992年，尧峪村设立“育红班”，于守凤任教。2002年，并入南岩完小。

原明末峪“育红班” 1980年成立，亓玉兰、李同爱任教。1987年，设1个班，幼儿30人，亓玉玲任教。2008年，并入娄家铺子幼儿园。

原南墁村“育红班” 1985年成立，2005年并入松崮村幼儿园。陈传荣任教。

小学教育

概　况

1912—1919年，张庄、旋峰峪、玉泉寺先后建有公立初级小学堂。1928年，德国天主教神甫在张庄建立小学，设宗教课和世俗课两种，世俗课与当时普通小学设科相同，信教的增设《圣经》课。1931年秋，张庄小学成立。1935年，万国道德会在张庄办起小学；1937年，时局恶化，与天主教小学同时停办。同年，在玉泉寺成立高级小学，大张庄、东唐庄、南岩、娄家铺子、赤坂、曹家庄、旋峰峪等村成立初级小学。1940年，以天主教名义办小学。1942年，小官庄、东上峪、淤土地等村成立抗日小学。新中国成立后，小官庄、东唐庄、地淤沟、明末峪、松崮、左家旁峪、南岩等15个村相继成立小学。各学校在办好全日制小学的同时，开办半工半读、早午晚班。向阳峪村在杨树沟和东向阳峪实行巡回走教模式，方便学生上学。

新中国成立后，人民政府对私塾明文取缔，在曹家庄老街东北角成立曹家庄小学。20世纪50年代初，曹家庄管区9个村在曹家庄老槐树台东侧成立联办完小。1958年，松崮大队成立村办简小，招收1—2年级。1962年，各大队开办简易小学，村内办起早晚班、半日班、山头班等。1966年，小学全部改为五年一贯制。1968年，松崮村在原址正式新建张庄公社松崮联中，开设小学、初中8个班。1973年3月，曹家庄完小搬迁至村西山。1979年，学龄儿童入学率达97%。

1987年7月，张庄街老张庄完小搬到沂蒙路西侧的张庄联中。1988年11月，由于松崮联中撤并到张庄中学，所有校舍全部划拨至松崮完全小学。1994年秋，在大张庄食品站南新建中心小学。20世纪90年代，曹家庄完小由西山搬迁至福裕村，曹家庄管区其余村小学撤并至曹家庄小学。2003年，董家河沟小学撤并至南岩完小。2000—2005年，宋家峪小学、左家旁峪完全小学、刘家旁峪完全小学、南岩完全小学先后撤并至松崮完小。

学校简介

沂源县大张庄镇中心小学 位于大张庄镇政府驻地新村。2023年，学校有12个教学班，学生395人、教职工40人。占地面积8600平方米，校舍建筑总面积5000平方米，服务镇驻地周围35个村。

学校始建于1931年秋，时称张庄小学，校址

沂源县大张庄镇中心小学（2002年）

设在原张庄街北门里，李同光为学校创始人。后几经搬迁到现校址。1987年7月，从张庄街老完小搬至沂蒙路西侧张庄大桥西端张庄联中，与大张庄乡中心校在同一个大院，成为乡中心小学。

1994年秋，在大张庄乡政府驻地新村，建中心小学。当时新建教室36间，南屋4间，共计800平方米。1995年5月，投入使用。1998年5月，从学校北院墙向北征用张庄食品站南北15米、东西32米土地，建成596平方米2层办公楼。2009年5月，台塑集团投入45万元，镇政府投入120万元，拆除原教室2排平房，建1242平方米明德教学楼。

2008年8月，合并大三地希望小学；10月，拆除西边院墙，重拉院墙将学农基地3.5亩并入校园。2010年8月以来，先后合并娄家铺子小学、旋峰小学、茧场小学、东唐庄小学和赤坂小学。

学校推行“和美与共、全面发展”的教育理念，引导师生崇尚和谐、追求真善美。推行素质教育，引领学生全面发展。办学总体目标是以德治校、以法治教，努力构建“平安、文明、和谐”校园，促进学校持续、和谐、完善发展，办人民满意的学校。总体策略是内强素质，外树形象，促进师生和谐、完善地发展。管理理念是民主、和谐、科学、规范。学校的校训是明德至善；校风是认真做事、踏实做人；教风是静心教书、潜心育人；学风是行以求知、学以致用；工作作风是踏踏实实做人、扎扎实实做事。

学校扎实开展教师基本功“三字一画一话”训练年活动，营造“人人参与、与之结缘”练兵比武的良好氛围，达到“练有所得、练以致用、练有所好”的目标，树立“德高为师、学高为范”的师者形象，推进学校教育教学质量的提升。

学校以课堂教学改革为抓手，推行“多维互动，高效生成”课堂教学模式改革，扎实有效地开展教学常规管理、教学研究活动和课堂教学竞赛，全面提高教育教学质量。探索艺术特色普及教育，打造艺术精品社团，推进素质教育进程，实现学校办学有特色，学生发展有特长，教师教学有特点，提升学校整体竞争能力，打造特色教育品牌学校。

沂源县大张庄镇中心小学（2023年）

学校被评为山东省绿色校园、市级规范化学校、市德育示范学校、市师德工作先进单位、中华优秀传统文化教育示范校。

沂源县大张庄乡松崮小学迎“两基”验收建设的平房（1995年）

李旭成、张士选、隋西武、张士选、杨万东、李安本、冯静斋、赵常荣、周振智、娄承树、李照前、任玉珍、朱瑞兰、刘长庆、吕爱信、董可义、左效周、王训连、李乾斌、张记柱、张云征、李敏先后担任校长。

沂源县大张庄镇松崮完全小学 坐落于松崮山脚下，北邻松崮烈士陵园。属沂河上游，韩莱公路南侧。占地面积1.31万平方米，其中建筑占地1904平方米、绿化占地2154平方米、运动场地6100平方米。教学楼1座，建筑面积2421.6平方米，拥有全镇一流标准的实验室、图书室、微机室、多媒体教室和学生教室。2023年，松崮完全小学有6个教学班，在校生151人、教职工19人。

1958年，松崮大队在社员家中成立简小，招收1—2年级，共学生30余人。教室、桌凳由社员凑用。1960年，又征用附近几间民宅，开设5个年级5个班。

1968年，在原有民房前建新校，占地面积4000平方米，设初中、小学8个班。李照前任校长，张云英、左军田等任教。

1985年9月，松崮村“两委”投资15万余元，在韩莱路南松崮村砖瓦厂旧址附近，建成占地8000余平方米，拥有16间校舍，院墙300米的新校园。1988年，松崮联中撤并到大张庄联中，所有校舍划拨给松崮完全小学。

2004年3月，松崮村新征村民用地5亩，镇党委、政府投资130余万元，新建建筑面积2421.6平方米，拥有标准的实验室、图书室、微机室、多媒体教室和学生教室的3层教学楼，学校总面积达到1.31万平方米。

2005年8月，左家旁峪完全小学、刘家旁峪完全小学、南岩完全小学合并至松崮完全小学，招收15个教学班，学生700余人。

沂源县大张庄镇松崮完全小学教学楼（2005年）

2015年，先后投入30余万元，完成原有平房维修改造、更换木檩条、操场新建煤渣跑道、室内外粉刷美化、多媒体进教室等工程，通过省级、国家级义务教育均衡县验收。2017—2018年，投入400余万元，先后新建297平方米餐厅、100平方米水冲厕所、5000平方米塑胶跑道人工草坪操场、150米进校道路硬化，完成校园绿化提升工程。

2021年，利用专项资金投入250余万元新建消防泵房、地下消防水池、室内外消防管网，配齐配全消防器材和设施设备。

学校始终坚持“质量立校、育人为本”办学理念，狠抓学生的行为习惯养成教育，开展“学生自主管理”活动，培养学生“自我管理、自主发展”意识，通过行为规范的养成，逐渐向自主管理方向发展，教育教学成绩居全县前列。

学校以培养人才、为社会服务为宗旨，获得近百次镇、县级以上集体荣誉，突出教学中心地位，严抓教学质量，学校的发展与社会发展同步，培养考入中国人民大学的博士研究生董仕鑫等在内的一大批优秀人才。

李照安、李照前、相隆德、左效安、吕延昌、娄成海、赵庆祝、娄树元先后担任校长。

沂源县大张庄镇松崮完全小学启蒙长廊（2017年）

沂源县大张庄镇曹家庄完全小学 位于福阳峪村，学校占地面积6600平方米（含校园、球场）。2023年，有5个教学班，在校生71人，在职教师14人。

学校始建于1949年，校址在曹家庄村老街东北角，有2间教室。20世纪50年代初，9个村在老槐树台东侧联办完小，4间土坯茅屋，招生20余人，学生课桌是用土坯作腿、木板当桌面。老师领着学生到东山狼穆顶或玉皇山崖下，起页岩石板磨平，用石笔在石板上写字。1959年，学校迁至村北，新建校舍10间，垒土台做课桌，学生有200余人，来自朱家庄、宋家庄、天井峪、大洼、马峪、红崮顶、福峪、向阳峪、双庙、磨石山等大队。

1973年，学校迁至大队西山，建校舍10余间，木质课桌、长条凳，宋家庄、赵家庄、酸枣峪等大队学生到校就读，开设5个年级6个班，学生100余人。吕宝文、房思桂、吕增文、王注泽等任教。1994年，学校迁至福峪村，新建校舍20间，开设5个年级9个班，学生200余人，吕红文、房思财、房洪香、吕含花等任教。

2006年，曹家庄完小制定“一年初见成效，两年有所提高、三年要得捷报”奋斗目标。2010年6月，设“文臣奖学金”，自此，学校教学质量获全镇六连冠。2016年，以争创全国义务教育优质均衡县为契机，新建综合教学楼1310平方米、餐厅185平方米，高标准操场、塑胶跑道2300平方米，2017年4月竣工；同年，完成校园内道路硬化，在校园内外添置文化石。成立国人书法社。2018年，建书法走廊。学校管理经验被编入国家级刊物《校长领导力与学校品牌建设》。学校书法文化特色突出，成为全县农村小学一大亮点。2019年，县书法家协会莅临学校，5位书画家现场创作书画作品20余幅，装裱展示在教学楼走廊内。2021年7月，山东国际石油化工商贸有限公司援助学校12万元，用于建设“文臣讲堂”。2022年，在校门口添置文化石，手绘文化墙，书法走廊铺地板革，阁楼铺地板砖，建学校发展史展厅，打造“福阳”文化。

学校被评为山东省绿色学校、淄博市书法教育实验学校、市数字化学校、市首批劳动教育示范校。

吕德远、朱万田、张化民、马会之、柴树之、张德增、孔令寅、吕增文、王元举、王文忠、王作军、房义忠、李玉斌、付成山、左聪田、王焕涛、李绍和先后任校长。

杏坛陈迹

原茧场小学 前身为茧场联中，始建于1976年7月，由松山、茧场、水营3村负责投资施工修建，坐落于茧场村，占地面积300平方米，校舍8间，教学班2个，教职工5人。1994年12月，搬入现址，由水营、茧场、松山、闲场、半截沟5村合资修建新校，坐落在水营村西南的桃树沟，占地3926平方米，教室13间，仪器、实验室、图书阅览室、器材室等功能用室齐全，院墙262米，硬化道路400余平方米，实验、图书、体育等器材按农村二类标准配备。学校服务5个村，适龄儿童入学率、巩固率均为100%。张立功、孙明告、朱培相、江秀旺、崔庆元、李国斌、左志刚先后担任校长。2015年，茧场完全小学合并到大张庄镇中心小学。

原赤坂完全小学 始建于1950年，位于南坦公路西侧。前身为赤坂村第一所私塾学校，学生36人。1952—1959年，设5个班，增加教师5人。1959—1963年，学校定名为张庄公社赤坂联中，占地面积6000平方米，设初中、小学12个班。1976年，增设高中班，1980年，停止招收高中班。1983年，赤坂联中划归为沟泉乡，赤坂联中改名为沟泉乡赤坂联小。后三迁校址，1991年11月，由赤坂村“两委”集资25万余元，建成占地8200平方米，拥有36间校舍，院墙380米的新校园。2000年3月，学校改名为大张庄乡赤坂完全小学。2017年，学校合并到大张庄镇中心小学。刘成照、刘志奎、张登岳、刘长庆、吕爱信、房思庆、刘学平、娄树元先后担任校长。

原淤土地完全小学 始建于1961年，校址在北街。1967年，迁至上淤土地大队办公室，成立淤土地联小。1995年，改名淤土地完小。1997年，在上淤土地村西与胜利村交界处新建校舍，占地面积12亩，平房43间，150米环形跑道标准操场1个。学校按国家一类标准，设有多媒体教室、图书室、阅览室、实验室、器材室、手工制作室、美术室、书法室、音乐室、舞蹈室等，多功能教室齐全，

沂源县大张庄镇淤土地完全小学（2014年）

设有5个教学班，学生100余人。李绍科、刘成刚、赵庆福、王晓、付成山先后任校长。2016年，合并到大张庄镇中心小学。

原东唐庄小学 1948年，在一家农家小院成立小学，1个教学班，35名学生，采用4级复式教学，教师1人。1962年，扩招至5个年级、5个教学班，学生124人、教师5人。1965年，由农家小院迁至村南，新建校舍18间，占地面积2333.34平方米，在校生156人、教师8人。1971年，学校扩建校舍9间，扩为中小学连读，初中2个班、小学5个班，在校生310人、教师18人。1980年，撤初中。1994年，校址由村南迁至村北，新建校舍30间，总占地面积6000平方米，建图书室、实验室、少先队活动室等功能用室，通过义务教育达标验收。2002年8月，全面实施学校信息化建设，购置微机10余台，达到人手一机。2010年，建起实验室、多媒体教室，配齐各种实验器材。2014年，建起农村小学少年宫。2016年，学校合并到大张庄镇中心小学。公维新、李道真、李文仲、崔宝玉、崔淑法、娄树元、付成山先后任校长。

沂源县大张庄乡东唐庄小学校门（1997年）

原左家旁峪完全小学 1933年，左家旁峪村小学成立，1个教学班，教师左兴君。1959年，左家旁峪小学成立高小班，招收张家旁峪、赵家旁峪、刘家旁峪、松崮、南埝、沙崖子等大队学生40多人。同年，左家旁峪完小由7个大队联办，有5个班。1964年，建设新校；11月，左家旁峪完小由南校迁到北校。1986年，将左家旁峪完小进行重新翻建，成为

义务教育达标学校。2005年，并入松崮完小。陈树喜、娄承树、左效瑞、左效珍、左效安、左国田、董弟庆、娄家才、左聪田先后任校长。

原刘家旁峪完全小学 1965年，在刘家旁峪大队老油坊处修建完全小学，学生近20人、1—3年级复式教学，教师是房思新、张立爱。1975年，刘家旁峪小学搬迁至村西，王成恩、房立俊任教。校长是葛长雨。1980年，刘家旁峪小学与赵家旁峪大队小学合并为刘家旁峪完全小学，校长董昌成。1982年，刘家旁峪完全小学迁到丰山前，校长是徐希安。1995年，刘家旁峪完全小学搬迁到东沟原左家林处。2005年，并入松崮完全小学。娄家才、崔庆元先后任校长。

原南岩完全小学 1950年建立的南岩小学是南岩完全小学的前身，刘汉军担任校长兼教师，设1个教学班，40余人。南岩完全小学正式建于1953年，设6个教学班，学生240余人。1966年，学制由6年改为5年，有5个教学班，周振智、吕胜远先后任校长。1980年，南岩完全小学按照行政村拆分，每个大队1所学校，办公室即教室。1986年，南岩四村、五村、六村3所小学合并为南岩完全小学，王成儒任校长，设5个教学班，每班学生30人左右。1990—2005年，王元准、吕爱信、王作军、王训连、赵庆祝先后任校长。2005年，撤并至松崮完全小学。

原赵家旁峪小学 新中国成立后，赵家旁峪初级小学在村老油坊处建成，由1—4年级组成。因学生少，班级多数为复式班教学。1967年，学校迁至大队中心位置，成立完全小学，新建校舍8间，招收60余人。教师队伍由公办教师和民办教师组成，先后有马元吉、左存田、左新云、左效银等人任教。1991年，在村三岔路口新建学校，校舍10间，独立成院，开设1—3年级，杨振明、李安斌、左进成任教。2002年，该小学合并到刘家旁峪完全小学。

原张家旁峪小学 1956年，张家旁峪村小学建成，校舍1间，学生40余人，房兆全任教。同年，因学生数量增多，挖地窖30余平方米，学生30余人在地窖上课，张立真任教。1970年，借用社员张化庆1间房屋，开办半日班，学生20余人，张振新任教。1972年，建校舍4间，实行贫下中农管理学校的办学模式，设置1—3年级，校长是左效银。1995年，在村救主峪建学校1所，5间房屋，设置2个班，开展复式教学，容纳学生50余人。同年，并入左家旁峪完全小学。

原房家圈小学 1956年，房家圈初级小学建立，高怀常、李安本、李化合、张树远先后任教。1961年，新建教室3间。1962—1963年，房家圈初级小学班容量增加到40多个学生，4个年级，复式教学，吕传立、段崇润先后任教。1965年，扩招1个半工半读班，学生20人，新建2间西屋教室。1971—1973年，适龄学生不断增多，扩到3个班级，房洪斌担任学校负责人，房孝莲、房洪忠、熊珂美任教。1974年，房家圈初级小学在村前建新校，教室11间，学生搬入新校上课。1975年，学校扩到4个班级，共有学生140余人，1—5年级学生上学不出村，房家圈初级小学正式成为房家圈完全小学，简称房家圈小学，房洪贵、房立德、任培胜、房洪忠等任教。1990年，房家圈完全小学在东后的龙头地建新校，有标准教室9间，熊自安、李效贵先后任教。1995年，学校通过义务教育验收。进入21世纪，生源逐渐减少，仅留下1个班的学生。2004年，撤并到南岩完全小学。

原宋家峪小学 1952年建成，设1—4年级，杜富春、高玉春、姚子良任教。1964年，董昌庆担任宋家峪小学负责人。1969年，南岩农中和南岩完小建成，宋家峪五年级学生和初中学生都到南岩上学，宋家峪小学保留1—4年级，董昌庆、左斌田、相其录、左香田、左孝银、左效亮先后任教。1985年，学校校舍改造6间。2000年，该小学撤并到松崮完全小学。

原董家河沟小学 1962年，董家河沟大队初级小学成立，有1—4年级，复式教学。1995年，新建校舍8间，独立成院。邹纪苍、何心美、何贵珍、李效贵等人先后任教。2003年，该小学合并到南岩完全小学。

原马峪小学 1958年春天建校，当时只有2间石头草房教室，教师有李文连1人。学生分别来自大洼和南山，共21人。1965年秋，马峪、大洼和南山分别成立了“半工半读班”（半天劳动半天上课）。1998年，撤并到曹家庄完全小学。李成文、张纪爱、宋丙奎等任教。

原磨石山小学（含双庙、福峪） 建于1956年3月，校址在磨石山村中心，教室设在一处民宅3间堂屋里。共有1—3年级，学生约20人，刘汉民任教。学生分别来自双庙、福峪、磨石山，课桌全部用木板，学生各自从家里带小板凳，放学后还要带回家吃饭用。1964年5月，学校又分成双庙小学、磨石山小学和福峪小学。双庙小学只有1—2年级，学校规模很小，只有2间草房当教室，张云智任教。磨石山小学有房思桂教1年级，刘汉民教2—3年级，1971年之后，房思财、吕田远任教。福峪小学有李怀禄任教，之后，宋丙法、伊廷安、戚兆贵、王敦友等先后任教。1998年9月，3所小学并入曹家庄完全小学。

原向阳峪小学 始建于1956年3月，学校设在西向阳峪中心一处民宅，设1—3年级复式班。马会芝、翟彩厚、王成合、张立功、郭成富、张永亮等任教。向阳峪小学还有东向阳教学点和杨树沟教学点。东向阳教学点，位于东向阳村东，2间草房，设1—3年级复式班，学生10人，公茂德、乔义祥、张荣合等任教。杨树沟教学点设在杨树沟东洼处，教室为2间草房，设1—3年级复式班，朱希元、王成合、张荣全、吕殿文等任教。20世纪60年代，王成合在向阳峪的3个教学点巡回上课（有上午班和下午班）。到90年代，各村小全部撤并，向阳峪小学学生都到曹家庄完小上学。

原南村尧峪教学点 1958年，在南村尧峪借用社员2间东屋开办一年级，1个班，30余名学生，赵书刚任教。1960年，教学点迁入山下生产队的保管房，开设1—2年级，1个班，学生60余人，进行复式教学，邹纪苍、葛长乐、吕希远、吕光远等先后任教。1965年秋，尧峪教学点撤并到东山教学点。

原南村东山教学点 1959年，在南村东山借用社员2间南屋开办一年级，学生30余人。1963年，迁至西边半山梁，1—2年级各1个班，学生50余人，赵书刚、吕光远、张云贵、吕文英等先后任教。1965年秋，尧峪教学点撤并到东山教学点。1981年，因张庄完小校舍紧张，开始分流，在南、北村各增设教学点。南村在村内老街先后借用民宅的2间沿街房，开办3—4年级2个班复式教学点，学生30余人，吕文等、张继花、李西玲等任教。1984年，南村东山教学点的学生并入张庄完小。

原张庄完小 1931年，蒙阴县政府批准在张庄街北门以西700米处开办张庄完小，面向全乡招生。清末不第秀才李同光从蒙阴城调到张庄任校长，是学校的创始人。1948年，李安本调入北村的张庄小学，学校恢复招生，共招收学生38人，是3级复式班。1949年秋，扩招1个班，招收学生50人。1952—1956年，增至6个班，教职工增至9人，学生200余人。1987年，张庄完小迁至张庄联中。

原大三地小学 成立于1945年，是1—4年级复式教学班，梁国栋、刘京利、魏国海、李化兰等任教。1978年，迁至村东南。1982年，学校迁至包家林。1996年，大三地小学迁至村西，新建2层教学楼，是大张庄第一座教学楼。开设1—5年级，招收学生150余人，王作廷、李桂胜、王文增等先后任教，左宾田、李乾斌、王成儒、娄成学、王训连、王晓先后任校长，2008年，大三地小学并入大张庄镇中心小学。

原回峪小学 1952年夏建立，教室2间，开设小学班，又称白日班，招收1—4年级，采取复式教学，刘汉民、尹霞、董纪光、李绍瑞、亓永法、夏希斋等先后任教。1969年秋，学生人数逐渐增多，任玉珍、李玉彬、王颜成、刘方荣、房思玉等任教。1973年，学校迁至瓦板岭，新建校舍4间。1993年，迁至东岭，新建校舍4间，招收1—3年级，房思玉、李效芹、崔现芳、李永红任教，4—5年级到大张庄乡中心小学上学。2000年9月，回峪小学并入大张庄乡中心小学。

原东上峪小学 1952年，东上峪村利用7间民房成立初级小学，招收1—3年级学生，4—5年级学生到张庄完小就读，张继爱、孙玉、伊永胜、刘丰志、马会青等先后任教。隔年招生，1个班20—30人不等，学生少时设2个年级复式班，1名教师教2—3个年级。1994年，新建教室16间，设置1—5年级，有学生110余人，刘丰信、伊永胜、李东权等任教。2002年，东上峪小学并入大张庄乡中心小学。

原新村小学 1966年，举办新村完全小学，教室6间，设置1—5年级，共5个教学班，首任校长李乐让，吕平元、孙云明等先后任教。1982年，新村小学撤并至张庄完小。

原小官庄小学 1953年，在河西利用3间草房成立小官庄初级小学，设1—4年级，1个班，招收学生20余人，采用4级复式教学，张录恒任教。1964年，小官庄举办完全小学，4间房屋，学制五年，学生每班20人左右，复式教学。2003年，小官庄完小合并到大张庄镇中心小学，张录恒、王成恩、李文连、董继光、李道文、孙玉、李乾斌等先后任校长。

原洼子小学 1960年成立，设置1—4年级，开展复式教学，王云山、程志斌、李新明任教。1966年，迁至东山头，王桂新、左根田、赵西香、左连凤等任教。1985年，洼子小学迁至村东，招收2个班，开展复式教学，设置1—5年级，娄成学、左效三等任教。1991年，洼子小学撤并到娄家铺子小学。

原龙旺小学 1968年在村北成立，开设半日班，1口教室3间屋，开展复式教学，学生10余人，程立云任教。后转为全日班，程维厚任教。1992年秋，龙旺小学并入娄家铺子小学。

原娄家铺子小学 1937年，成立初级小学。1978年，娄家铺子小学建立，占地10亩，教室40间，由李睦斌、王晓、李国斌、付成山、王训连先后负责。2010年，娄家铺子小学并入大张庄镇中心小学。

原水营小学 1964年，水营小学在老油坊位置成立，设置1—3年级，招收30余名学生，先后由刘经利、梁全孝、孙吉堂、李洪烈、李洪法等任教。1985年，学校迁入村中心位置。1994年，水营小学并入茧场完小。

原明末峪小学 1956年，明末峪简易小学在村中老槐树旁开办，3间东屋是教室，2间西屋是办公室，设置1—4年级，实行复式教学，招收50余名学生，共用1个教室，教师有王光明、刘宗仁。1965年，学校迁至大队办公室，教室4间，亓永才、项智美先后任教。2000年，明末峪小学并入娄家铺子小学。

原松山小学 1964年成立，设置1—5年级。1994年，4—5年级学生到茧场联小就读。2000年，松山小学并入茧场完小。

原土眉峪小学 1963年在村西建立，3间校舍，招收学生30余人，学生半工半读，李长俊任教。1964年，开始全日制教学。娄成等、王明光等先后任教。1970年，办起1—4年级小学。1995年，土眉峪小学并入娄家铺子小学。

原旋峰完小 1980年11月，旋峰联小在旋峰联中旧址成立，开设4—5年级，6个班，招生180余人。1994年，扩建校舍16间，何贵文、王文忠、李信斌、李睦斌先后任校长，李甫斌、江秀旺、李连斌、李敦法等任教。1995年，开设1—5年级，10个班，招收学生300余人，改名为旋峰完小。李睦斌、王晓、娄成学、娄成海先后任校长。2010年，旋峰完小并入大张庄镇中心小学。

原西顾庄小学 1940—1945年建立，2间教室，招生20余人，王成恩任教，1946年之后停止招生。1952年，利用原兵工厂改建西顾庄村高小，12间教室，设立5—6年级，胡继亮任校长，教师7人，招收周边村学生，学生150余人。1966年，学校停止招生。同年，在村中建教室8间，设立1—5年级，招生70余人，陈洪爱、周庆文、王成荣、王成元等任教。1995年，西顾庄小学并入旋峰完小。

原南旋峰小学 1964年成立，招收学生20人。1971年，学校搬至村东岭，新建校舍4间，招生30余人，学校设置1—3年级，共3个班，开设语文、算术（包括珠算）、音乐、体育、图画等课程，校长是李绍业，李绍军、李敦美、李敦法、李同友任教。1987年，学校由东岭迁至村办公室，教室2间，1

个班，招生10余人。1995年，南旋峰小学并入旋峰完小。

原地淤沟小学 1959年在大队开办，设1个班，学生43人，朱培相任教。1964年，学校搬迁至北平，教室5间，办公室1间，设置1—5年级，每年级设1个班，每班10余人，李照连、李敦功、李绍来、杨军富、李敦香等先后任教。王成恩、孙明告、李敦进先后任校长。1987年，4—5年级学生到西顾庄村上学。1995年，地淤沟小学并入旋峰完小。

原牛栏峪完小 1967年成立，校舍4间，开设1—5年级，2个班，每班有学生20余人，采用复式教学，杜纪福、刁启剑、杜继亮、刁启来等先后任教。1968年，实行贫下中农管理学校的办学模式，小学1—3年级设置语文、算术等；4年级设置算术、珠算、常识、音乐、体育等；5年级增加地理、自然课。1998年，牛栏峪完小并入淤土地完小。

原上升科小学 1971年，大队在东沟建小学，5间校舍。李长俊、张立菊等任教。1984年，上升科小学在村北建立，5间校舍，学生30余人，3个年级1个班，采用复式教学，亓圣山、左新花等任教。1998年，上升科小学并入淤土地完小。

原保安庄完全小学 1983年在大队中心位置建立，教室6间、伙房1间、办公室1间，每班有学生25人左右，人数少的多以复式班开展教学，刁启来、刘少友、李绍斌等任教，李兆前任校长。1985年，学校迁至村西，新建校舍12间。1998年，并入淤土地完全小学。

原西峪小学 1963年在大队老食堂成立，招生16人，由赵红兰、刘庆堂、刘庆水、刘庆满、刘玉全先后任教。1978年，在玉麟头新建校舍5间，开设1—5年级，每个年级学生20人左右，梁续斗、娄树芬、郑洪良先后任教。1992年，合并到赤坂小学。

原西唐庄小学 1959年，西唐庄大队在村中成立初级小学，设置1—3年级，复式教学，学生30余人，开设语文、算术等课程，于天文负责管理并教学。1961年，设置1—4年级，2级复式教学，学生40余人，开设语文、算术、常识、音乐、体育课程，刘树胜负责。1968年，成立完全小学，学生70余人，耿志良任校长，李奎生、信首先、李化福、彭贞全、郝玉云等任教，开设语文、算术、常识、音乐、体育、地理等课程。1979年，迁至村西建新校，学制五年，校舍6间，招收学生50余人，耿志良、郝玉云、张振法、董士兰先后任校长。1986年，校舍改造，硬化教室地面，购置课桌、凳子。1994年，迁至村南，新建校舍4间，招收1—2年级，二级复式教学，3—5年级学生到东唐庄村小学上学，崔修沂任校长。1997年，并入东唐庄村完全小学。

原东洼小学 1964年成立，借用2间民房作为教室，学生半工半读，开设1—3年级，三级复式教学，开设语文、算术课，招生30余人。1968年，新建校舍2间，李加全任校长，陈洪爱、任玉珍、杜良忠、刘洪明等任教。1973年，东洼小学迁至北梁顶，新建校舍6间，开设1—4年级，房立玖任校长，董美、褚万同、冯学远、褚万福等任教。1991年，又在村西新建学校，校舍6间，张云娥任校长，刘玉木、房立玖等任教。1996年，并入赤坂小学。

原大桑树小学 1952年，大桑树村初级小学成立，校舍3间，招生30余人，设置1—4年级，复式教学，开设语文、数学、体育等课程，李全明、付邵纯等任教。2000年，并入赤坂小学。

原北宅小学 成立于1953年，教室2间，招生20余人，房思理、王成恩、亓永发、翟泰厚、张云娥先后任教。1962年，在村东东洼崖建新校，教室5间，2个班，开设1—4年级，采用复式教学，招生50余人，吕增文、张爱云、张纪义、张记平、陈传合等任教。1994年，并入淤土地联小。

原西山小学 1966年，西山大队在村东建立小学，3间教室，设置3个班，招收学生30余人，李照臣、娄成安、周白平任教。1976年，西山大队小学迁至村中，设有1—5年级5个班，招收学生67人，徐勤国、孙照水等任教，采用复式教学。1983年，西山村完小建立，整修教室5间、办公室1间，李化学、郑安吉、李敦法、马会军等任教。1995

年，并入旋峰联小。

原北山小学 1966年，北山大队在村中心梁建北山小学，教室3间，设1—5年级，5个班，招收学生30人左右，实行复式教学，刘成刚、董昌武任教。1983年，新建校舍3间，刘成刚、赵希志、吕文祥、马会军等任教。1995年，并入旋峰联小。

原半截沟小学 1984年，半截沟村成立小学，教室2间，设置1—5年级，赵希良、朱培香、王洪明、崔西平、王成合等先后任教。1994年，并入茧场完小。

原闲场小学 1956年，闲场村在下闲场自然村村西建学校，校舍5间，招生26人，设置1—5年级，复式教学，徐勤学、朱培香、崔庆明、崔西明、杜纪斌等先后任教，小学毕业后到淤土地联中、张庄联中、明末峪联中就读。1994年，学校并入茧场完小。

原石柱小学 1953年成立，教室2间，招生20余人，刘月简、王启亮、王成合、刘广财先后任教。1967年，石柱大队成立高小，学生来自上升科、北宅和石柱大队，教室6间，招生50余人，郑安吉为第一任教师，之后，刘绍友、张云林、程兴学等任教。1998年，并入淤土地完小。

原胜利小学 1973年，胜利大队成立小学，教室2间，左新兰、左新美先后任教，招生10余人。1987年，并入淤土地联小。

中学教育

概　况

1958年，在玉泉寺成立张庄公社农业中学。6月，在张庄完小设立“戴帽”初中班。1959年5月，正式命名为沂源县第四中学。

20世纪60—70年代，成立张庄联中、南岩联中、左家旁峪联中、明末峪联中、赤坂联中、曹家庄联中、淤土地联中。1976年8月，沂源四中改称张庄中学。1985年9月，成立松崮联中。

1984—1986年，县教育局拨款，在回峪村南的张庄北河滩筹建张庄中学新校。1986年10月，该校迁到新校；11月，该校由县办改为乡办。1988—1990年，张庄联中、曹家庄联中、赤坂联中、明末峪联中、松崮联中、旋峰联中、淤土地联中、南岩联中共8处联中先后撤并至张庄中学。2005年，学校名称改为沂源县大张庄中学。

学校简介

沂源县大张庄中学 位于县城西南24公里处、大张庄镇政府驻地宏大路，东邻234省道，是公办乡镇初级中学。学校占地面积6.03万平方米，操场面积1.64万平方米，其中包括塑胶操场1个、篮球场4个、排球场2个。建有5层教学楼2座、建筑面积5908平方米，综合办公楼1座，建筑面积4293平方米，2座学生公寓楼建筑面积6300平方米，学生餐厅建筑面积1875平方米，功能室齐全。2023年9月，学校有16个教学班，学生472人，教职工95人，专任教师学历达标率100%。

沂源县大张庄中学（2023年）

艰难中起步（1958年6月—1966年5月）

大张庄中学始建于1958年6月，校址在张庄完小；8月，招收第一级学生1个班、学生54人，学制三年。王乃斌、李云田等任教，翟新农担任校长。

校址先后迁至北平和大三地村，借用大队食堂上课，杜春瑞任校长，任课教师8—9人。

1959年，因校舍狭小，暑假后没有招收新生。1960年暑假后，招收第二级新生1个班、50余人，新旧2个班挤在一起，上课不方便。1960年底，校址迁到玉泉寺。把芝麻峪庄的巨大槐树解成木板，打成课桌凳，师生在大殿上课，在茅草廊房里、睡

沂源四中首届初中毕业生合影（1961年）

生，生源即1967级初中1个班的全部学生。继续招收初一新生1个班，50余人。当时全校有初中3个班、高中1个班，共4个班，170余名学生。初中、高中学制均为二年。

1970年春，因各学区纷纷建立联中，四中就近招收最后一级初一新生，1个班、50余人。1971年春，招收高中第二级学生，2个班、90余人。1972年年底，学校没有了初中班，只剩高中班。1980年8月，招收最后一级高中生2个班、100余人，年底撤销高中班，已有高中班变成初中班，复习初中内容，参加中考。

蓬勃中飞跃（1981年8月—2009年11月）

1981年8月，招收高中撤销后的第一级初中生2个班、120余人，学制三年。

1983年8月，招齐初中3个年级，共6个班。1984年中考，沂源中学（今沂源一中）在全县选招前100名，张庄中学录取14人，名列全县第一，其中左进波3年后成为沂源县第一位北大学子。1984年，在张庄区政府驻地北、回峪村南的张庄北河滩筹建新校。占用区种子田20亩，县教育局拨款9万元，经过两年半时间建成6个班规模的新校，共建

地铺。时值“大跃进”运动，加上校舍紧张，于是2个班的学生上、下午错时轮流上课，不上课的学生，便去参加劳动，搬运建设新教室的石料、木料等。1961年7月，在大殿西60米缓坡建起第1排正规教室，9间石头墙瓦房，6间教室；在校园北面山坡上开辟了一片跑道不足200米的操场。暑假后，招收第三级学生50余人，3级3个班全部搬进新教室上课。1962年暑假后，该校合并到沂源三中。1965年春，“四中”恢复，校址仍在玉泉寺，占地面积约20亩。校址固定，学校不再到处“打游击”，终于稳定下来。趁着学校刚刚恢复，还没有学生，学校赶紧建设校舍、操场等基本设施及配备课桌凳等设施；8月，招收复校后的第一级新生，即建校后的第四级学生1个班、54人，学制三年。

动荡中坚守（1966年5月—1981年8月）

1966年，学校暂停招生。1967年8月，正常招收复校后的第二级新生，即建校后的第五级学生1个班、33人。

1968年春，正常招收复校后的第三级新生，即建校后的第六级学生，2个班、90余人。

1969年秋，招收第一级高中

沂源四中高中一排毕业师生合影（1972年）

校舍68间。

1986年10月，张庄中学迁到新校，老校址由大三地村接管；11月，学校由县办改为乡办。1988年元旦，张庄联中合并至张庄中学。同年底，新建校舍148间（含伙房、实验室），新添置6个班的课桌凳；11月，7所联中师生搬到张庄中学，学校共有12个班，在校学生720人，教职工68人。实验室于1989年投入使用。1989年暑假后，县教育局召开全县中学建校现场会，张庄中学作为现场参观地，并介绍经验。省教育厅教育司司长来学校视察，给予高度评价。

沂源县张庄中学（1996年）

1991年，先后在校园南边征地扩建教室48间，在校园北边建设24间宿舍，在校园西边征地20多亩建成400米跑道标准操场。1992年，建起语音室（当时全县仅沂源一中有1个语音室），国家教委基础教育司领导来学校视察，县教育局在学校召开现场会，兄弟学校也来参观学习。

1995年，乡政府拨专款8万元，学校建起微机室，当时在乡镇中学中是第一个；10月，学校顺利通过省政府“双基”（基本普及义务教育、基本扫除青壮年文盲）复评。1996年，顺利通过淄博市规范化学校验收。1997年，扩建校舍61间平房，顺利实现四年制。全校平房306间，校园占地面积7.4万余平方米，成为全县面积最大的乡镇中学。1995—2003年，学校中考成绩突出，列全县前茅。1998年，第一级四年制初中生毕业。2003年，中考成绩突出列全县第二、乡镇第一，报纸《沂源通讯》专版报道学校办学事迹。曾于1998年、2001年、2003年3次被邀在全县初中教学工作会议上做典型经验介绍。

1996年，县教委实施“城乡带动战略”，将城区学校先进政教管理理念与农村学校实际结合，取得明显成效。1997年9月，学校教学班从18个扩大到24个，学生达1400余人。1999年9月，在学校西南开工建设4层4个单元、共32户的教师家属楼1座，建筑面积2800余平方米，2000年8月竣工。2001年春，教师们由平房家属院搬进新楼房。这是学校历史上建成的第一座楼房。2002年9月，学校规模达40个班，学生接近2400人。

2003年，硬化学校大门外的东西大路1500余平方米。2003—2005年，学校单科竞赛、五科竞赛、六科竞赛成绩突出。2004年，全县初三年级五科竞赛中，语文学科获得全县第二的优异成绩。山东省生物竞赛多次列全县第一。在山东省英语能力竞赛中成绩突出。体育成绩突出，田径、篮球、乒乓球比赛居全县前列。

2008年，全县实施校舍安全工程，学校投资30万元，更换172间平房上帽的水泥檩条为木头檩条。

变化中更新（2009年11月—）

2009年11月，学校建成第一座教学楼，建筑面积2954平方米，当年投入使用。教学楼20个班的教室安装了毛玻璃黑板、新的课桌凳、节能灯，共投资30余万元。2010年，从历山中学无偿运来炉渣灰，完成操场跑道的铺垫，解决黄土操场存水问题。重新组建微机室1间，购置海尔液晶屏电脑50套。2011年，建成第2座教学楼，建筑面积2954平方米。2012年，学校运来东面公路修建所挖出的土石6000多立方米，铺垫操场1万余平方米，抬升了操场高度。2013年，建设男、女生宿舍楼各1座，总建筑面积6300平方米，内有水暖管道、卫浴，改善学生住宿条件。2013年，初步完成综合楼、餐厅楼、塑胶操场的规划、设计。

2015年，义务教育均衡县创建期间，购置新微机桌，更新学生桌椅；采购音体美器材；维修房屋，更换原来的水泥檩条，同时进行学校操场改造及内外墙壁粉刷工作。融资200万元，配备学生电脑，配备"班班通"设备，配备音体美设备446件套，配备教学仪器、图书。建成1875平方米学校餐厅，建成1.26万平方米塑胶操场。2017年，新建综合楼1座，建筑面积4293平方米。2021年，学校先后投资500余万元，新建消防水池和室内外消火栓；投资30余万元，对学校厕所进行升级改造，新建水冲式厕所；完成塑胶操场维修。

2022年，投资20余万元完成自来水改造工程；投资10余万元升级安防设施"一键报警"系统；投资70余万元对教学楼、学生公寓楼进行楼顶、墙面维修；投资50万元完成篮球场维修；配备智慧黑板，安装"交互式"在线教学系统10套，建立精品录播教室5个，改善办学条件。2023年暑假，完成前教学楼地面改造2600平方米，将水泥地面全部铺成地面砖或大理石。

学校紧紧围绕"成就教师、发展学生、为幸福人生奠基"办学理念，确定"厚德、博学、励志、创新"的校训，以"本土、系统、新颖"为原则，由"树"延伸确立校园育人"三字"文化——"本、立、达"。从绿化、美化、文化三方面着重打造具有本土特色校园文化。以"本、立、达"三字为统摄，树立以"乐"为核心的教书育人理念，确定"立德乐贤、爱岗乐业、修身乐雅、为人乐仁、与人乐善、遇挫乐观、协作乐和、尊道乐教、励志乐学、达远乐仁"等十大文化主题，并将校园景区以"乐"为主题命名。

学校被评为山东省体育（篮球）传统项目学校、淄博市文明单位、市规范化学校、市普通级体育传统项目学校、市信息创新与实践活动先进单位、市初中教学工作先进学校。

翟新农、杜春瑞、孟宪贵、崔升一、左效瑞、孙玉、何秀堂、王功忠、李永春、亓培义、阚吉顺（执行校长）先后担任校长。

杏坛陈迹

原张庄联中 始建于1969年春，位于大张庄镇完小（北村）院内。首招初一1个班，52名学生，教师4人，校长孙玉。1971年春，招收高中生1个班，30余名学生，学制二年，本届毕业后停招。1974年秋，迁至南村大桥西的新校址，占地1万余平方米，房屋48间。规模最大时，初中3级6个班，400余名学生，教师30余人。1976年秋，普及高中，招收1届半高中生，第一届1个班，50余人，学制二年；第二届2个班，共100余人，只上了一年，便停办高中班。1983年，张庄联中有6个班，在校学生360人，教职工27人。1988年元旦，张庄联中并入张庄中学。历任校长有孙玉、侯本恕、王注泽、吕爱信、孙启胜、张记柱、相隆德、吕增文等。

原曹家庄联中 始建于1971年，在完小设"戴帽"初中班，教室在3间东屋，第一届招收1个初中班，40余人。1974年8月，学校迁往曹家庄村西南角的小西山上，占地面积约3000平方米，有瓦房20间，其中5个班教室占15间。所有校舍都是曹家庄管理区10个大队出工出料建的。当时有公办教师5人，王作军、李文全、宋丙胜、崔宝香等任教。1975年7月后，新增宋丙福、郭在忠、吕汉良、伊永德、吕宝文、张纪芳等任教。1983年，曹家庄联中有3个班，在校学生117人，教职工9人。1988年11月，撤并到张庄中学。历任校长有吕增文、王文忠、王元举、王注泽等。

原赤坂联中 1969年春，在村北成立，占地面积1300余平方米，房屋10余间。熊珂举、彦作山、毕玉华、冯传同等任教。1976年，成立高中班，陈德学、刘长会、刘乐民、刘学忠任教，高中班于1980年停办。1983年，赤坂联中有3个班，在校学生128人，教职工9人。1989年秋，合并至沟泉乡中学。历任校长有刘长庆、吕爱信、吕增文、董地昌、刘长会等。

原明末峪联中 建于1969年春，始终与明末峪完小同院。首招初一2个班，共80余名学生，教师13人。1976年秋，始招高中班，二年制，两届后停招。1983年，明末峪联中有3个班，在校学生120人，教职工28人。1988年11月，并入张庄中学。历任校长有何贵文、左效瑞、李同胜、刘成刚、孙明告、李信斌等。

原南岩联中 始建于1967年春，位于南岩林场，和农中同院，占地1.3万余平方米，房屋20余间。首招初一1个班，40余人，二年制。1970年3月，崮坡联中并入该校，扩至3个班，黄洪芳、娄树芬、李清祥、刘树胜、左效林、吕同成等任教。1975年，学校迁至南岩西岭（俗称围子），占地1.3万余平方米，房屋6排，72间。1978年秋，招收高中生1届，本届毕业后停招。1983年，南岩联中有3个班，在校学生125人，教职工9人。1988年11月，并入张庄中学。历任校长有周振智、吕爱信、刘长庆、王作军、王成儒等。

原旋峰联中 始建于1970年春，校址在西顾庄村内，1个班，50余人。1973年春，北旋峰农中并入旋峰联中。1975年，旋峰联中迁往西顾庄北岭，占地1万余平方米，2排半房屋，共20间，初中三级，三个班。1976年秋，招收1个高中班，40余人，学制二年，1978年停招。1988年11月，旋峰联中并入张庄中学。历任校长有王德新、李敦爱等。

原淤土地联中 始建于1970年春，位于上淤土地大队，第一级招收初一1个班，学生30余人，教师7人。1973年冬，校址迁往西边的胜利大队，占地5000余平方米，1排房屋12间，2个年级2个班，学制二年，学生60余人。1988年11月，撤并到张庄中学。历任校长有何贵文、李同胜、陈爱民、李德伟、李绍科等。

原左家旁峪联中 始建于1968春，位于左家旁峪村村北，占地2000余平方米。首招初一1个班，40余人，学制二年，教师8人。1976年春，招收高中生1个班，40余人，学制二年。1978年春，停招。1983年，左家旁峪联中设3个班，在校学生130人，教职工9人。1985年，迁往松崮完小，中、小学同院。历任校长有左效瑞、左效珍等。

原松崮联中 1985年，松崮联中成立，占地2000余平方米，房屋18间，初中占8间。1988年11月，松崮联中并入张庄中学。历任校长有左效珍、吕延昌等。

原大三地联中 1978年秋，东上峪、回峪及大三地3个大队合办联中。在大三地完小增设“戴帽”初中班1个，有40余人，二年制，共招收2届学生。李桂平、周国忠、王作廷、孙谭文、王文增等任教。校长是王成儒。

原大桑树村初中班 1975年秋，大桑树大队初中班开办，属村小“戴帽”初中班，只招收了1届学生，1个班，学生23人，学制1年，开设语文和数学2门课程，张云娥、房立水等任教。

原东唐庄初中班 始建于1972年春，位于村南，属完小“戴帽”初中班。中小学共占地2000余平方米，房屋共27间，联中占8间。1972年春，招收第一级初中生1个班，学生40余人，教师5—6人，此后每级1个班，每班30余人，教师10余人。1980年停办。历任校长有熊珂举、李文仲等。

原娄家铺子联中 始建于1975年春，位于村中，占地1300余平方米，共9间房屋。1976年秋，首招1个班，63人，二年制，教师5人。1978年停招。校长是娄成东。

原茧场联中 1977年，在茧场小学设初中班，招收1个班，学生60余人，学制二年。1978年招收第二级学生，1个班，学生60余人。1980年停办。教师有崔庆元、赵少平、孙纪棠、史新安等人。张立功担任校长。

成人教育

概　况

20世纪60年代，以夜校形式办扫盲班，聘请全日制教师。20世纪70年代中期，文盲占比降至45%。1986年，扫盲验收合格。1988年，成立农民文化技术学校，开展农业技术培训活动。1989

年，成立成人教育中心校，大张庄乡创成省级“燎原计划”示范乡镇。1993年9月，成立职业初中班，招收学员680人。1995—2002年，改善乡成人教育中心校办学条件，在乡政府南征地，新建大会议室、2层综合楼、12间教室。各类成人教育培训，走在全县前列，多次承办全县成人教育现场会。

大张庄乡（镇）先后获得市教育强乡镇、义务教育示范乡镇、市县两基工作先进单位荣誉称号，综合教育目标管理成绩连续9年名列全县前三名。创建成教育初步现代化乡镇、教育工作先进乡镇。

杏坛陈迹

原大张庄乡（镇）成人教育中心校 1987年，在张庄完小利用15间房屋，建6间教室，成立农民文化技术学校，主要是巩固扫盲成果和学习专业技术。1991年底，成立林果培训班，刘莉、李德群任教，左进洪负责放录像，聘请龙旺村土专家程氏讲解果树修剪。1992年，招1个中专班，学生40余人，生源来自初中毕业生，张涛等任教。1993年，聘请原职业中专老师，培训全乡幼儿教师。同年，首招大张庄中学分流的第一批学生，2个班，80余人，学习初中课程，增设技术培训课。1996年5月，成立大张庄乡成人教育中心。同年，与外地院校联合举办经济管理、电工等干部学历教育班，培养乡村干部400多人，有300余人取得中专以上学历，提高了农村干部素质和农村管理水平。1997年，征石柱村365亩荒山，作为试验基地，主要栽植板栗。

2015年，成人教育中心校迁至大张庄镇中心幼儿园旧址，3排房屋，12间教室。2019年，大张庄镇成人教育中心撤销。

王德新、董地昌、李德伟、李才生、王晓先后担任校长。

校园琐忆

大张庄中学的成长历程

大张庄中学始建于1958年6月，属张庄完小“戴帽”班，校址在张庄完小。1959年5月，正式命名为沂源县第四中学，校址先后迁至张庄北平和大三地，借用大队食堂上课。1960年底，校址迁到玉泉寺。1962年暑假后合并到沂源三中。1965年春，沂源四中恢复，校址仍在玉泉寺，占地面积约20亩。学校地处山坡，交通不便，学生上下学存在安全隐患。为消除隐患，1984年春天，经县教育局同意，在张庄北河滩征地40亩，开始建设新校。由于当时经费紧张，老师们就自己伐树做房梁。年底，建好新校教室、宿舍共72间。1986年暑假，全体教师参与架线杆、拉电线工作，为搬迁新校做好一切准备。同年10月，学校由玉泉寺往张庄北河滩搬迁，全体师生肩挑人抬、齐心协力，搬到了新校址，即现在的大张庄中学校址。

1986年年底，学校划归张庄乡党委、政府管理，当时共有6个班，30多名教师，400余名学生。当时的张庄乡还有曹家庄、赤坂、明末峪、松崮、旋峰、淤土地、南岩、张庄联中等8所联中，8所联中地理位置分散，教育资源不均衡，教学质量参差不齐。为了更好发展张庄教育事业，张庄乡政府决定把8所联中的师生统一合并到张庄中学。1987年，乡政府给各村分配义务工，扩建张庄中学校舍平房120间，1988年年底完成扩建，同时，8所联中先后并入张庄中学。当时沂源一中、二中、沂源师范学校援助了一批旧桌凳，经过维修、粉刷重新投入使用。合校后学校有12个教学班，60余名老师，700余名学生。

1988年，学校开始建设实验室、器材室。1989年暑假前，县电教仪器站给学校配备了实验仪器，因为学校的实验仪器配备齐全（300余件，价值1182元），全县的实验仪器现场会在该校召开。同年秋，山东省教育厅领导来学校视察，给予高度评价。

大张庄中学自创建到1969年，系三年制初级中学，1969—1979年，变为两年制高级中学，1980年，又改为三年制初级中学。到1983年止，学校培养初中毕业生18个班，936人；培养高中毕业生27个班，1404人；升入大专院校1人，各类中专18人。

（孙玉提供资料）

大张庄中学的前世今生

大张庄中学的前身是沂源四中。那时学校建在东山坡的半山腰，除了大小佛殿外，绝大部分设施都是1960年后逐年扩建的。学校东高西低，有3个阶梯，由低到高分别为教学区、伙房、教工宿舍。20世纪70年代中期，学校遵照毛主席“以学为主、兼学别样”的“五七”指示，掀起大办“两厂（场）”的高潮。当时学校建有劲松粉笔厂、缝纫加工厂和农场。学校又想建个养猪场，建几间猪圈，为学校增加收入。于是高中第六级、第七级学生用劳动课、体育课、课外活动时间到东山北沟扛石头。那时都年轻，一趟能扛七八十斤，往返一趟二三里路。一趟趟，一天天，石头扛够了。师生就从自己家里拿来手锤、米尺、线绳，放线、挖基础、垒墙。墙垒好了，又从家里拿来锛刨锯斧，砍杆、凿卯、开榫、组梁。几个月过去了，猪圈终于建成了。20世纪70年代中期，学校没有电，全校师生生活、灌溉用水全靠水车车水。师生轮流值班，水车吱吱嘎嘎，小曲哼哼嘤嘤，泉水汩汩流进了伙房，流进了生机勃勃的菜园里。晚上师生点着汽灯上晚自习。汽灯坏了，每个课桌上点着一盏小煤油灯，几个小时下来，学生的眼睫毛和鼻孔熏得黑黑的，你看看我，我看看你，笑出一口白牙。那时大三地河上连漫水桥也没有，学校生活、取暖用煤全靠拖拉机拉，一到汛期，车过不了河，那煤只能卸在河西岸的土路上。全体师生组成运煤大军，肩挑人抬小车推，队伍浩荡，气势壮观。

1984年，在张庄区政府驻地北、回峪村南的张庄北河滩筹建新校，占地40亩。经过两年半时间，建成6个班规模的新校，共建校舍68间。1985年9月，学校更名为大张庄中学。

经过几次搬迁扩建，学校发生了巨大变化。地基平坦，占地百余亩，坐北朝南，由南往北三区分明，即办公区、教学区、生活区。南北通道笔直宽绰，路两侧栽植了法桐、樱花、黄杨、冬青。操场在紧贴院墙的西南角，有400米跑道、铁制篮球架、单杠、双杠、沙坑。

随着教育改革的深入发展，学校也发生着翻天覆地的变化。教学设施逐步齐全，图书阅览室、各种实验室、多功能教室一应俱全。学生最多时达40个班，教师队伍年富力强，学生队伍浩荡，真是名副其实的大学校。大学校有大作为大担当，学校也进入了发展的辉煌阶段。（李清祥提供资料）

永远抹不去的记忆

1971年3月，一个春暖花开的季节，张庄公社的90多名初中毕业生升入了沂源四中，成为该校高中二级的学生。那时的沂源四中，坐落在玉皇山西南麓的玉泉寺。这里背依大山，面朝张庄河，居高临下，视野开阔。学校的规模不大：初中一年级1个班，1970年招收的高中一级2个班，高中二级2个班，那时不叫班，叫高中一（二）级“一排、二排”。总共不到200名学生，十几名教师。2排石头到顶的瓦房，前边1排当教室，后边1排东边的几间住学生。附近村庄的学生不让住校，一律“走读”，那时不叫“走读”叫“跑校”，东上峪、回峪村的同学都跑校，一天来回20里路。

开设的课程有政治、语文、数学、物理、化学、体育、音乐，还有劳动课。那时候毛主席号召“学制要缩短，教育要革命”，学生要学工、学农、学军，走“五七”道路。每周都有劳动课，有红炉打铁，有“九二〇”生物制菌，大部分要学农，种菜。原来的学校操场很小，就是师生利用半年的劳动课，一镐一镐劈山凿石，一筐一筐抬土垫出来的。原来学校四周没有院墙，入校第二年春天，全校师生从山上扛了几个月的石头，亲手垒起了院墙。

冬天，教室里、宿舍里都没有暖气，也没有炉子。除了极少数家庭条件好的同学穿棉鞋外，大多数同学没穿过棉鞋。一到冬天，冻了手、冻了脚的同学比比皆是。同学们都是穿着老棉袄、老棉裤、单鞋坚持上课，唯一的取暖方式就是跺脚，有时冷极了，跺脚声一片，上课老师不得不停下来几分钟，让大家“集体跺脚”。

大多数学生从家到学校需要翻山越岭，星期六中午放了学回家拿饭，星期天返回学校，一住一个星期。谁家也没有自行车，全靠两条腿翻山越岭，一星期一个来回，学生上学拿的饭，就是煎饼、咸菜，年头到年尾就这两样。煎饼是地瓜面的，有时是杂交高粱的，摊出来的煎饼既不好看，也没有多少营养，只能填饱肚皮；咸菜呢，就是自家腌的“辣疙瘩”，去村卫生室要个盛“食母生”药片的大口瓶子，自己用刀将辣疙瘩切成细条，装入瓶中，买上5分钱的酱油一泡，这就是住校一个星期的佐餐美味。一日三餐，餐餐煎饼，顿顿咸菜。春天，学校师生种的菠菜收了，偶尔花5分钱从食堂打一碗漂着油花儿的菠菜汤，就算“拉馋”犒劳自己了。

有一回，食堂老师让同学们一块去红旗厂商店挑酱油，说那里的酱油好吃，质量好。学校到红旗厂来回20多里路，去时还好，学生挑起空桶吱吱呀呀、歪歪晃晃，同学们说笑着就到了。买上70斤酱油，满满两桶，防止洒出来，又找了几段“秫秸隔挡”放在酱油上面浮着。有同学先挑了一段，感觉肩头沉重，另一个接着挑。哪知道有些同学虽干过农活，却不曾挑过重担。扁担一上肩，那架势犹如电影《朝阳沟》里的银环挑水，腰弯腚扭，两只桶一只左撇，一只右晃，眼瞅着酱油洒了出来。这水洒了不要紧，酱油可洒不得！吓得其他人赶紧叫停换人。回来这一路，再也没了笑声，70多斤，十几里路，几个同学艰难地轮番挑回了学校。

学校食堂用大锅烧开水，供师生饮用。各“排”的值日小组，每天上课前得派出两人到玉泉上“拧水车”，人工抽水，通过管道流入食堂的蓄水池中。吃饭时宿舍值日生去食堂把热水装入桶中，抬回宿舍放在门口，谁喝谁舀。有的学生带的是用刚收下来的杂交高粱摊的煎饼。鲜高粱不好摊，就摊得厚，厚就难吃，难吃也得吃。头三天尚可，第四天一看要长毛、发霉，就赶紧晾晒，一晒干，咬不动了！只好上课前先用热水泡上，等到放学尚未泡透，吃起来如同嚼牛皮带。

那时，每一位同学都有助学金，每人每月0.7元至1.2元不等。用现在的眼光看，这块儿八角的钱微不足道，可在那一个鸡蛋才5分钱的年代里，对于贫困家庭的穷学生来说，却实在是雪中送炭。要知道，一个学期的学费才2元钱，有的同学都交不起。

条件虽然艰苦，但同学们艰苦朴素的优良品格，就是这样养成的。（周仕文提供资料）

线描 《黑屋子 土台子》 徐立芹（沂源县教学研究室教研员）

燕崖镇学区

扫码看视频

扫码听书

记忆沂源·教育体育卷

概　述

燕崖镇学区辖1所中学，2所小学，1所幼儿园。2023年，在校学生1270人，全学区教职工有188人。

镇域内旧式教育有私塾和书院。书院有沂蓝书院，《沂水县志》记载："沂蓝书院，在织女洞南，迎仙观东隅（燕崖乡大贤山）。"民国时期域内的私塾教育较为普遍，燕崖、南安乐、北安乐、辉村、王庄、西郑、西白峪等村庄都开设私塾。1916年，南安乐村建成1所新式学堂，取名"沂水县西北乡沂蓝小学"。南安乐人称之为"后学堂"。1942年7月，沂水县政府在南安乐创办简易师范学校1所（原属沂水八区），培养小学教师。1943年1月，因时局恶化，学校停办。1944年，沂源县解放后，各村在青壮年中开展"识字扫盲"活动，其中面向青年妇女举办扫盲"识字班"。新中国成立初期，政府和社会各界积极筹集资金，投入教育，各村小学均由大队出资建设。1957年，燕崖区教育主管部门培训幼儿教师，之后，在人口多的村开办托儿所。1965年，沂源八中（燕崖中学）开始建校。1970年，碾砣村、安乐村、井子峪村新建联中，全公社共有6所初中学校。20世纪70—80年代，随着生源不断增加，各校都不同程度地进行扩建，规模较大的有南安乐小学、北安乐小学、碾砣联中、白峪联中、西郑小学等。1995年，先后在井子峪村、朱家户村、碾砣村、红旗村、白峪村、代家庄村、石板村等建成希望小学。2010年，燕崖镇合理规划学校布局，幼儿园撤并为3所，小学撤并为4所。2016年，投入资金开展义务教育均衡县建设工作和双提升工程。各学校根据标准要求新建改建各类教室、功能室和体育场馆，中心小学、燕崖中学建设塑胶跑道。各学校添置各类教学仪器、体育器材和图书资料。同年，安乐小学实施校舍提升工程，新建教学楼1座，塑胶操场1处，恢复1—5年级学制，学生达100多人。2018年，燕崖小学撤并到燕崖镇中心小学。2021年，红旗小学、红旗幼儿园分别撤并到镇中心小学、中心幼儿园。2023年，安乐小学合并到燕崖镇中心小学。

新中国成立以后，为适应教育事业的发展，政府通过多种渠道从社会上招聘老师。据不完全统计，1950年，燕崖区有专业教师近20人。20世纪50—60年代，国家号召城市师范类毕业生支援山区教育。临朐、沂水、蒙阴、胶州、新泰等地的教师30多人来到燕崖，他们为燕崖教育发展作出贡献。20世纪70年代后，选拔一部分优秀初高中毕业生担任民办教师，充实教师队伍。1978年，开始逐年选拔优秀民办教师转为公办教师或按规定条件报考临沂地区师范学校，毕业后从事教育工作的，即为公办教师。进入21世纪，随着义务教育均衡化实施、教育强乡镇建设，教师队伍不断优化。

在管理体制上，全县解放之初，区政府设文教助理管理全区教育工作，业务方面由中心小学校长负责。1968年末，公社下设教育组，管理全公社教育教学工作。1984年8月，撤销教育组，由中心小学和中心中学分别负责全乡小学（含幼教）和中学业务。1991年，成立燕崖乡教育委员会，将全乡中小学、幼儿园和成人职业教育纳入统一管理。1994年，燕崖乡教育委员会改称燕崖乡教育体育中心。2004年，燕崖乡教育体育中心改称燕崖乡教育体育管理办公室。2021年3月，撤销燕崖镇教育体育管理办公室，成立燕崖镇学区。

任洪绍、孙振岳、王继孝、朱明星、耿成伦、张学校、程振厚、璩汉祯、翟慎德、朱传环、王守庭、张家范、张家胜、刘希增、黄胜吉、杨圣成、董志安、陈丙春、孔祥恩先后担任燕崖教育管理机构负责人。

学前教育

概　况

1957年，燕崖区教育主管部门培训托儿所教师，之后，人口多的村开办托儿所，并为儿童免费提供午餐，1959年停办。1965年，各村举办半日制儿童班。1978年，大部分村办"育红班"，招收学前一年幼儿。1984年，普及学前一年教育，全公社开办幼儿班24个，招收4—5周岁儿童入班学习。1997年，在原燕崖乡政府大院内改建燕崖乡中心幼儿园。2000年后，由丁秀山、侯本福、杨希堂、耿成云出资先后建起红旗幼儿园、石井河幼儿园、西白峪星振幼儿园、安乐幼儿园（民办园）。原石板小学、朱家户小学、辉村小学改为幼儿园。全乡共设公办幼儿园6所，招收3—5周岁幼儿入园。2008年，原燕崖乡中心小学搬迁至白峪小学，中心幼儿园搬迁到原中心小学校址。

学校简介

沂源县燕崖镇中心幼儿园 地处燕崖镇政府驻地，占地面积5000平方米，建筑面积2430平方米，办园规模为9个教学班。2023年，在园适龄幼儿343人，教职工34人。

1997年，在燕崖乡河西村乡大院改建中心幼儿园，共7间平房，3个教学班，教职工4人，教师有刘纯华、唐华、孟玫。2002—2005年，井子峪学前班、双泉、辉村、东西郑等村学前班相继并入该园。2008年，原燕崖乡中心小学搬迁至白峪后，中心幼儿园搬迁到原中心小学的闲置校舍，与小学1—4年级合用1个院落，4个教学班，在园幼儿90余人。2014年，燕崖镇党委、政府按照《山东省乡镇中心幼儿园建设标准》，在原址新建3层综合楼1座，能同时容纳300名孩子入园，办园规模为9个教学班。2015年9月，幼儿园搬入新建楼房。

幼儿园着力打造“木”浴童生园本特色，利用丰富的乡土资源，把原本只用来烧火的木料请进了

校舍改造后的沂源县燕崖镇中心幼儿园（2015年）

校舍改造后的沂源县燕崖镇中心幼儿园（2011年）

幼儿园，在教研活动中让它们改头换面，变废为宝，在园所的环境创设、户外游戏、区域活动、集体教学中，处处可见“木”的身影。2019年，投资12万元将车棚改建为功能用房“木悦坊”，为孩子们木工创意活动提供必要的材料、工具等，并以此生成“木文化”园本课程。

沂源县燕崖乡中心幼儿园大班师生合影（1998年）

学校被评为山东省示范性幼儿园、省幼小衔接示范幼儿园、淄博市示范幼儿园。

王明德和郑作花先后任园长。

杏坛陈迹

原燕崖幼儿园 1958年，燕崖大队办起幼儿班1个，3年后停办。1978年，在村内办公室举办“育红班”，分大、小2个班，教师有王武花、高爱统。2008年，合并至燕崖乡中心幼儿园。

原河西“育红班” 1958年，河西大队成立“育红班”，持续时间不长。1984年，在小学复设幼儿班，教师先后有展其花、齐元凤、陈爱昌等。

1997年，幼儿班合并至燕崖乡中心幼儿园。

原东白峪幼儿班 1962年，东白峪大队成立幼儿班，陈发奎任教。1965年停办。1982年，重新成立幼儿班，教师刘爱荣。2004年，幼儿班合并到西白峪星振幼儿园。

原石井河幼儿园 石井河大队于1974年开设“育红班”，由张传菊任教，2年后停办。1985年，重新开班，先后由王铭华、侯念英、朱万玲任教。2002年，侯本福出资成立石井河幼儿园，设小班、中班、大班，招收碾砣管区3—5周岁幼儿，教师有朱万玲、程恒霞、朱化莲、谢亮霞。2011年，撤并至燕崖镇中心幼儿园。

原刘庄“育红班” 1984年，刘庄村依托小学设立“育红班”，教师巩克花。2002年，并入红旗幼儿园。

原东郑“育红班” 1976年，东郑大队依托小学开始办“育红班”，先后由宋玉玲、王申芳任教。2005年9月，合并到燕崖乡中心幼儿园。

原王庄“育红班” 1979年，王庄大队开设“育红班”。杨学英、王晓霞、王均玉、程恒霞等先后任教。2004年，撤并到石井河村幼儿园。

原巩家峪、冯家峪、汉林、蒲峪“育红班” 1981年，巩家峪、冯家峪、汉林、蒲峪分别办起“育红班”。2002年，丁秀山出资20万元在红旗完小东侧建红旗幼儿园，招收全管区11个村幼儿，“育红班”并入红旗幼儿园。

原大马岭“育红班” 1983年，大马岭大队依托小学开办“育红班”，教师有闫德凤、周国凤、林庆玲。2002年，并至红旗幼儿园。

原西郑“育红班” 1958年成立，招收6—8岁儿童入学，1960年停办。1965年，成立半日制儿童班，招收5—7岁儿童入学，1967年停办。1975年，依托小学举办“育红班”。1983年，普及学前一年教育，举办学前班，招收6岁幼儿，教师是王长美。2005年9月，学前班并至燕崖乡中心幼儿园。

原计宝峪学前班 1984年，计宝峪大队开办学前班，教师有房成莲、田凤菊。2004年，合并至朱家户幼儿园。

原碾砣“育红班” 1985年，碾砣村依托碾砣完小开办“育红班”，任课教师先后是朱万玲、朱化莲。2004年，并入石井河幼儿园。

原姚南峪“育红班” 1985年，姚南峪村依托小学开办“育红班”，张志菊等任教。2004年，合并到朱家户幼儿园。

原朱家户幼儿园 1985年，朱家户村依托小学举办“育红班”，教师有白方美、吕爱芳、吕爱霞、张志菊、田凤菊等。2004年，朱家户、计宝峪、姚南峪3村合办朱家户幼儿园。2010年，合并至燕崖镇中心幼儿园。

原桑家峪“育红班” 1989年，桑家峪村在村办公室开办“育红班”，刘思英任教。2002年，并入石井河幼儿园。

原火石盖学前班 1989年，火石盖村举办学前班，刘光菊任教师。2000年，并入白峪幼儿园。

原杏花“育红班” 1990年，杏花村办起“育红班”，招收6岁儿童，教师是石增苗。1997年，撤并到燕崖乡中心幼儿园。

原井子峪“育红班” 1990年，井子峪村设立“育红班”，田发荣任教。1998年，扩大招收帽子庵、桑家楼两村幼儿，田发华、刘爱荣、宋敏任教。2002年9月，合并到燕崖乡中心幼儿园。

原双泉学前班 1991年，双泉村设学前班1个，学制1年，李春梅、刘明云先后任教。2003年，撤并到燕崖乡中心幼儿园。

原西白峪“育红班” 西白峪村于1991年依托小学举办“育红班”，招收白峪管区幼儿30多名。杨洪爱、杨希兰、王申美任教。2004年，杨希堂出资将杨家宾馆改建为白峪星振幼儿园，设大、中、小3个班，任课教师4名，招收白峪管区7个村幼儿。2009年，合并到燕崖乡中心幼儿园。

原辉村幼儿班 1959年，辉村大队办起1个幼儿班，教师是胡德功。1991年，东辉、西辉、中辉、胡围4个村各自办起幼儿班，招生70余名。2001年，4个幼儿班合并，教师有张庆红、刘玲、卢春梅等。2004年，合并到燕崖乡中心幼儿园。

原代家庄学前班 1997年，代家庄村举办学前班，刘光菊任教。2002年，并入西白峪村幼儿园。

原石板“育红班” 1958年，原石板大队办幼儿班，招收6—7岁儿童。1965年，招收5—7岁儿童半日学习，成为半日班，1个班20多名儿童，1966年停办。1978年，招收30多名儿童入学。1984年，依托小学举办学前班普及学前教育，招收5岁儿童，1个班20多名儿童。先后由孙孝孟、高祥华、张学叶任教。2004年，合并至红旗幼儿园。

原北安乐幼儿园 1958年，北安乐大队办起第一所幼儿园，园址在杨自昌家中，招收幼儿32名，保育员兼教师是周国秋、石进春，1960年停办。1989年，依据小学举办学前班，教师是周国妹、周春霞。2004年，合并到安乐幼儿园。

原大洪峪幼儿班 1958年，大洪峪大队依托小学办起幼儿班，招收幼儿13人，吴佃莲担任教师，1966—1980年间断。1981年，在小学校园内重新办起学前班，吴琼、吴明菊、孙爱华、吴明凤等任教。2004年，学前班合并到安乐幼儿园。

原安乐官庄幼儿班 1958年，安乐官庄大队举办起托儿班，先后由孟金枝和亓益芬老师任教。1985年，依托小学招收“育红班”，任课教师耿成菊。2004年，合并到安乐幼儿园。

原南安乐“育红班” 1985年，南安乐村依托安乐完小举办“育红班”，教师耿晓荣。2002年，并入安乐幼儿园。

原牛郎“育红班” 1985年，牛郎村举办“育红班”1个，幼儿21人，孙丰华任教。2004年，合并到安乐幼儿园。

原偏良山“育红班” 1993年，偏良山村依托小学成立“育红班”，张振霞任教。2002年，合并到安乐幼儿园。

原红旗幼儿园 2002年，冯家峪村丁秀山出资20万元在红旗完小东侧建红旗幼儿园，招收全管区11个村幼儿。教师闫德凤、张学叶、丁秀娥、巩克花等。2021年，撤并至燕崖镇中心幼儿园。

原山水河“育红班” 1989年，山水河村在村办公室举办“育红班”，娄合菊任教。2004年，并入西白峪完小附属幼儿园。

原上龙巷、桑家楼、东高角学前班 1983年，上龙巷、桑家楼大队举办学前班，招收6岁儿童入学。1985年，东高角村和上龙巷村在小学原址合办“育红班”，任课教师是宋以菊。1996年，桑家楼、上龙巷和东高角3个村幼儿园合并至井子峪村幼儿园。幼儿教师有杜兆凤、杜兆玲。

原帽子庵学前班 1993年，依托帽子庵小学办起学前班，招收6周岁儿童18人，张玉花任教。2004年，合并到燕崖乡中心幼儿园。

小学教育

概　况

1916年，在南安乐村成立沂水县西北乡沂蓝小学。1949年，县政府文教科派李文平到南安乐村创办沂源县第一所完全小学。设置语文、算术、自然、地理、历史、唱歌、体育、劳动等课程。新中国成立后，燕崖公社多数村庄积极兴办学校，但村办教育条件十分艰苦，有的村借用民房、羊圈、破庙作教室。当时村内文化人很少，只好雇用私塾先生及村内识字的人当老师。招收学生年龄参差不齐，采用复式教学。

20世纪60—70年代，小学教育步入正轨，全公社设1—5年级完全小学32所，规模较大的有南安乐、北安乐、燕崖、西白峪、碾砣、东郑、西郑、马岭、石板、刘庄等，适龄儿童入学率达80%以上。80年代，加大对教育的投入，进行校舍改造、配套教学设施、加强师资培训，学生入学率达90%。

1999年后，井子峪完小、辉村完小先后撤并到燕崖乡中心小学，石板小学撤并到红旗完小，天成小学撤并到白峪完小，朱家户完小撤并到碾砣完小。2007年，燕崖乡中心小学搬迁至白峪，原燕崖中心小学保留1—3年级，称为燕崖小学。2011年8月，碾砣完小合并到燕崖镇中心小学。2018年，燕崖小学全部撤并到燕崖镇中心小学。2021年8月，红旗小学撤并到燕崖镇中心小学。至此，燕崖镇有小学2所，即燕崖镇中心小学、安乐小学。

学校简介

沂源县燕崖镇安乐小学　位于燕崖镇安乐村驻地，学校建筑面积1666平方米。2023年，安乐小学有5个教学班，103名学生，教职工13人。

安乐小学前身为安乐完小。始建于1916年，原名为沂水县西北乡沂蓝小学。1915年，沂水县县政府提倡办新学，当时南安乐村乡绅耿立贤四处游说，联合附近50余名乡绅，联名上书沂水县长，要求在南安乐村兴办新学，县长批准了要求。1916年，在南安乐村东北处建成新校，取名沂水县西北乡沂蓝小学。学校有5间教室、伙房及其他设施。南安乐称之为“后学堂”。学校的教具、师生的茶水取暖、校工薪俸等开支由学田收入和学生缴纳学费支付。

1916年，沂水县政府派来教员2人，招收学生63人（女生3人）。除本地学生外，还有来自南麻、东里、石桥、悦庄、张庄、唐山等十几处乡绅及富户人家子女。学生分4个年级，采用复式教学。1—2年级开设国文、算术、珠算、习字、修身等课程；3—4年级开设国文、算术、珠算、习字、修身、地理、历史等课程。1925年秋，因战乱学校停办。1931年秋，恢复办学。1937年，沂水县政府不再派遣教员，校舍失修，学堂搬到“天主教堂”（南安乐村中），耿敬忠任学董，聘请沂蓝小学毕业的耿成泉、耿成茂、耿沂忠（安乐官庄人）任教。4个年级，复式班2个，学生50余人。1938年，学校停办。至此，先后有12名教员在该校任教，培养初小毕业生400多人（女生30余人）。

1939年7月，恢复办学，学校更名为沂水县安乐小学。1944年3月，南安乐村解放，人民政府派任洪绍等人到南安乐任教，有50余名学生，3级复式。1945年秋，任洪绍调任区文教助理，孙振岳调入该村任教，这时学校又搬回天主教堂，在全区招收学生70多人。农会又从该村雇佣教师1人。1947年，国民党进攻沂蒙山区，学校暂时停办。

1948年，学校迁至乡公所驻地，上级派冯敬斋、李宗禧到南安乐村任教，设2个班，招收学生62人。1949年，沂源县人民政府根据南安乐村的办学经验，派李文平（张庄镇东唐庄村人）到南安乐村创办沂源县第一所完全小学，分高小和初小。初小1—4年级，高小5—6年级，共有6个年级，学生100多人。全县招生，学生来自东里、石桥、悦庄、南麻、张庄、沂水等地。开设语文、算术、自然、地理、历史、唱歌、体育、劳动等课程。

随着生源增加，原来校舍已不能满足办学需求，1985年3月，由南安乐村投资20万元在村西叫“西场”的地方新建20间教室及办公室。1985年10月迁入。

1995年，全县义务教育达标，原安乐联中撤销。安乐完小校园面积扩大到11余亩。开设5个年级，8个教学班，学生300余人，教职工18人。翌年，扩建教室18间，硬化路面700平方米，平整操场3010平方米。

2007年7月，因合班并校，安乐完小成为教学点，有1—4年级，学生130余人，教师12人。沂源县燕崖乡安乐完小改名为沂源县燕崖乡安乐小学。2008年8月，4年级撤并到乡中心小学，3个年级3个教学班，学生总数100余人。2017年，恢复安乐完小。

沂源县燕崖镇安乐小学综合楼（2023年）

学校坚持“以人为本、和谐发展、为每个孩子走向明天奠基”办学理念，秉承“为每位学生提供适合的教育、让每个孩子幸福快乐成长”的思想，全面推进教育教学工作，本着数字化、精细化、人文化进行校园管理，走出一条适合农村学校特色办学之路。

李文平、吴宝清、王继孝、秦成忠、周国岱、江照俊、侯现茂、田悦德、周仕东、李玉新、胡立忠、戚思学、周作吉、耿剑波、许立锋先后任校长。

沂源县燕崖镇中心小学 位于燕崖镇西白峪村，占地面积1.5万平方米，建筑面积9000余平方米，有教学楼1座、标准化学生公寓、学生餐厅和塑胶化田径场。2023年，有14个教学班，学生400人、教职工59人。

1951年，燕崖村办起小学堂，招收7—10岁儿童。后逐渐扩大到3个班，教师有高大道、郑建新、吴奉涛3人。4—5年级学生到安乐完小就读。1956年，村小学在南廓子路东新建校舍7间，招收4—5年级学生。1968年，再建教室7间，招收辉村、河西、双泉、井子峪、杏花村学生，教师有赵加德、周国臣、何加义、王永贵等。

1984年，在村西建新校，学校整体搬迁，班级达10个，每个年级有2个教学班。同年，燕崖村小学改称为燕崖乡中心小学。

沂源县燕崖镇中心小学（2023年）

2002—2004年，井子峪完小和辉村小学合并到燕崖乡中心小学。2007年，乡政府在原白峪完小校址上新建燕崖乡中心小学。原燕崖乡中心小学4—5年级学生合并到新校，红旗完小、安乐完小4—5年级学生撤并到燕崖乡中心小学新校。2011年8月，碾砣完小合班并校到燕崖镇中心小学。2018年8月，燕崖小学1—3年级合并到镇中心小学。2021年8月，红旗小学1—3年级学生撤并到燕崖镇中心小学。

沂源县燕崖镇中心小学（2013年）

学校以“为学生的终生幸福奠基”办学理念和“以人为本、共享幸福”教育理念，紧紧围绕“幸福”打造学校文化品牌，通过幸福教育，培养幸福学生，成就幸福教师，构建幸福校园。在课堂教学、课程建设等方面提高学生成长幸福指数，提升教师职业幸福指数，使幸福充满校园。学校每年举行“幸福教师”“幸福学生”“幸福家庭”等评选活动，把“幸福”理念根植于师生心田，让全校师生在幸福中工作，在幸福中学习，在幸福中成长。

学校建立完善教育信息化管理体系，创建“创客教室”，编制“创客教育教材”，扎实开展3D打印、物联网设计、电脑制作、机器人比赛等活动。学生有31人次参加县市级各类比赛获一、二等奖。

学校被评为山东省绿色校园、淄博市平安校园、市文明校园称号、市书香校园、市乡村温馨校园、市创新素养培育实验学校、市智慧校园。

王继孝、张家胜、孟庆来、田悦德、李玉新、侯宪茂、刘兆恩、胡立忠、戚思学、刘兆恩、李士平、吴本庆先后担任校长。

杏坛陈迹

原刘庄小学 1947年，刘庄村设立小学，学校借民宅办学，首任教师齐立环。1966年，在黄峪建新校，招收1—5年级学生。1976年，开设初中班1个。1985年，学校新建校舍18间。1994年，扩建校舍6间。2004年，并入红旗三株希望小学。

历任校长有郑公全、孙振源、亓明珠、周学贵、周文德、孙培礼、张云福、张照才、房成录、徐庆平等。

原朱家户小学 1949年，朱家户村办起1—4年级小学，王齐全任教。1974年，和邻村姚南峪、计宝峪3村联合成立朱家户小学。1976年，朱家户小学兼招二年制初中班1个。1985年，修建平房13间。1994年，3村联合改建朱家户小学，建设2层楼房，18间标准教室。2000年，合并到碾砣完小。历任校长有朱万田、杜申友、王凤奎、闫培义、张银光等。

原帽子庵小学 1942年，学校借用民宅创办，张克煜、张绵聪任教师。1949年，新中国成立后，帽子庵村创办新式小学，设1—5年级，复式教学。1994年，3—5年级合并到井子峪联小；1995年，1—2年级合并到井子峪小学。校长李少久。

原双泉官庄小学 1949年，双泉官庄在一处民宅内成立双泉官庄小学。1970年，学生增至3个班，5个年级，成为完全小学。1977年，新校建成，设置5个小学班，2个初中班，教师7人。1982年，初中班并入燕崖中学。1996年，4—5年级学生合并至燕崖乡中心小学。1999年，学校撤并入燕崖乡中心小学。历任校长有亓益昌、耿成孝、张家胜、耿成训等。

原河西小学、南峪小学 1944年3月，河西村在东庙办小学，魏庆善任教。1961年，3年级与燕崖完小4年级合班。1972年，在南峪新建学校1所，称南峪小学。1976年，两所学校合并，校址设在旧瓦厂。1997年，河西小学合并到白峪完小。历任校长有周仕廷、齐益昌、吴佃金等。

原东郑小学 1950年，东郑村设立小学，地点在村民侯成尊家院内，招收1—4年级学生，2个复式班。1976年，增设"戴帽"初中班。1977年，办学规模达到高峰。1980年，初中班撤销。2004年，全部撤并到燕崖乡中心小学。历任校长有朱万伦、周文德、刘长瑜等。

原燕崖小学 1951年，燕崖村开设小学堂。1956年，村小学在南廓子路东建校舍7间，招收4—5年级学生。1968年，再建教室7间，成立高小，招收辉村、河西、双泉、井子峪、杏花村的5—6年级的学生。1984年，在村西建新校，学校整体搬迁，1—5年级每个年级有2个教学班。同年，燕崖村小学改称为燕崖乡中心小学。1995年，燕崖村、河西村、双泉村、杏花村联合出资出工出料，新建教室18间。1996年，改建完成，4个村的学生全部并入，燕崖乡中心小学规模扩大。2007年，乡政府在西白峪村征地，新建燕崖乡中心小学。同年7月，燕崖中心小学4—5年级合并到新校。2012年，学校1—3年级合并到新校（燕崖镇中心小学）。历任校长有张学校、璩汉祯、王纪孝、张俊太、张家胜、田悦德、孟庆来、李玉新、侯现茂、戚思学等。

原上龙巷、桑家楼和东高角小学 1951年，上龙巷村、桑家楼和东高角分别举办小学，1984年，四、五年级合并到井子峪小学。1996年，1—3年级全部合并至井子峪完小。

原王庄小学 1951年，王庄村开设小学，校址在一农户院内，王汝奎任教。1957—1960年，校址迁入村旧庙，学校4个年级，2个班，周国岱任学校负责人。1961—1962年，在村前河边新建学校，4个年级，2个班，还有1个半日班。1969年开始，5个年级5个班。1995年秋，3—5年级并入碾砣完小，学校改为简易小学。2002年，王庄小学撤并到碾砣完小。历任校长有周国岱、娄成贵、冯玉祯、张兴玉等。

原石板小学 1953年成立，利用闲置的羊圈略加改造作为教室，教师2人。1959年，招收1—3年级学生27人，采用复式教学。1960年，学校规模扩大，招收1—4年级学生，有2个复式班，60多名学生，教师有杜相令、王世文。1976年，在下河梁新建学校，招收1—5年级5个班、110多名学生，1个初中班、22名学生，有教师14人。1982年，初中班合并至马岭联中。1997年10月，山东铝厂投资新建山铝希望小学。翌年，学生迁入新校。1999年，撤并至红旗完小。历任校长有房庆荣、周学贵等。

原东白峪小学 1953年，东白峪村以白家私塾为基础，成立小学。1970年，南峪利用第四生产队羊圈办起简易班，后合并到村内小学。1976年，在村南大肩岭建成新校。1995年，合并到白峪完小。

原碾砣完小 1963年成立。1965年，碾砣小学改名为碾砣完全小学，郑建新、周国岱、朱万田、朱万伦、朱万庆任教。1970年，生源增加，学校教室不足，借用农房办学。1972年，进行第一次校舍改造，将村办公室改造成碾砣完小。1985年，进行第二次校舍改造，在完小东侧新建教室6间，学校规模扩大到7个班，在校学生200余人。1995年，学校进行第三次校舍改造，在村东原供销社处征地10亩，新建教室36间。辖区7个村4—5年级学生到碾砣完小就读，教师达21人。2011年，合并到燕崖镇中心小学。历任校长有周国岱、张学福、王焕明、周广富、朱化吉、闫培义等。

原火石盖小学 1956年6月成立，招收1—3年级学生。1992年，小学扩建，有1—5年级5个班。1996年6月，该校合并至白峪完小。

原代家庄小学 1956年，代家庄、韩家庄、牛峪3个村合办一所小学——代家庄小学，招收1—2年级学生。1966年，学校扩建，招收1—5年级学生。1981年，5年级并入西白峪完小。1994年，1—2年级并入牛峪小学，3—4年级并入西白峪完小。1997年，在代家庄村由大连市爱心人士孟繁禄投资建成天成希望小学。学校只设1—3年级，招收代家庄、韩家庄、牛峪3个村的学生。2002年，学校撤并到西白峪完小。历任校长有张家国、周学贵等。

原井子峪小学 1957年，井子峪村成立小学，招生1个班。1973年，井子峪大队在村东建平房9间，学校从南岭搬迁到新校。1974年，设“戴帽”初中班。1980年，初中班撤销，成立井子峪完小，5个教学班。1995年，香港沈丙麟先生投资5万元，省、市、县各投资1万元，建教学楼，1996年，投入使用，改名井子峪希望小学。2002年，4—5年级合并到燕崖乡中心小学。2004年8月，该校合并到燕崖乡中心小学。历任校长有李孔德、魏庆善、张家胜、耿成彪、周仕东、宋恒新、吴佃文、张家国、高兴统等。

原山水河小学 1958年，山水河大队建起村小，招收1—5年级学生。1967年，学校规模扩至1—4年级。1975年，扩至1—5年级，生源来自韩家庄村、牛峪村、代家庄村、火石盖。1995年，学校并入白峪完小。

原马岭小学 1958年9月，马岭举办马岭小学，服务周边10余个村。1960年，开办“一揽子”小学和二部制小学。1961年，将原马岭炼铁厂改办马岭高小。1972年和1975年，分别在河边和北岭建学校。1992年，马岭、平安、红岭子3个村联合建红岭子小学；1995年，并入红旗完小。历任校长有李兴邦、耿守仪、王应堂、徐永国、刘云堂、王明顺、李玉新、侯现茂、吕义录等。

原石井河小学 1960年，石井河大队在原村副业院内开设村小学。教室有11间、办公室2间，分5个年级，当时1、3年级为复式班。1962年，举办工读班。1976年，增设一个“戴帽”初中班，负责人是闫培德。1979年，初中并入碾砣联中。1995年，村小学撤并至碾砣完小。

原西郑小学 1961年，西郑大队成立小学，招收1—4年级学生，复式教学。1968年，学校扩为5个班，招收1—5年级学生。1975年，在神清宫东建新校。1995年，4—5年级并入白峪完小。2007年9月，该校并入白峪完小。历任校长有耿成彪、张云福、周学贵、周学和、类维福、周作吉等。

原红旗完小 1995年，在铜钱岭西建红旗完小，招收马岭学区11个村学生。2009年，3—5年级学生合并至燕崖乡中心小学，红旗完小改称红旗小学。2021年，该校合并至燕崖镇中心小学。历任校长有吕义录、张其全等。

原韩家庄小学 1962年，韩家庄大队成立小学，招收1—4年级，复式教学。1997年，学校缩小至1—3年级，4年级合并至白峪完小。2003年，该校并入燕崖乡白峪完小。

原桑家峪小学 1960年，桑家峪大队成立小学，1—2年级复式教学。1963年，桑家峪村开设，

1—5年级小学，任课教师先后有侯本平、侯本明、张云福、侯念发等。1981年，新建教室3间，改善办学条件。2001年，学校合并到碾砣完小。

原巩家峪小学 1975年，巩家峪建小学，巩克学任教。1978年，并入刘家庄小学。

原安乐官庄小学 1954年，安乐官庄村赁用民房举办小学，当年招收学生14人，耿宜忠任教。随后几年，学校逐步扩大，学生达30多人，张万喜、张文珂、亓益昌、董宪莲等任教。1969年，在村南建设4间新校舍，设3个班。1985年，校改翻建8间校舍，设5个班。1994年，3—5年级合并到安乐完小。2004年，该校合并到安乐完小。

原北安乐小学 1944年，北安乐村借用民房举办小学，当年招收学生十几人，耿彦亭任教。1955年，学校迁入关帝庙后独院中，有2个教学班，学生达70多人，采用复式教学，徐清朱、耿守信任教。1956年后，唐慎禄、周国岱、李玉生等任教。1968年，小学扩大至3个班，在校生80余人、教师3人。1970年，小学迁到前油坊，扩大到5个班，教师5人，孟昭东担任负责人。1976年，在小学增设“戴帽”初中班，1979年，初中班合并到安乐联中。1994年，3—5年级并入安乐完小。2000年，该校合并到安乐完小。

原大洪峪小学 1955年，大洪峪村在村南2间茅草屋内成立小学，招收学生12人，吴学太任教。1959年，学校迁到村西5间草房内，成立初级小学，有4个年级，孟昭东、李天增、张其胜等任教。1973年，学校在村西建成教室9间，教学办公楼2层。1994年，4—5年级合并至安乐小学。2000年，该校合并到安乐小学。

原偏良山小学 1952年，偏良山村成立初小，招收1—3年级学生，武成楼、赵立讯、徐在伦等任教。1955—1974年，学校搬至后村一独院内，招收5个年级，2个复式班，共3个班，谭庆万、耿成柏、齐益昌等任教。1975年，村里自筹资金，村民贡献义务工，在村前寨脖子修建新校，教室16间。1976年，迁入新校，5个年级，5个班，增设“戴帽”初中班1个，孟庆来、马仕民等任教。1979年，初中班合并到安乐联中。1994年，3—5年级并入安乐完小。2000年，学校撤并到安乐完小。历任校长有余永理、孙兆星、李振山、马士才等。

原牛郎小学 1951年，牛郎村成立小学，地点在村西三间民宅内，招收1—4年级学生，有2个复式班。刘忠臣、李宗元任教。1960—1965年，刘宗喜等任教。后招收1—5年级学生。70年代，在村西新建小学，4个年级2个复式班。1994年，3—5年级并入安乐完小。2000年，学校撤并到安乐完小。

原白峪完小 1952年，燕崖区政府在西白峪村设立白峪完小，设1—6年级，招收周围16个村的适龄学生入学免费就读。1970年，在原校址新建校舍20间。1993年，在西白峪村东（今燕崖镇中心小学位置）建新校，学校从村中搬至新校。2007年，建教学楼1座，白峪完小改为燕崖乡中心小学。历任校长有耿孝东、王继孝、冯玉祯、周广富、侯现茂、娄成奎、杨继国、耿国润、周作吉、胡立中等。

原杏花小学 1966年，杏花大队兴办小学，招收1—4年级学生，2个复式班。学生最多的时候40多人，先后有任大才、马士才、石增香等任教。1986年，3—4年级合并到燕崖村小学，只保留1—2年级。1995年，学校撤并到燕崖小学。

原冯家峪小学 1952年，在冯家峪租房当教室，支木板当课桌，村里办起工读小学，首任教师丁学富。1961年，冯家峪村用仓库改建学校，招收附近几个村学生，先后有李照花、仇传福、孙培礼、方成录、丁学明等任教。1995年，学校并入红旗完小。

原花峪小学 1964年，花峪村建工读小学，邱玉玲、李丙福、刘胜来、刘治江、刘玉富相继任教。1970年，扩建为全日制小学，2个复式班，先后有周光富、周文德、张广福、王明顺等任教。1996年，该校并入红旗完小。

原红岭子小学 1961年，红岭子、太平在河南大胡树底下将村里养蚕室改为小学，第一任老师彭发胜。1972年，马岭在河边建学校收1—2年级学生。1975年，在北岭建学校招1—4年级学生。1992年，马岭、平安、红岭子3个村联合建红岭子小学。1995年，学校并入红旗完小。历任校长有王明顺、李玉新、侯现茂等。

原郑家场小学　1964年，郑家场大队建工读小学1所，由宋丙增任教。1975年，建全日制小学，招收1—3年级学生，后来扩招1—5年级，复式班2个。贺在友、董志荣、王立红、吕义录、王庆富等先后任教。1999年，该校并入燕崖三株红旗希望小学。

原汉林小学　1975年成立，伊树行、张光娥、张光道、张学英等任教。1981年，学校撤并入蒲峪小学。

原蒲峪小学　1972年，蒲峪在下花峪梁建小学，首任教师周文祥。1981年，在蒲峪河北与冯家峪、汉林3个村合办小学，1995年，并入红旗完小。

原计宝峪小学　1955年，计宝峪村开办1—4年级小学1所，耿成伦是第一任教师。1974年，新建校舍，房义进、苏立检、苏立全、高永信、冯成红等任教。1995年，并入朱家户小学。

原姚南峪小学　1952年，姚南峪村成立小学，设1个复式教学班，周国琮任教。1958年，在一处民宅设立1个复式教学班，孙兆星任教。1963年，学校搬迁到村委所在地，朱道进任教。1966年，郑功亭、柳玉斌任教。1970年，学校又迁到村北麦场，建立新教室9间，王凤奎、李洪新任教。1974年，并入朱家户小学。校长闫培义。

原辉村小学　1950年春，辉村在村前建起教室3间，开始招生，耿守信任教。这是该村最早的小学。随后几年，生源增多，就到村内借用民房，规模发展到2个复式班。1959年，任洪绍、申成友任教，李永成任教兼校长。1961年，辉村分大队后，每大队各自办1—2年级复式班1个，原小学只招3—5年级。1995年，4个村共同建教室18间，4所村小学合并成立辉村完小，学校共有5个教学班，学生200余人。2004年，该校撤并至燕崖乡中心小学。历任校长有李永成、耿守仪、魏庆善、胡立忠、马有平、李红杰等。

原牛峪小学　始建于1966年，校址设在村东，学校最初设有1—4年级，后来发展到1—5年级复式教学，常道爱、常化明任教。1984年，4—5年级并到白峪完小，常化明、杨学忠等任教。1994年，代家庄小学1—2年级并入该校，周学贵任教。1997年，该校并入代家庄天成希望小学。

中学教育

概　况

1965年前，燕崖区域内没有中学，读初中需到当时位于南麻的沂源二中（现沂源一中）。1965年，沂源八中（燕崖中学）开始建校。1967年，招收高中班1个。1970年，全公社有6所初中学校。1976年，碾砣联中、安乐联中、燕崖完小各招收高中班1个。1976—1980年，域内有10个大队设立小学“戴帽”初中班。1981年后，初中两年制改为三年制。1985年，井子峪联中撤并至燕崖中学。1990年，碾砣联中合并至白峪联中。1992年，马岭联中撤并至白峪联中和燕崖中学。1994年安乐联中、1997年白峪联中相继并入燕崖中学。燕崖乡仅保留中学1所——燕崖中学。

学校简介

沂源县燕崖中学　坐落于燕崖镇河西村，是一所寄宿制初中学校。2023年，学校有教学班15个，学生468人，教职工87人。

建校初期（1965—1987）

1965年，经沂源县人民政府批准建立沂源县第八中学，简称“八中”，建校工作历时两年半，共建平房66间。1967年，开始招收第一届高中学生，学制两年。1968年，招收第一届初中学生，学制两年。1967—1981年，招高中学生10级。1981年，学校改制，停止高中招生，改为初级中学，只招收初中生，学制三年。1984年，经县政府批准，兼办沂源县第二农业技术中学，共招收两级学生；1987年，农技班合并至沂源县第一农业技术中学。

发展时期（1987—2018）

1989年8月，学校投入29万元，建成学校第一座教学楼，占地面积1383平方米。1994年，燕崖中学扩建理化实验室，共300平方米，学生在实验室上理化实验课成为常态。1995年，投资66万元建成实验楼，占地面积1440平方米，内设2个高标准微机室，学校实验教学、信息技术教学条件得到提升。1997年8月，学校投资35万元，建成第二座教学楼，面积768平方米，缓解了教室不足问题。1992年，马岭联中并入。1994年，安乐联中并入。1996年，学制由三年制改为四年制。1997年，白峪联中并入。2000年，燕崖中学学生人数达到高峰，共30个班，学生1700余人。2000—2007年，投资建成男女生公寓楼各1座，对食堂进行改造。2015年，借助全面“改薄”，学校新增心理咨询室、书法教室、科技教室、劳技教室等新功能室，并且所有功能室硬件配备根据均衡县配备标准进行补充、更新，满足了教学需求。教室实现“班班通”，安装新电脑、投影仪、电子白板、良田讲课仪，教学手段逐步向多媒体转移。学校通过沂源县教育均衡省级评估。

2018年10月，投资460万元，建成塑胶操场，面积7100平方米，结束体育运动尘土飞扬局面。同时，拆除中教学楼和东实验楼，在原址建成综合楼，面积3900平方米。

沂源县燕崖中学教学楼（2009年）

上升时期（2019—）

2021年开始，学校在现代化教学建设方面又一次得到提升，先后配备5套“双师”课堂系统，安装11套智慧黑板。实现千兆光纤接入，实现校园网络全覆盖和“班班通”工程全覆盖；建设高标准、自动一体化精品录播教室1间，定期开展网上教研、同步教学研究。

沂源县燕崖中学全貌（2023年）

学校坚持“为学生终生发展负责，让老师享受职业幸福”办学理念，秉承“追求卓越”校训和“求真务实”校风，形成教师“勤教、善教、乐教”教风和学生“勤学、善学、乐学”学风，建立特色化课程体系，推进整体课程的结构化整合，形成丰富多元课程文化。2015年开始，启动“问题教学与二人组融合构建”教学改革。以学习者核心素养发展为本，实现由“知识传递”向“素养建构”转型，体现自主建构、对话建构和活动建构，达到唤醒自觉，促进学习者主动、和谐、全面发展。

学校被评为山东省温馨校园、省规范化学校、省绿色校园、淄博市智慧校园、市校园文化建设先进单位、市学校文化建设先进单位、市平安校园。

杨本才、刘宗田、刘学生、徐曰修、魏述忠、王光诗、纪玉福、高庆山、侯现奎、唐光昌、张安富、杜玉彬、任道信、刘汉海、陈丙春、侯念华等先后担任校长。

杏坛陈迹

原安乐联中 1969年成立，坐落在南安乐村西，占地约9亩，3排23间房子。招收1个班40余人，学生来自安乐管区的南安乐、北安乐、偏良山、牛郎、安乐官庄、大洪峪6个大队。1972年，首届初中学生顺利毕业，大部分学生考入沂源八中。1975—1977年，扩大办学规模，安乐管区6个村庄以滚地皮形式征得土地使用权，各大队出工出资建设完成两排教室共6间。1976—1977年，继续招收初中生的同时，先后招收2级高中生，1级1个教学班，1978年，首届高中生顺利毕业，第二届高中生上了1年后肄业。1981年，初中教育由二年制改为三年制。1989年，向南安乐村争取校园最南面的土地，作为学生劳动实践基地，校门口也改在学校西南角。1994年，并入燕崖中学和白峪联中。历任校长有周国岱、张家胜、高列丰、耿成资、吴佃伟等。

原白峪联中 前身为白峪农业中学，简称“白峪农中”，始建于1965年。学校旧址在西白峪大队燕崖中心卫生院处，原有房间19间，占地约5亩，有12间教室。1966年，招收1个班。1968年，招收2个班。1972年，改名为白峪联中，通过考试招收白峪管区小学毕业生，学制二年，4个班。1981年，改为学制三年，6个班。1989年开始，追加录取马岭管区、碾砣管区未被燕崖中学录取的小学毕业生。1997年，学校并入燕崖中学。历任校长有冯玉祯、刘云堂、高庆山、周士廷、耿成资、高烈丰、杜元录等。

原马岭联中 始建于1964年，旧址位于马岭村西南角，占地10余亩。初一、初二各1个班，学制二年。起初学生67人，教职工9人。1970年后，初一至初三各1个班，学制三年。1992年，合班并校，师生一部分并入白峪联中，另一部分并入燕崖中学。历任校长有徐永国、刘云堂、张学福、毛德传、耿成彪、王军福、朱乐习、李孔录等。

原碾砣联中 1969年建校，占地面积2267平方米。由碾砣管理区的7个大队联合办学（朱家户、计宝峪、姚南峪、碾砣、桑家峪、王庄、石井河）。1969—1979年，招二年制初中，初一、初二2个班级100人。1976—1978年，招收二年制的2届高中。1980年，高中撤并至燕崖中学。学校改为三年制初中。1990年7月，学校撤并至白峪联中。历任校长有周国岱、张学福、王焕明、史忠功、王均福、周国星、杜元录等。

原井子峪联中 1974年8月成立，校址在井子峪村东，1975年8月，由5个村集资建成，占地面积1000余平方米。招收井子峪管区5个村（井子峪、帽子庵、桑家楼、上龙巷、东高角）学生。1985年，井子峪联中撤并至燕崖中学。耿成伦、耿成训、周仕玉、耿伯启、孙启合、亓益昌等任教。历任校长有魏庆善、王树仁、闫培德、耿成彪、周仕东等。

井子峪联中首届毕业师生合影（1976年）

原大洪峪联办初中班 1967年，大洪峪大队与牛郎官庄大队联办初中班，招收学生42人，教师有孙启和、吴明玉、孙秀香，2年后学生毕业，该初中班停办。

原南安乐简易师范学校 1942年7月，沂水县政府在南安创简易师范学校1所（原属沂水八区），培养教师。学校教室6间，办公室3间。刘祥甫任教导主任并代行校长职务（沂水县县长为名誉校长），招生范围不限。招生2个班，学生近100人，凡高小毕业生或同等学历的社会青年均可报考。

课程设有国语、算术、公民、地理、历史、心理学、教育学、音乐、美术、体育等。1943年1月，时局恶化，学校停办。

原安乐农中 1964年2月，在村老酒店集资筹建安乐农业学校，简称安乐农中，1个教学班，学生18人，耿照吉、周国伟任教。后并入白峪农中。

原牛郎村联办初中班 1969年，牛郎与高厂、石沟、大洪峪等大队联办初中，沂源八中3个初中班中的上述大队学生重新编为1个班，学校设在牛郎村，2年后初中撤销。1977—1978年，牛郎大队与大洪峪大队合办初中，2个年级，共2个班。1979年，合并到安乐联中。

成人教育

概　况

1944年3月后，燕崖区开展“识字扫盲”活动。20世纪70年代，开展青壮年扫盲活动，公社教育组组织老师编写《农民识字课本》，全公社开办农民夜校。燕崖公社扫盲工作经验在全省推广。1984年，燕崖区扫盲工作顺利通过国家验收。1995年，成立燕崖乡成人教育中心学校。2000年以来，建立农村远程教育终端，对村民进行法律、农村政策普及和农业实用技术培训。2019年，燕崖镇成人教育中心学校撤销。

杏坛陈迹

原燕崖镇成人教育中心学校 始建于1995年，校址位于燕崖乡西白峪村的水道管理所旧址。1997年，迁于燕崖乡河西村，学校占地面积1442平方米，建筑面积562平方米。学校于1995年开始招收第一届学生，即“3+1”补习班，学制一年，毕业后发“绿色证书”。1998年，与日照工业学校联合办学，招收学员32人。1999年开始，主要以农村富余劳动力转移培训、农村实用技术培训和新品种、新技术引进推广为主要工作。多年来，学校总计培训2万余人次，转移200余人。从烟台农科所、山东农科院等引进新品种8种，新技术6项。学校被评为全省农村成人教育规范化学校，连续多年被县教体局评为成人教育目标管理先进单位、红旗单位。2019年，燕崖镇成人教育中心学校撤销。历任校长有李振明、侯宪广、魏光平等。

校园琐忆

燕崖中学往事

1980年，整个学校三四十名教师，很少有人有手表，师生上下课、吃饭、上操、早起晚睡全听铃声指挥。当时校园里有一块菜地，西南角有一口推井，师生得推着水车转动木轮把水从井里打上来浇菜，种出的白菜、萝卜、土豆等运到伙房，供师生食用。伙房里并排3个拔灶，安着三口大铁锅，最小的炒菜用，中间一个蒸或热馒头用，最大的专门烧水。负责烧水的师傅从东北角的水井里挑水，大锅烧开后，舀进大水桶再倒进伙房门口的水缸里，师生下课后到这里取热水喝。学校东南角的那口水井，1987年前后加了水泵，可以把水抽到新盖锅炉房上的小水塔里，水灌到烧炭的大锅炉里烧开水，另一部分顺下管子接上水龙头，这样师生们就可以用水桶接“自来水”了。

1985年暑假，燕崖中学招生时，燕崖乡设5个考点，安乐考点监考人是苗本华、张庆富、赵文武。考试第一天，两门学科顺利完成，第二天尚有一门学科。然而，天不作美，一夜暴雨，沂河水暴涨，安乐桥被冲毁。学校通过电话打听到，上游的北刘庄漫水桥已被冲垮，下游直至跋山水库，沂河上没有一座桥梁可绕行。考试时间必须全县统一，否则试题泄露，怎么办？学校请示教育局领导，得到的答复是：安乐考点最迟可拖后一小时。别无他法，只有想办法渡河。学校派人到乡拖拉机站找来一个50马力拖拉机车轮内胎，负责监考的苗本华、张庆富，依靠这个轮胎游水过河，按时将试卷送到考点，使得考试能顺利进行。

因为桥塌了，村民就在秋天河水小的时候搭了个独木桥，就是用石头垒成桥墩，桥墩之间架上长短不一的木板。1985年冬天期末考试，各联中之间交换监考阅卷，马岭联中的王军福等老师骑着自行车带着试卷到安乐联中监考，必须经过独木桥，大约走到河中央的时候，看着宽阔河面上不断浮动的“冻冻”（冰凌），开始眩晕，人和自行车都倒在独木桥上，意识模糊中猛然发现装着试卷的书包也掉到了河里，他一个激灵跳到河里抢书包！从河里上来的时候已经浑身湿透，赶到安乐联中的时候，身上衣服已经冻得硬邦邦的！

1986年，学生辍学情况比较多，老师们基本做到一年2次以上到家里了解情况，有些家庭困难的学生，会根据情况多次家访。

2000年以后，县城创办2所私立学校，学校里一些优秀教师陆续去了私立学校，也有很多成绩优秀的学生转去私立学校读书，社会上就流传燕崖中学的好老师都走了，没有好老师了也没有好学生了！面对这样的现实，学校完善并严格落实了校级领导、中层领导、值日班主任三级管理制度，从早上晨读、早操、早饭、课间操、午饭、午睡、晚饭、晚自习、晚睡做到天天、时时有人管理，在没有门卫、没有专门的安全人员的情况下，保证学生人身安全，指导学生遵守纪律，做到行为规范、能安下心来学习。

学校不断完善教学考评制度、各类骨干教师、优秀教师评选制度，让“教学骨干”“优秀教师”“先进个人”这些荣誉称号确实能落到师德高尚、爱岗敬业、业务能力强、成绩优秀的老师身上，让大家能心服口服，创设一个公平公正、积极向上的教育教学氛围。经过一个时期的努力，收到了良好的效果。

（魏纪雨　张庆富　谢芳提供资料）

以学为主，兼学别样

——特殊年代中的燕崖中学

1971年，燕崖中学被称为“沂源县第八中学”。当时，学校两年制高中班有6个，学生324人，教师24人。

学校大门朝东，说是大门，其实只有两个石头垛子，没有门，门口有一口井，还有一眼泉水，冬天结冰的时候，泉水依然流淌，汇成一条小水渠，早晨的水面上笼着朦朦胧胧的白气，老师、学生和河西村的乡亲们常在这小水渠边洗菜、洗脸、洗衣服。

学校建了教室和宿舍，可是还没有院墙，也没有操场。那时候贯彻“以学为主，兼学别样”“学习与生产劳动相结合”的教育方针，学生在学习文化课的同时，参与生产劳动。高二级两个班89名学生和老师，利用每天下午最后一节课外活动时间开石头、垒院墙。学生从家里带来大锤、洋镐、手锤子、钎子等，老师带着学生扶钎子、打眼子、开石头，用开出来的石头垒院墙。进学校第一个平台最南边的那排教师宿舍和第二个平台那排教室的南边是林地，师生平整出来做菜地，种萝卜、白菜和土豆等蔬菜。学校最西面是大片荒坡，把石头开出来以后整平，作为操场，通向操场的台阶是学生用钻头一点点打出来，抬上去，一点点垒起来的。那时候，老师和学生一起干，大约两年的时间，学校（除了东面大门口的院墙以外）周边的院墙全垒起来了，菜地、操场也基本整好了。

燕崖、辉村、白峪、山水河这些村庄的学生，每天步行上学，离家远的学生住宿舍。住校生一般6点到教室，跑校的学生天不亮就从家里往学校赶，学习刻苦的住校生早早起床，到教室后先上早自习，再跑操，跑操回来上一节课再吃早饭。下午上完课后不参加体育训练的都去开石头垒院墙。一周上五天半，星期六上午放学，跑校的学生下午放学后回家，住校的学生晚上上晚自习。每天下午放学前收各科作业，老师住在学校，白天上课，晚上批改作业、备好第二天课，晚上把作业全部批改完，第二天早上发给学生。老师们也没想到奉献什么的，一心想的就是怎么教好学生。

学生学习文化课的同时，还学工、学农。在秋天收玉米、种麦子的农忙季节，学生到安乐官庄村里去劳动一周，和社员一起用系筐挑粪、刨地、拉耩子种麦子。工业学习是在刘嵩善老师带领下步行到沂源县柴油机厂，也是一周的时间，要把195的柴油机全部拆开再组装起来正常运转，学生这样动手操作一遍，就能深入了解其中的原理了。很多学生说以后再见到柴油机不打怵，因为组装过机器了，再看到类似的机器很快就能弄明白，实践出真知！

那时候，大部分学生穿的是家里自己纺线染布做成的本地布衣服，手工纳的千层底布鞋，吃的是从家里带的地瓜面子滚煎饼、少量的玉米煎饼，住校的学生从家里拿来地瓜干、玉米，从食堂换饭票打饭，从家里带咸菜吃，很少数的学生能从食堂打菜，萝卜3分钱一份，白菜5分钱一份。教室里、宿舍里，夏天没有风扇、冬天也没有炉子取暖，下大雪化雪的时候，屋檐下的“冰流沥”长的能有30多公分，很多学生的手、耳朵、脚冻得都肿了，但是都乐呵呵的，学习的劲头很足！

（娄成忠　谢芳　侯念华提供资料）

中庄镇学区

记忆沂源·教育体育卷

扫码看视频

扫码听书

概　述

中庄镇学区辖初级中学1所，完全小学3所，幼儿园4所（其中民办幼儿园1所），服务人口3.03万。2023年，中学有教学班15个，在校生575人；小学有教学班18个，在校生548人；幼儿园有教学班16个，在园幼儿394人。中小学教职工162人，幼儿教师46人。

中庄教育发展历史悠久。春秋战国时期，盖冶属于鲁国，时为盖邑。当时的盖邑已有官学。明、清时期，私塾教育盛行。中庄域内家塾、村塾、义塾并存。清嘉庆年间（1796—1820），杨家庄村孙广庭长子孙希胜开办一所私塾。中庄村私塾学堂成立年代不详，设在庙宇的东阁楼——镇武阁。清同治九年（1870），山东巡抚丁宝桢巡察至此，为中庄村学堂题写“学以明伦”四字，以此勉励中庄学子。中庄村人将此事制碑记载，立于庙前。石碑后来遭到破坏，下部“伦”字已缺失，残碑现镶嵌在中庄镇中心小学东院墙之中。

清末至民国期间，盖冶村、青龙官庄和南庄村也相继成立私塾，其中青龙官庄私塾因为匪乱，在民国十八年（1929）被迫停办。民国十九年（1930），于家北坡村田敬办私塾。民国二十一年（1932），耿庄村张发祥开办私塾。民国二十三年（1934），胡庄村在会仙观开设私塾。1938年，山东省政府迁至东里店，由“省立国民第一小学”管理。同年，在马家河西村设省立中医中专学校。1940年，中庄村、列里村设立国民小学，主要学习民族、民生、民权知识。学校除正常上课外，老师兼任给出差人员写路条、开介绍信的任务，学生利用课余时间到路口村头站岗查路条。

1942年，道座崮村创建域内第一所小学。之后，中庄域内小学教育得到迅速发展。新中国成立后，于家北坡、社庄、芦峪、焦家上庄、桐峪、马家河西、阮家南峪等村相继建成小学，富家庄（傅家庄）、胡家庄、李家河西、刘家庄建立公办初级小学。

新中国成立后，中庄积极响应党的号召，大力兴办学校，村村建有小学。同时有扫盲班、夜校、地头班、炕头班等成人教育。

1964年冬，县域内第一所农业中学，由张庄村南山中的南庵子庙改建成立。

1970年，中庄建乡，在政府驻地建设乡镇重点中学——沂源县第十三中学。1975年，更名为沂源县中庄中学。1986年，中庄乡全面普及初等教育。1991年，中庄中学新校落成，全乡10所联中全部撤并到中庄中学。1995年，中心幼儿园创建。1996年，中庄乡成人教育中心学校成立，各村成人教育学校先后成立，达到45所。2000—2002年，社庄、富家庄、胡家庄、盖冶、李家河西、于家北坡等村先后创办6所民办幼儿园。2004年，镇政府对全镇小学实施布局调整，分期分批逐步撤并6所完全小学和15个教学点。2010年9月，布局调整任务全面完成，中庄镇保留中心小学、胡庄完小、社庄完全小学和焦家上庄教学点。2016年，中心幼儿园扩大建设规模，改建3层教学综合楼1座。2020年，中心幼儿园创成省级一类示范园。2021年，第二幼儿园新园建成，焦家上庄教学点撤并到胡庄完小。

亓利民、李述祥、耿成伦、王修谦、张学明、张明忠、吴树德、李传衡、王友法、刘宗田、崔秀范、刘明福、刘汉海、薛金鱼先后担任中庄教育管理机构负责人。

学前教育

概　况

20世纪50年代的托儿所也称“学前班”，是域内最早的学前教育。人民公社化运动以后，为了集中力量进行生产，各大队开始成立“育红班”。1958年，于家北坡大队开办托儿所。紧接着，中庄、胡家庄、李家河西等大队也开设托儿所。1966年，各大队托儿所停办。

20世纪70年代，各大队开始根据各自实际开办“育红班”，有的是大队自己开设，有的是附近几个大队合办。“育红班”教师都是由本大队或者附近大队有点文化的青年担任，用记工分的形式代替工作报酬。1972年，东、中、西三韩庄合办“育红班”，归韩庄学区管理。1977年，社庄大队开办“育红班”。1976—1988年，西孝村、富家庄、于家北坡、北刘庄、盖冶、马家河西、阮家南峪等大队（村）先后开办“育红班”，三个韩庄增设1个“育红班”。20世纪90年代，“育红班”改称为幼儿园。1991年，耿庄、焦家上庄幼儿园先后建立。

进入21世纪，国家鼓励社会力量开办幼儿园，中庄镇先后出现6所民办幼儿园。2000年，社庄村李清爱办起镇域内第一所民办幼儿园；富家庄村郑子生创办明时幼儿园。2001年，胡庄村王范新在本村创办旭日幼儿园；盖冶村张忠胜在本村创办盖冶幼儿园，招收3个教学班，4—6岁儿童全部接受学前教育，幼儿教师4人。2002年，王洪波在于家北坡村建北坡幼儿园；李淑白先后投资390万余元，在李家河西村建立河西幼儿园。

2010年9月，旭日幼儿园变更为公办幼儿园，更名为胡庄幼儿园，成为胡庄完小附属幼儿园。2011年，社庄幼儿园转交集体管理；3月，社庄完全小学幼儿园变更为公办幼儿园，北坡幼儿园并入；11月，盖冶幼儿园撤并到中庄镇中心幼儿园。2020年，明时幼儿园更名为中庄镇第二幼儿园。11月，上庄幼儿园（公办幼儿园）撤并到胡庄幼儿园。2021年9月，胡庄幼儿园撤并到镇第二幼儿园。

学校简介

沂源县中庄镇中心幼儿园　位于中庄镇富士路2号（中庄村委北邻），占地面积4333.4平方米，建有教学楼1座，建筑面积2480平方米。2023年，有小班1个、中班2个、大班2个，幼儿122人，教职工21人。

幼儿园初期园址位于中庄镇中庄村北中心小学校内，有3间教室，设小、中、大3个班，幼儿56人。1996年8月，在院内新建2间教室扩班，幼儿人数近百名。1999年，镇党委政府新征土地4000平方米，建成2层教学楼1座，2000年8月投入使用，设6个教学班，幼儿127人。

2017年10月，中庄镇中心幼儿园通过省级示范园验收。

沂源县中庄镇中心幼儿园（2016年）

中庄镇中心幼儿园秉承“精心呵护、用心培养”园训，体现“崇尚童真、回归自然”环境理念，着力形成“绿色教育、和谐发展”办园特色，逐步打造“幸福、安心、绿色、和谐”幼儿园，让每个孩子健康快乐、每名教师体验成功、每位家长放心满意。

2018年，被评为淄博市平安和谐校园。

李成贵、孙纯合、张忠胜、张华（主持工作）、贾木庆、薛金桥先后任园长。

沂源县中庄镇中心幼儿园（2008年）

沂源县中庄镇第二幼儿园　位于原北刘庄村，前身是民办明时幼儿园。2020年，更名为中庄镇第二幼儿园；11月，幼儿园在原刘庄完小旧址改扩建。2021年9月，新园舍建成，占地4400多平方米，建筑面积900平方米，绿化面积662平方米。同年，被评为山东省二类幼儿园。2023年，全园共4个教学班，幼儿125人，教师13人。

沂源县中庄镇第二幼儿园（2021年）

幼儿园以“用心呵护孩子一生唯一的童年”为办园宗旨，坚持“绿色教育、和谐发展”办园理念，按照幼儿年龄特点和发展需要，开展丰富多彩的教育活动和早期阅读、礼仪教育及艺术教育等特色活动，引导幼儿体验多元文化，培养幼儿创新精神，把爱国主义、感恩文化、中华优秀传统文化的种子播种在孩子幼小的心田，陪伴孩子成长。

张慎花任园长。

沂源县中庄镇社庄幼儿园 位于中庄镇社庄完全小学院内，是山东省二类幼儿园，占地面积1900平方米，建筑面积567平方米。2023年，有教学班4个，幼儿98人，教师13人。

1977年，社庄大队开办“育红班”（学前班）。1980年，随小学迁至村后。1995年，迁至村东小学院内。1999年，西柳峪学前班合并到社庄完小幼儿园。2000年8月，李清爱办起中庄乡第一所民办幼儿园，2011年3月转为公办幼儿园。2011年开始，社庄幼儿园校舍升级改造。2016年底，铺设塑胶运动场，办园条件进一步提升。2022年以来投资6.2万元，陆续完成室内外维修、设施设备配备。社庄幼儿园环境幽雅、特色鲜明。

李清爱、穆克业、薛金桥、韩克刚先后任园长。

沂源县中庄镇河西幼儿园 位于中庄镇李家河西村。2002年，李淑白在李家河西村北新建平房23间，创办河西幼儿园。2002年9月，招收幼儿126人。2016年，在原园舍基础上进行改扩建，新建高标准综合楼1座，集教学、办公为一体。2023年，有小、中、大3个教学班，幼儿59人。

幼儿园秉承“一切为了孩子，为了孩子的一切”的园训，努力实现让每个孩子健康快乐、让每位家长放心满意的办园目标。

2020年1月，被评为省级二类幼儿园。

李淑白任园长。

杏坛陈迹

原盖冶幼儿园 1985年，盖冶村办学前班。2001年春，盖冶村幼儿园建立，招收幼儿64人。张忠胜任园长，教师有王海燕、程元美、杨慧、江丽丽、谭秀艳、程元凤等。2011年，撤并至镇中心幼儿园。

原北坡幼儿园 1958年，于家北坡大队开设幼儿园。1966年撤销。1972年，办“育红班”。1981年，建成公办幼儿班。1983年，归北坡完小管理。2003年，服务于家北坡村、张庄村、道座崮村、列里村、黄土崖村，招收幼儿32人。2011年3月，撤并至社庄幼儿园。教师有田明慧、刘庆香、田明明、田立丽、赵功英、张瑜等。

原上庄幼儿园 始建于1990年，园址最初在焦家上庄小学操场西。1991年，迁至村大理石厂，只有1个教学班，招收幼儿30余人。2008年，迁至村委大院。同年9月，成为上庄小学附属幼儿园，幼儿105人，教师4人。2012年7月，幼儿园与小学分离。2020年11月，撤并至胡庄幼儿园。教师有房兴娥、王青业、王玉莲、陈茂华等。

原胡庄幼儿园 位于胡庄完小院内，属省级二类园。该园始建于1990年，附属于胡庄完小，设1个教学班。1996年，增设小班。2001—2004年，胡庄幼儿园、杓峪幼儿园、耿庄幼儿园先后合并到旭日幼儿园（民办园）。2010年，旭日幼儿园转为公办园，更名为胡庄幼儿园。2021年，撤并至中庄镇第二幼儿园。教师有高宝云、张杰、张霞、张芳花、公维爱等。

原明时幼儿园 2000年创办，位于原北刘庄村，是一所普惠性民办园，省级三类幼儿园。幼儿园占地面积1360.25平方米，建筑面积448平方米，设小、中、大3个教学班，服务富家庄、青龙、刘大峪、东大峪、南刘庄、北刘庄、杨家庄、阮家南峪8个村。2020年，幼儿园由镇教体办管理，由民办转为公办。2021年，撤并至中庄镇第二幼儿园。教师有张霞、商学凤、公维花、张士菊、吕晓玲等。

原耿庄学前班 1991年，耿庄村设学前班。2004年，撤并至胡庄幼儿园。滕录堂、公维爱、张芳花等先后任教。

原杓峪“育红班” 1981年，杓峪大队在本村小学内办“育红班”。张自英、张洁、马凤香等先后任教。2003年，撤并至旭日幼儿园。

原富家庄学前班 1980年，傅家庄大队设立“育红班”。1990年，富家庄村开办学前班，1个教学班，幼儿24人，商学凤任教。2000年，撤并至明时幼儿园。

原刘大峪幼儿园 1985年，刘大峪村小学新建校舍5间，增设附属幼儿园，教师是张士菊。2000年，撤并至明时幼儿园

原东大峪幼儿园 1991年，东大峪村小学改为幼儿园，教师是公维花。2000年，撤并至明时幼儿园。

原杨家庄“育红班” 1975年，杨家庄村开办“育红班”，张祥凤、公维花先后任教。2000年，撤并至明时幼儿园。

原阮南峪学前班 1988年，阮家南峪村开办学前班，陈汉花任教。2003年，撤并至明时幼儿园。

原马河西幼儿园 成立于1985年，始称学前班，位于马家河西村小学院内，教室是2间平房，幼儿10余人。后改为幼儿园，2003年撤并至河西幼儿园。教师有江玉花、江玉叶、周霞、孟庆红等。

原高厂学前班 创建于1992年，位于高厂小学院内，1个教学班，2间平房作为教室，幼儿20余人，教师有孙凤红、孟庆秀、江照红等。2002年，撤并至河西幼儿园。

原桐峪学前班 创建于1980年，位于桐峪村前小学院内，设1个教学班，幼儿20余人，教师是周立俊。1981年，学前班解散。1992年，重新成立，设1个教学班，幼儿20余人，教师是李传莲。2003年，撤并至河西幼儿园。

原许桃峪幼儿园 始建于1979年，始称“育红班”，借用民宅2间，幼儿12人，教师是孙召兰。1983年，停办。1990年9月，重建幼儿园，招收幼儿17人，许恩俊任教。1997年，撤并至于桃峪幼儿园。

原于桃峪幼儿园 位于于桃峪村北，始建于1980年，占地面积362平方米，建筑面积190平方米。设小班、大班各1个教学班，幼儿近20人，教师是王尊妹。1997年起，幼儿园服务许桃峪、于桃峪2个村。2000年，撤并至王桃峪幼儿园。

原王桃峪幼儿园 位于王桃峪村，建于1992年，设小班、大班2个教学班，招收幼儿23人，教师是王洪叶、栾尚俊。2005年，撤并至中庄镇中心幼儿园。

原韩庄幼儿园 始建于1985年，附属于韩庄完小，由东韩庄、西韩庄和中韩庄3个村合办。设1个教学班，招收幼儿30余人，王清叶、张士红任教。1996年，分为中班、大班2个教学班，马新梅、滕美厚任教。2009年，撤并至中庄镇中心幼儿园。

原列里幼儿园 1978年7月创建，1个教学班。2010年3月，分别撤并至社庄幼儿园和北坡幼儿园。李继香、刘明兰、李清爱、高发英等先后任教。

原西柳峪学前班 1986年，西柳峪村设1个学前班，与小学在同一院内，学生20余人，韩纪叶任教。2000年，撤并至社庄幼儿园。

原黄土崖幼儿园 始建于1980年，在村内小学办班，时称学前班，学生30多人。1999年扩班，分小班、大班，幼儿40多人。2008年，幼儿园停办。教师有张苍学、司振刚、焦方美等。

原道座崮幼儿班 1983年，道座崮村开办幼儿班。2002年，合并到于家北坡私立幼儿园。

原西孝村幼儿园 20世纪70年代，西孝村大队设“育红班”。1990年，扩建成幼儿园。苗本叶、马新红等任教。1997年，并入中庄乡中心幼儿园。

小学教育

概 况

1942年，道座崮村创建小学。1950年，黄土崖村自筹资金、自找教师和校舍，在郭家庄办起沂源县第一所民办小学，学制为“四二”制（初小4年、高小2年）。初小设修身、国文、算术、手工、图画、唱歌、体操等课程，女生加缝纫课。高小设修身、国文、算术、历史、地理、手工、图画、唱歌、体操、农业、商业等课程，女生加缝纫课。1958年，实行“两条腿走路”办学方针，村村办小学。各学校在办好全日制小学的同时，还开办半耕（工）、半读小学。焦家上庄分别在南山、庵子沟、后峪、南峪、上河和魏家岭等地设山头班，1—2年级学生实行复式教学，学生就近入学。1959年底，域内有小学45所，在校生2832人。1960年，公办教师队伍严重不足，开始招收民办代课教师。1960—1998年，近40年间共有民办教师536人。

党的十一届三中全会后，按“六配套”改善办学条件，适龄少年儿童全部入学，部分大队集体出书杂费，其中杓峪大队成为当时全县的农村教育典型。1995年，以义务教育达标为契机，翻新校舍32间，新建校舍67间，添置桌凳1560套，添置教学仪器，办学条件有了很大提升。

2002年9月，中庄镇教育中心出台《中庄镇中小学教育信息化建设（2002—2005）发展规划》，实施农村中小学现代远程教育，实现网络“班班通”。2004年，社庄完小校舍改造提升，新建教学楼1座。2008年，胡庄完小建成教学办公楼1座，面积1736平方米。

2014年后，盖冶小学、上庄小学先后撤并至中庄镇中心小学和胡庄完小。2015年，中心小学3200平方米的4层教学楼竣工并投入使用。

2015—2017年，中心小学、胡庄完小、社庄完小食堂先后建成并投入使用。2016年，借助全县运动场地提升改造工程，各学校运动场地塑胶化完成并投入使用。是年，抓住义务教育均衡县创建的机遇，各学校按照省级标准健全功能用室，配齐所有室内设施设备，教师人手一机，教室及部分功能用室配有电子白板等多媒体设备，校园网络全覆盖。2017年冬，各学校实施煤改电工程，全部换用空调取暖。2022年，为学生提供午餐后“3元标准”的营养膳食补助。

学校简介

沂源县中庄镇中心小学 位于中庄镇政府驻地（中庄镇富士路3号），占地面积8251平方米，服务19个村。学校建有教学办公楼1座，建筑面积3321平方米；艺体楼1座，建筑面积578平方米；学生餐厅1个，建筑面积392平方米。2023年，学校有教学班7个，学生212人，教职工24人。

沂源县中庄镇中心小学新建教学办公楼（2015年）

学校前身是一所始建于清朝的学堂。

1944年，本村名士王稼同出资、出地，在村北阁子庙大殿西南处建教室3间，县文教科调南安乐耿成全任教，招生50余人，采取甲、乙、丙、丁班多级复式教学，学生年龄12—18岁。后因学生不断增加，在大殿南边建南屋3间作为教室，又调来孙佩传，从本村招民师刘宗福到校任教。1948年，学校有4个年级。

1950年，学校有初小4个班，高小2个班，学生200余人，教师6人，学校定名为中庄村完全小学。1956年，新建教室2间，办公室1间。1966—

1985年，校舍增至24间，招收多名民办教师，中庄完小教师增加到18人，学生达280余人。

1983年，学校更名为中庄乡中心小学。1995年，征地5亩，新建1座2层22间的实验办公楼，完成义务教育建设配套。至此，学校有教学班10个，教职工31人。2002年，政府财政拨款20万元，在学校操场处新建2层教学楼。2003年，中庄撤乡设镇，学校改名中庄镇中心小学。2007年，山东省义升环保设备有限公司投资20万元完成操场重建。2015年，建筑面积3321平方米的教学办公楼竣工并投入使用。2016年，学校运动场地塑胶化完成并投入使用；按照省级标准健全功能用室，校园网络全覆盖；2021年，实现淄博市中小学交互式在线教学系统全覆盖。

沂源县中庄镇中心小学校本课程《果文化》（2015年）

学校以“学以明伦”为校训，确立“夯实学生发展基础，促进教师专业成长”办学理念，以“厚德、启智、益能、健体”为育人目标，形成“以德立校、依法治校、民主理校、特色强校”办学思路。发掘当地区域文化，围绕中庄镇林果特色资源，结合学生需求，深入开展特色课程的研究与开发活动。2014年，“利用区域‘果资源’特色，挖掘与整合课程资源的研究”被立项为市教育科学规划课题。2015年，“《果文化》课程资源开发与学校特色发展研究”被立项为市教育科学规划重点课题。同年，学校开发校本课程《果文化》：一、二年级的《果生物》，三年级的《果工艺》，四年级的《果神韵》，五年级的《果艺术》，促进学校个性化发展，凸显学校办学特色。

学校被评为山东省教科研实验基地、省卫生学校、省绿色学校、淄博市教学示范校、市教科研实验基地、市依法治校示范校、市平安校园、市智慧学校。

耿成全、齐利民、杨兴青、李庆爱、张俊水、张业新、张俊太、魏继法、周士学、孙永田、王志刚、焦玉安、苗纪太先后任校长。

沂源县中庄镇胡庄完小 始建于1950年，位于中庄镇胡庄村，占地面积2000平方米。1996年，胡庄完小属于九村联办小学，学生211人，教职工12人。1997年，有教学班5个，教师11人。

沂源县中庄镇胡庄完小学校旧貌（2015年）

2004年，中庄镇实施中小学布局调整，胡庄完小服务18个村，占地面积1.4万平方米，建筑面积1736平方米。2016年，学校运动场地塑胶化完成并投入使用。按照省级标准健全功能用室，配齐所有室内设施设备，校园网络全覆盖，达到山东省普通中小学办学条件标准，成为一所达标的乡村完全小学。2018—2020年，更新多媒体教室7间。2021年，实现淄博市中小学交互式在线教学系统全覆盖。2023年，有6个教学班，学生183人，教职工18人。

学校秉承“乐学、乐问、乐教、乐管”为主题的“快乐教育、幸福人生”办学理念，让每一位老师享受成功幸福，每一个学生感受成长快乐，实现教师教学有特点，学生发展有特长，学校成为县域内社会认可、家长满意的一所农村小学。

2022年，学校被评为山东省绿色校园。

包世恒、高大贵、张业新、崔志生、高保福、穆克业、于浩先后任校长。

沂源县中庄镇胡庄完小（2017年）

沂源县中庄镇社庄完全小学 位于中庄镇社庄村，占地面积8661平方米，建筑面积2310平方米。2023年，学校有5个教学班，学生128人，教师17人。

学校于1945年建校，刘纪富是第一任教师。1950年，社庄小学有教学班4个，教师5人。1959—1961年，设教学班2个，教师2人。1961—1962年，学校因经费不足解散。1963年，社庄大队建起中小学一体的学校，其中小学有2个班，教师2人。1969—1975年，设教学班5个，教师6人，学校成为完全小学。1976年，社庄小学增设“戴帽”初中班，教学班8个，教师13人。1980年，大队在村西投资2万余元，新建校舍12间，小学搬至新教室，教学班5个，教师8人。

1995年，社庄、西柳峪、马连峪3村联合投资20余万元，在社庄村东征地12亩，新建教室和功能用室26间，3—5年级学生搬至新校。1999年，西柳峪、马连峪小学合并到社庄完全小学。

2004年，学校新建教学楼1座。到2009年，原北坡管区内8个村小学全部撤销，并至社庄完全小学，办学规模达到10个教学班。2005—2020年，先后投资500余万元对学校内配、运动场地、旱厕、食堂等进行改造提升。教学设施齐全，学校配备功能室，办学条件显著改善，学校面貌焕然一新。

学校秉承“为每位学生的未来积蓄能量”办学理念，坚守立德树人根本宗旨，用爱做教育，用教育做管理。学校落实人本管理，提升教师职业幸福，以“管理自治”推动学校实现“小而美”；以“文化自信”助力学校实现“小而优”；以“课程自省”引领学校实现“小而精”；以“行动自觉”谋求学校实现“小而特”。学校构建“蓄养教育”文化，以创建幸福校园为目标，打造一支师德高尚、团结协作、业务精湛的教师队伍，让师生在教育中追求幸福，在幸福中享受教育。

沂源县中庄镇社庄完全小学（2023年）

学校被评为山东省绿色校园、淄博市数字化校园。

刘纪富、朱道进、翟宏德、翟才德、薛全吉、刘同富、翟森德、李宝宏、李凤国、穆克业、翟义厚、薛金桥、韩克刚先后任校长。

杏坛陈迹

原盖冶完小 1960年，盖冶大队成立公立小学，设4个年级，学生42人。1963年，学校扩建，学生达183人，公茂才、王化玉、王化文、王化俊、王化伟等任教。1979年，校舍更新为14间，设5个年级，学生232人，王尊伦、程元明、王尊国、王化全等任教。1985年，盖冶村投资3万元进行扩建，在校生达100人。1996年，学校再次扩建，建筑面积达589平方米，5个教学班，学生123人。2005年，3—5年级撤并至中庄镇中心小学。2014年9月，1—2年级撤并至中庄镇中心小学。历任校长有苗永亭、司彦明、李成贵、张士友、任永贵、张忠胜、江秀娟等。

原东韩庄小学 1975年成立，设3个年级，在校生46人，负责人孙万花，教师有阮明传、阮明俊、孙富春等。1980年，撤并至韩庄完小。

原中韩庄小学 1953年建立，校址在中韩庄人祖庙，设4个年级，在校生64人。1960年，建立完全小学，设6个年级，学生达135人，负责人蔡桂芬。1980年，撤并至韩庄完小。

原西韩庄小学 1975年成立，设2个年级，学生23人，负责人是王发利，教师是王发祥、司彦明。1980年，撤并至韩庄完小。

原韩庄完小 1980年，东、西韩庄村小学合并到中韩庄村小学，更名为韩庄完小。1985年，改造扩建教室17间，学生176人。1988年，校舍扩建，教室改建为21间，设5个年级，有学生216人。1996年，学校有5个教学班，学生122人，教职工10人。2009年，撤并至中庄镇中心小学。教师有任道吉、张曰浣、祝玉福、任兴忠、陈学明、刘同兴等。

原南庄小学 1960年，借用民房3间建立南庄小学，设5个年级，学生26人。1963年，撤并到中庄小学。1964年，新建南庄小学，校址在关帝庙内，有教室3间，设5个年级，学生28人。1970年，设5个年级，学生76人，张士太、张士元、张兆伦等先后任教。1978年，学校迁址，在村前建校舍6间，设5个年级，学生63人。1993年，撤并至中庄乡中心小学。历任校长有刘会青、毕德平、刘道远、张明法等。

原店头小学 1964年，店头村建立小学，设5个年级，学生13人。1966年，增建校舍5间，设5个年级，学生47人，李玉新、李述平、孟祥云等先后任教。1971年，店头大队在西山划出土地1333平方米作为店头小学勤工俭学用地，当时学校设5个年级，学生45人。1980年，撤并至中庄乡中心小学。历任校长有孟祥平、刘少禄、孟祥福等。

原东孝村小学 1950年，东孝村在三义庙建立小学，校舍11间，设5个年级，学生48人。1975年，撤并至孝村完小。历任校长有王少农、陈季良、李成贵、任纪利、刘道远、张立斌、于永礼、江照俊、苗传斌等。

原西孝村小学 1963年建立，设4个年级，学生51人，张云娟等任教。1975年，撤并至孝村完小。历任校长有刘道兴、张照明、孟凡梓、刘道恒等。

原孝村完小 1975年，东、西孝村小学合并，更名为孝村完小。设5个年级，学生32人，教师有苗本娥、苗传沂、张云娟、任纪利等。1987年，4—5年级学生撤并到中庄乡中心小学。1995年，学校全部撤并至中庄乡中心小学。历任校长有张立斌、江照俊等。

原李家河西小学 1950年，李家河西村成立公办小学，设5个年级，学生14人，魏庆善、王尊伦等先后任教。1996年，撤并至河西完小。历任校长有齐立民、贾臣远、杨秀青、胡德远等。

原苗家河西小学 1958年，苗家河西大队设立小学，设5个年级，在校生24人。1996年，撤并至李家河西小学。历任校长有苏明德、孙兆勇、苗传新、苗纪典、苗永开等。

原河西完小 1996年，苗家河西小学、李家河西小学合并到李家河西小学，改称河西完小。学校有教学班7个，学生227人，教职工14人。2005年8月，4—5年级撤并至中庄镇中心小学。2009年8月，1—2年级撤并至中庄镇中心小学。历任校长有胡德远、耿成泽、赵青春、刘道兴、邵彦全、张士太、张士友、苗希源、王光才等。

原桐峪小学 1950年，桐峪村成立小学，设3个年级，学生38人，杜广贵、刘孔祥、鞠立增、江照俊、袁淑美、周廷贞等先后任教。1968年，设5个年级，学生最多时达80余人。2001年，撤并至马家河西小学。历任校长有张绵泽、谭庆万、沈光福、杜德平、张光宝等。

原马家河西小学 1942年成立，学生14人。1973年，扩建教室7间。2003年，撤并至河西完小。历任校长有乔美华、苗启满、耿成柏、张绵中、王启臣、李玉生、贾臣远、耿成泽、张建新、毕玉君、王焕法、李淑旺、张光宝等。

原朱家泉小学 1952年，朱家泉村借用民宅3间土坯房作为教室，成立小学，学生33人。1968年，校址迁到蚕场，学生达53人。1980年，迁至岭南，5个班，学生78人。2007年，撤并至中庄镇中心小学。教师有郭来德、顾培章、苗永森、贾臣远、王淑合、张照明等。

原石沟小学 1955年，石沟村设立公办小学，3个班，60余人，陈纪坤、张绵泽等先后任教。1993年，撤并至李河西小学。历任校长有杨兴清、苗兴梅、张俊美、张苍丽等。

原高厂小学 1952年，高厂村开办半全日制小学，耿振东任教，学生13人。1973年，成为1—5年级全日制小学，学生96人。邵彦全、谭玉厚、江秀礼、邴贵法、崔希乾、苗兴中等先后任教。1999年，撤并至河西完小。历任校长有孟凡梓、孟庆茂等。

原于桃峪小学 建于1952年，有1个教学班，学生14人，教师是刘宗禧。1958年，新建教室3间，设4个年级，学生26人，教师有耿以亭、王光生、刘富顺、刘富庆等。1970年，扩建为5间教室，设5个年级，学生78人，教师有刘富青、刘光友、苗本青等。1995年秋，学校改建。1998年撤并至中庄乡中心小学。历任校长有韦修业、孙兆胜、刘宗福、苗传沂、王光生等。

原王桃峪小学 始建于1951年。1966年，学校新建教室3间，办公室1间，设5个年级，学生58人。1970年，迁于村西北角半山腰，设5个年级，学生76人。1994年，迁于村庄正西，建教室9间，1间办公室，设4个年级，学生83人。1994年，建立新校，盖校舍7间，学生19人。刘会青、邵彦全、王光生、王化富、王化明等先后任教。1998年，撤并至中庄乡中心小学。历任校长有郭来德、顾陪章、刘道远、刘道兴、王春明、邵彦全等。

原许桃峪小学 建于1958年，设1—4年级，招收学生32人，采取复式教学。1961年，学生人数增至41人。1965年，在校学生31人。1967年，在村北崖头建起新校，学生43人，设4个年级。1985年，学校搬迁，建教室、办公室5间，设4个年级，学生38人。1995年，重修教室。1997年，撤并至于桃峪小学。教师有宋宝良、朱万丰、毕玉法等。历任校长有刘道远、于永礼、英昌富、许恩祥、刘光友等。

原桃树洼小学 1958年，桃树洼村建小学，设1—2年级复式班。1960年，学生21人。1967年，学校有4个年级，2个复式教学班，学生62人。崔加文、王光才、张自玉等先后任教。1995年，撤并至胡庄完小。历任校长有王光泽、张加凡、杜德平、朱道近、高永休、包彦法等。

原杓峪小学 1959年，杓峪大队办复式班小学，1—3年级，学生40人左右。1962年暑假，撤并至桃树洼联办小学。1967年，大队在南崖头再次建校。1972年，扩建教室3间、办公室1间，学校扩至3个班，设1—5年级，学生达65人。1975年夏，学校缩至2个班，只设1—4年级，5年级学生到桃树洼联小上学。1979—1983年，扩建教室6间。翟文平、李全荣、张自文、毕四田、韦春成、高逢君等先后任教。2004年，撤并至胡庄完小。历任校长有王立忠、房兴荣、耿成泽、张廷兴、杜庆言、张自玉等。

原上庄小学 1949年，上庄村成立小学，有5个教学班，1—4年级为初小，5—6年级为高小。1968年起，改为五年制。1972年，分别在南山、庵子沟、后峪、南峪、上河和魏家岭，设6个山头班，招收1—2年级，复式教学，学生就近入学，山头班归村小学统一管理。1980年后，山头班合并到村小学，有5个年级，学生200人。1990年，上庄村对原来教室进行改造、重建。2008年8月，上庄完小调整为教学点，只保留1—2年级，3—5年级撤并至胡庄完小。2014年7月，上庄小学校舍重新维修，学校有教学用房27间，占地面积1803平方米，其中，运动场地952平方米。2020年6月，撤并至胡庄完小。历任校长有张元臣、张长永、刘纪富、王守廷、张廷兴、崔志生、包彦发、张廷明、高大贵、王怀业、陈顺业、杜庆言、穆克业、李奉山等。

原青龙小学 1968年，大队成立公办小学，建学校4间。1969年，扩建校舍3间，设2个复式班。1997年，撤并至刘庄完小。历任校长有包彦庆、宋化亭、张廷明等。

原芦峪小学 1945年建校，校址位于芦峪村（当时的荚皮峪、毛坪、藤条峪、雕峪、下河、吉家峪、修星峪、耿家庄、南峪、芦峪、大沟、河东统称“芦峪”）。建校初期，在藤条峪借用民宅作为教室，学生10人。1951年，从藤条峪迁至芦峪村，教师有刘源、张成刚、张贞先等。1979年，芦峪大队修建小学教室3间，设1—4年级，学生达40人。1986年，撤并至胡庄完小。历任校长有翟太厚、韦修业、张庆武、张业新、崔志生、刘兰慧、荆义明、张长安等。

原刘庄完小 始建于1950年，刘庄大队在本村建立，名为刘庄小学，学制六年，校长是耿守信。1953年，更名为刘庄完小，设5—6年级，杨家庄、阮南峪、富家庄、青龙等村的学生读完4年级后，转入刘庄完小就读，校长是魏庆善。1986年，刘庄完小1—5年级有6个教学班，学生200余人，教职工12人。历任校长有张照明、孙兆圣、陈顺业等。1995年，北刘庄村出地1万平方米，南刘庄、杨家庄、刘大峪、东大峪、青龙、富家庄村共同出资出工建标准化教室24间，办公室4间，功能用室6间。1996年9月，南刘庄村、北刘庄村1—5年级和里大峪、外大峪、富家庄、阮南峪、杨家庄、青龙6个村3—5年级并入刘庄完小新校，学校命名为沂源县中庄乡刘庄完小，有6个教学班，学生210人，教职工14人。历任校长有陈胜业、苗传斌、王尊国、杜庆言、贾木庆、苗纪海等。2009年9月，3—5年级合并到胡庄完小。2011年9月，1—2年级撤并至胡庄完小。

原刘大峪小学 1961年建校，1—4年级复式班，学生30人。1985年，新建校舍5间，1—4年级复式班，学生35人左右。孟庆德、张宗新、张发美等先后任教。1999年，撤并至刘庄完小。历任校长有马永贵、张庆吉、张宗法、孟庆福等。

原耿庄小学 1958年，耿庄村在下河建教室3间，办公室1间，成立耿庄小学，学生10人。王申德、宋宝良、张发举、滕培发先后任教。1972年，在崖头、毛坪各建2间教室、1间办公室，成立山头班。教师有卞立才、李荣三、李富三、张俊连等。1976年，撤销山头班，在南梁新建小学，建教室7间、办公室2间，设2个复式教学班，成为1—5年级完全小学，学生30人。1994年，迁至滑石桥，新建校舍11间，1—3年级3个班，学生32人，教师有杜德民、张发东等。2000年，撤并至胡庄完小。历任校长有高文德、王有法、李文发、公维春、孙万红、韦春成等。

原河东泉小学 1965年，河东大队成立半日制小学，学生7人，教师1人。1966年，迁至村后场院内，设1—2年级，教师1人，实行复式教学。1968年，河东小学迁至韦春山家西屋。1973年，学校再次迁至村东坡，建教室3间，设1—4年级，复式教学，学生30人。韦春孝、杨希安、韦春山、韦修业等先后任教。1986年，撤并至胡庄完小。历任校长有栾尚俭、司纪莲、韦修业、韦其明、韦元业等。

原后峪子小学 1970年，后峪子大队暂借村民农家院办起小学，设1—4年级，学生58人。高武德、赵春文等先后任教。1971年，后峪子大队在北封山建教室4间、办公室1间，设1—5年级、复式教学。1985年，3—5年级合并至胡庄完小。1995年，1—2年级撤并至胡庄完小。历任校长有高明德、王朝森、高逢群等。

原富家庄小学 原名富家庄初级小学，成立于1950年，第一任教师是耿孝东。1957年，该村高年级学生到胡家庄小学就读。1960年，高年级学生到刘家庄小学就读，学校只保留1—3年级。从建校至1972年，刘宗禧、郑作礼、李明顺等先后任教。1973年，扩建3间教室，成为2个复式教学班，学生106人。郑孔庆、邢维忠、王恩学等任教。1975年以后，郑子顺、毕玉军、韦春成、高逢群等任教。1985年以后，高年级学生到刘庄小学就读。1996年，撤并至刘庄完小。历任校长有鲍世恒、李传来、郑子忠等。

原东大峪小学 1962年，东大峪大队自办半日小学，1个教学班，学生最多时达17人。1964—1991年，东大峪村小学改为全日制小学，1—4年级复式班，学生20人左右。1999年，撤并至刘庄完小。历任校长有段玉兰、于秀景、于厚法、张照星等。

原大沟小学 1963年，大沟大队成立小学，1个复式班，学生10人左右，教师1人。1973年，扩建教室3间，设1—5年级，2个复式班，学生20人，建成完全小学，河东大队5年级学生在该校就读。刘源、柴俊长、毕玉强、毕玉平、毕耜庚、毕玉军等先后任教。1997年，撤并至胡庄完小。历任校长有毕玉才、毕德平等。

原菜峪小学 始建于1970年，由菜峪大队成立，1—2年级复式教学，学生16人。1974年，北京知青梁梦凰任教。1975年，菜峪小学有1—2年级学生16人，该校复式教学模式在全公社推广。1980年，撤并至桃树洼小学。历任校长有王东法、梁梦凰、乔加福等。

原北坡完小 1951年，于家北坡民办小学建立。设1个教学班，2级复式教学。1952年，学校转为公办。1961年，学校扩大办学规模，设初级小学4个班，高级小学2个班。1964年，于家北坡大队开办少年“半日班”，招收没有条件上全日制学校的孩子。1968年，小学设2个“戴帽”初中班。1981年，中小学分开。1984年，道座崮小学5年级并入该校。1985年，于家北坡村新建学校，校舍23间。1995年，实施义务教育，于家北坡村扩建校舍7间。道座崮小学1—4年级并入。1996年，北坡完小有5个教学班，学生219人，教职工12人。2002年，黄土崖小学3—5年级并入。2006年，黄土崖小学1—2年级并入。同年8月，4—5年级撤并至社庄完小，学校变成初级小学。2008年9月，1—3年级撤并至社庄完小。历任校长有苗公志、陈学明、齐恒业、李玉生、王文登、赵青春、张立斌、翟才德、李凤国、苗传沂、张士友、狄纪忠、王尊国等。

原道座崮小学 1942年创建。1951年，1个班，2个年级，实行2级复式教学。1964年，扩至2个班，1个2级复式，1个3级复式。1969年，扩至3个教学班，复式教学，学生60人。1984年，5年级合并到北坡小学。1995年，撤并至北坡小学。刘同福、张志庆、张照伦、刘宗禧等先后任教。历任校长有刘纪富、田立民、刘庆胜等。

原黄土崖完小 黄土崖小学的发展历史，可以追溯到1935年。当时村里王学孔家设有私塾学堂，耿习忠、耿成艳、孙成开先后担任私塾先生。1946年，耿成艳在村内办起速成班、识字班。1950年，黄土崖村自筹资金，自找教师和校舍，在郭家庄办起沂源县第一所民办小学，设1—4年级，校舍6间。1966年，黄土崖在村中央建校舍14间，成立高级小学。1970—1975年，该校为完全小学。1984年，翻建高标准校舍15间。1995年，实施义务教育，翻新、扩建校舍21间。1996年，设5个教学班，学生122人，教职工9人。2002年，3—5年级撤并至北坡完小。2006年，1—2年级撤并至北坡完小。历任校长有李裕民、高永德、张立斌、田元京、薛全吉、郭秀武、李传洪、阮明传、苗永开、焦方花等。

原列里小学 1949年成立，设1—4年级，刘长山、刘长泉、李成友、周贵明等先后任教。1970年，南山、西山各建“山头”小学1所，南山小学教师是李继发，西山小学教师是董学生。北山、村前街各建1所学校。1979年，村扩建校舍12间，南山、西山、北山和村前街4所小学合并为1所，建成列里完全小学。2001年，撤并至社庄完全小学。历任校长有王焕智、张常荣、周士学、李继发、翟森德等。

原马连峪小学 1958年成立，有1个班。1973年，扩为2个教学班，一个2级复式，一个3级复式，学生30人左右。1996年，设1个班，1—2年级复式教学，3—5年级撤并至社庄完小。1997年，1—2年级撤并至社庄完小。薛荣吉、刘芳庆、田立民先后任教。历任校长有苗永太、路文海、薛全吉、路明春、刘本信等。

原西柳峪小学 1965年成立。1994年，集体投资4万余元，在原大队部西侧征地2亩，新建教学点，俗称“简小”。学校有9间教室，设1—2年级。1996年，新建校舍10间，道路硬化96平方米，添置教学仪器、音体美器材、图书，学校有3个教学班，学生30人，教师2人。1999年，撤并至社庄完小。刘本同、张志英、路明星、田生江、王发祥、英美山先后任教。历任校长有聂立成、英昌富、翟义厚等。

原张庄小学 1958年，建立村办小学，校舍是1间仓库，1个班，学生22人。1971—1974年，学生最多时达65人，设2级复式和3级复式各1个班。1975年，5年级合并到北坡完小。1998年，撤并至北坡完小。张彦法、于洪贵、苗公志、杜利、刘纪富等先后任教。历任校长有田元才、郭秀武等。

原杨家庄小学 1953年，杨家庄村设公办小学，毕德科任教。1970年，分为2个校区，东校区校长是司志林，西校区校长是苗传新。1973年，杨家庄大队新建东校区教室7间。1981年，小学西校区合并到东校区。1995年，合并至刘庄完小。历任校长有苗传新、孟庆茂、房允江等。

原阮家南峪小学 1950年，在观音殿建学校，刘宗福任校长。1971年，学校分为2处，一处在观音殿，另一处设在社员家东屋，魏继发任校长。1975年，在村南建新校，占地5333平方米，张廷明、贾发远先后任校长。1995年，合并至刘庄完小。

中学教育

概　况

中庄最早的中学教育可追溯至庵子山农业中学（张庄村南庵子）。中庄公社党委落实党中央“全日制与半农半读两条腿走路”教育方针，1964年冬，决定在庵子山创建农业中学，实行“半农半读、社来社去”办学模式，为农村培养一批有知识、有技术的新型农民。1966年，庵子山农业中学停止办学。

中庄普通中学教育是在1967年后逐渐发展起来的，是年，胡家庄村在东供销社附近建立胡庄联中。1968年，北坡小学成立2个“戴帽”初中班，韩庄村成立村联合中学（联中），黄土崖村成立村级中学。1969年，焦家上庄成立2个“戴帽”初中班。1976年，成立上庄中学。至此，中庄人民公社建立韩庄、北坡、黄土崖、社庄、盖冶、中庄、孝村、河西、刘庄、胡庄、上庄等11所联中或村级中学。

由于条件限制，各联中师资力量不足，除少量公办教师外，还将部分小学教师调整到联中任教，并从社会招收部分高年级毕业（肄业）生担任民办或代课教师。1970年，实行“贫下中农管理学校”，学校接受公社党委和教育行政部门的双重领导，废除考试制度，采取“群众推荐、领导批准、学校复审”相结合的办法招生，各联中招生生源皆为本村或联办村庄的小学毕业生。1975年，北坡联中、胡庄联中、河西联中、中庄联中扩大师资队伍，增招高中班。

1978年，黄土崖村级中学撤并至北坡联中，此后，联中逐步撤并。社庄联中撤并至北坡联中，韩庄联中、盖冶村级中学撤并至中庄联中，刘庄联中、上庄村级中学撤并至胡庄联中。1990年，孝村联中、河西联中撤并至中庄中学。1991年，中庄中学新校落成，中庄联中、北坡联中、胡庄联中3所联中撤并至中庄中学。

学校简介

沂源县中庄中学 始建于1970年，原名沂源县第十三中学，是二年制高中，位于乡政府驻地。起初只有12间平房，2个教学班。后经扩建，学校占地面积1.67万平方米，校舍72间（其中教室18间）。1975年，在大办工厂、大办农场的形势下，沂源县第十三中学在青龙官庄村建设农场，以劳动为主，一边建设，一边上课。1975—1976年，连续招生2级，各1个班，2年后撤回沂源县第十三中学。1975年8月，改称沂源县中庄中学。1981年，改为三年制初级中心中学，有6个教学班，学生420人，教职工27人。

1991年，通过乡镇统筹，在距离学校500米处的山下平地（孝村南）建3层教学办公综合楼1座，使用面积2268平方米，可容纳30个教学班，服务全镇45个村。

沂源县中庄中学（1991—2014）

1994年，学校占地面积增至3.47万平方米。1998年，图书实验楼建成。2006年，投资260余万元建成学生公寓，建筑面积3167平方米。2009年，投资212万元，建成学生餐厅。2014年9月，新建4层教学楼2座，建筑面积5400平方米。

2016年，学校实施操场和篮球场地塑胶化工程，投资380余万元改扩建足球场、篮球场、250米塑胶跑道、排球场、羽毛球场、乒乓球场等运动场地；建成标准实验室6个、计算机教室2个以及音乐、美术等多个功能用室；购置教师用机和处室办公用机86台，实现专任教师人手一机，所有教室和功能用室均安装教学一体机等多媒体教学设备，实现信息化教学“班班通”。同年2月25日，中庄中学成为淄博市唯一一所雷锋中学。

学校秉承“和谐教育、幸福人生”办学理念，以“厚德、励志、笃信、博学”为校训，以“慧心、睿智、律己、向善”为校风，以“扎实、勤谨、教书、育人”为教风，以“勤学、善思、刻苦、争先”为学风，打造绿色平安校园。

2023年，学校有15个教学班，在校生575人，教师63人。

学校被评为山东省绿色学校、省卫生先进单位、淄博市体育传统项目学校、市初中教学先进学校、市规范化学校、市级文明单位、市生物学竞赛优胜学校、市依法治校示范校、市中小学德育工作先进单位、市平安和谐校园、市法治宣传教育示范基地、市模范教工之家、市中华优秀传统文化教育示范校。

王守廷、曹长瑞、刘宗田、田生和、张照新、苗本华、王怀录、郭俊臣、薛金鱼（执行校长焦玉安）先后任校长。

沂源县中庄中学（2023年）

杏坛陈迹

原庵子山农业中学 1964年冬，中庄党委决定在庵子山创建农业中学。1965年，建成3间教室、3间学生宿舍、4间教师宿舍和办公室，齐恒业、王文登先后任校长，教师10人，学生54人（中庄公社22人、唐山公社32人）。学校实行“半农半读，社来社去”办学模式，目的是面向农村、面向农民、面向生产，为农村培养一批有知识有技术的新型农民。1966年，停止办学。

原社庄联中 1967年，中庄公社安排社庄牵头，联合列里、马连峪、西柳峪3个大队组建联办中学。中学设6—7年级，招收2个班，每班学生50人左右。翟宏德任校长，教师有苏明德、张茂盛、徐志平、张苍胜、翟才德等。联中根据“教育必须同生产劳动相结合”时代要求，每天至少拿出2节课的时间积极参与社庄大队的集体生产劳动。其间，联中大搞勤工俭学，收入作为办公经费。1980年，撤并至北坡联中。

原河西联中 1970年，河西管区在李河西大队修建教室6间，办公室2间，建立河西联中，招收1个班，40多人。1977年，经河西管区各大队会商，由河西管区各大队出工，出木材、出石料，在李家河西供销社东修建教室18间，办公室4间，把河西联中搬迁至此，招收高中班，只招1级。1979年，停办高中。1990年，撤并至中庄中学。李传代、李传苍、杜际森、朱玉福、李德荣、崔希乾等先后任教。历任校长有胡德元、赵青春、孙兆圣、王树修、崔希城等。

原胡庄联中　1967年，胡庄管区10个大队出工出力，在胡庄供销社东建立胡庄联中，学生53人，教师5人。1975年，胡庄管区各大队共同出资出工，在胡庄村北张家林建教室12间，办公室等6间，招收高中班2级学生。1978年，停办高中后，初中迁到高中校舍，新建教室3间，教师宿舍2间，学生最多时有6个班。1991年，撤并到中庄中学。高保福、焦玉礼、王范群、穆克业、张全山、韦春田等先后任教。历任校长有张贞先、王守廷、齐利民、张业新、路文海、毕玉才、陈胜业等。

原黄土崖村初中班　1968年，大队依托小学办起初中班，李传洪任校长，教师有谷原堂、司彦明等。1970年，中学班合并至北坡联中。1975年，恢复村办中学，王发祥任校长。1978年，再次撤并至北坡联中。孟凡梓、张立斌等先后任校长。

原中庄联中　1968年，中庄、东孝村、西孝村、店头、南庄、王桃峪、许桃峪、盖冶8个村集资建立中庄联中，有3个班，首任校长是杨兴清。1991年，撤并至中庄中学。校长是王树修。齐利民、张俊水、张俊太、王春国、张庆梅等任教。

原北坡联中　1968年，北坡村小学成立2个“戴帽”初中班。1981年，中小学分开。1975年，招收高中班。1978年，停办高中。1980年，社庄初中撤并到北坡联中。1978年，黄土崖初中撤并到北坡联中，最多时有6个班。1985年，于家北坡新建学校，校舍23间。1991年8月，北坡联中撤并至中庄中学。刘同星、苏明德、李明顺、孙福春、田生学、张照明等任教。历任校长有王文登、路文海、张照伦、王春国、田元吉。

原韩庄联中　1968年，3个韩庄和盖冶大队在中韩庄大庙修建9间教室、3间办公室，成立联中。学校招收3个韩庄、盖冶等大队学生，后来盖冶联中成立，只招收3个韩庄大队的学生，学校最多时有3个班，学生120余人。1989年，撤并至中庄联中。历任校长有刘同兴、路文海、张照明、阮明传等。

原上庄初中　1969年1月，上庄大队成立“戴帽”初中班，教师是陈顺业、田发胜。同年，撤并到胡庄联中。1976年，上庄大队建教室9间，办公室2间，成立焦家上庄村级中学，招生2个班，校长是张廷兴，高吉发、王友信、陈茂文等任教。1978年，撤并至胡庄联中。

原盖冶初中　1975年，盖冶大队建9间教室，2间办公室，成立盖冶初中，最多时有3个班。王发祥、司彦明、李成贵先后任校长，张士友、张忠胜、程元明、王光生等任教。1983年，撤并至中庄联中。

原刘庄联中　1972年春，刘庄管区8个大队共同筹建教室9间，办公室3间，招生1个班。1986年撤并至胡庄联中。历任校长有毕玉才、路文海、张照明等。

原孝村联中　1976年建立，二年制，占地面积2666.68平方米，15间平房。1977年，招收第2届学生，苗永国、苗希雨任教，东孝村招收1个班。1977年，合并至西孝村。1990年，撤并至中庄中学。江兆利、苗希峰、刘怀英、崔希成等先后任教，历任校长有刘道兴、张照明、孟凡梓、陈顺业、段连维、王春国、史长征等。

原桃树洼联中　1973年，后峪子、杓峪、桃树洼、菜峪4个村建立联办中学，设在桃树洼。王兆平、高武德、高逢山等先后任教，包彦发任校长。1978年，合并至胡庄联中。

成人教育

概　况

1944年，店头村开办识字速成班，发放自编扫盲课本，在全村青壮年中实施速成教育。列里村以妇救会妇女干部为主要组织者，举办“识字班”。南庄村识字班组织妇女晚上学习记账、打算盘，学习日常生活中常用的物件名称。1946年，黄土崖村办起识字速成班。新中国成立初期，社庄大队开办夜校，利用晚上和空闲时间，在中青年社员中开展识字教育。焦家上庄村主要面向妇女开展以识字、简单数学计算为主的扫盲教育。桐峪村、傅家庄村依托学校举办农民夜校，提高农民识字水平。列里村在青壮年中开展以识字、珠算、写信、记账为主要内容的教育。盖冶村的扫盲对象逐步由起初的青壮年过渡到生产队长和会计等具有一定组织能力的社员。

1952年，于家北坡村组织炕头班、地头班等形式多样的识字班，开办农民夜校，上过私塾的田立志任教员，培养出村中第一批能写会算的记账员。1953年，开办青年速成识字班，教员是王录圣，为期6个月，率先脱盲的学员有28人。1954年，扩大扫盲班，建立2个班的农民夜校。1955年，于家北坡村被评选为“山东省扫盲工作先进单位”，大队长田生才参加省表彰大会，《大众日报》对该大队成人教育做专题报道。1969年，于家北坡大队开设2个农民夜校班。学校组织老师自编自印《农民识字课本》，发给学员，利用农闲时间，学习常用字、整数、小数四则运算等，学员脱盲率达90%。1972年，于家北坡大队被评为“临沂地区扫盲工作标兵单位”“山东省业余教育和扫盲工作先进单位”，邻近县纷纷到于家北坡村学习经验。在于家北坡村的带动下，列里、社庄、韩庄、中庄、店头、胡家庄、杓峪等各大队的青壮年社员脱盲率都在90%以上。

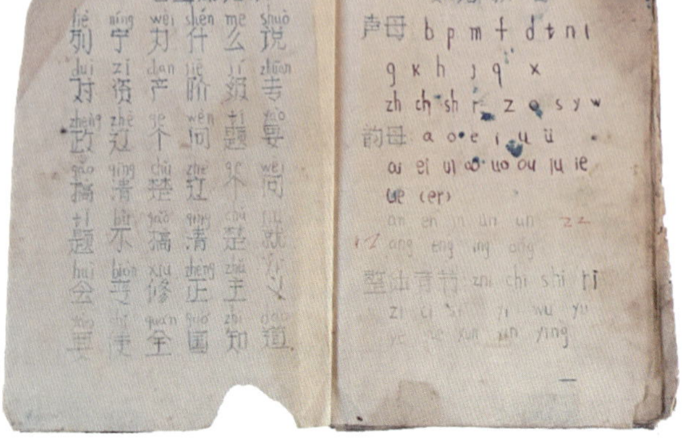

20世纪60年代的识字课本

党的十一届三中全会之后，各村联办初中学校，教育发展进入全新阶段。随着扫盲教育结束，“识字班”和“夜校”随之退出历史舞台。

1996年，中庄乡成人教育中心学校成立。2019年秋，成人教育中心学校撤销。

杏坛陈迹

原沂源县中庄镇成人教育中心学校 1996年，中庄乡成人教育中心学校成立，借用茧站闲置房屋作为教室和办公室。2012年，搬迁到原河西完小。学校每月组织1次农业知识集中培训，培训内容以苹果管理和草莓管理技术为主，培训对象以青年果农为主。每月编撰1期《“沂源红”苹果管理简报》，印发1000份，便于人们阅读学习。指导建立西孝村百亩大樱桃示范园，盖冶村百亩大棚草莓示范园，芦峪、杓峪、大沟等15个富硒苹果园，社庄村省级苹果示范园。学校下设45个村级成人学校，村级成人学校建校率达100%。2019年秋，中庄镇成人教育中心学校撤销。历任校长有于长福、苗传斌、孙兆亮等。

校园琐忆

中庄中学校舍变迁记

中庄中学始建于1970年，时称沂源县第十三中学，位于镇驻地西山坡上，当年只有2个教学班，首任校长王守廷。刚建校时只有2排12间平房，远远望去，从下到上依地势而建，最下边1排6间平房是教师办公室、宿舍和学生宿舍，第2排6间教室是第1级学生教室。同年，开始筹建最上边1排6间教室，是第2级学生教室。

建校之初，学校操场简易，无法满足正常教学。在政府和上级主管部门的支持下，全校师生钎凿、镐挖、肩扛，自建操场，扩大校园面积。学校逐渐发展到占地25亩，校舍72间（其中教室18间）。1981年，学校由二年制高中改为三年制初级中心中学，共有6个教学班，学生420人，教职工27人。

为贯彻县教育局“控制发展、调整布局、适

当集中、加强管理、搞好教研、提高质量”的教育理念，集中解决初中段教育质量薄弱问题，1988—1991年，历时3年，通过乡镇统筹，在距离原学校500米处的山下平地（孝村南）建教学办公综合楼1座，可容纳30个教学班。

1991年9月，学校整合中庄联中、北坡联中、胡庄联中一并迁入新校区。刚搬入新校时，校园内只有1座教学楼，前面是2排平房，右排为教育中心办公用房，西边1排为学校食堂、锅炉房和教师宿舍，学校门前是一道长约100米的大斜坡，整个校园一片荒凉、凹凸不平，教学楼前更是有一大坑……为此，学校组织全体师生从家里带镢镐和手推车，任务分到各班，利用体育课、劳动课、自习、课间饭空的时间，全校师生齐上阵，镐刨钎凿，肩挑人抬，奋战了几周，硬是在期中考试之前，把西南角的大斜坡挖平、把校园填平、把操场拼了出来。

这个土操场，是学校的文体活动中心，篮球赛、广播体操比赛、歌咏比赛、文艺演出都在那里举行。

刚搬入新校，需要做的工作太多，为解决学校办学经费、各类必备的教学设施，学校多次向县教育局、镇政府及各级部门求援。学校也精打细算，用好、用对每一分钱，尽最大努力改善学校的育人环境。合班并校之后，原学校的教室作为教师和学生宿舍，学生睡觉用的床和床板成了大问题。为此，学校多方寻求帮助，组织全体教师到老校区伐树、解木板、制作床板，在开学前解决了床的问题。

为解决校园内晴天尘土飞扬、雨天道路泥泞的问题，学校在政府帮助解决水泥、沙子的前提下，组织师生平整校园，硬化路面。同时学校的绿化也在全体教师献计献策、出钱出力下，由刚开始的一片荒芜到绿意盎然。

由于学校教学区和宿舍区相距500余米，山路崎岖不平且中间横跨公路，师生早晚到校、住宿存在诸多不便，尤其是下雨、下雪更是苦不堪言，且存在很大的安全隐患。在学生上下学时，全体教师自觉到公路上维持交通秩序，确保学生的人身安全，成为一道亮丽的风景，一时间在十里八村成为美谈。周边乡镇的不少家长更是想尽办法把孩子送到中庄中学来上学，中庄中学人用行动得到了父老乡亲的肯定和信任，教育教学成绩稳居全县前列，历年中考更是捷报频传。

学校从因陋就简到新校搬迁，从校舍改造到设备设施提升，30年校舍的变迁，只不过是伟大祖国改革开放巨大变化的一个小小的缩影，也是每一个中庄教育人孜孜不倦追求的美好记忆。

（田生和提供资料）

记忆中的“社屋”——马连峪小学

20世纪60年代的马连峪小学，校舍借用的是村民的房子，划归合作社后称这个院落为“社屋”。当时，学校大门口朝东，大门是两扇老木板门，由过道进入院子。院子长约15米，宽约6米。院里有11间破旧草房，北面5间，3间是4—5年级教室（2级复式），2间是生产队仓库；南面5间，2间是1—3年级教室（3级复式），3间是生产队牛棚；东面唯一的1间是老师办公室；西面墙根儿是一棵大杏树；西南角儿一间露天的是厕所。

学校里只有两名老师。课桌是用石头支起的长木板，木板长短宽窄不一，是从村里各家借来的，学生坐的是自带的各种样子的小板凳。教室里没有讲台，讲桌是一张方凳，黑板是用木板拼接两面涂上墨汁做成，每个教室有2块，挂在教室里。写字、做算术题主要用石板（石板是到山上找来厚薄软硬适中的石头加工磨制而成的）。写了擦，擦了再写，把袄袖子磨上窟窿是常见的事儿。有时老师也发给每人一根削好的铅笔和一本作业本，做完题后将铅笔和作业本一同交给老师。

教室是土地面，扫地时即使先洒上水，也常常是尘土满天。墙面是泥的，很多地方已经脱落，露出石头，有的墙上有窟窿，从室内能看到室外。门窗是木质的，破烂不堪。冬天为了取暖，每人都备有一个盛有木炭的小火盆儿，遇上特别冷的天，常常取来木柴在教室里生火取暖。即使如此，很多同学的脸上都生了冻疮。哨声是上下课的信号，一遍哨预备，二遍哨上课。虽然条件差，老师们认真负责，学生学习积极性很高。

后来，村里在东梁选址盖了5间新瓦房，围起石头院墙。新教室是用石头砌墙，玻璃门窗，坐北朝南一字排开。中间1间是办公室，两边各2间，是2间1口的2个教室。教室里前后墙用水泥分别砌了2块黑板，教室砌了讲台。2名教师利用暑假，拉大锯解木板，做了4条腿的长条课桌20张（每张可供五六人用），讲桌2张，作业架2个，粉笔盒2个。办公室门口儿挂上了一个磨面机废钢头当铃，从此，上、下课铃声代替了哨声。校园中间竖起了一根木质滑轮儿旗杆，校园里飘起了五星红旗。

学生不但学习文化课，还要学工、学农、学军，也得批判资产阶级。学校有自己的劳动基地，利用劳动课和课外活动时间，师生共同参加生产劳动和勤工俭学活动，开荒种地、割草养猪（院子里有4个猪圈）、砍木柴，帮助生产队掰玉米、收麦子、栽树、掀蝎子。那时候学校没有课外读物，更没有图书室、阅览室。如果哪个小伙伴有本小人书，就能传看到每个同学。谁有一个铅笔盒，小伙伴们羡慕不已。

两位老师既是学校领导，也是班主任、任课老师，上2级复式或3级复式课，既是语文、算术、常识老师，也是音、体、美、劳老师。老师白天给学生上课，晚上还教村民识字扫盲，老师们彻夜办公的场景是最常见的。老师在学生的心目中是神圣的，是无所不能的。“亲其师，信其道”，学生听老师的话，学习刻苦，各科成绩在全学区名列前茅。学习的“老三篇”，现在很多人还能流利地背诵。

1996年，马连峪小学由于学生少、复试班等原因，3—5年级撤并到社庄完小。1997年，学校撤销，完成了它的历史使命。（薛金忠提供资料）

西里镇学区

扫码看视频

扫码听书

记忆沂源·教育体育卷

概　述

清末民初，西里镇域内各村有私塾、学堂10余处。1922年，国民政府颁布“壬戌学制”，规定学堂一律称学校，实行初级小学4年、高级小学2年学制。1935年，在徐马庄创办抗日小学，招收上马庄、王坪等7个村学生入学，学生学习国语、抗日时政等课程，校长徐贞伦。1939年夏停办。同年正月，梅家庄省立完全小学设初小2个班、高小3个班，王复亭任校长，教师9人，1942年停办。1943年，中共东里、金星区委、区公所成立后，提倡村办小学、农民夜校。

1952年，沂水县十六区和十七区的4个乡划为沂源县十区（1955年10月，改为唐山区，下辖马庄乡、金星乡、西里乡和中庄乡。1958年9月，乡改为公社），区公所在各村兴办学校，对域内教育工作直接领导和管理；12月，西里、马庄和金星3个公社合并为唐山公社（中庄乡独立建制为中庄公社），唐山公社建立中心校，负责管理全域内教育工作（1965年6月，唐山公社、中庄公社南部合并为唐山区，中心校改称唐山区中心校）。1968年，唐山区设立教育组（1971年，唐山区再改为唐山公社，下设管理区）。1982年，唐山公社教育组改为中心校，中心校校长代行原来教育组长职责，从这一年开始，实行联中、小学分治。1984年，政社分开，建区辖乡，成立梭背岭区（下设金星乡、马庄乡、西里乡），区中心校长负责全区教育管理。1985年，撤梭背岭区，分为梭背岭乡、金星乡，设立梭背岭乡中心校、金星乡中心校，实行中心校统管辖区所有联中和小学。1987年6月，梭背岭乡、金星乡分别成立中心小学和中心中学，中心小学代管小学教育，中心中学代管初中教育。1992年，成立教育委员会，全面负责本乡镇教育。1996年7月，教育委员会改名为教育中心，负责本乡教育。2001年4月，金星乡教育中心和梭背岭乡教育中心合并为西里镇教育中心。2003年12月，教育中心改为教育体育管理办公室，负责全镇教育和体育管理。2021年3月，全县学区制改革，撤教体办编制，设立西里镇学区，负责全镇教育管理工作。

2023年，西里镇辖有幼儿园5所，18个教学班，在园幼儿435人，专任教师43人；小学4所，34个教学班，在校生1091人，教师103人；初级中学1所，22个教学班，在校生876人，教师95人。

1943—1952年，张文波、于勤斋、江玉珠、徐洪鸣、谢忠诚、尹传举、李文建、孟宪贵、翟慎德、程振厚等先后任文教助理，管理西里片区教育工作。

1952—1984年，辖区成立专门教育管理机构，主要负责人有董兆金、张文学、扈继亮、马学明、张明忠、谢彦来、张家范、杨兴清、张化顺等。

1985年，中学和小学分治期间，成立中心中学和中心校，栾照同、张纪春（副校长主持工作）、刘鸿福先后负责梭背岭乡中心中学管理，隽玉明负责金星乡中心中学管理；何兴举、张化顺分别负责梭背岭乡和金星乡学前、小学、成教和联中管理。

1992年起，梭背岭乡教育负责人是何兴举，金星乡教育负责人先后是隽玉明、周清林、郑家祥。

2001年3月，合乡并镇；4月，教育管理机构合并，西里镇教育负责人先后有郑家祥、庄本芝、郝增峰、唐效赣、田玉法。

学前教育

概　况

西里镇学前教育始于1958年，部分大队办起托儿班或托儿所，教师组织孩子们做游戏、唱歌、跳舞、讲故事。1960年春，学前教育停办。20世纪70年代末，各大队先后开办学前班，招收6周岁的儿童，学习拼音、简单的识字、10以内的加减法，学制一年。1985年开始，各村陆续开办“育红班”，乡中心校配备幼教管理员，协调和管理本乡幼儿教育工作。

从20世纪90年代初开始，各村幼儿园按幼儿年龄分小班、中班、大班，招收3—6周岁适龄儿童。1998年8月，金星乡新建中心幼儿园，同时建成姚宅、裕华、柳枝峪、周上庄4个村办幼儿园，其余村队“育红班”撤并到邻近的幼儿园。1999年，石炕子、上马庄、高家坡、蔡马庄、胡马庄、徐马庄学前班撤并至马庄幼儿园；江照生开办苗庄幼儿园，招收五里沟、苗庄、石匣峪村幼儿。2000年8月，梭背岭乡党委政府新建中心幼儿园，除苗庄、石匣村外，西里管区其余村队幼儿园统一撤并至中心幼儿园。同年，刘庄管区8个村的幼儿合并至刘庄幼儿园。2004年开始，国家鼓励社会力量办园，金士花建起柳枝峪回民幼儿园，招收周围村庄幼儿。2005年，谢明胜投资新建蝙蝠峪幼儿园，招收周上庄、石拉等村幼儿。2006年，瓦屋河、梅家庄学前班合并到姚宅幼儿园。辛庄幼儿园和裕华幼儿园分别于2007年和2009年合并到柳枝峪幼儿园。2007年6月，抗洞洼幼儿园合并至姚宅幼儿园。

2018年，西里镇中心幼儿园投资1300余万元，启动改扩建项目，征地2676平方米建造运动场地，在原址建设集教室、活动室、功能室、食堂、餐厅于一体的综合楼。2019年，投资310万元改建金星幼儿园。2021年，投资50余万元改造马庄完小校舍，马庄幼儿园迁入新园。2023年3月，唐庄幼儿园合并到西里镇中心幼儿园；6月，马庄幼儿园迁至团圆小学院内，更名为西里镇中心幼儿园团圆分园。

学校简介

沂源县西里镇中心幼儿园 位于西里镇驻地，占地面积6000平方米，建筑面积2807平方米，是服务21个村及镇直各单位的全日制省级示范公办幼儿园。2023年，幼儿园有5个班，在园幼儿165人。

幼儿园前身为梭背岭乡机关幼儿园，创建于1985年3月，原址在政府大院内，设1个教学班，在园幼儿20余人。1992年2月，移址到泉头村新建园所，更名为沂源县梭背岭乡中心幼儿园。1998年11月，规划异地新建，2000年8月投入使用，并将附近的前西里、中西里、后西里、梭背岭学前班并入中心园。2001年5月，更名为沂源县西里镇中心幼儿园。2018年9月，在原址新建综合楼1座，新建活动场地、水池等设施。2019年11月，投入使用。2020年6月起，苗庄、曹宅、翟家庄3所幼儿园撤并到镇中心幼儿园。2022年8月，合并大刘庄幼儿园。2023年3月，合并唐庄幼儿园。

幼儿园坚持以“以人为本、崇尚自然、和谐发展、共同成长”办园理念，践行“自然中健康成长，游戏中开智提能”育人目标，全面贯彻党的教育方针，全面实施素质教育。幼儿园利用农村自然资源，开展丰富多彩的活动，形成“玩转乡土、快乐成长”

沂源县西里镇中心幼儿园（2023年）

沂源县西里镇中心幼儿园（2010年）

办园特色，多次承担全县、全镇的现场交流会，受到各级领导、家长的认可与好评。

该园被评为山东省示范性幼儿园、淄博市示范幼儿园、市十佳幼儿园、市学前教育工作先进集体。

李少君、高双文、王爱玲、王京富、段会营先后任园长。

沂源县西里镇金星幼儿园　位于金星村，占地面积2568平方米，建筑面积721平方米，各功能用室齐全，教学设施先进。2023年，在园幼儿77人，教师14人，服务11个村，是全日制省级一类公办幼儿园。

前身是金星头村学前班，1979年建班，教师是王东秋。1984年，在金星小学东院墙外操场北侧建成学前班，幼儿27人。1994年，随同小学迁至金星乡政府大院，设中班、大班2个班。1998年，金星乡教育中心、金星村、月庄村联合建成金星乡中心幼儿园。2001年5月，更名为西里镇金星幼儿园。2007年7月，西里二中搬迁，金星小学和金星幼儿园迁入，苏家上峪村、茂子峪村幼儿园撤并至金星幼儿园。2020年11月6日，金星幼儿园原址新建。2021年10月9日，新建幼儿园开园。2023年7月5日，姚宅幼儿园幼儿43人，教职工7人，撤并至西里镇金星幼儿园。

张茂梅、窦丽荣、周青梅、王爱玲、公丕玲、巩进玲、王丽丽、赵世刚先后任园长。

沂源县西里镇中心幼儿园团圆分园　位于西里镇石炕子村，是一所服务6个村的省级二类公办幼儿园，占地面积1027平方米，建筑面积412平方米。2023年，有3个教学班，教职工6人，在园幼儿43人。

团圆分园前身是西里镇马庄幼儿园。马庄幼儿园于1999年12月租赁村委办公室办园。2020年9月，迁入原马庄完小院内。2023年，团圆小学一楼校舍完成改造，马庄幼儿园整体搬迁至西里镇团圆小学院内；8月，更名为沂源县西里镇中心幼儿园团圆分园。

沂源县西里镇金星幼儿园（2023年）

团圆分园以《3—6岁儿童学习与发展指南》为依据，以“一切为了孩子、为了孩子的一切”为办园宗旨，坚持“抓落实、促规范、提内涵、办特色”工作思路，利用农村自然资源，开展丰富多彩的幼教活动。

赵同莲、范光娥、张吉英先后任园长。

沂源县西里镇柳枝峪民族幼儿园 是一所普惠性民办幼儿园，也是沂源县唯一一所民族幼儿园，占地面积1825平方米，建筑面积797平方米，设小、中、大4个班，幼儿90人、教职工7人，服务柳枝峪村、张家泉村、辛庄村、裕华村。

沂源县西里镇柳枝峪民族幼儿园（2023年）

该园始建于1986年3月，借用大队办公室为教室，仅1个班。2000年，幼儿园搬迁到辛村村民闲置房院内。2004年7月，金士花个人投资，在幼儿园原址新建幼儿园。从此，柳枝峪幼儿园由公办园变更为民办幼儿园，更名为柳枝峪民族幼儿园。2007年，辛庄幼儿园并入柳枝峪民族幼儿园。之后，裕华幼儿园、鲁中公司幼儿园先后并入柳枝峪民族幼儿园。2010年，张家泉幼儿园与民族幼儿园合并。

幼儿园以“团结、进取、真挚、创新”为园风，以“精心、爱心、热心、耐心”为教风，以“健康、自信、诚实、活泼”为学风，以“倾注真挚爱心、培育纯洁童心”为办园精神，以“教养并重、保教结合”为要求，以“贯彻幼教规程训练行为能力、鼓励个性发展、培育德才基础”为理念，全面系统地对幼儿进行教育。

邱云芳、金士花先后任园长。

沂源县西里镇蝙蝠峪幼儿园 位于西里镇西南部约15公里，占地面积2600平方米，建筑面积600平方米。2023年，幼儿园有3个班，幼儿120余人，教职工9人。

幼儿园建于2005年8月，由周家上庄、公家场、冯家场、蝙蝠峪、石拉、凤凰峪、太平官庄7个村学前班合并而成。2016年，新建消防配套设施，完成全园房瓦、檩条更换和各功能室重新装修。

幼儿园坚持以“办现代化山村名园，育创新型全面发展人才”为办园方向，按照方方面面创一流，时时刻刻讲规范的原则，以培养幼儿“自我管理 自我动手 操作能力”为特色，全面贯彻党的教育方针，以《幼儿园工作规程》《幼儿园教育指导纲要》为指导，全面推进教育信息化进程，不断提高教育质量。

谢明圣任园长。

杏坛陈迹

原前西里学前班 1958年，徐凤香、王学兰、高锡英办托儿班，幼儿47人。1960年，托儿班停办。1986年，村办“育红班”，幼儿56人，先后由妇代会、小学主管，教师是王素玲、高伟。后称学前班。2000年，合并到乡中心幼儿园。

原中西里学前班 1966年，大队办起“半日班”，李永芬任教。1967年，半日班转为全日制教学，改称“育红班”，教室设在大队办公室院内，学生16—20人。1976年后，江玉梅、江兆芹任教。1997年前后，“育红班”改为学前班。2000年，合并到乡中心幼儿园。

原后西里学前班 1978年，办起“育红班”，1个班，招收4—6岁幼儿24人，魏继友任教。1986年，“育红班”改为学前班，张宗祥任教。1987年，幼儿25人，刘传英任教。2000年，合并到乡中心幼儿园。

原东升学前班 1984年，大队办起学前班，招收5—6周岁幼儿20人，江秀玲、江华、江洁任教。2003年，合并到西里镇中心幼儿园。

原梭背岭学前班 1968年，梭背岭大队租用民房办起幼儿半日班，幼儿22人，江玉芳、江玉英先后任教。1970—1986年，大队设“育红班”1个，学生25人，高民荣、袁中英、江兆芬、江兆花、江玉玲先后任教。1987年，“育红班”招收5—6岁儿童30人，董京秀负责招生，张兴梅任教。1990年，“育红班”改称学前班。2000年，合并到梭背岭乡中心幼儿园。

原泉头学前班 1975年，大队办起“育红班”，幼儿16人，何玲厚任教。1992年9月，合并到乡中心幼儿园。

原北王家庄学前班 1985年，设立“育红班”1个，幼儿15人，孙万花任教。后改称学前班，招收5—6周岁幼儿，孙万英、徐中荣先后任教。2008年，合并到镇中心幼儿园。

原石匣峪学前班 1999年，设幼儿班1个，有幼儿18人，王维友为第一任幼儿教师。2000年9月，合并到苗庄幼儿园。

原苗庄幼儿园 1980年，苗庄小学招收2个幼儿班，时称“育红班”，每个班30余人，郝连花、王明江、江秀洪、江玉娟、江照霞等先后任教。1999年10月，江兆生个人投资20万元，兴建民办公管的幼儿园。2000年4月开园，幼儿教师有张京爱、滕美厚等。王素玲、张明美先后任园长。2020年6月，合并到镇中心幼儿园。

原大刘庄幼儿园 1986年，村内办起“育红班”，招收幼儿30人，高西兰任教。1992年，投资近6000元，购置部分大型儿童玩具，整修校舍，建起大刘庄村中心幼儿园，马学香、吴永梅等任教。2022年8月，撤并到西里镇中心幼儿园。

原五里沟“育红班” 1987年7月，办起“育红班”，招收学前幼儿19人，徐洪香任教。1998年，合并到苗庄幼儿园。

原张家泉学前班 1976年，办起“育红班”，招收幼儿18人。教师有寇青荣、刘文美、左新荣。2010年，合并到柳枝峪民族幼儿园。

原涌泉学前班 1985年，办起“育红班”，招收幼儿30人，公丕玲、吕凤梅任教。后改称学前班。2002年，合并到大刘庄幼儿园。

原大家万学前班 1986年，办起“育红班”，招收幼儿30人。后改称学前班。江玉兰、王立才、邱云芳等任教。2000年8月，合并到大刘庄幼儿园。

原李家庄学前班 1983年，成立“育红班”，1991年7月，转为学前班。2000年4月，并入大刘庄幼儿园。教师是苗传勇、张春梅、徐保花。

原杨家庄学前班 1983年，成立“育红班”，后转为学前班。2000年，并入大刘庄幼儿园。教师是陈学荣、张在美。

原崮东万学前班 1992年8月成立，2003年，并入大刘庄幼儿园。教师是江照芬。

原江家峪学前班 1986年2月，成立学前班。2000年8月，并入翟家庄幼儿园。教师是朱庆叶、朱庆花、朱庆兰。

原辛庄学前班 1983年，村办起“育红班”，招收幼儿30人，张德红任教。1995年，分流到裕华幼儿园和柳枝峪幼儿园。

原裕华幼儿园 1983年4月，成立学前班。1994年8月，建成金星乡中心幼儿园。1998年8月，在金星村新建中心幼儿园后改为裕华幼儿园。2006年，改制为民办幼儿园。2007年，并入柳枝峪民族幼儿园。教师有任春玉、牛彦荣等，公办性质幼儿园期间历任园长是周青梅、马洪霞、张吉荣。

原杨家峪学前班 1986年3月，成立“育红班”，后改为学前班，2004年7月，幼儿分散到柳枝峪幼儿园、金星幼儿园等，杨家峪学前班停办。教师有高富云、刘宽芳等。

原茂子峪学前班 1982年，茂子峪大队办起“育红班”，招收幼儿26人，教师有包希传、巩进玲、张晓丽等。2007年，合并到金星幼儿园。

原柳花峪学前班 1986年3月，成立“育红班”。1992年2月，成为学前班。1998年9月，并入瓦屋河学前班。教师有周青梅、王京兰、郝燕燕等。

原瓦屋河学前班 1985年8月，成立“育红班”。1992年成为学前班，教师刘长勤等。2005年

12月，并入姚宅幼儿园。

原梅家庄学前班 1987年，村办第一个“育红班”，招收幼儿25人，教师是蔡士红。1992年，称为学前班，教师是刘长城。1995年，扩招幼儿班，蔡世红、巩进玲、王西霞、公维俊等先后任教。2005年，撤并到姚宅幼儿园。

原姚宅幼儿园 始建于1983年，前身是在大队院内建学前班，招收幼儿20人，教师是左孝明。1984—1985年，招收幼儿20余人。教师是张元德、左珍田。1986年，招收2个班，幼儿48人。1987年，新建幼儿园，招收3个班，幼儿61人，教师有左珍田、秦敏、左晓玲等。1987—2004年，每年招收小、中、大3个班，园长是左珍田。2005年，左珍田自办幼儿园，教师有张晓丽、周仕珍等。2011年，民办幼儿园改公办幼儿园。2021年，招收小、中、大班幼儿69人，教师有周仕科等。2023年7月，合并到金星幼儿园。

原桑树峪学前班 1983年，办起学前班，招收幼儿35人。1985年，村投资近3000元建幼儿园，招收2个班，幼儿52人，公丕玲、张全秀任教。2004年，分流到裕华、柳枝峪、金星幼儿园。

原抗洞洼幼儿园 1985年开始，村办起“育红班”，招收幼儿25人。1990年，“育红班”改为“学前班”。1997年，办起幼儿园，周士珂、周仕珍、周士香任教。2007年1月，撤并到姚宅幼儿园。

原苏家上峪学前班 1992年，村办起学前班，招收学前儿童28人。苏志彬、刘纪菊、苏志云、袁金英等先后任教。2007年7月，合并到金星幼儿园。

原南月庄学前班 1985年，办起“育红班”，招收幼儿11人，蒲圣香任教。1998年，合并至金星乡中心幼儿园。

原曹宅幼儿园 1958年，大队办起托儿班，沈月香、沈照芳、徐长开、徐志爱、王林爱任教。1991年，村办幼儿园，分小、中、大3个班，李运燕任园长，张元芬、杜海花任教。2020年6月，合并到西里镇中心幼儿园。

原唐庄幼儿园 1980年，在大队院内设“育红班”，实行学前一年教育，园长是张文叶。教师有李少君、李少云。2006年8月，在唐庄完小院内改建园舍。唐庄、侯家峪、山东头3个村的学前班合并到新园舍，成立唐庄幼儿园。2023年3月，合并到西里镇中心幼儿园。

原朱家庄（后改为清泉）学前班 1979年8月，成立“育红班”。1988年1月，改为学前班。2000年9月，并入翟家庄幼儿园。教师有朱启红、徐敏欣、徐志芳等。

原薄板台学前班 1986年8月，成立“育红班”。2000年8月，并入翟家庄幼儿园。教师是董佳美、邱洪英。

原翟家庄幼儿园 1980年，大队办“育红班”，后改称学前班，教师有王清香、张兴春、何加芝。1999年，翟家庄村、薄板台村、西王庄村、江家峪村、清泉村、新华村6村共建翟家庄幼儿园，设小、中、大3个班，董京霞、武传俊、马云艳任园长，教师是付金玉。2020年6月，合并至西里镇中心幼儿园。

原双胜学前班 1984年，村办起学前班，薛发荣、杜海花任教。2000年，撤并到曹宅幼儿园。

原黎明学前班 1985年，建立学前班，招收6周岁儿童，武传俊任教。2000年，合并到翟家庄幼儿园。

原西王家庄学前班 1985年，西王家庄建立学前班，招收6周岁儿童，张文霞、付金玉任教。2000年，合并到翟家庄幼儿园。

原山东头学前班 1983年，村里在山东头小学办起“育红班”，杜丙叶负责。1988年6月，改称学前班，顾炎菊任教。2006年12月，合并到唐庄幼儿园。

原侯家峪学前班 1986年7月，村设学前班，招收5周岁儿童，徐勤英任教。2006年12月，合并到唐庄幼儿园。

原周家上庄幼儿园 1982年9月，在大队院内建立“育红班”，只招收6周岁适龄儿童26人，第一任教师周士英。1984年8月，改学前班。1998

年，搬迁至小学院内，由学前班扩大为幼儿园，招收4—6周岁儿童。教师有张善玲、王彩霞、刘乃青、周本英、王慧、王玉娟等。2005年8月，合并到蝙蝠峪幼儿园。

原蝙蝠峪学前班 1981年7月，成立“育红班”。1989年10月，改为学前班。2005年8月，并入蝙蝠峪幼儿园（民办）。教师有宋增后、高本英、宋增芹、赵同兰等。

原太平官庄学前班 1984年8月，成立“育红班”。1987年8月，改为学前班。2005年8月，并入蝙蝠峪幼儿园（民办）。教师有王红英、王红霞、葛同荣。

原冯家场学前班 1978年，在唐山公社妇联协助下，在大前碾老大队院内建起“育红班”，招收6周岁儿童19人，教室2间，第一任教师胡加清。1985年后，“育红班”改称学前班，招收6周岁学龄前儿童，冯富贞、冯富伦、冯德兰等先后任教。1989年10月，迁至村小学院内，招收学生18人，教师是李春华、王翠叶。2005年，合并到蝙蝠峪幼儿园。

原石拉学前班 1984年，建立学前班，校址设在小学校内，招收6周岁适龄儿童。2005年8月，合并到蝙蝠峪幼儿园。教师有王翠叶、孙彦梅、马在香等。

原公家场学前班 1984年，建立学前班，校址设在小学校内，招收6周岁学龄前儿童。1998年，合并到冯家场学前班。教师有葛同祥、葛同荣、李春华等。

原凤凰峪学前班 1985年8月，成立“育红班”。1988年10月，成为学前班。2005年8月，并入蝙蝠峪幼儿园（民办）。教师有宋汝红、王恒花。

原蔡马庄学前班 1993年3月，成立学前班。1999年12月，并入马庄幼儿园。教师王敦珍等。

原胡马庄学前班 1979年2月，成立“育红班”。1994年9月，改为学前班。1999年12月，并入马庄幼儿园。教师曹长红、刘春菊等。

原高家坡学前班 1978年4月，成立“育红班”。1984年，改为学前班。1986年10月，停办。教师有刘兆有、刘兆美、刘兆凤、刘花叶等。

原徐马庄“育红班” 1958年，成立托儿班，招收学生15人，教师是魏胜梅，1960年，停办。1980年2月，成立“育红班”。1984年，改为学前班，刘方叶、葛长菊、刘淑香、胡发秋先后任教。1999年，合并到马庄幼儿园。

原上马庄“育红班” 1958年，设立1个托儿班，儿童12人。1960年停办。1986年，成立“育红班”，招收6周岁幼儿，实行学前一年教育。王克莲、谷月芹、谷月香、范尊果先后任教。1999年12月，并入马庄幼儿园。

原薛家峪幼儿园 1958年，开办2个托儿班，入托幼儿28人，杨春富、杨春美任教，开设游戏、唱歌、舞蹈课，课外领学生玩耍，到农田搞复收，1960年停办。1986年，开办“育红班”，招收6周岁幼儿26人，入班率95%，教师是孟庆菊。1999年，成立幼儿园，招收4—6周岁幼儿，分小、中、大3个班，入园率100%。孙金玲、王富娟等先后任教。2020年，合并到马庄幼儿园。

原石炕子学前班 1982年4月，成立“育红班”。1984年7月，改为学前班。1999年12月，并入马庄幼儿园。教师有赵同莲等。

小学教育

概 况

1948年，金星区公所在驻地金星头村设立金星完全小学，学制六年。新中国成立后，区公所推动较大村建立初级小学。1954年，沂源县第十区公所在梭背岭“百户厅”大院设立梭背岭完全小学，学制六年。1959年，梭背岭完全小学迁至中西里村“三余堂”院内，改称唐山人民公社中心小学，校长统管社内各学校。

1964年，村村开办工读班。1966年，工读班转为全日制班，学制实行“四二”制，即初小4年、高小2年，大部分学校实行复式教学。1968年，学制改为五年，按照“上小学不出村”的要求，每个大队建小学1所。同年春，成立唐山区教育组，管理各大队小学、联办中学，聘民办教师任教。20世纪70年代初，各大队小学进行校舍改造，大部分村队筹措资金异地新建校舍。后西里、梭背岭、苗庄、刘庄、唐庄、姚宅、薛家峪、蝙蝠峪、周上庄、茂子峪、金星、裕华、柳枝峪等大队，从简易小学发展为完全小学。1978年，在后西里村成立重点小学，校长是谢志文，同时兼管西里学区各村小学的教学与管理工作。

1984年，河南学区划归东里管理，梭背岭区在西里、金星、马庄3个乡分别设立中心小学，由中心小学校长负责本乡各村小学教育工作，学校进行“六配套”改造提升工程；12月，各校通过市、县两级验收。1985年撤区后，成立梭背岭乡中心校、金星乡中心校。梭背岭乡中心校下设刘庄、翟家庄、唐庄、马庄学区。金星中心校下设柳枝峪、金星、姚宅、蝙蝠峪学区。1992年，撤中心校，成立梭背岭乡教育委员会和金星乡教育委员会，分别管理2个乡中学、成教、小学、幼儿教育工作。1994年，撤学区，建立完小，梭背岭乡下设中心小学、苗庄小学、刘庄完小、翟庄完小、唐庄完小、曹宅完小、马庄完小、薛家峪小学。金星乡下设金星乡中心小学、柳枝峪完小、裕华完小、茂子峪完小、姚宅完小、蝙蝠峪完小。

2001年3月，合乡并镇，金星乡中心小学更名为西里镇金星完全小学；梭背岭乡中心小学更名为西里镇中心小学。2007年，金星小学、裕华小学合并为金星完全小学并迁入西里二中校舍。2011年8月，刘庄完小、苗庄完小、翟庄完小合并到西里镇中心小学。

2012年，柳枝峪回民小学投资500余万元，建成3层教学楼。2017年，启动金星完小校舍及运动场提升工程。2019年，总投资3000余万元的团圆小学异地新建项目完工。2020年5月，正式投入使用，马庄完小、鲁能沂源希望小学合并到团圆小学。

学校简介

沂源县西里镇中心小学　位于西里镇朝阳路50号，占地面积1.07万平方米，建筑面积6260平方米。2023年，有13个教学班，在校生488人，专任教师37人。

20世纪90年代，沂源县梭背岭乡中心小学

学校成立于1948年，原名西里完小。后五次迁移校址（中西里村、后西里村、梭背龄村、中西里村、梭背岭村小四山下）、四更其名（西里完小、西里中心完小、梭背岭乡中心小学、西里镇中心小学）。1956—1966年，这十年是第一个鼎盛时期，全称是西里中心完全小学。1966—1967年，学生不能升级，不能升学，复课后3—5年级学生合并成一个年级。1970年，成为西里联中第一届初中学生。西里完小改成西里联中后，每个大队都办起小学。1977年，唐山公社教育主管部门确定在后西里大队成立重点小学。1984年，唐山公社建起沂源县第十一中学，西里联中被撤销，西里联中改建为梭背岭乡中心小学。1994年起，全面实施义务教育，梭背岭中心小学在原有基础上重新征地，进行扩建。先后将原西里学区9所村小合并到新校。1999年8月，合并东升村、双胜村村小。2001年3月，梭背岭乡与金星乡合并为西里镇；5月，更名为西里镇中心小学。2011年8月，合并翟家庄完小、苗庄完小、大刘庄完小。2016年，合并唐庄完小4—5年级。2019年9月，合并唐庄小学1—3年级。

2003年，学校确立“文化育人、文化兴校”办学思路，以“弘扬民族传统文化、丰厚学生人文底蕴”为总体设想，提出“做儒雅教师、育儒雅学生、办儒雅学校”办学目标，凝练“情飞扬、志高昂、人灵秀”育人目标，确立“厚德明理、励志有

沂源县西里镇中心小学（2023 年）

为”的校风和“博学笃志、质朴方正”的校训，校园分四大板块和五大主题对儒雅文化进行布置，精心打造“校园八景”等人文景观。

学校被评为山东省绿色校园、淄博市级规范化学校、市教学工作示范学校、市现代教育技术示范学校、市少先队工作规范化学校、市教育初步现代化学校、市优秀家长学校、市传统体育项目学校、市文化建设先进单位、市少年宫优秀组织单位、市公园式单位。

董照金、扈继亮、谢志文、东克章、王洪纪、王学武、王富华、徐洪振、魏纪虎先后任校长。

沂源县西里镇柳枝峪回民小学　坐落于沂源县柳枝峪村，占地面积4200平方米，建筑面积2666平方米。2023年，在校生86人，其中回族学生51人，约占学生总数的60%，学校设1—5年级，5个教学班，教职工16人。

学校始建于1952年，原名为山东省省立柳枝峪回民小学，服务柳枝峪、辛庄、张家泉3个村。1952年，山东省柳枝峪回民小学被批准并正式开课。1955年，柳枝峪回民小学扩建为完全小学，增加10间教室。1957—1966年间，学校达6个年级6个教学班，学生近300人。1966年，改名为柳枝峪小学。1975年，增设“戴帽”初中班，学生达200人。1982年，初中班撤销。

1994年，新建教室28间，学校重新被命名为沂源县金星乡柳枝峪回民小学。2012年12月，建起一座建筑面积为1826平方米的3层教学楼。2016年，投资142万元，建成学校塑胶操场。2023年，学校积极筹措资金，进行校园绿化建设，争创书香温馨校园。

学校围绕“让学校成为孩子们成长和求知的乐园”办学理念，秉承“厚德树人、笃学明理”校训，坚持“团结友爱、合作创新”校风，立足农村现实和民族小学实际，科学施教，教研兴校，全面执行教育方针，积极推进素质教育。学校特别重视加强民族团结教育工作，开展“民族团结教育”“三心

沂源县西里镇柳枝峪回民小学（2023 年）

教育”等一系列主题教育，形成“团结+合作”的教育理念，教育成果显著。

学校被评为山东省绿色学校、淄博市民族团结进步示范单位。

麻俊、徐宽志、麻春德、丁宗成、刘林平、陈现礼、孙永昌先后任校长。

沂源县西里镇金星完全小学 位于西里镇金星村与月庄村交界处，占地面积3.33万平方米，建筑面积5500平方米。2023年，学校有10个教学班，在校生320人，教职工29人。

学校始建于1948年，最早在金星头村东边的盐店内建校，后三易其址，1994年，更名为金星乡中心小学。2001年5月，更名为西里镇金星完小，苏家上峪、桑树峪等简小合并到金星完小。2007年9月，金星完小、裕华完小和茂子峪小学合并，学校整体搬迁，更名为沂源县西里镇金星完全小学，有10个教学班，教师25人，学生达562人。2016年10月，姚宅完小4—5年级并入金星完小。2017年，校舍（平房）拆除重建。2018年9月，新校舍建成并投入使用。同年，姚宅小学1—3年级并入金星完小，姚宅小学撤并。2019年10月，学校完成附属工程，12月完成教育教学装备更新。

金星完全小学是淄博市排球体育传统项目学校，以排球作为学校特色发展主线，深入挖掘其内涵，开发排球课程，实现“特色项目—学校特色—特色学校”纵深发展。学校以“让每一名学生都拥有成长的快乐，让每一位教师都享受教育的幸福”为办学目标，树立“读好书、打好球、做好人”办学理念，狠抓排球特长训练，通过活动设计，学生达到人人知道排球，人人会玩排球，人人会打排球的目的。开发并改良排球操，每天利用大课间排球操训练学生排球技能。

张文学、鞠世英、左桂田、贾文汉、王振科、杨顺祥、丁道才、于会福、尹传贵、任宽伦、周桂学、贾学才、左连东、王振军、张吉成、苏志祥、魏纪虎、刘林平、陈现礼先后任校长。

沂源县西里镇团圆小学 2020年5月建成，西里镇马庄完全小学和鲁能沂源希望小学并入。位于沂源县西里镇石炕子村，占地2万多平方米，建筑面积4560平方米。2023年，学校有6个教学班，教师21人，学生197人。

学校以“团圆”为思路，探索打造以“家”为灵魂的学校文化品牌，围绕“立家、治家、兴家、爱家、想家”五部曲办学目标，加强时事政治教育，突出家国情怀，塑造学生社会主义核心价值观，培养具有家国情怀的阳光少年。

沂源县西里镇金星完全小学（2022年）

校舍改造后的沂源县西里镇团圆小学（2020年）

2022年，学校获得首批山东省“绿色学校”荣誉称号。

高爱国任校长。

杏坛陈迹

原前西里小学 1944—1948年创办，杨立法、滕新常先后任教，徐凤盛任负责人。后设立2个复式班，张廷兰、宋传禄、刘京生任教，高年级学生到中西里就读。1958—1963年，大队办初级小学，设3个教学班，张廷兰、宋传禄先后任校长。1977年，大队在村西南新建学校，3—5年级学生就读。1984年，在“三菩萨庙”西新建小学，王学信、孙培森先后任校长。1985年，合并至中西里小学。

原中西里小学 1948年，借用民房创办而成。1949年，学校搬迁至后西里村民房。1951年，发展到4个年级，招收前西里、后西里、梭背岭、龙王塘等村学生84人。学校命名为沂水县第十六区完全小学。1952年，更名为沂源县第十区完全小学。1954年，低年级迁回中西里“三余堂”，高小学生迁至梭背岭百户厅院内。1959年春，迁至中西里“三余堂”办学，改称唐山公社中心完小。1987年，3—5年级学生合并至梭背岭乡中心小学。1991年，1—2年级学生合并至梭背岭乡中心小学。

原后西里小学 1968年，新建后西里小学，设2个教学班，教师3人，袁中裕、张礼述任教，张洪吉任学校负责人。1971年，小学扩充为4个教学班，教师5人，张士楼、张士江、张金美、赵久荣等任教，王洪纪任负责人。1976年，大队小学增设1个“戴帽”初中班，学制二年，王营洲、王化友等任教。1977年，大队小学设5个教学班，招收2个“戴帽”初中班，共有7个教学班，学生208人，教职工14人，闫传江、胡本英、蔡志明、杨东安、张富新、张宗文等任教，谢志文任负责人。1978年，后西里小学改称为西里学区中心小学，张孟吉、张贵琴、董京爱等任教。1982年，初中班撤销，只保留小学1—5年级，葛成标、孙培森、徐敏香等任教，葛成标、孙培森先后任学校负责人。1996年，合并至梭背岭乡中心小学。

原东升小学 1955年成立，1975年大队在村庄南新建学校，占地面积600平方米，建教室及办公室11间。大队新配置课桌凳、办公桌椅。学校设1—5年级，分3个教学班，部分年级实行复式教学，学生90人，刘慧卿等任教，张礼述、韩富友先后任负责人，学校隶属唐山公社河南学区。1978年，增至4个教学班，学生110人。曹长菊、张富财任教，张玉环、韩富友先后任学校负责人。1995年8月，由河南学区划归梭背岭乡西里学区。1999年8月，合并至梭背岭乡中心小学。

原梭背岭完全小学 1952年，在“百户厅”筹建梭背岭完全小学，1954年投入使用，设6个教学班，学生210人。杨兴利、朱慎之、邓金田等任教，董照金是第一任校长。1958年12月，唐山人民公社成立，政府机关由中西里大队迁入梭背岭完小，1—4年级学生迁到泉头大队借用民房作校舍继续办学，谢志文、左连新、董照新、刘乃俊先后任教，5—6年级学生迁至中西里大队“三余堂”就读。1961年，1—4年级学生迁回梭背岭，在大队食堂院内办初级小学，滕新常、江东梅任教，谢志富任负责人。泉头大队1—3年级学生在本村上学，谢志文任教，4年级学生到梭背岭初小就读。

1967年，梭背岭大队利用公社老粮站前新建校舍5间。1968年8月，办起五年制完全小学，设2个教学班，在中西里完小就读的55名学生迁回本村，江照明、江修伍任教，江玉春、张兴田先后任负责人。1—3年级学生，由大队食堂迁至唐山公社老饭店，设2个教学班，韩德爱、江玉花任教，张兴田任负责人。1971年8月，梭背岭有全日制教学班5个，学生158人。1978年，小学1—5年级5个教学班，学生165人。其间，高洪英、尹传爱、江照新、高民荣、江兆学、袁忠奎等先后任教，江兆仁任学校负责人。1981年7月，村内1—3年级3个班，学生65人。顾学美、李海来先后任负责人，袁忠华等任教。1992年，撤并至梭背岭乡中心小学。

原泉头小学 1971—1976年创办，设2个复式教学班，招收大队及机关子女就读，李海兰、王学爱、许纪全等先后任教，董京礼任负责人。1977年，大队新建校舍5间，师生迁入新校。1978—1990年，有学生46人，谢明坤、李海波等任教，许纪全、江照增、王宝珠先后任负责人。1991年暑假，撤并至乡中心小学。

原北王家庄小学 1956年8月，村办起初级小学，1个复式班，学生22人。1969年，在大队院内设立3个初小班，学生30余人，吴永礼任负责人。1972年，大队在公路南新建校舍5间，设立2个复式教学班，招收1—5年级，学生60余人，王大传、姚成坤、王元华等任教，江修伍为负责人。1997年暑假，合并至梭背岭乡中心小学。

原大家万小学 1956年，大家万大队修整村民的2间羊栏作为教室，建立大家万小学，教师是徐林。1963年，大队筹集资金1万余元在团山子新建学校，高克勤、李卫范、江东营、王立才、王焕荣等先后任教。1978年，学校招收1个“戴帽”初中班，学生35人，祁洪均、张贵玉、翟作贵、马学明等任教。1980年，初中班停止招生。1984年，学校实行“六配套”，学生82人，教师6人。1989年，3—5年级学生合并到刘庄完小就读，只保留1—2年级1个教学班，学生30人，张敬武任教。1999年7月，合并到大刘庄完小。

原崮东万小学 1950年，借用民房4间作为教室，建起崮东万村小学，1个教学班，学生16人，蔡洪成、黄加祥任教，1—3年级复式教学，学生38人。1960年，迁到原大队食堂院内，贾兴芳、江东明、江兆学等先后负责学校工作。1993年，村委筹集资金2万余元新建学校。1998年，合并至大刘庄完小。

原侯家峪小学 始建1952年，利用村建校舍3间，招收1—4年级学生，复式教学，杜毓田、张洪修、李世平等先后任教。1966年，扩建校舍2间。1972年，增建教室3间，成立侯家峪完全小学。1994年，张春修任负责人，徐敏英、王香荣、张廷林、李兰祥等先后任教。1995年，3—5年级学生到唐庄就读，村内只保留1—2年级。2001年，合并到唐庄完小。

原江家峪小学 1953年，在农家院内建起小学，1个教学班，学生36人。1981年，大队筹资近万元翻建校舍，江东盈、张华顺、张善学、徐洪财、蒋名文等先后任教。1990年，4—5年级学生到翟家庄完小就读，学校保留1—3年级1个教学班。1993年，撤并到翟家庄完小。

原李家庄小学 1952年，借用民房2间，建起速成班，招收学生近20人，教师是孟庆法。1955年，速成班改为小学班。1960年，合并到杨家庄小学。1963年，于会福、翟作福先后任教，学生增加到38人。1977年，大队筹集资金近万元，新建学校。孟凡贵、张敬标、王焕荣、张京忠任教。1991年，合并到刘庄完小。

原山东头小学 1956年春成立，3间堂屋作为教室，招收学生8人，徐凤高、李士平、张洪修等先后任教。1964年，搬到肖家东院，3间堂屋作为教室，肖刚代、肖刚玉、肖刚安等先后任教，徐长彬任负责人。1978年，在北岭大薄地建新学校，设2个复式教学班，杜丙余、王香荣、王连珠等先后任负责人。2005年8月，合并到唐庄完小。

原山西万小学 1963年春，在大队院内建立，1个教学班，学生12人，教师是张化兰。1970年，迁至大家万大队就读。1972年，山西万大队自筹资金新建学校，2级复式教学，李兆信、公丕胜、张敬武等先后任教。1984年，学校进行“六配套”改造。1995年，4—5年级学生到刘庄完小就读，本校只保留1—3年级，1个复式教学班，学生39人。1998年，合并于大刘庄完小。

原双庙小学 双庙村（现名双胜村）小学于1950—1963年由双庙村（大队）创办，公方泽、张洪修先后任教，张理善、张四明、徐廷山、徐文君先后任负责人，教师王林香、张宗美等。1999年，撤并到梭背岭乡中心小学。

原五里沟小学 始建于1953年，借用3间民宅作为教室，招收学生15人，詹瑞亭、李世平任教。1958年，迁到村北4间民房里，设2个复式教学班，学生35人，贾玉兰等任教。1963年，新建学校，郭青兰任教。1994年，投资近3万元，在韩莱路北新建学校。1997年，3—5年级合并到刘家庄小学。1998年，1—2年级合并到苗庄完小。

原杨家庄小学 1960年，大队在食堂院内建起学校，2个教学班，学生40余人，教师是陶明乐、江东春。1965年，许庆宣、江东营、詹秀兰、张敬标负责学校工作。1976年，招收1个“戴帽”初中班，学生32人，祁京田、张成元任教。1977年，初中班停办。1984年，村“两委”投资1万余元新建学校，3个教学班，学生68人，刘凤照负责学校工作。1994年，合并到刘庄完小。

原曹宅完小 前身是1943年创办的抗日小学，1个教学班，学生30余人，教师是李克明。1943年下半年，抗日小学与私塾学堂合并，搬进李家围子，分小、大2个教学班，谢洪明任校长。1949年，成立曹宅小学。20世纪50年代，学生发展到90多人，4个年级，2个复式教学班。1955年，村办1—4年级初级小学，4个教学班，110余人。1968年，改为1—5年级完全小学，5个教学班，学生130余人。1987年9月，学校迁入新校舍，5个年级，学生160余人。1976年，因建水库学校迁址至北山。2008年7月，合并到西里镇唐庄小学。李世平、姜自修、王学信、卢文泉、李运书、李海友等先后任校长。

原翟家庄完小 1952年创办，1个教学班，王照瑞任教。1973年，在村北新建校舍，设5个教学班。1973—1993年，詹俊才任负责人。教师有刘富江、翟学美、王照兰、翟光富等。1994年，翟家庄、薄板台、西王庄、江家峪、清泉、新华6个村集资新建翟家庄完小，设5个教学班，教师有王兆柱、杜富、张善宝等。2011年，合并到西里镇中心小学。徐志成、谢明坤、董京文、朱启水先后任校长。

原唐庄完小 1949年成立，设在顾家大院东院，招收姚宅、薛家峪、金星、西王庄、上下柳沟、马庄等村和部分临朐县的学生。1977年，唐庄、山东头、侯家峪3村共同筹集资金，对学校进行改建。2016年，唐庄完小4—5年级并入西里镇中心小学。2019年合并至西里镇中心小学。张文学、张兴田、杨东安、何立中、翟乃元、江兆仁、尹传义、孙培森、杜丙余、朱启水、董京文、赵西峰、王传忠先后担任校长。

原苗庄完小 1947年创办，占地约493平方米。1966年，学校迁至村庄以东，改称苗庄完小。1995年，齐鲁石化公司赞助10万元，村集资30万元，在村前新建1所占地面积6400平方米的完全小学，命名为齐鲁石化苗庄希望小学，学生达250余人。2011年8月，合并到西里镇中心小学。历任校长有曹子仁、贾文翰、江玉福、李海来、王宝珠、孙培森、尹传义、江兆生、王传忠等。

原大刘庄完小 1943年，在村中四合院内成立，4个教学班，学生113人。1950年，新建学校（后来的供销社门头），校长是张亭兰。1976—1984年，5个教学班，学生136人，王加新、赵圣贵、付建秋、于恩琪任负责人。1984年，迁至二郎庙，5个教学班，学生226人，张兴田、高德文、徐志成、江兆仁、张善学、王传忠、江兆生等先后任负责人。2011年，合并到西里镇中心小学。

原桑树峪小学 始建于抗日战争时期，公方理任教，1个教学班，学生17人。1950—1966年，有2—3个教学班，每班学生平均10人左右，张文学任教。1967—2000年，有5个班，每班学生20人左右。2001年，合并到金星完全小学。霰玉立、公茂才、公茂运、贾学才、公茂合、于化成等任负责人。

原杨家峪小学 建于1950年，1个教学班，丁道才任教。1967年，实行多级复式教学，学生25人。1990年，增加到5个教学班，学生92人。1997年，合并到裕华小学。张桐灵、赵士元、公茂才、徐勤祥、李志福等先后负责学校工作。

原裕华完小 前身是滑石峪小学。1950年，在村大院成立，教室2间，1个教学班，学生23人，牛发财任教。1959年，迁至任家洼四亩地，办公室1间，教室4间，负责人李彦亭，教师王家荣，2个教学班，学生43人。1967年，村校、厂校合并为裕华厂子弟学校，以裕华厂籍教师为主，王家安、刘宽安任教。1975年，村校、厂校“分家”。王家荣在大队院内招收1个教学班，学生20人。1977年，刘乃成、王焕荣、曹新山、苗兴来、张志国先后负责学校工作，5个教学班，学生82人。1993年，迁至国营山东裕华机器厂子弟学校。1997年，裕华小学与山东省农机局建起1座2层教学楼，学校改名为山东省农机局裕华希望小学，王振军任校长。2004年，创成沂源县初步现代化学校。2007年8月，合并到金星完小。

原月庄小学 建于1950年，1个教学班，刘乃成任教。1975年重建，5个教学班，学生82人，左义田任负责人。1992年，3—5年级合并到金星小学，村内保留1—2年级，张茂成任负责人。1995年，合并到金星乡中心小学。

原苏家上峪小学 建于1950年，3个班级，学生40人，负责人是刘成录，教师是张文学、付见贵。1970年重建，设2个教学点，5个教学班，学生110人，校长丁道才。1994年，4—5年级合并到金星完小。2001年8月，1—3年级合并到金星完小。

原茂子峪完小 1949年成立，校长孙成礼，1个速成班32人。1956年，成立1—3年级复式班，教师有王富振、彭玉富等。1960年，学校设1—5年级，学生100余人。1992年学校重建，5个教学班，学生150人。2003年，3—5年级并入金星完小，2007年，1—2年级并入金星完小。王富振、秦元法、王臣珠、赵仁圣、孙西中、左安田、谢忠现、赵圣贵、左义田、宋西文、赵同新、刘乃伦先后任负责人。

原瓦屋河小学 始建于1943年，1个教学班，学生20人，教师杨忠元，2级复式教学。1968年，迁至村西老大队院内，5个教学班，学生109人。1977年，办“戴帽”初中班。1983年，初中班合并至姚宅联中。20世纪90年代末，瓦屋河小学分批合并到姚宅完小。刘忠厚、田明珍、刘荣厚、杨德义、刘乃成、巩安修、巩安存、刘存厚、杨贵厚、刘乃信、杨传宝等先后任负责人。

原柳花峪小学 始建于1945年，1个教学班，学生16人。1947年，学生20人，教师是谢忠成、郝佃恒。1985年重建。1991年，5年级合并到姚宅完小。1997年，1—4年级合并到姚宅完小。周士祥、左义田、邱爱月先后任负责人。

原抗洞洼小学 1950年建校。1964年，招收1个“工读班”，1966年，转为全日制班。1968年，成立五年制完全小学，5个教学班、学生140人。1980年，办起“戴帽”初中班。1983年，初中班合并到姚宅联中。1998年，合并到姚宅完小。彭玉富、周贵学、左义田、左连东、周士学等先后任负责人，田保明、周士安、周士祥、卢春学、董全保等任教。

原梅家庄小学 始建于1939年，1943年重建。1948年迁址。1981年，扩大到5个班，学生93人。1994年重建。1997年，4—5年级并入姚宅小学。1999年，1—3年级并入姚宅小学。王富廷、巩安荣、巩安存等先后任负责人。

沂源县西里镇姚宅小学（2018年）

原姚宅小学 始建于1951年。1976年，在姚宅东岭异地新建。1984年，学校实现“六配套”。1997—2000年，梅家庄、瓦屋河、柳花峪小学陆续合并到姚宅完小。2016—2018年，姚宅小学分批合并至金星完小。谢臣荣、石世民、黄家祥、贾义汉、贾学才、谢兴全、周清林、刘纪传、左义田、宋西文等先后任负责人。

原鲁能沂源希望小学 前身为蝙蝠峪小学，始建于1946年，是在村中一个简陋的农家院内办起的新式小学，中共地下党员刘培厚任教员，学生22人。1948年，学校停办。1952年重建。1968年异地新建。1994年，建成五年制完全小学。2004年5月，在原址建成鲁能沂源希望小学，设5个教学班。2020年5月，鲁能沂源希望小学和西里镇马庄完全小学合并为西里镇团圆小学。赵光星、贾学才、王富余、王富平、宋西文、王永安、赵同新、左义田、赵西锋、高爱国等先后任负责人。

鲁能沂源希望小学（2004年）

原马庄完小 1951年，上马庄村成立初级小学，2个复式教学班，学生48人。1958年，在三官庙成立高级小学，2个教学班，学生93人。1968年，改为五年制完全小学。1984年，迁至村西石灰窑，改为马庄乡中心小学。1994年，蔡马庄、胡马庄、徐马庄、上马庄、石炕子、高家坡村在上马庄村东联办马庄完全小学，5个教学班，学生226人。2020年，马庄完小与鲁能沂源希望小学合并为西里镇团圆小学。赵光星、宋连、曹明乐、何兴举、翟乃源、孙培森、杨东安、刘先业、尹传义、魏纪虎、徐洪振等先后任负责人。

原公家场小学 1958年创办，1个教学班，学生26人，田明恒、张文法任教。1959—1963年，有2个复式教学班，李宝成、葛全厚、王宝庆等任教。1964年，招收2个工读班，学生28人，王宝庆、庄文礼任教。1966年，工读班转为全日制班，公方明、公方梅任教。1968—1972年，李长江、公方军、田宝真先后任教。1987年，撤并到冯家场小学。

原高家坡小学 前身是1964年设立的工读班，校址在前窑大队院里，学生14人，教师是张光礼。1966年，转为全日制班，学生14人，教师是张光志。1970年，设2个复式教学班，学生38人，教师刘先业、陈加夫。1984年，4—5年级撤并到马庄完小。1991—1993年，1—3年级撤并到马庄完小。刘兆法、刘合业、刘余业、刘鹏业、刘兆德等先后任教。

原胡马庄小学 前身是1964年成立的工读小学，校址在村办公室大院里，学生16人，教师是胡家莲。1966年，转为全日制班，学生21人，教师是胡发杰。1972年，学生增加到68人，2个复式教学班。1984年，4—5年级撤并到马庄完小，1985年，1—3年级并入马庄完小。

原石炕子小学 始建于1953年，1个教学班，学生17人，田希平任教。1966年，转成全日制班。1968—1993年，成为五年制完全小学。1994年，石炕子完小合并到马庄完小。高玉才、刘宝同、张慧勋、郝佃恒、刘东文、刘兆友等任教。

原徐马庄小学 前身是1935年成立的抗日小学，3个教学班，学生80余人，徐贞伦任负责人，付光田、徐敏堂任教。1939年停办。1943—1954年，学生到上马庄小学就读。1955年，在徐家炮楼院内办初级小学（1—4年级），1个教学班，学生23人，教师是徐贞元。1960年，学生增加到76人，4个年级，2个复式班，负责人是高立本，魏德会、张成文任教。1964年，成立1个工读班，学生22人，1966年，转为全日制班。1968年，办五年制完全小学，5个教学班，学生116人。1970年，在徐马庄北山新建校舍，5个年级，3个复式教学班，学生115人。1980年，从北山迁至庄东小河北岸。1985年，4—5年级学生到马庄完小就读。1994年6月，1—3年级合并到马庄完小。徐志海、葛长文、武玉明、尹传义、刘淑义、魏平义等任教。葛成标、孙培申、王连珠、张万森、宋树荣、江玉芳、武玉法等先后任负责人。

原薛家峪小学 始建于1951年。20世纪60年代初，学校设2个全日制班，东庄1个班，招收东西两庄、黄沟、北山和毛峪村部分学生，4级复式，学生40余人。西峪1个班，主要招收西峪、里峪2个村的学生，2级复式，学生23人。1964年，西峪全日制班改为工读班。1966年，工读班转为全日制班。1972年，学校校舍改建，同年发展为完全小学。1975年，学校开办"戴帽"初中班，校址设在东庄，后迁至北山自然村。1979年，"戴帽"初中班撤销。20世纪90年代初，迁至村委大院。1994年，正式命名为薛家峪完小。2003年，合并到马庄完小。胡家传、庄玉勤、谢忠献、詹瑞亭、高玉才、张万森、何丕福、杨东安、曹长东、王照新、王秀珍、蔡志明、江玉福、杨富双、徐志成、谢明坤、王京友等先后任负责人。

原冯家场小学 始建于1951年，1个教学班，学生28人，教师是冯德让。1957年，学校迁至冯家大院。1964年，成立工读班，1966年，转为全日制班，后发展为村办全日制初级小学。1975年异地新建。1986年，冯家场、公家场共同投资重建冯家场小学。1997年，合并至蝙蝠峪完小。

原凤凰峪小学 始建于1961年，1个教学班，学生12人，宋成祯任教。1962年，学生23人，1个教学班，1—2年级复式教学，张树友任教。1963年，学生32人，1个教学班，1—3年级复式教学，包配仁任教，4年级学生到太平官庄就读。1968—1970年，异地新建，学生34人，教师有王汝科、王永成。1977年，设2个教学班，学生32人，1—2年级复式教学。1985年，撤并到蝙蝠峪完小。孙德娥、王永成、牛纪成、孙光友、宋希文等任教。

原石拉小学 1958年建校，1个教学班，学生19人，张光善等任教。1960年，学生36人，1—3年级复式教学，张洪修、张同令先后任教。1964年，1个教学班，学生42人，1—4年级复式教学，孙振成等先后任教。同年，建立工读班，王建会、孙启发先后任教。1976年，异地新建，蔡志明任教，5年级学生到蝙蝠峪完小就读，学校保留1—4年级3个教学班，孙启富等任教。2000年，3—4年级合并到蝙蝠峪完小，1—2年级合并到太平官庄小学。

原太平官庄小学 始建于1952年，1个教学班，学生23人，刘同芝任教。1958年，1个教学班，1—4年级复式教学，学生38人，孙照俊任教。1960年，2个教学班，学生40余人，1—4年级复式教学，王兰珠等任教。1965—1976年，学生60—80人，李友成、王现林、蔡志杰、王照新、宋树荣、赵同莲等任教。1977年，增设"戴帽"初中班。1978年，初中班合并到蝙蝠峪联中。1984年，校舍改造，4个教学班，学生96人。1988年，4个教学班，学生80余人，王群、王富平、宋希文、杨清满、周士学等先后任教。1998年，4—5年级学生到蝙蝠峪完小就读，学校保留1—3年级，3个教学班，学生近50人，孙启福、张树美任教。2000年，合并到蝙蝠峪完小。巩安存、宋增全任负责人。

原周上庄村小学 建于1952年，1个教学班，学生28人，单康林、张自余等任教。1956年，学校迁到庄西三官庙。1974年重建，5个教学班，教职工8人。1999年，合并到蝙蝠峪完小。

原辛庄小学 始建于1951年。1951—1967年，学校设在大队加工坊内。张胜信、丁道玲、丁道才、郝长芳、郝全友、张京中等任教。1个教学班，多年级复式教学。1968—1978年，裕华修配厂在大队建起学校。1985年重建，徐贞娟任负责人，2个教学班，学生54人。1989—1996年，陆续合并到柳枝峪完小。

原薄板台小学 1953年创建，1个教学班，学生23人。1977年，在村南小崮山脚下异地新建校舍。1981年，成立薄板台完小，招收薄板台、翟家庄、清泉、西王庄、江家峪、新华6个大队1—5年级学生。1995年，合并到翟家庄完小。

原蔡马庄小学 始建于1957年。1964年，设立1个工读班，学生18人。1966年，转为全日制班。1968年，设2个复式教学班，学生68人。1982年，4—5年级合并到马庄完小。1994年，1—3年级并入马庄完小。

原黎明小学 始建于1960年，1个教学班，蹇照荣任教。1966—1968年，1个教学班，4级复式教学，学生30人，任照冒、任明英先后任教。1970年，黎明大队新建校舍，5个年级，2个教学班，任照贵、公维生任教。1974年，5年级学生到薄板台完小就读，学校设1—4年级2个教学班，学生36人，任庆福、公维友任教。1984年，黎明村划归金星乡，3—5年级学生到苏家上峪小学就读。2000年，合并到苏家上峪小学。

原涌泉小学 前身是赵家庄小学，学生17人，苗怀成任教。1962—1970年，1个教学班，1—3年级复式教学，王立功、杨顺祥、祁洪均先后任教。1972年，学校扩建，学生70余人，2个教学班，祁洪均、郭成厚任教。1975—1997年，祁京田、甘少运、杨清洪、杨玉亮、麻春义先后任教，其间赵家庄小学改名为涌泉小学。1997年，合并到柳枝峪完小。

原石匣峪小学 始建于1958年，学生23人，1个复式教学班，张允英任教。1960年，杨宗宝、朱庆忠任教。1978—1995年，学校1—5年级2个复式教学班，江照亭任负责人，江照练、张四坡、张敬平等任教。1995年6月，合并到苗庄完小。

原西王家庄小学 始建于1950年，1个教学班，学生40人，教师蹇照荣。1957年，4个年级，2个复式教学班，学生86人，马文清、张志民、李光海任教。1972年，西王家庄大队在庙子地新建校舍，1973年扩建，办起“戴帽”初中班。1981年，初中班合并到翟家庄联办中学。1984年，西王家庄小学4—5年级学生到薄板台完小就读，1—3年级学生迁至村委办公室院内，学生60人，张志友、杜富、付金凤任教。1999年，合并到翟家庄完小。

原新华小学 始建于1956年，学生12人，王照修任教。1969年，搬到大队仓库院内。1981年，原址新建，3—5年级合并到薄板台小学。1994年，1—2年级合并至翟家庄完小。

原徐家庄小学 1967年建成，1个初级小学班，学生7人，姚发英任教。1972年，异地新建，学生10人，徐廷贵任教。1994年，撤并到梭背岭乡中心小学。

原张家庄小学 始建于1951年，1个教学班，学生28人，徐敏堂任教。1953—1968年，曹子仁、赵传明、耿百明、东克章、公茂才、马学明等先后任教。1969年，异地新建，5个教学班，学生130余人。马学明、王焕荣、左义田、丁宗成、秦成祥等任教。2002年，合并到柳枝峪小学。

中学教育

概　况

新中国成立初期，域内没有中学教育机构。1953年，初中到沂源一中（今沂源三中）就读。1956年，高中到沂源二中（今沂源一中）就读。

1968年，唐山区在辛庄村成立东方红中学。从1969年始，柳沟、河南、马庄、蝙蝠峪、姚宅、金星、刘庄、西里、唐庄、翟家庄、北坡、中庄、

沂源县梭背岭中学校舍（1980年）

柳枝峪先后建立联办中学，学制二年。1970年，东方红中学迁至刘家庄二郎庙，更名为沂源十一中学，设初、高中班。1971年，北坡联中、中庄联中划归中庄管辖，刘家庄联中合并到十一中。1973年开始，梭背岭、苗庄、曹宅、大家万、裕华、茂子峪、薛家峪、西王家庄先后开办小学“戴帽”初中班。1974年起，河南联中、蝙蝠峪联中、姚宅联中、月庄联中先后办起高中班。20世纪70年代末，“戴帽”初中班、高中班先后停办。

1980年，初中恢复三年学制，使用新编教材，增设英语课，十一中迁至唐山公社驻地梭背岭村，更名为唐山中学。1981年，刘家庄重建联办中学，招收周围8个村的学生。1983年，联中不再管理小学，学区、联中同归教育组管理。1984年，河南联中、柳沟联中划归东里。1986年，借用裕华食品站房舍成立金星中学。1988年，柳枝峪联中并入。同年，在金星村与月庄村交界处新建金星中学，蝙蝠峪联中撤并到月庄联中并划归金星中学管理。1989年，马庄联中撤并到梭背岭中学，月庄联中撤并到金星中学。1990年，姚宅联中撤并到金星中学。1991年，唐庄联中、刘庄联中撤并到梭背岭中学。2001年5月，梭背岭中学更名为西里一中，金星中学更名为西里二中。2007年7月，西里一中、西里二中合并为西里中学。

学校简介

沂源县西里中学　2007年7月，由西里一中和西里二中合并而成，在西里一中原址扩建。学校占地面积3.47万平方米，建筑面积2.1万平方米。以东西南北主路为轴，分为教学区、生活区、运动区。2023年，学校有22个教学班，在校生876人，教师95人。

学校以德育为首，全面实施素质教育。制定《学生管理手册》，开展学生德育管理系统综合素质评价、志愿服务、童心向党演讲、模拟长征远足等活动，对学生进行爱国主义、奉献爱心、责任担当、意志品质磨炼等专题教育；建立西里中学心理辅导团队，组织学生参加各种心理、家校教育活动、培养学生的健康心理意识；学校注重活动育人，学校女子足球队多次荣获县级各类比赛冠军，被新华社、《人民日报》海外版等媒体刊发报道；注重生活育人，学校的宿舍内务管理成为全县寄宿制学校样板，兄弟学校多次学习参观；注重协调育人，通过开展

沂源县西里中学（2015年）

家长会、全员家访等活动，与家长沟通，做好家校共育工作，共同促进学生在德、智、体、美、劳全面发展。

学校被评为山东省绿色校园、淄博市德育示范校、市农村中小学现代远程教育工程先进单位、市规范化学校、市和谐校园建设先进单位、市数字化校园、市民族团结进步教育示范学校、市民族团结进步创建活动示范单位、市中华优秀传统文化教育示范校、市平安校园、市智慧校园、市公园式（园林式）单位。

郝增峰、刘传国、江玉峰、田玉法（闫志刚、史修栋任执行校长）先后任校长。

杏坛陈迹

原西里一中　前身是梭背岭中学。始建于1968年，原名东方红中学，校址在西里镇辛庄村。1970年，迁至刘家庄二郎庙，更名为沂源县第十一中学。1978年，迁至公社驻地梭背岭村，更名为梭背岭中学，占地面积1.73万多平方米，建筑面积1100多平方米。1989年，马庄联中撤并到梭背岭中学。1991年，唐庄联中、刘庄联中撤并到梭背岭中学。2001年，梭背岭乡、金星乡合并为西里镇，梭背岭中学更名为西里一中。2007年，并入西里中学。葛长学、李光明、高锡鹏、栾照同、张纪春、刘洪福、郝增峰先后任校长。

原西里二中　前身是金星中学，创建于1986年4月，在裕华食品站招收1个班。1988年，迁至金星村西，占地面积3.86万平方米，建筑面积2100平方米。1989年，月庄联中撤并到金星中学。1990年，姚宅联中撤并到金星中学。2001年4月，梭背岭乡、金星乡合并为西里镇；5月，金星中学更名为西里二中。2007年，并入西里中学。隽玉明、张纪荣、周清林、秦贞义、冯学增、郝增峰、王斌先后任校长。

原蝙蝠峪联中　始建于1969年，又名麻峪子联中，位于西里镇蝙蝠峪村西北。1969年春，招收1个教学班，学生近50人，服务蝙蝠峪、公家场、冯家场、周上庄、石拉、凤凰峪、太平官庄7个村。1976年，异地新建，同年暑假，联中迁至新校舍。1983年，小学与联中分开。1988年暑假，撤并到月庄联中。

原刘庄联中　始建于1969年，校址在大刘庄小学院内，招收大刘庄、山西万、大家万、崮东万、五里沟、李家庄、杨家庄、张家庄、赵家庄等村学生52人，1个教学班，尹凤芳、张化兰、高青忠等任教，校长是金世才。1970年，沂源第十一中学从辛庄（原裕华修配厂）迁至大刘庄村东面二郎庙内。1971年，刘庄联中撤并到十一中。1981年，十一中迁到公社驻地梭背岭村。在大刘庄村东面的二郎庙，重建刘庄联中，开设初一、初二年级，2个教学班，学生106人，教师6人，付建秋、张兴田先后任负责人。1991年，撤并到梭背岭中学。

原柳枝峪联中　始建于1970年，学生以柳枝峪、辛庄、张家泉、裕华厂工人子弟为主，1个教学班，学生25人，赵圣贵任负责人，任宽伦、郭希厚任教。1978年，暂迁到辛庄文明峪裕华厂厂房内。1980年，再迁回柳枝峪，设在村大队院内。1987年，联中迁址裕华村。1988年，合并到新建的金星中学。

原马庄联中　建于1968年，招收石炕子、上马庄、高家坡、胡马庄、蔡马庄、徐马庄、薛家峪7个村队的学生。1974年，重建新校。1989年，撤并到梭背岭中学。谢志文、江玉民、王洪纪、王富余、徐志诚等任负责人。

原唐庄联中　1967年，由唐庄、曹宅、双胜、侯家峪、山东头5个大队集资兴建。1968年春，1个教学班，学生42人。分别于1975年、1978年2次扩建校舍。1980年，由二年制改为三年制，学生120余人，教师10余人。1991年，唐庄联中撤并到梭背岭中学。谢志富、张士江、董兆金、孙培申、赵希传等任负责人。

原西里联中　始建于1969年，2个教学班，学生96人。1973年，异地新建，年底，西里联中迁至新校址。1977年，西里联中开办高中班，学生52人。1979年停办。1980年，撤并到十一中。谢志文、隽玉明、董兆金、张化顺、金世才等先后任负责人。

原姚宅联中 始建于1969年，为抗洞洼村、姚宅村、瓦屋河村、梅家庄村、柳花峪村、茂子峪村联合办学。1990年暑假后，姚宅联中撤并到金星中学。尹传贵、赵仁圣、金士才、李修德、王富余、张淑奎、彭绪德、张学义等先后任负责人。

原月庄联中 始建于1968年，于1969年正式启用，为苏家上峪村、金星村、月庄村、桑树峪村、杨家峪村、裕华村联合办学，第一任校长是赵仁圣，教师有王发俊、任宽伦、孙兆俊等。第一届招收学生50余人，包括裕华修配厂学生十几名。1982年春，金星村中学合并到月庄联中。1989年，月庄联中并入金星中学。

原翟家庄联中 始建于1969年，招收翟庄、薄板台、清泉（朱家庄）、新华、江家峪、西王家庄、黎明7个大队的学生，1个初中教学班，学生48人，董兆金任负责人，任兆安、谢长兰、张文学、董方英任教。1972年扩建。1973年，搬入新校舍。1974年，改建校舍，扩大规模。1983年，唐山公社教育组在翟家庄联中举办中专补习班。1988年，撤并到唐庄联中。

成人教育

概　况

域内成人教育始于20世纪40年代，20世纪50—60年代，农村成人教育的重点是扫除青壮年文盲，各村队办起文化夜校86所，小学教师担任夜校辅导员，每年冬春季节，学员白天下地干活，晚上到夜校学习，学习内容有日常用字、《百家姓》、乘法口诀，珠算、唱歌。

20世纪50年代，办起识字班，利用夏季中午、冬闲季节，识字、唱歌、学文化，部分村队还开办农业学校；1958年，唐山公社在梭背岭村创办农业中学，学生40余人，校长是邱连奎。1959年，农中迁至后西村，校长是高锡宝。农中学生来自高小毕业的大龄青年，半日学文化，学习农业生产知识，半日参加农业生产劳动。1960年夏天，农中停办。

20世纪70年代，各村队办起青壮年扫盲夜校，除了小学教师任教员外，还聘请专门扫盲教师，公社主管教育部门配备扫盲辅导员，分批分期对各村扫盲教师进行培训，到各村队巡回辅导。1985年，梭背岭乡、金星乡基本扫除青壮年文盲。1986年，成立农民基础教育学校，教育重点是培养农村实用人才。

1994年，梭背岭乡、金星乡分别成立成人教育中心学校。梭背岭成教中心下设34个村级成人学校，金星乡成人教育中心下设25个村级成人学校。大村队的成人学校配有录像机、电视机、科技报刊、图书等，部分村成人教育学校获县级规范化学校称号。1996年，成人教育中心办“3+1”职业教育班。部分初中学生到培训班学习1年，实行“红、绿”双证离校，学生不仅在中学学文化知识，还在成教中心学农村种植、养殖等实用技术。

20世纪90年代中后期，建立梭背岭四山子实验基地和柳花峪北大山实验基地。

2001年5月，梭背岭乡成教中心、金星乡成教中心合并为西里镇成教中心，先后开办苹果、葡萄、桃树栽培技术培训班24期，培训学员865人。2019年8月底，成教中心撤销。

杏坛陈迹

原张家泉农民夜校 1956年，朱彦夫拿出自己的抚恤金，卖掉家里的猪和鸡蛋，凑172元钱，买200册图书，用母亲的寿板材做成书架，建起全公社第一个图书室，创办第一所夜校。夜校旧址院落用石头砌成，有3间正房，东边偏房1间，棚子1间。朱彦夫利用自己在荣军休养院学到的文化，亲自担任老师，义务教乡亲们识字。他把粉笔装进子弹壳里，用两截断臂夹住写字，用舌头舔书，查阅字典。2年后，全村有100余名学员学会写信、看书、算账，有10余人先后当上生产队的会计。

原唐山农业中学 1958年9月，金星公社、超英公社、唐山公社分别创办农业中学。12月，金星公社、超英公社农业中学合并到梭背岭村唐山公社农业中学，学校设2个教学班，学生84人。邱连奎任校长（连长），山东大学实习生任春宝、张宝光、胡佑安等任教。1959年4月，农业中学停办。1960

年2月，在后西里村续办，高锡宝任校长，学生半日学文化及农业生产知识，半日参加生产劳动；9月，学校停办。

原西里镇成人教育中心学校 1994年，梭背岭乡、金星乡分别成立成人教育中心学校。1996年，村村建起村书记兼任校长的成人教育学校、人口教育学校。1998年，乡成人教育中心学校建成“全省农村成人教育规范化学校”。2001年5月，梭背岭乡成教中心、金星乡成教中心合并为西里镇成人教育中心学校。

2011年10月，中心小学校舍改建，征用原成教中心学校场地，成教中心暂借原苗庄小学（产权已归苗庄村所有）办公。2014年，暂借中心小学教室办公。2015年，迁至原教体办院内。2018年，重建成教中心办公楼，迁至梭背岭村一处民房办公。2019年5月，新楼投入使用，迁回办公并配置相关设备。2019年8月，西里镇成人教育中心学校撤销。

公茂才、王兆富、杨富明、孙希祥、孙启春、张鹏等先后任负责人。

东里镇学区

扫码看视频

扫码听书

概　述

东里镇教育，源远流长。春秋时期即有闵仲书院，闵子骞、仲由（子路）在此读书、育人，文脉兴盛，蔚为大观。

明代正德年间，有何姓私塾先生从事讲学，清代则有更多私塾学馆。1915年，创办高等小学堂。1938年，山东省国民政府设省立小学。1943年，沂水县抗日民主政府重办东里店小学，其他小学3所。1952年，中共沂水地委、行署拨款建设东里店完全小学。

1952年，山东省立沂源中学建立。1957年，改名为沂源县第一中学。1976年，更名为东里中学。1987年，更名为沂源县第三中学。

1958年9月，沂源师范在韩旺建立，11月迁至南麻，1962年撤销；1969年秋，在院峪西寺旧址恢复办学；1974年9月，复迁至南麻。

1982年，实行联中、小学分管，学区负责人不再统管。1983年，全公社有中学（含联办中学）6所，小学52所。1985年8月，公社教育组改称中心校；9月，福禄坪乡、韩旺乡从东里镇析出，成立韩旺乡中心校。

1987年，东里中心中学成立，管理全镇联办中学。1991年，东里镇教育委员会成立，负责管理全镇各学校。河南联中、水北联中、柴家庄联中合并到沂源三中，东里东村小学合并到镇中心小学。同年，东里店完全小学改称东里镇中心小学。全镇共有中学4所，小学52所，在校中学生2000人，小学生2600人，教职工500人。1992年，东里西村小学合并到镇中心小学，其校舍改建为成人教育中心学校。

1993年，镇政府调整小学布局，全镇设中心小学1所，完全小学10所，简易小学4所。1994年，东里镇教育委员会改称教育中心。1996年，初中学生分流，在成人教育中心学校办“3+1”职业教育班。学习汨罗经验，学校工作推行目标管理制。1998年，镇政府划拨西寺林场150亩荒山给教委，开发勤工俭学基地。学习石桥乡异步教学法经验，推广黎世法教授异步教学法。

2001年，韩旺镇教育中心合并到东里镇教育中心，合并后称为东里镇教育中心。2002年，沂源三中改制，由县教体委管理转为东里镇政府管理。2004年，教育内部体制改革，东里镇教育中心改称东里镇教育体育管理办公室。2020年7月，教体办第一届党委成立。2021年3月，撤销镇教育体育管理办公室，成立东里镇学区；10月，东里镇学区第一届党委成立。学区党委、受镇党委政府和县教体局的双重领导，管理全镇的教育事业。

2023年，东里镇学区辖中学1所、小学3所、幼儿园5所。在校中学生980人、小学生1200人、幼儿738人，在职教职工346人。

原韩旺乡教育管理机构主要负责人姜兴国、王军、王明瑞。

东里镇教育管理机构历任主要负责人有江玉新、张洪业、魏长代、杜春瑞、王金福、张士学、孟宪贵、李志永、孙玉伦、王继孝、刘成浩、孙玉江、牟家德、孟范周、范振才、马泮芬、张明忠、李恒祥、翟乃建、高发胜、赵文武、杨友成、王成军。

学前教育

概　况

域内学前教育始于1958年。1966年，幼儿园全部停办。1973年，托幼工作开始恢复。1976年后，学前教育稳步发展。1985年9月，东里镇有幼儿园27所，入园幼儿687人，幼儿教师34人。另有一些村规模较小，未设立幼儿园，适龄儿童到邻近村入园。

1996年，镇政府将原公社礼堂划归镇教委，改建为镇中心幼儿园。2003年，镇第六小学附属幼儿园合并到第七小学附属幼儿园。2004年，东里镇中心幼儿园从西村迁到东里中心小学，规模为10个教学班，全镇普及学前三年教育。2005年，东里镇第十小学幼儿园、院峪幼儿园、东西河南幼儿园合并到东里中心幼儿园。2007年，绳庄幼儿园合并到柴家庄幼儿园。

2013年，新建镇中心幼儿园。2015年，镇中心幼儿园整体搬迁新园，规模为15个教学班，能容纳500名幼儿；柳沟幼儿园合并到东里镇中心幼儿园。2017年，水北幼儿园搬入新教学楼。新建福禄坪小学投入使用，其附属幼儿园搬入新校。

2021年1月，成立镇中心幼儿园总园，实行镇、村一体化管理，共有3所幼儿园，486名幼儿，66名教师。2022年，投资近200万元，对韩旺分园进行异地改建，5月顺利搬迁至新园；9月，将柴家庄幼儿园合并到中心园水北分园。2023年9月，福禄坪分园、龙王峪分园撤并至韩旺分园。

学校简介

沂源县东里镇中心幼儿园 坐落在东里镇东村汇源街，占地面积1.33万平方米，建筑面积6650平方米，15个教学班，有40名教职工，391名幼儿，服务周边29个村。

幼儿园始建于1996年3月，园址为原东里镇大礼堂。东里镇政府筹资16万元，内配投资6.5万元，占地面积2200平方米，建筑面积820平方米。1997年9月10日，东里镇中心幼儿园建成，6个班的规模，服务于东里镇东村、西村两个村。2004年10月，搬迁至原东里镇中心小学。2013年，镇投资2000万元建新园，2015年投入使用。2022年，有13个教学班，幼儿园功能室、教学设施均按省级示范幼儿园标准要求配备。

幼儿园以“健康、快乐、创造，让每一个孩子都拥有笑脸”为办园宗旨，树立“人人都有才，人人都成才，每个人都很棒”的教育理念，突出“制度管理与和谐管理相结合”的管理特色，内强素质，外树形象，保教质量和家长育儿水平不断提高，得到家长和各界的一致好评。

沂源县东里镇中心幼儿园（1997年）

沂源县东里镇中心幼儿园（2023年）

东里镇中心幼儿园建设成长树家长驿站，不仅仅是给孩子提供玩耍的场所，更是为家长提供家庭教育指导、亲子游戏陪伴、儿童健康管理的平台，构建“资源—平台—互动”的联动闭环共融服务模式。把家长驿站建设成为服务家长、群众的幸福空间，让家园共育更有温度、更有品质。

该园被评为山东省省级示范幼儿园、省“食安山东”餐饮服务示范单位、淄博市学前教育先进单位、市数字化幼儿园、市平安和谐校园、市平安校园、市实施学前教育行动计划表现突出集体、市首批镇村一体化管理工作典型。

徐纪莲、宋传玲、公丕华、高希富先后担任园长。

沂源县东里镇中心幼儿园韩旺分园 占地面积3000余平方米，建筑面积1000余平方米，园内开设小班、中班、大班3个年龄段班，有5个班级，在园幼儿140余人，教职工14人。

1985年秋，韩旺及周边19个村，从东里镇分割出来，成立韩旺乡，韩旺乡妇联牵头，联合4个村共同投资，韩旺中心幼儿园应运而创立，位于马家沟新村旁。1995年，韩旺小学整体迁入新校园，韩旺中心幼儿园搬入韩旺小学的旧校址，保教班有小、中、大3个班，幼儿增加到90余人，幼儿教师增加到9人。2023年5月18日，韩旺幼儿园搬入新园址。

韩旺幼儿园以“让每位孩子健康、快乐、自信地成长”为办园宗旨，以“幼儿成长的乐园”“幼师成才的学园”“家长信任的家园”为办园目标，积极探索，完善管理，努力打造成省级一类幼儿园。

该园被评为山东省一类幼儿园、淄博市示范园。

张洪香、耿永梅、张洪红、曹洪玲、梅玉亮、孙绪增、孟凡秀、李花俊、翟兆红先后担任园长。

沂源县东里镇中心幼儿园水北分园 始建于1996年8月，位于东里镇前水北村，由前水北村、后水北村、三宝村、朝阳村、后暖院村、前暖院村、高家官庄村、罗家庄村和苇子峪村9个村联合办园，设有中班、大班2个班，由李传芳、王得华任教。2017年8月，新建幼儿园，占地面积1350平方米，建筑面积786平方米。2022年9月，柴家庄幼儿园合并到东里镇中心幼儿园水北分园，有幼儿85人。

教育理念：以人为本、全面发展。

育人目标：让孩子成为环境的主人。

2021年12月，被认定为山东省一类幼儿园。

杨富成、何玉波、王得华、栾曰英先后担任园长。

杏坛陈迹

原东里镇中心幼儿园龙王峪分园 建于1982年2月，地处龙王峪村西口，属于公办幼儿园，占地面积786平方米，建筑面积230平方米，开设有小、中、大班，园内共有幼儿43人，专业幼儿教师4人。2023年9月，撤并至东里镇中心园韩旺分园。王军花、陈德启先后担任园长。

原东里镇中心幼儿园福禄坪分园 创建于2017年11月，位于福禄坪村内，服务于5个行政村，占地面积1860平方米，建筑面积371平方米。有3个班级，小班14人、中班20人、大班34人，有教职工6人。2023年9月，撤并至东里镇中心园韩旺分园。孟凡秀、徐永善、谢子月先后担任园长。

原东里东村幼儿园 1990年，在东里邮政支局旧址上建成，招收学龄前儿童60余人。杨恩花任园长，任课教师有王彦玲、李方娟等。1997年，撤并至东里镇中心幼儿园。

原东里西村幼儿园 1957年建成。1983年，设幼儿班1个，任课教师是杜万芬、宋丙英。1997年，撤并至东里镇中心幼儿园。

原东安村“育红班” 1985年，东安村在村小学设“育红班”，招收该村适龄儿童上学，有6间教室，1间办公室，孙家英、公艳任教师。2004年，撤并到东里镇中心幼儿园。

原香磨幼儿园 1986年，该村成立“育红班”，招收该村适龄儿童上学，后改幼儿园。2004年8月，幼儿园合并到东里镇中心幼儿园。

原墨牛官庄幼儿园 1986年，在原村办联中教室设“育红班”，后改为幼儿园，招收3个村的学龄前儿童。1994年，在墨牛官庄村前，以墨牛官庄村为主，黄崖子村、东泉水村、花园村3个村协办，新建校舍25间。1995年1月5日，幼儿园整体搬迁，接纳花园村、东泉水村的全部适龄生及黄崖子村部分适龄生。同年，扩建校舍6间，其中教室4间、办公室1间、器材室1间，成立第八完全小学附属幼儿园，教师有何连春、张洪国。2007年9月，合并到东里镇中心幼儿园。

原西长旺幼儿园 1976年，由前西长旺、后西长旺大队共建“育红班”，历任教师有申怀花、李桂花、安德凤。1985年，成立西长旺幼儿园，何传花、刘叶红等先后任教。2005年，撤并到东里镇中心幼儿园。

原前河南“育红班” 1976年成立，张永春、何家英、江玉珍、王聚凤先后任教。2000年9月，合并到东里镇第二小学附属园。

原江河南“育红班” 1976年，江河南村在村小学设1个“育红班”，江秀叶、江兆英、公茂芝、李春芳先后任教。2000年9月，合并到东里镇第二小学附属园。

原上柳沟幼儿园 1992年成立，陈守慧任教，每年招收幼儿10余人。1995年，撤并至东里镇第七小学附属园。

原下柳沟幼儿园 1994年，柳沟联小更名为东里镇第七小学，设有1个幼儿班。2005年，改为柳沟小学，幼儿班1个。2015年7月，幼儿园撤并至东里镇中心幼儿园。

原西可乐山“育红班” 1979年成立，每年招收幼儿20名左右，付照红、庄本云先后担任幼儿教师。1995年，撤并至东里镇第七小学附属园。

原王坪“育红班” 1978年，王坪大队在办公室院内开设“育红班”1个。2002年9月，合并到东里镇第二小学附属园。

原西桃花坪学前班 1985年成立，招收幼儿30多人。1997年，设立3个幼儿班，40多名幼儿，李学娥、李学荣、陈富花等先后任教。2004年，合并至韩旺中心幼儿园。

原梅家坡幼儿园 1980年，在大队一处空闲院落成立，设1个幼儿班，梅玉英任教。1983年撤销。

原韩旺四村“育红班” 1979年成立，招收1个班，26名幼儿。1987年，合并到韩旺二村小学，设幼儿班5个，幼儿70多人。之后搬迁至韩旺一村，设幼儿班6个，幼儿80多人。2004年，合并到韩旺中心幼儿园。张志霞、张兰花、张洪香、张琳、耿永梅等先后担任教师。

原孟家庄幼儿园 1984年，在孟家庄村小学附近成立，设幼儿班1个，招收幼儿20多人。1996年，幼儿班2个，学生40多人。2003年初，该村小学改为福禄坪管区中心幼儿园。2017年，撤并到福禄坪幼儿园。

原紫荆峪“育红班” 1977年，在该村小学增建办公室2间、幼儿班教室2间。1979年，设1个“育红班”。1996年，增设为2个“育红班”，幼儿60多人，李具花、李具星、曹光荣、张桂霞先后任教。2000年，合并到孟家庄幼儿园。

原前水北“育红班” 1984年成立，每年招收1个班、20余名学生，服务前、后水北两村学龄前儿童，教师是李传芳。1996年，并入东里镇水北小学附属园，由王得华、武传红、栾曰英、李敏等任教。

原三宝官庄“育红班” 1977年成立，每年招收1个班、20余名学生，武玉兰任教师。1996年，并入东里镇水北小学附属幼儿园。

原罗家庄子“育红班” 1980年左右成立，设“育红班”1个，有幼儿20名左右，教师是江玉汉。1998年，幼儿园并入水北村幼儿园。

原柴家庄幼儿园 1984年，在村内成立学前班，招收学前适龄儿童，每年有10多名儿童入班。1995年，柴家庄幼儿园成立，由柴家庄村、三庄村、吴家北峪村3村联合办园，设小班、中班、大班，每班30人左右。2022年9月，整体合并到东里中心幼儿园水北分园。历任园长有刘爱菊、申克美、翟所庆。

小学教育

概 况

1915年，创办东里店七年制高等小学堂。1922年，改学制为六年，称东里店小学。1930年后，匪患迭起，学校时停时办。1938年，山东省国民政府在原校设省立小学。1939年6月，日军轰炸东里店后停办。1943年12月，沂水县抗日民主政府在江氏祠堂重办“四二”制东里店小学。1952年8月，中共沂水地委、行署拨款，在文山前择址建起苏式建筑风格的东里店完全小学。1966年，改学制为五年。1991年，改称东里镇中心小学。2003年，镇第六小学合并到河南小学。东里镇第九小学、院峪小学合并到东里镇中心小学。东长旺小学和石马山小学合并到韩旺小学。

2004年，东里镇中心小学并入沂源县第三中学，沂源三中设小学部；东里镇第五小学、东西河南小学、第八小学3—5年级合并到沂源三中小学部。其他东里片各小学五年级并入沂源三中小学部。韩旺片各小学五年级并入韩旺小学。

2005年，东里镇第十小学合并至镇中心小学。龙王峪小学3—4年级合并到韩旺小学。东里镇第七小学，更名为柳沟小学，3—4年级并入东里镇河南小学。东里镇第二小学，更名为东里镇河南小学。

东里镇第三小学，更名为东里镇水北小学。东里镇第四小学，更名为东里镇柴家庄小学。2007年，东里镇第八小学并入沂源县第三中学小学部。

2014年，河南小学、水北小学、柴家庄小学五年级从沂源三中小学部撤回原校就读。2015年，东里镇柳沟小学并入河南小学。2016年，水北小学改扩建。李家沟小学并入韩旺中心校小学部。2017年，水北小学搬入新教学楼，新建福禄坪小学投入使用。2017年6月，重建独立的镇中心小学。2019年，镇中心小学投入使用。沂源三中小学部整体迁入。2020年，龙王峪小学1—2年级合并到韩旺中心学校小学部。2023年9月，东里镇福禄坪小学撤并至沂源县韩旺中心学校、东里镇河南小学撤并至东里镇中心小学。2023年，学区有3所小学，1200名学生，127名教师。

学校简介

沂源县东里镇中心小学　位于沂源县东里镇中心街25号，占地面积1.4万平方米，建筑面积6000平方米，运动场面积5400平方米。2023年，学校有17个教学班，625名学生，53名教职工。

学校坚持“党建引领、行政推动、工会保障”的治校方针，紧紧围绕《沂源县东里镇中心小学三年发展规划》，坚持一个目标，完善三个开发，丰富四项活动。以党建领航，大力传承红色基因，全面培养时代新人，学校工作健康、持续发展。一个目标是指“传承红色基因，培养时代新人”这一办学目标；三个开发是指“开发第一党支部的红色基因，开发一首红色校歌，开发一本红色校本课程”；四项活动是：党建“三会一课”常规活动、工会“树新风、铸师魂”活动、教务“立师德、领新人”活动和德育“修红心、养红性”活动。

学校先后被评为山东省绿色校园、淄博市平安校园、市智慧校园。

江伯烈、杜春瑞、王金福、刘成好、孙玉江、牟家德、耿文吉、陈洪祥、张振祥、张志中、翟乃建、王玉坤、刘学英、李守华、翟资厚、梅玉亮先后担任校长。

沂源县东里镇韩旺中心学校　位于东里镇马家沟村，占地面积4.3万平方米，建筑面积6700平方米。2023年，有12个教学班，在校生432人，专任教师46人。

1986年，在韩旺三村建立韩旺联办中学，3个年级6个教学班，学生300名左右，教职工30多人。1987年搬迁至马家沟村，有平房40余间。1994年学校扩建，新建教学楼1座。2000年，新建办公楼、实验楼各1座。2004年，新建学生宿舍楼

沂源县东里镇中心小学（2023年）

沂源县韩旺中心学校（2023 年）

1座。2003年8月，原马家沟小学并入，设立小学部。2005年8月，韩旺中心小学并入小学部；龙王峪小学、李家沟小学3—5年级并入小学部，韩旺中学成为一所九年一贯制学校。

2008年，学校更名为沂源县韩旺中心学校。2020年8月，龙王峪小学并入小学部。2022年3月，初中部合并到沂源县第三中学，韩旺中心学校只留有小学部，成为一所完全小学。

韩旺中心学校以“弘扬振华精神，办人民满意学校”为校魂，坚持以人为本，确立“为学生的终生幸福奠基”的办学指导思想。取“明”作为文化核心，重塑学校的“三风一训”，建立“修身明德，博学笃行的校训”、“浸润仁爱明志、和谐创新”的校风、“严谨明理、教学相长”的教风、“善学明思，求真进取”的学风。要求教干教师做教育的明白人，做精神明亮的人，做“四有”好老师，培育“四有”新人。全面贯彻党的教育方针，强化新课改理念，实施课程改革，创设系列教育教学新模式，全面推进素质教育。

学校被评为山东省中小学音乐教学整体改革课题实验学校、省规范化学校、淄博市现代教育技术示范学校、市教育系统行风建设先进集体、市民主生活管理先进集体。

赵喜传、姜兴国、耿全生、孟祥忠、陈洪祥、张玉标、耿国营、武传军、江兆林、董志安、王成军、薛金杰、王京明、王成良先后担任校长。

沂源县东里镇水北小学　坐落于东里镇前水北村一区4号，占地面积1.2万平方米，建筑面积4076平方米。办学规模为5个年级，共5个教学班，有133名学生，21名教师。

沂源县东里镇水北小学（2023 年）

该校前身是前水北村小学，始建于1962年，大队建起平房6间，分2个教室和1个办公室，服务前、后水北两村学生40人左右。时任校长孟宪贵，教师李文彩。1992年，后水北小学并入前水北小学。1994年，在9个村办学单位的支持下，翻建并成立沂源县东里镇第三小学，后改称水北小学。

2016年5月，东里镇政府新征地10.8亩，投资1200万元在水北小学原址上改建成1所现代化农村小学。2017年9月，柴家庄小学整体合并于水北小学。

学校教学楼里设置不同主题的楼层文化，按年级分层开设适合年龄段特点的兴趣活动，幼儿班设扎染、剪纸、泥塑小组，小学低年级设书法、国画小组，中高年级设刺绣、京剧小组，传承祖国优秀传统文化，提高学生综合素养。

李文彩、李祥玺、杨宗彦、孙兴爱、高金孟、王聚会、张宗堂、高发圣、杨富成、武传满、何玉波先后担任校长。

杏坛陈迹

原东里东村小学　前身是东里小学，1946年，由沂水县文教科在江氏宗祠成立，主要招收东里店及周边村学生。1952年，中共沂水地委行署文教科拨款，在该村建立东里完全小学。1963年，设工读小学1个班，招收学生20余人，翟慎荣任教。1977年，在杨家巷麻袋包厂旧址设小学三年级1个班，教师翟所清。1980年，在木业社旧址，设完全小学，学生200余人。1983年，小学迁至老皮毛厂东。1990年，投资40余万元，翻建东里中心完小3层教学楼，1000余平方米，可容纳10个班500余名学生。

原东里西村小学 前身是东里店小学，1946年，由沂水县文教科在江氏宗祠成立，招收1—6年级学生，设复式班。1952年底，东里店小学从江氏祠堂迁至东里完全小学。1963—1973年，设工读小学1个班，尹作梅任教师。1980年，在东里医院西边建村小学。1983—1985年，小学迁至东里公社大院。历任校长兼教师有江澎湃、许学义、江兆友等人。1996年7月，小学合并到东里完小。

原东安小学 1950年，由该村租用村民3间草房建成。1953年，村党支部书记陈士富带领村民，在村中建起公办学校，2排房屋，共7间教室、1间办公室。设1—2年级，复式教学。1958—1962年，村小学实现5年全日制办学，郝维启任校长，教师有江玉瑚、朱敏、刘学英等人。1998年，村小学并入东里镇中心小学。

原院峪小学 1953年前后建立，村里征用2间民房当教室，1—4年级复式教学，可容纳10余名学生。当时，学生年龄参差不齐，大的20多岁，小的只有8—9岁。1961年后，适龄儿童入学率不断增长，上级先后派段配东、王世同、张纪香等10名教师到校任教。2003年，撤并至东里镇中心小学。

原香磨小学 1966年，香磨大队开办小学，建校之前，香磨村的学生在大沟村小学就读，第一任教师是任清浦。1996年，该村小学并入“凤凰希望小学”（原东里镇第五小学）。

原黄崖子小学 1950年，在村路西2间草屋里创办。1952年，小学搬到路西教堂，1—3年级复式教学。1967年，党支部书记刘方甲带领群众在大队西岭新建教室7间，办公室、伙房各1间。1975年，扩建校舍6间。1995年，村小学合并到墨牛官庄小学。

原墨牛官庄小学 1956年，在村前建3间教室及办公室成立，教师为刘家圈村的徐民生。1957年，开始招生，学生来自墨牛官庄、东泉水、花园3个村，复式教学，小学1—4年级在此就读，5年级去东里完小就读。1970年，墨牛官庄大队在村后建教室8间，其中办公室1间，成为完全小学。1994年，以墨牛官庄村为主，黄崖子村、东泉水村、花园村3个村协办，在墨牛官庄村前新建校舍25间。1995年1月5日，学校整体搬迁，接纳花园村、东泉水村的全部适龄生及黄崖子村部分适龄生。学校名称改为“东里镇第八完全小学”。2004年，3—5年级并入东里镇中心小学。2007年9月，并入沂源三中小学部（现东里镇中心小学）。

原东泉水小学 1960年，东泉水大队在西峪租赁房屋2间作为教室建起小学，采用复式教学模式。1966年，在村中建学校，盖房3间，其中办公室1间。1995年，学校合并到东里镇第八完全小学。

原花园小学 1959年，花园大队在村中新建校舍3间，其中办公室1间。1960年，该大队学生回村就读，采用复式教学模式。第一任教师是西王庄村的张纪香，王玉坤、张富金等先后任教。1992年，学校合并到东泉水小学。

原大沟小学 1954年8月成立，设1—4年级，约20名学生，任清浦任教，实行复式教学。1971年，新建教室5间，命名为大沟小学。1994年，香磨村、大沟村、打虎峪村、里峪村4个村联合建校，校址选在大沟村，命名为东里镇第五小学。2005年，学校并入沂源三中小学部。

原打虎峪小学 1964年6月成立，设1个教学班，实行复式教学，学生20人。1968年，联合大沟、里峪大队成立联办小学。1971年，联办小学撤销，改为各大队办学。1982年，并入大沟小学。

原里峪小学 1970年成立，任课教师先后有肖连生、张玉会、翟所芳、李守法、刘德昌。1994年，并入大沟小学。

原西长旺小学 1952年，在村民院内创办。谢志文是第一任老师，实行1—3年级复式教学，1963年，前西长旺大队在庙前建新校。1984年，小学4—5年级并入盐墩联中。2005年，并入东里中心小学。

原后西长旺小学 1972年，大队在杨家林西成立后西长旺小学，有5间房屋。实行1—2年级复式教学。安怀书、刘玉升先后担任校长，任课教师有周富成、张志珠等。1977年，学校并到前西长旺小学。

原孟家旺小学 1958年成立，教室为生产队秋收时的看场屋子，实行1—3年级复式教学，徐新权任教。1964年，在三队新建校舍3间，任课教师先后有李富海、张德友等。1998年，小学与东西河南小学合并。

原西河南小学 1952年，该村将观音庙改建成村办小学，李汉喜任教。1964年，西河南在村庄内桥东面新建小学，校舍3间，1—2年级学生在此学习。1996年，在西河南村路边新建东、西河南小学，招收1—5年级学生。2000年，学校撤并到东里镇中心小学。

原前河南小学 前身是在天主教堂开设的胜利小学，校长由西里镇石匣峪村江玉林担任。1961年，河南小学建成完全小学。1968年，由集体办学转为分散办学。河南小学增设联办中学2个班，将沂源一中的十五级、十六级学生收入河南联中。1994年，河南完小改建为东里镇第二完全小学，占地1000平方米，瓦房19间，容纳1—5年级6个教学班，学生180人，教师14人。2005年，改名河南小学。2023年9月，撤并至东里镇中心小学。

原后河南小学 1953年成立，后停办。1976年以前，全村学生都在前河南上学。1976年，在西山脚下成立后河南小学，共设5个班级，学生人数达100余名。1993年，后河南村与前河南、江河南、郑家旺4个村共同建立河南完小。

原江河南小学 1950年建立，称为沂源县第十区江河南初级小学，1—2年级复式教学。1966年，学校扩到3个班。1977年，在村庄西山坡下新建4间教室、1间办公室。1994年11月，撤并到东里镇第二小学。

原上柳沟小学 1968年，该大队成立小学，复式教学，任教老师先后有张广香、王学礼、曹长东等。1977年，利用老大队院7间土坯房，成立上柳沟小学，陈宗祥、崔玉秋、康有增任教师。1992年，学校撤并到柳沟小学。

原下柳沟小学 1952年，在村东边创建，第一任校长李维凡。1974年，上柳沟、下柳沟、东可乐山、西可乐山、王坪、毛峪等大队联合新建柳沟联小。1987年，新建容纳1—3年级的下柳沟小学，小学4—5年级合并到柳沟完小。1994年，学校整体迁到柳沟联小。同年，更名为东里镇第七小学。2005年，改为柳沟小学，有一年级、二年级2个班。2015年7月，撤并至河南小学。

原西可乐山小学 1960年，西可乐山大队小学成立，历任校长有付光全、张成、曹长东、王加河、冷兆瑞、崔爱霞、包希珍、张清贵、付书美等，任课教师先后有蔡志兰、付光全、张成、曹长东等。1992年，合并到柳沟联小。

原东可乐山小学 1964年，东可乐山大队小学创办，第一任教师是张爱新。1964—1965年，借用2间民房当作教室，属半日班，当时经济困难，利用生产队牛棚作教室，天气暖和时在牛棚上课，天气冷了无法在牛棚上课，在朝阳地段挖地屋子，坚持了2年。1972年，新建3间教室。1992年，撤并到柳沟联小。历任校长有张洪修、胡成安、王相荣、高希德、江东荣、江玉传等，任课教师先后有高希德、王香荣、张洪修等。

原王坪小学 1943年创建。学生来源于可乐山村、薛家万村和王坪村。因当时入学年龄没有严格限制，8—14岁的学生都有。第一届学生分2个班，共110人。由政府陆续派出公办教师徐贞伦、曹子仁、高方太、詹瑞亭、王连珠及该村江玉福任教。其他村陆续办起小学后，学生回归本村学校上学。小学招收该村学生入学，江东来、曹长东、王洪纪、江玉福、江兆余等先后任校长。2002年9月，合并到东里镇第二小学（河南村小学）。

原毛峪大队小学 1972年成立，招收本大队适龄儿童。1975年，毛峪大队小学和王坪大队小学合并，校址在王坪大队。

原梅家坡小学 1951年，在梅家坡2间破草房里成立，设2个班，复式教学，教师是何培森。1967年，和薛家万大队联合办小学，梅丙义任校长。1978年，梅家坡小学迁入该大队原高中校址。1981年，学校撤并到柳沟联小。

原薛家万小学 1967年，盖起3间草房作为教室和办公室，东克章任校长，4个年级复式教学。1994年，在下柳沟西面山坡上与邻近几个村联合办学，成立柳沟联小。

原郑家旺小学 1962年成立，借用破旧民房2间为教室，石头长板条当课桌，用石板写字。1973年，新建学校，教室4间，办公室1间。1994年，撤并到河南小学。

原龙王峪小学 1951年，龙王峪村高小成立，石马山、韩旺、桃花坪等村学生以及沂水县的诸葛、泉庄部分学生前来就读。1956年，学校进行扩建，扩建后占地7亩，校舍3排，教室、宿舍30多间。1966年后，学校先后改名为“龙王峪农中”“龙王峪联中”“龙王峪学校”。1986年，“龙王峪学校”改称为“龙王峪完全小学”。2005年，小学3—5年级并入韩旺中心学校小学部。2021年，小学1—2年级并入韩旺中心学校小学部。历任校长有劳玉庆、王杰三、王步学、王参德、张正奎、王京三、张洪成、王暖田、王成良、耿明生、王田东、陈德启等。

原马家沟小学 1951年，在东沟1间茅草屋内成立，教师李卫（沂水人），设复式教学班1个，学生20余人。1955年，村小学由东沟搬至东梁，南流泉的王玉泰老师任教，设1—3年级，采取复式教学。1980年，马家沟小学成为完全小学。2003年，马家沟小学并入韩旺中学。历任校长有李志学、李春江、耿文芹、耿文耐、耿明生等。

原东桃花坪小学 1950年成立，村集体建4间土坯草房作为校舍，聘请邵家峪村的魏常代任教师。1960年，东桃花坪、西桃花坪共同扩建8间草房，4间教室作为小学部。1997年，村小学并至李家沟小学。

原西桃花坪小学 1960年初，利用村内关爷庙里的2间破旧房子成立。1963年，又借用陈学青2间房屋、李花文2间房屋为教室，建起半日制小学。1965—1966年，修建6间教室、1间办公室。1967年，建成完全小学。1980年，东、西桃花小学合并为1个完全小学。1997年，小学并入李家沟完小。历任校长有王印德、耿文明、张洪欣、李士元、王品田、张洪成、耿玉生、陈洪明、姚明田、陈德增等。

原四崮峪小学 1953年成立，陈学成、牛明庆先后任教。1965年，在东山岭新建小学，3间草房为教室。1997年，四崮峪小学合并到李家沟小学。历任校长有杨克竹、张洪征、张洪德、牛明起、张洪法、王友学等。

原李家沟小学 建于1953年，由原李家沟村借用本村村民刘金增的2间土房，成立能容纳2个教学班40名学生的初级小学。1958年，学校扩建成能容纳1—5年级的完全小学。1989年，在李家沟学校设立李家沟学区，管辖东桃花坪、西桃花坪、四崮峪、麦子峪。1997年，四崮峪小学、麦子峪小学并入李家沟小学成立完全小学。2016年，并入韩旺中心学校。

原麦子峪小学 1963年，麦子峪村用村里2间养牛的草房办起学校。用长木板当桌子，学生自带凳子上学。1977年，新建6间瓦房作教室。1992年，小学重新调整，合并到李家沟小学。历任校长有张洪德、孙学景、刘洪宝、耿明生、耿国东、张洪法、李花胜等。

原石马山小学 建于1953年，设1—5年级。杨子青、李永昆、苏志功、王高田先后担任校长，张广法、王文学、王文开等人任教。2003年，合并到韩旺镇中心小学。

原韩旺一村小学 韩旺一村小学于1950年创办，开设一年级、三年级1个复式教学班，学生20余人，教师张东智。1952年，翟慎德任校长，扩大到一年级、三年级、四年级3个班。1956年，成立韩旺完小，王杰三任第一任校长，教师有李振华、于永柱。1986年，合并至韩旺中心校。

原韩旺二村小学 韩旺二村小学于1950年创办，开设一年级、三年级复式教学，1个班有学生

20余名，张东智任教。1953年10月，18岁的李振华老师到该村支教。1956年7月，建成韩旺高小班，翟慎德任校长。1986年，合并至韩旺中心校。

原韩旺三村小学 韩旺三村小学于1950年创建，开设1—3年级1个班，复式教学，学生20余人。1953年，李振华老师从江苏南京到韩旺支教。1962年，设立韩旺三大队小学。1986年，合并至韩旺中心校。

原韩旺四村小学 1953年10月，南京籍老师李振华到韩旺支教。1956年1月，韩旺小学设初级班，设1—3年级复式教学，王杰三为第一任校长。1956年7月，韩旺4—6年级高小班建成，校长翟慎德，教师有汪树生、朱导海、张延玲。1959年，韩旺小学正式成立，设1—3年级复式教学班。1986年，合并至韩旺中心校。

原东长旺小学 1953年创建，设1—2年级，教师张继春。1970年，学校新建教室6间，办公室2间，成为完小。2003年，合并到韩旺小学。历任校长有王洪英、李金宝、王英周、江兆建、许学义、杨宗玉、宋丙祥、杜万秀、李士善、梅文法、孟祥富、孟凡秀等。

原福禄坪小学 1952年成立。1960年，扩建成完全小学，于1964年、1969年先后两次扩建。起初为六年制，20世纪70年代改为五年制小学。附近孟家庄、刘家圈、紫荆峪、王家庄子、大洼、东长旺村的学生先后随学校并入该村小学就读。2017年，征用该村26.5亩土地，建4层教学楼。完全小学有1—5年级5个教学班及幼儿园小、中、大班3个班。1987年，福禄坪联中撤并到韩旺中学，福禄坪保留小学部。2023年9月，并入韩旺中心学校。郭子兴、江伯烈、王同超、李文彩、蹇令春、王森德、王金德、曹长芹、曹光法和孟祥国先后担任校长。

原大洼小学 1959年建3间草房，成立该大队第一所小学，教师肖连生。1967年，学校师生30余名，邢有德任校长。1972年，翻建、扩建4间教室、1间办公室、2间厕所。1990年，保留“育红班”，1—5年级学生合并至福禄坪小学。

原王家庄子小学 1956年成立，学校设在村西。1962年后，初中生去福禄坪农中就读。1970年，建成王家庄子完全小学，规模5个班，10名教师，学生190人。1995年，合并到东里镇福禄坪小学。历任校长有王同超、刘启岱、王京备、徐子法、王金德、王为浩、王为祥等。

原孟家庄小学 1949年建立，学校地址在孟现京家。第一任校长是孟现坡，学校有1个班，在校学生15名。1982年，在村东新建学校，建校舍11间。1993年，在林南5亩地、新建标准教室30间，4个教学班，在校学生90多人。2003年初，并入福禄坪小学。

原紫荆峪小学 1952年，在村民姚万年家4间茅草房开办小学，设1个班，学生自带板凳入学，由泰安的王业成任教。1962年，搬迁到村中心地带李少堂的房子，设2个班，1—2年级采取复式教学，四年级以上学生去福禄坪小学就读。1965年，在学校西北建新校，校舍7间，校长王光亮，任课教师有耿兆全、王欣春等。1974年，重新选址建校，在涝洼地建教室10间、办公室1间，实行五年制小学教育，有学生153人。李士善、王京余、李士东先后任校长，李士修、李士生、耿文平、李士臣、李士全等先后任教。1977年，增建办公室2间、幼儿班教室2间。1998年，该小学并入福禄坪小学。

原刘家圈小学 1946年，在村前洼成立，学校的第一任教师是黄德元，后有杨中升、徐永田、黄玉玺、徐永善等人相继任教。1993年，校址由南园迁至赶牛路。2001年8月，学校并入孟家庄小学。

原后水北小学 1950年，在关帝庙成立，学生自带板凳上学。1974年，在大队西北建6间瓦房，2米高围墙，学校独立成院，设1—5年级，其中五年级独立成班，1—4年级分为2个二级复式班，学生有70人左右。1992年，该村小学并入前水北小学。历任校长有王文厚、柏春桂等。

原暖院小学 1962年，水北公社在三教寺遗址建立小学，利用遗址房屋做教室，设小学1—5年级，有100余名学生。1992年，4—5年级学生并入水北小学；1994年，1—3年级学生并入水北小学。历任校长有李永贵、江照中、江东友、杨本来。

原高家官庄小学 1958年，利用社员任凤祥家2间西屋做教室，招收一年级新生20多人，徐德堂任教。1960年，用大队3间办公室作教室，有1—3年级40名学生。王恩德一人任教，采取复式教学。1968年，学校搬迁至村东三亩地，新建校舍4间，有1—4年级30名学生，采取复式教学，杜万秀任教。1970年，建2间东屋做教师宿舍，从此教师不再居住在农户家。1978年，拆除东屋，扩建北屋6间。1992年，3—4年级并入水北小学，村里只保留1—2年级，在村西另择新校址，新建教室2间、办公室1间，薛发胜任教。1994年，全部撤并至水北小学。江秀礼、杜万秀、陈克生、武传生、孙玉花、薛发胜、刘安祥、翟修涛先后任校长。

原朝阳官庄小学 1958年，在翟以祥家3间土房子里成立最初的学校，复式教学。1960年，对小北屋教室进行改造，1968年春，新建3间房屋作为教室。1978年，在南门西南角，新建5间大瓦房，分为4间教室、1间办公室，设立1—3年级5个班，共有60名学生。历任校长有郑建胜、李太茂、杨本来、乔明喜等，教师有翟所良、宋文生、李传玉等。1997年7月，撤并到水北小学。

原苇子峪小学 1951年，在村民王光宝家中办起第一所小学，有1—3年级12名学生，进行复式教学，第一位教师是王光堂。1954年，搬迁至村民杨中括家中。1977年，搬至村东北坡，6间教室、1间办公室，1—3年级分3个班，70名学生。1994年，村小学合并到水北小学。历任校长有王光堂、陶景瑞、翟学文、杨本来，历任教师有张学校、任纪成、徐新正、王清明、杨本成、杨朝文、翟学成、陈全叶、高敬和。

原三宝官庄小学 1947年，在孙维新大院内成立，有3间教室、2间办公室，设1—4年级，实行复式教学，张德成任教。1977年，在村北建起1所新学校，建教室9间、办公室2间，有1—5年级5个教学班，学校从此有了固定校址。1994年，村小学并入水北小学。历任校长有翟莲梅、司衍菊、任志荣、陈美成、翟学成等。

原罗家庄小学 1952年成立，第一任党支部书记陈立德带领村民建罗家庄子村小学，聘请悦庄区南营村郎瑞秋任教，3个自然村的儿童在此就读。历任校长有郎瑞秋、孙兴学，教师有王化兰、江照霞。1966年，蚕场村建小学，罗家庄子村、虎落北峪村的学生一并在此就读。

原前绳庄小学 1949年，建小学1所，设1—5年级。翟元贞、申纪德先后任校长，教师有孙兴爱、何恒山、徐德文等。2001年，合并到柴家庄小学。

原后绳庄小学 1949年，建小学1所，设1—5年级。王光亮、任清江、任志增、任志合先后任校长，教师有任祥东、任志金、任瑞功等。2001年，合并到柴家庄小学。

原吴家北峪小学 1950年，在东岭杨家3间北屋设立小学。后来学生增多，校舍扩充到后面3间东屋草房、2间西屋草房。1978年，大队党支部在村前医务室处建起9间瓦房，设1—5年级。1981年，新建12间瓦房，学校独立成院。1985年，学校撤并到柴家庄小学。校长有翟所双、王德俊、田清河、高金孟等，教师有高敬和、杨道海、赵玉兴等。

原三庄小学 1949年前，三庄村小学设在关帝庙。柴家庄、吴家北峪村的学生也来此就读。教师有张玉行、江东博、翟湘厚。1962年6月22日，学校被洪水冲毁。1963年，在原址重建教室15间。1994年春，柴家庄管区成立片区联办小学，整体并入柴家庄小学。

原柴家庄小学 1964年，在村西北建立。校长先后有程光泰、翟克福、黄守成、翟瑞德，教师有翟尊德等。1976年，重新规划，在北岭重建学校，新建教室10间，改善办学条件。校长先后有翟瑞德、翟启德、翟资厚、翟霞厚；教师有胡成荣、江玉潮等。1995年，翻建原教室10间，新建教室20间，学校院落占地4570平方米。其间，三庄、吴家北峪、绳庄、蚕场等村的学校合并到该村小学，称为东里镇第四小学。2005年，改为柴家庄小学。

校长先后有杨富成、翟资厚、董月常、王德增、张志红、翟所庆；教师有张成明、刘瑞芳等人。2017年，撤并到水北小学。

原毛峪小学 1972年创建，大队盖3间草房，2间作教室、1间作宿舍兼办公室及伙房。招收本大队适龄儿童，第三年是三级复式教学，3年共收学生50余人。第一任校长兼老师李花兰。1975年，毛峪村小学和王坪村小学合并，校址在王坪大队。

原蚕场小学 建于1966年，服务于蚕场、罗家庄子、虎落北峪大队。1995年，撤并到柴家庄小学。

中学教育

概　况

域内有1所初中，即沂源县第三中学（原沂源一中）。1952年，省人民政府决定在革命老区沂源建1所省立中学，定名为山东省立沂源中学。1957年，改名为沂源一中。1976年，沂源一中改名为东里中学。1987年，学校更名为沂源县第三中学。2002年，高中部撤并。2004年，东里镇中心小学并入该校，成为九年一贯制学校。2022年2月，韩旺中心学校初中部撤并至沂源县第三中学。

1967年，韩旺村4个生产大队和周围几个村联合办起初中班，称为韩旺联办中学，简称为“韩旺联中”。后来韩旺联中又开设高中班。初中和高中学制均为2年。1979年，韩旺联中高中班撤销。1986年，在韩旺联中基础上成立韩旺中学。

1962年，成立福禄坪农业中学，1970年，成立福禄坪联中，后合并成“五七红校”。1967年，龙王峪村开设初中教学班，学校改名为龙王峪农中。1969年，学校改名为龙王峪联中。1976年，设立高中班，学校改名为龙王峪学校。1978年，停办高中。1986年，初中部合并到韩旺中学。

截至2023年，全镇有中学1所，在校学生近1000人。

学校简介

沂源县第三中学 位于沂源县东里镇驻地，占地面积7.32万平方米，建筑面积2.3万平方米。学校为四年制初中学校，2023年，有24个教学班，专任教师119人。

沂源三中（原沂源一中）始建于1952年，是沂源县域内第一所中学，学校占地109亩，校舍55间，教职工27人。学校最初定名为“山东省立沂源中学”，服务于沂源、沂水、临朐、蒙阴四个区县的学子。

省政府、地行署派古新圃、唐经武、李汉民、李培俊、侯振中、陈砚全、许传耀等一行7人，以古新圃为主任组成沂源中学校址勘查筹建委员会，具体负责校址勘查筹建和校舍修建工作。校址选定于地处临朐、沂水、沂源三县交界处的东里店，兼顾临朐、沂水、蒙阴、沂源等6县的学生，报请省政府、地行署批准后，于1952年10月初破土动工。1952年11月初，省教育厅、地行署任命原筹建主任古新圃为学校第一任校长，刘子厚为教导主任，徐廷和为后勤主任，具体负责学校的建设和招生教

20世纪50年代，沂源中学校园

沂源中学建校初期的校舍

学工作。建校当年，从临朐、沂水、沂源3县招收学生170人，共4个教学班。因当时校舍正在修建中，这级学生当年未能入学，至1953年(古历正月初十)始正式开学。

1954年，学校由省政府委托临沂行署代管。8月18日，行署派郑野云来校任副校长，主持学校全面工作。

1957年8月，随着形势特别是教育形势的发展，省政府批准，省教育厅发文，将省立沂源中学更名为沂源县第一中学，属行署管理。1966年发展到12个班，674名学生。1958年4月，行署派刘成礼来校任党支部专职书记兼副校长。从1970年开始，改办为二年制完全中学，招收4个高中班，学生216人；3个初中班，136人。1976年，更名为东里中学。1977年，开设6个高中班。1980年，中学调整，该校被定为完全中学，每年招生6个班。其中，2个高中班、4个初中班。至1983年，该校共培养初中28届85个班4600名学生；培养高中15届59个班2920人。1987年8月，东里中学更名为沂源县第三中学。2002年，学校高中部撤并。

学校秉承“自强不息、再铸辉煌”的校训，践行“为学生打好生命底色”的办学理念。紧紧围绕“党建引领、安全为天、管理为根、质量为本”的目

沂源三中校园内与校同龄的古槐和白杨（2023年）

标，全面落实“树旗帜、亮身份，铸师魂、做表率，讲正气、善合作，传文化、育新人”管理理念，以学校层面“共享共生、包容进取”，教师层面“善合有为、厚积薄发”，学生层面“诚实守信、敢于为先”的学校核心价值观为引领，落实立德树人的根本要务，办党和人民满意的教育。

学校被评为山东省绿色校园、省规范化学校、淄博市交通安全示范校、市信息化管理先进单位、市全市民族团结进步教育基地、市平安和谐校园、市乡村温馨校园、市智慧校园。

古新圃、郑野云、王善信、杨兴利、王步学、许来湘、范振才、江兆生、陈洪宝、魏汉文、韩云祥、王成军、王宝庆(执行校长)先后担任校长。

沂源县第三中学（2023年）

杏坛陈迹

原东里联中 成立于1972年，鉴于东里人口增长幅度较大，很多适龄孩子没有机会上初中，为方便孩子就读，就在东里店小学校园内组建东里联中，一级2个班，与小学合用教师，马泮芬任校长。1985年，学校撤并到东里中学。

原水北联中 1967年成立，服务水北片9个自然村，开办初一班，学生约20人，校长是李永生。1975年，在村南崖头新建水北联中，盖房15间，联中迁入。1992年，联中停办。历任校长有李文彩、李相玺、任志荣等。

原韩旺联中 1967年，韩旺村4个生产大队和周围几个村联合办初中班，校址选在韩旺村西边，称为韩旺联办中学，简称为“韩旺联中”，王步学任第一任校长，教师有牛纯武、王明光、耿文祥等。后来韩旺联中又开设高中班。初中和高中学制均为两年。韩旺联中高中班于1979年撤销。1986年，在韩旺联中基础上成立韩旺中学。

原龙王峪联中 1967年，在龙王峪村高小开设初中教学班，学校改名为龙王峪农中。1969年，学校改名为龙王峪联中。1976年，设立高中班，学校改名为龙王峪学校。1978年，停办高中班。1986年，初中部合并到韩旺中学，历任校长有劳玉庆、王杰三、王步学、王参德、张正奎、王京三和张洪成等。

原河南联中 建于1968年8月。教师江兆生、魏德俊二人和小学校长江玉民兼职联中领导。1969年，正式开学，将沂源一中（现沂源三中）下放的15、16级学生编为两个班，与前河南小学共为一校。15级学生28名，为联中一级，16级学生46名为二级。1973年，在后河南西山坡征地3亩。13个大队出资，建2口教室6间，1口办公室2间。1974年夏末秋初，联中迁入新校。1984年，开设3个班，成为三三制，共有学生149人。1989年12月29日，合并于沂源三中。

原柳沟联中 1967年，由上柳沟、下柳沟、东可乐山、西可乐山、薛家万村、王坪、梅家坡7个大队在下柳沟大队西的分水岭建柳沟联中。1968年有2个办学班，初一、初二年级，当时的学制是二年制。1970年，柳沟联中在原址新建青石瓦房4间，3间当教室，1间当办公室。1985年，撤到河南联中。历任校长有东克章、谢志富、张茂礼等。

原南桃花联合中学 1974年，西桃花坪大队与东桃花、李家沟、四崮峪、麦子峪等办南桃花联合中学，同其他大队联合新建教室与办公室7间，教室内配木制单人桌凳及教师办公桌椅，添加教学器材，平墓地为体育场。1975年，设高中班。1978年，高中撤销。20世纪80年代，南桃花坪大队中学并入沂源三中、韩旺联中。

原盐墩联中 1975年，前西长旺、后西长旺、孟家旺、东河南和西河南5个大队在盐墩共建联中，校长先后有孟凡源、张振祥；教师先后有高发胜、杨朝剑、陈成全等。1984年，初中班合并到河南联中。

原福禄坪联中 前身是福禄坪农业中学。1970年，在村前建新教室、宿舍、办公室等60余间，占地13亩，成立福禄坪联中（时称“五七”红校），6个班，每个班约有学生50人，学校近320人，校长蹇令春。1987年，撤并到韩旺中学。

原绳庄联中 1978年，在后绳庄大队建立，校长是任清江，教师有任志增、任志金、姚守福，2个班，学生60人左右。1981年，撤并到柴家庄联中。

原柴家庄联中 1970年，柴家庄农业中学改名为柴家庄联办中学，殷恒友、许庆顺先后任校长，教师有孙兴爱、许庆富等人。1983年，学制改为三年。1992年，撤并到东里中心中学。

原墨牛官庄联中 1974年，由墨牛官庄、东泉水、花园3个大队合办墨牛官庄联中（初中），在大队小学处新建教室7间，小学到初中7年学制办学。1978年，初中年级合并到东里联中。历任校长有许学义、徐民生、张立孰、李明廷、李维范、徐子法、杨宗和、许庆富、司衍学等，教师先后有司衍学、宋文生、许子全等。

原沂源工读师范 1964—1965年，建于院峪村西寺院内，瓦房64间。1965年，从沂源县境内应届及往届初中毕业生中择优录取学生近百名，作为第一届学生，共分2个班。1967年，沂源工读师范第一届学生毕业。按照“社来社去”的原则，毕业后各自回村任教。1968年，学校撤销。

原梅家坡高中 1976年秋，梅家坡大队建立高中学校，将河南联办中学毕业生全部纳入高中教育。1977年春动工兴建，由学区负责人赵希传和教师魏得俊负责。同年夏，梅家坡高中建成，招收1个高中班正式入读。校长赵希传，任课教师李海来、江兆等、魏得俊。1978年5月，学生毕业离校后不再招生。

成人教育

概 况

东里镇成人教育始于新中国成立初期。20世纪50—60年代，农村成人教育的重点是扫除青少年文盲，各村队办起文化夜校64个，小学教师担任夜校辅导员，每年冬春季节，学员白天下地干活，晚上到夜校学习，学习内容有汉语拼音、写毛笔字、日常用字、《百家姓》、加法、减法、乘法口诀、珠算和唱歌。

20世纪50年代，办起识字班，利用夏季中午、冬闲季节，识字、唱歌、学文化，部分村队还开办农业学校。1957年，在前河南村老学堂创办农业学校，学生50多人，半日学习农业生产知识，半日参加农业生产劳动。1960年夏天农业学校停办。

20世纪70年代，各村队办起青壮年扫盲夜校，除了小学教师任教员外，还聘请专门扫盲教师，公社主管教育部门，配备扫盲辅导员，分批分期对各村扫盲教师进行培训，到各村队巡回辅导。20世纪70年代末，县教育主管部门每年对各村的夜校学员进行书面和口头测试，测试合格的学员发放扫盲结业证，其余的学员继续学习。1985年，东里镇、韩旺镇基本扫除青壮年文盲。1986年，成立农民基础教育学校，教育重点是培养农村实用技术人才。

1994年，东里镇、韩旺镇分别成立成人教育中心学校。1996年，成教中心办“3+1”职业教育班。20世纪90年代中后期，建西寺校实验基地和校内实验基地。

2001年3月，东里镇、韩旺镇成人教育中心学校合并为东里镇成教中心学校，校址在东里西村镇政府北面。2013年4月，搬到原东里镇中心幼儿园教学楼。2019年8月，成教学校撤销。

杏坛陈迹

原东里镇（含韩旺镇）成人教育中心学校 1994年，东里镇、韩旺镇分别成立成人教育中心学校。东里镇成教中心下设45个村级成人学校，韩旺镇成人教育中心下设19个村级成人学校。90%以上村队的成人学校配有录像机、影碟机、电视机，科技报刊、图书等，部分村成人教育学校获县级规范化学校。1996年，成人教育中心办“三加一”职业教育班。部分初中学生到培训班学习一年，实行“红、绿”双证离校，学生不仅在中学学文化知识，还在成人教育中心学农村种植、养殖等实用技术。

2001年3月，东里镇、韩旺镇成人教育中心学校合并为东里镇成教中心学校，校址在东里西村镇政府北面，先后开办苹果、葡萄、大樱桃、桃树栽培技术及养殖技术培训班年培训12期，培训学员达2万人次以上。2013年4月，搬到东里镇中心幼儿园教学楼。2006—2019年，被沂源县教育和体育局表彰为目标工作红旗单位，东里成教办学模式在《农民日报》上刊登。2019年8月底，成教学校撤销。

东里镇成人教育学校历任校长有翟所鹏、江兆恕、曹光法、江兆友、陈继本。

韩旺镇成人教育中心学校校长有张志运、曹长芹、曹光法。

原福禄坪农业中学 1962年成立，曹子范、梅丙法先后任校长，设1个班，共有学生46人，梅丙涛、曹长刚、曹长芹等任教。1970年，改为福禄坪联中。

原柴家庄农业中学 1964年成立，招收全管区5个大队学生。学制为2年，每班50人左右。刘安祥、黄守成先后任校长，教师有杨宗和、杨宗梅、刘立会等。1970年，改为柴家庄联中。

校园琐忆

东里镇中心小学发展印记

东里镇中心小学跨越百年历史，始终与时代同步，其间留下许多闪亮的时代印记，激励后人不断接力奋发。

红色印记—1928年成立东里店小学党支部

据《沂源县党史资料》（第一辑）中《一束反帝反封建的亮光》记载：“一九二八年十二月初，沂源县东里店小学党支部诞生。就教育系统而言，这不但是鲁山之阳、沂河源头的第一个党支部，而且在整个临沂地区来说，也属创建比较早的。这个党支部从诞生的第一天起，就充分发挥了它的战斗堡垒作用，像一炬燃烧着的火把，照亮了沂蒙人民的胸怀。”

为纪念这段光荣历史，激励后人坚定信念跟党走，2006年3月，中共淄博市委员会在该校立碑以己，碑文如下：

土地革命战争时期

中共东里店小学支部旧址

中共淄博市委员会

2006年3月立

立碑一侧，有东里店小学党支部成立简介石刻，行文如下：

东里店小学党支部成立简介

根据中共沂水县委部署，东里店小学党支部于1928年12月成立。主要任务：发展党员，壮大党组织，扩大党在沂水西北乡的政治影响，开展工人农民运动，待条件成熟组织暴动，建立党的自卫武装。旗帜鲜明地提出：团结工人农民，打倒土豪劣绅，反帝反封建，推翻压在中国人民头上的三座大山，为争取全民族的彻底解放而奋斗。

东里店小学党支部，是沂源境内第一个党支部，支部书记由李清潍（字松舟）校长担任，黄简斋任组织委员，刘铁英任宣传委员。

建楼碑记—1991年兴建镇中心小学教学楼

1991年，东里镇中心小学在原址兴建教学楼，学校服务范围为东里东村、东里西村、东安村、黄崖子村、院峪村和镇政府机关。学校占地面积13900平方米，建筑面积3000平方米，运动场面积2800平方米，校舍100余间。设教学班10个，学生524人，教职工25人，时任校长刘学英。

教学楼中心走廊西侧镌刻《建楼碑记》，东侧刻有《捐款名单》。

碑文如下：

东里，依山傍水，物阜民丰，英才荟萃，向以智力开化闻名遐迩。一九五二年，东里完小建于此。茅棚草舍，历时四十载。东里镇党委、政府，东里东村党支部、村委会，高瞻远瞩，以科教兴村之战略，图振兴东里之大业。镇政府投资五万元、东村投资三十万元、社会各界仁人志士捐款两万余元，共筹资三十七万余元，建此教学楼。一役告捷，楼房俨然，物换景移，蔚成大观。窗明几净，学子欣然。惠及当今，泽被后世。故立此碑，永彰党和政府及东村重教兴学之功德、社会各界仁人鼎力助教之义举，镌石以志之。

沂源县建委设计室设计

东里镇东村建筑队施工

公元一九九一年十一月

规范化学校创建—1994年创成沂源县首批规范化学校

1994年，全县开展县级规范化学校创建活动，学校积极申报，扎实行动，投资20多万元，改善校舍，优化运动场，完善实验室、仪器室、器材室等功能用室，配足教学设施和教学器材。同时，规范学校管理，提高管理水平；突出教学中心，提高教学质量。同年，经沂源县教委验收审核确定，授予“沂源县规范化学校”称号。

此举，令全体教职工为之振奋，备受鼓舞。以此为契机，全体教职工乘势而上，接续奋斗，合力争创市级规范化学校。再次投资15万元，按标准新建微机室、语音室、阶梯教室、图书室等功能用室，进一步完善教学设施设备，规范学校管理和教学管理，办学水平不断提升，于1996年顺利创成淄博市规范化学校。

华侨助学—2000年兴建“作柏图书馆”

2000年春天，定居美国的旅美华侨翟作柏先生先后给东里镇中心小学捐款助学3次，累计捐资12150美元，分别用于建图书馆、改善办学条件、奖励优秀学子。学校建起一个占地850平方米的“作柏图书馆”，馆内藏书6500册。图书馆落成后，翟先生远隔重洋，题写了“少年宜学老难成，一寸光阴不可轻”“未觉池塘青草梦，阶前梧叶已秋声”“三更灯火五更鸡，正是男儿读书时”“黑发不知勤学早，白首方悔读书迟”等条幅，学校装裱后悬挂在图书馆，以激励学生发奋读书、刻苦学习。

附:作柏图书馆建馆记

作柏先生，1916年农历1月4日生于东里东村翟氏大家，19岁读乡农学校，后从戎，在抗击日寇、保家卫国的多次战斗中屡立战功，现侨居美国洛杉矶。

知书达理、孝敬父母、报效国家、为家乡人民造福是先生一生不变的信念与追求。念念不忘教育家乡儿女好学上进、发奋读书、学有所成、报效国家。年事虽高，生活俭朴，精神高尚，挤生活费7万元人民币，捐献家乡办教育，不为宣扬世家，不图昭彰功德，志建书馆育后人。

为彰先生重教兴学义举谨铭记。

二〇〇〇年春

布局调整—2004年并入沂源县第三中学

2004年2月，全镇中小学布局调整工作全面展开。东里镇布局调整平稳有序、推进迅速，走在全县前列。8月，东里镇中心小学整体并入沂源县第三中学（原沂源县第一中学），改名为沂源县第三中学小学部。

2005年，学校扩大服务范围，招收东里片区12个村1—5年级学生，又加上河南片区12个村、柴家庄片区7个村、水北片区8个村的五年级学生，共计在校生648人，有16个教学班，教师45人。

重建新校—2017年按省级规范化标准重建东里镇中心小学

2017年6月，东里镇党委、政府兴办新时代现代化教育，按照省级规范化学校标准，征地20亩，投资1500万元，重建独立的东里镇中心小学。2019年12月13日，整体迁入新校。

学校按国家规定标准配有微机室、录播室、图书阅览室、舞蹈室、科技活动室、音美活动室、心理咨询室等，功能用室齐全，设施设备充足。教师人手一台电脑，每间教室配备先进的触控一体机，实现办公、教学现代化。建有可容纳450名学生就餐的食堂，配有2辆校车，建有完整的消防设施、3个监控室，安装111个视频探头，实现校园网络全覆盖、监控全覆盖，成为信息技术条件下的现代化学校。（陈全叶　梅玉亮提供资料）

福禄坪农业中学

福禄坪农业中学成立于1962年，校舍由临沂地区教育局直接拨款修建，3间教室，1间办公室，1个篮球场和操场。教室和办公室都是最高标准和规格，小青石蘑菇墙到顶，大玻璃门窗红瓦房，这和当时农村低矮的土坯草房形成了鲜明的对比，足以显示上级对农业中学的重视。

学校主要是面对山区农村经济落后状况，围绕农、林、牧、种植与管理，培养有文化、懂技术、有觉悟的新式农民，为当地经济建设服务。曹子凡是校长兼教师，担任会计学科和珠算教学。教农业、林果业技术的老师是梅丙发。学校根据当地农村需要，自编乡土教材，如《三字经》《百家姓》等。学校在农业方面重点是选育培育优良品种，当时认为较为高产的“泰山一号”小麦优良品种，就是农中学生在同等肥水条件下种植，从十几个小麦品种中对比选育出来的。果树管理方面主要是修剪和防病治虫害；还有“南茶北引”的种植和管理，采茶、制茶学习应用以及玉米皮草编工艺等。

福禄坪农中有一支活跃在农村阵地的文艺宣传队伍。那时每家只有一个纸盒喇叭，只能按时听中央新闻等很少的节目，农村文化生活贫乏。每到冬季初春，农中的文艺宣传队紧跟当地形势，自编自演文艺节目。排演的现代京剧《沙家浜》，除在本村演出外，还曾在龙王裕村、东长旺村及沂水县的大南峪村等多个村庄演出，受到当时群众的高度赞扬。

学生来源主要是福禄坪管区7个自然村考不上沂源一中（沂源三中前身）或因家庭困难上不起一中的学生，自愿报名，择优录取。学生基本是本村的，第一届农中生年龄最大的20岁，年龄小的是刚毕业的高小生。毕业后主要是回生产队担任会计或当农业技术员、果树技术员和教师等。在允许推荐上工农兵大学时期，福禄坪农中毕业生推荐上大学的也占一定比例。（曹长芹提供资料）

韩旺高级民校

20世纪50年代初，韩旺小学只有初级班，四年级毕业后考高小必须到龙王峪或东里去上学。此时的学生年龄小，加上交通、食宿等多方面原因，很多学生不愿意去别的村子上高小，就辍学在家。

1953年，农业初级社的发展，使村内有文化的人都派上了大用场，这时人们深感文化的重要。村干部非常重视，先后办起了夜校、速成班、中年妇女识字班等，帮助农民识字学习。同时，村干部多次到区委要求在韩旺成立高小班，以满足四年级毕业生能上高小的愿望。经过筹备，高小班于1953年秋季开学。开学时共有30名学生。年龄最大的已经结婚，年龄最小的11岁。四年级毕业生仅有9名，其余均为小学肄业生或夜校生。

该班隶属韩旺小学管理，翟慎德任校长，汪树声任班主任兼任语文课、历史课，朱导海任数学、地理、自然等课，张延玲任音乐课。为提高学生成绩，教师要求学生上晚自习，个人自带小煤油灯。当时老师的工作生活条件非常艰苦，住在农户家的黑屋子里，睡在简易木床上，伏在简易两抽桌上，在昏暗的小煤油灯下备课、批改作业。

1956年6月，该班学业期满进行毕业考试，全班30名学生有28人考试合格。短暂的两年，学校为社会输送了一批文化人才，同时为1956年韩旺正式高小班的建立奠定了基础，在韩旺教育发展史上留下了光辉的一页。（耿全生提供资料）

老一中记忆

1961年9月中旬，刘华阳于曲阜师范学院物理专修科毕业后，被分配到沂源县第一中学（现沂源三中）任教。原经过校门前的博（山）沂（水）公路被沂水县境内的跋山水库阻断，南麻已没有了通达东里的汽车，刘华阳只能把行李暂寄在县招待所，徒步空身去学校报到。两天后，另一位山东师范学院生物系毕业的文登籍的新教师从学珠也空身来校报到，于是学校便给他们一辆小推车，两人结伴去南麻运行李，一并把县里分配给学校教职工的二百多斤苹果运了回来。

老一中是一所建筑布局严整的学校，四柱三间的廊柱式校门，坐北朝南，正对沂河对岸的唐山主峰。东侧的廊柱上悬挂的是“山东省沂源第一中学’的校牌，西面的廊柱上悬挂着同样大小的“中国教育工会山东省沂源第一中学工会委员会”的牌子。校门外是大操场，校门内中轴路两侧是左右对称的教室和宿舍。虽然全是平房，却十分整齐。道路两旁，房前屋后，1953年栽植的成排的加拿大杨树已经成材，把学校掩映成一方幽静的所在。

学校的生活设施和时代一样落后，没有汽车，自行车是唯一的代步工具；物资的运输全靠独轮小车；没有电，夜间用煤油灯照明；没有自来水，井口的解放式水车是当时先进的汲水工具；建校时国家统一配发的电子管收音机已经老化报废，很长一段时间里，阅读报纸是了解外部世界唯一的途径……

三年困难对学校的冲击还没有结束，学生因生活困难中途辍学达到了惊人的程度，初中八级（1959年入学）原有六个教学班，三年级时被合并成了四个班，每班也只有四十几名学生。1960年入学的初中九级四班，入学时的近50名学生坚持到初中毕业的只有十几人……

这期间，学校教师除两名沂源县本地教师外，其余都是来自省内甚至省外四面八方的外地教师，例如严仍安老师，来自江苏南京市；沈玉麟老师，来自江苏昆山；潘伟民老师，籍贯江苏无锡……他们的平均年龄不到三十岁，全是解放后培养的教师。为填补国库口粮定量低的不足，学校教师集体去校外开荒种粮。为让学生能吃到几分钱一碗的青菜汤，他们就领着学生一起种菜，推水车浇菜。在学生大量辍学的那段时间里，经常家访，劝说学生坚持学习，完成学业。为了家访一个远路学生，徒步往返几十里路甚至上百里路，有时还需要星光下走夜路。

从教一生的老一中教师，牢记在心的是1961年中央制定下发的《中学五十条》中对教师“教好功课，爱护学生，以身作则，努力学习”的十六字总体要求，深刻领会并贯之终生，由此形成了学校良好的校风教风，得以传承弘扬。

（刘华阳提供资料）

张家坡镇学区

扫码看视频

扫码听书

记忆沂源·教育体育卷

概　述

张家坡镇学区辖1所中心学校、1所小学、3所幼儿园。截至2023年，学区有教职工139人（在编），在校学生（幼儿）1207人。

域内旧式教育以私塾为主。清朝时南流泉村和前瓜峪村最先办起私塾，后西王庄、邵家峪、河疃、河东村、任马庄、下巨石崖、冶炉坡等村，都陆续设立私塾，供族人或亲友之稚童入学就读。启蒙教材有《三字经》《百家姓》《千字文》《日用杂文》等，应考科目有“四书五经”，补充课程有《千家诗》《古文观止》《孝经》等。比较著名的私塾先生有官峪（前瓜峪）村的宋振（字仁谱）（1790—1857），是域内历史上第一位正七品教师。他精心栽培的侄孙宋方炘（1826—1898），于咸丰三年（1853）考取举人。在他教育下，宋氏家族先后出现了秀才宋其增、文庠生宋我范。光绪三十一年（1905），清政府废除科举制度，兴办新式学堂，开设科学科，培养实用人才。南流泉村王氏家塾，改为“国本小学”，王氏第十四世传人王奎文，任南流泉“国本小学”校长。光绪三十二年（1906），西王庄村在原有3处私塾的基础上，合并建立新式学堂，开设朝廷推荐的课程，是沂水县内较早的一批新式学堂。1921年，张家坡村办起新式学校，开设新课程，但仍然按照私塾教育模式进行教学。1939年，南流泉新式学校改建为半日制学校。1943年，改为抗日军政学校；6月，张家坡解放，沂北行署三区人民政府，在一些党组织建立较好的村庄办起初级小学。1944年3月，大石沟村建立小学。新中国成立后，国家兴办学校，教育部规定了学制、课程、课时等规程。小学分初、高两个阶段，初小四年，高小二年，中学也分为初级、高级两个阶段，初中三年制，高中三年制。

1950年，莒沂县韩旺区在张家坡村驻地设立学区。第一届学区负责人张怀政负责管理域内小学教育教学工作。1955年8月，王同超为张家坡第二届学区负责人。1960年8月，李俊杰任第三届学区负责人。

1962年5月，张家坡公社从东里公社析出，全公社有32个大队，26所小学。有张家坡、南流泉、任马庄3所完小。张家坡完小为中心校，张宗波任校长。张士学任文教助理。1966年9月，刘世清暂任中心校主任。1969年11月，按照县革委会要求，撤销公社教育革命委员会，建立教育组，由王步学任教育组组长兼党支部书记，以后，张家范、牟加德相继担任教育组长。

1984年6月，实行政社分开，建区辖乡。撤销教育组，设立中心校，张振祥任中心校校长，下设四个学区。1986年，曹长瑞任中心中学校长。1988年，赵祥忠任中心校校长。1991年，全县教育体制调整，成立张家坡乡教育委员会，武传博任主任。1999年6月，教育委员会改称教育中心，张照新任教育中心主任。2002年，教育中心改名为教育体育管理办公室。2003年10月起，周文忠、刘祥俊先后任教体办主任。2021年3月，实行学区制管理，张明忠、王京明先后任中心学校校长兼学区主任。

学前教育

概　况

1958年，各大队开办托儿所、幼儿园，大部分村队没有教室，幼儿教师是大队或生产队聘用有文化有责任心的妇女任教。1960年，因生活困难，幼儿园停办。

1976—1997年，有些村设立学前班，也称“育红班”。“育红班”的教学内容以拼音、简单的识字、10以内加减法为主，域内还没有1所正规幼儿园。1997年，张家坡乡党委、政府主持创办了中心幼儿园，王晓霞为第一任幼儿园园长，以龙头作用指导带动全镇的幼教工作。之后，林前幼儿园和西瓜峪幼儿园也相继建成。

2000—2001年，先后合并、建成前瓜峪、任马庄、大石沟、冯家圈、桃花坪、金春幼儿园，创成学前教育示范乡。

2009年9月，前瓜峪幼儿园撤并到西瓜峪幼儿园。2010年，撤并任马庄幼儿园和大石沟幼儿园至中心园。2010年，全镇共有中心幼儿园、瓜峪幼儿园、林前幼儿园、冯家圈幼儿园、桃花坪幼儿园和金春幼儿园等6所幼儿园。

2016年，镇政府重建中心幼儿园，投入1200万元，在原址新建2450平方米的综合楼。2016年9月至2017年10月，先后将林前幼儿园、西瓜峪幼儿园撤并到中心园。

2017年，重建冯家圈幼儿园。2018年，新建流泉幼儿园，撤销桃花坪幼儿园。2021年12月，流泉幼儿园和冯家圈幼儿园创成山东省一类幼儿园。

学校简介

沂源县张家坡镇中心幼儿园 前身是张家坡"育红班"，1987年9月，该村利用原联中的房子，开设"育红班"，招收学生73人。1991年，"育红班"搬迁到小学前院，每年招收2个班。1997年9月，张家坡乡依托该村"育红班"，将张家坡政府旧址改建成中心幼儿园，占地4300平方米，房屋13间，有小、中、大4个教学班，教职工8人，在园幼儿110名，服务于张家坡、河东、保全、保安、兴旺和东王庄等6个行政村。2006年2月，中心园搬迁到张家坡村南原张家坡镇中心小学校址。占地7780平方米，园舍72间，建筑面积2736平方米，

沂源县张家坡镇冯家圈幼儿园（2013年）

服务张家坡、河东、保全、保安、兴旺、东王庄、黄家峪等周围7个行政村。

2017年3月，在原中心小学校址推倒平房校舍，开始新建高标准教学楼；10月，综合教学楼竣工，中心园搬迁至新楼。同年，西瓜峪幼儿园撤并到中心园。至此，中心幼儿园服务于张家坡、河东、保全、保安、兴旺、东王庄、宋王庄、西王庄、林前、黄家峪、大石沟、任马庄、前瓜峪、西瓜峪、毫坪、洋三峪、核桃峪和此老峪等18个行政村。2018年5月，高标准塑胶场地建成并投入使用。

幼儿园以"教育管理科学、教育设施先进、教师素质优良、幼儿发展全面"为办园目标，始终坚持"发展孩子、服务家长、突出特色、争创一流"

沂源县张家坡镇中心幼儿园（2023年）

的办园宗旨，认真钻研业务，加强教育教研，注重环境创设，坚持保教结合，牢固树立“发展孩子、服务家长、成就教师”的教育理念，确立以“健康、快乐”为主题的办园特色，通过开展丰富多彩的户外体育游戏，增强幼儿的体质，提高幼儿参加体育运动的兴趣，使孩子们在快乐的游戏中，得到健康全面的发展。通过家长委员会、组织亲子活动、开好家长会、举行家长开放日、电话联系家访、认真填写家园联系手册等多种形式，更新家长的教育理念，积极引导家长主动参与幼儿园的教育和管理，提高家园工作质量，形成家园共育，共谋发展的良好局面。

沂源县张家坡镇中心幼儿园家长开放日活动（2014年）

该园被评为山东省省级示范性幼儿园、淄博市一类幼儿园、市示范园、市学前教育先进单位、市平安校园。

王晓霞、沈正娟、万玲、任纪芳、桑荣、王可木先后担任园长。

沂源县张家坡镇流泉幼儿园 位于流泉管区冶炉坡村，属于流泉完小附属幼儿园。2017年初开工建设，11月竣工并投入使用。园舍占地面积约1000平方米，辐射周边9个行政村，2023年有大、中、小4个教学班，教职工10人，在园幼儿117人。

幼儿园坚持“我们用心、孩子开心、家长放心”的办园宗旨、“以人为本、共同发展、和谐成长”的办园理念、“实现快乐教育、促进快乐学习、打造快乐童年”的办学目标，充分发挥幼儿园对课程管理的自主性，自主开发园本特色课程。将乡土田园特色作为重点，尝试开发利用多样的乡土材料，对不同年龄段的幼儿进行艺术教育活动，根据幼儿的年龄特点，采用幼儿喜欢的形式，开展美术教育，让教师在学习、实践、反思、提炼的过程中提升专业素养，有效促进幼儿身心和谐、健康的发展。

李大梅、江润英、王晓艳先后担任园长。

杏坛陈迹

原冯家圈幼儿园 始建于1999年9月，前身是冯家圈小学附属园，园址在冯家圈小学南面。撤并冯家圈村、刘家峪村、邵家峪村、北店子村等4村“育红班”，成立张家坡乡冯家圈幼儿园，服务于冯家圈、上下河疃、邵家峪、刘家峪、北店子、撑子峪7个行政村。2012年7月，冯家圈小学四五年级撤并到中心学校，学校西侧两排房屋给冯家圈幼儿园使用。2014年，搬迁到中心学校南面的院落。2016年6月，冯家圈小学和幼儿园进行一体化建设，2017年9月投入使用。2023年，幼儿园撤并至张家坡镇中心幼儿园。

沂源县张家坡镇冯家圈幼儿园（小学院内　2017年）

翟耐山、张德花、李清娥、任会荣、李学芹先后担任园长。

原大石沟幼儿园 1983年，大石沟建起“育红班”，校址在大队礼堂内，16名孩子，教师为张德菊。1985年，迁至任兴庆闲置房内，教师有任增霞、任增娟、潘光录。2000年，在村办公室原址，投资20万元新建大石沟幼儿园。招收本村3—6岁学前幼儿入园，教师3人，在园幼儿65人。2010年8月，撤并到张家坡中心幼儿园。历任园长有潘光录、任增娟、任祥芹等。

原金春幼儿园 始建于2000年，园址在中流泉村，由王富加投资10万余元建成。园所占地面积1500平方米，建筑面积800平方米，教室14间，办公室2间。金春幼儿园建成使用以后，流泉联办小学学前班的师生随迁入该园，成为该园的第一批师生，王富加作为幼儿园的所有人成为金春幼儿园的首任园长。除招收3个流泉和后峪4村的学前3年幼儿入园外，王富加还到诸葛、韩旺、东里一带招生，在园幼儿最多的时候达到300多人。王富加于2011年2月与教体办签订3年合同，将幼儿园的管理权交给当教体办，至此，金春幼儿园只招收南流泉和后峪等4个行政村的适龄儿童入园，2017年下半年，金春幼儿园在园幼儿不足30人。2018年，金春幼儿园停止招生。历任园长有王富加、杨少军、徐以梅、郑方亮、王建红、孙长征等。

原林前幼儿园 1958年，林前大队办“育红班”，几年后“育红班”终止。1984年，又建起林前“育红班”，占地60平方米，房屋2间，学生25人，焦方兰、杨生美、张洪爱任教。1997年，林前村在闲置的老学校成立幼儿园，张海燕和张红梅任教。2000年，林前等3个村投资约10万余元新建一所幼儿园，占地面积924平方米，建筑面积260平方米。服务于林前、西王庄和宋王庄3个行政村，在园幼儿96人，教职工4人；年底，幼儿园被验收为市级一类园。2015年，中、大班合并到中心园。2016年9月，小班撤并到中心园，园长是张新爱。

原桃花坪幼儿园 1982年，桃花坪设“育红班”，教室3间，有20多名幼儿，教师有徐以莲、牛贵祥、刘太香。2000年，在村委办公室建成幼儿园，合并桃花坪、上下巨石崖、陈家沟和冶炉坡5个村的学前班师生，有教室6间，办公室1间，设大、中、小3个教学班。2011年，幼儿园办学条件提升改造，迁到桃花坪联小院内，有教室7间，办公室1间，62名幼儿，是淄博市一类幼儿园。2017年11月，合并到流泉幼儿园。历任园长有刘太香、郝世玉、徐以梅、王晓艳、孙瑞娟、李大梅等。

原前瓜峪幼儿园 前身是前瓜峪村“育红班”。1987年，前瓜峪村设立“育红班”，村“两委”利用教育集资方式聘用宋作芝任教。2000年4月，前瓜峪村“两委”购置本村村民刘纪安宅基院落一处，改建成前瓜峪幼儿园。有教室6间，设小、中、大3个教学班，有3名教师，段连红任园长。2009年6月，撤并到西瓜峪幼儿园。

原任马庄幼儿园 1978年，任马庄大队建立“育红班”，校址在任明亮家的老房子里，教室2间，办公室1间，占地60平方米，教师是孟庆美。1985年，“育红班”搬迁至村小学，历任教师有任正满、任明菊、何全爱、王春兰、卓立兰、卓立荣等。1998年，在任马庄小学前院，建立任马庄幼儿园，有教室2间，办公室2间，占地100平方米。招收该村3—6岁幼儿入园，接受学前三年教育。2010年，撤并到张家坡中心幼儿园。历任园长有宋树代、任强玉、李学芹、任廷国等。

原西瓜峪幼儿园 1984年，西瓜峪成立“育红班”，先后有刘汉荣、李世霞、赵学芳等任教。1995年，在村北建成幼儿园，服务于西瓜峪、核桃峪、此老峪、洋三峪、毫坪5个行政村。有宋忠花、李清娥和王成艳等3名教师。2000年12月，被验收为淄博市一类幼儿园。2006年，张家坡镇招商引资占用幼儿园用地，在原园址南新建园舍，有大、中、小3个教学班，翟乃山、张花礼、褚红军、宋忠花、段连红、徐善玲等8名教职工，幼儿园更名为瓜峪幼儿园，服务于西瓜峪、核桃峪、此老峪、洋三峪、毫坪和前瓜峪等6个行政村。2017年10月撤并到中心园，教职员工分流到中心幼儿园和冯家圈幼儿园。历任园长有王克英、宋忠花等。

原北店子“育红班” 1978年，北店子大队建立“育红班”，校址在原小学，有教室2间、办公室1间，占地60平方米，教师是赵兴发。1985年，“育红班”搬迁至村东小学，教室3间，办公室2间，占地面积150平方米。历任教师有刘佃波、赵学福、赵学花、赵学叶、赵祥娟等。2001年9月，合并到冯家圈幼儿园。

原撑子峪学前班 1995年，在撑子峪村小学院内成立，刘存花任教，有学生8人。1999年，在村西头建教室2间、办公室1间。占地面积260平方米，建筑面积120平方米，有学生14人，教师是赵兴河，2005年合并到冯家圈幼儿园。

原邵家峪“育红班” 1972年，在大队仓库内办起“育红班”，占地60平方米，教师是魏守中。1996年，在刘家林新建校舍一处，占地90平方米，教室兼办公室3间，学生30人，教师是魏守奎。2001年，合并到冯家圈幼儿园。

原冯家圈“育红班” 1985年2月，在冯家圈村加工房建“育红班”，教室2间，占地160平方米，首任教师商志香。1985—2000年，教师先后有翟乃同、李学花、魏守娟、孙纪花等，学生20—35人。2001年9月，合并到冯家圈幼儿园。

原刘家峪“育红班” 1986年，在村东建“育红班”，房屋55平方米，田月兰任教，招收学生20名。2001年，撤并到冯家圈幼儿园。

原黄家峪“育红班” 1981年，在黄家峪原小学设立“育红班”，由王仕芹负责教学。1983年，“育红班”随小学迁至东庙新建学校，教室2间。1995年，合并到前瓜峪幼儿园。

原毫坪村“育红班” 1982年，毫坪大队成立“育红班”，张志堂、刘纪霞、张花俊、李清芬等任教。1995年，合并到西瓜峪幼儿园。

原流泉小学学前班 1995年，在流泉联办小学设立学前班，将东流泉、西流泉、中流泉和后峪4村“育红班”合并到流泉联办小学学前班。教师有王桂美、王建英、王立花等。2001年3月，金春幼儿园建成，流泉联办小学学前班迁入该园。

原东流泉“育红班” 1982—1986年，东流泉“育红班”设在大队加工厂，幼儿30余人，教师是张芳珍。1987年，“育红班”搬到东流泉小学院内，1995年撤并到流泉联小学前班，教师先后有王桂霞、王玉加、王兰红、王桂莲、王桂美等。

原西流泉“育红班” 1982—1985年，西流泉“育红班”地址在村老油坊，教室2间，每级幼儿有20多人，教师是王哲峰。1986—1995年，每级幼儿有30余人，教师是王孝梅、王清臻。1996—1998年，学校地址搬迁到后家庙西屋，教室2间，教师是王增花。1995年合并到流泉小学学前班。

原中流泉“育红班” 1982—1984年，中流泉“育红班”在中流泉老大队南屋，幼儿30余人，教师是王增红。1984—1988年教师是王金花、王长录。1995年合并到流泉小学学前班。

原后峪“育红班” 1978年9月，后峪在大队院内办起“育红班”，招聘杨国升为幼儿教师，招收6周岁幼儿14名。1982年，“育红班”迁到北岭（后峪小学），任课教师王玉英。1999年合并到金春幼儿园。

原巨石崖“育红班” 1981年，在上巨石崖大队东岭开办“育红班”，占地90平方米，1个班级，学生25人。历任教师有徐新青、徐美芳、徐美芝、王仕菊、李志花。1998年9月，合并到陈家沟幼儿园。

原冶炉坡“育红班” 1976—1998年，冶炉坡设1个学前班，也称“育红班”。历任教师有王坤、江兆臻、江兆荣、王东娟、徐以芳等。1999年，合并到桃花坪幼儿园。

原陈家沟“育红班” 1984年，陈家沟大队建起“育红班”，校址在大队院内，1个教学班，14名幼儿，第一任教师是任纪香。1996年，“育红班”改称幼儿园。历任教师有任晓玲、徐以梅、李志双。2003年，合并到桃花坪幼儿园。

原西王庄“育红班” 1985年，西王庄村里办起“育红班”，教室设在小学院内，学生25人。教师张晓燕、张美芳。1995年，西王庄、林前和宋王庄3村在林前村原小学院内建幼儿园，西王庄“育红班”合并到林前幼儿园。

原东王庄“育红班” 1992年9月，东王庄村在村委大院建起1个“育红班”，学生20人，教师先后有张新美、刘志娟、刘志美、张新爱。1996年6月，合并到张家坡中心小学学前班。

原河东“育红班” 1985年，河东村在原小学建立学前班，占地面积100平方米，教室3间，教师是张红莲。1990年，合并到张家坡中心小学学前班。

原洋三峪村“育红班” 1986年3月，洋三峪村在小学院内建两间教室，成立“育红班”。招收1个班级，幼儿18名，张怀明任教。1996年，合并到西瓜峪幼儿园。

小学教育

概　况

1905年，南流泉建立“国本小学”，1906年，西王庄建立新式学堂，是由科举制私塾教育迈向学校教育的开端。1921年，建立张家坡小学。1929年4月，西王庄联合林前村、东王庄、河东等村在花崮子上建立学校，聘请江维高任教，第一年招收28名学生，为小学初级班，学制四年，开设新式学堂课程，设国文、算术、手工、图画、体育课程。1939年9月，日军扫荡，把学校全部烧掉。1940年，西王庄村在原私塾先生张重风的建议下办起小学，聘张洪余任教，招生36人，组成复式班一个。由于日军时常到周边村扫荡，学校经常停课。1939年，南流泉学校改建为半日制学校，1943年，学校改为抗日军政学校，学校的主要任务是培养抗日干部。1944年3月，复改为南流泉小学。设4个班级，88名学生，第一任校长是翟慎德，教师有任纪成、王乐长（王树善）、王旭（王子玉）、王恩汉（王杰三）。同时，大石沟小学建立，任课教师是李同彦。1950年，南流泉小学开设高小班，聘张俊峰任教。1952年7月，首批高小毕业生被蒙阴师范学校录取23人。

1952年以后，任马庄、前瓜峪等村陆续建立小学。1953年，张家坡小学扩建1个高小班，1956年，扩编成为2个高小班，南流泉村扩为2个高小班。由此建立起张家坡域内小学六年制教育初步体系。1958年，实行“两条腿走路”方针，村村办小学，当时域内办起26所小学；10月，汉语拼音教学纳入小学教材中，从此小学一年级识字教学之前加拼音教学。

1959年，在任马庄小学设立一个高小班，招生37人。1959—1962年，逢三年困难时期，全公社大批学生因饥饿退学。1964年，实行两种教育制度，全公社32个大队都办起工读小学。工读教师从社员中选拔，上午上课，下午师生都参加劳动。1966年8月，所有工读小学都转为民办小学。12月，按照“学制要缩短”的“五七”指示精神，将初小四年、高小二年学制，改为五年一贯制，把初中三年、高中三年分别改为二年制，并把每年暑假毕业招生改到寒假进行。1973年，顺延恢复到暑假毕业招生，学制未改。

1978—1985年，全乡共有33所村小。1985年5月，实施校舍改造，资金由各村筹集，到11月，全乡33所学校全部翻新，桌凳统一标准配套，从此再没有黑屋子、土台子的教室，办学条件提升。

1994年，全乡有中心小学、西王庄完小、前瓜峪完小、西瓜峪完小、大石沟完小、任马庄完小、冯家圈完小、桃花坪完小、南流泉完小9所学校；12月，张家坡乡通过山东省政府“两基”工作验收。1995年，开展规范化学校建设，先后有9所学校创成省、市、县级规范化学校，各中小学的校舍、内部设施配备及管理水平都有很大提高。2004年，镇党委、政府制定《张家坡镇中小学布局战略性调整三年规划》，并于同年付诸实施。2006年，成立张家坡中心学校，下设中学部、小学部及张家坡、西王庄、冯家圈、桃花坪、南流泉5个教学分部。大石沟完小和任马庄完小同时全部合并到中心学校小学部。2011年，撤销西王庄教学分部。2016年，撤销张家坡小学，合并到中心学校。2017年，桃花坪小学、流泉小学合并到流泉完全小学。

学校简介

沂源县张家坡镇流泉完全小学　地处沂源县张家坡镇冶炉坡村，服务周边6个行政村，是一所农村偏远地区小规模学校。2016年3月，为彻底改善农村学校办学条件，各级政府积极筹措，将流泉片区原来两处农村教学点（原桃花坪教学点与南流泉教学点）合并重建为流泉完小，2017年11月竣工并投入使用。

学校占地面积2万平方米，5个教学班，21名教职工，内设附属幼儿园。有建筑面积2960平方米的综合楼1座，430多平方米的餐厅1座，200米4

沂源县张家坡镇流泉完全小学（2023年）

跑道塑胶、草坪运动场1处，建设总投资达1500余万元。

学校以“努力打造高品质农村教育”为办学理念，以“为党育人、为国育才”为办学宗旨，以培养“爱祖国、爱劳动、爱学习、爱健体、爱创造”的新时代红孩子和能孩子为培养目标，坚定党建引领，坚定锻造“有理想信念、有道德情操、有扎实知识、有仁爱之心”的四有教师师魂，坚定“师者有我、强国有我”的理想信念，坚定文化自信，积极开展“大背诵、大书写、大阅读”为基础的国学教育，坚守农村教育阵地，坚持农村教育的特色发展和创新，坚信“小学校亦有大作为”，在农村小规模学校发展上走出了一条新路子。

该园被评为山东省绿色校园、淄博市书香校园。

蔡成利、董元宏、刘勇先后担任校长。

杏坛陈迹

原西王庄联办小学　1994年，西王庄、宋王庄、林前村在西王庄征地10亩，建起“五室六配套”达标的新学校。学校建设中，玉德酒厂投入10万元；学校建成后，大门处挂“西王庄联办小学”“玉德希望小学”两块校牌。学校占地6600平方米，教师9人，学生1—5年级160人。2005年11月，4—5年级合并到张家坡中心小学。2012年，小学全部合并到张家坡中心学校。历任校长有张洪智、张传义、张文孝、张花福等。

原瓜峪联办完全小学　1994年12月，洋三峪、毫坪、核桃峪、此老峪、西瓜峪5个村建立瓜峪完小。学校建在西瓜峪东北方向的博沂路东侧，有平房40间，占地面积16亩，标准教室20间，办公室、后勤和实验室等共计11间，第一任校长任纪祥，教师有刘太书、张道军、冯德祥、王道余、任瑞功、王克英等。第二任校长郭安功，教师有赵学保、卜祥玉、许立峰、宋作武、宋训堂、魏先忠等。2005年10月，瓜峪联办完小四、五年级合并到张家坡中心学校。郭安功继续任校长，有冯德祥、孙长征、王道余等任教。2007年3月，该校全部合并至张家坡镇中心学校。

原南流泉联办完小　1995年，原南流泉三个村的学校陆续合并到北岭，改为沂源县张家坡乡南流泉联办小学。学校占地面积1550平方米，设1—5年级，8个班级，学生258人。教师有张芳珍，杨少友，杨少军，王增举，王玉钦，王明成等。1996—2005年，设8个班级，学生265人。教师有杨德坤、曹瑞莲、王升、王兆田、王兆兴、王清汉等。2005年9月，4—5年级合并到张家坡中心学校，改为“南流泉简小”。服务村是东流泉村、中流泉村、西流泉村和后峪村。3个班级，学生138人。教师有徐以岑等。2006年3月，因村招商引资，学校搬迁到后家庙。2007—2010年，设3个班级，学生144人。教师有王恩学等。2011年3月，学校又搬迁到北岭原南流泉联中校址。设3个班级，学生112人。2017年11月，学校合并到流泉完全小学。历任校长有王河林、王增举、徐以欣、江兆欣。

原冯家圈联办完小　1995年建立，校址在冯家圈村北，有校舍44间，占地面积6771平方米，建筑面积1224平方米。2000年，新建冯家圈小学附属幼儿园，增加11间教室，占地面积610平方米。2008年9月，只保留1—4年级，称之为冯家圈教学点。2017年9月，恢复冯家圈完小，建成2411平方米的综合楼1座，364平方米食堂、150米塑胶跑道以及标准篮球场、标准足球场各1处。5个班级，共计学生120人，教师20人。2022年9月，学校合并到张家坡中心学校。历任校长有任继成、王河林、王部钦、赵兴太、宋训堂、张花利、王可木。

原北店子小学 1925年，北店子村联合撑子峪村建立学校，地址在原北店子村中（河北部）。1947年，在北店子村河南岸新建学堂，占地90平方米，义塾转公学，先生转教师，除江照坤外增加程光太，学生40人，复式教学。1954年，北店子村在原学校西南建立新校，占地120平方米，教室5间，办公室2间，首任校长是江照坤，教师有程光太，刘成美等，招收学生53人，1—5年级复式教学。1962年4月，大队在村中部建设新学校，学校占地500平方米，1—5年级75人，校长是徐新权，教师增加王清明，复式教学。1970—1979年，在村中央新建学校，扩招学生1—5年级90人，1975年8月，招收初中班1个，40人，总人数130人。校长有王欣太、马泮芬、王春竹，教师有王步义、魏守龙、沈光发、赵学忠、赵兴明、赵学军等。1979年，初中部合并到冯家圈联中。1995年，学校整体合并到冯家圈联小。

原撑子峪小学 1965年建校，有教室2间，学生20余人，教师是朱传吉。1967—1976年，迁校至村西头二队仓库，有教室2间，学生20人，教师是张德友、任纪录、杨成花。1976—1982年，在村庄东新建学校，占地150平方米，教师有赵举清、赵兴智、赵兴信。1982年，在村西新建学校，建筑面积110平方米，占地面积330平方米，学生20到40人不等，教师有沈光发、武善清、江兆欣。2003年，合并到冯家圈联小。历任校长有赵瑞清、刘存花。

原大石沟小学 1944年2月，沂北县三区人民政府派遣江子厚、李同彦，到大石沟村创办小学教育。校址选在村民刘启友家的闲置房内，招收学生20人。1947年，学生达到59人，1—3年级，教师增加宋浩、蹇令春。1962年，新建校舍12间，占地500平方米；8月，设立高小，在校学生达到100余人。黄西超、任正余、张来祥、宋作传先后任校长，教师有任明贵、任增荣、任兴贵、任增顺、任秀仓、任兴莲等。1985—1986年，学校在原址新建校舍16间，成立大石沟完全小学。学生1—5年级，5个教学班120人，任方金、赵学中先后任校长，教师有任纪代、任玉明、郭守学、武善清、张德宝、李荣芬等。1996年，学校在原教室上加盖一层，形成“摞屋”，总占地面积1500平方米，在校学生1—5年级110人。杨明波、江玉宏先后任校长，教师有赵兴学、左振顺、宋树代、任增荣、耿红、沈光发等。1998年，新建教室10间，办公室4间，王增举任校长，教师有任启敏、褚红军、邵长建、翟乃山等。2005年9月，3—5年级合并到张家坡中心学校，2006年3月，1—2年级合并到张家坡中心学校。

原桃花坪小学 1955年，桃花坪建起第一所村办小学，有3个教学班，杨忠和担任校长，教师有徐新起、徐新志。1960—1971年，设有4个教学班，田洪文、武善清、宋成太先后担任校长，教师先后有徐以满、刘义勤、徐吉林、张怀荣、徐美才等。1979年8月，在村前建成标准化校舍18间，成为完全小学。徐新兰任校长，教师有徐新泉、徐以苓、徐美斋。1984年11月，成立南流泉学区小学，辐射东流、中流、西流、后峪四个村的学生。历任校长有王河林、王军、王金武。1994年8月，在上巨石崖村原粮站地址五村（上巨石崖、下巨石崖、北桃花坪、陈家沟、冶炉坡）合建一处联办完小，占地面积2650平方米。历任校长有王金武、徐以欣、江玉宏、徐从生。2017年11月，学校合并到流泉完全小学。

原黄家峪小学 1957年，黄家峪在村中北宅子建小学，占地260平方米，李长吉任校长，教师有徐作荣、宋德周、徐平田，有3个教学班，1—5年级复式教学，学生共30余人。1960年，学校迁至博沂路南，4个年级，复式教学，学生共42人。1966年，扩建教室5间，占地400平方米，有5个年级，3个教学班，复式教学，校长是徐作荣，教师有翟慎菊、宋德周、何培安，学生有50余人。1973年又扩建教室2间，有4个教学班，校长是程光太，教师有于兴祥、任玉田、张富礼。1975年，五年级合并到前瓜峪小学就读。1976—1982年，学校分别有4个教学班，学生共有76人，教师有于秀生、徐从生、王玉柱、张家礼等。1983年，将黄家峪村东庙拆除建小学。1984年，学校竣工，占地450平方米，学生72人，分3个教学班，校长是张道军，教师有刘兴吉、任洪安、刘太书。1989—1994年，有3个教学班，其中有1个复式班，校长是褚洪军，教师有刘汉富、陈明帅、武宝香、任玉玲等。1994—1995年，由前瓜峪、黄家峪两村（前瓜峪投资14万元、黄家峪投资7万余元）共投资21万余元，共同建成规范化学校1所，任纪祥任校长，教师有宋秀生、张荣合、王在兴、王恩学、宋作友、段连红等。2005年，合并到张家坡中心学校。

原陈家沟小学 1956年3月，陈家沟村创办小学，1个教学班，学生16人，教师刘月艳。校址选在村民任志花家的闲置房内。1960年7月，在大队院内招收学生28人，教师魏先奎、任继成。1970年，大队在南新建校舍，占地面积400多平方米，学生达到36人，教师有任志贵、任纪全。1978年，学生达到52人，任教教师任志春、任会臻。1994年11月，合并到桃花坪联办完小。历任校长有刘月艳、任继成、任纪全。

原西王庄小学 1941年10月，党组织派张洪业老师到西王庄村办学。1947年5月，国民党军进攻山东，学校停课。新中国成立后，用地主张继朝家的四合院，改建为学校，学校占地450平方米，校长兼教师张玉为，学生28人，办起四级复式班。1952年，政府派任继成任教，又增加了一个民办班，王仁德任教。1969年，学校搬迁至原大队办公室、原供销社代销点，占地3700平方米，校长王同超，教师9人，小学班1—5年级，175名学生。1974年，在新村前建新校1座，占地面积1500平方米，校长张德友，教师10人，小学1—5年级，145人。1994年，并入西王庄联小。

原西瓜峪小学 1953年，西瓜峪村有一所简易小学，张现福、刘汉富任教。1970年，西瓜峪小学成立，首任校长为王同超，教师有刘汉富、刘汉明。1983年，学校进行扩建，1985年扩建完成，教师有宋成友、张荣才，68名学生。1995年12月，并入瓜峪联办完小。历任校长有王同超、刘汉富、张荣合。

原宋王庄小学 1964年，在该大队中心建设小学1所，占地面积60平方米，学生30人，一个半日班。1965年8月，改为全日制民办班。1976年8月，4—5年级学生合并到东王庄小学，只留1个低年级班。1989年，该校合并到张家坡中心小学。校长是宋浩。

原东王庄小学 1951年，上级委派王浮均驻村，办起1个复式班。1961年，小学停办。1962年，张洪升任教师，1个教学班，学生30人。1975年，再扩1个班。改革开放后，先后有任正余、张传升、王洪军、张传俊、廖洪春、张传义等任教。1985年，校舍改造，把多年的黑屋子土台子拆除，建起前出厦教室，学校占地面积700平方米，教师有张洪增、张新美。学生1—4年级53人，2级复式教学。1994年12月，合并到张家坡中心小学。历任校长有王浮均、张洪升。

原任马庄小学 1952年，任马庄村建立第一所小学，校址选在原私塾学堂内，首任校长是段培东，教师有詹瑞亭，招收学生35人，1—3年级复式教学。1964年4月，大队在村中部建设新学校，学校占地500平方米。教师4人，招收学生1—4年级56人。1965年，学校扩招至六年级，苗怀祥任六年级全科教师。学生总人数100人。1966年，将六年制改为五年制，1969—1970年，学校进行扩建，总占地面积达到1300平方米。1971年8月，开始招收初中班，首批初中生51人，校长由王玉奎担任，初中教师有周枚、任瑞功、郭安存。1982年，初中班撤并到张家坡中学。1995年，学校再次进行扩建，新建功能用室7间，扩建操场2000平方米，学校总占地面积达到3150平方米，成为完全小学。2005年，学校整体合并到张家坡中心学校。历任校长有段培东、詹瑞亭、魏长代、徐新权、牟加德、江玉茂、王玉奎、王志顺、张传升、张德友、徐新兰、王军、杨明波、郭安功、赵兴春、任方金。

原前瓜峪小学 1951年，前瓜峪小学成立，2个教学班，学生有56人。1958年，增加刘旭和、张东玉2名教师，1—4年级4个班，120名学生。1962年，张东志、张东玉任教。1965年8月，扩展1个高小班，生源来自本学区的四年级毕业生。1966年8月，把初小四年、高小两年的学制改为五年一贯制，废除高小。1985年，前瓜峪村教育设施改造，拆除黑屋子、土台子，建成高大、宽敞、明亮的达标教室，配备木质桌凳。1994年，前瓜峪村与黄家峪村在镇中学西侧建新校舍1所，两村合班并校。成立前瓜峪完全小学。教师有段连红、王恩学、宋成友、郝世全、任玉明、曹洪芝等。2005年，合并到张家坡中心学校。历任校长有田洪文、张志运、杨道锋、魏守龙、王河林、任纪祥、张荣合等。

原毫坪小学 1959年，毫坪大队第一所简陋的学校在蚕场前张在庆家成立，教师有张志贵、刘学贵、王步义，学生57人，采用复式教学。1962年，借用民房把教室扩展成4间，70名学生编为4个教学班。1968年，教室搬至大队办公室。4个年级83名学生，分为4个教学班。1975年春天，搬至大队院子后面的瓦房。1995年，合并到西瓜峪完小。历任校长有张志贵、王步义、王志顺。

原邵家峪小学 建于1952年，地址在魏春党的老宅。设教室3间，办公室1间，占地110平方米，首任校长兼教师肖连生。1960年7月，学校搬迁至魏守起的老房子里，教室3间，办公室1间，学生25人。1968—1970年，陆续在王家岭新建学校，总建筑面积960平方米。校长有王玉柱、王祥德，教师有邵长勤、魏守存、魏守龙，设1—5年级，学生共101人。1970—1984年，王祥德任校长，教师有任政余、邵长建、魏守亭。设1—5年级，学生共89人。1984—1987年，校长是王仕俭，教师有魏长勇、邵长建、魏先忠、任增俊，在校学生88人。1987—1995年，校长是赵学中。设1—4年级，学生84人。1995年7月，合并到冯家圈联小。

原南流泉小学 建于1939年。当时为半日学校，校址在中流泉村的王氏祠堂前院（后称后家庙）。1943年，学校改为抗日军政学校。1944年3月，改为南流泉小学。1964—1971年，改为南流泉完小，5个班级（1—5年级），有学生160余人。1981—1984年，随着学生增多，张家坡乡党委、政府决定3个村分开建校。东流泉新建学校、西流泉学校搬到农中、中流泉学校在后家庙。1995年，并入南流泉联办完小。历任校长有王旭、翟慎德、张玉莲、于俊胜、王仁德等。

原东流泉小学 1981年，东流泉小学在河南崖建校，占地4000平方米。设1—5年级,5个班级，学生174人。历任校长有王步森、徐硕彬，教师有江玉宏、徐新泉、王树芳、王乐德、王瑞英、徐新俭。1986年，在河南崖新选校址。1985—1994年，有5个班级，学生179人。1995年，并入南流泉联办完小。历任校长是徐新俭、江玉宏、杨少军；教师有王仕俭、任正余、王树芳、王奎太、王恩学、杨少友等。

原西流泉小学（原农中） 1981年，西流泉小学从南流泉小学析出，占地1500平方米。设1—4年级，4个班级，学生125人。校长是王玉柱，教师有王清明、王孝安、王兆兴、杨德坤、王增举、江兆欣。1984年，迁到后家庙，6个年级（包含中流泉小学5年级），学生195人。1995年，并入南流泉联办完小。历任校长是刘文智、孙长征、王仕俭，教师有杨德坤、曹瑞莲、王升、张芳珍、王玉钦、王兆田等。

原中流泉小学 1981年，从南流泉小学析出，校址在后家庙，占地1500平方米。5个班级（包括西流泉村5年级），学生165人。校长是任兴中，教师有王富家、王升、刘相兰、任青浦、张芳珍、杨少军等。1984年10月，中流泉小学和西流泉小学对换。校址迁到原农中，5个年级，学生145人。1995年，并入南流泉联办完小。历任校长是徐以欣、王玉柱，教师有王玉钦、王明成、王清明、王清汉、王孝安、杨少军等。

原保安小学 1958年建校。学校在大队部西，占地300平方米，学生1—3年级，30人，复式教学。1994年，合并到张家坡中心小学。王同浩、王步义、张增智、程光太、杨朝清、张传俊、顾胜义、任纪福等任教。校长是张洪升。

原河东小学 新中国成立后，利用河东村地主张孝策的老宅子建立小学，占地500平方米，学生1—4年级，50人，校长兼教师是王风云，后陆续有王潜、杨朝清、张传升、张贵双等任教。1985年，3—4年级合并到张家坡中心小学。只保留1—2年级，教师有张新美、贾玉梅。1994年，全部合并到张家坡中心小学。历任校长有程广太、任洪元。

原兴旺小学 1964年建校，占地300平方米，学生1—3年级30人。先后有张传俊、张洪智等任教。1994年，合并到张家坡中心小学。历任校长有张学增、左新相、赵兴春等。

原保泉小学 1965年建校，学校占地300平方米，学生1—3年级25人，先后有宋传亮、王喜、武善清、刘克福任教。1994年，合并到张家坡中心小学。历任校长有宋来先、宋传贵、宋传忠等。

原后峪小学 1955年，后峪村建小学1所，校舍3间，2个班级，学生16人。1972年9月，大队在北岭新建1所学校，占地面积300多平方米，有3个教学班，学生50余人。任课教师有杨清富、杨美升、王仕俭等。1977年9月，学校设1—4年级，2个复式班，在校生40余人，5年级转到中流泉小学。历任教师有王安太、任正余、王步义、王步森、杨少军、杨敏升等。1986年8月，学校搬迁到原村委，占地面积200多平方米。设有2个教学班，学生40余人。历任教师有徐美斋、王祥德、王奎太、王乐德、杨少友等。2003年11月，合并到南流泉小学。历任校长有王学章、杨清富、王仕俭等。

原下巨石崖小学 1947年，在下巨石崖村办公室院内成立村小学，由陈家沟、上巨石崖村、下巨石崖村、刘家圈村4个村联合办学。设1—4年级各1个班，学生有48人。1958年，分村办学。学校设2个复式班，学生40多人，历任教师有徐德堂、王恩德、王玉秋等。1967年，学校设1—4年级2个复式班，学生40多人，5年级转到巨石崖联中附属小学，历任教师有武善清、张洪福、王安太、徐新政、王祥德等。1984年，学校设1—4年级2个复式班，学生40多人，5年级转到流泉学区小学（原桃花坪小学），历任教师有徐新俭、杨少军、王仕俭、王步森、徐硕文、王恩学等。1994年10月，合并到桃花坪联办完小。历任校长有徐作轩、任正余等。

原上巨石崖小学 1958年，在徐作玺院内建起小学，第一任教师徐作轩。历任教师有王玉跃、王步恩。1982年7月，巨石崖联中撤销，原学校改名为上巨石崖小学。历任教师有于秀生、王兆田、徐硕礼、王增举、任正满等。1984年，只设1—4年级，5年级转到流泉学区小学（原桃花坪小学）。历任教师有杨明波、徐硕礼、任正余、徐新俭、杨少军、王仕俭等。1994年10月，合并到桃花坪联小。历任校长有于秀生、刘义勤等。

原张家坡小学 1948年，在村南首建设小学一处，占地150平方米。招收学生18人，张怀正任教师。新中国成立后，上级派江维峰到该校任教。设1—4年级，2个复式班。1952年1月，扩建3间教室，增加4名老师，同时成立张家坡完小。其中，设1个高小班，生源来自张家坡乡、铜陵乡、林前乡部分初小毕业生。1955年2月，乡党委、政府征用张家坡村土地10亩，建设张家坡中心完小。1978年，该校被定为全公社重点小学，牟加德任教育组长，兼任该校校长。1985年，新建校舍26间，添置课桌凳480套，各功能用室配备齐全。1994年，东王庄、河东、保安、兴旺、保全5个村小合并到该校，成立张家坡中心小学，在校学生达到510人。2004年，该校4—5年级合并到张家坡中心学校，2008年，1—3年级全部合并到中心学校，该校成为中心幼儿园。历任校长有张怀政、王同超、李俊杰、张宗波、牟加德、贾玉福、任纪祥、杨明博、宋志强、赵兴太。

原洋三峪小学 1965年，洋三峪村成立工读小学，以工分制雇用任成美任教，师生上午上课，下午劳动。1966年8月，工读小学转为全日制民办小学。1967年，扩建1间教室，新招1个班，增加公办教师郝其祥任教。1980年，村办联中的中学班移至张家坡中学就读，小学5年级移至学区驻地就读，村内保留1—4年级，由王道余、张传升、冯德祥、田悦兰任教。1994年12月，合并至西瓜峪联办完小。历任校长有任成美、郝其祥、任继成、张传升等。

原核桃峪小学 始建于1956年，校舍均为土墙草房，生源来自洋三峪、此老峪和该村的孩子。1958—1971年，设小学1—4年级，教师有王步义、杨宗河、徐桂美、任洪安等。1971年始，只招收该村学生，共2班级，设2级复式班。冯德祥任教。1984年，在村办公室后边盖前出厦标准教室3间，办公室2间，成为张家坡第一所标准村校，该村被评为张家坡镇村校示范村。1994年，合并到西瓜峪联办完小。历任校长有刘世清、宋秀生、宋训堂、张道军等。

原此老峪小学 1964年7月，此老峪村小学建校。教师先后有李士富、王汉贞、宋成友、宋纪太等。1988年9月，合并至瓜峪村小学。历任校长有刘树松、贾传义等。

原河疃小学 1964年成立。校址在原河疃大队东边，第一任教师是赵兴彦，学生有32人，1—3年级复式教学。1971年，增至2个复式班，教师增加沈光发。后陆续有赵文忠、赵平忠任教。1975年，在东山自然村办起1—2年级分校1所，由赵学中任教。1984年，在下河大队养猪场原址建立新校，由商中安、刘相金任教。1986年，5年级合并到冯家圈联小。1987—1992年，2个复式班，先后有赵学保、武善清、任正伟、张洪芳老师任教。1992年，村学校合并到冯家圈联小。历任校长有赵兴彦、任继福、任正余等。

原冶炉坡小学 新中国成立后，冶炉坡村将私塾学校改建为公办学校。第一任校长是王旭，教师有王经、张瑞兰。1953—1961年，设3个教学班，历任校长有鲁代喜、刁树林、周祥，教师先后有刁树林、李金宝、魏长代、王德吉、刘世清、杨克礼等。1964—1970年，因学生增多，有一部分学生转到村民徐作田家中学习。1971年，在大队西盖起新校舍，有3个教学班，采用复式教学，学生有57人。校长是刘世清，教师有杨克礼、刘月武、刘文福。1974—1992年，设5个教学班，历任校长有王恩汉、王步森、任启敏、张奎礼、王增举、王恩学等，教师有江玉春、李士庆、徐新印、杨德成、曹光余等。1994年10月，合并到桃花坪联办完全小学。

原刘家峪小学 1955年6月，刘家峪村成立小学，教室2间，办公室1间，占地60平方米，校长马德学，教师是刘启顿，第一批学生招收1—3年级共20人。1964年，在大队西北部建学校，占地300平方米，任明菊、刘汉忠任教师，招收学生1—4年级65人，复式教学。1968年，学校在原地扩建，占地400平方米，建设教室5间、办公室2间。教师有公培菊、刘汉臣。1974年，学校再次整修，翻盖校舍，校长是王世俭，教师有刘汉高、刘汉恕、刘相金。1979年，教师增加刘兴吉，学生1—5年级75人。1984年，王祥德任校长，教师有赵平忠、左振顺、孙学义、田月兰。学生1—5年级66人，复式教学。1986年，新建前出厦校舍，教室5间，办公室2间。教师有孙学义、赵兴学，学生1—4年级57人。1995年，合并到冯家圈联小。

原冯家圈小学 始建于1955年2月，校址位于柳枝峪自然村陈德成家，教室3间，办公室1间，占地650平方米，高军任校长，学生大约30人，1—3年级复式教学。1956—1962年，王玉奎任校长，教师有李全贞、任增高、徐新安等，设1—4年级，共54名学生。1963年，学校迁址村大石头东，占地800平方米。校长是耿文祥，学生大约45人。1965—1978年，校长有谢明亮、王玉柱，教师有刘成美、魏守龙、李朝胜、王安泰、张洪福、张全才等，设1—4个年级4个教学班。1979—1984年，校长是李贵忠，教师有张全保、商中安，1—4年级有2个班复式教学，学生人数40人。1985年，在村大石头西新建校舍，占地面积约1600平方米。有学生50人左右，校长是任纪泉，教师有赵兴学、任纪全、任纪贞、任正伟、任正余、宋树代等。1995年，合并到冯家圈联办完小。

原林前小学 1921年，河东村联合西王庄、东王庄、宋王庄村、林前村5村，在花崮子联办一所学堂，学生40人，教师是张重风。1939年，日军轰炸东里店，学校停课。1943年，政府委派江百厚进村办学。学校设在村中心，首批招收学生21人。1945年，江百厚调离，学校在原址重建1个班，学生22人，任课教师是程光太。新中国成立后，张竹村、刘启岱继续在此任教，开设2个班，32名学生。1952年，开设2个班，38名学生，任课教师有于永风、江秀礼。1958年，普及小学教育，学校合并到西王庄小学。1960年，林前村学生从西王庄小学撤回，发展到1—4年级2个复式班共68名学生，任课教师有徐平田、何恒山。1962年，全村保留一个复式班30人，李兆胜任教。1963年，程光太调入，1个复式教学班。1964年，国家推行全日制和半工半读两种教育制度。村里办起工读小学，由柳汉顺、王富荣担任工读教师。10月，开设2个半日班。1966年，半日班全部转成全日制，设高小班1个，生源来自本村和西王庄小学。杨宗和担任校长，任课教师有陈哲、张成义、王成杰。1969年，任玉友任校长。1972年后，由王金武、王峰、刘纪娟、张洪智任教。1984年10月，实行教师聘任制，张洪智任校长，教师有张传义、王德迎、廖洪春、张传升、程志文、张德厚。1994年7月，在西王庄征地10亩，林前村玉德酒厂赞助10万元，建起五室六配套标准校舍，达到县级规范化学校。1994年9月，合并到西王庄玉德希望小学。

中学教育

概　况

新中国成立初期，域内学生高小毕业后到东里中学就读。1964年10月，张家坡完小设立一个农中班，招收48名农村学生，江玉政、孙文兰包班任教。1965年10月，南流泉完小设立1个农中班，招收30名学生，王平文、王玉松任教。1967年，在上巨石崖东岭由上、下巨石崖、桃花坪、陈家沟、冶炉坡5个大队建立联中。同年，张家坡农中转为联中。1969年，南流泉农中改设为初中。1970年，西王庄大队联合林前、宋王庄三村建立联中，前瓜峪联合西瓜峪、黄家峪大队建立联中。同年，在博沂路北前瓜峪东，建起张家坡高级中学，按照全县排序为沂源县第十二中学；同年，开始招生，只招高中班，王部学任校长兼党支部书记。1970年后，任马庄、北店子、洋三峪、冯家圈管区相继建立联中。1977年，十二中设立初中班，前瓜峪联中并入。1981年，十二中撤销高中部，只招收初中班，各联中不再招生。1982年，域内的初中毕业生到一中、二中和三中（东里）就读，初中学制恢复三年制。1995年，实施九年义务教育，把初中三年制改为四年制。

学校简介

沂源县张家坡中心学校 位于张家坡镇政府驻地，是一所九年一贯制学校。学校占地面积3.5万平方米，建筑面积2.1万平方米。2023年，学校有24个教学班，中学部10个班，小学部14个班，教职工108人，专任教师108人，在校生891人。

学校前身为沂源县第十二中学，始建于1970年。2005年，全镇实施布局调整，9所小学的4—5年级，2所小学的1—3年级合并到学校，学校被命名为沂源县张家坡中心学校。

1990—1994年，普及九年义务教育，乡政府投资30万元，建成面积为336平方米的办公楼。同时，建起图书室和阅览室，硬化校内路面，改善教师的办公条件和学生的学习条件。

1997年，乡政府投资60万元，建成一座能容纳12个教学班、面积1182平方米的3层教学楼，随后建成一座面积350平方米的2层电化实验教学楼，集电化教室、语言室、美术室、音乐室、实验室等功能室，创成市级电化教学示范学校。2002年，又集资建成1座4200平方米的5层教师公寓楼，大大改善教师的生活居住条件。

2004—2007年，随着全县中小学布局调整的实施，学校建成九年一贯制学校，学校更名为沂源县张家坡中心学校。2004年，镇政府出资400万元，新建成1座5层教学楼，建筑面积达4897平方

沂源县张家坡中心学校（2023年）

米，能容纳初中部和小学部30个教学班。2006年，投资344万元，新建一座5层学生公寓楼，改变学校建校35年来学生住宿条件差的历史，住校生全部住进崭新的公寓化宿舍。

2016年8月，争取上级专项资金400余万元，建成塑胶操场1处，篮、排球场1处，体育器材活动场1处，运动场地达到1万平方米。次年，投资1000余万元建成5层综合楼1座。2022年，冯家圈小学并入。

2023年，学校拥有教学楼1座、综合楼1座、功能楼1座、教师公寓楼1座、学生公寓楼1座、餐厅1座。

学校本着“成就专业发展的教师，让教师享受教学幸福；培养自主发展的学生，让学生体验成长快乐；打造全面发展的学校，让教育更加美丽和谐”的发展理念，构建“德育为先、教学为主、质量为重、育人为本”的育人模式，实行“重基础、重能力、重个性、求实效、求创新、求发展”的教育教学原则，坚持面向全体学生，以学生身心健康和全面发展为前提，以培养学生实践能力和合作意识为重点，以学生主动、活泼学习为动力，最终达到“培养德才兼备、能吃苦会学习、敢担当的新时代中小学生”的育人目标，成为一所“学生幸福、教师乐业、家长满意、社会认可”的农村学校。

该校被评为山东省第二批绿色校园、淄博市规范化学校、市电化教育示范学校、市语言文字规范化学校、市教育初步现代化学校、市第四批校本培训示范校。

王步学、杜春瑞、耿志明、曹长瑞、王平文、武传博、江玉贵、王步钦、周守太、贾玉福、周钦平、宋志强、张明忠（执行校长孙宗斌）、王京明（执行校长梅玉林）先后担任校长。

教师风采

武传博，男，1962年出生，中共党员，高级教师，全国优秀教师。

杏坛陈迹

原南流泉农中　1965年10月，在南流泉北岭处建立南流泉农业中学。学校占地面积1500平方米，共建有教室10间，办公室1间。1966—1968年，开始招生，学生20余人，学制二年。1969—1970年，原农中改设为初中，第一批招收学生45人。1971—1972年，第二批招收学生50余人。历任校长有王平文、王志顺等。

原南流泉联中　1973年，由东流泉、中流泉、西流泉、后峪、冶炉坡5个大队共同建设，学校总面积1200平方米，建教室12间、办公室2间，每期招生都在100人左右，校长是王仁德。1976年，在南流泉大队北岭盖子选址新建学校，学校改名为南流泉联办中学，占地面积7000平方米，建设教室15间，办公室4间。新校建成后，增设了1个高中班，每届学生50多人。1979年7月，高中班撤销。1985年，撤校合并于张家坡中学。历任校长有任兴忠、王军、王金武、王加奎、王春竹。

原冯家圈联中　始建于1976年，校址位于冯家圈村村北，占地面积6500平方米。由大石沟、任马庄、河疃、冯家圈、邵家峪、刘家峪、北店子、撑子峪8个村联办，共建有教室9间、办公室3间，1977年，开始招生，第一批学生108人，王志顺任校长，教职工有12人。1980年，北店子联中合并到冯家圈联中，有学生150人，校长是江玉茂，教师12人。1985年，冯家圈联中改为冯家圈联办小学。

原北店子联中 1970年，北店子村建教室8间，办公室2间，招1—5年级，学生90人。1975年8月，招收初中班1个，学生40人。1979年，初中部合并到冯家圈联中。历任校长有王欣太、马泮芬、王春竹。

原张家坡联中 前身为张家坡农中，1964年10月，张家坡完小成立一所农业中学（简称农中），招收48名学生。1967年寒假，初中学制改为两年。十二中成立后，张家坡联中只保留初中班，1982年，合并到沂源十二中。历任校长有江玉政、张德友等。

原巨石崖联中 1967年，在原上巨石崖东岭建立联合中学，学校占地面积860平方米。由上、下巨石崖、桃花坪、陈家沟、冶炉坡5个村联合办学。建有办公室2间、教室11间，学生有200余人。1982年7月，联中撤并到张家坡中学。历任校长有任兴忠、王仁德、徐新权。

原任马庄联中 1971年8月成立，校址在任马庄村内。教室6间、办公室2间，首批初中生51人，第二批招生35人。招收任马庄、大石沟大队学生。1982年，撤并到张家坡中学。校长王玉奎。

原西王庄联中 1970年，西王庄与林前、宋王庄建起联办中学。招收初中班1个，学生42人，教师2人。1974年，建1所新学校。占地面积1500平方米，教室7口21间，办公室2间。1975年2月，师生搬进新校。校长张德友，教师10人，小学1—5年级学生145人，初中班2个班学生70人。1976年7月，学校增设二年制高中班，因教师短缺、教学器材不足，在招收1届学生后，1978年，根据上级要求高中班撤销，只保留初中和小学班。1981年，撤销联中班。

原洋三峪联中 1976年，在洋三峪大队设立1个初中班，学制二年，第一届招生37人，第二届招生46人，校长沈怀富。1980年，撤并至沂源县张家坡中学。

原前瓜峪联中 1970年，前瓜峪联中成立，1977年，撤并到沂源县张家坡中学。历任校长有王军、王春竹等。

成人教育

概况

1943年6月，张家坡解放后，党组织积极带领群众办学，村村办夜校，组织农民开展学习文化活动。1944年冬，利用冬闲，各村办起冬学识字班，青年男女在识字班里学文化、学政治、学习党的方针政策，宣传青少年妇女不裹脚，不信神。在识字班动员下，许多农民尤其是青年人，在学文化中接受了新思想。

新中国成立后，为尽快培养农村文化人才，各村成立了速成识字班。“国音速成识字法”在农村普遍推广，对扫除文盲起到了促进作用，一直到1986年。1991年，成立张家坡乡成人教育中心学校，主要任务是高标准扫除农村青壮年文盲，1995年，创成市级规范化学校。1997年6月，张家坡乡扫除青壮年文盲验收合格，成人教育的重点调整为以培养农村实用人才为主，成立农民文化技术学校，培养技术人才，推广葡萄的立体种植和果树管理、果品新加工、苹果冷藏等技术。

1996年，张家坡乡成人教育中心学校独立设置，校址设在乡教育中心院内。王平文任校长，教职工6人。同年，大石沟、任马庄、前瓜峪、西瓜峪、桃花坪、张家坡、林前、后峪村的8所成人学校被评为沂源县规范化村成人学校。1997年起，与县职业中专联合办学，开设化工班、建管班，另开设一个“3+1”职业教育特长班。2000年，学校增设微机室，内配微机13台，为全乡企事业单位职工开展微机培训。2001年，县教体局在该校基地召开“全县成教中心实验基地推广”现场会。同年，完成淄博市“成人教育示范乡镇”验收。

2010年起，成教中心积极组织农村劳动力转移，开展为农服务活动，充分发挥好科技影视队作用，加强村校建设与管理，搞好实验基地的实验、示范、带动作用，积极参与并指导部分村科技文化大院的建设，提高村办学水平。2015年，县农广校在洋三峪村建培训基地，对新型职业农民进行农业技术实用培训，农广校替代成人教育，2019年，成教中心撤销。

杏坛陈迹

原张家坡乡成教中心学校 1991年，成立张家坡乡成人教育中心学校，校长由当时乡教育中心工会主席王平文兼任。学校归属教育中心，无教职工，仅有办公室1间，主要任务是高标准扫除农村青壮年文盲。1996年，张家坡乡成人教育中心学校单独设校，校址设在乡教育中心院内。王平文任校长，教职工有于秀生、马德全、程伟、任增香、程秀娟、康成美等，另有高峰、于秀田、宋以柱、马德全4位兼课教师。开设“3+1”职业教育特长班1个，学员96人，主要开设初中文化课程，兼设植物和土壤肥料两门绿色证书课程，使学员学一技之长。学员毕业后，既可升学，也可以利用所学技术直接参加社会生产，当年有36名同学考入中等学校。2019年，成教中心撤销。历任校长有王平文、张洪智、王步钦、赵兴太等。

校园琐忆

实验基地的建设

2000年暑假后，为落实县教委《关于加强乡镇成教中心实验基地建设的通知》，在乡党委、政府的大力支持下，张家坡成教中心学校在西瓜峪村建立实验基地一处。占地面积12亩，露天8亩，建设3个高标准大棚，占地面积4亩，房屋2间。

基地成立后，第一个工作任务就是建设大棚。学校先后去临沂购买竹竿、草苫子、绳子、水鞋、手套、水桶等，去青州购买无滴膜、营养袋，聘请专家指导建设，建起了3个高标准大棚。第二个工作任务就是购买葡萄接穗，先后去河东、保全等村购买红提、兴华一号、皇家秋天等接穗7万个。第三个任务就是整畦子、装营养袋、浇水、扦插、施肥、病虫害防治等工作。为保证苗木用水，学校打深井一口，配套潜水泵、水管等耗资近5000元，为保证大棚内的温度，购置炉具6套、煤炭4吨，耗资近3000元。

冬季，每天早晨要把草苫子拉起，清扫无滴膜，傍晚再把草苫子放下来，这项工作说起来很简单，实际操作起来却不容易。一开始不是把草苫子拉歪了，就是绳子脱离了草苫子，拉一个棚需要好几个小时。不过，很快老师们就掌握了各种技巧，干得顺手了起来。

经过一个冬季的管理，2001年，春季共繁育红提苗木4万株、兴华一号1万株、皇家秋天500株、“萌”苹果实生苗2万株。苗木健壮，无病虫害，长势喜人。很多客商纷纷与学校签订了购买合同，学校收入近10万元。

由于实验基地效果明显，2001年春季，县局领导为推广基地实验效果，在基地召开了全县成教中心实验基地推广现场会。县局领导及全县乡镇成教校长参会。与会人员参观了现场，都赞不绝口，纷纷拍照并要求带一部分样本回去，实验基地受到县局领导的表扬和兄弟乡镇的认可。

（王步钦提供资料）

记忆中的南流泉联中

1982年，南流泉联中在南流泉北岭盖子，一共4个教学班，初一1个班，初二2个班，初三1个班。联中首次开设英语课，学生对课程和老师都充满了新鲜感，学习积极性很高。

学校最初在南流泉村王氏祠堂，实际上是一座稍加整理的破庙。是一个大四合院，分成前后两个院子，前院有北屋3间，西屋3间，东屋3间；后院只有东屋6间。最初一个联中班，在祠堂的正房北屋里，是古代供奉王氏祖先牌位的房间。其他的偏房，都是小学。3间北屋稍好一点，其他屋子破败、简陋，教室里刮风透风、下雨漏雨、下雪飘雪。课桌就是用石头垒底座，然后再搭上一块木板子。由于入学的学生越来越多，校舍远远满足不了需求。当时的校长任兴忠，去南流泉学区所在的9个村集资，按照各村每口人一角钱的标准分摊。并发动学生扛来石头和木料，各村自己出义务工开始盖房子。经过努力，终于盖起15间瓦房。当时没有伙房，没有厕所，老师和学生用石头围成露天厕所。

房子建成后，面临的又一问题是没有门窗。学校资金紧张，领导就去村里买木料，就是老年人闲置的棺材。木料买来后，两个会木工的老师（张奎礼和王玉贵）开始做门窗，让大一点的男生帮忙拉锯解木头。门窗的框做好了，但没有玻璃，就钉上塑料纸。到了冬天塑料纸破了漏风，为了保暖，学生就用不规则的石头把窗子全部垒起来，石头缝子用泥巴糊起来，教室里光线很暗。冬天到了，取暖没有煤炭，学生便利用周六周日上山拾柴火。由于教室的窗子都是封闭的，在教室内用柴火取暖，又没有烟囱，屋里就浓烟滚滚，呛得学生们一个个直流泪，如果不往炉子里添柴火，教室里的温度就立马降下来。大部分学生手脚都冻得红肿、起疮，环境条件就是这样艰苦。

1988年8月，南流泉联中合并到了张家坡中学。

（王明升提供资料）

线描　《拾柴》　李军胜（沂源县大张庄镇中心小学教师）

石桥镇学区

扫码看视频

扫码听书

记忆沂源·教育体育卷

概　述

沂源县石桥镇学区下辖石桥中学、中心小学、中心幼儿园、葛庄幼儿园，全镇学校呈“1+1+2”的格局。2023年12月，全镇共有教职工210人，学生1413人。

清末民初，域内的石楼、葛庄、黄墩河、关河峪、东北庄、上黄安、马庄、松峪、郭家上峪、石桥、前大泉、分水官庄等村庄开设私塾。1937年，民国政府在前大泉、石楼、葛庄、石桥村开设初级小学。1939年6月，国民党山东省政府主席沈鸿烈在茶峪村驻留期间，开办一所省立小学，开创茶峪村新式教育先河。新中国成立后，政府和社会各界兴办教育，但域内校舍普遍简陋。20世纪70—80年代，各大队校舍投入加大，大部分学校建新瓦房，为高年级定制课桌。1986年，全乡普及初等教育，实现“一无两有六配套”。

2001年，东北庄学校新建教学楼1座，实现整体搬迁。2006年，政府新建中心小学教学楼一座，建筑面积3663平方米，可容纳32个教学班。2007年，中学、中心小学2座学生公寓楼投入使用。2008年，改扩建中心小学操场；建成高标准食堂、餐厅，可供700人同时就餐，师生用餐环境改善。2011年，配置4辆校车，解决偏远村庄学生上学难问题。2012年，全镇幼儿园撤并为3所，小学撤并为3所。同年，改造提升葛庄幼儿园，建成全县第一家拥有塑胶跑道的农村幼儿园；5月，石桥中学新建高标准教学楼1座，创成“市级数字化校园”。2013年，开通石桥中学东门，新建操场和校园广场，建成少年宫。2014年，新建高标准北庄幼儿园教学楼1座；改造提升中心幼儿园；为每所学校安装暖气。2015年，全镇所有班级实现“班班通”。2016年，石桥中学建成综合楼1座，功能室配套齐全。2022年8月，东北庄学校按高标准改建为中心幼儿园。

沂源县石桥乡迎接市政府“两基”复验（1995年）

新中国成立后，公社下设教育组，教育组管理全公社的教育教学。1984年8月，中小学机构改革，教育组改为中心校，小学和幼教由中心校管理。村办联中纳入石桥中学管理。1991年，成立石桥乡教育委员会，统一管理全乡的中小学、幼儿园和成人职业教育。1992年4月，县教育局在石桥乡召开乡教委工作现场会，明确乡镇教委的机构人员设置和职责范围。1994年2月，石桥乡教育委员会改称石桥乡教育中心。2004年，石桥乡教育中心改称石桥乡教育体育管理办公室，2021年3月，撤销石桥镇教育体育管理办公室，成立石桥镇学区。

栾贞础、李建民、王学全、高学起、杨本才、唐兆谦、宋传利、王守满、桑大明、梁朝修、段进行（主持工作）、翟慎国、杨友成、张顺海、郭俊臣先后担任石桥教育管理机构负责人。

学前教育

概　况

1958年开始，域内幼教工作经过一个短暂的兴盛，于1963年停办。直到1980年后，幼教工作正式启动，开始称“育红班”，后称学前班，再后称幼儿园。1985年9月，石桥乡有学前班24个，幼儿757人，教师23人。1995年，学前班先后改称幼儿园。1998年，石桥域内有上黄安、珩崖、郭家上峪、龙门峪、前大泉、后大泉、黑崖、松峪、错石、亳山、分水官庄、旋风峪、东北庄、西北庄、马庄、茶峪、黄墩河、石龙官庄、关河峪、北河峪、石楼、葛庄、东峪、茅子峪、红岭子、天井官庄、石桥27所幼儿园，幼儿教师53人。2002年，按照《石桥乡学校布局调整规划方案》，石桥乡中心幼儿园、成教中心先后搬迁，教体办搬迁到石桥中心幼儿园院内，中学、中心小学、教体办所有校舍统一规划，实行“一院两校”格局，形成中学、中心小学、中心幼儿园、成教中心、教体办区域集中教育园区格局。2005年，北庄幼儿园重新建设。2006年初，石桥乡中心幼儿园教学楼改造完成。2023年底，全镇合并为高标准幼儿园2所，包括石桥镇中心幼儿园、葛庄幼儿园；完成幼儿教育示范乡镇创建任务，石桥镇中心幼儿园达到市级示范园标准。石桥镇共有在园幼儿485人，在职教职工39人。

学校简介

沂源县石桥镇中心幼儿园 位于石桥镇北庄村，是一所高标准、现代化幼儿园，功能室、教学设施均按省级示范幼儿园标准配备。服务全镇11个行政村。2023年12月，幼儿187人，专任教师21人。

幼儿园始建于1996年。占地7921多平方米，建筑面积2709余平方米。2006年初，幼儿园教学楼全面改造。2012年5月，幼儿园完成幼儿教育示范乡镇创建任务，达到省级示范园标准，通过市政府验收。2023年5月，搬迁至石桥镇北庄村驻地，新园占地面积1.13万平方米，建筑面积2360余平方米。

幼儿园坚持以“乐”文化为办园理念，利用农村自然资源和废旧物品，开展特色手工制作。经过研究实践形成“布艺文化”“搭建特色”“烙画”等特色文化。以社会领域教育为特色发展，通过节日

沂源县石桥镇中心幼儿园（2023年）

教育、家园共育等活动，形成社会领域教学特色。

该园被评为山东省示范幼儿园、淄博市示范幼儿园、市十佳幼儿园。

王学英、崔小林、郭传红、徐传峰先后担任园长。

沂源县石桥镇葛庄幼儿园 位于石桥镇葛庄村，占地面积5153平方米，建筑面积1874平方米，服务7个行政村，有小、中、大5个教学班。2023年12月，在园幼儿161人，教师15人。

沂源县石桥乡葛庄幼儿园（2009年）

该园建于1980年，时称“育红班”。1986年，“育红班”改称学前班。1996年，扩大招生，开设小、中、大3个班，改称葛庄幼儿园。茶峪、石楼、黄墩河、石龙官庄等幼儿园撤并至该园。2014年，创建成淄博市示范园。

2017年，在原址重新规划建设高标准幼儿园。幼儿园园所布局和办学条件均达到省级办园标准，标配现代化教学设施，科学设置美工、建构、阅读、绿植、线绳等活动区角；对多功能室、科学发现室、图书阅览室、卫生保健室和美工室等活动用室重新装修，各类活动材料齐全，完全满足孩子锻炼、休闲、娱乐和学习需要。因地制宜建设户外活动空间，开辟戏水池、沙池、农家院、生态园等区域，游戏区配有大型玩具2套，中型玩具2套，各类小型玩具、自制器械500余件，整个活动场地集娱乐、锻炼、学习于一体。幼儿园充分发掘农村资源，突出田园风格，楼内走廊、活动室利用乡村常见的秸秆、种子、果实、麻绳、布头等资源布置装扮，户外通

沂源县石桥镇葛庄幼儿园（2012年）

过栽植农作物、铺设鹅卵石、摆放根雕、搭建农舍等方式积极打造乡土特色，努力做到班级文化和园所环境生态化、情趣化、艺术化和儿童化，让幼儿在富有童趣和乡土气息的环境中健康快乐成长。

该园被评为山东省示范幼儿园、淄博市一类幼儿园、市示范园、市数字化幼儿园。

郭学玲、陈兆香、代丽华先后担任园长。

杏坛陈迹

原上黄安幼儿园　1980年，上黄安大队在北大队部3间东屋设立“育红班”。后改称幼儿园。2001年3月，撤并至北庄幼儿园。陈富娟、杨成红等任教，历任负责人有田茂斌、薛在忠、伊廷良等。

原珩崖幼儿园　1993年，珩崖村成立学前班。2004年春，北河峪幼儿园撤并入珩崖幼儿园，2008年，该园撤并至石桥乡中心幼儿园。段会富、张同福、王建香、王光军等任教，历任负责人有张春吉、杨同承、田贵成、杨发成、江丽丽等。

原郭家上峪幼儿园　1980年，郭家上峪大队设立“育红班”。1996年，改称幼儿园，时称上峪幼儿园。有校舍6间、办公室2间，开设小、中、大3个班。2005年，合并到石桥乡中心幼儿园。杨朝香、郭传红、杨道芳、梁娟娟等任教，历任负责人有郭照璋、田永兰、梁立娟、郭凤香等。

原龙门峪幼儿园　1979年，龙门峪大队在村北设立“育红班”。1985年，改称为龙门峪学前班。1996年，改称为幼儿园。1997年，合并到郭家上峪幼儿园。历任负责人有韩大祥、张传河、张成香等。

原后大泉幼儿园　前身是后大泉小学的“育红班”，也称学前班。1995年后，幼儿园有3个班。2001年，幼儿园撤并至前大泉幼儿园。段连玲、杨明娥、段良娟等任教，历任负责人有王德生、杨道梅、王光玲等。

原前大泉幼儿园　前身是前大泉小学“育红班”。1995年，建成幼儿园。2001年，后大泉幼儿园撤并至前大泉幼儿园，统称大泉幼儿园。2007年，又搬迁至原大泉完小。2010年，大泉幼儿园撤并至石桥镇中心幼儿园。韩兴花、杨道凤等任教，历任负责人有杨道芳、王光军、王光玲等。

原黑崖幼儿园　1983年9月，黑崖大队设立“育红班”，也称学前班。1996年9月，学前班改称为幼儿园。2003年9月，撤并入毫山村幼儿园。历任负责人有马学彬、王德秋、段进环、杨明宽、段连孝、刘志富、段进文、郭传庆、刘克友等。

原松峪幼儿园　1981年，松峪大队成立“育红班”，招收幼儿22人，后改称幼儿园。2004年，合并到中心幼儿园。张元叶、张克凤、田洪兰等任教。历任负责人有翟安绪、徐纪富、张元海、陈兆荣等。

原错石幼儿园　1975年，在大队小学内设立学前班，时称“育红班”，后改称幼儿园。1996年，幼儿园撤并到北庄幼儿园。历任教师有田世香、田传花、杨明莲等，历任负责人有田伟、田世兰、杨同承等。

原毫山幼儿园　前身是毫山村小学内设立的“育红班”，1994年，毫山学前班在毫山烟站正式成立。1996年，改称幼儿园。2001年，搬迁至村南。2002年，搬迁至毫山完全小学。2012年，合并到石桥中心幼儿园。杨成红、杨明娥等任教，历任负责人有杨道玲、刘贵梅、杨明娟等。

原分水官庄幼儿园 前身是附属在分水官庄完全小学的“育红班”。1996年后，改称幼儿园。2004年，合并到大泉幼儿园。杨道爱、杨丽、王光军、段秀娟等任教。历任负责人有段连奎、薛在忠、段进乐、谢明兰等。

原旋风峪幼儿园 1993年，旋风峪村设立学前班，后称幼儿园。2000年，撤并至珩崖幼儿园。高英德、闵祥兰、闵范利等任教，历任负责人有杨发成等。

原北庄幼儿园 1982年，东北庄大队依托村小学创办“育红班”，设1个综合班。1996年，改名东北庄幼儿园，时称北庄幼儿园。幼儿园和小学在一起，实行小学校长管理下园长负责制，招收3—6周岁适龄儿童。2001年，搬迁至新址。2005年，幼儿园改扩建。2014年，新建教学楼1座，容纳200名幼儿，2015年投入使用。该园先后被评为淄博市示范幼儿园、山东省一类幼儿园。2023年5月18日，撤并至石桥镇中心幼儿园。杨明莲、陈德娟、郭爱红、杨成红、田发珍、杨洪美等任教，历任负责人有田世兰、郭凤香、朱秀英、杨红翠等。

原马庄幼儿园 1976年，马庄成立“育红班”。1996年后，改称幼儿园。2004年，松峪幼儿园撤并入该园。2007年，撤并至石桥乡中心幼儿园。王志梅、王志荣、张克凤、沈芬玉、王维兰等任教。历任负责人有田光连、郭贞平、沈成钦、杨富承、杜清凤等。

原茶峪幼儿园 1981年设立“育红班”。1986年，“育红班”改称学前班。1996年，学前班改称幼儿园。2004年，幼儿园撤并至石楼幼儿园。陈启芬、武传秀等任教。历任负责人有马学运、武传林、陈明修、陈兆荣、陈奉花等。

原黄墩河幼儿园 1958年，黄墩河大队开办托儿班。1967年，成立“育红班”。1980年，“育红班”改成学前班。1996年，依托小学正式成立黄墩河幼儿园，设小、中、大班共3个班。2002年，关河峪幼儿园、东峪幼儿园撤并入该园。2010年，撤并至石桥镇中心幼儿园。沈怀霞、田永梅、沈正斌等任教，历任负责人有沈启源、沈成钦、沈启娟、马淑芳、沈启珍、刘纪彪等。

原石龙官庄幼儿园 成立于1978年，时称“育红班”。1980年，改名为学前班。1996年，正式成立石龙官庄幼儿园。2006年，撤并到石桥乡葛庄幼儿园。陈安兰、王守花、沈元美、王京红等任教，历任负责人有蔡守兰、杜清恩、沈成钦、刘汉香等。

原关河峪幼儿园 建于1981年2月，时称“育红班”。1986年，改称学前班。1996年，改名关河峪幼儿园。1998年，撤并至黄墩河幼儿园。刘淑娟、马文静、刘汉凤、刘纪彪等任教，历任负责人有沈怀富、马学运、田发明、陈明修、沈启珍等。

原石楼幼儿园 前身是成立于1978年的“育红班”。1986年，改称学前班。1996年，幼儿园正式独立设置。2004年，石楼幼儿园与茶峪幼儿园合并。2012年，撤并到葛庄幼儿园。历任教师有陈贵芝、陈贵菊、杨本爱、任纪英等。历任负责人有申纪辉、杨富承、梁成录、陈兆荣、陈安惠、沈启娟等。

原东峪幼儿园 1981年，成立“育红班”，招收1个班。1991年，改称学前班，后改称幼儿园。1997年，幼儿园撤并到黄墩河幼儿园。历任教师有周仕玲、徐芹莲、任霞、徐芹珍、周燕等。历任负责人有马学运、王守玲、沈世亮等。

小学教育

概　况

1948年，域内各村陆续设立初级小学。同年，在石桥村小学的基础上设立本区第一所高级小学，校址在石桥村西。1950年前后，大泉、葛庄、石楼、黄墩河、石龙、毫山、黑崖、分水官庄、北河峪、上黄安、马庄、天井官庄、松峪等村建立初级小学或者高级小学。1954年，关河峪、东北庄建立初级小学。1960年，全公社各大队建立小学20所。1975年，发展为25所小学和4处教学点。自此，石桥小学教育进入稳定发展期。1986年，全乡小学共有110个教学班。1994年，全乡共有小学和教学点30所（个），包括石桥、错石、上黄安、下黄安、龙门峪、后大泉、大泉、毫山、黑崖、分水官庄、珩崖、北河峪、旋风峪、东北庄、西北庄、茅子峪、葛庄、石楼、石龙官庄、关河峪、黄墩河、东峪、茶峪、马庄、天井官庄、薛家官庄、郭家上峪、松峪28所小学，毫山枣阳河、毫山马栏2处教学点。1994年后，各村小学合并，留有9所完全小学、2所初级小学、11个教学点。葛庄、石楼、黄墩河、马庄、石桥、东北庄、毫山、大泉、珩崖等村设完全小学；郭家上峪、关河峪等村初级小学设有1—3年级；北河峪、上黄安、西北庄、错石、茅子峪、松峪、茶峪、分水官庄、石龙官庄、天井官庄、黑崖等村设教学点。2000年前后，2所初级小学、11个教学点陆续就近合并到9所完全小学内。其中，郭家上峪小学合并到石桥中心小学，关河峪小学合并到黄墩河小学，松峪、天井官庄学校合并到马庄小学，西北庄、错石、上黄安、茅子峪等学校合并到东北庄完小，北河峪小学合并到珩崖小学，分水官庄小学合并到大泉小学，茶峪小学合并到石楼小学，石龙官庄小学合并到葛庄小学。2002年，石桥乡境内有9所完全小学（马庄、中心小学、东北庄、毫山、大泉、珩崖、石楼、葛庄、黄墩河），1处教学点（黑崖）。2003年，黑崖教学点合并到毫山完小，马庄完小撤并到中心小学。2006年，石楼、黄墩河、大泉、毫山、葛庄5所学校的5年级撤并到中心小学。2007年，3—4年级撤并到中心小学。同年，珩崖小学的1—4年级撤并到中心小学。2012年3月，石楼、黄墩河、大泉、毫山4所学校的1—2年级撤并到中心小学。2021年，葛庄小学合并到中心小学。2022年3月，东北庄学校合并到中心小学。

学校简介

沂源县石桥镇中心小学　位于石桥镇驻地，学校占地面积1.11万平方米，建筑面积6079平方米。截至2023年，有教学班18个，在校学生606人，教职工64人。

学校始建于1943年。1944年，校舍被战火烧毁，学校搬迁至村里民房。1948年，村里重新建立初级小学。1950年春，学校搬至村南庙。1952年，学校改建成教学设施较完善的学校。1984年秋，新建学校并更名为石桥乡中心小学。2010年9月，改名为石桥镇中心小学，服务村为石桥、郭家上峪、薛家官庄、天井官庄、龙门峪。2006年，新教学楼正式启用。2016年，学校与周边5所小学合并（毫山、大泉、珩崖、石楼、黄墩河）。2021年8月，葛庄小学并入。2022年3月，东北庄学校合并到石桥镇中心小学。

沂源县石桥乡中心小学（2005年）

学校的工作使命是为党育人、为国育才。工作理念是用情怀和责任办有温度的教育。工作目标是为每一个孩子幸福人生奠基、为每一名教师专业成长奠基。工作愿景是党建引领全局，资源持续优化，德育培根塑魂，质量固本夯基，团队风清气正，特色铸就精彩。工作价值是真心换来信任，格局提升境界，质量赢得尊重，情怀实现价值；不断彰显办

沂源县石桥镇中心小学（2022年）

学特色。

学校研究开发以“筑梦石小、桥见未来”为主题的“五桥”课程，扎实提高办学质量。

学校被评为山东省绿色校园、淄博市信息化校园、市优秀教工之家、市智慧校园。

栾正初、杨本才、郭照秀、马学彬、周连泽、杨朝琦、潘学文、杨自爱、郭贞平、郭忠林、郭学华、王树东、田永成、杜春波等先后担任校长。

杏坛陈迹

原错石小学 始建于1957年。校址在村北场，教室4间，设1—3年级，复式教学。1975年，成为完全小学。1994—2000年，学校陆续撤并入东北庄完小。田传杰、杨本密等任教，历任负责人有段进瑞、蔡守田、杨本志、郭清兰、朱庆吉、梁成录、杨明贵等。

原上黄安小学 1952年，上黄安村借用民宅建立初级小学，学制4年。1969年冬，新建校舍10间。1995年，3—5年级合并到东北庄完小，1—2年级与下黄安合并为上黄安简小。2001年，上黄安简小撤并至东北庄学校。历任教师有翟美媛、王光宝、陈守田、武成楼、陈启普、张孝忠等。历任负责人有薛在忠、沈启源等。

原下黄安小学 始建于1960年，规模2个班。1962年，学校搬到村东土台子场院。1974年，村内重建学校，校舍操场规模基本齐全。1981年，上黄安、下黄安大队5年级学生到东北庄学校就读。1995年，上黄安、下黄安村3—5年级学生去东北庄完小就读，下黄安学前班和1—2年级合并到上黄安小学就读。2001年3月，学校合并到东北庄学校。历任教师有武善爱、孙传胜、刘继祥、高希鹏、王登贵、郭传美等。历任负责人有田茂玺、杨本瑞等。

原龙门峪小学 成立于1985年，设1—2年级。1994年，撤并至石桥乡中心小学。历任负责人有韩大祥、张传河等。

原后大泉小学 新中国成立前，民国政府在大泉村庙建立初级小学，后因战乱停办。1944年，大泉区委在原址建立初级小学，新中国成立后，建立高级小学。1960年前后，建立完全小学。1984年，搬迁至后大泉村东，占地面积1730平方米，校舍15间，5个班。1995年，学校撤并到前大泉村小学，合并为大泉完全小学。历任教师有段连智、段升芳、段升义、段连奎、段升成、段升堂等。历任负责人有段升增、杨明贵、段进环等。

原大泉完全小学 新中国成立后，前大泉村建立初级小学，设1—4年级。1960年前后，建成完全小学。1995年，前大泉和后大泉小学合并为石桥乡大泉完全小学，校址在原大泉联中。2012年，大泉完全小学撤并入中心小学。段连奎、王光利、段升成、段连智、田茂堂、段升堂等任教，历任负责人有杨明贵、杨道田、杨兴华、杨振军、魏言同等。

原毫山小学 1952年，毫山村在南门建立小学。教室3间，设1—3年级，3个班。1960年，设1—4年级，复式教学。1965年，学校迁至村西岭，建教室15间，1—5年级共5个班。2012年，撤并到中心小学。牛洪玉、田悦树、江照利、武美珍、陈明帅等任教，历任负责人有陈奉章、张文杰、陈俊成、徐淑连、田茂玺、梁朝胜、郭贞平、田贵成、杨发成等。

原黑崖小学 始建于1952年。1976—1978年，招收一届“戴帽”初中班。1997年，由团市委援助，在村北建成黑崖村希望小学。2003年，黑崖小学撤并到毫山完全小学。历任教师有郎瑞祥、徐淑莲、刘汝斌、高立明、王克明、刘志富、段进乐、段进文、刘克友、赵彦香、段连贵等。历任负责人有陈立芹、马学彬、孙中太、段连胜等。

原分水官庄小学 1949年，分水官庄村利用村中街官屋成立村小。设1—4年级，每年招收20余名学生，复式教学。1960年，在官屋西建5间教室。1964年，拆村南五神庙，增建2间教室。同年，成为完全小学。北河峪、旋风峪、珩崖、红岭子、毫山和黑崖等大队学生入学就读。1994—2002年，分水官庄小学陆续撤并至大泉完小。张宝谊、杨道田、周世彪、谢明亮等任教，历任负责人有杨明爱、王安香、刘洪勤、王欣泰、杨明贵等。

原珩崖小学 成立于1968年，设1—3年级，复式教学。1976年，在珩崖小学基础上成立珩崖联中，招收北河峪、旋风峪、珩崖和红岭子等大队的学生。1978年，珩崖联中撤并至分水联中，只保留小学。1995年，珩崖小学成为完小。2007年，撤并到中心小学。张玉安、孙长安、孙兴友等任教，历任负责人有张春吉、杨同承、杨道田、田贵成、杨发成等。

原红岭子小学 1958年，红岭子小学借用民宅成立，设1—3年级，有20余名学生，复式教学。1979年，学校撤并至珩崖小学。教师先后有陈立勤、徐佩玉、刘世清、耿成清等。历任负责人有马范芬、张道文、杨宗富等。

原北河峪小学 1951年，北河峪村办起小学，设1—2年级。1967—1969年，实行五年制小学教育。1994—2000年，学校分批次撤并至珩崖完小。王安乡、张玉行等任教，历任负责人有段连胜、张玉安、王德海、王立秋等。

原旋风峪小学 1958年初，旋风峪村建立小学，设1—2年级。1992年，小学搬迁至村北新建学校。1996年，学校撤并入珩崖完小。孙永泉、杨本志、段连胜等任教，历任负责人有杨发成、杨明宽、杨明爱、孙兴友等。

原东北庄学校 1954年，东北庄开办初级小学。1984年，学校成为完全小学。错石、茅子峪、西北庄、上黄安、下黄安等5个村小学的五年级并入。2001年，新校建成使用，时称东北庄学校。2022年3月，合并到中心小学。杨本爱、田贵成、田友勤、田茂玺等任教，历任负责人有王守怀、杨朝琦、杨富承、段连胜、杨明宽、郭传庆、郑作芳、申纪辉、鞠明光、王树东、田永成、杜春波、杨兴燕等。

沂源县石桥镇东北庄学校教学楼（2017年）

原西北庄小学 始建于1953年。1972年，村中新建学校。2001年，撤并到东北庄学校。历任教师有翟安绪、田茂斌、陈安弟、杨本瑞、杨洪玉等，历任负责人有田茂玺、郭照莲、田贵成等。

原茅子峪小学 新中国成立后，茅子峪村开办小学，设4个年级，2间教室，复式教学。2000年，撤并至东北庄完小。历任负责人有张玉中、杨本密等。

原葛庄小学 1946年，葛庄整修村庙建成村办小学，负责人陈敞学，设1—4年级。1977年前后，在村东建新校舍，成为完全小学。1983年8月，学校设10个班。1995年，在村北原博沂路南建教学楼。2021年8月，撤并至中心小学。历任教师有陈明茂、薛云喜、陈敏成、林培才、陈明修、徐志忠等。历任负责人有马学彬、潘学文、沈成钦、刘汉双、郑作芳、陈兆荣、王栋等。

原石楼小学 1950年，村集体借用民房成立村初级小学。设1—3年级3个班。陈奉章、陈奉谦等先后任教。1966年，在小学旧址办起完全小学，有5个班，160余名学生。1989—1999年，学校规模扩大，招收该村和茶峪村学生，设1—5年级6个班。2006—2012年，石楼小学分批次撤并至中心小学。王守花、陈风志、陈兆旺、陈风强、陈启同等任教，历任负责人有徐信珠、朱文汉、赵祥忠、沈正文、王仕功、梁成录、申纪辉、杨富承、沈成钦、陈风信、陈兆荣等。

原石龙官庄小学 1949年9月，石龙官庄成立村小学，设1—5年级，复式教学，杜丕吉任教。1970年，设1—3年级1个班，4—5年级2个班，复式教学。1975年，成为完全小学，设1—5年级5个班。1994年，3—5年级合并到葛庄完小，村小学只保留1—2年级。2000年，撤并至葛庄完小。沈元法、沈成钦、陈安义、王守花、王守敏、沈正贤等任教，历任负责人有陈俊成、蔡守兰、杜清恩、沈成林、杨富承、陈志才、沈元忠等。

原关河峪小学 1958年，关河峪村建成小学，校舍2间，复式教学。1994年，4—5年级并入黄墩河小学。2000年，1—3年级并入黄墩河小学。马学俭、马会荣、马学运、刘纪礼等任教，历任负责人有刘纪中、陈明江、田发明、潘学文、刘汉双等。

原黄墩河小学 新中国成立后，黄墩河村建立初级小学。1969年，扩建教室，设1—5年级5个班。1994年5月，学校扩建为完全小学，设11个班级，教职工12人。2006—2012年，黄墩河小学分批撤并到中心小学。沈启利、沈正彬、王守玲、杨道荣、尹明丽等任教，历任负责人有沈启源、沈成钦、潘学文、秦元忠、郭传庆、杨富承、刘汉邦等。

原东峪小学 1955年，东峪小学建立，设复式班1个。1963年，学校搬迁至村中心老房，设1—4年级，复式教学。1974年，在村北坡新建校舍5间。1976年，撤并至关河峪小学。先后有陈明绪、宋成丙、徐志孟、王仕友、郑述柏、沈世亮等任教，历任负责人有周仕祥、郭传庆、马学运、王守玲等。

原茶峪小学 始建于1951年，校址在村南山脚下，4间北屋教室，后增建西屋3间和南屋4间，设1—5年级，学生65人。1994年，村小改为初小，仅保留1—3年级，4—5年级合并到石楼村小学。2000年，学校撤并至石楼村小学。郑述柏、魏发常、陈启礼、陈兆来、陈汉花等任教，历任负责人有武学文、陈启普、郭照秀、陈汉法、陈立芹、宋恒荣、武善礼、陈明修、武传林、陈兆荣等。

原马庄小学 1952年，马庄小学借用村里养蚕室成立，采用复式教学。1994年，建成2000平方米教学楼1座，教室30间。2003年，马庄小学撤并到中心小学。孙吉义、郭照连、翟安绪、王春莲、王维文、杜清开等先后任教，历任负责人有郭清俊、沈怀富、田光连、沈成钦、杨富承、郭贞平等。

原天井官庄小学 1950年，天井官庄小学成立。2000年，学校撤并至马庄小学。教师有王孔祥、郎瑞玉、梅玉华、伊廷良、申纪辉等，历任负责人有杨本育、申兴友等。

原薛家官庄小学 新中国成立后，薛家官庄小学成立。1999年前，学校撤并至天井官庄小学。教师先后有马贵学、薛佃生、马群、马贵元、马元良、薛在明等。历任负责人有孙中太、薛在忠等。

原郭家上峪小学 1964年，郭家上峪小学建立，时称上峪小学。设1—4年级。1969年，开办五年制小学。1973年，学校扩建，有校舍15间，伙房3间。1986年，学校被评为临沂地区教育系统勤工俭学先进单位。1999年后，学校撤并到中心小学。贾文教、杨自修、王奉堂、郭照相、梁朝胜、郭照杰等任教。历任负责人有郭照璋、沈怀贞、郭照绍、申兴友等。

原松峪小学 1952年建立。设1—3年级3个班，招收学生15人。1970年，成为五年制完全小学，学生40多人，采取复式教学。1986年，翻建老旧校舍，建教室8间。1994—2000年，学校陆续撤并至马庄小学。姜吉庆、郭照敬、薛佃升、江玉德、张克义等先后任教，历任负责人有吕传利、杨朝文、沈怀贞、陈明修、沈启源、翟安绪、张元海、陈兆荣、田光太等。

中学教育

概　况

域内中学教育始于20世纪60—70年代。1965年，石桥公社成立沂源五中。1970年前后，葛庄联中、分水联中、北河峪联中、石楼联中陆续成立。1975年前后，全公社27个大队，有1所高中——沂源五中，还有葛庄联中、石楼联中、马庄联中、石桥联中、东北庄联中、毫山联中、大泉联中、北河峪联中、分水官庄联中、珩崖联中等10所联办中学和黄墩河、石龙、关河峪3所村办中学。1977年前后，石龙村办中学合并到葛庄联中；黄墩河村办中学合并到葛庄联中；北河峪联中初一年级合并到珩崖联中，同年又合并到分水联中。1978年，郭家上峪村办中学1个班，翌年，合并到石桥联中。1977—1979年，石楼大队招收一届高中班，学生36人，生源来自石楼、茶峪大队和悦庄公社小水大队，后停办高中，只有联办中学。1980年，沂源五中不再招收高中部学生。1982年前后，石楼

黎世法教授异步教学现场会（1998年）

联中、关河峪村办中学并入葛庄联中，马庄联中并入石桥中学。毫山联中、分水官庄联中并入大泉联中。1984年，东北庄联中并入石桥中学。至此，石桥区初中保留4所，即石桥中学、石桥联中、葛庄联中、大泉联中。1988年，石桥联中撤并到石桥中学。1994年，葛庄、大泉联中合并到石桥中学。至此，石桥乡只有1所中学，最高峰时期达到28个教学班，学生1500余人，教职员工达到100余人。

学校简介

沂源县石桥镇石桥中学　位于石桥镇圣佛山路50号，学校占地面积3.66万平方米，有教学楼、综合楼、学生公寓楼、教师公寓楼和学生餐厅各1座，总建筑面积1.35万平方米。2023年，有16个教学班、学生468人、教职工99人。

学校始建于1965年，位于县城东20公里处的石桥镇政府驻地石桥村，是一所寄宿制农村初中。石桥中学原名沂源县第五中学，为两年制高中。1970年8月，与石桥农中合并。1980年，改为三年制初级中学，规模6个班。1996年，学校在原址的基础上扩建，改为四年制初中。

学校以“扬‘石·桥’才，增‘石·桥’质”为校训，“叠石共存，架桥向美”为校风，“‘石’以明生，‘桥’以修己，师生美美与共”为教风，“炼石成金、搭桥为路”为学风，“德美、干实、业精、法理”为领导作风，以“砥砺‘石’之志，涵育‘桥’之品”为教育理念，以“品德优良、基础厚实、素质全面、个性鲜明、特长突出，具有创新精神和实践能力，能主动适应未来社会发展需要的优秀学生”为培养目标。办学特色是以人为本，着眼整体，注重个性，发展潜能，开放式教学，立体化育人，和谐性发展。学校秉承“学生快乐、教师幸福、家长满意、社会知名”办学目标，深化教育教学改革；在教学工作和学生管理上推行积分制管理法，在课堂上发挥学生的主体地位，让学生成为课堂的主角；把班级管理权还给学生，让他们成为管理的主人，培养学生的责任担当意识，开展社团活动引领学生特色发展。

该校被评为山东省绿色学校、淄博市规范化学校、市体育传统项目学校、市优秀交通安全示范校、市学校文化建设先进单位、市数字化学校、市平安和谐校园、市青少年科技创新大赛优秀组织奖、市

沂源县石桥镇石桥中学（2023年）

初中毕业证书（1975年）

智慧校园、市公园式（园林式）单位。

李培俊、孙玉江、刘宗田、杨兴利、杨绍桢、梁朝修、杨本源、任继福、赵敬育、张顺海、杜明栋、郭俊臣（执行校长王海波、孙宗斌）先后担任校长。

杏坛陈迹

原大泉联中 1969年成立，并设大泉学区。负责前大泉、后大泉、亳山、黑崖、珩崖、旋风峪、北河峪、红岭子等村队中学教学工作。大泉联中属教育组管理，校长兼学区负责人。1994年，撤并至石桥中学。翟瑞德、杨朝德、段进环、刘纪礼、徐纪富、陈复义等任教，历任负责人有徐新泉、田茂从、王守怀、杨朝琦、郭清兰、田光启、段连胜、沈振新等。

原亳山联中 1975年成立，亳山和黑崖的初中生在校就读。1982年，亳山联中撤并到大泉联中。杨道富、杨兴华、段进文等任教，历任负责人有杜清恩、刘志富等。

原分水联中 1969年成立。1970年，学校搬迁至西岭。珩崖、旋风峪等大队学生入校就读。1982年，撤并至大泉联中。杨发成、崔西贵、孙中太、郭光来、段连忠、翟瑞德等任教，负责人段连胜。

原珩崖联中 1976年成立，北河峪、旋风峪、珩崖、红岭子等大队学生入校就读。1978年，珩崖联中撤并至分水联中。杨发成、崔西贵、孙友和等任教，负责人王守满。

原北河峪联中 1970年，北河峪大队建立联办中学，共招收四届初中生。1978年，撤并至分水联中。王建信、王德友、王立秋、王德海、王立满等任教，历任负责人有段连胜、王德良、张玉安等。

原东北庄联中 1975年成立，分流石桥中学的部分生源。1984年，撤并至石桥中学。魏宗武、陈京山、田茂玺、田发敬、杨本芳、杨本爱等任教，历任负责人有田光启、郭照秀、王守怀、陈立芹、任京先、杨朝琦、杨富承等。

原石桥联中 1974年，石桥、松峪、天井官庄和薛家官庄4个大队，在石桥村墁顶处建设教室和办公室16间，成立石桥联中。1988年，该联中撤并至石桥中学。申纪辉、杜清恩、王加奎、杨朝德、陈京山、张顺福等任教，历任负责人有田茂聪、田光启等。

原马庄联中 1977年成立。1982年，马庄联中撤并至石桥中学。王春联、蔡守兰、孙纪义、杜光升、徐纪富等任教，历任负责人有郭清俊等。

原葛庄联中 1969年成立，并设葛庄学区，联中属乡教育组管理，校长兼学区负责人。1994年，撤并至石桥中学。有陈滨城、徐信进、王德友、郑作源、任纪源、杨兴华等任教，历任负责人有徐祥田、任京先、杜高章、王守满、魏宗武、陈明友等。

原郭家上峪中学 1978年成立，招收1个班，30名学生。1979年，学校撤并至石桥联中。历任负责人有郭照璋、杨本法等。

原石楼联中 1972年，石楼村与茶峪村联合办学，成立石楼联中，教室50多间，招收初中生90余人。1977—1979年，办高中班，招收36名学生。1982年，撤并到葛庄联中。陈风忠、陈贵玉、秦贞祥、陈志刚、魏宗武等任教，历任负责人有沈政文、朱文汉、赵祥忠等。

原石龙官庄中学 1975年，石龙官庄小学增设初中班，石龙官庄中学成立，招收1个班。1977年，撤并至葛庄联中。沈正贤、陈立敬、沈元忠、沈成钦等任教，负责人蔡守兰。

原关河峪中学 1973年，关河峪村在村小基础上建立初级中学。校舍9间，设初一、初二2个年级，2个班，1982年，撤并至葛庄联中。沈学良、陈子祯、张振太、杨明俊等任教，历任负责人有陈明江、潘学文、王守满、刘汉双等。

原黄墩河中学　1975年，黄墩河大队在村小基础上建立初级中学，招收1个班。1978年，撤并至葛庄联中。王仕栋、沈正彬等任教，负责人蔡守兰。

成人教育

概　况

新中国成立前，域内读书识字的人很少。1946年前后，大泉区开始扫盲。教师多由村中识字的人员担任，他们也是边教边学。后来，60%以上的妇女参加识字班，"识字班"成了青年妇女的代称。新中国成立后，域内成立扫盲学习班，办夜校。1951年冬，为提高扫盲效率，培养更多人才，区、村成立速成班，一般半天劳动半天上课，有的村办起全天班。1954年起，使用山东省教育厅统一编写的教材"农民文化课本"。1983年，石桥公社扫盲工作取得很大成效，识字1000个以上的人员接近90%，摘掉文盲帽子。1992年，在乡教育中心开办成人教育学校。2019年，成人教育中心撤销。

杏坛陈迹

原石桥镇成人教育中心学校　1992年，石桥乡教育中心开办成人教育中心学校（简称成教中心）。教育对象主要是初中毕业未进入高一级学校的学生。教学内容以农村实用技术知识为主，教师以上面派遣和聘请专业技术人员为主。石桥乡98%符合成人教育条件的青年接受了系统的成人教育。1996年，成教中心和职教中心与湖北孝感职业学院进行联合办学，承担全日制2个班的培养任务。1996年"双基"验收，石桥乡达到"基本普及九年义务教育""基本扫除青壮年文盲"的标准。1996年，石桥乡成教中心设置"3＋1"初三学生教学分流实验班，实行"毕业证书和资格证书"双证离校。1997年11月20日，石桥乡成教中心获得国家教委颁发的第二届"中华扫盲奖"。同年，成教中心被评为省级规范化成人教育学校，全省科技扶贫现场会在石桥乡召开。1998年，石桥乡成教中心被评为国家级示范性成人学校，并被教育部确定为国家农村教育综合改革实验基地。1999年4月，石桥乡成为淄博市首批成人教育示范乡镇之一。2019年，成教中心撤销。

马学彬、田发明、郭学华、段进行、鞠明光、郭传庆、杜春波、杨朝波先后担任校长。

综合实践教育

1995年，石桥乡被列为全国教育科学"九五"规划、国家教委重点课题"不同经济类型地区农村初中办学模式实验研究"山东实验区。面对山区农村实际，在基础教育阶段渗透职业技术教育，采用"3+1""初四分流"等多种形式，实施"教劳"结合教育模式，提高未来农村劳动者职业技能。在圣佛山建立了以林果为主的"万亩劳动教育实践基地"。圣佛山劳动教育基地距离石桥中学3公里，学校每周组织学生进山参加劳动实践。1995—1999年，共在劳动基地栽植板栗3000多棵、黑李子2000多棵、山楂树1000多棵、红富士苹果2000多棵，还有其他用材林若干。学生通过对果树的栽植、管理接受劳动技术教育。1995年，教劳结合办学模式取得新成果，省、市电视台以《荒山上的劳动课堂》为题作了专题报道。1996年10月28日，石桥乡农村教育改革成果通过省级鉴定。评审专家一致认为"石桥乡农村教育改革经验为经济欠发达地区的教育改革与发展树立了成功范例"。1997年7月，石桥乡被确定为山东省试验区的牵头单位。同年，圣佛山基地被评为全国劳动教育实践基地。1998年7月18日，全国农村初中教育改革与发展学术研讨会在沂源召开。1999年，圣佛山基地被中国教育学会命名为国际青少年生命树中心圣佛山基地。

2000年，沂源县在石桥中学圣佛山综合实践活动基地的基础上建成沂源县综合实践活动学校。

红色教育

石桥镇“红色资源”丰富，红色教育是石桥镇教育的重要组成部分，也是石桥镇教育的特色之一，把红色文化引进校园、引进课堂、引入学生的心灵，用红色文化引领学生健康成长。从2005年开始，石桥镇依托万祥山、圣佛山、松山、南涧等“红色资源”，开展系列爱国、爱家乡教育活动。依托共青团、少先队等群团组织开展系列德育活动；组织学生观看红色电影，学唱红色歌曲，学习先模人物；依托语文、思政、历史、传统文化等学科，利用《美丽的石桥，可爱的家乡》（石桥中学校本课程）、《红色石桥》等校本课程，利用班会、国旗下讲话等活动对学生进行红色教育、爱国爱党爱人民教育，努力培养又红又专的好孩子。开展“三个培养三个评选”活动，“三个培养”是指培养真教真管、会教会管、能教能管“三教三管”红色教师，培养真干、会干、能干“三干”红色管理队伍，培养品学兼优红色孩子。“三个评选”活动即评选红色班级、红色家庭、红色孩子。从2022年以来，石桥镇共评选出红色班级40个、红色家庭159个、红色孩子400人次、红色教师120人次。

校园琐忆

回忆民师历程

1983年7月，陈明贤被石桥公社教育组招聘为民办教师。那时农村学校因为有秋假和麦假，暑假就短，一般1个月左右。接到录取通知时，暑假还有一半的时间，但是却要求立即上班。因为开学后要招一年级新生，还要动员幼儿参加“育红班”，更要紧的是，一年级还没有教室。开学准备工作千头万绪，如果不提前准备，开学时就会耽误教学。

葛庄小学，原来和葛庄联中在一个院内，是前后两排房子，由于石楼、关河峪联中的并入，学生增多，校舍不够用，就在原校舍西新建了十几间平房，小学搬了过去。但是这一年学生多了，校舍又不够用，就把联中院内的两间作学生宿舍的西屋腾出来当作一年级教室。于是老师们上班后的第一项任务就是用水泥板给学生支课桌。水泥板长1.2米、宽0.45米、厚0.06米，是老师们自己预制的，在以前的教室内用过多年了，水泥板都摩擦得光可鉴人。老师们到河里捡石头，到地里取土和泥，用了五六天时间才把屋子收拾出来，支好了水泥板。夏天温度高，等到开学时用的黄泥就干得差不多了，学生使用就没有安全问题了。

1983年，正是农村改革的关键时期，家庭联产承包责任制进入扫尾阶段，大队、生产队等集体化生产形式不复存在，工分制取消，民办教师的工分待遇也就随之取消。1984年后，民办教师的待遇只剩下国家补助的每月5块钱，再就是有的开明的村给教师免除义务工。这一时期是民办教师队伍最不稳定的时候，年轻民办教师纷纷退职，甚至有许多教学多年的老民办教师也离职了。当时和陈明贤一起招收的5个民办教师只剩下了他一个，再加上在所有民办教师中他年龄最小，因此他也成了石桥区域内最后入职将来最后退休的民办教师。

当时乡村教师的组成还是以民办教师为主。葛庄小学是学区驻地，共9个老师，连学区校长主任才3个公办教师。有很多小学只有一个公办教师或者全是民办教师。民办教师的离职给学校教学造成了一定的冲击。那时国家有个政策，民办教师满五年就可以参加民师考试，考上了，脱产上两年民师，分下来就是公办教师了。只是民师招收名额非常少，录取率非常低，但不管怎样，这在当时是民办教师很好的一条出路。

1988年，国家稍微提高了一些民办教师的补助，由每月5块钱提高到15块，又提高到35块，为了留住民办教师，有的经济条件好的村还拿出一部分钱来补助。

1993年，几位民办教师通过乡里预选，然后通过了市里的统一考试。本来是离职学习，学制两年，但他们这一届并没有完全离职，每学期只是去师范学习半个月，其他时间正常上班。1993年暑假后，黄墩河小学有2个民办教师离职，课开不起来了，陈明贤就调到了黄墩河小学，教五年级数学。这一级19个孩子，其中就有后来成为市高考状元的沈启盟。1994年暑假后，中学布局调整，葛庄联中、大泉联中合并到石桥中学，中学师资不足，陈明贤就随着这一级一起到了石桥中学。在石桥中学，他见证了石桥中学脱胎换骨，化蛹成蝶的变化。

（陈明贤提供资料）

悦庄镇学区

扫码看视频

扫码听书

记忆沂源·教育体育卷

概　述

悦庄教育历史悠久，春秋时，鲁定公十年（前500年），齐鲁夹谷会盟后，相传孔子亲传弟子在域内授儒学，学子云集，儒生众多，后历经秦汉魏晋唐宋，瓜瓞绵绵。元末明初，域内入书塾求学之人众多，其中杜泽最有名，其成就最大。根据方志谱牒记载，明代武衡办家塾，清代办家塾的有苗山村的郑志贵、赵庄村的宋卫、北鲍庄村的高学详、东鲍庄村的刘洪南等。

1944年5月建县后，教育科即在北张良村成立，不久改称文教科，统管全县的文化、教育、体育事业，各区也相应成立文教组织，设立文教助理。这一时期只有小学教育。1947年，国民党重点进攻山东解放区，教育暂时停办。1948年，恢复教育工作。1959年开始，成立中学。中小学校管理各自为政，共同受县教育局管辖。1969年7月，中心校管理小学教育。1973年，教育组管理小学教育。1986年，全镇普及小学教育，实现农村小学“六配套”，在12月召开的临沂地区表彰大会上受到表彰。

悦庄中学属高中段教育，直属县教育局管理。1986年9月，根据县教育局的部署安排，悦庄镇成立“三个中心”，即中心中学、中心校和幼教中心。悦庄镇政府在县农科所旧址建起一所初级中学——悦庄镇中心中学，1986年正式招收第一级学生，镇党委、政府任命郑述芹为校长，负责全镇初中教育。

1991年8月，实施乡镇教育统管，成立悦庄镇教育委员会，管理全镇的学前教育、义务教育和成人教育。2002年，改为悦庄镇教育中心。2005年，改为悦庄镇教育体育管理办公室，在管理全镇学前教育、义务教育和成人教育的同时，兼管全镇体育事业。2021年，改为悦庄镇学区，管理全镇学前教育、义务教育。

2023年，悦庄镇学区有1所中学，6所小学，6所幼儿园，有132个班，学生4492人，教职工396人。

任洪太、任洪绍、徐洪鸣、齐立鲁、苗永富、孙佃伦、张志新、丛佃祥、孙玉伦、王恩成、王家新、潘洪太、宋传利、郑述芹、张志堂、唐光京、王英春、孙兆刚、杜明栋先后担任悦庄教育管理机构负责人。

学前教育

概　况

1958年5月，全国掀起“大跃进”高潮，托幼工作迅速发展，大部分村办起托幼机构。1960年秋，省妇联在沂源县召开托幼工作现场会。省、地、县妇联主任200余人参观悦庄人民公社东赵庄幼儿园。1958—1960年，除办一批长年幼儿园外，还办起农忙幼儿园、地头托儿所、邻里托儿所等。1960年冬天，部分幼儿园逐渐停办。20世纪70年代，各大队小学内都有1个学前班，也称“半日班”，全公社还没有一所正规幼儿园。“半日班”的教学内容以拼音、简单的识字、10以内加减法为主。1986年，东悦庄村村民任相利办起第一所民办幼儿园——育才幼儿园，设有小、中、大班各2个，授课内容有游戏、语言、数学、音乐、美术、活动等，管理比较规范，同时担负着培训全镇幼儿教师的任务。此后，北张良、赵家峪、东赵庄等村先后办起民办幼儿园。

悦庄镇首届幼儿教师培训班合影（1987年）

1998年，悦庄镇政府在悦庄中心小学校舍旧址进行改建，成立悦庄镇中心幼儿园，当年被评为“淄博市示范幼儿园”。其他各村按照政府主导、联村办园的思路，利用小学合班并校腾出的校舍资源，进行改建和扩建，先后建起埝庄、唐家官庄、埠村等8所幼儿园，并新建沂河幼儿园。2002年，完成学前教育示范乡镇创建任务，3岁以上幼儿入园率达80%以上，中心园达到市级示范园标准，市级一类园数量达到本乡镇园所总数的30%以上。龙山幼儿园、悦庄镇中心园分别于2003年、2005年通过省级示范园验收。2002年，兴建中心幼儿园综合楼。

2003年，埝庄幼儿园撤并到镇中心园。2010年，悦庄镇有10所幼儿园，其中2所为省级示范园、4所市级示范园，悦庄镇学前教育走在全县前列。2012年，鲍庄幼儿园划归悦庄镇管辖。2022年10月22日，王家泉幼儿园正式搬迁至消水完小改建的幼儿园，重新命名为“沂源县悦庄镇中心幼儿园消水分园”；同年，沂河幼儿园、葛家庄幼儿园、唐家官庄幼儿园分别合并到中心幼儿园、埠村幼儿园和龙山幼儿园，进一步优化教育资源配置。

学校简介

沂源县悦庄镇中心幼儿园 位于悦庄镇政府驻地西悦庄村。幼儿园占地面积5400平方米，拥有综合楼1座，总建筑面积2708平方米，绿化面积1030平方米。服务于东悦庄、西悦庄、北张良、南埝庄、北埝庄、赵家峪、龙王官庄、东辽军埠、西辽军埠、北辽军埠、抗子沟、南营、中营、苗山、花水、涝洼、银洞峪等村，是一所现代化乡镇中心幼儿园。2023年，幼儿园有14个班，幼儿471人，教职工39人。

沂源县悦庄镇中心幼儿园（2011年）

1998年，幼儿园由悦庄中心小学老校舍改建而成。2002年8月，悦庄镇教育中心筹资180多万元对幼儿园进行重建，历时一年零三个月，2003年11月竣工，2004年投入使用。幼儿园由原来十几间破旧瓦房，改扩建成三层教学楼。

2003年秋天，悦庄镇开始合班并园，南北埝庄、赵家峪、苗山、北张良等村庄的学前班相继合并到中心幼儿园。2004年春天，合并龙王官庄学前班，班级数量达到9个，生源辐射19个村。2010年8月，翻新食堂、锅炉房等9间平房240平方米。先后铺设户外塑胶场地1400平方米，改建200余平方米大型沙池、戏水池，购置大型滑梯、攀爬墙、拱笼、木梯、木板等有挑战性的玩具。室内装修功能室，更换电脑，配备触控一体机、电钢琴等现代化教学设施及各类益智玩具，办园条件得到改善。2022年8月，沂河幼儿园并入。

幼儿园确立“以幼儿发展为核心，依托乡土资源，开展生活化教育”特色发展之路。立足实际，因地制宜为幼儿创设游戏的乐园。有效挖掘生活和环境中蕴含的教育价值，让幼儿的学习与生活回归童年的本真。同时，重视教师业务水平提升和团队建设，通过园本培训不断提升教师的专业能力和团队意识，办园质量得到极大提升，实现从小环节让生活化教育的大理念落地生根。

2022年，悦庄镇被确立为山东省强镇筑基试点乡镇，幼儿园将原有办园理念进行梳理，确立“和文化”为园所文化核心，形成从“发展愿景—育人目标—办园理念—办园思路—办园特色—园本课程”等较为系统的文化体系。对“和文化”进行价值追溯和内涵解读，并与实际工作深度融合，以“落实和明管理、打造和慧团队、开展和乐教育”为主线，努力培养健康会自理、礼貌会交流、好奇爱探索、独立能合作的“和乐”儿童。

该园被评为山东省示范幼儿园、省教师教育协同创新项目参与学校、省家校共育示范校、淄博市示范幼儿园、市十佳幼儿园、市基本现代化幼儿园、市学前教育先进单位、市数字化幼儿园。

刘健、陈桂红、宋维华先后担任园长。

沂源县悦庄镇中心幼儿园消水分园 位于悦庄镇中消水村，距离悦庄镇驻地6公里。幼儿园占地面积5600平方米，建筑面积1464平方米，绿化面积938平方米，园内有教学办公楼1座、食堂1处，设施配备齐全，是一所现代化乡村公办幼儿园。生源辐射东消水村、西消水村、中消水村、北消水村、东十字路村、西十字路村、王家泉村7个村。2023年，有4个班，在园幼儿115人，教职工12人。

沂源县悦庄镇中心幼儿园消水分园（2023年）

该园前身是王家泉幼儿园。2001年初，在王家泉完小原校址上进行改建。2001年9月，联合周边7个村的学前班，建成一所较完善的幼儿园，命名为王家泉幼儿园。2022年10月22日，王家泉幼儿园正式搬迁至消水完小，更名为悦庄镇中心幼儿园消水分园。

幼儿园坚持“和乐共进、笃行至美”办园理念，确立“勤奋、乐观、健康、快乐、睿智、善学”培养目标，形成“以心润美、以美养德，以境绘美、以美立身，以智育美、以美正行”育人氛围。从自然、生活、成长三个维度着手，将生活化课程、创美课程、劳动课程等有机融合，梳理出美妙自然、美丽生活、美好成长的“三美”育人理念，课程体系涵盖“在自然中探索学习”“在节日中感受学习”“在特色主题活动中体验学习”的实质，根据各年龄段幼儿的特点设置不同的主题，重视课程与文化、环境、管理的结合，领域课程与创美课程的结合，并融入安全与健康教育，满足孩子体验和参与的需求。

幼儿园确立创意美术发展特色，把“主题式综合创意美术”作为特色项目，将美术特色课程有机融合到一日生活中，根据大、中、小不同年龄段的能力发展确立相应的发展目标，组织开展班级画展、幼儿园画展，多名幼儿的绘画作品在全县的艺术节比赛中，获得一等奖。

该园被评为省级一类幼儿园、市级示范幼儿园。

陈芳、宋以莲、王永芳、周在霞、申丽萍、王伟先后担任园长。

沂源县悦庄镇赵庄幼儿园 位于悦庄镇西赵庄村中心。始建于2001年9月，是在西赵庄小学旧址改扩建而成，占地面积1421平方米，建筑面积605平方米，绿化面积90平方米，户外活动面积611平方米。主要服务于西赵庄村、东赵庄一村、东赵庄二村、东赵庄三村4个村。2023年，全园有大班3个，中、小班各2个，幼儿198人，教职工17人。

沂源县悦庄镇赵庄幼儿园（2023年）

幼儿园以“培养良好习惯，奠基美好人生”为主线，对幼儿实施德、智、体、美、劳诸方面发展的教育，着力打造“和润”文化体系，秉承“满园蓓蕾，各个芬芳”办园理念，以“润物无声”为园训，积极构建“润文化”引领下的“润致管理”“润心团队”“润美环境”“润质课程”幼儿园文化体系，凝聚“润泽生命，静待花开”的幼儿园文化建设核心力量。以“阳光、自信、有爱心、会生活的幸福花种”为幼儿发展目标，促进幼儿和谐发展。以“蓬勃、共融、阳光、自信”为园风，让每一个“小花朵”以其本色点缀幼儿园的每寸土地，使幼儿园充满生机盎然的朝气和活力。

幼儿园在“润文化”的引领下，以“善思、乐学、有信仰、会创新的快乐花农”为教师发展目标，通过“润馨”养成计划，从“润馨师学”“润馨师练”“润馨师研”“润馨师承”四个方面不断探索，借助专家引领、教师自培、基本功比赛、园本教研、青蓝工程等途径，夯实专业基础，更新课程知识结构，全面提升教师儿童观、质量观，打造“润心”教师团队，形成“持爱勤耕耘，润花如养玉”的教风。努力培养“兴趣广泛、情感健康、个性独特、习惯良好”的学龄前儿童，创办让家长放心，社会满意的温馨家园。

该园被评为省一类幼儿园、市级示范幼儿园。

杜美芳、宋尚青、申丽萍、陈芳先后担任园长。

沂源县悦庄镇龙山幼儿园 地处悦庄镇黄山子村，距离镇驻地2.5公里。占地面积2500平方米，建筑面积840平方米，是一所省级示范幼儿园。生源辐射黄山子村、崔家庄村、张家庄村、陈家庄村、朱家庄村、阿陀村、北营村。2023年，有4个班，在园幼儿137人，教职工14人。

沂源县悦庄镇龙山幼儿园全貌（2021 年）

2000年，黄山子小学改建成龙山幼儿园。2008年，铺设塑胶场地，添置户外游戏器械。2012年，幼儿园加大投入，更新园内教学设施设备，先后购买电视机、电子白板、一体机，改建幼儿游戏区。

龙山幼儿园以建设优良园风、教风、学风为核心，以优化美化校园环境为重点，以幼儿文明行为习惯培养和良好的兴趣培养为特色，以丰富多彩、积极向上的校园文化活动为载体，结合幼儿园实际确定“和慧”文化体系，坚持“优先教师发展，整合教育资源”发展理念，通过慧管理、慧思考、慧实践三个步骤，打造慧悦教师团队、优化慧美课程，营造和乐、和谐、合作的教育氛围。紧扣山东省编教材幼儿教育五大领域，结合幼儿的年龄特点和生活经验，挖掘幼儿潜力，发现幼儿天赋，培养慧德（文明）、慧智（会玩、会学）、慧体（健康）的慧心幼儿。

慧美课程主要开展绘美时光和慧美鼓韵两项工作。绘美时光以生活化美术为主要活动，通过内容生活化和材料生活化，引导幼儿在生活中“动”起来，感受生活、融入生活，获得美的体验，提升幼儿智能品质。慧美鼓韵课程分为遇见腰鼓、与鼓同行、鼓舞飞扬三个板块，每个板块结合大、中、小幼儿不同的生理特点开展相应活动，从教育活动内容设置到鼓点难易程度都进行精细划分。慧美鼓韵课程弘扬民族艺术文化，启迪幼儿智慧和心灵，发展幼儿手、脚动作协调能力，培养幼儿专注、吃苦耐劳、团结合作、竞争进取的精神。

该园被评为省级示范园、市级示范园、市十佳幼儿园、市幼儿园体育教学示范基地。

耿文英、宋丽娜、陈芳先后担任园长。

沂源县悦庄镇儒林集幼儿园 位于历山街道儒林集村东首，是一所全日制省级一类幼儿园。全园占地面积3000平方米，户外活动场地1597平方

沂源县悦庄镇儒林集幼儿园全貌（2016 年）

米，绿化面积650平方米，建筑面积753平方米。服务儒林集、南石臼、前石臼、北石臼、寨里5个村。2023年，有4个教学班，幼儿124人，教职工12人。

2001年2月，儒林集完小改建成儒林集幼儿园。幼儿园先后投入资金50余万元，改善办园条件。

儒林集幼儿园以“和润儒幼、乐享童年”为办园理念，以“和乐”文化为主线，实施“和乐”管理、创设“和乐”环境、优化“和乐”课程，全面培养“和乐”幼儿。

实施“和乐”管理，组建“和乐”团队。以党建为引领，倡导你言我语、和乐民主，强化教师参与管理的意识。以“乐教善育”为教师培养目标，建设“和乐”团队，形成教师梯队，以赛促教、以老带新、师徒结对，促进教师快速成长。

创设“和乐”环境，打造“和乐”校园。以多种游戏整合提升幼儿幸福指数为目的，打造“畅享户外、乐享健康”的户外环境。结合幼儿园“和乐”文化中的“乐游戏”理念，遵循“回归自然、回归儿童”的原则，打造“乐”挑战的攀爬、平衡区，“乐”智慧的建构区，“乐”探索的沙水区，“乐”游戏的骑行区，“乐”创意的美工区，“乐”体验的生活区，“乐”劳动的种植区等十多个涵盖语言文化、劳动实践、体育艺术、益智娱乐、社会交往等多个领域的“和乐”户外活动区。在常规区域的基础上，充分利用有限的空间，每班创设出一个大区域，供幼儿集体活动、分组、自由活动以及开展联合活动。

沂源县悦庄镇儒林集幼儿园“玩转篮球”展示活动（2022年）

优化“和乐”课程，培养“和乐”幼儿。幼儿园的特色项目是“玩转篮球、欢乐无限”。借助园内户外玩具，通过丰富多彩的篮球游戏、花样篮球操以及篮球体能大循环等，构建“玩转篮球、欢乐无限”课程体系，丰富幼儿园的课程资源。

2019年，被评为省一类幼儿园。

周在霞、吴平、宋丽娜先后担任园长。

沂源县悦庄镇埠村幼儿园 位于悦庄镇西埠村，是省级一类幼儿园。生源辐射东埠村、西埠村、南埠村、西山、葛家庄、尧洼、唐家官庄、李家庄、史王庄、篓峪10个村。2023年，有教职工17人，小班1个、中班2个、大班3个，幼儿215人。

沂源县悦庄镇埠村幼儿园（2005年）

2002年3月，幼儿园在西埠村完小旧址改建而成。2014年7月，镇政府在原址对幼儿园改扩建，2015年9月正式启用。幼儿园占地面积2226平方米，建筑面积640.34平方米，活动场地1348.2平方米，建有4个标准班的教室。配备班级活动室、专用活动室、户外活动器具以及一体机等先进教学设施设备，满足幼儿生活、游戏、运动、学习等一日生活需要。

幼儿园坚持“一切为了孩子，一切为了家长，面向社会，面向未来”办园原则，注重开发幼儿潜能，培育幼儿健全人格，促进智力、情感、意志的协调发展。“以绘启智，求本育真”为办园理念，以“放飞梦想 快乐成长”为办园宗旨，坚持“快乐教育为本真，养成教育为关键，艺术教育为升华”办园方向，以培养“健康、阳光、慧雅、本真”的幼儿为目标，坚持保教结合，办成家长放心的优质幼儿园。

“悦读绘本，绽放五彩童年”为园所特色，以绘本为载体，构建“全日融合”开放绘本体系，实现从以读说为主要方式的“平面阅读”到“绘读、绘画、绘演、绘玩”等多元形态的“立体阅读”转变，让孩子在绘读中启迪智慧、感受美好、温暖心灵；用爱和陪伴，绘制五彩斑斓的童心。

该园被评为省一类幼儿园、市示范幼儿园。

张建荣、吴平、周在霞、陈芳、宋爱华先后担任园长。

杏坛陈迹

原东悦庄幼儿园 1957年，高级社办起托儿班，经县培训的张学梅、任明芳、张克英、任清美任保育员，招收120余名幼儿，分3个班。托儿所设食堂，中午幼儿在食堂用餐。1960年停办。1978年，在东悦庄小学设立学前班，也称“育红班”，宋传华、王安婷任教。1986年3月，任相利办起私立幼儿园，唐玲、耿文英、厉建华、李学莲、陈凤琴、唐梅、郑功美等任教。“育红班”与私立幼儿园合为东悦庄幼儿园。1998年，并入悦庄镇中心幼儿园。

原北张良“育红班” 1958—1960年，大队办托儿班，保育员是杜玉叶、徐贵兰、李成凤、倪安英。1978年，李秀菊、任明凤任教。1982年，改称“育红班”，只招收1个班，李冲英任教。1996—1999年，村民赵世芬在村内办私立幼儿园，设有小、中、大班。2003年，撤并到悦庄镇中心幼儿园。

原辽军埠“育红班” 1992年，抗子沟村在小学办起“育红班”，陈纪国任教。北辽军埠、东辽军埠、西辽军埠、抗子沟等较小的村庄，学前一年儿童和一年级学生一起上课，俗称“一揽子班”。1997年，全村幼儿到镇中心幼儿园就读。

原龙王官庄学前班 1959年，该大队办起“育红班”，杜林菊任教。1966—1974年中断，1974年后，再次办起学前班，李成花任教。1985年，吕纪玲任教。1990年左右，北辽军埠村幼儿到龙王官庄村上学前班，人数达到40人。2002年，任东娟、吕纪艳任教。2004年，并入悦庄镇中心幼儿园。

原赵家峪“育红班” 1958年，赵家峪办起托儿班，刘法兰、任相美任教。1983年，依托小学办起“育红班”，王洪庆、杨朝英、王永娟先后任教。1996年，任安风办起私立幼儿园；1999年停办。2003年，合并到镇中心幼儿园。

原踅庄幼儿园 1959年，该大队依托小学办起托儿班，教师2人。1967年，高秀珍任教。1974年，南、北踅庄在小学内组建“育红班”。杜德英、周国菊等先后任教。1994年，踅庄小学合并后，在南踅庄小学改建成踅庄幼儿园，申丽萍、宋尚青先后负责。2003年，并入悦庄镇中心幼儿园。

原北石臼“育红班” 1986年7月，北石臼村“育红班”在北石臼小学设立，招收半日制1个班，幼儿有10名左右，王克利为负责人，李庆菊任教。2001年2月，并入儒林集幼儿园。

原前石臼“育红班” 1986年7月，在前石臼小学设立，招收1个班，约15名，杜长春任校长，胡道梅任教。2001年2月，并入儒林集幼儿园。

原苗山“育红班” 1958年，在郑功太的宅院办起托儿班，郑建佐负责，郑玉生、郑蕾芬任教。20世纪70年代初，开办半日制“育红班”，郑功言、郑良生任教。1980年开始，在小学内开办1个“育红班”，学生30人左右，郑奎生、郑贺芬、郑娟芬先后任教。2003年9月，合并到悦庄镇中心幼儿园。

原寨里“育红班” 1983年7月，寨里半日制“育红班”在寨里大队院内正式设立，只招收1个班，10人左右，首任教师是赵念芳。1986年7月，吴英德任教，“育红班”更名为学前班，主要以音乐、美术、语言、计算为学习内容。2001年2月，并入儒林集幼儿园。

原南石臼“育红班” 1986年7月，在南石臼小学设立，招收1个班，幼儿20名左右，张先友为负责人，张光梅任教。1994年，在南石臼村北新建校舍，设立学前班2个班，幼儿30余人，张光梅、陈文玲任教。2001年2月，并入儒林集幼儿园。

原儒林集“育红班” 1986年7月，在儒林集完小设立，招收1个班，幼儿约20人，杜教章为负责人，杜秀芳、郑兰慧任教。1990年2月—2001年1月，张光芳任教。2001年2月，改建为悦庄镇儒林集幼儿园。

原东埠村“育红班” 1980年，东埠村设“育红班”，在东埠村2间平房内，招收四五十名学生，宋志娟任教。1994年，在淄博市埠村希望小学设1个“育红班”，王爱红任教。2002年，并入埠村幼儿园。

原南埠村“育红班” 1984年，在小学西边的2间平房内成立“育红班”，招收学龄前儿童，教师是宋作莲、宋作梅。2002年，合并到埠村幼儿园。

原西埠村“育红班” 1958年在民宅建成，负责人是李明花，保育员是张元花。1979年，西埠村小学招收学前班，时称“育红班”，学制一年。张恒田、宋作美、唐爱珍先后任教。2002年9月，在原村小学校址成立悦庄镇埠村幼儿园。

原李家庄“育红班” 1958年，李家庄托儿班成立，孙庆英、徐明花、王运章3人任教。三年困难时期停办。1975年以后，在小学办起“育红班”，李可美、李可英、孙元菊、徐守梅、李庆菊等先后任教。2006年，合并到葛家庄幼儿园，李成凤等任教。

原埠村西山学前班 1985年，在埠村西山小学成立学前班，教师是李成凤。1994年，合并到埠村幼儿园。

原葛家庄幼儿园 1986年，在葛家庄村西黄崖头小学内招收学前班，时称“育红班”，小学撤并到李家庄后，“育红班”留在原校址，武传芳、任相丽、耿文英、王兰芬先后任教。2002年9月，将闲置校舍办成葛家庄幼儿园，招收本村及李家庄的3—6周岁幼儿，设大、中、小班各1个班。2023年5月，合并到埠村幼儿园。

原娄峪“育红班” 1985年9月，该村依托小学设立“育红班”，刘金凤任教。2008年9月，合并到唐家官庄幼儿园。

原唐家官庄幼儿园 1958年，唐家官庄大队办起托儿班。1960年前后停办。1980年，依附小学办起“育红班”，后称学前班。1996年9月，唐家官庄小学合并到阿陀村，校址只保留学前班。2000年，与阿陀村合办幼儿园，王英刚、王光秀、宋作美任教。2008年，尧洼村、娄峪村学前班先后并入，分大、中、小班3个班，张德花、张洪红、周在霞、王伟、程化娥先后任园长。2022年，唐家官庄幼儿园撤并。其中唐家官庄、娄峪、尧洼三村幼儿到埠村幼儿园就读，阿陀幼儿到龙山幼儿园就读。

原东赵庄学前班 1958年，东赵庄大队在民宅办起“育红班”，负责人是宋恒珍，教师是沈明兰、宋恒兰、张芬成、张学爱。幼儿一日三餐不重样，晚上住在园里睡大炕。1982年，东赵庄三村在村大队办公室办学前班1个班，幼儿20人，张学政任教。1987年，东赵庄分为3个村后，东赵庄一村在另一民宅招收1个学前班，有26名幼儿，申纪风任教。1987年，东赵庄二村在村大队办学前班，1个班，幼儿20余人，王德华任教。1994年，幼儿教师陈贵芝在自家老宅创办私立幼儿园，学生达到60多人。2001年9月，利用西赵庄完小校舍改造升级办起赵庄幼儿园。东赵庄一村学前班、东赵庄二村学前班、西赵庄学前班并入赵庄幼儿园，整编为大班、中班和小班共6个班。

原西赵庄学前班 1958年，大队办起幼儿园，教师有陈启美、徐泉英、任清凤、陈立珍。1961年，幼儿园停办。1979年开始，在小学校园里建起“育红班”，任纪珍、王德兰、宋传莲任教。2002年，并入赵庄幼儿园，杜美芳、申丽萍、陈芳先后任园长。

原中消水“育红班” 1958年，集体办托儿班，教师是宋以芬、宋恒英，后停办。1986年，依托小学办起“育红班”，招收3—6岁学龄前儿童，教师是宋以莲、宋尚美。1985年，中消水村成立“育红班”，校址位于中消水大队院内，1个班，幼儿约25人，宋以玲任教。1989年，宋尚美任教。2001年，合并到王家泉幼儿园。

原东消水“育红班” 1958年，大队办托儿班，宋以爱任教，后停办。1980年，成立学前班，招收五六岁儿童，教师先后是宋以锋、宋以深、周纪美、宋以菊、宋秀兰。1986年，依托小学办起“育红班”，招收3—6岁学龄前儿童。1994年，合并至消水完小。

原西消水“育红班” 1958年成立，招收1个托儿班，教师是宋以芬，后停招。1986年，成立“育红班”，附属于村小学，招收学龄前幼儿，宋以莲、宋传花先后任教。2001年，合并到王家泉幼儿园。

原北消水“育红班” 1958年成立，后来停办。1984年，成立学前班，招收五六岁儿童就读，陈凤芹、陈传美、陈志英先后任教。1987年7月成立“育红班”，校址位于北小水村，属于小学附属园，1个班，在园幼儿12余人，陈志美、杨本爱先后任教。2001年9月，因合班并校，王家泉、东十字路、西十字路、东消水、西消水、中消水、北消水7个村的“育红班”统一合并到王家泉幼儿园，更名为悦庄镇王家泉幼儿园。

原王家泉幼儿园 1958年开办，王志英、宋以凤先后任教，1961年停办。1982年，在小学内办起“育红班”，陈洪菊、苏丽丽先后任教。1986年，创建“育红班”，校址位于王家泉大队院内，小学附属园，1个班，在园幼儿约15人，邵兴华任教。2001年，合并到王家泉小学。

原东十字路“育红班” 1958年，东十字路村办起第一个托儿班，王福英、王德英任教。1965年停办。1979年，重建“育红班”，李福爱、王加芬、郭汉美、王加民、王雪莲先后任教。1986年，东、西十字路村合办“育红班”，位于东十字路村，属于小学附属园。生源辐射2个村，在园幼儿20余人，王雪莲任教。2000年，并入王家泉学前班。

原西十字路学前班 1958年，该大队办起托儿班，宋淑英任教。1979年，依托小学办起“育红班”。2000年，并入王家泉幼儿园。

原黄山子“育红班” 1959年，该大队依托小学办起托儿班，陈现荣、陈文花、陈文红等任教。1965年，改名为半工半读班，陈文贞、郑建美、陈现荣任教。1980年，改名为学前班，陈文明、陈长菊、高明栾等任教。1982年，改为“育红班”，最初地址在村关庙东屋，有学生36人，陈文明任教。1984年，搬到村前面3队仓库。1985年，搬到黄山子小学北屋前。1986年，搬到黄山子村大队院内。2000年，全部迁到龙山幼儿园。

原崔家庄幼儿园 1958年，崔家庄大队建立托儿班，刘焕凤、唐兆花任教。1975年，依托小学办起“育红班”。1984年，学生30人，陈善香任教。1990年，建成崔家庄幼儿园，有2个班，中班28人，大班32人，宋忠英、陈善秀任教。2000年，全部迁到龙山幼儿园。

原陈家庄“育红班” 1976年，该大队办起“育红班”，陈传莲、王洪双、陈志珍任教。1984年，王红霜任教，幼儿15人左右。1990年，陈志珍任教。2000年，并入龙山幼儿园。

原朱家庄“育红班” 1958年，该大队组建农忙托儿班，朱庆妹、陈善英任教。1980年，成立朱家庄“育红班”。最初在朱家庄北边的一处小土屋里，幼儿40人左右。1993年，搬到朱家庄小学，幼儿有30人左右，朱庆香任教。2000年，并入龙山幼儿园。

原张家庄“育红班” 1986年2月成立，地址是现村卫生室，幼儿30余人，郑莲芬任教。2000年，并入龙山幼儿园。

原阿陀“育红班” “育红班”最初是在民宅的一个小房子，幼儿15人左右。1980年，王光秀任教。大约两年后，搬迁到另一家社员的一所房子内。后来搬迁到南岭上与小学合并。1998年，并入唐家官庄幼儿园。王光秀、张德花、宋作梅先后任教。

原沂河头幼儿园 1975年成立，宋传玉任教。1981年，宋以亮任教。2000年，成立沂河幼儿园，服务黄家宅、下龙巷、胡家沟、南张良、中张良、沂河头6个村。2022年8月，并入悦庄镇中心幼儿园。

原中张良学前班 1958年成立，沈学香任教。1979年，成立学前班，张元香、秦元美先后任教。2003年，合并至沂河幼儿园。

原南张良幼儿园　1957年，南张良成立幼儿园，秦贞美、秦元英先后任教。2003年，合并至沂河幼儿园。

原黄家宅学前班　1975年，黄家宅成立学前班，孙吉爱、董明菊先后任教。2000年，并入沂河幼儿园。

原下龙巷学前班　1975年，下龙巷成立学前班，于田花、任清红、董得玲先后任教。2000年，合并至沂河幼儿园。

原胡家沟学前班　1978年，王德英在自己家中办起学前班，先搬到陈希厚2间北屋，后搬至小学，张中美、陈志红任教。2003年，沂河管区6个村新建沂河幼儿园；12月，并入沂河幼儿园。

原花水学前班　1995年，花水村成立学前班，涵盖上中下花水、银洞峪、涝洼5个村，由村委招聘张培芬任教。2005年11月，合并至悦庄镇中心幼儿园。

原中营“育红班”　1958年，办起托儿班，张德芬、吕志花、杜凤章任教。1975年，大队办起“半日班”。1985年2月，在村中一个破旧的储藏室内办起“育红班”，幼儿26人。1986年，有幼儿35人。1997年9月，搬入中营村小学，幼儿40余人，张德兰、张怀娇任教。1999年9月，搬入南营小学旧校址，有2个班，幼儿40余人，张德兰、颜成花任教。2000年，并入龙山幼儿园。

原北营“育红班”　1977年，办起“育红班”。1997年9月，北营村幼儿并入中营村“育红班”。

原南营“育红班”　1972年，南营大队办起托儿班，秦光兰、2名下乡知青任教。1981年左右，郑作英任教。1990年，南营村办起“育红班”，每年招收几名学生。1998年，合并到中营村“育红班”。

原两县学前班　1958年，两县村有史以来第一个托儿班成立，租借了一处民宅，任明桂为幼儿教师，20多个孩子。没有正规的教材，主要教学一些简单的常用汉字，认写阿拉伯数字1—100，学唱儿歌。1960年停办。1985年，两县小学在村北的大队副业场子建立。1986年7月，两县学前班成立，教室设在老槐树东的2间前出厦房内，1个教学班，招收6周岁幼儿30人左右，教师是郑述荣。1987年，搬入两县完小院内。2002年，学前班随小学迁入两县春蕾小学。

原八仙官庄学前班　1951年，成立八仙官庄村学校，包含小学和“育红班”，借用2间民房作教室。当时入学没有年龄限制，一个班40多个学生年龄悬殊，第一任教师是杜建荣。过了两年，孩子增多，高学福到校任教。郑纪芳在村东头借用村民郑述荣家的2间西屋成立学前班，招收5—6周岁孩子，第一批招收30多人。1990年，将和小学毗邻的2间村委小仓库改造成教室，学前班搬入，与小学在一个院子里。1997年后，由于生源减少，小学撤并到两县完小，学前班在原址继续维持1年。1998年，撤并到两县学前班。

原七里寺和小辛庄学前班　1989年10月，七里寺村和小辛庄村协商合办学前班，选址在七里寺村小学院内，两村共同出资盖起2间瓦房。学前班招收两村6周岁前的幼儿，平均每年招收15人，王明花任教。2000年，合并到两县完小学前班。

原高家北峪“育红班”　1976年春天，高家北峪大队成立“育红班”，共招收幼儿11人。任明玲、任明友、高可兰、任清学、任清香等先后任教。1997年，并入两县完小学前班。

原上枝“育红班”　1957年，上枝村办起托儿班，每年招收约20个孩子，马秀芬、石振荣任教。1960年停办。1994年7月，办起“育红班”，每年招收1个班，人数在15—25人。2014年9月，合并到两县幼儿园。

原芦家泉幼儿园　1993年9月成立，和芦家泉小学在同一所学校，徐新英任教。1999年9月，郑纪花任教。2003年9月，合并到两县春蕾小学学前班。

原米山子“育红班”　1964年，在米山子村庄南头村大队的2间房子里成立，仅有10余名学生，采用小学和“育红班”复式教学，每年大约有3级学生，高永春、王洪田、王洪全先后任教。1986年，随小学一起撤并至迟家峪小学。

原桃花峪"育红班" 1980年成立，共招收幼儿8人。赵圣丽、赵友香、任会菊先后任教。2000年，合并到两县完小的学前班。

原迟家峪"育红班" 1983年成立，有12名孩子，李传凤任教。1999年后，王世慧任教。2000年，合并到两县完小学前班。

原北鲍庄学前班 1954年，北鲍庄村依托村小学办起托儿班，由高年级学生负责教学。1985年，开始办学前班，高春梅任教。北鲍庄村的孩子少，黑山峪村的孩子也并入北鲍庄学前班。1999年，撤并到南鲍庄完小，只有学前班1个班，高全红任教。2001年，撤并到南鲍庄完小。

原东鲍庄"育红班" 1964年成立，窦金华、李学华、高群香等任教。2000年，改为鲍庄完小附属幼儿园。2001年，合并到鲍庄幼儿园。

原西鲍庄"育红班" 1958年，大队开办托儿班，陈传荣、董加淑、陈丙英任教。1971年，开设半日班招收幼儿，董连升任教。1985年，依托村小学开设"育红班"，招收学龄前儿童，陈传英、陈传爱、董加爱、颜世红先后任教。2001年，合并到鲍庄幼儿园。

原龙汪崖"育红班" 1986年，该村依托小学开办"育红班"，招收学龄前儿童，郑桂凤、徐霞先后任教。2000年，"育红班"合并到东鲍庄学前班。

原前坡"育红班" 1967年，大队成立半日班，招收五六岁儿童，王彦英、马红秀任教，两年后停办。1994年，在小学内办起"育红班"，招收村内学龄前儿童，刘兆红任教。1999年，"育红班"撤并到三岔中心幼儿园。

原董家峪"育红班" 1961年，董家峪大队成立幼儿班，焦玉荣、高秀梅任教。1985年，招收"育红班"，教师是李冬云。2000年，合并到三岔中心幼儿园。

原田峪"育红班" 1990年，田峪村成立幼儿园，申贤香、房新美、许来芳先后任教。2000年，合并到三岔中心幼儿园。

小学教育

概　况

悦庄的小学教育起于私塾，较大的村历代皆有私塾，清末民初，有史可查的是黄山子村名曰"千古学堂"的私塾。1938年，陈学恕在家中所办私塾是域内最后一所私塾。

1915年，悦庄出现新式的"小学堂"。1917年，南营村的郎希汶应北莛庄乡绅杜春封之邀，在悦庄创办高等小学堂，沂水县教育科任命其为该校校长。1920年，莛庄、苗山、儒林集、安乐（时属沂水县八区）建立4所新式小学。1924年，悦庄境内较大的村均办起小学。埠村小学民国十四年（1925）建校，因开设英语、算术课，学习阿拉伯"洋码字"，村民习惯称"洋学堂"。校长宋诚举，教师需经沂水县官办"讲习所"培训、取得任教资格后，分配入校任教，薪酬由政府统一发放。1929年秋，西鲍庄的许洪远到流水店办小学堂，有十几名学生。这一时期开办初级小学的村还有南营、朱家庄、北莛庄、北石臼、儒林集、阿陀、张良、赵庄、苗山、王家泉、北鲍庄等。当时学校除了学习经书外，还学习国文、算术、图画、体育等十几门新式课程，学制为"四二制"，抗日战争开始后停办。

1938年，地下党员郭怀让在北莛庄办起贫民小学。1939年，国民革命军第51军在龙王官庄办起一所规模较大的学堂，并聘请悦庄的贾明清等任教。1943年，吴化文的"伪和平救国军"第三方面军在北莛庄杜毓璋家里办起培英小学。1944年7月，沂源县在青龙区的朱家庄、埠村、苗山、莛庄等村以流动形式举办小学教师训练班，县文教科长周锡三负责，学员百余人，历时3个月。

1955—1958年，国家实行"两条腿走路"的办学方针，基本上村村有小学。1960年，因生活困难，小学合班并校，1962年小学减少1/3。1964—1966年，办起工读小学。1968年，小学下放到村办。1978年，由公社教育组负责管理整个悦庄的教育，下设悦庄、赵庄、花水等9个学区69所村小。1984年6月，因机构改革，撤学区，悦庄镇中心校、埠村乡中心校、赵庄乡中心校负责辖区小学教育。1985年9月，撤并埠村、赵庄中心校，由悦庄镇中心校统管全镇小学教育。1986年，全镇普及小学教育，实现农村小学六配套。1991年8月，教育体制改革，实施乡镇教育统管，成立悦庄镇教育委员会，管理全镇的学前教育、义务教育和成人教育。

1994年，全面完成义务教育达标验收。1995年，撤学区并村小，全镇共有22所完小，20余所简小。2002年，有16所完小、2所初小、1所简小。2005年，实施大面积合班并校工程，形成中心小学、淄博市埠村希望小学、青龙山完小、石臼完小、赵庄完小、消水完小、两县完小7所完全小学。2010年，石臼完小划归历山街道办事处管辖。2012年，鲍庄完小划归悦庄镇管辖。其间，各学校进行大规模校舍改造，均建起教学楼、功能用房、塑胶操场，建成农村标准化学校。2020年，赵庄小学异地新建，消水完小并入其中。2023年，全镇有中心小学、淄博市埠村希望小学、青龙山完小、鲍庄完小、赵庄完小、两县完小6所。

学校简介

沂源县悦庄镇中心小学 位于悦庄镇西悦庄村饮马河东岸，占地面积3.01万平方米，建筑面积8133平方米，绿化面积7290平方米，塑胶操场面积1.38万平方米。服务悦庄管区、沂河片区、韩庄片区、花水片区以及苗山、朱家庄等21个村。2023年，全校有教学班24个，在校生962人，教职工70人。

沂源县悦庄镇中心小学校门（2023年）

学校历史悠久，拥有百年办学历程。前身是建于1915年的悦庄初等小学堂，1917年3月，郎希汶创办悦庄高等小学堂。历经百年风雨，校址几经变迁，1917—1920年，在悦庄街南石胡同；1921年，迁于马殿汪东侧（现悦庄镇学区）。后因匪患和战火，学校曾数次停办。

新中国成立后，1951年，在马殿汪学校原址成立悦庄完小，招收悦庄及周边各村儿童。悦庄完小历任校长是郎希汶、徐德初、杨蕉、齐立鲁、张志新、丛佃祥、张友仁、郑功宪等。1962年，悦庄划分为东、西2个行政村，学校联办。1975年，两村各自办学，原悦庄完小更名为东悦庄小学，西悦庄村西建立西悦庄小学，分别简称东小、西小。东悦庄小学历任校长是尹庆法、王洪瑛、宋传芹、李成双、张志孝、桑元义、赵圣厚。西悦庄小学历任校长是任清祥、杨自爱、朱庆华。

沂源县悦庄公社新建中心校大门（1978年）

1986年9月，根据县教育局部署，悦庄镇成立中心中学、中心校和幼教中心。悦庄镇政府将西悦庄小学确定为悦庄镇中心小学。1996年，改扩建东悦庄完小，合并西悦庄、抗子沟、东辽军埠、北辽军埠小学为镇中心小学。2000年，北张良小学并入镇中心小学。2003年，赵家峪小学并入镇中心小学。

2004年春，悦庄镇政府在西悦庄泉子崖悦庄镇第三中学原址，高标准建设教学楼、综合楼及相关配套设施，作为悦庄镇中心小学新校，2005年11月18日，投入使用。苗山、朱家庄、韩庄、龙王官庄、南张良、沂河、黄家宅、花水等完小先后整体并入，形成服务于当时27个行政村、辐射人口2.7万人的乡镇中心小学。

1980年后，实行五年制教学计划，课程设置齐全，广泛开展“五讲四美三热爱”等教育活动。

第二个“全民文明礼貌月”活动誓师大会（1983年）

学校以“养成良好习惯，健康快乐成长”为办学理念，深入实施行知教育、生本教育、习惯教育，不断优化育人环境，深化课堂教学创新，注重校本课程的开发和利用，积极承担省、市、县科研课题，加快教师专业成长，不断提升教学质量。

实施三年（2018—2021）发展规划工程，形成清晰的办学理念和明确的发展目标，顺利完成“构建美丽优雅的智慧校园、形成丰富厚重的校园文化、培养向善求真的卓越少年、构建本真高效的和悦课堂、打造敬业专业的优秀团队、打造放飞梦想的品牌社团、建设安全文明的和谐校园”等七大项目任务，实现规划建设目标。

沂源县悦庄镇中心小学教学楼（2013年）

2022年2月，借力山东省教育“强镇筑基”行动，全新构建学校文化育人体系，以“悦”文化为核心，基于行、知、动三个维度，以“心悦少年”为培养目标，积极构建“心悦课程”，建设名人苑、民俗馆、劳动实践基地等育人场景，扎实开展名人教育活动和劳动实践教育，深入推进“和悦”课堂建设，大胆推行学生自主管理，有效促进学校内涵、特色、持续发展。

该校被评为省规范化学校、淄博市校本培训示范学校、市“十一五”期间教育科研示范学校、市基本现代化学校、市艺术教育特色学校、市数字化学校、市优秀少先队集体、市中小学德育工作先进单位、市平安校园、市智慧校园、市书香校园、市文明校园。

宋传利、杜建志、郑作奎、沈利玉、陈标先后担任校长。

淄博市埠村希望小学 位于悦庄镇东埠村，是淄博市第一所希望小学。学校占地面积1.32万平方米，建筑面积2872平方米，绿化面积1709平方米。建有教学楼、综合办公楼和食堂各1座，拥有150米跑道的塑胶操场1处。生源辐射东埠村、西埠村、南埠村、西山村、葛家庄村、尧洼村、唐家官庄村、李家庄村、史王庄村、娄峪村等10个村，是一所现代化农村小学。2023年，有教学班11个，在校生365人，教职工35人。

小学前身是1952年成立的埠村完小。1994年5月，山东省机关工委、淄博市委、淄博市市直机关工委捐资38.7万元，县希望工程办公室捐资2万元，村办企业及村民等捐资15万元，共投资55万元，在埠村完小原址兴建新校；12月，竣工投入使用。作为淄博市第一所希望小学，时任淄博市委书记杜祥荣题写校名，并被聘为名誉校长。

2005年，根据山东省农村学校布局调整规划，悦庄镇党委、政府投资170余万元，在原址扩建教学楼1座。2016年，以教育均衡发展县创建为契机，实施校舍改造、运动场塑胶化工程，建成塑胶操场6660平方米，新建390平方米食堂1座。2021年暑假，筹措资金100余万元，对学校办公楼、教

沂源县悦庄镇埠村完小老校舍（1993年）

学楼实施亮化工程，铺设地面砖、粉刷内外墙、更换一体机，进一步改善办学条件。

学校以“用梦想点亮每一个生命”为核心理念，以“启迪梦想、孕育希望”为宗旨，构建以“学习自主、学会学习、人文底蕴、文化自信、责任担当”为核心素养的启梦教育体系，形成“启梦教育”环境、课程、活动体系，以发展学生核心素养为中心，启动学校发展工程、教师成长工程、学生成才工程，精心打造德育、智育、体育、艺术、劳动、心育6大育人团队。落实启梦课堂、启梦红领巾、筑梦课程、启心学堂、逐梦社团、梦幻排球、助梦讲堂、圆梦舞台等8项活动。着力建设美丽校园、温馨校园、文明校园、文化校园、活力校园、创新校园、智慧校园、平安校园。

学校被评为全国模范希望小学、淄博市教学示范学校、市基本现代化学校。

宋忠杰、任清海、杜明栋、沈利玉、陈标、张光忠先后担任校长。

沂源县悦庄镇赵庄小学　坐落于西赵庄，2020年投资新建，学校占地面积1.63万平方米，是一所高标准的乡村小学。2023年，学校有11个教学班，学生359人，教职工32人。

小学前身是东赵庄完小。1991年，在东赵庄三村外的山岭上，建起占地面积9895平方米、建筑面积1294平方米的完全小学，称为东赵庄完小。2001年9月，西赵庄小学并入东赵庄完小。2020年，在泰薛路南侧赵庄河东岸异地新建学校，占地面积1.63万平方米。投入使用后，消水完小并入，学校改称赵庄小学。

学校从人本、校本和发展三个角度出发，坚持以“一切为了学生的全面发展，一切为了教师的专业化发展”办学理念，注重学生德智体美劳的全面

淄博市埠村希望小学（2023年）

发展和教师业务水平、思想素质的长足发展，确立“知识改变命运”校训，“一切行为讲规范”校风，“爱岗敬业、脚踏实地”的教风，“学习是持之以恒的事”的学风，努力做好学校文化建设提升工程。

沂源县悦庄镇赵庄小学（2023 年）

引领师生品味书香，诵读经典。通过阅读名著以及国学经典，增长知识，开启智慧，陶冶性情，积累语言，丰富语言。激励教师与书本为友，净化心灵，丰富精神，提升教育智慧与能力。

2022年，学校被评为山东省绿色学校。

张德全、崔孝成、任清安、张光泉、王海先后担任校长。

沂源县悦庄镇青龙山小学 位于青龙山脚下，崔家庄、张家庄和陈家庄交界处，学校占地面积1.02万平方米，建筑面积3747平方米，绿化面积3460平方米。2023年，有5个教学班，在校生178人，教职工21人。服务崔家庄、张家庄、陈家庄、黄山、阿陀5个村。

沂源县悦庄镇青龙山小学（1993 年）

小学始建于1993年，崔家庄、张家庄、陈家庄三村联合征地出资建设，1994年12月19日投入使用。

黄山子小学、阿陀完小先后于2001年、2007年并入青龙山小学，实现规模化办学，通过“五四五”市级达标验收。2006年，淄博市南金兆集团投资15万元，将学校扩建成淄博市第一所金兆耐光彩小学。

2016年10月，悦庄镇党委、政府投资802万元，实施学校改建工程，2018年9月，一幢建筑面积3747平方米的4层综合楼，建成并投入使用。

沂源县悦庄镇青龙山小学（2023 年）

学校以“暖”文化引领，打造“暖慧童心”课堂，从问题“慧”、情境“慧”、思维“慧”和互动“慧”四个方面，创设和谐的课堂氛围。设立“温馨办公室、家长驿站、暖心交流亭”，营造“暖”意浓浓的工作氛围，构建“暖”意浓浓的校园环境，建立“暖”意浓浓的家校关系，让“暖”文化在青龙山小学落地、生根。

学校形成“国球飞扬、伴我成长”办学特色，营造人人关注乒乓球，人人热爱乒乓球运动，人人学打乒乓球的氛围，让国球精神成为广大师生的精神动力。

学校被评为山东省爱粮节粮之星、省第二批绿色校园。

唐兆言、杜明栋、谢木刚、沈利玉、赵圣富、赵世成、陈标、宋尚忠、苏爱宝先后任校长。

沂源县悦庄镇两县春蕾小学 位于悦庄镇两县村，学校占地面积5144平方米，建筑面积2061平方米，绿化面积1210平方米，操场面积2260平方米。学校教育教学设施配备齐全，建有高标准的教学楼1座，拥有各种功能教室和标准的塑胶运动场、篮球场、羽毛球场、排球场、足球场、乒乓球场，服务两县片区10个村。学校设小学部和幼儿园。2023年，小学部有5个教学班，幼儿园有3个教学班，在校生92人，教职工20人。

两县春蕾小学的前身，最早可以追溯到1944年中国共产党八路军在两县村办起的“两县学堂”。1957年，集体租用村民一个四合院办起小学，招收2个班。当年，又扩建3间大西屋，装配玻璃门窗。1985年，两县村在村后场，修建前出厦砖瓦结构的15间新校舍。1994年，学校通过义务教育达标验收。2002年，由省、市妇联和各服务村共同出资，在原来两县门市部和两县砖厂的位置，新建3排前出厦砖瓦房，每排10间，命名为悦庄镇两县春蕾小学，两县片区各村的教学班合并到春蕾小学。

2015年，县委县政府及上级主管部门投资400余万元，对学校进行改扩建，新建教学楼、餐厅各1座，新铺塑胶操场，2017年11月投入使用。

沂源县悦庄镇两县春蕾小学（2023年）

学校秉持“追求和谐、共享快乐”办学理念，以“乐文化助力乐成长”为办学特色，积极促进教师“乐于从教、乐于研究、乐于合作、乐于反思”；学生“乐于读书、乐于思考、乐于互助、乐于分享”。遵循课改理念，根据学校实际，积极推行“小班化教学”“百分百教学法”实验，让每一个学生都得到老师的关注和赞美，体验到学习的快乐，打造“和乐课堂”。不断拓宽德育阵地建设，开展多彩活动，让学生体验成长的快乐，“快乐竹竿舞”得到了师生喜爱，多次被媒体报道，成为学校的一项特色活动。

石兴前、谢木刚、赵圣富、公维生、王海、张德雷、苏爱宝、陈安栋先后任校长。

沂源县悦庄镇鲍庄千睿小学 位于悦庄镇南鲍庄村。学校占地面积6640平方米，拥有3层教学楼、餐厅各1座，塑胶操场1处，配备先进的教育教学设施和设备。生源辐射鲍庄新村、北鲍庄、西鲍庄、东鲍庄、陈家官庄、龙王崖等8个村。鲍庄千睿小学分为小学部和学前部。2023年，学校小学部有5个教学班，学前部有3个教学班，在校生169人，教职工20人，是一所现代化的农村小学。

1989年7月，鲍庄联中撤并至三岔中学后，在联中原址改办成鲍庄联小，招收鲍庄片区四五年级学生，其他年级仍在本村就读。1995年7月，开始招收1—4年级学生，鲍庄联小变更为鲍庄完小。2012年4月，随着村行政区划的改变，为了便于属地管理，鲍庄完小由归属三岔教体办管理改为归属悦庄镇教体办管理。

沂源县悦庄镇鲍庄千睿小学（2023年）

2015年，临淄千睿化工公司出资200万元，在鲍庄完小原址新建3层教学楼1座，建筑面积1605平方米，新建餐厅1座，建筑面积200余平方米，新建塑胶操场1处。2016年，全部投入使用，更名为沂源县悦庄镇鲍庄千睿小学。

学校坚持“追求和谐、赏励明睿、分享成功”

为办学理念，以“超越、自信、大胆的明睿少年”为育人目标，形成“诵读国学经典、争做明睿少年”的办学特色。打造学校“赏励”体系，确立以“赏”文化为特色的校园文化总基调，以“励”育人。围绕“赏励”文化，在教学楼前设立“赏励明睿少年风采榜”。国学经典诵读是学校的特色项目，定期组织诵读比赛，让学生得到中华传统文化的熏陶。

陈丙胜、陈恒忠、王业明、贺志利、张德雷、朱西勤先后任校长。

杏坛陈迹

原西悦庄小学 1962年，东悦庄和西悦庄2个大队联合办学。1975年，两个大队各自独立办学，西悦庄小学建立，位于村内悦庄公社医院旧址，教室为小屋3间，有学生60多人，唐兆安、王德爱等先后任教。1978年，在村西砖窑场建立新校，盖教室18间、辅助用房5间，设5个年级。1986年，被确定为悦庄镇中心小学。马中山、杜深兰、霰忠生、刘希国、郎益莲等先后任教。1996年，合并到东悦庄新建学校，成立悦庄镇中心小学。历任校长有任清祥、杨自爱、李学福、朱庆华、杜建志等。

原龙王官庄小学 始建于1953年，最初在村西南角民宅内，开设1个教学班，宋传玉任教。1956年，成为含1—3年级的初级小学。1975年秋，村集体出资在村北建立新校，1—5年级各设1个班。1976年，因原校舍面积较小，学校另迁新址，设1—5年级和“戴帽”初中班。1994年底，北辽军埠村小学并入龙王官庄完小。1996年，龙王官庄完小又迁到村西新校舍。2005年10月，合班并校到悦庄镇中心小学。历任校长有张中宣、刘俊识、郑作珩、高西堂、李同珠、赵洪安、戚建湖、杜建宏、沈传孝、王光武、陈复平、赵尊贵、刘发和、赵圣厚、张可爱、霰忠生、任志福等。

原北张良小学 1949年下半年，北张良村征用民房作教室，开办第一处村小学，设1个复式教学班，首任教师任连清，其后赵子兰、李荣泰、秦光美、任相文等先后任教。1967年，村南建北张良初级小学，设1—4年级，宋玉标、任润清、韩秀娥、李成孝、任明礼等任教。1969年，学校在原址扩建，成为北张良完全小学，任安录、任清贵、周作凤、郗新来、任继忠、任相会等先后任教。1976年，学校迁址村后副业加工厂，扩为6个教学班，任纪代、郗忠目、郗新生、任相乾、任相学、李强等任教。1985年，在村西建成新校。2000年，撤并到悦庄镇中心小学。历任校长有任连清、唐兆千、任纪成、杨连生、贾文礼、王英第、李成珩、李成双、徐爱凤、倪安伟、赵圣厚、桑元义、陈大清等。

原南踅庄小学 1959年创办，教室、办公室设在民宅内。随着学生增多，上级派郑安吉到校任教，并招收民办教师谢加生做助教。1960年初，搬迁到村西五队场附近，招收3个教学班，学生80多人，李成功、张可德任教。1967年起，任东彪、杜明安、刘长玉、鹿金萍、张永保等先后任教。1970年，学校规模扩大到5个班级，由于教室不足，外借五队烟屋和李成全家民房上课。1975年，村委扩建4间教室，结束两处办学，教师7人，学生180余人。1976年秋，创办一届“戴帽”初中班，学生31人，闫相成、肖德安任教。1978年，村委扩大农副业加工占用学校场地，学校另择新址，建10间教室、2间办公室、1处操场。1987年8月，新建4间教室和实验室，器材配备齐全，申乐红、谢加功、申丽萍、唐敬法任教。1994年，4—5年级合并到北踅庄完小，学校成为初小。1996年秋，南踅庄小学其余年级并入北踅庄小学。历任校长有高增堂、郭庆俊、张可爱、周文宝等。

原赵家峪小学 新中国成立初期，赵广泰在赵家峪村任吉民宅内办起赵家峪小学，后学校换址到另一家民宅，赵广博任教。1954年，把村中三官庙改作教室，设3级复式班，李长祥、王洪瑛、郑功渚、张立谦等先后任教。20世纪60年代初，学生数量增加，将赵广荣老宅北屋改成教室。赵广华等任教。后迁至赵广会老宅。1974年，在村西沟建新校，盖教室8间，学生150多人，所用课桌是师生共同制作的纸浆课桌，一直沿用至“两基工程”实施。1975年、1977年办过两期“戴帽”初中班。1985年，落实“六配套”工程。1995年，在西南岭公路边另建新校，占地面积5329平方米，教室、功能室20余间。1996年5月投入使用。2003年8月，撤并到悦庄镇中心小学。历任校长有郑功宪、朱庆范、鲁化同、赵广让、李成珩、赵世成、王君等。

原北踅庄小学 新中国成立初，踅庄小学是初级小学，1—4年级共4个班，郎瑞云、郎瑞春、杜毓田等先后任教。1967—1976年，踅庄学校升为北踅庄完全小学，设有1—5年级，教学设施简陋，教师有陈立德、杜建珠、徐信利等。1977—1983年，学校增设初中班3期。1990—2004年，王永坤、陈立国、郗香慕、李成福、杜建众、杜建彩、朱西产等教师先后任教。1996年秋，南踅庄小学并入北踅庄小学。2005年11月，踅庄完小撤并到悦庄镇中心小学。历任校长有高杰、陈炳存、亓玉成、朱秀花、徐信利、杜建志、杜建科、王勤忠、朱庆华、陈文田、秦元申、公维生、亓忠生等。

原东辽军埠小学 新中国成立后，东辽军埠村办起小学，设1个四级复式教学班，王增贵、张忠宣、贾文齐、郭汉生、唐文英、赵文美等先后任教。20世纪70年代，发展成1—5年级复式班，负责人是王光武，赵德生、朱庆花、李可秀任教。1980年，西辽军埠村小学合入，教学形式仍以复式为主，王君任教，设1—3年级，四、五年级学生到东悦庄小学就读。1996年，合并到悦庄镇中心小学。

原西辽军埠小学 1950年建立，教师仅高成勋1人。1960年起，学校由1个班发展到3个班，采用复式教学，肖传英、王洪英王洪玉等先后任教。1980年，西辽军埠小学与东辽军埠小学合校。历任校长有高成勋、齐恒祥、张成美等。

原北辽军埠小学 1968年建校，任元伟任教。1970年后，教师增加，王建兰、王信平、任明祥先后任教。1978—1986年，任明祥、任清荣、任相忠任教。1986—1994年，王信荣、王建信、任清莲、赵文美先后任教。学校多采用二级或三级复式教学。1994年底，合并至龙王官庄完小。历任校长有任元伟、任明祥、任清荣、任相忠等。

原抗子沟小学 1966年建校。1970年，学校设1个复式教学班，教师是陈传利。之后，随学生增多，设1—5级2个复式班，教师先后有高明礼、高明凤、高明义、高明忠等。1992年，教师是高明鸾。1996年，合并到悦庄镇中心小学。历任校长有王英堂、李成双、郑功庭、王业贞、赵圣厚、赵光让、郎益功、高成勋、任清忠。

原悦庄镇石臼完全小学 1960年，成立石臼完小，有5个教学班，学生主要来自前石臼大队和北石臼大队，在校生110余人。学校负责人先后是胡生介、张学福、武玉奎、杜长春、胡道强，教师有杜深兰、武玉俊、武玉亮、武善坤、胡大凤、任文富等。1993年，后石臼村、寨里村小学并入。1999年，在该村西北旧砖窑处新建学校，前石臼、北石臼、南石臼、儒林集、寨里5个村合校，建成悦庄镇石臼完全小学，有10个教学班。2010年，学校更名为沂源经济开发区石臼小学。任文富、胡道强、张光坤、宋以敏、张先友、宋洪菊等先后任教，杜长春、宋全忠、宋传芹、宋作祥、宋忠杰、朱西刚、赵圣富等先后任校长。2015年，并入沂源县第二实验小学。

原北石臼小学 新中国成立初期，村建小学，有学生40余人。1972年，与前石臼小学分开，在村庄以东建成为北石臼小学，张中仁担任校长，张成芳、张爱先、杜春俊、宋勤忠、宋成军、王可利等先后任教，学生50余人。1999年，合并至石臼完全小学。

原南石臼完全小学 1953年建立，有学生40余名，先后有刘冰玉、张玉珩、王洪信、任庆珠、郎瑞云、杨福新等人任教。1968年，成为完全小学，周世禄任校长，教师先后有杨福新、张敦先、孙吉和、张志芬、张先伦、寇秀珍等。1975年，扩大学校建设，1976年投入使用，结束复式教学历史。先后由张先全、杜丕坤、宋成胜、张先友等负责，张光坤、张光传、张光深、张志党、曹俊利、张先学等任教。1994年，扩建成为规范化村级完小，在校学生124名。张先友任校长，杜教章、杜冰瑄、张先学、杜春忠、石传义、徐凤莲等任教。1999年，撤并到石臼完全小学。

原苗山小学 1937年建立。1944年7月，沂源县在该村以流动形式举办小学训练班，县文教科科长周锡三负责，学员百余人。1945年，在鲁南公立中学、鲁山中学旧址开办苗山小学，郎瑞云任校长，郑作教任教。后来发展到4个班，64名学生，宋训道和宋成丙任教，主要教国语和算术。1958年，采取复式教学，1个班有30—40人，北屋、南屋、西屋均为教室。郑功悦、郑功爱、郑功石任教。20世纪60年代，小学、初中在同一个学校。其中，小学班5个，每班50多人。1970年，学校有1—5年级，160余名学生。学校负责人是杜丕坤，教师先后有郑建新、郑建坡、周国忠、郑功凡等。1973年，知识青年陆续返城，除留在郑功炳家北屋的1个班外，其他班级搬迁至村南祖林为知识青年盖的12间宿舍内，1—5年级各2个班，学生增至300余人。1976—1978年，在小学增设“戴帽”初中班，共举办3届，每届1个班，每班40人左右。郑建坡、郑功雷、郑继存、郑述营、宋以敏、武光义等先后任教。1997年，学校整体搬迁到东岭新建校舍，改成苗山简小，占地面积20余亩。招收1—4年级4个班，学生120人左右，5年级学生到悦庄中心小学就读。2005年11月，学校撤并到悦庄中心小学。郑功学、赵洪安、张志孝、郑作君、郑功国、李富江、宋作祥、郑功桔等先后任校长。

原儒林集小学 20世纪50年代初，在儒林集村东，省道博沂路南建起初小。葛家庄村贾文翰、苗山村郑功进、东埠村宋作宜（50年代）、两县马中山（60年代）、寨里任清玉（70年代）等先后任负责人。1981—1983年，在小学设立“戴帽”初中班，共招收3届初中生，东埠村宋钦忠负责中学、儒林集张志孝负责小学。1985年，儒林集村集资、县政府教育部门赞助钢窗，建成儒林集完小，校长杜教章，有5个年级5个班。杜道田、宋洪菊、郑俊芬、杜春连、宋作荣等任教。1994年，对校舍进行改造，更换学生桌椅、教师办公桌椅，配备图书、教学设备、运动器械等，顺利通过山东省义务教育达标验收。1996年，贾承东校长任，5个年级，在校学生120人，杜长春、郑述营、宋成霞、宋以敏、周在霞、赵媛媛等任教。2000年暑假，合并到石臼完小。

原寨里小学 1955年，在寨里村正式设立，结束了只有识字速成班和夜校、无村级小学的历史。小学分半日制和全日制，全日制招收15岁以下适龄儿童。1993年，寨里小学撤销，毕业班合并到悦庄中心小学，其余年级并入石臼完小。

原东埠村小学 1941—1944年，国民政府山东省财政厅直拨学校经费和教师薪酬，重新开办小学。教学班发展到12个，教室、办公室40余间，郑功佐、宋诚堂、宋作宜先后任校长。1946年，成立胜利小学，招收周边村学生入读，校长是郑功佐，郑作瑛、宋作修、宋作宜、宋作柄等任教。1950年，成立初级小学，朱庆吉、贾德兰等任教。1952年，成立埠村完全小学。至1993年，毕云生、冯敬斋、李志修先后任校长，郎瑞玉、宋洪章等任教。1994年，撤并到淄博市埠村希望小学。

原西埠村小学 1958—1967年，建成西埠村初小，郝贵宣任教。1967—1970年，在一民宅西屋和六队烟屋里，建立简易小学，3个班，二级复式教学，教师是何廷友、宋成军、宋训福、高永顺。1970年，学校租用宋忠华、王爱军的房子，设5个班，教师是何廷友、宋成栋、宋成霞、郝贵芝、李成山等。1977年，学校租用民房，设6个班，教师是何廷礼、王本贵、高永亮等。其间有1个“戴帽”初中班，只办了一届，1979年停办。1987年，迁入村西新建学校，设5个班。教师是高永礼、胡吉祯、徐守峰、宋志前等。2002年，并入淄博市埠村希望小学。历任校长有宋诚炳、任庆玉、李成珩、董先连、宋勤忠、贾德礼、韩在忠、张建荣、宋作深等。

原南埠村小学 1963年，南埠村在準提庙前广场大棚建立南埠村小学，招收本村儿童，小的七八岁、大的十五六岁，组成2个复式班，教师有胡明秀等。不久，学校搬迁到本村河沟南王本友家两间土坯房。1964年，学校搬迁到另一民宅内，宋诚域任教。1972年，南埠村小学搬迁至大队盖的2层小楼和大队养蚕室，学校规模扩大，宋勤忠、陈元兰、宋诚伟等任教。1978年，学校搬迁到村北的知识青年安居点的闲置房，教师有宋诚伟、杨树忠、韩英、宋诚磊等。1983年，南埠村“两委”多方筹集资金，建立了10间全砖带雨罩的教室，配备桌椅板凳等，学校成为5个年级的完全小学，宋勤忠、韩英、宋作芬任教。1996年，合并到埠村希望小学。历任校长有宋安忠、宋作安、胡吉祯等。

原葛家庄小学 1957—1966年，在葛家庄村民宅内建成初小，宋文杰任教。1967—1976年，迁至另一民宅内，教师是贾德延、董先清、贾德祐等。1977年，学校又迁入村中心，教师有吴树祥、贾德喜、贾文钦、贾德信、吴德进、吴树斌、王兰芬、贾德红等。1985年，学校搬迁到村西黄崖头新建的校舍，教师是贾德礼、吴树祥、宋诚磊、武传芳、宋忠玲等。1997年，合并到李家庄村小学。历任校长有徐艾凤、李成珩、董先连等。

原李家庄小学 1955年，兴办李家庄小学，校舍在民宅四合院内，有东西南北17间房子，招收西山、史王庄和李家庄3个村里的孩子，设4个年级，五、六年级的学生到埠村上高小。教师是郎锡汉、沈兆生、宋成全、朱庆吉、杜丕塘、李可玉。1965年，学校搬迁到村西，共12间教室。由于教室不足，另在校外设2个班，李克香、李祥荣、李庆英、杜道刚、王祥峰、李德吉等任教，负责人有杜丕田、宋爱祯等。西山、史王庄学生在该校就读。1975年秋，学校搬至村后，有5个年级。1995年，又迁到村中大队办公室及副业大院中，与史王庄村、葛家庄村3村合办。2006年，撤并到淄博市埠村希望小学。历任校长有王克德、李可会、徐守锋、杜道郁、宋作安等。

原娄峪小学 1957年，借用民宅3间房屋，办起娄峪小学，采用复式教学形式，大约有学生20名，教师1人。1958—1960年，将生产队的场院棚改建成学校，宋诚君、贾文敏任教，约30名学生。1966年，王洪信、张连堂、张兴勤等任教，1—5年级实行三级复式教学。1971年，新建6间房屋作为校舍。1972年，刘志礼任教。1974年，宋诚堂任教，采取1—3年级复式教学。1985年，崔振余、刘志洪等任教。1990年以后，王祥增、杜道郁、刘友、刘余、唐敬湖、张玉峰、郑功来先后任教。2008年，整体合并到埠村希望小学。历任校长有曾兆林、刘志坤、刘焕营等。

原唐家官庄小学 1951年，唐家官庄简小在民宅2间南屋里成立，唐慎禄担任教师。1953年，建立唐家官庄第一所正规初级小学，有1—4年级，4个教学班。1966年，唐慎坤、李同珠、贾文娟、唐慎东等先后任教。1967年，办起完全小学，任庆珠、宋成贞、王本峰、唐慎为、唐慎佐等先后任教。1976年，在唐家官庄小学与阿陀村合办“戴帽”初中班，学制两年，共办三级，每级40余人。教师是王英春、唐慎书、李祥林、赵念生、王英玉等。1979年，唐家官庄“戴帽”初中班学生撤并到埠村联中。1984—1996年，唐敬虎、唐慎秀、唐守朋、宋诚贞等先后任教。1996年，合并到阿陀小学。历任校长有唐慎思、郑功来等。

原尧洼小学 建于1963年，第一任教师是唐敬珍。后来，村里安排王英河任民办教师。1995年，合并到埠村希望小学。历任校长有贾德年、王英河等。

原西山小学 1956年，借用3间民房办学，从一年级开始招收学生，采用复式教学，20余名学生，年龄大小不一。第一任校长和教师是宋功佑。1957年，学生数量增多，三年级以上学生到埠村的学校上学，村里只有1—2年级。后来，悦庄公社派东悦庄村任仕成到西山任教，苏明英任代课教师。因学生增至30余名，把生产队的场院棚、烤烟房改建成教室，用土坯支撑起木板当课桌，学生自己带板凳到校上课。1959—1962年，“退工还农”潮兴起，简小借用代销店，采用三级复式教学，开设半日班和夜校，教师是王振传、宋训茂和宋志红。1970年，成立完全小学，新建教室4间，招收1—5年级学生，三级复式教学。1972年7月，学校扩班，把第一生产队的牛棚改造成教室。1974年，扩招1个班，王金祯为民办教师，4名教师任教。1983年，学校继续采用1—3年级复式教学。1985年，除白天上课以外，晚上也要加班上课，时称“一揽子小学”。宋作健、李成凤、宋作菊先后任代课教师。后成立学前班，建图书室，配备各种教学仪器和实验室用品。1999年，合并到淄博市埠村希望小学。历任校长有王德明、杨本禄等。

原沂河完小 1952年建校，位于悦庄镇沂河头村，仅1个教学班，刘德一、曾兆林任教。1959年，学校迁于村南，成为完全小学，占地面积900平方米，校舍12间，招收沂河头及邻村学生。1962—1965年，办学规模扩大，设有1—6年级8个教学班，学生近200名，因校舍不足，外借民房作为教室，赵士坤、王福德、宋作荣、郎瑞秋、秦贞忠等17人任教。1965—1972年，增设2个初中班，7个小学班，教师有李可姓、孙新民、孙吉芳、桑大明、秦元德等。1973—1976年，学校面积扩为3000多平方米，教学班11个（含2个戴帽初中班），学生主要来自沂河头村和胡家沟村，教师有宋传甫、桑志录、桑大菊、宋尚湖等。1977年起，学校只设小学班。1985后，经不断扩建，学校面积达15000平方米。宋以骞、桑大申、周继忠、孙万亮、秦贞茂、武玉亮等先后任教。2005年，合并到悦庄镇中心小学。历任校长有张奉堂、武树松、宋传利、蔡守林、马祥恩、桑学湖、王洪英、贾文教、贾文敏、杜春茂、郑功来、桑志录、秦成福、宋传芹、朱西刚、秦元申等。

原南张良小学 1957年秋建校，于松平、郑功梓、沈学香、张元礼等任教。后来普及小学教育，扩为5个班，学生达100余人，公办教师有李同珠、赵吉清等，民办教师有张希余、孙吉合等。1985年，迁至村西新校，教职人员固定，教学转入正轨。1995年，中张良小学并入南张良小学，学生超过400人，教职工13人。2005年，南张良小学撤并到悦庄镇中心小学。历任校长有李成双、朱西刚、秦元申、宋作祥、孙吉君等。

原中张良小学 1956年，中张良小学建校，学校以民宅3间瓦屋为教室，设1个复式教学班，霰玉成任教，学生年龄不一，约四五十人。1960年，班级有所增加，依旧以复式为主，郑功哲任教。1968年，分为1—4年级，设5个教学班，学生150人左右，徐立海、任瑞林、郎瑞秋等任教。后随学生人数逐年增加，校舍不足，分别在东岭烤烟房、任明石家老宅设教学点。1985年5月，学校搬迁至大队办公室，设1—5年级5个教学班，于明清、陈玉汉、张成珍、任清安等任教。1995年，合并到南张良完小。历任校长有任清海、秦元海、任清志、任相宝、任清余、秦成义、李成双、陈复平等。

原胡家沟完小 1950年成立，由1处民房改建而成，校舍为3间南屋，课桌用石头木板垒成，板凳学生自带，设1—4年级复式班，吴树松等任教。1958年，在村南建成4间教室成立新校，学生约20人，马中山等任教。1966年，学校搬至村民陈西余家西屋，陈西芝、王震龙等先后任教，后来又搬回村南原址，张文杰、张先伦等先后任教。1981年，学校迁至村西，教师是宋以忠、桑元义。1986年，在下学屋新建4间教室，成立胡家沟五年制完全小学。1994年，增建4间西屋。1996年，撤并到南张良完小。历任校长有宋洪范、李成玉、郑功梓、宋传福、陈志先、侯宝礼等。

原黄家宅小学 1951年，利用闲置民房成立黄家宅小学，采用复式教学。1984年，村筹集资金建成黄家宅村完小。1995年，村集体出资在村东沂河西岸建设新校。1997年，下龙巷小学并入。2005年，并入悦庄镇中心小学。历任校长有房振华、刘文忠、刘发和、任相宝等。

原下龙巷小学 1958年，成立小学，校址在杨家油坊，学制4年，设4级复式教学班1个，主要学习国语、算术，招收本村、上龙巷和黄家宅3个村儿童，学生毕业后到埠村高小学习。郑功传、武传章、任明善、杨秀义、陈玉汉等任教。1962年，教师队伍整顿，学校停办。1963年，恢复办学，招收4个年级2个班，解清书、陈玉汉分别承担一、四年级和二、三年级2个复式班的教学。后来，校址迁到村中淹麻汪北的一处独院，学校规模扩大，招收5个年级，有杨学宏、孟凡利、杨振江、杨秀泉、桑元利、董明秀等先后任教。1976年，学校举办“戴帽”初中班，招收一届二年制学生，教师是桑元义、秦光正、杨学远。1980年，学校有1—5年级5个班，教师是董学永、解清亮、董明菊、陈树芳。1986年，学校迁至村北新校舍，秦贞茂、秦元申、秦成义、杨振厚等先后任教。1997年9月，合并到黄家宅小学。历任校长有郑功全、吴传章、宋以兰、李可福、于明清、解明芳、朱庆卓、赵继清、秦元德、董学永等。

原花水完小 20世纪50年代，上、中、下3个花水村陆续各自办起村小，李克俭、郑功雨、王业祯、李树方、谢孔福等先后任教。1983年，在花水联中原校址成立花水联小，设4—5年级各1个班，招收3个花水、涝洼和银洞峪村适龄儿童。1994年，学校开始扩建。1995年秋，成立花水完小，设1—5年级，每个年级1个班，学生163人。谢加元、张中和、秦成学、陈大乾、刘成亮等先后任教。2005年，合并到悦庄镇中心小学。历任校长有王业祯、陈大清等。

原南营小学 20世纪70年代初期，南营大队办起南营小学，采用复式教学，孟庆鹏、秦光兰、朱庆华等任教。1977—1978年，办起“戴帽”初中班，招收2届学生30余人。1980年，初中班撤销，第二届学生被分流到悦庄联中和黄山子联中。1987年，李可秀等任教，采用2级复式教学。1989年，郎益功、颜成厚、张庆顺、王永会、宋作芬任教。1999年，合并到朱家庄完小。历任校长有朱西元、郎益功、陈文群、刘成亮等。

原北营小学 1959年建立，借用民房作为教室，设1—4年级4个教学班。1966年，将大队办公室改造成学校，有房屋6间，实施复式教学。先后有宋传河、郑作珩、朱庆吉等任教。1992年，合并到南营小学。历任校长有李成珩、陈善歌、张先伦等。

原中营小学 1956年建立，郭兆生任教。两年后停办，适龄儿童转到南营小学。1964年，中营村大队在村后东北角再建中营小学，王洪信、宋成全、郑兰芬、颜成厚先后任教。1992年，合并到南营小学。历任校长有朱西元、陈文群、刘成亮等。

原银洞峪小学 1962年建成，有教室2间，办公室1间。首任教师宋作荣，后于明清、刘志远等先后任教。因学生增多扩班，聘请社员谢木东、谢木洪任教。1976年，村后建新校舍，有4间教室和1间办公室，设2个复式教学班，谢木厚负责1—3年级，郑玉美负责4—5年级。后来，谢木祯、任相锦先后任教。1989年，仅保留一、二年级，其他年级学生合并到花水联小。1995年，撤并到花水完小。

原涝洼小学 1950年12月成立，校舍借用民宅2间北屋，教师是陈学孔。1962年，建教室3间，借另一民房作为办公室，后来达到5个年级，唐慎斋、朱庆范等任教。1972年，大队再次扩建校舍，教室5间，设1—5年级2个复式教学班。1983年，学校换新址至西台子，建校舍5间，校园面积450余平方米，秦成学、张久德任教。1995年，并入花水联小。历任校长有朱庆吉、鹿道松、秦成学等。

原黄山子小学 新中国成立后，黄山子村初级小学成立，设1—4年级，杜道清、陈学孔等先后任教。1958—1963年，学校借用陈大会家民房作教室，教师有刘志远、陈现钿、宋传凤、朱广栋等。1964年，迁到一民宅内，杨登才、陈善成、陈文贞等任教。1966年，在村南场院边新建2排教室，招收1—5年级学生，成为完全小学，教师有宋忠明、陈大花、陈文质、周国爱等。1968年后，陈长学、裴常利、宋传厚等任教。1984年，学校迁到村养蚕室，陈传平、陈大清、陈文生、陈恒堂等任教。1988年，校址迁至村办公室（现龙山幼儿园），教师有陈文亮、陈传平、陈大乾、陈恒堂、陈自萍等。2000年，合并到青龙山小学。历任校长有庞希会、徐以林、陈善成、陈文田、王英平等。

原陈家庄小学 1956年成立，先后设立在民宅内及村原来的食堂，招收的学生年龄大小不一，有1—3年级，招收2个班，学生30余人。教师2人，采用一、二年级复式教学。1963年，建陈家庄小学，1—5年级共7个班，7间教室，2间办公室。1994年，合并到青龙山小学。历任校长有张立谦、武玉奎、陈西堂、陈西传等。

原朱家庄小学 1950年成立，王登贵、翟新农、任明月等任教。几年后，生源增多，在西门口建2间教室，增加五、六年级高小班，孙兆生、张成友、白金斗、范维朴、庞汇川等任教。1967年，办初中班，生源覆盖上花水、下花水、北营、中营、南营、张家庄、涝洼、银洞峪，最多时招10个班。1975年，初中班迁往黄山子联中，朱家庄改回完全小学。1980年，搬迁到朱家老林村良种试验队院内。1989年，村东北建教室20间、伙房2间。1995年，在村东三悦路边新建校舍，包括教室10间，伙房2间，图书室2间，按5年制设班。朱庆顺、朱庆范、李可秀、陈纪常、唐敬法等任教。2005年，朱家庄小学合并至悦庄镇中心小学。历任校长有宋作记、郑述勤、徐新华、任明月、宋诚炳、薛茂华、李富江、朱庆利、张可爱、杜明栋、贾承东等。

原崔家庄完小 1958年，在下庄陈家大院设立崔家庄小学，东西厢房、南屋作为教室，北房是办公室。招收7—14岁的学生。1984年，村委修缮草编厂，学校迁至上庄，建一排砖木结构带厦平房作为教室、办公室，五四学制，办学规模达10个教学班，学生近300人。教师主要以通过村委推荐与招考等方式确定的民办教师为主，个别公办教师作为学校负责人。1993年，崔家庄、张家庄、陈家庄3村联合征地出资新建青龙山小学。1994年，并入悦庄镇青龙山小学。历任校长有高希堂、张兆法、刘金歌等。

原张家庄完小 1952年，张家庄村办起夜校和妇女识字班。1953年后，人数不断增加，校舍迁到村西头张化淦家四合院瓦房内，学生30余人，任连清、张玉义等任教。此后，成立张家庄完小“戴帽”初中班，崔家庄和娄峪的学生到校就读，公办教师赵世坤、刘志远、姜开昌、王登贵、郑建新、唐敬湘等先后任教，后来民办教师张玉坤、张玉礼、张玉江、张德武、徐长兰等任教。1982年，学校搬到村东大队副业院中，10间北屋作为教室，2间西屋作为办公室，5个班级。1994年，撤并到青龙山小学。历任校长有张德贵、张玉敬、张传来、张玉峰等。

原阿陀小学 始建于1953年，有2个班级，学生25人，王英田等任教。学校有2间房子，占地面积120平方米。1965年，在村后建起10间土坯房，容纳5个班，在校生110余人，刘培吉等任教。1985年，在村前建起20间砖瓦房，建成占地1000平方米的操场。在校生170余人，成为完小，王明涛、王光伦、陈大亮等任教。2007年，并入青龙山小学。历任校长有王英弟、贾文教、王英田、王英刚、王光亮、宋成胜、陈文田、宋忠杰、刘金歌等。

原马家峪小学 1958年建立，有教室2间，大崮村适龄儿童到村就读，唐慎俭、马玉德、朱庆范、郑功宪、郑建俊先后任教。1970年，建起3间教室，陈善营、宋传厚先后任校长，教师有郑作学、王贵存、公培富、王维岱等。1980年，陈善营、公培富任校长，1994年，合并到青龙山小学。

原东赵庄完小 新中国成立后，东赵庄完小在民宅四合院内举办。张志新、赵华轩、王善信、单纪良、张学福、沈传孝、杜道功、董现连等先后任校长。1984年，赵庄中心校成立，负责人是桑大明、刘志成，后改为赵庄学区，负责人是赵洪安、王学义。1991年，在东赵庄三村外的山岭上，新建完全小学。2001年9月，东赵庄一村、二村、三村学校撤并到新建的东赵庄完小。2020年9月，在西赵庄选址建成一座小学，将消水完小所有学生合并过来，东赵庄完小撤销，新建悦庄镇赵庄小学。负责人有张德全、崔孝成、任清安、张光泉、王海等。

沂源县悦庄镇东赵庄完小一角（1999年）

原西赵庄完小 1944年5月，西赵庄村在一老宅内办起“速成”小学校。1953年，村里征用任家大院的房子当教室，办起西赵庄小学，任明林、宋京文任教。教室内用土坯支起木板做课桌，学生自带板凳，用几块木板拼起来涂上锅灰当黑板。采用半工半读的教学模式，学生半天上课半天劳动。其间，教师增加王珍。1966年秋，小学改为全日制模式。有1—4年级，实施复式教学，五、六年级集中到条件较好的赵庄完小就读。1968年，改为五年一贯制学校，教师增加尹汝成、陈汉玉。1975年，西赵庄完小建新学校，校址在博沂路北、徐家胡同以西。建房屋21间，有教室、办公室、功能用室及附属用房。周世玉、徐义林、徐立林、任清祯等先后任教。1985年，沈兆英、徐信凤、沈照生、沈传孝、徐爱堂、陈立国先后任教。2005年，撤并到东赵庄完小。历任负责人有陈安玉、徐爱凤、王德莲、陈东成、宋传会、宋以水等。

原东赵庄一村简小　1972年，办起小学，有学生70人左右，教室设在一处老宅子里，教师有张传友、张传勤、张成太等。1995年，三个村合建东赵庄完小，东赵庄一村简小撤销。历任负责人有张成田、郑作祥、张传勤、沈珍玉、郑作祥、张传友等。

原东赵庄二村完小　1972年，成立小学，设在社员宅内，有5个教学班，沈学敏、沈照生、王京坤任教。1987年，小学搬到现王京利的住宅处，有5个教学班，沈照英、王德月等任教。后来，东赵庄3个村异地新建东赵庄完小。1995年，并入新建东赵庄完小。历任负责人有徐凤文、沈学江、沈兆生、沈学玉等。

原东赵庄三村简小　由于社员居住分散，按照就近入学原则，1973年，石坡前简小、东方红水库东简小、东方红水库西简小建立。1985年，东赵庄三村简小在东方红水库西成立。1995年，撤并到东赵庄完小。历任负责人有王仕成、张德全等。

原消水完小　1992年，东消水村、西消水村、北消水村、中消水村4个村集资办学，在中消水村东建起占地5200平方米的消水完小，有前出厦平房6排，12个教学班。2013年8月，建成建筑面积1400平方米的教学楼房1座，可容纳学生300余人。2020年，撤并到赵庄小学。历任负责人有宋传芹、周仕玉、陈汉玉、谢木刚、沈利玉、赵圣富、崔孝成、赵世成、巩进勇等。

原中消水小学　1963年初，成立中消水小学，校址在宝盒街，起初只有1个教学班，采取复式教学，教师是王洪信。后来开办3个民办班，教师是宋传甫；1个耕读班，教师是宋传连。后来，村里在原校址建起4间宽敞教室。1983年，校舍改造，在村东围子前新建前出厦教室12间，有5个教学班，宋传芹、周仕玉先后任校长。王贯一、宋传利、池言刚、宋以杭、宋以敏、王德连等先后任教。1994年，并入消水完小。

原西消水小学　1957年，西消水村小学堂成立。利用民房当教室，学生自带板凳，用土坯支起木板当课桌，把墙壁涂成黑色当黑板，1—4年级实行复式教学，2间小屋容纳几十名学生，学生年龄参差不齐。1962年，村里在西岭新建校舍10间，有5个教学班，任润清等任教。1964年，柴干村有一个教学班，实施三级复式教学。教师是宋恒柳、宋尚成、宋以恩、宋传通。1994年，西消水小学和柴干村教学点合并到消水完小。历任负责人有于明清、宋尚福、宋以惠、宋尚玉等。

原东消水小学　1963年成立，只招收一、二年级，教师是宋以芬，其他年级到消水联小就读。1964年，学校搬迁到三队场院的西屋里，宋传孝等任教。1973年，学校搬迁到一民宅内，建成一所完小。1983年，学校搬迁到东岭大队办公室。1986年，迁至河东大队院里。宋以秋、宋传会、段春平、周存敬、周纪忠、郎益标等任教。1994年，东消水村、西消水村、北消水村、中消水村4个村正式合班并校，成立消水完小。历任负责人有霍贵喜、宋以秀等。

原北消水小学　1964年7月成立，地址在东围子小水泉边，有2个年级，采用复式教学，宋作信是第一任教师。1966年，学校搬迁到北岭后场，招收1个班。1985年，在村南建设校舍一所，占地1450平方米，招收4个年级3个班，教师先后有3人。1994年7月，合并到消水完小。陈志贵、宋爱贞、陈西臻、周纪富、陈志云、张有吉、秦元德等先后任教。历任负责人有李成珩、张先伦等。

原王家泉完小 新中国成立后，王家泉村小学建成，设3个年级，以复式班为主，朱子斌、王德明、周子启、马光禄、霍光武、孙吉孝、刘冰玉等先后任教。1966年以后，学校搬迁到老油坊里，王英堂、王建宝、韩祥文、蔡云安、王志义、李成田等先后任教，这一时期，有5个年级，以复式班为主。1990年，东、西十字路的四五年级合并到王家泉小学，有6个班。1997年，校舍改造，东十字路、西十字路、王家泉三村联小在王家泉村成立。郑雷生、宋以杭、宋以忠、桑大森、宋以秀、杨秀峰等任教。2000年，合并到消水完小。历任负责人有李成珩、宋传福、宋传利等。

原东十字路小学 1951年，东十字路村开始办学，招收1—4年级复式班1个，占祥信为第一任教师。后与西十字路村联合办学，李长祥、周子旗、马光禄、王光庆、张文清等任教。1956年，学校仅保留一、二两个年级，其他年级转到王家泉。1963年，办起包含1—4年级的初小，教师是王福英、郭怀福。1968年，公办教师回村，仍采用复式教学，教师是李同珠、郭怀福。1971年，公办教师调离，王德祥、李同珍等先后任教。1976年，办起“戴帽”初中班，于明清、刘学祥等任教，1978年停办。该村学生小学毕业后都到消水联中就读。1990年，除保留三年级1个班，其余年级迁入校址在王家泉完小，李孝祥、郑雷生任教。1992年，撤并到王家泉村完小。历任负责人有占祥信、薛茂华、璩汉祯、王洪英、宋传福、王家宝等。

原西十字路小学 1953年，西十字路村与东十字路村合办小学，学生在东十字路村上学。1955年，又迁往王家泉小学。1962年，西十字路建立小学，改村大队办公室为教室，陈现成、徐丰明、郑功爱、陈启礼、陈西芬等先后任教。1967年，新盖教室4间，宋淑俭负责教育教学等事务。1990年，并入王家泉村新建的东十字路村、西十字路村、王家泉村3村联办的小学。

原上枝学校 新中国成立初期，上枝村建立学校，校址在上枝村河南，1—3年级三级复式，四年级以上要到两县村就读，郭顺生等先后任教。1977年，大队在上枝北岭修建15间青石墙学校，学校规模扩大，每年招收5个年级5个班，在校内增加1个初中班。两年后，撤并到两县联中。王学友、宗瑞美等任教。1995年，上枝小学改造原来的卫生室、经销店、村办公室等村集体资产房屋，石兴太、郑功学、李同德、王键、王在春、郑述富等任教。2000年，撤并到两县完小。历任负责人有刘纪祥、徐树连、张振邦、杜建荣、王学平、宗培彬、石兴太、白咸玉。

原八仙官庄小学 解放初期，八仙官庄村办起的夜校，可以算是八仙官庄村小学的前身。从1951年开始，八仙官庄小学成立，利用民房，室内用土坯支起木板当课桌，墙壁涂上墨汁当黑板，学生自带板凳上学。最初，同年级学生年龄相差十几岁。采用复式教学，复式班教师先后是杜建荣和高学福。杨本升、郑述富、郑作芳、郑作寿、郑述刚、张君祥等任教。1994年，为迎接国家义务教育达标验收，学校积极与村里协调，新建了7间校舍，村小也有了多功能教室，上级给学校配备了大量的图书、体育器材、实验器材等，学校顺利通过达标验收。随着农村生源逐年减少，小规模村小进行合班并校，1997年9月，合并到两县完小。

原池家峪小学 1948年，在一处羊圈里举办，先后由郑功传、李克俭、郑建新、杜建宏、杜玉章、宋传忠任教。1976年，池家峪村、米山子沟村分别建起学校。其中，池家峪村新建8间房屋，4间教室，教师有宗培忠、宗培书、王在春、刘京利、任纪平、白咸玉等。1980年，米山子沟村小学撤并到池家峪村小学。2002年，撤并到两县春蕾小学。

原高家北峪小学 1979年，在村南头盖起5间北屋，建起高家北峪小学，高长青、任清莲任教。1994年，在村中最好的地段建起了高家北峪小学新校。1997年7月，合并到两县完小。

原卢家泉小学 20世纪50年代成立，上级派李华太组织村里的适龄儿童学习文化。1958年，学校搬迁到生产队办公室。1963年，三年自然灾害过后，大队成立学校，教学形式以复式教学为主，起初是二级复式，逐渐发展到四级复式。1966年，教师是宋传吉、公培青。20世纪60年代末至80年代，赵圣尊、赵圣友、张宗禄、吉秀荣等任教，由于学生少，也是复式教学为主。1989年以后，宗培书、张振太、张君祥、郑述宝、徐新英先后任教。1998年，芦家泉希望小学建立，建成砖木结构平房5间，有3间教室。2002年，合并到两县完小。

原米山子小学 1964年建立，在米山子村大队的2间房子里，1—3年级三级复式教学，大约10人，第一任教师高永春，后来王洪田、王洪全先后任教。1980年，撤并到迟家峪小学。

原七里寺小学 1984年建立，学校设在比较宽裕的几间民房，贾文教、李同德任教。后来，因几间民房不能满足村里孩子的上学需求，分散上课不便于管理，专门把各个生产队的粮仓四合院腾出来，作为村里的正式小学。第一位公办教师李启英任教并担任小学校长。后来，苏兰忠、张志英先后任教。期间，教师更换较频繁，除1名公办教师外，民办教师齐林元、齐春强、王宝清、齐山文先后任教。学校课桌是用石头支起来的木板和水泥板，凳子是学生自己从家里带来的。后来，水泥板和木板课桌换成纸浆课桌（先用泥和土坯垒好形状，在外表涂上一层用废旧报纸和书本捣成泡制的纸浆，然后外表再涂刷一层清漆）。在1间教室里，1—3年级3个班，学生40—50人，教师1人，采取三级复式教学。1995年，义务教育达标验收，七里寺村与小辛庄村进行整合，选址于七里寺村东与小辛庄村接壤处，共同筹资，先后建起6间前后通透的大玻璃窗教室和多功能教室，图书和体育、实验器材配备齐全，学生也用上新的木质课桌凳。2000年，合并到两县完小。

原桃花峪小学 1958年成立。成立之初，学生年龄不均，没有文化基础，无法划分年级，所以当时叫“一揽子班”，以后根据年龄和学习情况分成2个年级。高学奇、王余增任教。1964年之前，学生10余人，分为3个年级，是三级复式班。鉴于当时农村生活较困难，很多学生无法上学。学校成立1个午间班，学生利用中午时间上学，由刘佃荣任教。后来又改成半日班。随着学生不断增加，后来分为4个年级。半日班取消，改为整日班，分别由两位教师担任，当时只有1—4年级，四年级结业后到两县上完小。1966年，学校扩成5个年级，马文祥、张茂东任教，学校变成完全小学，学生达到七八十人。2002年，撤并到两县春蕾小学。

原小辛庄小学 1956年，小辛庄村小学建立，校址在小辛庄村村大队，1—3年级三级复式教学，大约10人，第一任教师是郑功全。后来李来现、王学青、赵希英、宋传吉、代言福、刘发礼等先后任教。1978年，在村大队西1公里左右新建学校，有5间房子。1984年，撤并至七里寺小学和高家北峪小学。

原南鲍庄小学 1958年，南鲍庄在杏栏办起小学，许洪亮、窦本亮等先后任教。后校舍改造，村小学迁至村东南新校，贺志玉、刘德增等任教。1995年，并入鲍庄完全小学。历任负责人有郎瑞林、谢义富、吉春安、贺志玉。

原流水店小学 1929年秋，西鲍庄许洪远在流水店办小学堂。1958年，流水店村小学正式成立，学校设在民宅内，王贤任教。后迁至马怀安北屋，贺光武等先后任教。1969年，在村东盖起新校，招收1—5年级学生。张玉良、王孝元等先后任教。1995年，流水店小学撤并至鲍庄完小。历任负责人有夏可武、赵丙信、衣光瑞、陈砚斋、张玉良、陈子祯、张玉石、窦学福、贺光学。

原北鲍庄小学 1946年，北鲍庄办起小学，附近村以及临朐县嵩山镇、寺头镇的学生到校就读。1950年，北鲍庄完小正式成立。教师是戚兴德、张统福、王友成、蒋国贤、张学义、郑明经等。1977年，北鲍庄完小办起“戴帽”初中班，共办2级。1989年，撤四、五年级。1998年，撤二三年级。2001年，撤一年级，北鲍庄小学撤销。历任负责人有陈延智、马光生、张成友、张玉良、申宗常等。

原东鲍庄小学 1944年5月，从临朐县聘来刘德公办学。后来，贺兴泰和宋作明任教。到新中国成立时，学校发展到4个年级4个班，除招收本村学生外，还有龙汪崖、衣家庄、流水店等村的适龄儿童，房士吉、王文汉、崔安叶、张传和、王贤等先后任教。学生毕业后到北鲍庄高级小学就读。1964年，在村河北增设1个班，马广生等任教。1967年，建起新的东鲍庄小学。小学有马西亭、刘方忠、贺志玉、张久德、张学礼等先后任教。1977年，办“戴帽”初中班，共办两级。1979年，暑假后恢复完小建制。1989年秋，小学四五年级学生并入鲍庄完小，学校变更为初小，招收1—3年级学生各1个教学班。2001年，撤并至鲍庄完小。历任负责人有陈作文、马玉祥、侯顺民、窦坦山、窦修义等。

原西鲍庄小学 1967年建立，有9间房屋，招收西南峪村和芝麻峪村的学生，耿兆吉、朱光宝、林洪东、潘福奎先后任教。1976年，小学设1—5年级，陈作智、董连升、董连荣、贺光富、董连华等任教。从1981年起，只招收1—4年级学生，五年级的学生到鲍庄完小就读。1994年后，招收1—2年级学生，3—5年级统一到鲍庄完小就读。2001年，因小学集中教学，西鲍庄小学被撤销。历任负责人有陈丙胜、马元吉、吉春安、陈作胜等。

原衣家庄小学 1958年，办起小学，郑良友、衣光瑞等先后任教。1987年，3—5年级学生并入流水店、南鲍庄村小学。1995年秋，合并到鲍庄完小。历任负责人有韩发义、潘洪太、潘洪奎、潘维凤。

原水泉溜小学 1973年，办起简小，1—3年级有十几个学生，采取复式教学，高年级学生在南鲍庄小学就读，马元胜任教。1980年，水泉溜村小学并入南鲍庄小学。

原陈家官庄小学 新中国成立后，陈家官庄村小学成立，村西破旧民宅当作校舍，招收陈家庄村、田峪村、茅台村的1—4年级学生，王启坡、王树德、窦玉环、翟所平、申宗长、王训成等任教。1987年，陈家官庄村委新建一所学校，有5间瓦房，设1—2年级，陈作录、王树珍任教。其余年级去茅台完小就读。1999年，合并到三岔中心小学。历任负责人有陈延斋、赵秉信、马玉祥、吉春安、陈作录。

原董家峪小学 1953年创办，王启玉任教，10多名学生，1—4年级实行复式教学。李成坤、刘玉、石学谦、王三礼、董砚俊等任教。1993年，新建有教室、功能室的规范化学校，结束复式班的历史，四、五年级学生到茅台完小就读。1999年，撤并到三岔中心小学。历任负责人有张成友、聂增信、刘树荣等。

原田峪小学 1961年成立，租用民房做教室，第一任教师是张纪祥。以后霍贵喜、陈丙华、白金田、刘孝本、张玉石等任教。1999年，合并到三岔中心小学。历任负责人有刘孝本、陈丙胜、江东波、贺志玉。

原龙汪崖小学 1972年成立。1977年，学校保留1—4年级，学生30多人。1985年，新建教室5间。1989年，学校保留一、二、三年级，四、五年级学生到鲍庄完小就读。吉春安、李学法、王学军、张玉奎等先后任教。1999年9月，撤并到东鲍庄小学。历任负责人有亓汝成、侯顺民、刘京德、高昌烈等。

原前坡小学 1950年，在刘恒昌家成立，第一任教师是张志胜。1956年，有学生30多人，设4个年级，实施复式教学，马光顺任教。1958年，搬到一民宅3间屋里，学生有40余人，五年级的学生到北鲍庄完小就读。1967年，村里建起新学校，属全日制小学，陈延智、李守义、白万才、白金生、董彦俊等任教。1994年，村里翻建学校，建成前出厦教室10间，包括4间教室、1间办公室，学生有70多人，征用生产队的仓库作教室，设1—5年级，取消复式教学。1999年，合并到三岔中心小学。历任负责人有马光铸、王彦明、马光照、陈传增、陈丙余、余存良等。

中学教育

概　况

1953年起，悦庄区的小学毕业生大都到山东省立沂源中学（在东里，今称沂源三中）就读初中和高中。1956年，沂源二中（现沂源一中）建立，悦庄的小学毕业生改到沂源二中就读初中和高中。

1959年，悦庄建立沂源县第六中学。1962年，六中停办。1965年，建立悦庄农中，校址在今北营水库一带。1968年，悦庄农中又改为全日制中学，称沂源县第九中学，简称“九中”，并将初中教育改为高中教育。1976年，“九中”改称悦庄中学。1985年9月，又改称沂源县第五中学。高中教育至1991年9月撤并到沂源一中。沂源五中校址划归悦庄镇管理，建悦庄第三初级中学。

悦庄一中樱花节（2009年）

1969年，悦庄人民公社9个管区建有9所联办初中学校。

1976年，提倡小学举办“戴帽”班，即在学生较多的小学设初中班，当时很多较大的村小都办起“戴帽”初中班，有的还办起“戴帽”高中班。

1980年，中学学制由二年制改为三年制，教材为全国通用教材。

1985年，悦庄镇在农科所悦庄基地处新建1所初级中学，称悦庄镇中心中学，1986年开始招生，设有1个初三补习班、4个初一班。

1990年，悦庄镇在镇政府西南空闲地又建1所初级中学，1991年招收学生10个班，称为悦庄镇第一初级中学。同年，悦庄镇中心中学更名为悦庄镇第二初级中学；沂源县第五中学撤归悦庄镇管理，改称悦庄镇第三初级中学，各学区的联办中学相继逐年撤销。

1996年，初中学制由三年制改为四年制。1998年，悦庄三中合并到悦庄一中、悦庄二中。2012年，全镇教育实施校舍改造工程，投资2亿元，在悦庄二中原址改扩建，并将悦庄一中、二中合并，建成沂源县第四中学。

悦庄二中校舍（2010年）

学校简介

沂源县第四中学　位于悦庄镇政府驻地，三悦路东侧，走马岭下饮马河西岸。占地面积10.67万平方米，总建筑面积4.2万平方米，建有综合办公楼、实验楼各1座，教学楼、宿舍楼各2座，餐厅1座，标准田径操场1处，风雨操场1座。校园建设布局合理，功能齐全，内配标准高，设施设备齐全，是一所高标准现代化乡镇初级中学，承担悦庄镇义务教育初中段教育教学任务。2023年12月，学校有34个教学班，学生1526人，教职工161人。

沂源县第四中学秉承“以生为本”教学理念，重视学生的全面发展，积极创造各种条件和机会，开展适合学生自主发展的教育活动。紧跟教育发展潮流，努力发展特色校园文化，形成独具特色的“源”文化。学校的办学思想是以人为本、以爱为源；办学宗旨是探究教育本源，助力师生发展；德育理念是感恩思源、博爱至善；育人目标是培养德正源清、学高智睿、言美行雅、体健志远的时代学子；校训是修身正源、博学笃行；校风是同心共源、严谨务实；教风是爱生溯源、精艺乐教；学风是自主探源、敏思善学；办学特色是封闭管理、开放办学、家校共建、科研兴教。

学校被评为第一批山东省绿色校园、淄博市文明校园、市现代教育技术示范学校、市智慧校园。

江兆旺、杜明栋、赵功君（执行校长）先后担

沂源四中办公楼（2023年）

任校长。

杏坛陈迹

原沂源县第五中学 1959年，在悦庄政府驻地西南部的泉子崖，成立沂源县第六中学。正值困难时期，1962年，学校只招收两届初中班即停办。校长由赵庄完小校长张志新担任。1968年9月，悦庄一带的学生从沂源五中（石桥）返回悦庄，成立一所全日制高中学校——沂源县第九中学。1976年8月，沂源县第九中学改称悦庄中学，占地38亩，教师40余人，是一所全日制高中学校。1980年，学校开始招收三年制初中，每级2个班。1985年，学校高中改为三年制，每级招收2个班；1987年9月，沂源县中学进行调整，保留5所高中学校。悦庄中学改称沂源县第五中学，教师50余人，是一所全日制高中学校，每级2个班。1991年9月，沂源县第五中学撤并到沂源一中。历任校长有张志新、李廷珍、翟新农、杨树勋、刘耀汉、齐科元、张友仁、陈书汉、王光诗等。

原埠村联中 1960年后，村小学办初中班，有30多名学生，宋忠儒、宋作祥等任教。1975年，建埠村联中，招收埠村管区的小学毕业生。武玉奎、武玉俊、刘志成、唐兆言、陈希厚先后任校长，宋忠明、王英新、杜道功等任教。埠村联中有5个教学班，260名学生，后搬到北寺。1992年，埠村联中撤并，学生分流到悦庄一中、悦庄二中。

原赵庄联中 1964年冬，成立赵庄农中，校址原为村东老林场，后迁至赵庄村北，沈珍玉、徐凤文任教，学生半天劳动，半天学习文化。1968年，成立赵庄联中，开始招收初中班。1976年，招收“戴帽高中班”，共招收2届。1991年，赵庄联中撤销。张学忠、解明芳、王学义、张秀美先后担任校长。

原东鲍庄农中 1965年，东鲍庄村内开设农业中学1个班，校长是陈作文，陈作文、翟所平、陈延斋、王兴家、马镇远、窦坦亮任教。1967年，农中撤销。

原鲍庄联中 1968年，在流水店和南鲍庄土地上建起鲍庄联中。1969年开始招收初中生，学制二年，每级2个班。1976年，办起“戴帽”高中班，共两级。1989年7月，撤并到三岔中学。刘宗仁、单玉民、刘玉、潘福洪、赵念新、房新堂等任教。历任校长有王德福、褚成文、薛运东、张传忠、付廷顺、窦传宝、李庆禄等。

原消水联中 1968年，4个消水大队与东十字路大队、西十字路大队、王家泉大队联合办起消水联中，学制2年，教材为省编教材。仅有4间教室，只招收1个初中班。丛佃祥、孙吉芳、郑功田、李成文、杜玉章、任清玉等任教。之后，扩建教室6间，教学班扩展到4个，增加教师宋诚胜、宋传转、孙照柱、宋以敏、宋以成等，郑功爱、宋作信、陈汉发、解明芳、王勤忠、赵洪安、刘发兴、宋传芹等先后任校长。1984年，撤并到赵庄联中。

原崔家庄联中 1969年，在崔家庄小学院内设立初中班，称“崔家庄联中”，服务崔家庄、陈家庄、篓峪、大崮前、马家峪、张家庄等大队。唐兆谦、刘志成、刘焕全等任校长。教师有唐兆让、陈恒孝、杨富新、陈善义、刘志新、唐兆言等。1975年，并入黄山子联中。

原朱家庄联中 1969年，在朱家庄完小西边，建朱家庄联中。1970年冬季招生，后又搬到村西场副业加工点，增建3间新教室，并建设操场、篮球场等。规模为一级2个班。服务黄山子、朱家庄、中营、北营、银洞峪、涝洼、上花水、中花水、下花水。时任黄山子学区负责人的朱广俭兼任联中负责人至撤并。教师有唐兆言、郑述芹、杜卫章、任瑞林、宋诚域等。1975年，并入黄山子联中。

原两县联中 1970年建校，位置在两县大队西岭，由管区内10个大队集资新建，建有3排教室、1排办公室、1排伙房。服务两县、八仙官庄、高家北峪、芦家泉、桃花峪、小辛庄、七里寺、上枝、米山子、迟家峪10个大队。1987年撤并。齐科元、高克勤、刘发兴等先后任校长。教师有王学清、李同德、石兴前、王永坤、任清山等。

原石臼联中 1970年建立，位于前石臼小学后。1980年以前，学制二年，以后改为三年制。服务苗山、儒林集、北石臼、前石臼、南石臼、寨里6个大队。该校由于苗山、儒林集2个村人口多，适龄学生多，学校规模大，在校教职工最多时达30余人。宋忠明、刘焕全等先后任校长。教师有房允英、陈锡厚、宋作信、郑建坡、郑述佐、任文富等。1992年撤并。

原悦庄联中 1970年始建，1971年招生。位置在东悦庄大队老供销社西邻，盖6间教室。服务东悦庄、西悦庄、北张良、龙王官庄、赵家峪、西辽军埠、北辽军埠、东辽军埠等大队。另外，南营大队的学生就近在该校上学，当时的乡政府等机关单位职工子女也在该校上学。刘志成、宋全忠、李学福等先后任校长。教师有郑述芹、郑功亭、王光福、董纪华、潘洪太、白正修等。1992年撤并。

原沂河联中 1971年建立，位置在沂河头大队北岭，学制3年。服务沂河头、胡家沟、中张良、南张良、黄家宅、下龙巷6个大队的学生。1992年撤并。李可甡、武玉俊、李学福、王勤忠、王加新、孟宪训等先后任校长。教师有孙社庆、任瑞林、秦成顺、郑功来、任纪生、任清爱等。

原黄山子联中 1974年，崔家庄、朱家庄、黄山子三个大队共同设立“戴帽”初中班，校址在黄山子陈大顺老屋。1976年，在陈家老林建黄山子联中新校，合并朱家庄联中，辖整个黄山子管区，每年招收3个班，班容量50人左右，在校生约450人。陈善成、宋诚域、宋训道等任校长。1991年，分别撤并到悦庄一中、悦庄二中。

原花水联中 1976年，下花水小学招收一个“戴帽”初中班。1977年，在下花水大队成立花水联中，朱广俭任校长，谢加元、陈文志、王业祯、郑功宪、宋作信、郑作森、朱光源等任教。1983年，花水联中合并到黄山子联中。

原悦庄重点班 1978年，悦庄公社教育组为提高教育质量，更好地培养学生，在全公社组建重点班。第一级重点班设在悦庄联中，学生有100余人，分2个班。其中，高中应届、往届学生20人左右，已干过民办教师的人员20人左右，全公社各联中拔尖初中生10人左右。每个班均为高中、初中复式班。第一级重点班初中生全部考上高中。1979年秋天，重点班改设在石臼联中，学制二年，招收初中二年级学生8人、高中或初中毕业的往届学生36人。1980年，42人考上高中或初中中专。之后，该重点班一直设在悦庄联中。1986年，成立悦庄中心中学后停办。该班负责人先后为刘焕全、张志堂。桑大明、陈传海、李可甡、唐兆让、刘志成、宋作信、房允英、郑述芹等先后任教。重点班的设立，对促进当地学生成人成才发挥了巨大作用，很多学生通过这个班实现了大学梦，成长为政、商、教育、卫生等各个领域的栋梁之才。

原悦庄镇第二初级中学 创建于1985年，时称悦庄镇中心中学。位于悦庄镇政府驻地西北1公里处，是一所农村寄宿制初中学校，占地面积4.18万平方米，校舍建筑面积8343平方米。1986年，开始招生，采用初中学制三年制。1991年，改名为悦庄镇第二初级中学。1996年，初中学制由三年制改为四年制。1998年，镇政府投资新建教学楼2座，1999年投入使用。2010年，学校达到24个班规模，学生1381人。2014年，改建成沂源第四中学。历任校长有郑述芹、陈现英、张福先、宋作书、崔同友等。

沂源县悦庄镇第二初级中学（2012年）

原悦庄镇第一初级中学 1990年，悦庄镇党委、政府投资120万元，在镇驻地西南兴建悦庄镇第一初级中学，是一所农村寄宿制初级中学。1991年，开始招生，规模为24个班，首届招收10个班。

沂源县悦庄镇第一初级中学（2009年）

1991—1995年，为初中三年制。1996年，改为初中四年制。2014年，并入沂源县第四中学。历任校长有张志堂、王英春、刘国璋、刘祥俊、谭金玉等。

原悦庄镇第三初级中学 1991年9月，在原沂源县第五中学校址成立悦庄镇第三初级中学，归悦庄镇管理，是一所全日制初中学校。1990年，沂源五中招收的2个初中班并入悦庄镇第三初级中学。1991年，招收4个初中班。1993年，达到12个班规模。学校共有五届约1000名毕业生。1998年9月，合并到悦庄一中、悦庄二中。历任校长有宋忠儒、杨本家、谭金玉等。

成人教育

概 况

1944年5月，解放区各村举办青壮年夜校，组织妇女识字班，开展多种形式的农民教育。1945年，办起民校，以民校为中心的秧歌队、剧团非常活跃。1947年春天，国民党军队重点进攻山东解放区，民校停办。1948年恢复。沂源县建县后到新中国成立前的冬学和民校，是对农民进行政治思想教育，宣传党的路线、方针、政策的重要阵地，保证党的各项政治任务的完成。

1949年，各村办起以识字为主的识字班、青年夜校。1950年9月，大多数村办起民校。1951年，省教育厅编印《农民文化课本》1—4册，从此有了比较系统的文化学习教材，有的还增添珠算和应用文的学习。1952年，推行祁建华创造的速成识字法，秋后，全县在埠村举办两期民师培训班，培训428人。1954年后，各村小学教师承担了村级成人教育任务。当时，马中山在高家白峪村任教，晚上在夜校教青壮年识字脱盲。在教学中还亲自编写一套乡土扫盲教材。1962年，配备成人教育干部王恩成。1974年，公社各学区配备业余教育（成人教育）专职辅导员。秋后，各村陆陆续续办起业余教育学习班。学习班在学习时间安排上，一般是中午开设女青年班，下午开设壮年妇女班，晚上开设男青壮年班，老年班5天开设一次，时间在早饭后。1977年，沂源县经临沂地区验收确定为临沂地区第一个青少年无盲县，悦庄人民公社为无盲公社。1981年，夜校班和各种技术班办得好的是悦庄人民公社西赵庄的草编班，受到县里的表彰。1983年以后，推行扫盲责任制，在学习内容上以县教育局重编的《扫盲识字》课本为主。直到20世纪80年代中期，基本完成扫盲任务。1991年，教育体制改革，成立悦庄镇成人教育中心学校。2019年，悦庄镇成人教育中心学校撤销。

杏坛陈迹

原悦庄镇成人教育中心学校 1991年，教育体制改革，成立悦庄镇成人教育中心学校，下设机构为村成人文化技术学校（村办夜校）。村成人教育学校做到场地、设备、教师、教材四落实。其宗旨是以建设社会主义新农村和构建和谐社会为目标，以提高农民职业技能和培养现代农民为重点，实施教育富民工程和现代农民教育培训工程，按照“因地制宜、统筹规划、分类指导、分步实施”的原则，坚持“三教统筹”，做到布局结构科学化、资源配置集中化、培训功能多样化、教育作用最大化，全面提升服务“三农”工作和新农村建设能力。2019年，悦庄镇成人教育中心学校撤销。潘福洪、周仕玉、谢木刚、徐凤生等先后担任校长。

校园琐忆

布局调整后的悦庄中心小学

2004年，在全县教育布局调整的背景下，悦庄镇义务教育布局调整工作进入实质阶段，总投资680余万元的悦庄镇中心小学新校扩建工程在悦庄三中旧址启动。2005年6月，新校教学楼基本完工。

2005年11月，合班并校正式开始，苗山、南张良、沂河头、黄家宅、踅庄、朱家庄和龙王官庄7所完全小学先后顺利合并到中心小学。花水完小在克服重重困难后，最后一个完成撤并，师生入校时，距离寒假只有不到3周时间。合班并校完成后，学校生源来自27个行政村，规模有36个班级，130多名教师，1500多名学生，成为沂源县规模最大的农村小学。

2006年5月，建筑面积2800平方米的综合楼投入使用，10月，建筑面积600平方米的餐厅投入使用。2007年，建成50个机位的计算机网络教室。学校图书室、实验室、仪器室、音乐教室、舞蹈教室、运动场等均按省规标准，配齐配全各类器材设备。校园绿化美化持续跟进，以学生习惯养成和行知教育建设为主线的校园文化基本建成。

2007年，沂源县汽车站派来4辆新校车，解决了学生上下学交通困难问题。2011年，公交公司的“大鼻子”校车投入使用，孩子们上下学问题终于得到解决。

2008年底，学校通过省级规范化学校验收。2013年下半年，每一间普通教室都配备电子白板，网络覆盖所有学生活动场所，全部实现“班班通”。2014年，学校获评淄博市数字化校园。2015年，学校通过“中央专项彩票公益金支持项目”，为少年宫争取到价值15万元的艺体器材，电钢琴、篮球架等分批到位，学校内配得到极大充实提高。及时增添、更新图书、实验仪器、计算机等装备，办学条件实现标准化。2016年，学校顺利通过国家义务教育均衡化验收评估。（郑作奎提供资料）

从中心中学到悦庄二中

2013年7月17日，悦庄二中与悦庄一中合并成立沂源县第四中学，标志着一段历史的终结。然而，悦庄二中这所农村中学从“中心中学”到“悦庄二中”经历了近30年的历史。

1984年，临沂地区决定在全地区各乡镇办中心初中（中学）。1985年，悦庄党委、政府在驻地北首原农科所的试验田里建起中心初中学校——悦庄镇中心中学。学校规模为12个班，每级招收4个班，学制三年。1986年秋季，从全镇七八百名小学五年级毕业生中，选拔200人，每班50人，组成了第一级学生。其余小学毕业生被安排在各联中就读。此后连续招收4级，并办起两级初三补习班。同年12月，悦庄镇与南麻镇、土门镇一起荣获临沂地区农村校舍改造先进单位。

那时，学校经常停电，学校组织学生用墨水瓶自制煤油灯，一个晚自习下来，学生的脸上、鼻孔里都有一层厚厚的烟灰。1987年，学校统一购置煤油罩子灯，以备停电之需。一旦停电，学生四人两两对头一盏煤油罩子灯，在灯下学习。1989年，第一级学生毕业，有40多人考入各类中专学校、120多人考入县高中学校。至1991年的五年间，学校无论是教学管理、全县五科竞赛，还是中考，各项成绩均居全县同类学校前列，县教育系统叫响了“初中教育看三庄”（悦庄、张庄、中庄）的口号。

随着义务教育发展进程和学生的逐年增加，一所中心中学和几所破旧的联中已经远远不能满足社会的需要。1990年，镇党委、政府审时度势，采用群众集资、村庄凑地的办法，集资120万元，凑地50余亩，在政府驻地西首建起拥有3座教学楼、1座实验楼、1座办公楼的新学校。1991年，全县教育管理机制实施“三教统筹”政策；8月，成立悦庄教育委员会，并接管沂源五中，办起三所初中学校。新建学校命名为悦庄镇第一中学；中心中学改称悦庄镇第二中学；接管的沂源五中组建成悦庄镇第三中学。

面对重组后的悦庄二中，学校领导一班人立下十年磨一剑的决心，从最基础做起，开始建章立制，寻求新突破。对教师实施争做学校主人的引领，落实“教不错，讲明白”的要求，让教师苦练基本功。对学生提出了“严是爱，松是害”警示。教师的教学素养得到几何倍数的提升，1990级学生宋作艳以优异的成绩考入县一中，三年后考入北京大学，成为悦庄镇考入北京大学的第一人。

1998年，随着教育现代化新进程的需求，悦庄镇党委、政府在悦庄二中又建起两座3层教学楼，能容纳24个班。1999年，全镇初一新生全部到这里就读，是为全镇第一级四年制初中学生，共12个班。2003年，6个毕业班参加全县五科竞赛，荣获全县总评第五名的好成绩，第一次进入全县上游学校的行列。

学校进一步完善管理机制，使得老师们干劲十足。校长亲自参与毕业班的包级工作，亲临课堂听评课，每周多达15节。教师实施集体备课，学生实施小组合作学习、以优带弱、中游互助等学习方式，两个班之间形成合力，任课教师齐抓共管。学校采取人性化管理，提高考勤的透明度与民主性。包级领导各自组建自己的教学团队，实行双向选择，包级领导选心仪的老师，老师选信任的包级领导。值得一提的2006级，学校将初四管理权全部下放给包级领导，一名副校长和教务、政教各一位副主任担任包级领导。当时采取两两班级分层教学的“走班制”，靠包级领导的决心、广大教师的信心以及全体学生的恒心，使得该级毕业生获得全县第二名、乡镇中学第一名的历史最好成绩。悦庄二中“分层走班制”也被写在当年全县初中教学工作会的领导讲话中，还被称为“悦庄二中现象”。以后几届毕业生全部采取“分层走班制”，均取得骄人的成绩。

2012年，因学校改扩建，大部分办公室、功能室、学生宿舍均被基建工地占用。学校不得不将24个教学班压缩成22个，拿出两口教室做老师办公场所。学生宿舍减少一半，两个班的学生住在一口宿舍里。学生进出宿舍没有进出道路，只得走不足1.5米宽的小胡同。虽然如此艰苦，全校师生毫无怨言，艰苦的条件使得学生更懂事了，老师更奋进了，管理更和谐了，成绩更优秀了。

2013年，中考成绩以全县第二名、乡镇中学第一名的好成绩，圆满收官悦庄二中27年的辉煌历史！（崔同友提供资料）

淄博市第一所希望小学诞生记

——淄博市埠村希望小学筹建过程

淄博市埠村希望小学前身是东埠村完小。20世纪90年代，学校全是平房。学校内的建筑物，年久失修，校舍处处都是危房。当时村集体拿不出资金对校舍进行修缮，学校只好组织老师们自己动手，利用节假日，对漏雨的地方进行简单维修。

1994年5月，市直机关工委通过考察，决定将希望工程捐款11万余元全额投到沂源县悦庄镇东埠村，建一所希望小学。

5月26日，县直机关党委全体成员前往东埠村向村两委传达市直机关工委关于选点在东埠村筹建希望小学的意见。村“两委”表示不辜负市直工委对他们的信任，一定要建一座高标准的希望小学，并从村办企业中拿出一部分资金投放到希望小学建设上。为保证工程的顺利进行，村“两委”成立了希望小学筹建领导小组，悦庄镇党委书记王恩明和县直机关党委书记滕茂菊分管希望小学建设的筹建领导工作。

5月27日，县直机关党委负责同志和东埠村村委主任一同向市直工委高书记、团市委牛书记汇报希望小学筹建设想与规划。

5月28日，县委书记陈传玉特别指示一定要把希望小学建好，副县长周世莲带领机关党委和悦庄镇党委负责同志，带着建委设计好的图纸去市直机关工委汇报，将11.12万元资金带回。

6月1日，在东埠村定校址、搞规划，并确定建1000平方米的教学楼，可容纳8个教学班，另加五个活动室，东埠村周边5个村和两个县办企业的适龄儿童均可在该校就读。

6月8日，县设计院以最快的速度完成了图纸设计，并免收设计费。

6月12—13日，县直机关党委与东埠村村委负责同志，与林业部门、土地矿产部门研究伐树与征地事宜，两个单位都表示可先动工后办理手续，并表示免收所有管理费用，以示对希望小学的支持。

6月17日，希望小学教学楼正式施工。

6月25日，村“两委”主动捐款并下发倡议书。总工程需要资金45万元，市里资助10万元，村企业捐款15万元，村民自愿捐款5万元，缺额15万元。

7月12日，希望小学教学楼完成第一层，7月28日完成第二层。8月3日，县领导去省直机关工委汇报希望小学建设情况，并重点汇报资金缺额事宜，省领导给予大力支持。

12月下旬，新教学楼竣工；27日，在新落成的教学楼前举行了隆重的竣工仪式。省、市、县有关领导和全县各乡镇主要领导参加。市委书记杜祥荣亲自为学校题写校名“淄博市埠村希望小学”。淄博市第一所希望小学建成。

希望小学落成后，周围各村的小学合并过来，有10个教学班。

2005年，悦庄镇党委、政府投资170余万元扩建教学楼1座。2016年开始，又实施了校舍改造、运动场塑胶化工程，建成塑胶操场6660平方米、新建390平方米食堂1座。2021年暑假，学区又筹措资金100余万元，对学校办公楼、教学楼实施了亮化工程，办学条件进一步提升。（宋忠杰提供资料）

民办学校

扫码看视频

扫码听书

记忆沂源 · 教育体育卷

沂源县鲁山学校

概 况

沂源县鲁山学校位于县城鲁山路79号，创建于1999年，2000年市教委正式批准成立，是一所集幼儿园、小学、初中、高中、高考补习为一体的规范化封闭式寄宿制民办学校。学校占地9.33万平方米，建筑面积6.8万平方米，总资产近6000万元。学校建有标准化教学、实验、办公、餐厅、宿舍等多栋楼馆，并配备与教学相适应的微机、语音、理、化、生实验室及图书馆、艺术楼、多媒体教室、阅览室、画室、琴房、排练厅、绿茵操场等设施。建成校园局域网，基本实现教育技术现代化、信息化。2023年，学校有学生1900人、教职工152人。

沂源县鲁山学校（2015年）

鲁山学校努力贯彻“立足学生今日成才、着眼学生终生发展”办学思想，提出“鲁山学校无差生”理念，指导教师细心了解学生，努力发展学生个性、特长、优点，激发进取心，张扬自尊、自信、自强人格，让学生在日常行为规范中成长，在全面和谐发展中成才，在愉快赏识中成功。

学校积极推行“全封闭式、准军事化”管理，建校伊始，实施“从小学一年级、初一、高一抓起，从入校第一天抓起，从最后一名学生抓起”和“行动军事化、教学科学化、管理精细化”的“三一、三化”治学方略，强化班主任队伍建设，在各项管理工作中狠抓一个“严”字，突出一个“细”字，落实一个“实”字，构建“德育管理理念”，通过各种途径强化学生基础道德和行为习惯养成教育，加大学生各方面管理力度和细度，常规管理提高到一个新水平。

2003年，学校首届高三毕业生参加高考，本科进线人数达119人，本科录取120人，居全市同类学校第一名。2004—2008年，学校高考上线人数一直位居全市同类学校第一。2009年高考，文化课本科资格线以上685人，另有298名同学进入艺体本科线，创学校历史最高纪录。

2010年，鲁山学校荣获全市民办学校年检优秀单位、淄博市民办教育协会副会长单位、山东社会信誉知名学校等荣誉。

2012年，因生源数量问题，小学部停止招生；2015年，初中部停止招生。同年，鲁山学校幼儿园开园。自此，鲁山学校以高中和学前教育为主，同时招收高三复读生。

该校被评为中国民办教育创新与发展贡献奖、全国民办非企业单位自律与诚信建设先进单位、山东省民办教育先进集体、省民办教育三十佳名牌学校、淄博市文明单位、市民办教育名牌学校、市高中教学先进学校。

黄元吉、黄胜吉、崔海先后担任校长。

教师风采

黄元吉（1962—2012），男，中共党员，高级教师，全国优秀教师。

校园琐忆

沂源县鲁山学校建校记忆

1999冬天，沂源县鲁山学校开始筹建，创办者是时任沂源一中副校长的黄元吉。校舍临时先租用54870部队的房子，后来逐步征地建校。

县领导多次亲临现场指导建校筹备工作。教育界退居二线的老领导王效正、孟祥谦和赵希祥组成顾问团。学校定名为“鲁山学校”，校徽是美术教师李克霞设计的。

省教委原副主任、省电视大学校长、王恩大先生应邀担任鲁山学校名誉校长。学校各项筹备工作顺利开展，首次招生，没有经验，摸着石头过河。

当时，学校把师资力量、办学条件、硬件设施，打印成招生简章，作为宣传材料。又把老师们按照乡镇编成14个招生小组，每个组有一个组长，谁愿意去哪个乡镇自愿报名，采取走出去、请进来的招生措施。走出去就是让各小组带着宣传材料，直接到负责的乡镇小学和中学进行宣传；请进来就是在宣传到位的情况下，再带着学生到鲁山学校参观教学设施。在招生过程中，哪个小组遇到困难，集体商讨解决，每个人都尽力尽心、出谋划策。在各乡镇宣讲学校的各项政策，学生根据实际情况自愿报名。如果报名的学生是原学校尖子生，学校联系电视台工作人员去学生家里采访，让学生和家长介绍为什么到鲁山学校上学，当晚电视台新闻播出，引起轰动效应，前来报名的学生源源不断，初中一年级、高中一年级各招收了6个班，暑假后正式开学。2000年10月28日，鲁山学校举行开学典礼，当时有学生近1000人，教职工43人。

2001年之前，沂源县还没有寄宿制小学。有些家长在外地工作，小孩跟着爷爷奶奶上学，接送不方便，作业辅导不了。学校考虑到这一点，2002年春节后，学校决定筹建封闭式管理的小学部。

在筹办小学部的过程中，学校首先起草聘师简章，通过各种媒体进行宣传。由于学校提供的教师待遇优渥，很快就有公办学校的优秀在职教师和刚毕业的大学生前来应聘。对于前来应聘的老师，请来了实验小学的黄莲泽校长帮忙筛选。黄校长亲自带着实验小学的骨干教师来到鲁山学校，对前来应聘的老师进行面试、讲课，考核打分，按照小学1—5年级各1个班的编制，确定聘用了一部分教师。有了教师，开始招生。先起草了小学招生简章，老师们去各个乡镇小学宣传招生，2001年暑假期间，招生任务顺利完成，每班30人。

当时，来自公办学校的青年教师王登强被学校任命为小学部校长，组建起小学部领导班子。2002暑假后，小学部开学。毕竟是第一次招收寄宿制小学生，学生公寓管理、孩子们的就餐等问题摆在面前。学校领导带领宿舍管理员，生活指导教师去外地民办小学参观学习，回来后共同制定管理条例，根据外校经验制定了各种规章制度，慢慢地各项食宿工作走上了正轨。

2002年暑假开学，鲁山学校邀请到了两位女菲律宾外教，开创沂源教育有外教参与的先例。这一年同样招生初一、高一各8个班。在此期间，其余年级也不断有公办学校的学生陆续前来插班，此时学校已经初具规模，在校学生达到3000多人。当时初中部和高中部由王庆伟和丁修义分别任执行校长。这一年，学校教职工就达百余人。

为了让家庭困难的学生上学，学校采取学费减免政策。同时还积极联系社会慈善机构，为贫困学生提供帮扶。香港有家叫“慈辉佛教基金会”的机构，会长杨洪是旅美华人，热衷慈善事业，关爱困难学生。经过争取，2003年3月，鲁山学校收到了慈辉佛教基金会寄来的10万元善款。学校认真地核实困难学生情况，组织了助学金发放仪式。

2003年，鲁山学校首届高考，本科进线人数119人，本科录取人数120人。2004年高考本科进线人数203人，其中张小磊、褚桐被北京大学录取。鲁山学校连续两年荣获淄博市高考优胜单位。

（周作凤提供资料）

杏坛陈迹

原沂源县英华学校

1999年12月，筹建沂源县英华学校，2000年，市教委正式批准成立，学校创办者崔广成。

2000年，学校租用驻军54870部队1座3层楼作为临时校舍。同年，征用东沙沟村4.64万平方米土地，建设独立校舍。2002年，建起2座教学楼、1座实验楼、1座学生公寓、1座2层多功能餐厅，修建300米的炉渣操场。2003年，完成高中部教学楼和1座办公楼建设，学校建筑面积达3.5万平方米。

学校于2000年秋季开始招生，分别招收高中和初中第一级学生。高中第一级招收4个班，学生147人；初中第一级招收1个班，学生27人。

2001年秋，学校招收1个班的小学一年级学生，成为拥有小学、初中、高中3个学段的基础教

原沂源县英华学校校门（2006年）

育学校。2002年，学校实行分学部管理，成立小学部、初中部、高中部。2007年，成立职教部，建立山东千佛山学院英华分院，从而发展为包揽从幼儿教育到高职教育的综合性学校。

学校被评为全国中学生生物学联赛优胜学校、市绿色文明家园、县目标管理工作先进单位、县教学工作优秀单位、县级文明单位等20余项县级以上荣誉称号。2008年8月，经市教育局批准，沂源县英华学校终止办学。

原沂源县鲁中文武学校

学校成立于2001年，位于南麻街道付家庄北邻沂源县荆山园艺厂，招生规模为小学10个班，学校法定代表人张汝平。主要进行小学教育，武术、影视表演培训。任课老师及武术教练20余人。武术教学在市以上比赛中获得金牌39枚、银牌26枚、铜牌39枚，少先大队被评为县“红旗大队”。2022年，学校终止办学。

原沂源县弘文中学

1996年8月，经市教育局批准，沂源县弘文中学开始筹建，这是全县第一所学历教育民办学校。当年招生2个教学班共计108名学生，上课地点租借在原西台小学（现西台幼儿园）院内平房。1997年，由于西台小学改造，学校迁往原县食品公司（现海泰名郡小区）大院。这一年，由于种种原因，学校招生20余人，是弘文中学的第二级学生。1998—1999年，每年均招收1个教学班，人数都在40人左右。学校成立之初，主要是聘请一中、二中离岗或者退休有经验的老教师来管理和教学，张友仁担任学校副校长，负责学校日常教学和管理，有刘书湘、路英逵、周作凤、黄爱功、刘绵成、陈延礼等任教。1997年始，这些老教师逐步退出，学校不得不多方聘请师资，比如原土门一厂、二厂等地方的老师等。2000年，经市教委批准，弘文中学终止办学。齐科元担任校长。

教体印迹

扫码听书

记忆沂源·教育体育卷

沂源县最早的学校党支部

1928年12月，中国共产党东里店（时属沂水县）小学支部成立，为域内最早的党支部。校长李松舟（李清潍）任支部书记，教员黄简斋任组织委员，刘华亭（刘铁英）任宣传委员。党支部建立后，积极带领广大师生开展反帝反封建斗争。党支部在发展壮大组织的同时，在东里店、安乐一带组织农民协会。按照县委部署，刘铁英与刘希泉发动东里店及其周围村庄的村民学习毛泽东《湖南农民运动考察报告》，成立农民协会，创办农民夜校，宣传革命思想。1929年5月3日，东里店小学党支部发动沂水三区、八区农民协会会员和贫苦农民、工人、店员、学生及县警备队驻东里店士兵3000多人集会，纪念济南“五三惨案”一周年。5月12日，国民党沂水县政府派军警包围东里店小学，逮捕李松舟、刘华亭、孙固斋，通缉黄简斋，东里地下党组织遭受严重破坏。

新中国成立前沂源县教师的革命活动

抗日战争时期，悦庄南营村郎希波在北河峪村办学。学校设在山上围墙内的石屋内，有学生30多人。郎老师和蔼可亲、严谨认真，对学生悉心教导，深受家长和学生爱戴。1941年秋后的一天，日军进山扫荡，窜到北河峪村。当郎老师得到消息时，日军已经开始搜村、搜山。郎老师赶忙让30多名孩子在山上分散躲藏，有的藏在山石坑内，有的藏在大石堰边。当把最后一名孩子藏好后，已经看到日军朝山上瞭望搜索，他快速跑向孩子们藏身处的反向山坡，他奔跑的身影很快被鬼子发现，被日军当场杀害。日军走后，孩子们从躲藏的地方跑出来，聚拢在郎老师的遗体旁放声痛哭，闻讯赶来的村民们强忍悲痛，隆重安葬了郎老师。

1944年，沂源县成立时，全县只有90名教师，他们除了平常的教学工作以外，还积极宣传党的政策，协助政府发动群众，完成各项任务。有的协助村里组织儿童团站岗放哨、查路条。有的教师跟随武工队，夜间到敌占区写标语，撒传单。曹宅村小学教师李克明带领民校学员破除迷信，砸了关帝庙的神胎，宣传妇女放脚和婚姻自主。南桃花坪小学教师张洪业，积极开展拥军优属，组织校内外儿童给烈军属打水拾柴，开展“教学做合一”活动，《大众日报》报道了他们的事迹。在土地改革、反奸诉苦运动中，教师积极参加斗争会，写标语，呼口号，做记录。一些剥削阶级家庭出身的教师，表示坚决与家庭划清界线，站在革命立场上，为人民立功，为解放全中国作出贡献。1947年4月，沂源县有53名教师报名参加支援莱芜战役，相继又投入支援孟良崮战役和南麻战役工作，带领民工抢救伤员，有的押运粮草、弹药，供应前线。同年夏天，教师崔保恕、霰玉成、王尔夫、刘俊之、齐隆祥、董兆金、江玉珠、崔云鹤、刘耀汉、房师太、张文学等20余人积极响应上级号召，有的带领民工转运粮食，有的直接参加县武工队与敌斗争。教师翟慎德支前工作中表现特别突出，受到政府的表彰，得到奖状；8月初，文教科长孙星一接受县委指示，从文坦区到南麻执行任务，行至东北麻附近，和匪军相遇。孙星一扔掉外衣、苇笠和枪套，持短枪退至山谷内躲避。敌人鸣枪赶来，扬言要抓活的。等到发现了孙星一扔掉的枪套，又互相戒备说：“这家伙有枪，要小心。”孙星一卧藏在山谷中的田地里，听得非常清楚。直到天黑，敌人也没有找到他。敌人撤走以后，他才从地里出来。经过一天的日蒸地烙，蚂蚁叮咬，浑身酸痛，仍坚持完成了所执行的任务。

第一届教师训练班

1944年7月，在青龙区朱家庄、埠村、苗山、踅庄等村，举办全县教师训练班，这是沂源建县后第一届教师训练班。成员是90余名新旧知识分子，由县教育科代理科长周锡三负责。时间3个月，主要内容是加强政治形势教育，进行今昔对比，转变立场观点，解决认识问题以及如何当好教师、为人民服务等。除了召开会议听报告、组织政治学习以外，还组织培训老师到蓮庄参加斗争地主的活动。这是沂源县解放后培训的第一批教师，为全县教育事业发展奠定了基础。

鲁山中学

1945年6月，鲁中区党委、五地委和五专署在沂源县苗山村成立鲁山中学。五专署专员徐化鲁兼校长，文教科长许萍（许平）任副校长。学员主要是沂源、博山、益都等地的党政干部和教员。分文教、财粮、党群等班，因形势紧迫只招收了两个班，其中一个教师班，40余人；一个工农班，50余人，当年8月下旬结业。原计划培训1年，因形势恶化，开班3个月后即停办。这实际上是当时培养教师和干部的训练班。

沂源教育暂时停办

1947年4月，国民党军队对山东发动重点进攻，沂源县形势日趋紧张，教育面临十分困难的境地。县文教科在青龙区消水村召开全县教师会议，县委书记刘延博在会上作政治形势报告。会上宣布，因全县斗争形势的恶化，全县教育暂时停办。一直到1948年秋才恢复。

沂源县第一所完全小学

1915年，安乐村士绅耿立贤联合附近村庄50多名士绅，集资兴建南安乐小学。当年招收学生60人，其中女生3人。教师薪资由沂水县政府开支，学杂费由学田（8亩）收租和学生交纳解决。到1938年，共培养学生400多人，其中女生30人。在该校毕业的耿光波、耿立尊等人，参加革命后分别担任了省、部级机关重要职务。经过战乱，校舍几经变迁。1949年春，沂源县人民政府在此基础上建立全县第一所完全小学。初建时6个班，逐渐发展到11个班。2023年，学校撤并至燕崖镇中心小学。

沂源县第一所中学

1952年3月，省政府在东里店建起新中国成立后沂源县第一所中学——山东省立沂源中学。校址选在东里店东村。1957年，学校改名为沂源县第一中学，1966年发展到12个班，学生674人。从1970年开始，改办为二年制完全中学，招收4个高中班，学生216人；3个初中班，学生136人。1976年，更名为东里中学。1987年，学校更名为沂源县第三中学。

中心校管理

1958年3月，沂源县撤区并乡，全县由9个区65个乡合并划为19个乡（镇），即黄庄、徐家庄、草埠、鲁村、张庄、九会、埠村、悦庄、石桥、燕崖、中庄、三岔、马庄、金星、西里、大泉、东里、张家坡和南麻镇。原来的区教育领导班子作了全面调整，改为每乡设一个中心校，设中心校长1人。同年秋，成立人民公社，原来的乡镇撤销。全县划为南麻、鲁村、徐家庄、张庄、燕崖、黄庄、中庄、九会、悦庄、三岔、石桥、东里、唐山13个公社。每个公社设立教育组，1982年，公社教育组改为公社中心小学，中心小学校长取代了原来的教育组长。1985年12月，境内原14个区、镇改建为11个乡、6个镇，中心校随之改为11个乡、6个镇中心校。1986年9月，按照县教育局部署，各乡镇成立三个中心，即中心中学、中心小学、中心幼儿园。

农业中学

农业中学是1958年“大跃进”中诞生的新型学校，是用“两条腿走路”的方法发展教育事业的一种新的办学形式。这一年，全县创办16所农中，即金星农中、马庄农中、梭背岭农中、东里农中、张家坡农中、中庄农中、大泉农中、南安乐农中、埠村农中、芝芳农中、高庄农中、璞邱农中、鲁村农中、舍庄农中、张庄农中、黄庄农中，共计50个班、1124人。这些农中的创办，使当时很多不能进普通中学学习的高小毕业生有了继续学习的机会。1959年8月18日，根据上级指示，农中相继撤销。1963年开始，又有计划地恢复农中。1964年，全县恢复农中三所，招收3个班，学生93人。1965年，农中的发展又出现了第二次高潮，发展到28所、33个班、学生997人。教职工达44人，其中，13名兼职教师。1968年，全县农中全部停办。1982年，贯彻中央关于中等教育结构改革的精神，在悦庄公社儒林集村举办沂源县农业技术中学。1983年发展到4个班，学生167人。

工读小学

1964年，沂源县根据上级指示精神和山区特点，大力开展多种形式办学，以便利贫下中农子女入学。先后办起半日班、隔日班、早午晚班、“一揽子”小学、巡回小学、二部制小学等简易小学。这年夏，省教育厅下达通知，改“简易小学”为“工读小学”。

早、午、晚班。利用早晨、中午、晚上1—2小时的时间，组织兄弟姐妹多、劳力少、生活困难而不能上全日制小学的儿童学习。根据不同情况，自己选择学习时间，早、午、晚均可。或者早晨上了晚上再上。早、午、晚班主要学习语文、算术，偶尔学一次唱歌。多数读的是小学课本，也有的读农民识字课本。

半日班。学习半天，劳动半天，有的上午学习，下午劳动；也有的上午劳动，下午学习。

间日班，也称隔日班。学习一天，劳动一天。

“一揽子”小学。指一名教师既教上午班，又教下午班，还教晚上班。允许学生晚来早走，随到随学。可以带弟弟妹妹到校，边看孩子边学习。对照顾多子女户的孩子入学，起到一定的作用。南麻公社西儒林原有1所小学，有2个班，55名学生，其中女生5人，入学率仅占34%。多数学龄儿童（特别是子女多、劳力少的）不能上学，1964年秋，大队办起了一揽子小学，找了一名热心服务的孙老师。腾出大队办公室3间作教室，支起9块木板作为课桌，又腾出1间仓库，做教员办公室，每天给上午班、中午班、下午班3个班上课。一个教师教81名学生。教师把一家有3个孩子的分在3个班里，每班各1个。有两个孩子的就分在上午1个，下午1个。这样既有在家干活的，也有在校学习的，能使学习坚持下去，使入学率达86%。

巡回小学，也称山头班。在山区里有些自然村仅有二三十户人家，学龄儿童不足20人，无法成立小学，而到大村就学，要翻山跨涧，确有困难。这样的山村，学龄儿童入学率很低，办起山头班，教师巡回上课，大部分学生不出村就可上学。张庄公社野猪峪大队共78户，分住在20个地片上，分3个自然村：东野猪峪、西野猪峪、边顶。当中隔着一条大山梁，相离2.5公里。1962年，曾设过1处公办小学，后因减员过多而停办。1964年，在东西两个野猪峪设了山头班，间日上课，教师王和住在西野猪峪，轮流给两个村的学生上课。每上完一天课，再给学生布置第二天的作业。有时教师要顶风冒雨到上课点去上课和收发作业，干群很受感动，提前给老师烧水，安排吃中午饭，45名学龄儿童全部入学。

二部制小学。即一个教师在一间教室里教两个班的学生，这两个班的学生各上半天，一个班在上午上课，一个班在下午上课。

据统计，1965年秋全县有早班203个、4080人；午班158个、2682人；晚班123个、2548人；半日班、二部制、“一揽子”小学共492个班，10456人；整日班9个、211人；巡回小学10所，20个班、380人；间日班1个、14人。共1006个班、2.03万人。

临沂地区第一个青少年无盲县

新中国成立前，县内小学入学学生仅占儿童总数的5%左右，全县没有一所中学，仅有30几所小学，上学的多数是地主、富农子弟。县内前崖（南麻公社）、月庄（唐山公社）、桑家楼（燕崖公社）等35个村没有一个识字的。东里公社花园村建村183年没有一个识字的。东里公社麦子峪大队在旧社会里只有一个富农识字，逢年过节，婚丧嫁娶，农民请他写副对联，求他动点笔墨的事，他就说："我识的字是高桌子、矮板凳熬的，不那么容易。"请他写副对联，得请他吃喝，给他干一天活。因此，扫盲工作是新中国成立前后教育工作的一项重要内容。抗日战争期间，境内各抗日根据地利用冬闲时间，开展冬学运动，组织青壮年学文化，扫除文盲。1945年秋，沂源县抗日民主政府组织社教辅导团，发动群众办夜校，组织妇女识字班，开展多种形式的学习活动。当时的《鲁中大众》报道过沂源县苗庄的冬学，马家河西、下土城、凤凰峪、蝙蝠峪等村的民校，南安乐的儿童识字班。1957年，全县14—40岁的11.2万人中，文盲半文盲有8.84万人。1953—1957年，全县共扫除农民文盲8386人，干部文盲304人，职工文盲152人。1966年后，农民业余教育停办。已经脱盲的又有回升现象，再加上学龄儿童入学率低，新生文盲增多。1972年，全县13—16岁的4.29万人中，有文盲半文盲2.16万人，其中参加业余学习的1.73万人。17—25岁的6.12万人中，有文盲半文盲3.41万人，其中参加业余学习的9375人。26—45岁的9.11万人中，文盲半文盲7.45万人，其中参加业余学习的1.66万人。1975年，为纪念毛泽东主席为高家柳沟记工识字班批示发表20周年，成立沂源县业余教育委员会；5月，组织教育干部赴山西省万荣县学习注音识字扫盲经验，回县后在燕崖公社试点。历时90天，全社2250名青少年脱盲，成为无文盲公社；8月，在燕崖公社召开县、社、管区、大队4级干部现场会，推广燕崖的经验，全县掀起"学高家柳沟赶燕崖"的扫盲热潮。1976年，全县青壮年文盲基本扫除。1977年3月，临沂地区扫盲验收团到沂源县验收，对鲁村公社72个大队全部进行考试，对其他公社抽样验收。验收结果，全县青壮年脱盲率93%，符合中央规定的无盲县标准，沂源县成为临沂地区第一个青少年无盲县。

落实知识分子政策

1978年，沂源县教育局设立落实知识分子政策办公室，主要职责是落实党的知识分子政策。1984年，临沂地委《关于进一步落实知识分子政策的有关规定》下达后，按照规定范围，给符合条件的354名大中专学历的教师浮动了工资，招收录用105名教师子女就业，182名教师的家属农转非。

1985年4月，山东省劳动局、财政厅、民政厅、人事局等部门联合下达《关于解决精减退职老职工生活困难补助费问题的通知》后，县教育局为59名符合条件规定的老职工办理了补助手续。其中周国华是一位1961年退职的老教师，已经迁居到黑龙江省桦南县，县里按照通知精神给他落实了相关待遇，他非常感激，来信说："我是个流落塞外13年早为世人遗忘了的人，但是，党的政策还没有忘了我，收到了寄来的补助费，对我这身患宿疾失去劳动能力的人来说，犹如雪里送炭。"

创成普及初等教育合格县

1980年12月3日，中共中央、国务院发布《关于普及小学教育若干问题的决定》，提出到20世纪80年代，全国应基本实现普及小学教育的历史任务。1983年8月，教育部发布《关于普及初等教育基本要求的暂行规定》，沂源县委、县政府把普及初等教育作为一项大政，列入重要议事日程。县委、县政府、县人大、县政协每年4次听取教育工作的汇报，县政府每年召开1次规模较大的全县教育工作会议。1983—1986年，县委、县政府对教育工作专门下达22份文件，如县政府〔83〕53号文件《关于转发普及小学教育工作的三份材料的通知》，〔86〕9号文件《中共沂源县委、沂源县人民政府关于贯彻〈中共中央关于教育体制改革的决定〉的意见》和〔86〕18号文件《关于执行〈国务院关于筹措农村学校办学经费的通知〉的意见》等文件。1983年5月，县政府召开全县普及小学教育工作会议；8月，在石桥乡召开普及小学教育、幼儿教育和业余教育现场会。

1982年开始，把学区、联中分开，解决联中、小学混合的现象。中共中央关于教育体制改革的决定下达后，又把联中从中心小学管理范围内分离出来，改由中学负责管理。每个乡镇都建立“中心中学”“中心小学”和“中心幼儿园”三个中心。据1984年底统计，全县有小学645所，2103个教学班，在校学生5.6万人。7—11周岁学龄儿童入学率达到95.2%。1983—1984学年度，在校学生巩固率达到97.2%。据县教育局组织的普及初等教育检查验收情况看，全县13个区镇已经有7个区镇在普及初等教育的“四率”方面基本达到国家规定的标准，有3个区镇接近普及初等教育标准。有2个区镇140所学校完成“三改造”任务，基本达到“六配套”标准。1985年，学龄儿童入学率达到96.5%。1986年11月，省政府组织普及初等教育验收团来沂源检查验收，分别从上、中、下三类乡镇中各抽两处重点检查，历时10天，所验收项目均达到（在小学“四率”方面超过）省定标准，省政府宣布沂源县为全省第五批普及初等教育合格县。

第一个教师节庆祝大会

1985年9月9日，沂源县委、县政府在县城影剧院隆重召开第一个教师节庆祝大会，参加会议的有县委、县政府、县人大、县政协的主要负责人，县直各单位负责人，先进教育工作者，各界代表共700多人。会上，实验小学学生代表为大会献辞，县委、县政府领导向全县优秀教师颁发荣誉证书，向尊师重教的先进单位和先进个人颁发奖状和锦旗。

农村中小学校舍改造

解放初期的小学校舍，多利用寺庙、祠堂或借用民房，有的还用牛棚、羊圈改做教室。1978年，全县校舍尚有草房5691间，其中黑屋子、危房子3387间。这些房子透风潮湿，光线不足，门窗破烂。为改善这种状况，按照“国家扶持一点，集体负担一点，勤工俭学解决一点”的集资办学精神，对全县中小学危房子、土台子、泥凳子进行改造。为完成校改任务，县政府下发《关于对校舍三改造的意见》。1983年秋，县政府组织各镇领导和一部分村书记，由县长带领到泗水、平邑、新泰等县参观学习。1984年，又在校改进展比较快的土门、黄庄、南麻等乡镇召开全县乡镇村主要领导干部参加的流动现场会。会后，县委、县政府紧接着组织校改工作队到各乡镇蹲点、“跑面”等促进工作。县委宣传部编印《宣传通讯》及时总结宣传全县校改进展情况。各乡镇都有一名乡镇长、书记靠上抓校改工作。土门、黄庄、石桥、中庄、张家坡、南麻、悦庄等乡镇一把手亲自抓，分管书记具体抓，发动群众献工献料，集资建校。沟泉、韩旺、金星、徐家庄是1985年10月新划出的4个乡，基础差、底子薄。新班子上任后的第一件事就是校舍改造。张家坡、金星、梭背岭等乡是全县最困难的乡，有些村人均收入不足百元，经济十分困难，有的村民把给女儿准备结婚用的钱拿出来用于建校。1982—1983年，各公社集资29万元，群众献工献料折合人民币239万元，勤工俭学收入2.4万元，加上国家投资，建起楼房8座，建筑面积8923平方米，建校舍2816间，维修改建7366间，校舍更新4088间，修院墙7504米。

1985年春，成立沂源县校舍改造领导小组，组织20多人的校舍改造工作队，到各乡镇帮助校舍改造工作。同年底，全县75%的小学、联中达到上级规定的“玻璃门窗红瓦面，校舍宽敞砖石墙，室内桌凳配成套，院内整洁树成行”的标准。

1986—1990年，国家对校舍改造拨款82.2万元，各厂矿企业及群众捐献，全县每年人均捐资20元。1988年，南麻镇前崖村农民企业家徐爱统，捐资7万元，为本村新建小学1所，另外又向县教育局捐献2000元。中庄乡于家桃峪村农民苗兴玉，捐献教育集资2000元。全县共集资1100多万元，新建校舍3091间，其中前出厦的1190间，添制新课桌凳3.2万套，建厕所2670间，垒院墙6万多米。1990年，全县小学校舍全部达到“一无二有”（无危房、有校舍、有课桌凳），97.7%的小学达到“六配套”标准。中学校舍焕然一新。经验收，山东省政府认定沂源县为农村学校校舍改造合格县。

首次教师职称评审

1987年4月，首次召开全县教育系统职改工作会议，会上认真学习职改文件，全面布置职改工作任务。会后，各校召开全体教职工大会，把职改工作的方法步骤、政策界限传达给老师。随后，按照民主程序和组织原则，校校成立职改领导小组、考核小组和评审小组，县里成立职称改革领导小组、评审委员会，并成立教育系统中、小学和中专学校教师技术职务改革领导小组，先在城关一中、城关二中、实验小学和南麻中心小学四校进行试点，然后分三批在全县推行。这一年参加职称改革的成人中专教师共37人，评出高级讲师4人，讲师17人；中学教师1236人，评出中学高级教师37人，一级教师259人；小学教师1043人，评出小学高级教师320人，一级教师608人。

国防教育

1989年，沂源县国防教育委员会成立，各乡镇、企事业单位设有办公室，负责本单位国防教育工作。1991年3月，为增强全县人民的国防观念，县国防教育委员会确定把全县解放日（3月16日）定为“军事活动日”，开展以增强国防观念为主要内容的教育活动。至1993年，连续举办3届“沂源杯”国防知识竞赛活动。1996年，全县开展“五校一家”（党校、预备役军人学校、少年军校、大中专学校、职工学校和城乡青年民兵之家）国防教育，沂源县职业中专在全市“五校一家”国防教育经验交流大会上作《坚持因地制宜，抓好国防教育》典型经验介绍。是年，全县15万人参加淄博百万青少年国防知识竞赛，取得团体第二名。1998年，在县城振兴路举行“《中华人民共和国国防教育法》宣传一条街活动”。1999年，县人武部、县体委组织全县25所学校近万名师生，参加“全国万校国防教育”活动。2001年，开展“关心国防建设先进单位、先进个人”评选活动，评选出县广播电视局、地方税务局等25个关心国防建设先进单位和30名先进个人。是年，庆祝《中华人民共和国国防教育法》实施以及“第一个国防教育日”，设立“国防教育日宣传点”，制作国防知识展板，散发宣传材料。2002年，开展评选“关心国防建设先进单位、先进个人和十佳军属”活动。2004年，组织“爱中华、奔小康、强国防”系列国防教育活动，开展国防教育征文、国防知识竞赛活动。全县各中小学将国防教育作为全面育人的重要内容，纳入学校的课堂教学、综合实践活动。2018年10月，实验小学、历山街道振兴路小学申报国家级国防教育特色学校，历山中学等4所学校的6名学生参加市国防教育知识竞赛，2名学生分别获初中组个人第一名、第四名。

“三制”改革

1989年，全省推广阳信县“三制”改革的经验，“三制”改革的内容是：校长负责制、教师聘任制、岗位目标责任制。1989年5月16日，县委、县政府决定在县直学校和部分乡镇试行教育内部管理“三制”改革。副县长、组织部部长带队，南麻镇、鲁村镇党委负责人及县教育局、沂源一中、实验中学、实验小学校长等人员，赴惠民地区邹平县、淄博市周村区考察学习“三制”改革经验。1989年7月，县委、县政府在沂源一中、实验中学、实验小学等单位进行学校内部管理“三制”改革试点工作。学校校长、副校长实行聘任制，人选由本人报名申请，职工民主评议选举，经县委组织部进行考核，报请县委批准后，予以聘任。1990年，沂源一中率先实行学校内部管理“三制”改革。之后，沂源二中、沂源三中、沂源四中相继进行“三制”改革。

1993年3月20日，县教育局制定《关于全县中小学推行“三制”改革的意见》，意见提出，“三制”改革分三批进行，第一批为试点单位，包括南麻镇、土门镇、燕崖乡、韩旺乡、中庄乡、沂源一中、实验中学、实验小学。第二批包括石桥乡、张庄乡、三岔乡、东里镇、沂源二中、沂源三中、历山中学，1993年完成。第三批包括沟泉乡、徐家庄乡、金星乡、梭背岭乡、张家坡乡、鲁村镇、悦庄镇、沂源四中、教师进修学校，1994年完成。在燕崖乡召开了全县“三制”改革现场会，以“校长选聘负责制、教师定编聘任制、岗位目标责任制”为内容的改革在全县推开。

在“三制”改革推行之前，石桥乡就已经着手开展农村教育体制改革实验，从1987年11月起到1996年10月，历经三个阶段：第一阶段实行“校长负责制，岗位目标责任制，量化考核奖惩制”，形成教职工和班级工作的考核评估体系。第二阶段推行“校长负责制，教师核编定岗定量调配制，岗位目标责任制，分类分工考核奖惩制”，探索乡镇教育管理模式。第三阶段，在学校内部推行“校长聘任负责制，教师全员聘任制，工资总额动态承包制，校内弹性结构工资制，考核奖惩制”。同时，对办学体制、教育投入的保障机制、中小学布局进行改革，对义务教育、成人教育、学前教育统筹安排，促进协调发展。

1996年7月25日，县委、县政府制定《关于全面推行教育内部管理体制改革的试行意见》（源发〔1996〕52号），在全县教育系统推行“五制”管理体制，重点进行人事制度改革。“三制”改革发展为“五制”改革。“五制”改革的主要内容是：（一）校长负责制。按照干部管理权限，校长由上级主管部门任命或聘任。校长实行任期制，任期一般3—5年。校长制定任期目标，经学校教代会讨论同意后，同县教育行政部门签订《任期目标责任书》。校长作为学校法人代表，对外代表学校，对内全面领导学校教育、教学、行政管理和生产经营，对教学、科研和行政管理有决策权、指挥权、奖惩权；有行政干部任免权。校长在学校工作中必须贯彻民主集中制原则，必须主动接受党组织的意见，再行决策。（二）教职工全员聘任制。学校在上级核定的编制范围内，根据需要设立工作岗位。干部和职工在条件公开、机会均等的基础上进行公平竞争，校长根据对每个教职工的考核情况择优聘任。（三）工资总额包干制。按单位编制人员数，确定工资总额，一包一年，并由财政部门足额及时拨付教育行政部门。增人不增资，减人不减资。结余工资由学校用于内部分配制度改革。（四）校内结构工资制。结构工资由职务（岗位）工资、基本津贴、各种津贴和绩效工资组成。结构工资的发放与教职工工作岗位和工作业绩挂钩，做到多劳多得，优质厚酬。（五）考核奖惩制度。每学年对聘任上岗教职工进行一次全面考核，考核结果作为计发效益工资和奖惩工资、评聘专业技术职务和下一轮聘任的依据。对考核优秀的教职工，除续聘外给予适当奖励；不称职者予以解聘。

城镇公办学校校舍改造

1983—1990年，沂源县经过7年努力，农村已经完成小学“六配套”和中心中学建设，农村学校已经旧貌换新颜。只剩下县属的9所公办学校校舍存在“破、危、缺”的状况，有的学校还十分严重，直接影响学校教育和教学工作的正常进行。

迎接省政府校舍改造验收（1992年）

根据省委、省政府加快中小学校舍建设步伐的要求和山东省人民政府1989年150号文件精神，1990年3月29日，县委、县政府下发《关于公办学校校舍改造的意见》，决定全面开展公办学校校舍改造工作。

一是调查研究，摸清底子。县政府组织教育、财政、建委、计划等部门组成的专门班子，到这9所公办学校实地查看，了解情况，摸清底子，根据改建扩建需要核算投入的资金。调查完成后，调查小组成员用一周的时间在县教育局招待所对资金进行核算，并讨论资金的解决办法。

二是到外地参观学习，借鉴先进经验。县委分管领导组织有关部门去临淄、桓台、周村等地参观学习。通过学习，县领导统一思想认识，开拓思路，对坚定不移地完成校舍改造任务充满信心。

三是制定政策，出台文件。1991年2月，县政府制定《沂源县科教兴县规划》，确定1992年前完成公办学校校舍改造。1991年5月，县政府印发《沂源县筹集公办学校校舍改造资金的规定》，确立15条资金筹集渠道。

1992年4月16日，中共沂源县委表扬的捐资万元以上的先进单位有沂源县南麻镇前崖村和沂源县东里皮毛厂。捐资千元以上的先进个人有16人：鹿纪福、刘树海、赵银三、王在纯、鹿成来、翟慎增、王振法、陈现珠、苗兴玉、苗启龙、孟兆举、吴树新、宋秀清、蒋树恒、齐德华、苗启法。

个体经营户邵常亮是张家坡乡邵家峪村人，他支持本村小学修建，一人捐款1万元。

美籍华人唐美臣，心系祖国，关注家乡的教育事业，向原籍土门镇芝芳村捐款1000美元，支持小学校舍建设。

四是召开全县动员大会，全员发动，全面动员，在筹措资金的同时，鼓舞士气。1991年，全县共筹措校舍改造资金700多万元。

五是分层负责，落实责任。县六大班子领导分工负责9所学校，大家都亲临现场召开会议，帮助解决困难。在此基础上，县里各部门、各大企业、教育局领导都分别挂靠1所学校。

1992年7月，城镇校舍改造工程全部竣工。共投入资金2400多万元，完成主要建筑工程29项，其中现代化楼房19座，扩大学校占地面积4.87万平方米，新建校舍4.59万平方米，维修校舍4.79万平方米，绿化校园2.69万平方米，建标准操场8个，城镇学校面貌发生历史性变化。国家教委考察组考察后给予高度评价；10月8日，经山东省城镇校改验收团验收，9所城镇学校全部优秀，实现办学规模、校舍、课桌凳、操场、校园环境五达标，获全省县级校改第二名。

义务教育学制过渡

1993年3月，县教育局下发关于由五三学制向五四学制过渡的意见，按照市教育局要求，在1997年前完成五三学制向五四学制过渡。根据各乡镇的经济发展和教育发展水平，适应义务教育实施进程，本着先易后难、分批过渡的原则，决定从1993年开始，分四批到1996年过渡完毕。鲁村、韩旺、梭背岭、沟泉4个乡镇从1993年新招初一开始，初中改为四年，统一使用新编九年制义务教育教材；悦庄、土门、中庄、徐家庄4个乡镇从1994年新招初一开始向四年制过渡；南麻、东里、三岔、燕崖4个乡镇及历山中学从1995年新招初一开始向四年制过渡；张庄、金星、石桥、张家坡4个乡及沂源二中、实验中学从1996年新招初一开始向四年制过渡。省、市驻沂源厂矿子弟学校根据工厂和学校实际情况在不晚于1996年前自定过渡时间。

规范化学校创建

1990年，山东省教委下发在全省中小学创建各级规范化学校的意见。1993年，根据市级规范化学校的标准，沂源县教委制订《沂源县规范化学校评估标准》，各乡镇制订乡镇规范化学校评估标准，要求通过3—5年的努力，所有委属学校要达到省级规范化学校标准；所有乡镇中学、中心小学和部分条件较好的完全小学达到市级规范化学校标准；所有的完全小学和部分条件较好的初级小学要达到县级规范化学校标准；70%左右的农村小学要达到乡级规范化学校标准。

1994年初，召开全县规范化学校创建工作会议。这次会议是改革开放以来教育系统规模最大的一次会议，一直开到乡镇、学区、校长。会议推广沂源一中创建省级规范化学校的经验，部署全县的创建工作，沂源县教委与各乡镇、县直学校签订创建目标责任书。是年，县教委把创建各级规范化学校列为全县教育工作的三大重点之一，多次专题部署、研究创建工作，6次召开校长参加的情况汇报会和工作会，2次组织“开放周”活动进行广泛的交流学习。各乡镇、学校进行广泛深入的宣传动员。1994年1月，沂源一中先后通过淄博市和山东省规范化学校验收，成为全县第一所省级规范化学校；11月，县实验中学、实验小学、沂源二中、历山中学通过市级规范化学校验收，12月，通过省级验收，创成全省第三批省级规范化学校；12月，悦庄一中、大张庄中学和东里中心小学通过淄博市规范化学校验收，成为沂源县第一批农村市级规范化学校。

1995年是沂源县第一个规范化学校管理年，县教委制定下发《在全县范围内开展规范化管理年活动的意见》，对全县中小学管理工作提出“项项工作讲规范，方方面面创一流”总体要求，开展“校园管理月”“德育管理月”“学生管理月”“教工管理月”“教学常规管理月”活动，规范化学校创建工作有序开展。

1995年4月，县教委在全省规范化学校建设工作会议上作经验介绍，会后，新华社、光明日报社、大众日报社组成记者团采访报道沂源县教育工作开展情况；5月，淄博市规范化学校建设工作会议在沂源召开。会上，沂源县教委作经验介绍。

实现“两基”

1977年，沂源县成为临沂地区第一个青少年无盲县。1982年，全县12—40岁的27.91万人中，有文盲半文盲7.67万人，新生文盲又不断产生。1983年，推行扫盲责任制，用经济手段把扫盲任务、质量、标准和领导干部、民师、学员责任联系起来，按规定完成任务的，每扫除一个文盲，发1元扫盲补助费。同时调集部分区乡干部、中心校长、学区负责人、退休教师等280人，组成86个小分队，深入基层巡回指导。至1985年，扫除文盲5.02万人，全县混合非文盲率达91.5%。1990年，全县扫除青壮年剩余文盲5208人，全县青壮年混合非文盲率达到98.2%。1994年12月，全县青壮年扫盲工作通过省政府验收，达到青壮年基本脱盲标准。

1993—1994年，各乡镇先后掀起实施义务教育热潮，确定实施两基的“重中之重”地位，至1994年底，经市政府验收，韩旺、石桥、悦庄、鲁村、南麻等11个乡镇顺利通过验收，被认定为义务教育达标乡镇。大张庄、土门、中庄、燕崖、三岔5个乡镇未完成任务。1995年，教育督导室会同县人大、县政协、县教委的有关科室等先后对未达标乡镇进行多次检查、指导，并到有关乡镇蹲点指导达6个半月，促进未达标乡镇实施“两基”的进程；11月，省政府对沂源县“两基”工作进行评估验收，认可沂源县基本实现初级中等义务教育、基本扫除青壮年文盲。至此，全县16个乡镇比省规划提前两年全部实现“两基”。1996年9月5日，市委、市政府表彰的“两基”工作先进集体有：

沂源县委、县政府	沂源县教育委员会
县土地矿产管理局	南麻镇党委、政府
悦庄镇党委、政府	鲁村镇党委、政府
东里镇党委、政府	土门镇党委、政府
沟泉镇党委、政府	韩旺镇党委、政府
张家坡乡党委、政府	大张庄乡党委、政府
梭背岭乡党委、政府	徐家庄乡党委、政府
石桥乡党委、政府	中庄乡党委、政府
金星乡党委、政府	三岔乡党委、政府
燕崖乡党委、政府	南麻镇东高庄村

1996年9月6日，市委、市政府表彰沂源县“两基”工作先进工作者有35人。

联中“消失”

联办中学是20世纪60年代在“普及初中教育”的口号影响下发展起来的，全县各乡镇凡较大的村庄，都办起联中班或小学增设“戴帽”初中班。1978年，进行整顿压缩。1985年，全县还有联中

66所。20世纪80年代中后期，联办中学逐年撤并。1996年10月17日，南麻中学教学办公实验楼建成，侯家官庄联中、北刘庄联中、高庄联中、东风化肥厂联中4所联中合并为南麻中学。至此，联办中学在全县初中办学史上“消失”。

推行目标管理

1993年3月3日，县教育局下达《关于对乡镇教委办公室普教工作实行目标管理的通知》，决定从“义务教育”“学校管理”“德育和艺体教育”“其他工作”4个方面对乡镇教委进行年度量化考核评估。

1994年，沂源县教育委员会制定、完善23项操作性和实用性较强的规章制度、学校管理评估标准，从县教委到乡镇教育中心到学校直至教职工个人层层签订目标责任书，将平时的管理和目标管理结合起来，加强督导检查，加大管理的力度、细度、密度，管理到边到沿，形成完整的管理闭合圈。目标管理提出一个响亮的口号：“项项工作讲规范、方方面面创一流。”这种管理模式，改变评优选模靠投票的做法，调动各个方面的积极性，促进全县学校管理水平的全面提高和规范化学校建设。

全县目标管理表彰大会（2004年）

1996年4月21—29日，沂源县教育委员会派两批人员赴湖南汨罗参观学习推行素质教育的经验。5月24日召开会议，提出“学习汨罗经验，推行目标管理，实施素质教育，提高教育质量”的教育工作思路。

建立目标管理体系。分为两条实施线，一条是以《沂源县教育系统目标管理方案》及评估办法和细则为内容的教育内部工作实施线，一条是以《沂源县乡镇党政教育工作目标管理方案》及评估办法和细则为内容的党政教育工作实施线。

科学评估。主要抓好三个环节：明确评估办法、典型示范、搞好年终评估，用计算机辅助管理，力求准确公正。

总结表彰，兑现奖惩。在1996年目标管理总结时，4个乡镇教育工作获目标管理综合奖，4个委属学校获目标管理工作奖，20个乡镇获教育工作目标管理先进单位奖，51人获目标管理先进个人奖。

自此，目标管理成为全县及各学校的基本管理模式。每年年初，县教委根据全县各学校实际，制定教育工作目标管理方案和考评细则，向各乡镇教体办、县直学校提出各方面的工作目标和具体任务，并签订目标管理责任书。期间定期组织目标管理大检查，并分别召开目标管理调度会和目标管理总结表彰大会，根据年度目标达成情况对各乡镇教体办、学校进行奖惩。各乡镇教体办、学校也相应制定考评各处室组、年级组、教师和学生的细则，并按学期、学年进行考评，从而形成人人肩上有目标、千斤重担大家挑的局面。目标管理过程中，强化过程管理，全面落实教学常规，推行领导包级包组责任制，县教委强化督导评估和教学视导，促进教学管理水平的提高。目标管理作为县教委对学校、教体办最基本的管理模式得以延续下来，并在实施过程中不断得到完善。

城区带动战略

1996年，为缩小城乡教育差距，促进城乡教育均衡发展，县教委组织实施城区带动战略。主要措施是从城区学校选拔一批优秀中青年干部，安排到部分乡镇教育中心、初中学校担任或挂职正、副职领导职务，将城区学校先进的教育教学理念、严格的管理制度、规范的办学方式融入乡镇教育中心、初中学校的管理与教学，实现乡镇学校教学与管理的规范化、高效化，带动乡镇教育教学质量的整体提升；7月，县委组织部、县教委从县实验中学、历山中学、实验小学、沂源二中和县教研室选派20名中层干部下派到乡镇挂职，其中有17人下派到15个乡镇中学任校长或副校长，3人到3个乡镇教育中心挂职任副主任。

城区带动战略部署会（1996年）

振华扶困助学奖励基金会

1997年，全国优秀教师、教育系统劳动模范李振华，为韩旺中学捐款5000元，作为扶困助学奖励基金。1998年，韩旺镇党委、政府以此为契机成立振华扶困助学奖励基金会。2000年，基金达20万元，资助困难学生283人，奖励教师215人、学生408人。2001年，韩旺镇合并到东里镇，镇党委、政府重新修订《振华扶困助学奖励基金会章程》，成立新一届振华扶困助学奖励基金会。2015年，振华基金累计达到176.3万元，累计帮扶贫困学生3918人，奖励优秀师生4164人。

2021年，东里镇党委、政府决定充实振华基金，共募得善款180余万元，注入振华基金，并启用振华基金14万元，奖励教干教师170人、学生300人。2022年，启用振华基金15万元，奖励教干教师180人、学生350人。同时，启用振华基金12万元，为义务教育段全体学生购买校园平安保险。

淄博市教育强县

1999年，石桥乡成人教育中心学校、大张庄镇通过教育强乡镇验收。两个乡镇分别于2000年1月、3月，成为淄博市教育强乡镇。这一年，燕崖镇被评为“成人教育强乡镇”。

2000年3月13日，沂源县政府下发《关于加强教育强乡镇建设的意见》，提出3年内完成教育强乡镇建设工作，力争2002年建成教育强县。经全县两年多努力，2002年5月，沂源县通过市政府教育强县验收；6月24日，淄博市政府发布表彰通报，沂源县基本达到教育强县标准，被授予“教育强县”称号，成为淄博市第五批教育强县。

农村中小学布局调整

2004年，县委、县政府制定《关于加快农村教育改革与发展的决定》《关于实施农村中小学布局战略性调整的意见》，全县开始中小学布局调整工作。本着“抓大放小，整合、优化教育资源”的原则，将地处偏远、规模偏小的农村中小学撤销，合并至科学合理的人口分布中心区，集中、优质办学。2005年3月18日，淄博市在沂源县召开全市第四次中小学布局调整工作调度会，与会人员参观悦庄、石桥、张家坡、东里等乡镇中小学布局调整工作现场。2006年，农村中小学布局调整完毕，全县乡镇完成投资5458.4万元，竣工面积7.28万平方米，撤并中小学72所，部分撤并55所。

淄博市学校布局调整调度会（2005年）

落实“两免一补”政策

2005年，淄博市教育局下发《关于对家庭经济困难学生实行“两免一补”的实施意见》（淄教计字〔2005〕33号），对农村义务教育阶段的部分贫困家庭学生实施“两免一补”政策，即免杂费、免书本费、补助寄宿生生活费。沂源县从2007年春季开始，按照《淄博市人民政府关于实施农村义务教育经费保障机制改革的通知》（淄政发〔2006〕123号）、沂源县《关于实施农村义务教育经费保障机制改革的通知》（源政发〔2007〕43号）文件精神，全部免除农村义务教育阶段学生杂费，免杂费标准为初中每生每年350元，小学每生每年250元。2007年秋季开始，农村学校免除国家规定的教科书费用，同时按照《关于免除农村民办义务教育学校学生杂费的通知》（鲁政办发〔2007〕65号），全部免除农村民办义务教育学校学生杂费，免费标准与公办学校相同。同年12月，沂源县根据山东省制定的《关于调整完善农村义务教育经费保障机制改革有关政策的通知》（鲁财教〔2007〕71号）文件执行如下内容：

提高家庭经济困难寄宿生生活费补助标准及学生资助费用。从2008年春季开学起，家庭经济困难寄宿生生活费补助标准由每生每年补助300元提高到小学500元、初中750元，享受补助的困难学生占寄宿生的比例为8%。2010年，高中按每生平均每年1000元标准、职教学生按每生每年1500元资助标准，发放国家助学金。沂源县实施对义务教育段寄宿生生活进行补助，高中段学校则以政府发放助学金为主要方式。新入学大学生救助按5000元、3000元、2000元3个等次一次性救助。

免费提供教科书。2007年，落实省教育厅印发的《关于认真做好2007年秋季免费国家课程教科书退费工作的通知》，从当年秋季开学起，向农村义务教育阶段学生免费提供国家课程的教科书，按照小学70元、初中140元的标准。从2008年春季开学起，向农村义务教育阶段学生免费提供地方课程的教科书，补助标准为小学每生每年15元、初中每生每年20元，并提高国家课程教科书补助标准为小学90元、初中180元，所需资金全部由财政负担。

杜丽两届奥运夺冠

2004年，雅典奥运会上，杜丽夺得女子10米气步枪金牌。

2008年8月14日，北京奥运会女子50米三姿步枪比赛上，沂源籍选手杜丽顶住首金争夺失利的压力，凭借690.3环的总成绩打破该项目的奥运会决赛纪录夺得冠军，为中国代表团赢得本届奥运会第19块金牌。

校车投入使用

城镇化的发展，加速合班并校的进程。合班并校以前，多数孩子都可以在本村或邻近村上小学，距离比较近，接送也方便。合班并校以后，许多本村的学校被撤并，学生只好到距离较远的中心校去上学，接送学生成了家长的一个大问题。2008年，沂源县把解决接送学生“乘车难”问题列入民生工程，统一为学校配备校车接送学生，对校车和驾驶员统一登记备案。2012年，投入500余万元，购置23辆国内配置标准和安全系数最高的校车，承担接送全县11个镇40余所农村小学、幼儿园3300多名学生上学的任务。新校车全部配有GPS定位、倒车视频、行驶记录、车内监控、一人一条安全带等安全装置，完全符合国家新校车安全技术性能标准。校车管理，采取政府统筹、部门监管、教育配合、公司化管理的基本模式，委托淄博交通运输集团有限公司经营管理。2021年，全县拥有校车76辆。

体育健身设施综合改造提升工程

2011年1月，沂源县“体育健身设施综合提升改造工程”列入县政府2011年为民办实事之一。年内，先后建成占地8000平方米的全民健身广场，为

20个居民小区配套建设全民健身设施，建成3个镇文体活动中心、24个农民体育健身工程。建成沂源一中主操场，改造实验小学、实验中学、职教中心、南麻二小、南麻五小、南麻六小操场，合计建成塑胶田径场7块，人工草坪足球场7个，塑胶篮球场31个、排球场18个、羽毛球场17个、网球场3个，总面积12.09万平方米，安装各类器材222件，总投资3500余万元。沂源县加强全民健身设施建设，开展全民健身运动的做法，在《中国教育报》《淄博日报》《体育晨报》等重要媒体刊发。

沂源县学前教育三年行动计划

2011年6月，沂源县政府制定出台《沂源县学前教育三年行动计划》，提出全县学前教育发展目标。确定自2011年起，实施为期3年的城乡幼儿园标准化建设工程，每年新建城区幼儿园1所、改扩建农村幼儿园9所，三年共新建、改扩建幼儿园30所，增加学位1530个。2015年，为深入贯彻落实教育改革和发展规划纲要精神及《国务院关于当前发展学前教育的若干意见》，巩固第一期学前教育三年行动计划成果，促进全县学前教育科学发展，沂源县人民政府办公室印发《沂源县第二期学前教育三年行动计划（2014—2016年）》（以下简称《计划》）。《计划》以党的十八大和十八届三中、四中全会精神为指导，坚持政府主导、公益普惠、促进公平、科学发展的基本原则，2015年，全面普及学前三年教育，学前三年毛入园率99%以上。2016年，全面建立起覆盖城乡、布局合理、资源充足、公益普惠、优质高效的学前教育公共服务体系。县政府将学前教育工作纳入对各镇政府、街道及有关部门工作考核指标，把《计划》落实情况纳入对政府教育工作实绩考核指标，及时解决《计划》实施过程中存在的问题，在人力、物力和财力上予以重点保障。

2018年10月，沂源县人民政府印发《沂源县第三期学前教育行动计划（2018—2020年）》，对学前教育发展目标、阶段性工作任务和工作措施做出具体要求，确保各项工作落实到位。

2019年，召开全县幼儿园三年发展规划阶段性成果展示会，推动幼儿园健康发展。聘请省级幼教专家对县实验幼儿园、第二实验幼儿园、悦庄镇中心幼儿园、鲁村镇中心幼儿园4所幼儿园三年发展规划进行实地指导，理清2019年工作重点及发展方向，推动全县幼儿园发展。

教育资助

教育公平是社会公平的重要基础，促进教育公平是国家基本教育政策。党和国家高度重视家庭经济困难学生上学问题，中央有关部门出台相关资助政策措施，建立起覆盖学前教育至研究生教育的学生资助政策体系，从制度上保障不让一个学生因家庭经济困难而失学。沂源县按照中央、省、市有关政策要求，精准认定家庭经济困难及其他需要帮扶的学生，精确分类，精准救助，保障学生的学习权利。主要政策有：学前教育资助接受普惠性学前教育的家庭经济困难儿童（含建档立卡家庭儿童、低保家庭儿童、特困救助供养儿童等）、孤儿和残疾儿童；义务教育全部免除义务教育阶段所有学生学杂费，免费提供教科书，为家庭经济困难学生提供生活补助；普通高中教育资助普通高中家庭经济困难学生。中等职业教育免学费；积极开展大学生生源地信用助学贷款工作。

淄博市“思源感恩”“鲁源白酒”“欣欣园置业”等每年资助沂源一中200余名优秀贫困生；沂源一中每年依托“华杰”“绿兰莎”“鲁阳”发放奖、助学金达800余人，沂源二中依托“华联矿业”和“联合化工”奖学金，各镇（街道）建立“振华扶困助学基金”，每年救助学生1300余人。

2011—2022年全县教育资助统计表

年份	学前助学金		义教段生活补助		高中助学金	
	人数（人）	金额（万元）	人数（人）	金额（万元）	人数（人）	金额（万元）
2011			3413	168	2315	185
2012	2640	158	3654	221	2614	196
2013	2576	154	3765	227	2648	198
2014	2480	149	3694	224	2584	193
2015	2347	141	4015	244	2452	245
2016	1161	139	2022	249	1174	234
2018	1168	140	3509	434	1159	231
2021	4162	249	5371	361	2633	263
2022	4079	243	4794	322	2468	247

年份	中职学费减免		大学新生救助		助学贷款	
	人数（人）	金额（万元）	人数（人）	金额（万元）	人数（人）	金额（万元）
2011	4720	354	348	107	1744	987
2012	4539	340	217	68	1703	960
2013	1374	103	220	69	1554	890
2014	6118	466	225	70	1464	944
2015	4505	425	462	125	1401	999
2016	204	40	343	140	1284	979
2018	289	51	281	113	1195	964
2021	1086	73	74	40	1390	1170
2022	744	74	219	103	1547	1648

农村义务教育音乐、英语学科教师教学技能培训试点县

2015年7月，沂源县被省教育厅确定为全省农村义务教育音乐、英语学科教师教学技能培训14个项目试点县之一。县教体局出台《沂源县农村义务教育音乐、英语教师学科教学技能培训工作实施意见》（源教体发〔2015〕34号）、《沂源县农村义务教育音乐教师学科技能培训方案》《沂源县农村义务教育音乐教师学科教学技能培训场地设置和设施配备标准及其要求》《沂源县农村义务教育音乐教师学科教学技能培训工作管理制度》《沂源县农村义务教育音乐教师学科教学技能培训分散研修方案》等一

系列文件。全县12个镇（街道）84所中小学校184名教师参加培训，共组织集中培训19期、分散研修26期，举办专家报告4期，培训教师达9000人次，鲁东大学专家团队和省派骨干教育志愿者送教达1400余人次。2016年7月16日，在县影剧院举行沂源县农村义务教育音乐、英语学科教师教学技能培训工作总结表彰暨终期汇报演出会。

解决城镇普通中小学大班额问题

2016年10月，沂源县人民政府办公室印发《沂源县解决城镇普通中小学大班额问题实施方案》，按照“统筹规划、分步实施”原则，坚持“起始年级从严控制、其他年级逐年化解”的办法，以解决特大班额为重点，用2年左右时间，基本解决全县城镇普通中小学大班额问题。计划在县城北部新建九年一贯制学校1所、在河湖新区新建鲁阳小学、实施振兴路小学扩建，力争2017年投入使用，解决城镇普通中小学大班额问题。2016年，投资4亿元，实施3所学校新建、改扩建工程。一是新建沂源振华实验学校。计划投资2.26亿元，设初中部32个班、在校生1600人，小学部30个班、在校生1350人。二是新建鲁阳小学。计划投资8800万元，设30个教学班、在校生1350人。三是改扩建振兴路小学。计划投资8600万元，新增30个教学班、在校生1350人。

2017年，鲁阳小学和振兴路小学项目竣工投入使用；2018年8月，沂源县振华实验学校投入使用。全县城镇普通中小学大班额问题得到圆满解决。

农村学校“双提升”工程

2016年开始，实施全县农村学校校舍及运动场地改造提升工程，共涉及49所学校，104个项目，规划总投资3.84亿元。校舍改造涉及40所学校60个项目，主要任务是新建15座综合楼、18座教学楼、4座宿舍楼、23座餐厅，规划总建设面积约13万平方米。农村学校运动场提升涉及44所学校44个项目，主要任务是学校运动场塑胶化建设，规划建设面积约33.5万平方米。2020年，“双提升”工程全部完成。

义务教育均衡县创建

2012年5月，沂源县人民政府办公室发布《关于推进全县义务教育均衡发展的意见》（以下简称《意见》），《意见》提出，到2015年底，实现县域内义务教育均衡发展，全县义务教育阶段学校基本达到省定办学条件标准，农村学校办学条件显著改善，城镇薄弱学校建设明显加强，各学校在办学条件、经费投入、生源分布、师资力量、管理水平和教育质量等方面实现基本均衡，学校办学各具特色，教育质量得到整体提升。2015年，是沂源县实现义务教育均衡发展的冲刺之年。1月，召开义务教育发展均衡县创建工作培训会，聘请山东省督学、省级规范化学校评估专家组成员为全县教体系统领导干部、局包校人员及学校相关人员做了义务教育均衡县创建专题培训，县教体局编制并认真组织学习《义务教育均衡发展材料汇编》，为义务教育均衡县创建打好基础；3月，组织教体办主任、各学校校长、教体局各科室站负责人500余人次到桓台县、淄川区、潍坊市、临沂市等地观摩学习，借鉴兄弟区县创建经验。在张家坡镇、石桥镇召开均衡县创建培训现场会。多次召开均衡县创建工作调度会、现场会，组织开展均衡县创建工作督查，由各教体办、局属各义务教育段学校的分管领导和教体局相关科室站负责人组成4个督察组到全县义务教育段学校督查创建工作。2016年11月17日，国务院教育督导委员会办公室组织督导检查组（以下称国检组）对沂源县义务教育发展基本均衡县创建工作进行督导检查。督导检查过程中，国检组专家对沂源县在义务教育均衡发展推进工作中的经验和做法给予充分肯定，对县政府在加大教育投入、改善办学条件、提升教育内涵发展方面所做的工作给予认可。沂源县树立“细节决定成败”的管理理念，构建职责清晰、管理科学、运行顺畅的精细化管理体系，给国检组专家留下深刻印象，并被作为“主要经验和做法”

向全省进行反馈。2017年2月公布的“2016年全国义务教育发展基本均衡县（市、区）”名单中，山东省有21个县（区）通过国家认定，沂源县以98.5分的成绩位列全省第一。

校长职级制改革

2017年9月，为深入推进基础教育综合改革，提高中小学校长队伍专业化水平，加快构建现代学校制度，全面提高教育教学质量，全县公办中小学全面推行校长职级制改革。列入校长职级制改革范围的中小学一律取消机构规格，按隶属关系归口教育行政部门管理。实行校长聘任制，建立中小学校长职级管理制度。中小学校长职级分为四级九等，即特级校长、一级校长（一、二、三等）、二级校长（一、二、三等）、三级校长（一、二等）。县委办公室、县政府办公室印发《关于推行中小学校长职级制改革的实施意见》。成立校长职级制改革工作领导小组，加强对改革实施的组织领导。县教育和体育局与县委组织部等联合印发《沂源县中小学校长职级评审认定办法（试行）》等配套文件，完成对60名校长的职级评审认定，认定一级校长16人、二级校长35人、三级校长9人。

淄博电子工程职业教育集团

2018年6月27日，淄博电子工程学校举行学校更名挂牌暨职业教育集团成立大会。淄博电子工程职教集团第一届理事会理事长、淄博电子工程学校校长白道德介绍集团筹备情况。市教育局、县政府领导为淄博电子工程职教集团和淄博电子工程学校揭牌。2019年6月21日，淄博电子工程职业教育集团举行年会，同时建立淄博职教联盟发展共同体。淄博信息工程学校与淄博电子工程学校、淄博理工学校与淄博工贸学校、淄博市工业学校与高青县职业中专、淄博建筑工程学校与淄博机电工程学校签署发展共同体实施方案。自此，结对学校将在学校管理、教育教学、师资培训、校企合作等方面真正实现共建、共享、共赢。

淄博电子工程职业教育集团成立大会（2018年）

疫情防控

2020年，“新冠”肺炎疫情暴发。1月22日，县教育和体育局印发《关于切实做好全县教体系统新型冠状病毒感染的肺炎疫情防控工作的紧急通知》，成立领导小组和工作专班，启动I级应急预案，领导小组下设综合协调、应急储备、教学协调、舆论引导和督查督办组5个工作机构，全面指挥、指导各级各类学校做好疫情防控工作。疫情防控期间，建立健全全县教体系统疫情防控工作机制，成立各级疫情防控领导小组144个，完善各级各类工作方案和应急处置预案286份。根据疫情防控要求，开展全县教体系统全体师生7万余人的健康管理和摸排工作，做到了“人人清”，全面实行“一日三检两报告”制度，利用疫情防控平台，筑起一道保障全县师生健康安全的防护墙。

是年，教体系统建立全县中小学在线教育平台，完成3117名任课教师和8.86万名学生（家长）账号注册、分组导入工作。分别组织学校管理员、班主任、任课教师、学生家长等层面的平台运用培训，确保中小学在线教育平台开通率达100%，为疫情防控期间线上教学工作打下坚实的基础。开展全县网络在线教育教学活动，抽调29名信息技术骨干教师组成录课技术小组，组建15个备课、录课团队，400余名骨干教师参与录制课程资源1651节，推送到全县钉钉平台和电视播出频道，保障停课不停学工作顺利开展。

2021年，推进“新冠”疫苗接种工作，全县师生8.87万人按时接种“新冠”疫苗，实现“应接尽接”，县教育和体育局被授予首批“疫苗接种绿色单位”。

落实“双减”政策

2021年，中共中央办公厅、国务院办公厅印发《关于进一步减轻义务教育阶段学生作业负担和校外培训负担的意见》，9月10日，沂源县建立“双减”工作协调机制，21个部门主要负责人或分管负责人为成员，明确“双减”工作任务及工作流程，建立联络员工作队伍。在“双减”机制下，扎实开展部门联合治理；9月27日，县教育和体育局成立以局长为组长、分管领导为副组长、13个科室负责人为成员的教体系统“双减”工作专班。联合县市场监管局、县人社局、县消防大队对校外培训机构规范办学、消防安全、聘任合同及保险缴纳情况开展“双随机一公开”检查。联合县民政局、县审批服务局为培训机构转型提供政策咨询。按照国家、省市工作部署，在“双减”协调机制各部门的共同努力下，全县44所学科类培训机构转非学科14所、注销30所，压减率达100%。同时实行校外培训机构“五公示”制度和“黑白名单”制度，在沂源县政府网上3次公示校外培训机构“黑白名单”，健全校外培训机构信用联合惩戒机制。

县教育和体育局完善课后服务保障机制。制定课后服务工作实施方案，落实课后服务工作管理制度和安全应急预案，下发《关于全面开展课后延时服务工作的通知》，根据“家长自愿，校内实施，有效监管”的原则，做到“零拒绝”不落一人，实现课后服务接纳率100%，做到课后服务辅导教师、服务场地、活动器材、安全巡查“四落实”。

在课后服务形式上，一是提供作业辅导。学校精心安排科任教师轮流值班，及时解决孩子们遇到的共性和个性化问题，指导学生完成家庭作业。二是开展兴趣小组活动。主要开展阅读、诗歌朗诵、影视作品欣赏、手工制作、形体表演、书法、美术、唱歌、体育等兴趣小组活动。三是开展社团活动。发挥教师特长和学校设施优势条件，根据学生的兴趣特点，打破班级限制，成立书法、绘画、古筝、钢琴、陶瓷、乒乓球、篮球、足球、非遗进校园等社团。四是拓展乡村游戏。学校融合现代化元素，改进乡村游戏并纳入课后服务。根据学生身心特点，在低年级开设跳圈、丢手绢、跳房子、击鼓传花等游戏，培养学生的团队精神；中年级学生以跳绳为主，培养学生的身体协调能力和体能；高年级学生以猜字谜、成语接龙、排球等游戏为主，培养锻炼学生的发散思维，缓解学业压力，提高身体素质。

在课后服务保障机制上，根据参加课后服务的学生数量，县财政按照每生每年80元经费标准拨付到学校。学校将参与课后服务的辅导教师工作表现纳入教师年度考核中，并对参与课后服务的老师计算一定的工作量，每月对课后服务的出勤情况和活动开展情况等常规管理情况给予公示，对在这项活动中表现突出的老师给予表彰，以此来调动教师工作的积极性。

山东财经大学乡村振兴学院

山东财经大学乡村振兴学院由山东财经大学、深圳东方汇泉金融控股集团、洪泰基金联合创办，是相对独立、实体化机制运行的学校二级学院。学院于2020年12月6日在沂源县汇泉桃花岛成立。沂源县人民政府成立学院推进建设专班，县教育和体育局作为牵头部门，充分发挥牵头抓总作用，落实周调度制度，协力配合。2022年11月7日、12月21日，两次召开沂河源田园综合体建设调度推进会，对乡村振兴学院建设工作进行部署安排，并下发会议纪要。督促山东财经大学乡村振兴学院制定《2023—2025年乡村振兴学院发展规划》，并征求部门意见修订完善，县政府常务会专题研究并通过《2023年山东财经大学乡村振兴学院建设与发展推进方案》。协调自然资源局将乡村振兴学院建设项目所需建设用地——龙子峪村24.25亩、刘家庄村

2.56亩、原徐家庄乡教育中心13.87亩土地划拨给鲁村镇人民政府。举办第二届中国乡村振兴鲁村论坛、第二期山东学位与研究生教育论坛等各种高端论坛，开展中青年干部、新型农民、乡村干部等各类培训，培训2000多人次。

职工子弟学校

工厂职工子弟学校是在20世纪50年代社会主义建设时期优先发展工业化的时代背景下产生的。有一些国有或集体工厂为了照顾职工子女上学而兴办，专门安顿职工子女上学，如临沂矿务局草埠煤矿职工子弟学校、山东第一机械修配厂、第二机械厂子弟学校、裕华厂职工子弟学校、东风联中、红旗机械厂子弟学校以及玻璃厂、药厂职工子弟学校等。这些企业，有的与地方合办，有的单位自主办学。20世纪90年代以后，随着这些企业撤并搬迁，所属子弟学校也逐步交由地方管理或撤销。

勤工俭学

学校开展勤工俭学，是贯彻实施党的教育方针的重要途径之一。新中国成立前后，小学只搞植树、拾柴火自我服务性的校内劳动。1953年后，着重结合教学进行劳动教育。1958年，勤工俭学成为教育与生产劳动相结合的一种较好形式，得到大力提倡，把劳动作为一门学科，正式列入教学计划，排入课程表。通过劳动课开展勤工俭学，解决学校部分费用。1958—1959年底，全县中小学有生产基地478亩，建砖瓦窑11个、木工组53个、编织组73个。采药6300公斤，采树种1.15万公斤，收蓖麻籽6100公斤，养猪124头，鸡310只，兔457只，造林4252亩，年总产值4.14万元。

1962年，贯彻烟台会议精神，精雕细刻搞教学。沂源县对学校勤工俭学和劳动课进行调整，勤工俭学基本停止。1970年，为进一步贯彻毛泽东主席“五七指示”，全县中小学迅速掀起大办四场（工场、农场、林场、饲养场）高潮，各完小、联中组织木工、编织、缝纫、红炉组，鲁村、黄庄靠近煤矿的学校，建起砖瓦、石灰窑，勤工俭学基本达到校校有门路、班班有项目、月月有收入。农村学校利用自然优势，因地制宜，抓住不同季节开设不同项目。春天，种植农作物、蓖麻籽、捉山蝎、刨药材；夏天，采槐叶（加工成粉末外销）、复收小麦、花椒、拣杏核、拾松蘑；秋天，割牛草、拾柴火、采树种、摘酸枣、拾花生、地瓜；冬天，开荒造田。城镇学校师生砸石子、捡废铁等，均取得一定的经济效益。1974年，实行开门办学，石桥中学到离校7.5公里的马兰峪建分校，开辟学农造林基地20多亩，栽花椒、果树600棵。种菜5亩，中草药4亩，种花生、杂粮11亩，师生动手搬运建筑材料建校舍10间。中庄中学在石胡同峪建校舍12间，栽花椒树1100棵。1976年，全县已有校办工厂32个（中学26个、小学6个），年产值10.75万元，农场有地758亩，产粮食12.2万公斤。林场603亩，建果园3处，年收入14.15万元。总收入占本年教育经费的8.5%。悦庄公社中小学年收入占公社教育经费的19.5%。这一年，沂源县有212所学校达到“三费”（办公费、茶水费、书费）自给。鲁村公社舍庄学区5所学校达到“四费”（再加学习用具费）自给，嵩山联中用勤工俭学收入打课桌50张、办公桌5张，取暖炉6个，添置挂钟、收音机和体育器材。青杨圈农中开辟学农基地60亩，培育小麦、玉米、花生优良品种1.25万公斤，办起了“5406”菌肥厂，产菌肥30万斤，栽果树、木材树2.2万棵，桑树5000棵，葡萄200棵。悦庄中学培育了耐寒高产“悦庄1号”小麦优良品种400斤，高产地瓜品种“579”，在中等肥力情况下，亩产鲜瓜6230斤，比一般地瓜高产500~1000斤。建磷肥厂1个，从建厂到1977年共产磷肥250吨，纳入县工业生产计划。瓜峪小学大搞勤工俭学后，实行免费上学，原来因家庭经济困难不能入学的适龄儿童全部入学，入学率达99%。

1979年，对全县中小学校办工厂、农场及勤工俭学活动做进一步调整，重点转移到转变学生思想、服务于教学方面来。

中学以办工厂为主。黄庄中学校办工厂规模较大，有厂房17间，车床及其他机器设备12台，其中自行设计制造攻丝机、干帽机，产品30种，畅销全县。从1975年建厂到1984年年底，学校共提取2.6万元用于改善办学条件。鲁村中学，1975年前烧石灰、种菜园，后来办起了小印刷厂、镀锌厂、小修理等项目。1976年，购置拖拉机、切纸机，办代销，年收入达7000元。1984年，增添木工厂、焊接和汽车，一年纯收入1.37万元。张庄中学生产的粉笔每年获纯利千元以上。1978—1984年，生产粉笔10.5万盒，总收入达1万元。1984年，农技中学师生动手，育优良杨树苗10亩，和泰安林校合作，有“毛剑杨鉴定比较试验”基地4亩5分，取得成功，受省林校表彰。经上级批准，农技学校成立一个“苗木良种调剂服务站”，从全国各地引进各种果树、粮食、蔬菜优良品种，全县推广，深受广大用户欢迎。沂源中学先后办起电焊车间、冰糕车间、综合服务部、照相馆及汽车运输队等。1982—1985年4月，共创利润5.05万元。教师进修学校校办工厂生产的塔尺、化学实验箱、摩擦计等教学仪器，畅销烟台、临沂等地。1984年和1985年生产的摩擦斜面小车、试管架等总产值达2万元，纯收入3000元。

小学勤工俭学主要以采集、复收、割草、饲养为主，校办工厂不多。南麻各小学坚持“季节收入与长年收入相结合”的方法开展勤工俭学。每个学生年收入平均10.1元，超过省要求指标（6.43元）。土门镇地处鲁山腹地，根据“靠山吃山，向山要钱”的要求，开展勤工俭学项目，所辖22所学校，每年收入1.56万元。茨峪小学用勤工俭学收入，给每个学生做了一身校服。

鲁村中学、南麻完小和教育局印刷厂开办以后，保障了全县中小学作业本、笔记本、稿纸等印刷品需要，同时校办工厂解决了部分农转非的教职工家属及子女就业问题。

1990年3月，县教育局首次召开全县学校勤工俭学工作会议，明确提出学校勤工俭学的指导思想是坚持巩固提高、积极发展、坚持改革、统筹安排、讲究效益、注重育人。具体工作要求是整顿大包干校办企业，鼓励新上固定工业项目，同时积极开展多种形式的勤工俭学活动，发展校园经济。概括为：工业要上，两植（殖）要旺，商业网点紧跟上，复收采集不能忘。采取的措施是：提高认识，加强领导；抓重点工业项目；因地制宜发展校园经济，采集、种养、绿化、美化、经济化校园；加强财务管理。

1993年，县政府制定《关于大力发展校办企业的意见》，要求各单位、各部门提高对勤工俭学工作的认识，加快校办企业的发展。县教育局根据县政府部署办经济实体，组织外出考察、学习，先后到东北和苏南地区考察校办企业，开拓思路，解放思想，学校勤工俭学工作有了较快发展。

原黄庄中学校办工厂

1992年11月，县教育局投资3万元，建成沂源县教育服装厂。

1993年7月，投资21万元，建成历山花岗石板材厂。

1994年1月，职业中专承包荒山300多亩，种植苹果1000棵，板栗3000棵，作为林果试验基地。

1995年4月，投资120万元，县教委建成“教育印刷厂”。

驻县城学校和乡镇中心中小学也分别从自己实际情况出发，开展适合实际的勤工俭学项目。沂源一中成立腾达实业总公司，历山中学成立历山实业总公司。一些校办的机械维修、电气焊、彩印、涂料、五金加工等项目和种植养殖活动发展起来。

1995年，县教委印发《沂源县校办企业承包经营责任制暂行办法》，对校办企业实行承包经营责任制，让企业自主经营，独立核算，自负盈亏。

1997年7月，市政府召开全市勤工俭学会议。沟泉镇、张家坡乡被评为学农基地开发先进乡镇，沂源一中腾达实业公司被表彰为淄博市明星校办企业。

2000年，校办企业增值税退税政策停止执行后，各学校的校办企业先后以多种方式与学校脱钩，走向市场。学校内部主要以小卖部、食堂承包收入作为勤工俭学收入。学生参与的勤工俭学活动基本消失。

2001年，县教体局公布年度校园经济开发建设示范校12所，包括悦庄镇成教中心、石桥中学、三岔乡成教中心、鲁村一中、大张庄乡旋风小学、东里镇福禄坪小学、东里镇第五小学、南麻镇侯家官庄小学、张家坡中学、中庄乡上庄小学、南麻镇东高庄小学、徐家庄乡张家石沟小学。同时表彰10个教育内部市场统管工作先进单位，包括历山中学、实验中学、沂源一中、大张庄乡教育中心、鲁村镇教育中心、土门镇教育中心、张家坡乡教育中心、悦庄镇教育中心、中庄乡教育中心、西里镇教育中心。

综合实践活动

1986年3月28日，团县委、教育局联合发文，在全县少先队员中开展万枚“四有小金星”奖章活动。1987年，开展以树理想、爱劳动、学创造、做主人为主题的“爱劳动的小金星”教育活动。1990年，团县委、县教育局根据上级文件精神，在全县少年儿童中开展“向赖宁学习，做党和人民的好孩子”活动。

1995—2000年，开展少先队员手拉手、18岁中学生成人宣誓，迎接香港回归知识竞赛、演讲比赛、手抄报比赛，庆祝新中国成立50周年和迎澳门回归活动和“新世纪成才”系列教育活动。2005年，在全市“诚信杯”中小学生思想道德教育知识电视大赛中，沂源县选派的小学、初中、高中代表队均获全市第一名，并代表淄博市参加省级比赛，小学、初中组均获全省第二名，县教体局获省优秀组织奖。2009年，开展“祖国在我心中”手抄报比赛、寻访老英模活动、布谷科技节、新中国成立60周年摄影征文比赛、“迎全运、讲文明、树新风”主题实践活动、少先队员“雏鹰争章”等实践体验活动。

1995年，石桥乡在圣佛山建立集中小学生劳动实践、科技示范推广、勤工俭学创收、教职工度假休闲旅游、自然博物展示、环境保护于一体的综合性开发基地。1997年，国家教委课题组确定石桥乡为山东实验区实验基地。1998年、1999年，中央教科所、中国教育学会把圣佛山综合实验基地定为“全国中小学劳动技术教育实践基地”和“国际青少年生命树活动中心圣佛山基地”。1999年5月16日，由中国教育学会中小学劳动技术教育研究会、国际青少年生命树中心联合举办的“中国教育学会国际青少年生命树中心现场学习会”在沂源县召开。沂源县作为中国教育学会国际青少年生命树中心成员单位，把加强劳动技术教育作为深化教育改革的重点内容之一，取得显著成绩。

2000年4月，在圣佛山设立沂源县劳动技术实验学校（沂源县综合实践活动学校），把社会实践活动作为必修内容。城区中小学生每学期均安排部分年级到圣佛山参加综合实践活动。2021年，沂源县62所中小学建成“一校一基地”，全年城区8600名中小学生分别赴圣佛山、桃花岛进行综合实践活动，实现校外劳动实践系统化、社会服务活动多样化、研学旅行经常化、校外职业体验特色化。

心理健康教育

心理健康教育是德育教育的重要内容，心理咨询室建设也是学校德育工作的重要组成部分。沂源一中、沂源二中从1997年开始设立专门的心理咨询室，配备专人负责学生的心理疏导与沟通交流。之后，各学校相继设立。2007年，沂源一中、沂源二中、实验中学、历山中学、实验小学、悦庄一中创成市级心理咨询室。2008年，南麻中学、南麻二小、南麻三小、南麻六小创成市级心理咨询室。2010年，沂源一中、沂源二中、实验中学、历山中学、实验小学、悦庄一中6所学校达到市一级星级心理咨询室以上标准。2010年，全县有国家二级、三级心理咨询师证的76人。2011年，沂源一中、实验中学等6所学校获得全市首批星级心理咨询室荣誉称号。2012年，南麻中学、荆山路小学、新城路小学等3所学校获得市星级心理咨询室荣誉称号。沂源县教育和体育局专门成立沂源县心育发展指导中心，构建教育教学、实践活动、咨询服务、预防干预、家庭教育“五位一体”的心理健康教育工作体系，突出抓好中小学心理健康教育课程建设、班级管理、活动开展、队伍建设、教科研活动以及心理辅导室建设等重点工作。2018年12月开始，组建“沂河之爱心理志愿服务队”。2020年，出台《关于加强全县中小学幼儿园心育体系建设的实施意见》，建立健全心育体系建设机制。2021年2月2日，沂源县教育和体育局与山东省心理咨询中心建立我省首个医教共同体，借助医疗卫生机构专业优势，解决教育系统自身存在的心理危机干预及心理咨询方面的短板，整合利用各类资源，全面覆盖目标人群。省心理咨询中心专家每月做一次公益咨询。

全民健身运动会

2011年9月23日，“鲁阳杯”沂源县第一届全民健身运动会开幕式在沂源一中主体育场举行。沂源全民健身运动会是由县人民政府主办，县教体局、县总工会、团县委、县老干部局、县妇联、县体育总会办公室承办的全县综合性运动会，以“体育促进和谐，运动改变生活”为主题。比赛设有台球、钓鱼、田径、篮球、排球、足球、乒乓球、毽球等21个大项、142个比赛小项和老年太极拳、太极扇、工间操等4个展演项目，来自全县机关、企业、社区和农村22个代表团、310个代表队、4600多名运动员参加。运动会规模之大、范围之广、参赛人数之多，是建县以来的首次全民健身盛会。沂源县第一届全民健身运动会被评为2011年度沂源县“十大新闻”。自此，沂源县“鲁阳杯”全民健身运动会每年举办一届，比赛项目不断增加。至2023年，共举办13届。

大事记

记忆沂源·教育体育卷

新中国成立前

1910年

大黄庄（时属蒙阴县七区）设立初等小学堂，是域内第一处“洋学堂”。

1917年

9月，大黄庄初等小学堂改为大黄庄高等小学堂。

1928年

12月，中国共产党东里店（时属沂水县）小学支部成立，为域内最早的党支部。

1929年

5月12日，国民党沂水县政府派军警包围东里店小学，逮捕李松舟、刘华亭、孙固斋，通缉黄简斋，东里地下党组织遭受严重破坏。

1938年

中共地下党员齐汇东在鲁村区北官庄首创抗日小学1所，并设农民夜校。

1940年

6月，山东省第四联合中学（简称“四联中”）从蒙阴县坡里迁到大田庄，这是域内第一所中学。

是年，“四联中”迁至临朐县东峪（今寺头镇），校长吕汉熔。

是年，山东省鲁南特区农业中学从莒县石壁口迁到苗家河西。

1941年

冬，国民政府主席牟中珩兼任“四联中”校长，刘汝藩任教导主任。

1942年

7月，沂水县政府在南安乐创办简易师范。

秋，“四联中”随省府迁安徽省阜阳。

1943年

8月，“伪和平救国军”第三方面军在苗山村建立山东省鲁南公立中学。

1944年

5月，县抗日民主政府设立文教科，负责全县文化教育工作。

7月，县文教科在青龙区朱家庄、埠村、苗山、踅庄等村（不固定在一个村里）举办教师训练班，动员新旧知识分子90余人参训，是沂源县解放后培训的第一批教师。

1945年

6月，鲁中行署在苗山村举办“鲁山中学”，招收了两个班，“鲁山中学”实际上是一个培养教师和干部的训练班。

1946年

秋，《大众日报》刊登南桃花坪小学教师张洪业事迹。

是年，曹宅村（当时属沂中县十六区）被鲁中行署誉为文化村。

1947年

2月，58名教师报名参加支援莱芜战役，相继又参加支援孟良崮战役和南麻战役。

4月，县文教科在青龙区小水召开教师会议，县委书记刘延博作政治形势报告，宣布沂源教育暂时停办。

6月中旬，教师崔保恕、王尔夫、刘俊之、齐隆样、齐立鲁、房师太、董兆金、江玉珠、崔云鹤、刘耀汉、霞玉成、张文学等参加武工队，带民工支前、转运粮食。

8月初，文教科科长孙星一智斗还匪，完成县委安排的任务。

1949年

是年，县文教科在教师中开展立功创模运动。

是年春，在南安乐建立沂源县第一所完小，由李文平负责（第二年公布为校长）

新中国成立后

1950年

黄土崖村自筹资金、自找教师、校舍，办起沂源县第一所民办小学。悦庄、南麻、东里店、徐家庄、舍庄建立完全小学。

1951年

6月，沂源县培养学生当小先生，组织校外儿童识字、唱歌，并包教自己的父母及其他家人、邻居识字，开展扫除文盲运动。

7月，文教科成立视导组，指导全县的教学工作。1956年，视导组改为教研室。

是年，沂源县教育工会成立，李文平任工会主席，房师太任副主席。各区相继成立教育工会基层委员会。

是年，全县选出优秀教师13人，出席沂水专署在马黄召开的表彰大会。

是年，安乐官庄出现一村“三模”典型，办学模范苏存礼、教学模范耿成德、学习模范耿守带出席省召开的“三模”会。

1952年

8月，经山东省人民政府批准，在东里店建立新中国成立后第一所中学——山东省立沂源中学。

秋，在埠村举办两批民师训练班，推行祁建华（中国人民解放军西南军区）所创造的速成识字法，培训民师428人。

11月，在全县广大农村开展速成识字运动。

1953年

4月5日，《大众日报》头版头条刊登朱家庄完小教师任明月等师生学习“总路线”的综合消息。

是年，教育界职工实行按工分计工资的办法，教师待遇由每月发粮改为每月发工资。

是年，为发展少数民族教育事业，上级专门拨款为唐山区柳枝峪盖6间教室，办起回民小学。

是年，国家对脱产工作人员实行公费医疗，公办教师普遍享受到公费医疗的福利待遇。

1955年

下半年，全县在机关、学校、事业单位、厂矿开展内部肃反运动。

是年，学习苏联凯洛夫《教育学》，要求每个教师都要掌握运用五项教学原则和五个教学环节，成为当时听课和评定教师业务能力的重要标准。

是年，中小学对学生成绩考核，改用苏联“五级制记分法”。

1956年

是年，县文教科在悦庄举办第一期普通话训练班，全县中小学开始运用普通话教学。

1957年

9月6日，县委成立整风领导小组，全县开展“大鸣、大放、大字报、大辩论”整风运动。

是年，沂源县撤区建乡，区教育领导班子全面调整，改为每乡一个中心校，各设中心校长1人。

1958年

6月下旬，南麻镇率先实行脱离客观实际的“三化”（吃饭食堂化、缝纫集体化、托儿互助化）。至9月10日，全县办起集体食堂2410个，托儿所760个，缝纫组122个。

9月，经上级批准，在韩旺建立沂源师范学校（后迁至北麻），招收4个班，学生161人。

秋，成立人民公社，全县划为13个公社，每个公社设中心校长1人，具体抓业务工作。

1959年

是年，沂源师范附设幼儿师范班1个，招收学员40人，由左贵田负责，1961年撤销。

1960年

5月，各中学、师范开始建立党支部。

是年，南麻完小被评为红旗单位，派教师张宗波为代表，出席在北京召开的全国群英会。

是年，《大众日报》《小学教师》先后刊登南麻完小先进经验，誉南麻完小为“沂蒙山区一枝花”。

1961年

8月，沂源师范一级4个班137名学生毕业，除分派到蒙阴县7人外，其余130人全部分配沂源县任教，初步改变了教师依赖外地支援的状况。

1962年

7月，为适应经济形势的需要，撤销中学4所、小学235个教学班，动员16岁以上的高小在校生363人回家参加农业生产。

7月，撤销沂源师范，该校二级学生暂时回家听候分配，三级、四级学生回家支农。

是年，县文化科与教育局合并，改为文教科。原属文化科管理的电影队、文化馆、评剧团、书店等单位，由文教科统一领导，科长张惠庭。

1964年

10月，全县教师集训，贯彻“两条腿走路”的办学方针，开办多种形式的学校，方便广大贫下中农子女入学，批判了不讲阶级的母爱教育和凯洛夫教育思想。

1965年

7月，在东里公社院峪建立工读师范。

是年，大抓教师思想革命化，掀起学习毛泽东主席著作的高潮，要求师生背诵“老三篇”(《为人民服务》《纪念白求恩》《愚公移山》)，写毛泽东语录。

1966年

12月，全县机关、厂矿、学校、农村的“造反”组织掀起“踢开党委闹革命”的浪潮，致使全县党政机关“瘫痪”，各级领导干部被罢官、批斗、游街。

冬，全县中小学相继组织各种名义的“战斗”队，批斗干部、教师，致使教学工作停顿。

1968年

春，有解放军参加的毛泽东思想宣传队(简称“工宣队”)进驻沂源二中，各公社贫下中农管理学校领导小组进驻各公社联中和小学，接管学校领导工作。

11月，教师全部下放大队“吃工分”，对非沂源籍教师实行“一鞭赶”。被赶回原籍的213人，其中沂水县77人、临朐县32人、其余非沂源籍教师104人，造成教师严重缺乏。

1970年

是年，全县中小学负责人30人，分成两路，由张建中带领一路去荣城一中、四中、六中，璩汉祯带领一路去河南省的梁堤头农中，分别参观学习“开门办学，大办两场”的做法和经验。事后，全县校办工厂和校办农场逐渐开展起来。

1975年

5月，组织部分公社教育组长和学校负责人，由璩汉祯、刘玉成带领，赴山西省万荣县学习扫盲注音识字的经验，回来后，先在燕崖公社搞试点，后在全县推行，促进全县的扫盲工作。《光明日报》刊登沂源县扫盲工作的经验。

秋，为纪念毛主席对高家柳沟青年团记工识字法批示20周年，省教育厅在莒南县召开庆祝会，会上沂源县被评为扫盲先进县。

1976年

是年，在县城西岭、东岭分别建立南麻一中、南麻二中，后称沂源县城关一中、城关二中。

1977年

8月，临沂地区派扫盲验收团到沂源县验收扫盲工作。以鲁村公社为重点，全面验收，其他公社抽部分大队验收，验收结果基本合格，确定沂源县为青少年无盲县。

1978年

3月17日，南麻完小北校被定为省重点小学。

是年，为改进教学，提高教学质量，县教育局派人赴济南学习电化教学。根据教学需要，购置小型电影放映机5部，成立电影放映队。

1980年

是年，根据上级指示精神，对中学进行整顿，高中由14所压缩为5所，初中(包括联中)由200所压缩为85所，使小学教育得到加强，中学教育得到巩固提高。

1982年

3月6日，举行30年工龄教师授章仪式。副县长宋奎元、文委主任李华彬、教育局长刘世谦等出席会议。全县授章者9人，包括王健吾、李文彩、石玉行、冯卓成、郎瑞玉、贾德兰、杜玉章、张俊水、单兆宜。

秋，各公社教育组改为公社中心小学，重新公布中心校校长。

1983年

是年，全县考取大专生123人，高中中专生78人，初中中专生85人。其中沂源中学、城关一中、悦庄中学受到临沂地区表彰奖励。

1984年

12月，临沂地区校改检查团到沂源，对土门镇和黄庄镇中心校的校舍“六配套”工作进行验收。验收结果为：土门镇中心校99.1分，黄庄镇中心校

96.5分，均合格，各获得地区奖金9000元。

是年，沂源县职工学校成立。

1985年

1月17日—2月4日，县教育局对燕崖、黄庄、张庄、梭背岭、中庄5个乡的普及小学教育工作进行检查验收，验收结果是，入学率达95%，巩固率达97%，毕业率达95%，均达到规定标准。

8月，临沂地区教育局检查团到沂源验收校舍改造工作，验收了6个单位。验收结果是：南麻区99.4分，鲁村区98.2分，石桥区98分，悦庄区96.6分，中庄区96.1分，徐家庄乡99.3分。凡验收单位均合格，每个单位发奖金6000元。

9月9日，沂源县委、县政府在县城影剧院隆重召开第一个教师节庆祝大会，向全县优秀教师颁发荣誉证书，向尊师重教先进单位和先进个人颁发锦旗和奖状。

1986年

1月25日，县委下达《中共沂源县委、沂源县人民政府关于贯彻〈中共中央关于教育体制改革的决定〉的意见》，提出有步骤地实施九年义务教育。

5月，省政府农村小学校舍改造验收团到沂源进行校改“六配套”检查验收，重点验收土门、南麻、徐家庄、沟泉等乡镇，其他乡镇进行面上抽查。验收团肯定“沂源县农村校舍‘六配套’搞得扎实，标准、质量较高，全部验收合格”。

8月，沂源县城关二中校长李振华被评为山东省劳动模范。

9月，沂源县职业高级中学成立。

11月，省政府组织普及初等教育验收团到沂源检查验收，所验收项目均达到（在小学“四率”方面超过）省定标准，沂源县成为全省第五批普及初等教育合格县。

11月，省政府授予城关二中“文明单位”称号，这是全县第一所获省文明单位称号的学校。

12月10日，临沂地区召开农村校舍改造表彰大会，沂源县南麻镇、悦庄镇、土门镇3个镇和13名先进个人受到表彰。

12月30日，沂源县召开农村校舍改造表彰大会，县委、县政府对南麻镇等17个先进乡镇、付家庄等19个先进村、68名先进个人和捐钱（物）500元以上的14名社会人士以及8名校改工作队先进队员进行表彰奖励。

12月，沂源县少先队工作委员会成立。

是年始，各乡镇成立教育委员会，全面管理乡镇教育工作。

是年，全县中小学开展“四有小金星”活动，沂源县荣获山东省少先队工作红旗县称号。

1987年

2月，中央人民广播电台报道沂源县农村校改取得的成绩，盛赞革命老区人民尊师重教的新风尚。

2月，临沂地区教育局在沂源县召开中心初中、实验小学座谈会。会议中心议题是理顺中小学办学体制，充分发挥实验中学、中心初中的“三中心”（教学研究中心、管理探讨中心、信息交流中心）作用的问题。沂源县城关二中在会上发言。

6月，沂源县职称改革领导小组成立，并成立教育系统中、小学和中专学校教师技术职务改革领导小组，先在城关一中、城关二中、实验小学和南麻中心小学4校进行试点，然后分3批在全县推行。

9月20日，县政府发文，将沂源中学、城关一中、东里中学、鲁村中学、悦庄中学分别更名为沂源县第一、第二、第三、第四、第五中学。沂源县第一农技中学、沂源县职业高中分别更名为沂源县第一、第二职业高级中学，城关二中更名为沂源县实验中学。

11月，根据临沂地区教育局要求，对全县中小学民办教师进行登记建档，为1985年9月30日以前录用的1860名民办小学教师和350名民办初中教师建立正式档案。

12月，土门镇中心小学少先大队被国家少工委命名为红旗大队。

是年，沂源一中高三毕业生左进波、唐传祥分别升入北京大学、清华大学，这是沂源县学生首次考入两所名校。

1988年

5月，根据省教委意见，高校本科招生指标进行分配到县的试点。沂源为试点县之一。

8月24日，县委组织部印发〔1988〕17号文件，对人事制度改革提出意见，以下放权力、减少层次、方便管理、提高效率为出发点，就教育系统的干部管理、人事调动归口领导等问题进行变革。此后，教育系统股级干部改为由主管单位任免，报县人事局备案。

9月8日，县委、县政府制定《关于乡镇中心初中校舍标准化建设的意见》，提出高标准建设乡镇初中，为教育改革深入发展和“普九”打下坚实基础。

12月16日，县政府下发《关于改善民办教师待遇几个问题的通知》，提出如下要求：民办教师职称评聘后，按职务定工资，按月发放；建立民办教师福利基金，由县、乡财政筹集，每人每月2元，集中管理，统一使用；民办教师享受班主任津贴；实行民办教师退休制度。

12月，沟泉、韩旺、金星3个乡镇（1985年新建制乡镇）各自建成中心中学，正式挂牌启用。

12月，团中央、农业部、国家科协授予沂源县第一职业高中“实践教育活动先进单位”称号。

是年，实验小学被中国残联、全国少工委授予“红领巾助残先进单位”称号。

1989年

4月28日，经省政府批准，沂源县第一职业高中更名为沂源县职业中等专业学校。

5月16日，县委、县政府决定在县直学校和部分乡镇试行教育内部管理“三制”改革。副县长丁德民、组织部部长仇传杰带队，南麻镇、鲁村镇党委负责人及县教育局、沂源一中、实验中学、实验小学校长等人员，赴惠民地区邹平县、淄博市周村区考察学习“三制”改革经验。

10月20日，教育局首次颁行《沂源县乡镇中小学中心教研组工作条例》，成立各乡镇中小学中心教研组，并公布成员名单。

1990年

1月，沂源县划归淄博市，黄庄镇划归莱芜市；5日，县教育局与莱芜市教育局在黄庄镇进行工作交接。

3月29日，县委决定全面开展公办学校校舍改造工作，成立校舍改造领导小组。

5月，召开公办学校校舍改造动员大会，县委书记孙运河作动员报告，与会人员当场捐资15万元。

5月，县教学研究室被评为山东省先进教研室。

5月，山东省教委公布沂源县职业中专为“燎原计划”示范学校，大张庄乡、鲁村镇、金星乡为“燎原计划”示范乡镇。

9月18日，第十一届亚运会火炬从淄博市传到沂源县城南麻。在县委门前举行亚运圣火交接仪式。全县数百名学生代表和工人、解放军战士、民警代表组成体育队，沿主要街道进行长跑游行。

10月，实验小学创作演出的小品《路灯下》，获省校园戏剧大赛二等奖。

是年，实验小学少先大队被国家少工委命名为“红旗大队”。

1991年

1月21日，职业中专、实验中学在“争做山东未来建设者”实践教育活动中取得突出成绩，受到共青团山东省委、省教委、省学联的表彰。

2月，县政府制定《沂源县科教兴县规划》，确定全面实施九年义务教育，1992年前完成公办学校校舍改造。

4月22日，县政府颁布《沂源县人民政府关于实施义务教育的若干规定》，全县16个乡镇宣布实施五年义务教育。

5月，恢复金星乡柳枝峪村回民小学并挂牌，学校名称为“金星乡柳枝峪村回民小学”。

8月1日，县政府发布文件，撤销沂源五中，改为镇属悦庄三中，该校师资并入沂源一中。

8月12日，历山中学建成，为正科级事业单位。

9月10日，县教育局首次在全县中小学进行学校管理评估和评选规范化学校。

9月29日，大张庄乡中心校被评为省级复式教学先进学校，受到省教委表彰。

9月，县实验中学校长李振华被评为全国教育系统劳动模范。

是年，土门中学被团中央评为全国中学生社会实践活动先进单位，县实验中学被评为全省中学生社会实践活动先进单位。

是年，根据淄博市统一要求，全县开始实行高中毕业会考。

1992年

1月，中共沂源县委决定成立县教育局党委，任命王焕明为书记。

4月，沂源县第十二届人大常委会第五次会议审议通过《沂源县人民政府关于实施〈中华人民共和国义务教育法〉的若干规定》，经县政府公布，各乡镇依法实施不同年限的义务教育。

5月，大张庄乡成人教育中心学校被省教委、省农业厅命名为“山东省乡镇成人教育中心学校省级示范学校”。

6月，普通高考取消预选制度，并对考试科目进行改革，文科取消地理，理科取消政治、生物考试。

7月，全市初中升学考试统一加试体育。

8月，完成城镇9所公办学校的校舍改造工作，历时两年，投资2400多万元，扩大学校占地面积4866平方米，新建校舍4.59万平方米，维修校舍4.87万平方米，硬化道路4.36万平方米，绿化校园2.69万平方米，达到“校校优秀，全县优秀”。

9月，反映全国教育系统劳动模范、县实验中学校长李振华事迹的专题片《蒙山牛的故事》，在中央电视二台《祖国各地》栏目播放。

11月，新建沂源县成人中等专业学校，与教师进修学校合署办公。

是年，县业余体校输送到国家少年田径队的夏丰远获全国青少年田运会男子5000米跑第一名。

1993年

3月3日，县教育局下达《关于对乡镇教委办公室普教工作实行目标管理的通知》，决定从“义务教育”“学校管理”“德育和艺体教育”“其他工作”4个方面对乡镇教委进行年度量化考核评估。

3月15日，县教育局下发《关于由“五三”学制向“五四”学制过渡的意见》，决定全县初级中学从1993—1996年，分4批从新招初一开始，改为四年制，统一使用九年制义务教育教材。

3月15—16日，韩旺乡第一个通过市政府九年义务教育验收。

3月20日，县教育局制定《关于全县中小学推行“三制”改革的意见》，在燕崖乡召开全县“三制”改革现场会，以“校长选聘负责制、教师定编聘任制、岗位目标责任制”为内容的改革在全县推开。

3月29日，县政府发布《关于加快实施九年义务教育步伐的意见》，提出全县义务教育实施规划方案。

3月，县实验中学李振义老师“六环节单元教学”在《中国教育报》上发表，并作为全市教学推广项目加以推广。

4月，县教育局、实验小学、南麻镇教委，被评为山东省农村教学先进单位。

5月，沂源县机关幼儿园被省教委命名为省级实验幼儿园。

6月30日，淄博广播电视大学沂源分校成立。

7月18日，中央电视台播放县实验小学的素质教育片《欢乐的校园》、文艺表演节目《山妞》。

12月，县政府决定撤销县教育局、职工教育办公室，设立沂源县教育委员会，作为县政府主管全县教育的综合职能部门。职工教育归教委管理。张景春任主任。

1994年

1月，沂源一中先后通过淄博市和山东省规范化学校验收，成为全县第一所省级规范化学校。

3月23日，沂源县实验小学被省教委公布为山东省首批中小学艺术教育示范学校。

5月24日，中共沂源县委、沂源县人民政府下发《关于基本实现初级中等义务教育的决定》。

10月，历山中学被市教委命名为艺术教育示范学校。

10月，沂源县体育代表团参加淄博市中学生田径运动会，荣获团体总分第一名。

11月23日，山东新华制药厂幼儿园被省教委、省物价局、省财政厅评为省级示范幼儿园。

12月6日，县政府制定下发《沂源县人民政府关于大力发展职业技术教育的决定》。

12月，县实验中学、实验小学、沂源二中、历山中学通过省级规范化学校验收，创成全省第三批省级规范化学校。

12月，全县青壮年扫盲工作通过省政府验收，达到青壮年基本脱盲标准。悦庄、沟泉、三岔、石桥等乡镇成人教育中心学校被省教委公布为山东省规范化乡镇成人教育中心学校。

12月，县实验中学、大张庄中学、中庄中学，被淄博市教委命名为首批初中教学先进校。

12月，悦庄一中、大张庄中学和东里中心小学通过淄博市规范化学校验收，成为沂源县第一批农村市级规范化学校。

1995年

4月，县教委主任张景春在全省规范化学校建设工作会议上做经验介绍。会后，新华社、光明日报社、大众日报社组成记者团采访报道沂源县教育工作开展情况。

5月8日，县教委制定《沂源县小学教学“五四五”达标验收方案》(实验小学五示范、乡镇中心小学四中心、村办小学五好)。

6月，县教委对普通高中招生工作进行改革，在全县范围内实行“统一组织报名、统一组织资格审查、统一组织考试、统一组织阅卷和统一组织录取”。

6—7月，全县各乡镇全部组织回乡初中毕业生短期职业技术培训，有4290名学生经主管部门考核取得“绿色证书”。

7月，县教委出台《关于贯彻〈学校体育工作条例〉和〈学校卫生工作条例〉的意见》，将学校体育、卫生工作纳入依法管理轨道。

9月6日，县首批“十佳教师”评出，县委、县政府给予表彰。

9月21日，淄博市政府以淄政办字〔1995〕91号文件通报，市政府组织的对沂源县大张庄乡等5乡镇义务教育评估验收结果，认定这5个乡镇已实现初级中等义务教育。至此，全县所有乡镇均通过市政府初级中等义务教育评估验收。

11月，经省教委评估验收、国家教委确认，沂源县职业中专、职业高中为省级重点职业学校。

11月，省政府对沂源县“两基”工作进行评估验收，认可沂源县基本实现初级中等义务教育、基本扫除青壮年文盲。至此，沂源县比省规划提前两年实现“两基”。

是年，有82所小学分别达到县级“五示范”“四中心”“五好”学校标准。

是年，沂源县自1992年4月实施“希望工程”以来，先后收到省内外社会捐助折合人民币580万元，其中上海中信公司金道俱乐部、山东省直机关工委、团省委机关各捐赠30万元。全县24所农村小学得以改扩建，4600名贫困少年儿童获得复学、入学机会。

是年，实验小学由市小学语文学科带头人江玉安主持、16位教师参加、从1989年开始的“作文教学过程规范化实验”取得阶段性实验成果，其总结论文获省作文教学研讨会一等奖，实验报告在《山东教育》上登载，实验成果在全市推广。

是年，夏丰远参加在韩国举办的亚洲青年锦标赛，获1万米长跑冠军。

1996年

1月30日，全县教育工作会议召开。县委、县政府发布《关于实施〈中国教育改革和发展纲要〉的意见》。对“九五”期间全县教育发展目标、主要任务、采取的措施作出部署。会后又连续发布关于高标准实施义务教育、成职教育、学前教育、教育经费征收与管理和师资队伍建设等7个文件。

3月11日，《人民日报》刊载沂源县实验中学校长李振华严谨治校、办学育人的先进事迹，并加编者按《校长是关键》。

4月13—14日，国家教委基础教育司司长王文湛到沂源县考察教育工作，考察县历山中学、悦庄一中、淄博市埠村希望小学等8所中小学。为历山中学题词“科教兴国、教书育人”，为实验小学题词“齐鲁小教一枝花”。

4月21—29日，县教委派两批人员赴湖南汨罗参观学习推行素质教育的经验；5月24日召开会议，提出“学习汨罗经验，推行目标管理，实施素质教育，提高教育质量”的教育工作思路。

4月25日，县委源发〔1996〕9号文件公布沂源县教育经费征收管理领导小组组成人员，并设立沂源县教育经费征收管理办公室，人员由县财政局和县教委抽调组成。

4月，沂源县特殊教育学校成立。9月1日，第一期学生入学。

5月12日，中央军委副主席、国务委员、国防部长迟浩田上将为沂源一中40周年校庆题词：“坚持三个面向，培养合格人才。”

5月22日，沂源县成立职业教育、成人教育管理委员会，由县委副书记、县长陈留泉任主任。管理委员会下设办公室，刘忠吉任办公室主任。

5月24日，县委、县政府召开全县高标准实施义务教育暨大力发展职业教育、成人教育、学前教育工作会议，县政府制定下发《关于大力发展职业教育、成人教育的意见》。

7月10日，成立沂源县人民政府教育督导室，与县教委合署办公，行使政府督查教育的职能。

8月4日，沂源县职教中心举行成立大会。县职工中专、教师进修学校、职业高中和电大分校并入该中心。

9月1日，沂源县私立弘文中学，经市教育局审批、县教委批准成立。高中一年级2个班新生入学。

10月17日，南麻中学教学办公实验楼建成，4所联办中学合并，学校举行落成典礼。至此，联办中学在全县初中办学史上“消失”。

10月19日，沂源一中高三五班学生任国利获第13届全国物理奥林匹克竞赛二等奖。

10月27日，山东省沂源县石桥乡农村教育体制改革实验课题鉴定委员会在主任委员山东省教科所刘宗寅教授带领下，对石桥乡实验课题作出鉴定，认为“该实验取得明显效果，为经济欠发达地区教育改革与发展树立了成功的范例”。

11月6日，县政府召开学前教育工作会议，提出《关于加快发展学前教育的意见》，全县学前教育工作由此进入快速发展的新时期。

12月9日，沂源一中汇源教育奖励基金举行首次颁奖大会，该项基金50万元是由汇源公司提供的。

12月30日，县政府决定新建特殊教育学校，中信公司上海金道俱乐部捐赠30万元，“沂源金道特殊教育希望学校”在县城胜利路东首新校址举行奠基仪式。

12月，中庄乡中心小学女教师苗本娥荣获曾宪梓教育基金三等奖。

12月，沂源一中高三五班学生任国利获联合国教科文组织和中国青少年基金会设立的首届“国际青少年消除贫困奖”。

1997年

4月7日，沂源县荣获全国第四届希望工程建设奖。

4月21日，县编委批准，县职业教育中心学校为副县级全额预算事业管理单位，隶属县教委。下设职教处、成教处等8个副科级内设机构。

5月7—8日，淄博市电化教育试点学校经验交流会在沂源召开，沂源一中被授予淄博市优秀电化教育试点学校称号。

5月16日，省委书记吴官正到沂源一中考察教育工作，对学校教学和青少年的教育提出要求。

10月13—24日，在上海举办的全国第八届运动会上，沂源籍运动员夏丰远夺得男子1万米和5000米中长跑两枚金牌，并打破1万米全国纪录。沂源籍运动员张明霞夺得女子赛艇金牌。

11月7—8日，全省实施“燎原计划”科教扶贫现场会在沂源县召开，与会人员参观大张庄、沟泉、燕崖、南麻等乡镇现场和张家坡乡林前村、石桥乡前大泉村、县职业中专、县职教中心等“燎原计划”实施单位。沂源县在会上作题为《实施“燎原”计划，推进科教兴农，加快全县脱贫致富步伐》的经验介绍。

11月20日，石桥乡成人教育中心学校获得国家教委颁发的第二届“中华扫盲奖”。

是年，省政府在德州召开全省“普九”工作会议，沂源县、临朐县作为贫困县代表在会上介绍经验。

1998年

2月，国务院有关部门批准沂源县实验中学李振华享受政府特殊津贴，并颁发证书。

3月26日，沂源一中通过省体育传统项目学校验收。

3月27日，县政府提出《关于中考招生制度改革的意见》，县教委制定《关于中考招生制度改革实施方案》，根据“高中招生指标分配与初中办学水平和毕业生合格人数挂钩”的原则，把1998年沂源一中、沂源二中高中招生计划的75％分配到乡镇和委属初中，另外的25％用于特长生和县内计划平衡。

3月，南麻镇等7所乡镇成人教育学校通过省级农村成人教育规范化学校验收，成为山东省农村成人教育规范化学校。至此，全县省级农村成人教育规范化学校共有12所。

5月31日，南麻镇侯家官庄希望小学建成。该希望小学是由山东教育出版社、市希望工程办公室、市审计局投资，南麻镇各界捐款兴建的。

7月18日，全国农村初中教育改革与发展学术讨论会在沂源召开，石桥乡教育中心被确定为国家“九五”规划、国家教委重点课题《不同经济类型地区农村初中办学模式实验研究》山东实验区实验基地。

7月28日，石桥乡教育中心参加第十三届全国异步教学研讨会，在会上交流异步教学实验报告，该报告获优秀成果一等奖。这是该乡自1997年6月被确定为全国异步教学推广中心以来，取得的异步教学实验初步成果。

8月，沂源三中因生源不足暂停招收高中一年级新生。

9月17日，县委、县政府作出向李振华同志学习的决定，李振华事迹报告文学集《红烛》出版发行。

10月25日，沟泉镇福和希望小学建成，香港陈廷骅基金会资助20万元，沟泉镇雕崖村投资30万元。

10月，沂源县府被教育部、财政部联合表彰为全国扫盲工作先进县。

11月8日，县实验小学被省教科所命名为山东省教育科学研究重点实验基地。

12月26日，市邮电局投资20万元，建成徐家庄乡淄博邮电希望小学。

1999年

3月，县政府教育督导室被省政府教育督导室授予“山东省教育督导先进集体”称号。

4月5日，沂源一中“语文整体教改实验”通过中国教育学会全国中语会课堂教学研究中心验收。

4月，石桥乡被市教委命名为第一批幼儿教育示范乡镇。

5月16日，中国教育学会国际青少年生命树中心现场学习会在沂源县召开。

5月26日，县机构编制委员会同意在沂源一中、沂源二中、职教中心、职业中专、历山中学、实验中学、实验小学设立校办企业管理办公室，与学校勤工俭学办公室合署办公。

5月，县教委与县体委合并，设立沂源县教育体育委员会。

5月，县教体委制定《关于加快城乡幼儿园建设的意见》，规划制订幼儿园建设目标任务和措施。

7月，县特殊教育学校新建教学办公楼竣工，学校搬迁到县城胜利路27号新校。

11月24日，县教体委印发《沂源县中小学班主任工作条例》，作为指导班主任工作的纲领性文件。

12月16日　县政府制定《关于大力发展社会力量办学的意见》，鼓励社会各界人士和公民自筹资金，大力兴办教育事业。

是年，南麻、鲁村两镇率先成为市义务教育示范乡镇。

是年，省政府在烟台召开全省职教工作会议，县政府应邀在会上介绍全县职业教育开展情况。

2000年

1月8日，石桥乡被评为淄博市第二批教育强乡镇。

3月6日，沂源县社会力量办学工作领导小组成立。

3月13日，县政府下发《关于加强教育强乡镇建设的意见》，提出三年内完成教育强乡镇建设工作，力争2002年建成教育强县。

4月10日，县教委在圣佛山成立沂源劳动技术实验小学。

4月20日，市教委发文，同意撤销私立沂源县弘文中学，批准筹建民办沂源英华学校和沂源鲁山学校。

5月23日，县职教中心、历山中学、实验小学被命名为淄博市第一批现代教育技术示范学校。

5月，县职教中心被教育部评为国家级重点职业学校。

7月26日，经县委批准，县教体委印发《关于进一步深化教育人事制度改革的实施方案》，对委属学校的副校长、中层干部、教职工实行聘任制，全面推行专业技术职务评聘分开、竞争上岗制度。

9月4日，实验中学被评为淄博市教育红旗单位，沂源一中、实验小学、实验幼儿园、职教中心、大张庄乡成教中心被评为淄博市教育先进单位。

12月12日，县教体委印发《小学“听说序列训练”实施方案》，全县所有小学开展实验。

是年，参与全国教育科学“九五”规划重点课题“整体构建学校德育体系”的实验研究，有12所学校被中央教科所评为先进实验学校，获奖数量居全国第一。

是年，县职教中心和沂源一中被中央教科所命名为中国远程教育网山东示范学校和示范基地。

是年，为探索职业教育灵活办学路子，县政府决定在职业中专试办综合高中，学校不再招收中等职业教育学生，改为招收普通高中学生。

2001年

3月7日，县教委批准成立沂源县鲁中文武学校，招生规模为小学10个班。

3月，沂源县“校校通”工程顺利通过教育部验收，受到全市通报表彰，沂源县被确定为山东省信息技术教育实验县。

6月，县政府印发《关于调整优化教育资源布局的有关意见》（源政发〔2001〕62号），将县技工学校与县职教中心合署，将县职业中专职能并入县职教中心。

9月13日，沂源县对考取高等院校的贫困残疾学生实行学费补贴制度。对考取大专院校的学生每人每年补贴800元，考取本科院校的学生每人每年补贴1000元。

是年，利用技工学校和实验中学老校区，分别举办国有民办体制的沂源一中分校和实验中学分校，形成了多元化办学体制。

2002年

3月，沂源三中改制，撤销高中部，成为一所由东里镇政府主管的初级中学。

5月30日，县政府下发文件（源政发〔2002〕81号），确定从2002年6月起，全县乡镇教师工资上划到县里管理，实行县级统一发放。

6月23日，县教体委下发《关于开展英特尔未来教育培训工作的实施意见》，计划2002年培训教师2500名，2003年基本完成对全县所有中小学专任教师的培训。

6月24日，市政府发布表彰通报，沂源县成为淄博市教育强区县。

6月30日，县政府批准在圣佛山设立沂源县综合实践活动学校。

7月14日，县委、县政府下发《关于深化教育改革全面推进素质教育的决定》，提出要加快各类教育的改革与发展，深化管理体制改革，大力推进办学体制改革，构建素质教育的运行机制。

7月，县教育体育委员会更名为沂源县教育体育局。

7月，县委、县政府制定《关于进一步加强和改进中小学德育工作的意见》，提出“建立学生参加社会实践活动制度，把社会实践活动作为必修内容，列入教育教学计划，切实予以保障”。

8月，县政府办公室下发《关于印发沂源县教育体育局、沂源县人民政府教育督导室职能配置内设机构和人员编制规定的通知》（源政办发〔2002〕74号），确定县政府教育督导室是负责全县教育督导工作的县政府工作机构，与县教育体育局合署；下设1个职能科室——综合科。

11月8日，县机构编制委员会发文，将县业余体育运动学校更名为沂源县竞技体育学校，同时升格为副局级。

12月7日，投资900余万元，沂源一中艺体馆建成投入使用。

12月24日，县政府发文，为县竞技体育学校记集体三等功1次，并为周士兵记个人三等功1次。

2003年

6月，沂源一中与马来西亚思特雅国际大学合作创立淄博中马英伦学校，马来西亚驻华大使拿督马吉德先生担任名誉校长，同年开始招生。

7月，全县高考本科进线人数突破千人大关，为沂源历史上本科进线人数最多的一年。

9月8日，全国人大常务委员、民盟中央副主席张毓茂带领调研组到沂源县进行国民教育体系调研，考察悦庄一中等学校的办学情况，并为悦庄一中题词“欲栽大木柱长天”。

10月，沂源县被中央教科所授予中国偏远地区远程教育示范县荣誉称号。

11月，县教体局被省教育厅、省民族事务委员会授予山东省民族教育团结教育先进集体荣誉称号。

11月，县教体局被省发展计划委员会、省财政厅、省教育厅表彰为山东省危房改造工作先进集体。

12月1日，县委、县政府制定《关于深化教育内部管理体制改革的意见》，全县撤销乡镇教育中心（副科级），设立乡镇教体办（股级）。

12月，反映全国教育系统劳动模范李振华先进事迹的新闻专题片《半个世纪的沂源情》，获全国教育电视协会节目评比专题类三等奖，并获“淄博新闻奖”一等奖、“淄博教育好新闻”一等奖。

是年，全县小学、初中全面推开基础教育课程改革。

2004年

3月5日，沂源县农村教育暨社会事业发展工作会议召开。会上，县委、县政府出台《关于加快农村教育改革与发展的决定》《关于实施农村中小学布局战略性调整的意见》《关于大力推进职业教育和成人教育改革与发展的意见》《关于学前教育改革与发展的意见》《关于严格禁止中小学生辍学的通知》等5个文件。

3月9日，在全省民办教育工作会上，县教体局副局长马光照代表沂源县在会上作题为《积极鼓励支持社会力量办学，促进基础教育持续快速发展》的发言，沂源县是全省4个发言区县之一，也是淄博市唯一区县发言代表。

4月10日，东里镇韩旺中学学生公寓楼正式动工，标志着全县农村中小学布局调整工作正式开始。

8月14日，在雅典举行的第28届奥运会上，沂源县培养输送的国家射击队队员杜丽，以502环的优异成绩夺得本次奥运会第一枚金牌，并打破奥运会纪录。

9月1日，新学年开始，全县普通高中起始年级全部使用新教材，进入新课改实验。至此，全县包括所有小学、初中、普通高中在内的基础教育学校全部开始新课改实验。

9月1日，县瑞阳制药厂子弟学校与南麻镇中心小学顺利合并。

9月30日，沂源一中新校奠基仪式举行，这标志着2004年度县政府九件大事之一——沂源一中新校建设全面铺开。

2005年

5月27日，山东省精神文明建设委员会印发鲁文明委〔2005〕7号文件，对2004年度省级文明单位、文明村镇和文明机关进行命名表彰，其中，县教体局、沂源一中榜上有名，被授予“省级文明单位”荣誉称号。

9月，鲁山学校被教育部陈香梅教科文奖办公室、全国成人教育协会联合授予首届中国民办教育创新与发展贡献奖。

2006年

1月5—6日，沂源县中小学危房改造项目全部通过市危房改造办公室验收，其中有6处达到优良工程标准。

1月13日，沂源县荣获全市教育初步现代化县称号；南麻镇、土门镇、鲁村镇、徐家乡、大张庄镇、燕崖乡、西里镇、东里镇、张家坡镇、石桥乡、悦庄镇、三岔乡12个乡镇荣获全市教育初步现代化乡镇称号。

1月20日，鲁山学校荣获民政部全国民办非企业单位自律与诚信建设先进单位称号。

3月1日，沂源县被省教育厅、省政府纠风办、省监察厅、省物价局、省财政局、省审计厅、省新闻出版局7部门联合授予山东省规范教育收费示范县荣誉称号。

6月20日，鲁山学校、英华学校被评为淄博市民办教育名牌学校，鲁中文武学校被评为淄博市武术影视名牌专业。

7月22日，县残疾人康复中心综合楼奠基仪式在县特殊教育学校举行。

9月9日，退休教师李振华被省政府授予“山东省人民教师”光荣称号。

10月10日，县教体局被表彰为全省体育系统群众体育先进集体，同时，县历山居委会活动站点被表彰为全省优秀健身活动站点。

10月13日，沂源县荣获淄博体育贡献奖。

12月19日，县历山中学被省教育厅基教处和省心理健康教育研究会授予省心理健康教育先进学校荣誉称号。

是年，全县农村中小学累计开工校舍8.51万平方米，竣工校舍7.28万平方米，投资5458.4万元，完成建设项目36个，新建学校2所，改扩建学校28所，完全撤并农村中小学78所，部分年级撤并农村中小学55所，农村中小学布局调整任务基本完成，全县农村中小学布局调整工作顺利通过市政府验收。

2007年

3月5日，退休教师李振华荣获首届“感动山东”十佳人物称号。

3月18日，县政府出台《关于实施农村义务教育经费保障机制改革的通知》（源政发〔2007〕43号），决定从2007年春季开始，在全县义务教育段学校免除学生杂费。

3月29日，县综合实践活动学校被评为山东省青少年校外活动示范基地，这是淄博市唯一获此殊荣的单位。

7月15—16日，全国教育技术研究“十一五”规划重点课题“信息技术支持下的小学语文提前读写教学研究”研讨会在沂源县举行。中央电教馆王晓芜副馆长出席会议。来自全国7个省市区的20余所学校的校长、教师及沂源县语文教师等400余人参加了会议。

9月27日，淄博振华学校揭牌仪式在东里镇韩旺中学举行。在揭牌仪式上，市教育局向淄博振华学校赠款15万元并赠送图书。

12月，建成沂源杜丽射击馆。

是年，城区教育资源优化调整顺利完成，沂源一中新校建设基本竣工，实现整体搬迁；历山中学搬迁至原沂源一中和原实验小学；实验小学搬迁至原历山中学；沂源四中、综合高中并入沂源一中；县竞技体校搬迁至原沂源一中体育馆。

2008年

3月18日，沂源县农村远程教育工程顺利通过市级验收，农村中小学现代远程教育覆盖率达100%。

4月29日，县教体局荣获振兴淄博劳动奖状。

5月4日，县教体局印发《沂源县2008年中考推荐录取实施方案》《沂源县2008年中考指标分配录取方案》《沂源县2008年中考体育考试工作实施方案》和《沂源县2008年中考艺体特长生专业测试工作实施方案》，实施中考录取办法改革。

5月13日，县政府出台《关于设立青少年校外德育活动基地的意见》，确定设立县烈士陵园等10处青少年校外德育活动基地。

8月14日，淄博市教育局批准英华学校终止办学的申请。

8月14日，北京奥运会女子50米三姿气步枪比赛上，沂源籍选手杜丽凭借690.3环的总成绩打破该项目的奥运会决赛记录，获得金牌。

2009年

1月9日，沂源县籍运动员杜丽获得2008年"感动淄博十大人物"荣誉称号。

1月10日，县教体局被表彰为全市业余训练工作先进单位，县实验中学被表彰为全市体育传统项目学校建设工作先进单位。

1月15日，县竞技体育学校被国家体育总局命名为2005—2008周期内作出贡献的国家高水平体育后备人才基地。

2月16日，南麻镇、鲁村镇、土门镇、悦庄镇、东里镇5个乡镇乡村少年宫建设试点工作启动。

9月，实验中学退休教师李振华获中国社会工作协会、中国红十字会总会、中华慈善总会等单位评选的第四届"全国十大社会公益之星"荣誉称号。

9月，竞技体育学校校长周士兵入选首都国庆60周年庆祝活动群众游行代表性人物。

2010年

3月10日，历山中学被市教育局表彰为第二批淄博文化名校，悦庄一中、西里镇中心小学、南麻镇沟泉小学等3所学校被表彰为淄博市学校文化建设先进单位。

7月12日，县教体局被省教育厅表彰为省学前教育先进单位。

7月13日，实验中学、实验小学被省教育厅命名为第四批山东省依法治校示范学校。

7月，第22届省运会公路、山地自行车比赛在沂源县举行。全县30多个部门单位的1000余名工作人员、志愿者参与承办工作。

10月29日，由共青团山东省委、山东省希望工程办公室等省六家单位主办的"山青流动少年宫·走进沂源"启动仪式在悦庄镇埠村希望小学举行。

11月15日，沂源县被市教育局表彰为高中教学先进县。

是年，印发《关于开展学校体育卫生工作落实年活动的实施意见》，扎实开展学校体育卫生工作落实年活动。

是年，建成沂源二中高标准塑胶跑道和人工草坪足球场，实施历山中学操场塑胶化改造，17所中小学完成体育场地、设施改扩建工程。

2011年

1月6日，沂源二中、实验中学、南麻镇中心小学、鲁村镇中心小学等4所学校通过市级平安和谐校园验收。

1月14日，沂源县教体局被省教育厅评为全省"五五"教育普法工作先进集体。

2月22日，沂源县教体局被市体育局评为2010年度全市群众体育工作先进单位。

3月4日，沂源县教体局被市体育总会表彰为2010年度淄博市体育社团工作先进集体。

3月17日，在湖南邵阳举行的全国女子柔道锦标赛上，沂源籍运动员李凤娇夺得48公斤级比赛亚军。

7月1—5日，在山东省射击锦标赛上，沂源县竞技体校运动员孟慧芳勇夺女子乙组气步枪40发和小口径标准步枪3姿两项桂冠。

7月，沂源县教体局组织参加第九届NOC活动虚拟机器人灭火竞赛全国决赛，沂源一中、沂源二中分别有2名学生获得全国一、二等奖，大张庄中学、大张庄中心小学分别有1人获得全国二等奖。

7月，沂源县教体局对农村中小学平房校舍实施安全改造工程，拆除重建校舍33间，维修改造校舍2024间，总投资达投资743.8万元。

9月，沂河源学校建成，开始招生。

11月18日，全市幼儿园"自然资源整合与开发"研讨会在沂源县召开，与会人员参观考察了沂源县实验幼儿园、悦庄镇中心幼儿园、悦庄镇龙山幼儿园的自然资源整合与开发现场。

12月23日，沂源县教体局被山东省体育局授予山东省全民健身活动先进单位称号。

是年，沂源县委、县政府投资500余万元购置23辆符合国家安全技术性能标准的新校车并全部投入使用。

2012年

1月18日，射击亚锦赛女子50米步枪3×20比赛中，沂源籍运动员杜丽继北京奥运夺冠后首次夺金，资格赛成绩平世界纪录，并帮助中国队获得该项目团体冠军。

2月2日，沂源县编办批准设立沂源县学前教育管理中心、沂源县国民体质监测中心，批准在各镇（历山街道）设立中心幼儿园。

3月22—24日，在全国女子柔道锦标赛中，沂源县籍运动员李凤娇获得48公斤级第三名。

4月5日，在全国女子举重锦标赛上，沂源县籍运动员李霞夺得75公斤级抓举冠军。

4月25日，沂源县教体局荣获创建全国文明城市工作先进单位称号，1人获市劳动模范，5人获创建全国文明城市工作先进个人称号。

4月，沂源县历山街道办事处教育体育管理办公室成立。

10月24日，沂源县悦庄中心幼儿园的特色活动《农村乡土特色课程的实践与探索》在全省园长论坛做经验交流。

11月7日，李振华事迹展厅揭牌仪式在县青少年活动中心举行。

是年，建成沂源县第二实验幼儿园。

2013年

1月21日，沂源县教体局、实验中学和韩旺中心学校被表彰为淄博市教育系统行风建设先进集体，另有4人被表彰为淄博市教育系统行风建设先进个人。

3月1日，沂源县被表彰为淄博市第二届全民健身运动会优秀组织奖、全市体育系统年度综合考评贡献奖。

3月6日，沂源县被表彰为山东省老年体育工作先进单位、淄博市老年体育工作先进单位，1人被表彰为山东省老年体育工作先进个人，1人被评为山东省健康老人。

3月17日，在山东省古典式摔跤锦标赛中，沂源县输送的运动员李京森获乙组54公斤级金牌，张文超获甲组60公斤级金牌，陈同玉获乙组76公斤级金牌。

4月11日，沂源县竞技体育学校被国家命名为国家高水平体育后备人才基地（2013—2016）。

5月7日，沂源县编办批准县汇源幼儿园更名为沂源第二实验幼儿园；批准设立沂源第二实验小学，为副科级财政拨款事业单位。

6月24日，高考成绩公布，沂源县高考成绩再创新高，文、理本科一批进线654人，比2012年增加206人，军检线进线955人。2名同学分别摘取全市文、理科状元，被清华大学、北京大学录取。

7月，沂源县职教中心被省教育厅、省财政厅列为全省规范化中职学校建设工程项目首批立项学校。

8月10日，沂源县教体局、县竞技体校被表彰为全国群众体育先进单位。

9月13日，淄博市第五届老年人运动会健身球操比赛举行，沂源县代表队获得金奖，并获得体育道德风尚奖。

9月27日，全市课程与教学工作会在沂源一中召开，沂源一中、二中均获先进学校称号，沂源一中在教学管理创新等方面作典型发言。

10月12日，沂源一中、沂源县历山中学、实验小学被全国亿万学生阳光体育运动领导小组办公室表彰为“2009—2012国家亿万学生阳光体育冬季长跑活动先进学校”。

是年，悦庄一中与悦庄第二中学合并，在悦庄二中原址建设沂源第四中学。

2014年

9月24日，沂源县被表彰为山东省群众体育先进县。

10月31日，沂源县人民政府办公室印发《沂源县第二期学前教育三年行动计划（2014—2016年）》，计划到2016年全面建立起覆盖城乡、布局合理、资源充足、公益普惠、优质高效的学前教育公共服务体系。

11月10日，参加省第二十三届运动会，沂源县教体局被市体育局、市人社局记集体三等功。

12月1日，沂源县人民政府办公室印发《沂源县特殊教育提升计划（2014—2016年）》，进一步加快推进特殊教育健康发展，切实保障残疾人受教育权利。

2015年

1月，南麻中学更名为河湖中学。

9月，沂源县实验中学红枫国学艺术团被团中央学校部、全国学联秘书处、全国少工委办公室联合授予全国优秀中学生国学社团荣誉称号。

10月，沂源县人民政府办公室印发《沂源县解决城镇普通中小学大班额问题实施方案》，按照“统筹规划、分步实施”原则，坚持起始年级从严控制、其他年级逐年化解的办法，用2年左右时间，基本解决全县城镇普通中小学大班额问题。

11月，沂源县委办公室、县政府办公室联合印发《沂源县推进基础教育综合改革方案》，提出32项改革举措，推进基础教育综合改革，明确工作目标任务。

2016年

2月25日，沂源县“雷锋中学”揭牌仪式在中庄中学举行。

6月24日，高考成绩公布。全县普通高考一批进线782人，二批进线2256人，军检上线1431人，春季高考本科上线157人，艺体上线396人，3人被北京大学录取。

8月5日，沂源县教育工会第一次会员代表大会召开，大会选出由27名委员组成的县教育工会第一届委员会、第一届经费审查委员会，选举产生工会主席、副主席和经费审查委员会主任。

11月17日，国务院教育督导委员会办公室组织督导检查组对沂源县义务教育发展基本均衡县创建工作进行督导检查。

2017年

2月19日，国务院教育督导委员会下文公布2016年全国义务教育发展基本均衡县（市、区）名单。在本批认定中，山东省有21个县（区）通过了国家认定，沂源县以98.5分的成绩位列全省第一。

9月，全县公办中小学全面推行校长职级制改革。

10月6日，山东省第十二届国际象棋棋王棋后赛暨棋士赛在沂源开赛。沂源县开誉国际象棋俱乐部代表沂源县参赛，获得4个小组第一名、3个小组第二名、6个小组第三名，有30名小棋手进入各组别的小组前8名，并获得优秀组织奖和最佳教练员奖。

2018年

2月5日，教育部全国教育普法领导小组办公室下发《关于公布第二届全国青少年学生法治知识网络大赛组织奖获奖情况的通知》（教普法办函〔2018〕2号），沂源县有58所学校、2.6万名学生参加竞赛。其中，获杰出组织奖学校3所，获优秀组织奖学校13所，获组织奖学校14所；全县有79名教师获优秀指导教师奖，沂源县教体局获全国优秀组织奖。

4月11日，沂源县人民政府办公室印发《沂源县人民政府办公室关于成立沂源县人民政府教育督导委员会的通知》（源政办字〔2018〕32号），县政府下发《沂源县人民政府关于聘任县政府督学的通知》（源政字〔2018〕57号），聘任新一届县政府督学。

4月21日，“中国体育彩票杯”山东省第八届全民健身运动会万人骑行开幕式（沂源站）暨首届沂源自行车山地公路大奖赛在张家坡镇洋三峪旅游度假区举行。

6月27日，举行淄博电子工程学校挂牌暨职业教育集团成立大会。

7月2日，成立县委教育工委，在各乡镇教体办共建立12个党总支，103个党支部。

8月5日，“鲁阳杯”2018全国国际象棋新秀赛开赛。来自11个省份49支代表队的320名运动员参加开赛仪式。

8月30日，在亚运会皮划艇静水比赛男子双人划艇1000米决赛中，沂源籍运动员王浩与队友以3分39秒获得金牌，这是中国队时隔12年再夺该项目冠军。

9月，沂源县振华实验学校建成投入使用。

10月21日，沂源县人民政府正式印发《沂源县第三期学前教育行动计划（2018—2020年）》。

2019年

1月14日，沂源县教育体育局更名为沂源县教育和体育局。

10月23日，民盟淄博市委筹建的“民盟书屋”揭牌仪式和淄博银座图书捐赠仪式在沂源县鲁村镇徐家庄中心学校举行。

2020年

1月22日，县教育和体育局印发《关于切实做好全县教体系统新型冠状病毒感染的肺炎疫情防控工作的紧急通知》，成立领导小组和工作专班，全面指挥、指导各级各类学校做好疫情防控工作。

8月26—27日，民进山东省委组织到沂源县开展助力乡村振兴校长和教师培训活动。

12月6日，山东财经大学乡村振兴学院在沂源县汇泉桃花岛成立。

2021年

2月2日，沂源县教育和体育局与山东省心理咨询中心举行建立医教共同体签约仪式。

6—10月，实施中、小学幼儿园厕所改造提升工程，项目共涉及64所学校（幼儿园）152处厕所。

7—9月，对南麻街道北刘庄小学、南鲁山镇芝芳小学进行改造提升，建成第三、第四实验小学。

9月10日，成立沂源县“双减”工作协调机制，扎实开展部门联合治理。

9月，开始实施2021—2025年义务教育薄弱环节改善与能力提升规划，涉及45所义务教育段学校。

2022年

6月16日，出台《沂源县人民政府教育督导委员会关于印发〈沂源县深化新时代教育督导体制机制改革的实施方案〉的通知》（源政教督委〔2022〕1号）、《沂源县人民政府教育督导委员会关于印发〈沂源县人民政府教育督导委员会工作规则〉〈沂源县人民政府教育督导委员会办公室工作细则〉的通知》（源政教督委〔2022〕2号），沂源县教育督导体制机制改革得到进一步深化。

12月19日，沂源县第五实验幼儿园开始招生。

是年，沂源县荆山学校建成，投入使用。

2023年

7月，全县高考再创佳绩，有4人被北京大学、清华大学录取。

8月，沂源县人民路小学建成，投入使用。

10月，沂源县河湖中学更名为沂源县第二实验中学，东高庄小学更名为沂源县第五实验小学，东高庄幼儿园更名为第六实验幼儿园。

10月，2023年全国和美乡村篮球大赛（村BA）总决赛结束，悦庄镇代表队取得第六名的好成绩，县政府获得全国村BA总决赛优秀组织奖。

线描 《20世纪70年代村校篮球场》 齐涛（沂源县振华实验学校教师）

附录

记忆沂源·教育体育卷

原沂源县黄庄镇教育

概 况

民国以前，域内教育形式主要是私塾，有小上峪村的刘兴让（刘子升）私塾等。宣统二年（1910），由蒙阴县知县沈翀出面在黄庄二村设立官办黄庄学堂。此后，公立或私立学堂在较大村庄相继发展并取代私塾。民国六年（1917），黄庄学堂扩招1个高等班，更名为大黄庄高等小学堂，因学习方法和课程与私塾不同，被群众称之为“洋学堂”。民国八年（1919），大黄庄高等小学迁入清源观。1938年3月12日，黄庄学堂举行“黄庄起义誓师大会”，沂蒙地区第一支抗日武装诞生，是日成为黄庄中学学校纪念日。

20世纪80年代，沂源县黄庄中学教室

1945年10月，新蒙县张黄区划归沂源县。黄庄区设文教助理员管理全区教育工作。1958年，沂源县第五中学在黄庄镇洼子峪村设立。有1个初中班，俗称“完小戴帽”。1960年，中学与小学分离，迁往黄庄柿子峪村，招收3个初中班，156人。1962年，沂源五中并入沂源三中。

1966年，沂源县在黄庄公社驻地建沂源六中。1968年，沂源六中开始招生。占地24亩，当年招收1个初中班，学生54人，高中班1个，学生33人，学制均为2年。1970年，停招初中班。农村中小学实行“贫下中农管理学校”，每校有1—3名贫下中农代表组成管理小组。

1971年，成立由4人组成的教育组，设文教助理1人、组长1人、成员2人。公社区域内管区设学点，黄庄公社设黄庄中心中学、中心小学各1处，每个中心学校设正副校长各1人，事务教师1人，同时设丈八丘、东王庄、历山后、大上峪、西冶5个学点，每学点设组长1人。1976年，沂源六中改称山东省沂源县黄庄中学，扩至8个教学班。

1980年，黄庄中学不再设高中部，改为初中，学制三年；该校共培养高中毕业生11级，1370多人；升入大专院校2人。1983年，黄庄公社教育组撤销，改由公社中心小学、中心中学校长管理中小学教育。1984年，黄庄公社改设区，设教育委员会办公室，设主任、副主任。1985年11月，黄庄镇设教育办公室，设正副主任和中、小学教研员。学点改称学区，设学区校长。同年，乡镇教育办公室改称乡镇教育委员会（简称教委）。1986年8月，国家改革教育管理体制，中小学均交给乡镇管理。1991年1月，黄庄镇整建制划归莱芜市，沂源县黄庄镇中心中学命名为莱芜市黄庄镇中心中学。

学前教育

1958年，域内有条件大队开始兴办幼儿园，部分在小学校园，园舍多是借用闲宅，设施简陋。1960—1962年属经济困难时期，幼儿园全部停办。1963年，幼儿园恢复办学。1970年，幼儿园改称“育红班”。1978年，公社成立托幼领导机构，并配有专职干部，各管理区和生产大队都有1名干部分管，“育红班”复称幼儿园。1984年，黄庄区配备1名幼教辅导员。1985年，撤区并乡后乡镇均配备幼教辅导员。

小学教育

1912年，域内学堂改称“学校”，有初等、高等之分。1917年，大黄庄初等小学改为高等小学。1942—1943年秋，在抗日战争最艰难时期，绝大多数学校停办，抗日根据地的民主政府仍然坚持在官庄村、小上峪村、北通香峪村、青冶行村等兴办抗日小学。之后，形势好转，部分学校恢复办学。抗日战争胜利后，学校逐渐恢复和发展。1947年，多数学校停办。1948年，黄庄全境解放，各学校陆续恢复。1961年，国民经济困难时期，精减教师，压缩学校，域内学校有所减少。1965年，贯彻全国农村半工半读教育会议精神，实行全日制和半工半读“两条腿走路”的方针，普及小学教育，小学入学率达到70%。

中学教育

1960年，沂源五中在柿子峪村建立，年内招收3个初中班，156人。1962年，学校停办。1966年，沂源六中在黄庄筹建，1967年建成，1968年招生。1968年沂源六中改设为高中，年内招收1个班，50名学生。1969年，小学全部实行五年一贯制，以完小为基础成立联办中学，有少数村办小学设初中班。1976年，域内有公办高中1所，村办高中（初级中学设的高中班）丈八丘中学1所，联办初中1所。中学（尤其是初中）的大量发展，导致经费、校舍不足和师资、设备短缺。1979年，对中学数量、布局、规模进行压缩和调整。1980年，沂源第六中学改为初中。1986年，全镇联办中学调整为5所。

20世纪80年代，沂源县黄庄中学学生宿舍

职业教育

1965年，贯彻国家关于“两种教育制度、两种劳动制度”的指示，黄庄公社在黄庄建农业中学1所，招收1个班30—40名学生，1968年停办。农业中学学制3年，招生对象是高小毕业生，招生时间安排在县办初中招生之后，从落榜生中考试选拔。选聘具有高中学历的民办老师，经费由公社和管区自筹，由公社教育办公室统一管理，业务由县教育局管理。教学内容是全日制初中的主要文化课。重点开设林果班，以苹果等果树栽培技术和病虫害防治作为重点教学内容；开设畜牧兽医课，让学生掌握一些基本的畜牧兽医知识，还注重安排教学实习和生产劳动，使教学与实践紧密结合。农业中学毕业生大多数分配到生产第一线，少数升入大、中专学校。

成人教育

民校扫盲 20世纪30年代，域内开始兴办民众学校，开展识字宣传，不久停办。抗日战争时期，响应县抗日民主政府号召，域内区、乡、村利用冬闲季节组织村干部和积极分子等学习文化知识，称“冬学”。1940年10月，《大众日报》发表题为“普遍开展冬学运动”的社论，“冬学”很快遍及各村。抗日战争胜利后，区、乡、村利用“冬学”和识字班向群众进行“翻身求解放”等方面的宣传教育。1945—1946年，学员除学习文化外，还学习秧歌、戏剧等文艺表演，在拥军优属、动员参军支前时经常表演。《鲁中大众》报曾多次报道黄庄区的“冬学”消息。新中国成立初期，域内区、乡、村组织开展扫盲运动，利用民校、夜校、妇女识字班等形式组织农民学文化。1952年，推行“速成识字法”，编写专用课本，除学习文化外，还学习时事政治，村村都办夜校和扫盲班。1954年的农业合作化运动中，采取互助组、合作社办学等形式，域内参加夜校、民校、识字班的人数占文盲、半文盲总数40%。1958年，扫盲运动再掀高潮，域内推行“民教民，能者为师”，并实行公办教师包村、学生包人、划片包干的文化教学活动。1965年，大队建立文教委员会，村村办民校，有些村办起半农半读学校（半日干农活半日读书）。1978年3月，国务院发出扫盲通知，再次开展扫盲活动。1981年，县政府成立农民教育委员会，县教育局设立业余教育办公室，各公社教育组设1名业余教育辅导员，域内各村有1名村干部负责扫盲工作。

科技培训 人民公社时期，各生产大队成立科技队，组织农民学习农业科学技术，进行农业科学实验，如繁育良种、推广先进种植技术等。20世纪80年代，人民公社成立科协机构，科技培训范围扩大到生产大队、生产队干部和科技骨干。20世纪80—90年代初，种植业、林果业、养殖业等各种专业户、重点户大量涌现，参加科技培训人员更广泛，科普宣传入户到人。

干部职工教育 1981年，黄庄公社有1名管委副主任分管职工教育，有文教助理员具体负责职工教育的管理落实。1985年，500人以上厂矿企业均建立职工教育科，500人以下企业设立配备职工教育专职干部。职工教育主要是进行形势任务和思想道德教育，组织专业技术学习和业务进修。

学校简介

黄庄镇中心小学 《蒙阴县志》载：宣统元年（1909），知县沈黼成设简易识字学堂，附于官立初等小学堂，宣统二年（1910），北乡大黄庄北庙设立初等小学堂。是黄庄境内最早的学校。当时学校有2个教学班，3名教员。学校设修身、国文、算术、手工、图画、唱歌、体操课，女生加缝纫课。1917年9月，更名为大黄庄高等小学堂，因课程设置和教学方法与私塾不同，群众称之为“洋学堂”，学制为7年。1919年，学校迁入清源观（俗称大庙学校）。

1958年，黄庄区在二村成立黄庄完小，2个教学班、50余名学生。1965年，黄庄完小被定为沂源县定点小学。1978年，确定为黄庄公社重点小学。1982年，改名黄庄中心小学，由县教育局和乡镇政府双重领导。

1984年12月，临沂地区校改检查团到沂源，对黄庄中心校的校舍“六配套”工作进行验收，黄庄镇中心校得96.5分，合格，得到地区奖金9000元。

1986年，黄庄4个村和刘家庄村、马家庄村6村共同筹资，在省道西侧新建黄庄镇中心小学，共10个教学班。

沂源县黄庄中学 1958年，在黄庄镇洼子峪村设立。有一个初中班，俗称“完小戴帽”，1960年，初中班与小学分离，迁至黄庄柿子峪村，校长杨本才，招收3个初中班，156人。1962年6月，落实山东教育工作会议精神，该校并入沂源三中（鲁村草埠）。1965年，沂源县决定恢复中学。1966年，沂源县在黄庄公社驻地建沂源六中，1967年建成，占地1.6公顷。1968年，顺利招生，当年招收1个初中班，学生54人，高中班1个，学生33人，学制均为2年。1970年，停招初中班。

1970年，从沂源三中迁回1个高中班，当地招收1个高中班，4个初中班，成为高中、初中各为两年制完全中学。1973年，黄庄柿子峪村初中2个班迁至沂源六中，招生片包括全镇41所小学和部分莱钢子弟。

1976年，沂源六中改称黄庄中学，扩至8个教学班。1980年，停招高中班，改为初中，学制三年。截至1983年，该校共培养高中毕业生11级，1370人；初中毕业生4级，255人。1977—1983年，升入大专院校2人、中专学校35人。

1983年，学校有房舍87间，其中教室27间，师生宿舍30间，办公室15间，一处校办工厂，该校办工厂是沂源县最著名的校办工厂，曾荣获“临沂地区勤工俭学先进单位”称号。

1986年，学校增建2排平房，18间。1989年，学校进行改扩建，建成黄庄教育史上第一座3层教学楼，容纳18个教学班。

民国二十六年前安乐庄沂蓝小学学田碑记

碑在燕崖镇南安乐村（观其碑文得知，民国二十六年（1937）前村名前安乐庄）。该碑青石材质，高1.26米、残宽0.35米、厚0.25米。其中，左侧已残缺约0.05米，导致碑文不全。碑文阴刻、竖排、无额题，碑阴无字文。碑阳文字记载沂水县南安乐庄沂蓝小学学田自清光绪二十六年（1900）由村民耿俊达倡办始，至民国二十六年（1937）间学校之诸多变故。经官方详查重申，学田备案批准继续使用。民国二十六年（1937）五月立石公布于众，不得相悖。

该碑现由南安乐村村民耿氏收藏保管，这是目前沂源县境内首次发现的唯一一通学田碑。

碑文：

前安乐庄学田碑记

沂蓝学田创始于清光绪季二十六年，概由耿俊达负责，历三年之久始建成。于宣统二年作为沂蓝蒙乡学堂经费，经过情形均有案可稽。自民国以来校制变更，公众委校长倡办学校，成绩优良。至民国十年秋，呈准县府创修校舍，又蒙彭县长亲来与该校度地划基，并捐助钱文。谕令，此田为该校之建筑设备苫修等费，立有碑铭可考。至十四年秋，因土匪扰乱，以至停课数年。旋于二十年秋，地面平靖，人民得其安居，迭蒙教育局长郑公耀廷谕催开学，经学董耿君笃忱等筹备经费，恢复原状，一切均依原案进行。迨至本年二月，奉到县政府谕示，学校经费由粮银代征，为此据寔呈报。该校学田经过已蒙孙县长准予备案，谕示、指令附刊于后。该学田仍为前安乐庄小学建筑设备苫修费。等因奉此，刊石立碑以为永远凭证，并将此田地址详载于碑，俾后世有所遵守。时在民国二十六年国历五月立。

沂水县政府指令，教字第203号。金星乡长田丹铭，撰并书。

令中庄乡前安乐庄小学呈一件为呈请耿氏沂蓝学田，准予备案。由东里乡区校长□承恩呈悉，教育主任傅鸿冉、中庄乡长顾相文准予备案。

此令

县长孙桐峰

中华民国二十六年三月十三日

学田至向：坐落王家林南东西地九亩，东至土岩半坡、西至沟、南至石吧砬下根、北至岩、西南至岩下根牛郎庙东西地二亩，东至界石、西至庙、南至路、北至岩根牛郎庙东西地八亩，东至土岩下根、西至岩下根、南至岩下根、北至岩根，其地北……

管理员：耿昭文　耿成瑜　耿守真……

（谭立忠提供资料）

1949年以来沂源县学校基本情况统计表

年度	小学			初中			高中		
	学校数（所）	班级数（个）	学生数（人）	学校数（所）	班级数（个）	学生数（人）	学校数（所）	班级数（个）	学生数（人）
1949	132	150	4228						
1950	137	158	5376						
1951	262	333	7895						
1952	337	476	15527	1	2	104			
1953	340	478	15271	1	4	208			
1954	339	491	15578	1	6	311			
1955	344	496	15452	1	8	412			
1956	369	563	20247	2	12	634			
1957	382	587	18955	2	18	936			
1958	643	939	40155	2	30	1523			
1959	476	1162	36931	5	35	1763	1	1	46
1960	510	1389	43818	7	37	2072	1	3	248
1961	513	914	26245	7	37	1740	1	6	263

续表

年度	小学			初中			高中		
	学校数（所）	班级数（个）	学生数（人）	学校数（所）	班级数（个）	学生数（人）	学校数（所）	班级数（个）	学生数（人）
1962	465	774	21580	3	24	1032	1	7	317
1963	459	754	21145	3	25	991	1	7	291
1964	441	822	25802	3	28	1153	1	6	238
1965	531	994	29849	7	33	1589	1	6	256
1966	543			8					
1967	540			8					
1968	550			12			11		
1969	554			14			11		
1970	605		44927	96			12		
1971	635	1944	56564	124	259	8837	14	44	2532
1972	662	2142	59958	119	231	9228	14	68	3422
1973	653	2346	65160	112	228	9451	14	74	3781
1974	651	2452	71425	113	239	10540	14	74	3595
1975	668	2642	76880	124	288	13317	14	85	4250
1976	605	2513	76262	200	472	20142	15	139	7006
1977	616	2464	74995	203	551	24232	15	191	9803
1978	615	3001	75167	207	508	22771	15	158	8858
1979	615	3004	76062	207	500	21151	15	150	7050
1980	615	2980	76964	187	478	21147	15	72	3571
1981	650	3008	79132	129	493	20847	5	49	893
1982	669	2259	75639	91	338	16898	5	34	922
1983	648	2285	58295	83	311	14952	5	36	1211
1984	645	2103	56099	82	344	18175	5	41	2094
1985	625	2150	56762	82	332	18316	5	45	2530
1986	580	2115	62159	79	370	20059	5	49	2862
1987	580	2061	57238	77	382	20561	5	51	3271
1988	580	2043	54611	78	386	20205	5	53	3172
1989	580	2076	54815	58	366	20523	5	53	3116
1990	617	2088	53273	51	371	21472	5	54	3112
1991	656	1916	47328	41	360	21557	4	54	3174
1992	562	1921	46142	34	365	22009	4	54	3067

续表

年度	小学			初中			高中		
	学校数（所）	班级数（个）	学生数（人）	学校数（所）	班级数（个）	学生数（人）	学校数（所）	班级数（个）	学生数（人）
1993	555	1859	45560	32	361	22554	4	58	3376
1994	357	1555	43530	23	384	24976	4	62	3632
1995	360	1579	44140	23	409	26229	4	67	3996
1996	349	1540	45019	23	435	28875	4	74	4232
1997	299	1450	46618	22	417	29554	4	81	4653
1998	277	1400	45821	20	438	28764	4	84	4949
1999	244	1292	42405	20	505	29468	4	85	5010
2000	225	1225	40167	20	558	30052	7	96	5735
2001	178	1123	38455	20	597	28339	7	118	7024
2002	169	1106	37924	21	628	28741	6	156	9573
2003	167	1101	37910	20	611	29806	6	203	9381
2004	144	1046	38753	22	568	31745	6	220	13585
2005	114	998	37845	21	543	32056	6	228	14050
2006	71	933	36470	20	530	31278	5	218	13550
2007	61	869	34231	18	537	29942	4	215	13212
2008	53	804	31343	18	529	28705	3	194	11735
2009	52	760	29455	18	527	27843	3	198	11685
2010	49	722	28483	18	523	27756	3	206	11659
2011	46	685	28089	19	502	27743	3	212	12877
2012	46	677	26486	19	487	25416	3	204	12995
2013	50	654	25644	17	475	23712	3	214	13211
2014	50	645	25067	17	471	22624	3	205	12579
2015	43	619	23715	17	453	21799	3	202	12058
2016	39	570	22253	17	446	21605	3	201	11483
2017	40	569	21538	17	435	20801	3	215	11232
2018	40	610	21049	18	458	20067	3	222	10834
2019	57	608	20336	18	454	19497	3	220	10655
2020	55	611	20287	18	446	17987	3	232	10850
2021	51	644	21971	18	445	17458	3	223	11221
2022	47	677	24645	18	435	16662	3	205	10816
2023	47	761	29761	17	392	16051	3	187	8830

20世纪60—80年代沂源县联中统计表

公社名称	学校名称	建校时间	撤并时间	公社名称	学校名称	建校时间	撤并时间
南麻公社	北麻联中	1980	1993	三岔公社	三岔联中	1973	1980
	涝坡河联中	1972	1992		下文坦联中	1963	1981
	沙沟联中	1976	1993		鲍庄联中	1968	1989
	儒林中学	1968	1982		璞邱联中	1968	1989
	北刘庄联中	1976	1996	鲁村公社	鲁村联中	1968	1990
	大田庄联中	1970	1980		沙沟联中	1974	1990
	高庄联中	1968	1996		崮山联中	1976	1980
	侯家官庄联中	1978	1996		北官庄联中	1972	1990
	雕崖联中	1969	1989		西官庄联中	1972	1988
	付家庄联中	1968	1979		小黄庄联中	1972	1990
	崮坡—祥峪联中	1968	1970		王村联中	1970	1982
	南刘家庄联中	1966	1980		南岭联中	1970	1980
	上高村联中	1976	1978		舍庄联中	1983	1988
	下高村联中	1968	1978		王家石沟联中	1967	1989
	许村联中	1972	1989		草埠联中	1976	1987
	赵家庄联中	1970	1982		小张庄联中	1971	1980
	朱家庄联中	1970	1978		鲁村四村联中	1975	1990
	古泉联中	1976	1978		石门联中	1975	1984
	重喜联中	1965	1978	徐家庄公社	徐家庄联中	1968	1988
	栗行联中	1976	1978		杨庄联中	1977	1988
	东化联中	1984	1996		四门地联中	1970	1975
	陡起峪联中	1973	1980		埠西联中	1975	1980
土门公社	土门联中	1966	1977		月庄联中	1970	1980
	九会联中	1983	1989		埠前联中	1970	1984
	芝芳联中	1976	1990		姬家峪联中	1974	1980
	芦芽联中	1968	1981	张庄公社	张庄联中	1969	1988
	大坡联中	1974	1981		曹家庄联中	1971	1988
	水么头河南联中	1976	1979		赤坂联中	1969	1989
	水么头河北联中	1977	1980		明末峪联中	1969	1988
	茅台联中	1975	1980		南岩联中	1967	1988
三岔公社	三岔联中	1973	1980		旋峰联中	1970	1988
	下文坦联中	1963	1981		淤土地联中	1970	1988
	鲍庄联中	1968	1989		左家旁峪联中	1968	1985
	璞邱联中	1968	1989		松崮联中	1985	1988

续表

公社名称	学校名称	建校时间	撤并时间	公社名称	学校名称	建校时间	撤并时间
	大三地联中	1978	1981	东里公社	墨牛官庄联中	1974	1978
张庄公社	沟泉联中	1975	1978		南流泉联中	1973	1985
	茧场联中	1977	1980		冯家圈联中	1976	1985
	娄家铺子联中	1975	1978		北店子联中	1970	1979
	安乐联中	1969	1994		巨石崖联中	1967	1982
	西白峪联中	1965	1997	张家坡公社	任马庄联中	1971	1982
燕崖公社	马岭联中	1964	1992		西王庄联中	1970	1981
	碾砣联中	1969	1990		洋三峪联中	1976	1980
	井子峪联中	1974	1985		张家坡联中	1966	1982
	社庄联中	1967	1980		前瓜峪联中	1970	1977
	河西联中	1970	1990		大泉联中	1969	1994
	胡庄联中	1967	1991		亳山联中	1975	1982
	中庄联中	1968	1991		分水联中	1969	1982
中庄公社	北坡联中	1968	1991		珩崖联中	1976	1978
	韩庄联中	1968	1989		北河峪联中	1970	1978
	刘庄联中	1972	1986	石桥公社	东北联中	1975	1984
	孝村联中	1976	1990		石桥联中	1974	1988
	桃树洼联中	1973	1978		马庄联中	1977	1982
	蝙蝠峪联中	1969	1987		葛庄联中	1969	1994
	刘庄联中	1969	1991		石楼联中	1972	1982
	柳枝峪联中	1970	1988		黄山子联中	1974	1991
	马庄联中	1968	1989		花水联中	1976	1983
	唐庄联中	1967	1991		埠村联中	1960	1992
唐山公社	西里联中	1969	1980		赵庄联中	1968	1991
	姚宅联中	1969	1990		消水联中	1968	1984
	月庄联中	1968	1989	悦庄公社	沂河联中	1971	1992
	河南联中	1968	1989		两县联中	1970	1987
	柳沟联中	1967	1985		石臼联中	1970	1992
	翟家庄联中	1969	1988		悦庄联中	1970	1992
	水北联中	1967	1992		崔家庄联中	1969	1975
	韩旺联中	1967	1986		朱家庄联中	1969	1975
	龙王峪联中	1967	1986		西冶联中	1970	1992
	南桃花坪联中	1974	1980		丈八丘联中	1968	1992
东里公社	盐墩联中	1975	1984		东王庄联中	1970	1980
	福禄坪联中	1970	1987	黄庄公社	历山联中	1970	1989
	绳庄联中	1978	1981		上峪联中	1970	1988
	柴家庄联中	1970	1992		沙岭子联中	1980	1989
	东里联中	1972	1985				

说明：本表含部分“戴帽”初中班。

沂源县1977—2023年专科、本科上线人数统计表

单位：人

年度	报考数	专科（高职）	本科	年度	报考数	专科（高职）	本科
1977	650	33		2001	2184	898	602
1978	820	28		2002	2085	716	709
1979	394	15	18	2003	3028	1171	1004
1980	352	21	25	2004	4007	1991	1069
1981	394	23	19	2005	4877	1952	1591
1982	709	27	55	2006	5857	2024	1538
1983	382	44	79	2007	5273	1643	1691
1984	340	52	61	2008	4969	2240	1517
1985	434	85	59	2009	4549	1934	1703
1986	823	72	98	2010	4341	1882	1622
1987	999	98	129	2011	3619	2150	1460
1988	1140	105	148	2012	3877	1278	2200
1989	1128	116	140	2013	4424	1874	2107
1990	934	204	189	2014	4558	1767	2244
1991	1163	152	131	2015	4690	1981	2216
1992	931	232	143	2016	4893	2147	2256
1993	1378	523	184	2017	3864	1646	2007
1994	1129	464	163	2018	4397	2165	2002
1995	1000	454	136	2019	3500	1396	1914
1996	1315	410	179	2020	3274	1137	1952
1997	1449	259	217	2021	3392	1294	1908
1998	1751	251	184	2022	3402	1569	1633
1999	1907	464	344	2023	4054	2244	1600
2000	2076	677	590				

沂源县历年清华、北大学子名单（1987—2023）

年份	姓名	学校
1987	左进波	北京大学
	唐传祥	清华大学
1988	李　峰	清华大学
	许　军	北京大学
1990	张存满	清华大学
	冯艺东	北京大学
	宋希武	北京大学
1991	彦　涛	清华大学
	唐传倩	北京大学
1992	王　鹏	清华大学
1993	伊太安	清华大学
	陈仕华	清华大学
1994	张　莹	北京大学
1995	东　栋	北京大学
1996	石　伟	北京大学
1997	李海峰	清华大学
	宋作彦	北京大学
	任国利	北京大学
1998	王贤磊	清华大学
	张朝明	清华大学
	李　娟	北京大学
1999	张　扬	清华大学
	王　峰	北京大学
2000	胡　鹏	清华大学
	沈启盟	北京大学
	窦坦友	北京大学
2001	王　翔	清华大学
	陈洪金	北京大学
2002	崔　涛	清华大学
	何　向	北京大学
2003	齐山彬	清华大学
	邢　波	北京大学
2004	张晓磊	北京大学
	褚　桐	北京大学
	刘晓萌	北京大学
	王福存	清华大学
2005	郑涵文	清华大学
	梁　莹	清华大学
	张开平	清华大学
	杜祯宇	清华大学
	吉　菁	北京大学
	郗银萍	北京大学
2006	杜　萌	北京大学
	张道岚	北京大学
2007	任世杰	清华大学
	郭　文	北京大学
	陈　斌	清华大学
2008	任俞铭	北京大学
2010	曾　馨	北京大学
	李成杨	北京大学
2012	侯文晓	清华大学
	张雁楠	北京大学
2013	孙宗晓	清华大学
	丁雨婷	北京大学
2014	唐玉如	清华大学
2015	李　昊	北京大学
2016	唐嘉祥	北京大学
	任超群	北京大学
	杜明浩	北京大学
2017	李云凯	清华大学
	吕梦娜	北京大学
	侯松林	北京大学
	戚景博	北京大学
2018	赵鸿博	北京大学
2019	王显尧	清华大学
	刘同民	清华大学
	徐慧琳	北京大学
2023	周钦铭	清华大学
	刘俊泽	清华大学
	张新烨	清华大学
	刘金昌	北京大学

明清时期沂源域内功名名录

姓名	村庄	朝代及功名	姓名	村庄	朝代及功名
齐佩云	大田庄	清末廪生	唐汝玠	沙沟村	清拔贡
张 珩	永兴村	秀才	唐汝瑾	沙沟村	清举人
魏崇儒	东高庄	邑增生	徐元喜	南麻	清秀才
魏 芬	东高庄	邑庠生	祝锡祜	南麻	清代庠生
魏在臣	东高庄	太学生	徐敬文	南麻三村	清武秀才
魏榆元	东高庄	邑增生	徐文美	南麻三村	清武举人
任成都	河北村	清秀才	祝值玲	南麻三村	清廪生
任作相	河北村	清邑庠生	崔文奎	北刘家庄村	明代进士
任振绪	西河北	清学士	杨敬远	高堂峪村	清末秀才
唐瑞祥	涝坡村	清秀才	尹閤之	贾家庄村	清末秀才
徐道光	涝坡村	清末秀才	朱炳全	贾家庄村	清末秀才
徐道明	涝坡河村	清武秀才	崔道先	南埠东村	清末秀才
徐道先	涝坡河村	清文秀才	崔肇统	南埠东村	清末秀才
杜立秀	西儒林	清武秀才	李清汉	上高村	清末举人
杜万兰	儒林集村	清廪生	孙光宗	上高村	清末举人
宋汉勳	儒林集村	清武秀才	宋君朝	宋家庄村	清末秀才
唐承贤	芝芳村	清太学生	朱汉玉	下高村	清末秀才
唐凤岐	芝芳村	清邑庠生	张本元	南石臼村	清末捐生
唐立缙	芝芳村	清太学生	张朝辉	南石臼村	清末武秀才
唐立総	芝芳村	清太学生	杜幸邦	前石臼村	清秀才
唐鲁祯	芝芳村	清太学生	武 标	前石臼村	清太学生
唐啟徵	芝芳村	清武秀才	武扶邦	前石臼村	明太学生
唐文泳	芝芳村	清太学生	武 徽	前石臼村	明邑廪生
唐 瑄	芝芳村	清邑庠生	武 魁	前石臼村	明举人
唐泽宁	芝芳村	清太学生	武 兰	前石臼村	清太学生
唐泽宇	芝芳村	清太学生	武 朴	前石臼村	明太学生
唐泽伩	芝芳村	清邑庠生	武 衢	前石臼村	明进士
张 恒	付家庄	清武举人	武世谟	前石臼村	明太学生

续表

姓名	村庄	朝代及功名	姓名	村庄	朝代及功名
武世诗	前石臼村	明太学生	赵致绅	大三地村	清秀才
武世训	前石臼村	明太学生	逯朝献	雕崖村	清末秀才
武廷石	前石臼村	太学生	李玉华	东唐庄村	清监生
武　桐	前石臼村	明太学生	江伯运	东里	武庠生
武　卫	前石臼村	明进士	江东隆	东里	武庠生
武兴清	前石臼村	明太学生	江克惇	东里	武庠生
武永濂	前石臼村	明太学生	江凌云	东里	武庠生
武正巳	前石臼村	清太学生	江瑞云	东里	武庠生
武重华	前石臼村	明举人	江　玿	东里	明文庠生
郑　传	苗山村	清太学生	江　瑄	东里	明文庠生
郑立健	苗山村	清秀才	江仪友	东里	武庠生
郑立鑑	苗山村	清代邑庠生	江应彪	东里	明末清初文庠生
郑立梓	苗山村	清邑庠生	江应发	东里	明末清初文庠生
郑连信	苗山村	清太学生	江　瑛	东里	清文庠生
郑连秀	苗山村	清太学生	江　钭	东里店	明武庠生
郑松和	苗山村	清太学生	江孔淑	东里店	明武庠生
郑义和	苗山村	清太学生	江应麓	东里店	明武庠生
郑振绪	苗山村	清举人	江应知	东里店	明武庠生
郑振玉	苗山村	清太学生	江孔滵	东里店村	明文庠生
杜宪章	北蒦庄村	清末太学士	江　瑶	东里店村	明文庠生
宋立志	东埠村	清庠生	江应明	东里店村	明文庠生
宋淑勳	东埠村	清武庠生	江应裕	东里店村	明文庠生
宋　渭	东埠村	清太学生	江　擢	东里店村	明文庠生
宋国立	东赵庄村	清监生	翟以秀	东里东村	清秀才
陶毓莲	东赵庄村	清监生	高名衡	东里东村	明进士
陈礼生	黄山子村	清举人	杨相文	东里东村	清进士
宋　沦	西埠村	清文庠生	江思恭	罗家庄子村	清太学生
任培义	东悦庄村	秀才	江　恒	东里西村	清文庠生
刘瑞芝	北村	清秀才	江　玔	东里西村	明武庠生
李绪成	北旋峰村	清秀才	江　蔼	东里西村	清太学生

续表

姓名	村庄	朝代及功名	姓名	村庄	朝代及功名
江伯洋	东里西村	清太学生	江　烁	东里西村	清太学生
江　圳	东里西村	清太学生	江思恭	东里西村	清太学生
江大维	东里西村	清太学生	江　诵	东里西村	明太学生
江大元	东里西村	明文庠生	江　素	东里西村	明太学生
江导岷	东里西村	清太学生	江　涛	东里西村	明贡生
江　佃	东里西村	明文庠生	江　纬	东里西村	明太学生
江东明	东里西村	清太学生	江文全	东里西村	清武庠生
江　惇	东里西村	明廪膳生	江文儒	东里西村	清举人
江　璠	东里西村	明廪膳生	江　玟	东里西村	明廪膳生
江　灏	东里西村	明进士	江　洗	东里西村	明文庠生
江　惇	东里西村	明廪膳生	江　闲	东里西村	清文庠生
江　恒	东里西村	明秀才	江　僩	东里西村	明文庠生
江　淮	东里西村	清太学生	江享升	东里西村	清武庠生
江　傯	东里西村	明文庠生	江秀升	东里西村	清太学生
江　佶	东里西村	明太学生	江　尹	东里西村	明廪膳生
江　佳	东里西村	明文庠生	江应炦	东里西村	明文庠生
江可大	东里西村	清文庠生	江应萃	东里西村	明太学生
江克亮	东里西村	明文庠生	江应袚	东里西村	明文庠生
江克柱	东里西村	明文庠生	江应茂	东里西村	明廪膳生
江孔渇	东里西村	明进士	江应求	东里西村	明太学生
江孔燧	东里西村	明进士	江应祎	东里西村	明末清初武庠生
江孔般	东里西村	明文庠生	江应元	东里西村	明廪膳生
江　篆	东里西村	清太学生	江应芝	东里西村	明廪膳生
江凝德	东里西村	明太学生	江永固	东里西村	清文庠生
江丕绩	东里西村	清文庠生	江永和	东里西村	明文庠生
江丕勳	东里西村	明文庠生	江永年	东里西村	明文庠生
江丕作	东里西村	清太学生	江　玙	东里西村	明廪膳生
江　蒲	东里西村	清太学生	江　璵	东里西村	明廪膳生
江　铨	东里西村	明举人	江元升	东里西村	明末清初武庠生
江　儒	东里西村	明文庠生	江　藻	东里西村	清太学生

续表

姓名	村庄	朝代及功名	姓名	村庄	朝代及功名
江　长	东里西村	明太学生	房崇刚	三岔店村	清秀才
江中淦	东里西村	清太学生	刘安春	南流水村	清廪生
江中泰	东里西村	清文庠生	刘洪南	东鲍庄村	清秀才
江重文	东里西村	明廪膳生	齐作敬	齐家黄沟	清末秀才
江　絓	东里西村	明文庠生	宋方新	前瓜峪村	举人
江宗仁	东里西村	清文庠生	宋其增	前瓜峪村	秀才
张瑞明	东里西村	明进士	宋我范	前瓜峪村	秀才
张时俊	东里西村	明进士	王永清	南流泉	武生
曹鸿勋	福禄坪村	清武状元	魏学华	邵家峪	清贡生
周学义	石井河村	清秀才	顾海门	唐庄村	清秀才
李元文	姚南峪村	清秀才	齐潜德	王家坪村	清秀才
张德友	帽子庵村	清文秀才	齐尚德	王家坪村	清秀才
张茂成	帽子庵村	清武秀才	齐文海	王家坪村	清举人
孙文元	牛郎官庄	清文秀才	齐作祯	王家坪村	清秀才
孙文长	牛郎官庄	清武秀才	徐慎典	徐马家庄	清文秀才
陈明世	璞邱	郡庠生	徐慎和	徐马家庄	清武秀才
陈　琦	璞邱	郡庠生	杨清选	薛家峪村	清秀才
陈如金	璞邱	郡庠生	王桂林	张家坡	邑庠生
陈士蔼	璞邱	清进士	王汉章	张家坡	武庠生
陈卫稷	璞邱	郡庠生	王怀亮	张家坡	附贡生
陈锡黼	璞邱	清岁贡生	王茂林	张家坡	恩贡生
陈锡组	璞邱	邑庠生	王夢龄	张家坡	邑庠生
陈　振	璞邱	邑庠生	王泮林	张家坡	文庠生
陈　政	璞邱	邑庠生	王日贇	张家坡	邑庠生
陈大用	璞邱	监生	王以文	张家坡	邑庠生
高学祥	北鲍庄村	清秀才	王艺林	张家坡	邑庠生
杜熙选	北蒦庄村	清武庠生	王永成	张家坡	邑庠生
杜熙远	北蒦庄村	清文庠生	王曰哲	张家坡	太学生
窦修璋	三岔店村	清秀才	王允文	张家坡	邑庠生
窦元音	三岔店村	清拔贡生	王贞谦	张家坡	邑庠生

续表

姓名	村庄	朝代及功名	姓名	村庄	朝代及功名
徐锦彪	下巨石崖	武秀才	崔平广	小黄庄村	秀才
王烈吉	中庄村	清末秀才	伊永年	小黄庄村	秀才
张明言	盖冶村	清秀才	赵松龄	小黄庄村	秀才
孙廷英	韩庄村	清文武秀才	崔锡玲	西南峪村	清秀才
任修策	河西三村	清武庠生	刘云端	西坡村	清秀才
马振宗	青龙官庄村	清秀才	王元勋	王家石沟	晚清秀才
孙廷英	西里镇	清武秀才	丁安敬	丁家庄村	清进士
张汉武	西里镇	清武秀才	丁其升	丁家庄村	清秀才
张逢泰	后西里村	清贡生	丁兆顺	丁家庄村	清秀才
张汉卿	后西里村	清文秀才	刘道祯	贾庄村	清秀才
江绍先	中西里村	清末秀才	刘凤占	贾庄村	清秀才
张佃元	西五陡村	清秀才	齐更新	崮山村	明贡生
王相吉	乐村	清秀才	李樠生	福吉山村	明拔贡
王相武	乐村	明秀才	李焕柱	李家河西	清武秀才
李守祥	刘家石沟	秀才	苗永行	孝村	清末秀才
刘学俭	刘家石沟	贡生	孙廷英	东韩庄村	明秀才
于久清	刘家石沟村	清秀才	姜渭滨	南村	清监生
李绍闻	草埠三村	清进士	崔兴益	许村	清末秀才
李现龙	草埠三村	清进士	李继昌	旋风峪村	清秀才
李贝龙	鲁村镇	清举人	杨清宣	薛家峪村	秀才
李玉树	于家石沟村	清邑庠生	宋诚泰	东五陡村	清秀才
崔书田	月庄村	清秀才	王松停	河西村	清贡生
刘光翠	张家石沟村	清秀才	周承惠	东丈八丘	清武举
刘欲诚	张家石沟村	清秀才			

1986年以来沂源籍运动员体育大赛成绩统计表

序号	姓名	参赛项目	参赛成绩	获得时间
1	张明霞	亚洲赛艇锦标赛	第一名	1991 年
2	夏丰远	全国青少年田运会男子 5000 米	第一名	1992 年
3	夏丰远	上海第八届全运会 5000 米、10000 米	第一名	1997 年
4	张明霞	上海第八届全运会皮划艇	第一名	1997 年
5	杜　丽	芬兰世界射击锦标赛	第二名	2002 年
6	杜　丽	2004 年雅典奥运会 10 米气步枪	第一名	2004 年
7	王常青	2006 年亚洲青少年锦标赛国际式摔跤比赛 84 公斤级	第三名	2006 年
8	吴　颢	世界青少年乒乓球锦标赛男子团体	第一名	2006 年
9	吴　颢	世界青少年乒乓球锦标赛男子双打	第一名	2006 年
10	杜　丽	2008 年北京奥运会女子三姿 50 米步枪	第一名	2008 年
11	杜晓青	2009 年第十一届全国运动会武术比赛女子对练	第六名	2009 年
12	吴　颢	十九届亚洲乒乓球锦标赛男子团体	第一名	2009 年
13	李凤娇	全国女子柔道锦标赛 48 公斤级比赛	第二名	2011 年
14	李凤娇	全国女子柔道锦标赛 48 公斤级比赛	第三名	2012 年
15	李　霞	全国女子举重锦标赛 75 公斤级抓举比赛	第一名	2012 年
16	刘富超	全国田径大赛男子 200 米	第三名	2012 年
17	韩传明	2013 年第十二届全国运动柔道 81 公斤级	第三名	2013 年
18	杜　丽	2016 年里约奥运会 10 米气步枪	第二名	2016 年
19	杜　丽	2016 年里约奥运会 50 米三姿步枪	第三名	2016 年
20	葛立双	2017 年第十三届全运会手球比赛	第七名	2017 年
21	侯光娟	2017 年世界杯大奖赛女子重剑个人	第三名	2017 年
22	齐　冉	2017 年亚洲皮划艇锦标赛女子四人皮艇 500 米	第二名	2017 年
23	侯光娟	2017 年全国第十三届运动会击剑重剑团体	第一名	2017 年
24	王　浩	2017 年全国第十三届运动会 1000 米单人划艇	第三名	2017 年
25	侯光娟	2018 年世界杯赛女子重剑团体	第三名	2018 年
26	王　浩	2018 年雅加达亚运会皮划艇静水比赛男子双人划艇 1000 米	第一名	2018 年
27	侯光娟	2019 年世界杯赛西班牙站女子重剑团体	第三名	2019 年
28	齐　冉	2019 年第十四届夏季滑轮全运会女子 4×5 千米接力（2C+2F）	第八名	2019 年
29	王　浩	2019 年匈牙利世界锦标赛皮划艇静水男子双人划艇 1000 米	第一名	2019 年
30	刘建宾	2019 年世界杯长距离滑雪登山	第三名	2019 年
31	刘建宾	2019 年世界杯短距离滑雪登山	第三名	2019 年
32	曹盈盈	2022 年全运会男子橄榄球比赛	第三名	2022 年
33	李维坤	2022 年全国女子橄榄球比赛	第七名	2022 年
34	董涵宇	2023 年东亚青年运动会柔道项目 +81 公斤	第三名	2023 年
35	刘建宾	十四届全国冬季运动会滑雪登山男子短距离项目比赛	第三名	2024 年
36	刘建宾	十四届全国冬季运动会滑雪登山男子短距离项目比赛	第二名	2024 年
37	刘建宾	2024 年 ISMF 滑雪登山亚洲杯垂直竞速	第一名	2024 年
38	刘建宾	2024 年 ISMF 滑雪登山亚洲杯短距离	第二名	2024 年
39	刘建宾	2024 年 ISMF 滑雪登山亚洲锦标赛混合接力	第四名	2024 年
40	刘建宾	2024 年 ISMF 滑雪登山亚洲锦标赛短距离	第七名	2024 年

1971年沂源县中学分布图

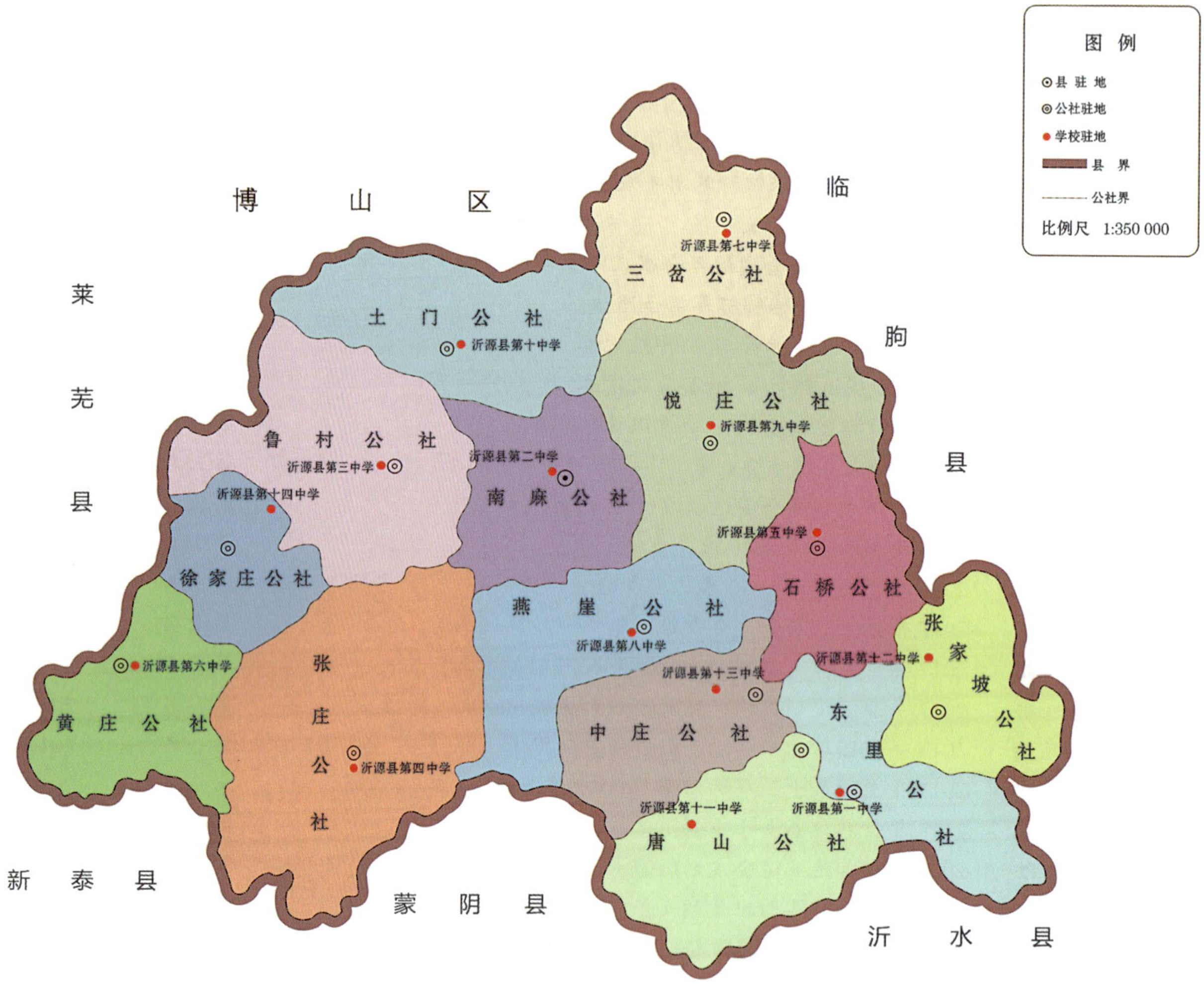

后　记

历史是人类前进的脚步，以史为鉴，可不断校正前行的目标和方向。

沂源县80年的教育体育，步履稳健，踏石留印。有新中国成立前后的白手起家，艰难创业；有改革开放后的拨乱反正，快速提升；更有进入21世纪的创新突破，优质均衡。历代教育体育工作者，担时代之大任，履社会之重托，传道授业，立德树人。万苦千辛，不改育人之志；负重忍辱，无悔教育初心。经坎坷而奋进，沐风雨而弥坚。毅力之顽强，成果之丰硕，足以慰初心，勉世人。

2023年，《记忆沂源·教育体育卷》编纂工作启动，县政协牵头，县教育和体育局成立编纂委员会，制定工作方案，完善工作机制。整体谋划，建立基本框架；畅通渠道，广泛收集资料；开门写书，多方征求意见；精斟细酌，完善每一细节。历时一年多，在各学区、学校的大力支持下，经过编纂人员的辛勤努力，编纂工作遂告完成。

《记忆沂源·教育体育卷》作为一部全媒体志书类书籍，可读、可看、可听，满足了人民群众对方志文化的新需求。该书内容翔实，图文并茂，既具有史料性，又极具可读性，是一部“百科全书”式的资料书、工具书。该书在编纂过程中，得到了市、县专家和社会各界的高度肯定与支持。市教育局相关部门对该书进行了认真指导，县政协、县委组织部、县委宣传部、县《记忆沂源》编辑部等多个部门对该书进行了审核，县档案馆、《记忆沂源》“行业篇”承办单位、各学区、局属各学校、教体系统部分退休领导、老师、历届沂源学子给予了大力支持，县地方文化文史专家及广大教师提出了许多宝贵的意见和建议，在此一并表示感谢。

由于涉及历史年代久远，文献资料匮乏，撰稿、编纂人员水平有限，加之时间紧、任务重，疏漏不当之处在所难免，敬请读者批评指正。

编　者

2024年10月

记忆沂源 · 行业篇
JIYI YIYUAN HANGYEPIAN
全 媒 体 图 书

8-03

记忆沂源

JIYI YIYUAN

·水利卷·

《记忆沂源》MV

政协沂源县委员会
沂源县文化和旅游局 编

中国文史出版社

图书在版编目（CIP）数据

记忆沂源. 行业篇. 水利卷 / 政协沂源县委员会，沂源县文化和旅游局编. -- 北京：中国文史出版社，2024. 12. -- ISBN 978-7-5205-5013-0

Ⅰ. K295.24；TV-092

中国国家版本馆CIP数据核字第2024BG9711号

责任编辑：程　凤　赵姣娇

出版发行：中国文史出版社
社　　址：北京市海淀区西八里庄路69号　邮编：100142
电　　话：010-81136606　81136602　81136603（发行部）
传　　真：010-81136655
印　　装：山东新华印务有限公司
经　　销：全国新华书店
开　　本：889mm × 1194mm　1/16
字　　数：5304千字
印　　张：183
版　　次：2024年12月北京第1版
印　　次：2024年12月第1次印刷
定　　价：1980.00元（全九册）

田庄水库

红旗水库

沂河源国家级水利风景区

沂河生态湿地

桃花岛省级水利风景区

“六点水”新世界之西沙沟水库

饮马河

朱阿河

1959 年冬，悦庄公社北营水库施工现场，参建民工在开展劳动竞赛

1966 年，中庄公社社庄水库修建现场

1971 年，唐山公社社员开山劈石，修建灌渠

1978 年，鲁村区农田水利基本建设现场

1979 年，悦庄公社两县水库（即大寺水库）溢洪道施工

20 世纪 70 年代，青杨圈社员开挖灌渠

20 世纪 70 年代，土门公社社员在山区修建水渠

20 世纪 80 年代初，悦庄区组织社员打大口井

东里镇弥陀寺古井

南鲁山镇璞邱村老街东古井

燕崖镇大贤山织女泉

张家坡镇南流泉村南流泉

鲁村镇刘家庄水库灌区姬家峪渡槽

田庄灌区北干渠吴家官庄渡槽

编辑说明

一、坚持以马克思列宁主义、毛泽东思想、邓小平理论、“三个代表”重要思想、科学发展观、习近平新时代中国特色社会主义思想为指导，坚持辩证唯物主义和历史唯物主义的立场、观点和方法，客观、系统、简约记述沂源县工业、农业、商业、教育、卫生、水利、交通以及“小三线”建设等各行业发展变化进程和改革开放成果，挖掘行业内模范事迹，展示时代精神风貌，传承和抢救历史文化，激发爱国爱乡情怀，为地区经济和社会发展提供有益借鉴。

二、参照执行中国地方志指导小组印发的《地方志书质量规定》。在参照志体的前提下，在体裁运用、篇目设置、资料选择等方面作适当创新。“行业篇”的内容以记载本行业范围内的微观资料为主，详县志之所略。突出行业各自特点，有选择性地记述域内自然、政治、经济、文化、社会的历史与现状，从而达到执简驭繁、文约事丰、易于阅读、利于普及的目的。

三、为全面反映入书事物发展脉络，上限尽量追溯至事物发端，下限断至2023年年底。

四、以各行业为单位单独成卷。每卷记述地域范围以下限年份2023年的行政辖区为主。

五、横排门类，纵述史实，采用纲目体。总体基本篇目框架根据行业特点科学合理设置，所设条目依照突出时代特征、行业特色的原则作适当安排。

六、综合运用述、记、志、图、表、录等诸体裁，以志为主。随文配图，图下设文字说明，图文并茂。

七、打造新时代全媒体志书，各行业卷根据需要，按照综合衡量、集中展示、高度概括的原则，选择主要的篇目录制短视频资料和音频资料，引入扫码识别延伸阅读功能，形成文字、图片和音视频三条独立的记述线索，相互补充、相得益彰，使丛书从无声变成有声，从平面成为立体，从静态变为动态，力求满足人民群众对方志文化的新需求。

八、除引文和附录文献资料外，统一使用规范汉字及现代语体文记述体。记事坚持秉笔直书、述而不论，行文力求朴实、严谨、简洁、流畅、优美。

九、书中“人物”，均为简介，只选录本行业内有较大影响的人物及其他政策法规规定的应入志人物，不面面俱到。人物排序，去世人物按照去世时间先后排序，在世人物按照生年排序。

十、本书资料来源广泛，其出处不一一注明。所需数据一般采用政府统计部门数据，无政府统计部门数据时选用主管部门或主办单位提供的数据，个别数据由于统计口径和来源不同存在差异。

十一、原则采用国务院1984年2月发布的中华人民共和国法定计量单位。考虑到使用习惯，保留“公里”“亩”“斤”等。历史上使用的计量单位，如斗、石、里、尺等，在引文中可照录。

十二、中华民国成立前的纪年，使用历史纪年，括注公元年份；中华民国成立后的纪年，使用公元纪年。书中书“××年代”，凡未加世纪者，均指20世纪的年代；书中所称“解放前（后）”，以1944年5月沂源建县为界；“新中国成立前（后）”，以1949年10月1日中华人民共和国成立日为界；“改革开放前（后）”，以1978年12月中共十一届三中全会召开为界。

十三、记事概以第三人称记述。人名直书其姓名，必要时冠以职务职称。地名以现行标准地名为准。如使用历史地名，于每个类目首次出现时括注现行地名。各个历史时期的党派、团体、组织、机构、职务等均以当时名称为准。对于称谓过长而又频繁使用者，首次出现时使用全称并括注规范化的简称，之后使用简称。

十四、遵循国家标准和出版规定，数字书写以GB/T 15835—2011《出版物上数字用法》为准，标点符号使用以GB/T 15834—2011《标点符号用法》为准。

目录 CONTENTS

综述

记忆沂源·水利卷

扫码看视频

扫码听书

概 况

沂源县地处鲁中腹地，鲁山之阳，淄博市最南端，位于东经117°48'~118°31'，北纬35°55'~36°23'。东连临朐县，南接蒙阴县，西依济南市钢城区，北靠博山区，东南与沂水县毗邻，西南与新泰市相接。1944年5月，中共中央华东局批准，在沂水、蒙阴、临朐三县边沿地带建立沂源县，因地处沂河之源而得名。1990年1月，沂源县整建制由临沂地区行政公署划归淄博市管辖。翌年1月，黄庄镇整建制划归莱芜市。

2024年，辖区设10个镇、2个街道、1个省级经济开发区，446个行政村、21个城市社区，人口57.6万。全县总面积1635.8平方公里，其中耕地、种植园地764平方公里、林草地633平方公里，森林覆盖率62.1%，环境空气质量综合指数全市第一，入选国家生态文明建设示范区和2022年美丽中国·深呼吸小城。

境内最高点鲁山主峰海拔1108.3米，最低点位于东南沂河谷地，海拔180米，相对高差近1000米，地面海拔在300~600米之间，是山东省平均海拔最高的县，有“山东屋脊”之称，无客水流入。全县有大小河流1530条，沂河是县内最大河流。新中国成立后，先后建大型水库1座、中型水库1座、小型水库112座，总库容2.06亿立方米，水资源丰富，水质优良。经国家环保行政主管部门在沂河韩旺段出境断面检测，水环境质量全市第一、全省第三。沂源被誉为“齐鲁水塔”，是富锶型矿泉水集中分布区。2014年12月，沂源县荣膺全国第八家“中国矿泉水之乡”；2023年10月，被中国保健协会授予“中国锶都”称号。

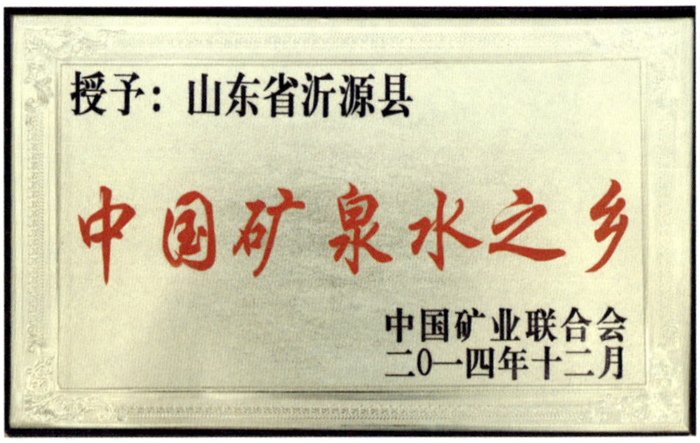

历年获得省部级及以上荣誉

表彰时间	表彰机关	荣誉名称
1992年4月	水利部	全国水土保持先进单位
1997年10月	山东省委、省政府	山东省水土保持工作先进县
1999年4月	山东省人民政府	中德合作山东粮援项目先进集体
2001年8月	水利部、财政部	全国水土保持生态环境建设示范县
2002年3月	山东省人民政府	2001年度抗洪抢险先进集体
2008年5月	山东省人民政府	全省“村村通”自来水工作先进县
2008年12月	山东省人民政府防汛抗旱指挥部	全省防汛抗旱工作先进集体
2011年8月	山东省委、省政府	全省病险水库除险加固工作先进县
2017年6月	水利部	国家高效节水灌溉示范县
2019年8月	山东省委、省政府	山东省抗击台风抢险救灾先进集体
2021年5月	水利部	沂源县总河（湖）长被评为全国优秀河（湖）长
2023年2月	山东省委、省政府办公厅	山东省河湖长制工作激励县
2023年4月	水利部	国家级水土保持空间管控试点县

沂源县水利局办公楼

机构沿革

1944年4月，华东局批准建立沂源县。1944年5月下旬，在北张良村召开沂源县各界人民代表会，选举产生沂源县抗日民主政府，同时设立县政府工作机构，实业科负责县内水利事业的建设与管理。1946年1月，沂源县抗日民主政府改称沂源县人民民主政府，继续由实业科兼管全县水利事业。1950年6月，实业科改称建设科。

1956年6月，县人民委员会（简称县人委）建设科分设农业科、水利科；10月，水利科改称为水利局，主管全县水利建设事业。1958年1月，农业局、水利局合并为农水局。1959年12月，县人委撤销农水局，设立农业局、畜牧局、农业机械管理局、水产局、水利局。1961年11月，撤销水产局。1962年5月，农业局、水利局、田庄水库管理局合并为农水局。1963年9月，县人委再次撤销农水局，分设农业局、水利局。

1967年3月，沂源县革命委员会成立，设置党政群合一的5个部、室组（包括生产指挥部，生产指挥部下设农林水办公室等）；10月，成立水利局革命委员会。1969年1月，县革委政治部决定撤销水利局，保留5人去县革委生产指挥部农林组工作，水利机构称为水利组。1972年2月，县革委决定恢复水利局。

1975年9月，县革命委员会决定撤销生产指挥部，设立县革委农林水办公室。1981年8月，领导机构体制改革，农林水办公室改称农业委员会。

1993年12月，全县机构改革，水利局改称水利水产局。2000年1月，沂源县水利水产局改称沂源县水务局。2018年12月，沂源县水务局改称沂源县水利局。

2021年1月，全县深化事业单位改革，组建县水利事业服务中心、县水资源综合服务中心、县河湖长制保障服务中心3个公益一类事业单位。

县水利局历任主要负责人

机构名称	负责人姓名	职务	任职时间
实业科	鲁介夫	科长	1944.05—1948.06
	朱奉久	科长	1948.06—1949.07
	朱玉山	科长	1949.07—1950.06
建设科	朱玉山	科长	1950.06—1951.11
	孟广居	科长	1952.10—1955.02
		空缺	1955.03—1955.07
	孟广和	科长	1955.08—1956.06
水利科	武继习	副科长（主持工作）	1956.06—1956.10
沂源县水利局	崔兴珍	副局长（主持工作）	1956.10—1958.01
沂源县农水局	孟广和	局长	1958.01—1959.05
	朱尔东	局长	1959.05—1959.12
沂源县水利局	王文正	局长	1959.12—1962.05
沂源县农水局	王文正、刘益芝	局长	1962.05—1963.05
		空缺	1963.06—1963.09

续表

机构名称	负责人姓名	职务	任职时间
沂源县水利局	刘益芝	局长	1963.10—1965.05
	徐建良	局长	1965.05—1972.02
	白咸镇	局长	1972.02—1973.03
	徐建良	局长	1973.03—1981.12
	孙启华	局长	1981.12—1984.06
	王仁祺	局长	1984.06—1990.05
	张庆朝	局长	1990.05—1993.12
沂源县水利水产局	张庆朝	局长	1993.12—2000.01
沂源县水务局	张庆朝	局长	2000.01—2003.03
	侯大华	局长	2003.03—2006.02
	唐传韵	局长	2006.02—2011.11
	唐光通	局长	2011.11—2016.05
	许　峰	局长	2016.05—2016.12
		空缺	2016.12—2017.03
	赵　强	局长	2017.03—2018.09
		空缺	2018.09—2018.12
沂源县水利局		空缺	2018.12—2019.01
	张寿玉	局长	2019.01—2020.05
	高列文	局长	2020.05—2023.04
	陈立兵	局长	2023.04—

主要企事业单位及部分内设机构沿革

县水利事业服务中心　2021年1月，整合县防汛抗旱服务中心、县水土保持服务中心、县红旗水库管理所等3个事业单位，组建县水利事业服务中心，隶属县水利局领导，加挂县水旱灾害防御中心牌子，为所属正科级公益一类事业单位，核定事业编制51人。

县防汛抗旱服务中心：1956年，成立山东省沂源县防汛指挥部，1964年改称抗旱防汛指挥部，每年汛前成立。1995年8月，设立沂源县抗旱防汛指挥部办公室，为局属股级全额事业单位。1996年6月，沂源县抗旱防汛指挥部更名为沂源县人民政府防汛抗旱指挥部，下设办公室，简称防汛办。2007年6月，沂源县防汛抗旱指挥部办公室升格为副科级单位。2012年5月，县防汛抗旱指挥部办公室升格为正科级单位；11月，更名为沂源县人民政府防汛抗旱总指挥部办公室。2019年1月，全县机构改革，撤销县抗旱服务队，整合成立沂源县防汛抗旱服务中心，2021年1月撤销。

县防汛抗旱服务中心（防汛办）历任主要负责人

姓名	任职时间	备注
周洪福	1995.08—2003.03	
崔学华	2003.03—2007.07	
黄玢吉	2007.07—2010.04	
崔维本	2010.04—2014.05	
马福义	2014.05—2019.03	副局长（兼任）
黄玢吉	2019.03—2020.05	副主任（主持工作）
伊希富	2020.05—2021.01	副主任（主持工作）
伊希富	2021.01—2023.08	水利事业服务中心副主任（主持防汛抗旱工作）

县水土保持服务中心：1958年，沂源县委成立治山指挥部。20世纪60年代，全县开展大规模的

水土保持活动，县委成立水利建设指挥部，下设水土保持委员会。1984年7月，成立沂源县水土保持委员会，同时设办公室，为正科级全额拨款事业单位。1986年5月，改称水土保持局（简称水保局）。1993年12月，机构改革，水保局改称水保办，机构规格、隶属关系不变。1999年，水保办改称水保局。2002年，核定水土保持局编制16人，配置科室4个。2012年11月，成立县水土保持监察大队，为县水土保持局副科级内设机构。2017年11月，整建制划转至县综合行政执法大队。2019年1月，全县机构改革，撤销沂源县水土保持局，整合县水土保持局、县水利勘测设计室，组建沂源县水土保持服务中心，2021年1月撤销。

县水土保持服务中心（水保局）历任主要负责人

姓名	任职时间	备注
孙启华	1984.07—1992.11	水保办主任、水保局局长
周学成	1992.11—1993.12	水保局局长
	1994.01—1994.03	空缺
窦学德	1994.04—1999.11	水保办主任
李志德	1999.11—2007.04	水保局局长
逯良国	2007.04—2014.02	
王效峰	2014.02—2017.12	
张志扬	2017.12—2019.01	水保局局长
张志扬	2019.01—2021.01	县水土保持服务中心主任
张志扬	2021.01—2021.05	主持水土保持工作
	2021.06—2023.07	空缺
李爱学	2023.08—	水利事业服务中心主任

红旗水库管理所：1973年，成立红旗水库管理所。1983年，下放至燕崖公社管理，后重新由县水利局收回管理。1990年10月，该所由股级升为副科级。2012年6月，根据县机构编制委员会《关于水利工程管理体制改革问题的批复》，将红旗水库管理定为财政拨款的公益性事业单位。2021年1月，整合至县水利事业服务中心；5月，改称红旗水库管理科。

红旗水库管理所（科）历任主要负责人

姓名	任职时间	备注
周文太	1973—1978	
田德雨	1978—1982	
程培兴	1982—1983	
齐立和	1983—1984	
朱道江	1984—1986.05	副所长（主持工作）
苗纪雨	1986.05—1995.12	
房立华	1995.12—1998.01	
齐元周	1998.01—2001.07	
王可平	2001.07—2007.06	
孙吉臣	2007.06—2015.01	
刘太录	2015.01—	

县水资源综合服务中心 2021年1月，整合县水资源发展中心、县公共供水服务中心，组建县水资源综合服务中心，隶属县水利局领导，加挂县水资源管理与节约用水服务中心牌子，为所属正科级公益一类事业单位，核定事业编制37人。

县水资源发展中心：1985年8月，县政府批准成立沂源县水资源管理委员会，委员会下设办公室（简称水资办），办公室设在县水利局。1990年，设立水政股，与水资办合并办公。1993年12月，水资办由股级升格为正科级全额事业单位，名称改为水资源管理办公室。1994年，县水资源管理办公室内设综合科、水资源管理科、稽征科，为股级内部机构。1995年6月，成立城市节约用水办公室，与水资源管理办公室一个机构两块牌子。2002年10月，设立收费中心，2012年12月撤销。2019年1月，全县机构改革，县水资源管理办公室改称县水资源发展中心，2021年1月撤销。

县水资源发展中心（水资办）历任主要负责人

姓名	任职时间	备注
陈传功	1985.12—1993.12	
李志德	1993.12—1999.11	
房洪玉	1999.11—2004.03	
齐修新	2004.03—2008.01	
	2008.02—2008.03	空缺

续表

姓名	任职时间	备注
刘庆福	2008.04—2019.01	
张传源	2019.01—2021.01	副局长兼任水资源发展中心主任
	2021.01—2022.07	县水资源综合服务中心，空缺
公丕喜	2022.08—	县水资源综合服务中心主任

县公共供水服务中心：2006年8月，沂源县成立水利水电工程移民工作领导小组。2009年12月，设立沂源县水利移民管理办公室（简称移民办），为副科级事业单位。2011年7月，移民办升格为正科级事业单位。

2010年12月，设立沂源县农村公共供水管理办公室，为副科级财政拨款事业单位。2019年1月，农村公共供水管理办公室与移民管理办公室合并，设立县公共供水服务中心，2021年1月撤销。

县公共供水服务中心历任主要负责人

姓名	任职时间	备注
吕升文	2006.08—2010.05	移民小组
王振华	2010.05—2011.11	移民办主任
董方和	2011.11—2014.02	副局长（兼任）
孙吉臣	2014.02—2016.12	主持工作
李保华	2016.12—2020.05	移民办主任
公丕喜	2020.05—2022.07	主持移民工作
刘传庆	2010.12—2019.01	县农村公共供水管理办公室主任
李保华	2019.01—2020.05	县农村公共供水服务中心主任
	2020.05—2021.01	空缺

县河湖长制保障服务中心　2021年1月，整合县河长制办公室、县河道管护中心，组建县河湖长制保障服务中心，隶属县水利局领导，加挂县水利工程建设质量与安全中心牌子，为所属副科级公益一类事业单位，核定事业编制23人。

中德合作山东粮援项目沂源县项目办公室（简称项目办）：1987年，中德合作山东粮援项目考察立项后，成立“三沂粮援项目沂源县项目指挥部”，办公室设在水利局。1990年10月，“三沂粮援项目沂源县项目指挥部”改名为“中德合作山东粮援项目沂源县项目指挥部”，项目办改为正科级单位，下设综合科、工程科、水保科，1997年9月增设培训科，挂“中德合作沂源粮援项目培训中心”牌子，为股级内部机构。2017年6月，中德合作山东粮援项目沂源县项目办公室撤销。

项目办历任主要负责人

姓名	任职时间	备注
王仁祺	1987.03—1990.02	局长（兼任）
	1990.03—1990.09	空缺
唐传义	1990.10—1995.08	副局长（兼任）
张庆朝	1995.08—1998.08	局长（兼任）
王纪武	1998.08—2006.02	期间兼任河道处主任
王兴武	2006.02—2010.03	期间兼任河道处主任
齐元周	2010.04—2017.06	副局长兼任

县河道管护中心：2002年3月，成立沂源县河道管理处，挂靠中德合作山东粮援项目沂源县项目办公室；6月，县级事业单位机构设置改革，县河道管理处为副局级全额预算管理事业单位（挂靠县粮援项目办公室），隶属县水务局领导。2019年1月，县河道管理处承担的行政职能划入县水利局，行政职能剥离后，县河道管理处更名为县河道管护中心，为县水利局所属副科级公益一类事业单位，2021年1月撤销。

县河道管护中心历任主要负责人

姓名	任职时间	备注
	2002.03—2003.02	空缺
王纪武	2003.03—2006.02	县河道管理处主任
王兴武	2006.02—2009.03	
周玉峰	2009.03—2014.02	
	2014.03—2014.12	空缺
王振华	2015.01—2021.01	县河道管理处、河道管护中心主任

县河长制办公室：2017年12月，设立沂源县

河长制办公室，为副科级公益一类事业单位，隶属县水务局领导，2021年1月撤销。

县河长制办公室历任主要负责人

姓名	任职时间	备注
	2017.12—2019.03	空缺
唐本哲	2019.04—2021.01	县河长制办公室主任
唐本哲	2021.01—	县河湖长制保障服务中心主任

田庄水库综合服务中心 1958年10月，启动田庄水库（时称“永兴水库”）建设工程，成立永兴水库施工指挥部。1960年5月，设立田庄水库管理局，1962年5月合并至农水局。1963年10月，设立田庄水库管理所，归隶县水利局。1973年2月，县革委重新设立田庄水库管理局（局级）。1984年6月，田庄水库管理局并入县水利局，改称田庄水库管理所，为副局级单位。1990年10月，恢复田庄水库管理局（局级）建制。1993年12月，田庄水库管理局更名为田庄水库管理处（简称“田管处”），为自收自支正局级事业单位。1994年6月，市政府批复田管处由局级调整为副县级，隶属关系和经费渠道不变。1995年8月，办公室、工程科、灌渠管理科、水电站4个单位升为副局级。2012年6月，根据县机构编制委员会《关于水利工程管理体制改革问题的批复》，田庄水库管理处被定为经费实行收支两条线管理的公益性事业单位。

田庄水库综合服务中心

2021年1月，全县深化事业单位改革，田庄水库管理处更名为县田庄水库综合服务中心。内设办公室、财务科、灌区管理科、库区巡查科、工程管护科、规划服务科、生态环境科、安全保卫科、信息技术科、督查科等10个副科级科室，核定事业编制51人。

田庄水库综合服务中心（管理所、局、处）历任主要负责人

姓名	任职时间	备注
刘益芝	1960—1963.10	
任怀山	1963.10—1965.10	
何桂芝	1965.10—1973.02	副所长（主持工作）
李家孝	1973.02—1975.02	
左桂田	1975.02—1983.09	
程培兴	1984.10—1986.06	
董家诰	1986.06—1990.10	
刘孝山	1990.10—1993.12	
杨少建	1993.12—1998.05	
张庆朝	1998.05—2001.03	
刘伟东	2001.04—2005.01	
娄树石	2005.01—2005.07	副主任（主持工作）
朱才林	2005.07—2018.01	
唐传韵	2018.01—2019.01	党总支书记（主持工作）
冯恩海	2019.01—	

沂源水文中心 1950年7月，华东军政委员会水利部在沂源县设立第一个水文站——东里店水文站。1955年1月，属沂沭汶泗水文分站。1957年1月，改属山东省水利厅。1965年1月，属山东省水文总站。1998年1月，属山东省水文水资源勘测局。2011年12月，属山东省水文局。2015年12月，成立沂源县水文局，受淄博市水文局和沂源县人民政府双重领导。2018年6月，山东省水文局成立淄博市水文局沂源水文中心。2021年3月，山东省水文局改称山东省水文中心，沂源水文中心属之。

沂源水文中心（站、局）历任主要负责人

姓名	任职时间	备注
	1950.07—1965.11	东里店水文站，不详
何兴诗	1965.12—1970.05	
赵世全	1970.05—1977.05	
段进诗	1977.05—2006.10	
段小兵	2006.10—2016.09	
	1968.06—1978.05	朱家庄水文站，不详
赵世全	1978.06—1989.06	
张　伟	1989.06—2011.08	
于仲伟	2011.08—2019.12	
	1960.05—1970.09	田庄水库水文站，不详
韩　坤	1970.10—1977.05	
张广德	1977.05—1978.10	
赵世全	1978.10—1989.10	
张　伟	1989.10—2011.08	
张安金	2011.08—2018.06	
张安金	2015.12—	沂源县水文局（沂源水文中心）

沂源水文中心

水政监察大队　1990年7月，水利局成立水政股，1993年12月改称水政科。1995年8月，设立水政监察大队，为股级内部机构，与水政科一个机构两块牌子。1999年3月，沂源县水政监察大队设水资源、水土保持、田庄水库、红旗水库、渔政5个监察中队，全县16个乡镇成立水政监察站。2007年12月，水政监察大队升格为副科级单位；2012年11月，降为县水务局股级内设机构；2013年5月，升格为副科级财政拨款事业单位。2017年11月，综合行政执法体制改革，县水政监察大队整建制划转县综合行政执法大队，同时撤销县水政监察大队。

山东省沂源县自来水有限公司

沂源县自来水有限公司　1969年5月，沂源县委成立由5人组成的自来水小组。1976年5月，自来水小组改名为自来水厂，归县工业局领导，定编11人。1980年5月，自来水厂更名为沂源县自来水公司，1982年3月改属沂源县城建局。1984年属沂源县建委。1999年12月，由沂源县城乡建设委员会转属沂源县水利水产局（翌年改称水务局）。2021年8月，沂源县自来水公司更名为山东省沂源县自来水有限公司。2022年10月，实施国企改革，该公司划归沂源县国有投资集团所属沂源县农业农村发展集团有限公司。

县自来水有限公司历任主要负责人

姓名	任职时间	备注
葛京传	1969.06—1973.03	组长
徐建宏	1973.03—1976.01	
江玉厚	1976.01—1977.11	党支部书记（主持工作）
刘宪金	1977.11—1980.05	厂长
江玉厚	1980.05—1984.12	党支部书记（主持工作）
韩兴春	1984.12—1990.05	经理
杜建礼	1990.05—1993.10	
李庆军	1993.10—1994.04	副经理（主持工作）
李庆军	1994.04—2002.05	经理
赵国栋	2002.05—2024	
段会泉	2024—	副经理主持工作

组织建设

县水利局机关党组织建设

1956年10月设立水利局，之后历经多次撤并。1963年9月撤销农水局分设农业局、水利局后，成立党支部，刘益芝任党支部书记。1965年9月，中共沂源县直属机关委员会研究同意由徐建良、何桂芝、侯玉海3人组成支部委员会，并由徐建良担任党支部书记。1969年，县革委撤销水利局，机关党的建设弱化。1972年恢复水利局，翌年6月，县革委核心领导小组决定调整水利局领导班子，成立党支部。

2003年5月，中共沂源县直机关工作委员会批复县水务局成立机关党总支，并由7人组成党总支委员会。白正法任党总支书记，王纪武、杨树森任党总支副书记。设机关党支部、老干党支部、红旗水库党支部、县抗旱服务队党支部。

2019年3月，中共沂源县委县直机关工作委员会批复县水利局成立机关党委，并由5人组成委员会，张寿玉任机关党委书记。下设机关党支部、老干党支部、红旗水库党支部、县自来水公司党支部、县自来水公司离退休党支部、泰信岩土公司党支部共6个党支部。2021年1月，全局时有中共党员239人。2023年3月，县自来水公司党总支、泰信岩土公司党支部转往中共沂源县委国有资产监督管理工作委员会。2023年12月，全局共有中共党员149人。

县自来水公司党组织建设 1976年5月，自来水厂党支部成立，江玉厚担任党支部书记。2021年1月，沂源县自来水公司党总支成立，设第一、第二和离退休3个党支部，赵国栋任党总支书记。2023年3月，公司党组织关系整建制转往中共沂源县委国有资产监督管理工作委员会。2023年12月，该公司有中共党员76人。

2008年6月，县水务局党总支被淄博市委表彰为淄博市先进基层党组织。2021年6月，县自来水公司党总支被中共沂源县委评为沂源县先进基层党组织。2023年，县水利局“党旗红焠铁军·水利蓝筑新功”党建品牌获全县十佳机关党建品牌。

2021年7月，中国共产党建党100周年，段连秀、白正法、冯玉江、公维海、窦学德、朱庆淦、徐敏胜、孙兆玉、张庆朝、马士成、陈作堂、徐志同、潘学武、徐保兰、赵玉富获“光荣在党50年”纪念章。

田庄水库综合服务中心党组织建设

1958年，田庄水库建设大会战，县成立临时党委，建立临时党支部12个。1975年4月，县革委建立县田庄水库管理局党支部，左桂田任党支部书记。2005年8月，建立县田庄水库管理处党总支，娄树石任党总支书记，设机关、老干部2个党支部。2008年5月，设机关第一、机关第二和老干部3个党支部；2016年5月，设机关第一、机关第二、基础工程公司和老干部4个党支部；2019年5月，设机关、基础工程公司和老干部3个党支部。2023年3月，基础工程公司党组织关系整建制转往中共沂源县委国有资产监督管理工作委员会。2023年12月，田庄水库党总支共有中共党员48人。

2021年7月，中国共产党建党100周年，张照真、桑运胜、孙洪收、何桂花获“光荣在党50年”纪念章。

自然地理

沂源县境内山峦起伏，沟壑纵横，地形复杂，地势沿沂河流向自西北向东南倾斜，地层发育齐全，断层十分发育，土层深厚，适宜种植各种作物，植被繁茂。河流呈树枝状分布，大部分河流属山溪性河流，山高坡陡，源短流急，雨后水位暴涨、暴落，极易造成洪灾。河床落差大，洪水挟带泥沙较多，冲淤作用较明显，四季水流有较大差异。

地质地貌

沂源地处鲁中隆起区中部，地层较全，构造复杂，岩浆活动较弱，岩浆岩不甚发育。因受地质构造、岩性、河流、气候等内外地质营力作用的控制和影响，北部为鲁山隆起区，中部和东南部为相对下降区，由于不同时期断裂构造分割，各断块间的

鲁山国家地质公园

升降差异，构成了山地、丘陵、盆地、河谷等多种地貌景观。2012年，鲁山溶洞群风景区被国土资源部命名为鲁山国家地质公园。

地　层　全国地层多重划分对比（全国地层清理）后，沂源县岩石地层单位共划分为8个群、22个组，自下而上有新太古界泰山岩群，早古生界长清群、九龙群、马家沟组（未归群），晚古生界月门沟群，中生界淄博群、莱阳群、青山群，新生界官庄群及第四系松散堆积（未归群）。（详述见《附录》）

断　层　沂源县属中低山丘陵区，历经多期构造运动，断层十分发育，褶皱不发育。境内主要断层有上五井断层、韩旺断层、燕崖断层、傅家庄断层、松仙岭断层、草埠山断层、大贤山断层、河东泉断层、滑石峪断层等。（详述见《附录》）

地　貌　县内地貌类型较多，主要有岩溶地貌、流水地貌、中山、低山、丘陵和山前倾斜平地等几种。全县总面积1635.8平方公里，中山、低山和丘陵面积占总面积的99.3%，系纯山区，共有山、崮2075座，其中海拔800米以上的有6座、700~800米的20座、600~700米的75座、500~600米的137座。鲁山是全县最高的山。境内有名的崮70余座，属典型的岱崮地貌，如松崮、螳螂崮、马头崮、牛心崮等。各崮形状独特，四周峭壁陡立，有的崮顶有泉水出露，可为古时避难群众提供饮用水源，如东里镇境内的凤凰崮、中庄镇与西里镇之间的八十崮等。新中国成立前，战乱四起，匪患猖獗，民不聊生，民众多在崮上建围子、筑石屋，防匪患、避战乱。新中国成立后，大部分围墙逐渐圮废。

另外，在地质构造运动和地表水、地下水的长期作用下，形成形态各异、规模不等的岩溶地貌、流水地貌等景观。岩溶地貌较典型的有东里镇大旺泉、石桥镇大泉等岩溶大泉；南鲁山镇唐家寨溶蚀洼地、岩溶漏斗和落水洞以及大多分布在该镇境内的千人洞、九天洞等岩溶洞穴。流水地貌有较为典型的河流袭夺而形成的深涧河谷，如大张庄镇境内的柴汶河谷、石桥镇境内的南涧等。（详述见《附录》）

气　候

沂源县大部区域地处淮河流域北部山丘区，属暖温带半湿润季风区域大陆性气候，四季分明，春季回暖迟而迅速，风大雨少；夏季湿热多雨，间有干旱；秋季凉爽，干燥少雨；冬季寒冷，雨雪稀少。

鲁山

受山区地形影响，小气候特点明显。

降　水　境内降水集中于夏季，且降水时空分布不均，年内、年际间差异较大，春季降水明显少。根据1958—2023年共66年的各月降水记录，降水集中在7—8月，其中7月平均降水量211.5毫米，占平均年降水量的29.3%；1月降水量最少，平均仅为7.1毫米。全县自1958年有记录以来最多年降水量为1964年的1616.7毫米，最少年降水量为2002年的394.5毫米。1—3月是春旱多发期，平均降水量不到34.8毫米。66年中，冬、春单月降水为0的月份达30次。

日　照　境内日照时数平均2592.7小时，日照百分率为59%。日照时数最多的是5月，为277.2小时，占年日照时数的10.7%；最少的是12月，为180.9小时，仅占年日照时数的7%。7—8月正处雨季，日照时数减少。

气　温　全县常年平均气温11.9℃，年内最高气温多集中于7月，最低气温为1月。受地理方位和海拔高度影响，全县各地气温差异较大。在海拔200～300米之间的平洼地带，每百米温度梯度为0.63℃；海拔300～500米之间的丘陵地带，温度梯度为0.35℃；海拔500～800米的低山带，温度梯度为0.8℃。境内西部海拔600米以上的低山地带，比东南部海拔200米的河谷地带，平均气温低3.6℃。

土壤植被

土　壤　境内土壤主要有棕壤土、褐土、潮土3个土类，共8个亚类、18个土属、56个土种。

棕壤土类：有棕壤性土、棕壤、潮棕壤3个亚类，面积108.39万亩，主要分布在大张庄、张家坡、鲁村、南鲁山、悦庄、南麻等镇（街道），其中棕壤性土又称粗沙土或火石碴子，面积83.18万亩，土层在0.15～0.3米之间，质地粗糙、松散、瘠薄，流失严重；棕壤面积20.29万亩，其土层深厚、上松下紧，保水保肥性能好，适宜多种作物；潮棕壤面积4.9万亩，其土层深厚、上壤下黏，构型优良，适种作物高产、稳产。

褐土类：面积127.58万亩，有褐色性土、淋溶褐土、褐土、潮褐土4个亚类，主要分布在燕崖、中庄、西里、东里、石桥、南麻、南鲁山、鲁村等镇（街道）的青石山区。褐色性土面积89万亩，分布在青石山丘的中上部和顶部，其土层浅薄，坡度较大，土质粗劣，养分缺乏，流失严重；淋溶褐土面积20.58万亩，分布在悦庄、鲁村、中庄、西里等镇（街道），其土层深厚，一般超过1米，耕植层质地多为轻壤，少数为中壤，上松下紧，保水保肥，含钾丰富；褐土面积15.88万亩，分布在南麻、南鲁山、悦庄等镇（街道），其土层深厚，保肥保水性强，适宜种植各种作物；潮褐土面积2万余亩，分布在东里、西里、大张庄、燕崖等镇（街道），其土层深厚、上壤下黏，保水保肥，地下水位浅，宜种作物，属高产土壤。

潮土类：境内只有河潮土1个亚类，面积4.2万亩，分布于南麻、悦庄、鲁村、大张庄、东里等镇（街道）的沿河两岸，呈零星分布，壤质河潮土属高产土壤，沙质河潮土不宜作物生长。

植　被　境内主要有自然植被和人工植被两类。全县林地面积81.2万亩、草地面积13.8万亩，林草面积占总面积的38.7%，其中鲁山林场、毫山林场、松山林场、织女洞林场以及鲁村、大张庄等镇办林场总面积5.94万亩，以鲁山林场为最大，面积3.6万亩；种植园地87.2万亩，占总面积的35.6%，其中以东部和东南部的中庄、西里、张家坡、东里、燕崖5个镇境内的种植园地较其总面积占比最大，分别为60%、58.4%、53.3%、52.9%、49.5%，主要种植苹果树、桃树、樱桃树等。林草地主要分布在山崮上部、林场附近、村边封山、河边道旁，生有松柏、刺槐、野榆、椿树等树木和酸枣、荆棵等灌木丛及黄蒿、蒺藜、茅草、野艾等杂草，其他如杏树、柿子树、枣树等分布山间。耕地面积27.3万亩，占全县总面积的11.1%，主要种植小麦、玉米、谷子、地瓜等粮食作物和黄烟、花生、草莓、瓜菜等经济作物。

水资源

全县有大小河流1530条，大、中、小型水库114座，年均水资源总量4.2亿立方米。水库控制流域总面积740.3平方公里，总库容2.06亿立方米、兴利库容1.19亿立方米。境内地表水，1956—2016年多年平均天然径流量3.78亿立方米，多年平均地表径流深为231.0毫米，地表水体的水质状况良好，基本符合人畜饮用、农业灌溉和渔业养殖对水质的要求。2001—2016年多年平均地下水资源量为1.6亿立方米，地下水的分布极不均衡，其中富水区面积较少，只有306.8平方公里，占全县总面积的18.76%，且集中于鲁村、南麻、历山、悦庄及沂河两岸；一般富水区面积787.64平方公里，占总面积的48.2%，多分布于西里镇东部、鲁村镇南部及燕崖、东里、中庄等镇；贫水区面积540余平方公里，多分布于大张庄、张家坡、石桥、南鲁山等镇。县内天然出露泉水和自流井分布较广，锶型、偏硅酸型矿泉资源总量为每天4.97万立方米，可开采量为每天2.45万立方米。

河流水系

境内河流呈树枝状分布，主要属沂河、弥河、大汶河三大水系，其中沂河水系占全县总面积的89.3%。全县有沂河、徐家庄河、南岩河、高村河、螳螂河、儒林河、石桥河、白马河、杨家庄河、马庄河、红水河、五井石河等12条骨干河流，其中沂河为省级河道，其余为县级河道。

沂　河　是县内主要河流，发源于西部大张庄镇松山北麓（田庄水库以上原称大张庄河，后并称沂河），属淮河流域。徐家庄河、南岩河、高村河在田庄水库汇合（《清史稿》称“经龙洞山而合”），自西北向东南流，境内左有螳螂河、儒林河、饮马河、石桥河、水北河、红水河等支流汇入，右有白马河、杨家庄河、韩庄河、苗庄河、马庄河等支流汇入，在韩旺一带出境，又经沂水、沂南、兰山、河东、罗庄、兰陵、郯城等区、县，由郯城县的吴家道口出省，在江苏省宿迁境内流入骆马湖，抵燕尾港入黄海。河道全长574公里，总的流域面积1.73万平方公里，其中山东省境内河长287.5公里，是淮河流域沂沭泗水系中较大的河流，流域面积1.07万平方公里。沂河在沂源县境内长度90.1公里，流域面积1462平方公里，境内河道平均比降为0.0027。

关于沂河，《水经注》记载：

沂水出泰山盖县艾山，郑玄云：出沂山，亦或云临乐山。水有二源，南源所导，世谓之柞泉；北水所发，俗谓之鱼穷泉。俱东南流，合成一川。右会洛预水，水出洛预山，东北流注之。沂水东南流，左合桑预水，水北出桑预山，东注于沂水。沂水又东南，螳蜋水入焉。水出鲁山，东南流，右注沂水。沂水又东经盖县故城南，东会连绵之水。水发连绵山，南流，经盖城东而南入沂。

清康熙《沂水县志》沿沂河描述：

又西北百里为凤凰山织女洞，洞临沂水，险绝莫敢俯瞷。中有石，形圆若鼓，击之有声。每七夕，云气触空，环如结绮，近而耳之，隐隐若闻机杼声。转眺而西，一瀑飞来，势若游龙。唐羽士张道通，寿三百岁，作迎仙观，羽化于此。一百三十里为白马山，壁立如堵，崖畔有石马，若天城。一百五十里为荆山，上有寺，古浮图、梵宇甚状，亦胜地也……会鲁山螳螂水，东经盖县故城南，又东会连绵之水，又东经浮来山，南经爆山，又南经东莞故城西，小沂水注之，又南合间山之水，经东安故城东，合时密水南流……

郦道元称：“沂有二沂，一出柞泉山，一出鱼穷山，俱东南流，合成一川。”按清《沂水县志》：“（沂水）东源发于王峪岭北之水盈泉。”泉即《水经注》之“柞泉”。“（沂水）北流至大张庄，南合旋风峪水，北合玉泉寺泉，又北经临乐山，合狗跑泉。”“狗跑泉”即《水经注》中所称“鱼穷泉”。洛预山即大张庄镇的老松山。“桑预水”指徐家庄河，“桑预山”即徐家庄的黑山，“螳蜋水”即螳螂河。

1988年10月，水利部治淮委员会（1990年改称“淮河水利委员会”）沂沭河管理处、临沂地区水利局专家会同沂源县水利局进行实地勘察，将沂河源头增加到4处，即大张庄河、徐家庄河、南岩河、高村河。2019年，对县级及以上河道进行划界，田庄水库以上大张庄河全长29.6公里。2021年10月，水利部淮河水利委员会沂沭河水利管理局沂河水利管理局根据划界数据，按照河源唯远原则，确定大张庄镇松山北麓为沂河发源地。

徐家庄河 属沂河水系。古称“桑预水”，发源于鲁村镇黑山交岭之阴的龙子峪，北流，经徐家庄东艾山之西，东北流至鲁村镇政府驻地西南，在齐家石沟村东汇入田庄水库，河长20.13公里，流域面积170平方公里。清代《沂水县志》记载：“西源发源于交岭西北刘家庄小泉，东北流转西，经艾山之阴。”《清史稿·地理志》称：“沂水三源……桑氏主西源，出艾山。”《沂州府志》又谓之“发源于蒙阴西北艾山”。

南岩河 又名仁里河，属沂河水系。发源于大张庄镇张家旁峪村南，东北流，在南麻街道仁里村北左汇支流青杨圈河，在龙崖村东汇入田庄水库。全长23.84公里，流域面积89.4平方公里。《清史稿》《沂水县志》称该河为中源。

高村河 属沂河水系。发源于蒙阴县岱崮林场，北流入境大张庄镇双山村，经狼窝山北麓、天门顶东侧，东北流，经曹家庄、宋家庄、朱家庄、赵家庄村后，在高堂峪村南汇入田庄水库。全长17.42公里，流域面积52.3平方公里。

螳螂河 古称“螳蜋水”“沧浪河”，属沂河水系。《水经注》称“沂水又东南，螳蜋水入焉。水出鲁山，东南流，右注沂水”。该河发源于鲁山南、三府山东，经董家庄东流，汇鲁山南麓之水，经南鲁山镇（原土门镇）继续东南流，流经九会、芝芳村，在县城南左汇沂河。全长29.7公里，流域面积143平方公里。

儒林河 属沂河水系。发源于悦庄镇娄峪村北，上游截流建娄峪水库，南流。埠村河在埠村南右汇，埠村河上游截流建李家庄水库；石臼河在东儒林村东左汇儒林河，上游截流建双跃水库。两支流汇入后，南流900米，左汇沂河。全长14.66公里，流域面积66.7平方公里。

石桥河 属沂河水系。发源于石桥镇东北部错石村，上游截流建错石水库。西南流，左有茂子峪河、东北庄河、黄安河、松峪河、茶峪河等汇入，右有上峪河、关河峪河、小水河等汇入，在葛庄村南流，又西流，经石楼村，入悦庄镇东小水村，在西小水村南左汇沂河。全长19.44公里，流域面积96.7平方公里。

石桥河

白马河 属沂河水系。发源于蒙阴县岱崮林场，东北流，在岱崮镇王家峪村西北折而向北，经石板村汇入红旗水库。出库后北流，经燕崖镇全境，自西白峪村折转向东流，在牛郎官庄西北右汇沂河。全长22.32公里，流域面积约109平方公里。

杨家庄河 属沂河水系。发源于中庄镇西部，焦家上庄村西南，坐盘顶之阴，上游截流建焦家上庄水库。出库后东北流，后峪子河、耿庄河左右汇入，在苗家河西村南右汇沂河。全长15.97公里，流域面积50平方公里。

马庄河 属沂河水系。发源于西里镇南部的抗洞洼村南，经周家上庄村后东南流，经蝙蝠峪村以后东流，流经石炕子村、上马庄、胡马庄、徐马庄村后，入东里镇境内，在东里镇政府驻地南右汇沂河。全长18.6公里，流域面积92.2平方公里。

白马河

红水河 古称"浮来水"，属沂河水系。发源于临朐县九山镇牛寨村，上游截流建北店子（一）水库。出库后西南流，纵贯全镇南北，经冯家圈、任马庄、张家坡、林前等村后，入东里镇境，在东安故城以东0.5公里处左汇沂河。全长16.54公里，流域面积97.3平方公里。

《临朐县志·续志》记载："源于铜陵关西南山峪中。去城百里，水南流数里，折而东，经铜陵关山脚下，南流入沂河，交沂水县境。"据道光七年修《沂水县志》载："东安水，即《水经》浮来水也，自铜陵关南，西南流经夹峪水。此《水经》所谓左控三川也。又南流，右汇黑崖水，此《水经》所谓右汇甘水也。又南经隋东安城，东南流入沂。此《水经》所谓沂水又东经浮来山，浮来之水注之也。"

饮马河 古称"小运水""西河"，属沂河水系。发源于悦庄镇花水村东北、红崮堆之阳。在北营村以北截流建北营水库，南流，经中营村、南营村、悦庄镇政府驻地及北张良村后，在沂河头村东左汇沂河。全长13.85公里。

韩庄河 属沂河水系。发源于中庄镇社庄村西柳峪，北流，截流建社庄水库、列里水库，后向东流经张庄村、黄土崖村，在韩庄村东右汇沂河。全长12.64公里。

水北河 属沂河水系。发源于石桥镇毫山村东北，石桥镇境内称大泉河。上游支流建毫山水库，出毫山村后南流，经大泉村和东里镇的苇子峪村、暖院村、后水北村，在前水北村南左汇沂河。全长11.5公里。

五井石河 沂源境内原称"三岔河"，属弥河水系。发源于南鲁山镇车场村，东北流，经南流水村、璞邱村后，在三岔店西南，鲍庄河与其相汇后折北，汇入临朐县的嵩山水库，后在冶源水库下游汇入弥河。境内全长14.89公里，流域面积136平方公里。

龙山河 属弥河水系。发源于悦庄镇的米山子村，东南流，经迟家峪村、八仙官庄村、两县村、上枝村后，流入临朐县，在临朐县九山镇政府驻地北折向北流，最终汇入冶源水库。境内全长9.59公里，流域面积27.8平方公里。

柴汶河 属大汶河水系。发源于大张庄镇石柱水库上游，出库后东南流，在胜利村西折向东流，经上淤土地村，在下淤土地村东急转向西南流，在半截沟村南出境，汇入新泰市龙池庙水库。境内长11.7公里，流域面积38平方公里。

饮马河

水利建设

《道德经》言："上善若水，水善利万物而不争。"《水经注》载："《玄中记》曰：天下之多者，水也，浮天载地，高下无所不至，万物无所不润。"在中国上下五千年的文明史中，对水的认识达到无与伦比的境界。古代先祖在除害兴利的历史长河中，创造出了璀璨辉煌的水利文化和兴利工程丰碑。"洪水滔天，鲧窃帝之息壤以堙洪水"（《山海经·海内经》）以及大禹治水的故事人尽皆知。公元前256年，秦蜀郡太守李冰父子建无坝引水、水旱从人、沃野千里的都江堰，被称为世界水利文化的鼻祖；公元前246年，溉泽关中沃野，秦以富强，卒并诸侯的郑国渠；公元前214年，凿成通航，有"世界古代水利建筑明珠"美誉的灵渠；唐大和七年（833）修建的大梅木枕卧堰中，历经千年而不腐，海江分流、咸淡阻隔的它（tuō）山堰（宁波鄞县鄞江镇）；自公元前486年始凿，历经千年而不缀其工，贯通南北而兴利通航的京杭大运河；渗水引流，井井通渠，沙漠变绿洲的“坎儿井”，与长城、京杭大运河并称中国古代三大工程。新中国成立后，不畏恶劣的自然环境，峭壁凿渠，引灌太行，创造出“自力更生、艰苦创业、团结协作、无私奉献”精神的红旗渠工程……

在中华大地源远流长的治水实践中，逐渐形成了以水为魂，“身执耒臿，以为民先”的献身精神、“左准绳、右规矩”的科学求实精神以及“非予能成，亦大费（即伯益）为辅”的团结治水精神，并不断地丰富、传承、发扬、光大，演绎着水文化的人文之魂。

沂源虽属新建县，但该地历史悠久，铭鼎昌盛。在人类与水共生、逐水而居的历史长河中，创造出了灿烂的文明，在沂河两岸留下了大量的名胜古迹和数不清的神话传说。境内出土有60万年前的“沂源猿人”化石。“水是酒之血”，水是酒的主要成分之一，水质的好坏直接影响酿酒的质量。在螳螂河畔西鱼台村姑子坪出土的青铜壶中，2900年前的古人就以“螳螂”之水酿造“琼浆玉液”。毗居沂河及其支流左右，千人洞、栖真观、荆山寺、三官庙、仰仙观、牛郎庙、织女洞、神清宫、盖冶古城、弥陀寺、唐山摩崖石刻、东安古城、院峪西寺等，承载了沂河源头丰富的历史记忆。

西鱼台姑子坪出土的西周青铜壶

沂源水利发展

水利，概括为人类为了生存和发展的需要，采取各种措施，对自然界的水和水域进行控制和调配，以防止水旱灾害，开发利用和保护水资源。用于控制和调配自然界的地表水和地下水，以达到除害兴利而兴建的工程，谓之水利工程。

“水利”一词，最早见端于《吕氏春秋》中的《孝行览·慎人》篇，“取水利”系指捕鱼之利。中国第一部水利通史《史记·河渠书》载言：“甚哉！水之为利害也。”“自是之后，用事者争言水利。”水利便具有防洪、灌溉、航运等除害兴利之含义。

随着现代经济社会的不断发展，水利的内涵也在不断丰富和扩大。1933年，中国水利工程协会第三届年会决议曾明确指出：水利范围应包括防洪、排水、灌溉、水力、水道、给水、污渠、港工八种工程在内。进入20世纪后半叶，水利范围增加水土保持、水资源保护、环境水利和水利渔业等新内容，其含义更加广泛。

自古以来，境内以农业为主。新中国成立之前，境内无一座库塘、机井等水利设施，灌溉面积不足千亩。河道无堤防，汛期任洪水肆虐，浊流滚滚，吞噬田园；旱时则河水断流，汪塘干涸，禾稼枯萎。旱涝灾害严重束缚着农业生产的发展。

新中国成立初期水利建设 全县有计划、大规模兴水利、除水害活动始于1949年。早在1934年1月23日，在江西瑞金召开的第二次全国工农代表大会上，毛泽东就发出“水利是农业的命脉，我们应予以极大的注意”的号召。新中国成立之时，首届全国政协会议就将兴修水利、防洪防旱等水利事业规定在共同纲领中。1949年，全国解放区水利联席会议提出，水利事业是科学性的工作，必须因地制宜、因时制宜、因社制宜，并提出“巩固与发展并重，兴建与管理并重，数量与质量并重”的原则，以达到发展生产的目的。

新中国成立后，根据全国解放区水利联席会议“防止水患，兴修水利”的水利建设基本方针，全县开始有组织、有计划地大规模兴利除害。沂源人民发扬愚公移山的精神，改造自然，大办水利，谱写了全县水利建设史上的光辉篇章。

20世纪50年代初，由于互助合作组织规模小、局限性大，因而无力举办大的农田水利工程，只能闸山沟、修塘坝和兴修几百立方米的小水库。1951年冬，沂源县委、县政府根据中央人民政府要求“三至五年内基本消灭水患”的方针和省委省政府的指示，根据全县山区占总面积85%以上的具体情况，作出在一个冬天内全县完成闸山沟5万立方米的工程计划，配备专门的干部，成立县水土保持工程指挥部，各区也成立相应的组织机构，随即又培训大批的技术人员，开展大规模的闸山沟运动。全县投入闸山沟工程的人员每天约3万人。自11月28日至12月2日的5天时间内，全县完成工程石方6.95万立方米。

1954年，广大农村地区普遍建立初级农业生产合作社（简称初级社），到1955年年底，全县初级社发展到758个，一半以上农户加入初级社。翌年，全县掀起扩社、并社、升社（初级社升为高级社）的高潮，到1957年10月，全县高级社发展到428个，三分之二以上农户加入高级社。1958年8月，南麻29个高级社5100户社员组成南麻（红旗）人民公社，随后，全县19个乡镇全部实行政社合一体制的人民公社（后改为14个公社）。农业合作化体制和劳动力“大兵团作战”，对当时无机械设备、缺少必要的水泥等建筑辅助材料的情况下开展河流治理，发挥了巨大的劳动力优势。

农业生产合作化时期，沂源人民按照“蓄泄兼筹，上下游兼顾”的原则，大力开展以封山造林、修地堰、闸山沟、建塘坝谷坊和挡水堰以及“四旁”（宅旁、村旁、路旁、水旁）绿化、深翻整地建梯田等保土缓水为主的水土保持活动。组织群众深翻整地改土，对山坡土地进行梯田化、水利化、绿化“三化”改造，深翻、整平，建“二合一”梯田或“三合一”梯田（将山坡土地整成水平梯田，深翻整平、培地埂、挖排水沟、修水簸箕）。

1955年10月，南麻区西沙沟村动工兴建西沙沟水库，投入经费4万元，开挖土石方5.8万立方米。从新中国成立到1957年年底，全县共投入工日488.75万个，投资18.27万元，灌溉土地面积1.13万亩。同期，建成鲁村区峨峪水库等较早的蓄水工程。

1958年，田庄水库建设工地现场

人民公社化时期水利建设 人民公社化以后，开始深翻整地，农田水利建设迅速发展，全县水利建设进入鼎盛时期。1958年3月，为贯彻中央、省委“以蓄为主，蓄泄兼顾，开挖水源，发展灌溉，依靠群众，大办水利”的方针，县委、县人民委员会（简称县人委）向全县发出了“全党动员，全民发动，大办水利”的号召，在全县掀起大规模的水利建设高潮。县委、县人委领导亲自抓水利建设，全县5万余人上阵。1958—1960年底，三年中建大型水库1座（田庄水库）、小（一）型水库3座、小（二）型水库5座和一大批塘坝，全县出现了“千库万塘锁蛟龙”的生动局面。1960年以后，根据中央“调整、巩固、充实、提高”的方针，总结前段时间水利建设的经验教训，对一些半拉子工程进行续建、加固，处理遗留问题。按照全面规划、综合治

1959年，悦庄公社社员在修建北营水库

理、统一安排、合理布局的原则进行灌溉开发，发动群众打机井、建扬水站，扩大灌溉面积。与此同时，以修塘坝、建谷坊、整梯田为主的水土保持工程也得以恢复和发展。

1961年，在总路线、大跃进、人民公社“三面红旗”指引下，以社、队自办为主，以农业生产为中心，发挥和巩固现有工程效益，有计划、有步骤地因地制宜开展农田水利建设，增强抗旱、防洪、排涝能力，保障农业丰收，粮食亩产由1957年的238斤提高到1961年的348斤。至1965年，全县又建小(一)型水库2座、小(二)型水库21座，并建成一大批扬水站和机电井。

“文化大革命”初期，全县水利建设受到影响，部分水利设施遭到不同程度破坏，水利工程建设的脚步放缓，仅限部分已经铺开摊子的工程和尾工。1972年，北方抗旱工作会议后，广大干部群众排除各种干扰，在“农业学大寨”活动中，以抗旱打井、配套挖潜和解决山丘村人畜吃水问题为重点进行了农田水利基本建设。各级党委、政府把打井作为抗旱的主要措施来抓，层层建立抗旱打井领导机构，组织打井专业队，掀起打井高潮。在此期间，水库、塘坝建设又有新发展，至1976年年底，又建成中型水库1座(红旗水库)、小(一)型水库12座、小(二)型水库40余座。在比较大的灌区建设中，完成田庄水库、红旗水库灌区配套等。1966—1976年，全县水利工程总投资928.66万元，投工2438.5万个，有效灌溉面积19.61万亩，实际灌溉面积16.72万亩。1973年，开展水利“五查四定”工作，即查工程建设与投资使用、查工程安全、查工程效益、查综合利用、查管理现状，定任务、定计划、定措施、定体制。

改革开放时期水利建设 1978年，党的十一届三中全会胜利召开，全党工作重点转移到以经济建设为中心上来，我国社会主义建设进入了新的历史时期。水利工作的重要性越来越被人民所认识，农民群众参加水利建设的积极性空前高涨。1977—1980年，全县持续开展农田水利基本建设“大会战”。“会战”中，山水林田路全面规划，综合治理，

1978年11月，南麻公社红旗岭“农业学大寨”工地

统一组织，分片施工。各公社主要负责人挂帅，社有社的点，各村有各村的点，层层包干，一抓到底。4年时间共投入劳动工日1341.6万个，投资1101.9万元，有效灌溉面积18.67万亩。

1978年12月，根据水电部“加强经营管理，讲究经济效益”的水利方针，全县水利工作开始转型，全面服务于经济建设这个中心。主要开展重点工程的配套、挖潜、续建、加固和综合经营工作。1982—1983年，对已建的水利工程进行了“三查

20世纪70年代末，南麻公社社员在开挖水渠

1988年建成的东里镇东安村中德合作山东粮援项目灌溉工程

三定”工作，即查安全、定标准；查效益、定措施；查综合经营、定发展计划。并对全县的大、中、小（一）型、小（二）型水库防洪能力进行复核，先后对9座小（一）型水库、1座小（二）型水库进行除险加固。

1982年，贯彻省政府〔1982〕59号文件精神，各灌区实行计收水费制度，同时大力开展各灌区的配套挖潜工作。自1983年起，水利工作重点开始转向加强经营管理、讲究经济效益和全面服务、转轨变型上来。这一时期，解决山区人畜吃水难的工程成为重点工程项目。特别是自1988年实施德国粮援项目后，在项目区作了一批标准高、质量好的吃水工程和部分灌溉工程，受到国家好评。水土保持工作进入以小流域为单元的综合治理阶段。这一时期中，以农村经济体制改革为先导，全国各行各业掀起改革浪潮。但水利改革却没有跟上时代步伐，原有做法已不适应新形势，而新机制又没有随即建立起来，加之国家对水利工程的投资逐年减少，工程老化、退化、失修的矛盾日益突出，水利综合经营也处于探索阶段。

1987年，沂源县被列为全省9个贫困县之一，贫困的重要原因是水源奇缺，人畜吃水困难。同年始，国家采取“以工代赈”方式实施水土保持小流域治理，国家以实物折款或现金形式投入，让参加劳动的群众获得报酬，以务工代替赈济。截至1989年年底，全县尚有缺水村199个共计8万余人口。1990—1992年，国家采取工业品以工代赈的措施，解决人畜吃水，推动脱贫致富。

1990年，中央首次提出“水利是国民经济的基础产业”的论述。水利部提出走“水利为社会，社会办水利”的路子，探索多元化、多层次、多渠道筹集水利建设资金的改革途径和办法，水利改革与发展进入新轨道，水利在国民经济中的地位开始发生根本性变化，经济社会发展对水利的要求也越来越高。随后多年，以农田水利为主的农田基本建设工作相应得到加强。

1995年，中国共产党十四届五中全会《制定国民经济和社会发展“九五”计划与2010年远景目标的建议》，把水利列在国民经济基础设施建设的首位、把节水排在资源节约的首位。

1997年，国务院《关于印发水利产业政策的通知》（国发〔1997〕35号），再次确立水利是国民经济的基础设施和基础产业，指出：国家实行优先发展水利产业的政策，鼓励社会各界及境外投资者通过多渠道、多方式投资兴办水利项目。为扩大水利建设资金来源，按照国务院《关于印发〈水利建设基金筹集和使用管理暂行办法〉的通知》（国发〔1997〕7号）的有关规定，建立和完善中央与地方水利建设基金及使用管理办法。

1998年，全国发生百年不遇的特大洪水，中国共产党十五届三中全会《中共中央关于农业和农村工作若干重大问题的决定》明确指出：“洪涝灾害

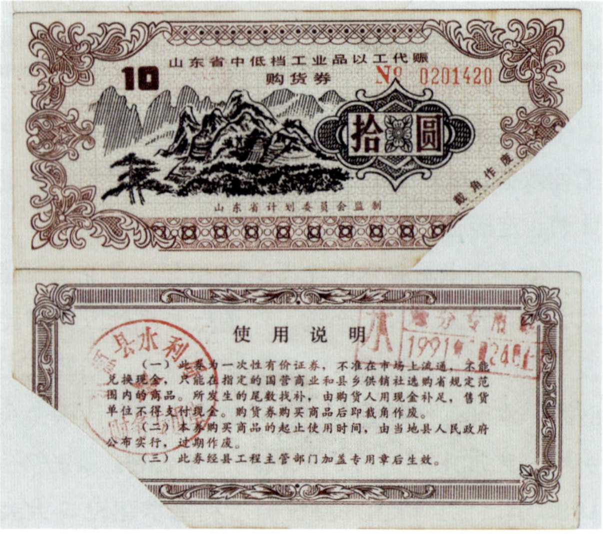

1991年使用的工业品以工代赈购货券

历来是中华民族的心腹大患，水资源短缺越来越成为我国农业和经济社会发展的制约因素，必须引起全党高度重视。要增强全民族的水患意识，动员全社会力量把兴修水利这件安民兴邦的大事抓好”，要“制定促进节水的政策，大力发展节水农业，把推广节水灌溉作为一项革命性措施来抓，大力提高水的利用率，努力扩大农田有效灌溉面积。”

1991—2002年，全县水利事业突飞猛进，快速发展。期间全县新打机电井498眼，新建扬水站159处，加固水库86座，治理河道110公里，治理水土流失面积610平方公里，修防渗渠130公里，发展节水灌溉12.5万亩，全县有效灌溉面积达到15万亩；建水池、水窖3.1万个，解决缺水村230个、缺水人口13.8万人；全县改制水利工程590处，回收再建资金279万元；完成水资源科研项目3项；建成城市供水水源地2处。水利建设完成总投资3.05亿元，投工5000万个。全县淡水养殖水面达到1.95万亩，水产品产量累计达到2.85万吨。全县水利综合经营值累计达到3.9亿元。

21世纪水利建设 进入21世纪以后，国家坚持民生优先，以人为本建设民生水利，着力解决群众最关心、最直接、最现实的水利问题，统筹兼顾，兴利除害结合、防灾减灾并重、治标治本兼顾，不断加大农业、农村水利工程措施投入。2004年起，连续7年的中央一号文件将水利建设作为农业发展的重要内容。2011年，中央一号文件首次聚焦水利，指出：“水利是现代农业建设不可或缺的首要条件，是经济社会发展不可替代的基础支撑，是生态环境改善不可分割的保障系统。”明确水利改革发展事关农业农村发展和经济社会发展全局，将水利工作上升到粮食安全、经济安全、生态安全、国家安全的高度，并制定和出台一系列加快水利改革发展的新政策、新举措，水利事业迎来又一个春天。2014年，习近平总书记提出“节水优先、空间均衡、系统治理、两手发力”的新时期治水方针，为水利发展提供了明确的指导思想和根本遵循，“绿水青山就是金山银山”理念深入人心，沂源县生态水利、和谐水利、民生水利、安全水利建设实现跨越式发展。

2001年冬，县委、县政府提出改建螳螂河水景公园。2002—2003年，在螳螂河城区段建橡胶坝3座、混凝土拱坝1座，砌筑垂直防渗墙2万平方米，形成平均水面宽度200米、总面积300公顷、湿地面积200公顷的河流湿地、人工湿地。随后，逐渐在总长约10公里的沿河两岸打造成水清岸绿、人居和谐，集观赏、休闲、娱乐于一体的综合性生态湿地公园。2012年12月，螳螂河城区段被山东省林业厅评为省级湿地公园。

在完成螳螂河城区段生态治理后，先后投资4.6亿余元，对沂河实施由上至下大规模的分段生态治理。2007—2008年，投资2500万元实施沂河织女洞段水景工程，建橡胶坝2座、拦沙坝2座、浮桥1座，沂河、白马河回水总长度4.5公里。以沂河织女洞段景区为核心，南至河西二村，北至安乐村，形成3.5万立方米的人工湖，湿地面积95万平方米，湿地景观与“牛郎织女故乡”“中国爱情文化源地”的人文景观互为补充。2010年12月，城区水景公园和牛郎织女风景区等沿沂河景点组成的沂河源风景区，被水利部评为“沂河源国家级水利风景区”。

2002年，在螳螂河城区段建成的全县第一座橡胶坝

沂河织女洞段水景工程

2013年5月，沂河织女洞段被山东省林业厅评为省级湿地公园。

2004年12月，全省小型水库加固工作现场会在沂源县召开，开始对全县小型水库分批分类实施除险加固。到2023年，全县114座大、中、小型水库和部分塘坝全部达到防洪设计标准，所有水库的安全隐患得到消除，其水资源调控能力大大增强，蓄灌作用明显提高。

2013—2017年，在新中国成立后对部分中小河流进行多次治理的基础上，先后对螳螂河、儒林河、红水河、白马河、石桥河、南岩河、徐家庄河、马庄河、杨家庄河、高村河、饮马河等重点中小河流进行清淤清障、岸坡整治、堤防加固等综合治理。全县骨干河道行洪能力显著增强，水生态环境大大改善，有史以来一遇暴雨便洪水肆虐，严重危害人民群众生命财产安全的境况不复存在。2017年，实施河（湖）长制，全县所有河流和水库均纳入河（湖）长制管理范围，建立起县、镇（街道）、村三级河（湖）长管理网络，境内河道、水库实现由建到管、建管结合、管治并举的综合管治机制，保护水资源、防治水污染、改善水环境、修复水生态成为落实绿色发展理念、实现河湖功能永续利用、推进生态文明建设和乡村振兴的主基调。2023年，沂源县被水利部确定为全国两个之一、山东省唯一水土保持空间管控制度试点县。同年，鲁山小流域被省水利厅评为“生态清洁示范小流域”，沂河下龙巷段被省水利厅授予“水系绿化样板”。

2003年起，逐步改进灌溉方式，发展节水农业，推行渠道防渗、喷灌、微灌、滴灌等节水灌溉措施。2011年，成功申报全省高效节水灌溉试点县项目。通过实施节水灌溉示范项目、小型农田水利重点县项目等，逐渐在全县普及高效节水灌溉，并建起一大批以水肥一体化等为主要内容的高效益、高产出的高标准农田示范项目，农田灌溉方式发生了质的飞跃。几千年来农民有水无灌，靠天吃饭，在长期的农业生产中灌溉用水利用率偏低，严重制约农业经济发展的瓶颈问题得到彻底解决。

2004年年底，全县基本解决缺水村的饮水难问题。2006年开始，在全县范围内先后实施农村自来水“村村通”工程、饮水安全工程、饮水扶贫工

沂河“龙湾水乡”水系绿化样板

2013年建成的东里镇后水北村高效节水灌溉工程

程等，不断巩固提升农村饮水安全保障水平，广大农村地区实现从历史上的吃水难，到吃上水、吃上自来水，再到吃好水的历史性跨越。2015—2016年，实施两年饮水扶贫工程，全县所有贫困村庄实现饮水脱贫。2018年，实施三年饮水脱贫攻坚，在水源建设、管网建设改造、水处理设施、冬季防冻措施、入村入户建设五个方面，对存在饮水问题的省定贫困村和水质不达标村、饮水不安全村，进行再摸排，实施农村饮水安全巩固提升工程。到2020年，三年时间将全县12个镇办117个村共6.01万人的饮水质量问题彻底解决。城区供水管网延伸到悦庄镇中南部及石桥镇西部的大片地区，东里镇、鲁村镇等先后建起覆盖广、效率高、水质有保障的集中供水工程。2021年，农村饮水工程开始转向乡村振兴农村供水保障建设，构建水质合格、保障率高、保护到位的水源体系和规模大、标准高、质量好的供水工程体系，推动更多地区实现城乡供水“同源、同网、同质、同服务、同监管”目标。2021—2023年，总投资2.2亿余元，全面解决全县108个分散式供水村庄6万余人的安全饮水问题。

大事记

1944年

5月　下旬，成立沂源县抗日民主政府，设立实业科，分管水利建设与管理。

1950年

6月　实业科改称建设科。

7月　华东军政委员会水利部在沂河北岸设立东里店水文站。

1951年

是年　建悦庄雨量站。

是年　沂源县从东北及烟台、文登等地购入橡子、枰柳、刺槐等树种，育苗造林。

1952年

是年　全县建国营苗圃6处。

1953年

是年　全县发动群众自采树条，绿化河滩及“四旁”地。

1955年

10月　南麻区西沙沟村动工兴建全县第一座小型水库。

1956年

6月　建设科分设为农业科、水利科。

10月　水利科改称为水利局，主管全县水利建设事业。

是年　春，新民主主义青年团沂源县委发动全县团员青年开展义务植树，大力开展群众性的植树造林活动。

是年　成立山东省沂源县防汛指挥部。

1957年

是年　东里店水文站属山东省水利厅。1965年改属山东省水文总站。

1958年

1月　农业局、水利局合并为农水局。

10月　开始兴建田庄水库。

是年　县委成立治山指挥部，并以历山为实习战场，培训600余人的治山技术队伍。

1959年

10月　土门公社、悦庄公社分别兴建芦芽水库、北营水库。

12月　县人委撤销农水局，设立农业局、畜牧

1961年修建的西鱼台滚水坝

局、农业机械管理局、水产局、水利局。

1960年

5月　沂源县成立田庄水库管理局，建田庄水库水文站。

6月　田庄水库大坝合龙，大坝基本建成。

是年　县委召开机关各部门与库区负责移民的干部会议，成立移民委员会，田庄水库库区各大队成立移民小组。

1961年

11月　南麻公社西鱼台大队在螳螂河西鱼台段建全县第一座滚水坝。

11月　撤销水产局。

是年　建成田庄水库大坝右岸南放水洞小型发电站。

是年　九会公社下土门河北村在大河崖头建小型水电站1座，1964年被洪水冲垮。

是年　建芦芽店、大张庄、燕崖雨量站。

1962年

5月　农业局、水利局、田庄水库管理局合并为农水局。

7月　全县连遭暴雨袭击，唐山公社苗庄水库等14座水库、塘坝被冲垮，县城被淹，博沂公路桥梁被冲断。

12月　唐山公社江家峪大队改良山岭薄地获连年丰收的经验被山东省农业厅在全省推广。

是年　春，西北麻大队在村南打成全县第一眼农田大口井。

是年　中庄公社于家北坡大队、张庄公社董家河沟大队因封山造林，水土保持搞得好，受国务院嘉奖。

1963年

7月　19日，持续暴雨23小时，全县社社有灾。高家官庄、院峪、东长旺、小北峪大石沟、河东等174座水库、塘坝被摧毁。

9月　县人民委员会再次撤销农水局，分设农业局、水利局。

10月　全县第一处电力扬水站在九会公社芝芳大队建成试车。

是年　县水利局党支部成立。

是年　建徐家庄雨量站。

1964年

7—8月　暴雨日7天，全县3座小型水库决坝。全年降雨1616.7毫米，为新中国成立后最高降雨记录，沂河东里段出现历史最高年径流量12.39亿立方米。

11月　从张庄、鲁村、燕崖、九会、南麻、悦庄、张家坡、东里、唐山、中庄10个公社各选调1人，进行水利建设技术培训。

是年　冬，全县开展以治山改土为中心的农田基本建设。

是年　山东省沂源县防汛指挥部改称沂源县抗旱防汛指挥部。

是年　沂源县成立移民办公室。

1965年

5月　副省长李澄之率山区工作考察团到沂源县进行水土保持工作考察。

是年　春、夏、秋连旱。6—8月，风雹洪水交替发生。

是年　全县号召“队队建立小苗圃”。

是年　成立田庄水库岁修加固施工指挥部，对田庄水库工程实施加固工程。1967年竣工。

是年 建焦家上庄、石桥等雨量站。

1966年

6—7月 暴雨、大风、冰雹交替，冲垮水库3座、塘坝14座。

10月 动工兴建红旗水库。翌年5月竣工。

是年 省地质局801队在石桥公社松峪大队机凿全县第一眼深井。

是年 沂河、螳螂河、张庄河、鲁村河、悦庄河等11条较大河流两岸得到初步治理。

1967年

3月 成立县革命委员会，设置5个部、室组，生产指挥部下设农林水办公室。

10月 水利局成立革命委员会。

11月 红旗水库灌区配套工程开工，1969年5月开灌。

是年 县革委成立5人移民小组。

是年 在大泉水文站首次使用手摇缆道测流。

是年 随着田庄水库蓄水位提高，加之当年洪水，鲁村大队原村址前所筑土堤被冲塌，该村被淹没。

1968年

6月 设立高庄河（后称高村河）朱家庄水文站。

11月 动工兴建田庄水库北干渠，1974年成立灌区指挥部，建灌渠管理所。1976年4月开灌。

是年 年底，县委决定建设县城供水工程。翌年5月，成立自来水小组。

1969年

1月 县革委政治部决定撤销水利局。1972年2月恢复。

9月 在北埠子建全县第一座自来水水塔，容积200立方米。

1970年

是年 红旗水库灌区工程竣工，干渠长37公里，支渠长24公里。

1971年

4月 田庄水库溢洪闸工程开工。1973年10月主体工程竣工。

是年 成立水利吊装队，主要承担灌区渡槽吊装等任务。

1973年

2月 县革委设立田庄水库管理局。

6月 县革委核心领导小组调整水利局领导班子，成立党支部。

是年 县普查办公室成立，对全县所有水库等水利设施进行“五查四定”。

是年 成立红旗水库管理所。

是年 县打井办公室成立，水利局成立打井队。

是年 首次使用柴油动力岩芯钻机在唐山公社上马庄大队机凿深井1眼，井水自溢。

1974年

是年 秋，田庄水库溢洪闸机电设备安装完毕。水电部领导现场检查指导建闸工作。

1975年

9月 县委撤销生产指挥部，设立县革委农、林、水办公室。1981年8月改称农业委员会。

是年 秋冬，全县进行39道岭、10条河的治理工程。

是年 开始建设以杨树为主的速生丰产林。

1976年

1月 沂源县革命委员会制定《农田灌溉管理办法》。

3月 水产工作由农业局移交到水利局管理，设立水产站。1983年改称渔业技术推广站。1993年改称渔政渔技站。

6月 中共山东省委第一书记、山东省革委会主任白如冰，中共临沂地委副书记、临沂行署专员王任之到中庄公社青龙官庄大队视察抗旱、春灌及人畜饮水情况。

1977年

10月 动工兴建田庄水库水电站。1979年5月建成。

是年 县水利局成立水电普查组，开展全县水力资源普查。翌年4月，完成河流水电站梯级开发规划。

1978年

4月　建红旗水库水电站。1980年冬竣工，后未投入使用。

10月　动工兴建田庄水库南干渠。

是年　秋，购进第一批喷灌机。

1979年

7月　田庄水库溢洪闸全部竣工。

是年　在张庄公社水营大队进行喷灌试点工程。

1980年

是年　沂源县实行植树育苗激励政策。

1981年

12月　28日，沂源县第九届人大常委会第四次会议通过《关于保护水利工程设施的暂行规定》。

1981年

是年　冬，水利局搬进办公楼。

1982年

2月　2日，全县召开抗旱"双保"会议，县成立抗旱"双保"指挥部。

6月　各公社水利组改称水利站。水利局公布各站负责人，人员编制3~5人，全县14个水利站共有职工35人。

是年　对已建水利工程进行"三查三定"。

是年　各灌区实行计收水费制度。

是年　沂源县成立绿化委员会。

是年　在中庄、土门等公社建绿化苗木良种园，划定采种、采条基地1000亩。

是年　在大张庄公社水营大队发展半固定式喷灌。1984年7月试车成功。

1983年

11月　沂源县被列为山东省水土保持重点县。

是年　冬，省水利厅在沂源县举办山区找水培训班。

是年　红旗水库下放到燕崖公社管理。翌年收回，由县水利局管理。

1984年

6月　田庄水库管理局并入县水利局，改称田庄水库管理所。

7月　12日，特大暴雨，全县冲垮房屋2480间，砸死、淹死、冲走共计33人，其中死亡12人，4.6万余亩农田绝产，西五陡水库、北官庄水库垮坝。东里店水文站实测沂河最大流量为每秒3660立方米。

7月　为加强水土保持工作，县政府决定成立水土保持委员会，下设办公室在水利局。

9月　水利局机构改革，局直属单位有办公室、人秘股、水利队、打井队、财务股、工会、水产站。

11月　县政府召开水产工作会议。

11月　省水利厅在沂源县召开全省小水电经营管理座谈会，推广田庄水库水电站开展副业生产的经验和做法。

是年　中共临沂地委、临沂行署把解决山区群众吃水难问题列入"六五""七五"规划。

是年　对全县水土保持进行普查。

1985年

7月　山东省省长李昌安带领省直20余名厅局负责人考察沂源等6个贫困县及岸堤水库库区。

9月　撤区划乡镇，在新设的韩旺乡、金星乡、沟泉乡设置水利站，恢复徐家庄乡水利站，全县11个乡、6个镇各设水利站1个。

是年　沂源县被列为全国重点贫困县。调整确认241个重点缺水行政村，共12.7万人。

1986年

4月　沂源县被定为全国12个水土保持重点县之一。

5月　设立县水土保持局。

5月　渔技站引进尼罗罗非鱼种，在燕崖乡黑虎泉进行试验养殖。

5月　中庄乡西柳峪、燕崖乡双泉等12条小流域被列入"七五"以工代赈水土保持项目。

5月　沂源县被列为国家以工代赈水土保持项目重点县。

12月　县政府颁布《沂源县水资源管理暂行办法》。

是年　省水利厅连续三年拨付专项资金，扶持沂源县在内的6个贫困县。

是年 山东省省长李昌安视察沂源县水土保持先进单位张家坡乡阳三峪村。

是年 山东省政府确定沟泉乡高村河流域为“省长绿化点”。

1987年

3月 在悦庄镇崔家庄果园进行省科委“七五”攻关项目滴灌开发试验。

5月 临沂地区水资源管理现场会在沂源县召开。

是年 水利勘测设计室、渔政股成立。

是年 渔业技术推广站在三岔乡璞邱村方山峪实施虹鳟鱼养殖试验。

是年 中德合作山东粮援项目立项。翌年开始实施。

1988年

3月 水利机械设备物资服务站成立。

6月 陈玉洁被省考评委批准为县水利系统第一位高级工程师。

12月 临沂地区水利工程管理工作会议在沂源召开。

1989年

3月 省长赵志浩到沟泉乡赵家庄村进行植树活动。

8月 红旗水库溢洪道交通桥建成。

9月 水利部、省水利厅、北京农业大学、北京林业大学等领导、专家对全县水保工程进行检查。

10月 沂源县被省水利厅授予库区建设先进单位。

12月 省计委、省交通厅在沂源县进行中低档工业产品以工代赈修建县乡公路和水利工程试点。

是年 县水利局组建水利建筑安装工程公司。2006年实行股份制改制。

1990年

7月 淄博市水利规划现场会在沂源县召开。

8月 水利局撤销水利队，分设农水股、工程管理股。同月，设立水政股。

9月 省水利厅副厅长汪峡带领北京林业大学、山东大学等教授专家考察沂源水土保持工作。

9月 山东省副省长王乐泉、省水利厅副厅长邱丕、中共淄博市委书记王怀远、市水利局局长翟慎东等到田庄水库视察除险加固工程。

10月 恢复田庄水库管理局建制。1993年12月更名为田庄水库管理处。

10月 红旗水库管理所改为副局级单位。粮援项目办公室升格为正局级。

是年 沂源县被山东省水利厅确定为水保监督管理试点县；田庄水库上游流域“424”工程被淄博市政府列为重点治理工程。

是年 石桥乡大泉流域被确定为第二批中央以工代赈和中德合作粮援项目水土保持重点治理区。

是年 沂源县将螳螂河南麻至芝芳段列为重点河道治理工程。

是年 库区移民村“两难三不通”（吃、住难，水、电、路不通）得以解决。

是年 在韩旺乡李家沟水库进行网箱养殖罗非鱼试验。

是年 沂源县被列为全省水利执法体系试点县。

1991年

6月 沂源县被水利部列为全国第一批水土保持监督管理（行政执法）试点县。1993年，通过淮委代水利部验收。

9月 县政府印发《沂源县农村水利劳动积累工使用管理办法》和《沂源县水利工程管理办法》。

9月 县打井队获省水利凿井队甲级资质。

是年 实施错石水库、曹宅水库、社庄水库灌区以工代赈农田水利工程。

是年 使用地方专项资金实施北营水库等灌区配套工程。

1992年

4月 沂源县被表彰为全国水土保持先进单位。

10月 首期工业企业水平衡测试培训班在沂蒙新华制药厂举办。

10月 筹建银河消防水带厂。2002年3月改制。

是年 推广生活用水一户一表制。

1993年

4月 《沂源县水资源调查与综合评价》专家鉴定会在荆山宾馆召开。

4月 县人民政府印发《沂源县实施〈中华人民共和国水土保持法〉细则》。

12月 全县机构改革，水利局改称水利水产局。

是年 沂源制丝厂完成全县第一次水平衡测试。

1994年

是年 成立城区供水管理站。2004年划归自来水公司。

1995年

3月 全市中小型水库管理培训班在沂源县举办。

4月 江西省代表团考察沂源县粮援项目区。

7月 县政府印发《沂源县水土保持管理暂行办法》。

8月 设立沂源县抗旱防汛指挥部办公室。

10月 《沂源县城区水环境质量研究》《沂源县地下水资源开发利用研究》通过清华大学、北京大学、地矿部环境地质研究所等专家鉴定评审。

是年 徐家庄乡进行“坡改梯”大会战。

是年 在娄峪水库等4座水库实施渔业精养高产开发试验。

是年 全县兴建16处乡镇政府驻地集中供水工程。

1996年

3月 首次登记并发放农业灌溉和农村生活《取水许可证》。

4月 中共山东省委副书记韩喜凯到田庄水库视察。

4月 县政府印发《沂源县田庄水库灌区工程管理和水费计收管理办法》。

6月 沂源县抗旱防汛指挥部更名为沂源县人民政府防汛抗旱指挥部。

7月 成立沂源县抗旱服务队。

是年 南麻镇、鲁村镇组织青石山开发大会

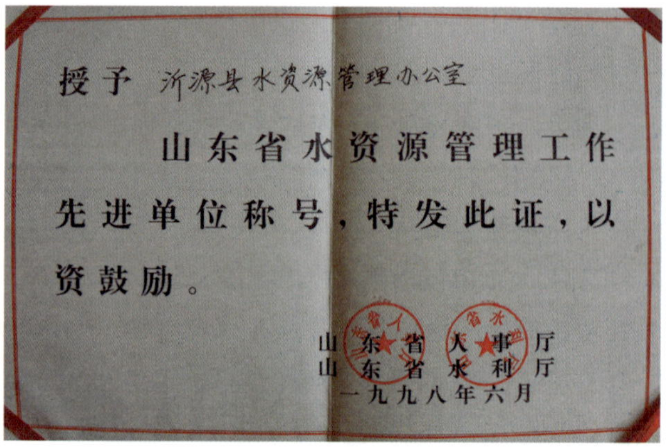

1998年6月，县水资办被表彰为山东省水资源管理工作先进单位

战；大张庄镇开展砂石山开发大会战。

是年 举办全县小(一)型水库管理人员首期培训班。

1997年

2月 实施北干渠配套工程。

3月 引进FA旱地龙，在悦庄镇七里寺村、燕崖乡双泉村对黄烟、玉米、花生等作物进行试验。

4月 在红旗水库试养虹鳟鱼成功。

6月 在南麻镇涝坡河村建鱼种保种场。

6月 县委组织部、人事局批复24名人员过渡为国家公务员。

6月 召开全县小型水利工程企业化管理会议。

9月 高压喷射灌浆防渗技术在芦芽水库治漏工程中首次应用成功。

10月 县抗旱服务队购进U形砼渠浇筑机，在悦庄镇西赵庄村田灌支渠配套中示范浇筑成功。

10月 在沟泉乡红花峪村利用蓄水池养殖胡子鲶试验获得成功。

10月 县政府印发《沂源县农村小型水利工程企业化管理办法》。

10月 沂源县被评为山东省水土保持工作先进县。

11月 县政府印发《沂源县水土保持设施补偿费、水土流失防止费收取标准和使用管理细则》。

1998年

3月 对乡镇企业用水进行普查，县政府在悦庄镇召开FA旱地龙技术推广现场会。

4月　在张家坡乡陈家沟村，全县首次召开小型水利工程公开招标，承包3处水利工程。

5月　全县小型水利工程产权制度改革现场会召开。

6月　县水资源管理办公室被省人事厅、水利厅表彰为全省水资源管理先进单位；县抗旱服务队被省水利厅授予全省模范抗旱服务队。

12月　中共淄博市委副书记周继烈、副市长赵兴涛带队到沂源县视察农田水利基本建设工作。

是年　在悦庄镇西赵庄村、大张庄乡北旋风村、石桥乡上黄安村进行旱地龙小麦大面积试验。

是年　市委、市政府将高村河流域综合治理工程确定为全市五大水土保持重点项目之一。

是年　完成北店子（一）水库、西官庄水库等63座水库除险加固工程。

1999年

4月　沂源县项目办被省政府表彰为中德合作山东粮援项目先进集体。

4月　县水利水产局成立16支乡镇级抗旱服务队。

6月　在西里镇首次建设6000亩规模连片节水灌溉工程。

9月　中庄乡中庄村自来水工程水泵自动控制抽水系统安装试车成功。

9月　县政府出台《关于农村小型水利工程产权制度改革实施意见》。

10月　西柳峪小流域被水利部、财政部命名为“全国水土保持生态环境建设示范小流域”。

12月　县自来水公司由沂源县城乡建设委员会改属沂源县水利水产局。

是年　沂源县被命名为全国水土保持生态环境建设示范县。

是年　对全县水库大坝进行注册登记。

2000年

1月　沂源县水利水产局改称沂源县水务局。水利部水资源司发来贺信。

3月　县水务局被市政府授予全市水利改革突出贡献奖。

7月　银鱼移植增殖技术推广项目获省农业厅“山东省农牧渔业丰收奖”二等奖。

7月　开始在城区规划区内由对城乡供水公司、田庄水库供水及有自备水源的企事业单位等征收污水处理费。

8月　全市山区水利建设现场会在韩旺镇龙王峪村、张家坡乡保泉村召开。

12月　大泉、双泉两个小流域被水利部、财政部命名为“全国水土保持生态环境建设示范小流域”。

12月　污水处理厂举行奠基仪式。2001年4月，开工建设污水处理厂；7月，设立县水处理中心，正局级自收自支事业单位，归口县水务局。2002年10月试运行，翌年6月正式运行。

是年　沂源县被水利部水保司列为第一批水土保持监督管理规范化建设达标区县，2001年通过验收。

2001年

4月　西里镇第一个成立供水协会。

4月　全县水利工程管理效益年活动暨项目工程管理工作会议召开。

4月　召开全县污水处理费征收工作会议。

8月　18日，中共中央政治局委员、山东省委书记吴官正到沂源视察红旗水库及红水河治理。

8月　沂源县被水利部、财政部授予“全国水土保持生态环境建设示范县”。

11月　荣获全省水利系统文明单位称号。

11月　全市冬春农田水利基本建设现场会在沂源县召开。

是年　沂源县被列为淮河流域水土保持重点县。

2002年

3月　被山东省人民政府授予2001年度抗洪抢险先进集体。

3月　水利部水库处处长肖向红到鲁村、悦庄镇调研小型水库安全管理工作。

3月　沂源县河道管理处成立，为副局级全额预算管理事业单位。

6月　全县第一座橡胶坝在螳螂河城区段南麻大桥下游建成。

8月　沂源县水域滩涂养殖证办公室成立。

9月　原抗旱服务队、打井队、物资站合并成立沂源县抗旱服务队，为副局级自收自支事业单位，实行企业化管理。

10月　设立沂源县水务局收费中心，统一征收水资源费、污水处理费、河道工程维护费。2012年12月撤销。

11月　实施红旗水库除险加固工程。2004年12月，主体工程完工。

是年　山东省水利工程局对螳螂河1号橡胶坝坝基及左右岸采用自凝灰浆垂直防渗墙工艺进行试验并获得成功。

2003年

1月　成立沂源县供水协会。2018年注销。

4月　中共山东省委副书记、省长韩寓群到红旗水库工地视察。

4月　全局干部职工到鲁村镇福吉山村植树造林。

5月　县水务局机关党总支成立。

6月　省水利厅、财政厅、武警总队、通信管理局到沂源县指导防汛工作。

7月　省防汛指挥部在田庄水库举行水库抗洪抢险演习。

8月　西里镇马庄河流域国家级节水灌溉示范项目审查立项。

10月　在西里镇马庄河流域胡马庄等9个村实施国家级节水灌溉示范项目。

2004年

2月　县水务局被市人事局、民政局授予全市勘界工作先进集体。

5月　全市农田水利工作会议在沂源县召开。

10月　县水务局被省水利厅表彰为全省水利工程管理工作先进集体。

12月　全省小型水库加固工作现场会在沂源县召开。

12月　县水处理中心由全额事业单位改制为企业。

是年　全县缺水村的饮水难问题基本得到解决。

2005年

1月　沂源县供水协会第一次会员大会召开。

5月　德国联邦议院经济合作与发展援助委员会代表团到沂源考察粮援项目。

5月　县水务局被省人事厅、省水利厅授予全省农村人畜饮水解困工作先进集体。

是年　开始实施“民办公助”灌溉工程项目。

2006年

3月　县委、县政府召开会议，对全县河道采砂秩序进行治理整顿。

6月　全市“村村通”自来水工程现场会在沂源召开。

8月　沂源县成立水利水电工程移民工作领导小组。

10月　水务局设计承建胜利山水上乐园引水工程，同年竣工并顺利通水。

11月　沂源县被省人事厅、水利厅、财政厅表彰为全省农田水利建设先进县。

12月　红旗水库被山东省水产品质量检验中心认定为淄博市首批山东省无公害农产品产地。

是年　沂源县成立“村村通”自来水工程领导小组，县委将“村村通”自来水工程列为新农村建设9件实事之一，全面实施“村村通”自来水工程和饮水安全工程。

是年　编制完成《沂源县水资源调查评价与配置研究》，翌年通过评审。

2007年

1月　红旗水库生产的鲢、鳙、鲤、草鱼和大银鱼顺利通过中国有机产品认证。

1月　县水务局被省海洋与渔业厅表彰为全省海洋与渔业先进集体。

6月　沂源县防汛抗旱指挥部办公室由股级升格为副科级。

6月　完成用水企业水量数据远程自动监测抄录系统安装。

8月　全市农村水利工作会议在沂源县鲁山林

场召开。

9月　省水利厅副厅长马承新到沂源县视察指导“村村通”自来水、水土保持小流域综合治理工作。

11月　县政府办公室印发《沂源县大中型水库移民后期扶持人口动态管理办法》。

12月　设立沂源县水务局水政监察大队，为副科级单位，与水政科合署办公。2012年11月，设立水政监察大队，为县水务局股级内设机构。

12月　《沂源县田庄水库氮素污染机理控制对策研究》成果通过鉴定。

2008年

3月　被山东省档案局表彰为山东省档案管理考核省一级档案室。

4月　9日，中共山东省委副书记、省长姜大明视察织女洞因景治水工程，在北营水库调研沂源县小型水库除险加固情况。

4月　水利部灌排中心主任李昂斌到田庄水库灌区调研节水灌溉改造项目。

4月　省水利厅副厅长刘勇毅到沂源县北营水库视察小型水库除险加固工作。

5月　沂源县被省政府表彰为“村村通”自来水工作先进县。

5月　全市小型水库除险加固现场会在沂源县召开。

6月　省防汛检查督导组到悦庄、土门镇检查指导水库除险加固和防汛工作。

6月　县水务局党总支被市委表彰为淄博市先进基层党组织。

7月　14日，中共淄博市委副书记、市长周清利到沂源县视察赵庄、娄峪等小型水库除险加固工程。

8月　沂源县首处农村集中供水净化工程在东里镇集中供水厂建成投入使用。

9月　沂河织女洞因景治水二期工程竣工。

11月　全市河道管理工作现场会在红旗水库召开。

11月　红旗水库顺利通过省级水产健康养殖示范区验收。

11月　淄博市百座水库除险加固工程开工仪式在悦庄镇狼窝子沟水库举行。

12月　县水务局被省政府防汛抗旱指挥部表彰为全省防汛抗旱工作先进集体。

是年　在中庄、西里等6个乡镇实施雨水集蓄工程。

是年　沂源县被列为国家水土保持重点县。

2008年12月，县水务局被表彰为全省防汛抗旱工作先进集体

2009年

2月　水利部到沂源县检查小型水库除险加固工作。

3月　中央电视台《新闻联播》报道沂源县小型水库除险加固工作。

3月　北营水库被评为省级休闲渔业示范点。

4月　鲁山景区蓄水工程竣工。

6月　沂源县被省水利厅、财政厅表彰为全省农田水利基本建设先进县。

7月　县水务局被省水利水电工程移民工作领导小组办公室表彰为全省水库移民信访工作先进集体。

7月　淮河水利委员会核查沂源县病险水库除险加固工作。

7月　淄博市副市长刘有先视察沂源县防汛、小型水库除险加固、乡镇集中供水等工作。

8月　全市小型水库移民帮扶项目规划编制会议在沂源县召开。

8月　省国家东部规划小型病险水库除险加固

项目组到沂源县核查小型水库。

9月　开展县城规划区内自备井调查。

9月　德国专家邵若泰和孟玉华等一行7人，对沂源县中德合作粮援项目区进行考察和调研。

10月　县水务局被市政府表彰为全市水利基本建设先进集体。

11月　对境内14条主要河流及支流河道的入河排污口进行全面普查。

11月　市十三届人大常委会第十六次会议审议通过《淄博市田庄水库保护管理条例》，2010年5月1日起实施。

12月　全市重点水利工程建设现场会在沂源县召开。

12月　设立沂源县水利移民管理办公室。

是年　县水务局被省水利厅表彰为全省加快重点水利工程建设先进集体。

是年　沂源县被列为国家水土保持监督管理能力建设试点县，2011年7月通过验收。

2010年

3月　中央纪委、监察部挂职领导视察重点水利工程。

4月　响泉、龙洞泉引泉入城工程开工，9月竣工。

4月　重点对城郊接合部取用水进行针对性水资源管理专项整治行动。

7月　省财政厅到沂源县督查小型水库除险加固工程资金。

7月　中共淄博市委副书记侯法生到沂源县视察防汛工作。

9月　全县水利普查工作会议和水资源专项整治会议召开。

12月　设立沂源县农村公共供水管理办公室，为副科级财政拨款事业单位。

12月　水利部批复沂河源水利风景区为国家级水利风景区。

2011年

1月　《中国水利报》以《建设水利景区，修复沂水源头》为题，报道沂源县水利风景区建设情况。

2011年2月3日，姜大明（左一）在鲁村镇调研抗旱工作

2月　中共山东省委副书记、省长姜大明到沂源县调研抗旱工作。

2月　省水利厅副厅长尚梦平到沂源县视察指导库区移民工作。

5月　省纪委派驻水利厅纪检组组长张建德到沂源检查防汛准备工作。

7月　沂源县通过省水利厅第一批全国水土保持监督管理能力建设县初步验收。

7月　沂源县成功申报全省高效节水灌溉试点县项目。

7月　召开“六点水”新世界项目推介会。

7月　省电视台《人与水》栏目播出专题片《“三源”大地奏水歌》。

7月　县水利移民管理办公室升格为正科级事业单位。

7月　成立沂源县天湖旅游度假区管委会。

8月　省水利厅河道采砂专项整治行动检查组到沂源县督导检查。

8月　沂源县被省委、省政府表彰为“全省病险水库除险加固工作先进县”。

9月　县水务局被省水利厅表彰为全省水政执法工作先进单位。

10月　沂源县铜陵湖（张家坡镇北店子水库）风景区和沂源县桃花岛（鲁村镇刘家庄水库）风景区被评为省级水利风景区。

是年　县水务局被省水利厅表彰为全省农田水利基本建设先进集体。

是年　在全县各镇（街道）实施小型农田水利

重点县项目，分三期完成。

是年 县水保局被授予全省水土保持先进集体。

2012年

5月 县水务局被省水利厅表彰为全省水利前期暨统计工作先进集体。

5月 被市委、市政府表彰为全市水利工作先进集体。

5月 县抗旱防汛指挥部办公室升格为正科级。

6月 县机构编制委员会《关于水利工程管理体制改革问题的批复》，将县田庄水库管理处定性为准公益性事业单位，红旗水库管理所定性为纯公益性事业单位。

7月 省水利厅副厅长曹金萍到沂源县调研水利移民、农田水利等工作。

10月 红旗水库被省水利厅评为全市首个省一级水利工程规范化管理单位。

10月 完成第一次全国水利普查工作。

11月 县抗旱防汛指挥部办公室更名为县人民政府防汛抗旱总指挥部办公室。

12月 水利部水土保持司副司长牛崇桓对龙巷小流域综合治理工程进行督导检查。

是年 对23条河道、61处入河排污口进行全面调查。

2013年

5月 水利部水土保持司司长刘震到沂源检查验收沂蒙山区国家水土保持重点县沂河源项目区治理工程。

是年 完成《沂源县城区供排水平衡监测报告》。

2014年

1月 在大张庄、鲁村、燕崖3个镇实施规模化节水灌溉增效示范项目。

2月 沂源县田庄水库管理处被省水利厅评为省二级水利工程管理单位。

7月 县自来水公司通过省级评审，成为全省县级自来水公司第一家达到B-级评审的单位。

8月 国家防汛办副主任万海斌率国家防汛办检查组对沂源县防汛抗旱专项工作进行督导检查。

11月 沂源县被确定为省级水权水市场制度建设试点县。2017年12月通过省级验收。

12月 沂源县被中国矿业联合会命名为“中国矿泉水之乡”。2019年10月通过首次互检。

12月 县水务局被省水利厅表彰为第二批全省水政执法规范化建设示范单位。

是年 沂源县被水利部确定为国家级小型水利工程管理体制改革示范县，并被省水利厅确定为省级小型水库管理体制改革试点县。

是年 在大张庄等6个镇（街道）实施全国农业水价综合改革试点县项目。

2015年

是年 实施两年饮水扶贫工程。

2016年

8月 国家防汛办副主任万海斌到沂源县督导检查抗旱水源工程建设工作。

是年 在南鲁山镇朱阿村、南麻街道沟泉村等实施新型经营主体节水灌溉项目。

2017年

3月 沂源县被省水利厅评为小型水库管理标准化县。

5月 淄博市农业水价综合改革培训班在沂源县举办。

6月 撤销中德合作山东粮援项目沂源县项目办公室，人员分流到县河道管理处。

6月 沂源县被水利部确定为国家高效节水灌溉示范县。

9月 副市长、市公安局局长申延军到沂源县调研推行河长制工作。

9月 田庄水库灌区节水改造配套项目所属资产划拨给沂源县自来水公司。

10月 实施红旗水库灌区节水配套改造，翌年6月竣工。

11月 综合行政执法体制改革，县水政监察大队、县水土保持监察大队整建制划转县综合行政执法大队。

12月 设立沂源县河长制办公室。

12月　全省水文科技管理工作会议在沂源县召开。

2018年

4月　山东省水文局党委书记、局长隋家明等到沂源水文局调研。

6月　省水文局在沂源县举办全省水文系统安全生产暨水文设施工程建设管理培训班。

11月　省灾后重建指挥部办公室副主任、省民政厅一级巡视员王建东等到沂源县督导水利工程灾后重建工作。

11月　省水文局在沂源组织召开全省水文测验整编工作会议。

12月　沂源县成立饮用水协会暨天然矿泉水专业委员会。

12月　通过省水利厅县域节水型社会达标验收。

12月　水利部海河委员会副主任徐士忠到沂源县现场评估调研小型病险水库除险加固工程。

12月　县水务局改称水利局。

是年　实施三年饮水脱贫攻坚，三年时间解决全县117个村6万余人的饮水质量问题。

2019年

1月　全县机构改革，设立县水土保持服务中心、县防汛抗旱服务中心、县水资源发展中心、县公共供水服务中心，县河道管理处更名为县河道管护中心。农田灌溉项目实施的相关职能、渔政管理和渔业技术推广业务及人员编制等划入农业农村局。

2019年，县水利局被山东省委、省政府表彰为山东省抗击台风抢险救灾先进集体

3月　成立县水利局机关党委。

7月　长江水利委员会领导到沂源县检查县域节水型社会达标情况。

8月　县水利局被省委、省政府表彰为“山东省抗击台风抢险救灾先进集体”。

9月　田庄水库管理处被市委、市政府表彰为“抗击台风抢险救灾先进集体”。

10月　中国矿联天然矿泉水专业委员会对沂源县“中国矿泉水之乡”称号进行评审检查并通过互检工作。

11月　沂源县被水利部评为第二批节水型社会建设达标县。

12月　《沂源县水土保持规划（2018—2030）》，在第二届中国水土保持学会优秀奖评审活动中获设计一等奖。

2020年

1月　沂源县被水利厅表彰为全省深化小型水库管理体制改革示范县。

10月　全县单体投资最大的水利移民项目——沙沟大桥建成通车。

12月　红旗水库被省水利厅评为全省水利工程标准化管理单位。

是年　沂源县实施全域旅游公共基础设施建设PPP项目，在东里镇建城乡供水提升工程。

2021年

1月　全县深化事业单位改革，组建县水资源综合服务中心、水利事业服务中心、河湖长制保障服务中心。

3月　开展第一次自然灾害综合风险普查。

3月　副市长贾刚到沂源县调研水域环境和乡村振兴。

5月　沂源县总河（湖）长被水利部评为全国优秀河（湖）长。

6月　副省长孙继业到沂源县调研汛期防汛、河（湖）长制等工作。

9月　副市长、市公安局党委书记、局长刘启明到沂源县开展巡河巡湖工作。

是年　县水利局被市委、市政府表彰为“淄博市脱贫攻坚工作突出贡献先进集体”。

2022年

5月　省水利厅一级巡视员张建德到沂源县调研水土保持及水行政许可工作。

6月　省水利厅二级巡视员隋家明到开发区水厂二期施工现场、陡起峪村供水工程开展农村供水保障调研。

9月　副市长、市公安局党委书记、局长刘启明到悦庄镇下龙巷村沂河流域开展巡河工作。

10月　沂源县被列入全省水土保持高质量发展试点县。

2023年

2月　沂源县被山东省委、省政府办公厅列为河（湖）长制工作激励县。

4月　沂源县被水利部确定为国家级水土保持空间管控制度试点县。

4月　水利部水利水电规划设计总院副处长王治国、淮河水利委员会水土保持处处长胡续礼到沂源县调研水土保持空间管控制度建立工作。

6月　水利部水土保持司司长蒲朝勇等到沂源县调研生态清洁小流域建设、国家水土保持示范创建等工作。

6月　鲁山小流域水土保持项目被省水利厅评为生态清洁示范小流域。

6月　省水利厅二级巡视员宋书强到燕崖镇北安乐村调研农村供水保障工作。

7月　副市长、市公安局党委书记、局长刘启明到沂源县视察防汛工作。

12月　沂源县沂河龙湾水乡段被省水利厅表彰为2023年度水系绿化样板。

是年　沂河下龙巷段至燕崖镇偏良山村段防汛路全线贯通。

是年　县水利局“党旗红焠铁军·水利蓝筑新功”党建品牌获全县十佳机关党建品牌。

国画《钟灵毓秀》　高锡恒（中国美术家协会会员）

水旱灾害和防御

记忆沂源·水利卷

扫码听书

扫码听书

沂河织女洞段

水旱灾害

概　述

沂源县属暖温带半湿润季风区域大陆性气候，春季风大雨少；夏季湿热多雨，降水时空分布不均，年内、年际间差异较大；秋季凉爽，干燥少雨；冬季雨雪稀少。灾害天气主要有干旱、暴雨、冰雹、大风、霜冻等，尤其干旱发生频次较多，危害甚大，是境内主要自然灾害之一。暴雨致洪涝灾害威胁次之，夏秋还时有雹灾发生。

自古以来，沂源灾害频仍，水旱灾害尤为严重，历朝历代无不受其所扰。明万历年间沂水县教谕傅履重在其《水利论略》中称：“州邑之有山川，匪特状一方之形胜，其于生民之休咎尤要焉。甚矣，水利之不可不讲也！然不可以概论也。”古代及至近代，社会生产力落后，战乱频繁，每遇水、旱等灾害，必致生民饥不果腹，甚至以树皮、观音土为食，更甚者，出现人吃人的惨烈状况。新中国成立后，中共沂源县委、县政府号召全县人民建库塘、修河堤，拦蓄与疏导并施，大兴水利，减除灾害，抗击各种灾害能力大大提高。进入21世纪后，国家不断加大水利建设投入，现代化的灌溉方式以及地下与地表水资源的综合合理利用，农业抗灾能力得到极大提高，干旱和洪涝灾害给社会、民生带来的巨大危害基本得到遏制。

水旱灾害群发性强，有时风、雨、雹等多种灾害天气并发，旱涝交替连发。特别是等级高、强度大的自然灾害发生后，常会诱发一连串次生灾害，从而形成灾害链。如：金大安二年（1210）四月“山东大旱，下罪己诏，赈贫民。六月雨复不止，地震暴雨，岁大饥”；明嘉靖二年（1523）“水旱灾害并重，山东大旱，赤地千里，殍殣载道。夏秋间，山东州县俱大水”。

水旱灾害后，因农作物遭到破坏、歉收，大多会诱发饥荒。据《莒州志》《沂州府志》《山东省自然灾害史》《山东水利大事记》《华北、东北近五百年旱涝史料》等关于灾荒的记载统计，清代沂州府92年的水旱灾害中，共引发饥荒32次，分别发生于1652年、1658—1659年、1665年、1678年、1685年、1702年、1704年、1709年、1718—1725年、1746—1748年、1755年、1758年、1768年、1785年、1786年、1813年、1825年、1833年、1856年、1857年、1877年、1888年，占到水旱灾害年份的34.8%，即每发生三次水旱灾害就会诱发一次饥荒。如顺治九年（1652）“沂州大水，禾谷漂没，豆田泥烂，斗粟千文，民不聊生”；康熙二十四年（1685）“沂水大水，夏霖雨不止，两河水决，平地行舟，是年冬明年春，民饥”。

大面积的饥荒会导致社会不安定。清康熙四年（1665）“大旱，蠲免钱粮，麦禾俱枯，布种全无，民情汹汹思乱”。乾隆三十三年（1768）“夏雨雹，地生毛，自五月至七月不雨，民讹传有剪人辫发者，人辄昏迷不醒，各省查拿，卒不得踪迹”。

据康熙《沂水县志》附傅履重《水利论略》：

沂水为邑，自穆陵而下，山谷盘错，历百里而后为县。其地缘冈阜之间，无滥车之水，瘠亢少腴，一遇旱魃为虐则民嗷然忧岁……沂，源出蒙阴鲁、艾诸山，皆涓滴细流自石罅中出，经数十里不足滥觞，而沙石更多。比近县稍大，而河形散漫，水势尤浅，浮芥可舟，而两岸既高且远不可以机械而上，此沂河之不能为利也。要之，二水（指沂、沭，编者注）其源皆微而其委皆散，夏秋霖潦则暴涨，汪洋浸及城郭，冬春时则仅一勺，遇旱而涸可立待矣。

上述所言，清晰描写出古代沂地发生旱涝灾害时，对农业和国民经济发展、社会稳定以及人民群众生命财产造成的危害之大。

新中国成立后，多种灾害频繁发生的典型年份有：1965—1966年，旱涝风雹多种灾害连续、交替发生，造成三岔、东里、鲁村、张家坡、黄庄、张庄、土门等公社农田大面积减产，库塘被冲毁，房屋、栏圈倒塌，桥梁冲断，人员伤亡。1979年6—7月，遭受三次局部暴雨，石桥、中庄、三

洪水冲毁房屋

岔、鲁村公社受灾较重，其中，鲁村公社吴家庄塘坝被冲垮，之后又遭受60多天的夏秋连旱。1997年6月，全县降水仅13毫米，持续高温，土壤失墒严重，全县12条骨干河流断流8条；7月，12小时降水328毫米，受灾面积12万亩；8月19—20日，普遍遭受暴风雨袭击，全县农作物受灾严重，10处河坝和多处道路、桥涵被冲毁，倒房169间，伤亡人数6人，其中造成2名儿童死亡，直接经济损失2800余万元。

旱 灾

旱灾，是由于土壤水分不足，不能满足农作物生长的需要，造成较大的减产或绝产的灾害。旱灾是普遍性的自然灾害，不仅农业受灾，严重的还影响到工业生产、城市供水和生态环境。通常将农作物生长期内因缺水而影响正常生长称为受旱，受旱减产三成以上称为成灾，经常发生旱灾的地区称为易旱地区。

沂源县水、旱、雹三种灾害中，以旱灾为最重，多发生在春季和初夏，也常有伏旱和秋旱，属易旱地区。其特点是分布范围广、发生频次多、危害性较大，有时干旱持续时间较长。严重时，地下水位下降、井塘干枯、河道断流，造成禾稼枯萎，芽花不开，对人畜吃水、农业生产造成的危害甚大，直接影响社会经济发展，恶化人们的生存条件。

山东最早的干旱记载出现在周定王五年（前602）。从明代起，有关干旱的记载渐多。明代277年的历史中，发生干旱灾害的年份就有160年；清代268年中，有干旱记载的就有207年，故有“十年九旱”之称。大旱之年，饥民“草根树皮，搜食殆尽，流民载道，饿殍盈野，死者枕藉”“啮草嘬土，饿殍载道，民食观音粉，死徒甚多”。草根、树皮食尽后，甚至出现“发瘗而食”“人相食”“劫四境，杀戮甚惨”的极端惨状。

明万历四十三年（1615），发生了几百年内亘古未有的大旱，旱灾波及河南、直隶、山东、山西、陕西、甘肃等地，几乎影响了整个北方地区。面对严重的旱情，各地没有足够的粮食和钱银赈灾，因此出现大面积的饥荒。在山东省社会科学院历史所研究员陈冬生关于山东明清自然灾害的研究中有记载：

山东春夏大旱，雨无涓滴，田禾槁枯，千里如焚。十月，山东省州、县灾至十分者十之七八，余亦皆八九，绝无轻灾之地。赤地千里，大饥，人相食，死者山积。

另据康熙年间《沂水县志》记载：“神宗万历四十三年，沂水大饥，人相食，村落皆空。”对该次大旱造成的惨状，临朐西峪石碑记载：

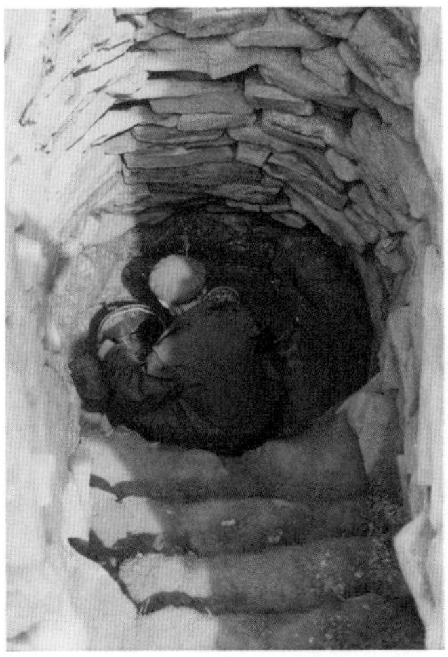

旱灾年，人们在井下和崖下山泉中刮水

连年大旱，五谷不生，树多枯死，蝗蝻遍野，老少转乎沟壑，壮者散之四方，子女贩销于外者，残朽者骨肉相食，逃亡者十之七八，倘存者十之二三，人烟稀少。

明崇祯十三年（1640），出现一次历史上有名的“崇祯大旱”，“大饥，人相食”。大旱持续到了1641年，“土地荒芜，村落为墟”，民饥而死者十有八九。

清康熙四年（1665），全省107个州县发生旱灾。《清实录》记载，“山东六府旱灾”“济南、兖州、东昌、青州四府旱灾，麦田颗粒无收”，青州府一带为重灾区，“请旨散赈银六万两，米六万石，尽发四府赈济”。

清乾隆五十年（1785），自前一年九月以来干旱少雨雪，入春以后更加干旱，直到阴历六月始见雨，麦季无收，全省78个州县受灾。秋又大旱。

旱灾过后，往往又有蝗灾紧至，旱蝗并发，“大旱饥，飞蝗遍野。”如《沂水县志》记载康熙十一年（1672）“蝗虫食稼”；《蒙阴县志》记载咸丰十年（1860）“夏四月大雨雹，秋蝗。”光绪二十五年（1899）“春旱，秋有虫，食谷净尽”。1920年，中国北方大旱，山东、河南、山西、陕西、河北等省遭受40多年未遇的大旱灾，灾民2000万，死亡50万人。1927—1929年，全省连续三年旱、蝗灾害交替发生，“禾苗半枯死，民不聊生”。

从明、清和民国时期几次特大干旱来看，其主要原因，固然是由于连年干旱少雨，如“自春夏无雨”“自正月至七月亢阳不雨”所致，但当时水利设施很少，遭旱灾后，政府又未及时组织人民群众抗灾自救和采取赈济措施，也进一步加重了灾情。

新中国成立后，除1964年未出现旱情外，其余年份均有不同程度的旱灾发生。据沂源县气象资料数据分析，1958—2023年的66年中，冬春6个月平均年降水为95.6毫米，单月降水为0的月份达30次，1—4月平均月降水量仅为17.1毫米，其中1999年1—2月，连续60天无降水。春旱较严重的年份有1960年、1965年、1971年和1976年等。春夏连旱的年份有1959年、1965年、1968年和2000年等。春、夏、秋三季连旱的年份有1979年、1981年和1983年。

1979年，夏秋连旱，历时60多天，造成夏玉米绝产8万亩，花生绝产2万亩，春作物绝产4万亩，干鲜果减产4成左右。

1981—1983年，春夏旱、春旱、夏秋连旱交替。连续三年大旱造成人畜吃水困难，作物减产严重。

1989年，去冬少雨雪，春夏大旱，全县绝大部分河流断流，库、塘蓄水骤减，群众吃水、春苗插播出现严重困难。

2002年，去冬今春连旱，全年降水394.5毫米，是1958年以来年降水量最小的年份，地下水位较历年同期降低10～12米。旱灾致使全县13个乡镇633个村、47万人口全部受旱，各类作物受旱面积达65.5万亩，其中干枯、绝产10.75万亩，其余减产三成以上。有122个村、6.18万人，2.1万头大牲畜饮水困难，其中72个村水源枯竭，涉及人口2.55万人，最远需往返7.5公里到外村取水，给全县工农业生产和人民群众生活造成严重影响，县政府组织军地各单位以水车等各种工具送水支援农村抗旱。

20世纪70年代末，群众排队刮水

水 灾

南麻战役期间，华野部队涉水向南麻进军

沂源县水灾对农业的灾害仅次于旱灾，但危及人民群众生命财产安全更为严重。新中国成立前，全县无一座库塘，河道无堤防，汛期任洪水肆虐，浊流滚滚，吞噬田园。境内无客水流入，河道均为外流，且山高坡陡，排水通畅，因此不易造成涝灾，除特大暴雨致山洪灾害，个别低洼地块积水成涝外，一般不会大面积成涝。水灾主要由暴雨和河流决口引起，内涝极为少见。历年暴雨多发生在4—9月，汛期（6—9月）出现次数占年总次数的96%，年均暴雨日数1.8天。

境内水灾以沂河为惧，因其干流比降大，转弯处多悬崖阻滞，水流湍急，滚滚下泄，一遇洪水漫溢，对人民群众的生命安全威胁较大，田产、房屋甚危。

较早记载山东境内大面积水灾始于西汉。汉元狩三年（前120），“山东诸郡、县大水，民多饥乏。”据有限的资料记载，从宋开宝八年（975）至1949年的近1000年中，有水灾年44年。

明嘉靖三十二年（1553），沂水、蒙阴两县发生“大水大风”，导致饥荒。万历二十一年（1593）夏，山东境内普遍遭受洪涝灾害，沂水、蒙阴等地出现灾后饥荒，“民多饿死”。

清康熙二十四年（1685），沂水、蒙阴连续暴雨数昼夜，河水漫溢，平地水深数尺，可行舟，房舍倒塌无数，致冬春民饥。雍正八年（1730）六月，“大风雨，沂水溢侵，淹没田禾房舍无算”。临朐县西峪村古碑记载：“清雍正八年夏，狂风大雨，昼夜三日，天下洪水四海无边，天塌地裂，树木房屋皆倒，庄田俱空。”

1944年建县至2022年，沂源境内洪涝灾害较典型的年份有1947年连续下雨40天、1962—1964年连续三年洪涝灾害、1979年六七月连发3次局部暴雨、1984年全县发生百年不遇的大范围洪涝灾害、1993—1998年几乎年年有水灾。

1947年7—8月，阴雨连绵40天，沂、汶、弥三河多次暴发山洪，冲毁桥梁、道路、土地房屋无数，沿河交通堵塞50余天，致南麻战役华野部队进攻作战受阻，各部将士涉齐腰深的河水奔赴南麻周围战场，炮兵进入阵地困难。张庄区娄家铺子村河坝冲毁，洪水进村，造成100多人受伤。

1962—1964年，连续三年遭受历史罕见的洪涝灾害，多座水库、塘坝被冲毁，河道决口，民房倒塌。其中1962年连遭三次自然灾害：5月倒春寒，大雪致春作物受冻减产；七八月连续暴雨致灾；10月，大雪早至，九会大队积雪达40厘米，导致秋作物大幅度减产。1964年，全县降水1616.7毫米，是自1958年有详细记录以来年降水量最多的年份。

1979年6月24日大暴雨，石桥公社降水130毫米，冲坏地堰300余道，倒坝11处，冲毁良田500亩。中庄公社冲毁公路一段。7月17日，三岔公社11个村遭受暴雨，受灾面积2000亩，其中1500亩绝产。7月31日晚，鲁村公社半小时内降水50毫米，王村管区吴家庄塘坝被冲垮。

1984年7月12日，特大暴雨袭击全县，最大雨区4小时400毫米以上。据东里店水文站实测沂河断面最大洪峰流量为每秒3660立方米，为历史以来实测最大洪峰。洪水冲垮房屋2480间，砸死、淹

1984年洪水，百货公司仓库物资被淹

24小时降水量达到156毫米，韩庄河堤决口2处，杨庄河堤决口5处，冲毁道路10公里、果园160亩，倒塌房屋50间，受灾人口2.1万人，直接经济损失达500万元。

2012年8月3日，受第10号台风“达维”影响，全县从3日凌晨开始普降大雨，局部暴雨并伴有大风，平均雨量83毫米，最大雨量203毫米（北鲍庄），最小雨量33.5毫米（小张庄）。本次降雨导致全县13个镇（街道、开发区）的多处水利工程受灾，直接经济损失6160.1万元。其中，水库受损14座、塘坝受损60座、谷坊受损116座，损毁河堤1.1万米、拦沙坝1146米、桥梁67座、饮水工程机房9处、管道5541米、水池38座、大口井6眼、管井10眼、灌溉工程机房15间、管理房院墙35米，冲毁灌溉管道6976米、防汛道路1.59万米，损坏灌溉设施31处。

死、冲走33人，其中死亡12人，6525户群众住房被淹。农田受灾11万余亩，4.6万余亩绝产。百货公司被淹，直接经济损失14万元。

1993—1995年，连续三年汛期遭遇暴雨，其中1993年7月的暴雨以大张庄、徐家庄、沟泉、燕崖、鲁村受灾较重。全县受灾面积达28万亩，冲毁塘坝4座、谷坊10座、河堤1万余米，致使受灾村道路、电力中断；11月，连降雨雪7日，降水量达108.9毫米，为有水文记载以来冬季降水量最大月份。1994年6—8月，两次暴雨，局部特大暴雨，造成死亡5人、伤79人，三岔乡南流水小（二）型水库大坝决口。1995年7月，降暴雨657毫米；9月3日，悦庄、土门、三岔等8个乡镇突降特大暴雨，悦庄镇狼窝子沟、豹家峪及土门镇大坡水库等10座小型水库出现险情，122座谷坊被冲垮，6400米渠道被冲毁，倒塌河堤5300米，农业、道路、电力、通信等设施遭到严重破坏。

2001年8月，全县普降大到暴雨，187个村13万人受灾，成灾人口11.5万人；农作物受灾面积14.26万亩，成灾面积11万亩；冲毁道路140公里、桥梁7座、河坝3.1万余米；倒塌民房94间、蔬菜大棚245间，冲走大牲畜30头。红旗水库出现3处险情，省市领导亲临该水库指挥抢险。

2007年8月10日上午7时30分开始，5个小时内降水量达123毫米。西里镇梅家庄村老子崖塘坝溢洪，冲毁耕地16亩、果树800余株。8月17日，中庄镇韩庄河流域、杨家庄河流域遭遇强暴雨袭击，

雹　灾

冰雹是一种突发性灾害，每年都有可能发生，其影响和威胁的地区与当地天气形势、季节和地形有关。雹灾危害程度与其大小、强度有关，一般来说，山脉阳坡、迎风坡以及地表复杂的地区等容易出现冰雹。

全县范围内出现大面积冰雹受灾的情况极为少见，境内常以局部地区成灾，并往往伴有雷雨天气，一般不易积雹，常见积雹深度大约在3厘米，1~2天可融化。降雹时间分布不均，持续时间各异，冰雹持续时间越长，其强度越大。一年中3—11月均有可能发生，春末夏初最为集中，4—6月出现次数占全年55%左右，以6月为甚。冰雹持续时间少者1~2分钟，一般持续10~30分钟。1967年6月8日，燕崖区胡家庄、刘大峪一带最长降雹时间达2小时。冰雹直径一般在10毫米以下，多为豆粒、玉米粒大小，也有如鹌鹑蛋、鸡蛋大的。古文献中也有记载冰雹巨大者，如《沂水县志》记载：嘉庆

十二年（1807）夏四月二十三日的冰雹“如杯如盂者盈尺，有大如碌碡者”。冰雹重者造成农作物绝产，轻者减产，一般人畜无伤害。

冰雹移动路径与地形地貌有很大关系。沂源境内冰雹移动路径主要有5条：一条由丝窝经银洞峪、燕崖、大泉、柴家庄、林前、东长旺、韩旺到龙王峪进入沂水县；一条从莱芜至四门地、松崮，越过大张庄镇，到汉林、胡家庄、刘大峪一带加强，经桃峪、盖冶、河南伸向沂水县；一条自鲁村镇的李家泉向东南减弱并跨过鲁村洼，到刘家庄加强，经井子峪到大泉后南移；一条从黄庄西部青杨崮经青冶行、通香峪、石柱、松山进入蒙阴县境内；一条自西南向东北走向的雷雨天气下的冰雹路径，由青冶行经松崮、四门地到悦庄镇的小水一带消失。

据气象资料统计，1958—1990年，平均每年发生冰雹1~2次，最多出现4次。1990年以后，造成损失较大的大风冰雹天气主要有2次，分别出现在1996年、1998年。

1964年8月27日，鲁村公社草埠大队一次暴雨降冰雹3分钟，体积之大少见，有如核桃一般大，最大者重达8斤。

1996年8月16日下午18时至19时，徐家庄乡遭受大风和冰雹袭击，风力达7~8级，冰雹持续时间10余分钟，冰雹最大直径2厘米左右。致使该乡10个村的粮田和经济作物遭受不同程度损失，其中刮倒、折断树木200余株，玉米倒伏100余亩，各类果品被刮落地达1万余斤，造成直接经济损失40余万元。

1998年6月18日下午，三岔、张家坡、悦庄3个乡镇遭受大风冰雹袭击，风力7~8级，冰雹直径3厘米，持续时间15分钟左右。造成21个村900余亩苹果、葡萄绝产，200亩黄烟绝产，刮倒民房及棚、栏33间，悦庄镇中小水村一名17岁女孩被大树砸伤，风雹造成直接经济损失300余万元。

21世纪以后，逐渐建立起完善的人工影响天气增雨防雹体系，全县配备65式37毫米高射炮15门、4管火箭发射架2门、高山地面增雨烟炉2套，一定程度上避免和减轻了冰雹带来的自然灾害。

防汛抗旱

概　述

防汛抗旱事关人民群众切身利益和安危，事关经济发展和社会稳定大局，是一项与洪涝、干旱等自然灾害作斗争的重要工作。由于降水时空分布不均，洪灾和旱灾均给农业生产和人民生命财产造成极大危害。有领导、有计划、有组织地发动群众进行防汛抗旱斗争，提高防灾、减灾、救灾能力，免除或最大限度地减轻水、旱灾害损失，确保人民群众生命财产安全和社会稳定，是防汛抗旱工作的主要任务和目的。防汛与抗旱相辅相成，汛旱并重，防治并举，不可偏废。

古代，沂水、蒙阴、临朐三县辖域内未见有史料记载设置专门的地方水利领导机构，水旱防御治理之绩寡然，河堰之工凤毛麟角。沂河“欲为堰则冲决之势难支，欲为闸则散漫之流难敛，此所以田家无所资其浸灌，商贾无所资其舟楫也。公私告匮，厥有由然。故语之以水利，无论畏事者束手，即喜事者亦扼擘而无所措也……”（沂水县教谕傅履重《水利论略》）境内未见有较大的古代水利设施，民间多以井、泉或临河建水车、桔槔、辘轳等人力、畜力方式取水。但凡洪灾或旱魃为重之年，府衙或赈银济粮，或“蠲税银”、减田租，被动应之。

1956年6月，县人委建设科分设为农业科、水利科，同年成立山东省沂源县防汛指挥部（简称县防指）；10月，水利科改称水利局，主管全县水利建设事业，沂源县有了专门的水利建设领导机构和防汛指挥机构。1964年，山东省沂源县防汛指挥部改称沂源县抗旱防汛指挥部，抗旱工作被提到重要位置。在中国共产党和各级政府的领导下，沂源人民坚持“以蓄为主，小型为主，社办为主”的三主水利方针，发扬愚公移山精神，改造自然，大办水利，因地制宜在山区开展以封山造林、闸山沟等为主的水土保持活动，挖机井，修塘坝，建水库，筑灌渠，凿深井，大力改善农业灌溉条件，提高蓄水抗旱能力，改河造地、疏浚河道，削减山洪。先后建小型水库123座（含原黄庄镇10座，南麻镇宋家庄水库后降等为塘坝），塘坝、谷坊377座（不含报废数），全县总的有效灌溉面积达到7.7万余亩。

新中国成立后建设的众多水利工程设施，在抗旱防汛中发挥了重要作用。各级党委和政府每年都把抗旱防汛工作列入重要议事日程，建立健全组织机构，统一指挥、统一调度、分级负责、分所分库包干，组织各行各业支援，领导群众及时投入抗旱保收、抗旱救灾的斗争和防汛抢险等工作，保证了全县国民经济的正常发展和人民生命财产的安全。

2019年，组建沂源县应急管理局，县防汛抗旱指挥部设在该局。县应急管理局负责编制县总体应急预案——安全生产类、自然灾害类专项预案，组织开展预案演练，承担重大灾害救援指挥的现场协调保障，指导协调相关部门森林和草原（地）火灾、水旱灾害、地质灾害等防治和重大灾害应急救援工作。县水利部门在水旱灾害方面重在“防御”，负责落实综合防灾减灾规划、组织编制并指导实施水旱灾害防治规划和防护标准、水情旱情监测预警、组织编制和实施重要河道湖泊及水工程的洪水防御和旱灾抗御调度、防御洪水应急抢险的技术支撑和台风防御期间的重要水工程调度等。

防　汛

防汛，是指为了防止和减轻洪水灾害，在洪水预报、防洪调度、防洪工程运用等方面进行的有关工作。防汛工作以防大汛、抗大洪、抢大险、救大灾为目标，坚持人民至上、生命至上，统筹发展和汛期安全，排查整治突出风险隐患，防范化解重特大洪涝灾害安全风险。防汛的主要内容包括：长期、中期、短期天气形势预报，洪水水情预报，堤防、水库、水闸、蓄滞洪区等防洪工程的调度和运用，出现险情灾情后的抢险救灾，非常情况下的应急措施等。

新中国成立后，逐渐建立和完善防汛专门领导机构与群众性的防汛抗灾抢险队伍。1956年，临沂专署召开防汛会议；6月，成立由9人组成的沂源县防汛指挥部，并有专人主持日常工作。各区、乡普遍成立防汛组，区建大队，乡建中队，逐级加强对防汛工作的领导。全县成立由392名干部组成的防汛中队56个，辖312个小队，共有7256人；沿河堤防和有水库的村庄（社），成立由民工组成的基干队和常备队；较大水库所在村各组建100人左右的抢险常备队民工队伍；险要河道堤防建立应急防汛队伍。

1956年，全县竣工水库19座、塘坝81座，在建水库18座、塘坝39座，对流域内洪峰起到一定的拦蓄和调洪、错峰作用。6—9月，48天大雨和风灾天气，冲垮水库3座、塘坝16座，粮食作物受灾面积26.64万亩。7月5—6日，县委召开区、乡干部会议，部署贯彻防汛任务，各部门人员迅速投入以防汛救灾为中心的工作中。灾后，迅速组织对受损水库进行水毁修复，拓宽加深溢洪道，共修复受损水库11座、塘坝4座，补修水井、地堰，挖水沟排涝，组织各公路所、护路组修补被冲毁路段，不到两天即恢复通车。

20世纪60年代，贯彻执行毛主席提出的“备战、备荒、为人民”战略方针，防汛工作以“打人民战争”的方式，由过去“单点”防汛扩展到“点、线、面”相结合的全面防汛。走群众路线，搞群众运动，大力发扬大寨革命精神，发动群众积极投入防汛斗争，防汛所用物资、器材、资金主要依靠集体，依靠群众，就地取材，就地使用，自力更生搞防汛。

1961年6月1日，县委、县人委召开各公社党委和管委会议，成立防汛指挥部，以田庄、芦芽、北营、东上峪、北官庄、列里、八大庄（原黄庄公社）等水库为重点，派技术人员协助公社搞防汛。在物资上，按照“从最坏处打算，向最好处努力”做准备，商业部门负责采购和加工防汛物资，运输公司15部车随时待命，负责运输任务，将防汛物资运到防汛地点。省协助在田庄水库架设电台1部，邮电、粮食、卫生等部门通力协作，宣传部门随时通过有线广播在广大社员中广播天气情况，保持高度警惕。

1967年，由县武装部组织，先后召开3次防汛工作会议，并以有线广播大会的形式进行传达。县武装部、沂源驻军、生产指挥部、邮电、粮食、交通、文教卫生、医院、水利、工商等有关部门组成19人的县抗旱防汛指挥部，全县11个区共124人组成区防汛机构，建立防汛领导小组的大队有460个、共1830人，百万方以上的水库均建立防汛指挥部。全县共建立防汛常备队86个，总计3870人；抢险队246个，总计4920人；后备队285个，总计9500人。做好防汛物资的清理、号料、登记、储备、供应等，准备麻袋6500条、草袋2.6万条、蒲包1.58万条、抬筐3220个、篓子1716副、镢3350张、铁锨4580张、马灯258个、汽灯25个、蓑衣1.5万件、钢材1.5吨、小胶车870把、水泥500吨、铁丝700公斤、石方4300方、木杆450条、木材8立方米、麻批1500斤。

1970年，县革委组织各区百万方水库负责人现场学习沂水的先进经验，并参观唐山公社的曹宅水库，在全县开展比、学、赶、帮、超的竞赛。以770余名基干民兵为骨干，组织2.8万人次的劳力，对水库险工、尾工进行一个月突击，促进全县各工程进度。7月21日，悦庄区郭家上峪水库因暴雨出现内外大坝滑坡的险情，县革委党的核心领导小组和县人武部立即组织人力物力，出动汽车带足500余个草袋，调动400余名民兵，奋战48小时，该水库脱险。7月19—25日，鲁山周围连降大暴雨，螳螂河水位猛涨，南麻段河床流量达每秒900立方米，21日下午3时河堤决口，石堰倒塌150余米。县革委核心领导小组迅速成立前线指挥部，并组成1200余人的专业队，轮流分线作战5昼夜，修复垮坝，战胜洪水，保证了2000多亩土地、1.5万余人和10余个厂矿的安全。

1973年，为进一步落实毛主席关于“备战、备荒、为人民”的战略方针和“深挖洞、广积粮、不称霸”的号召，根据全国水利管理会议精神，对14个公社范围内所有水库等水利设施开展“五查四定”（五查：工程建设与投资使用、工程安全、工程效益、综合利用、管理现状；四定：定任务、定计划、定措施、定体制）。县委直接领导，并成立普查办公室，由县委副书记挂帅。2月，水利局抽调和聘请各公社农民水利技术员，组成17人的普查队伍，各公社成立5~7人组成的普查小组。

通过“五查四定”大普查，全县14个公社、82个管理区共有生产大队882个、生产队3550个、社员97840户，共计484814口人，其中农业人口440733人，人民公社男女整、半劳力共140613人。全县耕地580459亩，占全县总面积的22.3%。其中山地303385亩，占耕地面积的52.2%；平原8万亩，占耕地面积的13.7%；丘陵地193929亩，占耕地面积的33.4%；洼地3145亩，占耕地面积的0.6%。集体耕地面积543705亩。全县共修建大型水库1座，总库容1. 134亿立方米，兴利库容0.764亿立方米；中型水库1座，总库容1140万立方米，兴利库容630万立方米；小型水库20座，总库容4308万立方米，兴利库容2443万立方米；微型水库56座，总库容1499万立方米，兴利库容907万立方米。大、中、小、微型水库总共蓄水1.8287亿立方米，兴利库容1.161亿立方米；塘坝共233座，总蓄水417万立方米。

20世纪80年代，旱涝并防，一手抓抗旱，一手抓防汛，防汛“以防为主，防重于抢”。

1982年，由于旱情持续，有些河道拦蓄工程损毁，河道堵塞、岸堤坍塌，造成许多河道行洪障碍和缺口，降低了防洪标准。5月底，全县防汛会

1984年，机关干部分头查看受灾情况

议召开，提前安排部署防汛任务。全县组织常备队1400人、抢险队6530人、后备队1.71万人；备好麻袋、草袋2.15万条、胶车1200辆、铁丝 3.5吨等。同年，水电部统一部署水利工程“三查三定”工作，沂源县对1981年年底前已完成水利工程实施查安全、定标准，查效益、定措施，查综合经营、定发展计划。1984年，“三查三定”工作基本完成。

1984年夏，发生百年不遇洪涝灾害，全县各级上下联动，组织群众抗洪抢险。县委、县政府连夜召开紧急会议，部署抗洪抢险工作，紧急广播动员，号召全县人民立即行动起来，同洪水灾害进行斗争。各区、乡迅速组织人员上库、上坝，密切监视险情。县直机关干部冒雨分头深入各区、乡，同群众一道抗洪。

1996年，建立全县无线防汛通信调度网，在县防汛办设立调度中心，并与市防办联网。新建唐山和三岔中继站2处，为两座大中型水库配备无线电话机，各乡镇水利站配备对讲机1部，初步建起信息化防汛指挥网络，防汛防灾工作逐渐步入现代化。同时做好防汛人员和物资准备，组织常备队800人、抢险队6600人、后备队2.3万人。全县共备好麻袋和编织袋13.22万条、草袋1.21万条、铁丝33.6吨、炸药25吨、木材87立方米、木桩28根、土沙1.39万立方米、石0.55万立方米。

同年，举办全县小（一）型水库管理人员培训班，小（一）型水库管理人员持证上岗。对沂河、螳螂河河道管理范围进行确权划界，制定《沂源县水利工程管理范围内土地、水域开发利用暂行办法》，在全县3座水库进行企业化管理试点。建立健全20座小（一）型水库档案登记卡，编报水库控制运用方案，制定主要河道防御洪水方案，科学调度、防洪。

1998年，完成全县96座小型水库中的63座水库除险加固。1999年，对全县98座大、中、小型水库大坝进行注册登记。2012年，将16座塘坝升格为小（二）型水库，全县小（二）型水库增

2003年7月，武警部队官兵在田庄水库举行抗洪抢险演习

加到92座。2003年6月，省水利厅、财政厅、武警总队、通信管理局到沂源县指导防汛工作；7月，省防汛指挥部在田庄水库举行水库抗洪抢险演习。

2011年，开始建立全县山洪灾害防治监测预警平台，后逐步升级，境内汛情监控实现实时化、信息化。2019年，防汛自动化平台实现全市一张网，大大提高防汛效率，缩短雨水情信息上传下达及预警发布的时间，节省人力、物力，为全县山洪灾害防治决策提供全面、及时、准确的数据支持，基本实现防汛监控、指挥体系“信息采集自动化、传输网络化、管理数字化、决策科学化”。

2019年，全县机构改革，防汛职能和指挥体制发生变化，防汛抗旱职能划入县应急局，水利部门承担水旱灾害防御职能。2021年，撤销沂源县防汛抗旱服务中心，水旱灾害防御职能划入沂源县水利事业服务中心。

淄博市雨水情监测预警信息平台

抗 旱

抗旱，本意指采取措施，减轻干旱造成的损害。防止干旱的主要措施有兴修水利，发展农田灌溉；改进耕作制度，改变作物构成，选育耐旱品种，充分利用有限的降水；植树造林，改善区域气候，减少蒸发，降低干旱的危害；研究应用现代技术和节水措施，提高水的利用率，例如采取人工降雨，喷滴灌、地膜覆盖保墒，以及暂时利用补充灌溉水源等措施。

20世纪50年代，在合作化道路和人民公社化的体制下，激发出农民空前的劳动热情，释放了劳动生产力，为改变水利设施几近空白、抗旱能力"靠天吃饭"的状况，集中人力、物力建设蓄水、引渠等水利基础设施创造了条件。

1958年11月，针对《1956—1967年全国农业发展纲要（草案）》中提出的"在7年到12年内基本上消灭普通的水旱灾害"要求，毛泽东主席提出"消灭水旱灾害"要加上"最大限度地"，水旱灾害"大部分归人管，一部分归天管"的抗御水旱灾害辩证思想。按照中央《关于水利工作的指示》，沂源县高度重视防旱、抗旱工作，坚持"三为主"的水利建设方针，以兴建蓄水和灌溉工程为主，发动群众因地制宜大建水利工程。1964年，防汛指挥部改称抗旱防汛指挥部，抗旱工作被摆到优先位置。

1978年10月，燕崖公社地瓜大丰收

中庄公社于家北坡大队获得地瓜大丰收

20世纪50—80年代，全县建水库、塘坝、谷坊500座，修建、开凿大口井、深井1580余眼，建扬水站590座，并建起大批的蓄水池、拦河坝等。这些水利设施的建成和使用，对抗旱减灾，保种保收，实现粮食作物和经济作物年年增收发挥了巨大作用。小麦亩产由1949年的58斤，提高到1990年的310斤；玉米亩产由1949年的100斤，提高到1990年的628斤；地瓜（干）平均亩产由1949年约180斤，到80年代初期达700斤左右。经济作物花生亩产由新中国成立初期的120斤左右，提高到1990年的270斤。在水利设施建设较好的大队，结合科学的农作物种植方法和优选种子，粮食产量创出高产。较典型的如南麻公社西鱼台大队1980年种植"丹玉6号"和"鲁原单4号"夏玉米271亩，平均亩产达到957斤，创县内夏玉米大面积最高产量；燕崖公社燕崖大队农科队1981年种植"掖单2号"夏玉米1.33亩，单产达到1275.6斤，创全县小面积最高产量；1980年，中庄公社于家北坡大队种植"徐薯18号""济薯5号"新品种地瓜281亩，亩产鲜地瓜5740斤，创县内地瓜大面积最高产量。

1973年，沂源县成立打井办公室，并设立水利局打井队，开采地下水资源，逐步改善缺水村的饮水、灌溉条件。地下水资源的充分利用，弥补了地表水资源的不足，加上大批水利设施的建成使用，全县农业抗旱能力得到较大提高，旱灾对农业等经济社会发展带来的危害逐渐可减、可控。

在坚持大搞水利工程建设，增加供水能力的同时，全面推行节水灌溉，提高抗旱能力，并重视水土保持、农业科技等技术措施，综合防治旱灾。干旱发生时，及时召开会议研究部署抗旱工作，组织各机关单位、各部门以及厂矿企业和驻沂部队等，采取各种应急措施，深入各大队（村）指导、支援抗旱工作，动员群众发扬“自力更生，艰苦奋斗”精神，与干旱灾害进行长期不懈的斗争，天大旱，人大干，全力以赴，采取一切切实可行的措施，把灾害损失减少到最低限度。

1979年，县委书记解广先（左三）到唐山公社了解旱情

1981年冬，降水仅3.5毫米，造成1982年春旱时间长达120天，出现新中国成立以来罕见的特大干旱。由于旱情时间长，除沂河还有少量流水外，其他河道断流，井水下降7～9米，严重的下降10米以上。全县170余个大队共13万人吃水困难，6万亩无水浇条件的小麦几乎绝产，夏粮减产4028万斤，减产56%。

鉴于旱情的严重性，春节过后，全县于2月2日召开抗旱“双保”（保春播出苗、保夏粮丰收）会议。随后又召开2次电话会议督促，后又在东里公社召开抗旱“双保”现场会，总结往年抗旱的经验教训，发动群众将抗旱保收作为压倒一切的中心任务来抓。

成立县抗旱“双保”指挥部，各公社、大队成立领导小组和专门班子。县委、县政府、县人大、县政协负责人除留1人在机关主持日常工作外，其余全部下到公社、大队，同时从县直机关抽调310名干部组成抗旱工作组，深入到社、队帮助抗旱。县水利局组织38人、供电局组织35人、县经委组织12人下村到重点大队，帮助抓水利建设，维修排灌机械和农业用电设施等。

此次抗旱，突出抓水利配套和开挖新的水源等应急工程。全县动工的项目217处，打机井70眼，整修渠道1870米，修建大水池3座。唐山公社71个大队有21个大队出现吃水困难，这些大队自力更生，组织社员联户打井18眼，其中出水6眼。县采取“三家抬”的办法筹集抗旱资金，县筹资40万元、公社筹资13万元、大队筹资50万元，用于水利建设。南麻公社侯家官庄大队曾是沂源县的粮食基地，麦田面积大，在持续旱情造成水源缺少的情况下，临沂地区行署派4部拉水车、县派2部拉水车前往该大队拉水浇灌小麦，同时该大队的拖拉机等全部投入到拉水抗旱中。

1983年5月，县政协组成的“双保”抗旱工作组在田间视察旱情

1983年，在前两年均出现旱灾的情况下，春季少雨，从4月中旬至6月底基本无雨，整个6月只降水12.1毫米。7月16日土壤测验，15厘米以上是

干土层，40厘米以上含水量8%。全县河流，除沂河外全部断流，田庄水库和红旗水库仅剩死库容，其余水库全部干涸，350余眼机电井无水可取。22万亩夏玉米有14万亩出苗旱死后又翻种，5万亩高粱、谷子和春玉米因旱绝产。7万亩花生，有2万亩枯死，4万亩半枯死。10万余亩地瓜、6万余亩黄烟叶片蔫萎，4万亩苹果和4万余亩花椒、山楂等落叶掉果。全县有170个村共1.36万人吃水困难。

在百年一遇的严重干旱面前，900余名干部到抗旱第一线抗旱救灾。全县共动用360辆机动车辆、1.5万余辆手推车、10余万担水桶，“千里万担一亩苗”，为人畜送“解渴水”，为禾苗浇“救命水”。14万亩玉米靠肩挑、人抬、小车推水，保苗浇水3~5遍，其中有8万亩翻种2~3茬。在抗旱过程中，共建抗旱应急工程204处，打机井150眼，购置喷灌机220台、抗旱水桶2万只。当年，全县63.71万亩粮食作物，仍获得亩产390斤、总产2.48亿斤的好收成。

20世纪80年代，在沂源县进行试点，推广“喷灌”“滴灌”等节水型灌溉技术；90年代至21世纪初，推广风力扬水机等提灌技术。但因技术不成熟、水源条件达不到要求以及技术指导未跟上等原因，推广应用并不理想。1995年9月，国家防总办公室向全国印发《关于做好“FA旱地龙”示范试验应用的通知》，要求各地抗旱部门组织试验示范。1997年3月，县水利水产局引进该产品，在悦庄镇七里寺村、燕崖乡双泉村对小麦、黄烟、玉米、花生等作物进行试验。1998年，在悦庄镇西赵庄村、大张庄乡北旋风村、石桥乡上黄安村进行小麦大面积试验，均取得良好的抗旱、增产效果。

1996年，成立县抗旱服务队，实行企业化运营。2000年，春夏连旱后，又遇伏旱，1—7月仅降水292.9毫米，河道断流，水库水位在死水位以下。县抗旱服务队全力投入抗旱，为缺水单位找水定井60余眼，机凿深井15眼、浅井17眼，累计钻进3500米，总出水量每天2.1万立方米。同时以“用户办、联户办”的方式指导施工大口井37眼，为抗旱减灾提供可靠水源。维修抗旱设备405台（套），投入抗旱车辆170余辆。全县以深井抽水、机电喷灌或流动浇地等方式，抗旱浇地21万亩、经济林15万亩，解决2.2万口人、1.5万头大牲畜饮水困难。

2011年开始，在全县各镇分批分类推进建设高效节水灌溉工程，结合中低产田改造项目、高标准农田建设项目、农业综合开发项目、小型农田水利重点县项目、规模化节水灌溉增效示范项目等，打深井，建机房，铺设PE输水管道，设置闸阀井、给水栓，蔬菜、草莓大棚以及苹果园、樱桃园、桃园等经济作物实现大面积普及应用滴灌、微喷等节水灌溉技术。到2022年，全县实现高效节水灌溉面积22.38万亩。

20世纪80年代初，唐山公社五里沟大队社员使用“抗旱桶”刮水抢种

沂源县典型灾害纪实

1948年灾荒

1948年2月，全县出现空前的灾荒。中共华东局指出：“山东生产救灾的重点是鲁中，鲁中的重点是沂源县。”华东局于3月撤销踅庄土改复查试点，试点指挥部负责人贺致平任沂源县委书记，原县委书记刘延博任副书记，鲁中区党委秘书长李建梓任县长。鲁中区党委派

31人，沂蒙地委派30人，分别担任沂源县各区委书记和区长。县区部分干部下派到村当村长。县委以生产救灾为中心工作，组织全县上下集中力量生产救灾，并提出“不荒一亩地，不饿死一口人”的口号。4月，中共华东局拨给沂源县大豆100万斤，玉米、谷子30万斤，救济款3万元。

8月，全县灾情进一步加重，张庄、鲁村、大泉、历山等区66个村庄遭受蝗灾，崮坡村350亩禾苗被蝗虫吃光。随之而来的瘟疫大流行，致使全县病倒4万余人。据6个区统计，断粮的有1840户、5178人，逃荒要饭的498户、1323人。东里区（时属沂中县）的10个村、852户中，断粮的有368户、逃荒的有32户、缺粮的有394户。

1956年防汛抗灾

1956年6月中旬开始降雨不断，有时连日阴雨，有时雨大而集中，有时伴有大风，先后有50毫米以上大雨5次，最大日降水量为9月4日的111.3毫米。整个汛期降雨48天，共降雨777.6毫米。

该次汛期持续降雨造成水库受损14座（包括沙沟、大三地、姬家峪等较大水库）、冲垮3座（坝身大部被冲毁），塘坝受损12座、冲垮16座，引河冲坏9处，水池坍塌2座，水井受损565眼，大小河流决口127处（其中有黄庄区的丈八丘、黄庄、马庄，唐山区的苗庄等主要河流），决口总长度3827米，被冲毁石拱涵、过水路6处，石桥、木桥4座。该年汛期灾害造成全县坍塌房屋231间、地堰倒塌5万余处；大风吹毁房屋630间，洪水溺亡9人（含入库游泳者溺亡）、冲走1人，倒塌房屋砸死2人、受伤7人，溺死、冲走牲畜44头；折倒树木5.8万株；霉烂小麦30万斤，水冲沙压粮食作物1.35万亩，减产79.3万斤。8月2日至3日风灾，粮食作物受灾面积26.64万亩，减产632.6万斤。

为有效应对洪涝灾害，汛期伊始，沂源县成立防汛指挥部。7月5日，县委采取坚定措施，抽调各部门干部56人，分赴各区、乡帮助工作，并下达紧急通知，指示召开区、乡干部会议，部署贯彻防汛任务，各部门人员迅速投入以防汛为中心的工作中。全县成立由392名干部组成的防汛中队56个，辖312个小队，共有7256人，对沿河堤防和有水库的村庄（社），建立起由民工组成的基干队和常备队。东里、辽军埠、沙沟、草埠、王村、姬家峪、凉泉、青冶行、流水、大三地、韩旺等11座较大水库所在村，各组建100人左右的抢险常备队民工队伍。南麻、鲁村、丈八丘、黄庄、张庄、张家坡、苗庄等险要河道堤防建立应急防汛队伍。如南麻村以农业社生产队为主，挑选80余名身强力壮、有抢险经验的社员组成抢险队，以鸣号为令出动防汛抢险；鲁村区两处河道堤防和两座较大水库由327名青壮年组成7个抢险小队，“水不平息，人不离堤”。

为挽救损失和防止更大洪水，各中队在雨后立即组织对决口河道进行补修和抢救工作。全县堵复决口河道35处，总长838米；对受伤水库、塘坝进行补修和加深、加宽溢洪道，修复受伤水库11座、塘坝4座；补修水井221眼，修地堰2万余道，挖排水沟1.2万余道。各公路所发动护路组对冲毁路段进行修补、养护，一天半内即恢复通车。南麻区每当山洪暴发，县直机关干部群众均上堤防防汛。7月24日，该区发生特大洪水，被水冲沙压耕地2497亩，全区发动劳力6000余名，在3天内以水洗、扶稼等方式抢救农作物2244亩，鱼台乡被冲毁的24亩耕地改种绿豆。张庄区发动全区95%以上男劳力、40%～45%的女劳力，开展社与社、队与队的夺红旗竞赛，投入汛期抢险救灾和恢复生产工作，8天时间基本完成全区抢险救灾，恢复农业生产。

1962年洪灾

1962年七八月间，沂源县发生了新中国成立以来最大一次洪涝灾害。7月13日、19日、25日、28日和8月7日连遭大雨袭击，洪水泛滥，造成库塘垮塌、河道决口、房屋倒塌，全县受灾面积13万亩，成灾面积8.3万余亩，减产粮食1379万斤、花生74.9万斤、皮棉7万斤、烤烟32.6万斤。县城被淹，平地水深1米有余，洪水浸窗，银行被淹，水深半米。张家坡公社倒塌房屋300余间，冲走2人、牲畜100余只（头）、粮食8万余斤，损毁树木230万株。许多地方石碑被刮倒，大树被连根拔起，博沂公路桥梁被冲断，阻车1月余。

据1962年8月县防汛指挥部报告：经数次暴雨和洪水袭击，中庄公社列里、社庄水库（塘坝），唐山公社苗庄、刘家庄、黄峪、羊角石、小北峪、刘家林，三岔公社南流水、西南峪、璞邱，石桥公社马庄，九会公社芦芽店北水库，土门公社滚水坝等被洪水冲垮，下土门水轮发电机被冲毁。

全县河道决口共计405处，长4.19万米。其中张庄公社大小河堤决口288处，长达9200米，较大的有张庄、南岩、房家圈、松崮、左家旁峪等21处，长1800米；三岔公社大小河堤决口28处，长达2000米，其中较大的有三岔店、前坡2处；徐家庄公社河堤决口15处，长达1000米；黄庄公社河堤决口2处，长达5000米，最严重的是丈八丘河堤；南麻公社决口的河堤4处，长2700米，最严重的是蝗螂河堤和儒林庄河堤，蝗螂河堤连修连决口3次；燕崖公社河堤决口2处，长5400米，最严重的是燕崖和郑王庄；九会公社河堤决口7处，长3200米，有水么头、唐家六、孟坡、大坡等；悦庄公社河堤决口4处，长2000米，最严重的是南北石臼和小水；张家坡公社河堤决口18处，全长1万余米，最严重的有张家坡2处、瓜峪2处、任马庄3处、巨石崖2处、刘家圈2处；鲁村公社河堤决口2处，长100米；石桥公社河堤决口8处，长500米；唐山公社河堤决口8处，长500米；中庄公社河堤决口10处，长1000米。

1963年7月暴雨灾害

1963年7月19日凌晨3点至20日凌晨2点，全县普降暴雨，遭受入汛以来的第一场水灾。该次暴雨持续23小时，雨量在170～400毫米之间，沟满河平，水浮两岸。有的公社新修的河堤尽废，14个公社，社社有灾。

此次降水过程造成张家坡（400毫米）、东里（400毫米）、唐山（395毫米）、石桥（374毫米）4个公社灾情最重，其次是燕崖、中庄、南麻、黄庄、张庄5个公社，再次是鲁村、九会、三岔、悦庄、徐家庄5个公社。全县总体灾情是东边重、西边轻。

全县受灾面积达5.5万余亩，其中绝产1.5万亩（含6000亩不仅绝产，连土地也被冲毁）。高家官庄、院峪、东长旺、小北峪大石沟、河东等174座水库、塘坝被冲毁。倒塌地堰25万余道、房屋1241间、栏圈652间；冲断公路21处，长965米，冲毁桥涵15座，交通中断；冲走（损毁）大小树株31.1万余株、成片幼林861亩；伤亡人口12名（其中死亡4人）。有20多个大队洪水进村，直接威胁社员的生命安全。如东里东大队，洪水3天后，还有百余户院内积水半米以上。

张家坡公社被水冲沙压变成河套而绝产的土地达3000余亩。该公社大队干部普遍反映：“今年这场水灾不同于去年，一是雨比去年大，地里粪肥冲走了；二是苗子小，被淤在土里，不好扒、不好扶。”张家坡大队用工1.5万余个，历时一个冬春复修的红水河堤被冲毁一半，前功尽弃。该大队党支部书记宋学增痛惜道：“白费了一冬一春的苦功夫，搭上了政府的扶持款。”有的社员说：“这个庄住不得了，得赶快搬家，另找出路。”

石桥公社毫山大队的马兰峪，山洪暴发致山坡“脱皮”11处，最长一处从山顶到山下，一泻到底，长达3华里有余。山洪下泻，水流湍急，成串梯田倒塌，上游拉成深沟，下游堆满砂石，卷走熟土，毁坏作物。

东里公社西长旺大队第十一生产队沈光友见受灾重，愁得卧床不起。东里店东大队第一生产队共有耕地105亩，雨后成灾的74亩，其中绝产的50余亩。该大队队长、省农业劳动模范朱友泉说：“今年让水这一冲，越没有指望啦！”有些社员见集体受灾严重，感到没有希望，谈不上完成超产的目标，就想抛开集体搞自己的。

这次水灾，普遍造成群众情绪低落，犯愁畏难，严重影响了搞增产运动的信心。针对这种情况，各公社当即召开紧急会议，组织全体公社干部400余人，分头深入到各队，发动抢险救灾和摸底。县委和县人委也组织20余人，由县长带领分赴张家坡、东里、唐山3个公社，进行灾情慰问和协助贯彻县委意见，发动重灾队振作精神，展开排涝、挖苗、增施肥料等抗灾运动。

灾后，共组织抢修水库7座、河坝52处，挖排水沟10800道，排除内涝地7000余亩，修地堰1.3万余道，扶培农作物1.2万余亩，抢修和重建房屋4085间、栏圈2192间，发放灾害救济款2000元。

1964年暴雨灾害

1964年，沂源境内年内降水量1616.7毫米，其中7—8月，连降暴雨7天，7月降水437.6毫米，8月降雨460毫米。连续的暴雨，造成山洪暴发，成片梯田地堰倒塌，河堤决口，水溢两岸，水冲沙压致农田积涝成灾。全县3座小型水库决坝，房屋、栏圈倒塌997间，死亡8人，冲走家畜412头，造成内涝面积2.4万亩，三岔供销社饭店1次冲失煤炭80多万斤。该次雨水之大，持续时间之长，降雨频次之多，造成灾情之重，历年未有。

据中庄公社灾情报告，中庄第一次降水240毫米，7月27日晚8点至9点发生第二次暴雨袭击，两小时内降水300毫米，8月1日傍晚至翌日早8点，大约有15个小时，降水450毫米，第四次是8月6日下午，降水量50毫米，并伴有7~8级大风。石沟、中庄、张庄、社庄大队4座古桥被冲毁，全公社倒塌房屋69间，造成农田水冲沙压1.2万余亩，其中不能恢复耕种的982亩，受灾粮田1.16万亩，粮食作物减产8成以上甚至绝产的5592亩，棉花、花生等经济作物减产8成以上甚至绝产的209亩。1人被砸在倒塌的屋内，后得救；冲去和倒栏砸死的猪、羊37头（只）；冲去粮食5700斤、家具364件、小胶车5把。

洪灾致农田被水冲压沙，庄稼绝收

中庄公社刘大峪社员马永贵3间房子全被冲垮，除拿出1口锅以外，粮食、衣物、家具全部被冲去，老婆被吓疯，要跳河、跳崖，到处游走。桐峪大队总共780亩粮田，受灾420亩，其中绝产150亩。社员周学安、周连宝当时要求去东北，再待在这里过不下去了。中庄大队第六生产队共200亩粮田，因灾绝产48亩，队长李丰庆的房子被冲去2间，家具被冲走，伤心地抱头痛哭。

唐山公社在该次水灾中，苗庄、刘家庄、小白峪3座水库（塘坝）被冲毁，西里、梭背岭2处河堤和分布在3条支流上的86道护河石堰被冲垮，倒塌地堰1.7万余处，受灾面积4934亩，其中减产5~8成的农田1043亩。倒塌房屋14间，淹死1人（五里沟大队社员左春田）。

受灾严重的是西里、刘庄、金星3个点共33个大队，其中重灾的有14个大队，重灾面积都在百亩以上。苗庄塘坝被冲垮后，水溢河槽，水冲沙压成灾，致苗庄大队庄东、庄南的220余亩肥沃土地全部绝产。中西里生产队队长李长德、社员王家兴说："这场水灾上级不减（公粮）任务，到秋天可得要饭去。"柳枝峪、大家万、刘家庄、五里沟、辛庄5个大队，成灾面积1970亩，占全公社受灾面积的40%，其中绝产793亩；倒塌地堰3182道。

1970年暴风雨灾害

1970年1—9月，共降水849.3毫米。其中，6—9月上旬降水741.6毫米；7月19—30日，仅10天时间就降水420毫米。东里、鲁村、土门、黄庄、南麻等区出现1小时60~80毫米的暴雨，并出现冰雹和8~10级大风，造成100万立方米以上水库滑坡2座，溢洪道塌方2座，10万立方米以上水库滑坡6座，冲垮塘坝10座，河堤决口35处，机井塌方2眼，冲毁机电灌站4座。全县受灾面积3.27万亩，其中减产15%~20%的2.8万亩，绝产的4640亩，房屋、栏圈倒塌4378间，地堰倒塌2.6万道，损坏大小树木7.165万株。

1982年大旱、风雹灾害

1982年，去冬今春少雨雪，1981年11月至1982年2月的4个月时间内，降水总计仅为19.9毫米，受旱时间长达120天；1982年3—5月总计降水101.4毫米，无水浇条件的小麦几乎全部绝产，夏粮减产4028万斤，减产56%。在遭受汛前百年不遇大旱后，汛初又先后遭遇风雹和暴雨，自然灾害接踵不断。6月17日，全县9个公社310个大队、20余万人口遭受严重雹灾，2000亩棉花被砸坏，2000亩黄烟叶子穿孔砸烂，2000亩地瓜被砸光，1万亩春玉米脱光，高粱、谷子受灾严重。7月1日，鲁村公社王村虎头崖塘坝大坝垮塌，冲毁树木300余株。

1984年7月特大暴雨灾害

1984年7月12日凌晨0点至4点，暴雨伴有8～9级大风，是沂源县有水文记载以来前所未有的暴风雨，强度之大实属罕见。4个小时内，全县降水平均168毫米，鲁村区水文站测得降水量为267毫米。徐家庄乡西徐家庄大队3户社员放在磨顶上的空水桶被雨水灌满外溢，说明这一带最大降水量在330毫米以上。

灾情发生后的调查计算结果表明，最大暴雨区在鲁村区南部五陡、青杨圈一带和张庄区的沟泉一带，雨量在400毫米以上。全县降水100毫米以上的笼罩面积为1069.1平方公里，占全县总面积的61.8%；200毫米以上暴雨笼罩面积为579.6平方公里，占全县总面积的33.59%；300毫米以上的笼罩面积为71.4平方公里，400毫米以上的笼罩面积有13.5平方公里。全县总降水量2.9亿立方米。

田庄水文站测得的最大入库流量为每秒2560立方米；东里水文站测得的最大流量为每秒3660立方米，是1950年建站以后测得的最大值。水库被洪水灌满，水位达到306.74米，溢洪闸泄量达每秒677立方米。洪水携泥带石向下游倾泻，所到之处桥梁冲毁，库塘垮坝，房屋倒塌，物毁人亡，通讯交通中断，各种林木和农作物被水冲沙压，新中国成立以来花费巨大代价建设的各类工程项目也付之东流，全县遭受了极为惨重的暴风雨灾害。

这场暴风雨，使全县13个区全部受灾，9个区的531个大队受重灾。洪水冲垮房屋2480间，砸死、淹死、冲走33人，其中死亡12人。6525户群众住房被淹，550户财产受到严重损失，278户房倒院毁，无家可归。

农业、林业、水利、交通、电力、通信、商业、多种经营等均遭受严重损失。

全县农田受灾面积11.11万亩，其中高产田5.4万余亩，有4.6万余亩土地遭到“洗劫”绝产，倒塌地堰不计其数。张家坡区任马庄大队社员高纪云承包的土地，投资500余元在地周围拉起院墙种上瓜果蔬菜，在这场暴雨中被一扫而光。鲁村区徐家庄乡西峪大队李兰都一家5口人的口粮地变为一片河底。四门地大队沿河550亩粮田，有300余亩淤积了平均70厘米的河沙乱石，其余变成一片河滩。

暴风雨造成全县177.6万余株成材树折损，冲毁河滩丰产林1.3万亩，毁坏树苗、幼树120余万株，仅树苗损失价值72万余元，国营场圃林木损失价值53万元，部分果园濒于绝产，苗圃地被洪水冲毁殆尽。鲁村区张家石沟大队的几十万株嫁接桑苗和专用桑园，所剩无几。多年来建成的水平阶、鱼鳞坑、谷坊等水土保持工程，大部分遭到破坏。

1984年洪水，树木被冲毁

1984年，鲁村区西五陡水库大坝决口

水利设施受到严重损失。洪水冲垮3处半拉子小（二）型水库和45处塘坝工程，有444处水利设施遭到不同程度的损坏，其中155处机电扬水站被冲毁，淹没冲垮干渠5.5万余米，冲毁河堤1.5万米，主要河道决口200余处，各种受损机械设备达498台。黄庄区齐家岭大队和鲁村区邢家庄大队电力扬水站被冲毁，电机、水泵和机房全部下落不明。鲁村区西五陡水库、北官庄水库垮坝，徐家庄乡2小时降水量平均达259.4毫米，导致小（一）型水库1座、小（二）型水库1座出现险情，小（二）型水库溃坝1座，塘坝垮塌1座，倒塌房屋800间。燕崖区红旗水库灌区渠道被洪水冲垮5000余米，基本丧失灌溉能力。沂河沿岸电力扬水站大部分受损，有的机井被洪水摧毁，有的被淤平，有的机房进水，电机被淹。全县水利工程设施损失在400万元以上。

暴风雨灾害导致交通、电力、通信中断。洪水摧垮桥梁47座，其中大桥2座。坐落在燕崖区安乐大队的5孔石拱沂河大桥，总造价20多万元，3秒钟内被洪水冲垮，冲走桥上看水人员13人。草（埠）齐（家岭）路、泰（安）薛（家岛）路等主要公路干线被洪水冲断46处，路面被洪水冲毁3.64万米。冲毁连村路、经济路600余公里，货运、客运几乎全部中断。暴雨洪水还倒折高压、低压线杆312根，通信、广播线杆1112根，使部分区乡通信和供电中断。

多种经营生产遭灭顶之灾。洪水冲垮猪圈2222间，冲走、淹死、砸死生猪900头，其他家畜、家禽9.1万余只（头），冲走鱼苗200余万尾，损坏黄烟、蔬菜、瓜果类经济作物3.77万余亩，其中有1.78万亩绝产。鲁村区西五陡水库下游14间烤烟房被冲毁，损毁（冲走）沿河树木260株；北官庄水库下游树木500余株、菜园2亩被冲毁、淤填；徐家庄乡20个大队倒塌烤烟房30座，其中乐村大队正在烤烟的12个烤烟房和6000余斤烟叶荡然无存。大张庄区松崮乡南岩大队烤烟房倒塌，正在烤烟的社员于潮江被当场砸死。鲁村区徐家庄乡涝坡大队3户社员房屋、猪栏全部倒塌，家具全部被砸烂，粮、油、柴全被水冲走，社员周清伍养的一口260多斤的肥猪被砸死在倒塌的猪圈内。张家石沟大队一群羊仅剩1只被树杈夹住，其余74只全部被洪水卷走。区办水泥预制厂5万多元的设备材料成品全被冲光。小张庄大队有60多户社员受到严重灾害，社员王成仁房屋倒塌，220多斤的肥猪被洪水冲走，100多斤的猪被淹死在猪圈里，其他家禽无一幸免，自行车、缝纫机及粮食全被砸在屋里。大张庄区磨石山子大队赵可香一家6口人，披星戴月干了一冬春，建成2个鱼塘，又投资1500元放养5.3万尾鱼苗，被大水全部冲光。鲁村区草埠乡仅4个专业户就损失鱼苗11.54万尾，价值6.6万元。草埠三大队一家养鸡专业户损失鸡300余只、鹅100

1984年，沿河公路被洪水冲毁

1984年，百货公司仓库围墙被洪水冲倒

余只。许多养殖专业户在受灾后将淹死的鸡、鸭、鹅、兔等，一筐一筐地往外挎，遭受破产性打击的社员失声痛哭，情绪低落。

暴雨和洪水使县直机关、厂矿、学校、企事业单位也遭到严重损失。有51个单位房屋被淹341间，有的院内水深近2米。冲倒围墙368米、房屋18间，冲走煤708吨，淹没电机65台、粮食1.04万斤。百货公司仓库围墙被冲倒，库房进水，被淹商品价值104万元，直接经济损失14万元左右。供电公司设备损失5万余元。据统计，县直单位国家和集体部分的损失达100万元以上。

在该次特大暴雨灾情期间，全县各级上下联动，组织群众抗洪抢险。12日凌晨开始降大暴雨，县防汛指挥部紧急通知各区（镇）及有关部门，立即组织人员，做好抗洪抢险准备。1点20分，气象站报告：已降水55.7毫米。1点30分，县委、县政府连夜召开紧急会议，部署抗洪斗争，各区、乡迅速组织人员上库上坝密切监视险情，紧急广播动员，号召全县人民立即行动起来，同洪水灾害进行斗争。县直机关干部冒雨分头深入各区、乡，组织群众抗洪。凌晨2点，徐家庄乡来电，降水量已达95毫米，暴雨仍在继续，险情正在加重。

各区区委、区公所也先后行动起来，奔赴各处险工险段组织抢险。1点10分，鲁村区区长侯大华带领人员赶至北官庄水库，2点10分，土门镇镇长和水利站工作人员冒雨到达芦芽水库现场。悦庄、张家坡等区也连夜召开会议，分赴各水库组织抗洪救灾。副县长朱兆彬，趟着一米多深的水抢救机关受灾家属。悦庄区东小水大队党支部书记周存水，带领青年抢险队员帮助沿河受灾群众抢险救灾，通宵达旦。该村民兵宋传兴自己的房屋被洪水淹没，但他首先救出了五保老人张成高，然后才去救自己的老母和妻子儿女。大批的党员干部在抢险的危急关头不顾个人安危，战斗在抗洪斗争第一线，尽量减轻洪水带来的灾害损失。

在县城多处企事业单位告急的情况下，县委、县政府及时组织车辆赶到木器厂、水泥厂、百货仓库、工艺美术公司等受灾现场，把160多户受灾群众转移到招待所。

灾情发生后，山东省副省长卢洪和省水利厅副厅长白永年到沂源县视察灾情，临沂行署副专员王家政于灾情当天赶到沂源，连夜听取汇报，赶赴受灾现场，指挥救灾。地区水利、交通、民政、农行、供销、商业、林业、粮食、邮电、农业、物资、经委、保险公司等部门负责人，赶到沂源灾区查看灾情，慰问群众，帮助解决具体困难，大大增强了全县群众战胜灾害的信心和决心。

灾后，全县各级各单位围绕、服从、服务于救灾这个中心任务，疏河清障，修复河堤，抢修被冲垮的公路、电力、通信线路和其他机电设备，发动群众开展生产自救，抢扶倒伏的玉米，在绝产地块上补种各种蔬菜和晚秋作物，帮助受灾的专业户迅速恢复发展生产。两天内，倒折的高低压线路和通信、广播线路全部接通；临时抢修被冲毁路面并大部分通车。

1993年暴雨灾害

1993年7月11日至12日，全县普降大到暴雨，平均降水达127.0毫米，最大点雨量大张庄乡降水达195.9毫米，大张庄、徐家庄、沟泉、燕崖、鲁村受灾较重。全县受灾面积达28万亩，受灾村庄达415个、7.1万户、24.23万人。冲毁、水淹、沙压农田8万余亩，其中玉米4.5万亩、花生0.5万亩、地瓜1.2万亩、瓜菜药材等经济作物1.8万亩，绝产或半绝产面积达80%以上。刮倒和冲毁树木10万余株，冲毁塘坝4座、谷坊10座、河堤1万余米、机电井12眼、机房15间、渠道3200米、道路35条共130公里，淤积大口井15眼，20台（套）机电设备受损，倒折高、低压线杆36根，毁线8万余米，受灾村道路、电力中断。

1994年特大暴雨灾害

1994年6月29日，全县普降暴雨，局部特大暴雨，冲毁农作物4200亩，冲毁房屋1600余间。该次暴雨，洪水将三岔中学院墙冲倒，校前漫水桥被冲断，学校操场进水深约1米。三岔乡南流水小（二）型水库一带降水量达325毫米，致使该水库大坝决口宽16米、18米两处，后坝坡塌滑。

1994年6月，洪水冲垮三岔中学院墙和漫水桥

8月，突降暴雨589毫米，受灾面积3.4万亩，粮食减产180万斤，倒塌房屋1724间，伤亡人数79人。三矿（煤矿、铁矿、金矿）停产，损失6750万元。

1998年暴风雨灾害

1998年6月16日，全县普降大雨，局部暴雨，伴有7~8级大风。石桥乡茂子峪村流域上游，1小时降水达150毫米，亳山村1个小时降水75毫米，致使山洪暴发。该村一座5000立方米蓄水谷坊被冲垮，20余户房屋进水，3000余株树木被冲倒或刮倒；一名9岁学生放学回家途中被冲走。其他乡镇不同程度受灾。全县因灾损坏房屋127间，死亡猪、牛、羊70头（只），苹果树受灾7920亩，成灾5570亩，受灾花椒3500亩、葡萄5260亩、黄烟647亩、棉花250亩、西瓜1310亩，直接经济损失2078万元。

6月18日下午3时至6时，三岔、张家坡、悦庄三乡镇遭受大风冰雹袭击，风力7~8级，冰雹直径3厘米，持续时间15分钟左右。21个村1.14万口人受灾，造成1000余亩苹果、葡萄受灾，其中绝产900亩，黄烟1200亩受灾，其中绝产200亩，刮倒民房及棚、栏33间，悦庄镇中小水村一名17岁女孩被大树砸伤。风雹造成直接经济损失300余万元。

7月23日晚10时至24日零时，沂源县境内普降大到暴雨，张家坡、韩旺、徐家庄三乡镇降大暴雨，巨石崖村2小时降水量达200毫米。巨石崖流域山洪暴发，河槽暴漫外溢，河岸、公路、村庄、农田、村办厂矿企业遭到严重洪水袭击，2名妇女被洪水冲走。红水河水溢至张家坡乡政府院内，积水深达1.6米。

由于该次降雨过程集中，部分乡镇村庄遭到洪水袭击，损失惨重。全县因此而死亡2人、受伤3人，损坏倒塌房屋217间，农作物受灾8690亩，冲走粮食20万斤、农用机械16台（部）、牲畜2000余只（头），冲毁公路10公里、高压线路8公里，毁坏河堤10公里、谷坊12座、大口井12眼、机电扬水站4座、输水管道500米、机房12间，全县直接经济损失2250万元。

8月7日，又普降中到大雨，局部暴雨，张家坡乡降水达85毫米，红水河、巨石崖——长旺流域再次出现大的洪峰，刚修复的长巨公路、红水河100余米的河坝工程再次被洪水冲毁，直接经济损

1998年，张家坡乡巨石崖村内道路被严重冲毁

失100余万元。

8月，长江发生历史上罕见的洪水高峰，汛情、险情危急，全国人民积极支援长江沿岸抗洪抢险。8月12日至20日，沂源县先后3次按照省防指的指示要求，紧急调运总计120万条编织袋，支援湖北长江抢险。

1999年旱灾

1999年，发生夏秋连旱。去冬以来，全县干旱少雨，降水量仅为26.3毫米，其中1—2月连续两个月无降水，比历年同期平均降水减少80%，地表蓄水比去年同期减少2000万立方米，地下水位比去年同期下降15米，全县12条河道断流9条，大口井、深井干枯500余眼，另有500余眼面临干枯。全县16个乡镇、633个村普遍遭受旱灾，受灾面积52万亩，其中重旱21.75万亩、绝产8.95万亩，全县冬小麦受旱面积17万亩，成灾面积达12.8万亩，其中山坡旱地5万亩绝产，7.8万亩减产3～5成以上。林果受旱面积35 万亩，其中有4万多亩花椒、板栗、核桃等干鲜果基本绝产。85个村、1.3万余户、4万余人、2万多头大牲畜面临吃水困难，其中水源干枯的有24个村，有28个村、1.3万人因村内无水源，需到外地取水吃。

历史灾年大事记

周

周定王五年（前602） 齐鲁大旱。（据《春秋》）

汉

元狩三年（前120） 山东诸郡、县大水，民多饥乏。（据《中国历史天灾人祸表》）

元鼎二年（前115） 夏，山东大水，饿死者以千数。（据《汉书·武帝本纪》）

晋

泰始四年（268） 九月，青州等（含鲁中，编者注，下同）大水受灾。（据《晋书·五行志》）

泰始五年（269） 二月，青州等大水受灾。（据《晋书·五行志》）

咸宁三年（277） 九、十月，青州等大水，伤秋稼，受灾。（据《晋书·五行志》）

元康五年（295） 六月，青州等大水，受灾。（据《晋书·五行志》）东莞大水。（据康熙年间《沂水县志》）

大兴元年（318） 东莞蝗虫，纵横三百里，害苗稼。（据康熙年间《沂水县志》）

北魏

太平真君元年（440） 青州等大水，受灾。（据《中国历代天灾人祸表》）

太平真君八年（447） 青州等大水，受灾。次年春，山东民饥。（据《中国历代天灾人祸表》）

太和二十三年（499） 六月，青州等地大水，受灾。（据《资治通鉴》等）

景明元年（500） 七月，青、济等州大水，受灾。次年春，青、齐等四大州大饥，民死者万余口。（据《中国历代天灾人祸表》）南青州蚜蚄害稼。（据康熙年间《沂水县志》）

北齐

后主武平六年（575） 八月，山东诸州大水。（据《隋书·五行志》）

隋

大业八年（612） 大旱，山东尤甚，人多死。（据《隋书·五行志》）

大业十三年（617） 山东大水，饿殍满野，炀帝诏开黎阳仓赈之，吏不时给，死者数万人。（据《资治通鉴》）

唐

贞观元年（627） 夏，山东大旱，免今岁租。（据《新唐书·太宗纪》）

贞观八年（634） 连续两年“山东大水”。（据《新唐书·五行志》）

永淳元年（682） 秋，山东大雨，大饥。（据《新唐书·五行志》）

五代

后晋天福八年（943） 春夏旱，秋冬水，蝗大起（含鲁中等地），饿死及流亡者不计其数。（据《中国历代天灾人祸表》）

宋

开宝八年（975） 夏六月，沂水大雨。（据《沂水县志》）

金

大安二年（1210） 四月，山东大旱，下罪己诏，赈贫民。六月雨复不止，地震暴雨，岁大饥。（据《金史·五行志》）

明

洪武五年（1372） 夏，山东大旱，“大饥，草实树皮食为之尽”。（据《明史·五行志》）

洪武八至九年（1375—1376） 连续两年“山东大水”。（据《明史·五行志》）

永乐二十二年（1424） 山东州县淫雨，伤麦禾甚重。（据《明史·五行志》）

宣德八年（1433） 自春徂夏不雨，全省旱。（据《中国历代天灾人祸表》）

正统九年（1444） 山东等省大水，江河皆溢。（据《明史·英宗前纪》）

弘治十六年（1503） 沂州、沂水，夏涝。（据《华北、东北近五百年旱涝史料》）

弘治十七年（1504） 沂州、蒙阴、沂水，春夏旱。（据《华北、东北近五百年旱涝史料》）

正德二年（1507） 蒙阴、沂水，夏旱。（据《华北、东北近五百年旱涝史料》）

正德五年（1510） 蒙阴、沂水县，旱。（据《华北、东北近五百年旱涝史料》）

嘉靖二年（1523） 水旱灾害并重，山东大旱，“赤地千里，殍殣载道”“夏秋间，山东州县俱大水”。（据《明史·五行志》）

嘉靖七年（1528） 春夏，山东大旱，“死者载道”。（据《明史·五行志》）

嘉靖十五年（1536） 沂水县大水。（据《华北、东北近五百年旱涝史料》）

嘉靖二十五年（1546） 沂水，夏洪灾。（据《华北、东北近五百年旱涝史料》）

嘉靖二十九年（1550） 沂水春夏旱。（据《华北、东北近五百年旱涝史料》）

嘉靖三十一年（1552） 沂水大水（据康熙年间《沂水县志》）。蒙阴县，秋七月大水。（据《华北、东北近五百年旱涝史料》）

嘉靖三十二年（1553） 沂水、蒙阴县大水大风。（据《华北、东北近五百年旱涝史料》）沂水大饥。（据康熙年间《沂水县志》）

隆庆二年（1568） 沂水大水。秋涝。（据《沂水县志》《华北、东北近五百年旱涝史料》）

隆庆六年（1572） 秋大水。（据《蒙阴县志》）

万历七年（1579） 大冰雹、夏秋涝灾。（据《沂水县志》《华北、东北近五百年旱涝史料》）

万历二十年（1592） 蒙阴、沂水，夏秋涝灾。（据《华北、东北近五百年旱涝史料》）

万历二十一年（1593） 山东大水，鲁中等地受灾。（据《山东水利大事记》）沂水大水。蒙阴县，夏阴雨、大饥、民多饿死。（据《华北、东北近五百年旱涝史料》）

万历二十二年（1594） 八月，沂水陨霜杀菽。（据康熙年间《沂水县志》）

万历四十一年（1613） “秋，山东大水”，鲁中等一带受灾。（据《明史·五行志》）

万历四十三年（1615） 夏旱，秋大饥，父子相食。（据《临朐县志》）沂水大饥，人相食，村落皆空。（据康熙年间《沂水县志》）连年大旱，五谷不生，树多枯死，蝗蝻遍野。（据临朐县西峪村碑刻）

崇祯四年（1631） 二龙战于沂河，河水泛溢，漂没数千家。（据《沂水县志》）大水，沂河泛滥。（据《华北、东北近五百年旱涝史料》）

崇祯十三年（1640） 大饥，人相食。十四年（1641），硕鼠见于城南十里铺（首尾长三尺）；鸡鸠来，俗名沙鸡。（据康熙年间《沂水县志》）

崇祯十四年（1641） 蒙阴县，夏旱。（据《华北、东北近五百年旱涝史料》）

清

顺治三年（1646） 沂水县、蒙阴县，夏五月大水。（据《华北、东北近五百年旱涝史料》）

顺治四年（1647） 沂水、蒙阴，夏大水。（据

《华北、东北近五百年旱涝史料》）

顺治六年（1649） 沂水大水，蠲税银一千七百五十两有奇。（据康熙年间《沂水县志》）沂水，秋七月沂水溢。（据《华北、东北近五百年旱涝史料》）

顺治八年（1651） 七月，沂沭两河并溢，四境淹没。（据《沂州府志》）

顺治九年（1652） 秋大水。（据《蒙阴县志》）沂州大水，禾谷漂没，豆田泥烂，斗粟千文，民不聊生。（据《沂州府志》）

顺治十六年（1659） 秋，七月、八月大水。（据《蒙阴县志》）

康熙三年（1664） 蒙阴县，秋至第二年春大旱。（据《华北、东北近五百年旱涝史料》）

康熙四年（1665） 沂水大旱，禾尽死，捐本年田租。蒙阴，春大旱。（据《华北、东北近五百年旱涝史料》）丙午，沂水水旱并至，禾尽死，全蠲本年税粮。（据康熙年间《沂水县志》）

康熙七年（1668） 沂水地震，城尽崩，坏官、民舍一万三千三百七十余间，压死男女一千七百二十五口。（据康熙年间《沂水县志》）蒙阴县，大地震。（据《蒙阴县志》）

康熙十年（1671） 沂水大旱，奉旨蠲税银六千六百九十两有奇。（据康熙年间《沂水县志》）

康熙十一年（1672） 夏四月冰雹，大者如升，小者如卵。夏六月、七月蝗灾，食田禾之半。（据《蒙阴县志》）沂水蝗虫食稼。（据康熙年间《沂水县志》）

康熙十九年（1680） 大水。（据《沂水县志》《蒙阴县志》）

康熙二十四年（1685） 秋七月，大风雨数昼夜，平地水深数尺，官民庐舍倒塌无数。（据《蒙阴县志》）沂水大水，夏霖雨不止，两河水决，平地行舟，是年冬明年春，民饥。（据《华北、东北近五百年旱涝史料》）

康熙三十七年（1698） 蒙阴县，大饥。（据《华北、东北近五百年旱涝史料》）

康熙四十一年（1702） 沂水县，六月沂河溢。水灾免钱粮。蒙阴县，夏六月大雨水。（据《华北、东北近五百年旱涝史料》）

康熙四十二年（1703） 大水，无麦，冬大雪，大饥，蒙阴蠲赈。（据《蒙阴县志》）

康熙四十三年（1704） 春夏大旱，人相食。（据《临朐县志》）

康熙四十七年（1708） 夏六月大旱，秋七月雨。（据《临朐县志》）

康熙四十九年（1710） 夏六月旱，秋七月始雨。（据《临朐县志》）

康熙五十年（1711） 沂水县、蒙阴县，大水。（据《华北、东北近五百年旱涝史料》）

康熙五十三年（1714） 蒙阴县，水、旱灾。（据《华北、东北近五百年旱涝史料》）

康熙五十五年（1716） 山东夏六月大水。（据《华北、东北近五百年旱涝史料》）

康熙五十九年（1720） 夏六月至秋大旱。（据《临朐县志》）

康熙六十一年（1722） 沂水、蒙阴旱饥。（据《华北、东北近五百年旱涝史料》）

雍正元年（1723） 春大饥，三月严霜杀麦，秋八月旱、蝗，九月始种麦。（据《临朐县志》）蒙阴县大旱。（据《华北、东北近五百年旱涝史料》）

雍正八年（1730） 六月十九日大风雨，沂水溢侵，淹没田禾房舍无算。（据《沂水县志》）夏，狂风大雨，昼夜三日。（据临朐县西峪村碑刻）

乾隆九年（1744） 蒙阴县大雨雹。（据《华北、东北近五百年旱涝史料》）

乾隆十一年（1746） 沂水县，河水大溢。蒙阴县，大水。（据《华北、东北近五百年旱涝史料》）

乾隆十二年（1747） 沂水县，大浮雨。蒙阴县，夏五月大水，大疫，大饥。临朐旱灾。（据《华北、东北近五百年旱涝史料》）

乾隆十三年（1748） 沂水，春旱，旱饥。蒙阴县，旱。（据《华北、东北近五百年旱涝史料》）

乾隆十五年（1750） 蒙阴县，夏六月大雨，涝灾。（据《华北、东北近五百年旱涝史料》）

乾隆二十年（1755） 沂水涝灾。（据《华北、东北近五百年旱涝史料》）

乾隆三十三年（1768） 沂水，六月旱，大饥。夏大旱。（据《华北、东北近五百年旱涝史料》）

乾隆三十六年（1771） 沂水，五月大霖雨，沂河水溢，东北方向北湖集陷于沐。（据《华北、东北近五百年旱涝史料》）

乾隆五十年（1785） 沂水，大旱。蒙阴，秋大旱。（据《华北、东北近五百年旱涝史料》）

嘉庆九年（1804） 临朐，旱蝗。（据《临朐县志》）

嘉庆十二年（1807） 夏四月二十三日大雨雹。如杯如盂者盈尺，有大如碌碡者。（据《沂水县志》）

嘉庆十三年（1808） 夏四月二十八日大雨雹。（据《沂水县志》）

嘉庆十六年（1811） 春夏大旱，夏秋大涝，大饥。（据《山东水利大事记》）

嘉庆十九年（1814） 夏旱。（据《临朐县志》）

嘉庆二十四年（1819） 蒙阴、沂水，十二月大雨，河溢。（据《华北、东北近五百年旱涝史料》）

道光三年（1823） 夏秋大旱，豆枯死，冬无麦苗。（据《临朐县志》）

道光十五年（1835） 蒙阴，秋饥。（据《华北、东北近五百年旱涝史料》）

道光十七年（1837） 蒙阴县，大饥。（据《华北、东北近五百年旱涝史料》）

咸丰五年（1855） 夏秋大水，沿河之地，尽没入沙，村舍为墟。（据《蒙阴县志》）

咸丰八年（1858） 蒙阴县，春三月寒如严冬，夏五月雨雹，六月大水。（据《华北、东北近五百年旱涝史料》）

咸丰十年（1860） 夏四月大雨雹，秋蝗。（据《蒙阴县志》）

同治八年（1869） 逢大旱，鲜有不涸者也。（据中庄镇韩庄村盛水泉碑刻）

同治九年（1870） 蒙阴县，春旱。（据《华北、东北近五百年旱涝史料》）

同治十年（1871） 蒙阴县，夏四月雨雹、大水。（据《华北、东北近五百年旱涝史料》）

光绪元年（1875） 夏旱，秋大风，大木斯拔，谷禾尽毁。饥。（据《蒙阴县志》）

光绪二年（1876） 蒙阴，旱，饥。（据《蒙阴县志》）

光绪三年（1877） 蒙阴县，六月旱。（据《华北、东北近五百年旱涝史料》）

光绪六年（1880） 蒙阴县，夏六月旱。（据《华北、东北近五百年旱涝史料》）

光绪八年（1882） 蒙阴县，七月旱。（据《华北、东北近五百年旱涝史料》）

光绪十一年（1885） 秋大热。腊月大风，冻死行人。（据《临朐县志》）蒙阴县，夏大旱。（据《华北、东北近五百年旱涝史料》）

光绪十二年（1886） 临朐县，秋，北乡大雹灾，李斐社尤重，树无青叶。（据《临朐续志》）蒙阴县，旱。（据《华北、东北近五百年旱涝史料》）

光绪十三年（1887） 正月十三日晚雷声隆隆。（据《临朐续志》）

光绪十四年（1888） 夏五月初四地震有声。蒋峪大水灾，街宅冲没殆尽。冬无雪。（据《临朐续志》）夏五月地震，秋七月大水。（据《蒙阴县志》）

光绪十五年（1889） 春大饥，村民流浪山西省者甚多。霪雨伤稼，秋歉。（据《临朐续志》）蒙阴县，春旱大饥。（据《华北、东北近五百年旱涝史料》）

光绪十六年（1890） 三月陨霜，麦尽萎旋重秀，禾尽减收。（据《临朐续志》）

光绪十七年（1891） 三月十五日大风，冻桑麦，自二月不雨，到五月二十五日始，雨连绵四十余日，大雹灾。（据《临朐续志》）蒙阴县，春三月旱。（据《华北、东北近五百年旱涝史料》）

光绪十八年（1892） 三月降霜冻桑麦，清明无花。（据《临朐续志》）蒙阴县，夏五月旱。（据

《华北、东北近五百年旱涝史料》）

光绪二十一年（1895） 正月大雨，二月中旬雪连八日，平地数尺，甚寒。清明无花，春耕误时。六月霖雨四十日。（据《临朐续志》）蒙阴县，秋七月旱。（据《华北、东北近五百年旱涝史料》）

光绪二十二年（1896） 五月初六日大风雹，雹大如碗盏，合抱木为风拨置他所，秋大热。（据《临朐续志》）蒙阴县，春旱。（据《华北、东北近五百年旱涝史料》）

光绪二十四年（1898） 蒙阴县，四月旱。（据《华北、东北近五百年旱涝史料》）

光绪二十五年（1899） 蒙阴县，三月旱至五月，赤地千里。（据《华北、东北近五百年旱涝史料》）春旱，秋有虫，食谷净尽。（据《蒙阴县志》）冬大雪，奇寒。（据《临朐续志》）

光绪二十六年（1900） 冬大雪。（据《临朐续志》）

光绪二十七年（1901） 蒙阴县，夏六月大雨，损禾稼。（据《华北、东北近五百年旱涝史料》）

光绪二十八年（1902） 腊月大雪。（据《临朐续志》）

光绪二十九年（1903） 正月十三日雷震屋瓦，十一月二十九日晚地震。（据《临朐续志》）蒙阴县，润五月大旱。（据《华北、东北近五百年旱涝史料》）

光绪三十二年（1906） 夏，霖雨五日，赤地雹灾。（据《临朐县志》）

光绪三十三年（1907） 蒙阴县，六月旱。（据《华北、东北近五百年旱涝史料》）

光绪三十四年（1908） 四月旱，雨雹，秋七月大水，村舍冲坏，伤人无数。（据《蒙阴县志》《华北、东北近五百年旱涝史料》）

光绪三十四年（1908） 七月二十三日，大雨，隐土社，青石崖庄房舍淹没五十余家。（据《临朐续志》）农历七月二十三日，暴雨，洪水迅猛，冲毁大片良田，洪水加宽10～20倍。根据洪痕调查，沂河东里店断面最大流量每秒约8000立方米。（据县气象站、东里店水文站资料推算）

宣统元年（1909） 沂水县，涝灾。（据《华北、东北近五百年旱涝史料》）

宣统二年（1910） 春，陨霜杀麦。（据《临朐续志》）四月二十六日，大雨雹，毁房舍，伤人畜。五月五日，大风雨，河溢没田。（据《蒙阴县志》）

宣统三年（1911） 据蒙阴、临朐县志气象资料：岁除夕，雷电大雨，平地水尺，沂河发洪水，天气突然变暖。沂水县，涝灾。（据《华北、东北近五百年旱涝史料》）

中华民国

1914年 据东里水文站建站考证簿记载：根据洪痕调查、分析、推算，沂河东里店断面年内最大流量为每秒6600立方米。

1915年 三月雨雹。（据《临朐续志》）

1916年 夏，冰雹为灾，冬无雨雪。（据《临朐续志》）

1917年 春大旱。自去年八月至是年五月十八日不雨，岁饥。兆关集卖家具甚多，购运关东高粱者络绎于途。（据《临朐续志》）

1918年 二月二日地震。四月十六日雨雹，自八岐山至冶源一带麦一粒不得。（据《临朐县志》）

1919年 夏初雨雪，冬大雨雪。（据《临朐续志》）

1920年 春夏之交，旱，夏历四月二十二日大雨雹，草麦登场，苗尚小，故雹虽大，不为害。冬多雨雪。（据《临朐续志》）

1921年 夏秋之交大霖雨。（据《临朐续志》）

1922年 春陨霜冻麦。旱涝不均。（据《临朐续志》）

1923年 三月冻桑。（据《临朐续志》）夏五月二十六日大霖雨、夜天裂。（据《蒙阴县志》）

1924年 冬无雨雪。（据《临朐续志》）

1925年 春旱。（据《临朐续志》）

1926年 夏淫雨大疫，秋饥，冬大雨雪。（据《蒙阴县志》）根据东里水文站建站考证簿洪痕调查分析，东里店断面年内最大流量为每秒4206立方米。

1927年　承恩、平安等十六社雹灾。（据《临朐续志》）鲁大蝗，旱灾尤重。（据《中国救荒史》）

1928年　夏大雨，山洪暴发，淹死男女四百八十余口，房舍倒塌、田禾冲没，损失无算。（据《临朐续志》）七月七日风雹，拔树推木，蝗蝻大讥。（据《蒙阴县志》）春夏大旱，禾苗半枯死，民不聊生。（据《中国救荒史》）

1929年　栗山等社雹灾。（据《临朐县志》）

1930年　春多雨，本年雹灾四次，未包、杨善等社秋禾尽毁。（据《临朐续志》）

1931年　四月二十五日，大雨雹，自上五井至冶源东南，麦损半数。（据《临朐续志》）

1934年　冬多阴雨，天气暖。（据《临朐续志》）

1937年　七月三十一日，悦庄、梭背岭一带暴雨，山洪暴发，4人被洪水冲走，县内房屋、作物、树木受损。据东里水文站调查分析计算，沂河东里店断面年内最大流量为每秒3450立方米。（据《华北、东北近五百年旱涝史料》及水文、气象资料）

1939年　八月底九月初之旬，连日飓风，淫雨昼夜交作，轻者禾木摧毁，重者房屋倒塌，灾民嗷嗷待哺，厥状极惨。（据《蒙阴县志》）

1942年　自去冬至是年七月基本无雨，小麦绝产，春作物旱死。（据《临朐县志》）加之敌伪掠夺，地富残酷剥削，全县饥馁死者无数，幸存者逃于外地，许多地区成为“无人区”。

1947年　5月1日，部分地区遭受雹灾，大泉区分水官庄等5个村禾苗几乎砸光。7—8月，阴雨连绵40天，山洪暴发，河流猛涨，冲毁桥梁、道路、土地、房屋无数，沿河交通堵塞50余天。7月26日，张庄区娄家铺子村河坝冲毁，洪水进村，造成100余人受伤。

1948年　2月，全县出现空前灾荒；8月，张庄、鲁村、大泉、历山等区66个村庄遭受蝗灾；是月，全县瘟疫大流行。

1949年　夏初大旱，玉米减产半数以上，豆子、谷子减产4~7成。

中华人民共和国

1950年　6月初，黄庄、土门、燕崖等地降雹，碾砣、水么头等村为甚，小麦减产8成，谷减产5成。

1951年　初夏大旱，夏种困难。

1956年　汛期降水777.6毫米，50毫米以上大雨5次，有时伴有大风，最大雨量111.3毫米，冲垮水库3座、塘坝16座，冲走1人，汛期溺亡9人。

1957年　燕崖区牛郎官庄村沂河右岸的山体滑坡，堵塞河道致村庄被淹没，造成较大的人员伤亡和经济损失。

1958年　9月29日，突遭霜冻袭击，地瓜、玉米、花生等作物受冻。

1961年　5月3日，倒春寒，持续4天，小雨加小雪、冰雹，桑、麦受冻。土门、芝芳村9头牛被冻死。

1962年　5月，倒春寒，大雪，春作物受冻；7月13日，连降暴雨伴大风，全县14座水库（塘坝）被冲毁，河道决口405处，倒房900余间，博沂路桥被冲断。

1963年　7月19日，3个小时全县降水170~400毫米。全县社社有灾，悦庄公社赵家峪河洪水漫溢进村。

1964年　全县降水1616.7毫米，3座小型水库被冲垮，倒房、栏圈997间，雷击、水淹死亡8人。8月27日，鲁村公社草埠大队遭雹灾。

1965年　春夏秋连旱。6—8月，风雹洪水交替发生。8月15日降暴雨，全县部分社受灾，三岔、东里、鲁村、张家坡等公社局部暴风雨夹冰雹，15个村受灾面积12820亩，其中绝产500亩，冲塌房屋880间，砸死、淹死牲畜23头。是夜，丝窝、郑家庄、平地3个大队在1个小时内降水160毫米。洪水致丝窝大队14户社员房产财物荡然无存，伤2人。

1966年　6月23日，局部暴雨伴8级大风夹冰雹。黄庄、张庄、鲁村公社有11个大队受灾粮田6069亩，绝产1518亩，冲垮小水库3座、塘坝14座，冲毁房屋、栏圈55间。

1966年　7月14日，土门、三岔一带日降暴雨200毫米，山洪暴发，博沂公路桥被冲断。三岔公社丝窝大队大桥被冲没，平地大队社员张洪胜一家5口及房产无存。

1968年　7月三伏，春夏秋连旱，山岭地大部分绝产。据东里店水文站资料，1月7日实测断面流量为0，8月3日河干，无径流。

1969年　7月初，黄庄公社李家峪子大队、鲁村公社上头庄大队雷击致死各1头牛。燕崖、土门、鲁村等地遭遇西北大风，大树折断，高粱、谷子减产10%~30%。

1970年　东里、鲁村、土门、黄庄、南麻等区大风暴雨并冰雹，造成塘坝被冲垮10座，河堤决口35处，农作物绝产4640亩。

1971年　6月21日，石桥公社葛庄大队数人在屋内避雨，被雷击伤20余人，震昏3人，1人致死。同日，沂河头大队雷击致死1人。

1971年　6月27日，徐家庄、燕崖、鲁村等西部、南部一带遭受大风灾害，持续21分钟，刮坏房屋7635间，倒折树木4.6万株。

1972年　6月及三伏大旱。

1973年　夏季伏旱。

1973年　7月20日，张庄、唐山一带冰雹为灾，棉花绝产，玉米减产40%。

1974年　4月23日，雷雨大风半冰雹，鲁村、唐山、中庄、南麻、东里、张庄一带尤甚。

1975年　6月6日，三岔公社北流水大队被雷击致死2人。

1976年　7月25日，短时大风、暴雨夹冰雹，局部地区受灾，县城积水，南麻至田庄4公里电线杆全部倒伏或折断，刮坏房屋500余间，县城街上积水0.4米，百货、五金等商店停止营业。全县水冲沙压土地2000余亩，局部地区受灾，冲坏大小桥梁7座、公路3处、河堤50米。

1978年　6月30日晚，雷雨大风，风力达12级以上，波及全县，沂河谷地为甚。全县重灾村200个，受灾粮田20万亩，部分作物绝产，倒折成材大树10万株。

1979年　5月7日，立夏已过，全县出现霜冻，河谷低洼地区最重，使早春作物和黄烟、地瓜苗床及桑园受害严重，全县蔬菜除马铃薯外几乎全部被冻坏而翻种。

1979年　6—7月，3次局部暴雨，鲁村公社吴家庄塘坝被冲垮。同年又遭受60多天的夏秋连旱。

1980年　7月6日，部分地区遭风雹袭击。

1981年　春夏连旱，继而夏秋连旱，全县百余村人畜用水困难，小麦绝产2万余亩，地瓜、黄烟栽2～5茬，7万亩冬小麦不能播种，大秋作物减产2~4成。

1982年　春，汛前百年不遇大旱，长达120天，百余村人畜吃水严重困难，8万亩小麦基本绝产。汛初，遭遇风雹和暴雨天气，鲁村公社王村虎头崖塘坝大坝垮塌。

1983年　全年大旱，夏秋尤甚。河道干涸，库塘无水，全年仅测得降水量442.5毫米。160个村庄吃水困难，9万亩夏玉米、2万亩花生绝产，农作物普遍减产3~5成，小麦不能适时播种。

1983年　5月20日，局部暴雨。

1984年　7月12日凌晨，全县遭受特大暴雨袭击。洪水冲垮房屋2480间，砸死、淹死、冲走33人，其中死亡12人。暴雨造成531个大队受重灾，6525户群众住房被淹，278户房倒院毁，无家可归。西五陡水库、北官庄水库垮坝。

1989年　连续3年干旱后的又一个旱灾年。全年降水量仅407.6毫米，河道断流，井塘干涸，禾稼枯萎。

1989年　8月6日，大雨将大张庄乡房家圈村河堤冲毁300米。

1990年　6月，特大暴雨，公路水毁严重，冲毁路基65公里、中小桥梁12座。

1993年　7月11—12日，全县普降大到暴雨，受灾面积达28万亩，受灾村庄达415个，受灾农田8万余亩，冲毁塘坝、谷坊14座，受灾村道路、电力中断；11月，发生冬汛。

1994年　6月、8月，两次暴雨，局部特大暴雨，伤亡80余人，冲毁房屋3300余间。三岔乡南

1994年6月，三岔乡南流水水库大坝决口

流水小（二）型水库大坝决口，“三矿”停产，损失6750万元。

1995年　7月，降暴雨657毫米，受灾面积2.7万亩，倒房684间。9月3日，悦庄、土门、三岔等8个乡镇突降特大暴雨，冲毁谷坊122座、渠道6400米、河堤5300米。

1996年　7月24日晚11点至25日早10点，全县普降暴雨，部分乡镇降特大暴雨，全县平均降水达128毫米。

1996年　8月16日下午，徐家庄乡遭受大风和冰雹袭击，全乡10个村的粮田和经济作物遭受不同程度损失。

1997年　旱涝交替。夏旱，致全县8条骨干河流断流。7—8月，两次强降雨，倒房169间，伤亡6人（含儿童2人）。

1998年　夏，遭遇多次暴风雨和冰雹天气，三岔、张家坡、悦庄三乡镇遭受大风冰雹袭击，造成全县被冲走、死亡3人，受伤3人。

1999年　夏秋连旱。全县16个乡镇、633个村普遍遭受旱灾，受灾面积52万亩，85个村吃水困难。

2000年　春夏连旱，大风高温天气多，107个村庄人畜饮水困难。

2001年　春旱严重，全县普遍受灾，作物减产3～5成，130多个村庄人畜饮水困难。

2001年　8月4日6时至13时，全县普降大到暴雨，187个村13万人口受灾，农作物受灾面积14.26万亩，造成直接经济损失累计达2859.2万元。红旗水库出现险情。

2001年　8月23日、24日，连续两次遭受暴风雨及冰雹袭击。土门镇龙泉村发生滑坡，危及村民房屋安全。

2002年　百年不遇特大干旱，全县47万人全部受旱，72个村水源枯竭。

2003年　10月11—12日，全县遭受严重暴风雨袭击，最大降雨点位于燕崖乡政府驻地，降水量110毫米，最大风力9级以上，最大瞬时风力达每秒18.5米，造成直接经济损失达4.53亿元。

2004年　7月21日，连续降雨30个小时，降雨量150毫米，冲毁石桥镇马庄河坝1200米，受淹房屋100余间，冲毁苗庄河坝500米、果园20余亩。

2005年　秋汛。9月18日20时至21日10时，出现入汛以来最大降雨过程，也是历史上罕见的秋汛。全县平均降雨量达159毫米，最大点雨量西里镇200毫米，最小点雨量南麻镇130毫米，致使土壤饱和，地表产流速度加快，全县14条骨干河道全部出现径流。沂河东里段出现入汛以来最大洪峰流量每秒130立方米，96座小型水库普遍蓄满并有33座出现溢洪。

2007年　8月10日，西里镇梅家庄村老子崖塘坝溢洪，冲毁耕地16亩、果树800余株。

2007年　8月17日，中庄镇遭遇强暴雨袭击，韩庄河河堤决口2处，杨庄河河堤决口5处。

2009年　冬春连旱。2008年11月至2009年2月，全县降水量仅14毫米，较历年同期偏少80%以上，14条骨干河道部分断流。林果类受灾24.9万亩，占林果总面积的35%以上，小麦受灾面积3.8万亩，有3.78万农村人口、1.2万头大牲畜因旱出现饮水困难。

2009年　7月18日，大张庄镇7个村遭暴雨袭击，冲毁河堤1670米，直接经济损失200万元。

2012年　8月3日，第10号台风“达维”过境沂源，全县普降大雨，局部暴雨并伴有大风。

2019年　8月，“利奇马”台风过境，全县有1座联村桥被冲毁，30处省道、县乡道路被毁，城区2处地下设施进水。损坏小型水库6座、塘坝14座、河堤308处、灌溉设施171处。

水文和水资源

扫码听书

扫码听书

记忆沂源·水利卷

田庄水库

水　文

概　述

水文测验在防汛抗旱、水利工程建设、水资源管理、水环境保护以及与水有关的经济建设和社会发展活动中发挥着极其重要的作用，有“防汛抗灾斗争的耳目和参谋”“水利水电建设的尖兵”之称，在水资源开发利用、防灾减灾斗争中有着巨大的经济效益和社会效益。水文监测数据是理解（反映）和评估水资源的关键指标。

水文站是监测及搜集河流、湖泊、水库等水体水文资料的基层水文机构。通过降水、径流、蒸发、水位、流量、泥沙、水温、冰情、水质和地下水位等水文要素的观测和分析，对指导工农业生产发挥很大的参考作用。全县水文方面的记载，历代府志、县志都有水、旱、雹等水文现象的记述。

沂源县设水文中心，辖国家基本水文站、水位站、雨量站、墒情监测站、水质监测站、水保监测站、地下水观测井等各类监测站点共计46处，开展沂源县行政区划范围内的降水、蒸发、水位、流量、泥沙、地下水、水质监测和水文站网规划设计管理、水文勘测及资料收集、水文情报预报、水资源评价、区域用水总量监测、水文分析计算和技术服务等，为沂源县防汛抗旱、水资源管理保护等提供准确及时的水文信息服务。其中，东里店、田庄水库、朱家庄3处水文站为国家标准化基本站。3处水文站均属淮河流域沂河水系。

水文气象

站点建设　新中国成立后，1950年7月，华东军政委员会水利部在沂源县设立东里店水文站，对境内东里站以上沂河流量、雨量、泥沙等进行观测。1951年，建悦庄雨量站。1960年5月，建田庄水库水文站。1961年建芦芽店、大张庄、燕崖雨量站，1963年建徐家庄雨量站，1965年建焦家上庄、石桥雨量站，后又陆续建立朱家庄、大泉水文站。截至2023年，全县共建有29处雨量站点。

降　水　境内受地理位置、局部气候等因素影响，降水量南北梯度变化不大。多年平均降水量等值线介于700～750毫米之间，降水量总的分布趋势是自东南向西北递减，局部受地形、气候影响有所差异。根据全县8个雨量站的观测资料，按流域面积加权平均法计算得出全县多年平均降水量739.1毫米。

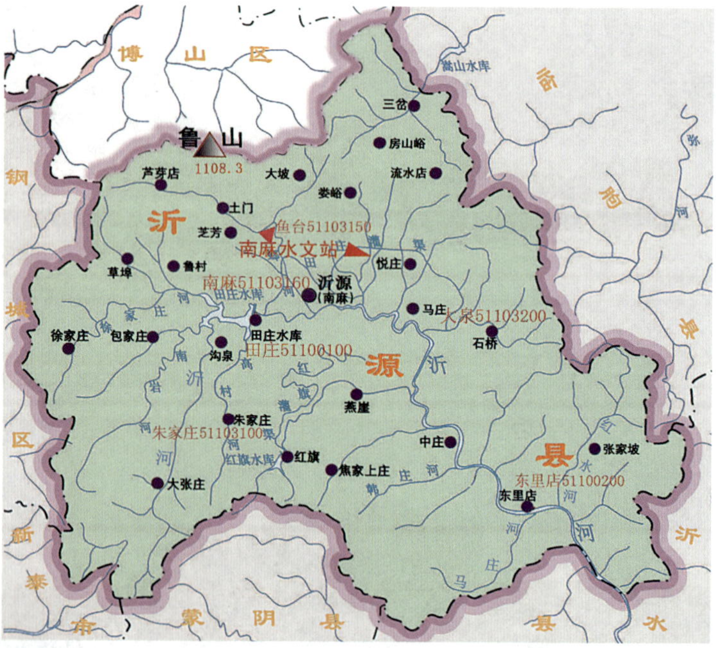

沂源县水文站点图

沂源县各雨量站降水统计表

单位：毫米

站名项目	东里店	田庄	燕崖	悦庄	大张庄	芦芽店	徐家庄	焦家上庄
实测年数（年）	66	56	54	65	54	54	52	50
平均值	772.0	730.0	727.3	718.7	703.3	745.5	708.6	728.5

沂源县气象局 1958—2023 年各月降水量统计表

单位：毫米

年份＼月份	1	2	3	4	5	6	7	8	9	10	11	12	全年合计
1958	18.4	0.0	26.1	36.4	6.3	62.0	143.7	245.7	30.0	59.5	52.3	21.8	702.2
1959	3.1	13.7	44.8	29.1	38.5	143.7	199.0	100.1	41.8	14.6	57.5	28.7	714.6
1960	2.5	0.0	16.3	17.6	26.1	108.0	321.0	100.3	64.2	5.1	15.9	0.1	677.1
1961	2.2	5.0	18.9	22.0	33.8	59.1	142.8	93.0	87.1	25.4	28.1	9.5	526.9
1962	0.0	18.6	1.2	24.0	8.6	125.7	479.5	159.7	103.4	41.7	74.7	7.8	1044.9
1963	0.0	2.4	19.2	59.7	120.3	3.8	407.5	170.2	15.2	9.8	12.4	11.8	832.3
1964	34.9	13.0	10.3	114.7	53.7	90.0	437.6	460.0	331.7	49.7	12.9	8.2	1616.7
1965	5.0	11.3	5.2	40.6	22.2	29.2	261.7	238.5	64.2	5.9	21.6	1.2	706.6
1966	0.3	7.0	37.4	22.0	10.4	98.6	246.2	59.8	40.3	11.3	19.7	6.3	559.3
1967	10.9	37.2	35.3	40.4	5.5	128.4	209.5	161.8	43.7	10.3	35.0	0.1	718.1
1968	5.6	0.4	15.9	51.5	44.9	48.6	30.3	131.6	36.9	51.0	23.8	26.6	467.1
1969	9.6	28.7	20.2	63.1	144.0	50.7	118.4	92.0	154.9	0.4	0.7	0.0	682.7
1970	0.2	14.0	0.9	19.4	48.9	85.3	430.5	128.1	98.5	47.9	7.5	4.4	885.6
1971	7.2	9.8	30.5	36.8	12.9	106.0	204.3	256.1	49.8	5.8	4.7	14.4	738.3
1972	40.2	4.4	16.4	2.3	40.2	12.3	137.6	127.2	158.4	42.4	5.3	1.5	588.2
1973	14.5	17.4	7.8	66.1	49.3	109.0	205.4	32.7	33.2	86.5	0.2	0.0	622.1
1974	2.0	4.9	29.4	35.7	22.4	49.5	245.4	296.0	62.9	33.8	30.7	56.6	869.3
1975	1.0	14.1	17.1	40.5	3.4	46.0	221.1	35.8	86.6	66.5	30.1	9.4	571.6
1976	0.0	37.8	2.1	25.7	19.3	44.0	207.5	200.5	46.7	8.7	21.3	1.7	615.3
1977	0.8	0.0	3.7	24.9	48.0	46.8	250.9	79.1	27.0	73.9	13.8	16.6	585.5
1978	0.0	10.8	18.7	34.4	28.4	148.4	200.3	137.2	70.1	27.6	13.0	10.4	699.3
1979	7.3	16.5	24.3	102.5	9.3	172.5	189.0	31.8	138.4	1.7	2.9	24.3	720.5
1980	5.7	1.4	13.3	69.5	5.7	258.1	171.3	90.4	60.8	50.8	13.1	1.3	741.4
1981	8.9	3.7	22.0	2.4	24.8	56.7	236.4	53.3	12.0	35.4	1.3	2.2	459.1
1982	3.6	12.8	21.3	25.5	54.6	155.6	111.8	158.4	72.9	46.0	45.5	1.3	709.3
1983	1.4	5.5	22.4	44.8	66.7	12.1	81.2	107.1	39.8	57.5	1.1	2.9	442.5
1984	0.0	1.3	3.2	23.4	80.4	164.9	352.6	89.2	78.6	7.8	21.8	17.9	841.1
1985	5.8	9.0	4.8	14.5	79.4	52.4	283.4	187.4	95.3	54.7	8.5	24.9	820.1
1986	0.0	1.9	6.9	2.3	23.8	63.4	203.0	86.9	17.4	25.6	0.0	16.8	448.0
1987	14.8	3.3	16.1	32.9	34.9	111.6	84.2	142.0	47.2	71.8	14.9	0.0	573.7
1988	3.1	0.2	6.9	0.2	102.9	38.1	195.6	86.1	10.5	9.2	0.0	7.1	459.9
1989	18.5	0.9	48.0	3.1	31.9	77.9	87.0	102.3	30.6	3.2	3.9	0.3	407.6
1990	22.3	29.6	28.7	18.2	108.2	213.4	273.9	199.8	36.9	1.7	8.6	6.8	948.1
1991	4.6	2.0	26.5	29.3	35.4	144.1	199.5	94.5	52.4	5.0	16.4	11.7	621.4
1992	16.2	21.8	11.3	11.3	18.4	32.6	79.0	138.2	61.4	43.8	5.6	11.8	451.4
1993	4.9	14.7	4.7	28.0	77.6	162.9	278.9	78.3	99.3	36.7	108.9	1.3	896.2
1994	0.3	9.7	28.1	32.3	6.9	174.5	143.1	231.6	45.4	92.6	35.4	26.8	826.7
1995	0.0	6.1	14.5	11.3	21.5	70.0	224.6	351.5	191.6	49.3	1.3	4.4	946.1
1996	5.4	0.4	23.1	38.0	14.8	163.9	255.0	85.8	18.0	50.6	12.6	2.5	670.1
1997	2.5	22.5	29.9	30.8	77.6	14.1	83.6	282.3	46.4	1.2	26.4	14.8	632.1

续表

月份 年份	1	2	3	4	5	6	7	8	9	10	11	12	全年合计
1998	4.5	31.8	39.3	52.8	73.5	76.7	229.9	334.0	16.8	16.8	0.0	2.7	878.8
1999	0.0	0.0	6.8	23.8	67.5	79.3	102.6	43.5	147.7	60.1	11.8	0.0	543.1
2000	23.2	11.1	1.0	6.9	75.5	114.2	61.0	234.4	40.4	81.1	31.2	1.8	681.8
2001	28.6	21.7	2.8	11.0	0.2	218.8	270.5	86.1	18.0	14.6	11.2	7.5	691.0
2002	5.1	0.0	20.8	21.6	86.1	83.3	54.0	79.5	21.9	8.7	2.2	11.3	394.5
2003	5.3	10.7	28.3	78.5	41.3	97.4	199.8	215.2	122.6	83.7	66.0	13.5	962.3
2004	3.1	21.0	6.6	20.2	78.3	81.3	322.4	239.1	120.0	11.7	14.1	3.9	921.7
2005	0.0	18.3	2.0	36.5	39.3	108.7	239.0	82.7	258.6	36.2	6.0	6.8	834.1
2006	6.3	6.3	0.1	34.8	45.5	55.0	196.9	191.8	45.3	2.6	13.3	12.2	610.1
2007	0.0	3.6	25.5	36.2	28.4	69.9	158.4	318.5	90.3	29.9	0.2	20.9	781.8
2008	5.9	5.1	12.8	71.3	89.8	43.1	297.5	173.3	78.1	9.4	6.1	1.1	793.5
2009	0.1	11.3	23.2	38.5	32.3	90.3	305.9	154.1	19.8	25.1	17.1	8.3	726.0
2010	3.3	17.2	11.2	25.6	44.9	59.0	130.5	234.5	75.4	0.9	0.0	0.1	602.6
2011	0.0	24.8	2.8	7.4	103.7	107.4	210.2	285.0	255.8	11.7	74.0	18.7	1101.5
2012	2.3	0.7	20.7	29.9	7.1	60.2	294.6	179.4	88.9	11.6	36.0	35.5	766.9
2013	6.4	10.5	10.5	12.5	118.6	74.0	367.3	67.0	10.3	3.3	26.1	0.0	706.5
2014	0.0	17.3	1.2	12.0	33.9	92.7	102.0	39.1	104.3	19.0	27.6	2.0	451.1
2015	4.7	16.4	4.7	84.1	31.6	78.4	149.3	116.4	29.9	5.9	80.4	2.0	603.8
2016	4.1	14.7	4.6	8.2	34.4	52.2	238.1	192.0	66.0	46.5	12.5	18.2	691.5
2017	21.8	6.6	14.8	72.5	20.9	65.2	330.3	128.6	17.8	31.8	0.4	1.5	712.2
2018	4.9	1.5	16.6	38.5	111.0	233.6	172.3	236.5	53.1	8.4	36.5	20.2	933.1
2019	3.3	5.1	9.4	33.3	1.8	83.6	100.0	369.8	4.7	34.2	12.6	17.6	675.4
2020	31.0	37.8	4.0	31.1	83.3	92.4	118.5	331.0	6.3	10.4	60.7	9.0	815.5
2021	6.1	41.4	25.8	59.5	27.9	254.8	197.0	181.3	200.6	43.9	32.9	0.3	1071.5
2022	8.4	0.0	20.0	29.9	12.9	247.1	264.0	223.5	3.9	96.3	40.0	0.0	946.0
2023	2.6	7.1	0.0	51.8	66.6	130.0	290.2	86.2	72.9	0.0	18.5	17.6	743.5
66 年平均	7.0	11.5	15.9	34.2	45.7	98.2	212.7	162.5	72.3	30.7	21.9	9.8	722.4

蒸　发　水面蒸发量的年际变化不大，年蒸发量的最大值与最小值变幅一般不超过20%，多年平均蒸发量为1190毫米，但年内变化则非常明显。一般蒸发量最大月为5、6月，在170~180毫米之间。春季气温回升快，风力大，空气干燥，蒸发量最旺盛，3—6月水面蒸发量占年蒸发量的50%左右，而同期多年平均降水量仅为全年降水量的24.5%，所以极易形成春旱。7月雨季来临，湿度较大，蒸发能力减少。7—8月水面蒸发量一般占年蒸发量的20%以上，9—10月水面蒸发量占年蒸发量的15%，11—12月水面蒸发量占年蒸发量的7.8%。

沂源县多年月平均水面蒸发量表

（1970—2023年）

单位：毫米

月份	1	2	3	4	5	6	7	8	9	10	11	12	全年
蒸发量	35.2	46.6	97.6	140	179.3	170.2	125.7	119.5	101.6	80.9	57.3	36.1	1190
占全年%	3.0	3.9	8.2	11.8	15.1	14.3	10.6	10.0	8.5	6.8	4.8	3.0	100

径　流　沂源县降水量在时间和空间分布上都有很大差异，又因地形、地貌、土壤、植被条件的不同产流和汇流条件差别较大，所以地表径流的时空变化也很复杂。根据《沂源县第三次水资源调查评价》，全县多年平均径流深为231.0毫米。

泥　沙　沂源县大都是片麻岩、结晶岩、石灰岩，地表覆盖物多系松散的砂土和亚砂土，流域内深山区面积不足10%，其余皆为浅山区和丘陵区。山丘起伏坡度大，加之汛期雨量集中，暴雨多，强度大，水流湍急，洪水的侵蚀搬运能力强，泥沙粒径粗，悬移质输沙量占的比重大。境内地表岩层以石灰岩为主，花岗岩较少，河床自南麻以上为砾石粗沙组成，以下区间以粗沙为主，伴有细沙、砾石，土壤以变质岩剥蚀后的沙壤土为主，土层较薄，山谷梯田分布。河流两岸以冲积的沙壤土、壤土为主。

根据东里店水文站成立后30年的监测资料，多年平均含沙量每立方米1.04公斤，境内沂河淤积泥沙230万立方米。新中国成立后，不断对砂山和坡丘地区等开展水土保持综合整治，加大对森林植被的保护，裸露地面逐年减少，加之21世纪以后生态保护意识的增强，境内森林覆盖率达到62.1%，冲沙现象趋弱，水土流失逐年减少。1981—2022年的东里店水文站观测，沂河多年平均含沙量每立方米0.75公斤，境内沂河淤积泥沙20.25万立方米。

地表水量　境内各地区间地表径流量分布不均，径流量的年内分配与大气降水基本一致。总的分布趋势是由东南向西北递减，年内年际变化大，不均匀程度明显大于降水，且取决于雨季持续时间和降水集中程度，同时受下垫面因素再分配的影响，与降水相比更趋多样性。1956—2016年多年平均天然径流量3.8亿立方米。

地表水质　对沂源县境内主要河流沂河及其支流高村河、白马河和田庄水库、红旗水库进行常态化定期水质监测，监测频次为每月1次、每年12次。水质监测项目为pH、溶解氧、高锰酸盐指数、化学需氧量、五日生化需氧量、氨氮、总磷、铜、锌、氟化物、硒、砷、汞、镉、铬（六价）、铅、氰化物、挥发酚、石油类、阴离子表面活性剂、硫化物等共计21项。在此基础上，水库增测总氮、叶绿素A和透明度3个水质项目。按照《地表水环境质量标准》（GB3838－2002），对各河流、水库的水质进行分析评价，按照《地表水资源质量评价技术规程》（SL395－2007）对水库的水体营养状态进行评价。2023年，沂河、高村河、白马河及田庄水库、红旗水库均达到或优于《地表水环境质量标准》（GB3838－2002）Ⅲ类水水质标准。沂源县各类地表水体的水质状况良好，基本符合人畜饮用、农业灌溉和渔业养殖对水质的要求。田庄水库、红旗水库的水体营养状态常年处于中营养状态。

地下水量　地下水资源受地形地貌、水文气象、水文地质条件及人类活动等因素影响，地区分布也不均衡。2001—2016年多年平均地下水资源量1.6亿立方米，可开采量9023万立方米。1956—1979年、1980—2000年、2001—2016年三个时段降水入渗补给量分别为1.8亿立方米、1.4亿立方米、1.6亿立方米，1956—1979年平均值较长系列均值偏大13.3%、1980—2000年均值较长系列偏小9.8%，而2001—2016年均值与长系列均值基本一致，相差仅0.8%。

地下水质　境内大部分区域地下水矿化度介于每升0.5～1克之间，个别区域低于每升0.5克。全县地下水总硬度普遍低于每升650毫克，大部分区域地下水总硬度介于每升300～450毫克之间。全域内地下水pH均在7.0～8.1范围内，水质可达到或优于《地下水质量标准》（GB/T 14848－2017）Ⅲ类水水质标准，基本符合人畜饮用、农业、工业对水质的要求。个别区域地下水水质未达到Ⅲ类水质标准，主要超标项目为硝酸盐氮，宜作为农业或部分工业用水使用。

站　点

东里店水文站　位于沂源县东里镇东里西村沂河左岸，由华东军政委员会水利部于1950年7月设立，属于国家基本水文站。据该站资料，沂河上游沂源段最大洪水是清光绪三十四年（1908）农历七月二十三日，东里店断面最大流量每秒8000立方

20 世纪七八十年代的东里店水文站水位计房

米，冲毁大片良田，河道加宽10～20倍。新中国成立后，东里店水文站测得的最大值是1984年7月12日的特大洪水，实测最大流量为每秒3660立方米。2019年 8月10日，“利奇马”台风过境沂源县，全县普降大暴雨，8月10日8时至12日8时全县平均降水量297.6毫米，最大站点东里店站405.0毫米，东里店水文站实测最大流量每秒1140立方米。

该站2009年时有世界先进的非接触式雷达测流系统，主要观测项目有降水量、水位、流量、泥沙、水文调查、水质、冰情、墒情等。现有基本水尺断面、流速仪测流断面；主要测验设施有压力式自记水位计、雷达式水位计等。东里店水文站是沂河干流上的控制站，集水面积1182平方公里，属国家级重要水文站。该测验河段顺直，发生高洪水时右岸会有漫滩，宽约300米，低水时浅滩会显露，并有多股岔流。河床主要系粗沙组成，洪水时有冲淤现象。右岸滩地有灌木树林，洪水期波浪较大，并有漂浮物影响测流。该站最大观测水位204.05米，系20年一遇最高洪水位。流量测验低水位时在基本断面涉水测流。中、高水位时在香磨大桥利用流速仪或ADCP桥测，同时采用固定雷达测流系统。泥沙测验采用全断面混合法。

当河道发生超标准洪水，原有传统测洪方式无法进行流量监测时，应根据预报和洪水情况，采用浮标法或比降面积法测流，固定雷达测流系统在线监测，必要时报告市中心，调配市中心无人机进行应急监测。

2023 年的东里店水文站水位计房

东里店水文站水文特征值表

最大年降水量	1523.8 毫米	出现年份	1964 年	多年平均年径流量	2.79 亿立方米
最小年降水量	421.0 毫米	出现年份	1986 年		
最大 24h 降水量	369.7 毫米	出现年份	1963 年	多年平均年输沙量	21.0×10^4 吨
最大 72h 降水量	405.0 毫米	出现年份	2019 年		
最大年径流量	12.39 亿立方米	出现年份	1964 年	多年平均年降水量	772.0 毫米
最小年径流量	0.2964 亿立方米	出现年份	1989 年		
最大流量	3660 立方米 / 秒	出现年份	1984 年 7 月 12 日		
最小流量	0m 立方米 / 秒	出现年份	1968 年 1 月 7 日		
最高水位	203.47 米	出现年份	1984 年 7 月 12 日		
最低水位	河干	出现年份	1968 年 8 月 3 日		

田庄水库水文站　由山东省水利厅于1960年5月设立。田庄水库位于沂河上游，控制流域面积424平方公里，总库容1.2亿立方米，是一座大（二）型水利枢纽工程，是山东省境内海拔最高的大型水库。溢洪闸为5孔宽顶堰，南输水洞为钢筋砼管，内径1.2米，中输水洞为砌石廊道衬钢管，内径1.75米，北输水洞为廊道衬钢管，内径1.45米。流域内山高坡陡，河流源短流急，洪水陡涨陡落。

目前该站主要测验设施有浮子式水位计和雷达式水位计，流量测验方式采用流速仪桥测和自行走缆道雷达测流系统，主要观测项目有降水量、水位、流量、水文调查、水质、冰情、墒情等。

田庄水库水文站水文特征值表

最大年降水量	1128.2毫米	出现年份	2011年	多年平均年径流量	0.761亿立方米
最小年降水量	375.0毫米	出现年份	2002年		
最大24h降水量	300.5毫米	出现年份	2019年	多年平均年输沙量	
最大72h降水量	338.0毫米	出现年份	2019年		
最大年径流量	1.695亿立方米	出现年份	1971年	多年平均年降水量	730.0毫米
最小年径流量	0.0952亿立方米	出现年份	2006年		
最大流量	671立方米/秒	出现年份	1984年7月12日		
最小流量	0立方米/秒	出现年份	1969年1月1日		
相对最高水位	31.91米	出现年份	2011年9月14日		
相对最低水位	13.11米	出现年份	1990年5月27日		

朱家庄水文站　1968年6月，山东省水文总站在高庄河（后称高村河）朱家庄设立水文站；1999年6月，该站停止测验，2018年1月恢复测验。

朱家庄水文站为汛期水文站，流域面积31.4平方公里，为国家基本水文站。该站断面附近测验河段顺直，主流靠左岸，低水分为两股流，河床为粗沙间有卵石，略有淤积现象。左岸靠陡山，右岸为砌石护岸，上有公路。左岸山坡种植果树，洪水期漂浮物较多。该站主要观测项目有降水量、水位、流量、水文调查、水质等。主要测验设施有气泡式水位计，流量测验方式采用流速仪桥测和自行走缆道雷达测流系统。当出现超标准洪水流量时，可采用电波流速仪、移动缆道雷达、浮标等方法进行测流。

朱家庄水文站（2021年　摄）

水资源

概　述

中国有5000年的悠久文明，水资源管理体制是世界上最发达的国家之一。从春秋战国时期一直到民国，虽朝代更迭、分分合合，但各个王朝都十分注重水利事业的发展，专门建有水事管理组织。随着历史的推移，水制度受社会政治、经济、文化、科技等因素影响而不断发展和演变。

中国的水利制度，最早可追溯到西周。《诗经·文王有声》："文王受命，有此武功。既伐于崇，作邑于丰。"周文王欲伐崇（指周文王讨伐崇侯虎），宣曰："毋坏屋，毋填井，毋伐树木，毋动六畜。有不如令者，死无赦。"（《伐崇令》）其令中，不允许填没水井，否则杀无赦，其目的则为保护饮用水资源。

唐代《唐律疏议》和《唐六典》是较为完善的水利法规，对水利与社会之间的各类关系作出了明确的规定。在中国的历史上，专门针对一种资源制定法律，极为少见。

《唐六典》卷七《水部郎中员外部》规定："凡水有灌溉者，碾硙（编者注：水碾、水磨）不得与争其利。自季夏及于仲春，皆闭斗门，有余乃得听用之。"卷二十三《将作都水监》中记载，设"将作监、百工监、都水监、河渠署"等，并明确各监、署人员编制。如"都水监：使者二人、丞二人、主簿一人、录事一人、府五人、史十人、亭长一人、掌固四人"。并述"都水"掌管范围、职能及监督考核：

都水使者掌川泽、津梁之政令，总舟楫、河渠二署之官属（舟楫署开元二十三年省）。辨其远近，而归其利害；凡渔捕之禁，衡虞之守，皆由其属而总制之。凡献享宾客，则供川泽之奠。凡京畿之内渠堰陂池之坏决，则下于所由，而后修之。每渠及斗门置长各一人（以庶人年五十已上并勋官及停家职资有干用者为之）。至溉田时，乃令节其水之多少，均其灌溉焉。每岁，府县差官一人以督察之；岁终，录其功以为考课。

唐开元二十五年（737）修订的《水部式》残卷，为现存见于文字记载最早的一部水资源专门法规。《水部式》对水资源的使用和管理作了较为具体的规定，涉及水利设施管理、农田灌溉、用水量和用水时间、节约用水等。《水部式》规定：

诸水碾硙，若壅水质泥塞渠，不自疏导，致令水溢渠坏，于公私有妨者，碾硙即令毁破。诸溉灌小渠上，先有碾硙，其水以下即弃者，每年八月卅日以后，正月一日以前听动用，自余之月，仰所管官司，于用硙斗门下著锁封印，仍去却硙石，先尽百姓灌溉。若天雨水足，不须浇田，任听动用。其旁渠疑有偷水之硙，亦准此断塞。

宋代，对水资源和水利设施的管理有了进一步的发展。宋太祖建隆四年（963），制定《宋建隆重详定刑统》（简称《宋刑统》），"诸盗决堤防者，杖一百。"宋熙宁二年（1069）颁布的《农田水利约束》（又称《农田利害条约》），在法律层面上，明确了水资源的公有性。

明初，水资源使用的顺序是：航运—灌溉—水能利用，是唐代以后第二个明文规定用水顺序的朝代。

清代制定"水册制"，水资源的买卖已初露端倪，有了地权与水权分离的雏形。清末，水权的买卖变得越来越常见，水资源的使用权开始从地权中脱离出来，进入买卖的过程。

1944年沂源建县后，先后设立实业科、建设科、水利科、水利局等水行政机关，主要以水利基础设施的建设和管理为主，管理依据则主要以国务院及省、地的布告、通令、规定和管理制度等行政性规章为主，如1959年省水利厅制定的《山东省各类灌区管理试行通则》《山东省大中型水库基建工程施工管理暂行办法（草案）》、1960年6月临沂地区水利建设指挥部下达的《关于灌溉管理办法》、1979年10月国务院《关于保护水库安全和水产资源的通令》等。1980年，全国首次进行水资源调查评估，逐渐理顺体制，加强水资源统一管理，依法治水，形成"一龙治水"（一个部门）管水的良性循环机制。在水资源管理上做到"五统一"，即统一规划、统一调度、统一发放取水许可证、统一管理水量水质、统一征收水资源费。1982年5月，山东省政府颁发《山东省水利工程供水收费标准和使用管理规定》。1985年7月，国务院颁发《水利工程水费核定计收和管理办法》。

1985年8月，沂源县人民政府办公室以源政办发〔（1985）58号〕文件决定成立沂源县水资源管理委员会，由县政府副县长任主任，建委、经委、计委、农委、水利局的主要负责人任副主任，其他有关单位负责人任成员。委员会下设办公室（简称县水资办），办公室设在县水利局，统筹管理全县水资源。1986年2月，完成《沂源县水资源调查评价与水利区划报告》。通过组织人员到外地考察学习，大胆借鉴先进市、县经验，结合沂源县实际，1986年12月，沂源县人民政府以源政发〔1986〕116号文件，出台《沂源县水资源管理暂行办法》，出台当时全县水资源管理的规范性文件，初步形成开源管理、计划用水、节约用水和征收水资源费等的基本框架。

1988年1月，第六届全国人民代表大会常务委员会第二十四次会议通过《中华人民共和国水法》，自此，水资源管理有法可依。1989年12月，山东省七届人大常委会第十三次会议通过《山东省水资源管理条例》，在合理开发利用和保护水资源，充分发挥水资源的综合效益，大力倡导节约用水，促进水资源的可持续利用等方面作出明确规定。

1985—1990年，水资源管理以征收水资源费为主。1990年，开始以编制年度用水计划为主要措施，实施有计划的用水管理，推广应用节水技术。1993年起，开展“世界水日”“中国水周”宣传活动，大力宣传水法规、节约用水等。1998年6月，县水资办被省人事厅、水利厅表彰为全省水资源管理先进单位。

1998年，国务院“三定”方案明确由国务院水行政主管部门对全国水资源实行统一管理。2002年10月1日起实施新修订的《水法》，在水资源管理体制、水资源权属、水资源规划、水资源节约和保护以及法律责任等方面都有较大突破。同时把解决水资源短缺和保障水资源的高效、持续利用作为各级人民政府和全国人民经济生活中共同遵守的指导原则，把水资源的统一管理放在了突出位置，是我国水法制建设的一个新的里程碑。

在国务院印发的《中国21世纪初可持续发展行动纲要》中，把“水资源优化配置、合理利用、有效保护与安全供给”列在第一位，把“加强水土保持”和“水污染防治”作为“生态保护和建设”的重要内容。实施水资源统一管理是实现水资源可持续利用最主要的战略举措。

2008年，编制《沂源县水资源调查评价与配置研究》，进一步查清沂源县水资源及其开发利用现状、分析和评价水资源承载能力，根据经济社会可持续发展和生态环境保护对水资源的要求，提出水资源合理开发、优化配置、高效利用、有效保护和综合治理的总体布局及实施方案，促进沂源县人口、资源、环境和经济的协调发展，以水资源的可持续利用支持经济社会的可持续发展。

2012年1月，贯彻落实《中共中央、国务院关于加快水利改革发展的决定》（中发〔2011〕1号）和国务院《关于实行最严格水资源管理制度的意见》，进行水资源开发利用控制红线管理，实行用水总量控制，加强用水效率控制，水功能区限制纳污，推进节水型社会建设。

2014年11月，进行水权水市场交易制度建设试点。2017年12月，试点工作通过省水利厅验收。

2023年，为解决中长期水资源配置问题，沂源县根据新时期“节水优先、系统治理、空间均衡、两手发力”的治水方针和淄博市“坚持节水优先，量水而行，强力推进使用再生水，科学利用地表水，控制开采地下水，积极引入客水，开发利用雨洪水”的原则，按照《全国水中长期供求规划技术大纲》，编制《沂源县水资源综合利用中长期规划》，以最严格水资源管理三条红线为约束，制定5—15年的水资源综合利用中长期目标，以缓解县内水资源供需矛盾、水资源分布与经济社会不协调的瓶颈制约，建立起节约优先、保护有效、配置优化、开发合理、利用高效、管理科学的水资源支撑保障体系。

水资源管理

取水许可　1988年颁布的《水法》第三十二条和山东省1989年12月颁布的《山东省水资源管理条例》第二十九条规定：对直接从河流、湖泊、地下取水的，实行取水许可制度。为农户生产、家庭生活、畜禽饮用取水和其他少量取水的，不需要申请取水许可，为取水许可制度的实施提供了法律依据。

1993年9月，正式实施《取水许可制度实施办法》（国务院令第119号）。1993年对全县26家企业自备井统一进行普查，根据水源井档案规范化要求，对全县26家用水企业36眼自备水源井进行复核登记，建立档案卡，绘制柱状图，首次对26家县属以上厂矿企业发放由全市统一制式的取水许可证。截至1995年底，全县共有39家工业用水户（乡镇、村办企业由乡镇水利站管理），水井68眼，其中自备水源井62眼，自来水井6眼，年供水量1700余万立方米。共审批水源井22眼，严格执行审批、凿井、验收程序，共发放取水许可证39份。

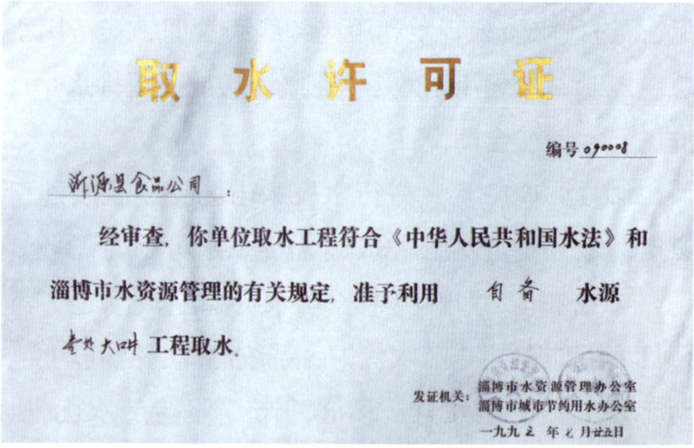
取水许可证

编号 090008

沂源县食品公司：

经审查，你单位取水工程符合《中华人民共和国水法》和淄博市水资源管理的有关规定，准予利用 自备 水源 专供大口井 工程取水。

发证机关：淄博市水资源管理办公室
淄博市城市节约用水办公室
一九九三年七月廿五日

第一批企业自备水源取水许可证

1996年3月，首次开展各乡镇农业灌溉取水登记和发放取水许可证工作，全县农业灌溉、生活用水办理取水许可证460份。

2005年，依据《水法》《取水许可制度实施办法》《取水许可监督管理办法》的规定，按照“取水申请—实地勘察—填写取水许可申请书—颁发施工许可证—凿井—验收—装表计量—办理取水许可证”的程序进行许可管理。

2007年，按照国务院《取水许可和水资源费征收管理条例》等法律法规要求，严格审查，认真进行论证。优化审批流程，安装取水许可管理信息系统。实现省、市、县三级水资源管理部门和取用水户之间的信息交流、共享和一站式审批办公自动化。2014年，在省政府最严格水资源管理考核中，沂源县作为淄博市唯一被考核区县，受到省政府考

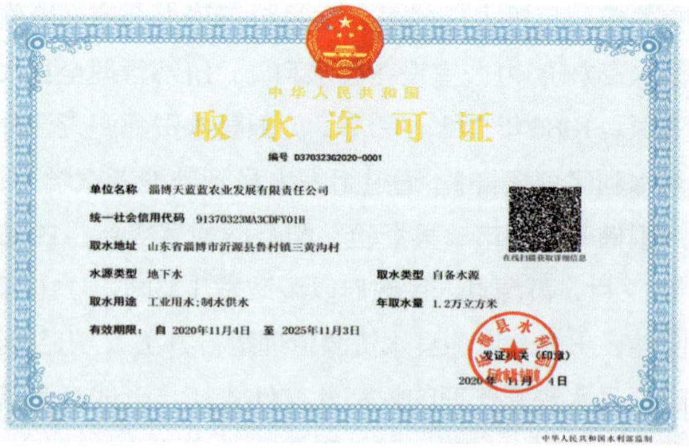
中华人民共和国

取水许可证

编号 D370323G2020-0001

单位名称 淄博天蓝蓝农业发展有限责任公司

统一社会信用代码 91370323MA3CDFY01H

取水地址 山东省淄博市沂源县鲁村镇三黄沟村

在线扫描获取详细信息

水源类型 地下水 取水类型 自备水源

取水用途 工业用水；制水供水 年取水量 1.2万立方米

有效期限： 自 2020年11月4日 至 2025年11月3日

发证机关（印章）

2020年11月4日

中华人民共和国水利部监制

取水许可证电子证照

核组充分肯定和高度评价。2016年4月，行政许可科整建制进驻县行政服务中心，设立服务窗口，集中办理水行政许可事项。2020年10月，全面推行取水许可电子证照。为淄博天蓝蓝农业发展有限公司办理了沂源县首份电子取水许可证。

2020年12月31日，根据《沂源县人民政府办公室关于深化相对集中行政许可权改革规范行政审批服务工作的实施意见》（源政办字〔2020〕59号）精神，涉及县水利局的行政许可事项全部划转给沂源县行政审批服务局。2021年3月31日，水行政许可事项由县行政审批服务局全面接管。县水利局只对审批事项进行事中、事后监管。

水资源论证 《取水许可和水资源费征收管理条例》《建设项目水资源论证管理办法》等法规规章将水资源论证列为取水许可申请的前置条件。2008年，瑞阳制药有限公司、山东格赛博玻纤科技有限公司和新城温泉家园3家单位的建设项目水资源论证通过市专家的技术审查。2017年11月，县自来水公司工业供水厂水资源论证通过省级审查。截至2023年，共26个项目通过市级以上审查。

节约用水

计划用水 1990年，沂源县开始实施计划用水工作，向淄博市水资办申报1991年度用水计划。以后每年年底根据企业的取水许可水量、历年用水情况、用水定额下达下年度用水计划，确保实际用水量不超过计划用水量。

1991年，县水资源管理委员会印发《沂源县工矿企业1991年计划用水、装表计量及征收水资源

费方案》，在下达计划用水指标的同时，主动指导各用水单位把用水计划分配到车间、班组，责任到人，制定节水措施。

2011年，山东省物价局、山东省财政厅、山东省水利厅印发《山东省超计划（定额）用水累进加价征收水资源费暂行办法》（鲁价费发〔2011〕179号），加大对超计划用水单位累进加价征收水资源费力度，沂源县当年征收超计划累进加价水资源费82953.7元。

节水技术改造 节约用水既可以减少新水的取用，减轻供水压力，降低生产成本，又可以减少污水排放，减轻环境压力，是发展节水型经济，实现水资源可持续利用的重要措施。各企业积极采用新技术、新工艺、新材料、新设备进行节水技术改造，提高用水水平。

1988年，沂源县化肥厂投资70余万元，在临沂地区率先实施冷却水闭路循环工程。该工程投入运行后，节约用水达90%，年节水200万立方米，一年半即收回全部投资。临沂地区水利局组织有关化工类企业和各县水资源办公室在该厂召开现场会，推广节水经验。

1988年建成的沂源县化肥厂冷却水循环塔

1994年，对1987年以来全县实施的节水技术改造项目进行调查。据统计，1987—1993年，全县工业年节水能力达到679.2万立方米，累计节支水资源费505万元，节约提水成本191万元，节支排污费145万元，扣除增支费用，获节水净效益689万元。在抓好节水技改项目建设的同时，注重抓好节水示范工程建设，通过示范项目推动全县节水工作的开展。沂源制丝厂是沂源县用水大户，重复利用量少，水的浪费较大，在市水资源管理办公室的大力支持下，帮助沂源制丝厂新上节水示范工程1处，一期工程总投资50万元，其中争取市节水基金25万元，投产后年节水40多万立方米，经济效益、环境效益十分显著。

2011年，按照《淄博市建设项目节水设施建设管理暂行办法》的有关规定，实行建设项目与节水设施“三同时”（节水工程与主体工程同时设计、同时施工、同时投产使用），管理工作逐步走上正轨。各企业通过冷却水重复利用、蒸汽冷凝水回用、工艺水一水多用、污水处理再利用等方式大搞节水技术改造。

水平衡测试 水平衡测试是摸清企业总用水量和各环节用水量的手段，是取水许可和核定用水计划的重要依据。1992年，在山东沂蒙新华制药厂举办为期2天的水平衡测试培训班，聘请市水资源管理办公室专家授课，对全县10家用水大户的水管员进行培训。1993年，在沂源制丝厂完成全县第一次水平衡测试，并顺利通过验收。从此水平衡测试工作逐年在各用水户展开，用水企业、单位定期开展测试，测试结果作为取水许可和核定用水计划的重要依据。

装表计量和水利规费征收 1988年《水法》第三十四条第二款规定：对城市中直接从地下取水的单位，征收水资源费。《山东省水资源管理条例》第三十一条第一款规定：对农业灌溉取水，可暂不征收水资源费。1991年，县水资源管理委员会印发《沂源县工矿企业1991年计划用水、装表计量及征收水资源费方案》，在完善一、二级装表的同时，加强三级装表计量工作，新装水表200块，使全县用水户的一、二级装表率均达到了100%，三级装表率达到85%以上，并建立健全用水档案及用水台账。1991年把水资源费价格由原来的生产、生活用水每立方米0.03元，调整为生产用水每立方米0.1元，生活用水每立方米0.06元，严格执行用水收费制度，全年征收水资源费50万元。1992年，推广一户一表制，安装水表300块，年节水5000余立方米。

2000年7月，针对工业污水和生活污水排放量日益增大，水污染问题越来越严重的现实问题，按照市政府统一部署和要求，在城区规划区内属县城乡供水公司供水的用户以及自备水源和由田庄水库供水的企事业单位、个体经营者（不含居民生活自备水），除学校（不含校办工厂）、幼儿园、敬老院外，征收污水处理费。居民生活用水和企事业用水单位按每立方米0.2元的标准收取污水处理费；生产经营及其他用水单位按每立方米0.35元的标准收取污水处理费。

2002年，改革收费体制。按照县水务局的统一部署，将水资源费、污水处理费、河道工程维护管理费合并到水资源管理办公室统一征收，撤销原来的水资源管理办公室专收水资源费（自备井），水政科专收河道工程维护管理费、污水处理费，自来水公司代收水资源费、污水处理费，田庄水库代收污水处理费等职能，改为水资源管理办公室统一收费。

2007年，沂源县在淄博市内率先安装取水工程远程自动计量设施。水资源自动计量监测系统通过网络（GPRS和GSM网）结构模块进行远程监测、集中管理，对流量信息可进行定时自动抄录、分析和汇总，并实施远程实时在线监测、控制、纠错等功能。一期工程投资60余万元，主要开展了对全县用水大户的水量远程自动计量，从4月初开始实施，5月底全部安装完成。该系统的建成运行，具有计量精度高、省时省力的优点，为沂源县水资源费的足额征收奠定了坚实的基础，推动水资源管理自动化、信息化。截至2016年，累计投资400多万元，对37家取用水单位实施水量远程计量，安装远程在线计量设施77套。2023年，97家非农业取用水户全部安装水量远程计量设施。

2017年，按照省市水资源费改税要求，与县税务局按期完成92户水资源费改为水资源税取用水户的信息核实与入户确认工作，水资源费改为水资源税，12月1日开始实施。

2021年3月，污水处理费改由县行政执法局征收。

节水型载体创建 1996年，建设部、国家经贸委、国家计委联合发布《节水型城市目标导则》（建城〔1996〕593号）；1997年建设部印发《节水型企业（单位）目标导则》（建城〔1997〕45号）。

1998年，落实两个《导则》，开始开展节水器具推广应用工作，对公共设施使用的螺旋式铸铁水龙头、浮子式冲厕水箱逐步更换为按压式水箱、感应式水龙头，老旧小区逐步更换节水型用水器具，新建工程全部安装节水型器具，共推广节水器具521套，杜绝跑、冒、滴、漏等现象。

1999年，沂源县热电厂节水型企业创建通过市有关部门的验收。2000年，陆续有瑞阳制药有限公司、山东华狮啤酒有限公司、山东省药用玻璃股份有限公司等企业创建节水型企业。2015年开始创建节水型单位、节水型机关、节水型社区。2018年，沂源县节水型社会达标建设通过山东省水利厅的验收，2019年通过长江水利委员会领导专家复核。2022年，在田庄水库建节水教育基地1处。截至2023年，沂源县创建节水型企业共10家、节水型机关64家、节水型社区13个。

水资源保护

地下水位动态观测和水质监测可以摸清地下水位动态变化规律和地下水化学变化趋势，分析水资源的现状，为合理开发和保护地下水资源，防止地下水资源污染和枯竭，预测未来发展趋势提供依据。

自1990年划归淄博市后，在全县范围内的不同区域、不同地层设置25眼有代表性的观测水井，开展地下水位观测和水质监测工作，每个观测井每间隔5日观测一次水位，每月一汇总，每年丰水期和枯水期在观测井各取一次水样进行监测，工作走向制度化。1991年开始，为县水利局主办的《沂源水利情况》提供水位动态数据，为县领导提供指导工农业生产的第一手材料，服务于工农业生产的发展。

1998—2005年，贯彻《水污染防治法》《淮河流域水污染防治暂行条例》，根据淮河流域污水达标排放的要求，配合市水资源管理办公室、市水文局实施淮河流域零点行动取样监测。

2006年5月，山东联合化工有限公司投资900多万元兴建管道排水工程，工业废水排入城市污水管网，进入县水处理中心集中处理，不再直排田庄水库。

自2012年第一季度起，市水文局开展市级水功能区水质、水量同步监测工作，每季度一次完成6个二级水功能区水质控制断面测流和水质监测。监测执行地表水环境质量标准（GB3838—2002）。2015年，地下水位动态观测井调整为11处。每月5日向市水资源管理办公室上报上个月的地下水位动态观测资料和重要水源地水位、开采量。

沂源县市级水功能区水质监控断面

一级水功能区名称	二级水功能区名称	所在河流	水质目标	监控断面名称	监控断面地址
沂河沂源源头水保护区	/	沂河	Ⅱ	田庄水库	田庄水库大坝
沂河淄博开发利用区	沂河沂源饮用水源区	沂河	Ⅲ	北刘庄	北刘庄大桥
	沂河沂源景观用水区	沂河	Ⅴ	黄家宅	黄家宅大桥
	沂河沂源工业用水区	沂河	Ⅳ	东里店	东里大桥
	螳螂河沂源饮用水源区	螳螂河	Ⅲ	芝芳	芝芳大桥
	螳螂河沂源景观娱乐用水区	螳螂河	Ⅳ	南麻大桥	南麻大桥

沂源县地下水水位监测点情况统计表

序号	监测点名称	监测点位置	经纬度		监测方法
			东经	北纬	
1	南鲁山镇芝芳村	芝芳水源地	118° 8′ 21.7″	36° 13′ 00.0″	省地质环境监测站自动观测
2	南鲁山镇北流水村	南鲁山镇北流水村老泉南康顺水厂水井	118° 12′ 8.47″	36° 17′ 47.14″	人工
3	南鲁山镇胜家庄村	南鲁山镇胜家庄村水井	118° 14′ 53″	36° 18′ 1″	人工
4	鲁村镇鲁村二村	鲁村镇鲁村二村原集中供水大口井	118° 1′ 55″	36° 11′ 35″	人工
5	大张庄镇松崮村	大张庄镇松崮村	117° 57′ 43″	36° 4′ 12″	人工
6	燕崖镇偏良山村	燕崖镇偏良山村	118° 15′ 25″	36° 7′ 6″	人工
7	中庄镇西韩庄村	中庄镇西韩庄村	118° 16′ 52″	36° 2′ 23″	人工
8	西里镇崮东万村	西里镇崮东万村	118° 16′ 10″	36° 1′ 5″	省地质环境监测站自动观测
9	张家坡镇桃花坪村	张家坡镇桃花坪村镇集中供水井	118° 27′ 51″	36° 3′ 14″	人工
10	南麻街道东高庄村	南麻镇东高庄村	118° 7′ 52″	36° 10′ 27″	省地质环境监测站自动观测
11	石桥镇石龙官庄村	石桥镇石龙官庄村	118° 18′ 18″	36° 10′ 21″	人工

水资源特征

根据沂源县2021年开展的水资源第三次调查评价，境内水资源禀赋条件及特征如下：

水资源总量特征 沂源县1956—2016年多年平均当地水资源总量4.2亿立方米，影响水资源总量的主要因素有降水与下垫面条件。水资源总量年际间波动较大，丰平枯交替出现，与降水量的变化基本一致。按2016年年末常住人口56.58万人、耕地面积45.76万亩计，人均占有水资源量742立方米，亩均水资源量918立方米。

富锶矿泉水 境内海拔地势高，素有“山东屋脊”之称，河谷纵横，河流众多，无客水流入。全县10个镇和2个街道均有富锶、偏硅酸等对人体有益微量元素的天然矿泉水分布，水质优良，是典型的矿泉水富集区。境内涌泉、自流井分布范围广，如上文坦、北流水、老泉、九龙泉、黑虎泉、方山泉、大旺泉、响泉、龙洞泉等。

2013年9月，分批次取132个井、泉的水样送省地质环境监测总站进行平水期水质化验，在对全县水源勘查摸底、平水期水质监测结果分析归类的基础上，确定济青高速公路南线和瓦日铁路以北，以整个南鲁山镇为中心，包括鲁村镇、南麻街道、历山街道、悦庄镇、县经济开发区、石桥镇部分地区共642.64平方公里的区域为矿泉水重点开发利用区；10月，县水资办和省地质环境监测总站联合开展《沂源县饮用天然矿泉水调查评价》项目，查明重点开发利用区的地形地貌、地质构造和区域地下水补给、径流、排泄条件，以及矿泉水的赋存条件、含水层岩性和富水性、分布范围、埋藏深度等。经检测境内水源53处，其中锶型水源38处、偏硅酸型水源11处、复合型水源4处，矿泉资源总量约为每天4.97万立方米，允许开采量为每天2.45万立方米。评审鉴定的矿泉水源5处，其允许开采量为每天4407.2立方米，水质均为锶型天然矿泉水，锶含量每升0.50～5.84毫克，单井允许开采量为每天300～1483立方米。

2014年11月，康顺水厂深井等5个单井评价报告通过专家评审，确定为锶型饮用天然矿泉水；12月，沂源县被中国矿业联合会命名为“中国矿泉水之乡”。

康顺水厂深井：2014年10月19—22日进行2次降深抽水试验。大降深抽水试验延续时间48.5小时，稳定时间28.5小时；小降深抽水试验延续时间13.5小时，稳定时间4.5小时。停泵后进行恢复水位观测，水位恢复时间9小时。抽水试验期间对水位、流量、水温实施观测，评价矿泉水允许每天开采量300立方米。

北流水村自流井：2014年10月13—15日进行2次降深抽水试验。大降深抽水试验延续时间29小时，稳定时间28小时；小降深抽水试验延续时间16小时，稳定时间15小时。停泵后进行恢复水位观测，井水6分钟后自流。抽水试验期间对水位、流量、水温实施观测，评价矿泉水允许每天开采量1483.2立方米。

璞邱方山峪自流井：2014年10月22—25日进行2次降深抽水试验。大降深抽水试验延续时间48小时，水位未稳定；小降深抽水试验延续时间14小时，小降深抽水仍未稳定。停泵后进行恢复水位观测，井水6分钟后自流。抽水试验期间对水位、流量、水温实施观测，评价矿泉水允许每天开采量470.4立方米。

芝芳水源地深井：2014年10月19—21日，在正式实施抽水试验之前对该井进行了试抽工作。采用芝芳水源地内1号、2号、3号井同时抽水，试抽工作总延续时间55小时。10月21—24日正式抽水试验，抽水延续时间48小时，水位恢复时间24小时，抽水延续时间共72小时。抽水试验期间对水位、流量、水温实施观测，评价矿泉水允许每天开采量为1203.2立方米。

胜家庄村深井：2014年10月12—17日实施2次降深抽水试验。大降深7.5米，历时74小时，小降深4.9米，历时22小时，水位恢复历时27小时。抽水试验期间对水位、流量、水温实施观测，评价矿泉水允许每天开采量为950.4立方米。

沂源县部分锶型井、泉一览表

序号	名称	主要指标		
		pH（7.2 ~ 8.5）	锶（≥ 0.20 mg/L）	偏硅酸（≥ 30.0 mg/L）
1	石桥镇分水管庄深井	8.1	11.23	15.11
2	傅家庄深井	7.9	9.63	15.54
3	郑家庄横山谷水	7.9	8.76	21.97
4	西里镇黎明村深井	7.7	8.06	13.65
5	上文坦自流井	8.1	7.47	14.47
6	双石屋新井水	8.1	6.59	23.91
7	南鲁山镇北流水村深井	7.8	5.84	14.3
8	红旗水库深井	7.5	5.01	29.42
9	石桥镇北河峪村深井	8.2	4.49	11.14
10	南鲁山镇璞邱村方山峪自流井	7.9	2.96	11.48
11	东里镇龙王山泉水厂	8.0	2.78	12.91
12	历山街道办温泉家园	8.1	2.68	20.68
13	南鲁山镇九会泉	7.9	2.45	16.24
14	南鲁山镇康顺实业深井	7.6	2.42	15.74
15	历山街道办东鱼台村深井	7.8	2.09	13.72
16	南麻镇酸枣峪村集中供水井	8.1	2.0	11.65
17	山东鲁泉山泉水有限公司	7.5	1.68	16.38
18	南鲁山镇北流水村老泉	7.8	1.43	15.76
19	燕崖镇朱家户村	8.1	1.14	10.08
20	悦庄镇北鲍庄供水井	8.1	1.05	20.42
21	南鲁山镇胜家村深井	7.9	1.02	13.0
22	南鲁山镇润源水厂	7.8	0.99	16.64
23	南鲁山镇胜家庄响水湾	7.8	0.94	13.23
24	南鲁山镇璞邱三村	7.8	0.88	13.35
25	鲁村镇埠西村水井	7.9	0.64	11.83
26	悦庄镇陈家官庄供水井	7.8	0.63	12.66
27	芝芳水源地	7.5	0.63	13.65
28	南麻镇荆山泉	8.0	0.61	14.82
29	南鲁山镇东流水村深井	7.7	0.7	13.58
30	象山山泉 1 号	7.5	0.56	24.87
31	南麻镇山东华狮啤酒有限公司	7.9	0.56	18.62
32	悦庄镇前石臼村	7.4	0.53	20.36
33	平地村新凿泉	8.0	0.52	12.7
34	象山山泉 2 号	7.6	0.47	23.35
35	义盛铸造厂深井	7.7	0.46	14.3
36	中庄镇焦家上庄	7.8	0.42	12.54
37	大张庄镇沙崖子村	8.4	0.41	14.29
38	南鲁山镇郑家庄村引泉	8.0	0.41	21.05

沂源县部分偏硅酸型井、泉一览表

序号	名称	主要指标		
		pH（7.2 ~ 8.5）	锶（≥ 0.20 mg/L）	偏硅酸（≥ 30.0 mg/L）
1	象山山泉3号	7.3	0.18	40.16
2	龙山山泉	7.2	0.16	31.62
3	历山街道办事处源龙泉水厂	7.7	0.17	37.7
4	鲁村镇丁家庄村泉	8.1	0.12	36.98
5	历山街道办西沙沟村水源	7.9	0.35	33.23
6	旺山山泉2号（南鲁山镇）	7.9	<0.10	33.18
7	鲁村镇北官庄村	7.7	0.21	32.23
8	鲁村镇北徐家庄村	7.5	0.17	31.69
9	鲁村镇李家新村	7.9	0.17	30.47
10	阳三峪—百里峪	7.2	0.21	44.25
11	大张庄镇大娄小流域	6.5	0.17	36.39

沂源县部分锶、偏硅酸复合型井、泉一览表

序号	名称	主要指标		
		pH（7.2 ~ 8.5）	锶（≥ 0.20mg/L）	偏硅酸（≥ 30.0mg/L）
1	象山山泉4号	7.8	4.43	39.13
2	历山后矿泉水井	8	4.25	42.6
3	璞邱水库	6.98	1.88	30.74
4	璞邱八队	7.1	0.41	40.92

“中国锶都” 2022年，农业农村部食物和营养发展研究所与沂源县合作，在县内10个镇、2个街道，对6132件水土样本中的锶和各种金属元素、肥力指标等进行拉网式监测和人群健康功效验证。检测结果显示，境内锶资源得天独厚，属于富锶安全区。在县内中庄、西里、南麻、历山4个镇（街道）按照饮用水、灌溉用水两种不同用途和地表水、地下水两种不同来源采集的水质样品中，锶含量每升大于1毫克的样品有21件，6件样品锶含量每升大于10毫克。其中，3件来自中庄镇社庄村，平均锶含量每升15.97毫克；3件来自西里镇前西新村，平均锶含量达到每升24.31毫克。按照果树用地、蔬菜和中药材用地、粮食作物用地等不同种植作物类型采集土壤样品，其中锶含量每千克大于100毫克的样品有2件（来自中庄镇社庄村），西里镇任马庄村采集的9件样品中，锶含量每千克大于200毫克的样品有7件，大于300毫克的有2件。

同时，对全县重点人群骨密度检测341人，采集不同年龄段村民血样30份、头发样20份，同与沂源县饮食习惯、经济发展水平相当的其他省份县作对照。检测结果显示，沂源县人群发锶（头发丝检测的锶含量）平均水平为每千克含量26.191毫克，高于对照县与全国平均水平；从骨密度均值看，沂源县无论男性还是女性，都明显高于对照县；从与全国骨质疏松率比较来看，沂源县65岁以上人群骨质疏松发生率为24%，低于全国平均水平的32%，远低于对照县的59.57%。由此可见，富锶地区中老年骨密度明显高于全国和对照地区。

通过一系列富锶资源分布调查，全县90%水土锶含量超过《食品安全国家标准——饮用天然矿泉水》（GB 8537—2018）界限指标锶含量（≥0.2 mg/L）和土壤丰级标准，且全县水土重金属均低于国家限量标准。如果将水中锶和土壤锶含量均高的地区进行综合分析，有近100个村水土达到特优，占比约20%；300多个村水土达到较优，占70%以上。2023年10月，中国保健协会授予沂源县“中

国锶都”称号。

水资源综合利用现状

供水基础设施 境内地表水源工程主要有大型水库1座，即田庄水库，总库容1.2亿立方米，兴利库容6840万立方米；中型水库1座，即红旗水库，总库容1151万立方米，兴利库容770万立方米；小（一）型水库20座，总库容5222万立方米，兴利库容3122万立方米；小（二）型水库92座，总库容2268万立方米，兴利库容1200万立方米。

沂源县为满足工农业生产和城乡生活供水需要，开发了响泉龙洞泉、芝芳、北刘庄地下水源地。3处水源地每天允许开采总量3万立方米。

主要地下水源地基本情况表

单位：万立方米／天

序号	水源地名称	允许开采量	现状年开采量	供水用途
1	响泉龙洞泉	1.0	0.9863	城镇生活、公共用水
2	芝芳	0.5	0.2454	城区生活用水
3	北刘庄	1.5	0.4882	城区用水

全县污水处理回用工程，建有污水处理厂2座，设计处理能力为每天8万立方米，2020年污水处理回用量为925万立方米，主要用于工业用水和生态环境用水。

水资源供水量 根据《淄博市2020年水资源公报》，沂源全县2020年总供水量为9944万立方米，其中地下水供水量5367万立方米，占总供水量的54.0%，是主要供水水源；地表水供水量3652万立方米，占总供水量的36.7%；其他水源供水量925万立方米，占总供水量的9.3%。

经统计，全县2011—2020年多年平均供水量8814万立方米，其中地表水3361万立方米、地下水5361万立方米、其他水源92万立方米。可见地下水是沂源县经济社会发展的主要水源，地表水源开发利用程度不高。

沂源县2011—2020年各水源供水量统计表

单位：万立方米

年份	地表水	地下水	其他水源	合计
2011	3400	5164		8564
2012	3855	5810		9665
2013	3222	5383		8605
2014	3876	5159		9035
2015	2541	5675		8216
2016	3221	5682		8903
2017	2816	5245		8061
2018	3673	4813		8486
2019	3353	5308		8661
2020	3652	5367	925	9944
平均	3361	5361	92	8814

水资源用水量 根据《淄博市2020年水资源公报》，全县2020年总用水量为9944万立方米，其中农田灌溉用水6545万立方米，占总用水量的65.8%，为主要用水项；林牧渔畜用水327万立方米，占总用水量的3.3%；工业用水907万立方米，占总用水量的9.1%；居民生活用水1050万立方米，占总用水量的10.6%；城镇公共用水（含服务业及建筑业等用水）51万立方米，占总用水量的

0.5%；生态环境用水1064万立方米，占总用水量的10.7%。

全县2020年的总耗水量为6123万立方米，综合耗水率为62%。根据《淄博市水资源公报》，2011—2020年多年平均用水量为8814万立方米，农业用水平均6388万立方米，受降水丰枯影响有所波动，工业用水多年平均866万立方米，生活用水量呈增加趋势。

沂源县2011—2020年用水量统计表

单位：万立方米

年份	农业用水	工业用水	生活用水				生态环境补水	总用水量
			城镇居民	农村居民	城镇公共	小计		
2011	6415	745	366	505	190	1061	343	8564
2012	6952	894	478	722	210	1410	409	9665
2013	5855	912	537	665	105	1307	531	8605
2014	6463	961	431	601	91	1123	488	9035
2015	6130	849	438	562	92	1092	145	8216
2016	6736	911	438	595	97	1130	126	8903
2017	6041	801	444	529	100	1073	146	8061
2018	6053	862	503	640	107	1250	321	8486
2019	6358	813	553	551	106	1210	280	8661
2020	6872	907	750	300	51	1101	1064	9944
平均	6388	866	494	567	115	1176	384	8814

用水效率和开发利用程度 沂源县2020年每万元GDP用水量为36.87立方米。全县多年平均地表水资源量3.8亿立方米，2011—2020年平均地表水供水量3361万立方米，开发率为8.9%；地下水资源量1.6亿立方米，2011—2020年平均开采量为5361万立方米，开采率为33.4%。可见，境内水资源开发利用潜力较高。全县多年平均水资源可开发总量4.2亿立方米，2011—2020年平均利用量为8722万立方米，水资源利用率为20.8%。

沂源县2020年灌溉面积73.8万亩，节水灌溉面积57万亩，占全县总灌溉面积的77.3%。沂源县农业灌溉水有效利用系数为0.6521。工业节水效率作为节约型社会建设的主要约束性指标，纳入各区县科学发展体系考核，2020年全县万元工业增加值用水量9.56立方米，工业用水重复率达到90.9%。全县2020年城镇公共管网平均漏损率为3.99%，远优于《城市供水管网漏损控制及评定标准》规定指标。

河湖治理和水土保持

扫码听书

扫码听书

记忆沂源·水利卷

鲁山生态清洁示范小流域

河道治理

概　述

河流是地球表面的水道系统，是地球自然界水循环的重要组成部分。它们随着降雨和山脉融冰雪形成，起于高山，流至低洼，在穿越各种地质地貌的过程中不断扩大，终入湖泊、大海。

河流水系是指由各种大小河流、支流、溪流、湖泊、池塘、水库等水域所组成的一个系统。河流水系累积和输送了大量的水和泥沙，对于维持稳定的水文格局和保障水资源利用具有重要作用。河流水系的要素包括源地、注入、流程、流域、支流及分布、落差等。

沂源境内多山，地形复杂，河流落差较大。明万历年间沂水县教谕傅履重在其《水利论略》中称："沂地多山，其水多自高而下"，涝则"霖潦暴涨，汪洋浸及城郭"，旱则"无所资其浸灌"。沂河是县内最大河流，清代吴树声在其《沂水桑麻话》中认为，沂河"能修舟楫之利，葛沟集为第一码头，界湖第二，县城第三，葛庄第四，东里店第五，中庄第六，燕子崖第七，南麻第八。"然冬、春两季，处处有桥梁，恐有阻滞，而入夏后，其虽水势平槽，可行舟楫之利，但徒受其涨溢之害，不获其利济之功。

在新中国成立前几千年的岁月中，境内河流两岸几乎没有堤坝等水利工程，山洪暴发之时，河宽百丈，惊涛骇浪，势不可挡，任其淹没粮田，冲垮房屋，为虐人间。据东里店水文资料记载：清光绪三十四年（1908）农历七月二十三日暴雨，洪水迅猛，冲毁大片良田，洪水水面加宽10～20倍！

新中国成立后的人民公社化初期，以各公社、大队为主，以拦河建坝蓄水灌溉、改河造地增加农田为目的，对河流进行小段治理。如1959年，中庄公社大沟大队在村内兴建拦河坝9座。20世纪60年代，有的生产大队成立建修队、水利专业队等，常年进行有组织的打井、改河造地、建塘坝和拦河坝以及河道治理等。河道治理的主要形式有建土堤、沙堤、石堤、调水坝等，土堤、沙堤的迎水面插柳条护堤，堤上栽植棉槐条固堤。如1964年，悦庄公社各大队在进行水库修复、灌渠配套工程的同时，南踅庄、北踅庄、赵家峪、龙王官庄、南石臼、埠村、悦庄、前石臼、后石臼等大队分别组织在村庄河道修筑石堤、沙堤等总计3500余米；1965年，中庄公社傅家庄（1982年地名普查，改称"富家庄"）大队成立建修队，组织社员在杨家庄河修筑河堤180米。

20世纪70年代，各公社成立基干营，发动各大队参加"大会战"，如火如荼开展"农业学大寨"，实施大规模的农田水利基本建设，开展修路、整地、疏浚河道等，有的大队自行组织对村内河道实施治理。1970—1973年，中庄公社杨家庄、南刘庄、傅家庄、黄土崖等大队先后对杨家庄河、韩庄河实施以清淤疏浚、整河筑堤为主要内容的河道治理工程。后峪子大队利用三年时间自行组织修建村内河堤1000余米。1975年秋冬，全县对山、水、林、田、路进行全面规划，综合治理，展开对白马河、红水河、饮马河、松山河、水北河、艾山河、三岔河、螳螂河、傅家庄河、黄庄河10条河的治理。东里公社以三条河、两个峪、五条沟为主，对河道进行综合整治。

中共十一届三中全会以后，以"防治并重、治管结合、因地制宜、全面规划、综合治理、除害兴利"为主导方针，国家资助与自筹资金相结合，大

20世纪70年代，社员进行河道疏浚大会战

力开展以小流域为单元的水土保持区域综合治理工作。1984年7月，沂源县成立水土保持委员会，加强对水土保持工作的统一领导。河道治理是水土保持工作的重要内容之一，沂源县有计划、有重点地逐步推进各个小流域的河道治理。

20世纪80—90年代，各乡镇开始大力投入以疏浚行洪、筑堤建坝为主的河道治理工程建设，部分主要河道得到一定程度的治理。1989年，石桥乡黄墩河、葛庄两个村联合修建关河峪河堤，郭家上峪、石桥、东北庄、马庄、石楼、前大泉、后大泉等先后组织对上峪河、大泉河等实施修河筑堤、拦河蓄水、固堤防洪工程。田庄水库上游南岩河、徐家庄河等部分主要河流以及红水河、白马河、螳螂河上游也都实施了分段治理。

进入21世纪以后，以提高骨干河道行洪能力为基础，疏蓄兼顾，生态建设和涵养水源并重，全县河道治理进入快速发展和高质量发展阶段。2001—2003年，红水河治理工程全面完成，修建高标准河堤30.6公里。2002年6月，螳螂河城区段建成全县第一座橡胶坝，城区4000余米长的沿河两岸得到全面绿化。以螳螂河城区段生态治理为开端，先后对沂河东里段、织女洞段、城区段、黄家宅段、小水段、下龙巷段、燕崖段等分段进行生态治理。田庄水库大坝以下沂河干流基本得到治理，行洪能力显著增强，水生态环境大大改善，威胁人民群众生命财产安全的洪水隐患得到彻底解决。

沂源全域治水向建立“堤固、岸绿、水清、河畅、景美、管理长效”的水系保护治理新格局发展，统筹打造人水和谐共生宜居环境，充分挖掘沂河之源丰富的水利资源和文化底蕴，依水建景，助推全域旅游底色。2006年8月，省水利厅批复龙洞湖（田庄水库）水利风景区，规划面积22.45平方公里，其中水域面积5.76平方公里。2010年12月，以沂河为依托，由城区水景公园、牛郎织女风景区以及唐山隋唐摩崖造像、东安古郡治所等沿沂河景点组成的沂河源风景区，被水利部评为“沂河源国家级水利风景区”。2011年10月，省水利厅批复铜陵湖（张家坡镇北店子水库）水利风景区、桃花岛水利风景区，其中，铜陵湖水利风景区规划面积26平方公里，桃花岛（鲁村镇刘家庄水库）水利风景区规划面积22平方公里。2012年11月，省水利厅批复青龙湖（悦庄镇北营水库）水利风景区，规划面积22.4平方公里。

党的十八大以后，沂源县全面贯彻“绿水青山就是金山银山”的理念，进一步提升水生态修复标准，加大河道综合治理力度。同时，加强执法监管，严厉打击涉河湖违法行为。

2013年，沂源县被列入国家规划内重点中小河流治理县。2013—2017年，先后对螳螂河、儒林河、红水河、白马河、石桥河、南岩河、徐家庄河、马庄河、杨家庄河、高村河、饮马河等中小河流进行综合治理，对部分与河流连接的坑塘进行清淤整治。通过清淤清障、岸坡整治、堤防加固、堰坝建设、亲水设施建设、植物配置等生态修复建设措施，实现沂源县河畅水清、岸绿景美、功能健全、人水和谐的目标。

螳螂河

2017年开始，全面实施河（湖）长制，为维护河湖健康生命、实现境内河湖功能永续利用提供坚强的制度保障，河道治理实现由建到管，建管结合、管治并举，找

“全国优秀河（湖）长”奖章

到了打开有建无管和促进生态文明建设困局的一把“金钥匙”。

2020年，沂河、螳螂河被评为省级美丽示范河湖。2021年，朱阿河、胜家庄河被评为省级美丽幸福示范河湖；5月，中共沂源县委书记、沂源县总河（湖）长王义朴被表彰为全国优秀河（湖）长。2022—2023年，饮马河、白马河、上峪河、上升科河段（西）先后被评为省级美丽幸福示范河湖，全县256条（座）河、湖（水库）全部建成美丽幸福河湖。2023年，沂源县被确定为全省河长制、湖长制工作激励市县，实施“河（湖）长制”激励项目河道治理工程、省级美丽幸福示范河湖建设工程，对北旋峰河、姬家峪河、前瓜峪河、踅庄河、双石屋河、白马河、上峪河、上升科河段（西）等进行治理。

河道治理工程

河道整治必须坚持尊重自然、顺应自然、保护自然的原则，将河流作为一个有生命力的生态系统整体，统筹水资源、水环境、水生态各方需求，在确保防洪安全的前提下，采取工程与生物措施相结合、人工治理与自然修复相结合的方式，全面提升河流生态系统服务功能，实现人水和谐共生。

沂源地处鲁中腹地，大小河流1530条。几千年来，河道自然流淌，常年淤积，河床不断抬高、展宽，水旱灾害频繁，人民群众深受其害。新中国成立后，各级党委、政府高度重视河道治理工作，对沂河、螳螂河、红水河等骨干河道进行规划治理，有效地遏制了洪水带来的灾害。同时，加强河道秩序管理，整治河道乱占滥采，清除河滩障碍，保障河道行洪。

据1999年全县水土保持生态环境建设规划调查，全县水土流失面积927余平方公里。东里店水文站监测资料显示，境内沂河淤积泥沙230万立方米，形成河岸线长、河沙资源丰富的特点。1996年以后，随着基础设施建设的快速增长，河沙需用量骤增，沙价上涨，从事采沙行业的人员越来越多，无证开采、无序开采、超挖滥采情况越来越严重，到2022年，沂河淤积泥沙降至20.25万立方米。

据统计，2002年春，境内存在大小采沙场40多家。为保证河道采沙有序正常开采，3月成立沂源县河道管理处，县政府组织由水务局、土矿局、公安局、交通局等单位参加的河道集中整治活动，当年六七月，清除沂河河道中的采沙船8条，关停非法采沙场22处，扣押抽沙机5台、装载机2台。2006年3月，县委、县政府召开全县河道采沙秩序治理整顿调度会，逐渐加大河道监管力度，对螳螂河城区段、白马河、三岔河、草埠河、琉璃河等重点河道进行垃圾清理和河道清障，采取严格办理采砂许可证等措施，持续不断地进行集中整治。2014年，沂源县被山东省水利厅评为全省水政执法规范化建设示范单位。

2019年，原河道管理处改为河道管护中心，参与查处全县重大涉水违法事件。2019—2023年，做好水利行政执法监督工作，共办理涉河违法案件127起，其中移送县综合行政执法局121起，移送县公安局直属大队6起。通过对涉河违法案件的持续整治，不断加大水行政执法监督，加之对县内骨干河道持续不断地实施有效的工程治理，基本遏制了河沙乱采滥挖现象。

新中国成立后，沂源县对河道的整治过程大致分为3个阶段。

20世纪50—70年代，初级开发与治理阶段，以开发水资源、建设水库、水坝等提高抗灾能力和改善灌溉条件为主。

20世纪80—90年代，进入工程治河阶段，普遍开展大规模的以工程措施为主、防洪排涝为目的的河道整治。这些措施，一方面发挥其安全功能，提高河道的防洪排涝能力，另一方面也对河流生态系统的自然特征造成一定程度的破坏。

20世纪末21世纪初，开始认识到传统的防洪、水资源开发等活动使河流的水文条件和地形地貌特征等发生了较大变化，河流的生态系统功能严重退化。此后，开始广泛吸收先进的思想和理念，逐步在河流管理中注重对河流生态的保护和修复。

螳螂河治理 螳螂河在治理前，水急坝低，20世纪70年代以前是自然土堤。1962年水灾，河水侵入县城水深1米多。1970年冬，开始筹建石砌河堤，对西鱼台段河道进行扩宽、取直，城区段下游仍未得到有效治理。到20世纪90年代初，河道自然展宽300～400米。

2001年冬，县委、县政府本着“环境立县”的方针，决定将螳螂河城区段改建为水景公园。

2002年6月，螳螂河城区段治理一期工程1号橡胶坝安装试水成功，建成全县第一座橡胶坝。该坝全长150米，分2跨，为绿色无搭缝彩坝，设计高度2.5米，设计内压比1：25，采用楔块锚固。该坝冲排水系统共有3套水泵，其中1套水泵冲水，2套水泵排水，另外设2根排水管道，冲水历时9个小时，水泵强排时间3小时。该坝运行后，回水近700米，形成约8万平方米的水面，为螳螂河城区段增加蓄水、增补地下水源、优化环境、净化空气

治理前的螳螂河下游

治理后的螳螂河下游

等带来巨大的社会效益和生态效益。

2003年，投资800万元，实施螳螂河水景公园二期工程建设，完成2万平方米的河床垂直防渗、2座橡胶坝和橡胶坝泵站的安装施工。同时，完成6600平方米房屋拆迁、2400米子河堤建设、沙石方的开挖外运、排污管道工程和1座拱坝的建设。

红水河治理 红水河流经张家坡镇南北全境，是该镇境内最大河流。该河河道窄、弯道多、淤积

治理后的红水河

重，当地群众屡屡受“小洪水、高水位、多险情”的威胁。1974年“农业学大寨”高潮期，张家坡公社党委对红水河作顺直规划。入冬，组建工程指挥部和600余人组成的4个野战连，劈开马耳山，取直红水河。翌年，红水河被列入全县山、水、林、田、路全面规划、综合治理的10条河道之一，遂在南北15公里长的河道上，将顺直河床任务分到各个沿河大队，中小学干部教师也参加到红水河的治理工程中来。工程历经一年时间，开挖取直河道，沿

河修路，以堤代路。

1999年，张家坡乡党委、政府决定对红水河再次进行治理，开始对红水河的治理实施实地勘察。2000年5月开工，2003年4月完工，累计投资5372万元，分四期完成，整个河道治理总长度15.3公里。一期工程从下河疃桥至任马庄村东，治理长度1.5公里；二期工程自任马庄村东至张家坡村河西段，治理长度7.5公里；三期工程从张家坡河西至林前村南，治理长度4.5公里；四期工程治理1.8公里河道及栽植水保林和经济林等。先后完成土石方开挖52.65万立方米，浆砌（料）石14.5万立方米，修建河堤2.7万米、拦河坝48座、总长105米的以坝带路交通桥2座、总长200米的引水渠1条，增加蓄水量约90万立方米。

沂河东里段治理 位于东里镇政府驻地南，自东里大桥至东安大桥东，2004—2006年由东里镇政府实施。治理全长3.6公里，建橡胶坝2座，回水长度3.6公里，形成水面面积110余万平方米。2022年，投资5700余万元，对该段河道实施除险加固治理。治理河长4.2公里，对2座橡胶坝进行除险加固、更换坝袋等，护砌险工段及支流入口1.4公里。东里镇持续利用河堤两岸水景，建成亲水平台、步道、文化长廊等小微景点，形成滨水景观带。

沂河织女洞段水景工程 位于沂河织女洞段。2007—2008年分两期实施，工程总投资2500万元，河道生态治理长度4.5公里。累计完成开挖土石方28.5万立方米，干、浆砌石1.04万立方米，使用混凝土5700立方米。建人工湖3.5万立方米、橡胶坝2座、拦沙坝2座、浮桥1座、水上泛舟漂流通道110米、人工沙滩1万平方米、道路1.7公里，岸堤绿化4万平方米，新增绿化面积3.5万平方米。另外，建小游艇码头、配电室、管理房等。形成湿地面积95万平方米，沂河回水长度3.5公里，白马河回水长度1公里，总蓄水量260万立方米的水上乐园。

治理前的沂河织女洞段

治理后的沂河织女洞段

治理前的沂河干流城区段

沂河干流城区段生态修复工程 生态修复范围为沂河干流北刘家庄桥至河南村桥、螳螂河城区段至沂河交汇处。治理沂河干流总长度5.3公里，螳螂河城区段治理3.8公里。2008—2010年分三期完成，工程总投资3980余万元。累计完成开挖土石方（含石方爆破）3.1万立方米，淤泥开挖1260余立方米，干、浆砌石1.1万立方米，使用混凝土1.62万立方米。建橡胶坝4座、生态拦河坝5座、生态河堤1.46万米、混凝土防渗墙1667平方米，疏浚河道2.63公里，整平河床41万平方米，两岸绿化面积15.7万平方米。该工程建成后，橡胶坝形成河面回

治理后的沂河干流城区段

水3.5公里，增加蓄水139万立方米，大大改善了南部城区居民的生活环境。呈现出“水清、岸绿、景美”的生态河廊风貌，同时也使沂河干流的防洪能力提高到20年一遇，螳螂河防洪能力达到50年一遇标准。

鲁山治水工程　位于鲁山林场自然保护区，2009年实施。治理河道1公里，建人工湖1座，形成水面1.1万平方米，增加蓄水2.5万立方米，周边绿化2万平方米。拦洪蓄水、涵养水源，使景区品位大幅提升。

“六点水”新世界　位于县城核心区瑞阳大道以西，人民路以南，和源路和吴家官庄村以东，鲁山路以东围成的低洼区，占地面积580余亩，是“清水润城”工程的一部分。工程实施于2011—2014年，概算总投资1.2亿元。项目以生态治理为中心，利用自然低洼地势，实施拦蓄水工程、循环水系统、雨污分流工程和水岸景观工程等水系建设，建成4座连环塘坝，与西沙沟水库、吴家官庄水库形成上下相连、不同水位高程的连续水面，水面面积10余万平方米的“六点水”人工湖。生态治理区内，仿建4大名亭、赵州桥及颐和园的石舫、铜牛等景观设施。项目建成后，水系贯穿全区，充分体现人与自然、人与水的完美和谐。

沂河黄家宅生态湿地工程　是沂河干流生态修复工程的第四期工程，2012年实施。工程总投资700万元，建橡胶坝1座、湿地3.5万平方米，河道疏浚1.6公里。工程建成后形成水面18.2万平方米，可蓄水50万立方米，显著提高河道纳污、防洪能力。

沂河小水段清淤疏浚及综合治理工程　位于沂河悦庄镇小水段，2019年4月开始实施，总投资1.4亿元，2022年完成。清淤疏浚河道10.3公里（含支流石桥河小水段），对部分河滩地疏挖整平，建橡胶坝3座、拦沙坝4座、漫水桥4座、桥梁1座，修建防汛道路3550米，加固漫水桥1座。该工程建成后，沂河回水长度6400余米。

沂河燕崖段治理工程　位于沂河燕崖镇北安乐村北至南安乐村南段，2022年5月开工，12月完工。工程投资6051万元，治理河道长度4.94公里，建橡胶坝1座、溢流堰2座、漫水桥1座，改建漫水桥1座，修建道路4300余米，险工段及支流入口护砌210米。

“六点水”新世界

沂河下龙巷段治理工程 位于第一污水处理厂至下龙巷段，2021年开始实施，2023年完工。工程总投资1.31亿元，治理总长度6.9公里，建橡胶坝1座、生态堰2座、沿河防汛道路3.1公里，维修加固橡胶坝1座，改建漫水桥3座。沿河打造景观带10万平方米。

河（湖）长制

河（湖）长制是各地依据现行法律法规，坚持问题导向，落实地方党政领导河湖管理保护主体责任的一项制度创新。为维护河湖健康生命、落实绿色发展理念、实现河湖功能永续利用、推进生态文明建设，建立起以保护水资源、防治水污染、改善水环境、修复水生态为主要任务的河湖管理保护机制。河（湖）长制，进一步调动地方政府履行河湖管理、保护主体责任，主要领导站到河流防治责任的最前端，促进河湖有人管、管得住、管得好，变“九龙治水”为“河长治水”，形成责任明确、协调有序、监管严格、保护有力的河湖管护制度保障体系。

“河长制”由来已久。隋、唐即设工部，内设水部郎中、员外郎各1人，“司津济，船舻、渠染、堤堰、沟洫、渔捕、运漕、碾硙之事，掌天下川渎、陂池之政令，以导达沟洫，堰决河渠”。大到较大干流，小到乡下小河，均属工部掌司，既掌管城市水道，亦辖理农业用水与航运。宋代对于河流污染的防控、疏浚养护、盯防巡逻、事故问责等，均建立起一套完备的管理队伍和制度，当时规定，凡向河内倾倒粪便者，罚杖六十。明代诸暨知县刘光复开创“圩长制”，大兴治水之法，洪涝旱灾明显减少，带来仓实人和。

在河长制的早期实践中，清代康熙年间，定西将军年羹尧奉命平叛甘肃。为保黑河（又称弱水）下游阿拉善王的领地额济纳旗和大军用水，对黑河流域实行“下管一级”，以河段定职县令品级，上游的张掖县令为七品，中游的酒泉县令为六品，下游额济纳旗的县令为五品，县令实际为“河长”。

2007年夏，由于水质恶化等因素，太湖大面积蓝藻暴发，引发江苏省无锡市的水危机；8月，无锡市率先实行河长制。2012年9月，江苏省政府办公厅下发《全省河道管理河长制工作意见》，河长制开始在江苏全省范围内得到推广。2013年，浙江成为继江苏之后第二个全面推广河长制的省份。

2014年，水利部进一步完善河湖保护技术的标准和相应的规程规范，为河长制的实施提供坚实的技术支撑，河长制开始走向顶层设计。2016年10月11日，中央全面深化改革领导小组第二十八次会议审议通过《关于全面推行河长制的意见》；12月11日，中共中央办公厅、国务院办公厅印发《关于全面推行河长制的意见》，要求各地区、各部门结合实际认真贯彻落实。2018年6月底，全国31个省（自治区、直辖市）全面建立河长制。

2017年4月28日，中共沂源县委办公室、县政府办公室印发《沂源县全面实行河长制实施方案》；9月7日，印发《沂源县河长制相关工作制度与办法》的通知，制定8项工作制度。成立县河湖管理委员会，由县委、县政府主要领导担任主任，相关县委常委和副县长担任副主任，统筹研究部署河长制各项工作，同时设立县级河长办，由分管水利工作的副县长担任办公室主任。12个镇级河长办全部挂牌成立。以河流流域、水库为单位，设立县、镇、村三级河长，县镇河长由党委或政府相关领导担任，村级河长由村书记兼任。全县所有河流均纳入河长制管理范围。

2018年5月8日，县委办公室、县政府办公室印发《沂源县全面实行湖长制实施方案》《沂源县县级河（湖）长会议制度》等8项工作制度的通知。河长制改称“河（湖）长制”。

2021年，组建县河（湖）长制保障服务中心，编制23人，下设综合科、考核推进科、河湖管理科、规划建设科和质量安全科5个科室。全县共设立县级河（湖）长23人，镇级河（湖）长192人，村级河（湖）长437人，河管员338人。2018—2023年，招募17名民间河（湖）长和25名企业河（湖）长。县、镇（街道）分别建立河（湖）长制工作联席会议、信息报送、考核办法及河（湖）管员管理考核办法等8项规章制度。将河（湖）长制工作经费纳入同级财政预算，安排专项经费用于河（湖）管员工资支付，提高河（湖）管员履职的积极性，确保河湖保洁管护常态化、长效化。

2017年9月，沂源县河湖管理委员会河长制办公室、沂源县公安局联合下发《关于在全县范围内推行河道警长制的实施意见》，对所有河湖全部配备警长，探索推行“河湖长+警长”联动联勤监管模式，实施生态警务建设，围绕涉水违法犯罪问题开展打击和整治，从严打击河湖违法行为，为加强河湖管理保护保驾护航。2021年7月27日，沂源县河湖管理委员会印发《沂源县河湖违法行为群众监督举报奖励办法（试行）》文件。2022年10月12日，沂源县人民检察院、沂源县河湖管理委员会河长制办公室会签印发《关于建立“河湖长+检察长”协作配合工作机制的意见》文件。逐渐建立起社会化、法制化、常态化的河湖监管机制。

清违清障 2017年，按照省、市河长制工作部署，开展“清河行动”，共发现清理6类问题、204处，其中清理违章建筑类55处，河道内种植林木、高杆作物类32处，倾倒垃圾、渣土类44处，违法修建鱼塘、养殖场类23处，非法采沙、取土类4处，其他阻水建筑物类46处。2019年1月18日，山东省人民政府《关于印发山东省推动河长制、湖长制从“有名”到“有实”工作方案的通知》（鲁政字〔2019〕16号），开展“深化清违整治、构建无违河湖”专项行动。2019年2月，省、市、县三级河长制办先后制定“深化清违整治、构建无违河湖”专项行动实施方案和河湖清违清障工作推进方案。在此次专项行动中，沂源县共排查清理608处河道违法问题，拆除各类型建筑166处，共21.3万平方米，清理树木9万余株、垃圾779.5立方米、土石方7.5万余立方米、排污口4个。田庄水库拆除违建面积9000余平方米，清理采沙场3处、采沙船99条。

河管员在清理河道

巡河巡湖 2017年下半年，建立“淄博市河长制、湖长制管理信息系统”平台，全县各级河（湖）长和河管员通过使用“淄博河长制”巡河APP进行巡河。巡河标准要求：县级河（湖）长每月为一个巡查周期，巡查距离不少于500米，且巡查时间不少于20分钟；镇级河（湖）长每旬为一个巡查周期，巡查距离不少于300米，且巡查时间不少于15分钟；村级河（湖）长每周为一个巡查周期，巡查距离不少于200米，且巡查时间不少于10分钟；河（湖）管员每天为一个巡查周期，巡查距离和时间同村级河（湖）长。县河长办每月对全县的巡河（湖）情况进行通报，每年的巡河（湖）次数达到16万次之多，全县总体有效巡河（湖）率始终保持在100%。

河湖划界 根据省水利厅等10厅局《关于开展河湖管理范围和保护范围划定工作的意见》（鲁水管字〔2017〕15号）和市委办公厅、市政府办公厅《关于印发〈淄博市全面实行河长制实施方案〉的通知》要求，依据沂源县《关于认真做好县管河湖管理范围与保护范围划定工作的通知》（源水字〔2018〕7号）和《沂源县河道和水库管理范围与保护范围划界确权工作实施方案》，2019年开展省级沂河、县级螳螂河等16条河道管理范围的划定。埋设界桩，设立公告牌，并上传省河长制信息平台，划定管理范围界线总长度609.64公里；9月，通过沂源县人民政府网站对《沂源县河湖管理范围及水利工程管理与保护范围划界成果》进行公告。

2020年，完成县内240条镇村级河道、112座小型水库农村河湖管理范围划界，划定管理范围界线总长度1487.08公里；10月，划界成果在沂源县人民政府网站进行公告。

2023年，对沂河、螳螂河、儒林河、石桥河、马庄河、杨家庄河、南岩河、徐家庄河、五井石河

（三岔河）、柴汶河、龙山河、良疃河、暖阳河等16条河道进行源头追溯，对其管理范围及保护范围实施更新。全县境内主要河流256条，其中省管河道1条、出境河道4条、县管河道11条、镇村河道240条，河道总长1048公里。

一河（湖）一策 根据淄博市河湖管理委员会河长制办公室关于转发《山东省河长制办公室关于转发水利部办公厅印发〈“一河（湖）一策”方案编制指南（试行）〉的通知》要求，2017年8月，编制儒林河、螳螂河等11条河（湖）问题排查报告、综合治理方案及河湖岸线利用管理规划。2020年9月，编制柴汶河、良疃河、暖阳河、龙山河4条河排查报告与综合整治方案。

根据《山东省河长制办公室关于做好2021年河湖管理保护重点工作的通知》，按照“一河（湖）一策”方案编制规程要求，每三年一次修订。2021年9月，县水利局组织完成县、镇、村256条河道、114座水库“一河（湖）一策”方案编制工作。

美丽幸福河湖创建 2021年4月，山东省河长制办公室下发《关于做好2021年河湖管理保护重点工作的通知》（鲁河长办字〔2021〕2号），全面开展美丽幸福河湖建设达标活动。

县水利局紧紧围绕强化河（湖）长制这一主线，抓好“一河（湖）一策”，科学制订三年计划，强化流域上下游、左右岸、干支流综合整治。2020年，沂河、螳螂河创建成为省级美丽示范河湖。2021—2023年，朱阿河、胜家庄河、饮马河、白马河、上峪河、上升科河段（西）先后创建成为省级美丽幸福示范河湖。由示范创建，引领带动全面建成美丽幸福河湖，至2023年，利用三年时间，全县256条河流全部建成美丽幸福河湖。

数字河湖建设 2023年9月，投资1200万元，建设沂源县数字河湖。整合县局系统视频监控200余处，增设视频监控92处；结合铁塔公司信号基站，增设31处高点视频，基本实现骨干河道、大中型水库及小型水库的监控覆盖，通过人工智能不间断识别倾倒垃圾、私采滥挖等侵占河湖水域岸线问题。对接水利、水文、气象雨量监测站点200余处，汇集112座小型水库、2座大中型水库等工程运行静态、动态、实时数据，在沂河流域范围内提供安全、有效、可靠的数据资源。

探索实施无人机定向巡河监管模式，建2处无人机自动机场，建设完成无人机智慧巡航系统。通过集中调度，完成远距离、多方位、多视角的河湖立体化巡查，解决了传统河湖巡检大多依靠人力徒步或车辆进行巡检，既费时又费力的问题。采集沂河1462平方公里流域范围内地理基础信息数据，完善地理信息底板。以田庄水库下游10公里河道为重点，两岸采用精细化建模，实现流域内重点区域的三维可视化、洪水演进等模型，实现流域水安全保障从传统的监测和防御模式向“虚实交互、数字映射”转变，推动河湖“点、线、面”一体化协同管理。

胜家庄河

水土保持

概　述

水土保持是指防治水土流失，保护、改良与合理利用水土资源，维护和提高土地生产力，以利于充分发挥水土资源的生态效益、经济效益和社会效益，建立良好生态环境的事业，是对自然因素和人为活动造成水土流失所采取的预防和治理措施。1940年，黄河水利委员会林垦设计委员会与金陵大学农学院，在成都召开防止土壤冲刷的科学讨论会上，第一次提出“水土保持”一词。

新中国成立前的水土保持 中国是世界上历史悠久的农业文明古国之一，水土保持自古有之。

西周以前，我国铁器尚未普遍使用时，农业生产以游耕、休耕为主要方式，对自然植被和土壤的扰动与破坏能力有限，水土流失问题很小。随着铁器普遍使用及农业技术发展，人类改造自然的能力增强，林草植被不断被垦殖为耕地，水土流失问题显现，人们开始关注水土流失的治理。

夏商周时期，当时山林、沼泽设官禁令，并采用区田法、平治水土等措施来防止水土流失和水旱灾害，使“土返其宅，水归其壑”。合理利用土地，保护森林，史籍中常有所见。如《尚书·吕刑》记载的“禹平水土，主名山川，稷降播种，农殖嘉谷”。《国语》中记载中国最早的水土保持理论：

古之长民者，不堕山，不崇薮，不防川，不窦泽。夫山，土之聚也；薮，物之归也；川，气之导也；泽，水之钟也。夫天地成而聚于高，归物于下，疏为川谷以导其气，陂塘汙庳以钟其美。是故聚不阤崩而物有所归，气不沉滞而亦不散越，是以民生有财用而死有所葬。然则无夭、昏、札、瘥之忧，而无饥、寒、乏、匮之患，故上下能相固，以待不虞，古之圣王唯此之慎。

从“平治水土”开始，伴随着农业生产发展，我国劳动人民在生产实践中创造了一系列蓄水保土措施，并提出了“沟洫治水治田”“任地待役”“师法自然”等有利于水土保持的思想。

清代中后期，人口不断增加，1840年达到4亿人，粮食短缺严重。16世纪传入我国的玉米、花生、甘薯、马铃薯等外来作物，因适于山坡地种植而在全国得以普遍推广，山区丘陵区毁林开荒和垦殖加剧，加之伐木烧炭、经营木材、采矿冶炼等，导致水土流失十分严重。

沂源县境内有关护林、护山等碑刻记载并不鲜见，“帝王之世，山林川泽，皆有历禁。”并将石土视为“肢体”，将草木视为“容仪”。民间亦以族、庄、里、乡规等各种形式“戒牛羊之践踏，禁樵夫之砍伐”。中庄镇芦峪村清咸丰二年（1852）护林约规碑记载：

封建之事，前人既有成绩，今复于前人封建之外，复兴封建之曲。始庄西南土崖处、庄正西土崖处，使土亦有年矣！而一乡之中，遂不觉有土崩瓦解之恐焉。因是共议不许使土，□前人所建之□同为一乡之保障也。前人之功固不可没，今日之举仍不当损，但□□垂不朽，庶黴庄一乡之观瞻云尔。罚条开列于后，梭头弯内赶牛路一条，芦峪合庄买就，使钱二千，载□□买契，如有故违不遵使土者，罚钱两千。不受罚者，公议送官究责。

碑刻又云：

尝闻，封建之曲自古有焉，兹沂邑西北乡清泉社田家峪庄东有小山一座，挺然峻秀，孤芳堪眺，而一乡之风脉系焉。于是合庄共议，遂树松柏十余株而封此山焉。又庄东傍有南北大路，长有十数丈，合庄亦共议，树花木于大路东崖，与山而并封。此两处也戒牛羊之践踏，禁樵夫之砍伐。但历年久远，恐有初而靡终，故勒诸石以为记也，非徒载岁月，实为儆后人。惟愿有志之士永相保护，无废当时之义举焉，幸甚！此道光十四年碑记因字体模糊，余不自揣，彷佛□之前人之名，仍载于后，罚条亦仍载于后，无论封山大路傍，获住牧童樵夫人等，如有伤损树木者，皆罚钱两千，不受罚者，送官究责。

石桥镇大泉村清光绪二十三年（1897）封山护林碑记载：

今夫卷石之山，以石土为身，以草木为发，损石土即伤其肢体、草木亦毁其容仪。如此，岱岭起自西北，乃一庄之祖脉，实众生之来龙，一经开凿，必至是非屡起，风气渐衰。于是庄众共义，同心封护。冀其庄运再转，来脉重兴。如有凿山开土者，罚京钱五十千，以作补西庙之资为是。刻石以禁云耳。

南麻街道高堂峪村民国四年（1915）护林碑记载：

吾村自光绪四年封护环村诸山，树柏有三百余株。下数载而草木畅茂，郁郁葱葱，吾村因之生色。乃历年久远，禁令遂疏，间里……有树株者。夫帝王之世，山林川泽，皆有历禁。况封山之环绕……而勿禁乎？里中父老聚众公议，爰立禁令数条，开列于左。盖不徒禁一时亦所，所以示将本也，是为纪。擅自伐树株罚钱二十千，剪削树枝罚钱一千，樵採薪蒸罚钱五千。

抗日战争前，境内有林地面积10万亩，各种果树200余万株，主要是天然防护林和桑果树，森林覆盖率为3.7%。1938—1948年，因战争林木遭受严重破坏，1949年全县林地面积降至3.3万亩，多为残次林，森林覆盖率降至1.1%。绝大部分山头成为秃岭，水土流失严重，造成穷山恶水的局面。

新中国成立初期的水土保持 新中国成立初期，由于水土流失严重，水旱灾害连年发生，使农业和国计民生遭受严重损失。1950年10月，政务院在治理淮河的决定中要求普遍推行水土保持工作。1952年12月，周恩来总理签发政务院《关于发动群众继续开展防旱、抗旱运动并大力推行水土保持工作的指示》（以下简称《指示》）。《指示》强调："由于过去山林长期遭受破坏和无计划地在陡坡开荒，使很多山区失去涵蓄雨水的能力。这种现象不但是河道淤塞和洪水为灾的主要原因，而且由于严重的土壤冲刷及沟壑的增加，使山丘高处地带的土壤日益瘠薄，耕地日益减少，生产日益衰退。"因此必须大力推广水土保持工作，以逐步从根本上保证农业生产的迅速发展。

1950—1957年，沂源县封山造林、整修梯田、兴建塘坝、整治山沟为主的水土保持活动，主要以一家一户或一队（村）一社（初级社、高级社）为组织形式，在政府的扶持下开展。人民公社化之前，虽然水土流失治理取得了一定成效，但由于只是把水土保持当作缓洪拦沙除害兴利的单项措施来抓，总体水土流失状况并未得到有效的抑制。

1958年3月，中共山东省委第一书记舒同在沂水县召开山区治山治水工作现场会议后，沂源县委成立治山指挥部，采取请进来、走出去的办法，聘请河南3名农民老师，从东、西沙沟调出10名技术较好的社员作为骨干力量，以历山为实习战场，培训600余人的技术队伍。经过5天的培训，达到三会，即会设计、会帮、会做。按流域分工负责，各乡成立工程设计组、技术指导组，建立团、营、连、排、班（组）等军事化的战斗组织。大泉乡为了训练骨干，学习志愿军上甘岭精神，苦战万祥山，治不倒穷山、战不胜恶水誓不下山。5天的计划3天多就实现治山目标。

实行人民公社化以后，大集体形式的社会化体制，劳动力被有效的调动起来，为有组织、有计划地大规模植树造林和山、水、林、田、路等综合性建设提供了人力、物力和组织体制保障，全县农田水利、植树造林和治山改土进入建设的鼎盛时期。

各公社、大队高举总路线、"大跃进"、人民公社"三面红旗"，贯彻中央林业政策"18条"，坚持自采种、自育苗、自造林的"三自方针"，相继成立林业专业队，开展常年性的治山改土和植树造林活动。采取忙时少干、闲时多干的方法，冬春季节发动男女劳力齐上阵，大力开展植树造林、绿化荒山的同时，结合发展副业创收，栽植苹果树、花椒树、桑树等经济林木。如中庄公社中庄大队妇代会正、副会长于恩兰、韩秀莲，从1960年春开始，利用两年时间，率妇女社员到沂河东山小山子一带实施荒山绿化，以松柏为主，栽植苗木800余株，绿化的山坡时称"三八林"。1962年12月，山东省农业厅转发沂源县《唐山公社江家峪大队改良山岭薄地获

20世纪六七十年代，公社社员采集树种

连年丰收的经验》，进一步推动全县治山改土工作。张家坡区的陈家沟大队，从1962年开始，对2300亩荒山进行综合治理，达到人均占有山林4亩，基本上控制了水土流失。中庄区的于家北坡、大张庄区的董家河沟等大队因封山造林，水土保持搞得好，曾受到国务院嘉奖。

1964年冬，全县开展以治山改土为中心的农田基本建设，共整梯田32.9万亩，改造涝洼地2万亩。同时，队队建立小苗圃，培育桑、花椒、加杨、刺槐、棉槐等苗木，大力开展植树造林、“四旁”植树，绿化荒山、村庄、河流两岸等。

20世纪六七十年代，三岔公社黑山峪大队修建的梯田

1975年秋冬，进行山、水、林、田、路全面规划，综合治理。全县15.2万人齐上阵，铺开39道岭（悦庄公社走马岭、埠村西岭，南麻公社刘家庄岭、大埠岭，鲁村公社摩天岭，黄庄公社黄庄东岭，唐山公社唐庄岭、刘家庄岭，石桥公社东风岭，中庄公社盖冶岭等），10条河（白马河、红水河、饮马河、松山河、水北河、艾山河、三岔河、螳螂河、傅家庄河、黄庄河）的治理工程。同年，开始建设速生丰产林，主要以杨树为主，逐渐发展到楸树、刺槐、泡桐、臭椿等树种。到1990年，全县有速生丰产林4.56万亩。

新中国成立后至20世纪70年代的30年时间，在大搞农田水利基本建设的同时，以植树造林为主的水土保持建设虽然取得了一定成绩，但50年代末至80年代初，由于“大跃进”和片面强调“以粮为纲”，再加农业体制变动时缺乏保护林木的措施，造

20世纪70年代，悦庄区进行沙山水土保持治理

成滥垦乱伐乱牧，屡禁不止。山区群众为了增加粮食产量，维持生产和生活水平的需要，毁林刨草，开山到顶，拓荒置田，广种薄收，山间植被遭受不同程度的破坏。另外，群众均以焚烧柴草维持一日三餐，砍树、割草、刨树根，乱垦、乱牧、乱伐，致使水土流失面积有增无减。1958—1978年，有3次较大规模的乱砍滥伐，使森林覆盖率由1958年前的36.21%下降到20%，仅改河造地一项，毁林2万余亩。1978—1982年，全县陡坡开荒10.58万亩，其中25度坡以上的3.5万亩，山坡植被遭到严重破坏，加剧了水土流失。土地承包到户后，部分村（大队）出现哄抢林木、乱砍滥伐现象，山林被砍伐殆尽。

改革开放后的水土保持 中共十一届三中全会以后，全党、全国的工作重点转移到经济建设上来，水土保持得到了空前发展。1982年，召开全国第四次水土保持工作会议；6月，国务院颁布《中华人民共和国水土保持工作条例》，并以“防治并重、治管结合、因地制宜、全面规划、综合治理、除害兴利”为水土保持工作的主导方针，保护和合理利用水土资源，防治水土流失，改变山区、丘陵区、风沙区面貌，治理江河，减少水旱风沙灾害，建立良好生态环境。水土保持工作成为发展农业生产的一项根本措施和国土整治的重要内容。

沂源县在小流域治理和管理上，采取独户或联

户承包，专业队、组、户承包相结合，田间薄地荒坡随地走等方式，以适应农村实行家庭联产承包责任制分散经营的特点，把治山治水与农民个人利益直接联系起来，调动农民积极参与到小流域治理工作中来。

1983年11月，沂源县被列为山东省水土保持重点县。全县各级党组织通过认真贯彻执行党和国家关于搞好水土保持的重要指示，结合实行家庭联产承包责任制，进一步放宽政策，以区、队自筹资金治理为主，县利用周转资金和扶持政策资金进行重点补助，以小流域综合治理为主的群众性的水土保持工作在全县广泛开展。截至1984年，全县有1.4万余户投入小流域治理，占农户总数的11.3%，承包小流域1264条、荒山13.5万亩、荒滩6560亩、小水库塘坝334座，户包治理面积4.5万亩。

1984年7月，沂源县成立水土保持委员会，加强对水土保持工作的统一领导。同年，组织由25人组成的水土保持普查工作小组，对全县6个典型小流域，进行水土保持情况全面普查。并将其作为未来全县水土流失综合治理规划的主要依据，将水土流失治理作为增强农业后劲、全面振兴农村经济、实现脱贫致富的战略举措，揭开了“一手抓治理、一手抓防护”的新篇章，水土保持工作逐步规范化。

沂源人民在县委、县政府的领导下，抓住兴农必兴水、兴水先兴林这个主要矛盾，以小流域为单元，国家资助与自筹资金相结合，按照“山顶松柏戴帽、山上刺槐混交、山腰经济林缠绕、山下梯田水窖、堰埂条花草，沟底蓄水、拦沙、谷坊配套”的“一体五段”式治理模式，充分发挥山区优势，合理安排各业生产用地，科学配置生物工程耕作措施，综合开发利用水土资源。从增加大地植被入手，改善生产条件起步，山、水、林、田、路统一规划，综合施治，治水改土，发展林果业，逐渐展开以规模林场、规模果园、规模粮仓、规模水利、规模商品基地为主的经济带和生态农业体系建设。发展指导思想更加明确，技术指导更加成熟。

1985年，燕崖乡的群众在豁达崖山顶植树造林

中共沂源县委书记孙运河提出：“几任书记一本经，几任县长一道令”“搞好生态经济，发展绿色产业。”将水土保持工作作为系统性工程，集中治理、连续治理、综合治理，生态建设逐渐步入循环发展的良性轨道，社会经济进入大农业、集约型的经营模式。

1985年，沂源县被列为全国重点贫困县。为了尽快使贫困山区脱贫致富，1986年4月，沂源县被国家定为全国12个水土保持重点县之一。5月，被列为“以工代赈”水土保持扶持县，采取“以工代赈”方式，实行生物措施与工程措施相结合，宜林地带造林育草，山上山腰拦蓄水工程配套等综合措施，有计划、有重点地逐步推进各个小流域的水土保持综合治理。截至1990年，全县完成综合治理面积778.4平方公里，占水土流失面积的49.88%，营造水土保持林63.76万亩、生物堰940万米，修筑拦沙坝3.88万道、沟洫工程4600公里。经多年治理，基本形成综合防护体系和农林牧业全面发展的良性循环系统，年拦蓄泥沙529.72万吨，占总流失量806.27万吨的65.7%，年均侵蚀模数由每平方公里4905吨减少到每平方公里1873.6吨，有效地控制了水土流失，改善了生态环境，自然生态趋向良性循环，取得了显著的生态效益、社会效益。

到1990年年底，总投资2240.86万元，其中国家以工代赈棉花412.5吨、棉布85万米，折合人民币350.5万元，省资助53.5万元，市（地）资助20万元，县、乡、村群众自筹1816.86万元。总计投入劳动工日3352.15万个，全县17万男女整、半劳力人均197.2个，平均24.65个。搬运土石方9557.62万立方米，其中，土7506.55万立方米、石1913.44万立方米、砌体137.63万立方米。持续的水土保持综合治理投入，使全县农业内部结构发生了日趋良性循环的根本性变化，总产出亦从量变到质变，迸发了又一个极大的飞跃。

截至1990年，全县累计治理面积778.4平方公里，营造水保林63.76万亩、经济林28万亩，林地覆被达到35.35％。粮食由治理前平均单产482斤，提高到1990年的780斤，增长61.83％。花生地坡改梯后，总产大幅度增长，如沟泉乡西唐庄村，治理前亩产280斤，治理后达400～600斤，增长42％～114.29％。在果品产出方面，治理前全县年产果品、花椒为6712.6万斤，治理后达到1.1亿斤，增长63.78％。

由于生态环境的改善，生产条件的发展，全县工农业总产值由治理前的2.3亿元，到1990年增长到了5.93亿元。年人均纯收入亦从1983年的180元增长到1990年的333元，提高了85％。

通过连续的、卓有成效的水土保持工程建设，各条小流域基本形成了“山顶乔灌草戴帽，山腰经济林缠绕，山下层层梯田，沟底拦蓄工程配套”的综合防护体系和农林牧业全面发展的良性循环系统。在梯田保水量方面，每亩水平梯田蓄水量97.34立方米，比坡耕地多蓄水71.81立方米。据1984年土壤普查和1989年土壤详查资料对比，土地肥力、养分也有不同程度的增长。见下表：

1984—1989年坡耕地治理前后养分变化对照表

年度	有机质（g/Kg）	全氮（g/Kg）	水解氮（mg/Kg）	速效磷（mg/Kg）	速效钾（mg/Kg）
1984	0.193	0.043	33.0	3.0	62.2
1989	0.849	0.06	46.0	5.2	114
变量（%）	72.2	39.5	39.39	73.33	83.87

1985年，张家坡乡抓住国家“七五”以工代赈水土保持治理项目和1988年开始实施的中德合作山东粮援项目的有利时机，广泛发动全乡开展小流域综合治理开发，大胆进行农业内部产业结构调整，彻底放下粮食生产的包袱，大力发展林果经济。截至2005年年底，该乡林果面积达到4万余亩，其中苹果1.7万亩、葡萄1.6万亩，其他小枣、板栗、寿桃等0.7万余亩，年产各类果品2亿多斤，创产值9000余万元。全乡95％以上的农户从事林果生产，农民收入的90％、乡财政收入的80％来自林果业，被淄博市政府命名为第一个林果专业乡。

1986年，山东省省长李昌安视察沂源县水土保持先进单位张家坡乡阳三峪村时，高度赞扬：“来到阳三峪，看到了山区脱贫致富的希望。”

1990年，中共山东省委书记姜春云评价阳三峪：“这套模式好，这里比五莲好！”9月20—27日，山东水土保持学会理事长周新华、省水利厅副厅长汪峡带领北京林业大学、山东大学、山东工业大学、山东师范大学、山东农业大学、省社科院等35位教授、专家，考察沂源县水土保持工作，并对沂源县水土保持工作给予一致赞扬；同年，沂源县被山东省确定为水保监督管理试点县。1991年，又被确定为全国水保监督管理试点县，县水土保持局被淄博市委、市政府记集体三等功。

1988年、1992年，先后实施中德合作山东粮援项目“三沂一期”和“三沂二期”工程，完成10个乡镇27处水保工程，治理水土流失面积79.7平方公里。该项目被誉为“亚洲的样板”。

1990—1992年，沂源县被列为第二批工业品以工代赈坡改梯重点治理区，完成6个乡镇的6片治理区，治理面积32.47平方公里，24个村摆脱贫困。截至1998年，淄博市先后投入沂源县325万元，用于螳螂河流域、白马河流域、田庄水库上游“424”水保工程总计476.56平方公里的综合治理，取得了显著的经济效益、社会效益、生态效益。由于沂源县水保工作突出，1992年在全国第五次水土保持工作会议上被表彰为全国水土保持先进单位。

1992年4月，县水保局被评为全国水土保持先进单位

1994年，县水保局为在全县小流域治理中提供样板，在全省水保系统中第一家建立水保示范基地，承包西沙沟150亩荒山进行开发治理。栽红富士苹果2500株、河南小枣1100株、大板栗400株，嫁接大枣200株，修建小塘坝2座、蓄水池3座，修路1公里。

1996年6月，国务院办公厅下发《关于治理开发农村“四荒”资源进一步加强水土保持工作的通知》(国办发〔1996〕23号)，省、市也随后制定了

20世纪90年代，中庄乡组织劳力治理荒山

治理开发“四荒”(荒山、荒沟、荒丘、荒滩)的一系列文件，按照“谁承包、谁治理、谁管护、谁受益”的土地使用政策，在实物扶持、借款扶持、奖励扶持和“四荒”地减免提留等优惠政策的激励下，通过承包、租赁、拍卖、股份合作等形式，促进“四荒”治理开发。1997年10月，沂源县被中共山东省委、省政府评为山东省水土保持工作先进县。

1998年，县政府把田庄水库上游流域治理列为1998年度“十件大事”之一，市委、市政府将高村河流域综合治理工程确定为全市五大水土保持重点项目之一。以国债(中央财政预算内专项资金)和地方债转贷、县乡村自筹相结合的方式，重点规划和实施徐家庄河流域坡改梯工程、高村河流域综合治理工程、南岩河流域坡改梯工程、鲁村北山片水土保持综合工程、松山沟流域坡改梯工程、徐家庄乡以工代赈退耕还林还草项目等重点工程。截至2005年，全县总投资2268万元，其中使用国债资金366万元、地方配套资金386万元、群众自筹资金1516万元，先后完成徐家庄河、高村河、青杨圈、红水河、石柱、四门地、朱阿等7条小流域、9个国债水土保持重点项目，累计治理水土流失面积80平方公里，动用土石方407.33万立方米。

1999年，水利部、财政部制定下发《关于实施全国水土保持生态环境建设“十、百、千”示范工程的通知》(水保〔1999〕85号)，在全国开展水土保持生态环境达标建设“10个示范市、100个示范县、1000条示范小流域”。西柳峪小流域被命名为全国水土保持生态环境建设示范小流域。翌年，双泉小流域、大泉小流域被命名为全国水土保持生态环境建设示范小流域。

进入21世纪以后，以小流域为单元，山、水、林、田、路、村统一规划、统一治理，鼓励和引导社会资金参与水土流失综合治理，以建设生态清洁型、生态经济型、生态安全型和生态旅游型小流域为目标，水土流失治理标准和效益进一步提高。同时，国家和省、市、县水土保持法规体系逐步完善。2010年12月，《中华人民共和国水土保持法》修订后，山东省于2014年5月30日颁布实施《山东省

2001年8月，沂源县被水利部、财政部授予全国水土保持生态环境建设示范县

水土保持条例》，随后又出台《山东省水土保持补偿费征收使用管理办法》《关于水土保持补偿费收费标准的通知》《关于加强生产建设项目水土保持方案审批管理的意见》以及水土保持设施验收管理、水土保持重点治理项目管理等一系列规范性文件。2018年12月，《山东省水土保持目标责任考核办法》颁布实施，把水土保持纳入最严格水资源管理制度考核，基本构建起了省、市、县三级地方法规体系。2018年，实现并推开“天地一体化”监管和重点工程“图斑精细化”管理。

2001年8月，沂源县被水利部、财政部授予“全国水土保持生态环境建设示范县”；同年，沂源县被列为淮河流域水土保持重点县。2001—2003年，3年累计完成小流域治理81平方公里，红水河流域综合治理工程全面完成。张家坡、悦庄、燕崖等乡镇完成河道治理15公里，修建拦河坝75道，其中红水河流域治理8.2公里。大张庄、徐家庄、鲁村、土门等乡镇自筹资金完成机修梯田7000亩。同时把风力提水作为工程建设的亮点来抓，安装风力提水站4处，探索出一条“山下修河道、山上建水池、山沟谷坊连环套、山顶风车把水摇”的具有山区特色的治理格局。

2005年，全面推动水土保持社会化管理，形成“水保搭台，政府领导，部门配合，社会参与”的小流域治理格局。小流域规划作为前期基础性措施来抓，坚持“以人为本”，注重实际，突出特色，编制一批高标准规划项目。

2008年，沂源县被列为国家水土保持重点县。2009年，首期工程为土门镇芦芽、南麻镇沙岭子、悦庄镇娄峪3条小流域；同年，沂源县被列为国家水土保持监督管理能力建设试点县。2011年，通过国家水土保持监督管理能力建设试点县达标验收，县水保局被授予“全省水土保持先进集体”。2009—2012年，累计完成小流域治理155平方公里，其中2012年完成65平方公里，为历年水土流失治理面积之最。

党的十八大以后，以国家水土保持重点县项目为主，辅以省级水土保持生态文明重点建设项目和市财政补助资金水土保持项目等，先后实施沂河源项目区、南岩河项目区、沂弥源项目区等水土保持工程，对孟坡、黄崖、芦芽、龙巷、重喜、张家旁峪、赤坂、土城、刘家庄、北宅、马庄、关河峪、河西、北营、龙王官庄、小黄庄、西山（张家坡镇）以及王庄、安信（于家石沟）、双马山等小片区进行治理。到2020年，完成总投资1.487亿元，累计实施小流域治理面积256.9平方公里。党的二十大以后，山东省启动全省水土保持高质量发展三年强基行动，沂源县被列入全省水土保持高质量发展试点县。

2012年，十八转小流域孟坡片项目区

2023年4月，沂源县被水利部确定为全国两个、山东省唯一的水土保持空间管控制度试点县。建立水土保持空间管控制度，创新性开展“治理单元划分”试点工作，分类分区明确不同管控要求，将水土保持生态功能重要区域和水土流失敏感脆弱区域纳入生态保护红线，实行严格管控，从源头上预防和减轻水土流失。通过“绿水青山”和“金山银山”融合，持续推进水土流失治理、生活垃圾污水处置、村庄环境综合整治、林草植被修复、河道生态水系治理等工程综合建设，形成防控体系完善、人居环境优美、防治效益突出、旅游产业兴旺的最美小流域，初步实现“山青、水净、村美、民富”的治理目标；6月，鲁山小流域水土保持项目被省水利厅评为“水土保持示范工程”，该流域成为全省生态清洁示范小流域。

沂源县坚持因地制宜、适地适树、宜林则林、宜草则草、林灌草结合的原则，通过治污、疏浚、拦水、绿化、亮化、美化及绿道等综合治理手段，在全长30.7公里的沂河龙湾水乡段，实施河道治理、小流域水土保持治理、潜流湿地、沿河城市园林等工程绿化，实现植物层次清晰、地被植物丰富、植物品种配置合理、季相分明、造景具有创意的水系绿化特色带，绿化面积达到57.7万平方米，区域绿化率达到95％以上。整个河段的河道治理和绿化美化，带动龙湾水乡片区11个村13个乡村振兴商业项目的绿色可持续发展。2023年12月，沂河下龙巷段水土保持工程被省水利厅授予“水系绿化样板”。

2023年12月，沂河下龙巷段被省水利厅授予水系绿化样板

水土流失和治理规划

水土流失是最大的环境问题，我国是世界上水土流失最为严重的国家之一。水土流失给社会经济和人们生产、生活带来严重危害，甚至危及人们的生存，严重影响可持续发展。

水土流失的因素 沂源山多坡陡，剥蚀堆积区较发育，中部和东南部为山前残积、坡积、洪积物和河流冲积物及剥蚀残丘。鲁村、南麻盆地等第四系堆积物发育，尤以鲁村盆地第四系堆积物最为发育，多为砂质黏土和黏质砂土，剥蚀残丘多为浑圆的馒头状，极易形成冲沟、干谷。地表岩性山地多为石灰岩、页岩、花岗岩。地带性植被属暖温带落叶阔叶林，具有明显次生性。

境内土壤分为棕壤土、褐土、潮土3个土类，9

鲁山生态清洁示范小流域

个亚类，18个土属，56个土种，以褐土、棕壤土为主。褐色性土土层浅薄，坡度较大，土质粗劣，养分缺乏，流失严重，主要分布在燕崖、中庄、西里、东里、石桥、南麻、南鲁山、鲁村等镇的青石山区。大张庄、张家坡、鲁村、南鲁山、悦庄、南麻等镇多分布棕壤性土，质地粗糙、松散、脊薄。耕层土壤养分方面，有机质不足，熟化程度较差，普遍缺氮，严重缺磷，部分缺钾，氮、磷、钾比例严重失调。

全县土壤侵蚀类型较多，以面蚀、草坡、林地上的鳞片状面蚀面积最大，局部地区有沟蚀、滑坡、滑塌，在同一地区常有两种以上的复合侵蚀类型存在。造成境内水土流失发生发展的原因主要有自然因素和人为因素。自然因素方面，主要有坡度地形、气候、地质构造及岩性、土壤、植被等方面的因素；人为因素方面，主要有乱砍滥伐、乱牧滥垦和顺坡地粗耕滥作等。新中国成立后，全县人民在开发、建设山区中，积极保护自然资源，合理利用自然资源，大力开展封山造林、兴修水利等水土保持工作，取得了一些成绩。但由于长期受“左”倾路线的影响，政策不稳，体制多变，违反了自然规律，“以粮为纲”，滥垦滥伐滥牧……造成了严重的水土流失，导致生态失调，生态环境恶化。20世纪80年代后，沂源县农业产业结构调整，大力发展经济果林，对土壤和植被等资源开发强度高，干扰强烈，破坏原有地表植被，缺乏基本的水土保持工程措施，埂坎裸露，在强降雨条件下水土流失危害严重。且存在部分功能低下的低标准梯田，田面倾斜、缺乏田坎地埂保护和排蓄水体系，零星分布的坡耕地仍采用顺坡耕作方式。

坡度地形因素：坡度大小是决定水土流失程度的关键因素。坡度与水土流失成正比，坡度越大流失量越多。随着坡度的增大，其土层厚度也逐渐变小，土地最大饱和水总量越小，持水时间越短，所以在相同雨型下所产生的地表径流越大，水的动力势能越大，水土流失量亦越大。全县低山丘陵占地面积98%以上，仅有少部分山前平地，且地表切割严重，地形破碎，沟道密集。坡面的不均匀性，凹凸不平，容易造成水流汇集，形成严重冲刷。

气候因素：沂源县属典型的暖温带季风大陆性气候特征，春秋干旱多风，夏季炎热多雨，冬季寒冷干燥，风化、冻溶、水蚀对土壤有一定侵蚀作用。但主要是降水，降水在年内分配上极不均匀，多集中在6—9月，降水量占全年的71%以上，且常出现大雨或暴雨，降雨侵蚀力较大，对土地的溅蚀和坡面流，造成或加剧了水土流失。

地质构造及岩性因素：全县岩类大部分为石灰岩，其次是花岗岩。石灰岩风化缓慢，但页岩、花岗片麻岩及软沙组成的山地，基岩矿物组成复杂，膨胀系数大，一旦裸露很容易风化换质，换质层较厚，风化产物以松散的沙粒为主，抗蚀力差。

土壤因素：土壤是侵蚀和地表径流冲刷的主要对象。青石山区土壤孔隙度小，结构密实，亲合力大，渗透力小，但因平均坡度大，植被覆盖度小，易形成地表径流大量冲刷。据全国第二次土壤普查资料，全县土地资源总体质量不高，境内没有一级地，地势平缓、质量相对较好的二级地仅占全县可利用土地的11.0%，而四级地以上土地所占比例高达71.4%，土层瘠薄，土壤肥力不足，水土流失严重。

植被因素：植被及其覆盖度在控制水土流失上起着决定性作用，它不仅能改变降水性质，而且有一定程度的截取作用。全县除森林覆盖的面积外，天然草被长势差、盖度小，水土流失严重。境内山体中上部多为油松、侧柏、荆条等耐干旱瘠薄的树种，中部多为苹果树、桃树等经济果树，但每个层次树种较为单一，且结构单一，经济林下盖度低，土壤保持与水源涵养能力远低于自然森林。

乱砍滥伐、乱牧滥垦：20世纪50年代末至80年代初，由于政策多变，林牧矛盾处理不当，特别是人民公社化初期和“文化大革命”时期受“左”倾错误影响，使逐渐发展的林业遭受严重破坏，起落不定。大的毁林阶段有三次：1957年山林入社、

1958年“大跃进”刮“五风”，至1960年，全县共滥伐成材林1.75万亩，开荒毁林1.05万亩，放牧毁幼林4.2万亩；1975—1977年，改河造地和开垦荒山毁林11万亩，加上割“资本主义尾巴”，使农民的“四旁”树和自留山的树木损失80%；1978—1981年，农业体制变革初期，因政策不完善，全县乱砍滥伐林木5万亩，毁掉地边桑30万株，4年间陡坡开荒10.58万亩，25度坡以上的开荒面积达3.5万亩，全县人均2分地，有的村如徐家庄乡的龙子峪村，人均开荒0.5亩。因农户缺柴，平时扒山皮、刨草根现象普遍存在。在畜牧养殖与林木保护方面，产生矛盾，1971—1975年两次推行羊只圈养，1982年再次推行圈养，到90年代又多次推行圈养，虽有短期效果，但随后屡禁不止，乱牧现象反弹，任意放牧，致使牧道密集，草坡退化，磷片状面蚀严重。

顺坡地粗耕滥作：全县有顺坡地12万亩，顺坡种植面积达80%。这些土地土层薄，土粒粗且无地堰，雨天土肥随水流失，年复一年，河床抬高，冲塞库塘。

水土流失情况及危害 经过新中国成立后三四十年的系统治理，全县水土流失面积总体呈下降趋势。据1984年水土流失普查，沂源县水土流失主要由水蚀造成，水土流失面积达1377平方公里，占全县总面积的84.2%。1998年，全县水土流失面积927.02平方公里。到2018年，全县水土流失面积降为757.94平方公里，占土地总面积的46.33%。境内水土流失区域以轻度侵蚀为主，中度侵蚀次之，两者合计占水土流失面积的96.94%；强烈、极强烈和剧烈侵蚀所占比例很小，三者仅占水土流失面积的3.06%。

轻度侵蚀水土流失分布广泛，发生在县内的大多数镇，主要包括悦庄镇东北部、燕崖镇、中庄镇、西里镇、东里镇、鲁村镇西南、大张庄镇、张家坡镇等。中度侵蚀主要分布在西里镇、中庄镇、东里镇北部、燕崖镇、鲁村镇西南部等。强烈侵蚀主要分布在鲁村镇、大张庄镇、悦庄镇、南鲁山镇的局部地段。极强烈侵蚀主要分布在鲁村镇中南部、悦庄镇与石桥镇交界处等地。剧烈侵蚀主要分布在南鲁山镇中部、悦庄镇与石桥镇交界处坡度大于8度的坡耕地上。

水土流失的危害是多方面的，对人们生产、生活和经济社会发展的影响是多方面的、全局性的和深远的，甚至是不可逆的。随水流失的大部分是富含腐殖质的活土层，该层土养分丰富，有利于作物生长，但由于冲刷和淋洗，土壤养分显著下降。严重的水土流失使大量表土及肥料被冲走，耕作层变薄，土壤肥力减退，蓄水持水能力降低，导致土地退化，土地生产力降低，威胁国家粮食安全。

表土流失，肥力下降：据1984年的水土流失普查，全县土体厚度小于60厘米的粗骨地面积179.74万亩。其中，小于15厘米的面积34.83万亩，30～60厘米的面积144.91万亩。这些土壤表土（A）层已全部冲光。15～30厘米厚的土地心土（B）层也被冲光，只有残积在母质基岩表面的碎石块或重砾土壤，土粒含量不足30%，面积近19.5万亩，有的已为裸岩。

表土砂化，耕层较浅：境内砂质土壤8.83万亩，可利用面积7.7万亩，占砂质土壤面积的87.14%。其中，处于水土流失剧烈区，砾石含量超过50%以上的面积达6.3万亩，这些地块胶体黏粒含量不到1%，质粗且理化性不良，对植物选择性强，一般不能农用。全县耕作层厚度多在15～30厘米，坡式梯田、顺坡地耕作层在15厘米左右，河谷阶地、小平原耕作层浅薄，影响了作物根系发育，给农业生产带来了极大损失。

淤积水库，抬高河床：水土流失使大量泥沙淤塞下游河道、水库、塘坝，削弱河道泄洪，降低了水库调蓄洪水的能力，加剧防洪压力。沂河是全县主要排水系统，境内全长91.6公里，控制流域面积1462.5平方公里，侵蚀模数每平方公里2954吨，侵蚀深2.2毫米。据东里店水文站30年的观测资料记载，多年平均含沙量每立方米1.04公斤，最大含沙量每立方米2.02公斤，多年平均输沙量38.7万吨，境内沂河淤积泥沙230万立方米。

沂源县西南部的松崮河上游、赤板河下游，系风化片麻岩区，植被覆盖率低，加上大面积陡坡开荒，水土流失相当严重。1976—1982年，河床抬高0.6~0.8米，有些河段河床已高出沿河地面。如张庄至唐庄附近、宋家峪至南岩附近，汛期农田积水无法排出。

由于河道严重淤积，排水不畅，河道自然展宽，大量农田被水冲沙压。1964年，一场暴雨致使沂河两岸决口50余处，冲毁堤坝20余公里，造成农田大面积内涝2.4万余亩，倒塌房屋990余间。

1960—1978年，田庄水库共淤积1260万立方米，年均淤积70万立方米，占兴利库容的18.4%。红旗水库建库17年淤积40万立方米，占兴利库容的6.3%。

1984年水土普查，对全县小型水库进行分类排列。实测有代表性的4座，其中水营水库从建库后的13年间，测定淤积20万立方米，年均淤积1.54万立方米，占兴利库容的16.5%；刘家庄水库从建库后的13年间，测定淤积26.29万立方米，年均淤积2.02万立方米，占兴利库容的23.17%；曹宅水库从建库后的17年间，测定淤积47.06万立方米，年均淤积2.97万立方米，占兴利库容的8.7%；郭家上峪水库从建库后的17年间，测定淤积11.26万立方米，年均淤积0.75万立方米，占兴利库容的29.88%。以此推算，全县小型水库总淤积量为843.38万立方米，全县共淤积2193.58万立方米，相当于减少4.4万亩灌溉面积用水，经济总损失219.36万元。

恶化生态系统，加剧自然灾害：水土流失常携带大量的化肥、农药等残余有害有毒物质进入江河湖库，污染水体，使水体富营养化，削弱生态系统的调节功能，造成水质恶化，加剧水资源短缺，影响农村人畜饮水安全。生态的恶化，又会加剧水、旱等自然灾害，农林牧业产量降低，导致人们生活贫困。

水土保持普查与规划 水土保持工作是一项功在当代、利在子孙的系统性工程。1984—2023年，沂源县遵循“预防为主，全面规划，综合防治，因地制宜，加强管理，注重效益”的基本规划和治理方针，先后3次对全县水土流失治理进行较为规范、系统、全面的普查和规划。

1984年普查规划：1984年，按照“以林为主，农林牧结合，多种经营，全面发展”的总体要求，以保护国土、根治沂河为目标，组织农业、林业、水利、牧业、工交、农机、地质等多学科的专业技术工作人员25人，按全县岩性分布及植被覆盖度和水土流失程度，选6个典型小流域，进行全县水土保持普查工作。普查工作历时10个月。经普查，全县有水土流失面积1377平方公里，占全县土地总面积的84.19%，土壤侵蚀深3.64毫米，每年相当于流失11.56万吨标准化肥。在普查的基础上，第一次制订全县范围的水土保持综合治理规划，规划期到1990年。规划中，对梯田规格、植被、整地和农、林、畜、水等提出详细的治理标准和目标。

1999年规划：1998年，全县总人口54.85万人，其中农业人口46.78万人，农业劳动力26.4万个。国内生产总值21.21亿元，其中农业总产值7.1亿元。时有林地98.9万亩，其中水保林67万亩、经济林31.9万亩，林木覆盖率40.33%。县委、县政府提出“以水土保持为中心，建设以林果业为主体的高效生态农业县”的水土治理方针，全县农村经济形成以林果、畜牧、瓜菜、花生、黄烟、蚕茧等为主的高产高效优质农业。1999年4月，完成全县水土保持生态环境建设规划，调查全县实际水土流失面积927.02平方公里。

该次规划明确了在全县重点防治区规划基础上，建立健全各部门相互协作的执法体系，在项目开发建设中实施水土保持方案审批制度，实现水土保持监督管理上的法制化、规范化。

2018年规划：该次规划对近期（2018—2020）、中期（2021—2025）、远期（2026—2030）重点项目实施规划和布局。基于地形地貌、河流水系等自然地理特征和行政区划特点，将全县划分为68条小流域，面积控制在10~50平方公里之间（除田庄水库小流域外）。其中，34条河流水系形态为

"完整型"的小流域、27条"区间型"小流域、7条"坡面型"小流域，并建立全县小流域属性特征数据库。

构建由"三带三片"组成的水土流失重点预防和重点治理项目布局。"三带"：鲁山—凤凰山水土资源保护和生态屏障带、三府山—螳螂崮水源涵养和生态屏障带、莲花山—圣佛山水土资源保护和生态屏障带，主要特征是水土流失相对较轻、人工林郁闭度大、林草覆盖度高，重点采取预防为主，小规模治理为辅的措施体系。"三片"：悦庄—两县土壤保育高效农业产业片、田庄水库上游清洁小流域片、织女洞—唐山特色经果林生态景观小流域片，主要特征是坡耕地、低标准梯田和经济林果园水土流失问题突出，重点打造治理为主，小规模预防为辅的措施体系。

到2030年，基本建成与县域经济社会发展相适应的水土流失综合防治体系。保持水土资源，改善水源质量，减少入河入库泥沙；促进水源涵养，维护生态环境，保障饮水安全；保土蓄水，保护耕地资源，促进林粮增产；改善生产条件和生活环境，提高民生福祉。重点区域的水土流失得到有效治理，建成完善的水土保持监管体系，全县水土流失治理率达到75%以上，水土流失强度显著下降，年均减少土壤流失量50万吨，增加蓄水保水能力1000万立方米，水土保持生态环境步入良性循环，促进生态文明建设和经济社会发展。为建设"山清水秀、生态宜居、环境友好、经济富强"的新沂源提供重要支撑和保障。

植树造林

植树造林，发展林业经济，对控制水土流失，改善生态环境发挥着重要作用。

1944年建县后，沂源县抗日民主政府实业科设农林股，作为林业建设的领导机构。1951年10月，沂源县人民政府设林业所，专管林业。1954年10月改称林业科，1956年10月林业科改称林业局。县政府提出"靠山吃山，吃山养山"的口号，领导全县人民大力发展林业，以各社、队为主，年年封山造林。到1990年，全县森林覆盖率由1949年的1.1%提高到22.7%。

20世纪70年代，大建"三园"（桑园、果园、花椒园），苹果园面积迅速发展。1978年，全县苹果园面积达到4万亩。改革开放后，随着农业内部结构调整不断深入和完善，农林牧副渔得到协调发展，大搞山林承包，大力发展经济林，先后引进红富士、新红星、北斗等苹果品种，山区优势逐渐显露，林业经济成为振兴沂源县经济的重要支柱产业。到90年代，全县苹果种植面积达到10余万亩。2023年，全县种植园地占总面积的35.6%，林地面积占全县总面积的33%。

采　种　1944—1949年，当地树种少，质量差。1951年，从东北各地及烟台、文登等地购入橡子、枰柳、刺槐、软枣、白果等树种14.9万斤。同时，对当地母树加强管护，划定母树采种区，各社、队群众自采树种育苗，大力开展植树造林活动。1955年，境内产种较高的母树有12种，年采种10.6万斤，主要有麻栎、板栗、核桃、杏、桃、侧柏、刺槐、国槐、臭椿、枰柳、赤松等。1956年，在南麻、悦庄、燕崖、东里、唐山等9个区划定母树采种区49处，共2349亩、1.5万株，并挂牌作标加以保护。1958年采种34.2万斤。1960年后，不再大量从外地调种。为实现树种基地化、良种化、标准化，1982年在中庄、土门等公社建立良种园，划定单株母树，有刺槐、柿子树、杨树等采种采条基地1000亩。1985年，以国营场圃为中心，建立林木良种繁殖基地9处，共500亩。1983—1986年，全县青少年义务采种，支援甘肃，4年累计采集树种4.46万斤，调往甘肃1万余斤。1986—1990年，在采种季节前，县政府划分采种任务，各乡镇以山林承包户和专业队为主，进行采种，育苗用种自给自足，县林业局每年收购3万~5万斤树种，调剂余缺。

育　苗　新中国成立后，全县贯彻自采、自育、自栽的方针，实行国营、社队集体和群众育苗3种形式。1952年，全县建立国营苗圃6处，育苗面积666.8亩，当年出圃用材和果树苗54.5万株。

20 世纪 80 年代，国营苗圃场技术员在查看育苗情况

此后，鲁山、织女洞、松山、毫山等国营林场相继建起苗圃。1958—1962年，国营场圃累计育苗2220亩，共出圃苗木3547万株。

农业生产合作化初期即开始建社、队林业组织，自行育苗。1952年，大马岭林业社培育各种树苗50万株。1953年，为加快河滩及“四旁”绿化，发动群众自采树条13.9万斤，在河边插条繁殖。1956年，全县755个林业队共育苗1200亩，出圃苗木1730万株。是年，南岩村组建林业社，进行刺槐浸种催芽，提高育苗质量，成为全县第一个育苗先进单位。1960年，全县社、队林场发展到78处，附设苗圃93处，育苗面积1500亩。1965年，号召“队队建立小苗圃”，全县育桑、花椒、杨、刺槐、棉槐等苗木6500余亩。1980年，实行育苗激励政策，农民每育苗1亩，供应化肥100斤，减免征购粮500斤，全县社队育苗发展到5600亩，其中苹果苗3000亩。1984年，农业生产承包责任制趋于完善，农户每育用材树苗、经济树苗1亩，国家分别扶持100元和200元。1985年，全县共育苗9000亩，共出圃苗木3080万株，大部分为商品苗木，其中专业户和重点户共育苗5200亩。1986年以后，转入定向育苗，侧重保护树苗的培育，推广容器育苗，培育侧柏、松树等苗木。

1985 年，育苗专业户在育苗

“四旁”植树　新中国成立后，发动群众性的“四旁”植树活动。1953—1957年，沂河两岸、汶河和弥河之源遍栽杨柳。1955年全县“四旁”植树97万株，此后逐年增多。1965年“四旁”植树达到2500万株，出现百个“万株村”、千个“百株户”，沂河、螳螂河、张庄河、草埠河、饮马河等较大河流两岸林木连片，全县7条共257公里的公路干、支线两侧得到绿化。“文化大革命”期间，损毁“四旁”树300余万株，挫伤了群众植树造林的积极性。党的十一届三中全会后，“四旁”植树活动恢复。

1983 年 10 月，社员在进行“四旁”植树

义务植树　1950—1953年，抗美援朝期间，县委、县政府号召开展“栽爱国树，造爱国林”，户户育苗，人人栽树。1956年春，新民主主义青年团沂源县委发动全县1.2万名团员、青年开展义务植树，大力开展群众性的义务植树造林活动，南麻、鲁村、悦庄、三岔等4个区的5000余名团员、青年在鲁山突击3天，义务造林1400亩。1979年，国

1985 年植树节，机关干部职工参加义务植树

家将每年的3月12日定为植树节，此后，义务植树成为全县人民的自觉行动。1982年，沂源县成立绿化委员会，县、公社（乡、镇）每年组织和发动机关、厂矿、学校、驻军、企事业单位进行广泛性的义务植树活动。1986年，山东省政府确定沟泉乡高村河流域为“省长绿化点”，建立万亩绿化区，省长赵志浩于1989年3月、1990年3月两次到赵家庄村进行义务植树。2002年8月，山东省人大常委会主任赵志浩再次到该村西山进行义务植树。2008年、2019年，赵志浩先后两次到赵家庄村查看植树点情况，有力地推动了沂源县的造林绿化和水土治理工作。到2023年，“省长绿化点”带动该村先后栽植侧柏、刺槐、火炬树等35万余株，绿化面积5300余亩。同时该村还发展桃、苹果、大樱桃等经济树15万余株，面积800余亩。

1989 年 3 月，山东省省长赵志浩在赵家庄村西山进行义务植树

小流域综合治理

“七五”以工代赈项目 国家为使贫困地区基础设施条件得以根本性的改善，促进贫困地区的经济自我增长能力，以修建农村公路、桥梁、人畜饮水工程、农田水利基本建设等为重点，通过投入实物方式，实施以实物折款或现金形式投入受赈济地区为方式的基础设施建设，即以务工代替赈济，称为“以工代赈”。

1986年5月，山东省商业厅、山东省财政厅、山东省纺织厅、山东省供销合作社、山东省水土保持委员会、中国人民银行山东分行以〔86〕鲁水保字第2号文《关于转发国家拨付棉花、纯棉布支援我省临沂地区的沂水、平邑、沂源三县搞好水土保持工作的联合通知》，将沂源县列为国家以工代赈水土保持项目重点县，5年时间，扶持棉花412.5吨、纯棉布85万米，折合人民币350.5万元，以张家坡乡河套峪、石桥乡错石水库、悦庄镇龙王官庄水库和北营水库、徐家庄乡姬家峪、沟泉乡赵家庄、燕崖乡双泉、中庄乡西柳峪、韩旺乡马家沟、金星乡桑树峪等12条小流域为单元，进行总面积223.77平方公里的小流域开发试验综合治理。经过5年的努力，共治理水土流失面积177.46平方公里，完成坡改梯11.6万亩，营造水保林8.78万亩，发展经济林4.4万亩，建塘坝25座、谷坊533座、蓄水池629座、拦沙坝9812座，总投资2982.5万元，取得了显著的生态、经济、社会效益，1991年顺利通过了水利部委托淮委和山东省水土保持办公室验收。12条小流域内51个贫困村全部脱贫，其中姬家峪、双泉、毫坪、桑树峪、阳三峪、西柳峪6个行政村共4860口人，1990年人均收入超千元。

“七五”期间治理成果《沂源县小流域综合治理技术研究》经专家鉴定，认为“该项研究成果居国内同类地区同类研究领先水平”，获淄博市“科学技术进步”二等奖、山东省“科学技术进步”三等奖，并被编入中国“八五”科技成果选。

第二批工业品以工代赈坡改梯工程 1990—1992年，沂源县被列为第二批工业品以工代赈坡改梯工程重点县。分布在6个乡镇24个行政村，有沟泉镇赤板片、燕崖乡石板片、鲁村镇峨峪片、徐家庄乡四门地片、石桥乡凤凰山片、大张庄乡土眉峪片。总面积99.44平方公里，3年时间综合治理水土流失面积32.47平方公里，是批复计划的103.95%，完成坡改梯3.8万亩，发展经济林1.05万亩，建设蓄水谷坊78座、蓄水池449座，总投资1665.5万元，其中国家以工代赈资金50万元、省市配套资金75万元、县乡村自筹资金1540.5万元。治理片内6条小流域的24个村摆脱了贫困，其中2个村646口人，人均收入超千元，成为开展水土保持脱贫致富的典型。

"424"工程 田庄水库上游流域总面积为424平方公里，辖鲁村、徐家庄、大张庄和南麻4个乡镇181个行政村，13.7万人，其中农业人口12.7万余人。

整个流域地势为西南高、东北低，沿沂河流向倾斜。境内山峦起伏，沟壑纵横，据统计，流域内有大小山头696个，大小河谷365条，总长度1081公里，沟壑密度为每平方公里3.9公里。该流域是沂河的发源地，流域内有5条较大支流——鲁村河、四门地河、南岩河、张庄河（后并称沂河）和高村河，全部汇入田庄水库，形成沂源县最大的水源地。

流域水土流失面积411.25平方公里。其中轻度侵蚀面积45.94平方公里、中度侵蚀面积65.03平方公里、强度侵蚀面积112.3平方公里、极强度侵蚀面积20.74平方公里、剧烈侵蚀面积20.74平方公里。流域内年平均土壤侵蚀模数为每平方公里4619.15吨，平均侵蚀深3.42毫米，年土壤流失量213.35万吨。

为控制流域内水土流失，改善生态环境和生产条件，增加经济收入，提高人民的生活水平，使当地群众尽快摆脱贫困，减少田庄水库泥沙淤积量，延长田庄水库使用寿命，为沂源县工农业生产提供稳定的水资源。1990年，田庄水库上游流域"424"工程被淄博市政府列为重点治理工程。在小流域治理中，以防治水土流失为目的，以改善生产条件、发展经济为突破口，以整地改土、增加农田面积为重点，以小型水利工程为主攻方向，开展了小流域为基本单元的集中、连续、重点治理。

到2005年年底，流域内治理水土流失面积256.89平方公里，成片造林22.2万亩，其中经济林8.36万亩。另外，地边地堰发展经济林60万株，合1.2万亩；梯田隙地栽植经济树40万株，合8000亩；栽堰埂防护林323万株，合1.46万亩。共计完成造林25.67万亩。建防蚀草带2.78万亩；建塘坝300座（含蓄水谷坊），容水120万立方米；闸谷坊9650座；建蓄水池9050座，容水40万立方米；坡改梯15.42万亩（含经济林）；开挖沟洫工程461公里，修生产路150公里；发展林果滴灌5000亩。15年的时间中，流域内开展了五大治理"大会战"。

沟泉乡植树造林"大会战"：1989年3月，省长赵志浩到沟泉乡赵家庄村（后属南麻街道）植树。该流域被确定为省长绿化点，在省长绿化工程的带动下，全乡连续组织10次"大会战"，将全部荒山和坡耕地普遍治理了一遍，共挖大穴400万个，宽2米、深1米的卧龙沟65万米，坡改梯1万余亩，植树800万株，修环山路170公里，改善了生产条件，为区域经济发展奠定了基础。

徐家庄乡坡改梯"大会战"：1995年，徐家庄乡组织万名劳力上阵，15天内挖卧龙沟27.5万米，建设高标准水平梯田2500亩。

大张庄砂石山开发"大会战"：1996—1998年，大张庄乡连续3年开展砂石山开发"大会战"，治理坡耕地1.5万亩。

南麻镇、鲁村镇青石山开发"大会战"：1996年，南麻镇、鲁村镇组织青石山开发"大会战"。每天上阵劳力达1.5万余人，苦战10天，垒高标准石堰20万米，利用水库淤泥回填造地，较好地解决了库区群众缺少耕地的矛盾。

国债水土保持工程 1998年，沂源县将田庄水库上游水土保持小流域治理工作列入年度工作10件大事之一，加大对该流域的水土保持投入，连续5年安排国债水土保持重点项目，完成高村河流域水土保持综合治理工程、徐家庄河流域坡改梯工程、徐家庄河小流域以工代赈水土保持生态环境建设综合治理工程等重点工程建设。累计治理水土流失面积59.8平方公里，发展经济林9570余亩，营造水保林9690余亩，疏林补植近1.45万亩，封禁治理4.87万亩，治理河道6.7公里，坡改梯7200亩，修路25.4公里，建塘坝13座、蓄水谷坊96座、水池276座。总投资1767万元，其中国家扶持资金458万元、群众自筹资金1309万元，总投工216万个。蓄水保水154万立方米，保土9万吨，扩大和改善灌溉面积6500亩，年增加收入1043万元。

徐家庄河小流域治理 1999—2000年，实施国家以工代赈退耕还林还草项目。完成治理水土流失面积2平方公里，总投资235.72万元，其中中央资金100万元，地方配套资金40万元，群众自筹资金95.72万元，总投工14.55万个。新修水平梯田近2300亩，发展经济林2200余亩，建设生物地埂22万米、拦沙谷坊30座、水池7座、塘坝4座，闸谷坊3座，修河道护岸1公里。

由于采取了高标准综合治理措施，年增加蓄水量8万立方米、保土量1.25万吨，年增加收入98万元。水土流失面积减少85%，林草覆盖率达到64.18%，彻底改善了当地的生态环境和生产条件。该项目经省水利厅验收被评为优质工程。

红水河流域综合治理 红水河位于沂源县东南部，是张家坡乡的主要河流。流域面积78平方公里，占全乡总面积的80%，流域内人畜用水、农田灌溉绝大部分依赖于它。1984年以前，红水河流域水土流失十分严重，土地瘠薄，人均半亩粮田都“瓢一块、勺一点”地“挂”在沙梁上。恶劣的自然环境，使百姓长年累月过着“半年糠菜半年粮，地瓜干子当主粮”的苦日子，农民年纯收入不足100元。

从1985年开始，该流域在国家“七五”以工代赈资金的扶持下，按照山、水、林、田、路统一规划、综合治理的方针，山脚建梯田、山腰卧龙沟、山顶鱼鳞坑的规划布局，采取户自为战、村自为战、全乡大会战、重点工程专业队施工等多种治理形式，一治一座山，一治一条沟。每年全乡大会战的主战场上，每天上阵劳力都在5000人以上。到1990年，全流域共挖鱼鳞穴近80万个、卧龙沟20万米，整梯田2万亩，消耗炸药1000余吨、雷管120万枚、导火线索10万米、钢钎600余吨，累计投资500万元。发展经济林3万亩、水保林6万亩，修建水池2400座，打小水井1100余眼、大口井和深水井1200眼，建塘坝、蓄水谷坊28座，建风力扬水站50处，治理河道15.3公里。

进入20世纪90年代后，张家坡乡抓住机遇，顺势引导，大力调整农业内部产业结构，发展葡萄、苹果、大枣、板栗等干鲜果品。流域内95%以上的农民从事林果生产，农民纯收入的90%来自林果生产，农民人均纯收入由原来的不足百元提高到2752元，林果业已成为该流域的第一大支柱产业。2000年，张家坡乡被市政府命名为全市唯一的林果生产专业乡，刘家峪村被国家林业部命名为造林绿化先进村。

由于年久失修，红水河河道淤积，河堤破损严重，致使河道行洪能力差，灌溉效益低，每到汛期洪水泛滥成灾，给两岸人民的生命财产安全构成威胁。汛期过后，无水可取，直接影响流域内人民的生产和生活。随着林果业的快速发展，水资源短缺的矛盾日益突出。张家坡乡党委、政府经过认真考察，综合分析后，认为治理红水河、筑坝蓄水、兴利防患是一项功在当代、利在千秋的工程，决定对红水河河道进行综合治理，组织了工程的规划、设计和施工。

2000年5月1日开工建设，2003年4月底完成。分四期工程，共完成投资5372万元，总计开挖土石方89万立方米，沿河修建堤坝30.6公里、拦水坝80座、拦沙坝25座、桥梁11座。工程施工利用农村义务工、劳动积累工，以村为单位按劳力数分摊任务，组织施工，直接受益村、间接受益村、非受益村按3：2：1的比例分配。占工程总造价70%的料石、浆砌费用由群众投工、投劳解决，占工程总造价20%的水泥、石子、沙等现金投入项目由乡财政承担，占工程总造价10%的清淤、清基等机械费用由村集体承担。

红水河治理工程是集防洪、蓄水、灌溉、维护生态环境于一体的水利工程，也是与红水河上游北店子（一）水库除险加固相配套的综合性工程。工程按20年一遇防洪标准设计，建成后既可减少洪灾，又能浇灌农田，确保流域内2万亩葡萄、苹果一年四季有灌溉水源。据测算，每年净增收900万元以上。加之治河工程扩大7000余亩的自流灌溉面积和2000亩的节水工程，每年可降低生产成本105万元。两项合计每年可增收节支1000万元，经济效益和社会效益十分显著。

中共中央政治局委员、中共山东省委书记吴官正视察红水河治理后，称赞说："没有想到沂源县、张家坡乡党委、政府组织这么得力，群众这么拥护，工程干得这么好。"

治理后的红水河流域，山上山下四季花果飘香，河中清水碧波荡漾，两岸万株绿柳成行，犹如江南水乡，风景秀丽，成为名副其实的休闲、旅游的好地方。在经济建设上，农业结构调整伴随着水利的有效保障，林果生产年年跃上新台阶，提前实现该乡规划的"山下四季葡萄，山腰苹果、梨相连，山顶板栗、大枣"总体布局，走出了"治理一条小流域，形成一河清泉水、一条产业链、一道风景线"的综合治理模式。

双泉小流域综合治理 位于沂源县城南部的燕崖乡，流域内有双泉、河西、杏花、东白峪4个行政村，共3097口人，总面积11.201平方公里，水土流失面积9.102平方公里。

1986年，该流域被确定为"七五"国家以工代赈水土保持重点小流域。在以工代赈资金的扶持下，流域内广大干部群众大搞植树造林，积极整修水平梯田，累计治理面积8.263平方公里，总治理程度达到了90.78%。栽植水保林2500余亩、经济林6680余亩，疏林补植2320余亩，整修水平梯田2420余亩（含经济林整地），完成各类蓄水拦沙工程918项。总投工83.75万个，开挖土方207.23万立方米、石方69.17万立方米。投资262.34万元，其中国家以工代赈资金11万元，群众自筹资金251.34万元。经过治理，土地利用率由原来的59.34%上升到94.15%，林木覆盖率由13.69%提高到82.25%。各业用地趋向合理，生态环境基本走向良性循环，农业生产条件得到有效改善，经济收入大幅度提高。1999年，流域内农民人均纯收入达到2919元，群众生活超过了全县平均水平。创造了山东省青石山区水土保持小流域综合治理的模式，被山东省水利厅收入《山东省水土保持小流域治理典型集》。2000年12月14日，双泉小流域被水利部、财政部命名为"全国水土保持生态环境建设示范小流域"。

西柳峪小流域综合治理 位于沂源县中庄镇西柳峪，总面积7.5平方公里。该流域属于纯山区，水土流失十分严重，流域内有水土流失面积6.3平方公里。

1986年，该流域被列为"七五"国家以工代赈水土保持重点小流域。流域内广大干部群众积极开展以退耕还林为主的山、水、田、林、路综合治理。经过连续5年的治理，完成综合治理面积5.81平方公里，新建蓄水塘坝33座、水池35座，营造水保林6630亩，发展经济林1300亩。流域内综合治理程度达到94.97%，土地利用率由原来

西柳峪小流域

的29.7%提高到85.12%，农、林、牧用地比例由1∶0.55∶3.49调整到了1∶8.77∶2.32，坡耕地全部退耕还林，林木覆盖率提高到76.43%，泥沙流失减少81.03%，保水效率达到57.21%。生态环境得到了彻底改善，逐步建成以优质红富士为主的干鲜果品生产基地，经济收入逐年上升。到1999年，人均纯收入达到4500余元。1999年10月，西柳峪小流域被水利部、财政部命名为"全国水土保持生态环境建设示范小流域"。

大泉铜顶小流域综合治理 位于沂源县东南部，涉及石桥乡和东里镇两个乡镇。石桥乡有前大泉、后大泉、毫山村、黑崖等4个行政村，东里镇有苇子峪、前绳庄、后绳庄、吴家北峪和柴家庄5个行政村。流域内总人口8067人，总面积16.198平方公里，其中水土流失面积12.88平方公里。

1990—1992年，该流域先后被确定为第二批国家以工代赈和中德合作山东粮援项目水土保持重点治理区。该项目工程总投资370万元，其中，使用外援资金163.3万元。在项目资金的扶持下，流域内广大干部群众大搞植树造林，积极整修水平梯田，经过4年努力，栽植水保林7300余亩、经济林1万余亩，整修水平梯田3300余亩（包括经济林整地），完成各类蓄水拦沙工程62项，修路10公里。总投工68.03万个，共开挖土方88.68万立方米、石方67.09万立方米。投资357.96万元，其中外援资金178.509万元，国家以工代赈资金12万元，群众自筹资金167.451万元。经过治理，土地利用率由原来的58.92%上升到98.73%，林木覆盖率由12.64%提高到87.07%。各业用地趋向合理，生态环境基本走向良性循环，农业生产条件得到有效改善。

通过实施水保工程，大力营造和发展水保林、经济林，取得了显著的生态效益，成为造林绿化示范区，对全县山区综合治理工作起到很好的带动作用。1999年，前大泉村被评为"全国造林绿化千佳村"。

同时，项目区农民实现了人均1亩经济林的目标，林果业成为主要经济来源，农民收入逐年增加。1999年，流域内农民人均纯收入达到2842元，群众生活超过了全县平均水平，创造了石灰岩山区水土保持综合治理的典范。2000年12月14日，大泉小流域被水利部、财政部命名为"全国水土保持生态环境建设示范小流域"。

大泉村全国水土保持生态环境建设示范小流域

沂河源流域综合治理 2008—2012年，沂河源流域综合治理被列入水利部国家水土保持重点县项目，工期5年。2008—2011年完成总投资1931.67万元，其中国家资金990万元。项目涉及土门镇芦芽、十八转、黄崖，南麻镇沙岭子，悦庄镇娄峪、黄山子，燕崖镇红旗、碾砣等9条小流域。项目以控制水土流失为主线，以建设生态型小流域为目标，高起点规划，高标准治理，精品化开发。共完成水土流失治理面积61.2平方公里，修建水平梯田4860亩，营造水保林1.69万亩、经济林1万余亩，封禁治理约6万亩，疏林补植270亩，建塘坝（蓄水坝）11座、谷坊104道、水池224座，修环山路36.2公里。

2012年实施第五期工程。工程分两批，第一批包括陡起峪、重喜两条小流域；第二批包括侯家官庄、彩板峪、桃园、龙巷、河西5条小流域。两批工程总投资2752万元，其中使用中央资金1915万元，地方自筹资金837万元。第五期工程共治理水土流失面积78平方公里，修建梯田2280亩，营造水保林2.64万亩、经济林6690亩，封禁治理8.2万亩，建蓄水池206座、垃圾池31个、堰（塘）坝38座、谷坊156道，修生产路35.5公里。

2013年5月，该工程通过水利部验收。

南岩河项目区综合治理 该工程是水利部列入的国家水土保持重点项目，涉及大张庄镇的张家旁峪、赤坂、北宅、张庄河4条小流域及鲁村镇的刘家庄、土城2条小流域。2013—2017年分五期完成，工程总投资4870余万元，其中中央投资3409万元，省市财政配套资金460万元。项目以治理水土流失为中心，以梯田整修、荒山绿化、经果林栽植和小型水利工程建设为重点，精品化开发，规模化治理。共完成水土流失治理面积110余平方公里，新建梯田7200余亩，整修梯田1.76万亩，栽植经济林7000余亩，营造水保林1.6万亩，封禁治理11.4万亩，建堰坝（蓄水坝）5座、蓄水池108座、谷坊89座，修生产路72公里。

沂弥源项目区治理工程 该工程是水利部列入的国家水土保持重点项目，涉及石桥镇的关河峪小流域及悦庄镇的北营、龙王官庄2条小流域。2018—2020年分三期完成，工程总投资2050余万元，其中中央投资1307万元，省市财政配套资金70万元。完成水土流失治理面积43.7平方公里。

沂源县坡耕地水土流失综合治理项目 2021年8月，省水利厅、省发改委《关于印发〈山东黄河流域坡耕地水土流失综合治理“十四五”实施方案〉的通知》（鲁水保字〔2021〕1号）文件，将沂源县列入国家黄河流域生态保护和高质量发展坡耕地重点县。分为5个项目区，主要涉及悦庄、鲁村、南鲁山、石桥、南麻、大张庄等5个镇（街道）。2022—2025年共投资8850万元，综合治理坡耕地建设任务2.95万亩。主要建设内容为新修、整修提升改造梯田，配套建设田间道路，新建蓄水池、谷坊等。截至2023年年底，按照“小田并大田”方式，建成高标准梯田1.86万亩。通过该项目的实施，能够增强治理区内的蓄水保土能力，提升高标准农田数量和质量，改善农业生产和经济发展基础条件，增加土壤入渗，改善土壤性质，减少土壤流失，提升保土和蓄水基础生态效益。

龙子峪生态清洁小流域水土保持项目 该项目区位于沂源县鲁村镇，面积12.85平方公里，属北方土石山区水力侵蚀类型区，处于沂蒙山泰山国家级水土流失重点治理区。流域内低标准梯田分布广，部分区域植被稀疏。20世纪90年代末开始，先后经过多次治理。2021年，投资311.74万元，治理水土流失面积6.03平方公里。该工程是沂河源田园综合体项目和乡村振兴齐鲁样板省级示范区建设的重要内容，并将水土流失治理与乡村振兴相结合，鼓励民营企业参与投资，形成全社会多元化投入格局，培植以山农酥梨产业园为代表的水土保持特色产业，实现“山青、水净、村美、民富”的目标。2023年6月，水利部水土保持司司长蒲朝勇到沂源县调研水土保持工作，对沂源县生态清洁小流域建设、工商资本助力水土保持、国家水土保持示范创建等工作给予肯定。

龙子峪小流域水土保持项目产业梯田

水土保持监督管理

水土保持监督管理是《水土保持法》赋予水行政主管部门的法定职责，是落实“预防为主、保护优先”方针和推动水土流失防治由事后治理向事前转变的重要手段，也是生态文明建设的必然要求。

1990—1991年，沂源县先后被省水利厅、水利部确定为水土保持监督管理试点县以后，全县水土保持实现了由分散治理到规模治理、效益治理的转变，由治理为主到预防为主、防治并重、生态修复的转变，法规体系逐步完善，监管执法力度趋于加强，群众的水土保持意识进一步增强，水土流失治理速度明显加快，水保秩序明显好转。

法规体系 1991年6月，第七届全国人民代表大会常务委员会第二十次会议通过《中华人民共和国水土保持法》。1993年8月，国务院令120号发布《中华人民共和国水土保持法实施条例》。1995年7月24日，沂源县第十三届人大常委会第十六次会议审议通过《沂源县水土保持管理暂行办法》，并由县政府以源政发〔1995〕87号文公布施行。1997年11月19日，经县政府常务会议研究通过《沂源县水土保持设施补偿费、水土流失防治费收取和使用管理细则》（源政发〔1997〕122号）。1999年6月30日，县政府发布《沂源县水土流失重点防治区的通告》。2000年6月20日，县政府发布《关于防止水土流失禁止开垦陡坡地的公告》。2007年6月，县政府以源政发〔2007〕64号文出台《沂源县人民政府关于进一步加强水土保持工作的通知》，进一步明确水土保持方案作为开发建设项目的前置审批事项，推动沂源县水土保持监督执法工作的顺利开展。

2014年5月，山东省颁布实施《山东省水土保持条例》，随后又出台《山东省水土保持补偿费征收使用管理办法》《关于水土保持补偿费收费标准的通知》《关于加强生产建设项目水土保持方案审批管理的意见》以及水土保持设施验收管理、水土保持重点治理项目管理等一系列规范性文件。2018年12月，《山东省水土保持目标责任考核办法》颁布实施，把水土保持纳入最严格水资源管理制度考核，基本构建起省、市、县三级地方法规体系。

监督执法 1993年，沂源县编委批准成立沂源县水土保持监督管理站，定编5人。2000年，县编委批准成立沂源县水土保持生态环境监督执法大队。根据水利部《关于开展全国水土保持生态环境监督管理规范化建设工作的通知》（水保〔1999〕315号）及水土保持司制定的《规范化建设验收标准》（保监〔1999〕29号），成立规范化建设领导小组。按照省水利厅的具体要求，通过建立完善的执法体系，开展法规制度建设，组织宣传培训，落实水保方案审批、规费征收等措施，完成水土保持生态环境监督管理规范化建设任务，顺利通过上级主管部门的验收。2000年，沂源县被水利部水保司列为第一批水土保持监督管理规范化建设达标区县，2001年通过省水利厅组织的验收。

2009—2011年，根据水利部《关于开展全国水土保持监督管理能力建设的通知》（水保〔2009〕294号）和《关于确认全国第一批水土保持监督管理能力建设的通知》（水保〔2009〕425号）以及山东省水利厅《关于认真搞好水土保持监督管理能力建设的通知》（鲁水保字〔2009〕24号）要求，结合沂源实际，组织开展水土保持监督管理能力建设，2011年顺利通过省水利厅组织的验收。2018年，实施“天地一体化”监管和重点工程“图斑精细化”管理，水土保持实现现代化、精细化、实时化的监督管理。2023年，县检察、水利、行政执法部门联合印发了《关于加强水行政执法与检查公益诉讼协作配合的实施意见》等文件，建立完善执法协同机制。

沂源县在水土保持监督管理中，落实同时设计、同时施工、同时投入使用的“三同时”制度，加大事前、事中、事后监管和审批、监督检查、收费“三权”管理。针对沂源县山高坡陡、易发水土流失及存在无序开采、乱采乱挖的情况，在加强预防监督，严格实施开发建设项目水土保持方案编报审批制度的同时，加大对水保违法案件的查处力度，从源头上控制人为水土流失。据统计，1995—2023年，全县共审批水土保持方案690余个，查处水保违法案件140余起。

蓄水工程和库区移民

记忆沂源·水利卷

扫码听书

扫码听书

红旗水库

田庄水库

概　述

田庄水库位于沂河上游，螳螂河以西4公里处。1958年10月动工兴建，1960年6月大坝合龙，大坝基本建成。因库址占据田庄而得名。该水库坝址以上控制流域面积424平方公里，总库容1.2亿立方米、调洪库容6511万立方米、兴利库容6840万立方米、死库容89万立方米。校核洪水位314.9米、设计洪水位312.46米、兴利水位310.64米。工程等别为Ⅱ级，主要建筑物为2级，次要建筑物为3级。水库工程地震设防烈度为7度。设计洪水标准为100年一遇，校核洪水标准为5000年一遇。是一座以防洪为主，结合农业灌溉、工业供水、水力发电、水产养殖等综合性利用的大（二）型水库。

流域内群山连绵，山丘面积占90%，山坡岩石裸露，植被较差，且各支流源短坡陡，汛期易发山洪成灾。水库控制流域面积内，有小型水库40座，控制流域面积77.94平方公里，合计总库容2237.73万立方米。其中刘家庄水库、青杨圈水库、石门水库、张家旁峪水库、水营水库共5座小（一）型水库，流域面积42.1平方公里，总库容1521.38立方米；小（二）型水库35座（南麻街道境内2座、鲁村镇境内24座、大张庄境内9座），流域面积35.84平方公里，总库容716.35万立方米。

该水库枢纽工程主要由大坝、溢洪道、放水洞、水电站等四部分组成。

大坝坝体为均质坝，分为主坝和两座副坝，大致南北方向，全长1659米。主坝长980米，坝顶宽7.0米，顶高程316.14米，防浪墙顶高程316.86米。大坝基础与下伏石灰岩接触。坝壳料由砾质粗砂、黏土、山皮土、碎（乱）石组成，坝料杂乱且无规律性。大坝上游坡约为1∶3.0，304米高程有2米宽戗台，292米和296米高程分别有一抛石压重后形成的平台；下游坡1∶2.5和1∶3.0，在304米高程设有3.5米宽戗台兼作道路，295米高程以下为锥形砌石排水体。

第一副坝位于溢洪闸右岸，全长240米，坝顶高程316.14米，防浪墙顶高程317.30米，为均质坝，坝顶宽8.0米，上下游边坡均为1∶3.0。第二副坝为非常溢洪道改建的浆砌石重力坝，全长439米，坝顶高程316.14米，坝顶宽0.4米，上游边坡1∶0.05，下游边坡1∶0.4。

溢洪道（闸）位于主坝右端，分为引水渠段、控制段、泄槽段、挑流消能段、冲坑段和出水渠段。

引水渠段左岸翼墙采用衡重式，共分两段，其中直墙段长共24.0米，圆弧段长10.0米。右岸翼墙采用扶臂式，分段形式与左岸相同。护底为C25钢筋砼铺盖，长24.0米，下部设C15素砼垫层厚100毫米。

田庄水库

控制段闸室为钢筋混凝土结构，跨中分缝。长22米，每孔净宽12米，共5孔，中墩厚1.6米。闸室底板高程303.64米，边墩顶高程316.14米，中墩顶高程315.49米。闸室内布设一道检修闸门和一道工作闸门，在闸室上游段设叠梁式检修闸门及检修桥。工作闸门与检修门吊点距2.673米。工作门为弧形闸门，半径11.85米，上方设排架及启闭机房。机架桥顶高程322.09米，闸室两岸设桥头堡。重建后的交通桥位于工作闸门的下游侧，跨径13.6米，共5孔，两岸桥头钢筋混凝土搭板长6米，荷载设计标准按0.8×公路–II级设计，桥面板为空心板结构，桥面宽净7.0+2×0.5米，顶高程316.14米。

泄槽段长190米，底宽66.4米，底坡为1：15。原泄槽底板按设计底坡凿除，不足部分采用溢洪道开挖的石渣回填。底板采用C25钢筋混凝土，厚0.5米，下部设C15素砼垫层厚100毫米。左岸为M10浆砌块石衡重式挡土墙，结构形式同上游翼墙；右岸为C25钢筋砼扶臂式挡土墙，墙顶高程316.14~296.22米。

田庄水电站

挑流消能段底宽66.4米，反弧半径10.36米，鼻坎顶高程291.72米。

冲坑段底宽 66.4米，冲坑两侧设为M10浆砌块石衡重式挡土墙（面层及底板均为钢筋砼结构），墙顶高程296.22~295.81米，水力计算冲坑深度7.0米。

出水渠段底宽66.4米，渠底比降1：150，两侧边墙为M10浆砌块石挡土墙结构，出水渠水流流速4.45~4.47米。

非常溢洪道在大坝南500米处，利用马鞍型地形，砌筑溢流坝，长439米，顶高程316.14米。

放水洞分为北、中、南3个。

北放水洞与北干渠相接，为北干渠灌溉引水洞，在石灰岩中开凿而成，洞内浇筑砼洞管。洞长40米，内径1.45米，进口底高程298.94米，出口底高程298.40米，设计流量每秒17.8立方米，引水量每秒10立方米。闸门是钢板焊制的后封水式直提闸门，建有启闭塔和引桥，安装1台单吊点卷扬式启闭机，启门力20吨。

中放水洞建于基岩之上，外砌石拱廊道，内衬10毫米厚钢管，直径1.75米，管长107.4米，进口底高程293.64米，出口底高程288.48米，设计最大泄量每秒11.0立方米。该放水洞主要用于工业供水、发电弃水。放水洞闸门系后封水式钢制直提闸门，设有启闭塔和交通引桥，安装1台启闭力25吨、手电两用、单吊点卷扬式启闭机。

南放水洞位于第二副坝，为南干渠引水洞，在石灰岩中凿洞而成，洞长117米，内径1.2米，进口底高程300.0米，出口底高程299.99米。管身为钢筋砼结构，设计最大泄量每秒10.6立方米，斜吊拉式钢闸门。

水　文

水库上游形状为扇形，主要有徐家庄、南岩、大张庄、高村4条树枝状较大河流汇入，流域平均宽度14.5公里，河道干流坡降0.00372。域内光照充足，年平均气温11.9℃。降水量年际间丰枯交替发生，极不均匀，多年（1988—2022年系列）平均降雨量761.46毫米，年最大降水量为1101.5毫米（2011年），年最小降水量为375毫米（2002年）。多年平均上游来水量8069.11万立方米，年最大来水量17144万立方米（1990年），年最小来水量为372万立方米（1992年）。降雨集中在汛期6—9月，其间暴雨频繁，强度大，雨量集中，易形成山洪暴发，水库水文情势变化剧烈。汛期多年（1988—2022年系列）平均降雨量577.76毫米，占全年的75.8％。汛期多年平均来水量6610.29万立方米，汛期年最大来水量16832万立方米（1990年），汛期年最少来水量75万立方米（1992年）。其间，2011年9月12—16日，田庄水库流域内迎来一次强降雨过程，平均降雨量为184.09毫米，水库水位达到310.59米，距兴利水位310.64米仅差0.05米，为历史新高。9月14日上午，为确保水库工程安全，开闸溢洪，最大下泄流量达到每秒500立方米，为建库以来最大泄流量。

工程建设

大　坝　1958年10月，成立施工指挥部，田庄水库动工兴建。县委第二书记赵立修担任田庄水库施工指挥部指挥，县兵役局副局长王树楷、县生产合作部（1959年4月改称农村工作部）副部长邵立祥任副指挥。1960年6月，大坝合龙，开始拦洪蓄水。1961年2月，对大坝实施第一次加高培厚。1962年2月，建防浪墙。

1962年，县水利局编制大坝加固工程设计，临沂地区水利建设指挥部以〔1963〕水工字第140号文件批复。1963年，开始对田庄水库实施续建维修和岁修工程。10月，动工加固大坝，对高程309~310米的黏土心墙进行了返工处理。

1965年，成立田庄水库岁修加固施工指挥部，对田庄水库工程实施原大坝护坡拆除，大坝加高，坝坡放缓，坝脚排水体、公路、渠道、护坡接长等岁修加固工程。6月，按设计坝顶加高到313.74米。而后至1967年整修大坝外坡，清除下游堆石坝壳，改为沙土、碎石坝壳，按设计放缓坝坡，建坝脚锥形排水体。

1975年8月河南板桥水库溃坝以后，省水利厅对大型水库进行全面普查，确定对田庄水库进行保安全加固。水库管理局编制大坝加高、加固保安全工程设计，山东省水利厅以〔1977〕鲁水勘字第46号文件批复工程设计。1976年，县委副书记白正河任指挥，县委常委冯学训、田庄水库管理局局长左桂田和唐效俊、徐敏胜任副指挥，组成田庄水库保安全施工指挥部，下设政工、后勤、工程、保卫、办公室等职能科室，组织领导施工。调集全县3000名民工，再次加高大坝，1977年按设计完工。1976年7月，县革委下发田庄水库大坝划界决定，占用南埠东、北埠东、刘家大峪3个大队土地78.4亩，树木2076株，其中经济树728株，共计赔偿款3.07万余元。

1978年9月，省水利厅派801水文地质队钻机2台，对水库坝址区的地质构造实施详细的地质钻探。1979年年底，完成安设测压管9排共29只。1980年5月，省水利勘测设计院完成地质勘测报告。田庄水库地质条件复杂，大坝质量差，坝基渗漏严重，工程尾工多，列入山东省八大病险水库之一，实施除险加固。砌筑非常溢洪道溢流堰石坝，长110米，堰顶高程312.20米。1981年，砌筑副坝防浪墙，长120米、高1.3米，并砌筑大坝南端裹头和高程304米处平台路沿。

1984年3月，开始大坝劈裂灌浆，于1986年6月完成。1985年回填了在坝脚处的两个亲鱼池，砌筑溢洪道导流墙350米，增设大坝测压管18只。1986年，在坝后自溢洪道向北438~500米处挖减压井2眼，井距30米，安放无沙砼透水管，管径0.3米，砌筑排水沟3条，安装观测渗流量水埝3个，建成电站尾水渠防倒溢洪闸2孔，每孔净宽4.5米，梁板式砼闸门板，板高2.6米。

1988年4月，由临沂地区水利勘测设计院设计，县水利建筑安装公司承包施工，改建中放水洞进口，建启闭塔及引桥，修筑大坝左侧砌石坝，长96米、高4米。6月20日基本完成。

1989年3月，由省水利厅地质钻探队对大坝坝体结构进行勘探，实施土力学试验和检验，为除险加固工程提供设计依据。4月，第三次安装设置大坝测压管16只，至此，安设测压管14排共63只，其中，坝体管16只、坝基管38只、基岩管9只。埋设坝体沉降检测点4排32个，安设坝脚照明灯1排。2018—2020年测压管进行改建。

1990年2月，由临沂地区水利勘测设计院完成田庄水库除险加固工程设计，省水利厅、淮委审批（1990年9月，淮委以〔1990〕淮委勘字第32号文批复）。4月，省水利厅批复除险加固度汛应急工程，沂源县组成田庄水库除险加固工程指挥部，由县长王可臣任指挥，县委副书记于书太、副县长任

1990年，除险加固工程护坡石备料

坝基岩帷幕灌浆工程、主坝坝后坡整修补土工程等。2005年7月通过竣工验收。

2008年4月，田庄水库大坝安全鉴定为三类坝。12月，山东省发改委批复田庄水库除险加固工程方案。2009年9月开工，工程总投资7135万元，主要工程项目有大坝护坡、坝脚加固、大坝灌浆、溢洪闸闸门加固和启闭机更换等19项。2010年12月完工，省水利厅评定工程质量等级为优良。

自建库以来，累计投资2.25亿元，用工2983.66万个，完成总工程量211.02万立方米，其中土石方207.53万立方米，混凝土3.49万立方米。

明喜、淄博市水利局工程师马玉俊、县水利局党组书记张庆朝、县农委副主任刘孝山任副指挥。1992年，先后完成小黄庄、沙沟、永兴官庄3座跨库大桥施工设计。3月，省水利厅批复田庄水库除险加固工程水文观测设施及自动测报系统设计。该次除险加固工程总投资1619万元，对内坝脚实施抗震加固，清淤压重，抛石4万立方米，清除淤泥3万立方米，翻压304米高程以下坝坡3万立方米，使用护坡石、反滤料0.94万立方米，改建北放水洞混凝土200立方米，田庄跨库桥浆砌石0.33万立方米。6月19日完成施工。1995年12月通过竣工验收，被评为优良工程。1997年7月，田庄水库除险加固工程被省水利厅表彰为1995—1996年度水利建设优质工程。

2002年3月，山东省发展计划委员会批复实施沂源县田庄水库除险加固遗留工程。4月，县政府成立田庄水库除险加固遗留工程建设指挥部，10月开工。县委书记王世庆任指挥，王本富、侯大华、刘伟东任副指挥。该工程概算总投资2680万元，其中省以上资金1608万元，其余由市、县自筹。主要建设项目有副坝加高加固工程、溢洪闸交通桥改建工程、主副

溢洪道 1959年6月，开挖溢洪道，1962年完成底宽95米的开敞式溢洪道。1963—1965年冬，开挖宽25米、深2米的溢洪道子河。1971年，临沂地区水建指挥部确定修建溢洪道闸，编制建闸工程设计，省水利厅以鲁水勘字第46号文批复，临沂地区水利建筑安装队承建。1973年成立建闸工程指挥部，10月完成溢洪闸主体工程，安装闸门6孔，另有2孔因资金不足未安装。1977年7月，省水利厅批复田庄水库保安全工程设计。1979年7月，安装

2002年，对主坝实施帷幕灌浆

20 世纪 80 年代初，田庄水库溢洪道泄洪

完成剩余闸门2孔。溢洪道机架桥为露顶式，仅建左岸一个桥头堡。1986年9月12日，动工修建溢洪闸启闭机房和右岸桥头堡工程，1987年5月完工，至此溢洪设施齐全。

放水洞和水电站　1960年，建田庄水库中放水洞。1968年12月，动工开建北干渠和北放水洞，次年6月竣工。南放水洞于1977年10月动工，1978年春建成。

1977年10月，经临沂地区水利局设计，省水利厅以〔1977〕鲁水勘字第46号文件批复，中放水洞改建为发电放水洞，将原来的砌石廊道混凝土洞管更换为内径1.75米的钢板洞管。1979年5月，投资140万元，完成安装第一、第二台机组，架设35千伏线路，并网发电。该水电站为坝后式水电站，安装水轮发电机3台，单机容量630千瓦，总装机1890千瓦，设计年发电量300万度。尾水泄入下游原河道，末端在与溢洪道交叉处设有防洪闸1座。1982年，田庄水库管理局对该水电站实行承包责任制，开展副业生产。1984年11月，山东省水电管理现场会在沂源县召开，省水利厅、地区水利局领导及各县、市代表100余人参会，并参观田庄水库水电站。2012年3月，市水利与渔业局、财政局批复田庄水电站增效扩容项目总投资477.71万元。2014年9月，成立田庄水电站增效扩容工程建设处，翌年12月完成安装调试，2016年 9月通过验收。该水电站经过增效扩容后，机组效率由64%提高到83%，安全性大大提高。截至2022年7月，累计安全运行15778天，发电1.15亿千瓦。2019年3月，田庄水电站移交沂源县基础工程公司经营管理。

1978 年 8 月，正在建设中的田庄水库发电站

1994年，省、市、县先后批复田庄水库工业供水工程。1995年9月，自中放水洞铺设引水管道，在沂源县制丝厂南建沂源县工业供水场。该场于1996年7月实现通水，工程总造价789.51万元，设计日工业供水能力3万吨，后经两次扩建达到设计规模。2012年6月，将沂源县工业供水场划转县自来水公司管理运营。该场多年平均工业供水量为300余万立方米。

田庄水库灌区

田庄水库灌区主要由南、北两条干渠和库区提水及沂河两岸提水4部分组成，原设计受益乡镇为南麻、悦庄、石桥、燕崖、中庄、东里、鲁村、沟泉8个乡镇125个村。

北干渠渠道引水流量每秒6立方米。1973年扩大设计灌溉面积20万亩，渠道引水流量改为每秒10立方米。1974年，省水利厅以〔1974〕鲁水勘字43号文件批复核定灌溉面积11.8万亩。1982年7月，临沂地区水利局通知对田庄灌溉面积进行核实，经实地测量和调查，地区水利局转报省水利厅，批

北干渠石龙渡槽

准核实设计灌溉面积为13.3万亩，其中北干渠8万亩，南干渠1.5万亩，库区提水0.8万亩，水库下游沿沂河提水3万亩。1990年统计库区及沂河两岸提水灌溉情况，田庄灌区按原设计项目实际已控制灌溉面积9.5万亩。

1968年，成立田庄水库灌区施工指挥部，开始修建北干渠。1968—1978年，南麻公社吕洪发、县农工部张新华、县革委杨宝贵和高书田、县委宣传部张颜群、县贫协王大田先后任指挥，悦庄公社徐恒月、田庄水库管理所何桂芝、县革委王贵钦、县水利局徐建良、县商业局李京福、三岔公社赵惟宽、县农业局庄永礼和朱尔东、县水利局孙启华先后任副指挥。1974年，设灌渠管理所，占地3000平方米。同年，山东省革委批复田庄水库配套工程扩大初步设计意见，工程概算总投资523万元。1975年8月，征用西沙沟大队、西台大队可耕地各1亩，建北干渠管理所。1978年10月，田庄灌区施工指挥部改称沂源县农田水利基建团，王洪余任政委，曹加亮任副政委，王大田任团长，耿文启、张庆朝、徐敏胜任副团长；1980年11月并入田庄水库管理局，实行库、灌合一的服务、管理体系，基建团撤销。

1978年，由南麻公社组建南干渠施工指挥部，徐荣吉、周生泽先后任指挥，江玉太任副指挥，开始勘测设计并动工兴建南干渠。1980年，省水利厅以（1980）鲁水勘字第3号文件批复。灌溉面积3.54万亩。1980年3月，临沂地区水利指挥部批复田庄灌区工程施工计划，投资60万元，其中鲁村大桥14万元。

北干渠　设计长50公里，自放水洞出口起到东里镇三宝官庄止。1968年11月动工兴建，1984年后停止工程投资。止于1984年，开通干渠长31.5公里。其中完成砌石渠1.48万米，砌一侧渠墙的1139米；暗渠18处，长2645米；隧洞7处，长1138米；石拱渡槽18座，长3040米；钢丝网、微弯板渡槽9座，长1814米；开挖土石渠6874米。建节制闸、泄洪闸10座，交通桥、生产桥67座（其中，钢筋混凝土板桥41座，石拱桥26座）。已开通的31.5公里干渠线上，设计支（斗）渠42条，总长5.17万米，自流灌溉控制面积5.2万亩；山岭高地48片，提水灌溉1.9万亩。1991年10月，市水利水产局批复北干渠改建总体设计。1991—1993年，对田庄水库北干渠进行3年的维修加固工程，总投资355万元，其中淄博市投资150万元，县、乡、村投资205万元，完成北干渠10.2公里的干渠维修和吴家官庄渡槽、沙岭子渡槽、埠村4号渡槽等的改建工程。

截至1993年，开发配套支、斗渠36条，长2.3万米，其中衬砌1.69万米。沿干渠建成扬水站26座，装机724千瓦，提水能力为每秒1.04立方米，控制灌溉面积0.79万亩。

北干渠大部分主体工程建于1968—1974年，受当时施工条件和社会形势影响，部分干渠工程施工质量较差。所建渠墙工程及部分渡槽不能经久耐用，干渠墙嵌缝脱落、坍塌严重；渡槽钢筋外露、锈蚀严重，槽身微弯板断裂甚多；未砌边墙的干渠段淤积堵塞，影响和阻碍北干渠的过水能力。如建于1974年9月的南营渡槽，属上承式桁架微弯板渡槽，在建设时，因槽底微弯板伸缩

建于1974年的南营渡槽

缝处理不当，弯板拱顶处裂缝较多，板底断裂，致使该渡槽后期无法向下游送水；赵家峪渡槽存在侧板及板底断裂，致使过水流量达不到设计要求；干渠10处节泄闸，有5处节泄闸的启闭机设备老化，不能正常运行，8处泄洪闸在灌溉时存在严重的浪费水现象。整个干渠由于存在过水堵塞、漏水等问题，其有效水利用系数甚低，灌溉面积降低到1.5万亩左右。

1996年9—12月，县水利局抽调水利勘测设计室、灌区管理所6人组成勘测小组，对北干渠进行丈量勘测。沂源县十三届人代会第五次会议通过《1997年北干渠工程配套施工预算》。1997年2月，成立由县长陈留泉任总指挥的工程指挥部，南麻、悦庄、石桥3个乡镇分别成立分指挥部，对北干渠实施改造配套。该工程以"三资"（县直厂矿集资、乡镇集资、受益村民集资）方式筹集资金，总投资604.1万元，其中县级投资343.6万元、乡镇投资169.61万元、农民投资（青苗补偿、渠道清淤）90.89万元。工程历时4个月，动用民工5000余人，实施干渠护底、渠墙加高和加固、坍塌修复、土石渠改砌石渠以及建筑物改建等工程内容。完成干渠清淤3.12万米、干渠护底7613米、干渠墙加高1087米、干渠墙加固228米、坍塌干渠修复270米、土石渠改砌石渠7400米、维修建筑物18处、改建建筑物2处（其中改建埠村5号渡槽130米、埠村6号渡槽更换5节槽身共50米）、新建支斗渠进口闸室和水槽各36处、新建生产交通桥5座。总计完成工程量9.8万立方米，开挖土石方7.3万立方米，浆砌石2.2万立方米，砼及钢筋砼0.29万立方米，浆砌砖墙134立方米，M10水泥砂浆抹面2151平方米。

2009年，水利部、国家农业综合开发办公室《关于2009年第二批农业综合开发中型灌区节水改造配套项目实施计划的批复》（水农〔2009〕582号），核定、批复实施总投资2513.63万元的田庄水库灌区节水改造配套项目。按照批复的实施计划，沂源县水务局委托淄博市水利勘测设计院完成设计报告，省水利厅于4月12日予以批复。2010年4月22日，田庄水库灌区节水改造配套项目开工，2011年4月28日竣工通水。该工程完成从田庄水库北放水洞至西台村南铺设直径1000毫米PE管道4235米、从西台村南至螳螂河西岸铺设直径1200毫米砼管710米、顺河道至螳螂河东岸铺设直径1000毫米PE管道835米、从螳螂河东岸至博沂路与干渠交会处（建加压站、管理设施）铺设直径1200毫米砼管815米、从加压站沿博沂路至瑞阳大道与北干渠交汇处铺设直径1200毫米砼管3400米。另外对下游干渠进行维修加固、喷砼防渗、改造原支渠口，建加压站和管理房1处、节制闸3座、闸阀室14座，安装控制量测设备14套。

2017年9月，田庄水库灌区节水改造配套项目所属资产划拨给沂源县自来水公司。

1977年建成的北干渠赵庄渡槽及节泄闸

附表：北干渠隧洞统计表
北干渠暗渠统计表
北干渠石拱渡槽统计表
北干渠钢丝网、微弯板渡槽统计表
北干渠节制闸、泄洪闸统计表

北干渠隧洞统计表

名称	长度（米）	建成年月
高庄一号洞	46	1971.06
高庄二号洞	68	1971.06
高庄三号洞	147	1972.06
西台南洞	75	1972.06
西台庄洞	258	1970.07
南麻北岭洞	250	1972.07
赵庄峪隧洞	294	1976.05

北干渠暗渠统计表

名称	长度（米）	建成年月
高庄后暗渠	77	1971.07
炼油厂暗渠	142	1971.06
西台南暗渠	14	1970.06
西台暗渠	41	1970.06
姑子墙暗渠	42	1971.06
西北麻暗渠	35	1971.06
东北麻暗渠	55	1971.06
埠村马司沟暗渠	153	1986.05
葛家庄暗渠	318	1973.05
埠村寺暗渠	27	1973.05
走马岭暗渠	200	1973.06
南营暗渠	121	1975.06
悦庄北暗渠	531	1976.06
土荒厂暗渠	15	1977.06
东赵庄暗渠	320	1976.05
石龙北暗渠	320	1976.05
石龙河暗渠	34	1976.05
石龙东暗渠	200	1977.05

北干渠石拱渡槽统计表

名称	孔数（个）	长度（米）	建成年月
栗行沟	1	37	1970.05
窗户沟	9	68	1971.09
吴家官庄后	1	35	1971.08
大里沟	1	23	1971.07
马司沟	6	86	1973.06
埠村西	30	218	1973.06
埠村北	38	253	1973.06
葛家庄西	8	84	1972.09
寺岭东	11	86	1972.06
阿陀河	19	245	1972.08
杏山沟	1	22	1975.07
湘沟	2	32	1975.07
陈家圈	9	97	1974.08
赵庄后河	30	349	1977.08
窑沟	8	73	1977.08
小水库沟	3	45	1976.07
马尾河	16	220	1976.07
石龙渡槽	72	1067	1979.08

北干渠钢丝网、微弯板渡槽统计表

名称	孔数（个）	长度（米）	建成年月	结构形式
螳螂河	10	100	1969.10	U 形槽
吴家官庄	8	158	1972.06	钢丝网槽
沙岭西	11	143	1973.03	钢丝网槽
埠村	17	177	1971.07	U 形槽
葛家庄西	13	130	1971.07	U 形槽
埠村寺	29	290	1973.06	钢丝网槽
南营河	15	357	1974.09	肋拱微弯板
悦庄干河	5	99	1974.08	三铰拱
赵家峪河	21	360	1975.11	肋拱微弯板

北干渠节制闸、泄洪闸统计表

名称	建成年月
西台泄洪闸	1972.07
栗行沟节、泄闸	1972.07
西鱼台节、泄闸	1972.07
窗户沟泄洪闸	1976.08
大里沟节、泄闸	1972.08
埠村节、泄闸	1976.08
阿陀泄洪闸	1976.08
南营节、泄闸	1976.08
赵庄节、泄闸	1977.09
石龙官庄节、泄闸	1981.07

南干渠 设计全长14公里，自放水洞出口起，止于南麻镇浇花泉村。1978年10月动工兴建，设计灌溉面积1.5万亩。到1983年年底，开通干渠长6.3公里。其中，建成隧洞6处，长1002米；石拱渡槽9座，长802米；砌石渠长4502米。干渠输水能力自水库放水洞出口起3公里段为每秒3立方米，后3.3公里段为每秒1.5立方米。配支、斗渠16条，总长5710米。建扬水站5处，总装机469千瓦。其中最大的侯家官庄电灌站设计三级扬水站，建成一、二级扬水站，6个机组，装机300千瓦，提水能力为每秒0.33立方米。配套渠段控制灌溉面积0.6万亩。

防汛抗旱

汛前准备 水库汛期从每年的6月1日至9月30日，主汛期是6月20日至8月15日，后汛期是8月16日至9月30日。田庄水库防汛指挥部由县长任总指挥，副县长、县人武部部长、田庄水库综合服务中心主任等任副指挥。

每年开展汛前检查，开展隐患排查与整改工作，对大坝、溢洪道、放水洞、启闭设备、自动化观测设备、通信、发电机组等实施全面检查。

汛前，按照大型水库防汛物资储备定额，备足各类防汛物资。物料每年都要备足，不准挪用；出保质期物资，及时更换。

田庄水库抢险队伍由抢险常备队、抢险队、后备队组成。常备队队长为田庄水库综合服务中心副主任，由沂源县田庄水库综合服务中心和沂源县基础工程有限公司部分人员组成57人的防汛常备队，并全部登记造册。同时确定水利工程二级施工企业沂源县基础工程有限公司为田庄水库应急施工队伍。按要求成立由南麻街道和鲁村镇政府组成2000人的后备队；由大田庄村、南埠东村、东高庄村等村庄组成257人的抢险队，并做好培训演练，做到“召之即来，来之能战，战之能胜”，以适应抗大洪、抢大险的需要。人民解放军、预备役部队、武装警察部队、公安干警是我们防汛抢险的主力力量。田庄水库临时驻军、当地武装部门、公安干警要组成突击抢险队，在接到险情通知后，应立即赶赴现场，执行抗洪抢险任务，以确保人民生命财产的安全。

下游河道安全泄量的确定 水库保护下游沂源县城及南麻、历山、悦庄、燕崖、中庄、西里、东里等7个街道（镇）30万人口及10万亩耕地，并有韩旺铁矿、济青高速南线、231省道、234省道等重要工矿企业和交通干线。考虑水库与下游区间洪水组合，下游第一安全泄量为每秒1000立方米，田庄水库控制下泄流量为每秒600立方米；下游第二安全泄量为每秒2000立方米，田庄水库控制下泄流量为每秒1000立方米。各安全泄量的含义是：当泄流量在每秒600立方米以内，河道水深2米，均不淹滩地；当泄流量在每秒1000立方米以内，河道水深低于4米，回水不致淹没县城南麻。

河道安全泄量每秒1000立方米确定的依据是：水库下游河道安全泄量控制段为距水库6.6公里的下泄洪水和螳螂河洪水交汇处，水库下游保护对象为距大坝4公里的沂源县城，距大坝60公里的韩旺铁矿，以及大坝下游沂河沿岸的村庄和农田。

汛中限制水位的确定 通过不同重现期洪水推算汛限水位，以确定保护水库安全和最大限度保护下游为主。通过对308.00米、309.00米和310.64米三初选汛限水位比较核算，并结合水库除险加固后的实际情况，最终确定汛中限制水位为309.00米。

由于水库自除险加固以来，大坝等主要建筑物均未经受大洪水的考验，为确保安全度汛，按照循序渐进、逐步抬高水位的原则，核定田庄水库2023

年汛限水位为309.00米。

允许最高水位和警戒水位的确定 田庄水库防洪标准按100年一遇设计、5000年一遇校核。根据《水库防洪调度方案编制计算手册》的要求，结合田庄水库多年实际情况，确定水库允许最高水位313.96米、警戒水位311.10米。

水库控制运用主要指标 防汛控制运用指标为：允许最高水位313.96米，相应库容10681万立方米；警戒水位311.10米，相应库容7406万立方米；汛限水位309.00米，相应库容5426万立方米。

防洪调度权限 （1）田庄水库由淄博市水利工程防汛抗旱办公室指挥调度。如遇联络中断，水库管理单位可按省、市批复的调度方案实施指挥调度。指挥调度结束后，及时将相关情况形成书面报告报市水利工程防汛抗旱办公室备案。（2）如遇小流量输水洞放水、供水、发电等情况，由水库管理单位自行指挥调度，相关情况报淄博市水利工程防汛抗旱办公室备案。

正常洪水调度方案根据最大24小时径流深来划分洪水等级。最大24小时径流深是由最大24小时入库洪量除以全流域面积求得。

当雨前水位低于汛限水位，在死水位293.64米至汛限水位309.00米之间，24小时径流深在0~86毫米时，预计最高水位不高于汛限水位，属于不泄水区。当雨前水位达到汛限水位309.00米，发生20年一遇以下的洪水时，24小时径流深小于104毫米时，预计最高水位不超过310.35米（20年一遇），闸门最大开高1.32米，每秒最大泄量小于第一安全泄量600立方米。当雨前水位达到汛限水位309.00米，发生大于20年而小于50年一遇洪水时，24小时径流深在104~141毫米时，5孔固定宽度控制泄洪。水位小于310.35米，闸门最大开高1.32米；水位大于310.35米，闸门最大开高2.34米。预计最高水位不超过310.85米（50年一遇），每秒最大泄量小于第二安全泄量1000立方米。

非常洪水调度方案非常洪水是指经水库调蓄后，下泄流量仍大于下游河道所允许的最大安全行洪泄量，但未超过水库工程现状防洪标准的洪水。

①当雨前水位达309.00米，24小时径流深大于141毫米而小于372毫米（5000年一遇洪水）时，5孔固定宽度控制泄洪。水位小于310.35米，开闸高1.32米；水位大于310.35米，而小于310.85米时，开闸高2.34米；水位大于310.85米，全开泄洪，每秒最大泄量小于3355立方米，预计最高水位不超过313.96米。

②允许最高水位为田庄水库安全所允许的最高库水位 313.96米，属于工程防洪标准之内。但因工程未经过大洪水的考验，应提高警惕，严密观察大坝、溢洪道导流墙的危险部位。同时根据预报，在雨前尽量腾空部分库容，最大限度地削减洪峰，减小下游损失。

③警戒水位为防范水库可能出现险情的高水位。根据下游河道的安全泄量及流域内防洪要求，当流域内发生24小时径流深大于141毫米洪水时，预报库水位将达到或超过警戒水位时，防汛抢险队必须全部上坝，根据情况采取相应措施，确保工程的安全。警戒水位定为100年一遇的洪水位311.10米。

超标准洪水对策和防洪抢险措施 超标准洪水是指超过水库现状防洪标准的洪水。对此类洪水，应根据水库的具体条件，提出对策。

当雨前水位达到汛限水位309.00米，24小时径流深大于372毫米，5孔固定宽度控制泄洪。水位小于310.35米，开闸高1.32米；水位大于310.35米，而小于310.85米时，开闸高2.34米；水位大于310.85米，全开泄洪。此时，在下游部分河道断面洪水外溢，淹没村庄和农田，应采取抢险相关措施，并要集中一切人力、物力和财力抢筑坝顶子堰，随时掌握和加固工程危险部位，确保大坝安全。

供水调度 在确保枢纽工程安全和其他防护对象安全的基础上，按“保障安全、提高效益、减小损失”的原则，区分主次，保证重点，公益优先，优化水资源配置。根据水库水位、来水特点、用水对象的用水要求和丰、平、枯三个典型水文年特点，运用水库调蓄能力，合理调配水库水量，

红旗水库

充分发挥水库的供水效益，保障流域区域生活生产供水和河道内生态用水的基本需求和水库下游3.5万亩农田灌溉及县城工业供水。

田庄水库农业灌溉起调水位为298.94米，上限水位采用兴利水位310.64米，最大可取水量6145万立方米；灌溉最大年用水量2110万立方米，年最小用水量150万立方米，历年平均用水量761万立方米。工业供水起调水位293.64米，上限水位采用兴利水位310.64米，最大可取水量6840万立方米。结合水资源状况和水库调节性能，明确工业供水、灌溉供水等不同供水任务的次序，以及供水任务之间的协调、裁决方式。由于该水库属于季调节，根据水库各用水部门用水时间和用水量需求，供水次序依次为工业供水、灌溉供水、发电供水。各供水任务之间的协调主要由田庄水库综合服务中心协调，根据各供水对象的年度申请指标、计划需求和水库调度需要予以判别调整。特殊干旱年，在满足供水设计保证率和设计引水流量要求下，明确取水水位和用水量。

红旗水库

概　述

红旗水库位于燕崖镇冯家峪村南约500米处，沂河支流白马河上游。1966年10月动工兴建，1967年5月基本完工。建设初期，曾称为“大马岭水库”“通天岭水库”，后改称“红旗水库”。该水库坝址以上控制流域面积27.4平方公里，总库容1151万立方米，调洪库容341万立方米、兴利库容770万立方米、死库容40万立方米。校核洪水位393.77米、设计洪水位392.85米、兴利水位390.17米。溢洪道最大泄量为每秒567立方米，放水洞最大泄量为每秒6.7立方米。工程等别为Ⅲ级，主要建筑物为3级，次要建筑物为4级。水库工程地震设防烈度为7度。设计灌溉面积5.3万亩，有效灌溉面积1.4万亩。2002年除险加固后设计洪水标准为100年一遇，校核洪水标准为1000年一遇。该水库是一座以防洪、灌溉为主，兼作养殖等综合利用的中型水库。坝址以上流域内有刘庄小（二）型水库1座，塘坝、谷坊14座，合计控制流域面积约5平方公里，总库容40万立方米。

水库枢纽工程主要由大坝、溢洪道、放水洞等3部分构成。

大坝坝体为黏土心墙砂壳坝，大致呈南北方向，全长213米、宽7米，坝顶高程395.45米，坝址位置在东经118° 13′、北纬36° 09′。

溢洪道位于大坝左侧，为4孔6米×4米平板钢闸门控制，闸底板高程为386.67米，闸总净宽24米。基础为风化花岗片麻岩。溢洪道启闭设备采用QPQ型2×80KN固定卷扬启闭机4台，总功率30千瓦。

放水洞为2米×2米平板钢闸门控制（1孔）。上游25米为钢筋砼箱涵，7.5米为闸室段，8米为渐变段，其余为廊道式钢筋砼衬管，内衬夹砂玻璃钢管加固，长度为70米，管内径0.9米。洞身全长116.88米，下游为一蝶阀室，进口底高程373.17米。放水洞启闭设备采用QPQ型2×125KN固定卷扬启闭机1台，功率7.5千瓦。

红旗水库溢洪

水 文

水库流域形状为叶形，干流长3公里，流域宽5公里，流域面积27.4平方公里，干流比降0.018。域内光照充足，年平均气温11.9℃。降水量年际变化较大，丰、枯交替发生。水库建成后的1968—2022年，平均降水量为706.2毫米，年最大降水量2011年为1101.5毫米，年最小降水量2002年为394.5毫米。降雨集中在汛期6—9月，其间暴雨频繁，强度大，雨量集中。1968—2022年汛期平均降水量529.58毫米，易形成山洪暴发，水库水文情势变化剧烈。而冬春季节，雨水偏少，往往不能满足需水要求，造成干旱缺水。降水年内分配也很不均匀，枯季少雨，汛期降雨集中，6—9月降水量占全年的75％，形成春旱、夏涝、秋后又旱的局面。

工程建设

1966年春完成勘查、测量，由县水利局会同临沂地区水利建设指挥部编制设计并批准，沂源县政府和燕崖区配备领导干部，抽调技术、财会等人员16人组成红旗水库工程指挥部，10月12日动工兴建。工程指挥部由张经智任总指挥，路士珍、李加孝任副总指挥。1967年初，指挥部改由任明喜任总指挥；5月30日，枢纽工程基本完工。初建投资33.9万元，其中移民经费4.0万元，移民2个村共计104户、545人，拆迁房屋530间。耗用水泥200吨、钢材7.16吨、炸药6.83吨、木材50立方米，用工47.78万个。完成土砂方27.67万立方米、钢筋混凝土78立方米。

工程竣工后，只能勉强度汛，仍存在坝体不够高、坝坡缺方、溢洪道窄而浅等问题，未达设计要求，以后又分期进行了维修加固。1972年，接黏土心墙，加高大坝。1974年，对大坝进行补土，开挖溢洪道，砌筑防浪墙。1975—1976年，溢洪道加宽加深，大坝加高，架设通信线路。1976年冬至1977年春，上级拨付抗震经费2万元，加宽大坝，备砂1万立方米。1977冬至1980年冬，建发电站1座，装机容量93千瓦，两台机组，后由于资金不足，电站工程未全部完成。1978年，砌筑大坝裹头及拦砂墙。1979年，维修大坝反滤体，处理放水洞出口。1980年冬至1981年春，开挖溢洪道，加高大坝1.47米，维修防浪墙及排水体。1981—1982年，对大坝进行修坡，修建排水沟，维修通信线路。1983年，建南（麻）崖（家岭）路至大坝防汛公路。1984年，维

红旗水库水电站

修闸门及放水洞。1985年，对大坝实施修坡补土。1986—1987年，建马岭防汛公路桥，维修通讯线路。1988—1989年，实施溢洪道防冲处理，建溢洪道交通桥，改建配电室。1990年，实施库内清障，更换闸门钢丝绳等。1991年、1999—2000年，先后对溢洪道实施改建。

2001年8月4日，水库出现险情。由水库管理所委托淄博市水利勘测设计院组织编写《大坝安全鉴定综合报告》；12月15日，由淄博市水利与渔业局组织进行大坝安全鉴定，被鉴定为三类坝；12月20日，水利部大坝安全管理中心对水库三类坝安全鉴定意见进行核查，同意三类坝鉴定结论，并建议在做好主体工程加固设计的同时，完善大坝安全检测、管理设施等。

2002年5月，省水利厅批复红旗水库除险加固工程的初步设计；11月，总投资6256万元（其中中央国债投资2050万元、市县配套资金4206万元），实施红旗水库除险加固工程，2004年12月基本完成。该次除险加固工程主要有以下内容：（1）大坝：大坝基岩帷幕灌浆，上游坝壳翻压、心墙加高，下游坝坡培厚、修建排水沟，加宽坝顶，改建坝顶路面、防浪墙和坝顶照明设施，布置大坝观测设施等。（2）溢洪道：基岩帷幕灌浆，修建溢洪闸、泄槽、交通桥、桥头堡和启闭机房等。（3）放水洞：修建进水塔，加固输水洞砼衬管，更换闸门和启闭设备，增设检修闸门等。（4）水库大坝高压线路、通信线路迁建、鱼池改造、库区工程、防汛道路及管理设施建设等。整个工程完成土石方开挖17.04万立方米、回填21.82万立方米，浆砌石5.41万立方米，钢筋混凝土1.43万立方米，钢筋制作安装320吨，金属结构安装61.4吨。2005年7月23日，由省水利厅主持，对主体工程进行竣工验收，工程质量被评为优良等级。2018年6月，该水库大坝被鉴定为一类坝。

防汛抗旱

汛前准备　水库汛期从每年的6月1日至9月30日，主汛期是6月20日至8月15日，后汛期是8月16日至9月30日。红旗水库防汛指挥部由副县长任总指挥，燕崖镇镇长任常务副指挥，县应急局副局长、县公安局副局长、县水利局副局长等任副指挥。办公室设在沂源县水利事业服务中心，县水利事业服务中心副主任兼任办公室主任。

每年开展汛前检查，开展隐患排查与整改工作，对大坝、溢洪道、放水洞、启闭设备、自动化观测设备、通信、发电机组等实施全面检查。

汛前，按照大中型水库防汛物资储备定额，备足各类防汛物资。物料每年都要备足，不准挪用；发现变质达不到标准的，及时更换。

红旗水库抢险队伍由抢险常备队、抢险队、后备队组成。常备队负责人为镇责任区书记，由红旗水库库区村组成25人的防汛常备队，抢险工具自备。由燕崖镇政府组织100人的抢险队和200人的后备队，燕崖镇镇长负责，车辆、抢险工具自备。必要时，按部队调动程序请求预备役部队、武警部队和公安干警支援，同时根据险情需要，抢险队人数临时增加。

下游河道安全泄量的确定　红旗水库下游的主要保护对象是东白峪以上的7个村庄、耕地及南崔公路。2002年除险加固时对下游溢洪道至西白峪段进行纵横段测量，并对河道过水能力进行重新核算。经过核算，断面最小过水能力为每秒180立方米。由于河道进行了清障和疏浚，河道过水能力有所增加。综合考虑调洪计算，下游河道安全泄量采用每秒100立方米为第一安全泄量，每秒200立方米为第二安全泄量。

汛中限制水位的确定　按蓄水灌溉要求推算。由历年8、9月来水量计算50%和75%的来水保证率时的水库可蓄存水量，求得不同保证率时的汛限水位。

按保大坝安全核算。根据下游防洪要求，按中、小洪水控制泄洪，由最高水位393.61米，求得不同重现期洪水的汛限水位。

根据汛中限制水位核算，在水库防洪标准达到设计标准时，为了充分发挥水库的灌溉作用，保证灌溉水源，因此确定汛中限制水位为390.17米。

允许最高水位和警戒水位的确定　红旗水库

2002年除险加固后的防洪标准是1000年一遇。根据《水库防洪调度方案编制计算手册》的要求，结合红旗水库多年无较大变化的实际情况，确定水库允许最高水位392.54米、警戒水位391.37米。

水库控制运用主要指标 防汛控制运用指标为：允许最高水位392.54米，相应库容1021万立方米；警戒水位391.37米，相应库容906.7万立方米；汛限水位390.17米，相应库容810万立方米。

防洪调度权限 （1）红旗水库汛期洪水调度责任部门为沂源县防汛抗旱指挥部，洪水调度严格执行批准的《红旗水库汛期调度运用计划》和《红旗水库调度规程》。（2）水库洪水调度权限、调度指令下达及调度信息报送范围为沂源县水利局。报送方式为电话通知及传真形式。（3）水库管理科根据实时掌握的流域降雨、水库水位等信息，参考批准的调度图提出洪水调度建议，报县水利局批复后执行；根据流域雨情、水情变化，优化提出洪水调度建议，经批复后执行。发生危及大坝安全的紧急情况，在上报的同时采取应急处置措施。特殊情况下，水库调度服从淄博市水利局和山东省水利厅的调度指令。（4）如遇小流量输水洞放水、供水等情况，由县水利事业服务中心自行指挥调度，相关情况报沂源县水利局备案。

正常洪水调度方案 雨前水位已达汛限水位，此时发生小于10年一遇洪水（日净雨小于155.4毫米），按照下游安全泄量要求，采用控制泄洪方式，允许最高壅水位391.68米，在水位小于391.68米时，最大泄洪量小于每秒100立方米（第一安全泄量），闸门开度最大为0.85米，以保证洪水在主河道中；当水位大于391.68米时，闸门开度为1.6米，最大泄量为每秒200立方米，以保证洪水不会溢出河槽。

非常洪水调度方案 雨前水位已达到汛限水位，发生大于50年一遇、小于1000年一遇的洪水（洪峰流量每秒555.39~951.8立方米，洪水总量每秒737~1411万立方米，净雨260.9~472.4毫米），水库控制最高水位393.61米，下泄流量不大于每秒625立方米。要保大坝安全，采取分段固定、闸门开高的控制泄洪方式：在水位小于391.68米时，闸门开度0.85米；当水位大于391.68米时，闸门开度1.6米；水位大于392.63米，溢洪道闸门全开泄洪。此时，在部分河道断面洪水外溢淹没农田和村庄。发生此种以上降雨后，立即按防洪预案险情抢护中的相关方案采取措施。

抗旱灌溉调度 红旗水库是以防洪、灌溉为主，兼顾水产养殖等综合利用的中型水库，灌溉期主要集中在3月、4月、5月，供水天数50余天。以水库设计供水任务为基础，充分考虑经济社会发展，保障流域或区域农业灌溉供水基本需求，确定供水调度任务。遇干旱等特殊供水需求时，应服从有调度权限的防汛抗旱指挥部门调度，并严格执行经批准的所在流域或区域抗旱规划和供水调度方案要求。根据兴利调度计划，经济效益和社会效益兼顾，水库每年向下游河道补水约230万立方米，充分满足林果及耕地的灌溉和生态用水需要。

小型水库、塘坝

概　述

新中国成立前，县内无一座水库和人工建造的、发挥农业灌溉效益较好的塘坝、谷坊，仅有少量自然形成的汪塘。人们多以挖井取水、临河担水的方式，满足人畜饮水、秧苗浇灌需要，灌溉方式原始，条件简陋，水资源利用率低。新中国成立后，全县开始有计划、大规模地兴水利、除水害活动。1956年，建设科分设农业科、水利科，自此有单设的水利事业领导机构，全县水利事业开始蓬勃发展。1949—1957年，尤其是在初级社、高级社普遍成立以后，在大力开展以封山造林、闸山沟、建塘坝（谷坊）等为主的水土保持工程的同时，着手建造小型水库。1954年10月，一区（历山区，1955年10月改称“南麻区”）在西沙沟动工兴建全县第一座小型水库。1958年之前，鲁村区建成峨峪等小型水库，黄庄区建起姬家峪水库（1958年属徐家庄公社），悦庄区先后建起辽军埠、李家庄等小型水库。

实行人民公社化后，集中力量办大事，人民群众的积极性被进一步调动起来，各级贯彻“以蓄为主，蓄泄兼顾，开挖水源，发展灌溉，依靠群众，大办水利”方针，县委、县政府提出“全党动员，全民发动，大办水利”，全县掀起大规模的水利建设高潮，建起一大批以水库、塘坝为主的水利基础设施。小型水库投资少、见效快、施工简便，适宜于县内山区丘陵为主的地形特点。其资金多为社、队自筹，国家给以材料补助，工程设计和技术指导统一由县水利局负责，一般是公社、大队自建、自管、自用。全县114座水库，除1984年以后建成的悦庄镇桃花峪、青龙山，石桥镇圣佛山等小（二）型水库和1958年以前建成的小（二）型水库外，人民公社化时期所建水库占全部水库的90%以上。

1959年冬，悦庄公社修建北营水库

20世纪六七十年代，原黄庄镇（1990年12月划入莱芜市钢城区）境内先后修建霞峰水库（曾用名“东风水库”）、八大庄（一）水库、台子水库等小（一）型水库3座，八大庄（二）水库、龙巩峪、青冶行（东向）、青冶行（拉山）、幸福村、官庄、小上峪等小（二）型水库7座，塘坝29座。控制流域面积总计31.8平方公里，总库容685.4万立方米、兴利库容337.3万立方米（不含塘坝）。

小（二）型水库大多是以大队（村）为主兴建，谁建谁受益，有的大队（村）建2—3座，如西沙沟大队自1955年建成第一座小型水库后，后又建2座小（二）型水库，使该村（大队）有效灌溉面积达到1600余亩，基本实现水利化。建两座水库（塘坝）及以上的村，鲁村公社最多，有崮山等5个大队。但由于以大队为主自建，水库（塘坝）多坐落于贫瘠的山村，经济力量薄弱，因此因陋就简，施工质量差，尾工多、险情大。1976年，南麻组织全公社劳力对其小型水库进行加固，对水库的防洪和蓄水灌溉能力起到了一定作用。1982年，安排专项保安全经费，对鲁村公社上头庄水库进行除险加固。

根据1978年水利电力部颁发的山丘、丘陵区《水利水电枢纽工程等级划分及设计标准》（SDJ12-78）的规定，依据水利水电枢纽工程的规模、效益和在国民经济中的重要性，划分为大（一）、大（二）、中、小（一）、小（二）5个等级。大（一）型水库库容等于或大于10亿立方米；大（二）型水库库容等于或大于1亿立方米、小于10亿立方米；中型水库库容等于或大于0.1亿立方米、小于1亿立方米；小（一）型水库库容等于或大于100万立方米、小于1000万立方米；小（二）型水库库容等于或大于10万立方米、小于100万立方米。

一般而言，容积等于或大于1万立方米、小于10万立方米的为塘坝，容积小于1万立方米的为谷坊。

沂源县有小型水库112座，控制流域总面积288.92平方公里，总库容7490.97万立方米、兴利

1978年，东里公社王家庄子大队兴建的砌石重力塘坝

库容4323.24万立方米，设计灌溉面积18.77万亩、有效灌溉面积6.94万亩，对防洪、灌溉发挥了很大的作用，同时促进了养殖业、旅游业的发展。境内塘坝209座，总库容686.2万立方米。

2004年12月，全省小型水库加固工作现场会在沂源县召开。2008年11月，淄博市百座水库除险加固工程开工仪式在悦庄镇狼窝子沟水库举行。2008—2022年，总投资1.6亿余元，先后对全县小型水库和部分塘坝实施除险加固工程。其中，2008—2010年，使用中央补助资金1890万元、省级补助资金1145万元、市县配套资金9971万余元。2011年8月，沂源县被山东省委、省政府表彰为“全省病险水库除险加固工作先进县”。2012—2022年，投入3151万元对李家泉子（东）、刘庄、菜园、大坡、东北庄、曹家庄等38座水库实施除险加固。

2014年，沂源县被水利部确定为国家级小型水利工程管理体制改革示范县，并被省水利厅确定为省级小型水库管理体制改革试点县。沂源县以“政府主导、社会参与、权责明晰、责任落实”运行管理体制为中心，先行先试、勇于创新，严格落实水库安全责任人制度，实践中逐步完善《沂源县小型水库管理考核办法》，制定水库巡查检查与隐患险情上报、维修养护、防洪调度等制度，保障管护经费，建立专业规范的水库管理员队伍，确保水库有人管理、违法得到惩治、损毁适时修复、险情及时排除。2017年2月，沂源县被省水利厅评为山东省首个小型水库管理标准化县。2020年，成功创建全省深化小型水库管理体制改革示范县。2022年，圣佛山水库、吴家庄水库创建为省级乡村小型样板水库。2023年12月，沂源县被评为山东省深化小型水库管理体制改革样板县，桃花峪水库、曹家庄（下）水库被评为山东省乡村小型样板水库。

小（一）型水库

北营水库　位于悦庄镇北营村北约500米处，拦截饮马河上游，属沂河水系。1959年10月开工，1961年6月竣工。完成投资47.8万元，投入工日55.2万个，总工程量39万立方米。1974年加固大坝并取直。2008年5月至2010年7月，投资420.41万元，对该水库进行除险加固，硬化坝顶路面，对坝体实施高压旋喷灌浆防渗；上游坝坡砼板护坡；下游补坡，建排水体、排水沟，植草皮护坡；清理溢洪道，建导流墙和交通桥，维修放水洞，内衬直径400毫米夹砂玻璃钢管加固等。

除险加固前的北营水库

水库枢纽由大坝、溢洪道和放水洞3部分构成。坝址以上控制流域面积14.3平方公里，干流河道长6.175公里，干流平均比降0.0284。总库容445.51万立方米、兴利库容236.37万立方米、调洪库容196.8万立方米、死库容为12.34万立方米，兴利水位330.50米、设计洪水位333.61米、校核洪水位335.53米、死水位319.50米。该水库是一座以防洪、灌溉为主，兼做水产养殖等综合利用的小（一）型水库，其设计洪水标准为30年一遇，校核洪水标准为500年一遇。

大坝为壤土心墙砂壳坝，坝顶高程337.10~337.72米，长360米、宽6.0米，最大坝高27.8米。防浪墙高1米；上游坝坡为六边形混凝土护坡板；下游植草皮护坡，分别在高程330.77米和320.32米设置戗台，戗台宽度分别为1.5米和4米，坝脚设砌石排水体。

溢洪道为开敞式溢洪道，位于大坝左侧，无闸控制。溢洪道底宽18米，高程330.50米，两侧采用浆砌块石直墙护砌。下游两岸为自然山体，岩石裸露。溢洪道上设有3孔交通桥1座，宽6米。最大泄量每秒304.59立方米。

除险加固后的北营水库

万立方米，兴利水位466.50米、设计洪水位470.837米、校核洪水位472.87米、死水位459.40米。该水库是一座以防洪、灌溉为主，兼做养殖等综合利用的小（一）型水库，其设计洪水标准为30年一遇，校核洪水标准为500年一遇。

大坝为黏土均质坝，2005—2006年增加砂壳，坝长199米、顶宽4.5米，细碎石路面，坝顶高程474.51米，最大坝高24.2米。防浪墙高1米左右。上游坝坡高程469.76米以上为混凝土板护坡，以下为干砌块石护坡；大坝下游为草皮护坡，高程465.4米处有戗台，宽3米左右，下游坝脚设排水体及混凝土板排水沟。

溢洪道位于大坝右侧，无闸控制，为开敞式溢洪道。底宽11米，底高程466.50米，两侧采用浆砌块石直墙护砌，长约70米。下游两岸为自然山体，岩石裸露，跌水消能。溢洪道上无交通桥。最大泄量每秒265.27立方米。

放水洞，原设计为浆砌块石廊道，进口拍门、出口闸阀控制，进口底高程459.40米。经除险加固后改建为坝内埋管（355毫米PE管），坝后闸阀控制。设计流量每秒1.56立方米。

放水洞位于大坝左侧，原设计为浆砌块石廊道，进口底高程319.50米，闸门设置在水下，为斜拉式，启闭设备为手动卷扬式启闭机。经2009年除险加固后廊道内铺设直径300毫米玻璃钢管，坝前闸门控制，坝后闸阀控制，作为自来水供水。设计流量每秒2.8立方米。

芦芽水库 位于南鲁山镇芦芽村西300米处，拦截螳螂河上游，属沂河水系。1959年11月开工，1960年竣工。完成投资17万元，投入工日25万个，总工程量21.0万立方米。1976年加高大坝，1988年8月放水洞灌浆治漏。2008年5月至2010年7月，投资339.14万元，对该水库进行除险加固，建坝顶砂石路面、塑性防渗墙，实施高喷灌浆和基岩帷幕灌浆防渗；上游坝坡现浇砼板和粗料石护坡；下游补坡并以草皮护坡，建贴坡排水沟；清理溢洪道，建导流墙；维修放水洞，建管理房等。

水库枢纽由大坝、溢洪道、放水洞3部分构成。坝址以上控制流域面积10.5平方公里，干流河道长4.96公里，干流平均比降0.0221。总库容153.03万立方米、兴利库容47.95万立方米、调洪库容100.54万立方米、死库容4.54

赵庄水库

赵庄水库 曾用名“马尾河水库”“东方红水库”。位于悦庄镇赵庄村东，拦截小水河上游，属沂河水系。1966年10月开工，1967年6月基本竣工。完成投资12.44万元，投入工日11.8万个，总工程量10.55万立方米。1976年和1990年进行除险加固。2008年5月至2010年7月，投资350.05万元，对该水库进行除险加固，建坝顶砂石路面，对坝体实施高压旋喷灌浆和坝基帷幕灌浆防渗；上游坝坡以现浇砼板护坡；下游补坡，建排水沟，植草皮护坡；清理溢洪道，维修放水洞等。

水库枢纽由大坝、溢洪道和放水洞3部分构成。坝址以上控制流域面积2.9平方公里。总库容124.63万立方米、兴利库容50.5万立方米、调洪库容30.13万立方米、死库容44万立方米，兴利水位301.20米、设计洪水位302.62米、校核洪水位303.30米、死水位291.20 米。该水库是一座以防洪为主，兼顾灌溉的小(一)型水库，其设计洪水标准为30年一遇，校核洪水标准为500年一遇。

大坝为黏土心墙砂壳坝，坝顶高程303.97~304.05米，长450米、宽4.3米，最大坝高20米。

溢洪道为坝肩式无闸控制开敞式，堰顶高程301.20米、宽23米。最大泄量每秒 88.15立方米。

放水洞为钢筋混凝土有压圆管，断面尺寸 500毫米。设计流量每秒1.65立方米。

龙王官庄(一)水库 曾用名“东升水库”。位于悦庄镇龙王官庄村东，葨庄河上游，属沂河水系。1963年冬开工，1964年春基本竣工。完成总投资15万元，投入工日18万个，工程量16万立方米。1976年、1986年、1990年先后多次进行除险加固。2008年5月至2010年7月，投资450.48万元，对该水库进行除险加固，建坝顶现浇砼路面，对坝体进行塑性防渗墙加固和基岩帷幕灌浆防渗；上游坝坡以砼板和粗料石护坡；下游补坡，建排水沟，植草皮护坡；清理溢洪道，建导流墙，维修放水洞等。

龙王官庄（一）水库

水库枢纽由大坝、溢洪道和放水洞3部分构成。坝址以上控制流域面积5.1平方公里。总库容139万立方米、兴利库容76万立方米、调洪库容50.5万立方米、死库容12.5万立方米，兴利水位334.70米、设计洪水位336.39米、校核洪水位337.50米、死水位327.23米。该水库是一座以防洪、灌溉为主，兼做水产养殖等综合利用的小(一)型水库，其设计洪水标准为30年一遇，校核洪水标准为500年一遇。

大坝为黏土心墙砂壳坝，坝顶高程338.20~338.90米，长343米、宽5.5米，最大坝高21米。

溢洪道为正槽式，堰顶高程334.70米、宽25米。最大泄量每秒175.87立方米。

放水洞为钢筋砼有压圆管结构，进口底高程327.23米，断面尺寸为直径500毫米。设计流量每秒1.44立方米。

双跃水库 原名“响水湾水库”。位于悦庄镇黄山子村北1.2公里处，拦截石臼河上游，属沂河水系。1966年9月开工，1967年6月建成。完成总投资12.0万元，投入工日12.6万个，工程量10.6万立方米。1979年进行除险加固保安全工程。2008年5月至2010年7月，投资337.22万元，对该水库进行除险加固工程，建坝顶砂石路面，对坝体实施高喷灌浆和基岩帷幕灌浆防渗；上游坝坡以现浇砼护坡；下游补坡，建排水体、排水沟，植草皮护坡；清理溢洪道，建导流墙，维

左为双跃水库，右为黄山子水库

修放水洞等。

2016年8月，水库上游连日降雨，19日，水库大坝副坝坝脚原始土坡多处漏水，并有几处滑坡塌陷情况。针对险情，管理单位采取了放水洞最大流量放水，降低库水位，清理塌方处，并用编织袋装填碎石回填护砌。2017年4月，委托淄博市水利勘测设计院对该水库进行地质勘探。6月，淄博市水利与渔业局确定治理方案，在该水库实施防汛应急加固工程，对坝基实施帷幕灌浆，对坝体进行高喷灌浆和静压灌浆防渗，坝顶更换路沿石。9月竣工。

2020年，鉴定双跃水库为三类坝。2021年3—5月，总投资57.5万元，对其进行除险加固，对坝脚进行石笼防护，回填砂卵石；清理下游坝脚，建花岗岩排水沟；清理溢洪道，建挡土墙和导流墙等。

水库枢纽由大坝、溢洪道和放水洞3部分构成。坝址以上控制流域面积4.9平方公里，干流河道长3.25公里，干流平均比降0.0543。总库容122.54万立方米、兴利库容75.8万立方米、调洪库容39.74万立方米、死库容7万立方米，兴利水位362.68米、设计洪水位364.76米、校核洪水位365.87米、死水位351.733米。该水库是一座以防洪灌溉为主，兼做养殖等综合利用的小(一)型水库，其水库设计洪水标准为30年一遇，校核洪水标准为500年一遇。

大坝为黏土心墙砂壳坝，坝顶高程367.17~367.42米，主坝坝顶长178米，副坝坝顶长182米、宽4.5米，最大坝高22米。

溢洪道位于大坝右岸，开敞式宽顶堰，无闸控制。实测进口底宽26米，底高程362.68米。最大泄量每秒211.11立方米。

放水洞位于主坝中部偏左，洞身原设计为浆砌石廊道，宽1.2米、高1.2米、拱高0.5米，后改为直径500毫米玻璃钢夹砂管，进口底高程351.733米。闸门为斜拉式吊拉门，启闭设备为手动卷扬式启闭机。设计流量每秒1.56立方米。

北店子(一)水库 位于张家坡镇北店子村东北300米处，拦截红水河上游，属沂河水系。1966年10月开工，1967年冬基本建成，1969年冬开始修建灌渠。完成投资31.05万元，投入工日45万个，总工程量30万立方米。1976年除险加固。1998年，对该水库进行加高大坝、外加砂壳、开挖溢洪道、建防浪墙及导流墙等除险加固工程。2006年进行应急加固工程，坝顶路面整平，加外坝壳，局部更换护坡石，建下游坡面排水。2008年5月至2010年7月，投资389.31万元，对该水库进行除险加固，建坝顶砂石路面、防浪墙、管理房，对坝体实施高压旋喷灌浆和基岩帷幕灌浆防渗；上游坝坡

除险加固之前的北店子水库

现浇砼板护坡；下游补坡，建排水沟，植草皮护坡；清理溢洪道，维修放水洞，内衬直径600毫米夹砂玻璃钢管加固等。

水库枢纽由大坝、溢洪道、放水洞3部分构成。坝址以上控制流域面积22平方公里。总库容321.03万立方米、兴利库容142.97万立方米、调洪库容177.06万立方米、死库容1.0万立方米，兴利水位295.55米、设计洪水位299.294米、校核洪水位300.93米、死水位285米。该水库是一座以防洪、灌溉为主，兼做水产养殖等综合利用的小(一)型水库，其设计洪水标准为30年一遇，校核洪水标准为500年一遇。

除险加固之后的北店子水库

大坝为黏土心墙砂壳坝，坝顶高程301.39米，坝顶长350米、宽5米，最大坝高23.4米。防浪墙高1.2米。上游坝坡高程297.03米以上为六边形混凝土护坡板护坡，高程297.03米以下为混凝土护坡；下游为草皮护坡，高程292.59米处为2米宽戗台，坝脚设干砌石贴坡排水，底部设排水沟。

溢洪道位于大坝左侧，为开敞式宽顶堰，底宽40米，右侧有部分浆砌石挡墙，左侧为自然山体，岩石裸露。溢洪道上有一座长13米、宽4米的交通桥。最大泄量每秒655.21立方米。

放水洞原为砌石廊道式，断面现状为上部拱形，下部矩形，矩形部分宽1米、高1.5米。经除险加固后改建为廊道内埋管，铸铁闸门，卷扬式启闭机。设计流量每秒7.15立方米。

卫东水库（青杨圈水库）放水洞

青杨圈水库 曾用名“卫东水库”。位于鲁村镇青杨圈村南约200米处，坐落于青杨圈河上游，属沂河水系。1966年10月开工，1968年4月竣工。完成投资19万元，投入工日25万个，总工程量17.4万立方米。2008年5月—2010年7月，投资259.40万元，对该水库进行除险加固，建坝顶砂石路面；上游坝坡现浇砼板护坡；下游补坡，建排水沟，植草皮护坡；清理溢洪道，建导流墙和交通桥；维修放水洞等。

水库枢纽由大坝、溢洪道、放水洞3部分构成。坝址以上控制流域面积15.6平方公里。总库容397.04万立方米、兴利库容214.33万立方米、调洪库容179.45万立方米、死库容为3.26万立方米，兴利水位380.20米、设计洪水位382.521米、校核洪水位383.878米、死水位为370.10米。该水库是一座以防洪、灌溉为主，兼做水产养殖等综合利用的小(一)型水库，其设计洪水标准为30年一遇，校核洪水标准为500年一遇。

大坝为壤土心墙砂壳坝，坝长178米、宽5.0米，混凝土路面，坝顶高程384.50米，最大坝高19米。防浪墙高1米左右。上游坝坡为现浇混凝土板护坡，下游坝坡为草皮护坡，高程376.40米处设1米宽戗台，设纵横向预制混凝土板排水沟，坝脚设干砌方块石贴坡式排水体。

溢洪道为开敞式，位于大坝左侧，进口宽32米，底部高程380.20米，无闸控制。两侧采用浆砌块石直墙护砌，底部基岩裸露。交通桥为3孔平板桥，每孔宽10.0米，桥墩高3.7米、厚0.8米。最大泄量每秒306.84立方米。

放水洞设在大坝中部偏左，进口为直径500毫米混凝土管，出口为浆砌石无压涵洞，洞宽1.2米、高1.7米，进口底高程为370.10米，出口底高程为369.10米。闸门为钢制圆形斜式吊拉门，手摇卷扬式启闭机。设计流量每秒5.0立方米。

社庄水库　位于中庄镇社庄村西南约800米处，坐落于韩庄河上游，属沂河水系。始建于1966年10月，1974年8月对大坝进行续建，完成壤土心墙加高，下游坝坡补坡等，1976年6月竣工，并动工兴建灌区，全长11.5公里。完成总投资35万元，投入工日50万个，总工程量39万立方米。1979年进行除险加固保安全工程。2005年，针对水库上游出现过滑坡，坝顶局部高度不够高的问题，对该水库进行应急除险加固。由于资金不足及其他多方面的原因，当时未达设计标准。2008年对该水库进行除险加固，对坝体实施摆喷防渗墙防渗；翻修大坝下游排水体，建坝脚排水沟、坝顶泥结石路面；维修放水洞进口，更换闸门、钢丝绳等。2010年，进行除险加固工程的剩余工程建设，建防浪墙，放水洞改建为直径600毫米钢管，安装安全监测与雨水情预报以及管理设施等。

除险加固前的社庄水库

水库枢纽由大坝、溢洪道、放水洞3部分构成。坝址以上控制流域面积7.5平方公里，干流河道长3.45公里，干流平均坡降0.0393。总库容259.92万立方米、兴利库容171.07万立方米、调洪库容86.3万立方米、死库容2.55万立方米，兴利水位359.20米、设计洪水位361.231米、校核洪水位362.296米、死水位339.42米。该水库是一座以防洪、灌溉为主，兼做水产养殖等综合利用的小（一）型水库，其设计洪水标准为30年一遇，校核洪水标准为500年一遇。

大坝为壤土心墙砂壳坝，坝顶长286米、宽5.6米，泥结碎石路面，高程362.30米，最大坝高31.3米。防浪墙高0.5米左右。上游坝坡为六边形混凝土护坡板；下游坝坡为草皮护坡，高程348.30米处设2米宽戗台，设纵横向预制混凝土板排水沟，坝脚设干砌方块石贴坡式排水体。

溢洪道为开敞式，位于大坝左侧，进口宽24米，底高程359.20米，无闸控制。溢洪道进口段左侧采用浆砌块石直墙护砌，右侧采用浆砌块石斜坡护砌，现状道路从溢洪道底部通过，上部无交通桥。

放水洞位于大坝中部偏左，原设计为浆砌石廊道结构，城门洞形，高1.5米、宽1.5米，上部为半圆拱形。改建为廊道内埋钢管，内径600毫米，进口闸门控制，出口闸阀控制。设计流量每秒4.53立方米。

除险加固后的社庄水库

曹宅水库 曾用名“红卫水库”。位于西里镇曹宅村西，拦截唐庄河，属沂河水系。1966年10月开工，1968年7月基本建成，完成投资75万元，投入工日85万个，总工程量62万立方米。1976年除险加固。2008年5月—2010年7月，投资623.60万元，对该水库进行除险加固，建坝顶砂石路面、防浪墙，对坝体实施高喷灌浆和坝基帷幕灌浆防渗；上游坝坡以砼板护坡；下游补坡，建排水沟，植草皮护坡；清理溢洪道，建导流墙、管理房，维修放水洞等。

水库枢纽由大坝、溢洪道、放水洞3部分构成。坝址以上控制流域面积13.6平方公里，干流河道长5.23公里，干流平均比降0.0346。总库容456万立方米、兴利库容292.28万立方米、调洪库容140.47万立方米、死库容23.25万立方米，兴利水位289.04米、设计洪水位291.528米、校核洪水位292.875米、死水位275.48米。该水库是一座以防洪、灌溉为主，兼做养殖等综合利用的小（一）型水库，其设计洪水标准为30年一遇，校核洪水标准为500年一遇。

大坝为黏土心墙砂壳坝，坝顶长482米、宽5米，坝顶高程294.94米，最大坝高30.8米。防浪墙为浆砌石结构，砂浆抹面，高0.9米左右；上游坝坡下部为混凝土板护坡，上部为六边形混凝土块护坡；下游植草皮护坡，坝脚设干砌石排水体及排水沟。

溢洪道为开敞式，位于大坝右侧，底宽32米，底高程289.04米，无闸控制。两侧采用浆砌块石直墙护砌，右岸为自然山体，岩石裸露。溢洪道上无交通桥。最大泄量每秒360.49立方米。

曹宅水库

放水洞为钢筋混凝土管结构，直径800毫米，进口拍门，出口闸阀控制，进口底高程275.48米。放水洞出口分为2支，直径分别为800毫米、600毫米，均有闸阀控制，分别接浆砌块石矩形断面渠道和灌溉渠道。设计流量每秒7.5立方米。

郭家上峪水库 位于石桥镇郭家上峪村东北，上峪河源头，属沂河水系。1966年10月开工，1967年6月基本完工，1967年9月修建干、支渠。完成总投资41.2万元，投入工日70万个，工程量15.9万立方米。1976年加高加固大坝。1985年堵临时溢洪道，开挖溢洪道并加固大坝。2008年5月—2011年4月，投资385.37万元，对该水库进行除险加固，建坝顶砂石路面，对坝体实施高压摆喷灌浆和基岩帷幕灌浆防渗；上游坝坡砼板护坡，下游补坡，建排水沟，植草皮护坡；清理溢洪道，建导流墙和交通桥，维修放水洞等。

郭家上峪水库

水库枢纽由大坝、溢洪道、放水洞3部分构成。坝址以上控制流域面积5.9平方公里，干流河道长3.525公里，干流平均比降0.0525。总库容106万立方米、兴利库容47万立方米、调洪库容55万立方米、死库容3万立方米，兴利水位343.93米、设计洪水位346.52米、校核洪水位347.65米、死水位332.93米。该水库是一座以防洪、灌溉为主，兼做养殖等综合利用的小（一）型水库，其设计洪水标准为30年一遇，校核洪水标准为500年一遇。

大坝为壤土心墙砂壳坝，坝顶高程348.13米，长228米、宽5~6米，最大坝高21米。上游建浆砌石防浪墙，高1米、宽0.5米，坝顶路面为混凝土结构，宽5~6米。上游坝坡为六边形混凝土板护砌，下游坝坡为草皮护坡。

溢洪道位于水库大坝左岸，为开敞式，堰顶高程343.93米，底宽20米。溢洪道左岸依托自然山体，右岸采用浆砌石直墙护砌。下游无消能防冲设施，两岸无护砌。进口处设4跨交通桥，跨径6米，桥面宽4.5米，桥墩采用浆砌石结构。最大泄量每秒215.59立方米。

放水洞位于大坝中部，进口为钢筋砼有压涵管，管径为0.6米，洞长60米，进口高程332.93米，出口为浆砌石廊道，闸门为斜拉式吊拉门，手动卷扬式启闭机。设计流量每秒2.1立方米。

石柱水库　位于大张庄镇石柱村，拦截柴汶河上游，属汶河水系。1970年11月开工，1971年6月竣工。完成投资10万元，投入工日11.6万个，总工程量7.76万立方米。1973年5月，进行溢洪道挖深、加宽和大坝加高工程。1976年实施除险加固。2005 年完成大坝整平、新建防浪墙、整修护坡石、维修启闭机房、整修防汛路、安装照明设施等除险加固工程。2008 年对大坝下游坝坡进行培厚、草皮护坡并建排水沟等。2009 年，对大坝实施帷幕灌浆，心墙高压摆喷灌浆加高；对上游坝坡护砌进行翻修，坝顶路面硬化，建下游排水体；扩挖溢洪道，泄槽段边墙护砌；改造放水洞；安装安全监测与雨水情预报以及管理设施。

水库枢纽由大坝、溢洪道、放水洞3部分构成。坝址以上控制流域面积2.7平方公里，干流河道长2.08公里，干流平均比降0.0258。总库容132.01万立方米、兴利库容83.15万立方米、调洪库容46.9万立方米、死库容1.96万立方米，兴利水位440.25米、设计洪水位441.866米、校核洪水位442.769米、死水位为429.96米。该水库是一座以防洪、灌溉为主，兼做水产养殖等综合利用的小（一）型水库，其设计洪水标准为30年一遇，校核洪水标准为500年一遇。

大坝为黏土心墙砂壳坝，坝长156米、顶宽4.0米，坝顶高程442.86米，最大坝高18米。设防浪墙，高0.7米。上游坝坡采用六边形混凝土护坡石护砌；下游坝坡草皮护坡，坝基采用截渗槽防渗。

溢洪道位于水库大坝左侧，开敞式宽顶堰，堰顶高程440.25米，底宽8.7米。两侧采用浆砌石护砌，无交通桥，左岸有公路。最大泄量每秒52.17立方米。

放水洞位于坝体中部，进口底高程429.96米，洞身为拱门形砌石廊道，宽1.0米，直墙高1.2米。除险加固后改建为坝内埋管（直径500毫米钢管），坝前拍门、坝后闸阀控制。设计流量每秒7.6立方米。

水营水库　曾用名“跃进水库”。位于大张庄镇水营村南，拦截沂河上游，属沂河水系。1970年10月开工，1971年5月竣工。完成投资15.3万元，投入工日16.3万个，总工程量10.9万立方米。1982年，进行除险加固保安全工程。2008年5月—2010年7月，投资279.63万元，对该水库进行除险加固。建坝顶砂石路面，对坝体实施高喷灌浆和坝基帷幕灌浆防渗；上游坝坡以粗料石护坡；下游补坡，植草皮护坡，修建排水沟；清理溢洪道，建导

水营水库放水洞

水营水库

流墙和交通桥；维修放水洞，内衬直径600毫米夹砂玻璃钢管加固等。

水库枢纽由大坝、溢洪道、放水洞3部分构成。坝址以上控制流域面积6.8平方公里，干流河道长3.925公里，干流平均坡降0.052。总库容163.96万立方米、兴利库容86.22万立方米、调洪库容76.42万立方米、死库容1.32万立方米，兴利水位422.97米、设计洪水位425.638米、校核洪水位427.026米、死水位413.05米。该水库是一座以防洪、灌溉为主，兼做水产养殖等综合利用的小（一）型水库，其设计洪水标准为30年一遇，校核洪水标准为500年一遇。

大坝为黏土心墙坝，截渗墙防渗。坝顶长245米、宽4.5米，高程427.61米，最大坝高19.24米。防浪墙为浆砌块石结构，混凝土板压顶，宽0.6米，墙高0.7米左右。上游坝坡为干砌块石护坡，有反滤层；下游草皮护坡，坝脚设干砌石排水体。

溢洪道为开敞式，位于大坝左侧，无闸控制。溢洪道底宽16米，底高程422.97米，两侧采用浆砌块石护砌，末端有交通桥1座。最大泄量每秒196.07立方米。

放水洞，原设计为浆砌块石廊道，进口底高程413.05米，进口拍门控制，经除险加固后改建为直径340毫米坝内埋管，出水口分水闸控制。闸门宽1.2米、高1.25米。设计流量每秒1.74立方米。

刘家庄水库 位于鲁村镇刘家庄村南约700米处，拦截徐家庄河上游，属沂河水系。1970年10月开工，1971年10月竣工。完成投资14.4万元，投入工日13.7万个，总工程量9.73万立方米。1981年进行除险加固。2010年10月—2011年7月，投资450万元，对该水库进行除险加固，建坝顶现浇砼路面、防浪墙，对大坝实施高压旋喷灌浆防渗；上游坝坡以粗料石护坡；下游补坡，建排水沟和草皮护坡；清理溢洪道，建导流墙和交通桥；改建放水洞，新建管理房等。

水库枢纽由大坝、溢洪道、放水洞3部分构成。坝址以上控制流域面积5.4平方公里，干流河道长3.8公里，干流平均坡降0.0201。总库容232.32万立方米、兴利库容149.29万立方米、调洪库容74.01万立方米、死库容9.07万立方米，兴利水位405.24米、设计洪水位406.608米、校核洪水位407.415米、死水位396.52米。该水库是一座以防洪、灌溉为主，兼做水产养殖等综合利用的小（一）型水库，其设计洪水标准为30年一遇，校核洪水标准为500年一遇。

大坝为壤土心墙砂壳坝，坝长236米、顶宽5.5米，混凝土路面，坝顶高程408.40米，最大坝高16.5米。防浪墙高1米左右。上游坝坡为干砌方块石护坡；下游坝坡为草皮护坡，高程400.20米处

刘家庄水库

设1米宽戗台，坝脚设干砌红色方块石贴坡式排水体及浆砌红色方块石排水沟。

溢洪道为开敞式，位于大坝左侧，进口宽23.7米，底高程405.24米，无闸控制。溢洪道两侧采用浆砌块石直墙护砌，底部采用浆砌块石护底。交通桥为4孔平板桥，每孔宽6.0米，桥墩高约3.0米、厚0.8米。最大泄量每秒101.04立方米。

放水洞，原设计为浆砌块石廊道，坝前闸门控制。经除险加固后改建为廊道内埋管，坝前圆形铸铁闸门控制，管道外径500毫米。底高程396.52米。设计流量每秒1.5立方米。

娄峪水库 位于悦庄镇娄峪村南，拦截儒林河上游，属沂河水系。1976年9月开工，1977年3月基本竣工，完成投资21.23万元，投入工日37.32万个，工程量24.71万立方米。1981年进行除险加固保安全工程。2008年5月—2010年7月，投资248.64万元，对该水库进行除险加固，建坝顶砂石路面，对坝体实施高喷灌浆和基岩帷幕灌浆防渗；上游坝坡以现浇砼护坡；下游补坡，建排水体、排水沟，植草皮护坡；清理溢洪道，建溢流坝，维修放水洞等。

水库枢纽由大坝、溢洪道和放水洞3部分构成。坝址以上控制流域面积7.5平方公里，干流河道长3.15公里，干流平均比降0.0357。总库容323.37万立方米、兴利库容212.5万立方米、调洪库容98.87万立方米、死库容12万立方米，兴利水位347.10米、设计洪水位348.603米、校核洪水位349.311米，死水位332.10米。该水库是一座以防洪、灌溉为主的小（一）型水库，其设计洪水标准为30年一遇，校核洪水标准为500年一遇。

1976年，娄峪水库建设现场

大坝为黏土心墙砂壳坝，坝顶高程350.90米，长227米、宽4.5米，最大坝高24米。碎石路面，大理石路缘石；浆砌红色块石防浪墙，墙宽0.5米、高0.9米，大理石压顶；上游坝坡为现浇混凝土板护坡；下游坝坡为草皮护坡；坝脚设棱体排水及浆砌块石排水沟。

溢洪道为开敞式，位于大坝左侧，进口底宽36米，底高程347.10米，无闸控制。溢洪道右岸有一段浆砌块石直墙护砌，左岸及底部为山体，岩石裸露，无护砌。溢洪道内无交通桥。最大泄量每秒180.05立方米。

放水洞位于大坝左侧，洞身为浆砌石廊道，改建为廊道内埋水泥混凝土管，尺寸0.5米，进口底高程332.10米。出口接浆砌块石灌溉渠道，坝前闸门为斜拉式圆形铸铁闸门。设计流量每秒7.6立方米。

石门（一）水库 位于鲁村镇石门村北，拦截草埠河上游，属沂河水系。1976年10月动工，1977年4月竣工。完成投资27.22万元，投入工日39.96万个，总工程量33.79万立方米。1979年，进行除险加固工程。2008年5月—2010年7月，投资220.83万元，对该水库进行除险加固，建坝顶砂石路面，对大坝实施高压旋喷灌浆防渗；上游坝坡干砌石护坡维修；下游补坡，建排水沟，植草皮护坡；清理溢洪道，建导流墙；维修放水洞等。

水库枢纽由大坝、溢洪道、放水洞3部分构成。坝址以上控制流域面积8.4平方公里，干流河道长4.625公里，干流平均比降为0.0225。总库容415.26万立方米、兴利库容288.56万立方米、调洪库容92.7万立方米、死库容34万立方米，兴利水位376.66米、设计洪水位378.10米、校核洪水位378.76米、死水位365.50米。该水库是一座以防洪、灌溉为主，兼做水产养殖等综合利用的小（一）型水库，其设计洪水标准为30年一遇，校核洪水标准为500年一遇。

大坝为黏土心墙砂壳坝，坝顶长310米、宽4.5~4.8米，坝顶高程380.33~380.69米，最大坝高22米。坝顶为砂石路面，大理石防浪墙高0.4米。

溢洪道位于大坝右岸，为开敞式，无闸控制。进口底净宽为40米，设计底高程376.66米。最大泄量每秒182.59立方米。

放水洞位于大坝左侧，进口设内径约0.5米砼管，其下为砌石廊道，洞宽1.6米、高1.6米，进口底高程365.50米。配钢闸门，手动卷扬机启闭。设计流量每秒7.6立方米。

张家旁峪水库 位于大张庄镇张家旁峪村西北，拦截南岩河上游，属沂河水系。1977年12月开工，1978年6月竣工。完成投资19.44万元，投入工日36.16万个，总工程量29.04万立方米。1980年进行除险加固保安全工程。1992年3月完成放水洞灌浆治漏。2008年5月—2010年7月，投资406.13万元，对该水库进行除险加固工程，建坝顶砂石路面，对坝体实施高喷灌浆和坝基帷幕灌浆防渗；上游坝坡以粗料石护坡；下游补坡，植草皮护坡，建排水沟；清理溢洪道；维修放水洞；建管理房等。

1992年3月，完成张家旁峪水库放水洞灌浆治漏工程

水库枢纽由大坝、溢洪道、放水洞3部分构成。坝址以上控制流域面积6.3平方公里。总库容312.8万立方米、兴利库容260万立方米、调洪库容27.81万立方米、死库容24.99 万立方米，兴利水位431.60米、设计洪水位433.08米、校核洪水位433.911米、死水位422.50米。该水库是一座以防洪为主，兼顾灌溉的小(一)型水库，其设计洪水标准为30年一遇，校核洪水标准为500年一遇。

大坝为黏土心墙砂壳坝，坝顶长261.5米、宽5米，高程435.25~435.60米，最大坝高20米。

溢洪道为坝肩式无闸控制开敞式，堰顶高程431.60米，宽24米。最大泄量每秒126.25立方米。

放水洞为浆砌石廊道，洞长80米，进口底高程422.50米，出口底高程422.00米。设计流量每秒1.74立方米。

大寺水库 曾称为“两县水库”。位于悦庄镇七里寺村，拦截龙山河支流江泉峪河，属弥河水系。1978年3月开工，1979年10月基本竣工。完成总投资21.8万元，投入工日37.35万个，工程量21.86万立方米。1980年进行除险加固保安全工程，在高程370米处出现渗漏，坝后做箅式反滤排水。2008年5月—2010年7月，投资232.22万元，对该水库进行除险加固，建坝顶砂石路面，对坝体实施高压旋喷灌浆防渗；上游坝坡以现浇砼护坡；下游补坡，植草皮护坡，建排水沟；清理溢洪道，建导流墙，维修放水洞等。

水库枢纽由大坝、溢洪道和放水洞3部分构成。坝址以上控制流域面积4.3平方公里。总库容126.5万立方米、兴利库容92.4万立方米、调洪库容20.5

1979年建设大寺水库时，技术员在溢洪道开挖现场进行测量

万立方米、死库容13.6万立方米，兴利水位378.50米、设计洪水位380.40米、校核洪水位381.22米、死水位368.94米。该水库是一座以防洪、灌溉为主，兼做水产养殖等综合利用的小(一)型水库，其设计洪水标准为30年一遇，校核洪水标准为500年一遇。

大坝为黏土心墙砂壳坝，坝顶高程382.40~382.80米，长146.6米、宽4米，最大坝高26米。

溢洪道为正槽式，堰顶高程378.50米，宽19米。最大泄量每秒122.4立方米。

放水洞为直径600毫米钢筋砼有压圆管，进口底高程368.94米。设计流量每秒2.77立方米。

璞邱(一)水库 曾用名“双龙水库”。位于南鲁山镇璞邱西北1.3公里处，拦截璞邱西河，属弥河水系。1978年8月开工，1979年4月基本竣工。完成投资12.3万元，投入工日16.48万个，总工程量15.43万立方米。1985年实施除险加固。2008年5月—2010年7月，投资146.43万元，对该水库进行除险加固，建坝顶砂石路面、固化灰浆防渗墙；上游坝坡砼板护坡；下游补坡、新建草皮护坡、贴坡排水和排水沟；清理溢洪道，建导流墙；维修放水洞等。

水库枢纽由大坝、溢洪道、放水洞3部分构成。坝址以上控制流域面积7.0平方公里。总库容101.4万立方米、兴利库容51万立方米、调洪库容37.4万立方米、死库容13万立方米，兴利水位395.00米、设计洪水位397.93米、校核洪水位398.97米、死水位388.10米。该水库是一座以防洪为主，兼顾灌溉的小(一)型水库，其设计洪水标准为30年一遇，校核洪水标准为500年一遇。

大坝为黏土心墙砂壳坝，坝长180米、顶宽5.0米，坝顶高程400.40~400.78米，最大坝高26.5米。

溢洪道为坝肩式无闸控制开敞式，堰顶高程395.00米、宽19米。最大泄量每秒212.45立方米。

放水洞为浆砌石廊道，进口底高程388.10米，内衬DN500夹砂玻璃钢管。设计流量每秒2.3立方米。

后峪水库

后峪水库 位于张家坡镇后峪村北，拦截后峪河上游，属沂河水系。1978年10月开工，1979年6月基本竣工。完成投资15.1万元，投入工日20.5万个，总工程量15.5万立方米。1983年实施除险加固保安全工程。1984年放水洞灌浆治漏。2008年5月—2010年7月，投资153.80万元，对该水库进行除险加固，建坝顶砂石路面、管理房，对大坝实施高压旋喷灌浆防渗；上游坝坡以粗料石护坡整修；下游补坡，建排水沟，植草皮护坡；清理溢洪道，建导流墙，维修放水洞并内衬直径500毫米夹砂玻璃钢管加固等。

水库枢纽由大坝、溢洪道、放水洞3部分构成。坝址以上控制流域面积3.64平方公里。总库容100.49万立方米、兴利库容63.5万立方米、调洪库容22.39万立方米、死库容14.6万立方米，兴利水位333.00米、设计洪水位334.81米、校核洪水位335.97米、死水位319.92米。该水库是一座以防洪、灌溉为主，兼做水产养殖等综合利用的小(一)型水库，其设计洪水标准为30年一遇，校核洪水标准为500年一遇。

大坝为黏土心墙砂壳坝，坝顶高程335.68~336.21米，长220米、顶宽6米，最大坝高29.2米。防浪墙为浆砌石结构，高1.1米。上游坝坡为干砌块石护坡；下游草皮护坡，设置4条纵向排水沟，1条横向排水沟，排水沟均为矩形断面，坝脚设干砌石排水体，长68米。

溢洪道为开敞式，位于大坝左侧，无闸控制。溢洪道底宽18米，底高程333.00米，溢洪道内均为破碎岩石，冲刷严重。溢洪道上无交通桥。最大泄量每秒147.73立方米。

放水洞，原为浆砌块石廊道，宽1.2米、高1.2米，拱高0.6米。现状改建为廊道内埋钢管，内径500毫米。进口段为拍门控制，拍门的启闭由坝顶管理房内启闭机带动钢丝绳控制，出口段由闸阀控制。设计流量每秒2.35立方米。

错石水库 位于石桥镇错石村东北，拦截石桥河上游，属沂河水系。1979年5月开工，1980年5月竣工。完成投资20.15万元，投入工日47万个，总工程量30.89万立方米。2008年5月—2010年7月，投资433.46万元，对该水库进行除险加固，建坝顶砂石路面、管理房；上游坝坡以干砌石护坡；下游补坡，建排水沟，植草皮护坡；清理溢洪道，建导流墙，放水洞维修内衬直径500毫米夹砂玻璃钢管加固等。2020年，鉴定错石水库为三类坝。2021年3—5月，投资106.5万元，对该水库再次进行除险加固，建坝顶混凝土路面，上游坝坡加砂壳培厚压实，现浇混凝土护坡和粗料石护坡；维修放水洞闸阀室，建溢洪道导流墙等。

错石水库

水库枢纽由大坝、溢洪道、放水洞3部分构成。坝址以上控制流域面积6.0平方公里，干流河道长3.862公里，干流平均坡度为0.06。总库容153.10万立方米、兴利库容91.25万立方米、调洪库容52.60万立方米、死库容9.25万立方米，兴利水位364.78米、设计洪水位367.10米、校核洪水位368.25米、死水位353.70米。该水库是一座以防洪、灌溉为主，兼做水产养殖等综合利用的小（一）型水库，其设计洪水标准为30年一遇，校核洪水标准为500年一遇。

大坝为壤土心墙砂壳坝，坝顶高程369.86~371.59米，长285米，平均宽7米，最大坝高23米。坝顶设防浪墙，墙高0.4米。

溢洪道位于大坝左岸，为开敞式，底宽19米，底高程364.78米。最大泄量每秒184.22立方米。

放水洞位于大坝左侧，浆砌石拱形廊道结构，直墙宽1米、高1.2米，上部为半圆拱，坝前为钢闸门，手摇式卷扬机启闭。设计流量每秒2.45立方米。

小（二）型水库

西沙沟水库 位于历山街道西沙沟村西，拦截西东河上游，属沂河水系。1954年10月动工，1955年建成，是沂源县修建的首批水库之一。2008年5—8月，投资46.90万元，对该水库进行除险加固，建坝顶砂石路面；上游坝坡以砼板护坡；下游补坡，植草皮护坡，建排水沟；清理溢洪道，建导流墙和交通桥等。

水库枢纽由大坝、溢洪道、放水洞3部分构成。坝址以上控制流域面积1.47平方公里。总库容34万立方米、兴利库容22.4万立方米、调洪库容18万立方米、死库容4万立方米，兴利水位320.50米、设计洪水位320.90米、校核洪水位321.52米、死水位315.51米。该水库是一座以防洪为主，兼顾灌溉的小（二）型水库，其设计洪水标准为20年一遇，校核洪水标准为200年一遇。

西沙沟水库

大坝为黏土心墙砂壳坝，坝顶高程321.86～323.58米，长199.3米、宽5米，最大坝高9.58米。

溢洪道为正槽式，堰顶高程320.50米，宽17米。最大泄量每秒32.02立方米。

放水洞为浆砌石廊道，进口底高程315.51米，放水洞宽0.5米、高0.5米。设计流量每秒0.79立方米。

窗户沟水库 位于历山街道窗户沟村，属沂河水系。1958年10月开工，1959年10月建成。2009年5—12月，投资40.09万元，对该水库进行除险加固，建坝顶砂石路面、防浪墙；上游坝坡以砼板和粗料石护坡；下游补坡；清理溢洪道，建导流墙，维修放水洞等。2015年，市水利与渔业局鉴定窗户沟水库为三类坝。2015年8—11月，投资52.67万元，对该水库再次进行除险加固，在坝顶建防浪墙，对坝基实施帷幕灌浆，清理溢洪道，建导流墙和交通桥等。

水库枢纽由大坝、溢洪道、放水洞3部分构成。坝址以上控制流域面积0.97平方公里。总库容32万立方米、兴利库容19.1万立方米、调洪库容11万立方米、死库容1.6万立方米，兴利水位318.16米、设计洪水位318.76米、校核洪水位320.01米、死水位311.41米。该水库是一座以防洪为主，兼顾灌溉的小(二)型水库，其设计洪水标准为20年一遇，校核洪水标准为200年一遇。

大坝为黏土心墙砂壳坝，坝顶高程321.00～321.38米，长151米、宽4.0米，最大坝高13.0米。

溢洪道为正槽式，堰顶高程318.16米，宽7米。最大泄量每秒24.53立方米。

放水洞为浆砌石廊道，进口底高程311.41米，断面宽0.5米、高0.5米。设计流量每秒1.2立方米。

吴家官庄水库 曾用名“马河水库”。位于历山街道吴家官庄村北，拦截西东河(原称涝坡河)上游，属沂河水系。始建于1958年，1963年8月建成。2009年5—12月，投资54.44万元，对该水库进行除险加固，建坝顶砼路面；上游坝坡以粗料石护坡；下游补坡，植草皮护坡，建排水沟；清理溢洪道，维修交通桥等。

水库枢纽由大坝、溢洪道构成，现状无放水洞。坝址以上控制流域面积1.45平方公里。总库容10.19万立方米、兴利库容6.0万立方米、调洪库容2.69万立方米、死库容6万立方米，兴利水位297.00米、设计洪水位298.30米、校核洪水位298.82米、死水位297.00米。该水库是一座以防洪为主，兼顾灌溉的小(二)型水库，其设计洪水标准为20年一遇，校核洪水标准为200年一遇。

大坝为黏土心墙砂壳坝，顶高程300.00～300.11米，长112米、宽6.5米，最大坝高4.9米。

溢洪道为正槽式，堰顶高程297.00米，宽15.0米。最大泄量每秒55.13立方米。

东沙沟水库 位于历山街道东沙沟村北，属沂河水系。始建于1959年，1964年10月建成。2008年5—8月，投资57.0万元，对该水库进行除险加固，建坝顶砂石路面；上游坝坡以砼板和粗料石护坡；下游补坡，植草皮护坡，建排水沟；清理溢洪道，建导流墙和交通桥，维修放水洞等。2019年1月，东沙沟水库存在安全隐患，被评定为三类坝。2020年2—5月，投资83.66万元，再次进行除险加固，建坝顶砼路面，对坝基实施帷幕灌浆防渗；建坝后台阶、贴坡排水；清理开挖溢洪道，建砼导流墙，维修放水洞进出口，建启闭机房等。

水库枢纽由大坝、溢洪道、放水洞3部分构成。坝址以上控制流域面积1.43平方公里。总库容36万立方米、兴利库容12.4万立方米、调洪库容12.6万立方米、死库容11万立方米，兴利水位307.70米、设计洪水位308.78米、校核洪水位309.31米、死水位305.20米。该水库是一座以防洪为主，兼顾灌溉的小(二)型水库，其设计洪水标准为20年一遇，校核洪水标准为200年一遇。

大坝为黏土心墙砂壳坝，坝顶高程310.47～310.95米，长172米、宽5.0米，最大坝高15.2米。

溢洪道为正槽式，堰顶高程307.70米，宽12.0米。最大泄量每秒36.82立方米。

放水洞为浆砌石廊道，进口底高程305.20米，洞宽0.4米、高0.6米。设计流量每秒0.7立方米。

北大岩（二）水库 位于历山街道北大岩村西，北涝河上游，属沂河水系。始建于1959年，1962年10月建成。2009年5—12月，投资49.80万元，对该水库进行除险加固，建坝顶砂石路面、防浪墙；上游坝坡砼板和粗料石护坡；下游补坡，建排水沟，植草皮护坡；清理溢洪道，建导流墙，维修放水洞等。

水库枢纽由大坝、溢洪道、放水洞3部分构成。坝址以上控制流域面积0.56平方公里，干流河道长1.585公里，干流平均比降0.044。总库容10.061万立方米、兴利库容3.67万立方米、调洪库容4.311万立方米、死库容2.08万立方米，兴利水位334.80米、设计洪水位336.068米、校核洪水位336.674米、死水位331.55米。该水库是一座以防洪、灌溉为主的小（二）型水库，其设计洪水标准为20年一遇，校核洪水标准为200年一遇。

大坝为壤土心墙砂壳坝，坝顶高程337.60米，长127米、宽4.2~6.6米，最大坝高7.7米。浆砌块石防浪墙，混凝土压顶，墙高约1米、宽0.5米；上游坝坡兴利水位以上为干砌六边形预制混凝土块护坡，以下依次为干砌普通方块石和干砌六边形预制混凝土块护坡；下游坝坡为草皮护坡，坝脚设贴坡排水及混凝土排水沟。

溢洪道为开敞式，位于大坝右侧，进口底宽3.5米，底高程334.80米，无闸控制。两岸为山体，底部无护砌，岩石裸露，无交通桥。最大泄量每秒13.468立方米。

放水洞位于大坝右侧，洞身为浆砌石廊道，底高程331.55米，出口接浆砌块石渠道，渠道净宽0.5米、深0.5米。闸门为斜拉式圆形铸铁闸门。设计流量每秒0.4立方米。

北大岩（一）水库 曾用名“友谊水库”。位于历山街道北大岩村北，属沂河水系。1963年10月开工，1964年基本竣工。1976年进行除险加固。1989年7月放水洞灌浆治漏。完成投资26.5万元，投入工日30万个，总工程量25万立方米。2008年5—8月，投资71.7万元，对该水库进行除险加固，建坝顶砂石路面；上游补坡，以砼板护坡；下游补坡，植草皮护坡；清理溢洪道；维修放水洞等。2015年8—11月，投资62.46万元，再次对该水库进行除险加固，建坝顶砼路面、防浪墙；下游补坡，建排水沟、排水体，植草皮护坡；清理溢洪道，建导流墙和交通桥，维修放水洞等。

水库枢纽由大坝、溢洪道、放水洞3部分构成。坝址以上控制流域面积1.5平方公里，干流河道长1.75公里，干流平均坡降0.062。总库容57.99万立方米、兴利库容38.12万立方米、调洪库容19.84万立方米、死库容0.03万立方米，兴利水位356.15米、设计洪水位357.565米、校核洪水位358.465米、死水位345.00米。该水库是一座以防洪、灌溉为主的小（二）型水库，其设计洪水标准为20年一遇，校核洪水标准为300年一遇。

大坝为壤土心墙砂壳坝，坝顶高程358.50米，长204米、宽6.5米，最大坝高18.1米。防浪墙为浆砌料石结构，大理石压顶，墙高1米左右；上游坝坡为六边形混凝土护坡板；下游坝坡为草皮护坡，高程352.10米处设1.5米宽戗台，设纵横向预制混凝土板排水沟，坝脚设干砌方块石贴坡式排水体。

溢洪道为开敞式，位于大坝右侧，平均底宽6米，进口底高程356.15米，无闸控制。进口段左侧为山体，右侧为干砌块石直墙；出口段建交通桥，为单跨钢筋混凝土平板斜桥，桥宽7.5米，跨径6米。最大泄量每秒31.7立方米。

放水洞位于大坝左侧，为浆砌块石廊道结构，城门洞形，直墙宽1米、高1米，上部为半圆拱。进口底高程345.00米，出口底高程344.67米。设计流量每秒1.42立方米。

彩板峪水库 位于历山街道彩板峪村东北，彩板峪河上游，属沂河水系。始建于1963年10月，1966年6月基本建成。2010年5—12月，投资113.53万元，对该水库进行除险加固，建坝顶砼路面，上游坝坡以粗料石护坡，下游补坡，清理溢洪道，建导流墙和交通桥，维修放水洞等。

水库枢纽由大坝、溢洪道、放水洞3部分构成。坝址以上控制流域面积1.2平方公里，干流河道长2.0公里，干流平均比降0.093。总库容10.023万立方米、兴利库容4.6万立方米、调洪库容4.573万立方米、死库容0.85万立方米，兴利水位346.80米、设计洪水位348.503米、校核洪水位349.259米、死水位341.20米。该水库是一座以防洪、灌溉为主的小（二）型水库，其设计洪水标准为20年一遇，校核洪水标准为200年一遇。

大坝为壤土心墙砂壳坝，坝顶高程350.50米，长193米、宽3.8~5.5米，最大坝高16.5米。大理石防浪墙，宽0.14米、高0.4米。上游坝坡死水位以上为干砌块石护坡，死水位以下为干砌六边形预制混凝土块护坡；下游坝坡为草皮护坡，坝脚设棱体排水及浆砌块石排水沟。

溢洪道为开敞式，位于大坝左岸，进口底宽6.5米，底高程346.80米，无闸控制。溢洪道两岸为浆砌石直墙护砌，进口底部无护砌，斜槽末端及交通桥底部采用浆砌块石护底。交通桥为单跨混凝土平板桥，跨径7.0米，路面净宽3.2米。最大泄量每秒37.64立方米。

放水洞位于大坝右侧，洞身为浆砌石廊道，进口底高程341.20米，廊道末端接管道延伸至彩板峪村东，出口段为暗渠，净宽0.5米、深0.5米。闸门为斜拉式圆形铸铁闸门。设计流量每秒1立方米。

彩板峪水库

盗玉秋水库 位于南麻街道西上高庄村西北，属沂河水系。1965年6月开工，1966年3月建成。2009年5—12月，投资78.93万元，对该水库进行除险加固，建坝顶砂石路面、防浪墙、管理房；上游坝坡以砼板和粗料石护坡；下游补坡，植草皮护坡，建贴坡排水沟；清理溢洪道，维修放水洞等。

盗玉秋水库

水库枢纽由大坝、溢洪道、放水洞3部分构成。坝址以上控制流域面积1.38平方公里，干流河道长1.525公里，干流平均比降0.103。总库容为18.23万立方米、兴利库容10.15万立方米、调洪库容7.66万立方米、死库容0.42万立方米，兴利水位376.68米、设计洪水位378.52米、校核洪水位379.31米、死水位369.37米。该水库是一座以防洪、灌溉为主，兼做水产养殖等综合利用的小（二）型水库，其设计洪水标准为20年一遇，校核洪水标准为200年一遇。

大坝为黏土心墙砂壳坝，坝顶长122米、宽3.7米，最大坝高18米。浆砌石防浪墙高1米、宽0.5米，大理石压顶。上游坝坡为六边形混凝土板护砌，水位变动区为干砌石护砌；下游坝坡分为三部分，上、下部为草皮护坡，中间为戗台混凝土道路，宽4米；坝脚处设有贴坡排水，采用浆砌石护砌，护砌宽度10米。

溢洪道位于水库大坝右岸，为开敞式，进口底宽8米，底高程376.68米。溢洪道两岸采用浆砌石护砌。最大泄量每秒51.18立方米。

放水洞位于大坝左侧，洞身为浆砌石廊道，进口底高程369.37米，宽0.5米、高0.6米。闸门为斜拉式吊拉门，启闭设备为手动卷扬式启闭机。设计流量每秒1.51立方米。

陡起峪水库 位于南麻街道陡起峪村北，拦截栗行河上游，属沂河水系。1972年10月开工，1973年10月建成。2010年5—12月，投资146.30万元，对该水库进行除险加固，建坝顶现浇砼路面，

陡起峪水库

对坝体实施帷幕灌浆防渗；上游坝坡以粗料石护坡；下游补坡，植草皮护坡，建贴坡排水沟；清理溢洪道，建导流墙和交通桥，维修放水洞等。

水库枢纽由大坝、溢洪道和放水洞3部分构成。坝址以上控制流域面积1.38平方公里，干流河道长2.6公里，干流平均比降0.055。总库容13.83万立方米、兴利库容6.6万立方米、调洪库容5.03万立方米、死库容2.2万立方米，兴利水位432.90米、设计洪水位434.82米、校核洪水位435.73米、死水位426.20米。该水库是一座以防洪、灌溉为主的小（二）型水库，其设计洪水标准为20年一遇，校核洪水标准为200年一遇。

大坝为壤土心墙砂壳坝，坝顶高程436.60米，长146米、宽4.2~5.0米，混凝土路面，最大坝高19米。大理石防浪墙，墙宽0.14米、高0.45米；上游坝坡为干砌块石护坡；下游坝坡为草皮护坡，坝脚设棱体排水及浆砌块石排水沟。

溢洪道位于大坝右侧，为开敞式，进口底宽6米，底高程432.90米，无闸控制。溢洪道左岸为浆砌石直墙护砌，右岸及底部为山体，岩石裸露，无护砌。泄槽末端现状交通桥为单跨混凝土平板桥，跨径6.5米、宽3米。最大泄量每秒41.58立方米。

放水洞位于大坝左侧，洞身为浆砌石廊道，进口底高程426.20米，出口接浆砌块石矩形断面灌溉渠道，渠道净宽0.8米、深1.1米。闸门为斜拉式圆形铸铁闸门。设计流量每秒0.77立方米。

侯家官庄水库　曾用名“石棚沟水库”。位于南麻街道侯家官庄村南，拦截刘庄河上游，属沂河水系。始建于1974年，1975年春建成。2010年5—12月，投资257.57万元，对该水库进行除险加固，建坝顶砂石路面，实施土工膜防渗，上游坝坡以粗料石护坡，下游补坡，维修放水洞等。

水库枢纽由大坝、溢洪道和放水洞3部分构成。坝址以上控制流域面积0.85平方公里，干流河道长1.6公里，干流平均比降0.125。总库容19.94万立方米、兴利库容12.52万立方米、调洪库容5.62万立方米、死库容1.8万立方米，兴利水位360.86米、设计洪水位362.07米、校核洪水位362.66米、死水位353.10米。该水库是一座以防洪、灌溉为主的小（二）型水库，其设计洪水标准为20年一遇，校核洪水标准为200年一遇。

大坝为壤土心墙砂壳坝，坝顶高程362.90米，长199米、宽4.5米，最大坝高14米，无防浪墙。上游坝坡兴利水位以上为干砌红色方块石护坡，以下自上而下依次为干砌方块石护坡和干砌预制六边形混凝土块护坡两种；下游坝坡为草皮护坡，高程359.42米处设宽3.8米戗台，戗台处设浆砌块石灌溉渠道，渠道宽1.0米、深0.9米，渠墙厚0.45米，现状渠道内铺设直径D160钢管，坝脚设棱体排水及浆砌红色方块石排水沟。

溢洪道位于大坝左侧，为开敞式，进口宽7.6米，底高程360.86米，无闸控制。右岸采用浆砌块石直墙护砌，左岸末端为干砌块石护砌，底部无护砌。交通桥为2孔平板桥，每孔宽3.9米，桥墩高约1.5米、厚0.9米，桥面高程362.90米。最大泄量每秒27.03立方米。

放水洞位于大坝左侧，洞身为浆砌石底道，进口底高程353.10米，出口净宽1.2米、深1.0米。闸门为斜拉式圆形铸铁闸门。设计流量每秒2立方米。

朱家庄水库　位于南麻街道朱家庄村东，拦截高村河支流，属沂河水系。1977年9月开工，1979年下半年建成。2010年5—12月，投资61.98万元，对该水库进行除险加固，建坝顶砂石路面；上游坝坡以砼板和粗料石护坡；下游补坡，植草皮护坡，建贴坡排水沟；清理溢洪道，建导流墙和护底，维

朱家庄水库

修放水洞等。

水库枢纽由大坝、溢洪道和放水洞3部分构成。坝址以上控制流域面积1.4平方公里，干流长度1.95公里，干流平均比降0.052。总库容13.05万立方米、兴利库容5.2万立方米、调洪库容6.25万立方米、死库容1.6万立方米，兴利水位400.20米、设计洪水位402.296米、校核洪水位403.18米、死水位395.40米。该水库是一座以防洪、灌溉为主的小（二）型水库，其设计洪水标准为20年一遇，校核洪水标准为200年一遇。

大坝为壤土心墙砂壳坝，坝顶高程403.30米，长92米、宽3.8米，碎石路面，最大坝高15.1米。浆砌红色块石防浪墙，大理石压顶，墙宽0.5米，压顶宽0.6米；上游坝坡兴利水位以上为干砌红色方块石护坡，以下为干砌普通方块石护坡；下游坝坡为草皮护坡，坝脚设棱体排水及浆砌红色方块石排水沟。

溢洪道为开敞式，位于大坝右侧，进口宽5.8米，底高程400.20米，无闸控制。左岸采用浆砌块石直墙护砌，右岸为山体，底部无护砌。交通桥为单孔平板桥，净跨为5.8米，桥面高程404.00米。最大泄量每秒44.84立方米。

放水洞位于大坝右侧，洞身为浆砌石廊道，进口底高程395.40米，出口接浆砌块石渠道，渠道净宽0.6米、深0.9米。闸门为斜拉式圆形铸铁闸门。设计流量每秒1.15立方米。

璞邱（二）水库 曾用名“红卫水库”。位于南鲁山镇璞邱西北1.3公里处，拦截五井石河支流，属弥河水系。1966年10月开工，1967年6月建成。2009年5—12月，投资79.24万元，对该水库进行除险加固，建坝顶砂石路面；上游坝坡以砼板和粗料石护坡；下游补坡，植草皮护坡，建贴坡排水沟；清理溢洪道，建导流墙和交通桥，维修放水洞等。

水库枢纽由大坝、溢洪道、放水洞3部分构成。控制流域面积1.8平方公里。总库容48.55万立方米、兴利库容25.8万立方米、调洪库容20.05万立方米、死库容2.7万立方米，兴利水位372.10米、设计洪水位373.21米、校核洪水位373.73米、死水位364.44米。该水库是一座以防洪为主，兼顾灌溉的小（二）型水库，其设计洪水标准为20年一遇，校核洪水标准为200年一遇。

大坝为黏土心墙砂壳坝，坝顶高程375.40~375.63米，长128米、宽3.60~4.00米，最大坝高12.7米。

溢洪道为坝肩式无闸控制开敞式，堰顶高程372.10米，宽8.0米。最大泄量每秒35.46立方米。

放水洞为浆砌石廊道，进口底高程364.44米，放水洞宽0.8米、高1.3米。设计流量每秒1.34立方米。

车场水库 位于南鲁山镇车场村北1.2公里处，五井石河支流上游，属弥河水系。1966年10月开工，1967年6月建成。2009年5—12月，投资153.74万元，对该水库进行除险加固，建坝顶砂石路面，对坝体实施高喷灌浆和坝基帷幕灌浆防渗；上游坝坡以砼板和粗料石护坡；下游补坡，建排水沟、排水体，植草皮护坡；清理溢洪道，建导流墙，维修放水洞等。2015年8—11月，投资102.73万元，建下游坝坡台阶，对坝基实施帷幕灌浆，安装放水洞管道，修建防汛路、管理房等。

水库枢纽由大坝、溢洪道、放水洞3部分构成。坝址以上控制流域面积0.81平方公里。总库容21.61万立方米、兴利库容4.65万立方米、调洪库容5.11万立方米、死库容11.85万立方米，兴利水位427.40米、设计洪水位428.91米、校核洪水位429.66米、死水位427.19米。该水库是一座以防洪为主，兼顾灌溉的小（二）型水库，其设计洪水标准

车场水库

为20年一遇，校核洪水标准为200年一遇。

大坝为黏土心墙砂壳坝，坝顶高程431.90～432.70米，长142米、宽4.2米，最大坝高25.30米。

溢洪道为坝肩式无闸控制开敞式，堰顶高程427.40米，宽5.3米。最大泄量每秒27.06立方米。

放水洞为浆砌石廊道，进口底高程427.19米，放水洞断面内衬直径250毫米管道。设计流量每秒1.2立方米。

董家庄水库 曾用名“北大路水库”。位于南鲁山镇董家庄村西北，拦截董家庄村内河，属沂河水系。1966年11月开工，1970年12月建成。2009年5—12月，投资55.94万元，对该水库进行除险加固，建坝顶砂石路面，对坝体实施高压旋喷灌浆防渗；上游坝坡以砼板和粗料石护坡；下游补坡，植草皮护坡，建排水沟；清理溢洪道，建导流墙，维修放水洞等。2015年8—11月，投资57.09万元，再次进行除险加固，对坝基进行帷幕灌浆，建防汛路、管理房，安装太阳能路灯；整理坝坡，维修大坝排水沟，建粗料石台阶；维修溢洪道，建导流墙等。

水库枢纽由大坝、溢洪道、放水洞3部分构成。坝址以上控制流域面积0.56平方公里。总库容22.52万立方米、兴利库容15.7万立方米、调洪库容5.12万立方米、死库容1.7万立方米，兴利水位514.00米、设计洪水位515.05米、校核洪水位515.56米、死水位511.40米。该水库是一座以防洪为主，兼顾灌溉的小（二）型水库，其设计洪水标准为20年一遇，校核洪水标准为200年一遇。

大坝为黏土心墙砂壳坝，坝顶高程516.20～516.40米，长170米、宽3.3米，最大坝高16.2米。

溢洪道为正槽式，堰顶高程514.00米，宽6.0米。最大泄量每秒17.68立方米。

放水洞为浆砌石廊道，进口底高程511.40米，放水洞宽0.6米、高0.9米。设计流量每秒1.56立方米。

菜园（南沟）水库 曾用名“驴棚子峪水库”。位于南鲁山镇菜园村南，拦截菜园河上游，属沂河水系。1966年11月开工，1967年12月建成。2017年10—12月，投资85.7万元，对该水库进行除险加固，建坝顶砂石路面、防浪墙、管理房，加高心墙；上游坝坡以干砌块石护坡；下游补坡，植草皮护坡，建排水沟和排水体；清理溢洪道，建导流墙，维修放水洞等。

水库枢纽由大坝、溢洪道、放水洞3部分构成。控制流域面积0.32平方公里。总库容10.02万立方米、兴利库容8.01万立方米、调洪库容1.16万立方米、死库容0.85万立方米，兴利水位453.00米、设计洪水位454.07米、校核洪水位454.54米、死水位446.89米。该水库是一座以防洪为主，兼顾灌溉的小（二）型水库，其设计洪水标准为20年一遇，校核洪水标准为200年一遇。

大坝为黏土心墙砂壳坝，坝顶高程454.90～455.22米，长82米、宽3.5米，最大坝高13.8米。

溢洪道为坝肩式无闸控制开敞式，堰顶高程453.00米，宽4.5米。最大泄量每秒13.31立方米。

放水洞为砌石涵洞，进口底高程 446.89米，洞宽0.5米、高0.8米。设计流量每秒2.48立方米。

菜园(东沟)水库 曾用名“东峪水库”。位于南鲁山镇菜园村东南，拦截菜园河上游，属沂河水系。1969年11月开工，1970年12月建成。2010年5—12月，投资66.70万元，对该水库进行除险加固，建坝顶砂石路面；上游坝坡以粗料石护坡；下游补坡，植草皮护坡，建排水体和排水沟；清理溢洪道，建导流墙，维修放水洞等。

水库枢纽由大坝、溢洪道、放水洞3部分构成。坝址以上控制流域面积0.47平方公里，干流河道长0.9公里，干流平均比降0.131。总库容10.08万立方米、兴利库容6.6万立方米、调洪库容1.38万立方米、死库容2.1万立方米，兴利水位452.18米、设计洪水位453.03米、校核洪水位453.32米、死水位440.32米。该水库是一座以防洪、灌溉为主，兼做水产养殖等综合利用的小(二)型水库，其设计洪水标准为20年一遇，校核洪水标准为200年一遇。

大坝为黏土心墙砂壳坝，坝顶高程453.72米，长81米、宽3.7米，最大坝高19米。上游坝坡为干砌石护坡，下游坝坡为草皮护坡。

溢洪道位于大坝左岸，为开敞式，无闸控制，无交通桥。引渠段、控制段为不规则断面，无护砌；控制段底宽12米，底高程452.18米；泄槽段为梯形断面，两侧均为浆砌石直墙，底部无护砌，纵比降约为0.5，泄槽末端无消能设施。最大泄量每秒21.91立方米。

放水洞位于大坝右坝段，洞身原设计为砌石涵洞，后改为直径200毫米PE管，进口底高程440.32米。放水洞闸门为斜拉式吊拉门，启闭设备为手动卷扬式启闭机。设计流量每秒1.84立方米。

孟坡水库 曾用名“龙涧水库”。位于南鲁山镇孟坡村北，属沂河水系。1970年3月开工，1973年12月建成。2010年5—12月，投资77.04万元，对该水库进行除险加固，修建坝顶砂石路面，对大坝实施帷幕灌浆防渗；上游坝坡以粗料石护坡；下游补坡，植草皮护坡，建排水沟；清理溢洪道，维修放水洞等。

孟坡水库

水库枢纽由大坝、溢洪道和放水洞3部分构成。坝址以上流域面积1.3平方公里，干流河道长1.925公里，干流平均比降0.117。总库容13.284万立方米、兴利库容6.9万立方米、调洪库容4.384万立方米、死库容2万立方米，兴利水位412.90米、设计洪水位414.48米、校核洪水位415.14米、死水位406.80米。该水库是一座以防洪、灌溉为主的小(二)型水库，其设计洪水标准为20年一遇，校核洪水标准为200年一遇。

大坝为壤土心墙砂壳坝，坝顶高程415.50米，长79米、宽4.2米，最大坝高15.5米。浆砌块石防浪墙，混凝土压顶，墙宽0.5米、高约1米。

溢洪道位于大坝左侧，为开敞式，进口底宽10米，底高程412.90米，无闸控制。溢洪道两岸为山体，底部无护砌。最大泄量每秒50.36立方米。

放水洞位于大坝左侧，洞身为浆砌石廊道，宽0.4米、高0.5米，进口底高程406.80米。闸门为斜拉式圆形铸铁闸门。设计流量每秒1.24立方米。

郑家庄水库 位于南鲁山镇郑家庄村西北，拦截丝窝河，属弥河水系。1978年8月开工，1979年6月基本竣工。1985年除险加固。1989年加固大坝，对放水洞实施灌浆治漏，完成投资12.9万元，投入工日20.5万个，总工程量16.5万立方米。2010年5—12月，投资127.58万元，对该水库进行除险加固，建坝顶砂石路面、管理房；上游坝坡以粗料石护坡；下游补坡，植草皮护坡，建贴坡排水沟；清理溢洪道，维修放水洞等。2015年3—5月，

郑家庄水库

投资111万元，再次进行除险加固，对坝体进行高压旋喷桩施工，对坝顶路面实施硬化，安装路缘石，维修放水洞等。

水库枢纽由大坝、溢洪道、放水洞3部分构成。坝址以上控制流域面积8.4平方公里，干流河道长3.4公里，干流平均比降0.05。总库容72.6万立方米、兴利库容38.86万立方米、调洪库容32.81万立方米、死库容0.93万立方米，兴利水位436.94米、设计洪水位440.30米、校核洪水位441.527米、死水位424.80米。该水库是一座以防洪、灌溉为主的小（二）型水库，其设计洪水标准为20年一遇，校核洪水标准为200年一遇。

大坝为黏土心墙砂壳坝，坝基采用截水槽防渗。坝顶高程443.53米，长146米、宽4.2米，最大坝高29.4米。上游坝坡上部为红色干砌石护坡，下部为青色干砌块石护坡，设反滤层；下游为草皮护坡，坝脚设干砌石排水体及排水沟。

溢洪道位于大坝右侧，为开敞式，无闸控制。溢洪道底宽20米，底高程436.94米，两侧为自然山体，岩石裸露。最大泄量每秒294.75立方米。

放水洞浆砌块石廊道结构，宽1.2米、高1.2米，进口底高程424.8米，进口拍门控制。设计流量每秒0.6立方米。

南流水水库 位于南鲁山镇南流水村东南，拦截五井石河支流，属弥河水系。1978年8月开工，1979年12月建成。2010年5—12月，投资109.19万元，对该水库进行除险加固，建坝顶砂石路面、管理房；上游坝坡以砼板和粗料石护坡；下游补坡，植草皮护坡，建贴坡排水沟；清理溢洪道，建导流墙，维修放水洞等。

水库枢纽由大坝、溢洪道、放水洞3部分构成。坝址以上控制流域面积2平方公里，干流河道长2.48公里，干流平均比降0.0805。总库容18.53万立方米、兴利库容7.8万立方米、调洪库容7.23万立方米、死库容3.5万立方米，兴利水位444.90米、设计洪水位447.05米、校核洪水位447.83米、死水位433.80米。该水库是一座以防洪、灌溉为主，兼做水产养殖等综合利用的小（二）型水库，其设计洪水标准为20年一遇，校核洪水标准为200年一遇。

大坝为黏土心墙砂壳坝，坝顶高程447.87米，主坝坝顶长130米、宽4米，最大坝高21米。

溢洪道位于大坝左岸，开敞式宽顶堰，无闸控制，无交通桥。引渠段、控制段为不规则断面，左侧为山体，右侧为浆砌石护坡，底部为砂卵石。溢洪道内有混凝土道路，控制段底宽9米，底高程444.90米。泄槽末端无消能设施。最大泄量每秒67.71立方米。

放水洞位于大坝右坝段，洞身原设计为砌石涵洞，后改为直径200毫米PE管道，进口底高程433.8米。闸门为斜拉式吊拉门，启闭设备为手动卷扬式启闭机，出口闸阀控制。设计流量每秒1.64立方米。

大坡水库 位于南鲁山镇大坡村西北，拦截大坡河上游，属沂河水系。1978年冬开工，1979年冬建成。完成投资16.7万元，投入工日25.87万个，工程量20.3万立方米。2009年5—12月，投资173.29万元，对该水库进行除险加固，建坝顶砂石路面，上游坝坡以砼板和粗料石护坡；下游补坡，植草皮护坡，建贴坡排水沟；清理溢洪道，建导流墙和交通桥，维修放水洞等。

2019年1月，该水库存在安全隐患，被评定为三类坝。2020年2—5月，投资67.11万元，再次进行除险加固，加高心墙，在坝顶铺设碎石，安装坝顶混凝土路缘石，建坝后台阶，建溢洪道导流墙等。

水库枢纽由大坝、溢洪道、放水洞3部分构成。坝址以上控制流域面积4.65平方公里。总库容53.5万立方米、兴利库容21.44万立方米、调洪库容19.5万立方米、死库容12.56万立方米，兴利水位433.50米、设计洪水位435.32米、校核洪水位436.21米、死水位428.30米。该水库是一座以防洪为主，兼顾灌溉的小（二）型水库，其设计洪水标准为20年一遇，校核洪水标准为200年一遇。

大坝为黏土心墙砂壳坝，坝顶高程437.56~437.80米，长136米，最大坝高25米。

溢洪道为坝肩式无闸控制开敞式，底宽18米，底高程433.50米。最大泄量每秒139.25立方米。

放水洞位于大坝左端，浆砌石廊道，进口底高程428.30米，洞宽1.6米、高1.6米。设计流量每秒2.36立方米。

峨峪水库 位于鲁村镇峨峪村，拦截琉璃河上游，属沂河水系。1956年12月建成。2009年5—12月，投资19.41万元，对该水库进行除险加固，建坝顶砂石路面；对上游坝坡实施清表外运；下游补坡，建排水沟，植草皮护坡；清理溢洪道，建导流墙和交通桥，维修放水洞等。2021年3—5月，投资118.5万元，对该水库再次实施除险加固，建坝顶混凝土路面；在上游坝坡加砂壳培厚压实，并以现浇混凝土护坡，建下游排水沟；维修放水洞闸阀室、更换闸阀等。

水库枢纽由大坝、溢洪道、放水洞3部分构成。坝址以上控制流域面积2.06平方公里。总库容22.25万立方米、兴利库容11.3万立方米、调洪库容10.95万立方米、死库容5.2万立方米，兴利水位390.39米、设计洪水位392.375米、校核洪水位393.368米、死水位387.09米。该水库是一座以防洪、灌溉为主，兼做水产养殖等综合利用的小（二）型水库，其设计洪水标准为20年一遇，校核洪水标准为200年一遇。

大坝为黏土心墙砂壳坝，坝顶高程393.35~394.25米，坝顶长180米、宽3.2米，净宽3.0米，最大坝高23米。

溢洪道位于大坝左岸，为开敞式宽顶堰，堰顶高程390.39米，无闸控制，溢洪道进口宽10米，最窄处8米。右岸与坝体结合处为浆砌石挡墙，墙高1.2米；左岸为山体。泄槽段末端地势陡降，形成跌水，冲刷严重。下游40米有平板桥1座，连接进村道路。交通桥处溢洪道宽5.5米、高1.8米。最大泄量每秒61.67立方米。

放水洞位于大坝右坝段，原为砌石廊道式，2000年除险加固时在放水洞内衬300毫米钢管，由进口控制改为出口闸阀控制，进口底高程387.09米。设计流量每秒1.74立方米。

姬家峪水库 位于鲁村镇姬家峪村东，属沂河水系。始建于1956年，1957年5月建成。2012年10—12月，投资73万元，对该水库进行除险加固，建坝顶砂石路面，对坝基实施帷幕灌浆；上游坝坡以干砌石护坡；下游补坡，建排水沟，植草皮护坡；清理溢洪道，建导流墙，维修放水洞等。

水库枢纽由大坝、溢洪道、放水洞3部分构成。坝址以上控制流域面积0.7平方公里。总库容17.14万立方米、兴利库容6.58万立方米、调洪库容5.91万立方米、死库容4.65万立方米，兴利水位392.00米、设计洪水位392.67米、校核洪水位393.17米、死水位389.90米。该水库是一座以防洪为主，兼顾灌溉的小（二）型水库，其设计洪水标准为20年一遇，校核洪水标准为200年一遇。

大坝为黏土心墙砂壳坝，坝顶高程394.27~394.80米，长150米、宽6.0米，最大坝高10.6米。

溢洪道为坝肩式无闸控制开敞式，堰顶高程392.00米，宽4.8米。最大泄量每秒4.6立方米。

放水洞为浆砌石廊道内衬直径150毫米PE管道，进口底高程 389.80米。设计流量每秒1立方米。

北官庄水库 位于鲁村镇北官庄村东北，拦截鲁村东河上游，属沂河水系。1958年10月开工，1959年10月基本竣工。1978年实施应急加固，投资12.73万元，投入工日22.91万个，完成总工程量23.61万立方米。2009年5—12月，投资191.23万元，对该水库进行除险加固，在右坝肩实施高喷灌浆防渗，建坝顶砼路面、管理房；上游坝坡以砼板和粗料石护坡，下游补坡；清理溢洪道，建导流墙和交通桥，维修放水洞等。

水库枢纽由大坝、溢洪道、放水洞3部分构成。坝址以上控制流域面积2.5平方公里。总库容55.76万立方米、兴利库容23万立方米、调洪库容8.8万立方米、死库容7.0万立方米，兴利水位373.06米、设计洪水位376.50米、校核洪水位378.00米、死水位368.55米。该水库是一座以防洪、灌溉为主，兼做水产养殖等综合利用的小（二）型水库，其设计洪水标准为20年一遇，校核洪水标准为200年一遇。

大坝为黏土心墙沙壳坝，坝顶高程378.41~378.94米，长89米、宽4.7~5.0米，最大坝高20米。

溢洪道为正槽式，堰顶高程373.06米，宽7.0米。最大泄量每秒24.13立方米。

放水洞为浆砌石廊道，进口底高程368.55米，放水洞宽1米、高1.2米。设计流量每秒1.0立方米。

李家泉子（东）水库 位于鲁村镇李家泉子村东，拦截草埠河上游，属沂河水系。1964年2月开工，1965年5月建成。2012年10—12月，投资69万元，对该水库进行除险加固，建坝顶砂石路面，上游坝坡以粗料石护坡，下游补坡并建排水沟、植草皮护坡，清理溢洪道，维修放水洞等。

水库枢纽由大坝、溢洪道、放水洞3部分构成。坝址以上控制流域面积0.46平方公里，干流河道长0.61公里，干流平均比降0.11。总库容12.87万立方米、兴利库容5.53万立方米、调洪库容2.48万立方米、死库容4.86万立方米，兴利水位441.12米、设计洪水位442.32米、校核洪水位442.79米、死水位437.00米。该水库是一座以灌溉为主，结合防洪、养鱼等综合效益的小（二）型水库，其设计洪水标准为20年一遇，校核洪水标准为200年一遇。

大坝为黏土心墙砂壳坝，坝顶高程442.85~443.36米，长100米、宽2.9~3.2米，最大坝高为14.84米。

溢洪道位于大坝左侧，为开敞式宽顶堰，进口底高程为441.12米，进口底宽为7.2米。最大泄量每秒23.31立方米。

放水洞位于大坝右端的基岩上，为浆砌石无压廊道，宽0.6米、高0.8米，进口底高程437.00米。盖板式闸门，启闭设备为手摇式卷扬机。设计流量每秒1.39立方米。

曹家庄（上）水库 位于鲁村镇曹家庄村北，属沂河水系。1965年5月建成。2009年5—12月，投资29.72万元，对该水库进行除险加固，建坝顶砂石路面；上游坝坡以砼板和粗料石护坡；下游补坡，建排水沟，植草皮护坡；清理溢洪道，维修放水洞等。

水库枢纽由大坝、溢洪道、放水洞3部分构成。坝址以上控制流域面积0.27平方公里。总库容16.94万立方米、兴利库容12.05万立方米、调洪库容4.1万立方米、死库容0.79万立方米，兴利水位371.00米、设计洪水位371.35米、校核洪水位371.57米、死水位362.56米。该水库是一座以防洪为主，兼顾灌溉的小（二）型水库，其设计洪水标准为20年一遇，校核洪水标准为200年一遇。

大坝为黏土心墙砂壳坝，坝顶高程373.10米，长148米、宽3.6米，最大坝高14米。上游坝坡为干砌石护坡与混凝土块护坡，下游坝坡设贴坡排水体及排水沟。

溢洪道位于大坝右端，为宽顶堰式，两岸砌石防护，控制段净宽5.5米，堰顶高程371.00米。最大泄量每秒15.74立方米。

放水洞为浆砌石廊道，进口底高程362.56米，放水洞宽0.4米、高0.6米。设计流量每秒1.0立方米。

东岭水库 位于鲁村镇东岭村东，拦截鲁村东河支流，属沂河水系。1965年6月建成。2009年5—12月，投资58.37万元，对该水库进行除险加固，建坝顶砂石路面、防浪墙，对大坝实施高喷灌浆防渗；上游坝坡以砼板和粗料石护坡；下游补坡，建排水沟，植草皮护坡；清理溢洪道，建导流墙，维修放水洞等。

水库枢纽由大坝、溢洪道、放水洞3部分构成。

坝址以上控制流域面积0.6平方公里。总库容13万立方米、兴利库容8.8万立方米、调洪库容3.3万立方米、死库容0.9万立方米，兴利水位382.60米、设计洪水位383.96米、校核洪水位384.72米、死水位368.55米。该水库是一座以防洪为主，兼顾灌溉的小（二）型水库，其设计洪水标准为20年一遇，校核洪水标准为200年一遇。

大坝为黏土心墙砂壳坝，坝顶高程384.20米，长108米、宽4.0米，防浪墙高0.9米，最大坝高19米。

溢洪道为坝肩式无闸控制开敞式，堰顶高程382.60米，宽7.0米。最大泄量每秒18.87立方米。

放水洞为浆砌石廊道，进口底高程368.55米，放水洞宽0.7米、高0.9米。设计流量每秒1.66立方米。

石门（二）水库 位于鲁村镇丁家庄村北，属沂河水系。1965年7月建成。2009年5—12月，投资41.32万元，对该水库进行除险加固，建坝顶砂石路面；上游坝坡以砼板和粗料石护坡；下游补坡并植草皮护坡，建排水沟；清理溢洪道，建导流墙；维修放水洞等。

水库枢纽由大坝、溢洪道、放水洞3部分构成。坝址以上控制流域面积0.47平方公里，干流河道长1.7公里，干流平均比降0.105。总库容13.4万立方米、兴利库容5.3万立方米、调洪库容5.4万立方米、死库容2.7万立方米，兴利水位385.25米、设计洪水位386.06米、校核洪水位386.64米、死水位383.08米。该水库是一座以防洪、灌溉为主，兼做水产养殖等综合利用的小（二）型水库，其设计洪水标准为20年一遇，校核洪水标准为200年一遇。

大坝为黏土心墙砂壳坝，坝顶高程387.41~389.01米，长100米、宽3.5~4.0米，最大坝高16米，无防浪墙。

溢洪道位于大坝左侧，为开敞式宽顶堰。进口底高程为385.25米，宽5米。最大泄量每秒12.29立方米。

放水洞位于大坝右端，为直径200毫米铸铁管，进口底高程383.08米，设有启闭机房，盖板式闸门，手动卷扬机启闭。设计流量每秒1.39立方米。

李家泉子（西）水库 位于鲁村镇李家泉子村西北，拦截草埠河上游，属沂河水系。1966年11月开工，1967年5月建成。2017年10—12月，投资191.5万元，对该水库进行除险加固，对坝体实施旋喷灌浆，对坝基进行帷幕灌浆防渗，建坝顶砂石路面、管理房；上游坝坡以干砌粗料石护坡；下游补坡并植草皮护坡，建排水沟；清理溢洪道，建导流墙和交通桥，维修放水洞等。

水库枢纽由大坝、溢洪道、放水洞3部分构成。坝址以上控制流域面积0.45平方公里。总库容12.31万立方米、兴利库容9.14万立方米、调洪库容2.3万立方米、死库容0.87万立方米，兴利水位426.90米、设计洪水位428.12米、校核洪水位428.52米、死水位420.49米。该水库是一座以防洪、灌溉为主的小（二）型水库，其设计洪水标准为20年一遇，校核洪水标准为200年一遇。

大坝为黏土心墙砂壳坝，坝顶高程428.92~429.52米，长130米、宽5.5~6.5米，最大坝高11.8米。

溢洪道为坝肩式无闸控制开敞式，堰顶高程426.90米，宽6米。最大泄量每秒16.78立方米。

放水洞为浆砌石廊道，进口底高程420.49米，放水洞宽0.6米、高0.75米。设计流量每秒2.84立方米。

西五陡（上）水库 位于鲁村镇西五陡村，拦截西五陡河上游，属沂河水系。1967年6月建成。2017年10—12月，投资91.92万元，对该水库进行除险加固，建坝顶砂石路面、管理房，对坝体实施旋喷灌浆防渗；上游坝坡以现浇砼和干砌石护坡；下游补坡并建排水沟，植草皮护坡；清理溢洪道，建导流墙和交通桥，维修放水洞等。

水库枢纽由大坝、溢洪道、放水洞3部分构成。坝址以上控制流域面积1.67平方公里。总库容10.01万立方米、兴利库容5.65万立方米、调洪库容2.82万立方米、死库容1.54万立方米，兴利水位384.87米、设计洪水位386.63米、校核洪水位

西五陡（上）水库

387.41米、死水位379.95米。该水库是一座以防洪、灌溉为主的小（二）型水库，其设计洪水标准为20年一遇，校核洪水标准为200年一遇。

大坝为黏土心墙砂壳坝，坝顶高程387.93~388.67米，长74米、宽3.5米，最大坝高8米。

溢洪道为坝肩式无闸控制开敞式，堰顶高程384.87米，宽12.5米。最大泄量每秒75.8立方米。

放水洞为浆砌石廊道，进口底高程379.95米。设计流量每秒1.09立方米。

吴家庄水库 位于鲁村镇吴家庄村北，属沂河水系。1969年6月建成。2009年5—12月，投资39.04万元，对该水库进行除险加固，建坝顶砂石路面，上游坝坡以粗料石护坡，下游补坡并建排水沟，植草皮护坡，清理溢洪道并建导流墙，维修放水洞等。2021年3—5月，投资38.4万元，对坝顶路面实施混凝土硬化，下游坝坡建排水沟，维修放水洞廊道等。

水库枢纽由大坝、溢洪道、放水洞3部分构成。坝址以上控制流域面积0.72平方公里，干流长度为1.625公里，干流平均比降为0.087。总库容10.06万立方米、兴利库容4.3万立方米、调洪库容4.56万立方米、死库容1.2万立方米，兴利水位383.89米、设计洪水位385.144米、校核洪水位385.678米、死水位377.39米。该水库是一座以防洪、灌溉为主，兼做水产养殖等综合利用的小（二）型水库，其设计洪水标准为20年一遇，校核洪水标准为200年一遇。

大坝为壤土心墙砂壳坝，坝顶高程386.90~387.05米，长80米、宽3.4米，最大坝高16米。

溢洪道位于大坝左岸，开敞式宽顶堰，无闸控制。堰顶高程为383.89米，宽6.0米。溢洪道除进口段右侧为浆砌石挡墙，其余均为裸露山体。最大泄量每秒21.52立方米。

放水洞位于大坝右侧，原为砌石盖板廊道，宽0.7米、高0.9米，除险加固后改建为廊道内埋管，进口段底高程377.39米。斜拉式闸门控制，由坝顶管理房内启闭机带动钢丝绳控制。设计流量每秒1.64立方米。

丁家庄（草埠山）水库 位于鲁村镇丁家庄村，属沂河水系。1971年8月建成。2009年5—12月，投资48.89万元，对该水库进行除险加固，建坝顶砂石路面、管理房；上游坝坡以砼板和粗料石护坡；下游补坡，建排水沟，植草皮护坡；清理溢洪道，建导流墙，维修放水洞等。

水库枢纽由大坝、溢洪道、放水洞3部分构成。坝址以上控制流域面积0.56平方公里。总库容18.9万立方米、兴利库容8.0万立方米、调洪库容5.3万立方米、死库容5.6万立方米，兴利水位368.40米、设计洪水位372.04米、校核洪水位372.54米、死水位365.54米。该水库是一座以防洪为主，兼顾灌溉的小（二）型水库，其设计洪水标准为20年一遇，校核洪水标准为200年一遇。

大坝为黏土心墙砂壳坝，坝顶高程372.25~372.70米，长86米、宽4.2米，最大坝高10.5米。

溢洪道为坝肩式无闸控制开敞式，堰顶高程368.40米，宽5.0米。最大泄量每秒18.5立方米。

放水洞为浆砌石廊道，进口底高程365.54米，放水洞宽0.7米、高0.9米。设计流量每秒1.1立方米。

崮山（北）水库 位于鲁村镇崮山村北，属沂河水系。1973年5月建成。2009年5—12月，投资27.71万元，对该水库进行除险加固，建坝顶砂石路面；上游坝坡以砼板护坡；下游补坡，建排水沟，植草皮护坡；清理溢洪道，建导流墙，维修放水洞等。

水库枢纽由大坝、溢洪道、放水洞3部分组成。

坝址以上控制流域面积0.76平方公里。总库容10万立方米、兴利库容5.85万立方米、调洪库容3.4万立方米、死库容0.75万立方米，兴利水位392.00米、设计洪水位393.07米、校核洪水位393.75米、死水位388.40米。该水库是一座以防洪为主，兼顾灌溉的小（二）型水库，其设计洪水标准为20年一遇，校核洪水标准为200年一遇。

大坝为黏土心墙砂壳坝，坝顶高程394.99~395.05米，长57米、宽4.0米，最大坝高14.2米。

溢洪道为坝肩式无闸控制开敞式，堰顶高程392.00米，宽8.0米。最大泄量每秒67.5立方米。

放水洞为浆砌石廊道，进口底高程388.40米，高0.6米、宽0.6米。设计流量每秒 1.0立方米。

西五陡（下）水库　位于鲁村镇西五陡村，拦截西五陡河，属沂河水系。1978年11月建成。2009年5—12月，投资25.50万元，对该水库进行除险加固，建坝顶砂石路面；上游坝坡以砼板护坡，下游补坡并建排水沟，植草皮护坡；清理溢洪道，建导流墙，维修放水洞等。

水库枢纽由大坝、溢洪道构成。坝址以上控制流域面积2.55平方公里。总库容10万立方米、兴利库容2万立方米、调洪库容5万立方米、死库容3万立方米，兴利水位353.20米、设计洪水位356.06米、校核洪水位357.16米、死水位350.36米。该水库是一座以防洪、灌溉为主，兼做水产养殖等综合利用的小（二）型水库，其设计洪水标准为20年一遇，校核洪水标准为200年一遇。

大坝为黏土心墙砂壳坝，坝顶高程357.74~357.98米，长140米、宽3米，最大坝高11.5米。

溢洪道为正槽式，堰顶高程353.20米，宽8.0米。最大泄量每秒18.5立方米。

崮山（东）水库　位于鲁村镇崮山村东，拦截崮山河上游，属沂河水系。1975年6月建成。2009年12月对该水库进行除险加固，总投资38.35万元，建坝顶砂石路面、防浪墙；上游坝坡以砼板护坡；下游补坡，建排水沟，植草皮护坡；清理溢洪道，建导流墙，维修放水洞等。

水库枢纽由大坝、溢洪道、放水洞3部分构成。坝址以上控制流域面积0.72平方公里。总库容21.8万立方米、兴利库容8.0万立方米、调洪库容12.3万立方米、死库容1.5万立方米，兴利水位387.60米、设计洪水位387.99米、校核洪水位388.75米、死水位386.55米。该水库是一座以防洪为主，兼顾灌溉的小（二）型水库，其设计洪水标准为20年一遇，校核洪水标准为200年一遇。

大坝为黏土心墙砂壳坝，坝顶高程391.04~391.27米，长138米、宽3.7米，最大坝高9.7米。

溢洪道为正槽式，堰顶高程387.60米，宽6.0米。最大泄量每秒10.2立方米。

放水洞为浆砌石廊道，进口底高程386.55米，放水洞宽0.4米、高0.6米。设计流量每秒1.0立方米。

西官庄水库　位于鲁村镇西官庄村北，拦截琉璃河上游，属沂河水系。1975年6月建成。1998年对大坝进行加高、加外沙壳、开挖溢洪道等加固工程，但由于资金不足等原因，未达到设计标准。2006年6月对该水库实施加沙壳及大坝治漏等除险加固工程。2009年5—12月，投资31.87万元，对该水库进行一次较大的除险加固，更换上游坝坡死水位以上护坡石，翻修坝顶路面，设混凝土路沿石，对坝体实施灌浆，安装观测设施；建下游坡面排水沟，加固排水体，植草皮护坡；拓宽溢洪道，建溢流堰、交通桥、导流墙等；对放水洞实施清淤，维修进水口，更换闸门、钢丝绳，建启闭机房，砌石廊道注浆，建管理房1座。

水库枢纽由大坝、溢洪道、放水洞3部分构成。坝址以上控制流域面积0.6平方公里，干流长度为1.551公里，干流平均比降为0.0502。总库容11.58万立方米、兴利库容5.5万立方米、调洪库容4.98万立方米、死库容1.1万立方米，兴利水位364.88米、设计洪水位366.37米、校核洪水位367.06米、死水位360.39米。该水库是一座以防洪、灌溉为主，兼做水产养殖等综合利用的小（二）型水库，其设计洪水标准为20年一遇，校核洪水标准为200年一遇。

大坝为壤土心墙砂壳坝，坝顶高程367.90~

368.42米，最大坝高11米，坝长110米、宽4.0米，混凝土路面，无防浪墙。上游坝坡为六边形混凝土块护坡，下游坝坡为草皮护坡。

溢洪道位于大坝右侧，为开敞式宽顶堰，堰顶高程364.88米，净宽3.0米。有交通桥1座，长4米、宽3米。两岸及桥底均为浆砌石护砌，采用八字进口，出口为台阶式跌水消能。最大泄量每秒14.48立方米。

放水洞为浆砌石廊道，进口底高程360.39米，宽0.6米、高0.8米。经除险加固后改建为廊道内埋管，进口段通过斜拉式拍门控制，出口段位于溢洪道内，为廊道式出口。设计流量每秒1.39立方米。

王家庄水库　位于鲁村镇王家庄村北，属沂河水系。1975年10月开工，1976年建成。1979年进行除险加固治漏，原坝右端为冲积土，1982年再次开挖坝前并治漏，投资15.3万元，投入工日16.12万个，完成总工程量14万立方米。2009年5—12月，投资292.84万元，对该水库进行除险加固，建坝顶砂石路面，对大坝实施高压旋喷灌浆和坝基帷幕灌浆防渗；上游坝坡以粗料石护坡，下游补坡并建排水沟、植草皮护坡；维修放水洞等。

水库枢纽由大坝、溢洪道、放水洞3部分构成。坝址以上控制流域面积2.0平方公里。总库容82万立方米、兴利库容49.6万立方米、调洪库容25.1万立方米、死库容6.8万立方米，兴利水位390.30米、设计水位390.93米、校核水位391.24米、死水位379.90米。该水库是一座以防洪、灌溉为主的小（二）型水库，其设计洪水标准为20年一遇，校核洪水标准为200年一遇。

大坝为黏土心墙砂壳坝，坝顶高程393.50~393.86米，长305米，坝顶宽3.6米，最大坝高13.5米。

溢洪道为坝肩式无闸控制开敞式，堰顶高程390.30米，宽60米。最大泄量每秒78立方米。

放水洞为浆砌石廊道，进口底高程379.90米，放水洞宽1米、高1米。设计流量每秒1.5立方米。

上头庄水库　位于鲁村镇上头庄村北，拦截上头庄河上游，属沂河水系。1976年5月建成。2009年5—12月，投资20.46万元，对该水库进行除险加固，建坝顶砂石路面，上游坝坡以粗料石护坡，下游补坡并植草皮护坡、建排水沟，清理溢洪道，建导流墙，维修放水洞等。

水库枢纽由大坝、溢洪道、放水洞3部分构成。坝址以上控制流域面积0.42平方公里，干流河道长1.726公里，干流平均比降0.146。总库容10.56万立方米、兴利库容6.4万立方米、调洪库容3.26万立方米、死库容0.9万立方米，兴利水位366.61米、设计洪水位367.454米、校核洪水位367.86米、死水位359.0米。该水库是一座以防洪、灌溉为主，兼做水产养殖等综合利用的小（二）型水库，其设计洪水标准为20年一遇，校核洪水标准为200年一遇。

大坝为黏土心墙砂壳坝，坝顶高程368.75米，长120米、宽4.3米，最大坝高15米，无防浪墙。

溢洪道位于大坝左侧，为开敞式宽顶堰，堰顶高程为366.61米，净宽5米。右侧为浆砌石挡墙，左侧进口段及交通桥有浆砌石护砌，桥长5米、宽2米，其余均为自然山体，岩石裸露。最大泄量每秒10.48立方米。

放水洞原设计为砌石廊道，进口底高程359.0米，宽0.6米、高0.9米，经除险加固后改建为廊道内埋管。斜拉式闸门，手动卷扬机启闭。设计流量每秒1.05立方米。

曹家庄（下）水库　位于鲁村镇曹家庄村北，属沂河水系。1976年5月建成。2009年5—12月，投资29.77万元，对该水库进行除险加固，建坝顶砂石路面；上游坝坡以粗料石护坡；下游补坡，建排水沟，植草皮护坡；清理溢洪道，建导流墙，维修放水洞等。2022年5月，投资77万元，再次进行除险加固，维修护坡石、下游排水沟，在上游坝坡建粗料石台阶，对左坝肩实施灌浆防渗，维修溢洪道导流墙，更换放水洞闸门，维修放水洞出口。

水库枢纽由大坝、溢洪道、放水洞3部分构成。坝址以上控制流域面积0.55平方公里。总库容29万立方米、兴利库容21万立方米、调洪库容4.75万立方米、死库容3.25万立方米，兴利水位354.00米、设计洪水位355.13米、校核洪水位355.68米、死水位344.90米。该水库是一座以防洪为主，兼顾灌溉的小（二）型水库，其设计洪水标准为20年一遇，校核洪水标准为200年一遇。

大坝为黏土心墙砂壳坝，坝顶高程357.20~357.50米，长148米、宽3.2~4.0米，最大坝高17米。

溢洪道为坝肩式无闸控制开敞式，堰顶高程354.00米，宽5.50米。最大泄量每秒16.35立方米。

放水洞为砌石方涵，进口底高程344.90米，放水洞宽0.6米、高0.8米。设计流量每秒1.0立方米。

草埠一村水库 位于鲁村镇草埠一村，属沂河水系。1976年6月开工，1977年6月建成。2012年10—12月，投资102.10万元，对该水库进行除险加固，建坝顶砂石路面、启闭机房；对坝基实施帷幕灌浆；上游坝坡以粗料石护坡，下游补坡；清理溢洪道，维修放水洞等。

水库枢纽由大坝、溢洪道、放水洞3部分构成。坝址以上控制流域面积0.41平方公里。总库容14万立方米、兴利库容9.91万立方米、调洪库容1.83万立方米、死库容2.26万立方米，兴利水位391.30米、设计洪水位392.19米、校核洪水位392.83米、死水位386.50米。该水库是一座以防洪为主，兼顾灌溉的小（二）型水库，其设计洪水标准为20年一遇，校核洪水标准为200年一遇。

大坝为黏土心墙砂壳坝，坝顶高程393.24~393.91米，长120米、宽3.5~7.0米，最大坝高15.5米。

溢洪道为坝肩式无闸控制开敞式，堰顶高程391.30米，宽7.0米。最大泄量每秒15.2立方米。

放水洞为浆砌石廊道，进口底高程 386.50米，放水洞宽0.5米、高1.0米。设计流量每秒7.64立方米。

北官庄（二）水库 位于鲁村镇北官庄村西北，拦截鲁村西河上游，属沂河水系。1976年6月开工，1977年6月建成。2012年10—12月，投资26.83万元，对该水库进行除险加固，建坝顶砂石路面，对坝基实施帷幕灌浆防渗；上游坝坡以粗料石护坡，下游补坡；清理溢洪道，建导流墙等。

水库枢纽由大坝、溢洪道、放水洞3部分构成。控制流域面积1.04平方公里。总库容14.09万立方米、兴利库容6.16万立方米、调洪库容5.0万立方米、死库容2.93万立方米，兴利水位343.00米、设计洪水位344.40米、校核洪水位345.28米、死水位342.75米。该水库是一座以防洪为主，兼顾灌溉的小（二）型水库，其设计洪水标准为20年一遇，校核洪水标准为200年一遇。

大坝为黏土心墙砂壳坝，坝顶高程346.50米，长200米、宽3.5~5米，最大坝高10.5米。

溢洪道为坝肩式无闸控制开敞式，堰顶高程343.00米，宽4.3米。最大泄量每秒29.41立方米。

放水洞为浆砌石廊道配套闸门，进口底高程342.75米，放水洞为闸阀式。

丁家庄（三岔河）水库 位于鲁村镇丁家庄村，属沂河水系。1976年12月建成。2009年5—12月，投资26.91万元，对该水库进行除险加固，建坝顶砂石路面、防浪墙；上游坝坡以砼板和粗料石护坡；下游补坡，建排水沟，植草皮护坡；清理溢洪道，建导流墙，维修放水洞等。

水库枢纽由大坝、溢洪道、放水洞3部分构成。坝址以上控制流域面积0.63平方公里。总库容10万立方米、兴利库容2.84万立方米、调洪库容4.56万立方米、死库容2.6万立方米，兴利水位375.75米、设计洪水位378.79米、校核洪水位379.19米、死水位375.19米。该水库是一座以防洪为主，兼顾灌溉的小（二）型水库，其设计洪水标准为20年一遇，校核洪水标准为200年一遇。

大坝为黏土心墙砂壳坝，坝顶高程378.46~378.78米，长72米、宽3.9米，最大坝高8.6米。

溢洪道为正槽式，堰顶高程375.75米，宽5.0米。最大泄量每秒19.98立方米。

放水洞为浆砌石廊道，进口底高程375.19米，放水洞宽0.6米、高0.8米。设计流量每秒0.82立方米。

乐村水库 位于鲁村镇乐村，属沂河水系。始建于1976年，1977年6月建成。2008年5—8月，投资33.70万元，对该水库进行除险加固，建坝顶砂石路面；上游坝坡以砼板护坡；下游补坡并建排水沟，植草皮护坡；清理溢洪道；维修放水洞等。

水库枢纽由大坝、溢洪道、放水洞3部分构成。坝址以上控制流域面积0.56平方公里，干流河道长1.66公里，干流平均比降0.061。总库容13.56万立方米、兴利库容8.4万立方米、调洪库容3.56万立方米、死库容1.6万立方米，兴利水位377.80米、设计洪水位378.86米、校核洪水位379.36米、死水位371.50米。该水库是一座以防洪、灌溉为主，兼做水产养殖等综合利用的小(二)型水库，其设计洪水标准为20年一遇，校核洪水标准为200年一遇。

大坝为黏土心墙砂壳坝，坝顶高程为380.28~380.49米，长130米、宽3.6~3.8米，最大坝高14米，无防浪墙。

溢洪道位于水库大坝左侧，为开敞式宽顶堰。进口底高程为377.80米，进口底宽为6.0米。最大泄量每秒17.54立方米。

放水洞位于大坝右端的基岩上，为浆砌石无压廊道，盖板式闸门，启闭设备为手摇式卷扬机，进口底高程371.50米。设计流量每秒0.5立方米。

高峪(泉崖)水库 位于鲁村镇高峪村，拦截琉璃河支流，属沂河水系。1979年6月建成。2012年10—12月，投资24.70万元，对该水库进行除险加固，建坝顶砂石路面，对坝基实施帷幕灌浆；上游坝坡以干砌石护坡；下游补坡，建排水沟，植草皮护坡；清理溢洪道，维修导流墙、放水洞等。

水库枢纽由大坝、溢洪道、放水洞3部分构成。坝址以上控制流域面积0.64平方公里。总库容10.19万立方米、兴利库容7.27万立方米、调洪库容1.72万立方米、死库容1.2万立方米，兴利水位361.21米、设计洪水位362.40米、校核洪水位362.88米、死水位357.42米。该水库是一座以防洪为主，兼顾灌溉的小(二)型水库，其设计洪水标准为20年一遇，校核洪水标准为200年一遇。

大坝为黏土心墙砂壳坝，坝顶高程363.80米，长130米、宽4.0米，最大坝高9.6米。

溢洪道为坝肩式无闸控制开敞式，堰顶高程361.21米，宽8.0米。最大泄量每秒26.01立方米。

放水洞为浆砌石廊道，进口底高程357.42米，放水洞宽0.9米、高1.1米。设计流量每秒7.64立方米。

高峪(西前峪)水库 位于鲁村镇高峪村，拦截琉璃河支流，属沂河水系。1980年5月建成。2017年10—12月，投资77.58万元，对该水库进行除险加固，实施塑性砼防渗墙加高施工，建坝顶砂石路面、管理房；上游坝坡以干砌石护坡；下游补坡，植草皮护坡，建贴坡排水沟；清理溢洪道，建导流墙和交通桥，维修、改建放水洞等。

水库枢纽由大坝、溢洪道、放水洞3部分构成。坝址以上控制流域面积0.45平方公里。总库容10.18万立方米、兴利库容5.86万立方米、调洪库容1.42万立方米、死库容2.9万立方米，兴利水位361.87米、设计洪水位363.13米、校核洪水位363.68米、死水位359.69米。该水库是一座以防洪、灌溉为主的小(二)型水库，其设计洪水标准为20年一遇，校核洪水标准为200年一遇。

大坝为黏土心墙砂壳坝，坝顶高程364.41米，长84米、坝顶宽2.6米，最大坝高11.56米。

溢洪道为坝肩式无闸控制开敞式，堰顶高程361.87米，宽5.5米。最大泄量每秒20.72立方米。

放水洞为焊接钢管，进口底高程359.69米，直径0.3米。设计流量每秒0.5立方米。

东上峪水库 位于大张庄镇东上峪村东南，拦截沂河支流，属沂河水系。1959年7月开工，1960年7月建成。2009年5—12月，投资47.5万元，对该水库进行除险加固，建坝顶砂石路面；上游坝坡以砼板和粗料石护坡；下游补坡并植草皮护坡，建排水体和排水沟；清理溢洪道，维修放水洞等。

水库枢纽由大坝、溢洪道、放水洞3部分构成。坝址以上控制流域面积2.53平方公里，干流长度2.15公里，干流平均比降0.081。总库容36.7万立方米、兴利库容19.5万立方米、调洪库容13.7万立方米、死库容3.5万立方米，兴利水位389.26米、

东上峪水库

设计洪水位391.25米、校核洪水位392.14米、死水位381.86米。该水库是一座以防洪、灌溉为主，兼做水产养殖等综合利用的小（二）型水库，其设计洪水标准为20年一遇，校核洪水标准为200年一遇。

大坝为黏土心墙砂壳坝，坝顶高程为392.52~392.91米，长108.5米、宽4.0米，最大坝高15.6米。

溢洪道位于大坝左端，为开敞式，最窄处宽12米，进口底高程389.26米。最大泄量每秒87.87立方米。

放水洞位于大坝右岸，为无压砌石涵洞，进口底高程381.86米，涵洞宽1.0米、高0.7米，进口直径0.3米。进口设盖板式混凝土闸门，启闭设备为手摇式卷扬机。设计流量每秒1.74立方米。

大娄水库 位于大张庄镇北山村西南100米处，拦截沂河支流，属沂河水系。1964年10月开工，1965年5月竣工。1976年除险加固，完成投资10.74万元，投入工日13.04万个，总工程量9.4万立方米。2009年5—12月，投资146.02万元，对该水库进行除险加固，建坝顶砂石路面；上游坝坡以砼板和粗料石护坡；下游补坡并建排水沟，植草皮护坡；清理溢洪道，维修放水洞等。2020年2—5月，投资38.8万元，再次对该水库进行除险加固，建坝后台阶，清理开挖溢洪道，建砼导流墙，维修放水洞出口等。

水库枢纽由大坝、溢洪道、放水洞3部分构成。坝址以上控制流域面积2.4平方公里。总库容94.9万立方米、兴利库容56.4万立方米、调洪库容25.5万立方米、死库容13万立方米，兴利水位418.40米、设计洪水位419.12米、校核洪水位419.54米、死水位410.20米。该水库是一座以防洪为主，兼顾灌溉的小（二）型水库，其设计洪水标准为20年一遇，校核洪水标准为200年一遇。

大坝为黏土心墙砂壳坝，坝顶高程422.90~423.70米，长234米、宽3.5~4.0米，最大坝高20米。

溢洪道为坝肩式无闸控制开敞式，堰顶高程418.40米，宽28米。最大泄量每秒51.25立方米。

放水洞为砌石涵洞内衬钢管，进口底高程410.20米，放水洞宽1米、高1.2米。设计流量每秒1.61立方米。

曹家庄水库 位于大张庄镇曹家庄村东，拦截高村河支流上游，属沂河水系。1965年9月开工，1967年4月建成。2010年5—12月，投资89.7万元，对该水库进行除险加固，建坝顶砂石路面、管理房；上游坝坡以砼板和粗料石护坡，下游补坡；清理溢洪道；维修放水洞等。

水库枢纽主要由大坝、溢洪道、放水洞3部分构成。坝址以上控制流域面积1.69平方公里，干流长度1.5公里，干流平均比降0.091。总库容15.2万立方米、兴利库容9.6万立方米、调洪库容4.7万立方米、死库容0.9万立方米，兴利水位442.24米、设计洪水位443.79米、校核洪水位444.43米、死水位432.12米。该水库是一座以防洪、灌溉为主，兼做水产养殖等综合利用的小（二）型水库，其设计洪水标准为20年一遇，校核洪水标准为200年一遇。

大坝为黏土心墙砂壳坝，坝顶高程444.50米，长110米、宽5.0米，最大坝高21米。

溢洪道位于水库大坝左岸，为开敞式，跌坎消能。堰顶高程442.24米，宽12米。最大泄量每秒75.3立方米。

放水洞位于大坝右侧，洞身为浆砌石廊道结构，进口底高程432.12米，宽0.8米、高0.8米。斜拉式吊拉门，启闭设备为手摇式卷扬机。设计流量每秒1.72立方米。

赤坂水库 位于大张庄镇赤坂村西，拦截沂河支流，属沂河水系。1966年8月开工，1967年5月建成。2010年5—12月，投资57.6万元，对该水库进行除险加固，建坝顶砂石路面；上游坝坡以砼板和粗料石护坡；下游补坡并建排水沟、排水体；清理溢洪道，维修放水洞等。

赤坂水库

水库枢纽由大坝、溢洪道、放水洞3部分构成。坝址以上控制流域面积0.79平方公里，干流长度0.925公里，干流平均比降0.091。总库容16.0万立方米、兴利库容5.2万立方米、调洪库容4.5万立方米、死库容6.3万立方米，兴利水位357.00米、设计洪水位358.45米、校核洪水位358.90米、死水位354.03米。该水库是一座以防洪、灌溉为主，兼做水产养殖等综合利用的小(二)型水库，其设计洪水标准为20年一遇，校核洪水标准为200年一遇。

大坝为黏土心墙砂壳坝，坝顶高程359.60~359.71米，长135米、宽3.5~5.0米，最大坝高13.5米。

溢洪道位于大坝中部，为开敞式，无闸控制，大坝处设有交通桥。溢洪道进口宽4.9米，进口高程357.00米。最大泄量每秒29.3立方米。

放水洞位于大坝右侧，进口底高程354.03米，浆砌石涵洞，宽0.5米、高0.8米。盖板式闸门直径0.4米，为斜拉式吊拉门，手摇卷扬式启闭机。设计流量每秒0.92立方米。

刘家旁峪水库 位于大张庄镇刘家旁峪村，坐落于南岩河支流，属沂河水系。1972年5月开工，1973年4月建成。2009年5—12月，投资54.18万元，对该水库进行除险加固，建坝顶砂石路面；上游坝坡以砼板和粗料石护坡；下游补坡并植草皮护坡，建排水体和排水沟；清理溢洪道，建导流墙，维修放水洞等。

水库枢纽由大坝、溢洪道和放水洞3部分构成。坝址以上控制流域面积0.66平方公里。总库容11.7万立方米、兴利库容5.6万立方米、调洪库容3.6万立方米、死库容2.5万立方米，兴利水位441.30米、设计洪水位441.89米、校核洪水位443.23米、死水位439.19米。该水库是一座以防洪为主，兼顾灌溉的小(二)型水库，其设计洪水标准为20年一遇，校核洪水标准为200年一遇。

大坝为黏土心墙砂壳坝，坝顶高程444.29~444.62米，长130米、宽3.6米，最大坝高7.9米。

溢洪道为坝肩式无闸控制开敞式，堰顶高程441.30米，宽8米。最大泄量每秒37.59立方米。

放水洞为浆砌石廊道，进口底高程439.19米，洞宽0.4米、高0.6米。设计流量每秒0.63立方米。

保安庄水库 位于大张庄镇保安庄村西，拦截牛栏峪河上游，属大汶河水系。1972年7月开工，1976年5月建成。2010年5—12月，投资45.5万元，对该水库进行除险加固，建坝顶砂石路面；上游坝坡以砼板和粗料石护坡，下游补坡；清理溢洪道并建导流墙，维修放水洞等。

水库枢纽由大坝、溢洪道、放水洞3部分构成。坝址以上控制流域面积0.42平方公里，干流长

保安庄水库

0.8公里，干流平均比降0.1。总库容10.79万立方米、兴利库容5.7 万立方米、调洪库容 1.99 万立方米、死库容 3.1万立方米，兴利水位468.00米、设计洪水位468.96米、校核洪水位469.30米、死水位462.68米。该水库是一座以防洪、灌溉为主，兼做水产养殖等综合利用的小(二)型水库，其设计洪水标准为20年一遇，校核洪水标准为200年一遇。

大坝为黏土心墙砂壳坝，坝顶高程470.55米，长89米、宽3.5~5.0米，最大坝高16.37米。

溢洪道位于大坝右侧，为开敞式，进口底高程468.00米，宽6米。溢洪道左岸局部有浆砌石导流墙，右岸依托自然山体。最大泄量每秒13.37立方米。

放水洞位于大坝左岸，为浆砌石无压砌石廊道，进口底高程462.68米，宽0.75米、高1.2米。斜拉式吊拉门，启闭设备为手摇式卷扬机。设计流量每秒1.42立方米。

董家河沟水库 位于大张庄镇董家河沟村西南，拦截南岩河支流，属沂河水系。1972年8月开工，1973年5月建成。1996 年续建。2004 年进行应急除险加固。2008 年除险加固工程，坝顶采用 200毫米厚泥结石路面，上、下游坝肩设置素混凝土预制块路缘石；上游护坡死水位以上采用厚度150毫米的混凝土块护坡，死水位以下维持现状不变，在死水位处设置浆砌石护坡蹬脚；下游护坡补坡，种植草皮护坡，建坡面排水及贴坡排水；对溢洪道底风化岩石实施清理、整平，建溢洪道生产桥；维修进水口，更换闸门、钢丝绳，增设启闭机。2010年5—12月，投资83.88万元，再对该水库进行除险加固，建坝顶砂石路面；上游坝坡以砼板和粗料石护坡；下游补坡并植草皮护坡，建排水体和排水沟；清理溢洪道，建交通桥；维修放水洞等。

董家河沟水库

水库枢纽由大坝、溢洪道和放水洞3部分构成。坝址以上控制流域面积0.75平方公里，干流长1.038公里，干流平均比降0.062。总库容19.94万立方米、兴利库容10万立方米、调洪库容6.138万立方米、死库容3.8万立方米，兴利水位417.70米、设计洪水位419.124米、校核洪水位419.813米、死水位412.31米。该水库是一座以防洪、灌溉为主的小(二)型水库，其设计洪水标准为20年一遇，校核洪水标准为200年一遇。

大坝为壤土心墙砂壳坝，坝顶高程420.50米，长153米、宽4.4~6.4米，最大坝高13.5米。浆砌红色块石防浪墙，大理石压顶，墙宽0.5米、高约1米。

溢洪道为开敞式，位于大坝左侧，两岸为山体，底部无护砌，无交通桥，内为简易通行道路。进口底宽5米，底高程417.70米，无闸控制。最大泄量每秒23.13立方米。

放水洞位于大坝左侧，洞身为浆砌石廊道，进口底高程412.31米。闸门为斜拉式圆形铸铁闸门，启闭设备为手摇式卷扬机。出口接浆砌块石渠道，渠道净宽0.6米、深0.8米。设计流量每秒0.81 立方米。

上于土地水库 位于大张庄镇上于土地村，拦截柴汶河支流上游，属大汶河水系。始建于1972年，1973年1月修建干渠700米，1977年8月全部建成。2009年5—12月，投资54.45万元，对该水库进行除险加固，建坝顶砂石路面；上游坝坡以粗料石护坡；下游补坡并植草皮护坡，建排水沟；清理溢洪道，建交通桥和导流墙；维修放水洞等。

水库枢纽由大坝、溢洪道和放水洞3部分构成。坝址以上控制流域面积0.47平方公里。总库容10.0万立方米、兴利库容3.05万立方米、调洪库容2.25万立方米、死库容4.7万立方米，兴利水位406.00

米、设计洪水位407.76米、校核洪水位408.12米、死水位405.40米。该水库是一座以防洪为主，兼顾灌溉的小（二）型水库，其设计洪水标准为20年一遇，校核洪水标准为200年一遇。

大坝为黏土心墙砂壳坝，坝顶高程408.53~408.68米，长105米、宽3.4米，最大坝高10.3米。

溢洪道为坝肩式无闸控制开敞式，堰顶高程406.00米，宽5.0米。最大泄量每秒14.78立方米。

东放水洞为无压砌石廊道，宽0.6米、高0.8米；西放水洞设在大坝右端，为钢筋砼管，直径0.1米。

牛栏峪水库　位于大张庄镇牛栏峪村，拦截牛栏峪河上游，属大汶河水系。始建于1974年，1976年4月建成。2010年5—12月，投资54.90万元，对该水库进行除险加固，建坝顶砂石路面、防浪墙、管理房；上游坝坡以砼板和粗料石护坡；下游补坡并植草皮护坡，建排水体和排水沟；清理溢洪道，建导流墙，维修放水洞等。

水库枢纽由大坝、溢洪道和放水洞3部分构成。坝址以上控制流域面积0.58平方公里。总库容10万立方米、兴利库容5.95万立方米、调洪库容1.88万立方米、死库容2.17万立方米，兴利水位447.00米、设计洪水位447.91米、校核洪水位448.47米、死水位440.00米。该水库是一座以防洪为主，兼顾灌溉的小（二）型水库，其设计洪水标准为20年一遇，校核洪水标准为200年一遇。

大坝为黏土心墙砂壳坝，坝顶高程448.69~450.00米，长80米、宽4.4米，最大坝高15米。

牛栏峪水库

溢洪道为坝肩式无闸控制开敞式，堰顶高程447.00米，宽9.0米。最大泄量每秒24.06立方米。

放水洞为浆砌石廊道，进口底高程440.00米，宽0.5米、高1米。设计流量每秒1.0立方米。

上升科峪水库　位于大张庄镇上升科峪村，拦截柴汶河支流上游，属大汶河水系。1974年8月开工，1975年9月建成。2009年5—12月，投资34.77万元，对该水库进行除险加固，建坝顶砂石路面；上游坝坡以砼板和粗料石护坡；下游补坡并建排水沟，植草皮护坡；清理溢洪道，建导流墙；维修放水洞等。

水库枢纽由大坝、溢洪道和放水洞3部分构成。坝址以上控制流域面积0.65平方公里。总库容10.2万立方米、兴利库容7.1万立方米、调洪库容1.25万立方米、死库容1.85万立方米，兴利水位461.00米、设计洪水位461.90米、校核洪水位462.26米、死水位440.0米。该水库是一座以防洪为主，兼顾灌溉的小（二）型水库，其设计洪水标准为20年一遇，校核洪水标准为200年一遇。

大坝为黏土心墙砂壳坝，坝顶高程465.58~465.78米，长73米、宽3米，最大坝高15米。

溢洪道为坝肩式无闸控制开敞式，堰顶高程461.00米，宽6米。最大泄量每秒25.05立方米。

放水洞为浆砌石廊道，进口底高程440.00米，宽0.5米、高2.0米。设计流量每秒1.42立方米。

左家旁峪水库　位于大张庄镇左家旁峪村，南岩河支流上游，属沂河水系。1974年10月开工，1975年4月建成。2008年5月—2010年7月，投资406.13万元，对该水库进行除险加固，建坝顶砂石路面、管理房，对坝体实施高喷灌浆和坝基帷幕灌浆防渗；上游坝坡以粗料石护坡；下游补坡并植草皮护坡，建排水沟；清理溢洪道；维修放水洞等。

水库枢纽由大坝、溢洪道和放水洞3部分构成。坝址以上控制流域面积1.03平方公里。总库容19.42万立方米、兴利库容7.1万立方米、调洪库容6.22万立方米、死库容5.5万立方米，兴利水位433.70米、设计洪水位435.11米、校核洪水位435.75米、死水位432.02米。该水库是一座以防洪为主，兼顾灌溉的小（二）型水库，其设计洪水标准为20年一遇，校核洪水标准为200年一遇。

大坝为黏土心墙砂壳坝，坝顶长52米、宽5.0米，坝顶高程436.81~437.26米，最大坝高10米。

溢洪道为坝肩式无闸控制开敞式，堰顶高程433.70米，宽7.6米。最大泄量每秒33.54立方米。

放水洞为浆砌石廊道，进口底高程432.02米，宽0.4米、高0.6米。设计流量每秒0.74立方米。

东唐庄水库　位于大张庄镇东唐庄村东，拦截沂河支流，属沂河水系。1975年6月开工，1976年6月建成。2012年10—12月，投资40.13万元，对该水库进行除险加固工程，建坝顶砂石路面；上游坝坡补坡并以粗料石护坡；下游加砂壳并植草皮护坡，建排水体和排水沟；清理溢洪道，维修放水洞等。

水库枢纽由大坝、溢洪道、放水洞3部分构成。坝址以上控制流域面积0.61平方公里，干流长度0.96公里，干流比降0.081。总库容11.52万立方米、兴利库容3.64万立方米、调洪库容2.48万立方米、死库容5.4 万立方米，兴利水位377.50米、设计洪水位378.60米、校核洪水位379.11米、死水位372.84米。该水库是一座以防洪、灌溉为主，兼做水产养殖等综合利用的小（二）型水库，其设计洪水标准为20年一遇，校核洪水标准为200年一遇。

大坝为黏土心墙砂壳坝，坝顶高程为379.69~379.80米，长70米、宽5.3米，最大坝高11.4米。

溢洪道位于大坝左侧，为开敞式，两侧块石护砌。进口底高程377.5米，进口宽度8.5米。最大泄量每秒25.37立方米。

放水洞位于大坝右侧，为浆砌石无压砌石廊道。进口底高程 372.84米，宽1.1米、高1.1米。斜拉式吊拉门，启闭设备为手摇式卷扬机。设计流量每秒1.95立方米。

下升科峪水库　位于大张庄镇下升科峪村，拦截柴汶河支流上游，属大汶河水系。1976年6月建成。2012年10—12月，投资30.61万元，对该水库进行除险加固，建坝顶砂石路面，对坝基实施帷幕灌浆防渗；上游坝坡以粗料石护坡；下游补坡并植草皮护坡，建排水体和排水沟；清理溢洪道并建导流墙，对放水洞进行防渗处理并维修进出口等。

水库枢纽由大坝、溢洪道和放水洞3部分构成。坝址以上控制流域面积0.2平方公里。总库容10万立方米、兴利库容7.38万立方米、调洪库容0.27万立方米、死库容2.35万立方米，兴利水位422.09米、设计洪水位424.00米、校核洪水位424.26米、死水位419.50米。该水库是一座以防洪为主，兼顾灌溉的小（二）型水库，其设计洪水标准为20年一遇，校核洪水标准为200年一遇。

大坝为黏土心墙砂壳坝，坝顶高程424.71米，长61.3米、宽3.0米，最大坝高10.12米。

溢洪道为坝肩式无闸控制开敞式，堰顶高程422.09米，宽7.8米。最大泄量每秒7.39立方米。

放水洞为浆砌石廊道，进口底高程419.50米，宽0.6米、高1.5米。设计流量每秒1.1立方米。

太平庄水库　位于大张庄镇太平庄村西南，拦截南岩河支流上游，属沂河水系。1977年10月开工，1978年5月建成。2010年5—12月，投资57.2万元，对该水库进行除险加固，建坝顶砂石路面；上游坝坡以粗料石护坡；下游补坡并植草皮护坡，建排水体和排水沟；清理溢洪道，建导流墙，维修放水洞等。

水库枢纽由大坝、溢洪道和放水洞3部分构成。坝址以上控制流域面积0.7平方公里。总库容10.09万立方米、兴利库容5.4万立方米、调洪库容4.16万立方米、死库容0.53万立方米，兴利水位436.10米、设计洪水位437.47米、校核洪水位438.31米、

太平庄水库

死水位426.70米。该水库是一座以防洪为主，兼顾灌溉的小（二）型水库，其设计洪水标准为20年一遇，校核洪水标准为200年一遇。

大坝为黏土心墙砂壳坝，坝顶高程438.48~438.72米，长89.3米、宽3.5米，最大坝高15米。

溢洪道为坝肩式无闸控制开敞式，堰顶高程436.10米，宽8.0米。最大泄量每秒40.98立方米。

放水洞为浆砌石廊道，进口底高程426.70米，宽0.6米、高0.8米。设计流量每秒0.69立方米。

刘庄水库 位于燕崖镇刘庄村东南，拦截红旗水库上游，属沂河水系。1977年10月动工，1984年12月建成。2008年5—8月，投资24万元，对该水库进行除险加固，建坝顶砂石路面；上游坝坡以干砌石护坡维修；下游补坡并植草皮护坡，建排水沟；清理溢洪道；维修放水洞等。2015年3—5月，投资153万元，再次对该水库进行除险加固，上游坝坡以干砌粗料石护坡，硬化坝顶路面，建防浪墙；清理溢洪道，建导流墙和交通桥；修整放水洞并对廊道实施灌浆等。

水库枢纽由大坝、溢洪道、放水洞3部分构成。坝址以上控制流域面积1.11平方公里。水库总库容29.25万立方米、兴利库容11.8万立方米、调洪库容3.66万立方米、死库容13.79万立方米，兴利水位443.86米、设计洪水位445.685米、校核洪水位446.37米、死水位433.86米。该水库是一座以防洪、灌溉为主，兼做水产养殖等综合利用的小（二）型水库，其设计洪水标准为30年一遇，校核洪水标准为300年一遇。

大坝为壤土心墙砂壳坝，坝顶高程446.51~446.59米，长110米、宽5.0米，混凝土路面，最大坝高20米。防浪墙为浆砌块石结构，大理石压顶，宽0.6米、高1米。上游坝坡高程438.50米处设戗台，下游坝脚设干砌石排水体，为贴坡排水与棱体排水相结合的方式。

溢洪道为开敞式，位于大坝左侧，底宽7米，进口底高程443.86米，无闸控制。进口段右侧为浆砌块石直墙护砌，长94米，左侧为自然山体。出口段设有交通桥，两侧及底板为浆砌石护砌。最大泄量每秒41.75立方米。

放水洞为浆砌块石廊道，宽1.0米、高1.0米，进口底高程433.86米。坝前斜拉式闸门控制，手摇式卷扬机启闭。设计流量每秒1.95立方米。

列里水库 位于中庄镇列里村，拦截韩庄河上游，属沂河水系。1959年10月开工，1960年6月建成。1962年7月，决坝垮塌后重建，翌年完工。2010年5—12月，投资37.33万元，对该水库进行除险加固，建坝顶砂石路面、挡土墙，上游坝坡以粗料石护坡等。

列里水库

大坝主要由滚水坝、土石坝构成，原放水洞丧失放水功能。坝址以上控制流域面积6.7平方公里，干流长度2.9公里，干流比降0.0393。总库容 58.5 万立方米、兴利库容 35.3万立方米 、调洪库容 23.2万立方米，兴利水位298.37米、设计洪水位 299.85米、校核洪水位 300.45米、死水位293.54米。该水库是一座以防洪、灌溉为主，兼做水产养殖等综合利用的小（二）型水库，其设计洪水标准为20年一遇，校核洪水标准为200年一遇。

大坝分为主坝和副坝。主坝为采用浆砌块石结构的滚水坝，坝顶高程298.37米，长32米、宽2.0米，坝顶以混凝土压顶，最大坝高12米。滚水坝结构中间是干砌石结构，两侧为砌石结构。坝后河道为山体，无消能设施。副坝为黏土心墙砂壳坝，坝顶高程301.30米，长131米、宽3~4米，最大坝高12米，坝顶至坝后地面高度2.3~5.8米。

放水洞位于土石坝处，结构为浆砌石无压砌石廊道，宽0.8米、高1.0米。已丧失放水功能。

焦家上庄水库　位于中庄镇杨家庄河上游，焦家上庄村南1.5公里处，属沂河水系。始建于1970年11月，1971年6月基本竣工。1980年进行除险加固工程。1992年8月对放水洞实施灌浆治漏。总投资26.5万元，投入工日26.7万个，完成总工程量25.84万立方米。2009年5—12月，投资196.53万元，对该水库进行除险加固，建坝顶砂石路面、防浪墙；上游坝坡以砼板和粗料石护坡；下游补坡并植草皮护坡，建排水体、排水沟；清理溢洪道，建导流墙，维修放水洞等。2020年2—5月，投资72.5万元，再次对该水库进行除险加固，建坝后台阶，实施水泥土搅拌桩截渗墙和坝基帷幕灌浆防渗；清理开挖溢洪道，建砼导流墙；维修放水洞出口，对廊道实施灌浆等。2023年8—10月，根据水利部检查要求，对该水库实施维修加固工程，投资120万元，建溢洪道导流墙、溢流堰和交通桥，在坝脚建挡土墙，对坝后坡补坡等。

水库枢纽由大坝、溢洪道、放水洞3部分构成。坝址以上控制流域面积4.5平方公里。总库容97.6万立方米、兴利库容56.9万立方米、调洪库容27.1万立方米、死库容13.6万立方米，兴利水位408.10米、设计洪水位410.15米、校核洪水位411.07米、死水位397.50米。该水库是一座以防洪为主，兼顾灌溉的小（二）型水库，其设计洪水标准为20年一遇，校核洪水标准为200年一遇。

焦家上庄水库

大坝为黏土心墙砂壳坝，坝顶高程412.00~412.30米，长256米、宽3.5~6.5米，防浪墙高1~1.1米，最大坝高23.7米。

溢洪道为坝肩式无闸控制开敞式宽顶堰，宽17米，堰项高程408.10米。最大泄量每秒130.04立方米。

放水洞为浆砌石涵洞，宽1.0米，高1.0米，进口底高程397.50米。设计流量每秒5.61立方米。

耿庄水库　位于中庄镇耿庄村南，拦截杨家庄河支流上游，属沂河水系。1973年11月开工兴建，1976年7月竣工。2009年5—12月，投资108.66万元，对该水库进行除险加固，建坝顶砂石路面、防浪墙；上游坝坡以砼板和粗料石护坡；下游补坡并建排水体、排水沟，植草皮护坡；维修放水洞等。

水库枢纽由大坝、溢洪道、放水洞3部分构成。坝址以上控制流域面积1.45平方公里，干流长度1.4公里，干流比降0.093。总库容28.0万立方米、兴利库容15.1万立方米、调洪库容8.5万立方米、死库容4.4万立方米，兴利水位392.78米、设计洪水位394.24米、校核洪水位394.87米、死水位385.05米。该水库是一座以防洪为主，兼顾灌溉的小（二）型水库，其设计洪水标准为20年一遇，校核洪水标准为200年一遇。

大坝为黏土心墙砂壳坝，坝顶高程395.24~395.42米，长124米、宽4.1米，最大坝高18米。

溢洪道为无闸控制开敞式溢洪道，位于大坝左侧，底宽12米，进口底高程为392.78米。进口段左侧为山体，右侧为浆砌石挡墙，后接山体。最大泄量每秒56.05立方米。

放水洞位于大坝右侧，为浆砌石无压廊道，宽0.8米、高1.0米，进口底高程为385.05米。闸门为斜拉式吊拉门，启闭机为手摇式卷扬机。设计流量每秒1.4立方米。

崮东万水库　位于西里镇崮东万村北，拦截苗庄河上游，属沂河水系。1964年10月开工，1966年5月建成。2010年5—12月，投资133.37万元，对该水库进行除险加固，建坝顶砂石路面、防浪墙、管理房，对坝基实施帷幕灌浆防渗；上游坝坡以粗料石护坡；下游补坡并建排水体、排水沟，植草皮护坡；清理溢洪道，建导流墙和交通桥；维修放水洞等。

水库枢纽由大坝、溢洪道、放水洞3部分构成。坝址以上控制流域面积1.13平方公里，干流长度1.5公里，干流比降0.089。总库容22.44万立方米、兴利库容13.1万立方米、调洪库容6.34万立方米、死库容3万立方米，兴利水位330.88米、设计洪水位332.46米、校核洪水位333.00米、死水位322.58米。该水库是一座以防洪、灌溉为主，兼做水产养殖等综合利用的小（二）型水库，其设计洪水标准为20年一遇，校核洪水标准为200年一遇。

大坝为均质土坝，坝顶高程333.86~335.42米，长122米、宽4.0米，两端衔接处坝顶宽5米，最大坝高16.1米。

溢洪道位于大坝左侧，为开敞式，宽7.4米，进口底高程为330.88米。溢洪道经大坝处建有长3.7米、宽2米的交通桥，两岸均有浆砌石导流墙。最大泄量每秒34.36立方米。

放水洞位于大坝中间偏左侧，为浆砌石无压砌石廊道，宽0.6米、高0.8米，进口底高程为322.58米，出口底高程323.17米。闸门为斜拉式吊拉门，手摇卷扬机启闭。设计流量每秒1.35立方米。

石拉水库 位于西里镇石拉村东，拦截马庄河上游，属于沂河水系。1965年9月开工，1966年6月建成。1979年除险加固，完成投资12.5万元，投入工日22万个，总工程量16万立方米。2009年5—12月，投资37.58万元，对该水库进行除险加固，建坝顶砂石路面，维修放水洞；上游坝坡以粗料石护坡；下游补坡并植草皮护坡，建排水体和排水沟等。2019年1月，因存在安全隐患，该水库被评定为三类坝。2020年2—5月，投资95万元，再次进行除险加固，建防浪墙，上游坝坡以干砌石护坡，清理溢洪道，维修闸门启闭机等。

水库枢纽由大坝、溢洪道、放水洞3部分构成。坝址以上控制流域面积3.5平方公里。总库容47.24万立方米、兴利库容15万立方米、调洪库容21.24万立方米、死库容11万立方米，兴利水位304.00米、设计洪水位306.86米、校核洪水位307.78米、死水位301.24米。该水库是一座以防洪为主，兼顾灌溉的小（二）型水库，其设计洪水标准为20年一遇，校核洪水标准为200年一遇。

石拉水库有闸控制溢洪道

大坝为黏土心墙砂壳坝，坝顶高程308.73米，长108米、宽5米，最大坝高16.5米。

溢洪道为全县唯一一座小型水库有闸控制溢洪道，3孔，总宽11米，堰顶高程304.00米。最大泄量每秒102.72立方米。

放水洞为砌石廊道内衬PE管，进口底高程301.24米。设计流量每秒0.86立方米。

龙王峪水库 位于东里镇龙王峪村西北，属沂河水系。1965年10月开工，1966年5月竣工。2008年5—8月，投资27.50万元，对该水库进行除险加固，建坝顶砂石路面；下游补坡并植草皮护坡，建排水沟；清理溢洪道，建导流墙，维修放水洞等。

水库枢纽由大坝、溢洪道、放水洞3部分构成。坝址以上控制流域面积0.88平方公里，干流长度1.269公里，干流平均坡降0.0971。总库容11.0万立方米、兴利库容5.4万立方米、调洪库容4.1万立方米、死库容1.5万立方米，兴利水位231.31米、设计洪水位232.615米、校核洪水位232.985米、死水位228.35米。该水库是一座以防洪灌溉为主，兼做水产养殖等综合利用的小（二）型水库，其设计洪水标准为20年一遇，校核洪水标准为200年一遇。

大坝为黏土心墙砂壳坝，坝顶高程234.30米，长90米、宽5.5米，最大坝高22米。防浪墙为浆砌块石结构，大理石压顶宽0.6米，防浪墙高0.7米。上游坝坡为六边形混凝土护坡板，下游坝脚设干砌石排水体。

溢洪道为无闸控制开敞式，位于大坝右侧，宽14.5米，底高程231.31米，两侧采用浆砌块石直墙护砌，下游两岸为自然山体，跌水消能。溢洪道上无交通桥。最大泄量每秒47.15立方米。

放水洞位于大坝右侧，为浆砌石廊道。坝前为直径300毫米PE管，进口底高程228.35米，未设置拍门及闸阀。坝后为双闸阀控制，闸阀后接浆砌块石矩形断面渠道，宽1.1米、高0.9米。设计流量每秒1.1立方米。

李家沟水库 位于东里镇李家沟村西600米处，属沂河水系。1966年10月开工，1967年6月竣工，同年修建干渠。1984年进行除险加固完善工程，完成投资16.5万元，投入工日15.5万个，总工程量12.8万立方米。2010年5—12月，投资45.79万元，对该水库进行除险加固工程，建坝顶砂石路面，对坝基实施帷幕灌浆防渗；上游坝坡以粗料石护坡，下游补坡；清理溢洪道，维修放水洞并内衬直径400毫米夹砂玻璃钢管加固等。2020年2—5月，投资72万元，对该水库再次进行除险加固，对坝体实施水泥土搅拌桩心墙加高，上游护坡石拆除重建，下游坝坡建贴坡排水等。

水库枢纽由大坝、溢洪道、放水洞3部分构成。坝址以上控制流域面积4.5平方公里。总库容72.97万立方米、兴利库容38万立方米、调洪库容31.97万立方米、死库容3万立方米，兴利水位226.15米、设计洪水位228.36米、校核洪水位229.18米、死水位219.15米。该水库是一座以防洪为主，兼顾灌溉的小（二）型水库，其设计洪水标准为20年一遇，校核洪水标准为200年一遇。

大坝为黏土心墙砂壳坝，坝顶高程229.35米，长168米、宽3.2~5.89米，最大坝高16米。

溢洪道为坝肩式无闸控制开敞式宽顶堰，宽28米，堰顶高程226.15米。最大泄量每秒102.72立方米。

放水洞为砌石涵洞，宽1.0米、高1.2米，进口底高程219.15米。设计流量每秒2.66立方米。

刘家峪水库 位于张家坡镇刘家峪村西北800米处，属沂河水系。1966年9月开工，1967年2月竣工。2010年5—12月，投资73.78万元，对该水库进行除险加固，建坝顶砂石路面、防浪墙，对坝体实施高喷灌浆防渗；上游坝坡以粗料石护坡，下游补坡；清理溢洪道并建导流墙和交通桥，维修放水洞等。

水库枢纽由大坝、溢洪道、放水洞3部分构成。坝址以上控制流域面积1.1平方公里，干流长度1.7公里，平均比降0.093。总库容10.55万立方米、兴利库容5.7万立方米、调洪库容3.91万立方米、死库容0.94万立方米，兴利水位320.20米、设计洪水位321.771米、校核洪水位327.272米、死水位314.40米。该水库是一座以防洪、灌溉为主，兼做水产养殖等综合利用的小（二）型水库，其设计洪水标准为20年一遇，校核洪水标准为200年一遇。

大坝为黏土心墙砂壳坝，坝顶高程322.73~323.38米，长75米、总宽4.7米，路面净宽4.2米，最大坝高12米。浆砌石防浪墙，高1.25米，大理石压顶，宽0.5米。

溢洪道位于大坝右侧，为开敞式宽顶堰，宽8.5米，堰顶高程320.20米，现状为进出水库的交通道路。除一小段为浆砌石直墙外，其余段均为山体。末端平板桥，通过桥下砌石廊道直接汇入下游河道。最大泄量每秒38.02立方米。

放水洞位于大坝左侧，为砌石廊道，宽0.5米、高0.7米，进口底高程314.40米，经除险加固后改建为廊道内埋直径350毫米PE管。进口段为斜拉式吊拉门，闸门由启闭机带动钢丝绳控制，出口段为渠道。设计流量每秒0.65立方米。

北店子（二）水库 位于张家坡镇北店子村西北1公里处，拦截红水河上游，属沂河水系。1977年11月开工，1978年7月竣工。2009年5—12月，投资36.69万元，对该水库进行除险加固，建坝顶砂石路面、防浪墙；上游坝坡以砼板和粗料石护坡；下游补坡并植草皮护坡，建排水体、排水沟；清理溢洪道，维修放水洞等。

水库枢纽由大坝、溢洪道、放水洞3部分构成。坝址以上控制流域面积1.44平方公里，干流长度为1.775公里，干流平均比降为0.0708。总库容10.36万立方米、兴利库容4.7万立方米、调洪库容4.46万立方米、死库容1.2万立方米，兴利水位318.53米、设计洪水位320.42米、校核洪水位321.17米、死水位313.07米。该水库是一座以防洪、灌溉为主，兼做水产养殖等综合利用的小（二）型水库，其设计洪水标准为20年一遇，校核洪水标准为200年一遇。

大坝为黏土心墙砂壳坝，坝顶高程321.29~321.55米，长80米、宽4.0米，最大坝高22米。浆砌石防浪墙，高0.85米，大理石压顶，宽0.6米。

溢洪道位于大坝左侧，无闸控制开敞式，宽8.5米，堰顶高程为318.53米，进口段右岸为浆砌石挡墙，左岸为山体。溢洪道上游建有平板桥，桥面宽5米；下游为钢筋混凝土直墙，转弯段下游为浆砌石直墙。最大泄量每秒63.60立方米。

放水洞位于大坝左侧，为砌石廊道，宽0.6米，高0.8米，进口底高程313.07米，除险加固后改建为廊道内埋直径350毫米PE管。斜拉式吊拉门，由启闭机带动钢丝绳控制。出口段为浆砌石渠道，下游渠道与溢洪道连接。设计流量每秒1.6立方米。

大石沟水库　位于张家坡镇大石沟村东500米处，属沂河水系。1977年11月开工，1979年7月基本竣工。2010年5—12月，投资92.41万元，对该水库进行除险加固，建坝顶砂石路面；上游坝坡以干砌粗料石护坡；下游补坡并植草皮护坡，建贴坡排水沟；维修放水洞等。

水库枢纽由大坝、溢洪道、放水洞3部分构成。坝址以上控制流域面积0.58平方公里，干流长度为0.905公里，干流平均比降为0.0916。总库容20.35万立方米、兴利库容10.9万立方米、调洪库容6.55万立方米、死库容2.9万立方米，兴利水位301.33米、设计洪水位303.357米、校核洪水位304.182米、死水位293.53米。该水库是一座以防洪、灌溉为主，兼做水产养殖等综合利用的小（二）型水库，其设计洪水标准为20年一遇，校核洪水标准为200年一遇。

大坝为黏土心墙砂壳坝，坝顶高程304.50~305.11米，长95米、宽4.2米，最大坝高22米。浆砌石防浪墙高1.0米，大理石压顶，宽0.6米。

溢洪道位于大坝左侧，为开敞式宽顶堰，净宽2.0米，堰顶高程为301.33米。出口段上部为交通桥，下部为出水廊道，出水口宽0.4米、高0.5米。最大泄量每秒29.10立方米。

放水洞位于大坝左侧，为无压砌石廊道，宽0.5米、高0.7米，进口底高程293.53米。斜拉式吊拉门，闸门由启闭机带动钢丝绳控制。设计流量每秒0.45立方米。

邵家峪水库　位于张家坡镇邵家峪村东900米处，属沂河水系。1978年10月开工，1979年6月竣工。2009年5—12月，投资87.84万元，对该水库进行除险加固，建坝顶砂石路面、防浪墙；上游坝坡粗料石护坡；下游补坡并植草皮护坡，建排水沟；清理溢洪道，维修放水洞等。

水库枢纽由大坝、溢洪道、放水洞3部分构成。坝址以上控制流域面积0.8平方公里，干流长度为1.45公里，干流平均比降为0.163。总库容10.16万立方米、兴利库容2.8万立方米、调洪库容6.06万立方米、死库容1.3万立方米，兴利水位362.22米、设计洪水位363.547米、校核洪水位364.127米、死水位357.22米。该水库是一座以防洪、灌溉为主，兼做水产养殖等综合利用的小（二）型水库，其设计洪水标准为20年一遇，校核洪水标准为200年一遇。

大坝为黏土心墙砂壳坝，坝顶高程364.50~364.63米，长115米、总宽4.3米、路面净宽3.3米，最大坝高14米。浆砌石防浪墙，高1.2米，大理石压顶，宽0.5米。

溢洪道位于大坝左侧，为开敞式宽顶堰，宽6.5米，堰顶高程为362.22米，两侧均为自然山体。最大泄量每秒45.32立方米。

放水洞位于大坝右侧，为无压砌石廊道，宽0.5米、高0.5米。斜拉式吊拉门，闸门由启闭机带动钢丝绳控制，出口段为浆砌石出口。设计流量每秒0.45立方米。

关河峪(栗子园)水库 位于石桥镇关河峪村东北900米处，属沂河水系。1964年10月开工，1966年5月建成。2010年5—12月，投资80.09万元，对该水库进行除险加固，建坝顶砂石路面、管理房、防汛道路；上游坝坡以砼板和粗料石护坡；下游补坡并植草皮护坡，建排水沟；清理溢洪道；维修放水洞等。

水库枢纽由大坝、溢洪道、放水洞3部分构成。坝址以上控制流域面积0.96平方公里。总库容15.06万立方米、兴利库容9.80万立方米、调洪库容3.46万立方米、死库容1.8万立方米，兴利水位361.55米、设计洪水位363.33米、校核洪水位363.98米、死水位353.8米。该水库是一座以防洪为主，兼顾灌溉的小(二)型水库，其设计洪水标准为20年一遇，校核洪水标准为200年一遇。

大坝为黏土心墙砂壳坝，坝顶高程364.60米，长90米、宽4.0米，最大坝高16米。

溢洪道为坝肩式无闸控制开敞式宽顶堰，宽8米，堰顶高程361.55米。最大泄量每秒47.55立方米。

放水洞为浆砌石廊道，宽0.6米、高1.0米，进口底高程 353.80米。设计流量每秒1.47立方米。

黄墩河水库 位于石桥镇黄墩河村东南350米处，属沂河水系。1964年12月开工，1965年4月基本竣工，同年12月修建干渠。2010年5—12月，投资91.30万元，对该水库进行除险加固，建坝顶砂石路面、管理房；上游坝坡以粗料石护坡；下游补坡并植草皮护坡，建排水沟；清理溢洪道，建导流墙和交通桥，维修放水洞等。

黄墩河水库

水库枢纽由大坝、溢洪道、放水洞3部分构成。坝址以上控制流域面积0.7平方公里，干流长1.23公里，平均比降0.0113。总库容为10.1万立方米、兴利库容5.57万立方米、调洪库容3.5万立方米、死库容为0.03万立方米，兴利水位293.93米、设计洪水位295.17米、校核洪水位295.66米、死水位为287.05米。该水库是一座以防洪、灌溉为主，兼做水产养殖等综合利用的小(二)型水库，其设计洪水标准为30年一遇，校核洪水标准为300年一遇。

大坝为壤土心墙砂壳坝，坝顶高程296.20米，长88.2米、宽4~4.5米，最大坝高为13.52米。浆砌石防浪墙，高1米。

溢洪道位于大坝右岸，为开敞式，进口底宽7米，底高程为293.65米。两岸均采用浆砌石直墙护砌，底部采用浆砌石护砌。进口处设单跨平板桥，桥面宽4米。最大泄量每秒23.98立方米。

放水洞位于大坝左侧，为砌石廊道结构，宽0.5米、高1.0米，进口底高程为287.0米。闸门为斜拉式吊拉门，启闭设备为手动卷扬式启闭机。设计流量每秒1.43立方米。

东北庄水库 位于石桥镇东北庄村东850米处，属沂河水系。1965年10月开工，1966年7月竣工。2009年5—12月，投资143.07万元，对该水库进行除险加固，建坝顶砂石路面，对坝体实施高喷灌浆防渗；上游坝坡以砼板和粗料石护坡；下游补坡并植草皮护坡，建排水沟；清理溢洪道，建导流墙和交通桥，维修放水洞等。2020年，该水库被确定为三类坝。2021年3—5月，投资239万元进行除险加固，建坝顶混凝土路面，对副坝进行高喷灌浆并对坝基实施帷幕灌浆防渗；上游坝坡加砂壳培厚压实，下游坝坡建排水沟、排水体等。

水库枢纽由大坝、溢洪道、放水洞3部分构成。坝址以上控制流域面积1.5平方公里，干流长度1.775公里，平均坡降0.0957。总库容28.84万立方米、兴利库容13.8万立方米、调洪库容8.84万立方米、死库容6.2万立方米，兴利水位359.23米、设

东北庄水库

计洪水位360.89米、校核洪水位361.54米、死水位352.93米。该水库是一座以灌溉、防洪为主，兼做水产养殖等综合利用的小（二）型水库，其设计洪水标准为30年一遇，校核洪水标准为300年一遇。

大坝为黏土心墙砂壳坝，坝顶高程362.41~362.76米，长260米、宽4~4.8米，最大坝高21.18米。无防浪墙。

溢洪道位于大坝右岸，为无闸控制开敞式宽顶堰，宽12米，底高程为359.23米。最大泄量每秒63.2立方米。

放水洞位于大坝左岸，为浆砌石廊道，宽1.1米、高0.7米，进口底高程352.93米。设有启闭机房，启闭设备为手摇式卷扬机，坝前为盖板式闸门控制。设计流量每秒1.48立方米。

马庄水库 位于石桥镇马庄村北500米处，拦截石桥河支流，属沂河水系。1966年10月开工，1967年5月竣工。2009年5—12月，投资57.22万元，对该水库进行除险加固，建坝顶砂石路面、管理房、防汛道路、防浪墙；上游坝坡以砼板和粗料石护坡；下游补坡并植草皮护坡，建排水沟；清理溢洪道，建导流墙和交通桥，维修放水洞等。

水库枢纽由大坝、溢洪道、放水洞3部分构成。坝址以上控制流域面积1.06平方公里，干流长度1.75公里，平均坡降0.025。总库容17.4万立方米、兴利库容8.2万立方米、调洪库容4.7万立方米、死库容4.5万立方米，兴利水位294.14米、设计洪水位295.27米、校核洪水位295.75米、死水位289.82米。该水库是一座以灌溉、防洪为主，兼做水产养殖等综合利用的小（二）型水库，其设计洪水标准为30年一遇，校核洪水标准为300年一遇。

大坝为黏土心墙砂壳坝，坝顶高程295.98~296.27米，长150米、宽4.5米，最大坝高14米。浆砌石防浪墙，高0.9米。

溢洪道位于大坝右岸，为无闸控制开敞式，底宽6米，底高程为294.14米。最大泄量每秒18.39立方米。

放水洞位于大坝左岸，为浆砌石廊道，宽0.5米、高0.7米，进口底高程为289.82米。闸门为斜拉式吊拉门，启闭设备为手动卷扬式启闭机。设计流量每秒1.1立方米。

葛庄水库 位于石桥镇葛家庄村北500米处，属沂河水系。1967年10月开工，1968年12月建成。2012年10—12月，投资50.83万元，对该水库进行除险加固，建坝顶砂石路面；上游坝坡以粗料石护坡；下游补坡并植草皮护坡，建排水沟；清理溢洪道，建导流墙，维修放水洞等。

水库枢纽由大坝、溢洪道、放水洞3部分构成。坝址以上控制流域面积0.24平方公里，干流河道长0.6公里，平均比降0.05。总库容10.11万立方米、兴利库容7.84万立方米、调洪库容1.77万立方米、死库容0.5万立方米，兴利水位288.46米、设计洪水位289.32米、校核洪水位289.69米、死水位281.45米。该水库是一座以灌溉为主，结合防洪、渔业养殖等综合利用的小（二）型水库，其设计洪水标准为20年一遇，校核洪水标准为200年一遇。

大坝为壤土心墙砂壳坝，坝顶高程289.99~291.12米，长180米、宽4.5米，最大坝高10米。

溢洪道位于大坝左坝端，为无闸控制开敞式宽顶堰，宽4.6米，底高程288.46米。有交通桥，无消能设施。最大泄量每秒10.11立方米。

放水洞位于主坝右坝段，洞身为浆砌石廊道，宽0.5米、高0.7米，进口底高程为281.45米。闸门为斜拉式吊拉门，启闭设备为手动卷扬式启闭机。设计流量每秒1.0立方米。

关河峪（大路沟）水库 曾用名“胜利水库”。

位于石桥镇关河峪村北800米处，属沂河水系。始建于1973年9月，1976年12月建成。2010年5—12月，投资91.31万元，对该水库进行除险加固，建坝顶砂石路面、管理房；上游坝坡以砼板和粗料石护坡；下游补坡并植草皮护坡，建排水沟；清理溢洪道，建导流墙，维修放水洞等。

水库枢纽由大坝、溢洪道、放水洞3部分构成。坝址以上控制流域面积1.0平方公里。总库容26.8万立方米、兴利库容16.20万立方米、调洪库容5.80万立方米、死库容4.80万立方米，兴利水位348.50米、设计洪水位349.95米、校核洪水位350.60米、死水位340.0米。该水库是一座以防洪为主，兼顾灌溉的小（二）型水库，其设计洪水标准为20年一遇，校核洪水标准为200年一遇。

大坝为黏土心墙砂壳坝，坝顶高程351.90米，长140米、宽4.3米，最大坝高20米。

溢洪道为坝肩式无闸控制开敞式宽顶堰，宽7.0米，堰顶高程348.50米。最大泄量每秒31.93立方米。

放水洞位于大坝右端，进口底高程 340.00米，坝前闸门控制，坝后为直径600毫米圆涵管。设计流量每秒2.15立方米。

亳山水库 又名“枣阳河水库”。位于石桥镇亳山村北300米处，拦截水北河上游，属沂河水系。1976年9月开工，1977年6月建成。2009年5—12月，投资78.96万元，对该水库进行除险加固，建坝顶砂石路面；上游坝坡以砼板和粗料石护坡；下游补坡并植草皮护坡，建排水沟；清理溢洪道，建导流墙和交通桥；维修放水洞等。

水库枢纽由大坝、溢洪道、放水洞3部分构成。坝址以上控制流域面积1.4平方公里。总库容48.79万立方米、兴利库容27.48万立方米、调洪库容13.7万立方米、死库容7.61万立方米，兴利水位315.65米、设计洪水位317.46米、校核洪水位318.36米、死水位309.76米。该水库是一座以防洪为主，兼顾灌溉的小（二）型水库，其设计洪水标准为30年一遇，校核洪水标准为300年一遇。

大坝为黏土心墙砂壳坝，坝顶高程319.4米，长140米、宽4.3米，最大坝高15米。

溢洪道为坝肩式无闸控制开敞式宽顶堰，宽6米，堰顶高程315.65米。最大泄量每秒40.09立方米。

放水洞为浆砌石廊道，宽0.8米、高0.9米，进口底高程 309.76米。设计流量每秒1.28立方米。

圣佛山水库 位于石桥镇圣佛山景区，属沂河水系。2005年3月开工，2006年6月建成。2012年10—12月，投资55.29万元，对该水库进行除险加固，主要对坝基及两岸坝肩实施帷幕灌浆及坝体固结灌浆。

圣佛山水库

水库枢纽由大坝、溢流堰、放水洞3部分构成。坝址以上控制流域面积1.42平方公里。总库容14.37万立方米、兴利库容11.26万立方米、调洪库容5万立方米、死库容0.12万立方米，兴利水位517.12米、设计洪水位518.34米、校核洪水位518.79米、死水位505.67米。该水库是一座以防洪为主，兼顾灌溉的小（二）型水库，其设计洪水标准为20年一遇，校核洪水标准为100年一遇。

大坝为浆砌石重力坝，坝顶高程521.18~524.32米，长78.4米、宽3.5米，最大坝高20.1米。

为坝顶溢流堰，堰顶高程517.12米，宽22.72米。最大泄量每秒58.6立方米。

放水洞为夹砂玻璃钢管，直径500毫米。设计流量每秒1.1立方米。

西辽军埠水库 位于悦庄镇西辽军埠村北，拦截饮马河支流，属沂河水系。1956年10月开工，

西辽军埠水库

1958年10月建成。2010年5—12月，投资107万元，对该水库进行除险加固，建坝顶砂石路面；上游坝坡以粗料石护坡；下游补坡，植草皮护坡并建贴坡排水沟；维修放水洞等。

水库枢纽由大坝、溢洪道、放水洞3部分构成。坝址以上控制流域面积0.66平方公里，干流长度2.945公里，平均比降0.044。总库容18.86万立方米、兴利库容11.81万立方米、调洪库容6.37万立方米、死库容0.68万立方米，兴利水位309.67米、设计洪水位311.153米、校核洪水位311.153米、死水位304.75米。该水库是一座以防洪、灌溉为主，兼做水产养殖等综合利用的小（二）型水库，其设计洪水标准为20年一遇，校核洪水标准为200年一遇。

大坝为黏土心墙砂壳坝，坝顶高程311.50米，长200米、宽6.4米，最大坝高10.88米。主坝为细碎石路面，副坝为混凝土路面。防浪墙为浆砌块石结构外贴饰板，高1米。

溢洪道位于大坝右侧，为无闸控制开敞式宽顶堰，底宽7米。现状溢洪道泄槽内设有子槽，子槽底宽2米，底高程309.67米，两侧采用浆砌块石直墙护砌，混凝土抹面，长25米。下游左岸为大坝，右岸为自然山体。溢洪道上有交通桥。最大泄量每秒13.54立方米。

放水洞位于副坝，为浆砌块石廊道，进口底高程为304.75米。现状坝后改为直径300毫米PE管。闸门为斜拉式吊拉门，启闭设备为手动卷扬式启闭机。设计流量每秒0.19立方米。

李家庄水库　位于悦庄镇李家庄村西北800米处，拦截儒林河支流，属沂河水系。1957年10月开工，1958年4月基本建成。1985—1988年进行除险加固，完成投资8.9万元，投入工日9万个，总工程量7.5万立方米。2009年5—12月，投资117.49万元，对该水库进行除险加固，建坝顶砂石路面，上游坝坡以砼板和粗料石护坡，下游补坡，清理溢洪道，维修放水洞等。2015年，市水利与渔业局鉴定该水库为三类坝。2015年8—11月，投资198万元，再次进行除险加固，对大坝实施高喷灌浆，翻压下游坝坡并建台阶及排水沟，安装坝顶路缘石和路灯，在溢洪道建导流墙，维修放水洞等。

水库枢纽由大坝、溢洪道、放水洞3部分构成。坝址以上控制流域面积0.55平方公里，干流长度2.33公里，平均比降0.0492。总库容64.22万立方米、兴利库容30万立方米、调洪库容28万立方米、死库容11万立方米，兴利水位333.30米、设计水位334.98米、校核水位336.03米、死水位326.90米。该水库是一座以防洪、灌溉为主的小（二）型水库，其设计洪水标准为20年一遇，校核洪水标准为200年一遇。

大坝为黏土心墙砂壳坝，坝顶高程337.0~337.9米，长250米、宽3.2~3.5米，最大坝高19.7米。

溢洪道为无闸控制开敞式宽顶堰，宽5.0米，堰顶高程333.30米。最大泄量每秒34.18立方米。

放水洞为浆砌石廊道，内埋夹砂玻璃钢管，直径500毫米，进口底高程 326.90米。设计流量每秒

李家庄水库

2.0立方米。

大涝洼水库 位于悦庄镇西赵庄村北1.5公里处，属沂河水系。1957年10月开工，1959年3月建成。2010年5—12月，投资61.64万元，对该水库进行除险加固，建坝顶砂石路面；上游坝坡以砼板和粗料石护坡；下游补坡并植草皮护坡，建贴坡排水沟；维修改建放水洞等。

水库枢纽由大坝、溢洪道、放水洞3部分构成。坝址以上控制流域面积1.06平方公里。总库容21.7万立方米、兴利库容9.4万立方米、调洪库容6.7万立方米、死库容5.6万立方米，兴利水位323.00米、设计洪水位324.32米、校核洪水位324.96米、死水位323.00米。该水库是一座以防洪为主，兼顾灌溉的小（二）型水库，其设计洪水标准为20年一遇，校核洪水标准为200年一遇。

大坝为黏土心墙砂壳坝，坝顶高程325.95米，长170米、宽4.0~4.2米，最大坝高14米。

溢洪道为无闸控制开敞式宽顶堰，宽8.0米，堰顶高程323.00米。最大泄量每秒35.22立方米。

放水洞为直径400毫米涵管，进口底高程316.58米。放水闸门为斜拉式吊拉门，启闭设备为手动卷扬式启闭机。设计流量每秒1.02立方米。

赵家峪水库 位于悦庄镇赵家峪村西北400米处，拦截葚庄河上游，属沂河水系。1964年10月开工，1965年5月建成。2010年5—12月，投资54.99万元，对该水库进行除险加固，建坝顶砂石路面；上游坝坡以砼板和粗料石护坡；下游补坡并植草皮护坡，建贴坡排水沟；清理溢洪道，建导流墙，维修放水洞等。

水库枢纽由大坝、溢洪道、放水洞3部分构成。坝址以上控制流城面积0.59平方公里。总库容14.78万立方米、兴利库容5.83万立方米、调洪库容3.9万立方米、死率容5.05万立方米，兴利水位311.16米、设计洪水位312.67米、校核洪水位313.30米、死水位309.76米。该水库是一座以防洪为主，兼顾灌溉的小（二）型水库，其设计洪水标准为20年一遇，校核洪水标准为200年一遇。

大坝为黏土心墙砂壳坝，坝顶高程314.44米，长99米、宽3.5~4.5米，最大坝高13.5米。

溢洪道为无闸控制开敞式宽顶堰，宽2.3~7.0米，堰顶高程311.16米。最大泄量每秒 18.48立方米。

放水洞为涵管式，直径800毫米钢筋混凝土管，进口底高程 309.76米。设计流量每秒1.02立方米。

崔家庄水库 曾用名“高山水库”，当地又称“江家峪水库”。位于悦庄镇崔家庄村西北800米处，属沂河水系。1966年3月动工，1966年6月基本建成。2012年10—12月，投资70万元，对该水库进行除险加固，建坝顶砂石路面；上游坝坡以粗料石护坡；下游补坡并植草皮护坡，建贴坡排水沟；清理溢洪道，维修放水洞等。

水库枢纽由大坝、溢洪道、放水洞3部分构成。坝址以上控制流域面积1.25平方公里，干流河道长0.73公里，平均比降0.05。总库容10.41万立方米、兴利库容6.57万立方米、调洪库容3.34万立方米、死库容0.5万立方米，兴利水位362.37米、设计洪水位363.64米、校核洪水位364.21米、死水位356.08米。该水库是一座以灌溉为主，结合防洪、渔业养殖等综合利用的小（二）型水库，其设计洪水标准为20年一遇，校核洪水标准为200年一遇。

大坝为黏土心墙砂壳坝，坝顶长70米、宽4.5米，坝顶高程364.88米，最大坝高17.62米。

溢洪道位于大坝右岸，为无闸控制开敞式宽顶堰。引渠段、控制段为梯形断面，浆砌石护坡，混凝土护底。控制段底宽3.5米，底高程362.37米。泄槽段为矩形断面，两侧为混凝土直墙，采用混凝土护底，跌水消能，下游有消力池。交通桥为砌石拱桥。最大泄量每秒13.14立方米。

放水洞位于右岸山坡坡脚，为浆砌石廊道，宽0.6米、高0.8米，进口底高程356.08米，出口为砖砌圆形水池。放水闸门为斜拉式吊拉门，启闭设备为手动卷扬式启闭机。设计流量每秒1.09立方米。

抗子沟水库 位于悦庄镇西辽军埠村北700米处，属沂河水系。1966年9月开工，1967年3月建成。2010年5—12月，投资75万元，对该水库进行除险加固，建坝顶砂石路面、防浪墙；上游坝坡以砼板和粗料石护坡；下游补坡并植草皮护坡，建贴坡排水沟；清理溢洪道，建导流墙和交通桥，维修放水洞等。

水库枢纽由大坝、溢洪道、放水洞3部分构成。坝址以上控制流域面积0.56平方公里。总库容18.35万立方米、兴利库容10.4万立方米、调洪库容4.25 万立方米、死库容3.7万立方米，兴利水位320.44米、设计洪水位321.13米、校核洪水位321.52米、死水位316.45米。该水库是一座以防洪、灌溉为主，兼做水产养殖等综合利用的小（二）型水库，其设计洪水标准为20年一遇，校核洪水标准为200年一遇。

大坝为黏土心墙砂壳坝，坝顶高程 323.45米，长 101米、宽 4.0~4.2米，最大坝高 13米。

溢洪道为无闸控制开敞式宽顶堰，宽 5米，堰顶高程 320.44米。最大泄量每秒 13.58立方米。

放水洞位于大坝中部，直径300毫米混凝土管，进口底高程 316.45米。闸门为斜拉式吊拉门，启闭设备为手动卷扬式启闭机。设计流量每秒0.45立方米。

豹家峪水库　又名鲍家峪水库。位于悦庄镇李家庄村西北1.4公里处，拦截儒林河支流，属沂河水系。1966年10月开工，1967年6月建成。2009年5—12月，投资42.11万元，对该水库进行除险加固，安装坝顶路沿石；上游坝坡以砼板护坡，下游补坡；清理溢洪道，建导流墙，维修改造放水洞等。

水库枢纽由大坝、溢洪道、放水洞3部分构成。坝址以上控制流域面积0.61平方公里，干流河道长1.13公里，平均比降0.111。总库容10.08万立方米、兴利库容6.45万立方米、调洪库容3.03万立方米、死库容0.6万立方米，兴利水位362.31米、设计洪水位363.78米、校核洪水位364.36米、死水位353.60米。该水库是一座以防洪、灌溉为主，兼做水产养殖等综合利用的小（二）型水库，其设计洪水标准为20年一遇，校核洪水标准为200年一遇。

大坝为黏土心墙砂壳坝，坝顶高程364.75~365.57米，长138米、宽4~6米，最大坝高14米。

溢洪道位于大坝右岸，为无闸控制开敞式宽顶堰，宽6.2米，底高程362.31米，两侧为浆砌石直墙，有交通桥，末端无消能设施。最大泄量每秒27.22立方米。

放水洞位于大坝左坝段，为浆砌石廊道，宽0.6米、高0.8米，进口底高程353.60米。闸门为斜拉式吊拉门，启闭设备为手动卷扬式启闭机。设计流量每秒1.4立方米。

黄山子水库　位于悦庄镇黄山子村西北1公里处，儒林河上游，属沂河水系。1966年10月开工，1967年6月建成。2009年5—12月，投资106.5万元，对该水库进行除险加固，建坝顶砂石路面；上游坝坡以砼板和粗料石护坡；下游补坡并植草皮护坡，建贴坡排水沟；清理溢洪道，建导流墙和交通桥，维修放水洞等。

水库枢纽由大坝、溢洪道、放水洞3部分构成。坝址以上控制流域面积0.71平方公里，干流河道长1.7公里，平均比降0.0707。总库容32.74万立方米、兴利库容17.75万立方米、调洪库容5.19万立方米、死库容9.8万立方米，兴利水位347.50米、设计洪水位348.36米、校核洪水位348.71米、死水位339.50米。该水库是一座以防洪、灌溉为主，兼做水产养殖等综合利用的小（二）型水库，其设计洪水标准为20年一遇，校核洪水标准为200年一遇。

大坝为壤土心墙砂壳坝，坝顶高程350.58~351.56米，长117米、宽4~5.6米，最大坝高18.8米。

溢洪道位于大坝右岸，为无闸控制开敞式宽顶堰。引渠段为浆砌石八字进口；控制段为矩形断面，浆砌石直墙护底，底宽11米，底高程347.50米；泄槽段为矩形断面，两侧为浆砌石直墙，采用混凝土护底，末端为跌水消能。有交通桥。最大泄量每秒 21.96立方米。

放水洞位于大坝左坝段，为浆砌石涵洞，直径0.5米，进口底高程为339.50米，出口为浆砌石渠道。闸门为斜拉式吊拉门，启闭设备为手动卷扬式启闭机。设计流量每秒1.47立方米。

狼窝子沟水库

顶高程333.20~334.09米，长157米、宽4.0~5.7米，最大坝高12.65米。

溢洪道为无闸控制开敞式宽顶堰，宽6.0米，堰顶高程329.40米。最大泄量每秒13.45立方米。

放水洞为浆砌石廊道，宽0.6米、高0.6米，进口底高程324.43米。设计流量每秒0.21立方米。

狼窝子沟水库 位于悦庄镇唐家官庄村西北1.5公里处，属沂河水系。1966年10月开工，1967年4月基本竣工。2009年5—12月，投资55万元，对该水库进行除险加固，建坝顶砂石路面；上游坝坡以砼板和粗料石护坡；下游补坡并植草皮护坡，建贴坡排水沟；清理溢洪道，维修放水洞等。2015年，市水利与渔业局鉴定狼窝子沟水库为三类坝。2015年8—11月，投资59万元，再次进行除险加固，对坝基实施帷幕灌浆，建台阶，维修下游坝坡排水沟，在溢洪道下游出口建导流墙，安装坝顶路灯等。

水库枢纽由大坝、溢洪道、放水洞3部分构成。坝址以上控制流域面积0.5平方公里，干流长度0.913公里，平均比降0.067。总库容22.47万立方米、兴利库容13.3万立方米、调洪库容9万立方米、死库容4.4万立方米，兴利水位329.40米、设计水位330.21米、校核水位331.90米、死水位324.43米。该水库是一座以防洪、灌溉为主的小(二)型水库，其设计洪水标准为20年一遇，校核洪水标准为200年一遇。

大坝为黏土心墙砂壳坝，坝

张家庄水库 位于悦庄镇张家庄村西北1.1公里处，拦截埠村河上游，娄峪水库大坝以下，连环库，属沂河水系。1972年2月开工，7月基本竣工。2009年5—12月，投资94.08万元，对该水库进行除险加固，建坝顶砂石路面；上游坝坡以砼板和粗料石护坡；下游补坡并植草皮护坡，建排水沟；清理溢洪道，建导流墙和交通桥；维修放水洞等。2015年，市水利与渔业局鉴定该水库为三类坝。2015年3—5月，投资102万元，再次进行除险加固，对坝体实施高压旋喷桩施工，并换填壤土，加高心墙，硬化坝顶路面并安装路缘石，在溢洪道砌石护底，更换放水洞闸门启闭机，建下游坝坡台阶等。

水库枢纽由大坝、溢洪道、放水洞3部分构成。

张家庄水库

坝址以上控制流域面积7.5平方公里。总库容47.54万立方米、兴利库容7.2万立方米、调洪库容32万立方米、死库容8.8万立方米，兴利水位326.15米、设计水位326.63米、校核水位327.81米、死水位321.64米。该水库是一座以防洪、灌溉为主的小（二）型水库，其设计洪水标准为20年一遇，校核洪水标准为200年一遇。

大坝为黏土心墙砂壳坝，坝顶高程329.30~329.99米，长203米、宽3.5米，最大坝高13米。

溢洪道为无闸控制开敞式宽顶堰，宽10米，堰顶高程326.15米。最大泄量每秒181.76立方米。

放水洞为浆砌石廊道，进口底高程321.64米。设计流量每秒0.6立方米。

龙王官庄（二）水库 位于黄海线以北，悦庄镇龙王官庄村东北300米处，踅庄河上游，属沂河水系。1973年11月开工，1974年2月建成。2009年5—12月，投资38.21万元，对该水库进行除险加固，建坝顶砂石路面；上游坝坡以砼板和粗料石护坡；下游补坡并植草皮护坡，建贴坡排水沟；清理溢洪道，建导流墙和交通桥等。

水库枢纽由大坝和溢洪道构成。坝址以上控制流域面积1.31平方公里。总库容16.7万立方米、兴利库容9万立方米、调洪库容6.8万立方米，兴利水位338.50米、设计洪水位340.48米、校核洪水位341.35米。该水库是一座以防洪为主，兼顾灌溉的小（二）型水库，其设计洪水标准为20年一遇，校核洪水标准为200年一遇。

大坝为黏土心墙砂壳坝，坝顶高程342.60米，长45米、宽3.0~3.5米，最大坝高15米。

溢洪道为无闸控制开敞式宽顶堰，宽6米，堰顶高程338.50米。最大泄量每秒43.32立方米。

埠村西山水库 位于悦庄镇西山村西北200米处，属沂河水系。1975年9月开工，1976年6月建成。2012年10—12月，投资65万元，对该水库进行除险加固，建坝顶砂石路面；上游坝坡以粗料石护坡；下游补坡并植草皮护坡，建贴坡排水沟；清理溢洪道，维修放水洞等。

水库枢纽由大坝、溢洪道、放水洞3部分构成。坝址以上控制流域面积0.3平方公里。总库容10万立方米、兴利库容5.7万立方米、调洪库容1.21万立方米、死库容3.09万立方米，兴利水位325.50米、设计洪水位326.60米、校核洪水位327.10米、死水位321.35米。该水库是一座以防洪为主，兼顾灌溉的小（二）型水库，其设计洪水标准为20年一遇，校核洪水标准为200年一遇。

大坝为黏土心墙砂壳坝，坝顶高程328.36~328.71米，长70米、宽4.5米，最大坝高13.9米。

溢洪道为坝肩式无闸控制开敞式宽顶堰，宽6.0米，堰顶高程325.50米。最大泄量每秒8.93立方米。

放水洞为浆砌石廊道，宽0.4米、高0.6米，内埋直径400毫米夹砂玻璃钢管，进口底高程321.35米。设计流量每秒2.0立方米。

桃花峪水库 位于悦庄镇桃花峪村西南400米处，拦截石桥河支流上游，属沂河水系，1985年5月建成。2010年5—12月，投资69.63万元，对该水库进行除险加固，建坝顶砂石路面、防浪墙；上游坝坡以砼板和粗料石护坡；下游补坡并植草皮护坡，建排水沟；维修放水洞等。

水库枢纽由大坝、溢洪道、放水洞3部分构成。坝址以上控制流域面积1.1平方公里。总库容15万立方米、兴利库容10.02万立方米、调洪库容4万立方米、死库容0.98万立方米，兴利水位378.30米、设计洪水位379.95米、校核洪水位380.58米、死水位369.80米。该水库是一座以防洪、灌溉为主，兼做水产养殖等综合利用的小（二）型水库，其设计洪水标准为20年一遇，校核洪水标准为200年一遇。

大坝为黏土心墙砂壳坝，坝长111.8米、顶宽3.7米，坝顶高程380.60米，最大坝高23米。

溢洪道为无闸控制开敞式宽顶堰，宽8米，堰顶高程378.30米。最大泄量每秒41.35立方米。

放水洞为浆砌石廊道，宽0.8米、高1.0米，进口底高程369.80米。设计流量每秒1.52立方米。

青龙山水库 位于悦庄镇黄山子村北400米处，属沂河水系。1987年5月建成。2012年10—

12月，投资60.82万元，对该水库进行除险加固，建坝顶砂石路面；上游坝坡以粗料石护坡；下游补坡并植草皮护坡，建排水沟；清理溢洪道；维修加固放水洞等。

水库枢纽由大坝、溢洪道、放水洞3部分构成。坝址以上控制流域面积0.35平方公里，干流河道长0.73公里，平均比降0.11。总库容27.21万立方米、兴利库容16.04万立方米、调洪库容6.74万立方米、死库容4.43万立方米，兴利水位337.61米、设计洪水位338.34米、校核洪水位338.77米、死水位333.50米。该水库是一座以灌溉为主，结合防洪、渔业养殖等综合利用的小（二）型水库，其设计洪水标准为20年一遇，校核洪水标准为200年一遇。

大坝为壤土心墙砂壳坝，坝顶高程339.88~340.96米，长90米、宽5.2米，最大坝高14.47米。

溢洪道位于大坝右岸，为无闸控制开敞式宽顶堰。引渠段、控制段为矩形断面，两侧为浆砌石直墙，控制段底宽4.5米，底高程337.61米。泄槽段两侧为浆砌石直墙，末端无消能设施。有交通桥。最大泄量每秒8.42立方米。

放水洞位于大坝左侧，为砌石廊道，宽0.4米、高0.6米，进口底高程333.50米。闸门为斜拉式吊拉门，启闭设备为手动卷扬式启闭机。设计流量每秒0.8立方米。

塘　坝

鲁山塘坝

历山街道、南麻街道塘坝

序号	塘坝名称	所在村	总容积（万立方米）	挡水建筑物				泄洪建筑物	
				坝型	最大坝高（米）	坝顶长度（米）	坝顶宽度（米）	型式	宽度（米）
1	小山子塘坝	历山街道窗户沟	8.7	黏土心墙坝	15	60	4	岸边溢洪道	2.5
2	徐三塘坝	历山街道西沙沟	8.9	黏土心墙坝	9	140	5	岸边溢洪道	3
3	黑沟塘坝	历山街道东沙沟	5.2	砌石重力坝	3	10	0.3	坝顶溢流	2.5
4	窗户沟塘坝	历山街道窗户沟	4.5	黏土心墙坝	8	50	4	岸边溢洪道	2
5	宋家庄塘坝	南麻街道宋家庄	8	黏土心墙坝	12	90	4	岸边溢洪道	

南鲁山镇塘坝

序号	塘坝名称	所在村	总容积（万立方米）	挡水建筑物				泄洪建筑物	
				坝型	最大坝高（米）	坝顶长度（米）	坝顶宽度（米）	型式	宽度（米）
6	菜园塘坝	菜园村	3.5	均质土坝	7	60	2.5	岸边溢洪道	1
7	池埠塘坝	池埠村	5.5	均质土坝	10	65	3	岸边溢洪道	1
8	茨峪塘坝	茨峪村	5.5	均质土坝	15	16	3	岸边溢洪道	1
9	大坡塘坝	大坡村	4	均质土坝	8	30	1.5	岸边溢洪道	1
10	东岭塘坝1	东松仙岭村	6	均质土坝	12	90	3	岸边溢洪道	1
11	东岭塘坝2（仙游湖）	东松仙岭村	4	砌石重力坝	10	60	2.4	溢流口	2.4

续表

序号	塘坝名称	所在村	总容积（万立方米）	挡水建筑物				泄洪建筑物	
				坝型	最大坝高（米）	坝顶长度（米）	坝顶宽度（米）	型式	宽度（米）
12	董家庄塘坝	董家庄村	1.2	砌石重力坝	1.5	50	5	坝顶溢流	1
13	刘家洞塘坝	刘家洞村	7.5	均质土坝	18	76	3	岸边溢洪道	1.6
14	南流水（苇子峪塘坝）	流水村	7.5	均质土坝	18	82	3	岸边溢洪道	1.5
15	北流水塘坝	流水村	2	砌石重力坝	12	60	3	溢流口	1×4
16	龙泉塘坝	龙泉村	1.1	砌石重力坝	7	30	0.8	无溢洪道	
17	南水沟塘坝 1	南水沟村	1.1	均质土坝	8	36	5	岸边溢洪道	1
18	南水沟塘坝 2	南水沟村	1.2	均质土坝	10	35	3	岸边溢洪道	0.8
19	红山峪塘坝	璞邱村	1.1	砌石重力坝	6	50	0.8	砼涵管泄洪	0.3
20	南沟峪塘坝	璞邱村	1.2	砌石重力坝	9	44	2	坝顶溢流	6
21	林场塘坝	丝窝村	6.5	均质土坝	6	68	2	岸边溢洪道	0.8
22	丝窝（黄崖）塘坝	丝窝村	7	砌石重力坝	15	53	1	坝顶溢流	2
23	丝窝（后峪）塘坝	丝窝村	4	均质土坝	9	52	1.5	岸边溢洪道	1
24	鼎立公司塘坝	丝窝村	1.1	砌石重力坝	4	54	0.8	坝顶溢流	1.6
25	西岭塘坝 1（王林子沟）	西松仙岭村	1.05	砌石重力坝	6	36	0.8	坝顶溢流	8
26	西岭塘坝 2	西松仙岭村	1	均质土坝	8	33	4	岸边溢洪道	1.5
27	朱阿塘坝 1	朱阿村	1.2	砌石重力坝	5	30	4	坝顶溢流	2
28	朱阿塘坝 2（马家沟）	朱阿村	1.3	均质土坝	5	60	6	岸边溢洪道	1
29	鲁山塘坝	鲁山林场	9.85	浆砌石重力坝	15	96	2	坝顶溢洪	14.57

鲁村镇塘坝

序号	塘坝名称	所在村	总容积（万立方米）	挡水建筑物				泄洪建筑物	
				坝型	最大坝高（米）	坝顶长度（米）	坝顶宽度（米）	型式	宽度（米）
30	仙人谷塘坝	安平村	3	砌石重力坝	10	60	1	坝顶溢流	
31	北官庄（一）塘坝	北官庄村	1	砌石重力坝	8	45	1	坝顶溢洪口	
32	北官庄（二）塘坝	北官庄村	1	砌石重力坝	9	35	1	坝顶溢洪口	
33	北官庄（三）塘坝	北官庄村	2	砌石重力坝	12	45	1	坝顶溢洪口	1
34	北官庄（四）塘坝	北官庄村	2	砌石重力坝	12	35	1	坝顶溢洪口	1
35	北官庄（五）塘坝	北官庄村	5	砌石重力坝	6	65	3	坝顶溢洪口	1
36	南官庄塘坝	福安官庄村	2	黏土心墙坝	4	30	3	岸边溢洪	1
37	福吉山塘坝	福安官庄村	2	黏土心墙坝	4	40	3	岸边溢洪	2
38	尧峪塘坝	高峪村	6	黏土心墙坝	8	60	3	岸边溢洪	1
39	下土城刘家西沟塘坝	崮城峪村	3	砌石重力坝	15	30	1	坝顶溢流	
40	下土城董家沟塘坝	崮城峪村	4	砌石重力坝	8	25	1	坝顶溢流	
41	上土城塘坝	崮城峪村	1	砌石重力坝	6	15	1	溢洪道	1

续表

序号	塘坝名称	所在村	总容积（万立方米）	挡水建筑物				泄洪建筑物	
				坝型	最大坝高（米）	坝顶长度（米）	坝顶宽度（米）	型式	宽度（米）
42	下土城葡萄峪塘坝	崮城峪村	3	砌石重力坝	8	45	1	坝顶溢流	
43	崮山塘坝	崮山村	5	黏土心墙坝	12	65	3	溢洪道	1.2
44	崮山北（下）塘坝	崮山村	5	黏土心墙坝	14	70	3	涵洞	1
45	大峪塘坝	姬家峪村	5	砌石重力坝	10	80	1	坝顶溢流	
46	西沟塘坝	姬家峪村	3	黏土心墙坝	6	50	1	无溢洪道	
47	大东沟塘坝	涝坡村	5	砌石重力坝	5	50	1	坝顶溢流	
48	万疤沟塘坝	涝坡村	5	砌石重力坝	6	30	1	坝顶溢流	1
49	鸭子峪塘坝	涝坡村	5	砌石重力坝	5	80	1	溢洪道	1.5
50	大洼头塘坝	李家庄村	8	黏土心墙坝	15	100	3	岸边溢洪	1
51	凉泉塘坝	凉泉村	1	黏土心墙坝	6	15	3	岸边溢洪	1
52	硕家峪塘坝	刘家庄村	6	砌石重力坝	6	40	1	坝顶溢流	
53	东沟塘坝	刘家庄村	5	砌石重力坝	10	35	1	坝体洞	1
54	东白峪塘坝	刘家庄村	4	砌石重力坝	3	30	1	沟槽	1
55	母沟峪塘坝	刘家庄村	5	砌石重力坝	5	10	1	坝顶溢流	
56	唐家沟塘坝	鲁村六村	1	砌石重力坝	3	30	1	坝顶溢流	
57	北冯家沟塘坝	鲁村六村	6	砌石重力坝	10	120	1	坝顶溢洪口	3
58	杨家庄塘坝	鲁村六村	6	黏土心墙坝	6	110	3	溢洪道	2
59	东岭黑石拉子塘坝	鲁村六村	3	砌石重力坝	10	30	1	坝顶溢洪口	1
60	东岭上机井塘坝	鲁村六村	1	砌石重力坝	7	20	1	坝顶溢洪口	1
61	断家沟（一）	龙子峪村	7	砌石重力坝	6	40	3	出水口	1
62	断家沟（二）	龙子峪村	6	砌石重力坝	5	40	1	出水口	1
63	大茶峪塘坝	龙子峪村	3	黏土心墙坝	7	40	1	岸边溢洪	1
64	西沟碾台子	龙子峪村	2	黏土心墙坝	6	40	3	岸边溢洪	1
65	鹿角山塘坝	鹿角山村	8	砌石重力坝	10	50	1	溢洪道	1.5
66	青杨圈大岭沟	青杨圈村	3	黏土心墙坝	6	30	1	溢洪道	1.5
67	泉子官庄塘坝	泉子官庄村	3	黏土心墙坝	12	80	4	放水洞	1
68	东五陡塘坝	三源新村	3	黏土心墙坝	8	80	3	溢洪道	1.5
69	上头庄塘坝	上头庄村	3	砌石重力坝	3	30	1	坝顶溢洪口	1
70	石家庄（上）塘坝	石家庄村	7	黏土心墙坝	8	120	3	溢洪道	2
71	石家庄（下）塘坝	石家庄村	1	黏土心墙坝	8	20	3	溢洪道	0.5
72	西山塘坝	石门村	2	黏土心墙坝	7	50	3	岸边溢洪	1
73	四村张家沟塘坝	鲁村四村	8	砌石重力坝	12	70	1	坝顶溢洪口	2
74	四村大崖头塘坝	鲁村四村	4	砌石重力坝	12	70	1	坝顶溢洪口	1
75	四门地塘坝	四门地村	5	砌石重力坝	5	12	1	坝顶溢流	
76	虎头崖塘坝	王村	9	黏土心墙坝	12	110	3	岸边溢洪	6
77	吴家庄塘坝	吴家庄村	6	黏土心墙坝	5	120	3	溢洪道	1.5
78	西峪塘坝	西峪村	5	砌石重力坝	10	25	1	坝顶溢流	1
79	西峪葡萄峪下沟	西峪村	4	砌石重力坝	4	10	1	坝顶溢流	1
80	小北庄大峪（上）塘坝	小北庄村	3	砌石重力坝	8	5	5	坝顶溢洪口	3

续表

序号	塘坝名称	所在村	总容积（万立方米）	挡水建筑物				泄洪建筑物	
				坝型	最大坝高（米）	坝顶长度（米）	坝顶宽度（米）	型式	宽度（米）
81	小北庄大峪（下）塘坝	小北庄村	8	砌石重力坝	12	50	1	坝顶溢洪口	2
82	小北庄（北）塘坝	小北庄村	4	砌石重力坝	12	40	1	涵洞	1
83	小北庄（西）塘坝	小北庄村	2	砌石重力坝	13	40	1	溢洪道	1.5
84	小张庄塘坝	小张庄村	7	黏土心墙坝	8	80	3	岸边溢洪	1
85	桑子峪塘坝	徐家庄	3	砌石重力坝	7	40	1	出水口	1
86	西沟子塘坝	徐家庄	1	黏土心墙坝	6	30	3	岸边溢洪	1

大张庄镇塘坝

序号	塘坝名称	所在村	总容积（万立方米）	挡水建筑物				泄洪建筑物	
				坝型	最大坝高（米）	坝顶长度（米）	坝顶宽度（米）	型式	宽度（米）
87	下黄林塘坝	半截沟村	5	黏土心墙坝		66	6	开敞式溢洪道	6
88	半截沟塘坝	半截沟村	1.4	黏土心墙坝	8	40	7	开敞式溢洪道	
89	村西塘坝	保安庄	5	砌石重力坝	24	120	0.8	无	
90	北村西沟塘坝1	北村	1.6	黏土心墙坝	12	30	4	开敞式溢洪道	5
91	村南（富源）塘坝	曹家庄	1	砌石重力坝	6	21	1	坝顶溢流	
92	鸽子崖塘坝	曹家庄村	1.1	砌石重力坝	1.5	40	1	坝顶溢流	36
93	老山峪塘坝	大三地	1.1	砌石重力坝	8	25	1	坝顶溢流	
94	老龙潭塘坝	地淤沟村	2	黏土心墙坝	3.5	20	4.5	开敞式溢洪道	6
95	东上峪方山塘坝	东上峪	1	黏土心墙坝	6	50	3	无	
96	青杨沟塘坝	东唐庄	2	黏土心墙坝	20	40	3	岸边溢洪	2.5
97	西南沟谷坊	董家河沟	2	黏土心墙坝	10	100	2	岸边溢洪	2
98	福峪塘坝	福阳峪	1	砌石重力坝	3	40	2	坝顶溢流	
99	条山峪塘坝	福阳峪	3	黏土心墙坝	10	50	3	岸边溢洪	4
100	闵科峪1	茧场	1	黏土心墙坝	15	25	3	岸边溢洪	1
101	闵科峪2	茧场	1.5	砌石重力坝	3.5	20	1.5	坝顶溢流	
102	闵科峪3	茧场	1	砌石重力坝	3	14	1	坝顶溢流	
103	河西南沟塘坝	茧场	1	黏土心墙坝	3	35	3	岸边溢洪	2.5
104	刘家旁峪塘坝	刘家旁峪	3	黏土心墙坝	8	26	3	岸边溢洪	3
105	东沟塘坝	龙旺村	1.3	黏土心墙坝	7	38	1.6	岸边溢洪	1
106	北坡塘坝	龙旺村	1	黏土心墙坝	3.2	40	1.5	岸边溢洪	1
107	西沟塘坝	龙旺村	1	黏土心墙坝	2.6	30	1.5	岸边溢洪	3
108	花峪塘坝	明末峪	1.2	黏土心墙坝	8	30	5	岸边溢洪	4
109	南村狗窝塘坝	南村	3	黏土心墙坝	30	150	4	开敞式溢洪道	5

续表

序号	塘坝名称	所在村	总容积（万立方米）	挡水建筑物				泄洪建筑物	
				坝型	最大坝高（米）	坝顶长度（米）	坝顶宽度（米）	型式	宽度（米）
110	南村尧峪下沟塘坝	南村	3	砌石重力坝	8	60	1	无	
111	南旋峰东山塘坝	南旋峰	1.2	黏土心墙坝	7	97	5	开敞式溢洪道	3
112	南峪沟塘坝	牛栏峪村	1.6	砌石重力坝	20	50	1.5	溢流堰	1.2
113	天门顶塘坝	双庙村	6	黏土心墙坝	10	26	2.5	岸边溢洪	6
114	东沟塘坝	水营	2	黏土心墙坝	6	20	3	岸边溢洪	3
115	村北塘坝	松崮	3	黏土心墙坝	5	51	3.5	岸边溢洪	2.5
116	苞谷峪塘坝	松山	1.6	黏土心墙坝	15	50	1.5	岸边溢洪	1.5
117	茧场沟塘坝	松山	1.5	黏土心墙坝	20	50	3	岸边溢洪	3
118	鼻梁子沟塘坝	松山	1.4	黏土心墙坝	15	40	3	岸边溢洪	1.5
119	土眉峪小东沟	土眉峪村	1	黏土心墙坝	5	23	3	岸边溢洪	1.5
120	大东沟塘坝	土眉峪村	9.9	黏土心墙坝	18	80	6	岸边溢洪	5
121	北宅塘坝	文源一村	1.2	砌石重力坝	30	150	0.5	坝顶溢流	
122	狠虎沟塘坝（上于）	汶源二村	1.3	黏土心墙坝	5	20	2.7	开敞式溢洪道	5
123	村北塘坝（村西）（下于）	汶源三村	2.6	黏土心墙坝	15	100	3	开敞式溢洪道	4.5
124	村东塘坝（下于）	汶源三村	1.2	砌石重力坝	10	30	2	溢流堰	1.5
125	北沟塘坝	西唐庄	1.2	黏土心墙坝	8	30	2	岸边溢洪	4
126	西沟塘坝	闲场村	3	黏土心墙坝	10	60	3	无	
127	东峪谷坊	向阳峪村	1.5	黏土心墙坝	15	60	7	岸边溢洪	4
128	小官庄村西塘坝	小官庄村	1.4	黏土心墙坝	15	70	4	无	
129	小官庄村西南塘坝	小官庄村	1:1	黏土心墙坝	7.8	80	7.8	无	
130	汶源一村南峪塘坝	原上于土地	1.2	黏土心墙坝	10	100	5	开敞式溢洪道	8
131	南万塘坝	张家旁峪村	1	砌石重力坝	5	20	1	坝顶溢流	
132	黑山峪塘坝	左家旁峪	3	黏土心墙坝	16	100	3	岸边溢洪	4

燕崖镇塘坝

序号	塘坝名称	所在村	总容积（万立方米）	挡水建筑物				泄洪建筑物	
				坝型	最大坝高（米）	坝顶长度（米）	坝顶宽度（米）	型式	宽度（米）
133	黑虎泉塘坝	河西村	1.3	砌石重力坝	5	50	2	放水洞溢洪	1
134	上龙巷塘坝	龙庄村	1.2	砌石重力坝	7	20	2	坝顶溢洪道	2
135	石门崖塘坝	石板村	1.0	砌石重力坝	3	20	2	坝顶溢洪道	3
136	双泉塘坝	双泉村	1.2	砌石重力坝	5	30	4	坝侧溢洪	3

中庄镇塘坝

序号	塘坝名称	所在村	总容积（万立方米）	挡水建筑物				泄洪建筑物	
				坝型	最大坝高（米）	坝顶长度（米）	坝顶宽度（米）	型式	宽度（米）
137	道座崮塘坝	富泉村	2	砌石重力坝	4	23	2	坝顶溢流	
138	张家后峪塘坝	焦家上庄	4	砌石重力坝	6	56	2	坝顶溢流	
139	西庵子沟塘坝	焦家上庄	2	黏土心墙坝	4.5	150	2.5	坝侧溢流	2
140	苇场塘坝	焦家上庄	1.5	砌石重力坝	3	20	3	坝顶溢流	
141	王大峪塘坝	焦家上庄	3	砌石重力坝	6	40	3	坝顶溢流	
142	马连峪塘坝	社庄村	6	砌石重力坝	8	35	2	坝顶溢流	
143	高峪塘坝	社庄村	4	砌石重力坝	8	90	3	坝顶溢流	
144	狼峪塘坝	社庄村	1.5	砌石重力坝	5	55	1.5	坝顶溢流	

西里镇塘坝

序号	塘坝名称	所在村	总容积（万立方米）	挡水建筑物				泄洪建筑物	
				坝型	最大坝高（米）	坝顶长度（米）	坝顶宽度（米）	型式	宽度（米）
145	老子崖塘坝	梅家庄村	1.4	土石坝	4	45	2.2	溢洪道	3
146	尚书沟塘坝	石拉村	1.2	砌石重力坝	6	37	2.5	溢洪道	3
147	西峪塘坝	薛家峪村	1.5	砌石重力坝	3	63	2.5	坝顶溢流	
148	姚宅村塘坝	姚宅村	1.0	砌石重力坝	3	35	2.5	坝顶溢流	

东里镇塘坝

序号	塘坝名称	所在村	总容积（万立方米）	挡水建筑物				泄洪建筑物	
				坝型	最大坝高（米）	坝顶长度（米）	坝顶宽度（米）	型式	宽度（米）
149	大洼塘坝	大洼村	4	黏土心墙坝	3	90	4	开敞式溢洪道	4
150	东桃花坪塘坝	东桃花坪村	1	黏土心墙坝	7	76	5	开敞式溢洪道	3
151	后绳庄塘坝	后绳庄村	4	黏土心墙坝	8	57	7	开敞式溢洪道	3
152	刘家圈塘坝	刘家圈村	3	黏土心墙坝	5	58	3.5	开敞式溢洪道	2.5
153	龙王峪塘坝	龙王峪村	4	黏土心墙坝	11.5	100	4	开敞式溢洪道	4
154	马家沟塘坝	马家沟村	4	黏土心墙坝	4	70	4	开敞式溢洪道	2.5
155	孟家庄塘坝	孟家庄村	5	黏土心墙坝	5	60	5	开敞式溢洪道	2
156	王家庄塘坝	王家村庄	3	黏土心墙坝	7	40	1	开敞式溢洪道	5
157	西村塘坝	东里西村	1	黏土心墙坝	4.7	65	2.7	开敞式溢洪道	2
158	院峪塘坝	院峪村	8	黏土心墙坝	12	102	5	开敞式溢洪道	4

张家坡镇塘坝

序号	塘坝名称	所在村	总容积（万立方米）	挡水建筑物				泄洪建筑物	
				坝型	最大坝高（米）	坝顶长度（米）	坝顶宽度（米）	型式	宽度（米）
159	撑子峪塘坝	店子村	2	黏土心墙坝	10	45	3	岸边溢洪道	4
160	利源尾矿塘坝	东流泉村	1	黏土心墙坝	0	0	0	无	
161	里沟塘坝	亳坪村	2	黏土心墙坝	8	65	2.5	岸边溢洪道	2
162	西峪塘坝	后峪村	2	黏土心墙坝	8	35	3	岸边溢洪道	1.5
163	马家旺塘坝	黄家峪村	2	黏土心墙坝	12	26	3	岸边溢洪道	2.5
164	联创尾矿塘坝	黄家峪村	1	黏土心墙坝	0	0	0	无	
165	东沟塘坝	前瓜峪村	2	黏土心墙坝	6	40	3.5	泄洪隧洞	1
166	张良寨塘坝	任马庄村	1	黏土心墙坝	5	35	4	岸边溢洪道	4
167	此老峪村大黑沟塘坝	双峪村	3	黏土心墙坝	6	35	6	岸边溢洪道	2
168	核桃峪村西旺塘坝	双峪村	4	砌石重力坝	12	30	3	坝顶溢流	6
169	杜家旺塘坝	西瓜峪村	6	砌石拱坝	10	20	2	坝顶溢流	8
170	南峪塘坝	西瓜峪村	3	砌石重力坝	8	35	2	坝顶溢流	5
171	石龙头塘坝	西瓜峪村	2	砌石重力坝	9	25	3.5	坝顶溢流	4
172	鑫铁汇尾矿塘坝	西流泉村	1	黏土心墙坝	0	0	0	无	
173	西沟塘坝	西王庄村	1	黏土心墙坝	5	20	2.5	岸边溢洪道	2
174	南沟塘坝	西王庄村	2	黏土心墙坝	9	36	2.5	岸边溢洪道	3
175	东山塘坝	张家坡村	3	黏土心墙坝	12	36	2	岸边溢洪道	2.5
176	西山塘坝	张家坡村	2	黏土心墙坝	6	45	3	岸边溢洪道	4

石桥镇塘坝

序号	塘坝名称	所在村	总容积（万立方米）	挡水建筑物				泄洪建筑物	
				坝型	最大坝高（米）	坝顶长度（米）	坝顶宽度（米）	型式	宽度（米）
177	茅子峪塘坝	北庄村	3	砌石重力坝	4	12	2	坝顶溢流	12
178	亳山村东塘坝	亳山村	7	黏土心墙坝	5	20	4	开敞式溢洪道	5
179	黑崖村东塘坝	黑崖村	8	黏土心墙坝	12	26	4	开敞式溢洪道	5
180	黑崖村西塘坝	黑崖村	1.5	黏土心墙坝	4	15	3	开敞式溢洪道	15
181	马庄北塘坝	马庄村	7	黏土心墙坝	8	19	3	开敞式溢洪道	4
182	龙门峪塘坝 1#	马庄村	8	黏土心墙坝	11	25	3	开敞式溢洪道	5
183	龙门峪塘坝 2#	马庄村	2.1	砌石重力坝	3	12	3	坝顶溢流	12
184	龙门峪塘坝 3#	马庄村	1.6	砌石重力坝	4	10	3	坝顶溢流	10
185	石桥村东塘坝	石桥村	5	砌实重力坝	6	20	4	坝顶溢流	20
186	旋风峪塘坝	文河村	2.3	砌石重力坝	5	13	3	坝顶溢流	13

悦庄镇塘坝

序号	塘坝名称	所在村	总容积（万立方米）	挡水建筑物				泄洪建筑物	
				坝型	最大坝高（米）	坝顶长度（米）	坝顶宽度（米）	型式	宽度（米）
187	北营塘坝	北营村	5	黏土心墙坝	8	70	2.5	无	
188	池家峪塘坝	池家峪村	3.5	砌石重力坝	7	55	1.5	坝顶溢流	1.5
189	东赵二塘坝	东赵二村	6	黏土心墙坝	4.5	45	2.5	岸边溢洪	2
190	涝洼塘坝	涝洼村	1	黏土心墙坝	7	65	2.5	岸边溢洪	3
191	李家庄塘坝	李家庄村	1.1	黏土心墙坝	7	88	2	岸边溢洪	5
192	东辽塘坝	辽军部	8.6	砌石坝	7	78	2	坝顶溢流	3
193	北辽塘坝	辽军部	8	黏土心墙坝	11.5	100	3	岸边溢洪	4
194	西辽军埠塘坝	瞭军埠村	3	砌石重力坝	6	20	2.5	坝顶溢流	2.5
195	抗子沟塘坝	瞭军埠村	3.5	黏土心墙坝	5	60	3.5	岸边溢洪道	1.6
196	龙王官庄东塘坝	龙王官庄村	1.8	黏土心墙坝	6	80	3	岸边溢流	2
197	龙王官庄西塘坝	龙王官庄村	1.2	黏土心墙坝	5	60	3	岸边溢流	1.6
198	上枝南塘坝	上枝村	2.8	砌石重力坝	6	38	1.2	坝顶溢流	1.2
199	上枝北塘坝	上枝村	1.7	砌石重力坝	5	38	2	坝顶溢流	2
200	史王庄塘坝	史王庄村	8	黏土心墙坝	5	90	3	岸边溢洪	4
201	西赵庄塘坝 1	西赵庄村	1.2	黏土心墙坝	5	35	2.5	岸边溢洪道	3
202	西赵庄塘坝 2	西赵庄村	2	黏土心墙坝	4.5	60	2.5	岸边溢洪道	3
203	西赵庄塘坝 3	西赵庄村	2	黏土心墙坝	5	75	2.5	岸边溢洪道	3
204	西赵庄塘坝 4	西赵庄村	1	黏土心墙坝	6	75	2.5	岸边溢洪道	2
205	西赵庄塘坝 5	西赵庄村	3	黏土心墙坝	4.5	75	3	岸边溢洪道	2
206	下龙巷塘坝	下龙巷村	3.5	黏土心墙坝	13	128	3.6	岸边溢洪	4
207	赵家峪东塘坝	赵家峪村	7	黏土心墙坝	5	45	4	泄洪隧洞	6
208	赵家峪西塘坝	赵家峪村	1.2	砌石重力坝	4	50	2	坝顶溢流	2
209	中营塘坝	中营村	8	黏土心墙坝	12	85	3	岸边溢洪	3

库区移民

概　述

库区移民也即水工程移民，是居住地由于水利工程的需要，必须根据政府安排搬迁到他处的群众，也叫水库移民。国家对此有一系列的法律、行政法规、法规性文件、部门规章和规范性文件、后期配套政策等措施来保障库区移民的顺利开展和可持续发展。如《国务院关于完善大中型水库移民后期扶持政策的意见》（国发〔2006〕17号）、《大中型水利水电工程建设征地补偿和移民安置条例》（国务院令第471号）、《关于印发〈大中型水利水电工程移民安置验收管理暂行办法〉的通知》（水移〔2012〕77号）等。

为帮助移民改善生产、生活条件，国家先后设立库区维护基金、库区建设基金和库区后期扶持基

鲁村镇小黄庄村移民道路及文化广场工程

金，努力解决水库移民遗留问题，对保护移民权益、维护库区社会稳定发挥了重要作用。

沂源县大中型水库移民村主要涉及境内的田庄水库、红旗水库2座大中型水库和沂水县的跋山水库，涉及南麻、鲁村、燕崖、大张庄、东里和悦庄6个镇（街道），共有水库移民村66个。2006年，省水利厅共核定沂源县水库移民人口14316人。截至2020年第二季度，全县大中型水库移民村65个，移民人口12146人，户数4578户，其中大洼村核定的水库移民1人去世，人口数据核减。截至2023年12月31日，沂源县共有移民人口11716人，历年共核减2600人。

田庄水库库区移民安置村（含淹地未淹房村）共有44个，主要分布在南麻、鲁村、大张庄3个镇。其中，移民整体搬迁村庄8个：鲁村一村、鲁村二村、鲁村三村、鲁村五村、沙沟、大田庄、小田庄、许村；移民分散安置村庄32个：南埠东、侯家官庄、傅家庄、西下高庄、永兴官庄、崮坡、曹家庄、泉子官庄、鲁村四村、张家洼、黄埠岭、店门、小黄庄、龙崖、王家石沟、齐家石沟、丁家庄、峨峪、高峪、西寨、西官庄、西坡、王家坪、草埠一村、草埠二村、草埠三村、舍庄一村、舍庄二村、舍庄三村、石门、南官庄、大桑树村；库区连带影响村（淹地未淹房村）4个：高堂峪、刘家大峪、北埠东、仓粮峪村。

红旗水库库区移民安置村共有12个，主要分布在燕崖镇。其中分散安置的村庄11个：刘庄、石板、巩家峪、冯家峪、燕崖、马岭、东高角、西郑、汉林、碾砣、平安村；库区连带影响村（淹地未淹房村）1个：蒲峪村。

跋山水库库区移民安置村共有10个，主要分布在东里、悦庄2个镇。均为分散安置村：李家沟、香磨、龙王峪、韩旺一村、韩旺二村、韩旺三村、韩旺四村、南堐庄、石马山、大洼村。

移民安置

1953年，政务院颁布《国家建设征用土地办法》之后，山东省人民委员会制定《关于国家建设征用土地实施办法》。但由于国家还处于暂时困难时期，对移民的生活安置和经济补偿等，虽然做了大量工作，但遗留问题仍然很多。从20世纪60年代开始，不仅逐级建立健全了移民安置的有关组织领导机构，并且按照“以生产为中心，建房为重点，依靠群众，自力更生，国家扶持”的方针，采取调地、造地等多种措施，进一步落实库区移民安置政策，解决移民的实际问题。

1958年，国务院修正后的《国家建设征用土地办法》规定：“国家建设征用土地，既应根据国家建设的实际需要，保证国家建设所必需的土地，又应照顾当地人民的切身利益，必须对被征用土地者的生产和生活有妥善的安置。”在水库建设过程中，对淹没土地、房屋、山林等，以土地退产、减免粮食征购等方式予以间接补偿，同时通过迁移盖房、调地、救济、扶持等办法，统筹安置库区移民。

田庄水库于1958年10月动工，1960年6月大坝合龙，开始蓄水。建库设计淹没面积1.6万亩，其中淹没耕地面积1.1万余亩。随着蓄水位的增高，库区淹没面积逐年扩大。

1958年修建田庄水库的方案确定之后，第一项任务就是库区移民。田庄水库淹没面积1.6万亩，其中淹没耕地面积1.1万亩。库区搬迁村庄有大田庄、小北田庄、永兴、南埠东、北埠东、泉子官庄、沙沟、鲁村一村、鲁村二村、鲁村三村、鲁村四村、鲁村五村、张家洼、黄埠岭、店门、小黄庄、许村等17个村庄，移民14009人，拆除房屋14216间。另有淹没土地村高堂峪、刘家大峪、曹家庄、龙崖、仓粮峪等共计22个。中共沂源县委第二书记赵立修、书记处书记董钦祥负责库区移民工作，下设9人组成的领导小组。国家拨付移民经费134.35万元。当时是边移民边施工，移民补助费为每间房屋50元，每户生活资料补助10元，树木视大小与生产队干部商量。补助费虽少，但通情达理的库区村民，一听到是国家占地，二话不说，先国家后小家，“舍了肚子顾脊梁”，一切为社会主义建设让路，无一人因占地移民而上访。就连搬迁任务最大、素有“金田庄”之称的大田庄村，在新房没有修好的情况下，人们便陆续搬到半地窖、半工棚的东山坡荒郊野外去住，宁可风餐露宿，也按时腾出地方，不耽误水库施工。搬迁时老婆孩子卷着席子，抱着被子，赶着猪牛羊上山的情景，充分体现出革命老区人民极高的政治觉悟和无私的奉献精神。

1960年11月上旬，中共临沂地委召开库区移民干部会议，沂源县委随即召开机关各部门与库区负责移民的干部会议。由县委第二书记赵立修（田庄水库建设指挥部总指挥、政委）、县委副书记董钦祥、县农村工作部副部长邵立祥、水库管理局局长刘益芝以及武继习等组成移民委员会。库区各大队建立由支部书记或队长参加的移民小组，大村7人、小村3~5人。本着全面规划、分批兴建的原则，加快推进移民安置工作，使社员早日住上房屋，安心搞好农业生产。

1960年11月初步统计，田庄、沙沟、小黄庄、泉子官庄、店门、永兴官庄、曹家庄7个大队共计895户、3449人，淹没房屋3890间、树木30万株、坟墓2342个、土地5419亩。1960年11月，完成安排284户共1138人。到1962年12月，共拆房3539间，建安置房1992间，累计完成安置643户共2636人。

1963年3月，由于前期多次移民统计存在误差，又组织对田庄水库库区实际淹没情况进行普查统计，田庄水库淹没7个大队，社员总户数为1011户、3906人，土地总面积1.4万亩，实淹814户、3265人，占用土地7054亩。4年时间已对实际水淹应迁移民予以妥善安排，其中迁往新村669户、2627人。原计划建安置房2521间，到1963年春节前已完成1994间。

1964年以前，移民具体工作主要由施工指挥部负责。除少数搬迁户安置到附近生产条件较好的村，多数由淹没线以下就地迁至淹没线以上。因就地安置的移民多，形成库区人多地少，建房任务重，生活、生产困难重重，水库移民一度成为灾民，吃粮靠统销，花钱靠救济，生产靠贷款。

1964年，沂源县据省、地指示建立移民办公室，按中央提出的“从生产出发，妥善安置”方针，在继续抓好建房的同时，转向抓恢复和发展库区生产。3月，临沂地区在沂水沙沟库区召开库区生产现场会，参观了沙沟、程家官庄发展生产、治山治岭工程。县委、县政府动员库区人民坚持自力更生精神，制订生产翻身计划，改变库区面貌。根据库区村的实际情况，对部分库区村按30亩地1头牛，100亩地1把耩子、2盘耙、1张犁，每个劳力3件（镢、锨、镐）小农具、5户1辆小胶车、1户1头猪的标准进行扶持，另外帮助购置网、渔船以及开山工具等，同时，将库区周围村庄的部分土地调给库区村，使库区村具备基本的农业生产条件。

1964年，省人委移民安置办公室、省财政厅、省农行下达《关于水库移民安置范围标准和财务管理使用暂行办法》，规定：1962年底以前的大中型水库建设拆迁的村庄、人口，不论集体或自行分散迁居在省内从事农业生产的，以实有人口计算，列入安置扶持范围（包括义务兵、非国家正式在册人员、军工家属、下放的职工、复退回乡生产的军人）。安置建房标准，平均每人0.5~0.8间，对原拆除房屋多于现行标准新建房屋部分，不再补偿，新建房屋多于原拆房屋的，亦不再退还；凡独立核算的生产队、大队，扶持建设办公室、小学堂、仓库、牲畜棚等，不超过移民建房数的7%。沂源县按省规定的安置范围、标准对老移民进行复查、安置，对新建水库移民遵照省规定办法，全县一律平均每人0.7间，以移民村为单位，逐户根据老少几辈合理评定建房数量，总数不得突破人均0.7间的标准，每间补助80元，所建房屋皆系砌石基础、土墙、草顶，总投资134.35万元。

“文化大革命”期间，在突出政治，活学活用毛泽东思想的号召下，“抓革命，促生产”。沂源县革命委员会（简称县革委）高度重视库区移民工作，对库区移民的安置和对群众生产、生活的关心等基本未受大的影响，从库区村的生产、劳动到群众的柴米油盐等细致的生活问题，多次作出指示和安排。

田庄水库建成蓄水后的5~6年时间内，水库上游的鲁村、许村两个大队尚未完全被淹没。1961年时，鲁村、许村就在移民搬迁的计划范围内，仅鲁村一个大队就有应迁移民492户。当时采取的计划措施仅仅是砌筑5米高的挡水墙，但因经济条件达不到，只夯筑了一个土堤。随着蓄水量的增加，加上大坝上游河沙淤积，河床抬高，上游淹没面积逐渐增大。鲁村就像在一个盆地里，地面、房屋墙体常年潮湿，被淹的户数逐渐增多。

1967年，当时田庄库区12个大队2297户社员，共9960余人，可耕地总计11852亩，每人平均1.19亩，但也不平衡，地多的大队每人平均1.4亩，地少的平均只有8~9分，如泉子官庄、永兴官庄两个大队，大都是山岭薄地，粮食产量低，亩产仅为200~300斤，年年需要国家统销粮。未建库时，田庄大队每年向国家交公粮20万斤，建库后，年年吃统销粮20余万斤。随着田庄水库大坝的持续加高、加宽，坝高增加了1米余，原溢洪道设计宽度180米，实际仅100米左右，相差80米，下游30米的河道深度为2米，泄水量并未达到原设计标准。1967年的一场洪水，水库溢洪道来不及泄洪，上游水位抬升，水面比鲁村高出1~2米，村前夯筑的土堤被冲塌，鲁村大队被大水淹没。

同年，县革委成立由5人组成的移民小组，对田庄水库重新进行测量调查。按照百年一遇洪水位测算，共淹12个大队、1679户、7028人。房子5469间、栏圈562间、饭棚555间，三项共计6586间，其中机关学校房屋300间。是年5月，临沂地区革委生产指挥部批准安置移民109户。主要集中在两个大队，其中鲁村一大队24户、鲁村五大队74户。按照每户3间，每间补助113.64元，县革委立即组织县、区脱产干部9人专抓移民安置工作。其中，原计划鲁村五大队外迁移民74户，由于拟外迁地群众不同意，遂确定就地建新村，发动和组织180余名劳动力进行建房施工。

库区建设与移民扶持

从1964年开始，国家每年投入沂源县库区5万~6万元，多时8万元，到1984年累计投入106万元，帮助库区建水利设施及整山造地、建库区交通桥等，逐步改善库区生产、生活条件。1977年，省水利厅在招远县召开全省库区建设现场会，鲁村公社沙沟大队被授予库区建设先进单位，唐守爱被授予库区建设先进工作者。

1978年党的十一届三中全会后，农村逐步实行家庭联产承包责任制。由于库区人多地少、土地瘠薄（好地被水淹）、地处偏僻、交通不便、生产基础差等原因，发展生产难，群众生活水平提高缓慢。到1984年年底，库区粮食人均278斤，人均收入101元，比全县平均低96元，不足150元的有21个村。有12个村不通车、不通电、不通广播，19个村人畜用水困难，17个村学龄儿童上学难。多数仍然住着建库时赶建的简易草房，口粮不足，收入无着落，成为贫困山区的老大难。

1984年9月，中央下达《关于帮助贫困地区尽快改变面貌的通知》。1985年7月，山东省省长李昌安带领省直20余名厅局负责人实地考察临沂地区的沂源等6个贫困县及岸堤水库库区。并指示：“从1986年起连续3年内，从省水利经费中拿出一部分用于解决6个贫困县的人畜饮水困难，扶持库区发展生产；水库管理部门组织库区农民养鱼，水库的管理维修用工，要优先使用库区劳动力，从水费中拿出一部分扶持库区移民的生产。”10月下旬，省水利厅召开6个贫困县的库区扶贫开发建设座谈会。会议确定，从1986年起连续3年每年拿出200万元专项资金，扶持6个贫困县，作为库区开发建设资金，其中沂源县23万元。

自1985年起，县委、县政府把库区作为全县经济开发的难点和重点来抓，从库区实际出发，认真贯彻执行中央和省、地关于贫困山区和库区开发的指示。

1986年，国务院办公厅转发水利电力部《关于抓紧处理水库移民问题的报告》，明确提出："水库移民工作必须从单纯安置补偿的传统做法中解脱出来，改消极补偿为积极创业，变救济生活为扶助生产，把移民安置与库区建设结合起来，合理使用移民经费，提高经济效益，走开发性移民之路。"

是年8月，沂源县委、县政府颁发《关于开发建设大、中型水库库区村的意见》（源发〔1986〕34号）（以下简称《意见》）。《意见》提出：对库区村口粮不足450斤的，差额部分从统销粮中解决；减免各种税费，贫困村不再分配国库券认购任务，对贫困程度重的村，减免农业税；县用于农村发展生产或解决生活困难的各项资金，切块10%左右，统筹安排给库区村；水库发电、水费收入中提取15%~20%用于扶持库区贫困村的生产；合同工、临时工、季节工等农村招工指标的20%安排给建库时淹占耕地多、损失重的库区村，乡镇企业招工、农业基本建设项目和村办企业项目等优先录用库区村人员。鼓励全县的富裕村与库区贫困村结成姊妹村，富裕户和贫困户结成姊妹户，互帮互助。在农、林、畜牧、城建劳务输出、信贷、文教、卫生等各个领域实施一系列库区村优惠政策和齐帮共扶措施，为库区村脱贫致富创造更多的有利条件。

为加强领导，县和库区乡、镇分别成立库区开发领导小组和办事机构，研究库区开发建设，强化扶贫包点工作。县直各行各业积极参与援助支持库区建设，有16个县直部门和11个经济效益好的企业，到库区村包点3年。对库区实行一系列的倾斜优惠政策，增强物质基础，改造传统种植业和养殖业，发展多种经营。1985—1990年，各方面筹集资金总额766.4万元，投入库区开发。其中无偿投资201.1万元（省专项资金92.5万元、义务自助57.4万元、以工代赈15万元、老区建设7.2万元、人畜饮水3万元、扶贫单位出资26万元），借贷款565.3万元（贴息贷款80万元、借款72万元、银行贷款413.3万元）。1989年10月，沂源县被省水利厅授予"库区建设先进单位"。

1990年，库区"两难三不通"（吃、住难，

1980年10月，许村水泥厂的工人正在装运水泥

水、电、路不通）得以解决，已有水利工程96处、水浇地8491亩、经济林11805亩、工副业277项，并发展一批骨干企业，如许村的水泥厂、鲁村三村的有机化工厂、永兴村的编织袋厂等。全县库区村经济总收入1509.69万元，人均纯收入321元，比1984年增加220元，其中有40户人均收入超千元。

1986—2003年，上级扶持田庄水库库区140万元、红旗水库库区10.9万元。主要帮助库区移民解决人畜饮水、灌溉、交通道路、小流域治理以及种植业、养殖业等项目，完成水利工程70处，新增灌溉面积1460亩，改善灌溉面积400亩，建设人畜饮水工程22处，初步解决了1.5万余人的饮水困难，修建乡村道路75公里，人工造地 850亩。经过上级扶持和库区人民群众的不懈努力，移民的生产、生活条件有所提高。2000年6月，田庄水库管理处被山东省水利厅表彰为全省水库移民工作先进单位。

2006年5月，为帮助水库移民脱贫致富，促进库区和移民安置区经济社会发展，保障新时期水利水电事业健康发展，构建社会主义和谐社会，国务院下发《关于完善大中型水库移民后期扶持政策的意见》（国发〔2006〕17号），对2006年6月30日前纳入扶持范围的移民，自2006年7月1日起每人每年补助600元，扶持期限为20年。2006年7月1日以后搬迁的纳入扶持范围的移民，从其完成搬迁

沙沟大桥

之日起扶持20年。

2008—2010年，使用大中型水库移民后期扶持中央结余资金、小型水库移民扶助基金总计1217万元，分别在鲁村、南麻、燕崖、南鲁山、西里、石桥、悦庄、大张庄、中庄等乡镇实施电灌配套、人畜吃水、节水灌溉、道路硬化、生态修复等工程。

2011—2015年的“十二五”期间，使用大中型水库扶持结余资金、应急补助资金以及移民后期扶持中央结余资金、省结余资金、县结余资金等总计2899.74万元，先后实施大中型水库移民后期扶持项目78处，主要涉及鲁村、南麻、燕崖镇77处，大张庄镇1处。其中农田水利灌溉项目27个，扩大改善灌溉面积1.08万亩；饮水安全项目17个，解决2万余人的饮水安全问题；修建、硬化道路24处。另外，帮助库区移民村、连带影响村等建设便民服务中心、农贸市场、蔬菜购销中心、交通桥以及河道治理等。

“十二五”期间，还使用小型水库扶助基金及其结余资金等，总投资727.57万元，先后在鲁村镇刘家庄、龙子峪、石门、四门地、李家庄、小北庄、西五斗村，西里镇杨家峪、翟家庄、石拉村，悦庄镇七里寺、黄山子、张家庄、北营村，张家坡镇刘家峪、北店子、后峪村，南麻镇傅家庄村，大张庄镇石柱、左家旁峪村，中庄镇社庄村，南鲁山镇芦芽村，石桥镇错石村等23个村，实施小型水库移民帮扶项目30个。完成小型水库库区村饮水改造工程2处、节水灌溉工程5处、蓄水工程5处、塘坝工程1处、河道综合治理4处，灌区由明渠改造为节水灌溉1处，硬化村内街道6060平方米，硬化交通道路总长1510米，修建漫水桥2座。同时在村庄环境综合整治、新农村建设等方面实施帮扶。

2016—2020年“十三五”期间，共规划74个移民后期扶持项目。完成水利设施配套项目19个、种植业项目1个、饮水安全项目10个、道路交通项目32个。同时，在适龄移民群众开展家政、面点服务等技术能力方面进行职业技能培训3期共180人；移民群众果树、蔬菜生产管理等技术培训2期，培训人数200人。“十三五”期间，总计发放移民后期扶持基金3736.83万元。

移民扶持项目工程选介

沙沟大桥　该项目位于鲁村镇沙沟村东南，横跨田庄水库，总投资1200万元，其中使用水库移民资金1100万元。该桥于2020年10月竣工通车，全长247米、宽9米，上部结构采用预应力混凝土组合箱梁，下部结构采用双柱式墩台、柱基础，并配套安装路灯、护栏等设施。

该项目集中整合13个村的移民资金，是淄博市单体投资最大的水利移民项目。大桥连接田庄水库南北13个水库移民村，惠及人口7365人，可为库区移民减少绕行距离10余公里，大幅改善库区移民的出行条件，对库区旅游业和经济发展都具有积极的促进作用。

许村热带水果园　南麻街道许村、大田庄等13个移民村属田庄水库移民安置村，村民大都以种植传统农作物为主，经济结构单一，收益低，农民增收致富途径单一，制约了这些村的发展和农民致富奔小康的步伐。

2020年，利用大中型水库移民后期扶持政策，整合13个移民村2020年移民后期扶持基

许村热带水果园

金，在田庄水库南岸的许村实施蔬菜大棚种植产业项目。

同年7月，淄博市水利局以淄水移民〔2020〕26号文批复项目总投资600万元。9月动工，12月全部完工。项目实施内容包括新建蔬菜大棚13座，总面积1.45万平方米。另建水肥一体化工程1处，硬化路面1973平方米，砌筑排水沟浆砌石挡土墙169.67立方米。

大棚建成后，栽种的火龙果和草莓，成为水果市场的抢手货。较高附加值的农产品，改变了原先单一的经济结构，农业产业效益翻番，既带动了贫困户劳动力的就业，又在当地农业产业发展项目中起到了示范效应。其收益以大棚建设投入资金的6%，按一定的比例分配到9个移民村（高堂峪、刘家大峪、苍粮峪、北埠东等村属于淹地未淹房村，不享受移民产业扶持收益分红政策），用于基础设施建设和公共事业支出。南麻街道办和9个移民村对项目进行监督运行，并选择专业合作社进行管理使用。

该项目可大幅增加项目受益村的集体收入，各移民村也有了发展自主权，开始因地制宜，围绕乡村振兴战略，在人居环境、乡村旅游、特色产业等方面取得明显改善，可谓是栽下“致富苗”，移民捧上了“金饭碗”。

小黄庄美丽移民村项目　该项目位于鲁村镇政府南侧，使用2021年大中型水库移民后期扶持基金200万元，建设内容包括改造提升村内道路5000平方米，铺设路缘石390米，建设标志碑1处，路边绿化150平方米，建绿地小广场410平方米、景观廊架1处、活动广场1处、文体活动中心1处，粉刷彩绘文化墙166平方米，对全村实施亮化工程，安装太阳能路灯105盏。该项目使小黄庄村的村容村貌焕然一新，村庄文化基础设施得到整体提升。

燕崖镇农业智慧园项目　2021年，在燕崖镇石板、刘庄等11个村实施农业智慧园项目，总投资550万元，2022年5月完成施工。项目占地40亩，其中大棚面积24亩，苗圃基地10亩，附属设施、设备占地6亩。建总面积1.6万平方米的自动监控温室大棚12座、机井1眼、节水灌溉机房1座，整个园区实现水肥一体化和土壤墒情监测、温控管理智能化、自动化。

燕崖镇水利移民产业示范园

水能利用

沂源县水能利用历来就有，如悦庄区东小水村利用泉水进行轧弹棉花，土门区芝芳村利用水能碾米、磨面等。境内地处沂河上游，山势陡，河道坡度大，大部分水库建在位置较高、地质坚硬、较深的河流山沟上，落差大，水能资源较为丰富。在1960年之前，全县小水力发电工程还是空白，20世纪六七十年代，依靠群众，因陋就简，勤俭建站，在条件较为适宜的地方充分利用水能，大兴农村小水电工程。

20世纪60年代初，本着“群众迫切要求，劳力、资金由社队自行解决”的原则，在积极建设农田水利工程，增强抗旱、防汛、排涝能力的同时，相应地建起一部分小型简易水力发电设施，解决部分群众的照明和生产队粮食加工、弹棉花等作坊用电。1961年，建成田庄水库大坝右岸南放水洞60千瓦发电站1座，九会公社下土门河北村在大河崖头建20千瓦水电站1座。两座小型水电站保证了田庄水库汛期照明，供应下土门河北、河南等大队6个生产队、500余户社员照明用电和鲁山林场职工驻地照明用电。下土门电站发电时，该队社员高兴地说：“螳螂河上建电站，灯头如同葡萄串。自从俺村用上电，省工省力又方便。旧社会里不敢想，如今感谢共产党。”1964年洪水，下土门水电站因渠道被冲垮而报废。

下土门河北水力发电站出水口遗址

南麻、九会、东里、石桥、张庄5个公社建水电站5座、水力站28座，安装石磨34盘、碾1盘、弹花弓2个、粉碎机2台、水打水泵2台。其中九会公社水么头河北大队在三亩半母沟台安装水车5台，扩大水浇地40余亩。南麻公社西鱼台大队，与机械厂、修配站以及商业和电业等部门互利合作，组织70名劳动力的专业队，建10千瓦水电站1座、水力站3座，安装石磨8盘。西鱼台大队的水电站建成后，7个月为24个工厂、企业、学校等单位加工粮食和磨面35万余斤。西鱼台大队妇女们对电站和动力站赞扬说：“党的领导胜过天，兴修水利赛神仙，搞水磨，办水电，不用油，能发电，人不推，磨就转，放上麦子出来面。”

在水动力、水电站的建设中，开展现场参观活动，依靠能工巧匠钻研技术，就地培训农民技术员，以“一师带百徒”“老手带新手”的办法培养了大批的水电建设专业技术人才。全县共培养会测量、懂水工、能安装的技术手6人；掌握垒砌旋桨式电站水工建筑技术的石匠23人；掌握制造木制旋桨式水轮机技术的木匠8人和两击式水轮机的木匠3人；会转灯式水轮机制作、安装、垒砌、生产的技术人员，每个公社有5~10人。同时加强电工等技术员的培养，培训具备一定理论与实践能力的农民技术员50人，为建站后的管理工作储备人才。

当时使用木制水轮机代替铁制水轮机，其中4处是木制旋桨式水轮机，1处是木制两击式水轮机，28处是木制转灯式水轮机。木制旋桨式水轮机传动较为复杂，转速为每分钟300~400转，功率可达10~20马力。两击式水轮机传动相对较简单，每分钟转速100~200转。转灯式水轮机每分钟转速30~50转，简便易行，容易建修，适应在农村推广。一般是公社帮助解决水泥、炸药等物资，其余由社或队自行解决。如一处旋桨式水电站一般20~30天建成，成本2000元左右，转灯式的水动力站3~5天建成，成本30~50元。

1977年，水利电力部部长钱正英传达中央有关水电方面的指示。《人民日报》刊载钱正英的《水电要大干快上》文章，将解决电力供应不足，加快水电建设步伐，大力发展水电以改变电力工业燃料构成，作为一项战略任务。

1978年4月，县水利局在境内大小河流及其支流、山泉、水库等，对超过5千瓦的水力资源进行全面普查，分期分批做水电规划、勘测和设计，摸清全县各主要河道实际可开发利用的水力资源，在沂河、螳螂河等骨干河道，规划建设梯级水电站28座。总装机容量25330千瓦，年发电量5886万度。按每度电收费0.05元计算，全年可收电费294.3万元。

其中，在沂河（田庄水库以下）规划建田庄水库北洞、南洞、盛家庄、浇花泉、下龙巷、南安乐、李家河西、盖冶、东安水电站共9座，设计装机容量10200千瓦，年发电量3060万度；在螳螂河流域规划建芦芽、水么头、黄崖、上土门、九会、芝芳、十亩地、栗行、鱼台、菜园、大坡、十八转、孟坡、唐家六小型水电站共14座，设计装机容量2130千瓦，年发电量426万度；在白马河规划建红旗水库、大马岭、红岭子、东郑、白峪小型水电站共5座。另外，鲁村河，设计装机容量1170千瓦，年发电量134万度；仁里河，设计装机容量1270千瓦，年发电量154万度；赤坂河，设计装机容量2080千瓦，年发电量416万度；田庄河，设计装机容量740千瓦，年发电量1486万度；石桥河，设计装机容量1130千瓦，年发电量226万度；燕崖河，设计装机容量2030千瓦，年发电量406万度；马庄河，设计装机容量820千瓦，年发电量164万度；张家坡河，设计装机容量1220千瓦，年发电量244万度；弥河，设计装机容量820千瓦，年发电量164万度；汶河，设计装机容量1460千瓦，年发电量292万度；新汶河，设计装机容量260千瓦，年发电量52万度。

至20世纪70年代末，国家扶持和社队自筹资金相结合，先后建田庄、红旗、关河峪、郭家上峪、王家庄、高家白峪、曹宅、西郑王庄、八仙官庄等水电站，共14台机组，总装机容量2076千瓦。全县开发水电事业总投资267.25万元，投放工日32.47万个，建筑厂房面积436.8平方米，架设输电线路13.3公里。

由于县内大多为季节性河流，旱时河道流量骤减甚至断流，用电不应急，加之当时机电设备紧缺，设施简陋，管理技术落后，利用率较低，未充分发挥水能效益，多数未实现发电。红旗水电站未试车，曹宅水电站仅进行了短时间的发电，关河峪、郭家上峪、王家庄、高家白峪、西郑王庄、八仙官庄均因水源或管理不善，运行时间不长。田庄水电站是一处建管措施较好、利用效益较高的项目，截至2023年，该水电站仍正常运行。

唐山公社曹宅大队水电站　水源是曹宅水库。建站投资5万元，其中国家扶持资金4.9万元。1973年3月开工，1974年8月投产。最高水头16米，设计水头8米；最大流量每秒1.4立方米，设计流量每秒0.99立方米；设计功率50千瓦，实际最大功率50千瓦。安装HL365-WM-59型水轮机1台、配电盘50千瓦1面、TSWN-50KW型发电机1台、低压线路1000米。供水库管理所及曹宅大队共110户村民的照明用电。

燕崖公社西郑王庄水电站　水源是引河。建站投资4.8万元，其中国家扶持资金4.5万元。1976年8月开工，1978年8月投产。最高水头8米，设计水头8米；最大流量每秒0.5立方米，设计流量每秒0.4立方米；设计功率18千瓦，实际最大功率18千瓦。安装HL365-WM-35型水轮机1台、18千瓦配电盘1面、TSWN-18KW型发电机1台、变压器6台，高压线路2000米、低压线路1000米。供6个大队、30个生产队共400户照明用电。

田庄水电站　国家投资230万元，1977年10月开工，1979年5月投产，位于田庄水库中洞出口。最高水头30米，设计水头26米；最大流量每秒9立方米，设计流量每秒9立方米。安装HL123-WJ-71型水轮机3台；TSWN-630KV-12P型发电机3台，单机容量630千瓦；变压器3台；高压线路2.3公里。

红旗水库水电站　水源为红旗水库。建站投资20万元。1978年4月开工。设计水头12米，设计流量每秒1.0立方米，设计功率90千瓦。安装HL600-WJ -35型水轮机2台、JSWN系列45千瓦发电机2台、40~125KVA变压器3台。因资金问题未建完。

石桥公社关河峪石门崖水电站　1977年6月开工建设塘坝1座，主要用于水轮机发电，兼顾灌溉面积100亩，1979年5月竣工。控制流域面积3平方公里，总库容9.5万立方米，其中死库容0.5万立方米，兴利库容9万立方米，坝顶溢流。大坝为拱形浆砌石坝，坝长24米，坝高14米，坝顶宽0.5米。放水洞直径0.3米，最大泄量每秒0.2立方米。设计功率4千瓦，实际最大功率4千瓦。安装HL123-LT-14型水轮机2台、4千瓦发电机2台、低压线路2000米。

石桥公社关河峪水电站　水源为浆砌石坝。建站投资4万元，其中国家扶持资金1.3万元。1979年5月开工，12月投产。最高水头12米，设计水头8米；最大流量每秒0.14立方米；设计流量每秒0.14立方米，设计功率8千瓦。安装HL123-LJ-14型水轮机2台、4千瓦发电机2台、低压线路1000米。主要供关河峪大队8个生产队共110户照明用电。

石桥公社郭家上峪水电站 水源是引河。建站投资0.8万元，其中国家扶持资金0.75万元。1979年5月开工，12月投产。最高水头34米，设计水头34米；最大流量每秒0.04立方米；设计流量每秒0.04立方米，设计功率5.5千瓦，实际最大功率8千瓦。安装XJ13-L-15/5.5型水轮机1台、5.5千瓦发电机1台、低压线路1000米。供郭家上峪大队20户照明用电。

东里公社王家庄水电站 水源是塘坝。建站投资1.5万元，其中国家扶持资金1.4万元。1979年4月开工，1980年1月投产。最高水头8米，设计水头8米；最大流量每秒0.069立方米，设计流量每秒0.069立方米；设计功率4千瓦，实际最大功率4千瓦。安装HL123-LT-14型水轮机2台、4千瓦发电机2台、低压线路2000米。供王家庄大队6个生产队共50户村民的照明用电。

悦庄公社高家白峪水电站 位于悦庄镇高家北峪村东，高架渡槽北20米，拦截村内小溪。拦水坝南北向，长度11米，砌石构筑，总高约4.5米，拦水坝高2米，两侧延伸与山体相接，坝中间砌筑台阶状闸门，顶部安装手动泄水闸，闸门呈现锈蚀严重。闸门两侧对称高低拱洞各2个，顶部刻有“农村小水电”字样。该设施是县内仅存的小水电建筑。

水源是引河。1979年4月开工，1980年1月

高家白峪农村小水电

投产。建站投资0.45万元，其中国家扶持资金0.4万元。最高水头8米，设计水头8米；最大流量每秒0.069立方米；设计流量每秒0.069立方米，设计功率4千瓦，实际最大功率4千瓦。安装HL123-LT-14型水轮机 1台、4千瓦发电机1台、低压线路1000米。供高家白峪大队3个生产队共50户村民的照明用电。

悦庄公社八仙官庄水电站 水源是引河。建站投资0.7万元，其中国家扶持资金0.65万元。1979年10月开工，1980年4月投产。设计功率4千瓦，实际最大功率4千瓦。安装HL123-LT-14型水轮机1台、4千瓦发电机1台、低压线路2000米。

八仙官庄农村小水电

饮水灌溉和水产养殖

记忆沂源·水利卷

扫码听书

扫码听书

刘家庄水库

城市供水

概　述

城市供水，又称城市公共供水，是指城市自来水供水企业以公共供水管道及其附属设施向单位和居民的生活、生产和其他各项建设提供用水。城市供水是城市建设的重要基础设施，对保证城市经济的稳定发展和人民生活水平的提高发挥着举足轻重的作用。

沂源县自来水有限公司

沂源县城市供水发展起步较晚。1968年年底，县委决定发展城区供水事业。1969年5月，在北埠子（后建为新城宾馆）成立自来水小组，葛京传担任组长，负责县城供水工作。当时的固定资产10万元，日供水能力仅几百吨。1983年4月，县自来水公司从北埠子（后为县委招待所）搬迁到城西太平路南首西侧（后为光力士有限公司）。1989年5月，县自来水公司办公地点迁至泰薛路（后改称荆山路）中段南侧。1990年10月，县自来水公司升格为小（Ⅱ）型企业，同年，被评为市级先进企业。1996年1月，县政府批准该公司为小（Ⅰ）型企业。

经过50余年的发展，该公司发展成为集供水生产、社会服务和供水工程安装、水质检验检测、纯净水生产为一体的综合性国有企业。2014年7月，顺利通过省住建厅水质检测机构能力B-级评审，是全省第一家达到B-级水质检测能力的县级自来水公司。截至2023年年底，公司注册资金1.95亿元，资产总值2.93亿余元，总装机容量3760千瓦。建有响泉龙洞泉、芝芳、钓鱼台3处水源地，工业供水厂、开发区水厂、历山水厂、西台加压站、公司加压站5座水厂加压站，管理振兴西路、历山路、润生路、花园世家、中营村5座二次加压站。日综合设计供水能力12万立方米，实际日供水5.5万立方米。管网里程共计266公里，覆盖85平方公里，个人户表11585户，公共消防栓405个，其中智慧消防栓36个，服务用水人口12万余人。供水范围覆盖县城城区、经济开发区及悦庄镇，基本实现了生活用水和工业用水的优水优用、分类供水。

自来水小组旧址（1969年）

该公司先后被评为国家二级企业档案目标管理单位、全省规范化管理单位和“四优”企业、全国优秀县镇供水企业、山东省供水节水工作先进集体、山东省卫生厅食品卫生等级A级单位、山东省劳动关系和谐企业、中华全国妇女联合会“巾帼文明岗”、省级“青年文明号”、省级文明单位、全省城镇供水先进单位。

城市供水设施建设

水源地　供水一站、二站建成之前，1965年六七月，在县委（后为党校）院内打成13米深的小井1眼，建高6米、容积50立方米的水塔1座。后自邮电局饮水井安装管道，县委、武装部用上自来水。1969年春，县委、县革委研究决定，利用沂源钢铁厂水井作为自来水水源；5月，改造深8米的自来水水井；9月，在北埠子建200立方米水塔1座。1971年，重新铺设铸铁管与瓷管混用管道。1973年，购进22千瓦离心泵机组，并安装投入供水。

供水一站、二站：1976年9月，县革委批准开辟新水源，由县打井队在沂源师范学校（亦为“沂源县教师进修学校”，后改称城关中学、沂源二中）西侧山东缫丝厂（后改为淄博沃源纺织有限公司）院内勘察、机凿深井。1977年3月中旬，县财政局拨款打井资金2万元，5月25日，打成深井2眼。1号井开孔直径325毫米、井深150米；2号井开孔直径219毫米、井深160米。两井东西相距4米，建成供水一站水源深井。8月，建1号深井泵房1座，安装40千瓦潜水泵，每小时提水量140立方米。1978年4月，县财政拨款2万元，自筹3万元，在师范学校南岭建600立方米高位水池1座，12月30日竣工。1979年5—9月，铺设350毫米、300毫米、250毫米、200毫米等各型供水管道2155米，城东自来水管网连接城西水源地。1980年4月，安装2号井37千瓦潜水泵，每小时提水80立方米，5月2日，供水一站全部投入供水运行。2018年，该站经评估后转让给山东沃源纺织有限公司。

1982年9月，因一站供水能力满足不了供水需求，借用运输公司七队（后为五队）深井1眼，安装每小时提水80立方米的潜水泵1台，翌年2月投入供水，成为自来水公司第二供水站。1983年3月初，在供水二站1号井东侧10米处机凿口径219毫米、深178米深井1眼，12月下旬安装37千瓦潜水泵，每小时提水80立方米，25日投入供水运行。2001年8月，县打井队对供水一站两眼深井进行抽排清洗，完工后测得井深：1号井97.05米、2号井118.5米。

沂河水源地：位于南麻街道北刘家庄大桥北端路东。1985年6月，委托省城乡规划设计院进行沂源县城供水设计，8月完成规划设计方案，经县政府审议批准，开发建设沂河水源地。1986年6月动工兴建1号井，10月建成直径8米、深10米的大口井，安装37千瓦、每小时提水270立方米的离心泵供水机组2台。1987年完成沂河水源地至加压站输水管道安装。1990年3月，动工兴建2号大口井，直径10米、深11米，翌年安装55千瓦、每小时提水485立方米的离心泵供水设备，1991年10月1日交付使用。该水源地总占地面积3.82亩，日综合供水能力为1.5万立方米。2000年9月，安装第一台自控阀。2001年4月，对该水源地1号大口井加管改造，由原来每天供水2小时改为全天24小时供水。

芝芳水源地：位于县城北南鲁山镇芝芳村，距县城约2公里。1992年12月，县政府决定开发建设城北水源工程。1993年，由县水利勘测设计室编制城区生活供水可行性研究报告，沂源县打井队进行施工，先后机凿深井7眼，其中3眼涌水量满足水源地建设要求。1号井深150米，2号、3号井深均为160米，3眼深井静水位埋深均为23米，涌水量各为每小时80立方米。水源地至水厂之间，埋设输水管道3100米，日综合供水能力为6000立方米。1994年，县水利水产局成立城区供水管理站。2004年划归自来水公司。

芝芳水源地

钓鱼台水源地：初始选址南鲁山镇芝芳村九龙泉。1998年3月中旬打大口井，开挖输水管道，后移址下游钓鱼台。1998年8月开工建设，工程总投资624.5万元，11月竣工并投入运行。建直径10米、深6米的大口井1眼，安装供水机组3台，泵房等建筑面积200余平方米，日供水1万~3万立方米，铺设直径600毫米的输水管道2800米至历山水厂，在历山水厂建成4000立方米清水池1座，增设加压设施。1999年7月，利用该水源地与历山水厂的自然高差，改造成直接流入历山水厂蓄水池，节约用电能耗。该水源地总占地面积3.06亩。2010年响泉、龙洞泉水源地建成后，该水源地作为备用水源。

响泉、龙洞泉水源地

响泉、龙洞泉水源地：位于南麻街道永兴官庄村南600米处，距田庄水库大坝2.5公里。响泉、龙洞泉系田庄水库库区310.64米淹没线以下泉群中的自溢泉水。20世纪五六十年代田庄水库建库后，被库水淹没未及有效利用。2010年4月，县政府决定开发利用两泉，实施引泉入城工程，9月25日建成通水并作为县城供水的主要水源地之一。

响泉位于西，由地下间歇性突溢翻涌，施工期间涌水量达每小时800立方米；龙洞泉位于东，系岩溶洞穴外溢泉水，洞口面北，宽约1.2米、高约1米，施工期间涌水量达每小时200立方米。两泉相距约270米，流量大且稳定，水质优良且具承压，补给面积大且无污染。

工程采取旋喷连续墙封堵、挂网喷砼封堵、帷幕灌浆封堵、钢筋混凝土塔身隔离、地下不锈钢隔离封堵、土工布和黏土隔离封堵、黄土压实封堵、素混凝土浇灌等多种封堵隔离措施和施工工艺，分别在响泉、龙洞泉泉水出露地点及其周围实施泉水与库水、泉水与第四系孔隙水、泉水与大气降水、泉水与渗入基岩岩溶裂隙库水的综合性隔离。

两塔均为16平方米的方形集水塔，壁厚0.4米。响泉集水塔塔底用钢筋混凝土与山体基岩有效连接；龙洞泉集水塔以5个直径800毫米的冲击钻孔灌注桩支撑并与地下基岩有效连接。塔身分别建宽0.4米、厚0.6米的支撑梁与山体连接，以提高塔身的稳定性和抗冰推能力。在分别距两泉集水塔270米处建圆形取水塔，直径10米，壁厚0.4米，塔身以钢筋混凝土嵌入基岩1米。各塔高度均在兴利水位310.64米以上4米。各塔塔顶一侧在高于兴利水位3米处设溢流孔。

响泉、龙洞泉集水塔与取水塔间，埋设直径500毫米的PE输水管，由取水塔引泉入城。两泉日最大供水量2万立方米，实际日供水1万立方米，县城供水保障能力提高60%以上。

抗旱应急水源地：位于沂河左岸，沂河头村村东100米处。2015年10月，开工建设沂河头村提水工程，2016年完工。总投资424万元，建进水池1座、设备管理房1座，铺设直径529毫米螺旋钢管1900米，直径200毫米、直径315毫米PE管道各950米，配套300QJ200-80/4井用潜水泵4台。每小时提水790余立方米。该水源地作为抗旱应急水源地，为项目区提供灌溉用水，同时作为开发区水厂的配套水源地。

水　厂　20世纪90年代开始，为保障城区居民生活用水和工业供水，先后建历山水厂、工业供水厂、开发区水厂、综合净水厂和悦庄水厂5处管理规范化、供水现代化的供水厂。

历山水厂：位于鲁山路以北。一期工程于1993年8月开工建设，12月30日竣工供水。建1000立方米蓄水池1座，220平方米泵房1座，安装37千瓦离心泵1台，提水能力每小时170立方米。

1995年10月，安装自动加氯机4台、自动变速调频器1台，增装每小时100立方米离心泵1台。1998年7月，安装新型转子加氯机。1998年8月实施二期工程，建2000立方米蓄水池2座。12月，调试历山水厂与钓鱼台水源地电动蝶阀，更换315千伏安变压器，安装超声波流量计2台、蓄水池液位计3台。该水厂总占地面积5.93亩，日供水能力2.7万立方米。历山水厂的建成运行，改变了原来由南至北单向供水的局面，形成南北城区齐供的供水管网体系。1999年3—7月，安装110千瓦变频器、真空保持器，对4台设备进行全面改造。2001年4月，安装调试4号机组自控阀，解决4号机上水难问题。

工业供水厂：位于东高庄村东200米，南麻大街南段路东。初建于1994年，1995年开始供水。2012年7月，县政府批准，田庄水库工业供水场划归县自来水公司经营管理（后改称“工业供水厂”），对原有厂房进行修缮装修，更新供水机组设备。该厂总占地面积6151.48平方米，其中房屋建筑面积605.95平方米，建加压泵站1座，埋（架）设预应力混凝土压力管3330米，供水管网9250米。2015年，对工业供水厂实施常规水处理升级改造，高位水池池底及池壁防渗防漏，增设平流墙和清淤管道，水池加盖轻钢封闭，改善工业供水水质。该水厂日供水能力2万立方米。

工业供水场旧貌

2023年的工业供水厂

开发区水厂：位于县经济开发区三悦路与华山路交叉口。该厂于2016年2月立项，分两期工程建设完成，初期称“东部水厂”，后改称开发区水厂。

2017年5月开工建设第一期工程，2019年9月通水运行。工程总投资5800万元，占地面积27.73亩，建净水车间1座、5000立方米清水池1座、吸水井1眼、加压泵房1座，配套净水设备及厂区内管网，净水车间采用“气浮+絮凝+沉淀+过滤+消毒”常规净水处理工艺，日净化处理水2万立方米。从沿河东路至该水厂铺设直径1000毫米输水管线11047米，为开发区水厂提供水源的同时，沿线可为六点水、涝坡河、儒林河、埠村河、阿陀河等预留景观用水、河道用水、农业灌溉用水补水口，有效解决县城生态用水及东部城区发展用水，全面提高城市发展供水能力和生态质量。

二期工程于2021年10月开工，2023年6月21日试运行。该期工程占地面积30亩，工程总投资8000万元，其中设备投资3800万元、土建投资4200万元，设计供水能力为每天5万立方米。二期工程主要建设综合净水间（包括稳压井及配水井、预氧化池、机械混合池、机械絮凝池、高效沉淀池、气水反冲洗滤池、臭氧接触池及生物活性炭滤池、中间提升及反冲洗泵房、控制室）、清水池、回用水池、臭氧发生间、污泥均质池、污泥浓缩池、污泥脱水机房、加药间、鼓风机房及变配电室等分部分项工程。2023年12月，该工程采用的臭氧效能提升和板式臭氧发生器技术列入国家科技重大水专项推广工程、山东省重点研发计划示范工程。

通过常规和臭氧活性炭深度处理工艺对田庄水库原水进行净化处理，开发区水厂出水水质达到国家《生活饮用水卫生标准》（GB5749-2022）要求，

开发区水厂

于2009年3月，占地面积1440平方米。2014年7月，由悦庄镇移交自来水公司管理。2016年5月，投资127万元建336平方米净水厂房，对净水工艺升级改造，供水水质得到有效提升；8月，投资35万元建直径8米大口井1眼，作为该厂应急备用水源；投资50万元对悦庄镇中心街主管道进行改造并与城区供水主管道连通，悦庄镇政府驻地及5个村与城区实现同源同网。2016年11月，通过省水利厅规范化管理验收，是全市第一个通过验收的农村集中供水厂。该水厂采用加药絮凝、沉淀、过滤、活性炭吸附、二氧化氯消毒等常规水处理工艺，供应悦庄镇政府驻地单位、东悦庄、西悦庄等9个行政村及民营工业园部分企业的生活生产用水，日供水2000立方米。2020年，因水质原因停止供水。

可有效解决经济开发区、悦庄镇及石桥镇生产、生活用水需求，进一步优化东部城区工业、生活供水布局，减少东部城区、悦庄中南部及石桥西部一带的地下水开采量，有效地保护地下水资源。

望川纯净水厂：位于教育小区自来水公司北办公区院内，历山水厂以西。1997年9月，投资20万元引进美国RTK-6000纯水机设备并投入生产，建县内第一家纯净水生产企业。2001年9月，望川纯净水厂投资5万余元，新上全自动灌装设备1台。2008年12月，望川纯净水厂被省卫生厅评为食品卫生等级A级单位。2016年5月，投资500万元对望川饮料有限公司厂房和生产设备进行改造，建厂房1座，安装每小时生产6000瓶小瓶水和每小时生产600桶桶装水生产线各1条，有力提升了“望川”品牌的市场竞争能力。

综合净水厂：2005年9月动工建综合净水厂，12月31日投入生产，是县委、县政府2005年十件为民实事之一。该水厂占地22.6亩，净化处理车间980平方米，配套管网1500米。采用高级氧化技术处理工艺，净化系统有增压、过滤、氧化、生物活性炭处理、反冲洗、气体发生、控制及供配电8个部分，日处理净化水1.5万立方米。2007年4月，综合净水厂化验楼竣工。5月，公司办公楼搬迁至综合净水厂化验楼。

悦庄水厂：位于北营水库大坝南100米，建

加压站 随着城区供水区域的扩大，自20世纪80年代先后建公司加压站、西台加压站及振兴西路、历山路、润生路、花园世家、中营村等加压站和二次加压站。

公司加压站：位于荆山路26号自来水有限公司院内。1987年3月开工建设，1988年10月竣工。安装45千瓦离心泵机组3台，其中1号供水设备每小时流量180立方米，2011年改造为110千瓦同轴离心泵，流量为465立方米；2号供水设备每小时流量180立方米；3号供水设备每小时流量180立方米。另配套22千瓦离心泵加压机组1台，实现加压供水生产流程工艺，设计日供水1万立方米。同年12月，该站投入运行。1995年，安装第一台变频调速器。1992年，在加压站北侧动工兴建办公楼，建筑面积2400平方米，1995年竣工使用。

西台加压站：位于西城华府小区南、沿河西路西侧约50米，2012年12月建成，占地面积4069平方米，建筑面积600平方米。该加压站由田庄水库管理处于2010年4月动工建设，2012年12月7日

完工。2017年10月，移交给县自来水公司。

振兴西路二次加压站：建成于2014年，配备4台机组，主要满足润泽佳苑、西城华府等河西高地势区域用水。

润生路二次加压站：建成于2017年，配备4台机组，主要满足翡翠山景等高地势区域用水。

花园世家二次加压站：建成于2021年，配备4台机组，主要满足花园世家小区用水。

历山路二次加压站：建成于2021年，配备3台机组，主要满足新城路以北翡翠山居、和源名居等高地势区域用水。

中营村二次加压站：建成于2021年，配备2台机组，主要满足中营村、北营村、朱家庄等村的用水。

供水管网 1965年6—7月，县委投资2.7万元，在县委（后为县委党校）院内打13米深的小水井1眼，建高6米水塔1座，容量50立方米。因水源水量不足，自邮电局饮水井安装管道，县委、武装部用上自来水。

1969年春，县委、县革委研究决定，利用原沂源钢铁厂深8米的水井作为水源。5月，县财政拨款4万元，各单位集资2万元，对水井实施改造，配备安装40千瓦、每小时提水54立方米的离心泵机组，在北埠子建200立方米水塔1座，9月底工程竣工，投入使用，并利用钢铁厂的旧管道，为供电局、教育局、工业局、手工业局、农业局等单位供水。由于旧管道用水泥砂浆接口，铸铁管道与瓷管混用，漏水严重，1971年9月重新铺设。1972年年底，购进22千瓦、每小时提水72立方米的离心泵1台，1973年安装试车并投入供水。

1977—1983年，城西供水一站及二站建成后，历山路、振兴路供水管道跨过螳螂河，建螳螂河以西供水管网。1986—1987年，沂河水源地及加压站建成后，建1000立方米蓄水池1座，配套建设荆山路及健康路主干管道，铺设沂河水源地至加压站直径300米、长1680米的输水管道，增加日供水量5000立方米。1988年4—11月，铺设泰薛路中段、健康路全段主管道，有直径400毫米、300毫米、200毫米等各型管道1180米。1991年5—9月，建1000立方米的2号蓄水池，铺设沂河水源地至加压站第二条输水管道，直径400毫米，总长1850米，10月投入使用。1992年5—10月，铺设泰薛路西段、东段直径300毫米供水管道，长970米；11—12月，铺设北环路直径600毫米供水管道，长860米。1993年，历山水厂一期工程建成后，铺设历山水厂至北环路直径500毫米、400毫米管道，总长950米；铺设沿河路直径200毫米供水管道，长1500米；铺设鲁山路东主管道。此后，随着新城路、润生路等城区主干道路的建设，供水管网随之不断向东延伸。1994年4月，实施城区管网技术改造，完成北环路东段直径400毫米、长350米；健康路北段直径300毫米、长445米；历山路中段直径300毫米、直径200毫米，分别为长440米、280米的供水管道技术改造。

1996年4月，改造供水二站管道，减少扬程18米，降低电耗，增大上水量；5月，长沙电子仪器二厂安装、调试供水一站、二站及加压站SP-2A型流量计，准确计量出厂水量。1998年1月，历山水厂安装长沙电子仪器二厂新型流量计。2007年，为节能降耗，提高计量准确度和在线检测水平以及供水量，先后在芝芳水源地、历山水厂、加压站、供水二站、综合净水厂等安装直径150～500毫米标准管电磁流量计、在线浊度仪以及KQSIV-200-M9/212-F型、225QJ80-66型、SLOW80-280B等新型供水机组。通过设备改造，节能降耗效果显著，每年节电分别为：历山水厂7.3万度、供水二站2.19万度、芝芳水源地三号深井2.6万度，每年节约电费总计8.4万余元。

2001年11月，投资10万余元，在工业路铺设直径300毫米主管道200余米。2008年，投资300余万元，先后在沿河东路铺设直径250毫米PE管道1360米；在历山路铺设直径315毫米PE管道723米、钢管150米；在新城路铺设直径400毫米PE供水主管道2440米；在瑞阳路（至瑞阳制药）铺设直径200毫米PE供水主管道786米。全年铺设各型号

PE管道总计5459米。

2011年7月，省发改委立项投资3175万元，实施城区供水管网改、扩建工程。2012年6月由国家发改委批复列入中央预算内投资项目。改扩建改造供水管网44.3公里，其中新建供水管网35处，改造5处，供水管网和规模进一步扩大，实现优水优用，工业水与居民生活用水区分供应。2014年，完善城区供水管网地理信息化系统，继续城区供水管网改扩建工程。安装直径400毫米管道1274米、直径315毫米管道6359米、直径200毫米管道1347米、直径160毫米管道132米，累计管网建设里程12公里。同时，对西山小区、东苑小区、胜利小区等11处老化供水管道进行全面改造，对东苑老区437户、东苑C区194户、塔山小区67户、老干所108户、历山小区、东苑外围实施“一户一表”。2015年，改造设计院、鲁山路石油公司、河西再生资源公司等表前管道共11处，对大源新家221户、水务局100户、住建局154户、粮食局宿舍67户等1341户居民实施“一户一表”改造。2017年对华山路、历山路、汶河路、三悦路等管网进行配套施工，累计建设管网里程6000余米。

2018年，开发区水厂一期工程铺设直径1000毫米主管道及直径200～500毫米的分支管道等。同年，投资3200余万元，在人民路铺设直径315毫米PE输水管线6000米、直径1000毫米钢管9535米。并完成汶河路、华山路、荆山路东延等管道铺设，开发区及县城以东大片地区的供水保障能力大幅提升。投资100万元，与唐山汇中仪表有限公司合作筹建分区计量工程。通过22个站点，将城区供水管网划分为三个大区、三级分区。2021年，在润生路、东埠路、华山西路、民营工业园、开发区水厂配套管网工程等新建管网10处，共计铺设管道7496米，安装阀门40个，新砌阀门井36座。同年，实施黄家宅、儒林集、东儒林、西赵庄、王家泉等10个化工园区周边村自来水管网延伸工程。

2023年，公司输配水管网全长达到266公里。供水服务范围东至石桥工业园，北至北营水库，西至高庄社区，南至黄家宅村和下龙巷村。覆盖供水面积85平方公里，日供水5.5万立方米；居民供水共计1.17万户、12万余人，日生活供水1.5万立方米。

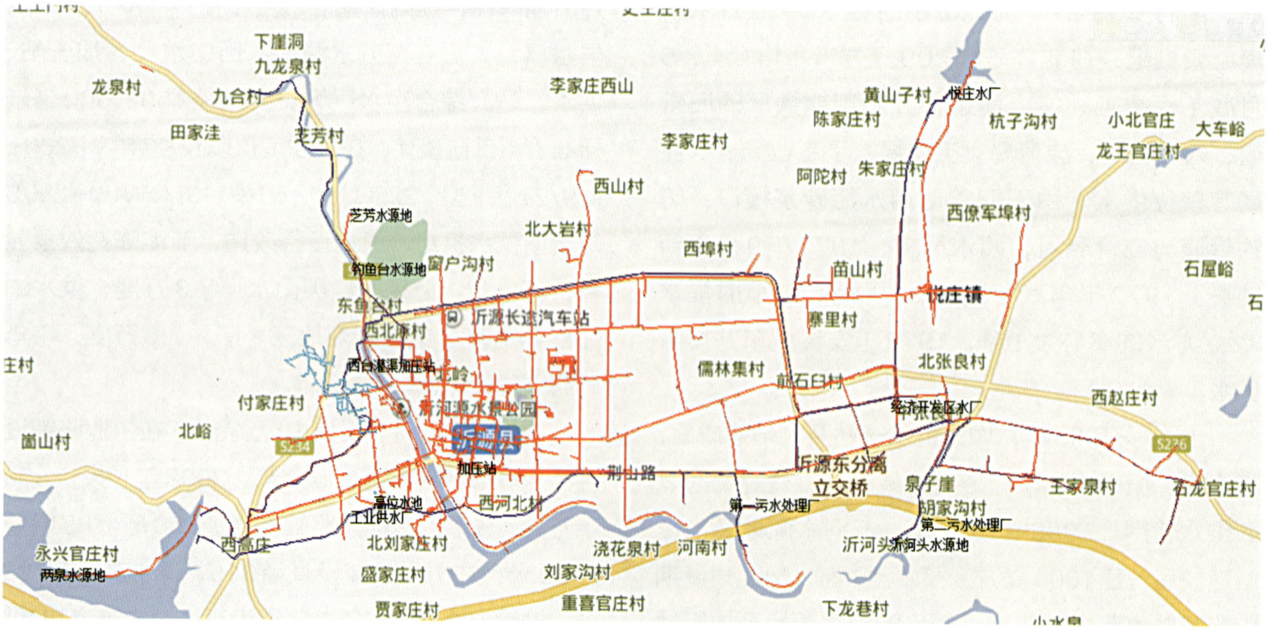

2023年自来水管网图

2018—2023年用户数量发展情况表

单位：户

	2018年以前	2018年	2019年	2020年	2021年	2022年	2023年
年增合计	5105	1457	859	718	1213	1120	1268
累计	5105	6562	7421	8139	9352	10472	11740

漏失率控制 1998年之前，公司未设置专门的管网管理部门，对于管网资产的管理较为粗放，管理模式一般是发现损坏后，由公司安装队进行维修。1998年，成立测漏小组，购入相关仪、听漏仪、听音杆等设备，采用巡漏、定位漏点的检漏方式。1999年6月，公司购进德国产M－100D数字式电子测漏仪、富士PL－960寻管仪各1台，同时成立测漏小组。同年，全县指针式水表更换为数字式水表，公司邀请保定519大队对管网资产进行梳理，绘制管网图，并进行漏点探测，管网资产管理开始步入正轨，供水管网漏失率在30%左右。2014年，公司委托武汉中地公司建设沂源县自来水公司供水管网地理信息系统（GIS），制作电子管网图，管网资产进一步明确。2018年下半年，建设分区计量系统投入使用后，管网漏失率由持续多年的10%～13%下降至6.09%。2020年，平均漏失率达到3.99%的最低点。

城市消防用水 消防栓对城市消防安全发挥重要作用，是市政给水管网上的取水灭火设施。其主要作用是为消防车提供水源，保证火场消防供水。

沂源县城内消防栓安装最早在1996年。2006年，更换、安装少量消防栓，总数达到55个，基本满足当时县城消防供水的需要。

2009年，随着县城道路不断建设，新城路、瑞阳路大道等城区内道路增建消防栓45个。2019—2023年，累计建消防栓113座。截至2023年，城区内累计建消防栓405座，其中有36座智慧消防栓与自来水公司智慧水务系统关联，可实时监测管网及消防栓运行状态。

水质检测 1990年，派人到临沂地区卫生防疫站学习水质检测，成立化验室，配备753WB紫外分光光度计、浊度仪、细菌培养箱。2007年，芝芳水源地、历山水厂等安装在线浊度仪。2008年4月，先后购买原子吸收分光光度计、石墨炉等化验设备，水质检测项目由原来的28项增加至40项，大大提高水质检测水平，为确保安全供水提供有力保障。

2009年，先后引进ICS－900型离子色谱仪、AFS－9700型双道原子荧光光度计、BH1216III型二路低本底α、β测量仪、DM－600型红外测油仪、SP－6890型气相色谱仪、阿修罗AX1810型超纯水机等国内外先进水质检测设备，从而增加了总α放射性、总β放射性、石油类（总量）、挥发性卤代烃、农药残留等精密检测项目，完全能够检测国家生活饮用水卫生标准要求的常规42项检测指标，使总的水质检测能力达到70余项，全面提高该公司化验检测水平和检测能力。2010年5月，公司被市卫生局评为生活饮用水卫生等级A级单位。

2012年，成立水质检测中心。2013年3月，为进一步提高水质检测能力，对检测设备、设施进行系列升级改造，检验场地达到450平方米；5月，购置美国PE400原子吸收分光光度计和日本岛津GC2010PLUS气相色谱仪。

2014年7月，通过省住建厅水质检测机构能力B－级评审，为全省县级自来水公司第一家达到B－级水质检测能力的单位。翌年4月，实施沂源县农村饮水安全水质检测中心建设项目，依托自来水公司水质检测中心技术能力，配备检测车及便携式多参数检测仪等具备15项应急检测能力的仪器，加强对农村饮用水安全检测。

2016年4月，成立沂源县润源水质检测有限公司，先后顺利通过山东省检验检测机构资质认定

润源水质检测有限公司

评审和质量技术监督局计量认证，核准计量认证生活饮用水44项、地表水28项、地下水31项，可对103个项目依法开展检验，并准许按规定使用CMA标志。2021年12月，实施检测资质项目扩项，地下水检测项目达到39项。2022年9月，饮用天然矿泉水44项、包装饮用水11项、直饮水36项等3个产品共计91项参数通过省市场监督管理局检验检测机构现场资质评审；10月，核准检测资质项目生活饮用水48项、地下水39项、地表水27项、饮用天然矿泉水44项、包装饮用水11项、直饮水36项。

2022年，拥有美国PE 400原子吸收分光光度计、日本岛津GC 2010 PLUS气相色谱仪、AFS9700型原子荧光光度计、BH1216型二路低本底放射检测仪、美国戴安ICS900型离子色谱仪、DM600非分散红外测油仪、美国哈希2100Q浊度仪和PC Ⅱ二氧化氯测定仪、电导率仪、pH计、752紫外可见分光光度计、电子显微镜、电子分析天平等水质检测设备，完全满足GB/T 5749-2006饮用水常规42项和GB/T 14848-93 地下水源水30项水质检测的需要。其中，2019年购买的美国爱德士2XPlus（进口型号）微生物检测系统，对生活饮用水中的菌落总数、总大肠菌群、大肠埃希菌、耐热大肠菌群及包装饮用水中的铜绿假单胞菌等微生物指标，进行快速准确检测，尤其适用于检测环境洁净度不高的情况。

智慧水务信息平台 1995年10月，县自来水公司计算机调度指挥与管理系统总体设计方案通过论证。1996年6月，安装水厂各站点无线传输系统，实现微机化管理，建成自动化监控系统。2009年，开始建设调度室，安装城区供水安全指挥调度系统。2015年，投资200余万元，对原有供水安全指挥调度SCADA系统进行升级改造，建标准化机房，建成综合信息管理平台。该平台整合了供水调度指挥SCADA系统、视频监控系统、管网综合监测系统、供水管网地理信息系统，功能更加完善，数据更加精准，能够辅助调度人员作出更为合理的调度决策，变经验调度为科学调度，最大程度地做到节能降耗和水量安全。同时，升级高清摄像头，安装电子围栏，对所有水源、水厂实施24小时视频监控，确保站点周围的环境安全。

2020年，投资400余万元，建设沂源智慧水务信息平台。项目包括供水管网GIS地理信息系统、

2021年建成的沂源智慧水务信息系统平台

供水管网巡检抢修系统、场站设备管理系统以及机房调度中心改扩建、物联网传感器、服务器虚拟化、LED显示屏等，实现管网信息共享化、供水信息集成化、数据业务应用化。该平台2021年10月投入使用。

农村饮水

概 述

水是生命之源，是人类生活、生产中不可缺少的重要资源之一，水供应是社会发展最基本的保障。不断提升供水水质，让人民群众喝上安全、放心的水，有利于保障广大农村地区人民群众身体健康，促进农村经济发展，是广大农民共同的迫切要求，也是建设社会主义和谐新农村的重要内容。构建与全面建设小康社会要求相适应的农村安全供水保障体系，是维护最广大人民群众根本利益，体现以人为本的社会主义核心价值观，建设民生水利、生态水利、和谐水利的基本要义和目标。

沂源地处淄博市的南部边缘山区，地势西北高东南低，山高坡陡，基岩裸露，山岭连绵，河谷纵横，地表切割深，径流速度大，地下水不易补给和储存。在部分地势高、无客水流入的山村，距离骨干河流远，山溪性河流在大多数时间内无水，无法保障人畜饮用水和有效的农田灌溉。

石桥镇茶峪村在20世纪80年代之前，群众饮水主要靠村内的一眼百年古井。每到旱季，井水干涸，村民要到1.5公里以外的石楼、小水挑水。三岔乡大崮村因严重缺水而贫困，1997年政府将该村整体搬迁，村民分散安置。南麻街道侯家官庄村和范子峪村曾经是历史上的严重缺水村，群众饱受“吃水贵如油，年年为水愁”之苦，每到干旱季节，山泉、汪塘、浅井、沟河干涸，几乎家家户户每天都要翻山越岭到两三公里外的南刘庄等村担水、背水吃，到该村走亲串友的外村亲戚，不挎筢子（农村一种盛粮食的编织容器），不带粮食等礼品，而是挑上一挑子水，就是走亲戚最好的礼物。用过的洗菜水、洗脸水也舍不得泼掉，澄清后再留作他用。

干旱缺水，群众到几公里外的山泉中接水

据1985年调查，按取水单程1000米以上、垂直高度100米以上、缺水时间3个月以上三条标准进行统计，全县共有历史性缺水村（自然村）633个，缺水人口16.3万人。

民以食为天，食以水为先。中国共产党在领导广大人民群众开展革命、建设、改革等各个历史时期，都高度重视民生问题。早在革命战争时期，“吃水不忘挖井人，时刻想念毛主席”，生动诠释着共产党人与群众之间的鱼水情深。保障农村饮水安全，让农村居民喝上安全放心水，是为人民谋幸福的重要体现，是实现党的初心使命在水利工作上的生动实践，也是推动新时代水利高质量发展的必然要求。

新中国成立初期，沂源经济基础薄弱，发展相对落后，全县水利工作的重点是在发展灌溉为主要目的的基础上，同时将解决农村人畜饮水作为利国利民和为民谋福的大事来抓，千方百计帮助山区群众解决吃水困难问题。每逢干旱，地、县和各公社组织干部到村支援，派汽车、拖拉机等给群众送水，各级领导组织群众开展抗旱斗争。20世纪50年代初，国家拨出专款，扶持群众修小塘坝和人工打井，开展找水自救活动。50—60年代开展的“千库万塘”活动，建成一批水库、塘坝，结合蓄、引、提等灌溉工程建设，同时组织缺水地区群众，以一家一户为单位，挖水窖、打土井、修水池，使部分缺水群众得到了一定程度的饮水保障。但在这个时期，主要依靠农民自我解决，国家没有针对农村供水问题提出发展战略，农村饮水还未上升到国家决策层面。60年代后期，开始在山丘区找水打井，开发利用地下水资源，不断改善农村地区的饮水条件。

党的十一届三中全会以后，各级党委、政府高度重视山区人畜吃水困难问题。1980年春，水电部在山西阳城县召开第一次农村人畜饮水座谈会。1983年，国务院批转《改水防治地方性氟中毒暂行办法》。

1980年开始，省、地每年都安排吃水工程专项经费，对缺水村庄实行重点帮助。1984年，临沂地委、行署召开各县水利部门解决人畜饮水难问题工作会、现场会，并把解决山区群众吃水难问题列入“六五”“七五”规划。县水利局对全县缺水情况再次进行普查、核实、登记、造册，制订计划，分批解决。吃水工程也发展为蓄（水）、截（径流）、拦（河沟）、挖（地下水）、调（远距离送水）、引（山泉）等多种形式并举。

梭背岭乡大刘庄村中德合作山东粮援项目饮水工程

1988年开始实施的中德合作山东粮援项目，加速解决人畜吃水难的步伐。整个工程截至1999年完成时，先后在东部10个乡镇分两批建成饮水工程125处，打深井53眼、潜水大口井47眼，铺设输水管道50余万米，解决135个行政村、11.5万人的吃水困难，其中115个村共24317户、9.97万人吃上自来水。建水窖3013个，解决20个村共3100户、1.53万人的吃水困难。

从1984年以后，国家先后实施6批水土保持工程和饮水工程等规模较大的“以工代赈”计划，出台专门以支持农村贫困地区基础设施建设为主要内容的“以工代赈”政策。1989年12月，根据省计委、省交通厅决定，在沂源县用中低档工业产品“以工代赈”修建县乡公路和水利工程的试点，为加快全县山区公路和水利建设步伐，摸索规律，提供经验。为加强对试点工作的组织领导，经县政府研究决定，成立“以工代赈”修建县乡公路和水利工程领导小组。同年，省拨经费110万元，其中水利厅专项补助人畜吃水经费25万元，实施人畜吃水工程，建吃水工程71处，解决3.8万人的吃水问题。

按照省政府、省水利厅1988年提出的在1990年以前基本解决人畜缺水的要求，省水利厅与沂源县签订三年解决人畜缺水的协议。到1990年，“以工代赈”人畜吃水工程投入总资金118万元，其中市（地）配套资金16.5万元、县配套资全7.5万元，共实施吃水工程32处，解决50个村、23170人的人畜缺水问题。

20世纪80年代起，国家开始出台和逐步完善农村饮用水标准，规范农村饮水解困，推动农村供水工作，并将解决农村饮水困难正式纳入国家重大规划。1984年，国务院批转《关于加快解决农村人畜饮水问题的报告》以及《关于农村人畜饮水工作的暂行规定》后，有力地推动了各地农村供水工作的开展，逐步规范了农村饮水解困工作；第一次提出人畜饮水困难标准，但标准较低，且尚未编制专门的全国性规划。1991年，全国爱卫会和卫生部制定颁布《农村执行〈生活饮用水卫生标准〉准则》，首次提出对农村饮用水水质要求。2007年，水利部和卫生部颁布新的《生活饮用水卫生标准（GB5749-2006）》，水质指标增至106项。生活饮

山区群众挑水吃

用水标准的进一步规范和完善，推动了农村饮水解困和饮水安全建设的发展。

进入21世纪以后，国家分阶段实施农村饮水解困工程、饮水安全保障工程，将彻底解决农村饮水困难、不断提升和巩固农村安全饮水条件纳入国家发展战略的重要内容。2008年，中央将“民生水利”作为水利事业发展的重点，农村饮水安全作为一项重大工程提上日程，以人为本的核心理念突出表现出来。农村地区从自然发展的较为原始的饮水方式到有计划、有重点地实施饮水解困，再到实施自来水“村村通”“户户通”工程和饮水安全工程，沂源人民群众实现了从“喝上水”到“喝好水”，从“挑水吃”到“吃自来水”的历史演变。

农村实现饮水安全集中供水

饮水工程建设

饮水水源与取水方式 在21世纪之前的漫长历史长河中，沂源境内广大农村村村有井，建村即建井，井（泉）水是人们最主要的饮用水源。新中国成立后，随着科技的进步，社会的发展，境内广大农村的取水工具和方式也在不断地改进、发展。

井、泉：井的出现开启了人类的第一次饮用水革命，使人类从河中取水过渡到打井取水，人类饮用水从此不再完全依赖江河湖泊。境内有明确建井年代记载的有南麻街道侯家官庄村明万历八年（1580）所建古井、南鲁山镇黄崖村明永乐年间所建“凤凰泉”井等。据民间相传，南鲁山镇的璞邱村古井最早可追溯到周代，鲁村镇的汇泉可追溯到春秋隐公六年（前504）。土井、石砌井是自古以来

新中国成立前，群众在山泉中刮水（王健画）

解决人畜用水的最基本、最普遍的形式，但因其浅，只能解决地下水位埋深较浅的地区。沂源县内吃水水井主要建于各条河流的两岸，深浅不一，一般深4～5米，口径1米左右，井口多为圆形，部分砌成方形。

泥罐、木桶：20世纪70年代之前，人们挑水、抬水的器具多用泥罐，少量使用木质水桶。新中国成立后，各村先后成立初级社、高级社，大力发展集体经济，有的村以社为主建窑坊（人民公社化以后以队为主），烧制各种挑水用的泥罐等盛水容器，形制各样，大小不一，一般挑水用的泥罐盛水30～40斤，一个泥罐1.25元。这种泥罐相较后来的木桶、铁筲等，极易被打碎。“瓦罐不离井口破”，在从井内打水时，需将泥罐离开井壁、井口，不然很容易碰碎。挑水中一旦打破一个，另一个也很难保全。在“吃水贵如油”的旱灾年份，泥罐打碎后，洒掉的水更加让人们心疼。

沂源境内古代直到近代，人们除使用泥罐作为

20世纪70年代前人们打水使用的泥罐

取水的主要工具外，条件好的人家也使用木桶。当地制作的木桶一般使用经浸泡等处理后的楸木、柳木、柏木等质地较为坚硬的木材，桶底条木板以榫卯固定，圆形木桶的上体以2~3层铁片箍紧。木桶较之泥罐耐用，不易摔碎，但与泥罐一样自身较重，且受材质所限，易腐烂，不耐久。当地分布较为广泛的梧桐、杨树等材质不宜使用。

木水桶

20世纪六七十年代以后，人们取水、挑水的泥罐、木桶（当地称“筲”）等取水工具逐渐改为铁筲。21世纪后，又普及使用塑料水桶，取水、盛水的工具越来越轻量化、多样化。

桔槔、辘轳：当地除用普通的绳子、钩担（当地在扁担两头安装铁链或绳子并连接钩子，用作担水等的农用工具）自井内打水外，部分使用桔槔、辘轳等方式取水。

桔槔，是古代农村常见的最为简单的汲水工具，其结构相当于一个普通的杠杆。其横长杆的中间由竖木支撑或悬吊，横杆的一端用一根直杆或绳子与汲水器相连，另一端绑上或悬上一块重石头。当不汲水时，绑石头的一端较低；当汲水时，用力将直杆与汲水器往下压，汲水器汲满水后，就让另一端石头下降。如此通过杠杆作用，可轻松将井中的水提上来，减少人们提水的劳动强度。燕崖镇朱

桔槔取水示意图

家户村古井旁留存有一架桔槔，当地形象地称该井为“秤杆子井”。

辘轳，境内各镇均有少量分布，在压井、自来水应用之前，是农村取水较为便捷、省力的一种取水方式。多见于地势较为平坦，但井水较深的村庄，如悦庄镇韪庄辘轳井、鲁村镇张家石沟辘轳井、南鲁山镇三岔店辘轳井等。辘轳的形制各样，有以巨石为架，有以铁架支撑，也有依墙而设者，将辘轳置于井口之上，圆木缠绕井绳，绳的一端钩连水桶。辘轳取水较之桔槔更加省时省力，且较之用钩担“泛水”（当地方言，即直接使用钩担伸到井内打水）更加安全可靠，水桶不易落入井内。21世纪后，随着全县深井水源的普及，农村基本实现集中供应自来水，各村用以饮水、灌溉的井大部分被弃

辘轳井

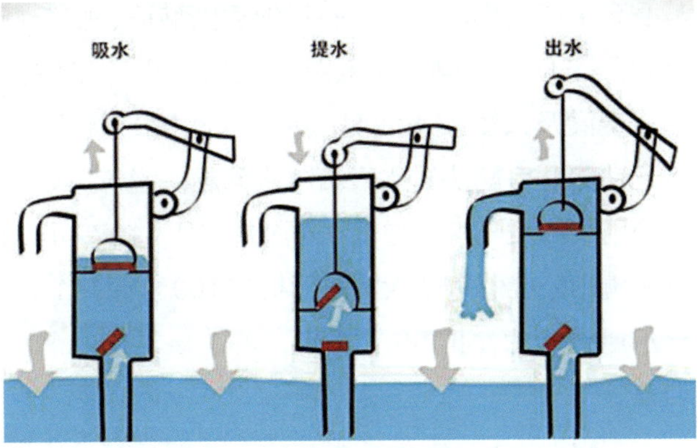

压井原理示意图

用，辘轳等取水方式也逐渐成为历史。

压井：20世纪70年代至80年代初，沂源县开始出现压井，90年代普遍应用。多在地下水位较浅的地区，人们机凿浅井，安装压井，后在山区水窖中也得到广泛使用。压井为井上安装一圆形铁桶，直径一般为10～20厘米，铁桶下连接水管，伸至井水内。铁桶内装有活塞，连接压水手柄。需抽水时，先倒入一定量的“引水”，倒水之后往下压，根据大气压原理，利用活塞的移动将压井管内的空气排出，造成内外气压差，从而使井水在气压作用下上升，井水随着手柄的下压、提起而从井内引出。在水位埋深比较浅的地方，压水井一般不用引水也能抽上水来。21世纪以后，随着地下水位下降，农村饮水条件改善，自来水普及，部分村民将压井改为水泵抽水，人们的取水方式更为便捷、省力，压水井不再作为饮用水的主要取水方式。

防病改水 新中国成立后的一二十年时间内，广大农村地区主要以地表水为饮用水源。人民公社化后，各公社按照党中央“土、肥、水、种、密、保、管、工”农业八字宪法，普遍号召“以养猪为纲，大力发展多种经济”，全面开展“大积、大造、大挖、大烂（沤粪）、大拾”的积肥造肥运动，大建“土化肥厂”，采取建池沤粪，多养猪、牛、羊攒粪等办法，以此提高粮食产量，各大队以猪、牛、羊等为主的畜牧养殖业得到快速发展。在粮食产量逐年提高的同时，也造成农村地区地表水的污染。农村自来水普及率极低，人们的饮用水多为未经消毒的河水、井水，有的甚至淘米、洗菜、刷马桶都在一条河里，群众的卫生观念落后，长此以往，细菌、寄生虫等引起蛔虫病、痢疾、血吸虫等疾病常发，威胁群众的生命健康。因此，防病改水、改善农村地区饮水条件势在必行。1966—1976年，在广大农村地区开展以“两管五改”（即管水、管粪，改水井、改厕所、改畜圈、改炉灶、改造环境）为重点的爱国卫生运动。

20世纪70年代，解决农村饮水问题列入政府工作议事日程，以防病改水和解决农村人畜饮水困难为重点的农村供水工作得到一定程度的发展。工程形式也由单一的小塘坝、打土井、建小型抽水站，发展到打机井、大口井，建扬水站。农村广大地区逐渐实现通电，以电为动力的扬水站和抽水设施逐渐得到普及和应用，极少数有条件的村庄开始实现自来水供应。

山丘区找水打井 20世纪六七十年代，随着科学技术的不断发展进步和农业发展对水资源的需求不断增加，逐渐开始以机凿深井方式，钻凿取用地下水，优先解决人畜吃水问题。

1965年，省委、省人委抗旱工作队、省地质局801队到沂源县配合水利局地质人员对县内地下水资源进行调查勘测，普查统计农村人畜饮水情况。1966年，临沂地区在总结经验的基础上，举办地下水普查、勘测找水培训班。之后，着手从外地引进打井技术和机械设备，组织群众打深井，建小水量、高扬程的小型抽水站，用以解决吃水问题。同年，省地质局801队在石桥公社松峪大队村东机凿深井1眼，1967年完成钻凿施工。井深220米，当时测

20世纪70年代，机凿深井试水

得出水量每小时36立方米，后配套安装每小时10立方米深井泵。该井不仅解决了松峪大队的吃水困难，同时也是全县第一眼机凿深井，为解决缺水村的人畜饮水困难开创了新的成功之路。随后，801队又陆续在帽子庵机凿深井1眼，井深403米；在福吉山机凿深井1眼，井深160米；在三黄沟机凿深井1眼，井深170米。三黄沟深井于1969年配每小时50立方米的深井泵。

1973年，县成立打井办公室，水利局成立打井队，配备专业技术人员，并引进找水仪器、钻井机具，开始在石灰岩地区打深井。省、地区每年从农田水利经费中安排给一定的经费，用于建设吃水工程。同年，首次使用柴油动力岩芯钻机，在唐山公社上马庄大队马泉河边机凿深井1眼，井水自溢，每小时涌水量达70余立方米。

1975年4月，县水利局成立由苗兴文、杨本忠、马永泉、王洪太、孙启堂、金伯和、尚绪宝、崔学诗等19人组成的地质组，丁中标、郭云发任组长，由临沂地区水利局李惠恩对地质组人员进行为期一个月的水文地质培训后，对全县进行地下水普查，完成东里、唐山、徐家庄、中庄、三岔、张家坡和燕崖公社的地质填图及图件编制等工作，为全县的工、农业及人畜用水等寻找供水水源。

1975年，使用柴油动力岩芯钻机，在中庄公社黄土崖大队郭家庄东打160余米深井1眼，最大孔径16.5厘米，每小时涌水量60余立方米，解决附近大队的人畜生活用水，改善部分土地的灌溉条件。1976年6月，中共山东省委第一书记、山东省革委会主任白如冰，中共临沂地委副书记、临沂行署专员王任之等到中庄公社青龙官庄大队了解抗旱、春灌及人畜饮水情况。为该大队拨专项经费2万元钻深井，解决饮水灌溉缺水问题。当年，该大队使用柴油发电机机凿230米深井1眼。1979年10月在唐山公社薛家峪大队村西机凿169米深井1眼，出水量达到每小时56立方米，解决该村饮水灌溉难题。

20世纪70年代组建的水利地质组部分成员

1983年冬，山东省水利厅在沂源县举办山区找水培训班，省厅和水科所负责人、工程师授课，全省山区县的40余名找水技术员进行了为期月余的学习、交流，并到缺水村进行了找水实习。1990年前后，打井队配备SPC-300H黄河钻机2台、东方红钻机3台、XB1000A型钻机1台、XB100型钻机1台、6立方米空压机1台、BW600/30-1H型泥浆泵3台、2PN吊泵2台，另配有部分维修设备。

南麻公社侯家官庄大队是历史上有名的缺水村，吃水难，浇地难，一直困扰该村的生产、生活。全村400余户共2000余人，加上数百只（头）牛羊的用水，全靠10余米深的一眼古井。20世纪70年代始，井水逐渐干涸，村民不得不到5公里以外的沂河取水。临沂行署曾派1辆汽车专为该大队运水1年多。该村群众视水如油，一水二用，一水多用（先洗脸、后洗衣、再作他用）。1983年，县水利局邀请全省找水专家到该村“会诊”，经1年多的时间，连续钻凿4个井孔，最终钻出一眼147米的深井，静水位埋深32米，每小时出水量56立方米，结束了该村严重缺水的历史，解决了饮用水源问题。1987年，全村家家户户用上自来水。

到1990年，全县机凿深井231眼，以吃水为主的深井165眼。20世纪90年代后，打井市场放开，县内出现多家个体打井队伍，农村地区普遍开展机凿深井或浅井，深层水的利用解决了大多数缺水村的吃水困难。21世纪初，大范围实施高效节水灌溉工程，农村地区经济林的灌溉也多以机凿深井为主要水源。

饮水解困工程 20世纪90年代，解决农村饮水困难正式纳入国家重大规划，农村饮水资金投入力度大幅度增加，基本结束了我国农村长期饮水困难的历史，实现了从“喝水难”到“喝上水”的目标。

国家陆续出台多项重要政策性文件，指导饮水解困工作。1991年，国家制定了《全国农村人畜饮水、乡镇供水10年规划和“八五”计划》。同年，全国爱卫会和卫生部制定颁布《农村执行〈生活饮用水卫生标准〉准则》，选取《生活饮用水卫生标准（GB5749—1985）》的20项指标对农村饮用水进行评价和要求。这是农村饮水的第二个标准，相比前一个标准，首次提出对水质的要求。1994年，把解决农村人畜饮水困难纳入《国家“八七”扶贫攻坚计划》（“八七”含义是指对当时全国农村8000万贫困人口的温饱问题，力争用7年左右的时间即2000年之前基本解决），通过财政资金和“以工代赈”渠道增加投入。

1991—1992年，主要以“以工代赈”方式解决农村人畜饮水，在南麻、鲁村、悦庄、三岔、沟泉、燕崖、中庄、大张庄、石桥、徐家庄、土门、金星、韩旺13个乡镇的31个村投入资金257.6万元，其中中央和省各投入资金52万元。打深井14眼，建大口井16眼、扬水站1座、蓄水池35座，铺设输水管道43公里，解决2.6万余人的饮水困难，同时改善1680余亩农田灌溉条件。1992年，投资30.5万元，在大张庄乡南村和南岩六村、徐家庄乡杨庄村、悦庄镇娄峪村等4个村实施山区吃水解困工程，解决1860人的吃水困难。

1988年开始，在张家坡、韩旺、东里、梭背岭、金星5个乡镇的156个村实施中德合作山东粮援项目“三沂一期”工程，1992年起又增加石桥、燕崖、中庄、悦庄、南麻5个乡镇的242个村庄实施“三沂二期”工程，优先解决涉及村的饮水问题，建设了一批工程质量高、发挥效益好的水源工程。截至1999年，两期中德合作山东粮援项目共完成饮水工程125处，共打深井53眼、大口井47眼，建水窖3013座，铺设输水管道50余万米，解决135个村共11.5万人的吃水困难，其中115个村共2.4万余户吃上自来水。

大张庄镇松崮村饮水工程

2000年，国家编制《全国解决农村饮水困难“十五”规划》，制定《农村人畜饮水项目建设管理办法》，对困难标准和解决标准作了进一步明确规定。相比前两个标准，第三个标准既提出对取水方便程度和保证率的要求，又提出对水质和水量的要求。

进入21世纪以后，特别是2000年9月联合国千年发展目标提出，在2015年前使饮水不安全人口减少一半，我国政府对此作出了庄严承诺。国家高度重视农村供水工作，将饮水解困作为农村水利工作的重要内容，提出明确的“饮水解困”目标，先

20世纪90年代初，中德合作山东粮援项目深井钻凿施工

后两次提出饮水困难标准，出台多项政策指导农村供水工作。同时，国家投入大幅增加。

2000—2003年，主要使用国债资金解决农村饮水困难。国家先后投入中央预算内专项资金222万元，省拨付应急饮水项目资金等72万元，地方投入930余万元，打深井、大口井50眼，建水窖、水池等1440余座，解决3万余人的饮水困难。

到2004年年底，全县基本结束农村饮用水难的历史，农村饮水工作进入了以普及自来水和保障饮水安全为中心的新的历史阶段。

“村村通”自来水工程 2006年3月，沂源县在新城宾馆召开“村村通”自来水工程工作会议。成立沂源县“村村通”自来水工程领导小组，县政府以源政发〔2006〕40号文件下达《沂源县人民政府关于加快实施“村村通”自来水工程的意见》，沂源县委将“村村通”自来水工程列为新农村建设9件实事之一。6月，全市“村村通”自来水工程现场会在沂源召开。2007年，“村村通”自来水工程被县委、县政府列入为民办的十件实事之一、县“十二条保障救助线”内容之一。全县“村村通”自来水工程和饮水安全工程全面实施，农村长期存在的饮水不安全问题逐渐得以解决，实现从喝上水到喝好水的目标。

农户家中通上自来水

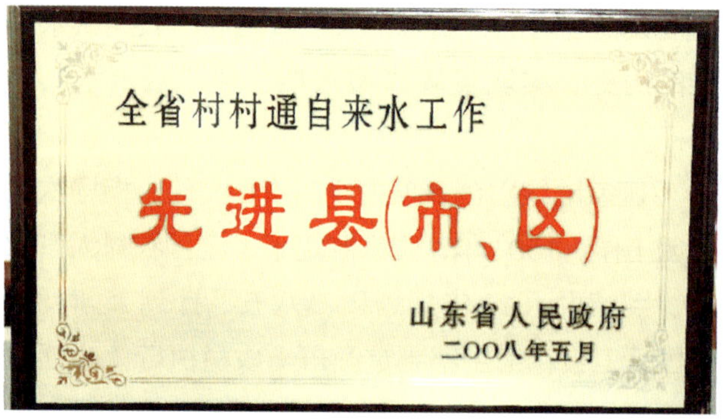

2008年，沂源县被山东省政府表彰为全省“村村通”自来水工作先进县

2006—2008年，沂源县“村村通”自来水工程建设坚持“规模化发展、标准化建设、市场化运作、企业化经营、专业化管理”，高起点规划，高标准施工，高质量建设，高效能管理。工程建设管理坚持“六统一”，即统一水源选择标准、统一建设标准、统一物资政府采购和物料拨付、统一实行“四制管理”、统一进行技术培训、统一检查验收标准。3年解决414个自然村共19.98万人的吃水困难。建饮水工程89处，其中联村供水工程24处，单村集中供水工程65处；建水源148处，其中打深井88眼、大口井50眼，引泉10处；铺设各型号PE管道1690公里。项目总投资10797.5万元，其中水源工程4319.0万元，管网投资6478.5万元。项目实施后，全县自来水普及率达到90%，水源保证率95%。2008年8月，东里镇集中供水厂建成投入使用，是全县首座农村集中供水净化工程。同年，先后被市政府表彰为全市“村村通”自来水工作先进集体，被省政府表彰为“村村通”自来水工作先进县。

饮水安全工程 2005年，经国务院批准实施的《2005—2006年农村饮水安全应急工程规划》《国民经济和社会发展第十一个五年规划纲要》把实施农村饮水安全工程作为社会主义新农村建设的重点工程之一。同年起，连续9年的中央一号文件都对农村饮水安全工作提出明确要求，国务院先后批转全国农村饮水安全工程“十一五”和“十二五”规划。国务院办公厅、有关部委先后出台一系列有关农村饮水安全的政策文件。农村饮水工作作为民生水利的重要内容，受到党中央、国务院前所未有

2014年建成的大张庄镇东唐庄村饮水安全工程

的高度重视。农村供水工作从“饮水解困”到“饮水安全”，开始新的阶段性转变。2004年底，水利部和卫生部联合印发了《农村饮用水安全卫生评价指标体系》。这是农村饮水的第四个标准，相比前一个标准，对水质提出了更高要求。2007年，新的《生活饮用水卫生标准（GB5749-2006）》正式颁布，水质指标由原来的35项增加到106项。

2004—2007年农村饮水安全工程，共完成投资2935万元，其中中央投资366万元、省配套资金298万元、县级扶持资金110万元、群众自筹资金2161万元。建联村工程4处，管网延伸工程11处，单村工程123处。新打大口井47眼、深井53眼、引泉21处。新铺设管道136万米，建机房102间，建保护区58处，水池595座，解决了142个村8.84万人的季节性吃水困难。2008—2014年，农村饮水安全工程总投入1.335亿元，其中中央资金5440万元、省投资2938万元、市县以下配套或自筹资金4970余万元。建饮水工程315处，铺设管道4670余公里，解决400个自然村27.3万人的饮水安全问题。

为有效缓解和解决山丘区群众饮水困难，提高农民生活质量，促进农村经济和社会持续和谐发展，省政府鲁政发〔2011〕34号《山东省人民政府关于实施全省山丘区找水打井工程的意见》决定，从2011年下半年起，利用2年时间，投资446万元，在南麻、鲁村等镇实施山丘区找水打井、配套33眼。

饮水扶贫工程　不愁吃、水为先。农村饮水安全是脱贫攻坚工作的重要组成部分，“十三五”期间，中央决定实施农村饮水安全巩固提升工程。2016年，发展改革委、水利部、财政部、卫计委、环保部、住建部联合印发通知并召开视频会，要求各地围绕全面建成小康社会、打赢脱贫攻坚战的战略部署和目标要求，以健全机制、强化管护为保障，综合采取改造、配套、升级、联网等方式，进一步提升农村集中供水率、自来水普及率、供水保证率和水质达标率。

沂源县以农村饮水安全两年攻坚行动为抓手，实施无集中供水设施村通水工程、氟超标问题村改水工程和村通户不通自来水贫困人口入户工程等，贫困群众饮水条件得到进一步改善，为全面打赢脱贫攻坚战提供了坚实的水利支撑和保障。

2015—2016年，实施两年饮水扶贫工程，全县所有贫困村庄全部达到饮水安全要求，实现饮水脱贫。先后完成省级投资960万元，在南麻街道、经济开发区、鲁村镇、燕崖镇、南鲁山镇、大张庄镇、中庄镇、石桥镇、张家坡镇、悦庄镇等打机井16眼，建蓄水池5座，新建泵房33座，新建直饮设备机房37处，铺设管道58公里，建水表井333座。解决59个贫困村共4.5万口人饮水安全问题。

饮水安全巩固提升工程　在脱贫攻坚、全面建成小康社会的背景下，实施农村饮水扶贫工程是实现精准扶贫、精准脱贫的重要环节，是事关民生福祉，事关人民群众切身利益的重要方面。沂源县以“十四五”规划为引领，以城乡供水一体化为主攻方向，以水源工程建设、老旧管网改造及信息化智能化建设为重点，贯彻落实《关于加强农村饮水安全工程长效管理机制建设的实施意见》，从管理机制上破解农村供水管护“最后一公里”难题。

为进一步巩固饮水安全建设成果，夯实乡村振兴基建基础，为县域经济发展提供有力供水保障，实现农村饮水水质水量的动态保障、监管。2017年起，实施农村饮水安全巩固提升（饮水消毒设备配套）及提质增效工程建设。项目总投资302.77万元，其中省级财政资金298万元，涉及全县 12个镇（街道），对289处饮水工程实施电解法二氧化氯消毒，安装紫外线消毒设备及加注二氧化氯消毒药剂等消毒措施。

2018年，全县实施三年脱贫攻坚战略。2018年11月12日，全省召开农村饮水安全两年攻坚行动视频会议，决定开展农村饮水安全两年攻坚行动。围绕“供水水源有保证、水质有保证、冬季供水有保障，通水入村入户”的目标要求，从水源建设、管网建设改造、水处理设施、冬季防冻措施、入村入户建设五个方面再进行一次调查摸底。明确任务目标和时间节点，对存在饮水问题的省定贫困村、需要改善水质的村（氟超标村、硝酸盐、菌群总数等超标村）以及存在饮水不安全的其他村庄进行限期消号。

2018—2020年，在全县实施农村饮水安全巩固提升工程，投资1807万元，对全县12个镇（街道）117个村的饮水工程进行改造或新建，共改善6.01万人饮水质量问题，其中涉及贫困户1709户、2805人。水源工程建设涉及15个村庄，新打机井、配套76眼，安装各类管材150公里、直饮机设备65套，建集中供水厂1处、机房12间、蓄水池19座，维修水池4座。2020年11月，市水利局召开沂源县农村饮水安全两年攻坚行动评估验收会议，并通过评估验收。

2020年，沂源县实施全域旅游公共基础设施建设PPP项目。投资8437万元，在东里镇建城乡供水提升工程，配套实施深井井池、净水车间、各类阀门井等附属工程和信息中心平台、主管网泄漏检测等自动化系统。该项目工程建水厂1座，总占地面积5843平方米；打深井2眼，进深336米，单井出水量每小时80立方米；建加压泵站7座，各类阀门井195座，水表井1353座，铺设供水管道111公里。解决32个村庄、6所学校、3所企业3.53万人的饮水问题。

至2020年年底，全县共有氟超标村庄17个，分布在鲁村、大张庄、南鲁山、南麻等4个镇（街道）。通过水源置换方式，红星、沙崖子、南堰、左家峪、东岭、杨家岭、青杨圈、龙泉8个村得以解决。剩余的唐家沟、上土城、下土城、四门地、涝坡、北冯家沟、东上峪、福峪、祥峪等9个村，属于分散式供水村庄，2021年，9个村按照联村供水、置换水源等方式全部解决含氟超标问题，县疾控中心对其饮用水进行检测，水质达标。

乡村振兴农村供水保障工程 扎实开展乡村振兴农村供水工程建设，持续加强长效机制建设，加快构建起水质合格、保障率高、保护到位的水源体系和规模大、标准高、质量好的供水工程体系，机制灵活、管理规范、服务周到的运营管理服务体系和覆盖全、效率高、监管有力的政府监督体系，推动更多地区实现城乡供水“同源、同网、同质、同服务、同监管”目标，进一步提升农村饮水安全保障水平，确保实现人人获得安全饮用水。

2021—2023年，总投资2.2亿余元，其中国债3120万元、省级资金157万元、县级投资1.9亿元。新打机井并配套62眼、配套改造现状机井5眼、新建蓄水池72座、配套消毒设施67台、新建机井管理房69间、铺设供水主管道219公里、入户管道719公里，全面解决全县11个镇（街道）108个分散式供水村庄6万余人的安全饮水问题。其中国债3120万元，实施西里镇10个村及镇驻地集中供水工程，惠及3405户，1.1万

东里镇城乡供水中心

西里镇泉头村集中供水工程

人。主要建设内容：新打机井并配套4眼、配套改造现状机井1眼、新建蓄水池3座、配套消毒设施4台、新建机井管理房6间、新建户外集中表池440个、铺设供水主管道5.82公里、入户管道25.8公里。

农田灌溉

概　述

农田水利是以农业增产为目的的水利工程措施，即通过兴建和运用各种水利工程措施，调节、改善农田水分状况和地区水利条件，提高抵御天灾的能力，促进生态环境的良性循环，使之有利于农作物的生产。农田水利工程是农业、农村经济的基础性设施，是发展农业的物质基础。小型农田水利工程覆盖全部农田灌溉面积、排涝面积以及旱作农业抗旱补灌面积，是农田水利工程的“最后一公里”，直接关系农业生产和广大农民切身利益，为国家的粮食安全和农村经济社会的发展提供重要的基础保障，在改善农业生产条件、保障农业和农村经济持续稳定增长，提高农民生活水平，保护生态环境等方面具有不可替代的重要地位和作用。

“农田水利”一词始见于北宋熙宁二年（1069）颁布的水利法规《农田水利约束》。《史记·河渠书》中已有水利一词，当时主要指农田水利。“灌溉”一词起源更早，《庄子·逍遥游》有“时雨降矣，而犹浸灌”；《史记·河渠书》有郑国渠“溉泽卤之地四万余顷”的记载；在《汉书·沟洫志》中，溉、溉灌与灌溉三词并用，同指灌溉农田。灌溉一词沿用至今。

早在5000年前，大禹“尽力乎沟洫”，以各地自然地理条件为基础，补以人力。“高高下下，疏川导滞，钟水丰物，封崇九山，决汩九川，陂障九泽，丰殖九薮，汩越九原，宅居九隩，合通四海”，因地制宜，因势利导，对各地不利排涝防旱的地貌进行大规模改造，千方百计疏导洪水，使之归泽入海。

古代农田水利大体经历了拦洪建坝、蓄水引水、沟洫灌溉的发展过程。早在大禹治水前1000年，就已经出现系统而复杂的大型水利系统——良渚古城水利工程。具有防洪、运输、用水、灌溉等综合功能，与良渚遗址群及古城的生产、生活关系密切，是中国现存最早的大型水利工程，也是世界上最早的“拦洪水坝”系统。

战国以前，与当时的井田制农业相适应，布置在井田上的小型灌排渠道——沟洫，是这一时期农田水利的代表形式。至周代，农田沟洫逐渐形成系统并趋完善。据《周礼》的描述，当时的沟洫大致可按功用不同和所控制的灌溉面积大小，分为浍、洫、沟、遂、畎、列各级，分别起着向农田引水、输水、配水、灌水以及从农田排水的作用，形成有灌有排的农田水利体系。

随着铁制农具的开始使用和推广，水利工程的规模也逐渐扩大。如楚国在前613—前591年间在今安徽省寿县建成了芍陂。据《淮南子·人间训》载：“孙叔敖决期思之水，而灌雩娄之野，庄王知其可以为令尹也。”约公元前600年，孙叔敖兴建雩娄灌区，是中国最早见于记载的灌溉工程。

新中国成立前，沂源县农田水利发展缓慢，极少灌溉工程，只有部分土井、引泉和河边引水灌溉。据不完全统计，全县灌溉面积不足千亩。

1949年11月，全国解放区水利联席会议提出了“防止水患，兴修水利”，以达到发展生产的目的的水利建设基本方针。1952年，国务院召开专题会议，提出“塘堰、沟洫、小型渠道、井、泉和水土保持等比较简单而有效的水利工程，应发动和组织群众力量，大量举办”。1955年10月，中央政府发布《关于农业合作化的决议》，1956年编制《全国农业发展纲要》，在上述政策背景下，小型农田水利建设在全国普遍开展并推向第一个高潮。

沂源县委、县政府向全县发出“全党动员、全民发动、大办水利”的号召，大力开展以封山造林、闸山沟、建塘坝谷坊为主的水土保持活动。人民公社化以后，按照“蓄水为主、小型为主、社办为主”的“三主”治水方针和“蓄泄兼筹，上下游兼顾”的原则，依靠群众力量为主，国家援助为辅，兴修大、中、小型水利工程，同时确定灌溉的优先地位，投入大量的人力、物力，大力开展以发展灌溉为主的农田水利基本建设，在全县掀起了大规模的水利建设高潮，取得了显著成绩。

1958年，田庄水库建设工地现场

20世纪50年代中期，水源条件好的极少数村庄开始建设扬水站，抗旱时沿河用锅驼机（一种锅炉和蒸汽机连在一起的动力机器）、柴油机配以水泵提水灌溉，非固定式，抗旱后拆除，扬程低，仅有几米至十几米，且无固定渠道，灌溉效率和受灌土地面积极少。1955年后，农村进入高级农业合作社阶段，土地联片，劳力集中，对发展灌溉极为有利，开始修建水井、沟塘、渠堰，掀起了打井建塘的高潮。

50年代末，根据属纯山区、无客水补给、水源缺的实际，沂源县19个人民公社（1962年改为14个公社）农村劳动力被广泛动员起来，大搞蓄水工程，结合挖掘地下水，兴建了一大批塘坝、谷坊等蓄水工程，部分小型水库也随后开始兴建。

1958—1965年，进入群众性的大规模水利基础设施建设时期。全县水利工程总投资275.39万元，投工1220.54万个，共建成大型水库1座、小（一）型水库5座、小（二）型水库26座和一大批塘坝、扬水站、机电井，全县出现了“千库万塘锁蛟龙”的生动局面，实现有效灌溉面积达到5.8万亩，实际灌溉面积4万亩。

1976年1月，为使农田灌溉设施更好地服务于农业生产，沂源县革命委员会制定《农田灌溉管理办法》，大、中、小型水库灌区，实行统一领导，分级管理，专业管理和群众性管理相结合，搞好灌区放水、用水、排水工作，确保工程安全，充分发挥工程效益，积极开展综合利用，发展多种经营，总结推广灌溉管理的先进经验，进行科学试验。

随着党的十一届三中全会的胜利召开，全党工作的重点转向以经济建设为中心。水利工作的重要

1979年10月，东里公社蚕场大队社员在进行灌溉管道建设

20世纪80年代初，悦庄区社员在开挖大口井

性越来越被人们所认识，农民群众参加水利建设的积极性空前高涨。1977—1980年，全县投资1101.9万元，劳动工日1341.61万个，持续开展农田水利基本建设大会战，对山、水、林、田、路全面规划，综合治理，统一组织，分片施工。

1979年，党的十一届四中全会通过《关于加快农业发展若干问题的决定》，开始建立区、乡水利站、工程专管机构和群众管水组织三个层次的基层服务体系。实行家庭联产承包制以后，全县推进农田水利市场化改革，建立劳动积累用工和义务工制度，对50—70年代修建的大量水利设施，落实和完善农田水利管理责任制，将不同规模的工程，在所有权不变的前提下，由区、乡水利站负责组织承包。

20世纪80年代初，先后在张庄乡水营村、悦庄镇崔家庄村进行喷灌、滴灌试验，1996年开始，喷灌、微喷、滴灌等节水灌溉开始发展并逐渐推广。1988年开始，沂源县主要实施以中德合作山东粮援项目、“以工代赈”农田水利等工程，并利用地方专项资金，极大地改善了项目区的农田灌溉条件。1989年10月，国务院出台《关于大力开展农田水利基本建设的决定》，把农田水利基本建设作为一项长期任务列入计划，要求农田水利基本建设的重点要放在维修、恢复和配套建设上，标志着农田水利建设进入到一个新的阶段。

到1990年，全县兴建库塘502座（含黄庄镇）、机电井1577眼，排灌机械拥有量3042台，总动力4.28万千瓦。利用水库、塘坝、河流、机井等建扬水站590座，装配动力1.71万千瓦，灌溉面积4.3万余亩。全县总的有效灌溉面积18.7万亩，极大地促进了农业生产的发展。

在70年代前，扬水动力半数以上为柴油机驱动，80年代后逐步更换为电力驱动。21世纪前后，随着绿色农业、智慧农业、高效农业的进一步推广和科学技术的发展，泵站设备型号林林总总，农村地区大部分原有的扬水站设备，逐渐被小型化、高效低耗化、控制智能化的潜水泵等替代。

1949—1990年全县灌溉情况表

年份	灌溉面积（万亩）		年份	灌溉面积（万亩）		年份	灌溉面积（万亩）	
	有效	实灌		有效	实灌		有效	实灌
1949	0.04		1963	5.53		1977	20.08	20.33
1950	0.06		1964	5.49	1.55	1978	22.43	20.33
1951	0.07		1965	5.80	4.00	1979	22.47	19.56
1952	0.07		1966	6.00		1980	22.58	16.93
1953	0.16		1967	6.08		1981	22.67	11.91

续表

年份	灌溉面积（万亩）		年份	灌溉面积（万亩）		年份	灌溉面积（万亩）	
	有效	实灌		有效	实灌		有效	实灌
1954	0.18		1968	6.16		1982	23.08	15.93
1955	0.84		1969	7.23		1983	23.70	24.84
1956	1.00		1970	8.94	7.50	1984	20.93	14.23
1957	1.13		1971	10.32	8.00	1985	20.92	13.92
1958	2.44		1972	12.62	9.47	1986	21.11	17.67
1959	2.95		1973	14.85	15.48	1987	21.49	17.42
1960	6.02		1974	16.95	12.36	1988	21.81	17.53
1961	6.11		1975	18.62	18.34	1989	17.83	14.63
1962	6.50	1.65	1976	19.61	16.72	1990	18.68	16.15

1990 年全县有效灌溉面积统计表

乡镇	有效灌溉面积（万亩）	水库塘坝(万亩）	引河（万亩）	机电井（万亩）	其他（万亩）
南麻	2.1254	1.2627	0.2166	0.5124	0.1337
土门	0.8628	0.2032	0.05	0.4759	0.1337
鲁村	2.258	0.833		1.115	0.31
徐家庄	0.935	0.22		0.575	0.14
黄庄	0.81	0.233		0.577	
大张庄	0.3218	0.3581	0.03	0.9062	0.0275
沟泉	0.7375	0.0595	0.0045	0.65	0.0235
燕崖	0.84	0.201	0.437	0.202	
中庄	1.275	0.168	0.598	0.397	0.112
金星	0.407		0.097	0.31	
梭背岭	1.042	0.15	0.24	0.652	
东里	0.8644	0.03		0.6797	0.1547
韩旺	0.4245	0.045		0.342	0.0375
张家坡	0.5805	0.281		0.2455	0.054
石桥	0.652	0.1675	0.015	0.4395	0.03
三岔	0.547	0.223	0.032	0.292	
悦庄	2.9961	2.515		0.3471	0.134
合计	18.67	6.95	1.72	8.71	1.29

1962—1990年全县建扬水站统计表

年度	扬水站（座）	装配动力（千瓦）	灌溉面积（亩）
1962—1969	98	2744	7350
1970	28	840	2100
1971	30	640	2220
1972	44	1156	3212
1973	39	1209	2808
1974	40	1384	2880
1975	9	261	650
1976	13	442	960
1977	12	360	900
1978	12	385	860
1979	15	420	1100
1980	29	899	2100
1981	18	504	1330
1982	33	957	2400
1983	38	1026	2800
1984	29	841	2050
1985	17	442	1250
1986	19	532	1450
1987	23	713	1700
1988	20	640	1460
1989	15	435	1120
1990	9	273	675
合计	590	17103	43375

传统的农业灌溉方式以畦灌、沟灌、淹灌、漫灌等为主，借助于一些简陋的工具和设备，水量浪费较大，且传统的灌溉方式灌水不均匀，对土地冲刷大，容易造成土壤和肥料流失，不利于农业可持续发展，很难满足现代农业种植需求。20世纪90年代，开始重视合理、科学与高效用水，逐步发展农业节水灌溉。

进入21世纪，人们对作物的品质和产量提出了更高的要求，精准灌溉、绿色农业等概念逐渐兴起。大幅度提高水的有效利用率，发展节水型农业，成为农业发展的重点方向和首要任务，对促进农业灌溉从粗放到集约、从外延为主到内涵为主具有重要的现实意义和深远的历史意义。随着农村税费改革的逐步完成，农田水利基础建设的制度安排、投入渠道和投入机制也发生深刻变化。

从2004年起连续7年关于“三农问题”的中央一号文件中，水利事业作为农业的重要保障被摆在突出位置，并将节水灌溉作为一项重大战略举措。2012年，国务院办公厅印发《国家农业节水纲要（2012—2020年）》，对节水灌溉提出了明确的发展目标和要求。2014年习近平总书记提出了“节水优先、空间均衡、系统治理、两手发力”的新时代治水思路，把“节水优先”摆在了首位。2016年8月，省委、省政府组织召开全省节水农业和水肥一体化现场会议。会上，省委办公厅、省政府办公厅印发了《关于加快发展节水农业和水肥一体化的意见》，提出“到2020年，初步构建起与当地水土资源条件及农业生产布局相匹配，工程节水、管理服务、农艺措施、政策支撑相协调，水肥利用效率提高与装备产业发展相促进的节水农业体系”。2017年中央1号文件，明确提出“大力实施区域规模化高效节水灌溉行动，集中建成一批高效节水灌溉工程。加快开发种类齐全、系列配套、性能可靠的节水灌溉技术和产品，大力普及喷灌、滴灌等节水灌溉技术，加大水肥一体化等农业节水推广力度。全面推进农业水价综合改革，落实地方政府主体责任，加快建立合理水价形成机制和节水激励机制。全面推行用水定额管理，开展县域节水型社会建设达标考核”等一系列要求和政策措施，区域规模化节水灌溉和农业水价综合改革等发展任务被提上日程，节水灌溉发展进入高速发展的快车道。

沂源县在国家全面向农业、农村持续投入资金的有利条件下，市、县资金配套与群众自筹相结合，先后在全县实施“民办公助”灌溉项目、雨水集蓄利用项目、中央和省级节水灌溉示范工程、规模化节水灌溉增效示范项目、农业水价综合改革试点县项目、小型农田水利重点县项目等。同时发挥新型经营主体的示范带动效应，发展规模化、现代化、标准化的高效节水灌溉示范工程。县农业局等部门在全县实施的中低产田改造、高标准农田建设、农业综合开发等项目中，将高效节水灌溉设施作为配套建设的重要内容。

2017年6月，沂源县被水利部确定为国家高效节水灌溉示范县。国家不断加大投入，采取“民办公助”等激励措施，并通过各类试点、示范性工程项目引领，工程、技术、农业、管理等综合推进，大力发展现代化节水灌溉，缓解农业用水的供需矛盾，提高农产品产量和质量，增强农业发展后劲，提高经济效益、社会效益和生态环境效益。

荣誉证书

授予 山东省沂源县

国家高效节水灌溉示范县称号

水利部

二〇一七年六月

2019年1月，全县机构改革，农田灌溉项目实施的相关职能划入县农业农村局。到2023年，全县广大农村地区普遍实现灌溉高效化、用水节约化，并建起一大批以水肥一体化等为主要内容的高标准农田示范项目，农田灌溉方式发生了质的飞跃，原来以灌渠等为主的大水漫灌农田灌溉方式，开始转变为以喷灌、滴灌、微灌等为主的高效节水灌溉方式。

灌溉工程建设

井　灌　20世纪50年代之前，人们多以水井灌溉，提水以人工或桔槔、辘轳等为主，每天浇地不到1亩。农业合作化后，打井数量激增。1956—1958年，每年打井近千眼，但由于井口小，又系浅层水，水源不足，利用率很低，后来多数倒塌报废。

60年代开始打大口井。1962年，西北麻大队打大口井1眼，直径6米，深5米，配套12HP柴油机提水灌溉，每天浇地20余亩。此后，全县逐步开展打大口井，口径由3～5米发展到十几米以至几十米，配以提水设备，固定管路、渠道，浇地数十亩

西北麻大队1962年开挖的大口井

到数百亩。1974年，前大泉大队打大口井长50米、宽30米、深4米，容水5000余立方米，井池并用；4月，唐山公社赵家庄、大家万、山西万、大刘庄4个大队联合，历时两年时间建成长52米、宽50米、深10米的万方大口井，并建机房3间，灌溉周边大片优质粮田。大口井仅适于河边或有构造的浅层水，而山丘区就不易找出浅层水，鲁村公社峨峪大队曾打深50余米的大口井而无水。1977年，燕崖公社山水河大队在村东建直径35米的大口井。1978年，燕崖公社组织西辉、中辉、东辉、胡围4个大队在菊花崖开挖直径50米的大口井，容水8000立方米。

随着社会的发展，开始寻找深层水。1966年，省地质局801队开始在石桥公社松峪大队机凿第一眼深井后，又陆续在帽子庵、福吉山、三黄沟等大队机凿深井。20世纪70年代，随着科学技术的不断发展进步和农业发展对水资源的需求不断增加，逐渐开始以机凿深井方式，钻凿取用地下水。新中国成立前后，提水工具以辘轳等为主。50年代中期以解放水车逐步代替辘轳，60年代出现锅驼机、柴油机，70年代逐渐由电动机代替。

1973年，成立沂源县水利局打井队后，逐步解决缺水村的吃水难题和改善土地灌溉条件。1984年，打井队在南麻公社侯家官庄大队历时1年多，连续钻凿4个井孔，最终钻出一眼出水量56立方米的深井，保障了点播用水和抗旱保苗。1990年，县水利局打井队在石桥乡分水官庄村勘察施工深井2眼，井深均在170米，经抽水试验，静水位埋深87.3米，两井涌水量每小时150立方米，解决该村400亩粮田和500亩经济林的灌溉，结束了该村无水浇田的历史，年亩增粮食500斤，经济林亩增收入千元以上。

到1990年，全县建（机凿）机井1577眼。其中大口井1346眼，以灌溉为主的大口井1241眼；机凿深井231眼，以灌溉为主的深井66眼，大部分深井饮灌两用。

1990年全县机井统计表

乡镇	机井数量（眼）		吃水用井（眼）		灌溉用井（眼）	
	合计	其中深井	深井	大口井	深井	大口井
土门	76	18	9	2	9	56
南麻	109	32	16	6	16	71
徐家庄	101	24	20	4	4	73
大张庄	148	5	4	9	1	134
黄庄	64	4	3	13	1	47
鲁村	124	22	15	5	7	97
沟泉	91	9	2	7	5	77
燕崖	51	7	7	8		36
中庄	74	13	10	4	3	57
金星	51	7	7	14		30
梭背岭	83	24	19	2	5	57
东里	111	18	18	7		86
韩旺	80			9		71
张家坡	110	9	5	5	4	96
石桥	74	17	12		5	57
悦庄	137	4	4	8		125
三岔	93	20	14	2	6	71
合计	1577	231	165	105	66	1241

水库塘坝灌溉 沂源县自1955—1990年，共兴建各类水库125座（含原黄庄镇，下同），总库容2.4亿立方米，兴利库容1.26亿立方米。其中田庄、红旗两座水库总设计灌溉面积14.7万亩，有效灌溉面积6.4万亩。123座小型水库，设计灌溉面积18.5万亩，其中设计灌溉面积达到万亩以上的有北营、北店子、曹宅、青杨圈和石门5座水库。建塘坝377座，蓄水640万立方米，灌溉面积0.76万亩。20世纪90年代以后，随着社会科学技术的发展，大部分灌渠被弃用，代之以小型电灌站提水灌溉。

田庄水库灌区：主要有北干渠灌溉、南干渠灌溉、库区提水灌溉等。南北干渠占地444亩，自1968年修建至1984年年底停工，国家投资570万元，县财政拨款7.8万元，利用水费6.8万元，投入工日418.7万个，完成工程量186.5万立方米，其中砌石12.6万立方米，混凝土0.7万立方米。综合库区各干渠、支（斗）渠、大坝下游沿沂河两岸提水灌溉、库区提水灌溉等工程，整个田庄水库灌区按原设计项目实际已控制灌溉面积9.5万亩，除去扬水站灌溉（库区及沂河两岸提水），有效灌溉面积5万亩。

北干渠始建于1968年11月，干渠总长31.5公里，沿线支（斗）渠78条，总长74.87公里，沿干渠建扬水站26座；南干渠始建于1978年10月，干渠总长6.3公里，沿线支（斗）渠16条，总长5.71公里，建扬水站5座。根据灌区范围内西鱼台、西北麻、沙沟和悦庄镇的埠村、踅庄、赵庄等村的抽

1977年10月，正在灌溉中的南营灌渠

1977年10月，南麻公社西鱼台大队灌溉小麦

样调查，灌溉前双季田（小麦、玉米）年平均亩产粮食200公斤左右，灌溉后，1985年平均亩产粮700公斤以上，增产效益显著。

20世纪六七十年代，田庄水库上游库区高堂峪、泉子官庄、永兴官庄等22个村发展提水灌溉。有的几个大队联合建扬水站，如南麻公社刘家大峪、北埠东、小田庄3个大队，于1974年5月在田庄水库西北联合建"友谊扬水站"和高位蓄水池，修建水渠，灌溉农田200亩。到1990年，田庄水库库区内先后建成扬水站39座，装机2350千瓦，设计灌溉面积0.8万亩，有效灌溉面积0.4万亩。其中，有12处扬水站，因装机偏小或输水渠系简陋，灌溉效益不大。

21世纪，随着节水灌溉技术的发展，逐渐普及水利用系数较高的管喷、微喷、滴灌等新技术，南北干渠、库区及沂河两岸的提水灌溉工程因其大水漫灌式的灌溉方式，流量大、设备功率大，不利于村民分户灌溉和节约水资源，使用管理不方便，遂被淘汰弃用。

红旗水库灌区：1969年5月正式开灌。原设计分东、西两条干渠，长57公里，东干渠未建设。设计引水流量为每秒2.1立方米，实际引水流量为每秒1.5立方米。支渠设计110条，干、支渠建筑物205座。防渗干、支渠4条，长25公里，为浆砌石渠墙、混凝土渠底。灌区内建有扬水站10座，装机

1978年10月，正在灌溉中的红旗水库灌渠

10台，总功率242千瓦，提水能力为每秒0.3立方米；引水工程2处，引水流量每秒0.5立方米；机电井7眼。灌区控制面积1.1万亩，最大实际灌溉面积0.9万亩。

2017年10月，对红旗水库中型灌区实施节水配套改造项目，2018年6月竣工。工程总投资1460万元，工程建设内容主要包括将原浆砌石渠道改为PE（或钢管）输水管道，增建支管道和提水泵站，建泵房1座、蓄水池2座、消能水池2座，铺（埋）设主管道5.3公里、支管道8.8公里，安装机电设备2台（套）、排气阀20个、放水阀15个，开挖土石方1.5万立方米，回填土石方1.7万立方米，钢筋混凝土448立方米。工程完成后，移交燕崖镇政府管理。

小型水库灌区：全县小型水库，自1956年开始配套发展灌溉，有效灌溉面积6.84万亩（含库内、渠道提水），其灌溉量大面广，遍及全县各公社，是全县重要灌溉方式之一。

小（一）型水库灌区总的设计灌溉面积14.67万亩，干渠43条，总长206公里。截至1990年，开挖36条，总长125公里，其中浆砌石渠54公里；建桥闸涵建筑物827座，在抗旱灌溉中发挥了骨干作用。例如北营水库灌区，设计灌溉面积1.5万亩，配有3条干渠，支渠32条，干支渠总长53公里，干渠全部做了防渗，渡槽、节泄闸等主要建筑物35座，控制灌溉面积1.2万亩，有效灌溉面积0.8万亩。该灌区土地肥沃，但属贫水区，灌前粮食产量低而不稳，两季田年亩产粮食600斤左右，灌溉后成为高产稳产田，双季田年亩产粮在1600斤以上，多次被省、地水利部门评为先进单位。1988年，北营水库灌区被列为县商品粮基地。到1990年，全县小（一）型水库尚有5座未实施灌区配套，只能在下游提水灌溉部分土地，灌溉面积4.75万亩，有效灌溉面积3.15万亩。

小（二）型水库灌区92处，由镇（村）配套使用管理，设计灌溉面积3.81万亩，配渠总长98公里。渠道环山转，少数砌石渠，大多是土渠，砌石渠道长仅35公里（含水泥板渠道）。控制灌溉面积2.2万亩，1990年有效灌溉面积1.42万亩。小（二）型水库灌区多以乡村自力更生为主建设，且多数地处干旱的山丘区，工程建设比较艰巨、困难。每处灌区用工，少者近万个，多者数万乃至数十万个，群众付出了较大的劳动代价，相对投工、投资都较大，灌溉面积多在数百亩，有的数十亩，对解决山丘地区的灌溉水源和农田增产发挥了极大的经济效益。一处灌区就是一片高产田、稳产田，常年一般亩增产600斤左右。在干旱年，灌区外农田减产甚至绝收，而灌区内丰产不受影响，减产幅度不大。

塘坝灌区：自新中国成立初期至1990年，共

20世纪70年代建成的刘家庄水库灌区姬家峪渡槽

兴建塘坝377座（不含报废数），多数分布在干旱缺水的山丘地区，主要是由所在村的群众自力更生建设。塘坝总蓄水能力640万立方米，大都因地制宜，采取自流或扬水站提水等形式建设小型灌区，总灌溉面积0.766万亩。增产效益明显，特别是在抗旱中发挥了积极的作用，亩增产多在五六百斤。

引河、引泉灌溉 沂源县利用河道跌差大，沿河筑水坝引水灌田历史悠久，但都是临时性的，且扬水效能不高，灌溉面积一般数亩到数十亩。境内泉水资源受地形、地貌、地质构造影响，泉水出露分布广泛，是人们饮水、灌溉的重要水源。其中最大的泉水出露于东里镇西长旺村南的大旺泉，泉水日流量达2万立方米。新中国成立后，开始利用沂河、螳螂河等河流以及泉水作为水源，建扬水站实施灌溉。20世纪50年代初期，抗旱时沿河用锅驼机、柴油机配以水泵提水灌溉，非固定式，抗旱后即拆除，且扬程低，几米到十几米，未有固定渠道。

引河灌溉：新中国成立后，田庄水库自水库大坝以下，沂河两岸设计灌溉面积3万亩。1990年，沿沂河38个村，建成扬水站46座，总装机2880千瓦，有效灌溉面积达1.5万亩。

1961年11月，在螳螂河西鱼台段建滚水坝1座，引水灌溉西鱼台等村土地几百亩。而后在白马河、大张庄河、关河峪河、饮马河及所有河道支流上建大小不等的拦水坝，引河灌溉。1963年，九会公社芝芳大队建芝芳电灌站1座，提螳螂河水，装机40千瓦，扬程22米，每小时上水量为250立方米，配有固定渠道，浇地400亩。1973年，南麻公社埠下大队建沂河扬水站，配套修建灌渠和渡槽等，灌溉农田700余亩。

埠下村沂河扬水站渡槽

1974年，在中庄公社孝村沂河北岸动工建电灌站1座。原设计三级扬程，总扬程160米，总装7台水泵640千瓦，提水能力为每秒0.3立方米，灌溉中庄公社孝村、朱家泉3个大队和石桥公社北河峪、宣风峪、珩崖等大队3000亩土地，同时解决燕崖公社红岭子大队的人畜吃水。设计一级站4台8英寸水泵，装机400千瓦，提水能力为每秒0.3立方米；二级站2台8英寸水泵，装机200千瓦，提水能力为每秒0.15立方米；三级站6英寸水泵1台，装机40千瓦，送水到红岭子大队。1976年建成一级站2台机组，装机200千瓦，扬程62米，提水能力为每秒0.15立方米，铺设上水管道为14英寸铸铁管，长280米，配东、西两条石渠3公里。1978年建成二级站，安装1台机组，装机100千瓦，扬程63米，铺设上水管道直径为14英寸铸铁管，长260米，提水能力为每秒0.08立方米。同年夏，二级站试车后未再使用，仅使用一级站，灌溉面积500亩。

1978年，唐山公社北王家庄大队（1984年建区辖乡，属梭背岭乡）在村西建电灌站1座，引沂河水灌溉。原设计四级提水，灌溉北王庄、苗庄、五里沟、崮东万直到柳枝峪等10余个大队的6100亩土地。一级站12英寸水泵6台，装机600千瓦，提水能力为每秒0.75立方米；二级站12英寸水泵4台，装机400千瓦，提水能力为每秒0.5立方米；三级站12英寸水泵2台，装机200千瓦，提水能力为每秒0.25立方米；四级站6英寸水泵1台，装机40千瓦，提水能力为每秒0.05立方米。1980年建成一级站2台机组，装机200千瓦，上水能力为每秒0.25立方米，铺设直径为14英寸铸铁上水管道，长200米。1982年建成二级扬水站2台机组，上水能力为每秒0.25立方米，铺设直径为14英寸铸铁管道，长220米。控制灌溉面积4500亩，有效灌溉面积2000亩。

21世纪后，在螳螂河、沂河建橡胶坝。2002年6月，在螳螂河城区段建成全县第一座橡胶坝，坝长150米、高2.5米。2016年在沂河头村沂河左

20世纪70年代建成的大泉扬水站渡槽

岸建提水工程，作为抗旱应急水源地，为项目区提供灌溉用水。

引泉灌溉：新中国成立后，对泉水进行发掘利用，在改善吃水条件的同时，对灌溉农田也发挥了一定作用，增强了抵御自然灾害的能力。石桥镇大泉村的大泉，日出水量2200余立方米，建长约110米，东西均宽约60米的水池，70年代配套建设扬水站、水渠和渡槽，灌溉农田600亩。1978年，中庄公社河东、胡家庄、大沟联合从十二股泉引水，建渡槽，在北山建蓄水池、机灌站，提水至驴驹岭，有效提升北山片区600多亩农田抗旱能力。1982年，大沟大队在十二股泉修建机灌站1座，配置100马力柴油机，铺设水泥管道260米，提水至村西松树顶实施灌溉。1993年，在河东泉村实施中德合作山东粮援项目，在十二股泉旁机凿深井1眼，井水自溢，铺设管道3000米，改善灌溉面积500余亩。

“四小”水利工程　新中国成立初期，集体兴建一批以小水池、小水窖、小谷坊、小旱井为主的“四小”水利工程。20世纪80年代初，实行家庭联产承包责任制后，户办、联户办“四小”水利工程逐渐增多，特别是土地承包合同长期不变的政策落实后，民心稳定，群众舍得投资，小型水利工程作为农业生产的基础设施，得到了迅猛发展，工程形式也逐渐多样化。小型水利工程在运行使用过程中，灌溉及时、成本低、管理方便，且因其具有规模小、投资少、施工简单、工期短、见效快等优点而备受青睐。县委、县政府因势利导，坚持“谁投资、谁建设、谁所有、谁管理、谁受益”原则，组织引导群众大力发展以小水池、小水窖为重点的“四小”水利工程建设。一部分户办、联户办小型水利工程，给广大农民群众带了一个好头，起到积极的典型示范作用。至2002年年底，全县的“四小”水利工程已达4.4万处，增加蓄水150万立方米，扩大改善灌溉面积1.65万亩，缓解6.6万余人的吃水困难。

2003年，全县新建“四小”水利工程1.8万余处，其中小水池9000座、小水窖7000座、小水井1500眼、小谷坊500座，增加蓄水50万立方米，有效缓解2万余人的吃水困难。2006年全县新建“四小”水利工程1万余处，全县累计发展“四小”水利工程8.4万处，其中小水池3.9万座、小水窖2.94万座、小水井1.28万眼、小谷坊2862座。2007年，南麻镇围绕“户均一片丰产园、一处小水利设施、一个技术明白人、一条销售路子”的“四个一”富民目标，本着“谁投资、谁建设、谁使用”的原则开展了万吨水泥送农户活动，出台奖励政策，每新建20立方米以上小水池（窖），每方水扶持1袋水泥。政策出台后，群众建“四小”水利工程的积极性空前高涨，仅当年春季就发放水泥4000余吨，建成小水池（窖）4000余个。

2008年，沂源县因势利导，出台“四小”水利扶持政策，每完成一处1000立方米以上的小塘坝、谷坊补助4000元，每完成一座100立方米以上的水池、水窖补助2000元，鼓励引导群众兴建了一批山区小型农田水利工程。2009—2012年，全县建成“四小”水利工程8470余处，扩大、改善灌溉面积2.7万亩。其中，2009年投资600万元，建小水池600座、小塘坝45座、小谷坊36座、小水窖90

座，新增蓄水40万立方米；2010年建“四小”水利工程5000处、抗旱应急工程55处，扩大改善灌溉面积1.5万亩。

“以工代赈”农田水利工程 1991年，对错石水库、曹宅水库、社庄水库等灌区实施“以工代赈”农田水利工程，对灌区干、支渠开挖、配套，总投资85万元，其中“以工代赈”投资25万元、省资金25万元、市县配套资金25万元、乡村自筹10万元。

1992年，开挖衬砌石拉水库、曹宅水库、社庄水库、青杨圈水库干渠总计11公里，对石拉水库、曹宅水库渡槽实施维修，总投资224万元，其中国家“以工代赈”投资30万元、省资金30万元、市县配套资金30万元、乡村自筹134万元。

地方专项资金灌溉工程 1991—1992年，使用粮食发展专项资金49.6万元，实施北营灌区、北王庄扬水站、松峪喷灌工程。1992年，沂源县利用市水资源费沂源切块资金、粮食发展专项资金110万元，分别在红旗水库、北店子水库、张家旁峪水库、刘家庄水库、郑家庄水库、青杨圈水库、北营水库等灌区实施灌溉配套，建（修）水渠7800米，维修渡槽290米，铺设郑家庄水库灌溉管道3000米。

“三灌”工程 “喷灌”“滴灌”分别是采用喷洒和滴注的办法实施农业、林业灌溉的一种新型节水灌溉方法。从20世纪80年代起在沂源县进行试点推广应用，很长一段时间推广和应用不理想。直到21世纪后，铸铁管、不锈钢管等输水管道被PE管输水管道代替，电灌控制设施逐步现代化，大规模实施高效节水灌溉工程和高标准农田建设工程等，喷灌、滴灌等微喷灌溉技术得到广泛应用。

喷灌：1982年，利用水营水库灌区水源，国家投资8万元在大张庄公社水营大队发展半固定式喷灌，设计喷灌面积700亩，主要农作物是花生、小麦等。主机及设备安装部分用时两年，1984年7月一次试车成功，实际灌溉农田200亩。移动式喷灌机喷头，刚开始还能达到节水增产目的。但喷灌机具质量和群众性的使用、管理、技术指导等多方面存在问题，尤其是水源质量达不到喷灌的实际应用条件，致使未能有效利用和推广。因此，虽然活动喷灌机具发展较快，1990年拥有1693台，但都成为小型提水机具，用以沟灌或畦灌，未发挥喷灌效能。

滴灌：1987—1988年，总投资22.8万元，沂源县实施滴灌试验。该项试验属省科委“七五”科技攻关项目，是全省5个试验点之一。省水科所与县水利局联合设计，在悦庄镇崔家庄将原扬水站灌区改建为滴灌，设计滴灌面积807亩，其中苹果400亩，山楂、板栗407亩。经过1989—1990年两年试验，原扬水站畦灌方式灌溉，每亩年运行费34.5元，使用滴灌后，每亩灌溉一次用水量仅10立方米，每亩年运行费9.8元，节水66.3%、节能65.4%、省工96%，苹果增产15.5%，即每亩增产苹果330斤，价值200元，为全县推广和发展节水型灌溉工程开辟了一条有效途径。

1996年开始，大力开展大田喷灌、果树微喷、大棚滴灌“三灌”工程。1996—2000年完成26处，灌溉面积1.6万亩，新打大口井10眼，深井16眼，建机房40间，铺设管道45万米，建高位水池26座，完成投资3000万元。2001年，总投资410万元，投入工日20万个，工程量50万立方，完成节水灌溉面积1.07万亩，其中果树微喷及葡萄管喷6100亩、大田喷灌4600亩。共兴建工程15处，打大口井7眼、深井5眼，建机房28间，配多级泵7台、潜水泵5台、变压器12台，铺设主管道37万米，安装微喷头13万个、大田喷灌喷头550个，安装管喷管道38万米。

20世纪末实施的半固定式麦田大田喷灌

2002—2004年，总投资4150万元，在鲁村镇、悦庄镇、大张庄乡、石桥乡、中庄乡等乡镇实施管灌工程。工程总投工175万个，全县完成节水工程92处，管道灌溉面积4.2万亩。打大口井49眼、深井30眼，建水库提水3处、灌渠引水1处、机房225间、水池63座，安装水泵89台（套）、管道41万米、喷灌带5.3万米。

“民办公助”灌溉项目 为贯彻落实2005年中央1号文件精神，加强小型农田水利基础设施建设，进一步提高农业综合生产能力，改善农民生产、生活条件，促进粮食生产和增加农民收入，中央财政设立了小型农田水利工程设施建设补助专项资金。为加强资金管理，提高资金使用效益，根据财政部《财政农业专项资金管理规则》，财政部、水利部联合制定了《中央财政小型农田水利工程设施建设“民办公助”专项资金管理试点办法》。小型农田水利工程设施建设采用“民办公助”方式，对农户、农民合作组织、村组集体等自愿开展小型农田水利工程设施建设的项目，财政给予补助。小型农田水利专项资金重点支持粮食主产区的小型水源、渠道、机电泵站等工程设施的修复、新建、续建与改造。对建设项目的材料费、设备费和施工机械作业费等给予补助。申请中央补助资金的对象包括农户（包括联户）、村组集体或者若干行政村。实行项目法人或业主负责制，项目申请的农户或者用水协会等专业合作组织和村组集体为项目法人或业主，对项目的申请、建设和建成后项目的管护承担责任。

根据财政部、水利部《2008年中央财政农田水利建设补助专项资金项目指南》（财办农〔2008〕15号）要求，中央财政农田水利建设项目安排和实施要坚持突出落实中发〔2008〕1号文件的要求，集中资金加强农田水利基础设计建设，突出工程建管机制、体制的完善和创新，积极推进产权制度改革，加强工程设施改造，深化农业水价改革，创新工程管护机制，综合提升农田水利工程设施的功能；突出粮食安全，增加农民收入，体现粮食产量、品质和集中连片优势；突出“民办公助”机制和作用，充分调动农民和地方政府的积极性；突出节水灌溉技术的运用和推广，提高农业用水效率和效益，促进当地经济发展。

2005年度“民办公助”灌溉工程：实施“民办公助”灌溉工程4处，投工1.2万个，开挖土石方1.5万立方米，建设总面积5700亩。其中，西里镇苗庄村灌溉工程1300亩、南麻镇彩板峪村灌溉工程1200亩、土门镇池埠村灌溉工程1200亩、燕崖镇双泉村灌溉工程2000亩。总投资308万元，其中中央补助资金16.4万元、省级补助资金45万元、自筹资金246.6万元。开挖大口井3眼，机凿深井1眼，建机房15间、水池8座，安装电机水泵4台（套），铺设输水主管道11万米、支管道1.5万米，750户果农的果园安装自来水灌溉。

2006年“民办公助”灌溉工程：实施“民办公助”灌溉工程7处，其中国家财政项目4处：西里镇胡马庄深井配套工程、中庄镇马家河西村灌溉工程、西里镇侯家峪灌溉工程、徐家庄河小张庄段治理工程；省财政项目3处：燕崖乡风力扬水工程、鲁村镇沙沟村提水灌溉工程、石桥乡黑崖塘坝工程。

西里镇胡马庄深井配套工程，打深井1眼并配套，埋设输水管道1600米，建水池1座，维修防渗渠1500米。工程投资27万元，其中中央补助资金7万元、自筹资金20万元。

中庄马家河西村灌溉工程，建大口井1眼、机房2间，配水泵1台、变压器1台，埋设输水管道1500米。工程投资35万元，其中中央补助资金10万元、自筹资金25万元。

西里镇侯家峪村灌溉工程，打大口井1眼，建机房2间，配套安装电机水泵1台（套）、变压器1台，埋设输水管道1300米。工程投资25万元，其中中央补助资金10万元、自筹资金15万元。

徐家庄乡小张庄段治理工程，治理河道600米，新建河堤1200米、拦河坝3座。工程投资22万元，其中中央补助资金6万元、自筹资金16万元。

燕崖乡风力扬水工程，在红旗水库下游白马河两岸安装风力扬水机20台，建蓄水池20座，安装输水管道5000米、压气管道5000米，水池后配套干、支输水管道7000米。工程投资43万元，其中省补助资金12万元、自筹资金31万元。

鲁村镇沙沟村提水灌溉工程，建机房3间，安装变压器1台并对田间管道实施配套安装。工程投资22.5万元，其中省补助资金6万元、自筹资金16.5万元。

石桥乡黑崖塘坝工程，建塘坝1座。工程投资20万元，其中省补助资金6万元、自筹资金14万元。

2007年“民办公助”灌溉工程：项目共有7处，大张庄东唐庄、南麻镇傅家庄、西里镇东升、中庄镇张庄、南麻镇许村、石桥镇天井官庄、悦庄镇北营灌溉工程。总投资232.8万元，其中中央投资55万元、群众自筹资金177.8万元。完成土方8674立方米、砼364立方米、浆砌石3420立方米，扩大灌溉面积4700亩，受益人口7115人。

2008年“民办公助”灌溉工程：涉及西里镇唐庄、土门镇鲁山塘坝、徐家庄姬家峪、悦庄镇沂河头、南麻镇东高庄、鲁村四村、悦庄镇朱家庄、张家坡镇下河疃、燕崖乡井子峪、土门镇菜园等共11处。工程总投资303.4万元，其中上级补助资金80万元、自筹资金223.4万元。建机电泵站10座、小水源工程1处、机房23间、水池9座，开挖大口井5眼，机凿深井3眼，安装水泵10台(套)，铺设管道4.2万米，扩大改善灌溉面积4808亩。

2009年省级“民办公助”灌溉工程：完成燕崖镇井子峪村节水灌溉工程总投资22万元，其中省财政补助资金6万元、自筹资金16万元。建机井1眼、机房3间、水池1座，开挖土石方3300立方米，铺设各种PE输水管道3830米，扩大改善灌溉面积500亩。

2009年中央“民办公助”项目：完成南麻镇浇花泉节水灌溉工程总投资18万元，其中中央资金8万元、省资金2万元、村集体自筹资金8万元。开挖土石方1900立方米，安装水泵1台(套)，铺设PE输水管道3800米，扩大灌溉面积300亩。西里镇侯家峪节水灌溉工程总投资34万元，其中中央资金14万元、省资金6万元、村集体自筹资金14万元。开挖土石方2100立方米，安装水泵1台(套)，建100立方米水池1座，安装PE管道4000米，扩大灌溉面积500亩。

2011年省级“民办公助”项目：鲁村镇上头庄村节水灌溉工程总投资30万元，其中省级补助资金20万元、群众自筹资金10万元。投入工日2000个，开挖土石方6000立方米、砌石1000立方米、混凝土300立方米，铺设PE输水管道5200米，灌溉面积500亩。

南鲁山镇陈家山村节水灌溉工程总投资30万元，其中省级补助资金20万元、群众自筹资金10万元。投入工日2500个，开挖土石方3000立方米、砌石2000立方米、混凝土100立方米，铺设PE输水管道4100米，灌溉面积300亩。

中庄镇道座崮村节水灌溉工程总投资16万元，其中省级补助资金10万元、群众自筹资金6万元。投入工日3500个，开挖土石方4000立方米、砌石9000立方米、混凝土300立方米，铺设PE输水管道2400米，灌溉面积350亩。

悦庄镇北营村节水灌溉工程总投资15万元，其中省级补助资金10万元、群众自筹资金5万元。投入工日1700个，开挖土石方1800立方米、砌石100立方米、混凝土100立方米，铺设PE输水管道2600米，灌溉面积300亩。

南麻镇西沙沟村节水灌溉工程总投资16万元，其中省级补助资金10万元、群众自筹资金6万元。投入工日1400个，开挖土石方1800立方米、砌石50立方米、混凝土10立方米，铺设PE输水管道2800米，灌溉面积300亩。

雨水集蓄利用项目　增加集雨蓄水，能够在一定程度上解决灌溉用水问题，增加农民收入，经济效益十分明显。2008—2009年，先后在中庄、西里、东里、张家坡、南鲁山、徐家庄6个乡镇分片区、分流域实施雨水集蓄工程。

2008年，在中庄镇、西里镇、东里镇、张家坡镇，分2个项目片区实施，集雨面积31.24平方公里，受益村41个，受益人口1.1万人。工程总投资672.23万元，其中，财政补助250万元、群众自筹资金422.23万元。工程开挖土石方10.2万立方米、浆砌石3.5万立方米、砼3480立方米。建谷坊50

座、水池392座，铺设输水管道1.7万米，扩大改善灌溉面积3068亩。

2009年，在土门镇朱阿流域实施雨水集蓄利用工程，总投资95万元，其中中央财政资金35万元、省财政资金10万元。工程开挖土石方2085立方米、砌石2855立方米、混凝土135立方米，建小谷坊6座，可增加蓄水2.88万立方米，扩大灌溉面积420亩。

同年，在徐家庄乡龙子峪村实施雨水集蓄利用工程，总投资90万元，其中中央财政资金35万元、省财政资金10万元。工程开挖土石方2433立方米、砌石3330立方米、混凝土158立方米，建小谷坊7座，可增加蓄水3.36万立方米，扩大灌溉面积540亩。

中央、省级节水灌溉示范工程 2003年开始，先后投入中央、省级资金和市财政补助资金，在西里、大张庄、燕崖、中庄、东里、鲁村、悦庄、石桥等乡镇实施节水灌溉示范工程。到2017年，完成节水灌溉建设面积3.2万亩。

2004年度国家节水灌溉示范项目：项目区位于西里镇马庄河流域，涉及蝙蝠峪、冯家场、公家场、石炕子、上马庄、高家坡、胡马庄、蔡马庄、薛家峪等9个行政村，共1860户，受益人口5850人。2003年8月，全县首次审查立项国家级节水灌溉示范项目，10月开工建设，2005年6月竣工，同年7月通过验收，并被评为优良工程。总投资319.4万元，其中，中央投资100万元、自筹资金186.8万元、开挖管道等农民投工折资32.6万元。新增节水灌溉面积3970亩。该项目被评为2004年度国家节水灌溉示范项目。

西里镇石炕子村节水灌溉示范项目

2005年度省级重点节水灌溉工程：项目涉及西里镇周家上庄、蝙蝠峪、太平官庄、石拉、凤凰峪5个行政村。2006年3月开工建设，11月下旬竣工。工程总投资405万元，其中国家扶持资金50万元、村集体配套资金和各受益户集资355万元，新增固定资产326万元。总计投工2.6万个，开挖土石方5.6万立方米。机凿深井5眼，配套机电设备5台（套），建库内提水设施1处；建机房10间，建筑面积210平方米，配套保护区1200平方米；建水池5座，容量750立方米。新铺、更换各类管道16.95万米，2400户果农的果园安装上自来水灌溉管道，扩大节水灌溉面积7500亩。

2007年节水灌溉工程：大张庄北宅片节水灌溉工程，投资236万元，其中财政补助资金70万元、自筹资金166万元。打大口井3眼，建机房保护区3处、机房8间、拦水坝1座、300立方米水池3座，铺设主管道6500米，扩大、改善节水灌溉面积5000亩。

2008年建成的大张庄镇节水灌溉示范项目

2008年燕崖乡马岭片节水灌溉工程：工程总投资232万元，其中，财政专项资金100万元、当地政府和受益群众自筹132万元。开挖土石方2.5万立方米，铺设各种低压塑料管道3万米，安装各种闸阀、给水栓770个，灌溉面积4000亩。

2009年中庄韩庄片节水灌溉示范项目：涉及中庄镇西韩庄、中韩庄、东韩庄、黄土崖4个行政村，总人口2938人。总投资150万元，投工0.42万个，新增固定资产130万元。配套深井3眼；建机房6间，建筑面积109平方米，配套保护区800平方米；铺设各类管道1.2万米，扩大灌溉面积3000亩。

2012年东里镇大洼村节水灌溉增效示范项目：投资300万元，其中中央预算内投资100万元、群众自筹资金200万元。铺设管道2.4万米，新增、改善灌溉面积3000亩。

2014年鲁村镇西部高效节水灌溉（抗旱应急）工程：中央财政总投资310万元。涉及小张庄、三黄沟、张家石沟3个村，受益人口2200人。建大口井1眼、提水泵站1处、漫水桥1座、100立方米蓄水池4座、200立方米蓄水池3座、闸阀井54座，清淤蓄水坝1座，加固蓄水坝1座，铺设输水管道1.36万米，解决1520亩地的灌溉问题。

田间管道灌溉闸阀井

2016年节水灌溉（抗旱应急）工程：投资287万元，在沂河中庄段实施提水工程。铺设管道8000余米，改善东韩庄、中韩庄、西韩庄、黄土崖、于家北坡、张庄、列里、马连峪等8个村2000余亩经济作物的灌溉条件。

2017年市财政高效节水灌溉补助资金项目：主要涉及石桥镇黄墩河和松峪、悦庄镇北莛庄、鲁村镇鹿角山4个行政村，3个项目片区总耕地面积2080亩，市级财政投资230万元。石桥镇项目区耕地面积1530亩，其中在黄墩河村建提水泵站1座，配套200QJ32-104/8型潜水泵1台，铺设各类PE管道7120米，建微喷灌溉面积50亩；在松峪村建提水泵站1座，配套200QJ32-130/10型潜水泵1台，铺设各类PE管道3370余米。悦庄镇项目区耕地面积300亩，建大口井1眼、提水泵站1座，配套200QJ20-54型潜水泵1台，铺设各类PE管道1920米。鲁村镇项目区耕地面积250亩，铺设PE管道1250余米。

规模化节水灌溉增效示范项目 2013—2014年，按照因地制宜、合理布局、连片推进、规模发展的原则，分别在大张庄、鲁村、燕崖实施规模化节水灌溉增效示范工程，发展规模化节水灌溉面积2.4万亩。

2013年度规模化节水灌溉增效示范项目：位于大张庄镇左家旁峪村、红星村，鲁村镇张家石沟村、于家石沟村、刘家石沟村，燕崖镇计宝峪村、郑家场等7个行政村及荆山园艺场。2014年1月13日开工，6月30日竣工，2015年6月通过验收。累计完成投资1612.609万元，其中财政资金投资657.02万元、受益户自建水利配套工程投资955.589万元。铺设PE管道147公里，机凿深井2眼，建大口井3眼、泵房14座、蓄水池7座、库塘提水工程6处，配套提水泵站17台（套），发展节水灌溉面积1.51万亩。

2014年度规模化节水灌溉增效示范项目：涉及大张庄镇、燕崖镇两镇7个村（13个分片区），设计灌溉面积8840亩，受益人口0.5万人。建大口井3眼（含水库提水工程2处）、蓄水池13座、泵房6座，维修原有灌溉井10眼，新建维修泵房7座、水池4座，配套提水机电设备13台（套），铺设管道86公里。

农业水价综合改革试点项目 深入贯彻落实党的十八届三中全会精神和中央关于保障水安全的决策部署，坚持“节水优先”方针，按照“先建机制，再建工程”的水利改革思路，从适当提高农业水价、加强需求管理、拓宽资金渠道、推动结构调整和提高农技水平等方面入手，以促进农业节水增效为目标，以完善农业水价形成机制为核心，以创新体制机制为动力，因地制宜、综合施策，着力深化农业水价综合改革试点，探索形成可复制、易推广的改革模式。

2014年，在大张庄、西里、石桥、燕崖、鲁村、历山等6个镇（街道）共34个村实施全国农业水价综合改革试点项目。对灌溉工程进行提升配套，实施区域水价综合改革试点，促进项目区农业灌溉节约用水。项目总投资1106.8万元，其中中央财政扶持资金1000万元、农民投劳折资106.8万元。共提升配套节水灌溉面积2.1万亩，建信息中心1处、电磁流量计7处、视频监控系统26处、100立方米蓄水池4座、200立方米蓄水池2座，维修200立方米蓄水池1座，铺设各类输水管道394.5公里，安装出水口计量设施420个、微喷头5.7万套。

在大张庄镇左家旁峪村金钟山农业科技有限公司800亩矮化密植苹果园实施农业水价综合改革试点中，第一次引进以色列伊瑞阿塔公司的微喷、滴灌水肥一体化灌溉设备与技术，主要有自动反冲洗过滤及施肥系统、田间自动控制系统、田间微喷系统。使用过程中整个项目区由1名管理员通过手机软件对气象、温度、土壤水分、pH、病虫害、生产管理、果品质量安全等进行监控与管理，实现智能化与自动化管理，开启物联网农业种植新模式。

通过试点，在项目区基本实现小型农田水利工程“灌溉用水定额化、产权明确化、水权明晰化、管理信息化、计量精准化、节奖超罚制度化、建管机制化、水肥一体化”等一系列用水管理制度，实现先缴费、后浇地，多用水、多缴费的灌溉模式，最终实现农业节水和工程的良性运转，进一步巩固了“建设—管理—养护—使用”四位一体的改革成效。

大张庄镇左家旁峪村农业水价改革节水灌溉项目

新型经营主体节水灌溉项目　1998年，全国范围内实行的税费体制改革，使得地方财政对农田水利设施的供给变得越来越困难，为此国家出台了相应的政策鼓励民营水利建设，在村和农户一级出现了许多产权制度不同的水利设施。1999年9月，县政府出台《关于农村小型水利工程产权制度改革实施意见》。2003年，水利部出台《小型农村水利工程管理体制改革实施意见》，对小型农村水利设施产权制度改革进行指导，提出对于经营性的小型农村水利工程，组建法人实体，实行企业化运作。2011年，中央一号文件《中共中央国务院关于加快水利改革发展的决定》中进一步明确提出：“鼓励符合条件的地方政府融资平台公司通过直接和间接融资方式，拓宽水利融资渠道，吸引社会资金参与水利建设。”“积极稳妥推进经营性水利项目进行社会融资”。2016年，沂源县充分发挥市场机制作用，吸引社会各方参与兴修水利，先后在南鲁山、南麻、鲁村、悦庄、燕崖等镇（街道）实施农业经营主体高效节水灌溉工程。

淄博益丰利现代农业开发有限公司高效节水灌溉工程：位于南鲁山镇朱阿村，2016年实施。总投资80余万元，其中省级补助40万元、经营主体自筹资金40余万元。工程采用“先干后补”方式，在工程完工、验收合格并由第三方机构确认后，补助资金一次性拨付。该项目建成果树微喷水肥一体化技术示范片300亩，安装水肥一体化首部枢纽1套，架设动力线350米，建高位水池1座、机房2间，铺设干管、支管PE输水管道4730米，田间微喷管道3.2万余米。

中以果业有限公司两个片区高效节水灌溉工程：2017年实施南麻街道沟泉片区高效节水灌溉工程，建设微喷灌溉面积300亩。投资60余万元，其中省级财政扶持资金30万元、经营主体自筹资金30余万元。采用以色列伊瑞阿塔公司滴灌水肥一体

水肥一体化泵房施肥过滤设备

化灌溉设备与技术，主要有自动反冲洗过滤及施肥系统、田间自动控制系统、田间微喷系统。建20平方米轻型钢结构泵房1间，配套多级离心泵1台、3寸自动反冲洗过滤器1个、1.5寸自动比例式注肥器1个，铺设PVC管道2.34公里、压力补偿滴灌管56公里。

2018年实施鲁村镇徐家庄片区高效节水灌溉工程，建设滴灌面积500亩。投资100余万元，其中上级扶持资金50万元、经营主体自筹资金50余万元。以出水量每小时50立方米的大口井作为水源。建50平方米轻钢机房1间，安装潜水泵1台，配备变频及配电柜1个、自动反冲洗过滤器1个、自动比例式注肥器1个，铺设各类PVC-U管道3.75公里、滴灌带110公里。

惠农果蔬专业合作社高效节水灌溉工程：位于南鲁山镇董家庄村，2017年实施，建设微喷灌溉面积300亩。投资63万余元，其中省级财政扶持资金30万元、经营主体自筹资金33万余元。建100立方米高位水池1座，配套20平方米轻型钢结构泵房1间、多级离心泵1台、3寸自动反冲洗过滤器1个、1.5寸自动比例式注肥器1个，铺设PE管道5.26公里、25毫米LEPE管20公里。

青龙核桃专业合作社高效节水灌溉工程：位于悦庄镇黑山峪村，2017—2018年实施，建设微喷灌溉总面积700亩。总投资148万余元，其中省级财政扶持资金70万元、经营主体自筹资金78万余元。建20平方米轻钢机房1间、100立方米蓄水池4座、200立方米蓄水池1座，配套建20平方米轻型钢结构泵房1间、3寸自动反冲洗过滤器1个、1.5寸自动比例式注肥器1个，安装深井潜水泵1台、电磁减压阀5个，铺设PE管道8.48公里、25毫米LEPE管70公里。

双马山农业旅游发展有限公司高效节水灌溉工程：位于燕崖镇，红旗水库东，2017年实施，建设微喷灌溉面积500亩。投资104万元，其中省级财政扶持资金50万元、经营主体自筹资金54万元。安装500立方米不锈钢水池2个，配套20平方米轻型钢结构泵房1间、多级离心泵1台、3寸自动反冲洗过滤器1个、1.5寸自动比例式注肥器1个，铺设PVC管道5.13公里、25毫米LEPE管30公里。

果树微喷灌溉

双鹿果蔬合作社高效节水灌溉工程：位于历山街道东沙沟村，2018年实施，建设微喷灌溉面积300亩。投资60万元，其中上级扶持和经营主体自筹资金各30万元。利用水库内大口井作为灌溉水源，出水量每小时50立方米。建200立方米高位水池1座，配套20平方米轻型钢结构机房1间、潜水泵1台，铺设PE管道3.17公里、25毫米LEPE管30公里。

淄博庆德农业发展有限公司高效节水灌溉工程：位于鲁村镇李家泉子村，建设微喷灌溉面积300亩。投资63.5万元，其中上级扶持资金30万元、经营主体自筹资金33.5万元。利用水库内大口井作为灌溉水源，出水量每小时32立方米。建200立方米高位水池1座、20平方米轻型钢结构机房1间，配套潜水泵1台，铺设PE管道2.6公里、25毫米LEPE管30公里。

沂源县伟业果品专业合作社高效节水灌溉工程：位于燕崖镇帽子庵村，建设微喷灌溉面积300亩。投资60万元，其中上级扶持资金30万元和经营主体自筹资金30万元。利用河道内大口井作为灌溉水源，出水量每小时32立方米。建100立方米高位水池1座、200立方米高位水池1座、20平方米轻型钢结构机房1间，铺设PE管道2.8公里、25毫米LEPE管42公里。

农田水利设施维修养护项目 中央财政补助维修养护资金是进一步深化水利工程管理体制改革的重要举措，是促进农田水利工程良性运行的重要保障，是深化农田水利改革的关键之举。

2013年中央农田水利设施维修养护项目：工程总投资43.79万元，其中中央补助资金40万元、群众自筹资金3.79万元。涉及张家坡、东里、西里、中庄、石桥等5个镇的高效节水工程项目村维修养护，以管道维修、机房维修、电气设备维修、水源维修改建、闸阀井建设、阀门井维修、潜水泵机电设备采购安装等为主要建设内容。

2014年中央农田水利设施维修养护项目：中央财政投资100万元，涉及张家坡、燕崖、中庄、东里、鲁村、悦庄等6个镇农田水利设施维修养护工程和中庄镇水务站等6个水务站能力建设，维修养护工程主要有管道维修、机房维修新建、蓄水池补助、闸阀井施工、潜水泵机电设备采购安装等；水务站能力建设主要是仪器及设备购置。

2015年省级农田水利设施维修养护项目：工程投资115万元，涉及西里、中庄、东里、张家坡等11个镇共34个村。工程主要内容有水源工程、田间工程、基层水利服务机构提升工程。其中水源工程清淤大口井2眼，维修改造机房2间，更换低压线路300米，更换水泵13台（套），另外更换启动箱、水表、泵管等；田间工程维修改造水池6座，维修各类PE管道2.1万余米，另外更换蝶阀、出水栓等；为基层水利服务机构购置GPS测量仪1台、电脑2台、照相机1台、打印一体机1台、电动提升机2台、抱杆导链2套、发电机2台、热熔焊机8台及其他维修工具。

2016年中央农田水利设施维修养护项目：中央投资400万元，涉及11个镇，包括工程设施维修养护、基层水利服务能力提升和农业水价综合改革三部分，涉及林果面积1.35万亩。其中，工程设施维修养护包含水源工程、管道输水灌溉工程、微喷灌工程、信息化及量测水设施，涉及石桥、中庄、大张庄等7个镇：微喷灌工程涉及悦庄、张家坡等4个镇：信息化及量测水设施涉及中庄、南鲁山、东里等11个镇（街道）。基层水利服务能力提升工程涉及南麻街道、南鲁山等12个镇（街道）。农业水价综合改革涉及西里、东里、中庄等11个镇。

2018年中央农田水利设施维修养护项目：总投资50万元，涉及西里镇唐庄村、鲁村镇上头庄村。主要包括更换水表、蝶阀，维修水表池、闸室等，更换各型号PE管道2500余米，扩大、改善灌溉面积2037亩。

2018年省级农田水利设施维修养护项目：总投资85万元，涉及11个镇（街道）共39个村，购置野外施工用发电机1台、管材焊接机1台，更换水泵13台、泵管115米、电缆140米、启动柜3台，维修水泵3台、变频器2台、大口井4眼，更换维修各类PE管道8520米，扩大、改善灌溉面积1.1万亩。

小型农田水利重点县项目 2011—2018年，沂源县先后分三期完成小型农田水利重点县项目，工程涉及全县各镇（街道），总投资2.5亿元。

一期工程：2011—2013年，由山东省科苑水利勘察设计咨询中心先后编制各年度《沂源县小型农田水利重点县项目实施方案》，在中庄、西里、东里、张家坡、石桥5个镇实施第一期小型农田水利重点县项目（高效节水灌溉试点县工程），工程总投资1.18亿元，建设总面积8.87万亩。

2011年工程总投资3420.87万元，其中中央财政资金1500万元、省财政资金1000万元、市配套资金320万元、县级配套资金280万元、农民投劳折资320.87万元。涉及5个镇的45个村，受益人口

4.03万人。新建、改造泵站74处，安装射频卡控制器74套；建大口井34眼、蓄水池86座、风光互补发电提水系统1套、土壤墒情自动测报系统监测点1处，维修改造机井157眼、蓄水池182座；配套安装提水设备（潜水泵）191台套。改善灌溉面积3.3万亩，其中管道灌溉面积1.69万亩、微灌面积1.61万亩。经省水利厅、财政厅专家组验收，被评定为优秀等次。

2012年总投资4239.37万元，其中中央财政资金1500万元、省级财政资金1500万元、市级财政资金600万元、县财政资金300万元、群众投劳折资339.37万元。2013年4月完成所有批复建设内容。涉及5个镇的51个村，受益人口3.18万人。建设工程66处，发展高效节水灌溉面积2.87万亩，其中新增灌溉面积2.37万亩，改善灌溉面积0.5万亩。

2013年总投资4147.58万元，其中省以上补助资金3000万元。涉及5个镇的39个村，受益人口2.9万人。建设工程59处，打大口井11眼，改造大口井13眼、机井35眼，建小型提水泵站11座、风光互补提水系统1套，改造、配套泵站48座。新增、改善灌溉面积2.7万亩，其中管道输水灌溉面积共1.55万亩、微灌面积共1.15万亩。

二期工程：2014年8月由山东省水利科学研究院编制完成《沂源县小型农田水利重点县（2014—2016）建设方案》（以下简称《建设方案》），2014年9月28日山东省水利厅以鲁水农字〔2014〕42号对《建设方案》予以批复实施第二期小型农田水利重点县项目。项目涉及鲁村、中庄、西里、张家坡、燕崖、南鲁山、大张庄、东里、石桥、悦庄10个镇。

2014—2015年总投资5820余万元，其中中央财政资金3000万元、省级财政资金1600万元、市级财政配套资金460万元、县级财政配套资金500万元、受益群众投劳折资260余万元，在鲁村、中庄、西里、张家坡、燕崖5个镇实施，总面积4.86万亩，涉及村庄60个，受益人口4.52万人。共建工程98处，配套水泵98台（套），在鲁村镇的安平村新建风光互补提水系统1套，铺设各型号PE管道499公里。

西里镇凤凰峪村高效节水灌溉工程

2016年度小农水重点县项目总投资2890万元，其中中央财政资金1500万元、省财政资金800万元、市级财政配套资金230万元。项目涉及南鲁山、大张庄、东里、石桥、悦庄5个镇的28个行政村庄，受益人口2.4万人。完成工程44处，建大口井18眼、水库提水泵站4座、水库吸水井1座，维修配套大口井13眼、水库提水泵站3座，铺设各型号PE管道290.047公里、钢管8.55公里。新增、改善节水灌溉面积2.43万亩，其中管道输水灌溉模式2.42万亩、微灌灌溉模式100亩。

三期工程：2016年12月由山东省水利科学研究院编制完成《沂源县新增农田水利项目县（2017—2019年）建设方案》，2016年12月27日山东省水利厅以鲁水农字（2016）35号对建设方案予以批复。三期项目实施2年后，农田灌溉项目实施的相关职能划入县农业农村局。

2017年，县水利局实施新增农田水利项目总投资2491万元，其中中央财政资金1500万元、省财政资金800万元。项目涉及南鲁山、悦庄、东里3个镇的27个行政村，受益人口1.69万人。项目于2017年4月初开工，10月底竣工，12月14日通过市级验收。建蓄水池6座，总容积1300立方米；建大口井16眼；清淤塘坝2座，建、修库塘提水泵站6座；新建、拆除重建、维修机房工程39处，配套机电设备40台（套）；铺设各类型PE管道213.58公里、钢管8.32公里，实现高效节水灌溉面积2.2万亩。

2018年，实施新增农田水利项目县专项补助资金项目，完成工程总投资2452.5万元，其中中央财政资金1500万元、省财政资金800万元。项目区位于大张庄、南麻2个镇（街道），涉及26个行政村，受益人口2.3万余人。建大口井5眼、蓄水池2座、提水泵站15座，维修大口井15眼，维修机井、泵站14处，配套水泵30台（套），铺设输水管道227.2公里，建设灌溉面积2.03万亩。

高标准农田等建设项目 县农业局、扶贫办等实施的中低产田改造项目、高标准农田建设项目、农业综合开发项目等工程，建设大批的机电井、扬水站、拦河坝，铺设PE输水管道，修建田间生产路，架设高、低压输电设施等。2011—2013年，总投资3860万元，先后在悦庄、中庄、张家坡和南麻4个镇（街道）、28个村实施中低产田改造项目，建设总面积3.15万亩，建机电井17眼、扬水站17座、拦水坝20座、蓄水池38座，铺设灌溉管道160公里。2016—2018年，财政总投资3216万元，在鲁村、南鲁山、大张庄、中庄、悦庄和东里6个镇、18个村实施的农业综合开发项目，建设总面积2万余亩，铺设PE节水灌溉管道148公里。2014—2020年，财政总投入2.99亿元，先后在南鲁山、大张庄、张家坡、东里、悦庄、燕崖、石桥、中庄、鲁村、西里、南麻等11个镇（街道）、178个村实施高标准农田建设项目，建设总面积20.96万亩，铺设PE节水管道1156公里，硬化田间道路240.8公里，建蓄水池206座、扬水站95座、机电井132眼（含深井、大口井）、拦河坝30座，建水肥一体化高效农田5处。

中德合作山东粮援项目

概　述

沂源县项目区所处位置属纯山区，自然条件差，水源缺乏，水土流失严重，农业生产发展缓慢，经济基础薄弱，基础设施建设非常落后。20世纪90年代之前，项目区行政村中有197个村存在人畜吃水困难问题，占行政村总数的49.4%，其中有84个村取水距离在2.5公里以上，人均占有水浇地不足0.15亩，年人均收入不足300元。

1987年考察立项中德合作山东粮援项目（简称“山东粮援项目”），1988年开始实施。该项目是我国政府和德意志联邦共和国为解决沂蒙山区的贫困问题共同实施的粮食营养保障项目，是德国政府提供粮食和部分外汇无偿援助，将小麦运往中国并在当地市场销售，所得款项形成中德粮援基金。为使更多的目标群体在项目中受益，将此所得基金用于购置物资、设备，解决项目区人民群众的饮水困难、农田灌溉、水土保持、基础设施建设问题，从根本上改善项目区人民群众的生产条件和生活水平。

2021年，中庄镇黄土崖村建成的高标准农田数字化果园节水灌溉项目

沂源县粮援项目工程，是沂源县历史上最大的外援水利项目工程，是中国同联邦德国友谊的硕果。该工程主要是联邦德国以粮食援助的形式帮助沂源解决贫困山区的人畜饮水困难、农田灌溉和进行水土保持小流域治理。

山东粮援项目自1988年开始实施，到1999年6月结束，工程建设历时12年。分为“三沂一期”“三沂二期”（三沂即指：沂水县、沂南县、沂源县），两期沂源项目区总面积961.3平方公里，共涉及10个乡镇、398个行政村31.5万人。

“三沂一期”从1988年至1991年3月，历时近4年。涉及张家坡乡（2002年8月撤乡设镇）、韩旺镇（2001年3月并入东里镇）、东里镇、梭背岭乡（2001年3月撤销，与原金星乡合并为西里镇）、金星乡5个乡镇。一期项目区村庄156个，总面积319.5平方公里。

“三沂二期”从1992年7月至1999年6月，历时8年。沂源项目区增加石桥乡（2010年9月撤乡设镇）、燕崖乡（2010年9月撤乡设镇）、中庄乡（2002年8月撤乡设镇）、悦庄镇、南麻镇5个乡镇。二期项目区村庄242个，总面积641.8平方公里。

1999年9月，沂源县委、县政府在沂源宾馆召开沂源县项目总结表彰暨管理工作会议，沂源县项目建设任务全面完成，项目工作全面转向管理。

1993年，沂源县项目办被山东省水利厅、山东省人事厅评为中德合作山东粮援项目先进单位；1999年4月，被省政府表彰为中德合作山东粮援项目先进集体；2000年，被省水利厅评为中德合作山东粮援项目管理先进单位；2001年，被省水利厅评为中德合作山东粮援项目管理先进单位；2007年3月，被省水利厅评为“援项日2002—2006年度先进集体。

项目建设

沂源县委、县政府以“为国争光，为民造福”为项目实施宗旨。项目建设之初即成立以县长任指挥的项目工程指挥部，设立粮援项目办公室（简称项目办），专抓粮援项目工作。项目区各乡镇成立以镇长为组长的项目工程领导小组，设立了专门办事机构，负责本乡镇粮援项目的组织实施，各工程村也都相应地落实了领导责任。在工作指导上，县、乡（镇）、村三级领导小组成员实行包乡镇、包村、包点责任制，先后召开了15次现场会，组织了28次工程质量大检查，及时解决工程建设中的有关问题。

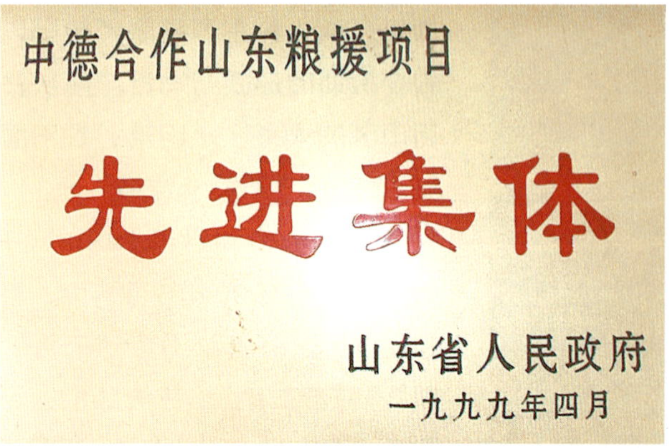

1999年4月，沂源县粮援项目办被山东省政府表彰为中德合作山东粮源项目先进集体

该项目充分发挥外汇资金和国家配套资金的启动、聚合作用，吸纳群众手里的闲散资金搞建设，一、二期项目共吸纳群众闲散资金735万元。动员引导广大干部群众，积极投资投劳，用足用好用活群众的义务工、基建工，大搞粮援项目建设。10余年全县共投入劳动力500余万个，节约建设资金1000余万元。累计完成总投资6799万元，其中外援资金3254万元、国内配套资金 3545万元。完成总工程量445.71万立方米，其中土石方416.75万立方米、浆砌石27.56万立方米、混凝土1.4万立方米。

1999—2003年，进入运行和管理阶段。后期投资786万元，对全县98处项目工程进行维修、改造和扩建，保证粮援项目工程效益的长效发挥。

该工程严格按项目ZOPP（有的放矢项目规划法，是一种比较成熟和先进的规划方法，诞生于20世纪80年代，成熟于90年代，由德国技术合作公司创造，并成功推向全球）规划、立项、选址；严格按项目工程设计提纲组织设计、审核；严格按设计书组织施工；严格验收标准进行工程验收。通过北京工业大学、北京农业大学及省项目办公室专家验收的饮水灌溉工程优良率达到90%，水保工程优良率达87%，被德国专家誉为“亚洲的典范”和“样板工程”。

饮水工程 完成饮水工程125处，共打深井53眼、潜水大口井47眼，建机房、管理房242间共5018平方米，铺设输水管道50余万米。解决135个行政村、11.5万人的吃水困难，其中115个村共24317户、9.97万人吃上自来水。建水窖3013座，解决20个村共3100户、1.53万人的吃水困难。

中德合作山东粮援项目建设的农村小水窖

灌溉工程 完成灌溉工程35处，扩大灌溉面积2.26万亩。其中打深井2眼、潜水大口井15眼，建扬水站3座，修防渗渠8900米，铺设管道7万余米，修塘坝3座。

水保工程 以“山顶松柏戴帽、山腰乔灌混交，山脚经济树缠绕，山下高产高效，山沟拦蓄工程配套的”一体五段治理格局，实施小流域治理，达到社会、经济、生态三大效益相统一。先后完成大泉铜顶小流域等27处流域治理，治理水土流失面积11.95万亩。其中营造水保林3.86万亩、经济林3.72万亩，农田整治2.06万亩，闸谷坊、拦沙坝328座，修建塘坝62座、水池234座。

基础设施 修筑乡村路、连村路、环山路共计210公里，架设高、低压输电线路113公里。

技术人员培训 培训各类技术人员459名，其中机电管理130名、施工技术人员55名、规划设计32名、水保37名、果树管理技术员200名、水文地质专业人员5名。

管理模式

1990年，梭背岭乡率先实行项目工程由原来的工程村分散管理，改由乡镇水利站统一管理。1991年，沂源县人民政府出台《中德合作山东粮援项目沂源县项目工程暂行办法》及《实施细则》。1997年3月，德国法尔布施教授对燕崖乡、中庄乡、张家坡乡的部分项目工程进行检查评估时提出成立供水联合组织的建议，以实现村与村的互助联合。同年，在水利站统管的基础上，项目办帮助梭背岭乡和金星乡成立供水联合组织，试行试管，统一管理项目工程。1998年5月，在蒙阴县召开中德合作山东粮援项目第二十六次管理会议，法尔布施教授提出粮援项目工程供水协会管理模式理念。2001年4月，在西里镇成立全县第一个供水协会，制定《章程》，完善管理细则。

2003年1月，成立沂源县供水协会，理事32人，组建乡镇服务组织（乡镇供水协会）13个，服务人员136人，村级水管员130人。到2005年，全县发展会员单位63个，会员2.1万户，吃水人口8.6万人，农田灌溉面积13万亩。2018年，县供水协会注销。

工程效益

粮援项目的实施，改善了项目区群众的基本生产、生活条件，扩大灌溉面积2.26万亩，人均灌溉面积增加到0.45亩，治理水土流失、营造经济林等，使项目区率先实现人均1亩经济园的目标。据统计，项目工程直接受益群众达到20万人，每年增加收入1860万元，人均年增加收入93元。同时，也为农村发展副业生产提供了便利。西里镇柳枝峪村不仅家家户户吃上了自来水，还有183户农民搞

中德合作山东粮援项目建设的西里镇五里沟村灌溉工程

起了皮毛加工业，仅此一项，全村纯收入达到220万元，人均增收1830元。

西里镇曹宅村东峪饮水工程 曹宅村位于西里镇南部山区，全村由3个自然村组成，1370人，耕地面积97公顷。曹宅村东峪自然村有70户、350人，属严重缺水居民点。

东峪饮水工程于1989年3月施工，1990年通过验收并投入运行。该工程中，打148.5米深井1眼，建机房和管理房3间、蓄水池2座，铺设输水管720米、配水管3800米，设水源保护区1处。工程总投资22.62万元，其中粮援资金6.56万元、外汇资金7.55万元。工程完成后，在解决东峪自然村人畜饮水困难的同时，该村210亩农田灌溉条件得到大幅改善。

曹宅村充分利用水费积累资金，累计投资34万元，对该工程逐步进行了扩大改造，增加吃水人口1020人，全村户户吃上了自来水；扩大节水灌溉面积400余亩，每年可增加经济效益120万元。2004年，该村人均纯收入达到3260元，是工程建设前1989年的10倍。

水产养殖

概　述

我国从殷商时代起开始池塘养鱼，是世界上淡水养殖最早的国家。

新中国成立前，沂源境内的渔业生产靠捕捞自生自长的天然鱼资源（称为“野鱼”）。人工养殖基本为空白，也无专业渔民。渔业捕捞人员以农为主，间或捕鱼，捕少则自食，捕多则至市场交易。捕捞场所主要是自然形成的汪塘和沂河等河道内多年洪水冲刷形成的大小不等的漩涡渊潭。

新中国成立后，国家制定了发展水产业的方针政策，采取积极措施恢复和发展水产业。1950年2月，首届全国渔业会议在北京召开。会议制定了“以恢复为主”的渔业生产方针，大力引导扶持个体渔民走合作经济的道路；对国营渔业实行集中领导、分散经营；制定“斤鱼斤粮”的鱼价政策，即鱼价低于肉价、等于粮价。1953年，第三届全国水产会议提出新的工作方针：“扩大淡水养殖面积，加强国营企业的经营管理，提高捕鱼量，更进一步开展渔业生产互助合作，改进技术，提高单位面积产量，开展爱国丰产竞赛运动。”

1959年12月，县人委撤销农水局，设立农业局、水产局、水利局等。同年建立鱼种场，开始自育、自养，当时只在汪塘内养鱼。1961年11月，撤销水产局。1963年，撤销农水局，分设农业局、水利局，水产工作由农业局分管，设立专门的水产站。进入人民公社化以后，全县先后建起几百座水库、塘坝。20世纪六七十年代，以群众自发养鱼为主，全县水产品产量85%以上来源于水库和塘坝。1976年3月，水产工作由农业局移交到水利局管理。

田庄水库建库以后，有养鱼水面3000～12000亩（死水位—兴利水位），发展渔业生产具备较好的自然条件。水产养殖水面占主坝可供水面的8%～30%左右。水面养殖较集中于鲁村、南麻和沂河两岸乡镇自建的小鱼塘。人工养殖的鱼类品种有草鱼、鲢鱼、鲤鱼、鲫鱼等，大然生长的鱼类有鲤鱼、鲶鱼、餐条、甲鱼、螃虾、青虾、

20世纪70年代，鲁村公社社员在青杨圈水库发展渔业养殖

鳝鱼等，黑鱼、鲂鱼也有少量养殖。田庄水库历经多年养殖实验，但因品种不纯，成活率低，养殖未见较好的收益。鱼苗的来源主要靠沂水、郯城、莱芜、泰安、临沂等地的鱼种苗场供给。20世纪70年代后，开始投放3寸以上大规格的鱼种，但收效不佳。

1983年，水产站改称渔业技术推广站（简称渔技站），有7名专职人员，负责全县渔业生产技术推广工作。1984年11月，县政府召开水产工作会议，各区领导及养鱼专业户代表共100余人参加会议。

1985年，中共中央、国务院发布《关于放宽政策，加速发展水产业》的指示，提出“以养殖为主，养殖、捕捞、加工并举”的渔业发展方针。1986年1月，国家颁布《中华人民共和国渔业法》，鼓励发展水产养殖业。1987年，成立渔政股、渔政监督管理站（简称渔政站），渔政股和渔政监督管理站一个机构挂两块牌子，办公室设在渔技站，对全县渔业发展进行政策引导和监督管理。1993年改称“渔政渔技站”。

1986年2月，完成《沂源县水产资源调查评价与水利区划报告》。20世纪八九十年代，重点实施渔业技术推广，引进罗非鱼、大银鱼等并进行网箱养殖试验，随后进行推广，并形成优势种群。进行鱼种培育，实施小水库高产、精养开发试验，大力推动淡水养殖向“名、优、新、珍、稀”高效渔业发展，推广名优品种养殖，全县水产事业得到进一步发展。

2000年前后，加强《渔业法》宣传、渔业技术咨询和渔政管理，逐步完善产、购、销一条龙服务机制，实施“科技兴渔”战略，大力建设小型水库生态渔业科技示范园，先后引进彩虹鲷、金鳟鱼、大鲵等珍稀优质鱼种。2000年4月，全县举办网箱养鱼培训班。2002年8月，成立沂源县水域滩涂养殖证办公室，挂靠渔政渔技站。2005年开始，在加强渔技推广，搞好鱼病防治和鱼病测报，实施科技入户，推进健康养殖的同时，大力发展旅游渔业和休闲渔业，促进绿色和有机水产品养殖。

2012年，沂源县金池渔场通过山东省水产健康养殖示范场创建单位验收。2013年，沂源县被确定为山东省基层渔业技术推广体系改革与建设项目县，全县有3个养殖场分别创建农业部和省、市水产健康养殖示范场。编制《沂源县基层水产养殖技术推广体系改革与建设项目实施方案》，开始有计划地实施健康养殖生态渔业发展目标。加强渔政管理，打击无证电鱼、毒鱼等非法捕鱼行为，扣押渔船8艘，网具数千米，保护渔业资源和水生态环境，维护了正常的渔业生产秩序。

2015年开始，以“服务为渔、产业兴渔、文化惠渔、项目强渔”为渔业发展理念，通过增殖放流等活动，加快转变渔业发展方式，推进全县旅游渔业和休闲渔业持续健康发展。到2018年，境内114座水库、近2万亩宜渔水面和城区水系水面，基本实现“以水养鱼，以渔养水”的城乡生态渔业。大鲵等优质鱼生产养殖技术逐步成熟，刘家庄水库（桃花岛）被列为省级休闲渔业园区，优质鱼品牌效应逐渐显现，渔业经济效益日渐提高。2019年1月，全县机构改革，水产养殖管理和业务指导等职能划入农业农村局。

中庄镇河东泉村金池渔场

水产资源

全县有大、中、小型水库114座，塘坝209座，另建有大量的谷坊、水池及拦河坝等，水质肥沃，鱼类养殖条件优越，不仅在防洪、灌溉以及饮水等方面发挥积极的作用，同时也为渔业生产和淡水养殖提供了较好的条件。但河流、水库、塘坝等水位变化大，汛期不易管理。

水　域　全县共有天然水面7.35万亩，可供发展养殖的水面近3.4万亩，占总水面的46%；宜渔水面为2.2万亩，已利用水面2万亩，约占总水面的27%，占宜渔水面的91%。其中，水库、塘坝1.8万余亩，汪塘2500亩，是全县渔业生产的主要利用水域。另有一少部分利用治理后的河道水面和泉水养鱼。

鱼类资源　全县鱼类资源共有6目10科30种。人工养殖品种有草鱼、鲢鱼、鳙鱼、鲤鱼、鲫鱼、团头鲂、罗非鱼、淡水白鲳、胡子鲶、虹鳟鱼等；天然繁殖的鱼类有鲤鱼、鳜鱼、鲶鱼、餐条、马口鱼、麦穗鱼等。

水生动物　全县水生动物除鱼纲外，还有爬行纲、两栖纲、腹足纲、甲壳纲、瓣腮纲等。爬行纲如鳖（俗称甲鱼、团鱼）等，全县水域均有；两栖纲有青蛙、大蟾蜍、水蛇、鳖等；腹足纲有光滑狭口螺、田螺等；甲壳纲有丰年虫、白虾、青虾、中华新米虾等；瓣腮纲有河蚌、蛤蜊等。

水生植物　作为鱼类饲料的水生植物有浮萍、芜萍、紫背浮萍、轮叶黑藻、金鱼藻、苔草、菹草、马来眼子菜等。主要分布在全县的河渠、涝洼、池塘、塘坝和一些小型水库，但产量都不大。产量最大的菹草和分布较广的浮萍、芜萍也多用于家畜，只有极少部分用于渔业生产，利用率较低。

鱼类饵料生物　沂源县大多数土壤酸碱度适中，森林植被较好，地表径流中有机物和无机盐含量有利于鱼类饵料生物的生长繁殖，浮游生物、浮游植物、底栖动物比较丰富。

浮游生物包括浮游动物和浮游植物。其中浮游植物数量：水库为每升43万~201万个，生物量在0.428万~1.139万个之间，池塘每升882万~1253万个；浮游动物数量：水库每升在1253万~1440万个之间。在种类上，以原生动物数量最多，其次是轮虫、枝角类和足类的无节动体。池塘浮游动物总量每升在6900~71259个之间，生物量每升在1.267~3.958毫克之间，其中以轮虫量最大，占平均总量的70.85%。

浮游植物有浮萍、芜萍、槐叶藻、轮叶黑藻、苔草、菹草等。全县水库、塘坝、河道、沟渠、池塘均有。

底栖动物主要有水蚯蚓、水蛭、摇蚊幼虫，水生虫腹足类的田螺、锥实螺等。

水产养殖

水产捕捞　沂河等河道由于多年洪水冲刷形成大小不等的漩涡渊潭，水深较稳定，极少干涸，是鱼类理想生存之地。汛期水涨，鱼群溯水而上，枯水期鱼栖渊潭。河道渊潭成为野鱼生产基地和天然的渔场。20世纪五六十年代，随着水利工程的不断增加，加之水土流失严重，河水逐年减少，小潭淤平。后由于炸鱼、毒鱼和水质污染加重，加上河道自由捕捞，河内仅有餐条、鲤鱼、鲫鱼、鲶鱼、麦穗鱼、沙鳅等鱼类，且产量下降，天然渔场逐渐绝迹。

捕鱼所用渔具主要是鱼网，有撒网、赶网、抬网、旋网、涝子等。古来多用细麻线、棉线手工结网，结成后用猪血浆硬。20世纪70年代后，多用尼龙线、维龙线、尼龙胶丝等化纤品结网，亦多为手工结网。

1970年，红旗水库首次使用捕鱼船，载重1吨。1973年，上级拨款1.7万元，在田庄水库首次使用水泥机船，一艘20马力，一艘12马力。1985年，全县共有渔船12只、载重12吨，网具2952件，其中拉网2件、制挂网950件、小刺网200件，年产水产品365吨。

90年代后，全县各大、中、小型水库养殖水面都有兼业捕捞人员，捕捞网具一般是三层挂网、拉网等。水库捕捞大多采用常年作业和季节性集中捕捞相结合，捕捞成鱼一般在四龄以上，集中捕捞多在秋季。

苗种培育 境内古代没有专业的水产养殖。新中国成立前后，农民私有汪塘养殖草鱼、鲤鱼、鲢鱼、鳙鱼等，以粗放养殖为主，苗种来自长江水系。20世纪60年代初，每年到长江一带采购鱼苗，运回来培育鱼种，但一般数量不足，品种不纯，成活率低。沂水、郯城、临沂等地相继建立鱼种场后，全县的鱼苗基本靠以上鱼种场提供。70年代开始提倡放养3寸以上大规格鱼种。进入80年代，水库投放鱼种在5寸以上。全县鱼种培育主要是以鱼池培育，夏天进苗，培育至秋，然后投放，每年进苗200余万尾，培育大规格鱼种150万尾，供应全县养殖需要。1983年，在田庄水库大坝下建孵化鱼苗设备1套，因没有亲鱼池及水库污染等原因，未投产。到1990年，全县有鱼种池共计400亩，每年生产大规格鱼种350万尾。1997年，在南麻镇涝坡河村征地4亩，筹措资金120.6万元，建保种池12座、孵化池1座、沉淀池1座，建机房、管理房9间，铺设管道200余米，完成总工程量1.5万立方米。实现保种水面面积1060平方米，达到年保4万斤的保种和产成鱼2万斤的生产能力，结束了沂源县水产无保种场的历史。

品种引进 1986年5月，引进尼罗罗非鱼15斤，在燕崖乡黑虎泉进行试验养殖。试验取得成功，并予以推广。1987年11月，从博山泉河引进虹鳟鱼1100尾，并在璞邱村南自流泉水实施冷源水源养殖试验。1993年，在红旗水库网箱养殖罗非鱼获得成功。同年引进大银鱼，在红旗、石门、张家旁峪、北营、曹宅等中小型水库试养成功，并形成优势种群。土门镇九会村和中庄镇河东泉村利用泉水搞虹鳟鱼流水养殖也已初具规模，经济效益可观。2001年，首次引进彩虹鲷4000尾进行养殖试验。2001—2002年，两年从济南市狼猫山水库引进池沼公鱼卵400万粒，分别投放到红旗水库和芦芽、娄峪、石门等水库进行试养。另外，还引进大鲵、淡水白鲳、胡子鲶、胭脂鱼、金鳟、黑鱼、史氏鲟、乌仔、花白鲢等品种。

21世纪以后，随着人们生活水平的提高和科技水平的进步，市场上的商品鱼类品种繁多，并且趋于高档化。除了传统的鲢、鳙、鲤、罗非等鱼类，商家从沿海长途运输过来牡蛎、扇贝等新鲜海产品，极大地丰富了人们的菜篮子。

养殖试验 罗非鱼养殖试验：罗非鱼是一种热带鱼类，具有生长快、食性杂、繁殖力强、养殖周期短、产量高、病害少等优点，而且肉质鲜嫩、肉多刺少。1986年5月，县渔技站从沂南铜井镇引进尼罗罗非鱼种15斤，每斤30尾，在燕崖乡黑虎泉进行试验养殖。黑虎泉泉水恒温在16℃左右，养殖水面2亩，其中越冬池0.1亩。经4个月的养殖试验，当年9月中旬起网，产成鱼1000斤。是年冬，从中提取成鱼800斤，又进行罗非鱼越冬试验。次年春出池成鱼600斤，成活率75%，罗非鱼养殖试验取得成功。

1997年筹建的鱼种保种场

虹鳟鱼养殖试验：1987年，省水产局下达虹鳟鱼养殖试验推广项目。为促进沂源县开发利用冷水源，发展养鳟生产，由县水利局渔业技术推广站承担，三岔乡璞邱村协作进行试验。试验地点在三岔乡璞邱村南山坡，利用喷井自流泉水建鱼池23.5平方米。该泉水质清澈，无污染，汛期泉水自流量增大到每秒0.025立方米，经水质分析适合虹鳟鱼的养殖。1987年11月23日，从博山泉河虹鳟鱼场引进1100尾朝鲜品系鱼种，平均体重15克，体长10厘米，经过360天的精心饲养管理，于1988年11月17日由山东省水产局，临沂地区科委、农牧渔业局、水产处和沂源县科委等有关单位的科技人员组成验收小组，进行测产验收。验收按照省标准计量局1987年颁布的《池塘养鱼验收标准》进行全部称重过数，经测产验收，共成鱼652斤，平均每平方米产鱼45.8斤，折算产3万余斤，平均尾重1.62斤，成活率73%，饲料系数3.2，超过省水产局下达的2万斤产量的指标，试验取得成功，并获1989年临沂地区科技进步三等奖。

成鱼养殖 沂源的水库养鱼始自20世纪50年代末，随着水利工程建设的发展而发展。水库刚建成时，野鱼少，水质肥，成鱼起捕规格大，产量较高。后来水库野鱼越来越多，鱼种放养规格小，数量不足，产量不稳。放养鱼种以白鲢为主，起捕规格多以3—6年的四龄鱼为多。各水库都有鲤鱼、鲫鱼的繁殖自然条件，故水库中鲤鱼、鲫鱼资源丰富。汛期是鲤鱼、鲫鱼的繁殖季节，上市量较大。60年代群众自发性的汪塘养殖管理水平差，又由于苗种放养不合理，投资少、施肥少、投饵少，基本靠自然生长，故产量低而不稳。1958年全县捕捞产量仅为5吨，到70年代末期，年捕捞产量不到150吨，且年际间产量浮动变化较大。

20世纪80年代后，随着人工养殖技术的全面推广，全县成鱼养殖生产从原来的人放天养到集约化和半集约化养殖，亩产由原来的不到10斤发展到300斤，全县水产品年产量突破3000吨。主要养殖方式有池塘流水养鱼、水库网箱养鱼、水库的施肥投饵养鱼及综合技术开发养殖，逐步向高产优质高效方向发展，“名、特、优”渔业养殖取得较显著的效益。1983年，田庄水库在大坝下游建养鱼池，进行鱼苗的培育，建苗池9个，约10亩水面，从沂水、郯城进小鱼苗投放水库和本地销售，收到一定效果。后因水利工程的需要和水质污染等原因，于1985年撤销。

1989年，为防止渔业生产大起大落，全县调

20世纪80年代水库网箱养鱼

进乌仔200万尾，培育大规格鱼种80万尾，及时组织鱼种调运，增加放养密度。在张家庄水库等6座水库实施小水库高产开发试验，采取大规格多品种搭配放养、改自然放养为施肥放养、投喂饲料、合理捕捞和防治鱼病等多种措施，试验取得显著效果。经过一年的试验，临沂地区水产处、县科委对张家庄水库进行了验收，亩产达到370斤。同年，全县渔业捕捞产量达到1100吨。

1990年，对15座小(一)型水库2000亩养鱼水面进行综合技术开发，投放大规格鱼种69万尾，合4.12万斤，投入化肥2吨，实施肥水养鱼。在韩旺乡李家沟水库进行小型水库网箱养殖罗非鱼试验，试验面积56平方米，产鱼量2812斤，折合亩利润4.61万元。同时进行鱼种培育，调运乌仔200万尾，培育大规格鱼种150万尾。全县利用养殖水面1.9万亩，捕捞水产品136万斤，平均亩产71.6斤。网箱养殖经验的成功，带动了全县水产事业的发展，超额完成了上级下达给沂源县水产品的任务，被评为淄博市水产先进单位。

1991年，经省水产局抽查验收，2000亩小型水库养鱼综合技术开发项目范围内的水面平均亩产达到201斤，总产成鱼81.88万斤，产值122.83万元，亩盈利322.53元，被省内专家评为省内先进、市内领先水平。全县开发养鱼水面1.2万亩，水产品总量达1050吨。1994年，田庄水库管理处从莱芜购进1500斤罗非鱼、1400斤鲤鱼，进行养殖实验。1996年，又从莱芜购进鲤鱼2500斤。

1995—1996年，在张家庄等22座水库共计1170亩进行低产变中产综合技术开发，在娄峪水库等4座小（一）型水库共850亩实施精养高产开发试验，实现低产变中产，亩产达到100斤，精养亩产达到240斤。在红旗水库放养鲢、鳙、草鱼种6.7万尾，组建渔业队，负责水面养殖、捕捞和网箱养鱼，加强蓄水、调洪及管理，大规格鱼种每条年增长达1斤以上，亩产突破100斤。1995年，红旗水库引进大银鱼。1996年春，调运大规格鱼种120万尾共7000斤，淡水养殖向“名、优、新、珍、稀”高效渔业发展，推广大银鱼、淡水白鲳、胡子鲶、虹鳟等名优品种养殖，户养甲鱼获得成功。是年，红旗水库捕获成鱼并进行人工授精增殖，全县共投放网箱101个，产商品鱼19.7万斤，加工饲料成品75吨，使全县水产品产量达到2200吨，实现产值1320万元。

1997年，建保种场1处，翻开沂源水产养殖史上新的一页。在推广渔业养殖技术的同时，大力助推“四富”工程，“名、优、特”商品鱼试养推广并向产、供、销一条龙服务方向发展。在全县11座小型水库中试养推广大银鱼养殖，年捕捞量达到2吨，填补了全市小型水库养殖大银鱼的空白。4月，利用红旗水库坝后库水试养虹鳟鱼获得成功；10月，在沟泉红花峪村利用蓄水池养殖胡子鲶试验获得成功，为高效渔业发展奠定坚实基础。大力发展网箱养殖，帮助有条件的单位放养网箱60只，调进鱼种2.5万斤，其中鲤鱼种6000斤、罗非鱼1.9万斤。在5座水库搞精养开发，投放草鱼、花白鲢等鱼苗80万尾，促进大面积养殖。在促进产、供、销一条龙服务方面，帮助全县各养鱼单位、渔户把好养殖第一关，联系购进名优及常规鱼苗200万尾，跟踪提供放养技术服务，巡回指导饲养、防病、治病等技术，搞好网箱养鱼饲料配比加工，保证鱼用饲料质量和及时供应。与各市、地水产部门建立信息网络，帮助渔户搞好产后销售服务。1997年全县水产品产量达到了2400吨，实现产值1500万元。

1998年，开始加强渔政管理，加大渔政执法力度，保护养鱼专业户的合法权益。推广大银鱼、淡水白鲳、胡子鲶、虹鳟鱼等名优品种养殖。重点在红旗、石门、北营等水库进行大面积立体高产开发，利用红旗水库坝后建虹鳟鱼养殖示范基地，投资5万元，建养鱼池2座，养殖水面240平方米。全县调进各类鱼种3.5万斤、370万尾，加工饲料2.8万斤，水产品产量达到3000吨，实现产值1583万元、利润150万元。其中，网箱养殖面积4亩。

1999年，首次引进美国胭脂鱼2万尾进行培育鱼种试验，建成红旗水库坝下虹鳟鱼养殖基地鱼池285平方米，投放鱼种720斤共6100尾。同时加强大银鱼的养殖管理，共投放大银鱼卵1200万粒，推广移植面积达1.4万亩。田庄水库投放大银鱼卵760万粒，投放鱼种1200万尾，投放网箱38只共1.5亩，水体资源得到充分利用。3月，田庄水库管理处采取联合经营、共同管理、利益分红的办法，自泰安、郯城等渔场购进花白鲢110万尾，进行大水面放养。到2001年，田庄水库进行大捕捞，收获10余万斤，翌年捕捞20余万斤。20世纪末，全县新开发利用水面2000亩，总面积达到2万亩，共投放大规格鱼种200万尾，完成水产品产量3100吨，实现产值2100万元。形成水库综合养殖、池塘养殖等形式多样的水产养殖格局。2000年7月，银鱼移植增殖技术推广项目获省农业厅农牧渔业丰收奖二等奖。

21世纪以后，加大全县渔业执法力度，维护正常的渔业生产秩序，大力建设小型水库生态渔业科技示范园建设。2003年，田庄水库管理处对野杂鱼等进行捕捞，共捕获鲫鱼、鲤鱼、鲶鱼等8000余斤。2004年，引进金鳟50万尾、黑鱼2000尾、史氏鲟1万尾。“名、优、特”高效渔业得到迅速发展，全县水产品养殖利用面积稳定在2万亩左右。

2005年，红旗水库开始进行大水面开发，放养10万尾大规格鱼种。翌年，该水库水产养殖被省海洋与渔业厅评为无公害水产养殖基地，并通过产地认定，鲢鱼、鳙鱼等被认证为无公害产品；被农业部评为有机产品基地，鲢鱼、鳙鱼、草鱼、鲤鱼、大银鱼被认证为有机产品。2007年，红旗水库捕捞大

2002年，田庄水库水产捕捞

银鱼4000余斤。2008年11月，红旗水库水产健康养殖示范基地通过省级验收。同年，对全县水产养殖业污染源进行普查。2010年9—10月，对纳入饮用水水源地保护的中小型水库内的养殖网箱实施限期清理，全县统一停止大水面网箱养殖。此后，大力推广无公害健康养殖，促进绿色和有机水产品养殖，在保证大水面养殖的基础上，积极引进“名、优、新、特”水产品，引进高档鱼种及其养殖技术，保证水产养殖效益。

2009年3月，北营水库被评为省级休闲渔业示范点，开始积极发展旅游渔业和休闲渔业，促进绿色和有机水产品养殖，保证水产品质量安全。2012年，从湖南新引进细幼鲵100尾，一年后，幼鲵人工饲养成功，大鲵养殖技术日趋成熟。

2015年，实施“以水养鱼，以渔养水”的城乡生态渔业。2018年，坚持“服务为渔、产业兴渔、文化惠渔、项目强渔”的渔业发展理念，大力推进旅游渔业和休闲渔业持续健康发展，全县渔业总产值达到1亿余元。

水利旧事

记忆沂源·水利卷

扫码听书

扫码听书

北营水库

消水水打弓

消水村，后演化称作“小水村”，以方位分为东小水、西小水、北小水和中小水4个村，位于悦庄镇政府驻地东南5.9公里处。该村北岭有一泉，古称“圣水泉”。泉水四季常温，涌水量大，远近闻名，后以村名改称“小水泉”。

1950年春，在当时机械化为零的条件下，为发展副业经济，准备利用这处泉水建水打弓。水打弓是靠水流冲击木质叶轮，由叶轮带动主轴转动，从而拉动弹花机弹棉花或者钢磨加工面粉，是“不用电，不用油，水冲叶轮带转轴”的较为原始的一种水能利用设施，其原理与南方的水车相似。

上级派两名技术员到此处实地察看水源条件。那时消水泉中的水从泉口涌出，四处滚泄，两名技术员认为此地可以建立一个水打弓。于是从村中找来有名的石匠宋文俊进行设计规划，最后在泉口到水打弓的位置建一条石砌水渠，水头处安装一架直径2.5米的槐木叶轮。4个消水村联合在距离泉口南100米的地方建厂房，占地约8亩，内装弹花机1台、钢磨1个。1950年9月试车成功。

从此，消水水打弓便闻名县内外，时常有沂水、蒙阴、临朐三县的农民来此加工棉花。当时厂内成员有8人，轮流上白班夜班，每天大约弹棉花400斤，加工费每斤6分，弹棉花每天收入24元左右。每天加工小麦600斤左右，加工费每斤8分，收入48元。当时，猪肉每斤的价格为5角，可见其效益相当可观。每天的加工费由会计上交悦庄供销社，统一管理支配，在当时是一笔不小的收入，很大程度上促进了悦庄经济的快速发展。

1954年，上级领导决定进一步开发利用该泉水能资源，派马振福、马振祥（回族）为技术骨干，建成一处拥有职工15人的皮革厂，这是全县第一家皮革企业。皮革厂内建有80立方米的水池1座，摆放无数个大缸。早晨先把猪皮、牛皮进行清洗，把洗过的皮子再放入大缸中进行腌制。皮子腌制成功后，再钉在墙壁上晾晒，把晒干后的皮革送到悦庄供销社进行加工，制成皮鞭、皮衣、皮鞋、皮带等。1961年8月，因悦庄酒厂失火，皮革厂随之迁到县城螳螂河西。

水种一棵是一棵，旱种旱收不耽搁

1951年初夏，麦收刚结束，全省大部地区出现干旱，沂水专区范围内自5月29日、30日雨后连续20余天未降雨，严重影响夏种。沂源县有三分之二的户已经完成打场（编者注：麦收时，农户在平整的场院中人工脱粒小麦），赶早点种的玉米已经出芽，但因天旱无雨，各区春苗出现枯萎。6月5日，面对夏种困难的情况，沂源县委在召开的区委书记会上，布置抗旱点种工作。大泉区共有麦茬地700余亩，已水种（点种）玉米300 余亩，整个区积极动员起来，群众抗旱保种的热情高涨。大泉乡、水皮（后改称“水北”）乡群众提出“水种一棵是一棵，旱种旱收不耽搁”的决心，做好整个6月不下雨的情况下水种玉米和大豆的准备。

20世纪六七十年代，社员们在场院中打麦场

东里镇初级社时期的封山造林

1955年，东里店是沂源县第九区党委驻地。这年早春，区党委、政府组织全区各村成立农业生产初级合作社，农村开始逐步走向集体化道路。

进入初冬，沂源县委要求全县各初级社大力开展封山造林。第九区（后称东里区）党委、政府立即召开会议贯彻执行，动员全区在荒山上挖穴。在林业部门技术员的指导下，对没有耕地的山坡、山岭、山顶，制订长期治理规划，开挖鱼鳞穴，栽植风景树。那时所称的鱼鳞穴就是栽树的丰产坑，其形状为长约2米、宽1米，坑外的地堰呈外弧形，中间高、两头低，穴内的土随着地堰外高内低，有利于雨后积水，保持新栽树苗根部的水分，从远处望去，像一片片鱼鳞，所以称作鱼鳞穴。

山场宽阔的院峪村，从秋收结束，一直干到三九严寒，仍未收工。村党支部书记、退伍军人王礼祥，带领全村男女老少，向荒山野岭宣战、向数九严寒宣战。他既当指挥员，又当战斗员，和社员们一样，早饭、午饭都不回家，吃在山上。隆冬季节，寒风刺骨，清早上山，喘出的热气，在老年人的胡子、眉毛上，结上一层冰碴碴。社员们自带的饭，大部分是煮地瓜，少数带地瓜面子黑窝窝。到吃饭的时候，大家拔些野草，点火成堆，将冻成冰疙瘩一样的地瓜烤化后再吃。经过一个冬天的奋战，西寺北山、东山和南山全部开挖成满山遍岭、整齐美观的鱼鳞穴。

春节后，县林业科（1956年10月改称县林业局）的技术员带着柏树种子和马尾松种子，来到院峪村指导种树。党支部书记又带领社员，刨开鱼鳞穴的冻土，一穴穴地播上种子。清明节前后，林业科从南方购进杨树、楸树、枫树、青桐、银杏树等树苗，分给院峪社员，将这些树苗栽到宅旁院边，绿化村庄。青桐树苗耐寒力差，存活下来的数量较少，其他树苗成活率高。几十年后，在当地得到繁衍。

1956年春，全区的初级社相继进入高级社，治山挖穴的工作由1955年各村各社自行组织，发展到以乡为单位统一调集劳力，实行大兵团作战和“蚕食法”，在全乡范围内对各片荒山逐一进行治理。到1957年，1955年播下的第一批种子，已经长成了小树苗。从这年开始，一边挖鱼鳞穴，一边栽树苗。到1961年春，全区（公社）的荒山治理基本完成。

对于如何把小树栽好，保证成活率，技术员示范传授社员们一个要诀：首先把树苗的根系保持完整，防太阳晒，移栽树苗时要掌握“深深的、浅浅的、结结实实的、暄暄的”。乍一听，似乎很矛盾。但其中的道理是：树坑要深挖，再回填熟土，坑又变得浅了，把树苗放进坑里，再加熟土，把根埋好后，踏实。既保证树苗不被风吹倒，还能让结实的土层保持水分，然后在最上面再加一层暄土，便于吸收水分。由于掌握了栽树要领，树苗成活率

东里镇院峪村

达95%以上。

就这样年年整治荒山，年年栽树绿化。1958年“大跃进”，又经三年困难时期，人们忍饥挨饿，放松了封山造林。还没栽上树的鱼鳞穴长满了野草，已经栽了树的鱼鳞穴，由于长时间无人管理，部分树苗枯萎。于是各大队从生产队中抽出部分劳力，成立造林专业队，也称林业队，专门进行造林护林，发展集体果园，为大队创收。整个大集体时期，各大队都保持着一支常年在山间劳动的林业队，有的还在山上盖上几间“看山屋”，常年轮流留宿在山上，护林看山，造林绿化。20世纪50年代的造林绿化，对当时山区丘陵的水土保持发挥了重要作用。

东、西两赵庄共建黑山水库

在西赵庄村北1公里的黑山前怀，有一条小河，四季长流，水源丰富。1957年秋，为响应上级号召，兴修水利，发展农业，减少水患，造福后代，东、西两个赵庄村经过研究，决定在黑山前怀修建水库。开工前，乡政府成立由东赵庄党支部书记沈明政和西赵庄党支部书记陈立刚为总指挥的工程指挥部。沈学杰为施工员，两个村的民兵连长沈照友、任清富各带领一个青年突击队，担当最艰巨的任务。两村的石匠组成一支石工队，负责开山备石。小水村、王家泉和南、北十字路村也组织起一支后备军，随时听调遣，赴大坝参战。

每到秋后，两个村内只要能刨土、能铲土的男女壮劳力，全都发动起来，一个不落地上工地。施工开始后，突击队员进行清淤。由于队员干劲足，所以基础清淤任务提前完成。大坝越建越长，劳力也越用越多，随着大坝越来越高，任务越来越艰巨。那时候没有机械，巨大的拦水坝全是用条筐抬土、粪篓装土（粪篓，系当地使用棉槐条等编制的接近长方形的运输土或土肥的篓子）、木轱辘车推土，一边人工堆积、平整坝面，一边用自制的石夯砸实土坝。石工队使用大锤、手锤、钎子、钻头等工具开石取料，然后肩挑人抬，将整好型的石料从山上运到大坝。在严寒的冬天，风雪不停工，从拂晓到日落，木轮车的吱扭声、手锤的叮当声、打夯的号子声交织在一起，此起彼伏，回旋在整个工地上空。

刚开始修建时，尚处高级社时期，群众生活非常艰苦。民工自带午饭在工地上吃，大部分社员带上几个凉地瓜，掺着菜的地瓜面子窝窝头就是很不错的午饭。那时，冬天没有新鲜菜，人们把秋天备下的干地瓜秧、花生叶、豆叶等当菜，有些社员只吃一点咸菜。有一天，社员王贵森上工时，家里实在没饭带，他把花生壳炒一炒，包在手巾里，带到工地当午饭，不料一阵大风，花生壳吹散一地，中午没吃的他只吃了一块咸菜，跑到泉边喝了一顿泉水，扎紧腰带，坚持到日落收工。好多贫穷的社员也和王贵森一样，为集体创业，不叫苦、不叫累，饿着肚子天天战斗在工地上。

1958年，实行人民公社化后，生产队集体吃食堂，一顿饭每人分两个地瓜面窝窝头，一碗桑叶做的菜糊糊。对劳动强度大的人来说，只能吃个半饱。在如此差的生活条件下，东、西赵庄大队的社员们为了多产粮食，饿着肚子也要将这座水库建起来。

大坝合龙后，水位上涨很快，需尽快运土增高土坝。社员锢炉匠（一种专门从事修补锅、水缸、碗等各种日常用品的传统手工艺人）郑志聪看到土场在大坝北边，地势北高南低，于是建议建一条索道，使用“运土机”运土，提高劳动效率。在干部群众的支持下，他利用晚上时间在小油灯下进行模拟试验，运土机很快安装成功。土场至大坝两头各竖立一根大木桩，上面装有循环转动的钢丝绳，绳上拴着相等距离的挂钩，将装满土的筐挂在钩上，钢丝绳转动，土筐自北向南顺势而下，空筐随转动的钢丝绳，返回土场，实现自高而下北土南运，速度极快。这样运土省时又省力，一时轰动全县，县领导亲临现场视察，郑志聪被授予“土专家”的称号。

经过两个冬春的集体“大会战”，1959年春，大坝基本建成。这是悦庄镇境内修建的第一座水库。1963年完成水渠，开始灌溉。该水渠从放水洞向南蜿蜒到村边后分为两条支渠。一条由东赵庄大队北进村，经狗屎林子、王家胡同、关帝庙前、十字路，向南流入村前的南沟水库（实为塘坝）。另一条向西南到东、西赵庄两村间再分为两路，一路向西为西赵庄水渠，一路向南到东赵庄村南约2000米。东赵庄水渠浇灌该村北边和南边的几百亩田地。有了水，这些土地大都成了两季田，小麦和夏玉米基本能够旱涝保收。1964年后，东、西赵庄大队的社员生活有了大幅度的改善，社员们说："'水利是农业的命脉'这句话不虚，这水库就是俺们的命根子。"

田庄水库建设"大会战"

新中国成立以后，沂源县按照中央、省委"以蓄为主，蓄泄兼顾，开挖水源，发展灌溉，依靠群众，大办水利"的方针，向全县发出了"全党动员，全民发动，大办水利"的号召，在全县掀起了大规模的水利建设高潮。

1957年，临沂地区水利建设指挥部会同县水利局进行勘测设计；1958年10月，县委、县人委组成工程指挥部，任命县委第二书记赵立修任指挥，县兵役局（后称县武装部）副局长王树楷、县生产合作部副部长邵立祥任副指挥，王广义为施工技术负责人。工程指挥部设在北埠东大队大队长刘守茂的家旁，在一个大帐篷上用麦秸简易一屯，就成了指挥部。施工期间，省、地、县三级参加施工的技术人员有18人，县、局级参加施工的领导干部有49人。工程初建投资608万元。1959年，山东省水利厅水勘字284号文件对修建田庄水库予以批复。

1958年秋，在党的八届八中全会精神和"鼓足干劲，力争上游，多快好省地建设社会主义"的总路线指引下，全县30万人民上阵，大打一场向洪水挑战的人民战争。当时全县铺开两座大型水库建设，一座是"牛郎水库"，也称"卫星水库"；另一座是"永兴水库"，后来改名为"田庄水库"。牛郎水库因设计淹没面积大，移民任务重，劳力物资不足等原因，工程于1959年1月下马。建设牛郎水库的1600名民工中，有1500名携带工具转移到田庄水库。当时牛郎水库的指挥是县武装部部长耿善贵。

1958年10月21日，开始筹备田庄水库的施

田庄水库建设大会战工地

工。开工初期只有3个连共500余人，主要任务是号房子（即提前派人到施工地点安排民工等的住房）、伐树、搬迁、测量等筹备工作，开工后主要任务是抽调民工、坝址清基、开挖溢洪道、大坝填土和夯筑等。11月，民工调集到603人，1959年1月调集到4097人。1959年4月8日开始清基，1959年5月又调集5980人。人们从四面八方涌来，有的推着木轮车，有的推着胶轮车，车子上有席子，有铺草，也有被子和棉衣，民工腰里大都拴个喝水用的小瓢，当时的阵势如同解放战争期间民工支前的场景。1959年底开始大坝上土，11月组织大会战，整个工地增加到14308人（其中妇女1100人）。1960年3月，人员陆续精减，后期人数减到7116人。

"大会战"期间，工地按照军事化编制，设1个水利建设师，分设11个团、22个营、110个连（公社为团、管理区为营、大队为连），另外还有铁、木、石、工、运各1个连，摆开大会战的战场。调集的民工分别住在田庄、高庄、埠东等周围的12个

县直机关干部参加田庄水库建设大会战工地

村庄。因住不开，建临时草房1150间（实际是工棚）。北埠东大队挤满了民工，平均一间屋住到7~8人，最多的一间住到12人。刘守茂一家4口，挤在一间屋里。南麻团1000余人住在南埠东。县直机关各单位也发动干部职工到大会战现场参加施工。

俗话说，人要上了万，没边也没沿。指挥偌大的工程，对当时县委领导来说尚属首次。没有机械，没有经验，更没有奖金和提成，参加施工的民工完成一个定额工日，发给生活津贴2角钱，记1个工日，回生产队参加分配。在人山人海的万人大会战工地上，人们凭着觉悟和大公无私的精神，凭着工程建成后造福子孙万代的愿景，“鼓足干劲，力争上游”的劲头一浪高过一浪，现场热火朝天而又秩序井然。

在70余天的艰苦奋战中，虽然时处寒冬，但全体指战员个个精神焕发，斗志昂扬，干劲十足，日夜奋战在工地上。他们的决心是“不怕寒风刺骨，不怕困难重重；创奇迹、立大功，田庄水库当英雄；雪再下、风再刮，斩不断沂河蛟龙不回家”。1959年12月18日和1960年1月15日的两场大雪中，全体指战员都以豪迈的气概顶雪奋战，工程进度突飞猛进。县委第二书记赵立修，1.75米高的个头，黑黝黝的面容，说话声似铜钟。他既是指挥员，又是战斗员，时而吹着哨子拿着小旗指挥，时而又推起800斤重的土车和民工赛跑。寒冷的深秋，他穿着个粗布短裤，在冰冷的水中和民工们一并奋战，吃饭和民工一同下食堂，极大地调动了民工的积极性。

1960年4月底，基本完成清基回填，6月，大坝合龙。大坝合龙那天，乍暖还寒，急流的大水致使大坝合龙困难，忽然又一股泉眼冒出一人多高的水柱，进一步增大了合龙工程的难度。紧急关头，赵立修一边指挥人抬来几口大锅扣住泉眼，一边又奋不顾身地跳进冰冷而又齐腰深的急流下。大家一看总指挥都下水了，指挥部的人也接二连三地跳下去。在场的团长、营长、连长、共产党员、共青团员、一般民工们都跳进水里，堵成一排排厚厚的人墙。冻得受不了，上来喝上几口烈酒，就再次冲进冰冷刺骨的水中，人们已经把生死置之度外，唯一的念头就是要让大坝顺利合龙！执行上级的指示决不怠慢！绝对服从！只要是党的话，绝不打半点折扣！

大坝合龙前的大会战工地一角

大坝合龙后，标志着田庄水库基本建成，当时该水库坝顶高程310米，坝顶宽3米。1962年，又完成底宽95米的开敞式溢洪道。1963年后，开始连续不断地续建、维修。

树标兵，夺帅旗 田庄水库建设大会战期间，除了一系列的社会主义思想教育以外，工地党委广泛开展运土标兵、高工效标兵、打夯标兵、刨土标兵、技术革新标兵、安全标兵、炊事标兵等“树标兵、夺帅旗”评比活动，先后树立不同工种的标兵8652人次，评比出“火车头”徐凤祥、“坦克”唐慎厚、“铁姑娘”陈成芳、“赛金刚”徐凤江、“推车大王”宋汉香（中庄公社社庄大队社员、复员老兵，后来当选为沂源县第十届人大代表）等模范人物，受表彰的还有白道茂等人，工地党委奖励受表彰的标兵印了字的衣服1件。在他们的事迹影响下，整个工地洋溢着浓厚的创模立功争上游的氛围。

在高工效的运动中，大力表扬了在830米的运距上使用4个篓子运土1.5方的运土标兵——“坦克”唐慎厚。表彰了他多装快跑的精神后，工地上立即出现了沸腾的新气象，涌现出大批的3篓、4篓，多至5篓、6篓，甚至一次运土1700斤的小车。随着大坝的增高，工程任务愈加艰巨，工地党委决心要创造“安全水库”，在工地开展学习徐凤祥运动。徐凤祥是九会团的民工，他在两个多月的时间内天天出勤，长期使用4个粪篓，平时注意细心地看护车子，因此在60多天里，他的车子没有一天停下来修理。工地就把这样的人物树立起来，大树“高工效、出全勤、人车安全”的多面手标兵典型，形成了比学赶超、大干快上的新高潮。各民工团写出了学习徐凤祥的决心书和大字报3000余张，出现了徐凤祥式的连3个、排7个、人物91人。劳动出勤率提高了5%，车辆工具损坏率由原来的8%降到了4%。

在开展超定额的高工效运动中，工地党委还采取了“立擂台”“升降旗”“循环红旗”“夺帅旗”等多种多样的劳动竞赛活动。团与团之间依据工效、出勤、质量、安全、协作等条件开展“夺帅旗”竞赛，5天一评比，营、连评红旗活动3天一次评比，大大激发了广大民工的劳动积极性，整个工地掀起“比、学、赶、超”运动的高潮。九会工地连续3次夺得帅旗，但他们并不自满，当兄弟团追上的时候，以“不怕地冻三尺三，我们决心似钢砖；豁上十斤肉，帅旗永保稳”的决心，采取新的措施，早上4点钟就进入工地。全团炊事员也行动起来，提前做好开饭准备，留下几名同志照看大家吃饭，其余的人利用大家吃饭的时间，每人推起一把小车，在440米的运距上，一顿饭的工夫就推了6趟。

在第一次评帅旗时，东里团是下游单位，他们在“学九会、赶九会”的口号下，以“保副帅、夺正帅，要让帅旗飘扬在东里社”的决心，在思想教育及管理上采取干部整风，分线管理，场场有兵，线线有将，实行定人、定车、定任务等一系列措施，奋起直追，一跃而为先进。

1960年1月11日，第二天晚上就要评帅旗了，九会团和东里团4天来的工效不相上下，晚上11点不收工。在紧张的会战时刻，两个团分秒必争，唯旗是夺！为了让同志们有劳有逸，指挥部通知他们立即收工，但九会团说：“东里停俺就停。”东里团却说：“九会停俺才停。”这样双方僵持不下，一直坚持到深夜12点。

通过召开庆功大会、全体民工大会及其他形式，对通过基层评比所产生的2582名积极分子进行了表彰奖励。制定了“积极领导工作好、带头劳动作风好、团结互助协作好、执行决议任务完成好、发明创造学习好”的“五好干部”条件和“觉悟高思想好、高工效劳动好、爱护公共财物工具保管好、团结友爱互助好、政治军事文化学习好”的“五好民工”条件，在一次评比中就评出了营以下的“五好干部”180名、“五好民工”3400名。

一系列的评比活动，鼓舞了广大指战员的士气，提高了广大民工的集体荣誉感，有力地推动了各团的工程进度。如东里团在6天内就由运土400余立方米提高到500余立方米。常居下游的悦庄团，经过5天的苦战，也一跃而成为先进团。

为了夺帅旗，民工们忘记了吃饭。搞石方的拼命地抬，搞土方的一车恨不得推一座山头，有的一抬筐超过一车的重量，肩膀被压得出了血。有的民工甚至说：“只要夺了帅旗，豁上这条命也甘心”。

工地党建和“三校” 田庄水库开工后，工地建立起临时党委，把支部建在各工地，当时共有临时党支部12个、团支部25个，党员806人、团员1120人。

工地党委通过共青团组织，在团员青年中大力开展火线入党入团的教育，先后发展党员86人，补充党团组织新的血液，增强战斗活力。被接收入党、入团的同志表现更为突出、干劲冲天。如中庄团王淑香（女）被接收入团以后，从不会推车到迅速地学会推车，车篓装得既满又尖，成为全团有名的女健将。

田庄水库建设工地，既是一所“水利学校”，又是“军事学校”和“文化学校”。工地劳动时排山倒海，休息时一片读书声。施工过程中大力开展扫盲教育，其间共扫盲5368人，扫盲毕业的学员，已学会简单的写作。如石桥团赵兴全写的《跃进花开朵朵红》：“田庄水库一片红，健康第一讲卫生，工地安全驰全省，高速优质坝合龙，人人感谢共产党，建设社会锦江山。”在大力扫除文盲的同时，举办业余高小班307个，入学人数5001人。通过学习，提高了广大民工的文化程度和政治觉悟，促进了工程进度。

全体民工普遍接受基本军事训练，参加射击的人数有1100人，第一次练习平均成绩优秀，第二次练习平均成绩良好，并出现了郭明山、刘照举等10余名优秀射手。

为活跃工地生活，调节情绪，工地党委本着因陋就简、少花钱多办事的原则，专业和业余相结合，组织6人组成的文工队，各团成立俱乐部，下设业余剧团、文艺创作宣传组等。他们以工地为舞台，以工地现实生活、模范人物为素材，自编自演一些深受广大民工欢迎的剧目。同时利用幻灯、工地快报、广播、英雄榜、打夯歌、印刷宣讲提纲等形式，在民工中进行宣传。另外，电影队也不定期到工地进行慰问，丰富民工文化生活。

前方“打仗”，后方支援 工地在加快前方工程进度的同时，各公社也给予大力支持。春节前夕，正是“每逢佳节倍思亲”的时候，各公社组织慰问团，带来大批的猪肉、豆腐、白菜、萝卜、烟、酒等慰问品及各条战线数以万计的慰问信。如燕崖公社干部带领各生产队支部书记或队长组成的35人慰问团，到工地进行慰问；悦庄公社组织21个生产队的干部和社员代表组成慰问团，连同悦庄完小的学生用勤工俭学积累的钱，购买笔记本120本、日记本10本、蜡笔15打，赠送给民工学文化。

各慰问团到达工地以后，深入到民工中进行交谈，各团举行热烈的欢迎会，互相介绍工地和家里的生产、生活情况，互相勉励鼓舞。前方保证提前完成任务，扛着红旗回家；后方保证全力支援，做到要人有人、要物有物。燕崖民工董纪福说：“公社党委这样关心俺们，俺们要是不好好干，那就真对不起党。”悦庄团宋作仁在接到小学生的笔记本时，在激动的心情下，当天就在1000米的运距上推了45趟。

物资供应和后勤保障 兵马未动，粮草先行。在田庄水库工程建设期间，物资供应是关键。工地设粮站1处、医院1处、炸药库2处、80余人组成的制修厂1处。工地还设供销部2处，按时供应副食品和布萋等；由3人组成的送货组1个，负责往工地送货；组建编采组10个，共计55人，编制筐、篓等工具；2人组成的理发馆1处，各团都设有理发人员，共计12人；8人组成的掌鞋组1个，负责给民工修补鞋子。

在清基阶段，全工地物资器材共用资金232.1万元。全县几十个部门相互协作，依靠人民公社，发动群众，各方面支援，解决了木材、小胶车、铁锨、铁镢、镐等大部分物料，使每一段工程所需的物资都有足够的供应，做到随时要，随时有，未发生影响施工的现象。到1960年4月，最多时用动力设备29部、550马力，其中筑坝使用8部、189马力；使用燃料4.4万斤、钢材9吨、木材60立方米、炸药16.7万斤，胶轮车、锨、镢等大小工具1万余件。另外，新泰、临沂、淄博等有关单位在闸门、拖拉机、电机等方面给予支援。

1960年4月工程资金和物资筹集统计表

上级扶持			县筹			公社及人民群众支援		
品名	单位	数量	品名	单位	数量	品名	单位	数量
资金	元	900000	资金	元	440680			
动力	台 马力	4 40	动力	台 马力	12 244	动力	台 马力	19 373
水泵	套 千瓦	1 50	水泵	套 千瓦	11 676	水泵	套 千瓦	4 27
钢材	斤	9000	木材	立方米	60	木柄	根	13771
进口木	立方米	7.9	木桶	个	3132	洋镐	把	2872
黄炸药	斤	147376	灰炸药	斤	19805	铁锨	张	2475
导火线	公尺	84450	水泥	吨	250	镢头	张	1563

续表

上级扶持			县筹			公社及人民群众支援		
品名	单位	数量	品名	单位	数量	品名	单位	数量
火管	个	148500	蒲袋	条	3343	条子	斤	182400
电管	个	22000	洋镐	把	2000	花篓	个	491
牛皮绳	斤	2257	铁锨	张	2000	抬筐	个	13622
燃料	斤	44273	镢头	张	1000	草绳	根	21133
胶轮车	辆	1529	麻绳	斤	23946	大锤	个	551
铁丝	斤	9127	八磅锤	个	869	钎子	个	1950

在物资、工具使用上，由财务科负责管理，发放到团，然后营、连逐级发放。各团设修车（小推车）组，如有损坏及时修理。全工地共有胶轮车1400辆，从1959年冬到1960年3月，共用修理费5437.65元，平均每辆小车一个月7角8分钱的修理费。

工地采取“产、查、修、采、代、协、节、收”8字措施，保证物资供应。“产”即自产洋镐1265把、钻头1356个、八磅锤500个、绳子1.75万斤、筐2.1万个、工具柄4万个、草席800领、羊角碾50个、铁橇428个、铁轨2公里、铁斗车30辆、运石车（大车）50辆；“查”即与商业部门进行联系，及时支援水库建设，不断查看储存物资；“修”即成立66人组成的铁、木修配厂和由7人组成的修车组，专门修理工具；“采”即与商业部门密切配合，由外地采购铁锨3170张、扫帚310把、花鼓锤145个、钎子钢37根、铁耳挖1517个、滑轮84个、手锤335个、铁丝4400斤；“代”即根据当时物资困难情况，想尽一切办法来代替，如用草绳、棉绳代替麻绳2万斤，棉籽油代替机油1000斤，以生铁代替熟铁做八磅锤800个，以铁代钢做钎子300个，节约钢材3900斤，藤条代铁丝2400斤，“爬山虎”代替胶轮车150辆，拉石车代替马车7辆；“协”即与淄博专区协商借用发电机1部；“节”即用废油代替好油擦拭、保养机器，节约好油200斤；“收”即通过发动群众，收入谷草2万斤、秫稻15万斤、废铁1.5万斤、条子30万斤、草绳5万斤、木桶4000余个。

1959年12月19日，天降大雪，阻碍了工地的施工，影响工程进展和民工生活，工地党委紧急采取措施，联系商业局。当晚，各公社商店立即组织搜集仓库存底。凌晨2点，三岔公社陈秘书带队将120把扫帚送到工地。徐家庄、燕崖等公社商店亦在大雪纷飞、寒冷刺骨的情况下，将扫帚送到工地。商业局将库存的500斤竹枝子，当晚找人加工，绑制扫帚310把，第二天早晨，由商业局马经理用地排车送到工地。

工地食堂 田庄水库建设工地人数最多时，有118个食堂。在粮食供应上，截至1960年3月底，共调入粮食553.4万斤，民工自带口粮121.7万斤。每人每月按60斤供应，主要按比例搭配瓜干、大豆、高粱、谷子、玉米、豇豆等，白面主要用来照顾病号。

在徐家庄团做试点，根据该团600名员工的身体强弱、干活多少、饭量大小，分等定量，全团定出每人每天的口粮，分3个级差。每个级差3斤粮，最多不超过65斤，最少55斤，平均不超过60斤。凭票吃饭，但“两不限制”，即大锅豆沫不加限制；锯工、大工、劳动能手不加限制。实行定量后，全团在5天以内共计节约粮食1790斤，基本堵塞了粮食管理漏洞。另外还采取“三包三定”，即包任务、包粮食、包钱；定工效、定粮食、定开支。达到按定额的工效和标准工日计算粮食工资，平均每个标准工日2斤粮、4角5分钱，每天以收方计发，大大促进了工效，提高了人人节约粮食的观念。县内其他公社小型水库建设工地纷纷组织到田庄水库现场参观，普遍推广。

全面安排和管理民工生活，抓工头、带中间，抓先进、促落后，树立典型榜样，制定措施节约用粮，搞好民工生活。工地党委制定评比条件并制作两面循环红旗，每10天一次检查评比。

在燕崖团食堂管理试点中，采取饭食增量法，发动群众贯彻吃饭的“省、粗、饱、细、好”五字措施。团政委李家孝亲自布置大抓食堂生活，发动公社、区运来干菜、青菜1.5万斤，每人平均16斤多。管理员周文瑞与炊事员共同创意，先后试验5种不同的增量法。如把干菜或青菜煮好，取出洗净切细，每斤粮面掺上1斤菜做窝窝头；另一种办法是：高粱面或玉米面半斤、瓜干面4两加2斤水（参照比例数）放在锅里用慢火煮，用铲子快铲约8成熟，取出加4两瓜干面搋好，凉后做成窝窝头，上锅蒸熟，每斤面平均做2斤14两（编者注：当时仍采用16两为1斤）。除此以外，还做菜豆沫、糊豆等调节生活。

在未调动马车和汽车以前，从工地上抽调民工80人、小推车80辆、地排车5辆，组成运输连，负责运粮、煤等物资。后来从运输团调来9部马车负责运粮，1部汽车负责运煤。到1960年3月底，共购进煤炭1980吨。

工具改革 随着大坝的高度增加，仅靠发挥大家的冲天干劲还不行，还要苦干加巧干。根据上级指示，大搞工具改革，由工地党委王文正、王京利具体领导，5天时间内创制和仿制了一系列新式工具，如手摇式、倒挂滑车式、人力牵引式拉坡器；一次性翻扬运土和动力式大坝上土器以及铁木轮斗车、土火车、大石碾、羊角碾、打夯机、小山虎等，共17种500多件，造铁轨2400米、木质轨道1600米，从而减轻了肩挑人抬的人工劳动强度，基本实现小车胶轮化、运土轨道化、松土爆破化、夯实碾压牛群化。工具改革后，平均提高工效5倍，共节约13.2万个工日。尤其是采用爆破松土以后，百斤炸药可松土553立方米，比人力挖土提高工效30倍，解决了人力挖土的困难。

1960年，在田庄水库建设现场进行全县工具技术革新评比交流大会

1960年4月工具改革情况统计表

项目	件数（件）	改革方式	节约劳力（个）	提高工效
动力拉坡	4	仿制	43.2	比人力提高工效5倍
人拉滑车	30	改制	5.4	比人力提高工效1倍
空中运石	8	自制	4.8	比人力提高工效5倍
斗车运输	160	改制	4560	比人力提高工效2.4倍
爆破松土				比人力刨提高工效3倍
碾压	30	改制	24	比人力夯提高工效0.71倍
牛拉碾	8	改制	54	比人力夯提高工效10倍
木吊	1	自制	300	比人力提高工效8.9倍
铁斗车运石	24	改制	576	比人力提高工效4倍
木材水运	2	自制	150	每人平均6方，比人力提高工效4倍
空中平线运输	2	自制	99	比人力提高工效3.33倍

安全卫生创奇迹 田庄水库在整个建设过程中，除1人遇雷击导致死亡外，未出现任何人工伤亡事故。

安全施工，安全爆破，伴随水库施工全过程。为保证安全，将炸药库设在北山坡上，由8名专职可靠的保卫人员昼夜轮流站岗。8名专业爆破人员在工地不仅加强技术指导，还负责爆破。

炮分大、中、小三种：第一种是罐子形，能装几百斤药的大炮；第二种是开挖、利用自然形成的小洞；第三种是用钎子打眼的小炮。放炮时间在每天中午或下午放工后开始。放炮时，首先将炮眼用水壶喷洒一遍，将药装好后，先盖树叶后盖土，将土盖到1～2米时再用夯打。一切完备后，将信号旗升起，由工地安全员拿着指挥旗和广播筒，500米的危险区以内不准有行人，一切就绪后，听号令点炮。

工地爆破作业中曾经创造一炮炸石1200立方米的大炮，后又研究实施危险性小、工效高的闷炮。

爆破是水库建设中不可缺少的重要工序，也是重要险工之一。工地党委认真贯彻执行县委提出的保证安全施工，争取创造安全水库的号召，成为全工地的战斗口号。党委将抓重点险工作为抓安全的重中之重，一手大搞爆破，一手大搞安全，由工地党委书记邵立祥和常委王文正主管安全生产工作，并制定“选、专、管”三条措施。“选”是在政治上纯洁、思想觉悟高、大胆沉着心细、聪明精干的党团青年积极分子中，优先选择转业军人和有放炮经验的能手作为爆破手；“专”就是建立专业化的队伍；“管”就是管好炸药管理、管好运输环节、管好爆破队伍。急性炸药爆破力强，一挫就响，运输过程中，由专职保卫干部亲自检查和指挥。

在打炮眼的环节，“工具要挺当，打钎抖精神，抡锤有尺寸，下锤狠又准，工效能提高，扶钎人放心。”如果要放大炮，开挖坛形井口，下井必须做到三查：一查架子绳索是否牢固结实，二查井口附近半米内是否有碎石，三查井壁是否结实或有无乱石倒塌危险。在炸药运输的环节，做到“四不运”“三要求”。“四不运”，即不经领导许可不运、不经负责人介绍炸药特点不运、雷管和炸药在一起不运、没有护送人员不运；“三要求”，即运炸药的人政治上要纯，不准带火、不准吸烟，不要粗心汉。在装药环节，下药前必须扫清炮眼，下药后用木棒捣实，严禁使用铁棍；装500斤以上坛形大炮时，装完后即盖土达3～5米，用石夯砸实，并采取双线双管双保险，确保不出哑炮。水库爆破施工中，常用安全、省药的群炮，炮群最多的一次达29炮。

“安全第一、生产第二”的口号不仅张贴在工地的角角落落，更重要的是落实在行动上。县委副书记赵立修、工地党委书记邵立祥视安全如命。两次开挖溢洪道放炮时，两人寸步不离，手持指挥旗亲自坐阵指挥，并亲自培训爆破员。成立以田庄水库管理局局长刘益芝为主要负责人的安全委员会，通过设防火沙、防火水缸、防毒鱼、防火水桶、防火水瓢、烟筒帽、脏水窖、炉灰窖、盛烟灰的小泥筒等“十有”措施，达到无偷盗、无破坏、无反动谣言和传单、无中毒和霉烂、无懒汉、无贪污、无浪费、无不正当男女关系、无工伤、无爆炸事故的“十无”安全标准，被誉为“安全水库”。

党组织越关心群众，群众的干劲就越大。各级领导层层一手抓工程，一手抓生活。工地党委常委王树楷、刘益芝时常关心民工的八小时睡眠，并亲自对食堂职工进行粗粮细作的培训，采取净粮掺菜、炊具改革等，不仅节约粮食，还能让民工吃饱吃好，过节时要保证让民工吃上水饺。全工地118个食堂均达到饭菜多样化，做到“三熟、三热、两暖、一保证”。在卫生工作与疾病预防中，建立专业队伍，民工宿舍实行轮流值班制度，普遍设立厕所，加强粪便管理，改善居住环境卫生。全部改装伙房板灶，达到“三光四洁”、污水有坑。卫生科组织深入伙房、工棚等巡回检查，加强卫生教育和疾病医疗，贯彻“预防为主”的方针，发放预防传染病的药剂，及时进行七种传染病的普查，发现疾病及时组织医疗。由于大家养成了讲卫生、爱清洁的习惯，全工地发病率为0.13%，保证了民工的健康，加快了工程进度。

九会公社荒山“大会战”

1959年春夏之交，九会公社党委组织各管区（公社派出的管理几个大队的机构）男女壮年劳力向荒山进军。第一个会战“战场”在左家峪进行试点，接着又在莱园大队开辟另一个“大会战”战场。参加“会战”人员按军队编制，凡是领导，胳膊上都戴着写有营长、教导员、连长、指导员、副连长、副指导员、排长、副排长的职务袖章，一直编到班，每班不少于12人。营的领导由公社党委负责人担任，连的干部由管区负责人担任，排长、班长由各大队干部担任，形成一种完整的军事化管理体制。

“会战”的场面宏伟壮观，处处红旗招展，锣鼓喧天，扎松门、贴标语、喊口号，歌声不断，此起彼伏。任务一级分一级，最后分到班组。营一级专门配备司号员1人，上工、休息、吃饭、收工都以号令为准。

“会战”中，不但要保质保量地完成或超额完成分配的任务，还要帮助后进的班、排迎头赶上，彼此间展开劳动竞赛，进行比、学、赶、帮、超活动，你追我赶，互不相让，争当先进和模范。

“质量第一，百年大计”是整个“会战”的指导思想和原则。“会战”的主要任务是在山高坡陡长草比较少的山上搞水土保持，挖“鱼鳞穴”，开“水平线”（地堰）。根据地形，因地制宜，适宜挖小鱼鳞穴的就挖小鱼鳞穴，适宜挖大的就挖大的。技术员进行指导，严格质量要求。每一个小鱼鳞穴长0.7米、宽0.6米、深0.5米，起码要保证树能栽活。“水平线”长、短均可，但要保证下雨时能存水，形成一个接一个的网络，不使水土流失。直到21世纪以后，这些“鱼鳞穴”形式的水土保持工程仍然保存完好，长期发挥着保持水土的重要作用。

田庄水库移民搬迁与“两保”

1960年5月，田庄水库大坝合龙，当年开始7个大队的库区移民搬迁工作，到11月时，完成安排284户共1138人。

刚开始时，干部社员在思想上有些混乱，群众故土难离，顾虑多，还有些大队干部认为建房不如生产要紧，单纯抓生产，建房工作又比较吃力，妨碍了建房进展。1960年秋，库水位下降，被淹没的房子重新露了出来，部分社员又搬回到原来的房屋。小黄庄大队社员赵书礼说：“我这瓦房被水泡了一半截，还没塌，这样居住可以，建不建的不要紧。”还有的群众对最大洪水到来时的危险性认识不足，社员见到溢洪道又在加深，房子可能淹不着了。

入冬结冰后，无法进行房屋修建，移民小组召开移民村的负责人会议，开展“四算”（算时间、算劳力、算任务、算料物），大力开展备料工作。山村以备石料为主，平原以采购秸草为主，参加备料的劳力有500余人，开的开、运的运。同时采购员广开门路，分头出发，采购物料。到1961年春节前，各大队已备好建房133间的石料、145间的高粱秸、202间的草、425间的木料。沙沟大队联系九会公社的各个生产队，采取用煤炭换草的办法，筹备建房用草13万斤，为明春按时开工打下物料基础。

县委与移民委员会为做好“两保”工作（保口粮、保过冬），实行“两保”责任制。经过分类排队法，摸清实际收入底子，为精准救济、保障移民生活奠定基础。库区移民村的口粮最高是每人350斤，一般的是330斤，最低的是285斤。沙沟大队在未摸底以前，原计划统购任务为10万斤，社员平均口粮较低，通过研究后又补了4万斤，人均口粮达到350斤，社员情绪非常高涨，在建房中劲头足、热情高，有的小队晚上组织社员推石头，加强备料工作。

对身体弱和有痨病的老年人，采取用地瓜干换谷子的办法，用10斤地瓜干换10斤谷子。老年人换来小米后，碾成小米面，每早一碗茶汤，改善生活，受到社员的好评。田庄大队有25户换谷子500斤，该队社员朱喜祥说：“国家对咱照顾得又圆满又周到，真是知道咱的好歹，叫咱们喝上了小米面茶汤，等过年暖和了，咱们要好好干，来报答上级对咱的关怀。”另外对产妇和个别病灾户，照顾部分肉类品。

干部分工到各生产队进行检查，察民情、解民忧，帮助社员们想办法、出主意。有的社员穿不上棉衣，通过检查摸底和排队，需要救济的有71户、287人，救济现金1097元、棉衣80件、被子13床。田庄大队哑巴齐希谓是个单身汉，这么冷的天，家中连一床被子也没有，大队党支部发给他棉被时，他激动得连连打手势比划，意思是说“八路军好，共产党好”，乐得闭不上嘴。店门生产队的单身汉张金芝，常年有病，很多年都没盖上过被子，通过发放寒衣，给了他一床被子，他说：“我从小跟着俺爹娘，没想到盖上被子，现在盖上了新被子，谁也比不上共产党亲。”

当时，整个移民区7个大队共计有耕畜168头、小家畜724头。为使牲畜安全度过寒冬，迎接明年春季大生产，移民小组组织建起牛棚36间、羊圈35间，各生产队组织广大社员割山草，备好过冬用的饲草和苫房用的草苫子。在那个物资极其贫乏、生活极其艰苦的情况下，库区群众无怨无悔听党话、跟党走，党让干啥就干啥。广大群众的积极配合，是水库工程顺利建设的重要保障。库区移民工作在最大限度做好“两保”的同时，不断加快安置房屋的建设，让库区移民住有所居。

一年三灾的九会公社

1962年5月5日下午4时，北边的天空黑云翻滚，不一会儿工夫，气温从20℃骤然降到零下，狂风卷着鹅毛大雪，铺天盖地而来，人们被这突如其来的“倒春寒”冻得直打哆嗦。

九会公社芦芽小学的草房屋脊被狂风卷上天空，有的连屋面也揭去半截。该校班主任刘悦信将自己的蓝大衣等所有能穿的衣物甚至2条麻袋也拿来，发给学生们御寒。

大雪一直下到深夜。麦田里正开花的小麦被埋上20厘米厚的大雪，造成小麦颗粒无收。满山的树叶被冻掉，春种的谷子、高粱和正在拖秧（当地方言，即正在生长着的地瓜秧）的地瓜被冻死，只能补种、补栽，秋收也就被迫推迟。

这是1962年的第一场天灾。

入夏后的7月13日，又遭暴雨袭击。下午3点开始，倾盆大雨下到6点。洪水滚滚，河边的地堰基本没有剩下。芦芽大队从山上滚到农田的泥石流达80余道，农作物又一次遭受重大灾害。1952年修建的芦芽大桥，也被这场洪水连根卷走。

秋后的农历十月初，各生产队的社员们刚刚擦完鲜地瓜（当地方言，将鲜地瓜切成片），晒满山坡的瓜干还没来得及收起来，花生也还没来得及刨，又遇上早寒天气。北风刮着大雨，接着下起了大雪，一个星期没有晴天，瓜干和花生都被埋在了足有40厘米深的雪下，有的地方堰有多高，雪有多深。被风刮去雪的地方，地皮冻结，社员们只能一边用锨翻着雪，一边刨出还没来得及收的花生，翻出还没晒干但却被冻成硬块的瓜干。

第一场雪后，旧雪还没化，新下的雪又盖上，直到第二年春，雪才化完。各生产队组织人力去拾地瓜干，瓜干失去了营养成分，成了薄皮，做成窝头后，难以下咽。

这一年遭受三次大的自然灾害，粮食收成不足一半，九会公社人均年口粮不足200斤。

改造山水田，穷山变富山

南麻公社东沙沟大队，北靠白腊山，东邻索索峪，是一个沙岭起伏、沟壑交错的山村。1963年，全大队有228户社员共920人，分为9个生产队。共有2170亩耕地，其中山岭梯田1270亩，黄土丘陵900亩，山高坡陡，水土流失严重。社员说：“偏旱偏涝都减产，风调雨顺才收成。”庄稼地里不是旱，就是涝，很难碰上丰收年。新中国成立前，粮食亩产仅80余斤，实行人民公社化以前，粮食亩产量也只有240斤。公社化以后，先后建水库1座，修渠道5500米，浇地1000亩。治水带动了治山，在白腊山、索索峪等地封山880亩，造林220亩，并兴各种治山工程，治山250余亩，整修山林梯田550余亩，深翻整平水浇地110亩。

东沙沟大队山多丘陵多，几乎每年遭受旱灾的威胁，春季雨少，土干地裂，晚秋又旱，庄稼减产。1953—1963年，该大队先后进行过12次抗旱斗争。

发展农业生产，首先治水。1959年，社员们一鼓作气，在白腊山前怀闸小型水库1座（当地口语，“闸”即“建”）。水库建起来后，还没有来得及配套，渠道未整好，地面未整平，浇地很少，群众就开始怨言百出。有的说：“浇地不算多，冲地不算少，穷就穷在水库上。”加之1962年后的几年内多雨，雨季蓄水最多的时候，水位离坝顶只有几寸，随时有决口的危险。每逢下雨，社员就提心吊胆地说：“水库决了口，咱庄冲了地，儒林喝了汤。”

针对这些群众意见，该大队党支部研究采取三个措施，发动社员整修加固水库，在原有大坝外侧，修建截漏墙1座，将大坝加宽12公尺（当时普遍使用的长度单位，“公尺”即“米”，“公分”即“厘米”，“公厘”即“毫米”），加高2.5公尺；在大坝内侧，垒砌护坡石410立方米；另外整修放水洞，开挖溢洪道等。采取这些措施后，不但进一步保证了水库的安全，还增加了水库的蓄水量，增强了拦蓄山洪的能力。

1963年春，该水库为苏家宅等地抗旱浇小麦130亩，亩产220斤，没浇到的农田亩产只有120斤。社员说：“麦子熟得像火葫芦样，比没浇的麦穗高出一大块。”麦收后又旱，抗旱水种玉米450亩，比等雨的早种7天，亩产350斤，还早倒了5天的茬，提前种上了小麦。第八生产队只能等雨播种的，亩产只有210斤。

社员尝到了兴修水利的甜头，怨言听不到了。当社员认识到水能兴利以后，干劲增大，组织了30人的治水专业队，秋收时也未停工。先后修建东、西干渠，总长5500米。在遇到深9.5米、宽53米的山沟后，也没难倒社员们。社员反复讨论，经精密勘测，利用“倒虹吸”的原理，水从地下走，跨过深沟陡涧，使水浇地面积由原来的210亩扩大到1000亩。同时为了更好地实施农田灌溉，该大队还深翻整平土地110亩。

治了水，还得治山。水库上游的白腊山、花子峪、索索峪一带，有大小山沟32条，流域面积2平方公里。其中，有梯田450亩、宜林荒山1200亩，另外还有部分牧场、牧道。旧社会山河失修，树林稀少，水土流失严重。新中国成立后，虽然在山沟中闸建一部分坝子，栽了些树，但没有系统地综合治理，所以未得到根治。从1959年闸水库到1963年初，经初步测量，水库淤积泥沙达5920立方米，这样下去，水库的蓄水量就会逐年减少。

为解决这些问题，党支部决定采用生物措施与治山工程并举的办法治山保库、治坡保田。在水库上游实施治山工程，其中建120道水平线、65道截水沟、54个截水槽、16个消力池、12个蓄水池、3200个鱼鳞穴。同时还修谷坊350道，总长2700米。对450亩沙岭梯田用二合一的方法，治理250亩，整修加高340道地堰，挖竹节式的排水沟，垒堰培埂，加厚土层。对880亩荒山，全部封山护草，集体分片管理，禁止放牧牛羊和拾柴、割草、刨草根。成立由18人组成的专业造林队，先后造林320亩。专业队为提高树苗成活率，就地育苗、就地造林，建苗圃1处，育花椒、洋槐、软枣等树苗5亩，围山垒建长条梯田185亩，深挖1米见方的鱼鳞穴985个。

通过大抓治山工程和采取生物措施，对水土保持起到了良好的作用。1959年，该大队250亩高山梯田，光倒塌地堰的就有160亩，占64%。当时马部沟的5亩山地，中间被冲4条沟，栽上的地瓜冲去了一多半，亩产瓜干不到200斤。对山岭进行综合治理后，1962年7月的暴雨，不到2小时降雨182毫米，但这250亩山岭地只有40多亩流失水土。由于治山工程拦住了泥沙，水库淤沙量也由以往每年淤积1480立方米减少到420立方米。

经过山、水、田综合治理，初步控制了水土流失，粮食连年增产。1944年全村总产16万斤；1954年（初级社时期）31.9万余斤；1957年（高级社时期）42.6万斤；1963年达到49.8万斤。1963年的粮食总产量是1944年的3.1倍，比初级社时期增产56%，比高级社时期增产17%。随着农作物产量的提高，对国家的贡献也越来越大。1957年，该大队出售余粮5万斤；1963年共出售余粮14.29万斤，比公社化前增长了近2倍。1961—1963年，共出售余粮41万余斤。

1964年悦庄公社河道治理

1963年7月的一天，暴雨持续20余个小时，悦庄公社遭受入汛以来的第一场水灾，沟满河平，水溢两岸，新修的河堤尽废，赵家峪河洪水漫溢进村，造成很大损失。

1964年初，悦庄公社在水库修复、灌渠配套设施建设等任务很重的情况下，决定组织各大队修建南踅庄、北踅庄、赵家峪、龙王官庄、南石臼、埠村、悦庄、前后石臼等河堤，提高河道行洪能力，进一步保障沿河社员群众的生命财产安全。

南踅庄大队以专业队为骨干，每天出动劳力140余人，其中妇女劳力26人。工地上分组作业，有推石料的，有清基的，有铺底的，有和灰（当地方言，即人工搅拌水泥或石灰）、垒砌的，从村干部到社员，干劲十足，热情高涨。两名省工作组的干部也亲临工地第一线，具体发动和组织劳动。为给施工的社员们鼓劲，工地开展比武竞赛，以“大字报”形式对先进班组和好人好事随时进行表扬。为在汛期前完成河堤工程，村干部先后8次走访社员，对如何修好这条河征求意见。同时，该大队自筹资金购买50吨石灰，以保证工程顺利进行。在突击施工的日子里，大队党支部书记天天不离场，从早到晚在河道的上下游来回穿梭，不停地查看各处施工质量、进度，不厌其烦地跟社员们讲标准、讲安全。

汛前，该大队用了不到两个月的时间，使用石料2500立方米、水泥16吨，修建南踅庄河堤960米、调水坝2座，圆满完成河堤工程。

其他几个大队也同时以沙堤、土堤为主修整村内河道。北踅庄大队完成土方2000立方米，修建梯形土堤980米，在迎水堤面插杨柳，堤上栽植3行柳条；赵家峪大队吸取上年洪水的教训，严把河堤砌筑质量关，使用水泥14吨，完成土石方1000余立方米，建调水坝3座，修筑土堤700余米；悦庄西河（饮马河）完成河堤治理800余米；南石臼整修河堤200余米；埠村组织专业队修建河堤120米、调水坝2座。

李子园水库建设轶事

1964年，石桥公社和关河峪大队决定在李子园修建水库（后演变称“栗子园水库”），10月，秋收完成后，水库开工。石桥公社动员上、下黄安等大队支援水库建设大会战。第二年，石桥公社划属悦庄区，悦庄区又动员两县公社的七里寺、上枝、卢家泉、八仙官庄、桃花峪等大队的社员进行支援。人们各自携带镐、镢、锨、铁杠、抬筐、木推车等一应工具来到李子园水库建设现场，清库底、挖坝基，抬的抬、挑的挑、推的推，有上土的、有夯坝基的……就连该村铁匠铺也搬到了施工现场，一时间，人山人海，人声鼎沸。

铁匠们在水库建设现场，支起一个临时打铁棚，随时为工地上劳动的社员提供工具维修，保障工具趁手。“大锤叮当声声响，三个铁匠活更忙”，他们身挂皮兜，挥汗如雨，清脆利落的打铁声，从早到晚叮叮当当地响个不停，与水库建设工地上繁忙的景象，共同组成社员们大干快上的劳动场面。

工地规定每人每天60车土的运输任务，而且每车必须装满；完不成任务，就不给记工分。其中一个社员或许是记错，或许是耍滑头，还差着四五车没完成，就早早地来到关河峪大队大队长马朝相的跟前要工分，口口声声说已经完成任务。马大队长坚持说：“还差5车呢！”“你怎么知道差5车？”“我用小石头给你数着呢！”两人将小石头数了一遍，果然不够数，也就心服口服了，于是回头再去补上。

水库建设中夯坝、筑坝是关键，坝基的施工质量直接决定水库建设的质量和未来的汛期大坝安全。每铺垫20公分厚的黏土，技术员就在平整的土面上用石灰粉点上夯击的位置，打夯队员们按位置、按顺序，分点、分排夯击一遍。夯击是不能挨着面地打夯的。

夯坝是个累活，也是个技术活。那时候没有轧路机，更没有打夯机。石匠们制作出或圆形、或方形的石夯，石夯中间楔上一根木棍，木棍上方再横绑上一根木头，然后在石夯的四个方向绑上绳子。5个人一组，中间1人掌握夯击落点，一般也兼职号子手，其余每个方向1人，喊着整齐的号子，同时起夯，同时落地，配合相当默契。

号子手一声“说夯咱就夯啊”，同伴们一齐应声“哎嗨，哎嗨”，第一次应声同时起夯，第二次应声，石夯落地。

“打夯为的啥呀”

“哎嗨，哎嗨”

“为了多打粮呐”

“哎嗨，哎嗨”

“一夯挨一夯呀”

“哎嗨，哎嗨”

“夯夯排正当啊”

“哎嗨，哎嗨”

一声号子一声应，石夯落地砰砰响。

后来，公社派来拖拉机支援水库建设，实施大坝压实作业，开拖拉机的驾驶员是陈西军。拖拉机的到来，引得村中的孩子纷纷来看稀奇，负责看管建设现场工具、物料的管理员梁中明，不时地吆喝着挡住试图一看究竟的孩子们靠近拖拉机。

经过两个冬天紧张的施工，1966年4月底，李子园水库正式完工，后又紧接着修建完成2000余米的灌渠。

1976年，关河峪大队又在大路沟建成一座小（二）型水库，该村“盼天下雨，靠天吃饭”的日子终于成为过往。“我的家乡关河峪，条条渠道绕山川，座座水库映蓝天。”自豪的关河峪大队的社员们，充满了对生活的美好向往。

院峪大队修建西寺水库始末

20世纪60年代，东里公社院峪大队是一个有200余户、共600余口人的小山村。其北面和东面紧靠群山，南面和西面紧傍沂河、红水河，一条小河从西寺流淌下来，从村中穿过，清流淙淙，终年不断。观其地理条件，应是旱涝保收之地，其实不然，每遇旱情，村民担水抗旱，拼死累活也不过是杯水车薪、无济于事。

1965年，在沂源县委“兴修水利，大打农业翻身仗”的号召下，院峪大队的社员们开始认识到“水利是农业的命脉”，如果不解决水的问题，“农业翻身”就是一句空话。于是就萌发了在西寺下边修建一座水库，把河水蓄起来的设想。有了想法就开始行动，刚上任不久的大队党支部书记王玉信请来县水利局的技术员，经过缜密测量，最后将坝址选在西寺南山脚与东后顶子之间，在此地修筑一条长85米、高26米的土石坝，以拦蓄河水。据当时的初步计算，该水库建成后可容水30余万立方米。这样一来，院峪大队的绝大部分土地可以变成水浇田。

该工程对仅有百余个整劳力的院峪大队来说，无疑是历史上破天荒的最大工程，其将要面对的艰难是不难想象的。但在“农业学大寨”，大搞水利建设的大好形势下，要想增加水浇田，大打农业翻身仗，必须顶着困难也要干！说干就干，当年冬，党支部书记王玉信动员全大队整半劳力一齐上阵，水库工程破土动工。

老人、妇女、小孩在东后顶子挖土装车，整劳力负责推车运土，从后顶子到水库大坝摆成一条往来穿梭的长龙阵。石匠们从西寺南山的西脚处就地取材，采挖石料。工地上所有的男女老幼干劲十足，热闹非凡，工程紧张的时候，挑灯夜战，一天三顿饭在工地上吃。

经过一冬一春的奋战，大坝只完成了三分之二，且尚未建好防洪设施。1966年夏，一场特大山洪，还没有彻底完工的大坝被冲垮了！这样的大工程功亏一篑，半年的汗水付诸东流！王玉信带领全体干部查看被洪水冲垮的残破大坝时，脸憋得通红，半天只说了一句话“重打锣鼓另开戏，咱再另来！”

吃一堑长一智。为“再另来”，村干部坐下来认真总结大坝被冲垮的原因：其一，坝身的黏土没有夯实；其二，坝宽没有达到技术员设计的要求，窄了十几米；其三，砂石护坡未能紧跟坝身，短了几米。究其原因就是为了赶进度，好在汛期来临前修成大坝，急于求成。

1966年秋收刚进尾声，院峪大队的社员们就开始了第二次动工。首先是清理坝基，基干民兵打头阵，把长85米、宽25米的坝基清理干净，露出基石，铺上黏土，用几十公斤的石夯夯实，一层土一遍夯。村干部严把质量关，一丝不苟。此时的工地上有近70岁的老人，有十四五岁的孩子，他们能干什么就干什么，个个干得热火朝天、紧张有序。

再次奋战一个冬春后，到1967年汛期的时候，也只完成大坝的一半。这一次，他们汲取了上一次的教训，充分考虑到洪水极有可能再一次冲毁大坝，就在大坝约一半高的位置上砌筑了一处临时溢洪道。当汛期再次来临时，积蓄的洪水从溢洪道冲下去，这处半拉子大坝工程安然无恙。

由于受“文化大革命”的干扰和影响，致使该大坝工程未能及时在1967的秋后继续施工。直到1970年冬，东里公社从东里管区12个大队调来青壮社员，自带推车、镢、锨等劳动工具齐来参战。至1971年春，大坝及其护坡基本完成。1972年，院峪大队的石匠们炸开西寺南山山脚，建成溢洪道。至此，西寺水库才算彻底竣工。后经测算，该水库容积不足10万立方米，改称塘坝。

松峪村里的“幸福井”

松峪村，位于石桥镇政府驻地西南3.6公里处。松山、杨家崮以北，博沂公路、青兰高速（G22）南侧，西南、东南分别与茶峪村、黄安村隔山相对，三面环山，无客水流入，地表水源缺乏，自古以来是个缺水村，种植粮食靠天收。一遇到旱年，农作物大面积减产甚至颗粒无收。人民公社化以后，大队发动劳力放炮挖井，先后挖了5眼大口井，最深的井达到十几米深，也没解决水源的问题。

为改变祖祖辈辈吃水难的问题，新中国成立前的老党员杨本生深切地感受到全村老少盼水心切，于是同另外两名党员郝建同、田茂信商量，下定决心要改变这种状况。

1965年开始，他们仨带着煎饼和咸菜，先后多次到临沂地区水利部门和山东省水利厅，一次次地向上级水利部门反映松峪村缺水的严重情况，表达广大社员的期盼。那时候，沂源县还没有打井队，要想打地下水，只能找省地质钻探队。此时，省801地质队在沂源正在进行地下水资源和农村人畜饮水情况调查。

1966年冬，在县、地、省水利部门的协调帮助下，省地质局801队选派水文地质专家来到该村勘查定井，最终在村东入口处定下井位，随后钻探队施工人员携带设备进入钻探地点。大队干部发动全体青壮劳力，帮助钻井工人抬的抬、卸的卸，很快就架起了20多米高的钻井架，开始了轰轰隆隆的钻探施工。

杨本生和社员们每天蹲在施工区的周围，好奇地看着这高高大大的“铁家伙”在柴油机的带动下高速旋转，天天盼着见到水。每次提取完岩心，大队干部们便凑上前去问道：“有水了吗？”

经过几个月夜以继日地钻探施工，1967年4月的一天，当钻至200多米深的时候，钻机戛然而止。随之开始抽水试验，来自百米地下的清澈井水喷涌而出，水柱喷出10多米远。全村老少欢呼雀跃，奔走相告，老人们激动得哭了起来，有的在地上长跪不起；年轻的社员跑到试水龙头跟前，捧起一捧，品味这盼了几辈子的水。多少年的缺水村，一朝出水解难题，从此，松峪大队摘掉了缺水村的帽子。

县水利局帮助配套深井泵，大队盖上3间机房，建起了“幸福井”。大队干部请该村的教师杨本源书写“幸福水井”四个大字和“天大地大不如党的恩情大，爹亲娘亲不如毛主席亲”，并镶刻在了机房上。

红旗水库及灌渠修建始末

燕崖区地处沂源县中部青石山区，山高坡陡，沟壑纵横。每年汛期，沿河两岸土地遭受洪涝灾害，严重威胁人民群众生命财产安全；干旱季节则无水，有的村庄人畜用水困难。经县、区两级政府研究，决定在白马河上游修建一座中型水库，以控制白马河水，削减沂河洪峰，发展灌溉，改变山区面貌。1966年上半年完成勘查、测量；8月，由县水利局陈玉洁设计、段允平校核，经临沂专区水利建设指挥部批准兴建。该水库是沂源县第二大水库，坐落于燕崖区冯家峪村南铜钱岭处的白马河上游，是山东省海拔最高的中型水库。

初期设计时，称该水库为“大马岭水库”，因其建设位置地处铜钱岭，当时轰轰烈烈的“文化大革命”刚刚开始，人们斗志昂扬、豪气冲天，取其谐音，取名“通天岭水库”，后改称红旗水库。

1966年10月12日，开始动工修建。施工前，县政府和燕崖区配备领导干部，并抽调技术、财会等人员16名，组成红旗水库工程指挥部，张经智任总指挥，路士珍、李加孝任副总指挥。下设办公室、政治宣传、施工计划、财会、安全卫生和移民安置等股室。参加施工的技术人员有临沂地区水利指挥部的赵宝洵、王其伦、孙即玉、杨志宝，县水利局程培兴、李宗良、陈玉洁、王中元及任相文等。燕崖、南麻两区调集民工3000余人，施工队伍按照军事编制组织工程施工，区设营，村为连。在工程定点及施工期间，县委副书记高复顺、县长李文本多次到工地视察工程，参加劳动。

动工时，秋收已经完成，全区各大队除留下必要的劳力外，全部劳力集合于水库工程工地，自带铺盖、生活用品，住进周围各大队的社员家和大队部，住不下的就住工棚。所谓工棚，就是在地下挖出一个平面，地上垒半截土石墙，上边盖上柴草、秸秆等，里面打地铺。各营或各大队开办食堂，粮食由社员先从家中自带，集体补一点。工程补助粮食由国家通过粮所供应，按照每人2天补1斤粮食的定额，瓜干占50%～60%，玉米占30%～40%，小麦、大豆占10%左右。民工每完成一个定额，补贴0.15元钱，扣除粮食钱7~8分，还剩7~8分钱，还得吃菜，所剩无几。

大坝工地人山人海，号称万人大会战。主要运输工具是独轮车，修筑大坝黏心墙使用的黄土从翟家林洼运来（后来淹在水库内），从周围山上放炮炸出砂壳，再将砂壳推到大坝上。大会战各个场地、路边，到处红旗招展，推车的人们往来不断，干劲冲天。胡庄公社有一位女民工，推土比男同志还厉害，装满两粪篓黄土，一气推到目的地，每天都超额完成任务，大冷的天，头发被汗水紧紧贴在脸上，由于劳动强度大，她一顿能吃7个窝窝头（每斤粮食蒸3个）。

当时，整个工程只有2台履带式拖拉机，负责压实坝上的黏土和砂壳，狭窄的地方用人工打夯来完成压实。“夯”是用石头做的，捆上两根木把，拴上四根绳，一人掌把，四人提绳，喊着号子一齐用力。不管是几盘“夯”，还是几十盘“夯”，都由一人喊着号子，众人一齐呼应，劳动场面极其热烈。特别是喊号人的口才特别好，随时编词，见啥说啥，有时也掺上一些笑话，叫人又好笑，又忘记了劳累，对鼓舞众人干劲起到很好的作用。

1967年春节过后，县指挥部调整成员，改由任明喜任总指挥。新的指挥部进一步做动员，由于当时正处于“文化大革命”时期，政治氛围空前高涨，人们的精神也异常兴奋，民工干劲前所未有，许多民工起早贪黑，争取超额完成任务。当时定的任务是每把小车每天要推23趟，但有些积极分子能推出32车。超负荷的劳动，透支了体能，指挥部只好采取措施予以限制。春耕开始后，多数劳力回队备耕。工地上留下由各大队派人组成的常备队，继续施工。5月30日，枢纽工程基本完工。

1967年，正在施工中的红旗水库

1967年11月，开始兴建灌渠工程。成立工程指挥部，李加孝任指挥，施工员有孟宪法、朱道江、王立厚、娄玉德、孙洪启、朱俊法、朱玉安、任道田、李玉孝、王怀义、张大信等人。整个灌渠总长度35公里，分三期完成。一期从放水洞到西白峪南转头山子；二期工程再到西白峪西山；三期最后到达帽子庵。施工中，采用大会战和专业队相结合的方法进行。

由于受当时条件限制，沙子、水泥均用人工

挑、扛、抬、背等方法运到施工现场，小推车是最好的运输工具。开挖基础、打炮眼，全部靠人工，指挥部派专门的放炮员发放炸药、雷管，各单位自行装药、放炮，有时一个施工单位一天要放好几次炮。放炮时，有人首先大喊“放炮啦”的预警信号，周围的施工人员就躲至安全地带，炮响后再回来。整个工程施工期间，先后发生两次事故，砸死理发员宋某和蒲峪村的一个小女孩。

灌渠施工历时4年多，经过上万人的艰苦奋战，终于建成“红旗渠”，把水引到了帽子庵。

东方红水库修建始末

在东赵庄村东有一条河叫马尾河，河面最宽处近80米。1965年并社划区，悦庄区的东、西两个赵庄大队和石龙官庄、关河峪、东峪、黄墩河、桃花峪、葛庄共8个大队组成赵庄公社。之前，东、西两个赵庄大队联合修建两座水库、塘坝，粮食产量明显提高，社员尝到了修水库的甜头，但仍有大片的土地得不到有效灌溉。于是，两个大队的干部合计着与石龙官庄大队联合，在马尾河上游獾葫芦沟地段修建一座更大的水库。

1966年，悦庄区党委和赵庄公社党委批准水库修建计划后，将这座待建水库命名为“东方红水库”。公社成立工地指挥部，负责组织东赵庄和石龙官庄两个受益大队共同完成修建，公社派武装部部长坐镇指挥，由东赵庄大队的沈学杰主管技术施工。10月，秋收秋种结束，两个大队的男劳力全部上阵，干部吃住在工地。悦庄区支援两台大型拖拉机，帮助碾压、加固水库大坝。为保证第二年春耕春播前完成大坝和溢洪道主体工程的计划，指挥部提出“奋战六个月，拦住马尾河”的口号。

大坝用土全靠镢头刨、铁锨铲、小车推。在100米距离的土场上，两人一把车，有的男女搭配，有的老少搭配，每把车的日运土定额是160车，推土来回路程达到32公里，还得刨土装车。社员们自带两顿饭，吃的是地瓜面子窝窝头或是头天煮下的凉地瓜，就着开水在工地上吃，每天天不亮就赶往工地，一直干到天黑。有的社员从家中带来的煮地瓜，中午吃太凉，便放在向阳的地方，晒到中午吃。

因为有了拖拉机，比修建黑山水库时条件好了一些，大坝土层的压实，主要靠两部拖拉机碾压。其次是人工用石夯砸，5个人一个夯，上百斤重的石夯，须提到1米多高再落下才能砸得结实。大家边砸边喊着号子：“同志们齐努力呀，哎咳吆啊！”随着号子的节奏，不停地将石夯提起又落下，一天下来，累得胳膊都抬不起来。

大坝合龙时，公社又从其他几个大队抽调部分社员支援，邻近的消水、悦庄两公社也抽调部分劳力支援，建设工地最多时达到800余人。

1967年夏，大坝基本完工。整个工程下来，投资12万余元，投入工日11.8万个，用土10余万立方米，占地300亩，建成一座库容120余万立方米的小（一）型水库，水库下游1000余亩的土地得到自流灌溉。

夫妻支边

段允平和陈玉洁夫妻二人都是1958年天津大学毕业的水利专业高才生。妻子陈玉洁自北京市女三中考入天津大学，起初她的理想是学土木工程专业，到大学后，却被分配到水利系，学习河川枢纽及水电站建筑专业。1958年，段允平从天津大学水电建筑系毕业后，被分配到山东省水利科学研究所，而陈玉洁被分配到河北省工作。在校时，段、陈二人在大学的生活中产生恋情，自强、自信、自立的陈玉洁坚信爱情会是永恒的，两人相约到山东结婚，一位老红军为他们主持了婚礼。

毕业的前一年，段允平由于家庭出身和所谓的走“白专道路”被打成“右派”。但他没有被沉重的政治包袱所压倒，仍以严谨的科学态度，刻苦钻研业务，编写了一本15万字的《贯流式水机设计与施工》及一篇《砾粒石坝机渗透稳定分析》的论文，受到专家们的肯定。

1961年，段允平“右派”的帽子虽然摘掉了，但没过几年，“文化大革命”开始了，他又一次陷入艰难的处境。恰在这时，上级号召知识分子“支边”，他怀着对沂蒙山区的向往和事业上有所作为的念头，带着妻子来到沂源。

沂源县是十年九旱的严重缺水县，年降雨量

少，地下水源缺乏，且雨量多集中于夏季，山洪暴发，水土流失严重，旱涝灾害对沂源工农业生产的发展造成严重影响。刚来沂源的段允平就察觉到这个关键问题。经过详细调查研究后，段允平向县领导和水利局提出了抗旱防洪要进行综合治理，并首先以修水库为突破口的意见。随后，成立由段允平担任队长的7人水利工程勘察队，沂源县大修水库建设就这样开始了。

夫妻二人初到沂源，就投入到水利建设事业中。经过4个多月的努力，完成红旗、北店子、青杨圈、霞峰（在当时的黄庄区境内）等12座水库的选址定坝和设计任务，同时进行田庄、红旗等大中型水库灌区的设计。

1966年，当设计完成全县第二大水库——红旗水库后，省水利厅一位副厅长以来年无法安全度汛为由，责令已投资15万元、投工10万个的工程下马。段允平认为，如果工程下马，势必前功尽弃，这对贫穷的沂源县将是很大的损失。他以大量的科学依据，据理力争，最终取消了让该工程下马的“禁令”，保住了工程，次年汛期前胜利完成大坝主体工程。

1966年冬，段允平正在主持修建青杨圈水库，妻子临产生第一个孩子，他只在家待了3天，稍做安排，立即返回工地，投入到水库工程的建设中。

在“特嫌”“反革命”帽子满天飞的时候，县、局领导顶着压力，给他们安排设计、施工任务，并一起到省、地汇报联系工作。当时的县委书记李顺祥亲自找他们谈话，给予鼓励，给他们讲“重在表现”的道理，只要勤勤恳恳为人民服务，就无愧于党、无愧于人民，生活中的逆境，只当是一种磨炼。即使在1970年造反派给段允平重新扣上“右派”的帽子，大字报贴满院墙的情况下，不少同志还安慰他们说：“只要你给人民做了事，人民不会忘记。”

从北京、天津、济南等大城市来到山区，生活中当地群众习以为常的事，对他们来说却是困难。他们不会从井里提水，也不知道烧火做饭的木柴从什么地方买。第一个小孩刚满两周岁，夫妇俩都要出发住工地，举目无亲下，将孩子寄养在南麻乡亲的家中一年多。有人煽动不给他们看孩子，曹宅村的沈大娘在他们家住了6年多，把两个孩子抚养大。在工地，十冬腊月睡地铺，当地的乡亲们给他们送热水……这一切，深深地感动着他们夫妻，来自基层人民群众最质朴的爱护和信任，使他们坚定了继续好好工作和生活下去的信心与勇气。

在领导和身边同志们的鼓励下，他们深深地感受到沂蒙老区人民对知识分子的深厚感情和爱才心切。就这样，他们充分发挥自己的所学所长，投身于沂源的各个水利工程、城市建筑工程的设计和施工当中，除水利工程的设计外，他们还先后设计了全县第一座大容量水塔、县影剧院以及县政府大楼和部分居民楼等。

西鱼台渡槽

1968年，在田庄水库灌区鱼台渡槽施工时，当时县水利建筑队伍技术力量非常薄弱，陈玉洁和民工一起奋斗在工地上，一起看图纸、弯钢筋、浇渡槽，顺利完成单跨10米、共10节渡槽的预制施工。临沂地区安装队的同志们说：“我们吊装了不少类似渡槽，总是出现这样那样的毛病，唯有此项预制工程施工质量好，尺寸严格，安装顺利。”

1969年以前，沂源县城市公共设施很简陋。县影剧场只是一座大棚，观众坐的是砖凳。城市供水也是空白，没有一座供水水塔。

1969年，陈玉洁受命参加城市建筑设计与施工，先是负责200立方米的北埠子水塔设计和施工。施工现场，陈玉洁是唯一的女性，既负责技术工作，又要把住施工质量关，每天在脚手架上爬上爬

沂源影剧院

获得成功，并于1986年通过省级验收。1985年，段允平三次赴北京，从中国科技咨询服务中心请来工程师，为民悦食品厂研制成功宫廷食品“炒红果”和“酸枣汁”，加快了沂源果品深加工的进程。1986年，他从山东省果树科学研究所引进低温库修建技术，并进行科学改造，仅投资7万元，建成容量达150吨的低温库，比同类库节约资金50%以上。后又协助5个乡镇建起了低温库，为沂源果品保鲜、提高经济效益，作出了积极贡献。1989年，他积极参与了从韩国引种、加工奇可力项目，获得成功，受到国家科委和国务院开发办的肯定。

下，指导检查民工施工。9月，北埠子水塔建成投入使用，经临沂地区验收，认为在全地区相同容量的水塔中，质量是最好的。同年，沂源县成立自来水小组（县自来水公司的前身），城市供水事业开始起步。

县影剧院是当时全县最大的建筑工程，在全地区也是少有的。投入使用以后，临沂、苍山、临朐等地曾来索要图纸。

1972年，段允平引进广东“钢丝薄壳渡槽”新工艺，在人石沟修筑横跨00多米的大型渡槽，比传统方法节约钢材20余吨，缩短了工期，属全省首创。1977年，他又承担了田庄水库水电站的设计任务。为降低消耗，提高效益，他力排从坝底另开新洞的意见，主张把坝底113米长的管道以旧换新，并亲临现场指挥，深入坝底黑洞作业，使工程提前50天竣工。该水电站当年设计、当年施工、当年投产发电。1978年，参与县化肥厂建厂土建工程的规划设计。1982年，段允平帮助东风化肥厂设计实施跨库引水工程，使“凹”形管道由库底越过，为该厂节约资金20万元、钢材30余吨，受到省内外专家的好评，并被誉为“跨库巧引水”工程。

1981年，段允平被推荐为政协委员，他感到肩上的担子更重了，使命感更强了。1984年，他与华中农学院（1985年更名为华中农业大学）蚕桑系联系，帮助鲁村叶绿素厂引进“铜钠盐提炼技术”

在全县经济发展方向和自然资源开发等方面，段允平积极参政议政、建言献策，做了大量的调查研究，先后撰写《潜力在山，重点是林》《知识、人才是山区脱贫致富的根本》《合理开发山区资源》《沂蒙山区商品经济发展中的科技问题》等20余篇建设性论文，在省内外刊物上发表，为县领导制订规划提供了重要依据。此外，在他的积极倡导下，成立县科技开发中心，开展技术市场工作，并建立全县林果、畜禽、蔬菜良种繁育基地。

“谁言寸草心，报得三春晖。”为开发建设沂源作出巨大贡献的段允平，先后被选为县政协一、二、三、四届委员，二、三、四届政协常委，连续两届被选举为县委候补委员、县十二届人大代表。1987年被授予“全省优秀科技工作者”称号，并多次被评为地、县优秀党员、先进工作者和两个文明建设先进个人。1990年又被推选为淄博市第六届政协委员。

退休后的段允平仍为沂源的经济建设努力工作。1992年3月，沂源县在北京召开新闻发布会。其间，作为技术组长的段允平为两个乡镇和粮食局分别联系成亟待开发的项目，还主动为一些企业搞咨询服务，继续为沂源经济建设发挥余热。

北店子（一）水库

修建北店子水库往事

1966年，张家坡区党委决定在红水河上游修建一座水库，汛期拦洪，旱时灌溉。刚到沂源支边的段允平通过勘察，不到4个月就完成选址定坝和设计任务，将水库坝址定在北店子村北一个土冈峡流的有利地段。

区长赵文启、党委副书记李克昌二人担任总指挥。秋收刚结束，指挥部向张家坡、瓜峪、大泉、流泉、冯家圈5个公社下达了劳力指标。尽管时逢“文化大革命”，动乱不止，工程仍然有条不紊地进行。5个公社的负责人到北店子和周围几个大队安排好民工的住宿、食堂的炉灶及炊具等准备工作，并划分土场、石料场和开石民工的分工等。一切安排就绪后，指挥部一声令下，民工蜂拥而至，一字排开，红旗招展，军号嘹亮，开始了战天斗地的建库“大会战”。

当时工地上没有任何机械。300多米长的土坝全靠肩挑人抬木车推堆积起来。夯坝既是个力气活，也是个技术活。为把大坝夯实，石匠们打造出二三百斤重的石夯，绑上夹棍，5个人喊着劳动号子举到肩高，再使劲砸下，才把土夯实。夯坝过程中，还得注意点面结合，以达到夯得均匀，上一遍土，夯一遍坝，一直夯实到符合技术要求。

工地上每个大队办一个食堂，民工一日三餐都在食堂吃饭。食堂的粮食都是民工自己带去的，每个生产队都有一名催粮员，每天推着小车到民工家里凑粮。冬天大部分凑鲜地瓜，有时凑地瓜干，玉米算是上等的粮食，但很少。凑起来的粮食运到食堂加工后，再做成熟饭。各大队负责民工吃菜，有些大队没钱买菜，民工们只好就着咸菜吃地瓜和玉米窝窝头。

严冬季节，造反派夺了公社党委的大权，赵文启、李克昌被打成走资本主义道路的当权派，罢了他俩的职。工地的民工，也有好多人戴上了红卫兵袖章，造反派接管了指挥部的工作，隔三差五地开批判会。红卫兵的夺权斗争是普遍的，各大队党支部和管委会几天内也被红卫兵夺了权。水库工地成为多重战场。开工时的总指挥，一时间成为被批判的对象、劳动改造的对象。李克昌被造反派批判后，走出会场，推着小车开始运土，土场距离大坝200余米，他一天推出近百车土。

经过3000余人一年多的曲折奋战，1967年冬，一座长350米、顶宽5米、高23米的巨坝横亘在了红水河上。1969年，又建成设计灌溉面积1万余亩的水库灌渠，当年，水库下游2000余亩的农田得到有效灌溉。

西埠村渡槽修建经过

西埠村渡槽坐落在埠村西北的河上，位于悦庄镇西埠村与埠村西山交界处，是田庄灌区较长的渡槽之一。

1969年，沂源县发出大搞农村水利基本建设的号召，全县人民再一次掀起兴修水利的热潮，西埠村渡槽的修建便是在这样的背景下拉开了序幕。

由于渡槽可跨越河道，一般不影响河道的行洪，因此，渡槽输水是调水工程中一种重要的河渠交叉方式。当时，由于没有先进的设备，渡槽预制、放桩测量、高程控制、砌筑、架设等绝大部分的工序都要靠人工来完成，面对复杂的地形，难度可想而知。修建这样的工程需要消耗大量的人力、物力和时间。

该渡槽在设计和施工中，综合采用了渠道输水渡槽、左岸排水渡槽和灌渠渡槽三种不同类型、规模大小不一的形式，解决了大量技术难题，为渡槽技术发展提供了良好的研究平台。

在经过图纸设计、复测复核以及测放轴线、中心桩和控制桩后，进行人工挖基。

该渡槽当时使用的是U型薄壁渡槽，槽身两侧壁厚0.2米、底部厚0.4米，单跨长12米、高1.7米、顶宽2.2米，单跨槽身重量约为10吨。渡槽均为人工制成，建筑工人来自中庄公社、鲁村公社等地的施工队。

预制渡槽的石子来自南石臼大队村南石料厂。当时没有石子加工机械，全是邻近大队的社员用人工一锤一锤砸制而成。参加砸石子的有放学后的小学生，也有六七十岁的老人；有的在现场砸，有的在家砸好运到预制现场。工程使用的石子有大有小，由于石子的大小、标准很难控制，技术员就拿着米尺去测量。石子大小不同，价格不同，按重量付钱，每人每天挣1～2元。

U型槽的预制，事关整个工程质量和渡槽安装安全的关键一环。

先是用制好的模板做成模具，用钢筋编成槽状，然后再进行浇灌混凝土预制。灌注的每一个渡槽，都选择在合适的位置，以减少吊装时的运距或者就地进行吊装。预制渡槽的基础模板，采用不同型号和规格的钢模拼装而成，模板外侧两端每隔0.5米设置背方，内侧亦同时每隔0.5米设置水平支撑，以防止模板内倾。模板依靠外侧背方与土基的斜撑、水平撑稳固。为防止土基塌陷，还应在支撑与土基之间支垫木板，以增大支撑杆的受力面积，能够更好地保证模型形状，并能抵抗局部外力冲撞而不变形、移位。模板之间的缝隙，需用透明胶粘接，以确保浇筑过程中不漏浆。经检查取得认可后，才能进行浇筑。

桥墩的起竖和渡槽的安装是最引人注目的时刻。在竖起10多米高的桥墩支架前，先测定好位

1984年改建的埠村西渡槽

置，砌成底座。根据设定的标准，用混凝土浇灌预制成梯形竖柱。竖起支架之后，固定在底座上面，一个个梯子形的渡槽支架，屹立在埠村河道上面，等待渡槽坐落。

渡槽的吊装，采用的是人工推绞磨，滑轮缆索起重。当时观看吊装的人群挤满了河道两岸，在渡槽被吊装升起的一刹那，人们不由得发出一阵惊叹。升至半空后，人们同施工的工人一样，屏住呼吸，静静地看着指挥员示意的每一个手势，听着指挥员发出的每一道口令，现场除了指挥员的声音和滑轮声外，鸦雀无声。在指挥员和技术员的指挥下，大约10吨重的U型渡槽被缓缓吊到渡槽支架的上端，再被稳稳地坐落在支架上。当吊装渡槽成功的那一刻，人群霎时鼎沸，鼓掌声、欢呼声不绝于耳。

从进场测量、施工放样挖基、基础施工到吊装，整个渡槽的修建工程用了两年多的时间完成。1972年，渡槽通水，正式投入灌溉使用。该渡槽使用10余年后，1984年爆破拆除重建，由梯形预制支架U型渡槽改建为桁架中承式微弯板渡槽和浆砌石桥墩，大大提高了渡槽的安全性。渡槽全长178米，共9节，10个桥墩，单跨20米，渡槽宽4米、高约6米。

待要丁家庄子富，滑石汪下修水库

1970年底，鲁村公社丁家庄大队党支部一班人与贫下中农打成一片，团结带领广大社员，认真贯彻执行自力更生、艰苦奋斗的方针，用“大干大增产、小干小增产、不干就减产”的实际例子，进行了一次思想政治路线方面的教育。

该大队草埠山下有一处滑石汪，常年泉涌不涸，水源丰富，但山南大片的粮田却得不到有效灌溉。大队班子瞅准了这个地方，经过认真地考察论证，由公社协调，县水利局设计，决定在草埠山建一座水库。

1971年初，大队党支部发动群众，自力更生，说干就干。群众喊出了“待要丁家庄子变，关键在于干，待要丁家庄子富，滑石汪下修水库，学大寨，赶昔阳，拦腰斩断滑石汪，大寨精神放光芒，自力更生有力量”的口号。不向国家要一分钱，没有经费，发动社员、作坊等凑了2000余元，同时发动群众捐献小车90把、自编自制抬筐270余副、凑线麻200余斤。男女劳力齐上阵，分成石匠组、木匠组、铁匠组、小车队、打夯组等。社员们顶严寒、冒风雪，不落太阳不收工，几百人的工地建设现场，一片繁忙景象。开石料的人们光着膀子抡大锤，小车队往来穿梭不停，大坝夯筑工地上号子声此起彼伏。

1971年是个平稳年，经过大半年的紧张施工，建成可蓄水38万立方米的水库、1500米的灌渠，当年建成、当年配套、当年修渠、当年发挥效益。该水库建成后，春灌小麦370亩，当年小麦由过去的亩产80斤增产到亩产270斤。

公社送水到茶峪

石桥镇茶峪村，位于石楼村南1.5公里处，该村地势高，无客水流入，水源、交通条件差。全村主要靠村内一眼深约10米的百年古井取水饮用。

20世纪二三十年代，该村曾先后遭受两次劫难。光棍世（当地将土匪称作“光棍”，“光棍世”即闹土匪的时代）土匪洗劫该村，烧毁全村房屋，烧死村民4人。1939年6月，侵华日军轰炸东里店后，国民党山东省政府主席沈鸿烈率残部逃至山高林密、隐蔽性较好的茶峪村。9月，在该村藏匿的沈部被日军发现，后搜索未果，一怒之下烧毁房屋100余间，烧死村民2人，打死1人。在两次被烧村时，熊熊大火下，村内井水也根本无法抢救被烧的房屋。

茶峪村古井

酒篓子

20世纪80年代之前，一遇到天旱年景，村民用绳子下到10米深的井下刮水，自井口向东跨河排起20多米的队伍等待刮水。井水不够用，社员只能去1.5公里外的石楼大队挑水。1965年并社划区，该大队划属悦庄区小水公社后，每到旱季，小水公社抽调各大队社员使用酒篓子（用棉槐条编制成酒缸形状，内外覆桑皮纸）等，装满水后，牛拉、小车推，支援茶峪大队，给该大队社员送水。70年代公社有拖拉机后，使用拖拉机送水。直到1983年，该大队钻出一眼每小时涌水30余立方米的深井后，村民的饮水困难才得到彻底解决。

水利吊装队

20世纪70年代之前，沂源县各水库灌区渡槽的安装，都由临沂地区安装队实施吊装作业。1971年，沂源县田庄水库灌区施工指挥部成立吊装队。1973年初，吊装队归县水利局。成立时有10余人，张怀田任吊装队队长。吊装队成立后，第一个吊装施工任务是张家坡公社的大石沟渡槽，此后又完成张庄公社土眉峪渡槽、齐家黄沟渡槽、姬家峪渡槽、东风化肥厂车间、粮食局粮仓大梁等的吊装施工。

当时主要采用系缆式桅杆和缆索式（跨河拦）两种吊装方式。

系缆式桅杆设计吊重20吨、吊高25米，一次

20世纪70年代，人工推绞磨缆索吊重修建渡槽

立架可吊装完成15米内的全部构件。既作摇臂又可独立使用，灵活机动、使用方便。正体吊装时，可吊装单件重量50吨、高50米以内的各类大型构件。

缆索式（跨河拦）吊装分为重、中、轻三套缆索设备，机电、人工操作均可。根据工程吊重、吊高、跨距、地形等几方面的条件和要求相互变换，跨距500米、吊高25米、吊件重30吨以内的装配工程，可一次立架吊装完成。

20世纪80年代，不再实施渡槽等灌溉工程的建设，吊装队的设备跟不上社会发展的形势而逐渐被淘汰，该吊装队随之解散，人员分流。

耿庄水库建设始末

中庄公社耿庄大队水洞子沟的山崖水洞，常年水流不断，经南峪流入耿庄河。1973年11月，耿庄大队党支部书记公培才，带领支部成员一班人，经过详细考察、研究，认为水洞子沟的水常年往下白白流淌，真是太可惜了，如果将这水截住，建成水库，可增加几百亩的农田灌溉，岂不更划算！于是，他们决定在原耿家庄自然村南小塘坝处修建耿庄水库，并计划将库水向东引至芦峪东坡，向西引至夹皮峪。

水库占用第九、第十生产队荒山21亩、可耕地6亩，用少交公粮的方式弥补两个生产队的损失。1975年春，李存学、李存江、李存富3户搬迁户搬至大队为其新盖的住房。

1974年2月，完成库底和坝基清淤。1975年3月，大队经公社和县水泥厂协调，购进水泥12吨，雇用拖拉机运至北刘庄采购站院内，各生产队劳力用木推车将水泥再运到工地。月底，中庄公社基干营30余人和各生产队的强壮劳力36人，去社庄、西柳峪、沂河用木推车运沙，用于库坝混凝土砌石。

大队社员用肩挑人抬、木车推的方式，从南峪运土修筑水库大坝。建库“大会战”人数最多达320余人，最少为30余人。大队石匠劈山凿石，用于大坝护坡。

4月，边建水库边修东、西两线水渠，东线从大坝修至滑石桥1000余米，西线从大坝平场开渠，长800余米。

5月，水库闸门、放水洞建成。1976年3月，上级奖励耿庄大队一台12马力拖拉机，用于水库建设，拖拉机手公维汉、杨希伦。4月，溢洪道开通。7月，耿庄水库放水洞正式放水，至此，耿庄水库正式竣工。

红水河治理

红水河发源于人头山以北的临朐县垂牛崮，经铜陵关入张家坡镇境内，是沂河的支流，境内全长16.5公里。

过去的红水河，旱时无水，涝时成灾，宽阔的河床两边，冲积形成厚厚的河沙。1916年6月24日，一场大水使河两岸的十几个村房倒屋塌，粮田被冲毁淹没，人畜伤亡惨重，受害群众无家无田，民不聊生。公社化时期的1962年，农历六月十二日晚9时，又一场大水来临，全社倒塌房屋300多间，大水冲走2人，冲倒树木23万株，冲毁粮田2000余亩，当时张家坡大队南北大街水深达1.5米。原供销社、邮电局、管理区、公社党委、医院全被水浸，损失惨重。

1974年“农业学大寨”，全县再次掀起大规模的农田水利建设高潮。张家坡公社党委提出“劈开马耳山，顺直红水河，造地两千亩”的口号，对红水河进行宏伟的治理规划。

秋收结束后，公社党委成立由党委副书记王常珠任总指挥的工程建设指挥部，并将指挥部设在马耳山后。在顺直红水河的工程中，首先要实施劈开马耳山这个最艰巨的工程。指挥部在全社4个管理区抽调精干青年社员600余人，组成4个野战连。在指挥部附近支起了一口大锅、一盘石磨，运来硝酸铵，自己炒炸药。支起红炉（铁匠铺），组成铁匠组，锻打铁镐和打炮眼儿用的钢钎。木工组保证工地上的锤把、镐把、铁锨把等的供应。一切筹备得当，600多名精兵开始了向马耳山的宣战。锤钎叮当打炮眼，炮声轰鸣炸岩石，铁锨洋镐挖山不止，推车来往搬运不停。奋战了一个冬天，因为工程量太大，春节后，经专家论证，在此劈山改河，弊大于利，最好还是保持这段自然原貌。

1975年春，利用断流的时机，在红水河15公里长的河床上，再次摆开治河战场，开始了合理顺直。当时把顺直河床的任务，按人口平均分给了各大队和社直职工人多的单位，限期限量把河道挖出来。中小学教师也分了一段，教师、学校职工和社员们一样，一齐动手，将汗水洒在河床上。经过一个多月的苦战，一条新河道被开挖出来，过去弯弯曲曲的九东路，也沿着河道，以坝带路，修得又宽又高又平展。河道顺直目标完成后，社员们都各自回到生产队参加春播，剩下的河道两边沙坝护坡任务由4个野战连继续完成，要求在汛期到来之前，把河堤沙坝护好坡。各连分段包干，定出质量标准，从北店子开始，开山运石。野战连的社员们头顶炎炎烈日，吃住在工地，并展开护坡竞赛活动。经过两个多月的奋战，在洪汛到来之前，完成30公里的河堤护坡任务，红水河从此不再像放纵的野马一样洪水四溢，危害两岸群众。

河道工程完成后，野战连作为公社农田水利建设的专业队，继续在沿河沙滩和干河床上整修粮田。公社党委筹集资金，建拖拉机站，给每个连派上拖拉机1台，但主要还是靠专业队的队员们肩挑人抬小车推。经过一年艰辛的劳动，原来的沙滩都变成了黄土地，圆满完成“顺直红水河、造地两千亩”的宏伟计划。

到了1999年，张家坡乡党委、政府决定对红水河进行再次治理。工程分四期完成，累计投资5300余万元，2000年5月开始一期工程，2003年4月完工，耗时3年。整个河道治理总长度15.3公里，先后完成土石方开挖52.65万立方米，浆砌料石14.5万立方米，修建河堤2.7万米、拦河坝48座、交通桥2座、引水渠1条。至此，红水河得到彻底治理，水清岸绿，河堤坚固，流水顺畅，河道内的拦河坝拦蓄河水90余万立方米，成为张家坡镇发展生态农业、两岸群众发家致富的幸福河。

“农业学大寨”，首战水北河

1975年9月，中共中央召开了第一次“全国农业学大寨”会议，提出“普及大寨县是全党的战斗任务”，号召“全党动员大办农业，为普及大寨县而奋斗”。为贯彻“全国农业学大寨”会议精神，临沂地委又召开了“全区农业学大寨动员会”。是年冬，主持县委工作的副书记高福顺带领各公社党委书记赴胶东参观黄县、下丁家等农田基本建设“大会战”现场。

在这次全国会议以前，东里公社在闸水库、改河造地等大型工程的组织上，采取的是以大队为单位搞农田水利基本建设，力量分散，势单力薄，且标准不统一。公社“两委”在学习会议精神后，总结以往“农业学大寨”的经验教训，认为小打小闹的组织方式已经不适应当前新的“农业学大寨”工作形势，今后必须改变方式，集中全公社之力，开展农田水利基本建设“大会战”。于是，公社实行总体目标大规划，具体实施一盘棋，成立以党委书记为总指挥的基本建设会战指挥部和以江兆文为组长的3人规划小组，并成立由80余名基干民兵组成的基干营。指挥部制定了以“三河、两峪、五条沟”为主体的农田水利基本建设“大会战”具体规划方案，实行春夏规划、秋冬实施的方针，稳抓稳打、步步为营。

按照规划，一般每年安排三个大战场，每年抽调6000～8000名劳力上阵，根据大队的大小分摊任务，当年任务必须当年完成，一般3个月左右结束。各大队由支部书记或民兵连长带队到工地安营扎寨，挖地屋子、建伙房，吃住在工地。当时的口号是“干到腊月二十九，吃了包子再下手”。

1976年开春，首先从治理水北河开始。该工程北起莺莺崮，南到沂河边，战线总长度5500余米。全公社近万名劳力上阵，指挥部现场办公，宣传棚、广播喇叭、通讯报道、宣传队全力以赴进工地，其气势之磅礴、威力之大、战线之长、社员劳动热情之高前所未有。

修建石龙渡槽（王健画）

通过近半年的苦干，水北河两岸总治理面积2000亩，疏河造地扩大耕地面积600亩，沿岸有5个大队受益。受益村流传着这样一首民谣：“垫了河滩地，两岸高壁起，神女展广袖，迎来玉泉水。”

第二年组织蚕场“大会战”。第三年，又转入红水河治理。该工程北起张家坡公社的林前大队以南到院峪、东安至东里东西两洼，通过一冬一春的治理，扩大耕地面积550亩，荒滩造地垫土0.7米厚，质量之高、速度之快，得到临沂地区检查团的高度评价。

东里公社就这样以排山倒海之势大干了5年。1978年，党中央下达通知，要求各地结束“农业学大寨”运动，给农民留出休养生息空间。当时全公社的“农业学大寨”正处于五年规划实施的中后期，为了尽量减少遗留问题，继续坚持在西长旺、桃花坪水库、柴家庄搞了三大片。最后总结时，全公社5年的“大会战”总投工280万个。

石龙渡槽修建始末

田庄水库大坝于1960年6月合龙后，1963年加固大坝。1968年年底，建北放水洞，翌年6月竣工，同期开始修建北干渠。原设计自放水洞出口起，修至东里公社三宝官庄止，干渠总长50公里，工程截至1984年，实际总长31.5公里。

石龙渡槽始建于1976年，1979年8月建成，全长1067米，72孔，单跨最长达15米，最大拱高8米余，是全县建筑规模最大的石拱渡槽。

当时参加石龙渡槽修建的有东里、石桥、张家坡和三岔4个公社。其中间部分由东里公社和张家坡公社承建，三岔公社承建渡槽的南段部分，石桥公社在北段与悦庄公社负责建设的干渠接槽。修建渡槽的石料全部取自石楼大队北面的青龙山，石、沙等建筑用料基本是就地取材。民工自备工具，生活自理，最大限度节省工程资金。

修建石龙渡槽时，县革命委员会组建工程指挥部并配备领导干部负责施工，当时称为县革命委员会工程指挥部。总指挥为县领导张彦群（曾任中共沂源县委常委、宣传部部长），王洪余、王大田等人分别担任不同领导职务，后来担任县政协主席的丁德民就曾在指挥部里工作过。指挥部设在悦庄公社赵庄村，成员由水利、商业、供销、物资、粮食、金融、交通、公安、文教卫生等部门负责人组成，目的是便于施工领导、后勤保障和宣传发动。

毕业于天津大学水电专业的段允平是沂源县历史上的第一个名牌大学生，负责整个灌区的勘测设计。灌渠建设期间，临沂地区水利局派农水专业的袁璋和秦科2人专程到沂源帮助工作。

当时，民工是水利基本建设中的主力军。工程采用农闲季节大兵团作战的办法，按照军事化组织编制，以基干民兵为基础，党、团员为骨干，民工年龄要求18～45岁，身体健康无宿疾（指久治不愈的疾病)。各参建公社建立施工团，团以下按管理区建立施工营，营以下依次为连、排、班。在上工前，就已经做好建制安排，并建立完善的党、团组织，做好自带口粮、食宿安排、工具配备等各项准备工作。

民工报酬方面，除生产队记工分外，绝大部分是每完成一个定额工日，补助0.20元和原粮指标1.5斤。在工程施工过程中，各公社统一设立食堂，集体立灶，民工各自凭票就餐。在住宿方面，分散安排在工程附近大队社员的闲置房中。

基槽的施工作业全部采用人工开挖方法，主要用锨、镐挖装，用抬筐、胶轮车运输。夯实工具主要是石夯。石方开挖工程，全部是人工钢钎打孔，炸药爆破，人工挑抬与独轮车运输。砌石工程以料石垒砌为主，水泥砂浆灌缝、勾缝，渡槽砌成半圆形石拱。料石开发和石砌、勾缝由有技术的民工(石匠)负责。

在“农业学大寨”精神的鼓舞下，“干到腊月二十九，吃了饺子就下手”。人们自力更生、艰苦创业的干劲十足，轰轰烈烈拼搏，默默无闻奉献。1000余人参加会战，无人讲究利益得失，你追我赶，力争上游。各工段、工序分工明确，无缝衔接，两年多的时间内完成整个渡槽主体工程的建设，人工方式完成8000余立方米的料石开采、运输和浆砌，创造出沂源水利建设史上的又一个奇迹。

范曾题写“石龙渡槽”“田庄水电站”

1977年10月，动工兴建田庄水库中放水洞水电站。1979年5月，水电站建成并网发电，8月，修建完成石龙渡槽。两处工程均由段允平设计。

段允平在1954年至1958年就读于天津大学(其前身为北洋大学)水电系。而范曾1955年始就读于南开大学历史系。两校校址均在天津市卫津路，相隔一湖，且有一桥相连。那时的天津大学属全国规模最大的多学科工科类大学，以工为主，理工结合。南开大学是以文理为主的综合性大学。1952年全国高等学校院系调整后的天津大学，规模上比南开大学要大些。南开大学的师生经常借用天津大学的礼堂、游泳池和体育场等开展活动，学生们也可

1978年8月，田庄水库发电站厂房建成剪彩

自由地进入天津大学的中、西餐厅就餐。段允平和范曾就在这种情况下相识。范曾虽然学的是历史专业，但对书画的爱好和研究已初见端倪，也算小有名气。到了1957年，范曾转到中央美术学院进行专业深造。

田庄水库水电站建成后，在段允平的建议下，派袁璋前往北京找范曾题写站名。与此同时，大家纷纷提议将田庄水库北干渠中规模最大且即将竣工的“石龙渡槽”也让范曾一并题写。

袁璋找到在中国历史博物馆工作的范曾，当时他正准备调到中央工艺美术学院任教。袁璋向范曾介绍沂源县水利工程建设的情况后，一并提出了题字的请求，范曾欣然同意，即刻挥毫泼墨，提笔书写“田庄水电站”“石龙渡槽”两幅题字(当时既没

范曾题写的“石龙渡槽”

落款，也没署日期）。

不久，石龙渡槽建成，总指挥张彦群等人凑在一起开会研究渡槽取名事宜，因为渡槽长千余米，当时提议取名“千米渡槽”，因其北头是石龙官庄，南头是青龙山，且该渡槽气势雄浑，宛如一条巨龙，横卧博沂公路，最后一致议定以范曾题写的“石龙渡槽”为佳。

田庄水电站和石龙渡槽先后竣工后，工程指挥部派专人将范曾题字送到县照相馆，用120黑白相机拍出底片，再到县城东方红电影院通过幻灯放大，用透明纸人工描绘后带回工地。“石龙渡槽”四个字是通过水泥制作、多次浆面，做成阴刻立体字模，各镶嵌在博沂公路穿越的渡槽孔的顶端东西两侧。“田庄水电站”五个大字则用钢板切割制作，两面用红色防锈漆涂刷，由钢筋支架托起，横排在发电站楼房的正面大门上方。

刘庄水库兴建始末

20世纪70年代，中央发出“农业学大寨，普及大寨县”的号召，突出强调要敢想敢干，想大事、干大事，要革命加拼命，随即，大规模的农田水利基本建设在全国各地广泛展开。燕崖公社刘庄大队党支部提出修建一座小（二）型水库的计划，经公社党委研究同意，工程于1977年10月正式上马。

工程开始前，成立了工程指挥部，党支部书记苏满义任指挥，公社驻刘庄大队工作组组长高平德（供销社党支部委员）任指导员，副指挥由党支部副书记曹长东、许庆仁担任，指挥部成员蒋则利负责运输土沙，解明泉负责施工，会计张照福负责宣传，许庆才负责物资保管，红旗水库技术员程培兴负责工程技术和设计。15周岁到60周岁的社员全部参加。工程指挥部专门设食堂，由刘洪来负责，粮食由个人自备，大队、生产队各补贴一点，按量发饭票，个人凭票吃饭。

工程开始时，天气已非常寒冷，筑坝时已经开始上冻，加上地质复杂，所以施工难度较大。由于没有抽水设备，只能组织团员青年一昼夜四班轮流人工挑水降低水位，保证大坝顺利合龙。早上四五点钟就吹起床号，所有民兵、团员在坝体集合，操练队列、跑步后就开始动工，晚上直到10点左右放工。为尽快使坝体超出放水洞死水位，团支部组织青年突击队，遇到应急任务，不论何时，马上准时到达任务指定地点。晚上加班挑水均为义务劳动，不计任何报酬。

运送沙土全靠独轮车，每辆小车两个人自刨自装加运送，一个定额50趟，往返里程达30余公里，运沙子的定额为5车，但都能运到7车。由于没有机械，黏土心墙的压实只能用大石磙来完成。指挥部定制两盘直径1.5米左右、厚0.6米的大石磙，装上木框，拴上4根粗绳，由四五十个人拖拉着来回滚动。坝两头压不到的地方，也是最容易渗漏的地方，则用石夯完成。打夯大部分都在晚上，这样既不再上土，又不再拉石磙子，所以比较安全，也有白天已完成任务的社员，晚上再去义务帮助打夯。当时刘庄大队还没有通电，每个生产队1盏、大队2盏汽灯，整个工地用14盏汽灯照明。

工程一直干到腊月二十六，大队才决定放假过春节。多数人在劳动期间很少回家，吃住在工地，最少的有从农历九月二十六到腊月二十六的3个月中只因生产队有事才回家两趟，只在家吃过一顿饭。此时大坝已经到12米高，放水洞已经建成。

大年初一，党支部发动团员、民兵搞义务劳动竞赛运石料，民兵连长、党支部副书记曹长东不小心把手砸破，鲜血直流，随便撕块破布一缠，继续参加竞赛。

春耕开始后，多数劳力开始整地。水库工地上留下由七八十人组成的专业队继续常年施工。就这样断断续续，一直到1980年，大坝才筑到20米高，但护坡石是后来才完成，外沙壳还缺若干。由于村领导班子的变动和80年代开始土地承包到户，该水库一直是“半拉子”工程，未发挥应有的效益。1985年才开始渠道配套，20世纪90年代后，作为病险水库，国家投资完成大坝加沙壳和防浪墙的修建。

70年代的北营水库灌区

北营水库于1959年10月开工，翌年开建灌渠，开挖干渠3条、支渠36条，总长53公里，控制灌溉面积2.5万亩，设计灌溉面积1.5万亩。1974

年，公社依靠群众，发动群众，再次发动灌区人民艰苦奋斗、大干快上，对大坝进行除险加固，使该水库成为灌区人民的放心水库。

开灌前，灌区粮食亩产只有300斤，1964年全灌区粮食生产“上纲要”，1967年“过长江”（“上纲要”“过长江”指1956年到1967年粮食产量达到《全国农业发展纲要》的规定，即从1956年开始，在12年内，粮食每亩平均年产量，在黄河、秦岭以北地区，由1955年的150多斤增加到400斤；黄河以南、淮河以北地区，由1955年的208斤增加到500斤；淮河、秦岭以南地区，由1955年的400斤增加到800斤）。1972年，发生严重干旱，灌区粮食亩产仍达到960斤，26个大队亩产全部“过长江”，其中18个大队过千斤。对国家贡献粮食189.5万斤，集体储备粮47万斤，社员生活“芝麻开花节节高”，社员称赞：“北营水库是粮仓，渠道纵横到田旁。闸门一开银水流，人定胜天多打粮。毛主席送来幸福水，丰收不忘共产党。”

1972年，三伏无雨，导致严重的秋旱，在库容蓄水用完的情况下，灌区群众发扬龙江大队共产主义风格，北营、中营大队让机器、让时间给朱家庄大队，顺利浇完一遍。管理所以水养水，从水费中解决柴油和机器维修费用1500元，保障灌区在大灾之年仍然取得农业大丰收。

1977年的北营水库渡槽

70年代的北营水库管理所

北营水库建成后，灌区覆盖26个大队，主要受益大队有10个。公社党委在各受益大队中抽调1名副书记或支部委员组成灌区管理委员会，党委选派1名脱产干部，从受益200～500亩的大队中抽调1人、受益500～1000亩的大队抽调2人，在10个大队中抽调责任心强、有事业心的贫下中农13人，组成水库管理所。管理所人员每天自带粮食1斤，补助生产粮1斤、生活费3毛，所在大队按照基建工记工分，工分不低于所在大队同等劳力。管理所设立食堂，吃住在单位，一日一考勤，一月一评比，开荒种菜自给自足。

公社党委定期在水库管理所举办学习班，学习马列和毛主席著作，忆苦思甜，分析灌区对农业生产、发展和水库管理的重要性。管理所成员树立勤俭办所、立足岗位、胸怀灌区、以库为家的思想，把主要精力用到农业增产用水上。1971年，在管好水库、服务灌区用水的前提下，为提高灌区抗旱能力，管理所充分调动灌区群众的抗旱积极性，在灌区各大队开挖大口井。被贫下中农称为治水“土专家”“水利迷”的侯连海、郑作祜跋山涉水，往来各大队，设计测量井位。两年时间，打机井22眼，配套13眼，增加灌溉面积1500亩。

管理所所长谢加良带领全所人员开垦荒山荒坡，发展林业、渔业、畜牧养殖和小手工业等多种经营，组建红炉组、木工组、编条组，自力更生，增加收入。到1974年，全所植树造林2000株，栽植棉槐2000墩，用于编筐、编篓，水库一般建设所用木材和施工工具基本做到自给自足，仅此一项，节约工程开支700余元；栽植苹果600株，每年收获苹果万余斤，收入1500元左右，苹果地间隙种植庄稼，年收粮食6000斤、花生500斤；挖池养鱼40余万尾，年捕鱼3万斤。另外，还建猪圈4间，养猪6头。总收入达到3.5万元，粮食收入6.5万斤，主要用于工程管理、大坝维修和民工补助，减少受益大队的负担。70年代，北营水库在发展多种经营、服务灌区农业生产上，成为全县小型水库管理的典型。

下龙巷电灌站建修记

悦庄公社下龙巷大队的土地较肥沃，沂河水从该村西、北、东三个方向流过，而且村中自南向北的小溪常年有水，具有良好的水源条件。然而农作物却常常是十年九不收，主要原因是河水难以引到田里。1976年秋，沂源县委组织“农业学大寨”工作队到全县各农村开展支农工作，发动指导群众利用冬闲搞农田水利基本建设。当时，悦庄公社下龙巷大队交通闭塞，群众思想守旧，人心涣散，是公社中的“老大难”。虽然该大队一直有建电灌站的想法，但在缺乏资金和大队干部怕操心的情况下，一直没能建成。所以守着这么丰富的水源，却总是年年歉收。

工作队的王丙山在召开了党员、干部、社员大会统一思想认识后，决定利用一个冬春的时间修建电灌站，要让该大队的麦苗浇上返青水！

在公社水利站技术人员的帮助下，利用3天时间，勘探地形，确定出水渠的路线、长度和电灌站的位置，预算出需要的材料和资金、工期等。但修建电灌站的资金困难摆在大队干部的面前。最后，该大队作出“村民集一块，向上级争取一块”的决定并向全体社员公布。在修建电灌站筹集资金的决定公布后，社员们有钱的出钱，没钱的出物，其中一位大娘拄着拐杖，颤巍巍地从脑后取下柳叶银簪交给了工作队的王丙山，这让大队干部们更加坚定了建成电灌站的决心。

1976年年底，各项准备工作基本就绪，全体社员开始了兴建电灌站的劳动，腊月二十八，完成开凿水渠的计划。正月初六，当人们还沉浸在过年的喜庆中时，下龙巷大队的社员们就来到山上，继续开工干活。为了不窝工，爆破组每天早起放炮，在集体开工前完成土石的爆破工作。经过争取，县水利局帮助该大队1万元现金和75马力的电机1台，县电力局帮助解决电线和电线杆。当时县物资局没有钢筋，只有二七医院（后来的县中医院）有部分钢筋，该大队就用粮食兑换钢筋的办法，解决了钢筋问题。几个月后，下龙巷电灌站竣工，随着隆隆的电机声响，滔滔沂河水爬上山顶，流入麦田。那一天，全体社员欢喜雀跃，从未有过的兴奋涌上每个人的心头，到处洋溢着喜庆的气氛。

从此，下龙巷大队结束了靠天吃饭的历史，粮食产量大幅度提高，当年不再吃统销粮，还向国家卖了10万斤粮食。只用一年的时间，社员们不再以地瓜干当主粮，当年吃上玉米煎饼和白面馍馍。

“十面红旗”赤坂大队

20世纪70年代，张庄公社赤坂大队有19个生产队，1900余人，共有粮田面积2400余亩，其中包括小麦、玉米双季田1700余亩，其他为山岭地。全大队有1100余劳力从事种粮生产，主要种植玉米、小麦、花生、地瓜。为提高作物抗旱能力，改善灌溉条件，提高粮食产量，过上富裕生活，社员们在大队干部的带领下，铆足干劲改河垫地、开荒扩地、打井修渠。

当时该大队有200余人的民兵连和80余人的青年突击队，在兴修水利中，更是表现出了高涨的热情和忘我的精神。为提早打好机井，为农田灌溉提供便利，民兵和突击队员们没白没黑地干，常常是吃在工地，睡在工地，10多天就能打出一口深井。每一处打井的工地上都是红旗招展、彩旗飘扬、喇叭声声、人欢马叫的场面，尽管是天寒地冻、北风呼啸，但社员们仍然干劲冲天。只要打好1眼机井，下完井管，就标志着又一眼机井诞生了，更意味着遇到干旱天气，社员们就不用发愁了。所以生产队长总是在下井管的那天，安排社员支锅炸油条，杀猪买菜，熬杂烩汤等，让社员们饱餐一顿。那时，小孩子最盼望的是生产队打机井，等下午放学后，孩子们就直奔打井工地，帮助推转盘，虽然很累，但为了能吃上队里的油条，喝上杂烩汤，还是很乐意的。一年下来，大队连续打了11眼机井，使旱田变成了水浇地，粮田得到有效的灌溉，实现了旱涝保收。

1977—1980年，赤坂大队连续3年交纳公粮73万斤，成为全县交纳公粮最多的生产队。在全县五级干部会议上，县委、县政府授予该大队“全县十面红旗”之一，树起了人民公社时期“以粮为纲”发展生产的一面鲜活旗帜。大队长刘昌连先后到县、地区等地进行粮食生产工作经验交流，同时，县委、县政府还组织其他公社到该大队参观学习。该大队先后被评为全县先进民兵连、先进妇代会、先进治保会、先进团支部等，成为全县闻名的先进村。

战山河娘子军连

1975年9月，全国“农业学大寨”会议召开后，全国上下迅速白掀起“农业学大寨”的高潮。悦庄公社党委调集上千名青年强壮劳动力，组成悦庄公社战山河基建营。其中有两个连是从全公社68个大队抽调200名精明能干的女青年组成的，称为“战山河娘子军连”。连队领导由社直部门负责人担任，张明月、刘常美分别担任连长，因娘子军连中没有女党员，公社党委书记点名让赵家峪村的支部委员王正兰担任两个连的指导员。

娘子军连按部队的编制和管理方法进行管理，听从公社党委的统一指挥，哪里有任务，她们就打着“战山河娘子军连”的旗帜战斗在哪里。当时她们的生活非常艰苦，住民房、睡地铺、吃玉米面窝头，咸菜是主菜。她们每天要推几百斤重的车子，抬100余斤的筐。寒冬腊月冻伤手脚，酷热的夏天脸都晒褪了皮，但她们没有一个“掉队”的。这与连队的领导起带头作用是分不开的，不管哪个领导，在劳动时都身先士卒，最重、最难的活，连队领导总是抢在最前面，指导员王正兰是连队中最能干的一个。由于娘子军连“官兵”一致，同心同德，不管挖渠治河，还是平整土地，都能圆满完成公社党委下达的任务，受到党委多次嘉奖。她们的事迹被当时战山河公社文艺宣传队编排成节目，在全社进行宣传演出，县广播局也多次播放过她们的先进事迹。县委、县妇联推举王正兰参加了1976年3月山东省委召开的妇联社会主义建设积极分子代表大会（全县共7名代表，县妇联主任李翠华带队）。

1975年11月至1977年下半年，娘子军连在悦庄走马岭以西半个公社的土地上，挖了苗山、埠村、儒林集3条长达1.5万余米田庄水库北干渠的支渠，灌溉面积达万余亩，平整土地1000余亩。在当时特殊的环境和条件下，悦庄公社组建的这支战山河娘子军连，造就出了一大批能吃苦、敢担当的创业人才。改革开放后，她们中有的走上领导岗位，有的担任企业负责人，在社会主义建设的各个岗位继续发扬着当年战山河娘子军的精神。

双泉村改造山河记

燕崖乡双泉村地处东白峪村南的山岭地带，地无三分平，自然地理条件差，人畜饮用水源奇缺，农业经济发展缓慢。曾有打油诗：“有女不嫁双泉村，吃水吃到南山根。去时穿着绣花鞋，回来露着脚后跟。”生动地描述了该村发展落后的局面。1986年，双泉村有220户共810人，耕地1085亩、荒山3700亩，分布在11架山梁上、9条山沟内，人均不足1.5亩田、5亩山。

党的十一届三中全会以后，双泉大队的社员群众积极落实党的农村政策，不断完善生产责任制。以“愚公移山”的精神，战天斗地的决心，连续进行治山造林、整地改土、兴修水利。

该村从1979年开始，将25度坡以上的285亩坡耕地退耕还林、蓄水保土，把685亩坡耕地全部整成“平展、土暄，能排能灌高堰头，桑树双花绿镶边”的水平梯田，改善了生态条件，到1985年

燕崖镇双泉村

年底，全村共挖树穴39万个，造林3040亩。其中用材防护林1060亩、经济林1940亩，栽花椒3万株、苹果7500株、山楂1.5万株、软枣柿子1700株，桃、杏、梨、樱桃、香椿等其他果树2.1万株。地边植桑7万株、金银花10万墩，改变了荒山秃岭、山穷水恶的自然面貌。1982—1983年，发动300余名社员，从相对高度200余米处的流域借水，建成扬程168米、管道350米的三级扬水站，修渠道6500米，建4万立方米蓄水池1座，打深井2眼，解决人畜用水的同时，全村80%的农田得到有效的灌溉，从而彻底摆脱了11架山梁无水，9条山沟皆干的缺水状态。

从1979年到1985年的六七年时间内，双泉大队共投资30万元，投工40万个，搬运土石方35万立方米。到1985年，已达到综合治理总面积4800亩的80%，有效地改变了生态环境，提高了经济效益。粮食亩产800斤，比1978年翻了两番。粮食丰产六畜兴旺。全村生猪存养量从1978年的不足百头，增加到1985年的300余头；奶羊从无到有发展到60余只；鸡、鹅、鸭、兔成倍增长。农业总产值达到了42万元，其中以林为主的多种经营收入32.95万元，占农业总收入的78.5%，人均占有520元；粮食总产量59.0万斤，人均745斤。双泉村由过去粮食亩产不过百斤，现金分配只有几十元的“三靠”（吃靠国家统销、花靠国家救济、生产靠贷款）村，变成“青山座座相连，层层梯田绕山；小雨水不下山，大雨流淌清泉；一年四季花果飘香、五谷丰年”的致富村。

国家水电部水保处郭廷辅处长评价说：“双泉的支部书记是创业模范。双泉总面积每亩产值87元也算不错了。双泉有希望，双泉是全县的希望，双泉是山区建设的希望。”

田庄水电站承包经营

田庄水库水电站是1979年5月建成的一座坝后式水电站。发电机3台，总装机容量1890千瓦，设计年发电量300万度。

1981—1983年，沂源出现历史上少有的连续干旱，导致水库蓄水少，无水发电。1981年，水电站全年运行仅有12天，发电8.75万度；1982年运行7天，发电4.42万度；1983年运行13天，发电12.18万度。由于无水发电，造成“设备常年闲，工人无活干，工资发不上，电站成负担”的困难局面。水电站职工思想不安定，生产无信心，先后有9名“亦工亦农”职工离开水电站。

面对如此困难状况，该水电站领导发动职工，群策群力，找出路，想办法。大家一致认为沂源县十年九旱，水源不足，单靠发电不行，得搞副业生产。1982年下半年开始，开展生产小型电焊机、配电盘等电器产品及变压器、电动机维修等业务。至1984年，已经制造中、小型电焊机45台、配电盘50面、铁船7艘；维修各种电焊机50台、电动机145台、变压器22台、起动补偿器6台及其他铆焊产品100余件，产品价值达14.21万元，实现纯利润7.61万元。由于产品质量好，价格合理，受到广大用户的欢迎，产品一直畅销不衰。

该站以发电为主，大力开展副业生产的同时，实行经济承包责任制，分别对发电生产和副业生产实行双承包制度。发电收入归田庄水库管理所，水电站提取电费收入的7%作为电站人员的工资和运行费用（包括耗用的各种油料、卫生用品、劳动保护用品、办公费等）；每年发电前，设备维修保养和预防性试验费用，由水库发给2000元包干使用，超过不补；设备大修、调试、购置备品备件、人工费、材料费由水库支付；为鼓励职工学习业务，每人每年由水库发10元学习费，考试不合格者不发。在停机不发电期间，利用现有的工具设备搞副业生产，原料自购，自产自销，纯利润的20%上缴水库管理所，剩余由水电站自行安排，作为工人工资、奖金等。

到1984年，该站通过坚持开展副业生产，并实行承包责任制，经济效益显著，完全摆脱了过去的困难局面。职工工资收入大幅度提高，由过去发不上工资，达到全站每人月平均工资147元，最高的月收入200元，最低的月收入80元，比原来的工资翻了一番。其中1名职工在第一年便还上500元欠款，第二年筹齐盖新房的全部资金、物料，2名职工买上了彩电，还有3名职工正到处托人购买彩电。职工以站为家，再也没有人提出要调离岗位，反而有一些外单位的职工要求调到水电站来工作。

副业生产的开展，使电站扭亏为盈，促进了电站的经营管理工作。水电站制定了一整套完善的规章制度，所有电气设备都固定由专人维修保养，做到站房及设备清洁、光滑、无锈蚀、无污垢，设备完好率达到98%以上。备品备件有专门的仓库，档案资料齐全，工具仪表整齐不紊，伸手可取。水电站还有3.7万元的收入积累，再也不为经济困难犯愁。

1984年年底，省水利厅在沂源县召开全省小水电经营管理座谈会，来自全省8个地市水利局分管小水电的负责人以及22个小水电站的负责人参加。会议肯定了田庄水库水电站的做法，号召全省的小水电站学习推广田庄水库水电站开展副业生产的经验和做法。

李家沟水库承包经营

1967年，东里公社建成李家沟水库，总库容73万立方米。水库建成后，由公社和李家沟、东桃花、西桃花等3个库区大队共同管理，发挥效益很差，后又转交3个库区大队管理，仍无济于事。当时，偷抢捕鱼成风，300亩的水面不见一点集体收入，就连管理人员点灯用油也得从3个大队凑钱去买。

改革开放后，为改变李家沟水库管理差、效益低的状况，1981年10月，3个库区大队与社员张树民签订了水库管理承包合同。合同规定溢洪水位以下的土地和水面由承包者经营，并承担坝下300米渠道的维修；浇地时每放1小时的水，用户向承包者交费2元；承包者每年向3个大队交款2000元，余者归己，长期不变。1983年1月，《大众日报》第一版报道了该水库承包经营后集体、个人获得双效益的事迹。

张树民承包水库后，在管好水库、保证放水浇地的同时，首先购买6万尾鱼苗放入水库。1982年4月，又在3个养鱼池养育鱼苗6万尾，买了1000余斤鱼饲养，购置了400米鱼网，并在水库周围育树苗1500株，养鹅40只。到了年底，张树民收浇地水费1100元，加上鱼、鹅收入和库边粮食作物收入共计2900元，在完成上交承包任务的同时，个人净得900元，另有价值6.3万元的存养鱼和鱼苗。临沂地委和沂源县委的领导现场调研该水库的承包情况，在领导的鼓励和表扬下，张树民决心放开手脚大干一场，当即决定1983年再往水库投放鱼苗6万尾，养鹅10只、肉食兔100只，库边栽树3000株，为集体和个人创造更多的财富。

西瓜峪村整山治山

张家坡镇西瓜峪村，位于镇政府驻地西1.9公里处。全村总面积2073亩，三面环山，山多地少，山高坡陡，土地瘠薄，大都是偏坡地。过去，山是一片光秃秃的山，像瓢大的山岭薄地东一块、西一块地“挂”在半山腰，庄稼十年九不收，遇到干旱，甚至绝产。如遇大雨，洪水漫山遍野，水冲沙压，把一块块山岭薄地冲得支离破碎，泥土满河川，水土流失十分严重，土地越种越少，越种越薄，粮食产量一直不高，群众生活十分困难。直到1981年，全村总收入不到3万元，人均收入只有39元，粮食总产14万斤，人均口粮不足300斤，年年吃统销粮10万斤，是全县有名的吃饭靠国家统销粮、花钱靠国家救济、生产靠贷款的“三靠”村。

1982年，西瓜峪大队面对集体经济收入过低、生产条件困难的局面，经过长时间的酝酿、思考之后，通过党员、群众讨论，制订了以水土保持为重点的山、水、林、田、路、村综合治理规划，决定“整山、治山，向荒山要财富；治水、修路，大干三年，使西瓜峪大变样”。

1983年春开始，发动上至70岁老人，下至十几岁儿童，300多人沐风栉雨、餐霜饮露，风雪天里也干，轻伤不下火线，进行“改造山河，治穷致富”的综合治理。

虽然人口少、劳力少，而项目多、任务重、时间短，但村干部全部靠上，以身作则，身先士卒，不搞特殊化，不计报酬，将省下来的钱用在水土保持工程建设上，用实际行动教育群众，把规划设想和群众交底，党员、团员起模范带头作用，激发了群众艰苦创业的积极性，增强了脱贫致富的信心和决心，使各种工程进度快、质量好。村委主任刘汉忠，小孩有病都舍不得离开工地，经别人劝说才到医院去治疗。支部委员刘相才天天盯在工地上，既当战斗员又当指挥员。55岁的老石匠刘圣每项工程都留下了他的手印，1983年闸塘坝需用石方1200余立方米、沙500余立方米，他只用了10天的时间就全部完成。

在挖鱼鳞穴时，正值隆冬天气，寒风吹得人手脚冻裂了，挖不上几个穴，手就震出几道血口子。为了尽快完成任务，手脚裂了口子，撕块胶布一贴，继续抬镐扬锨，当时许多人的手上几乎贴满了胶布。村民刘太友手被震裂后，回家用线缝起来，坚持到工地继续挖穴。还有的因患关节炎，直不起腰，站着不行就跪着干，一连3天才挖成一个长宽各2米、深1米的大穴。群众说："虽然吃了苦受了累，可总归有了盼头，有了指望"。经过全村干部群众几年的艰苦奋斗，基本改变了原有的恶劣生产条件。

1983—1985年，3年时间开发11条山沟，治理7架山梁，共动用土石方12.8万立方米，投工9.09万个。拆迁93户，造地30余亩，建文化大院，整理村容村貌，新建校舍8间，并达到"六配套"；修连村路、经济路5000米，建河堤250米、桥2座，改善生产、交通条件。

1986年，该村所有荒山全部得到绿化，山顶防护林、用材林戴帽，山鞍子、山根全部栽上经济树，建各种果园800亩，栽植经济树1.64万株，并分户管理，每户一个小果园，山、水、田、路、村总体规划基本变为现实。是年冬，为防止土、肥、水流失，西瓜峪村开始把所有果园进行深翻整平，浇水施肥打树盘。所有干部、党员、团员利用两天时间，义务治理高标准样板田，随即召开全体村民现场会，然后统一标准、统一时间分户治理。

在治理坡地过程中，67岁的老党员刘汉英，虽然年老体弱，但天天干在工地上。身体有病的老党员刘相贵，也是天天带领全家把所有的果园全部治理完。在党员干部的带动下，新建的750亩果园用

水土保持治理后的张家坡镇西瓜峪村梯田果园

了40天的时间完成了400亩，并达到了水保要求，使经济树能够安全过冬。其余350亩也于1987年春全部完成。

到1987年冬，该村所有坡耕地全部整成水平梯田，水土流失现象得到根治，并实现山地园林化。在治山整地搞好绿化的同时，还修建塘坝2座，蓄水2.5万立方米，建机电灌2处，扩大水浇面积300亩（其中粮田面积200亩），达到了每口人4分地的水浇田。全村人均口粮从1978年的300斤提高到1986年的700斤，解决了群众的吃饭问题；经济收入也由1978年前的人均50元增加到1985年的223元。

经过治理，该村林木覆盖率增加，各项措施相继发挥作用，流域内基本形成了小雨不出地、中雨不下山、大雨不成灾的生态环境，取得了显著的生态、经济效益。到1994年，全村林果进入稳产、丰产期，年产果品150万斤以上。农民人均收入稳定增长，2001年达到3056元，成为治理小流域致富的典型。

实行责任制，管好山林水

20世纪60年代，土门公社菜园大队先后在南沟、东沟建成小（二）型水库2座，总库容20余万立方米。这两座水库都有位置高、水源较好的特点，控制灌溉面积在600亩以上。

水库建成后，该大队安排2名社员分别看管这两座水库，但由于责任不明，管理上非常混乱。坝坡开荒种地，库内乱捕乱炸，闸门损坏，水库安全受到严重威胁。渠道严重失修，浇地无人管理，因

浇地争水引起的打架斗殴和纠纷时有发生，库水利用率极低。放养的3万尾鱼苗只捕捞200斤鲜鱼，年年赔工、赔钱。

1983年，实行以大包干为主要形式的生产承包责任制，菜园大队的水利设施和荒山管理出现新转机。菜园大队青年社员张会春、唐守星带头承包两座水库和部分荒山。2月，二人分别与大队签订5年期承包合同。合同规定：每座水库每年向大队交提留100元；承包水库管理者负责做好大坝及坝下200米渠道的维修看管，并保证溢洪及灌溉水路畅通和大坝安全；坝内水面及溢洪水位以下土地归承包者开展种植养殖业；放水洞以下死库容水不再用机械抽水，以保证库内养殖业的开展；承包者配合大队做好水费征收和安排灌溉次序计划，所收水费按集体、个人六四分成，集体得大头。

承包当年，张、唐二人放养鱼苗1.6万尾，同时调换水库周围耕地，种植花生、芋头、土豆、蔬菜，栽植刺槐、杨树，在水库下游的塘坝内养藕、投放鱼苗等，发展多种经营。

此后，该大队又将水库以南350亩年年植树不见树的荒山承包给张会春，并规定要在3年以内完成整片荒山的造林绿化，树苗种子自筹，承包时间10年不变，到期林木以材论价，集体得30%，个人得70%。承包荒山的第一年，育刺槐苗5亩，棉槐苗4亩，扦插杨树苗3亩，育泡桐苗0.5亩，共计12.5亩，为第二年大规模造林植树奠定基础。

菜园大队通过实行承包责任制，调动了社员的积极性，水库和荒山管理出现了新局面。小麦春灌变得秩序井然，灌溉效益、水的利用率和抵御水旱灾害能力大大提高，水库安全保障措施也同时得到保证，集体增收和社员致富获得双赢。

洪水中背出6位老人

1984年农历六月十三日晚上，徐家庄乡小张庄村“两委”会议开到10点多钟，此时，下了大半天的雨仍不见停歇。散会时，党支部书记刘训谟叮嘱大家：看来今晚有大雨，要小心防汛。

回家后的刘训谟听着外面越下越大的雨，加上不断划破天空的闪电和震耳的雷鸣声，让他无法入睡。到了深夜2点钟的时候，全村已停电。

小张庄村的“老庄”前街居住着多位孤寡老人，该地地势低洼，东侧紧邻徐家庄河，南边有一条河流自西而东往下倾泻。这么大的雨，一旦洪水从东门和南门漫溢进村，整个前街就很危险。放心不下前街孤寡老人的刘训谟一骨碌地爬起来，拿起手电筒，披上雨衣就往外走。妻子急着问他：“下这么大雨你干啥去？”他匆匆忙忙地答道：“我得去老庄看看，那里都是孤寡老人！”说话间，刘训谟冲进雨中……妻子只得扒着窗户向外大喊：“你小心点！”对于妻子的叮嘱，刘训谟也来不及回应。

来到满是大水的公路上，他决定先到村东叫醒党支部副书记左效祥。两人返回公路时，左效祥着急忙慌地要到粮站去借麻袋。当刘训谟顺着公路向东走到供销社胡同时，遇到王绍宝背着他母亲，王绍宝问他干吗去，他说：“和你一样救人去。”王绍宝提醒他：“你得小心，门市部门前有个大水沟，冲得很深很大。”

果然，门市部前已经被大水淹没，深达1米有余。他刚一下水，就被冲到了王明贵家门前，好不容易爬起来，赶到五保户刘永兰的大门口，喊了几声没人应，于是上前摸了摸大门，大门上着锁，这才放心。马上又来到住在东门的黄兴德母亲家。此时，大街上的洪水已淹没到大腿。进到黄母家的南屋，见炕上坐着两位一筹莫展的老妈妈，屋内半米多深的水面上到处漂着鞋子、簸箕以及尿盆等家什。他把黄大娘背到后院，再回头刚把另外一个大娘背出屋门，只听背后“扑通”一声，不知道什么东西倒在水中。暂时安顿好两位老人后，回头用手电筒一照，原来刚才的响声是南屋东边的土坯山墙被水淹塌，这让他心惊胆战，庆幸早一步把老人背出来，否则，人就被砸在山墙下。

雨越来越大，大街上的水已到腰部以上。

刘训谟继续出大门，向东走不到10米就是李卫东的老胡同。北山上下来的洪水一下子把他冲倒，雨衣、手电筒、凉鞋被冲走，他使劲抠住石角缝，人才没事儿。这时洪水已经漫到胸部，确实过不去了，也不敢过去了，只得紧急返回，蹚着大水，沿着大街逐门逐户地叫醒李荣顺、康成学、黄修德、黄开功、刘永水、黄纪德等村民。他逆水向南走去，第一户是一个新中国成立前的老党员李希玉老两口，他家无大门，进到他家时，满院子是1米多深的水。老两口站在屋内的木桌前，一动也不敢动。李希玉老人听到是刘训谟的声音，说："咋办？"刘训谟说："二叔别怕！我把你背到戏台屋内，我再来背我二婶子。"戏台屋离老两口的家有30米远，刘训谟将老两口安顿在戏台屋内，叮嘱他们说："家里东西什么也别管，等雨停了再说，别到处乱走，很危险！"然后蹚着齐腰深的大水直奔南大街。逆水走很慢，他一边走一边喊："洪水来了，赶快走！"

南门外的东户是张吉兴家，西户是李常东家。东户低，水深，刘训谟决定先到张吉兴的家，但大门紧关着，街上的大水从大门缝子直往里灌，大声喊里面也没动静，于是用石头砸大门。刘训谟用尽全身力气，将大门扛下来。他到北屋后，见张吉兴的老伴儿已坐在床上，急忙说："三大娘，赶快走！"她说："他大哥，咱咋走？"她的鞋（小脚）在屋里的水上漂着，急忙拿过去给她穿上，又到西屋门前叫醒她刚成年的儿子张增文，并批评他说："这么大的雨，你也睡得着？"让他赶快背着母亲到戏台屋避雨，并叮嘱他们别贪恋家里的东西，先保命要紧。

返回老街，边向西边走边喊。此时的雨小了点，东方已经蒙蒙亮，但街上的洪水并不小。沿街又将李常东、李希章、李永乃、李传发、李永范、李永华、李学信、李世昌、李世宽、李士佐等十几户村民叫醒。

就在这时，刘训谟突然想起在姜家林核桃园居住的孤寡老人吴张氏——张秀兰大娘，于是急忙调回头来，奔向张大娘的家。这时大约是早晨6点多钟。进屋时，张大娘已经起床，老人手扶着衣架，浑身打颤，眼看要跌倒的样子。张大娘见刘训谟来了，说："他大哥啊，我是个小脚，水这么深，不敢动啊！"刘训谟安慰张大娘说："大娘，别害怕，我背你到戏台屋内避雨，那里安全一些。"

张大娘是身高1.7米的大个子，体重170多斤，对于1.64米个头的刘训谟来说，背起来也是相当吃力，加上大半夜与洪水的搏斗，已是让他精疲力尽。张大娘家距离戏台屋150余米的路，他在半米深的水中走了足足半个钟头。

到了戏台屋，他再次安慰4位老人说："等洪水下去了、雨停了，有什么情况回去后再说。"几位老人连忙答应着说："今夜多亏了你，不然就被水淹死了。"刘训谟说："我是党员，这是应该的，这事咱不用常挂在嘴上、放在心上，你们只要好好的，我就放心了！"

就这样，从夜间2点到早晨9点，刘训谟与洪水连续搏斗了7个小时，叫醒48户村民，转移十几户，背出60岁以上老人6位。雨停后，等洪水稍稍退下，刘训谟回家一看，才知道自家小北屋1000多斤的瓜干、小麦等粮食全部被泡在了水里，两头近200斤的猪也被淹死。在又累又冷又饿下，刘训谟很快就病倒了。后来，党支部副书记左效祥来看望他的时候，才知道左效祥去粮站借麻袋时，粮站的人说这时候根本找不到沙子和土，有麻袋也没用，于是就留在粮站帮助抗洪。

这次洪水，给小张庄村造成有史以来罕见的损

在洪水中背出孤寡老人（王健画）

失。村下河的鬼汪，100余株大杨树全部被洪水冲走，损失1万余元；100余亩粮田被淹没；南园菜园地中的土豆、芸豆等全部被洪水冲走，连架子都被冲得无影无踪；5眼大口井电灌设施被淤埋；10余户村民的棚舍、猪圈倒塌，30余户村民的100余头大小生猪被淹死；地堰倒塌，水淹存粮和家具无数。

这次洪灾过后，县政府为表彰刘训谟不畏洪水、舍己救人的精神，被县政府记三等功1次。

刁志山治山

1984年冬，大张庄乡牛栏峪村村民刁志山，看到牛栏峪水库上游有200余亩荒废的荒沟野坡，便产生了绿化荒山的想法。征得村“两委”的同意后，退出责任田，承包了这片沉睡千百年的荒山，成了牛栏峪村第一个林业专业户。

承包这片山沟后，刁志山筹集8000余元，建起3间房子、2间宿舍，把家搬进了山沟里。进山定居后，自购钢钎、炸药等物资，带领全家5口人一年四季没白没黑地干了起来，凿眼放炮，开石运石，挖坑整穴，拦水治沙，开荒植树，绿化荒山。两年多的时间，总投工3000多个，在两条小流域垒筑拦水坝和6道拦沙坝，栽植大板栗720余株、桃树和杏树等300余株、山楂和苹果等750余株、香椿树350余株、杨树100余株、金银花4000余墩，棉槐2000多墩，另外培育刺槐树苗5亩、杨树苗0.2亩，嫁接枣树200余株。原来的荒山野沟旧貌换新颜，经济树、防护林遍布沟坡。

活到老，干到老，不让水土到处跑

石桥乡错石村是个“砂山”村，砂山地占全村耕地面积的95%以上。

1984年冬，51岁的田传白分到一片砂山坡地。他虽然不懂水土保持的大道理，但他知道光秃秃的砂坡，年年被水冲，多少年后土地就会被冲光。老实巴交的庄稼人只认“种地没有土不行，浅土薄地长不好庄稼”的死理儿。不让土被冲，不让水流走成了他坚定不移的信念，于是下定决心，要把这片几乎不能长庄稼的砂山地整出个样儿来，要把荒山变成花果园。

刚开始的时候，没有一块像样儿的地，都是些巴掌大的小地块，而且被水冲的到处是小水沟，露出不少石头，要想整治好这片山坡，难度极大。他把全家的粮田留给两个孩子耕种，第二年开春就在山上盖了一间山屋，拖着有痨病的身子吃住在山上，很少去赶集上店、走亲访友。直到“交九”犯了痨病，不能干了才下山。

干这个活，春秋两季还好，可到了夏天，光着上身，脊背被火辣辣的太阳晒得黑黝黝的，眼睛被汗水浸得生疼，裤子也被汗水浸湿。寒风刺骨的冬天，干起活来，身上虽暖和，双手却干裂得淌血，一个冬天下来，老茧一片，粗糙得像树皮一样。有时候，早躺下睡不着，他就起来打夜班，一直干到晚上10点多。

要搞就搞出个样儿来，搞一片成一片，一块一块地往前赶。他把每块地都整成40厘米以上的深度，遇到石头就开石头，一边开，一边就地取材垒地堰。为了地堰牢固，让土地存住水，把堰根下挖很深。1985年6月14日大雨过后，别人的地堰坍塌，水土流失不少，而他整过的地却都安然无恙。

两年时间，田传白先后用坏20多张镢头、3张铁锨、2个抬筐，建地堰20余道，总长度300余米，开荒、整理土地近4亩。在整好的砂山地里栽上山

错石村的砂山梯田

楂树、苹果树、桃树和柿子树等。1987年春，联户开挖大口井1眼。原来荒草都不长的砂山，变成了名副其实的花果山、致富山。

1986年秋，石桥乡政府组织全乡村干部在田传白开垦的山地里召开现场会，田传白成了水土保持工作的先进典型，受到乡政府的表彰。开现场会的时候，得到鼓舞的田传白说："咱没有理由不干，俺要活到老干到老，不让水土到处跑。"

刘庄村治山治水

燕崖乡刘庄村地处红旗水库的上游，沂源的边缘，南与蒙阴交界，是红旗水库的库区村。全村总面积8.5平方公里，1987年年底，共有1178人，分散居住在14条沟坡、32个自然村和居民点。该村有7000亩宜林荒山，最大的地块也不过10亩，青石山顶，砂石山根。山高坡陡，水土流失极为严重。20世纪50—60年代，该村先后修建小塘坝、谷坊8座，不到10年，有6座淤平填满，其余2座到1984年时蓄水也只有原容水量的五分之一。1964年，村东出现1000余米泥石流，滑坡面积达2亩多。土地越种越薄，粮食产量一直上不去，每年要统销粮、市场高价粮解决口粮不足的问题。全村基本无水浇地，一座小型水库，大坝不够宽，没有溢洪道。各自然村的路只能一人走，连自行车也不能骑。

1984年，该村被列为水土保持定点单位。村党支部坚持上级扶持与自力更生相结合，村班子心往一处想，劲往一处使，不等不靠，依靠群众，组织发动群众苦干加实干，把有限的扶持资金用在水保工程的刀刃上，发扬"愚公移山"精神，连续4年开展群众性的水土保持综合治理，一年一个目标，4年实现大变样。

1984—1987年，累计投工26万个，人均210个。闸谷坊180道，改河1000米，开挖水库溢洪道3000立方米，加坝3000立方米，修建灌渠1200米，建50米长的倒虹吸1座；整鱼鳞穴21.6万个，整平坡耕地720亩；修建近40公里的连村路14条。营造杨树丰产林15亩，栽植松柏和刺槐23.2万株、杨槐2万墩、苹果树1.8万株、山楂树7.5万株、桑树3.5万株，另外栽植花椒、杏、桃、李子、板栗、软枣、柿子等8000余株；投工1万个，开挖土石1万余立方米，开通去蒙阴和中庄乡的土公路约10公里。其中，1987年麦前投工1.98万个，整梯田380余亩，垒石堰200余条，总长1.3万余米，一次治理面积1平方公里。

通过4年对山、水、林、田、路综合整治，该村实现山顶刺槐、松柏，后坡经济树，南坡粮田地边桑，达到县委提出的人均50棵经济树的目标，近100户达到了人均100棵，西山有1户达到了人均1000棵，水土流失基本得到控制，同时实现了"电灯亮，喇叭响，连村公路通四方"。

老年义务植树队

1987年，小张庄村的老党员、老干部和在外工作的离退休人员响应上级义务植树的号召，自发成立20余人的老年义务植树队。65岁的刘艾孔第一批入队并担任队长。队员一年四季在山上开山石、垒地堰、整苗圃、挖树穴，从不间断，从不计报酬。植树队将全村荒山划分成6大片，每片设一名片长负责本片的植树规划。截至2009年，小张庄村的老年义务植树队发展到60人，年龄最小的60岁，最大的年近九旬。20多年，人员换了一茬又一茬，队长换了4任，先后在山上植树3500亩，该村荒山荒地全部得到绿化，后来也就从绿化转向查漏补缺、管护树林。一些队员年老多病，虽然不能参加统一植树活动，但仍担任义务护林员、宣传员，精心呵护树木，贡献余热。

上黄安村找水打井旧事

上黄安村是历史上的严重缺水村，位于石桥镇南，处在燕崖断层北端的新地层上，地势高，落差大，无客水，三面环山，沟壑纵横，因"漏水"而常年河道干涸。夏季暴雨过后，浊流滚滚的河水流淌几天就见河底。

20世纪90年代之前，一到春旱，沿河的几眼井就井枯水干，山里的泉子在凌晨就被人们"占领"。为了刮水抢种，村民们在建于明末清初的一口"官井"周围排起里三圈、外三圈的铁筲，还时常发生因争抢刮水而引起的斗殴。因为这眼井在全村所有的井中是最浅的，下井刮水容易，且出水量相对较多，所以，这种时候人们在这眼井刮水的就多。

1984年，发生了百年不遇的大洪水，村内300多米的河堤被冲垮，作为全村主要饮用水源之一的“官井”差点被冲塌。年底，新上任的党支部书记陈明生就开始琢磨打井蓄水。1985年，组织劳力在上泉的河道里砌筑大口井，但还是蓄不住水，根本无法发挥灌溉效益。

1988年，党支部班子开始跑乡政府、水利局，反映该村的缺水状况，要求打深井解决缺水难题。当年，县打井队先后在陈家林、谷子地各打深井1眼，每小时出水量不到4立方米，吃水难的问题没有得到解决。1992年，打井队在村北的枣核子地打井，钻至160余米的时候，出现塌方，导致无法再行钻进，每小时出水量只有2立方米。面对几次打井而无果的老书记陈明生，着急上火，眼前突然一黑，全身瘫软了下来。

1988年，县打井队在上黄安村陈家林打井

1997年，新上任的支部书记继续将打井解决吃水问题当作首要任务。县打井队请来山东农业大学教授俞德法帮助找水定位，在陈家林原井口向北50米实施钻进。这次使用的是“黄河”车载式钻机，当钻至170米深时，达到每小时20立方米的稳定出水量，彻底结束了该村吃水难的历史。后来该村又在西坡建高位封闭水池1座，将井水抽至水池，全村吃上自来水。21世纪后，实施高效节水灌溉工程，该井同时成为灌溉果园的水源地。

1997年，县打井队使用黄河钻机在上黄安村打井

合作的典范，友谊的丰碑

地处鲁中腹地的沂源县，在过去是“雨天有水四处流，天旱无雨人地愁”。新中国成立后，在党和政府的领导下，沂源人民发扬老区精神，治水改土、兴建了大批水利工程，对改变山区面貌，促进农业生产发挥了重要作用。但地处东南边缘的张家坡、韩旺、东里、梭背岭、金星5个乡镇，总面积319.5平方公里，80%是青石山，山高坡陡，土地瘠薄，一方面干旱缺水，一方面水土流失严重，遇有较大降雨，径流泥沙澎湃而下，几日无雨则又田枯泉涸，涓滴难求。有81个村人畜饮水极为困难，需到2公里外运水吃，每年旱季当地政府和驻军都要组织大批车辆为群众运送生活用水。5个乡镇人均水浇地只有0.1亩，很大程度上靠天吃饭，不少村、户温饱问题没有保证。

1986年9月，中国对外开放的大门刚刚打开，世界粮食计划署成员国代表到沂蒙山区考察，其中有一位金发碧眼的联邦德国人——曼巴先生。他是联邦德国经济合作部的代表，当时谁也没有想到，就是曼巴先生给沂蒙山区人民脱贫致富带来一次难得的机遇。

曼巴先生在沂水县目睹了当地因缺水带来的贫困，也看到了群众为摆脱贫困而表现出的顽强斗志。他表示，回国后立即向政府汇报，争取给沂蒙山区提供援助。

曼巴先生的许诺很快变成了现实。1988年1月30日，联邦德国政府援华小麦交接仪式在济南举行。仪式上，山东省政府领导和联邦德国驻华使馆官员共同举起一袋小麦，象征着中德合作山东粮援项目拉开了序幕。

1988年，张家坡、韩旺、东里、梭背岭、金星5个乡镇被列为中德合作粮援项目一期工程区，主要兴建人畜饮水、水土保持、农田灌溉三类工程，经过3年的实施，共完成投资2175.5万元，其中粮援资金645万元、外汇资金312万元、国内配套资金296.2万元、群众自筹资金922.31万元。建成各类工程109处、6079项。项目区实现了山村路通、水通、电通，成为建设和管理先进典型，经济、生态和社会效益十分显著。1992年，增加石桥、燕崖、中庄、悦庄、南麻5个乡镇，实施第二期项目，工程建设历时8年。

中德合作粮援项目建设期间，从评估、立项到验收交付和使用管理等各个环节都坚持高标准、严要求，精心设计，精心施工。德国专家作为援方对项目也提出了从严要求的建议，并多次亲临现场进行具体指导。统一施工标准，对机房、水池、设备安装及水窖、渠道的施工作出明细规定，保证施工人员有章可循。全项目区兴建的71处机房经夏季运行检验，无一处漏水现象发生，1058个水窖、70个水池全部建成优良成品。机械设备均由专业队安装，既能保证工期，又能统一标准质量。梭背岭乡安装队不但负责机械设备统一安装，而且承担了全乡各个自来水设施安装，仅15天时间就安装600户，运行检验全部合格。正是这种负责精神，创出了同类工程的一流水平。沂源县政府要求全县兴建各类水利工程都要学习项目工程的建设标准质量，推广项目工程的管理经验。

1987年，县委、县政府成立项目指挥部，县长任指挥，1名副书记和1名副县长任副指挥，抽调骨干技术力量组成项目办公室，负责做具体工作，各有关乡镇由一名副乡长专抓这项工作。水利、林业、供电、财政、金融、交通等部门，在县指挥部的协调下，各尽其力、各负其责，使配套资金和配套设施落到实处。全县配套资金296.2万元，其中电力配套资金85万元，筹集资金155万元。新修骨干路45公里、乡村生产路78公里。3年时间群众集资达985万元，占总投资的45.3%，群众义务投工达39万个，节省资金100多万元。金星乡桑树峪村的干部3年不拿分文报酬，带动群众集资23万元，全部用于吃水工程建设。韩旺乡石马山村仅1990年群众集资就达16万元，用于灌溉工程的资金补充。

为从根本上改变穷山恶水的自然面貌，形成生态、经济的良性循环，沂源县在项目建设中注意以小流域治理为重点，狠抓水土保持设施建设。在治理中坚持生态、经济和社会效益的统一，形成山上烧柴、山腰花钱、山下吃粮的总体经济布局和“一体五段”的治理模式，即山顶松柏草戴帽，山腰乔灌草混交，山腰经济树缠绕，山下高产稳产田，沟建谷坊和塘坝。3年完成17条小流域防护体系建设，治理水土流失面积38.5平方公里，治山整地360公顷，造林935公顷，兴建小型水利工程2837项。金星乡石拉流域总面积2.45平方公里，原来山上没有几棵树，列项治理后栽植各种树木104万株，使整个流域生态环境大为改善。

沂源县粮援项目一期工程为5个乡镇增加灌溉面积1万余亩，治理水土流失面积38.5平方公里，解决64个行政村3.38万人吃水，其中有30个村共4468户、1.46万人用上自来水。梭背岭乡25个村建有吃水工程，使全乡吃水问题基本得到解决，灌

合作的典範　友誼的豐碑
——中德合作山東糧援項目紀實
山東專版
香港商報
山東大眾日報
合辦

1998年3月，《香港商报》专题报道

溉面积由原来的4000亩增加到8000余亩，粮食由原来的平均亩产700斤左右增加到1990年的1050斤。金星乡在1988年时，乡政府部门派40辆汽车到15公里以外运水解决人畜饮水问题，大部分劳力一年要有半年时间为水荒四处奔忙。项目实施后，建成人畜饮水工程19处、灌溉工程2处、水保治理2处共4.8平方公里，解决全乡45个自然村共2600户、9000人的吃水困难，同时解决了8805亩农田的点种用水。柳枝峪是个回民村，由9个自然村组成，大都坐落在海拔700余米的青石岭上，是有名的“高山族”，原来这里要到4华里以外的地方挑水吃，祖传工艺裘皮制服加工业，也因缺水大多被迫停业。1990年的项目工程为该村解决了自来水，家家户户万分喜悦，老少几代流下了激动的泪水。项目完成后，该村家家都种上了小菜园，户户都办手工业，重操旧业走上了富裕之路。村民金伯才家中有了自来水，裘皮加工如鱼得水，降低了成本，加快了进度，提高了质量，扩大了生产，年创利润达1万元以上。

项目区除了各项水利设施效益显著，另外通过供电、交通等配套建设，实现了水、电、路三通，从根本上改变了过去那种穷山恶水、贫困落后的面貌。广大干部群众精神振奋，信心倍增，为进一步加强经济建设创造了条件，使农业综合开发路子越走越宽，产业结构不断优化，生产水平不断提高。

项目区的变化，展示了改革开放在经济建设中的重要意义，体现了党和政府对老区人民的关怀和照顾，同时也体现了老区人民艰苦创业、无私奉献的光荣传统。第一期工程从建到管受到了各方面的高度赞扬。德方代表将该项目称为“亚洲的样板”，后又逐步将项目规模扩大到11个贫困县区，项目类型也逐步增多，成为沂蒙老区独具特色的项目体系。1998年3月，《香港商报》以《合作的典范，友谊的丰碑》为题报道中德合作山东粮援项目。

德国专家考察访问沂源记事

1991年11月15日，德国驻华大使韩培德、参赞亨利希等访问沂源项目区。1992年6月，德国水利专家马丁到沂源考察工程投资、设计预算与决算等

1991年11月，德国驻华大使韩培德访问沂源项目区

情况。1992年7月22—24日，德国议会经济委员会代表团访问沂源县项目区。访问团主要人员有：自由民主党议会团体主席瓦尔茨女士，社民党议会团体、人权与慈善抚助工作小组领导人宾迪希，基督教民主联盟县议会团体主席海德里希、团体经济政策发言人施马尔茨，杜伊斯堡市议会议员（社会民主党成员）施洛克比尔，德国议会经济委员会秘书长冯·舒伯特，德国驻华大使馆参赞亨利希，德国驻山东粮援项目协调员邵若泰和孟玉华女士。

1993年5月，瓦格纳先生、白沙德先生、皮特先生等到沂源考察水资源平衡与水源保护。1993年7月，水保专家谷禾麦一行到沂源考察项目水保工程。1995年11月，柯尔率德国考察团访问沂源县粮援项目区。1996年4月，德国经济技术合作部评估团考察评估沂源县粮援项目。1997年3月，德国专家法尔布施教授受德国经济技术合作司的委托，对粮援项目工程建设与管理体制进行检查评估；10

1997年10月，德国经济合作与发展部部长施普朗格（左一）查看农村饮水情况

月，德国经济合作与发展部部长施普朗格一行60人访问沂源县粮援项目区。

1998年4月，德国财务专家维纳特先生考察沂源县粮援项目财务执行情况；6月，山东粮援项目协调员邵若泰博士、孟玉华女士，陪同目标群体和问题专家里希特女士到沂源考察；8月，德国经济技术合作公司中德合作山东粮援项目技术负责人法尔布施教授对梭背岭、金星、韩旺等6处粮援项目工程管理状况进行考察。

2001年6月13日，德国驻中国大使馆经济合作参赞哈茨，协调员邵若泰、孟玉华博士等3人到沂源县考察德国粮援项目工程后期管理情况。在沂源考察期间，先后到西里镇柳枝峪村、大刘庄村、曹宅村、前西里村，石桥乡后大泉村等地考察粮援项目饮水、灌溉和水保工程项目。

2005年5月20—21日，德国联邦议院经济合作与发展援助委员会代表团到沂源对德国援助的粮援项目进行考察，考察团成员有：德国联邦议院经济合作与发展援助委员会主席鲁道夫·克劳斯先生及夫人伊丽莎白·克劳斯女士，德国驻华使馆商务参赞何伯先生，德国水保专家克里斯托夫·白沙德先生，德方翻译梅儒佩先生。全国人大财经委办公室调研员俞世和，商务部国际司副司长柴小林、裴永贵，农业部国际司副处长沈丽萍，外交部欧洲司翻译王尔东，山东省人大常委会财经委员会副主任王同生，山东省人大常委会接待处副处长李玉民，山东省水利厅副厅长武轶群，山东省水利厅项目办主任李平，淄博市人大常委会副主任周继烈，淄博市政府副市长饶明忠，淄博市人大常委会秘书长李奎封等陪同。该次活动对西里镇曹宅村东峪饮水工程、石桥乡铜顶小流域进行实地考察。

2007年9月，受德国对外经济合作部和德国技术合作公司的委托，德国专家孟玉华女士对沂源县中德合作山东粮援项目进行回顾考察。

邵若泰访问大泉项目区趣事

1997年夏秋，邵若泰先生和孟玉华女士到石桥乡查看荒山绿化成果。到前大泉村西山时，正遇两名妇女用石碾碾花生米。

2007年9月4日，德国专家邵若泰（左一）、孟玉华（右一）到石桥镇后大泉村回访项目工程效益情况

邵若泰问："这是做什么用？"前大泉村党支部书记杨明财答："做豆沫。"陪同的乡长齐贵山解释说："做豆沫是我们这里的统称，许多人家用碾碎的花生米、豆子或豆腐渣合到菜里加水后煮熟了当菜吃，俗称豆沫，既营养又美味。"翻译后，邵若泰听了连连称赞。

到达东寺时，步行上山，人人都汗流浃背，气喘吁吁。邵若泰看到45度倾斜的山坡，问："栽种松树时，树苗和水是怎么运上山的？"杨明财说："我们实行义务工，按户、人分配任务，因为坡陡，上山时只能用钩担一头挑着半筲水、一头挑着装满营养杯树苗的框头子，慢慢往上爬。"邵若泰问："钩担、筲、框头是啥？"齐乡长赶忙一一解释："钩担就是压在肩膀上面挑物品的木条，两头有铁钩；筲是用铁皮做的圆筒，下面有底，上面无盖；框头是用枝条编的篮子。"杨书记补充说："半筲水是因为坡太陡，装多了水就会淌出来。"邵若泰双手合十，连说了几句德语，意思说：他对村里的做法和村民的辛勤劳动很钦佩，表示非常感谢！

看到此处成行的梯田和长势茂盛的松树，邵若泰高兴地竖起大拇指，说这是他见到的最好的一处绿化林，应作为粮援项目的样板，要在其他地方宣传推广这种模式。

因缺水被迫搬迁的大崮村

南鲁山镇曾经有个大崮村，位于原三岔乡驻地南8公里处。清末，陈氏自璞邱村迁此居住，因处大崮之阳而得名。该村深处大山半山腰，交通不便，地势高，是个严重的缺水村，村民饮水困难。20世纪60—80年代，先后挖建大口井、蓄水池，但都没能彻底解决村民饮水和土地灌溉问题，村民饮水、洗衣以及牛羊等牲畜饮用水，都靠一眼勉强能用的大口井。70年代，一名老人到大口井内挑水时，脚下打滑跌入井中溺亡。1986年9月10日，第二个教师节那天，一名十三四岁的在校女生帮家人提水时，跌入20多米深的大口井中溺亡。1990年，该村又挖大口井1眼，1994年洪灾，该机井被冲淹淤填，全村饮水再次出现困难。1997年7月，县政府决定将该村整体搬迁，成立由县政府副县长任组长，扶贫、民政、公安等部门参与的搬迁安置领导小组，全村28户共102人被分别安置到悦庄、石桥、南麻、土门4个乡镇和三岔乡的璞邱村。从此，该村消失。

2001年红旗水库险情

2001年8月4日6~13时，全县普降大到暴雨，187个村13万人口受灾，成灾人口11.5万人；农作物受灾面积14.26万亩，成灾11万亩，其中经济作物受灾2.2万余亩；冲毁道路140公里、桥涵50座（其中桥梁7座）、树木4.35万株，冲倒线杆105根，损坏供电、通信线路2万米；冲毁河坝3.1万余米、地堰8.61万米，冲走大牲畜30头；倒塌居民住房94间，损坏房屋285间，倒塌蔬菜大棚245座。以上各项直接经济损失累计达2859.2万元。

上午8时至11时，红旗水库流域降大暴雨，降雨量达139毫米，强度大，雨量集中，加之前期降雨频繁，土壤饱和，形成洪水，水库水位猛涨。水库水位自6时的388.87米，猛增到14时的390.68米，超汛限水位1.51米。溢洪道从9时开始出现溢洪，最大泄洪流量每秒85立方米，为建库以来最大泄洪量。8月4日10时，在定时巡查中发现3处险情：大坝后坡坝脚排水体局部有浑水流出；溢洪道左岸浆砌石护坦坍塌，右岸浆砌石导流墙上部干砌石墙部分被溢洪挑流冲塌；放水洞廊道接长段出现浑水现象。

接到险情报告后，省委、省政府领导极其关注，省委书记吴官正来电询问险情，省长李春亭亲临省防汛指挥部调度情况，对抢险工作作出指示；副省长韩寓群、陈延明，市委书记阎启俊、市长张建国、副市长赵兴涛等立即赶赴红旗水库，现场指挥抢险；省水利厅、省民政厅领导亦亲临一线。县委、县政府及广大干部群众全力以赴，军警民联手共同奋战，经过近20个小时昼夜不停地紧张战斗，终于使险情得到基本排除或有效控制。

该次抢险，现场上阵人员1000余人，其中解放军官兵546人。动用车辆32部，调用编织袋5万条、土工布2万平方米（使用1200平方米）、炸药2吨、电雷管2500枚、导火索2500米、铁丝1.2吨、沙石料760立方米（全部使用）。对大坝后坡坝脚排水体局部流浑水险情采取土工布加沙石料反滤导渗措施，到5日上午11时，渗水由浑变清，险情基本排除。在溢洪道护坦左侧构筑0.5米高的土埝，把泄洪水流挑向底板中间部位，减轻冲刷，被冲毁的砌石护坦用速凝水泥浇灌修复；溢洪道右岸导流墙上部被冲塌的干砌石挡水墙按原断面修复加固，排除该部险情。放水洞继续放水，进一步降低水库水位，减轻库水压力，同时加强观测，查明真情，消除疑点，采取相应措施处理。从8月5号晚8时开始，组织20名水利工程技术人员分成四个组对坝体、溢洪道、放水洞等部位每半小时检查一次。

交通部门及地方干部群众连夜抢修防汛道路，保证道路畅通，同时进行河道清障。电力部门抢修供电线路，保证夜间抢险照明。电信部门紧急行动，为抢险安装2部程控电话；移动通信公司从青岛急调应急移动通信车，保证移动电话的通信联络。公安、交警组织大量干警维持现场秩序，指挥疏导车辆交通，配合当地政府紧急转移危险地区群众共18个村2700人。

至8月7日早6时，水库水位降至389.16米，库容729万立方米，入库流量每秒1.8立方米，出库流量每秒5立方米。当日，下游转移的群众除危房户外，陆续返回，并做好再次迁移的思想、物资准备，一旦发现新的险情，立即转移。

8月18日，中共中央政治局委员、山东省委书记吴官正到红旗水库视察。

水利遗迹

扫码听书

扫码听书

记忆沂源·水利卷

娄峪水库

概　述

水利遗迹是历史的亲历者、记录者、见证者，其中蕴含着先辈高超的治水技术、丰富的经验和卓越的智慧。千百年来，在沂源这块人杰地灵、钟灵毓秀的古老大地上，孕育了博大精深、源远流长、辉煌灿烂的水利文化。《管子·水地》称：

水者，地之血气，如筋脉之通流者也……人，水也。……是故具者何也？水是也。万物莫不以生，唯知其托者能为之正。具者，水是也。故曰：水者何也？万物之本原也，诸生之宗室也……是以圣人之化世也，其解在水。故水一则人心正，水清则民心易。一则欲不污，民心易则行无邪。是以圣人之治于世也，不人告也，不户说也，其枢在水。

在顺应自然、改造自然的生产、生活实践中，人们与水相生、与水相伴，创造出了丰富的水利文化遗迹。

水井对于人类文明的发展有着重大意义。水井出现之前，人类只能生活于有地表水或泉的地方。水井的发明使人类活动范围扩大。中国是世界上开发利用地下水最早的国家之一，已发现最早的水井是浙江余姚河姆渡古文化遗址水井，其年代为距今约5700年。该井为方形木结构，井深1.35米、边长2米。由此推断，原始形态井的出现，还要早得多。我国出土的公元前1500年前的甲骨文中就有“井”字。

人们以泉建井，挖井出泉。沂源境内有数不清的古井古泉，其悠远的建造年代、独特的设计工艺和丰富的民俗典故与传说，成为承载人们乡愁记忆的历史文化符号；众多古桥横跨山水之间，便利交通，装点山河；多建于20世纪六七十年代的渡槽（又称“过渠”），见证了近代水利发展的起承转合和老一辈战天斗地、大搞农田水利建设的火热场景。

石蕴玉而山辉，水含珠而川媚，人依水而生生不息。沂源因水而名，因山而立，泉出万壑，千岩争秀，山水相依，嘤嘤成韵。泉，是地下水的天然露头，是江河之源，她与人类的繁衍和民族的兴旺息息相关，是人类生存不可或缺的重要资源。自古以来，人类逐水而居，在沂河之源出土的60万年前的“沂源猿人”，被称为山东古人类发源地。境内无客水流入，环境优良，气候适宜，水质无污染，含锶等微量元素的泉水分布广泛，矿泉水资源丰富。全县10个镇、2个街道和开发区内均有天然矿泉，共有实体泉头140余个，是名副其实的矿泉水之乡。2014年12月，中国矿业联合会正式命名沂源为“中国矿泉水之乡”。2023年10月，中国保健协会授予沂源县“中国锶都”称号。

沂源猿人遗址

县域内日涌1万立方米以上的泉有东里镇西长旺村的大旺泉、田庄水库永兴官庄南的响泉、龙洞泉等，凿制规整、年代可考、保存完好、较具典型的古井古泉有南鲁山镇璞邱村的古井、黄崖村的凤凰泉、水么头河北村的古井、书堂村的响水泉、流水村的老泉，南麻街道侯家官庄村的古井、沟泉村的狗跑泉，石桥镇大泉村的大泉、黄安村的古井，

南鲁山镇璞邱村老街西古井

大张庄镇南岩村的南岩泉，鲁村镇邢家庄的汇泉、凉泉村的探花泉，中庄镇河东泉村的十二股老泉，燕崖镇杏花村的黑虎泉、神清宫内的青牛泉和神泉，西里镇东升村的龙王塘泉，张家坡镇南流泉村的南流泉等。其中不乏村内有井群、泉群者，如璞邱村、三岔村、水么头河北村等，亦有村、泉合称者，如大泉、古泉、南流泉等。

沂源北通博山、周村及青州，南达临沂，西去泰山、济南，东往潍坊、诸城等地，历来是南来北往商贾通衢之地，古有东里、三岔、芦芽三店，千年驿站，车马熙攘。沂水蜿蜒，河流阻畅，人们修建木桥，连接河道两岸，曰“木凳桥”，如中庄镇盖冶村、李家河西村和悦庄镇下龙巷村等，冬建夏拆，周而复始。山川险滩、古径幽道间，有左右夹山者，形如龙蛇之势，有磅礴道路间，常有耸矗砰石如疾之地，为登途者感其艰严。民间多以贤明之士，倡议聚众，资财砌桥，或以巨型条石左右相架，或由石匠精心凿制，砌拱筑桥，如东里镇西桃花坪村建于明洪武年间的石拱桥、中庄镇石沟村建于明万历二十四年（1596）的“通济桥”等。新中国成立初期，境内石桥多以政府组织修建，形制规模更为精致和宽大。21世纪前后，涉水桥梁多改为钢筋混凝土等结构，不再凿石为材。

新中国成立后，尤其是20世纪六七十年代，沂源各公社、大队大兴水利，建水库、塘坝，建起一大批的灌渠，或明渠，或暗渠，或引库、塘之水，或以河、井、泉为源。田庄水库建成后，截至1984年，建成总长37.3公里的南、北干渠，其中隧洞13处、暗渠18处、各种渡槽36座、支渠斗渠52条，总长28.8公里。1969年，建成红旗水库西干渠，全长37公里。全县小型水库灌渠1180条，全长223.2公里。

沂河下龙巷段木凳桥

水源丰富、灌溉面积大的地区，因境内沟壑纵横，需以渡槽连接。渡槽的建筑形式也多种多样，有砌石拱式渡槽、钢筋混凝土拱式渡槽、桁架式渡槽等，以及U型渡槽、微弯板渡槽等。境内以田庄水库北干渠渡槽最多，建筑规模最大，整条灌渠有渡槽18座，总长3040米。其中以石龙渡槽最为典型，有72个孔，总长1067米。

古井古泉

侯家官庄古井

侯家官庄古井

位于南麻街道侯家官庄村，建于明万历八年（1580）。以整块方形石灰岩巨石凿成圆形井口，厚度约0.4米，井口四周磨痕最深处达4厘米，井深10余米。古井边建廊、亭各1座，离井5米有树龄400年古槐1株，树下石碾1盘。

该村原名刘家产口，自古以来吃水困难。明万历八年，本村殷实人家侯德成，率众掘地深挖4丈有余，泉水涌出。民大喜，欢呼雀跃。为纪念打井人的功德，将村名改为侯立官井。据传，清乾隆年间，蒙阴县府了解到该村缺水，特批在此开垦土地者予以减税，自此侯立官井被官府改名为侯家官庄。清澈的泉水吸引众多流民来此定居。

马头崮泉

简称“马泉”，位于县城北马头崮之阳的西部半山腰处，因龙、马寓意相同，故又称“龙泉”。该泉旱不减、涝不增，涌水稳定，一年四季，长流不涸。其水质优良，清澈甘甜。2014年，水质化验pH为7.7，锶含量每升0.17毫克，偏硅酸含量每升39.20毫克，属偏硅酸型天然矿泉水。

1947年南麻战役期间，华野攻占马头崮后，派某部一个连的兵力守护该泉。2006年3月，建“源龙泉”桶装水厂，泉头被砌成方形水池并覆盖，水源地周围设置栏杆隔离保护。

荆山泉

位于南麻街道荆山以东的荆山寺。清道光《沂水县志》记载：“荆山泉，县西百七十里，出荆山寺西南。”该泉日出水量112立方米，泉头由石隙间喷涌，旱涝涌量不变，长流不息。《临沂大全》（1990年版）记载：“荆山泉寒暑不涸，流向山下村庄。”2013年10月，县水资源管理办公室会同省、市主管部门对该泉进行化验，该泉水锶含量每升0.61毫克，偏硅酸含量每升14.82毫克，为含锶型天然矿泉水。

古　泉

位于南麻街道古泉村内的小河旁，泉、村名称合一。古泉村原名埠前，因村中有一古老山泉，故改称古泉。该泉水清澈甘洌，水涌如柱，冬暖夏凉，四季不涸。经检测，其水质优良，出水量较大，被该村视为宝泉。1944年，村名改称“古泉”时，村民将泉眼深挖2.5米，砌筑长2米、宽2米的方池。1958年，在方池的基础上加高池壁1米，21世纪后又浇筑混凝土，水深达到3米。泉池的南、北、东三面都留有溢水口。

鹰　泉

位于南麻街道雕崖村西雕崖前，以雕崖鹰栖而得名。西雕崖山悬崖如削，高数丈，崖上松柏倒挂，山上林木茂盛。白花雕栖息于此，繁衍于崖洞，故称“雕崖”，与燕崖镇上龙巷村的雕崖，一东一西，以方位此崖称西雕崖。鹰泉，云蒸水涌，始终如一，注入沂河。明朝山西按察司副使、二品太中大夫、沂水县人杨光溥将此地列为“沂阳八景之一”，并作诗《沂水拖蓝》，曰：“雕崖山下是源流，百里南来始负舟；月影恍移湘水夜，涧声遥认楚江秋；派分远浦还同色，浪拍长天无尽头；正是暮春修禊罢，舞雩风里任遨游。”此泉所处的上下10多里河段，清代以前能行船。

浇花泉

位于南麻街道浇花泉村东北山崖下，紧临沂河南岸。日出水量1227立方米，村民在泉上盖房砌院，作为饮用水源。泉水自院墙东侧自流而出，汇入沂河。

传说，古时该处只有一户人家，北宋末年，避乱世而迁居此处。数代后，其家有一老翁，在崖下筑茅屋独居，广植花草，怡然自乐，美中不足的是，附近无水浇花。遂命儿孙在崖下掘井，幸得一泉，取名“浇花泉”。

响泉、龙洞泉

位于南麻街道永兴官庄村南600米处，系田庄水库库区泉群中的自溢泉水。响泉涌口紧临山体，因主泉口一阵阵的汩汩向上翻涌泉水且伴随巨响而得名。龙洞泉自山体岩洞内流出。两泉相距270米，

响泉集水塔竖井

均处于水库库区淹没线以下。泉水pH为7.9，偏硅酸含量每升16.39毫克，水质优良且具承压，两泉流量大且稳定，补给面积大且无污染，20世纪60年代，被田庄水库淹没未及充分利用。八九十年代，东风化肥厂在龙洞泉洞口处曾建引水设施，但因技术落后，无法将泉水与库水隔离。

响泉泉水自库底向上喷涌，四周为沉积淤泥，深度达10~14米。据该村老人回忆，民国时期吴佩孚部经过响泉边小路时，因担心夜间行军时士兵掉入响泉，部队将领命人将泉边大树连根带树干沉入响泉内，却不见踪影，足见该泉之大。2010年开发该泉时，在响泉泉群主泉口将该树挖出。

龙洞泉位于响泉东侧的山体溶洞内，洞口面北，高约1米。永兴官庄村民表述，曾有村民沿泉水外流洞口蹚水入洞，洞内清凉无比，有一自然形成的水池（俗称“淹子”），水池中间有一小岛，可容四人围坐。

2009年年底，县自来水公司多处地下供水井因干旱水位下降，出水量骤减，居民供水出现不足。为彻底解决饮水困难，趁田庄水库因闸门重建工程放水，县委、县政府及县水利局经过充分论证后，2010年实施开发利用响泉、龙洞泉两泉泉水。并分别在响泉、龙洞泉建集水塔竖井，采取多种施工工艺隔离库水及第四系孔隙水等，铺设直径500毫米PE输水管，泉北270米处建直径10米的圆形取水塔，每日最大供水量达2万立方米，成为县自来水公司供城区居民饮用主要水源地之一。

狗跑泉

狗跑泉

位于南麻街道沟泉村，因一义犬刨泉救主的故事而得名。泉眼处建宽1米、进深约1.5米的泉池，池上碹拱，拱外沿以5块凿制精美的青石砌筑，厚度30~40厘米，中间（拱顶）一块凿有花状图案，拱口处横架条石1块。泉池北侧外再建长、宽各1米露天泉池。该泉水质清澈，长流不息，水温恒定，日出水量382立方米，偏硅酸含量为每升13.77毫克，pH为8.1。泉水溢流成溪，该村在其附近建多座景观池和乡村大舞台，假山、林荫、花坛，山水相映成趣。泉水最终汇入沂河。2017年，被列入县级第一批地名文化遗产保护名录。

裂缝泉

位于鲁村镇龙崖村西龙崖山下。坐北朝南，后依陡峭悬崖，泉水从悬崖裂缝下段汩汩流出，泉以地质地貌得名，又因地名而称“龙崖泉”。该泉日涌水量1084立方米，水温恒定，水质纯净，先注入南岩河，最终汇入沂河。村民在泉前砌池若干，养殖蒜黄。

姬家峪古井

姬家峪古井

位于鲁村镇姬家峪村民委员会东北，村民称该井与建村同期，系元末所建。井口呈椭圆形，石灰岩石砌筑，大致呈南北向，安装规整，南北长2.5米、东西宽1.5米、深3米。该井泉水清澈甘冽，晶莹剔透，常年水流不断，大旱不曾干涸，水面距井口不足1米。南侧有一溢水口，泉水常年自此溢流。该村人口千余，多以此井为饮用水源。

凉泉村探花泉

探花泉

位于鲁村镇凉泉村西小河右岸，明洪武初年李氏建村时所建。据《李氏家谱》载："明洪武三年（1370）始祖从河南迁此居住。"以村边泉水清凉而得名。井口以石灰岩石板砌筑呈方形，井深7米有余。清道光八年（1828）、同治十年（1871）先后两次重修。

古井内侧石砌墙面，有石刻"探花泉"3字，紧临古桥1座。北侧河道右岸砌墙中，有石刻1块、石碑1通。石刻为阳刻，刻记"道光八年重修泉"7个大字。石碑额题"修桥记"，落款"大清同治十年十月下浣榖旦"，因井、桥相邻，亦一同重修。

相传，明洪武三年恢复科考，李氏进京赶考，不料错过考期，甚感无颜面对家乡父老。返回途中，因长途跋涉，旅途劳累，又加情绪低落，便病倒在此地。李氏病倒之处，恰有一股清泉，泉边长满鲜嫩的野菜，李氏便以此泉水止渴，以野菜充饥，不久恢复健康。于是，李氏便在泉边支起茅舍，开荒种田，发奋读书。洪武六年（1373），李氏再次进京赶考，高中探花，后带家眷在此安家。因泉水清冽甘甜，故取村名为"凉泉村"，将该泉称作"探花泉"。

汇 泉

位于鲁村镇徐家庄中心学校内。日出水量480立方米，常年喷涌，旱时不涸，涝时不溢，水质清澈晶明，凉爽甘冽，水温恒定。主泉有二，皆以匠作长条巨石砌成9平方米方形水池，深丈许（约3.3米），上部留有一溢水圆孔，池壁镶嵌石刻龙头，溢水自龙口而出，如壶嘴倾泻入溪。泉池用大理石护栏。泉旁建一仿古凉亭，亭旁一椭圆形花岗岩石，刻隶体"汇泉"2字。

相传，公元前517年，时任鲁国大司寇孔子面对郘公的"声色犬马"，并有感于社会的"礼崩乐毁"，愤而率其弟子离鲁东游，走上"游说列国"的艰辛之路。一日，烈日炎炎，酷暑超常，孔子师徒一行路经此地，饥渴难耐，忽闻泠泠山泉击石之声，遂循声拨草，见一幽泉，泉水清澈尤冽，饮之如饴，泠然忘暑，因其水声似乐，故命之"乐（yuè）泉"。后有百姓傍泉而居，于是便取名"乐（yuè）村"，后沿革为"乐（lè）村""洛村""洛家庄"。

春秋隐公六年（前504），"夏，公会齐侯于艾"，史称"艾山会盟"。时两国军队驻扎在艾山北

汇泉

麓，同泉而饮。然，人众泉竭。一日，暴雨骤至，泉内数眼齐涌，取之不竭。因会盟之事，故更名“会泉”，“会”“汇”同音，后演变为“汇泉”。后在此建庙，寺以泉而取名“汇泉寺”。

距汇泉西偏北约50米处，有千年桧柏，与“汇泉”并为鲁村镇小微景点之一。相传，南宋末年，著名道教高士丘处机云游至此，见此地依山傍水，风景旖旎，风水极佳，于是依山建观，留弟子在此布道，香火鼎盛。元军南下，毁观逐道。后鲁村洪福寺高僧洪增法师遣弟子弥砚布施化缘，历经多年，原址重修，改观为寺，初名“释迦寺”，后因寺旁汇泉，更名“汇泉寺”。自此香火兴盛，寺院规模不断扩大，建筑日渐完善，并多植桧柏，历经千年，参天入云。1944年，寺院毁于战火，1958年“大跃进”，桧柏多遭砍伐，仅余1株。

崮山老井

位于鲁村镇崮山村东，村民言称该井与建村同期。据孙氏墓碑载：“清康熙元年（1662），先祖由淄川孙家大庄迁此地。”井口呈方形，因道路硬化抬高地面，井口加高约0.4米，混凝土砌筑，井水溢满之原井口处，距地面不足0.5米。驻足井口，可见井水晶莹清澈。井西侧有柳树1株，冠荫井口。附近村民仍采用人工提水方式使用该井水，或饮，或灌溉菜园。

张家石沟古井

位于鲁村镇张家石沟村东，徐家庄河左岸，距村东老东门10米，建于明代。该井水系河水渗入水源。原为石砌方形井口，砌筑规整、坚固，后因地面水泥硬化，抬高地面，村民遂以块石混凝土将井砌筑成圆形，井台高出地面40厘米，外岩略低。井口一侧立一条石，嵌装铁制辘轳1架。该井口直径1米，井深约5米，水质清澈甘甜，常年恒温17℃。井西老东门为石砌拱门，高约5米，由5块凿石干砌成拱状，门宽2米，墙厚约0.4米，门上水泥抹面并刻印“突出政治”4字。

618备战泉

位于鲁村镇峨峪村618电台旧址备战坑道内。1966年1月，解放军6175、6082部队负责施工，省军区担任警卫，1969年4月完成东西走向、长度为245米的坑道一期工程。1974年完成二期工程，南北走向，长度109米。两条坑道呈丁字形，总长470米，内建70余个房间，总面积2820平方米。坑道内建深约4米的大小泉池4座，被称为“水库”。其泉水丰沛，溶洞存积，水质好，含有多种对人体有益的微量元素，是富锶型泉水，且涌水量大，足够坑道工作人员长期足不出户饮用、盥洗和设备冷却、空气过滤使用。1985年，经山东省人民政府批准，618电台结束战备任务，改为平用电台。2006年，经山东省人民广播电视总台批准，淄博市广播电视局投资1000余万元，将原台址建3A级旅游景区和山东省爱国主义教育基地、国防教育基地。

南岩古井、古泉

南岩古井，位于大张庄镇南岩村（四村、五村、六村共用），元末明初建成。井水清澈，遇旱不涸。井台为圆鼓状，由一块整石雕制掏空而成，高约0.57米，外径0.82米，内径0.53米。井口沿石

张家石沟古井

南岩古井

上留下了分布均匀的34道汲水绳槽。

南岩四村村南200米处平地又有古泉1眼，称为“南泉”“南岩泉”“龙吟泉”。人们将该泉以条块料石砌成正方形水池，长约1.8米、宽约1.2米，水深1.5米。其上用两块长形花岗岩条石东西覆盖，条石间和两侧暴露清泉。泉水从东侧池沿上溢出，注入南岩河。经测定，该泉日出水量876立方米，矿化度每升461.28毫克。2017年3月，被县政府列入沂源县第一批地名文化遗产保护名录。

九龙泉

原名“九女泉”，位于南鲁山镇芝芳村北、骑子鞍山东、柏坪山南端的百米悬崖之下，是沂源县目前较大的天然涌泉。据旧《沂水县志》载：“九女泉，县西北百七十五里，出柏坪山吕祖洞下。”泉旁有龙王庙、吕祖洞和建筑精美的凉亭。该泉属寒武系灰岩水，亦为典型的地下流动暗河。泉深不可测，泉水常年喷涌，久旱不涸，四季恒温，且水质清澈甘洌，为螳螂河主要源流。经专业机构检测，含多种对人体有益的矿物质和微量元素，是中国矿联授予沂源“中国矿泉水之乡”中的优质矿泉之一。1966年后，该泉曾被作为“战备泉”。

九龙泉

骑子鞍山山体中有上崖洞遗址和正在发育的下崖洞奥陶纪岩溶洞穴。下崖洞口南60米的岩厦处即著名的“沂源猿人”化石出土点。1980年9月18日，距今60万年前的“沂源猿人”化石即在此地被发现。“沂源猿人”化石的出土地点，正对着九龙泉，两点间距离仅几百米。发现古人类生存遗迹的上崖洞、下崖洞也在该泉不远的北边。可以想象，九龙泉一定是当时“沂源猿人”主要的水源地，因此，九龙泉也便是山东人祖先的生命之源。

据传，附近村内有一常姓人家，生九女，勤勉耕织，节俭度日。九女渐大，相继出阁。二老年迈，亦未过继。在那重男轻女、男尊女卑的社会里，颇遭冷眼和非议。当其病故后，族内百般刁难，不准葬埋。被逼不过，九女决心向封建礼教开展斗争，将父母装殓安葬于柏坪山南崖下茔地，并挖土筑冢。既成，忽见坑底涌出泉流，逐渐扩大，水流汹涌，给周围村民带来诸多便利。物换星移，九女不在，坟冢泯没，但泉流淙淙，至今依然。后人为感念九女的作为，即命此泉为“九女泉”。

另传，吕祖得道成仙后云游四海，发现东海有九条恶龙，经常兴风作浪，危害民间，四海桑田，颗粒无收。吕洞宾对此深恶痛绝，一心要斩妖除魔，为民除害。他征得玉皇大帝的恩准，求来降龙宝剑化做柏坪山，将作恶多端的九条恶龙镇压在此。九女清泉就是这九条龙改邪归正后，为造福黎民百姓而化身的“九龙泉”。吕祖休憩的地方就是现在的吕祖洞。为缅怀吕祖的功德，当地百姓塑其神像于柏坪山吕祖仙洞，并约定每年的正月十六为庙会日。“九女泉”此后改称“九龙泉”。

北流水“老泉”

位于南鲁山镇北流水村东，曾家崮西麓的山梁下平地，地处弥河上游，临朐县上五井断裂带，含水层为寒武系下统张夏组灰岩，属三岔水文地质单元。水温恒定，水质稳定，水量均定，常年自流。最大自流量为每天146.89～456.24立方米，水温常年16℃，抽水稳定流量为每小时30立方米，允许开采量为每天720立方米。

1958年，北流水村用料石砌筑水池。池长10

米、宽8米，常年水深2.5米，泉水自池中溢出成溪。21世纪后，该村在村中路边砌筑水渠，泉水沿各户居民房前屋后依次折转穿过，在村外汇成水池，建凉亭、栈道，小桥流水，荷花浮面。泉水在此稍顿，又先后流入㳌邱河、三岔河，出境汇入临朐县嵩山水库，后注入弥河。

东沟泉

位于南鲁山镇北流水村，曾家崮西北山沟，以地形、地貌和方位命名。1969年，北流水大队在此打大口井1眼，用于浇灌农田。泉水旺盛，涌流至村西小河，汇入㳌邱河。1984年，该村在大口井的正北6米处，机凿深井1眼，井深176.39米，井水自溢，常年流淌，向南流入大口井。自此，泉变井，井泉合一。

该井（泉）水最大自流量为每天107.42立方米，最小自流量为每天27.72立方米。经平、枯、丰水期水质检测和抽水试验，该水源无色、无味、无嗅、无沉淀、无肉眼可见物，浑浊度小于3，清澈透明，口感良好，pH7.5～7.8，锶含量每升4.78～5.84毫克，矿化度每升475.26～489.97毫克，总硬度每升297.52～312.83毫克，水温恒定16℃，允许开采量为每天1483.2立方米。

三岔店古井群

位于南鲁山镇政府驻地东北18公里的三岔店村，327省道自村西绕过。该村曾为原三岔乡政府所在地，2010年11月撤乡并镇，三岔店遂隶属南鲁山镇。据1986年10月沂源县政府所立村碑记载：该村南宋嘉泰年间（1201—1204）建村，原

三岔店古井

名芦家崖，因此村为沂水、临朐、博山三县要道，且多店铺，后更名三岔店。1944年由临朐县划归沂源县。

古时，三岔店乃商贾南来北往的繁盛之地。三岔店老街两侧客栈、骡马店及各种商铺鳞次栉比，盐商、布匹商、窑货商等自此地通南往北。

三岔店村内存有多处清代风格的建筑，并分布多眼古井，保存较为完好。其中一眼位于老碾旁，四周以块石浆砌，上置铁架辘轳，古香古色，与一旁尚在用的老碾盘、错落有致的民居、弯弯曲曲的砖道等浑然和谐。一眼在村内民居后角，井口以巨石凿成，石面光滑，因年代久远而断裂，后以水泥抹面。一眼处民房前空地，由大块石灰岩石砌成，垒筑工整，后因道路硬化，在圆形井口周围以混凝土浇筑加高，平时以水泥板盖口，井口约15厘米处，被钻一孔，用以安装抽水管。

文坛泉

文坛泉

位于南鲁山镇文坛村，原称“波澜泉”，处海拔809米的西大崮之阴的一条山峪中。泉以村而命名。

南麻战役期间，华东野战军司令部暨前线指挥部秘密设立在上文坛村，并以该泉为饮用水源。

1982年，上文坛村在泉的基础上打成深井保护，井深160余米，泉水自涌，常年自流。经长期地下水动态观测，水温15℃～17℃，最大自流量每日463.7立方米。水质监测鉴定无色、无味、无嗅、无沉淀，清澈透明，口感良好，属于锶型饮用天然

矿泉水。涌水量每小时80立方米时，井下稳定水位埋深5米，允许每天开采量1920立方米。

璞邱村古井群

位于南鲁山镇璞邱村，村内古井6眼，是全县古井古泉较多的村落。该村地处璞邱河北岸，建村悠久。据考证，周代便有人在此居住。因村周围山峦环抱，唯东坡有山口，依此取村名“坡口”。明万历年间以吉祥言，改称现名“璞邱”。民国初修《临朐县志》载：“沈氏家谱记有唐贞观年间自安徽宿州迁临朐南白沙，其支脉散居……璞邱等庄数百家；北关三官庙陈氏原籍山西洪洞县，其始祖坤者，明洪武二年（1639）迁居于此，其支脉散处，唯璞邱庄此姓三百户。”

该村总人口达5000余人，是沂源县人口规模最大的村。2017年3月，被县政府命名为千年古村落，并列入沂源县第一批地名文化保护名录。

村内老街东西，各有古井1眼。东侧古井居于村民家门口右侧，西侧古井居于民居外墙角。2眼古井相距200米左右，均用巨型石灰岩石凿成圆形井口，井深不可测。因使用年久，石面光滑如镜，井口四周均可显见10余个深浅不一、最深达2厘米有余的凹槽磨痕，具历史厚重感。

村南璞邱河（原璞邱三村南）有石拱桥1座，桥南首两侧各有清泉1眼，名曰“双泉”。井口均为石砌方形井口，井内水深不足2米，水质晶莹剔透，泉边各有柳树1株。据称该泉与村南方山峪的方山泉系为同脉，受地势和压力影响，在此喷涌而出。双泉泉水水质清爽甘甜，矿物质丰富，经专家检测，属含锶型矿泉水。

在村西，村内河道左岸村居巷道出口处，有古井1眼，方形井口，因道路硬化，井口抬高且以混凝土浇筑，北侧立一花岗岩巨石。井口四周以四块巨型石灰岩条石垒筑，井深2米左右。该井西北50米，有一小型广场，中间立一假山，刻有“璞邱一村文化广场”，有一古井藏于假山中，弃之不用。

方山泉

位于南鲁山镇璞邱村方山峪，并因此得名。1976年11月，璞邱村在此泉头打井1眼，深121.36米，为寒武系馒头组灰岩含水层。成井后，泉水自涌，昼夜不息，干旱不涸，是县内有名的“自流井”。

该泉水经2013年12月5日至2014年11月30日地下水动态观测，其平均自流量为每天167立方米，最大开采量为每天740.04立方米。泉水无色、无味、无嗅、无沉淀、无肉眼可见物，浑浊度小于3，水温恒定17℃，pH7.3～7.9，矿化度每升501.92～519.10毫克，总硬度为每升314.68～328.95毫克。经山东省矿泉水勘察鉴定中心检测，平、枯、丰水期水质锶含量每升2.94～2.96毫克，硝酸盐含量每升5.26～7.03毫克。

方山泉自流井

福源泉

位于南鲁山镇陈家山村南山悬崖边的西沟，由悬崖下的缝隙中喷涌而出。20世纪50年代，该村对泉头进行砌池保护，设2个方池，相距1米，深2米有余，水离地面0.5米左右。该泉泉水清澈甘冽，大旱不曾干涸，后建平顶房屋将方池圈护。2004

凤凰泉古井

年，淄博市劳动和社会保障局帮扶该村将该泉水引至新建的蓄水池，并对水质抽样化验，水中富含微量元素锶，为富锶型天然矿泉水，村民遂立石碑称该泉为“福源泉”。

凤凰泉古井

位于南鲁山镇政府驻地北1000米处，黄崖村内南北道路西侧。原为古老山泉，后以泉建井。因其位于凤凰台之阳，相传是凤凰饮水之泉，故名凤凰泉。

该井井口由整块不规则圆形石灰岩巨石凿制，石面凹凸不平，井壁四周显现12条凹槽磨痕，槽深1~2厘米，足见其年代久远。该村将井口四周用粗木围而护之，井南置一花岗岩巨石，上刻“凤凰泉”3字。巨石的一侧，刻有凤凰泉的简要来历及传说。据石刻所言：该井泉水甘冽，四季恒温，从无干枯，600年前，先祖迁至此村时，即有此泉，后来先民为方便取水，并保护该泉，砌之为井。由此推断，该井大约为明永乐年间修建。2014年，在该井一侧建农村饮水安全工程管理房。

九会泉

位于南鲁山镇九会村，因村附近多庙会，每年九次，故取村名九会，泉以村而得名。新中国成立后，九会公社机关驻此，该泉为村民、公社机关、学校等的饮用水源。后因博沂公路改线架桥，该泉被覆盖而废弃。村民又在泉的上方大直山位置开挖新泉，泉水含锶每升2.45毫克，偏硅酸每升16.24毫克，pH为7.9，是一处优质矿泉水水源地。

响水泉

又名“书堂泉”，位于南鲁山镇政府驻地东北16.1公里处的原胜家庄村（后与鄢家峪村合并成为“书堂村”），红崮顶东麓。泉水清澈甘冽，喷涌流淌，汩汩有声，叮咚作响，故名“响水泉”；又因传说中李靖在此垂钓，故又名“书堂泉”。

相传，隋末李靖闻孙膑曾在鲁山以东的三岔玉泉山修过道，由此推断这一带定是名山胜水，便慕名而来。见玉泉山附近崮群秀丽，就在此处觅一小崮隐居，研攻“风鼓之甲”数年。李靖所觅小崮就是后来人们常说的胜家庄村东南的“书堂崮”。

该崮青山环抱，碧水缠绕。崮下有一河湾，因源头汩汩有声，故取其名“响水泉”，也有叫作响水塘和响水湾的。该泉青石藓苔、清澈甘甜，雁栖鱼游、山树映掩。从泉头流出来的泉水，声如优美的乐声。夜深人静时，则如珠落玉盘，叮咚作响，其声更是美妙绝伦，传之甚远。据传，当地村民外出三日，不听泉声则顿觉双耳奇痒，坐立不安。于是乎，匆忙返还，听奇音，赏怡景，顿觉心旷神怡。

当年，附近百姓经常见有一神采奕奕、气度不凡的书生在此垂钓。但有人细察，他本无心钓鱼，

书堂村响水泉

原来是在借垂钓之名，潜心养性，研究姜氏术书，效前贤姜太公渭水钓鱼，实为思考治国方略。这书生便是李靖。此崮南边有一座山，传说李靖在此隐居时，每当夜幕降临，就有一束奇异的灯光从山顶直射李靖的住处。李靖白天借垂钓思考，夜晚借此灯光读书。后来传说是神仙赐予李靖读书的神灯，于是人们取名为“灯山子”。

因为李靖选择名山胜水，喜得贵泉。在此潜心攻读兵书，平心静气，演练兵法。后来在为李渊夺取天下时，立下赫赫战功，被李世民所重用，官至宰相。旧《临朐县志》记载：“李靖读书台，在县南一百里。相传李靖微时读书于此。”又云：“靖从太宗征闾左，因于此阅司马法焉。”

为纪念李靖，周边村民筹资在灯山子下、响水湾上游修建李靖庙。庙内塑李靖像，墙壁上绘李靖在此读书垂钓及建功立业的故事。此庙在“文化大革命”中被破坏，现有遗迹尚存。书堂村附近的璞邱村过去有个李家祠堂，有碑文记载，乃大唐贞观十五年（641）修，也是为纪念李靖所建。

后来，人们把李靖所住之崮称为“书堂崮”，把李靖研读兵法之地称为“书堂社”，把李靖垂钓之地“响水泉”称为“书堂泉”。据《临朐续志》记载，此泉叫作书堂泉，泉以书堂崮而命名。续志对该泉的形容是“四时长流，涓涓不绝”。

1977年6月，村民们对泉眼处进行了保护性修建。该泉含水层为寒武系馒头组泥质灰岩、灰岩，泉水无色、无味、无嗅，清澈透明，口感良好，属富锶型矿泉水。响水泉左侧建“响水泉广场”，右侧石壁上刻有“响水泉”3字，泉眼处建一凉亭保护，泉眼上方用木牌写有“饮水锶源”字样，泉口出露处，错落两级水池，泉水汩汩不尽，流入胜家庄河。2020年，该村内河（胜家庄河）因其生态优美，被评为省级美丽示范河湖。河内建有多个拦河坝，蓄水溢流，形成瀑布，甚为壮观；河上及河的两岸，建有各式凉亭、木质廊道，与成荫绿柳相映成辉，美不胜收，实为村民及游人流连忘返之所。

水么头古井群

位于南鲁山镇政府驻地西北3公里处的水么头河北村。该村临螳螂河上游左岸而居，村内沿河左岸东西向分布古井3眼，最早为明初建村时所建。据《崔氏谱录》载：“吾氏祖籍冀州枣强县人，先人于明初迁至博邑石磨上庄、阁庄。二世祖分两支，长支去莱芜亮坡，二支居蒙邑水么头。”是为明初建村之佐证。

村西古井砌筑于河岸地面以下。方形井口面南，口外方形凹槽，上有长方形凉亭覆之，浆砌石筑台阶，拾级而下，井口处泉水汩汩，自然流淌，经凹槽流入井口对面预留的圆形出口，汇入螳螂河。

村东古井为石砌方形井口，该井虽处螳螂河转弯处，然井水依然清澈甘冽，从无干涸，其水质、口感与螳螂河水迥异，村民称常以此井之水泡茶畅饮，故为“井水不犯河水”之鲜例。井口北侧墩立一巨石，高约0.6米，下方有打磨成方形石面，似曾有刻字之意。据称20世纪40年代，当地国民党势力败退，无暇顾及刻字而弃之。

东西两井之间，又有古井1眼，被以粗木护栏施以保护，且以条石砌筑井口，高出硬化地面20厘

水么头河北村古井

神清宫青牛泉

米余，井口下方可见古井原貌。古井北侧立一磨盘石刻，上刻篆体“古井”2字，并沿中心刻文：“水北村明代古井，位于南鲁山镇水么头河北村。此井是元末明初水么头村先祖迁徙到此地，发现此处山清水秀，特别是有一泉水清澈甘洌，常年流淌，从不干涸。随着人口繁衍增多，原泉水满足不了村民需要，于是在泉眼上深挖一井，井水更旺，能满足全村饮用。此井虽然在河边，在最干旱的时候，河水断流，但此井出水依然。此井为水么头村的生命之井。”可见，此井建造年代之久，泉水质地之澈冽，历史作用之大。

神清宫青牛泉、神泉

位于燕崖镇西郑村神清宫。神清宫北依青牛山，南傍白马河，四面古柏苍松，堪称“深山藏清宫，翠岫出祥云”，为道教圣地，始建于宋代，称神清万寿宫，明、清两代几经重修扩建。据神清宫碑载：万历十三年（1585）重修。清乾隆五年（1740）修《沂水县神清万寿宫》碑载：“神清宫者，沂水之仙区宅，元、明圣地也。宫在鲁山之阳，沂城西北百四十里。山叠水曲人踪罕至，殿宅巍峨。”神清宫长80米、宽50米，占地面积6亩。建有正门、双屏风、七楼八阁十三碹、三十六院、七十二门。其中有龙宫殿、钟楼、鼓楼、玉皇阁、老君阁、天师阁等。皆为红墙碧瓦，雕梁画栋，布局高低错落，颇为考究，为明、清风格建筑群。院内现存千年虎皮赤松1株，已有1300年树龄，其干高10米，胸围3.2米，覆盖面积314平方米。

神清宫是沂源境内最大的道教宫观建筑群。整个建筑群布局严谨，构思精巧，倚山临水，曲折迷离，多阁组合，彼此连通，独居匠心，为山东少见的古建筑组合群体。从外观看，金碧辉煌，气势凝重，肃穆壮观。院内碑碣林立，更显清古幽雅，古为“沂阳八景”之一。1997年被列为市级重点文物保护单位；2003年被列入省级历史优秀建筑名单；2015年被公布为省级文物保护单位。

神清宫依山傍水，前临白马河，后靠青牛山，亦称青牛崮，当地人又称“奶奶顶”，主峰海拔659米。青牛泉就在青牛山之阳的神清宫中，从正门进入宫中，首先映入眼帘的即为青牛泉。该泉与宫内的千年赤松南北相距不足3米。据道光版《沂水县志》记载：“青牛泉，县西百六十里，出青牛山西南麓，东南伏流，入神清宫西垣，穿洞宾阁，溢于阁南之小方池，又伏流经古柏西至老君阁正南，汇为大圆池，甃以石底，覆以桥槛，蛟螭毕具，水深数尺，金鳞游泳。又穿池伏流而东，汇于玉皇阁南楼南之竹园，又伏流南穿庙垣而出。”

目前，该清泉已被砌成圆池，直径约3米，深约1.5米。池中东西分别有一龙首大嘴，相对喷水。池水原为宫中饮用水源地，后作养鱼或浇花。其上架小石桥，宽1米，南北正中跨越圆池，池的周边上沿立石栏保护，东西石碑林立，成为宫中一大景观。

宫内另有“神泉”1眼，位于龙王殿内，水清见底，常年不涸。泉被砌成方池，以木板覆盖。下院的道人们吃水可到泉边打水。殿上的二层建筑吕祖阁内设一圆形井台，上院的道人们吃水，可不用再到下院，直接把瓦罐从圆形井台的洞孔中用绳索垂直送进泉内取水，既省时，又便利，由此被称为宫内一宝。其水，含有对人体有益的多种微量元素，宫内道士和当地人称之为“神泉”或“圣水泉”。

织女泉

位于燕崖镇牛郎官庄村西，地处海拔532米的大贤山织女洞之上的迎仙观西侧，因中国爱情发源地“牛郎织女”的传说而得名。该泉为纯天然弱碱性水质，流量稳定，久旱不涸，久雨不溢，严寒不冻。常年水温12度，日出水50余立方米，泉水下泄注入沂河。经水质检测，泉水总硬度、亚硝酸盐及铁、铜、锰、锌等20多项指标均达到生活饮用水标准，可直接饮用。特别是含有锶、偏硅酸、钾、钠、镁多种对人体有益的矿物质和微量元素，长期饮用，能增强体质，增进健康。

传说牛郎织女被隔两岸，织女孤苦伶仃，日夜哭泣，相思成疾。王母娘娘有一次来看织女，见此情形，十分伤心后悔，禁不住流下泪来。泪珠落在岩石上，即形成了一眼仙泉。

黑虎泉

位于燕崖镇杏花村，双泉崮东麓，因泉旁黑色石崖像虎而得名。泉水流入白马河，后在大贤山织女洞下西侧汇入沂河。此泉背靠鏊达崖山，其上方地质属石灰岩和页岩，含多种微量元素，其中每升锶含量为1.94毫克。泉水清冽甘甜，久旱不涸，日流量456立方米。

1979年“农业学大寨”期间，燕崖公社在该泉下建蓄水塘坝1座，塘坝石砌重力坝上刻“黑虎泉”三个大字。该村用条石砌成六角形水池，周长13.2米，池深2.6米，水深1米。2007年9月，该泉被用于“村村通”饮水工程水源地。2014年，建封闭式凉亭，对泉池予以覆盖保护。2017年，该泉被列入沂源县第一批地名文化遗产保护名录。

九老泉　泛花泉

燕崖镇上龙巷村有泉2眼，一曰“九老泉”，一曰“泛花泉”。两泉均注入沂河。

九老泉位于村东山，旧称东雕崖山(县内有两座“雕崖山”，以方位称南麻街道雕崖山为“西雕崖山”)。据清道光版《沂水县志》记载：“九老泉，县西百五十里，出雕崖山之老洞。”明初，雕崖山松柏满山，山中有洞，洞深处清泉涌溢，溶溶淙淙，飞泻洞下，珠玉四溅，令人赏心悦目。据传该村有九位老人，常在洞外博弈对垒，或拳走龙蛇、剑舞长空，或读书吟赋、谈古论今。月落日升，寒来暑往间，这九位老人便由花甲到了耄耋，却仍明眸皓齿，鹤发童颜。后人称道此事，遂将该洞称作“九老洞”，泉也称为“九老泉”。该泉遇旱不涸，丰水不涨，出水稳定而水质优良，人们以青石砌筑长3米、宽1.5米、深1.5米的水池，成为上龙巷村、东高角村和桑家楼村的重要饮用水源。2012年，对该水池再次扩建。

泛花泉位于村中小河，泉水自河底上冒，泛水如花，故而得名。

杏花村黑虎泉

朱家户古井

位于燕崖镇朱家户村南，建于明代。朱姓于明万历年间迁居此地，万历四十三年(1615)，逢世所罕见的大旱，雨无涓滴，农稼颗粒无收，饥民流离失所，甚至出现“父子相食”(《临朐县志》)的现象。康熙年间《沂水县志》记载：“沂水大饥，人相食，村落皆空。”村民为自救，合力在青龙崮与鸽子峪之间的洼地处挖井，直至挖出泉水，涌流如注，立解当时的旱荒，

朱家户村的"秤杆子井"

村民大喜。该井深约10米，井口直径约0.8米，井水清澈甘甜，从未干涸。井旁有旧桔槔一架，当地村民称该井为"秤杆子井"。

人泉子

位于中庄镇南刘庄村北，白杨路南侧，建于明代，历经多次修建，日出水量141立方米，清澈优质，是上乘的饮用水。现状依地势用干砌石砌筑，呈丫葫芦状泉池，池边沿安装木质护栏，一侧放置石灰岩奇石，上刻"人泉子"3字。池深约3米，水深0.8米，泉池最大直径4米，总长约8米，北边留有溢水口。

据传，"人泉"之称，源于明末清初。有一年，村民们清淤淘泉，在清除周边及底部的淤泥后发现，泉底为一巨大青石，凸凹有致，状似仰面向上的人体。清澈的泉水从酷似人首的"七窍"中喷涌而出，高尺许，经久不息。众人见状，尊之为"水神"，于是称该泉为"人泉"。

距人泉东南约16米处，又有"福禄泉"，日出水量150立方米，用干砌石砌筑成泉池，东西长17米，最宽处7米，水深1.2米。池边沿安装木质护栏，泉池东北放置石灰岩巨石，上刻"福禄泉"3字。

人泉子、福禄泉周边建有溢出小渠，溢出之水在小渠中向东流淌，蜿蜒汇入杨家庄河，后注入沂河。

十二股老泉

位于中庄镇河东泉村南。该村古称河东庄。道光《沂水县志》记载："十二股泉，县百四十里出胡家庄东南钟宝山，河西水之滥觞也。"《沂源县志》记载："十二股老泉，在中庄镇河东村南，日出水量为2487立方米，主要用于饮用和部分灌溉。"泉中有十二股水同时向上喷，并带有黄色细沙，泉水清澈甘甜，冬暖夏凉，四季长流。泉水流向西北又东转，汇入沂河。20世纪90年代初，被钻凿成深井。1995年10月，在该村实施中德合作山东粮援项目，十二股老泉成为河东泉村饮水工程的水源。2007年，作为该村自来水"村村通"工程水源地。

相传，河东庄有一凡间女子，生性善良，勤劳能干，婆婆待她刻薄。当地缺水，婆婆让她每天翻山越岭到庄外挑水，而她日复一日，风雨无阻，从无怨言。女子的勤劳善良感动了老天爷，老天爷送她一根用十二股绳拧成的马鞭，只要女子将马鞭放入水瓮中，用手一提，瓮中的水就自然涨满，再也不用翻山去挑水。久而久之，引来附近的人也来挑水。婆婆自私，把马鞭藏了起来。女子趁其不在家，将马鞭埋于地下，埋马鞭的地方便冒出了清澈的十二股泉水，喷涌不止。人们将这泉叫"十二股泉"，并称女子为"水母"。后在十二股泉旁修建水母庙。

盛水泉

又称"南泉子"，位于中庄镇韩庄村南的韩庄河道内，距村50米。20世纪90年代之前，该泉日涌水量1296立方米，用于饮水和灌溉。2017年春，村民在该处挖水井浇地时，挖出清同治年间石碑1通，正面刻有"盛水泉"3个大字，背面碑文载有"至同治七八年间又逢大（旱）……鲜有不涸者也，百村中之井，泉之浸润如故，于是寻其旧迹……"可知该井存在已久，清同治年间又在原址建井。2018年，韩庄村再次重修盛水泉，并将石碑立于泉边。

据传，盛水泉原系一"渊子"，直通东海的海眼。渊子里的水四季流淌，清澈甘冽，时常有鲤鱼出现，人称"神鱼"。这渊子起名叫"碧波潭"，也叫"圣水泉"。

唐代韩家庄就有人居住，村内韩家、聂家、马家三大户，属韩家最富有，人称"韩员外"。到明代时，村庄兴盛。该村出土的明万历三十八年（1610）马氏墓碑，即证明了该村曾有马氏的传说。后韩、聂、马三大家族在该村离奇消亡，至今该村无此三姓。而据史料记载，清康熙七年六月十七日戌时发生郯城8.5级大地震，震中郯城。《聊斋志异》的作者蒲松龄时在稷下表兄处做客对饮，“忽闻有声如雷，自东南来，向西北去。众骇异，不解其故。俄而几案摆簸，酒杯倾覆，屋梁椽柱，错折有声。相顾失色。久之，方知地震，各疾趋出。见楼阁房舍，仆而复起，墙倾屋塌之声，与儿啼女号喧如鼎沸。人眩晕不能立，坐地上随地转侧。河水倾泼丈余，鸡鸣犬吠满城中。逾一时许始稍定。视街上，则男女裸体相聚，竞相告语，并忘其未衣也。后闻某处井倾侧不可汲，某家楼台南北易向，栖霞山裂，沂水陷穴，广数亩。此真非常之奇变也。”《沂水县志》记载：“城尽崩，坏官民舍一万三千三百七十余间，压死男女一千七百二十五口。”而距郯城与临淄之间的沂源地界，定当无可幸免。该村三大家族的离奇消亡和“盛水泉”的被掩埋，是否与该次大地震有关，亦无史料明确记载。

传说韩家依仗富有，常做些不理之事，口碑不佳；聂家为人忠厚、实在；马家行事仗义，乐善好施，遇事总是打抱不平。某年，韩、聂两家同时到送子观音那里求子，商定指腹为婚。愈年，韩家生一女儿叫金牡丹，聂家生一儿子叫聂祯。聂家两口因故早年相继去世，家道败落。16岁的聂祯，按规矩自然到韩家投亲，谁知韩员外嫌聂祯贫穷，不久就把聂祯赶出家门，还把聂家财产占为己有。聂祯只好流浪街头，马家看聂祯可怜，便把聂祯收留在家中做长工。

金牡丹品行不端，不服家教，经常走出绣楼，彻夜不归，后未婚先孕。韩员外硬是赖到聂祯身上，把聂祯告到了沂水县衙。马家明知聂祯冤枉，亲去县衙为其喊冤澄清事实，聂祯免遭牢狱之苦。

因此事，马家得罪了韩员外，韩员外处处找马家麻烦。有一年，韩家丢了两头牛，韩员外又以马家偷牛为由，将马家的耕地占为己有，从此，马家只好远走他乡。金牡丹后来因羞愧而跳进碧波潭自尽。

涌　泉

又名“老泉头”，位于西里镇涌泉村，后该村与原张家泉村合并。涌泉村，明崇祯年间赵姓迁居此地建村，以姓氏取名赵家庄，因与原沟泉乡赵家庄重名，1982年地名普查时，以泉取名改为“涌泉村”。村西有一泉眼，名曰“老泉头”。据村中老者传，20世纪二三十年代，每逢雨季来临，泉水喷出半米高，随水柱喷出的地方清沙翻滚。该泉泉水清澈，冬暖夏凉，终年不息，滋养着全村几百口人，并可提供灌溉，纾解旱情。

1972年春，唐山公社赵家庄、大家万、山西万、大刘庄4个大队联合，男女劳力齐上阵，肩挑人抬，土法上马，冬迎寒风，夏顶烈日，奋战3年。1974年4月，建成长52米、宽50米、深10米的万方大口井。大口井内壁四周分别写有“共产党万岁”“毛主席万岁”“为有牺牲多壮志，敢教日月换新天”“农业学大寨”等标语。大口井东北角石砌机灌站房3间，坐西向东，取名“友谊机灌站”。机房正门上有“水利是农业的命脉”8个石刻大字，前厦中间用3块整石凿制的方形支柱，高3.5米。南山

友谊机灌站

墙外厦用石砌4个方形支柱，厦帽上边的中间刻制红五角星，两侧是“友谊机灌站”和“刘家庄、大家万、赵家庄、山西万、一九七四年四月”6块石刻。厦道下面，即“万方大口井”的取水涵洞，拱形，石砌台阶，通至机房内。

以涌泉为基础建造起来的大口井，灌溉周边万亩优质果园。2018年，按照县委组织部要求，沂源县水利局利用友谊机灌站3间机房，建“水利馆”展厅，作为朱彦夫事迹红色教育基地的一部分。

龙王泉

又称“龙王庙泉”“老龙潭泉”，位于西里镇张家泉村西，日出水量108立方米。早年在小河北岸有龙王庙而得名。泉水夏凉冬暖，清澈甘冽。1971年，时任张家泉大队党支部书记的全国首位时代楷模朱彦夫为扩大水浇田面积，提高粮食亩产量，带领社员土法上马，肩挑人抬，在该泉处开挖大口井。1972年建成长24米、宽24米、深15米的大口井。整个工程动用人工1万余个，开挖土石方8640余立方米，使用石料480余立方米，同时修建水渠1500米，周边良田得到有效灌溉。

龙王塘泉、圣水泉

位于西里镇东升村内，该村原名龙王塘村，紧临沂河右岸。据清修《沂水县志》载：“龙王堂泉县西北九十五千米出龙王堂龙王殿下。”取村名龙王堂，后沿革为龙王塘。新中国成立后更名为东升。

村委左后方，有一龙王庙，古建筑3间，紧邻东侧有一残碑，字体清秀而又苍劲，右下隐约可现“惠抡乾隆”等字样。庙前两侧各有石狮傲立。正中前方有泉1眼，名曰“龙王塘泉”，青石砌筑方形泉池，溢水口向南有宽1米小渠，日流量在135立方米，渠上装饰木质廊架，泉水最终汇入沂河。泉水常年保持17℃恒温，水质优良，人们在此淘米、洗菜、洗衣。

村委大院内建“沂源红幸福家园民生综合体”，二层建筑，院内两泉池。东侧一泉名曰“圣水泉”。村人巧用圆形石磨盘垒筑成方形泉池，泉池四周砌大理石护栏。泉水自北侧磨盘孔内涌入池内，又自东侧磨盘孔流出至大院外的“缘泉”方形泉

东升村圣水泉

池，泉水贯通，池池相连。

院内西侧空地有一圆形泉池。据介绍，该泉泉眼在村委办公楼下，系与“圣水泉”同脉。以楼板覆盖泉池，并在泉池一侧建亭阁，池、亭相间，可尽亲水逸致。

饮马泉

位于西里镇金星头村，亦称“马泉”，以马氏祖茔在泉边得名。该泉日出水量2590立方米，是境内出水量较大清泉之一。泉水溢出后，西南流，经裕华、月庄村，注入蒙阴县东指水库。村民用料石砌筑泉池，面积约70平方米，深3米。该泉泉水冬夏温差小，常年自流不息。1988年，该村实施中德合作山东粮援项目，在泉北沿机凿深井1眼，泉井之水相连，饮水、灌溉两用。1966年，国防科工委在裕华村建军工厂，名为国营山东裕华修配厂，代号9354。近30年的时间中，裕华军工人以该泉为主要饮用水源。

刘秀泉

也称“扳倒井”“刘秀井”，位于西里镇杨家峪村，因传说中刘秀走南阳时曾狂饮此泉而得名。1958年，蒙阴县修建东指水库，该泉被淹没水下。

传说，公元9年，王莽篡汉建新，欲推新政而不力，加剧了社会矛盾。公元17年，各地农民纷纷反抗，汉高祖九世孙刘秀当时虽为一介布衣，但其雄心勃勃，为恢复汉家江山，也加入起义队伍。

刘秀率零星军队，经多次作战，出师不利，连战连败，狼狈不堪。有一炎炎夏日，刘秀被追逃至

杨家峪。此时他已多日水米未进，饥肠辘辘，口干舌燥，于是仰天长叹："上苍是否意欲亡我也？"叹毕，忽见路边有一泉，遂下马。而泉水虽清澈，但深不可及，刘秀趴在泉边说道："能将这泉扳倒，如是可好？"话音未落，只听"轰隆"一声，泉倒水溢。刘秀大喜，遂与战马一起狂饮，顿觉神清气爽。痛饮过后，策马而去，此泉即得名"扳倒泉""扳倒井"。后来，人们又称该泉为"刘秀泉""刘秀井"。

泉头泉

又称"灰泉""慧泉"，位于西里镇梭背岭村东、泉头自然村北。日出水量184立方米，饮水和灌溉两用。清道光《沂水县志》记载："灰泉，旧志云'县西北百里，非东北灰泉三源之灰泉也'，出梭背岭庄东北。"所称"灰泉"，即泉头泉。该泉早年即为一座大水塘。20世纪50年代，该村成立初级社，用石块垒筑成一座小水池、一座长方形大水池，小池饮用，大池灌溉。1989年，该村将两座水池清淤整修，砌水池。

弥陀寺古井

位于东里镇九顶莲花山弥陀寺内，建成于唐高祖武德二年(619)，系由寺院僧人在泉水基础上挖建而成。井南侧有古银杏1株，称"鲁国银杏王"，据传系鲁隐公八年(前715)莒鲁会盟时由鲁隐公所植，被尊为弥陀寺护法神树。该树枝繁叶茂，果实累累。银杏树北侧5米即为古井，青石浆砌成六角形井台，台面抛光，并加装大理石护栏，护栏柱、壁均雕刻祥云、莲花。安装高约0.4米的井口，内圆，外呈八角形，八面刻莲花。南侧立碑，碑正面刻有"八功德水"4字，背面镌刻该井历史。

该井旱不枯、涝不溢，井水温凉、洁净、甘美、轻柔。因井底遍扎银杏树根，在水润银杏的同时，银杏的药用性能也浸渍在水中，故饮此水，可除疾固本，安心养神，从古至今常有人到此求水治疾，饮后竟百病消散，身心自在，于是信众们认定此水是极乐净土八宝池的"八功德水"。故有"神井""圣井"之说。

大旺泉

又称"大汪泉"，位于东里镇西长旺村南。该村沈氏自明正德年间(1506—1521)由临沂迁来。因河水冲积，在村边形成狭长的汪，故取名"长汪"，后以方位演化为"西长旺"，由此，"大汪泉"改称"大旺泉"。

该泉最大日出水量为20390立方米，为全县单泉最大涌水量的泉眼。2013年，经专业机构检测，泉水pH为7.6，锶含量为每升0.4毫克，锌含量为每升0.23毫克，是天然弱碱性锌锶复合型矿泉水。由于大旺泉水量大、水质好，东里镇政府对其进行封闭式管理保护，挖建成圆形深井，泉边栽树种草，并新上净化水配套设施，成为东里镇"千吨万人""村村通"饮水水源地之一。2006年5月，沂源县人民政府立"淄博市"村村通"自来水工程"牌匾，是沂源县首个农村饮水净化处理工程。

清《沂水县志》记载："长汪泉，县七十里，出塔山东，汪洋数顷，乡人养藕、稻焉。"这里说的塔山，即指唐山。该村地处洼地，又因泉水丰美，自古即依此养藕。所产白莲藕外皮灰白，润滑光泽，内腔九孔，外形圆直，通长肥硕，个头均匀，形体

东里镇大旺泉饮水工程水源地

端正，脆甜适口，生、熟食之皆宜。2012年12月，“西长旺白莲藕”获国家农产品地理标志认证。

相传，古时沂河上游人烟稀少，有一孤身张老汉，在河边搭一茅草棚，每天以打鱼为生。有一年突发大水，茅草棚被大水冲走。张老汉见河上漂来一木盆，他急忙捞出木盆，盆中有一出生没多久的男孩，从此，张老汉就有了儿子。第二年，正在河边忙碌的张老汉又见河水中冒出一个竹筒，传出娃儿的哭声。张老汉将竹筒捞上来，凿开竹筒一看，竟是一女婴。两年时间张老汉喜得一对儿女。

转眼十几年过去，在张老汉的精心养育下，儿子长得结实，每天随张老汉去沂河打鱼，上西山砍柴。女儿出落得漂亮如仙女，粉嫩的脸庞如同荷花，甜美的歌声更是赛百灵。张老汉打算将兄妹两个促成夫妻。有一天，妹妹突然跪在张老汉面前，含泪说道：“女儿再也无法报答您的养育之恩了。”正满心欢喜晒鱼干的张老汉被这突如其来的变故惊呆了。

此时，天空中飘来一只仙鹤，落在女儿身边。原来，张老汉捡来的女婴本是天上的荷花仙子，因做错事，被玉皇大帝罚至人间，现已期满需回还天庭。临走前，她来到河边留给哥哥一方手帕，依依惜别时，泪水落在沂河边，泪落之处，长出一片片美丽的荷花来。

有一年大旱，沂河干涸，张老汉挑水浇灌荷花时不慎跌倒而亡。哥哥厚葬张老汉，并大哭一场，他刚一起身，身边立刻化为一眼清泉，这眼清泉便是人们传说的大旺泉。

西长旺古井

位于东里镇西长旺村委办公室东北，明代所建。井呈长方形，长1.5米、宽1.3米，水深6米。井水清澈甘冽，旱不涸，涝不溢，常年保持静水位埋深0.8米，水温恒定在18℃左右。井的东侧有溢流口，流入藕塘。该村所产白莲藕，久负盛名，清咸丰年间（1851—1861）为朝廷贡品。

西桃花坪古泉

位于东里镇西桃花坪村北山下，相传明永乐年间（1403—1424）建村时所建。以条石干砌长方形水池，长约1.5米、宽1米，石面光滑，泉下有小井1眼。

绳庄古井

绳庄古井

位于东里镇绳庄村，明天顺年间（1457—1464）建村时所建。井深6米，井台用一块长2米、宽1.55米的整石凿孔而成，井口内沿磨出凹痕10余道，最深2～3厘米。井水清澈、甘甜。1988年，该村用上自来水后，在该井取水者渐少。

凤凰崮泉

又称“凤凰泉”，位于东里镇政府驻地西北海拔454米的凤凰崮山寨内。20世纪初，战乱频仍，土匪横行，民不聊生，当地为避难躲匪，在该崮顶上建山寨。在山寨西门内2米处，建有深约2米的石砌井泉。该井水深0.5米，清澈见底。井壁南侧，人工铺筑石台阶。

南流泉

位于张家坡镇南流泉村，村以泉得名，当地也称该泉为“大泉”。《沂水县志》记载：“南流泉，县西北八十里，入暖阳水。”古暖阳水，即南流泉南、货郎崮北的暖阳河。暖阳河东南流，入沂水县诸葛镇，注入跋山水库，河长17公里，流域面积150.8平方公里，系常年性河流。该泉泉水清冽甘甜，旱灾之年未见干涸，日出水量168.8立方米。后因地下水位下降，日涌量减少。

清顺治年间（1664—1661），取名“墨水池”。

南流泉

上源。《临朐县志·续志》记载："源于铜陵关西南山峪中。去城百里。水南流数里，折而东，经铜陵关山脚下，南流入沂河，交沂水县境。"铜陵关，春秋战国齐鲁分界。清道光二十六年（1846）三月"重修山祠记"。碑文载："齐鲁之界，沂临间右有铜陵关焉。去穆陵关将四十里，南通琅琊，北通临淄，亦中衢也。"明洪武年间，商氏迁此建村。因村北为铜陵关，古为蒙阴、沂水通往临朐、青州的交通要道，客商络绎不绝，村中店坊数家，取名"野庄店子"。后以处东里店以北，更名"北店子"。1966年，建北店子水库，截流铜陵泉水，该水库亦被称为"铜陵湖"。

康熙十五年（1676）修建长约300米的"水溜子"（小水渠），向南流淌至居民区，遂取名"南流泉"，并衍生出"南流泉打水——紧接着"等歇后语。1962年，南流泉村分为东、中、西三个流泉大队。1969年春，管理区调集3个大队的劳力对大泉进行整修，泉池容量由过去的6立方米扩建为65立方米，又将原"水溜子"一分为三，在3个大队各建一个蓄水池，方便人们用水，遂形成了母池（墨水池）—水溜子—3个蓄水池的泉水系统，覆盖全村，是该村3000多人的主要饮用水源。2016年，该村用青石垒砌成正方形水池，边长2米、深4米，池上建古典凉亭以保护。2017年，被沂源县人民政府列入县级第一批地名文化遗产保护名录。

据传，明万历年间，该泉北边曾建水母奶奶庙。1939年农历四月二十四日，侵华日军及伪军300余人侵犯南流泉村，对该村实行"三光"政策，民房被焚烧殆尽，水母奶奶庙也被烧毁，幸有大泉水，部分民房得救。

铜陵泉

位于张家坡镇北店子村以北，铜陵关西南约1.5公里处，泉水清冽甘甜，终年涌溢不涸，为红水河

大 泉

位于石桥镇后大泉西南山崖下，村以泉命名。3只泉眼从悬崖根部的罅隙中涌入池内，泉水清澈甘冽，水温恒定，日出水量为2260立方米。经长期检测，泉水pH为7.5~8.1，富含锶、偏硅酸等多种微量元素和矿物质，是纯天然弱碱性水，口感良好。泉池长约110米，东西平均宽约60米，水深2.5米，总面积5300余平方米，是沂源境内面积最大的泉池。泉池西侧为狭长陡峭的山崖，其余三面

大泉

砌筑挡水墙。池南建拱形溢流涵洞，高2米，宽1米，洞上为路。池水溢出后，流入南侧河道内，南流至水北河，最终汇入沂河。池南曾建有泄水闸，旱能蓄，涝能排。泉西山崖处建有扬水站、水渠和渡槽。渡槽绕后大泉村大半圈，跨河后一直延伸到万祥山下，可灌溉农田600余亩。2017年，该泉被沂源县人民政府列入县级第一批地名文化遗产保护名录。

据《段氏家谱》："祖籍山西，明洪武八年（1375），始祖稷公始迁居大泉库庄。""村前一大泉，名大泉。泉池占地6亩。泉水量大，久旱不涸。取村名大泉库。清道光十年（1830）更名大泉庄。后以河为界分为前大泉、后大泉。"据此可知，因其水丰池大而名曰"大泉"，村名也即由此而来。清道光二十年（1840）六月古碑（碑高1.23米、宽0.53米、厚0.20米）对该村以泉取名记载：

自古村庄难立名，或以地名或以山水名，名难各殊，其实皆有所载也。沂邑西北乡原有一村，其始永久，名曰大泉库。谓立大泉者，盖因此处有一崖泉，故名之也。无如盖年久日深，愈偎愈创裹之，耆老善士不能无憾，遂聚饮共议，将以前传讹之言名，急为改之，仍以大泉庄立名为正。于是鸠工庀材，勒诸贞珉。凡四方亲友，来往君子，至此视之。日后称皆以大泉庄名之也，则实获我心矣。是为志。

大清道光二十年岁次庚子荷月二十九日合庄人等仝立。

据传，春秋时期闵子骞和仲由为宣传儒家文化，周游四方，得知圣佛山南十几里外有个村子叫王古庄（大泉库改名前名字，原址在银杏树北500米处），庄内有一大清泉。他们寻至此地后，见庄西有一矗立冲天的悬崖，崖底有洞穴，一股清泉自洞口涌泄而入崖前的大淹子，深不见底，终日雾气缭绕。二人见此美境，不忍离去，遂驻留布场，诵讲儒学。

孝媳泉

位于石桥镇大泉村东岭（该地又称"东寺"），隋唐年间所建。寺内、寺东有两泉，皆称"孝媳泉"。寺内一眼又名"圣水泉""渴公泉""辞公泉"。该泉清澈甘冽，旱涝如一。

传说，很久以前，有一李姓人家，上慈下孝，阖家融洽。儿外出，老父亲年迈病倒。儿媳搀扶公爹去求医问药，艰难行至半路，公爹口渴难耐。儿媳环顾四周，并无人家，十分失望和焦急。突然发现有一地草木葱茏，地表湿润，于是用手扒土，至数尺深后，泉水汩汩流出。而此时儿媳的手却被磨得出了血。她以桑叶卷筒为器，捧水送至公爹面前。公爹饮泉水后，顿觉神志清爽，体力大增，后数次饮用该泉泉水，病疴全无，康复如初。从此，人们称此泉为"孝媳泉"。又传一媳妇背着公爹逃避战乱，行至该地掘地出泉，以解公爹之渴，后公爹终因年迈，仍是驾鹤西去。儿媳大哭一场，掩埋公爹后，辞别公爹求生而去。于是后人在泉边建寺，起名"辞公寺"，这也便是"辞公泉"的来历。

峝醴泉

位于石桥镇毫山（海拔676米）之阳的深涧中。"峝醴泉"3个正楷大字书写在泉头上端的花岗岩巨石上，阴刻，涂红。"峝"，同"峒"。多用于地名，一般指山洞。"醴"，指的是甜酒或甜美的泉水。《礼记》曰："天降甘露，地出醴泉。"《论衡》说："泉从地下出，其味甘如醴，故曰醴泉。又儒者论太平瑞应，皆言气物卓异，朱草、醴泉、翔凤、甘露、景星、嘉禾、萐脯、萱荚、屈轶之属。"峝醴泉是毫山一大景观，泉水穿罅凿缝从山体的巨石下涌出，顺深涧密林与乱石中弯曲而下，静听有声，但不见其形。泉水潜行中被石坝拦住，形成上下两个石潭。潭边是茂盛的栗树林和奇石群。

黄安官井

位于石桥镇上黄安村内河道上游右岸，建于明代。井深约3米，圆形井口，直径约1米，因河道堤岸加高，遂以砌石、混凝土加筑升高井口约40厘米。该村地处燕崖断层带的北盘新地层，地势较高，大部分为泰山群变质岩，河道属季节性河流，无客水补给。该井水质清澈，口感清凉甘甜，常年涌水，旱时虽涌量减少，但不曾干涸，曾是该村重要的饮用水源，大旱年份春播浇苗亦以该井为主要水源。

黄安村古井

新中国成立前，松峪村因缺水，在干旱年份也到此取该井水饮用。

相传元代此处建有皇姑庵，以此取名皇庵，后演变为黄安。据《杨氏家谱》载：“明洪武二年（1369），山西实行大迁民，杨氏始祖四卢从洪洞县双槐树下迁址山东莒县杨家庄，后杨氏四世祖德新从莒县杨家庄迁至沂邑西北隅离城三十里庄号肥羊峪。七世祖杨简又迁徙黄安峪庄上泉。”后按地势分为上、下黄安村，2020年再次合并为黄安村。村内沿河两岸分布有大小古井6眼。

距“官井”约500米河道下游左岸有古井1眼，深5～6米。以整块石灰岩石凿成圆形井口，厚约20厘米，石面内圆略低，中间略高，外观规整，凿纹清晰。

小水泉

位于悦庄镇小水村北岭，古称“圣水泉”，明代宋氏迁此建村时所建。清康熙《沂水县志》记载：“小水泉，在县西北一百三十里，南流二里入于沂。”清道光《沂水县志》记载：“圣水泉，县百四十五里，出消水庄东之圣水宫。”圣水泉，即小水泉。因洪水泛滥成灾，人们盼望洪水早日消退，故取名消水。后演变为小水，泉、村同名，又据方位，分为中小水、西小水、东小水、北小水。

泉眼用条石砌成方池，为保护水源，在泉池上架设轻钢棚顶。池壁南北长10米，东西宽6米，深5米有余。泉水从北边石隙中涌出，泉头处常年水温16℃，泉池水温12℃，常年不涸，日涌水量1680立方米，可供4个小水村人畜用水和抗旱灌溉。20世纪50年代初，公社、大队曾利用该泉建“水打弓”等水能利用设施，用来弹棉花、磨面粉，发展副业，当时小水“水打弓”闻名于周边各县。1954年，沂源县利用此处的水源条件办皮革厂。2017年，该泉被沂源县政府列入第一批地名文化遗产保护名录。

因其清冽甘甜，水质优良，涌水量大，常年恒温，是蒜黄养殖的理想水源。该村村民充分利用这一天然水资源优势，发展出色泽艳丽、鲜嫩脆美、营养丰富的标准无公害蔬菜——蒜黄。该村蒜黄产业发达，远近闻名，作为蒜黄养殖的主要水源，小水泉为该村蒜黄产业发展壮大发挥了巨大作用。

花水泉

位于悦庄镇上花水村东南深涧，青石坪山之阳，东大崮（当地又称“黄崖坪”）以西。泉水从石板缝隙中汩汩涌出，奋力上扬，出水量大，泉水沸腾，泛起半尺多高的浪花，故以泉状得村名“花水村”。相传常有仙女来此取水浇花，故以此取名为“花水”。

2013年经检测，该泉pH为7.7，富含锶、钙、镁、偏硅酸等多种元素和矿物质，属纯天然含锶型弱碱性山泉水。该泉泉眼四周使用钢筋混凝土浇筑成圆筒形，覆盖板，铺设水管，引水以供村民饮用。

踅庄古井

位于悦庄镇踅庄村内。有古井2眼，一眼位于

踅庄古井

村内古楼东，紧邻碾盘南侧，保存较为完好，由李氏建于明洪武年间，与建村同期，故称“李氏老井”。据《李氏家谱》载：“明洪武平天下，祖人应诏东徙山东沂水西北乡。”21世纪前，该井为全村村民主要的饮用水源。农村实现“村村通”“户户通”自来水后，逐渐被闲置。井口呈方形，巨石垒筑，厚约40厘米，四周杂草丛生，一侧方石有7道深浅不一的凹槽，最深的约3厘米。以砖混砌筑方形支架，安装简易铁制辘轳，较为破旧。另一眼位于村南民居墙角处，同样有砖砌支撑一辘轳，井口亦呈方形，巨石垒筑。村民放置潜水泵、管，汲水饮用。

芦家泉

位于悦庄镇芦家泉村，龙王崮东、长城岭以南。据《芦氏家谱》记载：“清光绪年间，先祖芦芸由蒙阴县迁此建村。”村以泉并冠以姓氏得名，泉、村合一。该泉是一老泉，坐北朝南，泉水深邃碧青。人们以青石砌成长方形水池，长约1.5米、宽1米、深1米。后又在泉西5米，机凿深井1眼，用于灌溉。

七里寺泉　龙泉

分别位于悦庄镇七里寺村南山崖下、大寺水库内。清道光《沂水县志》记载：“县百九十里，出龙王崮东，为临朐涨水南源。”20世纪六七十年代“农业学大寨”，该大队利用七里寺泉建大口井，饮水、灌溉两用。1996年10月，在该村实施中德合作山东粮援项目，在紧临大口井南机凿深井1眼，建为“七里寺饮水工程”，泉水水位因此下降，潺潺流水不复。

村边曾有一寺院，寺内有一“龙泉”，故称“龙泉寺”；因其规模大，又称“大寺”；该村距两县村有七里之遥，故而又得名“七里寺”。1977年，在龙泉寺原址修建水库，其遗迹和龙泉淹没于水下，水库也被称为“大寺水库”。

云洞泉

位于悦庄镇银洞峪东北海拔548米的辘轳岭（无路岭）南，处饮马河上游。清道光《沂水县志》记载：“云洞泉，县百八十里，出辘轳岭南，小运水发源。”饮马河古称“小运水”。辘轳岭是春秋战国时期齐鲁分界线，故又称“齐鲁岭”，在修筑齐长城和古代两国对峙时，曾为争夺该水源而发生战争。该泉自辘轳岭山崖下的沟壑中涌出，沿山涧顺势而下，形成小溪，与涝洼泉、花水泉相汇，注入北营水库。

传说有一年大旱，方圆几十里数月滴雨未下，土地干裂，庄稼枯萎，水井干涸。农人们抬着神龛去祭祀，求老龙王降雨。东海龙宫的老龙王不但置之不理，反而不准他手下的小龙去降雨，否则严加惩罚。人们的虔诚感动了一只修炼千年的乌龟。乌龟苦苦哀求龙王，让它去降雨，以解黎民苦难。龙王不听，反将乌龟狠狠训斥一顿。乌龟又气又急，指望龙王是不可能了，于是决定自己去降雨。它悄悄飞到天上，施展法力，天空立即乌云密布，不多时便下起倾盆大雨。干枯的庄稼很快变得郁郁葱葱，一片生机。百姓高兴得欢呼雀跃，以为是龙王在降雨。

此事被龙王知晓，大发雷霆，把乌龟关押起来。乌龟被关数月，这时，田地早就又旱了。人们的祈求声又传到龙宫，老龙王依然不管老百姓的死活，就是不肯降雨。乌龟又趁看守不注意，偷偷溜出去降了一场大雨。被老龙王发现后，就把这只乌龟关押在幽深的山洞里，永远不准它回大海。

后来玉皇大帝也知道了此事，为奖励乌龟，就将乌龟脱壳，让它变成了一条青龙，专管人间疾苦。乌龟脱下的壳在山洞里渐渐长大，成了一座高山。人们为纪念这只乌龟，就把这座高山叫青龙山。此山就是悦庄镇北营水库旁边松柏茂密的青龙山。因而，北营水库也被称作“青龙湖”。

沂源主要泉群一览表

泉名	出露位置	泉名	出露位置
鹰泉	南麻街道西雕崖山	方山泉	南鲁山镇璞邱村南
荆山泉	南麻街道傅家庄村西北	璞邱泉	南鲁山镇璞邱村西头
狗跑泉	南麻街道沟泉村东	龙泉	南鲁山镇龙泉庵西南
老泉	南麻街道西台村西南	老泉	南鲁山镇张家寨西麓
徐家泉	南麻街道柴油机厂东北	圣水泉	悦庄镇东小水村东
浇花泉	南麻街道浇花泉村东北	东崖泉	悦庄镇儒林庄南岭南
猫道泉	南麻街宋家庄东山	鲍庄泉	悦庄镇东鲍庄东山
古泉	南麻街道古泉村中	七里寺泉	悦庄镇七里寺村南
历山北泉	南麻街道西鱼台北	芦家泉	悦庄镇龙王崮东
东曼泉	南麻街道上高村东山	银洞泉	悦庄镇辘辘岭东南
逯家泉	南麻街道万泉崮东南	龙泉	悦庄镇佛爷岭西南
池泉	南麻街道王家庄西南	花水泉	悦庄镇上花水村东
许村泉	南麻街道许村东山	滋润泉	悦庄镇李家庄西山
源龙泉	历山街道马头崮之阳	翻花泉	悦庄镇下龙巷村南
大泉	历山街道黄家宅南山	响泉、龙洞泉	田庄水库永兴官庄南
大泉子	南鲁山镇芦芽村北	泉子官庄泉	鲁村镇泉子官庄
芝芳泉	南鲁山镇芝芳村北	沙沟泉	鲁村镇沙沟村南
松仙泉	南鲁山镇松仙岭村西	汇泉	鲁村镇邢家庄村
饮虎泉	南鲁山镇松仙岭村东峪	裂缝泉	鲁村镇龙崖村西
芦芽泉	南鲁山镇芦芽店村北	斜山泉	鲁村镇西五陡村北
滴水泉	南鲁山镇芦芽店北山	合浦泉	鲁村镇泉子官庄村西
刘家洞泉	南鲁山镇刘家洞村	老泉	鲁村镇草埠老村
董家泉	南鲁山镇董家庄西	池子泉	鲁村镇安平西北斜山南
云洞泉	南鲁山镇车场东山	李家泉	鲁村镇李家泉村
文坛泉	南鲁山镇上文坛村北	包家泉	鲁村镇包家庄南
文泉	南鲁山镇文泉村	高峪泉	鲁村镇高峪村
东沟泉	南鲁山镇北流水村	张家石沟泉	鲁村镇张家石沟村
响水泉	南鲁山镇书堂村	响泉	鲁村镇包家庄北
玉泉	南鲁山镇丝窝山玉皇洞	桑豫泉	鲁村镇桑豫山东麓
九龙泉	南鲁山镇柏坪山下	洛豫泉	鲁村镇洛村（今乐村）
下峪泉	南鲁山镇504下崖洞	凉泉	鲁村镇凉泉村
小龙泉	南鲁山镇龙泉村下	丁家泉	鲁村镇丁家庄北
九会泉	南鲁山镇九会村东南	姬家泉	鲁村镇姬家峪村
老泉	南鲁山镇北流水村	老泉	中庄焦家上庄西鞍子沟
涝洼泉	悦庄镇涝洼村	十二股老泉	中庄镇河东村南

续表

泉名	出露位置	泉名	出露位置
人泉	中庄镇南刘庄村北	古崖泉	燕崖偏良山东北
南泉	中庄镇韩庄村东南	石板泉	燕崖镇朱家户
上庄泉	中庄焦家上庄南	大洼泉	燕崖镇石板村
社庄泉	中庄镇社庄村西	木井泉	燕崖镇刘家庄
青羊泉	中庄镇青羊山北崖	大汪泉	燕崖镇代家庄下沟南
凤凰泉	中庄镇凤凰崮北崖下	大旺泉	东里镇西长旺村东
北坡泉	中庄镇于家北坡村北	下三河大泉	东里镇下三河东南
玉泉	大张庄镇大三地玉泉寺	塔山泉	东里镇塔山北麓
北洪老泉	大张庄镇东上峪村北	银杏泉	东里镇塔山东少林
南岩泉	大张庄镇南岩村西南	青龙泉	东里镇前水北东青龙沟
柞泉	大张庄镇松山北麓	河南泉	东里镇江河南村西山
文昌泉	大张庄镇文昌崮东南	桃花泉	东里镇桃花崮北
曹家庄泉	大张庄镇曹家庄南	芳园泉	东里镇北三庄村东北
大泉	大张庄镇明末峪大沟	芙蓉泉	东里镇院峪村东
老人泉	大张庄镇石柱山王撇沟	马家泉	西里镇金星头村西
大泉	石桥镇后大泉村西	龙王庙泉	西里镇张家泉村西
孝媳泉	石桥镇后大泉东南峪	龙王塘泉	西里镇东升村
马兰泉	石桥镇亳山村马兰峪	泉头泉	西里镇泉头村
茶峪泉	石桥镇茶峪村北	泰清泉	西里镇抗东洼村东
上水泉	石桥镇郭家上峪上水帘	马泉	西里镇上马庄南崖下
谥泉	张家坡镇亳山	薛家泉	西里镇薛家峪村
洋三峪泉	张家坡阳三峪村百里峪	翟家庄泉	西里镇翟家庄东
南流泉	张家坡镇南流泉村	东崖泉	西里镇唐庄南沟东
张良泉	张家坡镇邵家峪张良山	刘家庄南泉	西里镇刘家庄南峪
铜陵泉	张家坡镇铜陵关西南	南峪泉	西里镇侯家峪里峪
黑虎泉	燕崖镇杏花村中	滑泉	西里镇裕华村西
十八股老泉	燕崖镇王庄村西河南	核桃泉	西里镇核桃峪村北
娘娘泉	燕崖镇火石盖子村东	扳倒泉	西里镇杨家峪村北
织女泉	燕崖镇大贤山迎仙观南	龙王庙泉	西里镇张家泉东南
菊花泉	燕崖镇辉村西南菊花崖	石拉泉	西里镇石拉村尚书峪
双泉	燕崖镇双泉村	清泉	西里镇清泉村
青牛泉	燕崖镇神清宫	南庙泉	西里镇蝙蝠峪村南
石佛泉	燕崖镇圣佛院南	青龙泉	南鲁山三岔店青龙山
绿溪泉	燕崖镇河西村	水么泉	南鲁山镇水么头村东
九老泉	燕崖上龙巷南山九老洞		

古 桥

西桃花坪石拱桥

位于东里镇西桃花坪村，石拱桥2座，建于明洪武年间（1368—1398）。一座位于村南下庙子，单孔，桥长4.5米、宽2.4米，青石砌筑，桥面以石板铺筑；一座位于该村广场一侧，长、宽各3米，后经多次加宽、重修。

迎仙桥

位于南鲁山镇东松仙岭村，原有石拱桥2座，始建于明初，分别冠以“迎仙桥”“双凤桥”，曾立石碑。1908年夏，因暴雨，洪水将2座石桥冲毁，石碑后亦被毁。2000年，重新修建“迎仙桥”。

通济桥

位于中庄镇河西三村（原石沟村）南，建于明万历二十四年（1596）。通长5.16米、宽4.47米、高约5.7米，方向北偏东10°，桥体建造较为牢固，石材用料加工规整。桥的东西两侧券拱顶部石材上分别镌刻有龙头和利剑图案。桥南右侧河岸上立有古碑1通，额题为“通济桥记”，序题为“新建石桥记”，记叙建桥原因、经过及众捐建善人、撰文、石匠等姓名。其背面垒在墙中，正面阴刻：

沂治西北约百里许，有悟罗社焉，社之间系济南颜神通衢，人烟周匝，行旅接踵……石沟为患，险阻非常，夏而潦潦泛溢，……桥在异世，而异世颂其功，以如是之为成如是之绩，且于为政者有裨，……其利及一人施及一万者，为足以书其美哉，夫，二翁善矣……大明万历二十四年岁在丙申四月望□吉旦立。

石沟村通济桥

人和桥

位于鲁村镇舍庄三村中心，建于明代。桥孔为拱形，桥石墩四个角分别以长石条二层组成墩梁柱石拱形，拱弧沿面中心处雕刻龙头，向西似龙吸水状，龙头至桥面中间处有1.65×0.68米的桥名匾，楷书阳刻“人和”两个大字。“龙头”的对称东面阳刻八卦图的符号，整个人和桥长6.3米、宽4.25米，南北通行。桥身两边有薄石板护栏，每块长1.62米、宽0.23米、高0.43米。桥的南端曾有明代碑刻1通，后遗失。

人和桥

曹家庄石拱桥

位于大张庄镇曹家庄村南，为石灰岩石（俗称青石）干砌单孔石拱桥，清嘉庆十九年（1814）所建。桥通高4.2米、长13.3米、宽3米，桥孔跨度3.8米，孔高3.2米。砌石多为长石条，稍加雕凿，逐层加筑。桥拱下碹面齐整，石料雕凿精致，侧面拱顶有“龙头”浮雕图案。桥边曾有嘉庆十九年二月二十一日立“修路碑记”石碑1通，后遗失。历史上多次对该桥实施加固。

回龙桥

位于鲁村镇南泉村中间的河上，桥为南北走向。该桥建于清道光五年（1825），桥体简单，但具有清代桥梁建筑风格。桥身由4块大青石条组成，总长5.7米、宽3.3米。桥北端西侧有石碑1通，额题“回龙桥碑记”，落款“大清道光五年六月上浣毂旦建立”。20世纪70年代，从安全角度出发，把桥整体向西平移30米。

青龙桥

位于中庄镇青龙官庄村东入口，桥长11米、宽6米、高4.2米，石砌拱形，系重修。清道光十四年（1834）始修，由青龙官庄马振宗、方从贵等为建桥领袖，约同19家商铺及河西庄、皂子顾庄（道座崮）、社庄、张庄、烈礼庄（列里）、于家北坡庄、芦峪庄、杨家庄、河东庄、刘家庄、本庄（青龙官庄）11个庄的村民捐资修建石拱桥，并立桥碑1通，额题“众善题名”。桥碑碑文记载：

青龙官庄修桥记：尝思利也者，固一己之私情然，能以己之情度天下之□，则共趋。夫，利有以利济，夫，万物固足。见不忍之心，而仁之用□□焉，即如桥梁之设荡荡平平，举足固为己之所便，而人亦□□利赖之，是一人之心即千万人之心，共享其利者也。吾友马振宗于本庄东偏修石桥一座，以备行旅客商往来之通衢，□以雁翅固以栏杆坚厚宽阔，观斯桥者，皆乐其功之告成焉……于是妄作数字表其心云耳。大清道光十四年六月二十三日立。

石碑另有记录同心号、万祥号、四美居、广盛号、回春堂、万盛号、大成号、松盛号、义和楼、德盛号、福盛号、东兴号、义聚号、大祥号、三益号、永丰号、永盛号、永吉号、永聚号等19家捐资建桥商铺名号及各商铺、个人捐资金额。

1964年农历六月二十四日，因连降暴雨，遭遇特大洪水，该桥被冲塌。仅存桥碑亦断为两截，桥拱石、石鼓、桥栏杆残块等仅存少许。

青龙桥

凉泉桥

位于鲁村镇凉泉村西，即村民所称的南河崖处，紧临“探花泉”。该桥为南北走向，建于清同治十年（1871）。桥身由6块长石条组成，尺寸均为长6.4米、宽1.7米、厚0.5米。桥的上游右岸有“修桥记”石碑1通，刻记捐助者姓名、捐资数额及石匠姓名等，落款“大清同治十年十月下浣毂旦”。碑身左侧上方有阳刻“道光八年重修泉记”8个大字。

峰阳桥

位于鲁村镇西南峪村中间，始建于清光绪十四年（1888）。村内河道东西向，桥体南北向，全长8.6米、宽4.4米，桥孔3个。在桥的北端有峰阳桥碑，为平首碑，碑高1.16米、宽0.65米、厚0.17米，底座长1.03米、宽0.48米、高0.18米。碑刻记述了修建此桥的事由、经过及建桥时间为“大清光绪十四年正月初四日”。

石板桥

大张庄镇松崮村原有清代中期所建古板桥3座。村东、村西各有1座，均为花岗岩砂石板桥，并列条石2块，东西向长约2米、宽约1.5米，分别称为“东阳桥”“西阳桥”。中间一座为多块石灰岩条石板并列拼接，桥面东西长约5米、宽约2米，称“中阳桥”。

普济桥

位于南鲁山镇董家庄村东，清宣统年间（1909—1911）村民捐资所建，取名“普济桥”。该桥为拱形石桥，东西向横跨村内河道。桥长5米、宽2米、高约3米。桥面两侧设石柱护栏，护栏上刻有“王伦”“四台”“五虎”棋盘。桥东立“普济桥”碑1通。

滑石桥

位于中庄镇耿庄村修星峪，建于清宣统三年（1911）。桥东西向，桥面长4.47米、宽2.58米。两桥墩根基3层，每层均由0.3米高的两块长条石砌成。桥拱跨度2.46米、拱宽2.46米、拱高1.76米，拱面由87块石砌成。桥的南碹头刻有龙头，北碹头刻有龙尾，龙头和龙尾雕刻精细，栩栩如生。桥栏杆有6根石柱，高86厘米、方24厘米。栏板石4块，每块长1.03米、高0.6米、厚0.12米。栏杆两头石鼓紧靠石柱。桥面全部用青石板铺成。桥东两块石鼓不知去向，其余保存完好。桥南端有清代宣统年间的碑刻1通，记述修桥事由和捐资名单。

金星石拱桥

位于西里镇金星村东，平时村民俗称“东大桥”。大桥呈东西向，通长10米、宽4.2米、通高4.6米。桥孔3个，中间孔宽2.65米，其余两孔宽1.5米。整座石桥由青石砌成，桥面铺青石条板，21世纪后被水泥所覆盖。桥两侧有青石护栏和护板，护栏高约2.2米，护板高约1.5米，石栏杆的柱帽有圆、方两种不同式样。该桥的构造简洁明快，线条流畅，结构合理，较为牢固。桥的旁边原有石碑，后来丢失，据村中老人回忆，碑的时代为清代，碑上记载了建桥经过及缘由。

董家峪石拱桥

位于悦庄镇董家峪村西南的南河上，清代建造。桥长4.5米、宽3.5米，桥面距河底高4.3米，方向40度（呈东北—西南向）。石桥为干石砌单孔石拱桥，孔径最大处为3.35米，上有石板护栏，栏板高约36厘米、厚21厘米，最长约2.5米。桥面为长条石铺成，较为规整。桥的券顶上原有图案，后被破坏致其模糊。桥边原立有石碑。

工农兵大桥

位于中庄镇杨家庄村（2019年与阮家南峪村合并称远扬村），跨杨家庄河，石砌拱形，始建于1968年，1969年冬竣工。大桥为南北向，5个桥墩，

工农兵大桥

4个主拱，13个辅拱。桥长100米、桥宽6米、拱高8.5米，主拱悬石桥孔跨度20米。桥墩用长方形料石浆砌而成，迎水方向为流线型，以减少河水冲击，同时增加桥墩的美感。

大桥东西两侧正中，安装石浮雕，刻画五角星图案。桥面两侧，安装钢筋混凝土护栏，护栏间隔安置方形水泥板，每块水泥预制板上各预制向日葵或一个大字。西侧为“敬祝我们伟大领袖毛主席万寿无疆”，东侧为“大海航行靠舵手，干革命靠毛泽东思想”，每字黄漆描摹，醒目庄重。向日葵黄绿描绘，栩栩如生。

桥头两侧，各分布水泥展板1面，双立柱，高3米，金黄色字体摘录毛主席语录。桥两端左右两侧水泥立柱预制有“一九六九年建工农兵桥”字样，引桥两侧以砌石护坡，护坡上砌有30层台阶，通至河床，便于行人上下桥。

璞邱村双泉桥

璞邱村双泉桥

位于南鲁山镇璞邱村西南村内河道上，1974年冬开采石料，1975年春动工兴建，5月1日竣工，由施工组王传伦、张志远负责施工修建。该桥为单跨石拱桥，桥长25米、高4米，石拱净跨14米，两端引桥各5.5米，桥两端各设一腹拱，跨度3米。桥面宽6米、净宽5.3米。桥两侧护栏总高0.8米，护栏为22根方形石柱和均长1米的21块青石板相间构成，上以青石条覆盖，青石条上面宽0.35米。桥北端栏杆刻有“璞邱双泉桥”，桥南端栏杆刻有“一九七五年五月一日”字样。

水坝、灌渠、渡槽

西鱼台滚水坝

位于芝芳村南、西鱼台村北，处国道341枢纽立交西。1961年11月，南麻公社西鱼台大队为抬高上游水位、拦蓄泥沙、向下游引水灌溉土地，在该处建滚水坝1座，后经多次维修。坝体内部块石砌筑，外部由浆砌料石镶面保护。坝长72米、高3.5米，坝底宽7米，下游护坦宽5米。该坝于1962年5月竣工，并在滚水坝的右岸建1500米浆砌石引水渠道，保证了西鱼台大队几百亩的水浇地。该处滚水坝是全县建设年代最早，也是唯一一座典型的溢流堰建筑物，其不仅美观、实用，而且坚固耐久，被赞为“万古千秋的纪念碑”，直至目前，仍在发挥着灌溉作用。2006年9月，在该坝右岸建成水上乐园引水闸，引水至胜利山东北的水上乐园。1958年，在此坝原址曾建土坝、水打弓。

沂河头电灌渡槽

位于历山街道沂河头村西北，为扬水站石拱渡槽，1968年修建，历时两年建成。渡槽全长484米，石拱最大跨度15米、拱高2.5米。槽渠以水泥预制板砌筑，宽0.7米、深0.7米。渡槽南端建方形水池1座，长20米、宽20米、深3米。

沂河头电灌渡槽

螳螂河渡槽

位于东鱼台、西鱼台之间，横架于螳螂河之上，1969年10月建成。为U型渡槽，总长100米，共10孔，单跨10米。

东风渡槽

位于南麻街道埠下村西南100米处，北距沂河1000米。1973年11月开工，1974年6月竣工，扬水站石拱渡槽。19孔，长155米、宽1.5米、高5.4米，灌溉农田700余亩。

田庄水库南干渠1号渡槽

位于南麻街道南埠东村，张台线公路西。1978年8月由南麻公社农田基本建设专业队动工兴建，共开挖土石方9392立方米，使用混凝土44立方米，投入工日2.1万个，1980年5月竣工。该段渡槽全长150米，渠槽深约2米，设计流量每秒3立方米。

田庄水库南干渠1号渡槽

齐家黄沟渡槽

位于鲁村镇齐家黄沟村西南，属青杨圈水库灌区。整个灌区始建于1968年冬，设计干渠全长34.5公里，其中砌石渠25公里。沿途建节制闸6座、较大建筑物12座，其中穿越公路桥7座。整个干渠经安平、丁崔岭、东五陡、西五陡、小张庄、三黄沟、草埠、峨峪等大队，分干渠、支渠、斗渠三级渠道，支渠12条，总长42公里，沿渠自流灌溉鲁村公社60个大队的4.5万亩土地。齐家黄沟段渡槽建于1972年，设计引水流量每秒1.5立方米。该段渡槽总长770余米，中段为桁架式渡槽，有32个钢筋混凝土预制的连体双柱支架，长度454米，其中4个支架在修建铁路时改为钢筋混凝土圆形支柱，铁道自渡槽底部穿过。中段过水渡槽为U型槽，渡槽最高处约12米。渡槽西段依地势构筑6孔石拱渡槽，

齐家黄沟渡槽

东段7个，过水渡槽改为石砌，与U型渡槽连接。

姬家峪渡槽

位于鲁村镇姬家峪村东南，属刘家庄水库灌渠。灌渠总长6000米，1974年10月基本竣工，设计灌溉面积0.5万亩，有效灌溉面积0.2万亩。渡槽略呈西北—东南向，南端跨道路、河道后与山体相连，总长约375米。依地势，浆砌石与混凝土混合构筑，拱形孔13个，每孔跨度约16米，孔间又有小孔，或半圆形，或以混凝土砖砌筑高低不一的持力墙。主孔最高处约12米，下有浆砌石构筑孔墩。主体建筑顶部用水泥板相间砌成水渠，内宽1米。

群英渡槽

位于南麻街道南刘庄村，为石砌桥墩拱式电灌站渡槽。灌渠全长110米，跨河渡槽高7.4米。该渡槽于1975年1月开始修建，用工4727个工日，开挖土石76.5立方米，使用石料361.5立方米、沙106.9立方米、水泥24吨，同年4月建成。渡槽孔间上侧水泥抹面并刻“群英渡槽”4字。

1975年，南麻街道南刘庄村“群英渡槽”

“长征水库”纪念碑

位于鲁村镇东五陡村北，1978年修建。闸门为水泥、青石筑成，已废弃不用。闸门处垒筑“长征水库”纪念碑。该碑碑体由块石干砌而成，呈长方形，长3.34米、高2.4米、厚0.5米，占地面积约4平方米，碑的两侧各由10块整石护框。碑框上端镌刻“水利是农业的命脉”。框内上端三块整石，中间刻五角星，两侧刻旗帜。框内下段由两块整石组成，刻“长征水库”4个大字，每字40×55厘米。框两侧镌有“昔日不毛地，今朝米粮川”，框下镌刻“东五斗大队一九七八年冬建”。所有刻字均为阳刻，草书体。

“长征水库”纪念碑

东唐庄渡槽

位于大张庄镇东唐庄村东南，1972年秋动工兴建，1973年6月竣工，为东西两井通渠灌溉设施，西井为源。石拱渡槽总长约75米，槽孔8个，孔间以石砌桥墩支撑，跨度约5米。桥墩南北两侧呈半圆形，高度1.5～2米。桥墩以上石拱高2米。渡槽两侧以块石砌筑，深1米，槽内净宽1.2米左右。该工程建成后，灌溉东唐庄大队围子梁以东土地220亩。

东唐庄渡槽

红旗灌区石井河倒虹吸工程

位于红旗灌区石井河村西。工程连接两端灌区老渠道，管线穿过石井河村西，是境内最长的倒虹吸，管长460.16米，采用斜管式倒虹吸。工程总投资46.34万元，1998年9月开工，1998年11月竣工。设计最大流量每秒1.05立方米，灌溉石井河倒虹吸以下至帽子庵面积9450亩。

工程主要由进口段工程、倒虹吸工程、出口段工程3部分组成。

进口段工程由闸门、启闭台及工作桥、沉沙池、拦污栅、渐变段组成。钢筋砼平板闸门，宽2米、高1.2米、厚0.1米。橡胶侧止水，底止水为止水木。启闭台为钢筋砼面板，宽0.5米，厚0.2米，采用3T螺旋启闭机。工作桥为钢筋砼平板，宽0.6米、长2.1米、厚0.15米。拦污栅选用直径12毫米钢筋焊制，间距10厘米，周边焊接角钢。沉沙池长4米、宽2.5米，进口段与渠底1：2斜坡段连接，出口段与渠底用竖直坡连接。

倒虹吸工程包括管身、冲沙放水孔、跨河跨路工程、镇墩。倒虹吸管采用直径1米预应力钢筋砼管，节长5米，承插连接，工作压力4兆帕。冲沙放水孔采用1厘米厚钢板焊制，内径30厘米，蝶阀控制，外接直径0.3米的自应力钢筋砼排水暗管，后设阀门井，防止冲刷，在管道下游设浆砌石护坝1座；连村公路处，管顶以上10厘米处设置浆砌石护拱保护，拱圈厚0.4米。在倒虹吸管路变坡和转弯处及陡峭的斜坡管段中部设置6个镇墩，以连接和固定管道。

出口段工程设置消力池、拦污栅、节制闸。消力池同渠道底宽1.8米，用预制钢筋砼盖板封顶，消力池后的护底采用浆砌块石及砼铺渠底。消力池后设置拦污栅，在出口段的干支渠上各设节制闸1座。

红旗水库灌渠“英雄洞”

红旗水库灌渠“英雄洞”

位于燕崖镇石井河村北，系红旗水库灌区暗渠出口。红旗水库灌区包括南麻、燕崖两个街道、镇的33个村。干渠总长37公里，支渠24公里。1967年11月开工，1970年竣工。设计灌溉面积5.3万亩，有效灌溉面积3.2万亩。

该段支渠经碾砣村后，沿石井河村西转北入暗渠。暗渠全长543米，由南麻区民工营修建，1969年2月动工，8月竣工，施工方量1.8万余立方米，投入工日3.6万余个。其出口为石砌拱形洞口，称“英雄洞”，洞口上方浆砌石垒筑“英雄洞”纪事碑。纪事碑使用5块石灰岩石拼接而成，刻碑石两侧，用水泥刻画棱形装饰。纪事碑两侧砌石护边，上方整齐砌有碑帽。整体望去结实耐久，且庄重典雅。

纪事碑最下方横向写有毛体“英雄洞”三字，其右侧纵向刻有“红旗灌渠南麻区民工营建修”，左侧刻“於一九六九年二月施工，当年八月竣工，全长五百四十三米，方量一万八千二百六十五方，总用工日三万六千二百三十二个”。

向上，纵向三块石碑拼接，中间石碑用毛体刻字“人民公社好　毛泽东”字样，右侧石碑刻宋体“大海航行靠舵手”，左侧石碑刻宋体“干革命靠毛泽东思想”。再上，又一横向石碑，与下方三石同宽，刻有宋体“毛主席万岁”5个大字。

红旗水库灌渠，人们常称“红旗渠”，具有浓厚的时代烙印和历史价值。部分渠段依山凿筑，蜿蜒于崇山峻岭间，或攀岩附壁，或穿洞而过。灌渠建设耗时3年之久，调集数个乡镇（当时为区建制）之民力，从“英雄洞”记载来看，红旗水库灌渠在当年建设时，用工应在数十万之巨，足见其工程规模之浩大，施工难度之艰巨，充分展现了沂源人民上下一心、战天斗地、克难攻坚、奋发有为的拼搏精神，它更是沂源劳动人民改造自然、向往美好生活的重要见证。

曹宅水库渡槽

位于西里镇曹宅村东，属曹宅水库灌区，距曹宅水库1公里，呈东西向。1967年始建，1968年建成。为石拱渡槽，共5孔，总长104米、宽约2米，渠深1米。渡槽西端建拱门式节、泄闸，长约3米、宽2.2米、高5米。

东升扬水站渡槽

西里镇东升村东、西各有沂河提水灌渠1处，1981年建成，均为扬水站石拱渡槽，自沂河提水。

曹宅水库渡槽

东升扬水站渡槽

东灌渠渡槽处村北，呈东北—西南向，全部使用浆砌石垒筑，半圆孔状渠体，10个孔，上用水泥板筑成渠槽。灌渠建筑长85米，最高约4米。其支渠总长约600米，提水方量每小时20立方米。西灌渠渡槽处村西，略呈南北向，浆砌石垒筑，25个高架孔。灌渠建筑长约170米，最高达9米，顶部以水泥板砌筑槽渠。北头3个支孔，形成45度斜坡，支撑提水铸铁管。其支渠总长度约600米，提水方量每小时40立方米。东西两个提水灌渠，一直正常使用中，可灌溉全村土地500亩，为农作物保收增收，发挥着重要的社会效益和经济效益。

李家沟水库灌渠

位于东里镇兴民村。1968年5月，李家沟水库建成后，在石流子峪配套修筑渡槽水渠，长250米、宽3.5米、高8米。1969年7月，在牛家沟修筑渡槽，长120米、宽3.5米、高8米。另在麦子峪村头，有石砌渡槽桥墩，入村主要干道自渡槽下通过。渡槽长13米、宽4米、高5米。

邵家峪渡槽

位于张家坡镇邵家峪村，1968年修建，属北店子水库灌渠。浆砌石墩，混凝土浇筑渡槽，横穿该村南北。该段渡槽长80米、最高约8米，槽渠宽1.4米、深1.1米。

东安扬水站渡槽

位于东里镇东安村北500米，呈东西向，为扬水站配套石拱渡槽，1970年春建成。渡槽总长184米，共30孔，单跨6米，高5米。自渡槽东直径35

东安扬水站渡槽

米大口井内扬水灌溉。

道座崮渡槽

位于中庄镇富泉村道座崮南，为石拱渡槽，属社庄水库引渠。东西长44米、宽2米，渠深1.17米。1975年始建，1977年8月建成，因社庄水库总渠未建成而未投入使用。渡槽飞跨于山沟之间，主孔最长跨度14米，渠离沟底深约11.2米，青石结构，堆土筑法建成。水渠两侧刻“自力更生，勤俭建国”“举旗学大寨，实现水利化”等时代宣传标语。

石龙渡槽

位于石桥镇石龙官庄村东南，系田庄水库北干渠之一段。1976年始建，1979年8月建成。砌石构筑，构筑面积约4000平方米，工程用料石8000余立方米，用工近30万个。大拱肩上有小拱，造型轻巧，是近现代具有代表性的水利设施工程，是劳动人民改造自然的重要见证。

渡槽呈东北—西南向，全长1067米，共72孔，每孔均高6米，是全县最长、建筑规模最大的石拱渡槽。中间两孔跨229省道公路，单孔跨径15米，拱高8米余，拱顶两侧镶嵌中国当代著名学者、书画家范曾题写的“石龙渡槽”4字，字体清新飘逸、苍劲有力。远望，渡槽势如长虹，雄伟壮观。2021年8月，沂源县政府将该渡槽公布为沂源县历史建筑。

南涧渡槽

位于石桥镇政府驻地东北300米处。该地有天然山涧，名为“南涧”，最宽处约12米，凹陷最深达30余米。两侧山崖垂直如削，陡峭险峻，涧内怪石突兀，落差极大，河水瀑布梯次，瀑声震耳。该地曾为石桥伏击战的战场。1983年，横跨南涧建单孔石拱渡槽，取名“南涧渡槽”，系石桥村灌渠，自南涧下游、渡槽北185米处大口井提水。该渡槽总长约32米，东西两侧各有拱洞2个，南侧刻有“南涧渡槽”“施工者：杨自赵、陈奉喜”及“1983年8月修建”字样。渡槽南侧建有石砌拱桥1座。

20世纪80年代初拍摄的石龙渡槽

南涧渡槽

马尾河渡槽

位于悦庄镇东赵庄村东，东赵庄水库大坝下游约240米处，为田庄水库北干渠石拱渡槽。1976年7月建成，呈西北—东南向，全长220米，共16孔。该段渡槽与石龙渡槽构造相同，但拱孔高度略低。

大泉扬水站渡槽

位于石桥镇大泉村，建于20世纪70年代，为扬水站渡槽。原前大泉村南、后大泉村东各有一段，均以青石浆砌筑成。其中后大泉村东渡槽长137米，东西走向，横跨村间道路与河道，共14孔，渡槽上刻“水利是农业的命脉”“农业学大寨”等时代标语；前大泉村南一段扬水渡槽长76米，有石拱5个，东北—西南走向。

高家北峪渡槽

位于悦庄镇高家北峪村，横跨该村东西，两头与山体相接，为高架渡槽。长104米，最高约15米。支架为钢筋混凝土预制的方形柱，U形槽渠亦为钢筋混凝土预制，桁架安装。该渡槽系1978年大寺水库建成后修建，是大寺水库灌溉设施的一部分。

高家北峪渡槽

赵庄渡槽

位于悦庄镇赵庄村北，为田庄水库北干渠石拱渡槽。1977年8月建成，大致呈西东向，全长349米，孔30个。西端建节、泄闸1座，1977年9月建成。该段渡槽与石龙渡槽相连接，建筑构造与之相同，但拱孔高度略低。

北营水库灌区渡槽

位于悦庄镇苗山村东北，沂源四中西，南北向沿三悦公路东侧。1960年动工兴建，属北营水库西灌渠。混凝土拱圈渡槽，全长600米，最大拱跨度10米，拱高2米，矢垮比1∶5。渠槽以混凝土预制板砌筑，槽宽1米、深1米。

北营水库灌区渡槽

埠村西渡槽

位于悦庄镇埠村西，呈西南—东北向，后折向北，设节、泄闸1座。该渡槽系田庄水库北干渠，始建于1969年，1971年7月建成，翌年通水并投入使用。该段渡槽总长约645米，其中178米原为U型渡槽、梯形预制支架，1984年改建为桁架中承式微弯板渡槽、浆砌石桥墩，孔9个，单跨20米，最高处约6米，孔下有西埠村至西山村的连村路。其余大部分为石拱渡槽，渡槽总宽4米，渠内净宽2.3米、深1.8米。

传说故事

记忆沂源·水利卷

扫码听书

扫码听书

龙王官庄（一）水库

牛郎织女传说

沂河是沂源人民的母亲河，自古以来曲径流淌，如丝如带，飘柔如裳，润泽沂源大地，滋养万代庶黎。沂河蜿蜒而下，流至燕崖镇牛郎官庄时，河的东岸有一座牛郎庙，西边临河的悬崖峭壁之上，有一个织女洞，洞内端坐着的织女塑像，与“天河”对岸的牛郎隔河相望。中国四大爱情故事之一的牛郎织女传说在沂源民间广为流传。

牛郎织女的传说，最早源于古人的星辰崇拜，是人们把天上的星宿神化与人格化的结果。牛郎星位于银河东，织女星在银河西，二星隔河相望，使人们产生无尽的遐想。

我国古籍中最早关于牛郎、织女的记载是《诗经·小雅·大东》篇：“……或以其酒，不以其浆。鞙鞙佩璲，不以其长。维天有汉，监亦有光。跂彼织女，终日七襄。虽则七襄，不成报章。睆彼牵牛，不以服箱。……”文中只言织女、牵牛乃天河之中相近的两颗星宿。直到汉时，这两颗星宿才被转化为具体人物。东汉有无名氏创诗曰：“迢迢牵牛星，皎皎河汉女。纤纤擢素手，札札弄机杼。终日不成章，涕泣零如雨。河汉清且浅，相去复几许。盈盈一水间，脉脉不得语。”汉末应劭《风俗通》中有记载：“织女七夕渡河，使鹊为桥。”鹊桥相会的故事渐成。

沂河牛郎官庄村段下游约9公里的中庄镇盖冶村二郎庙内，有明代万历二十七年（1599）“重修七圣堂记”碑碣记载：

□谓鬼神，无形声之验，天地之功用，而造化之迹也，是故阳者为神，阴者为鬼，在乎人有其诚则有其神，无其神则无其神，廊庙者鬼神之楼所，人之所祷祀也，……银河鹊桥，遗迹在于上源，龙池□院亦相连也。

牛郎织女的故事在千年的流传中有多个版本，然却异曲同工。这里撷取的是当地民间流传较为广泛的故事版本。

相传，牛郎姓孙（牛郎官庄村孙姓居多），其父母早亡，依靠哥嫂生活，自小以放牛为业。嫂子为人刻薄，经常虐待他。刚刚成人的牛郎，即被迫分家出来单过，靠一头老牛自耕自食。这头老牛与牛郎朝夕相处、形影不离，很通灵性。

织女是王母娘娘的外孙女，心灵手巧，织得一手好云裳，深得王母娘娘的疼爱。

有一天，织女和六位仙女下凡到了人间，在河里洗澡嬉戏。织女是仙女中最小的一个。有了灵性的老牛见有这么好的机会，便为牛郎当起了“媒婆”，劝牛郎去相见，并且告诉他，如若天亮之前仙女们回不去，就只能留在凡世间了。

于是，牛郎待在河边看七个仙女，他发现其中最小的仙女很漂亮，顿生爱意。此时牛郎想起老牛的话，于是就悄悄拿走了织女的衣服。嬉戏玩耍了一天的仙女们，见天色已晚，商量着要返回天庭，织女这时才发现自己的衣服不见了，只能留了下来。心领神会的牛郎按老牛的指点，“无意”邂逅了织女。言谈之间，织女对牛郎的身世产生出同情，遂生爱意，后来便做了牛郎的妻子。

婚后，牛郎和织女过着男耕女织的田园生活，生了一儿一女，日子十分得美满幸福。

玉皇大帝与王母娘娘久未见到织女，经查，方知她留在了人间，且与凡人过起了日子，大为震怒。

牛郎织女故事连环画

牛郎织女景区中国（沂源）七夕情侣节

王母娘娘遂由仙女带路，来到牛郎所在之地，命织女回天庭受审。老牛不忍他们妻离子散，于是触断头上的角，变作一只小船，让牛郎挑着儿女乘船追赶。眼看牛郎就要追上织女，王母娘娘忽然拔下头上的金钗，在天空中划出一条波涛滚滚的银河。牛郎无法过河，只能在河边与织女遥望对泣。他们坚贞的爱情感动了喜鹊，无数喜鹊飞来，用身体搭成一道跨越天河的彩桥，让牛郎织女在天河上相会。玉皇大帝和王母娘娘无奈，只好允许牛郎织女每年七月初七在鹊桥上会面一次。七夕节，便成了两情相悦男女相见的日子。

二郎神降妖造沂河

相传，在远古时代，沂蒙山区是一片茫茫大海，海中有龟精、鱼精、蛟精3个妖怪，常常兴风作浪，危害人间，搅得龙宫也不得安宁。东海龙王奈何不了它们，就上奏天庭，恳求降妖。于是，玉皇大帝传旨，由二郎神下界协助东海龙王降妖。

二郎神奉诏出南天门，到达泰山顶，往东一瞧，只见3个妖精正闹腾得整个东海波涛汹涌、浊浪滔天，渔民船翻人亡，岸边房塌田淹。二郎神看了半天，一时找不到镇压3个妖精的好办法。东海龙王眼看着自己的龙宫被这3个妖精闹腾得快塌了，急得一个劲儿催促二郎神。二郎神被催急了，就沿着泰山顶转一圈，只见泰山北面有一座大山叫沂山，南面有一座大山叫蒙山。二郎神来不及多想，伸手拆下一根顶天杠，一头插进沂山，一头插进蒙山，在泰山顶上“嗨”的一声，用力将沂山和蒙山挑起来，直奔东海。

龟精、鱼精、蛟精正在海里闹腾得欢，忽见一个顶天立地的巨人，肩挑两座大山，黑压压地直奔它们而来，吓得魂飞魄散，连滚带爬向东逃去。二郎神大吼一声：“哪里逃！”迈开大步，风风火火地追赶起来。

顶天杠经不住这两座大山的重量，也经不住这上上下下的颠颤，忽然“咔嚓嚓”一声巨响，顶天杠被压断了，两座大山在轰隆隆的闷响中掉进了大海中，溅得海水四溢、浪花翻滚。沂山砸在蛟精身上，山体散开，变成了泰沂山脉；蒙山砸在龟精身上，山体也散了板儿，变成了蒙山群峰。

二郎神定睛一看，蛟精和龟精已被大山压住，而鱼精还在往东逃窜，于是，立即将脑门上的神目一睁，只见一道白光射去，鱼精跑不动了，那个埝子就成了日照。二郎神伸手抓住鱼精，往西北一扔，就被戳在了那里，变成了鱼头似的鲁山。3个妖精被降服后，海水后退，二郎神又用断为两截的顶天杠子，顺着鲁山和沂山划出两条河，把水弯弯曲曲地引向东海，这两条河就是沂河和沭河。

沂花姑娘

相传，沂源有个叫沂花的姑娘，做了观音的侍女，远在南海的沂花时常思念家乡和爹娘。这一天，观音要去赴王母娘娘的蟠桃会，沂花手捧玉净瓶，跟随观音菩萨驾着祥云去了天庭。

当她们来到沂蒙山上空时，沂花偷偷地往下一瞧，只见家乡到处是焦山秃岭，看不到一点青绿颜色，井水干涸，草木旱死，禾苗枯萎，大地一片死气沉沉。乡亲们嘴唇干裂，面黄肌瘦，生活无以为继，看得沂花眼泪汪汪，心痛万分。沂花趁观音不留意，偷偷用杨柳枝儿蘸着玉净瓶里的神水，往下面洒了几下。霎时间沂蒙山里喜降大雨，山山岭岭百花盛开，万木葱茏……

来到南天门外，观音要过玉净瓶，令沂花站在南天门外等候，自个儿到瑶池仙宫喝仙酒、吃蟠桃去了。沂花趁南天门的把门天兵不注意，驾起祥云又跑回到沂蒙山。

等观音菩萨赴完蟠桃会，找遍天宫也不见沂花的影子。千里眼把沂蒙山区降雨的事奏明玉皇大帝，玉帝查问是谁降的雨，观音菩萨掐指一算，原来是沂花偷降了大雨，又跑回了老家。玉帝大怒，令火神等一众天兵天将随观音去捉拿沂花。

沂花回到人间，见到爹娘和乡亲，正哭诉着离别后的思念之苦，忽听观音带着天兵天将来问罪，乡亲们感念沂花救了这一方生灵，说啥也不让她回天庭领罪，于是将沂花藏进一个山洞，任凭观音菩萨怎么劝也不出来。此时，急性子的火神威胁要喷出神火，把沂蒙山烧成一片焦土。沂花听到这话，为了不连累父老乡亲，就跑出了山洞，跪对着观音央求道："任杀任剐由您，沂花至死也不离开爹娘和众乡亲！"观音见沂花如此刚烈，于是成全沂花的一片善心，用手一点，沂花立时化作一条小河。

聪明伶俐、救苦救难的沂花被菩萨点化成了一条小河，乡亲们大放悲声，哭声惊天动地，流下的泪水把那条小河冲成了大河。河水像沂花留恋家乡一样，在沂蒙山间缠山绕岭，久久不肯离去，恋恋不舍一般缓缓汇入大海。后来，人们思念沂花，就把这条大河叫作"沂河"。

沂河鲤鱼

"东海白鲢南洋鲳，不跟沂河鲤鱼香。"沂河盛产一种红眼圈、红身子的大鲤鱼，这种鱼肉肥、鳞薄、刺儿少，又鲜又美馋死人。沂河两岸不论谁家来了贵客，还是娶亲添子，喜庆宴上都少不了红烧沂河大鲤鱼。吃上这种鱼不单是享了口福，而且还是吉祥如意的好兆头哩！亲友交往，沂河鲤鱼是上乘之礼；青年男女到了成亲的年龄，人们总是问："快吃你的大鲤鱼了吧？"庄户人逢年过节总是买张大鲤鱼的画儿挂在屋里，祈盼往后的日子连年有余（鱼）；新媳妇、大闺女总爱用大红纸剪个大公鸡、大鲤鱼贴在门窗上，保得全家大吉（鸡）大利（鲤）。沂蒙人这么喜欢沂河鲤鱼，到底是因为啥呢？

传说，自古以来，沂河里的水族安分守己，和睦相容，沂河风平浪静，两岸百姓安居乐业。那河水流的是奶，淌的是蜜，浇得沂蒙山区是地就能打粮，连那荒山秃岭也变得草木青青、百花繁盛，怪不得沂蒙人恋土、恋家胜过爱生命。

不料有一年，从东洋大海窜来一条大黑龙。这家伙张牙舞爪，横行霸道，一到沂河就称王称霸，强令众水族都受它的摆弄。大黑龙在水里作恶还不过瘾，又时常兴风作浪，淹得沂河两岸寸草不生，片瓦不留，黎民百姓不得安生！

沂河里有一条金鲤鱼，见大黑龙残害生灵，发誓要除掉这个老妖精。金鲤鱼联合起青鱼、草鱼、鲢鱼、鳝鱼、鲇鱼、鳊鱼和甲鱼、泥鳅、螃蟹、蛤蜊和虾虫等，将恶龙团团围住，咬腿的咬腿，扯尾的扯尾，紧紧叮住不放松；大黑龙拼命地争斗，双方打得难解难分。斗了三天三夜，大黑龙眼看就要丧生，便"唰"地蹿出水面，驾着乌云飞向深山里逃命去了。恶龙逃走后，金鲤鱼仍不放松，变了个俊俏后生，化名李余，来到人间，帮着穷人重建家园。今日帮张家整地，明日帮王家盖房，白天黑夜忙个不停。这一天，李余和乡亲们正在坡里干活儿，忽然见一伙强盗杀了过来。李余仔细一看，领头的山大王正是大黑龙变的人形。

原来那恶龙逃到了黑龙崮，化名赫隆，占山为王，招募喽兵，干起了杀人劫财的勾当，害得民不聊生，山里人纷纷往山外逃命。今儿个赫隆领着喽啰杀到这地方，没想到又碰上了自己的对头。李余一见恶龙，恨得两眼冒金星，立时带领种田的百姓，举着锄、镰、镢、锨拥了上去。四周村里的人听到这个消息，也抄起家伙赶来追剿贼兵。赫隆见势不妙，急忙带着喽啰往回逃窜。李余带领大伙儿在后面紧追不放，强盗们刚逃上黑龙崮，李余和众乡亲就把那座大山围得水泄不通。乡亲们决计放火烧山，霎时间只见烈焰腾腾，没过多会儿，山上的喽啰全都烧死了。赫隆吓得赶紧现出原形，驾起乌云又逃得无影无踪了。

大黑龙逃到沂河源头的黑龙湾，又在那里兴风作浪。李余得知后，就对乡亲们说："不除掉恶龙，咱就不得安生。明日我下黑龙湾，去斗大黑龙，请父老乡亲每人预备两只箩筐，一只筐里装石头，一只筐里装干粮。等我钻进水里斗黑龙的时候，你们见大黑龙浮上来就赶快用石头砸；见鱼虾上来就赶快扔干粮。这回咱一定齐心协力除掉那个老妖精！"乡亲们纷纷响应，分头去准备。

第二天，成千上万的穷苦百姓挑着箩筐来到黑龙湾。李余让大伙儿在岸上观战，自个儿又化成金鲤鱼跳入水中。霎时间，只见河水像开锅似的翻滚起来，浪涛夹着泥沙卷成了旋风。大黑龙在水里被金鲤鱼带领的众水族杀得难以招架，刚露出水面想驾云逃命，不想岸上的石头像雨点似的砸来，打得它"嗷嗷"叫着又钻进水中；金鲤鱼它们一追到水面上，成筐的米饭、煎饼、山枣、野果就撒下来，众水族吞上几口又急忙去追赶黑龙……这场恶战杀了九天九夜，这才水不涨了，浪不翻了，河底下漂出了一条血肉模糊的死黑龙，岸上的百姓见了顿时欢呼起来。

从此，沂河两岸的百姓重得安生。金鲤鱼经过九天九夜的恶战，熬红了眼睛，血染了全身，所以至今沂河的鲤鱼还是红眼圈儿、红身子。从那时起，这里的人们格外喜爱沂河鲤鱼，沂河鲤鱼成了"大吉大利"的象征。

螳螂河传说

螳螂河因发源于螳螂崮而得名，是沂河源头的主要支流之一。螳螂崮位于沂源县城西北3公里处的芝芳村东，海拔687米，南北走向，山体构成以石灰岩为主，因其山梁状似螳螂而得名。清道光七年《沂水县志·舆地》记载："螳螂崮，县西七十五里，螳螂水经其西"。

传说，很久很久以前，一对恩爱的螳螂夫妻新婚之后，由于缺乏食物，濒于饿死的边缘。痴情的丈夫满怀幸福而无怨无悔地对心爱的妻子说："为了我们的爱情，为了我们爱情的结晶，请你把我吃掉吧！""亲爱的，你是我的丈夫，我怎么忍心？……"妻子早已泣不成声。"只要你爱我，爱我们的孩子，就请你把我吃掉吧！"丈夫坚持着，不肯让步。

于是，妻子流着悲伤的眼泪无奈地把自己心爱的丈夫吃掉了，保全并延续了她们的后代。自此，愧疚、悲伤的妻子终日哭泣，泪流成河，就成了这螳螂河。因为她流干了眼泪，从此螳螂的后代们眼睛总是透明的、鼓鼓的，却再也流不出一滴眼泪。丈夫的灵魂化作了惟妙惟肖的螳螂崮。而螳螂新婚之后妻子吃掉丈夫的习性也就一直延续了下来。

白马河传说

燕崖镇素有"北有青牛，南有白马"之说。青牛系指青牛崮，白马则指白马河，山水合一，乃一大景观。

白马河上游有一座山，叫马头崮。传说马头崮有一匹白色神马，白天躲在密林深涧中，每至夜深人静时，便到山下一汪泉水中饮水，多年不曾被人发现。在一个月明星稀的夜晚，一屠夫酒醉，踉踉跄跄行至该泉水边，喝了几口水后，便呼呼大睡。睡梦中，屠夫梦见身旁有匹白马饮水，当他睁眼一看，却发现真的是一匹金光四射的白马正在他身旁喝水，吓得他大叫一声。白马受惊，腾空而起，奔驰而去。它沿山势踏出了一条河道，人们称其为白马河。

白马河

饮马河由来

悦庄镇以北，泰沂山脉南麓，齐长城脚下，清澈的溪流自北边各个山谷汇流入青龙湖，而后向南注入沂河。这，便是饮马河。饮马河两岸，古时多为聚兵安营之地。饮马河古称“小运水”“西河”。

西汉初年，天下大势已定，刘邦谋士张良受命收复旧秦齐地，领兵攻打东安城，平定地方割据势力，以巩固汉王朝的统治。东安城垣坚固，秦军旧部死守，久攻不下。张良只好下令退兵40里安营扎寨，在南营、北营、中营设3个大兵营，在寨里村设中央大寨，在南、北石臼设粮草、军需供应栈，在东、西、北辽军埠中间的山顶上设瞭望台。之后，便在西岭上日夜操练兵马，伺机再攻东安城。相传，张良后施水攻，以沂河水淹东安城，大获全胜，并予老弱病伤士卒银两，就地安家，繁衍生息，遂成北、中、南3个张良村和南营、北营、中营村以及寨里村、辽军埠、石臼等村落。又传，北营、中营、南营和东辽军埠、西辽军埠、北辽军埠等村，辽宋时期亦为兵营。

古代长期的军队驻扎，西岭上放马，后称“走马岭”，西河边饮马，便称“饮马河”。

红水河传说

张家坡镇有一条纵贯全镇南北的河——红水河。春秋战国时期，红水河叫浮莱河，后来改称红水河。

相传很久以前，浮莱河西岸的山上，生长着许许多多的药材，有名贵的人参、紫草、灵芝，还有首乌、血参等。有个南方青年人叫洪赤橙，他来到铜陵关前的山上采集草药。采多了就装上牛车运往城里，供给各大药店、药铺。回来的时候，他把城里好吃的点心、新款式的丝织品运回乡下，卖给有钱的人家。他从春到秋一直忙碌着，不知运出、运进多少趟。付出总有回报，洪赤橙积累了创业的第一桶金。

第二年春，他带着媳妇蓝彩云和弟弟洪赤禄又来到这里，由原来自己去采药，改为现钱收购老百姓采的药。夫妻俩负责收购和晾晒药材，弟弟洪赤禄负责外运和内进。如此，他们收购药材搞活了当地经济，周围几个村的村民生活条件日渐改善。

有一天中午，洪赤橙正在河边的石台上晾晒鲜药材，忽然听见远处的雷声。洪赤橙正要收拾晾晒的药材时，妻子蓝彩云要临产，他顾不上收拾药材，一口气跑到河对岸的村里去找接生婆。当他和接生婆来到河边时，只见从浮莱河上游下来一道洪峰。万分焦急之下，他仗着自己会凫水，冲进河里，飞快地向对岸跑去。当跑到河道中间时，疯狂的洪峰一下子将他击倒，卷入洪水中。

接生婆大喊：“快救人啊！收药的掌柜被水冲走了！”人们闻讯跑到岸边，根本不见洪赤橙的踪影，于是赶紧向下游奔跑，在下游桥洞子挡上树干、树枝。当洪水到达这里时，洪赤橙的尸体也被拦住了。被洪水冲走的还有他们收购的成垛的药材。

待洪水消去，还泡在河里的人参、血参、首乌、紫草、灵芝等药材泡得河水变成了红色，人们就把浮莱河改称“红水河”。

胜家庄河传说

南鲁山镇东北约20公里，有绵延2.6公里的胜家庄河。该河穿书堂村而过，水流丰盈充沛，四季奔流不息。河上游有书堂泉、响水泉，清澈甘冽，涌流注入，二泉汇集，一溪蜿蜒。《临朐县志》记载：“李靖读书台，在县南一百里。相传李靖微时读书于此。”另据《临朐续志》形容书堂泉“四时长流，涓涓不绝”。

相传，隋末李靖闻孙膑曾在鲁山以东的丝窝玉泉山修过道，由此推断这一带定是名山胜水，便慕名而来，见玉泉山附近崮群秀丽，便在此处觅一小崮隐居，研攻“奇门遁甲”之术数年。传说李靖在此崮隐居时，每当夜幕降临，就有一束奇异的灯光从山顶直射他的住处，他借此灯光研读兵法，直至天亮。后来有人说是神仙赐予李靖读书的神灯。后人把李靖所住之崮称为“书堂崮”，研读兵法之地被称为“书堂社”。《丝窝洞重修玉皇阁序》碑文称亮灯之山为“灯山子”，称书堂崮所在之村为“书堂”，附近村称为“胜家庄”和上、中、下3个“文坦”村。“书堂崮”被碧水缠绕，后称“胜家庄河”。该河源头又有汩汩有声之泉，夜深人静时，泉水叮咚作响，如珠落玉盘，故取名“响水泉”。李靖效前贤姜太公渭水钓鱼，常临泉垂钓又无心钓鱼，实为思考治国方略，后辅佐李渊夺取天下，立下赫赫战功，官至大唐宰相。

铜钱岭上出铜钱

铜钱岭在红旗水库北岸，白杨公路与去石板村的公路交叉处。

传说很早以前，附近有一村妇，为了维持贫苦的生活，到一个山梁上挖野菜。她无意中听到“乒乒”的声音，便顺着声音找去，看是什么东西发出的响声。很快，她发现在一片杂草丛中的岩石上有一个小孔，小孔中不断向外跳铜钱，铜钱一块接一块落在岩石上，发出“乒乒”的响声。那村妇又惊又喜，怀疑自己是在做梦，当她清醒过来时，赶忙把野菜从篮子中倒掉，把铜钱拾进篮子。她一面拾，那铜钱一面向外跳，不多会儿就拾了满满一篮子。

那村妇想：这是神仙帮我发财，我今后就不愁没钱了，得送回家放下，再回来拾。可走后被别人发现了怎么办呢？为了不被别人发现，她想了个办法：随手薅了一把野草，将往外跳钱的石孔堵住，等回来时再拔开继续拾钱。但是，她万万没有想到，等回来时，怎么也找不到那个跳钱的孔了，只有一片野蒿。

村妇随手薅的那把野草是“万年蒿”，往外跳铜钱的岩石小孔被堵住后，需一万年以后才能重新向外跳铜钱。于是，人们就把那个山梁叫作“铜钱岭”。1966年，设计修建红旗水库时，即依其谐音称作“通天岭水库”，后改称“红旗水库”。

龙洞泉中借瓷碗

在南麻镇永兴官庄南山脚下，有一个黑黝黝的洞，洞里有清澈碧绿的泉水，称为“龙洞泉”，泉水源源不断地向外涌流。传说这个洞就是小白龙的故居——白龙宫，并有一个向小白龙借碗的故事。

小白龙心地善良，为人忠厚，心灵手巧又勤劳。他下的雨都是和风细雨，从不下伤害人类的狂风骤雨。在降雨之余，小白龙用宫内岩石制作了许许多多精细瓷碗，有大碗、小碗、茶碗、菜碗等，做工新颖别致，花色品种齐全。

他在下雨出巡时，发现人们使用的都是些粗瓷黑碗，非常难看。特别是农家有红公事，使用粗瓷黑碗就更不吉利了。于是，小白龙决定把自己制造的白瓷细碗借给周围村庄的父老乡亲用。便在一块石板刻上告示：“本宫出借瓷碗，好借好还，再借不难。”把它放进水中，石板顺水缓缓地流到宫外。

一天早晨，有一青年到泉上打水，看见泉中漂着一块白色的石板转来转去，十分惊奇，拿起来一看上面的文字，将信将疑，急忙跑回去告诉家人。说来也巧，这青年婚事临近，正愁着没处借碗呢！他的父母便来到泉边，烧上纸香，跪拜念道：“尊敬的白龙爷爷，我儿最近办婚事，向您借‘双喜’碗一套，愿借愿还。”不一会儿，崭新的白瓷红双喜精细瓷碗一个挨一个从泉水中飘飘悠悠出来了。老两口挎着借来的红双喜瓷碗，高高兴兴回到家中，欢欢喜喜地为儿子办了婚事，又将碗刷得干干净净，全部送到泉边，一个一个地放进泉水中。放进水中一个，“啾”的一声碗就不见了。一套碗就这样放完了，借出的碗又回到了白龙宫内。

亲戚朋友来贺喜的人，见到公事上用的碗都是些精细瓷碗，从来没有见过，很奇怪，就问这碗是从哪里买来的，青年的父母就把借碗的经过一五一十地说了。就这样，一传十、十传百地传开了。从此以后，凡有男婚女嫁办公事的人家，都到白龙宫去借碗。不管来多少人，多少家，只要你烧上香，跪拜默念一番，白龙爷爷就会按照你的要求将碗发送出来。办完公事后，再及时奉还，回回灵验。

有一回，一个爱贪便宜的人借过碗后不还，据为己有，后来的人们就再也借不出来了。

辞公寺孝妇泉传说

沂源县石桥镇大泉村有个叫东寺的自然村，因村中原有一东寺而得名。该寺建于隋、唐年间，最早时称“辞公寺”。

相传有一少妇，为逃避战乱，背着病重的公公路经此地。已行路数个时辰，又加天气炎热，公公口渴至极，但附近无水。媳妇无奈，在山上用手扒土。少妇的十个手指均已磨破，鲜血直流，依然扒土不止。后果然扒出了一眼清澈的泉水，少妇便以桑叶盛水，给公公解渴。公公顿时神志清爽，体力稍增。

公公毕竟年老病重，难熬风霜之苦，又过了不几日，便死去了。

媳妇大哭一场，掩埋了公公的尸体，辞别了公公的坟墓而去。

此事感动了一方百姓，后人称此泉为“孝妇泉”，在泉旁建起寺庙纪念这位孝妇，名为“辞公寺”，后人又称“东寺”。此寺先由尼姑做住持，北宋时改由和尚做住持，且于每年三月初八日在该寺举行香火会。

狗跑泉的传说

沂源县城西南30里处的崇山峻岭间，有一眼山泉，方圆丈余，水质清冽，长流不息，称为狗跑泉。泉边有一石碑，刻有“古迹狗跑泉”及碑文；并有一株古柏，枝叶浓郁，覆荫泉上；泉西北侧与一山村为邻，名曰狗跑泉村。

在很久以前，赤板村有一王老汉，年逾花甲，喜酒好客。每日饮酒两次，每饮必醉。他养了黑、黄两只狗，爱狗成癖。有一年秋后，王老汉带着两只狗到山后许村走亲戚。喝了一天酒，看天色已晚，便起身告辞。

王老汉出了许村，走了约七八里路，经风一吹，酒力发作，顿觉头重脚轻，醉倒在一片草丛中，不一会儿鼾声如雷。两只狗见主人昏睡过去，就一前一后趴在主人身边陪伴。不知过了多久，附近草地起了野火，火随风势，越烧越旺，迅速向王老汉身边蔓延过来。两只狗见状惊恐不已，大声狂叫，想叫醒主人，怎奈王老汉烂醉如泥，昏睡不醒。两只狗急得团团转，无计可施。眼见大火将要烧到主人身边，两只狗四蹄扒地，企图掘起泥土盖住火苗。但零星泥土怎能盖住熊熊火势呢！狗急劲也大，地上越掘越深，不一会儿扒出一个大坑。谁知这个坑正好在泉头上，立即涌出泉水，水声汩汩。两只狗轮番跳入水坑中，以身沾水，往老汉身边草地上滚洒，循环往复，来去不息……

大火一直烧了大半夜，直到把附近的草地、山林全部烧光，才慢慢熄灭。这时，王老汉酒劲渐退，被烟呛醒。睁眼一看，漫山遍野一片灰烬，还有零星火苗闪烁，只有自己栖身之地仍然杂草未燃，尽是水渍。再找心爱的两只狗，只见他的两只狗浑身是水，早已累死在水坑之中。老汉一切都明白了，不禁老泪纵横，失声痛哭。回到家中，他变卖家产，将两只狗厚葬于坑旁。从此，人们将此泉取名为“狗刨泉”，后演变为“狗跑泉”。

后来，泉眼越冲越大，喷涌如柱，昼夜不息，冬夏不竭，成了沂河的源头之一。因为水好，泉边建起了村子，人们以泉名为村名，称为“狗跑泉村”，后觉不雅，改称“沟泉村”，并在泉边修起一座王公庙。

狗跑泉

义犬刨泉能救主，水流千古涤人心。发生在这里的义犬救主的故事，感化着人们向善、向忠、向义、向孝、向仁。到了明万历年间，当地民众捐资修建王公庙，塑王公像，左右两边塑黑、黄二狗。当时的县官闻知此事，深为感动。明万历三十三年（1605），时任敕授文林郎蒙阴县知事董嘉谟、县丞丁文义、典史霍必明派人在泉边立“古迹狗跑泉”石碑。董嘉谟撰写碑文：

世传王公善畜犬，每出必与俱。当其醉而归也，卧草，犬旁守之，若从者。然俄而火四起，延及卧前，犬惶惶焉，还走叫跑，不遗余力。顷之泉出地中，浸淫旁溢，火竟灭，王公得无恙。及起视犬，则力竭毙矣。噫嘻！犬一物耳，犹能捐生救主，俾王公竟免于焦额。矧倨人斯自处当何如也？乃有析圭担爵，而弗思忠；承箕裘裘，而罔知孝；反而背义，鱼肉同胞；甚者以德为仇，落井下石者，视此犬有余愧矣！予故表而出之，以阐幽光，以惩薄俗。

毫山村与小白龙

毫山村位于石桥镇驻地东5公里处，村名是以所靠之山命名。此山原称“嚎山”，后演化为“毫山”。

相传，由于此山山势陡峻，延绵数十里，有巨龙盘卧之象。商末周初，武王皇后黄翠英被姜太公封为泰山老母。她认为只有泰山一处封地不能满足，便寻王灵官借来神鞭，欲使此山长高长大，作为她的一处住所。泰山老母照此山打三鞭，此山非但没有长高长大，却发出了惊天动地的嚎叫声，在山城上出现了三条深沟。黄翠英见状，一气之下回了泰山。从此，人们将此山叫“嚎山”。

到了清末，嚎山脚下的村中有一家杨氏夫妇，老年得子，不胜欢喜。不久，丈夫病故，撇下母子二人相依为命，艰难度日。过了13载，寡母马氏年老体弱，不能持家。儿子生性懒惰，什么活儿也不干，家道越是贫苦。

一日，马氏与儿子到马庄村走娘家，家常话中向娘家人诉说儿子懒惰、家境贫穷之事，自是一番忧愁叹息，儿子在姥娘和舅父面前自然被数落一顿。舅父为验证外甥的秉性，吩咐他去菜园浇菜，这当外甥的不敢违背舅父之命，便去了菜园。午饭时分，舅父去菜园，一是叫回外甥回家吃饭，二是看看他是否浇完了菜园子。舅父到菜园一看，菜畦里滴水未见，而外甥却在井台上睡大觉，无可奈何下，忍气独自回了家。

饭时已过，姥娘心疼外甥，又步履蹒跚地去叫外甥。到了菜园，没见到外甥的身影，却见菜畦里水汪一片，井水正呼呼外涌流出老远。老人觉得奇怪，待到井边一瞧，只见一条白龙倒插在井里，将井水搅得哗哗作响，吓得她当即背过气去。从此，姥娘便知道外甥并非凡家肉胎，而是白龙降世，责令家人以后谁也不准难为他、指责他。一传十，十传百，不几日，“小白龙”的名声传遍了十里八乡，家喻户晓。

有一年大旱，庄稼即将枯焦，小白龙的姥娘和马庄的父老乡亲都到毫山村乞求小白龙降雨。当夜，并无雷声闪电，便下了一场甘露细雨。奇怪的是雨水只下在了马庄地界内，其他地方仍是干旱。马庄的父老乡亲凑钱建了一座白龙庙，并塑神像。

不久，马庄和葛庄庙中之神，得知此雨是小白龙私自所为，便向海龙王禀报。龙王当即面奏玉皇大帝，玉帝大怒，下令将其贬配云南。此后，小白龙之母马氏不久便仙逝，被乡亲们安葬在毫山村东的一处叫“马栏”的山沟里。小白龙走后，托梦给马庄村父老，待3年过后的某一日，前去迎接他回来。

3年已过。某日，马庄村民备好龙辇，配齐吹鼓手，迎接小白龙。

从此，这方黎民百姓一有旱情，便求助于小白龙降雨，有求必应，甚是灵验。有人说，无论遇到多大旱情，小白龙母亲的坟墓周围总是雨露不干；有的说，只要在雷雨季节，雨下得不急、无风、无雹、无声闪电，便是小白龙所布之云雨。

小白龙报恩

毫山脚下，有个叫马栏的地方，是毫山村的一个自然村。离村不远的地方，有一座坟，据说是小白龙母亲的坟墓，坟旁是为小白龙母亲修的庙。

在毫山周围，流传着小白龙为母亲选墓地的传说。

小白龙的母亲在年轻时就守寡，唯一的儿子又死于疾病。她十分孝顺，婆婆劝她改嫁，但她一直未答应。婆婆对邻居说：“媳妇侍候我这样辛苦，她丧夫失子，又不肯改嫁，长期下去，年龄大了可咋办呢？”为此，婆婆在儿媳下田劳作时上吊自缢。小叔子为霸占家业，便诬告是小白龙的母亲逼死了婆婆。

官府将她捉拿归案，当时受理此案的人叫浩公，他认为这位妇人孝敬婆婆多年，邻里皆知，不可能逼死婆婆。但太守因收受贿赂，不仅不听浩公的申辩，还将妇人打入大牢，严刑逼供。浩公愤然辞职，回老家毫山隐居。浩公虽成为一介草民，但他凛然正气，在乡间威望更高。一日，他得知皇帝微服私访来到此地，便冒死拦轿为妇人申冤，求皇帝派人重新审理此案，妇人终于洗清了不白之冤。

有一次，妇人在河中洗衣裳，忽然发现水中一块鸡蛋大小的鹅卵石，通体透白，十分可爱，便捡起来仔细端详。这时，一个水浪打来，将正在洗的衣服冲走，她急忙将鹅卵石含在口中，腾出手来追捞衣服，不料鹅卵石“嗖”地一下落入肚中。从此怀孕，次年二月二日，生下一个婴儿。

寡妇生了孩子，自然受到众人讥讽和唾骂。儿子一天天长大后，白天一直不在娘的跟前，只有夜间回来时才说上两句话。

一天，儿子又是深夜回家，母亲就问：“你的出世给娘带来这么大的耻辱，你却整日不在家，你知道娘心里难受的滋味吗？”儿子说：“我不是不愿在家陪伴母亲，我长得实在太吓人，怕您看了受不了。”母亲半信半疑。儿子只好说出实情：“我原是东海龙王的三太子，这次来沂河玩耍，恰巧见您在河里洗衣裳，颇觉有缘，遂变为鹅卵石，并施计进入您的腹中，转胎降世，却不曾料到让您蒙受如此之辱，心里十分不安。过10年后，我即可成仙，呼风唤雨。到那时我将变成人形，侍奉您老晚年，弥补我的不孝。”

一番话，使母亲又喜又气。喜的是怀孕的谜终于解开，晚年得子；气的是三太子不该戏弄自己，使她名声扫地。但这10年后才能母子相见，时间太长。于是，她提出今晚就要看看儿子的模样，儿子见母亲如此心切，便答应了。

母亲起身点亮蜡烛，只见一条身上长满鳞甲的蟒蛇，头钻在床上的被窝里，身子横过房梁，尾巴垂在门外。只听母亲“哎呀”一声，被吓死了。小白龙痛不欲生，守了三天三夜，眼泪变为倾盆大雨，下了三天三夜。之后，小白龙托梦给浩公，让他把母亲埋葬，墓地选在毫山脚下。小白龙为了报答母恩，家乡每遇旱情，人们只要对浩公一说，浩公夜间再托梦给小白龙，祈求下雨，十分灵验。眨眼间十几年过去了，浩公高寿，无疾而终，从此无人再祈祷下雨。

有一年天大旱，别说庄稼，民众水都喝不上了。就在这时，一个身穿白衣的白胡子道人指点百姓：去毫山小白龙母亲坟上祈雨即可。人们随即到毫山脚下的马栏村，在小白龙母亲的坟前焚香祈雨。果然，人群还未离去，就哗哗地下起雨来。

自此，百姓们在小白龙母亲的墓前修了一座庙，塑小白龙之母金身。并将小白龙与母亲的故事撰文刻碑，立于庙前。“文化大革命”期间，传说中的小白龙母亲坟墓被夷为平地，庙宇亦被拆除。

黑虎泉传说

燕崖镇政府驻地南1公里，距南（南麻）崖（崖家峪）公路百余米，有一黑虎泉，其因泉旁黑色石崖像虎而得名。

传说二郎神担山填海时，挑了两座大山准备送往东海。走到此处时，没想到扁担一端突然挑崩，两山落地，南山顶形成了一个豁口。那豁口就是今天的豁达崖。挑崩的一块抛到北山坡上，稳稳当当

黑虎泉

地垛在那里，这就是今天鼎足崮上的石柱。现在当你走到这里就会发现一个奇特的景象，南山的崮顶悬崖中间少了一段，北山的半山腰却矗立着一块硕大的立石，方位正好对应。

由于两山是在二郎神挑着行走时突然挑崩摔下的，所以就被摔得变了形。南山半腰被摔得裂了缝，渗出的水形成泉眼，水越流越大，最终形成了一股常年不息的泉水。泉水周围的杂草长得郁郁葱葱，草盖清泉，水润绿草，人们便把此泉叫作“青草泉”。

后来，有杨姓人家找风水先生将墓地选在了青草泉下，两边各有一条小溪。“杨”与“羊”谐音，青草、泉水，乃是羊生长的最佳地方。说来也巧，后来杨氏家族逐渐兴旺。

某年，杨氏族长家中来了一位客人，住在杨家，在周围看病、看风水，收入颇丰。此人见多识广，谈吐优雅，出手大方，日久，慢慢地便与杨氏族长成了知心朋友，主人对他说的话也深信不疑。一天，杨氏族长问客人：“您上知天文，下知地理，精通风水，您看我杨家林的风水如何？怎么到现在都没出个大官？”客人说：“抽时间我好好看看。”第二天，主客二人来到杨家林（杨氏家族的墓地）。客人仔细端详了一番后，说：“你们这方林地的确是个好地方，应该出大官的，但有一些缺失，所以暂时还没出来。”主人问：“什么缺失？能否弥补？”客人答：“主要是地名所致，上边这个泉子叫青草泉不妥，缺少英雄之浩气。你看泉子上方探出的山崖多像一个黑虎头呀！若将此泉改称‘黑虎泉’，那你家中就会出大官，出虎将了。”杨氏族长对他的话深信不疑，从此便不准再叫“青草泉”，改称“黑虎泉”。

此后，那客人又对外姓人讲：“黑虎泉东边的小溪多有意思。”见大家没看出啥门道，于是又说：“你们看溪边那块石头多像一把杀羊刀，下边那个水汪也太像一个接血盆啦。”众人细看，确实很像，山石像刀，瀑布似血，水汪如盆。从此以后，人们便口口相传，也就有了杀羊刀和接血盆的说法。

客人走后，再也没回来过。杨家从此开始家门不幸，连遭劫难，事事不顺，整个家族很快就失去了昔日的兴盛，无奈之下，只得搬到别处去居住，黑虎泉的叫法一直被沿袭了下来。

朱砂泉传说

相传，古时松崮山周围树木参天，藤萝密布，虎狼出没无常。在松崮山下有个山洞，洞中光线昏暗，幽深莫测。一股泉水从洞口奔流而出，雪白如玉，清脆如琴，四季常流不断。斜对着洞口的一块平地上有一间茅屋，里面住着一对年迈的夫妻。

这对老夫妻因朝廷连年对外用兵，他们的几个儿子都被征兵戍边了，一去就杳无音信，官府又三天两头上门征粮征税。缺粮无钱的老两口只好跑到这深山老林里躲起来，以采摘野果和狩猎为生，日子虽然清苦，但却不受官府骚扰。

有一天，老汉在狩猎时把脚崴了，一连几天卧床不起，眼看就要断炊，直愁得老两口儿晚上睡不着觉，呆呆地望着对面的溪水。月亮照在水面上，微风一吹，好似千万片碎银在闪闪烁烁。

忽然，老汉眼前一亮：溪水里映出一个白胡子老头儿，似乎在向他们走来，但一眨眼，又没影了，过了一会儿又出现……如此反复几次。老汉纳闷地对老婆说：“你看见对面那老头儿了没有？”老婆说：“看见了，莫非神仙在点化我们？”

天明后，老婆搀着老汉来到洞前，忽然发现水底有块红绸子。他们用树枝挑上红绸子一看，只见上面有一首诗：“洞内有珍宝，色红能镇妖；安神又静心，生活离不了。要取珍宝易，须过独木桥；贪心桥易翻，知足方牢靠。一年两鞋底，莫愁岁难熬；所言不记取，性命不可饶。”

老汉跛着脚从洞口爬进去，爬了几步，眼前忽然明亮起来，洞中越来越宽敞。又走了几步，就看见一座独木桥，桥下是黑黝黝的深涧，老汉闭起眼睛慢慢爬了过去，不多远，忽然发现小山似的一堆朱砂。老汉恍然大悟，原来绸子上写的珍宝就是朱砂。老汉按照绸子上的说法，没敢贪心，只装了两鞋，便从原路返回。

逢集这天，老两口儿取一小勺朱砂拿到集市售卖，换回一些生活用品。两鞋朱砂卖完，时间也过去了整整一年。几年后的一天，官府的衙差发现老两口儿在集上卖朱砂，二话不说就把老两口儿五花大绑押到了县衙。

在威逼之下，老婆子不得已把取朱砂的事说了。县官闻听大喜，暗想：“天赐良机，我这小县官发财的机会到了！”便立即把老两口打进大牢。

县官回到后堂跟老婆核计了一宿。天刚蒙蒙亮，他瞒着众衙役，带了一条大口袋，悄悄出发来到松崮山下，找到山洞，过了独木桥，看到了红光灿灿的朱砂，不由得心花怒放，开始装朱砂，直把大口袋装满才罢手。这县官背着装满朱砂的大口袋，刚爬上独木桥，只听得天崩地裂一声巨响，独木桥陡然化作一条小白龙腾空而起，县官和大口袋一起掉进了山涧。

那老两口不久就被新任县官释放回到自己的茅屋，又去洞口发现有一只布袋。他们把布袋捞出来，见是朱砂。靠这袋朱砂，老两口儿幸福地度过了晚年。

从此，这个故事传开了，人们就把那眼泉水叫“朱砂泉”。

国画《钟灵毓秀》 高锡恒（中国美术家协会会员）

附录

扫码听书

扫码听书

记忆沂源·水利卷

张家旁峪水库

沂源地质地貌

概　述

沂源县地形以山区为主，境内山峦起伏、沟壑纵横，地势沿沂河流向自西北向东南倾斜。全县有大小河流1530条、山头2075座，海拔一般在300～600米，最高点鲁山主峰海拔1108.3米，最低点沂河谷地海拔180米。域内地层发育齐全，断层十分发育，土层深厚，适宜种植各种作物，植被繁茂。因受地质构造、岩性、河流、气候等内外地质营力作用的控制和影响，北部为鲁山隆起区，中部和东南部为相对下降区。由于不同时期断裂构造分割，各断块间的升降差异，构成了山地、丘陵、盆地、河谷等多种地貌景观。域内众多形状独特的崮，属岱崮地貌。另外广泛分布有岩溶干谷、岩溶大泉、溶蚀洼地、岩溶漏斗、落水洞等岩溶地貌及河流袭夺、河流阶地等流水地貌。

地　层

沂源县在地层区划上属华北地层大区、晋冀鲁豫地层区、鲁西地层分区、淄博—新泰地层小区。境内地层发育较齐全，各地层出露良好。按由老至新的新太古界、古生界、中生界和新生界地层分述如下：

新太古界地层　县域内发育的新太古界地层中的泰山岩群，主要分布于张家坡、东里、大张庄镇黑孤顶等地。其中张家坡一带呈北北西向条带状分布于前寒武系变质变形侵入岩中，其他为小型包体零星分布。岩石组合主要为阳起片岩、斜长角闪岩、磁铁石英岩和变粒岩，据其岩性由老至新分为雁翎关组和山草峪组。

泰山岩群雁翎关组（ArtY）：该组呈大小不等的凸透镜状、条带状包体分布于基底侵入岩中，在东里镇福禄坪峪—龙王峪一带和大张庄镇黑狐顶两处分布面积较大。主要岩性为斜长角闪岩、绿泥阳起片岩、黑云变粒岩和磁铁石英岩。该组岩石均遭受了低角闪岩相变质，原岩主要为基性和超基性火山岩夹有陆源碎屑岩。

该组是铜、铁等多金属含矿有利层位和金矿矿源层，在构造有利部位可形成矿床。与该组有关的矿产主要为变质火山沉积型鞍山式铁矿。含铁层位为底部的磁铁透闪石英岩，厚约47米。韩旺铁矿和社庄铁矿就产于该组。

泰山岩群山草峪组（$Art\hat{S}$）：分布于张家坡镇和大张庄镇西南的黑孤顶一带，其中在张家坡以350°走向呈长条状产出，长约20公里，宽约1公里，规模较大。其主要岩性为黑云变粒岩、角闪变粒岩、斜长角闪岩和磁铁石英岩等。与该组有关的矿产主要为小型鞍山式铁矿。

古生界地层　境内古生界地层，尤其是早古生界地层发育良好，岩石地层划分为3个群10个组。另外，中、晚奥陶世地层只有马家沟组未归群，进一步划分为7个段。

长清群李官组（$\in\hat{c}L$）：分布于境内张家坡、紫荆峪一带，向西、向北逐渐尖灭。主要岩性为中粒石英砂岩、砾岩、含砾砂岩及泥灰岩、页岩等，厚度小于20米。下段以石英砂岩为主偶夹海绿石砂岩，并发育斜层理，为滨海陆屑滩相沉积。其中的石英砂岩，石英纯度和含量较高，呈厚层分布，易开采，可作为化工原料、铸砂及建筑石材。现已开采利用。

长清群朱砂洞组（$\in\hat{c}\hat{Z}$）：在沂源县境内分布较广，岩性以白云岩、灰质白云岩、白云质灰岩、燧石结核白云岩为主，局部地区见有页岩。根据岩性特征可划分为两个岩性段，即余粮村页岩段和丁家庄白云岩段。该组含有丰富的三叶虫化石，具有

三叶虫化石

重要的科学研究和工艺观赏价值。其白云岩、白云质灰岩是区内重要的含水层（段）之一。

余粮村页岩段在中庄镇有小面积出露，超覆不整合于泰山岩群雁翎关组及早前寒武系变质变形侵入体之上。其岩性简单，下部为风化壳成因的砂砾岩，上部为由粉砂岩—页岩—泥岩组成的基本层序。

丁家庄白云岩段发育广泛，其厚度在大张庄镇玉泉寺一带达97.97米，在有余粮村页岩段发育的地区，它整合于余粮村段之上，而大部分地区是超覆不整合于前寒武基底岩系之上，岩性稳定，为一套灰质白云岩、泥晶细晶白云岩，常含燧石结核，底部往往发育一层风化壳成因的含砾长石砂岩或底砾岩。该段白云岩为原生成因，常含石膏，局部形成石膏矿床。是沂源境内重要的含水层（段）之一，但因含石膏（尤以南鲁山镇的东南部和东北部为重），水质往往不适宜饮用。

长清群馒头组（∈ĉM）：该组在沂源县境内分布广泛，岩性以紫红色或砖红色粉砂岩、粉砂质页岩、泥云岩为主，夹有白云岩、灰岩，可划分为三个岩性段，即石店段、下页岩段和洪河段。

石店段主要岩性为砖红色、黄灰色云泥岩、页岩、泥云岩、灰岩等，呈瓦层状产出，总体自下而上可分为五大层：①灰黄色薄层状白云质泥岩—泥质白云岩—泥岩及砂质页岩，厚5～12米。②灰色中厚层灰岩，厚40～70米。③灰质砂岩偶夹页岩，厚13～28米。④以泥晶灰岩，鲕粒灰岩为主夹页岩、白云岩，厚18～25米。⑤以紫红色砂质页岩、泥岩为主夹泥灰岩，藻灰岩，厚12～17米。石店段普遍发育纹层构造、虫迹及帐篷构造以及石盐假晶等暴露标志构造。

下页岩段以紫红色粉砂质页岩为主夹薄层砂岩和鲕粒灰岩，含三叶虫化石。该段底部为粉砂质泥岩、白云质泥岩，微细水平层纹发育，色彩红润，是木鱼石可矿层。其中的页岩可以代替黏土用于烧制砖瓦。

洪河段以长石石英砂岩、粉砂岩为主，夹砂屑灰岩及鲕粒灰岩。普遍含海绿石，发育大型交错层理。本段厚29～37米。

县内较有名的大汪泉、河东泉、荆山泉、汇泉，南鲁山镇三岔地段的多处自流井，九会村龙泉地段的多口自流井，均出露或成井于朱砂洞组及馒头组地层中。

九龙群张夏组（∈jẐ）：该组以厚层石灰岩为特征，在境内广泛分布。据岩性分为三段，即下灰岩段、盘车沟页岩段和上灰岩段。

下灰岩段，以青灰色中厚层鲕状灰岩、砂屑灰岩为主，上部夹藻凝块灰岩、生物碎屑灰岩，并含海绿石。冲刷构造、粒序层及各种类型的小型交错层理、斜层理等发育，含丰富的三叶虫化石。该段厚30～40米。

盘车沟页岩段，页岩为黄绿色，夹薄层泥灰岩、透镜状泥晶灰岩、藻丘灰岩，厚50～80米。该段含丰富的三叶虫化石。

上灰岩段，以藻凝块灰岩为主，夹有鲕粒灰岩、生物碎屑灰岩、藻灰岩等，含丰富的三叶虫化石。

张夏组石灰岩是境内重要的含水层（段）之一。也是烧制石灰、水泥的主要原料，同时也是重要的建筑石料。

九龙群崮山组（∈jG）：主要岩性为黄绿色页岩、薄层瘤状泥质灰岩、薄板状泥灰岩及砾屑灰岩。该组在境内分布广泛，其厚度在土门镇龙泉村北达89.94米。岩层中含丰富的三叶虫化石，以蝴蝶虫、蝙蝠虫、德氏虫为代表。其中“燕子石”已作为工艺品石料开发利用。

九龙群炒米店组（∈jĉ）：广泛分布于沂源县境

燕崖镇出产的“燕子石”工艺品

内，自下而上可分四套岩性：①以竹叶状砾屑灰岩为主，夹黄绿色页岩、薄层泥灰岩。②块状藻灰岩，柱状叠层石构成藻丘。③以竹叶状砾屑灰岩为主，夹生物碎屑灰岩、瘤状灰岩。具明显的风暴岩构造现象。④云斑灰岩、白云质灰岩夹细晶白云岩。

炒米店组石灰岩多数可作建筑石料，部分可作水泥、石灰原料。具紫色氧化圈的竹叶状灰岩，可作建筑饰材，有“紫竹花”之称。

九龙群三山子组（$\in_3$—O_1jS）：该组以白云岩为特征，根据岩性由下而上可划分为c段、b段和a段。c段为灰色中厚层细晶白云岩，其分布局限，系寒武系顶部层位碳酸盐白云岩化的产物；b段白云岩以发育砾屑为特征，为中薄层竹叶状白云岩；a段白云岩以含燧石结核、燧石条带为特征，富含角石类化石。a段和b段层位时代属早奥陶世。

三山子组在县境内分布也较广泛，主要集中在中部和北部鲁村盆地、沂源盆地之南北两侧，其他地区只零星分布。白云岩主要为次生成因，一般白云岩较纯，可用作冶金辅助原料，并可提炼金属镁，由于厚度大、分布广，所以白云岩矿前景良好。该组是境内重要的含水层（段）之一，其裸露地表可筑坝蓄水，达到一定埋深可作为含水层利用。

马家沟组（OM）：主要分布于境内北部，鲁村镇西南福吉山—田庄水库—悦庄镇南胡家沟一带和南鲁山镇一带，主要岩性为厚层泥晶灰岩、云斑灰岩、中厚层白云岩、薄层泥质白云岩、角砾状白云岩等。自下而上依次划分为东黄山段、北庵庄段、土峪段、五阳山段、阁庄段、八陡段和新汶段。

东黄山段（OM^d），主要岩性为黄灰色薄层泥质白云岩、泥云岩、角砾状白云岩夹薄层灰岩，底部为一层白云质砾岩。该段厚约21米。

北庵庄段（OM^b），主要岩性为灰色厚层泥晶灰岩、云斑灰岩，上部夹灰黄色薄层白云岩。最大厚度可达300余米，含丰富的角石化石。该段石灰岩质纯层厚、分布广，是很好的石灰、水泥原料和建筑石料，有的可作为熔剂灰岩和化工制碱灰岩。

土峪段（OM^t），主要岩性为薄层泥晶白云岩、角砾状白云岩，最大厚度10.21米。岩层中发育膏溶角砾构造，有时见有石膏，但一般不具开发价值。

五阳山段（OM^w），岩性为深灰色中厚层泥晶灰岩、云斑灰岩、夹含燧石结核灰岩，上部夹土黄色薄层微晶白云岩。该段含有丰富的生物化石，以角石为主，另有蜿足、层孔虫等，厚度达200余米。其灰岩较纯，可用作石灰、水泥原料、建筑石料等，也可作为熔剂和化工灰岩。

阁庄段（OM^g），主要岩性为黄灰色中薄层泥晶白云岩，局部夹角砾状白云岩，厚度达70米。

八陡段（OM^{bd}），分布于沂源县的石桥、土门一带，主要岩性为厚层泥晶—细晶灰岩，夹有白云质灰岩、泥灰岩。该段厚达60米，其石灰岩也可作为水泥、石灰原料、建筑石料开采利用。

新汶段（OM^x），分布很局限，只在鲁村镇南见有残存，岩性为浅红色厚层角砾状、渣状细晶白云岩夹薄层藻丘细晶白云岩，厚3～11米。

境内龙洞泉、响泉、泉子官庄泉、西河北泉、久流泉等大泉及下崖洞地下河都出露或发育于该组地层中，是境内重要的含水层（段）之一，具有含水层厚、单井涌量大、水质好的特点，有着十分重要的价值。除此之外，鲁山溶洞群所有溶洞均发育在该组地层中。著名的鲁山猿人化石，也出土于该组的北庵庄段灰岩的溶洞中。

月门沟群本溪组（CyB）：该组为一套以黄色砂岩、紫色、黄绿色页岩为主夹铁铝质页岩、铝土矿等的碎屑岩组合。底部以奥陶系古风化面为界与下伏马家沟组呈平行不整合接触，顶部以灰岩出现为界与太原组整合接触。县内只发育本溪组下部层位，划为湖田段，在鲁村测得厚度为13.6米。分布于鲁村盆地和南麻盆地之南缘。该组主要矿产为铝土矿、硬质耐火黏土。

月门沟群太原组（C—PyT）：该组以含灰岩为特征。主要岩性为灰—灰黑色泥岩、页岩、粉砂岩夹砂岩、数层灰岩及煤层（煤线）。在鲁村盆地出露厚度为31米，68～10钻孔控制厚度为64.79米。

太原组含煤多层，厚度较小但较稳定，具较高的可采性，有重要工业价值。耐火黏土、膨胀黏土、“大同土”等重要矿产也赋存于该组。该组内含有丰富的链类化石及蜿足、珊瑚、腹足及植物化石。

中生界地层 县境内中生界地层只发育有侏罗纪淄博群三台组、白垩纪莱阳群水南组和城山后组、白垩纪青山群八亩地组。

淄博群三台组（JzS）：分布于沂源盆地，岩性为紫红色砂岩、砂砾岩，厚34.45米，为河流相沉积。该组含有丰富的叶肢介化石和孢粉化石，紫红色砂岩可作为天然磨石开发利用。

莱阳群水南组（KlŜ）：主要分布于沂源盆地，岩性以浅灰、黄绿色粉砂岩为主，下部夹厚层长石石英砂岩，中部夹泥岩，普遍含有火山物质。

莱阳群城山后组（KlŜ）：只分布于沂源县城之东和悦庄镇东南，出露面积很小。岩性为灰色凝灰质砂岩、含砾沉凝灰岩夹安山质凝灰岩，厚度约90米。

青山群八亩地组（KgB）：主要分布于沂源县城以北。岩性为安山质火山集块岩、角砾岩及凝灰岩，系陆相火山爆发成因，厚度大于200米。

新生界地层 境内新生界地层不甚发育，已知的见有古近系官庄群常路组，第四纪大站组、临沂组、山前组、沂河组和沂源组。

官庄群常路组（EgĈ）：只在悦庄镇西和鲁村镇西两处有出露，其岩性为紫红色泥质粉砂岩和粉砂质泥岩。系河流相沉积，含植物、介形虫及哺乳类动物等化石，厚度329.29米。

大站组（QD）：仅在沂源县城南和悦庄镇东有小面积分布。大站组岩性为黄色、黄褐色粉砂、砂质黏土及砂砾石层。成因复杂，相当于以往所称的马兰黄土，其堆积厚度一般不超过10米。该组中的黄土均匀、细密，是很好的砖瓦黏土及水泥配料用黏土。

临沂组（QL）：主要分布于鲁村盆地、沂源盆地、沂河及其支流河道两侧，高河漫滩及I级阶地上。为一套灰黄色冲积相沉积，主要为黏土质粉砂，含砾中粗砂，见有猪、牛、犬等骨、齿化石，并含有周、汉代陶片、文物。

沂河组（QY）：沿沂河及其支流河道分布。河流冲积成因，主要冲积物为砂砾石或含砾粗砂，具水平及交错层理。砂砾石成分主要是花岗质和石灰岩，其细砂部分可用作建筑用砂，砾石磨圆较好，可作园林建筑铺路的鹅卵石。

山前组（QŜ）：主要分布于境内的河道两侧和山前凹地。为残坡积成因，岩性为灰黄色红棕色含砾砂质黏土、黏土质粉砂、含砾砂和砂砾层。

沂源组（QYy）：沂源县是沂源组命名地。原始层型剖面（戴尔俭，白云哲，1966）位于土门镇鲁山南坡的山东一号洞（千人洞），剖面列述如下：

⑦角砾层，红黄色粉砂质黏土胶结4米；⑥上灰烬层，灰黄色、灰黑色，含石英石器0.4米；⑤黄红色粉砂质黏土，上部含石英石器2.2米；④灰岩碎屑1.0米；③黄色粉砂质黏土，含石英石器、动物化石0.2米；②下灰烬层，黑色，含石英石器、动物化石0.6米；①褐黄色粉砂质黏土（未见底）。剖面处洞内外所含石器有：刮削器15件、石片10件、石核13件。化石有Equus Prezewalsl Kyi（普氏野马）、Sus sp.（猪，未定种）等。据石器及化石分析其时代为晚更新世。

原始层型剖面山东一号洞（千人洞），洞穴堆积物已被清理干净。山东省地质调查研究院于1998年在一号洞西北约200米处大佛山近山顶的珊瑚洞（洞口标高540米），补测沂源组剖面，建立选层型，列述如下：

⑧黄棕色层状碳酸钙1.7米；⑦白色层状碳酸钙0.8米；⑥疏松孔状碳酸钙2.5米；⑤灰黑色层状碳酸钙夹沙层0.6米；④灰白色层状致密碳酸钙2.9米；③砂质角砾2.0米；②棕黄色黏土0.5米；①棕黄色黏土2米。

另外，在千人洞北侧标高为400米的位置，新发现一溶洞，洞内为棕黄色黏土堆积，洞内曾发掘出哺乳动物化石，可惜的是大部已遗失，幸存有两件较完整的角和颌骨，鉴定为Bubalus mephislopheles（圣水牛）和Ouis shangi（殷羊），其时代为全新世早期。

马场北下崖洞南约50米、标高330米处有一小型溶洞，发育在古生界马家沟组北庵庄段灰岩层中，洞口高1米、宽1.5米，洞内为黄色亚砂土堆积，内含猿人骨片，经鉴定时代属中更新世。

断　层

上五井断层　是山东省境内的主要断层之一，平行展布于沂沭断层带和淄河断层带之间，纵贯山东省中部。断层北起寿光，经青州、临朐上五井、沂源、新泰、蒙阴直至平邑临涧，全长约165公里，宽度由数十米至数千米。在沂源境内南段起自大张庄镇黑峪，经地淤沟、旋风峪、玉泉寺、东洼村东山，长14.5公里；中段断层分东、西两支平行展布，呈地堑式出现，东支南起东洼村东山，经赵家庄、大田庄、北埠东、傅家庄、彩板峪村至菜园村，西支南起东洼村东山，经下高村、高堂峪、小田庄、荆山、栗行、螳螂崮至菜园村，在菜园村两支合并为一支向北延伸，长21公里；北段南起菜园村，经孤山子、南流水、璞邱、丝窝至凤凰山出境，长14公里。断层带内岩石破碎、裂隙发育。断层南段上、下盘岩性均为泰山群变质岩，破碎带内见有大量的构造凸透镜体以及灰白色断层泥，断面呈舒缓波状。北段上盘地表岩溶发育，有丝窝洞群和溶沟溶痕发育。

韩旺断层　是一条穿越沂源、沂水的区域性正断层。自韩旺村南偏东方向入境，经东里镇的院峪、后绳庄、火石岭，石桥镇的黑崖、东北庄、石桥、石龙官庄，悦庄镇的赵家峪、黄山子村，被青龙山断层错断后转向西，再经历山街道的北大岩、窗户沟，经历山北坡后向西至上五井断层。境内全长52公里。断裂挤压面成群出现，岩石破碎，裂隙发育，多呈压扭性特征。破碎带内有大量挤压破碎的石灰岩和断层泥，少量的透镜体和角砾岩。

燕崖断层　是横贯沂源县东西方向的区域性正断层。西起徐家庄的城子山（海拔547米），经姬家峪、青杨圈村南、沟泉村至眺家旋后，被上五井大断层向南错开约2800米，又起核桃峪，向东经计宝峪、西郑王庄、燕崖、辉村、安乐官庄至石桥镇的上黄安村，境内全长39公里。总体走向近东西走向，倾向北。南盘地层老，大部分为泰山群变质岩，北盘地层新。

傅家庄断层　为弧形正断层。南起中庄镇牛心崮西坡，经圆寨北、西郑王庄、碾砣村、侯家官庄村西、南埠东、傅家庄、东鱼台村，在历山东坡与韩旺断层相交，全长21公里。破碎带内有挤压透镜体和断层泥，与韩旺断层相交后消失，向北无断层迹象。

松仙岭断层　位于本县西北部松仙岭、池埠、茨峪、孟坡一线，在大坡村东交上五井大断层，全长19.45公里。该断层西部葫芦棚顶附近断距较小；松仙岭至大坡断距较大，最大可达1800米。断层面向南倾，北盘为泰山群变质岩，南盘为奥陶系下统石灰岩，为一正断层。该断层是构成土门地堑的北侧主干断层。

草埠山断层　从鲁村镇石门村西入境，经草埠山、小北庄、上头庄、崮山顶，在刘家大峪村东南500米处交上五井大断层，全长15.5公里。为一条南倾弧形正断层，宏观看呈向北弯曲的“牛轭”形。在石门至崮山村，北盘地层为太古界泰山群变质岩及岩脉；南盘为古生界奥陶系、石炭系。断距在北官庄一带最大，大于2000米。

大贤山、河东泉、滑石峪断层　大贤山断层西起燕崖镇蒲峪村，经桃树洼北、青龙官庄、大贤山、牛郎官庄、红岭子，在分水官庄西交后坡断层，全长19公里，为一高角度正断层。河东泉断层南起崮东万，经张庄、道座崮、河东泉、东郑王庄至石井河村，全长17.5公里。滑石峪断层在西里镇猫头崮（海拔519.1米）东北入境，经东姚宅、认子峪、下院，在裕华村（原滑石峪村）西北出境，全长9.5公里。该断层切穿金星岩体和老子崖岩体，是一条穿越蒙阴、沂源、沂水三县的区域性正断层。

岩浆岩

沂源县岩浆岩分布较广，并具有多期侵入活动的特点。岩浆岩的侵入对区域地下水的运动、泉水的出露和矿产的分布，都有较大的影响。境内的岩浆岩体分布主要有韩旺岩体、金星岩体等。

韩旺岩体出露在沂源县的东南部，为泰山期侵入。主要岩性为粗粒黑云母变质花岗岩，出露面积为9.5平方公里，产状呈复杂的岩株。金星岩体分布在西里镇金星头村附近，属燕山期侵入。主要岩性为闪长岩、闪长玢岩，岩体中含有星点状金矿，分布面积为7.5平方公里，呈复杂的似层状产出。除上述两个岩体以外，还有出露面积较小的东里镇西长旺闪长岩体、三岔南水沟闪长岩体、悦庄镇七里寺花岗斑岩岩体、大张庄镇左家旁峪闪长岩岩体等。

境内有分布广泛的各类岩脉，密集成群出露的有两处：一处是大张庄镇天门顶岩脉群，由8条岩脉组成，岩性为辉绿岩，最长达4.5公里，最短1.2公里。另一处是石桥镇错石岩脉群，主要由3条岩脉组成，岩性为闪长岩，长度分别为8公里、10公里、11公里。

地形地貌

根据地貌特征，境内主要分为构造剥蚀区和剥蚀堆积区两个地貌单元。

构造剥蚀区 分布在北部、东北部及西南部。其中北部南鲁山镇周围高程200～1000米，属中切割区，是螳螂河、十八转河的发源地。由于岩性差异，风化剥蚀强烈，沟谷深切，呈“V”字形，灰岩裸露的山体呈南坡陡、北坡缓的单面山。该区岩溶发育，且具有半干旱和半湿润两种气候环境的岩溶地貌特性。十八转河、茨峪河在灰岩分布区，常年断流，是典型的岩溶干谷；唐家寨溶蚀洼地，平均深度29.3米，整体形态呈碟形，洼地中发育了大量漏斗，漏斗又套着落水洞，为具有多层迭加形态的合成洼地。该区溶洞发育，有大小洞穴百余个，较大的溶洞有九天洞、玄云洞、下崖洞、千人洞、珊瑚洞等，洞内有指向流纹、天锅等岩溶形态。本区植被茂盛。东北部和西南部为变质岩区，高程200～600米，相对高差100～300米。由于岩性一致，风化剥蚀差异小，山坡微向外突出，山顶多呈馒头状，冲沟发育，呈“V”字形。

剥蚀堆积区 分布在中部和东南部，主要由山前残积、坡积、洪积物和河流冲积物及剥蚀残丘组成。中部是鲁村、南麻盆地，第四系堆积物发育，尤以鲁村盆地第四系堆积物最为发育，一般厚度10～15米，最厚处达40米，主要岩性为砂质黏土和黏质砂土；东南部由冲洪积物和沂河冲积物组成，主要为含砾砂层鹅黏质砂土。剥蚀残丘多为浑圆的馒头状，冲沟、干谷较发育。

地貌类型

境内山顶大多为圆顶、平顶，少有尖顶。山坡一般为直形，偶有阶梯形坡。中山主要分布于西北部、北部的南鲁山镇，海拔800米以上，相对高度400米以上，其山势险峻，沟深谷幽，坡度30～45度，以花岗岩和片麻岩为主构成，土层厚度少于0.3米。低山主要分布于其他各镇（街道），海拔400～800米之间，相对高度300米，其中，砂石低山分布于西南部和东部，山岭低缓，沟谷开阔，坡度在20～30度之间，土质粗劣，砂砾含量高；青石低山分布于南部和北部，其山势陡峭，沟谷深邃，坡度在25～35度之间，土层0.1～0.4米。丘陵海拔在200～400米之间，相对高度小于200米，全县均有分布，坡度10～20度之间。丘陵的中上部多为岭坡梯田，土层0.2～0.3米，砂砾含量高，其中下部土层0.4～0.6米，土质较好。全县山前倾斜平地面积12.12平方公里，主要分布于鲁村、南麻、悦庄3镇及沂河两岸，海拔在180~300米之间，地势平缓，土层厚。

沂源是岱崮地貌较为典型的地区。崮，也称方山或桌状山，是指山顶平坦开阔，四周峭壁陡立，峭壁下面由陡到缓的山，大多由厚层或巨厚层灰岩组成。其山体主要由上下不同岩性的两部分组成。上部为厚层石灰岩，抗风化剥蚀能力强，发育节理，在长期的风力、流水侵蚀和溶蚀及重力作用下，不断坍塌后退，形成典型的方山，呈帽子状；下部基座由易风化的页岩、变质岩等组成，总厚度远大于顶部方帽，在长期的风化剥蚀作用下，逐渐形成近似椎体的缓坡。

全县有名的崮如东里镇的凤凰崮、刘家崮、小崮、莺莺崮、曹家崮、土崮、桃花崮等；中庄镇的道坐崮、马头崮（又称南马头崮）、尹家崮（又称英杰崮）、于家崮、韩王崮、龙王崮、牛心崮、水柿崮、界石崮、鹰嘴崮、八十崮、北子崮等；大张庄镇的松崮、大崮顶、红崮顶、文昌崮等；燕崖镇的安乐崮、鼎足崮、马头崮、青龙崮、青牛崮、双泉崮等；南鲁山镇的螳螂崮、书堂崮、曾家崮、红崮顶、大崮坪、小崮、锥子崮、大崮顶（又称大崮或西大崮）、马头崮、红崮堆等；南麻街道的仓粮崮、石人崮、崮山、万泉崮等；石桥镇的田家崮、杨家崮、钻天崮、跌石崮、闵家崮、人崮顶等；西里镇的团圆崮、樱桃崮、猫头崮、柴崮、保崮顶等；张家坡镇的货郎崮、保安崮、花崮子、刘家大崮子、小崮子、保崮顶、林前崮等；悦庄镇的大崮坪、牛心崮子、核桃崮、红崮堆、抓崮顶、大崮（又称东大崮）、龙王崮、透明崮、驴皮崮等；鲁村镇的涝崮顶、崮山、寨山崮、东崮山等。其中，多座崮名称重复。

新中国成立前，境内民众多在山崮之上建围子、筑石屋，防匪患、避战乱。新中国成立后，大部分围墙逐渐圮废。

南麻街道赵家庄村东墁山围子

岩溶地貌　在境内广泛分布。历经多期地质构造运动后，在这些可溶性岩石中，形成错综复杂的构造节理、裂隙。在地表水和地下水的长期作用下，广泛分布岩溶干谷、岩溶大泉、溶蚀洼地、岩溶漏斗、落水洞等岩溶地貌及河流袭夺、河流阶地等流水地貌。

岩溶干谷：在沂源县境内十分发育，沂河的支流螳螂河、高村河、大张庄河、南岩河、十八转河、红水河、茨峪河等都属于岩溶干谷。发育较大的岩溶干谷长10～29公里，平均坡度每公里4.31～24.6米。尤以十八转河、茨峪河最为典型。在茨峪河河谷内见有岩溶漏斗、消水洞和溢出点。

石桥镇大泉村大泉

岩溶大泉：沂源县岩溶大泉十分发育。全县有多处流量较大的岩溶大泉。较典型的有东里镇大旺泉，下河泉；悦庄镇小水泉，南鲁山镇芝芳村九龙泉，中庄镇河东泉（十二股老泉），南麻街道龙洞泉、响泉，石桥镇大泉。这些岩溶大泉的成因均与断裂构造有关，其中有两处具深部循环条件，为岩溶天然矿泉。这两处是南鲁山镇九龙泉和东里镇大旺泉。

溶蚀洼地、岩溶漏斗：主要发育在岩溶干谷和唐家寨溶蚀洼地之中。干谷中的漏斗多数被第四系冲积物所冲填，为一个不规则环状凹坑，如在茨峪河、十八转河、马庄河中可以看到深小于2米、直径3～5米的岩溶漏斗。唐家寨溶蚀洼地中的漏斗发育十分典型，且分布密集，据实地统计共有52个，多数呈近圆形或椭圆形，最大直径可达30米，深约10米，一般直径7～15米，深3～5米。

唐家寨溶蚀洼地位于南鲁山镇松仙岭西南角。洼地发育于山顶上，山顶较平坦，山顶面积为1.3平方公里，洼地面积为0.125平方公里。山顶最高点标高787米，相对高差为230米，山势较险峻。分东、西两部分，东部洼地较大且深，西部洼地小而浅。洼地平均深度29.3米，最大深度不足50米，整体形态呈浅碟形。两个洼地中部发育较多的岩溶漏斗，一些漏斗又套着落水洞。洼地底部沉积有薄层红黏土，红色黏土之下为石灰岩。

唐家寨洼地与螳螂河水系联系密切，雨季在山坡下可见许多不同高度的间歇泉出露，泉水直接汇入螳螂河。这种密切的水力联系，说明唐家寨溶蚀洼地仍在继续发育之中。

落水洞：分布在南鲁山镇鲁山林场西山，南麻街道浇花泉村北，石桥镇政府北、石楼村南，南鲁山镇唐家寨山顶、茨峪村南偏东方向等。形态各异，大小不一，雨季均大量消水。有的落水洞（如石桥镇石楼村南）已被河流冲积砂砾石填平，但尚能判别其范围和漏水情况。石桥镇政府北落水洞为岩溶塌陷所形成，据调查分析，原为暗河入口，现已成岩溶峡谷。区内最典型的落水洞为位于鲁山林场西1公里处山腰的漏青洞。其地处石灰岩与变质岩交接地带，有小河流经洞旁。洞口段呈水平状，延伸10余米后，洞底即变为倾斜，雨季可见河水灌入洞内。当地居民认为该洞是下崖洞暗河的主要入水口之一。

溶沟：常见于平缓的山坡及山麓地带。主要分布在南鲁山镇下土门河南东山，鲁村镇三黄沟东南部，石桥镇西北庄北山，田庄水库北，中庄、东里、西里（原梭背岭）一带的碳酸盐岩山区。长数米，宽几十厘米，深0.30～1.20米不等。溶沟内常有残积物充填，溶沟常呈大片出现。

溶痕、溶隙、溶孔：域内溶痕、溶隙、溶孔较为发育。溶痕一般呈延伸不很规则的波纹状凹痕。溶隙常不规则，大小不一，纵横交错。溶痕、溶隙在石灰岩分布区较为发育。溶孔一般呈蜂窝状，多发育在白云质灰岩及泥灰岩中。

岩溶洞穴：沂源县主要大、中型岩溶洞穴有九天洞、千人洞、下崖洞、上崖洞、珊瑚洞、玄云洞、朝阳洞、织女洞、丝窝洞、刘家洞等，以南鲁山地区最为发育，分布密集。

九天洞，位于鲁山南麓，发育于距今4.4亿～5亿年的古生代奥陶纪石灰岩岩层中，其生成年代有100万年左右。洞腔长518米、高5～18米，洞体结构稳定。洞内化学堆积类型十分丰富，多达37种，其中稀有类型有7种。大面积的球状和针状结晶体、月奶石、石花、石莲被誉为“九天四绝”，稀有景观类型多，石花面积大，具有重要的科学和观赏价值。

千人洞，位于南鲁山镇北部，海拔611米，面积2平方公里。山的东北部悬崖处有千人洞，附近有石龙洞、养神洞，东面大佛山上有珊瑚洞，形成鲁山溶洞风景区，为旅游胜地。

下崖洞，位于南鲁山镇骑子鞍山东侧的茨峪河河谷内。洞口海拔334米，高于茨峪河床约3米。洞口围岩为石灰岩，岩层倾向北偏西。洞口朝向东，高6米、宽7米。洞内最高处12米，一般7米左右，洞宽6～8米，横截面呈不规则椭圆形，洞穴人可进入的长度745米，洞内有中粗砂沉积。下崖洞是一条季节性地下暗河，汛期降雨特别是暴雨后，形成径流。径流和降雨相关性密切，随着降雨量变化而暴涨暴落，说明汇水面积小，汇流快，调蓄能力弱。1991年9月3日，实测流量每秒1.75立方米（每天15.12万立方米）。

玄云洞，位于鲁山林场场部南面山腰上，海拔高程600米，相对高度160米。洞口朝向正北，洞口高3.8米、宽4.4米，呈上拱形。洞口围岩为纯石灰岩。属于有短分支的廊道式洞穴，支洞长度一般不超过10米，洞穴最宽处7米，一般廊道宽2米左右。最低高度仅有1.1米，最高处可达10余米。洞内化学堆积物非常丰富，以凝结水沉积的“石花”、滴石类和流石类为主。洞内有石钟乳、石笋、石柱、鹅管、石瀑、石幔、壁流石等岩溶化学堆积物。

九天洞内岩溶化学堆积形成的钟乳石

织女洞，位于燕崖镇牛郎官庄村西，紧临沂河右岸，大

织女洞

贤山东北侧的悬崖绝壁之上。围岩为砂质灰岩，下有古老片麻岩呈整合形式接触。该洞因溶蚀作用形成，高约8米、宽7米、深约10米。洞中有洞，左右相连。西北有一小洞，内有一石鼓，敲之有声，音韵深沉。

流水地貌　由于新构造运动和流水的作用，沿沂河及其主要支流发育有多级阶地；境内有多处河流袭夺现象。

河流阶地：一般为1～2级，个别地段可达3～4级。阶地面宽100～200米，微微向河流倾斜，倾斜角度在1～2度，阶地斜坎高度在1～5米。阶地大多呈二元结构，即上部为黏土质粉砂；下部为卵砾石夹粗砂，该层富水性好，常作为含水层利用。

河流袭夺：又称河流抢水。境内河流袭夺现象，较典型的为古柴汶河袭夺古沂河。

柴汶河发源于大张庄镇石柱村石柱水库上游，向东流经北宅村、胜利村、上淤土地村、下淤土地村，然后从地淤沟村以南折向西南，经栗洼村、黑峪进入新泰境内，西流入大汶河。境内河道总长度10.82公里，汇水面积33平方公里，是县内唯一属于黄河流域的水系。

3.7万年前古沂河的支流（现在的旋峰河）发源于石柱水库上游向东北方向流淌，古柴汶河则在旋峰河的南侧以分水岭为界向西南方向流淌，二者相安无事，“井水不犯河水”。随着柴汶河源头向上游溯源侵蚀、发展，最后切穿与古沂河的分水岭，从而将古沂河的上游河源段“抢”了过来，成为柴汶河上游，使柴汶河“急转直下”。

造成河流袭夺的原因，与分水岭迁移和新构造运动有关。相邻两流域侵蚀基准面位置高低不等，形成分水岭两坡的不对称，致使分水岭两侧坡度和长度不一致时，两侧河流的溯源侵蚀的速度也不一样，位置低的下位河溯源侵蚀较快，河源向分水岭伸展也快。当切过分水岭时，侵蚀较快的下位河将另一侧上位河的上源夺过来，完成河流袭夺过程。有时在某一流域范围内发生局部新构造隆起，河流不能保持原来的流路，迫使河流上游段流入另外河流中去也可造成袭夺现象。

古柴汶河属于下位河，源头高程较低，古沂河属于上位河，源头高程比古柴汶河的源头高得多，使古柴汶河比古沂河的侵蚀能力强。经过溯源侵蚀

柴汶河谷

和下切侵蚀的作用，古柴汶河越过分水岭。水往低处流，古沂河的源头水在此处拐了一个大弯流向古柴汶河，这个大弯就是袭夺湾。

由于两条河流的巨大落差，形成瀑布（也叫尼克点），长年累月的下切侵蚀作用，形成10～30米深的峡谷，当地人称为“恶沟”。侵蚀作用使尼克点逐渐向上游方向后退，跌水差逐步减小，由最初的30余米高，到现在仅有2～3米高。尼克点以上的河床比较平坦宽阔，河岸低矮，形成典型的U形谷；而尼克点之下的河道下切加深变窄，形成V形谷，称之为“谷中谷”。被袭夺后，古沂河形成断头河，其中一部分河段由原来向北流，变成向南流入柴汶河，成为倒淌河。新的分水岭位于南旋峰村附近，近东西走向，分水岭以北的水流入旋峰河，以南的水流入倒淌河。

万祥山红色纪念馆

山、崮 鲁山：位于南鲁山镇政府驻地西北约5.8公里处，主峰海拔1108.3米，系山东省四大高山之一。山体由花岗岩、片麻岩构成，东西走向，面积26.7平方公里。春秋时期，齐鲁两国以此山为界，山南为鲁国，故称鲁山。主峰东侧有明代修“腾云寺”“牛智宫”，遗址尚存。国营鲁山林场坐落山峰南侧，植被面积3.44万亩，森林覆盖率86%，松柏、刺槐为主要树种。山中有全蝎、丹参、柴胡、黄芪、苦参等50余种中药材。山南麓有著名溶洞群，在下崖洞口附近发现距今60万年前的“沂源猿人”化石，是山东古人类的发源地。

唐山：位于东里镇政府驻地东南1.8公里处，海拔516米，面积2平方公里。山势呈东西走向，由石灰岩、变质岩构成。山腰有数十米高的悬崖环绕，山顶有元代始建，明、清重修的关帝庙、三清殿遗址尚存，庙院植有千年银杏树。唐山风景区，由唐山寺、莲花峰、沂河东里水景公园和苍龙岭四个景区组成，区内苍松翠柏，遮天蔽日，有“罗汉崖”隋唐摩崖造像、千年银杏、玉皇殿、至元古碑等众多古迹，古“沂阳八景”之一的“唐山叠翠”即源于此。相传姜子牙封神时此地为黄山，老子游历至此时拐杖触地形成七十二山泉。唐高祖李渊在此修建皇家寺院，遂将此山改称唐山。

万祥山：位于石桥镇政府驻地南偏东约5公里处，海拔444米，面积1.5平方公里。南北走向，山体由石灰岩、页岩构成。因形似卧虎，取名老虎山。1944年3月26日，八路军英雄连长何万祥在讨吴（吴化文部队）战役中，壮烈牺牲于此。为缅怀他的功绩，县政府将此山更名为万祥山。

毫山：位于石桥镇政府驻地东南约5.1公里处，海拔676米，面积10平方公里。山体由花岗岩、变质岩等构成，山势呈南北走向，山峰陡峻。汛期洪水声似嚎泣，取名“嚎山”，后演化为毫山。山头松柏戴帽，山腰经济林木相间，盛产大枣、苹果。山西侧为国营毫山林场。

艾山：位于鲁村镇徐家庄村东1.5公里处，有9个山头，又称九顶艾山。主峰海拔531米，面积1.5平方公里。清康熙十三年修《沂洲志》载：“沂河在县城东二里，源出青州艾山。《禹贡》徐州淮沂，其又水经注云，沂水出泰山郡盖县艾山是也。”清道光八年修《沂水县志》载：“沂水三源具在蒙阴县境，西源发于交岭西北刘家庄小泉。……东北流经艾山之阴，右会洛村庄泉。”《续山东考古录》卷二十一载：“艾邑在县北。春秋隐公六年，公会齐侯，盟于艾。杜注：泰山牟县东南有艾山。按：县北沂水发源之艾山……牟城在今莱芜东二十里，其东皆艾山也。”周朝鲁国曾在艾山附近设艾邑。

三府山：位于鲁山西南，博山区、沂源县、济南市钢城区三个区、县交界处，由泰山群花岗片麻岩构成。峰三座，形若鼎足，主峰海拔698米。居于古代青州府、泰安府、沂州府三府交界，故名三府山。山下和山巅大部为松柏、刺槐覆盖，其东螳螂河，汇鲁山南麓之水，终入沂河。

玉皇山：位于大张庄镇东部，石人崮以南。原称凤凰山，山上曾建有玉皇庙而得名，有崮的形态和地貌特征，亦作玉皇崮。山体呈南北走向，由石灰岩、页岩构成。主峰海拔719米，山势险峻突兀，四周绝壁如削。1943年7月，南岩民兵拔除盘踞该山的日伪军，歼敌34人。

历山：紧临县城北。山体由石灰岩、页岩等构成，海拔499米，面积约1.3平方公里。因其山势陡峭取名立山，后沿革为历山。植被茂盛，多黄栌，松、柏、槐等树木相间，黄荆遍地，以秋季遍山红叶为美。建石砌登山小道，山顶有玉皇庙，辟为休闲公园。

大贤山：古称“凤凰山”，位于燕崖镇政府驻地以东5公里处，海拔532米，面积约5平方公里。有早期的中国道教圣地老子庙堂。清修《沂水县志》记载：“又西北百里为凤凰山织女洞，洞临沂水，险绝莫敢俯瞷。中有石，形圆若鼓，击之有声。每七夕，云气触空，环如结绮，近而耳之，隐隐若闻机杼声。转眺而西，一瀑飞来，势若游龙。唐羽士张道通，寿三百岁，作迎仙观，羽化于此。”并由此得名大贤山。山上植被繁茂，山泉众多，生长有世所罕见的千年叶籽银杏。被称为“天河”的沂河临流其东，河西崖上有织女洞，东为牛郎庙，为牛郎织女爱情传说的发源地。1939年，八路军山东纵队兵工厂迁至大贤山，不久，遭侵华日军“扫荡”攻击，被迫转入中庄一带。

荆山：位于螳螂河西2公里处，傅家庄村北，由石灰岩、页岩构成，海拔458米，以其荆茂而得名。植被多柏。山有悬崖，上有隋唐摩崖造像，是沂源县四处造像之一，造像18尊，当地称为“十八罗汉”，皆为浅浮雕，姿势不同，形态各异。山之阳，有荆山寺，始建于隋文帝开皇十年（590），广于唐、宋，极盛于元、明，延于清，历经多次重修扩建。其原名“无相寺”，金大定三年（1163），金主颁诏敕建，改称“普安禅院”。清康熙《沂水县志》记载：“（沂水县西北——编者注）一百五十十里为荆山，上有寺，古浮图、梵宇甚状，亦胜地也。”清道光《沂水县志》记载：“县西北百七十里为荆山，山有元代梵宇遗址，螳螂水经其东麓。”

松崮：位于县城西南20公里的大张庄镇松崮村，海拔662米，面积6平方公里。山体由石灰岩、变质岩构成。崮四周悬崖如削，高20余米，突兀峭立，崮顶平坦。因山上多松柏，故名松崮。远眺此崮，形如少女双峰之一，甚为端庄美观。山坡中多野生中药材，主要盛产全蝎、黄芪、远志、丹参、何首乌等。

松崮

文昌崮：位于大张庄镇南村东，海拔600余米，由花岗岩、片麻岩构成，南北走向。崮顶平坦，呈圆形，面积80余平方米，无乔木，多黄荆和杂草；崮西、崮北植被以马尾松为主；崮南是以黄荆为主的灌木丛；崮东为悬崖。当地称该崮为“文昌阁”。

马头崮：沂源有4座“马头崮”：县城北侧的马头崮、燕崖马头崮、中庄马头崮和三岔马头崮。上述4崮都以其外形貌似马头而得名。中庄镇马头崮坐落于杓峪村西南，红旗水库大坝东侧，也称

"南马头崮"，海拔702米，是中庄境内最高崮峰。其主体呈西南—东北走向，"马头"昂向西南，"马尾"向东北方向甩去。此崮是中庄镇与燕崖镇界山，东南是焦家上庄村的一个小自然村张家后峪。崮高林密，崮顶黄荆、杂草丛生。主峰处翠柏挺立，高悬于峭壁。悬崖下多植柏树和刺槐，植被较好。

牛心崮：位于中庄镇青龙官庄村西，呈东南—西北走向，海拔602米，因远望崮像当地高桩牛心柿子而得名。崮东连接山顶扁而平的"水柿崮"。牛心崮顶东西长约55米、南北宽约20米，四面悬崖，易守难攻。崮顶无乔木、少杂草，有大而平的青石裸露。崮顶北部青石缝隙长满山榆，崖下周围黄荆、山棘密布。该崮是1947年7月南麻战役时的重要外围阻击战场。

尹家崮：位于中庄镇政府驻地西北约11公里，杓峪村西北，海拔692米，呈东北—西南走向，由石灰岩、页岩构成。崖峭壁，西南和东北处均为双层叠崖。崮南部多岩石，无植被，岩缝中多黄荆、石蒿子和杂草。叠崖中部多梯田，土质为红色风化页岩。清末民初，杓峪村杜信在此崮率众抗匪，积劳成疾，暴病而亡，故当地又称"英杰崮"。

界石崮：位于中庄镇焦家上庄村靳家峪南，主峰海拔594米，由石灰岩、页岩和少量片麻岩构成，东西走向。长约200米，最宽不足40米，东首最窄处仅2米左右，西高东低，四面悬崖，东侧悬崖高10余米。因其坐落于靳家峪与耿家庄之间，又因其崮顶窄而长，状若界石，故名界石崮。

韩王崮：位于中庄镇政府驻地西南4公里处，南崔路公路以西，东西走向，海拔近600米，由石灰岩、页岩构成。崮上有围子。该崮为中庄镇与西里镇的界山。

樱桃崮：位于西里镇金星头村北、苏家上峪村东，距县城46公里，海拔578米，面积约1平方公里，由石灰岩、页岩构成。崮顶面积约25平方米，四周悬崖，石灰岩巨石裸露，平坦光滑，因其凸出呈圆形，远观似樱桃而得名。崮南侧多经济作物，北侧刺槐成林。

柴崮：位于西里镇裕华村（原滑石峪村）西，是沂源县与蒙阴县的界山。海拔543米，面积约1平方公里，整体呈南北走向，由石灰岩、页岩构成，因多产柴草而得名。该崮石灰岩层高20米以上，崮顶面积约1.3万平方米，多平整的岩石裸露，无乔木，灌木多山榆。战乱年代人们曾在该崮建围子，南部岩石有多个人工凿制的石臼。

莺莺崮：位于东里镇东北8公里处，水北村北、朝阳官庄村东。海拔456米，呈东西走向，由石灰岩、页岩构成，四面悬崖。因雨天时远观悬崖有酷似《西厢记》中的崔莺莺而得名。崮顶四周低，中间略高，植被有柏树、荆棘和杂草等，上有围子遗迹。在1944年3月的虎山战斗中，该崮曾为重要战场。

凤凰崮：位于东里镇政府驻地北，东侧为古城东安，其阳为千年古镇东里店。海拔454米，面积约2平方公里，由石灰岩、页岩构成，呈南北走向。该崮为文山之一崮，以吉祥言而得名。崮的东、西、南均为悬崖峭壁，崮顶多生长刺槐、黄荆等，有围墙和石屋遗迹。

杨家崮：位于石桥镇政府驻地南，黄安村北。海拔近600米，山体由石灰岩、页岩构成，因夏天雨后崮顶云雾缭绕，当地又称"云雾顶"。三条山梁呈东西走向坐落，崮顶呈三角状，北侧为陡峭悬崖，清末民初，在崮顶建围子。抗日战争时期，国民党苏鲁战区司令员于学忠曾率部驻扎上黄安村，并驻守该崮一部。

田家崮：位于石桥镇政府驻地东4公里处，亳山村枣杨河自然村北。崮体呈东西走向，由花岗岩、片麻岩构成，主峰海拔642米，面积约1.5平方公里，周围系亳山林场，因早年田氏在此居住而得名。该崮岩石裸露，无悬崖，但坡陡。植被多马尾松、黄荆、山榆等。有三个顶东西并列，中间一顶最高，主峰顶部较平坦，东西长约120米，南北最宽处约15米，最窄处约8米。

货郎崮：位于张家坡镇政府驻地东南8公里处的东流泉村正南，主峰海拔503米，东西走向，由石灰岩、页岩构成，面积大约1平方公里。崮顶均为裸露岩石，仅缝隙中生长荆棘，峭壁如削。其由三个近似一条直线的崮组成，如同货郎挑担子，又因清末一货郎率众抗匪时殒命于此，人们为纪念他而取此名。

万泉崮：位于南麻街道西南15公里处，海拔601米，面积约2平方公里，由页岩、石灰岩构成。崮顶呈东西走向，长约千米，最宽处300余米，西高东低。崮顶中间凸起，南、西、北侧为10米以上的陡峭悬崖，东面稍缓。崮顶植被多黄荆、荆棘。名为万泉，实无一泉。

螳螂崮：位于沂源县城西北3公里处的南鲁山镇芝芳村，海拔687米，面积约2平方公里，由石灰岩构成，南北走向。清道光七年《沂水县志》记载："螳螂崮，县西七十五里，螳螂水经其西，其山梁似螳螂状得名。"其壁如刀削，险峻陡峭，崮顶灌木丛生，多生长连翘。西侧螳螂河，为沂河源头之一。

书堂崮：位于南鲁山镇书堂村东，由石灰岩、页岩构成，呈南北走向。崮顶平坦狭长，四面悬崖，南侧稍缓。相传隋末李靖在此崮研攻"奇门遁甲"数年。

曾家崮：位于南鲁山镇南流水村正东，南北走向，海拔730米，面积约2平方公里，由寒武纪石灰岩、页岩构成，以姓氏得名。该崮多层叠崖，崮上有崮，崮顶叠崖四周峭立壁仞，是一座典型的叠崮，远观状似油篓。该地多产野生桔梗、连翘、山蝎等中药材。

龙王崮：位于悦庄镇北的米山子村，海拔725米，约1.75平方公里，东西走向。因崮顶有明代建筑龙王庙而得名。其周边为悬崖，南北长、东西短，呈山包状。平坦处岩石裸露，植被多为刺槐，生长有地榆等野生药材。该崮崮顶遗存有古碑3通，一通记载村民在清咸丰、道光年间为躲避匪患而修建山寨的情况。

透明崮：位于悦庄镇米山子村正北，东临龙王崮，西邻大崮，是临朐县与沂源县的界山，由石灰岩、页岩构成，海拔750米以上，齐长城经此崮。崮东侧有长方形洞窟，南北走向，洞长约5米、宽2米余、高约1.5米。

驴皮崮：位于悦庄镇高家北峪村东，海拔642米，面积约1.5平方公里，由石灰岩、页岩构成，大致为东西走向，因崮体及崮上岩石呈灰褐色似驴皮而得名，是沂源县与临朐县的界山。其峰顶狭长，南高北低，西南部悬崖如削。崮顶植被多为稀疏的柏树，崮南、西南、东南多为裸露的页岩。

寨崮山：位于鲁村镇政府驻地南，海拔550余米，因山上建有寨围子而得名，又称铁角寨或寨山。该崮呈南北走向，东西两侧悬崖高几丈，南北两端略缓。顶部狭长平坦，长约200米，东西狭窄，最宽处20余米，面积3000余平方米。主峰顶部为椭圆形平台，南部有两条山脊，形若燕尾。该崮处莱芜、蒙阴交通要道，清末民初，民众为躲避战乱和匪患，曾在此崮建围寨。1927年，恶匪刘黑七纠集200余人围困该寨达六天五夜未破，后气急败坏窜至莱芜境内制造了"红山惨案"。

水文地质

沂源县为中低山丘陵区，由几条大的断层将全县分为多个呈断块式的北倾单斜构造。各断块内的地下水补给、径流、排泄条件各具独立性，从而形成多个水文地质单元。在各水文地质单元内，含水岩组的分布由南向北，由老到新，南部一般分布变质岩，其北为含水岩组，再向北为奥陶系含水岩组。奥陶系灰岩一般分布在单元的排泄区，在单元内富水性最好且较集中，是城镇供水的主要目的层；寒武系含水岩组富水性次之，分布较分散，可作为农业供水和乡镇小型企业的供水水源；泰山群变质岩风化裂隙含水层富水性差，只能作为农业及分散的居民生活用水水源；第四系含水层主要分布在较大的河谷地带，如沂河东里店一带、大张庄河赤板村－大张庄一带，含水层颗粒粗，补给条件好，富水性强，分布面积较大，也可作为集中供水水源地。

含水岩组（层）划分 根据沂源县地下水的赋存特点，分为松散岩类孔隙、碎屑岩类裂隙、碳酸盐岩类裂隙岩溶（包括奥陶系－寒武系上统凤山组含水层、寒武系中统张夏组含水层、寒武系下统馒头组含水层）、碳酸盐岩夹碎屑岩岩溶裂隙、块状岩类风化裂隙五大含水岩组。

第四系松散岩类孔隙含水岩组是沂源境内主要

含水岩组之一，呈带状分布于沂河及其较大支流的河谷地带。奥陶系碳酸盐岩类裂隙岩溶含水岩组主要分布在中部的鲁村、南麻、石桥、南鲁山等地。寒武系馒头组裂隙岩溶含水层主要分布在东南部东里、西里一带。寒武系张夏组裂隙岩溶含水层主要分布在中南部的燕崖、中庄、徐家庄等地区。

水文地质单元划分 依据水文地质条件，结合地形、地貌及水系发育特点，将沂源县划分为三岔、土门、鲁村、南麻、东里5个水文地质单元。

三岔水文地质单元：北部和东部边界以地表分水岭（县界）为边界；西部边界，在大峪顶（海拔772米）以北以县界（地表分水岭）为边界，在大峪顶以南至上五井断层，以三岔河和十八转河的地表分水岭为边界，再向南则以上五井断层为边界；南部边界以寒武系下统馒头组与变质岩地层的界线为边界。

土门水文地质单元：北部和西部皆以地表分水岭（县界）为边界；南部以螳螂河与徐家庄河的地表分水岭为边界；东部菜园至韩旺断层以上五井断层东支为边界，韩旺断层以南至栗行村以上五井断层西支为边界。

鲁村水文地质单元：北临土门水文地质单元，以土门单元的南边界为其北部边界；西部和南部以大汶河与沂河的地表分水岭（县界）为边界；东边界在核桃峪以北，以上五井断层西支为边界，在核桃峪以南以玉皇山－张家寨一线大张庄河与高村河的地表分水岭为边界。

南麻水文地质单元：北临三岔水文地质单元，西靠土门水文地质单元和鲁村水文地质单元。其北部边界即三岔水文地质单元的南边界；西边界则以土门和鲁村水文地质单元的东边界为界；东边界以变质岩区地表分水岭（县界）为界；南边界在东郑王庄以东以燕崖断层为界。下黄安村以东，以泉子峪－凤凰山－田家崮一线马庄河与水北河的地表分水岭为界。在东郑王庄以西一核桃峪以南，尚有间接补给区。间接补给区东边界为东郑王庄－臭椿峪－王大峪一线的地表分水岭；南边界以变质岩区地表分水岭（县界）为界。

东里水文地质单元：该单元西部及北部皆与南麻单元相邻，南麻单元的南边界也即东里单元的西边界和北边界；东边界以变质岩区地表分水岭（县界）为界；南部基本以县界为边界。另外，在高家旺、下河村、东可乐山村、梨行村以南的沂水县境内尚有41.85平方公里的补给区。

工程管理与综合经营

概 述

新中国成立以后，沂源县水利工程的兴建，以农田水利基本建设为重点，施工组织上以公社、大队为主，水利主管部门进行技术指导，对重点工程提供物资和设备支持。各公社组织开工前的劳力、技术、物资、食宿、迁占等工前准备，施工中根据设计、计划和施工技术要求，实行施工计划管理和技术管理，开展社会主义劳动竞赛。并对物资、生活供应、工地卫生、土地占压、移民安置等都逐项安排，保证各项工程的顺利完成。在工程管理上，田庄水库、红旗水库由县级主管部门设立管理机构，其余小型水库、塘坝等小型水利工程设施均以谁建设、谁管理的原则，由社（乡镇、街道）、队（村）实施管理。新中国成立后的二三十年时间内，水利工程基本以人力为主，工程机械极少，后随着社会的发展，施工技术、机械及水利设施等逐步现代化。党的十一届三中全会之后，水利系统大力开展多种经营，先后组建水带厂、水利建筑安装公司等企业经营实体。21世纪后，各水利企业逐步实施市场化改制。

工程管理

管理机构及施工队伍 沂源水利基本建设施工，以自营为主。民工为主，凡国家举办的水利工程，由地方党政领导机关、水利业务部门及有关部门共同组建施工领导机构，分级管理，统一施工。

施工机构的组建和干部配备，视工程规模、工期长短、技术难易而定。工程大、受益面广的大中型水利工程，如田庄水库的建库、除险加固、配套等各期工程，均由县委、县政府组建工程指挥部并配备领导干部负责施工。红旗水库受益范围较小，由县会同有关乡镇组建工程指挥部并配备相应干部负责施工。乡镇和村兴办的集体所有的小型水利工程，则由乡镇和村组织施工。

新中国成立后至20世纪80年代初期，民工是水利基本建设施工中的主力军，其组织多是按军事编制。如田庄水库工程施工中，指挥部以下，按公社建立施工团，团以下按管理区建立施工营，营以下为连、排、班，上工前在后方就建立好（含党、团组织），并做好自带口粮、食宿安排、工具配备等各项准备工作。民工以民兵为基础，党、团员为骨干，年龄要求18~45岁，身体健康无宿疾。民工报酬除生产队记分外，绝大部分是每完成一个定额工日补助0.20元和原粮指标0.75公斤。1984年起，民工是按有关壮工工资标准和工程量所含定额工日数计资，实行经济承包。

重要的建筑工程，除调用农民技工外，有时也聘用专业施工队伍，如田庄水库溢洪闸是临沂地区水利建筑安装队承建。为适应工程建设的需要，1989年5月，组建县水利局水利建筑安装工程公司，参加水利工程施工。21世纪以后，水利行业建筑企业蓬勃发展，专业化施工水平越来越高，企业资质范围涵盖基础处理、水工建筑及安装、民用建筑等。

施工机具 沂源县水利基本建设施工，其施工机具，随着时代的发展和工程的建设而不断发展和提高。

1979年，悦庄公社民工在使用小推车等简陋工具建设大寺水库

土石方工程：20世纪50年代，挖送工具以锨、镐、抬筐、木轮小推车为主；夯实工具主要是石夯。田庄水库初期工程中，均采用手工操作和人海战术方法进行施工。60年代，田庄水库续建工程和红旗水库建设工程，其土砂方工程主要用锨、镐挖装，人工胶轮车运输。80年代运输土砂方则逐渐由拖拉机代替。坝体土方压实是拖拉机拉碾或拖拉机直接压实。

石方开挖：20世纪60年代前，全部是人工钢钎打孔，炸药爆破，人工挑抬与独轮车运输。1968年田庄水库北放水洞开始用空压机带动风钻打孔，

20世纪70年代，鲁村区社员在人工开挖安平灌渠隧洞

爆破后小铁车人工出碴，以后灌区隧洞均用相同的施工方法。其他工程的石方开挖，多以人工钢钎打孔及部分手风钻打孔，爆破后人工装卸，小推车和人工挑抬结合运输完成。

到20世纪90年代后，挖掘机、装载机、压路机、渣土车等各种类型的大型机械施工和运输设备逐渐开始使用，21世纪后普及使用，施工效率成倍提高。

工程施工 新中国成立以后，县内兴建的水利涵、闸、桥等建筑工程，其规模多系小型，少数为大、中型。

基础工程：基槽开挖，系采用人工开挖方法。

山区多为基岩，基槽埋深较浅，技术处理难度较小，少数河道或洼地，加大开挖基槽面积和深度。基坑排水，在20世纪50年代以人工戽斗为主，60年代起逐步使用动力水泵，80年代，部分开始用灌柱桩处理软基础，施工中注重基础工程的处理。2006年，县水利局所属抗旱服务队依其地质专业特长和施工经验，成立专门的岩土工程公司，开展地基与基础处理业务。

砖石工程：沂源县有优质石料，水利设施多以砌石为主。在20世纪50年代多以石灰砂浆砌筑，水泥砂浆勾缝，有的石拱渡槽及桥用干砌石半圆形拱。60年代，用水泥砂浆砌筑，但因重要部位标号偏低，不少输水渠道出现渗漏。80年代水泥砂浆标号提高，砌体质量和工程标准逐渐提高。

1997年，正在续建中的田庄水库北干渠

混凝土工程：20世纪50年代，小型混凝土工程多采用体积比，水灰比无严格要求，人工拌合，钢钎捣实，施工技术水平低。60年代后期起，随着水利建设的发展，混凝土工程的增加，以及水利部和省水利厅有关水工建筑混凝土规范的施工技术要求的颁布、推行，由体积比改为重量比，石子级配、砂石比、水灰比等都严格执行设计标准，逐步实现拌合、振捣机械化，对抗渗、抗冻和使用外加剂节约水泥用量等技术要求，均在施工中得到严格控制。70年代在田庄北干渠螳螂河实施的钢筋混凝土U型渡槽等工程，采用干硬性或半干硬性混凝土预制吊装，缩短了工期，避免了高空浇筑费工、费料及不安全因素。钢丝网渡槽，则用干硬性水泥砂浆抹制，

2010年，田庄水库溢洪闸闸墩混凝土施工

加快了施工进度，降低了工程造价。进入21世纪以后，沂源县境内建起多家商混厂家，如县自来水公司成立的“恒盟商混”等。水利工程中普遍使用商用混凝土，施工中的塔吊、混凝土浇灌等高效率的混凝土施工机械设备普及应用。

安全卫生管理

水利建设需用民工多，易发生流行病和工伤事故。1951年水利部颁发《加强工地卫生，维护民工健康的指标》，明确提出了工地卫生工作应以预防为主，治疗为辅。1958—1964年，省卫生厅、水利厅联合颁发《水利工地卫生管理暂行办法》。1978年，省水利厅颁发《水利建筑工程施工安全操作规程》等，对开工前的准备工作，环境卫生、食堂和饮食卫生、个人卫生、劳动卫生、传染病的管理、竣工阶段的卫生都作了具体规定。沂源县认真贯彻执行上级的指示和制定的办法，大、中型水库工程工地如田庄、红旗水库，专门设立医疗卫生所，小型工程则视情况建立卫生机构或配备专职医务人员。

为确保水利工地民工的安全生产，沂源县各施工机构在施工中贯彻上级安全生产的方针政策及有关文件，大、中型工程设立安全组织，一般小型工程配备专职或兼职安全员，并制定安全措施，严格执行施工安全操作规程。尤其是大、中型工程安全抓得比较好。田庄水库多年施工中未死亡1人，仅伤残29人；红旗水库施工中由于放炮炸死1人，另外伤残2人。

但小型工程发生多次伤亡事故。1958年农历四月二十四日，东里区前西长旺村小水库施工时，

因塌方死亡6人；1972年鲁村公社南泉村，在开挖大口井时，先后淹死3人；1974年，中庄公社上庄水库，在干渠配套时，石拱渡槽倒塌死亡5人，重伤1人；1980年，张家旁峪水库灌区渡槽吊装过程中，先后摔死2人。

工程设施管理

新中国成立前，沂源县仅有少量水井和小型引河灌溉，谁有谁用谁管。新中国成立后，随着水利工程的兴建和投入运用，逐步建立健全管理机构。大、中型水库各1座，均建立国营管理机构；小型水库、塘坝、扬水站和机井等水利工程，由公社和大队建立集体管理机构。在20世纪70年代前，其管理仅限于看护防守，普遍重建轻管。党的十一届三中全会后，贯彻国务院提出的“转轨变形”“全面服务”和“加强经营管理，讲究经济效益”的水利方针。1981年5月，全国水利管理会议提出“把水利工作的重点转移到管理上来”，实行多种形式的管理责任制，变单一经营为综合经营，为发展国民经济服务。省、地多次颁发有关加强水利工程管理的布告和通知。1981年12月28日，沂源县第九届人大常委会第四次会议通过、沂源县人民政府以1982年第1号文件颁布《关于保护水利工程设施的暂行规定》，对水库、塘坝、拦河闸、堤防、水电站、扬水站、机井等各项工程，沟渠、渡槽、机房等建筑设施，防汛设备器材、防护水利工程的林木、护草及防洪兴利和保证工程安全的其他设施等予以保护。严禁在规定的水利工程安全周围和护堤地内毁林开荒、破堤扒口、挖坑取土、建窑建房等；严禁在水库、汪塘、大口井、河道等一切水域内炸鱼、电鱼、毒鱼和在水库溢洪道、放水洞、涵洞前后捕鱼、游泳；严禁在河道内兴建阻水建筑物、种植阻水植物、堆放料物和废渣，确保行洪畅通；任何单位和个人不准擅自开关拦洪、引水、泄水等涵闸，灌溉用水需服从管理部门统一调度等，并对各项违规违法行为的处罚和处理作出明确的规定。

大中型水库管理　1960年5月，设立田庄水库管理局。两年后并入农水局，随之改称管理所。1983年5月，经山东省编委和山东省公安厅批准，设立田庄水库公安派出所，设所长1人，由县公安局委派，由田庄水库管理局配备民警4人。1990年时，田庄水库有管理人员93人，其中固定职工49人，高工、助理工程师等技术人员25人，下设办公室、后勤组、工程组、管理组、机电组、水电站、派出所以及南麻和悦庄渠道管理站等组、室，后根据管理需要多次调整、设立有关管理科室。2021年1月，全县深化事业单位改革后，县田庄水库综合服务中心内设办公室、财务科、灌区管理科、库区巡查科、工程管护科、规划服务科、生态环境科、安全保卫科、信息技术科、督查科等10个副科级科室，事业编制51人。

1973年，设立红旗水库管理所，一般由县水利局副局长兼任所长。1983年下放到燕崖公社管理，后又收回（收、放均未办理移交手续）。1990年10月，红旗水库管理所升格为副局级事业单位，有职工20人，其中固定职工（技术人员）4人，下设办公室、工程管理组、后勤财务组、渔业队。

水库管理单位的主要任务是养护维修，保持工程的完整；合理控制运用并充分发挥工程效益；检查观测和分析工程的明患和隐患，为保证安全和水利工程设计提供资料；征收水电费、发展多种经营、保卫工程安全和维护库区秩序等。

小型水库管理　20世纪六七十年代，多数小（一）型水库由县水利局设管理所，组成3～5人的管理班子，负责水库工程的管理、防汛、灌溉等，由受益单位分摊记工分，参加生产队收益分配。20世纪90年代之前，全县设管理所的小（一）型水库有33处：土门公社（镇）芦芽水库、大坡水库；南麻公社（镇）北大岩水库；鲁村公社（镇）青杨圈水库、石门水库、王家庄水库、北官庄水库；张庄公社（乡）大娄水库、水营水库、张家旁峪水库、石柱水库；悦庄公社（镇）北营水库、娄峪水库、龙王官庄水库、赵庄水库、大寺水库、双跃水库、李家庄水库；石桥公社（乡）郭家上峪水库、错石水库；唐山公社曹宅水库（后属梭背岭乡）、石拉水库（后属金星乡）；张家坡公社（乡）北店子水库、后峪水库；三岔公社（乡）郑家庄水库、璞邱水库；黄庄公社

（镇）霞峰水库、八大庄水库、台子水库；中庄公社（乡）社庄水库、焦家上庄水库；徐家庄公社（乡）刘家庄水库；韩旺公社（乡）李家沟水库。

悦庄公社北营水库在20世纪60年代建成后，由水利局派人参加并由受益单位抽调组成13人的管理班子，下设水利组、水产组、农业组、内务组，实行定人员、定任务、超产奖励的管理办法，并建立考勤、放水管理等有关制度。1964年开始征收水利粮，按实灌面积，每亩收稻谷8斤、小麦5斤。1965年同时收取水费和水利粮，每亩一年收水费0.25～0.5元、水利粮5斤，一般年收水费0.8万元，最多的年份收费1万元，水费粮在1.6万斤左右。收取的费用除用于管理人员补助（每人每天补助0.3元、原粮1.5斤），其余均用于工程维修和改建。该水库历年保持工程完好率较高，灌溉农田8000亩左右，经济效益和社会效益较好，多次被省、地、县评为先进单位。1983年开始按方收费，每立方米水按1.5分钱征收。

刘家庄水库、青杨圈水库、大娄水库和曹宅水库等20余座水库，多年中管理机构和措施较健全，在防洪灌溉上发挥了很大的作用。但也有少数水库，配套不全，管理差，汛期出现险情，只得空库运行，未发挥应有的作用。20世纪70年代，小（一）型水库全部交给公社管理，小（二）型水库均由所在大队管理。

1975年，河南省特大暴雨后，各级党委、政府非常重视小型水库的安全。根据省、地指示精神，县水利局组织水利站对小型水库逐库进行安全检查，核算防洪标准，自力更生进行加固。张庄公社组织专业队对其境内小（一）型水库进行加固，均达到了500年一遇的防洪标准。南麻公社组织各大队劳力对其小型水库进行了全面加固；其他公社也对其病险库进行了不同程度的加固，提高水库的防洪能力。1979—1984年，由省拨给小型水库保安全扶持经费83万元，对霞峰、刘家庄、水营、李家沟等14座小（一）型水库和窗户沟、上头庄小（二）型水库进行了加固，达到了防洪校核标准。同时，县政府每年从防汛经费中安排部分经费，以补助材料费，由所在公社出劳力，对病险工程除险加固，所有小（一）型水库都进行了不同程度的治理，其中放水洞灌浆治漏的8座水库，效益明显。

20世纪80年代后，对小型水库的管理工作，从上到下有所忽视，管理好的仅为少数，多数平时无人管理，汛期由受益单位负责防护；仅对芦芽、张家旁峪、北大岩（一）等部分水库进行了治漏灌浆。

进入21世纪后，国家逐渐加大水利工程投入。2008—2010年，集中对全县小型水库和一部分塘坝实施除险加固。沂源县先行先试，逐步完善《沂源县小型水库管理考核办法》，定人员、定职责，建立健全水库管理员制度和日常巡查制度，确保水库有人管。2015—2023年，错石、窗户沟、东沙沟、大坡、董家庄、郑家庄、曹家庄（下）、峨峪、大娄、刘庄、焦家上庄、石拉、李家沟、狼窝子沟、李家庄、张家庄等水库存在安全隐患，被鉴定为三类坝，随后又进行除险加固工程。至此，全县所有小型水库均达到防洪校核标准，其防洪安全能力大大提高。2018年以后，小型水库被纳入河湖长制，水库日常管理得到进一步强化。

水库灌区管理 全县2处大中型水库灌区，即田庄水库灌区和红旗水库灌区，均为库灌合一，实行统一管理、分级负责、专业管理与群众管理相结合的管理体制。田庄水库管理所（局）下设南麻、悦庄两个渠道管理站，主要管理干渠及其建筑物的维修、保养、保护，保证工程正常运行；制定配水计划，合理配水灌溉，收取水费等。支、斗、农渠由受益单位维护。红旗水库灌区，由水库管理所直接送水管理。在用水管理上，1980年前，基本上是用行政手段，旱时，按照政府指示放水，后按统计亩数收费，不分用水多少，收取同样水费，浪费水现象严重，有的亩次用水量多达200～300立方米。1980年以后，改革用水管理，实行按亩配水，按方收费。水管单位按计划配水到渠首，而后受益单位再进行使用，灌溉效益明显提高。

小型水库灌区均为库灌合一，所有权归集体，受益范围跨村的由公社（乡、镇）组织管理运用，干渠由水管所统一管理、维护，下级渠道则由受益大队（村）管护。多数灌区由受益大队（村）联合组成灌溉管理委员会，共同分配水量，确定灌溉时间及其他有关事宜。1980年后，随着承包责任制的推行，用水管理实行按方收费，灌后结算的办法，提高了水的利用率。一村受益的小型库塘灌区，则由村委会统一管理使用。

20世纪90年代后，全县农业结构调整全面完成，深井灌溉水源普遍使用，灌溉机具更加轻便化，喷灌等节水灌溉形式逐渐普及，加上大、中、小型水库灌渠年久失修等因素，遍布全县的各灌渠逐渐被弃用。

机井、扬水站灌溉管理　20世纪90年代前，全县仅有红岭子、北王庄两处扬水站由乡组织管理。1980年前由受益村抽调人员管理，其报酬由大队记工分参加分配，浇地只收取能耗和维修费用。80年代后实行承包责任制。其他机井、扬水站均由受益村组织管理使用。

1980年前，报酬以工分形式支付，能耗、维修等费用都由生产大队负担，生产队按浇地亩数向大队交付一定费用。1982年，农村实行联产承包责任制后，机井、扬水站的管理均实行了不同形式的承包。在村委的统管下，有的村在机井、扬水站附近划一块土地，交由管理者使用，作为日常管理报酬，浇地时，按亩收取能耗和维修费用。有的村委统收统支，浇地时按亩（有的按小时）收取费用，由村委支付能耗、维修和日常管理费。有的以能耗、维修、管理等综合费用，确定收费标准，承包给司

20世纪70年代唐山公社冯家场大队修建的扬水站

机手（懂管理、会维修的灌溉设施操作手）。有的实行大包干，村委将机具设备作价保值，承包给管理者，按其出水量、机械性能、土地情况，确定浇地范围，规定收费标准，承包者向村委交纳一定数量的折旧费，其余归承包者。不论何种形式，虽然调动了承包者的积极性，但由于土地使用权极为分散，在灌溉管理上难度较大。21世纪后，各村承包和管理收费形式未有大的变化。

综合经营

综合经营是水利工程管理单位以工农业生产、人民生活服务和提高社会经济效益为目的的四大任务（养护维修、检查观测、控制运用、综合经营）之一。

20世纪六七十年代，工程建设管理单位相继成立后，为减轻国家经济负担，增加收益，利用工程管理范围和保护范围内的水土资源，开展种果树、育苗、植树等种植业和养鱼、养鸭等养殖业，征收水电费。

1965年9月，中共中央、国务院批转水利电力部《关于当前水利管理工作的报告》中提出："水利部门必须坚持自力更生的精神，通过征收水费和综合开发工程周围的水土资源，做到管理经费自给，并力争有余。"根据这个精神，各水利工程管理单位，进一步开展了养殖、种植等多种经营。但由于机构和设施不健全，后又受"文化大革命"的影响，水利综合经营发展缓慢，收入较少，管理经费长期靠国家拨款补助。

党的十一届三中全会后，特别是1981年4月水电部在全国水利工作会议上提出，"把水利工作的重点转移到管理上来，进一步明确管理单位要实现管理经营自给，盈利定额上交，亏损差额补助"；提出要依靠水、电费征收和综合经营为管理经费的"两个支柱"，实行各种形式的水利管理责任承包为"一把钥匙"。水利系统开展水利管理改革，实行经济承包责任制，利用现有的水土资源、人力、设备、技术条件开展多种经营，转向全面服务。全县水利系统由单纯的种植、养殖业发展到了搞食品加工、机电维修、建筑、商店、饭店、经营喷灌和机电设备

等。据不完全统计，全县水利系统截至1990年年底综合经营收入300余万元。其中田庄水库电站从1979年建站至1990年年底，收电费80余万元。

沂源县水利建筑安装工程有限公司 1989年，由县水利局组织成立，建筑工程总承包二级资质、水利水电工程总承包叁级资质企业。改制前，该公司曾承建县水务局办公楼、益母公司厂区等100余项土建工程，累计建筑面积126万平方米；田庄水库放水闸等50余项水利工程；省道仲临路、县道南悦路等道路工程。1995年，曾获山东省水利厅“优秀施工企业”等多项荣誉称号。2005年，随着市场经济的发展，原有计划经济特征的管理体制已经不适应企业发展的要求，需政企分开。县公资委对该公司资产进行评估，总资产1794万元，总负债2048万元，净资产负254万元。2006年1月，以拟设10万元的总股本，其中经营层认购6万元、内部职工认购4万元，原公司债权、债务、人员（职工16人，其中专业技术人员6人）均由改制后的新公司承接。对该企业进行股份制改制后，改称沂源县水利建筑安装工程有限公司。

淄博银河消防水带有限公司 原址位于荆山路（原东风路）西段。1992年10月，由沂源县水利水产局筹建淄博银河水带厂，1993年9月建成投产。1994年9月改称淄博银河消防水带厂，被山东省公安厅消防局确定为山东省消防产品生产定点企业。1996年，公安部国家固定灭火系统和耐火构件质量监督检验中心对11个省的28家企业生产的28种消防水带进行抽检，该厂产品被评定为合格，并在《人民消防报》予以公布；4月，公安部发放生产许可证。同年，固定资产达到230万元，职工78人，年产水带40万米，创总产值300万元、利税17万元。2001年2月，开发水带外涂技术，获实用新型专利1项。2003年3月改制，改称淄博银河消防水带有限公司。

沂源县基础工程有限公司 位于沂源县城荆山西路34号。该公司是水利水电工程施工总承包贰级资质企业，电力承装类、承修类、承试类四级施工企业。先后获ISO职业健康、环境管理、质量

改制前的水带厂生产车间

管理体系认证、水利部“水利建设市场主体信用评价”AAA认证。山东省工商行政管理局“守合同重信用”企业；山东省水利厅安全生产标准化二级达标企业；淄博市模范劳动关系和谐企业。

机构沿革：1993年2月，由田庄水库管理局筹建成立沂源县基础工程公司。2000年10月，该公司由集体企业变更为国有企业。2021年8月，更名为沂源县基础工程有限公司。2022年10月，国企改革，被划入沂源县国有投资集团所属沂源县农业农村发展集团有限公司。

资产经营：该公司注册资金5000万元，资产总值1.43亿元。主要承担水利水电、地基与基础、金属结构及压力钢管、公路桥梁、电力等工程施工和田庄水库水电站的管理经营。

内设机构与专业技术力量：公司内设办公室、财务科、合同科、审计科、第一工程项目部、第二工程项目部、第三工程项目部、第四工程项目部、田庄水电站。截至2023年年底，该公司总人数46人，其中高级工程师8人、工程师19人，取得国家二级建造师及以上资质17人。

科技专业能力：该公司拥有水利工程类专利3项，并取得水利工程设计施工智能一体化管控系统、水利工程施工风险智能监测告警系统、水利工程施工质量智能溯源跟踪系统等3项软件著作权。公司职工先后取得20余项实用新型专利，发表计算机软件著作4项。

水利工程施工：该公司先后参建田庄水库历次除险加固工程、度汛应急工程等。21世纪后，主要

沂源县基础工程有限公司

承揽县内外河道治理工程、水库除险加固工程、农村饮水工程等。其中，2002年6月，该公司参建螳螂河城区段河道治理工程，建成沂源县第一座橡胶坝；2013年，承建螳螂河复兴大桥改造工程，工程总额1294万余元，大桥全长182米，桥面宽29.4米；2021年，承建燕崖镇杏花、红岭子、平安、马岭、刘庄、石板等6个村饮水工程，完成工程额1400余万元，解决1500余户群众的饮水问题；2022年，承建文昌湖区萌山水库东部调水及水源保障工程，完成工程总额1350余万元，铺设供水管道2.7公里，萌水镇14个村共2800余户实现城乡供水一体化；2023年，承建沂河拦蓄引水工程，完成河道疏浚6.91公里，建生产桥3座、溢流堰2座等，工程总造价2600余万元。

山东泰信岩土工程有限公司 位于沂源县城荆山西路53号。该公司是水利水电工程、建筑工程总承包和地基与基础处理专业承包企业。省、市工商行政管理局“守合同重信用”企业；中国水利工程协会水利建设市场主体信用评价施工类AA级企业；山东省水利厅水利安全生产标准化二级单位；淄博市企业信用评价委员会“诚信企业”先进单位。

机构沿革：2006年11月，由沂源县抗旱服务队筹建成立沂源泰信岩土工程有限公司。2007年3月，更名为淄博泰信岩土工程有限公司。2020年5月，改称山东泰信岩土工程有限公司。2022年10月，国企改革，被划入沂源县国有投资集团所属沂源县农业农村发展集团有限公司。

资产经营：该公司注册资本4200万元，资产总值1.8亿余元。是集地基与基础处理等建筑工程施工、水利水电工程、房屋建筑工程、生态环保工程、工程地质勘察、水利工程测量等为一体的综合性施工企业，拥有载体桩淄博市独家代理权。经营范围为桩基、地基、桥梁基础施工和凿井、基坑防护、加固工程、地质水文测量、岩土工程勘察、水库治漏、高喷灌浆、夯扩桩、水利建筑物防渗加固处理等。

资质：2008年1月，取得地基与基础工程专业承包叁级资质；2012年1月，取得地基与基础工程专业承包贰级资质。2012年1月，通过环境管理、质量管理、职业健康安全管理三体系认证。2017年7月，通过山东省水利厅水利凿井工程市场准入备案；9月，取得水利凿井技术等级乙级。2017年11月，取得水利水电工程施工总承包三级资质。2020年2月，取得水利凿井技术等级甲级。2020年9月，取得建筑工程施工总承包三级资质。2021年10月，取得生态环境保护设施运营维护资质。2022年11月，取得施工劳务资质。2023年12月，分别取得水利水电工程施工、建筑工程施工总承包二级资质。

内设机构及专业技术力量：公司内设生产经营部、质量安全监督部、人事综合部、财务部，分设南鲁山镇分公司、大张庄分公司、西里分公司、石桥分公司、邹平分公司、第六分公司6个分公司。截至2023年年底，该公司总人数58人，其中高级工程师4人、工程师18人、会计师1人，取得国家二级建造师及以上资质15人。

科技专业能力：2021年9月，取得了国家版权局批准的水利工程建设风险智能预警软件、水利工程项目质量目标管理软件、水利工程数据智能监测软件3项计算机软件著作权；2023年8月，在企业标准信息公共服务平台发布聚乙烯（HDPE）管材、承插式高密度聚乙烯（HDPE）超静音排水管材及管件两项企业标准；先后取得实用新型专利26项、水利重点课题一等奖4项。

桩基工程施工：该公司先后承建莱芜老车站商住楼改造桩基工程、博汇集团35万吨卡纸仓库桩基工程、沂水县河东岸小区桩基工程、济宁王母阁片区回迁楼桩基工程、临朐朐山国际桩基工程、临朐清华园CFG桩基工程、儒辰·香麓园住宅楼桩基工程、济南市西沙王庄城中村改造村民生活保障用房项目桩基工程等100余项。其中，西沙王庄城中村改造项目桩基工程总造价3400余万元，施工桩基879棵，钻孔3.02万米，浇筑混凝土1.16万立方米；朐山国际桩基工程造价590万元，完成冲孔灌注桩675棵、灌注混凝土8740立方米。

水利工程施工：先后承建全县自来水“村村通”工程、小型水库除险加固工程、高效节水灌溉工程、分散式供水村庄饮水工程、沂河小水段生态修复工程、西里集中供水提升改造工程等80余项（标段）。其中，2019年在沂河小水段生态修复工程中承建橡胶坝1座（坝高3米，坝长100米）、拦沙坎1座、生产桥1座（桥长70米）、漫水桥3座、河道清淤疏浚1.2公里，工程总造价3200余万元；承建西里镇集中供水提升改造工程，涉及西里镇驻地、前西里村、中西里村、后西里村、北王庄村等9个村庄的饮水管网布设，共铺设主管网4.4万米、入户管网24.8万米，建数字化控制中心1座、水源井4眼、蓄水池3座、水源管理房3座，安装分散式净化水直饮机18台（套）。

山东泰信岩土工程有限公司

水利人文

概 述

20世纪50年代，水利专业技术人员少，且多未受过专业教育，单靠国家分配，不能适应水利事业发展的需要。为解决这一问题，或选送少数干部到水利干部培训班学习业务技术，或在水利工地就地办水利培训班，培训农民技术员，以师带徒，边学边干。1958年，由省水利厅举办的煤气训练班毕业的董加诰、李建寅2人是分配的第一批水利技术人员。1959年，自泰安水校毕业的王仁祺、王镜传2人是全县第一批专业院校毕业的水利专业人员。1961年，毕业于天津大学的段允平、陈玉洁夫妇到沂源支边，成为全县水库、灌区以及城市建筑的主要设计者。1962年，毕业于山东水利学院的程培兴是第一个分配到县水利局的大学生，后又陆续分配到水利局一批大中专毕业生。

60年代，水利技术要求越来越高，除院校分配毕业生和选派少数青年干部到省、地水利干部培训班学习外，水利局结合各时期的水利建设重点，开办各种类型的培训班，对水利干部职工进行业务教育和农民技术培训。

70—80年代，水利战线人员逐步壮大，为适应水利事业发展需要，先后选派50余人到省、地和外省有关院校进行培训，深造或取得第二学历等。1989年，县水利局选派17人到华北水利水电学院进行学习深造。这一时期，水利专业技术力量主要以中等水利专业院校毕业生为主。1978年，段允平晋升为全县第一个水利工程师。1984年4月，成立沂源县水利学会，由段允平任学会理事长，王仁祺任副理事长。水利学会主要进行宣传科技成果，进行水利施工技术、打井技术、水产养殖技术等科学技术研究，引进并组织学习水利新技术、新成果。21世纪后，大、中专学历的专业技术人员多通过成人自考等形式取得更高一级学历，人才队伍逐渐高学历化。2020年，相关专业的硕士毕业生开始进入水利系统。1990年，全县水利系统共有高级工程师2人（陈玉洁、宋传惠），到2023年，水利系统高级工程师队伍发展到35人。其中，县水利局机关高级工程师11人。

在长期的水利建设实践中，水利战线广大工作者勠力奋斗，以“水利铁军”的精神和坚韧不拔的毅力，一代接着一代干，创造出一个又一个的历史丰碑，先后有40余人获得市级以上表彰。其中，县自来水公司蒋永行获中华全国总工会“全国五一劳动奖章”。

水利科研与学术研究

随着人才队伍的不断壮大和不同历史时期水利建设事业的发展要求，在灌溉、水产养殖、找水打井、水文地质、水资源、水土保持等各个领域开展科学试验和学术研究，成果丰硕。

喷灌试验　1977年县水利局在打井队进行了固定式喷灌试验，经过近一年的试验，终于研究试验出适合山区的喷灌装备，于1979年在张庄公社水营大队进行喷灌试点工程，1981年建设安装完成，投入使用，当年有300余亩良田得到喷灌。后来由于管理不善，多年失修，致使无法使用。

养殖试验　1986年，县渔技站在燕崖乡黑虎泉进行了罗非鱼养殖试验。经过4个月的养殖，当年9月起网，产成鱼1000斤，罗非鱼养殖试验成功。

1987年，县渔技站在三岔乡璞邱村利用自喷井泉水进行虹鳟鱼养殖试验，建鱼池28.5平方米。11月23日从博山泉河虹鳟鱼场引进1100尾朝鲜品系鱼种，平均体重15克，体长10厘米。经过一年的养殖，1988年11月由省水产局、地区科委、地区农牧渔业局、地区水产处、沂源县科委等有关单位的科技人员组成验收小组，进行测产验收。按照省标准计量局1987年颁布的DB37/T077-1987《池塘养鱼验收标准》进行全部称重过数，经测产验收，产成鱼总计652斤，平均每平方米产鱼45.8斤，折算亩产3万余斤，亩净产2.98万斤，平均尾重1.62斤，成活率73%，商品率100%，饲料系数3.2，超过省水产局下达的2万斤产量的指标，试验取得成功。1989年，获临沂地区“虹鳟鱼养殖试验”科技进步三等奖。

1991年，县渔技站在8个乡镇、15座小型水库开展2000亩小型水库养鱼综合技术开发试验。主要采取了增大鱼种放养密度规格，并根据各水库的不同特点，合理搭配品种比例，借鉴池塘养鱼经验，采用施肥养鱼、投饲养鱼、套置网箱投饵养鱼等综合技术措施，集约化、半集约化方式相结合，加强鱼病防治综合管理。于1991年11月12日测产验收，核实试验面积2037亩，总产鲜鱼81.89万斤，平均亩产402斤，超计划指标每亩202斤，投入产出比1：2.15，成本纯收效益115%，达省内先进水平。1992年，获淄博市科技进步三等奖；同年，获农业部农牧渔业丰收奖三等奖。

应用发明与设计　1998年6月，2500型提升机获国家实用新型专利（专利号：ZL.98221602.5），并被中德合作山东粮援项目区选定为深井专用维修设备，销往省内十几个市、县，取得显著的经济效益和社会效益。该发明专利是县打井队研制生产的一种多功能、多用途升降设备。该机设计新颖，结构合理，牢固可靠，被广泛用于深井潜水泵等的安装和深井清淤，以及钻探、建筑行业的机械提升和降落等。该机结构简单、重量轻，安装搬运方便、省时省力，具有适应性强、提升降落平稳、制动灵活、可快慢速升降、双制动方式和运行安全可靠等特点。如提一台深度为80米的深井潜水泵，若用手动葫芦，一般需8～10个小时，且不安全；但若用2500型提升机仅需2～3个小时，并可对井下卡管在提升过程中做到随时监测，以避免在提升过程中强行提拔而造成的不安全或设备损害。

1989年，由水利勘测设计室研究设计的“土坝劈裂灌浆”，获市级优秀设计三等奖；1992年12月，“混凝土薄壳水窖”设计成果获得山东省政府颁发的科技进步二等奖。1999年，该设计室“沂源县张家坡双千亩葡萄微喷工程”获淄博市优秀勘测设计三等奖；同年，“沂源县田庄水库灌渠五号渡槽设计”获淄博市优秀勘测设计三等奖。

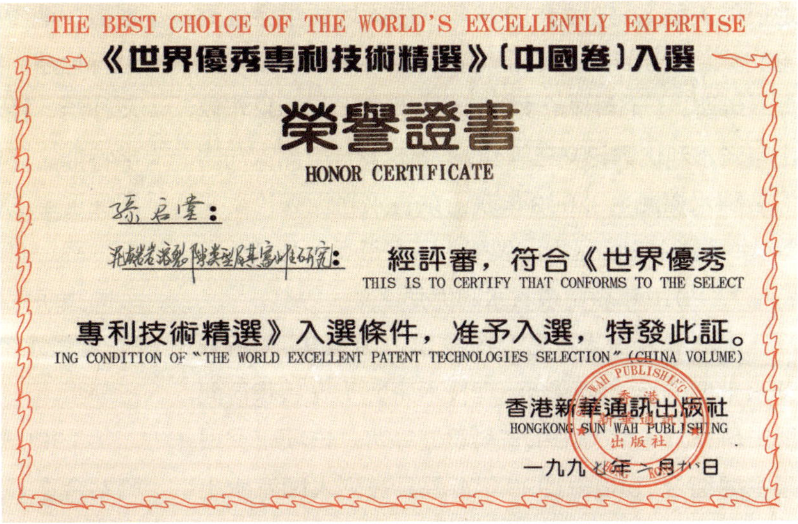
THE BEST CHOICE OF THE WORLD'S EXCELLENTLY EXPERTISE
《世界優秀專利技術精選》〔中國卷〕入選
榮譽證書
HONOR CERTIFICATE
泥灰岩岩溶裂隙类型及其富水性研究：经評審，符合《世界優秀專利技術精選》入選條件，准予入選，特發此証。
THIS IS TO CERTIFY THAT CONFORMS TO THE SELECT ING CONDITION OF "THE WORLD EXCELLENT PATENT TECHNOLOGIES SELECTION" (CHINA VOLUME)
香港新華通訊出版社
HONGKONG SUN WAH PUBLISHING
一九九七年二月

1997年，《泥灰岩岩溶裂隙水类型及其富水性研究》被选入《世界优秀专利技术精选》

其中，“混凝土薄壳水窖”是根据山区实际情况，在总结以往人民群众治水经验的基础上而设计的一种新型蓄水工程。根据壳体结构具有双向受力的特点，桶壳采用圆柱壳体，底部和顶部分别采用五分之一和三分之一圆体结构，变原来的浆砌石为砼预制窖身，由长60厘米、宽50厘米、厚8厘米的砼预制块拼装而成，在层缝和竖缝处用钢筋混凝土作箍圈，周围用黏土夯实，底板和顶板则采用混凝土现浇。经核算，与浆砌石水窖相比，可节约钢材56%，省工30%，降低工程造价32%。经专家鉴定，该成果具有国内先进水平，并在广大山区推广应用。

水文地质研究　自20世纪70年代，沂源县开始具备地下水资源的开发能力，在长期的水文地质研究中，积累了丰富的经验，对境内水文地质的研究成果丰富。

《上五井断裂带沂源段地下水开发与研讨》：通过组成地下水研究组，以上五井断裂带沂源段地下水的研究为课题，结合多年来运用激发极化和电测深所反映的有规律变化曲线以及配合井孔爆破技术，用大量详实的成井数据，找到上五井断裂带沂源段内的地下水富水规律。该成果对于境内地下水的开发具有重要指导意义，同时对其他邻近8个市、县开发利用地下水具有较大的借鉴意义，且可在国内同类地区推广应用。该项研究是全县首次就地下水开发领域取得的专业性和系统性理论成果，1988年，获临沂地区科技进步三等奖。

《沂源盆地地下水含水条带浅析》（1989年《地下水〔增刊〕》）、《泥灰岩岩溶裂隙类型及其富水性研究》〔1991年山东师大学报（自然科学版）〕，获淄博市科技进步三等奖和淄博市软科学成果三等奖。其中，《泥灰岩岩溶裂隙类型及其富水性研究》分别获1994年联合国技术信息促进系统（TIPS）中国国家分部发明创新之星奖，并被该系统向世界上110多个国家进行传播推广。这一信息，贮存在TIPS罗马总部、联合国工业发展组织工业与技术信息库（INTIB）维也纳总部、欧洲经济共同体企业合作中心（BRE）布鲁塞尔总部供全球检索。1996年，该成果被编入《中国“八五”优秀科学技术成果选》，1997年2月，被香港新华通讯出版社选入《世界优秀专利技术精选》（中国卷）。

《上五井断裂带沂源段控水规律研究》，先后于1995年3月获山东省勘察设计协会优秀论文二等奖、2003年获山东省水利优秀论文三等奖；《十字测深与找水定井》，1996年2月获淄博市自然科学优秀学术成果一等奖，该项成果由科学技术文献出版社编入《中国科学技术文库》；《利用低阻规律反映找水定井》，1996年2月获淄博市自然科学优秀学术成果三等奖；《鲁中南山区各岩石类型的含水特征》，1998年7月获淄博市自然科学优秀学术成果二等奖；《沂河谷地第四系含水层电性层特征及与水文地质的关系》，先后于1998年获中国地质学会优秀论文奖、2000年3月获淄博市自然科学优秀学术成果一等奖；《论科技论文的写作与发表》，2002年获山东省水利优秀论文三等奖；《固定MN电测深与岩溶裂隙水探测》，2003年获山东省水利优秀论文三等奖；《鲁中南山区岩溶裂隙水富水带类型及其分布特征》，2010年获山东省水利优秀论文一等奖。

水土保持学术研究 1992年、1994年，《沂源县水土保持小流域综合治理技术研究》先后获得淄博市科委二等奖、山东省科委三等奖。该项研究成果主要结合1986—1990年沂源县被列入国家水土保持重点县后，对河套峪等12条小流域进行综合治理开发情况作综合技术性研究。总结工程中的生态经济学原理、农林水多学科技术组装配套以及生物工程为主，生物、工程、耕作三大措施结合的方法。同时对宏观上实施“山顶松柏草戴帽，山上刺槐混交，山腰经济林缠绕，山下梯田水窖，堰埂堰坡桑果条花草，沟底蓄水拦沙谷坊配套”的“一体五段”宏观治理效果，一户一个小林场、小果园、小粮仓、小水利、小商品基地的“五小”治理模式，以及“五种间作经营方案”的山地高效生态农业经济短平快效益治理模式带来的社会效益、经济效益和生态效益，进行综合阐述和探讨。

1997年，《沂源县螳螂河流域水土保持治理开发研究》分别获淄博市科委二等奖、省水利厅三等奖。该项研究成果主要是对螳螂河流域水土保持治理中的农、林、水、牧多学科技术组装配套措施，探求一条农、林、牧、副、渔统筹兼顾、协调发展山区生态经济的路子，建立一个生态效益、社会效益有机结合的与市场经济接轨的小流域综合治理开发模式进行研究探讨。

水资源利用学术研究 1991年，县水利局与山东省地矿工程勘察院合作开展全县水资源调查与综合评价。该项目历时一个水文年，收集大量气象、水文、地质和水文地质资料，对水资源的开发利用进行调查分析；开展地质和水文地质调查，水文物探，抽水试验，地表水测流，地下水位长期观测和统测，地表水、地下水水质分析。首次对沂源县的地层、地质构造、各水文地质单元的水文地质条件进行论述，阐明各类含水岩组的富水性、埋藏条件及补给、径流、排泄条件，对地表水和地下水的化学特征、环境现状及质量进行分析评价，计算出不同保证率的水资源量，进行全县水资源供需平衡分析，确定有开发远景的十个富水地段。该项目在同级同类研究成果中，达到国内先进水平。1993年，《沂源县水资源调查与综合评价》获淄博市科技进步三等奖。

1995年7月，县水资办和淄博市地质环境监测站合作开展“沂源县城区水环境质量研究”。该研究课题完成南麻地区水环境质量调查研究，全面查清区域内水环境质量现状、污染特征、污染途径和发展趋势，提出合理有效的污染防治和保护水环境的对策措施。1997年10月11日，淄博市科委主持鉴定，由清华大学、北京大学、地矿部环境地质研究所等单位的7位专家组成鉴定委员会，专家一致认为报告资料翔实，依据的数据可靠，技术路线正确，研究方法先进，对策措施实用，总体研究在同类地区达到国内领先地位。1998年，《沂源县城区水环境质量研究》获淄博市科学技术进步三等奖。

1996年8月，由县水资办和省地质环境监测总站合作，对沂源县地下水资源的开发利用进行研究。该研究主要收集气象、水文、水文地质等方面资料，调查现状地下水开采量、工农业生产和人畜生活用水量，对地下水进行评价。对2000年、2010年全县国民经济各部门的发展和需水量进行科学预测，并制定不同水平年地下水开发利用规划，提出相应的对策与建议。1997年10月，由淄博市科委主持，清华大学、北京大学、地矿部环境地质研究所等单位的7位专家组成鉴定委员会专家一致认为该成果达到国内领先水平。1997—1998年，《沂源县地下水资源开发利用研究》获山东省水利厅科技进步三等奖、淄博市科学技术进步二等奖。

2005年3月，县水资办和中国海洋大学联合，以“田庄水库氮素污染机理与控制对策”为课题，开展污染源控制与保护性研究。该课题查清田庄水

2007年，《田庄水库水污染控制研究》鉴定会

库汇水区域内污染源、污染物、污染种类及污染机理，确定田庄水库的各种污染负荷量，并据此提出污染物控制总量、排污削减量和区域水环境规划及保护措施，保障城区发展对水资源的需求。2008年，《沂源县田庄水库氮素污染机理与控制对策研究》获得淄博市科学技术进步三等奖。

2005年4月，由县水资办和淄博市水文水资源勘测局合作编制《沂源县水资源调查评价与配置研究》。该研究对县内水资源量进行计算并分析时空变化规律，对地表水、地下水的水化学特征、水质现状及历年变化趋势进行分析评价；对水功能区的纳污能力、污染物入河量和削减量进行计算，提出地表水和地下水的保护措施；对不同水平年需水量和可供水量进行预测和供需平衡分析，提出水资源配置方案和特殊干旱年应急对策。2007年6月，淄博市科技局主持鉴定，专家一致认为该研究技术路线正确，方法先进，在同类研究中，达到国内领先水平。2008年获得沂源县科学技术进步二等奖。

2013年10月，由县水资办和省地质环境监测总站联合，就全县饮用天然矿泉水开展调查评价。该项目通过区域地质、水文地质调查，查明重点开发利用区矿泉水类型及分布规律和矿泉水源地的水质动态，对饮用天然矿泉水水质进行综合评价。《沂源县饮用天然矿泉水调查评价》通过对重点开发利用区含水层微量元素富集规律的分析，对矿泉水形成机理进行研究，提出矿泉水资源保护措施建议。2014年12月，中国矿业联合会命名山东省沂源县为“中国矿泉水之乡”。

后 记

以史为鉴，知史明志。挖掘沂源特色水利文化，记录沂源人民改造山河、建设美好家园的历史发展过程，展现和传承广大人民群众不畏艰难险阻战天斗地的伟大治水精神，既是新时代赋予我们的历史使命，也是助推乡村振兴工作的现实要求。

2022年5月，沂源县委、县政府和县政协启动“记忆沂源”系列丛书的编纂工作，水利卷作为行业卷其中之一。县水利局高度重视，成立编纂委员会，组建编纂专班，启动《记忆沂源·水利卷》的编纂工作。2023年11月，正式开始文字编纂；2024年3月，初稿渐成；4月10日，县政协组织召开编纂工作专题研讨会；5月，县编辑部对水利卷进行了集体审核。县水利局先后组织了动员、培训、推进和通稿审核等多次专题会议，其间不断修改，几易其稿。

功不唐捐，玉汝于成。该书既符合《记忆沂源》写作规范和基本要求，又兼顾行业特点；既参考志体记录县域内水利行业发展的史实，又有历史上较为典型的水旱灾害实录、治山治水的记忆旧事以及民间广为流传的有关水的传说故事，大大增强了可读性，是一部可读、可看、可听的全媒体志书类书籍和“百科全书”式的资料书、工具书，满足了人民群众了解、参考全县水旱灾害史和水利建设史的需求。

在编纂该书的过程中，参考了《沂源县组织史资料》《沂源县志》《沂源文史资料》《沂源县水利志》及其后续稿件和沂源县档案馆等大量史志、档案资料。县委组织部、县委宣传部、县委党史研究中心、县档案馆、县融媒体中心、县气象局等单位给予了大力支持和指导，部分老领导、老同志也对成书给予了极大的关怀和支持，孙启堂撰写了“沂源地质地貌”有关的地层等部分内容，山东人民出版社李明功对该书进行了细致地审核，杜春富、侯福等在编纂过程中积极参与有关内容的修改，梁金镇、王健、高鸿生、刘在永等为该书视频、照片等提供帮助，在此一并表示感谢。

由于涉及历史年代久远，事件广泛而复杂，加之文献资料匮乏，撰稿、编纂人员水平有限，在时间紧、任务重的情况下，无法面面俱到，疏漏不当之处在所难免，敬请读者批评指正。

编 者

2024年10月

记忆沂源 · 行业篇
JIYI YIYUAN HANGYEPIAN
全媒体图书

8-04

记忆沂源

JIYI YIYUAN

· 交通运输卷 ·

《记忆沂源》MV

政协沂源县委员会
沂源县文化和旅游局 编

中国文史出版社

图书在版编目（CIP）数据

记忆沂源. 行业篇. 交通运输卷 / 政协沂源县委员会, 沂源县文化和旅游局编. -- 北京：中国文史出版社, 2024. 12. -- ISBN 978-7-5205-5013-0

Ⅰ. K295.24；F512.9

中国国家版本馆CIP数据核字第2024GL2049号

责任编辑：程　凤　赵姣娇

出版发行：中国文史出版社
社　　址：北京市海淀区西八里庄路69号　邮编：100142
电　　话：010-81136606　81136602　81136603（发行部）
传　　真：010-81136655
印　　装：山东新华印务有限公司
经　　销：全国新华书店
开　　本：889mm×1194mm　1/16
字　　数：5304千字
印　　张：183
版　　次：2024年12月北京第1版
印　　次：2024年12月第1次印刷
定　　价：1980.00元（全九册）

《记忆沂源·交通运输卷》编纂委员会

主　　任　周清秀　田立勇

副 主 任　亓春霞　鹿成敏

委　　员　张发军　周清文　祁学军　蒋余祥　李建东　田立伟　孟　蕊　刘永军　陈元利　李传华　李学良　郑功友　李富军

《记忆沂源·交通运输卷》编纂人员

编　　审　周左锋

责　　编　苗永新

编　　辑　耿国平　刘卫法　梁传忠　赵　军　吕春宾　宋国忠

总　序

沂源历史悠久，文化厚重，在这片古老的土地上，在可考证的几十万年的岁月流转中，文明的脉络延绵不断；在这里，生命文化、爱情文化、红色文化交相辉映、一脉相传，悠悠吟唱着亘古昨天和崭新今天。编纂出版“记忆沂源”系列丛书，旨在全面记载沂源县自然地理、人文历史、政治经济和社会事业的发展变化，深入挖掘沂源特色地域文化，集中展现全县经济社会发展成果，铭记历史，传承文化，留住乡愁，增强自信，凝聚力量。这是沂源建县以来，首次对全县人文历史资料等进行全面系统挖掘整理，必将载入沂源发展史册。

走遍天涯路，最是乡情深。人一旦生长在什么地方，那里的山水草木、人文地理、村间小巷、乡俗民情，便会像盐渍刀斫一样深深渗透在心窝里、镌刻在记忆中，与之结下浓得化不开的乡情，时刻都在怀念、向往与追忆。乡愁是一种故土情结、人文情怀，是一种精神寄托，流淌于人的血脉中，是凝聚力和向心力所在。在长期的社会变迁和历史发展中，乡愁成为民族情感的依托与精神家园的归附。在新时代建设现代化新沂源的壮阔征程上，必不可少的正是无数沂源人对乡土气韵、桑梓情怀的依恋和历史记忆的渴求。

沂源自1944年建县至今，发生了翻天覆地的变化，许多历史的印记已经或者正在被湮灭在时代的潮流中，迫切需要通过修史编志的方式，记录历史、留住乡愁。沂源县具有众多特色鲜明的地域文化标志，每一个都蕴含着一段难忘的历史，讲述着一个动人的故事，寄托着一种殷切的期盼。古建筑、古树名木、古老手艺、传说故事等，都是弥足珍贵的文化遗产，也是历史文脉重要的传承载体。沂源人民在不同的历史时期，创造出了辉煌的成就，其中蕴含着宝贵的精神财富，这些都需要记录好、传承好、弘扬好。通过编纂“记忆沂源”系列丛书，深入挖掘、整理、珍藏历史文化，全面、真实、客观反映沂源的发展历程，必将进一步增强全县人民的自豪感、责任感和使命感，激发广大干部群众干事创业的热情和斗志，汇聚起推动各项工作突破提升、走在前列的磅礴力量。

“记忆沂源”系列丛书分为“乡村篇”“行业篇”“经济开发区篇”和“小三线建设篇”四部分，其中“乡村篇”收录全县12个镇（街道）446个行政村和21个城市社区的翔实资料，一镇（街道）一卷。“行业篇”收录工业、农业、商业、水利、教育、卫生、住建、交通等行业资料，每个

行业独立成卷，着力展现沂源经济社会的发展历程和辉煌成就。丛书综合运用文字、图片、视频、音频、插画等多种方式，打造“全媒体”图书。读者除正常阅读外，还可以扫码听书、看视频，更加契合现代人学习阅读需求，成为展现沂源形象的“伴手礼”和沂源游子寄托乡愁、追思乡情的“枕边书”。

乡愁难忘，征程未老。牢记历史，是为了开创未来。沂源正站在一个新的发展起点上，全县上下正在深入学习贯彻党的二十大精神，聚焦“突破提升、走在前列”目标定位，强化生态立县、产业强县、创新兴县，推进“四新四创”，着力打造“六个高地”、实现“六个走在前列”，踔厉奋发、勇毅前行，奋力谱写沂源现代化建设新篇章。在时代新征程中，我们有信心、有能力、有情怀交出一份无愧于前人的历史答卷。

中共沂源县委

沂源县人民政府

序

交通是兴国之要，强国之基。交通运输是国民经济中具有基础性、先导性、战略性的产业。

交通前进的速度，就是社会进步的速度。从新石器时代晚期，人类役使牛马形成驮运道，到商朝夯土筑路；从秦修驰道，到汉通西域；从近代汽车公路的逐渐兴起，到现代交通网络的四通八达，交通发展走过的每一步历程，都镌刻着人类进步、时代前进的足迹，印证着交通始终是经济的动脉、文明的纽带。

新中国成立后，沂源人民在党的领导下，发扬自力更生、艰苦奋斗精神，逢山开路，遇水架桥，以愚公移山之志向，战天斗地之气魄，让高山低头、河水让路，打通了一道道交通屏障，昔日天堑变通途，全县交通面貌焕然一新。改革开放后，沂源县交通运输事业步入快速发展阶段，公路由通到好，过去的简易路、沙土路、等外路一条条消失，水泥路、沥青路、高等级公路一条条建成通车，全县形成了干支相连、四通八达的公路网络。运输市场放开搞活，运输规模持续壮大，运力结构不断优化，综合运输服务体系初步确立。中国特色社会主义进入新时代以来，沂源县按照交通强国建设目标，着力推动交通运输事业实现高质量发展，人享其行，货畅其流，逐步建立起能够支撑新时代经济社会发展、满足人民群众美好生活向往的现代化交通运输服务保障体系。

历史是一面镜子，记忆是珍贵的宝藏。鉴古知今，方能继往开来。编纂《记忆沂源·交通运输卷》，旨在总结过去，激励当代，启迪未来。全书共九部分，54万余字，收录照片（插画）270张，音、视频8个，以翔实的资料、严谨的结构、简洁的语言，借助图片、音视频等新媒体手段，全面记述了沂源县交通运输工作在不同历史时期的发展历程、取得的辉煌成就、感人的故事、精彩的瞬间、铭心的历史记忆。

新时代新征程上，沂源县正按照交通强国建设目标，以建设人民满意的交通为引领，围绕构建“两高两铁外环绕城，五纵五横内外联通”的干线网和全面改造提升农村公路网的总体规划，加快推动交通运输发展向更高质量、更高效率、更高品质迈进，创造沂源县交通运输事业发展的新辉煌！

沂源县交通运输局

沂源县交通示意图

博山区
莱芜区
钢城区
新泰市
蒙阴
南麻
鲁村镇
大张庄镇
东松仙岭
西松仙岭
董家庄
陈家山
水么头河北
水么头河南
朱阿
池埠
黄崖
南鲁山镇
土门河北
下土门河南
刘家洞
左家峪
龙泉
九会
S231（张台线）
S232（张鲁线）
G341（黄海线）
G22（青兰高速）
瓦日铁路
李家泉子
峨峪
高峪
石门
丁家庄
西官庄
凤凰官庄
西坡
西寨
王村
北官庄
扬家岭
鲁村六村
北冯家沟
鲁村三村
鲁村镇
草埠一村
南官庄
草埠三村
草埠二村
鲁村出入口
月庄
王黄沟
马家黄沟
齐家黄沟
杨庄
小张庄
涝崮泉
玉泉
刘家石沟
张家石沟
王家石沟
山家峪
张家洼
章田庄
义和庄
张家岭
南冯家沟
桃花山
南岭
东张家岭
店门
上头庄
崮山
傅家庄
刘家大峪
泉子官庄
小田庄
永兴官庄
大田庄
东台峪
栗行
南后坡
启坡
贾庄
凉泉
鹿角山
埠西
刘家破
徐家庄
姬家峪
东五陡
小山子
秦家黄沟
齐家黄沟
闫家庄
池子
青杨圈
新村
许村
下高庄
王家庄
上高庄
赵家庄
桑家峪
涝坡
刘家庄
四门地
崮城峪
下土城
上土城
松崮后坡
龙子峪
西峪
祥峪
崮坡
青子圈
沟泉
尧峪
北洼
南岩黑峪
南岩五村
赤坡
宋家峪
房家圈
西峪
西唐庄
董家河沟
庄子峪
涝洼
天麻峪
石榴峪
大三地
玉泉寺
大马峪
马峪
刘家旁峪
回峪西沟
回峪
石灰峪
左家旁峪
孟家沟
红山
黄崖
福峪
福田峪
东向阳峪
赵家旁峪
北平
东上峪
北湾
新村
小赵家庄
南峪
东南峪
大张庄镇
北山
北旋峰
西山
西颜庄
姚峪
王搬沟
南旋峰
洼子
富源
石柱
上升科
地淤沟
花峪
土眉峪
下升科
汶源三村
汶源二村
周科峪
马子山
胜利
水营
保安庄
下黄林
上黄林
旺峪
半截沟
黑峪
后峪
旺峪
松山
闲场
下松山
上松山

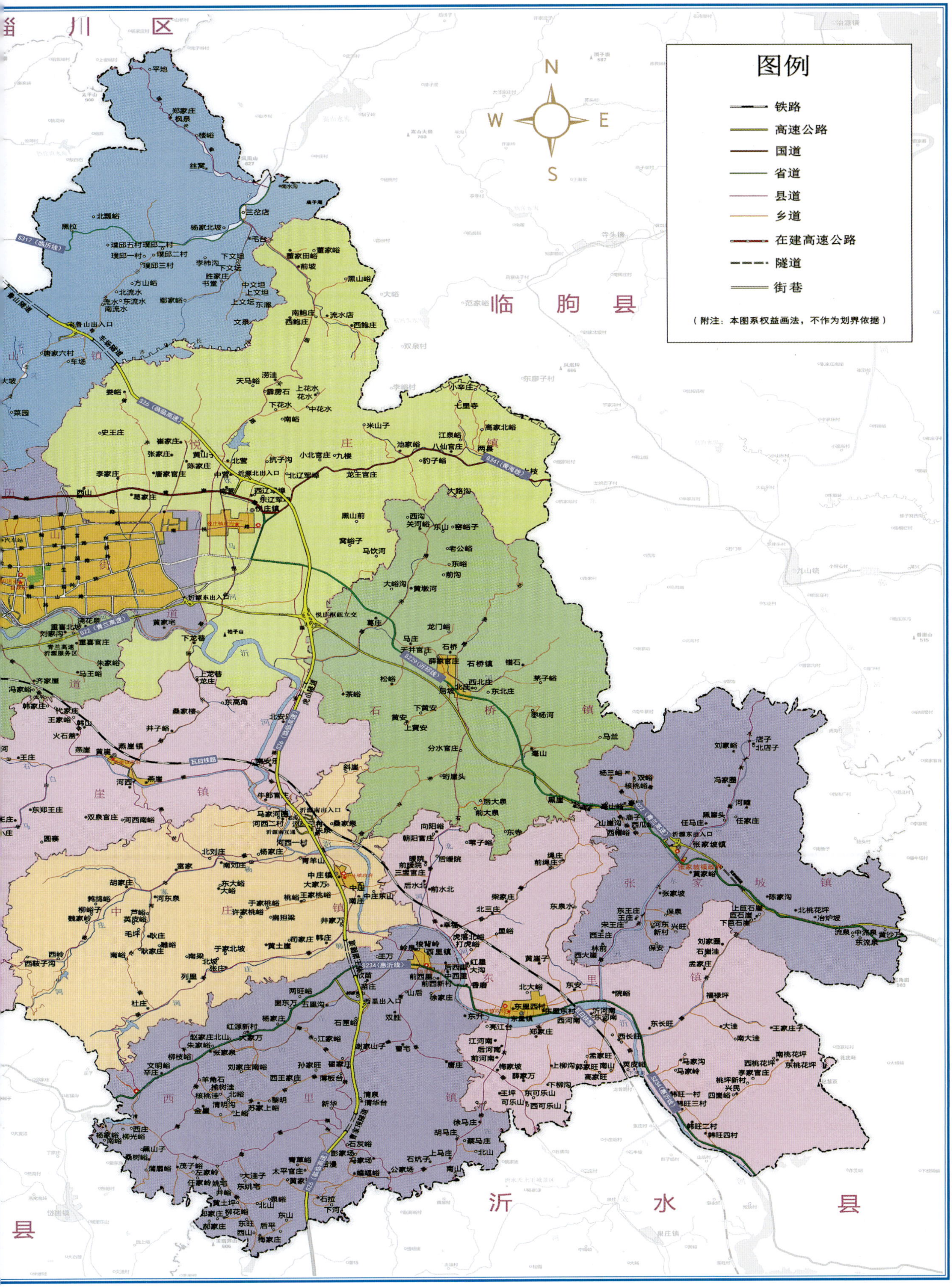
图例
铁路
高速公路
国道
省道
县道
乡道
在建高速公路
隧道
街巷
（附注：本图系权益画法，不作为划界依据）
N
S
W
E
淄川区
临朐县
沂水县
县
悦庄镇
石桥镇
张家坡镇
东里镇
西里镇
中庄镇
燕崖镇
南麻街道
S317（临历线）
S26（临临高速）
S341（黄海线）
S229（沂邳线）
S234（惠沂线）
G22（青兰高速）
瓦日铁路
鲁山隧道
鲁山出入口
沂源北出入口
沂源东出入口
沂源南出入口
西里出入口
悦庄镇政府
张家坡镇政府
东里西村
平地
郑家庄
枫泉
楼峪
丝窝
北瓢峪
黑拉
杨家北坡
三岔店
毛台
璞邱石村
璞邱二村
璞邱一村
璞邱三村
方山峪
北流水
南流水
东流水
鄢家峪
文泉
中文坦
上文坦
下文坦
东溜
董家峪
董家田峪
前坡
黑山峪
南鲍庄
西鲍庄
流水店
唐家六村
车场
天马峪
霹雳石
上花水
花水
下花水
中花水
南峪
娄峪
史王庄
崔家庄
张家庄
陈家庄
黄山子
北营
中营
抗子沟
小北官庄
九楼
北辽军
龙王官庄
李家庄
唐家官庄
西山
葛家庄
东辽军
米山子
池家峪
八仙官庄
江泉峪
高家北峪
两县
小辛庄
七里寺
豹子峪
大路沟
西沟
关河峪
乐山
窑峪子
黑山前
窝峪子
马饮河
老公峪
东峪
前沟
大峪沟
黄墩河
葛庄
龙门峪
马庄
石桥
天井官庄
薛家官庄
石桥镇
西北庄
东北庄
锯石
茅子峪
松峪
茶峪
下黄安
黄安
上黄安
杨河
马兰
分水官庄
崖山
后大泉
前大泉
东寺
黄家宅
下龙巷
上龙巷
龙庄
朱家峪
马王峪
齐家屋
冯家峪
韩家庄
代家庄
王家峪
井子峪
桑家楼
东高角
北安
火石崮
燕崖镇
燕崖
黄崖
河西
东郑王庄
双泉官庄
河西南峪
圆寨
牛郎官庄
马家河
河西二村
河西一村
北刘庄
杨家庄
南刘庄
崮家
胡家庄
青羊山
中庄镇
大家万
东大峪
大峪
王家桃峪
桃峪
中庄
南庄
中庄东山
于家桃峪
许家桃峪
井家万
韩庄
司家庄
黄土崖
于家北坡
南梁
北坡
张庄
河东泉
柳峪子
魏家峪
芦峪
英庆峪
毛坪
秋庄
秋家庄
南峪
西岭
西鞍子沟
列里
杜庄
向阳峪
朝阳官庄
苇子峪
后暖院
前暖院
三里官庄
后水北
前水北
柴家庄
北三庄
卓高
虎落北峪
打虎峪
里峪
黄崖子
东泉水
绳庄
前绳庄
杨三峪
双峪
核桃峪
刘家峪
店子
北店子
冯家圈
山崖沟
西瓜
唐子
西南峪
黑崖头
任马庄
任家庄
河畔
张家坡镇
黄家峪
张家坡
陈家沟
宋王庄
东王庄
王庄
西王庄
林前
保安
河东新村
兴旺
上巨石崖
巨石崖
下巨石崖
北桃花坪
治炉坡
流泉
中流泉
东流泉
黄沙
刘家圈
石崮洼
孟家庄
福禄坪
大洼
南大洼
王家庄子
东长旺
西长旺
马家沟
马家岭
南桃花坪
西桃花坪
东桃花坪
李家官庄
桃坪新村
兴民
韩旺一村
韩旺三村
韩旺二村
韩旺四村
四崮峪
槐背峪
西里镇
红星
大沟
东里镇
北大峪
东安
东里西村
东里东村
沂河南
东河南
西河南
东升
亮江台
郑家庄
江河南
后河南
前河南
梅家坡
薛家万
上柳沟
郭家旺
南山
高家旺
下柳沟
王坪
可乐山
东可乐山
西可乐山
王万
两旺峪
崮东万
五里沟
西里
徐家庄
双胜
红源新村
赵家庄北山
朱家峪
张家泉
大家万
柳枝峪
文明峪
辛庄
刘家庄南峪
孙家旺
西王家庄
羊角石
核桃洼
清明沟
北峪
苏家上峪
金星
上峪
塘板台
新华
清泉
清华台
唐庄
西庄
柳光峪
黑山子
桑树峪
茂子峪
左家峪
大洼子
太平官庄
青草峪
任家岭
东姚屯
井峪
黄土坪
柳花峪
郭家庄
东旺
西山
后平
梅家庄
泉峪
北山
东山
石灰峪
彭家场
石坑子
公家场
上马庄
北山
胡马庄
蔡马庄
徐马庄
石拉
下河
大窑

沂源县山区道路

临临高速公路悦庄枢纽立交桥

瓦日铁路燕崖段

青兰高速公路田庄水库二号大桥

青兰高速公路毫山峪隧道

国道黄海线芝芳段

省道张鲁线三府山段

县道曹徐路大三地段

县道草齐路龙子湖段

沂源红苹果基地产业路

悦庄镇大崮环山道路

鲁村镇姬家峪村道

芝芳“三代桥”（分别建于1953年、1970年和2005年）

20世纪80年代的博沂路沙土路段

2005年改建后的
博沂路沥青路面

原博沂路松仙岭垭口

张台线松仙岭隧道

原仲临路璞丘岭垭口

临历线璞丘岭隧道

20 世纪 60 年代的青龙山路段

2017 年改造后的青龙山路段

20 世纪 60 年代人工夯实路基

20 世纪 70 年代使用木制夯实机夯实路基

2017 年，机械化压实三悦路沥青路面

20 世纪 70 年代人工摊铺水稳基层

20 世纪 80 年代施工现场拌料

2006 年，博沂路沥青路面铣刨施工

白杨路刘庄段施工现场（1988 年）

巨东路施工现场（1989 年）

2001 年国庆节，沂源长途汽车站候车厅

20 世纪 90 年代，沂源长途汽车站发车区

2022 年投放的新能源公交车

国画《古驿三岔店》 狄正梅（中国美协会员）

编辑说明

一、坚持以马克思列宁主义、毛泽东思想、邓小平理论、“三个代表”重要思想、科学发展观、习近平新时代中国特色社会主义思想为指导，坚持辩证唯物主义和历史唯物主义的立场、观点和方法，客观、系统、简约记述沂源县工业、农业、商业、教育、卫生、水利、交通以及“小三线”建设等各行业发展变化进程和改革开放成果，挖掘行业内模范事迹，展示时代精神风貌，传承和抢救历史文化，激发爱国爱乡情怀，为地区经济和社会发展提供有益借鉴。

二、参照执行中国地方志指导小组印发的《地方志书质量规定》。在参照志体的前提下，在体裁运用、篇目设置、资料选择等方面作适当创新。“行业篇”的内容以记载本行业范围内的微观资料为主，详县志之所略。突出行业各自特点，有选择性地记述域内自然、政治、经济、文化、社会的历史与现状，从而达到执简驭繁、文约事丰、易于阅读、利于普及的目的。

三、为全面反映入书事物发展脉络，上限尽量追溯至事物发端，下限断至2023年底。

四、以各行业为单位单独成卷。每卷记述地域范围以下限年份2023年的行政辖区为主。

五、横排门类，纵述史实，采用纲目体。总体基本篇目框架根据行业特点科学合理设置，所设条目依照突出时代特征、行业特色的原则作适当安排。

六、综合运用述、记、志、图、表、录等诸体裁，以志为主。随文配图，图下设文字说明，图文并茂。

七、打造新时代全媒体志书，各行业卷根据需要，按照综合衡量、集中展示、高度概括的原则，选择主要的篇目录制短视频资料和音频资料，引入扫码识别延伸阅读功能，形成文字、图片和音视频三条独立的记述线索，相互补充、相得益彰，使丛书从无声变成有声，从平面成为立体，从静态变为动态，力求满足人民群众对方志文化的新需求。

八、除引文和附录文献资料外，统一使用规范汉字及现代语体文记述体。记事坚持秉笔直书、述而不论，行文力求朴实、严谨、简洁、流畅、优美。

九、书中“人物”，均为简介，只选录本行业内有较大影响的人物及其他政策法规规定的应入志人物，不面面俱到。人物排序，去世人物按照去世时间先后排序，在世人物按照生年排序。

十、本书资料来源广泛，其出处不一一注明。所需数据一般采用政府统计部门数据，无政府统计部门数据时选用主管部门或主办单位提供的数据，个别数据由于统计口径和来源不同存在差异。

十一、原则采用国务院1984年2月发布的中华人民共和国法定计量单位。考虑到使用习惯，保留“公里”“亩”“斤”等。历史上使用的计量单位，如斗、石、里、尺等，在引文中可照录。

十二、中华民国成立前的纪年，使用历史纪年，括注公元年份；中华民国成立后的纪年，使用公元纪年。书中书“××年代”，凡未加世纪者，均指20世纪的年代；书中所称“解放前（后）”，以1944年5月沂源建县为界；“新中国成立前（后）”，以1949年10月1日中华人民共和国成立日为界；“改革开放前（后）”，以1978年12月中共十一届三中全会召开为界。

十三、记事概以第三人称记述。人名直书其姓名，必要时冠以职务职称。地名以现行标准地名为准。如使用历史地名，于每个类目首次出现时括注现行地名。各个历史时期的党派、团体、组织、机构、职务等均以当时名称为准。对于称谓过长而又频繁使用者，首次出现时使用全称并括注规范化的简称，之后使用简称。

十四、遵循国家标准和出版规定，数字书写以GB/T 15835—2011《出版物上数字用法》为准，标点符号使用以GB/T 15834—2011《标点符号用法》为准。

目录 CONTENTS

综述

扫码看视频

扫码听书

记忆沂源·交通运输卷

交通运输发展概况

新中国成立前的交通状况

沂源县地处鲁中腹地，淄博市南端，是沂蒙革命老区的重要组成部分。元朝至民国时期，地域分属沂水县、临朐县、蒙阴县。1944年建县，因沂河发源地得名沂源。地处淄博、济南、泰安、临沂、潍坊5个市的结合部。东靠潍坊市临朐县，东南与临沂市沂水县毗邻，西依济南市莱芜区、钢城区，西南与泰安市新泰市接壤，南连临沂市蒙阴县，北与淄博市博山区、淄川区相交。

沂源县总面积1636平方公里，山岭面积占90%，平洼、河滩各占5%，是典型的山区县。境内山峦起伏，沟壑纵横，有名的山头1983座、河流1530条。地势沿沂河流向自西北向东南倾斜，西北高，东南低。全县海拔一般在300~600米，最高点鲁山主峰海拔1108.3米，最低点沂河谷地海拔180米。是全省平均海拔最高的县，素有“山东屋脊”之称。

高山阻隔，河流拦截。复杂的自然地理环境，造成了沂源县自古交通极为闭塞。清代《蒙阴县志》记载：“千峦环其外，百流出其中……四塞之崮，舟车不通；土货不出，外货不入。”但勤劳朴实的沂源人民，自古就把修路架桥作为一种善举和美德，不断加以传承和弘扬。春秋中叶，与齐国、鲁国接界的艾邑（今徐家庄）、姜原（今鲁村）之地，就是沟通南北、连接东西的交通要冲。战国时期，铜陵关（位于沂源与临朐交界处）是齐国与鲁国的分界点，历代多为军事重镇，不仅是有名的关隘，亦是南北往来中转的必经之地。东安古城遗址，位于东里镇的东安村，春秋时期是纪国的浮来邑，战国时期是齐国的盖邑，秦、汉至隋为郡城或县治所，曾是鲁国通往莒国、齐国古驿道上的重要驿站，历代皆为咽喉要道。唐代时起，胶东、胶南、鲁东南等地的人们去泰山进香朝拜、到济南府赶考，多取道今沂源境内西行，经小张庄、楼子等地进泰安、赴济南。至明清时期，或因“战”而修，或因“商”而兴，沂源县境内的交通，有了一定程度的发展。泰安府通往青州府的古道，分两路从莱芜入境，至小张庄会合后通往鲁村，沿南麻、悦庄、三岔到达临朐、青州。该路线在鲁村分支向北可直达博山，在悦庄再分支向东可转往沂水。从博山入境，经土门、南麻、悦庄去沂水城的大路，当时的路宽就有3米左右，经过历史变迁成为后来的博沂路。从蒙阴城到博山的大路，途经张庄、沟泉、鲁村到达土门，再沿西北方向通往博山。该路通过在张庄分支，转西北方向经黄庄通往莱芜。旧时临朐与沂水交界的三岔、悦庄（今均属沂源）一带，有一条朐沂古商道经过，与后来三悦路走向大体一致，该路可由南麻经悦庄、三岔到临朐，并可通往青州、潍坊等地，既是盐徒要路，也是商贾穿梭通行的商道。除此之外，蒙阴城至沂水城的古驿道、泰安经莱芜至沂水城的古驿道，都经过今西里、东里区域，去往沂水城。另有从西里、东里一带去沂水城的小路2条，自张庄去蒙阴城的小路2条。随着各地商贸的发展，集镇村落、山峰壑谷间形成了一些由人类行走践踏出来的小路、便道，也能够与域外大集镇的官道相连接，成为对外联络交往的通道。

古代交通道路

民间修建的桥梁数量也较多，至今仍有遗迹留存或有据可查的就有50余座。而沂河水道的商船能够经沂水、临沂、郯城至江苏邳州，驶入京杭大运河。

从古代到近代，尽管沂源县境内的交通有一定程度的发展，但与周边区域相比，交通状况总体比较落后。1938年，国民党山东省政府迁至东里，沂源境内山高谷深，交通不便，道路多沿山谷、河道而行，路况极差，军事物资的运输全靠肩挑人抬、小车推。解放战争时期，解放区人民政府多次组织修建公路，改善交通，以满足战时军事物资运输需要。1947年5月，为支援孟良崮战役，在青壮年劳力普遍参战支前的情况下，沂源县组织妇女、儿童、老人抢修莱沂、博沂、南临、蒙南4条战时公路，方便战时道路通行。据1947年12月统计，为开辟交通运输线，支援鲁南战役、莱芜战役、孟良崮战役、南麻战役，全县年内共组织民兵7个团，另加4个营，计8700余人，出动民工2.4万余人，参与修建战时公路。1948—1949年，沂源县又多次组织民工抢修沂水至博山公路，但由于时修时废，难以保持正常通行。

1947年，南麻战役期间，炮兵部队在泥泞的道路上拉炮车

新中国成立前，全县与外界相通的道路，只有莱芜至沂源、博山至沂水、南麻至临朐、蒙阴至南麻4条简易路，大都是羊肠小道，在众多资料记载中被称为山间小路，分别连接周边的博山、沂水、临朐、莱芜、蒙阴5个县。这些山间小路，几乎都是穿山谷、翻山岭、沿沟壑、走峭壁，蜿蜒崎岖、坎坷不平，不仅小推车难以通行，很多路段徒步行走也十分困难。有一首广为流传的歌谣：“山高坡又陡，行路人人愁，一步三喘气，汗水如雨流。”就是对当时人们“行路难”的真实写照。大张庄、鲁村等西南部的群众，到东北部的三岔店挑盐，需要翻过十几座山头，越过十几条河流。人们曾有过这样的描述：“一去十八转，百步有十险；来回三十六道河，肩压肿，脚磨破，鞋湿肚子饿。”在极其落后的交通条件下，人民群众运送生产生活物资，基本上全靠肩挑、人抬、驴驮、小车推这些原始的运输方式。

解放战争时期，沂源人民在党的领导下，利用小推车、挑担等运输工具，踊跃支前，为夺取革命战争的胜利作出了历史性贡献。1947年2月，莱芜战役打响，沂源县组织7000名民夫，推起小车，扛起扁担，承担支前运输任务。儿童团、识字班、新媳妇也组成运粮队，将给养送往前线；8月16日，《大众日报》载：沂源县530人的随军运输大队，两个月内完成了15次运输任务，并保证了民夫巩固。1948年9月，为支援济南战役，沂源县组织900副担架、200辆小推车参加支前；11月，沂源县分两批组织民工2000余人，带着1100副担架、200辆小推车，奔赴前线，支援淮海战役；12月，沂蒙担架团第五营参加了淮海战役并随军南下支前半年。

解放战争期间，沂源军民搭建临时桥梁运输物资

社会主义建设时期的交通发展

新中国成立后，国家迅速进入三年经济恢复时期，并从1953年开始，实行经济建设的第一个五年

计划。沂源县同全国一样，步入“发展生产，繁荣经济”的崭新阶段，交通事业也开始走向有计划发展的新时期。

在全县尚无一条通车公路的情况下，面对百废待兴、百业待举的局面，针对恢复和发展工农业生产的迫切需求，尽快修通道路，改善交通，成为保障经济发展，满足群众生产生活需要的头等大事和当务之急。在财力紧张、群众生活困难、物资匮乏、技术人员短缺等诸多不利条件下，中共沂源县委、沂源县人民政府按照“先求其通，再求其好”的方针，带领全县人民发扬自力更生、艰苦奋斗精神，开山凿岭，填河改道，修路架桥，开启了沂源县公路建设从零起步、从无到有的艰难发展历程。1952—1953年，县政府调集精干民工队伍，对博沂路沂源境内松仙岭至沂水交界段，在原有简易道路基础上，进行重新改建，打通了全长65.2公里、跨越5个区42个村庄的南北大通道，北通博山，南接沂水。该路改建后，虽然仍是一条低级简易公路，构造物不完善，附属设施不配套，只能维持季节性通行，但作为全县第一条能通汽车的公路，对当时恢复经济、发展生产，起到了很大的推动作用。1955年，第二次改建南麻至博山段，对部分路段裁弯取直、降坡加宽，实施桥涵配套，公路通行能力进一步提高。1956年1月，县人委会制定了地方交通建设的意见，提出“发展地方交通是当前社会主义建设的重要任务之一”，要把“修小路为大路”作为“广大合作社的计划之一”，并将修建简易公路、大车道的任务分配到各区。同年2月，沂源县人民委员会制定了《关于本县一九五六年至一九六七年发展地方交通的全面规划（草稿）》，明确了各阶段、各区修建简易公路、大车道的具体任务目标。当年，全县修建简易公路100公里、大车道240公里。1957年，全县修建简易公路84公里（大部分是由大车道提升），新修大车道320公里。这些简易公路、大车道，经过后期的不断改建提升，大都升级为重要干支线公路，形成境内公路网的主骨架。

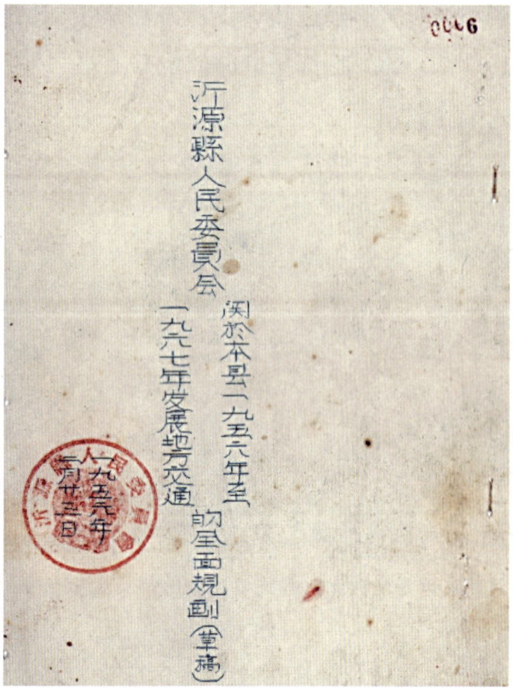
0066
沂源縣人民委員会
关於本县一九五六年至一九六七年发展地方交通的全面規劃（草稿）
一九五六年二月廿三日

1956年2月，沂源县人民委员会制定《关于本县一九五六年至一九六七年发展地方交通的全面规划（草稿）》

自1958年第二个五年计划开始，沂源县公路建设进入一个新的快速发展阶段。当时正值“大跃进”和全民大炼钢铁时期，由于缺路少桥，对工农业生产和大炼钢铁形成了很大制约，急需的生产物资和生活资料运不进来，农民生产的大量山果卖不出去。特别是全县新建了钢铁、机械、耐火等18个厂矿，燃煤用量很大，在公路通行不畅的情况下，不得不在农忙季节抽调16万男女整半劳力，徒步去博山用挑担担煤，这不仅造成了农业劳力紧张，而且仍不能满足工业生产所需。有民谣道：“山区难，山区难，用的运不进，产的运不出。”为尽快创造交通便利条件，畅通城乡物资交流，县委、县人委会按照“人民公路人民建”和发展地方交通“依靠地方，依靠群众，普及为主”的方针，积极采取措施，多方筹措资金，广泛发动和组织群众，加快公路设施普及，全力改善山区交通面貌。山东省对沂源县的公路建设非常关心和支持。1958年2月，将省第三工程队的2个连队抽调到沂源，帮助加强公路建设；3月，铺开博沂路南麻至松仙岭段22.5公里改建工程，再次进行裁弯、降坡，采取专业建筑队和沿线群众义务投劳相结合的形式组织施工，改建完成后达到六级公路标准；11月，在前期组建的专业建筑队基础上，县人委会又调集青壮劳力成立了公路建筑团，作为一支公路建设的专业施工队伍，承担全县公路修建任务。公路建筑团人员最多时达到1500人，并特意选拔了50多名石匠、木匠，作为工程技术人员培养，后期逐渐锻炼成为全县公路建设的技术骨干力量。公路建筑团成立后，在零下十几度的气温下，即刻奔赴正在施工中的南草路改建工程工地，次年转战博沂路南麻至沂水界段改建工程工地，同沿线5000多名施工群众一起，用不到两年时间，将南草路17.1公里、博沂路南麻至沂水界段31.7公里，通过改造、改线，从简易公路升级成为五级、六级公路，部分路段达到四级公路标准，实现晴雨通车。同一时期，以组织沿线群众投工投劳为主，修通了南麻至张庄、悦庄至三岔、鲁村至洪沟3条76.5公里的简易公路，新建或改造大车道100余公里。截至1959年底，全县简易公路发展到14条，全长249公里，修筑桥涵达到100多座（道）。1960年，沂源县制定了《1960年至1967年交通建设规划》，明确提出了之后1年、3年、5年的公路建设目标，对加快后期的公路建设，起到了巨大推动作用。1961年12月，公路建筑团在完成阶段性任务后逐步解散，一部分筑路队员转为公路建筑队，继续转战在各公路建设工地，还有一部分解散后返回农业战线的筑路队员，后期也曾再次被召回参与公路工程施工，但全县公路建设基本上转向以开展群众运动修路为主，日常参与公路建设施工的群众达数千人，最多时一条公路有2万多人参加施工。到1963年，通过大量新建和改造

20世纪60年代，山区群众男女老少齐上阵修建公路

提升，初步形成了以博沂路、南草路、悦临路、南坦路等主干线为骨架，并与一大批社、队道路相连接的山区公路网络，基本实现接通临县、社社通汽车的目标，477个生产大队中半数以上通汽车或通马车。

1964年，省委、省人委会、济南军区确定，在包括沂源县在内的沂蒙山区，建立一批重要的军工企业，即“小三线”企业建设。按照“靠山、分散、隐蔽”的要求，这些企业大部分建在崇山峻岭之中，由于道路不畅，交通十分闭塞。因此，尽快修建好公路，成为“小三线”建设中的首要任务。省交通厅公路局、临沂专员公署交通局、临沂公路管理段，专门派出技术力量，支援沂源县“小三线”建设的公路工程项目，帮助做好规划和勘查，并给予施工技术指导。沂源县委、县人委会对涉及“小三线”建设的公路工程高度重视，专门成立了公路修建指挥部，把公路建设当作作战一样组织指挥。从当年12月开始，“小三线”公路建设项目陆续开工建设，到1970年，相继完成南坦路、南崔路、颜张路、三悦路、草齐路、莱马路、娄龙路、池三路等10余条（段）180余公里的改建、新建任务，并对博沂路南麻至松仙岭段23公里进行了复修，对南坦路田庄水库段3.56公里进行改线使其绕出库区。同时，帮助“小三线”企业修建厂区道路20余公里。经过六年艰苦奋战，沂源县境内连接“小三线”企业并与周边相接的公路网络基本形成，不仅为“小三线”企业建设发展提供了良好的交通便利条件，也带动全县总体交通状况得到显著改善。“四五”期间至1978年，针对全县公路发展现状，坚持普及与提高并举，新建与改造并重，既全力促进公路里程的增长，又积极推动公路等级标准的提高。在县社公路建设上，先后完成石韩路、石香路、三悦路、曹石路、曹姚路、安燕路、赤松路南岩段、金柳路、周家上庄至金星段等一批改建、新建工程，县社公路通车里程、四级公路里程都大幅增加。在干线公路建设上，对博沂路松仙岭至南麻段，在进一步对路基实施改造的基础上，1973年进行了沥青路面铺筑，使该路段成为沂源

县第一条（段）硬化公路。1976年，动工改建韩莱路沂源段，1978年竣工通车，路基由原来的6.5米拓宽至9~10米，并铺筑为砂石路面。

有路即养，不养则废。加强公路养护，是保障公路经常处于良好技术状态的重要措施。解放初期，县域内虽然没有宽敞的大道，但仍有一些历史留存下来的简易道路供人们通行。这些简易道路路况差、通行难，解放区人民政府利用冬、春两季，组织群众集中进行整修、维护，以维持必要的通行。新中国成立后，贯彻“人民公路人民自己管理养护”的方针，坚持修路与养护相结合，全县公路养护工作逐步走向正轨。省养干线公路，设立养路工班，建立群众养路组，采取工群共养的形式进行养护；县养公路，主要依靠沿路成立的群众养护组织进行养护；社、队内的大车道、简易路，由社、队负责，发动群众自建自养。早期的公路养护，因为列养公路都是简易公路，无法实现晴雨通车，主要以季节性养护为主。后期随着公路标准的提高，对实现晴雨通车的公路，全部转为经常性养护，基本达到路路有群众养护组织，段段有护路专业队，平均每公里公路配备护路员3个。1958年11月，县交通局与临沂公路管理段沂源站合署办公。1959年8月，临沂公路管理段沂源站并入县交通局，干线公路和县社公路由县交通局统一组织实施养护和管理。根据全省地方交通会议精神，县交通局制定养护计划，建立养护制度，健全养护组织，对列养公路全面加强养护，保持了良好通行状况。1962年，根据省委、省人委会《关于地方交通几个问题的决定》，在全县公路养护工作中实行民工建勤政策，组织公路两侧5公里以内符合条件的农民，按规定每年出一定数量的义务工，参加公路养护和修理工作。同时，对养路工班实行“三定”“三保”制度，即定人员、定材料、定工具，保出勤、保工效、保质量，推动养护工作进一步规范。1963年，临沂公路管理段沂源站从县交通局划出，公路养护工作实行“统一领导、分级管理”体制。县交通局成立公路养护管理机构，配备专职管理人员，建立地方道路养护队，具体负责县社公路的养护管理工作。临沂公路管理段沂源站设立养护工班，具体负责干线公路的养护管理工作。县交通、公路部门依据各自职责，按照“有路必护，通车必养”的要求，坚持以养好路面为中心，全面加强养护，重点修理，分期改善，逐步提高质量，确保了已建成公路的通行能力和使用性能。

“文化大革命”开始后，公路养护管理工作受到一定程度的影响，但分级管理体制和“工群共养”“群众养护”的组织形式仍保持不变。县交通、公路部门排除干扰，正常履行职能，对列养公路，改善土路面，铺筑磨耗层，保持路面平整、行车顺畅，提高车辆时速，减少雨雪后阻车时间，抓好日常保养。对新建成公路，及时配齐养路员，纳入正常管养，做到建成一条，养好一条。1966年，沂源县人民委员会下发《关于莱马公路新修路段建立养护组织及植树的通知》，要求鲁村、南麻、悦庄区公所建立公路沿线养护组织，并规定公路两侧5华里以内的生产大队为养护村，选派社员为常年养路员。这一规定对其他路段的养护工作也起到重要指导作用。对在养公路，基本上健全养护组织，配齐养路队伍，消除了公路失养现象。1973年，沂源县革委会下发《关于认真做好公路石砌公路备料的通知》，要求各公社对所辖路段按石料每公里30立方米、沙料每公里20~30立方米进行备料，同时提出过窄路段实行加宽，低洼路段适当加高，泥泞路段加强改善，对加强当时的公路养护工作起到了很大的推动作用。这一时期的在养公路，基本上都是砂土路面，由于始建标准低，路面出现波浪、坑槽、泥泞、翻浆、滑车、跳车等病害现象较为普遍，养护难度很大，而当时养护工具落后，沙料挖运、作业施工全靠人工，劳动强度大，工作条件艰苦，公路养护的任务十分繁重和艰巨。在这种情况下，县交通、公路部门会同社（区）、队加强对养护人员的选拔、教育和管理，落实好政策待遇，既保持了养路员队伍稳定，又极大提高了养护工作积极性。特别是在政治动荡的大环境下，广大养路人员表现出很高的思想觉悟，坚持奋战在养护作业一线，夏顶烈日，冬冒风寒，勤勤恳恳，任劳任怨，涌现出了一大批以路为业、爱路护路的先进养路组、先进养路员，带动了全县公路养护工作扎实开展，好路率和行车时速都有明显提高。

新中国成立后，沂源县的运输生产也进入有计划、有组织的发展阶段。虽然受道路交通条件和运输工具的制约，运输能力还比较落后，"一根扁担两只筐，肩挑人抬小车推"仍旧是主要的运输方式，但新型运输工具也开始陆续出现。

20世纪60年代，群众用小推车运输物料

1952年起，全县自行车数量开始逐渐增多。1953年，省供销社分配给沂源县1辆载重4吨的大道吉汽车，这是全县第一辆汽车。1956年，临沂专员公署运输分行拨给沂源县1辆雪佛兰牌轿车，这是全县第一辆轿车。1957年前后，胶轮手推车、胶轮马车、胶轮平板车等新型人力、畜力运输工具大量涌现，全县运输生产能力大幅提升。1959年，利用临沂运输分行调拨的15辆汽车，成立沂源县运输分行，内设汽车队、马车排、装卸队，成为全县第一家专业运输企业。同年，省拨给沂源县拖拉机1台，这是全县第一台拖拉机。1960年，县拖拉机站购进拖拉机4台，拖拉机作为农用机械工具，在从事农耕之余，也成为重要的运输工具。同年，临沂运输公司在沂源县成立汽车六队，配备货车24辆、客车1辆，全县专业运输企业增加到2家。在汽车、拖拉机有了较快发展的同时，沂源县也不断提升民间运输能力，开展群众性短途运输，满足工农业生产运输需求。1959年，各公社都建立了民间运输组织，共组织手推车1660辆。1960年，为进一步解决短途运输运力不足问题，从全县4400辆小推车中，组织2200辆成立了专业运输队，组织另外2200辆成立了副业运输队。1961年，根据临沂专员公署有关要求，抽调200辆小推车，成立了专业短途运输队伍。这一时期，全县形成了汽车、马车主要承担长途运输，民间运输力量主要承担短途运输的运力分工格局。

1962年，临沂专员公署运输分行将调拨给沂源的15辆汽车调回，沂源县运输分行解散。由于汽车运力大幅减少，全县运输生产一度陷入困难，遂于1963年向临沂专员公署运输分行申请调拨了2辆汽车，组建了沂源县运输合作社，同时将原沂源县运输分行所属马车排、装卸队编入，缓解了运输能力不足的矛盾，经过不断发展，壮大了运输实力。20世纪60年代中期以后，人力运输、畜力运输在全县运输生产中仍然占有重要地位，但随着机动车数量的不断增加，机械运输开始大量取代人力运输和畜力运输，传统落后的运输方式发生显著改变。1966—1967年，驻博山山头的货运车队、博山货运车队先后并入汽车七队（原汽车六队），全县汽车数量大幅增加。到1970年，全县汽车发展到103辆，拖拉机发展到40余台；开通的长途客运班线达到4条，开通县城至公社的客运线路2条。

1974年，沂源县运输合作社更名为沂源县运输公司，汽车发展到10余辆，运输能力进一步提高。1975年，沂源县汽车大修厂成立，这是全县第一家专业汽车维修企业，培训各工种修理工50余人，结束了过去"小修靠司机，大修去外地"的修车难历史。1976—1978年，山东东风化肥厂、县供销社、县商业局相继成立运输车队，其他一些厂矿企业也陆续成立企业自备车队，国营专业运输力量不断发展壮大。到1978年，全县各种汽车发展到774辆，拖拉机发展到1000余台；开通到省内主要城市和地区的长途客运班线12条，开通县城到公社的客运线路10条。全县客货运输和运输服务行业，都呈现出稳步发展的局面。

社会主义现代化建设时期的交通发展

1978年12月召开党的十一届三中全会，决定把党的工作重点转移到社会主义现代化建设上来，实行改革开放政策。从1979年开始，沂源县交通运输事业乘着改革开放的春风，在国家和省、地（市）及上级交通主管部门的大力支持下，迎来了一个快速发展时期。

在公路建设上，主要经历了四个发展阶段：

第一个阶段是改革开放初期的1979年至1984年。针对经济社会发展对交通运输的迫切需求，以解决去外地的交通出口问题为重点，修建了东公路、新保路、三峨路等30余公里县道，改建省道仲临路璞邱水库段3.5公里，改建、硬化省道泰薛路南麻至高庄段3.3公里，打开了多条急需与周边连接的通道，为促进与外地的经济联系和社会交往提供了交通便利。在抓好省道、县道主干道路建设的同时，根据县委、县政府统一规划和部署，各公社（乡镇）掀起修建连村路、经济路的热潮。截至1984年底，全县修建经济路、连村路1858公里，基本实现村村有路相连，山有大道环绕，对全县荒山开发和经济林建设起到了重要促进作用。

第二个阶段是从1985年沂源县被列为国家扶持重点贫困县以后，至1990年的“七五”末。紧紧抓住国家出台贫困山区扶持政策的历史性机遇，把公路建设作为扶贫工作重点之一，积极争取国家和上级扶持，采取公办民助、民办公助、以工代赈等多种形式，加大资金投入，加大工作力度，大打公路建设的“翻身仗”，公路建设步伐明显加快。1985—1987年，利用国家以工代赈政策下拨的粮、棉、布折款，安排修建县乡公路188.2公里、经济路80.5公里。1986—1990年，利用省下达的扶贫资金和地区补助资金，铺筑干线公路沥青路面35.2公里。在沂源县被山东省列入利用中低档工业品以工代赈修建县乡公路试点后，1989年11月至1990年3月，仅用100多天时间，就按照三级路标准修通了滑龙路、赵安路2条18.82公里的县乡公路。到“七五”末，累计完成240多公里省道、县道新建和改建工程，发展乡村路、经济路200多公里。

第三个阶段是1991年至2000年的“八五”“九五”期间。在此之前，沂源县的公路建设经过多年的持续推进，虽然有了较快发展，但与周边地区比，与经济社会发展的要求比，与人民群众的迫切愿望比，还存在很大差距。主要表现在，已建成公路普遍等级低、质量差、硬化路面少，绝大多数是沙土路，还有很多是等外路，全县柏油路面只有70公里，省道、县道中二级公路只占通车里程的10%，三、四级公路占60%，尚有160公里的县乡公路是等外路，与周边连接的进出口道路、县城到乡镇驻地的公路、乡镇与乡镇之间的公路，还有大量“断头”“卡脖子”路段。为此，县委、县政府明确提出，要把公路建设的重点由解决“通”的问题，逐步转移到路基拓宽改造和路面硬化上来，全面提高公路等级标准，尽快打通交通“瓶颈”。中共沂源县委、县人大、县政府相继出台了一系列政策措施，全力推进公路建设各项任务目标的实现。1992年，沂源县第十二届人民代表大会常务委员会第十八次会议，通过了《沂源县县乡公路建设管理办法》，明确提出，新建、改建公路要坚持高标准，县道不低于三级路，乡道不低于四级路，同时规定，通过征收地方道路建设基金的办法，为县乡公路建设筹措急需资金。1994年，县委、县政府制定了《关于加快公路建设尽快改善交通环境的意见》，进一步明确到2000年前省道、县道、乡村道路建设的目标任务和工作措施。1996年，全县开展“公路建设管理年”活动，举全县之力，大打公路建设的“突击战”和“攻坚战”。一年时间，新建、改建、硬化省道和县乡道10条（段）103.3公里、乡村道路23条110多公里。1999年，县政府印发《沂源县乡村公路建设管理办法（试行）》，对乡村公路的规划、建设、管理都提出新要求，进一步推动了乡村公路加快发展。

第四个阶段是从2001年第十个五年计划开始，至2012年。这个阶段是沂源县公路建设高速发展的时期。高速公路从无到有，实现历史性突破。2005年3月，青兰高速公路沂源段正式开工，2007年12月竣工，全长58.12公里，是沂源县第一条高速公路、第一条高等级公路，也是第一条国道，对沂源县的经济社会发展具有重要意义。干线公路经过持续改造，等级标准全面提升。2001年，省道仲临路沂源段列入改建计划，2004年11月完成路面硬化，标志着沂源县境内省道中最后一段沙土路、也是全省省道中最后一段沙土路消失。2002—2007年，博沂路经过多次改线、改建和大修工程，全段路线达到二级公路标准。2010—2012年，薛馆路按二级公路标准改建完成。至此，沂源县境内6条省道全部达到二级公路标准。

大力实施“村村通油路”工程，农村公路实现跨越发展。从2001年起，沂源县着力优化农村路网结构，全面提升等级标准和通行能力，当年全县13个乡镇全部实现通油路目标。2003年，沂源县按照国家关于实施“村村通油路”工程的重大决策部署，充分利用国家和省市扶持资金，加大自筹资金力度，全面推进“村村通油路”工程实施，当年完成县道、乡道、村道改建硬化工程473公里。到2012年，共完成“村村通油路”工程884公里。

“三分建，七分养”。改革开放后，沂源县交通、公路部门主动转变工作思路，积极适应新形势、新任务的要求，坚持用改革创新思维，推动新时期公路养护管理工作开展。20世纪80年代初，随着农村家庭联产承包责任制的推行，群众养路员的报酬由评记工分调整为给予同等劳力报酬，并开始招募专职养路员，公路养护组织形式和运行模式逐步发生转变。同时，汽车、拖拉机等机械养护机具开始应用到公路养护作业中，养护效率有了很大提高。1983年，县政府批转了县交通局《关于加强县社公路修建养护管理意见的报告》，对县社公路养护、绿化、管理、整修和养路员队伍建设，都作出了具体规定。同年，县交通、公路部门根据省交通厅制定的《山东省民工建勤养护公路和民办公助修建县乡公路的实施办法》，按照公路养护定员标准，调整了养路组织，全面推行小段包干、联质计酬等多种形式的养护责任制。1988年，县交通局进一步创新县乡公路养护管理机制，全面推行养护承包责任制，健全完善考核奖惩制度，彻底根除了养路人员吃“大锅饭”的现象。1992—1999年，根据《沂源县县乡公路建设管理办法》征收的地方道路建设基金，每年拿出5%用于县乡公路养护，缓解了县乡公路养护资金短缺的矛盾。1994年，县交通局经过不断探索，总结推广了定路段、定标准、定职责、定奖惩和包经费、包材料、包质量、包责任的“四定四包”养护责任制。在1995年以前，针对列养公路绝大部分是沙土路的实际，公路养护管理机构在长期的养护工作实践中，总结出了路面磨耗层养护施工流程，大幅度提高了养护水平。1996年以后，随着公路硬化里程的增加，养护作业重点逐步发生转变，县交通、公路部门及时调

省通张台线南鲁山路段

整工作思路，抓好沥青路面和混凝土路面的管理养护，并逐步引进先进养护作业设备，运用到公路养护工作中。

20 世纪 90 年代，沙土公路养护作业

1997年，健全完善农村公路百分制养护管理办法，农村公路养护逐步走向规范化。1998年起，在省道、县道养护管理工作中，组织开展“文明示范路”“文明样板路”创建活动，带动了公路养护水平全面提升。进入21世纪，随着公路硬化进程进一步加快，沙土路一条一条消失，公路养护里程逐步由过去的沙土路变成沥青路、水泥路，养护作业内容、养护工作重点和难点也与过去有了很大不同。同时，随着经济发展、科技进步，传统养护理念、养护方式逐步转变，养护方法不断创新，养护作业的科技含量越来越高。为适应新时期公路养护管理工作不断发展变化的内在要求，县交通、公路部门积极探索新时期公路养护运行机制改革创新，逐步建立起与市场经济相适应的公路养护体制机制。2008—2009年，干线公路养护工作全面推向市场，通过招投标确定有资质的专业养护公司承担公路养护任务。

党的十一届三中全会后，经济体制改革不断深入，为运输业发展注入了强大动力和活力。1983—1984年，国家放开运输市场，搞活运输，制定出台了一系列方针政策和措施，特别是突破所有制束缚，允许私人购置汽车、拖拉机从事运输经营，支持鼓励多种经济形式发展运输业。全县运输市场迅速形成了国有、集体、个体一起上，各种运输工具、各种运输方式一起上的生动活泼的发展局面。在货物运输方面，全县建成了一批以企业自营车队为主体的运输企业，一大批农民也把“跑运输”作为发家致富的手段，自购车辆从事运输经营，成为专业个体运输户，有些村庄很快发展到几十辆甚至上百辆机动车，成为远近有名的“运输村”。1985年，全县个体经营的货物运输车辆达到1700多辆，个体货物运输在全县货物运输市场逐步占据主导地位。到1995年，全县个体运输车辆达到5900余辆，从业人员达到上万人，个体运输量占全县年货物运输量的96%。在旅客运输方面，随着个体客运业户的加入，形成了国有、个体并存，长途班线、城乡班线、客运出租相互衔接，互为补充，融合发展的客运市场体系。从1984年第一辆个体客车进入市场，到1991年，全县个体客车发展到125辆，形成了农村客运线路全部由个体客车经营，长途客运班线仍以国有客车经营为主的市场格局。客运出租车辆从自发兴起、自我发展，逐步走向规范管理。1996年，全县登记在册的81辆出租车，全部为个体经营。汽车维修、搬运装卸、配载理货、汽车租赁等运输服务行业也得到迅猛发展，到1997年，汽车维修厂家和单项维修业户，由改革开放初期的不足10家，发展到110余家。货物配载、汽车租赁等运输服务行业业户发展到10余家。

20 世纪 90 年代，汽车五队出车前车检

在道路运输业快速发展过程中，沂源县交通局作为行业主管部门，加强政策引导，强化宏观调控，通过培育市场，规范市场，推动运输行业持续、健康发展。1991年，将过去按普通货物运输管

2003年，沂源县基本实现村村通客车

理的化学危险品运输车辆，全部纳入化学危险品运输专项管理。1994年，组织在城区散停的120辆客货出租车辆，建立了有固定场所的有形客货出租市场。1995—1996年，组织沂源长途汽车站分两批对社会客运车辆开放，全县个体经营的客运车辆，全部进站停靠，排班发车，客运市场秩序得到明显规范。同时，将个体客车、个体出租车纳入公司化管理，实行挂靠经营。1996年，积极探索新型运输组织方式和管理模式，把广大农村个体货运业户集中组织起来，编成运输联组，实行“自我管理、自我服务、自我发展”，全县16个乡镇共成立266个个体运输联组。2001年起，农村客运线路老旧客车逐步淘汰，陆续更换为中级客车。2003年，按照交通部和省市交通主管部门统一部署，在全县组织实施村村通客车工程，通过开通新线路，调整延伸原有线路，使80多个不通客车的行政村通上客车，当年基本实现“村村通客车”目标。2007年，对不符合经营条件擅自进入出租市场的三轮机动车，全部进行了清理取缔，同时新上轿车类出租车50辆。至2009年，全县轿车类出租车发展到161辆。2011年，《山东省道路运输条例》颁布实施后，单辆货车不再获得经营许可，当年全县普通货物运输企业发展到21家。

中国特色社会主义新时代的交通发展

2012年11月，中国共产党第十八次全国代表大会胜利召开，中国特色社会主义进入新时代。2017年10月，党的十九大提出建设交通强国，将交通提升到国家战略层面，赋予交通运输新时代的新使命。交通现代化成为建设社会主义现代化强国的重要内容。2019年9月，中共中央、国务院制定印发了《交通强国建设纲要》，明确提出了建设交通强国的总体目标、重点任务、保障措施。沂源县站在新时代的起点上，紧紧围绕交通强国建设目标，立足服务于全县经济社会发展总体规划，着力推动交通发展由追求速度规模向更加注重质量效益转变，由各种交通方式相对独立发展向更加注重一体化融合发展转变，由依靠传统要素驱动向更加注重创新驱动转变，着力构建安全、便捷、高效、绿色、经济的现代化综合交通体系。全县交通运输从“瓶颈制约”发展到“基本适应”的新阶段，逐步建立起能够适应新时代经济社会发展要求，能够满足人民群众对美好生活向往的交通运输服务保障体系。

公路建设实现高质量发展。2013年开始，每年都组织实施一批农村公路改造项目，当年完成县道、乡道、村道改造工程112.7公里，新改造项目普遍达到四级公路标准。到2023年，累计改造农村公路720公里。2016年，组织实施村级公路网化示范县项目，对村道路网进行提档升级。2017年，聘请山东省交通规划设计院，编制了《沂源县干线公路网规划（2017—2030）》，明确了短中期主干线公路发展目标和路径。同年，省道黄海线升格为国道，成为沂源县第一条普通国道，也是境内第二条国道。2018年，按照“四好农村路”建设要求，组织实施自然村通达工程，进一步扩大农村公路覆盖面，增加路网密度，提高通达深度。2019年，国道黄海线与县道南崔路相交处分离式立交桥开工建设，2020年竣工通车，这是沂源县第一座分离式城市立交桥。

2020—2022年，实施省道沂邳线芝芳至赵家峪段14公里改线工程，境内普通国省道经过多次线路调整后，路网结构明显优化。2021年，临临高速公路沂源段开工建设；2023年12月，中庄以北路段建成通车；2024年10月，临临高速公路沂源段46.67公里全线贯通。这是沂源县第二条高速公路。至此，境内2条高速公路组成的高速公路网，成为沂源县对外交通的快捷通道，通过与周边其他高速公路枢纽的连接，能够快速、便捷、高效通过全程高速公路，抵达全国各地，沂源县公路交通进入了“高速时代”。

公路养护实现高品质提升。持续开展公路大中修工程，保证通车公路始终处于良好技术状态。从2013年起，累计完成普通国、省道大中修工程120余公里，完成县道、乡道大中修工程110余公里。持续开展危桥改造，消除安全隐患，提升桥梁技术标准和通行能力。2013年，聘请专业机构对县乡公路134座重点桥梁进行了检测评定，并从2014年开始对29座四类、五类桥梁分批实施改造。2015年，对省道博沂路、薛馆路共8座危桥进行了改造。持续开展路域环境综合整治活动，提升公路“畅、安、舒、美”水平。2013—2015年，县交通、公路部门会同乡镇及住建、城管、林业等部门，重点就公路穿村路段脏、乱、差和占道经营、摆摊设点等现象进行专项整治。2016年，开展了博沂路路域环境专项整治活动。2018年，县交通运输局牵头，对15条197公里旅游道路进行了路域环境专项整治，并对其中3条旅游快速路和4条通景路进行了绿化补植提升。2019年，根据市、县城乡环境精细管理大提升活动要求，县交通运输局会同有关部门成立工作专班，集中开展城乡道路路域环境综合整治，全面提升了公路净化、绿化、美化水平。2020年，为建立路域环境综合整治长效机制，县政府决定在全县推行路长（段长）制管理模式，建立了县、镇（街道）、村（居）三级路长（段长）组织架构。持续推动公路养护机制创新。继普通国、省道养护实行市场化运行机制后，2020年县乡公路的日常养护通过招投标方式，确定有资质的专业养护公司承担，使公路管理机构实现了由生产型向管理型的转变。

道路运输实现高效服务。以显著提升运输服务效率和服务品质为目标，推动运输服务供给由“走得了”向“走得好”转变，由“运得出”向“运得畅”转变，更好地满足多层次、多样化、个性化、快速化的运输服务需求。旅客运输方面，大力推动绿色交通发展。2015年开始，城区公交线路新增和更新公交车辆，全部使用新能源纯电动车。2018—2021年，农村客运线路车辆，分批更新为新能源纯电动客车。积极落实交通惠民措施，2016年，根据“精准扶贫”工作部署，实施贫困村通客车工程，到2019年，全县140个贫困村实现客车通到村头。2021年7月1日起，对60岁以上老人、残疾人、三属、现役和退役军人，实行免费乘坐公交车和农村客运线路客车。2022年，组织开通10条“农村赶大集”客运专线，设立了6条从农村直达医院的“健康专线”。在互联网与各行各业融合发展的背景下，新型运输方式应运而生，逐渐成为旅客运输的重要组成部分。2013年，沂源县开始有少量自发兴起的网约车出现。2016年7月，交通运输部等七部门制定下发《网络预约出租汽车经营服务管理暂行规定》，网约车经营开始走向规范发展，全县网约车逐步发展到1.1万余辆。2019年，沂源至济南、沂源至济南遥墙国际机场定制客运线路开通，成为满足群众个性化、高效化出行需求的旅客运输方式。2016—2022年，陆续开通23条县内定制公交线路，主要为企事业单位提供通勤运输服务和为学生上学提供运送服务。货物运输方面，从2015年开始，鼓励引导货物运输行业，由粗放式发展向专业化、精细化方向转变，到2019年，大件运输货车、罐式运输货车、渣土密封专项运输货车、箱式运输货车、冷藏运输货车发展到190余辆。货物运输由分散经营走向集约化、规模化、公司化经营轨道，积极培育规上运输企业，到2023年，全县规上运输企业发展到56家。

铁路运输从无到有实现零的突破。沂源县境内过去没有铁路，远离机场、港口码头，公路是唯一的交通载体。2014年12月，经过4年多的施工，全长53.3公里的瓦日铁路沂源段建成通车。至此，沂源县没有铁路运输的历史宣告终结，也改变了沂源县长期以来只有公路交通的单一交通方式，结束了公路是沂源县唯一交通载体的历史，对于彻底解决沂源县的交通瓶颈制约，促进全县经济社会持续发展具有重大意义。

2006年，沂源县交通行业被省交通厅、省文明办命名为文明交通行业；沂源县交通局被省人事厅、省交通厅评为全省农村交通建设先进单位，被省交通厅、省文明办评为全省交通行业精神文明建设先进单位。2017年，沂源县交通运输局被评为省级文明单位。2023年，沂源县被评为“四好”农村路省级示范县，沂源县交通运输局被省交通运输厅、省发展改革委评为2023年“信用交通县（市、区）”建设典型单位。

机构沿革

行政管理机构

沂源县交通运输局

1956年6月，沂源县人民委员会设工业交通工作部，内设交通科，主管全县交通运输公路事业。

1958年4月，县工业局与交通科合并为工业交通局；10月，工业交通局撤销，分设工业局、交通局；11月，交通局与临沂公路管理段沂源站合署办公。

1959年8月，临沂公路管理段沂源站并入县交通局。1963年3月，临沂公路管理段沂源站从县交通局划出，时称临沂公路管理段沂源公路站。

1964年1月，县交通局设南麻交通运输管理站，为股级事业单位；5月，县交通局设东里交通运输管理站，为股级事业单位。

1968年3月，撤销县交通局，设县交通局革命委员会；10月，改称沂源县革委会生产指挥部工交组，负责交通管理工作。

1969年10月，县革委会生产指挥部工交组设西冶交通运输管理站，为股级事业单位。1970年，设唐山交通运输管理站，为股级事业单位。

1971年10月，撤销县革委会生产指挥部工交组，恢复县交通局。

1972年2月，设沂源县交通监理站，隶属县交通局。

1974年5月，县交通局设鲁村、悦庄、张庄、土门4个交通运输管理站，均为股级事业单位。1977年1月，东里、悦庄交通运输管理站撤销。1979年3月，县交通局内设公路股、运输股。1980年5月，土门交通运输管理站撤销。1982年10月，县交通局内设人事秘书股、计划财务股。

1983年1月，县交通局重设土门交通运输管理站，为股级事业单位；9月，设沂源县交通运输管理所，为股级事业单位，隶属县交通局。

1987年2月，县交通局重设悦庄交通运输管理站，为股级事业单位；5月，南麻、悦庄、鲁村、西冶、大张庄、梭背岭、土门7个乡镇交通运输管理站，统一改建为乡镇交通管理所，均为股级事业单位；6月，依据国务院《关于改革道路交通管理体制的通知》、山东省人民政府《关于改革我省道路交通管理体制若干问题的通知》文件，沂源县交通监理站由县交通局成建制移交县公安局；7月，设沂源县城关交通检查站，隶属县交通局。

1988年7月，设沂源县汽车维修管理所，为股级事业单位，隶属县交通局。

1990年5月，在城关交通检查站基础上，组建

20世纪90年代，位于县城振兴路83号县交通局办公楼

1998年1月，县交通局设张家坡交通管理所，为股级事业单位。

2002年8月，依据《关于沂源县人民政府机构改革的实施意见》，县交通局内设办公室、路政科、运管科3个行政科室，定编14人；10月，依据《关于县级事业单位机构设置和改革的意见》，保留沂源县交通稽查大队、沂源县公路工程管理处2个副科级事业单位，公路管理所、汽车维修管理所、交通运输管理所3个股级事业单位和沂源县道路检查站，隶属县交通局，省统一序编55号（简称55号检查站）；10月，行政区划调整，西冶交通管理所划归莱芜市管辖。

1991年8月，县交通局重设东里交通管理所，为股级事业单位。

1992年，县交通局设城关交通管理所，为股级事业单位。同年5月，依据山东省人民政府《关于加强道路检查站管理工作的通知》，成立沂源县道路检查站，隶属县交通局，省统一序编21号（简称21号检查站），55号检查站自动撤销。

1993年3月，县交通局设三岔交通管理所，为股级事业单位；12月，县编委批复，交通局内设人秘科、计财科、公路科3个行政科室，定编15人。

1994年，设沂源县公路管理所，为股级事业单位，隶属县交通局。

1996年7月，设沂源县公路工程管理处，为县交通局领导的副科级自收自支事业单位，实行企业化管理。

1997年8月，设立沂源县交通稽查大队，为隶属县交通局的副科级事业单位，同时撤销21号检查站。

城关、南麻、悦庄、鲁村、东里、西里、大张庄、三岔8个交通管理所，撤销张家坡交通管理所，原有职能合并到东里交通管理所，撤销土门交通管理所，原有职能合并到三岔交通管理所。

2008年6月，设沂源县交通运输管理办公室，为隶属县交通局的副科级事业单位，同时撤销县交通运输管理所。

2009年2月，县交通局撤销运管科，同时设法规科、公路规划建设科、安全生产科，撤销城关交通管理所。

2010年12月，沂源县交通局更名为沂源县交通运输局，取消和增设了部分职责，内设办公室、

沂源县交通运输局办公楼

路政科、规划建设科、安全科、法规科5个行政科室。

2011年9月，沂源县交通稽查大队更名为沂源县交通运输监察大队，隶属关系、工作职责、人员编制保持不变。

2012年5月，沂源县公路管理所升格为正科级，更名为沂源县地方道路管理处，隶属关系、人员编制保持不变。

2013年12月，县交通运输局路政科加挂行政许可科牌子。

2016年6月，撤销路政科加挂的行政许可科牌子，增设行政许可科。

2017年，沂源县公路工程管理处更名为沂源县超限检测站。

2019年1月，设沂源县地方道路发展服务中心，为县政府直属正科级事业单位，由县交通运输局代管，撤销县地方道路管理处；设沂源县交通运输事业服务中心，为县交通局所属副科级事业单位，撤销县交通运输管理办公室、县汽车维修管理所。同年3月，县交通运输局内设办公室（加挂组织人事科牌子）、政策法规科、规划建设科（加挂统计科牌子）、安全和运输管理科、财务审计科5个行政科室。

2021年1月，沂源县交通运输监察大队更名为沂源县交通运输执法监察大队；整合县超限检测站、乡镇交通管理所，组建沂源县交通建设发展中心，为县交通运输局所属副科级公益一类事业单位，同时撤销县超限检测站和南麻、鲁村、悦庄、东里、西里、大张庄、三岔7个乡镇交通管理所，人员划转至沂源县交通建设发展中心；整合县地方道路发展服务中心、县交通运输事业服务中心，组建沂源县交通运输管理服务中心，为县交通运输局所属正科级事业单位，同时撤销县交通运输事业服务中心、县地方道路发展服务中心。

2023年底，沂源县交通运输局共有干部职工131人，内设办公室（加挂组织人事科牌子）、政策法规科、规划建设科（加挂统计科牌子）、安全和运输管理科、财务审计科5个行政科室；设交通运输管理服务中心1个正科级事业单位；设交通建设发展中心、交通运输执法监察大队2个副科级事业单位。主要负责全县综合交通运输体系和智慧交通建设，制定公路、水路、地方铁路行业发展规划并监督实施；承担道路、水路、地方铁路建设市场和运输市场监管责任以及行业安全生产、应急管理工作；指导公路、水路、地方铁路运输服务行业管理工作。

沂源县交通运输局历届主要负责人任职情况表

机构名称	姓名	职务	任职时限	备注
工业交通工作部交通科（1956.06—1958.04）	张兴华	部　长	1956.07—1958.04	
	王玉恩	副科长	1956.06—1958.04	期间未配备科长
县工业交通局（1958.04—1958.10）	张兴华	局　长	1958.04—1958.10	
	张兆伦	局　长	1958.10—1961.08	
县交通局（1958.10—1968.03）	房京福	局　长	1961.09—1968.03	
县交通局革委会（1968.03—1968.10）				任职人员不详
县革委会生产指挥部工交组（1968.10—1971.10）				同上

续表

机构名称	姓名	职务	任职时限	备注
县交通局（1971.10—2010.12）	孙刚毅	局　长	1971.10—1975.09	
	刘同厚	局　长	1975.09—1979.10	
	段玉奎	局　长	1979.10—1982.06	
	唐作杨	局　长	1982.06—1984.06	
	华自学	局　长	1984.06—1992.01	
	房思俊	局　长	1992.01—1999.04	
	刘绵昌	局　长	1999.04—2001.04	
	赵书君	局　长	2001.04—2003.03	
	左效凯	局　长	2003.03—2004.02	
	王树增	局　长	2004.02—2006.02	
	朱广认	局　长	2006.02—2008.01	
	盛功太	局　长	2008.01—2010.12	
县交通运输局（2010.12—）	盛功太	局　长	2010.12—2011.03	
	王元青	副局长	2011.03—2011.11	主持工作
	杨秀军	局　长	2011.11—2016.12	
	杜　强	局　长	2016.12—2019.01	
	朱西兵	局　长	2019.01—2022.04	
	田立勇	局　长	2022.04—	

交通事业单位

沂源公路事业服务中心

1952年10月，设立沂源县公路站，隶属沂水公路管理段。1953年10月，划归临沂公路管理段，时称山东省临沂公路管理段沂源站。1958年11月，与县交通局合署办公，1959年8月并入县交通局，1963年3月分立，时称临沂公路管理段沂源公路站。1968年3月，撤销沂源公路站，设立沂源县公路站革命委员会，1970年4月撤销，恢复沂源公路站，时称临沂地区公路管理段沂源县公路站。至1989年12月31日，一直隶属临沂地区公路管理段。

1990年1月1日，沂源县由临沂地区划至淄博市，设沂源县公路管理站，由临沂地区公路管理段划至淄博市公路管理段管辖。1993年8月，沂源县

沂源公路事业服务中心办公楼

公路管理站改称沂源县公路管理局。

1997年5月，由属地管理调整为淄博市公路管理局管理。同年12月，沂源县公路管理局改称淄博市公路管理局沂源公路管理站，其建制级别、隶属关系、人员编制和经费渠道均不变。2000年9月，淄博市公路管理局沂源公路管理站更名为淄博市公路管理局沂源分局，为正科级事业单位。2019年4月，淄博市公路管理局沂源分局更名为沂源公路事业服务中心。2021年5月，市交通运输事业服务中心更名为市交通建设发展中心，调整为市交通运输局所属事业单位，沂源公路事业服务中心并入市交通建设发展中心，更名为淄博市交通建设发展中心沂源公路事业服务中心。

2023年底，淄博市交通建设发展中心沂源公路事业服务中心共有干部职工49人，内设办公室、政工科、财务科、养护科（工程科）、路政服务和巡查科、资产科、安全科、公路站、巡查中队9个办事机构。主要承担辖区内普通国省道日常养护和安全隐患排查整治、安全应急处置工作；承担辖区内普通国省道的改建工程、大中修工程、专项工程组织实施和涉路工程建设许可、在公路用地范围内设置非公路标志许可、超限运输车辆行驶公路许可的服务保障工作；负责辖区内普通国省道公路巡查工作。

沂源公路事业服务中心历届主要负责人任职情况表

机构名称	姓名	职务	任职时限	备注
沂源县公路站（1952.10—1953.10）	孙文明	站　长	1953.03—1953.10	隶属沂水公路管理段
临沂公路管理段沂源站（1953.10—1959.08）	孙文明	站　长	1953.10—1958.11	1958年11月与交通局合署办公，1959年8月并入交通局，1963年3月分立
	杨学周	站　长	1958.11—1959.08	
临沂公路管理段沂源公路站（1963.03—1968.03）	杨学周	站　长	1963.03—1964.07	
	董登仁	站　长	1964.07—1967.01	
沂源县公路站革命委员会（1968.03—1970.04）	刘增吉	主　任	1968.03—1970.04	
临沂地区公路管理段沂源县公路站（1970.04—1989.12）	董登仁	站　长	1970—1977.07	1972年2月恢复站长称谓
	傅广田	副站长	1977.07—1979.06	主持工作
		站　长	1979.08—1981.06	
	王克宣	副站长	1981.11—1984.09	主持工作
	刘泽昌	站　长	1984.09—1986.10	
	孟宪良	站　长	1986.11—1989.12	
沂源县公路管理站（1990.01—1993.08）	孟宪良	站　长	1990.01—1990.04	
	刘方贞	站　长	1990.07—1993.08	
沂源县公路管理局（1993.08—1997.12）	刘方贞	局　长	1993.08—1997.12	
淄博市公路管理局沂源公路管理站（1997.12—2000.09）	李绪龙	站　长	1997.12—2000.09	

续表

机构名称	姓名	职务	任职时限	备注
淄博市公路管理局沂源分局（2000.09—2019.04）	李绪龙	局　长	2000.09—2001.08	
	范尊胜	副局长	2001.08—2002.06	主持工作
		局　长	2002.07—2004.03	
	徐佰国	局　长	2004.03—2005.03	
	李增宏	局　长	2005.03—2008.08	
	耿荣和	局　长	2008.08—2011.08	
	刘海燕	局　长	2011.08—2014.01	
	王孔友	局　长	2014.01—2017.11	
	张之永	局　长	2017.11—2019.04	
沂源公路事业服务中心（2019.04—2021.05）	张之永	主　任	2019.04—2020.04	
	王　毅	主　任	2020.04—2021.05	
淄博市交通建设发展中心沂源公路事业服务中心（2021.05—）	王　毅	主　任	2021.05—2022.11	
	李建东	主　任	2022.11—	

沂源县铁路事业服务中心

2010年2月，设沂源县铁路建设筹建办公室，主要负责山西中南部铁路沂源段的项目争取、项目建设工作，以及其他相关铁路项目的建设管理和协调工作。同年11月，撤销沂源县铁路建设筹建办公室，设沂源县铁路建设管理办公室，为县政府直属副处级事业单位，核定人员编制8人。

2021年1月，沂源县铁路建设管理办公室更名为沂源县铁路事业服务中心，内设办公室、规划服务科、建设科3个机构，人员编制9人。

2023年底，沂源县铁路事业服务中心共有干部职工10人。主要负责全县铁路建设发展规划、专项规划的前期研究和编制；承担铁路建设项目可行性研究和初步设计，过境铁路、出口、仓储、物流等设施规划建设、管理、运营工作，过境铁路项目或高铁项目立项争取、服务工作；配合做好铁路项目的方案论证，铁路建设项目的土地征用，铁路项目施工、竣工验收协调工作；组织协调地方铁路基础设施的管理和维护等工作。

沂源县铁路事业服务中心历届主要负责人任职情况表

机构名称	姓名	职务	任职时限	备注
县铁路建设筹建办公室（2010.02—2010.11）	董京伟	主　任	2010.03—2010.11	
县铁路建设管理办公室（2010.11—2021.05）	董京伟		2010.11—2011.03	主持工作
	王学祥	支部书记	2011.03—2019.01	主持工作
	桑长城	主　任	2011.07—2021.05	
	郑　刚	支部书记	2019.01—2021.05	2020年10月至2021年5月主持工作
县铁路事业服务中心（2021.01—）	郑　刚	党组书记	2021.05—2022.06	主持工作
	孙庆文	主　任	2021.05—2022.06	
	郑　刚	党组书记、主任	2022.06—2023.10	
	张　涛	副主任	2023.10—2024.08	主持工作
	田立伟	副主任	2024.08—	主持工作

沂源县交通建设发展中心

1994年初，设沂源县公路管理所，负责全县县乡公路的养护管理工作。

2002年10月，根据中共沂源县委、沂源县人民政府《关于县级事业单位机构设置和改革的意见》，保留沂源县公路管理所，为股级事业单位，隶属县交通局，事业编制15人。具体负责县乡道路养护管理，依法查处公路控制红线内违章建筑、非法占用公路、损坏公路等各类路政案件，维护路产路权。

2012年5月，沂源县公路管理所升格为正科级，更名为沂源县地方道路管理处，内设综合科、养护科2个股级科室，升格更名后隶属关系、人员编制、经费性质保持不变。2016年3月，增设工程科。主要负责全县农村公路的建设、管理和养护工作监督考核，承担全县农村公路的大中修工程、小修保养、危桥改造和水毁抢修，监督管理养护工程的实施和交、竣工验收等工作。2019年1月，整合县地方道路管理处、县地方海事处，组建县地方道路发展服务中心，为县政府直属正科级事业单位，由县交通运输局代管，撤销县地方道路管理处、县地方海事处。

2021年1月，整合县超限检测站、乡镇交通管理所，组建沂源县交通建设发展中心，为县交通运输局所属副科级公益一类事业单位，撤销县地方道路发展服务中心、县超限检测站、乡镇交通管理所，原县地方道路发展服务中心职能划入县交通建设发展中心。

2023年底，县交通建设发展中心共有干部职工23人，内设综合科、安全和环保科、干线公路科、农村公路科、养护科（挂路域环境办公室牌子）5个办事机构。主要承担干线公路项目建设前期协调和服务保障工作，农村公路新建改建、大中修工程建设管理工作，县道日常养护管理工作，交通建设领域安全生产、应急管理、行业环保、节能减排监督管理和统计分析工作；指导镇（街道）农村公路规划、建设、养护等技术支持和服务保障工作；配合综合优化交通基础设施、综合交通运输体系建设工作。

沂源县交通运输管理服务中心

1983年9月，设沂源县交通运输管理所。

2002年10月，根据中共沂源县委、沂源县人民政府《关于县级事业单位机构设置和改革的意见》，保留沂源县交通运输管理所，为股级事业单位，隶属县交通局，人员编制38人。具体负责全县公路交通运输管理服务工作，加强客车及出租车运输管理工作。

2008年6月，设沂源县交通运输管理办公室，为副科级事业单位，隶属县交通局，内设运政科、客运科、出租科、货运科。同时撤销县交通运输管理所，原有职能、人员划归沂源县交通运输管理办公室。

2019年1月，沂源县交通运输管理办公室承担的行政职能划入县交通运输局，行政职能剥离后，县交通运输管理办公室与县汽车维修行业管理所整合，组建县交通运输事业服务中心，为县交通运输局所属副科级公益一类事业单位。同时撤销县交通运输管理办公室、县汽车维修行业管理所。

2021年1月，整合县地方道路发展服务中心、县交通运输事业服务中心2个事业单位，组建县交通运输管理服务中心，加挂县交通运输智慧化服务中心牌子，为县交通运输局所属正科级公益一类事业单位。撤销县地方道路发展服务中心、县交通运输事业服务中心，原县交通运输事业服务中心职能划入县交通运输管理服务中心。

2022年4月，县交通运输管理服务中心加挂县邮政业发展服务中心牌子，主要职责是承担辖区寄递行业、邮政相关服务监管辅助工作，负责邮政行业安全生产、数据统计和申诉处理工作。加挂牌子后，其他机构编制事项保持不变。

2023年底，沂源县交通运输管理服务中心共有干部职工29人，内设综合科（加挂政务服务科牌子）、安全和环保科、道路客运科（挂出租科牌子）、道路货运科（挂统计科牌子）、维修和驾培科、水路和铁路运输科6个办事机构。主要承担道路旅客运输、道路货物运输、公共汽电车、出租汽车、道路客货运输场站、汽车租赁、机动车维修、机动车驾驶员培训、邮政快递等服务保障工作，道路运输、水路运输安全生产监督管理、应急管理和行业运营、行业统计等事务性工作；组织协调重点物资、紧急客货运输有关工作；指导道路运输车辆技术管理工作；配合智慧交通建设和地方铁路运输监督管理工作。

沂源县交通运输执法监察大队

1997年8月，设立沂源县交通稽查大队，为县交通局所属副科级事业单位，同时撤销21号交通检查站，将交通检查站成建制转为沂源县交通稽查大队，内设违章处理室和4个中队，主要担负着全县运政管理稽查、路政管理巡查、交通规费检查、治理“公路三乱”、交通管理督查、委托代查六项工作职能。

2004年3月，县交通稽查大队设立城区中队、东里中队、鲁村中队，均为股级内设机构。2009年2月，将内设机构东里中队和鲁村中队更名为治超中队和违章处理中队。

2011年9月，沂源县交通稽查大队更名为沂源县交通运输监察大队，工作职责不变。同年12月，县交通运输监察大队配备教导员1名，为副科级事业单位领导职位。

2021年1月，县交通运输监察大队更名为县交通运输执法监察大队，撤销县超限检测站，原县交通运输监察大队、超限检测站职能划入县交通运输执法监察大队。

2023年底，沂源县交通运输执法监察大队共有干部职工25人，内设综合科、综合执法中队、治超中队、路政中队和客运中队。主要负责交通运输领域由县级承担的行政处罚以及与行政处罚相关行政检查、行政强制，依法纠正和查处有关违法违规行为，与有关部门开展联合治理货运车辆超限超载工作，组织开展有关专项整治和重大执法活动，协调涉及交通运输领域重大案件查处和跨区域执法行动。

组织建设

沂源县交通行政机构建立之初，县交通部门未专门设立党组织，单位党员参加相关党组织的活动。

1958年11月，根据中共沂源县委决定，成立沂源县公路建筑团，公路建筑团设党委。公路建筑团配备的专职干部和调集民工中的党员，组织关系全部接转到公路建筑团党委，全团共有党员81人。在公路建设施工中，公路建筑团团部设在工程工地，公路建筑团党委在实际工作中亦称工地党委。公路建筑团党委在中共沂源县委的直接领导下，除全面承担公路工程建设的组织实施、施工现场管理及各项协调工作外，还负责抓好自身的组织建设，组织全团党员的学习、教育和管理，开展党员活动，召集党员过组织生活，发展党员，同时加强对共青团工作的指导。在具体工作中，公路建筑团党委特别重视搞好宣传发动，做好党员思想政治工作，发挥党员的先锋模范作用。在南草路改建工程中，公路建筑团党委组织党员进行了党的路线教育和“全党全民办交通”学习讨论，开展了社会主义劳动竞赛

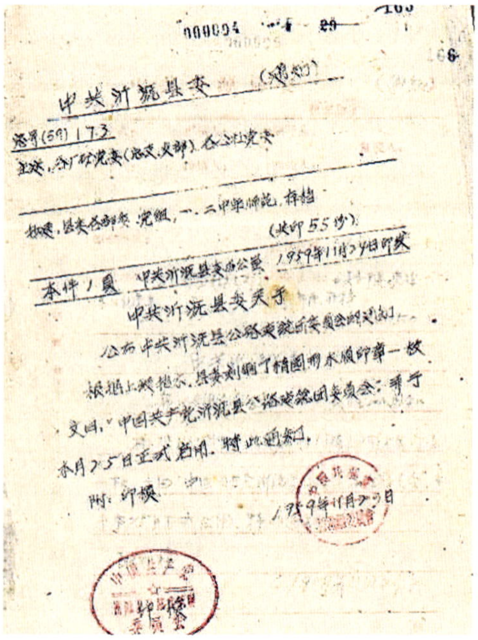
中共沂源县委
本件1页
中共沂源县委关于
附：印模

中共沂源县委成立县公路建筑团党委文件

活动。针对施工中遇到的困难和问题，组织党员和群众开展了提合理化建议活动。公路建筑团党委还组建以共产党员、共青团员为主体的突击队，攻克工程施工中最艰巨的任务。1959年冬季，公路建筑团转战博沂路南麻至沂水界段改建工程工地，一进工地，公路建筑团党委就开展思想教育，讲形势、摆任务、明道理，统一党员和施工群众的思想认识。组织学习党的八届八中全会精神，开展今昔回忆对比和社会主义自我教育，引导党员和群众牢固树立以筑路为业的思想。通过不间断的政治教育和思想工作，提高了广大党员的思想觉悟，激发了广大党员在施工中顽强的意志力和旺盛的战斗力，促进了公路建设任务的顺利实施。后期，公路建筑团改称为公路建筑队，公路建筑队仍设党委，虽然公路建筑队总人数逐步减少，但党的组织作用不仅没有削弱，反而进一步加强。到1960年12月，公路建筑队（团）党委共吸收了34名生产积极分子加入党组织。同时指导共青团组织发展共青团员49名。1961年后，公路建筑队逐步解散，公路建筑队党委随之撤销。

在成立沂源县公路建筑团的同时，一并成立了沂源县运输团。运输团设立党支部，由1名党支部书记和2名支部委员组成。运输团配备的专职干部和调集的生产工人中的党员，组织关系接转至运输团党支部，全团共有党员41人，以连为单位成立党小组。运输团党支部负责全团运输生产工作的组织领导，负责全团党员的学习、教育和管理，并指导共青团组织开展工作。运输团成立初期，团党支部一边组织开展运输生产，一边组织肃反学习活动。在运输生产中，团党支部要求专职党员干部随队参加运输生产劳动，发挥党员模范带头作用。在肃反学习活动中，以班为单位划分学习小组，每个小组都有党员带头，结合运输生产工作实际开展学习教育，解决了工作中存在的一些突出问题。后期，运输团党支部把做好思想政治工作贯串工作始终，并组织党员开展劳动生产“红旗”竞赛，极大提高了运输生产力，保证了全县工农业生产运输，促进了城乡物资交流。1961年，沂源县运输团解散，运输团党支部随之撤销。

在1971年3月前，县交通局一直未设立党组织，党员人数较少，随相关党组织开展活动。1971年10月，中共沂源县交通局支部委员会成立，为县交通局第一届党组织。党支部由3人组成，孙刚毅任党支部书记。1975年11月，选举刘同厚任党支部书记。1980年1月，因人事变动，李春太任党支部书记。1982年8月、1985年1月，两次换届选举，刘方贞任党支部书记。1991年4月，换届选举，县交通局时有党员41名，选举出5人组成党支部，曹子新为党支部书记。1992年1月，县交通局党支部改选，华自学任党支部书记。时有党员50名，建立11个党小组。

2000年11月，成立中共沂源县交通局总支委员会，选举总支委员5人，华自学为党总支书记。县交通局党总支下设机关党支部、运管所党支部、稽查大队党支部、工程处党支部、老干部党支部5个党支部。2001年，在三悦路路面硬化工程建设中，县交通局党总支设立了三悦路工程建设临时党支部，首次把党支部建在工地上。临时党支部作为功能性党组织，动员参加施工的各系统党员，打头阵、当先锋，承担最艰苦、最繁重的任务，促进了工程建设保质保量地完成。2003年9月，换届选举，党总支由7名委员组成，李传国任党总支书记。2007年8月，因人事调整，王元青任党总支书记。2010年6月，县交通局党总支换届选举，选出党总支委员5人，王元青为党总支书记。下设机关党支部、运管所党支部、稽查大队党支部、维修所党支部、客运服务中心党支部、工程处党支部、老干部党支部7个党支部。2015年6月，换届选举，党总支由5人组成，杨秀军为党总支书记。2017年6月，县交通运输局党总支换届选举，选出党总支委员5人，杜强为党总支书记。县交通运输局党总支下设机关党支部、运管所党支部、监察大队党支部、路政管理党支部、工程处党支部、老干部党支部6个党支部。

2019年5月，成立中共沂源县交通运输局机关委员会，选举党委委员5人，朱西兵为机关党委书记。县交通运输局机关党委有党员143名，下设机关党支部、运输管理党支部、监察大队党支部、地方道路管理党支部、老干部党支部5个党支部。2021年，因机构改革，单位名称变更，运输管理党支部调整为沂源县交通运输管理服务中心党支部、监察大队党支部调整为沂源县交通运输执法监察大队党支部、地方道路管理党支部调整为沂源县交通建设管理中心党支部。2022年4月，田立勇任县交通运输局机关党委书记。

2022年7月，县交通运输局党委结合开展“喜迎二十大，奋进新征程”系列活动，创建并发布了“沂路先锋”机关党建品牌，通过创新党建载体，提升党建质量，紧扣“围绕中心、建设队伍、服务群众”职责定位，以党建引领点燃“红色引擎”，激励党员为全县交通运输工作高质量发展勇当先锋。“沂路先锋”党建品牌被评为县直机关“十优”党建品牌。

沂源县交通运输局“沂路先锋”党建品牌标志

2023年7月，组建成立沂源县道路运输行业党委，田立勇任党委书记。作为功能性党组织，旨在推进货物运输行业、邮政快递行业党建工作开展，推动党建工作与行业业务工作深度融合，促进行业领域党员在工作中的参与互动，更好发挥先锋模范作用。截至2023年底，全县货物运输行业、快递行业中，有4家运输企业建立了实体性党支部，1家快递企业成立了功能性党支部，覆盖从业人员1300余名。其中，沂源县顺丰公司党支部被评为首批“山东省快递行业党建示范点”。

沂源县交通运输局2021年“光荣在党50年”纪念章获颁人员名单

序号	姓名	性别	出生年月	入党时间
1	王欣田	女	1933.12	1956.07
2	董第孝	男	1938.10	1958.07
3	殷恒才	男	1942.06	1964.07
4	熊自富	男	1937.10	1966.09
5	左效瑞	男	1947.10	1971.04
6	魏学安	男	1947.01	1969.09
7	杨春平	男	1947.06	1969.09
8	张汝国	男	1949.12	1970.07
9	岳兴全	男	1950.09	1970.09
10	王树增	男	1954.12	1971.03

古代交通

记忆沂源·交通运输卷

扫码听书

古　道

在古代，沂源虽处千山万壑之中，看似交通不畅，商贸不兴，外货不入，土货难出，但并非闭塞不通。勤劳的沂源人民，用双手在山峰壑谷间打造出一条条山间小道，有的可通车马，有的可供行人通过，打通多条能够与周边连接的道路，成为与外界通联往来、籴物商贸的重要通道。

至明清时期，随着各地商贸的发展，这些千百年来形成的蜿蜒崎岖的山间古道，穿针引线般地连接起域外大集镇的官道，以致通京津，达江淮，成八方通衢。

明代的道路分为两类，一类是官道，一类是民道。官道是由朝廷出资修建的主要道路，通常是指连接主要城市和地区的大型交通干线；民道则是由当时的地方政府或豪绅修建的交通支线，连接农村地区和边远地区。清代的道路，主要有官道、大路及小路。京师通往各省城的是官道，县城之间的道路为大路，村庄之间的道路为小路。按照这种划分，自明代至清代，沂源境内的道路主要是民道、大路或小路，尚未见有关官道的明确记载，但民间对某些道路称为官道，具体原因难以考究。

古代从周边县邑进入沂源境内的道路，主要有7条：

泰安府至青州府古道　春秋中叶，艾邑（今徐家庄）与姜原（今鲁村）之地，接界齐、鲁，既为南北交通要道，亦为东西联络通道。从唐朝起，今鲁村镇的小张庄、杨庄、月庄、楼子村一带，就是胶东、胶南、鲁东南等地的人们前往泰山进香、到济南府赶考的必经之地。明代初期，从泰安府通往青州府的古道，分两条路线自莱芜进入沂源，一条是由西埠进入，东行经楼子、月庄、杨庄诸村到达小张庄；另一条由刘家坡进入，经鹿角山、徐家庄等村到达小张庄。据鹿角山村东济荫桥碑记载：“明嘉靖八年，青州御史衡玉，为由此通往泰安之便，搭桥铺路。”途经鹿角山的这条路线，被当地人称为“御大路”，传说某位皇帝从此地经过而得名。两条路线在小张庄会合后，出张家石沟，经刘家石沟折向东北，由齐家石沟北渡两条河流，到达鲁村集镇，再向东行经南麻、悦庄、三岔通往青州府。该路线在鲁村向北还可达博山，在悦庄向东可通沂水。

博山至沂水城大路　清修《沂水县志》载：“沂水城至博山大路经武家洼、跋山店子、东里店至博山，路宽3米左右。”该路的大体走向是，从鲁山以北的博山下庄向南，翻越鲁山西麓群峰，到达山道最高处即海拔553米的松仙岭隘口，便踏入蒙阴县境（今沂源境内）；再由松仙岭向东南下行，穿行于鲁山南面的山谷间，经今鲁山溶洞群南面的黄崖村，向东到达茨峪村，便进入沂水县境（今沂源境内）；继续东行至菜园村西，然后南行2.5公里，便到达马头崮西北侧的峡谷（当地人称十八转）；由此峡谷穿出，即到达一马平川的南麻、悦庄诸集镇所在的山前平原。正如清修《沂水县志》所说，自博山至沂水境，“马不联辔、车不方轨者百余里”，至马头崮而“开障”。该路走出平原地带后，经石桥、出东里，沿跋山店子、武家洼便可通往沂水城。因博山至沂水城大路穿过蒙阴县境（今沂源境内），故该路线也可与蒙阴诸地相连接，由松仙岭向南，从龙封山、唐家寨山和东、西封山之间的山谷中穿过，就可到达设有骡马驿社的旅村芦芽店，南来北往的商贾多在此歇息一夜再上路。芦芽店位置非常重要，清代专门有两名马步兵驻守于此以维持治安。从芦芽店沿山谷南行2.2公里，翻过烟花台与石老婆顶之间的山口，再下行经王家坪、王村，往东南行2公里，即到达大集镇鲁村。

蒙阴城至博山大路　据《清末蒙阴道路图》显示，清代有一条蒙阴城通往博山的大路，自蒙阴城一路北上进入新泰境内，出新泰后顺东北方向到达张庄，自张庄继续北上经狗刨泉（今沟泉）到达鲁村，再从鲁村折向东北去土门，自土门沿西北方向便可通往博山。该路线通过在张庄分支，向西北方向经黄庄进入莱芜，又形成了一条自蒙阴城向北途经新泰，再经张庄、黄庄去莱芜的大路，至民国初年称为莱蒙路。据《中国实业志》记载，民国初年有一条莱蒙路，莱芜至蒙阴，途经新泰。这里记载的莱蒙路，就是指的该条路线。

清末蒙阴道路图

朐沂古商道 此路线是旧时从沂水西北部（今沂源境内）到临朐，并可通往益都（青州）、潍坊方向的一条商道。由南麻经悦庄到北营村北，即走出南(麻)悦(庄)平原进入山区，然后从一条南北走向的峡谷上行近5公里，即到达辘轳岭(又称无路岭)隘口，翻过关隘即进入临朐县(今沂源县三岔一带)。辘轳岭为有名的险关，清康熙《沂水县志》载："辘轳岭离城一百五十里，张良社北，地势旷险，为沂水、临朐、益都交界。"过了辘轳岭向北即一路下坡，行2.8公里到北鲍庄，沿便道向西北方向折去，再经小北坡、前坡、田峪和陈家庄诸村，便到达有名的店村三岔店。三岔店地处南横岭、深道山和二郎山之间的山前冲积小平原上，自三岔店向东北行约20公里，即到达今临朐县五井镇。朐沂古商道还可从北鲍庄分支，东行去流水店，经东鲍庄到达临朐，再通往青州、潍坊等地。

铜陵关古道 旧时从南麻、悦庄、石桥等集镇去往潍坊一带的一条古道。该路线从南悦平原东端的石桥镇向东南，到达张家坡村北、黄家峪村西，渡过红水河转向东北，沿丘陵谷地和红水河行进8.5公里，即到达自古有名的铜陵关隘口。出关口东北行6.2公里，即至临朐县九山镇。由黄家峪村不去临朐方向而折向西南，也可通过东安去往沂水县城。

蒙阴城至沂水城驿道 清代，从蒙阴城通往沂水城有一条驿道，途经今西里镇、东里镇部分村庄。大体路线是从蒙阴城经蒙阴县野店、坡里、东指，进入沂水境内（今西里镇区域），途经金星头、黎明、翟家庄、曹宅、唐庄、东里店，然后通往沂水城。该驿道沿线的金星头、唐庄设有驿站。

泰安经莱芜至沂水城驿道 该驿道从泰安、莱芜方向通过蒙阴进入今西里镇区域，经红星、大刘庄、欣苗、中西里诸村，向东到达东里店，与蒙阴城去沂水城的驿道在东里店会合，然后通往沂水城。中西里、大刘庄为驿站地。中西里村南的古驿道上，有二孔"大桥"，今被水泥路面掩于地下；大刘庄村西的古驿道上，有清代建成的普济桥，桥东西长31米、南北宽2.5米，今仍有桥上原石板路、建桥碑遗存。

除上述道路外，旧时另有东里店至沂水城2条古道。第一条是从东里店南渡沂河，沿唐山、保崮顶以西丘陵山地南行，经梨行出今沂源县境，再南行到达今沂水县泉庄镇，继续南行到达旧时有铺舍的崔家峪，然后转去沂水城。第二条是从东里店经今西里镇的马庄、石炕子、公家场、蝙蝠峪，到今沂水县的王家庄子，再转往沂水城。此外，张庄至蒙阴城还有2条古道：一条从张庄偏西南方向，沿柴汶河上源恶沟南行，到今沂源县境边缘的栗洼、后峪进入新泰，再向南到达龙池庙，继续南行到达蒙阴县上兴庄、常路，进入大道后转蒙阴城；另一条从张庄东南行，至土眉峪东进入蒙阴县后峪南折，经野店、上东门到坦埠，即接铺舍大道。坦埠地处交通要道，西可去蒙阴城，东可去沂水城，南可至沂州城，均为畅通的铺递大道。

古道遗迹

楼子石板路 鲁村镇楼子村，地处沂源、莱芜、博山三地的交界处，从1000多年前的唐朝开始，一直到新中国成立前，这里都是沂蒙山腹地的人们前往泰山朝拜，到济南府赶考的交通要道。

楼子石板路

该村有一条清代所建石板路，由108块条石铺筑而成。石板路从楼子村东八仙阁至村西唐代枣树处，长209米，路宽0.6米，并在八仙阁西门两侧立碑记载，距今已有600多年历史。当地有民谣为证："楼子庄两头长，十字大街在中央；从东到西石板路，一寸一尺宽，三十八丈长，108块青石铺中间；数年踩的石光光，拴马桩子上马石，整整齐齐列两旁。"

富家庄石板路　中庄镇富家庄村东，有一条长约1600米、宽1.5米的清代官府石板路，历经300余年，光滑如镜。该石板路是清代运输税粮的一段道路。1966年南崔路修成以前，这条石板路是该村通往燕崖唯一能行走独轮木车的小道。

高庄古盐道　南麻街道东高庄村和西上高庄村交界处，有一座用7块大石板铺设组成的石桥，每块石板长1.5米、厚1.2米、宽1.3米。此处是古代盐商、马商途经要道。

东河北青石路　位于历山街道东河北村南大路，建于清代。青石铺成，东西长2公里，东至石炉口，西至石狮子，是沂水县官员到村庄体察民情行走的道路。

沂河头条石路　历山街道沂河头村通往北岭的条石路，于清代末年建成，宽约2米，中间用青石条铺成，光滑平整。此路尽头立有石碑，正面刻有"永垂不朽"，背面刻有出资者姓名和捐资额数。

曹家庄古道　位于大张庄镇曹家庄村内，建于清嘉庆十五年（1810）。青石路面，宽约3米、全长60米，三排铺筑；中间一排较规整，宽约0.6米，略有凹陷。此段石铺古道与石拱桥相连，为博山至蒙阴的途经要道。

流水庄古道　南鲁山镇流水庄旧时乃青州、临朐至蒙阴、新泰、莱芜古道上的一个必经之地。明清时期，村中设南店、北店、骡马场等服务场所，供往来商旅行人食宿歇息。勤劳淳朴的流水庄人，为了商旅行人便利，曾两次捐资修路，将崎岖险峻的山中孔道修葺如砥。清癸未科进士、登州府教授、敕授文林郎刘清源闻听捐资修路一事，深受感动，于同治四年（1865）五月撰写碑文，勒石纪念。

双山子商道　双山子是高矮形状相同的两座山——东山和西山，两山之间有一条连接临朐经桃花峪、关河峪到赵庄、小水并向南通行的商道。来往商人经双山子商道往北到临朐九山、洛庄等地，往南到悦庄、小水、中庄等地。

马嘶沟古道　马嘶沟一带（今沂源一中东北），早时为悦庄、埠村东通临朐、青州，西达莱芜、泰安的一条古道。

古　桥

中国是桥的故乡，自古就有"桥的国度"之称，发展于隋代，兴盛于宋代，有不少是世界桥梁史上的创举，充分显示了中国古代劳动人民非凡智慧与才能。"夫道路赖桥梁而始通，桥梁继道路而后成""雨毕而除道，河涸而成梁"就是古人对修路架桥的经验总结。沂源县是纯山区县，境内地形复杂，沟壑遍布，河流众多。先祖们为启通途，曾在河流上架设临时木桥，曰"木凳桥"，如中庄镇盖冶村、悦庄镇下龙巷村等，都曾有建木凳桥的历史，雨季前拆除，雨季后再建，周而复始。明清时期，多有乐善好施的民间贤明之士，倡议聚众，集资砌桥，或以巨型条石左右相架，或由石匠精心凿制，基本都是石拱桥，至今仍有遗迹留存或有据可考的就有50余座，这也是古代沂源桥梁建设最兴盛的一个时期。

随着时过境迁，有的古桥已残缺不全，有的

已掩埋地下，有的至今仍在使用，而每一座古桥都见证了历史的沧桑巨变，承载着丰富的精神和文化内涵。

蓝　桥　位于张家坡镇西王庄村，村内有一条源出东王庄村的小河，古时称为“蓝河”。河上曾有石板桥1座，相传汉代官府所建，取名“蓝桥”，后湮没。1962年农历六月十二日暴发洪水，该桥显露，为两孔石板桥。翌年大水，再次将该桥冲没于泥沙之下。

迎仙桥　位于南鲁山镇东松仙岭村，村内原有石拱桥2座，始建于明初，分别冠以“迎仙桥”“双凤桥”，曾立石碑。1908年夏，因暴雨引发洪水，将2座石桥冲毁，石碑后亦被毁。2000年，重新修建“迎仙桥”。

西桃花坪石拱桥　位于东里镇西桃花坪村，村内原有石拱桥2座，建于明洪武年间（1368—1398）。一座位于村南下庙子，单孔，桥长4.5米、宽2.4米，青石砌筑，桥面以石板铺筑；一座位于该村广场一侧，长、宽各3米，后经多次加宽、重修。

石桥村古桥　位于石桥镇石桥村北，石桥村因之得名，曾是该村出北门西行的必经之路。由若干青石块垒砌而成石拱桥，古朴坚固，横亘于滚龙沟上。桥洞有一人高，桥长5米，宽近3米，能走开马车。根据该村在明洪武年间由朱家疃更名为石桥村推算，该桥建成于明洪武年以前。后因民国时期建围子墙，村庄南移改走西门，此桥使用率减少。新中国成立后，在古石桥南100米处建新石桥，老石桥遂荒废。1970年前后被拆除，石料用于河坝建设。

石沟通济桥　位于中庄镇石沟村，建于明万历二十四年（1596）。该桥现除栏杆换成铁栏杆外，桥身仍然完好如初，坚如磐石，雄伟壮观。通济桥为干石砌成的单孔拱形石桥，呈南北走向，桥长5.16米、宽4.47米。南桥墩坐落于高1.2米的天然石坝之上；北桥墩筑有1.5米高的根基，由25块30厘米厚的巨石砌成。桥拱跨4.2米，拱宽4.5米。桥拱面由205块打凿精细的石头砌成，其中，拱圈石（也叫拱碹石）20块，拱勾石6块，合龙石（也叫碹头）5块，拱面碹石33层共179块石头。桥拱圈石有弧形檐石，探出6厘米，以防雨水直接侵蚀拱圈石。桥体石料加工规整，垒砌美观，建造牢固。更为壮观的是合龙石（碹头）上东侧刻有龙头，西侧刻有一宝剑。寓意暴雨洪水来临时，巨龙在此镇守，宝剑庇护安全。

在通济桥北桥头，原有明代建桥时的桥碑，如今被砌在该村村民的院落西墙上，所幸保存完好，碑上文字大体可辨。桥碑原文载：“沂治西北约百余里许，有愔罗社焉。社之间系济南、颜神通衢。人烟周匝，行旅接踵。况白马、安丰、佛安等社其徭谷，赋税皆由此越焉……转间独，奈何石沟焉；患险阻非常，夏而潦潦泛滥，人若跃，涉前衵毛。”由此可见，此地当时地形复杂，路途多艰，通济桥也由此得名，证明此地乃官道必经之路。桥南西侧河岸上沿立有通济桥碑，立碑时间为明万历二十四年。

通济桥历经400余年的风吹雨打和冰雪露霜的侵蚀，若干次洪水冲击，特别是清康熙八年的大地震，却安然无恙，至今仍巍然挺立在石沟村河上。

石沟通济桥

翟家庄青龙桥　位于西里镇翟家庄村，建于明万历二十六年（1598），乡民自发在村东青龙河上建成，坐落于新泰—莱芜—东里—沂水古商道上。为三孔平板石桥，桥板石条每块长2米、宽0.7米、厚0.3米，每孔平行架3块，共9块石板铺成，2022年尚存。青龙桥建成后，于桥南立石碑。石碑为青石材料，设底座，碑身为削肩式，高1.2米、宽0.8米、厚0.25米，碑帽高0.3米，上有连体二龙戏珠透雕，1966年被毁。正面碑额横排阴刻“青龙桥记”大字，碑文竖排阴刻“新建青龙桥梁序”，两侧空白处雕刻花纹；背面为位家社、西里社、金星、曹宅各庄捐款功德名录。2019年春，石碑下三分之一处留下裂纹。

曹宅东大桥 位于西里镇曹宅村卢家沟上，建于明万历二十八年（1600）。大桥长15米、宽4米、高2.4米，设4墩5孔。每个桥墩用5层条形巨石砌成，底层宽0.8米，上层宽0.65米，迎水面墩石顶端呈尖顶状，每个桥墩由整块条石作勾心，稳稳立在河床坚石上。桥孔宽2米，每孔桥面都用三块数吨重的大条石铺成。两端引桥，用巨石砌成鱼尾状。桥东曾立有桥碑1座，2022年碑座尚存。

保安桥 位于张家坡镇河东村，明万历三十八年（1610）建。桥长5米、宽3米、高约3.5米，单孔弧形碹桥。桥两侧各雕刻“保安桥”3个正楷大字，阴刻“大明万历三十八年榴月竣工”字样。1962年农历六月十二日暴雨，该桥被冲垮。后在原址修建平板桥。

绣龙桥 位于燕崖镇东白峪村东，建于明代。桥面用长2米、厚0.4米的石板砌成，名叫“绣龙桥”，因该桥坐落于村东一条沟上，村民多称东沟桥。石板铺筑桥面，两侧设石栏杆。

绣龙桥

轱辘桥 位于西里镇梅家庄村西河流上，建于明代，系村民集资修建。桥拱为圆形，状似车轱辘，取名为轱辘桥。桥拱直径2米、桥面宽2米，尚存。桥上矗立石碑，碑文清楚记录了修桥时间、修桥人和捐款人姓名。

人和桥 位于鲁村镇舍庄三村村南长流河的南汪处，海拔325米，建于明代。桥孔为单拱，桥墩四个角分别以长石条两层砌成墩梁柱石拱形，弧拱上端迎面料石上雕刻着花纹图案，向西似是龙吸水状，龙头图案对称，东面桥拱顶端，阳刻八卦图和祥云符号。龙头至桥面中间处有1.65米×0.68米的桥名匾，楷书阳刻“人和”两个大字。人和桥长为6.3米、宽为4.25米，南北通行。桥南端有明代碑刻一通，碑文为修桥的起因、意义、经过与时间。据说，人和桥原址为广济桥，早年洪水冲垮此桥，后在旧址新建人和桥，寓意为天时、地利、人和。

人和桥

太和桥 位于鲁村镇舍庄一村西河上游，建于明代，走向为偏西南。建筑形式和用料如同人和桥。桥匾镶嵌在迎水一面的拱上正中间。“太和”二字为正楷、阳刻、横书。桥头原有石碑，碑文记载的是该桥修建的起因、经过与时间等。桥面原为青石条铺就，现在仍坚固美观，尚能通行机动载重车辆。

杓峪石桥 位于中庄镇杓峪村，村内自西至东有石桥3座。村东石桥1座，明代所建，原有石碑记之，后石碑被毁。桥长8.7米、宽6米，桥洞高1.9米、宽1.85米，桥底用大石块铺底。村西有清代所建小石桥1座，桥长8.7米、宽3.5米，洞高2.8米，由5块长石条并排组成。居村中地段，有清代所建小石桥1座，桥长2.7米、宽1.6米、高2.5米，由3块长石条并排组成。

金星石拱桥

金星石拱桥　位于西里镇金星头村东，建于明代末年，时称金牛桥。桥宽约2米，长约3.5米。清末由于年久失修，已成危桥。在村民张道传和苗清福的带领下，多方筹集资金，于民国九年（1920）重建大桥，村民俗称东大桥。桥长12米，宽4.5米，高4.6米。石桥三拱，两侧两小拱对称，每拱约2米。迎水面向北为正面，大拱正面两侧分别向外探出约30厘米的石雕龙头，南面相应探出龙尾。大拱正中碹石上，雕刻龙王头像。桥两侧各立6根石柱，5块石板组成桥栏，6根立柱的顶端有圆、方两种不同式样，分别镌刻着道士帽（四棱）、和尚头（圆形）、尼姑帽（八棱），整座桥设计美观别致，构造简洁明快，线条流畅，结构合理。

双龙桥　位于历山街道南石臼村，该村关帝庙南200多米，有一座明清时期修建的南北走向两孔平板桥，桥长6米、宽4米，由桥墩、桥面、护栏组成，两边护栏有0.2米见方的平顶石柱，石柱中间有雕花石板，栏杆两端似龙首，故名“双龙桥”。

巨石崖东大桥　位于张家坡镇巨石崖村。清康熙四十年（1701），该村徐、刘两氏出资修建东大桥，后被洪水冲毁，仅余刻载“澚稽下巨石崖村为徐刘之古村由来久矣”的石碑一块。

永固桥　位于西里镇瓦屋河村前，桥侧石碑记载“如泉峪庄前，有石桥一座，年久损坏，虽非通衢，山沟实阻往来”。清乾隆六年（1741），陈守财主持，携张武忠、陶林、张武州、刘周基、刘敦敏等众义士捐资修建。石桥为单拱，桥墩用方形巨石垒砌。主桥长5.5米，桥面宽3米，用大块青石条铺排而成。

西埠古桥　位于鲁村镇西埠村，村中有南北向古桥一座，清乾隆二十一年（1756）焦文龙主持修建。桥长6.9米、宽2.31米，石板厚0.24米，桥面由9块长方形石板组成，每块重约1吨，桥墩由巨石砌筑而成，为三孔桥。

张家庄双阳桥　位于西里镇原张家庄村前，呈东西走向，宽2米、高2.5米、拱宽3米，建造年代不详，清乾隆三十五年（1770），村民集资进行重修。2024年，双阳桥依然坚固。

西　桥　位于南麻街道南埠东村西，故名“西桥”。建于清嘉庆二年（1797）。西桥为石桥，宽3米、长5米。中桥墩为两块长3.5米、宽0.7米、厚0.4米的条石。桥面由5块巨石组成，每块重约1.5吨。桥头立有功德碑，上书“万古流芳”4字。

仙人桥　位于西里镇冯家场村东南，长3米、宽1.5米、高3.5米，用青石垒砌筑成。古桥建于清嘉庆十八年（1813），为该村冯氏家族修建。

曹家庄桥　位于大张庄镇曹家庄村，为单孔石拱桥。桥通高4.2米、宽3米、长13.3米，桥孔跨度3.8米，孔高3.2米。材质为石灰岩（俗称青石），干石砌成，砌石为长石条，大小不等，稍加雕琢，较为规整。石桥孔顶部拱形青石条上，雕有张嘴、瞪目的龙头浮雕图案，桥边曾有清嘉庆十九年（1814）二月二十一日立的“修路碑记”，石碑无存。

通济桥 位于西里镇大刘庄村西与张家泉村交界处的古通衢驿道上，呈东西走向，为石板双孔桥，建于清道光年间（1821—1850）。桥宽2米、长4米、高2.5米。2022年，桥宽增加到2.5米，桥的西侧孔已经基本堵塞。

凉泉桥 位于鲁村镇凉泉村西南，即村民所称的南河崖处。该桥建于清道光年间（1821—1850），桥身由6块长石条组成，尺寸均为长6.4米、宽1.7米，桥板厚度为0.5米。在桥的侧面阴刻“道光八年重修桥记”8个大字。

凉泉桥

青龙官庄石拱桥 位于中庄镇青龙官庄村东入口。桥长11米、宽6米、高4.2米，石砌拱形。清道光十四年（1834），由青龙官庄马振宗、方从贵等，约同19家商铺及河西庄、皂子顾（道座崮）庄、社庄、张庄、烈礼（列里）庄、于家北坡庄、芦峪庄、杨家庄、河东庄、刘家庄、青龙官庄11个庄的村民捐资修建，额首“众善题名”。桥碑碑文“青龙官庄修桥记：尝思利也者，固一己之私情然，能以己之情度天下之□，则共趋。夫，利有以利济，夫，万物固，足见不忍之心，而仁之用□□焉，即如桥梁之设荡荡平平，举足固为己之所便，而人亦□□利赖之，是一人之心即千万人之心，共享其利者也。吾友马振宗于本庄东偏修石桥一座，以备行旅客商往来之通衢，□以雁翅固以栏杆，坚厚宽阔。观斯桥者，皆乐其功之告成焉……于是妄作数字表其心云耳。大清道光十四年六月二十三日立。”石碑另有记录同心号、万祥号、四美居、广盛号、回春堂、万盛号、大成号、松盛号、义和楼、德盛号、福盛号、东兴号、义聚号、大祥号、三益号、永丰号、永盛号、永吉号、永聚号等19家捐资建桥商铺名号及各商铺、个人捐资金额。

1964年农历六月二十四日，因连降暴雨，遭遇特大洪水，该桥被冲塌。仅存桥碑亦断为两截，桥拱石、石鼓、桥栏杆残块等仅存少许。

回龙桥 位于鲁村镇南泉村中间的河上，原为南北向两块木板首尾相连构成，清道光五年（1825）重修为石桥，取名回龙桥，桥体简单，但保存了清代桥梁建筑风格。桥身由4块大青石条组成，总长5.7米，宽3.3米。回龙桥北端西侧立有回龙桥碑一通。

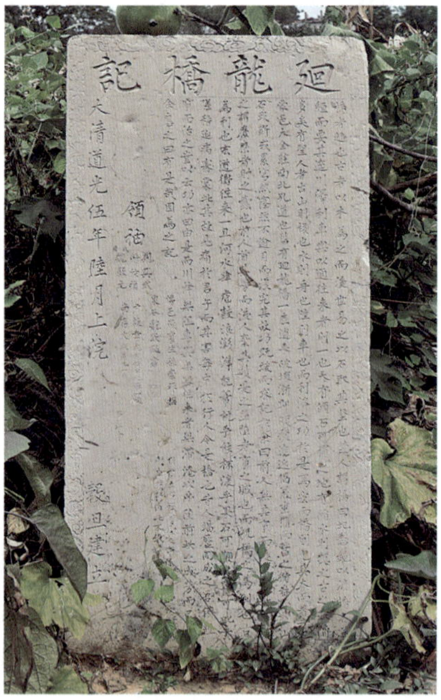

回龙桥碑

徐马庄古石桥 位于西里镇徐马庄村东马泉河北岸，建于清道光八年（1828）。三墩二孔，长10米、宽2米，顺钻青石砌成。立有石碑1座，记载建桥时间、捐钱人姓名等。民国七年（1918）农历六月二十四日，连日暴雨，百年未遇的洪水将石桥冲毁。20世纪60年代，仅存的石碑毁坏。

峰阳桥 位于鲁村镇西南峪村中。村中的河水由西向东流淌，属于季节河。该桥建于清代，桥全长8.6米、宽4.4米，有三个桥孔。桥北端有峰阳桥碑，立于清道光十四年（1834）正月初四日，碑文记述了修建此桥的事由经过，为平首碑。碑高1.16米、宽0.65米、厚0.17米，底座长1.03米、宽0.48米、高0.18米。

峰阳桥

青龙桥 位于悦庄镇西悦庄村围子西门外，也称“花瓶桥”。桥长18米、宽6米。据清道光二十二年（1842）“重修桥记”碑刻记载：“桥之建不知创于何年，自我朝定鼎几经百载，而桥之重修者二，盖有其举之，莫敢废耳。里中善士李芳函、任信吉等，惧桥之将倾也，而预为计爰，捐财鸠工，残缺者补之，偏颇者平之。一劳永逸，功省于前而势坚于后，乃未雨绸缪固易为力也。至修桥之义，所以便行旅、求地脉，前碑已载矣！夫人而知之，其一切敷衍粉饰之词，概毋庸赘第。董成之劳与施财之善均不可没，故刊石以志之。清道光二十二年四月上浣谷旦立。”

梅家庄石桥 位于西里镇梅家庄村南，清光绪九年由当地名人义士捐资修建，桥头立石碑记载，至今保存。石桥为单拱，桥墩用方形巨石垒砌。桥面主桥长2米、宽2.5米，用大块青石条铺成。

旱河子桥 位于历山街道南麻一村鳖盖子地，横跨旱河子，长10米、宽4.5米。据碑文记载，建于清光绪年间（1871—1908）。1946年被洪水淤平。

墨牛官庄石桥 位于东里镇墨牛官庄村前，建于清光绪十六年（1890）。桥墩、桥面由三块大型石条筑成，每块长2.2米，宽分别是0.85米、0.65米、0.5米，厚0.35米。现仅剩桥墩和东边的桥面。桥碑因年代久远，文字模糊不清。

松崮石板桥 位于大张庄镇松崮村，村内原有清代中期所建石板桥3座。村东、村西各有1座，均为花岗岩砂石板桥，并列条石2块，东西向长约2米、宽约1.5米，分别称为“东阳桥”“西阳桥”。中间一座为多块石灰岩条石板并列拼接，桥面东西长约5米、宽约2米，称“中阳桥”。

七孔桥 位于历山街道南麻一村西门外（今历山路与商业街交汇处），横跨旱河子。据碑文记载，建于清光绪三十四年（1908）。七孔，长10.5米、宽4.5米，石灰石条铺砌，为南麻八景之一。因连年流沙淤积，1947年全部淤平。

红石桥（东） 位于历山街道南麻一村东南门外300米处，横跨管沟。两孔，长3米、宽2米，以红石砌成而得名。建于清宣统二年（1910），1987年因建荆山宾馆被填平。

小东门桥 位于历山街道南麻一村小东门外，横跨围子沟，长3米、宽2米。建于清宣统二年（1910），1994年城市改造时重修。

滑石桥 位于中庄镇耿庄村修星峪，建于清宣统三年（1911）季春。整座桥有一拱孔，桥孔西面正中浮雕龙头，背面对应浮雕龙尾。桥身四角分别有一个石鼓，六根石柱和四块石板构成两边的护栏。桥面长4.47米、宽2.58米。两桥墩根基3层，每层都由0.3米高的两块长条石砌成。桥拱跨2.46

滑石桥

米，拱宽2.46米，拱高1.76米，拱面由87块石砌成。其中，拱圈石12块（包括4块勾石）、碹面石75块。桥栏杆有6条高0.86米、长、宽各0.24米的石柱石，栏板石4块，每块栏板长1.03米、高0.6米、厚0.12米。栏杆两头石鼓紧靠石柱石。桥面铺设青石板。现除桥东两块石鼓不知去向外，整个桥面和栏杆保持完好。桥南端有清代宣统年间的碑刻一通，记述了当年修桥的事由和捐资捐物的名单。

前石臼平板石桥 位于历山街道前石臼村，村南有建于清代的平板石桥两座。一座为两孔石桥、一座为三孔石桥。石桥长10米、宽4米，无栏杆。桥墩、桥板均用青石条、石板凹凸相扣而成。

渡仙桥 位于西里镇大刘庄村，因建造在二郎庙附近而得名，建于清代。原桥石板宽不足2米，长约4米。1955年，由于河流改道，村民在新河道上重建石桥。

李家河西石桥 位于中庄镇李家河西村北，平板石桥，清代所建。桥长3米、宽2.5米，由4块石条铺成路面。清乾隆年间，石桥前后延伸铺设石板路。此桥保存完好，使用至今。

董家峪石桥 位于悦庄镇董家峪村西南的南河上，建于清代。桥长4.5米、宽3.5米，桥面距河底高4.3米，单孔石拱桥，孔径最大处为3.35米。桥为干石砌成，上有石板护栏，栏板高约0.36米，厚0.21米。桥面为石长条铺成，较为规整。桥拱顶上原有图案已模糊不清，桥边原有石碑，已不存。

普济桥 位于南鲁山镇董家庄村，村东有拱形石桥1座，东西向横跨村内河道。清宣统年间（1909—1912），刘世辉、刘一德、刘三德、苏莘田等捐资修建。桥长5米、宽2米、深3米，取名“普济桥”。桥面两侧设石柱护栏，护栏上刻有“王伦”“四台”“五虎”棋盘，在桥东端立“普济桥”碑一通。

新　桥 位于历山街道南麻一村大荒地南头（今县城振兴路与健康路交汇处），横跨还子沟、管沟之间，建于清代末年，3孔，长5米、宽3米，以石板铺砌。1957年建县委大礼堂时拆除。

东大桥 位于历山街道南麻一村东门外300米处，建于清末年间，拱碹形。长7米、宽4.5米，横跨管沟。1958年建县招待所时被填平。

红石桥 位于历山街道南麻一村徐家林西，两孔，长4米、宽2米，横跨龙家沟。建于清代末年，1942年日军修公路时该桥被破坏。

恶沟桥 位于东里镇薛家万村。清末年间，在薛家万村西南入口处有一条小河沟，地势险恶，影响人们的出行。因此，村民自发筹集资金，在小河上架起一座两孔小桥，起名恶沟大桥。桥面是4块青石板，每块长2米、宽1米。桥墩是4块比较大的青石，由石匠精雕细琢成石榫卯组合而成。虽然该桥的规模比较小，但非常坚固。

丁家林桥 位于历山街道南麻一村东北门外300米丁家林处（今健康路六一八电台院内），横跨官沟，长3米、宽2米。据碑文载，建于清代末年，1957年因建县委大院被填平。

柳枝峪老桥 位于西里镇柳枝峪村，村内有两座老桥，一座位于庄里，东西走向，建造于清末，石条结构，桥宽2.5米、高2米，桥长约2.5米。另一座叫兴龙桥，位于村南，羊角石以北，也是石条结构，建造于清末，桥宽2.5米、高2.5米、长3米。2023年，老桥依然坚固，农用三轮车可以通行。

月牙桥 位于鲁村镇鲁村老街，东侧有一条小河，河上有一座清末建成的石板桥，长6米、宽2米。桥面用石头巧妙拼成月牙形状，被称作“月牙桥”。

南拐桥 位于西里镇茂子峪村西向南拐弯处，南北走向，建造于清代末年。桥宽1.5米、高2.5米，拱宽3米，拱部用大青碹石拼成。1984年进行重修，拱部加宽了2.5米。

西庄桥 位于西里镇南月庄村。1915年，在西庄建造东西向石条小桥1座，桥长3米、宽2米、高1.5米。2022年，石桥继续使用。

滑石峪青龙桥 位于西里镇红星村北涝沟河外口，南北走向，1920—1925年建造，是连接东里店至坡里的通衢商道。桥宽1.5米、高2.5米，拱宽3米。拱部用大青石碹成，桥的两侧分别有五根1米高的石柱，石柱底部用大石块固定。1967年建设山东裕华修配厂时，在桥西侧按原桥样式加宽2.5米。1975 年公路改道至桥西侧50米处，但青龙桥依然通车使用。

蝙蝠峪石拱桥 位于西里镇蝙蝠峪村后，长6米、宽4米、高3.5米，用青石垒砌筑成。原有建桥记事石碑，现无存。石桥建于民国初年，为赵隆传、王汉与周边7 个村的富裕人家捐资修建。

焦家上庄石桥 位于中庄镇焦家上庄村的北上庄。焦家上庄村碑记载，焦家上庄位于“马头崮、凤凰山、摩天岭、界石崮群山环抱之中，由十四个自然村组成……元朝元贞年间，焦氏祖由博山县迁此立村，因村落地势高，焦氏为大户，故名。”焦家上庄石桥呈东西走向，单孔，拱跨3.26米，拱宽3.83米，拱高2.7米，拱面由105块石头组成。其中，拱圈石东西各10块，合龙石5块，勾石东西各2块，拱面石80块。两碹头刻的龙头和龙尾被后来加宽的石桥掩盖，已无法观赏。

福禄坪峪古桥 位于东里镇福禄坪峪村，村内有小石桥多座，大多东西走向。其中，位于村东的东大桥，是采用石灰岩块石砌成的拱形石桥，桥长3米、宽2.5米、高1.8米，用1吨余重的巨石为桥基，造型优美。早年有修桥石碑，但已损毁，修建年代亦无从考究。该桥几经拓宽，但原貌仍存。

沂源县古桥一览表

镇（街道）	桥名	建设年代
南麻街道（1座）	西桥	清嘉庆二年（1797）
历山街道（10座）	前石臼平板石桥	清代
	双龙桥	明清时期
	新桥	清代末年
	东大桥	清代末年
	七孔桥	清光绪三十四年（1908）
	旱河子桥	清光绪年间（1871—1908）
	红石桥（东）	清宣统二年（1910）
	小东门桥	清宣统二年（1910）
	丁家林桥	清代末年
	红石桥	清代末年
南鲁山镇（2座）	迎仙桥	明代初年
	普济桥	清宣统年间（1909—1912）
鲁村镇（7座）	人和桥	明代
	太和桥	明代
	回龙桥	清代
	峰阳桥	清代
	凉泉桥	清道光年间（1821—1850）
	月牙桥	清代末年
	西埠古桥	清乾隆二十一年（1756）
大张庄镇（2座）	松崮石板桥	清代中期
	曹家庄桥	清嘉庆十九年（1814）
燕崖镇（1座）	东沟石拱桥	明代

续表

镇（街道）	桥名	建设年代
中庄镇（6座）	通济桥	明万历二十四年（1596）
	滑石桥	清宣统三年（1911）
	焦家上庄石桥	不详
	青龙官庄石拱桥	清道光十四年（1834）
	杓峪石桥（3座）	明代、清代
	李家河西石桥	清代
西里镇（16座）	通济桥	清道光年间（1821—1850）
	渡仙桥	清代
	张家庄双阳桥	乾隆三十五年（1770）
	柳枝峪老桥（2座）	清代末年
	滑石峪青龙桥	1920—1925年间
	金星石拱桥	明代末年
	南拐桥	清代末年
	永固桥	清乾隆六年（1741）
	轱辘桥	明代
	梅家庄石桥	清光绪九年(1883)
	西庄桥	1915年
	曹宅东大桥	明万历二十八年（1600）
	翟家庄青龙桥	明万历二十六年（1598）
	蝙蝠峪石拱桥	民国初年
	仙人桥	清嘉庆十八年（1813）
	徐马庄古石桥	清道光八年（1828）
东里镇（4座）	西桃花坪石拱桥	明洪武年间（1368—1398）
	墨牛官庄石桥	清光绪十六年（1890）
	恶沟桥	清代末年
	福禄坪峪古桥	年代不详
张家坡镇（3座）	蓝桥	汉代
	巨石崖东大桥	清康熙四十年（1701）
	保安桥	明万历三十八年（1610）
石桥镇（1座）	石桥村古桥	明代
悦庄镇（2座）	董家峪石桥	清代
	青龙桥	清道光二十二年（1842）前

驿　站

驿站，作为古代供传递官府文书和军事情报的人员及来往官员途中食宿、换马的场所，是国家通信网络上的重要节点。清康熙十三年（1674）《山东通志》驿递卷载：“明代山东驿站有蒙阴、莒州、沂水、日照、沂州、青陀寺、郯城、红花埠、费县、泰安、新泰等。”这些驿道，除作为“递送使者、飞报、转运军需”之用外，同时也是商业往来必由之路。鸦片战争以前，山东省主要道路和一般道路的管理，根据各地方的重要程度，以设驿站为主，又以铺递辅之，总称为驿递。沂源县境内就曾有东安古城、青龙官庄驿站等。

东安古城　位于东里镇东安村。春秋战国时封邑，东汉和晋曾建东安郡，隋设东安县，是鲁国通往莒国、齐国古驿道上的重要驿站。据旧《沂水县志》记载：“县西北九十里，东里店东北五里，沂河北岸有东安庄，西北有石桥二，相传为东安古城吊桥，此去盖邑二十余里……此城为东安郡城无疑。”遗址三面环水，背靠大山，土壤肥沃，水源充足。南北连齐鲁，东西接海岱。是齐鲁莒三国交界地带，向来为交通要道和军事重地。离东安城东北不远，仅17公里即铜陵关，是战国时期著名的齐长城关口，是古代齐国与鲁国的国界线，“南通琅玡，北通临淄，亦中衢也”，是进入齐国的咽喉要道。关口西侧为鲁国，东侧为齐国，历史上齐国与鲁国经常在铜陵关交战。

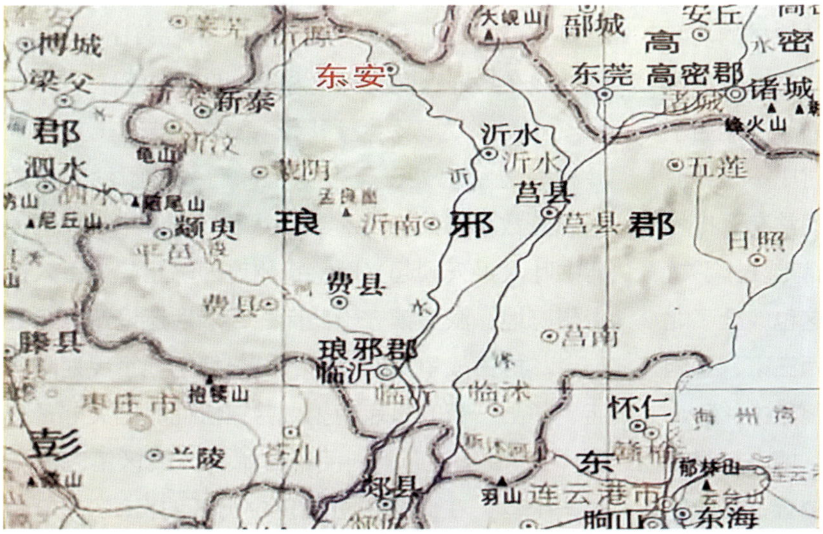

隋朝时期东安位置图

青龙官庄驿站　明清时期，因沂河天堑，来往于沂州至青州府、济南府的商贾，只能溯河而上，经沂河源头跨河往来贸易。故自明代始，青龙官庄成为沂州至青州驿道之重要驿站。

青龙官庄驿站

清代驿道，自富家庄村始，途经狼峪至青龙山顶，官道长约2公里。据现存残碑记载：“沂邑西北乡百五十里清泉社……曰石胡同峪，东首有古径一道，左右夹山……如虎豹之□径，形如龙蛇之势……耸矗砰石如疾聚，磅礴道路间，登途者为艰严……约邻乡共议创修凿石辟地洵峪以至……”因碑碣年久破损，无法辨认立碑具体年代，从碑文镌刻手法判断，修建古驿道的时间应为明末清初。此官道是通往博山、济南的必经之路，均以石板铺筑，在20世纪70年代整修大寨田时占用，石板形迹无存。南崖路建成后，行人渐稀，官道弃用。

“山中驿站”：骡马店　古代

沂源地界内有一些村庄或聚落，常设有供商旅行人住宿及马匹歇息的骡马店。这类店铺多设在进出本地的交通要道上，或在县境交界地方难行商道的附近，实际是旅店、客栈，久而久之，其村庄即多以“店”为名，而成为当地文化上的一道风景。明清时期，今沂源区域有二三十个村庄设有骡马店。不少大的店村，除提供过往行人憩息住宿的服务外，往往还兼有商业店铺的功能，经营日用百货、土产杂品及餐饮酒肆、药铺、当铺等，有的还建起馒头、蒸包、豆腐、榨油、酿酒、屠宰等作坊，经商业态已大大超出了骡马店的本行和角色，几乎成了各行各业交织的商店村，像鲁村、东里店、徐家庄和三岔店等即属于这一类。其余有名的店村，还有芦芽店、北店、西官庄、两县村、松山村等。这些村庄的骡马店，少则一两家，多则十几家，虽为乡民私人所办，而在为来往客商提供方便的性质上，却类似官设的驿站，故人称“山中驿站”。东里店村的骡马店，最兴盛时达十几家。其中较大的“来顺”店，拥有卧房、饭屋、伙房、库房等店舍40多间，能同时接待客商数十人，骡马上百匹，常年客商不绝，生意兴旺。芦芽店村兴盛时有骡马店9家，常年接待着经由松仙岭商道往来博山、长山（今邹平市）北镇等地的客商，远近闻名，素有“南东里，北芦芽”之誉。芦芽店村位于鲁山险关松仙岭下，控扼沂蒙山区通往鲁北的大山要道，地势险绝，且为千人大村落，睦邻互助风气好。自康熙初年即有官军沂镇标的马步兵两名驻守，与松仙岭村的两名马步兵共同维持这一带治安，故而这一带治安状况相对较好，村中旅店的生意也较活络兴旺。北店子村位于旧沂水和临朐交界处的山中，村庄不大，而紧靠险关要隘铜陵关。旧时铜陵关夜间常有歹徒打劫，来往客商多恐生事，或赶在天黑前越过险关，或在此歇息一宿天亮后再过关北上。这也成全了北店子村的旅店生意。该村仅有骡马店两三家，但因团结互助，常护送客商过关，因此家家生意红火，常年不衰。三岔店村地处沂水、临朐、博山三县交界，自古就是交通要道，特殊的地理位置，形成了三岔“店”。由于该地是周边通往外地的必经之处，久而久之，这里逐渐出现了众多的店铺。店铺沿街排列，为过往行人提供食宿方便，是古代行人路过这里时的“驿站”，渐渐成为繁华的货物集散地，也形成了有名的三岔大集。每到初三、初八日，周边几十里内的临朐、博山、淄川的人们纷纷涌到这里赶集，冬天的大集时常赶到日落西山。

关　隘

松仙岭　鲁山山地群峰耸立，山色苍茫，主峰西侧龙封山西北与唐家寨山北之间，有一处陡峻狭窄的山口，为松仙岭关隘。隘口东距鲁山主峰约4公里，海拔高程550余米，南、北坡度在30度以上，南面坡下六七百米处即为几近山顶的东、西松仙岭村。相传松仙岭因树神松仙而得名，地处南北交通要冲，旧时为博山县进入沂水县、蒙阴县及莱芜县必经的关隘，故淄博民间素有“未进北门槛，先拜松仙关”的谚语。松仙岭之西即三府山，因历史上博山、莱芜、沂源区域曾分别属于青州府、泰安府、沂州府，故名三府山。清初《蒙阴县志》的《蒙阴疆界图》标注：“正北一百六十里鲁山，接益都县（今青州）南界。”图上所标界山两座，一为鲁山，一即松仙岭。晚清《蒙阴县志》载：“松仙岭，距城西北一百六十里，蝗螂水发源于此。”又载：“蝗螂水，又呼松仙河……源出鲁山松仙岭，东南流注于沂。”螳螂河实发源于三府山的螳螂崖，而螳螂崖就在松仙岭正南的坡下，东临鲁山溶洞群。松仙岭在某种程度上已成为鲁山西麓的泛称。

松仙岭为天然交通险障，坡陡难攀。在松仙岭村南数华里处，至今仍有一道多已倾颓的高数米、长数百米的石墙，当地人称“挡墙”，据说为清中叶太平天国起义时，青州府为防止起义军入侵青州府地，派兵镇守于此而建，墙后还设置了多处炮台。抗日战争时期，沂蒙抗日根据地军民为防张店、博山一带的日寇南犯，曾在松仙岭据关守备抗敌。1939年8月，国民革命军鲁苏战区第五十一军一个营，在此阻击进犯鲁中山区的日军3000余人，激战大半夜，毙伤敌寇200余人，为当地抗战业绩增添了不可磨灭的一笔。1952年首次开山劈石拉沟降坡，建成垭口，始通汽车。从此松仙岭不以险名，反以盘山公路著称，曾一度成为一大景观。1958年又二次开凿降坡，垭口底长110米，宽11米，上口宽45米，两侧崖高21米，比之先前又“好走”许多。此垭口可谓博沂之门户，南北交通之要冲。汽车从北坡缓缓盘旋而上，一过垭口，便一路下坡顺行，穿山谷，傍河岸，似乎瞬间即到沂源县城。

铜陵关 位于沂源县张家坡镇北店子村以北约2公里，沂源、临朐两县交界处。清道光《沂水县志》载：“土门岭，城西北一百二十里，林后社的大岘山之西迤者居中一线，可置关塞——铜陵关。”此关隘古为齐、鲁两国分界点，居南北分水岭上，东西两翼巨峰相扼，两山间一线相通，地势险峻，历代为兵家必争之地。齐长城绕经铜陵关东，因原是土墙，现在已基本上看不到城墙的遗迹。关右原有一约1.2米高的碣石，不知何时所置，正面刻“齐鲁分界”4个大字。关左崖壁下原有山祠1间，早已废圮，仅存清道光二十六年（1846）所立“重修山祠记”碑1通，碑文大意是说：齐鲁交界的沂水县和临朐县之间，有铜陵关，距穆陵关将近四十里，南通琅琊，北通临淄，亦为南北交通之中转要道。因历史久远，风雨剥蚀，且“关之前后，古路崎岖，日久冲损，每六七月间，阴雨泥滑”，常难行，故重修，并择关前后泥滑路段铺石路数里，而皆载之于碑。

据清光绪《临朐县志·大事表》记载：“咸丰十一年（1861）秋八月己巳，皖匪入铜陵关，劫掠九山、鹿皋等社。壬申仍由铜陵关出。”皖匪者，书名捻军，因其不随清代剃发留辫，而是散发披肩，故谓“长毛子”。清咸丰十一年八月，捻军张敏行、赵浩然部由江苏深入沂蒙山区，捻军骑兵曾在铜陵关击破地方团练阻截，过关3次，目的是到九山和鹿皋抢劫财物。清同治四年（1865），捻军赖文光、张宗禹率部三度出入铜陵关，设伏，奇袭，挫败追剿捻军的清军将领僧格林沁所部。两个月后，另一股农民起义军幅军的一部，也曾由此关通过。

铜陵关南有村，名曰撑子峪，源于“城子”之讹，修建齐长城之前，齐国军旅在此设立军事营寨，驻扎将士，后来修建齐长城时，东西取直，遂将长城以南的城子废弃撤离，空留“城子”地名，千年变迁“城子峪”演变为“撑子峪”。新中国成立前，此地为临朐地界，20世纪50年代沂源县修水库占用撑子峪土地，遂将撑子峪划归沂源县管辖。现在的撑子峪村，村边有坝，围成水库，名曰铜陵湖。

铜陵关

位于铜陵关南1700米处的沂源县北店子村，乃是铜陵关下古代商旅寓居之客舍，因靠近铜陵关而经营客栈有方，村名遂称野庄店子，后改名北店子。第二次文物普查期间，曾在北店子村四周荒野中发现众多铜镞、剑、戈、矛头等古代冷兵器，足证这里曾为兵家攻守争夺、往来征战之地。2023年，北店子村重立铜陵关碑。

无路岭 又称齐鲁岭、雾露岭、辘轳岭，位于悦庄镇政府驻地北7.5公里，南鲍庄村南，东西走向，海拔548米，面积1平方公里，山体由石灰岩、页岩构成。

相传春秋战国时期，是齐鲁两国国界，名齐鲁岭。齐长城从岭上经过，现仍有底宽10米、顶宽7.5米、高1.2米的40米残存墙体遗迹。此地距齐国都城临淄直线距离也就100多公里，如果鲁国部队越过这里，临淄就岌岌可危了，这段长城扼守着齐国的南大门，具有重要的战略价值。清道光七年（1827）修《沂水县志》称无路岭为辘轳岭，“县西北百八十五里，沂朐通衢，余详险塞”。因山势险峻，人马车辆过往困难极大，以“车到山前疑无路”，故得名无路岭。

新中国成立后，交通部门劈山开路，建成了通往临朐、青州的公路，“无路岭”称谓失去它原有的含义。

沂河水道

沂河古称沂水，古代为泗水支流，黄河夺淮、泗入海后，沂水成为黄河支流，有沂蒙山区的母亲河之称。发源于沂源县大张庄镇松山北麓，流经沂源、沂水、沂南、河东、兰山、罗庄、苍山、郯城等县区，由郯城县吴家道口村入江苏省境内，全长574公里，流域面积17325平方公里，集水面积4892平方公里，是山东省第二大长河。

明万历三十二年（1604），沂水又为新开运河所截，不得入黄河 ，因而改道南流，汇入骆马湖。明崇祯年间（1628—1644），为保运河河道和宿迁城 ，开拦马河（后名），引骆马湖水东注黄海。1685年（清康熙二十四年），挑挖六塘河，使沂河水东至灌河口入海。以后虽多次治理，直至新中国成立后1951年开挖，仍保持由灌河口入海的形势。

明代文人杨光溥赋诗曰：“雕崖山下是源流，百里南来始负舟。”即描写沂河水道情景。据康熙《沂水县志》记载：“沂，源出蒙阴鲁、艾诸山，皆涓滴细流自石罅中出，经数十里不足滥觞，而沙石更多。比近县稍大，而河形散漫，水势尤浅，浮芥可舟，而两岸既高且远不可以机械而上，此沂河之不能为利也。”古时沂河上游水道，西从草埠、南岩、大张庄等源流顺流而下，进入干流到南麻，便有可停靠大船的较大码头；再行至县境中部，河道渐宽且平缓，船行通畅，便能顺利出县境，到达沂水城。向南继续下行可到沂州，再南行进入江苏，在邳州东南自骆马湖驶入大运河。故吴树声在《沂水桑麻话》中称：“沂河入夏，水势平槽，数百石粮船可以直入运河。”该水道在每年春末至夏秋之际经营漕运，一来此时水量大，二来秋冬季河上为数不少的拆卸式木板桥影响行船。南麻以西的上游河段需在丰水期方能行船。

明清时期，沂河上游的商船多自上源的鲁村、雕崖等村起行，东行至南麻便有较大码头，下行至燕崖、中庄、东里较为顺畅，再驶入沂水、临沂、郯城以至江苏邳州驶入运河。该水道一直是沂源通往外界的重要商贸通道之一。

从明清至近现代，沂河上游降雨多，河道水量丰沛，故水道行船条件较好。从古文献记载分析，从明嘉靖三十一年（1552）到清嘉庆二十四年（1819）的267年间，旧沂水县沂河上游一带能造成沂河泛滥外溢的大水灾即达16次，平均十六七年一遇，也有连年水灾。其中较典型的有明嘉靖三十一年（1552）“沂水大水，明年又大水”；崇祯四年（1631）“大水，沂水灾……河水泛滥，漂没数千家”；清康熙二十四年（1685）“夏，淫雨，沭、沂水决”；嘉庆二十四年（1819）“冬十二月，大淫雨，河水溢”。这些水灾既造成祸害，也有利于水运。旧时沂河大致每年雨季都涨溢两岸，皆可行船，极少有枯水期。

1854年，沂水县知县吴树声任职期间考察县情，撰著《沂水桑麻话》一文。文中专门谈及沂河水道的舟楫之利，并对这一优势条件未被充分利用感到惋惜。他说：沂河入夏，水势平槽，数百石粮食船可以直入运河，每年皆有粮客自南来贩买。沂邑木值甚贱，若广造船只，不惟粮食可运往南方贩卖，一切土产如柿饼、核桃、梨、枣、落花生、靛、酒、豆油、豆饼之类，皆可贩运；每年苹果皆运往南方，可以类推。其船回头又载南货回沂，此无穷之利。惜北人不知水利，有此名水，徒受其涨溢之害，不获其利济之功，良可叹也。诚能修舟楫之利，葛沟集为第一码头，界湖第二，县城第三，葛庄第四，东里店第五，中庄第六，燕子崖第七，南麻第八。每岁四月开运，九月底归埠，以冬、春两季，处处有桥梁，恐有阻滞也。如此办理，则沂特为一都会，西通蒙阴，北通临朐、博山，百货流通，利济良非浅鲜也。沂邑木值甚贱，尝见柏树长丈余，粗一两围者，不过值钱六七百文。若于近河之地置木厂收买，于夏、秋之时编筏南运，即近在兰、郯售卖，获利亦不少也。

沂河水运过去每年差不多都有商船往来，且重要渡口也都有商家摆渡。不过就沂河上游而言，这些还只是少数商家的行为，至于官府的利害设施，如广造船只、建设码头、以船运与筏运并行等，还较少有闻。1935年《续修临沂县志》载，夏秋间，沂河一级支流“祊河行舟能西通费县”。1953年，沂水专署撤销，部分干部调到临沂任职，他们从沂水坐船顺沂河而下抵达临沂城。1948—1952年，通过整沂工程，沂河通航里程达239公里，沂河中下游李家庄以下河道可常年通航。50年代末期以后，因沂河上游多修水库，加上水土流失，河道淤塞，工业、民用水量增加等原因，境内沂河河道于1964年断航。

东里店古渡　东里店，是镶嵌在泱泱沂河北岸的一座历史古镇。《续山东考名录》卷二十一载：“沂水西北九十里，东里店东北五里有东安庄……”东汉建安初，于东安庄置东安郡城、东里店即为郡城辖属。相传汉代，东里店原有董李两家店坊，因称“董李店”。由于“董李店”，前是沂河，背靠群山，村落东西绵长，后取谐音为东里店。

在东里店地域，有数条小河汇入沂河，素有着沂河水乡之称。这里历史厚重，多种文化交汇融合。史志记载：东里店地属，春秋为郓、浮来、堂阜，战国为盖邑，汉为东莞县，隋开皇十六年，隶属沂水县。苍茫几千年，岁月的风尘，将东安古城、盖冶古城掩埋在泥土之下。而清代《沂水县志》记载的“水北水”，“水发连绵山，南流，经盖城东南入沂也”。“东安水”，“即《水经》浮来水也，自铜陵关南西南流，经张良墓山，左会邵家峪水、大石头沟水、黄夹峪水，此《水经》所谓左控三川也。又南流，右会黑崖水，此《水经》所谓右会甘水也。又南经隋东安城东南流入沂……”“水北水”和“东安水”，恒亘不变在湍湍流淌，诉说着历史长河里的东安古城、盖冶古邑尽失往年的繁华，湮没历史的尘埃。

沂河

历朝历代，东里店是沂河岸边一个政治、经济、贸易中心，是四通八达的旱路、水运交通枢纽。崔学法在《大州文苑》中记载，南宋建炎二年（1128），东京守将杜充，为阻遏金兵入侵，扒开黄河大堤，使黄河吞汴夺泗入淮，给豫东、苏北、皖北、鲁南人民带来无穷的水患，并且加重徐州、邳州边界“百步洪”“吕梁洪”的水流湍急，黄河水带来的大量泥沙，吞没汴水、泗水，淤积河道，造成善堵、善决，严重影响南北漕运。这时发源于鲁山山脉的古沂河，500多公里的河道，便成了南北水运交通的主要航道。在那个朝廷政治风云变幻、战事不断的历史时期，东里店已是沂河航道的重要码头。战事连连的时候，沂河航运线上，游弋的是战船，运输着兵丁、粮草、马匹、刀枪剑戟，斧钺钩叉；在社稷兴盛的朝代，沂河航运是贯通鲁苏商业贸易的水上枢纽，航运商船满载山货特产，粮、油、酒、茶、布匹、绸缎，船来船往满载而归。清咸丰四年岁次甲寅仲冬月，沂水县知县吴树声编纂的《沂水桑麻话》皆有记载。可见，古时东里店是沂河航道的重要码头，沂河漕运曾带动了沂河两岸的经济繁荣。

古代道路桥梁

公路建设

记忆沂源·交通运输卷

扫码听书

高速公路

随着高速公路路网的逐步形成，2008年交通部、省交通厅分别将国、省道中的高速公路分列出来，用一个字母和一位或两位数字编号作为高速公路的代码。如：青岛—兰州高速公路，编号为G22，路线简称为青兰高速；临淄—临沂高速公路，编号为S27，路线简称为临临高速。沂源县境内共有高速公路2条104.79公里，其中青兰高速公路58.12公里、临临高速公路46.67公里。青兰高速公路为沂源县第一条高速公路，属于国道，贯穿沂源东西；临临高速则贯穿沂源南北，属于省道。

青兰高速公路

线路概况

青兰高速公路全长1795公里，以公路起点（青岛）和止点（兰州）的首字组合而得名，编号G22。山东境内路段全长307.8公里。沂源县境内路段全长58.12公里，路基宽33.5米，路面宽30米，双向6车道，全封闭、全立交，设计时速100公里/小时。共有桥梁199座，其中特大桥2座、大桥49座、中桥52座、小桥96座；建设互通立交4处、隧道3处，途经鲁村、南麻、历山、悦庄、石桥、张家坡6个镇（街道），设张家坡、沂源东、沂源、鲁村4个出入口。

青兰高速公路沂源段

青兰高速公路是国家高速公路网规划“七射、九纵、十八横”及山东省“五纵连四横、一环绕山东”高等级公路主框架的重要组成部分，是继济青高速公路（北线）之后，山东内地沟通胶东沿海开发区的又一条重要大通道。青兰高速公路沂源段建成通车后，结束了沂源县境内无高速公路、无高等级公路的历史，对全县经济社会发展具有特殊重要的意义。

建设过程

青兰高速公路山东境内路段建设期间，称为青（岛）莱（芜）高速公路，亦曾称济青高速南线。2003年上半年，省交通规划设计院完成工程预可行性研究，7月通过评审。工程可行性研究仍由省交通规划设计院负责，2003年下半年完成，2004年3月通过评审。工程初步设计由省交通规划设计院完成后，2004年6月经省交通厅、省发改委批准。施工图设计由湖南省交通规划勘察设计院完成。

2004年8月，沂源县成立由县政府县长任总指挥、分管副县长任副总指挥，县直有关部门、沿线乡镇政府及县有关单位主要负责人组成的沂源县青莱高速公路指挥部，具体负责做好青莱高速公路沂源段建设的协调配合、服务保障等工作。同时组建由县直有关部门参加的专门工作班子，开始进行地面附属物清点工作。2004年11月至12月，工程施工、监理单位的招标、定标工作完成。沂源段为四至十一计8个合同段，工程监理由五个监理单位中标，2005年1月28日签约。施工单位、监理单位全部于2005年春节前进场。

2005年3月26日上午，济青高速公路南线建设动员大会在沂源县召开。省政府副省长赵克志、省政府副秘书长张传亭，省交通厅厅长周秋田、副厅长王裕荣，淄博市委书记张建国、市长刘慧晏，省直有关部门及沿线市、县政府部门负责同志参加了动员大会。同年6

2005年3月26日，济青高速公路南线建设动员大会在沂源县召开

观。2006年10月，青兰高速公路被交通部列为“典型示范工程”。

2006年下半年，青兰高速沂源段二期工程分项目逐项招标，其中房建工程分5个合同段，绿化工程分10个合同段，交通工程分25个合同段，机电和消防工程分5个合同段。全部工程于2007年12月下旬完成。

2007年12月22日，青兰高速沂源段竣工通车仪式举行，标志着沂源县境内第一条高速公路正式投入运行。

月，沂源段地面附属物清理工作全面完成，共征地6800亩，拆迁房屋780余间，移栽、砍伐经济树木90余万株、其他树木30余万株，搬迁杆路450多根，拆除水利设施108处，迁移坟墓300余间。地面附属物清理工作的完成，为工程施工顺利展开创造了有利条件。

青兰高速是山东省第一条生态环保高速公路。在沂源段建设过程中，施工单位坚持“不破坏就是最大的保护”“路与沿线环境自然和谐”理念，在满足规范、设计强制性标准的前提下，合理运用自然条件和资源，顺势而为，因势造景，尽量贴近自然，达到路与自然的和谐统一。沂源段全线上跨主线桥梁36座，采用了十几种桥梁结构设计方案，一桥一景，景景不同。隧道施工传统的做法是先在山体开出一个垂直的大切面，然后再在大切面上进行钻洞作业。这样做往往会大面积破坏山体和植被，工程完工后也无法恢复原来植被，影响美观。在沂源段隧道工程施工中，施工单位采取“零进洞”施工方法，进洞口需要多大就开多大，从山脚下开挖，不留大切面，尽可能少破坏植被。这样做虽然增加了成本，但洞口将零距离接近自然植被，增加美

桥　梁

红水河特大桥　地处张家坡镇大石沟村西，该桥按1座特大桥设计，建成后，因左右两幅桥梁长度和宽度不同，按2座特大桥统计。右幅桥梁位于青兰高速公路216公里+841米处，跨越红水河，上部结构为45孔30米预应力钢筋混凝土连续箱梁，下部结构为灌注桩基础、钢筋混凝土柱式桥墩，0号桥台、45号桥台为肋板式，桥长1356米，桥面宽16.75米。左幅桥梁位于青兰高速公路216公里+937米处，其上部结构较右幅少6孔，为39孔30米预应力钢筋混凝土连续箱梁，下部结构为灌注桩基础、钢筋混凝土柱式桥墩，0号桥台为双柱

红水河特大桥

框架式、39号桥台为肋板式，桥长1176米，桥面宽16.75~24.6米。左、右幅桥梁设计荷载均为公路－Ⅰ级。2005年3月动工，2007年12月底竣工。

西瓜峪大桥 位于青兰高速公路219公里+447米处，地处张家坡镇西瓜峪村北，是跨越河谷的跨河大桥。上部结构为7孔20米预应力钢筋混凝土连续空心板；下部结构为桩基础，钢筋混凝土柱式桥墩，钢筋混凝土肋板桥台。桥长144.88米，桥面宽33米（2×16.5米）。设计荷载为公路－Ⅰ级。2005年3月动工，2007年12月竣工。

亳坪大桥 位于青兰高速公路219公里+938米处，地处张家坡镇亳坪村北，是跨越河谷的跨河大桥。上部结构为5孔25米预应力钢筋混凝土连续空心板；下部结构为桩基础，钢筋混凝土柱式桥墩，钢筋混凝土肋板式桥台。桥长130.22米，桥面宽33米（2×16.5米）。设计荷载为公路－Ⅰ级。2005年3月动工，2007年12月竣工。

亳山峪大桥 位于青兰高速公路220公里+912米处，地处张家坡镇亳坪村南，是跨越河谷的跨河大桥。上部结构为6孔20米预应力钢筋混凝土连续空心板；下部结构为桩基础，钢筋混凝土柱式桥墩，桥台为扩大基础，0号桥台为U型钢筋混凝土，6号桥台为肋板式。桥长132.4米，桥面总宽33米（2×16.5米）。设计荷载为公路－Ⅰ级。2005年3月动工，2007年12月竣工。

柳树沟大桥 位于青兰高速公路224公里+17米处，地处石桥镇黑崖村北，是跨越河谷的跨河大桥。上部结构为8孔25米预应力钢筋混凝土连续空心板；下部结构为桩基础，钢筋混凝土柱式桥墩，0号桥台为肋板式钢筋混凝土，8号桥台为重力式。桥长218.84米，桥面宽33米（2×16.5米）。设计荷载为公路－Ⅰ级。2005年3月动工，2007年12月竣工。

亳山村高架桥 位于青兰高速公路225公里+7米处，地处石桥镇亳山村南，是跨越河谷的跨河大桥。上部结构为15孔40米预应力钢筋混凝土连续T梁；下部结构为扩大基础和桩基础，钢筋混凝土柱式桥墩，0号桥台为U型钢筋混凝土，15号桥台为肋板式。桥长604.68米，桥面宽33米（2×16.5米）。设计荷载为公路－Ⅰ级。2005年3月动工，2007年12月竣工。

石楼大桥 位于青兰高速公路233公里+9米处，地处石桥镇石楼村东，是跨越河谷的跨河大桥。上部结构为20孔 30米预应力钢筋混凝土连续T梁；下部结构为桩基础，钢筋混凝土柱式桥墩，0号桥台为肋板式钢筋混凝土，20号桥台为扩大基础，重力式桥台。桥长 612.3米，桥面宽 33米（2×16.5米）。设计荷载为公路－Ⅰ级。2005年3月动工，2007年12月竣工。

石楼大桥

陈马庄大桥 位于青兰高速公路234公里+751米处，地处悦庄镇东小水村北，是跨越河谷的跨河大桥。上部结构为5孔20米预应力钢筋混凝土连续空心板；下部结构为扩大基础和桩基础，钢筋混凝土柱式桥墩，钢筋混凝土肋板式桥台。桥长104.88米，桥面宽33米（2×16.5米）。设计荷载为公路－Ⅰ级。2005年3月动工，2007年12月竣工。

饮马河大桥 位于青兰高速公路238公里+185米处，地处悦庄镇胡家沟村西，是跨越河谷的跨河大桥。上部结构为6孔20米预应力钢筋混凝土连续空心板；下部结构为桩基础，钢筋混凝土柱式桥墩，桥台为肋板式钢筋混凝土。桥长124.88米，桥面总宽33米（2×16.5米）。设计荷载为公路－Ⅰ级。2005年3月动工，2007年12月底竣工。

沂河大桥 位于青兰高速公路241公里+409米处，地处南麻街道河南村东，是跨越沂河的跨河大桥。上部结构为8孔30米预应力钢筋混凝土连续T梁；下部结构为桩基础，钢筋混凝土柱式桥墩，0号台为扩大基础、肋板式钢筋混凝土桥台。桥长246米，桥面宽33米（2×16.5米）。设计荷载为公路-Ⅰ级。2005年3月动工，2007年12月竣工。

重喜官庄大桥 位于青兰高速公路243公里+674米处，地处南麻街道重喜官庄村北，是跨越河谷的跨河大桥。上部结构为12孔30米预应力钢筋混凝土连续T梁；下部结构为扩大基础，钢筋混凝土柱式桥墩，肋板式钢筋混凝土桥台。桥长366米，桥面总宽33米（2×16.5米）。设计荷载为公路-Ⅰ级。2005年3月动工，2007年12月竣工。

埠下大桥 位于青兰高速公路245公里+19米处，地处南麻街道埠下村南，是跨越河谷的跨河大桥。上部结构为13孔20米预应力钢筋混凝土连续空心板；下部结构为桩基础，钢筋混凝土柱式桥墩，肋板式钢筋混凝土桥台。桥长264.88米，桥面总宽33米（2×16.5米）。设计荷载为公路-Ⅰ级。2005年3月动工，2007年12月竣工。

古泉大桥 位于青兰高速公路246公里+964米处，地处南麻街道古泉村北，是跨越河谷的跨谷大桥。上部结构为9孔20米预应力钢筋混凝土连续空心板；下部结构为桩基础，钢筋混凝土柱式墩，桥台为扩大基础，肋板式钢筋混凝土台。桥长184.88米，桥面总宽33米（2×16.5米）。设计荷载为公路-Ⅰ级。2005年3月动工，2007年12月竣工。

沂源互通跨线桥 位于青兰高速公路249公里+150米处，地处南麻街道侯家官庄村北，是沂源互通主跨线大桥，匝道线从桥下通过。上部结构为9孔20米预应力钢筋混凝土连续宽幅空心板；下部结构为桩基础，钢筋混凝土柱式墩，肋板式钢筋混凝土桥台。桥长184.82米，桥面总宽33.5米（2×16.75米）。设计荷载为公路-Ⅰ级。2005年3月动工，2007年12月竣工。

沂源互通匝道桥 位于青兰高速公路249公里+550米（匝道0公里+249米）处，地处南麻街道侯家官庄村北，是沂源互通匝道线跨谷大桥。上部结构为10孔18米预应力钢筋混凝土连续箱梁；下部结构为桩基础，钢筋混凝土柱式墩，肋板式钢筋混凝土桥台。桥长184.4米，桥面宽8.5米。设计荷载为公路-Ⅰ级。2005年3月动工，2007年12月竣工。

沂源连接线沂河大桥 位于青兰高速公路沂源互通连接线0公里+835米处，地处南麻街道南埠东村北，是沂源互通连接线跨越沂河的大桥。上部结构为10孔20米预应力钢筋混凝土连续空心板；下部结构为桩基础，钢筋混凝土柱式墩，桥台为扩大基础，重力式台。桥长215.61米，桥面总宽16.5米。设计荷载为公路-Ⅰ级。2005年3月动工，2007年12月完工。

田庄水库一号大桥 位于青兰高速公路251公里+239米（259米）处，大桥左右两幅中心桩号错位20米，地处南麻街道大田庄村西南，是跨越田庄水库的跨湖大桥。该桥上部结构为20孔40米预应力钢筋混凝土连续T梁；下部结构为桩基础，钢筋混凝土柱式墩，桥台为扩大基础，肋板式钢筋混凝土台。桥长806米，桥面总宽33.5米（2×16.75米）。设计荷载为公路-Ⅰ级。2005年3月动工，2007年12月竣工。

田庄水库一号大桥

田庄水库二号大桥

115.5米，桥面总宽15.5米。设计荷载为公路-Ⅰ级。2005年3月动工，2007年12月竣工。

陈家沟分离立交桥 位于青兰高速公路212公里+994米（996米）处，地处张家坡镇陈家沟村南，是与省道沂邳线（S229）交叉设立的分离立交桥，因与交叉路线有夹角，左右两幅中心桩号相差2米。上部结构为3孔25米预应力钢筋混凝土连续宽幅空心板；下部结构为扩大基础，钢筋混凝土柱式桥墩，0号桥台为重力式，3号桥台为钢筋混凝土肋板。桥长81.47米，桥面总宽33.5米（2×16.75米）。设计荷载为汽车-Ⅰ级。2005年3月动工，2007年12月竣工。

田庄水库二号大桥 右幅大桥位于青兰高速公路254公里+811米处，地处鲁村镇前坡自然村东，是跨越田庄水库的跨湖大桥。上部结构为17孔40米预应力钢筋混凝土连续T梁；下部结构为桩基础，钢筋混凝土柱式墩，桥台为扩大基础，肋板式钢筋混凝土桥台。桥长686米，桥面宽16.75米。左幅大桥位于青兰高速公路254公里+859米处，桥梁上部结构为15孔40米预应力钢筋混凝土连续T梁；下部结构为桩基础，钢筋混凝土柱式墩，桥台为扩大基础，肋板式钢筋混凝土台。桥长606米，桥面宽16.75米。左、右幅大桥设计荷载均为公路-Ⅰ级。2005年3月动工，2007年12月完工。

王家石沟大桥 位于青兰高速公路259公里+734米处，地处鲁村镇王家石沟村南，是跨越河谷的跨谷大桥。上部结构为9孔20米预应力钢筋混凝土连续空心板；下部结构为桩基础，钢筋混凝土柱式桥墩，肋板式钢筋混凝土桥台。桥长184.88米，桥面总宽33米（2×16.5米）。设计荷载为公路-Ⅰ级。2005年3月动工，2007年12月竣工。

鲁村互通匝道桥 位于青兰高速公路263公里处，地处鲁村镇福安官庄村南，是鲁村互通匝道线跨青兰高速公路主线的大桥。上部结构为4孔预应力钢筋混凝土连续箱梁；下部结构为桩基础，钢筋混凝土柱式墩，0号桥台为桩基础、肋板式钢筋混凝土台，4号桥台为扩大基础，重力式台。桥长

张家坡互通匝道桥 位于青兰高速公路217公里+712米处，地处张家坡镇前瓜峪村北，是张家坡互通立交匝道的跨线桥。上部结构为3孔（16+24+16）米预应力钢筋混凝土连续箱梁；下部结构为扩大基础，钢筋混凝土柱式桥墩，重力式桥台。桥长63.08米，桥面总宽33米（2×16.5米）。设计荷载为汽车-Ⅰ级。2005年3月动工，2007年12月竣工。

亳山峪分离立交桥 位于青兰高速公路221公里+171米（172米）处，地处张家坡镇亳坪村南，是与省道沂邳线（S229）交叉设立的分离立交桥，因与交叉路线有夹角，左右两幅中心桩号相差1米。上部结构为3孔25米预应力钢筋混凝土连续宽幅空心板；下部结构为桩基础，钢筋混凝土柱式墩台。桥长80.32米，桥面总宽 33.5米（2×16.75米）。设计荷载为汽车-Ⅰ级。2005年3月动工，2007年12月竣工。

黑崖分离立交桥 位于青兰高速公路222公里+817米（856米）处，地处石桥镇黑崖村东，是与省道沂邳线（S229）交叉设立的分离立交桥，因与交叉路线有夹角，左右两幅中心桩号相差39米。上部结构为3孔 25 米预应力钢筋混凝土连续宽幅空心

板；下部结构为桩基础，钢筋混凝土柱式墩台。桥长80.32米，桥面总宽33.5米（2×16.75米）。设计荷载为汽车－I级。2005年3月动工，2007年12月竣工。

沂源东互通匝道桥

东里分离立交桥 位于青兰高速公路227公里+309米处，地处石桥镇分水新村北，是与县道石香路交叉设立的分离立交桥。上部结构为3孔16米预应力钢筋混凝土连续空心板；下部结构为扩大基础，钢筋混凝土柱式桥墩，肋板式混凝土台。桥长53.46米，桥面总宽 33米（2×16.5米）。设计荷载为汽车－I级。2005年3月动工，2007年12月竣工。

后坡中桥 位于青兰高速公路228公里+619米处，地处石桥镇黄安村东，是跨越山谷的跨谷中桥。上部结构为3孔20 米预应力钢筋混凝土连续空心板；下部结构为桩基础，钢筋混凝土柱式桥墩，肋板式混凝土台。桥长64.88米，桥面总宽 33米（2×16.5米）。设计荷载为汽车－I级。2005年3月动工，2007年12月竣工。

陈马庄1号中桥 位于青兰高速公路234公里+433米处，地处石桥镇石楼村北，是跨越山谷的跨谷中桥。上部结构为3孔20米预应力钢筋混凝土连续空心板；下部结构为桩基础，钢筋混凝土柱式桥墩，肋板式混凝土桥台。桥长64.88米，桥面总宽33米（2×16.5米）。设计荷载为汽车－I级。2005年3月动工，2007年12月竣工。

陈马庄2号中桥 位于青兰高速公路235公里+456米处，地处悦庄镇王家泉村南，是跨越山谷的跨谷中桥。上部结构为4孔 20米预应力钢筋混凝土连续空心板；下部结构为桩基础，钢筋混凝土柱式桥墩，肋板式混凝土桥台。桥长84.88米，桥面总宽33米（2×16.5米）。设计荷载为汽车－I级。2005年3月动工，2007年12月竣工。

沂源东互通匝道桥 位于青兰高速公路239公里+598米处，地处南麻街道沂河头村北，是沂源东互通立交跨A匝道的跨线桥。上部结构为2孔30米预应力钢筋混凝土T形梁；下部结构为桩基础，钢筋混凝土柱式墩，桥台为扩大基础，重力式台。桥长71.85米，桥面宽 16米。设计荷载为汽车－I级。2005年3月动工，2007年12月竣工。

河南村分离立交桥 位于青兰高速公路242公里+262米处，地处南麻街道河南村北，是跨越乡村公路设立的分离立交桥。上部结构为3孔20米预应力钢筋混凝土连续空心板；下部结构为桩基础、钢筋混凝土柱式墩，0号桥台为桩基础，肋板式混凝土桥台，3号桥台为扩大基础，重力式台。桥长66.44米，桥面总宽33米（2×16.5米）。设计荷载为汽车－I级。2005年3月动工，2007年12月竣工。

古泉分离立交桥 位于青兰高速公路246公里+434米处，地处南麻街道古泉村北，是跨越乡村公路设立的分离立交桥。上部结构为3孔20米预应力钢筋混凝土连续空心板；下部结构为桩基础，钢筋混凝土柱式墩，0号桥台为桩基础，肋板式混凝土台，3号桥台为扩大基础，重力式台。桥长64.84米，桥面总宽 33米（2×16.5米）。设计荷载为汽车－I级。2005年3月动工，2007年12月竣工。

南刘家庄分离立交桥 位于青兰高速公路248公里+482米处，地处南麻街道南刘家庄村南，是跨越乡村公路设立的分离立交桥。上部结构为3孔20米预应力钢筋混凝土连续空心板；下部结构为桩基础，钢筋混凝土柱式墩，0号桥台为桩基础，肋板式混凝土桥台，3号桥台为桩基础，钢筋混凝土柱式台。桥长64.84米，桥面总宽 33米（2×16.5米）。设计荷载为汽车-Ⅰ级。2005年3月动工，2007年12月竣工。

王家石沟分离立交桥 位于青兰高速公路259公里+369米处，地处鲁村镇王家石沟村南，是跨越乡村公路设立的分离立交桥。上部结构为单孔 20米预应力钢筋混凝土空心板；下部结构为扩大基础，重力式桥台。桥长35米，桥面总宽33米（2×16.5米）。设计荷载为汽车-Ⅰ级。2005年3月动工，2007年12月竣工。

于家石沟分离立交桥 位于青兰高速公路259公里+909米处，地处鲁村镇于家石沟村北，是跨越乡村公路设立的分离立交桥。上部结构为单孔20米预应力钢筋混凝土空心板；下部结构为扩大基础，重力式桥台。桥长35.6米，桥面总宽 33米（2×16.5米）。设计荷载为汽车-Ⅰ级。2005年3月动工，2007年12月竣工。

福吉山分离立交桥 位于青兰高速公路265公里+597米处，地处鲁村镇福安官庄村北，是跨越乡村公路设立的分离立交桥。上部结构为3孔 20米预应力钢筋混凝土连续空心板；下部结构为桩基础，钢筋混凝土柱式桥墩，0号桥台为肋板式混凝土桥台，3号桥台为钢筋混凝土柱式桥台。桥长66.44米，桥面总宽33米（2×16.5米）。设计荷载为汽车-Ⅰ级。2005年3月动工，2007年12月竣工。

K218+492天桥 位于青兰高速公路218公里+492米处，地处张家坡镇西瓜峪村北，是跨越乡村公路设立的分离立交桥。路线由此老峪村至西瓜峪村，上部结构为钢架拱，桥长64.88米，桥面总宽5.5米，公路等级为Ⅱ级。2005年3月动工，2007年12月竣工。

K218+932天桥 位于青兰高速公路218公里+932米处，是跨越乡村公路设立的分离立交桥，由张家坡镇此老峪村至西瓜峪村，上部结构为连续箱梁，桥台为重力式桥台，公路等级为Ⅱ级，桥长67.08米，桥面总宽 9.5米。2005年3月动工，2007年12月竣工。

K218+492天桥

K223+115天桥 位于青兰高速公路223公里+115米处，是跨越乡村公路设立的分离立交桥，由石桥镇柳树沟村至黑崖村，上部结构为连续箱梁，桥台为重力式桥台，公路等级为Ⅱ级，桥长67.08米，桥面总宽 5.5米。2005年3月动工，2007年12月竣工。

K223+628天桥 位于青兰高速公路223公里+628米处，是跨越乡村公路设立的分离立交桥，由石桥镇柳树沟村至黑崖村，上部结构为肋板梁，桥台为重力式桥台，公路等级为Ⅱ级，桥长67.08米，桥面总宽 8.5米。2005年3月动工，2007年12月竣工。

K225+474天桥 位于青兰高速公路225公里+474米处，地处石桥镇毫山村南，是跨越乡村公路设立的分离立交桥。路线由毫山村至后大泉村。桥长70.88米，桥面总宽5.5米，公路等级为Ⅱ级。2005年3月动工，2007年12月竣工。

K226+549天桥 位于青兰高速公路226公里+549米处，地处石桥镇分水新村，是跨越乡村公路设立的分离立交桥。桥长62.88米，桥面总宽5.5米，公路等级为Ⅱ级。2005年3月动工，2007年12月竣工。

K228+857天桥 位于青兰高速公路228公里+857米处，是跨越乡村公路设立的分离立交桥，由石桥镇石桥村至黄安村。上部结构为连续箱梁，桥台为重力式桥台，公路等级为Ⅱ级，桥长68.48米，桥面总宽 8.5米。2005年3月动工，2007年12月竣工。

K230+287天桥　位于青兰高速公路230公里+287米处，地处石桥镇天井官庄村，路线由天井官庄村至松峪村，是跨越乡村公路设立的分离立交桥。桥长74.4米，桥面总宽8.5米，公路等级为Ⅱ级。2005年3月动工，2007年12月竣工。

K231+429天桥　位于青兰高速公路231公里+429米处，是跨越乡村公路设立的分离立交桥，由石桥镇天井官庄村至松峪村，上部结构为连续箱梁，桥台为重力式桥台，公路等级为Ⅱ级，桥长68.08米，桥面总宽 8.5米。2005年3月动工。2007年12月竣工。

K233+549天桥　位于青兰高速公路233公里+549米处，地处石桥镇石楼村至葛庄村，是跨越乡村公路设立的分离立交桥。桥长74.4米，桥面总宽5.5米，公路等级为Ⅱ级。2005年3月动工，2007年12月竣工。

K233+849天桥　位于青兰高速公路233公里+849米处，是跨越乡村公路设立的分离立交桥，由石桥镇石楼村至葛庄村，上部结构为连续箱梁，桥台为重力式桥台，公路等级为Ⅱ级，桥长67.08米，桥面总宽 8.5米。2005年3月动工，2007年12月竣工。

K233+849天桥

K236+149天桥　位于青兰高速公路236公里+149米处，是跨越乡村公路设立的分离立交桥，由悦庄镇东十字路村至小水村，上部结构为连续梁，桥台为重力式桥台，公路等级为Ⅱ级，桥长56.3米，桥面总宽5.5米。2005年3月动工，2007年12月竣工。

K236+409天桥　位于青兰高速公路236公里+409米处，是跨越乡村公路设立的分离立交桥，由悦庄镇东十字路村至小水村，上部结构为连续箱梁，桥台为重力式桥台，公路等级为Ⅱ级，桥长56.3米，桥面总宽5.5米。2005年3月动工，2007年12月竣工。

K236+649天桥　位于青兰高速公路236公里+649米处，是跨越乡村公路设立的分离立交桥，由悦庄镇西十字路村至小水村，上部结构为连续箱梁，桥台为重力式桥台，公路等级为Ⅱ级，桥长55米，桥面总宽5.5米。2005年3月动工，2007年12月竣工。

K238+479天桥　位于青兰高速公路238公里+479米处，是跨越乡村公路设立的分离立交桥，由悦庄镇西十字路村至小水村，上部结构为连续箱梁，桥台为重力式桥台，公路等级为Ⅱ级，桥长55米，桥面总宽5.5米。2005年3月动工，2007年12月竣工。

K238+649天桥　位于青兰高速公路238公里+649米处，是跨越乡村公路设立的分离立交桥，由悦庄镇南张良村至历山街道沂河头村，上部结构为预应力连续梁，桥台为重力式桥台，公路等级为Ⅱ级，桥长64米，桥面总宽5.5米。2005年3月动工，2007年12月竣工。

K240+249天桥　位于青兰高速公路240公里+249米处，地处悦庄镇埠村至黄家宅村，是跨越乡村公路设立的分离立交桥。桥长74.4米，桥面总宽8.5米，公路等级为Ⅱ级。2005年3月动工，2007年12月竣工。

K240+889天桥　位于青兰高速公路240公里+889米处，是跨越乡村公路设立的分离立交桥，由南麻街道埠下村至历山街道黄家宅村，上部结构为连续钢构，桥台为重力式桥台，公路等级为Ⅱ级，桥长53.88米，桥面总宽5.5米。2005年3月动工，2007年12月竣工。

K243+176天桥　位于青兰高速公路243公里+176米处，是跨越乡村公路设立的分离立交桥，由南麻街道浇花泉村至重喜官庄村，上部结构为预应力连续梁，桥台为重力式桥台，公路等级为Ⅱ级，桥长68.48米，桥面总宽5.5米。2005年3月动工，2007年12月竣工。

K243+389天桥 位于青兰高速公路243公里+389米处，是跨越乡村公路设立的分离立交桥，由南麻街道浇花泉村至重喜官庄村，上部结构为预应力混凝土连续箱梁，桥台为重力式桥台，公路等级为Ⅱ级，桥长69.45米，桥面总宽8.5米。2005年3月动工，2007年12月竣工。

K244+460天桥 位于青兰高速公路244公里+460米处，为跨越沂源服务区天桥，上部结构为斜腹板钢箱加劲梁，设计荷载为汽车-10级。桥长45米，桥面总宽 3米。2005年3月动工，2007年12月竣工。

K247+519天桥 位于青兰高速公路247公里+519米处，是跨越乡村公路设立的分离立交桥，由南麻街道南刘家庄村至周家峪，上部结构为预应力连续箱梁，桥台为重力式桥台，公路等级为Ⅱ级，桥长67.83米，桥面总宽8.5米。2005年3月动工，2007年12月竣工。

K248+289天桥 位于青兰高速公路248公里+289米处，是跨越乡村公路设立的分离立交桥，由南麻街道南刘家庄村至周家峪，上部结构为斜腿钢构梁，桥台为重力式桥台，公路等级为Ⅱ级，桥长71.88米，桥面总宽 5.5米。2005年3月动工，2007年12月竣工。

K249+769天桥 位于青兰高速公路249公里+769米处，是跨越乡村公路设立的分离立交桥，由南麻街道大田庄村至大田庄村，上部结构为预应力连续箱梁，桥台为重力式桥台，公路等级为Ⅱ级，桥长68.48米，桥面总宽8.5米。2005年3月动工，2007年12月竣工。

K250+296天桥 位于青兰高速公路250公里+296米处，是跨越乡村公路设立的分离立交桥，由南麻街道大田庄村至龙公寨，上部结构为预应力混凝土T梁，桥台为重力式桥台，公路等级为Ⅱ级，桥长74.14米，桥面总宽8米。2005年3月动工，2007年12月竣工。

K254+089天桥 位于青兰高速公路254公里+89米处，是跨越乡村公路设立的分离立交桥，由南麻街道仓粮峪村至永兴官庄村，上部结构为斜腿钢构梁，桥台为重力式桥台，公路等级为Ⅱ级，桥长47.78米，桥面总宽 8.5米。2005年3月动工，2007年12月竣工。

K254+089 天桥

K256+359天桥 位于青兰高速公路256公里+359米处，是跨越乡村公路设立的分离立交桥，由南麻街道大田庄村至龙公寨，上部结构为预应力砼连续箱梁，桥台为重力式桥台，公路等级为Ⅱ级，桥长71.12米，桥面总宽8.5米。2005年3月动工，2007年12月竣工。

K256+959天桥 位于青兰高速公路256公里+959米处，是跨越乡村公路设立的分离立交桥，由鲁村镇郑家峪村至小黄庄村，上部结构为预应力砼连续箱梁，桥台为重力式桥台，公路等级为Ⅱ级，桥长55.88米，桥面总宽5.5米。2005年3月动工，2007年12月竣工。

K257+428天桥 位于青兰高速公路257公里+428米处，是跨越乡村公路设立的分离立交桥，上部结构为预应力空心板，桥台为重力式桥台，公路等级为Ⅱ级，桥长65.64米，桥面总宽13米。2005年3月动工，2007年12月竣工。

K257+799天桥 位于青兰高速公路257公里+799米处，是跨越乡村公路设立的分离立交桥，由鲁村镇义和村至齐家黄沟村，上部结构为肋拱梁，桥台为重力式桥台，公路等级为Ⅱ级，桥长57.48米，桥面总宽5.5米。2005年3月动工，2007年12月竣工。

K258+889天桥 位于青兰高速公路258公里+889米处，是跨越乡村公路设立的分离立交桥，由鲁村镇王家石沟村至秦家黄沟村，上部结构为板拱梁，桥台为重力式桥台，公路等级为Ⅱ级，桥长74.4米，桥面总宽 8.5米。2005年3月动工，2007年12月竣工。

K261+424天桥 位于青兰高速公路261公里+424米处，是跨越乡村公路设立的分离立交桥，由鲁村镇舍庄三村至刘家石沟村，上部结构为预应力混凝土连续箱梁，桥台为重力式桥台，公路等级为Ⅱ级，桥长68.48米，桥面总宽8.5米。2005年3月动工，2007年12月竣工。

K262+099天桥 位于青兰高速公路262公里+99米处，是跨越乡村公路设立的分离立交桥，由鲁村镇舍庄一村至齐家黄沟村，上部结构为预应力混凝土连续箱梁，桥台为重力式桥台，公路等级为Ⅱ级，桥长68.98米，桥面总宽8.5米。2005年3月动工，2007年12月竣工。

K263+264天桥 位于青兰高速公路263公里+264米处，是跨越乡村公路设立的分离立交桥，由鲁村镇王家石沟村至秦家黄沟村，上部结构为预应力宽幅空心板，桥台为轻型桥台，公路等级为Ⅰ级，桥长105.32米，桥面总宽12.5米。2005年3月动工，2007年12月竣工。

青兰高速公路沂源段有小桥96座，总长11729.25米。

青兰高速公路沂源段小桥统计表

序号	桥梁名称	中心桩号	桥梁全长（米）	桥梁全宽（米）	设计荷载
1	K208+639 涵洞（上行）	208.639	15.0	4	公路Ⅰ级
2	K208+639 涵洞（下行）	208.639	15.0	4	公路Ⅰ级
3	K208+859 通道（上行）	208.859	14.7	6	公路Ⅰ级
4	K208+859 通道（下行）	208.859	14.78	6	公路Ⅰ级
5	K209+935 通道（上行）	209.935	19.62	12	公路Ⅰ级
6	K209+935 通道（下行）	209.935	19.96	12	公路Ⅰ级
7	K210+127 通道（上行）	210.127	15.53	6	公路Ⅰ级
8	K210+127 通道（下行）	210.127	16.12	6	公路Ⅰ级
9	K211+020 通道（上行）	211.020	15.53	6	公路Ⅰ级
10	K211+020 通道（下行）	211.020	16.12	6	公路Ⅰ级
11	K211+547 通道（上行）	211.547	18.04	6	公路Ⅰ级
12	K211+547 通道（下行）	211.547	18.16	6	公路Ⅰ级
13	野炉坡分离式立体交叉（上行）	211.695	27.4	16.5	公路Ⅰ级
14	野炉坡分离式立体交叉（下行）	211.695	27.4	16.5	公路Ⅰ级
15	K212+278 涵洞（上行）	212.278	14.88	4	公路Ⅰ级
16	K212+278 涵洞（下行）	212.278	14.88	4	公路Ⅰ级
17	北桃花坪分离式立体交叉（上行）	212.46	32.75	16.5	公路Ⅰ级
18	北桃花坪分离式立体交叉（下行）	212.46	32.75	16.5	公路Ⅰ级
19	K212+616 通道（上行）	212.616	17.1	6	公路Ⅰ级
20	K212+616 通道（下行）	212.616	17.62	6	公路Ⅰ级
21	K213+352 通道（上行）	213.352	14.8	6	公路Ⅰ级
22	K213+352 通道（下行）	213.352	14.88	6	公路Ⅰ级
23	K213+502 涵洞（上行）	213.502	22.08	4	公路Ⅰ级
24	K213+502 涵洞（下行）	213.502	23.88	4	公路Ⅰ级
25	K213+555 通道（上行）	213.555	22	6	公路Ⅰ级

续表

序号	桥梁名称	中心桩号	桥梁全长（米）	桥梁全宽（米）	设计荷载
26	K213+555 通道（下行）	213.555	22	6	公路Ⅰ级
27	K215+892 涵洞（上行）	215.892	15.75	6	公路Ⅰ级
28	K215+892 涵洞（下行）	215.892	15.07	6	公路Ⅰ级
29	K215+972 通道（上行）	215.972	14	6	公路Ⅰ级
30	K215+972 通道（下行）	215.972	14	6	公路Ⅰ级
31	K218+267 通道（上行）	218.267	27.88	6	公路Ⅰ级
32	K218+267 通道（下行）	218.267	29.2	6	公路Ⅰ级
33	K219+772 通道（上行）	219.772	19.68	12	公路Ⅰ级
34	K219+772 通道（下行）	219.772	19.9	12	公路Ⅰ级
35	K220+191 通道（上行）	220.191	14.62	6	公路Ⅰ级
36	K220+191 通道（下行）	220.191	15.44	6	公路Ⅰ级
37	K220+435 通道（上行）	220.435	17.49	6	公路Ⅰ级
38	K220+435 通道（下行）	220.435	18.79	6	公路Ⅰ级
39	K224+392 通道（上行）	224.392	17.6	6	公路Ⅰ级
40	K224+392 通道（下行）	224.392	16.57	6	公路Ⅰ级
41	K225+909 通道（上行）	225.909	14.7	6	公路Ⅰ级
42	K225+909 通道（下行）	225.909	14.96	6	公路Ⅰ级
43	K228+049 通道（上行）	228.049	53.46	6	公路Ⅰ级
44	K228+049 通道（下行）	228.049	13.12	6	公路Ⅰ级
45	K229+809 通道（上行）	229.809	14.88	6	公路Ⅰ级
46	K229+809 通道（下行）	229.809	14.62	6	公路Ⅰ级
47	后坡分离式立体交叉（上行）	231.064	34	16.5	公路Ⅰ级
48	后坡分离式立体交叉（下行）	231.064	34	16.5	公路Ⅰ级
49	K235+029 通道（上行）	235.029	12.92	6	公路Ⅰ级
50	K235+029 通道（下行）	235.029	13.12	6	公路Ⅰ级
51	K237+409 通道（上行）	237.409	17.94	4	公路Ⅰ级
52	K237+409 通道（下行）	237.409	17.14	4	公路Ⅰ级
53	K237+829 通道（上行）	237.829	13.06	6	公路Ⅰ级
54	K237+829 通道（下行）	237.829	12.96	6	公路Ⅰ级
55	K238+888 涵洞（上行）	238.888	24.76	4	公路Ⅰ级
56	K238+888 涵洞（下行）	238.888	25.13	4	公路Ⅰ级
57	K238+997 通道（上行）	238.997	14.09	6	公路Ⅰ级
58	K238+997 通道（下行）	238.997	14.33	6	公路Ⅰ级
59	K240+529 通道（上行）	240.529	14.2	6	公路Ⅰ级
60	K240+529 通道（下行）	240.529	14.08	6	公路Ⅰ级
61	K241+709 通道（上行）	241.709	11.64	6	公路Ⅰ级

续表

序号	桥梁名称	中心桩号	桥梁全长（米）	桥梁全宽（米）	设计荷载
62	K241+709 通道（下行）	241.709	11.6	6	公路Ⅰ级
63	K242+342 通道（上行）	242.342	15.41	6	公路Ⅰ级
64	K242+342 通道（下行）	242.342	15.27	6	公路Ⅰ级
65	K242+749 通道（上行）	242.749	14.4	6	公路Ⅰ级
66	K242+749 通道（下行）	242.749	13.9	6	公路Ⅰ级
67	K242+929 通道（上行）	242.929	14.38	6	公路Ⅰ级
68	K242+929 通道（下行）	242.929	14.26	6	公路Ⅰ级
69	K245+601 通道（上行）	245.601	17.03	6	公路Ⅰ级
70	K245+601 通道（下行）	245.601	16.69	6	公路Ⅰ级
71	K245+659 涵洞（上行）	245.659	20.83	4	公路Ⅰ级
72	K245+659 涵洞（下行）	245.659	18.41	4	公路Ⅰ级
73	K247+859 通道（上行）	247.859	15.1	6	公路Ⅰ级
74	K247+859 通道（下行）	247.859	14.58	6	公路Ⅰ级
75	K248+689 通道（上行）	248.689	14.84	6	公路Ⅰ级
76	K248+689 通道（下行）	248.689	14.84	6	公路Ⅰ级
77	K250+614 通道（上行）	250.614	23.45	5	公路Ⅰ级
78	K250+614 通道（下行）	250.614	22.7	5	公路Ⅰ级
79	K251+934 通道（上行）	251.934	13.74	6	公路Ⅰ级
80	K251+934 通道（下行）	251.934	13.68	6	公路Ⅰ级
81	K255+619 通道（上行）	255.619	16.37	6	公路Ⅰ级
82	K255+619 通道（下行）	255.619	17.38	6	公路Ⅰ级
83	K258+659 通道（上行）	258.659	23.3	6	公路Ⅰ级
84	K258+659 通道（下行）	258.659	23	6	公路Ⅰ级
85	K259+201 通道（上行）	259.201	16.95	6	公路Ⅰ级
86	K259+201 通道（下行）	259.201	16.84	6	公路Ⅰ级
87	K260+889 通道（上行）	260.889	12.2	6	公路Ⅰ级
88	K260+889 通道（下行）	260.889	12.1	6	公路Ⅰ级
89	K263+749 涵洞（上行）	263.749	19.52	4	公路Ⅰ级
90	K263+749 涵洞（下行）	263.749	19.4	4	公路Ⅰ级
91	DK0+267 涵洞（上行）	263.76	19.3	4	公路Ⅰ级
92	DK0+267 涵洞（下行）	263.76	19.38	4	公路Ⅰ级
93	K264+143 通道（上行）	264.163	12.18	6	公路Ⅰ级
94	K264+143 通道（下行）	264.163	12.12	6	公路Ⅰ级
95	K265+929 通道（上行）	265.929	13.04	6	公路Ⅰ级
96	K265+929 通道（下行）	265.929	12.98	6	公路Ⅰ级

隧 道

黄家峪隧道 位于青兰高速公路214公里+587米~215公里+794米(左线)和214公里+642米~215公里+807米(右线)处,地处张家坡镇大石沟村南。左线隧道长1207米,右线隧道长1165米,双洞均为净宽14.5米、净高5米,是一处双向六车道的长隧道。2005年3月动工,2007年12月竣工。

山东高速沂源服务区

毫山峪隧道 位于青兰高速公路221公里+597米~222公里+297米(左线)和221公里+617米~222公里+332米(右线)处,地处张家坡镇毫坪村西。左线隧道长700米,右线隧道长715米,双洞均为净宽14.5米、净高5米,是一处双向六车道的中隧道。2005年3月动工,2007年12月竣工。

沂源隧道 位于青兰高速公路251公里+974米~253公里+679米(左线)和251公里+994米~253公里+704米(右线)处,地处南麻街道大田庄村西。左线隧道长1705米,右线隧道长 1710米,双洞均为净宽14.5米、净高5米,是一处双向六车道的长隧道。2005年3月动工,2007年12月竣工。

沂源隧道

服务区

青兰高速公路沂源段设服务区1处,名称为山东高速沂源服务区,位于青兰高速公路244公里+500米处,分南北两区,占地120亩,建筑面积8600平方米,2007年12月投入运营。是集停车、加油、汽车充电、餐饮、客房、超市、水果采摘、休闲旅游于一体的综合性服务区。

沂源服务区结合沂源文化旅游资源优势,依山而建。为推进“服务区+旅游”深度融合,以牛郎织女情定沂源爱情故事为主题,打造了爱情长廊、荷塘叠瀑区,建设了休闲凉亭、紫藤廊架、观景台、儿童游乐区、景观池塘和精品茶舍,实现人文精神与自然景色相互融合。沂源服务区以建设现代高速公路智慧服务平台、地方特色资源对接平台、购物休闲平台、品牌推广和文化传播平台为目标,坚持提升改造基础设施,利用新技术、新工艺、新材料,新上污水设备、监控设备、光伏新能源、充电桩,增设了多功能会议室、接待室,能够满足80人会议接待,改造了餐厅,增加了特色餐饮,两区能满足400人同时就餐需求。开展“厕所革命”,按照旅游厕所标准建设了高标准旅游公厕,增加了空调、地暖、通风系统、LED显示屏、音响,增设了母婴室、第三卫生间,以满足特殊人群需要。服务区响应政府号召,实施乡村振兴,精准扶贫,配合周边果农,精心打造了具有地方特色的水果采摘园,过往乘客不下高速就享受到采摘的乐趣,同时帮助果农增加经济收入。

沂源服务区是国家AAA级旅游景区服务区、全国百佳示范服务区、市级文明单位、全国高速公路旅游特色服务区、中国高速公路服务区30年优秀管理团队、山东省总工会妈妈小屋示范点、山东省厕所革命优秀单位、支付宝公共领域旗舰服务区、山东省书画协会大学生创作写生基地、齐鲁非遗文化展演基地。

收费站

青兰高速公路沂源段共设有收费站4处，自西至东分别为鲁村收费站、沂源收费站、沂源东收费站、张家坡收费站，由山东高速淄博发展有限公司负责运营管理。4处收费站共设置入口车道10条，出口车道15条，其中共有ETC车道11条、混合车道14条。收费站实行四班三运转模式，共有员工70余人，全天24小时运转。

收费站口设有便民服务点和设备，可以24小时向过往司乘人员提供便捷简易工具、热水、小药箱和道路咨询等多项便民服务。2007年12月开始运营。4个收费站均采用“识别系统识别车牌、车型自动判别、人工辅助判别车型、人工发卡、检测器检测、计算机管理、闭路电视监视、人工收卡收费”的半自动封闭式联网收费，并采取可重复使用的非接触式IC卡作为通行券。采用全自动车牌识别系统，可对车辆实行对号入座。收费站内部设有对讲机报警系统，用于收费站监控室与收费亭之间的相互通话联系、紧急情况报警等。

临临高速公路

线路概况

临临高速公路地处山东省中南部，以公路起点（临淄）和止点（临沂）而得名，编号S27。是山东省“九纵五横一环七射多连”高速公路网中“四纵”线的重要组成部分。全长193.6公里，其中沂源段长46.67公里，路基宽34.5米，双向六车道，设计时速120公里，途经南鲁山、悦庄、石桥、燕崖、中庄、西里6个镇及49个行政村。共有桥梁153座，其中特大桥2座、大桥20座、中桥15座、小桥15座，建设隧道7条，涵洞96道。设置服务区1处、互通立交5处、枢纽1处。2021年1月开工建设，2023年12月中庄互通至金山互通段建成通车，其余路段2024年10月建成通车。

建设过程

2018年4月9日，淄博市人民政府发布《临淄至临沂高速公路社会稳定风险分析第一次信息公示》。2020年8月，沾淄临高速公路（当时名称）沂源段工程建设指挥部成立，指挥部办公室设在县交通运输局，承担指挥部日常工作；10月27日，山东省自然资源厅核发《建设项目用地预审与选址意见书》；11月17日，山东省发展和改革委员会下发《关于山东高速集团有限公司临淄至临沂高速公路项目核准的批复》，进行了项目核准；11月21日，山东省交通运输厅下发《关于临淄至临沂高速公路工程初步设计文件的批复》，对初步设计进行了审批；11月22日，山东高速集团有限公司发布临临高速工程施工招标公告，招标代理单位是山东华德诚工程项目管理有限公司。临临高速公路沂源段为四至七计4个合同段，工程监理由2个监理单位中标。2021年10月28日，山东省发展和改革委员会下发《关于山东高速淄临高速公路有限公司临淄至临沂高速公路项目核准变更的批复》，将项目单位由“山东

2023年12月29日，临临高速公路中庄互通至金山互通段建成通车

高速集团有限公司”变更为“山东高速淄临高速公路有限公司”，增设鲁山南互通立交，青兰高速（悦庄枢纽）至终点段由双向四车道变更为双向六车道。同年12月17日，自然资源部下发《关于临淄至临沂高速公路（淄博段）工程建设用地的批复》，对工程建设用地进行了批复。

2022年6月23日，沂源县自然资源局核发了《建设用地规划许可证》，确定临临高速沂源段用地面积359.2758公顷，建设规模46公里。随后展开涉及6个镇58个村5205户群众的地上附属物清理及征地拆迁工作。县临临高速公路建设指挥部加强统筹调度，协调建设单位、施工单位及相关乡镇、单位，针对地面附属物清理工作中的具体问题，及时进行会商研究，向群众进行政策解释和问题答复等工作，形成了由县高速公路工程建设指挥部统一领导，各镇具体组织实施，建设单位、第三方评估公司等进行配合的“1+6+4+N”的运作模式。2022年12月30日，临临高速沂源段征地拆迁工作完成，征地清表5323亩，拆迁房屋242户，在沿线所有区县中率先完成征迁任务。

临临高速沂源段地形起伏大、地质条件复杂，具有桥隧相接多、专业工程全、山区温差大等特点，且施工线路山高坡陡、沟壑纵横、平地紧缺，经过岩溶、崩塌、软土、人工填土等不良地质路段，复杂的地形地貌给工程施工带来较大困难。施工单位结合不同地质条件、施工环境，制定详细施工方案和进度计划，采用“交叉施工+流水作业”形式，提前谋划大型桥梁、跨路施工、隧道工程施工等周期长、难度大的重要控制性节点工程，并保证预制梁加工与现场施工进度同频共振。

山区高速多桥隧。临临高速全线共有15座隧道，沂源段就有7座，且隧道穿越自然保护区、岩溶发育区，是省内隧道数最多、体量最大、疑难问题最多、建设难度最大的在建高速公路工程。沂源境内隧道和桥梁的建设长度，约占全段建设里程的70%以上，是全线桥隧比最高的路段。其中，鲁山隧道为全线最长隧道、省内在建第二长隧道，穿越鲁山国家自然保护区，隧道洞身埋深最小处仅有3.7米。隧道开挖中，爆破控制稍有偏差，就会破坏自然保护区原始地貌，对周边生态造成重大影响。施工单位顶着巨大压力，将施工爆破振动速度控制在每秒0.7厘米以内，确保隧道安全通过极浅埋段。在桥梁建设过程中，悦庄枢纽互通立交4座桥梁需跨越青兰高速，施工难度大，风险系数高。为减少施工对青兰高速通行的影响，根据钢箱梁顶推长度长、曲线半径小的特点，创新应用多点自平衡步履式顶推法施工，根据箱梁结构增设顶推装置，每个顶推循环均根据监控数据实时调整箱梁角度，确保箱梁轴线满足顶推要求，曲线桥梁的线形准确性控制精度达到2毫米。

2022年12月，鹊桥隧道建设中

技术创新

自2022年5月开工后，参建单位积极开展微创新活动，不断推广应用新技术、新成果，实现工程建设的提质、降本、增效。桥梁建设中，创新采用桩基气举反循环清孔技术，实现桩基自动化清孔，降低环境影响。隧道建设中，采用悬挑式自动喷淋养生系统，有效解决隧道二衬养生问题，提升隧道建设质量。通过研发新型施工设备，提高隧道钢拱架安装速度20%，节省人工成本1600多万元。路面施工中，采用高黏高弹沥青混凝土路面，将路面总厚度由82厘米降低至72厘米，抗车辙效果、低温抗裂性能与疲劳耐久性显著提升，可有效节约运营养护维修成本。施工管理方面，通过研发三维监控量测系统，对施工过程24小时全自动监测，采用地震波反射法及地质雷达法长短结合进行超前地质预报、研判地质等技术创新，有力保证了隧道建设的施工安全和工程进度。“复杂环境风险处置及智慧管控技术应用研究”，荣获了中国公路学会2022年度隧道与地下空间工程创新奖。到2023年，项目单位已申请11项专利、7项软件著作权，在全国微创新大赛上取得了“一金三铜”的成绩。在山东省“技能兴鲁”职业技能大赛中，获得团体冠、亚军各1项。由于在科技成果转化方面取得了积极进展，项目公司还荣获了第十一届中国技术市场协会“金桥奖”，是2022年获得该荣誉的唯一交通运输行业集体。

桥　梁

苗庄特大桥　位于临临高速公路113公里+800米处，地处西里镇欣苗村，经互通匝道与省道惠沂线连接，桥梁全长1128.08米，全宽16.5米，全桥有桩基250棵，预制梁板421片。2021年12月27日开工，2024年8月竣工。

苗庄特大桥

瓦日公铁立交桥　位于临临高速公路104公里+503米处，地处燕崖镇南安乐村东，沿山而建，跨越瓦日铁路。左幅全长2397.54米，右幅全长2357.54米，涉铁段落采用2×85米现浇转体+30米预制箱梁。全桥有桩基462棵，预制梁板760片。瓦日公铁立交转体桥是临临高速项目关键控制性工程，桥面宽38.2米，重3.9万吨，需顺时针转体53度，是国内无现浇合龙段整幅转体最重的转体桥。梁体采用变高度预应力混凝土箱梁，施工采用支架现浇工艺，梁体现浇支架距铁路接触网仅16米，主梁线形控制。2022年3月开工，2023年12月竣工。

2023年10月9日，临临高速公路跨瓦日铁路转体桥转体仪式

车场大桥　位于临临高速公路81公里+312米处，地处南鲁山镇车场村，跨乡道三九路，全长708米，全宽15.5米，共有桩基153棵，预制梁板227片。2021年6月开工，2023年10月竣工。

娄峪1号大桥　位于临临高速公路83公里+695米处，地处悦庄镇娄峪村，全长434米，全宽15.5米。上部结构采用预应力混凝土（后张）简支小箱梁；下部结构采用多柱式桥墩，桩基础和U型桥台，扩大基础。全桥设计桩基78棵，预制梁板140片。2021年8月开工，2023年4月竣工。

娄峪2号大桥　位于临临高速公路84公里+325米处，地处悦庄镇娄峪村，全长162米，全宽15.5米。上部结构采用预应力混凝土（后张）简支小箱梁；下部结构采用多柱式桥墩，桩基础和U型桥台，扩大基础。全桥设计桩基24棵，预制梁板50片。2021年8月开工，2023年5月竣工。

娄峪水库大桥　位于临临高速公路85公里+

335米处，地处悦庄镇娄峪村，全长329米，全宽15.5米。上部结构采用预应力混凝土（后张）T梁；下部结构采用多柱式桥墩，桩基础和U型桥台，扩大基础。全桥设计桩基48棵，预制梁板112片。2021年5月开工，2023年7月竣工。

儒林河大桥 位于临临高速公路86公里+945米处，地处悦庄镇崔家庄村，跨石臼河，全长329米，全宽15.5米。上部结构采用预应力混凝土（后张）简支小箱梁+现浇钢筋混凝土箱梁；下部结构采用多柱式桥墩，桩基础和U型桥台，扩大基础。全桥设计桩基62棵，预制梁板90片。2021年6月开工，2023年5月竣工。

黄山村大桥 位于临临高速公路87公里+728米处，地处悦庄镇黄山子村，全长187米，全宽15.5米，上部结构采用预应力混凝土（后张）简支小箱梁；下部结构采用多柱式桥墩，桩基础。全桥设计桩基48棵，预制梁板60片。2021年6月开工，2023年5月竣工。

北营大桥 位于临临高速公路89公里+338米处，地处悦庄镇北营村，全长487米，全宽15.5米，上部结构采用装配式预应力混凝土箱梁；下部结构采用多柱式桥墩，桩基础。全桥设计桩基123棵，预制梁板174片。2021年6月开工，2023年5月竣工。

抗子沟大桥 位于临临高速公路90公里+416米处，地处悦庄镇抗子沟村，全长132米，全宽15.5米，上部结构采用预应力混凝土（后张）简支小箱梁；下部结构采用多柱式桥墩，桩基础。全桥设计桩基51棵，预制梁板62片。2021年10月开工，2023年9月竣工。

G341分离立交桥 位于临临高速公路92公里+93米处，地处悦庄镇赵家峪村，跨国道黄海线，全长341.5米，全宽15.5米，上部结构采用预应力混凝土（后张）简支小箱梁；下部结构采用多柱式桥墩，桩基础。2022年1月开工，同年9月竣工。

赵家峪大桥 位于临临高速公路92公里+765米处，地处悦庄镇赵家峪村，全长157米，全宽15.5米，上部结构采用预应力混凝土（后张）简支小箱梁；下部结构采用多柱式桥墩，桩基础。全桥设计桩基48棵，预制梁板50片。2021年7月开工，2023年4月竣工。

北安乐村大桥 位于临临高速公路102公里+618米处，地处燕崖镇北安乐村。左幅全长369.5米，全宽16.5米；右幅全长402.5米，全宽16.5米。全桥设计桩基81棵，预制梁板125片。2022年2月开工，2023年9月竣工。

石沟大桥 位于临临高速公路105公里+990米处，地处中庄镇石沟村，上跨南崔路，经互通匝道与县道南崔路连接。左幅全长335.54米，均宽18.5米；右幅全长332.04米，均宽19.48米。全桥设计桩基63棵，预制梁板77片。2022年3月开工，2023年12月竣工。

沂河大桥 位于临临高速公路107公里+649米处，地处中庄镇李家河西村，全长648.08米，全宽31米。上部结构采用预应力混凝土连续T梁，下部结构桥墩采用柱式墩、桩基础。全桥设计桩基132棵，预制梁板224片。2022年2月开工，2024年8月竣工。

沂河大桥

中庄大桥 位于临临高速公路109公里+458米处，地处中庄镇店头村西侧150米。左幅全长498.5米，全宽16.5米；右幅全长463米，全宽16.5米。全桥设计桩基87棵，预制梁板155片。2022年12月开工，2024年8月竣工。

韩庄大桥 位于临临高速公路111公里+200米处，地处中庄镇东韩庄村东。左幅全长576.08米，全宽16.5米；右幅全长536.08米，全宽16.5米。上部结构采用预应力混凝土（后张）T梁，下部结构桥墩采用柱式墩。全桥设计桩基75棵，预制梁板189片。2022年3月开工，2023年9月竣工。

石匣峪1号大桥 位于临临高速公路114公里+908米处，地处西里镇石匣峪村。左幅全长547米，全宽16.5米；右幅全长607米，全宽16.5米。上部结构采用预应力混凝土（后张）简支小箱梁，下部结构桥墩采用柱式墩。全桥设计桩基139棵，预制梁板230片。2022年4月开工，2024年8月竣工。

石匣峪1号大桥

石匣峪2号大桥 位于临临高速公路115公里+682米处，地处西里镇石匣峪村东。左幅全长283米，全宽15.5米；右幅全长345米，全宽15.5米。上部结构采用预应力混凝土（后张）简支小箱梁；下部结构桥墩采用柱式墩，桩基础。全桥设计桩基66棵，预制梁板120片。2022年3月开工，2023年6月竣工。

翟家庄大桥 位于临临高速公路117公里+102米处，地处西里镇翟家庄村东。左幅全长814.08米，全宽16.5米；右幅全长808.08米，全宽16.5米。上部结构采用预应力混凝土（后张）T梁；下部结构桥墩采用柱式墩，桩基础。全桥设计桩基162棵，预制梁板280片。2022年5月开工，2024年8月竣工。

马庄河大桥 位于临临高速公路121公里+122米处，地处西里镇周家上庄村东。左幅全长969.58米，全宽16.5米；右幅全长968.58米，全宽16.5米。上部结构采用预应力混凝土（后张）T梁，下部结构桥墩采用柱式墩、桩基础。全桥设计桩基174棵，预制梁板336片。2022年3月开工，2024年8月竣工。

尚书沟大桥 位于临临高速公路123公里+458米处，地处西里镇尚书沟村，全长307米，全宽15.5米。上部结构采用预应力混凝土（后张）小箱梁；下部结构桥墩采用柱接盖梁式，桩基础。全桥设计桩基72棵，预制梁板90片。2022年2月开工，2024年4月竣工。

赵家峪水库中桥 位于临临高速公路91公里+476米处，地处悦庄镇赵家峪村，全长85米，全宽15.5米。上部结构采用预应力混凝土（后张）简支矮T梁；下部结构桥墩为多柱式桥墩，桩基础。2021年10月开工，2023年9月竣工。

赵庄中桥 位于临临高速公路95公里+6米处，地处悦庄镇赵庄村，全长97米，全宽15.5米。上部结构采用预应力混凝土（后张）简支小箱梁；下部结构桥墩为多柱式桥墩，桩基础。2021年8月开工，2023年5月竣工。

青龙山分离立交桥 位于临临高速公路88公里+614米处，地处悦庄镇黄山子村，全长82米，全宽15.5米。上部结构采用预应力混凝土（后张）简支小箱梁；下部结构桥墩为多柱式桥墩，桩基础。2021年2月开工，2023年4月竣工。

X009二号分离立交桥 位于临临高速公路88公里+925米处，地处悦庄镇黄山子村，全长82米，全宽15.5米。上部结构采用预应力混凝土（后张）简支小箱梁；下部结构桥墩为多柱式桥墩，桩基础。2022年8月开工，2023年10月竣工。

S229分离立交桥 位于临临高速公路94公里+877米处，地处悦庄镇赵庄村，全长97米，全宽15.5米。上部结构采用预应力混凝土（后张）简支小箱梁；下部结构桥墩为多柱式桥墩，桩基础。2023年2月开工，2023年10月竣工。

K95+550.5分离立交桥 位于临临高速公路95公里+550.5米处，地处悦庄镇王家泉村，全长104米，全宽15.5米。上部结构采用预应力现浇箱梁；下部结构桥墩为多柱式桥墩，桩基础。2022年10月开工，2023年9月竣工。

K89+962.1主线桥 位于临临高速公路89公里+962.1米处，地处悦庄镇北营村，全长77米，全宽15.5米。上部结构采用预应力现浇箱梁；下部结构桥墩为多柱式桥墩，桩基础。2021年5月开工，2022年10月竣工。

西辽中桥 位于临临高速公路90公里+619米处，地处悦庄镇辽军埠村，全长82米，全宽15.5米。上部结构采用预应力混凝土（后张）简支小箱梁；下部结构桥墩为多柱式桥墩，桩基础。2022年5月开工，2023年10月竣工。

K96+354.8跨线桥 位于临临高速公路96公里+354.8米处，地处悦庄镇王家泉村，全长79米，全宽15.5米。上部结构采用预应力混凝土现浇箱梁；下部结构桥墩为多柱式桥墩，桩基础。2022年5月开工，2023年8月竣工。

AK0+250匝道桥 位于临临高速公路97公里+50米处，地处悦庄镇王家泉村，全长90米，全宽11.5米。上部结构采用预应力混凝土现浇箱梁；下部结构桥墩为多柱式桥墩，桩基础。2023年3月开工，2023年11月竣工。

DK0+190.3匝道桥 位于临临高速公路97公里+150米处，地处悦庄镇王家泉村，全长79米，全宽8米。上部结构采用预应力混凝土现浇箱梁；下部结构桥墩为多柱式桥墩，桩基础。2021年8月开工，2022年5月竣工。

CK1+502.5匝道桥 位于临临高速公路97公里+200米处，地处悦庄镇王家泉村，全长87米，全宽11.5米。上部结构采用预应力混凝土现浇箱梁；下部结构桥墩为多柱式桥墩，桩基础。2023年2月开工，2023年11月竣工。

CRK172+564.44匝道桥 位于临临高速公路97公里+200米处，地处悦庄镇石楼村，全长67米，全宽4.5米。上部结构采用预应力混凝土现浇箱梁；下部结构桥墩为多柱式桥墩，桩基础。2023年4月开工，2023年10月竣工。

清泉中桥 位于临临高速公路118公里+948米处，地处西里镇清泉村，全长82米，全宽16.5米。上部结构采用预应力混凝土（后张）简支小箱梁；下部结构桥墩为多柱式桥墩，桩基础。2021年12月开工，2024年8月竣工。

南鲁山互通立交桥 位于临临高速公路81公里+399米处，地处南鲁山镇车场村北，与乡道三九路相交，为主线上跨三九路、匝道下穿主线的B型单喇叭型互通立交桥。匝道全长2649.887米，设匝道收费站一处，收费车道采用3进3出。收费站广场宽35米，长120米。收费岛宽2.2米，收费车道宽3.5米，外侧超宽车道4.5米，硬路肩宽0.5米。出、入口单向收费岛长均为40米，双向岛长60米，收费岛均采用直线岛。该互通立交的设置有利于沂源县北部地区的交通出行，加快鲁山及周边景区旅游开发建设，促进经济发展。

建设中的清泉中桥

2017年5月、11月，淄博市

悦庄枢纽立交桥

政府先后向齐鲁交通发展集团、省交通运输厅上报《关于增设鲁山南互通立交的函》；2018年10月、2020年10月，沂源县政府先后向齐鲁交通发展集团、省交通运输厅上报《关于增设鲁山南互通立交的函》，2020年11月，省交通运输厅批复了含增设鲁山南互通立交建设内容的临临高速公路初步设计方案。2022年1月开工，2024年8月竣工。

沂源北互通立交桥 位于临临高速公路89公里+900米处，地处悦庄镇中营村东，立交路与主线无交叉。该互通式立交采用了布设在县道淄安路以西的A型单喇叭互通立交型式，互通立交匝道全长2506.393米。互通立交桥的设置有利于沂源县北部地区的交通出行。设匝道收费站一处，收费车道采用三进三出。收费站广场宽36.5米、长120米，收费岛宽2.2米，收费车道宽3.5米，外侧超宽车道4.5米，入口单向收费岛、出口单向收费岛均长40米，双向岛长60米。收费站出口通过连接线与国道黄海线连接，形成T型平面交叉。路面宽25.5米，双向4车道。2021年2月开工，2023年11月竣工。

悦庄枢纽立交桥 位于临临高速公路96公里+60米处，地处悦庄镇王家泉村南侧，实现了临临高速与青兰高速路网的快速连接。悦庄枢纽互通式立交共设置主线桥及匝道桥14座，通道5座，中桥2座，涵洞3道。该互通立交匝道全长6721米。该枢纽是临临高速全线唯一一座使用新型钢箱梁顶推施工工艺的跨高速枢纽，结构多以现浇梁、钢箱梁为主，其中钢箱梁共5联，总重5983吨，现浇箱梁36联，钢箱梁架设跨度共计160米。2021年3月16日开工，2023年12月15日竣工。

中庄互通立交桥 位于临临高速公路105公里+887米处，地处中庄镇朱家泉村西，该互通立交桥与中庄服务区合建。主线与县道南崔路相交。采用了主匝道布置在西南象限、下穿主线后与被交路相交的T型互通式立交，合并设置服务区。场区面积7.6公顷。该互通立交匝道全长4092.659米，设匝道收费站一处，收费车道采用三进三出。收费站广场宽35米、长120米，收费岛宽2.2米，收费车道宽3.5米，外侧超宽车道4.5米，硬路肩宽0.5米，出、入口单向收费岛长均为40米，双向岛长60 米。收费岛均采用直线岛。该互通立交的设置有利于沂源县南部地区的交通出行，方便沂源果品主产区的农产品外运。互通立交桥邻近牛郎织女景区，景色宜人，互通立交桥与服务区合建后兼具服务与旅游功能。2022年1月开工，2023年12月竣工。

西里互通立交桥 位于临临高速公路114公里+350米处，地处西里镇苗庄村西侧。被交路为省道惠沂线，北侧隧道洞口在惠沂线以南约80米，惠沂线位于隧道洞身以上。该互通立交桥采用匝道收费站布设在西南象限的A型单喇叭互通立交型式，匝道全长3189.463米，设匝道收费站一处，收费车道采用三进三出。收费站广场宽36.5米、长120米，收费岛宽22米，收费车道宽3.5米，外侧超宽车道4.5米。收费岛均采用直线岛，入口单向收费岛、出口单向收费岛均长40米，双向岛长60米。互通立交桥的设置实现了S234与临临高速公路路网的快速连接。该互通立交桥的设置有利于西里镇及周边乡镇的交通出行。

临临高速公路沂源段共有小桥15座，总长257米。

临临高速公路沂源段小桥统计表

序号	桥梁名称	中心桩号	桥梁全长（米）	桥梁全宽（米）	设计荷载
1	K96+681.5 跨线桥	K96+681.5	30	34.5	公路Ⅰ级
2	HK0+940 匝道桥	HK0+940	30	10.5	公路Ⅰ级
3	ZK83+255.663 拖通左幅	ZK83+255.663	16	34.5	公路Ⅰ级
4	K86+064 通道	K86+064	16	34.5	公路Ⅰ级
5	K86+640 汽通	K86+640	16	34.5	公路Ⅰ级
6	K87+147 通道	K87+147	16	34.5	公路Ⅰ级
7	K87+890 通道	K87+890	16	34.5	公路Ⅰ级
8	K92+416 通道	K92+416	10	34.5	公路Ⅰ级
9	K93+313 通道	K93+313	10	34.5	公路Ⅰ级
10	K94+080 通道	K94+080	16	34.5	公路Ⅰ级
11	K94+598 汽通通道	K94+598	16	34.5	公路Ⅰ级
12	K96+223.8 通道	K96+223.8	10	34.5	公路Ⅰ级
13	沂源北互通 AK0+538 通道	AK0+538	10	26.5	公路Ⅰ级
14	沂源南互通 E 匝道桥	EK0+316	20.04	10.5	公路Ⅰ级
15	沂源南互通 F 匝道桥	FK1+424	24.5	15.59	公路Ⅰ级

隧　道

鲁山隧道　位于临临高速公路76公里+423米~79公里+870米（左线）和76公里+441米~79公里+883米（右线）处，出口位于南鲁山镇唐家六村北1000米处。该隧道为分离式隧道，左线长3447米，右线长3442米，属双向六车道长隧道，为全线最长隧道。2021年3月开工，2023年4月竣工。

鲁山隧道

车场隧道　位于临临高速公路81公里+773米~83公里+150米（左线）和81公里+785米~83公里+150米（右线）处，地处南鲁山镇车场村南。该隧道为分离式隧道，左线长1377米，右线长1365米，属双向六车道长隧道。2021年2月开工，2023年7月竣工。

鹊桥隧道　位于临临高速公路99公里+840米~100公里+590米（左线）和99公里+838米~100公里+450米（右线）处，地处燕崖镇北安乐村北。该隧道为分离式隧道，左线长750米，右线长612米，属双向六车道中隧道。2021年12月开工，2022年12月竣工。

鹊桥隧道

韩王崮隧道　位于临临高速公路111公里+530米~113公里+15米（左线）和111公里+545米~113公里+25米（右线）处，地处西里镇苗庄村北。

左线长1485米，右线长1480米，属双向六车道长隧道。2021年12月开工，2023年7月竣工。

曹家顶隧道 位于临临高速公路119公里+70米~120公里+530米（左线）和119公里+100米~120公里+510米（右线）处，地处西里镇清泉村西南。该隧道左线长1460米，右线长1410米，属双向六车道长隧道。隧道进口、出口第四系覆盖层较薄，基岩埋深较浅。隧址区海拔340.2~562.8米，相对高差约222.6米，整体较陡。隧道最大埋深约186米。2021年12月开工，2023年7月竣工。

尚书沟隧道 位于临临高速公路122公里+735米~123公里+167米（左线）和122公里+798米~123公里+175米（右线）处，地处西里镇太平官庄村，出口位于西里镇石拉村，为短隧道。左线全长432米，右线全长377米，围岩类型主要有Ⅲ、Ⅳ、Ⅴ类型。该隧道为双向六车道，开挖断面大，设有1处人行通道，进出口洞门形式均为削竹式。2022年4月开工，同年11月竣工。

石泉隧道 位于临临高速公路123公里+775米~124公里+996米（左线）和123公里+715米~125公里（右线）处，进口位于西里镇石拉村，出口位于沂水县拐棒峪村。左线长1221米，右线长1285米，设有3处人行通道和1处车行通道，为分离式长隧道。2022年4月开工，2023年9月竣工。

收费站

临临高速公路沂源段共设收费站4处，自北至南分别为南鲁山收费站、沂源北收费站、中庄收费站、西里收费站，由山东高速淄博发展有限公司负责运营管理，是沂源段内第一条智慧化云收费站。项目采用标准化车道设备和智能收费系统，打造了站区少人化、岗亭无人化、引导智慧化的新型收费站运营模式，并搭配雨棚LED折叠显示屏、新型发光栏杆臂等诱导，确保用户收费行为快速实现，大幅提升了收费广场车辆整体通行能力，实现了“一台平板就是一个控制中心”。4处收费站共设置入口车道12条、出口车道12条、自助收发卡机8台。除ETC专用车道外，自助发卡及缴费智能设备全覆盖，通过车牌比对全车型自动识别数据，精准判别车型车种，实现混合车道收费业务流程智能化、自助化。设置“一路三方”联勤联动工作站，提供交管、路政、路管业务人工服务。收费站实行“四班三运转”模式，共有员工60余人，全天24小时运转。收费站口设有便民服务点，可以24小时向过往司乘人员提供便捷简易工具、热水、应急医药箱和道路咨询等多项便民服务。此外，在收费站内部设有对讲机、脚踏报警系统，用于收费站监控室与收费亭之间的相互通话联系、紧急情况报警等。

服务区

临临高速公路中庄服务区位于中庄镇朱家泉村东，与中庄收费站相连，占地面积7.6公顷，总建筑面积7829平方米，其中综合楼建筑面积6915平方米，是临临高速全线4个服务区之一，是山东省第一个、全国第二个单侧服务区。自南向北过往车辆经过闸道环路驶进综合楼西侧停车场区，自北向南车辆驶进综合楼东侧停车场区，东西场区共用一个综合楼，两侧停车区由挡车石球阻挡不互通，并单独设置加油站。东西两侧停车区各设包含32个充电桩停车位、6个女士停车位等在内的各类停车位200余个。2023年2月开工，11月竣工。

临临高速公路中庄服务区

普通国省道

沂源县境内有1条普通国道、5条普通省道，全长共186.321公里，其中一级公路17.067公里，二级公路169.254公里。

黄海线

线路概况

国道黄海线东起青岛市黄岛区，西至青海省海晏县，编号G341。沂源县境内路段起点在与临朐交界的悦庄镇上枝村，止点位于与莱芜交界的鲁村镇石门村，全长45.812公里，其中一级公路13.499公里、二级公路32.313公里。路基宽11.5~27米，路面宽10~21米。共有桥梁28座，其中大桥5座、中桥8座、小桥15座，涵洞143道，隧道1座。该路途经沂源县悦庄镇、历山街道、南麻街道、鲁村镇，与沂邳线、张台线、张鲁线3条省道交叉，是沂源县境内主要交通干线之一。

建设过程

沂源县境内该路南麻至草埠路段的通行历史较早。据《沂源县志》记载，自明、清时期，草埠一带就有打井采煤的历史，至民国时期，采煤的矿井已发展到数家，当时便有为煤井运输服务的土路，路面狭窄，崎岖不平，运输手段主要靠肩挑、驴驮，而木轮手推车则是当时比较先进的运输工具。新中国成立后，沂源县人民委员会发动沿线群众，对原路进行逐段分期整修加宽，路况有了一定改善。1957年，沂源县人民委员会以民工建勤形式，组织对南麻至草埠段（时称南草路）17.1公里，进行以整修路基为主的改造，于1958年竣工，因桥梁、涵洞等构造物尚未建成，汛期不能保证畅通，仅能季节性通行。1958年8月，对南草路全段实施裁弯取直、降坡加宽和路面改善，1959年6月竣工。

1964年，沂蒙山区“小三线”建设开始，先后有多家“小三线”厂建在沂源县境内。为开发山区，支援工农业生产，保证“小三线”建设运输物资的需要，省交通厅会同济南军区，对该路线进行了勘查。1966—1968年，重修南麻至草埠段，并延伸至与莱芜交界处，全长20.1公里。1967年，对县城以东悦庄至上枝段14.1公里（时称莱马路），在原简易道路基础上进行改建，路基宽7米，砂石路面，晴雨通车。同年7月，根据省交通厅公路局革命委员会通知，莱马路西端延伸至泰安，东端连接王戈庄，将该路更名为泰（安）王（戈庄）路。1971年，王戈庄至薛家岛改建工程完成后全线通车，遂更名为泰薛路。

1982年，对赵家峪至西高庄段实施改建，路基加宽至13米，长16.5公里。同年6月，完成施工放样，11月开始施工，1984年竣工。

1986年，完成高庄至南麻段3.3公里铺筑沥青路面施工。至1989年底，经过数次整修、改建后，长43.7公里，其中二级公路12.55公里、三级公路31.15公里，有大桥4座、中小桥12座，成为沂源县境内横贯东西的交通主干线之一。

1991—1993年，对高庄至莱芜界路段16.82公里，按二级公路标准实施改建。1991年4月正式开工，至1992年完成路基桥涵以及部分试验段路面基层工程。1993年3月，实施路面改造提升，分为水泥混凝土、沥青混凝土两种

国道黄海线佛爷岭段

施工形式，其中水泥路面14.2公里、沥青路面2.3公里。同年11月竣工。改建后，路基宽12米，刘家大峪村、沙沟村、草埠村以西等多处路段进行改线，鲁村街里加宽到16米。

1994年，泰薛路高庄段改建工程

1994—1996年，高庄至莱芜界路段改建工程结束后，对东段即悦庄至上枝段14.1公里实施改建。该段地形复杂，对陡坡、急弯和穿越村庄的路段进行了改线、降坡处理。全段有3处为新辟路线，一是原路穿越龙王官庄段，因弯道多、坡度大，新线改在村北，弯道改成1.3公里的直线，最大纵坡降至3%；二是佛爷岭以东下坡段，原有一回头弯道，并且处在阴坡，冬季积雪极易造成交通事故，新线改在向阳坡面，降低佛爷岭垭口，下挖19米，直线下山纵坡降为5%；三是上枝村段，原路通过上枝村里，交通不便，行车困难，新线离开老路跨河到上枝村河南岸，然后绕开村里回到河北面直至临朐界，这样改线避开了村庄，减少拆迁，提高了公路等级。改建后，达到二级公路标准，全部水泥混凝土硬化路面，路基宽12米，路面宽11米。泰薛路东、西两段改建工程历时6年，全线达到二级公路标准，高级、次高级路面，桥涵防护工程全部配套。

1997年，山东省省道网调整，将泰薛路更名为薛（家岛）馆（陶）路。1998年，省道网重新编号，将南麻村至张良村重合路段从薛馆路调整至博沂路，薛馆路的通车里程由43.2公里调整为33.8公里。同年，薛馆路沂源段通过省交通厅组织的省级文明样板路验收，成为淄博市第一条省级文明样板路。

2004年，博沂路沂源城北绕城线建成之后，南麻至石臼重合路段调回到薛馆路，薛馆路通车里程增加6.7公里，合计通车里程40.5公里。

2006—2007年，作为青兰高速公路沂源东出口连接线，薛馆路自沂源热电厂向东线路右偏改线，经东儒林村南、南石臼村南接青兰高速沂源东立交（亦称工业园路），再北行1.1公里与博沂路相接，改线长5.82公里。改线后，薛馆路沂源境内通车里程为42.2公里。

2010—2012年，薛馆路沂源段44.4公里列入省交通厅、省财政厅国省道改建工程计划，并改造完成。本次改建，按二级公路标准设计，分三段实施，东段即上枝村至悦庄段，长13.5公里，原路改造路面，路基宽11.5米，路面宽10米；中段即悦庄至高庄转盘为改线段，长14.7公里，改线起点位于悦庄镇南魽庄村西南，向南平交博沂路至饮马河支流北岸，右转向西，经南张良村和中张良村之间，沿规划中的沂源县工业园南侧，在青兰高速沂源东互通立交匝道会合处与收费站之间，设立分立立交跨越沂源东连接线，沿现有工业园路南侧西行至东岭，跨儒林河，沿沂河北岸经东儒林村、前崖村、东河北村、西河北村，跨螳螂河村，经北刘庄村、东高庄村接青兰高速沂源互通连接线至西高庄转盘，该路段路基宽16.5米，路面宽15米，新建大中桥4座；西段即高庄转盘至莱芜界，全长16.2公里，其中高庄转盘至刘家大峪段2.7公里，局部改线，调整弯道半径，抬高库区段路基；刘家大峪至莱芜界13.5公里，原路改造路面，路基宽11.5米，路面宽10米，鲁村街里路面加宽至21米，加固维修大中桥4座。本期工程竣工通车后，该路线不再与博沂路重合，在高庄与沂台路重合0.2公里，全路通车里程为44.285公里，均为二级公路。

2017年路网调整，由省道薛馆路升级为国道胶海线，为沂源县境内第一条普通国道。2018年，胶海线（胶南至海晏）改名为黄海线（黄岛至海晏）。2019年，路线调整，将原先葛庄至高庄段调整为葛庄经石臼至鱼台。2022年，调整为经赵家峪至芝芳。

黄海线龙王官庄段

桥　梁

北大岩大桥　位于黄海线194公里+718米处，地处历山街道北大岩村，是一座跨河大桥。该桥上部结构为预应力钢筋混凝土箱形梁，下部结构为多柱墩。全长132.04米，全宽25米。设计荷载为公路－Ⅰ级。2020年9月开工，2022年12月竣工。

黄海线A匝道跨线桥

A匝道跨线桥　位于黄海线197公里+990米处，地处南鲁山镇芝芳村，是跨越张台线的大桥。上部结构为预应力钢筋混凝土连续箱梁，下部结构为多柱墩。全长113米，全宽18.5米。设计荷载为公路－Ⅰ级。2020年9月开工，2022年12月竣工。

螳螂河大桥　位于黄海线199公里+825米处，地处南麻街道西鱼台村，是跨越螳螂河的跨河大桥。上部结构为8孔13米钢筋混凝土空心板梁；下部结构为灌注桩基础，钢筋混凝土多柱式墩，钢筋混凝土U型桥台。全长107.7米，全宽17.5米。设计荷载为汽车－20级，挂－100。2007年1月开工，同年10月竣工。

琉璃河大桥　位于黄海线213公里+629米处，地处鲁村镇王村，是跨越琉璃河的跨河大桥。该桥位处原是一座中水位漫水桥，建于1968年，其上部结构为8孔4米钢筋混凝土板桥，下部结构为浆砌块石重力式墩台。全长37米，全宽7米。设计荷载为汽车－13级，拖－60。桥两头漫水路长130.5米，漫水工程总长167.5米。1991年，薛馆路按二级公路进行改建时，在原桥位改建大桥一座，上部结构为8孔13米钢筋混凝土空心板；下部结构为桥墩灌注桩基础，钢筋混凝土柱式墩，片石基础，混凝土框架式桥台。全长116.4米，全宽12.6米。设计荷载为汽车－20级，挂－100。2015年，实施桥梁改造，上部结构为8孔13米预应力钢筋混凝土空心板梁，下部结构为双柱式墩。全长109米，全宽13.5米。设计荷载为公路－Ⅰ级。

草埠大桥　位于黄海线217公里+241米处，地处鲁村镇草埠村北，是跨越草埠河的跨河大桥。该桥原是一座中水位漫水桥。1991年，该路段按二级公路进行改建时，在原桥位上游50米处新建大桥一座，上部结构为8孔13米钢筋混凝土空心板；下部结构为灌注桩基础，钢筋混凝土柱式墩，桥台为片石基础，混凝土框架式桥台。

全长116.4米，全宽12.6米。设计荷载为汽车–20级，挂–100。2015年，实施桥梁改造，上部结构为8孔13米预应力钢筋混凝土板拱，下部结构为双柱式墩。全长109米，全宽15.1米。设计荷载为公路–Ⅰ级。

草埠大桥

上枝西桥 位于黄海线175公里+552米处，地处悦庄镇上枝村东，是跨越上枝河的跨河中桥。原桥修建于1994年。2012年，实施桥面改造工程，上部结构为4孔12米钢筋混凝土空心板梁，下部结构为钢筋混凝土重力式墩。全长49米，全宽13米。设计荷载为公路–Ⅰ级。

饮马河中桥 位于黄海线187公里+853米处，地处悦庄镇南营村南，是跨越饮马河的跨河中桥。上部结构为3孔20米预应力钢筋混凝土箱形梁，下部结构为多柱墩。全长67.04米，全宽25米。设计荷载为公路–Ⅰ级。2020年9月开工，12月竣工。

石臼河中桥 位于黄海线189公里+587米处，地处悦庄镇阿陀村南，是跨越石臼河的跨河中桥。上部结构为3孔20米预应力钢筋混凝土箱形梁，下部结构为多柱墩。全长67.04米，全宽25米。设计荷载为公路–Ⅰ级。2020年9月开工，12月竣工。

儒林河中桥 位于黄海线190公里+414米处，地处悦庄镇尧洼村南，是跨越儒林河的跨河中桥。上部结构为3孔20米预应力钢筋混凝土箱形梁，下部结构为多柱墩。全长67.04米，全宽25米。设计荷载为公路–Ⅰ级。2020年9月开工，12月竣工。

埠村西河中桥 位于黄海线191公里+637米处，地处悦庄镇西埠村，是跨越埠村西河的跨河中桥。上部结构为2孔20米预应力钢筋混凝土箱形梁，下部结构为多柱墩。全长47.04米，全宽25米。设计荷载为公路–Ⅰ级。2020年9月开工，12月竣工通车。

北大岩中桥 位于黄海线193公里+667米处，地处历山街道北大岩村北，是跨越北大岩河的跨河中桥。上部结构为3孔20米预应力钢筋混凝土箱形梁，下部结构为多柱墩。全长71.04米，全宽25米。设计荷载为公路–Ⅰ级。2020年9月开工，12月竣工通车。

鲁村东桥 位于黄海线211公里+417米处，地处鲁村镇鲁村东，是跨越鲁村东河的跨河中桥。该桥位处原是一座中水位漫水桥，建于1968年，上部结构为6孔4米钢筋混凝土板桥，下部结构为浆砌块石重力式墩台。全长28米，全宽7米。设计荷载为汽车–13级，拖–60。桥两头漫水路长88米，漫水工程总长116米。1991年，薛馆路按二级公路改建时，在原桥位改建为中桥一座。上部结构为4孔13米钢筋混凝土空心板；下部结构为浆砌片石基础，钢筋混凝土柱式桥墩，框架式桥台。全长63.15米，全宽12.6米。设计荷载为汽车–20级，挂–100。2015年，该桥实施改造，上部结构为4孔13米预应力钢筋混凝土空心板梁；下部结构为钢筋混凝土多柱墩，钢筋混凝土框架式桥台。全长57米，全宽15.1米。设计荷载为公路–Ⅰ级。

鲁村西桥 位于黄海线212公里+195米处，地处鲁村镇鲁村街里处，是跨越鲁村西河的跨河中桥。该桥位处原是一座中水位漫水桥，建于1968年，上部结构为7孔4米钢筋混凝土板桥，下部结构为浆砌块石重力式墩台。全长32.4米，全宽7米。设计荷载为汽车–13级，拖–60。桥两头漫水路长117.6米，漫水工程总长150米。1991年，薛馆路按二级公路实施改建，在原桥位改建为中桥一座。上部结构为3孔13米钢筋混凝土空心板；下部结构为灌注桩基础、钢筋混凝土柱式桥墩，浆砌片石基础、框架式桥台。全长51.4米，全宽16.5米。

设计荷载为汽车-20级，挂-100。2015年，该桥实施改造工程，上部结构为预应力钢筋混凝土空心板梁，下部结构为双柱式墩。全长41.5米，全宽27.7米。设计荷载为公路-Ⅰ级。

国道黄海线沂源段共有小桥15座，总长331.1米。

国道黄海线沂源段小桥统计表

序号	桥梁名称	中心桩号	全长（米）	全宽（米）	设计荷载
1	上枝小桥	174.131	10	13	汽车-20级
2	上枝桥1	174.73	6	13	汽车-20级
3	上枝桥2	175.022	50	12.6	公路-Ⅱ级
4	两县桥1	176.061	10	13	公路-Ⅱ级
5	两县桥2	176.317	40.62	12.6	公路-Ⅱ级
6	龙王官庄桥1	179.584	14.5	13	汽车-20级
7	龙王官庄桥2	179.794	32.08	13	汽车-20级
8	龙王官庄桥3	181.952	29.5	13	公路-Ⅱ级
9	龙王官庄桥4	183.333	9	12	汽车-20级
10	龙王官庄桥5	183.65	44.2	13	公路-Ⅱ级
11	彩板峪桥	198.774	18	17	汽车-20级
12	刘家大峪小桥	205.852	27.5	13.9	公路-Ⅰ级
13	沙沟桥	209.335	28	12.5	公路-Ⅰ级
14	曹家庄桥	210.327	5.7	13.5	公路-Ⅱ级
15	草埠桥	218.244	6	13.5	公路-Ⅱ级

隧　道

彩板峪隧道　位于黄海线195公里+755米（上行）、196公里+158米（下行），地处历山街道彩板峪村东北。隧道长分别为403米（上行）处、402米（下行），隧道宽为14.25米，隧道高为5米，为双车道短隧道。该隧道于2021年3月动工，2022年8月竣工。

彩板峪隧道

沂邳线

线路概况

省道沂邳线北起沂源，南至江苏邳州，编号S229。沂源县境内起点位于南鲁山镇芝芳村，终点位于张家坡镇南流泉村，长46.41公里。其中，一级路14.033公里（含重合黄海线11.987公里），二级路32.367公里。路基宽13~25.5米，路面宽12~22米。共有桥梁17座，其中大桥2座、中桥4座、小桥11座，建设涵洞68道。途经南鲁山镇、历山街道、悦庄镇、石桥镇、张家坡镇。

建设过程

新中国成立前，从博山到沂水的简易道路途经沂源县，时称博沂路（亦称沂博路），虽有过几次抢修，但时通时断。特别是沂源与博山交界路段，翻越海拔800多米的松仙岭，山高坡陡，蜿蜒崎岖，每逢冬季有几个月不能通行。1952年10月，沂源县发动群众对博沂路进行改建，于1953年春竣工。路线自松仙岭起至沂水交界，全长65.2公里，这是沂源县第一条干线公路，但仍是一条低级简易公路，只能维持季节性通行。1955年，对松仙岭至南麻段22.5公里进行第二次改建，只对个别路段进行裁弯取直、降坡加宽，同时完善部分构造物，未改变基本走向。

1957年6月，省交通厅测设二队对博沂路进行了实测设计。1958年3月，南麻至松仙岭段再次实施改建，主要进行裁弯取直、降坡加宽和路面改善，是年11月竣工。1959年，对南麻至沂水交界段进行改建，全长31.7公里。其中，石桥段向东南方向另辟新线，经亳山村、黑崖村、前瓜峪村、黄家峪村、巨石崖村、野炉坡村、南流泉村出境入沂水，为砂石路面。1962年9月，博沂路全段实施大中修工程，1963年10月竣工。1973年，博沂路松仙岭至南麻段21.5公里实施沥青路面铺筑，在此之前，先将路基进一步改造，由原来的6.5米拓宽至7.5米。该路段是沂源县第一条（段）沥青路面，也是第一条（段）硬化公路。

省道沂邳线黑崖村段

1984—1988年，为尽量避开穿村路段，对南麻至石桥段21公里进行改建，改建完成后路线走向为南麻、儒林集村南、前石臼村南、北张良村南、韪庄村南、赵庄村、葛庄村北、马庄村南、石桥村南，与1959年改线的石桥村以东路段衔接。1987年，全省省道路网确定统一编号，将南麻至张良段划归泰薛路，博沂路在此段为重合路段。

1989年，沂源县化肥厂至赵庄段铺筑沥青路面，全长10公里，路面宽11米。1990年，南麻至松仙岭段、赵庄至石桥段铺筑沥青路面，其中鱼台至南麻段进行了加宽改造。

1995年，在张家坡乡政府驻地以西2公里路段的砂石路面上，进行了乳化沥青防尘试验，取得良好效果。2000年，对石桥至沂水界段21.42公里，按二级路标准进行拓宽、降坡、裁弯取直，并实施沥青路面铺筑，次年竣工。至此，博沂路沂源境内54.2公里全部铺筑为沥青路面。

2002年，经省交通厅批准，博沂路博山至沂源（南麻）段列入改建工程计划，要求分段实施。2004年，安排沂源境内芦芽村以东路段施工，起点在芦芽村与博草路连接线交叉路口处，途经土门、南麻、悦庄3镇，终点接薛馆路，全长22.6公里，二级公路，路基宽13.5~16.5米，路面宽12~15米。这次改建后新路线的走向是，芦芽至土门北以原路裁弯取直、加宽，土门镇街里及下土门段为新改线路段，下土门至九会为原路加宽，从九会开始跨河另辟新线，新建沂河源隧道1处，在芝芳村前后，路线裁弯取直3次跨越螳螂河直至鱼台，绕开沂源县城区另辟新线向东，经沙沟村、南埠村向南，穿过南悦路在石臼村与薛馆路会合。2005年4月，继上期工程完成后，实施博山界至芦芽村段5.6公里改建，11月竣工。同时新建松仙岭隧道1处，12月竣工。

2007年，青兰高速公路建成，因高速路交叉占位，博沂路黑崖村至黄家峪村段改线。同年7月，博沂路悦庄至石桥段实施大中修工程，11月竣工。该段全长13.05公里，按二级路标准修建。2010年，博沂路全段实施中修罩面。2016年，博沂路博山界至鱼台段实施大中修工程。2017年，博沂路张家坡至沂水界段实施大中修工程。同年，路网调整，将博沂路博山界至鱼台段纳入张台线管理，并将博沂路更名为沂邳线。

2016年，博沂路北线实施大中修工程

2017—2018年，分期实施鱼台至沂水界段、石臼至张家坡段大中修工程。2019年，路线调整，将沂邳线张家坡街里段移除，将新建成的张家坡高速路口至黄家峪岭段纳入沂邳线。

2020年，芝芳至张良段进行改建，全长14.043公里，其中新建12.45公里，加宽利用原黄海线踅庄段1.593公里，共有大桥1座、中桥5座，隧道1座，涵洞26道，互通立交桥1座、分离立交桥1座，通道3座。全线采用双向四车道一级公路标准，设计速度80公里/小时。

2021年，沂邳线踅庄段实施改建工程，由二级公路升级为一级公路。

桥　梁

马庄大桥　位于沂邳线18公里+187米处，地处石桥镇马庄村，是跨越石桥河的跨河大桥。该桥修建于1988年，上部结构为9孔10米钢筋混凝土空心板；下部结构为灌注桩基础、钢筋混凝土柱式桥墩，浆砌片石基础、钢筋混凝土框架式桥台。全长104.66米，全宽12.5米。设计荷载为汽车-20级，挂-100。由临沂地区公路管理段设计，临沂地区公路管理段工程队承建。2015年，实施危桥改造，原桥拆除重建。上部结构为9孔11.5米预应力钢筋混凝土空心板梁，下部结构为双柱式墩。全长108.58米，全宽13.5米。设计荷载为公路-Ⅰ级。

红水河大桥　位于沂邳线33公里+825米处，地处张家坡镇张家坡村，是跨越红水河的跨河大桥。上部结构为6孔20米预应力钢筋混凝土箱形梁，下部结构为双柱式墩。桥长126.08米，桥梁全宽14米，桥面净宽12米。设计荷载为公路-Ⅰ级。2017年开工，2020年4月竣工通车。

踅庄中桥　位于沂邳线11公里+804米处，地处悦庄镇踅庄村南，是跨越踅庄河的跨河桥梁。原桥修建于1984年，上部结构为6孔13米钢筋混凝土空心板；下部结构为灌注桩基础、钢筋混凝土柱式桥墩，浆砌片石基础、浆砌块石U型桥台。全长86.4米，全宽12.6米。设计荷载为汽车-20级，挂-100。由临沂地区公路管理段设计，临沂地区公路管理段工程队承建。2015年，实施危桥改造，对原桥拆除重建。新建桥梁上部结构为6孔13米预应力钢筋混凝土空心板梁，下部结构为钢筋混凝土双柱式墩。全长86.56米，全宽13.5米。设计荷载为公路-Ⅰ级。

葛庄中桥　位于沂邳线17公里+212米处，地处石桥镇葛庄村东，是跨越关河峪河的跨河桥梁。原桥修建于1988年，上部结构为7孔13米钢筋混凝土空心板；下部结构为灌注桩基础、钢筋混凝土柱式桥墩，桥台为浆砌片石基础、浆砌块石口型桥台。桥长91.4米，桥面总宽12.6米。设计荷载为汽车-20级，挂-100。由临沂地区公路管理段设计，临沂地区公路管理段工程队承建。2007年，对该桥进行了加固维修。2015年，实施危桥改造工程，对原桥梁拆除重建。新建桥上部结构为7孔13米预应力钢筋混凝土空心板梁，下部结构为钢筋混凝土双柱式墩。桥长96.08米，桥面全宽13.5米，桥面净宽11.5米。设计荷载为公路-Ⅰ级。

瓜峪西桥　位于沂邳线31公里+503米处，地处张家坡镇瓜峪村北，是跨越瓜峪河的跨河桥梁。原桥修建于1968年，上部结构为7孔10米片石混凝土拱桥，拱厚60厘米，下部结构为重力式浆砌块石墩台。桥长91.5米，桥面净宽7米，设计荷载为汽车-13级，拖-60。2000年，该路段按二级公路标准改建时，将原桥拆除重建，新建桥上部结构为6孔13米钢筋混凝土空心板梁；下部结构为浆砌片石基础，浆砌块石重力式墩台。桥长88.6米，桥梁全宽14米，桥面净宽12米。设计荷载为汽车-20级，挂-100。

张家坡中桥 位于沂邳线32公里+952米处，地处张家坡镇张家坡村，是跨越红水河的跨河桥梁。该桥修建于2020年，上部结构为7孔13米预应力钢筋混凝土空心板梁，下部结构为双柱式墩。桥长97.08米，桥梁全宽14米。设计荷载为公路-I级。

省道沂邳线沂源段共有小桥11座，总长214.24米。

省道沂邳线沂源段小桥统计表

序号	桥梁名称	中心桩号	全长（米）	全宽（米）	设计荷载
1	赵庄西桥	13.677	21	13.5	汽车-20级
2	东赵庄桥	14.817	30.4	16	汽车-20级
3	石龙官庄桥	15.9	14.4	15.7	汽车-20级
4	马庄桥	18.814	7	30	汽车-20级
5	北庄桥	21.334	18	17	汽车-20级
6	亳山桥	25.577	30.7	16	汽车-20级
7	杨山峪桥	30.796	18	23.5	汽车-20级
8	瓜峪东桥	32.109	6.3	14.7	汽车-20级
9	黄家峪桥	34.274	25.04	13	公路-I级
10	桃花坪桥	39.302	6.3	14.6	汽车-20级
11	南流泉桥	43.232	37.1	14.7	汽车-20级

省道236线沂源收费站

省道236线沂源收费站，位于原悦庄镇石臼村东，经省政府鲁政字（2002）86号文件批准，于2002年3月设立，收费站序号为95号，是淄博市公路局下属的正科级事业单位。该站自2002年9月4日起，开始征收车辆通行费。2009年，遵照《山东省人民政府关于停止山东境内政府还贷二级公路收费的通知》，于2009年2月28日零时起停止收费。共征收车辆通行费9030万元。

省道236线沂源收费站

张台线

线路概况

省道张台线北起淄博市张店，南至枣庄市台儿庄，编号S231，全长129.428公里。沂源县境内起点位于南鲁山镇松仙岭村，止点位于大张庄镇土眉峪村（沂源县与蒙阴县交界），路段全长49.601公里，含重合黄海线5.788公里（一级公路1.382公里，二级公路4.406公里），张台线沂源段有一级公路1.512公里、二级公路42.301公里。路基宽9.5~16.5米，路面宽8~15米，共有桥梁37座，其中大桥2座、中桥10座、小桥25座；建设隧道2座，涵洞127道。途经南鲁山镇、历山街道、南麻街道、大张庄镇。

建设过程

1963年，为支援军工企业建设，沂源县人民委员会组织南麻、张庄公社群众，以民办公助的形式，在原有道路基础上，修建南

张台线芝芳段

沟泉至赤坂段约3公里进行改线，新线改在原路左侧不再穿越赤坂村里，大张庄乡政府驻地为了降低纵坡，路基略向下挖。

1995年，继沟泉至大张庄段路基改建完成后，根据上级安排，对高庄至沟泉段列入改建项目，这也是沂蒙路的续建工程。该项目全长10公里，路基宽12米，其中有大桥1座、中桥2座、小桥2座、涵洞41道。工程所需资金除上级交通部门补助一部分外，其余部分由县自筹。该工程由县政府组织沿线乡镇群众义务投劳，年内2月开工，10月底完成路基、桥涵工程。

1996年，沂蒙路沂源段27.14公里(含韩莱公路重合路段)实施路面硬化工程。该工程由沂源县公路管理局负责组织施工，路面结构为底层25厘米拳石灌沙，油层4厘米沥青贯入+2厘米沥青碎石。高庄至韩莱路路口段22.04公里，路面宽10~15米，韩莱路重合路段5.1公里，路面宽9米。路面硬化工程于1997年9月全面竣工。1998年，路网调整，沂蒙路更名为省道沂台路（S234），南坦路与韩莱路的重合路段划归沂台路统计。

2006—2007年，青兰高速公路沂源连接线列入高速公路配套项目，该项目起点在青兰高速公路沂源出入口，经高庄村转东北方向至鱼台村，与博沂路相接，2007年该工程竣工之后，划至沂台路。

2013年，沂台路高庄至蒙阴界段实施大修工程，该项目由山东鲁中公路建设有限公司负责承建，由山东东泰工程咨询有限公司负责监理。2017年，路网调整，将原省道博沂路博山交界至鱼台段，划至省道张台线（S231）。2022年，沂源县城道路振兴路与张台线相交路口西至南埠东大桥段新建，新建路段划至省道张台线（S231）。

（麻）坦（埠）路南麻至回峪路段，为简易公路，砂石路面。1964年，省交通厅把修建山区公路列为“学大寨”活动的“歼灭战”，回峪至蒙阴界段列入建设计划，当年修通。

1965年，沂蒙山区“小三线”建设期间，重修南坦路沂源境内全段。1968年1月，山东省交通厅组织有关部门对南坦路进行了竣工验收。后期对南坦路的路基、桥涵等进行了多次改建整修。至1989年底，南坦路沂源段通车里程21.7公里（不含洼子至土眉村段，此段因重合韩莱路，由韩莱路统计），砂石路面，路面宽6~12米，沟泉、大张庄两乡群众义务投劳，共完成土石方24.7 万立方米，建中小桥12座、涵洞41道、防护工程2102米，工程投工35万个。该项工程是沂源县以民办公助、以工代赈形式建成最大的一项工程。

1994年，省计委、省交通厅批准立项的以工代赈公路建设项目沂蒙公路开工建设，沂源境内沟泉至大张庄段11.99公里改建工程纳入该项目。该工程是以工代赈项目，路基土石方工程由沟泉乡、大张庄乡组织群众义务投劳施工。工程技术、质量管理由县交通局负责。工程于当年5月开工，12月底完成路基桥涵工程，路基宽12米，两乡政府驻地路基宽20米，新建中桥2座、小桥10座、涵洞41道。改建后，路线基本沿老路加宽、降坡、裁弯取直，原红旗厂桥降坡后新建石拱桥一座，路基加宽，

桥　梁

芝芳南桥　位于张台线96公里+79米处，地处南鲁山镇芝芳村，是跨越螳螂河的跨河大桥。该

桥始建于1963年，是一座中水位漫水桥，上部结构为7孔6米钢筋混凝土板，下部结构为重力式浆砌块石墩台。桥长50.7米，桥面净宽7米。漫水工程总长110米。荷载为汽车-13级，拖-60。由九会公社芝芳大队组织社员施工完成。2004年，博沂路按二级公路进行改建时，在原桥上游50米处新建大桥1座，原漫水桥保留，供当地村民使用。新桥上部结构为8孔13米钢筋混凝土空心板；下部结构为灌注桩基础、钢筋混凝土柱式墩，片石混凝土基础、浆砌块石U型桥台。桥长120米，全宽17米。设计荷载为汽车-20级，挂-100。

芝芳南桥

南埠东大桥　位于张台线103公里+925米处，地处南麻街道南埠东村北，是跨越沂河的跨河大桥。原桥始建于1968年，上部结构为单孔92米钢筋混凝土双肋拱桥，桥面板是少筋混凝土板；下部结构为浆砌片石基础，浆砌块石U型桥台。桥

1970年建成的南埠东大桥

2000年建成的南埠东大桥

长115米，桥面净宽7米，单孔跨径92.7米，设计荷载为汽车-13级，拖-60。由临沂地区公路管理段设计，临沂地区公路管理段工程队施工。1970年10月竣工通车，时为山东省内单跨径最大的桥梁。

2000年，对原桥实施加固改造，改造后桥面宽增至9米，荷载等级提高到汽车-20级，挂-100。2013年，对原桥拆除重建，上部结构为4孔30米预应力钢筋混凝土连续箱梁，下部结构为双柱式墩。桥长136米，全宽13米。设计荷载为公路-Ⅰ级。

水么头西桥　位于张台线86公里+582米处，地处南鲁山镇水么头村西，是跨越螳螂河上游的跨河桥梁。原桥建于1967年，上部结构为3孔8米石拱桥，拱厚40厘米，下部结构为重力式浆砌块石墩台。桥长37.14米，桥面净宽7米。设计荷载为汽车-13级，拖-60。由土门公社施工队修建完成。2004年，博沂路按二级公路标准实施改建时，该桥位附近局部改线，在原桥上游150米处另建新桥，原桥作为乡村道路用桥。新建桥上部结构为3孔13米钢筋混凝土空心板梁；下部结构为灌注桩基础、钢筋混凝土柱式桥墩，片石混凝土基础、浆砌块石U型桥台。桥长54.86米，桥梁全宽14米。设计荷载为汽车-20级，挂-100。

下土门桥　位于张台线91公里+334米处，地处南鲁山镇土门村东，是跨越螳螂河的跨河桥梁。原桥修建于1967年，在上土门村西处跨河，桥名为“上土门桥”，由土门公社施工队承建，上部结

构为5孔10米石拱桥，拱厚50厘米；下部结构为重力式浆砌块石墩台。桥长68.8米，桥面总宽8.5米。设计荷载为汽车-13级，拖-60。2004年，博沂路按二级公路标准实施改建时，该段局部改线，在原桥下游下土门村东另建新桥，上土门桥作为乡村道路用桥。新建桥上部结构为4孔13米钢筋混凝土空心板梁；下部结构为灌注桩基础、钢筋混凝土柱式桥墩，片石混凝土基础、浆砌块石U型桥台。桥长70.55米，全宽17米。设计荷载为汽车-20级，挂-100。

九会中桥　位于张台线94公里+34米处，地处南鲁山镇九会村南，是跨越螳螂河的跨河桥梁。原桥在九会村东处跨河，桥名为“下崖洞桥”，修建于1967年，由土门公社施工队施工，上部结构为4孔15米石拱桥，拱厚60厘米，下部结构为重力式浆砌块石墩台。桥长78.4米，全宽8米，设计荷载为汽车-13级，拖-60。2004年，博沂路按二级公路标准实施改建时，该段局部改线，在原桥上游九会村南另建新桥，原桥作为乡村道路用桥。新建桥上部结构为6孔13米钢筋混凝土空心板梁；下部结构为片石混凝土基础、钢筋混凝土多柱式桥墩，片石混凝土基础、浆砌块石U型桥台。桥长93.72米，全宽17米。设计荷载为汽车-20级，挂-100。

芝芳北桥　位于张台线95公里+438米处，地处南鲁山镇芝芳村北，是跨越螳螂河的跨河桥梁。20世纪50年代初，在该处河道首建一座低水位漫水桥。1971年，该段局部改线，在漫水桥上游修建一座石拱桥，时称芝芳后桥。上部结构为4孔15米石拱桥，拱厚60厘米，下部结构为重力式浆砌块石墩台。桥长78.4米，全宽8米。设计荷载为汽车-13级，拖-60。2004年，博沂路按二级公路标准实施改建时，该段再次改线，在原桥上游另建新桥，芝芳后桥作为乡村道路用桥。

新建桥上部结构为6孔13米钢筋混凝土空心板梁；下部结构为灌注桩基础、钢筋混凝土柱式桥墩，片石混凝土基础、浆砌块石U型桥台。桥长96.5米，全宽17米。设计荷载为汽车-20级，挂-100。

芝芳中桥　位于张台线96公里+325米处，地处南鲁山镇芝芳村南，是跨越螳螂河的跨河桥梁。该桥原建于1967年，时称“芝芳南桥”。上部结构为9孔8米少筋混凝土微弯板桥，其下部构造为重力式浆砌块石墩台。桥长87.9米，净宽8米。设计荷载为汽车-13级，拖-60，由南麻公社施工队承建施工。2004年，博沂路按二级公路标准实施改建时，将原桥拆除重建，上部结构为7孔13米钢筋混凝土空心板梁；下部结构为灌注桩基础、钢筋混凝土柱式桥墩，片石混凝土基础、浆砌块石U型桥台。桥长103.1米，全宽17米。设计荷载为汽车-20级，挂-100。

高堂峪桥1号桥　位于张台线107公里+128米处，地处南麻街道高堂峪村东，是跨越高村河的跨河桥梁。该桥修建于1997年，时称高堂峪北桥。上部结构为3孔16米石拱桥；下部结构为浆砌片石基础，浆砌块石重力式桥墩，U型桥台。桥长 69.8米，全宽12.7米。设计荷载为汽车-20级，挂-100。2013年，该路段实施大中修工程，对桥梁桥面系进行改造维修，上部结构为3孔16米混凝土板拱；下部结构为浆砌片石基础，浆砌块石重力式桥墩，U型桥台。桥长 69.8米，全宽13.5米，桥面净宽11.5米。设计荷载为汽车-20级。

高堂峪桥1号桥

高堂峪桥2号桥　位于张台线107公里+518米处，地处南麻街道高堂峪村东，是跨越高村河的跨河桥梁。原桥始建于1965年，1966年竣工，时称高堂峪桥。是一座5孔4米钢筋混凝土板漫水桥，其下部结构为浆砌块石墩台。桥长32.4米，桥面宽6米，设计荷载为汽车-10级，漫水工程总长107.8米。1986年，该漫水桥实施改建，1987年5月竣工，改建为3孔16米的高桥。1994年，该路段改建，将原桥改建为5孔8米钢筋混凝土空心板桥，其下部结构为浆砌片石基础，浆砌块石重力式桥墩，U型桥台。桥长51米，桥面总宽12.1米。设计荷载为汽车-20级，挂-100。2013年，该路段实施大中修工程，对该桥桥梁上部承重结构进行改造维修，上部结构为5孔8米钢筋混凝土整体现浇板；下部结构为重力式墩，U型桥台。桥长51米，全宽13米，桥面净宽11米。设计荷载为汽车-20级。

高堂峪桥3号桥 位于张台线107公里+896米处，地处南麻街道高堂峪村南，是跨越高村河的跨河桥梁。原桥始建于1965年，时称高堂峪南桥。是一座6孔4米钢筋混凝土板漫水桥，其下部结构为浆砌块石墩台。桥长27.8米，桥面宽6米。荷载为汽车-10级。漫水工程总长100米。1994年，该路段改建，将原漫水桥改建为上部结构5孔10米石拱桥；下部结构为浆砌片石基础，浆砌块石重力式桥墩，U型桥台。桥长72米，桥面总宽12.1米。设计荷载为汽车-20级，挂-100。2013年，该路段实施大中修工程，对该桥桥梁桥面进行改造维修，该桥上部结构为5孔10米混凝土板拱；下部结构为重力式墩，U型桥台。桥长72米，桥梁全宽13米，桥面净宽11米。设计荷载为汽车-20级。

王家庄中桥 位于张台线112公里+150米处，地处南麻街道王家庄村西，是跨越大张庄河的跨河桥梁。原桥建于1971年，时称王家庄桥，其上部结构为5孔15米石拱桥，下部结构为浆砌片石重力式墩台。桥长96.3米，桥面宽7米。荷载标准为汽车-10级。1994年，该路段改建，在原桥上游另建新桥，旧桥仍保留。新建桥上部结构为5孔15米石拱桥；下部结构为浆砌片石基础，浆砌块石重力式桥墩，U型桥台。桥长93.4米，桥面总宽12.2米。设计荷载为汽车-20级，挂-100。2013年，该路段实施大中修工程，对该桥桥梁桥面进行改造维修，10月改造完成。该桥上部结构为5孔15米混凝土板拱；下部结构为重力式墩，U型桥台。桥长104米，桥梁全宽13米，桥面净宽11米。设计荷载为汽车-20级。

张庄中桥 原名张庄桥，位于张台线124公里+794米处，地处大张庄镇南村，是跨越大张庄河的跨河桥梁。原桥建于1987年，上部结构为9孔10米钢筋混凝土空心板；下部结构为灌注桩基础、钢筋混凝土柱式桥墩，桥台为浆砌片石基础、浆砌块石U型桥台。桥长93.5米，桥面总宽10.5米。设计荷载为汽车-20级，挂-100。该桥由临沂地区公路管理段设计，由大张庄乡施工队完成。2013年，该路段实施大中修工程一并对桥进行改造维修，对桥梁桥面系、支座及上部称重结构进行改造维修，该桥上部结构为9孔10米预应力钢筋混凝土空心板梁，下部结构为钢筋混凝土多柱墩。桥长93.5米，桥梁全宽11.5米，桥面净宽9.5米。设计荷载为公路-Ⅰ级。

省道张台线沂源段共有小桥25座，总长366.9米。

张庄中桥

省道张台线沂源段小桥统计表

序号	桥梁名称	中心桩号	全长（米）	全宽（米）	设计荷载
1	松仙岭桥1	81.279	9.8	14	汽车-20级
2	松仙岭桥2	82.057	9.5	14	汽车-20级
3	天狮庙桥	82.778	29.8	14	汽车-20级
4	芦芽店桥	83.661	31	14	汽车-20级
5	木沟峪桥	85.686	10.4	14	汽车-20级
6	水么头东桥	87.844	7.6	14.5	汽车-20级
7	上土门桥	89.833	22	18	汽车-20级
8	北大沟桥	92.683	7	17.5	汽车-20级
9	北灌渠小桥	104.167	10	25.5	公路-Ⅰ级
10	南埠东桥	104.845	15.4	13	公路-Ⅰ级
11	下高村桥	109.272	10.1	13	汽车-20级
12	沟泉桥	113.161	18.2	24.8	公路-Ⅰ级
13	赤板桥一	115.97	13.9	13	公路-Ⅰ级
14	赤板桥二	116.259	18.2	13	公路-Ⅰ级
15	西峪桥	117.035	26.3	13	公路-Ⅰ级
16	西唐庄桥	118.185	18.3	13	公路-Ⅰ级
17	西唐庄大桥	118.52	30.3	13	公路-Ⅰ级
18	荘子峪桥	119.354	19.7	13	公路-Ⅰ级
19	回峪桥一	121.091	33.25	13	公路-Ⅰ级
20	回峪桥二	121.157	18.4	13	公路-Ⅰ级
21	大张庄桥	122.878	20.62	21	汽车-20级
22	新村桥	124.494	33.5	11.5	公路-Ⅰ级
23	洼子河桥	126.028	6.6	11.3	汽车-20级
24	娄家铺子桥	126.808	10	11.2	汽车-20级
25	土眉峪桥	128.337	17.5	11.6	汽车-20级

隧　道

松仙岭隧道　位于张台线80公里+733米处，地处南鲁山镇松仙岭村北，是穿越松仙岭的隧道。隧道长446米、宽11.6米、净高7.5米，是一处双车道的短隧道。该隧道于2005年4月动工，同年12月底竣工。2016年，实施安全设施完善提升工程，对隧道内土建、消防、供电及交通工程进行升级改造，同年竣工。

沂河源隧道

沂河源隧道　位于张台线94公里+983米处，地处南鲁山镇芝芳村北。隧道长126米、宽15米、净高8.5米，是一处双车道的短隧道。该隧道于

2004年3月动工，同年11月底竣工。2016年，实施安全设施完善提升工程，对隧道内土建、消防、供电及交通工程进行升级改造，同年竣工。

张鲁线

线路概况

省道张鲁线北起淄博市张店，南至沂源鲁村，编号S232。沂源县境内起点位于南鲁山镇三府山，止点位于鲁村镇丁家庄村，全长9.814公里，二级公路，沥青路面，路基宽10米，路面宽9米。建设涵洞39道。途经鲁村镇、南鲁山镇。

建设过程

博沂路是沂源县通往淄博市政府驻地的主要干线公路，由于路线技术标准低、车流量较大、坡陡弯多，特别是松仙岭段在雪天难以通行。为彻底改善这一状况，市、县交通公路部门多次实地勘察路线，多个方案比较，报经上级主管部门批准，同意修建博山通沂源的另一条新线，暂定名博沂路西线。

沂源段测设任务完成后，1992年8月，沂源县委、县政府组织6个乡镇近万名劳力上阵，展开路基修筑工程，历时4个月，至年末完成路基工程总量的70%。1993年，博沂路西线沂源段路基、桥涵、简易路面工程全部完成。

1999 年，对博沂路西线实施路基、桥涵改造和路面铺筑工程。同年竣工，路线定名为省道博草路（S907）。

2016年，博山交界至草埠段实施大中修工程。2017年，路网调整，将博草路更名为省道张鲁线。

桥　梁

省道张鲁线沂源段共有小桥3座，总长71.1米。

省道张鲁线沂源段小桥统计表

序号	桥梁名称	中心桩号	全长（米）	全宽（米）	设计荷载
1	博草17号桥	77.208	21.7	14.5	汽车－20级
2	博草18号桥	79.598	26.5	11	汽车－20级
3	博草19号桥	84.115	22.9	11	汽车－20级

惠沂线

线路概况

省道惠沂线北起滨州惠民，南至临沂沂水，编号S234。沂源县境内起点位于沂源县与钢城区交界处，止点位于东里镇龙王峪村，全长45.337公里，重合张台线5.129公里，二级公路，路基宽9.5~14米，路面宽8~13米。共有桥梁22座，其中大桥3座、中桥3座、小桥16座，建设涵洞101道。途经大张庄镇、西里镇、东里镇。

惠沂线松崮村段

建设过程

惠沂线，曾称莱韩路、韩莱路，1976年改建之前，由三部分组成。大张庄以西经刘家旁峪、松崮到莱芜颜庄路段，时称颜张公路，1965年，沂蒙山区“小三线”建设期间修建，时属县社公路；香磨村以西经唐山公社至蒙阴县东指村路段，时称东（里）东（指）公路，长14.5公里，1968—1969年修建，路基宽6.5米，沙土公路，时属县社公路；香磨村以东至沂水界原属博沂路，博沂路改线后，属县社公路石韩路，时属干线公路。

1976年，为支援韩旺铁矿和莱芜钢铁厂开发，由省交通厅组织修建韩旺通莱钢的公路。路线由莱芜钢城起，进入沂源县境之后，大张庄西段改线，新线选在原颜张路南侧至小官庄村，其他路段基本沿东东路、石韩路拓宽、裁弯取直。1977年，莱韩路竣工，路基宽9~10米，砂石路面。

1990年8月，沂源县黄庄乡划至莱芜市，韩莱路（莱韩路后更名为韩莱路）沂源段管养里程减少

14公里。

1995年，韩莱路东里至香磨段2公里铺筑沥青路面，路面宽10米，9月竣工，这是韩莱路第一段沥青路面。1996年，沂源县开展“公路建设管理年”活动，金星乡政府驻地1.4公里列入改造计划，由金星乡政府组织实施，将路基拓宽并铺筑沥青路面，路面宽10米。

1998年，全省路网调整并统一编号，韩莱路编号为S332，因其编号在S234沂台路之后，土眉峪至大张庄重合路段里程列入沂台路统计。韩莱路沂源段通车里程调整为40公里。

1999年，经上级批准，韩莱路韩旺至莱芜界40公里实施路面改造工程，二级公路标准，路基宽9.5米，路面宽8.5米。其中，韩莱路与沂台路交接路口至莱芜界段9.4公里水泥混凝土路面、东段14.8公里沥青混凝土路面，于1999年4月开工，9月底完成路面、大中桥主体工程，具备通车条件。2000年，完成韩旺段7.6公里改线和梭背岭、金星8公里路段沥青面层铺筑，均系1999年续建工程。其中，韩旺镇政府驻地路基改线工程，韩旺镇政府多次动议要求将原马家沟段长约3公里改线至原路南侧村外，由于改线后靠近沂河，在汛期很难确保公路畅通，故而未能及时落实此改线方案。后经多方论证，采取加强防汛护墙等措施，同意将路线改至村外。改线后公路等级为二级公路标准，工程于2000年8月全面竣工。2001年，全国第二次公路普查，核定韩莱路沂源县境内通车里程为40.2公里。

2013年，沂台路重合韩莱路大张庄至蒙阴界段实施大修工程。2014年，韩莱路沂源、钢城界至大张庄段实施大修工程。该项目由山东鲁中公路建设有限公司负责承建，由山东东泰工程咨询有限公司负责监理。2015年，韩莱路沂水界至蒙阴界实施大修工程，由山东鲁中公路建设有限公司负责承建，由山东东泰工程咨询有限公司负责监理。

2017年，路网调整，将省道韩莱路（S234）更名为省道惠沂线（S234）。

桥　梁

香磨大桥　位于惠沂线262公里+261米处，地处东里镇香磨村西，是跨越沂河的跨河大桥。该桥始建于1969年，上部结构为9孔25米钢筋混凝土双曲拱桥；下部结构为浆砌片石基础，浆砌块石重力式桥墩、U型桥台。桥长257米，桥面净宽7米，设计荷载为汽车-13级，拖-60。1977年，对该桥进行加固加宽改造，改造后桥面总宽10米。设计荷载标准提高为汽车-20级，挂-100。由临沂地区公路管理段设计，东里公社建筑队施工。2009—2010年，该桥检测定为四类桥，2012年列入危桥改造项目。此次改造根据旧桥现状、病害等情况，结合定检报告意见，确定拆除旧桥，在原桥位处改建。上部结构为9孔30米装配式预应力钢筋混凝土简支转连续组合箱形梁；下部结构为桩柱式桥墩、U形扩大基础桥台（0号台）及肋板式桩基础桥台（9号台）。桥长279.18米，桥梁全宽13米，桥面净宽11米。设计荷载为公路-Ⅰ级。2012年9月开工，12月竣工。

香磨大桥

东安大桥　位于惠沂线268公里+321米处，地处东里镇东安村东，是跨越红水河的跨河大桥。该桥始建于1977年，上部结构为11孔10米钢筋混凝土空心板；下部结构为浆砌片石基础，浆砌块石重力式桥墩、U型桥台。桥长125米，桥面总宽10.5米。设计荷载为汽车-20级，挂-100。由临沂地区公路管理段设计，东里公社建筑队施工。2015年，实施桥梁改造工程。上部结构为11孔10米预应力钢筋混凝土空心板梁，下部结构为重力式墩。

东安大桥

桥长125米，桥梁全宽11米，桥面净宽9米。设计荷载为公路-Ⅱ级。

东昌旺大桥 位于惠沂线270公里+604米处，地处东里镇东长旺村西，是跨越巨东河的跨河大桥。该桥始建于1977年，上部结构为10孔10米钢筋混凝土空心板；下部结构为浆砌片石基础，浆砌块石重力式桥墩、U型桥台。桥长113.7米，桥面总宽10.5米。设计荷载为汽车-20级，挂-100。由临沂地区公路管理段设计，东长旺民工队施工。2015年，该路段实施大中修工程时，该桥一并改造，上部结构为10孔10米钢筋混凝土空心板梁，下部结构为重力式墩。桥长113.7米，桥梁全宽11米，桥面净宽9米。设计荷载为公路-Ⅱ级。

松崮中桥 位于惠沂线220公里+433米处，地处大张庄镇松崮村东，是跨越松崮河的跨河桥梁。该桥修建于1978年，上部结构为7孔10米钢筋混凝土空心板；下部结构为浆砌片石基础，浆砌块石重力式桥墩、U型桥台。桥长79.4米，桥面全宽10.5米。设计荷载为汽车-20级，挂-100。由临沂地区公路管理段设计，徐家庄公社民工队施工。2014年，实施大修工程，对桥梁上部承重结构及桥面进行改造维修，上部结构为7孔10米钢筋混凝土空心板梁；下部结构为浆砌片石基础，浆砌块石重力式桥墩、U型桥台。桥长80.3米，桥梁全宽11米。设计荷载为汽车-20级。

石夹河中桥 位于惠沂线221公里+247米处，地处大张庄镇刘家旁峪村北，是跨越石夹河的跨河桥梁。该桥修建于1978年，上部结构为7孔10米钢筋混凝土空心板；下部结构为浆砌片石基础，浆砌块石重力式桥墩、U型桥台。桥长79.4米，桥梁全宽11米。设计荷载为汽车-20级，挂-100。由临沂地区公路管理段设计，徐家庄公社民工队施工。2014年，实施桥梁大修工程，对桥梁上部承重结构、桥面进行改造维修。上部结构为5孔10米钢筋混凝土空心板梁；下部结构为浆砌片石基础，浆砌块石重力式桥墩、U型桥台。桥长63.8米，桥梁全宽11米。设计荷载为汽车-20级。

苗庄中桥 位于惠沂线259公里+643米处，地处西里镇苗庄村，是跨越苗庄河的跨河桥梁。该桥修建于1977年，上部结构为7孔7米钢筋混凝土实心板梁，下部结构为浆砌片石基础、浆砌块石重力式桥墩、U型桥台。桥长71.4米，桥面全宽10.1米。设计荷载为汽车-20级，挂-100。由临沂地区公路管理段设计，东里公社建筑队承建。2015年，实施桥梁大修工程，对桥梁桥面系进行改造维修，上部结构为7孔8米预应力钢筋混凝土实心板梁，下部结构为钢筋混凝土双柱式墩。桥长71.4米，全宽11米。

省道惠沂线沂源段共有小桥16座，总长273.9米。

松崮中桥

省道惠沂线沂源段小桥统计表

序号	桥梁名称	中心桩号	全长（米）	全宽（米）	设计荷载
1	松崮小桥	219.411	26	10.5	汽车 -20 级
2	刘家旁峪西桥	222.337	16.1	11.2	汽车 -20 级
3	刘家旁峪桥	222.943	22.8	11.24	汽车 -20 级
4	小官庄桥 1	225.977	12	10.5	汽车 -20 级
5	小官庄桥 2	226.237	24.6	13	汽车 -20 级
6	小官庄桥 3	226.751	17.8	11	公路 -Ⅱ级
7	涝沟桥	248.343	10.5	21.1	汽车 -20 级
8	刘家庄桥	253.211	13	11.2	汽车 -20 级
9	前西里桥	261.305	5.3	16.7	汽车 -20 级
10	黄崖子桥	267.075	8	12.1	汽车 -20 级
11	东安桥	268.199	14.4	14.9	汽车 -20 级
12	韩旺桥 1	272.371	9.7	17.4	汽车 -20 级
13	韩旺桥 2	274.618	21.5	24.9	汽车 -20 级
14	地名桥	275.819	27.4	14.45	汽车 -20 级
15	干渠桥	277.41	6.3	11	公路 -Ⅱ级
16	耿家林桥	277.655	38.5	11	公路 -Ⅱ级

临历线

线路概况

省道临历线东起潍坊临朐，西至济南历城，编号S317。沂源县境内路段起点位于南鲁山镇南水沟村，止点位于南鲁山镇璞丘岭，长12.251公里，二级公路，其中水泥路面0.39公里、沥青路面11.861公里，路基宽10~12米，路面宽9~10米。共有桥梁7座，其中中桥2座、小桥5座，建设隧道1座、涵洞40道，途经南鲁山镇。

建设过程

1967年，池（上）三（岔）公路建设开工，该路段自博山池上经三岔店至临朐界，全长25.8公里，沂源县境内11.8公里，路基宽6.5米，以当地沙砾铺成简易路面，沿线桥涵、防护工程基本配套。施工后期该路段延接至博山南庄。1968年，博山南庄至沂源三岔公路全线竣工，时称南三公路。

1974年，淄博境内的博（山）茶（叶口）路与南三路连为一条路，并列入干线公路仲（宫）临（朐）路，沂源境内11.8公里。

1987年5月，仲临路由沂源县交通局移交至沂源县公路站管养。1998年，全省路网调整并重新编号之后，仲临路更名为省道临仲路（S327）。

临历线璞丘岭段

2001年，临仲路博山店子至沂源县三岔段（临朐界），作为全省省道中最后一段沙石路，列入省交通厅改建工程计划项目。该项目地形复杂，特别是璞丘岭翻山路段，穿越鲁山林场林区，经过多次现场踏勘，反复比选论证，最终确定设计方案，起点为博山区池上镇店子村东，终点为沂源县三岔乡与临朐交界处，二级公路标准，沥青混凝土路面，水稳基层，沂源境内里程11.8公里。路线走向基本以原路为基础，穿越璞邱村里段改建于村北，改线段长约1.5公里，其他路段个别调整，降低陡坡，对原璞丘岭垭口改建成长390米的隧道。是年，完成临仲路路基、桥涵工程及三岔街里路面主体工程，至2004年11月，临仲路改建工程的隧道及路面工程全部竣工。

2015年，临仲路临朐界至璞丘岭隧道段实施大中修工程。2017年，路网调整，省道临仲路（S327）更名为省道临历线（S317）。

桥　梁

三岔桥　位于临历线50公里+31米处，地处南鲁山镇三岔店村南，是跨越三岔河的跨河桥梁。上部结构为6孔8米钢筋混凝土实心板梁，下部结构为重力式墩。桥长50米，桥梁全宽12.5米。设计荷载为汽车-20级，挂-100。2003年1月动工，10月竣工。

璞邱东桥　位于临历线52公里+669米处，地处南鲁山镇璞邱村东，是跨越三岔河支流的跨河桥梁。上部结构为3孔13米钢筋混凝土空心板梁；下部结构为浆砌片石基础、浆砌块石重力式墩、U型桥台。桥长46.35米，全宽11米。设计荷载为汽车-20级，挂-100。由淄博市交通规划设计院设计，中铁十四局承建，山东东泰工程咨询有限公司负责工程监理。2003年1月动工，10月竣工。

省道临历线沂源段共有小桥5座，总长116.7米。

省道临历线沂源段小桥统计表

序号	桥梁名称	中心桩号	全长（米）	全宽（米）	设计荷载
1	璞邱西桥	53.36	35.8	11	汽车-20级
2	璞邱通道桥	53.63	14.6	11	汽车-20级
3	黑兰沟桥	55.97	13.5	11	汽车-20级
4	镜崖桥	57.014	39.2	11	汽车-20级
5	小林沟桥	58.004	13.6	11	汽车-20级

隧　道

璞丘岭隧道　位于临历线58公里+602米处，隧道长390米、宽12.8米、净高7.5米，是一处双车道的短隧道。该隧道于2003年5月动工，2004年10月竣工。2016年，实施隧道安全设施完善提升工程，对隧道内土建、消防、供电及交通工程进行升级改造，同年竣工。

县　道

沂源县境内有15条县道，共271.175公里，其中二级公路33.134公里、三级公路128.785公里、四级公路109.256公里。

南崔路

线路概况

北起南麻街道北刘家庄村，南至沂水县崔家峪村，全长56.4公里，编号为X026。沂源县境内路段长38.069公里，路基宽10~13米，路面宽9~12米，为三级公路。共有桥梁13座，其中大桥6座、中桥1座、小桥6座，建设涵洞61道。途经南麻、燕崖、中庄、西里、东里5个镇（街道），沿线共有北刘家庄、古泉、凤凰官庄、南安乐、石沟、梭背岭等36个行政村。

建设过程

1962年5月，对南崔路青龙山北段实施新建。该路段地势陡峭，弯道多，施工中爆破工程量占到总工程量的85%以上，因施工难度大，历时2年多才完成施工。1964年4月，动工修建南麻至燕崖10公里路段，年底竣工；9月，动工修建燕崖桥，由临沂地区桥梁工程队协助施工，历时4年，于1968年10月竣工。

1965年春，开始修建燕崖至梭背岭路段，1966年完成，达到基本通车条件。1965年10月，修建梭背岭至东里东可乐山村路段，对原先简易通车路段实施改线，改线路段长900米，由原先梭背岭老街至泉头村西至十字路向西，改为梭背岭村西至十字路口，由唐山公社组织实施，1967年12月竣工。1967年5月，开工修建燕崖至梭背岭路段的杨家庄桥，由唐山公社和燕崖公社组织施工，以民工建勤和义务工的形式建设，1968年11月建成。

南崔路燕崖段

至此，南崔路全线通车，成为唐山区、燕崖区第一条通往县城的公路。

由于青龙山路段山高坡陡，通行困难，县交通局组织工程技术人员多次勘查、选线后，决定对路线进行调整，避开青龙山路段，改行燕崖经南安乐至中庄路线。1974年12月，动工兴建燕崖至南安乐段，县财政投资6000元，由燕崖公社组织施工，1975年春竣工。1980年，开工修建安乐沂河大桥，为空腹石拱桥，1981年7月建成。1985年9月，对南麻镇北刘家庄路段实施改线，同时新建北刘家庄大桥，原路线为北刘家庄村西漫水桥向南至贾家庄，改线后东移200米，向南经贾家庄村东。由南麻镇政府组织施工，路基工程每公里补助1万元，大桥每米补助1000元，其余资金由南麻镇政府自筹，至1986年8月竣工。1987年开始，县交通局对路网结构进行优化，将县道赵中路燕崖南安乐村至中庄李家河西村（青杨山）7.5公里路段并入南崔路，并对燕崖村至南安乐村路段进行路基整理，实施路基土石方及防护工程。同时，投资93万元，启动安乐大桥重建工程，1990年建成。1989年4月至11月，对梭背岭十字路口南至东里河南十字路口8公里路段进行路基拓宽、整修，并建设鲁家沟桥1座。1991年3月，动工修建中庄至南安乐8.15公里路段，与老南崔路（现白中路终点）在青杨山连接，由中庄和燕崖两个乡组织义务工修建，是年12月竣工通车，同时完成中庄大桥主体工程，翌年10月竣工。

1994年，对南麻至燕崖段11公里路段进行拓宽改造，按山区二级公路标准设计施工，路基宽10米，路面宽9米，是年11月开工，桥涵防护工程由县交通局组织专业队施工，路基土石方工程由南麻、燕崖两乡镇组织沿线群众义务投劳施工，并将南麻段2.5公里实施沥青路面铺筑，对其他8.5公里路段进行路基整理，1995年7月竣工通车。

1996年，南崔路硬化改造列入“公路建设管理年”建设计划。同年，对南麻至燕崖9公里路段实施沥青路面硬化，对中庄街1.7公里路段实施水泥混凝土路面硬化。1997年，对燕崖至中庄段11.7公里实施面层铺筑，对中庄至梭背岭段5.5公里路段进行路基整理及路面硬化改造。1998年，实施东里河南至可乐山段3.5公里改建工程，完成路基和路面整修任务。至此，南崔路全线42公里硬化改造任务全部完成。

1999年5月至2000年10月，实施东里大桥经河南十字路口至西可乐山段5公里路面硬化工程，采取路面拳石层铺筑和沥青油层嵌灌硬化。2006年，对南麻至织女洞路段15公里，按照山区二级公路标准改造提升，实施碎石基层，沥青嵌灌面层改造，沥青混凝土路面，路基宽13米，路面宽12米。2007年9月，对燕崖南安乐村至西里段12.9公里实施改建，沥青混凝土路面，路基宽10米，路面宽9米。2012年，对东里河南十字路口至可乐山3公里路段实施改造提升。2017年4月，对南麻至织女洞段13.4公里路段进行改造升级，改造后路基宽13米，路面宽12米，是年11月竣工。

桥　梁

刘家庄大桥（老桥）　位于南崔路0公里+566米处，地处南麻街道北刘家庄村，是跨越沂河的跨河大桥。该桥上部结构为9×14.9米块石拱，下部结构为重力式墩。全长174.5米，全宽14米。设计荷载为汽车-15级，挂车-80。1988年开工，同年10月竣工。

刘家庄大桥（新桥） 位于南崔路0公里+582米处，地处南麻街道北刘家庄，是跨越沂河的跨河大桥。上部结构为11×13米预制预应力混凝土空心板；下部结构为双柱式桥墩，墩台采用桩基础。全长143米，全宽14米。设计荷载为公路-Ⅱ级。2006年开工，同年9月竣工。

安乐大桥 位于南崔路15公里+120米处，地处燕崖镇南安乐村，是跨越沂河的跨河大桥。该桥始建于1988年，上部结构为15×13米现浇钢筋混凝土空心板；下部结构为双柱式桥墩、埋置式桥台，墩台为桩基础。全长198米，全宽9米。设计荷载为汽车-15级，挂车-80。2017年，该桥评定为四类桥。2018年，对原桥进行原址拆除新建。新建桥梁上部结构为10×20米预应力混凝土简支空心板；下部结构桥台采用柱式桥台，桥墩采用柱式墩，墩台采用桩基础。全长206米，全宽13米。设计荷载为公路-Ⅰ级。

中庄大桥 位于南崔路20公里+711米处，地处中庄镇李家河西村，是跨越沂河的跨河大桥。该桥始建于1992年，上部结构为19×13米现浇钢筋混凝土空心板；下部结构为双柱式桥墩、埋置式桥台，墩台为桩基础。全长250米，全宽8.5米。设计荷载为汽车-15级，挂车-80。2015年，该桥评定为四类桥，2016年对原桥进行原址拆除新建。新建桥梁上部结构为12×20米预应力混凝土简支空心板；下部结构0号台采用肋板式桥台，12号台采用柱式桥台，桥墩采用柱式墩，墩台采用桩基础。全长246米，全宽13米。设计荷载为公路-Ⅰ级。

中庄大桥

韩庄桥 位于南崔路24公里+630米处，地处中庄镇韩庄村，是跨越韩庄河的跨河中桥。上部结构为5×10米块石板拱，下部结构为重力式墩。全长71.5米，全宽9米。设计荷载为汽车-15级，挂车-80。该桥于1981年春开工建设，同年10月竣工。

梭背岭中桥 位于南崔路26公里+783米处，地处西里镇梭背岭村，是跨越苗庄河的跨河中桥。上部结构为4×8米钢筋混凝土现浇板，下部结构为重力式墩。全长32米，全宽9.5米。设计荷载为公路-Ⅱ级。2007年开工建设，同年9月竣工。

前河南桥 位于南崔路35公里+461米处，地处东里镇梅家坡村，是跨越河流的跨河大桥。该桥上部结构为9×10米块石板拱，下部结构为重力式墩。全长115.9米，全宽7米。设计荷载为汽车-15级，挂车-80。该桥于1969年开工，同年10月竣工。

南崔路共有小桥7座，总长94.9米。

南崔路小桥统计表

序号	桥名	中心桩号	结构形式		桥长（米）	桥宽（米）
			上部结构	下部结构		
1	可乐山桥	37.246	整体现浇板	无	8.4	10
2	芦家沟桥	31.735	石拱桥	无	10	8
3	双胜桥	30.221	石拱桥	无	16	7

续表

序号	桥名	中心桩号	结构形式		桥长（米）	桥宽（米）
			上部结构	下部结构		
4	中庄前桥	22.479	石拱桥	重力式墩	10.5	15
5	朱家泉桥	19.177	石拱桥	重力式墩	12	13
6	西白峪桥	7.415	空心板梁	重力式墩	18	13
7	胜利桥	9.725	石拱桥	无	20	13

淄安路

线路概况

曾用名淄中路，全长58.2公里，是连接淄川区与沂源县的主要道路，并与临朐、博山相通，是淄博市境内最长的一条县道，编号为X009。沂源县境内长42公里，起点位于沂源县与淄川区交界处（峨庄），止点位于沂源县燕崖镇南安乐村，路基宽6~13米，路面宽5~12米。是在线路优化中将三峨路9.5公里、三悦路17.8公里、赵中路9.4公里调整组合而成，并与省道临历线、沂邳线重合5.3公里。共有桥梁12座，其中大桥1座、中桥5座、小桥6座，涵洞31道。沂源县境内路段途经南鲁山、悦庄、石桥、燕崖4个镇，枫泉、南水沟、三岔店、王家泉、南安乐等27个行政村。

建设过程

三峨路段 北起沂源淄川交界处，南至南鲁山镇南水沟村口，沂源县境内长9.5公里，全部为四级公路，路基宽 6~7米，路面宽5~6米，共有桥梁6座，其中大桥1座、中桥4座、小桥1座，涵洞12道。途经南鲁山镇枫泉村、丝窝村 2 个行政村。

1981年，工程人员在三峨路平地村段悬崖上测量定点

1980年3月，三峨路立项修建，1981年11月完成外业测量及内业设计。1982年4月，在原简易便道上拓宽改建，由于地质条件复杂，施工难度大，危险性高，至1988年才完成，从立项到竣工，历时8年。

2004年，对南水沟至郑家庄5公里路段进行路面硬化，实施路基拳石层铺筑和路面油层嵌灌。2005年，对郑家庄至淄川交界处4.5公里路段实施水泥混凝土硬化。2023年10月，实行路面大修改造提升，全线平面基本延顺既有老路布线，对个别回头曲线平面不满足规范要求路段，优化平面线形，使其线形舒适并满足设计相应等级路标准，其余段落维持原平面线形指标不变；全线纵断面基本沿老路走势，局部路段适当优化；全线老路面结构层均挖除，新做沥青路面，是年12月竣工。

淄安路三峨路段

三悦路段 北起南鲁山镇三岔店村，南至悦庄镇北张良村，与省道沂邳线相接，长17.8公里，全部为二级公路，路基宽10米，路面宽9米，共有小桥3座，涵洞16道，途经南鲁山、悦庄2个镇，沿

途有三岔店村、陈家庄村、前坡村、鲍庄村、朱家庄等11个行政村。

1959年7月，悦庄至三岔简易公路动工，由县里成立的公路建筑团负责施工，修建完成后达到基本通车条件。1963年1月，重修工程开始，年底竣工。1972年，对三悦路实施改建。1987年10月，对南段（涝洼村至苗山村）6公里土路基实施拓宽，1988年竣工。1992年，实施路基整修改造。1997年3月，铺开三悦路（含仲临路2公里）20公里拓宽改建工程，按山区二级公路标准设计施工，土路基拓宽至11米。

淄安路无路岭段

2001年，实施三悦路17.8公里路面硬化，经省交通厅批准立项，作为专项补助工程，由县、乡两级组织实施。由于无路岭段在路基拓宽改建时大部分为填方路段，当时不适宜进行路面硬化，当年完成硬化里程15.8公里（无路岭段2公里未进行硬化）。2004年，结合“村村通”工程，由县交通局组织实施，对无路岭2公里路段进行路面硬化，实现了三悦路全线硬化贯通。2017年，对三悦路实施路面大修改造，保持路面宽度不变，挖除原路面，铺筑水稳料基层和沥青混凝土路面，10月竣工。

赵中路段 北起悦庄镇西赵庄村南，南至燕崖镇南安乐村，长9.4公里，为三级公路，路基宽8米，路面宽7米，途经悦庄、燕崖2个镇，沿途共有赵庄、王家泉、小水、北安乐、南安乐5个行政村，共有桥梁3座，涵洞3道，其中中桥1座、小桥2座。

1989年10月，沂源县开展利用中低档工业品以工代赈修建县乡公路试点，用以工代赈及上级所拨的配套资金修建赵庄至南安乐路段，翌年1月底竣工。2004年，实施路面水泥硬化改造提升。

桥　梁

三岔大桥 位于淄安路60公里+544米处，地处南鲁山镇南水沟村，是跨越五井石河的跨河大桥。该桥上部结构为7×15米块石板拱，下部结构为重力式墩台。全长134米，全宽8米。设计荷载为汽车-15级，挂车-80。该桥由临沂地区交通局设计，县交通局和南麻镇承建施工，1985年竣工。

丝窝四桥 位于淄安路59公里+711米处，地处南鲁山镇丝窝村，是跨越三岔河的跨河中桥。上部结构为4×10米块石板拱，下部结构为重力式墩台。全长59.2米，全宽8米。1963年2月开工，同年6月竣工。

丝窝三桥 位于淄安路59公里+896米处，地处南鲁山镇丝窝村，是跨越三岔河的跨河中桥。上部结构为4×10米块石板拱，下部结构为重力式墩台。全长60米，全宽8米。1963年2月开工，同年6月竣工。

丝窝二桥 位于淄安路60公里+81米处，地处南鲁山镇丝窝村，是跨越三岔河的跨河中桥。上部结构为4×10米块石板拱，下部结构为重力式墩台。全长60米，全宽8米。1963年2月开工，同年6月竣工。

丝窝一桥 位于淄安路60公里+294米处，地处南鲁山镇丝窝村，是跨越三岔河的跨河中桥。上部结构为4×10米块石板拱，下部结构为重力式墩台。全长60米，全宽8米。1963年2月开工，同年6月竣工。

小水河桥 位于淄安路88公里+448米处，地处悦庄镇小水村，是跨越石桥河的跨河中桥。该桥始建于1992年，上部结构为10×8米现浇钢筋混凝土板；下部结构为重力式墩台，扩大基础。全长85米，全宽7.4米。设计荷载为汽车－15级，挂车－80。2016年，对原桥拆除上部结构及墩台帽，利用原桥墩台身，进行换板处理。换板后上部结构为10×8米混凝土简支空心板；下部结构利用原重力式墩台，扩大基础。全长85米，全宽7.5米。设计荷载为公路－Ⅱ级。

淄安路共有小桥6座，总长167米。

淄安路小桥统计表

序号	桥名	中心桩号	结构形式		桥长（米）	桥宽（米）
			上部结构	下部结构		
1	北安乐石拱桥	89.166	石拱桥	无	18	8
2	东小水桥	84.997	空心板梁	重力式墩	40	7.5
3	青菜河桥	63.589	石拱桥	重力式墩	30	14
4	北鲍庄桥	64.398	整体现浇板	重力式墩	26	14
5	前坡中桥	63.081	石拱桥	重力式墩	42	14
6	平地南桥	50.335	石拱桥	无	11	16

草齐路

线路概况

起点为鲁村镇草埠村，终点为济南市钢城区齐家岭村，编号X015。沂源县境内长14.7公里，为三级公路，路基宽9~11米，路面宽8~10米，共有桥梁7座、涵洞23道，其中中桥2座、小桥5座。途经鲁村镇草埠一村、草埠三村、三黄沟村、张家黄沟村、小张庄村等10个行政村。

建设过程

1967年，草齐路动工修建，1969年春竣工，时为四级沙土路，路基宽6.5米，建设桥涵66座。1995年，实施拓宽改造工程，按山区二级公路标准设计施工，路基宽12米，路面宽10米。桥涵及防护工程由县交通局组织专业施工队施工，路基土石方工程由鲁村、徐家庄2乡镇组织沿线群众义务投工建设，1997年9月改造工程全部完成。

2010年，对鲁村镇三黄沟村至钢城区齐家岭村12.2公里路段实施大修改造，新增设防护工程3000米，硬化路面10万多平方米，是年9月25日竣工。2016年，对青兰高速公路路口至草埠2.5公里路段实施大修改造，沥青罩面，4月开工，9月竣工。2019年，对三黄沟村至齐家岭村12.2公里路段实施中修改造，按照山区三级公路标准建设，进行沥青罩面处理，是年8月完成。

桥　梁

草埠桥 位于草齐路0公里+525米处，地处鲁村镇草埠一村，是跨越草埠河的跨河中桥。上部结构为4×8米钢筋混凝土现浇板；下部结构为重力式墩台，扩大基础。全长44米，全宽12米。设计荷载为汽车－15级，挂车－80。由县交通局设计、施工，1995年4月竣工。

徐家庄桥 位于草齐路10公里+200米处，地处鲁村镇徐家庄村，是跨越徐家庄河的跨河中桥。该桥始建于1968年，上部结构为4×8米现浇钢筋混凝土板；下部结构为重力式墩台，扩大基础。全长32米，全宽12米。设计荷载为汽车－15级，挂车－80。2010年，对该桥进行改造，上部结构为4×8米钢筋混凝土预制板；下部结构为重力式墩台，扩大基础。全长32米，全宽12米。设计荷载为公路－Ⅱ级。

草齐路共有小桥5座，总长65米。

草齐路小桥统计表

序号	桥名	中心桩号	结构形式		桥长（米）	桥宽（米）
			上部结构	下部结构		
1	徐家庄北桥	10.073	整体现浇板	重力式墩	15	12
2	埠西桥	7.904	石拱桥	无	13	12
3	小张庄桥	4.852	石拱桥	无	18	12
4	邢家庄桥	6.897	石拱桥	无	9	12
5	三黄沟桥	3.068	石拱桥	无	10	12

南悦路

线路概况

起点新城路路口，终点与省道沂邳线交叉路口，编号为X016。全长5.9公里，路基宽15米，路面宽14米，共有中桥4座。途经悦庄镇西埠村、东埠村，历山街道北石臼村、寨里村，悦庄镇东悦庄村5个行政村。

建设过程

1996年，实施瑞阳路路口至悦庄镇苗山岭段7公里路基工程，水泥混凝土路面。2001年，对瑞阳路路口至儒林集路口2.3公里路段，进行沥青路面硬化；对悦庄镇苗山岭十字路口至悦庄中桥0.6公里，实施水泥混凝土路面硬化改造。2002年，对儒林集路口至石臼河桥段2.7公里路段进行水泥混凝土路面硬化。2004年，对石臼河桥至苗山岭十字路口段2公里路段实施水泥混凝土路面硬化。至此，南悦路全线全部完成路面硬化改造。2013年，对苗山岭十字路口至黄海线交叉口1.9公里路面实施沥青路面大修。2015年，对石臼河桥至苗山岭十字路口段2公里进行沥青路面大修改造提升。

桥　梁

埠村桥　位于南悦路0公里+875米处，地处悦庄镇西埠村，是跨越埠村西河的跨河中桥。该桥始建于1996年，上部结构为4×13米现浇钢筋混凝土板；下部结构为重力式墩台，扩大基础。全长63.6米，全宽16.6米。设计荷载为汽车-15级，挂车-80。2016年，对原桥拆除上部结构及墩台帽，利用原桥墩台身，进行换板处理，换板后上部结构为4×13米预应力混凝土简支空心板；下部结构利用原重力式墩台，扩大基础。全长63.6米，全宽17米，净宽14米。设计荷载为公路-Ⅱ级。

埠村桥A　位于南悦路1公里+137米处，地处悦庄镇东埠村，是跨越娄峪水库灌区主干渠的跨河中桥。该桥始建于1997年，上部结构为3×13米钢筋混凝土现浇板；下部结构为重力式墩台，扩大基础。全长51米，全宽16.6米。设计荷载为汽车-20级。2016年，对原桥拆除上部结构及墩台帽，利用原桥墩台身，进行换板处理。换板后上部结构为3×13米预应力混凝土简支空心板；下部结构利用原重力式墩台，扩大基础。全长51米，全宽17米。设计荷载为公路-Ⅱ级。

石臼桥　位于南悦路2公里+111米处，地处历山街道北石臼村，是跨越儒林河的跨河中桥。上部结构为3×11米块石板拱；下部结构为重力式墩台，扩大基础。全长49.9米，全宽16.5米。设计荷载为汽车-20级。由县交通局设计、施工，1997年开工，同年9月竣工。

悦庄中桥　位于南悦路4公里+645米处，地处悦庄镇东悦庄村，是跨越饮马河的跨河中桥。上部结构为4×8米现浇钢筋混凝土板；下部结构为重力式墩台，扩大基础。全长32米，全宽16米。设计荷载为汽车-20级。由县交通局设计、施工，1996年2月开工，同年8月竣工。

石香路

线路概况

起点为石桥镇东北庄村，终点为东里镇香磨村，编号为X018。全长13.65公里，其中三级公路2公里，路基宽8米，路面宽7米；四级公路11.65公里，路基宽7米，路面宽6米。共有桥梁4座，其中中桥1座、小桥3座，建设涵洞10道。途经石桥、东里2个镇，分水新村、前大泉村、向阳峪村、暖院村等9个行政村。

建设过程

石桥至香磨路段始建于1953年，属于省道博沂路的一部分，从石桥右偏向南，经香磨左偏向东里、韩旺，通往沂水县，当时是沂源县东部区域连接南北的主要交通路线。1959年，博沂路进行改建，从石桥南开始改线，不再去香磨，而是向东南去张家坡。自此，石桥经香磨至韩旺路段改称石韩路。1961年，石韩路香磨至韩旺段划入东东公路（东里至蒙阴县岱崮东指村），石桥至香磨路段改称石香路。1967年11月至1969年7月，实施石香路改建工程，对石桥至东里前暖院路段、前大泉至暖院苇子峪路段、石桥分水官庄至上黄安大光崖路段进行改线，由东里、西里两个公社组织施工，西里公社负责石桥东北庄至前大泉南岭顶路段，东里公社负责前大泉南岭顶至香磨路段。1971年3月，石桥至水北段展宽降坡。1987年，临沂行署拨款17万元，改建水北至香磨段，7月全线通车。1993年5月，铺开石桥至大泉6公里路段沥青路面硬化工程，路基铺设拳石层，基层用碎石灰土层嵌缝，8月完成沥青路面铺设。1994年3月，对大泉至香磨7.65公里路段，实施柏油路面硬化，作为实验路段，首次使用贯入式层铺法铺筑，路基拳石铺筑，碎石灌缝，11月竣工。石香路是全县第一条实施沥青硬化路面的县乡公路。2008年，对路面实施改造，铺筑拳石灌沙基层、水泥混凝土面层，路面宽6米，是年6月开工建设，9月竣工。2019年，按山区四级公路标准，实施大修改造提升，对水泥路面进行换板处理，局部段落路基翻浆沉陷挖除新建，部分平交路口进行顺坡、硬化，完善交通安全设施。

1994年11月，石香路硬化工程竣工仪式

桥 梁

水北桥 位于石香路9公里+72米处，地处东里镇水北村，是跨越水北河的跨河中桥。该桥始建于1968年，上部结构为5×8米钢筋混凝土现浇板；下部结构为重力式墩台，扩大基础。全长44.7米，全宽7.5米。设计荷载为汽车－15级，挂车－80。2016年，对原桥进行换板处理，换板后上部结构为5×8米钢筋混凝土空心板；下部结构为重力式墩台，扩大基础。全长44.7米，全宽7.5米。设计荷载为公路－Ⅱ级，是年10月竣工。

石香路共有小桥3座，总长53.3米。

石香路小桥统计表

序号	桥名	中心桩号	结构形式		桥长（米）	桥宽（米）
			上部结构	下部结构		
1	猫头山桥	11.368	石拱桥	重力式墩	28	7.5
2	大泉二桥	4.949	石拱桥	重力式墩	12	9
3	大泉一桥	4.317	石拱桥	重力式墩	13.3	9.5

鲁沟路

线路概况

起点在鲁村镇与国道黄海线相接处，终点在南麻街道与省道张台线相连处，编号为X019。全长9.9公里，四级公路，路基宽7.5米，路面宽6.5米，共有桥梁4座，其中大桥1座、中桥3座，涵洞1道。途经鲁村、南麻2个镇（街道），鲁村、龙崖村、沟泉村等5个行政村。

建设过程

1987年9月，在原先简易道路基础上，按山区四级公路标准进行路基整理，翌年11月竣工。2000年，对该路段实施路基改造，2003年实施拓宽，改造完成后为水泥混凝土路面，路基宽7.5米。2022年，实施路面大修，铺筑水稳基层和沥青混凝土面层。

桥　梁

鲁村大桥　位于鲁沟路1公里+99米处，地处鲁村镇张家洼村，是跨越徐家庄河、琉璃河、鲁村西河交汇处的跨河大桥。该桥始建于1988年，上部结构为13米空心板；下部结构为柱式墩，桩基础。设计荷载为汽-15级，挂-80。2008年，该桥评定为四类桥，限载通行能力为15吨。2014年2月，拆除旧桥在原址重建，同年8月竣工。上部结构为10×20米预应力钢筋混凝土连续箱梁；下部结构为柱式墩，桩基础。全长206米，全宽12米。设计荷载为公路-Ⅱ级。

鲁村大桥

龙崖村大桥　位于鲁沟路5公里+236米处，地处鲁村镇龙崖村，是跨越南岩河的跨河中桥。该桥上部结构为7×13米预应力钢筋混凝土空心板；下部结构为柱式墩，桩基础。全长105米，全宽8米。设计荷载为公路-Ⅱ级。2008年3月开工建设，同年10月竣工。

仁里桥　位于鲁沟路5公里+588米，地处鲁村镇仁里村，是跨越南岩河的跨河中桥。该桥始建于1988年，上部结构为10×8米钢筋混凝土现浇板；下部结构为重力式墩台，扩大基础。全长87.6米，全宽8米。设计荷载为汽车-15级，挂车-80。2016年，对原桥进行大修改造，实施换板处理。换板后上部结构为10×8米钢筋混凝土空心板；下部结构为重力式墩台，扩大基础。全长87.6米，全宽8米。设计荷载为公路-Ⅱ级。

仁里桥A　位于鲁沟路6公里+3米处，地处鲁村镇仁里村，是跨越南岩河的跨河中桥。该桥始建于1988年，上部结构为10×8米钢筋混凝土现浇板；下部结构为重力式墩台，扩大基础。全长87.6米，全宽8米。设计荷载为汽车-15级，挂车-80。2016年，被确定为四类危桥，对原桥大修改造，进行换板处理。换板后上部结构为10×8米钢筋混凝土空心板；下部结构为重力式墩台，扩大基础。全长87.6米，全宽8米。设计荷载为公路-Ⅱ级。

九东路

线路概况

起点位于沂源县与临朐县交界处，终点为东里镇东安桥，编号X020。沂源境内长15.585公里，路基宽7~12米，路面宽6~11米，三级公路，共有桥梁8座、涵洞3道，其中大桥2座、中桥3座、小桥3座。途经张家坡、东里2个镇及北店子、刘家峪、邵家峪、冯家圈等14个行政村。

建设过程

1968年，对该路段进行路基整理，并修建任马庄西桥、王庄桥、铜陵关桥。1983年，修建张家坡瓜峪至临朐县九山公路，时称张九公路，全长8.4公里，工程施工组织、所需材料和机械等都由张家坡公社负责，共用工9.5万个。1996年，对张家坡乡北店子村至东里镇东安村14公里路段进行路基整修。1999年，对任马庄至东安9公里路段，实施沥青路面施工，采用路基拳石层铺筑和油层嵌灌硬化，共完成底层拳石铺筑2.97万立方米，硬化面积9.1万多平方米。2008年，对任马庄至东安9公里路面实施改造，采用水稳基层加沥青罩面。2016年，对任马庄至东安9公里路段，按三级公路标准实施大修改造提升，铺筑沥青路面，5月开工建设，11月竣工。2017年，对临朐界至任马庄6.585公里路段进行改造提升，改造完成后，全线维持原路面宽度6~7米，是年3月开工，9月竣工。

桥　梁

任马庄西桥　位于九东路6公里+883米处，地处张家坡镇任马庄村，是跨越红水河的跨河大桥。上部结构为5×20米预应力钢筋混凝土空心板；下部结构为重力式墩台，扩大基础。全长100米，全宽13.5米。设计荷载为公路－Ⅱ级。该桥始建于1968年，由临沂地区交通局设计。2016年实施大修改造，同年10月竣工。

王庄桥　位于九东路11公里+85米处，地处张家坡镇王庄村，是跨越红水河的跨河大桥。上部结构为9×12米块石板拱；下部结构为重力式墩台，扩大基础。全长116.2米，全宽11米。设计荷载为汽车－15级，挂车－80。该桥于1968年2月开工建设，同年6月竣工。

铜陵关桥　位于九东路0公里+679米处，地处张家坡镇铜陵关，是跨越红水河的跨河中桥。上部结构为1×20米片石砼板拱；下部结构为重力式墩台，扩大基础。全长37米，全宽7米。设计荷载为汽车－15级，挂车－80。由临沂地区交通局设计，县交通局和南麻区承建施工。1968年开工建设，同年6月竣工。

刘家峪桥　位于九东路3公里+13米处，地处张家坡镇刘家峪村，是跨越红水河的跨河中桥。上部结构为4×8米钢筋混凝土现浇板；下部结构为重力式墩台，扩大基础。全长38米，全宽7米。设计荷载为汽车－15级，挂车－80。由临沂地区交通局设计，县交通局和南麻公社承建施工。1983年开工建设，同年5月竣工。

红水河桥　位于九东路7公里+768米处，地处张家坡镇政府驻地，是跨越河流的跨河中桥。上部结构为3×12米钢筋混凝土空心板；下部结构为重力式墩台，扩大基础。全长36米，全宽11米。设计荷载为公路－Ⅱ级。2005年开工建设，同年10月竣工。

九东路共有小桥3座，总长53米。

九东路小桥统计表

序号	桥名	中心桩号	结构形式		桥长（米）	桥宽（米）
			上部结构	下部结构		
1	东安桥	15.041	石拱桥	重力式墩	9	13
2	任马庄桥	6.633	石拱桥	重力式墩	15	16
3	北店子桥	2.179	空心板梁	重力式墩	29	9

曹姚路

线路概况

起点为西里镇曹宅村，终点为沂水县姚店子村，编号为X021。沂源县境内长13.1公里，路基宽7米，路面宽6米，四级公路。有桥梁3座，其中中桥2座、小桥1座，涵洞19道。途经西里镇曹宅村、翟家庄村、清华台村、周家上庄、冯家场村、公家场村6个行政村。

建设过程

1973年冬，县交通局组织技术人员进行外业测量，1974年6月，唐山公社组织义务工修筑，翌年10月竣工。1984年进行路基整修，砂土路面，

1985年竣工。2003年，改造为水泥路面。

桥　梁

薄板台桥　位于曹姚路3公里+484米处，地处西里镇薄板台村，是跨越马庄河流的跨河中桥。上部结构为1×20米块石板拱；下部结构为重力式墩台，扩大基础。全长23.9米，全宽7米。设计荷载为公路－Ⅱ级。1975年开工建设，同年10月竣工。

公家场桥　位于曹姚路12公里+706米处，地处西里镇公家场村，是跨越马庄河流的跨河中桥。上部结构为6×6米块石板拱；下部结构为重力式墩台，扩大基础。全长49.8米，全宽8米。设计荷载为汽车－15级，挂车－80。1975年开工建设，同年10月竣工。

曹姚路有翟家庄小桥1座，桥长7.5米、宽7米，中心桩号2.981。

东柳路

线路概况

起点位于东里镇与省道惠沂线相交处，终点在西里镇马莲峪村，编号为X022。长27.051公里，其中二级公路2.013公里、三级公路9.3公里、四级公路15.738公里，路基宽5~14 米，路面宽4~13米。共有桥梁3座、涵洞33道，其中大桥1座、小桥2座。途经东里、西里2个镇及郑家旺村、江河南村、前河南村、公家场、桑树峪村、柳枝峪村等19个行政村。

建设过程

1975年8月，对金星至柳枝峪4.2公里、周家上庄至金星8公里路段进行路基整理，1976年10月竣工。1980年，对东里河南至公家场9.8公里路段进行路基整修。1982年，临沂地区交通局投资23万元，按四级公路标准修复东柳路，并架设转子山、金星两座中桥。1984年7 月，投资109.9万元，投工36.25万个，组织沿线群众肩抬车推，开山填沟，对东里至柳枝峪25.2公里路段进行改建，路基宽6.5米，建设桥涵76座(道)。1989年，对金星至马家岭2.5公里路段进行修复，至此东柳路全线基本成形，达到通车条件。1996年，对东里沂河大桥南2.4公里路段实施路基整理。2002年，对东里河南至公家场7.2公里路段实施路面拳石层铺筑和油层嵌灌硬化。2013年，对东里沂河大桥至东里河南十字路口2.4公里路段进行路面改造，铺筑沥青混凝土路面。2021年，对东里河南至西里镇公家场7公里路段实施大修，铺筑沥青路面。

桥　梁

东里沂河大桥　位于东柳路0公里+246米处，地处东里镇政府驻地，是跨越沂河的跨河大桥。该桥始建于1983年，上部结构为(7+24×16)米钢筋混凝土工字梁；下部结构为重力式墩台，扩大基础。全长401米，全宽8.5米。设计荷载为汽车－15级，挂车－80。2015年，拆除原桥在原址新建，上部结构为预应力混凝土空心板；下部结构为柱式墩台，桩基础。全长390米，全宽21米。设计荷载为公路－Ⅰ级。

东里沂河大桥

东柳路共有小桥2座，总长84.2米。

东柳路小桥统计表

序号	桥名	中心桩号	结构形式		桥长（米）	桥宽（米）
			上部结构	下部结构		
1	沂南村桥	2.81	石拱桥	重力式墩	45	8.5
2	月庄村桥	20.767	石拱桥	重力式墩	39.2	8

娄龙路

线路概况

起点位于大张庄镇娄家铺子村，与省道惠沂线相连，终点与蒙阴县交界，编号为X023。沂源县境内长7.9公里，其中三级公路4.9公里、四级公路3公里，路基宽7~8米，路面宽6~7米。共有中桥1座、小桥2座、涵洞19道。途经大张庄镇娄家铺子、明末峪、水营、茧场、松山5个行政村。

建设过程

1970年3月，对娄家铺子至蒙阴交界段进行路基整修，同年11月完成，为等外沙土路。1977年，在省道韩莱路建成后，进行路基修复。1998年，进行路基整理后，实施碎石基层铺筑。2004年，按山区四级公路标准进行路基拓宽改建，并实施水泥路面硬化，路基拓宽至9~10米，路面宽6~7米。

桥　梁

娄家铺子桥　位于娄龙路0公里+264米处，地处大张庄镇娄家铺子村，是跨越大张庄河的跨河中桥。该桥于2008年开工，同年10月竣工。上部结构为4×13米预应力钢筋混凝土空心板；下部结构为柱式墩台，桩基础。全长52米，全宽8米。设计荷载为公路-Ⅱ级。

娄龙路共有小桥2座，总长21.2米。

娄龙路小桥统计表

序号	桥名	中心桩号	结构形式		桥长（米）	桥宽（米）
			上部结构	下部结构		
1	水营桥	2.389	空心板梁	重力式墩	11.2	10
2	水营桥A	2.678	空心板梁	重力式墩	10	7

新保路

线路概况

起点位于大张庄镇新村，终点位于大张庄镇保安庄村，编号为X024。全长10.1公里，其中三级公路5.54公里、四级公路4.56公里，路基宽7~7.5米，路面宽6~6.5米。共有桥梁6座，全部为小桥，涵洞10道。途经大张庄镇北旋峰村、西顾庄村、地淤沟村、汶源三村、汶源二村、保安庄村6个行政村。

建设过程

1981年，实施新村至保安庄公路修建工程，1983年2月竣工。2003年，实施水泥路面硬化改造提升，路基拓宽至9~10米，路面宽6~7米。

桥　梁

新保路共有小桥6座，总长131.7米。

新保路小桥统计表

序号	桥名	中心桩号	结构形式		桥长（米）	桥宽（米）
			上部结构	下部结构		
1	保安桥	8.75	石拱桥	无	6.7	8
2	北宅桥	6.908	石拱桥	重力式墩	45	10.3
3	上淤土地桥	6.174	石拱桥	重力式墩	12	7.5
4	西顾庄桥	1.992	空心板梁	重力式墩	41	7
5	新村河桥	0.377	石拱桥	无	7	7
6	新村河桥A	0.111	空心板梁	重力式墩	20	20.9

雕石路

线路概况

起点位于南麻街道雕崖村，终点位于大张庄镇石柱村，编号为X025。全长25.2公里，为四级公路，路基宽6~7米，路面宽5~6米。共有桥梁13座，其中中桥3座、小桥10座，涵洞40道。途经南麻、大张庄2个镇（街道）及雕崖村、崮坡村、祥峪村、南岩五村、房家圈、宋家峪、松崮等12个行政村。

建设过程

1963年，动工修建雕崖至石柱公路，建设中桥3座。1990年8月，对雕崖至石柱段公路进行路基整修，翌年5月竣工。

2003年，对雕崖至鲁沟路段2.2公里进行改造硬化。2004年3月，对雕崖至松崮段11.3公里进行水泥混凝土路面硬化，10月竣工，路基拓宽至7米，路面宽5~6米。2016年，对南岩至东峪5.8公里路段实施水泥路面硬化改造。

桥　梁

雕崖桥　位于雕石路1公里+2米处，地处南麻街道雕崖村，是跨越南岩河的跨河中桥。1963年开工建设，同年6月竣工。上部结构为9×8米钢筋混凝土现浇板；下部结构为重力式墩台，扩大基础。全长81.2米，全宽8米。设计荷载为汽车－15级，挂车－80。

雕崖桥A　位于雕石路2公里+52米处，地处南麻街道雕崖村，是跨越南岩河的跨河中桥。该桥始建于1963年，上部结构为8×8米钢筋混凝土现浇板；下部结构为重力式墩台，扩大基础。全长64米，全宽7.4米。设计荷载为汽车－15级，挂车－80。2016年，该桥被确定为四类危桥，同年实施大修改造，对原桥进行换板处理。换板后上部结构为8×8米钢筋混凝土空心板；下部结构为重力式墩台，扩大基础。全长64米，全宽7.5米。设计荷载为公路－Ⅱ级。

崮坡桥　位于雕石路4公里+117米处，地处南麻街道崮坡村，是跨越南岩河的跨河中桥。1963年开工建设，同年6月竣工。上部结构为6×8米钢筋混凝土现浇板；下部结构为重力式墩台，扩大基础。全长48米，全宽8.5米。设计荷载为汽车－15级，挂车－80。

雕石路共有小桥10座，总长129.4米。

雕石路小桥统计表

序号	桥名	中心桩号	结构形式		桥长（米）	桥宽（米）
			上部结构	下部结构		
1	石柱桥	23.236	石拱桥	无	15	7
2	宋家峪桥	15.677	石拱桥	无	11.4	6
3	松崮二桥	13.648	空心板梁	重力式墩	13	8.7
4	左家旁峪桥	16.532	空心板梁	无	8	8
5	左家旁峪南桥	16.638	石拱桥	无	7	7
6	松崮桥	13.389	空心板梁	重力式墩	13	8.7
7	南岩桥	7.702	空心板梁	重力式墩	24	7.5
8	尧峪桥	6.475	石拱桥	重力式墩	10	6
9	尧峪桥A	6.968	石拱桥	重力式墩	20	6.5
10	南岩南桥	9.303	空心板梁	重力式墩	8	10

白中路

线路概况

曾用名白（峪）杨（家庄）路。起点位于中庄镇焦家上庄村，终点与南崔路相交，编号为X031。全长31公里，其中三级公路13.6公里、四级公路17.4公里，路基宽7~9米，路面宽6~8米。共有桥梁9座、涵洞52道，其中中桥3座、小桥6座。途经中庄、燕崖2个镇及白峪、马岭、焦家上庄、富家庄、刘家庄、杨家庄等6个行政村。

建设过程

1988年，对白峪至红旗水库10公里路段实施路基整修。1991年9月至1992年10月，对中庄杨

白中路西白峪村段

家庄至燕崖 28.57公里路段，按以工代赈形式进行施工，建设大、中桥7座，小桥涵43座（道），挡墙护坡8272米。

2002年，对燕崖段10公里、中庄段12.2公里、中庄至杨家庄段2.68公里，分段实施水泥路面硬化。2011年，对红旗水库至焦家上庄5.4公里路段实施硬化改造，5月开工，9月竣工，共填挖土石方1.4万立方米，硬化路面3.3万平方米。2018年，全县路网调整，将白杨路更名为白中路。2019年，对中庄镇焦家上庄至南刘庄9.3公里路段实施大修改造，按照三级公路标准提升，沥青路面，路面宽7~7.5米，是年5月开工，2020年8月竣工。2020年，对白峪至红旗水库10.56公里路段进行中修改造，按照山区四级公路标准提升，改造后路基宽7米，路面宽6米。

桥　梁

红岭子桥　位于白中路6公里+938米处，地处燕崖镇红岭子村，是跨越白马河的跨河中桥。该桥始建于1992年，上部结构为3×13米钢筋混凝土现浇板；下部结构为重力式墩台，扩大基础。全长54.3米，全宽8.5米。设计荷载为汽车-15级，挂车-80。2016年，对原桥进行换板处理。处理后上部结构为3×13米预应力钢筋混凝土空心板；下部结构为重力式墩台，扩大基础。全长54.3米，全宽8.5米。设计荷载为公路-Ⅱ级。

胡庄桥　位于白中路23公里+441米处，地处中庄镇胡庄村，是跨越杨家庄河的跨河中桥。该桥始建于1991年，上部结构为6×6米钢筋混凝土现浇板；下部结构为重力式墩台，扩大基础。全长36米，全宽7米。设计荷载为汽车-15级，挂车-80。2016年，因桥板底存在多条纵缝，为保证安全，对原桥进行换板处理。处理后上部结构为钢筋混凝土空心板；下部结构为重力式墩台，扩大基础。全长36米，全宽7米。设计荷载为公路-Ⅱ级。

刘家庄桥　位于白中路26公里+740米处，地处中庄镇南刘庄村，是跨越杨家庄河的跨河中桥。2008年开工建设，同年10月竣工。上部结构为6×8米钢筋混凝土现浇板；下部结构为重力式墩台，扩大基础。全长48米，全宽7米。设计荷载为公路-Ⅱ级。

白中路共有小桥6座，总长122米。

白中路小桥统计表

序号	桥名	中心桩号	结构形式		桥长（米）	桥宽（米）
			上部结构	下部结构		
1	红旗桥	10.271	空心板梁	重力式墩	28	8
2	大马岭桥	7.563	石拱桥	重力式墩	35	8
3	富家庄桥	24.787	空心板梁	重力式墩	15	7
4	富家庄桥 A	26.011	空心板梁	无	6	7
5	西白峪小桥	1.345	石拱桥	重力式墩	25	7
6	西北峪桥	0.551	空心板梁	重力式墩	13	8

芦董路

线路概况

起点位于南鲁山镇芦芽村，终点位于南鲁山镇董家庄村，编号为X032。全长5公里，为二级公路，路基宽10米，路面宽9米。共有小桥4座、涵洞8道。途经南鲁山镇芦芽村、董家庄村2个行政村。

建设过程

1993年，作为博沂路西线连接线，实施路基建设。2000年，实施路面硬化，水稳基层铺筑，沥青路面，翌年10月完工。2017年，进行路面大修，铣刨原有路面，铺筑水泥稳定料基层，铺筑沥青混凝土路面，3月开工，9月竣工。

桥　梁

芦董路共有桥梁4座，全部为小桥，全长136米。

芦董路小桥统计表

序号	桥名	中心桩号	结构形式		桥长（米）	桥宽（米）
			上部结构	下部结构		
1	董家庄桥	4.464	石拱桥	无	18	12.3
2	芦芽桥	0.456	石拱桥	重力式墩	37	12
3	芦芽村桥	0.705	空心板梁	重力式墩	48	12
4	芦芽村西桥	1.115	空心板梁	重力式墩	33	12

曹徐路

线路概况

起点位于大张庄镇曹家庄村，终点位于鲁村镇徐家庄村，与县道草齐路相连，编号为X034。全长22.613公里，其中三级公路14.936公里、四级公路7.677公里，路基宽7~8米，路面宽6~7米。共有桥梁7座、涵洞29道，其中中桥2座、小桥5座。途经鲁村、大张庄2个镇及曹家庄村、大马峪村、大三地村、南岩四村、徐家庄村等11个行政村。

建设过程

该路始建于1984年，原路基宽为7.5米。1993年，对西峪村至徐家庄段13.1公里路段进行路基整理。1997年9月，对大三地村至曹家庄村6.8公里路段，进行路基整理。

20世纪90年代的曹徐路

2003—2004年，分两期对西峪至徐家庄路段，实施沥青路面硬化，路面结构为25厘米拳石灌砂基层+8厘米上拌下灌式沥青面层。2014年，对大三地村至曹家庄村6.8公里路段进行水泥路面改造提升，级配碎石基层，水泥混凝土面层。2020年，对西峪至徐家庄 13.1公里路段，按四级公路标准实施路面大修，水泥稳定料基层，铺筑沥青混凝土面层。

桥　梁

大三地桥　位于曹徐路6公里+513米处，地处大张庄镇大三地村，是跨越大张庄河的跨河中桥。1988年开工建设，同年10月竣工。上部结构为4×13米预应力钢筋混凝土空心板；下部结构为重力式墩台，扩大基础。全长62米，全宽8米。设计荷载为汽车-15级，挂车-80。

南岩桥　位于曹徐路12公里+819米处，地处大张庄镇南岩四村，是跨越南岩河的跨河中桥。1981年开工建设，同年10月竣工。上部结构为5×15米块石板拱；下部结构为重力式墩台，扩大基础。全长100米，全宽7米。设计荷载为汽车-15级，挂车-80。

曹徐路共有小桥5座，总长118米。

曹徐路小桥统计表

序号	桥名	中心桩号	结构形式		桥长（米）	桥宽（米）
			上部结构	下部结构		
1	曹家庄桥	0.015	石拱桥	重力式墩	20	7
2	四门地桥	18.234	石拱桥	重力式墩	32	8.5
3	徐家庄东桥	22.472	空心板梁	重力式墩	38	9
4	涝坡二桥	20.535	石拱桥	重力式墩	12	9
5	涝坡一桥	20.4	石拱桥	重力式墩	16	9

乡　道

沂源县境内有乡道20条，共177.654公里，其中三级公路38.686公里、四级公路138.968公里。

韩金路

线路概况

起点位于中庄镇韩庄村，终点位于西里镇红星村，编号为Y001。全长14.76公里，其中三级公路9.43公里、四级公路5.33公里，路基宽7~7.5米，路面宽5~6.5米。途经中庄、西里2个镇及韩庄村、张庄村、列里村、红星村等7个行政村。

建设过程

始建于1980年，为山区三级路，砂土路面，路面宽6.5米。1999年，对原路基加宽改造。2003年，实施水泥路面硬化改造。

桥　梁

韩金路共有桥梁4座，其中中桥1座、小桥3座。

韩金路桥梁统计表

序号	桥名	中心桩号	桥梁类型	结构形式		桥长（米）	桥宽（米）
				上部结构	下部结构		
1	张庄桥	5.437	中桥	空心板梁	重力式墩	36	10
2	社庄一桥	7.588	小桥	空心板梁	重力式墩	17.1	8
3	社庄二桥	8.582	小桥	空心板梁	无	8.1	7
4	社庄三桥	9.134	小桥	石拱桥	无	16	40

滑龙路

线路概况

起点位于西里镇滑石峪村，终点位于与沂水县交界处，编号为Y002。沂源县境内长9.54公里，其中三级公路2.36公里、四级公路7.18公里，路基宽7米，路面宽6米。共有桥梁4座，全部为小桥，涵洞18道。途经西里镇红星村、南月庄村、茂子峪村、柳泉河村、梅家庄村5个行政村。

建设过程

1989年，修建滑龙公路，并建设小桥3座，翌年5月竣工。2003年，实施水泥路面硬化。2020年，实施路面改造，水泥稳定料基层，铺筑沥青混凝土面层，8月开工，11月竣工。

1989年，群众义务修建滑龙公路

桥　梁

滑龙路共有小桥4座，总长88米。

滑龙路小桥统计表

序号	桥名	中心桩号	结构形式		桥长（米）	桥宽（米）
			上部结构	下部结构		
1	月庄村二桥	2.49	空心板梁	重力式墩	30	8
2	柳花峪村桥	6.999	空心板梁	重力式墩	16	8
3	瓦屋河村桥	7.925	石拱桥	重力式墩	16	8
4	裕华村桥	1.056	石拱桥	重力式墩	26	8

土鲁路

线路概况

曾用名土朱路，起点位于南鲁山镇土门村，终点位于鲁山林场门口，编号为Y003。全长3.846公里，三级公路，路基宽8~16米，路面宽7~15米。共有桥梁6座，其中中桥2座、小桥4座、涵洞3道。途经南鲁山镇土门村、黄崖村、池埠村、朱阿村4个行政村。

建设过程

1965年，省交通厅、省粮食厅下达《山东第一机械修配厂公路支线工程民工补助粮的通知》，修建土朱路，由县交通局组织施工，共用民工2.5万个工日，民工补助粮2.5万斤。2005年，实施沥青路面硬化，铺筑水泥稳定料基层、沥青混凝土面层。

桥　梁

土门中桥　位于土鲁路0公里+45米处，地处南鲁山镇土门村，是跨越螳螂河的跨河中桥，上部结构为空心板梁，下部结构为重力式墩。全长52米，全宽16米。设计荷载为公路－Ⅱ级。2005年开工建设，同年10月竣工。

黄崖桥　位于土鲁路1公里+603米处，地处南鲁山镇黄崖村，是跨越螳螂河的跨河中桥，上部结构为空心板梁，下部结构为重力式墩。全长39米，全宽13米。设计荷载为公路－Ⅱ级。2005年开工建设，同年10月竣工。

土鲁路共有小桥4座，总长102米。

土鲁路小桥统计表

序号	桥名	中心桩号	结构形式		桥长（米）	桥宽（米）
			上部结构	下部结构		
1	朱阿前桥	2.015	空心板梁	重力式墩	30	17.5
2	朱阿后桥	2.419	空心板梁	重力式墩	33	18.5
3	鲁山中桥	2.871	空心板梁	重力式墩	33	18.5
4	栗子园桥	3.498	空心板梁	无	6	9

鲁四路

线路概况

起点位于鲁村镇小南岭村，终点位于鲁村镇上土城村，编号为Y004。全长15.9公里，为四级公路，路基宽5~7米，路面宽4~6米。共有涵洞26道。途经鲁村镇南岭村、齐家石沟村、王家石沟村、红旗岭村、安平新村、青杨圈村、四门地村、崮城峪村8个行政村。

建设过程

该路原为机耕路，1990年进行路基改造，1991年竣工。2004年，对该路进行沥青路面硬化，路面宽为6米，路面结构为25厘米拳石灌沙基层+8厘米上拌下灌式沥青面层，总投资438万元。2017年，实施路面大修改造，铺筑水稳基层和沥青混凝土面层。

白石路

线路概况

起点位于红旗水库大坝，终点位于蒙阴县交界处，编号为Y006。沂源县境内长5.876公里，四级公路，路基宽6米，路面宽5米，共有涵洞8道，途经燕崖镇石板村。

建设过程

该路原为山间小道，2003年实施路基拓宽和水泥路面硬化。

儒井路

线路概况

起点位于悦庄镇娄峪村，终点位于燕崖镇燕崖村，与南崔路相接，编号为Y007。全长21.7公里，其中三级公路6.098公里、四级公路15.602公里，路基宽5~16米，路面宽4~14米。共有桥梁4座，其中大桥1座、小桥3座，涵洞15道。途经燕崖、悦庄2个镇及娄峪村、唐家官庄村、东埠村、南埠村、儒林集村、黄家宅村、下龙巷村、龙庄村、井子峪村、燕崖村10个行政村。

儒井路

建设过程

1997年，在原有部分简易便道的基础上，对该路逐段进行修建或路基整理，至2000年基本完成，达到通车条件。2003年，实施水泥路面硬化。2019年，对上龙巷村段1.65公里，进行水泥混凝土路面改造。2020年，对娄峪村段0.416公里实施路面改造，老路面处理病害后进行20厘米水泥混凝土、乳化沥青粘层罩面。是年，对埠村段1.006公里路面实施改造，土路新建、水泥路病害处理后，进行沥青混凝土罩面。2022年，对下龙巷至悦庄与燕崖界1.087公里，实施水泥混凝土路面改造。2023年，对南崔路至龙庄村路段4.3公里，进行沥青路面改造。

桥　梁

下龙巷桥　位于儒井路13公里+841米处，地处悦庄镇下龙巷村，是跨越沂河的跨河大桥。上部结构为10×20米预应力钢筋混凝土空心板；下部结构为重力式墩台，扩大基础。全长226米，全宽10米。设计荷载为公路－Ⅰ级。2021年开工建设，同年6月竣工。

儒井路共有小桥3座，总长50米。

儒井路小桥统计表

序号	桥名	中心桩号	结构形式		桥长（米）	桥宽（米）
			上部结构	下部结构		
1	埠村河桥	7.758	石拱桥	重力式墩	18	9
2	唐家官庄二桥	4.584	空心板梁	重力式墩	16	8
3	娄峪桥	0.298	石拱桥	无	16	6

小邢路

线路概况

起点位于鲁村镇小张庄村，终点位于鲁村镇邢家庄村，编号为Y009。全长12.068公里，四级公路，路基宽6米，路面宽5.5米。共有涵洞7道。途经鲁村镇小张庄村、月庄村、楼子村、西埠村、锦埠源村、西南峪村、玉泉村、邢家庄村8个行政村。

建设过程

2004年，对原有简易道路进行改建，同时实施水泥混凝土路面硬化。2020年，进行沥青混凝土路面改造提升。

小邢路

朱分路

线路概况

起点位于中庄镇朱家泉村，终点位于石桥镇分水新村，与石香路相交，编号为Y010。全长7.071公里，四级公路，路基宽7米，路面宽6米。建设涵洞15道。途经石桥镇分水新村、文河村、河西村3个行政村。

建设过程

1997年，对原有简易道路进行路基整修改造，达到通车条件。2003年，实施水泥路面硬化。

桥　梁

朱分路共有桥梁3座，全部为小桥，总长21米。

朱分路小桥统计表

序号	桥名	中心桩号	结构形式		桥长（米）	桥宽（米）
			上部结构	下部结构		
1	北河峪桥	3.322	石拱桥	无	8	7
2	北河峪二桥	2.772	石拱桥	无	7	6
3	珩崖桥	5.588	空心板梁	无	6	6

河西路

线路概况

起点位于东里镇河南村，终点位于东里镇西长旺村，编号为Y012。全长7.077公里，其中三级公路2.013公里、四级公路5.064公里，路基宽7~12米，路面宽6~11米。共有中桥1座、涵洞4道。途经东里镇河南、西长旺2个行政村。2004年，在原先机耕路基础上，实施路面硬化改造。

桥　梁

河西路共有桥梁1座，为中桥，长63米。

马庄河桥　位于河西路1公里+332米处，地处东里镇河南村，是跨越马庄河的跨河中桥。上部结构为4×13米钢筋混凝土板；下部结构为重力式墩台，扩大基础。全长63米，全宽11米。设计荷载为公路－Ⅱ级。2004年开工，同年10月竣工。

巨东路

线路概况

起点位于张家坡镇巨石崖村，终点位于东里镇东长旺村，编号为Y013。全长8公里，其中三级公路5.789公里、四级公路2.211公里，路基宽6~8米，路面宽5~6.5米。共有桥梁4座，其中中桥2座、小桥2座，建设涵洞2道。途经张家坡、东里2

1989年，群众义务修建巨东路

个镇及巨石崖村、刘家圈村、紫荆峪村、孟家庄村、福禄坪峪村、东长旺村6个行政村。

建设过程

始建于20世纪60年代，时为机耕路。1989年，在原有简易便道基础上，按山区三级路标准，对上巨石崖至东长旺路段进行整修改建，3月28日动工，路基宽7.5米，由临沂地区交通局投资，组织沿线群众施工。群众修路热情高涨，工地现场每天都有四五千人，是年秋天竣工。

2003年，实施水泥路面硬化。2022年，对巨石崖村1.782公里路段进行沥青混凝土硬化改造提升。2023年，对张家坡镇与东里镇交界处至孟家庄桥2.44公里路段进行改造提升。

桥　梁

孟家庄桥　位于巨东路4公里+33米处，地处东里镇孟家庄村，是跨越巨东河的跨河中桥。该桥始建于1989年，上部结构为3×13米钢筋混凝土现浇板；下部结构为重力式墩台，扩大基础。全长51米，全宽8.5米。设计荷载为汽车-15级，挂车-80。2016年对原桥实施大修，进行换板处理。换板后上部结构为3×13米预应力钢筋混凝土空心板；下部结构为重力式墩台，扩大基础。全长51米，全宽8.5米。设计荷载为公路-Ⅱ级。

东长旺村桥　位于巨东路6公里+964米处，地处东里镇东长旺村，是跨越巨东河的跨河中桥。该桥始建于1996年，上部结构为4×13米钢筋混凝土现浇板；下部结构为重力式墩台，扩大基础。全长63.5米，全宽8.5米。设计荷载为汽车-15级，挂车-80。2016年对原桥进行换板处理，上部结构为4×13米预应力钢筋混凝土空心板；下部结构为重力式墩台，扩大基础。全长63.5米，全宽8.5米。设计荷载为公路-Ⅱ级。

巨东路共有小桥2座，总长53.8米。

巨东路小桥统计表

序号	桥名	中心桩号	结构形式		桥长（米）	桥宽（米）
			上部结构	下部结构		
1	福禄坪峪村桥	5.245	空心板梁	重力式墩	29	8
2	南大洼桥	5.886	空心板梁	重力式墩	24.8	8

悦沂路

线路概况

起点位于悦庄镇北张良村，终点位于悦庄镇沂河头村，编号为Y014。全长3.82公里，三级公路，路基宽10米，路面宽9米。建设涵洞1道。途经悦庄镇张良社区、沂河头村2个行政村（居）。该路原为一条简易道路。2003年，进行路基改造并实施水泥路面硬化。

三九路

线路概况

起点位于南鲁山镇璞邱村，终点位于南鲁山镇九会村，编号为Y015。全长16公里，四级公路，路基宽7~7.5米，路面宽6米。共有桥梁9座，其中中桥2座、小桥7座，建设涵洞20道。途经南鲁山镇璞邱村、流水村、车场村、唐家六村、菜园村、大坡村、孟坡村、茨峪村、九会村9个行政村。

建设过程

三九路始建于20世纪80年代初，当时为等外路。1997年，按山区四级公路标准进行改建，路基拓宽至8米。2003年，作为农村公路改造项目，对该路进行水泥混凝土路面硬化，5月开工，10月竣工。2012年，对璞邱村至唐家六村5公里路段，进行水

2018年，路面改造提升后的三九路

泥混凝土路面中修，10月上旬完成。2018年，实施路面改造提升工程，铺筑水泥稳定料基层、沥青混凝土面层，5月开工，12月竣工。

桥　梁

响水崖中桥　位于三九路8公里+600米处，地处南鲁山镇大坡村，是跨越大坡河的跨河中桥。1963年 2月开工建设，6月竣工。上部结构为1×20米块石板拱；下部结构为重力式墩台，扩大基础。全长34米，全宽7米。设计荷载为汽车－15级，挂车－80。

茨峪中桥　位于三九路14公里+770米处，地处南鲁山镇茨峪村，是跨越茨峪河的跨河中桥。1963年2月开工建设，同年6月竣工。上部结构为1×20米块石板拱；下部结构为重力式墩台，扩大基础。全长42米，全宽6米。设计荷载为汽车－15级，挂车－80。

三九路共有小桥7座，总长188米。

三九路小桥统计表

序号	桥名	中心桩号	结构形式		桥长（米）	桥宽（米）
			上部结构	下部结构		
1	十八转东桥	10.687	石拱桥	重力式墩	40	8
2	十八转西桥	10.865	石拱桥	重力式墩	40	8
3	南流水一桥	4.925	石拱桥	重力式墩	23	6.5
4	车场小桥	5.598	石拱桥	重力式墩	23	6.5
5	璞邱小桥	0.55	板拱	重力式墩	17	9
6	璞邱三村桥	1.277	空心板梁	重力式墩	20	8
7	璞邱南桥	1.764	石拱桥	重力式墩	25	8

白计路

线路概况

起点位于燕崖镇白峪村，终点位于燕崖镇计宝峪村，编号Y016。全长9.861公里，四级公路，路基宽5~6米，路面宽4~5米，共有小桥1座、涵洞12道。途经燕崖镇西白峪村、王庄村、石井河村、碾砣村、姚南峪村、朱家户村、计宝峪村7个行政村。1990年，在原有简易便道基础上，实施路基整修，达到通车条件。2004年，实行水泥路面硬化。

乡道白计路

2019年，进行路面沥青硬化改造。

桥　梁

白计路有碾砣桥1座，桥长13.4米、宽7.5米，中心桩号3.644。

上曹路

线路概况

起点位于南麻街道上高村，终点位于大张庄镇曹家庄村，编号为Y017。全长7.489公里，四级公路，路基宽7米，路面宽6米。共有中桥1座、涵洞4道。途经南麻、大张庄2个镇（街道）及上高村、赵家庄村、酸枣峪村、南朱家庄村、宋家庄村、天井峪村、曹家庄村 7个行政村。1983年，在原有简易便道的基础上，实施路基整修，达到通车条件。2004年，进行水泥路面硬化。

桥　梁

上高村桥　位于上曹路0公里+271米处，地处南麻街道上高村，是跨越高村河的跨河中桥。该桥始建于1989年，上部结构为3×13米钢筋混凝土现浇板；下部结构为重力式台，扩大基础。全长

50.8米，全宽8.5米。设计荷载为汽车－15级，挂车－80。2015年，实施大修改造，对原桥进行换板处理。换板后上部结构为3×13米预应力钢筋混凝土空心板；下部结构为重力式台，扩大基础。全长50.8米，全宽8米。设计荷载为公路－Ⅱ级。

曹石路

线路概况

起点位于大张庄镇曹家庄村，终点位于燕崖镇石板村（石榴峪），编号为Y018。全长4.73公里，四级公路，路基宽6~7米，路面宽5~6米。共有小桥1座、涵洞3道。途经大张庄、燕崖2个镇及曹家庄村、福阳峪村、石板村3个行政村。1973年，动工兴建曹家庄至石榴峪4.73公里路段。2019年，进行水泥混凝土路面硬化。

桥　梁

曹石路有小桥1座，名为向阳峪桥，桥长10米、宽7米，中心桩号1.058。

石绳路

线路概况

起点位于东里镇幸福村，与石香路交会，终点位于东里镇绳庄村，编号为Y020。全长6.5公里，四级公路，路基宽7米，路面宽6米。共建设涵洞5道。途经东里镇幸福村、北三庄村、吴家北峪村、柴家庄村、绳庄村5个行政村。2003年，在原有简易道路基础上，进行路基改造和水泥路面硬化。

消关路

线路概况

起点位于悦庄镇东小水村，终点位于石桥镇关河峪村，编号为Y021。全长9.3公里，其中三级公路4.378公里、四级公路4.922公里，路基宽5~7米，路面宽4~6米。该路无桥梁设施，共建设涵洞13道。途经悦庄、石桥2个镇及东小水村、石楼村、葛庄村、黄墩河村、关河峪村5个行政村。

建设过程

2004年，在原有便道基础上，进行路基改造和水泥路面硬化。2021年，对省道沂邳线至关河峪村4.3公里路段，实施沥青混凝土路面改造。2022年，对小水至葛庄4.355公里路段，实施沥青混凝土路面提升。

石圣路

线路概况

起点位于石桥镇石桥村，与沂邳线交会，终点位于圣佛山，编号Y022。全长7.773公里，其中三级公路1.568公里、四级公路6.205公里，路基宽5~16米，路面宽4~14米。共有桥梁2座，其中中桥1座、小桥1座，建设涵洞4道，途经石桥镇石桥村、郭家上峪村2个行政村。2005年，对原简易便道进行路基整修改建，建设中桥1座。2008年，实施水泥路面硬化。

桥　梁

东漫桥　位于石圣路0公里+662米处，地处石桥镇政府驻地以东，是跨越石桥河的跨河中桥。上部结构为5×8米钢筋混凝土空心板；下部结构为重力式墩台，扩大基础。全长52米，全宽15.3米。设计荷载为公路－Ⅱ级。2006年开工，同年9月竣工。

石圣路还有小桥1座，名为石桥村二桥，桥长20米、宽5米，中心桩号1.761。

薄金路

线路概况

起点位于西里镇薄板台村，终点位于西里镇金星村，编号Y023。全长7.463公里，其中三级公路0.955公里、四级公路6.508公里，路基宽4.5~7米，路面宽4~6米。该路无桥梁设施，共建设涵洞6道。途经西里镇薄板台村、黎明新村、苏家上峪村、金星头村4个行政村。1986年，进行沙土路基整修改造。2003年，实施水泥路面硬化。2022年，对黎明新村路段0.955公里进行改造提升，为沥青混凝土路面。

悦博路

线路概况

起点位于悦庄镇政府驻地，终点与县道淄安路（老博沂路）相接，编号为Y026。全长1.274公里，三级公路，路基宽13米，路面宽11米。共有中桥1座、涵洞3道。途经悦庄镇北张良村1个行政村。该路原为简易道路。2004年，进行路基改建和水泥路面硬化。

桥　梁

张良桥　位于悦博路0公里+515米处，地处悦庄镇张良社区，是跨越饮马河的跨河中桥。上部结构为5×6.5米钢筋混凝土板；下部结构为重力式墩台，扩大基础。全长33米，全宽20米。设计荷载为公路-Ⅱ级。2006年开工建设，同年9月竣工。

焦家上庄村道

村　道

村道是指除乡道及乡道以上等级公路以外的连接行政村与行政村、行政村与自然村、行政村与外部的公路，但不包括村内街巷和农田间的机耕道。20世纪50年代，沂源县在农村合作化运动中曾掀起兴修乡村道路的热潮。60年代和70年代，全县在进行大规模的农田水利基本建设中，即制定了山、水、林、田、路综合治理的发展规划，农村公路从无到有，从窄到宽，有了一定的发展，农民群众生产生活出行难的窘境得到改善。当时修筑的不少简易机耕路成为后来村道的雏形。自80年代初起，乡村道路实行统一规划、统一修建、统一管理的运行机制。到90年代基本形成县内村村相连的简易道路格局。

1996年，全县开展“公路建设管理年”活动，确定村级道路的建设，由乡镇政府负责规划设计，搞好土地占用、房屋拆迁等工作的协调，由受益村群众修建。乡村道路硬化后，经验收达到四级公路以上标准的，县里每公里奖励2万元。是年，建设重点乡村道路工程23条110多公里。

1999年5月10日，沂源县人民政府印发《沂源县乡村公路建设管理办法》，明确乡村公路的建设本着谁受益谁投资、谁的路段谁建设和以奖代补的原则，由乡镇人民政府和沿线受益村具体负责组织实施。县交通局协助搞好工程质量管理和技术指导。同时，为调动乡镇、村搞好乡村公路建设、管理的积极性，县政府每年从地方道路基金、农用车路费分成中，筹措一定数额的资金对乡镇实行以奖代补。奖励补助标准，按实际完成工程量和投资额，每公里路基补助（包括桥涵）3000~5000元，路面硬化7000~10000元。各乡镇、村庄修路热情空前高涨。

燕中路黑虎泉段

为改善农村交通状况，促进农村经济发展，2003年国务院决定在全国实施农村公路改造工程，根据各地经济发展的程度不同，给予按标准修建的农村公路每公里7万至10万元补助资金。沂源县抢抓千载难逢的历史性机遇，克服路线长、任务重、投资大、时间紧等困难，开展“公路建设年”活动，实施“村村通”硬化道路建设。县委、县政府成立农村公路改造指挥部，各乡镇把“村村通”列为“一把手工程”，制定相关政策，筹集建设资金，除国家每公里补助7万元以外，其余采取“乡镇财政拿一点，村集体筹一点，向社会募捐一点”的方式运作村道硬化工程。2003—2004年，全县共完成115条208.3公里的村道建设，至2004年底，全县通柏油路的行政村总数达576个，占全县行政村总数的91%。

2005—2017年10余年间，沂源县累计完成300条（段）500余公里村道工程建设。2016—2018年，实施村级公路网化示范县项目，投资2.22亿元，修建550条370公里的村级公路，解决“村村通”工程实施后存在的断头路、部分自然村不通硬化道路等情况。

2018年11月2日，沂源县人民政府办公室印发《关于进一步做好“四好农村路”工作的实施意见》，深入推进全县“四好农村路”建设，组织开展农村公路“三年集中攻坚”专项行动，实施路网提档升级、自然村庄通达、路面状况改善、运输服务提升“四大工程”。至2020年底，完成农村路网提档升级工程32公里，自然村庄通达工程190.7公里。

2021年起，开展“四好农村路”提质增效专项行动，累计完成农村道路新改建93.8公里，路面状况改善496.6公里，危桥改造5座，重要村道及三级以上村道安保工程完工242.2公里。2023年10月31日，沂源县被山东省交通运输厅、省财政厅、省农业农村厅、省乡村振兴局联合表彰为“四好农村路”省级示范县。

截至2023年12月底，全县共有村道1247条1455.527公里，其中二级公路2.816公里、三级公路1.961公里、四级公路1450.75公里。村道上共有桥梁181座，其中大桥8座、中桥60座、小桥113座。

沂源县各镇（街道）村道一览表

镇（街道）	村道数量（条）	村道里程（公里）
南麻街道	72	90.744
历山街道	46	46.774
南鲁山镇	74	82.487
鲁村镇	154	199.025
大张庄镇	137	129.479
燕崖镇	70	94.339
中庄镇	170	131.008
西里镇	200	211.183
东里镇	105	124.842
张家坡镇	77	94.814
石桥镇	67	87.161
悦庄镇	138	163.671
合计	1247	1455.527

工程建设

组织领导

新中国成立后，沂源县公路建设进入有计划的发展时期。县委、县政府把公路建设作为恢复经济、发展生产的重要任务和措施来抓，列入重要工作议事日程，采取积极措施，加快山区公路发展。本着“先急后缓”“量力而行”的原则，对全县公路建设作出统筹规划、合理安排。每项重点工程，县、区（社）两级都成立公路建设指挥部，从规划测设、任务分配、劳力调集、工具筹措、材料供应，到宣传发动、施工组织、进度推进、技术质量等，都作出具体工作安排，制定有效措施，把坚强有力的组织领导工作贯穿到公路建设始终。

在施工组织上，沂源县公路建设历经了大兵团作战、专业队施工、承包责任制、公开招标确定施工企业等阶段。新中国成立后至20世纪80年代初期，民工成为公路建设的主力军，1958年成立的公路建筑团，实施兵团作战，以营、连、排的组织形式进行施工，民工报酬除生产队记工分外，绝大部分是每完成一个定额工日补助0.2元和原粮指标

0.75公斤。1984年起，公路施工开始采用承包的方式，将任务和经费一同承包给基层单位或个人，民工以有关壮工工资标准和工程量所含定额工日数计资，每个定额工按0.8~1元计算。在具体施工过程中，采取专业队承包与群众义务施工相结合的方法。在路基路段，凡量大需用工多的地方，实行集中力量打歼灭战的办法，充分调动群众力量，参与工程建设；对量小易干的路段，采取承包给沿线或各户的办法，让他们各司其职，限期完成；对那些技术要求高、工程难度大、路段险情多的地方，如桥梁、涵洞、挡墙、山崖等采取承包给有基础、有技术的专业队去施工，并推行施工承包责任制，即先亮出标的，招标承包，再与中标队签订合同。合同的主要内容是"六定一查"，即定任务、定资金、定时间、定质量、定安全要求、定报酬，一查是竣工后检查验收，达不到要求者罚工程费的20%。干线公路的施工承包合同，还全部履行了公证手续。实行施工承包责任制，做到了责、权、利结合，在提高质量、节省材料、降低造价、缩短工期等方面，都显示了很大的优越性。葛庄大桥的施工，实行招标承包，在竞争中选定了承包人。1989年实施修建的赵安路虎崖段，需在悬崖中间开凿道路，铺筑挡墙，挡墙长420余米，高14米，基础宽6米，用石料3300余立方米，原计划用工1万个，施工1个月。燕崖乡北安乐村周士源率专业队承包后，实际用工21天，节约工日3900个，提前9天完成施工任务。

2004年，山东省交通厅厅长周秋田（左二）视察沂源公路建设

20世纪90年代后，为适应公路工程建设的需要，县交通局、县公路站分别成立专业施工队伍，参加公路工程施工。进入21世纪，公路建设企业蓬勃发展，专业化水平越来越高，企业资质范围涵盖公路设计、测量、路基路面工程施工、桥梁隧道建设等。沂源县公路工程采取公开招标方式，确定施工单位，中标的施工单位按照合同及建设单位要求展开施工。

群众奉献

沂源县的公路建设坚持"人民公路人民建"的方针，除争取国家必要的支持外，发挥人民群众的力量建设公路。新中国成立后，在财力紧张、人民生活比较困难、缺少技术人员的情况下，沂源县人民群众发扬勤劳朴实、艰苦奋斗、无私奉献的优秀品质和光荣的革命传统，开山凿岭，填河改道，修路架桥，打通了通往外界的一条条通衢大道。

投工投劳 1952年，沂源县人民政府动员全县人民，投工投劳，修通了全县第一条可以通车的简易道路博沂路。1957年，沂源县人民委员会组织沿线群众，对南草路进行了路基整修，实现季节性通车。1958年9月，沂源县动工修建悦庄至三岔简易公路，最难啃的"硬骨头"是无路岭路段，此路段山高沟深、悬崖陡峭、沟壑纵横、地势险要，施工难度非常大。负责此路段施工任务的三岔、悦庄、石桥三个公社，分别组织群众由南北两个方向同时施工。由于没有机械设备，施工工具就是洋镐、铁锨、铁钎、铁锤等，运输工具是手推车、抬筐、篓子，全靠人力手搬、肩扛、人抬、小车推。沂源县人民群众就是用这种愚公移山、顽强拼搏的精神，让天堑变为通途。1958年10月，对南草路进行改建，前期主要由沿线群众参加施工。在开凿好汉岭山口的施工中，参与修路的群众组成妇女民工队、铁姑娘班，同男子汉一样，打钎、放炮、凿石、运料，从不示弱，圆满地完成了担负的工程任务，曾多次受到县委的表彰。数千名施工群众和筑路队员，历经近8个月艰苦施工，南草路建成通车。

1962年5月，沂源县境内另一天堑南崔路青龙山北段工程动工，此路段山高坡陡涧深，工程量大，那时没有大型机械，只有两台牛头钻、洋镐、镢头、铁锨、炮杆、钢钎、铁锤，全凭人力开山辟路，架桥修涵。修路群众用秫秸搭建营房，用石头支起炉灶，吃住都在工地，肩挑人抬、木车推拉，劈山凿石。沿线群众在县、公社党委政府和交通部门领导指挥下，克服重重困难，经过两年的共同努力，硬是靠钢钎铁锤，人拉肩扛，打通了这一天堑。

在经济困难的三年时期，筑路群众不分男女老少，吃的是红薯、窝窝头、玉米汤，住的是简易窝棚，大家不喊累不叫苦，毫无怨言。新中国成立后的十余年间，沂源县先后有八万余人次参加工程建设，共投工2685余万个，全县劳力人均9.5个。

1983年，修建东里沂河大桥，县将工程建设划分到东里和梭背岭两公社后，实行全公社动员，沂河两岸形成了“户户出工、出钱，村献料，人人争先，家家上阵”的生动局面。在施工过程中，4000多名劳力齐上阵，涌现出了不少感人事迹，有的父子相争、兄弟相争报名修大桥；有的加班加点拼命干；有的抢干脏活重活；也有的受伤不下火线。

1992年，实施博沂路西线建设工程，南麻、土门、沟泉、鲁村、徐家庄、大张庄6个乡镇群众1万余人，不畏严寒酷暑，以出义务工的形式展开路基修筑任务，仅用四个多月时间就基本完成了建设任务。1995年，实施沂蒙路、南崔路等改建拓宽工程，筑路大军中，有白发苍苍的老人、有怀揣幼儿的妇女，还有父子军、夫妻兵，合奏了一支威武雄壮的筑路协奏曲。南崔路燕崖段不足6公里的路段上，悬崖峭壁就有十几处。一面悬崖峭壁需要开凿，一面深沟需要回填。对付那一层层硬石板，几乎全靠人工挖。为了争取时间，民工们睡窝棚，宿涵洞，吃干煎饼，喝凉水，嘴唇干起了皮，手被震开了条条血口子，但没有人喊屈叫苦。西柳峪村要修一条连村路，全长9.5华里，翻越五座山梁，施工难度可想而知。全村的男女老少齐上阵，白天农业劳力干，晚上副业劳力接着干。经过一冬一春的苦干，凿通了五座山梁，筑起了两座桥涵，高标准地完成了筑路任务。

1996年，全县开展“公路建设管理年”活动，活动一开始，全县就迅速形成了一个全党动员，全民发动，人人参与公路建设的局面。各路人马纷纷上阵，省道、县道、乡道、村道四路大军四面开花，日上阵劳动力最多时10万余人，拖拉机千余台，小推车万余把。每天一大早，在各村各路段都会出现成群结队的施工群众肩扛镢锨、镐头走向工地的感人场面。这支庞大的筑路大军在沟壑、丛山、河谷中开山、劈石、填挖，早出晚归，食无正点，宿无正时，艰苦奋战。

捐资捐物　山区公路建设难度大，投入多，造价高，仅靠上级政策扶持，难以满足公路建设的需求。为解决公路建设资金不足问题，老区人民像革命战争年代支援前线那样，踊跃捐款捐物。农村老大娘捐出了鸡蛋钱，小学生献出了压岁钱，干部职工掏出了工资，成千上万的农民兄弟献出了心爱的责任田、房屋和果园。为节省工程建设资金，采取就地取材，群众自备建筑工具和材料，如镢、锨、铁锤、钢钎、箩筐、平车等；浆砌用的石灰，由群众自己烧；开石用的炸药，由群众自己造；推土、压路用的机械，也由乡村自行租用、借用。

1984年修三峨路时，深受交通闭塞的三岔乡农民刘宝海把多年积累的全部积蓄7000元血汗钱捐献了出来，用于购买工具和材料。1989年修建鲁沟路时，由于上边给的材料费远远不够，沿线14个村的农民一下就捐献出价值8万元的钢材物料。据不完全统计，1984年至1995年，在公路建设中全县群众捐款捐物计4000多万元；在1996年“公路

开山劈石修筑公路

建设管理年”期间，沂源人民捐资投工折合人民币2500多万元。2003年，三九路实施水泥混凝土路面硬化工程，三岔乡党委、政府发出倡议：“只要干部多捐一分，就会减轻农民群众一分负担”，乡党委书记、乡长带头每人捐款500元，短短半天时间，全体党政干部职工就捐款2.69万元。

支持配合 20世纪80年代后，在公路建设中涉及占地、拆迁、青苗移栽等事关群众切身利益的事项越来越多，淳朴善良的老区人民，一如当年支前一样，全力支持配合公路建设。1988年，白杨路建设中，燕崖路段拆迁房屋15间、屋盘6间、院墙40米，沿线拆迁户顾全大局，及时主动拆迁。1989年，修建滑龙公路时，金星乡梅家庄李恒友的300多棵花椒树被公路所占，每年少收入2000多元，他没有怨言。1996年，沂蒙路改建时，需要拆除沿线南麻镇的西上高庄、大田庄、南埠东三个村庄66家农户的290间房屋，为了不影响沂蒙路路基工程施工，很多家中劳力少的拆迁户，不讲条件，不提要求，不要政府照顾，主动找来亲朋好友帮助拆迁，比原定时间提前半月完成了全部拆迁任务。2000年，博沂路沂源段南线改建工程中，沿路330间房屋被拆迁，1600米院墙，1000多亩果园、葡萄园被拆除，400多条杆路被迁移，沿线群众为了公路畅通，不计得失，从长计议，舍小家顾大家，甘愿牺牲自己的利益。

2005年5月，青兰高速公路建设中，按照设计，要从张家坡镇亳坪村几个自然村穿村而过，村里住着的68户村民需整体搬迁。因工期紧张，施工单位等着村民迁出后马上进场，县政府还来不及为这些即将迁出的村民安排新居。68户村民没有抗拒、没有埋怨，二话不说全部搬进了山上的帐篷里，过起了“野居”生活。几天后一场大雨落下，风雨中，村民们的帐篷都灌进了水，衣被粮食都淋湿了，大家毫无怨言。2020年12月开工的临临高速公路建设工程涉及6个镇（街道）、58个村、5205户群众，需征地清表5323亩，拆迁房屋242户，沿线群众积极配合，在沿线区县中率先完成征迁任务，保障了高速公路建设顺利进行。

施工组织形式

民办公助 沂源县的公路建设自1952年起即实行民办公助政策，修建了沂源县第一条沟通南北的简易公路博沂路。1963年，沂源县人委会以民办公助形式修建了南坦线南麻至回峪段。

20世纪80年代，沂源县各地群众以义务投劳的形式先后修建了张九、张保、河柳、曹甸、三峨等乡村公路，计70多公里。1983年4月，东里沂河大桥动工兴建，工程由东里、唐山两个公社组织实施，共计投工15.6万余个。1984年7月1日，大桥竣工通车。临沂地区13个县市交通部门负责人由地区交通局主持在东里召开现场会，沂源县介绍“民办公助架桥，速度快质量好”的经验。

1984年，东里沂河大桥竣工通车

1983年9月10日，山东省人民政府印发《山东省民工建勤养护公路和民办公助修建县乡公路实施办法》，提出国道、省道、县公路及在养的乡公路的养护、修理和改建，均使用民工建勤，县、乡路的修建实行民办公助，以民办为主，公助为辅，公助用于对外购材料、外请技工和专用设备的补助。根据“民办民需”的原则，厂矿企业、乡、队和农民群众可以集资修建公路、桥梁。1986年至1990年，山东省交通厅、省计划委员会联合扶贫沂源县修建干线和县乡公路。五年期间，沂源县利用扶贫资金和临沂地区公路段补助，修建干线公路沥青路面35.2公里，修建三岔至峨庄、白峪至石板、鲁村至沟泉、高庄至曹家庄、赵庄西岭至燕崖、滑石峪至龙湾、巨石崖至东长旺、仁里至石柱、鲁村至徐家庄等县乡公路路段，共计107.55公里。

新中国成立后至20世纪80年代初期，沂源县县乡公路的修建，贯彻民工建勤、民办公助的原则，做到少花钱，多修路。施工过程中，大锤、钢钎、炸药、雷管等外购材料由县财政利用补助资金统一购置，其余物料就地取材，劳动工具全部由民工自带，拆除地面附着物一律不动用资金补偿，而是以资金折算补助部分工日的方法解决，占用土地由县、社、村调整平衡，只有少量的青苗补偿费，无其他补助。民工出勤报酬，每工日只发给0.05元至0.10元的茶水费，生活完全自理，民工工日由所在生产队按同等劳力记工参加分配，大队作为义务工全村统一平衡。

1982年，沂源群众整修路基

1984年起，随着农村经济形势的变化，公路建设的施工方法和劳力组织形式有了相应的改进，工程任务由受益乡（镇）、村承担，交通部门负责技术指导，在补助资金方面实行包干使用。工程任务划分到乡镇、村以后，交通部门补助标准按工程量核算单位工程补助费用，分阶段按工程进度拨款，工程竣工验收后一次性付清补助工程款。但是，修建县乡公路民办公助的政策基本不变，只是随着修建标准的不断提高和农村经济体制的变革，施工组织形式由原来的沿线群众出工打“人民战争”的形式逐步变为专业施工队施工。2003年开始，民办公助修建县乡公路的政策扩大到通村公路建设上。山东省计划用三至五年时间使所有行政村全部通沥青（或水泥）路面，简称“村村通工程”，省交通厅按每公里“1、4、7”万元三种标准进行补助，即百强县每公里补助1万元，普通县每公里补助4万元，贫困县每公里补助7万元（交通部利用国债资金补助少量项目）。要求地市配套资金不低于省补助数额，其余资金由区县、乡村筹集。此项政策实施以来，沂源县实施了大量通村路工程。到2010年末，沂源县的行政村基本实现了村村通油路的目标。截至2023年底，沂源县农村公路通车里程达到1904.36公里，全县所有行政村全部实现村村通硬化道路。

以工代赈　以工代赈是由政府投资建设基础设施工程，受赈济者参加工程建设劳动，从而获得劳务报酬，以此取代直接救济的一种扶持政策。该项政策向贫困人口多、脱贫难度大、基础设施薄弱的革命老区、少数民族地区、边疆地区和特困地区倾斜。1984年至今，沂源县以工代赈修建道路工作可以分为两个阶段。

1984—1996年实物形式的以工代赈，主要以发放粮食、棉花、棉布、工业品等实物和购货券的形式实施以工代赈公路工程项目。1985—1987年，国家动用库存粮、棉、布帮助贫困地区修建道路和水利工程，拨付沂源县粮、棉、布折款222.1万元。修筑道路28条188.2公里，修建经济路4条80.56公里，其中中型桥16座、涵洞204道。国家支援的粮、棉布由国家无偿拨给地方，其他物资如水泥、钢材、工具等由地方负责予以解决。为了加快老区人民脱贫致富的步伐，国家决定从1989年起到1991年，利用中低档工业品以工代赈帮助贫困地

以工代赈修筑公路

区修建公路和水利工程。为此，沂源县开展利用中低档工业品以工代赈修建县乡公路试点。1989年，沂源县用以工代赈及上级所拨的配套资金修建金星乡滑石峪至沂水县龙湾（简称滑龙公路）和悦庄镇赵庄至燕崖乡安乐（简称赵安公路）两条县乡三级公路。1990年，又以以工代赈修建了燕崖乡安乐至中庄、沟泉乡仁里至大张庄乡石柱、中庄乡北刘家庄至红旗水库、鲁村镇至青杨圈至徐家庄4条（段）61.5公路县乡公路。1992年，用工业品以工代赈修建北刘庄至白峪和西峪至徐家庄两条县乡公路，总投资225万元，其中国家代赈资金90万元，省配套50万元，市配套60万元。1994年2月，沂蒙公路（南坦线）沟泉至大张庄段改建工程开工建设，该工程是山东省计划委员会、山东省交通厅标准立项的以工代赈项目，由省计委拨付工程代赈券，沂源县组织沟泉、大张庄两乡群众投工投劳，共完成土石方24.7万立方米，建中小桥12座、涵洞41道、防护工程2102米，投工35万个。该项工程是沂源县以民办公助、以工代赈形式建成的最大的一项工程。

1996年以来，沂源县对属国家以工代赈的扶贫项目和县道的改造建设工程，实行多种施工形式。路基拓宽和新建工程，乡镇政府负责路基和小桥、涵洞的修建，办理土地征用手续，进行房屋拆迁、青苗补助等。其中房屋拆迁按省道补助标准的70%予以补助；县交通局承担大中桥的修建，负责工程的规划、测设、工程监理、监督检查，并根据工程数量和资金到位情况，拨给乡镇材料补助费，路基拓宽改造和新建工程（包括小桥、涵洞、防护工程、土地、房屋、青苗、树木损失费）每公里补助3万元。路面硬化工程，乡镇政府负责油面以下的底层铺设（包括拳石层备料、铺设和灌沙），县交通局负责路面油层铺筑，乡镇政府负责组织施工铺设油面的，县里每公里补助10万元。“十四五”以来以工代赈政策进行了拓展和延伸。2020年11月，国家发展改革委等九部门联合印发了《关于在农业农村基础设施建设领域积极推广以工代赈方式的意见》，使以工代赈从一项专项的扶贫政策拓展到农业农村基础设施建设领域。沂源县中庄镇南崔路至许家桃峪村公路改造提升工程列入2023年以工代赈项目，工程于2023年6月底完成前期及施工准备工作，2023年7月正式开工，2023年12月底竣工通车，项目总投资429.3万元，其中申请以工代赈中央投资200万元，其余部分由地方自筹。

施工技术

沙土公路施工 新中国成立初期，因资金、技术等条件所限，沂源县公路的修建标准很低，多在原通行道路的基础上改造，以沙土公路、砂石路面为主，无桥梁涵洞，仅能维持通车，汛期无法保证正常通行。公路修建主要是调集民工承担修建任务，开展“人海战术”，使用铁锹、镐头、抬筐、手推车等工具，路基路面用人工夯实、石磙碾轧的方法。1958年11月，沂源县人委会组建县专业公路建筑团，有1000余人，分为2个营，6个连，2个后勤连，79个班。以专业队伍与群众运动相结合、建设和养护相结合的方式展开公路建设，并在民工中选出有一定文化水平的年轻人员作为施工技术人员进行培训，在施工中边培养、边使用、边提高。在此时期对博沂路、南草路多次实施降坡拓宽、裁弯取直改建工程。1964年，山东省“小三线”建设开始，不仅带动了县内公路的发展，而且在质量上有了很大提高。省交通厅第三工程队、临沂地区工程队派驻技术人员负责技术指导和质量把控。填方路基采取石磙碾轧，以防沉陷；石子路面均按比例用料，先将碎石、黏土铺好底层，再用牵引犁翻拌耙匀，用路拱板拉平，最后洒水撒沙，用压路机碾轧。

在上级主管部门的指导下，沂源县交通部门开

20世纪90年代，施工技术人员进行测量设计

始购置“水准”“经纬”等仪器，并配备技术人员，能够自主完成对公路的测量、设计、施工。

沥青及水泥硬化路面施工 1973年，沂源县公路站在博沂线松仙岭至南麻段实施沥青路面铺筑工程，基层为手摆拳石，面层为贯入式施工。这是沂源县境内第一段沥青路面公路，开启了沂源县沥青公路修建的先河。

20世纪80年代后，沂源县境内干线公路由砂石路面逐步提升改造为沥青、水泥混凝土硬化路面。在20世纪80年代，砂石路面提升改造工程中的路基施工主要是使用“路拌法”，即在路面的路槽内或者路面沿线施工作业面实行就地拌合混合料的一种施工方式。在路槽内铺筑手摆拳石并用河沙灌缝压实，在此工作面由人工使用工具拌和、摊铺三合土（石灰、黏土、砂子），碾压后再铺筑一层碎石灰土（石灰、石子、土）或者碎石二灰土（部分路段会在碎石灰土基本材料中加入少量水泥，增加强度），作碾压养生。路面施工采用沥青灌入式，在路基上先洒布透层或黏层沥青（起到联结作用），摊铺主层集料并碾压，洒布沥青再铺筑嵌缝料压实，按集料大小分层铺筑，层层压实，一般进行三次沥青洒布，四次碾压，这种施工工艺也被称为“三油四料”。因施工流程是先铺筑主层料，再洒沥青，让沥青灌入，故称为沥青灌入式路面。此工艺对施工温度有严格要求，常因当地气候而影响施工和路面质量。1986年泰薛路高庄至南麻段的沥青路面铺设，就是采取此施工工艺。后期，路面面层改为下灌上拌工艺。即下面层为灌入式，上面层为热拌料。当时热拌料系用人工架设炒拌锅炒拌。经过实践和摸索，沥青热料实行集中厂拌法的混合料质量较稳定。当时在鱼台公路分站安装一套小型沥青拌合设备，用燃煤加热搅拌筒，由工人将不同规格的粒料按照比例装入搅拌筒中先行预热，再加入定量沥青，实行强制搅拌，统一出厂，并用温度计测量“熟料”出厂温度，能够较好地控制粒料级配和沥青用量。

沂源县县乡公路沥青混凝土改造开始的时间较晚，是从1993年铺筑石香路开始的，采用地灌入式层铺法铺筑沥青路面，习惯称为“三油四料”层铺法，路面结构为12厘米手摆拳石补强、2~4厘米碎石嵌缝、1~2厘米碎石主层料、0.5~1厘米碎石面层料、大粒沙保护层。由于没有拌和设备，县交通局施工人员将市公路局一台退役的移动式沥青拌和机进行改装后，实行集中场拌。20世纪90年代中期，随着公路改建工程的逐年增多，交通量的增加，对公路技术标准要求也随之提高。沂源县公路部门采用拳石灌沙作为补强层，4厘米沥青嵌灌+2厘米沥青拌合料为面层铺筑了部分路段，这种下灌上拌的施工方法已不多见，博沂公路石桥段铺筑的路面是采用这种施工方法的最后路段。同期，还铺筑了部分水泥混凝土路面，泰薛公路建设中路面结构采用18厘米水泥灰土稳定砂基层+22厘米水泥混凝土面层。

水稳摊铺机摊铺水稳碎石现场

进入21世纪，随着经济的发展，公路交通量增加，路面质量标准提高。结合地理结构特点，沂源县的公路路面基层结构多以水泥稳定风化砂+水泥稳定碎石为主，路面面层不再做沥青灌入式结构，均为两层沥青混凝土结构。高等级公路沥青混凝土路面上面层改为热稳性更好的改性沥青SMA，此种结构沂源境内2007年首先在青兰高速公路上使用，路面总厚度达到90厘米。2023年竣工的临临高速沂源段（中庄互通以北路段）路面标准又有提高，上面层改为稳定性更好的改性沥青马蹄脂碎石混合料，其中主线及挖方段路面总厚度达到97厘米。

桥梁施工 沂源县在20世纪50年代修建的桥梁多为石砌墩台、木桥面或石板桥，随着公路交通事业的发展，木桥、石桥逐渐被石拱桥、钢筋混凝土桥所代替。1970年南坦公路建成的南埠东沂河大桥，上部结构为单跨92.7米、混凝土工字型双肋主拱圈、少筋混凝土空心板桥面，时为全省拱桥跨径最大的桥梁，曾获得省级科技成果奖。因地势原因，沂源县的公路桥梁以石拱、混凝土拱桥为主。

20世纪70年代，桥梁施工现场

1991年，在泰薛线西段修建中，建设2座大桥、2座中桥。这4座桥梁的桥桩均采用钻孔灌注桩，柱桩钻孔完成后，需及时灌注混凝土。灌桩用的混凝土使用滚筒式拌和机搅拌，每次只能拌和两袋水泥，拌好的混凝土再由施工队的民工用小铁车运至桩口护筒处。

1994年修建的桥涵中，拱桥拱涵占的比例很大，当时采用的是片石混凝土拱圈，先做好拱圈土牛，再砌筑片石混凝土，拱圈两端安装拱头石，可作模板用，同时期修筑的泰薛路上枝小桥、上枝1~2号桥、两县2号桥、龙王官庄1~4号桥，都是使用的此种工艺。浇筑时，需在拱圈土牛两侧同步对称浇筑，中间放25%片石，片石间隔不小于10厘米，确保每一层混凝土和片石之间的混凝土都能用振动棒振实，直到拱圈合龙。由两班人马用小推车从两侧同时运送混凝土，每班人员有15~20名，两侧混凝土浇筑进度要一致，确保拱的两侧推力相等，否则进度快的一侧就有可能推向进度慢的一侧，出现危险和变形。混凝土浇筑需要一次合成，不能停歇。浇筑完成后还要覆盖洒水养生7~10天，以提高混凝土强度。

20世纪90年代后，沂源县桥梁修建技术、施工工艺都有了很大发展。此时，还将泰薛路、南坦路8处漫水工程改建为高桥，解决了洪水季节两条路阻车问题。

到了21世纪，桥梁灌桩和浇筑施工使用的混凝土由商砼厂集中拌和，用混凝土车运到工地直接浇筑即可。混凝土集中拌和对集料级配比、含水量和水灰比等能较好地控制，质量得到保证。集中运输极大地缩短了施工时间，确保灌桩一次成型，施工工艺的改善，使施工效率有了很大提高。2007年竣工通车的青兰高速公路建设期间，为了保证最大载荷，田庄水库一、二号大桥及亳山村高架桥桥墩桩基设计得特别粗。在水下桩基冲击成孔作业中，施工用的冲击钻钻头直径为2.8米，重达13吨，是当时山东高速公路工程建设中使用的最大钻头。2021年1月开工建设的临临高速公路是沂源县境内第二条高速公路，桥梁施工技术有了更进一步提高，悦庄枢纽互通立交4座桥梁跨越青兰高速，使用新型钢箱梁顶推施工工艺，施工单位根据钢箱梁顶推长度长、曲线半径小的特点，创新应用多点自平衡步履式顶推法施工，每个顶推循环均根据监控数据实时调整箱梁角度，曲线桥梁的线形准确性控制精度达到2毫米。同时，使用三维激光摊铺机进行桥面铺装作业，平整度比传统摊铺方式提升50%以上，具有整机自动调整、精准控制标高、操作简便、自动化程度高、桥面铺装一次成型等优点。黄山村大桥桥面铺装就是使用这种技术。临临高速上跨瓦日铁路转体桥桥面宽38.2米，重3.9万吨，合龙顺时针转体53度，是国内无现浇合龙段整幅转体最重的转体桥。桥梁梁体采用变高度预应力混凝土箱梁，施工采用支架现浇工艺，梁体现浇支架距铁路接触网仅16米，主梁线形控制、技术精度要求高，安全风险大，施工组织复杂。施工过程中，采取梁下分箱室整体内模制作、吊装工艺，减少吊装距离，采用“预应力免灌浆低回缩锚索”技术，提高了施工效率。

施工机具

随着经济的快速发展，传统的以人力为主的公路工程施工模式，已经不能适应现代化的施工要求，各种施工机具应运而生。技术不断更新，沂源县交通基础设施建设规模不断扩大，公路工程施工也不断引入许多新型的、科技水平高的施工机械，筑路的质量和水平得到一步步提升。

20世纪50年代，筑路机具以锨、镢、抬筐、木轮小推车为主，夯实工具主要是石夯。石方开挖全部是人工钢钎打孔，炸药爆破，人工挑、抬或者人工胶轮车运输。1952年，在博沂公路松仙岭路段开挖石方路基工程施工中，改进了打眼机具，利用竹片弹力引动钢钎起升打眼，名“月弓”单人闯钎法，较双人打眼提高工效两倍。

随着公路事业的发展，筑路机具逐渐改良、更新。70年代后，运输土石方逐渐由三轮车、拖拉机代替。80年代，县交通部门购进混凝土拌和机、12马力小型拖拉机等机械，用于运水、运油、撒沙、回匀沙、洒布沥青等，取代人力操作。

90年代后，压路机、装载机、摊铺机、渣土运输车等各种类型的施工机械和运输设备逐渐开始使用，施工效率成倍提高。1991年，县公路站配置筑路养路机械25台，其中汽车5辆、拖拉机12辆、三轮压路机4辆、两轮压路机1辆、铲车1台、东方红推土机2台，用于当年泰薛路改建工程建设。1992年4月，县交通局新购翻斗车2辆、拖拉机4台，组建公路养护机械组。同年，博沂路西线建设工程路基施工，县交通局成立工程队，新购EL40临工装载机1台，原有的EQ140东风翻斗车2辆，徐工（12-15和18-21）铁三轮压路机2台，YE10B振动压路机1台和红旗100机械式推土机、东方红75推土机各1台，投入博沂路西线建设和沂蒙路建设中。

沥青摊铺机

随着硬化公路施工需要，县交通部门逐步配置水泥及沥青路面施工机械设备。1993年，县公路站新增水泥混凝土强制式拌和机1套。1994年，市公路局调拨给县交通局1台湖南郴州-25移动式沥青拌和机，经过简单改装后，用于县道石香路沥青路面改造。1995年，市公路局又调拨县交通局1台西安筑路机械厂轮胎式TL-6000摊铺机，新购郴州沥青洒布车1台，先后在莱芜市黄庄、城子坡、里辛等镇参与承建沥青路面施工。同年，县政府划拨沟泉红旗机械厂院落一处，用于建设沥青储仓库，库容1000吨，年底完工。至此，利用老旧设备实施低等级沥青路面施工（手摆拳石、沥青嵌灌、沥青碎石封面）达到成熟。

1998年，县公路管理站工程科更名为公路工程处，并于1999年购置YWDB300水稳拌和设备、CY160平地机、ZL50装载机等机械设备，租用振动压路机、胶轮机、推土机、装载机等，共有机械设备30多台（套）和试验设备10多台（套），先后承揽京沪线新泰段、同三高速、韩莱路等工程建设项目。

1999年，县公路管埋站工程处设临时拌和厂，安装沥青混凝土拌和设备一套，配套恒温储料仓（电热），拌和时用柴油加热搅拌滚筒，从各料仓的进料数量、加热温度乃至储料仓温度等都配备电子设备实施全程检测监控，出厂温度用红外线测温枪测量。同年，购置沥青摊铺机一台用来铺筑沥青路面。2000年，县交通局购置江苏镇江阿伦3000型水稳拌和站、镇江华晟7米自动伸缩水稳沥青两用摊铺机、徐工12吨全液压振动压路机、济宁山推220推土机（2004年更换新机）各1台。至此，集水稳基层、沥青路面为一体的高等级路面施工设备成型。2001年，购置德州工程机械厂20吨胶轮液压机1台，2002年购置全县最大

沥青路面铺筑

日立330挖掘机1台。2006年购置徐工50型沥青拌和站，安装在沟泉沥青库，沂源县沥青路面施工上了一个新台阶。2017年，为适应高等级路面要求，对部分老旧设备淘汰，在沥青库原址改造建泰安岳首2000型沥青拌和站，购置潍坊机械厂产的500型双拌钢水稳拌和站，阿伦水稳拌和站历时17年后结束使命。

专业施工单位

沂源县公路工程管理处 沂源县公路工程管理处成立于1996年7月，是沂源县交通局管理的副科级自收自支事业单位，实行企业化管理。其职能定位是，作为一支稳定的专业化工程建设队伍，具体负责承担全县的公路建设施工任务，起到保证工程进度，提高工程质量，降低工程造价，减少建设投资，促进全县公路建设加快发展的作用，属于公益服务性质，不以营利为目的。

沂源县交通局先期投资250多万元购置装载机、压路机、推土机、翻斗车、洒布车等筑路工程机械，加上之前市公路局赠送的1台移动式沥青拌和机和1台轮胎式摊铺机，为工程处的成立奠定了基础。成立当年，正值全县开展“公路建设管理年”活动，公路建设任务十分繁重，沂源县公路工程管理处按照县委、县政府部署安排，承担草齐路、沂蒙路、三九路、南崔路、东九路、南悦路、石香路等11条（段）共计95公里的新建和改建工程，全部按照工期要求和质量目标完成工程建设任务。

1997年至2002年，沂源县公路工程管理处充分发挥在公路工程建设上的“主力军”和“突击队”作用，善打“攻坚战”，敢啃“硬骨头”，先后承担并完成了博沂路、三悦路、南悦路、胶王路、东公路、白杨路、泰薛路、鲁沟路、韩金路、草齐路、大曹路等30多条（段）185公里路基改造、路面硬化施工任务。其间，累计投资500余万元，购置水稳拌和站、水稳沥青两用摊铺机、全液压振动压路机、挖掘机、推土机等设备，达到集水稳基层、沥青路面为一体的高等级路面施工条件，保证了各项工程建设所需。

自2003年起，沂源县全力组织实施“村村通油（水泥）路”工程。沂源县公路工程管理处发挥专业施工单位在组织管理、施工技术、工程设备等方面具备的独特优势，承担了大量“急、难、重”的公路工程施工任务，先后完成了省道沂蒙路、韩莱路、博沂路、仲临路、薛馆路及县道三悦路、三九路、南崔路、南悦路、草齐路等共计80多条（段）800多公里改建工程施工任务，完成大中桥建设50多座。

2004年，沂源县公路工程管理处还根据公路建设市场的变化和自身长远发展需要，申报并取得了二级路基专业承包和三级路面专业承包资质，成为全县唯一具备二级资质的公路工程专业施工单位。同时，为更好地适应工程施工的要求，投资300余万元，新购置了沥青拌和站和摊铺机、沥青路面专用双钢轮压路机等施工机械设备，在主要承担全县的公路工程建设任务的同时，开始主动走出去，积极承揽县外公路工程项目的施工，先后到莱芜、潍坊等地承接沥青路面、高速路路基等工程，自身实力不断壮大。

2011年起，随着全县公路通车里程的快速增长，养护任务日益繁重。沂源县公路工程管理处根据主管部门要求，将主要职能由单一承担公路工程建设任务逐步向公路“建、养”一体化转变，承担了滑龙路、雕石路、西徐路、白杨路、草齐路等县乡道沥青路面的养护任务。

2017年12月，鉴于沂源县公路工程管理处肩负的职责履行完毕，经沂源县编委批复，将沂源县公路工程管理处更名为沂源县超限检测站，组建为全县交通运输超限检测工作机构。原沂源县公路工程管理处资产由其所属的全民所有制企业性质人员按照企业化运作模式继续经营。

2023年底，经沂源县人民政府批准，原沂源县公路工程管理处全民所有制企业人员，由沂源县交通运输局管理划归沂源县国有投资有限公司管理。

沂源县公路管理站公路工程处 1992年2月，为加强公路建设，沂源县公路管理站设立工程科，主要负责干线公路的大修、改建工程的设计施工管理。1994年，增设工程队。1995年2月，工程科、工程队组合设立路面工程队、路基工程队。1998年12月，将工程科更名为公路工程处。

沂源县公路管理站先期投资100余万元在高庄分站安装沥青油场与拌和摊铺设备配套工程，先后配备摊铺机、装载机、压路机、推土机、空压机等筑路工程机械，同时购置翻斗车、拖拉机等运输车辆，为公路施工奠定基础。

1994—1998年，公路工程处先后承担泰薛路、韩莱路、三悦路等路段的路基、桥涵改建工程，其中1995年10月底完成的泰薛路悦庄至上枝临朐交界段路基桥涵改建工程获得全市公路系统工程优质杯，1996年9月底竣工的该段路面硬化工程被淄博市公路局验收为优良工程。1998年，完成泰薛路沂源境内43.2公里“文明样板路”建设工程，顺利通过了省交通厅验收。同年，承揽了京沪线新泰段和马莱线莱芜段工程造价近700万元的公路施工项目。

2003年，通过集资入股等方式，多方筹资，先后购进德玛格摊铺机、宝马压路机、英格索兰压路机、小松挖掘机、全站仪等先进筑路工程机械，增强工程处的机械装备水平。同年，承揽临仲路、枣徐路、临徐路等省道路面施工任务。2004年2月，撤销工程处，设立淄博路远发展有限公司沂源分公司。同年，承揽临仲路、三悦路等沥青路面工程。2005年，完成临仲路、薛馆路、博沂路、沂源县城瑞阳路等路段沥青路面工程及马莱高速部分路基土石方工程，全部工程均达到优良工程标准。2006—2007年，完成临仲路、薛馆路、济青高速公路、博沂路等路段路面改造及附属工程。

2007年12月，为适应公路系统事业单位改革需要，撤销淄博路远发展有限公司沂源分公司。

公路建设往事

博沂路的早期改建

据《沂水县志》记载，清代年间，修建沂水城至博山的大路。该路经武家洼、跋山店、东里店至博山，路宽3米左右。这就是后来博沂路的雏形。

新中国成立初期，博沂路是沂源县境内仅有的一条担负内外运输的干线公路。由于该路傍山跨岭，沟壑遍布，西北有松仙岭阻挡，东有十里九顶山拦截，行人难走，小车不通。1952年开始，沂源县组织全县人民，开山凿岭，填河改道，到1953年春天，修成了一条全长65.2公里的低等级简易公路。因很多路段坡陡、弯多，桥涵不配套，只能维持季节性通行。特别是海拔800米的松仙岭路段，山高谷深，笔直险要，雨雪季节长时间中断交通。松仙岭山下的人们曾流传着这样的歌谣：“松仙岭高又陡，来往行人个个愁。”

1958年，沂源县下决心把这条简易路改造成晴雨通车的公路。但要想把天堑变成通途，并不是一件轻而易举的事。考虑到工程任务十分艰巨，县委、县人委决定分两期施工。一期工程先改建南麻至松仙岭段22.5公里，于当年3月开工。除发动群众投工投劳外，县里还组建了公路建筑队，采取群众和专业队相结合的办法施工。开工前，县里派员下乡分头动员和组织，包括劳力分配，要带什么工具，带多少工具，上至大队下至建筑队班组，都一一交代清楚，组织就绪，然后指定地点直接参加施工，这样防止了因时间短准备不足，造成窝工和浪费劳力的现象发生。民工到达工地后，第一时间进行思想发动，向民工讲形势摆任务，交困难、交生产措施，并发动群众讨论，提高其政治觉悟，引导广大民工以主人翁的态度来完成光荣的修路任务。施工过程中，普遍实行定任务、定时间、定工效、定质量、定出勤、定安全的“六定”责任制。做到一天一验收，三天一收方，一周一次小检查评比，一月一次大检查评比，调动了民工的劳动积极性。尽管当时施工条件非常艰苦，面临着各种各样的困难，但在具有雄心大志的革命老区人民面前，敢笑高山不高，陡岭不陡，以愚公移山、排除万难的劲头，仅用5个多月时间，一鼓作气完成了一期工程，松仙岭高坡下降10米，裁弯取直5处，建成桥涵35座，路面加宽到6.5米，达到六级公路标准。

1959年冬季，沂源县又组织5000余名民工，配合公路建筑队，开始了二期工程即南麻至沂水交界段的施工。该路段全长31.5公里，自石桥向东南方向另辟新线，不再走原来路线，而是调整为经毫山村、黑崖村、黄家峪村、冶炉坡村、南流泉村出境入沂水。开工时，召开了向天寒地冻进军的宣誓大会，施工群众和建筑队员喊出了“筑路队员意志坚，大风大雪无困难，三天任务两天完，誓把高山变平川”的战斗口号，以昂扬的斗志、火热的激情，投入施工战斗中。修建庙子岭路段时，正值寒冬腊月，建筑队规定，早晨5点起床去工地，以哨响为令。但承担该段施工任务的五中队队员，经常提前起床偷偷去工地施工。该队四班，连续七天偷偷早起去工地，连干了两个小时天还不亮，被领导发现后予以强行制止。在一处风道口施工的二中队，因距离工地伙房远，怕饭送上去凉了，领导让他们下山吃饭，但他们就是不肯，任凭寒风刺骨，坚持干在山上吃在山上。该队队员王照贵，负责在山顶备料，两个月中未穿一次棉衣，手冻破了也不让别人知道，脚冻肿了也坚持不休息。施工群众和筑路队员就是靠“用千双手劈开万重山”的强大精神力量，

施工群众野外食宿

冒风雪，斗严寒，削平高山，填平沟壑。历经三个月的决战，克服重重困难，顺利完成路基土石方工程，共填挖土石447万立方米。在整个工程建设中，共评选出3个红旗中队、17个先进生产班，326人受到物质奖励，76人受到表扬。

路基土石方工程完成后，根据农业生产需要，5000余名施工群众解散，返回各生产大队投入农业生产，后续留下数百人的专业建筑队单独施工，共完成43处大小桥涵工程。1960年9月，二期工程全部竣工，整个博沂路全部达到五、六级标准，部分路段达到四级路标准，实现晴雨通车。沿线广大社员编诗颂扬：“筑路队员真勇敢，开山劈岭变自然；大河修上桥，高山削了尖；昔日毫山鞍，今日变平川；出门乘汽车，交通真方便。”

南草路改建工程纪实

新中国成立初期，南麻通往草埠有一条俗称“山大道”的简易土路，时称南草路。该路穿过7条河流，翻越3座山岭，途经47处弯道，路面狭窄，蜿蜒崎岖，坎坷不平。特别是刘家大峪岭一带，山高涧陡，地势险峻，小胶轮车、地排车运货要过此地，需要俩人拉一辆才能上坡，中途还得休息一会儿，才能翻过坡顶。这一代农民流传着这样的歌谣：“好汉岭，黄泥沟，路过行人个个愁，一步三喘气，汗水如雨流。”

尽管南草路通行条件极差，但在当时却是沂源县境内两条重要的运输线之一，北接另一条重要运输线博沂路。同时，南草路也是沂源县唯一一条矿区道路，连接草埠煤矿和峀山煤矿，两个煤矿年产24.5万吨的原煤、焦炭，通过该路运往县内各公社以及八陡、沂水、临沂、青岛等地，而西部地区农副产品外运和生产生活资料供应，也都依赖于这条运输线。该路的交通状况，直接关系到全县经济发展，影响着人民群众的生产生活。

1957年，沂源县人民委员会组织沿线群众，对该路段进行了路基整修，但仍然只是一条简易土路，因桥涵不配套，只能维持季节性通行。1958年，中共沂源县委决定，对南草路进行一次比较全面的改造，通过裁弯取直，削山降坡，加宽路基，

改善路面，使该路通行能力有大的提升。为保证工程建设的顺利实施，县委、县人委认真研究制定了建设方案，县委第一书记张奇，县委书记李顺祥，县委常委、副县长包延收，自始至终参加了工程建设的组织领导工作。县领导亲自参加选线，在同工程技术人员一起反复勘查路线后，发现原设计中草埠南的2公里路段不仅绕了一个大弯，还增加了工程量，于是及时组织调整设计，路线改为从草埠后面走，里程缩短1公里，减少了4道弯，少跨2条河流，工程量也大为减少。

在完成测设、劳力调集和各项前期准备工作后，南草路改建工程于当年10月正式破土动工。先期主要由沿线群众参加施工，11月沂源县公路建筑团成立后，筑路队员冒着零下16度的严寒开进工地，并响亮地喊出了“筑路队员决心大，寒风大雪都不怕，地冻有铁镐，石硬大炮轰”的口号。数千名施工群众和筑路队员，以“向天寒地冻进军”和让“高山拦腰断，陡涧填平川”的豪迈气概，在冻土厚度达到60多厘米的艰难条件下，不分白黑奋战在全长17.1公里的工地上，很多人的手被冻裂了，鲜血直流，仍然坚持留在工地施工。

在南草路改建工程建设中，困难一个接着一个，但在“不管艰难险阻，敢用肉手拼搏”的筑路大军面前，没有克服不了的困难。当时施工工具非常缺乏，计划所需的2500多张镢头、铁锨和1000多条杠子、1000多个抬筐、380多辆胶轮小推车，由于供应不足，根本买不到。施工群众得知后就自发地自己带工具，自家没有的就到处去借，终于凑够了急需的施工工具，仅这几项就为国家节约资金5000多元。施工中工程技术人员严重不足，当时只有一个助理技术员，每天在工地上从东跑到西，从西跑到东，累得精疲力竭，还是忙不过来，很多技术问题得不到及时解决，影响了工程进度和质量。为尽快解决这一问题，工地党委经过专门研究后，抽调45名青年，进行了施工技术短期培训，并选拔了20多名具有较高水平的老石工，通过现场观摩学习和以师带徒等方法，成为能够用得上的“土技术员”。修建刘家大峪岭高桥时，急需脚手架，县领导亲自出面到厂矿企业去借，一次就借了500根。一些筑路队员没有布票穿不上棉衣，天寒地冻还穿着单薄的衣服，县领导就想方设法解决了1000尺布票，让他们都穿上了棉衣。开山凿岭、修涵建桥需要大量的炸药、雷管、水泥、木材，而当时这些材料都很奇缺，工地党委就组织开展提合理化建议活动，人人献计，个个献策。通过采用大爆破、连环炮等方法，节省了大量炸药、雷管；通过用石灰代替水泥，或做不用水泥的透水堤，节约了水泥。修拱架桥时，缺少木料做拱架，筑路队员就通过砌石墙作支柱，上排石板，制作成木石混合拱架，这样既省了木料，又能保证雨中排水，用这种办法修拱架桥11座，节约木料30多立方米。

在整个工程建设中，公路建筑团还在营与营、连与连、班与班之间持续组织开展了以“一快（进度快）二高（工效高、出勤高）三好（质量好、安全好、技术革新好）”为内容的劳动竞赛活动，先后树立了124名标兵、3个优胜连队、13个红旗班，通过先进模范带动，促进了工程进度，保证了工程质量和施工安全。

1959年3月，工地党委提出了“大战四月份，决战红五月，保证‘六一’通车的号召”。公路建筑团营、连、班之间互下战表，整个工地形成了你挑战我应战的浓厚战斗氛围。如二连给六连的挑战书写道：“你连干劲似猛虎，我连决心似太阳；你连工效超定额，我连工效翻一番；你连安全做得好，我连保证无事故。”在“春风暖，冻土松，筑路队员显神通”的口号激励下，广大公路建设者焕发出冲天干劲，人人都以“累为乐，苦作甜，贡献为荣”的精神状态，越战越勇，历经近8个月艰苦施工，终于将高山陡涧中的“山大道”，变成了一条平坦的公路。整个工程共完成土石方40.6万立方米，修建大小桥涵43座。在刘家大峪岭路段完工的时候，一首由施工群众自编自吟的诗歌也随之流传，这首诗歌写道：“大峪岭高矗着天，山下陡涧深无边；劳动人民真勇敢，劈山填河成平川；愚公移山空流传，人民修路不费难；感谢党的领导好，千年愿望得实现。”

在沂源县公路建设史上，这是一个应该被记载的日子，也是一件应该被铭记的大事：1959年6月1日，南草路改建工程正式竣工通车。当晚，县领导专门举办电影晚会，以隆重而热烈的方式，慰问施工群众和筑路队员。

1958年成立的公路建筑团

1958年，中共沂源县委决定，成立1500人的公路建筑团，承担全县的公路建设任务。

11月，公路建筑团正式成立，分为2个营、6个连、79个班。团设团长、政委，营设营长、教导员，连设连长、指导员，连下面设若干班。连以上领导干部，由县里统一配备。公路建筑团实行组织军事化、生产战斗化、时间任务化、生活集体化。制定了服从领导、听从分配、有事请假、按时作息的劳动纪律和群众纪律，保证全团统一行动，步调一致。

公路建筑团统一制定筑路计划，以连为单位接受任务后，再以班为单位分配工作量。推行筑路任务单和班长日记相结合的工作制度，按旬、按月总结检查任务完成情况，根据执行结果实施奖惩。

公路建筑团成员统一称为战斗员，工资采取基本工资加奖励的办法，工资一般高于人民公社社员的工资，标准分为四级：一级6.5元、二级5.5元、三级4.5元、四级4元，有技术的施工员适当给予技术津贴补助。根据多劳多得、不劳受罚的原则，筑路团以班为单位，制定了工效定额奖惩机制，规定超出工效的，按比例奖励工资，原则上最高不超过工资的一半。反之，达不到工效的，按比例扣发工资，达不到工效一半的，原则上不发工资，但个人确有成绩者，可酌情发给工资。工资不是按月固定发放，而是根据出勤天数和平日劳动态度，多劳多得。

筑路队员战天斗地修筑公路

公路建筑团成立时正值寒冬，战斗员们喊出了“犹如猛虎下山，哪怕地冻三尺三，工效定保翻两番”“击破万丈雪，攻破万丈冰”“天硬地硬不如战斗员的决心硬”等口号，在零下十几度的天气下，意气风发、斗志昂扬地开进公路建设工地。

公路建筑团先后参加了南草路、博沂路等多条公路改建工程建设，在施工中想办法、找窍门，大搞技术革新，锻炼和培养了一大批技术人员，其中有5人基本掌握路基测量设计技术，有240余人熟练掌握路基施工技术操作。

公路建筑团后期曾多次精简人员，改称过建筑队，1961年底逐步解散。

步行百里挑雷管

1962年5月，沂源县开始动工修建南崔路青龙山北段，该路段地势陡峭，弯道多，施工中爆破工程量占到总工程量的85%以上。当时施工所用的炸药、雷管、导火索，都要到山东省交通厅领取，炸药和导火索用嘎斯货车运输，雷管如果遇到撞击、摩擦，极易发生爆炸，不能同车运输。雷管的运输遇到难题，县公路建设指挥部领导经过研究，决定派专人步行到济南，把雷管挑回来。

由谁来完成这项艰巨而又危险的工作任务呢？指挥部领导犯了难。很快，“到济南挑雷管”在施工群众中传开，有的跃跃欲试，而大多数人心有余悸。刚参加工作不久的县交通局工作人员刘道明毛遂自荐，信誓旦旦地向指挥部请战，看着这个身高一米八多、虎背熊腰的小伙子，指挥部领导当即拍板决定，由刘道明完成这项任务。接到任务后，刘道明收拾好行李（说是行李，其实就是一包袱煎饼、咸菜和一个水杯），拿起扁担就出发了。从沂源到济南有150多公里，20世纪60年代的道路基本是沙土公路，崎岖难行，而且途中要翻越松仙岭等要隘。经过两天两夜的跋涉，刘道明到达省交通厅，拿着沂源县公路建设指挥部出具的证明，办理好雷管领用手续，马不停蹄，再步行6个小时左右，赶到章丘县偏远村庄一个储存雷管的仓库，领出雷管。领出的雷管装在木头箱子里，共6个木箱，捆绑好后，就踏上返程。

100多斤的担子，对于年轻力壮的刘道明来说，不算什么，但他觉得肩上的担子要比平时沉重多了，每次换肩，都要小心翼翼，生怕磕着碰着，出现意外。返回途中，就不那么随意，雷管危险性大，要避开村庄、集市等人员密集的地方；到了晚上，不能住旅店，也不能到沿路村庄借宿，只能到庄外麦场窝棚或到庄稼地堰边迷糊一会儿。村外蚊虫叮咬，难以入睡，他干脆一不做二不休，星夜赶路。偏偏天公不作美，淅淅沥沥下起了小雨，在用塑料布将木箱包裹好后，在越来越泥泞的道路上，一步一步前行。东方出现鱼肚白，刘道明抬头一看，松仙岭近在眼前，他长舒一口气，翻过松仙岭，就到家了。或许思想稍有松懈，也许实在是劳累过度，脚下一滑，他重重地摔在泥水中，一个木箱滚落在地，眼看着就要滚落山崖，顾不上受伤的右腿，不知道哪来的力量，跃身扑向木箱，紧紧抱住了木箱。他惊出了一身冷汗，瘫坐在地，大半天没回过神来。

有了这次的教训，以后每走一步，都小心翼翼，如履薄冰，但步伐不能减慢，他要尽快将雷管挑到工地，几千名群众还在施工工地上，不能耽误工期。经过四天四夜的跋涉，圆满完成了这项艰巨的任务。

此后，修建南坦路、颜张路、博沂路等，指挥部都把挑雷管的任务交给刘道明，每一次他都能按时完成任务。那时，有人还编了一句歇后语："刘道明去济南挑雷管——真不容易"，在施工群众中广为流传。

"小三线"时期的公路建设

1964年，省委、省人委、济南军区确定，在沂蒙山区建立一批重要企业，即山东的"小三线"建设。这批企业大部分安排在沂蒙山区的腹地，即沂源、蒙阴、沂水、沂南四个县的崇山峻岭之中。这些地区，山峦起伏、沟壑纵横、峭壁林立，交通十分闭塞。因此，尽快修建好公路，成为"小三线"建设中的首要任务。同年11月，在蒙阴县坦埠正式成立"三线建设公路工程指挥部"，代号为"507工程指挥部"。省公路局、临沂专署交通局、临沂地区公路段，都抽出主要技术力量，对涉及"小三线"建设的公路工程项目进行了测设，并给予施工技术指导。

根据"507工程指挥部"下达的任务，从1964年12月开始，沂源县境内的"小三线"公路工程项目陆续开工建设，均为"小三线"企业建厂急需打通的公路。到1966年底，先期开工的南坦路回峪至胡树庵段、南崔路南段、颜张路颜庄至张庄段、三悦路悦庄至临朐段、池三路璞邱段等工程全部完成。原计划修建里程64.674公里，实际完成88.864公里，原计划建设桥涵226座（道），实际完成392座（道）。同时，帮助"小三线"企业修建厂区道路18公里，完成桥涵31座（道）。莱马路南麻至草埠段17.1公里路基、桥涵工程，于1966年开工，当年基本完成，建设桥涵防护工程90座（道、处），动用劳力33.8万多个。另外，还修建草齐路黄庄至齐家岭段1.8公里，建设桥梁4座。1967年至1970年，除完成莱马路沂源段续建工程外，新开工的娄龙路娄家铺子至龙庭、新保路新村至保安、鲁沟路沟泉至雕崖、池三路璞邱至博山交界、草齐路草埠至黄庄、南崔路部分续建工程等建设项目相继完成，总计60余公里。同时，对博沂路南麻至松仙岭23公里路段进行了复修，对南坦路田庄水库段3.56公里进行了改线，使其绕出库区，并帮助"小三线"企业进一步完善了厂区道路。到1970年底，连接沂源县境内"小三线"企业的公路网络基本形成，不仅为"小三线"企业的建设发展提供了良好的交通保障条件，也使沂源县境内的总体交通状况有了显著改善。

在沂源县"小三线"公路建设中，县委、县人委会高度重视，成立了由县政府领导挂帅的公路修建指挥部，把筑路当作作战一样组织指挥。在任务重、工期紧、困难多的情况下，坚持发动群众、依靠群众，采取农忙小搞、农闲大搞，群众施工与专业队施工相结合，集中优势力量打歼灭战等办法组织施工。每项工程的选线、定线，都采取干部、技术员、当地群众参加的“三结合”方式进行，县领导也直接参与定线路、选桥位。施工劳力的组织，根据测设资料，进行科学合理地调集安排。路基土石方工程，主要利用农闲季节搞集中大突击，在劳力集合前，把任务落实到区、乡、队，各大队干部到现场领任务。桥涵建设及重点工程项目，则组织常年专业队施工，以加快进度，保证质量。在具体施工过程中，各工地都开展“备战备荒为人民”思想教育、学习“老三篇”、忆苦思甜等活动，成立工地文艺宣传鼓动组，利用“大字报”、广播、工地快报等形式，宣传公路建设中的好人好事，通过宣传教育工作，提高施工群众的思想认识和投身公路建设的积极性。针对施工技术力量不足的问题，积极培养新生力量，采取“一师多徒”“以老带新”等办法，培养石工500名、施工技术员35名、抽水工10名。为确保工程建设的顺利推进，始终贯彻民工建勤、民办公助的政策，通过发挥人民群众的积极性，收到花钱少、速度快、效益高的效果。当时由于国家经济有困难，修路时群众的一个标准工日工资只有4~6角钱，修路占用的非耕地分文不付，拆迁的房屋每间补偿不足百元。但广大群众以国家利益为重，处处顾全大局，工作进展非常顺利。修建莱马路时，占地400多亩，连同拆房、迁坟，才总共支付1.5万多元的赔偿费。各级领导干部也都率先垂范，发挥模范带头作用。县领导坚持施工一线组织指挥，经常深入工地，及时解决施工中遇到的问题和困难。参加工程施工的县、区、乡干部，吃住在工地，同群众一起参加劳动。1965年冬，修建颜张路夹马沟路段时，到了农历腊月二十三，民工都放了假，还有100多米的路基没有完成，30多名县、区、乡干部坚持在工地施工，开山运土，抢修公路，一直干到腊月二十六全线通车才离开工地。

节约用地，人工造田，是“小三线”公路建设中的一个突出特点。由于施工地带几乎全是山区，可耕地很少，肥沃良田更少，从选线到施工，都注意了在保证设计标准的情况下，尽可能少占耕地和良田，并积极创造条件修路造田。在修建南坦路洼子、下高村、赤坂等路段时，慎重确定桥位，在桥的上下游修建了部分导流堤，稳定了河道，使坝外400多亩白沙滩，逐步改造为良田。县政府及时总结了这个经验，并在以后的公路建设中大力推广。1967年，博沂路南麻段修建，该路段地处沂河上游，河床最宽700~800米，最窄300~400米，县里决定将该路段进行局部改线，压缩河床，并发动机关干部、职工参加义务劳动，修建了1500米的防护工程，将公路东侧700多亩荒山，改造为平整的土地，后来在这片土地上建起了汽车站、造纸厂等20多家单位。到1970年，沂源县在“小三线”公路建设中，共新造土地3045亩、护地690亩。

三悦路的三次重要改建

旧时曾有一条从临朐入境沂源，经三岔到悦庄的古道朐沂线，随着历史的变迁，这条古道早已寻不到踪迹，取而代之的是横亘在这片崇山峻岭中的一条宽阔的沥青混凝土公路，即三悦路。

三悦路早期曾称南临路，是从南麻经悦庄、三岔通往临朐的一条羊肠小道，是当时全县仅有的与周边连接的四条山间小路之一，沿途多山岭沟壑，行走十分困难。为改善沂源县北部山区交通状况，打通沂源县通往临朐、潍坊的重要通道，自20世纪50年代以来，沂源县发动群众、组织群众，对三悦路进行了多次改建，其中比较重要的大规模改建有三次。

20世纪五六十年代的无路岭路段

1959年改建：下凿无路岭7.5米

1959年9月，沂源县第一次实施三悦路大规模改建。在县人民委员会的组织下，三岔、悦庄、石桥三个公社调集了数千名民工从南北两个方向同时展开施工。后期又从县公路建筑团抽调部分筑路队员，予以全力配合，加强施工力量。这次改建不同于以往的几次整修，在普遍加宽路基，改善路面的基础上，重点对无路岭路段进行一次大的改造，达到基本通车条件。

无路岭，又称齐鲁岭、雾露岭，相传春秋战国时期是齐国与鲁国的交界处，齐长城就横亘在无路岭上。这里峰峦叠嶂，悬崖陡峭，沟壑遍布，形成了一道阻挡人们出行的天然屏障。为让无路岭路段尽快由天堑变通途，施工群众和筑路队员在无路岭上安营扎寨，几个月都不下山。他们食无正点，宿无正时，饿了吃煎饼、啃窝头，困了就睡在自己搭建的窝棚里，白天天不亮就上工地，晚上天黑看不见了才收工。进入11月后，天气寒冷，他们又喊出了“筑路群众干劲大，什么困难都不怕，地冻不怕硬，天冷不怕寒，三个月任务两个月就干完”的口号。正是凭着“蚂蚁搬泰山”般的意志和“敢叫高山低头”的气魄，在没有先进设备和工具的情况下，施工群众用洋镐、铁钎、铁锤、铁锨，开山凿岭，劈石铲土，仅用几个月时间，硬是一寸寸、一尺尺、一米米地将无路岭下凿7.5米，路基比原来拓宽了2米，坡度下降了3%，裁弯取直6处，填平沟壑3道。

1960年春天，三悦路改建工程顺利竣工，尽管仍然是一条简易公路，但已基本达到通汽车的条件。

1972年改建：一口炮眼打了60天

三悦路上次改建后，虽又进行过重修，路况达到五、六级路标准，但总体通行能力仍然比较差。特别是无路岭路段，由于坡陡、弯多，汽车在该路段通行行驶缓慢，只能挂一挡才能通过。1972年冬季，沂源县再次实施三悦路大规模改建，目标是达到四级路标准。这次改建，仍主要由三岔、悦庄、石桥三个公社调集劳力，组织施工。县里成立了工

人工打炮眼

地指挥部，参加施工的三个公社都派出一名分管领导带队，县交通局派出工程技术人员进行技术指导和管理。

整个工程采取分段、分期实施的办法，施工任务最艰巨的无路岭路段率先开工。全段劈山总长近2公里，由于没有机械设备，全靠人力施工，光打炮眼就有300多个。为劈开一处石质坚硬的山岭，指挥部反复论证后，决定打一口直径3米、深9米的炮眼，这也是沂源县公路建设史上最大的一口炮眼。由于山体石质均为花岗岩、页岩，施工难度大、强度高，工地指挥部专门挑选了18名青壮劳力，分组轮流施工。施工中采取先打小炮眼、放小炮的办法，一层一层地往下挖，一层打6个80厘米深的小炮眼，待放完小炮，清理出石渣后，再继续通过打小炮眼、放小炮的办法挖下一层。耗时整整2个月，这口大如水井的炮眼，终于被一锤一锤地敲了出来。放炮时，这口大炮眼共装入5吨炸药，随着一声沉闷的炮声响起，不仅削平了山岭，还填平了一道10多米深的沟壑，使该处线型拉直，减少了一处弯道。

在无路岭路段施工顺利实施的同时，三悦路其他路段也分期陆续开工。一年后，三悦路改建工程全线竣工，路肩宽7.5米，达到山区四级公路标准。

1997年改建：劈山最高18米

三悦路是沂源县北部山区的一条主干道路，也是与外部连接的重要出入口，在全县公路网中具有

不可替代的重要作用。进入20世纪90年代，三悦路的等级标准和通行能力，已远远不能适应全县经济社会发展的要求。基于全县上下对拓宽改造三悦路重要性的共识，1997年初，沂源县委、县政府决定，按山区二级路标准，对三悦路再次实施改建。由于地形复杂，为选择一条科学、合理、实用的线路，县领导多次亲自带领工程技术人员翻山越岭，进行选线、测设，对无路岭路段先后测设了五次之多，几易图纸，终于确定了较为满意的线路，最大坡度由原来的11%降到了7%。

20世纪90年代初期的无路岭路段

改建工程于3月开工后，县委、县政府主要领导，县公路建设指挥部的正、副指挥，先后多次带领县交通局和沿线乡镇负责人到工地现场办公，研究部署拆迁、占地、筹资、劳力组织等工程施工中的各项工作，协调解决有关困难和问题。沿线三岔、悦庄两乡镇党委、政府，都成立了抓工程建设的专门领导班子。县交通局加强施工一线组织指挥，全面搞好施工管理、质量监理和技术服务。沿线群众对工程建设既寄予厚望又焕发出高昂的参与热情，自觉服从工程建设大局，甘愿牺牲个人利益，为工程建设无私奉献。工程开工与土地调整、树株青苗移栽、房屋拆迁等工作同步进行，为不耽误施工进度，路到谁家，沿线群众都是让地毫不含糊，树株青苗移栽不计损失，房屋拆迁二话不说。每户群众都明确表态："工程建设需要我做什么，我就做什么，决不拖后腿。"三悦路整个改造工程共占地220亩，树株青苗移栽7.9万株(棵)，拆迁房屋560间，每一项都进行得非常顺利。

这次三悦路改建，施工最艰难的工程还是无路岭段，在2.1公里路段中，需填挖土石35万立方米，劈山最高18米，回填最深21米，而且是在半山腰中挖凿路基。面对艰巨的任务，具体承担工程建设管理和施工组织的县交通局公路工程处，制定周密的施工方案，科学调度施工力量，能用机械的路段，全力调整机械力量作战；需要放炮的路段，全线统一组织，定人定时进行放炮，保证施工安全：对半山腰中连成片的坚硬石，机械用不上，就组织人工挖凿，其难度如同蚂蚁啃骨头一般。广大施工群众，克服畏难情绪，冬冒严寒，夏战三伏，坚持吃住在工地。很多民工一进工地就是几个月不回家，撇了农活，误了家事，但个个都心甘情愿。为了赶在春节前实现简易通车，方便群众节日期间的生产生活，大部分民工一直干到腊月二十八才回家，年货都顾不上准备。

在工程建设中，资金不足成为困扰施工组织者的一道难题，同时也考验着每一个施工群众。由于施工中放炮多，大量的炸药、雷管等工程材料没钱购买，施工群众就自己想方设法靠赊欠的办法解决，这些平时自家有事都抹不下脸来借钱借物的"硬汉子"，为了修路，找亲戚、托朋友，赊来急需的施工材料。民工在工地吃饭，在自备干粮不够吃的情况下，由县交通局担保，靠记账的办法解决，仅民工从三岔乡粮管所赊的馒头就有8万多斤。

1998年4月，三悦路全长20.5公里改建工程正式竣工通车，新建中桥3座、小桥涵洞61道

开山凿岭修建公路

（座）、防护工程3.2万立方米，填挖土石92万多立方米，总投资2100多万元。当改建后的三悦路以崭新的面貌穿山而过的时候，也给沿线群众带来了对未来的美好希望和向往。

以坝代路

沂源县是个纯山区县，具有山多、河多的地形特点，而且大多河流水量较小，比较适合在较宽的河滩上筑坝修路，这样既能通车，又能保田造地。

20世纪70年代，沂源县把山、水、林、田、路综合治理，作为促进公路建设全面发展的有效措施来抓，并且提出了区区（管理区）通汽车，队队（生产大队）通机耕道的目标。为尽快多修路，增加通车里程，以坝代路，坝路结合，成为这个时期发展山区公路的一大特色。

1974年冬到1975年冬，结合建设“大寨田”，全县掀起了筑坝修路的热潮，一年时间修通了公社通管理区的以坝代路道路11条，共计60多公里。如燕崖至南安乐公路，全长4公里，就是通过坝路结合、综合治理修建的，沿白马河北岸以坝代路。再如，悦庄公社从悦庄至沂河头的公路，全长4.5公里，沿饮马河至沂河头，也是坝路结合、以坝代路修建。通过筑坝修路，坝路结合，不仅不占地，还既修了路，又筑了坝，并且又能蓄水灌溉。社员群众高兴地说：“路从坝上走，水在坝内流，筑路又造地，旱涝保丰收。”

自力更生改变公路面貌

20世纪70年代，沂源县为加快山区公路发展，放手发动群众，广泛组织群众，通过大搞公路建设的群众运动，大打公路建设的人民战争，紧紧依靠群众自己力量，自力更生改变山区交通面貌。自1974年到1976年，全县修建山区地方道路17条104公里，使一大批地处山区的生产大队通上了公路。

张庄公社的曹家庄管理区和南岩管理区，位于沂源县南部山区。这里山连山，岭接岭，由于不通路、不通车，交通非常闭塞，农副产品的运出，支农物资的运进，全靠肩担、人抬、小车推。社员向国家交售一头肥猪，也得花费三四个劳动力才能运送到公社食品站。生产队的鲜果，因运不出，每年都造成大量腐烂。国家供应的支农物资，如氨水、化肥、农药、煤炭等，也难以运进来。为保证基本的生产生活，生产队的大批劳力不得不忙于运输，影响了农业生产。当地群众中曾流传着这样一句顺口溜：“出门就爬山，运输靠肩担，满山都是宝，积压走不了。”在开展公路建设的群众运动中，两个管理区的社员们焕发出了高昂的修路热情。他们说，社会主义是干出来的，不是等出来的，自己的公路自己修，要自力更生改变交通落后面貌。在两个管理区的组织下，利用冬天农闲季节，各生产大队发动男女老幼齐上阵，自带镢、锨、锤、钎、镐、筐、小推车等各式各样的工具，开山凿岭，修路架桥，展开公路建设大会战。没有资金自己筹，没有材料自己找，开山放炮自己炒土炸药，一个冬天就修通了2条总计10.5公里的公路。特别是穿越玉皇山的公路修通后，极大改善了周边生产队的运输条件，社员们又兴奋地吟唱起了新的顺口溜：“玉皇山，入云端，公路山腰缠，旧貌变新颜。”

全省省道最后一段沙土路的消失

省道临仲路沂源段，位于山东第四高峰鲁山北麓，全长11.8公里，始建于1967年，后期虽经过多次改造，但直到2002年，该路段仍然只是一条路基宽仅有6.5米的四级沙土路，成为全省省道中最后遗留的一段低等级沙土路。2003年，临仲路沂源段实施改建，按山岭重丘二级路、三级路标准设计施工。此次改建具有重大意义，工程完成后将创造两项历史，一是建成沂源县第一座隧道即璞丘岭隧道，二是标志着全省省道中最后一段沙土路消失。

为保证工程建设的顺利建设，沂源县高度重视，专门成立了工程建设指挥部，按时组织完成了地面附属物清理工作，共拆迁房屋26户60多间，树木外移2700多棵，搬迁杆线100多条。路基拓宽改造工程于5月开工，沂源县承担9.344公里路段的建设任务，淄博市公路局承担2.456公里路段的建设任务。工程建设全部实行招标施工，施工单位以机械化作业为主，每天上阵工程机械70多部，保证了工程进度，仅用半年时间就完成路基工程，路基拓宽到10~12米，共建设中桥2座、小桥涵22座（道）、防护工程1800多米，填挖土石40多万立方米。

在路基土石方建设过程中，临仲路改建的另一项艰巨任务即璞丘岭隧道工程，也紧锣密鼓地开工。该处隧道全长390米，位于三岔乡璞邱村与鲁山林场交界的璞丘岭上，地形较为复杂，除部分地段被厚度变化较大的坡积岩覆盖外，其余均有基岩露出，属于低山丘陵地貌，隧道最大埋深113米。由于隧道所处林区森林茂盛，工程开工后，施工单位坚持尽可能地做好环境保护。隧道最大开挖宽13.22米，最大开挖高9.35米，开挖时采用控制爆破，禁止放大炮，以控制超挖和避免大范围扰动岩石。2004年10月，全长390米的璞丘岭隧道竣工，成为沂源县境内第一座公路隧道。同年11月，临仲路沂源段整个沥青路面铺筑工程也全部完成，沂源县境内最后一段省道沙土路，也是全省省道中的最后一段沙土路，由此永远消失了。

璞丘岭，一座横卧在博山区与沂源县交界处的山岭，曾经是阻挡两区县群众往来的交通屏障，随着一条宽阔的柏油公路穿山而过，特别是璞丘岭隧道的开通，极大缩短了三岔乡到博山的距离。过去三岔乡璞邱村的群众到博山区池上镇赶集，需要翻山越岭，隧道打通后，再也不用绕环山道走了，过璞丘岭隧道只需要五分钟。

民办公助修建东里沂河大桥

1983年5月，沂源县采取民办公助形式，修建东里沂河大桥，并首次采取了责任制承包的方式组织施工。

县里将任务分配到东里、唐山两个公社。公社包干到管理区，管理区包干到大队，大队再将任务定到劳力。实行“六定一奖惩”责任制，即定任务、定劳力、定时间、定物料、定质量、定报酬。

大桥修建时，临近汛期，河面、河底水量大，抽水机械少，清基任务艰巨。而资金、钢材、木材、水泥等主要物料，由于多种原因得不到保障。施工群众把这种情况称为“七无”：一无钱，二无电，三无油，四无煤，五无粮，六无物料，七无机械。

施工过程中，虽然面临三夏生产大忙季节，劳力紧张，但仍组织了4000多名劳力上阵，筹集了100多台机器抽水。县里协调田庄水库管理局支援一台100马力推土机，驻地部队和韩旺铁矿也派出推土机帮助清基。施工中实行三班作业，昼夜突击。社与社、管区与管区、大队与大队、劳力与劳力之间，展开了“比学赶帮超”竞赛活动。施工群众的极大热情，推动了施工进度不断加快，24个7米多深的基坑，下挖处全是鹅卵石，刨除很困难，基本上靠镢刨、锨铲、肩挑人抬，从开挖到墩台垒砌，原计划2个月的工期，仅用了1个月就完成了。

1983年6月27日，临沂地区在东里沂河大桥召开现场会，沂源县以“民办公助修桥，进度快质量好”为题，介绍了经验。现场会召开后，社、队干部和施工群众更坚定支持民办公助修桥的方式，施工干劲更足，一直奋战到年底，保质保量完成了东里沂河大桥的修建任务。该桥全长401米，高9.9米，桥面净宽8.5米，总投资81.2万元。

以工代赈购物券

1989年，沂源县被山东省列为利用中低档工业品以工代赈修建县乡公路试点县，并通过发放购物券的形式，支付民工劳务报酬。为切实管好、用好、回收好购物券，沂源县制定了严格的管理流程。

领取购物券时，由县人民银行专门安排解款车，派出解款员，与县计委、县交通局主要负责同志一起，从省里解到县里，并交县人民银行金库统一存放。发放时，由县交通局按手续取出，加盖财务公章和使用期限章后，根据乡镇分配数先交到乡镇储蓄所代存，再由储蓄所根据乡镇指挥部列出的明细表，将购物券进行发放。

购物券发放分两批进行，第一批是在工程完成50%的时候发放，第二批是在工程结束后发放，并利用广播、通知、会议等形式，把购物券的使用方法、使用时间和使用地点，向广大施工群众讲清楚。

结合工程分布情况，县里确定了8个供销社、商业单位的国营、集体商店，为指定供应点。为使群众能够在规定范围内任意挑选所需商品，各基层供销社和商店都在工地附近搭起帐篷，就地供货，并设立缺货登记簿，随时增加花色品种，最大限度地满足群众购物要求。施工群众利用手中的购物券，买上了小型农机具、家用电器、纺织品、生活日用品等生产生活物资。

施工群众持券购货后，供货点营业员将购物券当场剪角作废，再由县交通局在县计委和县人民银行监督下，按照严格程序进行销毁。至此，购物券就结束了它特殊的历史使命。

博沂路西线万人大会战

1990年，沂源县划归淄博市管辖，博沂路是沂源县通往淄博市政府驻地的主要干线公路，该路线技术标准低，尤其是松仙岭路段，弯多、坡陡，如遇雪天难以通行。为改变这一状况，沂源县决定开通博沂路西线。

1992年，为确保博沂路改线工程尽快实施，县交通局组织十几名工程技术、管理人员，进行选线、勘察、测量、设计。为争取该项工程的立项和资金支持，县委、县政府及公路指挥部领导先后18次到省、市交通部门，13次进京到国家计委、交通部汇报情况，要求上级给予立项投资扶持。经过努力，年内到位资金580万元，其中市交通局投资80万元，国家交通投资公司贷款500万元，保证了博沂路的顺利施工。

8月上旬，在测设任务完成后，县公路建设指挥部组织南麻、土门、沟泉、鲁村、徐家庄、大张庄6个乡镇，以民工建勤形式实施修建。开工之时，正值盛夏，是一年中最热的季节。近万名群众在15公里长的战线上摆开战场，展开路基修筑任务。烈日当空，山上的草木被太阳烤得一点就着，担负施工任务的民工，饥了啃口干煎饼，就口咸菜棒，渴了喝口山泉水，冒着酷暑奋战，许多民工中暑晕倒。

11月中旬，气温骤然下降。民工们睡窝棚，宿涵洞，晚上冻得睡不着觉，就起来借着月光继续干。工程以开凿海拔623米的三府山段最为艰巨。山高坡陡，机械设备上不去，施工全靠人凿、肩挑、小车推，劳动强度很大，民工们却越干越勇。历经4个月艰苦奋战，至年末完成总工程量的70%，次年，全部完成路基、桥涵、简易路面工程，打通了沂源县去博山的通道。

沂源县“公路建设管理年”

沂源县地处沂蒙山区腹地，历史上就有“四塞之崮，舟车不通；山货不出，外货不入”的记载。这个曾被《沂蒙山区好地方》《我的家乡沂蒙山》唱得全国闻名的地方，到20世纪80年代初期，留在人们印象中的还是交通落后的尴尬印象，一辈又一辈地沿袭着“一根扁担两只筐，肩挑人抬小车推”的落后运输方式。农副产品运不下山来，工业产品进不了市场，沂源的经济发展受到了公路落后的严重制约。

1985年，国家的扶贫政策给沂源县的公路建设带来了发展的机遇和希望。在上级交通部门的大力扶持帮助下，沂源人民十年修路不止，公路面貌发生了翻天覆地的变化。到1995年，全县公路通车里程达到了544.6公里，乡村路发展到600多公里，95%的行政村通了车。沂源县的公路建设终于有了长足的进展。但与周边地区相比，仍然存在很大的差距。在全县公路通车里程中，硬化路面只占总通车里程的15%，县道中60%的是四级以下低等级路，特别是通往乡镇的几条主干道路，始建于六七十年代，路窄、坡陡、弯道多，拓宽改造硬化的任务十分艰巨。

对于曾经饱尝交通闭塞之苦的沂源县人民来说，没有比修路架桥更能使他们一往情深、倾心尽力的了。1996年，沂源县委、县政府向全县人民发出筑路修桥的号召，将这一年定为沂源县“公路建设管理年”。公路建设年活动围绕加快“四富”工程建设中心，以改造拓宽路基，硬化路面，提高公路等级为重点加快公路建设步伐，提高公路管理水平，力争使全县公路面貌有一个较大改观。同时，制定全县公路建设管理年总的目标是年内完成硬化路面4条38.5公里，硬化1条10公里，改造拓宽路基27条151公里，新建公路1条9公里。为加强对公路建设管理年活动的领导。成立沂源县公路建设指挥部，负责综合指挥和调度，县直各部门积极参与，密切配合，在人力、机械、资金、物资等方面，给予全力支持，业务主管部门搞好规划，加强技术指导和质量监督，负责工程验收和协调服务，活动开展的情况列入乡镇党委、政府领导干部政绩考核的重要内容，做到精心组织，精心领导，精心施工，确保建设任务全面完成。

在公路建设管理年动员大会上，县委书记陈传玉动情地说："公路落后，'凤凰'难引，'山门'难开，如果交通长期处在'出门爬崖头，步步踩石头，运输靠肩头'的落后状况，全县54万父老乡亲就甭想翻身！"一席话，针扎般地刺痛了人们的心。来自全县16个乡镇的党委书记、乡镇长紧握手中的笔，沉甸甸地签名立下了军令状。县委、县政府专门下发文件，制定奖励政策和措施，把公路建设任务分解落实到乡镇、村，从而形成县里有重点，乡乡有工程，村村有任务的公路建设格局。春节刚过，各乡镇纷纷成立了指挥部、施工队、筑桥队，一场旷日持久的公路建设攻坚战拉开了帷幕，全县形成了全民发动，人人参与的公路建设局面。

1996年，召开全县公路建设管理年动员大会

沂蒙路沟泉至大张庄段硬化工程、南崔路中庄至梭背岭段改建工程、三九路（三岔至九会）三岔段乡村路新建工程等省道、县道、乡道、村道等公路建设项目四面开花。在全县公路建设工地，日上阵劳力最多时达十万余人，拖拉机千余台，小推车万余把。每天一大早，在各村各路段都会出现成群结队的群众肩扛镢锨镐奔赴工地的场面，在浩大的筑路大军中，以青壮年劳力为主，同时也有白发苍苍的老人，有怀抱幼儿的妇女，有父子军、夫妻兵。挑着炊具上工地，背着铺盖去施工，每条路段都是热火朝天的施工场面。

施工难度大是沂源县公路建设中一个鲜明的特点，有资料表明，在沂源县境内修1公里路的工程，超过在平原地区修10公里路工程量的总和。在南崔路的改建中，二十几公里的路段悬崖峭壁有二十多处，劈山最高十几米，回填最深二十多米，一面是悬崖峭壁需要开凿，一面是深沟需要回填。对付那一层层硬石板，几乎全靠人工一点点挖，如同蚂蚁啃骨头。工程竣工结算时，该段工程光用炸药就300多吨，而几十米的深沟要回填，一车车土石垫进去，也如同滴水入河。为了争取时间，民工们早起晚睡，披星戴月施工，食无正点，宿无正时，嘴唇干起了皮，手被磨出了血口。

筑路修桥没资金，老区人民以战争年代那股热情捐资投工；修路占地，沂源县人将最好的耕地奉献出来；拓宽路基占民房，群众忍痛拆除掉。据统计，在公路建设管理年期间，沂源人民捐资投工折合人民币2500多万元，贡献土地数百亩，拆迁房屋1000多间，对此，老区人无一句怨言。张家坡乡西瓜峪村距筑路工地十几里，该村老人组成筑路队，他们披星戴月，冒着刺骨的寒风和棒小伙子比着干，村干部撵也撵不走，乡亲们赶也赶不动，工程进行了三个月，这支老人筑路队苦干了100天。中庄乡后峪子村老书记李传法，为打通胡家庄至杓峪的连村路，他不顾年老体弱，天天泡在筑路工地上，一边组织施工，一边解决筑路带来的问题。在他的时间表上，没有暮夜黎明，没有春夏秋冬。一天之中，除了吃饭、睡觉的空，其他时间全部用在了筑路上。西柳峪村要修一条连村路，全长9.5华里，翻越五座山梁，施工难度可想而知。这个村的男女老少齐上阵，白天农业劳力干，晚上副业劳力接着干。经过一冬一春的苦干，凿通了五座山梁，筑起了两座桥涵，高标准地完成了筑路任务。前来检查粮援项目的西德专家伸出大拇指赞叹不已！为确保公路建设资金和物资的到位，全县党政群、企事业单位及广大干部职工、个体运输户、个体工商户纷纷捐资捐物支援公路建设。"有钱出钱，有力出力，人人尽心”，成为全县公路建设的一股强大推动力。

一年时间，全县共投入资金5000多万元，总投工500多万个，共修建中小桥11座、涵洞及倒虹吸290余道，累计挖填土石180多万方，铺筑石料10万多方，铺筑油层32万多平方米。同时，实施23条110多公里乡村道路工程建设，全县超计划完成公路建设任务。

盖冶的木板桥

中庄镇盖冶村三面环水。近水自然会得水利，但也有不便处，就是出行困难。村子南边东西方向的那段沂河是出村的最主要障碍。整个夏季，河上空荡荡的，没有桥，要出村，只能涉水而过。

处暑无伏，是说过了处暑节气后，三伏天过去了，水的确是凉了，要准备搭桥了。

盖冶木板桥

最早的时候是木板桥。先把1.5米左右高的长条木凳，按3米左右间隔依次南北摆开，木凳四脚夯实在水中，木凳上排出木板，用铁钉固定，一座小桥就有了。木凳要宽出木板半米多，为的是行人在桥上相遇时可以在木凳上躲避。

木板有弹性，走在木板中间时，会上下颤动，悠悠的很是舒服。但时间久了，铁钉松动，木板就会滑动。调皮的孩子会把木板一头挪开，使之刚刚够得着木凳连接处，躲在水里看粗心的路人踩上时踏空的笑话。

过年前后赶年集或者出门儿的时候，桥上行人就多了起来，相向而行的人会在桥上相遇，大多时候会选择合适的桥凳或者结冰的河面错开躲避。也会有那么几个脾气不好的犟汉子，在桥上互不相让，100多米的桥面上就全是等候的人，后来在别人的说和下，有一方退让一步，桥面才能恢复通行功能。

到了冰雪季节，桥面往往会结一层冰，滑滑的，走在上面要弯起脚心。桥下水浅处已经结冰，白茫茫的一片，而水深处还没冰封严实，碎冰碴子唰唰地流过，不经常走的，要晕桥了。这时候，水面在转，桥面在转，三转两转后，人也转了。聪明的，赶紧抓住他人衣襟，或者蹲下身来，闭上眼睛；没有经验的，在惊呼声中掉了下去，几番挣扎爬上桥来，身上已经是硬邦邦的。

春天来了，水也不那么凉了。雨季来临之前，要把木凳、木板拆卸下来，存好，秋天的时候继续使用。

后来，木凳换成木桩，木板换成水泥板，但都还是简易的小桥，年年岁岁花相似，岁岁年年桥相同。

2003年，饱受出行困难之苦的盖冶人下定决心要修一座桥，借助“村村通”政策立项，村民自愿集资，天南地北的盖冶人慷慨解囊，社会各界鼎力相助，一年后，“一桥飞架南北，天堑变通途”，一座宽敞的水泥钢筋结构的大桥横跨在沂河之上。

公路养护

扫码听书

记忆沂源·交通运输卷

高速公路养护

沂源县境内有青兰高速公路和临临高速公路两条高速公路，养护均由山东高速淄博发展有限公司负责。

青兰高速公路养护

养护机制 按照上级批复，淄博市公路管理局于2007年12月3日组建青莱高速公路沂源管理处，为副县级事业单位，担负该路沂源境内58.12公里和专用连接线2.12公里的养护、管理及车辆通行费征收等工作。2010年，更名为“青兰高速公路沂源管理处”。2015年，山东省公路管理局所管辖的高速公路单位实施事业单位改企业，青兰高速公路沂源管理处与滨莱高速公路淄博管理处合并，组成齐鲁交通发展集团淄博分公司，设立沂源养护清障中心，为青兰高速公路养护管理部门。2020年，山东高速集团有限公司与齐鲁交通发展集团有限公司实施合并重组，组成山东高速集团淄博发展公司，设立沂源养护中心、青兰高速沂源桥隧所，为青兰高速公路养护管理部门。

日常养护 2007—2009年，重点抓好高速公路的日常养护工作与道路施工缺陷责任期内的缺陷调查。在养护模式上，实行市场化运作。青莱高速公路沂源管理处与泰丰公司实行合同制管理，通过日常巡查、检测，列明桥隧、交通安全设施、路基、绿化等方面的道路施工缺陷，泰丰公司负责组织整改维修。

青兰高速公路除雪防滑作业

2010年，青兰高速公路沂源管理处对部分路段提升防护等级，增设波形梁钢护栏3公里，为田庄水库桥、沂河大桥、王家石沟大桥水源地桥下增加过滤池保护水源。清理边沟、排水沟、截水沟淤积865立方米，水毁抢修6处。2011年，对青兰高速公路路基沉降实施改造，更换田庄水库一号大桥伸缩缝，清理边沟、排水沟、截水沟淤积1200立方米，水毁抢修10处，修补坑槽12平方米，修补隔离栅56处。2013年，根据沂源县路域环境综合整治活动部署，联合县交通、公路、交警等部门实施桥下空间治理活动，共拆除违章建筑4处、水泵房2处，清除石堆、粪堆、沙土堆、柴草堆122处。2014年冬，沂源县出现连续降雪降温天气，组织冬季集中除雪防滑4次，出动除雪撒布车24台次，运输货车33台次，除雪防滑人员186人次，撒布融雪剂240吨。2015年，代表省交通运输厅公路局参加全国公路大检查活动，实施硬路肩维修勾缝、设施维修等项目，共整修路基3.6万平方米，清理垃圾120立方米，科莱福胶路面灌缝3806米。

2017年，实施示范路创建活动，以精准养护为主线，对路肩、边坡、边沟、土路肩落土、中央分隔带实行标准化整修，完成15公里精准养护示范路创建。2018年6月、8月，沂源境内发生大到暴雨，造成青兰高速公路沂源段出现多处水毁，并波及部分路侧农田。灾情发生后，抢修严重水毁6处，修复浆砌片石 1094立方米，塌方清理1713立方米。是年，完成精准养护示范路创建24.7公里。2019年6月，全段58.12公里精准养护示范路创建全部完成，并打造3段6公里精品路段和2座安美桥梁。是年，应对台风“利奇马”等影响，修复排水设施冲毁损坏、边沟、排水沟淤积、边坡冲刷、冲毁行道树等水毁21处。

2020年，投入资金238.7万元，对裂缝密集的路段采取微表处处治，对沉陷、桥头跳车、坑槽连片等路面病害采取修补坑槽处治，对部分路面轻微裂缝路段采取灌缝处理。同时，为迎接国检，对田庄水库一号大桥和沂河大桥进行精细化打造，对这

公路路面微表处养护施工

高速公路桥梁专项维护

两座桥梁增设的金属梁柱式护栏、防抛网及排水设施进行整改完善。是年，结合城乡环境大整治精细管理大提升活动要求，以实现“生态、洁净、整齐、美丽、路畅”的路域环境为目标，对全线桥涵存在利用桥下空间经商，乱搭乱建，堆放建筑材料、柴草、垃圾等现象进行集中整治，并对部分大桥及跨省道、县道等跨线桥梁进行精细化治理。2021年，推进QC创新成果转化，采用真石漆材料破解桥梁砼护栏养护老难题，累计完成6379.78平方米，投资57.86万元，降低成本206.71万元。同时，实施路面维修、隧道渗漏水处治及防护涂层维修、红水河特大桥护栏完善提升、路面不开槽灌缝等预防性养护工程。

2022年，推进全线桥隧管理规范化建设，实施红水河特大桥病害维修工作，对大桥上部结构采用5辆桥检车和1辆高空作业车协同作业，累计完成混凝土表面修复及桥墩刷漆5269平方米，清理桥下垃圾堆放160立方米，并对桥下空间使用主体售卖苹果摊贩进行了清理。2023年，精准打造示范路段18公里，实施标准路基整修、路肩板抹面维修、边沟勾缝维修等。同时，实施路面预防性养护、桥梁维修、机房及监控室机电改造等养护专项工程。

高速公路路面热再生养护施工

公路绿化 青兰高速是山东省第一条生态高速，道路绿化以“模拟自然、高于自然”为指导理念，绿化苗木采用乔灌木、花草等搭配种植，种植乔灌木60余种，主要有侧柏、龙柏、蜀桧、金枝国槐、紫荆、连翘、红叶李、樱花、木瓜海棠、五角枫等绿化苗木。2009年，按照山东省交通厅公路局《关于青岛至莱芜高速公路生态环保典型示范工程》的批复，青莱高速公路沂源管理处按照“安全、适用、美观、易养护”的原则，尽量减少或消除人为施工痕迹，部分路段的路堤、路堑边坡增加生态防护绿化，排水沟、交通标志基础、施工取弃土场周边增加绿化，4处互通立交区和3处隧道口及沂源服务区增加景观绿化工程。全线共种植草皮31万余平方米，栽植灌木、乔木等各类绿化树木55万多株。

2010—2015年，对绿植按照频率进行修剪，及时补充缺失绿植，避免对向车辆眩光带来的问题，保证其完整性，打造良好的高速公路植物景观。抢抓苗木生长关键期，冬季开展杂树清理，降低植被损坏，夏季及时防病除草，保持边坡绿化整齐。共补植蜀桧、香花槐等绿化苗木3.5万株。2015年，对部分长势旺盛且连续路段较长的路侧连翘进行割冠修剪，使路段的规范化、生态化进一

青兰高速公路绿化

道清扫机器人、隧道智能管控系统等4项科技试验应用。

步提高且管养费用明显减少，同时达到了美观、平顺、舒适的整体效果。2017年，按照示范路创建标准，完成35097棵中央分隔带蜀桧、龙柏的根部修剪。

创新发展 2017年10月，山东高速淄博发展有限公司沂源养护中心成立青兰高速沂源桥隧所“友峰创新工作室”，主要围绕高速公路桥梁、隧道养护管理开展创新工作。2017年以来，先后发明隧道用养护车、隧道专用稳压调压变压器、隧道照明LED灯单元及模组3项实用新型专利，开发应用隧道“十米牌”设计、隧道监控日志管理系统的研发、提高隧道应急救援设施响应效率、智慧化办公新举措等养护管理创新4项，实施养护安全作业区图表生成系统的研发、桥梁病害处治新材料、移动应急发电站改造等9项信息技术应用创新，完成研发隧道清扫机器人、隧道智能管控系统等4项科技试验应用。

临临高速公路养护

2023年12月29日，山东高速淄博发展有限公司设立临临高速沂源养护中心，为临临高速公路养护管理部门，负责临临高速160公里米至229公里+750米路段的路面养护维修、公路设施维护、绿化等工作。负责管护里程69.75公里，其中沂源县境内里程46.67公里，包括鲁山、车场、鹊桥、韩王崮、曹家顶、尚书沟、石泉隧道7座，互通5处，特大桥1座（瓦日铁路公铁立交）。

2024年，重点抓好高速公路的日常养护工作与道路施工缺陷责任期内的缺陷调查。在养护模式上，实行市场化运作。山东高速淄博发展有限公司与山东高速交通建设集团有限公司实行合同制管理，负责日常巡查、桥隧、交通安全设施、路基、绿化等方面的道路小修保养工作。沂源县出现连续降雪降温天气，临临高速沂源养护中心“一路三方”联合行动，积极做出响应，由高速交警、高速路政联合带头，进行压道，保证后方3台推雪车梯队作业顺利运行，确保“雪停路净”，组织冬季集中除雪防滑，出动除雪撒布车327小时，运输货车254小时，除雪防滑人员478人次，撒布融雪剂720吨。

隧道清扫机器人

临临高速公路除雪防滑作业

普通国省道养护

沂源县境内共有普通国省道6条，其养护管理由淄博市交通建设发展中心沂源公路事业服务中心负责。

养护机制 1953年，沂源县公路站设立路工组，具体负责干线公路管理养护工作，遵循“人民公路人民自己管理养护”的原则，组织沿线村成立群众养护组，养护形式为工群共养。1959年8月，临沂公路管理段沂源站并入县交通局，干线公路和县社公路实行统一管理，并成立公路专业养护组织，设11个养路工班。

1963年3月，临沂公路管理段沂源站从县交通局划出，按照分级管理体制，负责省养干线公路的养护管理工作，开始推行干线公路养护“四定”包干管理办法，即定人员、定路段、定任务、定经费，并及时进行检查评比，保障公路沿线社队负担合理、出工有数的问题，养护员工分有保证，任务明确。

1985年，沂源县干线公路养路工班更名为公路分站，具体负责所辖路段的日常管理养护，县公路站路工科对公路分站进行业务指导、计划制定、养护考核等。1992年，撤销路工科，成立养护科，干线公路的管理养护由养护科负责。

2001年，沂源公路分局（原沂源县公路站）被确定为养护改革试点单位，实行干线公路养护体制改革，养护生产组织形式由小道班分散养护转向大道班集中养护，在用公路分站由12个合并为7个。

2002年，贯彻落实交通部“十五”养护工作方针，沂源公路分局根据山区公路养护特点，按照“三提一增一降”（提高员工工作积极性，提高工作效率，提高养护质量，增加员工收入，降低养护成本）的目标，实施养护管理体制改革，撤销养护科，成立养护中心。公路养护中心下设公路站，公路站对养护中心负责，受养护中心直接管理，人员实行竞争上岗。

2008年，推进养护机制改革，建立与市场经济相适应的公路养护运行机制。同年4月24日，沂源公路分局与淄博泰丰道路工程有限公司签订省道博沂路石臼至沂水界段养护协议，完成公路养护工作由生产型转向管理型。2009年，公路养护工作全面推向市场，通过招标确定有公路修建、养护工程资质的单位，对国省道实行维修养护。

养护队伍 1953年博沂路竣工后，县公路站组织养路工人与公路沿线群众共同参与、共同维护和保养公路，配备养护人员200余人。按照远修近养的原则，群众养路员主要是由公路沿线2.5公里内的村庄村民组成，多数为轮流出工参与养路。

1956年，沂源县公路站组建常年筑路队，有固定群众养路员93人，逐步走向专业化养护。每10公里左右设一个养路工班。群众护路组按民工建勤政策，发给每人每日0.05元的茶水费和医疗费。由生产队给予记工分，参与村集体的生产分配。

20世纪五六十年代，公路沿线群众栽植绿化树木

1957年，实行民工建勤养护公路，民工建勤为义务制，不给报酬，给予工具补偿、先进奖励等。养路工班下设养路组，由群众养路员组成，并从中选出组长，按照不同季节的养护重点实施分组。平时2~3人一组，雨雪汛期5~7人一组，互助协作，重点保畅。1958年11月，成立公路专业养护组织，招收养路员286人，负责博沂路、南草路的养护，养护形式为工群共养。1964年，沂源公路站在两条干支线共设7个养路工班，其中博沂路6个、南草路1个。1970年，沂源县境内有4条省养干线公路，通车里程145公里，分别为博沂路、泰王路、南坦路、颜张路，共设35个养护班（组）。1978年，

莱韩路竣工后，由沂源县公路站负责管理养护。至1979年，全县共管养5条省养干线公路179.37公里，设7个养护工区，21个养路工班，72个养路组，群众养路员有309人。

党的十一届三中全会以后，随着农村土地承包责任制的推行，大多数代表生产队出工的民工建勤群众养路员出工报酬，只领取公路部门发放的民工出勤补贴，不再享受村集体生产队同等劳力的记工报酬。1982年，沂源县公路站负责管养博沂路、泰王路、南坦路、莱韩路4条干线公路，设养护工班21个，民工建勤人数310人，不经常参加民工建勤的人数16人。

1983年12月，按照《山东省民工建勤养护公路和民办公助修建县乡公路的实施办法》，省道的养护管理实行民工建勤，采取专业工人与建勤代表工相结合的养路组织形式，逐步实行专业化养护。推行“小段包干、定额管理、联质计酬”生产责任制，不给工资，只发出勤生活补贴，每完成一个标准工作日，发给出勤补贴八角，集中食宿的另补二角，并享受按规定应得的奖励。公社、生产队应将建勤代表工列入定额补贴人员的范围。以公社为单位组织养路队，在公路管理员或养路工班的统一安排和指导下共同负责经常性养护。

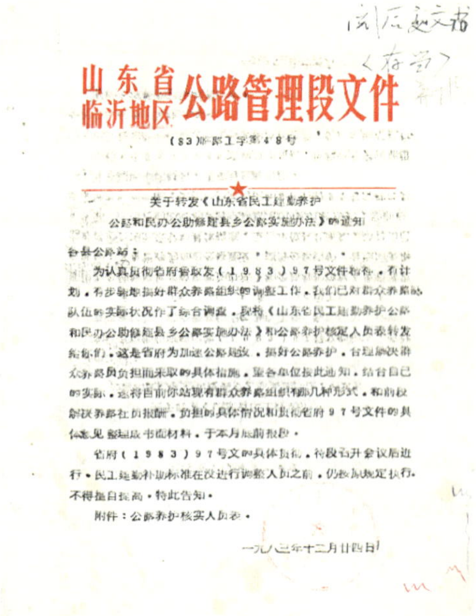
山东省
临沂地区公路管理段文件

（83）临路工字第48号

关于转发《山东省民工建勤养护公路和民办公助修建县乡公路实施办法》的通知

各县公路站：

为认真贯彻省府鲁政发（1983）97号文件精神，有计划、有步骤地搞好群众养路组织的调整工作，我们已对群众养路队伍的实际状况作了综合调查，现将《山东省民工建勤养护公路和民办公助修建县乡公路实施办法》和公路养护核定人员表转发给你们。这是省府为加速公路建设，搞好公路养护，合理解决群众养路员负担而采取的具体措施。望各单位接此通知，结合自己的实际，逐将目前你站现有群众养路组织有哪几种形式，和解决养路社员报酬，负担的具体情况和贯彻省府97号文件的具体意见整理成书面材料，于本月底前报段。

省府（1983）97号文的具体执行，待段召开会议后进行。民工建勤补助标准在没进行调整人员之前，仍按原规定执行，不得擅自提高。特此告知。

附件：公路养护核实人员表。

一九八三年十二月廿四日

1983年，临沂地区公路管理段转发《山东省民工建勤养护公路和民办公助修建县乡公路实施办法》的通知

1988年，沂源县境内5条干线公路（泰薛路、博沂路、韩莱路、南坦路、仲临路）沿线共设置公路分站21个。1992—1994年，随着公路建设标准和养护作业水平的提高，以及民工建勤群众养路员的老龄化，清退部分养路员，并给予一次性补助。

2009年，公路养护市场化改革后，原养护普通国省道公路的养路员，根据承包单位的工作需求情况和养路员个人意愿，分别作出调整安排，留用人员由承包单位聘用管理，并由其支付工资。同年8月，沂源分局将在用7个公路站、2个隧道管理所合并为3个中心公路站、1个普通公路站和1个隧道管理所，撤销覂庄、香磨、沟泉公路站，调剂给养护公司作为办公地点。设土门、黑崖、高庄3个公路站为中心站，保留三岔公路站为普通站。

2009年，养护承包招标签约仪式

日常养护 1959年，沂源县公路站实施博沂路的日常养护工作，全年以路基填土维修和备料为主。1959年，南草路竣工，属于简易公路，砂石路面，汛期无法保证公路的正常通行。全年共完成土路面改善21公里，修补加宽路基40公里，修建涵洞13道。至1970年，负责管养的4条线路（泰王路、博沂路、南坦路、颜张路）145公里，均为沙土公路。

1973年，按照沂源县革命委员会做好石砌公路护肩坝备料整修的要求，共备石料1704立方米、

砂石路面养护

砂4696立方米。同年，博沂路松仙岭至南麻段开始铺筑沥青路面。1978年，莱韩公路沂源段交沂源县公路站管养后，干线公路里程达179.37公里，仅有博沂路松仙岭至南麻段21公里为沥青路面，其他均为砂石路面。

1981年，贯彻“全面养护，加强管理，统一计划，积极改善”的方针，并执行《公路养护质量检查评定暂行办法》，全年以保养、改善路面及边沟为主，铺筑磨耗层45.6公里，加固路基50.7公里，改善路肩51.88公里，处理桥头涵顶4处，维修构造物41处，开挖水沟、清淤水沟共90.8公里，安装护肩石30.5公里，自备料160余立方米。

1987年5月，仲临路11.8公里移交至沂源县公路站管理养护。1991年，实行干线公路养护责任承包制和百分制考核，重点对养护计划完成、资料报送、路段质量、资金开支、人员考勤和路政管理六个方面赋分，作为对各分站养护工作评价的指标。

2001年，作为全市养护改革的试点，沂源公路分局制定养护改革实施方案，出台养护工作争先创优检查考核办法，全年综合好路率达85.5%。是年，对沂台线进行刷油封面保养维护，完成标准路基整理122.1公里。2002—2004年，贯彻落实交通部“十五”养护工作方针，实施油路小修保养，对沂台线洒油封面，薛馆路砼路面进行换板处理，实施穿村治理工程；打造博草路GBM工程，砌体584.2立方米，整修标准路基9.83公里。

2005年，沂源公路分局对博沂路北线进行集中综合治理，博沂路水么头段和西山公园高外坡段采取砌体防护与砼花砖相结合，锚喷防护等不同的处理形式，增强美化和防护功能；对全线公用平交道口进行硬化，穿村路段开挖边沟、浆砌明水沟，并在明水沟外侧安装红白相间路缘石警示带，诱导行车；对征地线以外影响观感的残墙断壁进行遮挡、粉刷，垃圾全部清除。是年，完成标准路基整理185.6公里，油路挖补3492平方米，砼路面换板1200平方米，路缘石安装10536米。同时，配合山东省桥梁检测中心对省道全部桥梁进行技术状况检查评定，实行重点桥梁、危险地段专人负责制度。

施划标线

2006—2016年，以精细化养护和预防性养护为主线，按照“全、严、实、细”的标准，坚持每月一检查和日常抽查相结合的工作方式，细化各项工作流程，不断提高好路率，建设畅安舒美公路。

2017—2023年，结合路域环境综合整治，沂源公路事业服务中心加强对6条国省道日常管理养护，以整修标准路基、小修工程、防护工程为重点，进一步增强全县干线公路通行能力。

交通量调查 对公路交通状况进行调查，是确定公路建设标准、制定养护定额和养路员定员的重要依据。公路交通量的调查方式分为连续式、间隙式、一次性三种调查形式。

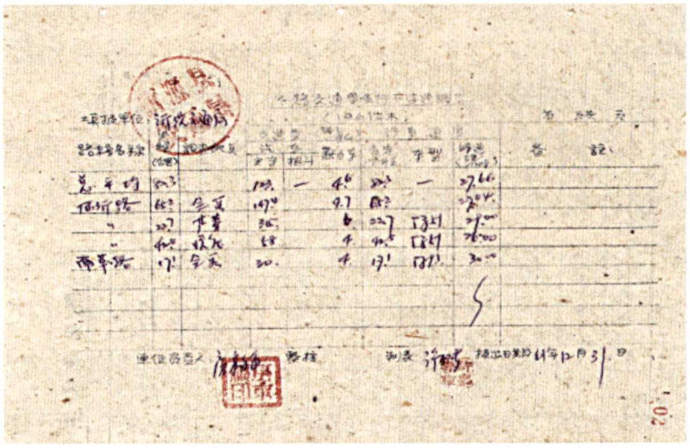

1961年，交通量及行车时速调查

通过交通量、行车速度调查，将各条公路、不同时段的交通量记录下来，再对数据进行必要的科学计算分析处理，可为公路管理部门在公路规划、设计、养护管理等方面提供必要的依据。

沂源县公路站在1989年以前采用人工画“正”字法统计，系间隙式。1990年开始，改用手按计数器法统计，系间隙式。是年，山东省公路局在沂源境内的博沂路、韩莱路、泰薛路、南坦路、仲临路5条干线公路设三岔、高庄、南麻、张良、赵家峪、葛庄、鱼台、香磨、田庄9处间隙式交通量观测点。按照省公路局统一规定的时间，每月的15日早5时至晚9时，连续16小时进行观测，每个观测点有3～4人。

2005年，各观测站设备升级为自动设备，并于每月的5日、20日实行人机对比观测。2006年，在黑崖公路站及三岔加油站站旁增设黑崖、三岔交通量调查电子观测站点，为连续式观测。2013年，通过专项工程、大中修工程等项目，对各交通量调查观测站设备进行升级改造，由间隙式线圈设备升级为微波设备。2014年，升级土门、沟泉、张良3处交通量调查设备，均为连续式观测。2015年，在韩莱路蒙阴界至沂水界段大中修工程中，升级香磨交通量调查设备；在刘家旁峪公路站段增设大张庄西交通量调查电子观测站点，为连续式观测。2018年，在沂邳线石臼至沂水界段大中修工程中，升级黑崖交通量调查设备，为连续式观测。2019年，在黄海线沂源段大中修工程中，升级踅庄观测设备，为连续式观测。

2020年，在黄海线沂源临朐界至莱芜钢城界段大中修工程中，升级鲁村观测站观测设备，为连续式观测。2022年，在沂邳线芝芳至张良段新建工程中，新增埠村交通量调查观测站点。2023年，新增大张庄东交通量调查观测站，更新升级沟泉、黑崖、三岔观测站交通量调查设备。

截至2023年底，沂源公路事业服务中心负责的普通国省道交通量调查观测点共11处，其中踅庄观测站、黑崖观测站、鲁村观测站、沟泉观测站、大张庄东观测站、埠村观测站、三岔观测站的交通量调查设备为一类激光设备；张良观测站、土门观测站、大张庄西观测站、香磨观测站的交通量调查设备为二类微波设备，均为连续式观测，电子记录。

公路站 公路站是公路养护的基本作业单位，主要职责是负责所辖公路和桥梁的养护管理。新中国成立初期，为便于公路养护作业和管理，在管养路线每隔一段距离就设置一处生产管理班组，时称养路工班，也称道班。1985年8月，养路工班实行整合、迁并，改称公路分站，主要职责由生产操作为主，转向生产组织和管理为主。2000年，公路分站更名为公路站。因公路改线或管辖里程调整，公路站时有迁移、合并或撤销，至2023年，6条普通国省道共留有15个公路站，其中在用3个，其余12个停用。

在用公路站

土门公路站 位于南鲁山镇水么头村东，省道张台线88公里+17米处。2004年，博沂路北段改建工程开工后，该路段的水么头分站因改线远离公路，鱼台分站又与加油站在一起不便改造，沂源公路分局经过多次考察论证，经淄博市公路管理局批准，选择在水么头村东博沂路南侧一块地势平坦处新建一处公路站，定名为土门公路站。2007年6月26日建成并投入使用，占地面积3.41亩，砖混二层楼房，建筑面积702平方米。负责管养沂源境内博

土门公路站

沂路北段和薛馆路东段，计53公里。2009年，该站设为中心公路站。至2023年，土门公路站主要负责养护管理张台线博山界至鱼台段80公里+494米~96公里+600米，黄海线临朐界至赵家峪村段173公里+858米~185公里+403米，临历线临朐界至博山界段47公里+687米~59公里+938米，共39.902公里的路面维修、设施管护及绿化抚育等养护工作。

大张庄公路站　原称洼子分站，该公路站系张庄分站和洼子分站合并设立，位于大张庄镇南村村南，省道张台线125公里+35米处。2013年该站翻建，改称大张庄公路站，占地面积3650平方米，建筑面积849平方米，上下三层房间13间，配备养护办公室、路政办公室、交通量调查室及休息室等。至2023年，大张庄公路站主要负责养护管理黄海线刘家大峪岭至鲁村东桥段204公里+993米~211公里+446米、黄海线琉璃河大桥至莱芜界段213公里+574米~220公里+95米，惠沂线钢城界至张庄段217公里+927米~227公里+285米，张鲁线博山界至草埠路口段74公里+927米~84公里+741米，张台线南埠东大桥至蒙阴界段103公里+857米~129公里+428米，共57.717公里的路面维修、设施管护及绿化抚育等养护工作。

黑崖公路站　位于石桥镇黑崖村东，省道沂邳线28公里+723米处，占地面积5.3亩，房屋建筑面积349.6平方米。1959年，博沂路南麻至南流泉沂水交界段实施改建工程，石桥段向东南方向另辟新线，经亳山、黑崖、前瓜峪、黄家峪、巨石崖、冶炉坡、南流泉出境入沂水界。原博沂路的水北、东里工班撤销。1961—1962年，在博沂线东段设立亳山、桃花坪工班，租赁民房用于生产、生活，亳山工班属于沂源县境内较早设立的养路工班之一，后期迁至石桥镇黑崖村。黑崖工班位于石桥公社黑崖大队中段，修建于1968年，占地面积3.41亩，建筑面积221平方米，是博沂路沂源县境内较早的养路工班之一。因该站地处村内，且在陡坡之上，进出行车多有不便，1993年9月，经与黑崖村委达成协议，沂源县公路管理局以老分站的土地和房产换取黑崖村土地3.56亩，位置在黑崖村以东0.6公里处，新建黑崖分站，建筑面积230平方米。1997年，沂源县公路管理局为创建文明分站，对站房重新装修。2005年，青兰高速公路动工，黑崖分站在高速公路占地范围内，再次向东搬迁。同年9月该站开始修建，2006年6月竣工。现在的黑崖公路站是第三次迁建之后的公路站。2009年，该站设为中心公路站。至2023年，黑崖

大张庄公路站

黑崖公路站

公路站主要负责养护管理沂邳线南蜚庄路口至沂水界段11公里+399米～43公里+766米，惠沂线蒙阴界至沂水界段247公里+429米～278公里+279米，计63.217公里的路面维修、设施管护及绿化抚育等养护工作。

停用公路站

高庄公路站 位于南麻街道高庄村北，始建于1984年，占地面积0.82亩。1992年，淄博市公路管理段在此处投建沥青油场和拌和设备，对高庄公路站进行扩建，增加占地面积1.8亩，计占地面积2.62亩，建筑面积1022平方米，其中分站实用房屋建筑面积136平方米。1996年，高庄分站所养护路段交鲁村分站管养，分站办公场所交拌和厂使用。2009年，该站设为中心公路站。2021年，沂源县华源路改建工程施工，拆除高庄养护工区下院仓库、车库、传达室、院墙、硬化路面、绿化等，涉及面积4137.97平方米。目前，该站停用。

高庄公路站办公区

蜚庄公路站 位于悦庄镇北蜚庄村西，国道黄海线186公里+525米处，占地面积2.45亩，建筑面积247.6平方米。1993年，先期建成蜚庄公路分站，作为泰薛路悦庄至上枝段实施改建工程修路指挥部（1994—1996年），配合工程办公使用。因八仙分站和赵家峪分站在改建路线内，故拆除，两处分站所管养的路段由蜚庄分站管养，计14.1公里。1997年，该分站管养薛馆路20.41公里、博沂路3.3公里。同年，泰薛路改称薛馆路。2001年，该分站撤销，调剂给养护公司作为办公地点。目前，该站停用。

鲁村公路站 位于鲁村镇政府驻地以西1公里，国道黄海线211公里+466米处。建于1993年，占地面积2.5亩，建筑面积435.3平方米，二层砖混办公综合楼，附属设施建有交通量调查室、仓库、车库等。管养泰薛路9.2公里。1996年，因西官庄分站和高庄分站先后撤销，两处分站所辖路段划归鲁村公路站管养，管养里程16.8公里。1999年，博草路9.8公里交鲁村分站管养。2006年，被省交通厅公路局授予“文明公路站”称号。目前，该站停用。

鲁村公路站

水么头分站 位于南鲁山镇水么头村西侧，原博沂路41公里处北侧。1962年，设立水么头养路工班，当时租赁民房暂住。1966年，被山东省临沂地区公路管理段授予“先进工班”称号。1968年，修建水么头公路站，苏式结构，占地1.9亩，建筑面积212平方米。后因房舍老旧，在院内翻建北房6间、东房2间，片石院墙等。2001年，公路

水么头分站旧照

站合并至鱼台公路站，所管养路段亦归鱼台分站管养。2004年，博沂路实施改建工程，水么公路站站址路段局部改线，该站远离新线。目前，该站停用。

田庄公路站 位于南麻街道大田庄村南，修建于1990年，占地面积2.36亩，建筑面积210平方米。管养南坦路7公里，砂石路面。1991年，下高村分站迁至于此。2001年，该站合并至沟泉公路站，所管养路段划归沟泉公路站管养。2005年，青兰高速公路开工，因田庄公路站地处田庄水库一号大桥附近，影响施工，拆除了大门及部分院墙。目前，该站停用。

田庄公路站

沟泉公路站 位于南麻街道沟泉村南，省道张台线112公里+789米处西侧，建于1993年9月，占地面积2.51亩，建筑面积335.6平方米。自1993—2001年，赤坂、大张庄（原洼子）、刘家旁峪、田庄分站合并于沟泉公路站。管养沂台路26.2公里、韩莱路9.4公里。2009年，全市公路系统全面推行公路养护集约化，将原公路养护任务推向市场，当时沟泉公路站是沂源公路分局保留的7处养护公路站之一，主要负责承包方对所养路线的质量监督检查，以及养护任务的生产统计等工作。2013年，大张庄公路站新站建成后，沟泉公路站合并至大张庄公路站，所管养路段划归大张庄公路站管养。目前，该站停用。

张良公路站 位于悦庄镇北张良村西，省道沂邳线11公里+74米处，于1984年动工修建，占地面积10亩，建筑面积702平方米。1985年建成后，

张良公路站

管养泰薛路10.7公里。1994年，葛庄分站合并至张良分站，葛庄分站所管养路段亦划归张良分站管养。1996年，沂源境内泰薛路东段竣工后，张良分站于1997年合并至蜇庄公路站。1998年，全省干线公路网调整，泰薛路改名为薛馆路，南麻至悦庄段（博沂路与泰薛路的重合路段）划归博沂路统计，张良分站改列为博沂路上的分站并启用。目前，该站停用。

刘家旁峪公路站 位于大张庄镇刘家旁峪村南，省道惠沂线222公里+980米处。刘家旁峪工班房，修建于1978年，占地面积0.93亩，建筑面积107平方米。至1990年，该站管养韩莱路7公里。1991年区划调整后，管养韩莱路6.3公里。1993年，经淄博市公路局批准将刘家旁峪分站进行迁建，新站迁址于原分站以南100米处，占地面积2.5亩，建有办公室、宿舍平房8间，伙房、仓库、车库各1间，计268.1平方米。2001年，刘家旁峪公路站合并至沟泉公路站，所管养路段划归沟泉分站管养。目前，该站停用。

刘家庄公路站 位于西里镇刘家庄村南，省道惠沂线252公里+940米处，建于1978年，占地面积1.5亩，房屋建筑面积262平方米。1990年，该站管养韩莱路10.8公里。1993年，淄博市公路局将该分站列入养路工房维修计划，将原5间平房房顶翻建，原拖拉机房改建为办公生活用房，同时对院内进行整修。2001年，刘家庄公路站合并到香磨公路站，所管养路段划归香磨公路站管养。目前，该站停用。

刘家庄公路站办公区

三岔公路站

香磨公路站 位于东里镇香磨村东，省道惠沂线262公里+649米处。修建于1977年，占地面积1.47亩，有5间砖石结构平房，建筑面积217平方米。1994年，香磨分站将原平房拆除，改建成二层砖混楼房，建筑面积338平方米。2001年，马家沟、刘家庄公路站合并至香磨公路站，所管养路段划归香磨公路站管养，计30.86公里。2002年，该站撤销。目前，该站停用。

香磨公路站

三岔公路站 位于南鲁山镇三岔店村南侧，省道临历线50公里+196米处。1987年5月，负责仲临路11.8公里的日常管养。1988年，经临沂地区公路管理段批准，修建三岔分站，1989年竣工，占地面积2.5亩，房屋建筑面积110平方米。2002年，该站作为普通公路站保留使用。2006年，三岔公路站在原址进行扩翻建，房屋建筑面积269.1平方米。目前，该站停用。

合并及撤销的公路站

八仙分站 位于悦庄镇八仙官庄村南。1968年修建八仙官庄工班房，占地面积0.73亩，建筑面积123平方米，房墙、院墙均为片石砌筑。1994—1996年，泰薛路东段（悦庄至临朐界）实施改建，八仙官庄分站在改建路线之内，该分站拆除并撤销，所管养路段划归韄庄分站管养。

赵家峪分站 位于悦庄镇赵家峪村北。1968年修建赵家峪工班房，占地面积1.13亩，建筑面积134平方米，房墙、院墙均为片石砌筑。1994—1996年，泰薛线东段（现国道黄海线东段悦庄至临朐界）实施改建工程，赵家峪分站在改建路线之内，该分站拆除并撤销，所管养路段由韄庄分站管养。

刘家大峪分站 1959年修建的南草路从刘家大峪村穿越，1968年设立刘家大峪工班，当时租赁民房用于生产、生活。1972年在刘家大峪村东，南草路北侧建成刘家大峪工班，仅有4间平房。因该段线路在田庄水库库区内，公路改线，该分站撤销，1984年迁至高庄分站。

西官庄分站 位于鲁村镇西官庄村南，1968年修建西官庄工班房，占地面积0.86亩，建筑面积136平方米。西官庄工班是沂源较早的公路养路工班之一，据有关资料记载，该路在1962年即设立养路工班，当时租赁民房用于生产、生活。1991—1993年，高庄至莱芜界段实施改建工程，其中刘家大峪、沙沟、草埠以西等路段实施改线。1993年，该分站撤销，所管养路段由鲁村分站管养。

鱼台分站 位于南麻街道鱼台村北，1983年由芝芳工班迁建于此地，占地面积5.98亩，建筑面积389.7平方米，与县公路站加油站在一个院内。1966年，芝芳工班被山东省临沂地区公路管理段授予“先进工班”称号。1968年，在芝芳村内修建办公区。该工班迁至鱼台后，原工班停用。1994年，鱼台分站翻建。2001年，水么头公路站合并于该站。2007年，博沂路北段（现省道张台线博山至鱼台段）新建土门公路站，鱼台公路站迁至土门公路站，该站停用。2021年，沂邳线改线，将鱼台公路站资产交沂源县人民政府。

下高村分站 位于南麻街道下高村南，1965年修建下高村工班房，占地面积0.5亩，建筑面积130平方米。因下高村公路站地处公路右侧的高坡上，面积狭小，工作、生活非常不便。1990年，沂源县公路管理站选址在田庄村新建分站。1991年，下高村分站迁至田庄分站，该站撤销。

下高村分站

赤坂分站 位于大张庄镇赤坂村南，1965年修建赤坂工班房。占地面积0.74亩，建筑面积130平方米。赤坂工班房屋低矮，面积较小，房墙、院墙全系片石砌成，使用近三十年。1993年，赤坂分站合并至沟泉分站，所管养路段由沟泉公路站管养。1994年，南坦路沟泉至大张庄段实施改建，新线在原公路左侧，该分站撤销。

涝坡河工班 位于南麻公社涝坡河村中段，设立于1965年，是博沂路最早设立的养路工班之一。

赤坂分站

1984年开始，博沂路改线，避开穿村路段，南麻至悦庄段成为博沂路与泰薛路的重合路段。1985年，涝坡河工班撤销，人员迁至张良分站办公。

葛庄分站 1968年修建葛庄工班，位于石桥镇葛庄村，是博沂路在沂源境内一处较早设立的工班。1987年，博沂路葛庄段改线，避开穿村路段，路线北移。同年，在葛庄村东修建葛庄分站，占地面积3.93亩，建筑面积316.5平方米，管养博沂路8.5公里。1994年，葛庄分站合并至张良分站，该分站撤销。

桃花坪分站 1959年，博沂路南麻至南流泉沂水交界段实施改建工程，石桥段向东南方向另辟新线，经亳山、黑崖、前瓜峪、黄家峪、巨石崖、冶炉坡、南流泉出境入沂水界。原博沂路的水北、东里工班撤销。1961—1962年，设立亳山、桃花坪工班，当时租赁民房用于生产、生活，桃花坪工班属于沂源县境内较早设立的养路工班之一，后期修建桃花坪工班房。1966年，被山东省临沂地区公路管理段授予“五好养路工班”称号。1987年，在张家坡乡桃花坪村南新建桃花坪分站，占地面积5.5亩，建筑面积254平方米。2000年，博沂路改建，同时桃花坪公路站停用，合并于黑崖公路站。2006年，青兰高速（济青南线）修建时，桃花坪公路站在路线建设范围之内，该站拆除并撤销。

历山后分站 位于沂源县黄庄乡历山后村，建于1978年，占地面积0.8亩，房屋建筑面积116.8平方米。1990年，管养韩莱公路6.8公里，砂石路面。同年8月，黄庄乡划至莱芜市，该分站亦划至莱芜市管辖。

黄庄分站 位于沂源县黄庄乡黄庄村，建于1978年，占地面积1.76亩，房屋建筑面积185平方米，是沂源与莱芜交界处的一处养护工班。1990年，管养韩莱路6.5公里。同年8月，黄庄乡划至莱芜市，该分站亦划至莱芜市管辖。

黄庄分站

洼子分站 位于大张庄镇洼子村东，1978年修建洼子工班房，占地面积1.5亩，建筑面积127平方米。1987年，洼子分站迁建至大张庄乡南村村南，占地面积5.6亩，房屋建筑面积332平方米，原站址废弃。1990年，管养韩莱公路8.2公里，砂石路面。1998年，省道路网调整，南坦路更名为省道S234沂台路，洼子分站管养的韩莱路重合路段划归沂台线统计。2000年，洼子公路撤销，合并至沟泉公路站。2013年，该站翻建，改称大张庄公路站。

洼子分站

马家沟分站 位于东里镇马家沟村西，1987年修建，占地面积2.9亩，建筑面积216平方米。1977年，莱韩路通车，1978年在东里公社东长旺大队修建东长旺工班房，1987年东长旺分站撤销，迁建至韩旺乡马家沟村。1990年，马家沟分站管养莱韩路9.9公里，砂石路面。2000年，韩莱线（现省道惠沂线）马家沟段实施改建工程。改线后，马家沟公路站远离新建公路，2001年该分站撤销，合并至香磨公路站。2021年，马家沟分站资产交沂源县人民政府。

隧道管理所

松仙岭隧道管理所 位于南鲁山镇西松仙岭村北，松仙岭隧道以北200米，张台线80公里+677米处西侧。建于2007年，占地面积0.915亩，建筑面积223平方米，同年6月26日投入使用。该管理所主要负责松仙岭隧道的日常养护管理。

松仙岭隧道管理所

璞丘岭隧道管理所 位于博山区池上镇璞丘岭隧道以西鲁山林场辖区内。2007年，沂源公路分局租用鲁山林场2间护林房设璞丘岭隧道管理所，房屋建筑面积40平方米，负责对璞丘岭隧道的日常养护管理工作。2016年，该管理所撤销。

农村公路养护

农村公路是公路网的重要组成部分，包括县道、乡道和村道。截至2023年12月底，沂源县共有农村公路1904.4公里，其中县道271.1公里、乡道177.7公里、村道1455.5公里。按照分级管理的原则，县交通运输局负责县道的日常养护工作；乡道的日常养护工作由各镇人民政府（街道办事处、经济开发区管委会）负责；各村民委员会在镇人民政府（街道办事处）指导下，负责村道的日常养护工作。

养护机制 1956年6月，沂源县人民委员会工业交通工作部设立交通科，将全县简易公路和大车道纳入日常管理。1959年8月，临沂公路管理段沂源站并入县交通局，实行干线公路和县社公路统一管理。

1963年2月，县交通局成立地方道路养护队，负责县社公路养护管理。是年3月，临沂公路管理段沂源站从县交通局划出，负责干线公路养护管理工作，县交通局负责县社公路养护管理工作。县交通局内设公路股，具体负责县社公路养护管理，实施集中管理模式，全县配备7名公路管理员，主要负责做好公路日常巡查、养路员考勤、养护质量检查、组织备料、修复水毁等工作。在集中管理模式下，每条列养公路都建立群众养护组，做好日常养护管理。

1985年，为增强养护力量，提升养护质量，县交通局将公路养护工作纳入乡镇交通运输管理站工作范围，全县共有南麻、草埠、西冶、唐山、土门、大张庄6个乡镇交通运输管理站，分别负责本辖区内县乡公路的日常管理养护。1987年，按照交通行政管理体制改革方案，县交通局公路股负责制定公路养护、检查考核工作计划，以原交通运输管理站为基础，在全县设南麻、悦庄、草埠、西冶、大张庄、梭背岭、土门7个交通管理所，负责本辖区公路养护相关工作的具体实施。

1991年，鉴于县乡公路养护里程长、管理人员少、资金不足的实际情况，县交通局对养护管理体制进行调整改革。县乡公路养护由各交通管理所管理改为局公路股统一计划管理，按交通量大小，对重点路段由公路股安排专门管理人员进行管理，其他路段委托养护队长管理。公路股负责管理员、养路员的日常考勤工作，并对重点路段每月进行一

20世纪八九十年代，组织实施农村公路养护质量检查

次集中检查，局每季度组织一次全面检查。1992年，沂源县人民政府印发《沂源县县乡公路建设管理办法》，是沂源县制定第一个公路建设和管理方面的政策性文件。明确乡道由所在乡镇负责养护，按每1.5公里选配一名养路员，成立专职养护队伍，由交通助理员负责管理，乡镇交管所配合。同时，为使县乡道路建设养护有稳定的资金来源，开征地方公路建设基金，征收的地方公路建设基金，农用车辆部分70%返还于各乡镇政府，用于乡道建设养护。同年，县交通局适时对县乡公路养护管理体制进行了调整，由局统一集中管理改为由各交通管理所管理，并制定出具体的管理养护考核细则。

1994年，县交通局成立公路管理所，专门负责全县县乡公路的养护管理工作。同时，改革县乡公路养护管理办法，实行“条块结合，以块为主，分级负责”的办法，由公路管理所下达养护计划，负责监督检查指导，8个乡镇交通管理所具体负责辖区范围内的公路养护管理。

1997年，县交通局完善农村公路养护管理办法，并制定百分制考核标准，加强对农村公路养护质量的日常管理和考核。公路管理所每季度组织一次公路检查，对各交通管理所养护路段随机抽取五个点，每个点500米，采取杆卡、尺量、目测等方法打分，检查得分及名次与公路养护奖金挂钩。公路养护奖励资金的确定，由每公里养护里程的基础金额乘以各交通管理所养护里程与系数得出，系数由半年两次检查的名次具体确定。1999年，沂源县人民政府制定下发《沂源县乡村公路建设管理办

法》，对乡村公路的规划、建设、养护管理进行明确规定。同时，为调动乡镇、村搞好乡村公路建设、管理的积极性，县政府每年从地方道路基金、农用车养路费分成中，筹措一定数额的资金对乡镇实行以奖代补。

2005年，沂源县人民政府办公室印发《沂源县农村公路养护管理办法》，将县、乡（镇）、村三级农村公路管理养护机构主要职责进行了明确，各乡镇组建农村公路养护管理机构，配齐养护队伍，将改造硬化的农村公路全部纳入规范化养护管理。县政府出台县、乡（镇）、村公路养护管理检查考核办法，由县交通局具体负责对农村公路工作的检查与考核，采取平时抽查与定期检查相结合的办法，乡镇自查占年度考核的30%，县公路主管部门平时抽查占年度考核的20%，县政府组织的年度考核占50%。2012年，经沂源县委、县政府批准，升格农村公路管理机构，将县交通运输局公路管理所由股级单位升格为正科级单位，更名为沂源县地方道路管理处，内设养护科，负责全县农村公路养护管理工作。

2012年和2018年，县政府办公室对《沂源县农村公路管理养护办法》先后两次修订。明确规定，农村公路管理养护工作纳入对乡镇的年度综合考核，各乡镇应建立养护专业队并设置专职养路员，原则上每2~3公里设置1人，并对养路员的管理要落实“五定一奖罚”承包责任制，即定人员、定路段、定标准、定时间、定报酬，根据养护管理质量进行奖罚。

2019年1月，整合县地方道路管理处、县地方海事处，组建县地方道路发展服务中心，为县政府直属正科级事业单位，由县交通运输局代管，撤销县地方道路管理处。

2021年1月，沂源县实行事业单位改革，整合县超限检测站、乡镇交通管理所等事业单位，组建县交通建设发展中心，为县交通运输局所属副科级公益一类事业单位，撤销南麻、鲁村、悦庄、东里、西里、大张庄、三岔7个乡镇交通管理所。县交通建设发展中心内设养护科，负责县道日常养护管理工作，包括公路桥涵等基础设施维修维护、标志标线等安全设施维修维护、保洁及道路扬尘治理等，同时负责乡道、村道的督导考核等工作。是年，沂源县人民政府办公室印发《沂源县农村公路管理养护工作实施方案》，提出分类有序推进农村公路养护市场化改革，逐步建立政府与市场合理分工的养护生产组织模式。县交通运输局结合全县农村公路管理养护实际，探索农村公路管养新路径，通过签订长期养护合同、招投标约定等方式引入专业养护企业，提高养护专业化、机械化水平。是年，沂源县将15条271.1公里县道推向市场，通过公开招投标等形式，确定专业公路养护公司承担公路养护任务，县交通建设发展中心制定农村公路养护管理考核细则，按照养护计划管理、养护巡查、养路员管理、安全管理、档案管理、日常管理以及桥涵、路面、路肩、边坡、水沟、绿化、沿线设施13项内容，确定目标要求及扣分标准，每季度组织一次考核，对考核及日常管理中发现的问题，督促公路养护公司及时整改，检查合格后拨付养护费，不合格不予拨付。乡道的管理养护由各镇人民政府（街道办事处、经济开发区管委会）负责。村道的管理养护由村民委员会负责，日常养护纳入公益性岗位，按照“农民自愿、民主决策”的原则，采取一事一议、以工代赈等办法组织村道的管理养护工作，并将爱路护路要求纳入乡规民约、村规民约，激发农村公路管理养护可持续发展的内生动力。县交通建设发展中心负责对农村公路管理养护工作的日常检查与监督指导。

公路养护队伍 1956年，县人民委员会工业交通工作部交通科在公路沿线村庄建立59个群众养路组，配备254名群众养路员。1958年，设2名专职公路管理员具体负责县社公路的日常养护管理、养路员考勤等工作，公路养护实行民工建勤政策，并采取定路段、定人员、定质量任务、定工日的“四定”包干管理办法，凡每月完成或超额完成计划任务质量，即可获得集体质量节约奖，月评月记，季末一次性发放，调动群众养路员的积极性。

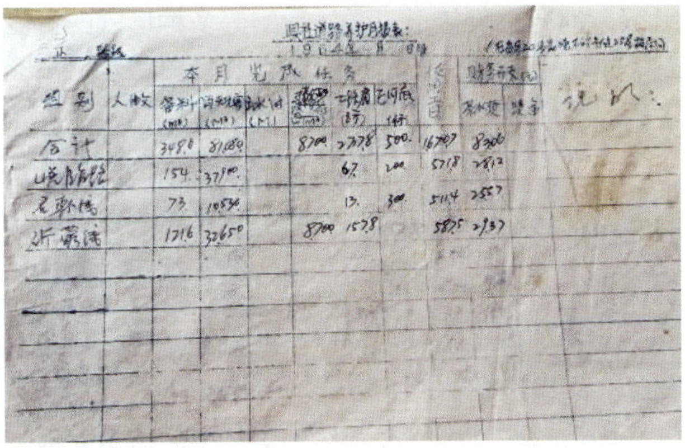

1964年，县社公路养护报表

“文化大革命”时期，一些养护管理规章制度废止，也有少数人热衷于“闹革命”，但大部分养路员坚守岗位，勤奋工作。1974年，为加强对地方道路的养护，充实养路员队伍，由公路沿线村推荐年轻体壮、责任心强的人担任，由生产队给予记工分，参与村集体的生产分配，每人每日补贴0.05元的茶水费和医疗费，县交通局负责提供养护用具。是年，在草黄路、南崔路、娄龙路、石韩路、东东路、临麻路等公路上，共配备194名群众养路员。

党的十一届三中全会召开后，公路养护管理进入新的发展时期，农村实行家庭联产承包责任制，养路员的报酬由原评工记分改为按年或月给予同等劳力报酬，主要干线县乡（社）道开始招募专职养护员，并领取公路管理部门发放的养路出勤补贴，不再享受生产队同等劳力的记工报酬。1983年3月，县政府批转了县交通局《关于加强县社公路修建养护管理意见的报告》，提出要搞好养路员队伍的整顿，养路人员的待遇除国家补助部分外，社队应根据其他从事非农业生产人员的补助标准给予补助，使养路员收入不低于同等劳力的收入，提高养路护路积极性。1982年、1983年连续2年松山和杏花两个养路队被临沂地区命名为“好路队”。

1988年，县交通局在县乡公路每条路段设立养路队长，并划分若干养护小组，配齐组长，实行养护承包责任制，建立考核奖惩制度，解决了养路人员吃“大锅饭”问题，并做到月有抽查、季有全面考核，根据考核、抽查情况，一季度一次兑现建勤补助。1989年，县交通局修订公路养护管理办法，实施层层包干的养护承包责任制，推行公路养护质量与养路员建勤费挂钩、好路率升降与奖励浮动挂钩的办法。将养路员建勤费、材料费、工具维修费根据公路交通量大小、路面宽窄、养护难易程度、沙料运距远近划分4个档次全部包干到各交通管理所，并下达好路率任务指标。把养路员工资分为8个档次，以质论酬，奖勤罚懒，每季兑现。此措施的实施，调动了养路人员的积极性，较好解决了干好干坏一个样的不合理现象，出现了全家养路、夫妻养路、父子养路的动人场面。曹姚公路养路员陈京海从事公路养护工作20多年，负责该路最为难走路段的养护，坡陡、弯道多，他经常动员全家义务修边坡、路肩和挡沙坝等，他和家人主动加宽弯道路面，填挖500余立方米，被誉为“养路状元”，多次被评为临沂地区先进养路员。截至1990年底，全县共有县乡公路20条302.1公里，其中季节性养护道路40公里，全部为工群共养路线，养路工人282人；乡村道路87条491公里，有群众养路组（队）14个、配备养路员295人，全部为砂土路面。

1993年，全县县乡公路全部纳入经常性养护，由各交通管理所负责养路员出勤、考核等日常养护管理工作，按照每名养路员负责2公里的公路养护，共配备养路员120名。1994年，县交通局推行定路段、定标准、定职责、定奖惩和包经费、包材料、包质量、包责任的“四定四包”责任制，强化考核、考勤，各交通管理所专职公路管理员做到每天上路检查养路员的出勤、备料、回砂等情况，公路管理所每月对养护工作进行小结，每季度对公路养护质量进行检查评比。1996年，县交通局协助各乡镇政府成立了交通工作办公室，加强对乡村道路的养护和管理，落实正常养护的乡村道路70余条，配备专职养路员140余名。

在1993年以前，沂源县农村公路都是砂土路面，一到雨季，路面经常出现坑槽和波浪，像蜂窝一样密密麻麻，像波浪一浪接一浪，影响行车。公路管理养护机构在长期的养护工作实践中，总结“窄路宽养”，勤添砂、勤回砂、勤匀砂、勤清除细壤的“四勤”管理措施和路面磨耗层养护施工流程“八步法”等养护经验，养路员当中也流传着“晴天勤扫（勤耙）砂、雨天加面砂、雨前疏排水、雨后扫带刮”“雨天洞不补，晴天要吃苦”“小坑不补、过夜一尺”等公路养护谚语。不论严寒酷暑，不管刮风下雨，当时“有路必有养路工”。每到雨季，养路员更是全身心扑在抢修路、桥上，一些人连家庭都无暇顾及。

2005年，县交通局多次开展公路管理员业务培训、外出观摩学习等活动，并专门举办了由乡镇分管领导和管养机构负责人参加的培训班，提升了县乡公路养护管理能力和水平。

日常养护 20世纪五六十年代，县社公路的养护分为经常性养护路线和季节性养护路线。经常性养护路线固定专人组建养路组，以公社或生产大队为单位，出工代表社队养护公路；季节性养护路线，由县交通局派员每月进行一次路况检查，发现问题，即联系有关社队出工整修，有时利用农闲空隙集中社员突击普修。县交通局负责组织养路员修补加固路基，保持并提高路面平整度，清理疏通路边沟，栽植管理路边树木，绿化路边坡，保护桥涵，如有毁坏及时抢修，采运沙、石、土等，扫除路面积雪，宣传交通规则和公路保护法规。

1973年，县交通局执行“以养好路面为重点，加强全面养护”的方针，建立备料台、路肩坝，并加强“四勤”保养，以解决路面波浪、坑槽、泥泞、翻浆、滑车等病害。

1982年起，县交通局列养的县社公路，全部路段建起护肩坝、路缘石，并按照窄路宽养的办法，由原来的3.5米和5.5米，加宽至5.5米和10米，基本实现全面养护，达到晴雨通车的标准要求。1983年3月，县政府批转了县交通局《关于加强县社公路修建养护管理意见的报告》，要求发动公路沿线群众抢修水毁、义务扫雪防滑，可以采取群众义务储备防滑用沙的传统做法，保障行车安全。是年10月，山东省交通厅下发《山东省民工建勤养护公路和民办公助修建县乡公路的实施办法》，县交通局按照公路养护定员标准，调整养路组织，推行小段包干、联质计酬等多种形式的责任制，扩大经常性养护里程，部分社、村公路，由各人民公社指派专人分管养护。将县社公路划分为优、良、次、差4个等级，全县18条195公里县社公路中，优等路38.5公里，良等路105.8公里，次等路49.9公里，差等路1公里，全县好路率平均为74%，良等以上路有娄龙路、赤南路、仲临路、曹甸路、南崖路5条。

1994年10月，石香路13.6公里沥青路面铺设完成，结束了县乡公路没有硬化道路的历史。自此，全县县乡公路逐渐由砂土路面改建成沥青路面，路貌路况也随之发生了很大改观，公路养护的方法也发生了改变，由每日沙覆路面改为清扫沥青水泥硬化路面、培护路肩、清理排水沟、维护道路标志号牌和防护设施、管理绿化带等，管理质量与水平不断提高。

1996年，沂源县开展“公路建设管理年”活动，在加快公路建设步伐的同时，提高公路管理养护水平，把改造完成的公路全部落实管理养护。

2004年，沂源县最后一条县乡沙土公路西徐路沥青路面硬化改造完成，自此，沂源县县乡公路消灭沙土路，全部改造成为水泥或沥青路面，县乡公路管理养护进入一个新的阶段，公路养护理念、养护方式方法也随之发生转变。从沙土路到柏油路，路面等级提高了，公路的养护重点转为清理、整修路基边坡、水沟、路肩等，做好防水、排水工作。

2007年，对南崖路、雕石路、石香路、九东

清理水沟、边坡

路等路段100多公里路段的路肩、边坡、水沟进行清理整修，对南悦路、芦董路等5条50多公里路段的路面实施裂缝修补小修保养工程。2008—2011年，对三悦路、东公路等部分路段及鲁村大桥、张庄新村桥、赤坂桥等农村公路危桥和水毁桥梁实施维修加固，对南崔路、九东路等县乡公路实施小修保养，健全完善了三悦路、三峨路等路段的安全警示设施。

农村公路沥青灌缝小修保养

2012年，开展文明样板路创建活动，推出了170公里样板路，以路面的整洁度、路肩的顺直度、水沟的畅通率、边坡的稳定性作为控制重点，统一养护工作标准，逐步向全县推广，推动养护质量提高。在县道南崔路、土朱路、白杨路、草齐路等路段补植国槐、蜀桧、松树1400余棵；加强县乡公路的路面维修，对县道南崔路、三悦路、芦董路进行了路面修补，共修补坑槽4000余平方米。至2012年底，沂源县列入养护管理计划的农村公路1610.7公里，其中县道278.3公里、乡道204.1公里、村道1122公里、专用路6.3公里。全县633个行政村已有625个行政村通了硬化路，在全省山区县率先基本实现"村村通"硬化路的目标。

2013年，聘请交通运输部公路科学研究所对全县县乡道路134座重点桥梁进行了检测评定，共评出一类桥梁23座、二类桥梁79座、三类桥梁19座、四类桥梁12座、五类桥梁1座。对评定出的五类桥王家泉小桥进行了重建，对小水桥、北安乐桥、猫头山桥、平地桥4座桥梁进行了维修加固，对126座桥梁病害进行钢筋除锈和裂缝修补。实施南悦路、南崔路、薛馆路南踅庄等路段的树木绿化补植工作，共补植绿化树木3600多棵。对南崔路、土朱路、九东路、芦董路等路段进行沥青路面灌缝、网裂涂抹、坑槽修补处理，修补坑槽2.9万余平方米，灌缝6万多延米。

农村公路危桥改造

2014—2017年，对九东路公家场桥、三悦路青菜河桥、新保路西顾庄桥等70多座农村公路桥梁进行维修加固，对南崔路、赵中路、东公路、石香路、草齐路、鲁沟路等路段路面裂纹、坑槽等病害进行了修补。2018—2020年，实施养护大中修及预防性养护工程521.9公里，危桥改造工程完成16座，截至2020年底，县乡公路上的大中型危桥全部得到改造。2021年起，实施"四好农村路"提质增效专项行动，完成路面状况改善工程363.6公里，危桥改造工程4座。其中2023年，实施农村公路预防性养护工程135公里，处理路面坑槽修补8000余平方米，灌缝6万余米，路面网裂刷油3万余平方米，修补路面5000余平方米，清理边沟2000余米，施划标线4000余平方米，提升了道路通行能力。

公路绿化

20世纪五六十年代，沂源县在抓好公路建设的同时，本着减轻养路村庄负担，谁养路、谁绿化、谁受益的原则，发动群众在公路两侧植树绿化。苗木来源由上级部门调拨或养路工班组织人员选择当年壮枝进行扦插育苗，栽植的行道树主要是刺槐、加杨、毛白杨、大青杨等，矮林主要以棉槐为主，边建设边绿化。1957年，按照山东省民工建勤养护公路和修建地方道路办法，沿公路村庄的农业生产合作社，对公路部门已栽植的行道树、矮林，享有按规定修剪的树枝、矮林及果实等收益，但树权属公有。因受沂源县气候环境和地理环境限制，存活率不高，且当地群众意识不足，保存率很低。1958年，在博沂路沿线栽植行道树7100株，矮林3.1万墩。

1959—1961年三年经济困难时期，农业遭灾歉收，群众烧柴困难，公路行道树遭到很大损坏。1962年5月，山东省交通厅下发《关于迅速制止公路行道树乱砍滥伐加速绿化的通知》，沂源县召开公路管理部门、沿路社主任、生产队书记会议，要求把公路沿线负责养护公路的生产队组织起来，划段包干，明确责任，依靠群众切实保护好、管理好行道树。同时，制定公路行道树、矮林栽植、抚育管理规定，凡工群共养干线公路和重要支线公路及国防公路，由公路交通部门统一筹苗，养路工人和沿线养路群众共同栽植、管理的，树权归国家，其风枝和矮林收益按国家三、社队七的比例分配，公路部门所得30%，作为养路工人的奖励和绿化收入，社队所得70%，其中一部分奖励养路社员。1963年，在博沂路和南草路共栽植行道树2.02万株、矮林1.98万墩。并明确订看护职责，早晚由沿线社队派人看护。

从1965年起，每年在养路经费中安排1.5%~3%的绿化费，实行专款专用，由省交通厅统一管理。每年的公路绿化收益均用在公路绿化上，新建公路则在工程预算内列绿化费。当年，全县干线公路沿线植树36415株，但因天气干旱，管养不到位，仅成活16700余株，其中加杨5875株、刺槐10857株。

“文革”时期，乱砍滥伐行道树，任意挖毁路基、边坡，毁坏交通标志等影响交通安全的事件时有发生。1975年，山东省革命委员会发出《关于加强路政管理的通告》，对保护好行道树，维护公路安全畅通起到了一定作用，但在无政府主义思潮下，这些规定未能全部奏效。

20世纪70年代，沿路群众栽植行道树

1978—1979年，在博沂路、泰王路、南坦路、颜张路等公路两侧共栽植行道树4.4万余株，矮林8万余墩，成活率达90%。1980年，全县落实省政府《关于坚决制止乱砍滥伐公路两旁行道树的通知》要求，各公社组织和发动沿线社队、学校、企业职工等在公路沿线大搞春季造林。全年共栽植行道树3.1万余株。成活率和保存率都得到较大提高。1983年3月，县政府批转了县交通局《关于加强县社公路修建养护管理意见的报告》，规定县社公路绿化坚持社栽社有、队栽队有、谁栽谁有、按计划采伐的政策，沿线各社队对公路两侧宜林路段采取包干定责的办法，做到上乔下灌，全部绿化起来。是年，县社公路两侧共栽植各种树苗4万余株、矮林1万余墩。1984年，县公路站与公路沿线公社共栽植行道树4.2万余株。

1988年，根据交通厅提出的公路绿化要贯彻执行“国家、集体、个人一齐上”“乔、灌、花、草一齐上”“栽植、移植、播种一齐上”和“国造国有、集体造集体有、合造共有”的政策，沂源县对干线公路除执行原有政策外，同时采取由公路部门自栽自管，收益归公路部门的政策。公路沿线乡镇、村积极响应，掀起公路两侧植树绿化高潮。

1990年，沂源县对公路绿化工作提出了“乔木、灌木、花、草一起上”的要求，乔木以国槐为

行道树病虫害防治

栽植草皮

主，灌木以小叶女贞、冬青、黄杨为主，草皮以中华结缕草（又称狗皮草、刺猬皮草）为主。至1994年，干线公路绿化里程147公里。

1999—2000年，省道沿线共植树1.3万余株，栽植草皮9.7万平方米，其中薛馆路东线经省公路局验收，达到绿化优良工程。2001—2004年，开展全县路域治理，全县普通国省道及县乡公路两侧栽植、补植国槐、刺柏等绿化树4.8万株，栽植草皮27850平方米。2005年，省交通厅公路局提出“五大养护工程”，按照打造“畅、安、舒、美”公路的要求，全年共补植乔木、灌木3.8万株，栽植草皮3.3万平方米。

2006—2011年，实施全县公路路域综合整治活动，累计新植、补植绿化苗木14万余株。2018年，全年共补植国槐等各类绿化树木6.5万余株，修建绿化池300多个，修砌挡土墙3700余米，换填种植土4万余立方米。2019—2023年，共绿化补植40余万株。2022年，深入推进“四好农村路”建设，各镇（街道）、村因地制宜，利用当地石材，结合地域特点，打造一批美丽农村路，全县县乡公路两侧补植绿化苗木4万余株，绿化面积8万余平方米，修剪行道树12万余株，砌筑景观墙1万余米。2023年，按照全国卫生城市创建要求，以美化路域环境为目标，持续聚力打造通景公路、美丽乡村路，建设“一路一风景、一村一幅画”的景观路、文化路，绿化补植1万余株，绿化面积3万余平方米，修剪行道树12万余株，做到道路与沿线周边自然生态、乡村风光和谐统一。

水毁公路修复

水毁公路工程是指受到山洪、暴雨、地震等自然灾害影响，导致公路损坏或受损，需要修复或加固的工程。沂源县系纯山区县，公路大多沿山岭河谷而行，路基大部分为挖填工程，桥多，防护工程多，每逢雨季，经常发生公路水毁。新中国成立后，县交通、公路管理部门对公路防汛工作高度重视，主要采取三项措施：雨季前根据路线类别、技术状况，分别进行加固、防护、维修；对建桥处的河道进行疏导清淤；公路养护管理部门和各区（公社）分别组建公路防汛组织，按照职责划分，分工负责，保证雨中有人防护、雨后有人管理、水毁及时抢修。水毁发生后，县、公社（区、乡、镇）组织力量突击抢修，保证公路通畅。

20世纪60年代，沂源县连续多年发生洪涝灾害，县区公路损毁严重。其中1962年7月的暴雨，全县公路路基、路面冲毁2.5万余立方米，冲毁小桥涵63处。1964年，全县降雨1616.7毫米，是1958年以来年降雨量最多的年份，其中七八月间，连降暴雨7天，七月份降雨437.6毫米，八月份降雨460毫米。连续的暴雨，造成山洪暴发，公路损毁严重，县交通局组织人员防护抢修，除沂蒙路、石韩路因水毁严重一度交通中断外，悦临路实行水毁不过日，做到随时抢修，保证了雨后公路畅通。

1984年7月12日凌晨0点至4点，沂源县遭受暴风雨灾害，暴雨伴有8～9级大风，是沂源县有水文记载以来前所未有的暴风雨。这场暴风雨，使全

1984 年 7 月 12 日，南崔路安乐大桥被洪水冲毁

县13个区全部受灾，暴风雨灾害导致全县180公里路面受到严重冲刷，县区社公路全部被冲断，连村路、经济路被冲毁600多公里，草（埠）齐（家岭）路等主要公路被洪水冲断46处，路面被洪水冲毁3.64万米，货运、客运几乎全部中断。洪水冲垮20多公里路基、10公里河坝，摧垮桥梁47座，其中大桥2座（南崔路安乐大桥和刘家庄大桥），坐落在燕崖区南安乐村的5孔石拱沂河大桥，总造价20多万元，被洪水冲得点滴不剩，冲走桥上看水人员13人。面对暴雨造成的灾难，县交通局组织公路养护人员，协调各区，动员沿线各村庄群众以出义务工的形式，投工投劳，整修路面、清理塌方、疏通水沟，经过一个多月的日夜奋战，路况得到恢复，共备料7728立方米，整修改善路面100万平方米，整修路肩边坡10.6万平方米，路基加高2300余立方米，疏通水沟8.2万米，清理水毁塌方1200余立方米，总计用工1.8万个。

1988年6月，沂源县大张庄、沟泉两乡突降暴雨，下曹路近一公里路基被全部冲毁，荡然无存，1000余米河坝被冲垮，沿线村民经过一个多月的抢修，恢复通车。

1992年，因夏季暴雨不断，全县县乡公路路基、桥涵经山洪冲刷，损毁严重，其中沿河堤路段被冲垮15800米，8座大中桥锥坡冲刷一空，损失达1800余立方米，新保路、曹大路、三峨路、鲁四路、雕石路等近40公里的挖填路段被大面积冲垮，不能正常通车。灾情发生后，县交通局全力开展抢险救灾，购买沙袋等抢险物资，组织养路员工和沿路群众对危险地段进行加固和抢修，防止灾情扩大，以最快的速度修复险段，确保了道路畅通。

1993—1995年，沂源县连续三年汛期遭遇暴雨，其中1993年7月的暴雨，致使全县6条125公里县乡道路路段水毁严重，交通一度陷入中断。为尽快修复水毁公路，确保公路运输畅通，县交通局及时组织养路员工和沿线群众抢险，共加固防护工程126处2500米，挖填土石18.9万立方米，运输撒布养护料9.8万立方米，投入养护工日4.7万多个。

1994年6月，全县26条365公里县乡公路遭受暴雨冲刷，其中三悦路、三峨路、雕石路、西徐路、鲁四路、鲁沟路6条125公里路段水毁严重，交通陷入中断。此次洪灾共冲毁路基65公里，中小桥12座182米，涵洞38道，防护工程3100余米，总损失450万元。灾情发生后，县交通局采取措施，协调沿路乡镇党委政府，组织养路员工和沿线群众对危险路段进行加固和抢修，加固防护工程126处2500米，挖填土石18.9万立方米，确保了道路及时

1988 年 6 月，下曹路被冲毁

1994 年，洪水将南坦路上大型货车冲走

畅通。1995年9月的暴雨，使7条118公里县乡公路路段遭受巨大损失，其中冲垮大中桥5座、防护工程7300多米，损失达180余万元。灾情发生后，县交通局组织数千人上阵抢修水毁路段，疏浚河道，加固路基，修筑辅路，修复水毁300多处。

1998年7月23日夜间至24日凌晨，沂源县16个乡镇普降大到暴雨，其中张家坡、韩旺等乡镇不到两个半小时降雨量达230毫米。暴雨急泻，山洪暴发，河水四溢，使全县公路设施遭受严重破坏，共冲毁路基40余公里，冲坏路面60余公里，冲垮桥涵36座，另有5000米防护工程荡然无存，导致1条县道、6条乡村路交通中断，直接损失200余万元。其中，县道巨东路因顺河而行，有6.5公里路基被冲毁冲没，5座桥涵被冲垮，冲走浆砌方1.2万立方米，冲走土石方 12.2万立方米，整条路段基本报废，直接损失160多万元。由于该路交通全线中断，使该流域7个村1.3万人出不来，救灾物资运不进去。县道九东路，防护工程塌方20多处，路基路面受损30多处，直接影响通行。灾情发生后，市、县领导现场查看灾情，组织抢险抢修。县交通局迅速组织抢险突击队，并与沿线乡镇党委、政府一起，发动群众上阵，整修路基，整平路面，加固涵洞，修复挡墙，清理水沟，疏浚河道，并对中断交通的县道巨东路，组织工程机械上阵，投入草袋石料，抓紧修复便道，尽快恢复简易通车。共投入编织袋3万余条，投入沙石料2万余立方米，投工 1600余个，修复水毁60余处，为群众开展生产生活自救创造了良好的交通保障条件。

2001年8月4日，由于降雨强度大，雨量集中，全县13个乡镇普遍遭受洪灾，县乡公路水毁严重，共有19条路段遭到不同程度的毁坏，共冲毁道路140公里、桥涵50座，最为严重的有6条，其中白杨路冲断路基9处3000多米、冲毁路面6000米，冲毁小桥8座、涵洞5道、挡墙11处2500立方米；雕石路冲毁路基5处3000多米、涵洞3道、挡墙9处1700多立方米；鲁沟路冲毁路面2000米；南崔路冲毁挡墙5处650立方米；韩金路冲毁中桥1座；赵中路冲毁挡墙5处760立方米。灾情发生后，省委、省政府领导高度重视，现场指挥抗灾抢险。县政府负责人带领县交通局有关人员赶赴现场查看公路水毁情况，安排临时抢险措施，并连夜组织人员抢修道路，采取应急措施，尽快修复水毁路段，保证车辆人员通行。

2012年8月，台风“达维”引发沂源县强降雨，造成8条县乡公路遭到不同程度的水毁，共冲毁路基边坡40余处，边坡塌方1.6万立方米，冲毁挡墙400余米、涵洞8道，冲毁路面500平方米，损坏行道树1200余棵，直接经济损失近480万元。水毁发生后，县交通运输局立即组织人员到水毁现场，根据不同水毁程度，研究制定了排险方案，迅速组织专业施工队伍和机械车辆进行抢修，投入人工350多个，投入修复资金200多万元，保证沿线群众的安全出行。

公路养护机具

沂源县的公路养护，是从以人工作业为主逐渐发展到机械化养护的。1953年，沂源县建成第一条公路博沂公路，公路养护主要依靠养护工人肩挑人抬、镐刨铲挖，养护作业工具主要是铁锨、抬筐、耙子、小推车、扫帚。养护砂土路面时，用手推车运料，用铁锨、镢头填补坑槽，用竹扫帚、自制的砂耙子等匀砂，碾轧路面用石夯、石磙。

20世纪六七十年代，养路人员用匀砂器、大耙养护碎石泥结路面。1979年，沂源县公路站共配备

砂土路面备料

5辆汽车、15辆12马力拖拉机，用于日常保养和维修拉料等，养护材料用汽车、拖拉机运送，用拖拉机挂“拖耙子”在砂石路面慢行，使磨耗层均匀摊铺，从而降低养护工人的劳动强度，提高养护效率。

1992 年，县交通局为提高县乡公路养护机械化水平，降低养护经费，组建机械养护沙料运输组，新购翻斗车 2 辆、拖拉机4 台，并将拖拉机定额承包到交通管理所，为逐步实现养护机械化打下基础。1993年，又新购置4部拖拉机，用于小修保养，运送养护砂、石料等。

2004年以后，沂源县境内普通国省道及县乡公路全部改造为硬化路面，养护方式发生转变，养护作业机械化程度、养护质量均有提升，路面养护以清扫保洁、路面淤积清理、病害处置为主。至2023年，先后配置小型沥青拌和站、路面清扫机、小型挖掘机、多功能除雪车、移动发电机组、升降台、融雪剂洒布器、照明车、喷热枪、打桩机、裂缝宽度观测仪、喷药机等各类设备，实施路面管养、防雪防滑、公路绿化、公路防护设施安装、中小修工程等养护作业。

专项行动

文明样板路创建　按照省交通厅文明样板路创建标准、要求，沂源县交通、公路部门通过打造标准示范路段等方式，提升全县干线、县乡公路路面通行质量和水平。1996—1997年，县公路管理局以省道泰薛路为样板，打造GBM工程（具有中国特色的公路标准化、美化建设工程的简称）。两年内，共整理标准路基99.2公里，完成泰薛路16.2公里路段的GBM工程标准改造工程。1998年，泰薛路“省级文明样板路”通过省交通厅验收，这是淄博市第一条获此荣誉的公路。

1998—1999年，县交通局开展县乡公路“文明示范路”创建活动。以县道南崔路作为样板路，各乡镇交通管理所打造一段不少于2公里的样板路段，并以此为标杆，组织其他路段养路员观摩学习，通过抓样板、带中间、促后进，带动县乡公路养护质量提升。2006年，县交通局组织开展全县农村公路“三好一争创”活动，主要内容是日常养护保持好、行道树木栽植好、养路员作用发挥好，争创文明示范路，并制定出详细的考核评分标准。

路域环境综合整治　2003年7月，淄博市政府研究确定，利用3年时间在全市范围内开展城乡环境综合整治活动，路域环境综合整治是该项活动的一项重要内容。县交通局负责牵头组织开展全县路域环境综合整治活动，重点抓好公路两侧绿化、水沟清理、边坡整修和路肩整理等工作，路容路貌明显改观。2005年，在前三年工作的基础上，继续深入开展路域环境综合整治活动。2007年，按照县委、县政府关于“打造生态高地、建设美好家园”的工作部署，实施公路绿化，全面改善路容路貌，开展路域环境集中整治活动。县交通、公路部门按照精细化养护要求，稳步推进全县路域环境治理，提高规范化养护和公路畅、安、舒、美的水平。

2008年，按照淄博市开展生态城市建设和碧水蓝天活动部署，沂源县开展城乡环境综合治理，要求省道两侧应治理区域纳入乡镇考核范围。全年完成标准路基140公里，路面挖（贴）补、刷油、补克莱福胶乳化沥青灌缝等小修工程8万余平方米。2009年，按照全县城乡环境综合整治活动安排，将省道和县乡公路两侧应治理区域纳入考核范围，对公路两侧用地、两侧建筑控制区内乱堆乱放、乱搭乱建、非公路标志牌、占路集市贸易、绿化空地、未硬化平交道口等问题，建立台账，分阶段、分时限，逐步解决。2010—2015年，针对穿村路段脏、乱、差和占路经营、摆摊设点等现象，沿线各乡镇、交通、公路、建设、城管、林业等部门密切配合，持续开展全县公路综合整治活动，清理公路两侧可视范围内的建筑、生活垃圾、白色污染及其他废弃物，实施了道路两侧绿化栽植，清理取缔占路商贩、流动摊点、广告牌匾、户外小广告、占路加水点等，路容路貌得到极大改观。

临历线璞邱段

2018年，县交通运输局牵头对全县15条197公里旅游道路的路域环境进行综合整治，其中对71.9公里的3条旅游快速路和4条通景路进行绿化补植提升。在道路绿化提升中，对于不同路段结合当地实际，制定出各具特色的绿化方案，同时对原有的绿化苗木，进行了必要的修剪和整理，打造独具山区特色的景观走廊。在通景公路南崔路两侧补植“情人树”（大国槐）800余棵，改善了景区路域环境，提升了景区“软实力”。以乡道大曹路为试点，探索农村公路彩化工程建设，在曹家庄至大三地6.8公里路段栽植荷兰菊、金鸡菊等各种花草15万余株。对旅游道路白杨路白峪至红旗水库段10.1公里路段两侧的绿化树木进行了修剪、整形美化，共修剪整形蜀桧、木槿等4000余棵。

2016年，按照市委、市政府工作要求，积极开展博沂路路域环境专项整治行动。同年，清理公路沿线生活垃圾、建筑垃圾13411立方米，拆除残墙、断壁、破房1210平方米，拆除大型立柱广告牌3块，补植沿线行道树2.2万多棵，结合大中修工程完成181处11500平方米的平交道口硬化，积极督促南鲁山镇完成松仙岭水果市场等3处业态调整，建设鱼台村、振兴路口2处节点工程，设置隔离护栏5000多米，累计总投资5200余万元。

2019年12月，根据市、县城乡环境大整治精细管理大提升行动要求，县交通运输局成立工作专班，牵头实施全县路域环境综合整治工作，并成立工作专班。以城乡道路路域环境存在的突出问题为突破口，实施道路保洁、周边绿化美化、平交道口硬化、道路设施治理、交通秩序治理等九大任务，解决全县城乡道路及两侧可视范围内的路面扬尘、路面破损、绿量不足、乱搭乱建、乱摆乱放、乱贴乱画、占用道路、超限超载等问题，全面提升道路净化、绿化、美化水平。2020年，为建立路域环境整治长效机制，县政府决定在全县范围内推行路长（段长）制管理模式，确立了以县委、县政府主要负责同志为总路长，设立县、镇（街道）、村（居）三级路长（段长）组织架构。县委、县人大、县政府、县政协主要领导同志担任县级路长，对辖区内国省道、县乡路、城乡结合部道路等路域环境，每周督导检查不少于一次；镇（街道）党（工）委书记、镇长（主任）以及科级干部担任镇（街道）级路长（段长），对辖区内城乡道路、农村路、连村路等路域环境每周上路巡查不少于两次；村（居）干部担任村内路、社区路的路长（段长），对村（居）内道路、社区路及辖区环境每天巡查不少于一次。同时，按规范设置路长制公示牌494块。

公路养护往事

早期的养路工班

20世纪50年代，公路管理机构在干线公路沿线，每隔一段距离，就设置一个生产管理班组，时称养路工班，也叫道班。一般每处工班配备养护工人2~3人，负责养护的里程在10公里左右。为了便于养护和管理，大部分养护工班设置在养护里程居中的位置，与沿线村庄民宅相邻，以所在村庄而命名。早期设立的养路工班，多是租借民房，用作办公、生活场所。后因公路改线或调整，多数工班予以迁建或撤销。

养路工班的主要职责是养护公路，日常养护以路面为重点，同时还有加固路基、开挖边沟等工作。那时的公路都是沙石路面，技术等级低，养护工作环境非常艰苦，而且养护作业重复性强，工作量大。沙土路容易被冲刷，因此，雨季是养护作业最忙的季节，冲了垫，垫了又冲，本来完好的公路，一场大雨过后，面目全非，这就需要养路工人用大量的劳动去整修。晴天时，车辆经过，尘土飞扬，好似沙尘暴，一天下来，养路工人一个个就像“泥猴子”。“晴天一身土，雨天一身泥”就是当时养护工作的真实写照。那时的养护工具也非常简陋，沙土公路的养护经常使用自制的一种工具，叫匀砂器，俗称“推耙子”，使用起来消耗体力很大。当时养路工人上路巡查，主要是靠步行，后期有了自行车，就骑自行车巡查公路。

60年代后，养路工班逐步搬进了新建的房舍，每处工班一般四到六个房间，设有办公室、宿舍、伙房、仓库等。这些房舍都是用片石砌成，房屋低矮，面积不大，门窗偏小，采光不足，室内昏暗。每逢冬季，养路工人的宿舍阴冷，门窗也无法关严，室内“滴水成冰”。因没有炉灶或其他取暖设备，只能用“塑料布”封钉门窗以阻挡寒风，晚上睡觉时，用从卫生室“讨”来的注射液瓶子，灌装热水放在被褥里面御寒。到了夏季，房间闷热潮湿，特别是在汛期，遇到阴雨连绵的“连阴天”，被褥发霉，整个屋内都弥漫着一股霉味。90年代后，养路工班改成了公路分站，房舍进行了翻建或新建，养路工人从低矮的石屋搬进了宽敞明亮的新房，办公条件和生活条件都有了较大改善。

黄山子养路组

1964年1月，县交通局对悦临路养护组织进行调整，成立了黄山子养路组，由生产队选派养路员2人，一名组长，一名组员，两人共同负责北营水库附近一段半山半崖公路的养护，养护里程3公里。

黄山子养路组刚组建上路，就遇到了很多困难。看到路上坑槽满面，排水不畅，沙土料无处备，两个人就犯了愁。其中一名养路员提出，路这么难养，责任还那么大，既然不好干，我就趁早不干了。得知养路员思想不稳定后，县交通局公路管理员就和生产队干部一起，找两名养路员做思想工作，共同学习了《为人民服务》《纪念白求恩》《愚公移山》等文章，并进行了讨论。组长陈元杏说：“养好公路也是干革命。愚公能用锄头挖两座山，路上这点坑槽有什么可怕的！”组员陈元启说：“只要有愚公移山精神，再长的沟我们也能把它填成好公路。”两名养路员统一了思想，稳定了情绪，把劲头都用在了养路上，经过半年的努力，就把这3公里的路面养护平整了。

路面养护刚有了一点起色，不料汛期一场大雨，又把公路冲刷得七沟八梁。黄山子村山前的路出现了50多米的大翻浆，还冲出13道沟，就连路下的地也冲出了半人深的沟。养路组两人马上上路，查问题，找原因，最后得出结论，主要是排水不畅造成了公路损坏严重。

要解决排水问题，就要修好排水沟，而1100多米排水沟，有400多米是花岗岩，作业难度非常大。他们俩就先易后难，从土方开始干，700米的土石方工程，仅用20天就完成了。石方工程中，没有别的工具，他们就用洋镐刨，一天挖不了一尺。为了不因挖排水沟影响日常养护，他俩明确分工，1人负责挖排水沟，1人负责养护路面，不定期轮换。由于用洋镐刨岩石进度太慢，他们向县交通局申请了4包共13斤炸药，通过放炮炸开岩石，加快挖掘进度。经过7个月施工，在第二年汛期前终于完成了排水沟整修，在接下来的汛期经受住了考验，连下几场大雨，该路段排水畅通，都未对公路造成损坏。

黄山子养路组成立一年多，就逐步确立了“以路为家，以养路为业”的思想，工作上从不缺勤，除了必须个人办的事外，一般赶集、走亲戚都不去，几乎从天亮到天黑都靠在路上。组员陈元启患病住院，他想到两个人的任务撇给一个人干不行，也干不过来，于是就让16岁的四女儿上路干活，四女儿干了3天后撑不住，他又叫19岁的三女儿去干，直到自己病愈后上路为止。由于公路养得好，黄山子养路组经常受到上级表扬，周围群众纷纷称赞，生产队干部更是夸奖道：“愚公精神胜过天，人的因素是自然。”

大三地养路组

南坦路大三地养路组成立于1964年1月，当时配备养路员2名，组长伊永合，组员赵兴芹，都是由生产队推荐安排，具体负责大三地路段2公里的养护。该路段有岭有洼，高低不平，弯多路窄，养护难度很大。

养路组成立后，当天就上路进行养护作业。虽然对养护业务并不熟悉，但看到路面上有很多裸露的石头，经常造成跳车，汽车行驶到这里总要踩刹车降速度，心里就很着急，准备马上推土垫路，但转念一想，垫路用工多，路面却还是不平，跳车现象也得不到根本解决。联想到附近有公路建设工地，就转身跑到工地上，借来了铁镐、手锤、钻头等工具，两人用三天时间，连凿带刨，把路面上的大石头都清除了，跳车问题得到解决。

路面上的石头处理完后，伊永合、赵兴芹眼瞅着借来的工具，心里却很不情愿还回去，他俩合计着，要用借来的工具把公路两侧的排水问题解决了。作为本村人，他俩知道，每逢下雨，由于排水不畅，公路上总是水漫路面，雨后道路泥泞，既然自己干上了养路员，以后就不能再出现这种情况。于是两人连续奋战八九天，把水沟彻底疏通开。随后又从一公里外的地方推来石头，砌成了挡水护墙，这才把借来的工具归还给人家。

养护一段时间后，伊永合、赵兴芹发现有一处路段反复出现翻浆，为尽快根治，他俩冒着夏日酷暑，修筑了一道长6米、宽60厘米的路边地下水道，把路边积水引开，此后翻浆问题未再出现。

汛期雨水多，每到下雨天，伊永合、赵兴芹就披着蓑衣，扛着工具到路上看水汪，路上哪里有存水哪里就是一个坑槽，他们就在水汪处划上一个圈，待雨后及时消除。正因为他们对养护工作有一份强烈的责任心，养路的办法才越来越多，养护的质量才越来越好。在干养护工作的第一年，两名养路员在四个季度的检查评比中，多次获一等奖。

进入20世纪70年代，大三地养路组增加到3人，组成人员有所变化，养护里程也有所调整，但在组长伊永合的带领下，始终坚持出满勤、干满点，每天都是早上班、晚收工，“宁流千滴汗，不放一寸路”。一次路面改善作业结束时，发现一块石头露在路肩，当时天色已晚，有组员提出，一块小石头影响不大，又在路肩，以后再处理也不迟。伊永合却不赞同，他深有感触地说：“一块石头两个坑，时间长了坑连坑，石头虽小，危害很大。"在他的坚持下，大家立即动手，挖出了石头，整平了路肩，这才放心地收工回家。

在长期的养护工作中，大三地养路组深切感受到，养护经费不足，影响着公路养护工作的开展。为此，他们坚持自力更生，勤俭养路。锹、镐坏了都是自己修；小推车坏了，自己淘换零件来维修更换；推耙杆儿坏了，自己找树枝打磨好换上；推篓子坏了，自己找坯子、棉槐条编补好；固定推篓子的绑绳，时间长了容易磨断，他们就自己捡拾废旧铁丝，自己编铁链子；废匀砂器上的钉子，也都起下来留着再用。时间长了，养路员个个都学会了自制匀砂器板、自制耙杆、自制轻巧耙、自制绑绳、自己编篓子，这些自制工具有剩余的时候，还经常分给其他养路组用。靠着修旧利废、自制养护工具，每年节省养护经费200余元。

一人养路全家干，也是大三地养路组的一个传统。沙土路的养护材料主要是砂子，用量很大，除了养护道班统一运送的砂子外，大三地养路组还经常自己备料。有时忙不过来，组长伊永合就把自家人叫上，一起备料。时间长了，叫上自己的家人一起养路，慢慢成了一种习惯。一次伊永合过生日，儿女们高高兴兴回到家，想与父母拉拉家常，做顿丰盛的饭菜，可屁股还没坐热，伊永合吆喝起来：“吃饭着什么急？先干活。”就这样，儿女们推起车子，扛起锹把，跟着父亲到河里拉沙子备料去了。看到组长经常带着家人养路，其他组员也都叫上自己的家人上路干活。村里的群众说：“你们这是一人养路全家干啊！”1978年夏天，一场大风暴雨，刮倒了行道树150多棵，路肩、路面受到严重损坏，整齐的护肩坝被掀走了一大截，公路通行基本中断，修复刻不容缓。当时正值三夏大忙季节，劳力紧张，向生产队或上级求援不合适，于是，他们当机立断，一不等，二不靠，动员全家男女老少齐上阵，亲戚朋友齐参战，奋战两个昼夜，很快修复了水毁，恢复了正常通行，共动用土石200多立方米，填树坑150余个，整修护肩坝120余米。养路员王文儒还动员自己的亲家，上山帮助打片石60多块，用于砌护肩坝。

随着国民经济的发展，机械化程度的不断提高，公路通行车次越来越多，对养护质量的要求也越来越高。大三地养路组认识到，搞好公路养护不能只靠力气，更要讲究学问，旧的养护方法已经远远落后于形势，科学养路势在必行。为此，他们注重把握规律，探索科学方法，围绕提高养护质量这一课题，进行了多次试验。先从小处入手，进行小片试验，然后进行推广。先后进行了自然料的选择、改善路面、找补坑槽、修补磨耗层的保护等试验。在自然料的选择试验中，他们了解到，自然料的选择对公路养护质量有很大影响，通过掌握选料的要点，形成了“土要黏、砂要净，铺筑路面才过硬”“酸碱土质勿混淆，看路选料最重要”的共识，并在实际养护作业中采取了三项措施：一是严格选料质量，二是认真分析不同路段的土质情况，三是把使用小溪细砂改为用大河粗砂。同时，制定了一精二细三耐心（精心配料、细心操作、耐心找补）的施工要求。在不断探索科学养路过程中，大三地养路组总结出了一套行之有效的经验，并编成一套顺口溜：“晴天匀砂雨后耙，雨中上岗找坑洼；技术操作精施工，科学管理勤检查；水沟边坡常整理，路基路面全面抓；拼命实干讲科学，省工省料路况佳。”

20世纪六七十年代公路养护场景

1968—1978年，大三地养路组连续11次被评为先进养路组；1977年、1978年，组长伊永合被评为临沂地区公路系统“学大庆”标兵。

杏花养路组

杏花养路组成立于20世纪70年代初，共有养路员3人，负责南崔路2.6公里路段的养护。该路段盘踞在海拔700多米高的青龙山北段，弯多、坡大，共有弯道32处，最大坡度9.5%。由于冬季积雪时间较长，汛期常遭山洪冲刷，养护难度很大。

杏花养路组成立不久，青龙山北段就遭遇了多年未遇的大暴雨冲击，造成边坡塌方，路肩缺口，路面变得坑坑洼洼，几乎无法通行。看到被山洪冲刷得面目全非的公路，杏花养路组的3名养路员心里都犯了愁，他们知道，要想把这段路恢复好，需要下很大的力气。但面对困难，他们毫不退缩，立即推起小车，扛起镢、锨，开始抢修。清理塌方，垫平路面，补好路肩，整整一个月的时间，才将该路段恢复到山洪冲刷前的状态。

然而，挑战并未就此结束。由于当地缺河沙，垫路面用的是黄土，路面上垫上一层厚厚的土，一下雨就造成路面泥泞，翻浆阻车。为尽快解决翻浆问题，杏花养路组接连召开了几次组会，经过反复讨论，他们决定用当地的大片风化石铺路面。先在50米路段上做试验，铺上一层30厘米厚的风化石，经过几天跑车，发现没有问题后，就将全部路面铺上风化石，彻底消除了路面翻浆问题。但是，时间长了，他们发现，用风化石改善路面，经过车辆长时间的磨损后，路面上形成了两道沟。他们分析原因后认为，用风化石和用河沙养路不一样，风化石容易被车辆压成细壤，遇风就会刮跑，遇水就会造成泥泞。于是，有养路员提出，干脆不用风化石了，请求上级派车拉河沙来，问题就解决了。但也有养路员说，就地取材养好公路，减少费用开支，符合上级的精神，我们还是自己再想想办法。经过一番争论，最后统一了思想，通过再次做试验，他们找到了雨前雨后改善风化石路面效果好的规律，并总结出“晴天运料不停工，下雨散料不放松”的经验，路面质量很快有了好转。

看到自己养护的公路路况越来越好，并经常受到上级表扬，杏花养路组的养路员心里比吃了蜜还甜，他们干养护工作的信心更足，干劲更大。养路员石立文，因天不亮推小车运料，不慎掉到2米多高的崖下，腰部摔伤，公社领导听说后叫他住院治疗，但他拒绝了，只用一些草药治疗，没痊愈就拄着拐杖上路铲草，公路管理员叫他等伤好了再干，他回答说：“养护工作这么忙，一个人顶两个用，哪能在家待得住，我来干不了重活就干轻活。”养路员赵立法就一个小男孩，因病重住院，他把孩子送到医院后就交给其他亲人照料，自己马上回来上路干活，孩子住院很长一段时间，他一个工日也没误。每年汛期，养路员们最担心的就是雨水冲毁公路，为减少水毁灾害，一到下雨天，养路员们就往路上跑。一次雨下得很大，他们扛着锨、镐就上了路，发现塌方把水沟淤塞，流水把路面冲坏，一处塌方堵住山洪将要把路基冲断，全组人员迅速疏通排水沟，清理塌方，保证了路基安全。雨大下，他们大干，雨天与洪水斗，白天与路斗，路面养护质量不断提高，好路率达到90%。附近村的群众编唱歌谣夸赞他们：“天明家中不见面，日落西山不停工，个人利益放一边，大风大雨不收工，不怕酷暑和严寒，天天战斗在路上。”

1975年，杏花养路组派人参加了临沂地区交通系统“学大庆”经验交流会，并做了“发扬大庆精神，坚持自力更生、艰苦奋斗养好公路”的经验介绍。

黄安养路班

20世纪70年代初，县乡公路养护组织进行调整合并，在石韩路成立了黄安养路班，全班共有5人，其中年过半百的有4人。

黄安养路班负责养护的石韩路北段，全长3.5公里，处于山区丘陵地带，因而坡陡、弯多，养护材料也比较缺乏，特别是沙料，这一养护砂土路面的关键材料，在这里十分奇缺，需要到十几里外的地方去取。每年上级部门派车给他们拉一部分沙料，但远远解决不了问题。是继续向上级伸手要沙，还是自己想办法解决沙料？黄安养路班选择了后者。他们想尽办法，四处搞养护材料。想到离公路3里外的地方有一条小河，他们就决定到河里去挖沙，但小河沟里净是石头，沙子很少，要想取到能用的沙子，需要往下刨一两米深，挖出来后还需要把大大小小的石头拣出来，要挖一小推车沙，得费很大的劲。但靠自力更生解决了养护沙料，节约了养护经费，全班人员心里还是非常高兴。为保证路上的用沙，班长孙传德天天自己带着饭去河里挖沙，饿了啃煎饼就咸菜，渴了喝凉水，一干就是20多天，一人挖了150多车沙。沙挖出来了，运沙也是个艰巨任务，公路离河沟较远，而且推起沙来又是步步登高，但他们没有被困难吓倒，推不了两满篓，就推两半篓，这样篓子里少点，腿脚快点，就多推几趟。用了几天时间，他们就把从河沟里挖的砂料和在山坡上取到的粗料全运到了路上，保证了正常的养护用沙。

1973年夏，黄安养路班为赶在汛期前疏通好排水沟，垒好挡沙坝，全班人员坚持早出工晚收工。出工时每人都带着几样工具，肩扛铁锹和匀砂器，手拿手锤和线绳，一边正常养护路面，一边疏通排水沟和垒挡沙坝，垒挡沙坝所用的石头，都是从很远的地方用肩扛过来的。连续突击了20多天，肩磨肿了不嫌疼，手磨破了不叫苦，终于赶在汛期前完成了排水沟疏通和挡沙坝垒砌，还没耽误路面日常养护。上级专门组织其他养护班组，到该路段进行了参观学习。

1975年，全国范围内掀起学大寨、普及大寨县的运动，农业生产也出现了大干快上的新高潮。黄安养路班受这种氛围感染，很想为农业生产出点力。秋季大忙季节，看到生产队里种麦任务很急，他们就在干好养护工作的同时，积极到生产队里参加生产劳动。有时路上的工作多，为了突击过去，他们天不亮就起床去备砂，晚上回砂、匀砂，保证养护质量过关。

在多年的养护工作中，黄安养路班不管是阴雨连绵、天气炎热的夏天，还是飞雪冰冻、寒风刺骨的冬天，都坚守工作岗位，坚持天天出勤，没有特殊情况每月保证出勤28天以上，所养路段好路率在上级组织的检查评比中，始终保持在前列。过往的汽车司机和拖拉机手都夸赞他们养护的路面平整，车辆行驶不颠，既保证了安全，又提高了时速。1976年12月，黄安养路班在上级召开的养护工作会议上，介绍了“为革命养好路”的经验做法。

现拌法制作沥青混凝土

养路员的“三件宝”

沂源县早期的公路，都是沙土路。砂土路面的养护，烦琐且工作量大，常用的工具是耙子、铲子和棍子。养路工人中流传着这样一句顺口溜：“养路员起得早，随身带着三件宝，耙子、铲子、棍子少不了。”

养路工人起得早，是说养路工人每天天不亮就得起床上路。这个时间段车少、人少，便于匀砂作业，而且匀一遍砂后，路面平整了，车辆行驶不颠簸。耙子，是用来回匀砂的工具。路面的磨耗层被行车碾压后，会集中到公路两侧，需要用耙子经常性地推回路中间，这个过程叫回匀砂。那时一个养路工人管养400米到800米的路段，一次回匀砂就需要2个小时左右，每天不少于两次，部分路段需要三次以上。铲子，主要用来铲除路面的细壤料，属于废弃料，需要及时铲除，避免堆积。路面磨耗层缺少的地方，还要及时填补，防止路面出现露骨，以保证路面的平整顺适。棍子，是用来疏通桥上的泄水孔、辅道涵的管口，每天用棍子捅一遍，防止树叶、垃圾及淤积泥土的堵塞，保证路面、水沟排水顺畅。正是这普通的“三件宝”，跟随着养路工人风雨无阻，维护着公路的畅通。

现拌法制作沥青混凝土

1973年，博沂路松仙岭至南麻段，铺筑成沥青路面。那时养护作业中沥青路面的病害处理，主要依靠人工作业，施工工艺比较落后。路面修补所需沥青混凝土，都是由工人现场拌料，土法制作。具体过程是，先支起一口大锅，将石子、砂子级配料倒进大锅翻炒预热。同步用铁桶加热沥青，等沥青完全液化，再用勺子搅拌，达到无硬块且成水样流淌，当开始冒气泡并有大量的蓝烟生成时，沥青就算加热好了，此时温度大约150度。将加热好的沥青按比例加入预热好的级配料中，拌和均匀后，就达到使用标准，然后进行路面修补。在拌料过程中，油料配合比、油温火候都要用心掌握，整个过程还要忍受高温考验和熏人的焦油烟味。

这种现拌法制作沥青混凝土的方法，一直延续使用到20世纪90年代后期。

一个养路员的“风雨路”

平地村位于沂源县最北部的三岔乡，海拔800多米，是全省海拔最高的村庄。这里到处岭高谷深，悬崖峭壁，一辈辈的行路难，使得无奈的村里人，起了“平地村”这样一个美好的村名，来寄托对通衢大道的渴求。由于贫困和闭塞，100多口人的村子里，“光棍汉”就有30多个，孙兆福就是其中一位。

1984年，三峨路建成通车。深受无路之苦的山里人，把这条路视为改变命运的希望之路，倍加珍惜。孙兆福第一个报名要当养路员，他对来村里挑选养路员的乡干部说："就因为没有路，俺打了一辈子的光棍，受了一辈子的穷，说啥俺也得把这条路养好，不能让后人再吃不通路的苦。"

孙兆福养护的路段只有一公里长，却是整条路中最险峻，也是养护难度最大的一段。这个路段全部是盘旋而上的陡坡路，两侧是风化了的怪石陡壁，一遇下雨天气，山顶的水顺路往下冲，两侧的塌方经常使大段大段的路面踪影皆无。没有机械设备，孙兆福只能用铁锨一锨一锨地铲，每年的雨季，他都要清除1000多方的碎石，最多的一年磨烂了4把铁锨。

1995年夏天，暴雨如泼，山上两块如房子大的巨石，塌陷滚落到路面上，孙兆福回村找来了十几个人，花了一天时间，才把巨石炸开。天快黑的时候，人们都走了，他还在冒雨搬运着碎石，就在他刚搬起一块七八十斤重的石块时，手一滑，石块重重砸在了他的左脚踝上，血管被砸断了，鲜血和着雨水，很快染红了路面。孙兆福脱下褂子捆在脚上，咬牙坚持着清运石块，由于失血过多，很快就昏倒在他以鲜血呵护的路面上，过往的群众发现后把他送到村卫生室。第二天一早，趁陪护他的侄子、侄媳妇不注意，他拔掉输液的针头，一瘸一拐地又上了路。由于治疗不及时，他的左脚永远就这样跛了。

1999年的正月十三，他像往常一样在路上修修补补，当他使劲铲掉一根横在路边的树根时，崩起的石头打在他的右眼上，他强忍着钻心的疼痛回到家里，简单包扎了一下，第二天又出现在路段上。几天后，眼睛开始感染，孙兆福高烧不退，家里人忙把他送到医院治疗，可为时已晚，医生只好将他已经化脓的眼球摘除了。术后第八天，他又偷偷地来到路上。这时，他空洞的右眼窝里还不停地流着血水。当年，他养护的这段路在全县的公路养护检查中再夺全县第一名，他对前来参观学习的党员干部说："这段路立了大功，俺数着呢，打这路上迎进村里的媳妇有20多个了。"

到2000年，孙兆福从事山区公路养护工作已有16个年头，虽然待遇很低，最初每天只有2角钱的茶水费，但他从不嫌少，十几年如一日，不计得失，兢兢业业，把心血和汗水默默挥洒在自己热爱的公路养护事业上。《山东交通报》《人民公路报》《淄博日报》等报刊，都报道了他的事迹。

女子公路站

公路站的工作性质和特点，决定了更适合男同志从事这项工作，所以，在沂源县干线公路养护工作中，从养路工班，到公路分站，再到公路站，一直都是清一色的男同志，从未安排过女同志到这里工作。1999年，鱼台分站迎来了4名女同志，这跟都是男同志的其他公路站一对比，妥妥就是一个"女子公路站"，虽未经官方命名，但"女子公路站"的名字，还是在公路系统传开了。

初到公路站，她们有点傻眼，工作环境和工作任务跟想象中的不太一样，好多工作是需要到路上跟养路员一起动手操作的，是很多人眼里"又脏又苦又累"的活，而她们之前从未接触过，加之女同志在体力上的先天不足，心里不免犯嘀咕，有点为难了。上级领导也非常体谅她们的困难，就准备安排一个男同志去当站长，可男同志们却你推我让地不情愿。看到这情形，她们心里憋着气，想着一定要干出个样子来，决不能比都是男同志的公路站干得差。

当时公路养护还未完全实现机械化，很多工作需要人工操作，比如挖补坑槽和刷油时，天气一热很容易返油，在又热又晒的夏天，她们不畏酷暑，站在烫脚的施工现场撒石子，高标准、严要求，从不叫苦不喊累，鞋子在沥青路上踩坏了一双又一双，一个个原本爱美的姑娘戴着帽子也被晒得黝黑。冬天，除雪防滑任务艰巨，她们骑自行车在路上往返穿行，雪下大了只能徒步前行，冬季的冷风把脸吹得通红，手起了冻疮，她们丝毫不曾懈怠，领着养路员撒防滑料，用铁锨除雪，用扫把扫雪，竭尽所能完成陡坡、易侧滑路段的除雪防滑任务。在公路站工作时间长了，原本细嫩的手长满了茧子，原本白净的脸庞变得粗糙，但对她们来说，外貌形象随着在工作中获得的成就慢慢变得没那么重要了。

春去冬来，女子公路站的姑娘们以"路"为业，以"站"为家，顶烈日，冒严寒，一双双磨破的鞋子，承载着公路人的职责和使命，记录着她们走过的路、流过的汗、献出的青春。

夫妻养路员

在省道张鲁线上，有这样一对养路“夫妻养路员”，丈夫叫刘彬元，妻子叫张承爱，他们终日与路为伴，与清苦为伍，每天来回穿梭于蜿蜒的山区公路上，过着以路为家的生活。

1993年，博沂路西线沂源段简易路面工程完成，刘彬元的父亲负责连接线（现芦董路）芦芽村至董家庄的养护工作。博沂路西线沂源三府山段，山高坡陡弯道多，在平缓路段每天回匀砂两次就可以，这一段每天最少要三次才能保证路面平整。汛期一场雨路面出现的坑槽多，磨耗层冲刷严重；冬季雨雪天气，该段需要全部撒布防滑料，工作量是其他路段两倍以上。因工作量大，养路人员都不愿意承接此路段。当时是刘彬元父亲主动提出，要求承担这一段的砂石路面养护工作。1999年，博沂路西线实施了路面硬化工程（硬化工程竣工后，路线定名为省道博草线，2017年路网调整定名为张鲁线），工作量才有所降低。

2003年1月，刘彬元的父亲摔伤不能上路作业，其间由刘彬元代替出工，跟刘彬元念叨最多的就是：“公家相信咱，交给咱干，就一定要把这事干好才行。”10月，刘彬元的父亲去世，处理完父亲的丧事，39岁的刘彬元收拾好父亲用过的养护工具，加入了一线养护人员队伍中。

公路养护员经常是风里来雨里去，晴天一身土，雨天一身泥。他的妻子看到这份工作这么累工资还很低，就跟他说：“咱别干了，干啥挣不出这点钱啊？”面对妻子的责问，刘彬元常常是默默地低下头，点上一袋烟，半天不说话。时间长了，他的妻子虽然仍是不理解，却会在农闲时主动去陪着他上路作业。一对身着橘黄色防护服的养路员夫妇拿着一把镐头、一把扫帚、一个水壶，边走边工作，清障、保洁、除草、垫水毁、修整路肩，在他们身后延伸着一条舒适、平坦的公路。其他养路人员看到后经常跟刘彬元开玩笑说：“你们两口子可真跟天仙配似的，夫妻双双把家还。”

夫妻养路员

张鲁线在沂源境内9.8公里，刘彬元夫妇曾管养5.4公里，每年5月以后的汛期，是山区公路最关键、最难养护的时期，随时都有可能发生意想不到的安全事故。20余年来，他们夫妇管养的路段从未发生过因为行道树倒伏和边坡路基塌方造成通车堵塞。风雨中疏通边沟、桥涵泄水孔，重点巡查边坡和路基风险点。2019年8月11日，受“利奇马”台风影响，沂源县境内普降大雨，伴随着狂风闪电，公路两侧的行道树东倒西歪。凌晨4时许，刘彬元夫妇在所辖路段巡查，发现多棵行道树被风刮倒横在公路上，严重阻塞了交通。险情就是命令，刘彬元和妻子用斧头砍、手拖、肩扛，手划破了，雨衣刮坏了也顾不上，奋战3个多小时，处理了十几棵倒伏的行道树，公路终于被疏通。

20余年间，刘彬元、张承爱夫妻二人一起自力更生开采石块200多立方米，修复路基缺口60多处，砌筑挡土墙500多立方米，清除塌方上万立方米。他们所管养路段没有发生一起大的水毁，公路保洁、水沟清淤、路肩整修总是处于全路段领先的位置，没出现一起因公路养护不佳而发生的交通事故。

“养路是我的本行，养路虽然累，但做起来称心、顺手，我不能辜负我父亲的嘱托。看见公路上行驶的车辆、行人安全，我心里踏实，睡得安稳。”朴实的话语背后，是他们在公路养护工作耕耘20年的那份坚守、那份阳光、那份温暖和那份感动。

道路运输

记忆沂源·交通运输卷

扫码听书

运输工具

人力运输工具

人力运输，主要有手提肩扛、挑抬推拉等方式。沂源县人力运输中，最常用的工具主要有扁担、钩担、手推车、地排车、自行车等。

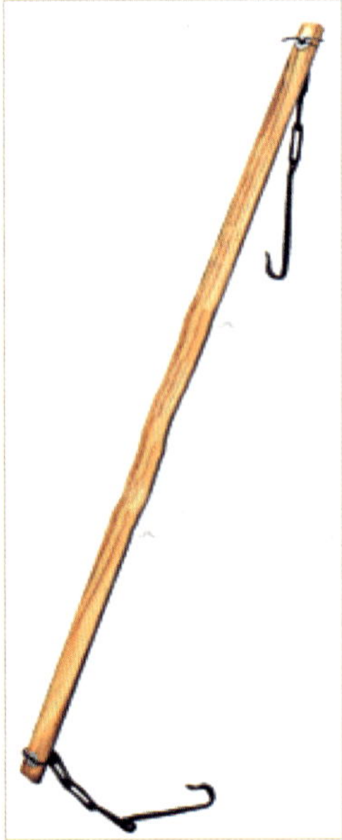

钩担

扁担和钩担 扁担和钩担，是肩挑物品的工具。以肩荷物，是最古老也是最普通的运输方式。扁担呈扁圆长条形，中间宽，两头窄，有用木制的，也有用竹做的。钩担形似扁担，但比扁担短、窄，两端装有铁链钩，可以钩吊物品。扁担和钩担的制作都比较简单，使用起来也非常灵活和方便，男女老少皆可使用，既可在田间地头使用，也可用于搞社会运输。一条扁担可担数十斤，乃至几百斤，一条钩担也能挑上百斤的物品。扁担和钩担都具有运量小、劳动强度大的特点，多适于短途运输。

新中国成立前后，肩挑是沂源县民间主要的运输方式，扁担和钩担是主要的运输工具，几乎每个农村家庭，都有一两条扁担、钩担。1958年，沂源县组织16万人次，用挑担去博山煤矿担煤2000吨，用于大炼钢铁。20世纪90年代前，在全县农村和农业生产中，扁担、钩担仍然被大量使用。随着交通条件的改善，各种机械运输工具的增多，投入社会运输的扁担、钩担，逐渐被机动车或其他运输工具取代。但在民间，特别是农村，至今仍有一定范围的使用。

手推车 手推车，也称独轮车，在沂源县俗称“木车子”“推车子”，是一种用人力推、拉的搬运车辆，既可运物，也可载人。手推车是历史悠久的运输工具，近现代交通运输工具普及之前，在中国北方地区，小推车被广泛使用。解放战争时期，手推车是沂源人民踊跃支前的主要运输工具，为革命战争的胜利作出了卓越贡献。

手推车的车轮最早是木制的，称为木轮子推车，人力推比较吃力，有“一步三瞪眼”的俗语，形容的就是推木轮小车的劳动强度。随着科技的发展和机械化程度的提高，运输工具得到相应改进。1954年，农业合作化时期，胶轮手推车开始出现，并逐步普及到广大农村，实现了农村运输工具的大变革，极大地解放了生产力，提高了运输效益。

20世纪80年代的手推车

手推车具有省料、省钱、轻便、灵活的特点，对道路条件要求不高，山路、平地、田间都可使用，既可作短途转运，也可作长途运输。新中国成立后很长一个时期内，手推车是沂源县主要的运输工具，除用于农田作业、农产品集散外，也有群众自带手推车组合成“车队”，专搞长途运输。1958年，全县有2800辆手推车，专门为“大炼钢铁”运输物资。1962年，各公社成立运输小组，每个运输小组都配备10辆左右的手推车。20世纪60年代，手推车也是全县商业、供销系统主要的搬运工具。1970年，全县手推车达到4800辆。1990年，全县手推车达到9.8万辆。20世纪90年代以后，随着现代运输工具的发展，运输方式发生了很大变化，曾经作为主要运输工具的木制胶轮手推车，逐步退出历史舞台，而另一种新型手推车即铁制独轮小推车开始大量涌现。铁制独轮小推车是用铁管或钢管配以三角铁焊制而成，作为一种实用性强的人力运输工具，具有车架轻、小巧灵活、使用方便等特点，在日常生产生活尤其是农田作业中，用途广泛，不论城市还是乡村，铁制独轮小推车的身影随处可见。

地排车　地排车，也叫胶轮平板车，既是一种人力运输工具，也是一种人畜合力运输工具。地排车一般用木料制作而成，两边装有轮子，两根长而平直的车把，中间一根结实的襻绳。拉车时，人站在车把中间，两手握住车把，肩上套上襻绳，弓腰曲腿向前拉动。如果车上装的东西较轻，也可倒行推着走。有牲口的话，也可以套上牲口拉车，大大减轻了人的劳动力。

地排车

地排车是在新中国成立后逐渐兴起的一种运输工具。地排车没有手推车轻便灵活，但比手推车载重量大。随着工农业生产的发展，社会运输量的增加，地排车应运而生，工厂、农村都有使用。由于地排车对道路通行条件要求比较高，因此使用范围没有手推车那么广泛。20世纪60年代初，地排车在沂源县开始流行。到1976年，全县有地排车310辆。进入80年代后，地排车已基本不见踪影。

自行车　自行车，亦称“脚踏车”，因是从国外输入进来，俗称“洋车子”。自行车诞生于1884年，具有方便、灵活、省力、易学、无噪声、无污染等特点，是用以代步和载运少量物资的轻便交通工具，男女老少皆可乘骑。

1945年，在沂源落户的陈子荣购置自行车两辆，个人开店使用，为沂源县最早的自行车。1952年，沂源县人民医院购买自行车一辆。20世纪60年代，一些机关单位和干部职工开始购买自行车代步，全县自行车数量逐年增加。

20世纪90年代的大金鹿弯把自行车

党的十一届三中全会后，农村实行经济体制改革，人民群众生活水平有了明显改善，一些率先富起来的农民，开始加入个人购买自行车的行列。到20世纪80年代末，自行车逐渐成为沂源每个家庭的标配，无论是在县城还是农村，大部分家庭都拥有一辆以上的自行车。工人上班，农民下地，赶集上店，走亲访友，用自行车代步成为常态。1990年，全县登记挂牌的自行车达到11.8万辆，平均约4人1辆。90年代初，各种变速自行车陆续涌入市场，品牌、种类不断增加。进入21世纪，电动自行车逐步大量取代传统自行车，成为人们短途出行的主要交通工具。

畜力运输工具

畜力运输工具，是随着人类对牲畜的驯化而出现的运输工具。进入现代社会以前，大量的交通运输是靠畜力牵引人造的交通工具来实现的。20世纪50年代至70年代，畜力运输在沂源县工农业生产中仍然发挥着重要作用。畜力运输工具主要有马车、毛驴车等。

马　车　马车的历史悠久。马车由车轮、车轴、车辕、车厢组成。车轮原多为木质，外包铁皮。随着制造技术的发展，马车的种类也不断演变。到

20世纪50年代，胶轮马车逐渐出现，载重量一般达到1~2吨，以骡马驾辕，另加长套。

20世纪60年代的马车

沂源县受自然条件的制约，马车出现得比较晚。农业合作社时期，马车由集体购置。1959年，沂源县运输分行专门设立了马车排，有胶轮马车9辆，1963年发展到13辆，1968年全部拍卖处理。

毛驴车 毛驴既可以驮运，也可以拉车。1960年以前，多用毛驴驮运物资，在毛驴身上佩鞍子、驮架，驮架两边各系荆条驮筐，负重能达200多斤。1960年以后，出现了毛驴车，即驴拉地排车，由毛驴驾辕，人赶车，或人驾辕，毛驴拉套。毛驴车轻便灵活，多用于城乡短途运输。20世纪60年代，沂源县供销系统有6辆毛驴车，主要用来到临沂等地购物进货。60年代末，南麻、鲁村、悦庄、东里、三岔等地仍有骡马店。70年代初，沂源县黄庄公社有20多辆毛驴车，到莱芜钢铁厂建设工地拉运建筑材料。70年代后期，毛驴车在沂源县已基本不见。

20世纪60年代的毛驴车

机动车运输工具

机动车是指以动力装置驱动或者牵引，上路行驶，供人员乘用或者用于运送物品，以及进行工程专项作业的轮式车辆。机动车运输工具主要有汽车、拖拉机、摩托车等。

汽　车 汽车是由动力驱动，具有四个或四个以上车轮的非轨道承载车辆。汽车主要用于运载人员或货物，按用途大体分为乘用车和商用车两大类。家庭小型汽车属于乘用车的范畴，商用车主要包括客车、半挂牵引车和货车。小型汽车、客车注重乘坐舒适性和驾驶便捷性，而半挂牵引车和货车则更注重实用性和载重能力。随着科技的发展，汽车行业经历了巨大的变化，包括新能源汽车的兴起，为实现可持续交通和减轻环境负担作出了贡献。

新中国成立之初，国内使用的汽车以进口居多，主要有苏联生产的嘎斯和吉斯150车型。1953年，由外地客车途经沂源进站配客，这种客车就是由嘎斯货车改装的“敞篷车”。同年12月，山东省供销合作社为支援山区建设，配给县供销社一辆美国产4吨大道吉汽车，这是沂源县第一辆货车。1956年，临沂专员公署运输分行拨给沂源县一辆解放战争时期缴获的雪佛兰牌汽车，这是沂源县拥有的第一辆轿车。1959年，临沂专员公署运输分行调配给沂源县15辆嘎斯-63汽车，沂源县汽车货运开始发展。1964年，沂源县始发客运班线开始使用专属旅客运输车辆。1966年，全县有各种汽车11辆，1978年有774辆。1983年后，允许个人购买车辆从事运输经营，全县汽车数量快速增加，到1990年，发展到2447辆。

20世纪80年代，苏联产嘎斯车

进入新世纪，随着经济社会的不断发展，汽车制造业的快速崛起，汽车的种类、品牌越来越多，高端化、智能化、绿色低碳化成为新的发展方向。在这种趋势下，汽车作为沂源县道路运输市场上的主要运输工具，不断更新换代。客运汽车的安全性、舒适性、低碳化、智能化大幅提升，到2005年，全县客运汽车全部达到中级客车以上标准；到2023年，高级豪华客车达到215辆，其中90%以上为新能源客车。货运汽车专业化、精细化分类越来越明显，厢式货车、渣土密封车、重型货车及半挂牵引车等发展较快，绿色节能新型货车逐渐增多。到2023年，全县营运性货运汽车有1373辆，其中75%为高性能、低能耗的自主品牌新型货车。

2020年后的新型货车

拖拉机　1958年7月，我国第一台东方红拖拉机诞生。此后拖拉机逐步取代了牲畜，成为超级“大铁牛”。1959年，山东省拨给沂源县拖拉机站1台罗马尼亚产尤特兹－45型拖拉机，1960年3月投入使用，这是沂源县的第一台拖拉机。1960年10月，县拖拉机站购进拖拉机4台。1972年，全县共有各种类型的拖拉机98台。拖拉机除作为农业机械使用外，也成为一支重要的运输力量。1983年，国家出台开放运输市场政策，允许个人购买车辆从事运输经营，全县拖拉机数量快速增加，到1990年，全县各类拖拉机达3438台，主要品牌有泰山－12、泰山－15、临沂志同12马力拖拉机等。20世纪90年代中期，拖拉机主要为22马力，中型拖拉机主要是泰山－25拖拉机。

20世纪90年代的拖拉机

使用拖拉机从事运输生产，不仅弥补了汽车运力不足，还使农村运输市场更加活跃。拖拉机的拖斗一般有5吨、2吨和1吨3种，12马力的拖拉机数量最多，短途和小宗物资运输比汽车方便。特别是拖拉机运输对道路条件要求不高，汽车不能行驶的乡村道路也可通行，在一些不通公路的山区，拖拉机运输深受群众欢迎。但拖拉机由于主车和拖斗悬挂，在长途运输和过量超载方面，安全系数较低，事故常有发生。2000年以后，随着机动车运输工具的多样化发展，拖拉机作为运输力量逐渐退出运输市场。到2023年底，全县各类拖拉机只有100多台。

摩托车　摩托车分为两轮摩托车和三轮摩托车，轻便灵活，行驶迅速，早期多用于巡逻、客货运输等，后来主要作为代步工具使用。

20世纪90年代的摩托车

20世纪60年代，沂源县公检法机关开始配备摩托车，主要为边三轮摩托车，用于日常工作需要。70年代后，机关和一些团体单位陆续购置摩托车，在工作中使用。80年代，个人购买摩托车渐多，到1990年，全县有二轮、三轮摩托车2047辆，80%为个人购买使用。20世纪90年代中期以后，一些个人使用二轮摩托车从事载客经营，俗称“摩的”。因摩托车载客经营存在安全隐患，也不符合客运行业管理的规定要求，几年后被依法清理取缔。由于二轮摩托车驾驶操控便捷灵活，为个人出行带来很大方便，无论是县城还是农村，都有很多家庭购买使用。2010年后，二轮摩托车逐渐被电动自行车取代。三轮摩托车具有马力大、油耗低、灵活性和便捷性等优点，作为一种便捷、实用的交通工具，在各个领域都发挥过重要的作用。但由于三轮摩托车也具有安全性差、噪声大、环境污染重等缺陷，随着国家出台相关行业规范和监管政策，三轮摩托车逐步被电动三轮车所替代。到2023年4月，全县登记在册的摩托车共有14547辆。

2010年后的三轮摩托车

旅客运输

班线客运

班线客运是道路客运中出现最早的一种旅客运输方式。过去人们常把运行到外地的班线客车，称为“长途客车”。新中国成立初期，由于沂源县没有开通到外地的客运班线，长途旅行主要靠步行，或步行到周边城市坐车，极为不便。

1953年，随着省道博沂路通车，有多趟外地客车过境沂源，并进沂源汽车站停车上、下旅客，这是出现在沂源县最早的客车。这些客车都是由货车改装而来，俗称“敞篷车”，主要是用篷布搭架在车厢上，用缆绳进行加固，再在车厢里安装上排椅。乘客多为去博山、益都转乘火车的群众。因博沂路雨雪天气不能通车，客车运行时断时续。当年运送旅客3786人次。1955年运送旅客9750人次。

1960年5月，临沂运输公司调拨一辆由货车改装的“敞篷车”，开通了南麻至临沂客运班线，成为沂源县第一条始发客运班线。从沂源汽车站始发，每日运行一班。因博沂路路况差，仅能季节性通车，每年班车运行三到四个月，有时需绕道博山、益都。1963年后，博沂路经改造路况好转，客运班车进入正常运行，客车车型也更换为专属旅客运输车辆。

1964—1970年，先后开通了南麻至济南、南麻至泰安、南麻至张店客运班线，所用客车由临沂运输公司统一调拨。3条客运班线的开通，极大满足了人民群众到周边城市走亲、访友、看病、购物及因公出差等出行需求。

1991年，沂源长途汽车站举行挂牌仪式

1974年，沂源汽车站由原址（原内燃机配件厂旧址）搬迁到县城振兴路西首路北位置，由南麻始发的客运班线达到12条，主要为到临沂、沂水、蒙阴、泰安、张店、济南等方向的客运班线。包含对开班车、过境班车在内，每天发送班次达到59个。

20世纪90年代，旅客排队乘车

改革开放后，随着经济的快速发展，带动了人员流动加快，特别是到省内沿海城市出行的旅客越来越多。为满足群众出行需求，临沂运输公司投放客运车辆，陆续开通南麻至青岛、南麻至烟台、南麻至日照的客运班线。旅客出行到这些沿海城市，从县城坐始发车，就可以直接到达，省去了异地倒车的麻烦。

20世纪90年代，乘客在沂源长途汽车站售票处购票

1983年，国家出台放开、搞活运输市场的政策，允许个人购买车辆从事运输经营，个体运输业户开始进入客运市场，打破了班线客运由国营企业独家经营的局面。1984年春节刚过，回唐山公社中西里大队经营小卖部的县影剧院退休职工江东岗，从报纸上看到一则外地处置一辆客车的信息，便马上与几家亲戚协商，共同出资5.9万元，将该客车买回，又经过几番周折获得审批手续，经营起了梭背岭至张店的客运线路，这是全县第一条由个体业户经营的客运班线。在江东岗带动下，1984—1985年，又有4辆个体客车进入班线客运市场，其中2辆运行东里至张店线路、1辆运行梭背岭至孤岛（东营）线路、1辆运行黄庄至张店线路。1986年后，个体客车迅猛发展，至1994年，沂源至张店线路客车增加到26辆，其中有13辆从南麻发车，另有13辆分别从韩旺、徐家庄、金星、大张庄、小张庄、三岔、南流泉、西南峪、曹家庄等乡镇驻地或村庄发车。同时，开通了沂源至淄川客运班线，运行客车14辆，其中从南麻发车的6辆，其余8辆分别从焦家上庄、金星、中庄、徐家庄、东里、公家场等地发车；开通了沂源至周村客运班线，分别从南麻、金星各发车1辆。这些个体客车大多从乡镇驻地或村庄发车，一方面是车主或车主雇佣的司机是当地人，就地发车方便；另一方面也为当地和沿途村庄群众坐车提供了更多便利。

在个体客车快速发展过程中，由于相关法规政策不完善，行业管理工作没有及时跟上，运行秩序和经营行为都不够规范。从南麻发车的个体客车，全都停靠在县城街头，从乡镇驻地或村庄发车的个体客车，运行到县城后随意停车上、下旅客。个体客车之间“争客”“抢客”现象时有发生，票价执行不统一，服务质量也跟不上。1995年12月，县交通局按照省交通厅关于“车进站、人归点”的要求，组织沂源长途汽车站对社会车辆开放，从南麻发车的个体客车全部进站停靠，排班发车；从乡镇驻地或村庄发车的个体客车，运行到县城后也统一进站停靠，统一配客。通过对国营客车和个体客车实行“统一调度、统一售票、统一管理”的运行模式，沂源县域内发往张店、淄川、周村的客运班线，运行秩序和

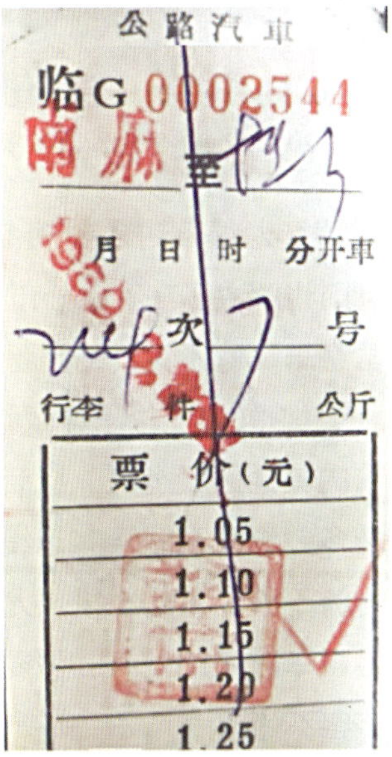

1989年，南麻至博山客车票

20世纪90年代，沂源长途汽车站工作人员检票

经营行为得到进一步规范，服务质量也明显提升，同时也解决了在客源分布上个体客车“吃不了”、国营客车“吃不饱”的问题。

1990年，沂源县划归淄博市以后，到张店及市内其他区县上班、经商、打工、就学的人员逐年增多，沂源至张店客运线路运力、班次，难以满足客流不断增长的需求，尤其是逢周末、节假日，乘客候车时间比较长，需要安排加班车辆，才能保证旅客不滞留。

1998年，淄博交通运输公司沂源分公司新增27座中级豪华客车2辆，每日运行4班，沂源至张店中途不停靠，实现快速直达。这也是沂源县客运班线中第一次投放中级豪华客车，车内宽敞，并配有空调，旅客乘车舒适度大幅提升。

从20世纪90年代后期开始，“打工流”“学生流”“旅游流”等各种客流汇集叠加，全县客流量呈现出逐年增长趋势。县交通局运管机构会同淄博交通运输公司，针对客流结构、出行目的地等出现的新变化、新特点，加强对旅客流向、流量的摸底调研，通过增开线路、在原有线路上增加车辆、升级更新老旧客车等措施，不断满足人民群众日益增长的出行需求。1999年10月，开通沂源至黄岛客运班线，投放豪华客车1辆，每日运行一班。是年12月，将沂源至济南客运班线一辆35座普通客车，升级更新为39座高一级豪华客车，实现沂源至济南快速直达。青兰高速公路开通后，沂源到济南运行时长由原来的四个小时，缩短到两个半小时。2003年7月，开通沂源至北京客运班线，投放航空座椅豪华客车2辆，分别从沂源、北京两地双向对开，每日一班。这也是沂源县开通的第一条省际客运班线。该客运班线开通后，只需要一张车票，7个小时就可以到达北京。2004年9月，开通沂源至威海客运班线，投放35座豪华客车1辆，隔日运行一班。该条班线运行里程503公里，是全省市际客运班线中运行里程最长的线路。2007年10月，开通沂源至沂南客运班线，投放31座豪华客车1辆，每日运行一班。2008年7月，开通沂源至东营、东里至寿光客运班线，投放31座豪华客车各1辆，每日各运行一班。自1999年到2008年，除了新开客运班线外，还在多条线路增加了客运车辆投放。其中，沂源至济南线路增加到6辆，沂源至泰安线路增加到4辆，沂源至临沂线路增加到4辆，沂源至青岛线路增加到2辆。到2008年底，从沂源始发的省际、市际、县际客运班线总计达到43条，客车总数达到98辆。同时，对部分线路的老旧客车进行了更新，共有30辆普通客车更新为中级以上客车。2011—2012年，沂源至张店、淄川、周村客运班线（含从乡镇驻地和

1999年12月，沂源至济南直达班线通车典礼

村庄始发车辆）57辆客车，分三批全部进行了更新，更新后的车型为中、高级豪华客车。至此，全县客运班车全部达到中级客车以上标准。

2002年春运期间，旅客在县长途汽车站候车大厅排队上客运车辆

客运班线开通后，一般情况下，终到站所在地会根据客流情况，适时开通到沂源的客运班线，俗称“对开车辆”。到2012年，外地开通到沂源的客运班线达到16条，运行客车47辆，发车班次达到55个。同时，外地过境沂源的部分客车，也把沂源列为途经站点，并进沂源长途汽车站配客。到2014年，共有23条线路23辆过境客车，进沂源长途汽车站停靠上下旅客。

2014年，全县班线客运客流量迎来历史最高位，达到151.4万人次。当年10月7日，日发送旅客1.09万人次，成为日客流量历史最高值，包括加班班次在内，单日发送班次达到290个，是平时日发送班次的近两倍。

2015年以后，随着私家车的增多，高铁、航空运输的发展，以及网约车、拼车、租车等新型运输形式的出现，人们的出行方式有了多样化选择，班线客运的客流量逐年以10%以上的速度递减，部分客运班线载客率大幅减少，经营效益逐年下滑，有的线路出现严重亏损。针对班线客运市场出现的变化，客运企业和经营业户逐步减少了运行车辆和运行班次。2015—2020年，沂源至钢城客运班线3辆客车，沂源至北京客运班线2辆客车，沂源至青州、草埠至临沂、沂源至莱芜、沂源至青岛、沂源至济南、沂源至临沂客运班线各1辆客车，退出了客运市场。

2021年12月，沂源至张店、淄川、周村线路，由班线客运调整为市内公交客运，57辆客车全部移交淄博公共交通运输公司，实行集约化经营。

2022—2023年，沂源至泰安、沂源至蒙阴、沂源至莒县、东里至寿光、沂源至沂水、沂源至威海、沂源至青州客运班线各1辆客车，退出了客运市场。

2022年集约化经营后的客车

到2023年底，全县班线客运共有线路16条，运行客车23辆，均为市际班车。对开线路11条，运行客车12辆；过境进站线路5条，运行客车5辆。从沂源长途汽车站日发班次39个。

农村客运

新中国成立初期，由于不具备通客车的条件，县城与农村之间，很长时间内没有客车通行，农村群众出远门，除极少数使用人力、畜力运输工具外，多数靠步行。

20世纪60年代起，由临沂运输公司调拨车辆，陆续开通多条县城到公社驻地的客运线路，为部分区域的群众出行带来了方便。1964年6月，开通南麻至大张庄客运线路，从沂源汽车站发车，每天运行一个班次。这是全县开通的第一条县城到农村的客运线路。是年11月，开通南麻至三岔客运线路。1974年9月，临沂运输公司再次调拨车辆，开通南麻至草埠、南麻至东里、南麻至黄庄、南麻至梭背岭、南麻至石桥等客运线路，县城到公社驻地的客运线路达到9条，每天运行班次达到23个。

20世纪70年代中期，为支援“小三线”建设，开通南麻至军用药品仓库、南麻至新华机器厂、南麻至裕华机器厂的客运线路，车辆仍由临沂运输公司调拨。

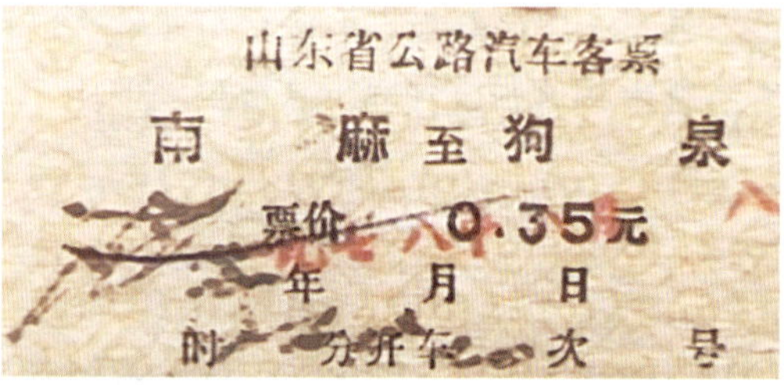

20世纪90年代，南麻至狗泉客车票

改革开放后，农村人口的流动性增强，为满足农村群众日益增长的出行需求，临沂运输公司增加客车投放，于1980年3月开通南麻至鲁村、南麻至土门、南麻至韩旺铁矿客运线路，县城到农村的客运线路达到15条，日发班次达到35个。是年4月，县城建局组建人民交通股，并在泰薛路与健康路十字路口东南侧位置，建设公交客运站，占地面积4359平方米，同时投资20万元购置客车5辆、中型面包车1辆，开通南麻至鲁村、南麻至土门、南麻至石桥、南麻至东里客运线路。1983年6月，公交客运站将部分线路作了调整延伸，运行范围辐射到更多村庄。1984年9月，县城建局人民交通股实行体制改革，更名为沂源县公共汽车公司。

1983年，国家出台放开搞活运输市场的政策，允许个人购买车辆从事运输经营。1985年前后，一些家庭经济条件比较好、学了驾驶技术的农民，自筹资金购买企事业单位淘汰下来的小型面包车，开始自发进入全县农村客运市场。这些个体客车，一般都是车主自己驾驶，从自己所在村庄发车，经过所在乡镇驻地，到达县城，每天往返两三个来回。随着经济的活跃，农村客流量快速增长，吸引了更多个人加入农村客运经营中来。到1993年，从事农村客运经营的个体客车达到100多辆。个体客车发展起来后，由于在县城没有专门场所停靠，只能散停在街头，发车时间不固定，票价不统一，运行秩序和经营行为都比较混乱。1994年5月，县交通局报经市交通局、县政府批准，在县农机公司第一配件门市部大院内（现沂源县移动公司位置），建立公用型客运站，组织全县125辆个体客车全部进站停靠管理，实行统一调度、统一排班、统一票价，客运市场秩序明显好转。个体客车发展形成规模后，国有运输企业市场份额大幅减少，经营效益持续下滑，以前由国有运输企业开通的客运班线，陆续停止运行，退出农村客运市场。1996年9月，县公共汽车公司因经营困难关停。至此，全县农村客运线路全部由个体业户经营。

20世纪90年代，行驶在公路上的农村客车

个体客车的快速发展，极大缓解了农村群众“出行难”问题。但由于个体客车都是分散经营，独立运行，缺乏有效的统一组织和集中管理，运行秩序和经营秩序难以从根本上规范，“转圈”揽客，争客抢客，随意涨价压价等现象屡禁不止。1997年9月，县交通局会同淄博交通运输公司，联合成立沂源县客运服务代理公司，将全部个体客车纳入公司化管理，实行挂靠经营。是年，县交通局撤销公用型客运站，同时组织沂源长途汽车站对社会车辆开放，个体客车全部进沂源长途汽车站停靠发车，单独设立发车区，由沂源长途汽车站提供包括候车、售票、排班、发车等在内的一整套站务服务。

20世纪末，由于道路通行状况差，很多偏远村庄还没有通客车。随着公路的修通，逐步具备通客车的条件，县交通局及时做好线路规划，组织开通

20世纪90年代，沂源长途汽车站发车区

到偏远村庄的客运线路。2000年12月，一次性开通南麻至两县、南麻至社庄、南麻至焦家上庄、南麻至石板、南麻至曹家庄、南麻至四门地、南麻至徐家庄、南麻至南流水、南麻至郑家庄、南麻至安乐客运线路，全县农村客运线路达到25条。

2003年，根据交通部和省、市交通主管部门的统一部署，县交通局组织实施“村村通客车”工程。通过线路优化，调整延伸客运线路，开通南麻至四门地、南麻至朱家户、南麻至刘庄、南麻至松崮等新辟客运线路，使80多个不通客车的行政村通上客车，按照“村村通客车”标准（行政村至站点2公里），基本实现行政村通客车目标。同时，在客运线路沿途站点设立简易站棚12个、招呼站牌520多块，既方便群众候车，又规范了客车在途中站点的停靠秩序。

在解决了农村群众“乘车难”问题后，县交通局运输管理机构积极引导运力结构优化，全面提升农村客运服务水平。2004年，在前期陆续组织淘汰面包类客车的基础上，对剩余的47辆破旧面包类客车，一次性予以淘汰，全部更新为新型中级客车，结束了使用面包车从事客运经营的历史。2005年，沂源县客运服务代理公司撤销，成立沂源县客运服务中心，个体客运车辆全部移交沂源县客运服务中心管理，通过经营机制和管理方式的转变，全县农村客运呈现出运行有序、服务规范的良好局面。

2007年，市交通局就推动农村客运逐步向公交化方向发展作出安排，要求今后申请更新的农村客运线路车辆，统一更新为公交车型。是年，南麻至西里、南麻至东里、南麻至中庄、南麻至徐家庄、南麻至大张庄5条客运线路车辆，全部更新为公交车型。至2008年，所有农村客运线路车辆，全部更新为车长不少于6米，核定载客人数不少于39人的公交车型。

2008年，更新后的公交客车

2009年，为进一步优化和完善农村客运网络，开通南麻至关河峪、南麻至错石、南麻至圣佛山客运线路，由县交通局运管机构组织采用招投标方式，确定客运线路经营者，同时将线路经营权审批给客运企业，实行个人承包经营、公司化管理。

2012—2013年，全县农村客运线路车辆实施新一轮更新。更新后的车辆，全部为车长不少于7米，核定载客人数不少于42人的公交车型。

2016年，根据“精准扶贫”工作部署，县交通运输局组织实施贫困村通客车工程，通客车的标准是，客车通到村头，并建立完善候车亭等设施。通过优化客运线路、投放小型客车、电话预约、定点“接驳”转送等方式，到2019年，全县140个省定贫困村全部实现了客车通到村头。同时，建成简易候车亭300个。

2017年，按照市交通运输局《关于推进公交客运集约化经营的意见》，县交通运输局组织山东淄博交通运输集团有限公司、山东巴士客运有限公司，对全县农村客运线路进行集约化经营改造。2018年4月，27条农村客运线路中，24条线路111辆客车由淄博交通运输集团有限公司实行集约化经营，另有3条线路3辆客车由山东巴士客运有限公司实行集约化经营。个体经营农村客运线路的历史就此结束。

农村客运线路实行集约化经营后，经营主体由个人变成运输企业，推动了农村客运公共交通属性的回归，也强化了经营者的社会责任意识。2018—2021年，淄博交通运输集团有限公司积极落实绿色交通发展要求，将全部农村客运线路客车，分批更新为新能源电动客车，并配套完善了相关充电设施设备。2021年7月1日起，为落实交通惠民措施，对乘坐农村客运线路客车的60岁以上老人、残疾人、“三属”、现役和退役军人、尿毒症患者，实行免费乘车。2023年2月，针对一些村庄离集市较远，群众赶集不方便的问题，开通了10条赶大集客运专线，每逢大集日，调整客运车辆专门运送赶集的群众。是年5月，将6条农村客运线路延伸到县人民医院新址，设立“健康专线”，解决了县人民医院搬迁后离车站较远，农村群众看病就医需要转乘的问题。

2018年更新的电动客车

到2023年底，全县农村客运线路优化为19条，运行客车106辆，年发送旅客39.9万人次。

公交客运

2005年以前，县城城区内一直没有公交车通行，城区居民出行很不方便。2005年初，县委、县政府把开通公交车列为为群众办的十件实事之一。县交通局在做好筹备工作后，通过招投标方式，确定由沂源大众交通运输有限责任公司经营城区公交车。是年9月30日，先期开通西台至民营工业园公交线路，后期延伸至埠村，投放4辆公交大巴试运行，由西台发车，途经长途汽车站、大观园、东苑小区、英华学校等14个站点，营运里程15.3公里，票价1元，班次间隔时间40分钟。这是沂源县首条城区公交线路。该线路后期又经过多次延伸，线路起止点调整为南麻街道办事处至黄山子，线路号为525路。

2005年，城区公交车运营仪式

2006年，组织开通526路田庄水库至经济开发区、527路药玻公司至鲁山国家森林公园、528路李家庄至侯家官庄3条公交线路，每条线路运行2辆公交车，双向对开发车，每小时一班。2011年，开通529路（星河蓝湾至儒林集）公交线路，投入7辆大型客车，先期每20分钟一班，后期调整为每30分钟一班。

2012年8月，前期投入运行的10辆公交车需要更新。为积极响应国家绿色节能环保要求，沂源

2011年，行驶在县城振兴路上的公交车

大众交通运输有限责任公司先行先试，加大资金投入，全部更新为低碳环保型的燃气公交车。2015年12月，新增5辆纯电动新能源公交车投入运行，是全县客运行业首次投放纯电动车辆。

从2014年3月开始，由县财政投资570余万元，统一规划建设城区新型公交候车亭，到2016年，共建设城区候车亭100余座。新建公交候车亭具有节能、环保、易维护等特点，基本覆盖城区学校、医院、居民小区、商业网点、车站、企事业单位等场所，改善了群众的候车、乘车环境，提升了城市形象。

随着城区规模不断扩大，为满足群众出行需求，2016年6月，开通550路佳惠新天地至董家庄公交线路，投放纯电动公交车1辆，循环发车。2017年10月，沂源大众交通运输有限责任公司一次性购置新能源纯电动公交车16辆。其中，投放1辆开通551路朱家峪至陡起峪公交线路，循环发车；另有15辆投放到已开通的其他公交线路运行。2018年2月，开通552路普安禅寺至西辽军埠村公交线路，投放3辆纯电动公交车，双向对开，每90分钟一班。同年5月，开通556路历山路北首至北踅庄公交线路，投放3辆纯电动公交车，双向对开，每小时一班。

2019年9月，淄博市公共汽车公司在沂源县设立分公司，由沂源大众交通运输有限责任公司经营的城区公交线路及运营车辆，移交给淄博市公共汽车公司沂源分公司，47名驾驶员和12名管辅人员一并转入。

2021年7月1日起，落实公交惠民政策，对60岁以上老人、残疾人、三属、现役和退役军人，实行免费乘坐城区公交车。

2021年11月，淄博市公共汽车公司更名为淄博市公共交通有限公司。是年12月，沂源至张店、沂源至淄川、沂源至周村客运线路实行集约化经营改造，由山东淄博交通运输集团有限公司、沂源县客运服务中心经营的线路和客运车辆，移交淄博市公共交通有限公司经营，统一调整为沂源至张店公交线路，线路号为区间公交线路171路。

2021年怡东园至埠下公交车

2022年，为助力全县夜经济和旅游业发展，同时为群众休闲游玩提供方便条件，先后开通南麻街道办事处至黄山子夜间游玩公交线路、银座超市至鲁山溶洞节假日1元游景区公交线路。是年，为解决县人民医院搬迁后群众就医看病不方便的问题，将515路、516路、552路公交线路，调整为途经县人民医院新院。

2023年1月，527路公交线路被省交通运输厅评为“最美公交线路”。是年3月，开通172路佳惠新天地至张店利群大站快线公交线路，打通县、市公交快捷通道，途经中小站点不再停靠，从沂源到张店的出行时间，由原来的3小时20分钟缩短至2个小时。

到2023年底，全县城区公交线路共有8条，运营车辆36辆，全部为纯电动公交车型，线路总里程143.1公里，日均运营里程2007公里，日均载客1494人次；区间公交线路2条，运营车辆34辆，线路总里程200公里，日均运营里程5200公里，日均载客3510人次。

出租客运

20世纪90年代中期，县城街头零星出现了十几辆散停待租的车辆，都是企事业单位“退役”的“二手车”，由个人购买后从事出租经营，车型主要有吉普车、面包车、轿车、客货两用车等，当时被称为“沂蒙的士”，这就是沂源县最早的出租车。

这些出租车都是自发投入市场经营，起初没有纳入行业管理。1996年，县交通局运管机构对从事出租经营的车辆进行了登记，登记在册的出租车81辆，其中轿车12辆、面包车69辆，均为社会化个体零散经营，司机多为城区无业人员和周边村庄农民。由于缺乏统一管理，出租车经营秩序和运行秩序一度比较混乱，随意在道路上乱停乱放，经常造成城区交通拥挤，一些面包类出租车私自进入客运线路超范围经营，干扰了客运线路的经营秩序。1997年，县交通局联合淄博交通运输公司，成立了沂源县源通出租车公司，组织所有个体出租车挂靠到出租车公司，实行公司化管理，对挂靠车辆，由出租车公司按月收取管理费。到2002年，实行挂靠经营的出租车达到95辆。

2003年6月，由于代管车辆达不到规定数量标准，沂源县源通出租车公司注销，75辆出租车交由沂源大众交通运输有限责任公司实行挂靠运营，另有20辆出租车不同意挂靠经营，根据有关规定吊销了营运手续。2004年，新增出租车6辆，出租车总数达到81辆。

2005年6月起，组织面包类出租车分批更新，淘汰面包类出租车43辆，更新为微型轿车类出租车，统一车辆标识，安装防护网、出租顶灯和计价器，由过去停靠待租改为流动循环运行，实行2元起步价微利经营。

客运出租车逐步规范发展的同时，县城街头也陆续出现了一些三轮机动车，非法从事出租经营，几年时间发展到数百辆。三轮机动车从事客运出租经营，不仅扰乱正常的客运出租市场秩序，而且运行中存在很大的安全隐患。县交通局运管机构多次组织清理，但因从业群体复杂，有企业下岗人员，有农村贫困人口，也有残疾人，不稳定因素多，每次清理都遇到很大阻碍，非法载客三轮机动车不仅未退出市场，数量还不断增加，到2006年底，已达到870多辆。2007年5月，县交通局经过充分调研，制定了全面清理三轮机动车非法载客经营工作方案，采取疏堵结合、奖罚并举、综合治理等措施，组织运管、交通稽查等执法力量，会同公安、交警、城管、工商等部门，开展三轮机动车非法载客集中清理整治活动。通过广泛宣传，做好深入细致的思想工作，帮助三轮机动车司机解决实际困难等措施，利用6个月时间，组织870辆非法载客三轮机动车全部有序退出客运出租市场。

2007年7月，非法载客三轮机动车退出市场后，沂源大众交通运输有限责任公司新投放50辆吉利自由舰出租车，填补客运出租市场空缺。退出市场的三轮机动车车主，优先承包经营。2009年5月，投放30辆雪铁龙爱丽舍出租车，采取驾驶员承包的方式运营。

到2010年，全县出租车达到161辆。为落实节能减排要求，建设绿色交通，对出租车陆续进行双燃料改造。其中，2010年改造出租车70辆，2011年改造出租车91辆。

2012年后，经营期满的出租车逐步更新为普桑、捷达等车型，同时进行双燃料改造。2022年，更新纯电动新能源车辆2辆，2023年更新纯电动新能源车辆9辆。

从2015年开始，每年6月份，沂源大众交通运输有限责任公司都组织出租车参与“爱心送考”活动。成立“爱心送考”车队，采取“定点”和“流动”两种方式，为参与高考的考生们提供送考服务。“定点”就是一对一送

2007年出租车运营仪式

考或上门服务，“流动”就是在路面随机搭载考生。车辆统一张贴“爱心送考”标识，方便考生们辨认。车内都配备免费瓶装矿泉水和药品等保障物品。到2023年，累计服务考生4000余人。

“爱心送考”车队

包车客运

20世纪60年代初，沂源县就有利用班线客车进行包车客运这种运输形式。县里每年组织人员到临沂地区参加“四级干部”会议，都是安排国营运输车队抽调班线客车，专门负责接送。县里每年召开的“三级干部”会议，也是由国营运输车队安排班线客车，接送公社、大队干部到县城参加会议。除此之外，运送新兵去泰安、张店、济南等地转乘火车，运送学生参加高考，也都是根据县里安排，由国营运输车队组织班线客车承担运输任务。这种客运包车，属于计划经济时期政府指令性任务，由国营运输车队无偿承担，不仅不收取费用，还要由国营运输单位选派1名业务队长担任领队，选派至少1名专业修理工随车服务，确保包车运行安全、顺利。这类客运包车业务，一直持续到70年代末。

改革开放后，社会主义市场经济体制逐步确立，客运包车业务也由过去的指令性任务，转轨为按市场机制运行。随着旅客运输法规制度的完善，开展客运包车业务实行严格的行政许可制度，办理正规的包车手续。20世纪80年代至90年代，包车客运业务量比较少，主要是政府部门和企事业单位人员外出开会、参观学习使用。2000年后，外出旅游、学习、打工等团体用车逐年增多，包车客运业务量有了较快增长，最多时每天发送客运包车10多辆。这一时期，包车客运使用的车辆，全部是市级班线客运车辆，在满足班线客运客流需求的前提下，调整班线客车从事包车客运。由于市际客运班车按规定不能从事省际客运包车业务，旅客包车到省外出行受到很大制约。2007年，山东淄博交通运输集团有限公司购置1辆39座高级客车，作为非定线旅游客运车辆，专门从事省际旅游包车业务。随着跨省旅游包车业务量的增大，2012年，淄博交通运输公司将1辆19座普通旅游客车，调整给沂源分公司使用，2013年将该旅游客车更换为53座大型旅游客车。2015年，增加2辆49座大型省际旅游客车。除省际旅游包车外，市际包车、县际包车业务量同期也快速增长，2007年至2015年，累计发送市际包车18000多辆次、县际包车9000多辆次。

20世纪90年代的包车牌

2016年后，随着私家车的增多，高铁、航空运输的发展，出行需求结构的变化，省际旅游包车、市际包车、县际包车业务量明显下降。但县内包车业务量出现大幅增长，主要是农村的结婚喜宴、温锅宴、生日宴、生子宴、升学宴等用车需求增多，每年县内包车达2000多辆次。这类包车，一般使用农村客运线路班车。

2020年，前期投放的3辆省际旅游包车经营期满陆续退出市场后，将沂源至济南线路1辆38座、1辆29座班线客车变更为省际客运包车。2023年12月，将沂源至济南线路1辆38座班线客车变更为省际客运包车。

定制客运

定制客运是为满足旅客个性化、多样化、高效化出行需求而出现的一种客运方式。其运行方式是，已经取得道路客运班线经营许可的经营者，依托电子商务平台，发布道路客运班线起讫地等信息，开展线上售票，按照旅客需求灵活确定发车时间及上、下客地点，并提供运输服务。

沂源至济南定制客运开通仪式

2019年，山东淄博交通运输集团有限公司开通沂源至济南定制客运线路，投放7座商务车10辆、9座商务车3辆、14座中型客车2辆，依托“帮邦行”互联网约车平台，将传统的“站到站”服务升级为“门到门”“点到点”的上门接送，为沂源至济南的旅客提供灵活化、快捷化、品质化的出行服务。是年，山东鲁中城市候机楼有限公司沂源分公司启动运营后，开通沂源候机楼至济南遥墙国际机场的定制客运线路，投放14座中型客车4辆，每天发往机场8个班次。该定制客运线路的开通，极大方便了从沂源去机场坐飞机的旅客和从机场到沂源的旅客，省却了转乘的麻烦。同时，还为乘车旅客提供航班信息查询、机票预订、办理登机牌、乘坐机场快线巴士、办理航空快递等一站式服务。

除开通长途定制客运线路外，根据县内机关、学校、企事业单位通勤需求，山东淄博交通运输集团有限公司和淄博公共交通有限公司，专门开通通勤定制专线，以“通勤车”的方式提供定制客运服务。2016年12月，山东淄博交通运输集团有限公司购置11辆大型新能源电车，为9个镇政府、医院通勤开通定制公交线路14条。2022年，淄博市公共交通有限公司为沂源一中开通定制公交线路8条，开通土门中学至唐家六村定制公交线路1条，专门为学生上学提供运送服务。到2023年，全县定制客运线路达到23条。

沂源候机楼至济南遥墙国际机场定制车辆

三岔至张店定制公交车

网约车

网约车是在出租汽车行业与互联网融合发展的背景下，为满足社会公众多样化出行需求，逐步发展起来的网络预约出租车经营服务。具体运行模式是，以互联网技术为依托，构建服务平台，整合供需信息，使用符合条件的车辆和驾驶员，提供非巡游的预约出租汽车服务。

2013年，沂源县就已经有网约车出现，由于当时网约平台少，社会知悉度低，公众对坐网约车出行的接受度并不高。随着网约平台不断增加，网约车服务质量不断提升，网约车以其便捷性、舒适性、安全性、服务多样性、商业模式创新性等特点，逐渐成为一种广受欢迎的出行方式，全县网约车出现快速发展势头。使用的网约平台主要有滴滴快车、滴滴特惠快车、花小猪打车、花小猪特惠、阳光出行、首汽约车、T3出行、T3特惠快车、万顺叫车等。

网约车发展之初，对网约车的监督管理尚无明确规定。2016年7月，交通运输部等七部门制定下发《网络预约出租汽车经营服务管理暂行办法》，对实施网约车管理作出明确规定。2018年，县交通运输局通过行政服务大厅交通窗口开始受理申请办理《网络预约出租车从业资格证》报名业务。当年，受理报名业务7件，2019年受理报名业务147件，2020年受理报名业务105件。2021年1月，淄博市人民政府印发《淄博市网络预约出租汽车经营服务管理办法》，规定“区县交通运输主管部门，在本级政府的领导下，按照属地化管理原则，负责具体实施辖区内网约车监督管理”。是年，县交通运输局把履行对全县范围内网约车的监督管理职能，进一步细化落实。到2023年，累计受理申请办理《网络预约出租车运输证》报名业务520件，全县网络预约出租车达到1100多辆。

客运企业选介

山东淄博交通运输集团有限公司沂源分公司

山东淄博交通运输集团有限公司沂源分公司，位于沂源县城历山路北段508号，属非法人单位，共有职工241人。

1960年5月，临沂运输公司从汽车五队（驻沂水县）分出一部分到沂源县，成立临沂运输公司汽车六队，位于螳螂河南麻大桥以西路北地段，占地面积约1.2万平方米。有货车24辆，118个吨位；客车1辆（由货车改装）。

1963年1月，经省交通厅批复，临沂运输公司汽车六队变更为汽车七队。因汽车七队所处位置地势低洼，每逢大雨常被洪水淹没。1964年2月，迁至县城荆山路27号位置，占地面积37621平方米，配套建设了办公室、停车场、汽车修理车间、加油站、职工食堂、职工宿舍等基础设施。1966年2月，经省交通厅批准，将北镇运输公司驻博山山头的货运车队，移交临沂运输公司汽车七队管理，共有货运汽车34辆，130个吨位。1967年4月，博山货运车队并入临沂运输公司汽车七队。到1970年，临沂运输公司汽车七队共有客车4辆，140个座位；货运车辆40辆，170个吨位。20世纪60年代至70年代，临沂运输公司汽车七队是沂源县主要的运输力量，承担了全县大部分的工农业生产货物运输任务和全部旅客运输任务，义务承担了“三级干部”“四级干部”会议参会人员运送、新兵运送、高考学生运送以及抢险救灾物资运输任务。

1986年，临沂运输公司汽车七队有客运车辆27辆、货运车辆29辆、地排车2辆，固定资产254万元，客货运输年收入220万元。同时，开展对外承修车辆、供应汽车配件等业务。

1990年1月，沂源县划归淄博市，汽车七队由临沂运输公司划转淄博运输公司，更名为淄博运输公司汽车五队。1991年3月，在田庄水库大坝加固工程中，汽车五队义务出动货运车辆15辆，连续3个月运送土石方6000余立方米。

1993年1月，更名为淄博运输总公司第五分公司。1994年1月，淄博运输总公司进行企业改革，将第五分公司、沂源长途汽车站两套领导班子整合为一套领导班子，内部机构合并，人员合并，单位名称保留。

随着个体运输车辆的发展，国营运输企业的经营机制难以适应运输市场的激烈竞争，第五分公司客货运输经营出现困难，经营效益不断下滑。1994年11月，第五分公司实施车值抵偿承包，将52辆货运车辆、37辆客运车辆，依据车值由职工承包经营。未参加承包经营的职工，统一安置到其他岗位工作。

2000年5月1日，企业改制，淄博交通运输总公司第五分公司改称山东淄博交通运输集团有限公司沂源分公司。

2007年起，沂源分公司先后增加物流运输、校车运营、汽车租赁等业务。到2023年，经营货运物流车辆5辆、校车75辆、各种租赁车辆23辆。是山东省首家运营校车的专业化客运企业。

2018年，山东淄博交通运输集团有限公司投入2000万元，收购农村客运线路个体客车111辆，实行集约化改造后，交由沂源分公司经营管理。

淄博市公共交通有限公司沂源分公司

淄博市公共交通有限公司沂源分公司，位于沂源县城新城路东首，企业性质为全民所有制分支机构（非法人）。内设综合办公室、安全生产科、财务统计科及2个营运车队，共有职工130人。

2019年9月，成立淄博市公共汽车公司沂源分公司，由沂源大众交通运输有限公司经营的沂源县城区公交线路及车辆、农村客运线路及车辆，移交淄博市公共汽车公司沂源分公司经营。2021年10月，淄博市公共汽车公司沂源分公司更名为淄博市公共交通有限公司沂源分公司。同年12月，山东淄博交通运输集团有限公司、沂源县客运服务中心经营的沂源至张店、沂源至淄川、沂源至周村客运线路及车辆，移交淄博市公共交通有限公司沂源分公司，实行集约化经营。到2023年，共经营城区公交线路8条、区间公交线路2条、农村客运线路8条，运行车辆114辆，线路总里程561公里。

沂源大众交通运输有限责任公司

沂源大众交通运输有限责任公司，位于沂源县西台新居11号，成立于2003年6月，共经营出租车161辆，有管理人员6名。

公司成立之初，租用位于沿河东路的县皮革厂家属院门头房办公，共管理挂靠个体出租车79辆。2004年 6月，新增挂靠出租车52辆。2005年9月起，经营沂源县城区公交线路，至2006年，共开通525路、526路、527路、528路4条城区公交线路，运行公交车10辆。2007年1月，公司搬迁至位于鲁山路东首租用的办公场地。同年7月，公司投放50辆吉利自由舰出租车，实行承包经营。2009年5月，投放30辆雪铁龙出租车，实行承包经营。是年，开通南麻至圣佛山、南麻至关河峪、南麻至错石3条农村客运线路。2011—2018年，开通550路、551路、552路、556路城区公交线路，经营城区公交线路达到8条，运行公交车达到25辆。2018年，沂源县客运服务中心经营的南麻至三岔、南麻至流水、南麻至石桥3条农村客运线路，移交沂源大众交通运输有限责任公司。2019年9月，将所经营的8条公交线路及65辆公交车，移交淄博市公共汽车公司沂源分公司经营。

出租车年检

2020年，公司迁至西台新居11号，专项经营出租车业务。

2010年，公司被山东省精神文明委员会评为“省级文明单位”。2017年，被淄博市道路交通安全综合治理委员会评为全市深化道路交通“平安行你我他”先进单位。2018年2月，被淄博市交通运输局评为全市交通运输行业安全生产工作先进单位。同年3月，被淄博市道路交通安全生产委员会评为“市级交通安全示范单位”。

沂源县客运服务中心

1997年9月，成立沂源县客运服务代理公司，位于县城振兴路1号沂源长途汽车站院内。主要是根据上级交通主管部门提出的公司化管理要求，把长期“各自为战”“散兵游勇”式的个体客车组织起来，实行挂靠经营，规范管理。运行县内农村客运线路的个体客车，以及运行沂源至张店、淄川、周村客运线路的个体客车，共计169辆，全部纳入代理公司实行挂靠经营。后更名为淄博顺达客运服务部。2000年9月，更名为沂源县客运服务中心，报批为四级客运企业。

2018年4月，按照“政府主导、企业运作、集约经营”的原则，沂源县客运服务中心管理的111辆农村客运线路客车，由山东淄博交通运输集团有限公司接收，实行集约化经营。2021年12月，沂源县客运服务中心管理的43辆沂源至张店、淄川、周村客运线路客车，由淄博市公共交通有限公司沂源分公司接收，实行集约化经营。至此，沂源县个体经营客运的运输模式退出历史舞台，沂源县客运服务中心随之撤销。

货物运输

普通货物运输

新中国成立初期，受道路交通条件和交通工具制约，沂源县货物运输非常困难，运送货物主要还是靠人力运输和畜力运输，挑担、小推车、毛驴车是日常使用的主要运输工具。

1951年，全县征购25万公斤小麦，支援抗美援朝战争，由于道路交通不畅，运输工具落后，仅靠人力和畜力运输非常困难，直到1953年底，尚有15万公斤小麦未运出沂源。1957年，全县货运量2489吨，主要靠人力、畜力运输承担。1958年8月，山东501厂支援草埠煤矿1台锅炉，运载锅炉的汽车从张店启运后，因通沂源的博沂路路况差，只能绕道益都、沂水进入沂源，到沂源境内后，当时的简易道路无法达到汽车通行要求，只能走走停停，边垫路边行驶，历时46天才将锅炉运抵草埠煤矿。

1959年，临沂专员公署运输分行调配给沂源县15辆嘎斯-63汽车，组建了沂源县运输分行，设有汽车队、装卸队和马车排，当年汽车货运量3.2万吨。1960年5月，临沂运输公司将驻沂水县的汽车五队分支到沂源县一部分，成立汽车六队，配备货车24辆，118个吨位。1962年4月，临沂专员公署运输分行将调配给沂源县的15辆汽车调回，沂源县运输分行解散。1963年，经县人委会多次申请，临沂专员公署运输分行又拨给沂源县2辆汽车，以此为基础，成立沂源县运输合作社。是年，各公社陆续成立运输小组，每个运输小组配备10辆左右小推车，承担民间运输任务。当年，全县汽车货运量3572吨，人畜货运量6260吨。1963年1月，临沂运输公司汽车六队更名为汽车七队。1966—1967年，博山山头货运车队、博山货运车队并入临沂运输公司汽车七队，到1970年，汽车七队货运汽车达到40辆、170个吨位。20世纪70年代后，人畜运输逐步被机械运输替代，全县货物运输量大幅增加。1972年，成立沂源县联合运输办公室，负责全县运输生产计划的制定和实施，对临沂运输公司汽车七队、县运输合作社等运输单位实行统一领导、统一货源、统一调度、统一结算政策。1974年11月，沂源县运输合作社更名为沂源县运输公司，共有嘎斯-63、解放牌等汽车10余辆。1979年，全县机械运输量达到30.76万吨。

20世纪60年代的嘎斯货车

随着改革开放不断深入，经济发展日趋活跃，货物运输量快速增长，全县主要厂矿企业和商贸系统为满足自身运输需求，陆续成立自备车队。到1980年，县商业、粮食、供销系统，山东东风化肥厂、山东裕华机器厂、山东红旗机器厂、草埠煤矿、鲁村煤矿及县柴油机厂、玻璃厂、造纸厂、白酒厂等，都成立了自备车队，每个车队有10辆左右的货车。

1983年，国家全方位放开运输市场，允许个人购买车辆从事运输经营，全县个体运输从无到有，迅猛发展。到1985年，全县从事货物运输的个体车辆发展到1700多辆。其中很多是厂矿企业邻近村庄的村民，依托厂矿企业的货源，自购车辆进行货物运输。仅草埠煤矿、鲁村煤矿周边村庄，就有从事货物运输的个体车辆200余辆。个体货运车辆的快速增长，特别是其灵活的经营方式，一方面保障了社会运力需求，活跃了运输市场，另一方面也冲击了厂矿企业自备车队的经营。1985年后，一些厂矿企业的自备车队，由于连年亏损，无法继续经营，有的解散，有的被兼并，有的转换机制实行承包经营。20世纪80年代中期以后，全县货物运输市场，基本上由个体运输业户占主导地位。到1990年底，全县各种营业性货车1200多辆，拖拉机1800多辆，三轮货车310多辆，大部分为个体所有，个体货物运输业成为全县经济社会发展的一支重要力量。1991年，全县货物运输量105.92万吨，个体运输完成100.3万吨，占全县货运量的94.69%。1995年，全县货物运输量140万吨，个体运输完成135万吨，占全县货运量的96.43%。

1996年，全县从事货物运输的各种营运性机动车发展到5900余辆，从业人员达上万人。由于这支庞大的运输队伍主要以农民为主体，大都是从田间地头直接进入运输市场，经营中多为“单打独斗，各自为战”，相互间协作能力差，自身素质和经营水平不能很好地适应运输业的健康发展，也给行业管理工作增加了难度。为此，县交通局立足实际，推行网络化管理机制，把分散的个体运输业户集中起来，编成若干运输联组，实行“自我管理、自我服务、自我发展”。具体做法是，以行政村为单位，每10辆车编一组，不足10辆的，就近几个村合编一个组，到年底，全县16个乡镇共成立266个运输联组。运输联组成立后，对外统一联系货源，对内协调分配货源，在业户间开展互帮互助活动，协调解决运输纠纷。

2005年，国家鼓励货物运输业由个体经营向专业化、公司化经营方向发展。县交通局结合全县货物运输行业现状，积极引导、培育、发展专业道路运输企业。2006年，沂源县康利达运输有限公司、沂源县宝航物流有限公司、山东淄博交通运输蓝狐物流有限公司沂源分公司相继成立，成为公司化管理的专业道路运输企业。是年，全县各类营运性货运车辆发展到8207辆，吨位14006吨，完成年货运量501万吨。

2007年，运输行业管理政策调整，农用三轮车、拖拉机（含变型拖拉机）作为农业生产机械，不再列为专业货运车辆管理，货运车辆存量大幅减少，全县货运车辆存量2473辆，吨位10517吨。

2011年3月，《山东省道路运输条例》正式实施。根据规定，从事货物运输必须具备5辆以上检测合格的货运车辆，单辆货车不再获得经营许可。全县货物运输由零散运输逐步转为公司化运输。是年，全县普通货物运输企业发展到21家。

2014年，根据国家环保治理要求，加强对货运企业的行业管理和货运车辆的检测，全年检验普通货运车辆1397辆，转籍、注销营运性货车285辆，淘汰营运黄标车27辆，依法取缔管理不规范的普通货运企业3家。同年，全县普通货运企业发展到37家，根据《全县普通货运企业服务质量考核办法》，对满考核周期的31家普通货运企业进行了质量信誉考核和企业年检工作；全县共完成货运量890多万吨，年货运周转量3.5亿吨公里。

2015年后，积极引导全县货物运输行业由粗放式发展加快向专业化、精细化发展转变，专业运输车辆快速增长。其中，渣土密封专项运输货车发展到80余辆，厢式运输货车发展到50余辆，冷藏运输货车发展到20余辆，大件运输货车发展到10余辆，罐式运输货车发展到30余辆。同时，组织重型货车和半挂牵引车统一安装北斗卫星定位系统，对车辆运行状况进行实时监控。到2016年，全县共有752辆重型货车和半挂牵引车安装北斗卫星定位系统。

2019年起，根据国家环保治理工作要求，严格落实淘汰国三及以下排放标准营运性柴油货车政策，到2021年，共淘汰国三及以下排放标准营运性柴油货车980辆。

截至2023年底，全县营运性货物运输汽车1470辆。其中，牵引车及半挂车720辆，中型货车38辆，重型货车712辆。道路货物运输企业56家。其中，纳入国家统计部门GDP核算的规模以上货物运输企业7家，纳入交通运输部GDP核算的规模以上货物运输企业3家。

危险货物运输

20世纪90年代初，全县从事危险货物运输的企业车队有4家。由于交通部门对化学危险品运输行业尚无明确的管理规定，对从事化学危险品运输的企业、车辆及从业人员，一直是按普通货物运输行业来管理。1993年12月，交通部颁布《道路危险货物运输管理规定》后，县交通局开始对全县危险货物运输行业进行规范，对符合条件的山东东风化肥厂车队、沂源县造纸厂车队、沂源县白酒厂车队、沂源县三岔流水化工厂车队，经报市道路运政管理机构审核后，核发给加盖道路危险货物运输专用章的《道路运输经营许可证》和《道路运输营运证》；对符合国家规定的各类专用罐（货）车条件的21辆危险货物运输车辆，核发给加盖道路危险货物运输专用章的《道路运输经营许可证》和《道路运输营运证》；对符合从事道路危险货物运输、装卸、维修作业和业务管理的42名从业人员，在经市道路运政管理机构考核合格后，核发给《道路危险货物运输操作证》，实行持证上岗。

2006年4月，沂源县白酒厂车队因生产企业破产、转型、重组等原因，撤销经营资质，所属1辆危险货物运输车辆纳入沂源县造纸厂车队经营管理。2007年6月，沂源县造纸厂倒闭，车队随之注销危险货物运输资质，全县危险货物运输企业由4家变为2家。

2010年，县交通局运管机构开展危险货物运输企业安全专项整治，指导督促运输企业健全完善各类安全管理制度，对危险货物运输车辆的技术状况、承运人责任险、GPS的安装使用、从业人员资质等方面进行全面筛查和规范。

从2015年开始，全县2家危险货物运输企业实行信息化动态监控，充分利用监控平台、电子路单、车载视频和北斗动态监管等手段，对危险货物运输车辆全部纳入监控范围，做到全天候、无缝隙24小时监控。

2019年危险货物运输车辆

2023年，全县道路危险货物运输车辆发展到36辆，其中牵引车13辆、挂车16辆、单车7辆，从业人员64名。

货运企业选介

沂源县商业局汽车队

1968年，沂源县商业局购进1辆“上海58—I型”三轮汽车。1975年，增加2.5吨跃进牌、4吨解放牌汽车各1辆，汽车总数达到3辆，主要为商业系统商品运输及“小三线”厂商店送货。1977

年，购进2辆8吨大黄河牌汽车。在此基础上，于1978年1月正式成立沂源县商业局汽车队，同年3月，新购大、小型汽车5辆。1980年，用2辆大黄河牌汽车与省换进2辆4吨解放牌汽车、1辆2.5吨跃进牌汽车，同时购进汽车零部件，自己安装解放牌汽车1辆。1982年，新购4吨解放牌汽车2辆。1984年7月，沂源县商业局汽车队实行经济承包责任制，将10辆货物运输车辆全部实行单车经济承包责任制。1990年，县国营商业系统各种机动车辆发展到59辆，其中货运汽车48辆、三轮机动车6辆。1998年进行产权制度改革，商贸企业全部实行股份合作制改造。2002年9月，沂源县商业局车队6.3亩土地使用权及地上建筑附属物以220万元价格，全部转让给淄博交通运输集团有限公司。2003年实行企业二次改制和破产重组，2004年底二次改制全部完成。2021年7月，企业管理关系调整至相关镇（街道），实行属地管理。

山东省供销社沂源车队

山东省供销社沂源车队，成立于1977年12月。1992年9月更名为沂源县储运总公司，当时有干部职工98名、各类专业技术人员34人，拥有固定资产450万元，以汽车货运和汽车维修为主，兼营汽车配件等项目。

1995年，沂源县储运总公司实现储运收入350万元、利税30万元，资金利税率、人均劳效、人均利税等指标都超过了省二级储运企业指标，在省市汽车运输行业中名列前茅，被省经委授予“安全生产先进单位”，被市供销社评为“先进单位”。1998年10月28日，沂源县储运总公司划归县商贸总公司后改制重组。

淄博新联化物流有限公司

淄博新联化物流有限公司前身为山东东风化肥厂车队，位于南麻街道永兴官庄村，共有运输车辆31辆，其中危险货物运输车辆25辆、普通货物运输车辆6辆，从业人员36名。经营范围为危险货物运输（2类、3类、5类、8类）、普通货物运输、一类机动车维修。

1976年，山东东风化肥厂成立汽车组，仅有1辆嘎斯汽车和2辆解放牌汽车。1981年，在汽车组的基础上成立山东东风化肥厂车队。2003年4月，山东东风化肥厂整体改制为山东联合化工有限公司，车队于2005年12月更名为沂源新联化运输有限公司。2010年7月，更名为淄博新联化物流有限公司。

原山东东风化肥厂车队

2016年，被评为全省安全生产标准化二级达标企业。2022年，被评为全省交通运输安全生产信用管理A级企业。

淄博新联化物流有限公司消防演练

沂源新瑞物流有限公司

沂源新瑞物流有限公司为民营企业，位于历山街道东沙沟村，占地5000多平方米，共有员工28名。经营范围为危险货物运输（3类、8类），是沂源县唯一一家有三类（易燃液体）危险货物运输资质的运输企业，年营业额1000多万元，创造利税50多万元。

公司前身为1990年成立的沂源县三岔流水化工厂车队，位于三岔乡南流水村，主要从事乙醇、硫酸、液碱等危险货物运输经营，共有危险货物运输车辆5辆。2014年1月，企业法人变更，沂源县三岔流水化工厂车队更名为沂源新瑞物流有限公司，迁至历山街道东沙沟村，新建3层办公楼1栋，建筑面积600平方米，建设停车场3800平方米。到2023年，共有危险货物运输自卸车辆9辆。其中，34吨3辆，15吨4辆，20吨、30吨各1辆。

沂源鑫源物流有限公司

沂源鑫源物流有限公司位于沂源县城药玻路南首，前身为山东省药用玻璃总厂车队，成立于1987年8月。1998年8月，山东省药用玻璃总厂通过社会招标，将车队承包给个人，仍从事总厂的货物运输服务。2006年，总厂子公司康顺公司接手管理车队。2011年5月，在车队基础上成立沂源鑫源物流有限公司。2017年5月，沂源鑫源物流有限公司成为山东省药用玻璃股份有限公司子公司，主要从事普通货物运输业务。

沂源鑫源物流有限公司共有重型国五、国六车辆4辆，其中重型半挂牵引车3辆、重型厢式货车1辆，从业人员9名。公司成立以来，依托山东省药用玻璃股份有限公司，营业收入不断增长，年收入由刚成立时的1500万元提高到2023年的1.06亿元，利润由最初的300多万元提高到2023年的960万元，利税由最初的90万元提高到2023年的420万元。

2021—2023年，连续3年成为沂源县百强纳税企业。

山东沂源宝航物流有限公司

山东沂源宝航物流有限公司位于鲁村镇草埠一村，成立于2008年5月。公司共有货物运输车辆36辆、服务保障车辆8辆，固定资产4843万元，从业人员28人。经营范围为普通货物运输。

2013年6月，山东沂源宝航物流有限公司新建办公园区并投入使用，占地面积1.3万平方米。其中，办公楼、车库、修理厂、加油站、仓储建筑面积3200平方米，装卸停车场地9000平方米。

2012年2月，被市道路交通安全生产委员会评为交通安全单位。2016年，被省公安厅、省安全生产监督管理局评为省级交通安全示范单位。

现代物流

物流业是融合运输、仓储、货运代理、联运、制造、贸易、信息等产业的复合型服务业，是支撑经济社会发展的基础性、战略性产业。

2000年后，随着全球经济一体化的深度推进，以及电子商务、大数据、物联网等技术手段与物流的深度融合，物流业的发展越来越有活力，在生产制造、贸易流通和资源配置中发挥着重要作用。在现代各种运输方式中，铁路、公路及水路货运量占全国总体货运量的比例保持在98%以上，其中公路货运量占比超过七成，公路运输仍然是实现物流活动的主要方式。仓储环节是物流上下游流程的结合部，是现代物流的一个重要组成部分，在物流系统中起着至关重要的作用，也是物流企业研究和规划的重点。高效合理的仓储可以加快物资流动的速度，降低成本，保障生产、经营的顺利进行，并可以实现和强化对资源的有效控制和管理。

2023年，正在建设的鲁中数智物流与供应链产业园

沂源县受交通区位条件影响，在全国物流产业布局中，为淄博市中心的辐射区域，属于物流服务末端消费地，现代物流处于初步发展阶段。2020年，随着国家战略的逐步推进，物流产业政策引导已经从“大规模”逐步向“高质量”转换。沂源县在2020年初着手规划建设沂源大型物流园区，以提升物流企业规模化、集约化水平。2023年，启动鲁中数智物流与供应链产业园和沂源县电子商务物流园2处大型物流园区建设。

鲁中数智物流与供应链产业园项目位于沂源县南麻街道古泉村南侧（瓦日铁路沂源火车站附近），由山东鲁科物流有限公司承建。规划用地763亩、总建筑面积约24万平方米，主要建设冷库、农副产品加工车间、仓储物流中心、农副产品交易中心、农副产品检测中心、应急物资储备库，配套建设园区道路、停车场、硬化堆场等基础设施，总投资14.5亿元。

2023年底，鲁中数智物流与供应链产业园在完成项目立项、用地规划许可、建设规划许可、施工许可和古泉村、东高庄村、南刘庄村的征地拆迁补偿的基础上，累计投资2.5亿元，物流园区起步区1~7号仓主体工程完成60%。

鲁中数智物流与供应链产业园分为智慧物流示范园区、多式联运枢纽园区、冷链物流集聚中心和绿色货运示范基地。以沂源县工业品产业和绿色农果产业高质量发展为契机，以5G、物联网技术、智慧物流等为支撑，构建现代物流业与先进制造业融合发展的承载基地，将该物流园区打造成为立足沂源县、辐射鲁中地区，集智能仓配、冷链物流、城乡配送、多式联运、集装箱运输、智慧供应链、原料产成品物流交易、物流金融等现代服务业为一体的现代智慧物流产业园。

沂源县电子商务物流园位于沂源县城南麻大街与沂河路交叉路口北侧路西。物流园总占地100亩，建筑面积12万平方米，园区集快递分拣中心、绿色智能仓库、电子商务公共服务中心、大数据中心为一体，总投资4亿元。

2023年底，征地9.88亩用于电子商务产业园、孵化园和公共服务中心建设，正在进行桩基施工和基础施工。

电子商务物流园建成投入运营后，将显著提升沂源县的物流配送效率，特别是在优化物流资源配置后，将有效降低物流成本，提高物流运作效率，推动地方经济的增长，能够进一步打通县域共同配送的“最后一公里”，同时，创造1200余个就业岗位，预计将带动相关从业人员3200余人。电子商务物流园的运营将进一步推动沂源县的电子商务和物流行业的产业集聚，形成产业集群效应，凝集更多的物流企业进驻，从而带动整个行业发展。

运输相关业务

汽车维修

20世纪60年代，驻沂源的临沂运输公司汽车七队建有汽车修理车间，沂源县运输合作社建有简易汽车修理房，主要用于自备车辆的检修，这是全县开展最早的汽车修理业务，但只能进行一般性的修理和保养，汽车出现大的故障，不能自己修理的，还需要送到外地“驻修”。

20世纪70年代初，县交通局也成立了汽车维修车间，主要是修理和保养自备车辆。1975年10月，为进一步扩大汽车维修规模，提高汽车维修能力，满足全县日益增长的汽车维修需求，县交通局在原汽车维修车间的基础上，成立沂源县汽车大修厂，这是全县第一家汽车修理厂。由于当时很难找到懂汽车维修的工人，经过多方打听，才找到几名在部队开过车或从事过汽车维修工作的退役军人，招收为汽车修理工，又从唐山公社招工50余人，送到临沂的汽车大修厂，分不同工种进行培训，大都学习1年左右的时间，基本具备了开展维修业务的能力，才回来上岗。后期，县商业、供销系统的车队和一些企业自备车队，也相继开展了汽车维修业务，有的还兼营汽车配件。

1980年后，随着全县机动车辆不断增多，南麻一村、二村、三村陆续成立维修厂，开展社会车辆维修业务，主要有汇丰汽修厂、桥头修理厂、隆祥福利汽修厂等。

20世纪80年代中期，全县汽车维修行业快速发展，缓解了“修车难”矛盾。但由于各维修业户隶属关系复杂，所有制形式不同，行业管理也缺少明确的法规政策依据，导致维修市场秩序比较混乱，厂点布局不合理，开业无审核，修车无技术标准，工时无定额，价格不统一，维修质量低劣。

1986年，国家经委、交通部、国家工商行政管理局颁布《汽车维修业管理暂行办法》，全县汽车维修行业管理工作开始走向有法可依、有章可循的轨道。

1988年，县交通局成立汽车维修行业管理所，具体负责全县汽车维修业的管理工作。是年，对全县汽车维修厂家（站点）的技术力量、设备条件和管理情况逐一进行摸底、登记，统一汽车维修厂家（站点）的工时、价格和票证，并按照实际维修能力核发经营许可证。是年8月，沂源县汽车大修厂因经营管理不善，企业出现亏损，造成资金缺乏，经营困难，经县体改委、县经委研究，商同县交通局同意，由沂源县玻璃厂予以兼并，沂源县汽车大修厂厂名注销。

到1993年，全县汽车维修厂家及专项维修业户发展到59家，从业人员达430多人。为提高维修行业从业人员的职业道德素质，培养汽车维修技术人员的实际操作能力，县交通局会同县人事局举办了全县汽车维修技术人员培训班，培训结束后统一进行考试，由县人事局负责评定并颁发证书，全面提升了汽车维修行业的服务质量和从业人员的业务素质。

1997年7月，交通部颁布《汽车维修业开业条件》行业标准，将汽车维修企业分为三类。一类汽车维修企业可从事汽车大修和总成修理，亦可从事汽车维护、汽车小修和汽车专项修理；二类汽车维修企业可从事汽车一级、二级维护和汽车小修；三类专项维修业户可从事车身修理、涂漆、电器、轮胎修补、曲轴修磨、气缸镗磨等专项修理业务。是年，县交通局联合工商、城管等部门，对全县维修市场进行整顿，按照行业标准，核定三类维修企业23家，查处超范围经营、无证经营维修业户80多家。

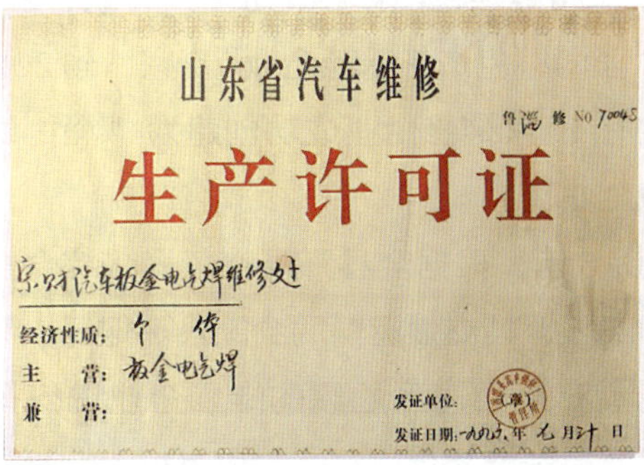

维修业户生产许可证

2000年后，县交通局联合相关部门每年进行一次汽车维修市场清理整顿，在有些维修企业退出市场的同时，一些维修企业也不断发展壮大，全县三类以上维修企业逐年增多，维修企业的维修设施设备不断提升，很多维修企业都设有机修车间、钣金车间、烤漆房等，业务也不断扩展到机修、保养、钣金、喷漆、美容、洗车，有的维修企业还增加了汽车销售、拖车救援等业务。到2010年，一类维修企业发展到2家，二类维修企业发展到12家，三类维修企业发展到32家。

2012年开始，根据省交通运输厅下发的《山东省一、二类汽车维修企业质量信誉考核实施办法（试行）的通知》《山东省三类汽车维修业户和其他机动车维修企业质量信誉考核实施办法（试行）》，县交通运输局对全县汽车维修和其他机动车维修企业开展质量信誉考核工作，对质量信誉差、考核指标不达标的维修企业予以取缔。2013

汽车维修企业场地

年，市交通运输局在全市汽车维修行业开展“淄博绿色汽修示范企业”创建工作，到2014年，全县培育“淄博绿色汽修示范企业”1家，2015年培育“淄博绿色汽修示范企业”2家，到2023年，全县共有11家维修企业成功创建为“淄博绿色汽修示范企业”。

2016年，根据全县开展空气异味综合整治专项行动部署，县交通运输局会同县环保局、县城管执法局，对全县产生危废的维修企业进行摸底排查，督促指导维修企业对烤漆房进行活性炭加过滤棉改造，并定期更换。对汽车维修过程中产生的危险废物严格隔离存放，与具有危废处置资质的企业签订回收协议，及时登记危废产生数量和转移数量。2019年，全县专门成立维修行业环保治理专项行动办公室，由县交通运输局牵头，从市场监管、综合行政执法、生态环境等部门抽调专人，开展全县机动车维修行业危废治理专项行动，危废处置乱象问题得到遏制。

汽车维修企业和专项维修业户大都分布在公路沿线，“脏、乱、差”问题一直难以根治。2021年6月，由交通运输、市场监管、生态环保、综合行政执法等部门和各镇（街道），组成工作专班，对全县440家机动车维修企业、专项维修站点，开展综合整治专项行动，对机动车维修经营业户实行台账式管理，逐户检查，发现问题，下达整改通知和督办通知，限期整改，整改完成后予以备案销号。此后，不定期开展整治“回头看”，以保持整治活动的持久效果。

驾驶员培训

沂源县驾驶员培训行业发展相对较晚。20世纪60年代，在沂源县从事汽车驾驶员工作的，大多是在部队学习过汽车驾驶技术的转退军人。在当时，社会人员想学习汽车驾驶，需要到临沂地区交通委员会监理站备案，交纳500元左右办理学习证，学习方式主要是“以师带徒”的模式，学员需要自己找10年以上驾龄的老驾驶员拜师学艺，通过给老驾驶员当徒弟的方式学习驾驶技术，学徒3个月后，才能到临沂参加驾驶员考试。

改革开放后，很多个人想学习驾驶技术，但沂源县没有可供驾驶员培训的车辆，到外地参加培训很不方便。1983年，县交通局监理站委托驻沂源的54870部队，使用部队车辆、场地进行驾驶员培训，当时只能培训大车驾驶员。54870部队抽调10台车辆，每台车编一个班，每班12人。培训费用在900~1100元，每6个月考试一次，年培训能力在300人左右。

从1992年开始，沂源县交通警察大队牵头组建淄博鲁中驾驶员沂源培训队，开始使用社会车辆进行培训，也增加了小车（皮卡）项目。培训科目分为理论、场地、路考三项。学习完成后，由淄博鲁中驾考中心派人来沂源进行考试。

2005年5月，《中华人民共和国道路交通安全法》颁布实施，允许社会力量开办驾驶员培训机构。但每个地区的培训机构受行业规划限制，须经省交通主管部门运管机构审核认定，根据当地的人口数量匹配驾培机构数量。

2006年3月，淄博宏顺驾驶员培训有限公司成立，共有教练车48辆，教练员53名。自此，沂源县有了第一家民办驾驶员培训机构。同年6月，淄博舜远驾驶培

驾培公司训练场地

训有限公司成立，共有教练车43辆，教练员45名。到2010年，全县2家驾驶员培训机构共配备教练车105辆，其中普通货运教练车8辆、小型教练车97辆；共有教练员112名，年培训能力8000人左右。学员完成培训后，需到淄博鲁中驾考中心进行考试。到2017年，学员也可以在沂源本地预约考试。

2010年后，随着经济社会的发展，私家车的增多，学车的条件也越来越方便，社会上逐渐出现了一种"学车热"现象，全县报名参加驾驶员培训的人数大幅增长，很多报名人员需要排队等候数月才能安排培训。在这种情况下，一些外地驾驶员培训机构将教练车租赁出去，在沂源县设立教学点，非法从事异地培训。由于教练员业务能力差，教学设施简陋，严重影响了驾驶员培训质量，同时存在收费混乱、培训学时少、培训内容不全等问题。为维护驾驶员培训市场秩序，2011年，县交通运输局运管机构对进入沂源非法异地培训的10处培训点、23台教练车，依法进行了取缔。2012年4月，为缓解培训机构少，不能满足快速增长的学车需求矛盾，经申请批准，成立淄博昌泰驾驶培训有限公司，全县驾驶员培训企业达到3家，年培训能力达到1.2万人。

2016年，国务院办公厅下发《关于推进机动车驾驶人培训考试制度改革意见的通知》，取消行业规划限制，设立驾驶员培训机构不再受指标、规划等条件限制，全县驾驶员培训市场也随之全面放开。2020年后，全县相继成立了5家驾驶员培训机构。到2023年，全县驾驶员培训机构共有8家，教练车228辆，教练员239名，年最大培训能力1.64万余人。

驾驶员培训企业选介

淄博宏顺驾驶员培训有限公司

淄博宏顺驾驶员培训有限公司位于沂源县城振兴路东首，成立于2006年3月，占地面积4万平方米。共有教练车40辆，从业人员43名，年培训学员1000余人。

公司训练场地21800平方米，具有完备的灯光、标志标线、人工障碍物等训练设施设备。2007年11月，经省公安厅交警总队验收批准，公司场地从2007年至2012年期间一直为专用考试场地。

淄博舜远驾驶培训有限公司

淄博舜远驾驶培训有限公司位于沂源县城人民路东首鲁中商业博览城内，成立于2006年6月，共有教练车43辆，从业人员45名，年培训学员1000余人。

公司训练场地20640平方米，共有学员培训专用计算机20台，驾驶模拟机10台，学时模拟机2台，多媒体教学设备1台，教学磁板1块。

淄博昌泰驾驶培训有限公司

淄博昌泰驾驶培训有限公司位于沂源县城鲁山路沂蒙山果菜批发市场内，成立于2012年10月。共有教练车41辆，从业人员46名，年培训学员1600余人。

公司训练场地2.1万余平方米，办公用房500平方米，共有学员培训专用计算机20台，多媒体教学设备1台，教学磁板1块，VR模拟机3台，驾驶模拟机10台。

运输站场

沂源长途汽车站

1953年，设立沂源汽车站，位于原楼外楼宾馆旧址，占地面积约600平方米，隶属潍坊运输公司。1954年，迁至南麻老街中段；1955年，迁至沂源县药材公司旧址；1957年，迁至沂源县公路站旧址，占地面积约1000平方米。1965年12月，由潍坊运输公司划归临沂运输公司管理。1970年迁至沂源县内燃机配件厂旧址。20世纪50年代，沂源汽车站没有始发客车，只有少量过境客车进站停靠。1960年5月，开通沂源至临沂客运班线后，才有始发客车。

1974年9月，新建沂源汽车站投入使用，位于县城振兴路1号地段，由省交通厅和地方政府联合投资，临沂运输公司组织设计，临沂地区建筑公司承建，是当时全省县域内最新型汽车站之一。该站占地面积20113平方米，其中建筑面积2071.91平方米，后增加建筑面积3225平方米，主

位于县城振兴路1号的沂源汽车站

楼3层，一次候车1000余人次。共有职工49人。每天发送县内班车20个班次，发送长途班车59个班次。

1990年1月，沂源汽车站由临沂运输公司移交淄博运输公司。同年8月，沂源汽车站改称沂源长途汽车站。

1996年5月，沂源长途汽车站购买5台微机，实行微机售票，结束了手工填写车票的历史。1998年9月，实现微机联网售票，乘客可以在网上预约购票。

2002年12月，山东淄博交通运输集团有限公司（原淄博运输公司）投资224万元，购置沂源长途汽车站东侧紧邻的原商业局车队所属地段，扩大站场面积3735.6平方米。

2007年，在东北麻村北侧规划建设沂源长途汽车站新站，地址定为沂源县城历山路北段508号。2008年3月动工，占地面积41027平方米，总建筑面积13200平方米。其中，站房面积5000余平方米，发车场面积3000平方米，候车室面积1600平方米，设有24个检票口、7个售票口，日旅客承载量8000余人次，总投资8000余万元，2009年9月27日正式启用，成为沂源县旅客集散中心和对外交流的重要交通枢纽。

2002年3月，被山东省交通厅道路运输局评为文明车站；2003年2月，被山东省交通厅评为巾帼文明示范岗；2005年2月、2008年2月，先后两次被山东省交通厅道路运输局评为文明服务先进单位；2010年，被山东省道路运输协会、山东省企业经营管理学会、山东省价格协会、山东省统计学会评为“2008—2009年度山东省道路运输百强诚信站场”。

沂源县公用型客运站

沂源县公用型客运站建成于1994年5月，位于县农机公司第一配件门市部大院内（现沂源移动公司位置），是专门为个体客车停靠而设立的，停车场占地面积2700平方米，建设办公室2间。

1985年后，个体客车发展很快，到1994年，全县个体客车发展到125辆。由于这些个体客车在县城没有固定停靠场所，只能在城区街头乱停乱放，到处转圈揽客，随意停车上下客，不仅运行秩序混乱，也影响城区交通安全。为规范个体客车的经营秩序和运行秩序，县交通局报经市交通局和县政府

沂源长途汽车站

批准，经与县农机公司协商，在农机公司第一配件门市部大院内，拆除旧房、厂棚20多间，平整场地2500多平方米，建设沂源县公用型客运站。客运站建成后，组织全部个体客车进站停靠，县交通局运管部门派驻管理人员17名，对个体客车实行统一调度、统一排班、统一票价、统一管理，个体客车的经营秩序和运行秩序明显规范。

1995年12月，根据客运市场发展需要，县交通局组织沂源长途汽车站对社会车辆开放，个体客车统一进沂源长途汽车站停靠，由沂源长途汽车站提供候车、售票、排班、发车等一整套站务服务。沂源县公用型客运站随之撤销。

邮政快递

驿递亦称邮驿、驿传，是中国历代王朝沿用的通信制度，驿站是传递官府文书、物品，护送过往官员的通信机构。自1896年（清光绪二十二年），随着国家邮政的开办，各地相继设立大清邮局。

民国时期，在沂水县东里店、悦庄、南麻和蒙阴县鲁村，设邮政代办所。1944年，沂源县抗日民主政府成立，沂源县成为行政区，邮、交、发三位一体的战时邮局随之在沂源组建。1948年，随战局好转，交通线站撤销，改为邮路管理。沂源县战时邮局建立后，经体制变迁改为沂源县邮电局。

新中国成立初期，县邮电局的邮运、投递为一个班，后改为递运组、邮政组、邮政班。沂源县境内的邮路按其担负的任务分为省内邮路、市内邮路、农村邮路；按其使用的运输工具分为自办汽车邮路（简称自办）、委办汽车邮路（简称委办）、摩托车邮路、自行车邮路（简称车班）、步班邮路；按其投递方式可分为城市投递和农村投递。

改革开放后，经济的快速发展和人民生活的需要，为快递业发展提供了良好的市场条件，现代快递业在中国从无到有，逐渐形成了一定的规模。

进入20世纪80年代，世界著名快递公司打入中国大陆市场，占据国际快递业务主要市场。国家邮政局先后于1980年、1984年开办了国际、国内特快专递业务（EMS）。在快递市场巨大潜力的推动下，国内相继成立不同经济成分、不同经营模式的快递公司，在快递市场中不断摸索和发展。

20世纪90年代，沂源县快递市场已由最初单一的邮政速递发展成为国有、民营等多元主体共存的良好格局。在多元化的市场体系中，民营企业凭借机制灵活、成本较低、反应快速、从业人员众多的优势，成为快递市场的主力军，业务量和业务收入均占绝对优势，其寄递市场份额占到全县寄递市场的80%以上，并且保持了较快的增速。

到2021年，邮政快递企业（营业部）共有7家，其中邮政企业1家、快递公司3家、快递营业部3家。

2022年4月，县编委下发《关于明确县邮政快递业监管体制的通知》（源机编〔2022〕5号），在沂源县交通运输管理服务中心加挂沂源县邮政业发展服务中心牌子，承担辖区寄递行业、邮政相关服务监管辅助工作，负责邮政行业安全生产、数据统计和申诉处理等辅助工作。

2022—2023年，为加快城乡寄递物流体系建

邮政快递分拣现场

设，逐步推进县、乡镇（街道）、村三级寄递物流体系，打通便利“寄递网”，先后建成1处县级快递共配中心和10处镇级快递服务中心，依托村委办公室、超市或小卖部等在全县440个行政村设立村级快递服务站点，基本实现“村村有网点，网络全覆盖”。

2023年9月，投资4亿元的沂源县电子商务物流园项目一期工程开工建设，将快递网络建设与电子商务、综合园区共同规划，园区设有快递分拨中心，将引入先进的物流技术和信息系统，实现智能化配送和管理，提高快递配送效率和准确性。

2024年3月，积极深化融合发展，培育“交邮下行+共同配送”服务品牌，盘活资源，探索“交邮”合作新模式。持续推进农村客运、邮政快递共享运力资源，着力构建“邮政专业运送为主、城乡客运班线车辆代运为辅”的协作机制，设立8条城乡客货公交一体化班线，辐射线路上15个邮政支局，实现县邮件处理中心与乡镇邮政支局双向客邮发展，更好地满足农村地区群众寄递需求。

道路运输往事

沂源县第一条仿铁路木轨道

1958年钢铁“大跃进”一开始，东里公社就在全国有名的露天铁矿蕴藏地韩旺大队，建炼铁土高炉。在一没技术、二没设备、三没资金的情况下，土法上马建起了韩旺炼铁厂。同时也在沂源一中（东里）操场上建起了炼铁厂。炼铁厂建起后首先需要的是煤，公社组织全部劳力放弃秋收到博山肩挑人抬运煤，解决了第一批炼铁用的燃煤之急。随着小高炉的不断增加，炼铁厂的规模不断扩大，其他公社相继建起了许多小炼铁厂，耗煤量之多是难以估计的，光靠人力和木轮车供煤是满足不了需求的。大批原料需要运进，大批产品需要运出。由于铁矿开采后铁矿石除满足本地炼铁厂以外，还要供应其他很多炼铁厂，势必要有强大的运输能力支撑，否则大炼钢铁就是空谈。当时境内的公路只有一条博沂路，那时全县还没有一辆汽车，公路运输主要靠木轮车和少数的胶轮车。钢铁“大跃进”的形势只允许大干快上，没有条件创造条件也要上，否则就被拔白旗。东里公社党委开始动脑筋、寻出路，有人设想，如果能修一条铁路直通博山，那就解决大问题了。那个年代修铁路只是一种幻想，国家投不起，地方就更无从谈起。

公社党委根据上级指示精神，修不起铁路，就用木轨道代替，大树伐了不少，要加工成木轨道需要很长时间才能晾干使用，势必拖长工期，当然不符合“大跃进”精神。通过学习外地经验，利用床桄做木轨道是一个既省力又加快建设速度的好办法。于是要求各户在限定时间内，将各家睡觉用的木床无偿地全部献出来，谁思想不通就开他的辩论会，除有病卧床不起和坐了月子的外，所有的木床在3至5天之内全部抬出。基本没有顶风而上表示反对的。社员的木床献出去了，睡觉怎么办呢？只有睡地铺，有条件的垒上几块坯当腿，上面放几根木棒，搭成简易床睡觉，大部分没条件的就席地而卧。在那个时期结婚的男女青年多数睡地铺。

很短时间内，一条从韩旺炼铁厂起，途经马家沟、东长旺、院峪、东安到东里的用床桄建成的仿铁路木轨道诞生了，全长20华里，是全县第一条木轨道。

有了木轨道没有车厢也不行，于是又让各户将衣柜无偿献出来，在底下镶上四个木轮在木轨道上运行。动力是用人推着走。当时在全县乃至全省都掀起了木轨道运动。鲁村、悦庄等公社及个别村也修了木轨道，但都不如韩旺炼铁厂至东里的木轨道长。全县的人民公社社员都饱尝了“一平二调”之苦。

为什么当时的公社社员这么听指挥？让献床就献床、让献柜子就献柜子、让献锅就献锅、让献鏊子就献鏊子，第一是迫于对命令风的压力，第二是对共产主义幸福生活的无限向往。当时宣传的共产主义标准是“耕地不用牛，点灯不用油；吃穿不用愁；楼上楼下，电灯电话”。有人问：“耕地不用牛用什么？”回答说：“用红头骡子万能机（拖拉机）。”并说有的公社已经实现了共产主义。认为上级号召干的，都与尽快实现共产主义有关。所以有意见也就小家服从大局了。

木轨道没有一点实用价值，一次也没用，就无人管无人问了，木轨道成了一个名副其实的劳民伤财工程。

1961年结合反“五风”，对在“大跃进”中无偿平调各户的木床、衣柜、锅、鏊子等物品，有物的退了物，没有物的退赔了款。安定了人心，稳定了社会。

1958年成立的运输团

1958年9月，为保持充足运力，满足钢铁、煤炭运输需求，畅通生产生活资料供应，按照中央提出的“全党全民办交通”的方针，中共沂源县委研究决定，成立1500人的运输团。运输团划分为5个营、15个连、45个排。团、营配备专职干部，团设团长、政委，营设营长、教导员。营干部不定期随队出发，参加运输生产劳动。连以下干部，直接参与运输生产工作。

运输团共配备小推车1500辆，全部由各公社抽调，同时配备马车13辆。小推车主要承担沂源到博山之间的物资运输，洪沟煤矿、崮山煤矿的煤炭运输，以及路途较近的生产生活物资运输任务。马车主要负责路途较远的物资运输任务。

运输团修建了十几间泥坯草房当宿舍，冬天阴冷透风，居住条件艰苦。为方便运输队员就餐，运输团还专门建立了食堂。起初的伙食较为单一，主要为高粱面窝头；后期伙食得到改善，高粱面窝头换成了高粱、玉米、地瓜面三合一的窝头，运输队员还吃上了食堂工人自己制作的煎饼、面包等。到县外出发的运输队员，每人还可以带二三斤的熟饭，在路上吃。

在收入分配上，运输团进行过几次调整。最初采取按提成分配的办法，即60%归队员，做伙食费和工资；40%归公。后来采取半供给制的办法，即运输队员吃饭不掏钱，给予提成工资加奖励。再到后期，又恢复了四、六提成的分配办法。经过几次调整，最终确定了60%归运输队员、35%归运输队员所在公社、5%归运输团的分配方案。通过制定合理的收入分配制度，有力地调动了运输队员的积极性，提高了全团的运输效率。小推车的运力由原来一个人能推600斤，提高到一个人能推800斤，甚至有的能推1000斤以上。同时，运输时间也明显缩短，如到博山运输物资，原来四天返回，后期只需三天就能返回；到洪沟运输物资，原来三天返回，后期两天便可返回。

运输团的成立，畅通了城乡物资交流，改善了群众生产生活资料供应，支援了工农业生产，特别是有效缓解了大炼钢铁运动中煤炭运输的压力。运输团成立后期，人员逐步减少，到1961年解散。

人民公社办运输

新中国成立后，在运输能力比较落后的情况下，为保障全县物资、商品的供应和流通，沂源县大力倡导人民公社办运输，通过加强民间运输能力，更好满足工农业生产和群众生活需要。1959年，沂源县对各公社办运输专门作出部署安排，要求全县13个公社，都要建立民间运输组织，并将人员配备和运输工具数量进行了分配。共组织运输劳力1660人，组织胶轮小推车1660辆。其中，东里、悦庄、张庄公社各组织200名运输劳力、200辆胶轮小推车。胶轮小推车较多的公社，都编成若干运输分队。

1960年，随着全县工农业生产和商品流转的不断扩大，国营汽车、马车运输力量仅能保证重点物资运输和长途物资运输，无力承担县内的煤炭、矿石、粮棉和商品流转等短途运输。据当年9月运输情况，全县仅完成运量计划的75%，尚有1.2万吨物资积压，没法运出。为此，县运输指挥部提出，解决短途运输问题，已经成为当前经济工作中的中心任务，抓住短途运输，是完成全年生产计划的一个决定性的关键，各公社应立即行动起来，进行组织。根据县运输指挥部要求，各公社迅速组织开展短途运输的群众运动，利用全县仅有的4400辆胶轮小推车，共组织了2200辆的专业运输队和2200辆的副业运输队。为加强短途运输的组织管理，各公社成立了运输调配部（或公社运输队），统一调度本公社各生产大队组织起来的车辆，并设有专职调度员及兼职领导干部，负责运输队员的教育管理和收入分配管理。各公社还认真贯彻县运输指挥部制定的“全县运输工具统一调度使用，保证重点，照顾一般，先外后内”的原则，坚持每五天向县运输指挥部汇报一次车辆动态和任务完成情况，接到县运输指挥部指令后，迅速动员运输队员按指令完成任务。同时，加强与有关部门的联系与协调，尽量安排双程运输，节约运力。

1961年，根据临沂专员公署劳动局、交通局统一安排，沂源县从各公社抽调200名劳力和200辆小推车，组成专业短途运输队伍，由临沂专员公署交通局统一调度，统一安排任务，主要是完成本县生产救灾物资的运输，以及粮、盐、煤和重点港口、车站物资的运输。

人民公社办运输坚持“农闲马上搞、农忙小搞、秋后大搞”的原则，通过不间断地开展短途运输的群众运动，极大缓解了县内短途运输的运力不足问题，有力支援了全县工农业生产。

一台锅炉的“长征”

从沂源县鲁村镇草埠村到淄博市张店区，全程100多公里，开车走高速公路，一个半小时便可到达。交通四通八达的今天，距离早已经不是问题。可在20世纪50年代，一台锅炉的“长征”，足以显现出那个时代的“行路难”和“运输难”。

1958年，为解决草埠煤矿工人洗澡难问题，淄博501厂支援草埠煤矿一台蒸汽锅炉。锅炉装车后从张店出发，经益都（今青州）、沂水运至草埠煤矿，全程200多公里，足足走了46天才抵达。

当时从淄博到沂源的博沂路，还只是一条路面狭窄的简易公路，只能维持季节性通车。特别是松仙岭路段，山高坡陡，蜿蜒崎岖，雨雪季节车辆根本无法通行。在这种情况下，装载锅炉的汽车，只能选择绕道益都、沂水，然后从博沂路沂水段进入沂源。到达沂源境内后，到草埠煤矿的道路也都是低等级的简易路，不仅路况差通行难，而且多处路段需要翻山越岭。为保证车辆安全行驶，只好安排一辆拉着木板的马车和几十人的修路队伍，跟在汽车后面，遇到沟壑坑洼处就用木板或沙土垫，遇到狭窄处就拓宽路基，陡坡爬不上去就用人力把车推上去，边修路边行车，走走停停，停停走走，50多公里的路，整整用了16天才到达草埠村。这是草埠煤矿来的第一辆汽车，草埠村里狭窄的胡同，汽车根本无法通过，要把锅炉运进煤矿，只能拆除路两边的房屋。在村干部的带领下，有碍车辆通行的房屋，大家纷纷自觉拆除，共拆除房屋20余间，保障了运送锅炉的汽车顺利进入矿区。

“草埠煤矿来汽车了”成为当时草埠村最大的新闻，群众纷纷跑来一睹汽车的风采，也打开了草埠村群众的眼界。

开进“小三线”企业的客运班车

1965年，有多家“小三线”企业在沂源县建立。这些“小三线”企业都位于偏远的大山深处，职工外出要靠运输物资的货车捎带，极为不便。

为解决“小三线”企业职工的“出行难”问题，临沂运输公司汽车七队在仅有七辆客车的情况下，专门抽出两辆客车，开通了南麻至山东裕华修配厂、山东新华翻砂厂两条客运线路。山东裕华修配厂位于距离县城53公里的唐山公社裕华村，山东新华翻砂厂位于距离县城60公里的黄庄公社大上峪村。

当时运行车辆是解放牌33座客车，每日运行一班，下午4点从南麻发车开往两个厂驻地，第二天早上6点从厂驻地发车返回南麻。每逢重要节日，坐车的人们早早就在车门前排起长长的队伍，等候坐车。人多的时候，当天挤不上车的只能等待坐第二天的客车。附近村庄的群众，也经常步行几里路到厂驻地坐车。两条客运线路的开通，为“小三线”企业职工及家属进城办事、购物、转乘出行，提供了极大方便，同时也解决了客运线路沿途40多个村庄的群众“坐车难”问题。

“小三线”企业对开通客运班车非常重视，专门在厂招待所安排两个房间，供驾驶员、乘务员住宿，并由厂招待所食堂提供早餐和晚餐。节日期间，驾驶员、乘务员还能与厂里职工一起看电影，参加打篮球、文艺联欢等活动。

1970年前后，还有多条从外地开往沂源县

"小三线"企业的客运班线，主要有临沂至山东第一机械修配厂、临沂至山东第二机械修配厂、济南至山东红旗机械厂、济南至山东新华翻砂厂、济南至山东半导体厂、张店至山东新华翻砂厂等。

沂源县第一辆个体客车

1984年春节后，在唐山公社中西里村经营小卖部的县影剧院退休职工江东岗，从《大众日报》上看到一则消息，蓬莱县物资局要处置一辆客车。江东岗立刻联想到自己经营小卖部多年，经常从南麻坐客车到淄川、张店等地提货，途中的周转很不方便，而且随着经济的活跃，人员流动越来越多，很多人到城里办事都苦于出行不便。于是，他产生了一个大胆的想法，要把这辆客车买回来，开通一条跑张店的客运线路，既方便自己，也方便他人。考虑到自己的钱不够，便马上和几家亲戚商量，动员他们共同出资买客车。在一片质疑和反对声中，大家最终还是统一了意见，达成一致，凑钱买客车跑客运。

要到蓬莱买车，首先要找到会开车的驾驶员。在当时那个年代，找个客车驾驶员并不容易，几经查找，才在沂源县化肥厂找到了一名在部队开过车的退役军人。找到司机后，江东岗不敢耽搁，担心夜长梦多，便马上带着司机去了蓬莱，好在一切顺利，花5.9万元买回了这辆25座的客车。

客车开到家，在村里引起了很大轰动，个人买客车也成为当地的一大新闻，周边村里的人有很多专门跑来驻足围观，看个稀奇。让江东岗意想不到的是，客车挂牌异常顺利，首辆在个人名下的客车牌照很快办了下来。但接下来办理营运手续遇到了难题，受计划经济影响，道路客运经营手续审批在沂源县尚没有先例，工商管理部门办营业执照也无从下手，这时在一家报社担任记者的同村人得知这一信息后，主动联系省有关部门，工作人员表示，这是一件加快人员流动，促进地方经济发展的大好事。经过几番周折，省交通厅运输管理部门批复了道路客运经营许可手续，迈出了个体客车运行的第一步。紧接着是车辆燃油问题，需要有"计划指标"才能加上油，即使手里握着客车运行许可手续，也难以获得油料指标，又经过多方联系，才有了燃油指标。在一切就绪后，1984年4月16日，梭背岭至张店客运线路正式运行，这是全县第一条由个体业户经营的客运班线，每日运行一班，早上5点从村里发车，下午5点返回。出人意料的是，坐车的旅客特别多，尤其是周边和沿途村庄的群众，过去去淄川、张店都是从县城倒车，现在在家门口就可以直接坐车。运行一段时间后，市场放开，汽车加油不再有指标控制，燃油困境也迎刃而解。

但是，作为新生事物，一个问题解决了，另一些问题又困扰着。客车运行初期，沿途交通管理及客运站场，都对个体车辆有所抵制，如客车停放就像无头的苍蝇，到了淄川、张店，这里不让停，那里不让放，车站也进不去。有时停在汽车站或火车站大门口，经常被站场工作人员赶着、撵着，也被交通管理部门区别对待，严格约束着。这种情况一直持续了几年，随着改革开放步伐的加快，个体客车运营中的实际困难也都一一化解。

沂源县第一辆个体客车开通后，很快带动了全县个体客运的快速发展。江东岗作为沂源县个体客运市场上第一个吃螃蟹的人，也尝到了甜头，客车经营收入非常可观，运行第三年，他就还清了购买客车时几家亲戚凑的出资款，并给他们分了红利。

沂源长途汽车站对社会车辆开放

1995—1996年，沂源县交通局按照省交通厅关于"车进站、人归点"的要求，提前预案，组织沂源长途汽车站对社会车辆开放，成为淄博市第一家对社会车辆开放的汽车站。

20世纪80年代中期以后，沂源县个体客运迅猛发展，但由于管理跟不上，运行秩序和经营行为都存在很多问题。特别是缺少停靠站场，没有配套的站务服务，客运市场秩序始终得不到根本规范。在这种情况下，县交通局经过分析研究，并同淄博交通运输集团有限公司多次协商，确定组织沂源长途汽车站对社会车辆开放，打破所有制限制，将个体客车纳入沂源长途汽车站停靠，利用长途汽车站的站场设施和管理优势，实现国有、个体客车并轨经营，实行统一管理、统一组织客源、统一售票、统一结算、统一排班发车。为稳妥组织，有序推进，分两批实施。1995年12月，先组织发往张店、淄川、周村的42辆跨区县个体客车进站停靠经营。1996年9月，组织县内运行农村客运线路的125辆个体客车，全部进站停靠经营。

个体客车进长途汽车站经营，不是简单地把个体客车从站外的大街上赶进站内的停车场，而是一种管理的并轨和经营行为的统一。为适应个体客车进站后的新机制、新模式，沂源长途汽车站将车辆进出口大门，由振兴路改到沿河东路，扩大停、发车场面积2000平方米，重新规划了发车场区，有序引导旅客乘车。在候车室增加旅客排椅50张，增加售票窗口2个，扩充检票员、导乘员等站务服务人员60人，为客车有序进出流动和旅客顺利乘车提供优质服务。因当时没有开通城区公交车，出租车也比较少，为方便旅客进站坐车，沂源长途汽车站还专门安排一辆面包车，在城区循环运行，免费接送旅客进车站坐车。县交通局与沂源长途汽车站设立了联合管理办公室，加强车辆调度和经营业户的管理。县交通局运管所驻车站办公室，加强现场执勤和监督检查，全面维护好站场秩序，确保了国有、个体客车并轨经营后健康有序运转，客运市场秩序规范。

“三轮摩的”清退记

20世纪90年代后期，沂源县客运出租行业尚处于发展的初期阶段，市场发育还不成熟，行业管理也不够规范，运行车辆主要是一些二手的面包车、小轿车，一些零星的三轮机动车也混杂在其中从事客运出租经营，被很多乘客戏称为“三轮摩的”。2000年后，沂源县城区从事载客经营的三轮机动车开始增多，并以经营成本低、运行灵活的优势，迅速形成市场规模。2001年有40余辆，2003年达到150余辆，2005年发展到400余辆。

三轮机动车载客经营，虽然给群众出行带来了方便，但由于车辆本身不具备载客经营的技术条件和安全要求，运行中存在安全隐患，属于被禁止从事载客经营的车型，因此，三轮机动车载客从一开始就未经行业管理部门批准，属于擅自进入市场的非法经营行为。三轮机动车非法载客经营，不仅干扰了正常的客运出租市场秩序，而且在行驶中乱拐弯、乱掉头、乱停放等交通违章行为频发，也严重扰乱了城区交通秩序。为此，县交通局曾多次组织运政、交通稽查等执法力量，会同交警、城管等部门，对载客三轮机动车进行治理。但由于载客三轮机动车从业群体成分复杂，多为企业下岗职工、残疾人和县城周边村庄农民，在治理中遇到的不稳定因素多，导致治理不彻底，查处过后又出现反弹，清理一批又新上一批。到2006年底，在城区从事载客经营的三轮机动车达到870余辆。

为根治三轮机动车非法载客经营问题，从2006年开始，沂源县委、县政府就组织人员先后赴青岛、潍坊、泰安等地，学习外地治理载客三轮机动车的经验，对全县载客三轮机动车情况进行全面摸底，充分调研，反复酝酿。2007年6月，县委、县政府决定，通过多管齐下、疏堵结合的办法，对三轮机动车非法载客经营进行综合治理、全面清理。在前期反复研究，做好细致准备工作的基础上，根据实际，制定了切实可行的实施方案，成立了集中治理工作领导小组，从交通、公安、交警、城管等有关部门和单位抽调精干力量，组建了专门的工作班子和联合执法队伍。县里确定6月份为“集中宣传月”，充分利用县电台、电视台、报纸等新闻媒体，每天都对三轮机动车非法载客经营治理工作进行全方位、多角度、深层次的宣传报道。有关部门、单位组装了宣传车，在城区主要路段悬挂了横幅，张贴了宣传标语，形成了强大的社会舆论声势。县总工会、县直机关工委、团县委、县妇联、县教体局等党政群团组织都发了倡议书，引导各行各业干部职工、中小学生和广大群众增强社会文明意识和安全防范意识，改变出行习惯，自觉乘坐合法经营车，抵制非法经营车。县交通局印发了《致三轮机动车车主的一封信》，县劳动和社会保障局下发了《关于为放弃从事三轮机动车载客经营人员提供就业指导和服务的通告》，县公安局下发了《关于配合做好集中治理城区三轮机动车非法载客经营维护良好社会治安秩序的通告》等，组织工作人员进家入户发“明白纸”等宣传材料，向三轮机动车车主及其亲属面对面地讲政策、摆道理，使他们充分认识到三轮机动车载客经营的非法性和对公众利益的危害性，增强了主动退出客运出租市场的自觉性。

在治理工作中，对自愿放弃非法载客经营的三轮机动车车主，县里出台了一系列奖励政策和帮扶措施。对在2007年6月30日前退出市场的奖励2000元，7月10日前退出市场的奖励1700元，7月20日前退出市场的奖励1600元，以此类推直至9月30日，9月30日之后退出的不再进行奖励。县民政部门对符合政策规定的三轮机动车车主设立专门窗口，免费办理失业登记、求职登记、职业介绍和就业前引导性培训。对符合相关条件，有意到沂源大众交通运输有限公司从事合法出租经营的，协调相关部门办理相关手续，并给予一定优惠，共帮助三轮机动车车主再就业60余人。对放弃从事三轮机动车载客经营、符合城镇低保条件的优先办理低保手续，对家庭特别困难的予以救助，受到帮扶的有50余人，从而解除了他们的后顾之忧。

从7月1日起，在县城城区分路段、分阶段对非法载客三轮机动车实行禁行；自11月1日起，禁止三轮机动车在全县城区所有路段非法载客行驶。并从交通、公安、交警、城管、司法、工商等部门抽调50名执法人员组成联合执法队伍，对个别仍从事非法载客经营的三轮机动车依法严厉查处，从而使三轮机动车非法载客经营得到有效遏制。为巩固扩大集中治理成果，防止三轮机动车非法载客经营反弹，沂源县还积极研究建立长效机制，落实好相关配套措施，特别是大力发展公共交通，增开了1条环城公交线路，新投放了50辆轿车类出租车。通过大力优化公共交通运力结构，为城区居民出行提供了更安全、便利、舒适的条件。

沂源县综合施策、集中整治、全面清理非法载客三轮机动车的做法，得到上级交通主管部门的高度肯定，后期周边区县多次到沂源县学习治理载客三轮机动车的工作经验。

个体客车集约化改革始末

沂源县个体客车是从20世纪80年代中期发展起来的，县内农村客运线路全部由个体客车经营；沂源至淄川、周村两条区间客运线路，也全部是个体客车经营；沂源至张店客运线路客车，大多数是个体经营。个体客车的发展，为增加运力，搞活市场，方便群众出行，发挥了重要作用。随着经济社会不断发展，人民群众对乘车环境、乘车服务等方面的要求越来越高，群众的出行需求已经从“走得了”向“走得好、走得安全、走得舒适”转变。群众对提供安全可靠、经济适用、便捷高效的运输服务的期盼越来越迫切。而个体经营的客运线路，经营主体“小、散、弱”现象已不适应人民群众的出行需求，特别是个体业户经营客运存在安全设施投入小、抗风险能力弱、运行不规范等突出问题，已成为沂源县客运行业服务质量难提高、群众出行需求难满足、社会各界难满意的根本原因。

从2016年底开始，沂源县根据市交通运输局《关于推进我市公交客运集约化经营的意见》和淄交政〔2016〕023号文件精神，着手开展城乡公交集约化改革工作。2017年初，组织人员先后赴沂水县、莱芜市、桓台县、临淄区等已完成一体化改革的地区考察学习，充分借鉴周边市县区的成功经验，结合沂源县实际，制定了《沂源县域内公交客运集约化改革实施意见》，在车站等场所进行了张贴公示，让个体运输业户对公交客运集约化工作有所了解。同时，按照“政府主导、企业运作、集约经营”的原则，确定了公交集约化运营企业为沂源大众交通运输有限责任公司、淄博交通运输集团有限公司沂源分公司。集约化改革的主要内容：一是理顺公交线路经营权，实行公司集约经营，不再对经营到期的承包（租赁、挂靠）车辆进行经营许可和车辆更新，由企业收回，进行集约化经营。二是对原运营车辆回购，统筹兼顾好原客运经营者权益，委托专业评估机构做好原运营车辆残值评估工作，按照评估协商原则，采取“以奖代补”方式鼓励企业出资回购车辆。三是对从业人员进行妥善安置，对符合从业人员资质条件的客运从业人员，由新确定的公交经营企业优先安排上岗，并与企业建立劳动合同关系。

由于沂源县城乡公交集约化工作涉及的线多、车多、人多，人员成分复杂，稍有不慎就会引发社会不稳定和群体性事件，稳定工作压力非常大。为此，沂源县未雨绸缪，周密部署，稳妥推进。2017年6月，县政府专门成立了由县长任组长的工作专班，下设由各相关单位负责人组成的协调推进组、新闻宣传组、依法治理组，完善了具体的《实施方案》和《车辆回收计划》。在9月30日前，全面做好宣传发动工作，充分利用新闻媒体，广泛宣传公交客运集约化改革的有关政策和意义，形成良好的社会氛围。同时做到和每条线路的个体运输业户沟通到位、政策解释到位，及时掌握思想动态，充分考虑每个运输业户的实际情况，确保改革工作顺利实施。9月30日后，本着“积极稳妥，先易后难”的原则，成熟一条，收购一条，成功一条。特别是在车辆收购、人员安置、奖励兑现等具体事项上，区别各种情况，循序渐进。参与集约化改革的客运公司出资2000多万元，用于个体车值赔偿金和退出补偿金，并对有意向的个体车主进行公司内安置。2017年12月31日，沂源县城乡公交27条线路、114辆车的个体运输业户全部签订了“回购协议”和“退市保证书”，并有85名个体运输业户经审核进入公司驾驶员实习期。2018年3月，所有车辆陆续完成了车辆过户手续，4月，全部实现了公司化运营。根据城乡客车集约化改革工作成功经验，沂源至张店、淄川、周村等区间线路58辆客车，于2021年12月集约化改革完成。至此，沂源县个体业户经营的客运车辆，全部实行公司化经营，个体客车退出历史舞台。

铁路与水路运输

记忆沂源·交通运输卷

扫码听书

铁路运输

概　况

瓦日铁路，西起山西省吕梁市兴县瓦塘镇，东至山东省日照港，为山西中南部铁路通道、晋豫鲁铁路通道，横跨晋豫鲁3省13市。该铁路全长1260公里，设计标准为国铁Ⅰ级、双线电气化，以运煤为主，兼顾客运。瓦日铁路与京广、京沪、京九等7大干线铁路互联互通，是连接我国东西部的重要煤炭资源运输通道，是世界上第一条按轴重30吨重载铁路标准建设的铁路，是国家八横四纵铁路网中一条重要运输干线。2010年9月底开工建设，2014年12月底正式建成通车。

瓦日铁路在沂源境内长53.3公里，途经鲁村、南麻、燕崖、中庄、张家坡、东里6个镇（街道），是沂源县境内第一条铁路。其中，境内有12处铁路隧道，总长21.5公里；桥梁17座，总长12.3公里（桥隧比例高达63%）；路基57段，总长19.8公里。沂源段总投资43亿元。该铁路设计货运能力每年2亿吨，客车每日15对。

建设过程

2008年10月16日，中铁工程设计咨询集团有限公司向沂源县通报了山西中南部大能力铁路对外通道（以下简称铁路通道）规划建设情况，并进行前期勘测调查。同年10月24日，沂源县向淄博市委、市政府上报了《关于争取铁路过境沂源的工作汇报》，并向中铁咨询公司发出了《关于山西中南部大能力铁路对外通道山东段过境沂源的有关问题的函》。随后，山东省委、省政府下发《关于全面加快我省铁路建设的决定》（鲁发〔2008〕20号），确定“十二五”期间，开工建设山西中南部出海铁路泰安经莱芜、沂源、沂水至日照段。

2009年1月9日，铁道部、山西省、河南省、山东省联合向国家发展改革委报送山西中南部铁路通道项目建议书。新建线路自山西省瓦塘镇站引出，经临县、柳林、长治、汤阴、莱芜、沂源、沂水至日照南站，计划2009年开工，2013年竣工。其中，沂源县境内线路全长约53公里，投资约41亿元，铁路等级为国铁Ⅰ级。2月1日，中铁咨询公司铁路通道莱芜至日照段勘测队进驻沂源，县发展计划局协助中铁咨询公司勘测队员搜集有关基础资料。3月10日，县政府分管负责人参加了在北京召开的山西中南部大能力铁路对外通道山东段部分段落方案研讨会，会议由铁道部发展计划司组织，山西中南部大能力铁路对外通道过境沂源县的方案被作为推荐方案。3月23日至25日，县发展计划局主要负责同志参加在北京召开的新建山西中南部铁路通道项目建议书评估会，会议听取了铁路设计部门的项目汇报和参会代表的意见，与会专家对项目方案进行了审查评估，并形成了专家组意见。过境沂源的方案再次被作为推荐方案。4月8日至11日，县政府主要负责人前往北京，与中铁咨询公司山西中南部铁路通道项目有关负责同志就铁路过境沂源问题进行深入探讨。5月2日至4日，省发改委铁路办副主任、规划处处长孙永田来沂源县调研铁路争取工作。5月26日，淄博市市长周清利向山东省副省长王仁元作了专题汇报。

瓦日铁路沂源段

2009年7月3日，省铁路办组织召开山东段线路方案研讨会，会上，推荐方案仍然是过境沂源的线路方案。同时，沂源县向省发展改革委铁路办领导和设计部门提出了在东里镇建设站场的要求。8月22日，县政府召集铁路沿线徐家庄乡、鲁村镇、南麻镇、燕崖乡、石桥乡、中庄镇、东里镇7乡镇的乡镇长和县发展计划局、交通局、公路局的负责同志召开了铁路工作协调会，要求沿线乡镇和有关部门要提前介入，全方位搞好工作配合。12月8日，国家发改委（发改基础〔2009〕3067号）批复同意新建山西中南部铁路通道。线路自瓦塘镇站引出，经临县、柳林、蒲县、洪洞至长治，引入京广线汤阴东站，利用既有汤台铁路并增建第二线至侯庙站；新建线路自侯庙站引出，经泰安至辛泰铁路范镇站，利用辛泰铁路并增建第二线至莱芜东站；新建线路自莱芜东站引出，经沂源、沂水、巨峰南至日照南站。线路全长1260公里。12月22日，山西中南部铁路通道在河南郑州召开工程建设动员大会，中共中央政治局委员、国务院副总理张德江宣布工程开工。山东省副省长郭兆信参加大会。

2010年2月25日，淄博市政府以淄政字〔2010〕18号文件批复设立沂源县铁路建设筹建办公室，主要负责山西中南部铁路沂源段的项目争取、项目建设工作，以及其他相关铁路项目的建设管理和协调工作。3月5日，沂源县委任命董京伟为沂源县铁路建设筹建办公室主任。3月17日，山东省委书记姜异康、省长姜大明和常务副省长王仁元在青岛与铁道部主要领导商定山西中南部铁路通道山东段按可研报告批复方案修建。至此，铁路通道项目过境沂源的方案最终确定。3月21日，中铁咨询公司地路院人员进驻沂源，设计前的地质钻探工作正式开始。6月17日至20日，山西中南部铁路通道（汤阴东至日照南段）初步设计审查会在北京召开，淄博市发展改革委和沂源县政府分管领导参加会议，会上，沂源县对南安乐大桥影响牛郎织女景观、南麻镇齐家屋子村至燕崖乡南安乐村段占用200多亩大樱桃基地和中庄镇朱家泉村90多户村民房屋拆迁等问题作重点汇报。会议确定，因受地形、转弯半径和村庄等多种因素限制，南安乐大桥无法降低桥高和线路绕避，同意沂源县提出的南麻镇齐家屋子村至燕崖乡南安乐村段设计线路向北偏移、适当取直、减少占用大樱桃和苹果基地的隧道方案，同意中庄镇朱家泉村向北适当改线大量减少拆迁的方案。优化方案减少占用200余亩樱桃园、苹果园，大量减少拆迁，由此增加铁路建设投资7000万元。根据设计方案，该铁路经过沂源县的徐家庄乡、鲁村镇、南麻镇、燕崖乡、中庄镇、石桥乡、东里镇7个乡镇，全长53.3公里，投资43亿元。沂源站为客货站（山东8个新建中间站中，仅东平站和沂源站有货站），预留韩旺站和沂源经济开发区专用运输线接口。6月29日，铁道部正式批复山西中南部铁路通道汤阴东至日照南段初步设计，标志着沂源县铁路建设正式开始。9月7日，山西中南部铁路通道汤阴东至日照南段工程完成招标工作。沂源段桥梁桥墩、隧道、路基工程由中铁二十局承建，桥梁梁板架设、铁轨铺设由中铁十七局承建，电力接触网、通信、信号等工程由中铁电气化局承建，火车站站房楼由中铁十局承建。9月12日，中铁二十局指挥部人员进场，开展施工前期准备工作。

2010年9月29日，晋豫鲁铁路通道沂源段开工仪式

2010年9月29日，晋豫鲁铁路通道沂源段开工仪式在燕崖镇举行。淄博市委书记、市人大常委会主任刘慧晏，沂源县委书记、县人大常委会主任韩国祥等市、县领导及铁路设计建设等相关单位负责人参加。11月6日，淄博市机构编制委员会以淄编〔2010〕25号文件批准设立沂源县铁路建设管理办公室（简称“铁路办”），为沂源县人民政府领导的副县级财政拨款事业单位，核定人员编制8人。

2011年3月9日，沂源县政府召开铁路征地拆迁协调会议，要求五一前完成铁路正线房屋拆迁任务。县铁路办、国土资源局、沿线各镇和中铁二十局有关领导参加会议。

2012年3月2日，县政府主持召开铁路征地拆迁协调会议。县铁路办、国土资源局、沿线有关镇和通道公司、中铁二十局有关领导参加会议。同年5月25日，召集发改、经信、国土、建设、规划、环保、交通、城资公司、南麻镇、铁路办主要负责同志召开规划方案征求意见会议，各单位针对南崖路改线、站前路与瑞阳大道在站前广场附近关系等问题提出了看法和建议。2013年3月5日，县政府召集铁路沿线各镇、县铁路办和中铁二十局召开铁路建设工作协调会议。沂源县境内12座隧道已全部开工建设，累计开挖19102.8米，除西铁车二号隧道外，其余11座隧道已经全部贯通，17座桥梁全部开工建设。2014年7月28日，县政府召集县发改局、规划局、国土资源局、铁路办、南麻镇等单位召开会议，专题研究推进沂源县铁路专用线及仓储物流园区项目前期有关工作；8月29日，县政府与晋豫鲁铁路通道公司签订了沂源县铁路专用线项目接入沂源站工程代建协议；9月25日，县政府召集县供电公司、通信传输局、移动公司、广电网络公司、铁路办负责同志召开火车站变更工程征地、杆路迁改工作会议，要求涉及单位9月29日前完成迁改工作。

建设期间，沂源境内完成铁路建设正线用地1990.5亩的征地拆迁工作，清理果树4万余株，拆迁住宅房183户、看护房92户、规模养殖场2处，累计拆迁面积2.7万平方米。2014年12月30日，晋豫鲁铁路通道沂源段正式建成，结束了沂源没有铁路的历史，具有划时代的重要意义，对于促进沂源经济社会跨越发展发挥重大作用，产生深远影响。

主要桥梁

沂河1号特大桥 位于燕崖镇南安乐村、偏良山村南、牛郎官庄村北，全长2171.19米，采用双线空心桥台，台顶斜置，1#~35#、64#~65#桥墩采用双线圆端形实体桥墩，36#~63#桥墩采用圆端形空心墩，最高墩高度为56米。2011年4月22日动工，2013年5月10日竣工。

沂河2号特大桥 位于东里镇东里店附近，全长2035.2米，采用双线矩形空心桥台，台顶斜置与坡度平行，桥墩采用双线圆端形实体桥墩，最高墩高度为38米。2010年12月3日动工，2013年4月22日竣工。

主要隧道

西铁车2号隧道 位于鲁村镇小张庄村南，穿越碌礴崖、涝崮顶等悬崖陡坡及山间河谷区，跨沂源县、莱芜区两县（区），全长7851米，其中沂源县境内长6451米，为山东段内最长隧道，也是全线的控制性工程之一。隧道进、出口线路设计标高分别为312.205米、351.968米，洞身最大埋深约234米，最小埋深约27米，隧道内为单面坡，隧道穿越低山丘陵地区，地质构造复杂，相对高差最大约269米。该隧道于2010年11月13日动工，2014年2月19日竣工。

东安隧道 位于东里镇黄崖子村西北侧低山丘陵，隧道中部地形较陡峭，全长2906米。洞身最大埋深约196米，隧道内为单面坡，为5‰的下坡。隧道进口段位于直线上，隧道出口段穿越低山丘陵地区、冲沟发育，相对高差最大约160米。该隧道于2010年12月24日动工，2012年10月29日竣工。

铁路运营与管理

承担瓦日铁路运营责任的是晋豫鲁铁路通道股份有限公司。沂源境内在县城南部南刘家庄村南设火车站，为客货站，站内设5条到发线，东西走向，长3100米，南北宽40米，总面积190余亩。客货站台分别位于铁路线北、南两侧，并预留专用线接口。目前主要为货运，未开通客运。

为确保铁路安全运行，沂源县通过镇（街道）与铁路部门联巡联动，对铁路沿线500米范围内彩钢瓦、简易房、反光膜、防尘网等易漂浮物及牲畜侵入铁路问题进行日常安全巡查，对重点区段开展路外安全宣传和线路巡查，及时排除安全隐患，组织护路队员对沿线养殖户、穿越铁路钓鱼、拍摄视频的居民进行说服、劝阻，全力消除各类安全隐患。

2021年5月1日，《山东省铁路安全管理条例》正式施行；11月23日，按照《山东省铁路安全管理条例》规定，沂源县人民政府将铁路隧道结构外、地下车站结构外沿线向外五十米的区域，纳入铁路线路安全保护区范围，并在县政府网站予以公示。2023年3月6日，沂源县调整充实县铁路沿线环境综合治理工作机制，进一步明确以县交通运输局牵头，县发展改革局、县工业和信息化局、县公安局、县财政局、县自然资源局、县生态环境分局、县住房和城乡建设局、县水利局、县农业农村局、县应急管理局、县综合行政执法局等11个成员单位，各司其职、各负其责；组织镇（街道）开展铁路沿线安全隐患排查，组建铁路沿线安全环境巡查队伍，对铁路沿线500米范围内彩钢瓦、石棉瓦、树脂瓦、简易房、塑料薄膜、防尘网、广告牌等易漂浮物开展巡查整治，严防铁路沿线渣土堆、垃圾堆滑坡溜塌问题，铁路下穿桥涵按要求安装限高提示标识、水位刻度尺、硬隔离等措施，加强铁路安全防护措施；5月，沂源县成立公路、铁路路域环境综合治理办公室，为县政府议事协调机构，主要工作任务是贯彻市、县城乡环境大整治精细管理大提升工作的安排部署，落实各项工作任务，牵头做好公路、铁路沿线环境综合治理工作；7月，沂源县人民政府办公室印发《关于印发瓦日铁路沂源段沿线环境综合治理实施方案的通知》，要求加强瓦日铁路沿线环境安全隐患综合治理，重点是铁路沿线自然灾害、公跨铁桥梁、公铁并行地段防护设施、铁路桥下通航河道、铁路沿线环境五个方面，对铁路环治工作进行了依法依规综合治理。

瓦日铁路沂源境内桥梁一览表

序号	桥梁名称	中心里程	桥梁分类	单/双线	桥梁全长（米）
1	小张庄大桥	DK1084+294.52	大桥	双线	402.45
2	后坡村大桥	DK1086+121.40	大桥	双线	344.05
3	东五陡大桥	DK1087+329.35	大桥	双线	408.31
4	龙崖特大桥	DK1090+677.10	特大桥	双线	1193.6
5	大张庄河特大桥	DK1093+346.00	特大桥	双线	599.4
6	田庄水库特大桥	DK1096+484.87	特大桥	双线	828.24
7	古泉大桥	DK1101+500.63	大桥	双线	176.7
8	火石盖子中桥	DK1105+153.04	中桥	双线	62.6
9	燕崖大桥	DK1107+346.60	大桥	双线	274.8
10	辉村大桥	DK1110+065.31	大桥	双线	310.63
11	沂河1号特大桥	DK1111+588.32	特大桥	双线	2171.19
12	朱家泉大桥	DK1114+964.41	大桥	双线	244.85
13	东孝村特大桥	DK1117+162.25	特大桥	双线	641
14	前水北特大桥	DK1120+460.58	特大桥	双线	1553.21
15	罗家庄特大桥	DK1122+096.92	特大桥	双线	633.74

续表

序号	桥梁名称	中心里程	桥梁分类	单 / 双线	桥梁全长（米）
16	沂河 2 号特大桥	DK1127+370.21	特大桥	双线	2035.2
17	大泉大桥	DK1130+570.60	大桥	双线	373

瓦日铁路沂源境内隧道一览表

序号	隧道名称	进口里程	出口里程	隧道长度（米）
1	西铁车 2 号隧道	DK1077+552	DK1084+003	6451
2	许村隧道	DK1092+264	DK1093+044	780
3	大田庄 1 号隧道	DK1093+685	DK1093+975	290
4	大田庄 2 号隧道	DK1097+520	DK1098+018	498
5	太平庄隧道	DK1102+610	DK1105+019	2409
6	山河村隧道	DK1105+218	DK1107+016	1798
7	燕崖村隧道	DK1107+503	DK1109+276	1773
8	大洪峪隧道	DK1113+838	DK1114+076	238
9	朱家泉隧道	DK1114+444	DK1114+758	314
10	东虎楼隧道	DK1117+698	DK1118+964	1266
11	打虎峪隧道	DK1122+433	DK1123+134	701
12	东安隧道	DK1123+379	DK1126+285	2906

水路运输

沂源县是沂河、弥河、大汶河水系的发源地。

沂河，古称沂水，是淮河流域较大的河流。沂河的源头在沂源县大张庄镇松山北麓，境内全长90余公里。由北向南流经沂水、沂南、临沂市区、兰陵、郯城，至江苏省宿迁流入骆马湖后，抵燕尾港入黄海。

弥河的主要支流有五井石河、石河、南阳河、丹河等。五井石河在沂源境内原称“三岔河”，发源于沂源县南鲁山镇车场村，境内全长14.89公里，东北流向，于南水沟村北流入临朐县境，经嵩山水库，在临朐北店东汇入弥河。

柴汶河是大汶河的支流，沂源境内全长11.7公里，东西流向，汇入东平湖。

沂源主要为山丘区，是沂河、弥河、大汶河水系的上游，河道比降大，如沂河由发源地至东里店上游河长63.5公里，河道平均比降为0.0027。上游水域水土流失严重，季节性强，夏季汛期则水流急，洪峰高，暴涨暴落；春季常干涸断流；秋季河水流速较慢；冬季结冰。

1854年，沂水县知县吴树声考察县情，撰著《沂水桑麻话》。文中记述：“沂河入夏，水势平槽，数百石粮食船可以直入运河，每年皆有粮客自南来贩买。沂邑木值甚贱，若广造船只，不惟粮食可运往南方贩卖，一切土产如柿饼、核桃、梨、枣、落花生、靛、酒、豆油、豆饼之类，皆可贩运。每年苹果皆运往南方。可以类推，其船回头又可载南货回沂，此无穷之利。”这里指的沂河水运为沂河的中游、下游。

吴树声对沂河通航，曾规划设想：“诚能修舟楫之利，葛沟集为第一码头，界湖第二，县城（指沂水城）第三，葛庄第四，东里店第五，中庄第六，燕子崖第七，南麻第八。每岁四月开运，九月归埠。以冬春两季，处处有桥梁，恐有阻滞也。”

据记载，明朝时期就有商船在沂河的鲁村、雕崖、沟泉、南麻、燕崖、中庄、东里等河段运行，然后经沂水、临沂、郯城至江苏邳州。沂源水道有多处码头，其中东里店、中庄、燕子崖、南麻等处码头属较大码头。沂河在夏、秋丰水季节的平均水深0.5~1.5米，部分河段水深达2米，南麻以西的上游河段须在丰水期方能行船。吴树声在《沂水桑麻话》中写道："惜北人不知水利，有此名水，徒受其涨溢之害，不获其利济之功，良可叹也。"由于对水利重视不够，古代河道治理缺乏有效措施，在沂源境内的沂河、大汶河、弥河上游谷深河窄，河道弯曲迂回，时而干涸时而洪水，加上冬、春两季不能通行，沂源的水上运输一直未得到较好的发展。

新中国成立后，沂源县大力发展水利设施。1960年建成田庄水库，1967年建成红旗水库，另有一批小型水库陆续建成。全县的水上运输大多出现于汛期，在田庄水库、红旗水库及一些小型水库等水域，常有木船、木筏行驶，多为农业生产生活需要。2000年后，游玩船只和采沙船只逐渐增多。到2006年，沂源县境内水域有各类船只50余艘，主要从事河道采沙、水上游乐、防汛指挥等水上作业项目，大都分布在田庄水库、红旗水库、北店子水库、龙王官庄水库、张家旁峪水库等几处较大型水库，以及城区水景公园和沂河水道燕崖至韩旺段内。其中，在田庄水库水域内共有船舶12艘，包括定员8人的客船和定员10人的冲锋舟各1艘，主要用于水库防汛指挥、水上游乐经营项目；载重30吨的采沙船3艘，主要用于水库清淤和水库内采沙作业；载重30吨以上的采沙船7艘，全部属个人所有，主要从事水库内营利性采沙作业。在红旗水库水域内属县红旗水库管理所所有的定员30人和定员10人的客船各1艘，主要用于水库防汛指挥和水上救援工作，兼营渔业生产作业。在北店子水库、龙王官庄水库和张家旁峪水库水域内共有采沙船4艘，全部由个人临时租赁使用，主要是在水库内间歇性从事采沙作业。在沂河燕崖至韩旺流域内有不同类别的采沙船共13艘，全部是个体采沙户所有，或临时租用在河道内从事采沙作业。在城区水景公园内，旅行社所属的机动船、电瓶船和人力船共有18艘，其中定员16人的画舫客船1艘，定员4人的机动冲锋舟3艘，还有不同类别的电瓶船和人力船14艘，主要在县城水景公园部分水域范围内从事载人水上游乐活动。

为确保水上交通安全，杜绝水上渡运事故发生，2006年，县交通局按照淄博市安委会《关于对沂源县境内水域船舶非法从事水上渡运经营活动隐患整改督察通知书》（淄安办发〔2006〕13号）和淄博市地方海事局《关于对无证经营船舶责令停航的意见》（淄地海〔2006〕5号）文件要求，组织执法人员对全县的所有船舶进行登记，并对在船舶使用方面存在的安全隐患逐一排查。由于全县水域内的船舶均未经船舶检验机构进行检验，船员未经培训机构培训取得上岗适任证书，达不到水上作业经营资质的必备条件，不能取得水上经营许可，不得从事水上载客游乐、水域采沙作业等经营活动，全县大部分水上船只被取缔。

鲁村农渡2号

2009年，沂源县成立地方海事处，隶属于县交通局，具体负责贯彻执行水上交通安全生产法律法规和规章制度，履行水运安全管理职能，落实各项安全防范措施，强化安全监督，纠正水上运输过程中的各种违法违章行为。2010年5月，县地方海事处积极向省、市海事部门争取扶持资金，为田庄水库西岸的小黄庄村购置鲁村农渡1号和鲁村农渡2号两艘农渡船，并经县政府批准，在小黄庄村设立渡口1处，以方便小黄庄等村庄村民的生产、生活运输。

红旗水库旅游船舶

2010年后，县地方海事处每年都邀请省船舶检验局对县内水域的渡口、渡船进行全方位检查，特别是对船舶技术性能状况、消防救生设备配备情况、渡船的证牌和专用标志设置情况及渡工持证上岗情况进行全面检查，严禁渡船带病运行。鲁村农渡1号渡船因损坏未通过船检，于2018年6月报废。

2022年9月，经省交通运输厅批准，在田庄水库西岸的小黄庄村水域设定航线385米，并重新设置渡口1处；在红旗水库和刘家庄水库各设置码头1处，设定码头左右各10米及前沿50米范围为通航水域。

到2023年，全县水上运输船舶共12艘，其中鲁村镇小黄庄村有鲁村农渡2号农渡船1艘，主要用于田庄水库附近小黄庄等村庄村民的生产、生活运输；红旗水库有旅游船舶11艘，为旅游专用船只。

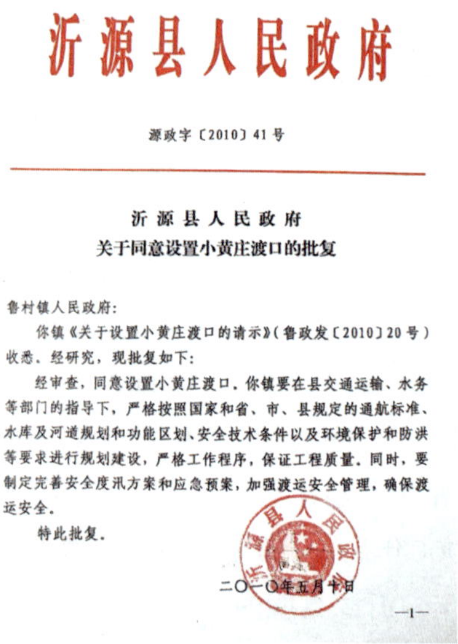

沂源县人民政府

源政字〔2010〕41号

沂源县人民政府
关于同意设置小黄庄渡口的批复

鲁村镇人民政府：

你镇《关于设置小黄庄渡口的请示》（鲁政发〔2010〕20号）收悉，经研究，现批复如下：

经审查，同意设置小黄庄渡口。你镇要在县交通运输、水务等部门的指导下，严格按照国家和省、市、县规定的通航标准、水库及河道规划和功能区划、安全技术条件以及环境保护和防洪等要求进行规划建设，严格工作程序，保证工程质量。同时，要制定完善安全度汛方案和应急预案，加强渡运安全管理，确保渡运安全。

特此批复。

二〇一〇年五月十日

—1—

小黄庄渡口设置批复

交通管理

扫码听书

记忆沂源·交通运输卷

路政管理

新中国成立初期，县交通、公路部门未设路政管理工作的专门机构。当时纳入管养的公路只有博沂路、南草路2条，路政管理工作在交通、公路部门的组织下，由道班工人和公路沿线建立的养路组兼管，主要是雨后禁止车辆通行和禁止铁木硬轮大车行驶公路。沿线社村成立的护路组，也在路政管理工作中发挥了重要作用。

1964年起，县交通局先后设立南麻、悦庄、鲁村、西冶、东里、大张庄、唐山、土门8个交通运输管理站，县乡公路路政管理由交通运输管理站负责。管理站工作人员骑自行车沿路开展巡查，对损坏公路情况进行处理。

1972年，沂源县交通监理站成立，路政管理工作是其主要职能之一。交通监理站依据职责，在公路沿线举办流动图片展览，召开会议，宣传路政管理法规，引导沿线群众增强爱路护路意识。同时，开展公路巡回检查，及时清除公路沿线路障，拆除公路控制红线内违章建筑，对损毁公路设施行为进行处理。

“文化大革命”期间，路政管理工作一度混乱。1975年，山东省革命委员会发布《关于加强路政管理的通告》，对保障公路安全畅通起到了一定作用，但在无政府主义思潮下，这些规定未能全部奏效。群众占用公路打场晒粮、沤肥晒粪、搭棚盖屋、挖沟引水等现象比较严重；乱砍滥伐行道树，挖毁路基、边坡，毁坏交通标志等影响交通安全的事件也时有发生。县交通、公路部门克服各种困难和不利因素，采取针对性措施，制止各种占用、侵害公路路产、路权的行为，对维护公路设施完整，保障公路畅通，发挥了很大作用。

1979年3月，县交通局设立公路股，负责制定路政管理工作计划，组织检查考核等，对交通运输管理站的路政管理工作进行指导和管理。

1982年，县交通、公路部门路政管理机构，根据省政府发布的《关于加强公路管理的布告》要求，专门组织人员对放炮采石、断路引水、堆积物料损害路面的违法行为进行了重点治理，采取收取押金、限期清理以及处罚等措施，取得了明显效果。

1983年7月9日，国务院下发《关于加强路政管理保障公路安全畅通的通知》，通知明确要求：公路（社队自修、自建的乡村道路除外），包括两旁已划定的用地，都是国家财产，任何人不得任意侵占或破坏。严禁在公路上和两侧留地范围内建房搭棚、挖沟引水、埋设管线和电杆、烧窑、开山采石等。严禁在公路上和排水沟内打场晒粮、摆摊贸易、堆放物料、放牧牲畜、种植农作物、设置路栏等，已有的应限期清除。还对其他破坏和影响公路、桥梁安全的采砂、拦水等行为以及对公路路面和附属设施有危害的行为进行明确禁止。县交通、公路部门按照通知精神，认真行使职权，并号召公路沿线的公社积极向群众宣传有关保护公路的规定，共同管好公路。

1984年2月，省交通厅下发《关于加强路政管理开展“文明路”建设的通知》，阐明加强路政管理，积极建设“文明路”的必要性和迫切性，对开展这项工作的计划目标、组织领导和措施、标准作出明确要求。

1987年，沂源县公路站配备专职路政员，统一着装，进行公路巡查和管理。同年，沂源县交通局7个乡镇交通运输管理站，统一改建为乡镇交通管理所，进一步明确了其履行县乡公路路政管理工作的职责。1991年2月，沂源县公路管理站设立路政管理科，充实专职路政员；8月，成立公路巡回法庭。1992年，干线公路路政管理工作以公路确权、控制红线、依法治路等为重点，完成干线公路确权。同年3月，县公路管理站路政人员配备交通工具、通信工具，全员统一规范着装。

1996年，全县开展“公路建设管理年”活动，并把加强路政管理作为重要内容。县交通、公路部门按照县委、县政府统一部署，重点抓好公路两侧控制红线管理，依法查处违章建筑100余起，其中有10余起违章建筑，依法申请人民法院强制执行。同年，县公路管理局实行路政事案举报奖励制度，动员全社会都参与到路政管理工作中，加大了社会监督力度。

1999年，县公路管理站在泰薛路、博沂路、沂台路的重要路段，安装路面划线报警器，并实行全天候巡查和分片包段制度，提高了事案的破案率和收费率。

2001年，针对公路集市进行专项治理，搬迁3个马路集市；制止清除打场晒粮50余处。

2002年8月，县交通局设立路政科，作为路政管理工作的专门机构。

2003年，沂源县人民政府印发《关于严格控制交通道路两侧建设用地的通知》，规定申请干线公路两侧建房必须经公路局批准方可办理，使公路两侧建筑红线得到较好的控制。

2004年，国家和省、市就开展车辆超限超载治理工作作出部署。是年，沂源县交通稽查大队共查处超限违章车辆800余辆次，监督卸货1.2万余吨。

2006年2月，淄博市公路管理局沂源路政大队分别在黑崖、大张庄、鲁村成立中队，以快速、及时处理各辖区内发生的路政事案。2009年，沂源公路分局对干线公路两侧建筑控制区内的乱堆放、乱搭建、非公路标志、未硬化的平交道口、影响路容路貌现象分阶段逐项进行了整治。

2006年2月，淄博市公路管理局沂源路政大队一中队成立

2013年，沂源县人民政府发布《关于加强国省干线公路管理的通告》，沂源路政大队根据通告开展国省道系列清理整治活动；2月，在沂台线集中开展了非公路标志牌专项清理整治行动；4月，与大张庄镇政府联合协作，集中开展穿村路段路域环境综合整治行动；5月，开展漏撒污染专项整治行动，从源头做好防范治理，把好“预防关”。

2013年4月，开展路域环境综合整治

2015年，沂源县人民政府发布《关于集中整治大型立柱式户外广告牌的通告》，县交通、公路部门对未经审批违规在公路控制红线内设立的立柱式广告牌进行清理。

2017年，县乡公路路政管理、路政执法工作职能划转县交通运输监察大队。

从2019年开始，根据《山东省深化农村公路管理养护体制改革实施方案》关于“县道县管、乡村道乡村管”的原则，乡道、村道养护和路政管理交由镇、村按属地进行管理。

2020年4月，沂源县超限检测站正式启用，该检测站位于S229沂邳线K11+200处北侧，称重检测、停车及卸货场地等配套设施配备齐全，设立超限检测站的目的是有效遏制和打击辖区超限超载运输行为。县交通运输局依托超限检测站与公安交警部门协调配合，开展联合治超工作，全年累计出动检查超限超载执法人员2680余人次，联合查处超限超载运输货运车辆1181辆次，监督卸货6.58万余吨，处理超限超载投诉130余件次。严格按照卸载处理程序，监督消除违法行为，落实一超四罚，加强源头治理，处罚货物源头企业案件89起。

2019年，为进一步治理货运车辆超限超载运输违法行为，提高科技治超水平，保护人民群众生命财产安全，维护公路路产路权，依据《超限运输车辆行驶公路管理规定》（交通运输部令2016年第62号）、《山东省交通运输厅关于推进治超非现场执法工作的通知》（鲁交执法〔2019〕1号）相关要求，经省交通运输厅批准，设立沂源县悦庄镇张良非现场执法站点，位于沂源县悦庄镇张良村西2公里（S229，桩号K9+400）处。2021年3月，经沂源县交通运输局申请，确定将省道沂邳线沂源县石桥镇马庄段（S229，桩号K19+200），作为非现场执法站点的新位置，站点名称变更为沂源县石桥镇马庄段非现场执法站点（S229，桩号K19+200），双向两车道。

2021年4月22日，淄博市交通运输局批准在沂源县石桥镇马庄段设置非现场执法站点变更请示后，沂源县交通运输局在媒体向社会发布沂源县非现场执法站点（S229，桩号K19+200）启用公告。5月22日零时起，正式启用。

2023年，县交通运输执法监察大队治超非现场执法，检查干扰检测案55起，违法超限车辆133起，联合查处超限超载车1023辆次，监督卸载38750余吨。

运政管理

新中国成立初期，沂源县还没有机动车运输工具，主要的运输形式是人力运输和畜力运输。县交通局主要针对民间运输业，开展以计划管理为中心的运输生产组织管理工作。这一时期，对小推车、地排车实行挂牌登记管理。根据国家对运输业实行“利用、限制、改造”的政策，允许运输业按基本运价浮动，开展有组织有领导的运输竞争。

20世纪50年代末至60年代初，胶轮手推车、胶轮马车、胶轮平板车等新型人力运输工具、畜力运输工具大量增加，沂源县运输分行、临沂运输公司驻沂源的汽车队相继成立，全县运输生产形成一定规模，运输管理工作任务加重。1964年，县交通局成立南麻交通运输管理站，到1974年，陆续增设张庄、悦庄、土门、鲁村、东里交通运输管理站。交通运输管理站的主要职能之一，就是负责辖区运输管理工作。按照统一货源、统一运价、统一调度的“三统一”政策，交通运输管理站组织实施计划运输，统一承揽运输业务，统一调配货源和车辆，统一运费结算。从事运输需持介绍信到交通运输管理站按指令运行并结算运费。

1974—1979年，针对运输市场存在的一些问题，县交通局组织交通运输管理站，按照“三统”政策，开展“清除地下运输，打击投机倒把”活动，维护和稳定了运输市场秩序，有力支援了工农业生产。

改革开放后，随着经济的发展，全县运输车辆逐年增多。1983年，国家逐步放开运输市场后，集体和个体运输车辆快速增加，全县运输市场规模迅速扩大。为积极适应运输管理工作面临的新形势，逐步建立统一、开放、竞争、有序的运输市场秩序，县交通局调整工作思路，转变管理方式，形成了国营、集体、个体运输统一管理格局。同年，县交通局成立交通运输管理所，作为负责全县运输管理工作的专门机构，并对各运输管理站开展运输管理工作进行指导。是年，按上级主管部门规定，全县运输管理人员实行统一着装，开展运政管理工作。

组织运政管理人员执法培训

20世纪80年代中期以后，运输业的发展，带动了汽车、摩托车维修行业的成长，全县汽车维修厂家和单项维修业户快速发展到几十家。在汽车维修行业发展过程中，由于管理体制尚不健全，汽车维修市场秩序很不规范。1988年，县交通局成立汽车维修管理所，具体负责全县汽车维修行业管理工作。是年，对全县5家汽车维修业户、51家摩托车维修业户，经审查合格后，统一核发了经营许可证。

1993年，交通部颁布《道路旅客运输业户开业技术经济条件》《道路货物运输业户开业技术经济条件（试行）》《道路运输服务业开业技术经济条件》3个部门规章，对旅客运输、货物运输、运输服务业开业条件，作出新的规定。是年，县交通局运管所按照3个规章规定，对新开业业户和年审业户，组织核发道路运输经营许可证和营运证。

20世纪90年代初期，沂源县农村客运线路已全部由个体客车经营，沂源县到淄博市区的客运线路，也大部分是个体客运车辆运营。针对个体客车存在的运行秩序乱、经营不规范的问题，以及一些农用车、摩托车等无证车辆私自进入客运市场，1994—1998年，县交通局运管机构持续开展客运市场秩序专项整治活动，查处违章经营行为1600多起，取缔无证经营车辆78辆，有力打击了不法经营，维护了客运市场秩序。1999年，县政府印发《沂源县道路客运管理办法》，对客运经营和客运管理工作，作出明确具体规定。县交通局根据《管理办法》对客运管理人员专门进行了执法培训，运管所制定了整顿措施，认真做了动员部署。在执法过程中，统一处罚标准，公开处理。在查处违章时，同一类违章行为，统一处罚标准，并将违章行为及其处罚标准上栏公开，公布于众，一律杜绝说情。同时，组织客运办、出租办一线检查人员，负责检查车辆，接受和听取举报，进行取证，核实违章经营行为，整理相关材料并形成初步处理意见报运管所。运管所听取当事人的陈述申辩并核实后作出处罚决定，责令当事人到指定银行缴纳罚款或到征费厅补缴规费；逾期不履行处罚决定的，申请人民法院强制执行。全县客运市场经营秩序和运行秩序明显出现好转，客运管理工作也更加规范。

1991—2006年，国家规定，从事易燃、易爆、易腐蚀等特殊货物运输的，须经公安机关批准办理手续后，方可按国家有关规定进行运输。运输业户承运此类货物，须经专业培训后依法办理特种运输证照，运输车辆必须使用国家规定的各类专用罐（货）车。2006年，市、县交通局根据危险品运输企业开业技术经济条件要求，对从事油气、化学品、易爆品等危险品运输的企业资质、车辆、设备实行审验发证。

2006年，县交通局汽车维修管理所在全县维修行业开展无证经营、占道经营专项整治活动。共查处占道经营30多起，同时，探索尝试通过法律诉讼途径，取缔无证经营业户6家，对汽车维修市场各种非法经营行为起到了震慑作用。

2007年，县交通局组织交通稽查和运政执法力量，开展非法载客三轮机动车集中整治活动，870多辆载客三轮机动车全部有序退出城区客运出租市场。

2008年，针对客运出租市场出现的无证经营车辆，县交通局组织运管、稽查等交通执法力量，会同县公安、交警等部门，开展联合执法行动，专项治理各类“黑出租”，同时规范正规出租车经营秩序，共查处“黑出租”7辆、出租车违章经营行为78辆次，维护了客运出租市场经营秩序。

2018年，根据中共中央办公厅、国务院办公厅印发的《关于深化交通运输综合行政执法改革的指导意见》，涉及道路运政的行政处罚职能，由运管机构移交县交通运输监察大队行使。

2021年6月，针对机动车维修行业长期存在的“脏、乱、差”等痼疾，对全县440家机动车维修企业、站点开展综合整治专项行动，带动了整个城乡面貌焕然一新，营商环境也得到有效改善。

交通规费征收

交通规费是按国家规定费率征收的陆运、水运各项规费的总称。1953—2008年，由县交通、公路部门负责征收的交通规费，有养路费、车辆购置附加费、运输管理费、客运附加费、货运附加费5种。

养路费

1950年1月，省政府发出通知，规定汽车（马车）养路费由公路管理机构负责征收。1953年，临沂公路管理段沂源站配备征收员1名，负责养路费征收工作。因全县尚无一辆汽车，只征收畜力车养路费，按月按牲畜套数计征。当年，征收畜力车养路费3360元。

1958年12月，养路费征收改为按运输收入额计征，其中机动车按运输收入额的6%征收，畜力车按收入额的3%征收。但因全县只有一辆汽车，也未产生运输收入，汽车养路费并未开征，仍只征收畜力车养路费。1967年，开始征收汽车养路费，当年征收养路费17549.63元。1973年，县公路站设专职征收员1名，负责全县养路费征稽工作。

20世纪70年代中期，随着机动车的增加，机动车与畜力车的养路费征收额各占一半，到70年代末，征收的机动车养路费已占总征收额的80%以上。80年代以后，畜力车逐步消失，养路费的征收主要针对机动车辆。1980年，县公路站设征收组，增加2名专职征收员，征收工作与财务工作分离。随着改革开放后经济的快速发展，全县机动车辆逐年增长，养路费征收工作任务不断加重。1984年，县公路站专门设立征收股，充实了征收力量。1985年4月1日起，根据省计委、交通厅、财政厅颁布的《山东省公路养路费征收办法》，养路费征收标准

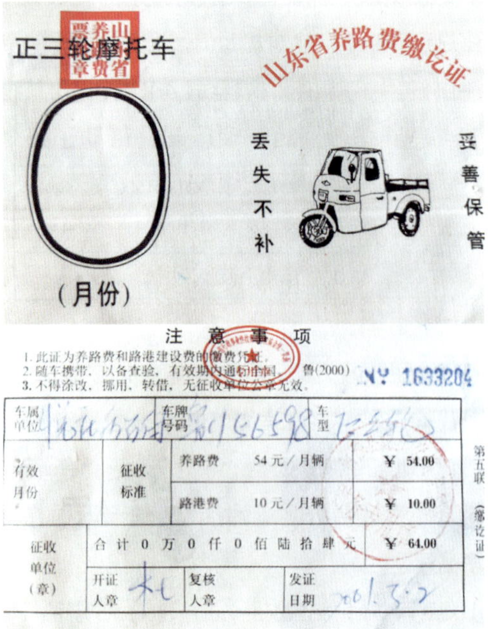

正三轮摩托车养路费票据

有所调整。同年，省交通厅颁发《山东省拖拉机和畜力车养路费征收和使用管理办法》，明确县交通局所属的乡镇交通运输管理站，为拖拉机和畜力车养路费的代征单位。1987年5月1日起，拖拉机、三轮车、摩托车等“三小车辆”养路费，由县公路站正式移交县交通局负责征收，当年征收“三小车辆”养路费60余万元。

20世纪80年代中期以后，随着交通条件的改善，运输市场的逐步放开，全县运输行业快速发展，汽车数量大幅增长，汽车养路费征收额逐年递增。1987—1989年，汽车养路费征收额分别达到434.9万元、478.8万元、588.5万元。1990年8月，省计委、财政厅、交通厅发文，再次调整了养路费缴费标准。1991年，交通部、国家计委、财政部、国家物价局颁布《公路养路费征收管理规定》，明确养路费征收工作实行“统一领导，集中管理”和“收管用一体，统收统支，收支两条线”的原则，同时实行“一处缴费，通行全国”制度。同年，县公路管理站设立养路费征收稽查机构，并配备设有警示灯和警报器的养路费征稽专用车，征稽人员执行公务统一着装。1992年9月7日，省政府印发《山东省公路养路费征收管理规定》，对养路费征收标准进行调整，专业运输企业按营运收入总额的15%计征；不按费率征收的车辆，均按核定载重吨位计征，每月每吨160元。1994年7月1日起，根据省交通厅、财政厅、物价局联合下发的《关于调整汽车摩托车养路费征收标准的通知》，汽车、摩托车养路费征收标准均有调整，其中汽车养路费征收标准在原有基础上上调20%。1995年后，全县养路费征收额进入一个增长较快时期。1996年，征收汽车养路费1367.3万元，征收“三小车辆”养路费233万元。2000年，征收汽车养路费1576.3万元，征收“三小车辆”养路费340.9万元。2005年，征收汽车养路费2781万元，征收“三小车辆”养路费577.1万元。2008年，征收汽车养路费3686万元，征收“三小车辆”养路费699.5万元。

2008年末，国家发改委、财政部、交通部、

国家税务总局发布公告，自2009年1月1日起，取消公路养路费，改征燃油消费税。

车辆购置附加费

1985年5月1日，国务院颁布《车辆购置附加费征收办法》。根据省、地交通主管部门统一部署安排，县交通局成立车辆购置附加费征收办公室，开始征收车辆购置附加费。车辆购置附加费征收标准为：国产合作组装车辆费率为10%，进口车辆费率为15%。1986年1月至1987年3月，县交通局累计征收车辆购置附加费152526.7元。

1990年，沂源县划归淄博市后，车辆购置附加费由县交通局运管所具体负责征收。1993年，车辆购置附加费由县交通局财务科负责征收。1994年1月，国家将国产车、进口车购置附加费费率，均调整为10%。1997年，车辆购置附加费由县交通局交通规费征收办公室负责征收。

根据国务院颁布的《中华人民共和国车辆购置税暂行条例》，从2001年1月1日起，征收车辆购置税，仍由交通部门代征，原有的车辆购置附加费取消。2005年1月1日起，由县交通局代征的车辆购置税，移交县国税部门征收管理。

车辆购置附加费缴费凭证

运输管理费

1964年，沂源县开始征收运输管理费，由交通运输管理站办理运输车辆运费结算时，从运费中提取。由于当时运输量很小，运输管理费征收额不多，以后随着运输量的增加，运输管理费征收额不断增长。

1986年，交通部发布《公路运输管理费征收

公路运输管理费票据

和使用管理规定》，明确对专业运输企业征收的运输管理费，按经营者的营业收入计征，最高不超过1%；营业额难以计算的，核定年度营业收入，按月定额征收。专业运输企业以外的营运性车辆，其运输管理费按营运车辆的标记吨位和座位数计征，载货汽车（含半挂货车、客货两用车）每吨位每月征收8.5元；挂车、机动三轮车及拖拉机每吨每月征收7元；人、畜力车每吨每月征收3.5元；客运汽车按其级型和营运线路实行差额征收；出租客车每座每月征收7元。1987年，县交通局设立的交通运输管理站，统一改建为乡镇交通管理所，运输管理费由乡镇交通管理所按分管辖区负责征收。1989年，征收运输管理费43万余元。1997年，县交通局成立规费征收办公室，汽车运输管理费由规费征收办公室负责征收，“三小车辆”的运输管理费仍由各交通管理所负责征收。是年，县内客、货汽车运输管理费，统一使用微机征费，并对漏缴车辆收取滞纳金。同年，省交通厅、财政厅联合发布《山东省公路运输管理费征收使用管理办法》，对各类营运车辆的运输管理费征收标准作出调整。当年，征收运输管理费101万元。2002年，征收运输管理费352万元。自 2009年1月1日起，因国家交通税费改革，运输管理费停止征收。

客运附加费

1986年6月1日，省交通厅等五部门印发《山东省公路客运站队建设基金征收办法》。公路客运站队建设基金作为省级预算外资金，专项用于旅客运输公用设施建设。当年，县交通局组织运管机构开征客运站队建设基金，凡在汽车站购买客车票的旅客，按照每公里0.3分的标准缴纳。由于当时客流量较小，征收数额很少，当年仅征收数千元。1989年，征收客运站队建设基金2.5万元。1992年，征收客运站队建设基金37.38万元。1996年，征收客运站队建设基金171.6万元。

2002年6月1日起，公路客运站队建设基金更名为公路客运附加费。公路客运附加费征收标准为每人每公里0.02元；会计制度和统计资料不健全的运输业户，县内客车按每月每座80元、市内县际客车按每月每座100元、市际客车按每月每座120元标准征收。2002年，征收客运附加费405万元。2005年，全省公路客运附加费纳入年度政府性基金决算。

自2009年1月1日起，因国家交通税费改革，客运附加费停止征收。

货运附加费

1990年1月，根据省计委、交通厅等六部门联合印发的《山东省货运建设基金征收办法》，县交通局组织开征货运建设基金。凡在山东省内起运的公路、水路营业性货物运输（在本省内最后一次装船起运出口的外贸运输除外），均征收货运建设基金。该专项基金用于发展交通，由省交通厅管理使用，省财政厅进行监督检查。1996年，征收货运建设基金312万元。

2002年6月1日起，公路货运建设基金更名为公路货运附加费。公路货运附加费征收标准为每吨每公里0.02元；会计制度和统计资料不健全的运输单位或业户，按核定的车辆吨位征收，即汽车（不含特种车、挂车）按每月每吨45元征收，汽车的挂车、拖拉机和其他机动车按每月每吨24元征收，21吨以上的特种运输汽车按每月每吨18元征收。

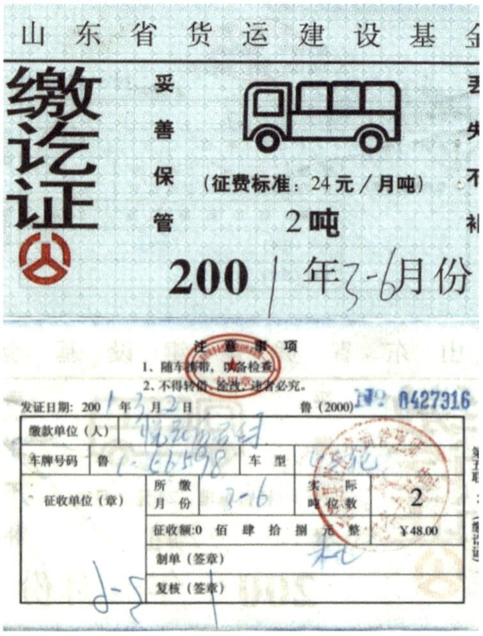

货运建设基金票据

2002年，沂源县征收货运附加费198万元。2005年，全省公路货运附加费纳入年度政府性基金决算。

自2009年1月1日起，因国家税费改革，货运附加费停止征收。

交通监理

新中国成立初期，交通部发布《交通监理工作任务和职责》，明确交通监理机关，是代表国家负责贯彻执行交通法规的监督管理机关。

1953年，临沂公路管理段沂源站负责沂源县监理工作，并配1名征收员，负责畜力车核检，号牌、行车执照发放及养路费征收。20世纪70年代初，县公路站设交通监理干事1名，负责全县的交通安全宣传、车辆年审等交通监理业务，有外出检查任务时，需由县交通局派人配合。

1972年2月，交通监理工作职能由县公路站移交县交通局，同时设立沂源县交通监理站。交通监理站行政关系隶属县交通局，业务关系隶属临沂地区交通监理所，由县交通局和临沂地区交通监理所实行双重领导，人事、财务和监理业务由临沂地区交通监理所负责，党团工作和政治思想教育、交通安全工作由县交通局负责。

交通监理站办公地点设在县交通局办公楼，主要职责是：负责全县交通安全管理、车辆和驾驶员年审、维护交通秩序、纠正违章、处理交通事故以及路政管理等工作。负责对“五小车辆”（拖拉机、三轮车、摩托车、三轮汽车、低速货车）登记和发放行驶证，对“五小车辆”驾驶员进行培训、考核、核发驾驶证。每年定期开展车辆审验、汽车和“五小车辆”驾驶员年审。交通监理站最初编制3人，配备站长1人、会计1人、监理员1人。交通监理站设立初期，临沂地区交通监理所每季度定期派员到沂源县，指导安全教育和培训工作。当时全县机动车保有量少，汽车驾驶员需到临沂地区交通监理所进行培训，交通监理站只对本县的其他机动车驾驶员举办培训班，经培训考核合格颁发驾驶证。

交通监理站配备三轮摩托车，监理人员着蓝灰色制服，佩戴红领章和“中国交通监理”徽章，着蓝灰色大檐帽，持红绿两色旗帜指挥检查车辆。日常工作主要是监督检查驾驶员执行交通规则情况（当时对驾驶员的要求是严禁酒后驾车，不准将车交给无证人员驾驶，不准人货混装，不准超载，不准超速行驶），调查一般交通事故中驾驶员应负的责任问题，接到事故通知及时赶赴事故现场，做到勘察丈量细致，责任鉴定正确，善后安排恰当。遇有疑难事故，做到加强调查研究，多做思想工作，秉公办事，一视同仁。积极侦破肇事逃逸案，减少积案、错案。坚持“三不放过”原则，防止重复性事故发生。对触犯法律的，积极向司法部门反映情况，提供材料。对驾驶员进行培训、年审和安全教育，对违反交通规则的人员给予扣留、吊销驾驶证、罚款等相应处理。

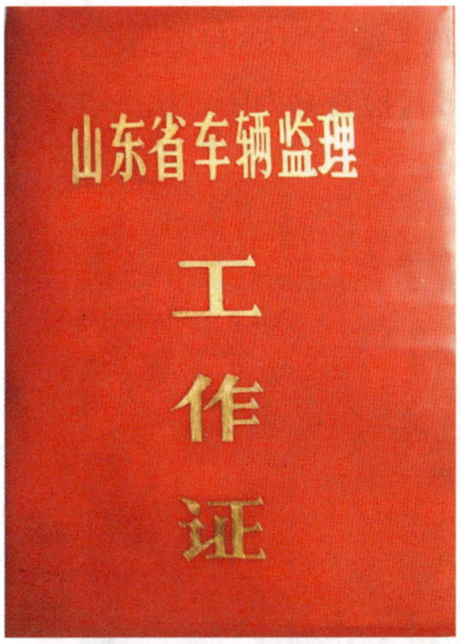

1975年颁发的山东省车辆监理工作证

20世纪80年代，交通监理人员着装和监理车辆

20世纪80年代初，随着交通事业的发展，各种机动车辆逐渐增多，驾驶员培训需求日益增加，交通监理业务工作量也不断增大。为加强和充实监理队伍，县交通局相继从外单位和内部抽调人员，进入交通监理站，工作人员增至13人，内设车管内勤组、路查组、事故组。同时，交通监理站专门配备交通监理专用车辆，交通监理人员服装标志也进行了更换，夏季更换为白色涤棉翻领短袖衫，佩戴红领章，着白色大檐帽，帽套上镶嵌一圈红色布牙，与白色短衬衫匹配。

交通监理人员指挥车辆

1982年，交通监理站举办驾驶员学习班9期，教育培训车管人员及驾驶员1257人次，举办流动图片展览20场次，召开安全会议40多次。在全县巡

回检查中，纠违章、压车速149起，上路、上车150天，深入单位14次。在全县公路沿线清除路障，拆迁房屋5间，迁移集市3处，处理事故67起。在全县设立3处固定检查站，路检、路查车辆6786次。共审检大小拖拉机驾驶员1672人、拖拉机951台，考核大小拖拉机驾驶员205人，核发大小拖拉机牌照111副。是年，全县共发生交通事故156起，重伤23人，轻伤33人，撞车29起，翻车5起，撞坏自行车35辆、牲畜26头，直接经济损失6.4万元。

20世纪80年代，交通监理站组织驾驶员进行安全培训

1984年，县交通监理站按照临沂地区交通监理所统一要求，认真贯彻中央一号和国务院二十七号文件精神，执行国家法令规章，落实“安全质量第一”“预防为主”的方针，开展“安全月”“质量月”“百日赛”，大力清除公路打场晒粮，坚持路检路查，进行年检年审，培训驾驶员，开展宣传教育，加强监理队伍建设。全年为个体拖拉机挂牌40余台，培训驾驶员120名，审检大中型拖拉机606台，审检汽车732台，审验驾驶员1185名，路查车辆2058台次，查处违章358台。全县共发生事故194起，直接经济损失14.8万元。

1985年，交通监理站组织汽车司机培训班，培训驾驶员73名；举办大小拖拉机及摩托车驾驶员培训班，培训大小拖拉机驾驶员492名、平把三轮车驾驶员58名、摩托车及轻骑驾驶员42名。共检查各种机动车2.2万台，日检查车辆达70余台，纠正违章9500余起。全县共发生交通事故106起，伤11人，直接经济损失1.3万元。

1986年，交通监理站共检查车辆1.75万台次，纠正违章1813起。年审汽车1158台，年审大小拖拉机、摩托车1268台。审检各种机动车驾驶员1801名，办理大小拖拉机挂牌136台、摩托车268台。全县共发生交通事故16起，伤3人，直接经济损失2.44万元。监理费总收入达10.28万元。

1987年6月5日，依据国务院《关于改革道路交通管理体制的通知》和山东省人民政府《关于改革我省道路交通管理体制若干问题的通知》，沂源县交通监理站由县交通局成建制移交沂源县公安局。

道路检查

1987年5月，经省政府批准，省交通厅在全省统一规划设立153处交通检查站，其中在临沂地区设立19处。同年7月，县交通局设立沂源县城关交通检查站，站点设在南麻镇东高庄村泰薛路南侧，配备站长1人、副站长1人、检查员6人。主要职责是：负责全县的交通运输法规宣传，在全县范围内流动执行交通运输违章检查、路政管理检查、规费征收检查等任务。

1990年5月，依据省政府《关于设置道路检查站的通知》，县交通局以沂源县城关交通检查站人员为主体，组建沂源县道路检查站，站点设在原城关交通检查站位置，省统一编号为55号道路检查站，简称55号检查站。55号检查站为固定执法点，执

交通执法人员开展道路检查

行交通运输违章检查、路政管理检查、规费征收检查和上级交办的临时检查任务。当年，55号检查站累计查车1.4万次，补征各种规费10.2万元，违章罚款4400元。1991年12月，55号检查站搬迁至悦庄镇北张良村泰薛路与博沂路交叉处的新址，新建二层办公楼一座，占地2亩，建筑面积140平方米，投资4.9万元，市交通局拨款4万元，其余自筹。55号检查站搬迁到新址后，以新址位置为固定执法点，执行各项检查任务。

1992年5月，依据省政府《关于加强道路检查站管理工作的通知》，55号检查站自动撤销，成立山东省淄博市沂源县道路检查站，省统一编号为21号交通检查站，简称21号检查站。原55号检查站人员成建制转归21号检查站，以21号检查站为固定执法点，执行交通运输违章检查、路政管理检查、规费征收检查和上级交办的临时检查任务。21号检查站自成立之初就不断加强行风建设，深化行业优质服务，树立了良好的职业形象，受到过往司机和附近群众的广泛赞誉。21号检查站把交通稽查执法置于社会群众监督之下，把廉政建设作为端正行风的重点来抓，在实行政务公开的同时，积极推行正规化、规范化管理，并从县里的老领导和企业及运输业户中聘请10名行风监督员。在稽查中始终坚持快检查、快处理、快放行的原则，主动讲解有关法律政策，耐心进行说服教育，真正体现了“教育为主、处罚为辅”的原则。1994年，21号检查站共检查车辆3万余车次，纠正违章3900余起，补征各种交通规费17万元。1995年起，21号检查站依据《山东省道路运输管理条例》和《山东省道路运输规费征收管理条例》等法规规定，依法上路查漏补征交通规费。是年，稽查补征交通规费29万元。

1997年8月，根据省政府、市政府规定，经县编委批准，成立沂源县交通稽查大队，将21号检查站人员成建制转入，同时撤销21号检查站。

交通稽查与执法监察

1997年8月，经沂源县机构编制委员会批准，成立沂源县交通稽查大队，为隶属县交通局管理的副局级事业单位，将沂源县交通稽查站成建制转为沂源县交通稽查大队，定编10人。内设违章处理室和4个中队，主要担负全县运政管理稽查、路政管理巡查、交通规费检查、治理“公路三乱”、交通管理督查、委托代查六项工作职能。配备交通稽查专用车4辆和办公取证设备等。

沂源县交通稽查大队成立初期，主要对全县运政违章行为进行检查，对偷、漏交通规费车辆依法补征。2000年，共查处“黑车”300余辆次，检查车辆2.4万辆，处理违章7100起。

2003—2006年，沂源县交通稽查大队执法重点主要是治理车辆超限运输。根据执法权限划分，沂源县国省道的超限治理工作由市交通稽查支队负责，县乡道的超限治理工作由县交通稽查大队负责。

2011年9月，根据山东省交通运输厅《关于规范全省交通运输监察机构名称的通知》，经沂源县机构编制委员会批准，沂源县交通稽查大队更名为沂

21号检查站向过往群众提供便民服务

县交通运输监察大队与交警部门开展治超联合执法

源县交通运输监察大队，工作职责不变。

2016年，根据国务院办公厅印发的《关于进一步推进物流降本增效促进实体经济发展的意见》，县交通运输监察大队与交警部门依托交警和社会临时公路超限检测站开展联合执法。是年，共查处超限超载车辆800余辆次，监督卸货3.6万吨。

2021年1月，经沂源县机构编制委员会批准，沂源县交通运输监察大队更名为沂源县交通运输执法监察大队，工作职责不变。下设综合科、综合执法中队、治超中队、路政中队和客运中队。

乡镇交通管理所

乡镇交通管理所前身为交通运输管理站。1964年1月至1974年5月，县交通局先后设立南麻、东里、悦庄、鲁村、西冶、大张庄、唐山、土门8个交通运输管理站。每个交通运输管理站配备五至六人，属县交通局派出机构，行使交通行政管理职能，为股级事业单位。主要职责是负责辖区内的交通管理、交通安全宣传、运政管理、交通规费征收等工作。1977年1月，东里、悦庄交通运输管理站撤销。1980年，土门交通运输管理站撤销。1983年1月，重设土门交通运输管理站。1987年2月，重设悦庄交通运输管理站。

1987年5月，根据交通部和省、地关于改革交通行政管理体制的要求，南麻、悦庄、鲁村、西冶、大张庄、梭背岭（1984年改）、土门7个交通运输管理站，统一改建为乡镇交通管理所，仍为股级事业单位，辖区范围保持不变。工作职责为负责辖区内的交通运输管理、公路管理、汽车维修业管理、交通规费征收、税金代征和管理等。县交通局为7个乡镇交管所各配备三轮摩托车1辆，作为工作用车。1989年，投资6.7万元，为悦庄、土门、鲁村3个交管所，共新建平房10间。1990年，因行政区划调整，西冶交通管理所划归莱芜市钢城区交通局管理。1991年8月，重设东里交通管理所，新设三岔交通管理所。1993年，为交管所各配备二轮摩托车1辆。1995年，为交管所各配备吉普车1辆。1996年，新建大张庄交管所办公楼。是年，县交通局组织各交管所开展“四小”（小菜园、小食堂、小娱乐室、小澡堂）建设，为部分交管所配置新办公设备，硬化院落，改善办公条件。1998年，设立张家坡交通管理所。1999年，将各交管所工作用车，统一更换为面包车。2002年10月，张家坡交通管理所、土门交通管理所撤销，张家坡交管所职能合并到东里交管所，土门交管所职能合并到三岔交管所。至此，全县共设有南麻、鲁村、悦庄、东里、西里（2001年改）、大张庄、三岔7个交管所。2004年，为各交管所配备皮卡客货两用车。2006—2008年，县交通局组织各交管所按照“四化”（标准化、规范化、集约化、人本化）管理要求，开展规范化建设。投资近500万元，对7个交管所进行了办公设施改造，外观标识全部导入全省统一的VI标识，健全了交管所各项规章制度，完善了包括办事内容、办事程序、办理期限、工作标准等在内的一整套业务流程，规范了内业档案资料，软硬件设施全面达到规范化要求。2009年，为南麻交管所在原址新建二层办公楼，占地面积500平方米。是年，国家实行交通费税改革，乡镇交管所不再履行交通规费征收职能。2012年，县交通运输局针对农村交通运输工作面临的新形势，结合乡镇交管所职能变化后出现的新情况，经过深入调研，制定了《关于乡镇交管所规范化建设的意见》，按照农村交通运输建、管、养、运“四位一体”的要求，赋予乡镇交管所农村公路管理和养护、农村客运市场监管、农村货运和货物源头管理、机动车维修市场监管等职能，把乡镇交管所转变为新型交通运输综合管理机构。这一创新农村交通运输管理方式的做法，《淄博日报》以“农村交运管理的‘沂源模式’”为题，进行了报道。是年，各交管所工作用车统一更换为桑塔纳轿车。

2021年，因机构改革，南麻、鲁村、悦庄、东里、西里、大张庄、三岔7个交管所撤销，人员划转至沂源县交通建设发展中心。

南麻交通管理所 1964年1月，设立南麻交通运输管理站，为股级事业单位，办公地点在县交通局办公楼一楼。其主要职责是负责南麻、燕崖两个公社辖区内的交通管理、交通安全宣传、运政管理、交通规费征收等工作。1987年，南麻交通运输管理站改建为南麻交通管理所，工作职责为负责南麻、燕崖两乡镇辖区内的交通运输管理、公路管理、汽车维修行业管理、交通规费征收、税金代收和管理等。1988年，南麻交管所迁至南麻镇东高庄村泰薛路南侧的新建办公区。新建办公区占地1.9亩，有平房7间，配备规费征收办公室、职工宿舍、食堂、车库等设施。1990年后，南麻交管所具体负责南麻、燕崖两乡镇区域内的交通运输管理、机动车维修市场管理、“三小车辆”（拖拉机、农用车、摩托车）的养路费、货运基金、运管费征收及税金代收工作，负责县道赵（庄）南（麻）路、南（麻）崖（家峪）路北段、安乐至燕崖的养护和路政管理工作。1992年，县道白杨路竣工验收后，由南麻交管所纳入养护和管理范围。2012年，根据县交通运输局《关于乡镇交管所规范化建设的意见》，工作职能明确为负责辖区农村公路管理和养护、农村客运市场监管、农村货运和货物源头管理、机动车维修市场监管等。2018年，根据县交通运输局统一调整，南麻交管所与大张庄交管所合署办公。

2021年，因机构改革，南麻交通管理所撤销，人员划转至沂源县交通建设发展中心。

鲁村交通管理所　1974年5月，设立鲁村交通运输管理站，为股级事业单位，办公地点在鲁村公社驻地。其主要职责是负责鲁村、徐家庄两个公社辖区内的交通管理、交通安全宣传、运政管理、交通规费征收等工作。1982年9月，鲁村交通运输管理站迁至草埠煤矿，有平房7间，建筑面积170余平方米。1987年，鲁村交通运输管理站改建为鲁村交通管理所，工作职能为负责鲁村、徐家庄两乡镇辖区内的交通运输管理、公路管理、汽车维修行业管理、交通规费征收、税金代收和管理等。1990年10月，新建鲁村交通管理所办公楼，位于省道薛馆路233公里+900米处，共占地1.97亩。1990年后，鲁村交管所具体负责鲁村、徐家庄两乡镇区域内的交通运输管理、机动车维修市场管理、“三小

鲁村交通管理所

车辆”（拖拉机、农用车、摩托车）的养路费、货运基金、运管费征收及税金代收工作，负责县道草齐路、鲁沟路、上曹路的养护和路政管理工作。1991年12月，鲁村交通管理所办公楼落成投入使用，配备规费征收办公室、职工宿舍、食堂、车库等设施。2012年，根据县交通运输局《关于乡镇交管所规范化建设的意见》，工作职能明确为负责辖区农村公路管理和养护、农村客运市场监管、农村货运和货物源头管理、机动车维修市场监管等。2018年，根据县交通运输局统一调整，负责草齐路、曹徐路、雕石路、新保路、娄龙路的养护、路政管理工作。

2021年，因机构改革，鲁村交通管理所撤销，人员划转至沂源县交通建设发展中心。

悦庄交通管理所　1974年5月，设立悦庄交通运输管理站，为股级事业单位，办公地点在悦庄公社驻地。其主要职责是负责悦庄、石桥、三岔3个公社辖区内的交通管理、交通安全宣传、运政管理、交通规费征收等工作。1977年1月，撤销悦庄交通

悦庄交通管理所

运输管理站。1987年2月，重设悦庄交通运输管理站，辖区范围不变。后悦庄交通运输管理站改建为悦庄交通管理所，工作职责为负责悦庄、石桥、三岔3乡镇辖区内的交通运输管理、公路管理、汽车维修行业管理、交通规费征收、税金代收和管理等。1989年，悦庄交通管理所新建办公室，位于省道薛馆路（原泰薛路）张良段、博沂路交叉处，悦庄北张良村南侧。新建办公区占地2亩，有平房7间，配备规费征收办公室、职工宿舍、食堂、车库等设施。1990年后，悦庄交管所具体负责悦庄、石桥、三岔3个乡镇区域内的交通运输管理、机动车维修市场管理、"三小车辆"（拖拉机、农用车、摩托车）的养路费、货运基金、运管费征收及税金代收等工作，负责县道三悦路、三峨路、赵南路（后更名为赵中路）段的养护和路政管理工作。1991年，三岔交通管理所成立后，县道三悦路北段、三峨路由三岔交管所纳入养护和管理范围。2012年，根据县交通运输局《关于乡镇交管所规范化建设的意见》，工作职能明确为负责辖区农村公路管理和养护、农村客运市场监管、农村货运和货物源头管理、机动车维修市场监管等。2018年，根据县交通运输局统一调整，悦庄交管所与三岔交管所合署办公。

2021年，因机构改革，悦庄交通管理所撤销，人员划转至沂源县交通建设发展中心。

东里交通管理所 1964年5月，设立东里交通运输管理站，为股级事业单位，办公地点在东里公社驻地。其主要职责是负责东里、韩旺两个公社辖区内的交通管理、交通安全宣传、运政管理、交通规费征收等工作。1977年1月，撤销东里交通运输管理站。1991年8月，设立东里交通管理所，位于东公路沂河南侧路西，临时租用临街4间二层楼房办公。工作职责为负责东里、韩旺、张家坡3个乡镇辖区内的交通运输管理、机动车维修市场管理、"三小车辆"（拖拉机、农用车、摩托车）的养路费、货运基金、运管费征收及税金代收等工作，负责县道九东路、巨东路、东柳路的公路养护和路政管理工作。1994年，县道石香路硬化竣工验收后，由东里交管所纳入养护和管理范围，后陆续接管东公路、南崔路（南）段的公路养护、路政管理工作。1995年，新建办公楼，位于东里镇政府驻地韩莱公路北侧，占地2.8亩，配备规费征收办公室、职工宿舍、食堂、车库等设施。2012年，根据县交通运输局《关于乡镇交管所规范化建设的意见》，工作职能明确为负责辖区农村公路管理和养护、农村客运市场监管、农村货运和货物源头管理、机动车维修市场监管等。2018年，根据县交通运输局统一调整，东里交管所与西里交管所合署办公。

东里交通管理所

2021年，因机构改革，东里交通管理所撤销，人员划转至沂源县交通建设发展中心。

西里交通管理所 1970年，设立唐山交通运输管理站，为股级事业单位，办公地点在唐山公社驻地。其主要职责是负责唐山公社辖区内的交通管理、交通安全宣传、运政管理、交通规费征收等工作。1984年，改为梭背岭交通运输管理站。1987年，梭背岭交通运输管理站改建为梭背岭交通管理所，工作职责为负责梭背岭、金星两乡辖区内的交通运输管理、公路管理、汽车维修行业管理、交通规费征收、税金代收和管理等。1990年后，梭背岭交管所具体负责梭背岭乡、金星乡区域内的交通运输管理、机动车维修市场管理、"三小车辆"（拖拉机、农用车、摩托车）的养路费、货运基金、运管费征收及税金代收工作，负责县道南崔路（南段）、石香路、九东路、曹姚路、东柳路、锯东路（后更名为巨东路）、辛龙路（辛庄至龙湾）、翟李路（翟家庄至李家庄）的养护和路政管理工作。1993年5月，新建梭背岭交通管理所，办公室6间，配备

西里交通管理所

规费征收办公室、职工宿舍、食堂、车库等设施。2001年，梭背岭乡与金星乡合并设立西里镇，此后梭背岭交通管理所改称西里交通管理所。2012年，根据县交通运输局《关于乡镇交管所规范化建设的意见》，工作职能明确为负责辖区农村公路管理和养护、农村客运市场监管、农村货运和货物源头管理、机动车维修市场监管等。2018年，根据县交通运输局统一调整，西里交管所与东里交管所合署办公。

2021年，因机构改革，西里交通管理所撤销，人员划转至沂源县交通建设发展中心。

大张庄交通管理所　1974年5月，设立张庄交通运输管理站，为股级事业单位，办公地点在张庄公社驻地。其主要职责是负责张庄公社辖区内的交通管理、交通安全宣传、运政管理、交通规费征收等工作。1985年，更名为大张庄交通运输管理站。1987年，大张庄交通运输管理站改建为大张庄交通管理所，工作职责为负责大张庄乡、沟泉乡辖区内的交通运输管理、公路管理、汽车维修行业管理、交通规费征收、税金代收和管理等。1990年后，大张庄交管所具体负责大张庄乡、沟泉乡区域内的交通运输管理、机动车维修市场管理、“三小车辆”（拖拉机、农用车、摩托车）的养路费、货运基金、运管费征收及税金代收工作，负责县道娄龙路、新保路的养护和路政管理工作，后陆续接管上大路、鲁沟路、西徐路、雕石路的养护和路政管理工作。1996年11月，大张庄交通管理所新办公楼建成投入使用，位于大张庄镇政府驻地原管理站旧址南1公里沂蒙路与省道韩莱路交会处北侧，占地面积2.3亩，建筑面积450平方米，配备规费征收办公室、宿舍、食堂、车库等办公设施。2012年，根据县交通运输局《关于乡镇交管所规范化建设的意见》，工作职能明确为负责辖区农村公路管理和养护、农村客运市场监管、农村货运和货物源头管理、机动车维修市场监管等。2018年，根据县交通运输局统一调整，大张庄交管所与南麻交管所合署办公。

大张庄交通管理所

2021年，因机构改革，大张庄交通管理所撤销，人员划转至沂源县交通建设发展中心。

三岔交通管理所　1993年3月，设立三岔交通管理所，为股级事业单位，办公地点在原省道仲临路西侧公路站，临时使用三岔道班2间平房办公。其主要职责是负责三岔乡辖区内的交通运输管理、公路管理、汽车维修行业管理、交通规费征收、税金代收和管理等。1994年11月，三岔交通管理所新办公楼落成，位于三岔乡政府驻地三悦路北侧，占地2.6亩，建筑面积500平方米，配备规费征收办公室、宿舍、食堂、车库等办公设施。1995年，三岔交通管理所搬至新办公楼。1997年，三岔交管所负责三岔乡区域内的交通运输管理、机动车维修市场管理、“三小车辆”（拖拉机、农用车、摩托车）的养路费、货运基金、运管费征收及税金代收工作，负责三九路的季节性养护和三峨路、三悦路（北段）的公路养护和路政管理工作。2007年，三岔交通管理所使用原土门交通管理所办公场所办公。2012年，根据县交通运输局《关于乡镇交管所规范化建设的意见》，工作职能明确为负责辖区农村公路管理和养护、农村客运市场监管、农村货运和货物源头

三岔交通管理所

管理、机动车维修市场监管等。2018年，根据县交通运输局统一调整，三岔交管所与悦庄交管所合署办公。

2021年，因机构改革，三岔交通管理所撤销，人员划转至沂源县交通建设发展中心。

土门交通管理所 1974年5月，设立土门交通运输管理站，为股级事业单位，办公地点在土门公社驻地。其主要职责是负责土门公社辖区内的交通管理、交通安全宣传、运政管理、交通规费征收等工作。1980年5月，撤销土门交通运输管理站。1983年1月，重建土门交通运输管理站，位于土门公社驻地，占地0.52亩，有6间平房，130平方米。1987年，土门交通运输管理站改建为土门交通管理所，工作职责为负责土门镇辖区内的交通运输管理、公路管理、汽车维修行业管理、交通规费征收、税金代收和管理等。1990年后，土门交通管理所具体负责土门镇区域内的交通运输管理、机动车维修市场管理、“三小车辆”（拖拉机、农用车、摩托车）的养路费、货运基金、运管费征收及税金代收工作。1998年，负责芦草路、三董路的养护和路政管理工作。2002年10月，因机构改革，撤销土门交通管理所，其原有职能和人员合并到三岔交通管理所。

张家坡交通管理所 1998年1月，设立张家坡交通管理所，为股级事业单位，办公地点在张家坡乡政府驻地九东路东侧，与张家坡农机管理站合署办公，有平房4间，配备规费征收办公室、职工宿舍、食堂等设施。工作职责为负责辖区内的交通运输管理、机动车维修市场管理、“三小车辆”（拖拉机、农用车、摩托车）的养路费、货运基金、运管费征收及税金代收等工作，负责县道九东路、巨东路的公路养护和路政管理工作。2002年10月，依据《关于县级事业单位机构设置和改革的意见》，撤销张家坡交通管理所，其原有职能和人员合并到东里交通管理所。

大事记

记忆沂源·交通运输卷

清代

修建沂水城至博山大路，经武家洼、跋山店、东里店至博山，路宽3米左右。

1936年

春，修建沂水至博山公路，路面宽4~5米。

1942年

春，日本侵略军（驻王家石沟）与伪军驱赶民夫数千人，在鲁村区舍庄修建飞机场，历时3个月（未使用）。

是年，日本侵略军为加强与博山日本侵略军的联系，抓民夫整修沂博公路。

1944年

秋，日军200人，伪军600余人，沿博（山）沂（水）公路向东“扫荡”，民兵沿路埋设地雷，打排枪骚扰敌人。

1945年

是年，在沂源落户的退役军人陈子荣购置两辆自行车，个人开店使用，是沂源县最早的自行车。

1946年

5月，组织妇女、儿童、老年人抢修莱沂、博沂、南临、蒙南四条战时公路。

1947年

2月，莱芜战役打响，组织全县7000名民夫担任支前运输任务，儿童团、识字班等组成给养运输队。

8月16日，《大众日报》刊登《沂源运输大队巩固民夫的经验》，沂源县530人随军运输大队，在秦玉洁等7人领导下，两个月完成15趟运输任务。

12月，据本月统计，为支援鲁南战役（1月）、莱芜战役（2月）、孟良崮战役（5月）、南麻战役（7月），全县组织民兵7个团另加4个营共8700余人、民工2.4万人，抢修公路5条。

是年，重新修筑沂水至博山公路，未能通车。

1948年

9月，为支援济南战役，全县组织150副担架、200辆小车参加支前。

11月，组织民工参加淮海战役支前，第一批担架700副、小车200辆，第二批担架400副，共计2000余人。

12月，沂蒙担架团第五营在旋峰峪召开成立大会，全营560人。该营参加了淮海战役，并随军南下支前半年。华东野战军授予该营“支前京沪杭，功扬沂蒙山”锦旗一面。

是年，抢修沂水至博山公路。

1949年

8月，山东省路工会议决定，沂水至博山公路为供应支线，并再次抢修，但时修时废。

1951年

是年，运送全县支援朝鲜战场的50万斤小麦，因道路不通，缺乏运输工具，三年后仍有30万斤未运出。

1952年

10月，沂水公路管理段沂源县公路站成立。

是年，动工修建博沂路松仙岭至韩旺段，全长65.2公里，翌年3月竣工。

1953年

10月，山东省交通厅决定，将沂水公路管理段撤销，原沂水公路管理段沂源县公路站划归临沂公路管理段领导。

年底，山东省供销合作社分配给县供销系统1辆载重4吨大道吉汽车，为沂源县第一辆汽车。

是年，设立南麻汽车站，隶属潍坊运输公司管理。

是年，临沂公路管理段沂源站设立监理工作专职人员，负责畜力车核检，号牌、行车执照发放及养路费征收等。

是年，有外地客车过境沂源，当年运送旅客3786人次。

1955年

是年，实施博沂路松仙岭至南麻段第二次改建。

1956年

1月，沂源县人民委员会制定了地方交通建设的意见，提出要把“修小路为大路”作为“广大合作社的计划之一”，并将修建简易公路、大车道的任务分配到各区。

2月，沂源县人民委员会制定《关于本县一九五六年至一九六七年发展地方交通的全面规划（草稿）》。

6月，县人委会设工业交通工作部，内设交通科，主管全县交通运输公路事业。

6月，县公路站组建常年筑路队。

是年，临沂行署运输分行拨给沂源县雪佛兰汽车1辆，为沂源县第一辆轿车。

1957年

6月，省交通厅测设二队对博沂路沂源段进行实测设计。

10月，沂源县人民委员会组织对南（麻）草（埠）路进行路基整修，翌年竣工。

1958年

2月，省交通厅第三工程队调派两个连队支援沂源公路建设。

3月，省投资129万元，重修博沂公路南麻至博山段，11月竣工。

4月，县工业局、交通科合并成立工业交通局。

8月，南麻至草埠公路改造工程动工，翌年6月竣工。

9月5日至15日，全县修简易木轨道43华里。

9月，悦庄至三岔简易公路动工，下凿无路岭7.5米。

9月，成立1500人运输团，划分为5个营、15个连、45个排，承担全县物资运输任务。

10月，县工业交通局撤销，分设工业局、交通局。

11月，成立公路建筑团，有1500人，分为2个营、6个连、79个班。

11月，县交通局、临沂公路管理段沂源站合署办公。

11月，县交通局成立公路专业养护组织，配备养路员286人。

是年，大炼钢铁，组织16万人次去博山煤矿挑煤2000吨。

是年，组织手推车2800辆，为大炼钢铁运输物资。

1959年

6月，博沂路南麻至沂水界段公路改建，石桥段向东南方向另辟新线，经张家坡、南流泉至沂水交界，翌年3月竣工。

8月，临沂公路管理段沂源站并入县交通局。

9月，实施三悦路改建工程，翌年春竣工。

是年，全县13个公社普遍建立民间运输组织，共组织运输劳力1660人，组织胶轮手推车1660辆。

是年，临沂专员公署运输分行调拨15辆嘎斯-63汽车，组建沂源县运输分行，内设马车排、装卸队。

1960年

3月，山东省拨给沂源县1台拖拉机（尤特兹-45）。

5月，临沂运输公司在沂源县成立汽车六队，有货车24辆。

5月，南麻至临沂客运班线开通。

9月，为解决因劳力不足造成的物资积压问题，县运输指挥部组织全县4400辆小推车中的2200辆成立专业运输队，另外2200辆组成副业运输队。

是年，沂源县制定《1960年至1967年交通建设规划》，提出之后1年、3年、5年的公路建设目标。

1961年

2月，沂源县抽调200辆小推车，成立专业短途运输队伍，归临沂专员公署交通局统一调度，统一安排任务。

12月，公路建筑团、运输团逐步解散。

是年，博沂路原香磨至韩旺段划入东东路，原石桥至香磨路段为石香路。

1962年

4月，临沂专员公署运输分行调回15辆汽车。

5月，南崔路青龙山北段实施新建。

7月，沂源县连降特大暴雨，公路路基、路面冲毁2.5万余立方米，冲毁小桥涵63处。是年，省、地拨款52万元修复。

9月，县运输分行撤销。

是年，各公社成立运输小组，每组小推车10辆左右，承担民间运输工作。

1963年

1月，三悦路重修工程动工，年底竣工。

1月，临沂运输公司汽车六队变更为汽车七队。

2月，成立沂源县运输合作社，内设马车排，有胶轮马车13辆。

2月，县交通局成立地方道路养护队。

2月，实行统一货源、统一调度、统一运价的“三统一”运输政策。

2月，动工修建雕崖至石柱公路，6月竣工。

3月，临沂公路管理段沂源站从县交通局划出。

10月，动工修建南（麻）坦（埠）路南麻至回峪段，长20.7公里，翌年通车。

1964年

1月，县交通局设南麻交通运输管理站。

2月，汽车七队迁至县城荆山路27号。

4月，动工修建南（麻）崔（家峪）路南麻至燕崖段，年底竣工。

5月，县交通局设东里交通运输管理站。

5月，动工修建南坦路回峪至胡树庵段。

5月，开通南麻至大张庄、南麻至济南客运班车线路。

7—8月，连降暴雨，致山洪暴发，全县公路损毁严重。

11月，开通南麻至三岔客运线路。

是年，县交通局开始征收运输管理费。

1965年

春，南崔路燕崖至梭背岭段动工修建。

10月，南崔路梭背岭至东可乐山村段动工修建。

是年，泰薛路改建工程竣工，沂源境内全长33.01公里。

1966年

2月，经省交通厅批准，北镇运输公司驻博山山头的货运车队，移交临沂运输公司汽车七队。

3月，重修南草路南麻至草埠段，并延伸至莱芜交界，全长20.1公里。

12月，南崔路燕崖至梭背岭路段修建工程竣工。

1967年

3月，池（上）三（岔）公路动工修建。

7月，莱马路悦庄至上枝段14.1公里动工改建，10月竣工。

11月，实施石香路改线工程。

12月，南崔路梭背岭至可乐山段修建工程竣工。

1968年

春，草齐路动工修建。

3月，沂源县交通局革命委员会、沂源县公路站革命委员会成立。

10月，县交通局革命委员会更名为沂源县革命委员会生产指挥部工交组。

11月，池三路博山南庄至沂源三岔段竣工。

是年，东东路改建，路基宽6.5米，沙土公路，砂石路面。

是年，动工修建南坦路南埠东大桥，1970年10月竣工，单孔跨径92.7米，时为山东省内单跨径最大的桥梁。

是年，县运输合作社马车排解散，马车拍卖处理。

1969年

春，草齐路竣工。

7月，石香路改线、东东路改建工程竣工。

10月，县交通局设西冶交通运输管理站。

1970年

3月，娄龙路娄家铺子至蒙阴界段路基整修动工，11月建成。

4月，沂源县公路站革命委员会撤销，恢复沂源县公路站。

7月，东东路香磨大桥竣工。

8月，南崔路东里河南大桥竣工。

9月，县交通局设唐山交通运输管理站。

10月，开通南麻至泰安客运班车线路。

1971年

10月，恢复县交通局。

是年，石香路、东东路香磨至韩旺段按四级路标准改建。

1972年

2月，车辆监理业务由县公路站移交县交通局，设立沂源县交通监理站。

3月，三悦路改建工程动工，翌年竣工。

是年，石香路改建工程竣工。

是年，成立沂源县联合运输办公室，负责全县运输生产计划的制定和实施。

1973年

2月，博沂路松仙岭至南麻段铺设沥青路面，11月竣工，是沂源县第一段硬化路面。

12月，曹（家庄）石（榴峪）路动工兴建。

是年，县交通局组织开展占领运输市场阵地、清除地下运输、打击投机倒把行动。

1974年

5月，县交通局设悦庄、张庄、鲁村、土门交通运输管理站。

9月，曹（宅）姚（店子）路动工修建。

9月，沂源汽车站新站建成投入使用，位于县城振兴路西首。

11月，沂源县运输合作社更名为沂源县运输公司。

12月，动工修建安（乐）燕（崖）路，翌年春竣工。

是年，池三路与博（山）莱（叶口）路连为一线，列为干线公路，时称仲（宫）临（朐）路。

1975年

3月，赤（坂）松（崮）路南岩段动工兴建。

8月，金星至柳枝峪4.2公里和周家上庄至金星8公里路基整理工程动工。

10月，沂源县汽车大修厂成立。

秋，全县组织15.2万人上阵，进行山、水、林、田、路综合治理。

1976年

3月，动工修建莱（芜）韩（旺）路，沂源境内全长68.5公里。1978年10月，建成通车。

10月，东柳路金星至柳枝峪、周家上庄至金星路基整理工程竣工。

1977年

1月，山东省“工业学大庆”会议召开，沂源县公路站作为先进集体参加会议。

1月，撤销悦庄、东里交通运输管理站。

3月，县交通局从城东环城路西侧迁至振兴路83号。

是年，娄家铺子至蒙阴界路段进行路基整修。

1978年

是年，南崔路韩庄桥、石香路水北桥、猫头山桥动工修建。

1979年

6月，仲（宫）临（朐）路璞邱水库段3.5公里改建工程动工。

1980年

5月，撤销土门交通运输管理站。

是年，东柳路河南至公家场段9.8公里修建工程竣工。

1981年

是年，新保路修建工程动工，1983年2月竣工。

1982年

4月，三峨路拓宽改建工程动工。

9月，鲁村交通运输管理站迁至草埠。

11月，泰薛路赵家峪至西高庄段改建工程开工，1984年竣工。

是年，沂源县遭受百年未遇的特大干旱，县与公社派出250部汽车、拖拉机，临沂行署、当地厂矿及驻军派出60部汽车，帮助抗旱。

是年，按四级路标准复修东柳路，新建转子山、金星两座中桥。

1983年

1月，县交通局重设土门交通运输管理站。

3月，县政府批转县交通局《关于加强县社公路修建养护管理意见的报告》。

4月，东里沂河大桥动工兴建，年底竣工通车。

5月，拖拉机养路费征收业务由县公路站移交县交通局。

6月27日，临沂地区交通局在东里召开现场会，沂源县以“民办公助架桥，速度快质量好”为题介绍东里沂河大桥建设经验。

7月，沂源县降特大暴雨，180公里路面受到严重冲刷，县社公路全部被冲断，连村路、经济路被冲毁600多公里，摧垮桥梁47座。

7月，将东柳路改建为四级沙土路。

是年，张（家坡）九（山）路瓜峪至九山段动工修建；博沂路南麻至石桥段改建工程动工；动工修建西（峪）徐（家庄）路。

1984年

4月，沂源县第一条由个体业户经营的客运班线（梭背岭至张店）正式运行。

7月，沂源县遭受暴风雨灾害，县区公路全部冲断，连村路、经济路被冲毁600多公里，冲垮桥梁47座，其中包括大桥2座（南崔路安乐大桥、刘家庄大桥）。

1985年

5月，县交通局开始征收车辆购置附加费。

9月，县政府发布《关于加强公路路政管理的布告》。

9月，南崔路南麻镇北刘家庄路段实施改线。

是年，曹（宅）姚（店子）路路基整修工程竣工。

1986年

6月，博沂路南麻至赵庄段列为县道。

8月，北刘家庄沂河大桥竣工。

是年，泰薛路高庄至南麻段3.3公里铺筑沥青路面。

是年，县交通局开始征收客运站队建设基金。

1987年

2月，县交通局重设悦庄交通运输管理站。

4月，省交通厅副厅长张大钧到沂源县视察公路建设。

5月，南麻、悦庄、鲁村、西冶、大张庄、梭背岭、土门7个乡镇交通运输管理站，统一改建为乡镇交通管理所。

6月，沂源县交通监理站由县交通局成建制移交县公安局。

7月，设立沂源县城关交通检查站。

9月，鲁沟路按四级路标准动工修建。

10月，三悦路南段改建工程动工。

10月，石香路改建工程动工。

1988年

7月，成立沂源县汽车维修行业管理所。

是年，白杨路白峪至红旗水库路段路基整修动工；三悦路南段改建工程竣工；南崔路安乐大桥动工重建；博沂路南麻至石桥段改建工程竣工；三峨路新建工程竣工。

1989年

3月，东（长旺）巨（石崖）路动工修建。

3月，下（高村）曹（家庄）路动工修建。

3月，滑（石峪）龙（湾）路动工修建。

4月，南崔路梭背岭十字路口南至东里河南十字路口8公里路段进行路基拓宽，11月竣工。

10月，县运输公司因连年亏损，经县政府研究决定，由县塑料制品厂实施兼并。

11月，博沂路沂源县化肥厂至赵庄段10公里沥青路面铺筑工程竣工。

12月，省计委、省交通厅将沂源县列为中低档工业品以工代赈修建县乡公路和水利工程试点。

1990年

1月，沂源县公路站由临沂公路管理段划至淄博市公路管理段管辖，更名为沂源县公路管理站。

1月，沂源汽车站由临沂运输公司移交淄博运输公司。

3月，滑龙路新建工程竣工。

5月，在城关交通检查站基础上，组建沂源县道路检查站，省统一序编55号。

8月，雕石路改建工程动工，翌年5月竣工。

8月，鲁村经四门地至徐家庄路段动工修建。

8月，沂源汽车站改称沂源长途汽车站。

12月，西冶交通管理所划至莱芜市钢城区交通局管辖。

是年，县交通局开始征收货运建设基金。

是年，博沂路赵庄至石桥段铺筑沥青路面。

是年，省计委、省交通厅投资1254.21万元，采用以工代赈用劳动工日换取扶持物资方式，帮助沂源修筑了仁里至石柱、鲁村至四门地2条县乡公路。

1991年

3月，南崔路中庄至南安乐新建工程动工。

4月，泰薛路高庄至莱芜界段改建工程开工，按二级路标准设计施工。

9月，白（峪）杨（家庄）路新建工程动工。

9月，博沂路鱼台至南麻段路面铺筑工程竣工。

是年，鲁四路新建工程竣工。

1992年

3月，南崔路南麻至燕崖段、石香路、三悦路进行整修改造。

5月，成立沂源县交通检查站，统一序编21号，55号检查站自动撤销。

8月，博沂路西线（博山区谢家店村至沂源县草埠村）新建工程开工，翌年9月竣工。

8月，县政府办公室印发《沂源县县乡公路建设管理办法（试行）》。

1993年

3月，泰薛路高庄至莱芜界段路面铺筑工程动工，11月竣工。

10月，石香路石桥至大泉段6公里沥青路面铺筑工程竣工，为第一条实现路面硬化的县道。

11月，西徐路新建工程竣工。

11月，泰薛公路高庄至草埠段16.8公里水泥路面铺筑工程竣工通车。

1994年

2月，南坦路（沂蒙路）26.3公里改建工程开工。

2月，南崔路南麻段2.5公里路面硬化工程动工。

3月，石香路大泉至香磨段7.65公里路面硬化工程动工，11月竣工。

5月，成立沂源县公用型客运站，个体客车全部进站经营。

6月，沂源县降特大暴雨，冲毁10条干线路、县乡路，毁坏路基65公里，道路水毁损失达450万元。

9月，县委、县政府制定《关于加快公路建设尽快改善交通环境的意见》，确定20世纪末全县公路实现“五横六纵”公路网规划，加快拓宽和硬化县乡道路，提高公路等级，实现乡乡通沥青路、村村通汽车目标。

11月，南崔路南麻至燕崖段11公里拓宽改造工程开工，翌年7月竣工。

是年，泰薛路悦庄至上枝段14.1公里改建工程动工，翌年10月竣工。

1995年

4月，省交通厅组织文工团到悦庄驻地泰薛路工地慰问演出。

7月，淄博市公路局向县交通局赠送摊铺机1台、拌和机1台，支持沂源公路建设。

9月，韩莱路东里至香磨段2公里实施沥青路面铺筑。

9月，暴雨冲毁7条118公里县乡公路，冲垮大中桥5座、防护工程7300多米，损失达180余万元。

9月，淄博市委书记杜祥荣、副市长王学刚到沂源县查看因暴雨造成的水毁等灾情，要求尽快把路修通，确保“三秋”生产。

12月，沂源长途汽车站对社会车辆开放，个体客车统一进站经营。

是年，草齐路草埠至徐家庄段10.6公里路基拓宽工程开工。

是年，市交通局在沂源召开运输现场会。

是年，县交通局被淄博市委、市政府命名为“市级文明单位”，被淄博市委、市人大、市政府评为全市“二五”普法先进单位。

1996年

3月，泰薛路悦庄至上枝段路面硬化工程开工，10月竣工。

4月，沂蒙路沟泉至大张庄段12.7公里路面硬化工程开工，10月竣工。

7月，沂源县公路工程管理处成立，为副科级事业单位。

7月24日晚11时起，沂源县境内连降10余小时大雨，致使13条县乡公路出现严重水毁，水毁严重的巨东路全长8公里有4处冲断路基，造成全线交通中断。

10月，南崔路中庄至梭背岭段改建工程竣工。

10月，南悦路路基土石方工程动工。

是年，全县16个乡镇全部成立交通工作办公室，负责本乡（镇）道路的规划、建设、管理和养护工作。

是年，全县开展“公路建设管理年”活动，完成省道、县道新建、改建、硬化工程10条103.3公里，完成乡村路工程23条110公里。

是年，县交通局被省交通厅公路运输管理局评为道路运输管理先进单位。

1997年

3月，三悦路（含仲临路2公里）20公里拓宽改建工程开工，按二级路标准设计施工。

4月，召开全县“公路建设管理年”表彰大会。

8月，设立沂源县交通稽查大队，同时撤销21号交通检查站。

9月，草齐路改造工程竣工。

9月，大三地至曹家庄、南悦路南麻段新建工程开工。

9月，省交通厅厅长朱正昌到沂源县调研公路建设情况。

10月，沂蒙路沂源境内全段沥青路面铺筑工程竣工。

是年，南崔路燕崖至梭背岭段17.2公里实施路面硬化。

是年，三九路按山区四级公路标准进行路基改建。

是年，沂蒙路高庄至沟泉9.2公里、大张庄至胡树庵段5.3公里路面硬化工程开工。

是年，路网调整，将泰薛路更名为薛馆路。

1998 年

4月，三悦路（含仲临路段2.5公里）20.3公里改建工程竣工。

5月，南崔路东里河南至可乐山段3.5公里路基改建和路面硬化工程开工。

7月13日，县政府下发《关于建设013省道（泰薛路）文明样板路的实施意见》，8月开始按省交通厅文明样板路标准筑路，11月初竣工通车，12月，通过省交通厅验收。

7月，沂源县16个乡镇普降大到暴雨，洪水冲毁路基40余公里，冲坏路面60余公里，冲垮桥涵36座，1条县道、6条乡村路交通中断，直接损失200余万元。

是年，娄龙路拳石基层铺筑工程开工。

是年，路网调整，南坦路更名为省道（S234）沂台路，与韩莱路的重合路段划归沂台路统计；将韩莱路列为省道韩莱路（S332）；仲临路更名为省道临仲路（S327）。

1999 年

1月，县交通局被山东省交通厅评为建设文明样板路工作先进单位。

4月，韩莱路韩旺至莱芜界段40公里路面硬化工程开工。

5月，县政府印发《沂源县乡村公路建设管理办法》。

5月，南崔路东里河南十字路口至西可乐山段5公里路面硬化工程开工。

6月，县道九东路9公里路面硬化工程开工。

10月，博沂路西线9.8公里、省道韩莱路20.8公里路面硬化工程竣工。

10月，开通沂源至黄岛客运班车线路。

是年，博沂路西线改建工程竣工之后，路线定名为省道博草路（S907）。

2000 年

1月，沂源县交通行业被省交通厅、省文明办评为文明交通行业。

3月，博沂路石桥至沂水界段路基改建工程开工。

8月，韩莱路韩旺段7.6公里改线工程和8公里沥青面层工程竣工。

9月，县交通局组织开展全国第二次公路普查试点工作。

9月，淄博市公路管理局沂源公路管理站更名为淄博市公路管理局沂源分局。

是年，沂源县客运服务代理公司撤销，成立沂源县客运服务中心。

2001 年

2月，沂源县交通稽查大队被省交通厅评为全省交通稽查工作先进单位。

8月4日，由于降雨强度大，雨量集中，县乡公路水毁严重，共有19条路段遭到不同程度的毁坏，冲毁道路140公里、桥涵50座。

8月，临仲路博山区店子至沂源县三岔段改建工程开工。

9月，博沂路石桥至沂水界段改建工程竣工。

9月，博沂路石桥至沂水界段和韩莱路韩旺段沥青、水泥路面修筑工程竣工，均被评为优良工程。

10月，三悦路17.8公里、南悦路2.3公里路面硬化工程竣工，全县13个乡镇全部通上柏油路。

10月，博沂路西线连接线沥青混凝土铺筑工程完工。

是年，年内完成150公里乡村路改造硬化工程。

2002年

3月，博沂路沂源段设省道236线沂源收费站，序号为95号，位于悦庄镇石臼村东。

5月，临仲路路基改造和路面硬化工程开工。

6月，沂源大众交通运输有限责任公司成立，个体经营的72辆面包类出租车，纳入沂源大众交通运输有限责任公司实行企业化管理。

9月，县交通局组织进行省道329线、省道236线重合段汽车OD调查，为途经沂源县的青兰高速公路的规划设计提供依据。

是年，年内完成南悦路悦庄段3.4公里、东公路7.2公里、白杨路燕崖段10公里、白杨路中庄段12.2公里、中庄至杨家庄段2.68公里、薛馆路城区段1.2公里、簿金路8公里共计7条44.68公里省道、县道改建硬化工程。

2003年

7月，开通沂源至北京客运班车线路。

是年，实施“村村通油路”工程，年内投资2亿余元，完成“村村通”工程473公里。

是年，青兰高速公路路政执法大队在山东省交通厅、山东省总工会组织的公路路政执法人员岗位技能竞赛中获得高速公路组一等奖。

2004年

1月，在沂源至张店、泰安、日照、济宁等客运班线更新或新增11辆豪华客车，投入运营。

2月，全县农村客运线路尚在运行的47辆面包类客车，全部更新为新型中级客车，结束了使用面包车经营农村客运班线的历史。

3月，县交通局被山东省交通厅评为2003年度全省农村公路改造先进单位。

3月，青兰高速公路沂源段工程可行性研究通过评审。

3月，博沂路沂河源隧道工程动工，11月竣工。

10月，璞丘岭隧道竣工。

11月，临仲路改建工程竣工。

11月，博沂路北线22.6公里改建工程竣工。

11月29日，博沂路改建一期工程竣工通车典礼暨沂源县“村村通”表彰大会召开，淄博市委副书记、市长刘慧晏，省交通厅副厅长王裕荣出席会议。

12月11日，省交通厅厅长周秋田，市委副书记、市长刘慧晏等到沂源县视察公路建设情况。

是年，全县城乡客运线路总数达33条，运行里程达到760公里，基本实现了村村通客车的目标。

是年，年内投资6912万元，完成“村村通”工程275公里，全县省道、县乡公路全面消除沙土路。

2005年

1月，由县交通局代征的车辆购置税移交县税务部门征收管理。

3月，省公路局局长范正金到沂源调研青兰高速公路沂源段建设前期准备工作。

3月，济青高速公路南线（青兰高速公路）建设动员大会在沂源县召开。

4月，博沂路松仙岭隧道工程动工，12月底竣工。

9月，开通西台至民营工业园城区公交线路，投放4辆公交大巴试运行。

10月12日，省政府副省长赵克志在省交通厅厅长周秋田等陪同下，指导济青高速公路南线（青兰高速公路）沂源段工程建设。

是年，博沂路北线二期5.2公里改建工程竣工。

是年，薛馆路城区东段4.6公里改线工程竣工。

是年，年内投资1639.8万元，完成“村村通”工程93.5公里。

是年，土鲁路实施沥青路面硬化改造提升工程。

是年，县政府办公室印发《沂源县农村公路养护管理办法》。

2006年

3月，省交通厅、省义明办复核通过沂源县“省级文明交通行业”。

5月，县交通局被省人事厅、省交通厅评为全省农村交通建设先进单位。

9月，县交通局被省交通厅、省文明办评为全省交通行业精神文明建设工作先进单位。

10月，青兰高速公路被交通部列为“典型示范工程”，为山东省第一条生态环保高速公路。

是年，全县实现100%行政村通客车目标。

是年，南崔路南麻至织女洞路段（南织路）15公里按照二级路标准改造提升。

是年，年内投资8000多万元，完成135公里“村村通”工程、12座大中桥工程建设。

2007年

7月，新投放吉利自由舰出租车50辆。

7月，博沂路悦庄至石桥段路面改造工程开工，11月竣工。

8月，南崔路至织女洞段1.2公里旅游路工程竣工。

8月，县长途汽车站新站建设奠基开工。

9月，南崔路南安乐至西里段12.9公里改建工程竣工。

12月，组建青莱高速公路沂源管理处，为副县级事业单位。

12月，青兰高速公路沂源段竣工通车。

12月，县交通局被省人事厅、省交通厅评为全省交通系统先进集体。

是年，开展非法载客三轮机动车集中整治，全县870辆三轮机动车全部退出城区客运出租市场。

是年，年内投资3498万元，完成116.6公里村道硬化工程。

2008年

4月，沂源公路分局与淄博泰丰道路工程有限公司签订省道博沂路石臼至沂水界段养护协议，开启淄博公路养护市场化改革试点。

6月，设沂源县交通运输管理办公室，为隶属县交通局的副科级事业单位。

9月，县道九东路任马庄至东安段9公里改造工程竣工。

9月，石香路石桥至东里香磨段13.7公里老油路改造工程竣工。

9月，北部林果大观园园区道路13.8公里建设工程竣工。

是年，年内投资670万元，完成134公里村道改建硬化工程。

2009年

1月，取消公路养路费、运输管理费等6项收费，改为征收燃油消费税。

2月，S236沂源收费站停止收费。

5月，投放雪铁龙出租车30辆。

7月，县治超检测站建设竣工，投入使用。

9月，薛馆路一期建设工程竣工。

9月，沂源长途汽车站新站竣工。

是年，年内投资300万元，完成31.2公里村道改建硬化工程。

是年，沂源公路分局通过公开招标，确定专业化队伍进行公路养护。

2010年

2月，设立沂源县铁路建设筹建办公室。

6月，铁道部正式批复山西中南部铁路通道汤阴东至日照南段工程。

9月，晋豫鲁铁路通道沂源段动工。

9月，县道草齐路12.2公里改建工程顺利竣工。

11月，撤销县铁路建设筹建办公室，设沂源县铁路建设管理办公室，为县政府直属副县级事业单位。

12月，省道薛馆路高庄转盘至莱芜界段改建工程竣工。

12月，沂源县交通局更名为沂源县交通运输局。

是年，年内投资260万元，完成26公里村道改建硬化工程，基本实现全县“村村通油路”目标。

是年，青莱高速公路沂源管理处更名为青兰高速公路沂源管理处。

2011年

5月，青兰高速公路沂源管理处代表山东省迎接“十一五"全国干线公路养护与管理检查，获得全国总评分第二名。

6月，全省公路系统机务研讨会在沂源县召开。

9月，县道白杨路5.4公里改建工程竣工。

11月，省道薛馆路三期改建工程竣工。

11月，县道雕石路南岩至松崮段5公里、乡道西徐路、乡道滑龙路大中修工程竣工。

12月，县道三悦路、草齐路重点路段安保工程竣工。

是年，投资1400万元，完成28公里村道建设工程。

2012年

春，县交通运输局制定《关于乡镇交管所规范化建设的意见》，针对税费改革后实际，调整完善乡镇交通管理所职能设置。

5月，县公路管理所升格为正科级，更名为沂源县地方道路管理处。

8月，台风“达维”引发沂源县强降雨，造成8条县乡公路损毁，冲毁路基边坡40处，冲毁边坡16000立方米，冲毁挡墙400余米，冲毁涵洞8道，冲毁路面500平方米，损坏行道树1200余棵。

9月，开通南麻至燕崖新村客运线路，开通城区星河蓝湾至儒林集公交线路。

9月，薛馆线临朐界至南踅庄段改建工程竣工。

10月，南崔路东里河南至可乐山段、南悦路苗山至三悦路段、三九路璞邱至车场段、九东路北店子段改造提升工程竣工。

是年，年内投资2100余万元，完成45.1公里村道建设工程。

是年，县交通运输局开展样板路创建活动，建成170公里样板路。

是年，设立城乡客运线路站牌520块，新建城区公交景观型候车亭90处。

2013年

10月，青兰高速生态环保典型示范工程竣工。

12月，投资6000多万元，完成沂河源大桥主体工程。

12月，省道沂台路26.1公里改建工程竣工。

12月，南麻大街新建工程竣工。

是年，交通运输部公路科学研究所对全县县乡道路134座重点桥梁进行检测评定。

是年，年内投资6900多万元，完成112.7公里农村公路改造工程。

2014年

9月，投资5600余万元，完成省道韩莱路大张庄至莱芜界9.4公里大修工程。

12月，城区100处公交车候车亭改造提升工程竣工。

12月，晋豫鲁铁路通道沂源段竣工。

是年，年内投资4700万元，完成50.6公里农村公路改造工程。

是年，年内投资140余万元，完成鲁沟路、韩金路重点路段安保工程。

2015年

3月，省道薛馆路鲁村东桥、鲁村西桥、琉璃河大桥、草埠大桥，省道博沂路张良中桥、馇庄中桥、葛庄中桥、马庄大桥危桥改造工程开工，10月竣工。

4月，省道韩莱路韩旺至金星大修工程开工，10月竣工。

4月，省道临仲路三岔至璞丘岭段中修工程开工，9月竣工。

8月，县道南悦路工业园段改造工程竣工。

10月，乡道三九路改造工程竣工。

10月，青兰高速公路黄家峪隧道代表山东省迎接2021年度国家公路网技术状况监测评价，获得全国第二名。

12月，东里沂河大桥工程竣工。

是年，年内投资3239万元，按照国家统一规范标准，完成155.3公里农村公路安保防护设施设置。

是年，青兰高速公路沂源管理处与滨莱高速公路淄博管理处合并，组成齐鲁交通发展集团淄博分公司，设立沂源养护清障中心。

2016年

4月，省道博沂路松仙岭至鱼台段大中修工程开工，9月竣工。

4月，省道博草路（博沂路西线）博山界至草埠段大中修工程开工，10月竣工。

5月，省道博沂路、临仲路3座隧道安全设施提升工程开工，11月竣工。

6月，开通佳惠新天地至董家庄（550路）公交线路。

9月，县道草齐路大修工程竣工。

11月，县道九东路8.8公里大修工程竣工。

11月，省道博草路9.8公里大修工程竣工。

是年，年内投资4000余万元，完成16座农村公路危桥改造工程。

是年，年内投资3300万元，按照国家统一规范标准，完成500公里农村公路安保防护设施设置。

是年，年内实施村级公路网化示范县创建。

2017年

4月，博沂路张家坡至沂水界段路面大中修工程开工，10月竣工。

9月，全县农村公路安保防护工程通过省交通运输厅验收。

10月，开通陡起峪至朱家峪（551路）公交线路。

11月，南崔路、三悦路、九东路、芦董路、鲁四路58.2公里县乡公路改建工程竣工。

11月，完成22座农村公路危桥改造工程。

11月，青兰高速沂源服务区被全国旅游景区质量等级评定委员会评为“AAA级旅游景区”。

12月，完成全县27条公交线路、114辆公交车城乡公交集约化改革。

12月，沂源县公路工程管理处更名为沂源县超限检测站。

12月，青兰高速沂源服务区国家AAA级旅游景区揭牌，为山东省首家挂牌AAA级景区的高速公路服务区。

12月，青兰高速沂源服务区被交通运输部评为全国百佳示范服务区。

是年，年内投资2.22亿元，完成370公里“村级公路网化示范县”工程。

是年，沂源县交通运输局创建成为省级文明单位。

是年，路网调整，省道薛馆线（S329）升级为国道胶海线（G341），为沂源县境内第一条国道；将博沂线博山界至鱼台段纳入张台线管理；省道博沂线（S236）更名为省道沂邳线（S229）；沂台线改称为省道张台线（S231）；省道博草线（S907）更名为省道张鲁线（S232）；省道韩莱线（S332）更名为省道惠沂线（S234）；省道临仲线（S327）更名为省道临历线（S317）。

是年，编制完成《沂源县干线公路网规划（2017—2030年）》。

2018年

2月，开通普安禅寺至西辽军埠村（552路）公交线路。

3月，省道沂邳线鱼台至沂水界段大中修续建工程开工，11月竣工。

5月，开通历山路北首至北踅庄（156路）公交线路。

11月，县政府办公室印发《关于进一步做好“四好农村路”工作的实施意见》。

11月，县政府办公室第二次修订发布《沂源县农村公路管理养护办法》。

12月，开展全县国Ⅲ中、重型营运柴油货车淘汰工作，注销国Ⅲ柴油货车55辆。

是年，确定沾临高速线位走向，设置沂源北、沂源南、西里3个出入口，预留鲁山南出入口。

是年，胶海线（胶南至海晏）改名为黄海线（黄岛至海晏）。

是年，开通沂源至济南、沂源至济南遥墙国际机场定制客运线路。

2019年

1月，全县机构改革，设沂源县地方道路发展服务中心、沂源县交通运输事业服务中心，撤销县地方道路管理处、县交通运输管理办公室。

4月，淄博市公路管理局沂源分局更名为沂源公路事业服务中心。

8月，县道石香路、白中路、草齐路大中修改造工程竣工。

9月，淄博市公共汽车公司沂源分公司成立。

9月，黄海线与南崔路交叉城市分离式立交桥开工建设。

10月，国道黄海线临朐界至悦庄段大中修工程竣工。

2020年

5月，省道沂邳线黄家峪危险路段改线工程竣工。

8月，临临高速公路沂源段建设指挥部办公室成立。

8月，滑龙路路面改造工程动工，11月竣工。

9月，沂邳线芝芳至张良段改建工程开工。

9月，白杨路白峪至红旗水库段按四级路标准改造提升工程动工，翌年12月竣工。

10月，黄海线与南崔路分离式立交桥竣工。

10月，黄海线悦庄至钢城界段大中修工程竣工。

12月，黄海线与南崔路分离式立交辅道加宽工程竣工。

是年，山东高速集团有限公司与齐鲁交通发展集团有限公司合并重组，组建山东高速集团有限公司淄博分公司，设立沂源养护清障中心、沂源桥梁隧道管理所。

2021年

1月，全县深化事业单位改革，沂源县铁路建设管理办公室更名为沂源县铁路事业服务中心，沂源县交通运输监察大队更名为沂源县交通运输执法监察大队，组建沂源县交通运输管理服务中心、沂源县交通建设发展中心，同时撤销县交通运输事业服务中心、县地方道路发展服务中心、县超限检测站和南麻、鲁村、悦庄、东里、西里、大张庄、三岔7个乡镇交管所。

1月，临临高速公路沂源段开工建设。

3月，黄海线彩板峪隧道动工，翌年8月竣工。

5月，沂源公路事业服务中心并入市交通建设发展中心，更名为淄博市交通建设发展中心沂源公路事业服务中心。

7月，青兰高速沂源服务区被山东省交通运输厅精神文明建设委员会评为“十佳文明服务区”。

7月，对60岁以上老年人、残疾人、“三属”、现役和退役军人，实行免费乘坐公交车。

10月，省发展和改革委员会下发核准临临高速公路项目变更的批复，增设鲁山南互通立交，悦庄枢纽至终点段由双向四车道变更为双向六车道。

是年，县政府办公室印发《沂源县农村公路管理养护工作实施方案》，公开招标确定专业公路养护公司，承担全县15条271.1公里县道养护任务。

2022年

4月，县交通运输管理服务中心加挂沂源县邮政业发展服务中心牌子。

7月，创建“沂路先锋”党建品牌并召开新闻发布会。

12月，沂邳线芝芳至张良段改建工程竣工。

12月，临临高速公路沂源段征地拆迁工作全部完成，征地清表5323亩，拆迁房屋242户。

是年，开通银座超市至鲁山溶洞节假日游玩线路，开通南麻街道办事处至黄山子夜间游玩公交线路。

是年，开通7条“助学公交”线路。

2023年

1月，沂源城区527路公交线路被省交通运输厅评为“最美公交线路”。

2月，开通10条赶大集客运专线。

3月，开通沂源佳惠新天地至张店利群（172路）大站快线公交线路。

10月，沂源县被省交通运输厅、省财政厅、省农业农村厅、省乡村振兴局命名为“四好农村路”省级示范县。

12月，临临高速公路北段竣工通车。

12月，山东高速淄博发展有限公司设立临临高速沂源养护中心。

是年，青兰高速沂源服务区被山东省交通运输厅评为“五星级服务区”。

是年，沂源县交通运输局被省交通运输厅、省发展和改革委员会评为“信用交通县（市、区）”建设典型单位。

附 录

记忆沂源·交通运输卷

新闻报道集萃

多年的愿望实现啦

——记沂博公路通车给沂蒙山区人民带来的好处

1953年10月，沂蒙山区人民多年来盼望着的沂博公路，终于通车了。这是在毛主席指示加强老根据地建设后，根据国家建设和人民的需要，重新修筑的。这条280多里长的公路，从沂水绕过山头，跨过河流，劈开了180多丈高、15里长的松仙岭，直通博山工矿区。

当第一辆汽车从沂水开往博山的时候，沿途坡里的人都停下手中的活向汽车跑来，他们欢呼，喊着毛主席万岁！有时汽车不得不停下来，有的老大爷手摸着汽车，高兴地流下眼泪。从博山开来的汽车，载来了三四年捞不着回南麻村走娘家的魏贵先的二闺女，她见了娘头一句话就说："娘啊！我是坐汽车来的，过去两天的路子没用半天就来到了。"前几年，过松仙岭小车都得几个人抬过去，现在汽车就呼呼地开过来啦！汽车经过沂源县西鱼台村，引起了白义为大爷的一段心事。他想起自己从15岁就给地主扛活，后来又跑博山当挑夫，整天脖子当着"碾管齐"，一步三喘地爬山路，那时就想：什么时候能有吃有穿，交通方便啊！可是国民党只是抢、杀、压榨老百姓，不给人民办点好事。共产党和人民政府，领导农民组织起来，发展了生产，去年，他亲眼看见庄头上修起了公路，汽车拉着乘客和山里的土产、城市出产的农具、日用品等来往不断，他也使上了水车和肥田粉，他高兴地逢人就说："新中国成立才五年，咱这里就有了这么大的变化，山区不是同样可以建设社会主义吗？"

交通方便了，山里的土特产品有了销路，价格也提高了，新式农具和其他工业品也能及时运来了。过去每斤猪肉只换3斤粮食，现在可换6斤粮食。过去"鸡蛋换盐，两不找钱"（即10个鸡蛋换1斤盐），现在10个鸡蛋换到二斤半盐了。水车由去年每架132万元降到129万元，步犁由33万元降到23万元。现在农民们可以在当地合作社买到价钱公道的水车、步犁、化肥和胶皮车辆，也可以买到从上海来的暖水瓶、从杭州来的真丝被面和各种如意的花布和胶鞋。汽车还给他们运来了大量的食盐，山区农民再也不为雨季缺盐担忧了。通车一年来，沂源一区供销合作社不论货种、数量和营业额都增加了一倍多。

一年来鱼台乡的农民推销土产后，换回来了14部水车，8000多斤肥田粉，对农业丰收起了很大作用。南麻村刘常英大娘喂了12只母鸡，每月下的蛋可收入五六万元，除吃盐打油和零花外，还给闺女吕秀英买了麻纱花布褂子、海昌蓝裤子和被单。

沂蒙山区的人民亲身尝到了国家发展交通运输业给他们带来的好处。他们说：修通了沂博公路使沂蒙山区人民走向了幸福。

原载：1954年10月7日《临沂大众》

作者：陈锡

修好沂博路　再破千重山
英雄的沂源县人民决心改变山区交通闭塞现象

英雄的沂源县人民在中共沂源县委领导下，正采取积极措施，改变山区交通闭塞的现象，力争两年内使道路四通八达。

该县高山峻岭占总面积的三分之二以上，沟河纵横，交通很不发达。解放前，人坡村的农民反映：一去十八转，来回三十六道河，肩压肿，脚磨破，一年不收挨两年饿。解放后，党关怀山区人民，在人力物力上给予援助，从1952年到现在，全县修起简易公路4条，全长132公里，初步满足了城乡物资交流的需要。今年大搞钢铁生产，交通运输又呈现了紧张局面，钢铁生产急需的六七千吨物资积压在博山。在这种情况下，富有革命光荣传统的沂源县人民，发扬了战时支前的精神，男女老少齐出动，肩挑人抬车推驴驮，全力抢运，保证钢铁生产物资供应。在这以前，县调集了1500名劳力，组成"沂源公路建筑团"，在省交通厅工程队的指导下，经半年时间，基本修好了六级20公里沂（源）博（山）

标准路，于10月达到晴雨通车。群众反映：松仙岭山高崖陡，人走一步三喘气，现在成了大马路，推400斤的小车也不觉累。最近县委已经把这个公路建筑团的人员固定下来，进一步加强了政治思想领导和组织整顿，成为一支专业的筑路队。

为使交通运输工作更好地发挥“先行”作用，县委决定今冬发动全党全民大搞交通。乡村大道由各人民公社负责修筑；公路干线由专业队负责修筑。打算再调400人充实专业队，修筑从南麻通往坦埠、蒙阴、马站的公路；另外调5500人，组成两个团，负责修筑沂（源）博（山）二级公路和鲁（村）洪（山口）五级公路。计划三年、力争两年内使全县道路四通八达。

原载：1958年12月16日《临沂大众》

作者：临沂专区交通运输指挥部

沂源修晴雨通车路

沂源县组织人力抢修公路，使这群山环抱的山区交通更加顺畅，物资畅流。

这个县自去年全民办交通以来，交通闭塞的现象虽有很大改变，但道路质量不好，特别是铁矿、煤矿的道路，有的雨天不能通车。6月初，县委有计划地抽调劳力筑路，现已将简易沂博公路的一段20华里，整修成六级标准路；并突击新建了芦芽铁矿15公里和南麻至草埠17公里两条五级标准公路。

原载：1959年6月16日《大众日报》

作者：子先　玉明　汉玉

崎岖山路变通途

——记沂博公路通车六年

英雄面前无困难，高山峻岭只等闲。英雄的革命老根据地沂源、沂水等县人民，在党的总路线的光辉照耀下，以“叫高山低头、河水让路”的英雄气概，劈山凿岭，改河填沟，与友邻地区配合，在1953年10月修通了沂（水）博（山）公路，开发了山区富源，促进了工农业生产和各项社会主义建设事业的飞跃发展。

解放前，从沂水到博山的崇山峻岭之间只有一条从沂水到芦芽店的老公路，高低不平，最宽的地方也不过五米，别说汽车不能畅通，就连马车也难通行；如遇阴雨，山洪暴发，小车、行人都没法出门。至于从沂源到淄博去那就更困难了，正如沂源县大坡村的农民所说：“一去十八转，来回三十六道河，肩压肿，脚磨破。”农民迫切需要的生产资料和生活资料得不到及时供应，辛勤劳动换来的农副产品和大批山果销不出去。“山区难，山区难，用的买不到，产的销不完”，交通闭塞给人民生产、生活造成了不少困难。

1952年秋天，在中央、省委和地委的大力支持下，中共沂源、沂水县委根据上级指示和人民的迫切要求，向全县人民发出了征服高山峻岭修通沂博公路的战斗号召。数千名筑路大军从四面八方涌上筑路工地。上级派来了技术人员，友邻地区也同时动工。在党的领导下，勤劳勇敢的老根据地人民，用双手铲平了崎岖不平的山路，使羊肠小道变成了宽阔的通途。1953年2月16日，载着参加老根据地建设的40多名干部的十轮大卡车，从沂水开往南麻。乘胜前进，英雄们接着又向交通大敌——陡峭的松仙岭展开了激烈的攻坚战，日夜炮声隆隆，硝烟弥漫，千军万马改河填沟，经过四个多月的苦战，松仙岭终于低头了，全线修通了，1953年10月南麻—博山段也通车了。从此，为具有无数矿藏和盛产粮棉油及其他土特副产品的沂源、沂水大片山区，与淄博等工业城市的物资交流展开了新的一页。在“大跃进”的1958年，省交通厅派来工程大队，配合当地民工重修改建了沂博公路，适当地调整了路线，加高加宽了路基，重建桥涵57座，合乎五级公路的标准，基本上达到了晴雨通车的要求。

在筑路战斗中，民工们表现了革命老根据地人民的英雄本色。他们不怕烈日酷暑，不怕寒风大雪，冬季在零下17度的情况下坚持施工，不仅白天奋战，夜间还借着月光干到深夜。共产党员宋传社脚冻破了，流出鲜血，仍然带领全班坚持战斗。每一个筑路工人都以国家主人翁的态度忘我地劳动。他们提出："老区人民志气豪，事事依靠党领导，只要大家一齐干，汽车上山不困难。"就是凭着这钢铁般的意志，征服了千山万水，把崎岖的羊肠小道筑成了宽阔的公路，迫使高山低下了头，河水让开了路。

几年来，特别是"大跃进"以来，沂博路上汽车奔驰，马车、小车川流不息。大批的山果、蚕茧、药材、皮毛、黄烟、花生以及猪、羊、鲜蛋等土特产品源源不断地运往大城市和工矿区，本县人民所需要的新式机械设备、农具、化肥等生产资料和食盐、布匹、日用百货等生活资料，一批又一批地运进来。光沂源南麻汽车站的统计，从1953年秋算起，到现在六年中，货运量达到30多万吨，其中1958年货运量85000多吨，比1953年增长103倍，今年货运量预计比去年增长8%。六年来，客运达12万多人次。沂博公路的通车大大地促进了山区经济的发展，改变了交通闭塞的落后面貌，为国家建设和沿途数十万人民带来了幸福。群众再也不愁"用的买不到，产的没处销"了，发展山区多种经济的积极性更加高涨，收入年年增加，生活日益改善。单就购买力来说，据沂源县的统计，仅去年就比1953年增长74%，今年预计比去年增长10%。

原载：1959年9月18日《临沂大众》

作者：刘志民

全民办交通　山区变通途
沂源县基本形成公路网

沂源县认真贯彻"全民办交通"的方针，取得巨大成就。目前，全县共有简易公路14条，全长249公里，修筑桥涵100座。共13处人民公社，已有10处通汽车，半数以上的生产队通马车。山区变通途，以南麻为中心的一个公路网基本形成，加强了物资交流，促进了工农业生产。

沂源县位于沂河上游，群山环抱，沟河纵横，物产丰富。解放前因交通闭塞，丰富的物资运不出，需要的东西运不来，影响了人民的生活。当地农民曾用这样的歌谣反映当时的困境："一去十八转，来回三十六道河，肩压肿，手磨破，需要的东西运不来，产的东西销不出。"解放后，党领导群众，一面发展生产，一面开发交通，特别是自人民公社化以后，依靠"一大二公"的优越性，掀起了群众性的劈山凿岭，填河改道，一年来在原有4条全长132公里公路的基础上，新建成简易公路10条，全长117公里，修筑桥涵100座，基本构成了公路网。

这县的交通事业发展快，使山区变通途，主要是依靠群众，发动群众，发挥人民公社的优越性，采取专业队与大搞群众运动相结合两条腿走路的方法。县委除把交通工作列入议事日程加强领导外，从去冬便建立了1300多人的常年筑路专业队；同时，发动10000多名社员配合专业队，采取农忙小干、农闲大干的方法，加快工程速度。如修筑从鲁村到黄庄、到张庄的两条简易公路，全长90华里，奋战两昼夜完成了筑路任务。在施工中，注意了发动民工巧干，创造了不用水泥建筑透水堤的先进经验，节省了原材料。同时，还做到修路与养护相结合，达到路路有群众护路组织，段段有护路专业队，平均每百里公路有35个护路员，加强了公路维修，使车辆安全行驶，提高了运效。

原载：1959年12月30日《临沂大众》

作者：中共沂源县委通讯组

千双英雄手　劈开万重山
——记沂源县专业筑路队先进事迹

沂源县1500名专业筑路队员，在党的领导和广大群众的配合下，以气吞山河、移山填海的英雄气概，劈山开道，凿岭填沟，日夜奋战在崇山峻岭之间。一年多的时间，修通了长达400华里的沂博、南草（南麻到草埠煤矿）公路和通往各公社的公路，全县基本实现了公路网，使这个一向交通闭塞的山区，出现了一片欣欣向荣的景象。

大战松仙岭

鲁山脚下海拔850公尺的松仙岭，与鲁山连接在一起，沟河纵横连绵20多华里，横挡在沂源县和博山之间。修通沂博公路，需要在这里劈岭深16公尺、宽7.5公尺、长22.5公尺的夹道，才能通行汽车。1958年秋天，筑路队光荣地接受了这一艰巨任务。工程开始，剥开土层不到一公尺，就是坚硬的岩石，镐头、铁锹凿不入。尽管这样，困难并没有吓倒英雄的人们。筑路队员在“劈开松仙岭，打通沂博路”的口号鼓舞下，与岩石展开了大决战。以陈心春为首，号称“钢铁爆破队”的队员们，抢先立功，采取阔孔先进爆破法，创造了一炮轰炸岩石15200立方的成绩，很快把万年稳坐的松仙岭揭开了上盖。在高工效的鼓舞下，队员们越战越猛，越干越巧，不管是零下十几度的“三九”，还是烈日当头的“中伏”，都坚持战斗，终于提前五天完成了第一道筑路任务。从此，沂博公路畅通了。社员们热情地歌颂：“英雄大战松仙岭，靠党领导建奇功，英雄壮志冲牛斗，万年闭塞今日通。”

巧筑大峪桥

以松仙岭为重点的沂博公路工程刚结束，筑路队又奉命拔寨转战南草公路。战斗一开始，英雄们便立下了“保证按质按量提前完工”的誓言。公路途经刘家大峪，不仅要劈开平均深7公尺，长达150公尺的山岭，还要在大沟上修起长35公尺、高20公尺的大桥，这是沂源县有史以来的最大桥梁工程。在困难面前，筑路队员们以当地的水泥、青石，代替了钢筋，群策群力克服了施工技术困难。以段金星为首的15名青年爆破队员，首战立功，把原来单眼爆破法改为多眼爆破法，提高工效15倍，加快施工，提前7天完成大桥清基和石方任务。建桥英雄们为早日通车，把草埠煤矿的煤炭运到南麻支援工农业生产，在烈日下光头赤背，展开高工效竞赛运动，一般两人抬石头400多斤，每辆小车载重达850斤，日夜奋战，使大桥按质按量完成，保证了五级标准的南草公路提前90天全线通车。

六路皆捷　会师毫山

为了适应今年的新跃进，中共沂源县委在现有1500名专业筑路队的基础上，去年冬天又调集了11000多名地方筑路兵团，配合主力，分为南中（南麻到中庄公社）、鲁黄（鲁村到黄庄公社）、悦三（悦庄到三岔公社）、南张（南麻到张庄公社）、石南（石桥到南流泉公社）、南燕（南麻到燕崖公社）六条筑路战线，经过一月多的奋战，六条公路先后筑成，一个四通八达的公路网在沂源县基本形成。

六条公路报捷后，万余筑路大军又会师在毫山的深山陡涧中，摆开西起大泉庄、东至张家坡长达30里的阵势，修筑因修建跋山水库而改道的公路。筑路英雄们在今年大好形势的鼓舞下，为战胜严寒抢分夺秒，高工效运动进入更大高潮。九会筑路大队组织了“一百单八将”，大战北庄南山，由原来每人每天完成土石1.5方提高到4方。东里大队共产党员、革命残废军人王洪泉，大显身手，一趟挑两抬筐土，一人顶两人运土量。当前全县境内80多华里的改造公路的土石方工程基本完成，正在积极备料建桥。

原载：1960年2月4日《临沂大众》

作者：时玉明

一个出色的运输车间

沂源县芦芽铁矿有一个出色的短途运输车间。他们在矿党委的领导下，大闹技术革命，使全车间实现了机械化半机械化和半自动化，由350人减到90人，圆满完成了矿石运输任务，被评为先进红旗车间。

攻破运输关

矿党委提出全年完成40万吨矿石生产任务的指标，鼓舞了每个人的心。如何把这些矿石从矿坑运到各个货场保证长途运输不间断，成了这个短途运输车间的一项艰巨而光荣的任务。车间支部书记阎兴福同志召开会议研究措施。范家岭西坡是一个倾斜40度，高达480米的陡坡，不要说推小车，就是单行人也困难。如果从别处绕道走，每天就需增加35辆小车、40多名工人才能完成任务，这怎么能行呢！想来想去，要打通范家岭西坡的运输道路，利用斜坡铺设铁轨，安装土卷扬机，直接将矿石送到货场。决定以后，立即行动起来。从青岛、南麻机械厂运来铁轨，自己设计，几天工夫就铺好了。在安装土卷扬机时，矿车轴瓦扣在车轴上在斜坡行驶速度快，车厢与车轮脱节。职工们献计献策，在矿车的轴瓦底面安装上瓦套扣住轴瓦。经过7次试验，用一台土卷扬机带着四辆矿车，每24小时就运矿石320吨，比原来提高工效10倍，15个人代替了85人的体力劳动，节省出35辆小推车。

滑坡装车法

运输效率提高以后，给装车工段带来了紧张。60个工人用手工操作，怎么也赶不上运输的需要。怎么办呢？工段段长侯本梦和徐信琛为这事不止考虑一次了。有一天，他们和青岛汽车队的同志们交谈起来，了解到有一种滑坡装车法，立即召集会议进行研究。大家干劲十足，恨不能一下子搞出来。没有钢材就用木料代替，木料不足就用石头垒。十几天的工夫制成了3个滑坡装车器。原来每班28人，平均20分钟装一车，用滑坡装车法每班只用3人，平均4分钟就装一车。接着，他们又建成悬轨道，利用天然地形建筑了漏斗式的储矿仓，使矿车直接将矿石卸入滑坡器内。从此摆脱了笨重的手工操作，大大减轻了劳动强度，由原来60个工人减到20人。

斗志高昂

几道笨重的手工操作关被突破以后，生产面貌日新月异，职工斗志空前高昂。运输车间的职工们向采矿车间挑战，保证矿坑不存一块矿石，采多少运多少，任务不过宿。胶车运输组的王洪海和孔庆友展开了对手赛。头一天王洪海日运36车，孔庆友急起直追，日运量达到40车。装车工段抽出14名工人支援其他工序，剩下的6个工人坚持战斗，圆满完成了20个人的装车任务。

原载：1960年7月7日《临沂大众》

作者：侯子先　吴秋波　刘树奎

沂源机关交通部门抢运矿石支援炼铁

沂源县直机关、交通运输部门大力支援南麻钢铁厂，保证了这厂汛期正常生产，生铁平均日产达到35吨。

南麻钢铁厂因没有备足汛期用的矿石、焦炭，已储备的部分原料也没有料棚存放，给汛期生产造成了困难。县委号召县直各机关和交通运输部门支援钢铁生产，突击建料棚。仅两天时间就凑集瓦17000片、青砖5600块、杆子460多根等物料，迅速建起料棚16间，可储存原料500多吨。从南麻到芦芽铁矿、草埠煤矿焦厂两段公路的养护人员，积极备沙垫路，保证了晴雨通车。青岛交通局驻芦芽铁矿红旗车队冒雨为南麻钢铁厂抢运矿石140吨。县运输公司将现有的15辆汽车实行双班送输，提高了班运量。现在，南麻钢铁厂已储备优质矿石和焦炭2400多吨。

原载：1960年7月16日《临沂大众》

作者：侯子先　刘志民　刘树奎

南麻—济南通汽车

淄博汽车运输公司为开发山区，便利群众，开辟了南麻（沂源县）至济南直达客运班车线，已于7月5日正式通车。

原载：1964年7月17日《大众日报》

作者：郭玮　赵广坦

山沟农民办运输　配有电话小吉普
崔学法成了运输专业大户

地处鲁山脚下的土门镇池埠村出了一件新闻，农民崔学法经营个体运输，去年8月开始到年底，纯收入25000多元，家里安装了电话，配备了吉普车，成了运输专业大户。

崔学法今年40岁，过去曾干过汽车司机、会计、业务员等工作，是一个有技术、会管理、敢想敢干的人。去年7月底，他先后贷款8万多元，购置了3部汽车和电焊机、砂轮机、空压机、台钻等设备，招收了5名驾驶员，成了运输专业户。为了及时掌握信息，联系业务，他在家里安装了电话，配备了吉普车。在组织运输生产中，他实行了严格的管理制度。除本人负责联系货源、油物料供应、账目结算以外，对招聘的驾驶员实行权、责、利结合，采取定车辆、定人员、单车核算的办法。为确保安全生产，他规定因私拉货物、违章载人、超载被罚款和丢失货物者，由驾驶员自己承担；车辆发生事故，责任属驾驶员者，驾驶员承担损失的70%，他承担30%；全年无大小事故者，年终奖200元。以上规定，双方签订合同。这样，只要驾驶员按照合同要求完成任务，每月除有180元的固定收入外，还可从每辆车的毛收入中提取3%的出发补助费。现在，驾驶员每人每月可收入300至350元。

崔学法发展家庭运输业半年时间，信息灵通，货源充足，生意兴隆。固定资产已达到95000元，除还清了8万元的贷款，自己还盈余15000元。今年，他计划再招收两名维修工，购买一台车床和一部油罐车，办成一个运输、修理、经销的联合体。

原载：1985年1月8日《临沂大众》

作者：张光福

注意安全生产教育　完善安全规章制度
沂源县供销车队安全行车400万公里

沂源县供销社车队注重安全生产教育，全车队五年安全行车400万公里，被评为全省安全生产先进单位。

这个车队有各种运输车辆17部。五年来，他们始终把安全生产摆在首要位置，定期对驾驶员进行安全行车教育，并建立了严格的安全岗位责任制，坚持把行车安全与个人经济利益挂起钩来，从而增强了驾驶人员安全行车的责任心和遵章守纪的自觉性。这个车队还建起了大修厂，定期进行车辆的保养修理工作，做到了不让一个带病车出厂，为安全行车提供了可靠保证。

原载：1988年5月31日《临沂大众》

作者：中旺　道深

好威风的山村摩托车队

“嘟……嘟……”30位小伙子驾驶着各自的摩托车，在山间公路上奔驰着，好威风啊！

这是沂源县芦芽村的青年摩托车队，成立于1985年冬天。当时，几个村干部了解到淄博市的一些宾馆、饭店瘦猪肉很缺，而本地有的地方却存在卖猪难的情况，便为两名青年贷款买了摩托车，让他们往淄博运瘦猪肉。没出两个月，这俩人还清了贷款，并且略有节余。这下轰动了全村，20多名小伙子纷纷要求村里扶持他们买摩托车。村里分期分批满足了他们的要求。一年多来，先后为买车联系贷款10万元。

车轮滚滚，财源茂盛，芦芽村的小伙子一个个富了起来。他们当中，有7人年收入在万元以上。小伙子们致富以后，也没有忘记帮助他人致富。邻村有两位青年买了摩托车，也想搞运输，但因找不着门路，眼巴巴看着车在家闲了4个月。他们得知这一情况后，就把这两人吸收到本村的摩托车队里来。

飞奔吧，年轻的山村摩托车队。

原载：1987年5月23日《临沂大众》

作者：王思明　李民　王洪亮

适应山区经济开发需要
沂源县重视公路建设

沂源县在山区经济开发中重视公路建设，根据山区特点，因地制宜，以改建“卡脖子”路段为重点，使多年来的行路难问题基本得到解决。

沂源县属纯山区，山多、坡陡，公路建设有一定困难。全县目前有5条干支线，除一条二级路面外，其余大都是“大跃进”时期修建的三四级路面，由于路面窄、弯道多，交通事故时有发生。驾驶员形容沂源的公路是：路面窄，车次多，除了急弯就爬坡，光听喇叭响，半天不见车。路况质量差，严重制约了山区经济的开发。为了改变公路落后面貌，这个县公路主管部门在资金少、任务重的情况下，因地制宜，有重点地改建“卡脖子”路段。近年来，他们先后劈了5座山，拓宽了28个弯道，砌护墙1403米，着重改了3条线。位于沂蒙山区高峰区的松仙岭路段，是沂源县向北去的咽喉要道，不但弯急坡陡，而且一到冬季，积雪几个月不化，曾多次发生严重交通事故，被人们称为“车见愁”。去年5月份，他们开山劈岭，下挖27米，路面由原来的7.5米拓宽到16米，多年的卡脖子路段，终于变成了通途。去年，这个县改建路段完成总工作量达270万元，全县综合好路率达到98%以上。

原载：1989年1月24日《临沂大众》

作者：王洪亮　王成锋

沂源县10万大军上阵筑路

山东省沂源县利用秋收后农闲季节，组织近10万大军劈山凿岭，填沟架桥，掀起筑路高潮。

地处沂蒙山区腹地的沂源县，境内山峦起伏，沟壑纵横，过去是交通闭塞的全国重点贫困县。交通基础设施落后，严重制约着该县经济的快速发展。近年来，沂源人民从加快经济发展出发，把修筑公路当作脱贫致富的重要措施来抓，使沂源的经济有了长足的发展。但偏远山区交通落后，给当地群众生产生活带来诸多不便，广大山区群众迫切要求加快公路建设，尽快改变交通落后状况。沂源县委、县政府决定今冬明春在林、田、路综合治理中，把修筑偏远山区乡村路、连村路、经济路作为重点。三秋刚过，就组织全县近10万民工上阵，修筑总长121公里的两条县乡公路、6条乡村路和6条山间经济路。为加快筑路工程进度，保证工程质量，各乡镇都成立了筑路指挥部，县交通局积极筹措资金，并组织全局工程技术人员和聘用有修路经验的民工到施工现场进行指导，检查工程质量。到目前为止，两条长达31公里的县乡公路的桥涵、防护工程已基本完成，路基土方量也已完成80%，6条山间“经济路”已接近尾声，6条乡村路也即将完工。

原载：1993年12月18日《中国交通报》

作者：左效瑞

沂源县无县乡油路历史宣告结束

日前，沂源县在石桥乡驻地为石（桥）香（磨）公路改造硬化工程竣工通车举行剪彩仪式，至此，沂源县县乡公路无油路历史宣告结束。

地处沂蒙山区腹地的沂源县，境内山峦起伏，沟壑纵横，交通设施落后，是全国的贫困县。从70年代以来，沂源人民为改变山区落后面貌，发扬自力更生、艰苦奋斗精神，采取民办公助、民工建勤、以工代赈等多种形式，先后修筑了26条368公里县乡公路、87条487公里乡村路，基本上解决了村村通车难的问题。但由于当时受资金和山区地理环境的制约，所修公路大都是傍河而行，或绕山而转的四级沙土路，晴天尘土飞扬，雨天道路泥泞车难行，很不适应改革开放和经济发展的需要。为此，沂源县委、县政府决定把由过去注重增加通车里程转移到提高公路等级上来。沂源县交通局根据这一决定，积极筹措资金350万元，在14公里石香路上按照两种施工结构进行路面硬化试验。广大工程技术人员和沿路干部群众战高温、冒酷暑、加班加点，削弯取直路基，保质保量地完成了路面改造硬化任务，使沂源县县乡公路路面硬化实现了零的突破。

原载：1994年10月31日《淄博日报》

作者：左效瑞

同心修筑“致富路”

——沂源县县乡公路建设纪实

沂源县地处沂蒙山腹地，面积1600多平方公里，境内大小山头2075座，河流1530条，全县群山连绵，沟壑纵横。到1984年，全县通车总里程仅200多公里，50%以上的行政村不通车，交通闭塞严重制约了全县的经济发展。1984年全县农民人均收入不足200元，是全国的贫困县。不畏艰难、不甘心落后的沂源人民，奋战10年，用双手劈开了一道道山岭，填平了一条条沟壑，架起了一座座桥梁，修筑了一条条脱贫致富之路。

一

为使全县人民早日走上富裕之路，县委、县政府作出决定：发动全县人民义务修路，奋战十年，建成以县城为中心，干线路为骨架，干支相连的县、乡、村三级公路网。

公路建设牵动了全县人民的心。为解决资金不足问题，54万老区人民像革命战争年代支援前线那样，踊跃捐款捐物，谱写了一曲曲动人心弦的奉献者之歌。

农村老大娘捐出了鸡蛋钱，小学生献出了压岁钱，干部职工掏出了工资，成千上万的农民兄弟献出了心爱的责任田、房屋和果园……

农民刘汉远含辛茹苦花了3万多元盖了一套新房子，视为命根子。不到半年，因修公路拆掉了，县里只给了2000元的拆迁费。他毫无怨言，说："现在公路修到家门上了，好日子有盼头了，我这点损失算了啥！"

农民李恒友460多棵盛果期的花椒树因修路刨掉了，他没要一分钱的补偿。有人说他太傻，他说："树刨了还能栽，路不修永远穷，这是为咱自己修的致富路，还要什么补偿。"

修三峨路时，深受交通闭塞的三岔乡农民刘宝海把多年积累的7000元血汗钱捐献了出来；修鲁沟路时，鲁村镇7位年逾60的老农民自愿组成了"老黄忠修路队"，硬是完成了一公里的修路任务……

这就是老区人民的觉悟，老区人民的精神！

自1984年以来，在公路建设中群众捐款捐物共计4000多万元，全县成年劳力人均义务投工大约220余个。

二

博沂路是沂源北去淄博市政府驻地、南到临沂地区的一条直通公路。由于海拔800多米的松仙岭山高坡陡，每到冬季，常被冰雪封锁。为确保这条交通动脉畅通无阻，县里决定绕过松仙岭修筑博沂路西线。

1992年8月1日，博沂路西线工程动工，3万余人的筑路大军在15公里长的战线上摆开了战场。时值盛夏，烈日当空，山上的草木被太阳烤得一点就着。担负施工任务的民工，饥了啃口干煎饼，就口咸菜棒，渴了喝口山泉水，冒着酷暑奋战，许多民工中暑晕倒。11月中旬，气温骤然下降，民工们晚上冻得睡不着觉，就起来借着月光继续干。工程以开凿海拔623米的三府山段最为艰巨。山高坡陡，机械设备上不去，施工全靠人凿、肩挑、小车推，劳动强度很大，民工们却越干越勇。硬汉子左效顺在施工中钢钎碎片穿入骨中，血流不止，疼痛难忍，到县医院里取出碎片后，打上针拿上药，又返回了工地。领导们劝他回家养伤，他硬是不肯，干不了重活，他就为民工们烧水做饭。县交通局局长房思俊患病发高烧，拔下吊针后就回工地。工程总指挥、县人武部长霰忠庆患高血压，脚脖子肿得像发面馍馍，同志们劝他回家休息几天，被他婉言谢绝了。这就是老区人民的脾气！

国家交通部、省交通厅，拨来了以工代赈资金，机关企事业单位送来了一车车慰问品，县委派人给民工送来了棉被，数以万计的机关干部、工人、学生到工地义务劳动。从领导到群众，都像当年支援人民子弟兵那样，向民工伸出了一双双温暖的手。

十年拼搏，十年辉煌。1984年以来，沂源县共修建大、中、小桥98座，涵洞817道，垒砌防护工程4.9万方，挖填土石方1000多万立方米，新修县乡公路250余公里、连村路400余公里，拓宽改造、硬化路面90余公里，总投资7300多万元，总投工 1160多万个。至此，全县通车里程560多公里，95%的行政村通了车，初步建成了县、乡、村三级公路网络。

三

公路通，百业兴。

公路畅通，加快了全县的资源开发和乡镇企业的发展。到1994年年底，乡镇企业已迅速发展到100余家，产值达到10.06亿元，利税过亿元，产值、利税分别是1984年的7倍和6倍。

公路畅通，加快了全县商品经济的发展，使产品优势转化成了商品优势。沂源盛产苹果、山楂、葡萄等，过去由于运输难、卖果难，大量果品烂掉，严重挫伤了果农的积极性。如今，沂源果品成了山外人的抢手货，果农不出家门即可将果品销售一空，这大大激发了果农的积极性。去年林果面积由1984年的不足10万亩，迅速发展到37万亩，年产量也由 1984年的2500万公斤增加到1.25亿公斤。仅此一项，农民人均收入就增加了近400元。

公路畅通，改善了投资环境，促进了外向型经济的发展。到1994年年底，全县已发展合资企业50家，其中已有35家投产，外商投资总额达7700多万美元，出口创汇企业发展到28家，去年实现外贸出口收入总值2亿元；全县工业总产值达20.9亿元，实现利税1.64亿元。

公路通，促进了农业特别是林果业的快速发展。广大农民群众利用当地有利资源，大力发展苹果、葡萄等果品，使果品产量大增。到1994年，农业总产值达6.88亿元，农民人均纯收入达943元。

公路是改革开放之路、脱贫致富之路。长期被群山封闭的沂源人民像插上了腾飞的翅膀，打开山门，走出家门，冲出国门，在致富的大道上迅跑，创造着更加灿烂辉煌的明天！

原载：1995年6月12日《山东交通报》

作者：王忠林　安玉德

大路朝天

——沂源县公路建设纪实

沂源县终于从全国重点贫困县的名单上消失了。昔日贫穷的荒山秃岭变成富饶宝地，排成队的车辆络绎不绝地从山外驶向山里，大批的山货变成了白花花的票子，山里人的口袋迅速鼓了起来……

显而易见，那一条条连接着山里山外，载着来往如梭的汽车、运输拖拉机、三轮车的公路，如同人体中的血脉一样，是沂源县由贫变富的一个重要因素。

一

据县志记载，沂源县在历史上就是个“四塞之崮，舟车不通，土货不出，外货不入”的地方。在全县1636平方公里的总面积内，耸立着有名的山头就达1983座，河流1530条，与北京猿人同时期的沂源猿人的后代，一辈又一辈在这弯弯曲曲、沟壑纵横的山间小路上循环往复着。到了新中国成立初期，全县仅有一条简易公路，到80年代中期，全县只发展起305公里低等级沙土路。也就是说，全县每5平方公里的面积内仅有1公里公路。全县半数以上的行政村不通车。

这个被《沂蒙山区好地方》《我的家乡沂蒙山》唱得全国闻名的地方，这个在革命战争年代因作出过突出贡献而多次出现在老将军们动情的回忆录中，被小说、电影、戏剧描写歌颂过的地方，到了1984年，人均年收入仅有197元，于是，一项无情的帽子重重地扣在沂源人的头上：全国重点贫困县！

造成落后的原因固然很多，但交通闭塞是一个重要的方面。由于不通车，人们走路靠步行，运输靠肩挑人抬，山里的产品因运不出去而不能实现价值。而令人不可思议的是，山里人一方面饱尝着交通不便之苦，一方面又安于现状，对修路漠然置之。你要组织他们修路，他们有的说：“修路是集体和国家的事。”你要说山区修不通路，就拔不掉穷的根，迈不开致富的步。他们又说：“老一辈没修路，不照样过来了……”县领导们深切地认识到，长期形成的封闭环境，根深蒂固的小农意识，计划经济的深深烙印，等、靠、要的依赖思想，像一道无形的锁链，严重地禁锢了人们的思想。

路是人修的。人受思想观念的支配，要修通山区的路，必须先修通山区人思想上的路。于是，全县开展起了一场声势浩大的修路宣传战，引导群众走出山门，放眼山外的世界，从山里山外经济发展越来越大的反差中，使大家认识到，作为现代化交通运输载体的公路，对减轻劳动强度，发展社会生产力，加强山里山外的沟通联系所起的重要作用，使山里人认识到，作为落后山区，修路势在必行，势在所迫。

山里人脾气倔，可一旦认准“要想富先修路”的道理之后，那股子修路的热情便变为一种不可阻挡的力量。一时间修路成了人们上上下下议论的中心话题，不令而动的自觉行为，上边列入计划的路要修，没列入计划的也要修，上边给点钱的干，不给钱的也要干。一份份从各乡、镇、村打来的修路申请报告，雪片似的飞到县领导的办公桌上，要求派技术人员帮助勘探规划路的人磨破了交通部门的门槛。

二

沂源县境内最高的山峰海拔1108米，最低的也在400~500米。要在有2000多座大山，1500多条河流组成的1636平方公里的山山水水中，开拓出一条条能使车辆长驱直入的公路来，确有点像李白形容的“蜀道难，难于上青天”的程度。沂源县交通局公路建设大事记上就有这样的记载：施工中劈山最高处达25米，回填最深达32米，平均每修5公里公路就要修建1座大中桥、4座小桥涵、21米防护工程，动用土石方5万多立方米。资料表明，在沂源县境内修1公里公路的工程，超过在平原地区修10公里公路工程量的总和。尤其是，国家投入微乎其微，县乡财力匮乏，群众连温饱问题都尚未解决。面对这种短时间不可能改变的现状，沂源人上上下下形成了一种共识：与其继续默默忍受无路之苦，倒不如横下心来豁出去，闯出一条前无古人的路来。

于是，从1986年起，一场旷日持久、艰苦卓绝的修路大战开始了，省道、县道、乡道、村道，四路筑路大军并驾齐驱，四面开花。县道由县里挤出一点，作为购买材料的费用，施工任务由沿线群众义务建设承担，乡道、村道由沿线受益村自己承担，连村路、经济路完全由当地群众自己承担。

每到冬闲季节，修路大战便全面铺开。各级主要领导上阵指挥，交通部门全力以赴，党、政、群、企事业单位通力合作，有钱的出钱，有物的出物。筑路大军中，有白发苍苍的老人，有怀揣幼儿的妇女，还有父子军、夫妻兵，合奏了一支威武雄壮的筑路协奏曲。修路工程年年铺，越铺越多。1995年，仅县交通局就铺开了三条拓宽改建工程。其中，南崔路燕崖段不足6公里的路段上，悬崖峭壁就有十几处。一面悬崖峭壁需要开凿，一面深沟需要回填。对付那一层层硬石板，几乎全靠人工挖。为了争取时间，民工们睡窝棚，宿涵洞，吃干煎饼，喝凉水，嘴唇干起了皮，手被震开了条条血口子，但没有人喊屈叫苦。因为，他们懂得，不付出代价，就没有收获。如同战争年代，为了政治上的翻身解放，就需要有人挥洒热血，献出生命一样，为了改变自然条件，吃点苦受点累，值得！

三

为了修通那一条条通往山区的路，沂源人民不但要做出艰苦的劳动，而且还要在经济上付出巨大的代价。

就说拆迁吧。县里给拆迁户的补助费，一般仅够用于拆房的工钱，其余的费用就要靠拆迁户自己承担了。拆迁、新盖一栋房子，少说也得上万元，这对眼下还不富裕的山区农民来说，的确像栽了个大跟头，甚至几年也翻不过身来。然而，群众都是心甘情愿，用不着反反复复地开会，用不着苦口婆心地动员，“路”到谁家，谁都二话不说。农民刘福山攒了几年的积蓄耗资3万元盖了一套新房子，正准备接儿媳妇过门，公路修到了门口。他手一挥，招呼全家人把刚盖好的新房子拆了，县里只给了2000元拆迁费，他毫无怨言，说：“公路通了，好日子来了，我这点损失，值！”悦庄镇一位个体户在街旁盖房经商，修路碍事，他拆了，又找地方盖了一套。不久，另一条公路又通了过去。连续两次拆迁，他都毫无怨言，不讲条件，懂得舍小家顾大局。据统计，近几年来，全县拆迁房屋3000余间，户均承担费用1500余元。因为拆房后无处住，有67对青年男女自愿推迟婚期，170余口人借住在亲戚家。在公路建设的每一道环节，山里人都在做着自我利益的牺牲。80年代初，沂源县大搞山区开发，山上到处都栽满了经济树。修滑龙路时，农民李恒友的360棵正在换钱的经济树被刨掉了，直接经济损失2500余元，但他没要一分钱的补偿。他说，树刨了还能再栽，路不通永远受穷。修博沂路时，一些农民刚结果的“红富士”被成片地刨掉，许多人心疼地哭了，可哭过之后又义无反顾地为修路作准备。

如果说为了修路，迁房、刨树是一种被动牺牲的话，那么手里并不宽裕的农民硬是从自己的腰包里捐钱用于公路建设，就是一种主动的奉献了。修建鲁沟路，由于上边给的材料费远远不够，沿线14个村的农民一下就捐献出价值8万元的钢材物料；修建三峨路时，农民刘宝海一人捐出7000元的全部积蓄；一位孤寡老大娘手里没有钱，就把攒的16个鸡蛋端了出来；一位病危老大爷，临终前让人把自己的棺木卖了，少气无力地说：“用到修路上吧，也算为后代尽我一份力量……”据不完全统计，在近年的公路建设中，全县群众捐款捐物折合人民币4000余万元，成年劳力人均义务投劳270多个工日。当有人称赞沂源人民为修路作出的奉献时，一位农民说，这不能说是一种奉献，而只能说是一种思想观念由旧到新的转变，眼光由短到长的转变。山里人修公路，不是为别人，而是为了自己，为了自己更好的未来，为了自己未来的后代。只可惜我们过去没有这么干，要不，可能发展得更快一些。

有付出就有回报。日前，全县通车里程已达544.6公里。其中，省道5条176公里，县道26条368公里，95%的行政村通了车。以县城为中心、主干道路为骨架的“五纵六横”的公路网络已成雏形。路通财来。路通到哪里，哪里便出现果园、菜园，成为商品生产基地。这里生产的果品、蔬菜销往全国十几个省市。群众的收入年年大增，1995年全县人均收入已由1985年的196元增加到1100多元。而这还仅仅是开始。眼下，路正在沂源人脚下山山岭岭中继续延伸。

原载：1996年3月1日《山东交通报》

作者：张会生　左效瑞　苗永新

帮山乡修起致富路

——沂源县交通局扶贫纪略

沂源县地处沂蒙山区北部边缘，山区、老区、贫困地区“三位一体”，境内有名的山头1983座，河流1530条，人均9分地、3亩山。

为了体验山区行路、筑路的艰难，记者一行数人在大张庄乡政府驻地乘上北京吉普，前往沂源与新泰、蒙阴交界的该乡闲场村。

路是山间沙土公路。山引路行，路随山转，蜿蜒曲折，颠簸不平；路宽容一车通行，忽而升至山腰，一侧峭壁陡立，一侧深壑莫测，忽而降至沟底，环视四周三面皆山，一面是望不到边的沟壑。同车的齐鲁电视台记者为了拍摄出较为固定的画面，几次要求司机减速。

200余口人的闲场村，只有一条南北向街道，长数百米，宽不足4米，一侧是村民房屋的西墙，一侧是深约两米的沟崖，沟底已被村民平整开成菜园。村委会主任崔西林告诉记者，村里人均一亩可耕山地，大块地三亩五亩不等，小块只能种十几棵地瓜，主要作物为小麦、花生、地瓜。这几年村里发展林果生产，垦挖荒山种上了板栗、苹果等树苗，人均100棵左右，但收益一时还见不到。问及去年的收入，崔西林说他一家3口人，大致收入5000元左右。这个数字或多或少有些保留，但不能否认闲场村虽然已经脱贫，解决了温饱问题，但还谈不上富裕这样一个事实。

谈及修路，无论是闲场村的崔西林、崔西乾还是半硕沟村的崔金宝、栗洼村的朱钦功（后两位是记者在来闲场村的路上随机采访的）都认为是件好事，愿意出工出劳，“希望路越宽越好”。崔西林告诉记者，在建成这条沙土路之前，村里只有一条要翻两座山、数条沟的羊肠小道与外界相连，所有物品都得肩挑人抬运进运出。而现在拖拉机能够方便地进出山村，将来林果有了收成，至少不愁运输方面的问题。

听着崔西林的介绍，记者为闲场村高兴，也存有一丝担心：林果丰收却又恰逢阴雨连绵，这条没有硬化的沙土路能承载起村民们一年的辛劳所得和希望吗？

事实上，交通扶贫11年来，沂源县的公路建设取得了历史性的飞跃。80年代初期，全县仅有305公里低等级沙土公路，而到今年3月，包括乡村公路在内，全县通车里程达800多公里，硬化省、县道380公里，行政村通车率达到了95%。这些成就的取得，得益于国家扶贫政策和省、市交通部门的大力扶持，先后给予扶持资金2000多万元；也得益于全县上下同心协力的苦干和父老乡亲的无私奉献。

然而，沂源县公路的总体水平和百平方公里密度仍然远远低于全省、全市平均发展水平，不仅表现在公路等级低、硬化里程少，还有30多个行政村没有通车，自然村的数字更多一些。县交通局局长房思俊说，这些村庄通车的难度更大。

沂源县境内没有国道，更没有铁路、机场、港口。省道也只有176公里，主要交通载体是县乡公路和一部分村级道路。由于自然环境恶劣，在沂源修路投资较大。房思俊给记者算了一笔账：每修筑10公里二级公路，平均需填挖土石30万立方米，建1座大桥、3座中桥和30多座小桥涵、2公里防护工程，如果按国家标准定额计算，每公里就需投入100多万元，硬化一公里路面所需资金也近20万元。而沂源全县需要硬化的乡级以上公路有近300公里，更不要说像通往闲场村那样的村级道路了。

按照国家关于县乡公路建设“民办公助，民工建勤”的政策规定，县乡公路建设的投资主体应为当地财政、交通主管部门和受益群众。但沂源是省级重点扶贫县之一，去年农民人均纯收入为1507元，尚有93个贫困村、58个特困村。对于这样一个已连续多年大规模进行公路建设的贫困县来说，要在短时间内更多地增加投入，从根本上改变公路现状，无疑是十分困难的。县公路建设指挥部副指挥于书太告诉记者：老区人民渴望致富，对修路有很高的积极性，普遍自愿出工出劳，这几年县里每个成年劳动力年均出义务工、基建工30多个，从未因为修路而发生上访之类的事情。但作为政府和有关部门，绝不能因此而不考虑群众的承受能力。况且，路基工程可以在一定程度上发动群众投工投劳完成，但其他如炸药、沥青等却是必须用钱来购买的。

前不久，省委书记吴官正在视察济德高速公路建设时，对省交通厅一手抓干线高等级公路建设、一手抓扶贫公路建设，同时抓公路的养护管理的工作思路表示赞同，要求很好地坚持下去。事实上，我省一直高度重视交通扶贫工作，省交通厅在保留扶贫资金的同时，又对经济欠发达地区投入专项资金用于公路建设，仅1994年以来便安排资金投入近9亿元（其中专项扶贫补助资金近4亿元），使经济欠发达地区的交通基础设施面貌大为改观。完全有理由相信，随着交通扶贫工作力度的加大和扶贫资金的不断投入，交通扶贫“攻坚战”定会取得最后的胜利，沂源的山山水水对通衢大道的企盼终将成为现实。

原载：1997年7月3日《山东经济日报》

作者：李儁

天堑变通途

——沂源县艰苦奋斗建设山区公路纪实

在素有“人均九分地、三亩山”之称的革命老区沂源采访，引发我们最大感触的，是近年来交通状况的变化。沂源自古以来就交通不便，1985年前，全县仅有14条公路，通车里程305公里，近乎一半的行政村不通车。每到山果成熟收获之时，却因不能及时运销出去，而大多白白烂掉。“经济要翻番，交通要领先”。1985年，沂源县委、县政府决定把加快山区公路建设作为振兴当地经济的战略重点来抓。特别是1996年，该县展开了公路建设全面攻坚战，并将该年定为“公路建设管理年”。仅此一年，沂源就完成省道、县道的新建、改建、硬化工程共10条103公里，乡村道路工程23条110公里，比新中国成立至1985年近40年间公路建设的总和还多，是沂源有史以来修路最多、投资最大、公路管理最好的一年。目前，全县通车总里程达到544.6公里，其中县乡公路368公里，初步实现了乡乡通公路，95%的行政村通汽车。

沂源山峦起伏，沟壑纵横。施工中劈山最高处达25米以上，回填深处达32米，平均每公里动用土石方量5万立方，并且每公里平均修5个桥涵。据公路建设工程人员称，在沂源修1公里的公路，相当于平原地区修建10公里的造价。资金缺口极大、机械设备不足、工程建设时间短、质量要求高等困难，更为集中地表现在1996年公路建设攻坚战刚打响之时。沂源人民发扬战争年代人拉肩扛争先支前的光荣传统，提出“人民公路人民建，民办公助办交通”的口号，以艰苦奋斗为劈山巨斧，硬是让大山低头，天堑变通途。

资金严重匮乏怎么办？一是省道建设以国家投

资为主，辅之以受益群众的投资投劳。二是县道建设，以受益乡镇、村义务投资投劳为主，县里补贴购买工程急需的基本材料的费用。三是各乡镇、村修建的乡村路，完全由乡镇自行投资、自行建设。为鼓励企业、个人集资修路，对捐资数额较大的，县里将道路名称以捐资者的名字命名、立纪念碑。对筹集的资金，则像管理和使用救灾款那样，接受监督，使有限的资金发挥最佳效益。1996年在县委、县政府领导的带领下，全县干部职工踊跃捐修路款达100多万元。

人民群众在沂源公路建设史上，谱写了一曲无私奉献之歌。近十多年来，沂源人民为公路建设人均投劳达220多个，沿线群众无偿投入物资折款达44万元。在修建鲁沟路时，沿线14个村庄积极筹资，捐献各种材料折款8万多元。赵中路沂河大桥、白杨路两处工程，群众捐物料折款达40多万元。博沂路西线工程开工初期资金不到位，参与施工的6个乡镇的村民集资、义务投劳，折款60多万元。在沂蒙路大张庄至沟泉段工程建设中，拆迁房屋365间、占用耕地302亩、挖填土石24.71万立方，全由沿线两个乡镇的群众承担。为保证工程建设，这两个乡镇的党政干部连续3个月工资停发。在修建翟李路时，农民李恒友家460多棵花椒树被公路用地占用，年减收2000多元，他发动全家在山坡上移栽，没要一分钱的补助费。仅1996年，群众无偿提供耕地800多亩，拆迁房屋上千间。

沂源人民的骨头最硬。沂源多数公路线路沿河谷而行，施工中不仅选线定点难、测量设计难、施工建设难，而且所修桥涵多、防护工程多、挖填方量多，工程造价投入多，仅在近几年全县新建改建的239.6公里县乡公路中，修建大中桥43座、小桥涵洞843道，垒砌防护工程4916.8米，搬运土石方上千万立方米。1992年寒冬，博沂路改线工程数千名民工开进深山，睡窝棚，宿涵洞，啃煎饼，就咸菜。当市县交通部门的领导冒着风雪严寒到工地看望民工时，看到山上搭建成的草棚中住满了施工群众，大受感动，纷纷捐被褥以示慰问。1996年建设三悦路无路岭段时，山下是深谷，山上无路行，施工放线员一手攀着山壁，一手提着石灰放施工线。为选择到合理位置，连续4次被迫改动施工线，终于在陡峭的山壁上，凿出一条12米宽、20.3公里长的公路，垒砌防护工程1.2万立方米，挖填土石92万多立方。这条公路的建成，打通了我市最贫困的乡——三岔乡走向富裕文明的通道。

发生在1996年沂源县“公路建设管理年”前所未有的这场巨变，更得益于这个县各级领导的重视。县委、县政府把开展“公路建设管理年”活动作为全县一项主要工作来抓，任务明确、重点突出。县级班子领导经常在施工现场，召开现场办公会、施工动员协调会，分析质量，了解情况，推广经验。县乡主要负责人组成公路建设指挥部，大力强化现场指挥和工作协调，县交通局、公路局充分发挥职能作用，实行局领导包路段责任制，县直各部门密切配合，拧成一股绳，有力地推动了“公路建设管理年”活动的顺利开展。他们还将目标任务分解落实，同县、乡、村逐级签订了责任状，实行严格奖惩。

公路建设步伐的加快，有力地推动了沂源县交通运输业的发展。1996年全县新购车辆办理手续达万人次，仅出租车就有200多辆。截至目前，全县年运输生产完成货运量1500万吨，货运周转量13500万吨公里；客运量83万人次，客运周转量6500万人公里，比上年同期增长12%。运输业的发展，又为全县经济腾飞插上了翅膀。大量山果烂在山沟里的时代已成为历史。从南麻到张家坡的沂源北部山区，已形成连绵100公里的林果开发带，4条6米宽的环山公路穿行其间，“洋货不入，土货不出”的年代已告结束。1985年这个县人均收入仅为197元，而今人均收入已达1547元。1996年全县无一亏损企业，国民生产总值16亿元，比上年增长15%，工农业总产值达到36.7亿元，比上年增长25%，城乡储蓄存款余额10.6亿元。

原载：1997年7月23日《淄博日报》

作者：李宁勤　毕学文　苗露　郑象明

山区“窗口”暖风吹

——沂源县客运行业文明服务纪实

近日，笔者到地处沂蒙山区腹地的沂源县采访客运行业精神文明建设情况，处处感受到了一股扑面而至的文明行风，“讲文明、树新风”已成为山区客运新时尚。

停运寻失主

时下，一提起个体客运户，人们往往把其与宰客、倒客等不文明行为连在一起。但在沂源县，个体业户们却以“想乘客所想，急乘客所急，为乘客服务”的实际行动，赢得了广泛的社会赞誉。去年9月9日下午，业户李世伟在清扫车内卫生时，发现车内有一个被乘客遗忘的背包，里面有现金500元及学习材料、衣物一宗。为及时找到失主，李世伟向调度室报告后放弃了下午的营运，根据包内证件提供的线索，四处打电话追寻失主，竟用去电话费17元，终于在当天傍晚找到了失主王化国。尽管停运造成了经济上的损失，李世伟心里却比吃了蜜还甜。

免费送站万余人

沂源县长途汽车站对社会车辆开放后，个体客车全部进站编班发车，除在县城设立的固定停靠点外，不允许再乱停乱放，此举有效地规范了客运秩序。但由于县城内没有公交车，给远处的群众进站乘车带来了不便。为此，县长途汽车站于今年6月专门增设了一辆服务性送站客车，每天定时定点在县城内主要街道上运行，“招手即停，免费送站”，专门接送到车站乘车的旅客。据统计，该送站客车运行两个多月来，已免费接送乘客1万余人。

心系业户献爱心

县交通局客运办公室负责全县客运行业管理工作，客运管理人员在积极组织客运行业开展“讲文明、树新风”活动的同时，率先垂范，主动奉献爱心，热情服务。去年底，一场大火把徐家庄乡楼子村个体客运业户白喜堂家的房屋和家产烧得所剩无几。沉重的打击，使靠借钱和贷款买了车准备跑运输致富的白喜堂无心继续经营下去，甚至产生了卖车的念头。客运办的同志得知后，伸出了热情援助的手。在客运办主任齐登章的带动下，客运办人员每人捐出了100元现金，并为白喜堂一家购置了面粉、被褥等生活急需品。与此同时，客运管理人员还会同村干部一道为其出主意，想办法，修房屋，建家园。在客运管理人员的帮助和鼓励下，白喜堂打消了卖车的念头，又高高兴兴地投入了营运。

原载：1997年8月15日《山东交通报》

作者：左效瑞　苗永新

沂源遭受六十年不遇的洪水袭击
干部群众全力以赴抢修水毁公路

一场60年未遇的大暴雨造成沂源县公路水毁严重。连日来，县乡两级和交通部门，迅速组织干部群众全力以赴排洪抢险，抓紧修复水毁公路。

7月23日夜间至24日凌晨，沂源县16处乡镇普降大到暴雨，其中张家坡、韩旺等乡镇不到2个半小时降雨量达230毫米，降雨之集中、雨量之大、灾情之重，为几十年来所罕见。据统计，这次暴雨造成2人死亡、3人重伤，倒塌房屋160间，水淹和冲走粮食10万多公斤，冲走淹死家禽家畜2000多只（头），16辆机动车被卷入洪流，农作物受灾面积8690亩，受灾人口21000人，农牧损失达2000余万元。

暴雨急泄，山洪暴发，河水四溢，使全县公路设施遭受严重破坏，共冲毁路基40余公里，冲坏路面60余公里，冲垮桥涵36座，另有5000米防护工程荡然无存，导致1条县道、6条乡村路交通中断，直接损失200余万元。其中，县道巨东路因顺河而行，有6.5公里路基被冲毁冲没，5座桥涵被冲垮，冲走浆砌方1.2万方，冲走土石方12.2万方，整条路段基本报废，直接损失160多万元。由于该路交通全线中断，使该流域7个村1.3万人出不来，救灾物资运不进去。另一条县道九东路，防护工程塌方20多处，路基路面受损30多处，直接影响通行。

灾情发生后，县领导和淄博市交通委领导亲临现场查看灾情，组织抢险抢修。县交通局迅速组织抢险突击队，并与沿线乡镇党委、政府一起，发动群众上阵，整修路基，整平路面，加固涵洞，修复挡墙，清理水沟，疏浚河道，并对中断交通的县道巨东路，组织工程机械上阵，投入草袋石料，抓紧修复便道，尽快恢复简易通车。日前，已投入抢险资金20余万元，投入编织袋3万余条，投入沙石料2万余方，投工1600余个，修复水毁60余处，为群众开展生产生活自救创造了良好的交通保障条件。

原载：1998年8月4日《山东交通报》

作者：左效瑞　苗永新

一往情深筑富路

沂源县老区人民在公路建设中付出了巨大的代价。每一条路基、每一座桥涵的背后都有说不尽的感人故事。

沂源县地处沂蒙山腹地，境内有大小山头2075座、河流1530条，历史上就有“千山环其外，百流出其中”和“四塞之崮，舟车不通，土货不出，外货不进”的记载。

过去，因为没有路，沂源县三分之一的苹果卖不出去，许多果树被山民挥泪伐掉；还是因为没有路，有多少外商投资者摇着头走了。对于饱尝交通闭塞之苦的沂源人来说，大概没有比修路架桥更能使他们一往情深了。修路占地，老区人民将最好的耕地奉献出来；拓宽路基需占民房，群众眼不眨地拆除掉；修路没资金，老区人把盖房子的钱、买棺材的钱捐了出来。据统计，1996年以来，群众就捐款达2500万元，奉献责任田1000亩，拆迁房屋1500多间。共完成县道以上改建、新建、硬化重点工程10条103.3公里，乡村道路建设工程23条110多公里。至此，全县的省道、县道通车里程已达到553.6公里，其中县乡路377公里，95%以上的行政村通了车，初步形成了以县城为中心，干线路为骨架，干支线相连的交通网络。

一条条崭新的公路穿过农家门前，穿过林木果园，一直向山外延伸，延伸着山里人的希望，延伸着一个个老区人民为之奉献的动人故事。

在张家坡乡张家坡村有这样一位书记，叫孙华庆。几年前，他依托乡政府驻地信息灵的优势，动员村里二十几户有经营头脑的农民，沿九东公路边建起了上百间商品楼房，这几年，家家生意做得红红火火。谁料到1996年上级决定改建九东公路，一张通知书下来，这个村不仅承担了九东路十分之一的工程量，而且这二十几户上百间楼房要全部拆除，孙华庆一锤定音：“拆！”他动员自家的弟弟孙华生和亲戚首先带头拆除，然后又动员村两委委员带头，没过10天，拆迁任务首战告捷。接着，他一心扑在工地上，和村民一起筑涵洞、铺路石，从调配车辆，到和浆拌料，每道工序都留下了他的身影。寒冬腊月，滴水成冰，地上一镐一道白刃。他抡起镐头一干就是几个小时，手被震开了口子，血水不停地往外渗，就这样，从早到晚一直不停。一天下来，身上的骨头就像散了架一样。几天下来，孙华庆肠胃病又犯了，一天大便十几次，人消瘦了许多。一天，他突然晕倒在工地上，人们争忙把他扶起来，村主任张怀田及两个村委成员再三劝他到县医院查查病，可他刚刚苏醒了一会儿，就摆摆手说：“你们看看，在这个节骨眼上，我能离开工地吗！”

工地上，人们看着日益消瘦的孙书记，心疼了，便强拉硬拽把他送进了医院。此刻，人们万万没有料到，癌细胞正在他瘦弱的躯体内急剧扩散。确诊后，乡里的书记急了：“孙华庆不能倒下去呀！”在农家小院里，在葡萄田里，在蔬菜大棚里，村民都在暗暗祈祷：“俺张家坡村可离不开孙书记啊！”几乎是在同一呼声里，孙华庆被送到省城医院进行了手术。乡党委书记刘绵昌、乡长娄树石迅速赶到济南。在病房里，孙华庆一见到刘书记和娄乡长，用微弱的声音询问工程情况：“质量怎么样……啥时候验收啊……”听到孙华庆断断续续地询问，望着他那虚弱的身子，刘书记强忍泪水，紧紧攥着老孙那干瘦的手，连声说：“工程质量挺好，达标验收没问题。”听了刘书记的话，老孙这才点了点头，放心地躺下了……

沂源县在公路建设中，像孙华庆这样的好干部还有许多许多。中庄乡盖冶村80亩果园已有45个年头了，村民管理这片果园就像管护自己的孩子，45载修了剪，剪了修，每年都换来大把大把的钞票。因此，盖冶村民与这80亩果树有着深厚的感情。南崔路中庄段要从此穿过，损坏三分之一的果树，盖冶村人很难接受这一事实。老支书李国泉到群众中间，深情地说："国家修路，是造福后代的大事，路修不成，咱就甭想致富。"一番掏心窝子的话，说得大伙儿心里亮堂了许多。伐树的那天，老支书一步一挪地来到果园，深情地将脸贴近果树。半天，他才撩起衣襟用劲揉了揉双眼，指挥着儿女们先将自己的树伐倒。接着，其他群众一齐跟上，一个晌午200多棵果树应声倒下。

与老支书李国泉相比，还有一位值得人们尊敬和赞扬的老人，她就是烈士朱道泉的母亲。18年前，朱大娘将朱道泉送往部队，儿子不幸光荣牺牲。18年来，老人家除享受烈属应有的待遇外，从没向上级提过多的要求。去年，韩庄至西柳峪公路要从朱大娘家穿过。朱大娘接过拆迁通知书，慈祥地望着乡里的同志笑了笑说："同志啊，你回去，跟乡里的领导捎个话，让他们放心，这拆房修路的事，俺决不挡着。"

大娘攥着通知书进了屋，可总觉得这通知书是沉甸甸的，虽说这些房子是陈年老屋，可总是老辈子留下来的一份家产物业呀，怎么说拆就拆了呢，想到这些，大娘双眼湿润了。她考虑很久之后，便和老伴一起将孩子们都招呼来，把心里话一股脑儿都倒了出来："道泉已走了18年了，18年来不管是吃的、住的、生病长灾，上级都照顾得周周全全。乡里村里都把咱往高处看，这会儿俺可要光光面面地做个光荣的母亲，这拆房搬迁的头俺带定了。"

大娘的话，直说得儿女们心服口服。第二天，儿女们一起将三间瓦房拆掉了。

眼下，沂源县的公路宽敞、平坦，北部林果带经济路、南部山区开发连村路已经形成，公路修到家门口，经济路延伸到果园里，使得沂源果品身价倍增，去年，这个县65000多吨干鲜果品不但没出现积压，而且每公斤比往年多出四角钱的价格，销往全国各地。今年上千万公斤葡萄全部销售完毕。公路沿线个体、集体经营业户多达八百处，还建起了十余处企业连基地、基地连农户果品加工企业。蔬菜、果品、葡萄等批发市场遍布城乡，沂蒙商城、沂源大厦等各种贸易商场拔地而起。这些令人振奋的变化，归功于道路的建设，归功于沂蒙老区人民的无私奉献！

原载：1998年11月3日《山东交通报》

作者：王成峰　左效瑞

突出四个重点　坚持四个到位

——沂源县交通局全面推进文明行业创建活动

沂源县交通局把创建文明行业活动作为提高干部职工队伍素质，树立良好交通形象的重要措施来抓，不断加大工作力度，狠抓工作落实，使全局工作环境有了明显改观，全局工作人员的争创意识和服务水平明显提升。

为树立良好的交通形象，该局把创建文明行业活动列入了年内的奋斗目标，把提高职工素质、优化工作环境、改善服务态度作为创建活动的主要内容。在实际工作中注重突出强化四个重点，坚持四个到位。

——强化职工队伍素质。该局通过建章立制、规定文明用语和服务忌语，规范干部职工言行，层层签订目标管理责任书，狠抓社会公德、职业道德、家庭美德教育，不断提高职工队伍素质。

——强化环境意识。为给职工创造一个良好的工作环境，去年以来投入50余万元，新改建交管所一处，对局及各基层交管所的办公场所进行了全部整修改造，硬化美化了院落，更新了部分办公用具，增添了部分服务设施。同时，他们还在职工中广泛开展讲究卫生活动，狠抓治理整顿和维护好工作秩序，广大干部职工环境意识极大增强。

——强化服务意识。他们把群众最关心的热点、难点问题作为工作的切入点，以群众满意不满意作为工作的根本点，抓准重点，解决"热点"，攻克难点，狠抓交通基础设施建设和运输行业管理，增设服务项目，不断提高管理和服务水平。根据行业特点制定了“六好单位”“六好个人”评比条件，在职工中开展“比思想、讲奉献、创一流、争先进”活动，并定期进行检查考核，实行奖罚兑现，激励干部职工的服务意识。

——强化“窗口”意识。该局把实施形象工程作为加强队伍建设的重要内容，从大处着眼，小处入手，从仪容风纪到为业户排忧解难，从向社会承诺到社会各界直接参与评议，逐步完善了一套自上控下、由下促上、纵抓横管、内外监控的制约机制，使广大职工真正树立起身在交通、奉献交通、我为交通多贡献、干好交通为人民的思想。

为把创建活动开展得扎实有效，该局还坚持做到了“四个到位”。一是组织领导到位。局成立了一把手任组长，有关科室负责人参加的创建活动工作小组，实行一把手总负责，明确分工，定期督查，各司其职。二是宣传教育到位。通过多途径、多形式广泛深入地开展创建文明行业活动的宣传教育，提高全局干部职工对创建活动重要性、必要性的认识。三是制度建设到位。局制定了创建活动实施方案，完善了创建活动考核办法，重申“十要十不要”办事规则等24项规章制度。四是督促检查到位。局对各基层单位创建活动的开展情况实行月检查、季考评、半年总结、年终总评，并对不同时期的工作重点进行专门抽查，从而推动了创建活动的全面开展。

原载：1999年3月31日《淄博日报》

作者：左效瑞　苗永新

一条富路进山来

——记韩莱公路沂源段改建工程给沿途山区带来的变化

9月7日，全市重点工程之一省道韩莱公路沂源段实现了全线贯通通车。公路沿线群众奔走相告：“这下可好了，致富更有期望了。”在沿线群众的心中，韩莱公路沂源段的建成通车，不仅意味着出行的方便，更意味着这是发展经济、走上文明富足的金桥。

韩莱公路是沂源县的重要干线公路之一，是在沂源县境内连接韩旺铁矿和莱钢总厂的大动脉，更是沂源县各主要生产干鲜果的乡镇向外发展的交通要道。通过韩莱路，沂源县生产的干鲜果可以直达京沪高速公路、205国道和104国道，走向全国市场。在某种意义上可以说是沂源县南部山区的经济命脉。过去沂源县南部山区经济发展滞后，与此路不畅有很大的关系。市公路局满怀着对老区人民的深情厚谊，十分重视韩莱路沂源段改建工程。工程自4月1日动工修建以来，市公路局在资金十分紧张的情况下，优先保障工程资金。市公路局的领导更是想方设法挤时间到工地了解情况，现场解决出现的各种问题。市公路局还派出工程监理，对工程质量力求做到精益求精。担任施工任务的沂源县公路管理站为了保质保量地完成工程，在加强管理的同时，先后投入近400万元购买了先进的机械设备用于工程施工。

韩莱公路沂源段改建工程最大受益者是沿途的群众。大张庄乡娄家铺子村的群众对此感受颇深。娄家铺子村的村民看到别的地方种葡萄发了财，可大家就是不敢种，因为路不好走，客商不愿来，有了葡萄也销不出去，今年一修路，仅384口人的娄家铺子村一下子种上了250亩葡萄。与记者同行的大张庄乡杨秀军乡长说，现在大家都在搞农业结构调整，这调整得让农民得到实实在在的效益，农民才会自觉自愿地进行调整。修通了韩莱路，今年我们的葡萄每斤要高0.1至0.15元，按今年全乡葡萄总产量250万公斤算，大张庄乡的群众可增收100万元以上。不仅是葡萄，大张庄乡前几年大力发展的蔬菜大棚也成了“香饽饽”。除去价格上涨因素外，现在大张庄乡的大棚蔬菜价格都高于往年，而且来此购菜的客商越来越多。过去我们动员群众调整结构，多种葡萄，效果不明显，韩莱公路的贯通，使全乡一年就种植葡萄一万亩，使葡萄总面积达到1.2万亩。

韩莱公路沂源段改建工程完工，不仅仅直接给农民带来经济好处，更重要的是拉近了农民同外面世界的距离。借助便利的交通条件，一批又一批的农民开始走出大山，去触摸外面的精彩世界。接受了新思想、开拓了眼界的大山人又重新认识自己生活的天地。仅有600多人口的大张庄乡小官村，自愿投资7.8万元修建进村的路和桥涵。不仅是小官村，韩莱公路的沿途许多村庄，不用号召，就自己开始整修硬化进村路和村内连街路，正在逐渐改变自己的生活，使自己的生活更加美好。

原载：2000年10月13日《淄博日报》

作者：陈道峰　苗永新

山区运输，一道亮丽的风景

曾几何时，“肩挑人抬小车推”是地处沂蒙山区腹地的沂源县人民生产生活中主要的运输方式。“运输难”同“行路难”一道，长期困扰着山区经济社会的发展。

随着公路交通条件的改善，沂源县交通局抓住机遇，通过政策引导，服务带动，规范管理，全面推进山区运输业的快速健康发展，全县营运性运输车辆发展到6500多辆，近5年来，运力运量年均增长12%以上。如今，在沂源县的城乡道路上，运输车辆川流不息。瓜果收获季节，车辆开到田间地头；百姓出门办事，或乘客车，或坐出租车，以车代步成为时尚。这种货畅其流、人便于行的交通运输格局，促进了山区经济的发展，也方便了群众的生产生活。道路运输正成为山区一道流动的亮丽风景。

快进快出，货畅其流

货运是沂源县运输业的一个大家族。据统计，全县货运汽车目前达到2800多辆9000多个吨位，而3000多辆农用车、三轮运输车、拖拉机，也基本上都从事货物运输，年货运量达到400多万吨，年货运周转量达到1.5亿吨公里。正是依靠这些货运车辆，才使全县的农副产品、工业产品走出山门，进入市场，产生了巨大的经济效益。

但沂源县货运业的发展之路并不平坦。货运市场在迅猛发展之初存在的先天发育不足，曾一度制约着货运业的健康发展。对此，沂源县交通局积极采取措施，引导社会运输逐步走上了健康发展轨道。一方面，引导运力结构不断优化，使社会运力逐步朝着多样性、专业性、特种性方向发展，更好地适应社会需求；另一方面，通过加强货运站场设施建设，建立有形运输市场，组织开展货物配载信息服务，增强运输业自身服务功能，提高了运输生产经营效益。同时，积极探索货运生产组织模式的创新，重点组织农村货运车辆成立运输联组，使分散的个体运力组织起来，走上了自我服务、自我管理、自我发展之路。这些措施，有力地促进了货运市场的进一步发育和完善。随着运输车辆的快进快出，当地产品运出去，外地原料拉进来，货畅其流，支撑着沂源县工、农、林、牧等各业的发展。

出门坐车，人便于行

客运和出租车业的发展，不仅改变着人们的出行方式，也改变着人们的出行观念。过去山里人出门不坐车，一是因为车少不方便，二是图省几个钱，而这两者决定了人们的出行观念和出行方式。

“忽如一夜春风来，千树万树梨花开”。得益于运输市场的放开、公路交通条件的改善和农村经济的发展，短短几年时间，沂源县的城乡个体客运如雨后春笋般迅速发展起来；客运出租车也从无到有，成为运输行业中发展势头强劲的一支新军。

针对县内城乡客运全部是个体经营形式的实际，沂源县交通局一方面组织县长途汽车站对社会车辆开放，充分利用长途汽车站的站场设施和站务管理为个体客运提供服务，另一方面也在乡镇驻地设立客运站场，规划设立线路停车站点，使城乡客运市场得到规范完善。据县交通局客运管理部门介绍，目前全县城乡客运车辆达到200多辆2700座，客运线路17条，客运站点190个，年发送城乡旅客270万人次。

出租车的发展，为人们的出行提供了更简便的方式。除县城出租市场形成规模外，各乡镇驻地也都设立了客运出租站点，全县现有出租车80多辆，其中出租轿车20多辆。“打的”也成为普通老百姓出行方式的选项之一。

据了解，企事业单位，特别是一些个体私营老板出门办事租车最为普遍。家庭集体走亲串友租上一辆“面的”，既方便，又省钱，节假日包车旅游热的兴起，也使宽敞、舒适型的客车成为运输市场上抢手的亮点。

秩序规范，文明服务

运输业是一个直接服务经济、服务社会、服务群众的行业。如何管好运输市场，规范好运输经营秩序，是摆在交通主管部门面前的一道重要课题。为此，沂源县交通局注重强化运政管理职能，着力培育统一、开放、竞争、有序的山区运输市场体系，努力把与人民群众生产生活密切相关的道路运输这个“窗口”行业，建设成让人民群众满意和广泛受益的文明行业。

管运输，先管队伍

县交通运管部门始终把运输从业人员的业务技能培训和职业道德教育作为管理工作的主线，贯穿于各项行业管理工作始终。他们还组织运输业户广泛开展文明从业、优质服务活动。每年开展的评选“文明标兵车”“文明驾驶员”“文明运输业户”“文明客运线路”“文明乘务员”活动，都将掀起一个文明服务活动的高潮。守法经营，优质服务，成为广大运输业户的自觉行动。运管部门最近的一次调查显示，全县运输车辆办证率达到96%以上，缴费率达到95% 以上，守法经营、文明服务方面的社会满意率达到93%。

原载：2001年《淄博运管》第5期

作者：苗永新

打通屏障铺坦途

——沂源县三悦路硬化工程侧记

在沂源县的北部山区，有一座东西走向的大崮山脉，历史上曾是齐国和鲁国的交界处，这里峰峦叠嶂，地势险要，形成了一道天然屏障，人称无路岭。

1998年，沂源县对一条跨越无路岭，连接三岔、悦庄两乡镇的低等级公路——三悦路，按照山区二级路标准进行了路基拓宽改建，使沿线群众告别了“行路难”。

今年5月，沂源县为进一步提高三悦路的通行能力，经过积极争取上级立项，又铺开了该路的路面硬化工程建设，又打响了一次筑路战役。该项硬化工程完成后，将使沂源县实现乡乡通油路的目标，而随着这条与博沂路、泰薛路、仲临路、沂蒙路4条省道相通相接的县道等级标准的进一步提高，也将使沂源县的整个路网水平有一个更大的改善。

为确保三悦路硬化工程的顺利实施，县政府专门成立了三悦路硬化工程建设指挥部，并对工程进展情况每周进行一次督查调度。县领导还多次到施工现场检查工程进度和施工质量情况，慰问工程建设者。沿线三岔、悦庄两乡镇党委、政府，动员沿路村的广大干部群众，积极为工程建设提供方便条件和各方面的支持、协助，为工程建设营造了良好的外部环境。

三悦路硬化工程在沂源县县道工程建设中首次采取了招标施工的办法。按照招标、投标工作的法定程序，确定有资质的施工单位参与施工。通过招标施工，实行合同管理，优化了施工组织管理模式，提高了施工效益。特别是充分发挥机械化作业优势，组织各类先进的工程机械上阵，加快了工程进度，提高了工程质量。

三悦路硬化工程也是沂源县县道工程中设计施工标准最高的一项工程，淘汰了以往的基层拳石灌沙和沥青路面上拌下灌式铺筑方式，代之以水泥稳定混凝土基层和沥青路面。百年大计，质量第一。为确保工程建设质量，市交通主管部门给予了大力指导，沂源县交通局作为业主单位，聘请市交通规划设计院派出监理人员组成了监理部，负责整个工程的质量监理。在加强施工单位自监的基础上，还强化业主监理和社会监理，设立质量举报电话，邀请社会人士视察，畅通社会监理渠道。通过严格落实质量监理制度，层层把好了工程质量关。

目前，全长17.8公里的三悦路硬化工程经过近5个月的紧张施工，已完成整个工程总量的70%以上。不久，一条宽广、平坦的柏油公路将贯通在沂源县的北部山区，它将对沿线乃至全县的经济社会发展产生巨大的推动作用。

原载：2001年9月28日《现代交通报》

作者：苗永新

"动脉"畅通活力涌

——沂源县产业结构调整与交通运输互动发展记

崇山峻岭、沟壑纵横的沂源县，史称"四塞之崮，舟车不通；山货不出，外货不入"。目前，境内唯一的交通载体是公路，由于受山区自然环境和经济等诸因素的制约，公路等级低，硬化里程少。近几年，沂源县委、县政府立足山区独特的自然资源优势，实施"沂蒙山"品牌带动战略，积极引导农民进行产业结构调整，粮经比例接近2比8，高效农业面积近60万亩，成为全国果品生产百强县之一。然而，由于交通不便，外地车辆路过沂源绕道而行，一批批前来考察的外地客商遗憾地离去。

沂源县的干部群众深刻地认识到：交通"瓶颈"不打破，经济发展就没出路。

于是，在沂源的发展规划中，县委、县政府把道路建设列为基础设施建设的重中之重，明确以改造硬化为重点，全面提高公路等级标准的目标和方向。按照先急后缓的原则，经过大量的调查论证，把经济发展急需打通的出口道、主干道，列入建设计划。专门成立了由各大班子领导挂帅的公路建设指挥部。

要加快道路建设的步伐，就必须加大投入。这对曾经是全国重点贫困县，1997年才实现整体脱贫，现在仍是省级贫困巩固县的沂源县来说，是个不小的难题。为解决资金投入的问题，县里出台了有关政策，在省道建设上依靠国家投资为主，辅之以受益群众的投入；在县道建设上，路基工程以受益乡镇、村及群众的义务投资投劳为主，县里适当补贴，而路面硬化工程由县里负责面层部分，乡镇、村承担底层施工任务；乡村路则基本上依靠乡镇、村投入。近几年，省、市交通主管部门热心关注沂源交通建设的发展，先后投资1.1亿多元。遍布山山岭岭的产业结构调整，要求必须与之配套的道路建设，沂源县广大干部群众并没有"等、靠、要"，而是充分发挥自己的主观努力，创造条件发展。南麻镇侯家官庄东岭自然村一条土路，南连300亩经济林，北连出村路，路面坑洼不平，果品外运颠簸破损严重。这条路必须修，但该村刚刚集中人力物力硬化了一条2500米的进村路，村里没钱。东岭自然村8名党员发动群众，根据工程量核算出每户捐款100元，出5个义务工、一车石子、一车沙，就能把路修起来。"人心齐，泰山移"，87户群众奋战7昼夜，220米的一条致富路硬化了起来。

沂源道路建设，工程量大，造价高，施工难度大。据统计，在沂源县修1公里路的工程量相当于在平原地区修10公里路工程量的总和。自1997年以来，沂源县以每年改造、硬化省道、县道40多公里的进度推进，使山区公路主框架水平迅速提高，路网功能明显改善。截至目前，沂源县省道、县道总通车里程达到617公里，乡村公路发展到600多公里，县城到乡镇驻地的主干道路基本达到山区二级路标准，博沂路南线、三悦路竣工后，将实现全县所有乡镇驻地通柏油路，全县95%的行政村通车。修建环山经济路1000多公里，基本上通到户户果园的门口。

打通一条交通大动脉，就能激活一方经济。沂蒙路沂源段的改造硬化，使穿越整个沂蒙山区的经济大动脉畅通；南崔路完成改建，使沂源县南部山区大面积林果产品有了走出山门的出口；县道九东路的改建，为东部各乡镇吸引来大批的外地客户；公路通到哪里，哪里就会形成一片经济生产带，产业结构调整就能迅速深入发展，沿线乡镇的林果、蛋菜种植面积连年翻番。目前，沂源县沿公路发展干鲜果1000亩以上的大片34个，100亩以上的大片980个，发展30亩以上的大棚片3800个，建成了沿九东路的双万亩大田葡萄生产带和沿韩莱路的万亩果品生产带。沿路建设90多处大中型农副产品批发市场，3500多处仓储设施，每处都是一个果品交易市场，带起一支数千人的果品经纪人队伍。

原载：2001年10月11日《淄博日报》

作者：陈道峰　段升群　苗永新

春运高峰日　乘客走得好

正月初六，沂源长途汽车站客流量猛增，偌大的候车厅内一大早就挤满了人群，在每个长途售票口，排队购票的乘客都一直排到站外的马路上。到下午三点，跑张店、淄川两线的客运班车平均往返两趟半，但仍有大批乘客排成长队购票、候车。

沂源县地处沂蒙山区腹地，近年来随着交通条件的改善，特别是在外地上学、工作和打工的人员增多，客流量逐年增长。但往年春运高峰时，一般也就集中在上午的某个时间段客流量比较大，今年进入春运以来，也未出现过“火爆”的春运高峰，像今天这样从上午到下午客流不见少的场面，在沂源春运历史上还不曾有过。县交通局驻长途汽车站办公室主任董宝珠告诉笔者：尽管对节后的客流量有过预测，做了比较充分的准备，但今天客流量如此之大，还是让人觉得有些突然。特别是乘客多集中在沂源至张店、沂源至淄川两线，不仅两线原有班车已往返两趟多，还把其他线路的班车调过来10多辆，到下午3点，光发送张店、淄川两线旅客已达2000多人次。今天的客流量，创下了历史上的最高纪录。

采访中，笔者看到，县交通局运管值班人员全部靠在现场维持春运秩序，同长途汽车站负责人一起指挥调度车辆，及时调整运力，保证乘客有车坐。被临时调整的车辆，不论是运输单位的还是个体业户的，不论被安排在哪个时间段或哪条线路，驾乘人员都愉快服从，尽快到达发车位。车站售票、检票人员在忙碌中始终保持微笑服务，礼貌待客。安检人员认真履行职责，严密防范“三品”上车。由于节前准备充分，专门制定了多套应急方案，加之车辆调整调度及时，没有出现乘客长时间等车的现象，整个站内站外，尽管人流、车流如潮，但秩序井然，保证了乘客走得了、走得好。

特别值得一提的是，面对繁忙的春运，交通运管部门进一步加强了安全管理。春运前，他们就对所有春运车辆进行了技术性能检测，达不到要求的不准从事春运。在今天安排加班车辆时，他们全部选择车况好的车辆和具有良好安全运行记录的司机，出车前都对车况进行再次检查，对司机进行安全教育，切实严把安全运输关。

到下午6点，笔者结束采访时，最后一辆加班车平稳驶出车站。驻站办董主任再次向笔者介绍了情况：全天共发送旅客5900多人次（含县内），发送班车588车次，其中张店、淄川两线发送旅客2500多人次，发送班车103车次，安排加班车45车次。

原载：2002年2月26日《淄博日报》

作者：陈道峰　苗永新

平坦大道进乡村

——沂源县加快公路改造硬化进度纪实

去年，沂源县以加快公路改造硬化为重点，全面提高公路等级标准，取得可喜成绩。据该县交通局提供的数据，去年一年全县共完成省道、县道和乡村路路面改建工程200多公里，全县实现了乡（镇）乡（镇）通柏油路的目标。

沂源县是个纯山区县，自古交通不便。自改革开放以来，沂源县以新建公路为主，全面实施“通路工程”，解决了群众通路难的问题。但随着社会经济的发展，大部分公路始建标准低、通行能力差，不能很好地发挥应有的功能，群众迫切要求加快改造硬化步伐，提高等级标准。为此，沂源县在公路建设中开始实施由“通”到“好”的战略转移，把公路建设的重点放在现有公路的改造硬化上。在连续多年大投资、高负债的情况下，去年又毅然将公路改造硬化进程再次提速。重点抓好省道、县道改建硬化建设，在积极争取上级主管部门对重点工程立项和扶持的同时，对一般工程依靠自身力量。

尽早安排实施。全年共铺开省道、县道路面硬化工程41.6公里，路基拓宽改建工程13公里。博沂路南线路段全长21.4公里，沂源县继2000年完成路基拓宽改建后，去年又集中力量搞好了追加的部分防护工程建设和黑崖、大石沟、黄家峪3处山体滑坡的处理，于去年5月份顺利交付市公路局实施了路面硬化，并于10月份竣工通车，整个改建硬化工程比原定的三年工期提前一年完成任务。三悦路是沂源县北部山区的一条重要县道，全长17.8公里，通往该县最偏远、也是最后一个没通柏油路的乡——三岔乡。为尽快实施三悦路的路面硬化，沂源县通过积极争取列入了省交通厅专项资金计划，在资金尚未到位的情况下，通过借贷等办法筹措资金，经过6个月的紧张施工，于去年10月份完成了该路段的硬化任务，从而使全县13个乡镇全部通上了柏油路。南悦路是连接县城南麻至悦庄镇的一条重要县道，针对资金短缺、无力全部硬化的实际，采取分段实施的办法，集中财力硬化了部分路段。此外，沂源县还完成了鲁沟路、东公路部分路段拓宽改建工程。

在加快建设进度的同时，沂源县在公路建设中坚持高标准，从严抓质量。特别是在县道工程建设上，淘汰了以往拳石灌沙基层和沥青路面上拌下灌式的铺筑方式，代之以水泥稳定砂基层和沥青混凝土路面。为确保建设质量，还在县道建设中首次采取了招投标施工的办法。通过实行合同管理，优化了施工组织管理模式，提高了施工效益，特别是充分发挥了机械化作业优势，促进了工程进度和质量。

在由县里集中力量抓好主干道重点工程建设的同时，沂源县各乡镇、村按照公路建设分级负责的原则，也加快了乡村路改造硬化步伐。县交通局还专门对乡村路建设制定了奖励补助政策，进一步调动了乡镇、村的修路积极性和主动性，全县呈现出了乡镇、村千方百计筹资修路，群众踊跃捐资修路，市、县有关部门扶持修路的乡村路建设热潮。

原载：2002年3月26日《淄博日报》

作者：陈道峰　苗永新

重塑“沂蒙的士”形象

——沂源县整顿客运出租市场秩序纪实

出租车难管，县城里的出租车更难管。沂源县交通局下大气力打“黑”出重拳，治理用实招，使山区出租车重新树立起了良好形象。群众高兴地说：“‘沂蒙的士’又回来了！”

沂源县的客运出租车是在10年前从无到有迅速发展起来的。目前已达110多辆，其中“面的”80多辆、出租轿车30多辆。在最初的十几辆出租车亮相县城街头时，曾以其“物以稀为贵”的优势和“质优价廉”的服务赢得了群众的喜爱，被亲切地称为“沂蒙的士”。但由于山区客运出租市场迅猛发展之初存在着明显的先天发育不足，管理规范不健全，市场要素不完善，加之县城出租车全部是停靠待租，清一色的“个体”成分，在运行方式和经营模式上有其独有的不稳定性。特别是在面临社会激烈竞争的背景下，客运出租市场一些混乱现象趁机滋生，“黑车”“黑户”屡禁不止，二轮、三轮“摩的”大量出现，少量县内面包类线路客车也经常同出租车争客源。这些问题不仅严重干扰了正常的出租运输市场秩序，也影响了城市秩序，损坏了行业形象，阻碍了整个山区运输业的健康发展。运管部门虽多次组织整顿，但好过一阵子之后又出现反弹。为重塑“沂蒙的士”形象，沂源县交通局从去年下半年起，把规范客运出租市场秩序作为清理整顿道路运输市场秩序的重点和难点，集中力量进行治理。

整顿市场，首先要理清思路。沂源县交通局组织专门班子在调查实情，研究法规政策，分析客观实际的基础上，提出了明确的治理工作思路、目标和措施，分步实施，多管齐下，综合根治。

“黑车”是出租运输市场上的混乱之源，也是治理的重点和难点。但“黑车”的隐蔽性强，查处难度很大。为此，沂源县交通局通过广泛深入宣传，动员出租车业户和群众对“黑车”进行举报。根据举报线索，运管、交通稽查人员时而兵分两路，一路明察暗访找证据，摸实底，一路根据执法规范进行依法查处；时而又联合出击，对那些“地下出租车”围追堵截，使其现出原形。比如，有的“黑车”车主通过手机、传呼、电话联系客源，他们就通过方方面面的力量搜集证据，使其露出真面目。对已经查实的“黑车”，他们依据有关法规予以坚决取缔，先后取缔“黑出租”20多辆。

近两年，一些下岗职工和农村剩余劳动力纷纷买来两轮摩托车、三轮摩托车搞起了“摩的”经营。一方面，这部分人员的经济困境令人同情；另一方面，“摩的”的出现不仅扰乱了客运出租市场秩序，而且存在大量安全隐患，上级主管部门对摩托车从事客运出租明令禁止，因此在如何处理“摩的”的问题上，该局运管部门面临“两难”选择。在征求了多方面的意见和进行了深入分析后，他们因地制宜采取了符合客观实际的做法：一是对30多辆两轮摩托车全部清退出客运出租市场；二是对50多辆三轮摩托车采取由客运出租转为货运出租的办法，限制年限经营，到期全部退出货运出租市场。这一解决方案，得到了社会各方面的理解和支持，从而也较好地解决了困扰客运出租市场的一道难题。

面包类出租车是该县客运出租市场上的大家族。运管部门对合法进入市场的80多辆“面的”统一组织安装了出租标识标志，并逐步向公司化经营的方向进行引导和规范。对轿车类出租车，运管部门在进行了经营资格认定的基础上，统一组织完善了经营手续，进一步规范了其经营行为。个别“钻空子”搞出租的县内面包类线路客车，运管部门进行了严肃查处，并正在组织县内线路客车的更新换代，通过淘汰“面包”类线路客车，斩断了线路客车干扰客运出租市场的根源。

经过半年多的清理整顿，沂源县客运出租市场面目一新。如今，在沂源县县城街头，你会看到，各类客运出租车整齐地停靠在多处划定的停靠场地待租，车容车貌整洁，出租标识标志齐全，经营行为规范，运营秩序井然。为巩固治理成果，防止反弹，沂源县交通局还把所有合法经营的出租车全部通过公开栏公布于众，并组织运管、稽查人员不间断地开展打“黑”行动，及时查处新出现的各种不法经营行为。同时，进一步加强了对出租车业户的教育培训，在全体出租车业户中组织开展了“守法经营、文明服务”和“我为‘沂蒙的士’增光彩”活动。“沂蒙的士”正逐步成为山区县城一道亮丽的风景，成为交通系统两个文明建设的前沿“窗口”。

原载：2002年6月28日《现代交通报》

作者：苗永新

让山区公路硬起来

——沂源县加快山区建设步伐

公路是沂源县唯一的交通载体。就在几年前，沂源县境内的公路主干道绝大部分还是低等级沙土路。为尽快打通制约山区经济发展的交通“瓶颈”，沂源县全力实施公路硬化工程，仅去年和今年两年，就完成总投资8000多万元，硬化省道、县道10条段80多公里，使山区交通喜换新颜。

沂源县是个纯山区县，自古交通不便。改革开放后沂源县以新建公路为主，全面实施“通路工程”，解决了群众行路难的问题。但随着经济社会的发展，大部分公路始建标准低，通行能力差，不能很好地发挥应有的功能，群众迫切要求加快改造硬化步伐，提高等级标准。为此，近两年来，沂源县在公路建设中实施由“通”到“好”的战略转移，把公路建设的重点放在省道、县道的改造硬化上，两年迈出两大步。去年，全县共完成博沂路南线、三悦路和南悦路部分路段共计 41.6公里，省道、县道硬化工程总投资5000 多万元。特别是三悦路竣工通车，使该县最偏远也是最后一个不通柏油路的三岔乡通上了柏油路，继而实现了全县13个乡镇全部通柏油路的目标。今年，该县在资金十分短缺的情况下，总投资3100多万元，完成公路硬化工程44.68公里，是历史上公路硬化里程最多的一年。其中，有5条段县乡公路都是山区路网中重要的路段，尤其是通往红旗水库的白杨路，既是一条重要的防汛公路，也是穿越沂源县南部果品生产区的主干道。在尚无资金来源的情况下，原计划只硬化该路燕崖段10公里，但县交通局想方设法克服困难，对该路中庄段12.2公里也进行了硬化，使整个白杨路22.2公里硬化工程提前完成。

在各项公路硬化工程建设中，沂源县委、县政府加强领导，周密部署，定期对工程进展情况进行督查调度。沿线各乡镇也都密切配合，组织干部群众出工出力，全力以赴投入工程建设中。县交通局充分发挥交通主管部门的职能作用，集中力量抓好组织协调和实施。局领导实行分工包路段责任制，坚持靠在施工一线组织指挥。在加快建设进度的同时，始终坚持施工高标准，从严抓质量，通过招投标施工的办法，实行合同管理，优化了施工组织管理模式，保证了工程建设质量。针对资金严重短缺的困难，县交通局一方面积极争取上级交通主管部门的扶持；另一方面通过借贷等办法筹措资金，保证了工程建设的顺利实施。

到今年底，沂源县公路硬化里程已达近300公里，占通车总里程的比例比两年前上升了13个百分点。打通“瓶颈”，畅通动脉，山区公路交通状况得到进一步改善，为全县的经济社会发展提供了良好的交通保障条件。

原载：2002年12月12日《淄博日报》

作者：苗永新　宋立波

公路串起小山村

——沂源县山区农村公路建设见闻

沂源县位于山东省中部、沂蒙山区腹地。境内山峦起伏，沟壑纵横，有大小山头2075座，是典型的山区县。

沂源县林果、药材、矿产资源丰富，但由于历史的原因，山区道路不畅，这些富饶的资源，并没能给山区人民带来富足。山区的路，成了制约经济发展的主要原因。因此，沂源县也就成了省级重点贫困县之一。

借东风　筑路宏图展

去年底，国家做出全面加快农村公路建设的重大决策，要求东部省份利用3年时间基本实现村村通油路的目标，并安排国债资金予以补助。

沂源县委、县政府紧紧抓住这历史性的机遇，迅速在全县掀起大干农村公路的高潮。今年6月12日，县委、县政府作出决定：2003年为全县公路建设年。其目标是：抓好2条33.8公里的省道改建，完成15条156公里的县乡路硬化工程，完成400多公里的农村道路硬化工程。县委书记王世庆在6月19日召开的县委工作会议上指出：沂源县作为山区县、革命老区县、经济欠发达县，其滞后在路、制约在水、潜力在山。要改善发展的自然环境，必须在修路、治水、绿山上下功夫。由此我们看到，县委书记是把修路放在发展的首位的。

6月20日，县委副书记、常务副县长王永胜在接受记者的采访时，谈到了公路对全县经济发展的至关作用，他说：沂源县是山区县，远离港口、码头和机场，公路是惟一的交通载体，公路建设的状况直接决定着全县经济发展的环境。过去咱们的产品出不去，外边的物资进不来，流通受阻，何谈发展？道路不通，也直接影响着农业产业结构的调整。就拿沂源的水果来说，是真正优质无公害的绿色食品。但要发展林果产业，没有道路通畅的支撑，也难以成为产业，工业也是如此。县委、县政府正是从经济发展需要出发，将今年作为公路建设年。这也是县委、县政府要为老百姓办实事的首要举措。

公路建设大盘已定，渴盼路通的百姓群情高涨，纷纷投身于建设家乡道路的洪流之中，在沂源山区村村落落，如火如荼地掀起了农村公路建设的高潮。

顺民意　百姓争奉献

前不久，西里镇政府院内人头攒动，全镇老干部为修路捐款活动正在进行，107名离退休老干部踊跃参加，共捐款11000余元，再次展现了革命老区人民特有的奉献精神。

76岁的离休干部张岱德，身体不好，行动不便，当听说镇上要捐款修路时，他马上让儿子把自己送到镇政府，亲手捐上200元钱。他说：党的教育不能忘，修路富民是好事，我帮不上多大忙，捐上这200元钱，表示我的一点心意。

农民兄弟识大体、顾大局的事迹，在沂源县的公路建设中不断涌现。中庄镇承担公路工程60多公里，该镇成立了项目管理办公室，从征地、拆迁到工程施工实行全程管理。修路征地拆迁，历来是老大难问题，而今天，当苗里路还在规划中的时候，18家拆迁户不用动员，不讲条件，自己动手，早早完成了拆迁。百姓的奉献精神，由此可见一斑。

徐家庄乡党委委员、武装部长刘玉江，水利站长王政武，虽不是公路建设科班出身，但在农村公路建设中磨砺得协调有度、指挥有方，对每一段路的工程进展了如指掌。

在12公里的邢京路工地，记者看到，路基旁堆砌整齐的片石沿路基延绵不断。刘玉江说，这些片石有很多是村民拆了自己的老屋送到工地上的。

望未来　群山舞翩跹

依托农村公路的优势，徐家庄乡的龙子峪村，已建起万亩无公害桃园基地。去年该村村民董方军靠卖“中华寿桃”收入30万元。今年又与深圳客商签订了80吨的售桃合同。

东（里）公（家场）路，是沂源通往沂水县的县乡路，9.4公里，属于山岭重丘区等外公路。在这不足10公里的破路上，开修车铺、补胎店的不下十几家，这些店铺的生意不问自明。去年这条路改造之后，这些店铺先是埋怨后是改行。然后这里路上的景观便是南方客商的大卡车直接开到村里，把挂着露珠的苹果、葡萄一车车拉走。

某乡某村几百户人家，深居山里。前几年这个村30岁以上的未婚“青年”多达60余人，女孩子大多远嫁他乡。还是这个村，现如今，农村道路刚刚规划，就有许多新娘飞进村里。

在沂源短短几天的采访中，记者深深感受到省政府关于加快农村公路建设的决策，在沂源县已成为全县人民的具体行动。今后，我们将会看到沂源县的农村公路如金丝挂珠般将散落在崇山峻岭中的村庄串联起来，在沂源县的经济腾飞中，放射出夺目的光彩。

原载：2003年7月1日《现代交通报》

作者：杜宝山　王绪泉　苗永新

老区实现了村村通

编者按：沂源县经过近两年的努力，克服重重困难，基本实现了“村村通”。这是为群众办实事、促发展的生动事例，也是党的“三个代表”重要思想在老区的具体实践。

立党为公、执政为民是党的宗旨。沂源县把群众关心的热点、难点作为工作的重点，想群众之所想，急百姓之所急，赢得了广大群众的大力支持。在实现“村村通”过程中，党员干部不计得失，率先垂范，群众舍小家顾大局，干部群众共同谱写了一曲和谐的奋斗之歌，这是老区精神在新时期的发扬光大。当前，我们正处于加快发展的关键时期，只要我们真正从群众的根本利益出发谋发展，就会得到群众的拥护，就会实现经济发展和社会全面进步。

11月26日，天刚放亮，沂源县中庄镇胡家庄村的张成元老汉就扛着铁锨、扫帚来到了村口的大路上，顶着寒风用劲地扫起了入冬以来的第一场积雪。这条6米宽、5公里长的水泥路头几天才刚刚建成通车，今年的第一场雪让老汉格外心疼这路，手中的扫帚挥得更快、更有劲了。不一会儿工夫，十几位村民也从村里涌了过来，加入到扫雪的队伍里……

一条普普通通的连村路，何以得到群众如此的珍爱？

沂源县地处沂蒙山腹地，山高坡陡，地形复杂，自古就有“四塞之固，舟车不通”之说。虽经几代人的努力，可直到去年，仍有300多个行政村交通不便，道路崎岖，成为脱贫致富和经济发展的“瓶颈”。特别是沂源县近几年来持续不断进行的农业产业结构调整，使昔日光秃秃的大山处处披红挂绿，瓜果飘香。但由于道路难行，堆成小山一样的苹果、柿子、葡萄外运困难，群众运输只能靠“肩挑人抬小车推”，上好的果品往往不等运到山外，早已是“伤痕累累”了，既卖不上好价钱，也严重挫伤了群众进行产业结构调整的积极性。无奈的山民们自编了一个顺口溜：“黄瓜掉了刺，西瓜裂了纹，葡萄剩了粒，百姓落了泪。”

群众的无奈，让新一届沂源县委、县政府的决策者们如芒在背，连行路难都解决不了，还奢谈什么脱贫致富！

2003年，国家和省、市关于农村公路改造工作的部署安排为沂源县彻底改变老区农村行路难的状况提供了契机，面对国家和省、市领导的关怀，面对群众的渴望，沂源县下定决心，自我加压，再大的困难也要克服，响亮地提出“三年任务往前赶，两年任务一年完”的口号。

面对这一前所未有的任务，沂源人倍感压力。这里是崇山峻岭，地形复杂，很多行政村地处偏僻，群山阻隔，加之经济困难，硬化一条普普通通的连村路，在别的地方要费三分力的话，在沂源恐怕就要用十分的劲。

为了统一全县上下的思想认识，沂源县委、县政府作出决定，将2003年列为全县公路建设年，并将一期确定的510公里农村道路硬化工程列为当年为群众办的实事、大事之一。

县委、县政府的决心，让全县各级党政组织和广大群众热情高涨。在县委、县政府作出决定后的第3天，在沂源县西里镇政府的大院里，人头攒动，全镇老干部为修路捐款活动正在进行，107名离退休老干部像是接到了无声的命令，纷纷赶到这里，踊跃捐款11000多元。76岁的老干部张岱德，已久病在床，行动不便。可当他听说镇上要捐款修路时，立即安排儿子用手推车把自己推到了镇政府，亲手捐上了200 元钱。这个镇的蝙蝠村，是一个只有800 口人的小山村，听说村里要修路，几名老党员振臂一呼，全村老少一天就捐出了4万多元，望着并不富裕的乡亲们，村里的负责人捧着这钱，眼里直掉泪。薛家峪村在临沂打工的一位小伙子，听说村里铺开工程修起了路，一下子就汇来了2万元，今年8月份，他听说邻村也在修路，又一次汇来了5万元……

鲁村镇五里沟村修路时，正值该村寿桃上市，由于雨水多，寿桃水分大，不及时采摘就会烂把落地，但村干部们都一心扑在工地上，披星戴月，早出晚归。村书记张文坤眼看着自己的寿桃一天一天地落满了地，始终没顾得上去摘。

中庄镇的苗里路还在规划中的时候，涉及到的18家拆迁的农民，还没等村里动员，已自己动手，早早地搬离了居住了多年的老宅，没有一户向村里提出额外条件。

在徐家庄乡12公里长的邢京路工地上，路基旁堆砌整齐的片石沿路基延绵不断，可是恐怕少有人知道，其中很多片石是村民拆了自己的老屋送到工地上的。

省、市各级领导更是对沂源县“村村通”工程给予了最大的关心和支持。市委、市政府专门研究制定了扶持沂源道路建设的政策和措施，省交通厅副厅长、省交通学院党委书记王裕荣，省公路局局长范正金及市交通局局长王永新，市公路局局长刘东军及其他负责同志多次深入到全县各处施工工地，调查研究，帮助指导。

为解决资金不足的问题，沂源县想方设法，克服困难。既要保证工程建设所需，又要确保不增加农民负担，县里通过财政拿一块、银行贷一块、动员社会力量捐助一块、加大交通规费征收力度筹措一块等多种办法，力保配套资金足额到位。

上下同心，其利断金。继去年年底圆满完成一期确定的硬化任务以后，到今年10月份，全县又新完成农村道路硬化200多公里，使全县农村公路改造里程达722公里，总投资达2亿元。全县633个行政村中，通硬化路的行政村已到576个，占行政村总数的 91%，实现了提前一年基本实现村村通硬化路的目标。

眼下虽是隆冬季节，可在沂源县的村村落落，由于道路的通畅而带来的可喜变化却让人倍感惊喜：苹果、葡萄等农产品的收购价格普遍上扬，沿路的大小冷库、恒温库、果品批发市场比比皆是，车水马龙；无数外地企业、客商纷纷涌入各镇、村开办企业，仅中庄镇一年就引进外地企业7家，鲁村镇去年当年就引进项目11个，今年又引进意向项目12个。

原载：2004年11月29日《淄博日报》

作者：张立新

做梦想不到我的桃子能出国

“路修好了，收桃的客商都愿意来了，两棵桃树就能顶我过去一年的收入。”7月22日下午，沂源县南麻镇许村70岁的孔繁泰老人指着村南的公路对记者说。去年，公路“村村通”工程让许村人告别了土路。两年多来，沂源县投资2亿多元，改造农村公路722公里，新增通硬化公路的行政村271个，惠及20多万农民。

“做梦想不到我的桃子能出国。”

许村漫山遍野种满了果树，沂河最大的支流——大张庄河从村南流过。去年，一条公路改变了许村人的生活。

站在投资100万元新建的大桥上，许村70岁的孔繁泰老人指着河对岸说：“我的地就在河对岸的山上，过去这河上只有座小桥，夏天雨水一来就把桥淹了，每回种地只能走七八里地从邻村绕过去。桃子熟了，也只能用小推车推到镇上去卖，几十里路颠下来，桃子都伤了，卖不出好价钱。”

提起现在，孔繁泰老人乐开了：“过去我种地瓜、种玉米，一年忙下来能挣五六百元钱，现在路修好了，客商都愿意来了，两棵桃树就能顶我过去一年的收入。我种了半亩冬枣、半亩中华寿桃，一年能收入七八千元钱。”

孔繁泰老人种的中华寿桃远销日本，这一直是他的得意事。“听客商说，我种的中华寿桃是要出口到日本的，做梦也想不到我种的桃子能出国。”

大货车开到果园地头上

沂源县是全国果品生产百强县，但长期以来，由于农村道路不畅，影响了农副产品销售。农民们自编了一个“黄瓜掉了刺、西瓜裂了纹、葡萄剩了粒、老百姓落了泪”的顺口溜来形容他们果品运输难的遭遇。

南麻镇许村的支部书记孔祥连告诉记者，全村果品年产量在600万到700万斤之间，过去路不好，收水果的客商都不愿意来。“村村通”工程实施后，路修好了，客商直接把大货车开到地头上收水果。水果的价格也上去了，每斤平均增长了0.3元至0.5元，去年果品的纯利润增加了15万元左右。

原载：2005年7月25日《淄博晚报》

作者：胡丽萍　王绪泉　苗永新

“巨龙”，崇山峻岭中穿行

——济青高速公路南线淄博段工程建设一线采风

到沂源县采访正在建设中的济青高速公路南线是我们酝酿了许久的行程。2005年12月8日，我们沿着刚刚建成通车的张博附线、博沂路，从张店到沂源，只用了一个半小时的时间。

陪同采访的市交通局局长王永新一路上给我们介绍济青高速公路南线淄博段的情况。他说，济青高速公路南线淄博段全长58.12公里，工程概算投资33.5亿元，途经沂源县的5个乡镇、81个行政村。该路段设计为双向六车道，设计车速为每小时100公里，预计到2007年年底实现竣工通车。建成后，将结束沂源不通高速公路的历史，实现我市区县之间全部通上高速路。

济青高速公路南线淄博段是我省少有的山区高速路施工路段。在这里，隧道和大桥的建设占了大部分比重，全线共有特大桥1座、大桥19座、隧道3处，加起来就有十多公里。我们首先来到全线最长的沂源隧道施工现场，只见隧道里焊花飞溅，施工车辆往来穿梭，一派紧张的施工场面。陪同采访的市指挥部的负责同志告诉记者，这条路技术含量高，投资大，地形复杂，施工难度大。山连山，洞连洞，平均200米就有一处隧道桥梁。由中铁十二局三公司负责施工的沂源隧道单线长3385米，分左右行驶两个独立隧道。由于济青南线采用6车道的高标准设计，隧道跨度大，工艺要求高，给施工带来很大难度。为此，中铁十二局三公司项目部组织精兵强将，攻坚破难，昼夜施工，力争这一主控性工程成为带动全线施工进度的龙头。目前，隧道已掘进1700多米，2006年4月份就能贯通。

走出隧道就是桥。连接沂源隧道的是全线控制性工程田庄水库大桥。我们沿着崎岖不平的施工便道，来到第九合同段的预制梁施工工地上。回首便能望到沂源隧道，矗立的大桥桥墩十分威武雄壮。负责施工的中铁一局四公司项目经理蒋红伟告诉我们，田庄水库1号大桥是全线的重点工程，全长806米，总投资1200多万元，预计2006年10月完成主体。

在高速公路的施工现场，也有来自淄博的施工队伍——山东鲁中公路建设有限公司（原市公路局工程处），这支曾经在我市重点公路工程建设中立下汗马功劳的队伍，在高速公路上承担了八合同段的施工任务。以路面工程为拿手好戏的鲁中公路公司，在桥梁工程施工中毫不逊色，各项指标在全线名列前茅。虽然现在身处冬季，施工受到一定影响，他们仍然组织了400多人的施工队伍奋战在一线，全力做好各项基础准备工作，为2006年大干打下良好基础。

在济青高速公路南线淄博段一线指挥的市公路局副局长常承明告诉我们，济青高速公路南线的施工队伍都是来自全国赫赫有名的专业队伍，他们从2005年4月份开始施工，截至2005年11月份，淄博段累计完成路基土石方填筑485.96万方，立柱、墩台完成1098个，完成投资6.7亿元。

由于这条公路是我省的一号工程，省市领导十分关心工程进展情况。副省长赵克志，省交通厅厅长周秋田，省交通厅公路局党委书记侯树荣、局长范正金，市领导张建国、刘慧晏、宋锡坤等都多次亲临工程一线，指导工程建设，现场解决工程遇到的各种难题。

沂源县委、县政府对济青高速公路南线淄博段建设十分重视，经常召开调度会安排布置支援高速公路建设的有关事宜。县委书记王世庆、县长韩国祥多次到施工现场检查指导工作，慰问战斗在施工一线的干部职工。县委副书记、副县长王永胜经常带领县指挥部的同志深入到沿线乡镇、村，了解情况、解决问题，做深入细致的思想工作，号召沿线群众全力支持高速公路建设。沂源老百姓为了工程建设作出了巨大的贡献，济青高速公路南线涉及沂源县占地6800多亩，需拆迁房屋4.6万平方米，砍伐移栽各种果树林木120多万株。沂源县全县上下思想统一，行动一致，全力支持高速公路建设，在短短的一个月时间里，就完成了征地拆迁任务，赢得了参建单位对沂源人民的深深敬意。

崇山峻岭筑“巨龙”。这条全省人民瞩目的“巨龙”，必将为山东经济跨越发展发挥巨大的作用。

原载：2005年12月13日《淄博日报》

作者：于春林　刘义文　李秀春

改革开放三十年　沂源交通大发展

路似彩虹，绽放着一束束和谐的光芒；

路如琴弦，演奏着一曲曲发展的乐章。

如今，一条条平坦如砥、畅通无阻的通衢大道，一道道纵横交错、如锦似带的农村公路在沂源大地上蜿蜒延伸，一辆辆汽车在青山绿水间飞舞缠绕的公路上自由驰骋徜徉……我县的公路从无到有、从低标准到高等级、从单线运输到完善的公路网络，走过了艰辛历程。

全民参与建设，努力打通山区出行通道

我县地处鲁中腹地，属沂蒙山区，是全省平均海拔最高的县，自古交通不便，历史上就有“四塞之崮，舟车不通；土货不出，外货不入”的记载。新中国成立初期，全县仅有2条战争年代修建的简易军需公路，在20世纪50年代修筑了第一条连接博山、沂水贯通县境的简易季节性公路（博沂路），直到改革开放前，我县才发展起300多公里的低等级沙土路，且路窄坡陡弯道多，但仍有半数以上的行政村没有公路，根本通不了车，“肩挑人抬小车推”一直是农村群众生产生活中的主要运输方式。封闭的交通让沂源桑梓父老走不出大山，祖祖辈辈的山里人想走出大山见识外面的世界成为最大的渴望。

随着改革开放的春风，激起了人们开路修桥的极大热情。但是由于我县是个纯山区县，境内山峦起伏，沟壑纵横，山多沟多河流多，公路建设的施工难度非常大，几乎每条公路的施工都要劈山凿岭，填沟架桥，在我县新建1公里路的工程量相当于在平原地区修10公里公路的工程量之多；加之我县当时还十分贫穷，曾被确定为国家重点贫困县，根本没有现在的施工机械，想想在大山里开凿一条公路有多难。但在困难面前，朴实的沂源人民没有被吓倒，全县干部群众充分发扬自力更生、艰苦奋斗的战斗精神，男女老少齐上阵，有钱的出钱，有力的出力，主动出资出力，投工投劳，掀起了轰轰烈烈的修路热潮。在当时的每一处工程工地都有浩浩荡荡的施工队伍，就是靠人们"镐刨锨除抬筐运"的方式，啃出了一条条通往外部的通道。到80年代中期，全县公路里程已发展到560多公里，特别是博沂路、泰薛路、南坦路（沂蒙路）、仲临路、韩莱路等干线公路已全部打通，使与我县毗邻的莱芜、泰安、博山、淄川、临朐、沂水、蒙阴等周边地区实现了公路互通，一批又一批的农民开始走出大山，去触摸外面的精彩世界。进入90年代，我们将公路建设的重点从以修建干线公路为主，转移到干线公路的改造和县内公路的修建上，县委、县政府将1996年确定为"公路建设管理年"，组织全县上下齐心协力大打了一场公路建设的攻坚战。到20世纪末，我县县乡公路发展到32条430多公里，新修建乡村公路480多公里，全县公路通车里程达到1100多公里，97%的行政村通了车，初步形成了以县城为中心，干线公路为骨架，干支相连，"五横六纵"的公路交通网。

密织公路网络，着力提高公路标准等级

经过多年的努力，我县公路交通状况有了明显改善，但与周边地区比，与经济社会发展的要求和人民群众的愿望比，还有很大的差距。主要表现在现有的公路硬化里程少，等级标准低，路网覆盖稀。全县公路硬化总里程只有298公里，乡村公路达到等级标准的只有87公里，还有240多公里县乡公路属于低等级沙土路，特别是与周边接头路段中大部分未改造硬化，形成了"卡脖子"路段。到2003年初，全县633个行政村中，不通硬化公路的行政村就有327个，"尘土飞扬、泥泞颠簸，晴天一身土、雨天一身泥"是对这些村通行状况的真实写照。落后的交通状况，不仅给农村群众的生产生活带来极大不便，更对发展经济、脱贫致富带来严重制约。

"要想富，先修路"，"经济要发展，交通须先行"已逐步成为沂源山区人民的共识。2003年，国家和省、市相继出台了扶持农村公路发展的政策，全县广大人民群众无不精神振奋，欢欣鼓舞。面对加快我县公路发展这一千载难逢的历史机遇，县委、县政府认清形势，统一思想，自我加压，多措并举，并将2003年确定为我县的第二个"公路建设年"，带领全县人民又展开了一场农村公路改造硬化的翻身仗。在我县的农村公路改造工程建设中，由于配套资金缺口很大，县交通局想方设法多渠道筹措工程资金，通过财政拿一块、银行贷一块、政策消化一块、社会力量捐助一块和加大交通规费征收力度筹措一块等多种途径，解决资金不足问题，保证了工程建设的顺利实施，实现了我县农村公路建设的超常规、跨越式发展。从2003年以来的6年时间，我县总投资近4.3亿元，组织完成农村公路改造硬化1258公里，修建大中桥43座，新增通硬化公路的行政村311个，全县通硬化公路的行政村达到617个，占行政村总数的97.5%，使我县的农村公路等级大幅提升，路网密度大大提高。农村公路改造硬化工程的实施，把柏油（水泥）路通到了老百姓的家门口，通到了农民的田间地头，条条公路、座座桥梁，打开了闭塞，冲开了瓶颈，让老百姓永远告别了出门难、行路难、运输难的历史困境，家乡父老脸上绽放出欣喜的笑容。同时，我县还对不符合技术标准的干线公路进行了截弯取直、减缓坡度、拓宽路基、加宽桥涵和重铺路面等技术改造，相继配合上级交通部门完成了省道仲临路沂源段11.8公里、博沂路北线土门镇松仙岭至悦庄石臼段27.8公里、博沂路东线悦庄至石桥段13.6公里和泰薛路城区东段4.8公里的改建工程。

近年来，我县不断加快公路建设步伐，完成了4条省道的改造，实现了村村通硬化公路目标，我县县域内的交通环境发生了历史性变化。但制约经济发展的交通"瓶颈"并没有得到彻底缓解，这主要是因为我县没有高速公路，没有高等级公路，缺乏与外界连接的交通大动脉。随着2005年青莱高速公路沂源段的开工建设，我县沿线广大人民群众识大体、顾大局，以默默奉献的实际行动，积极支持工程建设，到2007年年底顺利实现建成通车。青莱高速在我县境内全长58.12公里，横贯东西全境，穿越5个乡镇、81个行政村，共设置4个出入口、2条连接线和1个服务区，工程总投资33.5亿元，是新中国成立以来国家在我县投资最大的基础设施建设项目。高速公路开通后，真正打开了我县的门户，打通了我县与外界联系交往的桥梁，使我们与博莱、滨博、京沪、京福等高速公路实现高速路网连接，使我县到济南、青岛两大经济中心城市的行驶车程缩短到一个多小时，便捷的通道使我县融入了省会和半岛城市群的经济圈，也使外界能更好地了解沂源，走进沂源，提高了沂源的知名度，加快了我们的对外开放步伐。

截至2008年，全县公路通车总里程已达2015.5公里，公路密度达121公里/百平方公里，硬化公路里程达1960公里，占总通车里程的97%。全县形成了城乡相接，四通八达的山区公路网络，整个城乡道路的等级标准得到了全面提高，路网功能进一步完善，通行能力明显增强，城乡交通面貌发生了翻天覆地的变化。

公路通百业兴，大力借势发展地方经济

“路通、桥通、财源通。”沂源县是全国果品生产百强县，作为果品大县，过去由于路不好走，水果在运输过程中一路颠簸，品质严重下降，价格上不去，老百姓蒙受损失，也挫伤了农民发展林果业的积极性。农民们甚至自编了一个“黄瓜掉了刺、西瓜裂了纹、葡萄剩了粒、老百姓落了泪”的顺口溜来形容他们果品运输难的遭遇。随着我县公路通行状况的极大改善，现在路修好了，外地客商纷至沓来，拓宽了农副产品的销售渠道。水果商开着车直接去村头收购，价格也比以前提高了许多，老百姓高兴地说：“这些路就是俺们的致富路。”公路的畅通，加快了农民致富的脚步，农副产品的热销，又直接推动了我县农业产业结构的加快调整。目前，我县林果面积达到70多万亩，粮经比例超过2：8，果品年总产量7亿公斤。沂源果品不仅销往全国各地，还远销东南亚、中东等20多个国家和地区，打造出了“中华大果园”的品牌，果业经济收入占到农民收入的56%。

道路交通条件是优化发展环境的重要基础设施。我县公路通行状况的改善，有力地促进了招商引资和民营经济的发展。过去商家不愿到农村办企业，主要是因为交通不便，如今，“栽下梧桐树，引来金凤凰”。比如，我县西里镇的东升村，2003年好不容易联系到沂水的客商来村办企业，并达成了合作意向，但就因为一条距省道仅2公里的进村路是土路，商家便终止了与该村的谈判，第二年沂水客商听说这条进村路已硬化后，又主动带着资金和设备来到该村，办了个选矿厂。中庄镇2003年以前没有一家企业，现在全镇已引进外地企业7家，鲁村镇也引进项目20多个。我县的矿产资源丰富，由于道路不畅没有充分开发利用起来，我们山里人自己“守着金饭碗，四处去讨饭”。交通条件的改善，也促进了矿产资源的开发。近年来，仅大张庄镇先后扩建、改建了花岗石、铁矿石、石英、长石、石子等开采加工项目十几个。石桥乡的石楼村通上硬化公路后，两个石料厂也已通过竞标被张店客户投资1800万元搞起了石料加工。如今，我县公路旁的一片片经济开发区、一个个养殖场、加工厂像雨后春笋般涌现。

公路的畅达，使我县的旅游业得到了繁荣发展。石桥乡的圣佛山环境优美，但因以前道路不畅，车辆难行，致使圣佛山的美景无人知晓。通往圣佛山的道路经过改造开通后，现在的圣佛山逐渐成了闻名的旅游度假村，一到节假日游人如织。鲁山风景区在公路硬化前，也因道路不畅致使前来旅游观光的游客稀少，自旅游路土朱路实施改造硬化并开通旅游客运专线后，现在前来观光的游客是络绎不绝，极大地带动了鲁山风景区的开发。燕崖乡的旅游资源十分丰富，牛郎织女景点更是全国闻名，南崖路和旅游路织女洞路的改造硬化，大大带动了织女洞旅游资源的开发，进一步提升了我县旅游业的知名度。由于我县旅游业知名度的提高，张店、青岛、济南等地的游客都慕名而来，我县也随之推出了沂源自驾游、沂源生态观光游、沂源金秋采摘游等系列旅游项目，使我县旅游业得到了前所未有的发展，同时，也相应带动了我县餐饮等旅游服务业的发展。

30年的交通改革发展，带来的是我们沂源革命老区这片热土的沧桑巨变，30年来一组组不断跳跃变化的数字，忠实地记录下了沂源交通改革发展和交通建设者们挥汗如雨铺路架桥的历史章节，也带给了老百姓更多实实在在的实惠和文明富裕的幸福生活。

原载：2008年11月26日《现代交通报》

作者：刘永军

农村交运管理的“沂源模式”

题记：沂源县交通运输局按照农村交通建、管、养、运四位一体的要求，赋予乡镇交管所农村公路管理和养护、农村客运市场监管、农村货运和货物源头管理、机动车维修市场监管等职能，把乡镇交管所转变为新型交通运输综合管理机构。

乡镇交管所管理模式的转型，实际上就是创新农村交通运输管理方式的一次有益探索，由此带来的是管理理念、服务方式的转变，使乡镇交管所在农村交通运输管理工作中展示了新作为，树立了新形象。

10月11日上午10点左右，沂源县交通运输局西里交管所接到群众举报，反映县道周华路月庄桥左侧6根护栏、3根立柱损坏。西里交管所路政执法人员15分钟内就赶到现场，展开路政事案调查和处理。

几乎同时，相距几十公里外的大张庄交管所在路政巡查中发现，一辆拉石子的货车在县道西徐路上发生了撒漏，该所执法人员当即依法对肇事货车进行了处理。

对以上两起路政案件迅速、及时、有效地处理，显示了今年沂源县交通运输局推进乡镇交管所管理转型取得的成果。

据沂源县交通运输局负责人介绍，过去查处路政案件的权限在局路政科，由于县乡公路里程多、分布广，发生路政案件后，路政科人员很难在第一时间赶到处理，今年把部分路政管理工作的权限下放乡镇交管所后，所有路政案件都能迅速得到处理。

“四位一体”破难题

征收交通规费曾经是乡镇交管所的一项主要工作职能。交通费税改革后，乡镇交管所不再征收交通规费，一时间，乡镇交管所的工作处于半停滞状态，由过去的忙忙碌碌，变成了“无所事事”。但这并不是交管所不想干工作，而是没有了明确的任务目标，只能是“英雄无用武之地”了。于是，乡镇交管所到底干啥工作，职能是什么，成了谁也说不清、道不明的一道难题。在这种情况下，很多地方将交管所进行了撤并。沂源县交通运输局虽然没有撤并交管所，但由于职能萎缩，职责模糊，致使交管所的工作失去了方向，人员思想也不稳定。

今年初，该局领导班子经过认真分析研究后认为，乡镇交管所作为五级交通管理体制最基层的一级，在农村交通运输工作中具有不可替代的地位和作用。特别是乡镇交管所驻在乡镇，靠近群众，贴近“三农”，在交通运输工作为民服务中更具优势，因此，乡镇交管所作为农村交通运输工作的主战场阵地，只能强化，不能丢失。通过集思广益，沂源县交通运输局制定了《关于乡镇交管所规范化建设的意见》，按照农村交通建、管、养、运四位一体的要求，把乡镇交管所定位为县交通运输局派出机构，赋予乡镇交管所农村公路管理和养护、农村客运市场监管、农村货运和货物源头管理、机动车维修市场监管等职能，把乡镇交管所转变为新型交通运输综合管理机构。

“四化管理”引新路

转变乡镇交管所管理模式，不能仅仅停留在调整充实工作职能上，而是需要运用系统性的创新举措，探索出一条现代管理的新路。为此，该局按照标准化、规范化、集约化、人本化的四化管理模式，加强乡镇交管所的全面建设，提升管理水平。

标准化管理就好像一把“尺子”，解决的是工作“做到什么程度”的问题。该局组织机关业务科室和乡镇交管所，对现有的交通运输法律、法规、规章和其他规范性文件，进行认真梳理和归纳，在此基础上，结合具体实际，制定了乡镇交管所统一的工作标准，形成了细化量化的工作指标体系、运行体系和评价体系。特别是通过制定乡镇交管所工作考核细则，将7项主要工作职能量化后实行“千分制”综合考核，使交管所各项职能工作的开展都有了“硬杠杠”。

规范化管理就是通过静态规范展示形象，通过动态规范约束行为，解决的是工作“应该怎么做”的问题。按照“职责清晰化、业务程序化、管理数据化、形象统一化”的要求，该局统一设计包括标志标识、执法服装、设施设备、办公环境等在内的外观形象，科学制定包括办事规范、业务流程、基本工作制度等在内的内部管理规定，形成了统一、规范和相对稳定的管理体系，从而实现管理过程的井然有序和协调高效。

集约化管理就是通过科学有效的管理手段，优化要素和资源配置，实现高效管理，解决的是“用什么方法做”的问题。为此，该局组织乡镇交管所统筹辖区交通规划、客货运输、交通执法等各个环节，整合各项资源，形成集约效益。同时，把各项工作流程中可以利用信息技术的环节，纳入信息化建设应用范围，对影响工作质量的流程以及重复、烦琐、落后等不适应工作需要的环节，进行必要的删除、压缩、优化、整合，提高了工作效能。

人本化管理就是促进管理目标的人本化、管理过程和服务方式的人性化，解决的是“为谁做”的问题。为此，该局一方面组织对交管所人员进行了有关法规政策和工作业务培训，经过考核合格后方能上岗履行职责，以此提升交管所工作人员的素质，适应交管所管理转型的要求。另一方面，以解决交通运输工作中直接关系人民群众切身利益的实际问题为突破口，建立了服务标准体系，最大限度地服务群众生产生活，特别是大力推行了首接负责、限时服务、延时服务、直通车服务等一系列服务措施，提升了服务质量。

展示新作为，树立新形象

乡镇交管所管理模式的转型，实际上就是创新农村交通运输管理方式的一次有益探索，由此带来的是管理理念、服务方式的转变，使乡镇交管所在农村交通运输管理工作中展示了新作为，树立了新形象。

基层交通运输管理实现了纵向到底、横向到边。过去许多农村交通运输工作的业务全部由局机关职能科室负责直接管理，这些工作由于点多、线长、面广，单靠机关科室管理往往存在鞭长莫及的情况，现在这些工作中的部分管理职权下放乡镇交管所行使后，较好地解决了基层交通运输工作中“短腿”的问题。

沂源县现有机动车维修企业零星维修厂家300多家，分布在全县不同的区域，过去单靠局维修所管理，经常忙不过来，一些无证经营的零星维修厂家，今天清理了，明天又开张。赋予乡镇交管所履行对辖区维修企业监管职能后，各乡镇交管所迅速对辖区维修厂家进行调查摸底，建立管理档案、进行跟踪监管，消除了管理“死角”。到目前，由交管所督促办理合法经营手续的维修厂家已达21家，取缔非法经营的维修厂家、维修点20多家。

沂源县现有120多辆农村客车，每天大部分时间运行在乡镇、村之间，单靠局运管机构很难监管到位。乡镇交管所履行辖区农村客车源头监管职责后，能够及时发现并及时消除和纠正安全隐患和违章经营，特别是通过在乡镇客运站、农村沿途招呼站实施安全监督检查，实现了农村客运车辆安全监管的无缝隙覆盖。

乡镇交管所的地理优势和机动灵活特点，也提升了交通运输管理工作的快速反应能力。辖区内一旦发生道路运输经营违章、侵犯路产路权等违法行为，群众一有举报，迅速出动，第一时间赶到现场调查处理。在日常公路巡查中发现后，也能够及时作出处理。今年以来，各交管所仅通过群众举报处理的路政案件就有21起，在日常公路巡查中及时发现及时处理的路政案件达37起。

交管所管理模式的转型，也拉近了交通运输工作同群众的距离，方便了老百姓办事。通过下放交通运输管理工作的部分职权，农村交通运输企业、业户及有关单位和群众过去需要到县城办理的业务、事项，现在直接到当地交管所就可以办理了。

在东里交管所，记者采访几名来这里咨询营运车辆经营手续业务的当地运输业户，他们高兴地说，过去一点小事要咨询、办理也要到县城，现在有什么不明白要问的，有什么事要办的，直接到交管所来就行了，既方便又省时。

原载：2012年11月5日《淄博日报》

作者：郑家华　苗永新

沂源县机动车检测站取得CMA标志使用资格

近日，沂源县交通运输局机动车综合性能检测站经过省质量技术监督局审核，取得了CMA标志使用资格。CMA即国家计量认证的英文缩写，是作为产品质量检验机构最基本的要求。

省质量技术监督局评审专家组依据《实验室资质认定评审准则》，对该站进行了为期两天的实验室资质认定复评审，通过查、看、考、问的方式，检查了检测仪器设备及其运行状态，查阅了质量手册、程序文件、作业指导书、运行记录等质量体系文件，并采取现场提问、比对测试、签字授权人考核等形式进行了全面的检查考核。

获得此认证，意味着该局机动车检测站已具备满足计量检定、测试能力和可靠性要求，能够提供出更加准确、公平、公正的检测数据，为营造良好的检测环境提供了保障。

原载：2014年2月27日《淄博财经新报》

作者：耿国平　张成堂

沂源村路，延伸农民新生活

引子：往日里晴尘雨泥的土路不见了踪影，取而代之的是一条条平整宽阔的水泥混凝土路，日益连接成网的公路正一点点伸向广大农村。与此同时，农民的生产生活，农村的经济发展也在悄然发生着变化……

路通了，心也通了

雨后初晴，阳光透过白杨树幼嫩的枝丫斜斜地洒在村头的地上，铺成一片金黄，空气中还混着泥土和青草的清香。地里劳作了一天的人们荷着锄头踏在被雨水冲洗过的混凝土路上，陆陆续续开始回家，不远处，村子里袅袅地升起了炊烟，村子里的人结束了一天的劳作……

沂源是典型的山区县，多山道村路，过去农村交通条件差，道路硬化里程少。下过雨后道路泥泞不堪，路上坑坑洼洼满是积水，往往让路上的行人无处下脚。走一趟这样的路，裤子、鞋上满是泥土，更别说汽车在这样的路上通行了。老百姓就愁着下雨，看着路上的泥，甭说出门，想想心里就堵得慌。在沂源修建山路任务重、困难大，每修1公里山路，相当于平原地区修3公里同标准公路的工程量和投资。修路，无疑成了这里的老百姓遥不可及的盼头。

自2003年国家大规模建设农村公路以来，沂源县交通运输局克服重重困难，加大投入力度，实行行政村通硬化公路工程。重点对“八五”“九五”期间的老油路逐步实施改造，力争使全县90%以上的县道达到山区二级路标准，50%以上的乡道达到山区三级路标准。新建、改建一批偏远山村的进村路，提高公路密度和通达深度，最大限度地发挥农村公路网功能。截至2012年底，全县共投资5.18亿元，完成农村公路改造工程1392.6公里，全县公路通车里程达到1914.9公里，公路硬化里程达到1770.8公里，其中县乡道466公里、村道1076公里，公路硬化里程占总通车里程的92.4%。全县通硬化公路的行政村达到625个，占行政村总数的98.7%，在山东省山区县中率先基本实现了村村通硬化公路的目标。

道畅了，钱包鼓了

记者在沂源县中庄镇石沟村到桐峪村的一条今年5月底刚刚建成的连村路上看到，工人们正在向草苫上洒水养护路面。正在果园给苹果套袋的桐峪村村民告诉记者：“我们村往外走只有这一条路，崎岖不平不说，路面狭窄，货车根本进不来。这下好了，这条路修通后，不愁我们村的苹果运不出去了。”像中庄镇石桐路这样的连村路沂源县今年将修建58条共95.5公里，这些被沿路村民称为“增收路”的农村经济路年底将达到676公里。

曾几何时，“四塞之崮，舟车不通；土货不出，外货不入”是沂蒙山区的真实写照。现如今，像石桐路这样的路被沿路村民亲切地称为“增收路”。

沂源县优越的自然地理条件造就了全国果品生产百强县、全国无公害果品生产示范基地县，但长期以来，由于农村道路不畅，进村道路多是低等级沙土路，路况差，商贩不愿去，严重影响了农副产品的销售。到了林果采摘和运销季节，农民却看着丰收的硕果卖不出去，只能望果兴叹，使许多农民蒙受了损失。

而现如今，落后的交通状况已一去不返，纵横交织的农村公路网络，纺织出了一幅山区交通的崭新图画。为了解决农民这些实际问题，沂源县交通运输局在修建农村公路时，对诸如中庄镇、燕崖镇等林果重地优先考虑，优先规划和编制，做到通行与经济发展相结合、相促进，既解决沿线村庄的通行，又解决农副产品的发展问题，将道路修到了田间地头。

农村公路的畅通，在带来川流不息的运输车辆的同时，也使农副产品营销队伍日益壮大，推动了农业产业结构的加快调整，老百姓的钱包越来越鼓。“要想富，先修路”，已不再是沂源农民的渴盼。

景靓了，眼界更宽了

“这条路真修到俺们心眼儿里了，自从这条通村路修好后，每天都有不少来溶洞游览的人，俺们还能沾沾景点的光，在农闲的时候到这里卖点土特产，日子比以前好过多了。”在鲁山溶洞门口做生意的杨大姐一边向络绎不绝的游客兜售着自家的山货，一边乐呵呵地说着。

杨大姐所说的路，是位于沂源县鲁山附近的土朱路。这条通往鲁山溶洞风景区的唯一进出道路，是沂源县交通运输局“为景开路”出成效的代表性工程之一。

植被茂密、空气宜人是沂源的突出特色。这里是天然的绿色氧吧，拥有极高的旅游观光价值。南鲁山镇的鲁山风景区、凤凰山，石桥镇的圣佛山以及鲁村镇的六一八电台风景区等等，这些都是沂源县独特的风景。但由于原先的道路等级低，线形差，且路面破损严重，造成通行不畅，严重制约了沂源县的旅游发展，景点也很少被外人知晓，前来旅游观光的游客少之又少。

为此，沂源县交通运输局在农村公路改造上，兼顾旅游发展的需要，在修路的同时，既要解决沿线村庄的通行和发展问题，又要确保促进景区的发展。土朱路升级通车后，彻底改变了鲁山风景区人迹罕至、开发困难的局面，现如今的鲁山，拥有以鲁山国家森林公园为代表的高山林海，吸引了不少外地游客纷至沓来，其他景区一到节假日也游人如织，沂源日渐成为游客们流连忘返之地。

养好了，百姓放心了

在公路施工现场，洒水车在刚压实的路面洒水，在阳光的照射下折射出一道彩虹光晕；工人们驾驶着压路车将刚刚铺洒上的石子碾压结实，所到之处一派热火朝天的忙碌景象。

“农村公路三分在建，七分在养。”而沂源地处鲁中腹地，是山东省平均海拔最高的地区，有“山东屋脊”之称。沂源县交通运输局所管养的县乡公路，多为山区四级公路，依山而建，坡陡弯多，管理和养护的难度及压力很大。

近年来，该局通过科学分析，实地调研，多次对县乡道的破损路面、坑槽进行灌缝等修缮改造，加大对农村公路路面的养护管理力度。在施工过程中严格规范施工行为，优化工艺流程，加强现场质量监管，确保工程质量。

为做好农村公路养护工作，该局立足“三个服务”，不断丰富县乡公路管养内涵，在“养”字上下功夫，做到经常养护、全面养护、科学养护相结合。专门设立地管处、路政科负责县乡道路的日常养护、路政管理工作，同时下设7个乡镇交管所作为乡镇基层公路养护管理单位，负责具体组织实施辖区内的日常养护管理和路政管理工作。各交管所根据养护里程分别设置1~2名专职公路管理员，配有交通工具，具体负责辖区内县乡公路的日常养护管理工作，确保公路时时有人管、事事有人干。通过实施农村公路管养体制改革，彻底实现了农村公路管理养护的无缝覆盖。

尾声：一条条不断从沂源农民家门口伸向远方的农村公路，一天天提升着他们的生活质量，这不断延伸的交通命脉，不仅打开了农村人的视野，更打开了每家每户幸福生活的大门。

原载：2014年11月5日《淄博财经新报》

作者：耿国平　李蕾

秀美沂河添“彩虹”

——沂源县东里沂河大桥改建工程侧记

走进山东生态高地沂源，感受着清新的大自然气息，漫步沂河两岸，树木葳蕤，绿草如茵。自县城驱车沿河而行，一座座大桥横跨沂河之上，天堑变为通途。沂河流经沂源境内80余公里，有沂蒙山区的母亲河之称。在离县城40多公里的东里镇，沂河上一座旧大桥已轰然倒下，新建大桥正在紧锣密鼓地建设中。轰鸣的机械和忙碌的人们组成了一道动人而美好的风景。

这项建设就是沂源县东里沂河大桥改建工程。东里沂河大桥是通往唐山风景区和天上王城风景区的必经之道，是连接临沂、东里以及西里南部山区的重要交通枢纽。据悉，新建成的沂河大桥全长390米，宽21米，设桥桩65根，采用桥梁一级标准建设。

走进忙而有序的大桥施工现场，来来往往的重型卡车，火星四溅的焊接，清脆悦耳的钢筋碰撞声，交织成一首激情昂扬的交响曲。走在施工便道上，只见挖掘机、打桩机、门式起重机、塔吊等施工机械按照指挥在有序地工作着。工人们头戴安全帽，身着橙色工作服穿梭于工地，现场管理人员步履匆忙。在工地现场，记者见到了正在检查打桩机作业的周工，据他介绍，目前大桥工程建设一切进展顺利，旧桥拆除作业已全部完成，现正在进行桩基施工。

为了早日畅通这个交通枢纽，沂源县交通运输局的建设者们已经为这项工程忙活了大半个年头。从聘请专家对旧桥进行全面检测、评定，到工程立项、落实资金、测量、设计等，无不浸透着他们辛勤的汗水，大家的心愿只有一个，那就是让东里的百姓早日走上安全、畅通的大桥。据沂源县交通运输局总工程师周清文介绍，原有桥梁下部结构为浆砌块石实体重力式墩台，上部结构为装配式钢筋混凝土工字梁，行车道板为预制微弯板，而新建的桥梁下部结构为柱式墩台、桩基础，上部结构为先张法预应力砼空心板。新建桥梁抗压力更强，更加坚固耐用。

大桥工程指挥部的孙波是一位“老交通”。1984年，16岁的他就跟随父亲参加了大桥的建设，用他的话说，31年来他和大桥一起长大，又一起“慢慢变老”，现在大桥完成了它的历史使命。如今，又能参与大桥的重建，感到非常高兴和自豪。“在东里工作10余年，每当看到重型车辆从沂河大桥上通过，都有种担心，害怕有一天大桥会不堪重负。现在好了，这种担心没有了，东里的老百姓也可以放心了。”

站在东里沂河大桥工程指挥部办公室望向窗外，美丽的沂河波光粼粼，绿树成荫，白鹭齐飞，成群的野鸭遨游在碧绿的水面，旖旎的沂河欢快地流淌着，仿佛在为建桥人低吟浅唱，各种施工机械倒映在河水里，为沂河秀美风景增添了一个个生动的音符。

原载：2015年11月5日《淄博日报》

作者：耿国平

沂源县交通运输局：农村公路系上“安全带”

8月26日，记者从山东省淄博市沂源县交通运输局了解到，该县今年安排实施农村公路安全生命防护工程，总投资1060万元，提升全县农村公路安全通畅水平，保障市民出行安全。

“急转弯、上下坡等危险路段路边都安装了防撞护栏，现在感觉安全多了。原先整天提心吊胆，生怕有一天哪辆车刹车不灵撞到家里来。”家住沂源县道燕中路边的燕崖镇杏花村村民展玉福，指着路边明亮的银灰色防撞护栏告诉记者，“这真是为我们办了一件大好事啊！”

杏花村位于九顶莲花山北麓，燕中路是该村通往外界的唯一道路，公路弯道多、坡度大，路两侧是深达几十米的峡谷，交通事故多发。今年以来，沂源县交通运输局投入110多万元，为该路段设置120多块警示牌，4000多米钢制波形护栏。杏花村党支部书记石增茂介绍称，“生命安全防护工程实施后，村民不但出行安全了，住得也放心了。”

据悉，为保障农村公路安全畅通，沂源县自去年起就把实施农村公路生命安全防护工程列为重点工作之一，计划用三年时间，对沂源县42条、505.8公里的县乡公路进行安全隐患治理。据负责安保工程施工的县公路工程管理处项目负责人崔学刚介绍，生命安全防护工程主要是在农村公路坡陡、弯道多、临河、临崖等危险路段安装防撞效果好的钢制波形防撞护栏；在学校门口、穿村路段等需要减速慢行路段安装震动带等减速设施；在交叉路口或者急转弯等通行视野条件较差的路段设置反光镜；在车流量大、路况复杂的路段设置警示桩、路面导行标线等。

沂源县今年安排实施农村公路安全生命防护工程190公里，包括县道12条、乡道26条，总投资1060万元。截至目前，累计安装护栏134公里，设置警示诱导设施268处，标志标线处置194公里，交叉口综合处置72处，同时完成边坡、边沟及路域环境整治106公里，为全县农村公路系上了“安全带”，提升了全县农村公路的安全通畅水平。

原载：2016年8月26日《中国交通报》

作者：耿国平

鲁山脚下路域美

“这是路域环境综合整治带来的成效，自三月份大规模开展的省道博沂路路域环境综合整治活动，无论是政府重视程度、资金投入，还是治理的广度、深度和绿化提升标准都是空前的。”沂源县交通运输局局长杨秀军告诉记者。

路域绿化提升　亮点纷呈

上周末，记者在博沂路沂源段上看到：道路两侧，行道树枝叶葳蕤，郁郁葱葱；一排排金黄的银杏、金叶榆，苍翠的雪松等组成的绿化带，生机盎然；极目远眺，起伏的群山霜打栌林，泼染山红，灿霞丽彩。

“截至目前，博沂路沂源段已完成大型绿化节点2个，完成道路绿化提升里程18.7公里，林带绿化394亩，两侧退耕还果3889亩、两侧荒山绿化3550亩，已全部完成总任务量。”沂源县博沂路路域环境综合整治办公室工作人员告诉记者，博沂路沂源段绿化从今年3月份开始施工，公路两侧按照“远乔近灌、高大密厚、色彩多样、四季常青”的原则实施绿化带提升改造，逐步建设成为乔灌花草相结合，三季有花、四季常青、林荫夹道、绿化美化与观光旅游为一体的特色农业带、乡村旅游带和生态观光带。

新建三处业态调整点　治标治本

鲁山脚下的变化又何止这些，发生在一个个山村的故事更加动人。

在南鲁山镇东岭村博沂路两侧摆摊设点卖苹果等土产杂品的流动摊点就有40余个，以致噪音扰民，堵塞交通，严重影响车辆通行安全和周边环境卫生。而今记者看到，马路市场荡然无存，一个全新的农贸市场正在紧张建设中。说起这个农贸市场的建设，南鲁山镇副镇长唐文学感慨万千：“原先这里是东岭村苗家老林，起初规划建设时，村里很多村民表示反对，工作人员挨家挨户做工作，费尽周折，最后终于做通了村民的工作。5月份将全部坟地迁往公墓，工程得以顺利进行。”昔日的东岭如今成了示范村。

美丽乡村建设　美化万家

徜徉于水么头河北村，处处溢满江南味儿。在村前小广场的亭台里，记者和几位正在下棋的大爷攀谈起来。郭大爷高兴地说：“现在咱们村的环境变得更美了，走到哪里都是干干净净的，心情别提多舒畅了！上级部门还为每家每户屋顶安装了太阳能，在满足各自生活用电的同时，每户还增加额外收入

3000多元。”

据了解，博沂路沿线的东松仙岭、西松仙岭、陈家山、水么头河北、水么头河南5个村庄今年列入“美丽乡村”建设项目试点，从村内道路硬化、街道亮化、边角绿化、因景美化、环境净化5个方面，按照“生态、自然、和谐”的原则，坚持传承乡村传统文化，彰显原生态之韵，释放田园风光之美，努力打造“望得见山，看得见水，记得住乡愁”的美丽乡村。截至目前，项目已完成河道清理24000多立方米，垃圾清理5700多立方米，道路铺装24000多平方米，立面整治50000多平方米，村庄绿化15000多平方米，路灯安装102盏。

随着综合整治活动的不断深入，沂源县的路域环境正在发生着可喜的变化。山区群众以愉悦的心情，享受着美丽乡村建设的成果。

崭新的建筑，整洁的马路，金黄的金叶榆、金枝槐，火红的紫叶李，翠绿的桧柏等绿化树木，把如今的博沂路装扮得更加色彩斑斓，呈现出一派生机盎然的景象。

原载：2016年11月29日《淄博财经新报》

作者：崔晓蕾　耿国平

条条村道连民心

——沂源村级公路网化工程连通300个村落

“这条路原来坑坑洼洼，一下雨就变成了‘泥水路’，现在可好了，成了真正的‘水泥路了’，又平整又好走，再也不愁走这里了！”近日，石桥村的田发新兴奋地和笔者说道。

原来，老田说的这条路是连接石桥村和西北庄村之间的村道。几年前，县里的“村村通”工程完成后，村前的路通了，但村后这条2.2公里长的路却“断头”了。如今，能将这“断头路”接上，正是得益于沂源县今年开展的村级公路网化工程。

沂源县是纯山区县，自然村多，且分布广，很多村庄深藏在山坳中。因受资金等多方面限制，不少县级公路通到村头后，镇、村无力再继续修建，以致形成了很多“断头路”。

大张庄镇左家旁峪村位于沂源县城西南40公里，由7个自然村组成，分布在远近不一的山谷中。县道雕石路修通后，该村与其他邻村通了硬化路，但自然村之间仍然是“晴天一身土，雨天两腿泥”的沙土路。

“我们村产的桃个大汁多，品质相当好，但是从桃园运到公路，由于都是沙土路，坑洼不平，桃子的品质大打折扣，村民的收入也降低了不少。”村支部书记左进财说，“现在好了，县交通运输局了解情况后，经过认真实地调研，将7条8公里连接自然村的道路列入了网化工程项目实施硬化改造。村民们别提有多高兴了。”

像左家旁峪村这样实施硬化改造的例子还有很多。据介绍，县交通运输局计划用两年时间铺修300多条段，共计370公里，300多个村庄30万群众将直接受益。

开展村级公路网化工程，是继“村村通硬化路”后的又一重大利民工程。为把这一利民工程打造成群众满意工程，县交通局专门成立调研组，由局长带队，坚持“县不漏镇，镇不漏村，村不漏路”，逐镇办、逐村庄、逐线路，认真开展调研工作，顶烈日、冒酷暑、沐风雨，坚持每条道路必到现场勘查，认真仔细丈量，确保做到调研细致，统计准确，并多次召开现场会、调度会和研讨会，最终确定了370公里的网化工程项目。

目前，确定的第一批304公里的农村公路网化工程路基已基本完成，路面硬化完成70余公里。

原载：2017年8月14日《淄博日报》

作者：郑彪　耿国平

沂源县城乡公交集约化改革便民惠民

一大早，中庄镇许家桃峪村村民许庆步行不到十分钟，就坐上了整点的公交车赶往县城。“以前上县城得下步走三四十分钟到下边村里坐车，现在方便多了。”许庆说。

在村里就能坐上公交车，许庆以前想都不敢

想，这是沂源推行城乡公交集约化改革给群众带来的红利。

攻难点——安全稳妥完成收购

“沂源的城市公共交通起步晚，2005年才开通城区公交班车，由大众公司运营。但是城乡之间的27条、114台公交车辆经营权属于个体运输业户所有，经营主体多、小、散、弱，存在冷热线路合理搭配不均等问题。”沂源县交通运输局副局长陈明祝说，推进城乡公交集约化改革遇到的最大问题就是个体客运车辆的处置，车辆怎么回收、怎么进行经济补偿、人员怎么安置？这一道道难题摆在了改革者面前。

为有效破解个体客运车辆收购这一难题，沂源县交通运输部门本着“积极稳妥，先易后难”的原则，对自愿改造的，成熟一条线路就收回一条线路，成熟一辆车就收购一辆车。为此，该县交通运输局负责人每月主持召开一次现场办公会议，与个体车主面对面交流，听取他们的意见建议，了解他们的实际需求，最大程度解除他们的后顾之忧。并多次与参与改革的运输企业联系沟通，探讨制定具体收购事宜，并最终确定“有利可图、有路可走”的原则推进集约化改革。

“有利可图是指对原有的个体承包车辆，由客运企业按评估残余价值进行收购，同时测算其预期收益，给予相应的补偿；有路可走是指对原个体承包车驾驶员，优先聘用为客运企业员工，按时缴纳养老、医疗、工伤等各类保险，个体业户变为国营企业正式职工，实现身份转变，同时有了固定收入，较好地解决了个体运输业户与客运企业的利益矛盾。”沂源县交通运输局副局长陈明祝介绍。

历时9个多月的努力，终于在2017年12月31日前与全部114辆个体城乡公交车主签订了车辆购置及人员安置协议，完成了城乡公交集约化初步改革。

治痛点——集约化发展，惠及50万群众

改革有没有效果，群众最有发言权。对于沂源的老百姓来说，坐公交车方便不方便、服务好不好这是最主要的。面对过去班车不按规定线路行驶、发车不按点，客多走、客少无车，抢客等问题，在城乡公交集约化运营中得到了有效解决。

沂源县交通运输局会同公交公司对全县的城乡公交线路、班次进行了重新调整规划。投入资金420余万元，增设了140处公交站点，新增12辆纯电动新能源公交车辆，增加新通客车村庄40个，村民步行10至20分钟就能到达公交站点，主干道路附近居民享受到了“出门是公路、抬腿上公交”的便利服务。

为进一步方便乘客出行，公交公司在所有的公交车辆上安装网络设备，乘客可以通过微信扫码乘车；同时推行城乡公交一卡通，所有公交车辆安装刷卡机，持卡乘客可享受优惠票价。目前，正通过多种途径推广一卡通，已办理公交一卡通1000余张。通过一系列的便民举措，让广大市民享受到了安全、优惠、便捷、舒适的出行体验。

在东里镇工作的翟女士说：“现在的城乡公交面貌有了很大改观，驾驶员统一服装，服务态度也越来越好，每天上下班坐公交非常方便，车内也宽敞明亮、干净卫生，坐在车里心情很舒畅！”

疏堵点——强化管理，提升服务水平

过去的城乡公交总给人杂牌军的感觉，一车一个样、服务不规范、价格好商量，成了制约公交公司发展的重要因素。进行城乡公交集约化运行后，作为经营主体的公交企业建立起安全管理、驾驶员操作规程、线路运营规程、规范服务标准、机务管理标准等管理制度，特别是对公交车驾驶员每月定期进行安全知识培训，夯实安全基础，增强员工的归属感。

沂源县加大对公交企业的监管、服务和指导工作，绝不允许带“病”车辆和不合格驾驶员上路，从源头上保证了公交车运行的安全。

同时，沂源县充分利用GPS卫星定位系统、3G视频监控系统及报站系统，实现信息化、智能化管理。每辆车安装7个摄像头，对车辆运行进行360度无死角实时监控管理，及时纠正不规范服务行为，有效提高运行安全水平和服务质量。近期推出在公交车上设立失散儿童救助站和城区公交站点购票旅客免费领取矿泉水等服务举措，让群众感受到城乡公交集约化改革所带来实实在在的服务环境新变化。

“让老百姓出行更方便，享受到更多、更好的优质服务和实惠，我们的改革就算是改到位了。”沂源县交通运输局局长杜强表示。

原载：2018年8月9日《大众日报》

作者：杜明德　耿国平　江玉宝

沂源县：打造卡车司机温馨驿站

“真是为我们考虑得太周到了，昨天晚上我还犯愁，这么晚了，人生地不熟的，我到哪里去吃饭住宿？没想到沂源交通运输局的领导同志们从吃、住、行都替我们想到了，不光免费提供热水、方便面，还设置了这个出行导引图，我们到哪里住宿、就餐一目了然……”来自江苏的司机甄师傅面对记者滔滔不绝讲了起来。

该县交通运输执法监察大队副大队长李学良告诉记者，司机之家旨在为货车司机师傅提供舒适便捷、经济实惠的休息场所，提供个性化、多样化服务，解决他们的后顾之忧，保证能喝口热水、吃口热饭、睡个安稳觉。

走进“卡车司机之家”，首先映入眼帘的是一个洁净清新、绿意盎然的庭院，经过长途驾驶的司机师傅们来到这里，可以暂时卸下旅途的疲惫。在司机休息室，县超限检测站为货车司机们提供常用药、工具箱、充电、法律咨询、方便面以及全天24小时开水供应等免费服务，做到想司机之所想、解司机之所需，让到站的司机师傅们感受到家的温暖。

据了解，沂源县超限检测站离县城较远，“司机之家”除按要求添置服务设施外，又添加了交通地图，重点标注出附近和县城的宾馆、餐馆等，并设置了预约正规出租车的二维码和服务电话，保证司机师傅们能第一时间就餐、住宿。此外，“司机之家”休息室还设置书报架，让广大驾驶员休息的同时，自觉接受文化精神的熏陶。

今年以来，沂源县交通运输局以开展交通运输执法领域突出问题专项整治行动为契机，在辖区内开展“我为群众办实事”实践活动，始终从保护道路运输从业人员合法权益入手，将执法为民的服务理念贯穿于执法全过程，将严格执法与文明执法、柔性执法相结合，奋力打造人民满意交通。

原载：2021年8月9日《大众日报》

作者：吴荣欣　耿国平　孙启荣

党建引领聚力　勇当开路先锋

——沂源县交通运输局全力打造“沂路先锋”党建品牌

今天上午，沂源县交通运输局举行“沂路先锋”党建品牌发布会，向社会发布和介绍“沂路先锋”党建品牌LOGO设计寓意以及党建品牌创建情况。

“沂路先锋”党建品牌创意独特、寓意深刻，具有时代特征和艺术感染力，充分展现出沂源县交通运输局不忘初心、牢记使命和沂源交通人不畏困难、敢于担当、甘于奉献的良好精神风貌。在攻坚克难的交通道路建设中，沂源县交通运输局以党建为引领，锻造一支特别能吃苦、特别能战斗、特别能奉献的交通铁军队伍，成为全县现代化建设的开路先锋。

随后，县政府和市交通运输局领导为党建品牌共同揭牌。在红布徐徐落下后，一个线条清晰、色彩壮丽、寓意深刻、激人奋进、特色显著的LOGO呈现在观众面前。她将作为沂源县交通运输局党建工作的标志，激励沂源交通人砥砺前行、锐意进取，秉承交通先行理念，不断开创全县交通运输工作新局面。

沂源县交通运输局党组书记、局长田立勇表示，将把本次发布会作为一个新的起点，着力打造交通党建新引擎，充分发挥“沂路先锋”党建品牌引领作用，展现沂源交通人不畏困难、敢于担当、甘于奉献的良好精神风貌，以敢为人先的闯劲、勇于攻坚的拼劲、只争朝夕的干劲，聚力打造“两高两铁、外环绕城，五纵五横、内外联通”大交通路网格局，为全县经济社会高质量发展提供强大的交通运输保障。

下一步，沂源县交通运输局将把人民群众对交通出行幸福感、安全感和满意度作为衡量工作成效的第一标准，擦亮“沂路先锋”党建品牌，凝聚发展合力，让品牌更“红”，突出工作成效，让品牌更“强”，扩大社会影响，让品牌更“响”，让党建工作与交通运输服务高度融合，激发交通铁军先锋战斗力，为沂源县经济社会高质量发展提供强有力的交通运输保障。

原载：2022年6月30日《大众网》

作者：李波　王昭越　耿国平

沂源“四好农村路”带来“财气”与“福气”

一条条迂回在沂源山水之间、穿越于田野阡陌的农村公路，与路旁的农家、小游园、产业基地，相互映衬、相得益彰，构成了一幅幅靓丽的乡村风景画卷。

天堑变通途　乡村振兴有希望

“以前，我们这里的路难走，进出不方便，现在路修好了，周末还有很多城里人来村里休闲游玩。”今年60多岁的燕崖镇计宝峪村村民丁学萍指着村前新修的白计路，笑得合不拢嘴。

计宝峪村地处沂源偏远山区，以前交通十分不便。提起这些年的变化，当地村民首先想到的就是“路”，过去扶贫脱贫靠“路”，现在乡村振兴仍然靠“路”。

白计路全长9.8公里，连接白峪、碾砣、朱家户、桑家峪、计宝峪等8个行政村，是“乡村里的中国”乡村振兴示范片区。随着白计路的建成，计宝峪推出了“峪见童年”星空露营基地、儿童乐园，农家乐、煎饼坊、绣娘社等特色作坊，今年接待游客超3万人次，实现各项旅游收入160余万元，村集体经济收入20万元，村民人均收入2万元。

“自从修好了路，这两年感觉整个村发生了翻天覆地的变化，村民们也有了精气神。”在丁学萍的记忆中，以前村道坑坑洼洼，每逢下雨天脚上全是泥，“现在村道都是沥青路，就像城市道路一样。”道路通车后，村民乘坐公交车出行也更加便利。“以前，去县城没有交通工具。如今，像我一样60岁以上的村民都是免费乘坐，去县城也只需40多分钟的时间，走亲戚、购物很方便。”丁学萍说。

天堑变通途。当坑洼的乡村小道变成4.5米宽的沥青路时，山区百姓行路难、农产品运不进城等问题得到根本性解决。截至目前，沂源县所有建制村全部通硬化路、通客车、通邮路。

在计宝峪村“沂源红”幸福家园民生综合体展室，各色农产品摆满了展架，燕崖镇副镇长王连勇信心十足地告诉记者：“现在路好了，剩下的就是做好我们自己的品牌了，不仅要将产品卖出去，还要将客人请进来。”

以路为纽带　乡村发展添动能

乡村要振兴，交通须先行。2018年以来，沂源县全力推进“四好农村路”建设，不断优化全县农村公路路网结构，先后投资11亿元，完成了村级公路网化、农村道路通达及路网提升、县乡公路及危桥改造、“户户通”等工程740余公里。

白计路、沂河源田园综合体核心道路今年先后入选全国十大最美农村路候选名单。沂源县不断完善农村路网毛细血管，形成横通东西、纵贯南北，串联各景区、村落以及对外通道的县域农村公路交通网络，为当地村民编织起“幸福路网”。

在沂源县鲁村镇姬家峪村，“四好农村路”修到了田间地头。虽说现在是农闲时节，村民们却忙着在地里培土、除草、施肥，为来年丰收做着准备。

“今年，我们村流转土地300亩，新上建设黄烟种植示范园区项目，增加收入近200万元。”姬家峪村村委委员、返乡干部侯振宝感慨颇深，“这么好的效益，多亏了这条路。”

“这两年，县政府把乡村道路修好，现在车能直接开到田间地头，大大减轻了农民负担，降低了生产成本，提高了经济效益，‘四好农村路’就是名副其实的致富路。”采访中，侯振宝爽朗地笑着。“村民们干劲更足了，我们计划明年将黄烟种植示范园区再扩大到500亩。”

姬家峪村的变化并不是个例。如今，农村公路通到哪里，就为哪里带去了发展经济的“财气”和百姓增收的“福气”。在“四好农村路”实施过程中，沂源县注重产业路、旅游路建设，精心打造一批美丽乡村建设项目，依据各村特色，建成农家乐、民宿、儿童乐园，推进艺术馆、文学馆等文化场馆建设，七河生物、华盛果品、楷园农业等一大批现代农业发展项目纷纷落户……一条条“四好农村路”为经济发展、旅游开发、产业兴旺夯实了交通基础，助力乡村振兴发展，有力带动沂源红苹果、沂源大樱桃等农副产品的输出，为促进县域经济大发展提供交通动能。

原载：2022年12月15日《淄博日报》

作者：孟书祥

临临高速跨瓦日铁路转体桥顺利转体合龙

10月9日，由山东高速集团投资建设的临淄至临沂高速公路跨瓦日铁路转体桥在空中完成华丽转身、精准合龙，顺利实现转体，标志着项目北段向年内建成通车目标又迈出了坚实的一步。

跨瓦日铁路转体桥是临临项目关键控制性工程，桥面宽38.2米，重3.9万吨，需顺时针转体53度，是目前国内无现浇合龙段整幅转体最重的转体桥。

8点30分，随着现场总指挥的一声令下，两台千斤顶缓缓牵引支撑在大桥底部的球铰。这座3.9万吨的庞然大物开始以稳定的速率沿顺时针方向缓缓转动，在预定的60分钟的铁路“窗口期”内，从与铁路线几乎平行到逐渐上跨，精准到达设计位置。转体过程中，技术人员使用北斗导航定位系统及多传感器对桥梁转角进行实时监控，通过“全程可视化、控制智能化”提前分析预警，保障施工安全可控。

临淄至临沂高速公路是山东省“九纵五横一环七射多连”高速路网中“纵四”线的重要组成部分，北起沾临高速公路，南至日兰高速，全长192.64公里，设计速度120公里/小时，双向六车道。项目沿线穿越黑铁山风景区、鲁山风景区、红色革命根据地沂蒙山等，建成通车后，对于优化完善全省路网布局、推动鲁南经济圈一体化发展具有十分重要的意义。

原载：2023年10月9日《淄博日报》

作者：孟书祥

沂源打造省内首个高速公路单侧服务区

我市高速公路建设喜讯频传，继济潍高速顺利通车后，临临高速张店至沂源部分路段也有望年底前正式通车。

11月30日，在即将投入使用的临临高速中庄服务区记者看到，工人们正在有条不紊地进行室内外装修和停车场的画线工作。远处，沂源县交通运输局、中庄镇政府相关负责人正与中建八局二公司项目负责人商讨服务区的绿化工作。

绿植、长廊、草坪、果树……服务区将按照绿色生态园林模式建设，将淄博元素与沂源元素相融合，展示沂源县生态发展新成就。将来，随着时间推移，户外植物不断生长，服务区也将变成鸟语花香、绿树成荫的高速路畔休闲公园。在服务区综合楼宽敞明亮的挑顶大厅里，几名工人正在脚手架上安装吊灯，盘旋而起的金属服务台已初步成形。

“贯穿室内幕墙四面的五彩弧形飘带宛如牛郎织女相会的鹊桥，随着浪漫爱情故事元素的延伸，大厅内将处处烘托出浪漫的氛围。”中建八局二公司中庄服务区项目总工程师刘峰在介绍综合楼大厅装饰风格时说。

目前，临临高速中庄服务区是山东省第一个、全国第二个单侧服务区，与中庄收费站相连。自南向北过往车辆经过匝道环路驶进综合楼西侧停车场区，自北向南车辆驶进综合楼东侧停车场区，东西场区共用一个综合楼，两侧停车区由挡车石球阻挡不互通，并各单独设置加油站。东西两侧停车区各设包含32个充电桩停车位、6个女士停车位等在内的各类停车位200余个。

中庄服务区的建设共征地面积7.6公顷，总建筑面积7829平方米，其中综合楼建筑面积6915平方米。在工程建设中，沂源县交通运输局机关党委、中建八局二公司装饰公司党总支、中庄镇党委联合成立“红色联盟”，相互沟通、齐心协力，对涉及拆迁、占地的中庄镇两个村庄76户村民，逐户敲门入户、讲解政策、化解矛盾，最终使项目建设如期进行。

河西一村村民李大爷说：“修路虽然占了俺家的地，但是俺知道有了高速路，来收苹果的人就更多了，交通方便了，俺儿子回来的次数也会更多！”

沂源县交通运输局项目负责人介绍，临临高速的通车，将极大地改善沂源县燕崖镇、中庄镇、西里镇等南部山区的交通状况，带动我市南部山区与周边地区的交通联系，为群众提供更加舒适、高效的出行条件。

高规格建设的中庄服务区也将会成为我市和沂源县的又一张名片，成为临临高速上的一颗璀璨明珠。

原载：2023年12月1日《淄博日报》

作者：刘伟

临临高速淄博段通车在即 沂源县驶入乡村发展快车道

隆冬时节，白雪皑皑，沂河河畔，临临高速公路如一条巨龙，舞动在崇山峻岭间。这条高速公路的通车，不仅极大地缩短了沂源与张店等地之间的行车时间，还将有效地提升交通运输效率，对促进当地经济发展有着重要意义。

激活沂源交通网络

“临临高速青银高速至中庄立交段已通过交工验收，年底很快就能通车了。”在瓦日铁路公铁立交特大桥上，山东鲁中公路建设有限公司临临高速六标段项目经理翟峰感叹，“从沂源到张店两个多小时的车程将缩短到不足一个小时。”

“作为淄博本地建设者，我们倍感荣耀。”谈到项目建设过程，翟峰动情地说，“我们施工的路段项目桥隧比高达53.3%。进场施工以来，面对施工难度大、安全风险高等一系列困难，项目部协同参建各方精心组织，周密部署，战高温、斗严寒，聚焦节点、拼抢工期，完成了3条隧道、30座桥梁建设任务，每一道工序都凝聚着大家的汗水和担当。”

临临高速沂源段46.67公里，南北走向纵贯全县，北接博山区池上镇，南于石拉村石泉隧道进入沂水县，涵盖7条隧道，桥梁83座，跨沂河、瓦日铁路，与青兰高速互通立交，是全线桥隧比最高的路段，设有南鲁山、沂源北、中庄、西里4个出入口，1个中庄服务区。无论是从工程量还是施工难度上，该项目都堪称沂源公路建设历史之最。

它的建成，将进一步完善沂源县的公路网规划，沿线经过南鲁山镇、悦庄镇、石桥镇、燕崖镇、中庄镇、西里镇共6镇49个村，惠及26.6万人。青兰高速和临临高速行驶车辆在枢纽处可以互相切换路线，实现了临临高速与青兰高速公路路网的快速连接。便捷的交通将促进果品、蔬菜、养殖等产业发展。

提升地方经济活力

12月15日一早，在中庄镇阮南峪村，从事农村生鲜电商的贾明三和村民们正忙着将苹果装箱发货。提起新修的高速路，贾明三打开了话匣子：“省外发货，需要绕道县城，少说也得40分钟，现在好了，高速路修到了家门口，直接发货，太方便了。”

中庄镇作为沂源苹果主产区，以其得天独厚的地理位置和气候条件培育出富有地方特色的苹果品种，是国家绿色食品标准化生产基地、中国优质苹果基地百强乡镇，年产量达到2.4亿公斤。随着临临高速顺利完工，中庄镇的苹果产业有望迎来新一轮的发展机遇。

当天，在中庄高速出入口，占地面积7.6公顷的服务区进入运营准备的最后阶段，工作人员正忙碌着对设施进行最后的检查和完善。针对沂源的特色农产品销售，设立了专门的展销区。服务区还配备快速充电站，为新能源汽车提供便捷服务，以适应现代化交通需求。

“作为沂源段唯一服务区，而且是全国第二个、全省首个单边服务区，它将不只是一个旅途中的休息地，我们计划将其打造成一个网红服务区，加入‘沂源红’苹果文化元素、农副产品展销等，成为一个融入地方特色和文化的旅游服务区，加深游客对大美沂源的印象。”中庄镇党委副书记、镇长杨朝勇介绍，像苹果、草莓等农副产品通过这条高速路向外销售将会更加便捷。“我们还将利用这次高速公路通车的契机，发展乡村旅游业，吸引更多的游客到访中庄镇，促进农民增收。”

一路通达百业兴

打造网红服务区、规划文旅项目……临临高速承载的不仅是沿线群众致富的梦想，还有区域经济借势发展的希望。

南鲁山、燕崖和西里等镇，早已因中药材种植及大樱桃、寿桃等特色农副产品名声在外。这些乡镇同样也跃跃欲试，借势发展做强产业。

“沿着这条路，春天可以看到山花烂漫，夏天有清凉的水系，秋天满山的红叶，冬天则银装素裹，各个季节都有不同的自然景色。”沂源县交通运输局局长田立勇颇为自豪地说，临临高速串联起鲁山国家森林公园、鲁山溶洞群景区、牛郎织女风景区、龙湾水乡等10多处旅游景区，将为沂源县带来前所未有的发展机遇，并带动沿线现代农业示范园区、产业园区和旅游业的发展。

“临临高速的通车，将为沂源带来经济腾飞、交通便捷、产业升级、旅游业蓬勃发展的重大机遇，为沂源县的可持续发展注入强劲动力。对沿线乡镇村庄果品外销、乡村旅游、特色农业发展起到至关重要的推动作用，进一步提升沂源县影响力和知名度。”田立勇说。

沂源县，一片拥有丰富自然资源和深厚文化底蕴的土地，即将迎来其发展的快车道。

原载：2023年12月17日《淄博日报》

作者：孟书祥

沂源县主要村道一览表

序号	路线名称	里程（公里）	修建时间	序号	路线名称	里程（公里）	修建时间
1	西赵路	1	2002	2	淄鼎路	1.624	2008
3	南崔路—王坪村	1.001	2003	4	双泉—三组	1.624	2013
5	石桐路	1.001	2013	6	九东路—保安村	1.626	1998
7	薛上路	1.002	2007	8	沂河大桥—东柳路	1.629	2005
9	石井河—侯家官庄	1.004	1984	10	沂源县东柳路—蝙蝠峪	1.631	2005
11	九东路—保泉村	1.007	2003	12	北傣路	1.635	1990
13	织牛路	1.007	2008	14	蒿庄—关河峪	1.637	2018
15	姬家峪—莱芜	1.007	2017	16	白杨路鸽峪	1.644	2003
17	埠西二路	1.008	2005	18	石龙—后山	1.647	2017
19	南崔路—北王家庄村王万	1.008	2003	20	舍庄二村二路	1.65	2004
21	紫晶峪—北山	1.008	1900	22	碾砣—侯家官庄	1.651	1987
23	西唐庄进村路	1.008	2018	24	东沙沟路	1.656	1996
25	河社路—藤条峪	1.009	2003	26	玉泉路—西村	1.659	1986
27	石柱进村路	1.01	2018	28	东可乐山—下柳沟	1.662	2020
29	苗韩路	1.012	2007	30	泰薛路—寺岭村	1.674	2003
31	黎明连村路	1.015	2008	32	后大泉—东寺	1.674	1993、2003
33	张家泉村—北山	1.015	2014	34	杓峪—双马山	1.674	2017
35	中张良一路	1.018	2005	36	西徐家庄—姬家峪	1.692	2017
37	寨里一路	1.018	2003	38	茅子峪—林场3	1.692	2018
39	阿陀路	1.019	2005	40	蒿庄村—水泥厂	1.7	2003
41	南崔路—韩莱路	1.019	2004	42	东柳路—抗洞洼	1.702	2004
43	阎家庄路	1.02	2005	44	池埠—茨峪	1.705	2013

续表

序号	路线名称	里程（公里）	修建时间	序号	路线名称	里程（公里）	修建时间
45	南崖线—王家庄	1.02	2018	46	黑鲍路	1.706	2003
47	福禄坪—西寺	1.02	2013	48	邢马路—埠西一路	1.714	2020
49	九东路—任马庄范家沟	1.021	2005、2019	50	经济路	1.716	2002
51	张家—崔家	1.021	2013	52	山东头村—东柳路	1.719	1990、2005、2007
53	黄家宅—下龙巷	1.022	2022	54	南崖路—李家河西	1.722	1995、2003
55	织女洞林场	1.027	2018	56	苗山一路	1.724	2019、2005
57	芝芳村进村路	1.028	2003	58	翟李二路—江家峪	1.726	2020
59	白杨路—燕中路	1.029	2004	60	向阳峪进村路	1.727	2018
61	冯家圈—西洼	1.029	2012	62	芦家泉—米山子	1.736	2016
63	磨石山子村—大西沟	1.032	2018	64	东北庄—北山	1.741	2017
65	博沂路—前瓜峪	1.033	2003	66	石香路—里峪	1.744	2003
67	博沂路—大沟	1.033	1983	68	滑龙路—茂子峪	1.744	2004
69	马连峪—柳枝峪	1.033	2017	70	南崖路—中庄	1.745	2003
71	两城路	1.034	2004	72	齐家石沟一路	1.75	2002
73	前大泉—亳山	1.034	1974	74	韩莱路—北王庄	1.75	1972、2003
75	南中路	1.034	2008	76	西五陡进村路	1.75	2020
77	张家后峪—朱家峪	1.035	1995	78	桃花峪路	1.755	2005、2019
79	桃花山二路	1.035	2007	80	韩莱路—石马山	1.755	2004
81	沂河路—南石臼村	1.036	1982	82	三九路—响水崖	1.755	2016
83	高厂—高斜路	1.036	2020	84	南崖路—牛郎官庄	1.758	1980、2003、2019
85	龙子峪一路	1.038	2004	86	东高庄—付家庄	1.76	2003
87	刘家大峪—小田庄	1.04	2019	88	冯家圈—北山	1.761	2012
89	双庙—东沟	1.04	2017	90	华龙路—梅家庄老子崖	1.763	2004
91	张三路	1.041	2004	92	双泉路	1.767	2018
93	福禄坪—王家庄	1.041	1986	94	西山路	1.768	1986、2019
95	韩莱路—汇源西门	1.045	1958、1978	96	北姬路—姬家峪	1.77	2020
97	蝙蝠峪—南山	1.048	2017	98	苗埠路	1.783	2005
99	芝房—山顶峪	1.05	1982	100	安平路	1.784	1980、2019
101	沂蒙路—西沟	1.051	2005	102	南崖路—织女洞	1.799	1988、2007
103	龙山路	1.052	2007	104	东上峪路	1.805	2005
105	博沂路—东流泉村	1.053	2005	106	杨家北坡	1.807	2017
107	紫西路	1.055	2008	108	朱阿路	1.81	2003

续表

序号	路线名称	里程（公里）	修建时间	序号	路线名称	里程（公里）	修建时间
109	马王峪—齐家屋子	1.056	2017	110	上大路—核桃峪	1.822	2003
111	南崖路—高厂二路	1.06	2020	112	南觅庄—赵家峪	1.83	2013
113	北营水库—东山	1.06	2020	114	赵庄—赵家峪	1.835	2011
115	石香路—高家官庄	1.061	2001	116	胡围—偏良山	1.836	2013
117	鲁村—王村	1.065	2014	118	埠西路	1.843	2005
119	博沂路—龙泉村水坝	1.066	2003	120	东凤路	1.876	2003
121	宋家峪路	1.066	2003、2019	122	偏北路	1.883	2008
123	上大路—天井峪	1.068	2003	124	儒林集路	1.888	2003、2004
125	蔡马庄—葫芦套	1.071	1988	126	福禄坪—老万	1.894	2007
127	茶峪连村路	1.072	2007	128	福西路	1.903	2008
129	璞丘路	1.073	1990	130	上大路—红花峪	1.909	2003
131	东前路	1.074	2008	132	沂河—柴干路	1.91	2018
133	吴家北峪路	1.074	2003	134	东岭—石孔峪	1.918	2012
135	西山一路	1.076	2007	136	鲁山三路	1.929	2013
137	石柱水库—台子村	1.076	2020	138	彩板峪路	1.938	2003
139	韩莱路—裕华村	1.079	2003	140	青杨圈—西山	1.956	2020
141	泉峪—华龙路	1.08	2003	142	南崖路—西孝村	1.965	2002、2005
143	韩莱路—苗庄	1.082	2004	144	治牛路	1.971	2009
145	东桃花坪—黄崖头	1.083	2005	146	燕东路	1.974	2018
147	北刘庄二路	1.084	2003	148	中辉—桐峪	1.988	2013
149	前崖—泰薛路	1.086	2003、2005	150	西桃花坪村委—柴家庄	1.997	2003
151	博沂路—西流泉村	1.088	2005	152	前大泉—亳山村	1.997	2004
153	东赵一村路	1.089	2005	154	泉南路	1.999	1980、2003、2004
155	黄宅进村路	1.091	2005	156	东岭路	2.015	1986、1990
157	窗户沟路	1.091	2004	158	白杨路—汉林	2.022	1987、1972、1994、1988
159	南悦路—苗山	1.092	1980	160	黄土崖下河—六队	2.026	2014
161	于家北坡进村路	1.093	2008	162	苏家上峪—柳枝峪	2.027	2005
163	任范路	1.093	2007	164	三儒路	2.03	2003
165	田董路	1.097	2003	166	小张庄桥—月庄	2.033	2020
167	南崖路—唐山二路	1.098	2020	168	福吉山—前坡	2.047	2019
169	水库—安子沟	1.098	2016	170	鲁石路	2.063	2003
171	盛家庄环村路	1.098	2018	172	沂源县芦家泉—米山子	2.069	2016
173	涌泉—马连峪	1.099	2017	174	巨东路—南大洼	2.074	2003
175	二厂路	1.101	1997	176	月庄—楼子	2.086	2020

续表

序号	路线名称	里程(公里)	修建时间	序号	路线名称	里程(公里)	修建时间
177	梭北路	1.103	2008	178	泰王路	2.11	2004、2019
179	黄家峪—东山	1.104	2020	180	韩莱路—西四	2.111	1998、2005
181	伏西路	1.108	2007	182	月南路	2.125	2003
183	耿腾路	1.112	2008	184	草埠二村路	2.133	2003、2019
185	墨牛路	1.113	2008	186	南崔路—薛东路	2.158	1994、2005
187	朱家庄一路	1.117	1989、2003	188	四崮峪—四崮峪站	2.161	2004
189	双庙—庙子岭	1.117	2017	190	侯家官庄—范子峪	2.165	2013
191	白杨路—靳家峪	1.118	2003	192	北杨路	2.171	2004
193	西北麻进村路	1.122	2003	194	新保路—西顾庄	2.177	1986、2003
195	土眉峪路	1.122	1995	196	左家旁峪—红星	2.184	1996、2019
197	大东路	1.123	2007	198	石香路—盖冶村委	2.193	2000
199	九东路—东安村村后	1.128	2004	200	博沂路—毫坪	2.203	2003
201	土鲁线支线	1.129	1999	202	山东头村出口—蹇家峪	2.207	2003
203	西赵庄—杏山子	1.133	2012	204	华龙路—桑树峪蒲扇峪	2.22	2004
205	郑家岭三路	1.135	2004	206	华龙路—柳花峪村西	2.234	2004
207	柴家庄路	1.137	2011	208	南崔路—后西里	2.241	1983
209	韩花路东安村家前	1.14	2004	210	消关路—茶峪村	2.247	2002
211	下柳沟村—南崔路	1.142	2003	212	福禄坪峪村—王家庄子村	2.257	2003
213	李家泉子路	1.15	2005	214	三悦路—马家峪村	2.274	2010、2011
215	双泉—李家峪	1.161	1983	216	石桥村—马庄村	2.275	2003
217	草埠一村路	1.166	2005	218	小黄庄路	2.278	2004
219	韩莱路—徐家庄	1.166	1986	220	北四路	2.28	2009
221	东高庄—南河	1.167	2013	222	儒井路—帽子庵	2.31	2017
223	韩金路—列里西山	1.168	2003	224	吴家北峪—苇子峪	2.312	2018
225	北大岩—东岭	1.17	2013	226	八两路	2.33	2004
227	白杨路—东大峪村委	1.173	2003	228	淄中路—黄安峪	2.335	1986
229	上马庄村南—沂水界	1.174	2003	230	新华村道	2.339	2018
231	南崔路—偏良山	1.175	1990	232	石东路	2.364	2013
233	周家上庄—蝙蝠峪	1.175	2019	234	沂河头路	2.366	2006
235	河东路—兴旺村	1.177	2000	236	曹姚路—曹宅村	2.372	2000、2003
237	北蒖庄—杏林子	1.177	2019	238	峨峪路	2.375	2003
239	周家上庄—村东	1.179	2019	240	燕中路—青龙官庄	2.381	1996
241	石桥村—薛家官庄村	1.18	2003	242	博沂路—刘家洞	2.4	1990
243	核桃峪—百立崖	1.182	2019	244	刘家圈—孟家庄	2.41	2017
245	于家峪—大刘庄村西	1.191	2005	246	池埠—茨峪	2.471	2012

续表

序号	路线名称	里程(公里)	修建时间	序号	路线名称	里程(公里)	修建时间
247	南崖路—高厂	1.193	2004	248	金甲山—韩莱路	2.474	2003、2004
249	茅子峪进村路	1.193	2020	250	崮山路	2.478	2001、2019
251	蝙蝠峪路	1.195	1986	252	白杨路—张家后峪	2.488	2003
253	白杨路—苇场	1.199	1988	254	双泉连村路	2.5	2009
255	菜园路	1.2	1993	256	唐家沟路	2.505	1975
257	三墨路	1.2	2008	258	防汛路	2.512	2003
259	韩莱路—何家巷子	1.2	1998	260	南崖路—帽子庵	2.518	1986
261	埠凉路—埠西村	1.202	2020	262	北计路—榛家峪	2.532	1988
263	错石—东北庄	1.207	2019	264	孟坡路	2.536	1992、2003
265	三黄沟路	1.209	2004	266	任马庄—下河疃村	2.536	2011
267	南石臼路	1.21	1998	268	西沟二路	2.543	2005
269	公家场—闫家洼	1.21	2017	270	梭背岭村口—泉头村	2.548	2005
271	南崖路—泉头	1.215	2004、2005	272	新村一路	2.563	2004、2005
273	大刘庄—齐家峪	1.22	2005	274	下鄌路	2.574	2003
275	韩莱路—院峪村西山	1.222	2003	276	桃园路	2.595	2004
277	新保路—小官庄	1.223	2020	278	河南村出口—韩莱路	2.595	2005
279	龙玉峪路	1.224	2009	280	涝坡进村路	2.599	2020
281	胡枃峪—莱峪	1.225	2005	282	左家旁峪—西山	2.599	2013
283	上头庄路	1.23	2005、2019	284	韩莱路—东里马家沟村	2.603	1978、2003
285	白小路	1.238	2008	286	璞营路	2.604	2008
287	葛家庄村	1.24	1996、2004	288	米山子路	2.62	1986
289	东里第七小学—下柳沟村村东	1.243	2004	290	付家庄—三棵树	2.628	2013
291	五村二路	1.247	2003	292	南崖路—唐山	2.629	2003
293	白杨路—西计路	1.247	1989	294	赵家旁峪路	2.662	1994
295	芦芽—南村1	1.253	2016	296	秦齐路	2.668	2002、2019
297	桃园一路	1.255	2009	298	燕崖—辉村	2.717	2011
299	九东路—博任路	1.255	2020	300	东郑王庄—国家峪	2.73	1970、2019
301	西埠路	1.259	2003	302	栗洼路	2.733	2000、2019
303	鲁村一村一路	1.267	2003	304	东岭村—横岭	2.738	2003、2019
305	三源新村进村路	1.271	2020	306	亳山—马兰	2.764	2005
307	三宝官庄—中庄盖冶	1.275	2017	308	北平桥—石灰峪	2.788	2013
309	沂蒙路—大桑树	1.275	2013	310	三悦路—北辽军部	2.794	2010
311	鲍庄—小王庄	1.279	2013	312	胡王路	2.805	2004
313	核桃峪—林场1	1.29	2018	314	花水路	2.805	2005

续表

序号	路线名称	里程(公里)	修建时间	序号	路线名称	里程(公里)	修建时间
315	义和庄—王家石沟	1.295	2007	316	博任路	2.824	2009
317	博沂路—后峪水库	1.297	1986、2001	318	盖冶—中庄	2.835	2013
319	石拉水库—下河	1.297	2003	320	石桥—上黄安	2.853	2003
321	鲁张一路	1.297	2009	322	沂源县抗洞洼村东—姚宅甲	2.891	2003
323	九五线	1.3	1993	324	新保路—上升科	2.9	1995、2003、2019
325	北村—石灰峪	1.301	2020	326	珩崖村—红岩子村	2.907	2005
327	涝坡河路	1.317	2005	328	小辛庄路	2.918	1998、2019
329	上枝路	1.32	1967	330	泰北路	2.942	2003、2004
331	富家庄进村路	1.322	2022	332	西峪—薛家峪黄沟	2.947	2003、2004
333	博刘路—南栗行	1.326	1999	334	薛馆路—付家庄	2.954	2012
335	埠下村—刘家沟	1.333	2003	336	马家峪路	2.98	1994
337	博沂路—西北麻	1.333	2011	338	东错路—茅子峪村	2.989	2000
339	田庄村道 2	1.334	2018	340	博沂路—河套峪	3.012	2003
341	九东路—黄家峪	1.338	2003	342	古泉路	3.028	1998
343	天井官庄村—马庄村	1.339	2003	344	韩金路—道坐崮南良	3.072	2004
345	九东路—刘家峪	1.341	2003、2019	346	悦僚路	3.086	1994、1999
347	黑绳路	1.343	2007	348	西高路	3.089	1988、2019
349	重喜官庄—马王峪	1.344	2017	350	明末峪环村路	3.094	2017
351	黄埠路	1.348	2002	352	葛庄—东赵三	3.099	2018
353	前西长旺村—孟家旺	1.351	2020	354	龙子峪—姬家峪	3.12	2005
355	北张良中心路	1.354	1998	356	许苍路	3.124	2005、2019
357	燕崖—宋家沟	1.361	2014	358	西刘路	3.131	2004
359	核桃峪—林场 2	1.363	2018	360	黄家宅—南峪	3.155	2018
361	高家白峪路	1.364	2004	362	东柳薛家峪	3.232	2003
363	赵中路—安乐官庄	1.367	2013	364	悦北路	3.24	2003、2004
365	西水路	1.374	2009	366	燕中路—辉织路	3.245	2013
367	后峪—平头	1.375	2011	368	东北庄村—错石村	3.283	1975、2003
369	北大路	1.38	2008	370	任马庄—下河疃	3.305	2012
371	东西悦庄路	1.392	1969	372	泰吴路	3.307	1990
373	龙子峪三路	1.392	2020	374	小于路	3.308	2003
375	东柳路—石炕子	1.393	2003	376	龙王峪—李家沟	3.324	2012
377	葛庄—赵庄	1.395	2013	378	朱家峪—泰薛路	3.367	2003

续表

序号	路线名称	里程（公里）	修建时间	序号	路线名称	里程（公里）	修建时间
379	沙崖子路	1.396	2000	380	北刘路	3.386	2003
381	磨石山子—东沟	1.407	2017	382	后西长旺村北—孟家旺	3.387	1988、2005
383	下上峪—狼窝	1.412	2014	384	翟家庄—李家庄	3.403	1998、2004、2005
385	韩莱路—马家沟	1.414	2004	386	许村一路	3.408	2004
387	石南一路	1.414	2007	388	高峪一路	3.413	2003
389	苍粮峪村道	1.415	2018	390	张店路	3.456	2004、2019
391	紫东路—北梁子	1.416	2014	392	马兰—枣阳河	3.52	2020
393	黄山子村路	1.418	2019	394	韩花路—东里西村	3.559	1960、2002、2005
395	中消水—村北路	1.427	2014	396	张西路	3.682	2009
397	北流水—仲临路	1.427	2013	398	于东路	3.684	2004
399	东北麻—西沙沟	1.432	2008	400	韩莱路—尧峪	3.768	2004
401	孟家庄—瑶峪	1.433	2013	402	韩岭路	3.814	2013
403	前西长旺—大泉	1.439	2013	404	北姬路	3.849	1996、2003
405	消沂路	1.447	2008	406	韩金路—社庄水库	3.864	2004
407	南张良一路	1.448	1985	408	芦七路	3.943	2001、2005
409	东大峪—刘大峪	1.452	1992、2003、2008	410	刘苗路—曹向路	3.947	1991、2003
411	埠南路	1.454	2008	412	双娄路	3.986	2011
413	沂邳线—毫山	1.456	2020	414	三黄沟—王家石沟	4.005	2018
415	芦芽村—泔水峪	1.459	2014	416	东北庄—毫山村	4.054	2000、2005
417	房家圈二路	1.461	2003、2019	418	西柳峪二队—狼峪	4.106	2005
419	博马路	1.461	2008	420	流龙路	4.138	2003
421	九东路—撑子峪村	1.464	2003、2019	422	崔南路	4.139	2004
423	姬家峪路	1.465	2003	424	蒲峪—花峪	4.163	1980、1981、1984
425	华龙路—杨家峪	1.469	2003	426	埠凉路	4.167	2001、2003
427	后绳庄—前崖	1.469	2012	428	南崔路—许家桃峪村	4.225	2004
429	沂源县石桥—圣佛山	1.472	2003	430	南崔路—侯家官庄	4.237	2003
431	马庄村—龙门峪村	1.475	2005	432	清泉村—南崔路	4.237	2002、2004
433	下土门河北路	1.476	1992	434	茅子峪—郭家上峪	4.251	1900

续表

序号	路线名称	里程（公里）	修建时间	序号	路线名称	里程（公里）	修建时间
435	韩莱路—苗庄	1.48	2001	436	白杨路—杓峪村	4.405	2004
437	马莲峪路	1.483	2009	438	鲁山路	4.502	2009
439	白杨路—刘庄	1.485	1984	440	韩莱路—龙王峪村青山万	4.515	2003
441	侯碾路	1.497	2008	442	李埠路	4.706	2004
443	桑树峪村东—黑山子	1.497	2002	444	三文路	4.876	2003
445	埠村西山三路	1.499	2005	446	寺岭—南官庄	4.9	1991、1995、2019
447	九东路—大石沟村	1.501	1997	448	燕中路—桐峪村	5.022	1992、2005
449	南崔路—西可乐山	1.502	2020	450	博沂路—东鱼台	5.082	1980、1986、2003
451	新保路—牛栏峪	1.506	1996	452	雕石路—沂蒙路	5.137	1995、1998、2019
453	韩金路—西柳峪二队	1.506	2004	454	韩旺四村—东桃花坪村村委	5.163	2003
455	西北庄—石桥	1.517	2000	456	埠下路	5.271	1990
457	东桃花坪村出口—沂水界	1.517	1978	458	大石沟—北桃坪	5.295	2013
459	河南路	1.518	1975、2003	460	东流泉—野炉坡	5.429	2014
461	博沂路—此老峪	1.519	1989、2003	462	南崔路—河西村	5.466	1988、2001
463	辛庄—南山	1.52	1986	464	曹双路	5.504	1988、2003、2006
465	福吉山路	1.521	2003	466	河此路	5.519	2008
467	东山路	1.522	2008	468	毫坪—河套峪	5.548	2007
469	巨东路—刘家圈村	1.524	2003	470	东柳路—周家上庄	5.599	2003、2005
471	九东路—东山	1.525	2003	472	龙泉路	5.695	1993、2003
473	博沂路—松峪村	1.534	2004	474	东柳路—蝙蝠峪	5.758	1999、2019
475	西台—西鱼台	1.538	1988	476	韩莱路—大柳庄	5.821	1984、2003、2004
477	于家北坡村北路	1.551	2008	478	龙子裕二路	6.002	2012
479	东北庄—枣阳河	1.564	2017	480	石门路	6.043	2004、2019
481	石楼—松峪 2	1.57	2018	482	白杨路—西安子沟	6.211	2003
483	西儒林路	1.572	2003	484	河东村—社庄村	6.56	2005

续表

序号	路线名称	里程(公里)	修建时间	序号	路线名称	里程(公里)	修建时间
485	苗家河西—南崔路	1.577	2003	486	双泉—西郑	7.43	2013
487	东洼—东唐庄	1.577	2017	488	东赵庄三村进村路	7.493	1958、1970、2005、2019
489	安平—栖真观	1.586	2014	490	韩莱路—花园	7.622	2003、2004
491	后坡路	1.595	1985、2008	492	薄板台—高家坡	8.497	2003
493	帽子峪—学生沟	1.61	2007	494	新保路—闲场	9.443	1994、1996、2019
495	西北麻—北山	1.615	2013	496	燕中路	9.78	1965、1980、1996、2003
497	韩金路—铁矿	1.616	1992、2004	498	沙娄路	12.889	2008
499	下龙巷—西峪	1.623	2018				

后 记

沂源县交通运输事业的发展与变迁，承载着一代代沂源人民深沉而厚重的历史记忆。

以史为鉴，知史明智，方能行以致远。挖掘沂源县交通运输行业史料，传承沂源特色交通运输文化，记录沂源县交通运输事业波澜壮阔的发展历程，展示翻天覆地的历史巨变，反映日新月异的辉煌成就，再现沂源县人民群众为改变山区交通运输面貌不畏艰难、战天斗地的奋斗足迹和自力更生、奋发图强的精神风貌，是历史赋予的使命，也是新时代发展的要求。

2022年，《记忆沂源》系列丛书编纂工作开始启动，丛书分为“乡村篇”和“行业篇”。县政协确定将“交通运输卷”列入编纂规划，作为“行业篇”之一独立成卷。县交通运输局高度重视，提早进行谋划和部署，认真制定工作方案，广泛征集历史资料，全面做好前期筹备工作。2023年3月，正式成立《记忆沂源·交通运输卷》编纂委员会，组建编纂工作专班，分解任务、倒排工期，责任到人、保障到位。同年6月，拟定出框架结构及篇目，经县政协和《记忆沂源》编辑部审核通过后，编纂专班分工展开书稿撰写。2024年5月，完成初稿；6月，县政协召开研讨会，对初稿进行点评，提出修改意见；8月，在经过修改完善后，提交评审会评议；9月，根据评审会意见，作了进一步修改完善。功不唐捐，玉汝于成。历经两年辛勤努力，编纂工作完成，终于付梓成书。

《记忆沂源·交通运输卷》作为一部全媒体志书类书籍，可读、可看、可听，满足了人民群众对方志文化的新需求，同时也填补了沂源县交通运输行业没有志书类书籍的历史空白。该书内容翔实，图文并茂，宏观叙述和微观记事相结合，行业特色鲜明，既具有史料性，又极具可读性，是一部“百科全书”式的行业资料书、工具书。该书在编纂过程中，得到了省、市专家和社会各界的高度关注和支持。市交通运输局、县委组织部、县委宣传部等单位对该书相关内容进行了审核。县档案馆、县文联、县融媒体中心、县摄影家协会、《记忆沂源》承办单位等给予了大力支持，张坤、左效瑞、刘军锋、梁金镇、齐士玫、孙兆谦、王德安等为本书拍摄了一些照片或提供了一些资料。县地方文化史专家、县交通运输局老领导，对书稿提出了宝贵的意见和建议，全县交通运输行业各单位给予了大力协助和配合，县交通运输局董宝珠、杨俊德、郑保学、朱西民、崔伟峰、李化明、张学军、任明月、张成堂、苗传仁、周仕彬、江朔、宋文录、周国华等为本书编纂做了大量工作。在此一并表示感谢。

由于涉及历史年代久远，文献资料匮乏，撰稿、编纂人员水平有限，加之时间紧、任务重，疏漏不当之处在所难免，敬请读者批评指正。

编 者

2024年10月

记忆沂源 · 行业篇
JIYI YIYUAN HANGYEPIAN
全 媒 体 图 书

8-05

记忆沂源

JIYI YIYUAN

·住房和城乡建设卷·

《记忆沂源》MV

政协沂源县委员会
沂源县文化和旅游局 编

中国文史出版社

图书在版编目（CIP）数据

记忆沂源. 行业篇. 住房和城乡建设卷 / 政协沂源县委员会, 沂源县文化和旅游局编. -- 北京：中国文史出版社, 2024. 12. -- ISBN 978-7-5205-5013-0

Ⅰ. K295.24；F299.275.24

中国国家版本馆CIP数据核字第202434MY09号

责任编辑： 程　凤　赵姣娇

出版发行： 中国文史出版社
社　　址： 北京市海淀区西八里庄路69号　邮编：100142
电　　话： 010-81136606　81136602　81136603（发行部）
传　　真： 010-81136655
印　　装： 山东新华印务有限公司
经　　销： 全国新华书店
开　　本： 889mm × 1194mm　1/16
字　　数： 5304千字
印　　张： 183
版　　次： 2024年12月北京第1版
印　　次： 2024年12月第1次印刷
定　　价： 1980.00元（全九册）

《记忆沂源》编纂委员会

主　　任　边江风

副 主 任　张　涛　武光明

委　　员　郑　舰　于　庆　张庆勇　周清秀

成　　员　吕春晖　刘明法　杜　强　任　鸣　张仲亮
刘　水　崔春利　张成华　田立勇　陈立兵
郑继光　唐文彬　王世礼　齐元军　张艳秀
周　正　李　冬　陈霄霞　张立新　卢兴民
杜希伟

《记忆沂源》编审人员

主　　编　武光明

执行主编　张立新　杜希伟

编　　辑　（按姓氏笔画排序）
于朝阳　王明娟　刘　磊　李永红　李崇高
陈富锋　杨德明　周左锋　郑作昭　翟玉群

《记忆沂源·住房和城乡建设卷》编纂委员会

主　　任　张庆勇　张成华

副 主 任　姚冒才　朱庆梓　郑述强

委　　员　王京法　齐华庆　郑方福　翟淑娟　刘合江　唐文艳

李克红　刘秀菊　张凤波　狄　梅　张国忠　孙一伟

宋婷婷　谢国章　白　源　宋　敏　廖姗姗

《记忆沂源·住房和城乡建设卷》编纂人员

编　　审　李崇高

责　　编　王洪波

编　　辑　（按姓氏笔画排序）

孔令志　刘振泉　吴　鹏　吴树宝

总　序

沂源历史悠久，文化厚重，在这片古老的土地上，在可考证的几十万年的岁月流转中，文明的脉络延绵不断；在这里，生命文化、爱情文化、红色文化交相辉映、一脉相传，悠悠吟唱着亘古昨天和崭新今天。编纂出版“记忆沂源”系列丛书，旨在全面记载沂源县自然地理、人文历史、政治经济和社会事业的发展变化，深入挖掘沂源特色地域文化，集中展现全县经济社会发展成果，铭记历史，传承文化，留住乡愁，增强自信，凝聚力量。这是沂源建县以来，首次对全县人文历史资料等进行全面系统挖掘整理，必将载入沂源发展史册。

走遍天涯路，最是乡情深。人一旦生长在什么地方，那里的山水草木、人文地理、村闾小巷、乡俗民情，便会像盐渍刀斫一样深深渗透在心窝里、镌刻在记忆中，与之结下浓得化不开的乡情，时刻都在怀念、向往与追忆。乡愁是一种故土情结、人文情怀，是一种精神寄托，流淌于人的血脉中，是凝聚力和向心力所在。在长期的社会变迁和历史发展中，乡愁成为民族情感的依托与精神家园的归附。在新时代建设现代化新沂源的壮阔征程上，必不可少的正是无数沂源人对乡土气韵、桑梓情怀的依恋和历史记忆的渴求。

沂源自1944年建县至今，发生了翻天覆地的变化，许多历史的印记已经或者正在被湮灭在时代的潮流中，迫切需要通过修史编志的方式，记录历史、留住乡愁。沂源县具有众多特色鲜明的地域文化标志，每一个都蕴含着一段难忘的历史，讲述着一个动人的故事，寄托着一种殷切的期盼。古建筑、古树名木、古老手艺、传说故事等，都是弥足珍贵的文化遗产，也是历史文脉重要的传承载体。沂源人民在不同的历史时期，创造出了辉煌的成就，其中蕴含着宝贵的精神财富，这些都需要记录好、传承好、弘扬好。通过编纂“记忆沂源”系列丛书，深入挖掘、整理、珍藏历史文化，全面、真实、客观反映沂源的发展历程，必将进一步增强全县人民的自豪感、责任感和使命感，激发广大干部群众干事创业的热情和斗志，汇聚起推动各项工作突破提升、走在前列的磅礴力量。

“记忆沂源”系列丛书分为“乡村篇”“行业篇”“经济开发区篇”和“小三线建设篇”四部分，其中“乡村篇”收录全县12个镇（街道）446个行政村和21个城市社区的翔实资料，一镇（街道）一卷。“行业篇”收录工业、农业、商业、水利、教育、卫生、住建、交通等行业资料，每个

行业独立成卷，着力展现沂源经济社会的发展历程和辉煌成就。丛书综合运用文字、图片、视频、音频、插画等多种方式，打造“全媒体”图书。读者除正常阅读外，还可以扫码听书、看视频，更加契合现代人学习阅读需求，成为展现沂源形象的“伴手礼”和沂源游子寄托乡愁、追思乡情的“枕边书”。

乡愁难忘，征程未老。牢记历史，是为了开创未来。沂源正站在一个新的发展起点上，全县上下正在深入学习贯彻党的二十大精神，聚焦“突破提升、走在前列”目标定位，强化生态立县、产业强县、创新兴县，推进“四新四创”，着力打造“六个高地”、实现“六个走在前列”，踔厉奋发、勇毅前行，奋力谱写沂源现代化建设新篇章。在时代新征程中，我们有信心、有能力、有情怀交出一份无愧于前人的历史答卷。

中共沂源县委
沂源县人民政府

序

琼楼玉宇，日更月异；筑路架桥，周行八方。钟灵毓秀，藏韵于城；城乡建设，托举民生。同心筑梦，共襄复兴伟业；乘势而上，发展恰逢其时！

城市建设自古以来都是城市发展的重中之重，沂源县历史悠久，底蕴深厚，坐拥“俊山之美、水盈之美、赤红之美、碧绿之美、史诗之美、创新之美”，城市发展条件得天独厚。“沂源猿人”在此择地而居，繁衍生息，创造出灿烂文明，留下辉煌历史。自商周以来，薪火未断，齐长城横亘山岭，绵延东去。至隋唐宋元，庙宇兴起，香火鼎盛，荆山寺、弥陀寺、西寺、神清宫等寺庙建筑宏伟，布局精妙，雕梁画栋，成为人们信仰圣地，至今仍受人供奉。后沂源历经战火，多发匪患，城市发展举步维艰，城市建设进程受阻。

新中国成立后，沂源县人民在党的坚强领导下，发扬艰苦奋斗、铁杵成针的不屈精神，用勤劳的双手勾勒城市蓝图，用辛勤的汗水铸就高堂广厦。改革开放以来，沂源县城市建设进入长足发展期，基础设施建设从无到有、从有到优，第一条沥青路建成、第一座砖拱大楼筑起、第一家建筑企业成立……众多“第一”，见证着城市建设向着现代化迈进。随着振兴路、胜利路、健康路、塔山路、兴利街、南麻大桥、涝坡河桥等城区主次干道、街巷及桥梁建设完成，城市路网初见雏形；现代建筑企业逐步兴起，结束了传统建筑营造模式，政府招待所、农信营业楼等一批标志性建筑拔地而起，成为沂源县的崭新地标；规模化居住小区悄然兴起，人居环境逐步改善……昔日茅室蓬户不复存在，今日高楼大厦鳞次栉比，沂源正以崭新的面貌迎接未来。

进入新时代后，沂源县城市建设突飞猛进，“七横十三纵”城市路网格局形成，干支相连，四通八达。南麻大桥、螳螂河大桥、复兴大桥、西台大桥、鱼台大桥连通城市东西，螳螂河贯穿城市南北，历山公园、儿童乐园、胜利山公园、六点水新世界公园、拇指公园散布城中，“山水花园城市”在这一刻有了具象的表达。智慧住宅不再是空中楼阁，公共事业遍布千家万户，全域旅游助力经济提升，乡村振兴推动共同富裕，住建部授予的“中国人居环境范例奖”实至名归。

时光荏苒，历史需要铭记；岁月如梭，不负当下时光。在县委、县政府高屋建瓴、大力支持下，《记忆沂源·住房和城乡建设卷》顺利完成。该书参照志体，突出记忆，翔实记载了沂源县从古至今城市建设发展历程，全面历数城市建设成就，将复杂的城市建设往事用简洁轻快的语言呈现在大众面前，让沉默的历史再次鲜活起来，实现“存史、纪实、记忆”的相互贯通。

新时代，新征程。一代又一代的住建人秉承攻坚克难、敢于担当的精神，必将再创辉煌，为全县绿色低碳高质量发展蓄势赋能，增光添彩。

沂源县住房和城乡建设局

国画《东安古城》 徐宁（职业画家）

国画《织女洞》　刘木龙（中国美协会员）

县城全貌（2023 年）

20 世纪 70 年代的健康路北段

胜利路（1982 年）

百货公司第二零售商店（1990 年）

振兴路（1983 年）

沿河路北段（1983 年）

20 世纪 90 年代的沂源商场

20 世纪 90 年代南麻老街撤除前

大观园旧址（1990 年）

沂河源民乐园旧址（2002 年）

百货大楼旧貌（1995 年）

购物长廊拆除前（2004 年）

购物长廊拆除后（2009 年）

樱花大道

螳螂河新貌

复兴大桥

螳螂河大桥

胜利山九九乐园

胜利山水上乐园（2007 年）

儿童乐园

六点水新世界公园全貌

历山公园

水景公园音乐喷泉

汇源绿色广场

文化广场

凤凰广场

鲁阳会馆南拇指公园雕塑

滨河公园

瑞福园

县城夜景

沂河源民乐园

西台大桥

螳螂河城区段

胜利山九九乐园松鹤亭

六点水新世界公园局部

瑞阳科技研发中心

沂源县人民医院新院区

绿苑小区（沂源县第一个保障房小区）

方正·御景苑（第十届 2021—2022 年度“广厦奖”候选项目）

张良社区（沂源县旧村改造最大的小区）

中房·翡翠山居（沂源县建设规模最大的小区）

南鲁山镇水么头河北村

燕崖镇朱家户村

悦庄镇下龙巷村

鲁村镇汇泉桃花岛

栖真观

弥陀寺

荆山寺

神清宫

编辑说明

一、坚持以马克思列宁主义、毛泽东思想、邓小平理论、“三个代表”重要思想、科学发展观、习近平新时代中国特色社会主义思想为指导，坚持辩证唯物主义和历史唯物主义的立场、观点和方法，客观、系统、简约记述沂源县工业、农业、商业、教育、卫生、水利、交通以及“小三线”建设等各行业发展变化进程和改革开放成果，挖掘行业内模范事迹，展示时代精神风貌，传承和抢救历史文化，激发爱国爱乡情怀，为地区经济和社会发展提供有益借鉴。

二、参照执行中国地方志指导小组印发的《地方志书质量规定》。在参照志体的前提下，在体裁运用、篇目设置、资料选择等方面作适当创新。“行业篇”的内容以记载本行业范围内的微观资料为主，详县志之所略。突出行业各自特点，有选择性地记述域内自然、政治、经济、文化、社会的历史与现状，从而达到执简驭繁、文约事丰、易于阅读、利于普及的目的。

三、为全面反映入书事物发展脉络，上限尽量追溯至事物发端，下限断至2023年底。

四、以各行业为单位单独成卷。每卷记述地域范围以下限年份2023年的行政辖区为主。

五、横排门类，纵述史实，采用纲目体。总体基本篇目框架根据行业特点科学合理设置，所设条目依照突出时代特征、行业特色的原则作适当安排。

六、综合运用述、记、志、图、表、录等诸体裁，以志为主。随文配图，图下设文字说明，图文并茂。

七、打造新时代全媒体志书，各行业卷根据需要，按照综合衡量、集中展示、高度概括的原则，选择主要的篇目录制短视频资料和音频资料，引入扫码识别延伸阅读功能，形成文字、图片和音视频三条独立的记述线索，相互补充、相得益彰，使丛书从无声变成有声，从平面成为立体，从静态变为动态，力求满足人民群众对方志文化的新需求。

八、除引文和附录文献资料外，统一使用规范汉字及现代语体文记述体。记事坚持秉笔直书、述而不论，行文力求朴实、严谨、简洁、流畅、优美。

九、书中“人物”，均为简介，只选录本行业内有较大影响的人物及其他政策法规规定的应入志人物，不面面俱到。人物排序，去世人物按照去世时间先后排序，在世人物按照生年排序。

十、本书资料来源广泛，其出处不一一注明。所需数据一般采用政府统计部门数据，无政府统计部门数据时选用主管部门或主办单位提供的数据，个别数据由于统计口径和来源不同存在差异。

十一、原则采用国务院1984年2月发布的中华人民共和国法定计量单位。考虑到使用习惯，保留“公里”“亩”“斤”等。历史上使用的计量单位，如斗、石、里、尺等，在引文中可照录。

十二、中华民国成立前的纪年，使用历史纪年，括注公元年份；中华民国成立后的纪年，使用公元纪年。书中书“××年代”，凡未加世纪者，均指20世纪的年代；书中所称“解放前（后）”，以1944年5月沂源建县为界；“新中国成立前（后）”，以1949年10月1日中华人民共和国成立日为界；“改革开放前（后）”，以1978年12月中共十一届三中全会召开为界。

十三、记事概以第三人称记述。人名直书其姓名，必要时冠以职务职称。地名以现行标准地名为准。如使用历史地名，于每个类目首次出现时括注现行地名。各个历史时期的党派、团体、组织、机构、职务等均以当时名称为准。对于称谓过长而又频繁使用者，首次出现时使用全称并括注规范化的简称，之后使用简称。

十四、遵循国家标准和出版规定，数字书写以GB/T 15835—2011《出版物上数字用法》为准，标点符号使用以GB/T 15834—2011《标点符号用法》为准。

目录 CONTENTS

住房和城乡建设卷

综述

扫码听书

扫码看视频

记忆沂源·住房和城乡建设卷

概　况

沂源县位于山东省中部，淄博市最南端，处于省会经济圈、胶东经济圈、鲁南经济圈交汇处。清康熙十一年版《沂水县志》载“西北者曰沂源”，后沿袭为县名。沂源为典型山区县，地势西北高，东南低，一般海拔高度300~500米，北部的山东第四高峰鲁山主峰海拔1108.3米，县境东南沂河谷地海拔180米。

县城螳螂河两岸（2022年）

沂源历史悠久，从约60万年前的“沂源猿人”起，这里的旧石器时代、新石器时代的大汶口、龙山等文化谱系从未间断。到夏朝，地域属奄，商朝属人方。周朝时，鲁国和纪国在域内分别建立艾邑、盖邑和浮莱邑治所，东汉时设东安郡治所，沂源地域属之。此后至民国，境域先后属莒县、盖县、琅琊郡、东莞县、莒州和东安、沂水、嬴、新泰、淄川、临朐、蒙阴等县。1938—1939年，为国民党山东省政府驻地、省会区。1940—1944年，先后分属中共新蒙、博莱、沂北、沂中、蒙阴、新泰、沂水、临朐等县。1944年5月，建立沂源县，先后隶属中共鲁中行政联合办事处、沂蒙专署、沂水专区、临沂专区和临沂行署。1990年1月，划归淄博市。

沂源古建筑遗存

沂源建设活动历史悠久，明嘉靖四十三年（1564）碑刻已见“沂源乡”称谓字样，称县建制较晚（1944）。在沂源这块古老而神奇的土地上，留下了大量灿烂辉煌的人文古迹、宗教建筑、古墓葬遗址、近现代重要史迹及代表性建筑等人类建筑活动遗存。其中，有著名的“沂源猿人”古人类遗迹，上崖洞、北桃花坪等旧石器和新石器时代遗址及西鱼台商周墓葬遗址等。有东安古城遗址、西顾庄等一批龙山文化和大汶口文化遗存，以及东安古郡治所和齐长城遗址，荆山寺、神清宫、织女洞等历史古迹。从就地取材、简单堆砌的防御设施，到精雕细琢、浓墨重彩的宗教建筑，至今尚存、结构严谨的杜万兰四合院老宅，全方位、多角度折射出沂源建设活动的历史变迁。

齐长城

始建于春秋时期，完成于战国时期，历时170多年筑成，迄今已有2600多年的历史。是中国现存有准确遗迹可考、保存状况较好、年代最早的古代长城，被誉为“长城之父”。齐长城是春秋战国时期各国所筑长城中现遗迹保存较多的一处，它建筑在山东省连绵起伏的泰沂山脉的山岭、平谷之中，西起平阴，经长清、肥城、岱岳、历城、章丘一带泰山余脉，跨莱芜、博山、淄川、沂源鲁山山脉，沿临朐、沂水、安丘一带沂山山脉，转诸城、五莲一带鲁东南山区，直至胶南小珠山入海，途经19个县市区，全长618.9千米，跨越1518座山峰。其中，东段齐长城的起点在沂源县境内，自淄川区上雀峪村进入沂源县南鲁山镇，经双石屋村、璞邱西山向

齐长城大崮顶遗迹

西南至大峪顶北侧山岭，一路宛转至东南，经高咀子山、驴皮崮，至上峪村东山进入临朐县境，长度32.5千米。

齐长城是中国古代建筑史上的一个壮举，是世界上现存最古老的长城。齐长城沂源段均依山势而筑，山岭之地又多筑在峰顶处，故有些山峰有“长城岭”之称。该段长城的城墙结构随山脊而筑，城墙建筑材料多就近取材，用大小不一的石块砌成，未见灰膏等物协助砌筑的痕迹。东段长城现存遗址，对于研究沂源古代军事、工程建筑、政治经济、历史文化等都具有十分重要的价值。齐长城被列为全国重点文物保护单位和国家文化公园。1987年，被联合国教科文组织列入《世界文化遗产名录》。

东安古城遗址

位于沂源县东里镇东安村。东安村位于东里店东2千米，红水河流经村东，于村东南0.5千米处汇入沂河，韩（旺）莱（钢）与东（安）九（山）公路于村东南相交。文物普查资料及出土的陶器残片、古石器等文物表明，东安村属商代村落遗址。

东安古城遗址属周至秦汉时期古遗址。东安村后的山前平原台地叫老城顶，是古城东安郡治所。经勘查，郡城东到护城河，西到断魂桥，北至城顶，南至现东安村前，南北长约800米，东西宽约500米，面积约0.4平方千米。城墙遗迹多已破坏，仅存的古城顶有夯土城墙遗迹暴露。遗址地面及断面散落和暴露大量不同时期的器物和陶片，文化层厚1.5～3米，以汉代遗存为主，并有龙山文化、商代文化遗存。出土器物有龙山文化陶器、商代铜铙、弓形器及汉画像石、铁三足盆、砖、瓦当等器物，延续时间较长。据普查时的龙山、商周、东周城墙遗迹，可知东安古城历史悠久，近4500年。东安古城东部有护城河，北、中部地面暴露有殿宇和城墙残迹，未经发掘，城区布局和建筑分布不详。在北部老城顶位置的地面，散布着大量的花纹砖、瓦及带有“万岁”“长乐未央”等字样的半瓦当。采集遗物有石斧、刀、陶盆、壶、铜镜、剑及铁印等。

古城遗址北部是大片古代墓地，已发现的有春秋、战国及汉代墓群，尤以东周墓地最为多见。长150米、宽70米的土丘上，地面散布着各种花纹的墓砖，多处有古墓暴露，出土大量的陶器、铜器及汉画像石等。1984年7月，村北的东安古城址下发现一座商代墓葬，出土铜器30余件，有铜编铙、戈、削、镞、弓形器等，铜编铙反映了3000多年前高超的音乐水平和青铜制造水平。

1997年，东安古城遗址被公布为市级重点文物保护单位。2006年12月7日，被公布为省级重点文物保护单位。

西鱼台遗址1号墓

为西周晚期高级贵族墓葬。墓葬为土坑竖穴式木椁墓，由墓室、椁室、器物箱等部分组成。墓室长方形竖穴式，东西长5.3米、南北宽5.26米、深2.7米。椁室、器物箱位于墓室底部，椁室居中，器物箱南北分列。南器物箱为礼器箱，北器物箱为兵器箱。木质棺椁，二椁三棺。三棺相套，棺内人骨已朽。出土铜礼器鼎、簋、簠、方彝、壶、盘等，以及兵器戈、镞等。

织女洞

位于沂源县燕崖镇境内大贤山的悬崖绝壁上。此景观为古沂水县“沂阳八景”之一，称“织女仙洞”。洞口为二层楼阁式古建筑，门楣上镌有“织女仙洞”大字，洞高约8米，宽7米，深10米。洞中有洞，左右相连，西北有小洞，内有石鼓，敲之声音沉厚。洞内有梳妆台、寝室和王母、织女彩色塑像，洞壁前有圆窗，保存宋、清石碑数通，夏碑面返潮，可预测三日必雨。洞外有清嘉庆二十年（1815）沂水人王松亭题云烟处士书《登织女台》诗碑。洞南峭壁上，刻有清光绪二十一年（1895）沂水知县长白锡元手书“钟灵毓秀”四个大字。织女洞南有古银杏树两棵。其中一棵树有20%的果实结在叶片上，是极为罕见的“叶籽银杏”。山上织女洞和山下隔河相望的牛郎庙是影响较大的民间传说型古建筑遗址，是全国唯一的牛郎织女民间传说主题古建筑遗址。山顶唐代曾建有迎仙观，中有老子庙堂、老君阁、三清殿、沂

织女洞

蓝书院，观南有观音堂、天孙泉、药王庙、僧王庙、关王庙，现已圮毁。2006年12月，被山东省政府公布为省级重点文物保护单位。2007年8月17日，中国民俗学会授予沂源县“中国民间传说之乡——牛郎织女传说”称号。2008年1月24日，“牛郎织女传说”被列为国家级非物质文化遗产名录。

荆山寺

位于县城西2.5千米的荆山前，始建于隋文帝开皇十年（590），名“无相寺”。金大定三年（1163），金帝又颁诏敕建，改称“普安禅院”，鼎盛一时。荆山寺环境优美，正如碑文所载：“尽日迎阳，春花早发，秋深脱寒，冬生暖气，夏有凉风。”据该寺最后一位僧人张德功回忆：“山门南向，为走廊式三间，塑有‘四大天王’像。”走进院内，迎面5间大殿，叫千佛阁，塑有百余尊佛像。再进一院是大雄宝殿，中间正面为释迦牟尼像，十八罗汉分列两边。东西两侧是厢房，充作仓厨。大雄宝殿后面十多间房是禅堂僧舍。庙门西侧有古银杏，再西为荆泉溪流，泉上建有一桥；山门东侧有十二层砖塔1座；山门南面敕建碑、八棱碑等大小碑碣林立两侧。整个寺庙布局合理，错落有致，具有明、清建筑风格。香火鼎盛时，庙地分布在付家庄、西台、栗行，有僧众百余。旧时青州府各地赴泰山进香的僧、尼、俗莫不于此驻足，文人墨客亦多会于此。明正德年间，沂水知县汪渊曾题诗：“闻说荆山胜，荆山此日游。老衲和云卧，昙花入夜浮。灵泉通地脉，怪石出林头。谁能解心相，我亦学藏修。”至清中叶，荆山寺渐衰。寺院北有隋唐摩崖石刻十八罗汉造像，东麓为老师庵，西山梁有经幢墓塔十余座。民国时，该寺已败落，古建筑因战乱和年久失修，大部圮毁。新中国成立前后，所剩僧人相继还俗或圆寂，佛事活动泯灭。

1950年，辟为国营荆山园艺场，古建筑全部拆除，仅存金帝完颜雍敕建碑、八棱碑和树龄1400年古银杏树。2002年，荆山被列入沂源县城生态旅游区，辟为荆山公园。2004年，重建大雄宝殿、天王殿、千佛阁等建筑，恢复其旧制。2010年7月，被列为淄博市市级重点文物保护单位。2017年3月，被沂源县政府列入第一批地名文化遗产保护名录。

荆山寺

弥陀寺

位于沂源县东里镇南，九顶莲花山景区内，占地1730平方米。弥陀寺坐北朝南，有山门、观音阁、东配殿药师殿、西配殿弥陀殿、钟鼓二亭、大雄宝殿，还有寮房、流通处等，寺院左后方有碑林、灵官殿、碧霞元君祠、唐山老母殿。唐山原称黄山，清代《沂水县志》记载，唐高祖武德二年（619），战乱平息，天下太平，为保百姓安居乐业，唐高祖李渊即择黄山之风水宝地，拨库银修建皇家寺院，赐名“弥陀寺”，改此黄山为唐山。唐太宗李世民，贞观年间在寺后东北岭建十一层双石塔，巍峨耸立，成为此山标志性建筑，遂改唐山为塔山。武则天称帝后，改国号曰周，奉行三教合一，重修弥陀寺，建观音阁、三圣堂。观音阁为弥陀寺主体建筑之一，一层为石砌拱门，为进出弥陀寺之正门。石拱上雕饰赐福纹，门洞边坊雕饰瑞莲纹、吉象纹。整个门洞建筑和装饰花纹寓意“莲花托吉祥、赐福迎宾客”。二层观音阁，坐落在石拱门之上，木结构。阁外东西两侧壁均装饰花岗岩石观世音菩萨刻像，阁内供奉22尊熔炼水晶观世音菩萨圣像。唐中宗李显复唐后，改弥陀寺为唐山寺。元代至元年间，朗公长老在此出家，住持寺院，留有舍利塔。明洪武十三年重修弥陀寺。清代、民国几经修建，信众广，香火不断。据《少林志》记载，唐高祖武德年间，少林寺派高僧入住弥陀寺，将寺归入下院管理。2006年，在九顶莲花山鞍上发现“岭有双塔，昔唐王所建”字样。据此，与少林寺交流，经少林寺查阅史籍，证实九顶莲花山弥陀寺，即原下院“东少林”。2014年7月，山东省宗教事务局同意开放弥陀寺为佛教寺院，2015年，少林寺恢复其下院地位。

摩崖造像位于九顶莲花山南崖中部高20米、宽80多米的峭壁上，共7个佛龛，504尊佛像，佛像高20~25厘米，宽约10厘米。面部多已毁坏，上部稍完整但锈蚀斑驳，苔藓覆盖。

神清宫

位于沂源县燕崖镇西郑王庄村西500米处，北依青牛山，南傍白马河，四面古柏苍松，堪称“深山藏清宫，翠岫出祥云”。神清宫始建于宋，宋称青牛观，元代改名神清万寿宫，明、清两代几经重修扩建，全宫东西长80米、南北宽50米，占地面积9亩。建有正门、双屏风、七楼八阁十三碹、三十六院、七十二门。其中有龙宫殿，钟、鼓二楼，玉皇阁、老君阁、天师阁以及文昌、真武、百子、七圣、奶奶、观音、眼光、雷神、闪电、关帝、药王等楼阁。另有道人的墓室、楼、台、亭、阁、穿廊、甬道、粉墙、月门、花坛、水池、石桥和供生活之用的香积厨、静室等。所有建筑皆为红墙碧瓦，雕梁画栋，布局高低错落，颇为考究，为明、清风格的建筑群。

神清宫是沂源境内最大的道教宫观建筑群，整个建筑倚山临水，多阁组合、彼此连通，构思精巧、布局严谨，高低错落，曲折迷离，风格独特，是山东少见的古建筑组合群体。从外观看，红墙青砖灰瓦，雕梁画栋，金碧辉煌，气势凝重，肃穆壮观。院内碑碣林立，更显清古幽雅，古为“沂阳八景”之一。1997年，神清宫被列为市级重点文物保护单位；2003年，被列入省级历史优秀建筑名单；2015年，被列为省级文物保护单位。

弥陀寺

神清宫

栖真观

原名上真宫，位于鲁村镇安平村南，建于元代，盛于清末。占地面积2000余平方米，布局分三路，又各三进院落。三院之间有角门相通，中间正门建有门楼，旁有耳门，东西大门为月亮门。整个建筑布局合理，错落有致，主建筑雕甍飞檐，镌梁画栋。东院有钟鼓二楼、东西廊房、魁星阁、玉皇殿等。玉皇殿面阔5间，前后出厦，重檐歇山，彩绘斗拱，廊柱环抱。中院有令官庙、奶奶殿、王母宫。西院有龙王、药王、山神、土地等神殿。后院为静室、丹房、仓厨等。观内碑文记载：“(元)至元十八年(1281)明真大师无抚子刘正道，保元大师董道常，由邹平县长春观来此筹建。”从至元二十五年(1288)至民国二十五年(1936)间，栖真观重修12次，颇具规模，极盛时庙地达120多亩。1966年“文化大革命”时，观内大部分建筑被毁，现东院尚存，但已成残垣断壁，仅存清代重修的玉皇殿3间及历代碑碣十几通、2株古柏和1株古银杏树。栖真观每年的农历三月三日都举办庙会。2006年，被列为市级重点文物保护单位；2013年10月，被列为省级文物保护单位。

栖真观

西寺

又名圣寿寺，位于沂源县东里店东约2.5千米的院峪村东北跑马岭西侧之松山(又称闵公山)上，故称为西寺(跑马岭东侧旧有一福寿寺，众称东寺)，建于五代后梁乾化年间(911)。寺之上部山坡有闵仲祠(二贤祠)和闵子(闵仲)书院，明代知县汪渊

西寺

和李汝楫两度重修。圣寿寺历经数朝重修，到清代规模最大，曾有大雄宝殿、罗汉堂、三官庙、文庙、禅堂、伙房等众多建筑。后几遭战乱，民国后，庙渐废，僧渐少。寺内原有2株古银杏树，其中1株6人合抱粗，分别于1947年和1957年被砍伐。现仅存文庙和大雄宝殿各3间，其余连同闵仲书院等大片古建筑已成断壁残垣。尚存传为子路试剑的“试剑石”、栖息的“子路依栖岩”、闵子洗笔的“墨水池”、晒书的“曝书台”和纱帽石等景观。1963年，临沂行署拨款，在此修建工读师范学校，64间瓦房。

此处古建筑群尚存明、清两代山西按察司副使杨光溥、内阁中书高侗、青州道张能鳞，沂水知县汪渊、侯夔堂、黄胪登，进士公鼐、陈顺等人咏记闵子书院、闵仲祠和浮来山的诗文多篇。2014年被公布为市级文物单位，2022年被公布为省级文物保护单位。

庆和堂民宅

位于悦庄镇北踅庄村，系富户杜梓之子杜宪京

庆和堂民宅

所建。原为东西方向一溜三个四合院中最中间大院，属上房。上房共有5间，为砖（石）木结构，前出厦，圆木支撑，檐下木雕精美。青砖灰瓦，硬山顶，翘脊飞檐，雕梁画栋，结构巧妙，形式独特。其中西边两间是阁楼式建筑，上下两层。木制楼梯通往阁楼，楼板为全木。阁楼两山建有圆形窗户，南北墙建有方形窗户，窗顶灰砖发拱。据修缮前的横梁载文记载，建房时间为光绪十一年（1885），竣工时间为光绪十三年（1887）。2008年9月，淄博市政府公布为古建筑近现代优秀建筑和纪念性建筑。2017年3月，沂源县政府将其列入第一批地名文化遗产保护名录。

“团瓢”式房屋

建县前城乡面貌

新中国成立前，南麻史称东、西庄子。东庄子位于烈士陵园西，西庄子位于振兴路西首一带，南麻老街为一片开阔地，多植麻，俗称“南麻地”。1644年，东、西庄子居民陆续迁“南麻地”定居，沿袭地名，省略“地”字始称南麻。据存史记载，清光绪三十四年（1908），南麻村便修建围墙。1924年，村民为防匪患，在村四周筑起土围子，围墙高3米余，设东、西、南大门。

旧时军阀割据，帝国主义的侵略和腐败的社会制度，使人们长期处于贫困之中。工商服务业除几家手工操作的作坊和私人商店、旅店外，并无现代行业，更谈不上市政建设。沂源建县前，南麻是一个有380户人家、2000口人的集市村庄。1945年，沂源县委机关由北张良迁入时，公共建筑除寺庙祠堂和地主所建房屋为旧式传统瓦房外，绝大多数是土坯墙的茅草屋，有些甚至是“团瓢”式草棚。建筑布局散乱，参差不齐，房屋低矮潮湿。几经战乱，天灾人祸，居民生活艰难困苦，经常出现“盐罐子洗澡，油罐子烤火”的现象。居住条件十分简陋，居住的房屋多为土石结构的草房和茅草屋，有的房子“披头散发拄拐棍”，有的男女几代同居一室，甚至流浪街头、栖息祠堂庙宇，更有甚者人畜禽同屋。当地有句俗语：和人不睦，劝其打墙盖屋。农家人建房之难由此可见一斑。当时南麻只有1条大街（即今南麻老街），西起西门，东至东门，长度400米，宽6～8米，沙土路面。大街路北，自西向东有杨家胡同、路北胡同、瓦门楼胡同、王家胡同、白家胡同、祝家胡同等，这些胡同长50～150米、宽1.5～4米。其余道路大多为小巷，土筑路面，高低不平，风过尘土扬，下雨水汪汪，行路艰难。居民饮用水靠几眼水井汲水，照明用油灯。建筑物参差不齐，房屋破旧。日无树木遮阴，夜无路灯照明，晴日车过尘土飞扬，雨天街道漫水横流。当年流传一句顺口溜“南麻街，一盏灯；蚊子坑，臭烘烘”，便是当时沂源县城的真实写照。

新中国成立前，沂源县村庄呈块状聚落，村庄多依山就势建筑，一般有1条主街，稍大村庄有2～3条，街道大部分是沙土路面，极少用当地石材铺筑。街两旁有胡同，宽2～3米，两侧建民房。地主豪绅及富户住房多为四合院，或组合式建筑群体，少数地主有砖瓦结构的2层旧式小楼，绝大多数农民住房比较狭窄、简陋。建筑材料以当地山石、土坯、山草、麦秸为主，人均住房面积在3～5平方米。

杜万兰庄园旧址

位于悦庄镇儒林集村中心，占地15亩，是由

儒林集杜万兰庄园旧址

5 座院落连成一体的大院，为民国初期建筑，有大门楼和四合院。庄园北大门又叫北哨门，朱红大门楼，坐南向北，典型明清形制的北方古建筑。门口横匾上杜万兰亲笔书写“寿山福海”四个大字，苍劲有力。一层为过道式大门，二层为阁楼，留有两个哨口，青砖砌墙，墙内有圆木立柱，门楼木檩小瓦，飞檐斗拱，雕梁画栋。整座建筑端庄古朴，气宇轩昂。进入大门，百米胡同，宽敞平整。胡同两侧分布有4座四合院，是杜万兰 4 个儿子的居所。再往南便是杜万兰所住三层砖木结构的“养身楼”。养身楼南是个大场院，场院南边建有 20 多间牛栏棚，西边建有护院高墙和西哨门，东边是东哨门楼，东哨门南是养猪场。东哨门以东建有粉坊、酒店、油坊和缫丝厂。养身楼于1958 年“大跃进”时期被拆，四合院老宅尚存。杜家整个庄园式住宅，有土筑护院的围墙和炮楼。

建县后至改革开放前城乡建设

新中国成立后，逐渐拆除围墙，进行架设桥梁、修建道路、建楼堂馆所等基本建设。沂源县城作为区域政治经济文化中心的地位日益凸显，作为展示城市形象的基础设施建设经历了从无到有、由有到优的缓慢发展历程。

20世纪50年代，沂源县政府组织实施南麻老街东拓西延，修筑太平路，拓宽东风路，开启城区道路建设。至20世纪80年代初，陆续完成振兴路、东风路、历山路、太平路、环城路、万祥路、胜利

南麻大桥（1980 年）

路、健康路、塔山路、育林路、埠下路、沿河路、泰薛路、南麻大桥、涝坡河桥、城东旱桥等城区主次干道、街巷及桥梁建设，实现与过境省道泰薛路、博沂路的贯通，县城路网初步形成，城区面积进一步扩大。路面大多为沙土路面，沿路绿化以栽植杨树、垂柳等行道树为主。1973年，在实施省道博沂路松仙岭至南麻段硬化工程中，县城沿河东路段作为过境线的一段完成沥青路面铺筑，该路段是沂源县第一条（段）沥青路面，也是第一条（段）硬化公路。1976年，振兴路、沿河东路至县政府东完成沥青路面铺筑，成为沂源县城区内第一条“柏油路”。

新中国成立初期，城区除烈士陵园外未作专门绿化，只是各机关、企事业单位和群众自发种植些零星树木。行道树栽植由县林业局和南麻三个村负责，

栽植行道树（1981 年）

只在路边栽植垂柳、国槐等行道树，品种单一，绿化层次低。20世纪60年代起，在历山路和环城路两边种植洋槐和杨树，在东风路、万祥路两边种植钻天杨树。1978年，振兴路整修后，两侧开始种植法国梧桐树。此后，胜利路、历山路与振兴路交叉口以北，健康路与振兴路交叉口以北均种植法国梧桐，历山路和健康路南段两侧种植垂柳。法国梧桐速生易活，树干端直，根深叶茂，能滞尘杀菌，降温减噪，对于保护县城生态、美化环境发挥了重要作用。

1983年后，东风路两侧种植毛白杨树，泰薛路种植国槐和红叶李；振兴路东段、健康路北段和胜利路机动车道、人行道之间种植冬青和草皮；在泰薛路种植冬青、黄杨；在南麻大桥东空场设直径15米的花坛1处，种植多种花草；在胜利路中段健康路振兴路交叉口和振兴路东段设台阶式季节花台，堆放各种盆花；振兴路和胜利路东段放置黄杨、女贞等大盆花卉；在烈士陵园门前空地设花架、花廊、鱼池等，种植各种草皮、花卉、树木。另外，各机关、厂矿、学校等单位的院内外普遍种植各类花草树木，进行美化。不少单位院内建花坛、假山、水池、喷泉，种植松树，摆放苏铁等名贵花木。

1964年6月，开通南麻至大张庄客运线路，从沂源汽车站发车，每天运行1个班次，是沂源县开通的第一条县城到农村的客运线路。1973年1月，沂源县汽车站在振兴路1号建成。1980年，县城到农村的客运线路达到15条，日发班次达到35个。1980年，沂源县公交客运站建成投入使用，开通南麻至鲁村、土门、石桥、东里4条公交线路，年发送旅客30万人次。1983年6月，公交线路调整为南麻至草埠、张庄、燕崖、石桥、三岔5条。

从1965年开始，通过打深井、建水塔、建设供水站、铺设输水管道，城区供水逐步向规模化、正规化发展。截至1985年，县城有水源地2处，供水管网总长度14.5千米，160家机关、企事业单位和约80%的居民饮用自来水，年供水量180余万立方米。

供水二站（1982年）

1960年，沂源县第一家建筑施工企业——沂源县建筑社，打破传统营造模式，采用现代建筑施工组织管理体系建设的沂源县第一座3层砖拱结构楼房——沂源县政府招待所老楼建成投入使用，为县城建设揭开崭新的一页。1965年，随着6家“三线厂”和3家省地属（山东东风化肥厂、山东沂蒙新华制药厂、沂源柴油机厂）企业来沂源县建厂，庞大的工程量吸引了周边的建筑队伍参与项目建设，形式多样的建筑形制、先进的建设理念和管理模式，极大带动了沂源建筑业发展。1971年，鲁村、南麻、悦庄、东里、张家坡、燕崖、石桥、三岔、中庄、黄庄、徐家庄等14个公社相继成立建筑队，参与县城、各乡镇驻地、“三线厂”和省地属企业建设项目施工作业，沂源县委办公楼、

汽车站候车大厅（1985年）

县委大院（1983年）

沂源县政府办公楼、沂源县农行办公楼、沂源县影剧院、东方红电影院、鲁村供销社及各厂区建设等众多基础设施的建成投入使用，标志着县城建设逐步进入现代化发展模式。

新中国成立后，农村住房条件逐步改善，50—60年代，建筑式样仍以传统的长型老三间为主，多为石基坯墙木屋架结构草房。门为两扇整木板门，窗为方格状固定木棂窗。后期出现房顶用麦秸苫盖，房檐用2~3行机制缸瓦苫盖的房屋（称“四不露毛”）和少数全盖瓦顶房屋。70年代，开始使用混凝土材料和钢材，主要用于粘合料、预制檩条、钢材梁杈、门窗等。门窗多为方格玻璃门窗，瓦顶。

改革开放初期至20世纪末城乡建设

1978年改革开放后，人民生活改善，对生活环境的要求越来越高，大规模经济建设顺势启动。城市建设适应时代要求，规划建设管理思路实现从点到面、由粗放到精细的转换。1982年10月，山东省城市规划设计院协助编制完成《沂源县城总体规划》，第一次为沂源县城市建设描绘发展蓝图。后相继完成胜利路、振兴路、健康路、历山路、泰薛路等几条主要街道和南麻老街改造、胜利山居民区、县城规划区内4个村庄等详细规划，为旧城改造和新区建设划定基调。1995年12月，第二轮《沂源县城市总体规划（1993—2010年）》公布实施，确定沂源县城性质为“全县政治、经济、文化中心，以轻工业为主的综合性新型城镇”。规划建成区面积16.3平方千米，人口16万人，县城以向东、东北方向发展为主，其次向西跨河发展。

改革开放初期，沂源县城道路以沙土路为主，仅有博沂路（沿河东路段）、振兴路（老车站至县政府东）是柏油路。1982年，对胜利路、健康路、历山路进行沥青铺筑改造，实现与振兴路的沥青路面“闭环”，成为沂源人依靠自身力量修筑的第一条沥青路。1992年，开始建设鲁山路（时称北环路）、沿河东路（今称螳螂河东路）至人民法院路段，第一次采用“主路+隔离带+慢车道”三块板混凝土路面，完全替代“地瓜石+沙土面层”的传统筑路方法。1995年，该路段建成通车，成为当时沂源县城的景观大道。《沂源县城总体规划（1982—2000年）》批复实施后，城区道路新、改、扩建严格按照总体规划进行，振兴路、历山路、健康路、东风路、太平路、环城路、沿河路等县城主要道路按照《规划》做了延伸、拓

健康路（1978年）

宽，基本完成混凝土路面、沥青路面对沙土路面的替代。至20世纪90年代末，城区道路与过境省道泰薛路、博沂路基本实现贯通，“纵横交织、环路闭合”的县城路网结构进一步扩大。

20世纪90年代初，城市绿化打破以单排行道树栽植为主的传统模式，注重道路、绿地、周边环境的完美结合，绿化树种开始使用乡土树种，大体量绿化隔离带、绿化林带开始出现在道路绿化中，在博沂路、鲁山路率先栽植模纹，城区道路绿地建设开始向高档次发展。1991年，胜利山公园开工建设。儿童游乐场、老年活动区、青少年林、老年回归林、梨园、旱冰场等一期项目投入使用，沂源县打造出第一个集运动、休闲、娱乐于一体的综合性城市公园，县城绿化开启多元化建设模式。1992年，建成沂源县第一个街头绿地公园——车站游园。通过设置凉亭、花架、喷泉，铺装道路、广场，栽植各类苗木，给城区居民增添了休闲娱乐的好去处，也为有效利用街头闲置土地、建设街头游园提供了样板。1994年，第二个街头绿地公园——老党校绿地建设完成。开展争创花园式单位、花园式小区、绿色文明家园等活动，城区各单位普遍重视庭院绿化美化工作。

1987年，为更好实施县城总体规划，贯彻落实“全面规划、合理布局、综合开发、配套建设”的建设理念，沂源县城市建设综合开发公司成立。1989年，沂源县旧城改造第一个综合开发项目——商业步行街开工建设。依据“高起点、高水平、高质量”的规划要求，集“购、吃、游、乐”于一体，建设成为与现代商业要求相适应的步行街区，辐射

义务植树（1987年）

沂源县政府大院（1990年）

带动周边区域开发建设，城区面貌得到有效改善，为大规模铺开旧城改造做了有益尝试，积累了经验。学习借鉴淄川区夜市运作管理经验，打造商业步行街夜市。亮丽的街道灯饰，火爆的餐饮摊点，浓浓的烟火气，成为20世纪90年代沂源人津津乐道的夜间商业集聚区。

1990年，沂源县城市建设综合开发公司启动胜利山小区开发建设。历时10年，2000年完成总建筑面积为6.67万平方米，可容纳1041户的沂源县第一个以居住为主，托幼、商服等基础设施配套为辅的综合住宅开发项目。1992年，沂源县城市建设综合开发公司和台湾顺圆塑胶制品有限公司共同出资成立淄博盛源房地产开发有限公司，是沂源县第一次引进外资助力城市建设的尝试。先后开发建设了沂源购物长廊和历山小区，为沂源招商引资、推动城市建设良性发展作了初步布局和尝试。1993—2000年，西山小区、历山小区通过自建、代建等方式建成投入使用，有效改善了城区居民住房条件。1998年，沂源县第一个大规模封闭小区——东苑小区开工建设。2002年，建筑面积3.7万平方米的“农民进城安居工程”在东苑小区竣工。

建筑业迅速发展，以乡镇建筑社为班底的各建筑施工企业，在企业规模、员工素质、施工水平等方面都有了较大提升。各建筑业企业积极投身于沂源城市建设，供电大楼、工人文化宫、楼外楼宾馆、人民商场、图书馆、人民医院、档案馆等一大批公共建筑相继建成。1998年10月，获得山东省优良

工程奖、淄博市“十佳”公用建筑等荣誉称号的沂源县农村信用社营业楼交付使用。连同相继交付使用的县法院大楼、县建设银行办公楼、县工商银行办公楼，以其高度、位置、建造形式及立面效果，成为县城新的地标建筑。

公用事业服务设施建设稳步推进。建成缫丝厂、北刘庄、西鱼台水源地，节水、水源开发建设工作同步进行，城区供水能力进一步提升。实施城区供水管网改造，供水自动化控制、供水加氯设施等系统和设备投入运行，城区供水达到稳压、优质的标准。20世纪80年代中期，沂源县城开始出现瓶装液化石油气，由商贩自莱芜、博山等地贩运至县城销售。1991年5月，沂源县城第一家液化气站在沿河西路、三联家电城北侧西台村建成对外营业。1993年3月，沂源县液化气供应公司沿河东路液化气站正式对外营业。使用煤气票，用自行车或摩托车载“煤气罐”去液化气站换气成为一种时尚。20世纪80年代，沂源县供热由单一的供热锅炉、区域连片供热发展成为以热电联产为主、区域锅炉为辅，覆盖城区及周边农村的供热网络。1995年，成立沂源县热力公司，负责管线建设维护和供热服务，采用以蒸汽换热为主的供暖方式。

楼外楼宾馆（1986年）

1985年4月，全县17个乡镇驻地、676个中心村建设规划，全部达到“二图一书”要求。自此，村镇建设和管理均有章可循，有法可依。农村住房建筑材料和建筑式样变化较大，内外装饰开始使用石膏天花板、水磨石、水刷石、釉面砖、马赛克等。建筑式样一改传统老三间，为4开间、5开间、新式前檐出厦，两侧连带厢房，门连窗，大玻璃窗，室内多间口，实用价值大增，通风、采光、保温程度大大提高。90年代后，全县乡村建房纳入规划管理体系，部分富裕起来的农民开始效仿城镇建筑，建起砖混结构的2~3层商住楼，在燕崖镇平安村、悦庄镇西悦庄村、南麻镇北刘家庄村等地进行住宅建设试点，开发建设平房、二层和公寓式住宅楼。

2000年以来城乡建设

新农村建设

进入21世纪，沂源城乡建设坚持“城乡建设，规划先行”的工作思路，强化城乡规划统领作用。2000年规划第一次提出“山水生态城市”城市性质定位，2012年规划对城市性质作了进一步细化，城市性质为“北方山水特色突出的山水生态城市”。2007年，沂源县规划局成立，具体行使城乡规划管理职能。从调整修编县城总体规划和各专项规划开始，完成两轮县城总体规划的调整和10个镇总体规划修编，为城乡建设又好又快发展配齐政策引擎。2024年2月，沂源县国土空间总体规划经山东省人民政府批复实施，确立沂源县“鲁中高新技术产业集聚区，现代化山水生态城市”性质定位，为全面启动“现代化山水生态城市”建设提供了有力的政策依据。

加快城市扩容提质，优化提升人居环境。在完成居家城、大观园商场、沂河小区等城中村改造项目的基础上，坚持“大社区安置，高品质建设，全

山水沂源新画卷

方位配套，可持续发展”的工作思路，将高庄、西台、沙沟、沙岭子、儒林、张良等36个城中村、园区村统筹整合为13个现代化城市社区，统一规划、统一政策，整体布局、集中配套，打破了原先一村一社区、边拆边建、条块分割、各自为战的碎片化、零星化旧村改造模式，从根本上解决社区配套不完善、管理不规范、“脏乱差”等城市发展矛盾问题。

河北小区改造前

河北小区改造后

完成对城区2000年之前建成的老旧楼房院落的综合治理改造工作，全面解决了县城区老旧住宅小区“脏乱差”问题，改善了群众居住环境。

完善城市道路交通体系，打通健康路、振兴路、鲁山路等城市“断头路”，新建瑞阳路、新城路、润生路、康源路、南麻大街、富源路、松山路、和源路，升级改造人民路、荆山路等既有道路。道路建设中，采用水泥稳定砂砾、碎石路基，替代以地瓜石刚性路基为主的传统施工工艺，提高了路基的延展性，延长了道路使用寿命，城区主次干道路面全部完成混凝土向沥青面层的转换。截至2023年，建成主次干道33条、总里程178.4千米，“十三纵七横”的道路路网格局基本形成。

城区绿化体系向多元化发展，以创建“国家园林城市”为目标，以螳螂河治理为突破口，通过沿河造绿、破硬建绿、顺街铺绿、拆墙透绿、果树进城等绿化手段，相继完成沂河源水景公园、沂河源民乐园、胜利山公园改造和儿童乐园、六点水新世界公园等绿色组团建设。城区主要道路两侧通过提升绿化品质、丰富绿化层次，建设拇指公园，城市绿量大幅增加，城区居民休闲娱乐空间得到进一步拓展。“爱绿护绿”“树木认养”“创建绿色家园”等活动深入开展，社会力量参与城市绿化积极性不断提高。截至2023年，建成区绿化覆盖率为40.53%，建成区绿地率39.57%，人均公园绿地面积18.40平方米，公园绿化活动场地服务半径覆盖

六点水新世界公园之西沙沟水库

率达到83.67%。

实施城区供水管网改扩建工程，供水管网和规模进一步扩大，实现优水优用、工业水与居民生活用水区分供应。通过完善供水管网地理信息化系统、供水设备及管网改造、用户“一户一表”改造，实现方便用户、节能降耗的供水目标。截至2023年，城区输配水管网达到266千米，覆盖供水面积85 平方千米，日供水5.5万立方米，居民供水1.17 万户，共12万余人。

加快天然气推广普及。2007年，东苑小区成为沂源县第一个使用压缩天然气的小区，鲁阳公司

响泉、龙洞泉引泉入城（2010年）

七分厂成为沂源县第一个使用压缩天然气的工业用户。2011年，中国石油泰青威长输管线博山门站至沂源调压计量站天然气管道建成通气，成为沂源县第一条输送管道天然气的高压天然气管线，结束了沂源没有管道天然气的历史。截至2023年，天然气供气范围已覆盖全县所有镇办及经济开发区，有管道天然气经营企业1家、企业液化天然气自备站2处、汽车天然气加气站3座、LNG储备调峰站2座、供气站2座，天然气储备能力达到70万立方米。全县管道天然气居民用户5万余户，工商业服务业用户150家，年供气总量1.2亿立方米。

持续推进城区供热增容提标。2001—2011年，实施城区循环水供热工

LNG储备调峰站

程，取代蒸汽换热供暖方式，城区供暖水平大幅提升。2008年，开展供热计量改革试点工作，通过对建筑围护结构节能改造、供热计量及室内温度调控改造、热源及供热管网热平衡改造，有效改善了城区居民的供暖条件，降低了用户取暖成本。新建东部热源和生物质垃圾焚烧电厂，城区供热管网总长度达到210千米，供热能力达到1200万平方米，满足城区供暖需求。持续推进用热方式改革，全面推行“分户计量”，热计量表用户达到7万余户、600万平方米，占总供热面积的96%，成为山东省唯一供热分户计量全覆盖的区县。

建立完善城镇住房保障体系。建成绿苑小区、

益民小区、祥瑞园小区、怡康嘉苑小区、怡景嘉苑小区等5处保障性住房小区，各类保障性住房5700多套。建立涵盖“经济适用住房、限价商品住房、公共租赁住房、住房租赁补贴”的“四位一体”住房保障体系，有效保障住房困难家庭多层次的住房需求，住房保障受益人数达2万余人。

加快村镇基础设施建设，统筹推进城乡一体化发展。2012年，沂源县被纳入中央扩大农村危房改造试点范围。完成农村贫困户危房改造12888户，改造一般农户危房996户，对2738户贫困户的B级住房进行整修。完成598个村、82699户旱厕改造整改工作，新建农村旱厕改造 12859户，改厕率达到92%以上。482个行政村完成总面积约222.96万平方米的“户户通”工程建设，实施142个300户以上自然村的公厕建设。确定国家级传统村落1个、省级传统村落10个，建设村镇公园90个，农村居住环境得到进一步改善。

建筑业保持快速增长，企业数量增幅明显，从业人员大幅增加，对国民经济贡献率明显提高。2011年12月，山东欣欣园置业有限公司取得建筑施工总承包一级资质，填补了全县没有建筑企业一级资质的空白。沂源县人民医院（老院区）病房楼获得山东省建筑行业工程质量最高荣誉奖——“泰山杯”，成为沂源县第一个“泰山杯”工程，之后，山东药用玻璃公司综合楼、国网沂源供电公司调度

沂源县人民医院病房楼（2003年）

中心、瑞阳公司研发中心综合楼、沂源源泰蓝海钓华大饭店先后获此殊荣，反映出沂源建筑业企业施工水平和企业管理的进步。截至2023年，沂源县共有建筑业企业71家，其中一级施工总承包企业2家、二级16家、三级17家，专业承包企业36家，2023年建筑业总产值27.4亿元，增速11.9%，增速位居淄博市第一，建筑业行业实力明显增强。

住宅建设规模连年增加，品质明显提升，满足了人民群众对更美好更高品质住宅的需求。从建设规模看，1991年，全县住宅开发面积2.4万平方米，2023年达到26.4万平方米。2005年7月，沂源县第一个完全采用商品房模式开发的商业房地产项目——鹏欢现代城交付使用。2005年，沂源县第一个将园林水景引入规划建设的小区——中房·翡翠园开工建设。2009年，沂源县最大的居民小区——翡翠山居一期工程启动。2010年，沂源县第一个城市别墅——翡翠山景开工建设。2021年，山东省高品质住宅试点项目——印象桃花源动工。住宅品质从20世纪70年代的平房、筒子楼等福利房，到“农民进城安居工程”“人才公寓”等普通住宅、公寓式住宅，发展到高档住宅、别墅，既有低层、多层、小高层，也有高层、超高层等，配套设施更加全面先进便利，小区管理更加有序，人民在住有所居中享受新生活，创造新生活。

南麻街道红花峪村公园

中房·翡翠园（2005年）

中国人居环境范例奖

山东省适宜人居环境奖

国家园林县城

城市管理伴随着城市建设稳步发展。1984年12月，根据《沂源县城总体规划》，沂源县人民政府先后制定出台《沂源县城区建设管理实施办法》《城镇卫生管理试行条例》等法规性文件，使县城建设与管理逐步走上统一规划、统一管理轨道，开始有计划、按步骤地建设发展。1985年，开始实施城市绿化和市容管理；1986年，发布《沂源县城市建设市容管理的通告》；1996年，出台《沂源县城镇住宅小区物业管理暂行办法》；2018年，出台《关于全面推进城市精细化管理的意见》，坚持问题导向，从政府、社会、单位和个人四个层面建立起职责明晰、运行高效的管理机制，并按照“建”“管”分离的原则，建立“大城管”管理体制，全面构建城市管理新格局；2022年，启动了为期4年的以路域环境、裸露土地、建设工地、工业企业、矿山开采、移动污染源、农村环境“七大会战”，城乡环境面貌持续改善，全域公园城市建设深入推进，红色物业纳入基层社会治理范畴，“全民城管”和“为民城管”双向并行发力，城市管理达到历史最高水平。

沂源县建县以来，特别是进入21世纪后的城乡建设突飞猛进，成绩斐然。沂源县先后被授予国家园林县城、全国绿化模范县、全国城市规划先进县、中国人居环境范例奖、山东省城市规划先进县、山东省适宜人居环境奖、山东省级园林城市等荣誉称号，“沂源县人居环境改善项目”被联合国人居署、亚洲人居环境协会授予“亚洲都市景观奖”和“特别奖”两项大奖，“张良社区工作法”、沂河源民乐园拆迁建设等经验做法成为省内业界学习的样板。

住房和城乡建设卷

市政建设

扫码听书

记忆沂源·住房和城乡建设卷

道 路

概 况

新中国成立前，南麻只有一条土路，时称南麻老街，西起西门（今历山路与商业街十字路口），东至东门（今商业街联通公司南），全长400米，宽6~8米，沙土路面。其他道路多是宽1~3米的小街小巷，路面也多为夹砂土铺盖，间或乱石、石板块铺砌，道路断面多呈两边低中间高的拱状。

20世纪八九十年代的南麻老街中段

20世纪六七十年代施工现场

新中国成立后，受经济条件和发展需求限制，城区道路建设规模小、速度慢。20世纪50年代开始，城区道路建设基本围绕政府机关、厂矿企业迁建、过境公路延伸展开。中共沂源县委所在胜利路、沂源县人民政府所在振兴路作为政府机关聚集办公地段，都做了长短宽窄不同的延展。除胜利路、振兴路、历山路宽度为18米、东风路（泰薛路过境线，今称荆山西路）宽度12米以外，其他道路宽6~10米，基本是“党政机关、厂矿企业建到哪里，路就修到哪里”的建设模式，路面以沙土路面为主。到20世纪70年代末，县城共有南麻老街、胜利路、振兴路、历山路、健康路、东风路、太平路、育林路、环城路、埠下路、万祥路、沿河路等12条道路，桥梁仅有南麻大桥北桥1座。1976年建设完成的振兴路（老车站到县政府东），第一次在路面铺设沥青，是城区第一条“柏油路”。

1991年3月沂源县胜利路被淄博市政府命名为市容达标路

20世纪八九十年代的健康路中段

改革开放后，随着城区居民对出行条件的要求和道路施工技术逐步提高，城区内道路经历了“沙土路→水泥路→沥青路→沥青路+人行道”的转变。

《沂源县城总体规划(1982—2000年)》(以下简称《规划》)批复实施后，县城既有道路按照《规划》做了延伸、拓宽，基本完成水泥路面、沥青路面对砂土路面的替代。新建道路严格按照《规划》进行设计、建设。至20世纪90年代末，城区道路与过境省道基本实现贯通，“纵横交织、环路闭合”的县城路网结构初步形成。

进入21世纪，大规模经济建设启动，历经两次调整完善的《规划》进入全面实施阶段。城市道路建设服务经济发展大局的要求大幅提高，道路建设的标准不断更新，施工工艺与技术日新月异，建设速度逐年加快，新建道路与既有道路升级改造齐头并进。

2002年，对振兴路、胜利路、历山路、健康路等4条城市主要路段进行了沥青罩面，面积6.21万平方米，极大改善了城区交通状况。之后，相继实施振兴路、历山路、鲁山路等既有道路延伸及升级改造、背街小巷提升、城区路平工程。人民路、新城路、润生路、富源路、南麻大街、康源路等一大批新建城市主次干道陆续竣工并投入使用，极大改善了城区交通状况，为区域经济发展提供了强有力的交通保障。

正在施工的瑞阳大道(2004年)

建设完成的瑞阳大道(2007年)

2006年，在沿河西路(今称螳螂河西路)北延工程中，第一次采用水泥稳定砂砾、碎石路基，替代以地瓜石刚性路基为主的传统施工工艺，提高了路基的延展性，延长了道路使用寿命。

2008年，在开发大道(荆山路东段)改造施工过程中，本着节能高效的原则，在淄博市率先采用水泥混凝土路面碎石化处理技术，节约了路基材料及运输成本，提高了工程进度，大大降低了工程造价。同时，也解决了混凝土垃圾的环境污染问题，为后续城区道路更新改造提供了样板。

2019年，完成博沂路北线城区段改造工程，建成8.6千米的人民路景观大道，成为服务地方经济发展的交通主动脉。

从1958年拓延南麻老街、修筑太平路、拓宽东风路开始，到2023年底，建成城区主次干道33条、总里程178.4千米，形成了“十三纵七横”的路网格局。

人民路

西起历山街道东鱼台村，同华源路相连，东至南石臼村，同兴源路相连，全长8640米，双向6车道。人民路原为S236博沂路城区过境段，市民俗称“北外环”。随着城市建设快速推进，特别是道路两侧和源名居、翡翠山居等大型居民小区的落成，该路段由过去的外环路，发展为贯穿城区、人流密集的城市主干道，道路狭窄、交通拥堵等问题日益突出。为提升道路通行能力，缓解交通压力，满足城市发展需要，从2017年开始，采用PPP(政府和社会资本合作)模式，将S236城区过境段在原道路线型基础上，拓宽改造为人民路。

人民路拓宽改造工程是全县历年来设计标准最高、投资规模最大、施工战线最长的城区道路工程。2019年，人民路拓宽改造工程竣工，道路宽度由15米拓宽至68米。其中，主路面28米(含6米中央绿化隔离带)，两侧各2米绿化隔离带、5米非

人民路

机动车道、3米人行道和10米绿化带，人民路亮化工程高标准设计并施工。安装LED路灯658基，同步完善雨污、弱电、热力、燃气等配套管网，道路建设与周边开发建设统筹规划、协调推进。道路绿化标准高，绿化面积26万平方米，是沂源县有史以来投资额和工程量最大的道路绿化工程。中间绿化隔离带栽植关山樱8000余株，打造8千米长的“樱花大道”，成为贯穿城区北部、连接过境高速的重要景观廊道，充分彰显了沂源县“山水花园城市”的特色。

工程竣工后，人民路通行和承载能力得到大幅提升，成为贯穿县城东西方向、连接中心城区与沂源经济开发区的交通主动脉，县城北部片区的道路交通环境得到极大改善，发展框架进一步拉大，为推动儒林社区、张良社区等城中村改造项目实施，带动周边区域开发建设，促进中心城区与沂源经济开发区融合发展创造了有利条件。

康源路

西起历山路，东至埠岭路，自西向东贯穿窗户沟、东北麻、西沙沟、北大岩、东沙沟、西山、南埠村、西埠村等8个村庄，全长 3.84千米。道路总宽度为56米，其中主路宽16米，两侧各2米分隔绿化带、5米非机动车道、3米人行道、10米绿化带。

2023年，康源路建成通车，大幅提升了城区道路通行和承载能力，成为北部山前片区的重要交通道路，实现了为振华实验学校、县人民医院新院区的交通配套，方便了周边11个住宅小区、约5万名群众的出行，极大改善了沂源县城北部片区的道路交通环境。同时，进一步拉开了沂源城区发展框架，为推进窗户沟、北大岩、沙岭子、西沙沟等城中村开发建设，带动周边区域发展创造了有利条件，进一步提升了城市品质形象。

康源路

新城路

西起历山路，东至兴源路，全长5596米，主路面宽40米，双向6车道，设计等级为城市主干道。工程建设分3期进行。

2007年5月，新城路一期工程开工，当年10

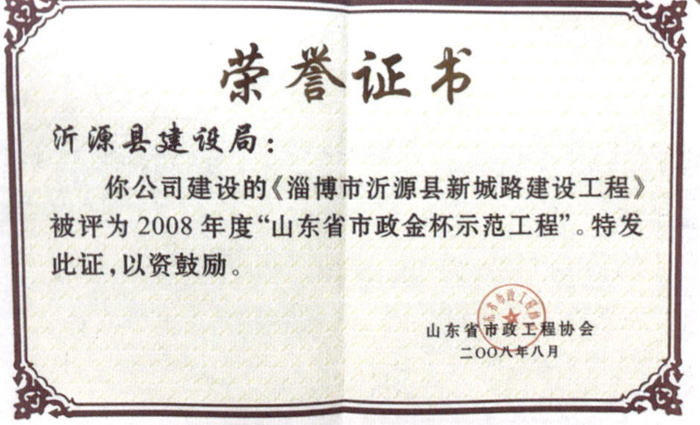

荣誉证书

沂源县建设局：

你公司建设的《淄博市沂源县新城路建设工程》被评为2008年度“山东省市政金杯示范工程”。特发此证，以资鼓励。

山东省市政工程协会

二〇〇八年八月

2008年8月，新城路荣获“山东省市政金杯示范工程”

新城路

月份建成通车，时称“新城大道”，寓意北部新城建设正式拉开序幕，2012年定名新城路。新城路一期工程西起历山路，东至瑞阳路，全长1480米，主路面宽26米，两侧人行道各5米，道路两侧绿化带各宽20米。新城路一期工程建成通车，依次连接起瑞阳路、健康路、历山路3条城区南北向主干道，提升了城市形象，有效带动了城北新区的发展及土地升值，被淄博市市政环卫处评为淄博市金杯示范工程，被山东省市政协会评为山东省市政金杯示范工程。

2008年10月，新城路二期工程建成通车。新城路二期工程西起瑞阳路，东至祥源路，全长2337米，规划红线宽80米，主路面宽26米，道路两侧各5米宽人行道和20米宽绿化带。

2013年12月，新城路三期工程建成通车。新城路三期工程西起祥源路，东至兴源路，全长1796米，主路26米，两侧各5米宽人行道、20米宽绿化带。行道树为栾树，总绿化面积21.28万平方米。

鲁山路

西起华源路，东至祥源路，全长6026.6米。

鲁山路建设始于20世纪90年代。首期建设蝗螂河东路至县人民法院路段，时称北环路，全长2369米，主路宽16米，混凝土路面，两侧慢车道宽各5米，分两期建设。

1992年，开始建设蝗螂河东路至历山路段，1992年底建成通车。

1993—1995年，完成历山路至县人民法院路段施工。

2000年，完成县人民法院至东苑小区路段路基工程，2001年铺筑沥青路面，全长920米，宽16米。2003—2006年，建设完成慢车道和人行道等附属工程。

2012年，鲁山西路竣工通车，东起蝗螂河西路，西至南麻大街，全长980米，道路红线宽48米，两侧各10米宽绿化带，标准横断面形式为5米人行道＋5米非机动车道＋2米分隔绿化带＋24米行车道＋2米分隔绿化带＋5米非机动车道＋5米人行道。鲁山西路原名上海路，2016年更名鲁山西路。

2013年，鲁山路蝗螂河东路至瑞阳路段实施整体改造提升。工程按新建道路标准建设，主要任务

鲁山路夜景

是对主路面、慢车道、人行道和路口实施改造，增设转弯车道。对地上管线实施落地或改建，完善雨污、弱电、热力、燃气等配套管网，同时对原有绿化带进行全面提升。

鲁山路总绿化面积7.22万平方米。鲁山西路行道树为白蜡，鲁山路和鲁山东路行道树为国槐，分车带均栽植紫叶李。鲁山路绿化工程全长2.36千米，始建于1990年，2006年进行提升改造，同年获得淄博市城市园林绿化优质工程奖。鲁山西路绿化工程全长2.34千米，2007年3月开工建设，2007年10月竣工，同年获得淄博市城市园林绿化优质工程奖。

振兴路

振兴路

西起付家庄村南，东至兴源路，全长3026米。振兴路自1966年起开工修筑，近50年间不断整修加长，2012年全线贯通。

振兴路原名后街，西至螳螂河东路，东至土产公司营业楼，横跨健康路、胜利路，与旧时环城路、万祥路相接，全长2046米，宽14米。

振兴路（1978年）

1968年，修筑振兴路自螳螂河东路至县政府招待所段。招待所以东则是一条简易公路，从烈士陵园门前通过。

1970年底，振兴路自招待所向东修至土产营业楼。

1976年8月，振兴路铺设沥青路面，加修3米宽的人行道。此时，振兴路两侧有汽车站、国营旅馆、内燃机配件厂、照相馆、第二饭店、百货公司第二门市部（民间称弯弯门头）、工商银行、南麻镇卫生院、图书馆、东方红影院、县人民武装部、邮电局、五金公司、县委党校、百货大楼、县政府、县府招待所、交通局、法院、公安局、公路站、消防队、计量所（县质量技术监督局前身）等单位。1982年，县政府发文正式命名为振兴路，成为县城的主要街道之一。

随后，振兴路逐渐向东延伸至瑞阳路，向西延伸至今淄博市电子工程学校门口。

2011年，振兴路东扩西延工程启动，2012年全部竣工通车，振兴路全线贯通，与兴源路、华源路形成闭合、畅通道路网络，对于优化城区道路交通环境、拉动城区向东西方向发展、加快经济开发区建设、推进城乡一体化发挥了积极的推动作用。特别是振兴西路的通车，拉开了城区西部开发建设的序幕。

振兴西路时称北京路，2016年改为现名。

荆山路

西起华源路，东至沂河路，全长8422米。螳螂河以东路面宽24米，以西路面宽26米，是沂源县第一条东西横穿整个城区的道路。

荆山路原为省道泰薛路，20世纪50年代后半段贯通，宽15米，历经多次拓宽整修改造，成为现荆山路。

1958年，荆山西路修筑完成（螳螂河以西路段），时称东风路，后因山东鲁阳节能材料股份有限公司出资修缮道路，改名为鲁阳路；2010年再次改名为天津路；2016年命名为荆山西路。

1986年，泰薛路城区段拓宽改造工程完成，同时对泰薛路、鲁阳路铺筑沥青路面。1989年，荆山路西段拓宽改造，同时增设人行道，铺设水泥花砖。1998—2002年，荆山路城区段改造完成，全部路段为混凝土路面。2000年，荆山西路拓宽改造，改为混凝土路面。

2008年，采用混凝土路面碎石化处理技术对荆山路进行改造，铺筑沥青面层。2014年，荆山路东延工程通车。

荆山路

沂河路

原名烟台路，俗称南外环。西起华源路，东至薛馆路南䢺庄村，全长17090米，路面宽15米，为G341黄海线沂源城区段，2006—2012年分段建成。

华源路

青兰高速公路沂源西连接线，是青兰高速公路配套项目，北接鱼台大桥，南至青兰高速沂源出入

华源路

口，全长6.2千米，2007 年竣工。华源路原称济南路，因前往济南方向车辆多自青兰高速沂源东出入口上下而得名，2016年改为现名。

2021年，为给青岛啤酒沂源产业园发展预留充足空间，华源路改线工程开工，将振兴西路与华源路交汇处改线向西向南至原高庄转盘一段，2022年9月通车。改线后，华源路全长6.8千米。

南麻大街

是晋豫鲁铁路通道沂源站公路连接线一期工程，北起鲁山西路，南至沂河西路，全长2250米，是河湖新区的标志性工程，2013年竣工。该工程按照城市主干道标准设计施工，道路控制红线宽100米，其中主路面宽32米，为双向8车道，中间设10米分隔带，两侧各设5米绿化带、5米非机动车道、3米人行道和16米绿化带，路面结构为8厘米沥青混凝土面层+52厘米水稳基层。

南麻大街

松山路

北起鲁山西路，南至荆山西路，全长1323米，

原名枣庄路，2016年改为现名。道路红线36米，主路宽20米，两侧各5米人行道和3米道路护坡，2013年通车。该项目是当时高效率基础设施建设的典范之一，当年拆迁、当年建设、当年通车。

螳螂河西路

北起鱼台大桥北侧西鱼台小区，沿螳螂河西岸至螳螂河大桥后同沂河西路交汇，全长3917米，道路红线21米，其中主路面宽15米，两侧各3米人行道，西侧设10米宽绿化带，东侧建沿河公园。

沿河路（1983年）

1971年，对螳螂河西河堤进行加固，并采用“以坝代路”形式修建螳螂河两侧道路，修建西台村至苗圃段1500米。

2006年，实施人民路至西台大桥段建设，首次采用水泥稳定砂砾、碎石路基，替代以地瓜石刚性路基为主的传统施工工艺，提高了路基的延展性，延长了道路使用寿命，是现代先进筑路方式第一次应用到城区道路建设中，为县城后续道路建设、改造做了试点。

2010年，完成南麻大桥至沂河西路段建设。至此，螳螂河西路全线贯通，并与人民路、沂河西路连接，形成闭合畅通的道路网络，极大改善了县城西部交通环境，为加快周边区域开发建设创造有利条件。

2016年，螳螂河西路整体改造提升工程完工。

螳螂河东路

北起人民路，沿螳螂河东岸向南至沂河北岸，全长4392米，主路面宽20米。

1971年，砌筑螳螂河东堤从南麻大桥至东鱼台一段2500米，并对原有河堤进行维修加固，以坝代路，作为省道博沂路城区段的一部分。同年，修建螳螂河东路（南麻大桥至原县食品公司）路段，长

螳螂河东路

螳螂河西路

1580.6米，宽8.5米。1973年，蝗螂河东路南麻大桥至东鱼台段铺筑面层，第一次在路面面层选用沥青，是全县城乡结合部第一条柏油路。

2007年，对蝗螂河东路（西台大桥至高速公路连接线）进行升级改造。2009年，完成蝗螂河东路的荆山路至沂河路段建设，并对沿河东路南段进行拓宽改造、建筑物改貌和绿化建设，使沿河东路与南外环路全线贯通，周边环境明显改善。

历山路

北起康源路，南至南麻大桥，全长3091米，主路面宽14米。

20世纪八九十年代的历山路

1979年，建设县中医医院至南麻大桥段。1983年，历山路（振兴路至胜利路段）完成沥青硬化。2006年，建设县中医医院至人民路段。2016—2017年，实施历山路北延工程一、二期工程建设，历山路向北延伸至康源路。2019年，历山路整体改造提升，人民路至南麻大桥段主路面、人行道优化翻新。

历山路南段

健康路

20世纪八九十年代的健康路

北起康源路，南至蝗螂河大桥，全长3450米，因东邻县人民医院得名。1980年，建设鲁山路至荆山路段。1983年，健康路（振兴路至胜利路段）完成沥青硬化。2010—2011年，健康路北延至人民路。2013年，健康路由荆山路延伸至蝗螂河大桥。2023年，向北延伸至康源路。

健康路施工前

健康路施工后

瑞阳路

北起康源路，南至沂河路，全长4215米。最初称胜利山路，因瑞阳制药股份有限公司筹措部分道路建设资金而更名。道路红线宽36米，主路面宽26米，主路面两侧人行道各宽5米，道路两侧各有20米宽绿化带，机动车道和人行道采用直线型路拱，人行道路面采用彩色混凝土花砖，侧石采用花岗岩。

2004年，人民路至沂河路段开工建设，2005年通车。

2017年，向北延伸至康源路。

瑞阳路

润生路

北起翡翠山景小区，南至荆山路，全长4013米，道路红线50米，主路面20米，两侧各5米人行道及10米绿化带。2012年，鲁山路至荆山路段通车。2014年，翡翠山景小区至人民路段、新城路至鲁山路段相继通车。2021年，人民路至新城路段完成施工，润生路全线贯通。

润生路通车

富源路

北起人民路，南至振兴路，全长1524米，道路红线宽60米，其中主路面30米、两侧各5米人行道、10米绿化带。2006年，鲁山路至振兴路段通车。2011年，新城路至鲁山路段通车。2012年，向北延伸至人民路。

祥源路

北起新城路，南至振兴路，全长1.4千米。原称东营路，2016年改为现名。

兴源路

为青兰高速公路沂源东连接线，属青兰高速公路配套项目。北接人民路，南至青兰高速沂源东出入口，全长3300米，2007 年竣工。兴源路原称青岛路，因前往青岛方向车辆多自青兰高速沂源东出入口上下而得名，2016年改为现名。

胜利路

西起历山路，东至胜利山公园西门，全长960米，宽14米。1982年沥青硬化。1999年改造人行道，铺装彩砖，安装路灯36盏。2002年，进行沥青罩面。

胜利路沥青罩面

贤山路

北起荆山西路，南接县道南崔路，1958年修建，1988年铺设沥青路面。全长1500米，原名太平路、重庆路，2016年改为现名。

东埠路

北起人民路，南至新城路，全长815米，2021年建成通车。

北麻路

东起育才街，西至新城路小学门前，全长460米，2021年建成通车。

药玻路

原名二郎山路，2006年改为现名。南起山东药玻公司北门，北至胜利路，全长1600米，宽36米（振兴路至胜利路段宽6米）。1995年，完成南段硬化。2001年，完成中段和北段硬化。2004年，铺筑荆山路至药用玻璃公司段人行道。2005年，实施北段沥青罩面和排水沟改造。

南麻老街

俗称商业街。1982年，县政府发文公布命名为南麻老街。东西走向，西起历山路，东至陵南路，全长1570米，宽14米。1985年，将原6~8米宽的土路面拓宽至14米，铺筑混凝土路面。1989年，开始更新改造，拆除沿街旧建筑，统一规划建成2层以上的商住楼，建成与现代商业要求相适应的步行街。2018年，实施整体改造提升，拆除各类违建设施，重新铺装主路面及人行道，全面修复供水、供电、排水、排污、道路、公厕、垃圾处理等基础设施，对市场大棚、商铺立面进行统一改造。同时，统一规范经营业户经营行为和经营设施，营造商业街交通便利、整洁有序、安全舒适的经营环境。

20世纪80年代的南麻老街西段

21世纪初的商业街

西台路

东起螳螂河西路，西至华源路，全长660米，2017年通车。

学前路

西起瑞阳路，东至县振华实验学校南门，全长470米，2021年通车。

盛源路

西起健康路，东至药玻路，全长300米，2017年通车。

育才街

南起振兴路，北至历山街道西北麻村，全长918米，宽7米。1994年，硬化完成鲁山路至振兴路段建设。1997年，完成西北麻村至鲁山路段建设。2001年，改造南段。2005年，实施排水沟和人行道等附属工程改造。

新民街

位于大观园西侧，连接振兴路与商业街，全长131米，道路宽10.7米。

埠下路

北起荆山路，南至螳螂河东路，全长974米，宽9米，1990年建成。

军民路

北起沂源驻军预备役工兵团驻地，南至胜利路，全长699米，主路面宽8米，20世纪80年代修筑。

文渊街

北起振兴路，经县交警大队南至荆山路，全长550米，宽6米。

20世纪90年代的沥青搅拌机

新华街

南起振兴路，北至胜利路，全长210米，宽6米。2005年，实施人行道改造。

塔山路

1980年修建。西起历山路，向东北经干休一所折向东，经南麻一村，东至沂源驻军预备役工兵团西门。全长640米，宽10米。

荆园街

位于金太阳商场对面，连接振兴路与商业街，全长100米，宽6米。

安民巷

位于公安城区派出所分局西侧，连接振兴路与商业街，全长156米，道路宽6米。

陵南路

南起荆山路，北至振兴路县革命烈士陵园南门，全长420米，宽7米。原为1967年修建的环城路东段。1989年铺设沥青路面，90年代改称现名。

育林路

1958年修建。北起荆山西路，南至县苗圃水塔处，全长366米，主路面宽5米。

20世纪八九十年代的育林路

保丰路

原为1972年修建的万祥路东段，向东至老泰薛公路段（电厂东），全长410米，宽7米。

山前路

南起县农村商业银行，经新城路小学至西北麻村，长616米，宽6米。

隆福路

20世纪90年代修建，南起鲁山路，由县建设银行向北经南麻一村至塔山路，全长567米，宽7.5米。

诚信街

东起健康路，经居家城中心，西至历山路，全长1300米，宽16米。

沂清路

位于沂清苑南侧，西起润生路，东至振兴路，

水稳摊铺机摊铺水稳碎石现场

全长636米，宽6.8米。

兴利街

位于县政府东，南起振兴路，北至胜利路，全长320米，宽6米，20世纪80年代建，2005年改造完成。

新胜街

西起军民路，穿越胜利山小区，东至胜利山九九乐园北门，全长580米，宽6米，20世纪80年代建成。

桥　梁

蝗螂河大桥

位于蝗螂河南端，东起蝗螂河东路与健康路对接，西跨蝗螂河至蝗螂河西路与沂河路对接，全长210米，桥面宽22米，双向四车道，两侧各有2米人行道、1.5米绿化带。建造结构上部采用后张法预应力混凝土组合箱梁，为8孔预应力组合式箱梁结构；下部采用柱式墩、桩基础，组合式桥台，建设风格为门式斜拉景观大桥，塔全高32.5米。该工程于2012年7月份开工，2013年7月1日建成通车。

南麻大桥

跨蝗螂河连接荆山路和荆山西路。南麻大桥最初为跨蝗螂河的漫水桥，建成于20世纪50年代，宽10米，是当时蝗螂河上唯一连接东西两岸

南麻大桥（1972年）

的简易桥梁。1968年9月，在原桥基础上建成北桥（名“反修桥”），为钢筋混凝土拱板桥。1984年建成灌注桩板桥式南桥后，两桥合并为各自单向行驶桥。两桥之间安装照明灯杆5根，装白色桥灯5组，2005年加固、维修桥面时，拆除两桥之间隔离栏杆和灯杆，两桥桥面铺平成为一体的双向4车道桥。桥长180.4米，两桥各宽8.9米，两边人行道各宽1.2米；桥高3米，20孔，跨径9米。荷载汽车20吨，拖车100吨。桥两侧浇筑钢筋混凝土栏杆，安装8组高杆组灯。由于南麻大桥采用新旧三块桥板连接方式，随着经济社会的发展，车流量增大、外观陈旧且存在安全隐患的问题日益突出。2013年，对南麻大桥进行改造提升，加宽人行道，重新铺筑桥面，按照“现代简约流畅”和“一桥一景”的设计理念，完成立面外装、防护栏改造及桥体亮化，改善了桥的安全状况，极大丰富了景观效果。

蝗螂河大桥

复兴大桥

位于振兴路西首，跨蝗螂河，1995年建成，时称新城大桥。全长143米，宽12米，两侧人行道各宽2米，钢筋混凝土拱板桥，桥高3.5米，9孔，单孔跨径15.86米，荷载汽车15吨，挂车80吨。桥两边安装花岗岩栏杆。

2013年，对桥梁进行改造，在原有桥梁南侧接建新桥加宽现有桥面，同时对原有桥面进行改造。建成后全长增加至182米，桥面宽增加至30米，双向6车道，两侧改

复兴大桥（2009年）

复兴大桥（2015年）

建为3米人行道。通过老桥加固、新老桥之间设置纵向伸缩缝等先进手法，新老桥形成一个整体。同时在桥的两侧新增钢结构景观拱，桥两端设置4处观景平台。2014年9月，建成通车。

西台大桥

东起鲁山路，西与鲁山西路对接。1992年，南麻镇西台村为出行方便，自筹资金修建，桥长143米、宽7米，两侧人行道各宽0.5米。为简支空箱结构桥，11孔，单孔跨径13米，荷载汽车13吨，挂车75吨。2012年12月，拆除原桥，建设新桥。全桥长220米，桥面宽30米，双向6车道，两侧各3米人行道。上部结构采用后张法预应力混凝土空心板梁，下部结构桥墩采用柱式墩、桩基础，桥头采用柱式桥台、桩基础。同时该桥梁作为沂源县城区重要景观桥梁，桥梁两侧各建有钢结构双拱景观造型。西台大桥共11孔，单孔跨径13米，荷载汽车13吨，挂车75吨。2013年7月1日，新桥建成通车。

西台大桥（2004年）

新城路大桥

位于沂源县新城路东段，2013年建成。为正交装配式钢筋混凝土简支板桥，跨径组合为9×13米。桥长125.8米，桥宽36米（0.4米护栏+4.6米人行道+26米车行道+4.6米人行道+0.4米护栏）。上部结构为简支空心板（单孔28片空心板），下部结构为钢筋混凝土桩柱式墩台。桥面为沥青混凝土铺装，

西台大桥（2014年）

新城路大桥

人行道为水泥铺装，伸缩缝为毛勒式，护栏为钢质。

西河北大桥

位于沂源县沂河路，跨螳螂河，2011年建成。为预应力钢筋混凝土箱式连续梁桥，跨径组合为13×20米。桥长266米，宽20米。上部结构为预应力钢筋混凝土多柱框架式桥台，下部结构为钢筋混凝土桩柱式墩台。桥面为沥青混凝土铺装，人行道为水泥铺装，伸缩缝为毛勒式，护栏为钢质。设计荷载为汽车－20级。

西河北大桥

鱼台大桥

位于沂源县人民路西首，跨螳螂河，2007年建成。为钢筋混凝土箱式空心板梁桥，跨径组合为8×13.0米。桥长107.7米，宽16.5米。上部结构为钢筋混凝土多柱框架式桥台，下部结构为钢筋混凝土桩柱式墩台。桥面为沥青混凝土铺装，无人行道，伸缩缝为毛勒式，护栏为钢质。设计荷载为汽车－20级。

鱼台大桥

儒林集大桥

位于沂源县振兴路，跨儒林河，2006年6月建成。为10×13米普通钢筋混凝土简支板桥。桥长130米，桥宽64.6米（5.3米人行道＋24米车行道＋5.3米人行道）。全桥共分三幅，南、北幅为装配式钢筋混凝土简支板桥（单孔各为9片板），中幅为现浇钢筋混凝土简支板桥，下部结构为钢筋混凝土桩柱式墩台。桥面铺装为沥青混凝土铺装，人行道为水泥铺装，伸缩缝为毛勒式，护栏为钢质。荷载汽车10吨，挂车100吨。

石臼中桥

位于沂源县振兴路东段，2012年10月建成。为5×13米普通钢筋混凝土简支板桥。桥长78.6米，桥宽34.2米（5.1米人行道＋24米车行道＋5.1米人行道）。全桥共分三幅，北幅为现浇板结构，中幅断面为9片空心板结构（板宽1.25米），南幅断面为8片空心板结构；下部结构为钢筋混凝土桩柱式墩台。桥面为沥青混凝土铺装，人行道为水泥铺装，伸缩缝为毛勒式伸缩缝，护栏为钢质护栏。荷载汽车10吨，挂车100吨。

城东旱桥

俗称天桥，位于沂源县新力塑编公司，南北跨荆山路。1984年，新建泰薛公路从县汽车运输公司（后成为塑料厂）院内穿过后，运输公司为连接南北两岸而建。桥长24米、宽12米、高5米，钢筋混凝土单孔拱桥，跨径24米。

天桥

21世纪初县城全貌

公　园

概　况

一个城市的美，除在城市规划设计、施工中利用地形、道路、河流、建筑的有机组合，灵活巧妙地体现城市的美外，运用花草树木不同的外形、颜色、用途和风格，配置出一年四季色彩丰富的乔木、灌木、花卉、草皮等多层次的绿地、景观，镶嵌在城市、工厂、居民建筑群中，为广大人民群众工作、学习、生活创造优美、清新、舒适的环境。公园作为供群众游乐、休息以及进行文娱体育活动的公共场所，在城市绿化中起到以点带面的引领作用。

新中国成立初期，城区除烈士陵园外未做专门绿化。直到1996年，才开始建设胜利山公园，这是沂源县第一次在城市规划设计中进行大规模公共园林建设。

2000年以后，沂源县全面铺开园林县城创建活动，依托堤、水、路、园、院等载体，运用绿环、绿廊、绿线等造景手法，采取规划建绿、拆违还绿、拆墙透绿、见缝插绿等一系列措施，坚持不懈推进城市绿化工作。城区公共绿地的建设规模提高到一个新台阶，绿地的类型更多样，功能更丰富，景观效果得以凸显，初步形成了绿地布局合理、功能设施齐全、风格特色鲜明的城市园林景观。相继

六点水新世界公园一角

汇源绿色广场

建成胜利山公园（后改扩建成胜利山九九乐园）、汇源绿色广场、文化苑、胜利山水上乐园、沂河源水景公园、沂源儿童乐园、六点水新世界公园、拇指公园等一大批城市公园，通过公园建设带动道路绿化、绿地改造、花园式单位（社区）创建等造绿护绿协同推进，逐步形成点、线、面有机结合的绿化体系，绿化覆盖率、人均绿地面积等指标有了较大幅度的提升。截至2023年年底，建成区绿化覆盖率为40.53%，建成区绿地率39.57%，人均公园绿地面积18.40平方米，公园绿化活动场地服务半径覆盖率达到83.67%。

胜利山九九乐园

原名胜利山公园，位于沂源县城瑞阳路以西、胜利路东首、鲁山路以南、振兴路以北，由起伏不大的三座山头和一处低洼地组成，占地24万平方米，是沂源县第一个集运动、休闲、娱乐于一体的综合性城市公园。

20世纪90年代前，该公园所在地属于南麻一村、南麻三村、吴家官庄的果园地，各村在山上栽植梨树、桃树、山楂树、刺槐、杨树等，只有几条简易的机耕路贯穿其中。1990年，胜利山小区开工建设后，沂源县政府确定将胜利山改造建设成城市公园，为市民提供运动、休闲、娱乐场所。公园用地采用先租后征方式，其设计方案充分征求省市园林专家和专业规划团队的意见，分西山、东山两部分。西山主要建设儿童游乐场、老年活动区、青少年林、老年回归林、梨园、旱冰场等；东山主要建设水上乐园、休闲区等。1996年3月，西山部分首先开工建设；2000年2月，开工建设东山。2002年，完成全部土建工程和绿化任务，建成环山路及公园游路，种植苗木3万余株、草坪3.8万平方米。

2004年开始，对公园西山、东山、烈士陵园和公园南北两块洼地进行了大规模综合改造和绿化，公园内各类苗木增加到102个树种、4万余株；草坪面积增加到5万平方米，草花数量达到10万余株；新增、改造园内游路19条，总长约1.3千米；安装各类灯饰80余盏；增设座凳24个，果皮箱36个，石桌凳6套。建设休闲广场1处，改造东西南北4个出入口及陵园结合部等窗口部位。

胜利山樱花季

胜利山雪景

胜利山九九乐园

同时，对烈士陵园进行了改造建设，共拆除原有路面和广场花砖4000平方米、院墙55米，新铺彩砖4000平方米，新增绿地3700平方米；新建、改建道路5条，改造3160 平方米的纪念广场1处。安装高档座椅6个、石桌凳2套；完成烈士纪念堂建设，改造公墓2处，重塑何万祥烈士雕像。烈士陵园改造后，陵园面貌与公园环境融为一体，大大提升了公园的整体水平。

胜利山公园建设时，由于受当时技术条件限制，公园规划设计理念相对陈旧，建设水平和档次不高，功能布局不尽合理，硬件配套不够完善，设施缺损和老化等现象日益突出，群众要求对胜利山公园实施改造的呼声越来越高。2012年，沂源县政府着眼于改善民生，决定对胜利山公园进行改造提升，突出服务老年人主题，将胜利山公园建成“胜利山九九乐园”。建成棋牌长廊、门球场、翰墨轩、音乐广场、健身步道等多处老年人活动场所。打造出松鹤亭、樱花步道、荷塘月色、梅园、盆景园等一系列景观节点，同时配备健身活动、休闲娱乐等器材和设施，成为沂源县首个集户外运动、健身娱乐、休闲养生等多种功能于一体的老年主题公园。2021年，配合沂源城市会客厅建设，对东山荷塘月色、梅园等区域进行改造提升。

胜利山水上乐园

位于鲁山路以南、瑞阳路以西、胜利山九九乐园以北、胜利山小区以东的洼地中，规划总占地176亩，其中水面70余亩，各类建筑2.5万平方米。整个乐园由水系、绿化美化小品、服务设施三部分构成，其中水系分为动、静两大区域，沿自然地势呈流线型布局，赋予水以灵动的生命；“水世

胜利山水上乐园原址（2006年）

界”“宾馆”“流水别墅”为大型高档次娱乐建筑设施，沿鲁山路呈扇形点状分布，对水面形成环抱之势，“聚气”于水中，“聚人”于乐园。水面周边，因势造景，利用现代造园手法，营造错落雅致的园林空间。通过林、水、光的巧妙搭配，设置“梦想舞台”“景观木桥”“曲水流觞”“林荫观水台”等景观节点，与胜利山上的高台激光灯和水上乐园景观灯共同营造出如幻如梦的景观效果。按照“多层次、多植物、多色彩”的原则进行绿化，创造点、线、环、面相结合的植物景观框架。通过多层次植物合理配置，设计建造了“樱海寻花”“丹枫翠竹”“榉林幽适”“杉杉有情”“层林尽染”“情侣依依”等多处造园精品，达到植物生态的最佳状态，获得春、夏、秋、冬四季有景，景色各异的绿化、美化效果。

胜利山水上乐园（2007年）

该乐园原计划分两期进行：一期为水上乐园部分，主要由水面和游乐设施构成；二期为服务设施部分。一期工程于2006年4月份开工建设，共拆迁房屋4000余平方米，挖运土石5.7万立方米，浇筑钢筋混凝土6800立方米，砌筑毛石2400立方米；完成SBS防水1.5万平方米，铺设土工膜2.4万平方米，埋设各类管线2.6万米，维修清理引水渠道4700米；完成3座景观桥架设及1600平方米防腐木铺装；安装海盗船、膜结构、水上游乐设施、音乐喷泉、水幕电影、砂坑器械等主要设施6处，各类灯饰300余盏；铺装大理石10100平方米、泳池砖1.4万平方米，泳池蓄水能力达4.8万立方米，栽植各类苗木2800株、模纹1200平方米，种植草坪1.5万平方米。二期服务设施部分由于各种原因，未能付诸实施。2021年，经过规划论证，将该乐园改建为城市文化会客厅，充分利用闲置的水上乐园旧址，盘活城市低效公共资源，使该处地段与周边的胜利山九九乐园、儿童乐园等城市公园有机融合，连片打造成集市民健身、休闲娱乐、时尚生活、文化交流、形象展示于一体的城市新业态区域。

沂河源水景公园

位于螳螂河下游城区段。螳螂河发源于鲁山南麓，是流经县城的一条季节性河流。《水经注》称：“螳螂水，出鲁山，东南流，右注沂水河。”2000年以前，由于管理不善，沿河两岸无序开发、乱采河砂、侵占河道现象时有发生，严重破坏了自然景观。加之河道周围部分企业和居民环境意识淡薄，向河道内乱排乱放工业和生活污水，乱扔垃圾，水质受到严重污染，直接影响到县城饮用水的水源质量。控制河水污染，彻底治理河道脏乱差现象，成为城区居民关注的焦点。为改善城市环境，加快山水生态城市建设步伐，建设高档次滨水景观，使城中“水的灵气”向县城南北延伸、东西渗透，以螳螂河为主线构建独具特色的滨水绿地系统，充分展现“城在山中，水在城中，人在绿中”的城市个性，2001年底，沂源县委、县政府决定对螳螂河实行分段综合治理，打造城市建设新亮点，建设沂河源水景公园。

沂河源水景公园全长9.75千米，占地总面积172.6万平方米。建设前期，根据天津市园林规划设计院出具的规划设计，分为人与城市、人与历史、人与自然三个主题景观组团。

人与城市组团南至南麻大桥，北至西台大桥，分为浪漫春园、动感夏园、康乐秋园、温馨冬园4个景观节点。2002年3月开工建设，2004年4月，以加层改造、立面装修、亮化、秩序化、管线下埋为重点的沂河源水景公园两侧楼体改貌工程全部完成。3个村、4个单位、101户业主共新增建筑面积7170平方米，完成立面装修1万余平方米，完成人

水景公园原貌（2004年）

水景公园（2007年）

行道地面彩砖铺设8800平方米，使公园两侧环境与公园形象更加匹配。2004年5月，沂河源水景公园人与城市段，除康乐秋园外全面竣工，彩坝安装、绿地建设、公园亮化、污水处理、桥体改造等分项工程均达到预期建设目标。2008年4月，开始实施沿河东路“购物长廊”拆迁改造工程，拆除沿河东路西侧购物长廊1.75万平方米的建筑物，改建为“康乐秋园”景观带，当年10月完工，标志着沂河源水景公园人与城市段全面竣工，成为“天蓝、地绿、水清、灯亮、气爽、楼美”的沂源县城标志性地段。

人与历史组团南至西台大桥，北至南鲁山镇九会村，全长6233米。工程前期主要以增设橡胶坝、河道清淤、河道治理、房屋拆迁、顺河游路、绿地建设为主，沿河两岸栽植各类苗木3万余株，河道两侧绿量明显增加，绿化水平和档次明显提高。同时，对河两岸标志性建筑物、构筑物及河东岸城区段实施亮化，提升了公园的夜景效果。2006年初，委托浙江东华规划建筑园林设计有限公司，完成对西台大桥至西鱼台大桥段规划设计方案调整，建设沂河源民乐园。沂河源民乐园于2006年9月竣工，形成远古文化区、密林休闲区、中心广场区、儿童园区、娱乐休闲区等5个功能区和沂河古韵、古村遗风、中心广场、静亭观鱼、七彩四季林、美食湾、滨水茗香和风休闲吧等8个景观节点，县城北出入口环境得到进一步改善，成为对外展示“城在山中，水在城中，人在绿中”沂源城市形象的重要窗口。2007年底，沂河源水景公园人与历史段续建工程竣工。

人与自然组团南至南麻街道埠下村沂河段，北至南麻大桥，2006年初开工建设，2006年8月竣工。完成南麻大桥彩坝下游300米以内的治理任务，共砌筑河堤2100立方米，浇筑混凝土560立方米，墙体勾缝1350平方米，挖运河沙1.5万立方米，平整河滩4.2万平方米，回填种植土1.2万立方米，砌筑景观石墙280米，铺设花砖道路610平方米，栽植各类乔灌木1500余株、模纹350平方米，种草7500平方米。后续沂河城区段综合治理工程竣工后，实现与沂河源水景公园人

水景公园一角

沂河源省级湿地公园

与自然段的完美融合，成为沂河路段一道靓丽的风景线。

沂河源水景公园建设历时8年，先后拆迁房屋6.07万平方米，修建子堤8000余米，设置彩色拦水坝8道，修建垂直拦沙坝1道、垂直防渗4.5万平方米，安装沿河护栏1万余米，建设小品建筑等4000余平方米，安装各类景观灯饰2000余盏，整修跨河大桥5座，栽植各类苗木300余万株，建设“浪漫春园”“动感夏园”“康乐秋园”“温馨冬园”“沂河源生态修复公园”“沂河源民乐园”“沿河西路南延绿化公园”等多个景观节点，与周边青山绿水遥相呼应，尽显“城在山中，水在城中，人在绿中”的沂源山水生态城市特色。

历山公园

位于县城北侧的历山，西邻螳螂河，南可俯视县城全貌。山势呈南北走向，海拔499米，面积约1.3平方千米。因山势陡峭原取名立山，后沿革为历山。该公园多以山势、树木为景。1958年，沂源县成立治山指挥部，组织植树造林培训班，从河南聘请3名老师，又从西沙沟村调出10名技术骨干，以历山为实习战场，培训600余人的植树造林和荒山治理技术队伍，开展以植树造林为主要内容的治山、治荒大会战。随后，南麻公社在西北麻、西沙沟、西鱼台等大队，组织社员在历山西、南两侧山坡栽植大量松柏、黄栌等树种。山脚下栽植部分梨树、枣树等经济树木。1994年，东鱼台村投资50万元，依托历山秀丽的生态环境，开发建设历山公园。主要建设山门牌坊1座、石阶300

历山公园

米、庙宇1座，后增设儿童游乐场、凉亭、山野餐馆、动物园、停车场等。晚秋时节，历山公园西、南两侧山坡上，红叶如霞似火，与青山碧水、白云蓝天相互映衬，构成了一幅光影交错、色彩斑斓的秋景图。

儿童乐园

位于瑞阳路与鲁山路交叉口东南侧，东临义乌小商品城，北靠东苑小区、翡翠园小区，占地6万平方米。2011年9月开工建设，2012年5月底竣工投用，2021年对该公园进行局部改造提升。公园建设之前，该地段是一处建材市场，商铺、餐馆密集，秩序混乱，周边既有多个规模较大的居民小区，又有城中村。为改善周边居民的生活环境，进一步提升城市形象，以原有地形地貌为依托，对山体及原建材市场进行改造，建成沂源县首个集运动娱乐、科普认知等多种功能于一体的综合性儿童公园。以生态、乐趣、启迪、感恩为主题，分为健身运动、认知体验、休闲活动、娱乐探索、启迪乐园、亲子

儿童乐园

乐园6个功能区，内设沙滩、蘑菇亭、快乐火车、滑梯、亲水广场、滑草场、儿童探险区、亲子乐园、旱冰场、乒乓球场、篮球场等适合各年龄段少年儿童的游乐项目。

园内栽植各类苗木近200万株，按照“多层次、多植物、多色彩”的原则，在充分利用原有榆树、火炬树等树种的基础上，适量增加山楂、柿树等乡土果树和枫杨、赤松、元宝枫、黄金槐等特色树种，体现出绿色植物的知识性、趣味性。游路、建筑搭配组合、协调美观，使所有置身其中的少年儿童都能走进自然、贴近自然、感受自然。该公园与胜利山公园、水上乐园融为一体，成为少年儿童游玩、学习、贴近自然的综合性娱乐场所。

六点水新世界公园

县城内拥有总库容1.3亿立方米的田庄水库、西沙沟水库、吴家官庄水库、窗户沟水库等12座小（二）型水库、塘坝、谷坊，沂河、螳螂河、儒林河等穿城里程39.8千米，7条河流、水溪穿流其中，具备良好的水生态禀赋。为用好这一得天独厚的生态优势，2011年，沂源县决定实施清水润城工程，让水进城市、进公园、进社区、进主干道两侧、进大体量建筑，让水与现代城市融为一体，与人们的生活融为一体，以水改善群众居住环境、提高群众生活品质，以水增添城市灵气、提升城市品位，打造特色鲜明、宜居宜业山水生态城市。

六点水新世界公园位于县城北部，东至瑞阳路、北至人民路、南至吴家官庄村、西至预备役工兵团部队东院墙。占地总面积19.5万平方米，其中水面3万平方米，是清水润城重点项目之一。公园建设以水为脉、文化为魂、以人为本、产业为根，依托原有地形地势及水资源条件，对城北地段的水库、塘坝、谷坊、沟壑进行治理，利用自然低洼地势，实施拦蓄水工程、循环水系统、雨污分流和水岸景观工程等水系建设，使水面有机连接，形成包括西沙沟水库、吴家官庄水库在内上下串联的6处人工湖，新增水面12万平方米。园内仿制有中国四大名亭、赵州桥，还有颐和园的石舫、铜牛等小微景点，营造多样化的一湖一品、一湖一韵水岸空间和景观布局，构建起宜居宜业、独具魅力的水生态景观。良好的水生态环境吸引了多个现代服务业项目聚集发展。“中房·翡翠山居”“金杉秀水湾”“金杉丽水湾”“尚品江南”“阳光花园”等滨水建筑群先后依水顺势而起，实现民生项目和产业项目相互带动、相互支撑。

文化苑

位于沂源县城鲁山路西首南侧。2005年3月开工，2006年4月竣工。总占地面积120亩，分主体楼、两侧综合楼和文化广场3部分。主体楼建筑面积1.2万平方米，包括博物馆、文化馆、图书馆、展览馆、书画院等“四馆一院”。博物馆有文物精品陈列馆和牛郎织女仙境民俗馆2个展厅；文物馆展出文物200余件，大汶口文化、龙山文化等史前文物较为丰富。文化苑项目涉及拆迁、土建、管线敷设、亮化绿化及排水设施等建设内容，建设资金主要通过文化资源置换和市场运作等途径筹集。文化广场内，两侧综合楼建筑面积

六点水新世界公园一角

建设中的文化苑（2005年）

汇源绿色广场原貌（2005年）

1.07万平方米，广场面积1.5万平方米、人行道面积7000平方米、绿地面积5000平方米，种植草坪7500平方米，栽植各类苗木5000余株，安装广场灯具170余盏，建大型音乐喷泉1组。

文化苑是沂源县第一个集建筑、广场、园林于一体的综合性现代文化集聚区，创造了当时沂源县单体工程量最大、建设时间最短、完成效果最好的建设纪录，是21世纪初能够集中展现沂源城市建设和发展水平的城市景观新亮点。

文化苑

汇源绿色广场

位于人民路与螳螂河东路交汇处，西临沂河源水景公园，北依历山公园，青兰高速公路连接线环绕而过。该广场于2005年5月动工，当年9月建成。广场因其占北京汇源公司老厂区及汇源公司捐助建设资金而命名。广场由天津园林规划设计院规划设计，建设总面积4.3万平方米。整个广场贯穿以人为本的理念，体现山水城市特色，以雕塑、广场、灯饰、绿地、乔灌木科学搭配，与周围山水环境浑然统一，是一处特色鲜明、品位高雅的生态型园林广场。

该广场竣工后，共完成拆迁1.3万平方米，土方回填11万立方米，铺设各类管线5000米；栽植乔灌木60余种800余株，模纹6000平方米，胸径70厘米以上的大乔木3株，草花1万余株，植草2.5万平方米，铺设艺术地坪800平方米。广场中心设有体现绿色、生态、和谐、奋进主题的“源之春”大型雕塑和假山叠瀑小品。另外，安装景观灯8盏、草坪灯122盏、庭院灯64盏、地灯40盏、射灯4盏、广播音响17组，在广场西侧靠近螳螂河东岸安装沿河景观灯13盏。

汇源绿色广场

牛郎织女景区

位于沂河牛郎官庄村段。该景区于2009年5月开工建设，2009年8月全面竣工。2021—2023年间，又对景区进行了提升改造。整个景区以牛郎织女爱情

牛郎织女景区

文化为主线，结合旅游规划，将牛郎织女的传统爱情文化与现代旅游文化有机结合，打造出集爱情文化、休闲娱乐、观光度假于一体的风景旅游胜地。该景区由游客中心综合楼、爱情广场、情人谷、祈愿阁、牛郎庙、玉皇庙等景点及停车场、沿河绿地等组成。其中，游客中心综合楼建筑面积3200平方米，包括牛郎织女民俗展览馆、世界爱情邮票博物馆、相亲会所、游客中心及管理用房等，爱情广场面积3万平方米，包括1万平方米的心形广场、爱情林、爱情墙、生态园等景点；情人谷长400米，设有碧莲池、鹊桥、飞星台、葡萄架、瀑布、叠水等景点。

拇指公园

2016年，沂源县启动实施城区“拇指公园”建设，对城区主次街道上的绿化节点进行统一规划建设和改造提升。按照“300米见绿、500米见园”的标准要求，积极拓展绿化空间，对城市边角地、弃置地全部实施绿化，着力打造独具特色的“小园林”“微景观”，有力提升了城市公园绿地服务半径，为居民群众提供了优美、舒适的休闲、娱乐环境。截至2023年，在城区建成“拇指公园”60余处。

蝴蝶泉游园 位于鲁山西路与螳螂河西路路口西北角，绿化面积4000平方米。建有小型广场、双层亭1座、园路等，园内安装景观灯、景观小品、景石，栽植绿化苗木。

鲁山路齐商银行“拇指公园” 位于齐商银行沂源县支行门前，绿化面积1100余平方米。有蘑菇亭2处、雪花亭2处，安装座凳5套，地面铺装100余平方米，栽植木槿、百日红、玉兰等乔灌木400

蝴蝶泉游园

余株，麦冬、石竹等各类地被植物400余平方米。

鲁山路济宁银行“拇指公园” 位于育才街路口以西，齐商银行以东，绿化面积900余平方米。有花架1处，座凳3套、景观灯50套，地面铺装300平方米，栽植黑松、玉兰等各类乔灌木400余株，月季、扶芳藤等地被植物5000余株。

鲁山路实验小学“拇指公园” 位于实验小学以西，育才街路口以东，绿化面积900余平方米。安装景观灯20套，地面铺装150平方米，栽植国槐、五角枫等各类乔灌木50余株，月季、麦冬等各类地被植物300余平方米。

鲁山路工商银行“拇指公园” 位于历山路以西，实验小学以东，绿化面积3000平方米。有廊架1处，地面铺装360平方米，安装景观灯20余套，栽植风景松、百日红等各类乔灌木150余株，月季、麦冬等各类地被植物2000余株。

工商银行拇指公园

吴园 位于鲁山路吴家官庄村委会前，绿化面

吴园

积4032平方米。有景观亭1处，“孔子东游图”1处、公厕1处，地面铺装1500平方米，安装景观灯7套、座凳12套，栽植国槐、雪松等乔灌木200余株，扶芳藤、月季等地被植物2万余株，草皮、麦冬等400余平方米。

瑞福园 位于鲁山路与瑞阳路交叉口西北角，绿化面积1500余平方米。有廊架1处，地面铺装300平方米，安装景观小品3套、座凳5套、景观灯2套，铺设浇水管线100余米，栽植风景松、冬青球等各类乔灌木100余株，麦冬、迎春等地被植物200平方米，铺设草皮1000平方米。

福安园 位于沃源纺织厂以西，农村商业银行总行以东，绿化面积2457平方米。建有花架1处、座凳4套、景观灯30余套，地面铺装500平方米；栽植各类乔灌木100余株，扶芳藤、月季等地被植物8000余株，草皮300平方米。

福安园

瑞祥园 位于鲁山路与瑞阳路交叉口西南角，绿化面积1400平方米。有廊架1处，地面铺装60平方米，安装小品1套，栽植竹子等乔灌木150余株，扶芳藤等地被植物8000余株，孔雀草、一串红等草花3000余株。

英华园 位于润生路与鲁山路路口东南角，绿化面积6230平方米。安装花架1处，建有景亭1处，铺装广场及游路400平方米，栽植雪松、樱花、柿树等各类乔灌木30余株，建设配套公厕1处。

英华园

文化广场“拇指公园” 位于鲁山路西段文化广场内，绿化面积8925平方米。更换草皮4000平方米，栽植扶芳藤、红叶石楠、红叶小檗、金森女贞等地被植物2600余平方米，栽植红叶石楠球、瓜子黄杨球、冬青球、百日红等乔灌木180余株。

文化广场拇指公园

润生路“拇指公园” 位于润生路与鲁山路交叉口西北侧，绿化面积4200平方米。以“畅享城市绿地”为构思，以“推窗见绿，出门见园”为

润生路拇指公园

主题，在城市公共空间与商业空间自然过渡，形成一处集绿色生态、活力休闲、现代艺术、幸福美好于一体的城市公共绿地，包含健康步道、休闲场地、儿童活动场地、中心广场、健身空间及植物造景。

妇幼保健院“拇指公园” 位于鲁山路妇幼保健院北门东侧，绿化面积2700平方米。设计以“消防安全”为主题，除建设健身步道、休闲场地、健身设施等外，将消防安全知识融入到知识景墙、标识牌、互动景墙中。

妇幼保健院拇指公园

沂蒙佳苑东“拇指公园” 位于鲁山路东段，沂蒙佳苑小区南门东侧，绿化面积2576平方米。安装花架1座，铺装地面200平方米，安装座凳5套、景观灯20套，栽植百日红、白皮松、三角枫、五角枫、小叶朴树、黄栌、红叶石楠球等400余株，栽植小龙柏、金叶女贞等地被植物1.8万余株、草皮600平方米。

沂蒙佳苑东拇指公园.

沂蒙佳苑西“拇指公园” 位于鲁山路东段，沂蒙佳苑小区南门西侧，绿化面积1771平方米。安装花架1座，铺装地面200平方米，安装座凳5套，景观灯20套，栽植百日红、白皮松、三角枫、五角枫、小叶朴树、黄栌、红叶石楠球等300余株，栽植小龙柏、金叶女贞等地被植物1.5万余株、草皮400平方米。

望岳园 位于历山路与新城路路口东北角，绿化面积350平方米。建有六角古亭1座，铺装园路，配置有景观灯、景观小品、景石及绿化苗木等。

百合园 位于新城路中段北侧、南麻一村村委前，绿化面积3215平方米。建有花架1处，广场2处，铺装地面400平方米，安装景石2处，安装雕塑1个、座凳4个，栽植各类花灌木5000余株。

百合园

誉园“拇指公园” 位于瑞阳路与新城路路口西北侧，由开发企业结合商业配套建设，绿化面积0.5万平方米。主要建设贯通绿道、广场，景观绿化

誉园拇指公园

及座椅、廊架、雕塑、健身器材等设施配置齐全。

祥和园 位于瑞阳路与新城路路口东北角，亿客家购物商场前，绿化面积3000平方米。建有广场、园路、廊架，安装景观灯、健身器材、景观小品、景石安装，栽植绿化苗木。

祥和园

亿客家东“拇指公园” 位于新城路亿客家购物商场东300米处，绿化面积2100平方米。结合东

亿客家东拇指公园

苑社区党群服务中心，设计以“党建文化”为主题，设置景墙、休闲场地、休憩坐凳、健身设施等。

源中园 位于新城路中段南侧，源中花园小区门口以东，绿化面积2070平方米。建有钢结构廊架1处、广场1处，铺装地面200余平方米，安装景石1组、座凳4个、庭院灯5盏，栽植各类苗木150余株，地被3000余株，草皮500余平方米。

源中园

新城苑“拇指公园” 位于新城路新城苑小区北侧，绿化面积3000平方米。公园建设在原有道路绿地基础上进行提升改造，增设园林小品、园路、广场等景观设置，充分满足周边居民休闲娱乐需求。

新城苑拇指公园

凤凰广场 位于富源路与新城路交叉口东北角，绿化面积1500余平方米，铺装地面450平方米，安装座凳50米。

沂源一中东“拇指公园” 位于祥源路与新城

路交叉口以西，沂源一中以东，绿化面积2500平方米。建设内容主要包括廊架、公厕、广场、游路建设及苗木栽植等。

沂源一中西“拇指公园” 位于沂源一中以西，东埠路以东，绿化面积2500平方米。建设内容主要包括游路、广场、张拉膜遮阳棚及苗木栽植等。

沂源一中西拇指公园

合心园 位于胜利路与历山路路口东南角，绿化面积1023平方米。建有社会主义核心价值观小品1座，安装庭院灯5盏，树池座凳3组，铺装游路及广场地面200平方米，栽植扶芳藤球、石楠球、紫荆等乔灌木50余株，栽植金叶女贞、扶芳藤等地被植物100余平方米、草皮500平方米。

清风园 位于胜利路与历山路路口东北角，绿化面积527平方米。建有景亭1座、景石4组、座凳2套、景观灯2套，铺装广场及游路地面100平方米，栽植白皮松、金叶榆、百日红、扶芳藤球等乔灌木30余株，栽植月季等地被植物1500余株，草皮100平方米。

信访局“拇指公园” 位于胜利路信访局附近，绿化面积400平方米。设计本着以人为本的原则，建设时除保留原有大树外，合理进行苗木搭配，设置活动广场一处，配合座凳、灯光等设施，打造为一处休闲娱乐综合场所。

康安园 位于胜利路与健康路交叉口东北角，绿化面积2651平方米。铺装750平方米，安装座凳10处、景观灯、庭院灯11套，栽植百日红、瓜子黄杨球等各类乔灌木120余株，栽植扶芳藤等地被

康安园

植物1万余株，麦冬100平方米。

沂源二中东“拇指公园” 位于荆山西路沂源二中东侧，绿化面积800平方米。铺装地面150平方米，设置座凳2处，安置雕塑1处，栽植扶芳藤、百日红等乔灌木3000余株。

梦栖园 该项目位于松山路南首东侧，绿化面积3700平方米。安装花架1处、雕塑2处，铺装广场及游路地面400平方米，栽植白皮松、白玉兰、黄山栾、百日红等各类乔灌木100余株，栽植扶芳藤、红叶石楠、小龙柏、石竹花等地被植物20000余株，草皮600余平方米，新建配套公厕1处。

梦栖园

天桥园 位于荆山路中段、天桥西侧，绿化面积1010平方米。安装牛郎织女剪纸雕塑1座、树池坐凳2组、条石座凳30米、景观灯15盏、景石1组，铺装广场及游路地面100平方米，栽植盆景松、朴树、百日红、蜀桧、红叶石楠球等120余株，栽植扶芳藤、麦冬、小龙柏、红叶石楠、连翘等地被

植物600余平方米。

文思园 位于荆山路中段、实验中学门口西侧，绿化面积1372平方米。安装花架1处，铺装游路及广场地面140平方米，安装座凳4套，景观灯10套，栽植白皮松、花石榴、雪松、百日红、国槐、三角枫等各类乔灌木60余株，栽植小龙柏等地被植物7000余株，草皮300平方米。

文心园 位于荆山路中段、实验中学大门口以东至瑞阳路，绿化面积1350平方米。安装花架1处，铺装游路及广场地面160平方米，安装座凳4套，景观灯10套，栽植白皮松、花石榴、雪松、百日红、国槐、三角枫等各类乔灌木80余株，栽植小龙柏等地被植物8000余株，草皮500平方米。

憩心园 位于瑞阳路与荆山路路口东南角，绿化面积2865平方米。安装花架1处，铺装地面300平方米，栽植紫叶李、樱花、百日红、金叶女贞球等各类乔灌木80余株，栽植红叶石楠、小龙柏等地被植物8000株。

憩心园

宏图园 位于润生路与荆山路路口西北角、源能热电公司大门东侧，绿化面积3450平方米。共铺装地面300平方米，点置景石1组，栽植花石榴、小叶朴树、三角枫、黄栌、雪松、樱花、连翘球等各类乔灌木200余株，栽植小龙柏等地被植物10000株，草皮300平方米。

尚品书院“拇指公园” 位于润生路与荆山路交叉口西北侧，环绕尚品书院项目，绿化面积1.1万平方米。以“转角遇见绿”、家门口的“小美好”、城市“畅享地”为构思，以“推窗见绿，回首见你”为主题，将原有封闭式市政绿化带改造为半开放的柔性边界，城市公共空间与商业空间之间自然过渡，形成一处集绿色生态、活力休闲、现代艺术、幸福美好体的城市公共绿地，以满足周边城市居民的日常社交与休憩需求。

尚品书院拇指公园

荆山路“拇指公园” 位于荆山路尚品书院南侧，绿化面积900平方米。为连接原老电厂“拇指公园”，在毗邻处西侧，结合尚品书院小区项目建设改造部分绿地，提升公共空间比例，配建游路、雕塑小品、座凳等服务设施，并设置科普宣传设施。

专利园路“拇指公园” 位于荆山路与专利园路路口西南角，绿化面积700平方米。建有广场1处，安装景石、座凳等。

南麻大街“拇指公园” 位于南麻大街与振兴西路交叉口东南角，绿化面积2160平方米。安装花架1处，铺装地面500平方米，栽植大雪松、银杏、紫叶李等各类乔灌木30余株，栽植小龙柏等地被植

南麻大街拇指公园

物600平方米。

蝴蝶广场 位于松山路与振兴西路路口东北角，绿化面积6000平方米。铺装地面600平方米，安装花架1处，布置景石85吨，栽植大雪松、金银木、白皮松等各类乔灌木150余株，栽植石竹、扶芳藤等地被植物1.2万余株。

蝴蝶广场

松山路与振兴西路交叉口西北角“拇指公园” 该项目位于松山路与振兴西路交叉口西北角，绿化面积1230平方米。建有景观亭、广场、游路、公厕、座凳，安装景观灯，栽植苗木等。

复景园 位于螳螂河东路与振兴路路口东南角，前身为车站游园，绿化面积2337平方米。建成双层亭1座，廊架1处，安装庭院灯8盏、大型景观灯3盏，铺装道路、广场地面300余平方米，配套建设公厕1处。

复景园

民心园 位于振兴路与健康路交叉口西北角，

民心园

前身为老党校绿地，绿化面积2050平方米。有花架1处，广场铺装600余平方米，安装健身器材9套、座凳4套、景观灯10套，栽植玉兰、百日红等各类乔灌木40余株，红叶小檗、金叶女贞等各类地被植物400余平方米。

振兴东路“拇指公园” 位于振兴路东段青红养老中心对面，绿化面积900平方米。在原有绿化带改造基础上配套设置公厕、游路、廊架等服务设施。

人民路与螳螂河东路路口“拇指公园” 位于人民路与螳螂河东路交通环岛内，绿化面积1100平方米。通过与交通基础设施相结合，创造开放的社区共享空间环境。在改善场地自然生态的同时，加强人们对社区的认同感，重新构建被道路交通割裂的空间场地，加强行人、自行车和开放空间的联系。

悦府“拇指公园” 位于人民路悦府小区门口处，绿化面积4400平方米。以“家门口小巧精致园林”为设计理念，内设有景观步道，园林小品，组团花径，充分满足人们的居住习惯，出行交通便利，是休闲娱乐的好去处。

和源名居“拇指公园” 位于人民路（和源路至健康路）南侧，绿化面积1.5万平方米。结合与路面高差设计建造游憩水系及广场一处，利用防腐木亲水平台，合理放大广场活动区域，搭配健身器材、休闲设施。居民在休闲娱乐的同时，近可游憩休息，远可欣赏历山四季美景。

郦园“拇指公园” 位于人民路郦园小区门口南侧，绿化面积6500平方米。该公园以中华传统

郦园拇指公园

文化理念“和合·如意”“岁寒三友”为创意主题，分“梅开五福”“竹林清风”“松风万壑”三大部分，加以廊亭、儿童游戏场、曲径听香廊、拥翠亭等小景观节点。

翡翠山居南门处“拇指公园” 位于人民路翡翠山居南侧，绿化面积1.36万平方米。以“城市景观+海绵城市”为设计理念，铺设透水园路，道路线条流畅，植物配置疏密适当，高低错落，形成一定的层次感。以常绿树种为主，搭配不同花色的时令花卉，达到“三季有花，四季有景”的观赏效果，为市民提供一个融自然、人文、绿色、生态于一体的体验式景观空间。

翡翠山居拇指公园

秀水湾北侧“拇指公园” 位于秀水湾小区北侧，绿化面积6500平方米。以开放式活动绿地空间为基础，以社区休闲健身需求为理念，为满足周边人民群众休闲要求，建有广场活动场地、景观步道、亭台等，使公园成为周边市民喜爱、文化内涵丰富

秀水湾拇指公园

的城市街角空间。

尚品江南“拇指公园” 位于人民路与瑞阳路路口西侧，结合原有的尚品江南售楼处一并建设，绿化面积1.36万平方米。设计以“体育运动”为主题，建有篮球场、羽毛球场、乒乓球场、青少年运动空间、儿童运动空间、健身空间、风雨廊架等多种功能场地，是沂源县首个小型综合性体育公园。

尚品江南拇指公园

法院“拇指公园” 位于瑞阳路法院西门附近，绿化面积400平方米。在原有绿地改造基础上设置游路、座凳等服务设施，并设置法律宣传栏等。

东埠路北“拇指公园” 位于沂源一中西门附近，东埠路东侧绿化带内，绿化面积1500平方米。设置特色廊架、休闲场地、健身设施、休憩坐凳等。

幸福里“拇指公园” 位于瑞阳路幸福里小区西门北侧，绿化面积3000平方米。与城区干道瑞阳

幸福里拇指公园

路有近3米高差，设计充分考虑周边环境与竖向因子，以“廉政教育”为主旨，设计下沉式健身广场一处，挑空平台将儿童滑梯、冷饮售卖、人行步道等相结合，美观实用。与西侧已建成的体育公园融为一体，符合全年龄段休闲娱乐要求。

方正·御景苑“拇指公园” 位于人民路方正·御景苑附近，绿化面积6000平方米。统筹商住服务业态与体育活动、儿童活动等要素，科学布局休闲广场、园林绿地、景观步道、儿童娱乐等休闲空间和生活业态，整体打造城市文化、时尚运动和互动交流综合服务体系。为广大市民开展文化交流和休闲娱乐活动提供一个好去处，为促进城市文化发展提供重要平台支撑。

方正·御景苑拇指公园

亿客家北“拇指公园” 位于瑞阳路亿客家购物商场北侧，绿化面积2700平方米。设计以“人民楷模”为主题，将朱彦夫事迹融合在公园内，并设置文化景墙、休闲场地、特色廊架、艺术坐凳、运

亿客家北拇指公园

动广场等设施。

东埠路南“拇指公园” 位于沂源一中西门附近，东埠路东侧绿化带内，绿化面积2000平方米。设计以儿童活动为主题，除滑梯、沙坑、摇摇马等常规儿童活动设施外，设计有感应钢琴、压感地灯、互动景墙等新颖设施，着力打造小型儿童乐园。

祥源路“拇指公园” 位于祥源路绿苑益民小区门口北侧，绿化面积2400平方米。以“康体健身”为主题，设置休闲廊架、健身器材、儿童活动、乒乓球台、徒手运动等各类设施，满足不同年龄段群众需求。

祥源路拇指公园

沂源出入口“拇指公园” 位于华源路与沂河西路交叉口，绿化面积4000平方米。突出景观游憩功能，满足附近小区居民休闲、娱乐、健身需求，对原有绿地进行了提升改造，建设了便捷的健身步道系统和迎宾小广场，安装儿童游乐设施，合理组织现有植被，提升绿地品质。

沂源出入口拇指公园

鲁阳会馆南“拇指公园” 位于蝗螂河西路南段，鲁阳会馆南侧，绿化面积5600平方米。铺装地面400平方米，安装大型牛郎织女雕塑1处。

鹏欢花语城“拇指公园” 位于螳螂河东路鹏欢花语城对面，绿化面积8000平方米。为满足附近小区（沂河嘉园、鹏欢花语城两小区）居民休闲、娱乐、健身需求，对沿河的原有绿地进行了提升改造，将水面景观彻底打开，真正让居民赏山悦水、亲近自然。建设了便捷的健身步道系统和迎宾小广场，安装儿童游乐设施，合理组织现有植被，实施绿地龟背栽植法，提升绿地品质。

鹏欢花语城拇指公园

公用事业

城乡公共交通

新中国成立初期，沂源境内尚不具备通客车的条件，县城与农村之间无客车通行，群众出行除依靠牛、马、骡、驴等畜力运输工具外，大多数人依靠步行。

20世纪60年代起，临沂运输公司调拨给沂源客运车辆，陆续开通多条县城到公社驻地的客运线路。

1964年6月，开通南麻至大张庄客运线路，从沂源汽车站发车，每天运行1个班次。该客运线路是沂源县开通的第一条县城通往农村的地区客运线路。

1973年1月，在振兴路1号建成沂源县汽车站，占地面积1.6万平方米，站房面积2000平方米。

沂源汽车站（1982年）

1980年4月，县城建局组建人民交通股，开始参与县内城乡公交运营。当年购进五部城市大型客车（“北京四平”牌2部、“北京”牌1部、“山东”牌1部、“北京长城”牌1部）及中型面包1部。在泰薛路与健康路十字路口东南侧征地4359平方米，建设公交客运站，开通南麻至鲁村、南麻至土门、南麻至石桥、南麻至东里4条公交线路，年载送旅客30万人次。同年，县城到农村的客运线路增加到15条，日发班次达到35个，均由临沂运输公司运营。

1983年6月，公交线路调整为南麻至草埠、南麻至张庄、南麻至燕崖、南麻至石桥、南麻至三岔5条。同年，购进中型面包车，开展出租业务。

1984年9月，在人民交通股基础上，成立沂源县公共汽车公司。

1985年，城乡公交通车里程105千米，全年累计行车里程15.5万千米，客运量60万人次。同年，

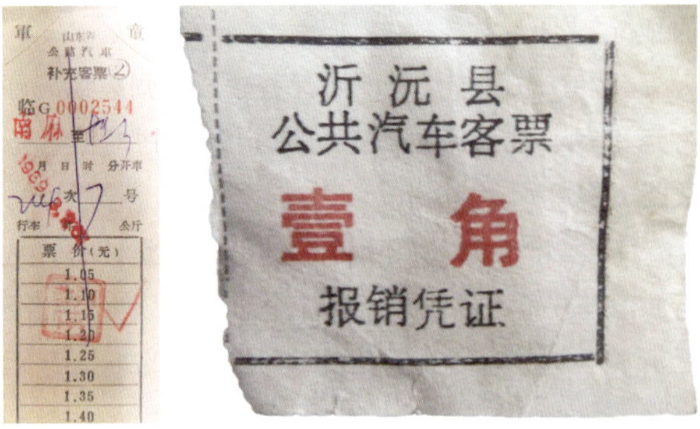

公共汽车票（1989年）

运输市场全面放开，私营运输业开始进入公交客运市场。

1986年，更新车辆两部，客运量48.4万人次，营运额达14.2万元。

1988年，客运量68.8万人次。

1989年，购进大客车2辆，中型客车3辆，开通东里、两县等客运交通线，公交汽车发展到15辆，客运路线覆盖14个乡镇。

1990年7月，公交运营开始实行经济承包经营机制。此后线路和车辆逐渐增多，县城通往附近乡镇驻地和主要大村的近郊客车逐步普及。后经机构、体制变更，城乡公交运营划转交运部门管理。

供水

城市供水是城市建设的重要基础设施，对保证城市经济的稳定发展和人民生活水平的提高具有举足轻重的作用。

沂源县城市供水发展起步较晚。1968年底，县委决定在北埠子（后改建为新城宾馆）成立县城供水机构，1969年5月成立自来水小组，负责县城供水工作，当时的日供水能力仅几百立方米。1990年10月，县自来水公司升格为小（二）型企业。1996年1月，县政府批准该公司为小（一）型企业。1999年12月，该公司由县城乡建设委员会移交至沂源县水利水产局（翌年改称沂源县水务局）。

经过50余年的发展，该公司发展成为集供水生产、社会服务和供水工程安装、水质检验检测、纯净水生产为一体的综合性国有企业。截至2023年底，该公司城市供水总装机容量达到3760千瓦。建有响泉龙洞泉、芝芳、钓鱼台3处水源地，工业供水厂、开发区水厂、历山水厂、西台加压站、公司加压站5座水厂加压站，以及振兴西路、历山路、润生路、花园世家、中营村等5座二次加压站。日综合设计供水能力12万立方米，实际日供水5.5万立方米。管网里程共计266千米，覆盖85平方千米，服务用水人口12万余人。供水范围覆盖县城城区、经济开发区及悦庄镇，基本实现生活用水和工业用水的优水优用、分类供水。

水源地 供水一站、二站建成之前，1965年六七月，在县委（后为党校）院内打成13米深的小井1眼，建高6米、容积50立方米的水塔1座，县委、武装部等单位首批用上自来水。1969年春，利将沂源钢铁厂水井作为自来水水源。同年9月，在北埠子建200立方米水塔1座。

供水一站（2010年）

供水一站、二站 1976年9月，县革委批准开辟新水源，由县打井队在沂源师范学校（沂源县教师进修学校）西侧山东缫丝厂院内勘察、机凿深井。1977年3月中旬，县财政局拨款打井资金2万元。5月25日，打成深井2眼，1号井开孔直径325毫米、井深150米；2号开孔直径219毫米、井深160米，两井东西相距4米，建成供水一站水源深井。8月，建1号深井泵房1座，安装40千瓦潜水泵，每小时提水量140立方米。1978年4月，县财政拨款2万元，自筹3万元，在师范学校南岭建600立方米高位水池1座，12月30日竣工。1979年5—9月，铺设350毫米、300毫米、250毫米、200毫米等各型供水管道2155米，城东自来水管网连接城西水源地。1980年4月，安装2号井37千瓦潜水泵，每小时提水80立方米，5月2日，供水一站全部投入供水运行。2018年，该站经评估后转让给山东沃源纺织有限公司。

1982年9月，因一站供水能力满足不了供水需求，借用运输公司七队（后为五队）深井1眼，安装每小时提水80立方米的潜水泵1台，翌年2月投入供水，成为自来水公司第二供水站。1983年3月初，在供水二站1号井东侧10米处机凿口径219毫米、深178米深井1眼，12月下旬安装37千瓦潜水泵，每小时提水80立方米，25日投入供水运行。2001年8月，县打井队对供水一站两眼深井进行抽排清洗，完工后测得井深：1号井97.05米、2号井118.5米。

沂河水源地　位于南麻街道北刘家庄大桥北端路东。1985年6月，委托省城乡规划设计院进行沂源县城供水设计，8月完成规划设计方案，经县政府审议批准，开发建设沂河水源地。1986年6月动工兴建1号井，10月建成直径8米、深10米的大口井，安装37千瓦、每小时提水270立方米的离心泵供水机组2台。1987年完成沂河水源地至加压站输水管道安装。1990年3月，动工兴建2号大口井，直径10米、深11米，翌年安装55千瓦、每小时提水485立方米的离心泵供水设备，1991年10月1日交付使用。该水源地总占地面积3.82亩，日综合供水能力为1.5万立方米。2000年9月，安装第一台自控阀。2001年4月，对该水源地1号大口井加管改造，由原来每天供水2小时改为全天24小时供水。

沂河水源地

芝芳水源地　位于县城北南鲁山镇芝芳村，距县城约2千米。1992年12月，县政府决定开发建设城北水源工程。1993年，由县水利勘测设计室编制城区生活供水可行性研究报告，沂源县打井队进行施工，先后机凿深井7眼，其中3眼涌水量满足水源地建设要求。1号井深150米，2号、3号井深均为160米，3眼深井静水位埋深均为23米，涌水量各为每小时80立方米。水源地至水厂之间，埋设输水管道3100米，日综合供水能力为6000立方米。1994年，县水利水产局成立城区供水管理站，2004年划归自来水公司。

钓鱼台水源地　初始选址南鲁山镇芝芳村九龙泉。1998年3月中旬打大口井、开挖输水管道，后移址下游钓鱼台。1998年8月开工建设，工程总投资624.5万元，11月竣工并投入运行。建直径10米、深6米的大口井1眼，安装供水机组3台，泵房等建筑面积200余平方米，日供水1~3万立方米，铺设直径600毫米的输水管道2800米至历山水厂，在历山水厂建成4000立方米清水池1座，增设加压设施。1999年7月，利用该水源地与历山水厂的自然高差，改造成直接流入历山水厂蓄水池，节约用电能耗。该水源地总占地面积3.06亩。2010年响泉、龙洞泉水源地建成后，该水源地作为备用水源。

钓鱼台水源地

响泉、龙洞泉水源地　位于南麻街道永兴官庄村南600米，距田庄水库大坝2.5千米，响泉、龙洞

响泉泉眼

泉系田庄水库库区310.64米淹没线以下泉群中的自溢泉水。20世纪五六十年代田庄水库建库后，被库水淹没未能有效利用。2010年4月，县政府决定开发利用两泉，实施引泉入城工程，9月25日建成通水并作为县城供水的主要水源地之一。

响泉位于西，由地下间歇性突溢翻涌，施工期间涌水量达每小时800立方米。龙洞泉位于东，系岩溶洞穴外溢泉水，洞口面北，宽约1.2米、高约1米，施工期间涌水量达每小时200立方米。两泉相距约270米，流量大且稳定，水质优良且具承压，补给面积大且无污染。

工程采取旋喷连续墙封堵、挂网喷砼封堵、帷幕灌浆封堵、钢筋混凝土塔身隔离、地下不锈钢隔离封堵、土工布和黏土隔离封堵、黄土压实封堵、素混凝土浇灌等多种封堵隔离措施和施工工艺，分别在响泉、龙洞泉泉水出露地点及其周围实施泉水与库水、泉水与第四系孔隙水、泉水与大气降水、泉水与渗入基岩岩溶裂隙库水的综合性隔离。

两塔均为16平方米的方形集水塔，壁厚0.4米。响泉集水塔塔底用钢筋混凝土与山体基岩有效连接；龙洞泉集水塔以5个直径800毫米的冲击钻孔灌注桩支撑，并与地下基岩有效连接。塔身分别建宽0.4米、厚0.6米的支撑梁与山体连接，以提高塔身的稳定性和抗冰推能力。在分别距两泉集水塔270米处建圆形取水塔，直径10米，壁厚0.4米，塔身以钢筋混凝土嵌入基岩1米。各塔高度均在校核水位310.64米以上4米。各塔塔顶一侧与泉水溢流水面等高处（高于校核水位3米）设溢流孔。

响泉、龙洞泉集水塔与取水塔间，埋设直径500毫米的PE输水管，由取水塔引泉入城。两泉日最大供水量2万立方米，该水源地建成后，实际日供水1万立方米，县城供水保障能力提高60%以上。

抗旱应急水源地　位于沂河左岸，沂河头村村东100米。2015年10月开工建设沂河头村提水工程，2016年完工，总投资424万元。建进水池1座、设备管理房1座，铺设直径529毫米螺旋钢管1900米，直径200毫米、直径315毫米PE管道各950米，配套300QJ200-80/4井用潜水泵4台，每小时提水790余立方米。该水源地作为抗旱应急水源地，为项目区提供灌溉用水，同时作为开发区水厂的配套水源地。

水厂　20世纪90年代开始，为保障城区居民生活用水和工业供水，先后建历山水厂、工业供水厂、开发区水厂、综合净水厂和悦庄水厂5处供水厂。

历山水厂，位于鲁山路以北。1993—2001年，先后分两期工程建设：一期工程建1000立方米蓄水池1座、220平方米泵房1座，安装37千瓦离心泵1台，提水能力每小时170立方米。二期工程建2000立方米蓄水池2座。该水厂建成后，总占地面积5.93亩，日供水能力2.7万立方米，形成南北城区一体化供水的供水管网体系。

工业供水厂，位于东高庄村东200米，南麻大街南段路东。初建于1994年，1995年开始供水。2012年7月，经县政府批准，田庄水库工业供水场划归县自来水公司经营管理（后改称“工业供水厂”）。该厂总占地面积6151.48平方米，其中房屋建筑面积605.95平方米，建加压泵站1座，供水管网9250米。后经升级改造，该水厂日供水能力2万立方米。

开发区水厂，位于县经济开发区三悦路与华山路交叉口。该厂于2016年2月立项，2017年5月、2021年10月，先后分两期开工建设，初期称“东部水厂”，后改称开发区水厂。一期工程总投资5800万元，占地面积27.73亩，建净水车间1座、5000立方米清水池1座、吸水井1眼、加压泵房1

开发区水厂一期工程（2018年）

座，日净化处理水2万立方米。铺设直径1000毫米输水管线1.1万米。二期工程总投资8000万元，工程占地面积30亩，设计供水能力为每天5万立方米。2023年6月21日试运行。同年12月，该工程采用的臭氧效能提升和板式臭氧发生器技术被列入国家科技重大水专项推广工程、山东省重点研发计划示范工程。

望川纯净水厂，位于教育小区自来水公司北办公区院内，历山水厂以西。1997年9月，投资20万元从美国进口纯水机设备并投入生产，成立县内第一家纯净水生产企业。后经多次升级改造，形成每小时6000瓶小瓶水和每小时600桶桶装水的生产能力。

综合净水厂，2005年9月动工兴建，同年12月31日投入生产。该水厂占地22.6亩，净化处理车间980平方米，配套管网1500米，日处理净化水1.5万立方米。

悦庄水厂，位于北营水库大坝南100米，建于2009年3月，占地面积1440平方米。2014年7月，由悦庄镇移交自来水公司管理。2016年5月，投资127万元建336平方米净水厂房。同年11月，通过省水利厅规范化管理验收，是全市第一个通过验收的农村集中供水厂。可供应悦庄镇政府驻地各单位和东悦庄、西悦庄9个行政村及民营工业园部分企业的生活生产用水，日供水2000立方米。2020年，因水质原因停止供水。

加压站 随着城区供水区域的扩大，自20世纪80年代起，先后建公司加压站、西台加压站及振兴西路、历山路、润生路、花园世家、中营村等加压站和二次加压站。其中公司加压站建成时间最早、加压供水能力最大。公司加压站于1987年3月开工建设，1988年10月竣工，安装45千瓦离心泵机组3台，设计日供水1万立方米。西台加压站及5处二次加压站均于2012—2021年建成投入使用。

供水管网 1969年春，县委、县革委研究决定，将原沂源钢铁厂深8米的水井作为水源，配备安装40千瓦、每小时提水54立方米的离心泵机组。在北埠子建200立方米水塔1座，并利用钢铁厂的旧管道，为供电局、教育局、工业局、手工业局、农业局等单位供水。1971—1973年，由于旧管道用水泥砂浆接口，铸铁管道与瓷管混用，漏水严重，1971年9月重新铺设。

1977—1983年，城西供水一站及二站建成后，历山路、振兴路供水管道跨过螳螂河，建螳螂河以西供水管网。1986—1987年，沂河水源地及加压站建成后，建1000立方米蓄水池1座，配套建设荆山路及健康路主干管道，铺设沂河水源地至加压站直径300米、长1680米的输水管道，增加日供水量5000立方米。1988年4—11月，铺设泰薛路中段、健康路全段主管道，直径400毫米、300毫米、200毫米等各型管道1180米。1991年5—9月，建1000立方米的2号蓄水池，铺设沂河水源地至加压站第二条输水管道，直径400毫米，总长1850米，10月投入使用。1992年5—10月，铺设泰薛路西段、东段直径300毫米供水管道，长970米。同年11—12月，铺设北环路直径600毫米供水管道，长860米。1993年，历山水厂一期工程建成后，铺设历山水厂至北环路直径500毫米、400毫米管道，总长950米；沿河路直径200毫米供水管道，长1500米。铺设鲁山路东主管道，此后，随着新城路、润生路等城区主干道路的建设，供水管网随之不断向东扩展。1994年4月，实施城区管网技术改造，完成北环路东段直径400毫米、长350米；健康路北段直径300毫米、长445米；历山路中段直径300毫米、直径200毫米，分别为长440米、280米的供水管道技术改造。

1996年4月，改造供水二站管道。2001年11月，投资10万余元，在工业路铺设直径300毫米主管道200余米。2007年，在芝芳水源地、历山水厂、加压站、供水二站、综合净水厂等安装直径150—500毫米标准管电磁流量计新型供水机组。2008年，投资300余万元，先后在沿河东路铺设直径250毫米PE管道1360米；在历山路铺设直径315毫米PE管道723米、钢管150米；在新城路铺设直径400毫米PE供水主管道2440米；在瑞阳路（至瑞阳制药）铺设直径200毫米PE供水主管道786米。全年铺设各型号PE管道总计5459米。

2011年7月，省发改委立项投资3175万元，实施城区供水管网改扩建工程，改造供水管网44.3千米，供水管网规模进一步扩大，实现优水优用，工业用水与居民生活用水区分供应。

2014年，完善城区供水管网地理信息化系统，继续城区供水管网改扩建工程，累计建设管网里程12千米，并对西山小区、东苑小区、胜利小区等11处老化供水管道进行全面改造。2017年对华山路、历山路、汶河路、三悦路等管网进行配套施工，累计建设管网里程6000余米。

截至2023年，县城城区及周边输配水管网全长达到266千米，供水服务范围东至石桥工业园，北至北营水库，西至高庄社区，南至黄家宅村和下龙巷村。覆盖供水面积85平方千米，日供水5.5万立方米，其中居民供水共计1.17万户，日生活供水1.5万立方米。

城市消防用水　沂源县城内消防栓安装最早在1996年。2006年，更换、安装少量消防栓，总数达到55个，基本满足当时县城消防供水的需要。2009年，随着县城道路不断建设，新城路、瑞阳路大道等城区内道路增建消防栓45个。2019—2023年，累计建消防栓113座。截至2023年，城区内累计建消防栓405座，其中有36座智慧消防栓与自来水公司智慧水务系统关联，可实时监测管网及消防栓运行状态。

燃气

改革开放前，沂源县普遍使用柴草、燃煤等传统的热量来源，这种方式效率低、污染重、劳动量大。改革开放后，人民生活水平日益提高，城镇燃气化的步伐大大加快。进入21世纪后，随着生活条件的逐步改善，普遍使用清洁能源，柴草、燃煤等取热方式逐渐减少。

瓶装液化气　20世纪80年代中期，县城开始出现瓶装液化石油气，由商贩自莱芜、博山等地贩运至县城销售。

1989年5月，沂源境内第一家液化气企业——沂源县液化气供应公司在沂源县原梭背岭乡驻地成立，为该乡所属集体企业。

1991年5月24日，县城第一家液化气站在沿河西路、位于西台村的三联家电城北侧建成并对外营业。

1993年3月，沂源县液化气供应公司在县城沿河东路建液化气充装站。1997年12月，该公司改制，以沿河东路液化气站为基础，成立沂源鲁峰液化气公司。翌年4月，沂源鲁峰液化气公司正式注册成立。2006年6月，该公司沿河东路充装站，由于沂河源水景公园建设需要被拆除，搬迁至南麻街道西鱼台村西侧。

1999年6月，沂源县东源煤气有限公司成立，所属泰薛路液化气站对外营业。2023年，沂源县东源煤气有限公司完成新站搬迁，荆山路老站停用，新城路充装站投入运营。

东源煤气公司充装站

1998年3月，沂源县银河液化气站注册成立。1999年4月，沂源县红旗液化气站注册成立。7月，东里镇友信液化气站注册成立。2004年7月，沂源县恒源液化气有限公司注册成立。2005年2月，沂源县张家坡镇大可液化气站注册成立。2007年6月，沂源县鲁村镇鲁兴液化气站注册成立。

2011年，沂源县对液化气企业进行撤并整合，整合为沂源县东源煤气有限公司、沂源鲁峰液化气公司2家企业，2家企业各保留充装场站1处，并按照功能、安全等要求对设施不断更新改造。

2012年，县城液化石油气年供应量达到最高峰2900吨。2007年，管道天然气开始在全县得到应用，瓶装液化气市场逐渐缩小。截至2023年，瓶装液化气年供应量仅为1300吨。

管道燃气 21世纪初，城区内无规模化使用管道燃气，只有500余户居民住宅楼试点采用液化石油瓶组气化管道供气，后因成本、安全等因素，于2007年左右全部淘汰停用。

2007年，沂源实施城区天然气一期工程，开始推广管道天然气。同年，压缩天然气（CNG）气源站建成。该站位于经济开发区荆山路中儒林村段北侧（现淄博绿新燃气公司院内），压缩天然气由CNG撬车运输到站。同年7月，第一条燃气管道建成，由压缩天然气（CNG）气源站至东苑小区，该小区成为全县第一个开通管道天然气的居民小区。同年，鲁阳公司七分厂厂外天然气管道工程开始施工，同步建设燃气调压箱1座，鲁阳公司七分厂成为沂源县第一个使用天然气的工业用户。

2008年，天然气主管网二期工程实施，沂清苑、翡翠园等住宅小区，山东药用玻璃公司等企业当年接入。至2010年，荆山路、新城路、历山路、鲁山路、健康路等天然气管道陆续接通，县城中心城区、经济开发区主要区域已基本纳入天然气管道覆盖范围。截至2010年，全县共有管道天然气居民用户3000余户，工商用户8家，年供气总量近1000万立方米。

2011年，中石油泰青威（泰安—青岛—威海）高压天然气长输管线建设完成，经多方协调、积极争取，沂源县自泰青威博山门站开口，建设28.6千米高压输气管线，通至沂源调压计量站〔淄博城市燃气（沂源）有限公司院内〕，同步建设沂源调压计量站人民路中压管道，联通老城区燃气管网健康路段。并网后，压缩天然气（CNG）气源站停用。沂源调压计量站设计年最大供气能力4.6亿立方米，为沂源管道天然气的发展打下坚实的基础。自此，管道天然气开始大规模推广普及，新建居民小区全部同步配套管道天然气。老旧居民小区随片区、道路改造，逐步实施管道天然气配套。自2012年开始，年均新增居民用户约4000户。

2012年，天然气管道首次延伸至沂源县南鲁山镇驻地，山东药用玻璃公司土门分公司等工业企业首先接入管道天然气。2013年，天然气管网覆盖范围向城东、西两侧扩展，先后实施富源路北延、健康路南延、三悦路、鲁山西路、润生路北延、新城路、松山路、石桥工业园等10项天然气管道工程，城区天然气管道环网基本形成。2013—2014年，铺设天然气管道管网累计44.4千米。2015年起，天然气管道由城区向各镇驻地延伸，鲁村、悦庄、石桥、张家坡、东里等镇相继接入。2017年，天然气管道建设达到高峰，年内敷设管道47.7千米。

2018年，开工建设沂源县南外环中压二期天然气管道工程、沂源县鲁村镇中压二期天然气管道工程、沂源县人民路中压二期天然气管道工程、沂源县工业二路至荆山路东延次高压天然气管道工程等6项工程，敷设管道19.7千米。

2019年，开工建设沂河一路次高压天然气管道工程、荆山路东延次高压天然气管道工程、西里至中庄镇中压天然气管道工程、大张庄镇中压一期天然气管道工程等8项工程，敷设管道19.2千米。翌年，开工建设沂源县城区次高压天然气环网工程（三悦路南—沂河一路）、沂源县工业六路中压天然气管道工程、沂源县华山路西延中压天然气管道工程等5项工程，敷设管道16千米。

2021年，鲁村镇徐家庄LNG气化站建设完工，建设鲁村镇驻地至草埠中压天然气管道工程、鲁村镇徐家庄中压天然气管道工程、城区环网次高压天然气管道工程（华源路段）、悦庄镇崔家庄中压天然气管道工程等7项工程，敷设管道21.62千米。翌年，开工建设康源路中压一期天然气管道工程、工业六路中压天然气管道工程等3项工程，敷设管道2.5千米。

截至2023年，全县管道天然气居民用户5万余户，工商用户150家，年供气总量1.2亿立方米。

淄博城市燃气（沂源）有限公司

天然气储气调峰 为应对天然气供需波动，增强供应保障能力，沂源县先后建成天然气储备调峰站2座。

悦庄调峰站：位于悦庄镇张良村。2017年开工建设，2018年竣工投运。共建有150立方米储罐2个、100立方米储罐2个、2000立方米汽化器2台、5000立方米汽化器3台，可储存天然气48万立方米，日均气化能力24万立方米。

东里储配站：位于东里镇东安村。2017年开工建设，当年竣工投运。共建有60立方米储罐2个、2000立方米汽化器2台、1000立方米汽化器2台，可储存天然气7.2万立方米，日均气化能力4.8万立方米。

供热

1986年11月11日，山东省计划委员会批复同意沂源县建立发电企业。沂源县发电厂建于1987年，厂址位于县城东关（泰薛路与万祥路交叉点的三角区内）。1990年开始二期工程扩建，装机容量6000千瓦，选配抽凝式供热汽轮机组，配套2台35吨/小时抛煤机锅炉。1992年，县发电厂改称县热电厂，1993年7月进行三期工程扩建，装机及配套

沂源县热电厂奠基仪式（1987年）

沂源县第一条蒸汽供热管道（1992年）

同二期工程，1995年6月投运。同年，进行四期扩建工程，装机容量为1.5万千瓦，配套1台65吨/小时抛煤机链条锅炉，1997年投运。1998年，电厂股份制改造后改称沂源县热电有限公司。2001年和2002年，建设2台75吨/小时循环硫化床锅炉。2003年7月，山东鲁阳股份有限公司控股县热电公司，2004年3月，热电公司改称沂源县鲁阳热电有限公司，8月，建设第五期扩建工程，装机容量1.2万千瓦，使总装机容量达到4.5万千瓦。2004年9月，改称沂源县源能热电有限公司。2018年，沂源县源能热电有限公司历经股权结构调整，更名为沂源县源能热力有限公司。

1992年12月12日，全县首条蒸汽供热管道—热力管网南管线打压试验成功。翌年2月，县皮革厂、县造纸厂、县玻璃厂等8家企业成为工业蒸汽首批用户。

1993年全县开始集中供暖。

2003年，沂源县源能热力有限公司在其

军民路铺设供热管道（2002年）

东邻启动东厂区建设。分两期项目，共建设3×250000KW抽凝式热电机组，配套4×130T/H高温高压循环流化床锅炉。

2008年，沂源县先后投资1.9亿元，实施供热计量改革试点，进行城区循环水供热工程建设，2011年9月底全面竣工。共铺设循环水供热管网45千米，新建及改造换热站150余处。城区集中供热能力由原来的不足300万平方米提高到500万平方米，循环水供热管网覆盖县城主要区域。每年可节约标煤2.75万吨，减排二氧化硫2100吨，减少灰渣排放量1.72万吨，耗能高、污染大的蒸汽供热方式被彻底淘汰，城区供暖的效率和安全性大大提高，节能环保效果更加明显。同时，沂源县源能热力有限公司投资500万元，建设热网远程监控系统，配置热计量表远程抄表平台，实现对所有供热单位和住户的远程抄表和调度功能，实现供热计量智能化、规范化管理。

2013年，沂源县供热计量改革基本完成。实施供热分户计量后，计量率达到96%，居民用户按表结算退费率达35%，成为山东省唯一供热分户计量基本全覆盖的区县。

2014年，沂源县节能改造温暖万家工程（居住建筑供热计量及节能改造）获评住房和城乡建设部“中国人居环境范例奖”。

2019年，沂源县源能热力有限公司老厂区全部锅炉、机组及东厂区1×250000kW抽凝式热电机组及配套1×130T/H锅炉停运并拆除。

同年，沂源县源能热力有限公司开始筹建东部热源项目。分两期实施，分别于2021年10月、2022年10月竣工投产。共建设2×500000kW背压式热电机组，配套2×260T/H超高温超高压循环流化床锅炉。

2021年，采用生物质和垃圾焚烧发电的光大环保电厂建成投产，同年，博新节能热力（淄博）有限公司成立。

2022年，沂源县政府对2家供热企业城区集中供热经营范围进行划分。沂源县源能热力有限公司以现有供暖区域为主；博新节能热力（淄博）有限公司对兴源路以东、振兴东路（含两侧）以北、东外环（规划）以西、北外环（规划）以南和沂源县源能热力有限公司供暖主管网尚未覆盖到的区域进行开发，主要解决该片区新增办公、学校及居民生活用暖问题。截至2023年，城区供热管网总长度达到185千米，供热能力达到900万平方米，基本满足城区供暖需求。

沂源县源能热力有限公司

排水

沂源县是全省平均海拔最高的县，平均海拔450米，西北高、东南低，境内几乎无客水流入，地势落差大，排泄条件好。城区内的生活、工业污水主要排泄入沂河。

20世纪60年代以前，县城未建立起完整的排水系统，仅有几条自然形成的排水沟渠。一条由西台东的山岭排入螳螂河，一条排入窗户沟水库后再泄入沂河，一条由县医院西向南排入沂河，一条由东岭排入沂河。

县直机关搬迁至南麻后，对城区排水系统的建设日益重视，充分利用城区内的良好地势条件，对原有排水沟渠加以改造和疏浚，使城区排水不断延伸，逐步形成较为完善的排水管网和功能体系。

20世纪80年代工人在挖排水渠

1962年夏，南麻遭受水淹，促使排水工程不断完善。同年秋，加固螳螂河堤，河西堤坝从原漫水桥向北筑至汽车站，长度约300米，并对窗户沟水库和沂河的排水沟渠进行修整。历山路段原实验小学至荆山路段石砌宽7米、深1.8米的排水沟渠，水泥砂浆抹缝。其中修建小桥涵2座。

1965年，改造东岭排入沂河的排水渠，长150米、宽1.5米、深1.5米；修砌县医院西侧武装部至邮电局段排水渠50米，两条排水渠在农贸市场西端小桥处汇合，向南排入沂河。

1979年，在历山路两侧各修建一条宽1.5米、深0.8米的排水暗渠；铺设直径300毫米的水泥管道600米，修整实验小学至中医院段宽7米的明水渠，使暗沟与明渠相通。将县医院西侧排水渠改道，沿健康路向南排入沂河。螳螂河以西的排水，来自西、南方向的雨污排水在县建筑工程公司门前汇合，南入下游螳螂河；螳螂河以东、振兴路以南的雨污排水，在历山路南首汇合；振兴路以北，在县照相馆小桥相汇后，在县造纸厂门前汇合，向南排入沂河。21世纪之前，城区内的排水管网既是排洪防涝设施，又是生产和生活污水的排放设施。

1985年，县城日排出污水23850吨，排水基本畅通。1993年，以创建省级卫生城为契机，对城区大部分排水沟渠进行了覆盖封闭。20世纪90年代起，县城排水系统建设基本与道路建设同步进行，同步规划，同步施工，一次到位，逐步对原有沟渠进行升级改造、维护清淤。截至2023年，城区排水管网总里程达到344.2千米。

雨污分流 2000年以前，城区排水管道尚未根据水的来源进行分设，雨水和污水排放管道（渠）合用。随着经济的发展和环境保护意识的增强，水资源节约意识进一步提高，开始实施雨污分流的排水方式。雨水通过单独管网直接排到河道。污水则通过污水管网收集后，输送到污水处理厂里进行处理，水质达到相应标准后再排到河道里，防止河道污染。雨污分流便于雨水收集利用和集中管理排放，降低水量对污水处理厂的冲击，保证污水处理厂的处理效率。

2000年以后，新建的排水管网全部采用雨污分流，但老城区已建成的管网仍保持原有的雨污合流状态。

2017年，启动建成区雨污合流制管网改造工

污水管道施工现场

雨污分流改造施工现场

作，特别是自2022年以来，编制《沂源县城市排水“两个清零、一个提标”工作方案》，科学指导改造工作分步有序推进，实现33.37平方千米的建成区范围内合流制管网清零的任务目标。

首先以城市排水分区为一级网格、市政道路为二级网格、建筑小区为三级网格，委托第三方专业机构，对道路、小区、企事业单位进行拉网式排查，彻底摸清管网底数，针对合流、混接、错接等问题，逐一建立问题台账。同时，梳理市政道路、建筑小区、错接混接点等改造重点、难点，分类分步、细化制定推进措施。2022—2023年投资2.93亿元，集中“大会战”完成了30个混流制小区、14条路段25.652千米合流制市政管网的改造。

以开展城市建成区雨污合流制管网改造为契机，先后实施了沂河治理工程、地表水污染防控及溯源整治工程、城市水系建设工程等三大工程，保障了水资源可持续利用，实现了生态优先绿色发展目标。沂源水环境质量全市第一、全省第三。先后获国家全域旅游示范创建县、全国绿化模范县、国家园林县城、中国适宜人居环境奖、山东省省级生态县、山东人居环境范例奖等荣誉。

结合雨污合流制管网改造，针对沂源县城山区地势特点，新建雨水泵站2处、污水泵站1处，优化了城市雨水排水管网布局。实施雨水管道分段、分区截流控制，合理引导雨水就近入河，解决城区易涝点10处，实现城区道路强降雨半小时后无积水，易涝小区不积水。在实施雨污合流制管网改造过程中，在将瑞阳路、新城路人行道路面提升为彩色透水混凝土的基础上增设绿道，成为沂源县城居民休闲健身的“网红步道”。同时，优化提升老城区道路主路面，对健康路、振兴路2条老城区道路进行了“慢自一体”改造，消除了障碍物带来的安全隐患，城市道路更加通畅，路域环境提档升级，城区面貌焕然一新。

雨污分流改造后

污水处理 到21世纪初，除部分工业企业外，城区污水、雨水基本采用直排入河方式进行处理。

2002年2月，第一污水处理厂开工建设，同年10月投入运行。该厂位于沂源经济开发区中儒林村沂河与埠村河交汇处。第一污水处理厂的设计污水处理能力为每天4万立方米，出水水质执行国家二级排放标准。2006年8月，对第一污水处理厂实施改造，2007年3月投入运行，出水水质达到国家一级B类排放标准。2010年4月，第一污水处理厂再次升级改造，出水水质达到国家一级A类排放标准。2021年1月，根据环保要求，再次进行提标改造，出水水质提升至地表水类Ⅳ类水标准。

2013年7月，在沂源经济开发区沂河头村、沂河与饮马河交汇处建设第二污水处理厂。2016年6月建成投入使用。设计污水处理能力为每天4万立方米。2017年、2021年先后两次对该厂实施提标改造，出水水质提升至地表水类Ⅳ类水标准。

市政往事

沂源县创建“亚洲都市景观奖·特别奖”纪实

2013年11月26日，从日本福冈传来喜讯，在由联合国人居署、亚洲人居环境协会等机构联合主办的“2013亚洲都市景观奖颁奖典礼”上，沂源县申报的“城市人居环境改善项目”，一举摘得“亚洲都市景观奖”和“特别奖”两项大奖，得到了评审委员会及与会专家、领导的充分肯定和高度评价。他们一致认为，沂源县作为内陆小城市，依托山水资源、历史人文和自然禀赋，在城市人居环境建设方面取得了显著成效，尤其是水景公园、儿童乐园、

亚洲都市景观奖

“果树进城”、公厕建设等项目的实施，思路新颖，贴近民生，特色鲜明，充分彰显了以人为本和可持续发展理念，引领了城市景观建设的新方向，对推动亚洲城市的振兴与人居环境水平的提高起到了表率作用。

“亚洲都市景观奖”是亚洲地区城市景观领域的最高荣誉，由联合国人居署、亚洲人居环境协会等机构共同发起并设立，旨在为亚洲各国和地区之间建立交流机制及科学评估标准，引领亚洲城市未来发展方向，促进亚洲城市景观科学发展。该奖项每年评选一次，亚洲共有来自9个国家的40多个城市和项目相继入选，中国西安世界园艺博览会、北京南锣鼓巷、杭州余杭区等12个城市和项目先后获此殊荣。

本次评选活动以“孕育城市骄傲的景观”为主题，云集了近年来亚洲各国在城市景观环境建设中涌现出来的优秀城市和项目代表，联合国人居署亚太办事处主任深泽良信，亚洲人居环境协会主席刘兴达，亚洲景观设计学会会长佐藤优，中国驻福冈总领事李天然，以及130多位来自亚洲各个国家和地区的政界人士和专家学者出席了颁奖典礼。经过专家评审委员会近1年、历经数轮评审的淘汰与筛选，共有来自中国、日本、韩国、印尼、越南等国家的11个城市和项目获得亚洲都市景观奖，其中，仅有包括沂源在内的2个城市摘得最高奖项——特别奖。

“亚洲都市景观奖·特别奖”的获得，标志着沂源县城市人居环境建设又迈出了可喜的一步。沂源县委、县政府始终把城市人居环境建设作为落实科学发展观、增强城市综合竞争力、实现经济社会跨越发展的重要举措，围绕建设“独具特色的山水生态和谐宜居宜业中等城市”的目标定位，牢固树立国际化、现代化、精品化、人性化、精细化“五化同步”理念，坚持民生为先、项目为纲，扎实推进城市人居环境建设。城市建设日新月异，经济与社会协调发展，人与自然和谐共处，居民幸福感日益提升，走出了一条经济与环境协调发展、人与社会和谐共融的发展之路。先后荣获国家文明县城、国家园林城市、全国绿化模范县、山东省适宜人居环境范例奖等殊荣。

沿河改造，铺展灵动亲水画轴

沂源县对螳螂河流经城区的10.8千米河段实施了综合治理，规划建设了沂河源水景公园。“一河清波穿城过，几多美景入画来”。沿河两岸已由昔日污水横流、垃圾遍地的“龙须沟”，一举变为河畅水清、岸绿景美的滨水景观长廊，成为全省唯一以水系景观命名的国家级水利风景区，并荣获“山东人居环境范例奖”。

沂河源水景公园

齐鲁之心，成就沂源未来城市新地标

历山位于山东省地理几何中心，是沂源县城区海拔最高处，新一轮县城总体规划修编完成后，将新北外环路规划到历山以北，使历山成了“城中山”。为加强对历山的保护和开发建设，突出体现沂源作为山东省地理几何中心和齐文化、鲁文化交汇地的区位特征，以及独有的山水、生态、文化特色，沂源县于2013年全面铺开了“齐鲁之心”生态文化公园建设。项目建成后，将使历山、螳螂河及周边环境融为一体，成为展示沂源县山水生态城市和“齐鲁之心”地域文化特色的标志性地段，同时为群众提供一处休闲养生、健身娱乐、文化体验的良好场所。

历山红叶

生态园林，让绿色拥抱城市、居民回归自然

“最大程度地让市民亲近绿色，享受自然。”这是沂源对园林绿化的一贯追求。沂源县坚持增加绿量与提升品质相结合，采取拆墙透绿、顺街铺绿、见缝插绿、破硬建绿等多种途径，相继建成综合性公园5处、游园12处、街头绿地41处，对15条新建道路实施了高标准绿化，这些公共绿地或钟情生态环保，或演绎山水田园，各具特色，互为补充，真正实现了绿在城中、城在绿中、城绿交融的城市绿化布局。沂源城市绿化覆盖率为44.78%，人均公园绿地面积达到21.52平方米，各项绿化指标均居淄博市乃至山东省前列。

沂源道路绿树遮荫，绿地花团锦簇，游园星罗棋布，在花园居住，在广场漫步，在河畔听风，不出城廓而享园林之美，身居闹市便赏花香之怡。

果树进城，彰显山水生态果乡新特色

沂源利用建设过境铁路移栽的果树，变废为宝，赋予果树以新的生命。选育16个乡土果树品种2万余株，花树1.5万余株，按照“适地、适树、适景”的要求，对城区主干道和街心公园进行了高标准绿化，建成了20多个城市精品游园，着力打造“果园里的城市”，形成了春赏花、夏看叶、秋品果、冬看枝的城市绿化新景观。

果树进城

清水润城，让水融入群众生活、城市发展更富灵气

沂源县以城区现有的河流、沟溪、湖库、湿地、洼地等水体为基础，深入实施了“清水润城”工程，按照“一城、两源、三河、六水、七溪、十二湖”的框架和百年工程、景观工程的要求，通过水系的生态治理，展现自然形态、恢复生态功能、培养可持续的自我维护能力，突出抓好了“六点水”建设项目，打造了与周边环境充分融合，充满生命

六点水新世界公园夜景

活力、生机盎然的河流水系。

绿满沂源，构筑层林尽染、漫山碧透的绿色生态屏障

沂源县立足山区自然条件，依托全民义务植树、单位和个人挂包荒山、封山育林等措施，启动实施了“绿满沂源”造林绿化工程，给城区附近的荒山、道路披上绿装，树种以侧柏、黄栌、五角枫、银杏、杏树等常绿、彩叶、景观树种为主，全部营造高标准混交林，到2015年，沂源县新增造林绿化面积达到12万亩，森林覆盖率达到59%以上。

以人为本，为老人和儿童打造幸福乐园

建成了沂源儿童乐园。公园以生态、乐趣、启迪、感恩为主题，占地6万平方米，分为休闲活动、健身活动、认知体验、启迪乐园、亲子乐园、娱乐探索6个功能区，设有20多个儿童游乐项目，按照全省一流标准建造，每个项目都是为少年儿童量身打造，兼有娱乐和教育的双重功能，是沂源县首个集运动娱乐、科普认知等功能于一体的综合性儿童公园。实施了胜利山九九乐园建设。公园以老年人活动为主题，占地24万平方米，设有棋牌长廊、门球场、翰墨轩、音乐广场、健身步道等多处老年人活动场所，集中打造松鹤亭、樱花大道、荷塘月色、梅园、盆景园等一系列景观节点，同时配备健身活动、休闲娱乐等器材和设施。工程竣工后，建成沂源县首个集户外运动、健身娱乐、休闲养生等多种功能于一体的老年人主题公园。

路桥提升，不断优化城市交通环境

2011年以来，沂源县城区共实施上海路、振兴路、北京路、南麻大街、枣庄路及新城路东延、润生路二期等新建道路21条、54千米，对荆山路、鲁山路等10.3千米道路实施了改造提升，实施了沂河螳螂河桥梁畅通工程，陆续建成并铺开了螳螂河大桥、西台大桥等10座大桥的规划建设，同时将沿线绿化、雨污、弱电、燃气和热力等配套设施与道路和桥梁工程同步设计、同步施工建设，确保一次性全部到位，城市路网的通行能力和群众出行条件均有了显著改善。

螳螂河大桥

住房保障，让困难群众“住有所居”

沂源县认真落实国家住房保障政策，不断加大保障性住房建设力度，累计投入资金12.5亿元，在最好的地段，以最低的价格、最好的建设、最好的配套、最好的服务，先后建设保障性住房4700套，35万平方米，发放廉租住房货币补贴1956户、876万元，受益群众达2.5万人，圆了广大困难群众的住房梦。

儿童乐园

振兴路路基的石子

1976年的沂源县，经济落后，基础设施匮乏。县政府门前那条坑洼不平的土路，每逢雨季便泥泞不堪，严重影响县城的通行与发展。

沂源县政府与临沂地区公路部门协调，决定将振兴路修建成沂源县城内的第一条沥青路，对外展示沂源城市的良好形象。

然而，在那个物资极度匮乏的年代，没有充足的资金购买现代化施工设备，也没有专业的施工队伍可供调配，面临着巨大的经济压力与人力挑战。

因为这条路是省道博沂路在沂源城区内的路段，按照和临沂地区公路部门的协商结果，路基所需地瓜石、石子由当地政府负责筹集，路面由公路部门负责铺筑。按照测算，这段路大约需要地瓜石、石子1万立方米，备齐如此多的原料，不仅来源要充足，生产时间也要有保证。

面对艰巨的任务，全县各单位积极响应号召，纷纷参与到这份光荣的义务劳动中来。每个单位都制定了详细的计划，将任务细化到每一个人，从搜集材料到参与施工，每一个环节都紧密相连，不容有丝毫懈怠。

当时的县城周边没有大型的采石场和石子加工设备，只有一些农民建房开采石头留下的“石窝”。为此，县政府给各机关事业单位下达了“找石头、砸石子”的任务，每个单位根据人员多少，领取数量不等的石头、石子上交任务，而且这个工作不能占用正常上班时间，纯属义务劳动。一个七八个人的单位，就能分到12立方米石头和石子的任务，地瓜石和石子都有不同的规格要求。

每天下班后，就能看到拉着地排子车，往螳螂河河滩上或者附近村“石窝”里找石头的“机关人”。停下地排子车，只要能用的石头就往车子上堆，然后参与捡石头的人，有拉车的，有在后面推车的，先运到单位，过秤登记。每个单位都会在收集点挂一块黑板，写明“某月某日，某某人上交石头多少”。根据分工，砸石子的拿着手锤子、铁圈，找块干净点的石头当座位，另一块结实、平整的石头当垫石，把能砸的石块搜集到垫石周边，然后就开始砸石子。完成后，把石子上交到单位的收集点。有的则是把石块搜集回自家的院子或楼下进行加工，有的甚至利用周末回老家的“石窝”加工石子，再运回城里。那时同学、朋友见面第一句话，“你砸完了吗？”。所采取的方式方法各不相同，但目的只有一个，按时完成石子加工任务，不耽误公路部门使用。石子加工任务完成后，由单位统一上交到县里指定的收集点，确认任务数量、登记备案。

在全县各单位的共同努力下，提前完成地瓜石收集、石子加工任务，确保了振兴路如期硬化完成。

2023年，在振兴路雨污分流工程施工现场，有位当年参加了石子加工任务的市民，看到挖掘机翻动当年凝聚全县党政机关人员汗水的坚硬的路基时，对现场施工管理人员说“这路基快50年了，基本没变样”，自豪之情溢于言表。

现场炒制沥青

1982年的沂源县，城区内的道路除了1976年铺筑沥青路面的振兴路外，其余的都是沙土路面。沂源县委前的胜利路及连接振兴路的历山路、健康路，尘土飞扬、坑坑洼洼，群众要求改造的呼声很高。这三段路共计1.1千米左右，主要存在沥青采购难、土石方工程量大、施工机械落后等难题。但为了改善群众出行条件，使振兴路、历山路、健康路、胜利路形成路况一致的环路，对外展示良好的城市形象，沂源县政府决定将历山路、健康路、胜利路铺筑沥青路面，交由沂源县市政工程公司具体实施。当时的县市政公司只有一台压路机算是能拿得出手的施工机械，道路降坡、路基挖填等工作全靠人工来实施。没有水准仪、经纬仪等起码的测量设备，只能借用县水利局技术员，采用“三竿定位”的方法进行放线、抄平。

在计划经济时期，沥青作为筑路工程的主要材料，既需要省级的计划批文，又需要充足的资金支持。批文需要到省里有关部门去申请，批文下来，就需要带着资金去齐鲁石化炼油厂购买沥青材料，这一个流程下来，至少需要2个月时间，可见当时沥青采购过程的艰难。

把沥青拉回到沂源县后，迎接工人们的是更为艰巨的任务——人工炒拌沥青。在一个简陋的工地上，几个大铁桶被架在大石块搭起的炉口上，底下是燃烧的木柴，加入沥青烤化、预热到液体状态。

工人们穿着单薄的衣服，当时并没有任何防护措施，工人们手持铁铲，便开始了劳作。首先，他们需要支搭沥青石子拌合台子，把铁板放在几块大石头上，底下留好烧木柴的炉道，点火后将石子铲到铁板上，用桶把预热的沥青浇到石子上，开始搅拌。目测达到铺筑要求后，人工将这些拌好的沥青铲到租来的拖拉机上运到施工作业面，人工用铲子摊平，最后用压路机压实、找平。由于沥青温度降低就冷却，所以这些过程必须配合紧密，炒制现场要随工作面的变换而迁移。

炒拌沥青的过程连续性要求高，长时间作业需要极高的技巧与耐力。当时一般的工种每个工1.25元，沥青炒拌工人每个工3元。用铁板加热沥青，等沥青完全液化，再用铲子搅拌，达到无硬块且成水样流淌，当开始冒气泡并有大量的蓝烟生成时，沥青就算熬到火候了，此时温度大约150℃。他们必须迅速而均匀地翻炒，以免沥青因温度过高而燃烧起火。然而，即便如此小心翼翼，也难免会有意外发生。一旦沥青起火，工人们需要迅速地拿起洗衣粉撒到火中，产生大量的泡沫进行灭火，这种类似现今干粉灭火的方法，是他们无数次实战总结的经验。

在这个过程中，工人们的衣服早已被汗水浸透，再被沥青粘附上，形成了一层厚厚的“盔甲”。他们的脸上、手上甚至头发上都沾满了沥青。有位当年参与炒拌沥青的工人，在现场工作了几天后，兴奋地告诉工友，自己身上多年的“瘊子”褪了，从另一个角度可以看出他们当时烟熏火燎的工作环境。当最后一桶沥青被运走时，长时间、高强度、满负荷的操作使工人们早已筋疲力尽，他们拖着疲惫的身躯回到家中，却往往连吃饭的力气都没有。饥饿与疲惫交织在一起，让他们倒头便睡。

经过参建者的艰苦奋战，胜利路、历山路、健康路完成了沥青面层铺筑。这些平整而宽敞的道路不仅极大地改善了县城的交通状况，更为城市的发展注入了新的活力。据当时的参建者介绍，尽管施工方式方法落后，但对工程质量要求很高，对工程造价更是严格控制，1.1千米左右的路仅仅投入了22万元，路面直到2002年才进行了重新罩面。

移位的新城大桥

在沂源县的建筑历史长河中，有一座桥梁不仅横跨螳螂河两岸，更成了连接过去与未来的坚固纽带——新城大桥（后更名为复兴大桥）。此桥位于振兴路西首，全长143米，宽12米，两侧人行道各宽2米，是典型的钢筋混凝土拱板桥，桥高3.5米，9孔，单孔跨径15.86米。它的诞生，是一段智慧与勇气并存的传奇，每一个细节都镌刻着建设者们不懈追求与创新的足迹。

1995年，沂源县城乡建设委员会的工作人员邀请山东省城建设计院，正式启动新城大桥的设计。在设计过程中，沂源县政府最初倾向于修建一座宽8米的步行桥，希望能为市民提供一个悠闲漫步的好去处。然而，参与建设的工程技术人员却提出了不同的看法。基于他们前期的深入调研，当时横跨螳螂河的只有南麻大桥和西台村自建的西台桥，随着城市的快速发展，车辆通行县城东西的需求日益迫切。最终，县政府决定采纳参建者的建议，将桥梁拓宽至12米，以缓解日益增长的交通压力。

建设之路并非一帆风顺。当施工队伍进驻现场时，他们发现沂源购物长廊（民间称火车匣子）北首的变压器，会阻碍桥梁施工的顺利进行，由于产权单位找不到合适的位置迁移变压器，只能选择桥体移位的解决方案。所以今天我们看到的新城大桥与振兴路接口的位置，并不在振兴路的延长线上，而是向振兴路延长线的北侧偏移了。

因为螳螂河汛期行洪的要求，大桥桥板吊装必须在丰水期来临前完成，否则就会出现上游洪水裹挟的泥沙淹没河道内预制桥板的情况，给后期施工带来极大的难度。所有参建人员24小时排班，终于在洪水到来的前一天完成了桥板的吊装就位。整个新城大桥从开工到通车，历时半年，成为沂源人凭借自身力量建设的第一座跨越螳螂河的大桥。

新城大桥建设方案在征求水利部门意见时，根据历年水文资料，这座桥的设计要考虑承受低于百年一遇洪水的能力，解决方案就是桥体由直线型向拱形转变。面对这一棘手问题，工程师们经过深入研究与反复测算，最终提出了桥面起拱的解决方案，在修建过程中，共使用了220吨钢筋，确保了桥梁的坚固与耐用。这一设计不仅有效解决了泄洪难题，还赋予了桥梁更强的抗洪能力。

桥梁主体完工后，螳螂河上游连降暴雨，河道水流加大，由于时间的原因，混凝土强度尚未达到设计强度，大桥能否抵御当时的洪水，参建者心里都没有底。当洪水退去，新城大桥经受住了考验，建设者交上了一份合格的答卷。

购物长廊拆迁改造绿化

购物长廊拆迁改造绿化工程位于县城沿河东路西侧，南起南麻大桥，北至新城大桥，全长630米。购物长廊始建于20世纪90年代，受历史条件等因素影响，建设水平参差不齐，“脏、乱、差”问题突出，与周边环境形成强烈反差。为改善周边群众的生活环境，进一步提升县城整体形象，2008年，实施购物长廊拆迁改造绿化工程。完成房屋拆迁1.75万平方米，新增绿化面积1.1万平方米，栽植各类乔灌木50多个品种、共3000余株，种植草坪4000平方米，安装各类灯饰38盏，铺装游路3300平方米，建设亲水平台3处。

购物长廊拆迁改造绿化工程的实施，极大地改善了城区螳螂河东岸及周边环境，与沂河源水景公园形成有机整体，成为展示沂源县“鲁中生态高地”特色的标志性地段，成为对外展示沂源城市形象的重要窗口。

厕所“变形记”

新中国成立以来，沂源厕所经历了数次变迁，从侧面印证了居民生活水平的提升，折射出文明发展的进程。进入21世纪以来，沂源县更加坚定不移地推进“厕所革命”。

过去的厕所，不说农村，县城也是一塌糊涂。老城区的厕所一是少、二是差、三是脏、四是臭，凡到过沂源的外地人，都说南麻茅坑少、苍蝇多、臭气难闻。沂源是农业县城，以前人粪为主要农肥，加上乡镇农民成批上门叫买，人粪肥十分受欢迎。放一个粪缸便桶，肥料收入能抵一家人的日常花销。

1991年环卫所办公楼建成投用，同年建成老建行公厕、影剧院公厕。1992年，建成劳动局公厕、一中东侧公厕、烈士陵园公厕、胜利山小区公厕、西山小区公厕。1993年，建成土产公司公厕、商业大棚西公厕、公共汽车公司公厕。但是，这些公厕的投入使用，并不能满足人民群众对公厕的需求。在县城居住的由于熟悉各个单位的厕所，应急时可以跑到一些企事业单位去，但是外地人或者乡镇来县城办事的人可就惨了。加上破破烂烂的粪缸便桶，可谓见缝插针、密密麻麻。

进入21世纪，沂源县政府更加深刻地认识到，公共厕所不仅是城市基础设施的一部分，更是城市文明程度的重要体现。因此，一项以“提档升级、美化环境、便捷服务”为目标的公厕改造工程全面铺开。

2022年，沂源县城区新、改建公厕30座，被列为全县重点工程项目之一，有效补齐了影响市民生活品质的短板。公厕建设根据人流密度、覆盖区域等科学定点，基本解决了城区公厕分布不均衡的问题。

科学规划公厕点位，确保公厕分布合理、数量充足。同时，注重公厕与周边环境的协调融合，许多新建公厕被巧妙地设计在“拇指公园”、绿地广场等休闲场所旁，既方便了市民游客，又提升了城市景观的和谐度。在外观设计上，沂源县的公厕更是下足了功夫。它们不再是以往那种单调乏味、甚至影响市容的“简陋小屋”，而是变成了风格各异、美观大方的建筑艺术品。有的公厕采用了现代简约风格，线条流畅、色彩明快；有的则融入了传统元素，青砖黛瓦、古色古香，与周围的古建筑相得益彰。建立完善的公厕管理制度和长效保洁机制。每个公厕都配备专职管理人员，负责公厕的日常清洁和维护工作。通过定期检查和考核，确保公厕始终保持良好的卫生状况和服务水平。

走在沂源县的街头巷尾，再也找不到那些破破烂烂的粪缸便桶和脏乱不堪的公厕，取而代之的是一座座设计精美、环境优雅的现代化公厕。它们不仅改善了市民游客的如厕环境，还提升了城市的整体形象和文明程度。沂源县的公厕“变形记”，不仅是一场基础设施的改造升级，更是一场深刻的思想观念变革和社会文明进步的体现。

城区街道改貌

2003年4月，胜利路作为城区街道改貌试点路段，率先启动拆墙透绿工程，拆除影响景观的单位院墙、传达室等建筑物、构筑物，对绿化布局进行规划设计，拓宽道路两侧空间，增加沿街绿量，提升绿化档次。2003年9月，胜利路改貌工程竣工，共拆除各类房屋2910平方米，拆除围墙、改造大门12处，楼体更新外装13栋，新增、改造绿地1.5万平方米，管线下埋3643米，更换路灯61盏，安装各类灯饰245盏。通过实施胜利路改貌工程，为道路两侧单位和居民营造了整洁、优美、舒适、有序的环境，为城区主要街道改貌树立了样板。2004年，继续坚持“见缝插绿、破硬建绿、拆墙透绿”的增绿方法，对城区内旧庭院、闲置土地、背街小巷进行绿化改造，共完成城区5条主要道路、6条次要道路及小街巷的绿化整治工作，有157个单位进行了绿化改造和院墙透景改造。

沂源县龙子峪村，创新建设“共享”公共厕所

沂源县鲁村镇龙子峪村乡村游搞得如火如荼，众多游客到这里来体验农村生活、寻找儿时记忆，但缺少公共厕所，成了龙子峪村乡村游的短板。

沂源县住建局、镇村干部和桃花岛公司反复琢磨，探索出了一条“农村共享卫生间”的新路子。制定《农村公厕建设改造实施方案》，细化施工、验收、管护工作流程，因地制宜设计、选定公厕样式，设置独立蹲位、站位、残疾人位，配齐洗手盆、无障碍设施、照明设施，确保达到《城市公共厕所设计标准》三类标准。同时，将农民家中闲置的牲口栏改造成共享卫生间。本着方便、实用、不额外占地的原则，这些共享卫生间不仅满足了游客的如厕需求，还充分尊重和保护了村民的隐私。

在设计和建设过程中，桃花岛文旅公司投入了大量的精力。在不影响使用的前提下，保留并改造了原有牲口栏的外观，同时将卫生间内部按照星级旅游厕所的标准进行装修。为了确保卫生和安全，每个卫生间的下水口都通过管道直接排入村内的污水处理设施中。

值得一提的是，这些共享卫生间的设计充分考虑了实用性和舒适性。将卫生间分为两个独立区域，可以互不影响地使用，同时也充分保护了村民的隐私。另外，卫生间的内部设施一应俱全，包括厕所、洗手台、排风设备等。

建设过程中，所有费用都由桃花岛文旅公司承担，而日常的保洁和维护工作，则由专业团队负责。这种模式不仅提升了农村公共设施的水平，也通过专业化运维，保证了公共厕所的卫生和安全。

龙子峪村的共享卫生间建设，是农村环境整治和人居环境改善的一次成功尝试。通过共享卫生间的建设，不仅提供了高品质的公共设施服务，也推动了乡村经济的发展和生态环境的改善。这一案例充分展示了在农村地区实施共享经济和绿色发展的可能性，为全国范围内的农村环境整治和人居环境改善提供了宝贵的经验。

这一创新项目不仅方便了游客和村民的使用，也进一步提升了龙子峪村的旅游形象。共享卫生间的出现，解决了原有旱厕带来的卫生问题，改善了农村的硬件设施和人居环境，提高了村民的生活质量。同时，这一创新举措也为乡村文化旅游的发展注入了新的活力，推动了乡村振兴战略的实施。

房屋建设

住房和城乡建设卷

扫码听书

记忆沂源·住房和城乡建设卷

概　况

1949年以前，境内居民生活贫困，温饱问题难以解决，对房屋的要求只是有个安身之地，房屋大都是低矮、破旧的茅草房，只有几家大户人家才有几间像样的瓦房。

20世纪60年代建筑工人开采石头

新中国的成立，结束了兵荒马乱、民不聊生的岁月，新的社会制度为改善人民衣食住行条件奠定了基础。随着各项事业的发展，居民收入不断提高，房屋住宅逐渐增多，房屋结构由土坯草墙结构向土木结构转变，居民住房以带院的平房为主，受经济发展水平和建筑技术的制约，那时还没有楼房出现。

20世纪70年代的农村房屋

1960年，沂源县城第一座楼房——整体石拱结构的原县政府招待所3号楼建成交付使用，1999年，因改造建设被拆除。

20世纪六七十年代的茅草房屋

20世纪70年代，逐步淘汰草房，原有草房多被弃置或改造重建。沂源县城陆续出现用以居住或办公的楼房建筑，楼房建设速度空前加快。从建成年代看，20世纪70年代前县城房屋面积120875平方米。20世纪70年代末到20世纪80年代初，新建房屋695639平方米，为20世纪70年代前房屋总量的5.76倍。各行业大力发展楼房，仅20世纪70年代便建成2至4层楼房73栋。同时，这一时期，房屋建设由单纯追求功能性向追求品质化转变，水磨石地面、马赛克外装等相继出现。

党的十一届三中全会后，非生产性建设比例逐步上升，房屋住宅建设速度加快。在城市规划指导下，住宅建设向配套式、高层次发展，公建项目不断增加。随着房屋建设的大力发展，建房的结构、样式要求也不断发生变化。在沂源县城总体规划指导下，1980—1985年短短的五年时间，投入使用楼房165栋，尚有很多未竣工的楼房在建工程。20世纪80年代，县城楼房以三四层为主，向空间发展代表城镇建设的新趋势。截至1985年，沂源县城区常住人口1.8万，房屋总面积904749平方米，其中住宅面积390830平方米，人均使用面积13.71平方米。

1987年，沂源县政府开始谋划商品房建设，解决县城住房紧张和有些单位计划小、资金短缺不

21世纪初的农村盖房场景

能建楼房的矛盾。当年，成立沂源县城市建设综合开发公司，是沂源县首家房地产开发企业。自此，沂源县房地产业开始起步。

公房建设过程中，受制于建房单位资金能力、职工数量等因素，职工少的单位，仅需建设1座楼房就能满足需求，甚至2个单位合建一座楼房，房屋建设零星征地、分散建设问题日益突出，道路、水电等配套设施规划建设不便。20世纪80年代后，随着城镇建设的不断发展，住房建设的无序管理状态的弊病逐渐被人们所认识。形势发展要求住房建设要按城市规划合理布局，统一安排，搬迁居民区按规划逐渐向城区周围扩散，迁居到比较安静的地方，形成几处按规划要求建房的居民区，以利于发展商业、服务、贸易等各项公共事业。除住宅以外，自20世纪80年代末开始，商业用房建设开始兴起。

东苑小区（2007年）

1992年，沂源县启动住房制度改革，房屋建设进入房改房时期。1998年12月31日，停止住房实物分配，建立住房分配货币化、住房供给商品化、社会化的住房新体制。2001年，商品房按揭贷款政策正式落地，按揭贷款政策极大缓解了居民购房资金压力，推动了沂源县房地产业的发展。

随着经济社会不断发展，2008年左右，沂源县居民收入快速增长。这一时期，县城居民开始寻求更佳的居住条件，追求更高的生活质量，住房改善需求大规模增加，房改房、早期商品房业主卖旧买新出现规模性增长。同时，住房投资需求开始出现，改善需求、投资需求推动沂源县各类高档住宅小区开始规模性出现。

福利房

福利分房是计划经济时代特有的一种房屋分配形式，“等国家建房，靠组织分房，要单位给房”是福利分房的典型特征。在福利分房的时代，属于全民所有制的城市土地实际上归国家、政府支配，政府盖房子，分给单位职工住，也就是人们常说的“公房”。国家定面积、定标准、定租金（收上来维护房子），无法转卖、限制转租，在分房的时候一般优先考虑结婚的家庭，然后按照工作时间长短、职务的高低等条件来排分房的时间、分房的面积。但那个时候的人们并不担心没有房子住，只是时间长短、房屋面积的大小问题。如果单身一人，想要分到一套独立的房子则非常难，一般只能分到一套房子里的一小间或者一室户过渡，到了结婚的时候才有机会分到一套独立的房子。福利分房，不同的单位具体情况不同，有些单位完全不收费，有些单位则象征性地收一点租金。由于收取的租金极其有限，政府每年还要拿出大量的资金，用于补贴住房维修和管理方面的开支，但居住人的支出非常少，房屋分配实际上是一种福利待遇。20世纪60年代起，县城各机关、企事业单位为解决职工住房问题，开始建设福利房。福利房建设由各机关、企事业单位自行组织，一般建于单位大院或周边附近位置，称为某某单位家属区或家属楼，例如县政府办公楼后政府家属楼、图书馆家属区等。福利房建设最初以平房为主多为砖石结构瓦房，房屋院落自成一体，整体款式新颖、干净明亮、布局合理。但户内生活卫生设施不够齐全，没有单独的厨房，一般在户外设置供附近住户使用的公共厕所。

20世纪70年代，沂源县城开始建设3层左右的砖混结构住宅楼。20世纪80年代以后，房屋建设向现代居住模式转换，房屋的私密性逐步提高，完全具备起居、厕厨等功能，但住房面积平均在50平方米左右。此时，住房仍实行公房制度。住宅的供给仍然是由国家和职工所在单位统一提供，市场机制完全被排斥在住宅供给体系之外。人们还未完全建立住房资源依据市场来配置的观念，公房占主要比重，大部分住宅还是单位建房，然后分配给职工使用，职工按照标准交纳租金。租金标准由政府确定，1994年，由0.5元/平方米（使用面积）提高到0.9元/平方米；1996年，提高到1.2元/平方米；1997年，提高到1.6元/平方米；1998年，提高到1.8元/平方米。

1993年6月22日，沂源县人民政府印发《关于印发沂源县城镇住房制度改革实施方案的通知》，自7月1日开始，在全县推行住房制度改革。公房经过出售，住宅的产权或部分产权由国家变更为个人，即房改房。房改房同现今商品房的最大区别是，房改房无法自由购买，一般建房单位职工才具备购买资格。

由于城镇住房制度改革的截止时间为1998年12月31日，沂源县及时出台集资建房和合作建房的优惠政策，积极鼓励企事业单位建设新住宅。各企事业单位为了搭上“房改房”的末班车，采取委托建设、自主建设、联合建设等各种方式，竭尽所能为职工谋取福利，因此在胜利山小区、西山小区、历山小区、二郎山等住宅建设相对集中区域，以及企事业单位周边，房改房建设呈现井喷模式，建设规模逐年增大。新建住宅楼的投入使用，不仅极大地缓解了党政机关和企事业单位的住房矛盾，而且极大地改善了城镇居民的居住条件。

房改房大多由建房单位同开发企业合作建设，建房单位具备建房意向后，以“团购”形式向开发企业购买房屋，作为单位公房，后通过向职工出售，变更房屋产权，成为房改房。团购后剩余的房屋，开发企业进行公开售卖，成为真正意义上的“商品房”。自20世纪90年代房改房政策开始，到21世纪初，房改房政策结束，房改房建设比重逐年下降，直至新建住房全部为商品房。

在此期间，沂源县形成了胜利山、历山、河西和二郎山4个组团式住宅小区。4个小区在当时均具备较为便利的区位发展优势，周边教育、医疗、商服设施等配置齐全。胜利山小区、历山小区居民主要是县直党政群机关和事业单位的员

2006年县城建筑

工。河西小区居民主要是河西工业区及驻河西的党政事业单位员工。二郎山住宅小区居民主要是河东工业区及该小区周围的党政事业单位、企业员工。

1994年10月，沂源县人民武装部成为全县第一个住房制度改革完成单位。沂源县房产管理处集中力量为购房职工（军人）办理房屋产权登记发证手续，城镇职工（军人）首次拿到《房屋所有权证》，标志着全县住房制度改革后出售住房工作全面展开。

历山小区

截至1998年12月31日，党政机关和事业单位干部职工5403户、面积37.8万平方米，全部参加了房改。直管公房房改前共3386户、面积23.7万平方米，除36户（0.25万平方米）作为周转房未进行房改外，参加房改3350户、面积23.45万平方米，占总数的98.9%。

商业街

1987年，沂源县开始谋划南麻老街改造建设，将南麻老街及两侧房屋全部拆除，建设沂源县第一个现代商业聚集区。经过前期准备，1989年，沂源县依托旧城改造工作，启动南麻老街改造工程，是全县首个房地产综合开发项目。改造后，南麻老街更名为“商业街”。在没有财政和上级拨款，没有银行贷款的情况下，先后向14个乡镇600多个行政村、县直、省地厂矿147个企事业单位发出商品房建设预售广告，并利用电视、广播、录像等宣传工具，深入宣传发动，还与统战、侨办、对台办等单位取得联系，通过宣传商业街建设的广阔前景，积极吸引外资。本着“人民城市人民建”和谁投资谁受益的原则，经过多方面做工作，先后有六七十个单位和个人申请投资建房，有6户侨胞签订购房合同。1991年，该项目全部投入使用，共建成商业楼房20栋，总建筑面积1.5万平方米。商业街建设时，沂源县内近20个部门单位和企业纷纷在商业街周边区域协调土地建设公房，共建设住宅20余栋，总建筑面积8万余平方米。

商业街改造场景

胜利山小区

因坐落于风景优美的胜利山北侧而得名，是沂源县第一个大规模住宅区项目。小区北邻鲁山路，西侧为沂源县人民医院和多个政府部门单位。1992年开始开发建设，首期6栋楼230户、建筑总面积1.5万平方米，1993年交付使用。小区共有楼房37栋，以多层楼房为主，建筑面积8.1万平方米，居民1091户。小区内设有居民委员会、警务室、综合商店、蔬菜超市、幼儿园、卫生室等便民场所。小区先后被授予山东省优秀住宅小区、淄博市物业管理优秀住宅小区、花园式小区。

历山小区

历山小区南区（鲁山路以南），位于历山路西侧，西至螳螂河西路，南至振兴路，北至鲁山路。总建筑面积9万平方米，绿化面积约500平方米。该小区为多层住宅，共有住户1576户。小区多为20世纪80、90年代建设的单位职工福利性房屋，分别是沂源县建源房产综合开发有限责任公司、沂源县实验小学、沂源县源通机械有限公司、沂源县第一中学、淄博大源城建开发有限公司、原工商行政管理局、南麻镇人民政府、山东联合化工有限公司、沂源棉纺织厂等多家单位建设的自建型住房，为连片规模较大的小区。历山小区北区（鲁山路以北），位于沂源县中医医院南门对过，历山路西侧，西至育才街，南至实验小学，北至塔山路，占地面积约30000平方米，包含13栋多层楼房住宅，系实验小学、蔬菜公司、工商银行等多家单位自建型住房，竣工时间为1992—2010年不等，后经老旧小区改造，对内外墙进行粉刷，同步增加绿化面积，居民居住条件得以大幅度改善。

西山小区

东至螳螂河西路，西至松山路，南至职教中心学校，北至西台村。因离西台村西山距离近而得名。于1992年起开发建设。该小区建有34座楼房，全部为多层。住宅面积7000平方米、居民1069户。1994年开始，首期项目占地10496平方米，总建筑面积9000平方米。2004年西山新区项目动工，该项目位于西山小区西侧，用地面积19028平方米，总建筑面积20720平方米。

西山小区

二郎山片区

主要由造纸厂家属楼、三村二区家属区、农机局平房区等居住组团组成。县造纸厂家属楼，位于健康路东侧，南临星河蓝湾小区。曾经是造纸厂的厂区和员工宿舍区，有楼房6座、182套住房，为钢筋混凝土结构，平房170余套、约10559平方米，为砖混砌体结构。其中，造纸厂家属楼居住着590余人。三村二区家属区，位于荆山路中段南侧，西至药玻路，东临银河小区东区，南临农机局平房区。包含三村住户17户，居住人口110人，总占地面积约21344平方米。此片区建于20世纪60年代，为村民自主建设，建筑为砖木结构。农机局平房区，位于药玻路西侧，西临造纸厂家属区，北临三村二区家属区，南临玻璃厂仓库。前身为石钱山，在山上曾经有一座二郎庙，承载着岁月的记忆。1976年，沂源县农业机械管理局与沂源县拖拉机站开始在此建设平房区，于1977年顺利完工。农机局平房区总占地面积约12006平方米，房屋的结构大多为砌体结构。

东苑小区

东苑小区建设初期（1998年）

位于沂源县城鲁山路北侧，东至润生路，南至鲁山路，西至瑞阳路，北至新城路，项目总占地面积10.9万平方米，总建筑面积5.3万平方米，绿化面积1650平方米（经过老旧改整修后的面积）。其中住宅建筑面积5.6万平方米，物业用房303平方米。该项目为多层住宅，共有住房617套。小区周边有沂河源学校、佳慧超市、义乌商贸城等，生活便利。该项目由沂源县城市建设综合开发公司（后改制为淄博大源城建开发有限公司）于1998年11月开发建设，是沂源县第一个大规模封闭小区，一期工程新建住宅楼7栋（农民进城安居工程），建筑面积2万平方米，2000年开始陆续交付使用。该项目按高起点规划、高质量建设、高标准配套、高水平管理的“四高”要求建设，成为沂源县城示范住宅小区，也是第一个

东苑小区

单体住宅工程质量全部达到淄博市优良标准的居住社区。

教育小区

位于沂源县城北麻路西侧，东至北麻路，西至西北麻安置楼，北至西北麻安置楼，南至自来水家属楼，项目总占地面积1.8万平方米，总建筑面积2.6万平方米。其中住宅建筑面积2.6万平方米，为多层住宅，共有住房270套。总投资约2000万元，由沂源县房屋建设综合开发有限公司于1999年开发建设，2002年开始陆续交付使用。

教育小区

农民进城安居房

20世纪80年代中后期，镇村居民在县城务工、经商群体日渐增多。受制于当时政策及房地产市场形势，他们难以在城区获取、购买住房。为加快城镇化进程，引导和促进农村居民向城区集聚，沂源县实施了农民进城安居工程，于胜利小区、东苑小区专门建设农民进城安居楼10余座，解决进城农民住房问题，并使农民同城市居民在子女上学等方面享受同等基本公共服务。

居家城

居家城建设前（1999年）

2000年3月至11月，沂源县政府确定对南麻一、二、三村居民区等进行大面积旧城改造，开发建设宜商宜居的大型综合社区“居家城”。拆迁改造范围在县城商业街以南、泰薛路以北、健康路以西、历山路以东。拆迁房屋涉及南麻一、二、三村和老干局、环保局等单位居民360户，拆除房屋4125间，面积56380平方米。2003年9月，居家城竣工启用。它以欧式风格为主调，以条块结构作布局，以商住一体为模式，城内规划合理，配套齐全，管理规范，是城区集居住、购物、休闲、娱乐于一体的商贸中心。居家城总投资1.1亿元，占地面积180亩，总建筑面积9.8万平方米，其中住宅面积5.3万平方米，营业房面积4.5万平方米，拥有7500平方米的居家城文化广场。小区内住宅368户，营业房539套。

居家城建成后

商品房

1998年，沂源县政府印发《关于进一步深化城镇住房制度改革加快住房建设的通知》，自当年起停止住房实物分配，建立住房分配货币化、住房供给商品化、社会化的住房新体制。2001年，商品房按揭贷款政策正式落地，极大缓解了居民购房资金压力，推动沂源县房屋建设进入快速发展阶段。2008年左右，沂源县居民收入开始快速增长。这一时期，县城居民开始寻求更佳的居住条件，追求更高的生活质量，住房改善需求大规模增加，房改房、早期商品房业主卖旧买新出现规模性增长。同时，住房投资需求开始出现，改善需求、投资需求推动沂源县商品房建设量质齐升，各类高档住宅小区开始规模性出现。

鹏欢现代城

沂源县第一个完全采用商品房模式开发的商业房地产项目。位于县城原机械厂旧厂区，占地2.7万平方米，北临沂源县教育区，东侧是商业区，西侧是原长途汽车站、水景公园，地理位置优越，集商贸、居住、休闲娱乐于一体，是居住、经商的理想场所。该小区由外地开发企业青岛鹏欢置业公司投资建设，是沂源县吸引外来资金的一个成功范例。鹏欢现代城总体规划由北京中天华茂设计院设计，绿化率为27.88%，容积率为1.599，共开发建设商住楼10栋，其中住宅34800平方米、商业房7100平方米、配套设施1100平方米，共计4.3万平方米。小区于2004年4月开工建设，2005年7月交付使用，销售均价每平方米1500元。

鹏欢现代城

源泰花园

位于沂源县城鲁山路北侧，东至东沙沟村南北路，南至东苑小区北院墙，西至翡翠园小区东院墙，北至新城路南侧田灌渠道，项目总占地面积6.93万平方米，总建筑面积10.79万平方米，绿化面积3.1万平方米。其中住宅建筑面积10.70万平方米，商服设施532.68平方米，物业用房350平方米。该项目为多层住宅，共有住户638套。周边设施配套完整，包括居住区附属商业设施、幼儿园、中小学、全民健身广场和大型超市。

该项目总投资约8700万元，由沂源源泰置业有限公司于2004年开发建设，2006年开始陆续交付使用。

源泰花园作为沂源县早期商品房项目，在设计理念上充分体现了“以人为本”的思想，针对居民经济生活水平的提高和生活方式的转变，以满足居民的生理与心理上的各种需求为目的，努力创造富有特色的小区景观和富有吸引力的生活居住环境。在建筑造型上，选用明黄、浅蓝和白色相结合，使小区富有年轻、活力。在功能规划中，营造专有的休闲、娱乐、住宅分区，为居民提供了休闲、宜居的居住环境。

中房·翡翠园

沂源县第一个将园林水景引入规划建设的小区。位于县城鲁山路以北，瑞阳路以东，总占地面积142亩，建筑面积10.5万平方米，共建设住宅楼房24栋、940户，沿街楼1栋，建筑面积10万平方米。小区结合丰富的人工造景与周边景观，力求创造山水居住文化，使江南园林、水景、建筑精髓与北方理论和谐统一、相辅相成，实现健康居住、高尚生活的有机融合，形成以江南山水为主题的社区。翡翠园由中房集团淄博城建开发公司投资1.8亿元，于2005年3月开工建设，分三期于2007年10月份全面建成投入使用。翡翠园的建设对于加快县城新区建设步伐，改善城区居民居住条件，塑造山水城市特色起到了积极的推动作用。

汇景苑

位于螳螂河东路东侧，北邻汇源广场。占地面

汇景苑

积1.7万平方米，住宅建筑面积2.4万平方米，绿化面积0.53万平方米。是沂源县第一个小高层住宅组团，共建有住房142套。2008年，由沂源县房屋建设综合开发有限公司开发建设，2010年陆续交付使用。

温泉家园

位于沂源县城新城路南侧、瑞阳路东侧，占地7.3万平方米。项目建设单体建筑22栋，总建筑面积8.28万平方米，其中多层住宅21栋，高层住宅1栋，总投资1.2亿元。在小区开发建设过程中，充分利用地热资源，将温泉引入小区生活，既满足了生活用水需求，又减少了环境污染，实现了节能环保，提升了小区居民的生活质量。

山水一城

位于沂源县城螳螂河东路98号，因小区西邻螳螂河、背靠历山，依山傍水而命名。占地9.7万平方米，由沂源恒泰置业有限公司开发建设，共有欧式风格建筑单体39栋。其中，多层住宅14栋、低层住宅6栋、高层住宅9栋、商业用房9栋、商务会所1栋，总建筑面积12.6万平方米，住宅面积10.63万平方米，居住819户、约2600人。工程分三期建设。一期工程自2008年3月开工，2009年5月投入使用，二期工程2009年8月投入使用，三期工程2011年10月投入使用。该项目所有建筑物，采用新型墙体材料和外墙保温系统，使用了中空玻璃窗，采取地暖供热方式，实现了节能环保。

山水一城

和源名居

位于沂源县城和源路西侧，南至新城路，西至健康路，北至人民路，项目总占地面积19.18万平方米，总建筑面积16.24万平方米，绿化面积5.18万平方米。其中，住宅建筑面积15.64万平方米、商服设施0.718万平方米、物业用房75.94平方米。该项目为多（高）层住宅，共有住宅和商铺1325套。由山东大源浩华城建开发有限公司于2008年开发建设，2010年开始陆续交付使用。小区位于沂源县城中心地段，周围环境优美，交通便利，生活设施齐全。小区建筑采用现代化设计，外观时尚，内部结构合理，给居民营造了一个舒适安静的生活环境。小区生活配套设施完善，内设超市、药店等便民设施，满足居民日常生活所需。周边有各类餐饮商铺，以及教育机构，包括幼儿园、小学、中学等，为居民提供全方位服务。

和源名居

源中花园

位于新城路南侧，东至东沙沟村，西至温泉家园小区，南至田灌区，北至新城路，项目总占地面积2.1万平方米，总建筑面积3.1万平方米，绿化面积0.81万平方米。其中住宅建筑面积2.4万平方米。该项目为多层住宅，共有住户220套，由淄博大源城建开发有限公司于2009年开发建设，2010年开始陆续交付使用。

中房·翡翠山居

沂源县最大的居民小区。位于县城人民路以北，瑞阳路以西，康源路以南，健康路以东，总占地面积35.5万平方米，总建筑面积30.7万平方米，绿化率高达40%以上。其中，住宅建筑面积29万平方米，包括多层住宅、情景洋房和低层住宅三种类型，可容纳2700户，近1.1万人居住。商业及公建面积1.57万平方米，包括各种居住区附属商业、幼儿园和一座星级酒店。总投资9.21亿元，由中房集团淄博市城市建设综合开发公司开发建设，分五期实施，2010年开始陆续交付使用。翡翠山居是沂源县最大的现代化高档居住区，达到全国一流精品社区的标准。小区按照现代居住生活模式，为业主提供具有优美居住环境、完善配套服务设施、丰富文化内涵的21世纪新型居住小区，满足了城市居民对生活居住水平不断提高的需求。它的建成，提高了整个沂源县的居住水平，创造出一个布局合理、功能齐全、交通便捷、绿意盎然、生活方便、具有文化内涵的新型住宅区，成为体现住宅市场生态化高品质走向的典范之作，加快了沂源房地产业高质量发展进程。

中房·翡翠山居

源泰景城

位于瑞阳路东侧，鲁山路南侧，占地面积2.1万平方米，建有6栋多层住宅楼，总建筑面积2.72万平方米，其中住宅建筑面积2.7万平方米，配套公建面积2060平方米。由沂源源泰置业有限公司于2009年7月开工建设，2011年11月交付使用。

源泰景城

教苑名居

位于沂源县城鲁山路295号北侧，东至儒林集村耕地，西至第二实验小学，南至儒林集村，总占地面积63427.6平方米，总建筑面积75150.5平方米，绿化面积23068平方米。其中，住宅建筑面积75150.5平方米、物业用房200平方米。该项目为多层住宅，共有住房624套。由山东欣欣园置业有限公司于2010年9月开发建设，2011年12月开始陆续交付使用。

教苑名居

沂河嘉园

位于螳螂河东路东侧，荆山路以南，总占地面积9.7万平方米，总建筑面积17.78万平方米，绿化面积3.5万平方米。其中，住宅建筑面积11.38万平方米、商服设施11705.91平方米、物业用房818.69平方米，有住房982套。小区周边商超、药店、餐饮设施等一应俱全。由山东华科置业有限公司于2011年开发建设，2012年底开始陆续交付使用。

沂河嘉园

源泰阳光花园

位于县城瑞阳路西侧、新城路南侧，东北侧为阳光商务中心。总占地面积4.6万平方米，建有14座多层住宅楼，总建筑面积7.6万平方米。由沂源源泰置业有限公司开发建设，分两期完成。一期开发11栋楼，294户，总建筑面积5.99万平方米，住宅面积5.9万平方米，公建面积0.09万平方米，于2011年5月开工建设，2013年5月交付使用。二期开发3栋楼，44户，建筑面积8047.93平方米，于2021年7月开工建设，2023年10月交付使用。

怡居苑

位于新城路西首南侧，占地面积1.3万平方米，

怡居苑

绿化面积0.5万平方米。其中住宅建筑面积4.44万平方米，物业用房150平方米。为高层住宅，共建有住房306套。由沂源县房屋建设综合开发有限公司公司于2012年开发建设，2014年开始陆续交付使用。

星河蓝湾

位于沂源县健康路南首东侧，东至药玻路，南至盛源路，北至沂河嘉园三期，始建于2012年，地理位置优越，交通便利。小区占地面积约8.3万平方米，总建筑面积约16万平方米，绿地面积约5.9万平方米，容积率1.6。融汇多层、小高层、高层三种现代建筑风格形态，高层住宅楼10栋，多层住宅楼18栋，商业楼1栋。住宅建筑面积11.8万平方米，1241户；商业面积1.16万平方米，78户；物业用房370平方米。小区共分三期建设，截至2021年，所有楼栋全部交付使用，入住1219户，人口5200余人。小区位于城市南北中轴健康路南端，紧邻重点中、小学及购物商场，是集餐饮、休闲、娱乐、人文于一体的5分钟生活圈。小区一期、二期均设有地下停车场，停车位575个，地上停车位78个，能够基本满足居民停车需求。小区内设有休闲广场、儿童娱乐设施、运动设施等，为不同年龄段的居民提供休闲、娱乐场地。

星河蓝湾

沂蒙佳苑

位于鲁山路北侧，富源路西侧，小区邻沂源一中及第二实验幼儿园，西临沂河源学校，总占地面积15.5万平方米，总建筑面积32.4万平方米，绿

化面积6.15万平方米。其中，住宅建筑面积24.95万平方米，商服设施18304.02平方米，物业用房816.25平方米。该项目为多（高）层住宅，共有住房1741套。总投资约94663万元，由山东华科置业有限公司于2013年开发建设，2014年底开始陆续交付使用。

沂蒙佳苑

金杉秀水湾

位于新城路与和源路交会处，北临人民路，东临六点水新世界公园，南临新城路，西临和源路，项目总占地面积7.06万平方米，总建筑面积约16.7万平方米，绿化面积2.5万平方米。其中，住宅建筑面积12.02万平方米，商服设施3565.54平方米，物业用房510平方米。共有住宅楼24栋，其中高层7栋，共计1010户。采用西班牙建筑风格，融汇多层花园洋房、小高层、高层三种建筑形态，其中多层洋房17栋、小高层2栋、高层5栋，高低呼应、布局合理，既互不遮挡又错落有致，也是沂源首个绿色建筑示范小区。由金杉置业于2013年开发建设，2015年开始陆续交付使用。优质的景观资源与项目内部景观相结合，以六点水水库及两侧公园为后花园，融于自然的建筑形象、星级物管、完善的配套服务等成为小区的标签。

金杉秀水湾

水韵康庭

位于螳螂河西路西侧，西至贤山路，总占地面积16万平方米，总建筑面积24万平方米，绿化面积5.4万平方米。其中，住宅建筑面积14.6万平方米，商服设施1万平方米，物业用房912平方米。该项目为多（高）层、别墅住宅，共建有住房1146套。由沂源泉聚房地产开发有限公司于2013年开发建设，2015年开始陆续交付使用。

水韵康庭

西城华府

位于沂源县城螳螂河西路以西、姑子坪公园（规划）以南，西台路以北，华源路以东，总占地面积10.87万平方米，总绿化面积3.8万平方米。总规划建筑面积25.6万平方米，其中住宅面积19.9万平方米，配套商业用房0.9万平方米，地下配套建筑面积4.8万平方米，物业服务用房面积626平方米。总投资11亿元，由沂源嘉禾置业有限公司于2013年开工建设，2015年9月一期首批交付使用，2020年7月全部交付使用。共建有高层住宅12栋，多层住宅17栋，总居住户数1497户。小区分为东区和西区，中间由一座观景桥相连接。小区景观以一条贯穿东西的景观主轴和两条南北向景观轴为主体框架，景观轴与步行环路相交处，自然形成小区重点景观节点，这些节点或为入口花园，或为中心广场，或为健身绿地等，给小区居民提供了开展各种休闲活动的场地，整个小区景观绿化形成一个点、线、面完整的立体景观体系。小区停车采取地下和地上分别停放相结合，既方便居民，又保证社区居住环境，并设置了南北两个专用车辆出入口，车辆通过小区入口后直接进入地下停车库。车库屋面覆土栽种绿植，同时也是小区内居民的主要活动场所。小区周边景观资源丰富，交通便利，环境优越，各项市政配套齐全，是沂源县花园式生活社区之一。

西城华府

阳光里

位于健康路西侧，原县委老党校院内，总占地面积3820.6平方米，总建筑面积5630.09平方米，绿化面积1337平方米。其中，住宅建筑面积2030.95平方米，商服设施2479.14平方米。该项目为多层住宅，建有住房20套。小区周边交通便捷，紧邻大型购物超市，周边餐饮及娱乐选择较多。

阳光里

由淄博华建房地产有限公司于2014年开发建设，2015年陆续交付使用。

源泰家园

位于东沙沟村以东，新城路以北，富源路以西，占地约1.91万平方米。高层住宅楼4栋，建筑总面积约5.7万平方米，其中住宅面积4.04万平方米，非住宅面积1.57万平方米，配套公建面积965平方米。由沂源源泰置业有限公司于2014年9月开工建设，2016年10月交付使用。

源泰家园

润泽佳苑

位于沂源县城振兴西路北侧，东至西台花园小区，北至西台大龄青年楼，总占地面积3万平方米，总建筑面积6万平方米，绿化面积9000平方米。其中住宅建筑面积5万平方米，物业用房200平方米。该项目为多层加小高层住宅，共有住房359套。其中多层为326户，小高层33户。由沂源县建源房产综合开发有限公司于2014年开发建设，2017年开

润泽佳苑

始陆续交付使用。

尚品江南

位于沂源县城瑞阳大道西侧，新城路北侧，项目总占地面积8.84万平方米，总建筑面积21.1万平方米，绿化率达到48%。该项目包含多层、小高层、高层三种建筑形态及三座地下车库，其中配套公建1278平方米，商业2421平方米，共有住房955套。周边配套设施完整，包括居住区附属商业、幼儿园、中小学、全民健身广场、大型超市和一座四星级酒店。由沂源源泰置业有限公司开发建设，2016年开始陆续交付使用。尚品江南在整体设计上强调统一规划、合理布局、配套建设、资源共享、因地制宜、方便管理。规划顺应自然环境展开，保证建筑、环境的和谐统一，体现中式江南文化主题，构筑便捷、休闲、文化氛围浓厚的的休闲、学习、生活环境；将江南园林建筑理念与现代建筑的合理布局融为一体，创造出具有标志性的空间特色和整体形象。在建筑造型设计上，吸收江南民居的建筑氛围和元素，建立新中式风格的建筑基调，以江南特色的黑、白、灰三色为其主色调，传统木色的窗框勾勒出细致的线脚，传统风格与现代风格结合，利用屋顶中式元素的添加和墙上开窗形式的丰富变化，展示中式风格。

尚品江南

丽水湾

位于新城路南侧，南至鲁山学校，总占地面积16958.8平方米（其中2667平方米为商业用地），总建筑面积3万平方米，绿化面积6000平方米。其中，住宅建筑面积14291.8万平方米，商服设施7000平方米，物业用房158平方米。该项目为6栋6层住宅楼，共计150户；1栋17层商业楼，容纳人口600余人。由日照金杉置业有限公司于2015年开发建设，2016年11月开始陆续交付使用。

丽水湾

花园世家

位于胜利路以南，健康路以东，北至胜利路，西至健康路。总占地面积1.887万平方米，总建筑面积7.6万平方米，绿化面积0.57万平方米。其中住宅建筑面积7.6万平方米，物业用房500平方米。该项目为多（高）层住宅，共有住房276套。总投资约14670万元，由沂源县房屋建设综合开发有限公司公司于2016年开发建设，2018年开始陆续交付使用。

花园世家

幸福里

位于瑞阳路东侧，东至西沙沟村，北至人民

路，南至西沙沟村。分两期建设，总占地面积2.77万平方米，总建筑面积4.3万平方米，绿化面积0.969万平方米。其中，住宅建筑面积4.05万平方米，商服设施1711.18平方米，物业用房235.54平方米。该项目为多层及小高层住宅，共有住房207套。由淄博华建房地产有限公司于2016年开发建设，2018年10月陆续交付使用。幸福里小区位于沂源城市CLD（中央生活区），可满足城市主流人群集中居住、消费、娱乐、教育等需求，周边有多个配套公园，环境优美，邻近亿客家超市，购物便利。

幸福里

君悦溪园

位于贤山路中段西侧，总占地面积3.8万平方米，总建筑面积5.33万平方米，绿化面积1.3万平方米。其中住宅建筑面积5万平方米、商服设施0.33万平方米、物业用房230平方米。该项目为高层住宅，共建有住房409套。小区环境整洁卫生，

君悦溪园

周边景观资源丰富，环境优越，各项市政配套齐全，是一处和谐、便利、经济、实用、精致的居住之地。由山东凯悦置业发展有限公司于2016年开发建设，2019年开始陆续交付使用。

印象书香

位于人民路北侧，东至北大岩社区居委会连村路，西至历山街道北大岩社区居委会园地，南至历山街道北大岩社区居委会园地，北至政府储备地，项目总占地面积1.3万平方米，总建筑面积2.2万平方米，绿化面积0.47万平方米。其中，住宅建筑面积1.89万平方米，无商服设施，物业用房115.04平方米。该项目为多层住宅，共有住房144套。总投资约7600万元，由淄博大源城建开发有限公司于2017年开发建设，2019年开始陆续交付使用。

新城苑

位于新城路以南，富源路以西，西至田庄水库灌渠，南至沂蒙佳苑，总建筑面积4.9296万平方米，绿化面积0.7837万平方米。其中，住宅建筑面积4.0597万平方米，物业用房183平方米，共建有住房313套。由山东欣欣园置业公司于2017年开发建设，2019年12月开始陆续交付使用。

新城苑

印象西台

位于沂源县鲁山西路5号，东至松山路，西至政府储备地，南至西山小区，北至鲁山西路，小区占地面积7.56万平方米，总建筑面积17.21万平方米，绿化面积1500平方米。其中，住宅

建筑面积 10.93万平方米，商服设施1.5万平方米，物业用房230平方米，该项目为多（高）层住宅，共计11栋楼、618户。小区附近配套有幼儿园、小学、中学及医院、银行、商超等，交通便利，生活便捷。总投资约26257.44万元，由淄博大源城建开发有限公司开发建设，一期2018年9月开工，2021年2月交付，二期2019年7月开工，2021年12月开始陆续交付使用。小区配有下沉式园林景观，有儿童阅览室、游乐场、儿童滑梯、塑胶跑道、便民晾衣架活动室等配套设施。是“沂源县公园式（园林式）小区”，被淄博市评为“红齐365”红色物业。

印象西台

印象盛世

位于瑞阳路东侧，人民路北侧，学前路南侧。占地面积1.33万平方米，总建筑面积为4.13万平方米，绿化面积6015.47平方米。其中住宅建筑面积2.89万平方米，商服设施900.9平方米，物业用房

印象盛世

455.01平方米。该项目为多层住宅，共有住房158套，商铺10套。周边北邻振华实验学校，南邻西沙沟村，东邻西沙沟村，西邻翡翠山居。由淄博大源城建开发有限公司于2018年开发建设，2020年开始陆续交付使用。

学府雅苑

位于新城路北侧，北至人民路，东至东埠路，西至县委党校，总占地面积5.75万平方米，总建筑面积16.832万平方米，绿化面积2.02万平方米。其中，住宅建筑面积10.76万平方米，商服设施5110.91平方米，物业用房60平方米，共建有住房805套。由山东欣欣园置业有限公司于2018年开发建设，2021年开始陆续交付使用。

学府雅苑

中房·翡翠馨居

位于润生路西侧，康源路南侧，一期总占地面积1万平方米，总建筑面积2.2万平方米，绿化面积3500平方米，其中住宅建筑面积1.4万平方米，

中房·翡翠馨居

商服设施543.28平方米，物业用房110.82平方米。住宅建筑形态为9层小高层，均配置电梯，采用人车分流模式，居住户数为108户。由中房集团淄博市城市建设综合开发公司于2018年开发建设，2021年3月份交付使用。该项目建筑风格简洁、大方，在设计规划、建筑质量及社区品质等方面有较高的水准，是功能齐全、配套完善、环境优美的品质生态社区。

源泰景城・锦园

位于瑞阳路东侧、鲁山路南侧，占地约7.3万平方米。建有住宅楼11栋，以高层住宅为主，建筑总面积约13.18万平方米，其中配套公建面积3400平方米（幼儿园2600平方米，物业管理用房及配套800平方米）。由沂源源泰置业有限公司于2019年6月开工建设，2022年10月交付使用。

源泰景城・锦园

印象新天地

位于瑞阳路以东，润生路以西，康源路以北，南临振华实验学校，北邻马头崮。项目规划用地面积为3.45万平方米，一期、二期已完成交付，三期正在建设中。其中一期总建筑面积5.51万平方米，二期建筑面积3.26万平方米，三期规划建筑面积3.72万平方米。绿化面积约2.11万平方米。其中，住宅建筑面积8.69万平方米，商服设施842.14平方米，物业用房749.47平方米。该项目为高层住宅，共有住房572套。该项目总投资约32200万元，由淄博大源城建开发有限公司于2019年开发建设，

印象新天地

2021年12月开始陆续交付使用。

悦府

位于沂源县人民路以北，历山路以西，总占地面积9.14万平方米，总建筑面积23.3万平方米，绿化面积4.1万平方米。其中，住宅建筑面积18.34万平方米，配套公建面积3463.4平方米。该项目为多、高层住宅，共有住房1136套。该小区北侧及西侧为原生态种植园，南侧为长途汽车站、人民路小学。该小区利用原有地形和水系打造核心景观区，营造水景，并配以大面积的景观绿地，通过一系列的园林化设计，提升小区内景观和环境质量。创造出一个布局合理、功能完备、环境优美、充满生机的高档住宅小区。

该项目总投资约9.5亿元，由淄博沂源兔巴哥置业有限公司于2019年开发建设，2021年开始陆续交付使用。

悦府

郦园

位于人民路199号，东至历山路，西临悦府小

郦园

区，南至人民路，总占地面积3.6万平方米，总建筑面积7.6万平方米，绿化面积1.5万平方米。其中，住宅建筑面积5.4万平方米，商服设施1371平方米，物业用房260平方米。该项目为多层住宅，共有住房312套。由山东致贤置业有限公司于2019年开发建设，2022年开始陆续交付使用。

方正·御景苑

位于润生路以东，富源路以西，人民路以南，南侧为规划路。周边一千米范围内有沂源人民医院、沂源一中、沂源县振华实验学校及沂源县第三实验幼儿园等，教育、医疗资源优厚，基础设施配套完善。整个区域结合地形从北向南呈台地式布局，结合高差打造小区南北向立体景观，东西向结合形象主入口打造东西向景观轴，与小区内部景观融为一体，使得整个小区融入优美的环境之中。项目地块总用地面积约9.8万平方米，项目分两期建设。其中一期占地面积6.8万平方米，共建设842户，居住人数2695人，由14栋17层住宅楼、1栋15层住宅楼、3栋配套商业及1个地下车库组成。总建筑面积19.6万平方米。住宅地下停车位1060个，配套商业51个，地下25个，地上26个。住宅停车率1.2辆/户，小区配备了门禁系统、监控系统、电子巡更系统、社区服务中心、老年照料中心等。2023年，方正·御景苑成为沂源县首个入围“广厦奖”的房地产开发项目，2024年1月1日顺利交房，业主陆续装修入住。

印象桃花源

位于沂源县人民路以北，健康路以西，项目总占地面积6.1万平方米，总建筑面积11.8万平方米，绿化率35.49%。其中，住宅建筑面积7.5万平方米，物业用房365.7平方米，商服设施3627.27平方米，该项目为多层住宅，一期共有住户148户。该项目由山东大源浩华城建开发有限公司2021年开发建设，于2023年9月陆续交付使用。小区处于城北的中心位置，北临康源路，沿康源路到振华学校车程3分钟、到新县医院车程5分钟，东临健康路向南到成和商圈车程5分钟。背靠马头崮，前临桃源湖。印象桃花源总占地面积92亩，是目前沂源市场上容积率最低的社区，主要以6层电梯洋房为主，形成了集康养休闲、多层住宅于一体的生态滨水社区。被评为山东省高品质住宅试点项目（第一批），成为全省21个高品质项目之一。印象桃花源为居民提供了高品质的居住体验，丰富多彩的社区文化活动增进了邻里之间的交流，坐落有序的建筑成为一道亮丽的风景线，提升了城市的形象。低密度的社区，使生活环境更加安静祥和。

方正·御景苑

印象桃花源

保障性住房

保障性住房是指政府为中低收入住房困难家庭所提供的限定标准、限定价格或租金的住房，一般由廉租住房（政策性租赁住房）、经济适用住房（限价房）、定向安置房（拆迁安置房、回迁房）等构成。

限价房是指政府为满足普通市民住房需求而通过政策手段引导企业控制房价，在设定房价上限的前提下，建造出售给符合条件的购房者的住房。

廉租房是指政府以租金补贴或实物配租的方式，向符合城镇居民最低生活保障标准且住房困难的家庭提供社会保障性质的住房。廉租房的分配形式以租金补贴为主，实物配租和租金减免为辅。廉租房只租不售，出租给城镇居民中最低收入者。租赁人只拥有居住权，不得转让、转租、转借、调换、出租等。

公租房是指限定建设标准和租金水平，面向符合规定条件的城镇中等偏下收入住房困难家庭、新就业无房职工和在城镇稳定就业的外来务工人员出租的保障性住房。

1994年7月，沂源县确定在西山小区和教师小区分三期建设240套经济适用住房，重点解决党政机关、事业单位职工的无房户和住房困难户的住房问题。

2005年，保障性住房安居工程被沂源县委、县政府列为当年十件大事之一、加快和谐沂源建设十大利民实事之一。同年，组织对城区中低收入家庭住房状况进行调查摸底。

2006年9月29日，沂源县第一个经济适用住房小区绿苑小区奠基。

绿苑小区

绿苑小区

位于沂源县新城路中段路南，东邻祥源路，南临益民小区，北依沂源一中。绿苑小区以寓意建设绿色家园而命名。2007年8月，项目一期完工，共建设经济适用住房19幢楼、780套，建筑总面积5.3万平方米，为山东省县级一次性建设规模最大的经济适用住房小区。销售均价1206元/平方米，在当时淄博市各区、县中价位最低。项目一期于同年11月在南麻镇大礼堂公开摇号，961户符合经济适用房购房条件的居民参加摇号。在有关部门监督、公证下，经电脑公开选号，确定了780户购房人获得购买经济适用住房资格。2013年，小区建设全部完成，共交付经济适用房942套。

沂源县首次组织经济适用住房公开摇号（2007年）

益民小区

2009年，益民小区开工建设，是淄博市第一个保障性限价房建设项目，位于鲁山路北侧，西邻儒林新村，北邻绿苑小区，东邻祥源路。共建设经适房150套、限价房450套、廉租房100套。

祥瑞园

东邻沙岭子村委驻地，西至富

祥瑞园

源路，南至沂蒙山果蔬批发市场，北邻沂源县第二实验幼儿园，园名寓意天降祥瑞。小区共建设经适房632套、公租房380套、限价房440套。2010年12月，祥瑞园小区经济适用住房按序选房。祥瑞园小区是保障房物业管理试点小区，构建“物业服务企业、业主委员会、社区居委会”＋“党群共建”的“3＋1”管理模式，把物业管理融入社区“大管理”之中。小区拥有全县第一栋超过3000平方米的小区独立综合服务楼，一层设立物业服务、低保救助、计划生育、退休人员管理、社会保险5个服务窗口；二层配置调解室、图书室、道德讲堂、党员服务站4大功能室；三层建有电子阅览室、健身房、休闲娱乐中心3大开放区。为居民打造“一刻钟服务圈”，居民不用出小区，在15分钟之内就可以享受全方位的公共服务。

怡康嘉苑

位于松山路西侧，南邻鲁源锦绣园，北邻西台农贸市场，小区名取怡然自得、平安康泰之意。总

怡康嘉苑

占地88亩，建设小高层14座，1406套住房，公租房906套、经适房398套，总建筑面积12万平方米。2012年，怡康嘉苑小区开工建设，2017年建成并交付使用。

怡景嘉苑

西临祥源路，南近振兴路，周边有县第二实验幼儿园、第二实验小学、沂河源学校、沂源一中、妇幼保健院等，具有较为完善的交通、教育、医疗等公共资源。占地60亩，建设单体住宅楼16栋，其中高层住宅4栋、多层住宅12栋，总建筑面积8.1万平方米。公租房270套、经适房480套，共计750套住房。由沂源县创拓置业有限公司、沂源县房屋建设开发有限公司共同承建。2014年，怡景嘉苑小区开工建设，2017年建成并交付使用，标志着沂源县保障性住房在地域分布上进一步向城东延伸，实现了从河湖新区，到城中、城东，中心城区基本全覆盖。怡景嘉苑建成后，全县保障性住房达到面积45万平方米、6100余套，住房保障覆盖率进一步提高，困难群众更多地享受到沂源跨越发展带来的实惠。

旧村改造

2017年，沂源县针对县城建成区“城中有村、村中有城”的现状，科学务实推进城中村、园区村改造。不是简单地就改造而改造、就项目建项目，而是坚持建管结合、通盘谋划，成立由规划、住建、国土、房管、执法等部门组成的工作组，精心搞好顶层设计，确保社区改造符合城市建设总体规划和土地利用规划，确保规划、建设、管理各个环节紧密衔接、统一协调，防止“定了无法建”“建了难以管”。坚持集约发展理念，确定了“大社区”改造思路，将各城中村、园区村统筹整合为现代城市社区，统一规划、统一政策，整体布局、集中配套，打破了原先一村一社区、边拆边建、条块分割、各自为战的碎片化、零星化旧村改造模式，从根本上解决了社区配套不完善、管理不规范、“脏乱差”等城市发展矛盾问题，全面提升了城市形象和品位。

清华园

高庄社区

对每个社区都坚持以适度超前眼光进行高起点定位，既强调质量标准，也注重居民生活舒适度，确保改就改到位、建就建一流、管就管长远、多年不落后。合理布局和建设社区内外道路，合理配建地下停车场，实行人车分流，全面提高社区交通“微循环”能力。同时，依托原有的“山水河湖”等地形地貌，优化布设城市水系、公园绿地、公交站点、城市慢行系统等市政设施，同步完善地下管网、供水、供电、供气、供暖、通信等设施，努力为社区居民提供更加完善、更加便利的生活条件。

充分考虑人口规模、服务半径和长远发展需要等因素，科学布局教育、医疗、养老、社会治理、文化、健身、娱乐等公共资源和农贸市场、商场超市、物业管理等配套设施。与主体工程同步报批、同期建设、同步验收、同步交付使用，使每个社区宜居、宜娱、宜商、宜业，真正让居民在小区内就能享受到高质量、便捷化的公共服务，提高幸福指数。

高庄社区

涵盖南麻街道西上高庄、西下高庄、北埠东3个村，共770户村民，规划面积198亩，投资5.9亿元，拆迁房屋885处，建设安置楼19座、1422套、面积20万平方米。在规划建设安置楼的同时，统一规划建设幼儿园、老年活动中心、文体活动场所以及地下商场、农贸市场等配套服务设施，为社区群众提供全面、便捷、高效的一条龙服务，使群众充分享受到城市建设成果。

沙沟社区

沙沟社区城中村改造项目（二期）东沙沟安置楼，是由山东方正房地产开发有限公司沂源分公司投资代建的城中村改造项目。该项目位于沂源县城东北部，老城、新城交界处的核心区，地理位置优越。项目用地面积51.55亩，由8栋17层住宅楼，2栋配套公建组成。总建筑面积97605平方米，绿地率35%，停车率1∶1.29。项目于2018年9月开工建设，2021年6月竣工交付。住宅采用保温与结构一体化CL墙体，实现同寿命。所有生活空间全明布置，卫生间自然采光通风，户型南北通透。以客厅为核心，实现动静分离、洁污分离。每单元均设置担架电梯，给业主提供更大的空间及便利的医疗救助条件。建有两座配套公建，分别集中配套了社区服务中心、老年人日间照料中心、物业服务中心等多功能房间。地下车库设有东、北两个出入口，真正实现人车分流。车库内100%预留充电桩安装条件，分区布置充电桩所需配电箱。配套电动

沙沟社区

自行车集中充电桩，便于物业管理和业主使用。项目依托西侧滨河立体公园建设，融合沂源当地文化造园及现代生态宜居技法，让现代住宅回归自然怀抱。超大的水系及绿地公园通过景观步道与小区内部景观环境融为一体，使整个项目融入优美的环境之中。小区聘用山东金正物业管理有限公司，为业主提供四星级、管家式服务。24小时值班看守巡逻、无时差交接班、社区进入一脸同行、安防监控系统无死角覆盖、监控室24小时值班，水、消防泵房、配电室运行平稳正常，让每一位业主在这里安居、乐居。

北麻社区

位于沂源县城人民路以南，益民路以北，项目总占地面积7.57万平方米，总建筑面积21.4万平方米，绿化面积2.65万平方米。其中住宅建筑面积14.62万平方米，社区服务站772.16平方米，物业用房935.92平方米。该项目为17层住宅，共有住房1326套。由沂源县历山街道西北麻社区股份经济合作社于2021年开发建设，2024年开始陆续交付使用。该项目结合优越的地理位置及自然条件优势，从交通配套、区域发展、景观资源等方面着力推进高品质安置小区建设，把安置房项目打造成民生工程、民心工程，建设“美丽宜居乡村”新区。建设过程坚持“品质筑家”的理念，采用最先进的建设模式，完善各类配套服务设施，着力建设现代化安置小区，兑现从“安置”到“安居”的承诺，最大限度让利于民，提升回迁群众的获得感、幸福感。

北麻社区

沙岭子社区

一期占地面积27.55亩，由山东欣欣园置业有限公司建设，总投资2.5亿元，建设面积3.21万平方米，包含安置楼3栋116套。二期占地面积13.635亩，总投资1.1亿元，建设面积2.6万平方米，安置楼2栋116套。户均可换两套住宅，配建齐全的社区公共服务，极大改善了村民居住生活条件。户均30平的配建，可为集体年增收100余万元的租赁费，实现强村富民、宜居宜业。

儒林社区

儒林社区项目涉及南石臼、前崖两个村，位于新城路与人民路交汇处，地理位置优越，交通、生活便利。项目由中铁十四局公司承建。计划总投资15亿元，占地面积231.8亩，总建筑面积33.9万平方米，共建设安置楼34栋、1874套，并配套建设了11000平方米的幼儿园、商业、服务等公建设施，健全完善了社区服务中心、物业服务中心等多功能用房，项目绿地率35%、停车率1：1.1。

儒林社区

儒林社区选房现场（2023年）

2018年10月份项目开工建设，2023年10月，项目（一期）交房，搬迁群众回迁入住。儒林社区的楼房户型南北通透，动静分离，房间布局合理。设置双卫，干湿分离，居住舒适。社区内建设了活动广场，安装了健身设施，设置了电动车充电桩等便民附属设施，提升了居住舒适度，提高了搬迁群众满意率。

张良社区

位于悦庄镇政府办公区南侧、镇区核心，为省级化工园区邻避项目，涉及南张良村、中张良村、胡家沟村3个村、1097户、2592人。由中铁十四局公司承建，项目总投资14亿元，占地面积约315亩，总建筑面积35.4万平方米。建设37栋安置楼、1964套房，并配套建设了16000平方米的幼儿园、商业、服务等公建设施，健全完善了社区服务中心、物业服务中心等多功能用房，项目绿地率35%，停车率1：1.1。张良社区被列入2022年省级美丽宜居项目建设台账，从住建、农业以及相关镇办单位抽调精干人员组成专班，用130天的时间完成了全部的工程建设任务，创造了项目推进的“沂源速度”，形成了工程建设“张良社区工作法”，省委组织部杨原田副部长在全省驻村帮扶工作推进会上，对张良社区进行了点名表扬。省委选派淄博市“加强农村基层党组织建设”工作队给予高度评价，市委书记江敦涛亲自签批意见，在全市推广。多个区县前来观摩学习，对全市17个美丽宜居乡村建设项目按期销号起到了标杆和带动作用。张良社区的楼房户型南北通透，动静分离，房间布局合理。设置双卫，干湿分离，居住舒适。社区内建设了活动广场，安装了健身设施，设置了电动车充电桩等便民附属设施，大大提升了居住舒适度，提高了搬迁群众的满意率。

张良社区

公共建筑

沂源县政府招待所老楼

坐落在南麻老街东首，坐北面南（后改大门朝北），1958年施工，1960年建成。建筑面积2540.46平方米，为沂源县第一座公共楼房，共3层，砖拱结构。

东方红电影院

1968年竣工（时称东方红影院）。坐落在振兴路中段，砖混结构，建筑面积1030.41平方米。二层是放映厅，设单人坐椅1072个。舞台宽大，设备齐全，既能放映，又能演出。

东方红影院（2006年）

中医医院

原为中国人民解放军济南军区第27野战医院，位于历山路中段。1970年建成，1987年12月移交给沂源县。占地面积65720平方米，建筑总面积21914平方米，由诊疗区、病房区和生活区3部分建筑组成。门诊楼为砖混结构、3层，建筑风格古典与现代相结合。病房楼为“工”字形，前排2层，后排3层，砖混结构。生活区有宿舍楼、影剧院、食堂、球场等。整座建筑布局合理，样式别致。院内用各种观赏树木、花草绿化，环境幽雅。

百货大楼

位于振兴路和健康路交叉口，主楼3层，西端4层，混凝土结构，外用马赛克贴面，建筑面积2871.32平方米。大厅高大宏伟，装饰别致，是城内较大的商业大楼。1971年建成并使用。

百货大楼（2009年）

老汽车站候车厅

位于振兴路西首，1973年建成，建筑面积2071.91平方米，坐北朝南，砖石结构，主楼3层，候车厅、售票厅在一楼，一次候客千余人。

县长途汽车站北院（1996年）

沂源影剧院

1977年建成。位于历山路中段，坐东朝西。砖混结构，建筑面积 2904平方米。设楼上、楼下两层看台，单人折椅1300个。门厅高大空旷，舞台设备齐全，放映、演剧皆宜，时为沂源县最大的群众娱乐场所。

沂源宾馆

位于汽车站斜对过，坐南朝北，1980年建成。

沂源宾馆（1996年）

占地面积827.6平方米，建筑面积3760平方米，是沂源县最早的宾馆之一。宾馆主楼4层，前门楼用玻璃幕墙装饰，上嵌大型金色书法馆名。床位分高级、中级、普通级3种。高级房内设有卫生间、彩色电视机、电话、沙发、高级席梦思床、地毯和空调器。馆内有宴会厅10余处，并设有方便餐厅和接待室、会议室。

人民医院老院区

1984年7月在原院址改建。位于胜利路东段。占地2400.3平方米，分门诊楼和病房楼。建筑总面积3324.4平方米。门诊楼3层，现代式样，白色钢混结构。大门为突出式，东西两边设有侧门，一楼大厅宽敞高大，各层走廊设连排候诊座椅。病房楼为现代盒式建筑，白色，4层，钢混结构。前门宽大，为突出式，各层两边有侧门，设台阶式楼梯和电梯各1套，每层3面设走廊式阳台。楼内医疗、护理设施完备。

县人民医院（1987年）

楼外楼宾馆

1985年由南麻镇投资兴建。位于历山路与南麻老街交汇处。餐厅楼为古典式建筑，建筑面积468.9平方米，混凝土结构，2层。底层高于地面，设台阶数级。四周游廊设朱红大柱26根，直通楼顶。2楼外围设栏杆回廊，正中檐下挂一书有馆名的大字匾额。屋顶采用钢混结构的仿斗拱额枋，雕画得如木制。四角飞檐，高挑美观，黄瓦飞甍，气势巍峨。额枋、飞檐和屋脊缀以龙头和小兽34只，各具神态，栩栩如生。白墙黄瓦的牌坊式大门和上缀各式小窗的院墙，衬托得整座建筑更加古朴典雅。楼房及院墙外围装有彩色电灯，夜间将整座建筑轮廓展现得淋漓尽致。宾馆楼为现代式样，钢混结构，3层，设96个床位，分中等和普通2种。

楼外楼宾馆（1997年）

楼外楼宾馆拆除场景（1999年）

工人文化宫

位于振兴路中段，1985年建成，坐北朝南。建筑面积1670平方米。楼体2层，为不规则别墅式建筑，混凝土结构。东侧呈圆形，中间呈方形，西侧呈不规则方形。楼上部装一显示宫名的霓虹灯。内

工人文化宫（1988年）

设图书室、游艺室、展览厅、舞厅、放映放相室、乒乓球室等。楼外用观赏树木花草美化。

图书馆

1986年建成。位于胜利路东首，坐南朝北。建筑面积1428.15平方米。混凝土结构，主楼3层，西端4层。全楼外表为白色，窗子为连体大窗。楼内办公室、舞厅、展厅、阅览室、藏书室布置合理。

档案馆

1986年建成。位于胜利路中段、县委办公楼东侧。建筑面积962.94平方米，主楼3层，西侧4层白色。混凝土结构。楼内阅览室、检索室、接待室、会议室、档案库布局合理。档案库均安装金属防潮门窗。

人民商场

位于振兴路和历山路交叉口西北侧。1988年7月建成。楼体呈三角形，中间高两边低，混凝土结构，建筑面积2567.63平方米。临街面装落地橱窗、大雨棚，茶色玻璃门窗外装有金属升降卷帘式门窗。

人民商场（1994年）

各层地面用水磨石铺成，各层天花板用现代塑料材料装饰。

供电大楼

1990年建成。位于历山路与振兴路交叉口东北侧，楼体11层，建筑面积3571平方米。钢混结构，外表装饰绿白色，整座建筑造型独特。大门为一座二层楼高的独立建筑，与主楼相衔接。3个门洞高大宽阔，两边大窗对称设计。上部用大块玻璃3面贴面。楼内各层地面铺设水磨石，走廊铺紫红地毯，墙壁、天花板均用现代装饰材料精心装饰。照明、通讯和取暖、降温设施均用现代高档产品安装。设台阶式楼梯和自动电梯。推拉式铝窗镶以茶色玻璃。整座建筑装饰豪华大方，外观气派宏伟，是沂源县截至1990年设施最先进，楼层最高的建筑。

沂源县农村信用社营业楼

位于沂源县城鲁山路西首北侧，为高层框架剪力墙结构，由主楼和裙房组成，主楼17层、地下1层，长28.6米，宽23.6米，高66米，主楼东西两侧为裙房，总建筑面积10600平方米，项目总投资1100万元。主楼基础为86根钢筋混凝土灌注桩支撑2.2米厚钢筋混凝土承台。主体围护墙为混凝土砌块，现浇钢筋混凝土楼面。1996年12月开工，1998年10月竣工。自升式塔吊、悬挑式脚手架、桩基接桩滑模施工技术、隔热断桥窗等新技术、新工艺开始运用到施工中，悬挑式脚手架和滑模技术创造了淄博市第一。该项目竣工交付时是沂源县城最高的单体建筑，是螳螂河畔地标性建筑，为沂源县建筑发展树立了样板，对促进建筑行业蓬勃发展，

沂源县农村信用社营业楼

产生了积极的推动作用。项目荣获山东省省优良工程奖、淄博市“十佳”公用建筑、淄博市优质结构工程及淄博市级安全文明工地等荣誉。

沂源县人民医院病房楼

位于沂源县城胜利路21号人民医院院内，2000年10月20日开工，2003年3月8日竣工，建筑物高度41.38米，地下一层，地上9层，局部十一层，总建筑面积16900平方米。该项目竣工后成为卫生系统标志性建筑，入选2004年度淄博市“十佳”公建项目，是沂源县第一个山东省建筑工程质量“泰山杯”工程。

沂源县盛源大酒店

位于县城药玻路6号，2001年7月10日开工，2003年10月15日竣工。建筑物高度45.6米，地下3层，地上8层，局部10层，钢筋混凝土框架剪力墙结构，总建筑面积31000平方米。该项目采用钢筋锥螺纹链接技术、膜壳施工工艺、混凝土掺加UEA膨胀剂、涂膜防水、小型空心砌块填充墙等新技术、新工艺、新材料，既提高了工程质量，又大大降低了成本，对沂源县建筑工程质量提升起到极大的推进作用。项目入选淄博市优质结构工程、淄博市优良工程、淄博市“十佳”公建工程、淄博市级安全文明工地，是沂源县第二个山东省建筑工程质量“泰山杯”工程。

盛源大酒店

沂源大酒店

位于县城振兴路6号，2004年5月10日开工，2006年6月15日竣工。建筑物高度44米，地下一层，地上十三层，总建筑面积19500平方米。该工

沂源大酒店

程竣工后成为沂源县餐饮旅居标志性建筑，带动了沂源县餐饮旅居事业发展。

沂源县第一中学新校区

位于新城路以北，人民路以南，祥源路以西，东埠路以东，规划总占地面积 489 亩，总建筑面积 13 万平方米，总投资1.4亿元。按120个教学班、7000名在校生的规模设计，所有建筑和设施均按照全国示范性高中标准建设和配备。工程于2004年10月开工建设，2006年底建成并交付使用。主要建筑有教学楼、图书馆、实验楼、科技楼、行政办公楼、艺术楼、报告厅、学生公寓、学生食堂、教工公寓、教工食堂、附属房等项目。沂源一中新校建成后，对推动沂源教育事业的持续、快速、协调发展，满足人民群众日益增长的教育需求发挥了重要作用。

沂源一中新校区

山东鲁阳技术研发中心

该项目2009年9月开工建设，2010年12月竣工，建筑面积24650平方米，地上6层，地下1层，建筑高度27.6米，钢筋混凝土框架结构。作为山东鲁阳节能材料股份有限公司的产品研发中心，是服务鲁阳产品研发、制定发展战略的中枢，为鲁阳节能的发展提供了基础保障。工程投入使用后，中心先后被认定为“省级企业技术中心”“国家级企业技术中心”，并依托鲁阳节能雄厚的人力资源和技术优势，通过自主创新、产学研合作和吸收再创新，实现多种产品产业化，带动了同行业整体技术进步和产业升级。该项目获“淄博市十佳公建工程”、淄博市建筑工程“柳泉杯”等荣誉。

瑞阳制药研发中心综合楼

位于沂源县城瑞阳路南首，2010年6月开工建设，2011年9月竣工。总建筑面积17769平方米，地下一层为停车场及设备用房，地上裙楼为300人报告厅，一至七层为办公用房。总建筑总高度29.9米。该项目采用平板式筏形基础，主体混凝土结构内坚外美，整体幕墙，屋面整体太阳能。项目施工中采用2010年建设部推广新技术中的7个大项中的12个小项，先后获得淄博市级安全文明工地、淄博市QC小组成果奖、淄博市级优质结构、淄博市十佳公建工程、淄博市“柳泉杯”、山东省建筑工程质量“泰山杯”。

沂源县电力调度营销中心

位于沂源县新城路与富源路交叉口西北角，总建筑面积18307.25平方米，框架剪力墙结构。2013年4月开工建设，2014年12月竣工并交付使

沂源县电力调度营销中心

用，地上11层，地下1层，总建筑面积18307.25平方米。工程竣工交付后成为沂源县东部城区地标性建筑之一。该项目建成提高了电力调度的准确性和及时性，展示了企业的实力和专业水平，为企业和广大人民群众提供了专业可靠的电力服务保障，提升了企业在客户心目中的形象。运用创新环保的设计思想，坚持“建精品工程，筑百年基业”的理念，在建设期间即被国家住房和城乡建设部评为“一星级绿色建筑”，也是沂源县唯一一个公建绿色建筑项目，其间又先后荣获2013年“淄博市建筑工程优质结构奖”和“山东省安全文明示范工地”等多项殊荣。2016年又分别荣获“淄博市2015年度优良工程奖”、“2014—2015年度淄博十佳公建工程”奖、山东省建筑工程质量“泰山杯”奖等多项荣誉。

历山国际大厦

历山国际大厦

该项目2016年7月开工建设，2017年7月竣工，建筑高度89.60米，地上28层，地下1层，框架剪力墙结构，总建筑面积47019平方米。该工程项目单体建筑高度第一，竣工交付后成为沂源县标志性建筑。

瑞阳国家级科技研发中心

2016年9月开工建设，2017年 12月竣工。建筑高度76.8米，地上17层，地下1层，总建筑面积51507.95平方米。项目采用框架剪力墙结构，获得山东省优质结构、淄博市建筑工程“柳泉杯”等荣誉。

沂源县电子信息产业园

沂源电子信息产业园区

项目位于沂源县经济开发区，2020年11月开工建设，2021年11月竣工。该项目共11座三层和五层丙二类标准厂房、1栋配套宿舍，项目总建筑面积16.12万平方米。充分利用大数据动态管控，加强对工地现场的质量、安全、扬尘治理的管理与控制，大大提升了施工效率，降低了安全事故风险。该项目的建设，进一步加快了沂源县园区转型升级，促进发展提速、质量提速，优化营商环境，形成集人才公寓、商业服务、餐饮等多功能于一体的综合服务体。该项目获得山东省安全文明工地、工程智慧化管理淄博市标杆等荣誉。

源泰蓝海钧华大饭店

该项目2019年11月开工建设，2021年12月竣工，建筑高度91.1米，主楼结构为框架核心筒，其余为框架结构。地上20层，地下2层，其中地下二层为车库和设备用房（设有人防），地下一层为设备用房及储藏室。地上一层为大堂和自助餐，二、三层主要为餐饮区，设有厨房、宴会厅、多功能厅和包间，四层为会议用房，五至十层为客房，十一至十六层为公寓，十七至二十层为大空间办公。总

源泰蓝海钧华大饭店

建筑面积36322.82平方米。该项目集餐饮、住宿、会议、公寓、办公于一体，建设标准为准五星级综合性商务酒店，项目交付使用后成为沂源县的地标性建筑。采用全过程工程咨询和EPC工程总承包模式。施工中总体施工采用了分段式施工，基础混凝土浇筑采用跳仓法浇筑，项目前期方案及实施阶段采用了BIM技术应用，施工现场管理使用智慧工地管理平台，监控整个项目建设的过程。空调系统采用先进的超低温空气源热泵系统。因项目特殊性，在验收阶段首次采用分段验收，该验收方式作为先进经验在山东省内推广。该项目获山东省绿色智慧建造科技示范工程、山东省建筑工程优质结构、山东省建筑工程质量“泰山杯”等荣誉。

沂源县人民医院新院

2022年6月建成，占地253亩，总建筑面积15万平方米，床位1200张，主要建设门诊医技楼、病房医技楼、妇儿专科楼、医养结合楼、行政后勤楼、感染专科楼、高压氧舱，楼以及附属用房等配套设施。项目总投资10.3亿元，是沂源县建县以来投资最大、建筑面积最大的民生工程。其建成和启用，改善了沂源县的医疗硬件条件。该项目为沂源县第一所集医疗、康复、教学于一体的综合医院，为患者提供舒适、高水平的医疗服务，满足沂源县及周边地区广大群众的就医需求。同时为广大农村人口提供医疗、预防、保健、康复、健康教育等综合服务，实现优质医疗资源的城乡均等化、一体化，更好地满足人民群众诊疗疾病的实际需求。该项目获山东省建筑工程优质结构奖等荣誉。

大学生创业中心及医疗科技成果转化器项目

位于青兰高速沂源东出口的东北角，2016年7月开工建设，2022年11月竣工。建筑高度64.95米，地上十五层，地下一层，总建筑面积54915.42平方米。该项目以大面积幕墙与精致石材的巧妙融合，塑造出简洁明快、气势恢宏的双子楼形象，是沂源县标志性建筑。其独特的设计理念和精湛的建筑工艺，不仅为沂源县建筑发展树立了新的标杆，也极大地促进了建筑行业的蓬勃发展。该项目为淄博市重点项目，获得山东省文明工地、淄博市优质结构等荣誉称号。

大学生创业中心及医疗科技成果转化器项目

瑞阳公司高端药品生产智能化技术升级项目

2021年6月开工建设，2022年12月竣工验收，建筑高度23.3米，地上三层，总建筑面积7266.41平方米。该项目采用了PVC管控制钢筋保护层施工、混凝土接槎凿毛施工、构造柱对拉螺栓加固施

县人民医院新院区

沂源经济开发区瑞阳产业园

工、填充墙砌筑BIM排版施工等技术。

人民路小学

该项目位于人民路以南、高新路以东，是北麻社区教育基础设施配套完善项目，2022年10月20日开工建设，2023年10月21日竣工。总建筑面积22293.43平方米，其中地上面积17694.43平方米，地下面积4599平方米，建筑高度20.5米。该项目是沂源县重大民生项目，提供小学教室44班，有效解决了沂源县2023年小学入学难的问题。项目为钢框架结构，为沂源县规模最大的钢结构项目，主体及屋面采用桁架楼承板，施工效率高，有效节省施工工期。项目投入使用后，中央电视台新闻频道播放人民路小学开学第一课。项目研发并获得省级施工工法1项，省级QC成果1项，市级施工工法2项、市级QC成果2项。

沂源县人才公寓

位于沂河西路西首北侧，荆山西路南侧。2022年6月开工建设，计划2024年12月竣工。建筑高度28~49.6米，地上9~17层，地下2层，总建筑面积129897.02平方米。该项目进一步优化沂源县人才发展环境，提高了人才服务保障水平，提升人才群体获得感、归属感和幸福感，实现了人才安居梦，助力青年友好城市建设，为青年人才创业求职创造了更多可能。施工采用了灌注桩后注浆、管线综合布置、施工过程水回收利用、项目量自动计算等25项新技术、新工艺，项目获得山东省标准化结构项目、红色工地等荣誉称号。由沂源县国有投资集团公司出资，沂源城鼎投资开发有限公司作为建设单位实施。

建筑业

沂源建筑业历史源远流长，唐、宋、元、明、清各代建筑都有历史遗存，沂源猿人洞穴、齐长城、古庙观、古墓葬、摩崖石刻、塔幢等现存古遗址、古遗迹反映出沂源县古建筑活动缓慢的发展历程。各时代的建筑印记不仅体现出当时建筑业的高水平，更是沂源建筑文化浓墨重彩的一笔。

神清宫

新中国成立前，建筑工人社会地位低下，建筑业均由石匠、木匠带徒弟，受用户之约走乡串户，或砌墙、笘顶，或做屋架、门窗。工匠的工具也十分简单，石匠工具主要有墨斗、线绳、錾头、锤子、泥（灰）刀。木匠工具主要有墨斗、锯、锛、凿、锉、拐尺（三角尺）等。运石料、砖瓦、灰料、填料、木料上房均需人工托举或搭建支架，劳动强度大且安全无保障。新中国成立初期，建筑业分散个体经营。工匠们有的独立门户，有的三五人成帮，八九人至一二十人结伙成立作坊，由技艺较高的人当“作头”出面揽活。如修坟立碑、建设平房等，作坊根据应聘状况时聚时散，没有固定的组织和场所，建房技术大多沿袭传统营造技艺。沂源县建筑业在困难中起步、在曲折中前进、在竞争中发展，从无到有，从弱到强，规模不断壮大，结构日趋优化，技术显著提高，实力明显提升。在增加劳动就业、改善城乡面貌、统筹城乡发展等方面发挥了积极作用，为经济社会高质量发展作出了较为突出的贡献。

发展历程

艰难闭塞阶段　新中国成立前，是中国近代史上最艰难的时期，山河动荡，风雨飘摇，人民生活朝不保夕。这一阶段，沂源县的建筑数量少，街道以沙土铺设路面居多，起伏不平，大多数石质桥涵以石砌为主，公共建筑除寺庙祠堂和富足户所建房屋为旧式传统双坡顶瓦房外，绝大多数是土坯墙的茅草屋，有些甚至是“团瓢”式草棚。建筑布局散乱，参差不齐，房屋低矮潮湿。

水幺头村古石门楼外观

萌芽起步阶段（1949—1993年） 新中国成立后，人民当家作主，生活逐渐好转，但仍然少有建设项目，房屋造型结构比较简陋。沂源传统建筑工艺历史悠久，民间素有一批亦工亦农的泥水、木、石匠，纯手工操作，承揽建房、筑路等业务。1958年初，沂源县政府组织石工、瓦工、木工等140余人，率先走集体化道路，组建沂源县建筑社。这是沂源县第一个有组织的建筑集体，成为沂源建筑业的雏形。随着时间推移，县建筑社力量迅速壮大，职工由最初的300人迅速发展到700人。主要技术力量来自南麻、鲁村、悦庄、东里等公社，机构归沂源县政府直接领导，业务归重工业局管理。随着各项事业的发展，增建了大批办公用房、学校、医院和工厂等。1959年3月，沂源县建筑社更名为沂源县建筑公司，属国营施工企业，归县重工业局管理，职工达到810人，分为五个建筑队，承建沂源县钢铁厂、沂源县政府招待所大楼等工程。1960年3月，沂源县建筑公司历时近3年时间，建设完成该县第一座楼房——县政府招待所三层砖拱结构大楼，结束了沂源县城没有“楼”的历史，拉开县城楼房建设的序幕。1961年8月，撤销沂源县建筑公司。11月，成立沂源县南麻建筑合作社，属县集体建筑企业。1964年，沂源县政府成立基建办公室，设在土门公社。组织全县近2000人的民工队伍，为山东机修一、二厂建设厂房、办公室和职工宿舍。1965年后，随着6家“三线厂”和3家省地属（山东东风化肥厂、山东沂蒙新华制药厂、沂源柴油机厂）企业到沂源县建厂，体量庞大的建设工程锻炼了参与其中的沂源建筑队伍，形式多样的建筑形制、先进的建设理念和管理模式极大带动了沂源建筑业发展。

东安村传统建筑

20世纪70年代前后，各乡镇相继成立建筑社，建筑队伍迅速发展，施工能力有了较大提高。1966年，唐山公社成立建筑社，是该县第一家乡镇建筑施工企业。1971年1月，张庄公社成立建筑社。南麻建筑合作社改为沂源县建筑工程公司，属大集体建筑施工企业。同年，鲁村、南麻、悦庄、东里、张家坡、燕崖、石桥、三岔、中庄、黄庄、徐家庄等14个公社相继成立建筑队。1972年2月，南麻一村成立建筑队（1985年以此为班底成立南麻一村建筑公司，1987年改称沂源县城区建筑公司）。1974年，黄庄公社西冶村成立建筑队（1984年改称西冶建筑公司，1990年改名沂源县第二建筑公司）。以沂源县建筑公司为例，1983年，有505名职工，两个施工区，六个施工队。辅助生产部门有水泥预制厂、带锯车间、维修车间、综合门市部等，工程技术人员17人，固定资产48.9万元。主要机械设备有2台塔吊、6台混凝土搅拌机、12台砂浆搅拌机、1辆拖拉机和木工带锯等，企业发展初具规模化生产模式。

1983年，在施工队伍多、建筑工程“少”的情况下，组织3700人的施工队伍到孤岛修路，并不断有建筑队到北京、天津，湖北襄樊、济南、潍坊、淄博等地外出施工，在业界享有较高的声誉。1986年，组织全县14个乡镇建筑公司2848人外出施工（济南、淄博、胜利油田等地）。全县外出施

胜利山公园一角

山东药用玻璃总厂区原貌（1991年）

工年产值达到1667.7万元，建筑面积为49910平方米，这些外出施工单位坚持以质量求生存、以质量求发展、以质量求工期达到用户满意为根本，为沂源建筑行业争光，为本企业赢得了良好的社会信誉。

在计划经济体制下，各建筑业企业分布在各乡镇驻地、县城、“三线厂”和省、地属企业，从事建筑施工，按照国家计划完成施工任务，推动全县基本建设事业的发展。但受地理位置和信息不畅等各方面条件的制约，至20世纪90年代初，沂源县建筑业都一直发展缓慢。由于经济落后，无论是公建还是民建，项目都十分有限，且大都属于低、小、散的办公用房、校舍及厂房。建筑技术和装备水平均十分落后，绝大部分采用人工操作，人力担挑、小铁车运送物料。1980年以后，“县建”“乡建”等一些稍大规模的企业才开始配置水泥搅拌机、卷扬机、井字架等设备，这在当时算是比较先进的技术装备了。20世纪90年代初期，随着商业步行街、胜利山小区、西山小区、购物长廊等开发项目的启动，一些建筑企业率先参与多层住宅、大跨度公共建筑、厂房的建设。此后，随着县城大规模的开发建设，全县的建筑施工技术与设备进入一个崭新的发展时期：配备打桩机、塔吊、物料提升机等大型机械设备，脚手架的搭建和支撑已完全由钢管替代了20世纪70年代的木架杆。

20世纪70年代至80年代沂源县建筑工程一览表

工程名称	结构形式	建成面积	施工单位	竣工时间	获奖情况
东方红电影院	砖混结构	1030.4平方米	县建筑公司	1968年	
工商银行办公楼	砖混结构	900平方米	县建筑公司	1972年	
汽车站候车厅	砖石结构	2071.9平方米	临沂地区建筑公司	1973年	
县粮食局仓库		2000平方米	石桥乡建筑公司	1977年	
沂源影剧院	砖混结构	2904平方米	县建筑公司	1977年	
县织布厂	框架结构	4500平方米	鲁村建筑公司	1978年	
县食品公司			鲁村建筑公司		
百货大楼	混凝土结构	2871.3平方米	县建筑公司	1971年	
县社办公楼		2000平方米	三岔乡建筑公司	1980年	
县政府办公楼	砖混结构	3400平方米		1981年	
供电局办公楼		1300平方米		1981年	
县果品公司	双曲拱薄壳板结构		南麻镇建筑公司	1981年	
农行办公楼		1400平方米	沂源县建筑公司	1982年	全优工程

续表

工程名称	结构形式	建成面积	施工单位	竣工时间	获奖情况
县邮电局住宅楼		1456平方米	燕崖乡建筑公司	1982年	
县烟草公司黄烟复烤车间	砖混结构		南麻镇建筑公司	1982年	
草埠煤矿园库及选矸楼			鲁村建筑公司	1982年	
红旗厂资料楼		3300平方米		1983年	全优工程
沂蒙新华制药厂片剂车间大楼	砖混结构		南麻镇建筑公司	1983年	
裕华厂准备工房	框架结构	4500平方米	鲁村建筑公司	1983年	
县水泥厂生产车间、打包机房和6座仓库建设			鲁村建筑公司	1983年	
县教育局办公楼	砖混结构	2000平方米	三岔乡建筑公司	1983年	
南麻完小办公楼		1200平方米	三岔乡建筑公司	1983年	
县医院门诊楼		3400平方米		1984年	
县委招待所客房楼		1400平方米		1984年	
县造纸厂1880车间	排架结构	4780平方米		1984年	全优工程
沂蒙新华制药厂粉针车间	砖混结构		南麻镇建筑公司	1984年	
鲁村煤矿生产系统的圆库、皮带走廊及选矸楼一座			鲁村建筑公司	1984年	
县医院门诊楼		3400平方米		1984年	
县委招待所楼		1400平方米		1984年	
楼外楼宾馆	砖混结构	468.9平方米	城关建筑工程公司	1985年	
鲁村电影院		4500平方米	鲁村建筑公司	1985年	
县机械修配厂车间生产楼	排架结构	2020平方米	县建筑公司	1985年	
县委住宅楼		1400平方米	三岔乡建筑公司	1985年	
县烟草公司分级仓、办公室、验收棚		1200平方米	张家坡乡建筑公司	1985年	

随着改革开放政策的持续推进，大规模经济建设得以进行，人民生活改善，新房与日俱增，四至六层建筑已非鲜见，装饰也日趋讲究。农村建房也逐渐增多，开始出现二层砖混结构“洋楼”。城乡建设日趋频繁，建筑企业随之兴盛。1985年，沂源县有21家建筑业企业，至1993年末，建筑业企业发展至25家。1986年，全县建筑业企业完成总产值1047.7万元；到1993年，建筑业完成总产值1.51亿元，首次突破1亿元大关，是1986年的14倍。

快速成长阶段（1994—2012年） 由于施工企业之间互相封闭，建筑市场竞争激烈，监管手段缺乏，工程发包流于形式，建筑业年产值一度维持在几千万的低迷状态。1993年，成立沂源县建筑工程管理处，开展建筑业业务指导和建筑市场管理工作。通过建立建设工程领域有形市场、推行建设工程招投标制度、施工企业产权制度改革、施工资质就位等一系列措施，对挂靠承包、层层转包等无设计、无监督粗制滥造的劣质工程进行严厉查处，对县域范围内施工企业进行整顿，对工程质量上等级、标准化工地建设等制定各种奖励办法，全县逐步形成比较完善的建筑产业市场和行业管理体系。建筑产业由单一的房屋建筑工程，发展为包括房屋、水利电力工矿、公路、建筑安装装饰、钢结构等工程施工，以及混凝土预制构件生产、化工石油设备管道安装等门类较为齐全的较大产业，企业施工从总承包至专业承包、劳务分包层次逐步形成。2011年12月，山东欣欣园置业有限公司晋升为建筑施工总承包一级资质，填补了沂源县没有一级资质的空白。

鲁山路两侧建筑（2005年）

商品混凝土推广应用　沂源县商品混凝土起步晚，2005年8月，第一家商品混凝土生产企业——沂源恒盟建材有限公司投产运行，开始向县城建设工地零星供应商品混凝土。2008年，沂源县开始推广商品混凝土，当年商品混凝土年产量达到9万立方米。2010年，沂源县大力推广商品混凝土，县城

商品混凝土泵送施工现场

规划区范围内所有在建工程混凝土分项必须使用商品混凝土，禁止现场搅拌混凝土，商品混凝土的大范围推广有力地保证了沂源县建筑工程主体结构安全和质量。2010年6月，成立沂源县第二家商品混凝土公司——沂源鼎固建材有限公司。

提质发展阶段（2013年始）　2013年始，沂源县建筑业进入了飞速发展阶段，产值规模有了明显扩张。2023年，全县建筑业完成总产值27.4亿元，位居淄博市第一，是2013年的1.9倍。建筑业增加值稳步增长，对国民经济的贡献率不断提高。伴随着建筑业的迅速发展，建筑业在国民经济中的比重不断提高，对整个国民经济发展的推动作用越来越突出。建筑业在不断发展和壮大的同时，沂源县建筑企业一直秉持“质量兴业”的方针，始终将质量摆在第一位，建立和健全质量保证体系。积极参与工程创优活动，并取得丰硕成果。全县建筑业企业曾获得山东省建筑工程最高质量奖项“泰山杯”工程4项、淄博市建筑工程质量“柳泉杯”工程4项、省级文明示范工地2项，省级优质结构8项，且在埠外获得“古斯塔夫斯金奖”“亚洲建筑师协会银奖”“草原杯”工程质量奖等。

截至2023年，沂源县共有建筑业企业71家，其中一级施工总承包企业2家、二级16家、三级17家，专业承包企业36家，建设内容涵盖房屋建造、土木工程、建筑安装、市政公用、机电安装、水利水电、防腐保温、装饰装修等。

承插型盘扣式钢管支撑脚手架是一种新型模板支撑系统。与传统扣件式模板支撑不同，承插型盘扣式钢管支撑脚手架无任何活动锁紧件，支架用连接盘将立杆、水平杆和斜杆等构件进行连接，组成一个稳固支撑体系。同时，采用楔形插销连接，具有自锁功能，且不易变形损坏，能最大限度地防止因锁紧件活动造成的安全隐患，承载力明显增强。盘扣式立杆钢管采用Q345B碳素结构钢，杆件壁厚达到3.25毫米，因此强度相较于传统扣件式钢管有了极大提高，特别是用于高大模板支撑，加上大量斜杆，形成网架式支撑体系，承载力更强、更安

全。此外，对于单层面积较大需要大量架子工同时作业的项目，新型脚手架可明显降低组织难度，保证施工效率。同一作业面，工人不再像原来一样，需要花费大量力气来拧紧螺栓，拼拆速度加快。经测算，相比于传统脚手架，新型脚手架拼装速度能提高30%。承插型盘扣式钢管支撑脚手架还可搭设模板支架、外架、各类操作架、爬梯、安全通道等，相较于传统脚手架搭设时间更短、更便捷、更高效。盘扣杆件表面采用热浸镀锌处理，不易生锈，既美观又耐用，而且结构稳定更安全。2021年，全县大力推广使用承插型盘扣式钢管支撑脚手架，并在短时间内，县内所有在建工地全部完成脚手架新老替换。

脚手架安装现场

建筑队伍

新中国成立前，沂源县农村有许多木石工匠，承揽民房修建。私营木石匠作坊多为师徒、父子组合，这些个体工匠，多数农忙务农，农闲从工。新中国成立后，建筑队伍逐渐壮大。20世纪70年代后期，农村小型建筑队伍有所发展，多以承包形式经营。20世纪90年代初期，全县各乡镇均有数量不等的小型建筑队，部分建筑队可承建结构较复杂的建筑。

1958年6月，沂源县建筑社成立。1959年3月，改为建筑公司，归县重工业局管理，1961年8月撤销。1961年10月，成立建筑合作社，归县计划委员会管理，1971年改为建筑公司。设施工、质检、安全、预决算、设备、材料、档案、办公室等15个科室，3个施工区，12个施工队，9个配套厂、队和车间。1990年，公司不断壮大，能同时开二至三个面积为2500平方米的建筑工程，除在全县承包建筑外，还常在济南、张店、青岛等地施工，为全县发展较早、规模较大的建筑业企业。

1966年，唐山建筑社成立。1978年，全县17个公社均成立了建筑社，承担县城、省地及本公社的建筑任务。自1979年开始，随着农村经济体制改革，乡镇建筑队伍（后陆续更名为建筑工程公司）迅速崛起，到20世纪80年代中期，普遍有了较大规模发展。以鲁村建筑工程公司、城关建筑工程公司、悦庄建筑工程公司等为代表的一批实力较强的建筑企业开始开拓县外市场，并创出许多全优工程。鲁村建筑工程公司承建的全县最高建筑物（至1990年）供电局调度楼，被临沂地区评为优良工程。该建筑为11层大跨度复杂结构，是当时建筑业的代表作。

1991年，全县有建筑业企业17家，1995年发展至48家。按资质划分，有民建企业26家、建筑安装1家、防腐保温1家、装饰装修2家、建筑防水1家、混凝土预制构件生产18家；按资质等级划分，有二级1家、三级25家、四级22家。1997年，开始推行以股份合作制为主要形式的建筑业企业产权制度改革，改变乡镇集体经济组织单一投资结构，融进多种经济成分。2002年，完成改制的建筑企业有18家，占全县企业总数的62%，全县共有建筑企业29个。2006年，全县共有建筑业企业31家，其中私营企业18家。到2023年，全县有建筑资质企业增至71家，其中，施工总承包企业35家、专业

人才公寓施工现场

承包企业36家，建筑业总产值突破27亿元。

施工技术

新中国成立前，大户人家以四合院建筑为基本模式，房舍多为四梁八柱和砖瓦结构，平民多为土屋草舍。南麻、东里等大集镇街道旁店铺有出厦活木板式。20世纪60年代中期，国家在县内部分乡镇建设军工企业，建筑物系砖混结构。1960年，沂源县城区第一座现代化楼房——县政府招待所大楼建成，为砖拱结构。20世纪60年代后期，县城建筑出现砖混结构。20世纪70年代后期，开始使用砖混框架建筑结构。20世纪80年代起，县公共建筑多采用砖混框架结构，工业建筑则用装配式排架结构。

20世纪90年代，全县建筑施工企业有了长足发展，但仅有建筑、安装等少数几个专业，且多数建筑企业机械设备落后，只能承担8层以下和跨度18米以下建筑物的施工。2002年，全县建筑业企业形成施工总承包、专业承包、劳务分包3大序列，涉及房屋建筑、水利水电、装饰装修、建筑防水、钢结构、化工石油设备管道安装、公路路基、混凝土预制构件、砌筑作业分包等多个专业。21世纪初，全县房屋建筑企业均可承担14层以下、单跨24米以下的房屋建筑工程。2017年，全县施工总承包、专业承包已形成资质类别齐全的良好局面，建筑业企业可承担县内大多数房屋建筑工程，装配式建筑开始推广应用。

沂源商务大厦

建筑管理

1991年，沂源县建筑行业的各项管理工作刚起步，建筑施工现场不规范，疏于管理。1993年，沂源县建筑工程管理处成立，开始加强对全县建筑业的全面管理和指导。1995年起，逐渐实施工程项目报建登记备案、工程招投标、施工、安全报监、职工人身和养老保险等制度，重视安全生产，施工安全管理向规模化、标准化、科学化方向发展。

2011年12月，山东欣欣园置业有限公司晋升为建筑施工总承包一级资质，填补了全县没有建筑企业一级资质的空白。2014年4月，山东安成钢结构工程有限公司晋升为建筑施工专业承包一级资质，提高了外部承接工程的能力。2014—2015年，开展全县工程质量治理两年行动，加大建筑市场稽查力度，沂源县在全市检查中均位于前三名。2017年，全县开展建筑市场“打非治违”专项行动，建筑市场秩序明显好转。2020年，建立全县建筑工地分类督导台账，对在建工地实施扬尘防治“6个100%”标准，全县建筑业总产值突破24亿元。

工程招投标

1995年，改变过去行政分配建设工程的方式，全县逐步推行建设工程招标承包制。先后制订建设工程招投标、招投标资格审查、开标、评标、定标、施工合同等管理办法，招标方式主要是议标、邀请招标。1998年，设立县建筑市场管理中心。自1999年起，废止规模较大建筑工程招标一对一议标方式，采用公开招标方式。2002年，设立沂源县建设工程服务大厅。2003年，成立沂源县建设工程交易中心，凡进行招投标的建设工程，必须进入交易中心进行发、承包交易。

2003—2004年，县城乡建设局被省招标办评为全省建设工程招标投标管理先进单位、全省有形建筑市场工作先进单位。2005年，推行工程量清单计价招标。2006年，全县建筑工程招标覆盖率达到100%。

2010年，县住建局投资建设工程交易中心。2014年，完善交易设施，设置2个开标室、评标室和监控室，可为多个项目同时提供交易服务。2015年6月，调整非国有资金投资项目发包方式，使用非国有资金投资的工业用房、商业用房、商品住宅等房屋建筑工程，由建设单位自主决定是否进行招标发包，以及是否进入有形建筑市场开展交易活动。2016年12月，全面实行建设工程电子招标投标，实现招投标无纸化办公。2022年6月，全县实行“评定分离”“一标一评”“分散评标”改革，招标选择权和项目管理职责得到统一，工程质量、安全、进度得到较大的保障。

工程招标投标现场

施工质量

20世纪90年代以前，沂源县建筑工程质量监督工作仅限于单纯的建筑工程，注重建筑工程的实体质量监督。90年代中后期，工程质量管理体制进行改革，建立了工程质量社会监督体系，监管范围扩展到对土木工程、建筑工程、设备安装、装饰工程等工程的监督管理，以及对建设、施工、设计、勘察、监理等责任人质量行为的监督和管理。监督模式由过去的指定部位监督转变为抽查、巡查相结合的监督。

2001年起，全县实行建设工程竣工结算制度，建筑工程必须办理竣工备案。2004—2005年，沂源县建筑工程公司承建的县人民医院病房楼工程和山东药玻综合楼工程分别被省建设厅、省建管局、省建筑业联合会评为省建筑工程最高质量奖项“泰山杯”工程。至2006年年底，全县共有7个工程被评为省优良工程，3个工程被评为省质量诚信用户满意工程。

自2011年起，全县建筑管理质量各项工作开始走在全市前列。2013年，县电力调度中心工程获“省级示范安全文明工地”称号。2018年，开展建筑工程施工现场管理提升年活动，创建省级文明工地1个、省级优质结构工程1个、市级文明工地12个。2023年，县源泰蓝海钧华大饭店获省“泰山杯”奖、创省级文明工地2个。

埠下路两侧建筑

施工安全

1999年，全县实行建筑工程安全报监制度，所有建筑工程必须先安全报监，后开工建设。2003年，为保障建筑施工现场安全和市容美观，推行沿街建筑工程施工现场使用彩钢板围挡制度。2004年，全县实施建筑施工企业安全生产许可证制度。先后淘汰QT—16型塔吊、单排脚手架、自制井架等，采用省、市推荐的限位器、漏电保护器、五芯电缆等；施工用电达到三级配电，二级保护，做到一机一闸一箱一保护。施工现场实行封闭管理。工伤的轻、重伤率连年分别控制在18%和0.4%以内。全县建筑面积2600平方米以上的建筑工程均开展争创安全文明工地活动。2004—2005年，县城关建筑公司和县建筑公司分别施工的驻军某部住宅楼工程和沂源一中1号教学楼工程，被评为“山东省示范文明工地”。2014年，全县开始实行建筑工程质量终身责任信息档案制度，标志着建筑工程质量谁建设、谁负责，且终身负责，有效避免了建筑工程安全质量隐患。

从业人员培训

1991年起，先后开展企业经理、项目经理、施工员、预算员、质检员、安全员、材料员、机管员、财会员等建筑业企业关键岗位人员培训，瓦工、钢筋工、电焊工、抹灰工、电工、管道工、镶贴工、木工、防水工等初、中、高级职业技能培训、鉴定。2003年，县建工管理处被省建筑工程管理局授予全省建筑职业技能岗位开发管理先进单位。2004—2011年，培训各类建筑业企业关键岗位2801人，完成职业技能鉴定7846人。2012—2017年，培训关键岗位1291人，完成职业技能鉴定1197人。2018—2022年，完成各类施工人员培训7240人，培训第五次经济普查人员100人次。

建筑技能大赛（2023年）

权益保障

1995年，山东省建筑企业劳动保险费用实行改革，由建设主管部门按建安造价2.6%向建设单位统一提取。2003年，为更好地体现这一专项资金的性质，将“建筑企业劳动保险费用”更名为“建筑企业养老保障金”。2016年5月，建筑企业养老保障金提取比例由2.6%下调为1.3%。2019年，全县推广使用山东省农民工工资支付监管平台。2020年，国务院出台《保障农民工工资支付条例》，标志着农民工工资支付纳入法制化轨道，从此农民工权益有了法制化保障，维权更加便捷高效。

农民工工资

2004年，按照上级部署，沂源县建设工地实行农民工工资保证金制度，规定建设单位必须按工程总造价2%的额度，向指定银行存入保证金，以专门用于支付民工工资。2007年4月，被市政府授予全市“双清欠”工作先进单位；2008年4月，被淄博市建设委员会评为“双清欠”工作先进单位；2014—2015年，在全市工程质量治理两年行动进行检查中位于全市前三名。自2015年5月1起，根据《淄博市建设领域农民工工资支付监督管理暂行办法实施细则的通知》文件规定，全县建设领域推行农民工工资专户制度。2017年，县清欠办被沂源县县委评为“先锋岗位”。2019年，化解农民工清欠纠纷20余起，取得全市清欠工作综合考核第一名。

建筑工人实名制打卡

能工巧匠

工匠奇才唐启湛（1892—1947年） 沂源县南鲁山镇芝芳村人。兄弟姐妹五人，其在家中排行老四，年轻时曾在沂水、蒙阴、莱芜、南麻等地四处拜师学艺。学艺过程中，师傅发现他天赋异禀、聪明过人，做出的木工艺活已经超过师傅自己的水平。后来，唐启湛开始自己研究制作木制器具，他曾制造了一件通身采用木质结构的座钟，每到一个钟点，钟表内会准时出现一个身穿红衣绿裙的小木人举起胳膊抡铜锤，几点钟敲几下，声音清脆，敲完钟点后小木人便隐藏起来。可惜在一次日军扫荡时，钟芯被日军拆走，剩钟壳至今尚在。

1938年9月，为了避开日军扫荡与飞机轰炸，八路军山东纵队司令部将修械所（兵工厂）搬到鲁山的千人洞内。唐启湛带领村民及专门聘请的高青师傅共同加入修械所，为八路军维修并制作枪械木制配件。面对日军的疯狂扫荡，兵工厂人员化整为零、分散转移，另选其他地点重建，唐启湛等人与修械所失去联系。经过短暂整顿后，他带领木工巧匠重新开工，继续为当地抗战武装制造和维修武器，为抗战胜利作出很大贡献。

唐启湛木工活做得十分精巧，雕刻的各种动物都十分传神。一天，唐启湛与哥哥上山割草，休息时，一只蚂蚱蹦到了身上，他伸手将蚂蚱捉住，仔细琢磨起来。他联想到，自己曾在《三国志·蜀书诸葛亮传》中看到，蜀汉丞相诸葛亮发明过一种运输工具——“木牛流马”，并在北伐中用来搬运粮草。其不用喂粮、不用喝水，载重量为“一岁粮”（400斤以上），每日行程为“特行者数十里，群行三十里”。不过书中并未介绍“木牛流马”是如何制造的，也无真实样子可以仿照。

这一联想突然激发了唐启湛的灵感。他想要根据自己构思的“木牛流马”运行原理，制作一匹木制马儿，用来代替人力推石磨碾。他说干就干，经过三年苦心钻研，不断摸索，无数次实验，一头木马终于打造完成，可以实现原地踏步，由于这头木马动力不足，未能形成生产力，但唐启湛善于钻研、苦心研究的精神鼓舞着我们。人们看到他留下的制作精美的木工器具时，对这位“鲁班大师”式的工匠奇才无不惊叹。

砌砖能手杜明虎　1976年出生，沂源县悦庄镇北韪庄村人。初中毕业后参加悦庄施工队拜师学习瓦工，经过几年的努力与磨炼，终于学有所成。

1998年冬天，杜明虎参与绿兰莎啤酒厂车间建设。该工程工作强度大，对施工工艺和施工质量要求很高，杜明虎和他的团队咬紧牙关，紧赶工期，在计划竣工时间前完成了工程建设，为县建筑工程有限公司解决了燃眉之急。由于在该项工程中的突出表现，杜明虎被沂源县建筑工程公司招入麾下。他还参与建设了沂源县第一中学体育馆项目，该体育馆高约20米，占地约200平方米。体育馆内的球场为15米高的挑空结构，众多人都不敢高空砌墙。杜明虎凭借成熟的砌墙经验和过人的胆量，毅然爬上高架完成墙面砌筑。他参与建设的县人民医院（胜利山路）病房楼项目占地约1000平方米，高约50米，对施工工艺要求很高。为了准确砌筑每一堵墙，且不影响施工进度，他言传身教，带领队伍顺利施工，完美竣工。他参加建设的药玻大楼等多项工程项目，累计施工面积30余万平方米，他所参与的工程项目均获得市级优良工程称号。经历多个工程建设的磨炼后，杜明虎砌墙水平进一步提升，对之前的“砌好就行”，转变为“不但要砌好，更要合理、坚固、整洁、美观”，正是这样严谨的工作理念，让杜明虎在后续工作中获得了多项荣誉。

2005年，在市总工会、市建委等部门联合举办的全市建筑行业职业技能竞赛中，杜明虎被推荐为沂源县参赛代表。他凭借多年砌砖经验与胆识，在规定的2个小时内砌筑了一段2米的直角墙面，墙体及门窗洞口光滑平整，水泥灰缝整齐划一，整个墙面巧夺天工。杜明虎从50多个参赛队伍中脱颖而出，获得瓦工比赛三等奖，展现出良好的职业水平和竞技风貌，被共青团市委授予“淄博市青年岗位能手”荣誉称号。2006年，杜明虎在市总工会、市建委等部门联合举办的全市建筑行业职业技能竞赛中，获得第二名的好成绩。

焊接专家石孝明　1975年出生于沂源县鲁村镇，从事焊接技术18年，多次参与重大项目建设。其参与建设的曲港至黄骅港高速公路获得第七届“龙图杯”全国BI米大赛一等奖（2017年）；北盘江大桥获得第35届国际桥梁大会“诺贝尔奖”——古斯塔夫斯（Gustav Lindenthal）金奖（2018年）；内蒙古呼和浩特市汽车客运东枢纽站——综合站务楼获得亚洲建筑师协会银奖（2018年）；内蒙古自然历史博物馆钢结构连廊工程获得内蒙古自治区“草原杯”工程质量奖（2018年）。

作为焊接中心“铸心”突击队队长，石孝明始终保持迎难而上的优良作风。他先后主持和参与攻关焊接难题数十项，特别是建造贵黄高速公路控制性工程——阳宝山特大桥。该桥是单跨钢桁梁悬索桥，桥长1112米，主跨650米，此桥梁工程对于焊缝、桁梁接口要求特别严格，石孝明主动与建设方对接，积极跟进工程进度，反复调试焊剂、焊丝，攻坚克难，经常一项技术攻关工作到凌晨。在他的不懈努力下，克服了焊缝、桁梁接口及高栓连接不密贴的问题。在石孝明的带领下，焊接班组合理安排时间，充分利用空间，实行平行作业和交叉作业相结合，保障了桥梁的顺利交付使用。

房建往事

“组装”的影剧院

沂源县影剧院，位于历山路中段，坐东朝西，采用砖混结构，建筑面积2904平方米。1975年开始修建，1977年建成。设楼上、楼下两层看台，单人折椅1300个。门厅空旷高大，舞台设备齐全，放映、演剧皆宜，是沂源县20世纪80—90年代最大的会议及群众文娱场所。

1970年以前，沂源县城市公共设施很简陋，影剧院建设以前，曾有过大小不一的两个礼堂，供政府部门开会、群众集会使用，但由于自然灾害、维修保养不及时等原因，两个礼堂相继丧失了使用功能，陆续被拆除了。建设一个集美观与实用于一体的“百年工程”，既能作为群众娱乐场所，又能满足政府开会的需要，成了当时县委领导急需解决的问题。这座建筑既要外观漂亮时尚，有“外貌”，还要结实坚固，有“内在”。

借来的技术员 然而，梦想的实现并非易事。20世纪70年代的沂源县，在技术力量和工程材料方面都面临着巨大的挑战。既没有专业的建筑设计机构，又没有丰富的营造经验，一切都要从零开始。县委在筹备建设小组时，绞尽脑汁，技术与管理人才的紧缺让他们倍感压力，每一个决定都显得尤为慎重。经过多方考察，沂源县水利局的食堂管理员陈玉洁，进入了筹建小组的视野。陈玉洁是北京人，1958年，天津大学毕业的水利专业高材生，主修桥梁专业，拥有深厚的土木建筑功底。在那个年代，由于家庭成分不好，毕业后被分配到沂蒙山区，参与革命老区水利建设。她不仅拥有扎实的专业知识，更有着丰富的实践经验和对事业的执着追求。在众人的推荐下，筹建小组协调县水利局，抽调陈玉洁担任技术员，具体负责施工图设计、指导现场施工等技术环节，后来又全程参与了县委办公楼的建设。

拼装的施工图 起初，只知道是要盖一个影剧院，但是这座影剧院究竟将以什么样子出现在众人面前，对于大多数人来说，还是个空白。面对这份空白的蓝图，有人提出了一个大胆的想法：“既然我们不知道影剧院具体该是什么样子，何不去看看别人是怎么做的？听说烟台地委新建了礼堂，或许能从那里学到些东西。”

一行人手持县委办公室的介绍信，踏上了前往烟台考察学习之路。到达烟台地委后，利用7天的时间，对照图纸，对烟台的礼堂进行了详尽的观摩学习。讲解员将礼堂的设计理念、建筑风格娓娓道来，考察队伍中的技术人员们开始在心中勾勒起沂源影剧院的模样。参观结束后，当考察组提出借用图纸的请求时，对方毫不犹豫地答应了。现在我们看到的沂源县影剧院正立面，和烟台地委礼堂正立面是一模一样的。

回到沂源，当他们深入研究烟台地委礼堂的图纸时，却发现了一个现实问题：每个地方的建筑都有其独特的尺寸与布局，烟台的礼堂图纸并不能完全适用于沂源的建设场址。这时有人提议：“去找找在山东省设计院的老乡，毕竟设计院是技术部门，精英人才众多，说不定能给咱提供一些好点子！”

经过一番努力，成功联系上了在山东省设计院工作的老乡，并受到了热情招待。在交谈中，老乡得知沂源县新建影剧院的迫切需求，当即表示愿意提供帮助。恰逢此时，山东省劳改局的大礼堂刚刚竣工，其设计之新颖、建造之精良在业界广受好评。老乡二话不说，便将省劳改局礼堂的图纸也一并赠送给了来访者。

经过现场比对，筹建小组觉得这两套图纸还是解决不了一些细节问题，比如二层看台、舞台后走廊的设置等问题。“再出去看，多转转，见多了心里就有谱了”。为了打造一座既符合当地实际又独具特色的影剧院，筹建小组不辞辛劳，辗转费县、沂南县、章丘县、张店区等地参观学习。费县礼堂的局部特征、沂南县礼堂二层的看台构造、章丘剧院舞台的后走廊、张店区礼堂的天棚样式，在最后的沂源影剧院施工图纸中都做了总结归纳。在建设过程中，只要听说哪个地方的礼堂或者剧院建得不错，筹建小组就及时派人去考察学习，采纳好的东西随时调整施工方案。

沂源县的第一台搅拌机 在县影剧院设计完成后，便动工建设。在建设过程中也遇到了很多棘手的问题，面对的首要难题便是混凝土的搅拌。传统的人工搅拌方式不仅效率低下，且难以保证混凝土的质量，而影剧院圈梁和构造柱的浇筑的连续性，需要大体量混凝土的支持。当时沂源县还没有一台混凝土搅拌机，只能从外地市场购买。筹建小组多方打听附近搅拌机的生产销售情况，当得知博山有这方面的资源时，通过博山区委办公室牵线搭桥，赴博山成功抢购了一台待交付的混凝土搅拌机。搅拌机运到工地现场开始工作时，引来无数市民围观，这毕竟是沂源县第一台搅拌机。新机器的到来，极大地提高了工作效率，也为后续的建设质量打下了坚实的基础。同时，为了确保建筑工程质量，必须确保建筑材料的质量，砂、石、水泥都由专人负责质量控制，特别是施工中所用的砂子，用筛子仔细筛好后，再经过清水的反复冲洗，直至水清沙白，方才倒入搅拌机中使用。

“跑”来的100角钢 影剧院屋顶采用的是钢屋架+混凝土屋面板形式，南北跨度达24米，制作钢屋架需要边宽100的角钢，那个年代边宽30的角钢容易采购，100的角钢只有国有大型基础设施建设中才能使用，属于国家调控管理的紧俏物资。经过多方打听，得知山东省电力公司有这种角钢，但需要计划批文。筹建小组经过多方努力，通过在省电力公司的老乡，终于申请到了所用角钢的批条，但提货地在济宁市，而且需要专门的拖车来运输，在济宁市又通过曾在沂源工作过的熟人找到拖车后，才将这批来之不易的材料顺利运到沂源。

换来的电焊机 然而，材料的解决只是第一步，技术的难题更为棘手。当时沂源县内几乎没有专业焊工，难以满足工程要求。关键时刻，前往博山聘请了当地最有名的焊接师傅。师傅的到来，不仅解决了角钢之间的缝隙问题，还通过为期7天的学习培训，提升了本地焊工的技能水平。焊工的事解决后，没有电焊机又成为焊接工作的拦路虎，经过到处打听，莒县爱国村生产电焊机，进过多方协调，可以用钢板换电焊机。筹建小组用12马力的拖拉机载上钢板，去爱国村换来一台电焊机，解决了燃眉之急。整个建设过程中，焊条需要及时从博山采购，据统计，整个工程消耗的焊条高达3.5吨之多，足见焊接工作的繁重与精细。

请回来的日照木工 进入装修阶段后，新的问题又摆在了建设小组面前。顶棚所需的特殊复合板在山东省内采购不到，张店区礼堂建设时就是用的这种复合板，于是经张店区介绍，筹建小组安排专人赴上海采购天棚所需的板材。要加工成现在我们所看到的一个一个的小船样式的天棚单体，当时沂源县的木工还无法胜任。原先参与电影院建设的日照木工有能力、有经验，能够完成天棚的加工制作、安装，但电影院建完后，沂源的建筑队伍担心日照木工继续留在沂源，会影响自己的生计，这些木工队伍就被“排挤”回了日照。筹建小组了解到这种情况后，专程去日照，通过日照县委办公室的协调，又把木工们“请回”了沂源，参与影剧院天棚的加工、制作、安装。日照木工们到达后，参照图纸进行了放样，加工制作、安装这样一个小船式样的单体需要8个工，可见当时这项工作的复杂程度。影剧院的天棚，从设计、吊装到安灯，全是由来自日照的木工组独立完成。

1995年，影剧院在使用近20年后，由于维修保养不及时，屋面板上的防水卷材老化等原因，屋顶出现漏水现象。为安全起见和消除部分市民对使用状况的担忧，县政府委托省市工程鉴定方面的专家对影剧院现状进行了全方位的检测鉴定，在对柱子混凝土进行现场钻孔取样时，取芯设备开始几下，在混凝土表面只留下几个白点，充分证明了影剧院结构较高的施工质量。最后的鉴定结论是结构无安全隐患，需要加强日常维护。

沂源县影剧院是当时沂源县最大的工程，在整个临沂地区也是少有的一级建筑。在投入使用后，苍山、临沭等县曾到此学习参观、索要图纸。临沂地委在沂源召开观摩会期间，日照县委书记询问沂源县委负责影剧院建设的同志“这个影剧院花了多少钱”，

“59万”。日照县委书记说，“我们的剧院已经花了99万了，也没达到你们这个效果”。这其中有沂源水泥厂能提供平价水泥的优势，更重要的是现场管理人员对造价的控制。

沂源县委办公楼真的建反了吗

沂源县委办公楼的建设，是一件具有里程碑意义的大事。它不仅是一座办公建筑，更是全县政治、经济、文化的核心枢纽，承载着全县人民共同奋斗、实现发展目标的重任。因此，县委办公楼的建设在质量安全上必须达到极高的标准，既要能够抵御自然灾害的侵袭，确保在极端情况下依然稳固不倒；又要在战争时期具备快速转化为临时指挥所的能力，保障指挥系统的顺畅运行。

然而，如此重大的建设任务，却面临着前所未有的挑战。在那个时代，沂源县没有专门的施工图设计机构，缺乏专业的设计人才和技术支持，更没有现成的、可直接套用的设计图纸。这意味着，县委办公楼的建设必须从零开始，依靠自身的力量去摸索、去实现。

在缺乏专业指导的情况下，如何确保办公楼的设计既符合实际需求，又具备极高的安全性和实用性，成了一个巨大的难题。县委办公楼筹建小组研究后，决定出去学习别的地区建办公楼的先进经验。

经多方考察和山东省建筑设计院沂源籍设计工程师推荐，沂源县委办公楼筹建小组携带介绍信，踏上了前往德州地区考察学习的行程。抵达德州后，筹建小组联系上曾任临沂地委副书记、时任德州地委书记的李书记，说明来意后，德州地委办公室把地委办公楼底图交给沂源县委办公楼筹建小组，约定晒成蓝图后，7日内将底图归还德州。

德州地处鲁西北平原，地势平坦。地委办公楼选址在南北两条平行的东西向马路之间，视线通透，而且由于属于地级办公设施，建筑体量庞大。如果照搬照抄德州地委办公楼，不但受山区地形制约明显，而且会造成极大的浪费。筹建小组还发现了一个明显的差别，沂源县的建设用地西高东低，仅在南侧有马路，而北侧则是一片面积不大的空地。建设小组调整思路，决定借用德州地委办公楼正立面设计风格和使用功能，对各办公室开间、进深、楼层层高等进行调整，相当于把一个微缩的德州地委办公楼，放到沂源县委办公楼的建设场址上，各房间开间由4.5米调整为4米，一楼高度调整为4米，二楼层高调整为3米，三楼层高调整为2.5米，为抗震安全考虑，现浇部位、圈梁及构造柱钢筋仍沿用德州图纸。结合建设场地的实际情况进行方案调整，增设一个北向出口，与后院设置的食堂、餐厅等服务设施相联系。

工程放线的时候，技术人员和施工队伍严格按照整理出的施工图进行定位，按照制图规范，施工图中都标有“指北针”，放线的时候必须严格遵守图纸上标注的尺寸，所以说县委办公楼“盖反”了的情况是不存在的，或许是由于当时地形的制约，部分旁观者对原图和建成物在所处环境的理解上存在偏差，导致出现“县委办公楼盖反了”的谈资。

由于建设场地土层的不均性，在地基开挖过程中，现场技术人员通过现场钎探，对发现的软弱下卧层，采取挖除软弱部分、换填细砂，上覆钢筋网，浇筑细石混凝土垫层的处理方法，使整个地基形成一个有效的整体，避免了不均匀沉降的发生。

由于当时还没有采用现浇钢筋混凝土楼板技术，除用水频次高的卫生间需要现场浇筑外，每层的楼面及屋面都采用混凝土预制楼板。在楼板结构的处理上，筹建小组同样下足了功夫。他们深知，楼板作为房屋结构的重要组成部分，其质量直接关系到整个建筑的稳定性和耐久性。因此，在建设过程中，他们严格按照图纸要求和施工规范，对楼板之间、楼板与承重墙之间，使用加设拉结钢筋、填充高标号水泥砂浆进行加固，使整个楼面、屋面形成一个整体。这些措施不仅增强了楼板之间、楼板与墙体之间的连接强度，还提高了房屋的抗震性能和整体稳定性。

此外，筹建小组还非常注重对附属设施的细节处理，精心设计了楼梯踏步上的防护条和楼梯扶手上的花纹图案。这些看似微不足道的细节，极大地提升了建筑的整体品质和使用体验。

在县委办公楼建成后，在院子绿化过程中，分别栽下了一棵“豆松”（果实似豆粒）和一棵“麦松”（果实似麦粒）。因为沂源县是农业县，选择栽植这两棵树，寄希望“五谷丰登”之寓意。近50年过去了，这两棵树依然挺拔地伫立在县委大院中。

乡村房屋规划改革的蝶变之旅

在20世纪90年代的沂源县广袤乡村，世代沿袭着一份深厚的传统——为即将成年的孩子提前筹备婚房，这不仅是对未来的期许，更是家族血脉延续的象征。然而，随着时间的流逝，这一承载着爱与希望的习俗，也逐渐面临着新的挑战。早年间精心建造的房屋，在孩子步入婚姻殿堂时，或许已显得陈旧，不再符合当下的审美与居住需求，导致不少家庭进行二次翻建，既耗费了巨额资金，又造成了资源的极大浪费。

面对这一困境，沂源县建设局意识到，传统的农村房屋建设方式已难以适应现代社会的需求，而重复拆建不仅浪费资源，也给村民带来了经济负担。因此，决定主动采取措施，启动农村房屋统一规划改革建设试点项目，旨在通过科学规划与合理设计，为乡村发展注入新的活力。

在统一规划改革建设试点初期，并非所有的村民都对此抱有积极的态度。许多老一辈的村民，尤其是那些习惯于按照自己喜好和家族传统建造房屋的人，对这项政策产生了强烈的抵触情绪。他们认为，如果所有的房屋都按照统一的模板来建造，那将抹杀掉村庄原有的多样性和个性，使得整个村子看起来千篇一律，失去了往日的韵味和特色。

面对村民们的疑虑和不满，工作人员深知要赢得村民的支持和理解，必须耐心细致地做好沟通解释工作。于是，工作人员们纷纷下沉到基层，挨家挨户地进行走访，耐心地向村民们讲解统一规划是在尊重传统的基础上进行创新，让每一座房屋都能成为展现乡村魅力和文化特色的亮点。同时，他们还通过展示国内外成功的农村规划案例，让村民们看到统一规划后村庄面貌的焕然一新和居民生活质量的显著提升。

随着走访工作的开展，一些愿意尝试新事物的年轻村民开始响应号召，率先进行房屋改造。当这些新颖别致、既实用又美观的房屋出现在村民们的视线中时，大家开始意识到，原来统一规划也可以如此有特色、有个性。

更重要的是，村民们逐渐感受到了统一规划带来的实惠和便利。由于房屋设计更加科学合理，不仅提高了居住的舒适度，还降低了后期的维护成本。同时，整个村庄的环境也得到了极大的改善，道路宽敞整洁、绿化植被丰富多样、公共设施一应俱全。

最终，沂源县的这一创新举措取得了显著成效，不仅赢得了村民们的广泛赞誉，更吸引了社会各界的关注。

房屋究竟是谁的？——房屋产权过渡解难题

20世纪90年代末，作为山东省重要的工业城市，淄博市正经历着城市化进程的快速发展和住房制度的深刻变革。住房是关切民生的大事，“有房住”成为群众关心的焦点，许多企事业单位为了解决职工住房问题，实行了公有住房出售政策，许多职工因此以较为低廉的价格购买到了单位公有住房。

随着时间推移，群众对生活质量的需求不断提高，部分职工开始计划将房屋抵押或者买卖。但他们发现，以前购买的公有住房自己只有部分产权，限制了他们的房产交易权利，职工们开始担心，自己花钱买的房子到底是不是自己的？这种担心不是没有根据的，此类案例也是屡见不鲜。福建省龙岩市的陶先生在2001年12月购买了单位的公有住房，随着城市建设，该房屋准备拆迁，但当他办理相关手续时被告知，该房屋产权在2008年登记在了其单位名下，陶先生起诉要求撤销单位的产权证被法院驳回。该案例充分说明了房屋全部产权的重要性，也是公有房屋产权迫切需要解决的问题。

为响应国家住房制度改革的号召，切实解决群众住房产权问题症结，淄博市政府在深入调研和广泛征求意见的基础上，于1999年3月26日正式发布《关于印发淄博市职工购房由部分产权向全部产权过渡办法的通知》(以下简称《通知》)。《通知》对职工购房由部分产权向全部产权过渡的适用范围、产权过渡原则、补缴款计算、过渡程序等作出明确规定：职工对原购出售公房补交20%差价款，获得全部产权。1999年8月5日，沂源县住房委员会办公室正式对外发布《关于印发1999年全县住房过渡时间顺序排列表的通知》，详细列出了各批次住房产权过渡的具体时间节点。同时，沂源县人民政府发布《关于印发沂源县职工购房由部分产权向全部产权过渡办法的通知》，深入阐述产权过渡的重要性和紧迫性，明确属地管理原则、严格产权过渡程序、科学计算款项缴纳等内容，从制度上保障了全县产权过渡的顺利进行。8月8日，沂源县房管局发布《关于职工购房由部分产权向全部产权过渡工作的具体操作意见》（以下简称《意见》）。《意见》如同一本操作手册，为各级部门、企事业单位和广大职工提供了详尽的指导。

2000年，全县房改工作迎来了实质性突破。1月6日，沂源县审计局率先进行了房改过渡，标志着全县房改房过渡工作全面展开。广大干部职工纷纷响应政策号召，积极参与房改。正是由于他们的热情和配合，全县房改工作得以全面、顺利地完成，从此公有住房有了明确的“主人”。同时，为了保障房改后可能出现的其他问题，县政府未雨绸缪，4月19日，县政府办公室出台《关于加强房地产权属管理进一步规范房屋出售和职工已购公房上市交易土地登记工作的通知》，对加强房屋权属管理、规范土地登记工作、保障土地产权人合法权益、维护房地产市场管理秩序、促进经济体制改革和国民经济健康发展、规范房屋出售和职工已购公有住房上市交易土地登记工作做出具体安排。2001年5月，县政府印发《关于印发〈沂源县已购公有住房和经济适用住房上市交易管理办法〉的通知》，对已购公有住房和经济适用住房上市交易中的转让、出租、抵押等行为作出明确规定。

城市经营

城市经营是随着城市建设不断发展而提出来的新理念。自20世纪90年代中期，城市经营理念提出后，全国各地纷纷积极行动，针对各自城市的特点和条件创造出好的经验和做法，但对于如何利用城市经营促进城市发展方面，尚处于探索阶段。随着城市化进程的不断发展，城市经营为突破城市建设瓶颈，从而为实现可持续发展蹚出一条新路径。城市经营的核心是采用市场化经营模式，把包括城市土地、基础设施、生态环境、文物古迹和旅游资产等有形资产以及依附物的名称、形象、知名度和城市特色文化等无形资产，通过利用其使用权、经营权、冠名权等相关权益，盘活城市资产存量，广泛利用社会资金加快城市建设，实现城市资源配置最优化和效益最大化。

2001年10月，沂源县城市建设投资开发公司成立，主要负责全县的城市建设投资开发和城市经营工作。2002年4月，正式组建沂源县城市建设投资开发公司；2003年3月，沂源县城市建设投资开发公司更名为沂源县城市资产经营开发公司。沂源县城市资产经营开发公司成立后，随即全面启动城市资产经营开发工作。从2003年开始，至2017年，围绕城市资产清查、土地收储、道路广告权、冠名权的有偿出让等方面做了大量扎实有效的工作，使大批闲置资产变现，为沂源城市建设提供了充实的资金保障。城市经营与城市建设相互促进，加快了山水生态城市建设步伐。

2004年是沂源县政府确定的“城市经营年”，通过对城区机关、企事业单位存量土地使用权依法予以收回，对其中部分土地的使用权挂牌出让，增加了政府财政收益。先后完成金太阳商场有限公司、公路局加油站、蔬菜副食品公司、丰联商场有限公司、新华书店等29宗共计188.52亩城区低效利用土地收购储备，并将其使用权挂牌出让，成交总额2780.2万元，收益1276.23万元，第一次实现城市存量资产增值。

深入挖掘城市资源潜力，拓宽经营城市工作范围。2002年，成功举办沂源县首次城市道路广告权拍卖会，将11个路段的广告经营权以30.65万元的价格拍卖给具有广告经营许可证的广告公司，经营城市有了良好的开端。对路牌广告进行有偿出让，完成了县城东风路地段广告权及冠名权的出让，将广告权及冠名权以30万元的价格拍卖给鲁阳公司。瑞阳制药公司支付道路冠名权费50万元，原胜利山路更名为瑞阳路。山东药用玻璃公司支付道路冠名权费18万元，原工业路更名为药玻路。

将城区各主要路口双立柱路牌广告经营权有偿出让给金诚广告装饰业务部，经营年限3年，经营权费1.5万元，实现城市无形资产变现增值。对路牌广告经营权有偿有期出让，以市场化手段，实施县城各主要道路90余座双立柱、70余座单立柱路牌的更换亮化提升，为县财政节省投资近20万元。

截至2022年，沂源县在城市经营工作中，出让各类经营性建设用地290余宗、近6700亩，实现政府财政收益30余亿元，极大缓解了城市建设的资金难题，为沂源山水生态城市建设做出了巨大贡献。

农民进城安居工程

21世纪初，面对农村人口向城市流动的大潮，如何妥善安置这些进城农民，让他们既能安居乐业，又能解决子女教育等后顾之忧，成了摆在所有住建工作人员面前的一道难题。

于是，胜利山小区内农民进城安居工程应运而生，它不仅是一处住宅区的规划，更是对农民未来生活的美好承诺。

然而，梦想的实现从来不是一帆风顺。在建设初期，住建局的工作人员面临着资金短缺、土地征迁、施工难度大等多重挑战。特别是协调不同农户的安置需求，既要满足他们对房屋面积、布局的不同要求，又要确保工程质量和进度，难度可想而知。

经过无数个日夜的奋斗，胜利山小区终于拔地而起。7座楼错落有致，其中5座四单元楼和2座两单元楼，静静地矗立在那里，迎接着新主人的到来。房屋面积从70平方米到120平方米不等，满足了不同家庭的需求。而680元/平方米的售价，更是让许多农民家庭看到了在城市安家的希望。

当第一户农民家庭搬进新家时，他们的脸上洋溢着幸福的笑容。孩子们在附近学校里朗朗的读书声，成了小区最美的风景线。

老旧小区改造

2016年以来，沂源县坚持以人民为中心的发展理念，主动顺应人民群众过上美好生活的新期待，放大坐标看差距、提高标准找不足，把老旧小区改造作为重大的民生工程和发展工程全力推进，全面提升居民居住环境和生活质量。老旧小区共分2个批次，分别对2000年建成的全部老旧小区、2005年前建成的部分老旧小区进行了改造。

第一批：2016—2018年，改造的范围为2000年前建成的全部老旧小区。改造的主要内容有基础设施、居住环境、房屋修缮、物业管理等四大项，供水、供气、供暖、通信、网络等专营单位自筹资金对权属设施进行改造。共计改造楼房534栋、改造面积约129万平方米，完成投资18107万元，惠及居民15125户。

第二批：2020—2022年，改造的范围为2005年12月31日前在县城国有土地上建成，失养失修失管严重、市政配套设施不完善、公共服务和社会服务设施不健全、居民改造意愿强烈的住宅小区（包括2000年前建成改造项目不全的小区）。改造分基础、完善、提升三类。基础类改造主要是拆违拆临、安防、环卫、消防、道路、照明、绿化、水电气暖、光纤、建筑物修缮、管线规整等。完善类主要是社区和物业用房、建筑节能改造、加装电梯、停车场、文化、体育健身、无障碍设施等。提升类主要是社区养老、托幼、医疗、家政、商业设施及智慧社区等。供水、供气、供暖、通信、网络等专营单位自筹资金对权属设施进行改造。共计改造面积约55.5万平方米，完成投资14420万元，惠及居民6318户。

通过改造，这些老旧小区内新增设了停车位，道路、绿化、排水等基础设施功能进一步提升完善。增加了墙体保温等节能减排措施，并且重新涂装建筑外立面，将各类架空线缆下地规整，小区整体面貌和居住环境得到明显改善。

冬季供暖改革

2010年，针对居民冬季取暖过程中存在的供热能耗多、经营管理体制不顺、供热质量难以保障、供热设施建管脱节等问题，沂源县深入推进供热“分户计量”改革，利用“物联网＋”信息化手段，探索政府主导、企业运营、社会参与的现代化供暖模式，在全省率先推行冬季供暖“温控一体化”，实现了取暖效果、生态环保、企业效益的三个最大化。

推广温控一体化热量控制系统，居民在家中可通过室内控制面板设定适合自己的室内温度。控制面板根据设定的室内温度和温控阀进行无线通信，控制温控阀开关，自动调节室内温度，使室内温度在设定温度上下浮动。用户还可通过手机APP客户端实现自主远程开、关温控阀及设定室内温度。不仅如此，温控一体化热量控制系统还能实现用户热量表与远程抄表系统连接，实时采集用户信息数据，根据各户用热量智能计算取暖费用，淘汰了人工抄表工作模式，大大节省了企业的人力、物力、财力，提高了企业的经济效益。

受益最大的还是居民群众。温控一体化热量控制系统能够精确计算居民取暖费用，真正实现了“谁用热谁付费、多用热多付费”。截至2022年，沂源县城区总供暖面积510余万平方米，热量表安装总数超过5万户，安装面积约500万平方米，占总供热面积的96％。自2012年以来，居民采暖季平均能耗为0.27—0.29吉焦／平方米，较改革前降低30％—50％能耗，用户按表结算退费率达32％—38％，全县累计退回暖气费1.38亿元。精准计量、合理收取供暖费用，为居民带来实实在在的利益，群众满意度大幅度提升。

一同提升的还有供热质量。供热企业实行热源、管网、换热站经营管理一体化，在供暖管道和泵站中，引入了能量平衡控制系统，将全县供热首站、162个二级站点同居民家中的温控一体化热量控制系统联网，实时采集各类数据，通过大数据分析，及时调控各小区供暖水压、流量，有效缓解了地势高差造成的供暖不均衡问题。比如，翡翠山景小区与星河蓝湾小区地势相差50米左右，地势较高的翡翠山景住户水压通过人工干预无法实现稳定供暖，而地势较低的星河蓝湾小区因流量过大易造成能源浪费。通过能量平衡控制系统的操作，可远程调节不同地势间供水压力及流量，实现全域范围内热量平稳供应。

附　录

重点建筑业企业选介

沂源县建筑工程有限公司　1958年6月，沂源县建筑公司成立，公司位于沂源县城螳螂河东路中段。2006年，沂源县建筑公司改制为山东省沂源县建筑工程有限公司，主要负责沂源县的建筑工程施工。截至2023年，有职工93人，其中技术人员和经济管理人员46人。有一级建造师2人、二级建造师13人、工程师18人、造价师2人，平均技术等级6.8级，全员平均技术装备率9800元/人，房屋建筑总承包能力为二级。

县建筑工程有限公司建设的沂源县人民医院病房楼工程和山东药玻公司科技楼工程获得山东省建筑工程最高质量奖——“泰山杯”，山东瑞阳制药有限公司库房和沂源二中教学楼等多项工程荣获山东省“质量诚信、用户满意”示范工程，沂源县第一中学教学楼工程等多项工程荣获山东省建筑施工安全文明示范工地和山东省施工现场综合管理样板工程，沂源县新城温泉家园住宅楼工程质量荣获市级金牌小区称号。公司承建工程优良率达到100％，创省、市级文明工地90余项，文明工地创建率达到100％。

山东省沂源县建筑工程有限公司年均完成产值超过1.1亿元，多次被授予山东省先进施工企业、省优秀质量管理企业，连年被山东省工商行政管理局授予省级“重合同，守信誉”企业，被淄博市建筑工程管理处授予安全生产管理先进单位荣誉称号。

山东励华建设有限公司　成立于2021年7月，为沂源国有投资集团下属公司，注册资本5000万元，位于山东省淄博市沂源经济开发区创业大厦A座。是一家拥有施工总承包一级、防水防腐保温工程专业承包二级、建筑装修装饰工程专业承包二级、消防设施工程专业承包二级、起重设备安装工程专业承包二级资质的综合型建筑企业。公司业务涵盖各类工程建设，并不断开拓新的领域。公司下设工程管理部、质量安全部、项目部、财务部、行政办公室、成本控制部、市场拓展部、人力资源部等部门。公司各项规章制度完善，工程管理、考核体系健全。目前公司拥有工程技术人员100余人，其中一、二级建造师70余人，中、高级职称50余人，大专文化程度以上100余人。公司资产总额17000万元，主要施工机械有30余台。2021年成立至今，公司承接工程合同额达20.56亿元，目前在建项目有沂源县人才公寓、人民路小学、高庄幼儿园、学府雅苑等。

山东瑞祥建设集团有限公司 成立于2002年，沂源县隆福路中段16号，注册资金36760.8万元，年产值5000万元，是一家集装修装饰、工程施工、装饰材料销售等于一体的综合企业。下设工程部、设计部、家装部、质监科、成控科等部门。公司具有建筑装修装饰工程专业承包一级、电子与智能化工程专业承包二级、消防设施工程专业承包二级、防水防腐保温工程专业承包二级、建筑幕墙工程专业承包二级、建筑工程施工总承包三级、施工劳务资质和建筑幕墙工程设计专项乙级、建筑装饰工程设计专项乙级等资质。

公司共有职工108人，其中，大专以上学历27人，工程师15人，二级建造师6人，会计师2人，设计师15人，特种岗位持证人员48人。多次获得淄博市装饰装修优秀企业、先进民营企业、消费者满意单位、诚信示范单位、诚信经营绿色装修承诺企业等荣誉称号，先后获得建筑工程质量管理体系认证、环境管理体系认证、职业健康安全管理体系认证。

瑞祥建设集团公司秉承创新务实的企业精神，承建了淄博市经济开发区科学城项目、山东大学开发基地科研楼项目、张店希尔顿酒店装修工程、沂源县人民医院外墙干挂工程项目、县市场监督管理局智慧中心等多个项目，在社会上享有较高的声誉。

山东远东建设工程公司 山东远东建设工程有限公司于2019年3月重组，注册资本1.1亿元。业务涵盖建筑工程总承包、装饰装修、园林绿化、市政等板块，具有建筑工程施工总承包一级、建筑装修装饰工程专业承包二级、消防设施工程专业承包二级、市政公用工程施工总承包三级、环保工程专业承包三级、水利水电总承包三级、商品混凝土生产销售等资质。

公司先后承建沂源县电子信息产业园基础设施建设项目、瑞阳制药哌拉西林国际高端认证产业化项目——原料药车间、尚品书院项目等各类省、市、县重点工程100余项。2021年，公司入选山东省建筑业重点企业名录，连续入选淄博市建筑业骨干企业名录，荣获省级安全文明工地、淄博市建筑业高质量发展突出贡献企业、淄博市AAA级信用企业等荣誉称号。

山东安成建工有限公司 创建于1997年，占地280余亩。公司现有员工1500余人，各类专业技术人员297人，注册建造师14名、高级工程师5名、注册造价工程师2名、会计师3名，是集生产、施工、销售、安装、对外贸易及技术咨询全程一站式服务于一体的综合发展企业。安成建工具有钢结构制作安装一级资质、防水防腐保温工程专业承包二级资质、建筑工程施工总承包二级资质、机电工程施工总承包三级资质、环保工程专业承包三级资质、施工劳务资质、模板脚手架专业承包资质。先后与中铁山桥集团有限公司、中铁宝桥集团有限公司、中铁建工集团有限公司、中铁十局集团有限公司、山东路桥、齐鲁制药集团、阜丰集团等企业合作，参建、承建北盘江特大桥、太原古城桥、北京新机场高速、齐鲁制药阿荣旗项目、中蒙博览会永久性国际会展中心等300多个项目。

2017年，曲港至黄骅港高速公路获得第七届“龙图杯”全国BIM大赛一等奖。2018年，北盘江大桥获得第35届国际桥梁大会“诺贝尔奖”——古斯塔夫斯（Gustav Lindenthal）金奖。内蒙古呼和浩特市汽车客运东枢纽站——综合站务楼获得2018亚洲建筑师协会银奖，内蒙古自然历史博物馆钢结构连廊工程获得2018年度内蒙古自治区“草原杯”工程质量奖。2022年，企业实现产值2.6亿元，上缴税金552万元。

房地产开发企业选介

淄博大源城建开发有限公司 成立于1987年7月，前身为沂源县城市建设综合开发公司，位于沂源县城新城路799号。注册资金3018万元，公司员工186人。具备房地产开发经营二级资质以及市政公用工程施工总承包二级资质、建筑工程施工总承包二级资质、消防设施工程专业承包二级资质、施工劳务资质。公司成立以来，先后开发沂源县商业步行街、胜利山小区、西山小区、历山小区、和源名居、印象书香、印象盛世、印象桃花源等项目17个，总占地面积60.37万平方米，建筑面积95.22万平方米，其中住宅89.45万平方米，商业建筑5.77万平方米。公司先后被评为淄博市房地产开发综合实力二十强企业、淄博市房地产开发先进企业、建筑节能管理先进单位、诚信房地产开发企业、淄博市房地产综合开发先进单位。公司开发的和源名居项目获评淄博市城市优秀住宅小区、山东省城市优秀住宅小区，印象桃花源项目被确定为山东省高品质住宅试点项目。

沂源县房屋建设综合开发有限公司 公司前身为沂源县房屋建设综合开发公司，成立于1994年。位于淄博市沂源县城河东路58号，注册资本1828万元，具有二级房地产开发资质。公司自成立以来，秉持“追求理想房型，建造精品住宅；合理制定价位，创造升值空间；倡导业主至上，营造优良环境”的经营理念，先后开发建设沂源县教师小区、沂源县城中小区（居家城），电业局、工商局、人事局、卫生局、农业局、邮政局等单位住宅楼，汇景苑、怡东园、和源名居、溪台花园、祥瑞园、怡居苑、怡康嘉苑、怡景嘉苑、花园世家、怡博苑、怡泽苑等20余项住宅开发、经济适用房、廉租房项目，开发建设县移动公司营业楼、沂源宾馆综合服务楼（沂源大酒店）、历山国际大厦等3个商服项目。2007年，开发建设沂源县第一个小高层住宅组团——汇景苑。截至2002年，公司累计开发建筑面积95万平方米，工程质量合格率100%，优良率60%，同时创建了多个省、市级优良工程，极大地推动了沂源县房地产事业的发展。多次被淄博市房管局评为房地产综合开发先进单位、安全生产先进单位、全市房地产综合开发先进单位。并多次被淄博市统计局评为淄博市房地产开发综合实力二十强企业。

沂源县建源房产综合开发有限责任公司 成立于2003年7月，位于沂源县城鲁山路10号，具备房地产开发经营二级资质，注册资本1800万元，公司员工30人。公司成立以来，先后开发建源时代新村、药玻小区、文化苑配套、鑫苑小区、润泽佳苑小区等17个项目，总占地面积16万平方米，建筑面积25万平方米，其中住宅22万平方米，商业建筑3万平方米。

沂源源泰置业有限公司 成立于2003年，位于沂源县城瑞阳路37号，是沂源县唯一一家具备一级房地产开发资质的企业，兼营房地产开发及销售等各项业务，企业注册资金为1亿元，公司在职职工30人。公司先后开发源泰花园、水景佳园、源泰景城、尚品江南、尚品江南誉园、源泰景城锦园、源泰蓝海钧华大饭店等20余个项目，累计开发面积120余万平方米。公司先后获得沂源县纳税明星企业、淄博市建筑业高质量合作发展突出贡献企业，连续五年获淄博市AAA级最高信用房地产开发企业。尚品江南项目荣获“绿色宜居”奖，锦园及翰林苑项目被评为山东省建筑施工安全文明标准化工地，蓝海钧华大饭店项目被评为山东省绿色智慧建造示范工程、山东省优质结构工程、山东省建筑工程质量“泰山杯”等奖项，分段式验收经验在淄博市推广，誉园金街项目被评为淄博市2022年度夜间经济示范载体。

山东欣欣园置业有限公司 成立于1993年，位于沂源县健康路东、新城路北，是集房地产开发、建筑装修装饰、防腐保温、机电设备安装及起重设备安装于一体的综合性企业，注册资本5000万元，公司员工32人。公司先后开发教苑名居、润生家园、润和苑、学府雅苑等10余个项目，总占地面积约30.4万平方米，建筑面积约35万平方米。公司多次获市县房地产综合开发先进单位、诚信房地产开发企业，是2020—2025年淄博市房地产开发协会理事单位。

沂源泉聚房地产开发有限公司 成立于2009年，位于沂源县城螳螂河西路369号，具备房地产开发经营二级资质，注册资金3000万元，拥有员工25人。公司自成立以来，先后开发富源商城、水韵康庭、润生商城3个项目，总占地面积14.9万平方米，建筑面积26.1万平方米。其中住宅 21.7万平方米，商业建筑 4.4万平方米。公司被评为“淄博市诚信房地产开发企业”，2016年获山东省建筑施工安全文明标准化优良工地。

沂源县创拓置业有限公司 成立于2003年10月，位于县城新胜街17号，具备房地产开发经营二级资质，注册资本1800万元，公司员工共27人。公司自成立以来，先后开发了黄金公司居民区、巨源公司综合楼、西山名苑、朝阳家苑、西城学府等17个工程项目，总建筑面积22万平方米。公司多次获市、县“房地产开发先进单位”称号。

山东华科置业有限公司 成立于2003年4月，前身为淄博鑫宿房地产开发有限公司，位于沂源县城螳螂河东路8甲22号，拥有房地产开发经营二级资质，注册资本金1800万元，公司员工12人。公司自成立以来，先后开发沂河嘉园项目、沂蒙佳苑项目、沂河西苑3个项目，总占地面积26.56万平方米，建筑面积52.88万平方米，其中住宅42.96万平方米，商业建筑3.02万平方米。公司曾获2018年度淄博市开发协会先进会员单位。2019年，公司开发的沂蒙佳苑项目被评为“省级绿色建筑”及淄博市“年度绿色宜居奖”。

淄博华建房地产有限公司 成立于2010年8月，位于沂源县城健康路23号甲1，注册资金2000万元，在册职工总数为18人，房地产开发经营资质二级。先后开发建设了祥瑞园、阳光商务中心、幸福里、春沨渡等6个项目，总占地面积17.2万平方米，总建筑面积26.09万平方米，其中住宅21.05万平方米，商业5.04万平方米。公司于2012年度获得淄博市房地产综合开发先进单位、淄博市缴纳地方税收500强企业。2018年，获得淄博市房地产开发企业信用评价3A等级。2022年，获得淄博市房地产开发协会先进会员单位。2012年，公司开发的沂源县阳光商务中心先后获得“山东省优质结构”“山东省安全文明工地”称号。

沂源嘉禾置业有限公司 成立于2013年3月，位于沂源县城螳螂河西路西城华府小区3号楼沿街房，房地产开发经营二级资质，注册资本金2100万元，公司员工10人。公司成立以来，开发西城华府项目1个，总占地面积10.87万平方米，建筑面积26.5万平方米，其中住宅19.9万平方米，商业建筑0.9万平方米。

淄博虞盛置业有限公司 成立于2020年5月25日，位于沂源县城鲁山路144号，注册资本1000万元，具备房地产开发经营二级资质。经营范围涉及住房租赁、非居住房地产租赁、物业管理。公司开发虞盛文园、虞盛禧园2个项目，总建筑面积32万平方米。2023年，被淄博市房地产开发协会评为年度先进会员单位。

淄博连储房地产开发有限公司 成立于2020年4月，位于山东省淄博市沂源县南麻街道办事处南麻二村，具备房地产开发经营二级资质，注册资本2000万元，公司员工6人。公司开发沂河片区城中村改造项目（C片区），总占地面积1.1万平方米，建筑面积3.2万平方米，其中住宅2.5万平方米，商业建筑456平方米。

山东坤正置业有限公司 成立于2011年8月05日，位于沂源县城荆山路222号淄博永华滤清器制造有限公司院内，注册资本2020.2万元，公司员工20人。具备房地产开发兼二级资质以及经营建设工程设计、施工、监理、装修、建筑物拆除作业、道路货物运输、建筑智能化系统设计业务等。公司成立以来，先后开发文博苑一期、文博苑二期、儒意家园等项目3个，总占地面积6.8万平方米，建筑面积10万平方米。

沂源县万豪房地产开发有限责任公司 成立于2018年5月，位于山东省淄博市沂源县城历山路1号，具备房地产开发经营二级资质，注册资本2000万元，公司员工8人。公司开发万豪舜和园项目，总占地面积1.13万平方米，建筑面积3.34万平方米。

沂源县铭阳房地产开发有限公司 成立于2011年7月，位于沂源县沂河路南北刘家庄村沿街房，具备房地产开发经营二级资质，注册资本2000万元，公司员工12人。公司先后开发螳螂河西路南延安置楼、望水悦城等项目2个，总占地面积2.1万平方米，建筑面积3.4万平方米。

沂源城鼎投资开发有限公司金城分公司 成立

于2021年9月，位于山东省淄博市沂源县城荆山西路53号，公司员工18人。公司所开发的金城华府项目，总占地面积6.8万平方米，建筑面积18.7万平方米。

山东齐正置业有限公司 成立于2020年12月，位于沂源县城新城路丽阳大厦，注册资本5000万元，具备房地产开发经营二级资质。公司开发御景苑项目一期占地面积7万平方米，总建筑面积19.6万平方米，其中住宅15万平方米。御景苑项目入选“广厦奖”候选项目，被评为“山东省高品质住宅项目”。

淄博沂源兔巴哥置业有限公司 成立于2018年5月，位于山东省淄博市沂源县城人民路悦府29号，具备房地产开发经营二级资质，注册资本金5908万元，公司员工32人。公司成立以来，先后开发悦府、北麻社区等项目3个，总占地面积20.8万平方米，总建筑面积55.9万平方米。

淄博王府置业有限公司 成立于2018年10月，位于淄博市沂源县城瑞阳路中段，具备房地产开发经营二级资质，公司注册资本6000万元，现有员工10人。公司开发兴业盛世华府项目，占地面积4.6万平方米，建筑面积11.6万平方米。

住房和城乡建设卷

城市管理

扫码听书

记忆沂源·住房和城乡建设卷

市容市貌

沂源县市容市貌管理最初从“除四害”开始，采取政策引导、群众积极参与的社会管理模式。

1981年11月，沂源县颁布实施《关于城镇卫生管理试行条例》。该条例作为沂源城市管理的重要组成部分，对维护市容起到了积极的促进作用。1983年，为加强城区市容市貌管理，制定出台了《关于城区建设管理实施办法》，为城区居民创造了良好的生活工作环境，为建设高度文明的具有山城特色的新城镇奠定了基础。1985年，开始实施城市市容管理，主要针对城区内树木的采伐、更新，规定单位和个人不得擅自砍伐道路两边及广场、绿地、行道的所有树木，不得悬挂衣物、拴牲畜、倚放物品或利用树身作业。1986年，成立沂源县城市管理委员会，并发布《沂源县城市建设市容管理的通告》，使得城区市容管理走上有章可循的管理轨道。

1990年，从沂源县建委机关和企事业单位抽调8名同志，于8月6日正式成立沂源县城市建设管理监察队，负责城市法规的宣传、贯彻实施，保证市容市貌的整洁卫生，负责城区内建设秩序的管理，负责城区基础设施的管理和保护工作。同年，按照“人民城市人民建，人民城市人民管，谁受益谁拿钱”的原则，在老街建三条商业巷，彻底治理历山路、健康路、胜利路、振兴路、泰薛路。

1991年，为创建双拥模范城，沂源县委、县府专门成立了“双拥”室，并成立了以城管队为主，工商、交警参加的“双街”管理队。重点治理振兴路，在主要路口、路段设立护栏和隔离栅，粉刷临街墙壁，实行“门前三包”。1992年，推行冷饮摊点定位管理制度，对特定摊点实行占用费月票制度，年内先后办理冷饮摊点定位手续57个。开展为期3个月的县城综合治理活动和创省级卫生城突击活动，完成“双拥”一条街和一条“文明路”建设，使县城市容景观焕然一新，为创建省级卫生城打下了坚实基础。同年，县政府出台《关于进一步加强城乡综合管理的暂行规定》《关于进一步加强县城管理的通告》《关于创建省级卫生城突击活动的通知》等规范性管理文件，使城市管理做到有法可依。

1992年6月3日，建设部发布《城建监察规定》，确定对城市规划、市政工程、公用事业、市容环境卫生、园林绿化等的监督、检查和管理，以及法律、法规授权或行政主管部门委托实施行政处罚的行为，对城市管理提出工作目标要求，使得城建监察工作有章可循。

1993年，淄博市市容管理办公室发出《关于1993年主要工作部署意见》，要求各区县建委搞好市容达标和城市容貌综合整治，每个区县要完成一条街达标任务，具备条件的可以将此项活动延伸至乡镇。对此，县建设局立即作出部署，分头落实责任。成立了以城建大队为依托的创建省级卫生城办公室，借创建省级卫生城东风，开创了城建管理的新局面。省级卫生城创建一次验收达标合格，受到省、市、县领导的表扬。同年，城管机构得到完善，城管大队分设三个专业执法中队，各项管理工作逐步走上正规化轨道。1994年，完成了

城管队员整装待发（2004年）

"泰薛路"达标准备工作，对沿街40多个单位、100多家个体经商户进行规范管理，铺设人行道2500平方米，绿化树木300余株，装饰粉刷墙壁10000平方米，安置隔离栏1500米。

1995年，编写了《关于历山路九五年市容达标综合治理方案》，结合规划、市政等部门的建设工程，对沿街旧房、实体墙等建筑统一进行了翻建、改修，拆除乱搭、乱建棚亭180平方米，清理摊点乱摆、乱放650人次，清除建筑废料、垃圾、渣土150立方米，修复挖掘路面200平方米，建筑施工围挡1000米。1996年，县建委会同爱卫会、公安、交警、交通、工商等部门和南麻镇政府对城区6 条主街道进行综合治理。同年，开展了创建"三新一名"县城（工业新城、商业新城、文化新城和绿色名城）活动。治理沿河东西路、胜利路等路段，清理沿街路口售货摊点。综合治理健康路市容，粉刷墙壁，拆除临时棚、亭，硬化路面，铺设、修补人行道，补植柏松，清理排水沟。1997年，国家建设部颁布《城市市容和环境卫生管理条例》《城市道路管理条例》，县建委认真宣传和组织实施，开展城市环境综合治理活动，会同卫生、工商、公安、交警等部门，对城区部分主要街道进行综合治理。坚持新一轮县城总体规划，秉持"一书两证"制度、联合办公制度和审批一支笔制度，维护城市规划的严肃性，加大对违法违章工程的查处力度，组织联合检查，查处"双违"工程13项。10月，全县首例依法作出行政处罚的违法工程被申请强制拆除。

1998年，县委、县政府召开城市形象工程建设动员大会，对城市形象工程建设进行全面动员、部署。县建委成立城市形象工程建设领导小组和23条重要街道、路段管理小组，印发《关于建设城市形象工程的实施意见》《关于实行"门前三包"责任制的通知》。城市形象工程建设包括六个分项工程（分别为市容综合治理工程由县建委规划科、环卫处、市政公司负责督查落实；环境卫生综合治理工程由县环卫处负责督查落实；环境污染治理工程由县环保局负责；居民区综合治理工程由小区物业管理公司和开发建设单位负责；城市秩序治理工程由县工商局、公安局、交警大队负责；城市绿化工程由县建委园林所负责督查落实），县直各大口、各部门、南麻镇、城区行政村成立城市形象工程建设领导小组。召开各路段组长会议，制定计划，动员部署，落实任务，全面启动城市形象工程建设。

1999年3月，城市建设管理监察大队划归城区办事处，由县建委和城区办事处实行双重管理，城管监察中队配备专职规划执法人员持证执法，监督全县实施形象工程，拆除道路两侧临时搭建棚房，整修人行道1万多平方米，清理沿街路口固定、流动商摊点。持续强化全城市容市貌综合整治，实行岗位责任量化管理。2001年，对市容市貌进一步开展综合整治，对177条不符合规定的户外广告下达限期清理通知书，督促各单位落实"门前三包"责任制，签订"门前代清扫协议"40余份，代清扫面积2万多平方米。2002年，为进一步理顺城市管理体制，全面提高全县的城市管理水平，成立了沂源县城市综合管理办公室。出台《沂源县门前统一管理暂行办法》，要求各单位管理好门前卫生、门前秩

城管队员执法（2005年）

序、门前容貌等门前内容，统一由县城市管理执法大队和县市容环境卫生管理处有偿代管，并由单位、个体经营者、居民住户承担门前“统一管理”有偿代管服务费。9月，购置11辆两轮执法摩托，提高执法的机动性，实行流动巡查与定点值班相结合的方式，加大管理力度；10月，购置执法车（昌河面包）一辆，用于城管执法。

2003年3月，为切实加强城管执法队伍建设，树立严格执法、公正执法、文明执法的良好城管形象，县城市综合管理办公室在全市城管系统率先制定执行《城管执法人员六条禁令》，购置执法车（长安之星）两辆。4月，集中清理拆除了泰薛路、沂河路的违法违章搭建棚房近20处。同年，依据《沂源县市容和环境卫生管理办法》和《关于开展城乡环境综合整治活动实施方案》，中心内容是要实现城区市容和环境卫生管理统一领导、统一标准，并按照属地负责制原则，采取条块结合、专业人员管理与部门、单位及群众管理相结合的方式，各负其责，齐抓共管，统一落实，共同维护好沂源县城区市容和环境卫生，全面开展城乡环境综合整治。共清理占道摊点1200余户，涂刷建筑物乱贴乱画800余处，集中清理拆除泰薛路、沂河路乱搭建的棚房，设置免费停车场4处。9月，县城市综合管理办公室报请县政府批准，制定出台《关于整顿规范户外广告和标志设置的实施方案》，同时依据有关规定，结合外地经验制定了《沂源县户外广告设置技术标准》和《城区主要路段户外广告规划》，为沂源县城区户外广告设置管理提供了依据和标准。依据规划和方案，对沿街广告牌匾按照“减量、规范、美化”原则进行改貌整治。

2004年4月，印发《沂源县城区户外广告整治工作实施方案》，开始为期7个月的城区户外广告规范整治活动。开展城区街道摊点、车辆停放、户外广告等专项治理活动，共拆除乱搭建棚亭104处。10月21日，全市城市管理行政执法局长会议在沂源召开。12月28日，县政府撤销城市综合管理办公室和城市综合执法大队，设立城市管理行政执法局，同时开展县城出入口地段环境专项整治活动。2005年5月，县执法局联合县建设局、国土局、南麻镇、公安局、广电局、交警队、公证处、县医院、土产公司、南麻三村、东河北村、吴家官庄等12个部门、单位、村，抽调87人成立了联合执法队，对影响市容市貌的7处违章搭建进行了强制拆除，集中整治店外经营、流动经营，取缔和规范10处马路市场和每日集市。制定户外广告“三统一”管理标准，拆除不规范广告牌匾。

2006年，县行政执法局出台《城市管理行政执法案卷制作及管理制度》和《城市管理行政审批管理制度》，进一步规范案件制作管理。实施沿河东路、胜利路、健康路城市道路标准化管理样板路活动，开展城市道路标准化管理活动，并按照精细化管理的要求，探索制定了市容管理ABCD方案，取得了良好的管理效果，初步建立了市容管理的长效机制。重新在城区主要道路划定自行车、摩托车、汽车停车位，在沂源大酒店、鹏欢现代城设置停车场标志，在振兴路设置自行车、摩托车停放隔离护栏。

2007年4月9日，县财政局、城市管理行政执法局、监察局、物价局联合发出《关于对县城城区

城管队员摆放乱停放摩托车（2006年）

部分空间资源使用权实施运营的意见》，对城区部分空间资源使用权实施运营。在全省城乡环境综合整治活动3年总评验收中，沂源县获得总评第1名的优异成绩，被省政府授予“山东省适宜人居环境奖”，被省建设厅、省人事厅授予“全省城乡环境综合整治先进单位”。2009年，紧紧围绕国家级园林城市工作创建活动，重点针对县城鲁阳路、沂河路、沿河西路、沿河东路和外环路“六乱”，以及沂蒙商城乱停放、乱搭建、乱堆放等“四乱”进行了专项整治；对振兴路、健康路、胜利路等七条道路进行了改貌和环境整治。同时，召开城区市容市貌集中整治暨长效管理机制启动会议，协调交警大队、交通局等17个相关职能部门以治脏、治乱为重点，实现“地域、时空、责任”全覆盖综合整治。对荆山路、振兴路、历山路等七条道路进行综合整治，建立权责一致、运行顺畅、规范高效、科学精细的管理机制，显著提升了城市的城市形象、品位和功能。

胜利山早市执法（2011年）

2010年，县建设局制定出台《沂源县建筑渣土等散装物料密闭运输管理实施方案》，开展散装物料密闭运输和渣土清理整治工作，深入开展城乡环境综合整治活动。是年，被淄博市城乡环境综合整治活动领导小组授予全市城乡环境综合整治工作先进单位荣誉称号。2011年，为创建“全国文明城市”，城区内开展以店外经营、占道经营、非机动车乱停放、破损牌匾、落地灯箱、野广告治理和垃圾死角清理为重点的城乡环境综合整治，重点对高速公路连接线、省道、县、镇路域范围的积存垃圾和白色污染进行了全面清理。

2012年11月，县城市管理行政执法大队升格为正科级全额事业单位。完成沿河东路、沿河西路、北京路、天津路、重庆路5条主要道路34座路街牌安装与瑞阳路、新城路、鲁山路、振兴路等10余条道路65座路街牌中英文信息更换，安装新建道路路街牌20余座。2013年6月27日，县行政执法局印发《关于对城区环境卫生实行网格化管理的通知》，将城区划分为102个网格，明确规定各责任单位的网格化管理责任主体，形成城区环境卫生齐抓共管的良好社会氛围。7月22日，成立联合执法大队，重点对城区35条主次道路、背街小巷和61个居民小区进行了集中清理，开展优化重点项目建设环境工作，对破坏建设秩序的违法违规行为依法进行严厉查处。2014年，开展县城北部山区违法建设专项治理行动，查处违法建设22处、11500平方米。联合交警大队、市政等部门，对振兴路、健康路、县委西巷等路段实施“车让人行、还路于民”占道经营专项整治，规划机动车泊车位649个，非机动车停车位197处、2000余个。

2016年，城市管理积极推行“领导带班”和“一线工作法”，首批打造了振兴路、历山路、螳螂河西路3条样板路，累计清理店外经营、占道经营、流动经营4200余处次。开展了违法建设排查摸底和数据报送工作，创建废品收购点示范点1家，成为淄博市城管执法工作亮点。结合文明城市创建工作，对城区主要道路路街巷牌广告内容进行集中更换，确保主城区人口密集区域刊载1/2以上公益广告，其他区域刊载1/3以上公益广告，并针对部分背街小巷道路名称标牌缺失或损坏问题制定整体改造升级方案，全部更换为新装路街牌。2017年2月，启动实施全县违法建设治理行动。按照边宣传、边排查、边治理的原则，压茬进行，有序推进，累计摸排违建面积126.1万平方米，拆除违建面积103.6万余平方米。11月，县政府办公室下发《关于印发沂源县综合行政执法体制改革实施意见的通知》，在沂源县城市管理行政执法局的基础上，整合相关执法机构、职责和执法力量，组建沂源县综合行政执法局（挂沂源县城市管理局牌子，不再保留沂源县城市管理行政执法局），为县政府正科级直属行政执法机构，依法独立行使有关行政执法职权，承担相应的法律责任。沂源县城市管理行政执法大队更名为沂源县综合行政执法大队，为沂源县综合行政执法局领导的正科级财政拨款事业单位，受沂源县综合行政执法局委托负责具体的城市管理综合执法工作。

2018年春节前后，开展城区“马路市场”集中整治行动，解决了长期存在的工业路、商业街等马路市场，真正实现“还路于民”，城区市容秩序得到有效改善。2019年6月起，推行“强力执法、促进管理”活动，在强化执法队伍自身综合素质的同时，坚持以执法的方式、处罚的手段，推进执法处罚管理常态化。特别是针对占道经营、店外经营等影响市容市貌的突出问题，依法予以查处，树立执法权威，降低管理难度和成本，城市管理工作逐步实现由“被动管理”向“规范执法”转变。11月，县综合行政执法局向全县12个镇办派驻执法力量，构建城镇一体的综合行政执法体制，并牵头开展以路域环境、裸露土地、建设工地、工业企业、矿山开采、移动污染源、农村环境为重点的“七大会战”，全面开启为期4年的城乡环境大整治精细管理大提升行动。

2020年，在城区全面落实“门前五包”责任制，与城区2190家沿街业户逐一签订“门前五包”责任书；在城区新设置南麻街道东高庄便民疏导区和历山街道居家城便民疏导区，可容纳摊位130余个，对育才街2处便民疏导区进行改造提升。2021年，城管部门牵头开展了城区停车秩序专项整治行动，联合交警持续开展机动车乱停放治理，取消了振兴路路内停车位，新划定临时停车泊位380余个，协调城区党政机关企事业单位错时开放停车场（位）1100余个，切实缓解了老城区停车难的问题，规范了停车秩序。2022年，实施了螳螂河西路沿街立面改造提升，拆除各类违规广告188处，美化沿街各类通信箱体91个。

2023年，新设临时便民疏导点14处，开设胜利山便民早市，探索实行了“春风化雨群众工作法”和“马扎子上的办公室”，将所有事关民生的城市管理工作，化作最广泛的群众工作来抓，实现城市管理由“法治”到“人治”、再到“仁治”的变局之路。

环卫保洁

概　述

城市环卫保洁是改善区域人居环境、提升群众生活幸福指数的重要举措，对于经济社会发展和社会和谐稳定具有重要意义。环境卫生工作是与人民生活息息相关的公益事业，是经济发展的基础和保障。

在沂源县委、县政府及各机关单位入驻南麻前，公共卫生处于无序状态。南麻三个村仅有几个露天厕所，且大多为篱笆式，破烂肮脏。镇内主要街道南麻老街，当时也是沙土路面，晴天尘土飞扬，逢阴雨天，泥浆遍地，烂菜碎渣随处可见，毫无秩序可言，环卫保洁更是无从谈起。

沂源县委、县政府迁入南麻后，十分重视公共

20世纪70年代的南麻老街

卫生管理工作，采取一系列措施保持县城卫生清洁。1952年春，县政府成立防疫委员会，负责全县范围内卫生清洁工作，对县城的环境卫生经常开展突击性的卫生大扫除。

1957年前，城区无环境卫生管理组织。沿街各单位大多都自扫“门前雪”，垃圾乱倒。1958年，成立卫生清洁队，城区厕所由南麻3个村负责打扫。1987年，成立环境卫生管理所，1990年改为环境卫生管理处，负责环境卫生管理工作，并成立清洁队、垃圾清运队、保洁队，做到粪便、垃圾每日打扫。

1997—2000年，垃圾清运实行承包责任制，清运队负责城区生活垃圾清运并收取处理费、有偿服务费，用于运营和支付工资。2001年，成立环境卫生服务站，清运队归其管理。2002年，成立沂源县洁源环境服务有限公司，清运队业务和工资待遇等归其管理与列支。城区道路保洁面积增至51万平方米。

2014年，实施城区市容市貌和环境卫生网格化管理，将城区划分为7大网格、115个管理片区，把市容秩序、户外广告、违法搭建、道路保洁、垃圾清运、公厕管理等管理任务进行量化细化，实行定人、定时、定岗、定责、定管理标准的“五定”管理模式。2015年，实施城乡环卫一体化工程，与深圳泰立诚公司、潍坊康洁公司签订了合同，对城乡环卫保洁实施市场化运作、公司化运营。

环卫作业

城区街道保洁前期是以人工清扫为主，机械作业为辅。1958年冬，县爱卫会在全县范围内开展以“三圈”（猪、牛、羊）上山、除“四害”（蝇、蚊子、老鼠、麻雀）为中心的爱国卫生运动，组织成立50人的城区卫生清洁队，负责城区内粪便、垃圾清理。

1979年9月，县爱委会与城建指挥部协商，改建卫生清洁队，组织清洁工35人负责县城的卫生。同时，建两个粪厂，对粪便进行无害化处理，并清扫街道垃圾。1980年9月，县城建局市政管理股接管清洁队，安排清洁工20人，平均年龄68岁，其主要任务是打扫街道、清理垃圾。1981年11月17日，沂源县《关于城镇卫生管理试行条例》颁布实施，促进了城区环境卫生管理工作的开展。1982年11月，经县爱卫会、城建局、南麻公社三方协商后，将清洁队交给南麻三个村划片管理。

1983年2月，清洁队重归城建局市政管理股管理，安排清洁工10人清扫街道。清洁工平均年龄55岁。1984年4月，清洁队购买一辆12马力拖拉机，用于垃圾运输。1985年，南麻镇共有专职清洁工21人（按城市人口的千分之一配备），使用的主要设备和工具有三辆12马力拖拉机、三辆地排车、砖砌垃圾箱12个，铁制果皮箱45个，公共厕所8座，其中水冲厕所两座。街道清扫面积87910平方米，全年清运垃圾3650吨，清运粪便2000吨。

1986年，县城建委从城建科分设环境卫生管理所，负责县城的环境卫生清理和日常环境保洁工作。加强清洁队伍的组织领导，将原有的3个清洁组和6名垃圾清运工分别编为一个清洁绿化队，分3个小组，6名清运工编为1个清运组，实行分片包干责任制，定期组织检查。使城区的主要街道基本上达到无垃圾、无杂草、无淤泥的状态。全年清运垃圾6480多吨。增设果皮箱40个，增设和改造垃圾池8个，新建水冲式厕所1座，整修垃圾车3台，使城区的生活垃圾得到及时清运。同时，就28个单位院内生活垃圾签订清运合同，清运垃圾1913吨。

1987年1月1日，城区临时商摊、商业网点以及其他占用路面的建筑物，按规定及时向城建科缴纳路面占用费，用于道路及市政设施的养护和街道卫生清除工作。街道清洁工作由城建、工商分别清扫管理，部分街道无人管理，生活垃圾由城建部门清除一部分，多数生活垃圾均由单位自己雇车、找装卸工运输，缺乏统一管理。有的单位将垃圾倒入河道、排水沟，有的倒在背街小巷，严重污染城区环境，危害城区下游广大群众。为彻底解决这一问题，扩大清洁队伍，改善清运工具。时有清洁工21人，清洁车三辆，担负着3422米街道清扫与垃圾清运工作。将所有垃圾严格实行无害化处理，防止污染环境。全城的生活垃圾均由城建部门统一清除，城区各单位与城建科签订合同，并按时支付装卸费。生活垃圾运往粪场统一处理，也可运往城区周围指定的不通水的死沟、死坑及洼地，并随运随埋，变害为利。各单位如有能力清运，也必须运往指定位置，并交付垃圾处理费每吨2元，先缴费后倒入。如违背以上要求，按有关规定罚款。城区各单位的建筑垃圾，清除前事先与城建科联系运往指定地点，否则，除按有关规定罚款，还限期清除。同年，加强对市容市貌的整顿和管理，集中清理垃圾5760立方米，街道清扫实行分段承包责任制，调动了清洁人员的工作积极性，清扫及时干净，配合洒水车降温除尘，降低了粉尘污染，街道环境面貌得到很大改观。在临沂地委组织的城镇卫生检查评比中，沂源县城被授予文明卫生城镇荣誉称号。

1988年3月，县建委成立环境卫生管理所，环境卫生管理所负责城区的环境卫生管理工作，对全城区内各条保洁街道重新做了丈量核实，保洁面积146246平方米。制定《机动车辆使用管理办法》《清运工奖罚办法》和《清扫工奖惩办法》，保持每日两次清扫街道，将清洁工分为三组划片管理，责任到人。对垃圾中的有害物质进行无害化处理，净化美化环境。夏季，组织力量对县城所有公共厕所每周一次喷药处理，减少病害传染。为搞好环境卫生管理改革，借鉴外地的先进经验，对环境卫生实行有偿服务，使双方责任权利分明，加强工作责任心，收到较好的效果，为改变城市环境卫生管理的落后状况探索了一条新路子。1989年，来自南麻一、二、三村的路面保洁人员，清扫面积16.8万平方米。全年县环卫所清运垃圾18000吨，清运粪便1700吨，日清扫街道面积12.8平方米，县城清洁率达到90%，清扫率达到98%，在临沂地区环境卫生检查中名列前茅。

1990年，城区11条道路，总面积32.5万平方米，采取“夜扫日保”岗位责任百分制，街道保洁率达到100%，基本做到了“五净五不见”的标准要求。清除卫生死角250余处，新建、改建水冲式厕所12座，垃圾清运机械化程度达到90%以上。建立160人的环卫清洁队伍，制定夜扫日保岗位责任制，加强街道保洁。在蚊蝇滋生季节，对县城的170多个单位的办公室、食堂厕所进行全面消杀。配合爱国卫生月活动，发动居民8.5万人次，对县城卫生进行大扫除，提高县城的环境卫生质量，在淄博市组织的检查评比中多次名列前茅。1991年，建成投用环卫所办公楼（原城管执法局办公楼、现农机局办公地点），同年建成老建行公厕、影剧院公厕。环卫管理体系实行县、镇、居（村）三级管理体制，以县级管理为主。城区主次干道和单位门前统管地段的卫生清扫保洁工作，由县环卫专业保洁队伍负责；城中村和城郊村的环境卫生工作实行镇、村两级管理，由驻地镇负总责；道路两侧的绿化带、花坛、公共绿地、公园，由县园林管理部门负责；停车场、车站、各类集贸市场由经营单位或责任管理单位负责；机关、团体、学校、部队、企事业单位内部卫生由各个单位负责。此后，保洁面积逐渐增大，城区街道保洁一直以人工清扫为主。

1992年，负责城区200多个单位及主次干道15条47.5万平方米的清运和保洁任务，县环卫处在全市卫生检查中，连续取得好成绩。1993年，县环境卫生管理处被县政府表彰为1992年度城市建设先进单位。道路主要保洁方式为人工清扫，城区道路保洁面积为37.8万平方米。当年，环卫处开展“门内达标、门前三包”环境卫生综合整治活动，主要针对沿街单位卫生、秩序、绿化进行综合治理。1996年，道路保洁总面积68万平方米，垃圾日产量70立方米，道路清扫机械化程度为零。1997年，道路清扫保洁率达到99%，城区主次干道两侧垃圾做到日产日清，公厕管理基本能够做

20世纪90年代的环卫车辆

到“三净四无”。城区垃圾清运队由县环卫处管理并支付报酬。1998年，垃圾清运实行承包责任制，清运队负责城区生活垃圾清运并收取处理费、有偿服务费，用于运营和支付人员工资。城区街道保洁面积增至38万平方米。

1998年，县建委理顺市容管理体制后，成立了编制14人的市容环卫监察中队，实施环境卫生综合治理工程，清理卫生死角25个，清运垃圾150立方米。对沿街15 处垃圾点实行专人定点管理，保证城区白天不见生活垃圾。对公厕、垃圾箱、垃圾池和果皮箱进行维修、粉刷或更换，对居民区实行综合治理，加强清扫保洁、垃圾收集、清运、厕所管理和环卫配套设施的维护与管理，居民区的居住环境有很大改善。城区道路保洁面积增至40万平方米。1999年，县财政投资购置一台3吨铲车用于环卫管理，城区道路保洁面积增至45万平方米。

2001年12月18日，为推进环卫事业内部改革，实行政企、事企分开。为逐步将环境卫生作业和服务活动推向市场，增加经营服务收入，减轻政府负担，经研究决定，成立沂源县环境卫生服务站。沂源县环境卫生服务站是隶属县市容环卫管理处的国有企业，受县市容环卫管理处管理监督，主要负责城区生活垃圾的有偿清运；城区生产、经营垃圾的有偿清运；对城区建筑垃圾实行统一的有偿清运；对城区建筑工程基础实行统一挖掘、统一清运；对环境卫生资源实行综合利用、多种经营；接受城区单位和居民委托，开展环境卫生有偿服务活动及其他经营服务活动。环卫服务站成立之后，县市容环卫管理处的主要职能转向对市容环卫的行政管理和行业管理。2002年7月4日，沂源县城市综合管理办公室设立后，按照“深化改革，创新机制，挖掘潜力，提高效益”的总体思路，在人事制度、用工分配制度、环卫资产管理等方面研究拟订了改革方案。按照县政府的有关批示，本着先成立后规范的原则，以原环境卫生服务站为依托，组建了沂源县环卫服务有限公司，明确职责，事企分开。通过体制创新，极大地调动起了环卫职工的工作热情，各项工作都取得了长足进步。同时，环卫处开展了道路保洁权竞标活动，将从事保洁工作多年、年龄偏大、工作力不从心的保洁员另行安排了合适的工作，根据保洁面积增加的实际，对城区道路的保洁工作量进行了科学合理的调整。根据每条道路的工作量划分为一、二、三档，70个路段，在每档路段保洁最高指导工资的基础上，由保洁员自主选择路段进行投标，中标者获得该路段本年度保洁权。通过竞标，中标保洁员的月平均工资由原来的240元增加到了300元，人均增长25%，保洁员的工作积极性明显提高，各路段保洁质量较以往有了显著改善。

2003年，城区保洁规范按“五净（路面、路沿石、人行道、绿化、设施净）、五无（无烟蒂、纸屑、果皮核、痰迹、污水污物、垃圾）”标准管理。将工商局、国内贸易局管理的沂蒙商城、商业街和历山路北首市场等城区九处天天市的卫生清扫、垃圾清运统一纳入环卫处专业保洁范围，实现统一专业保洁，进一步提高了城区的整体保洁质量和水平。有城区保洁员77名，城区道路保洁面积增至65万平方米。2004年，日常道路保洁由主次干道向人行道、背街小巷延伸，城区保洁基本达到“五净五无”的目标要求。

2005年，全面落实全天候清扫保洁责任制度，撤并主次干道两侧的暴露垃圾点33处，清理垃圾死角和积存垃圾，基本实现城区主次干道两侧可视范围无垃圾的目标。2006年，保洁总面积达到74万平方米。2006年，城区新建公厕2处，保洁总面积达到85万平方米，保洁员达到98人。5月28日，购置压缩式垃圾清运车一辆。2007年6月17日，压缩式垃圾清运车正式开始运行，极大地降低了生活垃圾清运成本，提高了清运效率。

2012年3月，县市容环境卫生管理处升格为正科级差额事业单位。同年，投资165万元新增洗扫车、洒水车、压缩车3台，开展了“和谐城管”创建示范路、重点路域专项整治等活动，将县城主要道路按照示范路、严控路和规范路三个层级进行管理，使辖区内环境卫生状况进一步得到提升。2013年，筹集资金200余万元，新购洒水车1台、洗扫车3台，新设置地下垃圾收集箱12个，整修地下垃圾池6个，更换垃圾收集桶130个。大力完善环卫基础设施，创新环卫保洁模式，执行“机扫+人保+洒水+冲洗”四位一体作业方式，突出细节整治，以清理垃圾卫生死角、绿化带及冲洗人行道为重点，清理垃圾死角255处、6000余立方米，冲刷人行道1200余万平方米。

机械化保洁为主、人工捡拾为辅的清扫模式

2015年，严格落实标准化、精细化环卫保洁作业规范，积极推行“机扫+人保+洒水+冲洗”四位一体道路保洁作业模式和“一日两扫，巡回捡拾，全日保洁”制度，道路清扫保洁作业质量得到明显提升。协调公路、交通、房管、园林、街道等相关职能部门，突出抓好道路、社区、园林绿化、公共场所、高速公路沿线、城乡结合部和城乡出入口等部位的环境卫生管理，形成“部门联动、全面覆盖”工作机制。实施城乡环卫一体化全覆盖工程，与深圳泰立诚公司、潍坊康洁公司签订了合同，对城乡环卫保洁实施市场化运作、公司化运营。实施城乡环卫一体化“百日攻坚战”活动，通过集中清底，巩固提升治理成果，强化督查考核，城乡环卫保洁质量得到大幅度提升，走在了全市各区县前列。2016年，为进一步提升城市环境卫生质量和品位，在学习宁夏回族自治区中卫市“以克论净、深度保洁”工作经验基础上，开展深度保洁示范道路创建活动。以新城路、瑞阳路为试点，启动“以克论净、深度保洁”环卫作业模式，达到“车行道地面尘土不超过5克、人行道每平方米不超过10克”的创建标准。严格落实以机械化保洁为主、人工捡拾为辅，对机动车道全部实行机械化联合作业，定时高压冲洗机扫和洒水降尘；对非机动车道实行机械化洗扫（吸扫），定期冲洗路沿石、人行道，确保了车行道、人行道全部做到路面见底色、道路护栏无污迹、积尘，实现了早5:00至晚9:00两班制16小时不间断、全时段、无缝隙管理，“一日两扫三洒”落实率达到100%。2017年，新配置除臭雾炮车和电动三轮高压清洗车各1台，专用于垃圾除臭和冲洗人行道、路牙石、垃圾桶、果皮箱等，使用方便快捷，减轻了环卫工人的劳动强度，提升了工作效率。

开展垃圾分类行动

1994年，在此之前，城区垃圾池为砖砌敞开式地上垃圾池，卫生和市容美观性均差。为巩固省级卫生县城创建成果，县建委开展城区环境卫生专项整治行动，成立市容管理队，按照法规条例行使职权，有效整治了城区脏乱差现象，使辖区内环境卫生状况得到明显改善。同年，环卫处从完善内部管理制度入手，各项工作有明显起色，垃圾清运率、保洁率均达到100%，随着新垃圾场的启用，无害化处理率大幅度提高。

1995年，县财政投资2万元，在育才路建成6平方米的龙门起吊式垃圾台，改善了垃圾存放方式，市容面貌大有改观。1996年，县财政投资4万元，在西山小区建成2个龙门式垃圾台。完成居住小区建筑垃圾清理、公厕及垃圾台等环卫设施建设竣工。购置4台垃圾车。1997年，环卫处同沿街90多个单位签订垃圾有偿清运协议书，城区垃圾清运队由县环卫处管理并支付报酬，之后三年，垃圾清运实行承包责任制，清运队负责城区生活垃圾清运并收取处理费、有偿服务费，用于运营和人员工资。

1999年，城区共有垃圾箱22个、垃圾点5处，主要设在人行道外和生活区。在管理上实行了车辆清运包干奖惩制度；工作上实行了垃圾日产日清，车走地净，不撒不漏地运往垃圾场，进行无害化处理。2000年，县建委持续实施环境卫生整治，完善垃圾清运第三轮承包，对街道保洁实行承包管理，积极督促各单位落实“门前三包”责任制，签订“门前代清扫协议”40余份，代清扫面积达2万平方米，较好地解决了人行道及隔离带清扫不彻底问题，垃圾清运的重点放在定时定点清运上，加强对生活垃圾的排放管理，对沿街垃圾点实行专人定点管理，建筑渣土在统管的基础上初步实行统运，建成简易垃圾中转站。

2001年，成立环境卫生服务站，清运队归其管理。翌年，成立沂源县洁源环境服务有限公司，生活垃圾采用人工收集，用拖拉机、自卸车等机械清运。2002年5月，开始实施地下式垃圾池改造工程，当年被列入沂源县政府八大实事之一，购置两台专用车，实施垃圾池改造工程，由地上敞开式改为地下封闭式，配备汽车自动装卸金属垃圾箱，改造城区汽车自动装卸金属垃圾箱32个，垃圾清运逐步实现机械化。2003年，新建地下垃圾池26处，在城区主干道两侧设置高档果皮箱100余个，将城区主干道两侧的暴露垃圾点全部撤销，基本实现了垃圾密闭化收集，城区日产生活垃圾160吨，全城326处固定垃圾点均做到及时清运，清运率100%。日清运垃圾量由1990年的20吨增至2003年的80吨。

20世纪末的垃圾清扫队伍

2005年，城区全部垃圾点、垃圾池箱实行分类管理，保证城区主次干道两侧公共场所、重点部位垃圾每天8：00前清运出城。单位的垃圾做到及时清运。全年共清运垃圾1.38万车、6.72万吨。2006年，集中对城区主要道路和重点区域暴露垃圾、白色污染彻底清理整治，共清运垃圾7万立方米。2008年，沂源县购置了第一辆生活垃圾密闭运输车，载重5吨，投资22万元。至此，城区生活垃圾压缩中转、密闭运输体系初步形成，之后随着垃圾收集车辆的不断完善，现已基本实现生活垃圾的日产日清。

厕所革命

1960年春，卫生清洁队解散，从南麻三个村、西河北村的每个生产队抽2~3人，负责清理县城各单位厕所粪便用作农家肥料。1963年秋，县爱卫会开展以“四改造”（厕所、鸡窝、栏圈、水井）、“五建设”（粪场、厕所、鸡窝、栏圈、水井）、“六统一”（人粪便、畜便、鸡粪、垃圾、污水等）管理为

造型美观、功能齐全的“飘香”公厕（2013年）

中心的爱国卫生运动，从南麻三个村抽出20人组成卫生清洁队，收集粪便、堆封发酵，进行无害化处理，并改造部分水井。

1980年，南麻三个村组建的卫生清洁队负责将粪便清运到田作农家肥料。1983年，主要街道先后建起公共厕所，购置垃圾箱、果皮箱等卫生设施。1984年4月，清洁队购买一辆12马力拖拉机，用于垃圾运输。截止到1985年，南麻镇共有专职清洁工21人（当时要求是按照城市人口的千分之一配备），使用的主要设备和工具有三辆12马力拖拉机、三辆地排车、砖砌垃圾箱12个，铁制果皮箱45个，公共厕所8座。其中水冲厕所两座。街道清扫面积87910平方米，全年清运垃圾3650吨，清运粪便2000吨。粪便仍由城区农民协助清运到田作肥料。垃圾则运到城区外围填补死坑和部分运至粪便处理场综合（拌粪）利用。

1987年，全城有8座公厕，单位公厕240多个，原来由县城建局统一管理，后由南麻镇组织三个村打扫。由于化肥的大量普及使用，粪便已经无人购买，清洁工生活无保障，清洁组织不健全，场地被占用，办公房被拆除，粪便清除、公厕处于无人管理状态。新建的部分化粪池无害化处理的公厕，没有吸粪车清理，造成粪浆满地流、满院淌现象。为解决这一难题，决定重新调整粪便清理队伍，仍以南麻三个村为主，每村抽调10名清洁工，各村自建粪场，由县爱卫会和城建部门统一管理。清洁工人工费按每日6个以下（含6个）厕所蹲坑补贴0.2元，6~10个蹲坑补贴0.3元，10个以上补贴0.35元。街道公厕由城建部门从卫生费中支出，各单位的公厕由各单位给予补贴，可以制作土肥的粪便，可以继续出售，收费用于购置清洁工具和清洁组的集体事业，不能出售的可就近免费送往贫穷村庄支援农村。

1988年5月4日，成立粪便清扫队，全队分三个小队，共有26名工人，人员来自南麻三个行政村，每小队由一名小队长负责，厕所以原来的队辖片为主，每座厕所责任到人，挂牌服务，以搞好厕所卫生为主要目的，全队管辖厕所220余座，三处粪便处理厂面积达6660平方米，日处理粪便3吨，全年总处理粪便1080吨，为改变市容卫生面貌开辟了新途径。

1990年，城区共有厕所327处，其中旱厕280处，城区启动旱厕改造。在县委、县政府的重视和建委的支持下，投资5万元，在城区历山路和健康路新建一处、改建两处标准较高的水冲式厕所。1991年，建成老建行公厕、影剧院公厕。1992年，县环卫处建成劳动局公厕、一中东侧公厕、烈士陵园公厕、胜利山小区公厕、西山小区公厕。1993年，建成土产公司公厕、商业大棚西公厕、公共汽车公司公厕。至此，城区13处公厕全部改为水冲式，并依据“五净（坑内、地面、门窗等）、六无（无臭、积尿、蝇蛆、地面积水等）”标准管理。

1996年，水厕普及率达47%。1999年，改造公厕三处，新建公厕一处。2002年6月，为改善公园环境，在胜利山公园建30平方米公厕一处。2003年，增建2处城区公厕，对13处城区公厕粉刷墙面、维修设施和清淤化粪池。2004年，实施便民公厕工程，在人口集中的商业区、公园、城区主干道等部位新建、改造公厕9处，解决城区居民“如厕难”的问题。2005年，新增公厕4处，改建公厕2处。2006年，城区新建公厕2处，对城区16处公厕进行改造、维修。2013年，对城区其他产权单位管理的19座公厕进行改造提升，完成富源路公厕建设。

2016年，实施城区8处旱厕改造工程，拆除5

县城内公共厕所

处（东北麻村、西河北村、原水泥厂、健康路南段等）、整改完成3处（农机局家属院、烟草公司家属院、原丝绸公司）。2017年，加快城市公厕规划建设，协调相关单位新建、改造公厕52处。2018年，新建公厕7处，改建23处。2021年，城区新建公厕5处，设置安装生活垃圾分类收集亭1346个，配备分类垃圾桶6000余个。2023年，城区新建公厕27座。

环卫设施

1958年，城区清理工具有两辆地排车、水桶、铁锨和扫帚。1979年，县财政拨款3万元，购买两部12马力拖拉机，两辆地排车，部分小铁车、水桶、铁锨等用具。

1983年，购买三辆地排车。1988年，配有自卸车1部（5吨），北京130自卸车1部（2吨），洒水车1部（5吨），12型拖拉机3部（计3吨），共计15个吨位。先后购买了2部汽车，26把小铁车等。1989年，清运队配有3部汽车、4部拖拉机，承担着160个单位及3个商场垃圾清运工作。1990年，配有手推垃圾车46把、铁制封闭式手推粪便车27把、货运三轮自行车4辆、12马力拖拉机4辆、翻斗车1辆、货运车1辆、解放牌吸粪车1辆、洒水车1辆。1991年以来，沂源县加大对环卫运输设施的投入。1993年，城区道路保洁面积37.8万平方米，有环卫作业车辆1辆，洒水车1辆。1994年，新建环卫油库1座、龙门式垃圾台1座。

1999年，为加快环境卫生基础设施建设，从根本上改变沂源县环卫管理的被动局面，县政府下发了《关于强化措施，落实环卫设施建设“三同时”的意见的通知》，将环卫基础设施建设纳入了规范化的管理规道。县财政投资购置1台3吨铲车用于环卫管理，城区道路保洁面积增至45万平方米。投资10万元购置5吨自卸车1台，总投资15万元配置30个收集房，300个中、高档果皮箱。为县医院、中医院购进两台TLF型垃圾焚烧炉，杜绝了医用垃圾乱运乱倒的现象，对城区环境净化发挥了重要作用。2000年，投资20万元购置垃圾清运专用车3台，租用土地15亩，扩建城东垃圾填埋场。2001年，县财政投资购置2台垃圾车，1台大车用于城区保洁，在原专业垃圾处理场南边租地13亩，扩大垃圾处理场。2002年7月，环卫处划归城市综合管理办公室管理，城管办筹资购置垃圾车3辆和大型运输车3辆，垃圾运输车辆全部更新。2003年，购置垃圾清运车2部，购置50装载机1台、长期租用220挖掘机1台。2004年5月，租用济南顺通科立机电设备有限公司的日产小松220型挖掘机1台（价值90万元）。9月，第一批41辆保洁三轮车投入使用。

吊装式垃圾清运车

2005年5月底，县财政投资购置3吨吸粪车1辆。2006年，购置垃圾专用摇臂车1辆、垃圾清运福田车2辆。到2006年底，各种类型的运输设施已增至40辆。2007年5月28日，购置压缩式垃圾清运车一辆。6月17日，压缩式垃圾清运车正式开始运行，极大地降低了生活垃圾清运成本，提高了清运效率。

2012年，投资165万元新增洗扫车、洒水车、

压缩式垃圾运输车

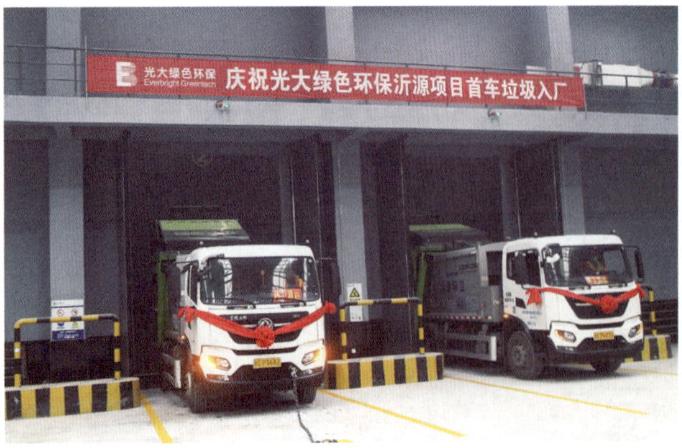

光大焚烧发电厂首车垃圾进厂

压缩车各1台。2013年，新购洒水车1台、洗扫车3台。2016年，城区首次启动餐厨废弃物收集运输处置，购置专用垃圾桶200个，购置垃圾压缩车辆5台，配备餐厨垃圾专用车1台，清运餐厨垃圾200余吨。2017年，新配置除臭雾炮车和电动三轮高压清洗车各1台，专用于垃圾除臭和冲洗人行道、路牙石、垃圾桶、果皮箱等。

垃圾场与垃圾池建设

垃圾场建设 1992年，开始建设涝坡河垃圾场，1993年建成使用。1997年11月，在悦庄镇北张良村征地20亩，建成专业垃圾处理场。2001年，在场南租地13亩，扩大处理场规模。

2002年，在南麻镇沙岭子村租用山岭（山沟）薄地30亩，建成城区第一处建筑垃圾处理场。2004年，开始将北张良专业垃圾处理场扩大升级，开工建设沂源县卫生填埋场一期工程，项目占地面积180亩，总工程容量200万立方米，总投资3100万元，使用年限15年。整个工程按照“总体规划、分期建设”的原则，分三期建设，一期、二期、三期工程分别于2005年、2007年、2013年建成，2008年、2014年被山东省住建厅评定为Ⅱ级生活垃圾卫生填埋场。一期工程经过规划设计、环境评估、协调土地、省市专家实地考察论证后，当年完成45亩土地租用，5000米排水管道土石方挖填和管道安装，输电线架设以及1000立方米集水池和10万立方米坝体等工程。2005年，无害化处理厂一期工程建成，2006年完成二期工程40亩用地和地上附属物补偿以及3万立方米坝体修筑等工程。三期工程于2011年11月开工，2013年5月竣工投入使用，容量120万立方米，日处理生活垃圾180吨。

自2015年沂源县实行城乡环卫一体化市场运营后，日进场垃圾量达到350吨，原有的设计使用年限缩短。为此，从2019年12月开始，利用垃圾堆体东侧斜坡，在做好防渗、雨污分流系统的基础上，建成了深约5米、底面积约5000平方米的扩容区。该扩容区与原垃圾堆体连为一体，增容至少约30万立方米，使用年限可至少延长2年，满足了垃圾焚烧发电厂建成投产前的生活垃圾填埋需要。

2020年12月，光大绿色环保再生能源（沂源）有限公司建设的生活垃圾焚烧发电及生物质热电联产项目投用，日处理生活垃圾400吨，原有的填埋场已不再新进垃圾，实行封场管理，先前的“垃圾山”变成了“城中草原”。彻底改变了沂源县生活垃圾简单填埋的现状，真正实现了生活垃圾的无害化、减量化和资源化处置。

生活垃圾处理场

沂源县生活垃圾处理场位于县城东部，博沂路与三悦路交叉口西南侧，2004年开工建设，占地180亩，总工程容量200万立方米。采用卫生填埋工艺，日处理生活垃圾320吨，使用年限15年。由于当时县城规模不大，设置在城区以外15千米左右的地方，但随着城市化进程加快，城区主体逐渐向外围扩张，使得城市用地需求和生活垃圾处理场发展之间出现矛盾。

沂源县生活垃圾处理场旧貌（2005年）

改建工程

生活垃圾处理厂改建工程按照“总体规划、分期建设”的原则，分三期建设，当时已全部建成并投入使用。一期工程于2004年10月开工，2005年10月竣工投入使用，容量30万立方米。二期工程于2006年10月开工，2007年12月竣工投入使用，容量50万立方米。三期工程于2011年开工，2013年5月竣工投入使用，容量120万立方米。改建的垃圾填埋场严格按照相关要求，分区使用，分层压实。在生活垃圾卫生填埋场地平整后，表层下5厘米内不得有石块、树根等尖锐物出现，对于场区内有回填的区域，采用黏土进行分层回填，每层摊铺厚度不大于30厘米，回填密实度达到93%以上。

在垃圾处理场填埋区中间，南北方向设置有一根直径320毫米高密度聚乙烯花管作为渗滤导排主管，自上游至下游坡度为2%，在干管两侧每隔30米左右设置渗滤液导排支管，自两侧至中间坡度为2%，支管与干管成60°夹角，支管采用直径200毫米高密度聚乙烯花管。在渗滤导排主管、渗滤导排支管上2/3钻满孔，周围满铺500毫米厚20~40毫米粒径的碎石作为渗透液渗层。这样使垃圾渗滤液收集导排主管、渗滤液收集导排支管有机地结合成一个系统。渗透液通过渗滤液收集导排支管，汇集到垃圾渗滤液收集导排主管，排放到集水池。

整治工程

2017年9月，针对生活垃圾处理场存在的问题，沂源县组织专家查找隐患，逐项分析原因，制定整改措施，采取标本兼治的方法，全方位对垃圾场环境进行综合整治。

生活垃圾处理场环保基础设施投入不足，针对此问题，沂源县投入2000余万元对生活垃圾处理场进行了十几项工程建设，主要包括生活垃圾填埋场扩容工程、垃圾挖运渗滤液池回填、封闭式标准火炬、垃圾填埋场覆盖、配电室建设、地磅安装、路面整修、雨污分流、场地绿化、飞灰填埋场等一系列工程，沂源县生活垃圾处理场环境面貌焕然一新。同时对生活垃圾堆体进行了高密度聚乙烯膜高标准覆盖，有效防止雨水渗入填埋区内部，进行雨污分流，从而大大减少垃圾渗滤液的产生，在场区建设雨水导排系统，将场区内降水及时排出。

针对生活垃圾堆体发酵产生的有害气体，专门建设生活垃圾处理场封闭式火炬工程。在垃圾处理场填埋区堆体建设导气石笼40座，直径300毫米收集导气干管和直径200毫米导气支管相互连接结合成一个系统，生活垃圾堆体发酵产生的气体汇集到火炬系统本体燃烧处置，这套火炬系统目前仍在正常运行使用。

在生活垃圾处理场有两套渗滤液处置系统：一套是政府筹建的垃圾渗滤液处理厂，委托沂源水务发展有限公司运营；一套是光大水务科技发展（南京）有限公司运营的集装箱式碟管式反渗透膜垃圾渗滤液处理装置服务项目。两套系统从2015年启用，至2022年8月停止运行，共处置生活垃圾处理场渗滤液36万吨。垃圾场现遗存的渗滤液由沂源县生活垃圾焚烧发电项目（光大绿色环保再生能源沂源有限公司）处置，目前处置渗滤液1万吨。

沂源县生活垃圾处理场自开始运营，到2020年11月停止运营，共卫生填埋处置生活垃圾172万吨。

封场工程

根据住房和城乡建设部发布的《生活垃圾卫生填埋场封场技术规范》（GB51220-2017），生活垃圾卫生填埋场，填埋作业至堆体设计标高的区域或不再接纳垃圾而停止使用的区域，终止填埋后填埋场整场宜在垃圾堆体快速沉降期过后实施最终封场工程。自2020年11月份起，沂源县生活垃圾处理

垃圾填埋场（2005年）

建成运行的光大生活垃圾焚烧发电厂

场停止接纳生活垃圾，符合国家封场要求。

沂源县生活垃圾处理场封场工程属于沂源县城市垃圾处理设施建设项目的子项目，2020年11月27日立项，总投资6267万元。2021年发行政府专项债券资金1000万，2022年发行政府专项债券资金2000万元，为生活垃圾处理场封场工程实施提供了资金保障。

垃圾池建设 1994年前，城区垃圾池为砖砌敞开式地上池，卫生和市容美观性都很差。1995年，投资2万元，在育才路建成6平方米的龙门起吊式垃圾台。1996年投资4万元，在西山小区建成2个龙门式垃圾台。2002年，实施城区垃圾池改造工程，由地上敞开式改为地下封闭式，配备汽车自动装卸金属垃圾厢，城区共改造完成32个。2003年，在西山小区和电业局宿舍区建成地下垃圾池3个。2006年，在城区建设小型垃圾中转站8处。2009年，在南鲁山镇建成城区第一座生活垃圾压缩式中转站。2014年11月，开始实施卫生填埋场渗滤液处理工程，处理的主要方式是二级生物脱氮工艺反应池+纳滤+反渗透处理工艺。铺设垃圾渗沥液管道5000余米，更换维修垃圾箱65个，安装飘扬物遮挡网200米。2016年，实施84处城区地下垃圾池改造工程，统一用砂石将原有地下垃圾池填平后硬化，配置相应数量统一标识的塑料垃圾桶，有效解决裸露垃圾、异味污染和运输过程中污水滴漏等问题。2017年，取消露天垃圾收集点（池），推广塑料桶与密闭箱收集，实行压缩化、密闭化运输。

封场改造后的生活垃圾填埋场

物业管理

概　述

物业管理，是指业主通过选聘物业服务企业，由业主和物业服务企业按照物业服务合同约定，对房屋及配套的设施设备和相关场地进行维修、养护、管理，维护物业管理区域内的环境卫生和相关秩序的活动。

1993年以前，在计划经济体制下，县城居民居住区多是以党政企事业单位和村（居）委会为依托的职工（村民）福利居住区。小区物业多由单位统包统管。1993年以后，随着社会主义市场经济体制的建立和住房制度改革，城市房地产业蓬勃发展，统包统管的居住小区和物业管理模式逐步被打破，物业管理逐步形成市场化运作模式。

沂源县的物业管理是从胜利山小区建设开始的。随着胜利山住宅小区居民的不断入住，小区物业管理逐步纳入议事日程。1993年7月，胜利山物业管理委员会成立，由沂源县房管处各相关科室负责人组成，并从南麻一村、吴家官庄村抽调几名退居二线的老干部，负责小区居民入住后的街道清扫、垃圾清运及相关协调工作。1996年4月，《沂源县城镇住宅小区物业管理暂行办法》制定出台，全县城镇住宅小区物业管理逐步走上有章可循的发展轨道。1996年10月，县房管局成立物业管理所（副科级企业化管理事业单位），率先在胜利山居民小区开展物业管理试点，涵盖小区卫生、绿化、治安、水电维修等服务，管理楼房12座、420户，小区居民每户每月缴纳物业管理费12元。1998年11月，物业管理所管理的胜利山小区被山东省建设厅评定为“省级优秀住宅小区”。同年11月，物业管理所对西山住宅小区实行物业管理。1999年5月，县房管局撤销物业管理所，设立物业管理办公室，主要负责对全县物业实施行业监督管理。

2000年3月，物业管理所体制改革，成立全县首家股份制物业管理企业——新源物业有限公司，并接手胜利山住宅小区物业。同年11月，沂源县城区办事处和沂源县城市建设开发公司分别成立维达物业有限公司和东苑物业有限公司。2001年，全县有物业管理企业3家，管理胜利山、西山、东苑、历山小区部分住宅楼，以及沿河路购物长廊商业用房，共计120座、26万平方米、3100户业主。2002年11月，撤销物业管理办公室，设立市场科，主要负责全县物业管理工作。2006年，沂源县注册物业服务企业发展到10家，管理面积110万平方米，管理项目23个，服务居民3万人。同年底，物业开始代征物业维修基金，为日后物业服务创造了良好条件。2007年之后，沂源县先后出台《沂源县住宅小区物业管理接管验收办法》《沂源县住宅小区公共设施设备验收标准》《关于建立物业服务企业及执（从）业人员信用档案系统的通知》《关于印发沂源县城区物业管理规范提升工程实施方案的通知》《沂源县物业服务行为规范》等文件，物业管理逐步走上规范化道路。2009年4月，沂源县房产管理局印发《关于对物业实行质量保修金监管制度的通知》

拆除违建现场

并规定，自5月1日后办理竣工验收的物业项目，需按照物业建筑安装总造价3%~5%的比例交存物业质量保修金，以确保物业质量。该规定的实行，从根本上解决了物业质量得不到保障的难题。同年8月，房管、城管联合执法，拆除源泰花园小区30余户住宅楼顶违章建筑物，有效遏制了住宅小区私搭乱建行为。9月，沂源县房产管理局印发《关于转发〈淄博市房管局关于调整物业专项维修基金缴存标准的通知〉的通知》，规定自10月31日起，物业维修基金标准调整为按面积比例缴存，多层楼房按建筑面积51元/平方米，7~11小高层66元/平方米，12层以上高层71元/平方米，物业维修基金自此有了更明确的缴存规定。

2010年7月，全县物业管理协会成立。协会同时印发《物业管理行业自律公约》，作为物业管理行业自律的约束性文件，并与相关物业企业签署《物业服务企业诚信承诺书》，鼓励和促进物业服务企业诚信经营。同年11月，全县全面开展物业管理年度考核工作。2011年6月，县物业管理协会制定《沂源县物业服务行为规范》。该《规范》对加强物业服务企业的行业自律、维护物业服务企业的合法利益、规范物业服务管理市场等问题作出了明确规定。2013年，物业管理协会开始对保障房物业管理进行试点，选取祥瑞园作为试点小区。同年12月，祥瑞园小区被评定为“市级优秀小区”。2014年7月，沂源县政府印发《关于进一步加强物业管理工作的意见》，实行物业运行体制“三级”管理，物业管理体系建设逐步理顺。同时，积极推进物业管理全覆盖，重点加强对老旧小区的整治管理。向县政府提交《关于对城区范围内老旧小区进行整治的报告》，对城区范围内38个未纳入物业管理的居民小区进行道路、绿化、监控、基础设施等综合改造，通过“以点带面”，有计划地推进城区内老旧住宅小区的物业管理工作。

2015年，全县开始推行老旧小区简易物业管理模式，对历山街道、南麻街道约124万平方米老旧住宅区、零散住宅楼，划分为38个管理区域实施综合整治，设置简易物业用房38处。9月底，38个简易物业区域已全部进驻管理，配备保洁和秩序维护人员110人。同年，县政府出台文件，建立县、镇、村“三级”管理机制，明确镇办主体管理责任，物业管理权限由县房管局下放到各镇办，物业管理体制基本理顺。同年，举办全县首期物业管理专业培训班，对220多名从业人员进行维修基金归集、管理、使用集中培训。2017年，县房管局会同历山街道、南麻街道对所辖区域进行排查，建立住宅小区台账，分门别类推进物业管理覆盖。对企业自管小区，以就近原则纳入附近小区物业管理范围或纳入简易物业管理，实现全县126个住宅小区物业管理全覆盖。2018年，全县按照“一个目标定位、四个着力建设、十个率先突破”的总体思路，在物业管理小区开展综合整治、物业行业文明创建活动。指导历山街道、南麻街道对新型农村社区、单位自管小区，按照就近原则整合成块，纳入物业管理或简易物业管理范围，基本实现物业管理全覆盖。同时，理顺管理体制，推进物业管理基层下放。认真落实物业管理行政巡查，实行县主管部门对街道巡查、街道对社区巡查、社区对物业公司巡查的三级巡查机制，并将巡查中发现的问题记入台账。2019年，全县专业化物业管理为主、简易物业管理为辅的市场化物业管理格局基本形成，物业管理区域被划分成90个片区，管理更加规范、细致。同年，先后推荐山东省“齐鲁红色物业”项目1个、山东省“绿色社区”6个，创成淄博市“红色物业”示范项目9个。2019年，全县物业服务企业共30家，本地企业27家，外来企业3家，从业人员1100余人。2020年，开展物业管理“标准提升年”活动，提高全县星级物业覆盖率。全年新增物业管理备案项目8个，新创建四星级物业小区2个，三星级小区8个，物业小区星级覆盖率达到94%。2021年，印发《关于大力实施“红色物业”工程全面提升物业服务水平的实施意见（试行）》，红色物业工作步入快车道。

红色物业

小区是城市的最小细胞，是基层治理的“神经末梢”。长期以来，物业管理一直是城市治理的大难题，也是居民诉求较多、矛盾焦点最集中的地方。由于物业运营管理存在弊端、居民生活要求不断提高等各方面的原因，居民和物业一直以来处于相对立的局面，致使物业管理难以真正称民心、随民意，加之居民众口难调，两者在很大程度上不能为对方考虑，物业管理瓶颈就此产生。如何破解物业服务管理的难题，使物业服务企业和业主委员会成为党组织联系服务群众的纽带，是物业管理亟需寻找的新出路。

2017年2月，武汉市第十三次党代会报告中提出实施“红色引擎工程”，其中首次提出打造“红色物业”，这是“红色物业”概念的首次亮相。2018年1月，《人民日报》发表文章点赞“红色物业”，自此“红色物业”开始在全国铺开。“红色物业”的核心是加强在物业服务企业组建党组织力度，确保党的组织和工作在每个住宅小区、每个物业服务项目均有效覆盖。深化党组织领导下的居委会、业主委员会和物业服务企业“三方联动”机制，全面推行“双向进入、交叉任职”，将物业服务企业党员队伍比例、开展党建工作情况，作为企业信用评级、行业评比、物业项目招投标的重要依据。引导物业服务企业在开展物业服务的同时，传递党的声音、收集社情民意、调解矛盾纠纷、促进和谐稳定。

2020年，淄博市住建局印发《关于印发〈淄博市“红色物业”工作标准（试行）〉的通知》（淄建发〔2020〕220号）、《关于印发〈“淄博红色物业”建设三年行动计划〉的通知》（淄建发〔2020〕221号），沂源县积极响应，2021年印发《沂源县“红色物业”工作标准》。全县“红色物业”工作从此有章可循，开始走上快车道。沂源县主要针对群众反映的问题症结，积极推动党建引领物业服务全面融入基层发展治理，通过组建“红色物业”讲师团，开设“红色物业”微课堂、建立“红色物业”议事会等方式，有效促进物业行业规范化管理。近年来，通过探索物业管理新模式，突出党建引领、多方参与、共治共建，促进物业服务与基层治理同频共振，全县物业服务管理质效有了明显提升。

典型案例 历山街道瑞阳小区是沂源县比较早

开展"红色物业"微课堂

的老旧小区，由于缺乏统一管理，小区卫生保洁、居住环境较差，成为居民心中的烦心事。物业入驻后，开始对小区进行全方位管理，路面洁净平整，车辆停放有序，绿植造型别致，健身器材一应俱全，居民满意度、幸福感大幅提升。

网络直播逐渐成为人们喜闻乐见的娱乐方式，将物业管理植入网络直播中，是"红色物业"的大胆创新，也是直接倾听群众困难的一次尝试。沂源县开展"局长进社区"暨"物业开放日"活动网络直播，请相关部门及物业负责人到小区进行现场答疑。在东苑社区直播现场，居民代表和物业管理相关负责人一起坐在马扎上，居民代表将物业管理中出现的问题当面提出来，物业和相关单位代表现场答复，并给出解决时间。没在现场的居民，也能通过直播间反映问题。通过网络直播，降低了群众反映问题门槛，能直接听到群众心声，是解决问题最直接、最有效的办法。

历山街道办事处管辖区域是沂源县中心城区，有很大一部分是老旧小区，基础设施配套薄弱、物业费收缴率低，很多物业公司都不愿接手，有近360栋散居楼处于失管状态。沂源县探索对失管小区，实施以街道、社区为服务主体的非营利性"简易物业管理模式"，以"红色物业"为引领，让散乱小区管理逐渐走上正轨。历山社区创新成立的"初心引领"公益性物业服务组织，积极吸纳社区居民志愿者参与，让大家事大家商量着办，有效控制公益性物业运营成本，使居民真正成为社会治理的参与者、受益者、评判者。药玻小区有居民反映家中暖气不热，公益物业迅速介入，联系热力公司排查维修，保证问题当天解决。有求必应，服务到位，这样的速度，在过去几乎是难以想象的。"红色物业"的全面开展，让基层治理有了温度。

通过发挥基层党组织联系服务群众的纽带作用，能够快速收集问题、高效解决问题，为小区居民办实事、解难题，及时将各类矛盾和问题吸附在小区、化解在社区。打通了基层党组织服务群众的"最后100米"，人民群众的操心事、烦心事、揪心事得到更好解决，获得感、幸福感、安全感不断增强。

沂源县共打造市级"红齐365红色物业"五星级项目6个、"沂源红"物业服务驿站39处。

物业企业选介

山东安泰万兴物业管理服务有限公司 位于沂源县新城路799号，隶属大源城建集团，成立于2000年4月，注册资本300万元。2020年9月，成立山东沂源县安泰物业管理有限公司东苑分公司、和源分公司。2022年1月，成立西台分公司、印象新天地分公司。2022年5月，更名为山东安泰物业管理服务有限公司，分公司同步更名。2022年10月，成立盛世分公司。2024年4月，更名为山东安泰万兴物业管理服务有限公司，分公司同步更名。

服务项目11个，分别为东苑A区、东苑C区、锦程学府、大源新家、和源名居、儒意园、大源印象盛世、大源印象书香、大源印象西台、大源印象新天地、印象桃花源。其中，二星级项目5个；三星级项目1个；四星级项目4个；五星级项目1个。在管面积约70万平方米，约4700户、1.3万人。企业为山东省物业服务信用等级3A级。

山东安泰万兴物业管理服务有限公司为沂源县物业管理协会副会长单位，淄博市物业管理协会理事单位，荣获"2023年度模范物业服务企业"称号。和源名居小区获得"山东省城市优秀住宅小区"荣誉称号。印象盛世小区被淄博市住房和城乡建设局评为"2021年度红榜小区"和沂源县"红色物业"示范小区。印象盛世、印象新天地、和源名居获得淄博市“公园式（园林式）小区”荣誉称号。东苑小区获得省级、市级“加强物业管理，共建美好家园”典型案例荣誉。

源泰物业公司 由沂源源泰物业管理有限公司、山东银禧源泰物业服务有限公司、山东源创源泰物业管理服务有限公司组成，是山东源泰创业投资集团有限公司全资子公司，成立于2003年10月，注册资本50万元，2007年取得三级物业资质，是沂源县一家从事住宅、公寓、办公楼等配套服务较早的物业服务企业。

企业服务项目有尚品江南、源泰景城、尚品江南·誉园、源泰景城·锦园、阳光花园、源泰家园、源泰花园、鲁山路电业小区、历山路电业生活区、大源东府、光力士小区、草埠煤矿小区等12个小区，2万余人。管理服务政府项目有东里镇绿化、路灯养护项目和城中社区简易物业项目。管理案场服务项目有翰林苑案场服务项目和尚品书院案场服务项目。同时，企业承接了蓝海钧华大饭店公寓、办公商业综合体、县供电公司新、老办公写字楼、变电工区办公写字楼等物业管理项目。管理总面积约150余万平方米。

企业多次被市、县级主管部门评为模范物业服务企业、先进物业企业等荣誉称号，各项目服务人员获得诚信项目经理1人、物业工匠2人、最美物业人3人等多项荣誉。

沂源县新源物业有限公司 公司位于沂源县城新胜街17号，成立于2000年3月，注册资金58万元，员工27人。大专以上学历20人，中级职称以上10人。

企业下设怡景嘉苑物业和胜利山物业两个公司，分别为怡景嘉苑保障性住房小区和胜利山居民小区提供物业服务。

新源物业服务的小区先后被山东省建设委员会、淄博市人民政府授予“优秀住宅小区”“花园式小区”“全市物业管理先进企业”“消费者满意单位”“优秀物业”“红色物业示范企业”“市公园式（园林式）小区”等荣誉称号。

城管往事

沂源城市管理工作起步史

沂源县综合行政执法局（加挂“沂源县城市管理局”牌子）的前身是沂源县城市管理行政执法局，成立于2004年12月28日，是在撤销城市综合管理办公室和城市综合执法大队的基础上设立的。

沂源县最初的城市管理，开始于1990年成立的沂源县城市建设管理监察大队，隶属于原县建委，受建委的委托行使执法权。主要职责仅限于市容管理、市政设施管理、园林绿化设施管理、规划管理、公用事业管理五个方面的监察，管理人员只有几个人。由于当时社会各界对城市管理的了解不多，要求不高，这个时期的城市管理，主要是以审批收费为主、管理为辅。

1997—1999年，县城建监察大队实行专业分流，只保留一个直属中队，出现了各自为政的局面，分散执法所带来的相互推诿扯皮、重复处罚等弊端非常明显。

1999年4月，县城管大队划归城区办事处管理，接受城区办事处与县建委的双重领导。

2001年10月，县城建监察大队改名为县城管综合执法大队。由于受条件、人员等方面的因素制约，实际工作中，仍然以市容管理、综合监察管理为主，仅增加了交通管理方面的车辆停放管理，管理效果依然不够明显，双重管理的体制也不符合相对集中行政处罚权的要求。

2002—2004年，县城市综合管理办公室成立，将县城管综合执法大队和县环卫处划归城管办领导。这个时期，开始初步探索开展城市管理相对集中行政处罚权工作，城市管理体制得到进一步理顺，职责相对明确，队伍有所加强，管理效能有较大提升。

成立之初，县城建监察大队的管理范围只有当时的振兴路、健康路等6条城区主要道路。办公场所3间40平方米，车辆仅有几辆三轮摩托车，工作效率低，难以保证正常的城市管理。

通过20年的发展，沂源城管从小变大，从弱变强。在工作理念上，实现从“重管理”向“重服务”转变；在管理主体上，实现从“小体制”向“大体制”转变；在管理方式上，实现从“粗放管理”到“精细管理”转变。城市管理工作涉及全县市容市貌、环境卫生、园林绿化、市政维护、物业管理等方面，负责城区4000余家沿街商铺的“门前五包”，23条主次干道、21条背街小巷、40座桥梁及其两侧的市容市貌和市政设施维护，900余家餐饮饭店的油烟管理。承担着200万平方米绿地、4处大型公园、67处拇指公园的日常绿化养护、79处城区公厕维护和1013处垃圾点的垃圾清运收集，对实施物业管理的87个住宅小区。同时行使住建、粮食、人防、农业、水利等15个领域的1100余项行政处罚权。

昔日垃圾山 今朝生态园

沂源县卫生填埋场，位于悦庄镇中张良、前石臼和后石臼三村交界处，规划设计总占地面积150亩，设计日处理生活垃圾能力为180吨，承载着全县生活垃圾的填埋处理任务。

1998年至2004年，卫生填埋场为简易填埋阶段。该阶段没有采取防渗处理，也没有建设垃圾渗滤液积存池。2004年至2011年，建设管理相对规范，实施了工程建设，作了防渗处理，并建设了从卫生填埋场到污水处理厂渗滤液输送专线。2011年至2013年，进入规范建设管理阶段，由青岛易境工程咨询有限公司进行了专业设计，容量120万立方米。

2015年沂源县实行了城乡环卫一体化市场运营后，日进场垃圾量达到350吨，远远超出了设计能力，大大缩短了原先设计的使用年限。当时的整个卫生填埋场垃圾成山、臭味熏天、蚊蝇成片，方圆1千米范围的空气中充满着酸臭味，周边居民苦不堪言。2019年，县委、县政府下定决心对卫生填埋场进行全面彻底的整治。方案是在原垃圾填埋场地上高标准建设垃圾焚烧发电厂，同步集中处理积存的垃圾渗滤液，最后完成垃圾山的高标准覆盖并建成生态公园。在整治方案中，集中处理积存的垃圾渗滤液是整治任务的关键环节，加快垃圾焚烧发电厂建设是整治任务的核心工作。为保证整治任务的顺利实施，沂源县综合行政执法局抽调精干力量成立了工作专班，专项负责整个整治项目的全过程实施。

在垃圾渗滤液处置方面，因前期在政策、资金和技术等方面的原因，存在渗滤液积存量过大和原处置设施不配套而无法满足垃圾填埋场正常运行的问题。2019年1月，在县分管领导带领下，财政、环保及执法部门人员先后到邹平、章丘和日照等地区，考察学习垃圾填埋场垃圾渗滤液处置经验。通过考察得出结论，在当前技术条件下，DTRO膜处理技术是确保垃圾渗滤液经处理后能够稳定达标排放的首选技术，也是最成熟和最先进的技术，减容减量效率高。

本着“短、平、快”实用且能彻底解决问题的原则，2019年3月份，经政府采购程序，沂源县以购买服务的方式确定了光大水务科技发展（南京）有限公司作为渗滤液处理服务商。该公司在现场投入了3套移动式DTRO渗滤液处理装置，日均达标处理渗滤液量在350吨左右。沂源水务发展有限公司在原渗滤液处理工艺的基础上，新增了一套反渗透处理装置，日均达标处理渗滤液量在50吨左右。通过上述措施，达标处理后的渗滤液再排入县污水处理厂进一步深度处理，彻底解决了卫生填埋场垃圾渗滤液处理能力不足、处理标准不高问题，保障了整治工作的顺利实施。截至2022年8月底，顺利完成了垃圾填埋场积存渗滤液的处置工作，达标处理渗滤液25.9万余吨。对积存垃圾渗滤液的有效处置，为垃圾焚烧发电厂的建设赢得了时间，也为下一步对垃圾山的高标准覆盖建成生态公园打下了基础。

同期，垃圾焚烧发电厂也开工建设。该项目占地145亩，日处理生活垃圾400吨，主要建设生活垃圾焚烧发电、生物质热电联产等设施，焚烧工艺采用先进的“炉排炉”焚烧技术和环保控制措施，排放指标达到或优于国家及欧盟标准。经政府采购程序，由光大绿色环保有限公司承建并负责后期的运维服务。为加快工程进度，县执法局会同项目公司科学制定任务推进清单，在土建施工顺序、设备制造排产、供货到场及设备安装等各个环节，制定了详细的规划，战严寒、斗酷暑，克服新冠疫情影响，顺利在2020年12月投产并网发电。该项目是一项事关长远的重大基础设施工程，也是资源综合利用的环保工程，更是实现城乡生活垃圾集中无害化处理的民生工程。该项目的投产运营，改变了沂源县生活垃圾简单填埋的现状，标志着沂源县由垃圾“填埋时代”进入了“焚烧时代”，真正实现生活垃圾的无害化、减量化和资源化处置，对改善沂源县生态环境面貌、提升综合承载力具有重要的促进作用。

2020年4月，县执法局委托山东省城建设计院专家对垃圾山的高标准覆盖并建生态公园事宜进行论证，制定了详尽的实施方案。根据垃圾填埋场地形地势、雨水流向等基本状况，合理选址在填埋场西北角的陈腐垃圾填埋区建设飞灰填埋池，对原垃圾堆体进行放坡、打夯、平整，铺膜覆土并建设排水系统，并同步配套封闭式标准火炬项目。2020年12月，飞灰填埋池建成，保障了垃圾焚烧发电厂的顺利投产。2022年10月，完成了垃圾山的高标准覆盖并覆土绿化，建成生态公园。

推进城乡环卫一体化建设

长期以来，沂源县农村地区的公共基础设施薄弱，环卫设施严重短缺。大部分农村没有专门的垃圾收集、运输及处理系统，没有保洁制度，垃圾围镇、围村现象比较普遍，既造成环境污染，也造成视觉污染，成为影响农村人居环境的重大问题。

2008年开始，沂源县把城区与农村的环卫工作放在同等重要的位置。通过统一规划，统一安排，科学有序地开展城乡环境卫生一体化工作，彻底解决农村环卫事业发展滞后、“垃圾围村”、环境脏乱差的问题。在深入调研论证、学习外地成功经验的基础上，决定由政府出资，将沂源县城区和农村环卫保洁清运工作整体打包，通过政府购买服务的方式，公开招标确定专业的保洁公司全程运营管理。

2014年12月，沂源县分别与深圳泰立诚公司和潍坊康洁公司达成了合作协议，在淄博市第一家实行了市场化运营管理。运作模式由过去的“户集、村收、镇运、县处理”，转变为由保洁公司统一清扫、统一收集、统一清运、集中处理”，实现了“一杆到底”管理，解决了管理松散、标准不一、相互推诿和“垃圾搬家”等问题。

立足沂源县自然村多、分布零散、保洁面积大的实际，把垃圾中转站、垃圾清运设施和保洁队伍建设作为推进城乡环卫一体化的关键点，持续加大投入。截至2023年，累计建成压缩式垃圾中转站13座，达到了每镇一站的标准。同时，为满足垃圾日产日清的需要，配备压缩车、勾臂车等专业清运、专业洗扫车辆80余台；安放塑料垃圾桶2.7万余个，达到每8户1只垃圾桶，高于山东省规定的10~15户配备1只垃圾桶的标准；配备农村保洁员1800名，配备比例达到4.3‰，高于山东省规定的2~3‰的配备标准，每名保洁员人手一辆小型人力车、一把扫帚、一把捡拾器、一套统一标志服装，对镇驻地街道每天两扫，一般街道每天一扫；村庄主要街巷每天一扫，小街巷每2天一扫；村庄外围500米以内每3天一捡拾，连村路每5天一捡拾，基本满足了日常保洁需求。

为确保垃圾收运体系高效运转。将农村环卫一体化运营费用列入县财政年度预算，县、镇（办）两级按照6：4的比例分担，建立了稳定的资金投入机制，实现了常态化投入。同时，每月由县职能部门和镇办对农村保洁和垃圾清运情况进行考核，考核结果与保洁公司的服务费用直接挂钩。此外，督促保洁企业实行区域经理、镇管理员、管区小组长三级负责制，对保洁员上岗、日常普扫、垃圾捡拾等日常作业实行“五级考核”，对检查出的问题及时反馈、及时整改、及时备案，做到有章可循、有据可查，形成用制度管人、按制度办事的良好氛围。

沂源行政执法联勤联动　变“独角戏”为“大合唱”

2018年，按照“城乡环境大整治、精细化管理大提升”行动要求，沂源县组建了城市管理指挥部，推动从“单打独斗、小城管理”向“齐抓共管、大城治理”转变。

沂源县行政执法局积极联合公安、交警、交运等部门探索强力执法、城市管理多元共治的新路径，推行城管执法人员与公安、交巡警联合执法新机制，弥补了城管力量不足的特点。尤其在渣土生产管理中，解决了上路检查难的问题，消除了道路安全隐患，营造了良好的道路交通环境。沂源县境内的渣土运输车均做到了不冲洗、不篷盖就不上路，密闭运输率实现100%，有效遏制了移动污染的发生。

沂源县在深入推行“公安（交警）+城管”联动联勤执法模式的基础上，着力从交流学习、执法取证、执法范围等方面进行探索尝试，取得了良好成效。实行执法交流轮岗办案，依托公安资源优势，借调公安局3名办案能手到执法局脱产办公，手把手现场指导执法办案；选派执法局业务骨干3人到公安局培训学习，面对面跟随实地执法办案，达到了互学互促的目的。按照“执法人员人人参与现场执法办案”的思路，拓展执法办案领域，发挥“传帮带”作用，培育了一大批办案能手。执法范围由小到大，执法种类由少到多，从单纯市容领域的违法建设、店外经营、流动经营延展到园林、市政、水利、畜牧等15个领域，实现了综合执法的全覆盖。

为解决执法权缺位这一长期存在的乡镇执法难题，2019年10月，沂源县建立了“乡呼县应、上下联动”工作机制，按照“县属、镇街管、镇街用”的原则，编制了涉及自然资源、生态环境、城乡建设等12大领域的74项事项的《沂源县县镇（街道）工作责任清单》。依托淄博市协同办公系统建立了“乡呼县应”平台和各镇综合执法平台，将县级自然资源等20余个职能部门的160余人下沉到12个镇街综合执法办公室，派驻执法中队与镇街综合执法办公室融为一体，做到了人员、责任、办公场所相对固定，确保了随呼随到，事不完、人不撤。同时赋予镇街对派出单位和县直单位协调、奖惩、评价、通报等权限，确保“有呼必应”。

这样一来，实行县、镇办分级管理，形成县一级抓部署、抓考核，镇办一级抓执行、抓落实，街（社区）一级抓基础、抓维护的管理体制，着力构建“县级考核、属地管理、建管分离、社会监督”的立体化城市长效管理体系。

沂源县积极调动、充分发挥各职能部门和相关单位履行城市管理职责的主动性、积极性，落实长效管理措施，构建管理无缝隙、责任全覆盖的城市管理格局，采取“六定”“六任”方式，探索城管联合执法新机制，即定人、定责、定岗、定时、定路段、定考核，任命路长、街长、段长、组长、楼长、区长。以此解决了“看得见的管不了，管得了的看不见”的问题，全面推进城市管理向“信息化、精细化、长效化”的方向健康、有序发展。

整治“马路市场” 解决群众诉求

为从根本上解决群众诉求，彻底根治“马路市场”顽疾，2018年，沂源县坚持问题导向，采取联合执法、集中整治的方式，组织实施了城区“马路市场”集中整治行动。

集中整治实施前，综合执法局先后对城区工业路、商业街为主的“马路市场”、周边农贸市场、城区部分居民进行了实地调研、座谈。召开了商户代表座谈会5场，参加座谈会的商户代表达370余人，广泛听取了社会各界和人民群众的意见，面对面征求意见3326人次，达成同意搬迁共识；委托沂源吧、掌上沂源、掌上麻城等网络媒体开展舆论调查，参与人员55732人次，91.7%的支持市场搬迁；发放宣传明白纸20000余份，做到人人皆知、家喻户晓。

2018年1月8日、9日，县政府先后召开整治行动动员会和誓师大会，吹响了“马路市场”集中整治行动的集结号。整治行动从1月10日开始，至3月10日结束，历时2个月，分宣传发动、集中整治、长效巩固三个阶段压茬进行，有序推进。整治中，党员干部带头包片，深入整治一线指挥调度，切实发挥“带头冲、领着干”的示范和表率作用；全体执法人员不畏严寒，充分发挥“特别能吃苦、特别能奉献、特别能战斗”的精神，齐心协力，密切配合，坚持高标准、严要求，一视同仁，不搞灵活，不搞特殊，敢于拔钉子，动真碰硬，严格执法、文明执法，妥善处置负面舆情，用实际行动有力保证了取缔马路市场的决心和信心。

整治行动共抽调19个相关单位的300名工作人员，分东、西、南、北4大片区、10个小组的网格整治区域，实行联合执法模式，采取“白+黑”、“5+2”、错时管理、机动巡查等执法模式，全方位、无缝隙地进行拉网式环境综合整治，达到了有店进店、无店进市、立面素净、街面干净、秩序井然的管理目标。坚持治乱与拆违同步进行，城区32条主次干道、背街小巷、僵尸车辆得到有效治理、清理，主要道路的两侧违章建筑得到拆除，所有的流动商贩、露天烧烤被全面取缔。

整治期间，累计出动人员17600人次、执法车辆3830台次、工程车辆680台次；整治路段32条，清理取缔流动占道经营5800余处次、店外经营7600余处次，拆除广告牌匾2082个、私搭乱建758处，清理乱贴乱画2300余处、僵尸车辆138台次，清理垃圾12000余方。同时，注重运用法律手段解决问题，立案查处各类违法案件263起，处罚违法人员272人。

通过“马路市场”整治，集中规范了城区乱搭乱建、占道经营、乱停乱放等行为，畅通了城区主干道，改善了市容市貌，规范了市场秩序，交通和环境卫生状况明显好转，群众文明素质不断提高。

城区道路照明合同能源管理实施托管

路灯照明和公园亮化美化项目，是一项重要的民生工程。2019年，沂源县通过公开招标，以购买服务的方式与浙江湖州明朔光电科技有限公司签订了沂源县城区道路照明合同能源管理托管合同，致力于打造多层次、立体化，具有现代文明气息的城市夜景，优化城区人居环境，彰显山城夜景魅力，全面提升城市形象。

为做好城区道路照明合同能源管理托管，沂源县专门制定了《沂源县城区道路照明合同能源管理（EMC）托管项目考评管理制度》和《沂源县城区道路照明合同能源管理（EMC）托管项目季度绩效目标和绩效评价指标体系》，从管理制度、管理质量、安全工作和巡查维护等方面，采用100分制考核，考核结果作为拨付服务费的主要依据。合同签订后，服务企业本着“整体推进、全面提升、安全高效”的原则，对沂源县城区照明及亮化系统进行了一次“大体检、大手术”。城区55条主次干道和背街小巷的3600余盏普通高压钠灯更换成了先进节能的石墨烯LED路灯，维修了原有290盏太阳能光伏路灯，高标准设计并实施了人民路的亮化工程。对沂河源水景公园、螳螂河两岸及桥梁的亮化项目进行了全面的升级改造。在城区29处主要路口安装了40套投光灯，有效提升了市政交通路口的亮度，确保夜间交通安全，在20处繁华地段安装了20套智慧路灯，便于市容市貌管理，为智慧城市建设打下了良好的基础。

按照传统建管模式，沂源县对城区路灯及亮化项目进行建设、运营和维护，仅在一次性基础设施方面投入费用就达2200余万元。城区路灯每年需支付电费约600万元。城区路灯、沂河源水景公园及桥梁亮化年度管护运营费用约366万元，按十年期限核算，上述费用合计约为11860万元。实施托管后，沂源县每年支付服务商800万元，按十年期核算，合计为8000万元。按十年期托管服务模式，政府可节约费用约3860万元，平均每年节约费用约386万元，大大节省了政府财政支出。同时，把传统的高压钠路灯改用更为节能环保的石墨烯LED路灯，配光更均匀，雨雾穿透力更强，通过石墨烯复合散热材料的运用，降低芯片结温，降低功率配置，充分利用智能分时控制系统，实现了更大节能，更符合国家倡导的发展节能环保型社会目标。

城区道路照明合同能源管理托管实施以来，对于政府来说，“花小钱办大事”，有利于政府部门转变职能，提高工作效率，提升公共服务质量；对于企业来说，专业人做专业事，运用智能化管理手段，从降低社会成本的过程中获取了收益，实现合作共赢；对于市民来说，充分享受发展成果，城市亮灯率提高，有效降低城市交通事故率，保障市民出行安全，市民幸福感和获得感进一步增强。

住房和城乡建设卷

村镇建设

扫码听书

记忆沂源·住房和城乡建设卷

概　况

新中国成立前，沂源县村庄呈块状聚落，山村房舍多依山就势建筑，一般有1条主街，稍大村庄有2至3条，街道皆系土路。街两旁有胡同，宽2~3米，两侧建民房。地主豪绅及富户住房多为四合院，或组合式建筑群体，少数地主有砖瓦结构的2层旧式小楼，绝大多数农民住房比较狭窄、简陋。建筑材料以当地山石、土坯、山草、麦秸为主，人均住房面积在3~5平方米。新中国成立后，住房条件逐步改善，20世纪50—60年代，建筑式样仍以传统的长型老三间为主，多为石基坯墙木架结构草房。门为两扇整木板门，窗为方格状固定木棂窗。后期出现房顶用麦秸苫盖，房檐用2~3行机制缸瓦苫盖的房屋（俗称“四不露毛”）和少数全盖瓦顶房屋。70年代，开始使用混凝土材料和钢材，主要用于粘合料、预制檩条、钢材梁杈、门窗等。门窗多为方格玻璃门窗，瓦顶。80年代，农村住房建筑材料和建筑式样变化较大，内外装饰开始使用石膏天花板、水磨石、水刷石、釉面砖、马赛克等。建筑式样一改传统老3间，为4开间、5开间、新式前檐出厦，两侧连带厢房，门连窗，大玻璃窗，室内多间口，实用价值大增，通风、采光、保温程度大大提高。80年代后期，少数富裕村民建起式样新颖的独院2层长条楼房或点式楼房，人均住房面积达16.22平方米。

1986年前，乡村建房多为村民随意建设，房屋多为砖木结构。此后，逐渐注重规划，改变建筑结构形式。20世纪90年代，全县乡村建房被纳入规划管理体系，部分富裕起来的农民开始效仿城镇建筑，建起砖混结构的2~3层商住楼。县村镇建设服务中心先后在燕崖乡平安村、悦庄镇西悦庄村、南麻镇北刘家庄村等地，开发建设平房、二层和公寓式示范住宅楼。1991—2003年，村镇建设经历农房建设、村镇建设、小城镇建设、中心镇建设和全面建设小康社会5个阶段。农民建房形式有砖木、砖混结构和小康屋、公寓式楼房4种形式。

乡村建筑

2004年起，经济基础好的村庄实行连片拆旧，建设城市住宅楼，村民购买集中居住；经济稍差的村庄拆旧建新、填实空心村，同时开始注重房屋造型、色彩、节能、环保等。2010年，全县开始“两区三村”改造，安置村民2765户。2012年，沂源县被纳入中央扩大农村危房改造试点范围，农村危房改造开始大范围造福村民。2018年，全县开始进

乡村石头房

乡村建筑

行旱厕改造。2020年，完成全县142个300户以上自然村农村公厕建设，村民居住条件和环境卫生水平有了本质改善。

村镇规划

新中国成立前，受土地私有制限制，富户多选择在靠近水源、土地肥沃、交通便利的地方建造房舍。贫苦农民则在荒山、野岭、山沟、河畔等自己有限的土地上择地而居，少有选择余地。农村建筑布局杂乱。20世纪50年代起，多数农民开始逐步改造旧房建新房。60年代，农民建房由所在生产队指定宅基地，或者用自留地、菜园地自由对换选择宅基地建房。因缺乏有效规划，村庄占地向原村庄四周无序扩散，既不成片也不成行，建筑物孤零散乱，朝向歪三扭四。村内道不成道，巷不成巷，土地浪费严重，建设布局杂乱无章。70年代开始，农村建设有了较快发展，建筑结构形式、农房布局也在不断改进，普遍由土石结构的草房趋向砖木结构、混凝土结构的瓦房。农民自建房、公共建筑、生产建筑及公益性福利设施也相继增加。随着大规模基本农田建设的展开，农村社队开始酝酿山、水、林、田、路、村统筹治理，村镇规划悄然兴起。

1981年4月，国务院印发《关于制止农村建房侵占耕地的紧急通知》，有效制止了农房和队社企业建设滥占耕地行为，为以后村镇规划打下了基础。1982年1月，国家建委、农委联合印发《村镇规划原则》。同年2月，县政府批准成立农村房屋建设管理办公室，并召开全县第一次村镇建设工作会议，将村镇规划建设纳入重要议事日程，标志着全县村镇工作从此走上正规化道路。3月，全县举办为期15天的村镇规划建设专业技术培训，从村镇规划原则入手，学习基础知识、测量技术。培训班结束后，选取几个重点乡镇搞试点，全县村镇建设规划工作全面展开。对村庄的选址位置、性质、规模和发展方向，村庄的交通、供水、供电、邮电、商业、绿化等生产生活服务设施配置，村庄编制规划建设发展方向作出界定，使全县广大农村各项建设，逐步走上在规划指导原则下有序发展的道路。1983年，县政府拟定关于村镇建设用地指导意见，鼓励农民住宅建设选择背风向阳，水源、交通方便以及自然环境好的地方，注意节约用地和不占粮食高产地，新划宅基地尽量选择荒山坡及村内空闲地，挖掘用地潜力。此项工作逐步解决了宅基地分散、建筑物零落问题，为日后村镇规模化建设奠定了基础。

1984年8月，县政府印发《关于村镇建设规划工作的意见》，要求完成全县村镇规划工作，绘制完成“两图一书”（村镇现状总平面图、村镇建设规划总平面图和村镇建设规划说明书），全县村镇规划工作开始走上正轨。1985年4月，全县17个乡镇驻地、676个中心村建设规划全部达到“二图一书”要求。同年，县政府制定《沂源县村镇规划建设暂行管理办法》，有效制止了村民不按规划肆意建设行为，对维护规划的严肃性起到了积极作用。自此，村镇建设和管理均有章可循、有法可依。1986年1月，沂源县村镇规划建设管理工作，在临沂地区村镇建设工作会议上作为典型得到了推广，反映出沂源县村镇建设系列举措取得了明显实效和较大进展。1987年2月，县政府印发《关于村镇建设工作87年度活动经费预算报告》，标志着全县村镇建设从规划编制转入具体实施阶段。经过规划指导，部分村庄建设已初具规模，其经济效益、社会效益、环境效益已充分体现。同年，全县632个村、16个乡镇驻地完成了粗线条规划，规划也由原来的“二图一书”完善到“六图一书”。

1990年，全县开始进行旧村改造工作。重点对违章建筑、脱离实际的超前建设进行治理，严格执行先规划后建设原则，逐步改变了旧村面貌。

西里镇苗庄村周转房

1991年起，全县对1985年完成的《村镇规划》进行调整完善。1993年7月，完成11个乡镇驻地总体规划调整，达到“五图一书”（乡镇驻地现状、近期、远期、道路竖向、电力通信规划图和总体规划说明书）要求，并于1997年通过县政府审批。同年，全县村庄规划调整完善工作全部完成，规划成果达到“二图一书”（村庄现状、规划图和总体规划说明书）标准。同时，完成悦庄等乡镇驻地市场和饮马河两侧建设详细规划设计。1995年，东里镇被市政府确定为市级试点小城镇，在全县率先聘请省级单位调整完善总体规划，并做好各项专业规划和详细规划，小城镇道路框架基本形成，城镇面貌大为改观。

1998年，编制完成鲁村、土门、悦庄、沟泉4个重点镇驻地主街道修建性详细规划设计。1998—2002年，委托省城镇规划建筑设计院对全县城镇体系规划进行修编，确定县城—中心镇—重点镇—一般镇—中心村梯次发展格局。2000年，完成鲁村镇中心小学等7所中小学绿化图规划设计。2001年，完成东里、鲁村等乡镇市场、部分村道路、政府大院现状图测绘及绿化等规划设计工作。2003年，聘请省城镇规划建筑设计院调整完善徐家庄、三岔、鲁村、中庄镇（乡）总体规划。2005年，聘请省城镇规划建筑设计院完成66个村庄和中庄、土门镇建设和镇驻地详细规划。2006年，编制完成128个村庄建设规划，全县乡镇绝大部分编制完成乡镇驻地详细规划。2007年，全县完成215个村村庄规划编制，被省政府确定为“全省首批村镇规划编制工作试点县”。2012年，沂源县政府出台《关于加快推进小城镇建设和发展的意见》，全县村镇建设开启城镇化建设新篇章。2020年，开展村庄布局规划编制工作，完成《沂源县村庄布局规划》，全县村镇规划构建起高质量发展格局。同年，全县6个村庄被列入全市村庄规划编制规范化试点名单。

村镇建筑

新中国成立前，农村除部分地主、豪绅和富户外，绝大多数农民住房都较狭窄、破旧、拥挤，除少数地主及大户人家住房为重梁挂柱式木框架结构外，多数农民房屋建筑结构简单，多用泥秸、土坯及不规则的碎石筑墙，麦秸或山草盖顶。农房建设大多选择地势高爽、朝阳避风的地方。新中国成立后，随着农村经济不断发展，农民陆续改造旧房或另建新房。农房建筑结构也逐渐发生变化，由土木、木石结构逐步转化为沙石砌筑结构，传统的木棱门窗改为小型玻璃门窗，草房变为“四不漏毛”（四边盖瓦、中间苫草）的草、瓦房。70年代后期至80年代，农民经济收入增长较快，建筑技术不断更新，建材业发展迅速，砖混结构的平房和楼房成为农村建房主流。

西里镇张家泉村内的石头街巷

1973年后，各乡镇相继成立了建筑社，成为乡镇基础设施建设和全县基本建设的一支重要力量。1977年前后，全县农村住宅面积拥有量为417.6万平方米，平均每人占有9.6平方米，房屋结构大多为石墙或土坯墙的土草房。党的十一届三中全会以后，农村出现建房热潮。1978至1985年间，全县农村新建住宅23.68万间，建筑面积358.9万平方米，相当于1977年前农村住宅面积的76.1%。

1979年至1985年间农村房屋建设数量及建设面积

时间	建设数量（万间）	建设面积（万平方米）	备注
1979年	1.6	21	
1980年	2.04	30.6	
1981年	2.7	40.4	
1982年	4.16	62.4	
1983年	3.85	57.8	
1984年	3.1	45.9	
1985年	5.1	84.3	

1990年底，全县农村住宅总面积达1168万平方米，人均23.8平方米，人均住宅面积比1978年增加13.8平方米。砖混结构、砖木结构占50%以上。1997年，砖混结构、砖木结构占80%以上，农房建设标准大大提高，村镇居民居住条件有了较大改善。2008年，全县开展农村危房改造；2010年，开展“两区三村”建设；2018年，开展农村旱厕改造；2021年，开展农村房屋安全隐患排查。自此，农民住房安全有了保障，居住环境和生活水平逐步提高。

鲁村镇楼子村

典型建筑选介

沂源县中庄镇南庄村建有清代建筑风格的民居一栋。北屋三间，东西房屋各一栋，门楼一座，北屋方向北偏东20°，以砖石结构为主，青砖灰瓦，雕梁画栋，木质门窗，前出厦，翘脊飞檐，硬山顶，修建规整牢固。虽经历百年岁月洗礼，仍气势恢宏。

悦庄镇北埑庄村建有清末民初式样建筑一栋。民居分东、中、西三个院，现保存较好的是中院，一栋五间北屋，原名“庆和堂”，坐北朝南，方向10度。西边二间为楼阁式建筑，内有木质楼梯可通阁楼，阁楼四周有窗。民居为砖石结构，青砖灰瓦，硬山顶，翘脊飞檐，前出厦，厦中有一拱门，结构巧妙，形式独特，是清末民初典型建筑样式。

悦庄镇阿陀村建有民居一栋，坐北朝南，面阔三间，一正门。民居长10米，宽4.87米，墙厚47厘米，为砖石结构，青砖灰瓦，翘脊飞檐，硬山顶，朱红门窗，部分有雕花图案。该民居结构严谨，施工精细，是典型民国时期建筑风格。

基础设施

新中国成立前，乡村交通不便，道路弯曲狭窄，通行困难。水资源分布不均匀，近半数村庄吃水困难。村镇基础设施建设不完善，制约着村镇经济发展。改革开放后，乡镇步入快速发展期，道路等基础设施逐步完善，农民生活条件有了较大改观。1978年，乡镇公路已形成一定格局，全县共有公路20条，通车里程4307千米。其中，干线路5条，共计191.37千米；县乡（镇）道路15条，共计193.7千米。全县17个乡镇驻地均设公交车站点。1978年底，全县已有469个行政村通车，占全县村庄总数的72%；全县84%的村通电，73%的乡村初步解决吃水难问题。1987年，全县13个乡镇驻地和94个行政村吃上了自来水。672个村通了电，627个村通了车，分别占全县村总数的99.3%和92.6%。各乡镇都建立了卫生院、电影院、中小学校、文化站、广播站等设施。

1989年，县域内部分镇村开始重视基础设施建设。东里镇驻地修建起集镇第一条柏油路，安装路灯42盏。金星乡修建起一条15米长、6米宽的道路，并设计建成6个村的道路骨架。东里东村开通500米长、11米宽的杨家巷大街一条；新修600米长、14米宽瓦厂路一条；加宽通往水泥厂路段。整个村庄的道路骨架已初步形成。1990年，全县完成村庄道路建设206.3千米，累计总长度2493千米。170个村吃上自来水，受益人口12.7万，占乡村总人口的28%。全县通电村庄612个，通电率达98%。乡村用电难、行路难、吃水难的状况逐步改善。1992年，全县乡镇驻地道路建设127千米。全县所有村庄全部通电。1996年，8个乡镇开展主街道路拓宽改造工程，共拓宽改造主街道路13条，共计18.13千米，硬化街道6条。确定悦庄镇为样板镇，给予重点指导。同年，提出“一村一条街改造”要求，全县共有25个村庄开展“一条街”建设活动。

1997年，全县实施村镇基础设施优先发展战略，村镇基础设施建设走上快车道。全县除三岔、张家坡两个乡镇外，其余乡镇全部完成主街硬化，硬化乡镇驻地主街7条，硬化面积5.2万平方米。悦庄、大张庄、中庄、东里等乡镇道路框架基本形成。全县116个村庄开展“一条街”建设活动，完成“一条街”硬化43条，总长度128千米，硬化面积6.4万平方米。争创省级新型乡镇1个（东里镇），省级“明星村庄”12个。2002年，全县加快推进小城镇基础设施建设，3个乡镇投资552万元，完成总长4860米的道路硬化。东里镇投资250万元建成小商品批发城，悦庄镇和张家坡乡分别投资95万元、1100万元完成乡镇驻地河道治理。2005年，81个村完成村庄道路“户户通”硬化379.9千米。2007年，争取市级以上村镇基础设施建设资金313.17万元。2013年，悦庄天然气合建站开工建设，清洁能源开始逐步造福于民。2020年，全县开展农村公厕建设任务，142个300户以上自然村全部建设公厕，极大方便了农村群众生活。2022年，沂源县中张良加气合建站、悦庄调峰站、东里储备站三个天然气建设项目竣工，天然气已被越来越多的农村群众认可，清洁能源已成为全县绿色低碳高质量发展的“助推器”。

南麻街道埠下村

南鲁山镇水么头河北村

特色乡镇

省级中心镇——东里镇

位于沂源县东南部，东与张家坡镇相接，西同西里、中庄镇接壤，南靠沂水县，北依石桥镇，距县城35千米，总面积1.3万公顷。辖48个行政村，106个自然村，5.2万人。东里镇以经营林果业为主，矿产资源丰富，交通便利，日瓦铁路从此通过。

历史沿革 1938年，东里镇属沂水县第三区，时为国民党山东省政府驻地。1943年属沂北行署韩旺区。1949年8月沂北县撤销，属莒沂县韩旺区。1952年1月划归沂源县为第九区。同时将大泉区（七区）的前、后绳庄，前、后暖院，朝阳官

东里镇政府驻地一角

庄、苇子峪6个村划入。1957年撤区并乡，为东里乡。原属第九区管辖的铜陵、瓜峪、紫荆峪、张家坡四个小乡37个村析出，设张家坡乡。同时将第十区的西长旺乡划归东里乡管辖。1958年，成立东里人民公社。1958年底，张家坡公社并入。1962年又将张家坡公社划出自立。1965年改称东里区。1969年将张家坡公社的紫荆峪、孟家庄、刘家圈3个村划归东里公社。1984年政社分开设区、乡，东里区辖4个乡镇：东里镇、水北乡、福禄坪乡、韩旺乡。同时将唐山公社的江河南，前、后河南，王坪、毛峪，东、西可乐山，上、下柳沟，薛家万，梅家坡，郑家旺等12个村划归东里区。1985年撤区、并乡，设东里镇。同时划出福禄坪、韩旺两个小乡设立韩旺乡。1994年撤乡改为韩旺镇。2001年，韩旺镇撤销，并入东里镇。至此，东里镇始成现状。

东里镇隋唐摩崖石刻

村镇建设 1938年，国民党山东政府驻此地时，建设了一批办公楼、官邸、报馆等。1939年，遭侵华日军飞机轰炸，变为废墟。新中国成立后，东里镇发展较快，自1952年开始，相继建设了学校、医院、旅社、文化娱乐设施等。20世纪60年代通电，80年代基础设施建设飞速发展。截至1991年，新建楼房106幢，村民住房形式逐步由普通型向小康型转变，人均住房面积达到25平方米。2000年，东里镇被山东省政府确定为“省级中心镇”。2002年，聘请山东省城镇规划建筑设计院调整镇区规划，镇驻地面积扩大至12.96平方千米。同年，汇源公司、东安村、华联公司建成一批大型冷库、车间等公共建筑。投资30万元建设汇源广场，绿化面积3200平方米。投资420万元，建设东里东村、韩旺村等商住小区和6个村集中供水工程，其中商住小区成为新居住模式样板。硬化道路60千米。城镇化率达到38％。同年，治理红水河，建成河坝工程。2004年，建设全长410米的东安大桥。投资800万元，实施沂河治理工程，启动唐山佛雕文化园建设，完成镇驻地总体规划。2005年，被评为“省级环境优美乡镇”。2006年，被评为“山东省最具投资价值地方”，仿唐文化一条街工程开工建设。2012年，被评为“全省小城镇建设示范镇”。2014年，被国家七部委确定为全国重点镇。2016年，被山东省住建厅命名为“省级宜居小镇”。2017年，东里镇入选全省第二批特色小镇。2023年，经山东省住建厅评定，成功入选县域次中心试点镇。近年来，东里镇坚持以新发展理念为指引，紧紧围绕“农业强、农村美、农民富”发展目标，因地制宜谋划布局，千方百计挖掘特色，聚心聚力打造凤驿特色小镇，为淄博的南大门画下一抹翠绿。东里凤驿小镇，以东夷文化为核心内涵，以驿站古镇为依托，形成了“特色小镇+田园综合体+美丽山居”的发展模式。“凤驿花开、田园柳舍、灵龙山居、逸品山水”4个乡村旅游片区让小镇成为集商贸旅游、文化体验、休闲度假、禅修康养等多功能于一体的旅游驿站、文化旅游目的地和健康养生基地。2017年3月，东里镇被沂源县政府命名为千年古镇。

市级中心镇——悦庄镇

位于鲁中腹地、沂源县城东部，沂源、临朐两县交界于此。旧称袁家集、月庄。明清至民国时期商业繁盛，因“人悦情和”“近悦远来，和悦人情广顺”，遂名悦庄。2022年，全镇有2.1万户、5.9万人。镇域总面积166平方千米，耕地面积4.9万亩。悦庄环境优美，北部依山而建的生态长廊湖光山色，南部“龙湾水乡”风光旖旎，春秋时期齐长城遗址等人文景观众多。镇域地势平坦，土壤肥沃，素有沂源“小平原”之称。地貌为断块盆地地貌，中部断块沉积及沂河冲积形成的山前倾斜平地面积较大，是全县平原地形最多的乡镇。地势西北高、东南低。春秋时期齐长城穿行于崇山峻岭之中，与茂密的林木相映成趣。是淄博市政府确定的中心镇。

龙湾水乡

历史沿革 悦庄镇历史悠久，镇政府驻地悦庄村为千年古集镇，商业繁盛。建县前，属沂水县八区和临朐县八区万全乡（今两县管区）。建县初，悦庄一带划为青龙区。1951年改称第三区。1955年10月改称悦庄区。1957年撤区并乡，将6个小乡并为埠村、悦庄两大乡。1958年两乡合并成立悦庄人民公社。1965年改称悦庄区，同年将撤销的原石桥公社的错石、石桥、东北庄、西北庄、上黄安、下黄安、松峪、天井官庄、薛家官庄、马庄、郭家上峪、茶峪、石楼、葛庄、关河峪、黄墩河16个村划归悦庄区。1971年复称悦庄人民公社，1972年恢复石桥人民公社，将石桥等16个村庄划回石桥公社。1984年设悦庄区，辖悦庄、埠村、赵庄三个乡。1985年撤区并乡，设悦庄镇。2010年11月，撤并三岔乡时，田峪、董家峪、前坡、黑山峪、北鲍庄、南鲍庄、东鲍庄、西鲍庄、芝麻峪、水泉溜、衣家庄、龙王崖、流水店、陈家庄子（并入时更名陈家官庄）14个村划归悦庄镇管辖。2021年1月，儒林集、南石臼、北石臼、前石臼、寨里、苗山、沂河头、黄家宅等8个村划归历山街道，悦庄镇辖55个行政村，始成现状。

2003年起，悦庄大力发展韭菜产业，已形成500亩以上相对集中连片的生产基地。2006年，建成2000亩无公害水培“小水蒜黄”生产基地，并通过市级无公害质量认定。2007年，全镇无公害韭菜种植面积达到2.5万亩，成为全镇农民增收的主打品牌和全镇的特色支柱产业。2008年，投资110万元建设300亩有机韭菜核心区。注册“悦庄”牌有机韭菜商标，成立至信现代农业开发有限公司，顺利通过国家和欧盟双重有机食品认证，成为全国第一家也是唯一一家有机韭菜生产基地。2009年，有机韭菜基地成功申报国家蔬菜标准园。2012年，“小水蒜黄”成功注册国家地理标志证明商标，“悦庄韭菜”和“小水蒜黄”获淄博市名优蔬菜称号。2013年8月，悦庄韭菜标准园、悦庄镇蒜黄基地被认定为市级农业标准化生产基地。截至2023年，悦庄镇共有合作社162家，国家级示范合作社1家，省级示范合作社2家、市级示范合作社8家。全镇“三品一标”农产品认证总数达到6个，无公害农产品面积达80%以上，被省农业厅认定为“山东省无公害农产品生产基地”。2023年12月，悦庄镇成功创建省级农业产业强镇，北小水村被评为省级乡土产业名品村。

村镇建设 悦庄镇认真践行“绿水青山就是金山银山”理念，坚持生态立镇不动摇，全力放大生态优势，着力打造“齐鲁水塔·海绵沂源”。饮马河被评为2022年省级美丽幸福示范河湖。同时，全镇也是城市东扩北延的主阵地。“一核、两轴、三心、四区”的空间布局和“五纵、三横、两环”的交通路网，实现了镇区与城区空间布局、产业发展的无缝对接。沂源四中、饮马河治理、便民服务中心、卫生院综合楼、中心街立面改貌等小城镇建设项目全面竣工，树立起了“黛瓦、红窗、白墙”的新中式特色城镇形象。大力发展教育、养老、基础设施建设等民生事业，新建沂源四中和鲍庄小学、青龙山小学等5处小学教学楼，改造提升运动场8处，全部中小学实现楼房化。新建“沂源红”幸福家园民生综合体24处、助餐点11处，为群众提供助餐、助浴、助医等优质服务。实施农村路网工程40千米、“户户通”工程48.7万平方米。

悦庄自然风景优美，境内最高峰龙王崮位于芦家泉、米山子一带。北、东、南三面有胡拦顶、大崮、无路岭、摩天岭、柏子山、马连山等主要山峰，海拔大多在600米以上。北部山地为泰沂山脉的一部分，山脉西出泰山，东接沂山，山势高峻、奇险幽深而多崮。人文景观众多，有春秋战国齐长城遗址、宋辽时期古战场遗址、北张良村中共沂源县委旧址、北葚庄村鲁山第五地委旧址、明清民居等多处小微景观。有国家2A级水利景区——青龙湖景区。北部泰沂山脉之阳依山而建的20余座小型水库风景秀丽，建成以“春赏花、夏看绿、秋摘果、冬观景”为主题的北部林果百里长廊。南部“龙湾水乡”乡村振兴示范片区山川秀美，风景怡人。

山东省旅游景观特色名镇——燕崖镇

燕崖镇位于沂源县南部，属山区丘陵地带。东与石桥镇相接，西与大张庄镇毗邻，南与中庄镇、蒙阴县接壤，北靠南麻街道、悦庄镇。距县城12公里，总面积1.2万公顷，人口3.01万人。白马河发源于红旗水库向北流去，沿马岭，东、西郑王庄，东、西白峪，燕崖、辉村，至大贤山北麓入沂河。沂河自东北入境南流7000米入中庄镇。燕崖镇地形多山，北境由西向东分布有房峪、崮山、凤凰顶、虎崖顶等山，西境有北慢山顶、狼么子顶，西南有白草坪、小寨、于家崮、马头崮、尹家崮，南有九顶莲花山、大贤山，东有人崮顶等。

历史沿革 据清康熙十一年修《蒙阴县志》和民国九年（1920）《沂水县大公报》记载，清末燕崖镇分属沂水和蒙阴两县。1933年，除石井河、碾砣、桑家峪、计宝峪属蒙阴县七区外，其余属沂水

燕崖镇桑家峪村

县第八区神清宫乡。1944年3月，划归沂源县称安乐区、太平区，后称安平区。1950年改称第四区，下设9个小乡。1958年撤区组建燕崖乡，并将南部25个村划出成立中庄乡。同时将南麻镇的韩家庄、牛峪、戴家庄划归燕崖乡。1958年成立燕崖人民公社。1965年改区，并将中庄公社北部25个大队划入。1968年复称公社，1971年将原中庄公社25个村重新划归中庄公社。1984年改建燕崖区，下辖燕崖、马岭、白峪3个乡。1985年撤区并乡设燕崖乡。2010年撤乡设镇。

村镇建设 1958年，在燕崖大队建政府办公大院及公社医院。燕崖粮站同年建成，属商品库。1971年，政府大院迁至河西村东，占地面积7000平方米。1981年，政府大院内建300平方米礼堂。1997年，在燕崖村西岭新建政府办公大院，占地总面积8亩。2006—2017年，先后改建、扩建燕崖中学教学设施，建成教学楼、综合楼、学生公寓、教师公寓、学生餐厅等，总建筑面积1.34万平方米。2017—2020年，实施清洁取暖工程，12个村2145户安装空气源热泵热风机。2010—2020年，实施村内硬化道路“户户通”工程，总计完成硬化道路67.6万平方米。2019年，投资1500万元，镇域内南崖路13千米路段两侧栽植国槐及花卉。燕崖村至牛郎景区路段，道路两边国槐成双成对栽植，暗合牛郎织女景区“爱情文化”主题。道路两边建花池2250平方米。2020年，建成石井河、偏良山、大马岭、计宝峪、朱家户、姚南峪、南安乐、龙庄、燕崖、河西、北安乐等村独立式农村公厕11处，改造旱厕

1078个，同时建成燕崖镇新时代文明实践分中心。

燕崖镇农业以高档无公害果品生产为主。以大樱桃、红富士苹果、葡萄、牛心柿子为重点，板栗、核桃、花椒、大枣、优质桃等干鲜果共同发展。大樱桃是燕崖镇的特色果品，全镇发展规模3.5万亩，为淄博市最大的大樱桃生产基地。2002年4月，被省农业厅认定为“山东省无公害农产品”。2008年获国家农业标准化示范区。红富士苹果主要集中在白马河流域，为另一支柱产业。1999年，西郑王庄被评为山东省政府命名为“引进国外高档果品生产技术开发示范园”。2001年，燕崖红富士苹果代表沂源县参加全国果品博览会获金奖。

燕崖镇境内景观、古迹较多。中国爱情文化发源地——织女洞、牛郎庙及爱情文化人文景观，神清宫道教宫观古建筑群，大贤山、青牛山、黑虎泉、白马河、石佛院、红旗水库等自然生态人文景观均坐落于此。作为沂源县旅游重镇，曾先后获得省级文明镇、旅游强镇、一村一品示范镇、特色景观旅游名镇、文明单位、环境优美乡镇和国家级生态镇等荣誉称号。

织女洞

传统村落

南鲁山镇双石屋村

位于沂源县最北部的大山深处，属于枫泉村的一个自然村，是山东省海拔最高的村庄之一，也是全省60个最美的村庄之一。与博山、淄川相连，是一个鸡鸣三县的地方，面积0.73平方千米，全村有

双石屋村

80多户、186口人。这里层峦叠嶂、流水潺潺，独占了纯天然的生态优势，加上民风淳厚、风韵古朴，成功入选山东省最美乡村、第四批山东省传统古村落。双石屋村山势奇特，北高南低，落差大，全村呈倒葫芦状。村庄房屋依山而建，村民依山势而居，高低栉比，房屋、院墙大部以红砂石砌成，全村建筑独具“山寨”特色。居住区内植被茂盛，主要以黄栌为主，红叶、黄栌面积达1000余亩。村内有千年姊妹黄连树、500余年的国槐树、800亩原始森林及千年五角枫。全村植被茂密，森林覆盖率达85%以上，村落南山松树、山杏树相杂；村东百年以上的山榆树盆景8000余棵，村北300余亩红叶林，整个村庄镶嵌在森林之中，独具生态特色。春天山花飘香，连翘漫山遍野；夏天翠色欲滴，流水潺潺，清爽宜人；秋天漫山红叶，秋高气爽；冬天银装素裹，独具原始生态村落味道。2010年，该村治理800米河道，并进行村容村貌美化亮化。村内有红色教育基地——中共沂源县委旧址。解放战争时期，沂源县委主要负责人带领公安局局长等人在双石屋村工作、生活和组织支援前线等活动，为战争胜利作出了重要贡献。

村内传统建筑较多，主要集中在村庄北侧东、西坡处，大部分保存完好。村北山脚下有两座石屋，一南一北，错落分布，门口向南。因该村地处砂石山地区，无黏性土壤，建村时村民就地取材，用红砂石砌墙，砌筑结构合理，坚固耐用，历经几百年仍完好无损。墙体用红砂石、乱石砌成，看似杂乱无章，实则压缝、构角合理。全村先后硬化道路4

千米，完成电网改造和自来水管网改造，新建塘坝3座、蓄水池30个，铺设管道10千米，改造中低产田1000亩。整村建筑、街巷、旅游点和周边区域环境和谐共存，形成了沟、渠、林、路、田的合理布局。

最早的双石屋，上为石洞，下为石屋，抗战时期和解放战争时期曾作为中共沂源县委办公所在地

南鲁山镇水么头河北村

水么头河北村位于AAAA级风景区——沂源县鲁山风景区之阳，螳螂河北岸，东靠鲁山林场，南临省道博沂路，村北与九天洞接壤，呈东西长的梭子形状，村内因有水冲石磨而得名，是省级传统古村落。2022年全村228户、583口人，最低海拔500米，村域面积4818.9亩，其中农业用地3087亩，未利用面积1568.6亩。

全村50%以上的房屋用青石砌成，所用青石分为三寸、四寸、六寸的规格，墙角用六寸、墙面用三寸或四寸青石砌成，院墙也用青石砌成，街道路面用石板铺成。从村内狭窄的道路走过，依旧可以看到很多古时的房屋。石屋、石墙、石板路，处处烙印着村子斑驳的历史痕迹。临近螳螂河的村东岸，有几处古老的建筑，西南角是一座不知道年代的老门楼，门楼的形态比较完整，墀头、砖雕、木雕等保存相对完好，其纹路形象也依旧清晰可见。在门楼西边不远处，有几座砖石木土结构的古宅，据史料建成于清咸丰年间，虽然大多已经破败，但仍依稀可见历史痕迹。村后山有百年以上的流苏树150棵，其中在半山腰处有9棵百年古流苏树，枝繁叶茂，花开如雪，9棵树暗合“九九归一”之说，流苏树经岁月打磨，古老沧桑，树种落地发芽，渐渐形成了百年以上流苏树群。每年五一前后，流苏树洁白的花朵，似云似雪，美得让人惊艳，挪不动脚步。

水么头河北村的明代古石门楼

水么头河北村有一座明清时期的古庙，村民对其进行了修缮，每年都会举行庙会，周围乡民都去烧香祭祀。庙会时，十里八乡的商贩也会赴会，进行小商品贸易，同时也会有一些文艺演出，如秧

水么头河北村

水么头河北村一角

歌、戏曲、花会等。水么头河北村的庙会多在麦收前或农闲时举行，一般来说，正月、二月举行的庙会以烧香、玩灯为主；三、四月举行的庙会以出售麦收工具和交换农副产品为主。庙会会期少则1天，多则一周，大多数为3至5天。平时逢初一、十五，村民便自发地三五结伴前去古庙烧香祭祀。

鲁村镇安平村

安平村历史悠久，有元代栖真观、明代银杏树和姊妹松、清代摩崖石刻。青山子村由青龙官庄更名而来，村子依青山而建，四周清泉溪流，新中国成立以后，以吉祥言改称安平村。村庄坐落在红砂石山下，村西为砂石山，村南是青石山，村北是红石山，岩石有三个断层。山上苍松翠柏，绿树葱郁，百鸟争鸣，清晨睡梦中常常被清脆的鸟鸣叫醒。

安平村

村内栖真观从兴建到民国25年（1936年），先后进行过12次大的维修及重建。现在的栖真观遗址东西长90米，南北宽60米。建筑布局为东、中、西3院结构，之间有角门相通，中院大门为正阳门。东西两院正门为拱形门。中院大门楼前是四米见方的月台，登月台进正门穿二门沿阶而上便是“三清殿”，供奉玉清、上清、太清三位神仙。院内有灵官庙、王母宫，供奉碧霞元君、王母娘娘等。三院共72门间，东西两院的月亮门及门前的月台成对称结构。西院进拱门后穿内二院是奶奶殿，由泰山奶奶、圣母奶奶、倒座观音等神像。过厅内是千手千佛送生娘娘、领生哥、催生姐、蚕姑、桃姐等神像。对面是龙王、药王、至公、火神和孙大圣。西院的后院是道士日常生活的静室、丹房、厨房等。东院为单独院落，拱门两侧有东钟西鼓两座钟鼓楼。第二道拱门正面是魁星阁，穿过第二道拱门迎面是玉皇大殿，殿内是玉皇大帝像，旁边有太白金星、李天王和四大天王。西面是镇武殿，供奉镇武大帝，两侧是雷公、风婆婆、雨婆婆、闪电娘娘、霹雳将军，东面是三官殿，供奉天、地、水三官。现存庙宇过厅3间、玉皇殿3间，均已破败，但青瓦飞檐、雕梁画栋依稀可见，两山墙所画的28星宿清晰可辨。在道观西院过厅处，现有灰柏两株，周径分别为2.2米和2.13米，高分别是18米和15米，两树相距2.9米。枝叶茂密、俊秀挺拔，被当地人称为“姊妹柏”。在道观的东院玉皇殿前现存古银杏树一棵，周径7.5米，干高26米，枝繁叶茂，果实颇丰。更为奇特的是树的根部又生长出两棵幼树，周径分别为1.1米和0.8米，主干和老树相连，被称作“母子银杏”。此树现已被列为淄博市“古树名木”。据说道观极盛时期，有道士40余人，每年的三月三庙会开山门时，八方香客云集、商贾接踵而至，场面非常热闹。解放前逢斋月，当地四方百姓都要进观祈求天神保佑风调雨顺，保佑一方平安。解放后在特定的历史形势下，道士解散，庙宇荒废，一度成为一座联合小学。村内另有明朝摩崖石刻，主要记载栖真观四至，是道长为与当地村民分清地界，专门请艺人镌刻的摩崖石碑。

栖真观

仙姑峪石林也是村内的一道奇观。石林在古村落西南1000米处，以花岗岩奇石群著称，以其中一酷似仙姑的巨大奇石而得名。仙姑峪里有形态各异的石林，经过千百万年的风吹雨削，一个个栩栩如生、活灵活现，神态各异、憨态可掬。每一尊奇石，在民间都有个古老的、动人的传说，代代传唱。许多慕名而来的摄影爱好者和旅游团队，无不称赞叫绝。仙姑峪和栖真观隔河相望，上与青杨圈水库相互辉映，有山有水，景色迷人。

鲁村镇楼子村

楼子村

楼子村位于沂源县城西部，鲁村镇以西，距离沂源县城22千米，村庄北部为青兰高速，距离鲁村立交出入口5千米，村内有乡村公路穿过，对外交通便利。明洪武年间，楼子村先祖迁居于此，历经600余年的发展，村中现主要有丁、石、杨、刘等姓氏。村内传统建筑较多，以清代建筑为主。村落集中连片分布，村内古街古房保存良好，大部分古街道均由青石板铺成，两侧房屋墙体由土石堆砌，房屋上挂黑色小瓦，充分体现了鲁中山区民居的建筑特色。村内历史遗存较多，石磨、石碾散布全村，房屋外墙上的拴马石随处可见。村内绿树成荫，房屋坐北朝南，街巷“鱼骨状”串联起村庄。村西有老峰山，南有孙家山、纱帽山，北面为卧虎山、莲花山和青龙山，三面环山，南有河流，整体村落背山面水，风水极佳。

楼子村自古便处于交通要道，村内清代石板路是周边地区去往泰山祭拜的重要通道，因此，村内清代时就设有酒店旅馆，方便过往旅客食宿。楼子村历史悠久，村落格局古朴完整，村内石街古巷，

楼子村内的清代传统民居

纵横蜿蜒。尤其是村南部的石板路，石板大小一致，有“一尺一寸宽，三十八丈长”的说法，仍然保存完整。自建村至今，石匠手艺一直传承。村内房屋大多由石材堆砌而成，部分较为精美的民居具有石刻装饰，门枕石、腰枕石等雕刻有象征吉祥美好的纹饰。楼子村环境卫生良好，绿树成荫，民风淳朴，环境优美，十分宜居。

鲁村镇南泉村

南泉村位于沂源县和济南市莱芜区交界处，东临楼子村、西埠村，西邻鲁村镇泉峪村，北邻莱芜区裴家庄村，地处三泉（西北泉、老泉头、二泉子）之南，村处睡虎山前，亘古交通闭塞，商旅不通。2022年，村庄常住人口500人，以种植业为主，季节性外出打工。南泉的“泉”指汶河源头，顾名思义，村庄位于汶河源头以南。村庄依山而建，东有睡虎山、卧虎山，山水相间，环境优美。由于村庄地理位置较高，交通不发达，村内部分道路虽已硬化，但还保留着一条十几米长的石板路小巷，古代

南泉村

南泉村内的石板路小巷

月庄村的孙家民居西侧古巷

村落形态犹在。

村庄历史可以追溯到200多年前山西人的迁入，现在村庄有韩、魏、崔、刘、王等十三大姓。关于睡虎山的命名，据传是李逵上山看到一只睡着的老虎，从此这座山便被命名为睡虎山，而它旁边的那座山与它呼应，被命名为卧虎山。该村远离乡村公路，交通条件一般，村内林木密布，环境优美，居民住宅依自然地形而建。在土地增减挂钩项目中，南泉村传统村落所占土地进行流转，导致传统村落消失。

鲁村镇月庄村

月庄村位于沂源县西部23千米处，东邻杨庄，西邻楼子村，南边为72崮之一的涝崮顶，北与南泉和泉峪搭界，总面积1.34平方千米。村庄三面环山，有耕地1500多亩，地势平坦，土壤肥沃，作物产量高。2022年，全村900多户，总人口2000余人，主要经济来源为种植、外出务工等。居民住宅依自然地形而建，村内老建筑大多保存完好，墙体为青石青砖垒建而成，挂黑泥瓦，院内大多有树，村落内绿树成荫。村内道路基本实现硬化、亮化，卫生整洁有序，环境优美。村内古迹众多，而且有许多美丽传说。

月庄村

明代前期，月庄村不叫月庄，叫背山屯，邻村杨庄叫靠山屯。新泰有个赶考的举子叫李沛然，去京城赶考，路过两村搭界处，有点口渴，看到有两个农人在地头喝水休憩，便过去讨口水喝。这两个农人是老实人，不但让举子喝足水，还将干粮匀给他一部分。饭后，李沛然就问此村叫啥名，农人一个是靠山屯李姓人，一个是背山屯孔姓人。孔姓人介绍他村在涝崮顶背阴处，叫背山屯；李姓人在涝崮顶正面靠居，叫靠山屯。李沛然说道，这两个名字不大好听，我们是大明朝，明字拆开就是日和月，靠山屯处在山之阳，就叫阳庄，背山屯处在山之阴，就叫月庄吧。月庄、阳庄由此而得名，后来阳庄演化为杨庄村，月庄村村名延续至今。

月庄村有很多奇闻轶事，村子里一家院落门口有块大石头，叫飞来石，关于它的传说源于一个真实的故事。一百三十年以前，村里有个崔氏大家族，崔家的人个子都很高，家里有个独子崔家强，个子近2米，28岁还没找到媳妇，家里人着急了，逢人托面让人给他找个媳妇，说来也巧，莱芜郎郡有一个身高不到一米半的小姑娘姓逯，想找个大个子的做夫君。媒婆撮合定下亲事，崔家老少为此高兴得不得了。迎亲那天，崔家去了四个大个子抬轿人，逯家人好酒好菜伺候着这些轿夫，他们几个酒过三巡，看到逯家小娘子如此娇小单薄，嗤笑不已：“就这点小人儿，我们哥几个今天肯定累不着啊。”逯家人听后不乐意了，这是看不起我们逯家人啊，变相地笑话我们压不住花轿，心里很是气恼。几个家长一商量，准备治治这几个轿夫，逯家找来几个家丁，把井台上一块三百多斤的大石头抬进了花轿里。几个轿夫酒足饭饱后，抬着新娘向崔家走。轿一抬起，轿夫惊呼“哎呀，好重啊，真是千金小姐嘛？”硬撑着头皮赶路，路途遥远，这几个轿夫累得叫苦连天。根据风俗，新娘子的轿子是不能停的，停了或者回头都不吉利。就这样，轿夫们一口气将轿子抬了回来，这一路下来，可真的累苦了他们。送下新娘子后，轿夫们将空轿子一抬才发现，轿子还是那样沉，他们打开轿门一看，一块三百多斤的大石头就在轿子中间，石头中间有个石窝，像是咧着嘴笑话他们几个。“人啊，不能看不起人，这个亏吃得太大了！”几个轿夫感叹道，他们将这块石头抬下来放在门口留作纪念。这块石头突然之间出现在崔家大院门口，乡亲们没发现崔家人是怎么运至此地的，故起名叫“飞来石”。

燕崖镇姚南峪村

在燕崖镇西南3千米处，有一古老村落姚南峪村，东有奶奶顶，西与朱家户紧邻，南靠青牛山，姚南峪河自山脊向下从村内穿过。走进村里，街道整齐，石板房、古树、奇景众多，整个村庄环境秀丽，风景如画。村中有石板房300余间，全部由石头砌成，虽经历风雨侵蚀，外观颜色有些陈旧，留下了斑驳痕迹，却显现出石屋原来的

姚南峪村传统民居

古朴精美。村里还有百年柿子树、国槐、流苏树等多种多样的古树名木。2016年在村内拍摄的以保护古树名木为主题的《柿子树之恋》微电影获得省林业厅一等奖，2017年初又在此拍摄了《姚南新事》微电影。

整个村庄划分为若干街道，住宅整齐，道路亮堂，村庄南高北低，村南山有古泉2眼，河流由南向北，流经全村。

村里民居基本是青石筑筒，屋面呈“人”字形，用麦秸或青瓦红瓦盖顶，冬暖夏凉，适宜养生居住，古朴庄重。村内建有广场、接待旅游处、景区、健身区、草坪场等，村内种植各种各样的树木和花草，已基本建成树木成林、葱绿茏荫、风光旖旎、风景如画的古村落。

西里镇张家泉村

张家泉村原名张家庄，坐落于西里镇政府西8千米处，位于八十崮最西段红山子以南、凤山山脉以北，横跨韩莱公路。历经百年变迁，张家庄已由

姚南峪村

张家泉村

张家泉村村民家的粮囤

朱彦夫事迹展览馆

最初的单姓村，发展为一个近20个姓氏，占地1.5平方千米，人口近千人的行政村。

张家庄的历史，据史料可考最早追溯到元代，由于此地水源丰盈，泉水四溢故名曰涝窝。明代洪武年间，山西洪洞大槐树张氏一支，离开自己的故乡来到了现在的沂源县金星村，为了寄托对故乡的怀念栽下一株汉槐，这就是如今见证了几百年人间沧桑的金星村西南的那棵古槐。明代嘉靖年间，生活在这棵古槐下的张氏一族的张仁，得知涝窝山清水秀、交通方便，遂携二子张时、张策迁于此地，在水肥土厚的红山子前，凤山后的平坦之地建东西两院，这就是延续至今的张家东西两院。当时取名张家庄。其后二百余年，又有一支张姓迁入该村，村民俗称两支张姓分别为前张家和后张家。张家庄目前各姓氏依旧大致沿着祖辈迁入时的居住地带分布，其中前张家东西两院占据当时村中最为平坦、肥沃的地段，前方正临当时连接各村的临河而修的大道，村民俗称“庄里”，后张家居于该村北山。其后迁来徐、王、池姓等多居于北山，赵姓、寇姓等多居于南山。

说起前张家东西两院前面的大道，就不能不提乾隆年间重修的两座小石桥，名曰“双阳桥”，是当时连接东西村庄的唯一道路。该桥位于村西，由4条两米多长，1米多宽的青石条搭建而成。据传当年各村村民捐资修建沿河大道时，邻村米氏，以力大著称，遂自告奋勇由深山之中孤身一人背回四条青石，才得以建成此桥。为纪念该壮士的义举，村民刻碑置于桥头。经过几百年的风霜雨露，历经多次洪水，该桥依然坚固。唯有字迹已经难以辨认的碑文和被过往行人车辆磨得光滑的桥面，诉说着时光的流逝和岁月的沧桑。新中国成立后，由于韩莱公路横穿北山而过，村党支部、学校皆建于北山公路南侧，北山遂成为该村新的中心。1981年，由于与本县内其他村庄重名的原因，改名张家泉。

东里镇东安村

东安村位于东里镇政府驻地东约2.8千米。东至东九路，西依东里东村，南靠韩莱路及沂河，北临张家坡镇林前村。

东安村

东安村520户、1500多名居民在1500亩耕地上辛勤耕耘、团结互助，以抓好林果等农业生产为主体、发展多种经营促进经济发展共同富裕，推进庭院“一池三改”，实施新农村建设，促进乡风文明和百姓安居，谱写美丽宜居新东安的华美篇章。村庄占地200余亩，红水河自北向南、沂河自西向

东安村传统民居

东安村戏台

东在村东南相汇，河道相交处宽330米，村庄北依青山，向南隔沂河远观唐山。每年七、八月份，河内水鸟品类、数量达到最多。东安村建有972平方米便民服务中心，农资、百货、农村医疗服务设施齐全；建有600平方米文体广场，农家书屋、E农影库等教育培训设施完备；建有汇集法律法规、科普教育、文化宣传一条街；拥有一支被山东省文化厅表彰为“优秀农村庄户剧团”的群众文艺队伍。东安村坚持把历史文化传承好，把村庄发展规划好，把街巷庭院美化好、亮化好，在传统与现代相结合的新型村庄里，让群众感受到最高的幸福指数。

东安古城遗址，属周至秦汉时期古遗址，面积约40万平方米。村后的山前平原台地叫老城顶，是古城东安郡治所。郡城东到护城河、西到断魂桥，南至现东安村前，北至城顶，东西宽约500米，南北长约800米，面积约0.4平方千米。城墙遗迹多已破坏，现仅存的古城顶有夯土城墙遗迹暴露。现

东安村石牌坊

遗址地面及断面散落和暴露着大量不同时期的器物和陶片，文化层厚1.5～3米，以汉代遗存为主，并有龙山文化、商代文化遗存。出土器物有龙山文化陶器、商代铜铙、弓形器及汉画像石、铁三足盆、砖、瓦当等器物，延续时间较长，并发现有龙山、商周、东周城墙遗迹，可知东安古城历史近4500年。东部有护城河，北、中部地面暴露有殿宇和城墙残迹。在北部老城顶位置的地面，散布大量的花纹砖、瓦及带有“万岁”“长乐未央”等字样的半瓦当。

古城遗址北部是大片古代墓地，已发现的有春秋、战国及汉代墓群，尤以东周墓地最为多见。在长150米、宽70米的土丘上，地面散布着各种花纹的墓砖，多处有古墓暴露，出土大量的陶器、铜器及汉画像石等。已发掘、清理1座商代墓葬，出土铜铙、弓形器、车具、戈、簇等30多件。1984年7月，村北的东安古城遗址下发现一座商代墓葬，出土铜器30余件，有铜编铙、戈、削、镞、弓形器等。铜编铙大小相次，音质清亮，音准精确，清脆悦耳，反映出了3000多年前高超的音乐水平和青铜制造水平。1997年，东安古城遗址被公布为市级重点文物保护单位，2006年12月，被公布为省级重点文物保护单位。

城隍庙建庙历史悠久，东安村早在东汉、西晋曾建东安郡，隋设东安县。《续山东考古录》卷二十一“沂水县”条文载，后汉末于东莞县地置东莞郡，于盖县地置东安郡，隋代开皇四年即公元584年，东安郡改为东安县，属莒州。据沂源县文

物普查资料及出土的陶器残片、古石器，属商代村落遗址。城隍庙在清末复修过，有原碑为证。

石桥镇大泉村

大泉村位于石桥镇东南3千米处，该村北有青兰高速和省道236贯穿东西，交通便利。村内绿树成荫、松柏苍翠，街道整齐，古树、古庙、古井、古泉、上下马石等，奇景众多，整个村庄环境秀丽，美丽如画。

百姓住宅基本是石板屋座，人字形屋面，具有美观、牢固、朴实、省料、方便等特点，现在建筑虽然有了变迁，但60%以上还是保留了传统建筑的架构。后大泉村的古老建筑，历史悠久、工艺独特，民风民俗、非物质文化遗产众多。村北建有民俗博物馆，占地800余平方米，收集了具有沂蒙地域特色的传统生产和生活用具，并将收集的各类农村生产、生活器具作了简要分类，包括旧式木辕犁、拖耙、耩子、耘锄等农业生产工具，石碾、石磨（旱磨、水磨）、烙饼鏊子、木制风箱等农村生活器具，各式扁担、独轮木轮手推车等交通运输用具。几千余件收藏品，真实全面地反映了中国北方农村20世纪生产与生活风貌。博物馆的设立旨在通过展示各类生产生活用具，传承和弘扬中华民族勤劳智慧、吃苦耐劳的优秀品质。

村东有一庙院，楼台殿阁、碑碣林立、神像齐全、苍松翠柏参天蔽日，是当地有名的东庙。善男信女络绎不绝，青烟飘飘，香火不断。村西有眼千年古泉，久旱不涸，村名由此而来。该泉多年以来发挥了排洪抗旱、防火防灾的重要作用，造福一方

大泉村

大泉村一角

百姓。冬季泉水温热，热气缭绕，仿佛人间仙境。村内千年国槐和银杏树、古碾、古磨、古井、古碑、古雕等多种多样的景观比比皆是。

坐落于村东的万祥山革命教育基地以抗日英雄何万祥命名。1944年3月，鲁中军区发起第三次讨伐吴化文战役，滨海军区派出何万祥所在营前往参战。25日夜，后大泉老虎山战斗打响，何万祥率领全连英勇拼杀，当他们从被炸塌的围墙爬进围内时，最后一个炮楼内的敌人仍以重机枪猛烈射击，3连2排长高英东在消灭敌重机枪时中弹牺牲。何万祥见高排长倒下去了，怒呼：“炸碎敌重机枪，为高排长报仇！”率战士勇猛地向炮楼冲去，何万祥提着手榴弹顺着炮楼阶梯往上冲，刚上到第二层时，不幸中弹牺牲。何万祥牺牲后，滨海军区将二连命名为“何万祥连”，鲁中南军区授予二连“战斗突击队”称号。沂源县抗日民主政府呈报上级批准，将老虎山改名为“万祥山”，并树碑纪念，歌曲《我们的连长何万祥》唱遍了山东大地。为铭记抗日英烈的不朽功勋，弘扬爱国主义精神，民政部于2014年9月1日公布了第一批在抗日战争中顽强奋战、为国捐躯的300名著名抗日英烈和英雄群体名录，何万祥名列其中。

为永远纪念何万祥烈士，方便人们到大山中瞻仰、缅怀革命先烈，沂源县根据上级零散烈士纪念设施抢救保护工作的要求，于2013、2014年对万祥山烈士纪念设施开展了集中抢救保护工作。在万祥山山顶建设高为10.6米的何万祥烈士纪念碑，同时对纪念碑周围等进行修整，建设了纪念广场。对

大泉村内的古碾

万祥山周围的山体进行绿化，硬化一条长1700米、宽4.5米的水泥道路直达纪念广场。2014年5月26日，沂源县人民政府将该地批准为“县级烈士纪念建筑物保护单位”。

悦庄镇八仙官庄村

八仙官庄位于沂源县城东北方向20千米处，围子山西北脚下，属山岭地带村民以种植猕猴桃、桃、黄烟、花生为主要经济作物。明代建村，相传八仙过海神仙在此处休息过而得名。2022年，全村202户、577口人。村落集中，村内有4棵古槐，有一片约6亩地的古墓群，被沂源县政府立碑保护。村庄建筑为20世纪80年代房子，集中分布在南北主路两侧，有的保留土坯屋结构。

明代万历年间，村民从山西迁来，在山坡、河边开垦荒地生活，因山路难走、山高坡陡，所以命名“爬碴官庄”。传说某年冬天的一天，风和日丽，村里的人都在街上北墙根晒太阳，忽然来了一群要饭的，有男有女有老有少，有一个瘸子拄着拐杖，

八仙官庄村

八仙官庄村二层古楼

有个老头骑着一头弱不禁风的小毛驴，一个个衣衫褴褛，蓬头垢面，手里都拿着一个器物。这一伙人在庄里休息，不一会庄里人端来了煎饼、糊粥、豆沫等送给他们吃，几个人狼吞虎咽，这时候来了一群屎壳郎，嗡嗡围着他们头上乱飞，只见他们一伸手就逮住一只，把翅膀揪下来，其他的吃掉，围观的人都看不下去。这一伙人吃饱喝足，谢过了庄里人，慢慢西去了。等他们走后，人们看向地上，并没有屎壳郎的翅膀，全是一些栗子皮，人们这才明白那些不是凡人，村民根据特征分辨出他们就是传说中的“八仙”。村里人认为这是世间奇事、天大的喜事，原先大家觉得“爬碴官庄”名字难听，为了纪念八仙的到来，从此改名八仙官庄。

美丽乡村

南麻街道许村

2020年12月由原许村与仓粮峪村合并而来，隶属南麻街道管辖。地处南麻街道办事处驻地西南7.4千米，全村总面积10665亩。2021年全村共有706户、2149口人。许村于北宋建村，先有一冯姓人家迁居于此，后又有马、吴、侯等姓氏相继迁入，村庄规模不断扩大。相传，北宋时期宫廷发生政变，

许村

下龙巷村

一公主逃难至此，被村里一壮士所救，两人互生爱慕，情定终身。皇帝感其救女之恩，遂赐婚。公主未婚而亡，葬于村西凤凰山，遂命名为许村，以此为纪念。仓粮峪村于清道光年间建村，因村东仓粮峪而得名。村庄经济结构主要由农业、林果业、工副业组成。村内名胜古迹较多，文化底蕴深厚，有陈毅元帅拴马石、关帝庙、槐树庙、志公庙、真武庙、龙王庙等古迹。

2004—2014年，建成南河大桥，硬化全村道路，方便村民出行。2013—2021年，实施亮化工程，在村内主干道安装路灯217盏，基本实现“巷巷亮”。2015—2020年，绿化村庄8500平方米，并在村内开展卫生清理工作，卫生环境有了本质改变。2016—2019年，改造旱厕572户。建成污水处理池一处，处理水达到四级标准，可作灌溉使用。2022年，在民生综合体两侧打造300米“漫宋乡街”，房屋用石板贴面，屋顶仿古瓦挂面。在广场北面打造3000平方米党建广场，铺设草坪，栽植花卉苗木。在“小九寨”建造300平方米玻璃栈道。在南河大桥东建2处沙滩公园，配套健身器材、儿童玩具等设施。许村以全新的面貌展示在人们的面前，已成为县内比较热门的旅游景点，旅游业逐步成为村内支柱产业，拉动村庄经济发展。

龙湾水乡

下龙巷村隶属悦庄镇，地处悦庄镇驻地西南8千米，是沂河源头，三面环水，群山环抱，自然资源丰富。全2022年，村共有1178口人，耕地769亩，山滩600亩，属山岭地带。下龙巷村以桑、杨两姓为主，另有王、张、任、董、解、杜、韩、宋、秦、蔡、于、毛等19个姓氏。据《桑氏家谱》载：“明洪武年间，始祖由冀州枣强县迁至北麻村。后世又迁此建村”。因村北有一条状似龙的土岭，迫使沂河水绕岭而下，以此得名龙巷。

2012—2017年，开挖西峪塘坝一处；进行农网改造；新建幸福院一处，为村内老人提供休息场所，丰富精神文化生活；改造村中心路，极大方便了村民出行；建设旅游民宿28套；新上节水灌溉2处，实现耕地灌溉全覆盖，为村民农田灌溉提供便利。2018—2021年，完成“户户通”工程建设；新建高标准文化广场一处，美化村容村貌；完成市级美丽乡村工程建设，新增无公害化厕所20座；拆除残垣断壁68处，建设小微公园9处；拆除违章建筑70处，栽植花草树木2000平方米；拓宽联乡路1200米，征地10亩，绿化面积10000平方米。先后荣获省级文明村、省级美丽乡村等称号。

下龙巷村内传统建筑

下龙巷村发挥生态优势，聚焦产业发展，以组织振兴赋能产业振兴，建立下龙巷党建共同体并牵头成立共富公司，统筹整合资源要素，打造“龙湾水乡”休闲旅游品牌，形成了集“休闲观光、特色餐饮、亲子游乐、精品民宿”等于一体，“农文旅商”融合发展的乡村振兴示范片区。多次举办“烧烤啤酒节”等活动，拉动了全村、全镇乃至全县经济发展。除了春夏旅游旺季，冬季的下龙巷村也有一份独有的特色——冰瀑奇观。冰瀑从山顶跌宕而下，绵延2100米，形态各异。有的像一朵朵绽放的花，又像瑶池仙境中那一座座钟乳石，令人叹为观止。置身其中，时间仿佛在这一刻停滞，让人在玉树琼枝的冰雪世界里感受岁月静好。

燕崖镇桑家峪村

桑家峪村位于燕崖镇政府驻地西7.5千米，房峪山之阳，清龙崮之阴。东临神清宫和牛郎织女景区，西接天湖，南靠朱家户，北依小北山。2022年，全村共有108户、247口人，5个姓氏，侯姓居多。总面积4457.55亩，耕地306.6亩，园地823.05亩，属山岭地带，多梯田。相传明正德年间建村。侯氏碑载：“清道光二十年（1840）”因村旁峪内多桑树而得名。

桑家峪村地理位置偏僻。2020年以前，是燕崖镇最贫穷、最落后的村庄之一，长期以来处在“边缘化、被遗忘”的境况之中，曾被称作“空壳村”“落后村”。全村基础设施建设落后，出入村庄仅靠一条泥泞的土路。房屋建设杂乱无章、破旧不堪，卫生“脏乱差”问题十分突出。在联村党委的组织推动下，燕崖镇政府从改善人居环境入手，按照充分尊重群众意愿、充分维护群众利益的原则，在充分征求民意，广泛开展调研的基础上，以用活用好增减挂钩土地政策为切入点和突破口，启动实施了桑家峪村的整村搬迁改造，逐步打造出一个别具韵味的美丽宜居乡村。2020年5月，桑家峪村拆迁工作正式启动。2020年11月，村民全部回迁入住。仅用7个月的时间，一个偏远落后的小山村迅速“蝶变”为山沟里的“小江南”。一栋栋徽派风格的乡村建筑拔地而起，错落有致地排列在山间，晨光倾泻而下，山雾朦胧中，这一坐落于大山之中的村庄显得分外祥和迷人。

桑家峪村

桑家峪村杂乱无章、破旧不堪的旧房变成了整齐划一、雅素明净的建筑群，村容村貌进入先进行列，村风民风实现跨越提升。“落后村”成为周边十里八乡人人羡慕的“幸福村”“明星村”，桑家峪村走出了一条山区县偏远农村推进美丽宜居乡村建设的特色路径。同时，桑家峪村还通过产业导入与浙江天尚集团合作，实施文旅度假村项目，以文旅产业，推动乡村振兴。现在的桑家峪村，已是沂源县远近闻名的旅游村。

鲁村镇龙子峪村

龙子峪村位于鲁村镇政府驻地西南19千米处，刘家庄水库南侧。东邻崮城峪村，西、南分别与济南市钢城区尚家峪村、龙巩峪村接壤，北依刘家庄村。2022年全村189户、627口人。有董、桑、高、黄、周、陈、任、吴8个姓氏，以董、桑姓居多。全村总面积6110.85亩，其中耕地1108.95亩、种植园地2642.55亩、林地1473.30亩。村庄毗邻汇泉桃花岛，是沂河、汶河发源地之一，自然风光优美。明代末年建村。据家谱、谱碑记载，洪武二年（1369），董氏祖迁蒙阴县龙庄（龙巩峪），后迁龙子峪。明代万历十三年（1585），桑氏祖从冀州迁至山东蒙阴桑家庄，后迁龙子峪。清代末年，高氏祖从莱芜大庙迁至此。

1986年，硬化后街护林街道150余米。1997年，在大街小巷安装路灯50盏。1998年，硬化后街、东山街道400余米。1998年，修建“裕龙

龙子峪村

桥”，结束了村民出行“大车小车进不来，过河扒了袜子鞋”的历史。1999年，栽植沿河绿化柳树600余棵。2006年，硬化进村路800米。2009年，完成村内河道净化治理1000余米。2012年，争取省财政资金300余万元，硬化环山水泥路1.5万米。2015年，村内设专职保洁员3人，保持村庄街道卫生。2020年，完成186户旱厕改造，新建农村公厕10处。投资1200万元，铺设村内石板路1000余米；实施雨污分离、黑灰水治理、保温墙保温工程；建共享厕所12处，创建省级美丽村居。2021年，硬化环山路5000余米；硬化村内道路2000米，实现“户户通”。2021年，升级太阳能路灯100余盏，实现村内道路亮化全覆盖。2022年以来，龙子峪村先后被评为淄博市乡村旅游示范区、淄博市乡村振兴精品示范区、山东省景区化村庄、山东省美丽村居、山东省旅游重点村、全省乡村旅游重点村、全国乡村旅游重点村、山东省特色小镇、中国美丽休闲乡村、省级文明村。2023年，铺设环山柏油路

龙子峪村一角

5000米，标志性建筑物“墨”开工建设。

燕崖镇双泉村

在沂源县城南10千米处，有一个斜卧在半山腰的小山村。漫山遍野的果树扎根石缝之中，排排红瓦房掩映在绿树丛中……这就是远近闻名的沂源县燕崖镇双泉村，景美如名。曾先后获得“全国创建文明村镇工作先进村镇”“山东省文明村庄”“省级旅游特色村”等荣誉称号。谁能想到，就是这样一个风景如画、荣誉加身的美丽村庄在以前却是一个山高坡陡、土地瘠薄、水路不通的贫困村。

双泉村三面环山，“山多石头多，出门就是坡”仍是该村的真实写照。直到20世纪70年代，村民用水要“东西担五庄，南北挑两乡”，自然条件十分恶劣。怎样才能让双泉摆脱“穷根”？村书记刘宝吉带领村民抠土垫地垒石堰。从1975年开始，双泉村用了十几年整地，治理山水林田路。寒冬里，天不亮就开工，晚上挑灯夜战，干到腊月二十九是常态。常常一天三顿饭都在山上吃，甚至连过年也不例外。就这样，5年的时间，全村整成了800亩土厚堰高、能排能灌的倒流水梯田。

土地整完了，缺水又成了制约村庄发展的“拦路虎”。“没有水，就自己挖”，连续打了20多眼井，但出水量都不尽如人意。地下没有水，那就另辟蹊径，双泉村经研究制定了从离村子十几里地的白马河引水方案：先修一条200米长的引水渠道，然后通过三级电灌将水送到垂直高度168米的山上。方案有了，现实难题却摆在了面前，经测算，这样一项工程需要投工25万个，建机房3座，铺管道350米，建渠道6.5千米，而且整个渠道都要建在半山腰的35度青石板上，这对一个仅有300名劳动力的小村来说，难度可想而知。功夫不负有心人，经过大家齐心协力的建设，清澈的泉水终于流到了双泉村的田间地头。2003年，双泉村聘请水利专家将三级提水改建为一级提水；2006年，完成8000余米管道铺设及节水灌溉等配套工程。现在的双泉村已实现自来水“户户通”，彻底摆脱了缺水的困境。

基础设施建设是村庄发展的必要条件，双泉村石多路少，生产路更是“晴天一身土，雨天一身

双泉村

泥”。为了村民生产、出行方便，2000年初，一条高标准“裕泉路”在偏僻的山岭上落成。2002年，又对村内2.5千米街道进行了全部硬化。2008年，沿着经济林新修、硬化经济路7条，长度12000多米，并开通了到山顶的4000米经济路。一条条环山公路在村内蜿蜒而上，不仅彻底改变了以前“晴天一身土，雨天两脚泥”的行路难状况，还为村里发展乡村旅游打下良好的交通基础。

要想富，先栽树。双泉村山多地少，靠传统农业只能够解决温饱，要想真正脱贫致富，就必须发展经济林作物。最开始村里种花椒、桑树，但由于没有好技术、好品种，一直发展不起来。村里先后聘请了中庄镇技术员，组织村民去烟台等地学习，发现种大樱桃效益好，便开始积极发展大樱桃、苹果等。双泉村成为远近有名的林果专业村。

随着燕崖镇生态旅游的蓬勃发展，双泉村也打起发展乡村旅游的主意。2014年，村书记刘宝吉带领村两委盘活一处闲置厂房，投资建设旅游接待服务中心——“听翠轩”，并打造“一心三圈”（即“醉美双泉”旅游接待服务中心、文明村居观光圈、生态产业观光圈、自驾游观光圈），通过招商引资，成立沂源醉美双泉乡村旅游发展有限公司，积极打造艺术写生基地、农民科技培训基地，使双泉村成为休闲住宿、旅游观光、摄影写生的好去处，并以租赁经营、入股分红的方式，每年收入7万余元，实现了村集体经济收入增加。双泉村主推“沂源大樱桃”“高山糖心沂源红”两大品牌，并积极利用网络平台，发展订单式果品营销模式。同时，升级改造大樱桃、苹果精品采摘园近50亩，新建农家乐16家、自驾游宿营地1处，辐射带动全村整建制发展乡村旅游。2017年，吸引各地游客约2万人次，拓宽了农民增收渠道。

古堡御敌

在南麻街道驻地西南12千米处，坐落着一个美丽的村庄——赵家庄村。该村以生态环境优美而被人熟知，也是“山东省人民政府省长万亩绿化区”所在地。曾任山东省省长、省人大常委会主任的赵志浩，在1989—2019年期间，曾先后4次来到赵家庄村亲自参与植树活动或视察植树情况。赵家庄村除了风景优美，自古以来，村民的智慧也是该村得以长久发展的重要原因，赵家庄埝山围子就是村民抵御外敌和智慧防御的生动体现。

在赵家庄村东、西山上各建有一座古城堡，是用石块垒成的围墙，被人们称作“东埝山围子”和“南坡山围子”。两处围子已有一百多年的历史了，至今保存比较完好，是全县极其罕见且结构十分独特的城堡围子。1923年，为躲避匪患，赵家庄以村南北大街为界，东边以梁淑智为首的梁氏及赵、邹、徐、杨、朱等户，在东山山顶修建围城，称“东埝山围子”，占地约4.5亩，四面城墙高4.5米，大门面向西北方，城墙四角分别有一座炮楼，高达5.5米。每面围墙有近40个枪眼，内墙有整圈步道，高度在2米左右。城内有20余座隔段，巷道纵横交错，相互贯通。石屋住人，配备储藏室、石碾和厨房等，生活、防御功能完备。1924年，以梁淑典和曹氏为首的南北大街西边住户及齐、崔、张、唐、

赵家庄村

赵家庄村

房、郭等诸户，模仿“东墁山围子”，在南坡山顶修建“南坡山围子”。该城堡式围子只有两门可进出。主门在北面墙围子中间的炮楼下，面西，不容易发觉。此门高约2米，宽约 1.5米，早年有厚厚的枣木门遮挡，并有众人把守。门内有一走廊，面积在8平方米左右。廊的顶部很高且为拱形，全部是由打造的料石悬砌而成。走廊的南墙上是一拱形门，从这里穿越两道石门后方能进入围子内。另一个小门在城堡的东墙根，炮楼以南的3米处，高1.6米，宽1米，设置此门的目的是便于居住者出入，更重要的是给寨中人留条退路。

早年赵家庄南北路是官道，贼匪常至。这时候的东、西山围子相约联手抗匪。如果贼匪来攻西山上的围子，东山上的围子就发信号给他们，让他们准备好长矛、火炮、雷石等，便于及时击退贼匪进攻，并呐喊助威，进行声援。如果贼匪来攻东山上的围子，西山上的围子就发信号给他们。贼匪伤亡惨重，寨中人却很安宁。在以后的若干年里，特别是刘黑七一伙悍匪多次来此掳掠，但始终没有攻破两山上的城堡围子。

赵家庄围子

观东、西两山城堡式围子，形如双胞胎，气势威严，高大雄伟，粗犷中不失细腻。处处是以防为本的建筑特色，极富地理特征。围子建筑不仅起到了良好的防贼避匪、抗贼战匪的作用，也经受住了风雨、战火和岁月的考验，历尽沧桑，依然气势宏伟，见证了山村百姓的智慧。2012年，赵家庄“东墁山围子”被沂源县人民政府列为县级文物保护单位。

石头村的“活化”

在沂源县鲁村镇的深山里，坐落着一个名不见经传的小山村——刘家坡村。刘家坡村曾是全县有名的经济薄弱村，地理位置偏僻，2022年，全村仅有95户、243口人，没有产业支撑，也鲜有人知。该村却有一个其他村庄无法比拟的美，就是石屋多且砌筑精美。踏进刘家坡村，满眼都是石墙、石屋、石街、石垛，是个“石打石”的“硬”村。精致、罕见的手工打造的石头院落，干插手法建造的石墙，茂盛的爬墙虎、石板路缝隙里冒出的青草、墙角盛开的野花，织就出一幅打动人心的乡村图景。然而就是这样一个美丽“石”村，好像被时间忘记了，光阴斑驳地掠过，只留下寂静和荒凉。很多房屋已经坍塌，从废墟里长出碗口粗的大树。如果不进行抢救性保护，村庄或将无声无息地消失。

刘家坡村

2018年，“石”村的美丽和价值终于被人们发现，同时也是它华丽转身的开始。3月，山东财经大学文化产业管理专业张凌云教授和他的团队正式进驻刘家坡村。他们穿梭在田间地头，走访、摸底、测量、统计……考察当地的自然生态、民俗风情，发掘宝贵的文化资源，寻找创作灵感，希望用艺术活化乡村，唤醒村庄的生机与活力。张凌云教授用“三生石代”概括这个项目。“一生二,二生三,三生万物”，“三生”既代表了这个永恒的石头地带对幸福生活的不懈追求，又代表着“生产、生活、生态”同步，打造“处处皆艺术、人人都幸福”的艺术田园、幸福乡村。这场艺术活化乡村的实践，采用“公益基金+专业公司+合作社+农户”模式，输血与造血同步，突出项目自身的造血功能，力争实现多业态融合发展，打造活力乡村，探索可复制可推广的乡村振兴齐鲁样板模式。在艺术上，则通过对原址院落的建筑结构进行修复与重建，彰显乡土主体元素，同时启用绿色建筑与全新的节能“被动房”，对功能布局进行重新设计及艺术化呈现，创建“方院子”的全新理念，实现精品民宿的艺术化、高端化。

刘家坡村三生石代

刘家坡村不足100户，却有闲置石屋31套，村集体将这些石屋回收统一管理，地上附属物补偿给村民。2018年5月，艺术活化改造工程正式开工。在外地打工的石匠、泥瓦匠都回来了，自觉地参与到工程建设中，这些能工巧匠在家门口找到了存在感。村中央的广场上设计了荷花喷泉，周遭40多个巨石花瓣，都是村民们用青石亲手打制，每一片花瓣都是人工磨平的，他们把憋了若干年的劲儿全都用在了这里。事实证明，这一工程在改善乡村面貌的同时，带来了更多就业机会，更多村民无须背井离乡，便可获得较高收入。既能建设家乡，又能提高收益，村民们都真心实意地积极支持项目推进。

刘家坡村传统民居

2018年6月，法国设计大师保罗·安德鲁团队来到该村，面对一座座极具中国特色的石头院落，保罗·安德鲁说：“不管法国还是中国，我们文化的根基都在乡村，可人们把目光更多投向了城市。我们应该返回来关注乡村。幸运的是，乡村都还在，我们还有机会重新发现它们。”6月26日，日本艺术家宫岛达男也带领团队来到刘家坡村考察，同样被村内别具一格的美景深深吸引。国际艺术家们的加盟，给张凌云团队“艺术活化”刘家坡村以巨大推动。经过多方努力，这一实践项目终于大功告成。

刘家坡村已然成为一个有棱有角、有滋有味、有声有色的小山村。蓝色的燕喃蓝舍整体结构保留了北方民居的原有特色，又通过对墙体、门窗与院

艺术馆

子的设计改建，打造出地中海风情。两株从尚屋青舍屋顶冒出来的青桐，像指路牌一般引人注目，这里还有阳光房中的梧桐、砌在围墙中探出枝丫的洋槐等，植物全部保留下来，又根据农舍、院落等环境做了调整。祖屋苍舍让人触目感怀百年沧桑，近百平方米的石头房舍，凝聚了村人刘世彩家族三代30多口人共同生活的温暖记忆……这里还有许多既传达了强烈时代气息，又散发出浓浓地方韵味的建筑：位于小村最高点的三生书院，轻钢、铝材、玻璃等材质与传统地道的石砌墙融为一体；村头雕塑家李怀杰的艺术馆，与书屋遥遥相对，互为呼应；山野间，由集装箱式箱体组成的民宿三三两两散落于杨树林、柿子林与桃树林边，卧室还可通过占了一半屋顶的天窗观星……

刘家坡村的一砖一瓦、一草一木都被赋予了新的含义，艺术气息与乡土文化深度结合，融入了这个小村落。艺术活化让本来默默无闻的小山村重新焕发生机，犹如一颗璀璨的明星在山间熠熠生辉。

田园柳舍

东里镇坚持以新发展理念为指引，紧紧围绕“农业强、农村美、农民富”发展目标，因地制宜谋划布局，千方百计挖掘特色，凝心聚力打造凤驿小镇。以东夷文化为核心内涵，以驿站古镇为依托，形成了“特色小镇＋田园综合体＋美丽山居”的发展模式。“凤驿花开、田园柳舍、灵龙山居、逸品山水”四个乡村旅游片区让小镇成为集商贸旅游、文化体验、休闲度假、禅修康养等多功能于一体的国际旅游驿站和全国闻名的文化旅游目的地及

下柳沟村

下柳沟村一角

健康养生基地。其中，田园柳舍更是别具一格，作为东里·凤驿小镇的核心区，田园柳舍以建设美丽宜居乡村为突破口，大力发展乡村旅游，突出乡村“美”，体现乡村“味”，凸显乡土“风情”。

田园柳舍景区位于东里镇九顶莲花山脚下的下柳沟村，2015年，按照“望得见山，看得见水，记得住乡愁”的发展理念，实施以绿化、亮化、美化为主的美丽宜居乡村建设，铺设石板路，栽植绿化树，做到了应绿尽绿；综合治理河道，铺设连村景观步道，“田园柳舍”初见雏形。2016年，下柳沟村成立“柳兴”乡村旅游合作社，流转村民闲置宅基地，让闲置宅基地活起来、转起来，成为乡村振兴、集体增收、农民致富的“金矿”。2018年，田园柳舍创成国家AA级旅游景区，先后荣获中国美丽休闲乡村、省级美丽宜居乡村、省级文明村、省级景区化村庄等荣誉称号。

下柳沟村曾经闲置、多年无人居住的宅基地、农房，摇身一变成了民宿、农家乐、豆腐坊，村民转身成了“股东”，小山村完成华丽蜕变。络绎不绝的游客让村子热闹了起来，村民腰间的钱包也鼓了起来。走进下柳沟村，田园柳舍令人心旷神怡，“东安有草堂，最是归心处”，在村内青石板路上闲庭信步，听溪水在耳边潺潺回响，看白墙黛瓦见，青鸟小憩，尝一顿色香味美的农家饭，诗意般的乡野生活让人流连忘返。

乡村里的中国

杓峪村坐落于中庄镇西部，三面环山，以杜、张两姓为主，耕地面积700亩，山滩2000亩，村民

主要经营苹果、樱桃等林果业，兼有粮食种植。杓峪村本是一个没有多少特点的村庄，经济不发达，也鲜有人知，而这一切随着《乡村里的中国》拍摄组的进驻悄悄改变。

2012年2月4日，正值立春，导演焦波带领摄制组在杓峪村租下一个小院，挂上“村儿电影社”的牌子，开始正式记录杓峪村一年的故事。之所以选择杓峪村，正是因为看上了杓峪村的“普通”，最能代表中国当代农民和农村真实的现状及风貌。在拍摄过程中，拍摄组人员和当地村民同作息、同吃住，通过与村民朝夕相处，逐渐赢得了村民的信任，使村民到后来已经习惯了镜头的存在。焦波带着他的“85后”团队，在杓峪村里呆了整整373天，记录下杓峪村一年的生活。

《乡村里的中国》纪录片真实生动地描绘了乡民的生存状态、乡愁的文化源头，是一部有思想、有温度、有品质的纪录片。它直观鲜活地呈现了中国农民不同个体的喜怒哀乐、家庭关系和民俗民风，人物形象鲜明生动，影片结构充满张力，故事复杂，线索清晰，画面朴实。其所记录和展示的，不仅仅是一种静态的乡土生活的标本，更是一种生长着社会流动中各种枝蔓的复杂的可能性。它所钩沉的，远非几位农民的流俗生活，而是潜藏于他们日出而作、日落而息的生命旅程背后一个时代遭遇的文明冲突。各种逻辑之间的抗争、扭打与纠缠，看似无奈甚至残酷的现实，或许才是真正的生活现实，也是观众更愿意承认和接受的现实。而且该片本身就流淌着创作者超越记录历史之外的文化诉求，这种诉求，就像贯穿纪录片始终的时令与节气一样，缀满了复杂而隽永的诗意。

一部《乡村里的中国》纪录片，将中国农村普遍的真实面貌及农民的质朴全面展示出来，也让杓峪村这个名不见经传的小村庄鲜活地呈现在大众面前。曾经的杓峪村静静地躺在山间，如今的杓峪村已今非昔比，人们慕名而来，想亲眼看一看这个纪录片里村庄的面貌，亲身感受一下真实农村的生活，这不仅给杓峪村带来了经济效益，也拓宽了林果业的销售渠道。杓峪村的故事仍在继续，它用“平凡”告诉人们，不论生活有多艰难，广大农民都会报以极大的热情和信念，都会日复一日、年复一年地为明天去拼搏、去奋斗，周而复始，生生不息。

伏羊节

张家坡镇洋三峪村是中国乡村旅游模范村、全国生态文化村、国家级农业综合开发项目有机果品生产基地，也是山东省十佳观光果园、省级美丽乡村示范村。这里出土过5000年前的新石器时代原始人用过的石刀、石斧，发掘出春秋时期的七孔窑炉、烧制陶器及青铜器，可谓历史久远。

说起“洋三峪”村名的由来，还有一段故事。清代嘉庆年间，费县一杨姓夫妻逃荒来到此地，因在家中排行老三，大家都叫他杨三。久之，村名便为“杨三峪”。1991年，因杨姓人家已经不在此居住，逐步更名为“阳三峪”。2014年，申请注册乡村旅游公司时，因此地缺水，公司取名“沂源洋三峪乡村旅游开发有限公司”，从此“洋三峪”也成为对外宣传的专用词。

杓峪村

洋三峪村

洋三峪村是一个典型的山区农业村，2022年，有180户、566口人，农民的收入主要来源于林果业，山多、林多、土地瘠薄是该村的自然写照。过去，由于收入形式单一，村民靠天吃饭，是全县比较贫困的村庄。

2014来，洋三峪村立足生态资源特色，深挖文化优势，大力发展新产业新业态，成立了洋三峪乡村旅游开发有限公司和沂源越水种植养殖专业合作社，吸纳社员105户。通过“党支部+合作社+基地+农户”的形式，盘活农村闲置房屋，发展乡村旅游，让老百姓以房屋、土地、果园、山林等方式入股，促进一、二、三产业深度融合，走上一条适合洋三峪发展的新路子，实现了经济健康可持续发展，农民收入稳步增长。特别是近年来村内举办的伏羊节活动，更是让洋三峪村声名大噪。独特的斗羊比赛，激烈刺激，扣人心弦，让观众们大呼过瘾。沂源大锅全羊，精选沂源黑山羊，搭配清冽的山泉水，用木柴大火慢炖，羊肉汤浓味美、肥而不腻、不腥不膻，一口下去，简直是舌尖上的美味，村民用最质朴的烹饪方式，唤醒人们心底最深处的那份乡愁。洋三峪村举办的山东省伏羊文化节入选全国乡村振兴节庆品牌影响力百强榜，“山东省伏羊文化节”农文旅融合入选2023年全省乡村特色文化艺术（文旅融合类）典型案例。

洋三峪村

大事记

住房和城乡建设卷

记忆沂源·住房和城乡建设卷

1946年

县委、县政府秘书处负责县直机关公房修缮工作。

1953年

修筑螳螂河漫水桥。

1956年

沂源县城乡基本建设和建筑管理由县计划委员会兼管。

春，南麻老街东延至老汽车站（药材公司附近），开通老街与南环城路。

1957年

县直机关使用发电机照明。

1958年

6月，创建沂源县建筑社，并开工建设县政府招待所。

是年，修筑太平路、育林路，拓宽东风路。

1959年

3月，沂源县建筑社更名为沂源县建筑公司，属国营施工企业，归县重工业局管理，职工810人，分为五个建筑队，承建县钢铁厂、县政府招待所大楼等工程。

1960年

3月，沂源县建筑公司采用砖拱结构建成沂源县招待所，是沂源县第一座大楼。

1961年

8月，撤销国营沂源县建筑公司。

10月，沂源县建筑合作社成立，属县集体企业，归县手工业管理局领导。

1962年

秋，加固螳螂河河堤300米。

9月，沂源县建筑合作社职工发展到64人。

1963年

太平路重新修整。

沂源县爱卫会牵头，改造部分水井，提高饮用水质量，减轻担水劳动强度。

秋，沂源县爱卫会开展以“四改造”“五建设”“六统一”管理为中心的爱国卫生运动。

1964年

沂源县建筑合作社移交县计委管理。成立基建办公室，组织近2000人的民工队伍，为山东机修一、二厂建设厂房、办公室和职工宿舍。

1965年

6家三线厂和3家省地属企业来沂源县建厂。

夏，投资2.7万元，在沂源县委（原党校）院内打一眼13米深的水井，建成一座高6米、容量50立方米的水塔供县直机关附近单位用水。

是年，修筑埠下路。

1966年

修筑振兴路。

是年，沂源县第一个乡镇级建筑施工企业唐山建筑社成立。

1967年

6月，南麻大桥北桥开始建设。

10月，环城路竣工。

1968年

9月，南麻大桥北桥（时称反修桥）建成。

是年，沂源县建筑工程公司建成跨度22米的东方红电影院。

1969年

春，沂源县自来水公司筹建小组成立。

10月15日，成立沂源县人民防空领导小组，同时成立防空委员会。

冬，城区自来水开始供水。

1970年

振兴路从县政府招待所向东修至土产营业楼，与环城路贯通。

1971年

张庄、鲁村、南麻、悦庄、东里、张家坡、燕崖、石桥、三岔、中庄、黄庄、徐家庄等14个公社相继成立建筑队。

沂源县建筑合作社更名为沂源县建筑工程公司。

是年，砌筑螳螂河河堤，对原有河堤进行维修加固，以坝代路。

1972年

2月，南麻一村建筑队成立。

修建万祥路。

1973年

博沂路松仙岭至南麻段实施沥青路面铺筑，沿河东路段成为沂源县城第一条(段)沥青路面。

1974年

9月，乡镇第一座电影院——鲁村镇电影院建成并投入使用。

1975年

整顿建筑队伍，各公社相继成立建筑社。

是年，沂源县建筑工程公司招收亦工亦农职工54人。

1976年

5月，沂源县基本建设局成立。

6月，沂源县建筑工程公司由计委移交基本建设局管理。

7月，沂源县召开第一次建筑企业施工管理工作会议。

9月，经地区、县打井队多次勘察、多方案比较，供水一站（原缫丝厂院内）开工建设。

振兴路（沿河东路至县政府东）铺筑沥青路面。

1977年

沂源县基本建设局对全县工程质量、安全生产等进行全面检查2次，督促建筑企业重视施工管理和社会信誉。

1978年

4月，自来水厂在城关一中（现沂源二中）南高岭上建成600立方米高位水池一座。

1979年

3月，沂源县城第一轮总体规划启动。

4月，修筑历山路。

7月，振兴路、历山路、南麻老街安装路灯。

9月，县城卫生清洁队成立。

10月1日，自来水厂深水井开始向城区供水。

1980年

2月，沂源县城市建设局成立。

5月，自来水厂更名为自来水公司，由工业局移交城市建设局管辖。

12月，县基本建设局改名县基本建设委员会。

是年，修筑胜利路、健康路、塔山路、兴利街。

是年，建设公交客运站，开通南麻—鲁村、南麻—土门、南麻—石桥、南麻—东里四条公共交通线路。

1981年

11月17日，沂源县第九届人大常委会第三次会议通过《关于城镇卫生管理试行条例》并颁布实施。

是年，石桥水泥厂、芦芽水泥厂、县水泥厂、县制杆厂由县经委移交县基本建设委员会管辖。

1982年

2月，沂源县第一次村镇建设工作会议召开。

5月，沂源县村镇规划领导小组成立，由分管副县长任组长。

10月，完成第一轮《沂源县城总体规划》，规划期限为1982—2000年。

11月，县城卫生清洁队移交给南麻三个村划片管理。

12月，沂源县建筑工程公司承建的沂源县农行办公楼被临沂地区建委评为沂源县第一个全优工程。

是年，胜利路、历山路、健康路完成沥青路面铺筑。

1983年

春，位于临沂汽车运输公司七队院内的沂源县自来水公司第二供水站开始向县城供水。

是年，沂源县政府印发《关于城区建设管理实施办法》。

是年，涝坡河桥建成，县城主要街道全部安装路灯。

1984年

4月，沂源县建委组织3700人到胜利油田承担修路筑坝工程。

6月，撤销县基本建设局、县城市建设局，沂源县城乡建设环境保护委员会成立。

8月14日，沂源县人民政府出台《关于村镇建设规划工作的意见》。

9月，沂源县公共汽车公司成立，城区开通公共汽车。

12月，南麻大桥南桥工程竣工。

是年，沂源县柴油机厂改造建设的巨源小区老区楼房区陆续入住。

是年，中庄乡西孝村新农村规划建设试点启动。

1985年

4月，完成全县17个乡镇驻地、676个中心村的建设规划。

5月，开始实施城市绿化和市容管理。

9月，南麻镇建筑公司建设的砖混结构“楼外楼宾馆”大餐厅仿古典建筑投入使用。

是年，建设县城第一个农贸市场——沂蒙商场。

是年，拓宽南麻老街至14米，铺筑水泥路面。

是年，私营运输车开始进入近郊公交汽车客运市场。

1986年

1月16日，在临沂地区村镇建设工作会议上，沂源县村镇建设工作作典型发言，并印发典型材料在全地区宣传推广。

5月，成立沂源县城市管理委员会，发布《沂源县城市建设市容管理的通告》。

11月22日，沂源县电厂筹建指挥部成立。

是年，成立沂源县房地产管理所（房管局前身），负责全县的住房建设指导、房屋产权确认、发放等工作。

1987年

7月10日，沂源县人民政府办公室发出《关于公布沂源县城镇房屋确权发证领导小组的通知》。

9月，沂源县园林绿化管理所成立，负责县城的园林绿化管理工作，指导各乡镇的园林绿化。

11月5日，成立劳务输出办公室，对外出施工实行有组织的输出，维护农民工权益，增加农民劳务收入。

是年，沂源县城市建设综合开发公司成立。

是年，街道清扫实行分段承包责任制，被临沂地区授予“文明卫生城镇”称号。

是年，县建委成立环境卫生管理所，负责县城区的环境卫生管理。

1988年

是年，沂源县政府先后下发《关于发布沂源县城市建设综合开发暂行实施办法的通知》《关于城乡建设工作若干问题的试行规定》等文件。

是年，烈士陵园绿地改造。

1989年

5月，沂源县历史上第一家液化气企业——沂源县液化气供应公司成立。

10月，国家建设部授予沂源县“全国县城规划工作先进单位”称号。

12月，山东省人民政府授予沂源县“山东省城市规划管理先进城市”称号。

是年，南麻老街改造，建设商业步行街。

是年，城区自来水日供水能力为15000立方米，管网总长度50千米，城区供水普及率达到90%以上。

1990年

沂源县建设项目全面推行规划管理“一书两证”（选址意见书、建设用地和建设工程规划许可证）制度。

是年，鲁村、韩旺、东里、梭背岭、张庄五个乡镇完成改貌建设，完成8个奔小康带头乡镇，26个奔小康带头村的规划设计任务和东里少数民族开发区的规划设计。

是年，修筑北环路、文化路、万祥路、保险公司路、“870”路等，延伸健康路、胜利路、振兴路、商业街4条道路，陵南路进行水泥浇筑硬化。

1991年

5月24日，沂源县城第一家液化气站建成并对外营业。

5月，县建委组织人员到淄川学习开办夜市，打造商业街夜市。

5月，启动第二轮沂源县城总体规划（1993—2010年）编制工作。

是年，胜利山公园开工建设。

1992年

9月30日，鲁山路（时称北环路）西段竣工通车。

10月，第二轮《沂源县城总体规划（1993—2010年）》编制完成。

是年，西台大桥建成。

是年，沂源县启动住房制度改革。

是年，沂源县城市建设综合开发公司启动胜利山小区开发建设。

是年，西山小区住宅区开发建设启动。

1993年

2月28日，沂源县热电厂正式开始对外供热。

3月，沂源县液化气供应公司沿河东路液化气站正式对外营业。

4月25日，沂源县人民政府印发《关于大力推进房地产开发的决定》。

6月，沂源县住房制度改革领导小组成立。

7月，胜利山小区物业管理委员会成立。

1994年

3月30日，《沂源县人民政府关于加快城镇住房制度改革的实施意见》颁布实施。

6月16日，沂源县房屋建设综合开发公司成立。

是年，开发建设历山公园。

1995年

3月8日，沂源县热力有限公司成立，开展供热服务和管线建设维护。

12月，新一轮《沂源县城市总体规划》（1993—2010年）公布实施。

是年，复兴大桥（时称新城大桥）建成通车。

是年，东里镇被淄博市政府确定为市级试点小城镇。

1996年

4月，《沂源县城镇住宅小区物业管理暂行办法》颁布实施。

7月1日，沂源县房屋产权交易监理所开始办理公有房产抵押登记业务。

是年，沂源县开始实行施工许可证制度。

是年，筹建沂源县工程建设监理有限公司。

1997年

6月4日，由县长任主任的沂源县住房委员会成立。

是年，在悦庄镇北张良村建成专业垃圾处理场。

是年，自来水公司与消防队联合进行消防栓布点安置。

1998年

8月，沂源县自来水公司钓鱼台水源地开工建设。

10月，沂源县农村信用社营业楼竣工并交付使用，该工程单体建筑高度跃居第一。

11月，全县第一家股份制物业管理企业—沂源县新源物业有限公司成立，并对胜利山住宅小区实施物业管理。

1999年

3月，城市建设管理监察大队划归城区办事处管理。

8月，下发《沂源县人民政府关于印发沂源县职工购房由部分产权向全部产权过渡办法的通知》。

9月22日，沂源县人民政府出台《加快城镇住房制度改革实施意见》。

12月，隶属县城乡建设委员会的县自来水公司划归县水务局管理。

2000年

1月6日，沂源县审计局首先进行房改过渡，标志着全县房改房过渡工作全面展开。

3月，南麻一、二、三村等居民区改造，开发建设宜商宜居的大型综合小区——居家城。

4月，县城实施“亮化美化”工程。

2001年

6月25日，齐长城被国务院列为全国重点文物保护单位。

10月8日，成立沂源县城市建设投资开发公司。

11月，建成沂河源水景公园一期工程南麻大桥1号彩色橡胶坝。

是年，开始沂源县城总体规划（2000—2020年）修编。

是年，全县各单位房改售房由80%产权向100%产权过渡，颁发了房屋所有权证书。

2002年

6月，沂河源水景公园1号彩坝试蓄水成功。

7月1日，全县推行住房补贴制度，即按职工月工资基数5%的比例发放住房补贴。

9月17日，沂源县房屋建设综合开发公司顺利改制为有限责任公司，成为沂源县第一家改制的房地产开发企业。

12月，沂源县人民政府公布由山东鲁阳公司冠名鲁阳路（冠名年限50年）。

是年，“农民进城安居工程”在东苑小区竣工。

是年，创建2个“市十佳工程”和1个“泰山杯”工程，实现了沂源县建筑业发展史上“泰山杯”工程零的突破。

2003年

6月，出台《沂源县市容和环境卫生管理办法》。

9月30日，胜利路改貌工程全面竣工。

是年，成立沂源县规划委员会，建立建设用地及建设工程规划档案和规划项目审批制度。

是年，居家城小区建成交付使用。

是年，完成县城新区16平方千米1 1000地形图的测绘。

是年，在城区各街道、居民小巷和县城周边主要道路实施亮化工程。

2004年

2月，对育林路、中医院路、振兴路东段、保丰路、军民路进行升级改造。

5月10日，沂河源水景公园“人与城市”段竣工。

10月底，胜利山路（今瑞阳路）北延南拓工程竣工通车。

12月，沂源县城市管理行政执法局正式揭牌成立。

是年，城区生活垃圾无害化处理厂开工建设。

2005年

3月18日，《沂源县东里镇总体规划》（2004—2020年）通过专家评审。

8月，第一家商品混凝土生产企业——沂源恒盟建材有限公司投产运行。

是月，沂源县召开城市管理南麻大队职能界定协调会，标志着沂源县城市管理工作实现向镇村延伸的历史性突破，是城市管理体制改革一个新的里程碑。

9月，建成汇源绿色广场。

9月30日，沂源县城市生活垃圾无害化处理厂一期工程竣工剪彩。

10月21日，《沂源县商品混凝土管理实施办法》正式实施，商品混凝土生产、使用走向正轨化管理轨道。

12月，沂源县螳螂河城区段综合治理工程被山东省建设厅授予“山东人居环境范例奖”称号。

2006年

4月4日，沂源县人民政府制定出台《关于进一步加快城市大绿工程建设的意见》。

6月1日，山东省委书记、省人大常委会主任张高丽视察沂河源水景公园等建设工程，对沂源县生态改造建设给予高度评价。

9月29日，沂源县经济适用住房绿苑小区建设工程奠基。

10月1日，沂河源民乐园举行建成剪彩仪式。

2007年

3月，生活垃圾无害化处理厂二期工程开工建设。

4月28日，水景公园防渗工程全面竣工。

6月1日，沂源县规划局成立。

6月，沂源县房管局执法案卷“源房罚字（2006）1号”卷被评为房管部门唯一的“全省建设系统优秀行政执法案卷”。

10月1日，新城路一期工程竣工通车。

11月16日，绿苑小区首期经济适用房在南麻镇大礼堂公开摇号，780户购房人获得购买经济适用房资格。

12月13日，全县实行廉租住房货币补贴政策。

是年，开始实施城区天然气普及工程。

是年，实施215个村的村庄规划编制工作，被山东省政府确定为“全省首批村镇规划编制工作试点县”。

2008年

1月，沂源县成为淄博市各区、县中实行廉租住房政策第一个发放货币补贴的县。

5月30日，举行首批廉租住房货币补贴发放仪式，116户廉租住房居民领取货币补贴。

9月，沂蒙购物长廊拆迁改造工程竣工。

10月，新城路二期工程竣工。

2009年

2月，实施牛郎织女景区综合提升工程，于七夕节前对外开放。

3月27日，新建商品房网上合同备案开始施行。

5月4日，省建设厅厅长杨焕彩调研指导沂源县城市建设工作情况。

9月，新长途客运站正式投入使用。

10月15日，沂源县经济适用住房建设工作领导小组办公室发出《沂源县2009年度经济适用住房认购办法》，对经济适用住房认购工作作出全面部署。

10月，中国石油长输天然气管道工程“泰安—青岛—威海”沂源段正式开工。

12月，沂源县沂河民乐园建设被山东省住房和城乡建设厅授予“山东省人居环境范例奖”称号。

是年，实施城区循环水供热工程，一期工程于11月上旬全面竣工。

2010年

2月，沂源县被国家住房和城乡建设部命名为“国家园林县城”，成为山东省唯一同时拥有“国家园林县城”“全国绿化模范县”“山东省适宜人居环境奖”“山东省级园林城市”4项荣誉的区县。

4月13日，根据《关于沂源县人民政府机构改革的实施意见》，组建县住房和城乡建设局。

4月，开工建设2000套保障性住房，是山东省市、县级一次性建设保障性住房面积最大的项目。

8月11日，全县第一期限价商品住房绿苑益民小区开工建设。

是年，中国石油长输天然气管道工程“泰安—青岛—威海”沂源段及“博山—沂源”支管线全线贯通。

是年，实施城区循环水供热二期工程，对源泰花园、山水一城等住宅小区建筑实施供热计量改造。

2011年

6月14日，沂源县物业管理协会制定《沂源县物业服务行为规范》。

8月，完成城区循环水供热管线及配套设施改造，供热主管网覆盖县城主要区域，供热能力达到497万平方米。

9月1日，淄博城市燃气（沂源）有限公司正式为沂源区域供应管道天然气，结束沂源没有管道天然气的历史。

9月，集运动娱乐、科普认知等多种功能于一体的沂源县儿童公园开工建设。

是年，“果树进城”工程全面竣工，引进苹果、梨、桃树等绿化县城，并采取居民认养（管护）的办法挂牌管理。

是年，鲁中义乌国际商贸城开工建设。

2012年

5月29日，举行2012年度保障性住房建设工程奠基仪式。

5月，沂源县儿童乐园建成并投入使用。

9月，沂源县政府出台《关于加快推进小城镇建设和发展的意见》，确定东里镇为省级示范镇，悦庄镇为市级示范镇，南鲁山镇、鲁村镇为县级示范镇。

12月，《沂源县县城城市总体规划（2012—2020年）》编制完成。

是年，保障性住房项目被列入享受沂蒙革命老区政策范围。

是年，沂河源水景公园（九会至埠下村段）被山东省林业厅评为省级湿地公园。

2013年

7月1日，螳螂河大桥、西台大桥竣工通车。

12月13日，完成对胜利山公园的整体改造提升，更名为胜利山九九乐园，打造成全县首个集户外运动、健身娱乐、休闲养生等多种功能于一体的老年主题公园。

12月，南麻大桥改造提升工程竣工通车。

是年，“沂源节能改造温暖万家工程”继获得“山东省人居环境范例奖”后，又被住房和城乡建设部授予“中国人居环境范例奖”称号。

是年，“沂源县人居环境改善项目”被联合国人居署、亚洲人居环境协会授予“亚洲都市景观奖”称号。

2014年

4月，沂源县城市地下管线信息管理系统已建成并投入运行。

7月，东里镇、南鲁山镇被住建部等国家七部委确定为全国重点镇；燕崖镇被山东省住建厅确定为“山东省旅游景观特色名镇”。

9月，复兴大桥改造工程竣工通车。

11月，怡康嘉苑作为沂源县重要的保障性住房民生项目，参加全市科学发展观摩点评，徐景颜市长评价沂源保障房建设工作“五最四率先”很有特点。

是年，实施城区市容市貌和环境卫生网格化管理，将城区划分为7大网格、115个管理片区。

是年，沂河源水景公园获得“山东人居环境范例奖”。

2015年

4月1日，地下管线普查项目通过专家组验收，标志着沂源县实现了地下管线信息的数字化、科学化、规范化和动态化管理。

4月，沂源县64家建筑业企业全部完成换证工作。

9月，东里镇被山东省住建厅命名为“省级宜居小镇”。

是年，农村环卫作业开始实行市场化运作。

是年，老旧小区简易物业管理全面推开，将历山街道、南麻街道约124万平方米老旧住宅区、零散住宅楼，划分为38个管理区域实施综合整治。

是年，沂源县城市建设工作荣获“中国人居环境范例奖”。

2016年

6月，沂源县通过公开招标与山东水务发展集团合作，实施了污水处理TOT模式（移交—经营—移交）运营，沂源县两座污水处理厂和56处农村污水处理站点，交由沂源水务发展有限公司运营管理，约定运营期30年。

10月，城区所有主干道全部实现沥青路面铺装。

11月，完成博沂路美丽乡村连片整治，完成陈家山村等5个重点村的连片整治任务，全面达到“五化”标准。

12月，全面实行建设工程电子招标投标，实现招投标无纸化办公。

是年，城区新建成拇指公园20处，被评为2016年度省级园林绿化示范工程。

是年，推进农村基础设施建设和危旧房屋改造，打造东里、悦庄、南鲁山、鲁村镇4个示范镇。

2017年

2月，实施全县违法建设治理行动，先后摸排违章（法）建筑面积126.1万平方米，拆除违建面积103.6万平方米，完成年度治理任务。

8月，沂源县启动实施冬季清洁供暖气代煤电代煤工程。

11月，完成城区背街小巷及部分住宅小区地下管线的普查及城建档案数字化加工项目。

11月，与中国光大绿色环保有限公司就生活垃圾及生物质焚烧发电一体化项目签署协议。

11月，县政府办公室印发《沂源县综合行政执法体制改革实施意见》（源政办发〔2017〕45号），推行跨部门、跨领域的综合执法体制改革。

是年，人民路拓宽改造工程完成PPP项目招标，铺开地上附属物清理及全部桥梁、涵洞的施工建设。

是年，农村街巷实施硬化“户户通”工程。

是年，创建省级传统村落5个、省级美丽宜居村庄1个，东里镇成功入选山东省第二批特色小镇。

是年，城区20处“拇指公园”荣获“山东省人居环境范例奖”，沂河源水景公园再次获得“山东人居环境范例奖”。

2018年

3月，全面推行建筑垃圾（渣土）运输公司化、规模化、专业化运行模式。

5月，山东省园林工作发展推进会在沂源县召开。

5月，县政府办公室印发《沂源县调整理顺城市管理体制机制方案》（源政办发〔2018〕37号），建立“大城管”体制，将县园林管理局、沂河源水景公园管理处整建制划转至县综合行政执法局。

是月，县政府印发《关于全面推进城市精细化管理的意见》（源政发〔2018〕12号），建立健全了分工明确、权责统一、管理到位、考核严格的城市管理体制，全县城市管理格局达到历史最高水平。

9月，沂源县引入了城市智慧停车综合运营商—青岛比特信息技术有限公司，对城区停车资源开始推行市场化运营。

10月，淄博城市燃气（LNG）有限公司悦庄调峰站二期项目竣工投产。

是年，第一批老旧小区改造完成，改造面积约129万平方米，惠及居民15125户。

2019年

1月，沂源县通过公开招投标，以购买服务的方式与浙江湖州明朔光电科技有限公司签订了沂源县城区道路照明合同能源管理（EMC）托管项目。

3月，沂源县与光大水务科技发展（南京）有限公司合作，采用移动式DTRO渗滤液处理装置（每套设备设计负荷为150吨/日），加快处置垃圾填埋场积存渗滤液。

5月，国务院办公厅下发《关于对有关重大政策措施真抓实干成效明显地方予以督查奖励的通报》，对沂源县农村危房改造工作提出督查激励表扬。

6月，淄博市委副书记马晓磊，到县综合行政执法局调研“公安（交警）+城管”联动联勤执法模式。

10月，开发建设源泰蓝海钧华大饭店项目，是沂源县民营企业首次实行EPC总承包和全过程咨询管理的试点项目。

11月，向全县12个镇办派驻执法力量，构建城镇一体的综合行政执法体制。

是月，全县启动以路域环境、裸露土地、建设工地、工业企业物料堆场、矿山开采、移动污染源、农村环境专项整治为重点的“七大会战”，正式展开了为期4年度城乡环境大整治精细管理大提升行动。

是年，人民路改造提升工程全线贯通。

是年，创建山东省“齐鲁红色物业”项目1个、山东省“绿色社区”6个，创建淄博市“红色物业”示范项目9个。

是年，年产18亿只一级耐水药用玻璃管制系列瓶项目配套仓库工程在淄博市公共资源交易中心沂源分中心开标，标志着全县房屋建筑工程投标全部进驻公共资源交易中心及其交易管理形式的转变。

12月，沂源县城区供热信息化控制系统通过专家验收。

2020年

4月，根据市县生态环境部门要求，启动实施两座污水处理厂的第二次提标改造工程，并于2021年完工，出水水质由一级A+标准提升至《地表水环境质量标准》Ⅳ类水质标准。

6月，沂源县召开生活垃圾分类工作会议，正式启动生活垃圾分类工作。

12月，光大生活垃圾焚烧发电厂建成，生活垃圾及生物质热电联产一体化项目正式竣工投产。

是年，实施人民路绿化工程，打造8千米长的“樱花大道”。

是年，沂源县供热信息化控制系统新技术入选淄博市第一批制度创新备选经验。

是年，天然气供气范围基本实现城乡全覆盖。

是年，县住建局在全省优化营商环境考核中取得优秀等次，被评为“优化营商环境先进集体”。

是年，南鲁山镇北流水片区规划被列入山东省村庄精品工程创建名单，6个村庄被列入淄博市村庄规划编制规范化试点名单。

2021年

4月，沂源县举行全域公园城市建设集中开工仪式，正式启动全域公园城市建设。

10月19日，沂源县探索“农村共享卫生间”新路径，由新华社专题调研在全国范围内宣传推广，并作为全市唯一的典型经验，被山东省住房和城乡建设厅通报表彰。

10月，东部热源一期工程建成投产。

是年，盘活胜利山水上乐园旧址，建设沂源县城市文化会客厅，同步推进胜利山九九乐园和儿童乐园的设施改造和功能提升。

是年，400套人才公寓全部开工建设。

是年，完成“户户通”道路工程453万平方米，建成公交站点1020个，全面实现“村村通”。

是年，完成对156536户（含农村自建经营房4799户）农村房屋安全隐患排查工作，建立起安全隐患排查整治工作台账，实行农村危房动态管理。

2022年

2月，沂源县综合行政执法局作为全市唯一的县级城市管理局代表，参加了中央依法治国办来淄博调研座谈会，并在会上作交流发言。

4月，垃圾填埋场封场及附属工程项目正式开始施工。

7月，沂源县人才公寓挡土墙及排水沟渠工程项目采用“评定分离”方式招标，是第一个“评定分离”试点项目。

10月，沂源县人民医院新院门诊医技楼建成并投入使用。

10月，东部热源二期工程建成投产。

是月，沂源县通过社会众筹，首期募集资金100万元，在全市各区县中第一个实施“沂源红·暖城爱心餐”公益项目，为城区一线环卫工人提供免费早餐。

是年，沂源县高庄社区改造二期项目，通过专家评审，取得二星级绿色建筑设计标识证书。

是年，建成镇级公园9个、村级广场绿地74个。

是年，方正·御景苑项目入选2022年度广厦奖候选名单。

是年，第二批老旧小区改造完成，改造面积约55.5万平方米，惠及居民6318户。

2023年

1月11日，沂源县村镇公园建设成果被国家级媒体“全国农村人居环境”公众号刊发推广。

2月，中央编办综合局局长王冬雪一行，在省委组织部副部长、编办主任高尚山，市委常委、组织部部长褚振东的陪同下，来沂源县调研综合执法改革工作，并对沂源县工作给予高度评价和认可。

6月9日，沂源县申报的沙岭子社区改造项目（学府雅苑）工程和儒林社区改造项目获批省级标准化工地。

7月12日，乡村建设工匠培育管理工作做法，被山东省住建厅发文推广。

8月10日，蓝海钧华大饭店荣获山东省建筑工程质量“泰山杯”。

12月，城区道路、小区内部排水管网雨污分流改造通过验收，雨污合流管网全部清零。

12月，沂源县深度挖掘大美生态本底力塑城乡全域公园一体化“沂源模式”做法，入选省住建厅《城市管理领域典型工作经验（第二批）》。

是年，沂源县东里镇成功入选县域次中心试点镇。

是年，完成《沂源县国土空间总体规划（2021—2035年）》。

2024年

1月，沂源县东苑小区入选山东省“加强物业管理 共建美好家园”2023年典型案例名单。

附录

住房和城乡建设卷

机构设置与沿革

行政管理机构

沂源县住房和城乡建设局

1944年5月，沂源县人民政府设立实业科。

1950年6月，改实业科为建设科，分管城乡建设及公共设施建设。

1954年，城乡建设及公共设施建设由计划统计科兼管。

1976年4月，成立基本建设局，负责全县的基本建设。

1980年2月，成立城市建设局，下辖市政规划股和人民交通股，负责县城规划建设和城乡客运。同年12月，城市建设局更名为基本建设委员会。同年，撤销基本建设委员会和城市建设局，成立城乡建设环境保护委员会。

1986年，设环境卫生管理所，负责县城环境卫生清理和日常环境保洁工作；设沂源县房地产管理所，负责全县房地产管理工作。

1987年，设城市规划科，负责县城规划设计与管理；设园林绿化管理所，负责县城园林绿化管理，指导各乡镇的园林绿化工作。

1988年8月，环境保护单独分出，城乡建设环境保护委员会更名为城乡建设委员会，内设办公室、人事秘书科、建筑设计室、财务科、城建办公室、乡村建设科、施工科。

1990年，城乡建设委员会下辖规划科、市政工程公司、自来水公司、城市建设综合开发公司、环境卫生管理处、园林所、档案室、房管所、公共汽车公司、建筑工程质量监督站、城市管理监察队、县建设工程公司12个部门单位。

1993年11月，成立沂源县房产管理处，为正科级事业单位。

1994年6月，成立沂源县房屋建设综合开发公司，为房管处下属企业化管理的副科级事业单位，主要从事直管公有住房维修和房地产开发。

1994年9月，成立沂源县房地产评估事务所，为股级自收自支事业单位，隶属房管处领导。同月，成立房屋安全鉴定站，负责全县房屋的安全鉴定。

1995年8月，房产管理处撤销房产科，设立沂源县房屋产权交易监理所，为股级自收自支事业单位。

1998年3月，沂源县房产管理处更名为沂源县房产管理局，为正科级差额补贴事业单位，内设秘书科、房管科、拆迁科、物业管理办公室。下设沂源县房屋产权交易监理所、城市房屋拆迁办公室、房地产评估事务所、房屋建设综合开发公司。

1999年9月，设沂源县城市房屋拆迁办公室。

2002年8月，沂源县城乡建设委员会更名为沂源县建设局，主管全县城乡规划和建设工作。内设5个职能科室：办公室、人事科、城建规划科、乡村建设科、公用事业管理科。

明确县房产管理局、县城市资产经营开发公司、县城市综合管理办公室归口县建设局管理。

2002年11月，成立沂源县建筑工程管理处，为副科级事业单位，隶属县建设局，内设6个股级业务科室：施工管理科、建筑企业劳保费用行业管理站、建筑工程招标投标管理办公室、安全监督科、造价管理科、科技教育科；成立沂源县房地产综合开发管理办公室，为副科级事业单位，隶属县建设局，内设2个股级业务科室：综合开发管理科、法制科；成立沂源县市政工程管理处，为副科级事业单位，隶属县建设局，内设4个股级业务科室：综合科、管理科、路灯科、工程科；成立沂源县园林管理处，为副科级事业单位，隶属县建设局，内设5个股级业务科室：综合科、绿化监察科、工程管理科、风景名胜区管理科、公园管理科；成立沂源县建设工程质量监督站，为股级自收自支事业单位，隶属县建设局；成立沂源县城市管理综合执法大队，为副科级事业单位，隶属县城市综合管理办公室，内设 5 个股级职能科室（中队）：综合科、管理一中队、管理二中队、管理三中队、管理四中队；成立县市容环境卫生管理处，为副科级定额补助事业单位，隶属县城市综合管理办公室，内设 4个股级职能科室：办公室、收费科、建筑渣土管理科、保洁科。

2004年5月，县建设局城建规划科更名为城建规划处，升格为副科级；8月，设立建设工程交易中心，为县建筑工程管理处股级内设科室；12月，成立县城市管理行政执法局，归口县建设局管理。

2005年10月，房屋产权交易监理所升格为副科级。

2006年7月，房产交易监理所设置产权登记科、房产交易科、测绘科和综合科，均为股级内设科室。

2007年6月，县建设局撤销规划处，成立沂源县规划局，为正科级事业单位，行使城乡规划行政管理职能，内设6个科室：办公室、用地规划管理科、规划编制管理科、建筑管理科、村镇规划管理科、监督监察科。设立下属机构沂源县勘察测绘管理中心，为副科级财政拨款事业单位，内设2个科室：勘察管理科、市政工程测量管理科。沂源县建设工程质量监督站升格为副科级。7月，县路灯公司更名为县路灯管理处。12月，县建设工程质量监督站内设4个股级科室：综合科、监督科、检测科和备案办公室。

2008年6月，县建设局增设城市建设科，为县建设局股级内设机构。11月，县房管局增设2个股级科室：物业科、住房保障科。

2009年10月，县城市房屋拆迁办公室升格为副科级自收自支事业单位。

2010年4月，将县建设局、县房产管理局行政职能合并，组建县住房和城乡建设局，不再保留县建设局、县房产管理局。12月，确定沂源县住房和城乡建设局为县政府工作部门，内设机构5个：办公室、人事科、城市建设科、乡村建设科、公用事业管理科。

2011年7月，县园林管理处更名为县园林管理局，升格为正科级事业单位。同月，成立沂源县房屋征收管理办公室，为副科级事业单位。9月，公用事业管理科更名为沂源县公用事业管理处，升格为副科级事业单位。

2012年5月，设立沂源县墙体材料革新与建筑节能管理办公室，为副科级事业单位；设立县城建档案和地下管线管理中心，为副科级事业单位；6月，设立沂源儿童乐园管理处，为副科级事业单位，隶属县园林局，内设3个科室：综合科、绿化管理科、工程管理科；9月，设立住房保障管理中心，为副科级事业单位；11月，县建设工程质量监督站更名为县建设工程质量安全监督站。

2013年2月，沂源县城市资产经营开发公司更名为沂源县城市资产经营开发中心；5月，设立县齐鲁之心生态文化公园管理办公室，为副科级事业单位，隶属县住房和城乡建设局，内设4个股级科室：综合科、工程施工科、绿化监察科、公园管理科；12月，根据沂源县机构编制委员会印发《关于在具有行政审批职能部门单位相关科室加挂行政许可科牌子问题的通知》要求，在县住建局加挂行政许可科牌子。

2014年6月，建设工程交易中心更名为沂源县建设工程交易中心，隶属县建筑工程管理处，为股级财政拨款事业单位。

2017年7月，设立县建设工程安全生产办公室，为副科级事业单位，隶属县住房和城乡建设局，内设4个股级科室：综合管理科、工业建设工程管理科、污水处理科、天然气长输管道监管科。

2018年3月，根据沂源县人民政府办公室《沂源县调整理顺城市管理体制机制方案的通知》，将县园林管理局、沂河源水景公园管理处整建制划转至县综合行政执法局，撤销县沂河源水景公园管理处，将县市政工程管理处划转至县综合行政执法局；5月，县住建局设立县城建工程建设服务中心，为副科级事业单位。

2019年1月，整合县房产管理局、县房屋征收管理办公室，组建县房地产公用事业服务中心，为县政府直属正科级事业单位，由县住房和城乡建设局代管。同月，加挂县人民防空办公室牌子。3月，县房地产综合开发管理办公室更名为县房地产综合开发服务中心，为副科级事业单位；县公用事业管理处更名为县公用事业发展服务中心，为副科级事业单位；县墙体材料革新与建筑节能管理办公室更名为县墙体材料与建筑节能发展中心，为副科级事业单位；县建筑工程管理处更名为县建筑工程服务中心，为副科级事业单位；县建设工程质量安全监督站更名为县建设工程质量安全促进中心，为副科级事业单位；县城建档案和地下管线管理中心更名为县城建档案和地下管线服务中心，为副科级事业单位；县市政工程管理处更名为县市政工程服务中心，为副科级事业单位。同月，确定沂源县住房和城乡建设局为县政府正科级工作部门，内设10个机构：办公室（挂人才科牌子）、城市建设科（挂新型城镇化办公室牌子）、建筑市场监管科、村镇建设科、质量安全监管科（挂建设工程安全生产委员会办公室牌子）、房地产市场监管科、住房保障科、物业管理科、公用事业科、人民防空管理科。

2021年1月，根据全县深化事业单位改革试点工作要求，依据《关于明确县属有关事业单位机构编制事项的通知》，整合县城市资产经营开发中心、县住房保障管理中心、县建筑工程服务中心、县墙体材料与建筑节能发展中心、县城建工程建设服务中心、县城建档案和地下管线服务中心6个事业单位，组建县住房和城乡建设保障服务中心，为正科级事业单位；整合沂源县房地产公用事业服务中心、沂源县公用事业发展服务中心、沂源县房地产综合开发服务中心、沂源县房地产评估事务所4个事业单位，组建沂源县公用事业服务中心，为正科级事业单位；整合县建设工程安全生产办公室、县建设工程质量安全促进中心2个事业单位，组建县建筑工程质量安全环保监督站（加挂县房屋置业服务中心牌子），为副科级事业单位；设立县人民防空事业发展服务中心，为副科级事业单位。

2022年12月，物业管理职责从县住房城乡建设局划转至县综合行政执法局，撤销县住房城乡建设局物业管理科。

沂源县住房和城乡建设局历届主要负责人任职情况表

时间	机构名称	姓名	职务	任职时限	备注
1976.05—1980.02	基本建设局	林铭浩	局长	1976.05—1980.02	
1980.02—1984.06	城市建设局	林铭浩	局长	1980.02—1983.03	
		赵维宽	局长	1983.03—1984.06	
1984.06—1988.08	城乡环境建设委员会	王洪余	主任	1984.06—1987.07	
		赵子贞	主任	1987.07—1988.05	
		李振泉	书记	1988.05—1988.08	
1988.08—2002.08	城乡建设委员会	李振泉	主任	1988.08—1993.02	
		刘在明	主任	1993.02—1995.08	
		张育鲲	主任	1995.08—1998.03	
		张绵坤	书记	1998.03—2001.07	
		张和慈	主任	2001.07—2002.08	
2002.08—2010.04	沂源县建设局	张和慈	局长	2002.08—2005.10	
		尚明楼	局长	2005.10—2010.01	
		许　峰	局长	2010.03—2010.04	
2010.04至今	沂源县住房和城乡建设局	许　峰	局长	2010.04—2016.05	
		孙洪成	局长	2016.05—2021.12	
		张成华	局长	2021.12至今	

住建事业单位

住房城乡建设保障服务中心

2001年10月，成立沂源县城市建设投资开发公司，负责城市资产投资运营；2002年7月，更名为县城市资产经营开发公司；2013年2月，更名为县城市资产经营开发中心，机构规格、隶属关系、经费形式、人员编制、领导职数保持不变。2002年11月，设立县建筑工程管理处、县市政工程管理处；2012年5月，设立沂源县墙体材料革新与建筑节能管理办公室、县城建档案和地下管线管理中心、住房保障管理中心。2019年1月，县墙体材料革新与建筑节能管理办公室、县建筑工程管理处、市政工程管理处、县城建档案和地下管线管理中心分别更名为县墙体材料与建筑节能发展中心、县建筑工程服务中心、市政工程服务中心、县城建档案和地下管线服务中心。

2021年1月，整合上述6个部门组建住房城乡建设保障服务中心，内设机构9个：综合科、行业发展科、清欠管理科、招标投标科、标准造价科、建筑节能科、城建档案科、市政工程科、住房保障事务科，使用编制51名，配备党支部书记、主任1名，副主任3名。主要承担参与拟定全县建筑业发展规划和政策、建筑业企业等信用评价服务、农民工权益保障、技能人员培训、施工图纸审查、招投标服务保障、节能、档案和地下管线服务保障、市政工程建设、住房保障等相关工作。

住房城乡建设保障服务中心历届主要负责人任职情况表

时间	机构名称	姓名	职务	任职时限	备注
2001.10—2002.07	县城市建设投资开发公司	尚明楼	经理	2001.10—2002.07	
2002.7—2013.02	县城市资产经营开发公司	尚明楼	经理	2002.07—2005.10	
		董葆玖	经理	2005.10—2010.03	
		郑　刚	经理	2010.03—2013.02	
2013.02—2019.01	县城市资产经营开发中心	郑　刚	主任	2013.02—2019.01	
2012.05—2019.01	县建筑工程管理处	江秀伟	主任	2012.05—2019.01	
2012.05—2019.01	沂源县墙体材料革新与建筑节能管理办公室	娄燕举	主任	2019.01—2021.01	
2012.05—2019.01	县城建档案和地下管线管理中心	翟淑娟	主任	2012.05—2019.01	
2012.05—2019.01	市政工程管理处	刘秀菊	主任	2019.01—2021.01	
2019.01—2021.01	县墙体材料与建筑节能发展中心	娄燕举	主任	2019.01—2021.01	
2019.01—2021.01	县城建档案和地下管线服务中心	翟淑娟	主任	2019.01—2021.01	
2019.01—2021.01	市政工程服务中心	刘秀菊	主任	2019.01—2021.01	
2019.01—2021.01	县建筑工程服务中心	江秀伟	主任	2019.01—2021.01	
2021.01至今	县住房城乡建设保障服务中心	吕在春	主任	2021.05—2021.12	
		宋以健	主任	2021.12—2023.04	
		郑　伟	主任	2024.04至今	

公用事业服务中心

1986年，设立沂源县房地产管理所，负责全县房地产管理工作。1993年11月，成立沂源县房产管理处，为正科级事业单位。1998年3月，沂源县房产管理处更名为沂源县房产管理局，为正科级差额补贴事业单位，内设秘书科、房管科、拆迁科、物业管理办公室。2019年1月，整合县房产管理局、县房屋征收管理办公室，组建县房地产公用事业服务中心。1994年9月，成立沂源县房地产评估事务所。

2002年8月，沂源县建设局内设公用事业管理科。2011年9月，公用事业管理科更名为沂源县公用事业管理处，升格为副科级事业单位。2019年9月，更名为县公用事业发展服务中心。2002年11月，成立沂源县房地产综合开发管理办公室。2019年3月，更名为县房地产综合开发服务中心。

2021年1月，整合上述4个部门组建公用事业服务中心，内设机构8个：综合科、房产事务科、房屋征收保障科、燃气科、供热科、房地产行业发展科、开发运营服务科、老旧小区更新科。使用编制51名，配备党支部书记、主任1名，副主任3名。主要承担全县相关行业的建设、服务保障和技术支持，参与拟定相关政策，承担全县房地产、公用事业等保障服务，承担燃气、热力服务保障工作，承担房地产开发企业售后服务及指导工作。

县房地产公用事业服务中心历届主要负责人任职情况表

时间	机构名称	姓名	职务	任职时限	备注
1993.11—1998.03	县房产管理处	杜文平	主任	1993.11—1998.03	
1998.03—2019.01	县房产管理局	宋恒铁	局长	1998.03—2001.07	
		孙吉国	局长	2001.07—2005.03	
		李传国	局长	2005.03—2008.09	
		冯恩海	局长	2008.09—2019.01	
2019.01—2021.01	县房地产公用事业服务中心	冯恩海	主任	2019.01—2019.04	
		杨洪吉	主任	2019.04—2021.01	

建筑工程质量安全环保监督站

1990年，设立县建筑工程质量监督站。2002年11月，设立县建设工程质量监督站。2007年6月，县建设工程质量监督站升格为副科级；12月，县建设工程质量监督站内增设4个股级科室：综合科、监督科、检测科和备案办公室。2012年11月，更名为县建设工程质量安全监督站。2019年1月，更名为县建设工程质量安全促进中心。2021年1月，整合县建设工程安全生产办公室、县建设工程质量安全促进中心2 个事业单位，组建县建筑工程质量安全环保监督站（加挂县房屋置业服务中心牌子），内设机构6个：办公室、业务综合科、质量安全一科、质量安全二科、建筑检测科、施工环保科。主要参与拟定地方性法规和政策，承担全县建设工程质量安全监管、竣工验收备案、质量检测、消防验收及备案、人防工程质量监管等工作。

建筑工程质量安全环保监督站历届主要负责人任职情况表

时间	机构名称	姓名	职务	任职时限	备注
1989—2011.11	质监站	孔令勇	副站长	1989—1990	
		唐效栋	站长	1990—1993	
		孔令勇	站长	1993—1994	
		尹光海	站长	1994—1999.07	
		公沛泉	站长	1999.07—2003.08	
		冯科君	站长	2003.08—2011.11	

续表

时间	机构名称	姓名	职务	任职时限	备注
2011.12—2021.1	质安站	江秀伟	站长	2011.12—2014.02	
		宋尚华	站长	2014.02—2021.01	
		刘合江	站长	2021.05至今	

光荣在党50年

序号	姓名	性别	民族	出生年月	入党时间	党龄
1	王凤云	男	汉族	1946.02	1969.03.09	54
2	郭怀礼	男	汉族	1952.02	1971.10.06	51
3	闫录生	男	汉族	1941.02	1960.11.17	62
4	韩兴春	男	汉族	1950.09	1969.06.10	55
5	张廷水	男	汉族	1953.04	1971.05.03	53
6	陈启浩	男	汉族	1944.03	1966.01.08	57
7	陈立杰	男	汉族	1942.06	1965.10.10	57
8	张玉新	男	汉族	1949.07	1968.09.16	54
9	王训录	男	汉族	1948.02	1969.05.10	55
10	宋以柏	男	汉族	1948.05	1970.03.06	54
11	孙振泉	男	汉族	1951.02	1968.11.01	54
12	尹继学	男	汉族	1949.02	1970.01.02	54
13	郝建成	男	汉族	1945.12	1966.04.16	57

城市规划

城市总体规划，是城市人民政府依据国民经济和社会发展规划以及当地的自然环境、资源条件、历史情况、现状特点等，对一定时期内（规划期限通常为20年）城市性质、发展目标、发展规模、土地利用、空间布局以及各项建设的综合部署和具体安排。为确定城市的规模和发展方向，实现城市的经济和社会发展目标，合理利用城市土地，协调城市空间布局等所作的一定期限内的综合部署和具体安排。

沂源县城是以一个村庄为基础发展起来的山区城镇，布局过于分散。建县初期，各单位自成体系，无法形成一定规模的生活居住区和配置成套的生活服务设施。工厂与生活居住用地交叉布置，互相干扰，污染严重。过境公路穿过城区，城内道路不够完善，人流车流混杂，噪声大，秩序乱，交通事故时有发生，威胁着居民的身心健康和人民生命财产的安全。进入20世纪80年代，建设速度和投资规模不断扩大，而县城建设缺乏科学的总体规划指引，各单位乱圈乱建，使得县城建设布局更分散，交通混乱，污染加重，办公区、生产区、生活区功能不分，建设混杂。启动县城总体规划修编工作，被沂源县人民政府列入重要议事日程。1981年9月，沂源县城市建设局设立城市规划办公室，1982年4月，启动第一轮《沂源县城总体规划》编制。规划编制工作历时2年，1984年5月，《沂源县城总体规划》获山东省人民政府正式批复，这也是沂源历史上第一个经省政府批准实施的城市总体规划。

第一轮县城总体规划（1982—2000年）

此轮规划是沂源县城规划打基础的阶段，由沂源县城市建设局自行编制。它根据国家发展战略、山东省政府关于“积极发展小城镇”的方针和国民经济调整的形势，采取工农结合、城乡结合、远近结合的原则，努力做到城乡兼顾，统一规划，有利生产，方便生活，立足现状，放眼未来，在现实可能的基础上，为今后的发展创造良好条件。

1982年规划强调布局集中紧凑，不拉大架子，以旧城为核心向东逐步扩展，河西保留现状，逐步充实完善。保护环境，合理调整工业布局，防止环境污染，为居民创造一个清洁、舒适、布局优美的生活、工作环境。规划确定为以农村产品加工为主导的工业县城的城市性质。根据县城建设性质定位，发展的方针是：继续发展现有工业优势，逐步扩大农副产品加工工业；进一步发展建材工业，扩大紧缺产品的生产；加快县城建设步伐，逐步完善生活服务设施，为县城居民服务。

1982年规划确定的城区规模为东西相距4.5千米，南北延伸3.2千米，到2000年，按规划建成范围，县城的用地规模将发展到12平方千米，人口规模计划可达3万人。

规划城区内设主干道五条：东西向有胜利路、振兴路和兴源路；南北向的有历山路、健康路。次干道6条，东西向有东风路、环城路；南北向有沿河路、太平路、埠下路、育林路，道路宽8~12米不等。规划道路的指导思想是：开辟县城边缘的过境公路，减少交通对县城的影响和干扰，建立完整的道路体系，确定道路功能性质，有利于工作、生产和生活。

加强对现有企业的改造，进一步挖掘现有企业的潜力，对于已经造成污染的，要采取果断措施，进行污水及其他污染源处理，修好排水渠、管，建造防护林带。对不同性质的工业区别对待，运量大、污染严重的工厂，应结合风向及水流向，尽量远离城区，污染较轻、进出货运量小的工业布置在城区的边缘。对于无污染、用地少的工业，在城区内和居住区布置。根据上述原则并结合现状，划定县城东南方向的沂源县化肥厂附近为具有一定水、气污染，货运量较大的工业区；环城路以南、造纸厂至沂蒙新华制药厂一带为污染较小、货运量不大的工业区。对造纸厂的废水加以处理。同时要加强绿化，防止粉尘污染。历山路以西、振兴路以北的熟食加工厂附近为食品加工工业区，可以充分利用地下水资源，又不影响县城用水。同时要统一规划，统筹安排，严禁乱征土地，乱圈大院，提倡厂与厂间协作。

统一安排仓库区，避免相互干扰。县城有大、中型仓库8个，在城东较集中区有粮食局仓库、果品冷库、棉烟麻仓库等。其他则分散分布在城内。重点建设城东，减少对城内的干扰。城南农机公司附近，结合现状将辟为内仓库区，主要为城镇及南

县城新貌（2023年）

部工业区服务；其他无污染、无危害的小仓库区可根据具体情况设置。对易燃易爆等危险品仓库，可考虑设在河西，留有一定的防护距离。

居住用地规划着重于旧城区挖掘现有用地潜力，远期集中建设新区。结合旧城改造建设住宅，尽量利用原址将平房改建为楼房。要求充分利用空地，填空补实，提倡建设高层建筑，配置齐全附属设施。旧城区补齐后，再集中建设胜利山的东部居住区。改建新建居住建筑要以3~4层楼房为主，建筑形式及布置应结合地形地貌特点。工厂内居住区设置防护林带，防止污染。填平补齐旧城区，在县医院以南，三村印刷厂以北及城中妇幼保健站以南和公共汽车公司以南，各开辟一块居住用地，统一规划，统一建设，禁止乱征土地。在解放军二十七医院以东扩建干部退、离休所。为保证规划的实施，在今后住宅建设中，按规划要求统一设计，统一施工，统一分配，不可乱征土地，乱插乱建房屋，逐步限制圈大院和一厂一区的分散布置形式。

1989年10月，荣获全国县城规划工作先进单位

1989年12月，荣获全省城市规划管理先进城市

20世纪八九十年代的东风路全景

20世纪八九十年代的胜利路西段

公共建筑方面，行政机关多沿胜利路分布，振兴路已形成商业性大街，中段商业服务设施较集中。城区现有中学三所，电影院、影剧院各一座，小体育场一处，医院三所。规划沿胜利路为行政区，各党政机关事业单位多集中于此，应充分利用现有土地，原则上不再扩大。利用原有服务设施，在振兴路中段逐步实行旧城改造，独立设置商业中心，按照公建指标，统一安排，统一配套。远期在胜利山以东形成第二个服务中心，着重于文化娱乐设施建设（如影剧院、青少年之家、科技展览馆等），同时建设部分商业服务设施，供车队、居住区使用。服务设施按小区千人指标均匀分布，结合交通疏导综合考虑。

为加强文化体育事业的建设，规划将中国人民解放军54815部队与县医院间作为科研、文教用地。科研机构、中专、中学等均设于此，形成文化区。小学可根据指标分散设置。小体育场已不能满足需要，规划近期扩建原有体育场，远期在胜利山东南，结合地形新建一处体育场，其中包括400米跑道一个，简易体育馆和游乐设施。原有体育场可作为附近中、小学校学生活动场地使用。现有医院基本符合国家卫生建设匹配指标。螳螂河以西，应按小区指标配置相应的生活服务设施。

规划确定，今后建设项目应对绿化予以足够的重视，规划远期在胜利山设公园一处，用地8公顷，可保留部分经济林，建造风景林，开辟一定规模的游艺场所，多种植花木，点缀亭廊，并修建游艺厅。建设中应因地制宜，充分利用地形特点，与自然环境相结合，讲究艺术效果，保护自然风景，体现出自然美。在旧城区内，要结合旧城改造，适当开辟小块公共绿地，改善环境。抓紧抓好行道树和防护林带建设，尤其是城南工业区的防护林带，应及早统一规划设置。建成后，片状绿地与带状行道树、防护林相结合，组成一个绿色有机整体，使县城面貌大为改观。

县城南麻有一、二、三个行政村，农业人口2000余人，耕地面积1080亩，是南麻重要的副食品基地，规划保留和发展现有蔬菜用地，为保证供应，不得随意侵占。城区范围内果园用地除胜利山部分改为公园外，其余均保留。

1984年12月，根据《沂源县城总体规划》，沂源县人民政府先后制定出台《沂源县城区建设管理实施办法》《城镇卫生管理试行条例》等法规性文件，使县城建设与管理逐步走上统一规划、统一管理轨道，开始有计划、按步骤的建设发展。

1982年规划对指导沂源改革开放以后的城市

沂源中学（1984年）

沂源饮食服务公司第一饭店（1990年）

建设、完善城市功能、促进经济和社会全面发展，发挥了积极的作用，为沂源改革开放初期发展锚定了方向，沂源的城市建设进入了全新发展时期。

第二轮县城总体规划（1993—2010年）

1993年规划于1991年5月启动，1995年12月，新一轮《沂源县城市总体规划》公布实施。此次规

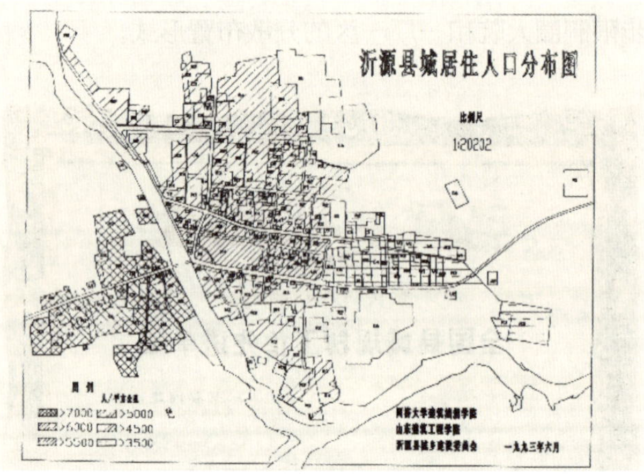

沂源县城居住人口分布图

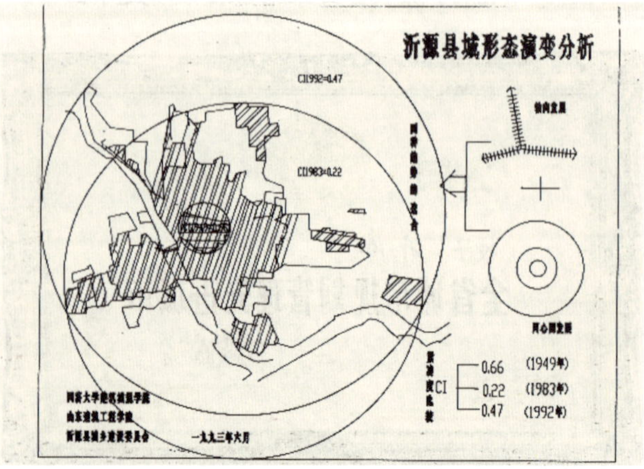

沂源县城形态演变分析

划确定沂源县城性质为“全县政治、经济、文化中心，以轻工业为主的综合性新型城镇”。规划建成区面积16.3平方千米，人口16万人，人均用地101平方米。

规划布局上，县城发展以向东、东北方向发展为主，其次向西跨河发展。规划范围：北到历山，东到儒林集村，南到沂河，西到西台村西，规划区内村(居)16个。

同年，编制完成《沂源县县域规划》。

1993年规划集中体现沂源县加快城市建设，带动县域经济发展的战略意图，为城市规划用地和建设提供更科学、更合理 、更有指导意义的依据。虽然仅仅实施7年，就作了根本性调整，但它在沂源县城从“以轻工业为主的综合性新型城镇”的实践，到定位“山水生态城市”的过程中发挥了积极的引领带动作用。

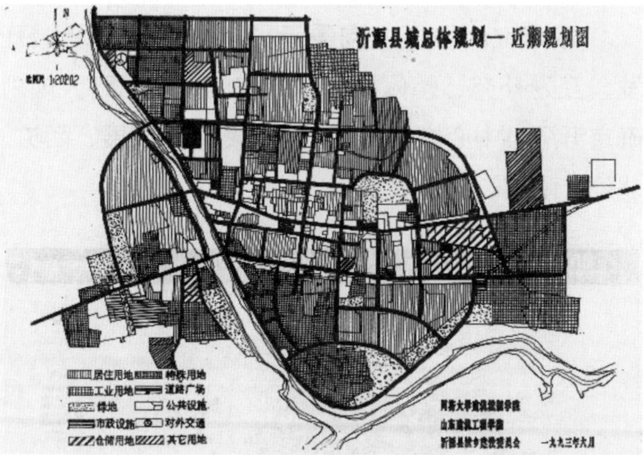

沂源县城总体规划——近期规划图

沂源县城总体规划——远期规划图

第三轮县城总体规划(2000—2020年)

为解决城市发展空间不足的问题，2000年5月，沂源县人民政府邀请同济大学及省市规划专家对第三轮县城总体规划修编工作进行调研，确定对1993年总体规划进行调整。分为两个阶段：

2000年规划

规划期限为2000—2020年。规划范围北到历山北麓，南至沂河南1500米，西至刘家大峪岭，东到石臼村，涉及南麻、悦庄二镇，规划区内村(居)达到35个。规划到2020年县城建成区面积 22.3平方千米，人口21万人，人均公共绿地15.6平方米。规划确定县城的性质为“山水生态城市”，以一圈(历山、荆山等城市外围山体绿化圈)、二线(螳螂河南北绿线、鲁山路景观绿线)、五园(胜利山水上公园，城东、城西公园，城北、城南公园)构架城市绿色空间框架，结合田庄水库风景区、螳螂河水景公园、水上公园等30多万平方米水面的建设，实现山水生态城市的目标。规划确定县城鲁山路以北为居住行政办公区，鲁山路以南、泰薛路以北以商业和第三产业为主，泰薛路以南为工业区。城区用地发展以向东、东北方向为主，次方向跨河向西发展，结合现状用地布局特点及满足城市不同功能需求，形成一个中心(商贸金融服务中心，位于振兴路、工业路、泰薛路、沿河东路之间)，一条公建带(沿鲁山路形成行政、办公、综合商贸带)，四个综合区(河西综合功能区、泰薛路南工业区、历

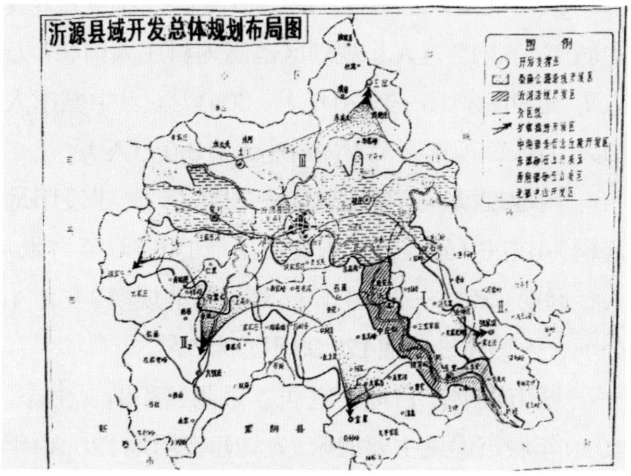

1993—2000年，沂源县城开发总体规划布局图

山脚下办公居住综合区、东部综合功能区），两条绿轴（鲁山路绿化景观大道，形成东西向绿带，沿螳螂河两岸形成贯穿南北绿带）集中型规划布局结构。

2012年规划

2006年3月，对2000年县城总体规划进行局部调整。2012年12月，编制完成《沂源县县城城市总体规划（2012—2020）》。城市规划区（即中心城区）范围：北至北外环以北约500米、南至侯家官庄，西至刘家大峪，东至工业二路，规划区内建设用地面积为34.83平方千米。

城市性质为北方山水特色突出的山水生态城市；济青高速公路南线重要节点城市；鲁中现代高新产业和服务业基地。城市职能为沂源县政治、经济、文化中心。

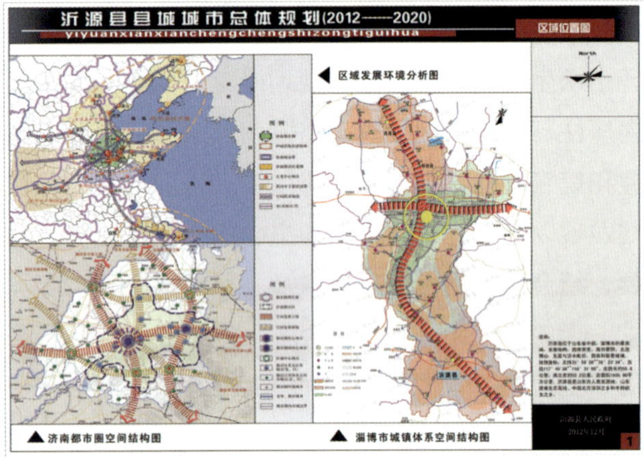

沂源县县城城市总体规划（2012—2020）

人口规模：近期（2012—2015年）：20.4万（其中城市人口17万人，规划区范围内村庄人口3.4万人）；远期（2016—2020年）：30.0万（其中城市人口27万人，规划区范围内村庄人口3.0万人）。

用地规模：近期（2012—2015年），建设用地规模2495.65公顷，人均建设用地146.80平方米/人；远期（2016—2020年），建设用地规模3482.78公顷，人均建设用地128.99平方米/人。

城市发展总目标：宜居、乐业、和谐、生态。2020年城市建设主要指标：人均建设用地128.99平方米/人，人均居住面积42.03平方米/人，人均公

沂源县县城城市总体规划（2012—2020）

园绿地≥12平方米/人，绿地率≥50%，人均城市道路面积17.00平方米/人，人均综合生活用水量140升/人·日，人均生活用电量1500千瓦时/年，供水普及率100%，燃气普及率100%，集中供热率100%，移动电话普及率75部/百人，大气环境质量达到二级标准，生活垃圾无害化处理率100%。

城市空间发展方向秉承“老城提升、新城开发、互为补充、整体推进”的空间发展思路，规划确定沂源县中心城区用地发展策略为：东展、西扩、北延、南控、中优。

沂源县县城城市总体规划（2012—2020）

“东展”：随着经济开发区的成立，结合城市基础设施的发展建设，拓展东部的发展空间，集中打造东部工业高端产业聚集区。

“西扩”：依托旅游生态保护区，城市建设往西扩张，打造西部休闲、生态宜居区。

“北延”：依托新行政办公中心及商业次中心的

辐射带动作用，中心城区的发展可适当向北。

“南控”：受地形、济青高速公路南线、铁路及铁路专运线的影响，城市建设不宜向南拓展。

“中优”：指强化老城区功能的提升，结合老城区的改造，强化老城区商业、优化居住环境、缓解交通及用地压力、完善公共服务设施及市政基础设施建设。

规划确定沂源县未来城市发展形态为“一心、三带、五片区”的城市布局形态。

一心：中部综合商贸服务中心。

三带：沂河、螳螂河、儒林河滨水景观绿化带。

五片区：南部现代物流聚集区、旅游生态保护区、西部生态宜居区、北部生态宜居区、东南部高端产业聚集区。

沂源县县城城市总体规划（2012—2020）

居住用地规划面积1134.74公顷，占城市建设用地的32.58%。规划行政办公中心位于迎宾大道以北，东埠路西侧，占地71.24公顷。规划通过土地置换等手段，将现状行政办公用地，逐步改造为居住、商业、广场等用地。规划行政办公用地面积为114.38公顷，占城市建设用地的3.3%。文化设施用地规划按县级、居住社区级2个层次布局文化娱乐设施，形成布点均衡、功能齐全的文化设施网络。规划文化设施用地为19.90公顷，占城市建设用地的0.57%。教育科研用地，规划沂源中心城区中小学共19所，其中完全小学11所，九年一贯制学校3所，初级中学3所，高级中学2所；小学、初中入学率保持100%，年巩固率达100%。近期高中教育普及率不小于96%，远期高中教育普及率达到100%。规划中小学用地124.21公顷，占城市建设用地的3.6%。

科研用地：规划科研中心位于儒林河以西，迎宾大道以北，结合科研培训、高新技术产业形成全县的科研中心。规划科研用地约20.62公顷，占城市建设用地的0.60%。

体育用地：规划两块体育设施用地：①将鲁山路北侧预备役营区用地规划为体育用地；②在新行政中心东侧设置体育设施用地。此外，开放学校体育设施，增加市民健身场所。规划体育设施用地约32.01公顷，占城市建设用地的0.92%。

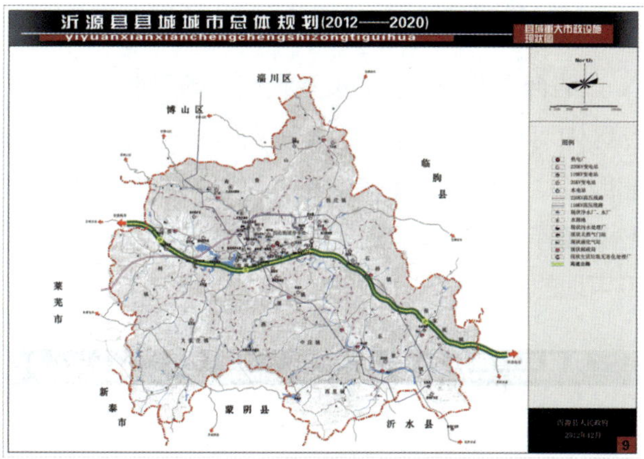

沂源县县城城市总体规划（2012—2020）

医疗卫生用地：规划建议保留现状中心城区医院1所、扩建1所、异地新建沂源县妇幼保健站，规模为300床。新建两所综合医院，规模分别为400床和500床。近期，2015年新建沂源县妇幼保健院，原县妇幼保健院改为城市级社区医疗服务中心；到2020年，新建两所综合医院，分别位于沂源一中东侧（编制床位数400床）、南麻大街与北京路交叉处（编制床位数500床）。规划医疗卫生用地20.10公顷（包含南麻镇医院和社区医疗服务中心），占城市建设用地的0.58%。

社会福利设施用地：规划三处社会福利设施用地，分别位于鲁阳路与南麻大街交叉口、振兴路与润生路交叉口、新城路与埠村河西路交叉口，规划总用地面积为10.65公顷。

文物古迹用地：中心城区内有文物古迹一处，位于菇子坪商周遗址公园内，用地面积为0.29公顷。

商业服务业设施用地：规划建立旧城区综合商业服务中心—商业次中心—居住区配套三级商业中心体系，按1000~3000米服务半径设置。旧城区综合商业服务设施中心：主要位于振兴路两侧，重点发展商业服务、贸易咨询、餐饮业、旅馆业等商业设施。商业次中心一处，位于西沙沟水库以南。主要发展商业服务、餐饮业、旅馆业等商业设施，其内设置游客集散中心。

居住区配套：居住区配套设施按国家《城市居住区规划设计规范》执行，主要设置居民日常生活需要的商业服务设施。

结合仓储物流中心设置大型市场用地，大型市场区内可根据沂源县实际情况布置融汽车销售、销售服务、维修、二手车交易、汽车配件为主的汽车产业园等，规划商业用地约201.46公顷，占城市建设用地的5.78%。

沂源县县城城市总体规划（2012—2020）

商务用地：规划沂源县金融及高端商务中心位于政务中心东侧；其他商务用地结合商业用地布置。规划商务用地约14.33公顷，占城市建设用地的0.41%。

娱乐康体用地：娱乐康体用地结合商业用地设置，规划娱乐康体用地约19.10公顷，占城市建设用地的0.55%。

公用设施营业网点用地：加油站在现状加油设施基础上，规划保留5处、新建13处。加油站内均需设置加气设施。规划公用设施营业网点用地约4.30公顷，占城市建设用地的0.12%。

工业用地，规划工业用地面积515.30公顷，占城市建设总用地的14.80%。

物流仓储用地：规划物流仓储用地面积107.40公顷，占建设总用地的3.08%。

旅游设施用地：规划一处旅游设施用地，位于天湖路与西外环路交叉，规划用地面积为35.53公顷。旅游设施用地不参与城市建设用地平衡。

城市对外交通规划，铁路：山西中南部铁路通道北线山东段（莱芜—日照）经过县境中南部；高速公路：济青高速公路南线；过境交通：北外环、西外环路（南段）—荆山西路—南麻大街、沂河南路—沂河北路、工业二路城市道路网，规划中心城区道路网络最终形成主干道、次干道和支路三个等级。规划道路主、次干路道路网密度分别为1.05千米/平方千米和1.20千米/平方千米。

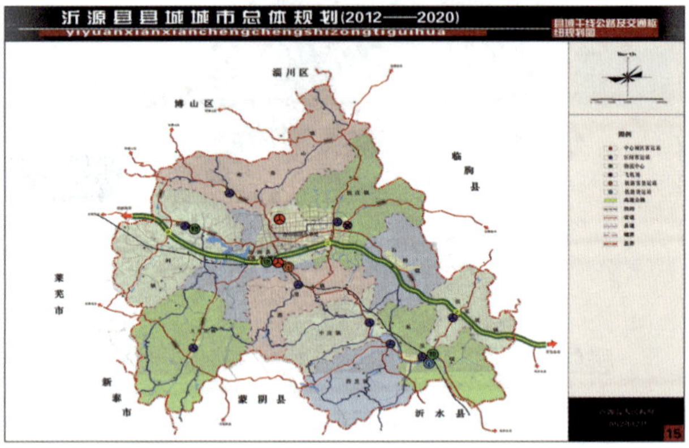

沂源县县城城市总体规划（2012—2020）

规划中心城区城市道路用地面积458.92公顷，占城市建设用地的13.12%。规划一处铁路客货运站，位于侯家官庄北侧，济青高速南线南侧。规划两处公路长途客运站，一处位于迎宾大道与历山路交叉口，占地5.46公顷；一处位于铁路客货运站北侧，占地3.94公顷。

公共交通场站用地：规划设置公交首末站5处，

一级公交枢纽2处、综合场站2处。公交首末站主要结合体育中心、老城区商业中心、工业园区、火车站、旅游设施用地设置，用地规模均为0.12公顷。一级公交枢纽主要结合两个长途客运站。综合站场两处，一处位于沂源二中东侧，用地面积为3.18公顷；另一处位于体育中心东侧，结合公共交通场站用地设置，面积为2.00公顷。公交站点按500~800米服务半径设置。

城市绿地系统规划，城市绿地率50%；城市绿化覆盖率60%左右；人均公园绿地16.37平方米/人；人均城市绿地19.45平方米/人；构建沂源县“山林水韵城相依、蓝脉绿廊绘沂源”的绿地系统总体框架。规划中心城区形成“一圈、一环、三廊、多轴、多点渗透”网络状布局的绿地系统结构。一圈：周边山体形成绿化圈向中心城区渗透，将中心城区掩映其中；一环：沿城市外环路、高速路所形成的环状绿化带；三廊：螳螂河、儒林河、沂河景观绿带；多轴：贯穿中心城区南北的河道及沟渠形成的绿化景观带；多点渗透：周边的山体与中心城区内规模不一、功能多样、各具特色的城市公园、绿地及沟渠水系融为一体，互相补充，共同构成一张绿化生态网。

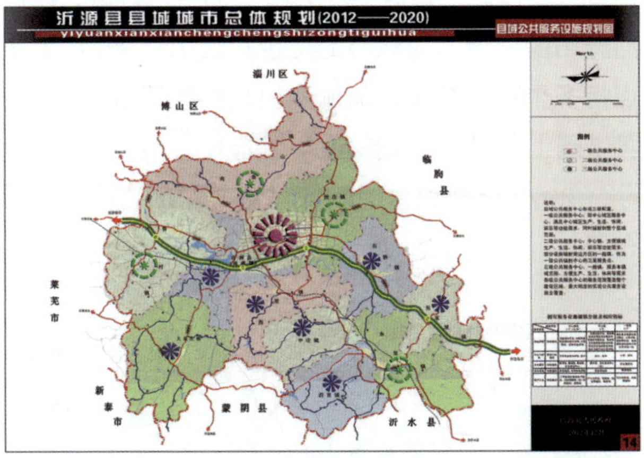

沂源县县城城市总体规划（2012—2020）

防护绿地，主要结合历山公园、胜利山公园、荆山公园和南郊山林公园设置，规划面积不低于69公顷。道路两侧的防护隔离绿带，规划宽度5~30米不等；工业区与生活区之间的卫生防护绿地，规划50~100米不等；沂河两侧规划0~50米的防护绿带，螳螂河两侧规划3~160米的防护绿带，儒林河两侧规划5~180米的防护绿带。

附属绿地，指标根据建设部《城市绿化规划建设指标的规定》（建城〔1993〕784号）、《园林城市评选标准》（1996建设部修订）、参考国内其他城市有关附属绿地的规定，考虑沂源县中心城区现状及发展目标而确定。居住区绿地，视不同情况而定。道路绿地，按《城市道路绿化规划与设计规范》规定确定。避灾绿地，沂源县属地震烈度七度设防地区，在城市绿地系统布局与绿地建设中将城市防灾减灾规划一并纳入，做到平灾结合。城市广场，规划保留广场3处：文化苑广场、汇源绿色广场、全民健身广场；新建6处：结合老城改造及新区建设设置，分别为沂河广场、开发区广场、火车站广场、商业次中心广场、老城区商业中心广场、政务广场。

沂源县县城城市总体规划（2012—2020）

城市景观风貌规划，构筑“山、水、绿、城”的现代城市景观，规划将沂源县中心城区划分为七大风貌片区，分别为旧城风貌区、山水人居风貌区、生态宜居风貌区、新城中心景观风貌区、高端产业聚集区、现代物流风貌区、旅游生态保护区。

景观通廊和景观道路，螳螂河、沂河、儒林河三条生态景观通廊；重要对景点视觉通廊：鲁山路以胜利山为中心，西端对景荆山，东端对景城东公园；瑞阳大道北端对景马头崮，南端对景沂河及济青高速公路南线以南群山；历山公园对景胜利山公园、天湖和新政务中心。

景观门户，螳螂河、北外环路交叉口——北部门户。济青高速公路西部出入口——西部门户。济青高速公路东部出入口——东部门户。

沂源县县城城市总体规划（2012—2020）

景观节点，众多公园和广场绿地组成多个景观节点，各个景观节点之间应保持视线的通畅性。

景观水系规划，沂源县城生态水系形成以“一湖三河二渠为主，七渠为辅，七珠点缀”的布局结构。

一湖：天湖，围绕天湖良好的生态环境，建设旅游生态保护区，打造休闲旅游胜地。

三河：沂河、螳螂河、儒林河。

二渠：西沙沟沟渠、涝坡河沟渠。

七渠：窗户沟、西沙沟东渠、东沙沟、栗行河、北石臼河、阿陀河、悦庄河。

七珠：窗户沟水库、西沙沟水库、东沙沟水库、吴家官庄水库、水上乐园、沂河湿地、儒林河湿地。

2012年规划，奏响了“跨河发展”的序曲，规划同时结合信息技术、交通网络、消费经济的发展，重塑乡村价值，通过以城带乡、以东带西、美丽发展，将生态价值有效转化为经济价值，助力乡村振兴，推进沂源全县域一体化建设。

第四轮县城总体规划（2021—2035年）

2023年，沂源县自然资源局完成《沂源县国土空间总体规划（2021—2035年）》。

2023年规划，从整体上谋划沂源县到2035年国土空间开发保护格局，确立沂源县“鲁中高新技

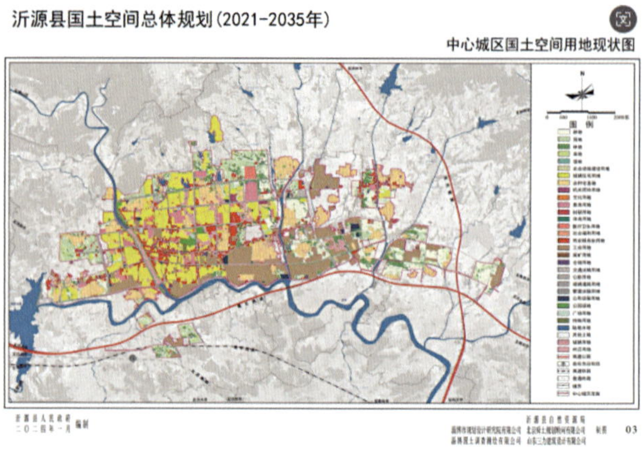

中心城区国土空间用地现状图（2021—2035年）

术产业集聚区，现代化山水生态城市”性质定位，为推动沂源县绿色低碳高质量发展，深入实施“三县战略”，聚力推进“四新四创”，提出构筑“一源”（一源指“沂河源头”）“两屏”（两屏指北部生态屏障、南部生态屏障）、“一核”（一核指中心城区发展核）、“一心”（一心指东里镇县域发展副中心）、“三轴”（三轴指县域产业发展主轴、地上银河景观副轴、农业发展副轴）、“五片”（五片指以鲁山溶洞为核心的特色片区，以牛郎织女、初心家园景区为核心的特色片区，以唐山景区为核心的特色片区，以阳三峪等乡村为核心的特色片区，以沂河源田园综合体为核心的特色片区）、“多点”（多点指多个特色城镇、美丽乡村和特色景区节点）的县域国土空间开发保护总体格局。

2023年规划，明确优化中心城区功能结构和布局。

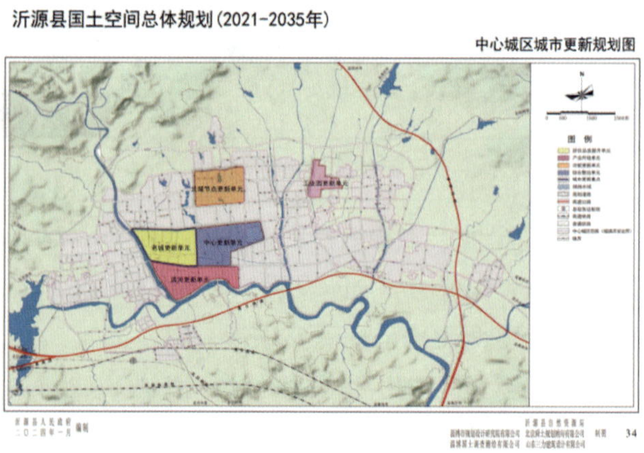

中心城区城市更新规划图（2021—2035年）

中心城区范围：包括历山街道、南麻街道、悦庄镇和石桥镇等区域。

中心城区规模：远期规划中心城区常住人口28万人左右，中心城区面积4755.34公顷。

重点发展方向：向东及东北方向发展为主，向西、西南方向发展为辅。向东、向北沿儒林河、历山等水系和山体进行拥河环山发展，形成新城片区，沿饮马河与悦庄镇区打造大学城片区，同时兼顾向西、向南发展西部活力和康养片区、南部物流产业片区。

按照“东强、西兴、南起、北美、中优”的思路优化中心城区空间布局，由侧重于单纯外延式空间拓展向内涵式高质量发展转变。

“东强”指落实产业强县战略，做强做大山东沂源经济开发区，不断完善公共服务设施和市政基础设施，实现产城融合。

“西兴”指振兴西部，充分依托天湖、沂河、螳螂河的优质自然景观资源，加速建设活力、康养之城，打造全新的休闲旅游、养老养生和宜居聚集区。

“南起”指充分发挥鲁中区位优势，依托青兰高速、瓦日铁路及鲁中高铁等便捷交通条件，打造鲁中区域性物流中心，建设南部物流产业片区。

“北美”指充分利用水系、山体等良好的自然景观条件与现有基础设施，环山拥河发展，打造独具山水特色的北部宜居新城片区，将儒林河周边区域作为城市建设的重点，带动民营产业园的转型升级和大学城的建设，实现城市与大学城、山东沂源经济开发区的校城融合和产城融合。

“中优”指加快城市更新，着重功能疏解与公共空间植入，提升城市整体空间品质。

空间发展策略：

1.生态优先，保护“一湖四水、多山入城”的山水格局保护重要生态及景观要素，“一湖”指天湖；“四水指沂河、螳螂河、儒林河、饮马河水系；“多山”指历山、马头崮、塔山、螳螂崮等。

2.服务东进，导入公共服务职能，建设完善的服务体系依托儒林河水系的优质自然景观资源，将新城中心打造成一个集行政办公、文化、体育、教育、医疗、商业商务、科创研发等功能为一体的现代化城市综合服务中心。

中心城区道路交通规划图（2021—2035年）

3.老城优化，植入公共空间，提升城市整体空间品质加强城市更新，植入绿地、公共服务设施，改善市政基础设施，提升老城空间品质，营造传统的商业氛围，打造成为具有生活气息的城市记忆场所。

空间结构：北部历山、马头崮、螳螂崮等生态山体与南部的沂河，中间的螳螂河、儒林河、饮马河等河流相互映衬，多条水系与绿廊在中心城区交织成网，突出山水相融。构建“山水相映，蓝绿交织，产城融合、职住平衡、生态宜居”的中心城区空间格局，形成“两心、六片、多廊”空间结构。

“两心”指老城中心和新城中心。

“六片”指西部活力康养片区、老城片区、新城片区、大学城(含悦庄镇区)片区、东部高新产业集聚片区(即山东沂源经济开发区)和南部物流产业片区。

“多廊”指沂河、螳螂河、儒林河、饮马河等多条生态水系廊道。

规划分区管控：

居住生活区。主要为现状居住及城镇建设新拓展片区。片区内保障一定比例的配套社区服务设施用地，注重构建15分钟社区生活圈的建设。限制各类用地调整为易对居住生活区产生影响的工业、物流仓储等用地。总面积2080.92公顷。

综合服务区。主要分布于老城片区、新城片区、西部活力康养片区和大学城片区。包括行政办公、文化、教育、医疗等服务为主要功能导向的区域。片区内限制各类用地调整为居住、工业、物流仓储等用地。总面积626.27公顷、商业商务区。主要为老城片区核心、新城片区核心和沂河沿岸等区域。片区内适度布局必要的公共服务设施，控制新增居住用地规模，限制布局工业、物流仓储等用地。总面积377.15公顷。

工业发展区。主要位于山东沂源经济开发区，引导园区外各类工业用地向园区集中，并严格遵守工业用地防护距离要求，园区内注重完善公共服务设施配套，推进产业园区的完善与建设，总面积1218.06公顷。

物流仓储区。主要位于南部物流产业片区。物流仓储区应严格遵守环保要求，降低物流仓储功能对城市居住、公共环境、交通等干扰。总面积88.05公顷。

绿地休闲区。主要包括中心城区内的大型公园、大型广场以及沂河、螳螂河等滨水开敞空间。该区域限制布局除必要的小型公共服务、配套商业服务和公用设施以外的用地。总面积310.73公顷。

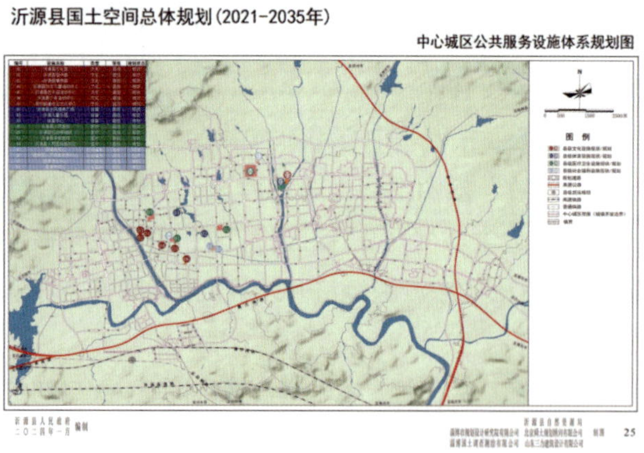

中心城区公共服务设施体系规划图

战略预留区。为城市发展预留弹性空间。总面积54.16公顷。

城市更新目标：以“提质增效”为核心，优化城市功能及布局，提升城市空间品质，完善公共服务设施，增强城市发展活力，布局，提升城市空间品质，完善公共服务设施，增强城市发展活力，提高土地利用效率，促进经济、社会、文化、生态全面协调发展。

到2035年，基本建立城市更新的长效机制，城市更新内涵不断丰富，实现城市有机更新。

更新资源梳理：城市更新对象包括老旧居住区、老旧工业用地和旧村庄。

老旧居住区指中心城区、镇(街道)国有土地范围内，市政配套设施和公共服务设施不完善的住宅小区；老旧工业用地是指没有体现用地区位价值或没有向园区聚集、造成建设用地碎片化的用地；旧村庄是指位于城镇开发边界内，土地尚未被征收、实行乡村行政建制的村庄。

城市更新策略：以更新单元为抓手，有序开展老旧居住区的更新改造，保障基础设施，高标准配置教育、医疗、文化、体育、养老等公共服务设施，补齐城市公共服务功能短板。

以老旧工业用地更新为核心，引导产业升级、推动产业园区发展；创新土地利用方式，支持新型产业发展，合理提高产业用地开发强度。

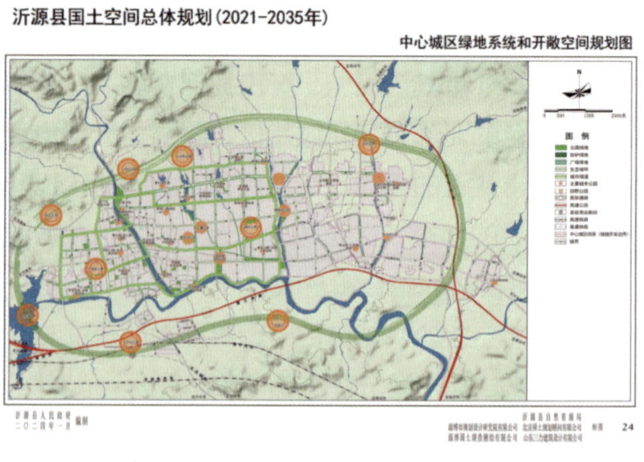

中心城区绿地系统和开敞空间规划图

盘活旧村庄存量建设用地，支持农村产业融合发展和乡村振兴。注重生态保护和文化传承，整合土地资源，以多种更新方式推动旧村庄改造。

城市更新空间引导：

划定“四类、五片”更新单元。“四类”是指居住品质提升类、产业升级类、功能更新类和综合整治类；“五片”是指老城更新单元、中心更新单元、滨河更新单元、北城节点更新单元和工业园更新单元。

老城更新单元为居住品质提升单元。主要是通过行政功能疏导、配套设施完善，实现老城用地功能的梳理与转换，强化老城核心商业与服务功能的提升，打造综合服务中心。中心更新单元为综合整治单元，结合商业及综合服务职能提升，打造综合服务中心。滨河更新单元为产业升级单元，结合滨水空间功能再造，实现城市滨水价值最大提升。北城节点更新单元为功能更新单元，主要是结合老城片区功能疏导，打造行政、文化、服务中心。工业园更新单元为功能更新单元，推动低效用地再开发、产业用地集中进园，与大学城建设相结合，提升土地使用效率。

住房保障：以政府为主导，坚持保障基本、兼顾差异、满足多层次个性化需求，建立多元住房供应体系。采用发放租赁住房补贴、实物配租、租金核减等方式，建立健全以公租房、保障性租赁住房和共有产权住房为主体的住房保障体系。建立健全农村低收入群体等重点对象住房安全保障长效机制，实现“地域分布”“保障对象”2个基本全覆盖，坚持生活空间宜居适度，加大人才安居力度，为符合条件的各方面人才提供多样化、可租可售的人才住房。优化住房供应结构，满足多层次住房需求。

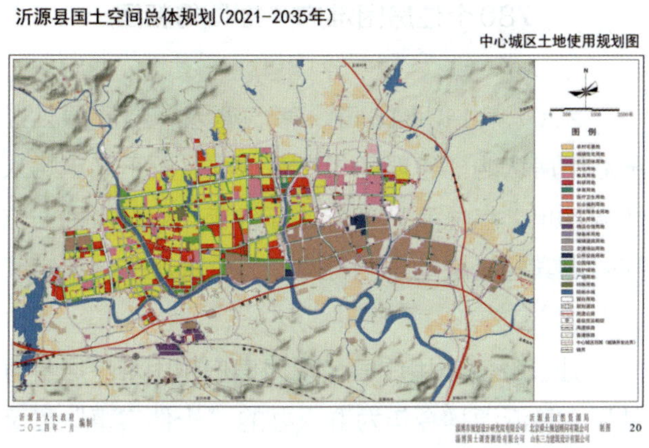

中心城区土地使用规划图

居住社区：合理引导居住用地布局，优化职住空间匹配；提高住房建设标准，加强绿色节能，多措并举实现“住有所居，居有所安”。健全完善各类公共服务体系，提高保障和改善民生水平，加强和创新社会治理，以人民生活更加幸福美好为总体目标，以社区生活圈为居民日常生活的基本单元，有序推进老旧小区和棚户区综合整治和有机更新，建设多层级（5分钟、10分钟、15分钟）、全覆盖、满足“人民美好生活需要”的社区生活圈。重点加强镇（街道）级和社区级公共服务设施的建设，提高设施服务水平。

地下空间分区：将中心城区地下空间开发划分为禁建区、限建区、适建区。

1.禁建区

主要包括地质灾害隐患区、河流沿线保护区、历史文化保护区范围。此范围内禁止地下空间开发建设活动。

2.限建区

主要为现状村庄建设用地、公园绿地范围。在无特别需求的情况下，不宜进行地下空间开发。

3.适建区

主要为大部分建设用地范围，其范围根据不同片区的区位、片区职能、人口及产业聚集度、对地下空间开发的需求度，划分为重点片区、次重点片区、一般性片区。

重点片区：集中于新城片区和老城片区核心区，为地下空间重点开发地区。新建地下管线设施优先集约化共沟建设，主干道直埋管线逐步进行共沟改造；穿越管制区架空线进行入地化改造；新建市政场站设施进行地下化建设，已建场站设施逐步进行地下化改造，包括110千伏及以下级别变配电站、垃圾收集转运设施、污水处理设施、燃气调压站设施等。

次重点片区：新城片区和老城片区核心区外延区域。新建地下管线设施优先集约化共沟建设，主干道直埋管线逐步进行共沟改造；穿越管制区架空线进行逐步入地化改造；新建市政厂站设施适度引导进行地下化建设，已建厂站设施适度进行地下化改造。

一般性片区：城市核心区外围区域。禁建区和重点片区、次重点片区以外的适建区范围。一般性片区不要求进行市政设施地下化。

已建成的地下空间不作为可再度利用的地下空间资源，应重视现有已开发空间的整合与系统化连通。部分采空区再利用时应谨慎进行加固改造。

地下空间服务设施：

1.地下公共空间

地下公共空间结合地面商业服务设施、城市广场布局。功能以地下商业、体育、文化等为主，同时兼顾其他功能。

2.地下停车场

分为地下公共停车场和配建停车场。地下公共停车场建设应结合城市各级中心区、商业区以及就业岗位密集地区布局。

3.地下市政公用设施

城市重要交通枢纽地区和商业中心区，积极利用地下空间安排市政场站、物流运输等设施。大型公建区、新建居住区建设地下雨水收集池及再生水处理设施。各片区中心区、新建居住区逐步实现管线共沟。

4.地下人防设施

大型地下公共空间开发应兼顾人防功能。新建居住及公共建筑应建设地下掩蔽工程。地下道路、地下步行通道等作为应急地下疏散干道，宜连通大型地下公共人防工程，形成地下人防网络。

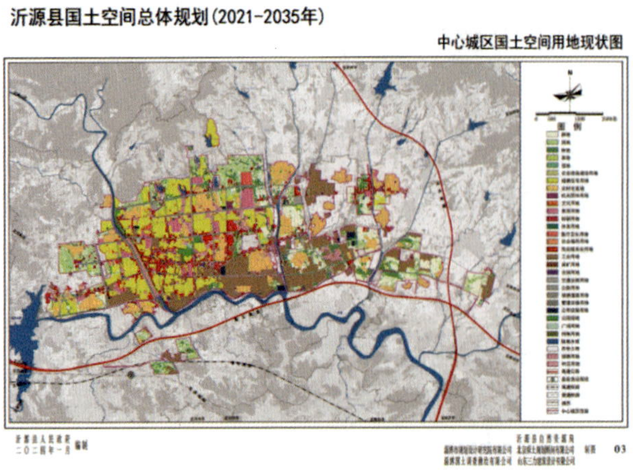

中心城区国土空间用地现状图

城市绿线：将中心城区范围内对居民休闲生活、城市景观多样性以及空间结构有重要影响的结构性绿地、县级公园及部分沿河绿地、沿路防护绿地等纳入城市绿线，划定城市绿线面积116.49公顷。城市绿线严格按照《城市绿线管理办法》管控，城市绿线用地规模原则上不得减少。因道路、市政基础设施、公共设施、相邻地块出入口等民生建设确需占用，经论证可行后可对其边界进行优化调整，但须遵循绿地覆盖范围不减小、绿地总量不减少、廊带公园总体走向不改变的原则。

城市蓝线：加强河湖蓝线管理。将中心城区范围内的螳螂河和饮马河干流等水域及其保护区域纳入城市蓝线，划定城市蓝线面积61.67公顷。

城市紫线：沂源县中心城区内有1处历史建筑，为杜万兰庄园旧址，划入城市紫线，面积约0.21公顷。严格按照《城市紫线管理办法》进行管控，建立紫线定期评估与更新机制。根据文化发展要求，动态调整保护对象和保护范围。

城市黄线：将中心城区范围内重大基础设施用地控制界线纳入城市黄线，包括城市水厂（泵站）、城市变电所（站）、城市气源和燃气储配站、城市热源（站）、邮政通信枢纽、城市污水处理厂（泵站）、城市垃圾转运站、消防站、城市公共汽车首末站、城市交通广场等。划定城市黄线面积67.14公顷。

新闻报道集萃

780个住房困难户“摇”得新居

2007年11月16日，寒气逼人，但沂源县经济适用房认购摇号现场却春意浓浓，近千名申购人怀揣梦想，焦急而又兴奋地等待着。随着最后一位摇号嘉宾轻轻敲动电脑键盘，780套房子全部有了主人。

建设经济适用住房，让无房户和困难户居者有其屋，是沂源县今年为群众办的“十件实事”和全力构筑的“十二条民生保障救助线”之一。消息一传出，群众高兴之余又不免担心，害怕运作不规范，真正的无房户住不上经济适用房。为此，县委书记韩国祥多次批示，要求确保每一套经济适用房都供给无房户和困难户。县委、县政府成立专门机构，明确提出申购者不仅要符合4个条件，即夫妻至少一方具有县城规划区内城镇常住户口，上年度家庭收入低于1.8万元，无房或人均住房建筑面积10平方米以下，在劳动保障部门缴纳养老保险金一年以上；还要经过“四关”，即居委会或企业内部初审、公示，经济适用房认购工作办公室复审，全县范围内公示和有奖举报，通过摇号确定购买权和选房顺序。经过层层审核公示，在1321户购房申请者中共有981户符合申购条件，780户通过电脑公开摇号选到了新房。

在摇号现场，长期租房住的左效山、展光红夫妇动情地说：“过了半辈子了，俺们还没一个自己的‘家’，这回总算有了。”30出头的王申福快人快语：“这次申购程序公开、结果公正，据我所知一些关系很‘硬’的人没摇中，这就是最好的证明。”

摇号结束后，很多购房人迫不及待地来到建设工地，来看看即将属于他们的家。县房管局局长李传国告诉记者：经济适用房小区占地64亩，建筑面积5万平方米，共19栋780套，在全市乃至全省县级经济适用房小区中规模最大，全部为60~70平方米的小户型，套型设计合理实用，配套设施齐全，建材采用国家免检产品，可抗7级以上地震，每平方米均价1206元，比同地段商品房低400~600元。另外，县里还协调银行将购房者的住房贷款利率下调了15%。现在，19栋楼已经有16栋完成主体工程，明年6月就可入住。

原载：2007.12.01《大众日报》

“森林围城”“果园进城”打造一个美丽沂源

“森林围城”工程是山东沂源县委、县政府十件实事之一。这一理念的依据是，人类是从森林中走出来的，从刀耕火种到“有巢”是人类的巨大进步，从“有巢”到村庄、城镇、城市是一个巨大进步。但是，高度的城市化带来了人类居住环境的恶化，现在，人类重新走进森林，走进自然，是人类心灵的选择和又一次进步。

沂源新一届领导班子上任后，把森林围城和果园进城当作县委政府一项民生工程来抓，县委政府把“果品生态强县”理念渗透到城市建设、生态建设等方面，充分展示沂源的果乡特色，实施了“果树进城”工程，把16个树种11000余株果树“请”进城里“安家落户”。街街巷巷、大路小路都栽种上了果树，并制定了切实可行的责任制，保证每一个果树成活、结果。一年过去了，现在，县城的街道上苹果握紧小拳头，梨树歪着小脑袋，11000棵果树高低不平地挂着各色果子。县城变成了一个蝴蝶飘飞、果压枝头的“大果园”。走进沂源，仿佛进入了花果之城，只见城中鲜花斗艳、绿树成阴、百树挂果。特别是路边的果树上，花朵落下后一颗颗果籽悄悄露出头来，像害羞的稚子躲在层层绿叶间煞是惹人喜爱……眼前的景色犹如一幅幅充满诗情画意的画卷，让人沉醉。

“森林围城”工程总面积为10000亩。目标是将县城附近的河道、荒山、道路披上绿色。为搞好工程建设，县林业部门抢抓今春土壤墒情好的造林有利时机，强化措施落实，提高造林质量，加快造林进度，科学规划，保证效果。为保证绿化美化效果，提升生态功能，专门聘请省林业监测规划院的专家进行规划设计，树种以侧柏、黄栌、五角枫、哑松、银杏、杏树等常绿、彩叶、景观树种为主，全部营造高标准混交林，迅速提升绿化美化的档次，切实打造层林尽染的视觉效果。目前，该工程日上阵劳力470余人，已完成造林3000亩，工程进展顺利。

“森林围城”“果园进城”工程，将进一步打造沂源“齐鲁生态高地”，“生态沂源、美丽沂源”的品牌。为沂源的生态建设和旅游发展增添筹码，2011年，沂源旅游人数超过200万人次。今年，来沂源的旅游人数比同期又有较大增长。

原载：2012年07月11日《新华网》

山东沂源荣获“中国人居环境范例奖”

青山环绕，绿水相依。蜿蜒迤逦的螳螂河穿城而过。好山、好水、好生态，赋予了沂源县得天独厚的山水和生态资源优势。围绕“山、水、城、绿”重点建设，通过点、线、面合理布局，沂源县着力打造城市园林精品，绿化规模和档次不断提高，各项绿化指标和整体绿化水平均居全省前列。不久前，沂源县荣获“中国人居环境范例奖”。

日前，从国家住房和城乡建设部传来喜讯，沂源县荣获“中国人居环境范例奖”，2014年全省仅3个市县获此殊荣。这是沂源县继获“全国文明县城”“国家园林县城”“亚洲都市景观奖”“全国绿化模范县”“山东省适宜人居环境范例奖”等后的又一殊荣。

问渠那得清如许，为有源头活水来。摘得这些含金量极高的“国字号”荣誉，是沂源生态城建的生动成果。近年来，沂源提出了“生态为先、以人为本、产业为根、文化为魂”的基本原则，按照“山水生态和谐宜居宜业”城市目标定位和一流标准，实施了新一轮县城总体规划，将县城规划为东部工业新城、中部综合功能区、西部河湖新区三部分。新城跨河西进、拥湖发展、环山布局，将新北外环路规划到历山以北，将新南外环路规划到沂河以南，将历山、荆山纳入城中山，使螳螂河、沂河、儒林河成为城中河，天湖成为城中湖，使山、水充分融入城市。

完善基础设施　提升城市服务功能

基础设施是城市的“内核”，沂源县在城建中始终贯穿这一理念，高标准、高规格实施城区路网、桥梁、燃气、热力和污水管网建设，打造了强劲的城市“内核”。

加快城市路网建设。北京路、上海路、枣庄路、南麻大街等新修道路，宽阔平坦，纵横交织。荆山路、鲁山路等改造提升后，焕然一新，路旁景色宜人。2011年以来，沂源累计新建改造道路18条共50.9千米，城区道路总里程达到118.6千米，构建起“外环内网、平安畅通”的城市道路网络，改善提升了城区交通结构和道路通行能力，拓展了城市发展空间“骨架”。

实施桥梁畅通工程。按照“现代简约流畅”的设计理念，陆续铺开建设的螳螂河大桥、西台大桥、沂河源大桥等10座现代化大桥，宛如彩虹，横跨沂河、螳螂河两岸，链接起城市“脉络”，将新城和老城融为一体。“一桥一景、一桥一韵味”的文化内涵，将城市点缀的更加灵动、精彩。

加快管道天然气推广普及。抓住“泰—青—威”天然气主管道全线贯通的有利机遇，高规格实施的管道天然气工程，结束了沂源不通管道天然气的历史。同时，该县不断加大天然气推广普及力度，并投资1.3亿元，实施了LNG储备站、加气站及天然气配套管网建设，将天然气通到城市各个角落，送到家家户户。目前，该县累计铺设天然气管道132千米，建成汽车加气站2座，日用气量达10万立方米。

加快城市供热体系建设。城市既要“冬日温暖”，更需要“绿色”，鱼和熊掌该如何兼得?为此，沂源投资1.9亿元实施了城区循环水供热工程，彻底淘汰传统的蒸汽供热方式，累计铺设供热管道110千米，将“绿色”循环水送到县城各区域，城市供热能力达到400万平方米。

加快污水处理体系建设。污水处理是城市的难题，为过好这关，沂源投资9581万元，对原有污水处理厂进行改造升级，并实施建设了占地53.5亩、日处理污水4万吨的城东污水处理分厂，同步铺设了城市污水管网，目前管网里程达到163.7千米，管网密度达到3.5千米/平方千米。多措并举，让沂源城市污水管网覆盖率及收集处理率稳居全市前列。

优化生态环境　提升城市形象品位

山水生态是沂源得天独厚的“资本”，依托这一优势，在城建中沂源巧做山水文章，围绕“山、水、绿”三大重点，通过点、线、面合理布局，加大城市绿化建设和投入力度，着力打造城市园林精品。

生态园林让绿色拥抱城市、居民回归自然。“最大程度地让市民亲近绿色，享受自然。”这是沂源对园林绿化的一贯追求。坚持增加绿量与提升品质相结合原则，近年来，沂源县采取拆墙透绿、顺街铺绿、见缝插绿、破硬建绿等多种途径，相继建成综合性公园5处、游园12处、街头绿地41处，并对15条新建道路实施了高标准绿化。今日沂源，道路绿树遮荫，绿地花团锦簇，游园星罗棋布，不出城郭而享园林之美，身居闹市便赏花香之怡。

民生为先为群众打造幸福乐园。以生态、乐趣、启迪、感恩为主题，建成了沂源首个集运动娱乐、科普认知等功能于一体的综合性儿童乐园。公园占地6万平方米，有休闲活动、健身活动、认知体验、启迪乐园、亲子乐园、娱乐探索6大功能区，20多个儿童游乐项目。同儿童乐园隔路相望的胜利山九九乐园，是沂源首个集户外运动、健身娱乐、休闲养生等多种功能于一体的老年人主题公园。在24万平方米的园内，棋牌长廊、门球场、翰墨轩、音乐广场、健身步道等老年人活动场所，随意分布；松鹤亭、樱花大道、荷塘月色、梅园、盆景园等景观，雅致悦目。

果树进城打造“果园里长大的城市”。作为全国果品生产百强县，沂源拥有丰富的果树资源，按照“适地、适树、适景”的要求，近年来，沂源将16个树种2万余株果树“请”进城里“安家落户”，成片移栽到城区公园和绿地当中，相继建成了城市精品游园21个，让县城变成了一个“春季鲜花满树、秋季鲜果满枝”的“大果园”。

清水润城打造生态特色水系。水是城市的灵魂，概算总投资16.5亿元的“清水润城”工程，让城市更活、更靓。立足独特的水生态优势，沂源以实施天湖湿地公园净水工程、“六点水新世界”等项目建设为载体，加快建设以“三河、七溪、十二湖”为主体的生态化、一体化城市水系，通过因地制宜、因势造景，让水进城市、进公园、进社区、进主干道两侧、进大体量建筑，与现代城市融为一体，建设独具特色的“北方水城”。

沿河改造打造滨水景观长廊。水活起来，河更要美起来。沂源在对沂河、螳螂河流经城区的10.8千米河段实施综合治理中，贯彻人与自然和谐相处的治水理念，探索新模式，将防洪治涝、生态环境、旅游、休闲娱乐等有机地融合在一起。在保持天然状态下的河流形态的同时，整治岸坡、修建护砌、清淤疏浚河道等每一项工程都按照高标准实施，还新建了多处橡胶坝、亲水平台、砼管涵等，实现了河畅、水清、岸绿、景美、人水和谐的综合整治目标，将河岸打造成秀美的滨水景观长廊。

绿满沂源打造生态绿色屏障。绿是城市的屏障。沂源县立足山区自然条件，依托全民义务植树、单位和个人挂包荒山、封山育林等措施，启动实施了“绿满沂源”造林绿化工程，将城区附近的荒山、道路披上绿装，树种以侧柏、黄栌、五角枫、银杏、杏树等常绿、彩叶、景观树种为主，全部营造高标准混交林，到2015年，全县新增造林绿化面积将达到12万亩，森林覆盖率达到59%以上。

实施民生工程　提高居民幸福指数

为政之要，民唯邦本。近年来，沂源县委县政府始终与群众关切同心同向，不断强化“民生为先”的理念，坚持经济发展和民生建设同步推进，特别把涉及民生的一些重大事项以“项目化”的形式加以推进，高标准谋划实施民生项目。为把这些民生项目真正办成“民心工程”，沂源县强化“精品意识”，按照“要素跟着项目走”的要求，整合资源，集中突破重大民生项目，把每一个项目都打造成群众满意的“样板工程”。

建筑节能实现经济、社会和环境效益“三丰收”。近年来，沂源县始终把建筑节能作为实施“生态立县”战略、改善城市人居环境的重要举措，坚持组织宣传、政策保障、资金扶持、标准执行“四个到位”，到目前为止，累计完成既有建筑节能改造126.7万平方米，新建节能建筑175.7万平方米，其中采用建筑节能与结构一体化技术的建筑达129.73万平方米，实现了保温与建筑主体结构同寿命；城区供热计量面积达300万平方米，占总供热面积的80%；仅此一项，我县每年可节约耕地198亩，减排二氧化硫等废旧气体2133吨，减少灰渣排放量30.52万吨。

保障性住房“圆梦”工程实现困难群众“住有

所居”。让低收入家庭“住有所居”，是关系千家万户的民生大事。沂源县不断加大保障性住房建设力度，累计投入资金12.5亿元，在最好的地段，以最低的价格、最好的建设、最好的配套、最好的服务，先后建设保障性住房小区5个，共计5200套住房，总建筑面积40万平方米，发放住房租赁补贴1900多户、950万元；全县住房保障受益群众2.5万人，住房保障覆盖率31％，居全市最高，圆了困难群众的住房梦。

飘香公厕实现城市文明程度再提升。对城区公厕进行新建和改建，在县城人群密集区域、居民小区、新建道路等节点，在曲径通幽处、绿树鲜花掩映中建设一批星级飘香公厕，目前共新建公厕7座、改建12座，在为群众和来往游客提供舒适便利的同时，也成为沂源城市建设的新亮点。

今日沂源，天蓝、水清、地绿、城美，一座历史与现代有机融合，经济与社会协调发展，人与自然和谐相处的现代化山水生态城市，清晰地展现在世人面前。

原载：2014年《淄博文明网》

新华全媒+ ｜扫码报修、智能分析、无害利用……鲁中山区农村改厕后续管护有“讲究”

又至隆冬，地处鲁中山区的山东淄博迎来一年中最冷的时节。以往这个时候，如厕成为困扰山区群众的“极不方便”之事。

“我们村建在半山腰上，我家是在石头上凿出的地基，以前上厕所只能去院子角落的旱厕，像这么冷的天别提多难受了。”淄博市沂源县齐家屋村村民齐茂祥说，村里进行旱厕改造后，全家用上了明亮洁净的水冲式厕所，他又自掏腰包贴上瓷砖，装上吊顶，如厕环境焕然一新。

小康不小康，厕所算一桩。2014年，淄博启动农村旱厕改造，根据农村平房的实际，在全市推广三格式或双瓮式化粪池旱厕改造方式。目前淄博共改厕45万余户，改厕率达91.94％。但农村改厕“三分建、七分管”，如何有效管护成为一些地方主管部门的头疼事。

据淄博市住房和城乡建设局副局长庞城介绍，淄博因地制宜、因村施策、分类推进，对粪液抽吸、运输、处理等各环节进行规范升级，建立农村改厕后续管护长效机制。目前，全市建立后续管护服务站109个，配备抽粪车217辆，基本实现管护服务全覆盖。

“村里每年发一张免费抽厕卡，上面有二维码和联系电话，扫描后输入家庭住址，24小时内就有专职人员免费来抽厕，抽完后可以对服务情况进行评价，镇上还会打电话回访。”淄博市临淄区朱台镇西单村村民文学刚说，厕所改造后，后续问题都能在网上解决，替老百姓省了不少事。

针对冬季山区气温低易结冰的问题，记者在一些农户家看到，冲水桶外部包裹了一层“小棉袄”。基层住建局干部说，他们指导农户在冲水桶外部加装保温模具，这种由聚苯乙烯为原料制成的模具，抗压强度高，吸水率低，保温效果好。有些冲水桶还在内部使用绝缘加热棒主动加热，以应对极寒天气。

在沂源县，住建部门与瀚蓝（淄博）城市管理服务有限公司合作搭建了智慧管护平台，农户只需在手机上提报维护或抽厕需求，平台自动安排和调度，抽粪车会第一时间上门服务。“每天哪些农户预约了抽厕，粪渣粪液到了哪些处理点，驾驶员是否操作规范等在平台上一目了然。”公司负责人司吉涛说，县镇村三级可通过线上平台对农户报抽报修、任务处置、粪污处理等全流程监督。

据介绍，智慧管护平台还可以智能分析全县、镇、村及农户粪污抽取次数、维修部位及次数、车辆工作量、处理站处理量等统计数据，以提升后续服务水平。

对于收集的粪污，淄博依托辖区内的有机肥生产企业进行无害化利用。博山区种植猕猴桃近3万亩，是山东省最大的猕猴桃生产基地之一。全区农村改厕后续管护实行市场化运营，运营公司把粪污加工成有机肥，可供猕猴桃、小麦、红薯、玉米等多种农作物施用。

据博山区干部介绍，全区每年可资源化利用粪污10000立方米以上，既减少种植户的成本支出，又提升了农产品品质。如今，“博山猕猴桃，就是有点甜”的口号已经叫响山东省内外。

原载：2022-01-20《新华社新媒体》

山东省淄博市沂源棚改项目顺利交付，1024安置户乔迁新居！

近日，由中铁十四局建筑公司承建的山东省淄博市沂源棚改项目顺利交付，中张良、南张良、胡家沟等村的1024户百姓将陆续喜迁安置新居，开启美好新生活。

“以前我们老少三代挤在一个小平房里，夏天屋漏水，冬天没暖气。这个新房子一家人期盼了两年多，能住上这么称心的房子真是太好了！”胡家沟村回迁户李大爷动情地说道。

作为山东省美丽宜居乡村建设重大民生工程，该项目位于山东省淄博市沂源县悦庄镇东悦庄村，是涉及4000余人回迁安置的重点民生工程。该项目总建筑面积22.4万平方米，住宅楼共有21栋，整体绿化率51.57%，设有社区综合服务中心等公共服务设施，保障了村民便捷生活

自开工建设以来，该项目始终以高标准严格控制工程建设质量，按照“工作项目化、项目清单化、清单责任化、责任时效化”的工作理念，科学组织、挂图作战。先后克服了极端天气、疫情等诸多不利因素影响，采取倒排工期、“日清日结”等方式，将建设任务落细、落小、落具体。面对交房日期提前3个多月的情况，该项目部创新推进了“五个一”工作机制，即组建一个高效精干的管理和施工团队、制定一个科学精准的施工方案、建立一个合理有序的调度机制、建立一个科学有效的安质管控体系、制定一个务实管用的应急保障措施，干出高效率、跑出新速度，被当地政府称为“张良社区工作法”并在全市推广。

在项目管理团队近两年的精细化管理下，施工现场分区治理井然有序，吸引了多个市、区县前来观摩学习，为淄博市美丽宜居的建设项目起到了标杆和带动作用。该项目先后获评“国家安全生产标准化工地”“山东省安全生产标准化示范工地”“山东省建筑工程优秀结构”等荣誉称号。

原载：2022年11月11日《中国工程报》

天然山水画卷　生态宜居城市
沂源县喜获“中国人居环境范例奖”殊荣

日前，从国家住房和城乡建设部传来喜讯，沂源县荣获“中国人居环境范例奖”，2014年全省仅3个市县获此殊荣。这是沂源县继获“全国文明县城”“国家园林县城”“亚洲都市景观奖”“全国绿化模范县”“山东省适宜人居环境范例奖”等后的又一殊荣。

问渠那得清如许，为有源头活水来。沂源摘得这些含金量极高的“国字号”荣誉，缘于沂源“两个再造”思路的提出。

何为“两个再造”？即以“河湖新区”建设和老城区改造再造一个新县城，加快新型城镇化建设；通过新规划建设高新技术产业园和经济开发区提质扩容增效再造一个经济开发区，加快新型工业化建设。“两个再造”将形成36平方千米的核心区，作为主引擎带动全县1636平方千米整体跨越。

在这样的理念下，沂源提出了“生态为先、以人为本、产业为根、文化为魂”的基本原则，按照“山水生态和谐宜居宜业”城市目标定位和一流标准，实施了新一轮县城总体规划，将县城规划为东部工业新城、中部综合功能区、西部河湖新区三部分。新城跨河西进、拥湖发展、环山布局，将新北外环路规划到历山以北，将新南外环路规划到沂河以南，将历山、荆山纳入城中山，使螳螂河、沂河、儒林河成为城中河，天湖成为城中湖，使山、水充分融入城市。

完善基础设施，提升城市服务功能

基础设施是城市的“内核”，沂源县在城建中始终贯这一理念，高标准、高规格实施城区路网、桥梁、燃气、热力和污水管网建设，打造了强劲的

城市“内核”。

——加快城市路网建设。北京路、上海路、枣庄路、南麻大街等新修道路，宽阔平坦，纵横交织。荆山路、鲁山路等改造提升后，焕然一新，路旁景色宜人。2011年以来，沂源累计新建改造道路18条共50.9千米，城区道路总里程达到118.6千米，构建起“外环内网、平安畅通”的城市道路网络，改善提升了城区交通结构和道路通行能力，拓展了城市发展空间“骨架”。

——实施桥梁畅通工程。按照“现代简约流畅”的设计理念，陆续铺开建设的螳螂河大桥、西台大桥、沂河源大桥等10座现代化大桥，宛如彩虹，横跨沂河、螳螂河两岸，链接起城市“脉络”，将新城和老城融为一体。“一桥一景、一桥一韵味”的文化内涵，将城市点缀得更加灵动、精彩。

——加快管道天然气推广普及。抓住“泰—青—威”天然气主管道全线贯通的有利机遇，高规格实施的管道天然气工程，结束了沂源不通管道天然气的历史。同时，该县不断加大天然气推广普及力度，并投资1.3亿元，实施了LNG储备站、加气站及天然气配套管网建设，将天然气通到城市各个角落，送到家家户户。目前，该县累计铺设天然气管道132千米，建成汽车加气站2座，日用气量达10万立方米。

——加快城市供热体系建设。城市既要“冬日温暖”，更需要“绿色”，鱼和熊掌该如何兼得？为此，沂源投资1.9亿元实施了城区循环水供热工程，彻底淘汰传统的蒸汽供热方式，累计铺设供热管道110千米，将“绿色”循环水送到县城各区域，城市供热能力达到400万平方米。

——加快污水处理体系建设。污水处理是城市的难题，为过好这关，沂源投资9581万元，对原有污水处理厂进行改造升级，并实施建设了占地53.5亩、日处理污水4万吨的城东污水处理分厂，同步铺设了城市污水管网，目前管网里程达到163.7千米，管网密度达到3.5千米/平方千米。多措并举，让沂源城市污水管网覆盖率及收集处理率稳居全市前列。

优化生态环境，提升城市形象品位

山水生态是沂源得天独厚的“资本”，依托这一优势，在城建中沂源巧做山水文章，围绕“山、水、绿”三大重点，通过点、线、面合理布局，加大城市绿化建设和投入力度，着力打造城市园林精品。

——生态园林让绿色拥抱城市、居民回归自然。“最大程度地让市民亲近绿色，享受自然。”这是沂源对园林绿化的一贯追求。坚持增加绿量与提升品质相结合原则，近年来，沂源县采取拆墙透绿、顺街铺绿、见缝插绿、破硬建绿等多种途径，相继建成综合性公园5处、游园12处、街头绿地41处，并对15条新建道路实施了高标准绿化。今日沂源，道路绿树遮荫，绿地花团锦簇，游园星罗棋布，不出城郭而享园林之美，身居闹市便赏花香之怡。

——民生为先为群众打造幸福乐园。以生态、乐趣、启迪、感恩为主题，建成了沂源首个集运动娱乐、科普认知等功能于一体的综合性儿童乐园。公园占地6万平方米，有休闲活动、健身活动、认知体验、启迪乐园、亲子乐园、娱乐探索6大功能区，20多个儿童游乐项目。同儿童乐园隔路相望的胜利山九九乐园，是沂源首个集户外运动、健身娱乐、休闲养生等多种功能于一体的老年人主题公园。在24万平方米的园内，棋牌长廊、门球场、翰墨轩、音乐广场、健身步道等老年人活动场所，随意分布；松鹤亭、樱花大道、荷塘月色、梅园、盆景园等景观，雅致悦目。

——果树进城打造“果园里长大的城市”。作为全国果品生产百强县，沂源拥有丰富的果树资源，按照“适地、适树、适景”的要求，近年来，沂源将16个树种2万余株果树“请”进城里“安家落户”，成片移栽到城区公园和绿地当中，相继建成了城市精品游园21个，让县城变成了一个“春季鲜花满树、秋季鲜果满枝”的“大果园”。

——清水润城打造生态特色水系。水是城市的灵魂，概算总投资16.5亿元的“清水润城”工程，让城市更活、更靓。立足独特的水生态优势，沂源以实施天湖湿地公园净水工程、“六点水新世界”等项目建设为载体，加快建设以“三河、七溪、十二湖”为主体的生态化、一体化城市水系，通过因地制宜、因势造景，让水进城市、进公园、进社区、进主干道两侧、进大体量建筑，与现代城市融为一体，建设独具特色的“北方水城”。

——沿河改造打造滨水景观长廊。水活起来，河更要美起来。沂源在对沂河、螳螂河流经城区的10.8千米河段实施了综合治理中，贯彻人与自然和谐相处的治水理念，探索新模式，将防洪治涝、生态环境、旅游、休闲娱乐等有机地融合在一起。在保持天然状态下的河流形态的同时，整治岸坡，修建护砌1.88千米，清淤疏浚河道5.3千米，新建橡胶坝3座，亲水平台3处，砼管涵3座，实现了河畅、水清、岸绿、景美、人水和谐的综合整治目标，将河岸打造成秀美的滨水景观长廊。

——绿满沂源打造生态绿色屏障。绿是城市的屏障。沂源县立足山区自然条件，依托全民义务植树、单位和个人挂包荒山、封山育林等措施，启动实施了“绿满沂源”造林绿化工程，将城区附近的荒山、道路披上绿装，树种以侧柏、黄栌、五角枫、银杏、杏树等常绿、彩叶、景观树种为主，全部营造高标准混交林，到2015年，全县新增造林绿化面积将达到12万亩，森林覆盖率达到59%以上。

实施民生工程，提高居民幸福指数

为政之要，民惟邦本。近年来，沂源县委县政府始终与群众关切同心同向，不断强化“民生为先”的理念，坚持经济发展和民生建设同步推进，特别把涉及民生的一些重大事项以“项目化”的形式加以推进，高标准谋划实施民生项目。为把这些民生项目真正办成“民心工程”，沂源县强化“精品意识”，按照“要素跟着项目走”的要求，整合资源，集中突破重大民生项目，把每一个项目都打造成群众满意的“样板工程”。

——建筑节能实现经济、社会和环境效益“三丰收”。近年来，沂源县始终把建筑节能作为实施“生态立县”战略、改善城市人居环境的重要举措，坚持组织宣传、政策保障、资金扶持、标准执行“四个到位”，到目前为止，累计完成既有建筑节能改造126.7万平方米，新建节能建筑175.7万平方米，其中采用建筑节能与结构一体化技术的建筑达129.73万平方米，实现了保温与建筑主体结构同寿命；城区供热计量面积达300万平方米，占总供热面积的80%；仅此一项，沂源县每年可节约耕地198亩，减排二氧化硫等废旧气体2133吨，减少灰渣排放量30.52万吨。

——保障性住房“圆梦”工程实现困难群众“住有所居”。让低收入家庭“住有所居”，是关系千家万户的民生大事。沂源县不断加大保障性住房建设力度，累计投入资金12.5亿元，在最好的地段，以最低的价格、最好的建设、最好的配套、最好的服务，先后建设保障性住房小区5个，共计5200套住房，总建筑面积40万平方米，发放住房租赁补贴1900多户、950万元；全县住房保障受益群众2.5万人，住房保障覆盖率31%，居全市最高，圆了困难群众的住房梦。

——飘香公厕实现城市文明程度再提升。对城区公厕进行新建和改建，在县城人群密集区域、居民小区、新建道路等节点，在曲径通幽处、绿树鲜花掩映中建设一批星级飘香公厕，目前共新建公厕7座、改建12座，在为群众和来往游客提供舒适便利的同时，也成为沂源城市建设的新亮点。

今日沂源，天蓝、水清、地绿、城美，一座历史与现代有机融合，经济与社会协调发展，人与自然和谐相处的现代化山水生态城市，清晰地展现在世人面前。

建立推行“五个一”机制
以超常规举措加快项目建设

——张良社区项目推进的经验做法

张良社区是沂源县重大民生项目，工程量大、时间紧、标准高，面对超常规任务及多重制约因素，驻场专班拿出拼的精神，以“有解”思维破除桎梏、打通堵点，创新推行一个专班、一套计划、一项机制、一个标准、一个保障“五个一”工作机制，仅二十余天就打开了项目建设的新局面，形成了工程建设的“张良社区工作法”，创造了项目建设的“沂源速度”。现将相关做法梳理总结印发，供全县各级学习借鉴。

一、基本情况

张良社区项目为化工园区邻避项目，由中铁十四局公司承建，总投资7.8亿元，占地117.78亩，建筑面积22.4万平方米，规划建设安置楼21栋、1140套。按照市委、市政府的最新要求，将建设工期由原来的9月底提前到6月10日前完成18栋楼建设，9月10日前完成剩余3栋楼建设，并达到入住条件。在县委、县政府的坚强领导下，张良社区项目驻场专班建立推行“五个一”机制，抢时间、提效率、保质量，以创新、务实、有效的举措，拼出了项目建设“加速度”，打造了项目建设“新样板”。截至目前，18栋楼已完成主体验收，正在进行装饰装修及水电暖气网配套施工，完成总工程量的77%；3栋楼正在进行主体施工，其中1栋施工至12层，2栋完成9层主体施工，将按期完成所有建设任务。

二、做法成效

（一）组建一个专班，精准配备力量。坚持专班推进，将工作力量向一线集中，整合多方力量聚力攻坚。一是分管领导躬身入局。充分发挥“一线总指挥”作用，盯上靠上抓统筹谋划、抓顶层设计、抓机制运行、抓施工协调、抓融资筹措，为项目建设保驾护航。二是驻场专班盯紧靠牢。从县住房城乡建设局、县农业农村局、悦庄镇、经济开发区、鲁中高科公司、中铁十四局抽调精干力量，组建项目建设专班，各成员与原单位完全脱钩，集中驻场办公，一线作战，跟踪问效。三是压紧砸实各方责任。由驻场专班牵头，逐一明晰部门单位、所属镇办、鲁中高科公司和施工企业责任，明确每项任务“谁来做、做什么、什么时间做、什么时间完成”，做到任务清、责任明。

（二）制定一套计划，精准设计时序。以6月10日、9月10日为节点，倒排工期、挂图作战、精准施工。一是精确计算工序工时。组织建设、施工、监理单位精准测算，将工程量细化到每一天、每一栋楼、每一项配套设施，并测算分析每道工序的用工、用时，明晰具体任务、具体节点、完成时限。二是精准确定每日任务。以“天”为单位，对主体工程列出室内外装饰、地暖铺设、门窗安装等90个分项任务；对配套工程列出室外消防、给排水、供电供暖等9个分项任务，将建设任务落细、落小、落具体。三是精细制定施工计划。邀请市住房和城乡建设局领导和专家对施工计划把脉会诊，精细修订，审核把关，确保工期安排科学、合理、精准。

（三）建立一项机制，精准调度推进。推行“制定路线图—落实任务清单—日清日结—每周分析—跟进监督—即时整改”的闭环抓落实机制。一是信息互联互通。畅通驻场专班、建设单位、施工单位、楼长、施工班组之间的信息交流渠道，加强一体联动、无缝衔接，快捷、全面、准确把握项目建设动态。二是综合调度分析。驻场专班对照施工计划和任务清单，每日调度分析工程形象进度、质量安全、施工人数、材料机具等情况，对进度滞后的，将当日未完成的建设任务分解到合理时段，通过调配人员、增加工时等措施，赶齐工程计划进度；同步分析研判次日用工用料及设备准备情况，缺什么补什么，保障要素充足供给、正常施工。同时，每周对工程建设情况进行会商分析，及时优化工程措施，以天保周、以周保月，确保达到序时进度。三是平台交叉作业。优化不同工作面的工序组织，坚持人等工作面、不让工作面等人，对主体工程完工的，及时插入装饰安装等施工，衔接作业，压茬、错茬推进。

（四）严把一个标准，精准管控质量安全。严格执行工程建设标准，强化工程质量和施工安全监管，全力打造安居工程、放心工程。一是严督实导控全程。成立质量安全督导专班，督促企业严格落实“双体系”管理机制，对质量安全问题实行分级控制，形成即时交办、即时整改、即时复查闭环管理。二是创新监管保安全。采取人员统筹、分楼编组方式，将监理与项目管理人员分为10个组，全程靠上监管质量安全，对查出的256个问题即知即改，确保项目高质高效推进。三是村民参与促满意。村民监督小组全程参与工程建设，对工程质量提出合理化意见建议，监督施工企业严格落实各项质量要求，确保住户满意。

（五）强化一个保障，精准供给要素。根据施工需求，加强统筹协调，全方位做好要素保障。一是加强资金保障。针对资金需求量大的实际，采取多种方式，积极筹措资金，确保资金充足、及时拨付。二是加强物资保障。针对建筑材料需求量大的实际，提前做好大宗建筑材料定价、采购、进场工作，确保材料充足有序；合理配置机械设备，做好新增设备采购和原有设备维护保养，满足施工需要。三是加强人力保障。督促施工企业加班加点、增人增效，充分调动中铁十四局莱芜项目群及四川、宁夏等省内外劳动力，以最快速度统筹调集施工力量，从2月20日复工到3月初，进场施工人员已超过2000人。四是加强“防疫情”与“保建设”全要素保障。一方面，成立现场管控小组，在不影响正常施工前提下，每天早晨6点，一边进场作业，一边从严从细落实体温测量、佩戴口罩、现场消杀及全员核酸检测等措施，以疫情防控托底项目推进。另一方面，采取绿区统筹、总部协调、就地召集等措施，精准把握用工需求，从定州、晋州、枣庄等地调集300余人，解决人员短缺问题。精准把握材料需求，从泰安、本溪、石家庄等地调运风管、钢筋、加砌块、防火卷材等物资，保证材料供应。精准把握序时进度，指导施工企业提前制定预案，做到能干尽干，避免因材料供应不及时造成序时拖延。

三、几点启示

（一）打破定式、下足决心是攻坚克难的基础前提。世异则事异、事异则备变。面对日益复杂且繁重的发展任务，我们必须克服懒政思维，一方面要顺应形势变化和工作需要，不断更新思想、更新知识、更新思维，找到处理急难险重任务的“桥”与“船”；另一方面，要“拿事当事”，沉下来、钻进去，拿出不达目的誓不罢休的魄力和决心。张良社区项目从化工园区邻毗村搬迁，到安置区建设的具体实践告诉我们：只要方法对路、决心下足，没有什么困难不可攻克。沂源发展到现阶段，没有躺平的资格，只有站直了拼搏，咬紧牙关、勇毅向前，才能拼出一片崭新天地。

（二）实字当头、科学施策是攻坚克难的根本保证。县委边书记在全县“五个进位攀高”推进大会上，提出了“谋定而后动智慧拼”“认定而恒动执着拼”等六个拼的方法论，为我们开展工作、推动发展提供了方法路径。在张良社区项目建设过程中，县分管领导和驻场专班统筹谋划、精准施策、一抓到底，在施工上，将建设任务量化到每一天、每一栋楼、每一项配套设施，细化到每道工序的工时和施工人员数量；在落实上，建立了日调度、现场查验，周分析、改进工程措施等机制，将“细”“实”做到了极致。当前，沂源未来五年的发展蓝图已经绘就，年度“三重”工作也已确定，我们要坚持工作项目化、项目清单化、清单责任化、责任时效化，从细从实摆布工作时序，从严从紧抓好调度落实，以天保周、以周保月、以月保年，才能更好实现各项年度目标。

（三）集中兵力、协同发力是攻坚克难的有力抓手。实践证明，工作专班是推动工作特别是急难险重工作的有效工作方式。在张良社区建设中，县分管领导示范带头，随时调度指挥，各专班成员履职尽责，与建设、施工、监理单位协同发力，统筹做好资金、物资、人力等要素保障，共同协商解决堵点制约问题，形成了无缝衔接、共进共退抓推进的工作合力，为工程建设提供了坚强保障。目前，围绕各领域重点工作、难点工程，全县成立了一些工作专班，之所以工作成效不同，关键在于专班成员是否有效发力、是否形成了工作合力。在全县各领域工作都较重的情况下，应对专班数量和作用进行综合考量，确需成立专班的，应坚持抽硬人、硬抽人，让专班成为攻坚克难之“利剑”。

苏泰初《游神清宫记》节选

苏荫壇，字泰初，博山南沙井人，光绪至民国间设塾馆教书维持生计，数赴青郡参加应试科考，沉醉于故乡的美丽山水，饱蘸浓墨，用比较工整的蝇头行楷描摹故乡山水楼阁……其中《游鲁山记》《游千人洞记》《游荆山寺记》《游神清宫记》《游织女洞记》等篇什详细描摹了百年前这几处胜景的建筑结构与风物格局。本篇摘录《游神清宫记》关于建筑方面的描述，得以窥百年前宫观之华美壮丽。

翌岁甲辰（1904），予馆蒙邑念陀庄，在神清宫坐山之后，总宫在沂水，馆在蒙阴，而相隔不过十余里。

……

与诸君步自庄前，近登南山。山极陡，路须回环，凡四五歇，始臻绝顶。北旁一峰稍低，颇宽平，上有古寨，相传念陀庄明初避难所也。南旁一峰稍高，颇耸秀。履危磴而上之，上有古庙，石墙为院，正殿为泰山行宫，左旁陪以他庙，右旁镶心闲厅。……南为山门，下临绝壁。东南一岭，两旁古柏约数百株，而掩映之间，神清宫已在指顾中矣。

少休，巡东岭而下，越尽古柏，接入林薄，树影扶疏，荆花吐秀。此与古柏皆神清宫物，出此即抵神清宫后旁。

缘径而东，复南，绕出其前。东旁一山门，外有老槐一株，婆娑生姿；下有一场，约亩余。而宫之西北，有泉一道东南流，铿铿铮铮作漱玉声。泉西南一圃，亦约亩余，旱可引泉以溉。略观宫外所有之物，益信其富庶不下中人矣。

少间通信，冯子和与其师兄出迎。入门西折，有一庙，为药王殿，南向。殿西即竹园，约四五分。由殿东，北行数步，自西过屋入，此屋与西屋相对。南旁一楼，北旁一屏门，此庭盖其雇工所居。入屏门，又一庭，东、西二屋则为道房。庭北旁，左芍药、右玉簪，石榴树、榆叶树披拂其上，分中石磴数层。由磴而上，又为一庭，南绕以花墙，墙上多盆景：丹桂、银桂、金橘、金枣，又有黄月纪牡丹一盆，时当盛开。庭中东西黄杨二株，大皆拱余，枝干盘屈，下各有牡丹一丛。西又有紫薇一株，大亦拱余。北为北阁，阁之下神为准提。东为东阁，阁下扃闭。西为西阁，阁下即客厅。

……

几上则笔砚书籍，壁间则古字名画，抱柱联云：

“浓淡花香细嚼来皆通道味，高低鸟语深聆处夙悟禅机。”

……

于是冯遂相引，自西户出。西户者，客厅之前后对门也，出此则一小院，西一便门，北有修竹数竿。竹之北为东院北阁、西院北阁往来之际，下为石室，极幽密。冯曰：“此先师炼丹处也。”

自便门出为西院，即小院亦西院数。此院亦北阁，西阁、东阁亦在客厅上。北阁下神似老君像，循梯而上，实老君阁也，遂共展拜。阁前为亮厅，厅前对老君座一映壁，两旁绕以花墙。伏墙下视，庭中有牡丹二丛，前为石磴数层，左右绕以杂花。右有古柏一株，大可五六围。冯曰：“俗传宋太祖尝避暑于此，故其下至今无蚁。”左有梧桐一株、刺柏一株，大皆逾抱。以外又有屏门一座，屏门外别为一庭。南又为山门，左钟楼，右鼓楼，庭中有松树一株，又有杂树几株。并西院之西、之北二闲院中，杂树与梧桐、松柏交柯连荫，绿荫弥天，苍苔布地，真一点红尘飞所不到者也。

由亮厅东旁一门出，贴老君阁左，有北楼两间，神维二郎。少东有东楼三间，冯曰：“此书楼也，然久无读于此者矣。”由书楼南间一东门出，则东院之北阁也，神维玉皇大帝……

洞敞前扇，直对南楼，绿竹万竿，夷犹弄影，然不碍远望，故遥见诸峰齐向，万笏来朝，又有一水为沂上流，弯环如带。是日天气郁热，浓云密布。俄雨至，凭高而观，急如倾盆，密如引绳，而竹树、花木、松柏、梧桐齐喧并响。异哉！亦奇景也。

雨毕，复自书楼出，南折而入西阁。此阁以一阁为二阁，分中置壁为两神座：东面神维三官，此东院西阁之神也；西面神维文昌，此西院东阁之神也。前于东院云，西阁下为客厅；于西院云，东阁亦在客厅上者。以此各参拜已，复回老君阁亮厅。

自西旁门出，贴老君阁右，有北楼二间，与二郎楼相称，无专神。少西，有西楼三间，与书楼对。冯曰：“此为闲楼。”由闲楼南间一门出，为西阁，神维吕祖，参拜已。遂由老君阁下。诸阁皆可往来，惟东院东阁不相通。乃更由其下而上，神维真武，参拜。自北旁一门出，复入一阁，神维后稷，又参拜。

……冯曰：“世所以称此宫七楼八阁也。”因计其数。冯曰：“所谓七楼者，东院之南楼、西院之二郎楼及相称之楼，并书楼、闲楼、钟楼、鼓楼也。所谓八阁者，东院之玉皇阁、三官阁、真武阁、后稷阁，西院之老君阁、文昌阁、吕祖阁。其一则西院之西间院中修此宫先师王阳明、王阳仁之阁也。”

……

明晨起，予寻视其碑。碑皆在西院。梧桐下数碑，皆载乾、嘉间重修事。由屏门出，东一大碑，极古，题云“神清万寿宫创修碑记”，元贞间立，然模糊不可详考。少南一碑亦颇古，则又载重修事矣。西旁一碑云，此庙不知废于何时，后为草庵，迨国初，道士王阳明、王阳仁始复建楼阁而张大之，经营三十年而始成。……

东西众碑之间有一池，与院外泉通，水色澄清，锦鳞游泳，小桥架其上，如泮池状。立桥上，可望院外。泉上别有一庙，不知何神。泉之南有一戏楼，此皆前日游历所未及见者。由池而东有便门，过之则为南楼之庭，因当竹园，登楼观之。……复导予自西院屏门入，由吕祖阁南一便门出，至一闲院，南向一阁，即冯所云其先师王阳明、王阳仁之阁也。阁下为石室，封扃甚古。……不便登其阁。读其碑，云“道士王阳明、王阳仁皆自博山五云洞来，善炼丹，能化铁为白金，以建此楼阁”。

后 记

当这本《记忆沂源·住房和城乡建设卷》终于呈现在面前时，我们不禁回想起那些为了记录和保存这些宝贵记忆而付出努力的日子。城乡建设不仅仅是建筑材料的简单堆砌，更蕴含着文化和历史的积淀。

在撰写这本书的过程中，我们深入挖掘了许多被遗忘的角落，探访了沂源县各个古迹遗存和记忆中的老城区。那些老旧建筑、街头巷尾、市井气息，都承载着无数人的记忆和情感。正是这些记忆和情感，构建起我们对于城市和乡村的认知和归属感。

当然，我们也深知，住房和城乡建设并非一成不变。在过去的几十年中，沂源县住房和城乡建设局在县委、县政府的坚强领导下，在城市建设方面取得了显著的成绩。精心编制规划，使城市布局更加合理；加强基础设施建设，使民众的出行和生活更加便利；致力于城市管理，城乡面貌得到明显改善。

“记忆沂源”系列丛书的编纂工作，由县政协牵头，县文旅局具体承办，经过制定方案、动员部署、稿件撰写、修改审核、会审论证五个阶段，在全体编纂人员的辛勤努力下，《住房和城乡建设卷》编纂完成。感谢每一位参与本书撰写和编辑的人员，有了你们的辛勤付出，这本书才得以诞生。同时，也要感谢那些为保存和传承城乡记忆付出努力的人。正是你们的存在，让我们的城市更加富有生命力和温度。

希望这本书能引发更多人对城乡建设的关注和思考，让我们共同为守护和传承这些宝贵的记忆而努力。因为，记忆不仅是我们的宝贵财富，更是我们未来的方向和指引。

本书编辑过程中，得到了县文联、县行政执法局、县自然资源局、县档案馆、县融媒体中心等社会各界的大力支持，县摄影家协会张坤、退休干部张京志等提供了部分照片、档案资料，局机关、中心同志们，老领导、专家等无数热心人士为成书提供了无私帮助。出版之际，谨向所有为《住房和城乡建设卷》提供资料和关心支持的各界人士表示衷心的感谢。由于涉及历史年代久远，文献及影像资料匮乏，撰稿、编纂人员水平有限，加之时间紧、任务重，疏漏不当之处在所难免，敬请读者批评指正。

编　者

2024年10月

记忆沂源 · 行业篇
JIYI YIYUAN HANGYEPIAN
全 媒 体 图 书
8-06

记忆沂源

·工业卷·

JIYI YIYUAN

《记忆沂源》MV

政协沂源县委员会
沂源县文化和旅游局 编

中国文史出版社

图书在版编目（CIP）数据

记忆沂源. 行业篇. 工业卷 / 政协沂源县委员会，沂源县文化和旅游局编. -- 北京：中国文史出版社，2024. 12. -- ISBN 978-7-5205-5013-0

Ⅰ. K295.24；F429.524

中国国家版本馆CIP数据核字第2024RD6015号

责任编辑：程　凤　赵姣娇

出版发行：中国文史出版社
社　　址：北京市海淀区西八里庄路69号　邮编：100142
电　　话：010-81136606　81136602　81136603（发行部）
传　　真：010-81136655
印　　装：山东新华印务有限公司
经　　销：全国新华书店
开　　本：889mm×1194mm　1/16
字　　数：5304千字
印　　张：183
版　　次：2024年12月北京第1版
印　　次：2024年12月第1次印刷
定　　价：1980.00元（全九册）

《记忆沂源·工业卷》编纂委员会

主　　任　宋立波　张仲亮

副 主 任　李代祥　李传军

委　　员　吴　娜　刘家华　孔廉森　朱时发　亓永贵
周生亮　任海雷　魏云富　毕研博　陈士明
刁宏鑫　刁庆芳　左进前

《记忆沂源·工业卷》编纂人员

编　　审　周左锋

责　　编　周晓燕

编　　辑　赵孔生　崔金铭　段会琳

总　序

沂源历史悠久，文化厚重，在这片古老的土地上，在可考证的几十万年的岁月流转中，文明的脉络延绵不断；在这里，生命文化、爱情文化、红色文化交相辉映、一脉相传，悠悠吟唱着亘古昨天和崭新今天。编纂出版“记忆沂源”系列丛书，旨在全面记载沂源县自然地理、人文历史、政治经济和社会事业的发展变化，深入挖掘沂源特色地域文化，集中展现全县经济社会发展成果，铭记历史，传承文化，留住乡愁，增强自信，凝聚力量。这是沂源建县以来，首次对全县人文历史资料等进行全面系统挖掘整理，必将载入沂源发展史册。

走遍天涯路，最是乡情深。人一旦生长在什么地方，那里的山水草木、人文地理、村闾小巷、乡俗民情，便会像盐渍刀斫一样深深渗透在心窝里、镌刻在记忆中，与之结下浓得化不开的乡情，时刻都在怀念、向往与追忆。乡愁是一种故土情结、人文情怀，是一种精神寄托，流淌于人的血脉中，是凝聚力和向心力所在。在长期的社会变迁和历史发展中，乡愁成为民族情感的依托与精神家园的归附。在新时代建设现代化新沂源的壮阔征程上，必不可少的正是无数沂源人对乡土气韵、桑梓情怀的依恋和历史记忆的渴求。

沂源自1944年建县至今，发生了翻天覆地的变化，许多历史的印记已经或者正在被湮灭在时代的潮流中，迫切需要通过修史编志的方式，记录历史、留住乡愁。沂源县具有众多特色鲜明的地域文化标志，每一个都蕴含着一段难忘的历史，讲述着一个动人的故事，寄托着一种殷切的期盼。古建筑、古树名木、古老手艺、传说故事等，都是弥足珍贵的文化遗产，也是历史文脉重要的传承载体。沂源人民在不同的历史时期，创造出了辉煌的成就，其中蕴含着宝贵的精神财富，这些都需要记录好、传承好、弘扬好。通过编纂“记忆沂源”系列丛书，深入挖掘、整理、珍藏历史文化，全面、真实、客观反映沂源的发展历程，必将进一步增强全县人民的自豪感、责任感和使命感，激发广大干部群众干事创业的热情和斗志，汇聚起推动各项工作突破提升、走在前列的磅礴力量。

“记忆沂源”系列丛书分为“乡村篇”“行业篇”“经济开发区篇”和“小三线建设篇”四部分，其中“乡村篇”收录全县12个镇（街道）446个行政村和21个城市社区的翔实资料，一镇（街道）一卷。“行业篇”收录工业、农业、商业、水利、教育、卫生、住建、交通等行业资料，每个

行业独立成卷，着力展现沂源经济社会的发展历程和辉煌成就。丛书综合运用文字、图片、视频、音频、插画等多种方式，打造“全媒体”图书。读者除正常阅读外，还可以扫码听书、看视频，更加契合现代人学习阅读需求，成为展现沂源形象的“伴手礼”和沂源游子寄托乡愁、追思乡情的“枕边书”。

乡愁难忘，征程未老。牢记历史，是为了开创未来。沂源正站在一个新的发展起点上，全县上下正在深入学习贯彻党的二十大精神，聚焦“突破提升、走在前列”目标定位，强化生态立县、产业强县、创新兴县，推进“四新四创”，着力打造“六个高地”、实现“六个走在前列”，踔厉奋发、勇毅前行，奋力谱写沂源现代化建设新篇章。在时代新征程中，我们有信心、有能力、有情怀交出一份无愧于前人的历史答卷。

中 共 沂 源 县 委

沂源县人民政府

序

工业是现代经济的基石，工业文明是经济社会发展的基础性文明。沂源工业发展筚路蓝缕，脚踏实地，稳健前行，不断创造着值得历史铭记的业绩。

艰苦创业，奋斗筑强基。作为典型的山区农业县，历史上沂源工业曾经一穷二白，伴随着新中国的成立，现代工业在沂源开始起步，历经新中国成立前后的手工业作坊、计划经济、有计划的商品经济、社会主义市场经济等重大历史变革期，几代人艰苦创业、砥砺奋进，建立了门类较为齐全的工业体系。20世纪50年代末期，县境内陆续兴办了一批采矿冶炼和陶瓷、造纸、印刷、玻璃、木器等制造业厂矿，奠定了沂源现代工业的基础。从60年代中期开始，国家在沂源陆续布局一批“小三线”企业，带动了沂源制造业发展。1978年以来，改革开放政策为沂源工业经济发展插上了腾飞的翅膀，乡镇企业异军突起，骨干企业起势前行，1987年全县工业总产值首次超过农业总产值。

开拓创新，奋进谱新篇。20世纪90年代以来，全县上下以建立现代企业制度为目标，全面完成了企业改制，创业创新活力迸发。进入21世纪，深入推进“工业立县”战略，设立了沂源经济开发区，开辟了工业发展主阵地。深化企业改革，培育上市资源，县域6家公司成功上市，造就了资本市场的“沂源现象”。深耕特色产业，培植了新医药、新材料两大主导产业，瑞阳制药、山东药玻、鲁阳节能、合力泰化工、瑞丰高分子等骨干企业增势强劲，全县高新技术产业产值比重位居全省前列，新型工业化强县建设迈出坚实步伐。

乘势而上，奋发创伟业。回首过去，一代代工业人怀赤子之心、奉献之魂，自力更生、艰苦奋斗，不畏艰难、破浪前行，创造了沂源工业发展史上的光辉业绩。展望未来，新时代新征程任重道远，推动新型工业化任务光荣而艰巨，工业战线干部职工将秉承优良传统，突出创新实干，把握机遇，攻坚克难，努力推动工业经济绿色低碳高质量发展，为中国式现代化沂源实践谱写更加绚烂多彩的华章。

沂源县工业和信息化局

沂源经济开发区一角

瑞阳制药股份有限公司

瑞阳制药自动化包装生产线

山东省药用玻璃股份有限公司

2002 年 6 月 3 日，沂源县第一家上市公司——山东省药用玻璃股份有限公司在上海证券交易所成功上市

山东鲁阳节能材料股份有限公司

2006 年 11 月 30 日，山东鲁阳节能材料股份有限公司在深圳证券交易所挂牌上市

山东合力泰化工有限公司

山东华联矿业股份有限公司

山东瑞丰高分子材料股份有限公司

山东鑫泉医药有限公司

山东绿兰莎啤酒有限公司

沂源县源能热力有限公司

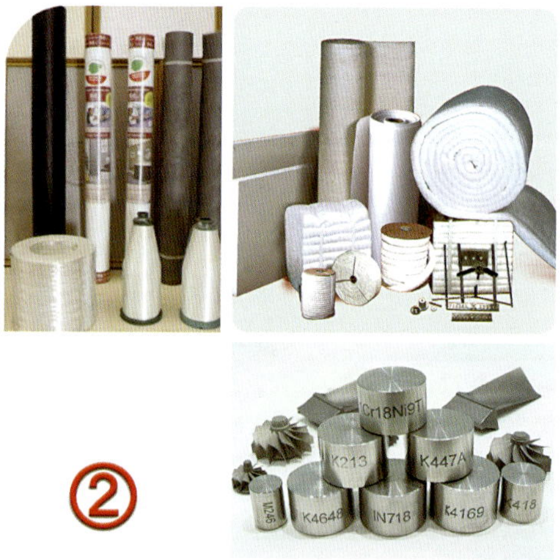

②

③

①

④

⑤

特色产业部分产品展示

①医药健康产业 ②新材料产业 ③装备制造产业 ④食品饮料产业 ⑤其他产业

1925 年，张家坡南流泉村王氏家族建立的缫丝厂旧址

1958 年 12 月 25 日，沂源县社会主义建设积极分子代表会议工业受奖代表合影

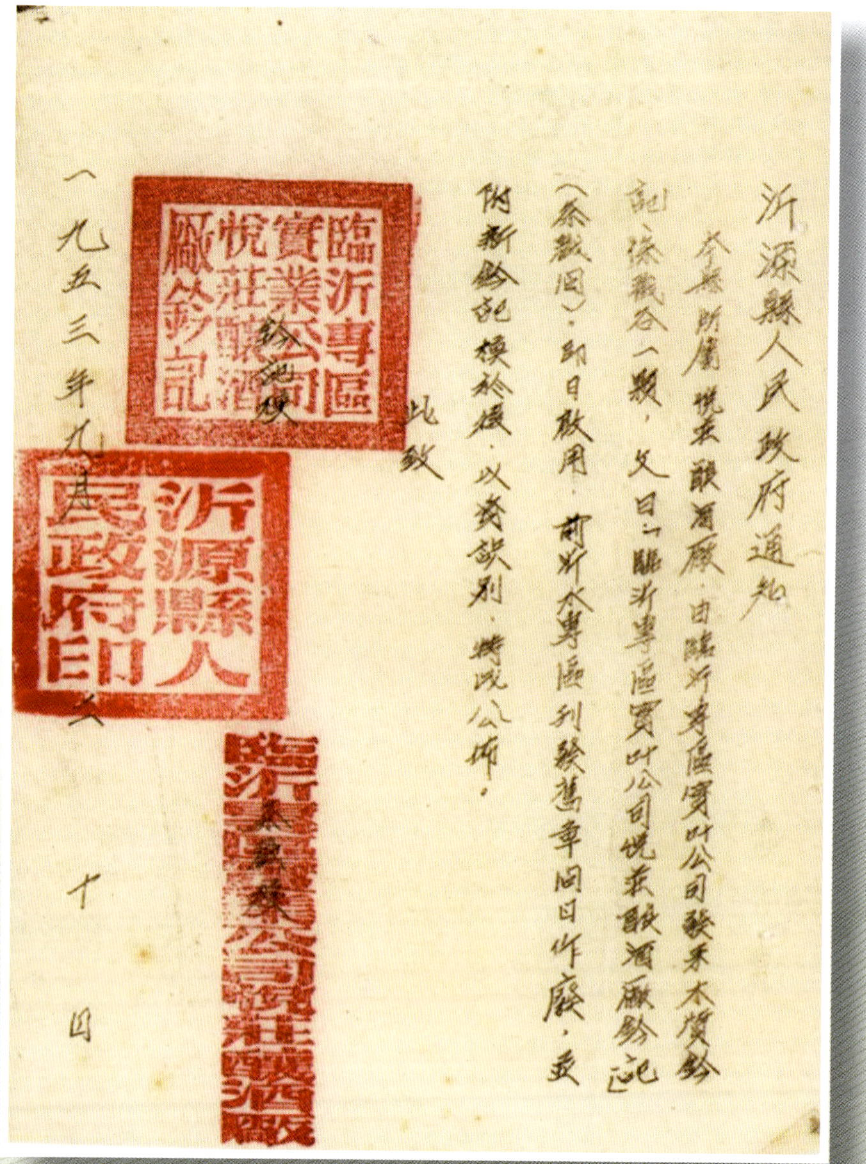

沂源縣人民政府通知

本縣所屬悅莊釀酒廠，由臨沂專區實叶公司發來木質鈐記、條戳各一顆，文曰：臨沂專區實叶公司悅莊釀酒廠鈐記（條戳同），即日啟用，前沂水專區刊發舊章同日作廢，並附新鈐記模於後，以資識別，特此公佈。

此致

一九五三年九月二十日

臨沂專區實業公司悅莊釀酒廠鈐記

沂源縣人民政府印

臨沂專區實業公司悅莊釀酒廠

1953年9月20日，沂源县人民政府公布的悦庄酿酒厂的印章，所刻字是“临沂专区实业公司悦庄酿酒厂钤记”。

沂源县人民政府通知：“本县所属悦庄酿酒厂，由临沂专区实叶（业）公司发来木质钤记、条戳各一颗，文曰：‘临沂专区实叶（业）公司悦庄酿酒厂钤记’（条戳同），即日启用，前沂水专区刊发旧章同日作废，并附新钤记模于后，以资识别，特此公布。此致”

一九五三年九月二十日

沂源县化肥厂建设场景（1977 年）

20 世纪 70 年代山东裕华修配厂厂区（涝沟厂区）

20 世纪 80 年代草埠煤矿场区

山东淄博汇源食品饮料有限公司（1992 年）

编辑说明

一、坚持以马克思列宁主义、毛泽东思想、邓小平理论、“三个代表”重要思想、科学发展观、习近平新时代中国特色社会主义思想为指导，坚持辩证唯物主义和历史唯物主义的立场、观点和方法，客观、系统、简约记述沂源县工业、农业、商业、教育、卫生、水利、交通以及“小三线”建设等各行业发展变化进程和改革开放成果，挖掘行业内模范事迹，展示时代精神风貌，传承和抢救历史文化，激发爱国爱乡情怀，为地区经济和社会发展提供有益借鉴。

二、参照执行中国地方志指导小组印发的《地方志书质量规定》。在参照志体的前提下，在体裁运用、篇目设置、资料选择等方面作适当创新。“行业篇”的内容以记载本行业范围内的微观资料为主，详县志之所略。突出行业各自特点，有选择性地记述域内自然、政治、经济、文化、社会的历史与现状，从而达到执简驭繁、文约事丰、易于阅读、利于普及的目的。

三、为全面反映入书事物发展脉络，上限尽量追溯至事物发端，下限断至2023年底。

四、以各行业为单位单独成卷。每卷记述地域范围以下限年份2023年的行政辖区为主。

五、横排门类，纵述史实，采用纲目体。总体基本篇目框架根据行业特点科学合理设置，所设条目依照突出时代特征、行业特色的原则作适当安排。

六、综合运用述、记、志、图、表、录等诸体裁，以志为主。随文配图，图下设文字说明，图文并茂。

七、打造新时代全媒体志书，各行业卷根据需要，按照综合衡量、集中展示、高度概括的原则，选择主要的篇目录制短视频资料和音频资料，引入扫码识别延伸阅读功能，形成文字、图片和音视频三条独立的记述线索，相互补充、相得益彰，使丛书从无声变成有声，从平面成为立体，从静态变为动态，力求满足人民群众对方志文化的新需求。

八、除引文和附录文献资料外，统一使用规范汉字及现代语体文记述体。记事坚持秉笔直书、述而不论，行文力求朴实、严谨、简洁、流畅、优美。

九、书中“人物”，均为简介，只选录本行业内有较大影响的人物及其他政策法规规定的应入志人物，不面面俱到。人物排序，去世人物按照去世时间先后排序，在世人物按照生年排序。

十、本书资料来源广泛，其出处不一一注明。所需数据一般采用政府统计部门数据，无政府统计部门数据时选用主管部门或主办单位提供的数据，个别数据由于统计口径和来源不同存在差异。

十一、原则采用国务院1984年2月发布的中华人民共和国法定计量单位。考虑到使用习惯，保留“公里”“亩”“斤”等。历史上使用的计量单位，如斗、石、里、尺等，在引文中可照录。

十二、中华民国成立前的纪年，使用历史纪年，括注公元年份；中华民国成立后的纪年，使用公元纪年。书中书“××年代”，凡未加世纪者，均指20世纪的年代；书中所称“解放前（后）”，以1944年5月沂源建县为界；“新中国成立前（后）”，以1949年10月1日中华人民共和国成立日为界；“改革开放前（后）”，以1978年12月中共十一届三中全会召开为界。

十三、记事概以第三人称记述。人名直书其姓名，必要时冠以职务职称。地名以现行标准地名为准。如使用历史地名，于每个类目首次出现时括注现行地名。各个历史时期的党派、团体、组织、机构、职务等均以当时名称为准。对于称谓过长而又频繁使用者，首次出现时使用全称并括注规范化的简称，之后使用简称。

十四、遵循国家标准和出版规定，数字书写以GB/T 15835—2011《出版物上数字用法》为准，标点符号使用以GB/T 15834—2011《标点符号用法》为准。

目录 CONTENTS

综述

扫码听书

工业发展历程

沂源是黄河中下游地区古人类发祥地，农耕文明起始较早，大致从上古时代的东夷文化，到夏、商、周时代，沂源文化逐渐融入华夏文明。

从东安古城遗址、西鱼台遗址出土的大量商、周青铜器和周代陶器看，早在商周时期，域内手工业早已肇始，到春秋战国时接续发展。北桃花坪遗址出土的一万年前陶片证明，制陶业的发端时代久远。东里战国墓“大量丝麻织品的出土，证明还在2000多年前的战国时期，沂源地域的蚕织业即已达到很高的水准”（张富祥《文化沂源》）。盖冶等冶铜、冶铁遗址证明，秦汉时域内冶炼业已具较高水平。

唐、宋、元代以来，除上述手工业赓续不断外，采矿、缫丝、酿酒、土布染织等手工作坊均有发展。

明代初年，草埠一带采煤古井颇多，清康熙十一年（1672）《蒙阴县志》载：“鲁村、张庄……旧系矿徒出没之所，明朝委义民官守之。”民国二年（1913），舍庄村周立等人开办的“福山井”，民国十五年（1926）潍县人李尔禄开办的鸿昌公司，均规模较大，雇工数百。此期域内酿酒、榨油、缫丝等手工业繁盛。清至中华民国时期，食品酿造（酱油、醋和酒类等）、糕点加工、木材加工和土陶、砖瓦、石灰、土纸、草柳编、锡器、皮革和皮毛加工等作坊，主要分布在南麻、张家坡、鲁村、悦庄、东里、黄庄等地。

东里“盛源号”酒坊水井（1908年）

沂源县工业创办于20世纪40年代。1958年起，域内陆续兴办的一批采矿冶炼和制造业厂矿，如采煤（铁）、炼铁、陶瓷、造纸、印刷、玻璃、医药、机械、木器等门类，奠定了沂源县工业体系的基础。1965—1970年，国家陆续在境内兴建一批“小三线”军工企业，带动了沂源制造业的发展。1978年，全县216家工业企业，总产值4671万元。改革开放后，异军突起的乡镇企业，如雨后春笋般迅猛发展。1988年，全县工业企业1098家，总产值28467万元，其中乡镇企业产值12405万元。

1991年，全县国有、集体、乡镇、村办工业企业发展到1332家。有煤炭、黑色和有色金属、非金属及建材采选业，食品、饮料、纺织、皮革、造纸、化工及塑料制造业，药品制造及其包装业，电力、水生产供应及木材、机械加工业等23个门类，工业总产值6.39亿元。1993年后，社会主义市场经济体制逐步确立，全县采取推行股份合作制试点、组建企业集团、并购重组、产权制度改革、政府授权国有资产经营公司租赁经营企业等措施，到20世纪90年代后期，大部分企业走出困境。药用玻璃、节能材料、制药、化工、高分子材料、制革、酿酒、饮料、纺织、制鞋等支柱产业的规模和总量不断增大。其中，药用玻璃产品和陶瓷纤维节能材料在全国市场份额分别达到78%和90%，汇源饮料也走出沂源，进驻北京，发展成为全国知名品牌。1997年，企业产权制度改革全面铺开。此时县属企业经济效益出现“两极”分化现象，部分骨干大企业利税大幅增长，山东省药用玻璃股份有限公司利税过5000万元，沂源县酿酒总厂、沂源县鲁村煤矿、沂源县热电厂等企业利税超过1000万元，少量企业却出现亏损现象。

1998年，全县县属工业企业开始建立产权明晰、权责明确、政企分开、管理科学的现代企业制度，到年底，绝大多数企业完成改制。同时，成立县公有资产管理委员会，在全市首家建立新型经济管理体制，把国有和集体资产列为工业公有资产统一管理，至此，全县不再有国有和集体工业企业之分。县公资委授权县工业公有资产有限公司经营1.7亿元资产，建立工业发展基金，重点扶持山东省药用玻璃股份有限公司、富源皮革集团等企业，缓解了企业资金紧张局面。

1998年起，政府调整全县工业企业统计汇总总渠道，变只有政府统计部门超级汇总为工业企业、主管部门、统计部门三级汇总。统计口径第一次出现规模以上工业企业，简称“规上企业”，指年销售收入500万元以上独立核算企业。1998年，沂源县规上企业共51家，完成总产值17.21亿元。

2002年，县委、县政府实施“工业立县”战略，继续深化企业改革。动工兴建新兴工业园和东苑民营经济工业园，集中布局骨干企业新上项目和招商引资项目。同年6月3日，山东省药用玻璃股份有限公司股票在上海证券交易所上市，实现融资3.9亿元。是年，全县工业企业发展到2268家，其中规模以上工业企业51家，大型企业2家、中型企业22家，国家级高新技术企业3家、省级高新技术企业6家，外资及港澳台商投资、合资和独资企业16家。

沂源经济开发区办公楼

2006年，全县工业门类有医药及包装材料、节能材料、高分子材料、煤炭、机械、精密铸造、建材、化工、玻璃制品、玻璃纤维、纺织服装、塑料、皮革、食品饮料、造纸、印刷等30多个行业，250多个主要产品，有30多种产品获省、部优称号。全县规模以上工业企业90家，总产值超过100亿元。有20家企业利税超过1000万元，其中有6家过5000万元、4家过2亿元，7家企业进入淄博市工业企业百强行列。有山东省药用玻璃股份有限公司、山东鲁阳股份有限公司和山东瑞阳制药有限公司3家上市公司。高新技术产业产值占全县规模以上工业总产值的比重达到30%以上。全县规模以上工业总产值达到114.07亿元，利税16.55亿元，利润10.5亿元。

2010年后，沂源工业步入转型升级关键阶段，逐渐走上绿色化、数字化、智能化发展道路。2010年，全县规模以上工业企业达到176家。

自2011年始，规模以上工业企业统计口径变化，由年销售收入过500万元改为2000万元。2012年，全县规模以上工业企业调整为125家，实现总产值389亿元。

沂河埠下段北岸工业集中区（瑞阳制药、山东药玻等）

到2023年，全县规模以上工业企业114家，实现总产值332亿元。培育了医药健康、新材料两大产业集群，医药健康产业构建起“化学原料—医药中间体—原料药—高端制剂—医药包装”的全产业链，年产值168亿元；新材料产业涵盖“高分子材料、无机非金属、特色金属材料”三大板块，年产值130亿元。全县有药品制造及其包装业、建材、化工、纺织、皮革、机械、食品、玻纤等20多个工业门类。

新中国成立前的手工业作坊

沂源工业是从新中国成立前的手工业作坊发展而来。

据《临朐县志》《沂水县志》记载，沂源县早在明朝时期已有缫丝、丝绸等行业，并远销国外。1983年，在张家坡前瓜峪村发现一枚清朝咸丰年间印章，商号是“义顺成”，这枚印章上所刻印的文字是：“义顺成，嘉湖细点，本号开设在官峪庄，自造细点，杂货俱全。”义顺成是在清朝咸丰年间设立的手工作坊，生产的糕点是专供官府用的高级细点，这枚印章用于印制包装纸上的商标。商号总店在浙江嘉兴，沂源县设分号。这是沂源历史上南北商贸文化交流的一个珍贵实物见证。

义顺成嘉湖细点印章

解放前，沂源历史上传统的手工业行业主要有酿酒、油料加工、土法缫丝、土布、土纸、铁器、木器及煤炭开采等，在民国时期，多为地主兼营，作坊性质，主要分布在东里、悦庄、南麻、鲁村、黄庄、张家坡等地，经营字号有致祥太、义顺成、源聚东、民胜居、庆源祥等，一般兼营几个行业。其中以儒林集杜家、南麻白家、张家坡王家经营的规模较大。儒林集杜家的成品丝销往上海，南麻白家的成品丝销往周村，张家坡王家的成品丝销往青岛，均为季节性生产，旺季最高雇用工人达200多人。其他行业都为个体经营。据统计，新中国成立前，全县共有各类作坊近500家，从业人员近3000人，年产值85万元。

抗日战争时期，从1939年开始，日寇多次对沂蒙山区进行扫荡，并盘踞在沂源县的要地，制造了“无人区”，对沂源工业发展造成了严重摧残。

东里“盛源号”酒坊旧址（1908年）

1944年沂源建县后，1944年创建的悦庄酒业社、草埠“庆仁井”煤井，1945年创建的洪沟煤矿，是沂源县最早的3家国有企业，隶属原鲁中南行署管理，其余均为手工业。东里皮业社于1944年创立，是沂源县最早的集体企业（业社企业）。

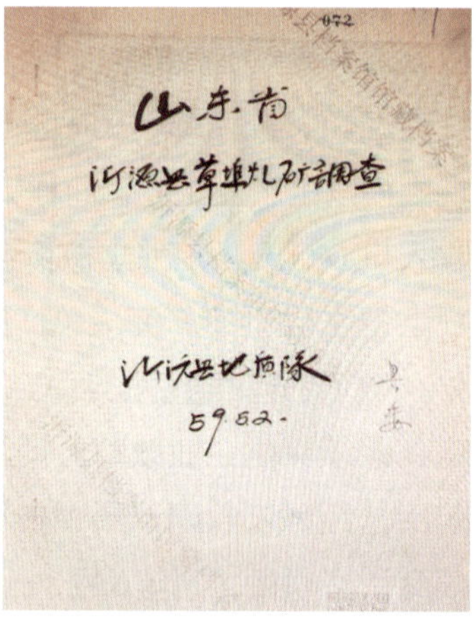

1959年，沂源县地质队出具的《山东省沂源县草埠煤矿调查》

1944年6月，抗日民主政府鲁中南六分局，派沂源工商所长王雨亭等五人，在悦庄筹建酒坊，利用任元柱的旧作坊，建成“悦庄酒业社”，有40名职工，年产白酒150吨。1945年，合作推进社在东里筹建酒坊一处，后于1954年合并于悦庄酒业社。

1944年8月，临沂行署派王雨亭、贺兴普、白现英等为代表，接管草埠“庆仁井”煤井，9月恢复生产。之前“庆仁井”是鲁村人唐伯平、唐瑞娥的个人商号，但被汉奸吴化文强行霸占至1944年。

1945年秋，抗日战争胜利，但接踵而来的是解放战争，沂蒙山区又是国民党反动派重点进攻的地区，沂源工业再次遭受兵燹战火。1947年下半年，沂源解放后，人民才迎来了安居乐业的生活，工业发展也开始复苏。

计划经济体制下的工业

新中国成立初期，全县有手工业作坊500余处，从业人员5000多人，主要从事铁木、酿酒、砖瓦、泥陶、鞭炮、印染、榨油、缫丝、土纺土织等行业，主要分布在南麻、悦庄、张家坡、鲁村、东里等人口比较集中的村镇。1949年，全县产煤1500吨、白酒103吨，共有职工168人，总产值100万元。

新中国成立后，党和政府对工业和手工业进行了社会主义改造，本着产品包销、生产自救的方针，在资金和原材料方面给予扶持，大大促进了工业和手工业的发展。

1949—1951年，为三年恢复时期。1952年，全县工业产值178万元，其中国营工业产值33万元、手工业产值145万元。是年，全县产煤11165吨，产白酒272吨，共有职工318人。

1952年冬，逐步开展对手工业的社会主义改造，成立手工业生产合作社，简称“业社”，是最早对集体企业的称呼。首先在悦庄展开试点，组织成立了悦庄木业社，是沂源县第一家合作社，于1953年2月10日正式开业。第二个试点单位是南麻木业社。

1979年，社办企业燕崖酒厂

1954—1956年，对手工业的社会主义改造基本完成。在社会主义改造发展过程中，始终贯彻自愿互利、入社自愿、退社自由的原则。初级社，以常用工具、设备等作价入股，以股金分红及民主管理的方式运行。1956年，全县共组建合作社63处，其中高级形式的52处、低级形式的11处，共有职工2342人，全年实现产值166万元。全县

沂源县工基交系统经验交流大会（1979）

较成熟的手工业社（组）有18个，从业人员人数波动较大，较为固定的职工人数300人左右。

1958—1960年是“大跃进”时期，在生产上奉行“以钢为纲”，全民动员大炼钢铁，大办工业，这是沂源历史上的第一次工业大投入。当时沂源县新建工业企业20家，新增的行业主要有铁矿开采、炼焦、炼铁、机械、玻璃、建材、发电、食品、造纸等。县建材厂（光力士前身）、水泥厂、印刷厂、服装厂、内配厂、耐火材料厂等都是这个时期创立的。由于设备工艺落后，工人素质不高，产品质量差，生产效益差，全县职工人数迅猛增长至10383人，实际产值仅130万元。

手工业方面则大搞农具改革，全员劳动生产率下降，部分产品停产，造成产销脱节。20世纪60年代，全国农业歉收，影响了手工业的发展，手工业社停产的较多，大批工人返回农村，1965年全县手工业产值减为12万元，职工120人，手工业社30家。

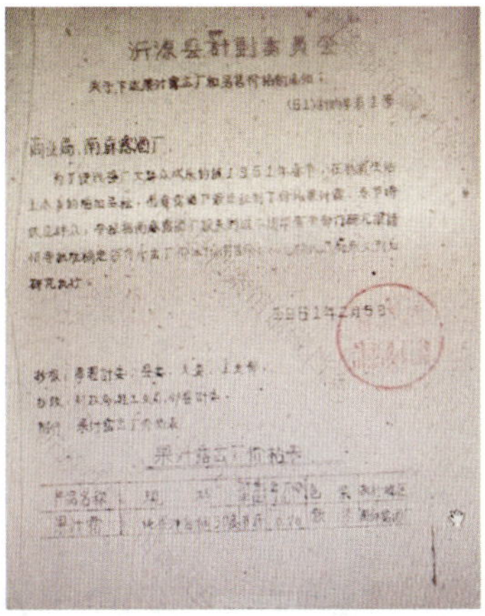
沂源县计划委员会
商业局、南麻酒厂

1961年2月5日，沂源县计划委员会发布《关于下达果汁露出厂零售价格的通知》

1961年，贯彻中央“调整、巩固、充实、提高”“以农业为基础，以工业为主导，全面发展国民经济，对企业进行整顿”的方针，全县进行了第一次工业调整，做了大量裁并，共保留企业15家，职工1297人，比1958年减员9000余人。其中保留山东沂源酒厂、草埠煤矿、沂源县造纸厂、沂源县南麻农业机械制造厂（内配厂前身）、沂源县水泥厂5家国营企业，工业调整于1965年结束。

第一次工业调整后，1963年10月撤销沂源县工业局，企业管理隶属临沂专员公署各主管局。1963年，全县工业企业共有职工920人，实现产值264万元。

1964年，山东沂源酒厂参加临沂地区酵素会议全体同志合影

1965—1970年，国家在沂源县境内先后建起一批“小三线”军工企业。国营山东第一机械修配厂、国营山东第二机械修配厂、国营山东裕华修配厂、国营山东新华翻砂厂、国营山东红旗机械厂、山东半导体厂（研究所）、莱芜钢铁厂等，分别隶属中央、省、临沂专员公署管理，还有部分配套企业，如山东沂蒙新华制药厂、山东东风化肥厂、山东沂源柴油机厂、671战备发电厂、南麻发电厂、618战备电台等。

国营山东第一机械修配厂军用卡车满载着工人

20世纪60年代创立的县属国有企业很少，有1960年创立的沂源县木业社（木器厂前身），1969年3月创立的沂源县玻璃厂。

1966—1970年“文化大革命”时期，沂源县和全国一样受到严重冲击，党政机关被夺权，生产指挥系统也处于瘫痪状态，生产秩序混乱，企业经济效益下滑。从企业产值看，1968年为504万元，1969年为448万元，出现了负增长。

进入70年代，在中央关于大办“五小”和“备战、备荒、为人民”的方针指引下，沂源县又筹建了一批“五小”企业，先后有沂源县五金厂、沂源钢铁厂（芦芽铁矿再次开矿）、黄庄煤矿（再次开矿）、崮山煤矿（鲁村煤矿前身）、草埠焦厂等7家国有企业创立。

1988年，山东省沂源县玻璃厂大门

其中在土门公社芦芽大队重建芦芽炼铁厂，又称沂源钢铁厂（芦芽铁矿），当时简称芦芽铁厂。芦芽铁矿最早是1958年大炼钢铁时创立的，1973年重建。1958年创立时因矿石长期供应青岛炼铁厂，由此机缘，才有了芦芽铁厂的重建，有了青岛纺织工业局对沂源的投资建厂。

1978年12月，草埠翻砂厂工人工作剪影

芦芽铁厂由青岛纺织工业局投资160万元重建，于1973年投产。后来青岛纺织工业局又投资建设草埠炼焦厂和崮山煤矿，为芦芽铁厂生产配套。为了“以轻养重”，青岛纺织工业局又投资建设九会织布厂、石桥水泥厂，都是芦芽铁厂附属企业，均建成于70年代。

土门铸造厂生产车间

70年代，沂源工业门类又恢复到7大行业，国营厂矿企业8家。1971年10月重新成立沂源县工业局。原上交临沂专员公署管理的企业，除草埠煤矿外，又将沂源酒厂、沂源县造纸厂、水泥厂、机械制修厂下放给沂源县。1970年，全县国营工业人数1737人，固定资产439万元，年产值586万元。

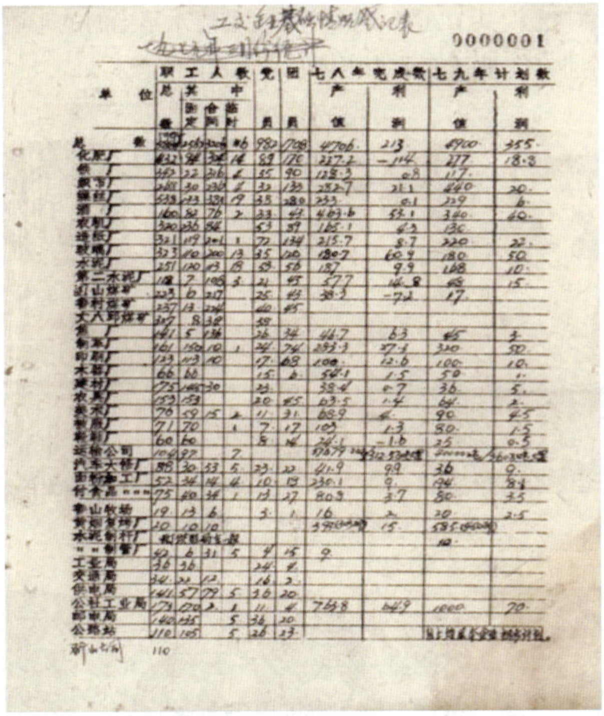

工交企业基础情况登记表

0000001

单位	职工人数 总数	其中 固定	合同	临时	党员	团员	七八年完成数 产值	利润	七九年计划数 产值	利润
总数	[illegible]	[illegible]	[illegible]	46	980	1708	4706	213	6900	355
化肥厂	432	94	324	14	89	170	227.2	-11.4	277	18.3
铁厂	342	22	316	4	55	90	128.3	0.8	117	
织布厂	268	30	238	2	32	133	252.7	21.1	240	20
缫丝厂	558	23	535	19	35	280	233	0.1	229	6
酒厂	160	82	76	2	33	43	403.6	53.1	340	60
农机厂	320	236	84		53	57	165.1	6.3	136	
造纸厂	321	119	201	1	72	134	215.7	8.7	220	22
玻璃厂	323	110	200	13	35	120	180.7	60.9	180	50
水泥厂	251	120	113	18	53	56	187	9.9	168	10
第二水泥厂	112	7	102	3	21	45	57.7	16.8	65	15
崮山煤矿	223	6	217		25	43	38.3	-7.2	17	
鲁村煤矿	237	13	224		40	45				
丈八邱煤矿	317	8	38		59					
焦厂	141	5	136		26	34	46.7	6.3	45	3
制革厂	161	150	10	1	24	74	293.3	37.3	320	50
印刷厂	123	113	10		17	68	100	12.6	100	10
木器厂	66	66			15	6	54.1	1.5	50	1
建材厂	175	145	30		23		38.4	0.7	36	5
农具厂	153	153			20	45	63.5	1.4	64	2
美术厂	70	59	15	2	11	31	68.9	6	90	4.5
被服厂	71	70		1	7	17	103	1.3	80	1.5
靴鞋厂	60	60			8	16	24.1	-1.0	25	0.5
运输公司	104	97		7			[illegible]	[illegible]	[illegible]	[illegible]
汽车大修厂	88	30	53	5	23	22	41.9	9.9	36	9
面粉加工厂	52	34	14	4	10	13	230.1	9	194	8.1
副食品厂	75	40	34	1	13	27	80.3	3.7	80	3.5
鲁山牧场	19	13	6		3	1	16	2	20	2.5
黄烟复烤厂	20	10	10				598([illegible])	15	585([illegible])	
水泥制杆厂	[illegible]								10	
〃〃制管厂	42	6	31	5	4	15	9			
工业局	36	36			24	4				
交通局	34	22	12		16	2				
供电局	141	57	79	5	30	20				
公社工业局	173	170	2	1	11	4	763.8	64.9	1000	70
邮电局	140	135		5	36	20				
公路站	110	105		5	26	23				

以上均系[illegible]

110

1978年《工交企业基础情况登记表》

上图是1978年“沂源县革命委员会工业交通办公室”出具的一份《工交企业基础情况登记表》，统计了工交系统单位总数36个，涉及工业企业、交通、邮政业和相关主管部门。

登记企业名单是化肥厂、（芦芽）铁厂、织布厂、缫丝厂、酒厂、农机厂、造纸厂、玻璃厂、水泥厂、第二水泥厂、崮山煤矿、鲁村煤矿、丈八邱煤矿、焦厂、制革厂、印刷厂、木器厂、建材厂、农具厂、美术厂、被服厂、靴鞋厂、运输公司、汽车大修厂、面粉加工厂、副食品厂、鲁山牧场、黄烟复烤厂、水泥制杆厂、制管厂、工业局、交通局、公社工业局、邮电局、公路站、矿山公司，共36个企业和机关事业单位。这些企业名称都是当时对企业的习惯性简称。其中，工业企业29家，交通企业2家，统称县属企业。主管部门有工业局、交通局、公社工业局、邮电局、公路站5个机关事业单位。

主要工业产品有16种，包括水泥、生铁、铁矿石、棉布、日用玻璃、皮革、白厂丝、拖拉机内配件、焦炭、铁质小农具等。

表格中显示，1978年全县工交企业共完成产值4706万元，利润213万元。其中，29家工业系统企业共完成产值4664万元，利润203万元，全县占比为99%。公社工业共完成产值763.8万元，利润64.9万元，全县占比为1%。利润排名前三的企业，分别是玻璃厂完成产值180.07万元，利润60.9万

1978年，沂源县化肥厂工作场景

元；酒厂完成产值463.6万元，利润53.1万元；制革厂完成产值283.3万元，利润27.3万元。全县工交系统职工人数共5994人，分为固定、合同、临时3种身份，对政治面貌也进行了统计。

1978年以后，贯彻中央关于工业调整的方针，对全系统的产业、产品、技术结构进行调整，开展以提高产品质量和讲究经济效益为重点的整顿，并逐步扩大企业自主权，推行多种形式的经济责任制。

1978年下半年，沂源工业企业陆续实行了“计时工资加奖励”的办法，改变了工作干多干少、干孬干好一个样、吃大锅饭的状态，转变为按经济规律办事，充分调动了干部职工的生产积极性。

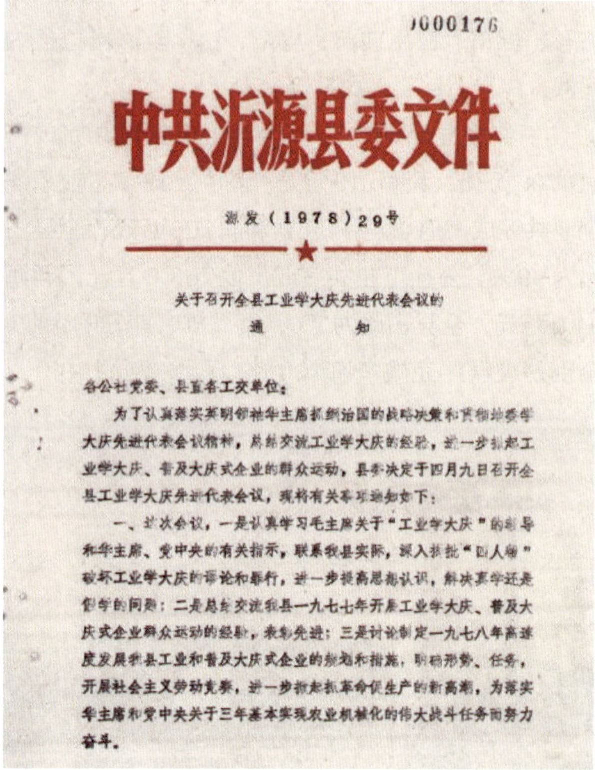

000176

中共沂源县委文件

沂发（1978）29号

关于召开全县工业学大庆先进代表会议的

通　知

各公社党委、县直各工交单位：

为了认真落实英明领袖华主席抓纲治国的战略决策和贯彻省委学大庆先进代表会议精神，总结交流工业学大庆的经验，进一步掀起工业学大庆、普及大庆式企业的群众运动，县委决定于四月九日召开全县工业学大庆先进代表会议，现将有关事项通知如下：

一、这次会议，一是认真学习毛主席关于“工业学大庆”的教导和华主席、党中央的有关指示，联系我县实际，深入揭批“四人帮”破坏工业学大庆的谬论和罪行，进一步提高思想认识，解决真学还是假学的问题；二是总结交流我县一九七七年开展工业学大庆、普及大庆式企业群众运动的经验，表彰先进；三是讨论制定一九七八年高速度发展我县工业和普及大庆式企业的规划和措施，明确形势、任务，开展社会主义劳动竞赛，进一步掀起抓革命促生产的新高潮，为落实华主席和党中央关于三年基本实现农业机械化的伟大战斗任务而努力奋斗。

1978年，中共沂源县委印发《关于召开全县工业学大庆先进代表会议的通知》

省革委劳动局下发了《关于实行一次性年终奖励的通知》，通知指出，企业单位全面完成国家计划的可按本单位职工人数，平均每人10元提取奖金；完成国家计划中主要指标（四项主要指标是产量、质量、品种、利润），其他计划没有完成的，可按本单位职工人数平均每人8元提取奖金，主要指标没有完成的，不得实行一次性奖金。当年，沂源县工业企业实行一次性奖金的有铁厂、焦厂、石桥水泥厂、酒厂4个单位，每人按10元提取了奖金；玻璃厂、印刷厂2个单位，每人按8元提取了奖金。

上图是1978年召开的全县“工业学大庆”先进代表会议通知。出席会议的人员范围是各公社工办负责人、公社工业先进代表、县直工交各单位负责人和先进集体代表、先进个人代表等567人。

参加会议的企业为铁厂、焦厂、织布厂、崮山煤矿、丈八邱煤矿、缫丝厂、石桥水泥厂、化肥厂、玻璃厂、水泥厂、造纸厂、汽修厂、农机厂、酒厂、印刷厂、被服厂、靴鞋厂、制革厂、自来水厂、建材厂、农具厂、木器厂、工艺厂、矿山公司、运输公司、面粉厂、副食品加工厂、水泥制管厂、鲁山牧场、黄烟复烤厂共30家。主管部门为工业局、公社工业局、供电局、邮电局、交通局、公路站共6家。公社为南麻、鲁村、张庄、徐家庄、黄庄、中庄、燕崖、唐山、东里、张家坡、石桥、悦庄、三岔、土门共14个。这个名单完整显示了当时的工业企业和工业管理体制概貌。

1978年，沂源县工艺美术公司生产场景

1980年3月，县制革厂生产场景

1978年6月6日，县委召开全县“工业学大庆”工作会议，会议主题是大贯彻、大宣传、大落实“工业三十条”，体现了当时的工业工作重点。当时沂源县“工业学大庆”的排头兵企业为“芦芽铁厂”。

1980年，全县有15家国营企业，又称“全民企业”：黄庄煤矿、鲁村煤矿、芦芽炼铁厂、化肥厂、缫丝厂、织布厂、造纸厂、酒厂、玻璃厂、农机厂、水泥厂为地区属单位，第二水泥厂、水泥制品厂、草埠焦厂、自来水厂为县属单位。有8家集体企业，制革厂为地区属单位，建材厂、农具厂、木器厂、印刷厂、美术厂、靴鞋厂、被服厂为县属单位。

有计划的商品经济阶段

党的十一届三中全会以后，开始推行经济责任制，扩大企业自主权，发展横向技术联营，对全工业系统的产品、技术结构进行了调整。从此，沂源工业发展突飞猛进，在县域经济中处于突出位置，20世纪80年代至90年代这一时期，工业累计投资额达2亿元，这是沂源历史上的第二次工业大投入。

1981年，全县认真贯彻党的十一届三中全会关于经济体制改革试点的精神，从扩大企业自主权（亦称简政放权让利）开始改革试点。政府对试点扩权企业核定利润指标，允许在完成计划后实行利润留成，作为企业基金，把企业经营好坏同职工物质利益挂钩，允许给职工发放少量奖金。通过扩权，企业有了部分自主计划权、产品销售权、资金使用权和干部任免权，初步改变了企业只按国家指令性计划生产、不考虑市场需要、不关心产品销路、不关心盈利亏损的状况，增强了企业的生产经营和市场营销观念，使生产迅速发展，利润大幅度增加。

1981年7月21日，临沂地委召开全区工交工作会议，重点研究如何推行经济责任制的问题，沂源县服装厂作典型发言。

1981年8月6日，中共沂源县委下发《关于改革县经济委员会体制的通知》，决定撤销县工业局，成立县经济委员会，原属县工业局承担的工作由县经济委员会承担。县经济委员会下设办公室、政工科、生产技术科、计划基建科、财务科、工会和供销公司。

1981—1983年，沂源县工交战线逐步实行了工业生产经济责任制，以提高经济效益为目的，责权利紧密结合。实行经济责任制的单位必须保证完成国家计划，按社会需要生产，不能利大大干，利小不干，造成产需脱节。所有企业都必须首先保证财政上交任务的完成，使国家财政收入能逐年有所增长。实行经济责任制的单位，每年增长的利润，国家所占比例要高于企业。

20世纪80年代棉织厂生产车间

1981年，沂源县召开工基交系统推行经济责任制会议，会上转发了《国务院批准关于实行工业生产经济责任制若干问题的暂行规定的通知》。全县各企业经济责任制形式分为三种，实行计时工资加嘉奖或“五定一奖”的有棉织厂、酒厂、化肥厂、造纸厂、水泥厂、铁厂、预制厂、机械厂、缫丝厂、焦厂、汽修厂、自行车配件厂、美术公司、运输公司、鲁村煤矿、黄庄煤矿等16家企业；实行浮动工资的有印刷厂、木器厂、第二水泥厂3家企业；实行计件工资或小集体超额计件制的有鞋厂、制革厂、皮件厂、建材厂、被服厂、建筑公司6家企业。玻璃厂根据工作特点，推行了计件、超定额、综合奖三种形式。公社工业也推行了各种形式的责任制和“小包干”的办法。各企业在实行岗位责任制的基础上，建立了不同形式的适应本企业特点的经济责任制，产值、产量、质量、经济效益、管理水平等都有较大幅度增长和改善。职工工资根据责任制情况转正定级，一级工月工资29元，二级工月工资34元。

从各企业实行经济责任制情况看，总体符合企业实际，兼顾了国家、集体、个人三者利益，体现了多劳多得，减弱了平均主义和吃大锅饭的影响，调动了广大职工的积极性，起到了促进生产、鼓励先进的作用。

1982年，根据上级部署，全县开展了以提高经济效益为目的的企业整顿工作，这是沂源县历史上的第二次工业调整，先整顿领导班子，以提高企业的管理水平，提高产品质量，最终达到提高经济效益的目的。1983年3月，第一批列入整顿的20家企业有18家验收合格。

1983年，国营企业推行利改税。国家在参与企业纯收入分配时，放弃以资产权力为依据的利润上交方式，改为以政治权力为依据的缴纳所得税方式，理顺了国家与企业的分配关系，克服了大锅饭的弊端，促进了企业经济责任制的建立，并为财政体制改革准备必要的条件，较好地处理了国家、企业和职工三者的利益关系。同年，全县共完成工业总产值5508万元，实现利润305万元。按利改税第一步改革执行的结果，国家所得占61.8%，企业所得占38.2%（用于生产发展基金、职工集体福利基金和奖金），体现了国家得大头、企业得中头、个人得小头的原则。

1984年，党的十二届三中全会提出“有计划的商品经济”。1984年3月1日，服装厂、印刷厂、木器厂、工艺美术公司经过党支部民主选举选出了党支部书记，改变了以往企业任职采取的单一委任制。

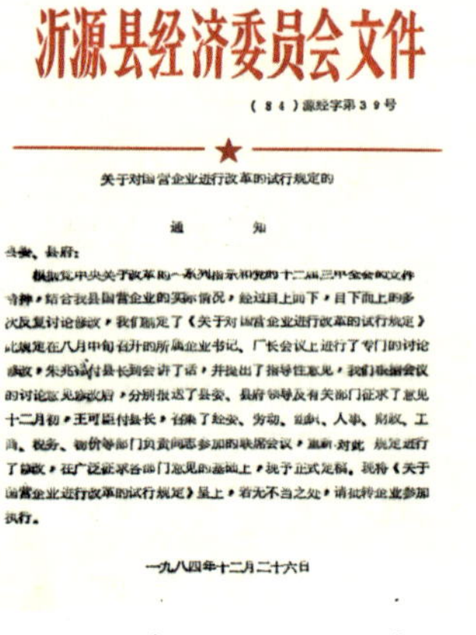
沂源县经济委员会文件

（84）源经字第39号

关于对国营企业进行改革的试行规定的

通　　知

县委、县府：

根据党中央关于改革的一系列指示和党的十二届三中全会的文件精神，结合我县国营企业的实际情况，经过自上而下，自下而上的多次反复讨论修改，我们制定了《关于对国营企业进行改革的试行规定》此规定在八月中旬召开的所属企业书记、厂长会议上进行了专门的讨论修改，朱兆[illegible]付县长到会讲了话，并提出了指导性意见，我们根据会议的讨论意见修改后，分别报送了县委、县府领导及有关部门征求了意见十二月初，王可[illegible]付县长，召集了经委、劳动、组织、人事、财政、工商、税务、物价等部门负责同志参加的联席会议，重新对此规定进行了修改，在广泛征求各部门意见的基础上，现予正式定稿。现将《关于国营企业进行改革的试行规定》呈上，若无不当之处，请批转企业参照执行。

一九八四年十二月二十六日

1984年12月，县经委印发《关于对国有企业进行改革的试行规定的通知》

1984年11月2日，县经委下发《关于对工业企业干部管理体制改革的决定》，对工业企业干部管理采取分级管理、层层负责、适当放权的办法。县经委主要管理局级厂矿的副书记、副矿长（副经理）、工会主席等厂级干部和其他国营、集体企业的厂级领导干部。其他凡是各企业自行任免的干部需报县经委备案；12月，县经委下发《关于对国有企业进行改革的试行规定的通知》，从干部管理、劳动管理、经营管理、工资奖金管理、财政管理、技术协作等六个方面进行了重大改革，把简政放权与企业的责权利紧密结合起来，此规定的批准实施，成为促进工业生产发展、开创工业新局面的主要标志。

1984年，全县工业总产值7143万元，利润597.44万元，利税999.11万元，加上乡镇企业利税达1114万元。在1984年度工业企业总结表彰大会上，县玻璃厂、造纸厂、酒厂、印刷厂、水泥厂、皮件厂、内燃机配件厂被表彰为先进企业。同时，对本年产值、利润增长10%以上的企业和连续3年利税超过200万元的企业负责人发放奖金，对获得优质产品的县内燃机配件厂、县造纸厂的创优小组发放奖金，为1984年验收合格企业颁发证书。

1985年，县委、县政府制定了《沂源体制改革实施意见》，指出：“政企分开，扩大企业自主权；进一步搞活企业内部改革，完善以承包责任制为主的经济责任制，逐步推行厂长（经理）负责制，调整好企业领导班子；搞好计划、税收、价格、劳动工资等制度的配套改革；搞好流通体制的改革；对内对外开放，搞好经济技术交流与合作。”随着《沂源体制改革实施意见》的颁布实施，进一步扩大了企业自主权，广泛推行了经济责任制，改革了所有制结构，改变了用工制度，实行了厂长负责制，部分企业大到整个公司、厂矿，小到车间、班组、个人，层层包干，责、权、利紧密结合，使企业生产经营面貌发生了较大变化，经济效益进一步提高。1985年，全县工业企业职工达2190人，固定资产7529万元，产值8367万元，利税总额1038万元。

随着市场经济意识的增强，县委、县政府开始注重对外宣传，陆续组织了一系列重要经贸活动，推广沂源工业和产品。1986年6月18日，县委、县政府在北京中国科学会堂举行了沂源县浓缩酸枣汁、炒红果、花生酥糖及金果玉液、玉果琼浆等食品品评会议。全国食品、医疗卫生方面的专家、教授、研究员，中央报社、电台记者，中直机关及省、地有关领导出席了会议。会上，介绍了沂源的工农业生产及食品生产情况，参评食品得到了一致称赞，并签订了购货合同。1988年5月，县委、县政府在济南召开“沂源经济开发新闻发布会”，县委书记孙运河介绍了全县经济开发现状及发展前景，公布了吸引人才、技术、资金的12条优惠政策和鼓励外来投资的10条优惠措施。

1986年，全县工业总产值10902万元，首次突破亿元。1987年，全县工业总产值13692万元，首次超过农业产值，工业成为沂源县经济的支柱。

1987年，临沂地委书记刘明祖到沂源视察工作，先后到县玻璃厂、造纸厂、皮革厂、棉织厂检查生产、效益和双增情况，指出沂源今后在抓好粮食生产的同时，重点抓好工业。同年，全县经济工作会议召开，第一次确立了“工业农业一起抓，重点抓工业，抓好工业促农业”的经济工作指导思想。会上，对经济工作先进单位和先进个人进行了表彰，会议号召广大干部群众冲破小农经济思想，强化商品经济意识，思想观念上来个突破。这一阶段，企业自主权扩大，各企业普遍建立和完善经济责任制度、厂长负责制度和职工代表大会制度，一轮规模宏大的体制改革得以强力推行。

1987年，县发电厂奠基仪式

1988年，全县工业企业发展到1098家（含乡镇企业），实现总产值28467万元，共安排技术改造项目16项，投资总额1756万元，当年完成11项，投产10项，年新增产值2666万元，投资额占固定资产的1/2，投资占比历史最高，这是沂源工业史上第二次工业大投入。其中，县玻璃厂先后6次进行重大技术改造，兼并了草埠医用玻璃厂和沂源县汽车修理厂两家亏损企业，实现了西林瓶产量销售收入增长45%。同年，临沂地委副书记、行署专员王任芝到沂源先后视察了东里镇东村的乡镇企业和县玻璃厂，对沂源工业发展表示肯定。

1990年1月，沂源县划归淄博市管辖。

1990年3月26日，淄博市市长韩新民（左一）参观县玻璃厂

到1990年底，全县已形成电力、矿产、玻璃、制革、化工、建材、造纸、酿酒等门类较齐全的工业体系，工业产品质量大幅提高，涌现出了一批名优产品，主要有“沂美”牌花生酥糖（部优产品）、“沂美”牌炒红果罐头（省优产品）、“沂美”牌美味酸枣汁（省优产品）、“雪梅”牌1#30克/平方米有光纸（省优产品）、“沂峰”牌195型12马力柴油机（省优产品）、“沂农”牌195型气缸盖（省优产品）、“鲁山”牌农用碳酸氢铵（省优产品）、“沂蒙”牌地塞米松磷酸钠、维生素C、盐酸四环素、抗生素瓶（省优产品）、“鲁山”牌425#普通硅酸盐水泥（省

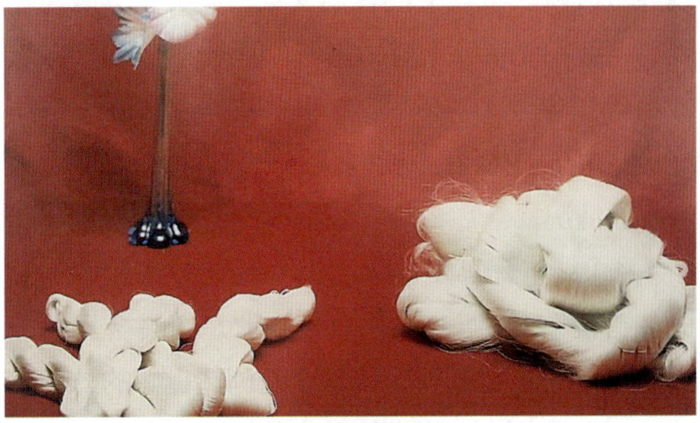

沂源制丝厂“梅花”牌白厂丝

优产品)、“沂波”牌铬鞣黄牛正软鞋面革(省优产品)、“鲁源”牌麻棉交织布(省优产品)、“梅花”牌白厂丝(地区优质产品)等。

1990年，全县实现工业总产值40625万元，比1980年增长了7.4倍。工业企业达到521家，其中县属国有企业25家、集体企业496家。在县属国营企业中，产值千万元以上、利税百万元以上的企业共6家，这6家企业产值占县属国营企业的64%，利税占37%，直接左右着全县工业生产的形势。经营的主要行业有金矿、煤炭、机械、电力、化工、建筑、琉璃、纺织、造纸、食品、粮食、饮料加工、皮鞋加工等。同年，全县企业职工8203人，其中工程技术人员282人，有中级技术职称的29人。

社会主义市场经济体制阶段

1992年，邓小平南方谈话后，改革开放进入新阶段，社会主义市场经济体制改革目标确立，掀起了新一轮改革开放的热潮。

20世纪90年代，赴港宣传资料《沂源企业》

1992年，县委召开了700人参加的全县对外开放工作会议。随后组织有关部门、企业负责人60多人到枣庄市山亭区、临沂市罗庄镇进行了参观学习。县委书记陈传玉在《淄博日报》上发表了《对内建制对外建交实现经济跳跃式发展》的署名文章。县委、县政府在罗马尼亚和北京、上海、深圳、黑河、济南、青岛、威海等国内外10多个城市建立驻外办事处。同年10月，中央电视台《新闻联播》节目报道了沂源改革开放情况。

1993年，县委首次提出“把第二产业的发展放在首位”。强调：一是搞好企业是事关全局的一项紧迫任务；二是要为搞好企业创造良好的外部环境；三是围绕企业生产经营中的困难，做好三个大办：大办实事，大办难事，大办好事；四是把“实干兴县”的口号叫响，牢固树立“企业发展我发展，我与企业共兴衰”的思想。之后，又连续召开了全县国有大中型企业厂长座谈会和全县县属骨干企业厂长工作会议，提出牢固树立全县经济一盘棋思想，更好地为企业搞好服务。同年，县委九届五次全会提出：破除只有国有经济才是社会主义经济的旧观念，树立以公有制为主体、多种经济成分并存的新观念；破除只靠劳动力优势、资源优势和比较优势发展经济的观念，树立科学技术是第一生产力的观念。

同年，县委提出了“九三六〇”计划(即1993年，在全县六大领域，突出抓好十项开发项目)，经济发展“八放”观念(在思想、人才、科技、管理、政策、经营、基本建设、资金上放手)；开展了“沂源产品万里行”活动。

1992年，淄博鲁阳节能材料股份有限公司创立大会

20世纪90年代，乡镇企业异军突起，1991年乡镇工业增速首次超过县属企业。

1992年，县政府出台《沂源县乡镇企业股份合作制规范化试行办法》，并在沂源县节能材料厂进行试点，按1∶1.5的比例溢价发行内部股票150万元，募集股金225万元，改制后的节能材料厂，改称淄博鲁阳节能材料股份有限公司，成为淄博市首批、沂源县首家完成股份制改造的企业。此后，山东药玻、光力士等公司也完成了股份制改造，在淄博证券交易自动报价系统上柜交易，开启了沂源企业涉足资本市场的先河。

1993年5月，县委、县政府确定实行企业产权制度改革，这是沂源历史上第一次企业改制。

1994年，县委、县政府在县光力士玻璃纤维厂、县内燃机配件厂、县蔬菜公司等企业进行改制试点。其间，经济学家厉以宁到山东药用玻璃总厂、鲁阳节能材料股份有限公司等企业就改制工作进行了调研。1993年后，社会主义市场经济体制逐步确立，全县采取组建企业集团、并购重组、政府授权国有资产经营公司租赁经营企业等措施，进一步深化企业改革。

1993年，沂源工业总产值达到12.72亿元，首次突破10亿元，利税达到0.23亿元。

1995年1月，全县富县暨工业工作会议提出，县属企业是支撑县财力的主力军，要突出抓好。会上下发了《关于对1994年度县属工业企业目标责任制兑现奖励的决定》，表彰了山东药用玻璃股份有限公司等10家企业，并与县属31家企业签订了1995年度目标责任书。

“九五”期间，全国企业改革以国有企业为重点，淄博市是全国试点之一。在企业改革过程中，县委、县政府采取了“转、给、租、嫁、卖”等多种盘活方式，取得了积极成效。一是组建山东东方医药玻璃集团总公司。1994年5月，以药玻公司为核心企业，以山东沂蒙新华制药厂为紧密层企业，组建成立山东东方医药玻璃集团总公司。此举，迅速启动和恢复山东沂蒙新华制药厂正常生产经营，摆脱了连年亏损的困境，当年实现利税98.7万元。二是对亏损大户沂源县酿酒总厂，采取白酒、啤酒项目分离、分而活之的办法。经过民主选举、公开竞争答辩的方式选出了厂长，白酒厂开始减亏，啤酒厂市场供不应求。

1991年至2000年十年间，这个时期的县属企业，由于全面进入市场经济时期，各企业的适应程度不同，经济效益出现“两极分化”现象。

到20世纪90年代后期，大部分企业走出了困境。药用玻璃、节能材料、制药、化工、高分子材料、制革、酿酒、饮料、纺织、制鞋等支柱产业的规模和总量不断壮大。其中，药用玻璃产品和陶瓷纤维节能材料在全国的市场份额分别达到78％和90％，汇源饮料集团也走出沂源，进驻北京，发展成为全国知名饮料企业。

沂源啤酒厂生产车间（1990年）

1997年12月，在全县县属工业企业产权制度改革动员大会上，印发了《关于县属工业企业产权制度改革的意见》，对产权制度改革的有关问题作了具体规定：一是发起成立股份有限公司；二是改组为有限责任公司；三是对大多数中小型企业引进股份合作制改革；四是对已实行股份制改造的企业，可以适当减少国有集体股比例；五是对规模较小的企业，可以拍卖，转为个体民营企业、合伙企业。这些改革举措的施行，掀起了新一轮改革的高潮，这是沂源历史上第二次企业改制，为以后企业上市奠定了坚实基础。此后，全县乡镇企业参照县属企业也大规模进行产权制度改革，多数企业采用股份合作制产权形式，集体股基本退出，理顺了政企关系，增强了自主经营机制，明晰了产权关系，企业的积极性、主动性和创造性得到较好发挥。

1999年底，26家县属工业企业改制工作全部完成，共出售净资产收入5500万元，破产重组8家，被收购1家，改制为股份有限公司1家，改制为有限责任公司16家，16家有限责任公司中公有成分全部退出的10家、公有参股的5家、公有控股的1家。

同时参照县属工业企业改革，1997年对253家乡镇企业也进行了改制，出售净资产收入1743万元。改制后，全县乡镇企业的集体股基本退出，乡镇企业依附乡镇政府的现象得以根本改观。

1999年，全县建立“加快工业发展责任制”，提出：工业企业是全县经济的支柱，加快发展工业是事关全县经济全局的重中之重，建立加快工业发展责任制是必要必需的，责任制明确了责任人、责任形式、责任内容，并建立引资奖励政策和建立企业贷款担保公司。

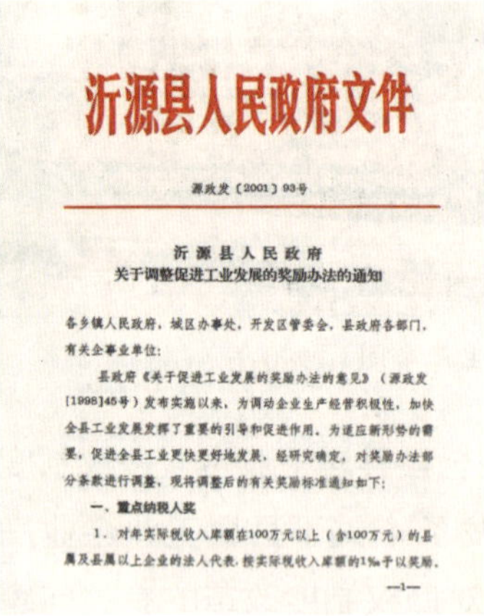
沂源县人民政府文件

源政发〔2001〕93号

沂源县人民政府
关于调整促进工业发展的奖励办法的通知

各乡镇人民政府，城区办事处，开发区管委会，县政府各部门，有关企事业单位：

县政府《关于促进工业发展的奖励办法的意见》（源政发[1998]45号）发布实施以来，为调动企业生产经营积极性，加快全县工业发展发挥了重要的引导和促进作用。为适应新形势的需要，促进全县工业更快更好地发展，经研究确定，对奖励办法部分条款进行调整，现将调整后的有关奖励标准通知如下：

一、重点纳税人奖

1．对年实际税收入库额在100万元以上（含100万元）的县属及县属以上企业的法人代表，按实际税收入库额的1‰予以奖励。

—1—

2001年，沂源县人民政府印发《关于调整促进工业发展的奖励办法的通知》

2000年，实行了“一包三促责任制度”，一包即包投入，县委、县人大、县政府、县政协主要领导和分管领导以及13家县直部门、金融机构的负责人，负责包扶56家企业，每个责任人对所包企业年直接帮助融资不少于300万元；三促是促技术改造、促产品开发、促现有生产能力的发挥。2000年底，包扶责任制累计为企业协调到位资金7200万元。

2000年后，沂源工业企业基本完成改制，建立起了现代企业制度，开始涉足资本市场。

2001—2003年，县委、县政府先后提出“两个转移”和“工业立县”战略，开启了工业发展的新阶段。

2001年12月，县委十一届全委（扩大）会议召开，会上提出“两个转移”，即：“把加快发展的重点转移到以更大精力突出抓好工业发展上来，把加快发展的工作着重点转移到以更大精力突出抓好龙头企业和流通服务上来”。“两个转移”概念的提出，标志着县委、县政府对优势企业在全县工业经济中的地位和作用的充分认识和肯定。同时，要求企业有强烈的发展欲望和扩张欲望，不断提高企业技术创新能力，抓好企业的配套改革，实现以抓投入、上项目为重点，增强工业发展后劲，加快工业强县步伐。

2002年3月，全县加快工业发展大会召开，县委、县政府作出《关于实施“两个转移”加快工业发展的决定》，指出“进一步深化改革，增强企业发展活力。规范企业股份制改造，推进产权主体和投资主体多元化，完善公司法人治理结构，深化企业内部人事、劳动、分配制度改革，分离企业办社会职能，转换经营机制，加快建立现代企业制度。加大经营者的持股比例，逐步推开年薪制、期股制等激励约束措施，充分调动企业经营者的积极性和创造性”。

2002年4月10日，沂源县新兴工业园奠基

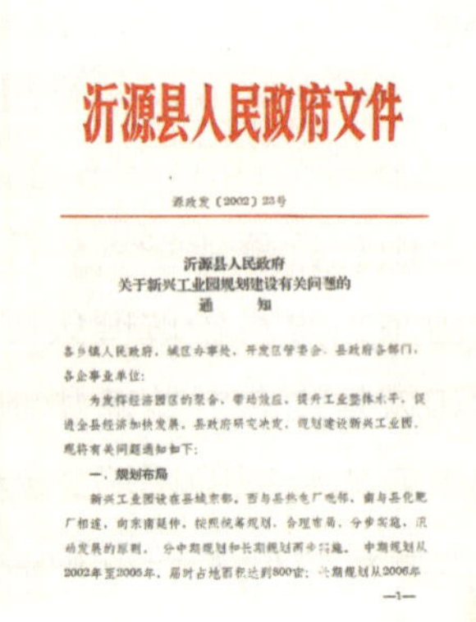
沂源县人民政府文件

源政发〔2002〕23号

沂源县人民政府
关于新兴工业园规划建设有关问题的
通　　知

各乡镇人民政府，城区办事处，开发区管委会，县政府各部门，各企事业单位：

为发挥经济园区的聚合、带动效应，提升工业整体水平，促进全县经济加快发展，县政府研究决定，规划建设新兴工业园，现将有关问题通知如下：

一、规划布局

新兴工业园设在县城东部，西与县热电厂毗邻，南与县化肥厂相连，向东南延伸，按照统筹规划、合理布局、分步实施、滚动发展的原则，分中期规划和长期规划两步实施。中期规划从2002年至2005年，届时占地面积达到800亩；长期规划从2006年

—1—

新兴工业园成立文件

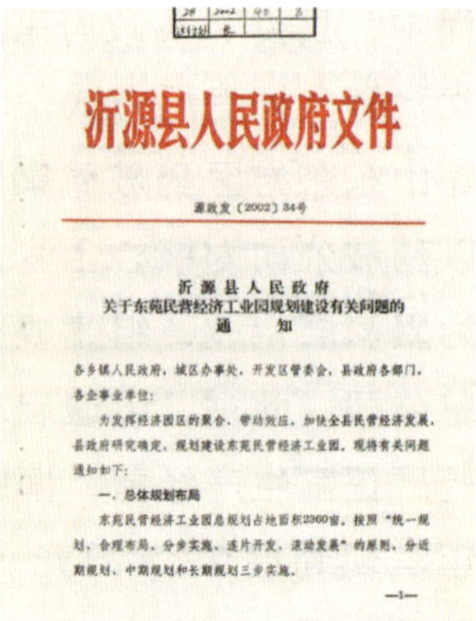
沂源县人民政府文件

源政发〔2002〕34号

沂源县人民政府
关于东苑民营经济工业园规划建设有关问题的
通　　知

各乡镇人民政府，城区办事处，开发区管委会，县政府各部门，各企事业单位：

为发挥经济园区的聚合、带动效应，加快全县民营经济发展，县政府研究确定，规划建设东苑民营经济工业园，现将有关问题通知如下：

一、总体规划布局

东苑民营经济工业园总规划占地面积2360亩，按照“统一规划、合理布局、分步实施、连片开发、滚动发展”的原则，分近期规划、中期规划和长期规划三步实施。

—1—

东苑民营经济工业园成立文件

2002年，新兴工业园、东苑民营经济工业园动工兴建。新兴工业园规划面积20平方公里，以医药和医药包装、节能材料、高分子材料、玻璃纤维、食品加工等五大主导产业为依托，着力打造五大精品园。东苑民营经济工业园规划面积10平方公里，以玻璃纤维、精密铸造、农产品加工和化工医药为主。2002年，全县规模以上工业企业51家、大型企业2家、中型企业22家、国家级高新技术企业3家、省级高新技术企业6家，外资及港澳台商投资、合资和独资企业16家。“十五”期

间，两个工业园共新上项目48个，完成投入13.58亿元。

2003年3月25日，全县“工业立县”暨招商引资工作大会召开。分析了沂源“工业立县”的基础、条件、优势和潜力；制定了当前及今后一个时期“工业立县”的五大战略重点：调整优化工业结构，壮大沂源工业的台柱子；发展壮大一批企业“小巨人”，膨胀沂源工业的赢利群体；以科技进步为先导，培育沂源工业的新亮点；大力推动农业工业化，开辟沂源工业发展新空间；加快上市资源培育和上市公司扩张发展，培育沂源工业发展新后劲。要求在“工业立县”工作重点上，切实做到“六个紧紧抓住不放”，即抓骨干企业不放、抓工业重点项目不放、抓园区建设不放、抓扭亏解困不放、抓深化企业改革不放、抓资本运营不放。

2005年4月28日，山东药玻公司3.34亿支高档棕色瓶奠基仪式

2003年7月，全县优化经济发展环境会议召开，印发了《关于进一步优化经济发展环境的若干规定》《关于进一步优化全县经济发展环境工作的实施方案》等文件，成立了县经济环境和机关效能监察投诉中心，专司经济环境保障工作。2003年11月，中共淄博市委（扩大）会议在南麻召开，研究支持沂源加快发展问题，提出举全市之力扶持沂源发展。年底，沂源县委召开常委扩大会议，集中研究支持药玻、瑞阳、鲁阳公司发展问题，出台《进一步扶持瑞阳公司、药玻公司、鲁阳公司加快发展的意见》，在企业改革、部门收费、税收优惠等方面采取更加优惠的激励政策，扶持骨干优势企业，培植上市资源。

2003年，沂源县形成了以山东药玻、鲁阳节能、瑞阳制药、联合化工、华联矿业、鲁煤集团、瑞丰高分子、华狮啤酒、恒源（恒盛）纸业、源通机械、益母妇卫品、海达食品、汇源饮料、双星制鞋、朝光皮革、沃源棉纺、新力塑编、鲁山水泥、思创玻纤等优势企业为代表的产业集群。这些企业通过不断扩大再生产和规模，技术装备更加精良，产品质量向更高水平迈进，逐步发展成为现代化工业企业。

2008年，山东联合化工股份有限公司在深圳证券交易所上市

2002—2012年，沂源县先后有6家企业上市，成为全市上市企业最多的县，创造了资本市场上的“沂源现象”。2008年，全省县域资本市场现场会在沂源召开。山东省药用玻璃股份有限公司于2002年6月在上海证券交易所挂牌交易，融资3.9亿元；2007年2月，“山东药玻”股票二次增发3488万股，再融资2.9亿元；2016年12月，第三次融资6.76亿元。瑞阳制药股份有限公司于2005年9月在新加坡证券交易所成功挂牌交易，一次融资1.9亿元（3875万新加坡元）。鲁阳节能材料股份有限公司于2006年11月在深圳证券交易所挂牌交易，一次融资2.86亿元；2009年9月，再融资3.5亿元。山东联合化工股份有限公司于2008年2月在深圳证券交易所中小板挂牌交易，融资3.9亿元。山东瑞丰高分子材料有限公司于2011年7月在深圳证券交易所创业板挂牌交易，融资2.18亿元。山东华联矿业股份有限公司于2012年8月重组“大成股

份”，在上海证券交易所上市。除以上6家企业在主板、中小板、创业板和境外上市，截至2020年，又有3家企业在新三板陆续挂牌，30多家企业在齐鲁股权交易中心挂牌。

2008年国际金融危机后，国家对工业实施产业结构调整振兴规划。国家发改委下达了《产业结构调整指导目录》，省、市、县都出台了工业调整振兴规划。

2015年，县委、县政府提出“工业强县”战略。同年8月，出台《关于加强转型升级建设工业强县若干政策意见》，提出了牢固树立“工业强县”理念，坚持园区化、高端化、集群化发展方向，逐步走出一条独具沂源特色的工业强县之路。

2017年，县委、县政府出台了《工业精准转调“1+N”行动方案》，制定了5个重点行业转调细则办法，力争用3~5年时间对传统产业进行改造提升，印发《关于工业企业“退城进园”的实施意见》，配套各类扶持政策措施，力争5~10年内主城区工业企业全部搬迁入园。

2022年，县委、县政府提出了实施新型工业化强县战略，打造新型工业化“沂源高地”的目标。工作中，坚持企业品质提升驱动、平台载体提升驱动、科创金融赋能驱动、双招双引攻坚驱动，推动工业经济发展，集中资源要素，攻坚新医药之都和纤维新材料之城建设，持续实施中小企业“倍增”计划和骨干企业“二次创业”。

2023年4月，全县工业经济“三提三争”高质量发展推进大会召开。会议出台了《沂源县工业经济“三提三争”高质量发展行动方案》，提出要聚焦“工业形势怎么看”，精准研判、坚定信心；要聚焦“工业经济怎么干”，精准施策、突出重点；要聚焦“工业企业怎么办”，精准定向、提效争先；要聚焦“工业发展怎么抓”，精准施策、高质高效。

工业管理体制

新中国成立后，沂源县工业管理体制随着国家经济体制改革和地方工业发展实际而变化。从新中国成立初期国家实行社会主义公有制改造，到1978年党的十一届三中全会召开，沂源工业和全国同步，完成了以全民所有制和集体所有制为主体的社会主义公有制改造。设立县工业局和公社工业局（1963年撤销，分别于1971年、1977年恢复），分别负责县全民所有制和集体所有制企业以及各公社所属集体所有制企业的管理。

1978年以前，沂源县内企业只有国有企业和集体企业，没有私营企业。1978—1990年，按照国家政企分开、简政放权，扩大企业自主经营权，提高企业生产效率的改革要求，沂源县对部分国有、集体企业实行对外承包、租赁经营，转为集体或个体私营企业。沂源县分别于1993年和1997年，先后两次进行企业产权制度改革，主要是推动国有和集体企业所有制改造，实行公有资本退出，有95%的国有、集体企业改制为民营企业，实行股份制改造，建立现代企业制度。至20世纪90年代末，除少数国有、集体参股企业外，全县不再有国有、集体控股企业。

1981年8月，撤销县工业局，成立县经济委员会和县二轻工业总公司，分别负责县属国有企业和县属集体企业管理。撤销县公社工业局，成立县社队企业管理局，负责乡镇集体企业管理。

全县国有、集体企业改制完成后，原国有、集体企业全部改制为民营企业。1998年，撤销县经济委员会，成立县公有资产管理委员会，在淄博市首家建立新型经济管理体制，统一管理国有和集体工业公有资产。

2000年后，随着推进企业产权制度改革，绝大部分改制为股份合作制企业，2018年后对企业实行以属地为主的管理体制，县经信部门负责行业管理。

2021年，深化事业单位改革，将县工业公有资产经营中心（原县二轻工业总公司）和县中小企业服务中心（原县中小企业局）并入县工业和信息化局。

全民所有制企业

新中国成立初期，沂源县有悦庄酒业社、草埠

“庆仁井”矿井、洪沟煤矿3家全民所有制企业（又称国有企业）。1963年，全县第一次工业调整，仅保留酒厂、草埠煤矿、造纸厂、机械制修厂、水泥厂5家国有企业。同年10月，县工业局撤销，5家企业分别隶属临沂专员公署各主管局管理。

1966—1969年“文化大革命”期间，全县工业生产受到严重破坏，企业大都陷入瘫痪和半瘫痪状态。

60年代末70年代初，在中央大办“五小”工业和“三线”建设的方针指导下，沂源县先后筹建五金厂、崮山煤矿、草埠炼焦厂、沂源钢铁厂、芦芽铁矿、沂源玻璃厂、黄庄煤矿7家国有企业。同期，半导体厂、东风化肥厂、红旗机械厂、土门一厂、土门二厂、裕华厂、新华翻砂厂、柴油机厂、内燃机配件厂等一批国营及省属企业在沂源县建厂。1971年10月，县工业局重新成立，除草埠煤矿外，原由临沂专员公署管理的企业均下放县工业局管理。

1980年，全县共有15家全民所有制企业，其中黄庄煤矿、鲁村煤矿、炼铁厂、化肥厂、缫丝厂、织布厂、造纸厂、酒厂、玻璃厂、农机厂、水泥厂为（临沂地区）区级单位，第二水泥厂、水泥制品厂、草埠焦厂、自来水厂为（沂源）县局属科股级单位。80年代初，新建塑料制品厂，为国有工业企业。1985年，全县全民所有制工业拥有职工2190人，固定资产7529万元，产值7438万元，利税总额1038万元。

1990年，全县共有24家国有企业，共涉及金矿、煤炭、机械、电力、化工、建筑、玻璃、纺织、造纸、食品、粮食、饮料加工、皮鞋加工等13大行业。

1997—1998年，企业二次改制后，全县建立现代企业制度，不再有国有和集体企业之分。所有制形式为股份合作企业、有限责任公司、股份有限公司、私营（含合伙）企业、外商投资企业、中外合资经营企业等。

集体所有制企业

新中国成立初期，全县有手工业作坊500余处，从业人员5000多人。1955年，经过社会主义改造后，全县较成型的手工业社（组）有18个，职工300人。同年12月，成立县手工业联社，民主选举产生理事会、监事会。1957年，全县手工业产值182万元，产品以裘皮、铁木农具、服装鞋帽、砖瓦等为主。

1958—1960年，在“左”倾思想影响下，生产上奉行“以钢为纲”，大炼钢铁，大搞农具改革，全县兴办社办工业（包括下放到公社的手工业组）53家，主要有小高炉炼铁、小化肥、小农具、小水泥、采矿（铁、煤、金、铝）、砖、瓦、石灰、食品加工、粉坊、油坊、建筑运输等行业，年产值325万元。1959年，社办工业减少至23家。1960年又有所发展，企业增加到28家，职工315人，年产值197万元。

1963年，贯彻中央“调整、巩固、充实、提高”方针，多数企业停办。后来，随着知识青年“上山下乡”，加强城乡联系，推行“厂社挂钩”，部分较好的社队又开始办工业。1969年，有社办工业19家，职工235人，年产值36万元。不久，又提出实现农业机械化，兴建了一批以农机修造业为主的企业。1971年，有社办企业21家，职工599人，年产值54.81万元。1976年，社办工业发展到32家，职工1699人，年产值290万元。

20世纪60年代末70年代初，县属集体企业发展到17家。1973年，进行县属企业管理体制调整，县属工业由原来的17家减少至13家，部分变更为公社企业。变更后，五金、建材、制革、服装、印刷、布鞋等行业占有较大比重，年产值274万元，比1966年增长15倍。1978年，再次进行县属企业管理体制调整，县属集体企业由原来的13家减少至9家，职工1122人，年产值745.6万元。

1979年，逐步推行经济体制改革。1980年，沂源县有8家县属集体企业，即县制革厂、县建材厂、县农具厂、县木器厂、县印刷厂、县美术厂、县靴鞋厂、县被服厂。

1990年，二轻工业主要行业有制革、服装、五金、建材、木材加工、塑料制品、工艺美术等。

其中塑料厂、塑料制品厂、皮鞋厂3家企业为全民所有制，其余均为集体所有制，归属县二轻工业总公司管理。有职工2024人，固定资产原值2168万元，年总产值8679万元，利税1922万元。产值、利税居前三位的是制革总厂、塑料制品厂和服装总厂，其中制革总厂年产值3360.12万元，利税680.55万元。

1997—1998年，企业二次改制后，不再有国营与集体之分，撤销县二轻工业总公司，成立县工业公有资产经营有限公司，由县政府授权，经营改制后退出的工业公有资产。

乡镇企业

1984年前，乡（镇）、村工业称社队工业，1984年后称乡镇工业。20世纪八九十年代是沂源县乡镇工业大发展的时期。

1978年，党的十一届三中全会后，县委、县政府把发展社队企业作为振兴农村经济的一项重要工作。1984年，全国社队企业工作会议召开，促进了社队工业的迅猛发展。全县社队企业达到103家，职工8287人，年产值1679万元，实现利税518万元。社队企业中，轻工业占82%，重工业占18%，有机械修造、建材、化工、矿产开采、食品、皮毛皮革加工、造纸、印刷、服装、纺织等16个门类。

1989年，企业普遍开展以提高经济效益为中心的治理整顿。年底，乡镇企业发展到1299家，年产值达到1.5亿元，占全县工业总产值的42%，职工达到22241人，利税达到2079万元，固定资产原值达到7650万元。

1991年，县政府下发《关于扶持乡镇骨干企业发展的意见》，首批被列入重点扶持范围的乡镇骨干企业有沂源县节能材料厂、外贸福利冷藏厂、韩旺选矿厂等10家企业。

1994年，县政府对韩旺选矿厂、南麻轧钢厂等10家骨干企业和南麻、东里、韩旺等7个重点乡镇在政策、资金方面予以优惠和倾斜。南麻、东里两镇企业产值首次超过1亿元，鲁村、悦庄两镇过5000万元。

1997—1998年，全县乡镇企业大规模进行产权制度改革，实行股份合作制。

私营、个体工业

从1952年冬开始，沂源县逐步对手工业进行了社会主义改造。改造后，不再存在私营工业。

1979年，进行经济体制改革，个体、私营工业空前活跃。全县个体、私营企业又重新兴起。1982年起，沂源县相继出现一批“两户一体”（专业户、重点户和联合体）。1984年，有联户办工业企业232家，从业人员1594人；个体办工业企业434家，从业人员755人，联户办和个体办工业产值达512万元，上缴国家税金11万元。

80年代中后期，个体、私营经济成分逐步衍生成工业、商业、服务业三大经济组织。

1990年，全县联户办工业企业179家，从业人员1084人，产值1532万元，上缴税金63万元；个体办工业企业604家，从业人员2770人，产值4770万元，上缴税金88万元。全县形成食品、建材、机械加工、皮毛、服装鞋帽、土纸、印刷、工艺美术、木材加工、鞭炮、针织等多行业的生产格局。

1991年，全县个体私营工业总产值5574万元。1995年，全县个体私营工业总产值1.33亿元。

2000年后，企业已全部改制，政府大力培植中小企业，发展非公经济。2006年，全县个体私营经济从业人员中，工业达2.59万人，个体工业企业达到1876家。2023年，山东省出台民营经济“38条”，修订中小企业促进条例，推动民营经济开启新一轮大跨越大提升。

2020年，沂源县企业家协会成立大会

工业管理职能

新中国成立以来，沂源县按照不同时期国家工业领域的路线、方针、政策，结合实际，积极推动工业管理模式创新。自20世纪80年代，国家全面实施以建立社会主义市场经济体制为导向的经济体制改革以来，沂源县的工业经济管理体制机制进一步成熟完善，在推动工业经济发展中发挥了重要作用。

运行监测

1991年，县政府批准成立沂源县经济委员会生产调度处，为副科级行政单位，主要职责是负责筹备县政府工交生产协调领导小组办公会议及日常经济活动调度分析等，负责全县工交生产协调领导以及日常生产调度工作，坚持一旬一调度、一月一分析制度，调度重点由单纯的生产调度，扩展到资金、能源、原材料、电力、安全等各方面调度。同年，成立了加强企业统计基础工作领导小组，负责加强对全县企业统计工作的领导。1998年，县政府印发《关于调整全县工业企业统计汇总渠道的通知》，从1998年7月开始，由原来单纯统计部门负责统计汇总，调整为由工业企业、主管部门、统计部门三级调度汇总。县公资委（县经委）负责县属工业企业及有关部门的实体和企业的统计，县乡镇企业局负责乡镇及以下工业企业（不包含个体私营工业企业）的统计，县统计局负责全县的工业企业统计数据审核汇总和上报，并负责对全县各企业、企业主管部门统计业务的指导监督。

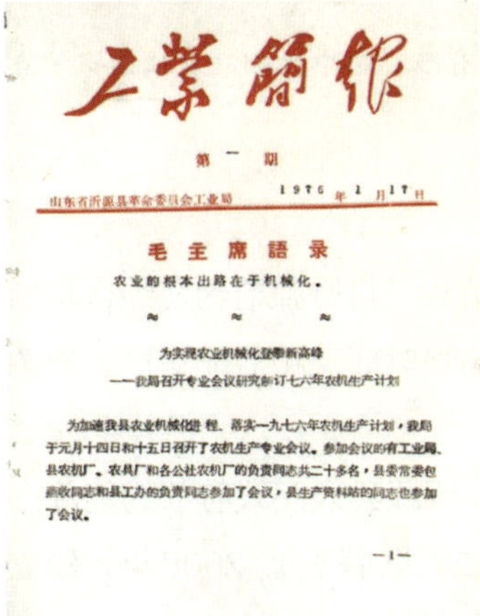
工業簡報
第一期
山东省沂源县革命委员会工业局 1976年1月17日
毛主席語录
农业的根本出路在于机械化。
～ ～ ～
为实现农业机械化登攀新高峰
——我局召开专业会议研究修订七六年农机生产计划
为加速我县农业机械化进程、落实一九七六年农机生产计划，我局于元月十四日和十五日召开了农机生产专业会议。参加会议的有工业局、县农机厂、农具厂和各公社农机厂的负责同志共二十多名，县委常委包燕收同志和县工办的负责同志参加了会议，县生产资料站的同志也参加了会议。
—1—

1976年1月，沂源县工业局编印的《工业简报》

2002年，成立县经济运行处，负责调度监测分析全县工业经济运行情况，组织电工培训和考核以及监测分析电力经济运行态势，组织实施国家和省有关电力工业行业改革政策和方案。2011年，加强对市百强企业、市创新成长型企业和县重点骨干企业的经济运行调度监测分析，将年度实缴税金前30名的企业列为经济运行重点调度企业。

通过建立工业企业运行调度监测分析机制，及时动态掌握各企业及全县面上工业运行情况，有针对性地做好企业生产调度、要素供应和服务保障，保持工业经济平稳运行和持续增长。

技术改造

1993年7月，县委、县政府印发《关于加强企业技术改造工作的决定》，提出，在“八五”计划前两年技术改造的基础上，后三年把县属骨干企业基本改造一遍，五年内把包括乡镇重点企业在内的工业企业改造一遍，到“八五”末，全县中型以上企业得到系统改造，工艺装备技术水平达到或接近国际先进水平。

“八五”（1991—1995）至“十五”（2001—2005）期间。1991年，山东药玻总厂淘汰旧设备，引进小型玻璃包装瓶生产线，生产效率大大提高。1995年，引进年产5亿支抗生素瓶生产线，生产规模和企业效益大幅增长。1998年，山东沂蒙新华制药厂、山东鲁阳节能材料股份有限公司和绿兰莎啤酒公司分别引进新药生产线、改造新型材料和产能扩建项目，使生产规模和产品品质迈进一大步。“九五”期间，全县工业产品类型由1995年的25种发展到2000年的52种，增长了一倍多。以山东药玻、瑞阳制药、瑞丰高分子、县棉纺厂、新力塑编、海达食品、华联矿业等企业为代表的一大批县属骨

2005年9月，联合化工10万吨硝酸项目奠基仪式

干企业都进行了较大规模的技术改造，企业的装备水平和制造能力大幅提高，瑞阳制药、山东药玻、瑞丰高分子、鲁阳节能的工业产品质量达到国内同行业领先水平。

“十一五”（2006—2010）至“十三五”（2016—2020）期间。2008年5月，县政府被省政府授予“全省技术改造先进集体”称号。2014年，瑞阳制药中药新产品产业化、和美华公司医药中间体及格赛博公司中碱马蹄焰窑炉项目、ECR玻璃纤维生产线项目、贵金属加工项目落地实施。

“十四五”（2021—2025）期间。2021年，县政府印发《关于实施新一轮技术改造三年行动计划推动制造业高质量发展工作方案》，计划用三年时间实现规上企业技术改造全覆盖。截至2023年，“十四五”期间共实施工业重点项目405个，总投资641.6亿元。

2023年6月8日，青岛啤酒山东绿兰莎啤酒有限公司搬迁扩建项目启动仪式

科技创新

1990年以来，沂源县深入实施科技型企业梯次培育计划和高新技术企业“双培育”工程。1997年，沂源县实现高新技术产业产值69亿元，占规模以上工业企业产值的43.39%，是全省技术产业比重最高的县（市）之一。2010年，高新技术产业产值占规模以上工业总产值比重达到了56.2%，全省最高。瑞阳制药公司被国家药典委员会授予“《中国药典》2010年版质量标准研究先进单位”荣誉称号，美洛西林钠及其复方制剂的技术创新与产业化项目荣获国家科技进步二等奖，是医药行业全省唯一获国家科技进步二等奖的企业。山东药玻非PVC多层共挤流延医用复合膜研究与开发、联合化工硝酸尾气氧化亚氮减排研究等项目技术达到国内、国际先进水平。2011年，瑞阳制药和山东药玻被省政府授予“全省产学研突出贡献企业”称号；沂源县被确定为省级头孢抗生素新型工业化产业示范基地，医药产业被列入省市重点扶持范围。2013年，瑞阳制药被评为国家技术创新示范企业。2023年，全县高新技术企业达81家，科技型中小企业92家，分别增长26%、20%。全县高新技术产业产值占比达到87.94%，连续多年保持全市第一、全省领先。

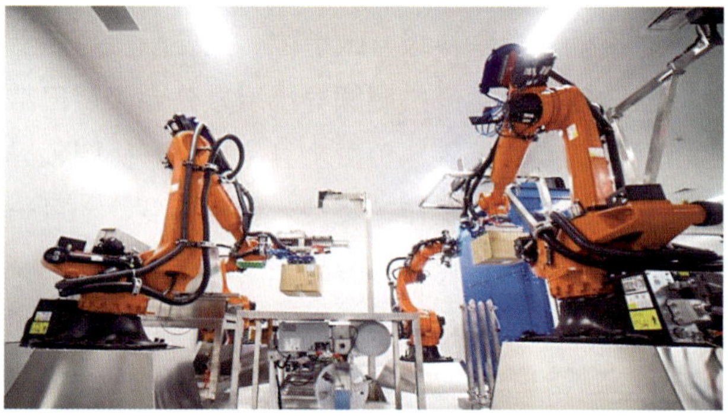

2022年6月，瑞阳制药311车间全自动拆外包装系统

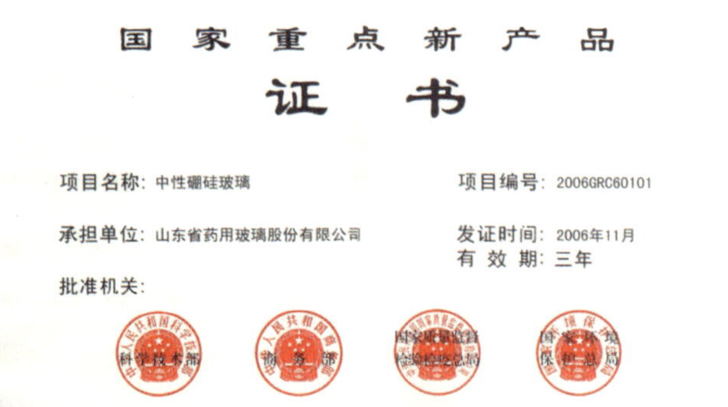
国 家 重 点 新 产 品

证 书

项目名称：中性硼硅玻璃　　项目编号：2006GRC60101

承担单位：山东省药用玻璃股份有限公司　　发证时间：2006年11月

有 效 期：三年

批准机关：

山东省药用玻璃股份有限公司中性硼硅玻璃国家重点新产品证书

节能减排

2004年，县政府成立“县资源节约及综合利用工作领导小组”，开始加强对环保和节能减排工作的领导。

2006年9月，设立沂源县人民政府节约能源办公室（挂沂源县节能执法大队牌子）。2008年，建立健全了节能降耗统计、监测、考核三个体系，建立了节能减排联席会议制度，将节能工作纳入全县年度目标考核体系，实行“一票否决”。2011年，制定出台《关于加强固定资产投资项目节能评估和审查工作的意见》《沂源县“十二五”清洁生产工作实施方案》等文件，形成比较完备的节能政策和制度体系。

“十一五”（2006—2010）期间。大力发展循环经济，扶持节能技术项目。2007年9月，全省节能工作会议在沂源县召开。2008年，在全省循环经济座谈会上，沂源县作了典型发言。同年，15家企业的17个项目被认定为资源综合利用项目，2个项目列入国家节能减排资金补助项目。2010年，完成电机及电机系统节能技术改造551台（套）、淘汰243台（套），改造锅炉42台（套），改造工业窑炉2台、淘汰窑炉2台，淘汰变压器160台，淘汰鲁源酒业3万吨酒精生产线。联合化工被评为省级循环经济示范单位，鲁阳节能、华联矿业、联合化工3个项目列入省循环经济重点项目。“十一五”期间，淘汰落后熟料产能143万吨，拆除水泥立窑17台、石灰土立窑11处，关停2台35吨高耗能锅炉，淘汰Φ2.2×7米磨机4台，关闭县造纸厂。沂源县被列入2010—2011年全省第一批循环经济示范县。

2008年7月，南麻镇许村水泥厂爆破拆除

“十二五”（2011—2015）期间。2012年，源能热电循环水余热利用项目入选国家节能技改项目，华狮啤酒的糖化煮沸系统节能技改项目等4个项目被列入市节能30项。2014年，沂源县制定出台《关于认真贯彻落实市政府令第94号切实加强煤炭清洁利用监督管理的实施意见》，在全县范围内全面推广清洁燃煤。“十二五”期间，淘汰落后造纸产能0.82万吨、水泥粉磨产能150万吨，淘汰焦化产能35万吨，关停山东慧丰酒业有限公司。

“十三五”（2016—2020）期间。2016年，与浙江大学合作，编制完成《沂源县能源发展总体规划（2017—2030）》。同年，牵头建设2×260T/h锅炉配套2×50MW背压机组热电联产项目。2019年12月，鲁阳节能被表彰为山东省资源综合利用先进单位。

“十四五”（2021—2025）期间。2022年，完成沂阳水泥直径3.2米磨机淘汰拆除和直径3.5米磨机产能置换。

截至2023年底，全县有瑞阳制药、鲁阳节能2家国家级绿色工厂，永华滤清器、卓意玻纤2家省级绿色工厂，山东药玻、鑫泉医药、德瑞防腐、华阳能源、合力泰化工、兴国新力环保6家市级绿色工厂。沂源县华阳能源设备有限公司节能高效多级小焓降冲动式汽轮机、山东硕源动力科技有限公司多款磁悬浮鼓风机被工信部列入国家节能装备目录。

化工产业转型升级

2016年3月，按照省政府关于化工产业转型升级部署要求，沂源县开展了化工企业“三评级一评价”活动，全县39家化工企业全部参与评级评价，对确定的19家关停企业、2家转产企业、1家搬迁企业，落实“八项断然措施”和“散乱污”治理要求，全部予以关停、搬迁、转产。

2018年2月，制定出台《沂源县化工产业安全生产转型升级专项行动总体工作方案》。同年5月，开展了新一轮“四评级一评价”活动，第一轮评级评价中确定保留的18家化工企业全部参与评级评价，确定发展壮大一批企业（3家）、改造升级一批企业（14家）、关闭淘汰一批企业（1家）。通过两轮评级评价，关停化工企业20家、转产2家，全县化工企业由39家减少到17家，企业总体水平和产业发展质量得到较大提升；10月，省政府公布沂源化工产业园为全省第二批综合性化工园区，规划面积8.59平方公里，起步区面积5.04平方公里，主要以健康医药和精细化工两大产业为主。

从2017年起，沂源化工产业园动工建设了危化品停车场、特勤消防站、智慧平台、电子围挡等基础设施。2020年7月，完成沂源化工产业园4个园区村搬迁，腾空土地1020亩，储备土地3600亩。

数字化转型

2013年，县政府印发《沂源县信息化和工业化融合管理体系贯标工作方案》，瑞阳制药参加了两化融合管理体系贯标试点。2015年，县政府出台《两化融合专项资金管理办法》，设立两化融合发展专项资金。2016—2017年，山东药玻、合力泰化工先后被确定为国家级贯标试点企业，沃源公司被确定为省级贯标试点企业。

2020年，县政府出台了《关于加快推进5G网络规划建设的实施意见》，成立了5G网络规划建设推进工作专班，积极推进信息化建设，实现了全县城区重点区域5G连续覆盖。瑞丰高材、鲁阳节能先后被认定为省级两化融合管理体系贯标试点企业。瑞阳制药、合力泰化工正式取得国家两化融合管理体系评定证书。

2021年，成立鲁中工业互联网研究院。山东药玻、鲁阳节能等10家企业实施工业互联网嫁接改造，沂源县县域工业互联网生态应用案例被评选为中国国际"互联网+"山东赛区金奖并申报国家级优秀案例。同年，开展"技术改造+"专项行动，对医药、纺织、轻工、采矿等传统行业实施"技术改造+云平台""技术改造+工业机器人""技术改造+工业互联网"等智能化改造。2023年，鲁阳节能、瑞阳制药、卓意玻纤、山东药玻、瑞丰高材5家企业被认定为市级智慧工厂，合力泰化工10万吨硝酸生产车间等39个车间被认定为市级智能车间，鲁阳玄武岩公司被工信部认定为5G工厂。

2021—2023年，累计培育认定市级新一代信息技术应用场景15处。

工业管理机构

沂源县工业和信息化局

1944年5月，沂源县抗日民主政府成立实业科，对工业实行归口管理，1950年6月改称建设科，1956年6月改称农业科，同年10月改称农业局。1956年7月，设立工业科，1957年2月改称工业局。1958年4月，县工业局、交通科合并为工业交通局，同年10月撤销。1958年10月，设立县重工业局、县轻工业局。1961年11月20日，县重工业局和县轻工业局合并，重新设立县工业局，1963年10月改称县手工业管理局。

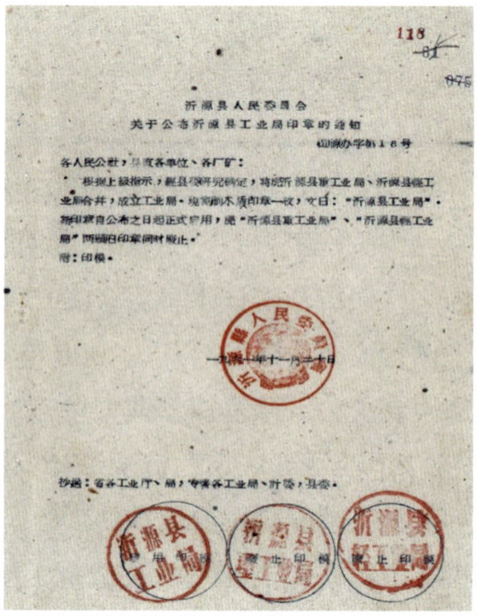
118 ~~81~~ ~~075~~

沂源县人民委员会
关于公布沂源县工业局印章的通知
(61)源办字第16号

各人民公社，县直各单位、各厂矿：

根据上级指示，经县委研究确定，将原沂源县重工业局、沂源县轻工业局合并，成立工业局。现刻制木质印章一枚，文曰："沂源县工业局"。该印章自公布之日起正式启用，原"沂源县重工业局"、"沂源县轻工业局"两枚旧印章同时废止。

附：印模。

一九六一年十一月二十日

抄报：省各工业厅、局，专署各工业局、计委，县委。

1961年11月20日，沂源县人民委员会公布将"沂源县重工业局"和"沂源县轻工业局"合并为"沂源县工业局"文件及印章

1970年10月，县革委会核心领导小组决定建立县工业局党的核心领导小组，县工业局改称县革委会工业局。1971年10月，重新设立县工业局。1975年9月，设立县工业交通办公室（由县工业局、公社工业局、交通局、邮电局、公路局5个部门合称）。1980年7月，县工业交通办公室改称县经济委员会。

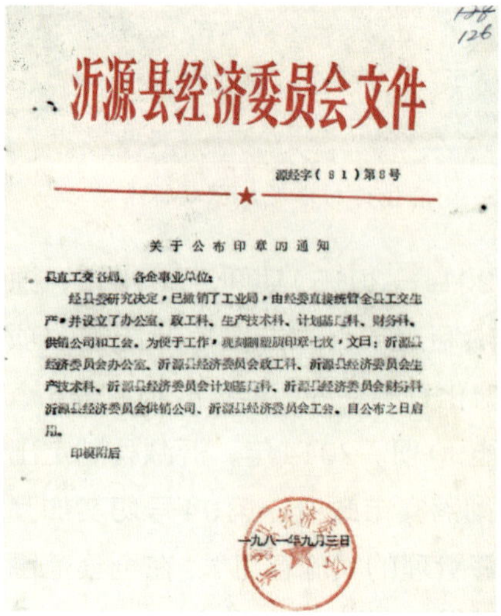
126

沂源县经济委员会文件

源经字（81）第8号

关于公布印章的通知

县直工交各局、各企事业单位：

经县委研究决定，已撤销了工业局，由经委直接统管全县工交生产，并设立了办公室、政工科、生产技术科、计划监察科、财务科、供销公司和工会。为便于工作，现刻制圆形印章七枚，文曰：沂源县经济委员会办公室、沂源县经济委员会政工科、沂源县经济委员会生产技术科、沂源县经济委员会计划监察科、沂源县经济委员会财务科、沂源县经济委员会供销公司、沂源县经济委员会工会。自公布之日启用。

印模附后

一九八一年九月三日

1981年9月3日，沂源县经济委员会发布《关于公布印章的通知》

1981年8月，根据中共沂源县委《关于改革县经济委员会体制的通知》，撤销县工业局，成立县经济委员会，县工业局的职责划归县经济委员会。县经济委员会下设办

公室、政工科、生产技术科、计划基建科、财务科、工会和工业供销公司。

1998年，撤销县二轻工业总公司和县财政局下设的国有资产管理局，成立县公有资产管理委员会（简称公资委），与县经济委员会合署办公（一套班子两块牌子），把县二轻工业总公司和国有资产管理局的职能划归县公有资产管理委员会。县公有资产管理委员会下设综合科、评估管理科、财务科、企业科、行政科。

2002年6月30日，县经济委员会更名为县经济贸易局。2010年12月，县经济贸易局更名为县经济和信息化局。2019年1月，县经济和信息化局更名为县工业和信息化局，将公有资产管理职能移交县财政局。

2000年10月，县劳动和社会保障局承担的安全生产综合管理、职业安全监察职能、矿山安全监察职能划归县经济委员会，机构、编制和人员一并划转。县经济委员会内部设立县安全生产委员会办公室。2001年5月，成立县安全生产监督管理局（挂县安办牌子），为正局级行政机构，隶属县经济委员会。2002年6月30日，县安监局与县经济贸易局分设，作为县政府工作机构（不计政府机构个数）。

2006年5月，成立县煤矿安全生产管理办公室，为股级财政拨款事业单位，隶属县经济贸易局领导，具体负责对县域煤矿安全进行监督管理。2007年，县煤矿安全生产管理办公室更名为县煤炭工业监督管理办公室。

2007年3月，成立电力监督管理办公室，负责电力行政执法等职能。

2018年，县政府下发《关于调整理顺原县属工业企业管理关系的通知》，原县属工业企业社会管理事务移交至相关镇（街道）和沂源经济开发区，实行属地化管理。

2021年底，撤销县煤炭办、县电监办，相关职能划归县发展改革局；撤销县散装水泥办公室、县经济运行处，散装水泥和成品油管理职能划转县商务局。根据2021年“三定”方案，县工业和信息化局共有行政编制13名，局长1名，副局长2名，下设2个事业单位：沂源县非公有制经济发展中心、沂源县化工产业转型升级服务中心，内设6个科室，分别为办公室、运行监测协调科、技术改造科、企业管理科、两化融合科、化工产业管理科。

2021年2月，深化事业单位改革，县工业公有资产经营中心合并入县工业和信息化局，整合县工业安全生产管理办公室、县化工产业转型升级服务中心与县工业公有资产经营中心部分职能，组建县化工产业转型升级服务中心，为县工业和信息化局所属副科级公益一类事业单位；县中小企业发展服务中心更名为县非公有制经济发展中心，由县工业和信息化局代管调整为县工业和信息化局所属正科级公益一类事业单位，挂县工业数字经济发展中心、县企业家队伍服务中心牌子，县中小企业发展服务中心合并入县工业和信息化局。

沂源县工业和信息化局历届主要负责人任职情况表

机构名称	姓名	职务	任职时间	备注
实业科（1944.05—1950.06）	鲁介夫	科长	1944.05—1948.06	1944年5月成立，对全县工业实施管理，1950年6月改称建设科，1956年6月改称农业科，10月改称农业局
	朱奉久	科长	1948.06—1949.07	
	朱玉山	科长	1949.07—1950.06	
建设科（1950.06—1956.06）	朱玉山	科长	1950.06—1951.11	
	孟广居	科长	1952.10—1955.02	
	孟广和	科长	1955.08—1956.06	

续表

机构名称	姓名	职务	任职时间	备注
手工业生产合作社联合社筹委会（1955.08—1955.12）	刘维干	主任	1955.10—1955.12	1955年8月设立，同年12月撤销
手工业生产合作社联合社（1955.12—1959.07）（1963.10—1965.05）	刘维干（兼）		1955.12—1959.07	1959年7月撤销，1963年恢复
	任明新（兼）	监事会主任	1963.10—1965.05	
工业科（1956.07—1957.02）	任明锡	副科长	1956.09—1957.02	无正职，副科长主持工作，1957年2月改称县工业局
县工业局（1957.02—1958.04）	房京福	局长	1957.02—1958.04	1958年4月，并入县工业交通局
县工业交通局（1958.04—1958.10）	房京福	局长	1958.04—1958.10	1958年4月，由县工业局、县交通局合并为县工业交通局，1958年10月撤销
县重工业局（1958.10—1961.09）	房京福	局长	1958.10—1961.09	1961年9月撤销
县轻工业局（1958.10—1962.05）	刘　勇	局长	1958.10—1959.05	1962年5月撤销
	张成印	局长	1958年12月任职	
	刘维干	局长	1959.07—1962.05	
县工业局（1961.11—1963.10）	葛京传	局长	1962.05—1963.10	1961年11月，县重工业局、县轻工业局合并，重新设立县工业局，1963年改称县手工业管理局
县手工业管理局（1963.10—1968.04）	葛京传	局长	1963.10—1965.05	
	刘维干	局长		1965年5月离职
	姜贵典	局长		1965年5月任职
沂源县革命委员会手工业管理局三结合领导小组（1968.04—1969.04）	陈　钢	组长	1968.04—1969.04	
沂源县手工业系统革命委员会（1969.04—1970.10）	包延收	主任	1969.04—1970.10	
沂源县革命委员会工业局（1970.10—1971.10）	黄庆江	局长	1970.10—1971.10	
县工业局（1971.10—1981.08）	黄庆江	局长	1971.10—	1971年10月重新设立
县工业交通办公室（县工业局、公社工业局、交通局、邮电局、公路局5个部门合称）（1975.09—1981.08）	张兴华	主任	1976.10—1980.07	
县经济委员会（1981.08—2002.06）	任明喜	主任	1981.09—1984.06	1981年8月，县经济委员会正式成立
	李维录	主任	1984.06—1990.05	
	夏传富	主任	1990.05—1992.11	

续表

<table>
<tr><th colspan="2">机构名称</th><th>姓名</th><th>职务</th><th>任职时间</th><th>备注</th></tr>
<tr><td colspan="2" rowspan="3">县经济委员会（1981.08—2002.06）</td><td>张纪和</td><td>主任</td><td>1992.11—1993.12</td><td></td></tr>
<tr><td>王家森</td><td>主任</td><td>1993.12—1997.01</td><td></td></tr>
<tr><td>刘在明</td><td>主任</td><td>1997.03—1998.04</td><td>沂源县副县长兼县经委主任</td></tr>
<tr><td>县经济委员会（1981.08—2002.06）</td><td>县公有资产管理委员会（1998.04—2019.01）</td><td>公丕刚</td><td>主任</td><td>1998.04—2002.06</td><td>1998年4月，县公资委成立，与县经委合署办公</td></tr>
<tr><td rowspan="2">县经济贸易局（2002.06—2010.12）</td><td rowspan="2">县公有资产管理委员会（1998.04—2019.01）</td><td>公丕刚</td><td>局长
主任</td><td>2002.06—2005.10</td><td>2002年6月，县经委改称县经贸局，与公资委合署办公</td></tr>
<tr><td>王学祥</td><td>局长
主任</td><td>2005.10—2010.12</td><td></td></tr>
<tr><td rowspan="3">县经济和信息化局（2010.12—2019.01）</td><td rowspan="3">县公有资产管理委员会（1998.04—2019.01）</td><td>王学祥</td><td>局长
主任</td><td>2010.12—2011.03</td><td>2010年12月，县经贸局改称县经信局，与公资委合署办公</td></tr>
<tr><td>冯成德</td><td>局长</td><td>2011.03—2018.05</td><td>此后，不再公布县公有资产管理委员会主任职务</td></tr>
<tr><td>朱西兵</td><td>局长</td><td>2018.05—2019.01</td><td></td></tr>
<tr><td colspan="2" rowspan="3">县工业和信息化局（2019.01—）</td><td>杜　强</td><td>局长</td><td>2019.01—2022.04</td><td>2019年1月，县经信局改称县工信局，公资委职能移交县财政局，县公资中心、县中小企业发展中心合并入县工信局</td></tr>
<tr><td>王小朋</td><td>局长</td><td>2022.04—2023.07</td><td></td></tr>
<tr><td>张仲亮</td><td>局长</td><td>2023.07—</td><td></td></tr>
</table>

沂源县工业公有资产经营中心

沂源县工业公有资产经营中心的前身是县二轻工业总公司。

1986年，根据国务院关于加强对二轻集体企业的领导，县委、县政府设立沂源县二轻工业总公司，其管理范围为：国营企业2家，分别是县塑料制品厂、县塑料厂；县以上集体企业11家，分别是县五金厂、沂源县服装厂、县制革总厂、县建材厂、县鞋厂、县木器厂、县印刷厂、县工艺美术厂、县皮件厂、县皮革制品厂、县工艺品玩具厂；2家下属单位，分别是县工业供销公司、县工艺美术研究所。

1998年4月，撤销沂源县二轻工业总公司，原有人员身份不变，暂由县经委代管，其全部资产及对外经济往来关系，移交沂源县工业公有资产经营有限公司。

2019年，沂源县工业公有资产经营有限公司更名为沂源县工业公有资产经营中心，2021年合并到沂源县工业和信息化局。

沂源县工业公有资产经营中心历届主要负责人任职情况表

机构名称	姓名	职务	任职时间
沂源县二轻工业总公司（1986.09—1998.04）	孙珠昌	经理	1986.09—1990.05
	王家森	经理	1990.05—1993.12
	王士合	经理	1993.12—1997.05
	李春良	经理	1997.05—1998.04
沂源县工业公有资产经营有限公司（1998.04—2019.01）	孙启民	董事长、总经理	1998.04—2003.03
	王传明	董事长、总经理	2003.03—2009.03
	周礼泽	董事长、总经理	2009.03—2010.03
	冯成德	董事长、总经理	2010.03—2011.03
	吕春晖	董事长、总经理	2011.03—2012.03
	吴瑞兴	董事长、总经理	2012.03—2013.03
	李庆霞	董事长、总经理	2013.03—2016.04
	陈大达	董事长、总经理	2016.04—2019.01
沂源县工业公有资产经营中心（2019.01—2021.02）	陈大达	主任	2019.01—2020.04

沂源县非公有制经济发展中心

沂源县非公有制经济发展中心的前身是公社工业局，管理规模较小的乡镇（公社）集体企业。

沂北推进社，成立于1944年，对手工业企业进行管理。1955年8月成立“县手工业生产合作社联合社”，简称“手工业联社”，是沂源县最早的手工业管理部门。

1961年12月，沂源县人民委员会公布沂源县人民公社工业管理局印章，简称公社工业局。根据社、队工业企业发展实际，1975年5月重新设立多种经营办公室，同年9月撤销。1977年，恢复成立公社工业管理局，各公社成立了工业办公室，主管社办工业。

1981年6月，公社工业管理局改称社队企业管理局，1984年6月与多种经营办公室合并，改称多种经营乡镇企业管理局，管理乡镇、村集体和个体联户、个体企业。1984年人民公社解体后，多种经营乡镇企业管理局更名为县乡镇企业管理局。

2008年4月，更名为“县中小企业局”。2019年1月，更名为“县中小企业发展服务中心”，成为县工业和信息化局所代管的县政府直属正科级公益一类事业单位。

2021年2月，沂源县中小企业发展服务中心更名为沂源县非公有制经济发展中心，调整为县工业和信息化局所属正科级公益一类事业单位（2023年12月调整为参公单位），挂沂源县工业数字经济发展中心、沂源县企业家队伍服务中心牌子。

沂源县非公有制经济发展中心历届主要负责人任职情况表

机构名称	姓名	职务	任职时间	备注
县公社工业管理局（1961.12—）				1961年12月，县公社工业管理局成立，任职人员，因资料有限，不详
县多种经营办公室（1975.05—1975.09）	唐敬成	副主任		1975年5月重设，同年9月撤销，无正职，副主任主持工作

续表

机构名称	姓名	职务	任职时间	备注
县公社工业管理局（1977—1981.06）				1977年恢复成立，任职人员，因资料有限，不详
县社队企业管理局（1981.06—1984.06）	徐智斋	局长	1981.06—1981.07	
	孙刚毅	局长	1981.07—1984.06	
县多种经营乡镇企业管理局（1984.06—1984.07）	孙刚毅	局长	1984.06—1984.07	1984年6月，县社队企业管理局与多种经营办公室合并，更名为多种经营乡镇企业管理局
县乡镇企业管理局（1984.07—2008.04）	刘勤学	局长	1984.07—1987.07	
	王林贤	局长	1987.07—1993.12	
	陈安伟	局长	1994.02—1998.03	
	崔平武	局长	1998.03—2003.03	
	刘绵锋	局长	2003.03—2008.04	
县中小企业局（2008.04—2019.01）	周立刚		2008.04—2013.03	
	张莹莹		2013.03—2017.12	
	王效峰		2017.12—2019.01	
县中小企业发展服务中心（2019.01—2021.02）	王效峰		2019.01—2021.02	
县非公有制经济发展中心（2021.02—）	杜　强		2021.02—2023.08	
	公茂合		2023.08—	

沂源经济开发区

概　况

沂源经济开发区是承载县域工业发展的主要平台，位于县城东南部，始建于2002年3月，是省级经济开发区，规划面积53.7平方公里，其中化工产业园8.59平方公里。重点布局发展新医药、新材料两大主导产业集群。2023年，辖区内有企业309家，其中规模以上工业企业60家、高新技术企业45家、上市公司5家，规上企业实现工业总产值298.9亿元、营业收入226.2亿元、利税36.8亿元。

发展历程

2002年3月4日，沂源县新兴工业园管理委员会成立；6月30日，设立沂源县新兴工业园管理委员会办公室，作为常设办事机构，为正科级全额预算管理事业单位，是沂源经济开发区管理委员会的前身。2003年12月，沂源县新兴工业园管理委员会办公室撤销。2004年2月，设立沂源县工业重点项目管理办公室，为正科级全额预算管理事业单位。

沂源经济开发区总体规划图（2017—2035年）

2005年10月，设立沂源经济开发区管理委员会，为县政府派出的正科级工作机构，同时撤销沂源县工业重点项目管理办公室。2006年3月6日，山东省人民政府批准为省级经济开发区。2008年6月，沂源县民营工业管理办公室纳入沂源经济开发区管理。2009年2月，沂源经济开发区管理委员会调整为副县级建制。

2011年2月，县政府对规划范围内行政村区划作出调整，将南麻镇的东儒林村、西儒林村、中儒林村、前崖村和悦庄镇的儒林集村、前石臼村、南石臼村、北石臼村、沂河头村、黄家宅村、寨里村、苗山村、中张良村、南张良村、下龙巷村、胡家沟村等16个村划归沂源经济开发区管理，管辖面积约33平方公里，由沂源经济开发区管理委员会履行社会管理职能。同年4月，将78家企业划归沂源经济开发区管理。

2013年7月，县委、县政府在县城东部规划建设沂源高新技术产业园，西起青岛路、东至石桥工业小区、北起省道沂邳线、南至青兰高速公路，总面积14.7平方公里。将沂源经济开发区所辖的中张良村、南张良村、胡家沟村和悦庄镇王家泉村、东十字路村、西十字路村6个村划归沂源高新技术产业园代管。沂源经济开发区所辖的苗山村、寨里村、北石臼村、前石臼村4个村及原民营工业园划归悦庄镇管理。沂源经济开发区继续代管其余9个村，管辖面积约10.8平方公里。

2016年1月，成立国有独资的山东鲁中高新科技园区开发有限公司，作为沂源经济开发区市场化运营主体，负责投融资、双招双引、产业服务等开发运营工作。

2016年2月14日，沂源经济开发区建设范围调整扩大到悦庄镇省级重点生态功能区确定的重点经济开发区域，原沂源经济开发区和原沂源高新技术产业园规划区作为先期发展区，总面积25.5平方公里。沂源经济开发区加挂“沂源高新技术产业园”牌子。原由沂源经济开发区代管的东儒林村、中儒林村、西儒林村和前崖村4个村，划归历山街道管辖；原由沂源经济开发区代管的沂河头村、下龙巷村、黄家宅村、南石臼村、儒林集村和高新园代管的南张良村、中张良村、胡家沟村、西十字路村、东十字路村和王家泉村11个村，划归悦庄镇管辖。沂源经济开发区机构设置、编制和领导职数保持不变。自此，沂源经济开发区剥离社会管理职能，突出经济发展主职功能。

2017年7月，编制了53.7平方公里沂源经济开发区总体规划和产业规划。

2019年7月，沂源经济开发区被列为全省经济开发区体制机制改革试点单位，当年底在全省率先完成体制机制改革创新试点工作，设置党政办公室、组织人事部、投资促进局、财政局、建设局、安全生产监督和生态环境局6个内设机构。2023年6月，启动新一轮体制机制改革，设置党政办公室、投资促进局、建设局、应急管理和生态环境局、化工产业园管理办公室6个部门。

规划布局

沂源经济开发区的前身新兴工业园规划面积仅1800亩，发展空间有限。为适应工业经济快速发展，2017年，重新编制了沂源经济开发区总体规划（2017—2035年）。规划总面积53.7平方公里，划分为产业区、生态区、生活区3个功能区。其中，产业区面积30平方公里，主要布局产业项目。生态区面积10平方公里，规划建设沂河源生态湿地公园。生活区面积10平方公里，主要承载园区村搬迁安置和园区生活配套，集中规划建设儒林、张良2个社区。

园区创建之初，立足产业基础，聚焦发展特色产业，新医药、新材料等产业实现集群化发展。其中，新医药产业主要布局在儒林河以西区域和儒林河以东瑞阳产业园等区域。以中西药品、医药包装和医药中间体三大板块为主，侧重引进以中西药品、医药包装、医药中间体、医疗器械、保健品、食品为主的医药、保健品健康产业。核心企业为瑞阳公司、药玻公司和鑫泉公司。2023年，新医药产业实现工业总产值158.3亿元。新材料产业主要布局在儒林河以西的振兴路、荆山路中段区域和沂源经济开发区东部片区，主要是以鲁阳公司为代表的节能纤维材料产业和以卓意公司为代表的玻璃纤维材料产业。2023年，新材料产业实现工业总产值111.3亿元。此外，顺势发展了机械装备制造、纺织皮革及食品加工等产业。

基础设施

2002—2023年，沂源经济开发区搭建了“四横九纵”园区路网格局，配套实施各类管网建设，基本实现“八通一平”。

道路 青兰高速公路横穿而过，境内设有高速路口1处（沂源东收费站）。园区内荆山路、祥源路等道路相互交织，形成了34公里“四横九纵”的园区路网。

荆山路

供水 沂源经济开发区水厂位于三悦路与青龙山路交叉口处，一期工程总投资5800万元，占地27.73亩，2019年9月通水运行。二期工程总投资8000万元，占地30亩，2023年通水运行，日水处理能力5万立方米。

沂源经济开发区水厂

供电 园区内建有2座电厂。沂源县源能热力公司东部新热源项目，2022年10月竣工投产，年发电能力8亿千瓦时，年供汽能力300万吨。光大绿色环保再生能源（沂源）有限公司生活垃圾焚烧发电项目和生物质热电联产项目，2020年12月建成运行，年发电量3亿千瓦时。配建220千伏变电站1座、110千伏变电站4座。

供汽 园区企业用蒸汽由沂源县源能热力公司和光大绿色环保再生能源（沂源）公司提供。沂源县源能热力公司供应企业40家，小时瞬时流量夏季70吨/小时，冬季130吨/小时。光大绿色环保再生能源（沂源）公司供应企业2家，小时瞬时流量依企业生产而定。

供气 燃气设施次高压燃气管线与中压燃气管线交错敷设，形成燃气管道环网，日输气能力达50万至70万立方米。

污水处理 建有污水处理厂2座，沿路全部敷设雨污管网。第一污水处理厂2002年10月投入运营，设计日处理污水能力4万立方米。第二污水处理厂2016年6月投入运营，设计日处理污水能力4万立方米，出水水质为地表水类Ⅳ类标准。

园区平台

标准厂房 共分二期，其中一期位于兴源路以东、青龙山路以北、省道沂邳线以南，建有12座3层标准厂房，建筑面积18.36万平方米，2018年底竣工启用。二期位于兴源路以西、青龙山路以北、省道沂邳线以南，建有不同规格的定制化标准厂房11座、配套公寓2栋，建筑面积14.22万平方米，2021年12月交付使用。

标准厂房

创业大厦 位于标准厂房西侧，建有15层创业孵化综合楼2座，建筑面积3.62万平方米。按功能划分为创业综合服务区域、医疗科技成果转化区域和医疗高端研发中心、科技培训区域。

创业大厦

创业公寓 位于荆山路以南、张良路以东、沂河路以北三角地块。建有6层单体楼房4座，建筑面积3.15万平方米。可入住职工2324人。

企业服务中心 2023年7月启用，总面积400平方米。主要提供企业开办、企业准营、项目审批等140余项政务服务事项。设有咨询引导区、政策服务区、自助办事区、网上办事区、窗口办事区、休息休闲区6个区域，设置3个综合服务窗口、1个第三方服务窗口，组建窗口服务专员、第三方服务专员、审批服务专员、企业走访专员4支队伍，建立10项服务机制，提供各类涉企服务事项办事指引和集成化的办事渠道。

企业服务中心

化工园区

2018年9月，省政府批准设立沂源化工产业园，规划面积8.59平方公里，范围西起儒林河东路（现为宏泰路），东至开源路（荆山东路以南）、丰源路（荆山东路以北），北到省道沂邳线（苗山路以西、汶河路以东）、青龙山路（苗山路以东、汶河路以西），南到沂河路（兴源路以西）、沂河二路（开源路以西）。其中，起步区面积5.04平方公里。

2020年3月，沂源经济开发区管理委员会设立安全生产监管和生态环境局，加挂沂源化工产业园监督管理局牌子。2022年5月，撤销上述管理机构，设立化工产业园管理办公室。

园区主要布局健康医药和精细化工两大产业，截至2023年底，园内企业达到30家。2023年，园区入选中国石油和化学工业联合会第六批“智慧化工园区（建设期）单位”，获批建设省级生态工业园区。

特色产业及骨干企业

记忆沂源·工业卷

扫码听书

沂源特色产业及骨干企业包括医药健康产业、新材料产业、装备制造产业、食品饮料产业、其他产业五大产业，主要收录了 43 家骨干企业：

医药健康产业

医药健康产业可分为医药、医药包装、医疗器械等产业，骨干企业分别是瑞阳制药股份有限公司、山东省药用玻璃股份有限公司、山东鑫泉医药有限公司、淄博和美华医药科技有限公司、淄博瑞月包装材料有限公司、淄博康力塑胶有限公司、山东维璟医疗器械股份有限公司、沂源新奥塑料制品有限公司等。医药健康产业有序发展壮大，形成了“医药中间体—原料药—化药制剂—医药包装—医疗器械”相对完整的上、下游产业链条。美洛西林钠、原料药及制剂、头孢曲松钠3个产品全国产量第一，药用玻璃包装和丁基胶塞系列产品生产规模亚洲最大。2023年，医药健康产业实现总产值168亿元。

瑞阳制药股份有限公司

概　况

瑞阳制药股份有限公司，始建于1966年，主厂区位于县城瑞阳路1号，占地面积109万平方米，建筑面积50万平方米。建有3个厂区、37个现代化生产车间，下设9家子公司。产品涵盖化学、天然和生物制药三大领域，拥有原料药、普通粉针剂、冻干粉针剂、片剂、胶囊剂、小容量注射剂、颗粒剂等14个剂型、430个品种规格。是一家集研发、生产、销售于一体的综合型现代化制药企业。2023年，公司职工人数4811人，产值90.6亿元，主营业务收入53.6亿元，利税4.7亿元，主营业务收入位居全国医药工业企业百强榜第60位、化药综合实力前30强。是国家火炬计划重点高新技术企业、国家火炬计划生物医药产业基地骨干企业，被授予“山东省省长质量奖”，“瑞阳”商标被评为中国驰名商标。

发展历程

山东新华制药厂第四分厂（1966—1970）

瑞阳制药股份有限公司的前身为山东新华制药厂第四分厂，创立于1966年。

1943年11月，为解决战时军需供给问题，胶东军区后勤部正式成立制药小组和器械小组，后发展成为山东新华制药厂。山东新华制药厂厂址设在淄博市张店。20世纪60年代后期，山东新华制药厂遵照中国医药工业公司（66）药规字445号《关于在山东省布置新点问题的通知》《关于山东省医药工业贯彻“备战、备荒、为人民”三五规划座谈会纪要》精神，决定在鲁中南设针片剂小型制药厂。1966年7月，由山东新华制药厂筹建的“小三线”厂——四分厂，选址在沂源，开始动工建设。建厂初期，厂名定为“山东新华制药厂第四分厂”。

1966年，山东新华制药厂车队为建设第四分厂运送物资

1966年6月，山东新华制药厂副厂长彭振岱率领王三贞、高中恪、靳承龙等人来沂源勘察厂址，厂址定在县城南郊沂河北岸。是年7月8日正式破土动工。在“无水、无电、无住房，漫山都是青石岗”的沂河北岸荒山坡上，来自清华、北大等院校的100多名学生，投身到了沂蒙新华制药厂的建设之中，开始了艰苦的创业之路。1967年8月，锅炉点火试车成功，片、针剂车间投入生产，当年生产片剂1.23亿片、针剂223.95万支，实现利润68.7万元，当年还清国家建厂投资，被中国医药工业公司领导称为“全国十三个三线厂中投资最少，投产最早，利润最高的一个厂”。

山东沂蒙新华制药厂（1970—1998）

1970年，山东新华制药厂第四分厂更名为“山东沂蒙新华制药厂”，为地市属国营企业，原隶属中国医药工业公司，1970年1月移交临沂地区重工业局管辖。

1971年，山东沂蒙新华制药厂建成了山东省第一条粉针制剂生产线，生产出第一支硫酸链霉素粉针，结束了山东省没有粉针制剂的历史。同年，土霉素、四环素等原料药也顺利投产。20世纪70年代，山东沂蒙新华制药厂曾创造出辉煌的业绩，所产四环素碱为山东省独家生产，氨苄青霉素原料填补省内空白，产品曾畅销欧美、东南亚等十几个国家。盐酸四环素、维生素C片和地塞米松磷酸钠注射液多次被评为山东省优质产品。

1973年6月，山东沂蒙新华制药厂十吨蒸汽锅炉工程动工。1976年11月，十吨锅炉房、大动力房等配套工程竣工，1977年正式投入使用。

1977年，建成投产的十吨大锅炉全景，烟囱高25米

1977年7月，80吨生产能力的四环素车间投产

1980年1月，山东省医药工业实行归口管理，山东沂蒙新华制药厂由临沂化工局移交山东省医药管理局管辖；2月10日，中华人民共和国工商行政管理局批准山东沂蒙新华制药厂“商标注册”证号135356号；7月，经国家经委批准，山东沂蒙新华制药厂成为扩大自主权试点单位。

1983年8月，山东沂蒙新华制药厂建立中心试验室。1984年，中心试验室在中科院微生物研究所的帮助下，成功研制出中性蛋白酶等产品。

20世纪70年代末80年代初，山东沂蒙新华制药厂主要产品有四环素、盐酸四环素、灰黄霉素等原料药及针、片、粉针、胶囊制剂品，产品除供应国内十几个省市以外，并出口美国、法国、意大利、瑞士等8个国家。其中，盐酸四环素于1983年被授予“省优质产品”称号，维生素C片和地塞米松磷酸钠注射液于1984年12月再获

山东沂蒙新华制药厂粉针车间

"省优质产品"称号。

1981—1983年，山东沂蒙新华制药厂进行了一次全面企业整顿。在企业整顿中重点抓"两制""三全"工作。"两制"即建立健全各种岗位责任制，推行经济承包责任制；"三全"即实行"全面计划管理""全面质量管理""全面经济核算"。通过企业整顿，各级领导班子和职工队伍素质大幅提高，企业管理走上正轨，技术明显进步，质量大幅提高，厂容厂貌大有改观。

从1984年开始，在企业内部进行以领导体制改革为重点的经济体制改革。对厂级和中层领导班子按照"四化"要求进行适当调整，在各车间和有关科室全面推行经济承包责任制，打破"大锅饭"，在用工制度上试行合同制，打破"铁饭碗"，在干部制度上试行"群众评议"和招聘制。通过落实企业内部的经济体制改革，山东沂蒙新华制药厂开始两个"转变"，即企业从单纯生产型向生产经营型转变，企业管理向现代化转变。

随着企业整顿和经济体制改革的深入，山东沂蒙新华制药厂的老产品改造扩建和新产品的试制工作有了突破性进步。1984年10月，年设计生产50吨的盐酸四环素大楼建成使用。1985年，年产20亿片的片剂大楼建成；年设计生产能力6万支的氨苄青霉素分装线建成；年产1100公斤原料药的中性蛋白酶中试车间建成并投产，当年生产原料药100公斤。在经济体制改革中，本着自愿互利的原则，山东沂蒙新华制药厂与济宁抗生素厂进行了链霉素原料与分装的横向经济联合。

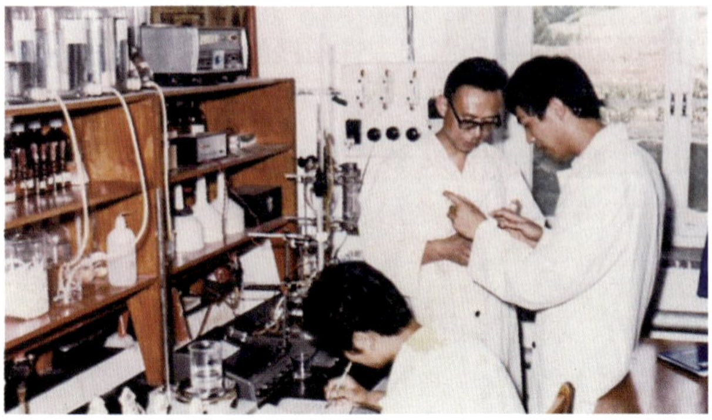

1983年8月，建立中心试验室

1990年，山东沂蒙新华制药厂总占地面积246.17亩，已成长为一个中型综合性制药企业。全厂主要生产车间5个，辅助车间2个，厂部下设15个职能科室，共有职工1050人，其中工程技术人员82人、中级技术职称41人，工业总产值5118万元。

1999年，丹麦客户来公司参观车间生产线

山东瑞阳制药有限公司（1998—2008）

由于思想观念与管理方式不适应计划经济向市场经济的转轨，加之隶属关系经历四次变更，负责人更换频繁，20世纪90年代，山东沂蒙新华制药厂一度经营困难，经济效益逐渐陷入低谷。1993年，下放至沂源县管理。1994年，企业累计亏损1711万元，资产负债率达114%，企业濒临破产的境地。

1995年，沂源县政府授权山东省药用玻璃股份有限公司经营山东沂蒙新华制药厂。1995年后，在各级政府和药监部门的关怀下，尤其是山东药玻的投资，企业开始焕发生机。1998年1月5日，山东省药用玻璃股份有限公司投资209万元，整体购买山东沂蒙新华制药厂净资产，山东沂蒙新华制药厂成为山东药玻公司的独资公司。山东药玻公司购买后，对山东沂蒙新华制药厂实施产权改制，组建有限责任公司。沂源县企业产权制度改革领导小组和沂源县公有资产管理委员会分别出具《关于山东沂蒙新华制药厂改组为有限责任公司的批复》（文号分别为“源企改字〔1998〕2号”和“源公资字〔1998〕2号”），同意山东省药用玻璃股份有限公司对山东沂蒙新华制药厂实施产权改制，组建有限责任公司。

1998年1月，山东沂蒙新华制药厂召开职工持股会成立大会，进行了企业产权制度改革，改制后更名为“山东瑞阳制药有限公司”。同年，进入全国医药工业500强，成为国家级高新技术企业、全国守合同重信用企业，山东省医药行业先进集体、科技进步先进单位。“瑞阳”商标被认定为山东省著名商标。

瑞阳制药有限公司（2008—2020）

2003年，山东瑞阳制药有限公司从山东药玻集团中分离出来。2005年9月，山东瑞阳制药有限公司通过红筹架构在新加坡证券交易所上市。2008年6月13日，公司名称变更为“瑞阳制药有限公司”。2011年4月，公司从新加坡证券交易所退市。

瑞阳制药股份有限公司（2020—）

2020年8月8日，召开股份有限公司创立大会暨第一次股东大会，会议审议通过股份有限公司设立的相关议案，成立董事会并选举第一届董事会成员，成立监事会并选举第一届监事会股东代表监事，与职工代表大会选举产生的职工代表监事共同组成监事会。公司再次完成股份制改革，正式更名为“瑞阳制药股份有限公司”，开启国内上市进程。

生产经营

生产研发

公司注重产品研发和技术创新，拥有国家级企业技术中心、国家博士后科研工作站、山东省头孢类原料药工程技术研究中心、山东省抗菌药物重点实验室等科研开发平台，分别在苏州、上海、天津、济南、美国及公司本部设立研发中心，研发实力不断提高。打造了生物抗体药物、天然药物、肿瘤及心脑血管治疗药物、抗菌药物、神经系统和呼吸系统六个药物研发单元平台，并与高校、科研机构广泛开展产学研合作，公司与北京新领先医药科技发展有限公司、北京阜康仁生物制药有限公司建立了战略合作伙伴关系，与北京阳光诺和药物研究股份有限公司、博瑞生物医药（苏州）股份有限公司等研发公司以及山东大学、北京中医药大学、南京中医药大学、山东中医药大学、沈阳药科大学等科研院所建有合作关系。先后承担国家“重大新药创制”科技重大专项等国家级项目13项、各类省部级项目114项；荣获国家科技进步二等奖1项、山东省科技进步二等奖3项。

美国研发中心

2023年，公司有研发人员810人，约占职工总数的17%，其中拥有高级职称22人、中级职称121人、工人技师24人。同年，公司投入研发经费4.4亿元，占全年销售收入的8%。公司拥有授权专利192件，其中发明专利64件、实用新型专利99件、外观设计专利29件。公司获得国家及省级科技成果9项，其中美洛西林钠及其复方制剂的技术创新与产业化被国务院授予国家科学技术进步二等奖。目前在研产品100余个，抗呼吸道合胞病毒的全人源抗体（RSV）项目、肿瘤放射增敏剂（IPdR）项目以及苁蓉润通颗粒等5个一类创新药物正在开展临床试验。

近年来，公司还投入大量资金积极建设智慧工厂，持续开展生产流程再造、工艺优化，在引进德国、美国等国际领先设备的基础上，强化自主研发，创新实施了无菌注射剂智慧质控系统等10余项管理系统，获得发明专利14项、实用新型专利46项、软件著作权证书2项，实现了接单、采购、生产、检验、出库全过程的信息化、数字化预警和管控，被认定为工信部“第一批绿色制造体系示范企业”“山东省两化融合优秀企业”。

产品及销售

公司主要产品有粉针剂、小容量注射剂、冻干粉针剂、片剂、胶囊剂、颗粒剂、栓剂、原料药等14个剂型、430个品种规格。年产原料药2800吨（包括无菌原料药1200吨，青霉素冻干原料药730吨，普通粉针剂14亿支，冻干粉针剂5亿支，片剂140亿片，胶囊剂60亿粒，小容量注射剂6亿支，颗粒剂2.4亿袋）。公司主要特优产品如下表。

产品名称	奖项	授予单位	获奖时间
复方氨基比林针药	优质产品	省化学石油工业局	1978年
盐酸四环素	省优质产品	省经委	1983年
片剂维生素C	省优质产品	省经委	1984年
地塞米松磷酸钠注射液	省优质产品	省经委	1984年
美洛西林钠	山东省医药行业技术经济指标先进产品奖	山东省药品监督管理局	2000年
注射用美洛西林钠舒巴坦钠	山东省科技进步二等奖	山东省科学技术奖励委员会	2004年
“力扬”牌注射用美洛西林钠	山东名牌产品	山东省品牌战略推进委员会、山东省质量技术监督局	2005年
美洛西林钠	国家火炬计划项目	科学技术部	2005年
葛根汤颗粒	国家重点新产品	科学技术部、商务部、国家质量监督检验检疫总局、国家环境保护总局	2005年
注射用葛根素	山东省科技进步二等奖	山东省科学技术奖励委员会	2005年
厚朴排气合剂	国家火炬计划项目	科学技术部	2007年
“力扬”牌注射用美洛西林钠	山东名牌产品	山东省品牌战略推进委员会、山东省质量技术监督局	2009年
注射用葛根素	国家火炬计划项目	科学技术部	2010年

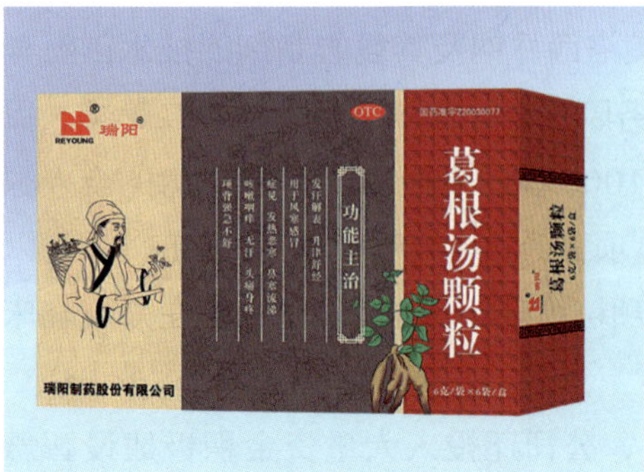

葛根汤颗粒

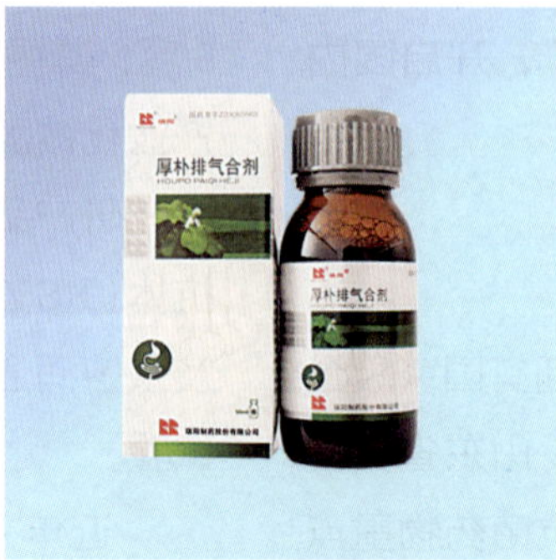

厚朴排气合剂

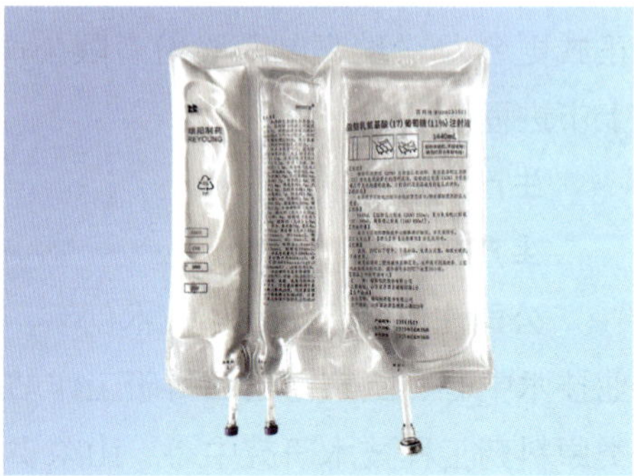

脂肪乳氨基酸（17）葡萄糖（11%）注射液

续表

产品名称	奖项	授予单位	获奖时间
厚朴排气合剂	国家重点新产品	科学技术部、商务部、国家质量监督检验检疫总局、国家环境保护总局	2011年
力扬牌注射用美洛西林钠	山东名牌产品	山东省品牌战略推进委员会、山东省质量技术监督局	2012年
注射用葛根素、注射用环磷腺苷葡胺、注射用美洛西林钠舒巴坦钠、注射用美洛西林钠	山东知名品牌	山东省医药行业协会	2012年
葛根汤颗粒	国家火炬计划产业化示范项目	科学技术部	2014年
阿莫西林胶囊、注射用环磷腺苷葡胺、注射用哌拉西林钠他唑巴坦钠、注射用左卡尼汀	山东优质品牌	山东省质量评价协会	2020年
西红花总苷片、盐酸雷尼替丁片、厚朴排气合剂、注射用还原型谷胱甘肽	山东省知名品牌	山东省品牌建设促进会	2022年

公司在全国各大城市设有近200个办事处，业务人员1055人（含外贸），其中硕士8人、本科240人，营销人员占全部员工数量的34%。22%公司产品注射用美洛西林钠、注射用葛根素、注射用美洛西林钠舒巴坦钠、注射用环磷腺苷葡胺、注射用多索茶碱等在国内市场占有率位居前列。

医药产业园（2023年）

2023年，公司出口额1.6亿美元，主要出口产品为阿莫西林胶囊、头孢曲松原料、注射用奥美拉唑钠、注射用氨苄西林钠、注射用阿莫西林钠克拉维酸钾等。主要出口到印度、韩国、俄罗斯、尼日利亚、巴西、墨西哥、坦桑尼亚等110多个国家和地区。

主要经济指标

年份	产值（万元）	利润（万元）	税收（万元）	固定资产（万元）	员工人数（人）
1967	353.67	68.69	—	57.24	118
1968	1877.45	245.45	—	65.76	168
1969	4250.00	210.54	—	71.53	169
1970	4423.41	264.80	—	91.90	282
1971	1269.73	223.80	—	114.66	77
1972	1117.42	198.44	—	136.54	329
1973	1194.98	204.71	—	193.13	368

续表

年份	产值（万元）	利润（万元）	税收（万元）	固定资产（万元）	员工人数（人）
1974	946.86	116.06	—	238.8	382
1975	1293.77	209.6	—	246.2	396
1976	1528.26	245.78	—	396.4	497
1977	1841.17	325.15	—	470.4	573
1978	2128.68	506.2	—	493.5	670
1979	2191.83	457.9	—	621.7	677
1980	2193.65	400.75	—	695.6	686
1981	2051.00	162.5	—	729.22	713
1982	2476.48	278.24	—	775.36	463
1983	2824.20	361.36	—	866.05	791
1984	3530.58	376.28	—	923.14	864
1985	4045.28	201.27	—	1092.24	873
1986	3012.02	118.39	—	—	774
1987	3671.97	165.99	—	—	795
1988	4249.71	193.30	—	—	859
1989	5166.53	190.36	—	—	909
1990	5118.00	−96.27	—	—	1050
1991	5527.00	1.02	—	—	1093
1992	5341.00	2.50	—	—	1149
1993	4262.00	−413.50	—	—	1162
1994	5141.00	38.70	—	—	1080
1995	6413.00	−484.60	—	—	1082
1996	9518.00	−928.00	—	—	1079
1997	8772.00	−227.50	—	—	1982
1998	11677.00	191.00	—	—	1147
1999	18994.00	515.00	—	7781.57	1207
2000	30083.00	1395.00	—	8963.08	845
2001	46991.00	2391.00	—	11590.33	1125
2002	71313.00	2966.00	—	12677.98	1243
2003	55984.00	3520.00	—	15180.31	1477
2004	80915.00	4948.00	6403.09	28985.53	1616
2005	129570.00	4543.00	2674.86	34889.17	1754
2006	189180.00	3208.00	2965.29	38320.89	1841
2007	262116.00	3994.00	3908.90	40681.61	1929
2008	353856.00	5479.00	4589.69	46391.62	2070

续表

年份	产值（万元）	利润（万元）	税收（万元）	固定资产（万元）	员工人数（人）
2009	462452.00	7223.30	7936.26	53108.73	2341
2010	624311.00	9826.00	8621.76	67820.66	2628
2011	650802.00	14419.00	8471.67	88748.43	2932
2012	625721.10	19794.50	14678.15	99374.11	2954
2013	643392.00	22147.90	14651.81	123149.31	2995
2014	709167.00	22973.30	18944.33	149806.33	3245
2015	746767.00	28712.50	22532.68	174193.65	3833
2016	799732.00	29550.70	28152.04	207925.68	4088
2017	923563.00	30114.40	33072.83	236608.78	4320
2018	710116.20	28152.00	90532.14	270287.78	4284
2019	742008.10	35346.00	53221.26	305048.77	4256
2020	578340.56	24142.00	22661.40	344093.18	3994
2021	639897.80	17343.04	26920.84	381029.52	4025
2022	764925.50	24479.23	26687.65	414005.01	4396
2023	905796.00	18242.00	31657.00	434363.00	4811

历任负责人

靳承龙　党支部书记　1968.10—1970.08

王均贞　党的核心领导小组组长　1970.08—1970.11

王庆芳　党委书记　1978.03—1981.03

郭德祥　党委书记　1984.11—1986.09

周德麓　党委书记　1988.09—1990.10

徐茂祥　党委书记　1990.10—1992.07

王举成　党委书记　1992.07—1993.10

张纪和　党委书记　1993.10—1994.05

李明涛　党委书记　1994.05—1994.12

赵玉山　党委书记、董事长　1998.03—2008.06

何茂群　党委书记、董事长　2008.06—2015.01

苗得足　党委书记、董事长　2015.01—

企业文化

基层组织

1968年10月，山东新华制药厂第四分厂党支部成立。1970年8月，中共山东沂蒙新华制药厂革命委员会核心领导小组成立。1978年3月，山东沂蒙新华制药厂党委成立；1998年1月，更名为山东瑞阳制药有限公司党委；2008年6月，更名为瑞阳制药有限公司党委；2020年8月，更名为瑞阳制药股份有限公司党委。截至2023年底，共有基层党支部12个、党员415人。

工会工作

1978年11月，山东沂蒙新华制药厂工会成立，其间经过多次换届。截至2023年底，共有基层工会31个、会员4800余人。工会坚持以人为本，积极发挥桥梁纽带作用，在维护职工合法权益、提升企业管理水平、加强企业文化建设等方面取得显著成效。

企业往事

开拓鲁西南营销市场

1995年11月30日，由18人组成的瑞阳制药新产品营销公司成立。成立的第二天，销售队伍就带着全厂员工的期盼，怀揣激情和梦想，奔向各大市场，开启了艰难的营销之路。

当时企业正处于低谷期，连年亏损，工资发不上，经费紧张，销售人员就自掏腰包垫支销售费用。为了省钱，他们每次出差都自带煎饼、咸菜，住廉价的大通铺，拜访客户坚持步行或租用自行车。尽管条件艰苦，但他们毫不畏缩，以乐观的态度和执着的精神勇敢面对，一家医院接着一家医院地调查、拜访，积极寻求合作机会。

瑞阳制药公司副总经理、西北营销公司总经理江东波，是当时营销团队的一员。作为销售新兵，他努力学习营销知识和技能，用心揣摩，大胆尝试。没有关系，没有客户，他就逐个医院跑，一次一次地跑，遭拒了也不气馁，受气了也不颓废，坚持不懈地努力，一年时间里，山东省县级及以上医院他跑了一半多。最难的是开发鲁西南市场。江东波把目标瞄准了市一家最大的三甲医院，没有任何资源帮助，他就凭着诚心和恒心生闯。每次拜访，他都赶在客户上班前到达客户办公室，帮助客户清理卫生、打开水、装卸药品等，力所能及地帮助他们干些杂活。他坚持每天去医院拜访，瞅准时机就同药房主任、临床专家、分管院长等各种人员进行交流，联络感情的同时，详细介绍公司产品，5个月的时间里从未间断，最终赢得了客户的信任和认可，同意试用公司产品。该客户成为公司最早开发的三甲医院之一，直至现在一直保持着良好的合作关系。乘胜追击，在成功开发这家医院的基础上，江东波又在该市连续开发了6家医院，打开了鲁西南的营销市场。

国内第一台安瓿洗烘灌封联动线投入使用

2002年，公司新上洗烘灌封联动机，由于工艺设计原因，药液灌装装量一直不稳定，半年多的时间不能投入正常生产，给公司造成很大损失。尽快解决这一问题，成为摆在大家面前的一个重大难题。任务落在以高级工程师崔保军为首的技师工作站，崔保军没有迟疑，立刻带领技术人员投入工作中，认真研究机器设计原理，查找技术缺陷。一个多月的时间里，他们盯在车间，日夜围着机器转，反复改造试验。他们把所有的精力用在了研发上，加班加点，废寝忘食，在攻坚的关键时刻，常常通宵达旦。在大家的共同努力下，最后成功设计出了洗烘灌封联动机限量装药装置、水针剂药液灌装安瓿定位装置、水针剂药液灌装流量限位控制装置等实用装备，攻克了药液灌装装量不稳定这一行业性难题，使国内第一台安瓿洗烘灌封联动线在公司率先投入使用。

疫情中的责任担当

2022年末，新型冠状病毒疫情暴发，公司生产的葛根汤颗粒作为预防治疗新冠病毒的有效药，陷入紧缺状态，市场供不应求，一度断货。紧急时刻，公司上下一心，众志成城，迅速投入抗击疫情的战斗中，倾全力保药品供应。

公司固水事业部承载着生产药品的主要任务，员工们在副总经理李伟的带领下，以高昂的斗志、百倍的干劲奋战在生产一线，人员24小时在岗，机器24小时运转，马不停蹄日夜赶工。其间，有职工感染病毒病倒了，就有未感染的职工轮流顶上，为确保机器正常运转，他们日工作时间都保持在12小时以上，大多数职工体力、精力严重透支，但他们咬紧牙关，没有一人抱怨、退缩。

李伟作为带头人，身先士卒、亲力亲为。在保证正常生产的同时，他积极协调兄弟车间，优化工艺流程，提高生产效率，边干边改进提升，把日产能从启动生产时的300箱提高到超设计产能的600箱，最终突破830箱，实现了量的大飞跃。生产期间，李伟吃住在车间，每天休息不足4个小时，常常忙得顾不上吃饭，甚至连喝口水的空隙都没有。连续高强度、超负荷的工作，李伟病倒了，发起了高烧。轻伤不下火线，即便体温烧到39.2℃，他也没有离开车间，而是口服退烧药后继续坚守岗位。三天后病情加重，才不得已住进了医院。躺在病床上的他，依然挂心着车间的生产，不时地了解生产状况，调度生产进度，为大家加油鼓劲。因心系生产，李伟在医院只治疗了短短的5天，就心急火燎地返回了车间，一边工作一边输液。

在全员的辛勤努力下，葛根汤颗粒生产线不断超设计产能输出，最大限度地满足了市场需求。

大事记

1966年　7月，山东新华制药厂第四分厂动工建设。

1967年 10月，片剂、针剂车间竣工投产。

1968年 10月，山东新华制药厂第四分厂党支部成立。

1969年 6月，成立“6·26”科研小组，重点试制中草药。

1969年 7月，中国医药工业公司齐艳华到厂检查指导工作。

1970年 6月，更名为山东沂蒙新华制药厂。

1975年 11月，地塞米松磷酸钠针剂新产品试制成功并投入生产。

1976年 11月，年产80吨大四环素车间、10吨锅炉房、大动力房等配套工程竣工。

1978年 8月，中央化工部副部长张珍到厂调研指导工作。

1979年 6月，被山东省革命委员会命名为全省大庆式企业。

1980年 1月，山东沂蒙新华制药厂由临沂化工局移交山东省医药管理局管理。

1980年 2月，中华人民共和国工商行政管理局批准商标注册。

1980年 7月，经国家经委批准，山东沂蒙新华制药厂被确定为扩大自主权试点单位。

1981年 5月，国家医药总局副局长张亮到厂调研指导工作。

1982年 10月，中心试验室建立。

1983年 10月，盐酸四环素被山东省经委评为省优质产品。

1984年 10月，针剂地塞米松被山东省经委评为省优质产品。

1985年 5月，中心蛋白酶产品试车成功。

1986年 9月，投资30万元的片剂大楼竣工。

1989年 10月，年产110吨四环素扩建改造项目竣工。

1990年 4月，国家医药总局局长齐谋甲到厂调研指导工作。

1992年 3月，山东省医药管理局书记孙其松到厂调研指导工作。

1995年 6月，山东省药用玻璃股份有限公司购买山东沂蒙新华制药厂净资产，药厂成为药玻公司的独资子公司。

1998年 1月，山东沂蒙新华制药厂召开职工持股会成立大会，山东省药用玻璃股份有限公司对山东沂蒙新华制药厂进行了企业产权制度改革，公司更名为“山东瑞阳制药有限公司”。

1999年 8月，荷兰DINAMYC公司、丹麦客商到公司洽谈业务。

2001年 7月，山东省委副书记陈建国到公司调研指导工作。

2002年 8月，“瑞阳”商标被评为山东省著名商标。

2002年 12月，国家GMP认证专家乔振宽等到公司认证、检查、验收。

2003年 3月，公司被评为高新技术企业。

2004年 5月，被评为国家火炬计划重点高新技术企业。

2005年 9月，公司在新加坡证券交易所上市。

2006年 6月，山东省委书记张高丽到公司调研。

2007年 9月，“瑞阳”商标被评为中国驰名商标。

2008年 6月，更名为瑞阳制药有限公司。

2009年 4月，进入全国医药工业企业百强。

2009年 7月，山东省委书记姜异康到公司调研。

2010年 7月，位列2009年度中国制药工业（销售）百强第26位。

2010年 9月，荣获《中国药典》2010年版标准研究先进单位。

2010年 12月，被评为国家火炬计划重点高新技术企业。

2011年 7月，山东省委常委、省政府副省长孙伟到公司调研。

2013年 11月，新建质检中心竣工启用。

2013年 12月，年产7200万支冻干注射剂新产品产业化技改升级项目完成设备安装调试，并顺利通过新版GMP认证。

2014年　2月，千亩医药产业园开工建设。

2014年　11月，被评为国家火炬计划生物医药产业基地骨干企业。

2015年　搭建完成“一总部、五中心”全球研发架构。

2016年　5月，山东省省长郭树清到公司调研。

2017年　11月，公司荣登2017中国化学制药行业制剂出口型优秀企业品牌榜首。

2020年　8月，完成股份制改制，更名为瑞阳制药股份有限公司。

2021年　8月，列入山东民营企业医药健康行业领军10强。

2021年　12月，荣获第八届山东省省长质量奖。

2022年　12月，中药制剂上市后质量再评价关键技术创新与应用项目获山东省科学技术进步二等奖。

2023年　7月，医用高端营养液项目投入使用。

山东省药用玻璃股份有限公司

概　况

山东省药用玻璃股份有限公司成立于1969年，总占地面积1837亩，建筑面积850289平方米，下辖土门分公司、橡塑包装材料分公司、硼硅玻璃分公司、草埠分公司、加油站5个分公司，康瑞公司、丰汇公司、成新公司、新奥公司、新康公司、鑫源公司、康正公司、碧鲁峰公司8个子公司。2002年，在上海证券交易所上市，是一家生产药用、食品、日用化妆品玻璃包装瓶和丁基橡胶、塑料包装材料的大型企业。2023年，公司固定资产总额46.88亿元，实现销售收入49.82亿元、利税11.03亿元，拥有职工5447人。

公司先后被评为中国重点高新技术企业、国家火炬计划项目企业、国家知识产权优势企业、中国轻工业二百强企业、中国轻工业科技百强企业、中国轻工业日用玻璃行业（玻璃包装容器）十强企业等，荣获“中国包装科技成果奖”“轻工行业排头兵企业”“山东新材料领军企业50强”“山东省十强产业领军企业”等荣誉称号。

发展历程

沂源县玻璃厂（1969—1988）

沂源县医用玻璃制品业最早始于20世纪50年代后期，1958年建玻璃厂，厂址位于县城螳螂河西柴油机厂原址，属全民所有制企业，有职工200余人，先后生产水漂、灯罩、平板玻璃等产品，土法上马，手工制作，工艺简单落后，年最高产值仅有9.8万元，后因产品运输困难，尤其远距离运输问题难以解决，产品大量积压，加之保管不善，产品破损严重，被迫于1961年并入沂源耐火材料厂，沂源县第一家玻璃厂就此下马。

第二次重建玻璃厂，始于1969年春天。因山东新华制药厂第四分厂于1966年在沂源县建厂后，药品包装瓶全部从外地购进，路程远、运费高、装卸次数多，破碎率高，有时供应不及时，影响生产，药厂领导多次向县里提议在沂源县建个玻璃厂，解

1969年，沂源县玻璃厂筹建时期办公场景

决药品包装问题。1967年12月20日，沂源县革命委员会生产指挥部召开会议，决定在螳螂河东为山东新华制药厂第四分厂配套建设玻璃包装瓶生产车间，后由于隶属关系的原因，1969年3月，改为筹建“沂源县玻璃厂”，并于1970年正式投产，这就是山东省药用玻璃股份有限公司的前身。

当时筹建投资只有29万元，其中20万元现金、9万元的物资折款。为节约开支，筹建组用苇席扎成不足20平方米的棚子，放上两张破三抽桌，两把旧木椅，就是办公设备，两张木床，是夜间值班睡觉的地方。从药厂接来一盏60瓦的灯泡，一辆旧金鹿自行车是唯一的交通工具，一架地排车是唯一运输工具。为使企业早日投产，筹建组决定先上安瓿生产，招进4名家属当工人。建设池窑、厂房时不舍得花钱买砖，就全部用石头垒，建起800多平方米的厂房，并在厂房西侧砌了一座熔化面积15平方米的直火焰式池窑，生产黄圆瓶，开有两个生产缸口。在车间和窑炉即将建成的1970年4月，从社会青年中招收第一批50名工人入厂，9月中旬投入试产，10月正式生产，至此沂源县玻璃厂正式宣告建成。

1971年，池窑生产渐趋正常，下半年建设6缸圆炉，生产磨口瓶。1973年4月，建设一座20平方米煤气式吊炉，使用供料机代替人工挑料。1976年，新建180平方米安瓿车间。

在计划经济体制下，沂源县玻璃厂的归口问题严重影响了生产和发展，导致生产原料得不到保证，企业一度严重亏损。沂源县玻璃厂生产的产品原属轻工系统，主要产品链霉素瓶为山东沂蒙新华制药厂服务。但是医药和轻工属两个系统，医药主管部门不便直接向系统外下达包装计划，所以沂源县玻璃厂基本上处于自产自销状态，与药厂包装需求出现了产销脱节。山东沂蒙新华制药厂只能去临沂药材采购供应站购买大口瓶，但破损率在20%，却无法采购沂源县玻璃厂生产的大口瓶。而沂源县玻璃厂没有原材料，向上级申请解决原材料，恢复大口瓶生产，但却因归口问题，迟迟得不到解决。由于原材料无着落、产品销售无计划指标，沂源县玻璃厂所生产的医药玻璃包装品，不能纳入国家计划，只能自产自销，处于生产无保证、销售无市场、发展无目标的被动局面。在当时计划经济体制下，化工原料非常紧张，沂源县玻璃厂所需的主要化工原料纯碱、硝酸钠、硼砂等都属化工单位生产，如果沂源县玻璃厂归属化工系统，本系统内就能够根据需要直接安排计划生产。鉴于上述情况，为了原材料的供应有计划保证，更好地为医药生产服务，自1976年始，沂源县曾多次向临沂地区革委会、计委、工办请示，希望将沂源县玻璃厂由轻工行业划归化工系统管理，但迟迟没有得到解决。

1977年之前，公司无定型产品，先是生产磨口瓶，但没有销路，便转为药厂生产安瓿，却因质量不过关，药厂也不愿意要，产品大量积压。后又生产过鱼漂、汽灯罩、灯盘、灯座、鱼缸、海带浮、异型酒瓶等民用产品，以及各种规格的大口黄圆药瓶等，均因工艺、技术、管理落后，产品质量不过关，产品滞销严重，企业连年亏损，几近倒闭。1975年，全年仅完成产值68.9万元，1976年又跌至61.6万元，账面亏损8万元，又回到1971年水平。

在省医药公司的指导下，1977年后沂源县玻璃厂转产抗菌素瓶，又称西林瓶，现名模制抗生素瓶，年设计生产能力5000万支，供医药包装使用，投产后满足了山东沂蒙新华制药厂各种药瓶的需要，同时还供应了其他药厂，有力支援了医药生产。

从1978年开始，沂源县玻璃厂逐步实行厂长负责制，开始试行经营承包。当时，县里对企业的管理要求是完成8项经济指标，分别是产量指标、品种指标、质量指标、消耗指标、成本指标、劳动生产率指标、利润指标、流动资金计划。8项指标全面完成的只有沂源县玻璃厂和化肥厂2家企业。1978年，沂源县玻璃厂生产抗菌素瓶1103吨、6300万支，完成产值180.7万元，实现销售收入162万元、利税85万元，一跃而为沂源县第一利税大户，实现了企业发展的重大历史转机。

1977年后，沂源县玻璃厂开始扭亏转盈，致力于内部挖掘，先后进行五次重大技术改造，抗菌素瓶年产量由最初的4000万支逐年递增到1990年的20亿支，产品规格由过去的单一规格逐步发展为5毫升、7毫升、7.5毫升、25毫升、30毫升等多种规格系列化产品，在全国同类行业中占有举足轻重的地位。

1977年，沈阳药用玻璃厂协助沂源县玻璃厂筹建第一座马蹄焰式全煤气发生炉，用于生产西林瓶（抗菌素瓶），当年完成产值135.6万元，实现销售收入165万元、利税49.7万元。

1979—1985年，沂源县玻璃厂先后进行扩大窑炉熔化面积、新建车间、增加手工制瓶机、引进行列式制瓶机等五次改造，以机械代替手工制瓶。

1985年，沂源县玻璃厂“沂蒙”牌7毫升模制抗菌素瓶荣获山东省经委颁发的“山东省优质产品”证书。

1986年2月，沂源县玻璃厂推行承包经营责任制。同年，进行了企业发展史上第一次正规技术改造，引进了国内最为先进的行列式制瓶机，经过两年的磨合，终于全面掌握行列式制瓶机技术。从1988年开始，企业一年新建一个新车间，产量一年一个新台阶。

1987年后，沂源县玻璃厂先后兼并了县医用玻璃厂、县汽车大修厂和县拖拉机站三家亏损企业，生产规模进一步扩大，1989年由小型企业发展为中型企业，拥有职工（包括计划内临时工）1800人，固定资产原值2732万元。

1987年，沂源县玻璃厂兼并沂源县医用玻璃厂时技术改造场景

山东省药用玻璃总厂（1988—1993）

1988年5月，沂源县玻璃厂更名为“山东省药用玻璃总厂”。

1988年，新建制瓶三车间，一窑四线，熔窑面积30平方米，抗菌素瓶年产能5亿支。1989年，

1988年，山东药玻工人使用手工制瓶机进行生产

扩建了制瓶四车间，年生产能力达19亿支，成为全国抗菌素瓶最大的生产厂家。同年，企业实现产值4628万元、利税1118万元，成为沂源县第一家利税过千万元的企业；9月，由省级先进企业晋升为国家二级企业。

1988年，5毫升、25毫升抗菌素瓶分获临沂地区和山东省一轻厅优良产品称号。

1989年9月，企业由小一型升为中一型。

1989年9月，山东省药用玻璃总厂晋升为“国家二级企业”

1990年6月，兴建玻璃拉管、安瓿和管瓶生产车间；“沂蒙”牌7毫升模制抗生素瓶获国家中医药管理局“优质产品”证书、国家轻工部“优质产品”证书。

1992年6月，兴建制瓶八车间，全厂抗生素瓶（1990年，国家中医药管理局统一将抗菌素瓶更名

为抗生素瓶）生产能力增加了5亿支，抗生素瓶产量稳居全国首位。

1990—1992年，在原规模基础上，陆续增建药用玻璃管、曲径易折安瓿、管制瓶车间和制瓶八车间。

山东省药用玻璃总厂制瓶八车间（1992年）

山东省药用玻璃股份有限公司（1993—）

1993年，经淄博市体改委淄体改股字（1993）第61号文件批准，山东省药用玻璃总厂进行股份制改造，由原国营企业改组为股份制企业，更名为“山东省药用玻璃股份有限公司”。1994年，沂源县委、县政府研究通过《山东医药玻璃集团公司组建方案》，决定由山东省药用玻璃股份有限公司与山东沂蒙新华制药厂联合组建“山东医药玻璃集团公司”；5月12日，召开了集团公司创立大会，正式挂牌。集团公司的创立，既帮助山东沂蒙新华制药厂走出了困境，又实现了山东省药用玻璃股份有限公司的快速规模扩张。1995年6月14日，沂源县人民政府决定授权山东省药用玻璃股份有限公司经营山东沂蒙新华制药厂，召开了授权经营大会。山东省药用玻璃股份有限公司接手药厂后，经过两年的努力，使药厂恢复造血功能，实现自力更生。1998年，山东药玻公司按照县委、县政府部署，对山东沂蒙新华制药厂从授权经营过渡到控制51%的股份，并将山东沂蒙新华制药厂更名为山东瑞阳制药有限公司。经过近十年的控股经营，把瑞阳制药打造成了国内制药行业100强。后因山东省药用玻璃股份有限公司的上市需要，剥离对山东瑞阳制药有限公司的经营权。2003年，山东药玻公司把山东瑞阳制药有限公司从山东药玻集团中分离出来。

1994年，公司新上年产5亿支的模制抗生素瓶生产车间九车间，工程总投资1300万元，达产后年创产值1700万元、利税538万元，年实现税后利润250万元，公司的模抗瓶年产量增至30亿支，公司主导产品模制抗生素瓶国内市场占有率达到50%。

1994年7月，山东药玻公司新建成的八车间窑炉

1994年至1997年，行列机三次提速，产量提高10%。

1995年，新建年产5亿支模制抗生素瓶生产车间。工程投资1852万元，达产后年创产值1700万元、利税400万元。工程建成后，公司模制抗生素瓶年生产能力达到35亿支。同年，进行行列机控制系统改造，将原来的数字控制机改为计算机控制；10月，兴建被列入省经委“九五”百项重点工程的“高档药瓶生产线”项目，项目总投资4088万元，1996年8月18日点火投产。项目引进具有国际先进水平的美国艾姆哈特公司的行列式制瓶机和中国制造生产线各1条，开启了公司引进国外先进生产线的先河。1996年11月，美国艾姆哈特公司对公司8人进行技术培训。

1997年5月，进行双滴料行列式制瓶机技术改造，安装自动输瓶机，实现产品自制瓶工序至验收工序的自动传送；6月6日，公司股票在淄博证券交易自动报价系统挂牌转让交易。证券编号000058，股票简称“山东药玻”。1998年11月25日，公司股票从淄博证券交易自动报价系统撤柜，停止交易。

1998年，年产6亿支模制抗生素瓶生产车间建设现场

1998年5月，投资1640万元，新建第十二车间，安装4台QB6/4行列式制瓶机，该车间年生产能力达到6亿支。工程投产后，公司模制抗生素瓶年生产能力达到41亿支。

1998年8月，投资80万元，整体购买位于土门镇山东第一机械厂搬迁后的土地19.1公顷、厂房2.7万平方米、职工住宅楼9座，建设土门分公司；10月，投资1000万元，新建1座年产6亿支的模制瓶生产车间。1999年，二期工程又投资1200万元，新建一条年产7亿支模制抗生素瓶的生产线。同年，管瓶车间、安瓿车间搬迁到土门分公司。2000年8月，总公司第七车间迁至土门分公司，安装管瓶机63台，年生产能力达到35亿支，产品规格达13个。2001年10月，兴建土门分公司棕色瓶车间二期工程，2002年1月完成，并将总公司第一车间搬迁至此。2002年3月，总公司生产玻璃管的第五车间搬迁到土门分公司。2008年，土门分公司拥有员工1000多人，年实现产值1.8亿元，年创利润3000多万元。

公司长期技术攻关制瓶生产“四改五”（每剪料由4滴改为5滴）。1998年5月，在二车间一号制瓶机上，首次进行了四滴料改五滴料试验，获得成功，单机产量增加25%，公司产能大幅提高。“四改五”技术属国内首创，获得了国家专利。同年9月，公司淘汰9台手工制瓶机，安装3台电脑控制QB6/4行列式制瓶机，至此，公司8个模制抗生素瓶生产车间共安装29台行列机，全部实现机械化生产。

2000年9月，被列入淄博市30个工业重点工程项目之一的高档棕色瓶项目建成投产，全部安装进口行列式制瓶机。同年12月，第十车间研制成功自动输瓶机，使全厂结束“人工提笼”历史，产品质量大大提高。2002年4月，占地24.6公顷，投资2773万元的药玻工业园开始兴建，园内建设丁基胶、铝塑盖、药用塑料瓶等项目。

2002年6月，山东省药用玻璃股份有限公司在上海证券交易所上市。从此企业进入高质量发展时期。从2002年开始，公司开始涉足医药橡胶瓶塞、铝塑组合盖、药用塑料瓶制造等领域。先后投资2.5亿元，建成占地200多亩的橡塑包装材料分公司。用不到五年时间，实现丁基橡胶瓶塞46亿支、塑料瓶5亿支、铝塑组合盖3亿支的生产能力，年增加产值2.5亿元，年创利税2500万元。2008年，公司完全实现了“瓶子+塞子+盖子”的配套供应能力，与全国1600多家和国外60多家客户共享资源，使沂源县成为知名医药包装材料生产基地。

2002年7月，公司在新兴工业园投资1.5亿元，建设胶塞及铝塑组合盖生产车间，主导生产丁基胶塞、药用合成聚异戊二烯垫片、高密度聚乙烯瓶、铝塑组合盖等产品，2003年6月投产后，成立橡塑包装材料分公司。

伴随着国家西部大开发战略的实施，山东药玻公司把发展的触角延伸到了内蒙古，以收购的方式兼并包头三利公司，在包头稀土高新技术开发区建

山东药玻公司橡塑包装材料分公司远景

设包头康瑞药用包装材料有限公司。2002年9月，公司投资1.82亿元，在包头市成立康瑞药用玻璃包装制品有限公司，主要生产药用玻璃瓶、食品瓶及化妆品瓶等。2003年，公司在包头市成立丰汇包装制品有限公司，注册资金8500万元，年销售收入4.2亿元，占地面积42000平方米，主要从事包装装潢印刷、纸箱、纸盒等各类纸制包装品的生产和销售。2009年5月22日，包头康瑞公司三号炉开始建炉，9月19日正式点火烤窑，是公司首次使用天然气作为燃料的窑炉。

2004年，一车间Ⅰ类玻璃拉管生产线成功试运行，拉制过程顺利，所有参数接近正常。公司是国内第一家用电熔窑炉生产Ⅰ类玻璃管的厂家，填补了国内空白。

山东药玻公司工业园厂区远景

2005年3月，公司在工业园新征的200亩地上开始新煤场的建设工作，工程占地40亩，投资800余万元，设计储煤2.5万吨，10月底完工。同年7月，公司高档棕色瓶项目破土动工，工程包括主车间、配料楼、动力房、煤气站四部分，设计建筑面积27500平方米，投资2400万元，2007年4月竣工投产。

2007年底，公司先后引进了14台美国艾姆哈特行列式制瓶机，建成16个行列制瓶车间、2个拉管车间、2个管制瓶车间、1个安瓿车间。此外还配套建成了煤气车间、配料车间、机电维修车间、纸箱车间等9个辅助车间。产品从最单一的年产不到5000万支模制抗生素瓶，增加到年产80亿支，而且达到年产安瓿瓶10亿支、管制瓶20亿支、玻璃管2万吨、棕色瓶13亿支。产品品种从单一的5毫升、7毫升两种产品增加到5~250毫升等300个规格品种。公司自主研发的中性硼硅玻璃瓶填补了国内空白，被认定为国家级新产品。公司建成15台玻璃熔炉，数十条专业自动生产线，每年为制药工业提供上百亿支各种规格的玻璃包装容器。主要产品有模制抗生素瓶、玻璃管、曲颈易折安瓿、管制瓶、管制抗生素瓶、玻璃药瓶、玻璃输液瓶、药用塑料瓶、药用丁基胶塞、铝塑组合盖等十几个系列。

2005年7月，山东药玻公司高档棕色瓶项目奠基仪式

此后，企业持续加大投资力度，进行技术改造和扩大生产规模。2007年4月，公司高档生物制剂系列产品项目举行奠基仪式，2008年9月竣工投产。2009年11月，铝塑盖塑料瓶车间药用笔式注射器卡式瓶用铝盖专用模具成功运行，实现了铝盖批量生产。2010年9月，工业园高档棕色瓶四期工程顺利点火烤窑；公司举行了30亿支模抗瓶节能与环保技术改选项目、高档棕色瓶四期项目竣工投产仪式。2013年2月，公司实施旧车间改造，兴建蓝绿瓶、一类玻璃项目。2016年4月，工业园模抗瓶二车间顺利投产。2017年3月，公司在沂源经济开发区投资7.56亿元，占地58亩，建设年产18亿支一级耐水药用玻璃管制系列瓶项目（即一类管制瓶车间），产品主要用于包装冻干生物制剂、粉针、疫苗、基因工程药等产品。2019年2月，公司在沂源经济开发区荆山路与饮马河东路交叉路口东南角，征地460余亩，建设中硼硅玻璃输液瓶、中硼硅玻璃注射剂瓶、中硼硅玻璃管生产车间，由此成立硼硅玻璃分公司。2020年5月，公司在沂源经济开发区投资7.2亿元，占地185亩，建设高档轻量玻璃瓶

项目，主要生产高档轻量玻璃瓶。2022年6月，硼硅玻璃分公司硼硅五车间、硼硅六车间开始建设。2023年2月，硼硅六车间窑炉成功点火，生产中硼硅模制瓶。2023年7月，硼硅五车间正式投产，生产中硼硅模制瓶。

2016年，公司全资控股四川绵竹成新药用玻璃有限责任公司，该公司占地面积14.1万平方米，注册资本20000万元，员工400余人，主要生产钠钙玻璃模制注射剂瓶、钠钙玻璃输液瓶、棕色钠钙玻璃模制药瓶等产品。2018年9月，四川成新公司“高档药用玻璃瓶”项目举行奠基仪式。该项目是绵竹、德阳两市2018年重点项目、四川省经信委2018年重点项目，占地200余亩。

2019年，山东药玻公司硼硅玻璃分公司项目奠基仪式

2023年，山东省药用玻璃股份有限公司成长为全球知名的药用玻璃包装制品和丁基胶塞系列产品生产基地，在国内及国际同行业中产量、市场占有率、经济效益等各项经济指标均名列前茅，也是专业制造药用玻璃瓶和丁基胶塞领域最早的上市公司之一，是全国为数不多的几家能够为制药企业提供“玻璃瓶+丁基胶塞+铝塑组合盖”系统包装的药包材企业之一。

生产经营

生产研发

2023年，公司共有研发人员524人，占职工总数的9.62%，其中高级职称5人、中级职称21人、初级职称146人。公司投入研发经费1.38亿元，占全年销售收入的3.44%。公司拥有专利368项，其中轻量薄壁模制药用玻璃瓶、中硼硅模制抗生素瓶、防紫外线玻璃包装瓶、笔式注射器用硼硅玻璃套筒获国家重点新产品证书。

公司拥有国家级企业技术中心、CNAS实验室、博士后科研工作站等创新平台，并依托这些创新平台攻克了一级耐水玻璃、一类耐碱玻璃等多项新产品关键技术难题。

1998年5月13日，在二车间一号制瓶机上，首次进行了四滴料改五滴料试验，简称“四改五”。“四改五”技术属国内首创，获得了国家专利。

1999年12月30日，山东省科委对“行列式制瓶机‘四改五’项目”“电动伺服分料系统”“伺服式平行剪供料机”“全伺服行列式制瓶机”4个项目进行技术鉴定，鉴定结果表明四项技术成果均填补了国内空白，达到国际先进水平。

2000年，公司试验成功“智能小口压吹技术”。同年11月，公司轻量薄壁瓶技术被中国包装技术协会、中国包装企业联合会授予中国包装科技成果。

2001年，行列机“风冷模”改造成功，产品均匀度、外观质量等显著提高。同年10月，公司自行研制的“丝杠式平行剪”试验成功，缩短了更换剪刀的时间，提高了剪刀的使用寿命。

2006年10月，公司被国家火炬计划重点高新技术委员会授予“重点高新技术企业”称号。

2008年12月5日，公司顺利通过“国家级高新技术企业”再认定。

2010年11月，公司荣获2010年省轻工业科学技术进步奖一等奖。

2011年12月，公司研发大楼投入使用。

2012年10月，公司被科技部火炬高新技术产业开发中心评价为国家火炬计划重点高新技术企业。

入选国家火炬计划重点高新技术企业

2021年3月，公司被国家发展改革委、科技部、财政部、海关总署、国家税务总局认定为国家企业技术中心。

2023年12月，公司被山东省科技厅、山东省税务局、山东省财政厅认定为国家高新技术企业。

公司设备具有机械化、电气化、现代化、智能化等特点，现拥有行列制瓶机100余台（套），其中进口行列式制瓶机10余台（套），冷端自动检验包装设备453台（套），机器人系统28台（套），AGV系统20台（套），自动化包装系统32台（套），自动化立体库4座等，实现了生产全过程的自动化、智能化管理。同时实现了窑炉的自动检测和自动控制，并实现了ERP、MES、WMS等信息管理系统之间的信息自动对接。

2023年，山东药玻公司研发人员工作场景

产品及销售

公司产品覆盖制药行业注射剂、口服制剂、食品、日用化妆品包装及其辅助配件，有19大系列、2000多个规格品种，年产各类包装制品200亿支以上。1998年2月19日，公司顺利通过中国方圆标志认证委员会的现场审核，获得质量体系认证证书。1999年1月，公司发布实施第一版《管理标准》。2006年3月，“康鼎”商标开始在橡塑包装材料分公司产品的包装箱上启用，公司拥有“沂蒙”“康瑞”和“康鼎”3件商标。同年8月，公司“沂蒙”“康鼎”商标被评为中国著名品牌。

公司产品获得的荣誉有：

1985年，7毫升西林瓶荣获“山东省优质产品”称号。

1990年，7毫升抗生素瓶获国家中医药管理局优质产品称号。同年，获国家轻工部优质产品称号。

丁基橡胶塞

中硼硅玻璃模制瓶

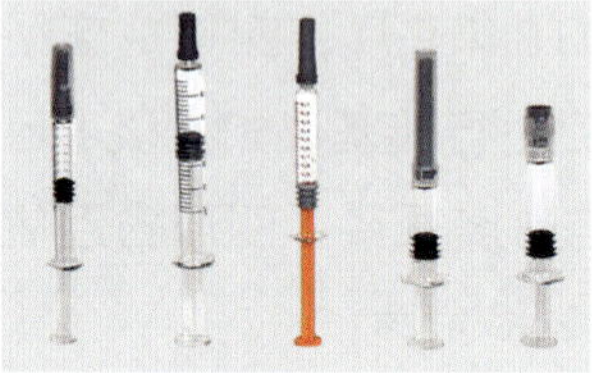

预灌封注射器

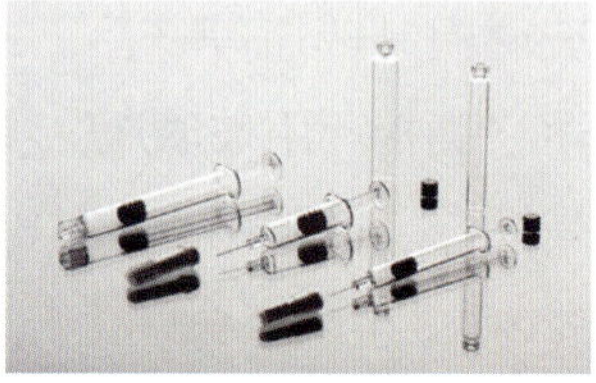

预灌封注射器

1997年10月，公司轻量薄壁产品被国家经济贸易委员会评为1997年度国家级新产品；公司高白料瓶被国家经济贸易委员会评为国家级新产品。

1999年8月，公司模制抗生素瓶被中国国际贸易促进委员会宣传品牌部、法国质量监督评价委员会推荐为高质量科技产品和向欧盟市场推荐产品。

2007年3月，公司中性硼硅玻璃产品被科技部、商务部、国家质检总局、环保部评为国家重点新产品。

2019年5月，公司被山东省市场监督管理局评价为山东省制造业高端品牌培育企业。

2020年12月，公司被山东省医药行业协会评为2020年度山东省“品质鲁药”建设示范企业。

公司拥有国内外4支营销队伍，共有销售业务人员124人，占公司职工总数的2.28%。

公司年产各类规格的包装制品200亿支以上，其中公司硼硅、钠钙模制注射剂瓶年产量达150多亿支，占国内市场的80%以上。产品市场覆盖32个省、市、自治区，并远销美国、俄罗斯、韩国等90多个国家和地区，年出口各类包装制瓶约68亿支，出口额2亿美元。

预灌封生产现场

棕色瓶全自动检验机

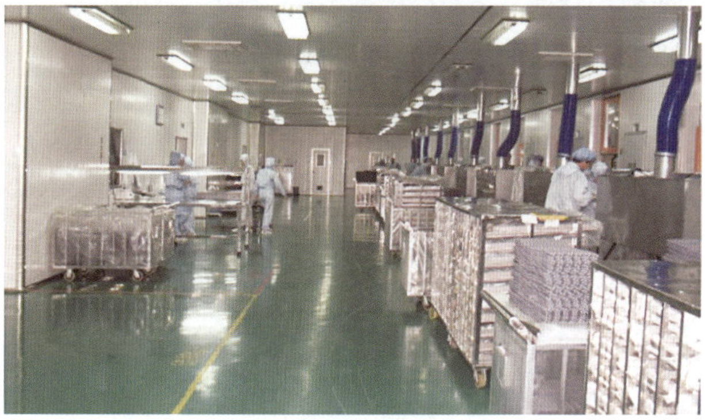

丁基橡胶塞生产现场

橡塑分公司设备

与国内的国药集团、齐鲁制药、恒瑞医药、瑞阳制药、科伦集团等1200多家制药企业建立了长期稳定的合作关系，与国外的辉瑞药业、赛诺菲安万特、诺华、葛兰素史克等多家医药公司建立了长期合作关系。

公司大类产品市场占有率表

品种	国内（销售）所占市场比例	国外（销售）所占市场比例
西林瓶	90%	10%
日化瓶	15%	5%
棕色瓶	60%	20%
I类模制系列产品	90%	5%
预灌封注射器组合件	20%	1%
丁基橡胶塞	15%	2%

经济指标

年度	产值（万元）	利润（万元）	税收（万元）	固定资产（万元）	主要产品	产量
1970	16	-3	-	23	安瓿、黄圆瓶、磨口瓶、安瓿、异型酒瓶、汽灯罩、灯盘、灯座、鱼漂、鱼缸、海带浮	132吨
1980	210	38	21	116	黄圆瓶、抗菌素瓶	1225吨

续表

年度	产值（万元）	利润（万元）	税收（万元）	固定资产（万元）	主要产品	产量
1990	4963	619	422	2316	抗生素瓶、璃拉管、安瓿、管瓶	24亿支
1995	14036	1036	1577	8409	抗生素瓶、璃拉管、安瓿、管瓶	35亿支
2000	22268	2132	5852	9852	抗生素瓶、棕色瓶、璃拉管、安瓿、管瓶	
2005	75250	8248	8776	84353	抗生素瓶、璃拉管、安瓿、管瓶、胶塞、铝塑盖、塑料瓶	123亿支
2010	147141	17197	10878	125980	抗生素瓶、璃拉管、安瓿、管瓶、胶塞、一类瓶、预灌封	155亿支
2015	170564	14541	13296	195533	抗生素瓶、璃拉管、安瓿、管瓶、胶塞、一类瓶、预灌封	167亿支
2020	354373	56444	15663	288945	抗生素瓶、璃拉管、安瓿、管瓶、胶塞、一类瓶、预灌封	218亿支
2021	382597	59109	21884	343778	抗生素瓶、璃拉管、安瓿、管瓶、胶塞、一类瓶、预灌封	214亿支
2022	481935	61829	23098	375943	抗生素瓶、璃拉管、安瓿、管瓶、胶塞、一类瓶、预灌封	221亿支
2023	490907	77580	32715	468783	抗生素瓶、璃拉管、安瓿、管瓶、胶塞、一类瓶、预灌封	245亿支

历任负责人

王大田　主　任　1970.08—1973.01

孔祥云　厂　长　1973.02—1977.05

王本同　厂　长　1977.05—1986.06

陈常暖　厂　长　1986.06—1987.11

郑成福　厂　长　1987.11—1993.03

柴　文　厂　长　1993.03—1993.10

柴　文　总经理　1993.10—2003.03

柴　文　董事长　2003.04—2019.05

扈永刚　总经理　2003.01—2019.05

扈永刚　董事长兼总经理　2019.06—2020.01

扈永刚　董事长　2020.01—

张　军　总经理　2020.01—

企业文化

组织建设

公司于1975年成立党支部委员会，宋振业任党支部书记；1986年成立党总支，郑成福任党总支书记；1988年成立党委，陈常暖任党委书记。截至2023年，为沂源县县直党委，扈永刚任党委书记，下设12个党支部，282名党员，2009年被淄博市委授予“先进基层党组织”荣誉称号。

工会工作

公司工会组织筹建于1979年，1981年12月召开了第一次职工代表暨工会会员大会，民主选举了工会委员会成员，设立了专职主席、委员，目前是九届工会委员会，王发利任工会主席，下辖11个基层工会，工会会员5398名。为改善职工生活条件，2016年公司在盛源大酒店南侧新建设单身公寓一座。公司工会先后被中华全国总工会评为“全国模范职工小家”和“全国模范职工之家”，被省总工会授予“女职工建功立业标兵岗”荣誉称号，被市、县两级总工会评为“信得过基层工会”。2008年9月，公司被中华全国总工会授予“全国模范职工之家”荣誉称号。

企业人物

柴文被授予“沂源县功勋企业家”称号

2020年1月23日，全县新旧动能转换暨“双招双引”奖励兑现大会召开，县委、县政府下发了《关于授予柴文同志“沂源县功勋企业家”称号的通报》（源委〔2020〕13号）。通报内容如下：

长期以来，全县广大企业家艰苦创业、锐意进取，积极投身工业强县建设，涌现出了一批优秀典范，柴文同志就是其中的优秀代表。为大力弘扬企业家精神，树立创业创新的时代典范，经研究决定，授予柴文同志“沂源县功勋企业家”称号。

柴文同志1949年出生，1970年山东药玻公司建厂时参加工作，从车间工人、生产技术科科长、副厂长到厂长、总经理、董事长，一步步成为企业的“掌舵人”。自1993年柴文同志担任山东药玻公司总经理以来，山东药玻公司从一个名不见经传的“小作坊”，逐步发展成为全国药用玻璃包装行业首家上市公司，目前公司市值超过百亿元。在柴文同志任期内，山东药玻公司四次被评为山东省明星企业，被中国日用玻璃协会评为排头兵和经济效益特优企业，多次被国家包装技术协会评为全国优秀包装企业，被国家轻工总会评为全国轻工系统优秀企业。柴文同志多次荣获优秀企业家、市级劳动模范、省级劳动模范、全国轻工系统先进工作者等称号。

全县企业家要以“功勋企业家”为榜样，凝心聚力，创业创新，奋勇争先，为推动全县经济高质量发展作出积极贡献。

企业往事

“收煤”破解能源危机

20世纪80年代，改革开放热潮席卷全国，各地企业如雨后春笋般建成，因全国煤炭、石油产量跟不上市场需求，导致作为工厂动力能源的煤炭、石油成为紧俏品，这给当时窑炉快速扩张的沂源县玻璃厂带来了巨大挑战。

受大环境影响，原先与沂源县玻璃厂签订长期合作关系的山东新汶协庄煤矿取消了沂源县玻璃厂的块煤供应计划，煤炭供应成了“卡脖子”难题。

企业组织人员到产煤地区向老百姓收煤，虽然这种办法成本高，收集的煤炭数量少，但这在当时也是没有办法的办法。厂里将大小车辆全部派往新泰、协庄、颍州等农村向当地老百姓收煤，每到一个产煤的地方，就把特制的“此处收煤”的木牌子往地上一摆，收煤人就跟商贩似的吆喝起来，动员当地老百姓用袋子、篮子将平时捡拾到的煤炭拿来售卖，一手交钱，一手交货。那时沂源县通往山外的路极其难走，全是颠簸曲折的山路，车子掉下山崖的事故并不少见，人坐在车上，提心吊胆，加上车窗关不严，寒风、灰尘往车里直钻，每次收煤就如闯鬼门关。

沂源县玻璃厂收煤人克服困难，一车一车的煤炭运到了厂，缓解了当时的能源危机。再后来在多方的努力下，经过省燃料公司的协调，终于争取到每月80吨山西大同块煤的计划，这才彻底解决了能源危机。

股份制改革让企业焕发新活力

20世纪90年代，全国上下兴起了股份制改革热潮，股份制改革成了当时的“热词”。但当时的山东药玻却面临债台高筑、资金枯竭、借贷无门的重重困境。1980年到1990年初期，公司因持续多年的大投入，致使资金、技术、体制、机制等各类交错复杂的存量矛盾，在1993年完全爆发，公司流动资金几近枯竭，对内发不出职工工资，对外开始拖欠原料款，原料供应厂家明确提出不见钱不发货，甚至派专人守在厂里讨债，车间停工待料的现象越来越多……

1993年，柴文临危受命，被推选为新厂长，柴文为了保住全厂职工的饭碗，使工厂正常运行，决定向职工筹资搞股改，共渡难关。

1993年10月20日，山东省药用玻璃股份有限公司召开了创立大会暨第一届股东代表大会，大会选举柴文、王立修、郑道友、李学军、赵玉山、张启山、张富春为公司董事，并组建董事会，柴文当选为董事长。

这次大会顺利完成了企业的股份制改革，由原国营企业改组为股份制企业，建立起了现代企业经营机制，改名为“山东省药用玻璃股份有限公司”。

这次股份制改造，在山东药玻的发展史上是一个重要的里程碑。股份制改革的顺利实行，给企业发展注入了运营资金，凝聚了职工共识，帮助企业顺利渡过了难关，为后续企业长足高质量发展奠定了基础。可以说股改是公司发展史上不可忽视的重要一笔，让企业焕发了新的发展活力，掀开了企业发展的新篇章。

接下来的1993年至2003年，是山东药玻重整旗鼓、蓬勃发展的10年。当时的领导班子面对困难，坚持“优质、高产、低耗”的经营方针，以稳中求进的总基调接续扩大生产规模，创新采用“1+1+2”的设备模式，在同行业中率先引进价格是国产设备十几倍的进口生产线，初步实现从手工制瓶到自动化制瓶的迭代，为后来的智能化制瓶奠定了坚实的基础。同时，进一步规范和推动企业股份制改革，经过先期在淄博股权自动报价系统的“沙盘演练”后，2002年6月8日，公司在上海证交所主板成功上市。

沪市主板上市，掀开企业发展新篇章

1993—2003年，是计划经济向社会主义市场经济迅速推进迭变的10年。这一阶段，企业的经营环境发生了深刻变化，企业已经具备了一定的战略选择空间，受“计划”的束缚越来越少，企业逐步成为市场主体。在此期间，公司规模得到了空前发展，为了广泛吸收社会资金，迅速扩大企业规模，提升品牌知名度，增强企业竞争力，经公司董事会细致研究规划，启动了上市工作。经过精心筹备，公司于2002年6月8日成功在上海证交所主板上市挂牌，成为中国药用玻璃包装行业首批在证交所主板上市挂牌的公司。

2002年公司上市后，先后开展了四次融资活动，公司规模体量得到长足发展，一举成长为中国药用玻璃包装行业的头部企业。2002年，公司首次发行社会公众股3200万股，募集资金38000余万元。公司抓住国家调整橡塑包装材料的契机，利用募集资金在沂源县新兴工业园内新征地210亩作为工业用地，新建山东药玻公司橡塑包装材料分公司，主要生产药用丁基胶塞、铝塑组合盖、塑料瓶。项目的上马，丰富了公司产品种类，完善了公司产品结构，“瓶+塞+盖”产业链至此形成。2007年，公司实施了第一次非公开发行股票，本次非公开发行股票3488万股，募集资金29000余万元，募集资金用于高档轻量薄壁棕色药用玻璃瓶及新型生物制剂包装材料项目建设。项目的上马扩大了棕色瓶的产能，进一步提高了公司高档轻量薄壁棕色瓶的市场占有率。新增新型生物制剂包装材料（预灌封产品、中硼硅玻璃），完善了公司的产品结构，使公司产品向高端化迈进；同时中硼硅玻璃产品的量化生产改变了我国中硼硅玻璃产品完全依赖进口的局面，为推动国家药品安全和完全自主化奠定基础。2016年，公司实施第二次非公开发行股票，本次非公开发行股票4600余万股，共募集资金67500余万元，募集资金用于山东药玻年产18亿支一级耐水药用玻璃管制系列瓶项目建设，项目的建设进一步丰富和优化了公司高端产品的结构。2022年，公司实施第三次非公开发行股票，本次非公开发行股票共17800万股，募集资金186600余万元，募集资金用于预灌缝注射器产品及中硼硅模制瓶产品的扩产改造，至此公司预灌封产品、中硼硅模制瓶产品产量实现大幅增长。

公司的成功上市，掀开了企业发展新篇章，为后续的项目上马，产品结构调整及品质提升打下基础，全面提升了公司在全球药用玻璃包装行业的竞争力和可持续发展能力。截至2023年，公司上市已20余年，市值高达160余亿元。

钠钙玻璃模制瓶规模扩张，成就行业领先地位

西林瓶、模制抗生素瓶、钠钙玻璃模制注射剂瓶，称呼不同，实则是同一类产品，这一类产品见证了公司的崛起。

规模扩张。自1977年由沈阳药用玻璃厂协助沂源县玻璃厂筹建第一座马蹄焰式全煤气发生炉起，钠钙玻璃模制瓶的产能就在飞速增长，1977年实现产值135.6万元，1978年实现产值180.7万元、利税85万元，成为沂源县第一利税大户。1989年，公司钠钙玻璃模制抗生素瓶年生产能力达19亿支，成为全国抗生素瓶最大的生产厂家。1992年6月，产能达24亿支，抗生素瓶产量稳居全国首位。后来公司又先后上马多个模制抗生素瓶项目，截至2023年底，年产能达到60亿支，牢牢占据国内该产品的榜首。

技术改造。技术是支撑钠钙玻璃模制瓶产品规模迅速扩张的关键，1979年至今公司进行过多次技术改造。20世纪80年代先后进行了扩大窑炉熔化面积、新建车间、引进行列式制瓶机等五次改造，实现了以机械代替手工制瓶。90年代进行了行列机提速、双滴料行列式制瓶机技术改造、四滴料改五滴料试验等，在成功将产量提高了10%的基础上，实现了产品自制瓶工序至验收工序的自动传送，"四改五"技术属国内首创，获得了国家专利。后研发的"智能小口压吹技术""风冷模"改造、"丝杠式平行剪"技术、"轻量薄壁"突破等，均为公司提质增效打下了基础，并同期成长起来了扈永刚、王宜明、周仕勇、张军等一批年轻有为的企业管理人才。

设备引进。设备性能在一定程度上影响着产品的品质及产量，这一点很早就在公司达成了共识。敢想敢干，在同行业还未意识到这一点的时候，公司就开始分批次采购先进的模制瓶生产设备。1995年10月，公司山东省"九五"百项重点工程——高档药瓶生产线项目开工建设，项目引进了美国艾姆哈特公司的制瓶生产线，开了公司引进国外先进生产线的先河。2000年，投资2000多万元在土门分公司建设两个高档棕色药用玻璃瓶生产车间，引进美国艾姆哈特公司两条高档棕色药用玻璃瓶生产线，生产出口的高档棕色药用玻璃瓶，填补了国内空白。近年来，公司不断引进先进的制瓶、检验、包装设备，实现了生产的全程自动化，全力打造智慧工厂。

历经50多年的发展，公司钠钙玻璃模制注射剂瓶获得了高度认可，先后被评为全国轻工业优质产品、高质量科技产品和向欧盟市场推荐产品等。

钠钙玻璃模制注射剂瓶在公司的发展历史上扮演着重要的角色，它是公司由生产民用产品转向生产药用玻璃的转折点，它是公司由弱小到强大的助推者，更是公司辉煌发展历程的见证者。

实现"中硼硅玻璃"技术突破，引领行业发展

公司深耕药用玻璃包装领域50多年，始终紧盯行业发展前沿技术，不断进行研发创新。

2004年，公司将目标锁定在了"中硼硅玻璃模制瓶"上面，该类产品相较普通钠钙玻璃模制瓶具有瓶重轻、壁厚均匀、光洁度高、耐酸、耐碱、抗化学腐蚀、耐水性强、机械强度高等一系列优良性能，主要适用于盛装生物制剂、注射剂、血液制品、疫苗等高档药品，当时该产品已经在国外量产，市场前景很好。由于技术封锁，国内还未有独立生产该产品的先例。

面对药用玻璃行业范围比较窄、专家资源和人才缺乏及国外技术垄断的困境，公司自2004年开始着手组建研发团队，开展技术攻关。针对中硼硅玻璃模制产品料液难熔化、难澄清、难成型的"三难问题"，研发团队吃住在生产一线，连续奋战，及时掌握一手资料，开展论证分析，通过不断试验探索，自主研发了配方体系、全电熔生产工艺及配套生产装备，突破了中硼硅玻璃模制瓶的生产技术壁垒，实现了中硼硅玻璃模制瓶的国产化，填补了该产品的国内空白，更是成为国内首家掌握中硼硅玻璃产品生产工艺，实现批量生产的企业。2006年，该产品取得国家新型药瓶实用专利证书和发明专利证书，获得国家重点新产品证书。后续经过公司不断地研发改进，使得产品各项理化性能指标优于国外同类产品，质量达到国际领先水平。目前公司中硼硅玻璃模制瓶成品率超80%以上，年产量达30亿支，是国内最大的中硼硅玻璃模制瓶专业制造商，市场占有率达80%以上，在国际上也有深远影响。2024年，公司凭借中硼硅玻璃模制瓶在工艺、质量及市场份额上的优异成绩，被评为国家级制造业单项冠军企业。

这就是山东药玻突破"中硼硅玻璃"技术，并不断提升产品稳定性，打破了国外对该产品的垄断局面的故事。中硼硅玻璃模制瓶的国产化，为国内药包材行业的良性发展起到了积极推动作用，也为

公司博得了良好的发展前景。

新冠疫情期间，面对国内疫苗用药包材短缺的卡脖子难题，公司加足马力生产中硼硅玻璃模制瓶。2023年，利用中硼硅模制瓶扩产，山东药玻的销量增加了一倍以上，成为企业产能增量的重要支撑。同时也为缓解疫苗包材供应紧张做出了山东药玻贡献，被工信部致信表扬。在2024年的淄博市两会上，山东药玻也因练就的这一“独门绝技”被新闻媒体采访。

大事记

1969年　3月，开始建设沂源县玻璃厂（山东省药用玻璃股份有限公司前身）。

1986年　2月，沂源县玻璃厂推行承包经营责任制。

1987年　8月，兼并亏损企业沂源县医用玻璃厂。

1988年　1月，沂源县医用玻璃厂更名为沂源县玻璃厂第一分厂。

1988年　5月，沂源县玻璃厂更名为山东省药用玻璃总厂。

1988年　8月，兼并沂源县汽车大修厂。

1989年　9月，被正式命名为“国家二级企业”。

1992年　12月，以收购的方式兼并沂源县拖拉机站。

1993年　公司进行股份制改造，由原国营企业改组为股份制企业，改名为“山东省药用玻璃股份有限公司”。

1993年　7月，公司被中国轻工总会、中华人民共和国人事部评为全国轻工业系统先进企业。

1994年　公司与山东沂蒙新华制药厂联合组建“山东医药玻璃集团公司”。

1995年　11月，公司被中国包装技术协会、中国包装技术协会企业家联合会授予“全国优秀包装企业”荣誉称号。

1997年　5月16日，山东省委书记吴官正到公司参观指导工作，看望一线工人。

1997年　6月6日，公司股票在淄博证券交易自动报价系统挂牌转让交易，证券编号000058，股票简称“山东药玻”。

1998年　公司出资整体收购原山东第一机械厂厂址土地和地上建筑物，组建山东省药用玻璃股份有限公司土门分公司。

1998年　2月19日，公司顺利通过中国方圆标志认证委员会的现场审核，获得质量体系认证证书。

2002年　6月，公司在上海证券交易所上市。

2002年　7月，公司在沂源县城东新兴工业园内投资1.5亿元，建设胶塞及铝塑组合盖生产车间，主导生产丁基胶塞、药用合成聚异戊二烯垫片、高密度聚乙烯瓶、铝塑组合盖等产品。

2003年　6月，成立橡塑包装材料分公司。

2005年　4月11日，山东省原省长李春亭到公司指导工作。

2006年　6月1日，山东省委书记张高丽到公司考察指导工作。

2008年　12月5日，公司通过“国家级高新技术企业”再认定。

2011年　7月19日，山东省副省长孙伟到公司调研。

2016年　5月24日，山东省省长郭树清到公司调研指导工作。

2016年　公司全资控股四川绵竹成新药用玻璃有限责任公司，主要生产钠钙玻璃模制注射剂瓶、钠钙玻璃输液瓶、棕色钠钙玻璃模制药瓶等产品。

2017年　1月5日，市委书记王浩、市长周连华到公司参观胶塞三车间。

2017年　3月，公司在沂源县城东新兴工业园内投资7.56亿元，占地58亩，建设年产18亿支一级耐水药用玻璃管制系列瓶项目。

2017年　11月21日，山东省省长龚正来公司调研。

2018年　3月23日，山东省食品药品监督管理局局长辛仁东到公司调研指导工作。

2019年　1月1日，公司荣获“山东省单项冠军示范企业”荣誉称号。

2019年 1月，公司被中国轻工业联合会授予“中国轻工业百强”企业称号。

2019年 2月，公司在沂源经济开发区征地460余亩，建设中硼硅玻璃输液瓶、中硼硅玻璃注射剂瓶、中硼硅玻璃管生产车间。

2019年 10月15日，山东省人大常委会委员、财经委副主任委员李同道到公司参观考察。

2020年 4月2日，山东省副省长刘强到公司参观调研。

2020年 5月，公司在沂源县城东原前崖村征地185亩，投资7.2亿元，建设高档轻量玻璃瓶项目，主要生产高档轻量玻璃瓶。

2020年 8月25日，中国日用玻璃协会理事长郑舞虹到公司参观指导。

2020年 11月14日，中国医药包装协会秘书长高用华到公司参观指导。

2021年 4月13日，中央纪委派驻全国总工会纪检组原组长、全国总工会原党组成员、书记处书记王端生来公司参观调研。

2021年 12月9日，山东省科技厅厅长唐波一行到公司调研指导工作。

2022年 4月20日，山东省委书记李干杰到公司参观指导。

2022年 6月，硼硅玻璃分公司开始建设硼硅五车间、硼硅六车间。

2022年 8月，公司被中国轻工业联合会评为中国轻工业科技百强企业。

2022年 9月，公司被国家知识产权局评为国家知识产权优势企业。

2023年 2月，公司六车间窑炉成功点火，生产中硼硅模制瓶。

2023年 5月27日，中国经济体制改革研究会会长，十二届全国人大常委会委员、财经委副主任委员，国家发改委原副主任彭森等一行到公司参观调研。

2023年 7月，硼硅五车间正式投产，生产中硼硅模制瓶。

2023年 7月，公司被中国轻工业联合会评为中国轻工业科技百强企业、中国轻工业二百强企业。

2023年 9月，公司被山东省工业和信息化厅评为山东省质量标杆企业。

山东鑫泉医药有限公司

概 况

山东鑫泉医药有限公司，位于县城沂河路1339号。成立于2000年11月，占地面积26.68万平方米，建筑面积5万余平方米。主要生产头孢曲松钠、头孢唑林酸、头孢吡肟、头孢匹罗、头孢哌酮酸、头孢他啶活性酯、头孢呋辛酸、头孢噻肟酸、AE-活性酯、美洛西林酸、哌拉西林酸、氨噻肟酸、呋喃铵盐等产品。2023年，公司固定资产6.3亿元，职工人数600人，实现销售收入10.2亿元。公司是高新技术企业、山东省头孢类医药新型工业化产业示范基地核心企业、山东省制造业单项冠军示范企业、山东省健康企业。

发展历程

山东沂源鑫泉鞋业有限公司

1992年6月，山东沂源鑫泉鞋业有限公司成立，主要生产胶鞋、运动鞋、休闲鞋等。

沂源鑫泉化工有限公司

2000年11月，沂源鑫泉化工有限公司成立，主要生产抗生素中间体。2001年，N-乙基双氧哌嗪正式投入生产，用于生产哌拉西林、头孢哌酮等药物，年产量50吨。2003年，AE-活性酯、氯甲酰物投产，AE-活性酯是三代头孢的关键中间体，主要用于生产头孢噻肟、头孢曲松、头孢他美酯等抗菌药物，年产量1200吨。氯甲酰物用于生产美洛西林，年产量50吨。

公司办公楼旧址

山东鑫泉医药中间体有限公司

2009年9月，公司更名为山东鑫泉医药中间体有限公司，主要生产AE-活性酯、氯甲酰物、N-乙基双氧哌嗪等产品。同年，公司在沂源经济开发区建设新项目，新增头孢曲松钠、头孢呋辛酸、头孢吡肟盐酸盐、硫酸头孢匹罗等产品。

山东鑫泉医药有限公司

2011年2月，公司更名为山东鑫泉医药有限公司，主要生产头孢曲松钠、AE-活性酯、N-乙基双氧哌嗪、头孢吡肟盐酸盐、头孢呋辛酸、头孢噻肟酸、头孢哌酮酸、头孢他啶侧链活性酯、氯甲酰物、氨噻肟酸、硫酸头孢匹罗、头孢唑林酸、美洛西林酸、呋喃铵盐等产品。2013年，主导产品头孢曲松钠年生产规模达到1200吨。2016年，生产各类医药中间体及原料药近5000吨，取得“相转移催化法合成头孢曲松钠粗盐的方法”“7-氨基头孢三嗪的制备方法”“头孢哌酮酸的制备方法”等发明专利32项。2017年，公司酶抑制剂及无菌原料药建设项目立项，总投资5.6亿元，占地209亩，建设酶抑制剂、头孢类原料药及中间体车间，建筑面积7万余平方米，购置反应装置及实验、检测等设备470台（套），并配套公用工程，该项目被列入山东省新旧动能转换优选项目、淄博市重大项目。2019年，原料药及高端中间体项目开工建设，新上酶抑制剂类原料药、头孢类原料药等产品，2022年建设完成并投产。

生产经营

技术研发

2023年，公司有研发人员95人，占职工总数的18%以上，其中博士3人、副高以上职称16人。投入研发经费5600万元。公司累计完成科技成果80余项，取得发明专利50余项。建设配套齐全的中试车间，配备高效液相色谱仪、全自动电位滴定仪等精密仪器。公司坚持校企共建共享，先后与中国海洋大学、中国药科大学、山东大学、浙江大学、天津大学等20余家高校和科研院所建立长期合作关系。

公司是山东省头孢类医药新型工业化产业示范基地核心企业，2005年成立技术中心，是省级企业技术中心、山东省β-内酰胺类药物中间体工程技术研究中心、山东省“一企业一技术”研发中心、山东省β-内酰胺类药物工程研究中心、博士后科研工作站以及生态化工国家重点实验室联合培养基地。

公司研究的重点领域为生物技术及新型催化技术在β-内酰胺类药物合成中的应用。通过采用生物技术和新型催化技术对传统β-内酰胺类药物工艺进行升级改造，主要对原有的头孢曲松钠、头孢呋辛酸、头孢哌酮酸、头孢匹罗、头孢吡肟、头孢噻肟等产品的工艺进行优化升级，提高产品质量，降低能耗，解决产品工艺中存在的环保问题，降低药物的致敏性。其中，酶法水解合成头孢呋辛酸项目、头孢哌酮酸项目、头孢吡肟项目、头孢曲松钠项目、他唑巴坦项目通过省级科技成果鉴定，达到国际先进水平。酶法水解合成头孢呋辛酸项目，通过省科技成果鉴定，填补国内空白，达到国际先进水平，取得国家发明专利，获得国家创新发展基金和山东省企业创新发展基金。硫酸头孢匹罗等5项产品被列入省、市科技发展计划。头孢哌酮产品列入山东省创新名录。以头孢哌酮、头孢噻肟、头孢他啶为主要产品的原料药项目列入山东省补短板重点建设项目。

公司自动化生产中控室

原料药的稳定性、杂质、晶型、粒径、溶解度等各方面参数，都会影响到制剂的质量。为提高公司原料药质量，保障用药安全、有效，公司与制剂企业合作开展头孢曲松钠一致性研究，进一步提高头孢曲松钠产品质量及市场占有率。2022年，公司以头孢曲松钠作为代表产品，被评为山东省单项冠军示范企业。

公司重点对美罗培南、酶抑制剂类药物等碳青霉烯类药物产品进行了工艺开发，已累计申报专利20项，授权13项。酶抑制剂原料药及无菌原料项目被列入山东省新旧动能转换重大项目、淄博市重点建设项目。

公司加快对心脑血管、抗肿瘤、精神类及糖尿病类药物合成工艺研究，主要针对目前市场上紧俏、国外专利即将到期或刚到期的专利药工艺进行研究。

目前选中的品种有替尼类抗肿瘤药关键中间体（2-甲基-5-硝基苯基）胍硫酸盐和3-二甲氨基-1-（3-吡啶基）-2-丙烯-1-酮；精神类药物卡立普多；用于2型糖尿病患者治疗的卡格列净；昔布类抗癌新药帕马昔布；新型凝血酶抑制剂阿加曲班以及沙坦类降压药。

产品销售

公司与国内十几家大型制药企业建立了战略合作关系，产品出口欧盟及日本、韩国、俄罗斯、印度等国家和地区。主导产品头孢曲松钠年生产规模1600吨，产量、销量均居国内第一，市场占有率在50%以上。

设备设施

公司生产系统反应单元均采用自动化控制和集成模块化控制。离心工序采用全密闭自动放料离心机，代替人工放料，借助自动包装机，实现产品物料全流程自动化、密闭化生产，满足原料药企业本质安全生产及环保的要求。公司实验室基础设施配套齐全，建有检测化验室和中试车间，配备液质联用色谱仪、红外色谱仪等先进分析检测仪器。

合成生产车间

公司负责人

刘成学　董事长　2000.11—

企业文化

企业理念

企业遵循“科技创新、诚信担当、勤奋务实、合作共赢”的价值观，以“提供优质产品、推动产业发展”为使命，带领全体员工锐意进取、实干笃行，努力实现建设成为“国内一流原料药生产基地”的企业愿景。

基层组织

1996年12月，中共山东沂源鑫泉鞋业有限公司支部委员会成立，刘成学任党支部书记。2007年5月，更名为中共沂源鑫泉化工有限公司支部委员会。2010年6月，更名为中共山东鑫泉医药中间体有限公司支部委员会；11月，中共山东鑫泉医药中间体有限公司总支部委员会成立，刘成学任党总支书记。2011年2月，更名为中共山东鑫泉医药有限公司总支部委员会，刘成学任党总支书记。2022年7月，党总支换届，刘成学连任党总支书记。截至2023年底，共有中共党员48名。

工会工作

2002年12月，沂源鑫泉化工有限公司工会成立，陈传贵任工会主席。2016年5月，工会换届，王厚平任工会主席。2020年5月，工会换届，王厚平连任工会主席。工会成立后，以构建和谐企业为主题，加强工会组织建设，健全和完善工会管理制度，推进工会工作规范化、科学化。创建“鑫泉之家”职工阵地，丰富职工业余生活。2012年12月，公司被淄博市人力资源和社会保障局评为淄博市劳动关系和谐企业。

企业往事

“鑫泉速度”

2009年，公司在沂源经济开发区新建项目。从9月12日开始办理项目选址、土地征用等手续，到9月27日开工建设，仅用了15天时间。用时仅一个月，完成曲松车间主体工程建设。用时一年，顺利完成项目建设并投产运营。2010年9月，年产800吨的头孢曲松钠项目建成投产，年产270吨的医药中间体综合项目投产，年产500吨的培南类医药中间体4-AA项目被列为山东省重点建设项目，创造了筹建速度快、建设质量优、社会效益好的“鑫泉速度”。

大事记

1992年　6月，山东沂源鑫泉鞋业有限公司成立。

2000年　11月，沂源鑫泉化工有限公司成立。

2005年　11月，被认定为高新技术企业。

2008年　9月，被认定为淄博市企业技术中心。

2009年　1月，成为中国海洋大学研究生联合培养基地。

2009年　9月，更名为山东鑫泉医药中间体有限公司。

2009年　9月，抗生素中间体项目开工建设。

2009年　10月，被认定为淄博市β－内酰胺类医药中间体工程技术研究中心。

2010年　1月，与青岛科技大学成立生态化工国家重点实验室联合培养基地。

2010年　10月，被认定为山东省企业技术中心。

2010年　10月，医药中间体项目一期建成投产。

2011年　2月，更名为山东鑫泉医药有限公司。

2011年　11月，被认定为山东省β－内酰胺类医药中间体工程技术研究中心。

2013年　6月，山东省委副书记王军民到公司调研工作。

2013年　12月，主导产品头孢曲松钠年生产规模达到1200吨，产量、销量均居国内第一。

2014年　5月，医药中间体项目二期建成投产。

2016年　5月，山东省委副书记、省长郭树清到公司调研。

2017年　10月，酶抑制剂原料药及无菌原料药项目立项，被列入市重点建设项目。

2018年　10月，人社部批准设立博士后科研工作站。

2019年　10月，荆山路新厂区开工建设。

2022年　12月，荆山路新厂区建设完成并投产。

淄博和美华医药科技有限公司

公司全景

概　况

淄博和美华医药科技有限公司，位于悦庄镇张良路中段。2005年3月成立，占地面积26684平方米，建筑面积8350平方米，车间面积1756平方米。下设质检部、财务部、行政部、采购部、安环部5个部门和2个生产车间。主要生产医药级精制DM、藜芦醛、二苯甲酮等产品，广泛应用于医药、医疗领域。2023年，公司固定资产1057万元，职工人数34人，实现销售收入3157万元、税收174万元。

公司被山东省科技厅、山东省财政厅、国家税务总局山东省税务局认定为高新技术企业。

发展历程

淄博和美华化工有限公司

2005年3月，淄博和美华化工有限公司成立，位于东里镇江河南村，主要从事医药级精制DM生产，是全国第一家精制DM生产商。2006年，公司联合青岛科技大学对精制DM进行研发，首次成功合成产品，作为生产头孢的前期原料，简化头孢的生产工艺，大幅降低国内头孢生产成本。

淄博和美华医药科技有限公司

2014年4月，更名为淄博和美华医药科技有限公司。2015年，在悦庄镇中张良村西南侧新建厂房，占地面积40余亩。2016年，公司搬迁至新厂区，进行试生产，新增藜芦醛、二苯甲酮2个产品。2022年4月，公司进行技术改造，增加藜芦酮、二氟乙酸乙酯、醋酸烯丙酯等产品。

生产经营

生产研发

2023年，公司有研发人员10人，占职工总数的29%。投入研发经费192万元，占上年销售收入的6%。公司拥有“一种二硫化二苯骈噻唑除杂一体机”“一种二硫化二苯骈噻唑的合成装置”“一种藜芦醛生产用甲酰化反应装置”等实用新型专利7项。

产品销售

公司产品销售主要以国内市场为主，在青岛市设有销售网点，配备销售人员5名。产品主要供应山东新华制药股份有限公司、重庆欣欣向荣精细化工有限公司、江苏电子、广东化工和瑞利鑫宝（青岛）医药科技有限公司等国内知名企业。2023年，产品销售量达到330吨，销售额4256万元。

2015—2023年公司主要经济指标

年份	产值（万元）	销售收入（万元）	收益（万元）	税收（万元）	固定资产（万元）	新增固定资产（万元）	员工人数（人）	主要产品	产量（吨）
2015	—	—			885	—		—	
2016	—	—			885	—		—	
2017	2321	2123	256	0	885	45		精制DM、藜芦醛、二苯甲酮	精制DM：529 藜芦醛：67 二苯甲酮：54
2018	6734	6675	753	216	991	105		精制DM、藜芦醛	精制DM：1325 藜芦醛：125
2019	3675	3483	144	118	1037	46	43	精制DM、藜芦醛	精制DM：203 藜芦醛：468
2020	3725	3693	303	191	1054	17	43	精制DM、藜芦醛	精制DM：443 藜芦醛：181
2021	3649	4138	43	183	1956	902	42	精制DM、藜芦醛	精制DM：284 藜芦醛：228
2022	3600	4256	358	161	1994	38	38	藜芦醛	藜芦醛：330
2023	3040	3157	438	174	1057	37	34	藜芦醛	藜芦醛：307

生产设备

公司现有智能化水平较高的单锥干燥器2台，干燥过程中从温度控制到出料均由电脑控制，产品的生产工艺流程实现半自动化。另外配有蒸馏釜1套、合成釜2台、萃取釜1台、脱溶釜1台。

历任负责人

刘方学　总经理　2005.04—2010.04

李　勇　董事长　2010.05—

崔道明　总经理　2018.02—

企业文化

企业理念

公司秉承“团结、勤奋、求实、创新”的企业理念，厚积薄发，在创新中不断成长。牢记“服务医药、携同进步、共享健康生活”的企业使命，以“严抓三废治理、保护沂源蓝天碧水”的企业目标为基础，努力实现人类与环境共存、发展与环保同步的企业追求。

管理方式

突出人性化管理，将任务具体化、责任化，合理规范监督考评体系，形成较为完善且有温度的企业管理方式。

激励机制

公司建立薪酬制度、绩效考核制度、目标激励制度、奖罚激励制度等，有效提高员工的工作积极性，激发员工的工作热情和创造力。

工会工作

2021年3月，淄博和美华医药科技有限公司工会成立，崔道明任工会主席。工会成立以来，组织开展冬送温暖、夏送清凉等活动，增强员工的归属感，员工与企业的关系更加融洽。

企业往事

实现产能质的提升

2016年3月，公司引进藜芦醛产品生产线；6月，安装完成投产。但在试运行半年后，发现生产能力不足，产品反应不彻底，产量较低，造成原材料的极大浪费。为改变这一缺陷，总经理崔道明带领研发人员反复研究摸索，穿行于车间和实验室之间，优化工艺流程、调试改良设备，一次又一次地试验、改进，再试验、再改进。历时8个月，最终攻克难题，成功将藜芦醛的产能由20吨/年提升到280吨/年，实现了产能质的飞跃，有效提高了产品的市场竞争力。

大事记

2005年　3月，淄博和美华化工有限公司成立。

2006年　联合青岛科技大学对精制DM进行研发，并首次合成产品。

2014年　4月，公司更名为淄博和美华医药科技有限公司。

2015年　在悦庄镇中张良村西南侧新建厂房。

2016年　6月，搬迁至沂源经济开发区。

2022年　4月，进行技术改造，增加藜芦酮、二氟乙酸乙酯、醋酸烯丙酯等产品。

淄博瑞月包装材料有限公司

概　况

淄博瑞月包装材料有限公司，位于县城振兴路128号。始建于1987年6月，2002年9月，作为第一批入园项目，搬迁至沂源县新兴工业园。占地面积27亩，建筑面积9189平方米，车间面积8496平方米。下设综合部、质检部、生技部、经营部4个部门和铝盖、纸箱、印刷3个车间。主要生产铝盖、铝塑组合盖、撕拉盖、压痕盖等盖类产品和印刷标签、书刊、纸箱等。产品广泛用于医药、兽药、食品、口服液、化妆品等包装。公司年产盖类产品20多亿只、印刷类产品500万平方米、塑托3亿只、纸箱1500万个。2022年，公司固定资产6567万元，职工人数108人，实现销售收入4392万元、税收119万元。被中小企业行业信用公共服务平台及全国城市工业品贸易中心联合会评为企业信用评价AAA级信用企业，被淄博市市场监督管理局评为淄博市守合同重信用企业。

发展历程

山东沂蒙新华制药厂综合服务公司

1987年6月，山东沂蒙新华制药厂综合服务公司成立，厂房面积202平方米，主要从事纸盒生产。1990年，综合服务公司印刷厂开业，新增印刷业务。1991年，铝盖厂开业，新增铝盖生产业务。1996年12月，因经营不善，公司撤销解散。

山东沂蒙新华制药厂综合服务公司厂房（1987年）

印刷厂手动印刷机（1990年）

1997年5月，租赁山东沂蒙新华制药厂厂房，重建山东沂蒙新华制药厂综合服务公司；6月正式开工，生产铝盖、纸盒，新增医药包装印刷业务。

淄博瑞月包装材料有限公司

2001年3月，山东沂蒙新华制药厂综合服务公司与淄博瑞泉饮料有限公司合资成立淄博瑞月包装材料有限公司，系山东瑞阳制药有限公司子公司。2002年3月，山东瑞阳制药有限公司董事会批准股权转让，将瑞泉公司持有的10%股份、瑞月公司持有的30%股份转让给鑫泉鞋业公司，至此，淄博瑞月包装材料有限公司持股60%，鑫泉鞋业公司持股40%；9月，公司搬迁至沂源县新兴工业园，新上设备124台（套），产品生产涵盖铝盖、铝塑盖、说明书、不干胶瓶签、塑料盒托等7个类别，产能大幅提升。2018年，在山东益母妇女用品有限公司东厂区新建纸箱车间，占地102亩，车间面积9584平方米，新上纸箱及配套生产线。2019年11月，瑞阳制药有限公司与山东益母妇女用品有限公司、淄博鑫泉医药技术服务有限公司签订关于淄博瑞月包装材料有限公司股权转让协议，瑞月公司成为瑞阳制药有限公司的全资子公司。2021年11月，投资成立淄博鸿浩软件有限公司和山东精瑞计量检测有限公司两个控股子公司，主要开展软件开发、信息咨询、专用化学产品制造、销售等业务。

生产经营

生产研发

2022年，公司有研发人员12人，占职工总数的10%。投入研发经费50万元，占全年销售收入的1.1%。技改成功的Φ32规格重型翻边机，解决卸料套挤压变形问题，提升产品质量，节约人工成本50%，提高生产效率33.3%。研发的“一种便于卸料的纯铝盖五头冲压模具”获得国家专利。自主研发的Φ20压痕盖高速冲模技术，提高生产效率300%以上，增强产品稳定性。同年，开发Φ32拉环盖三件套新产品。

产品销售

公司产品销售以国内市场为主，85.7%的产品供应瑞阳制药股份有限公司，另外供应石药集团、华药集团等制药公司。公司在巴基斯坦、孟加拉国、墨西哥、越南等国家设有销售网点，派驻销售人员。2023年，出口铝塑组合盖2048.64万支，销售额70.4万元，在国内市场占有率为10%，国外销售额占总销售额的15%。

生产设备

公司拥有系列现代化和智能化水平较高的成套机器设备。其中，全自动铆合灯检一体机，全程电脑操控，产品全部实现灯检拍照比对，自动化程度高，工作效率高。北京凌云检标机，内置智能数据系统，从数据采集、存储到生产管理，全程智能化操作，工作效率提高10倍以上，节约人工近30%。全伺服真空吸附印刷开槽机，采用计算机集中控制，直接在触摸屏上设定、修正、执行、更换记忆，无废气产生，废水经污水设备处理后可重复使用，高效环保。半自动钉箱机，具有自动报警功能，采用人性化人机界面，操作更加灵活方便，产能大幅提高。伺服型高速贴面机，融合运动控制系统与伺服纠偏系统的优点，具有速度快、精度高、操作便捷等特点。

历任负责人

王克和	总经理	1988.12—1996.01
朱双明	董事长	1994.07—2001.11
杨位石	总经理	1996.01—2007.06
刘成学	董事长	2001.12—2007.11
房崇民	总经理	2007.06—2014.03
汪天成	总经理	2014.03—

企业文化

企业理念

公司将文化建设作为发展的内生动力，提炼形成以“精诚团结、艰苦奋斗、勇于开拓、不断创新”为核心的企业文化。以“严细、敬业、开拓、创新”为经营理念，高标准、严要求，创新发展，敬业奉献。以“正直、诚信、团结、责任”为行为准则，规范职工行为，提升职工素质。

管理方式

公司坚持以人为本，实行目标管理方式，将任务层层分解，加强监督和考评，提高职工的工作积极性，发掘职工潜能。

激励机制

公司建立学习制度、培训制度、传帮带制度、创新制度等一系列规章制度，根据职工工作成绩、创新成果，从薪酬、学习培训、物质等方面予以奖励，提高职工的工作主动性和责任感。

基层组织

2018年6月，淄博瑞月包装材料有限公司党支部成立，汪天成任党支部书记。截至2023年底，共有中共党员9名。

工会工作

2019年12月，淄博瑞月包装材料有限公司工会成立，周作传任工会主席。2018年1月，公司建立读书屋，配备图书1000余册。同月，成立互助基金，截至2023年底，共募集互助金37700元，救助困难职工24人次，发放救助金22200元。

企业往事

两个人完成的订单

1990年11月，公司新上印刷业务不久，接到了一宗生产200万张注射用青霉素钠标签的订单，要求4天内交货。当时只有6名职工，其中熟练工仅有2人，机器设备是购置的其他印刷厂闲置很久、配件严重老化的旧设备，运转效率较低。如此差的基础条件，4天时间完成200万张的生产量，难度实在太大。但好不容易接到订单，无论如何不能搞砸了。担子落到2名熟练工身上，他们深知责任重大，迅速开始了紧张的操作。为确保完成工作任务，2人从扎进车间的那一刻起，始终保持高效运转的状态，三天三夜没有走出车间大门。实在累了，就靠在机器旁歇会儿；实在困了，就用冷水洗把脸。就这样，他们以高度的责任心和顽强毅力，按时保质保量地完成了订单任务，为公司赢得了信誉。

风雨险情

1991年7月，厂长王克和带领一名技术人员到青岛一家印刷厂购买印刷设备。回来的路上下起了大雨，路面泥泞难行。载着设备的运输车行驶到沂源县两县村附近时天已大黑，原本就看不清楚路况，又突然被对面一辆大货车的大灯晃了一眼，车辆失去控制撞在了道路下面的行道树上，车辆损坏。

猛烈的撞击使王克和的头部撞到了前面挡风玻璃上，顿感天旋地转、疼痛难忍，头脑清醒后，王克和强忍着伤痛，冒雨走了5里多路，找到附近村委办公室，电话通知了厂里。厂里立刻派车前去接应，因路途较远，受损车辆具体位置又不十分明确，接应人员找到他们时已是半夜。其间，他们爬进车厢，重新固定好设备的遮挡雨布，一直在雨中守候着。当天晚上，将设备安全运送到家。

“瑞月精神”

公司一车间是生产铝盖、铝塑盖的车间，因产品属于药包材范围，对生产环境要求较高。自2015年始，为改善生产环境、提升产能、提高生产效率，公司不断进行升级改造。

2017年9月，公司决定对车间组合生产线进行整体拆除重建，将原厂房拆除，把原区域重新划分为清洗区和净化区，整个生产线连为一体。改造时间要求从9月25日开始到10月26日结束。工作量大，时间紧急，郑民、刘晓亮、申永等生产骨干，在明确工作任务后，二话没说，一头扎进了车间。一个月的时间，他们起早贪黑、加班加点，最终按时高质量完成了改造任务。车间主任刘晓亮，家有3个幼小的孩子，一岁半的儿子患重病，需要不断到大医院治疗。在这种情况下，为了不影响改造进度，刘晓亮把孩子交给妻子，一心扑在项目上，工期紧张的时候，好几天才回一次家。为全力支持丈夫的工作，妻子只好辞掉自己的工作，在家照顾孩子。

2019年6月，为进一步净化生产环境，公司再次进行车间改造。高伟、李长明、杜坤等人又一次忘我地投入工作中。改造期间，杜坤一直坚守在岗位上，连身患癌症、住院化疗的妻子，他都没能陪在身边照顾。直到改造任务圆满完成，一身油污、满头汗水的杜坤才在现场第一时间用手机向妻子表达了深深的歉意，当时的情景，感动了在场的所有人。

瑞月人正是凭着自力更生、团结协作、敬业奉献的精神，把一个作坊式的车间一步步改造成现代化的厂房，实现了从传统工业到现代工业的跨越。

不同寻常的13天

2021年3月，疫情防控期间，公司纸箱车间因一外地阳性货车司机进入，致使全体职工集体隔离，整个车间停产。事发突然，停产势必影响订单生产，导致不能按期交货。紧急关头，公司决定由共产党员、副总经理周作传带头，从各个岗位抽调人员17名，组成突击队，进驻纸箱车间。

由于人员都是从后勤科室和其他车间抽调的，他们对纸箱车间的生产工艺几乎一窍不通。他们通过手机视频，根据不同分工岗位，分别对接隔离人员，一步一步、一环一环，一对一教学。就这样，他们掌握了操作技能，全身心投入生产中。

从进驻纸箱车间到疫情解除，共13天时间。在这13天里，突击队每一位队员都表现出了高度的责任感和无私奉献的精神。他们冒着被感染的风险，临危受命，义无反顾地投身生产。伊晓云高烧39度依然坚持工作；申相泽因连续作战过度劳累，导致流鼻血，服药后立马从医院返回岗位；任玉强的父亲因车祸住院，他晚上去医院照顾病人，白天开车送货，中间给职工们做饭，从未耽误一天……一件件、一桩桩，无不感人肺腑！

大事记

1987年　6月，山东沂蒙新华制药厂综合服务公司成立。

1990年　新上印刷业务。

1991年　4月，新上铝盖生产业务。

1996年　12月，山东沂蒙新华制药厂综合服务公司撤销。

1997年　5月，重新组建山东沂蒙新华制药厂综合服务公司。

1997年　9月，建成印刷车间，铅字印刷开工生产。

1998年　8月，购进单色胶印机，开始医药包装产品印刷业务。

2001年　3月，山东沂蒙新华制药厂综合服务公司与淄博瑞泉饮料有限公司合资组建淄博瑞月包装材料有限公司。

2001年　6月，建立纸盒车间。

2002年　3月，瑞泉公司和瑞月公司分别转让部分股份给鑫泉鞋业有限公司，瑞月公司持股60%，鑫泉公司持股40%。

2002年　4月，购进四开双色胶印机。

2002年　9月，公司搬迁至沂源县新兴工业园。

2006年　4月，公司招聘第一批37名职工。

2007年　新购半自动压盖机。

2009年　新上铝塑盖生产项目。

2010年　新增不干胶标签业务。

2011年　新购不干胶印刷机、模切机、检标机。

2012年　新增塑料盒托业务。

2014年　新上雕刻机、晒版机、模切机、检标机。

2015年　铝盖车间升级改造。

2016年　新增6色半轮机、“8+1”全轮机、模切机、检标机。

2018年　6月，成立淄博瑞月包装材料有限公司党支部。

2018年　在山东益母妇女用品有限公司东厂区新建占地102亩的纸箱车间。

2019年　1月，公司通过ISO9001:2015质量管理体系认证。

2019年　6月，首次参加CPHI国际展会并设展位，正式开启对外业务。

2019年　11月，公司成为瑞阳制药有限公司全资子公司。

2019年　12月，成立淄博瑞月包装材料有限公司工会。

2020年　6月，参加CPHI国际线上全英文直播展会。

2020年　12月，参加CPHI上海展会。

2021年　6月，升级标准化洁净厂房。

2021年　12月，举办淄博瑞月包装材料有限公司成立20周年庆典。

2022年　5月，启用管理平台软件（ERP）。

2022年　6月，新增免灭菌产品，首家获批国家登记号。

淄博康力塑胶有限公司

概　况

淄博康力塑胶有限公司，位于县城宏泰路和沂河路交叉口东北150米。成立于1999年3月，2014年9月搬迁至沂源经济开发区，占地面积13980平方米，建筑面积6164平方米，车间面积5168平方米。下设生产技术部、财务部、质检部、营销部、办公室5个部门及2个生产车间。主要生产口服固体药用高密度聚乙烯瓶、口服液体药用高密度聚乙烯瓶、口服固体药用聚酯瓶、口服液体药用聚酯瓶、塑料纱管、拉伸膜等。产品主要用于药品、玻璃纤维丝的包装。公司年产药用塑料瓶1.2亿套、塑料纱管200万个、拉伸膜400吨。2023年，公司固定资产1411万元，职工人数68人，实现销售收入2054万元、税收100万元。

发展历程

山东沂源康杰医用橡塑有限公司

1999年3月，沂源县玩具厂改制，沂源县工艺美术公司董事长兼总经理李家高调至沂源县玩具厂负责改制工作，组建山东沂源康杰医用橡塑有限公司（淄博康力塑胶有限公司前身），主要生产医用橡塑胶塞。

淄博康力塑胶有限公司

2002年11月，淄博康力塑胶有限公司成立，注册资本600万元。主要生产药用高密度聚乙烯瓶。2005年11月，山东沂源康杰医用橡塑有限公司的医用橡塑胶塞生产项目停产，淄博康力塑胶有限公司正式成为经营主体。2008年7月，公司搬迁至原山东巨源机械有限公司（鲁阳路16号）租赁车间，新增药用聚酯瓶、农药瓶2个产品。2014年9月，搬迁至沂源经济开发区，主要生产药用高密度聚乙烯瓶、药用聚酯瓶、农药瓶、塑料纱管、胶帽等产品。

药用塑料瓶生产线

生产经营

生产研发

2023年，公司有研发人员7人，占职工总数的10%。投入研发经费40万元，占全年销售收入的1.7%。

产品销售

公司产品销售面向国内市场，主要客户有瑞阳制药股份有限公司、山东新华制药股份有限公司、辰欣药业股份有限公司、山东翔宇健康制药有限公司、山东玻纤集团股份有限公司等。

2002—2023年公司主要经济指标

年份	产值（万元）	销售收入（万元）	收益（万元）	税收（万元）	固定资产（万元）	新增固定资产（万元）	员工人数（人）	主要产品	产量（吨）
2002	30	20	−1	0.5	40	40	25	药用塑料瓶	15
2003	100	80	4	2	45	5	28	药用塑料瓶	50
2004	120	108	3	3	59	14	32	药用塑料瓶	60
2005	290	273	5	5	65	5	60	药用塑料瓶	145
2006	500	480	−15	12	85	20	75	药用塑料瓶	250
2007	750	712	5	18	103	18	75	药用塑料瓶	375
2008	1200	1000	20	25	131	29	83	药用塑料瓶，农药瓶	600
2009	850	838	40	20	171	40	85	药用塑料瓶，农药瓶	425
2010	1500	1377	−15	22	206	35	83	药用塑料瓶，农药瓶，塑料纱管	705
2011	1850	1735	30	28	264	58	92	药用塑料瓶，农药瓶，塑料纱管	897
2012	1800	1722	100	30	318	54	95	药用塑料瓶，农药瓶，塑料纱管，胶帽，太阳能管托	807
2013	2000	1886	50	35	354	36	92	药用塑料瓶，农药瓶，塑料纱管，胶帽，太阳能管托	819
2014	1800	1880	−120	40	419	65	85	药用塑料瓶，农药瓶，塑料纱管，胶帽，太阳能管托	841
2015	2100	1950	−85	37	550	130	76	药用塑料瓶，农药瓶，塑料纱管，胶帽，太阳能管托	896
2016	1900	1830	40	50	894	340	67	药用塑料瓶，农药瓶，塑料纱管，胶帽，拉伸膜	951
2017	2600	2419	35	80	935	40	75	药用塑料瓶，农药瓶，塑料纱管，胶帽，拉伸膜	1250
2018	2300	2112	−150	128	970	35	76	药用塑料瓶，农药瓶，塑料纱管，拉伸膜	1112
2019	2100	2091	15	42	1070	100	72	药用塑料瓶，农药瓶，塑料纱管，拉伸膜	968
2020	2200	2055	−175	35	1075	5	66	药用塑料瓶，农药瓶，塑料纱管，拉伸膜	1271
2021	2000	1893	−48	73	1163	88	65	药用塑料瓶，农药瓶，塑料纱管，拉伸膜	927

续表

年份	产值（万元）	销售收入（万元）	收益（万元）	税收（万元）	固定资产（万元）	新增固定资产（万元）	员工人数（人）	主要产品	产量（吨）
2022	1875	2279	−227	39	1313	150	70	药用塑料瓶，农药瓶，塑料纱管，拉伸膜	1527
2023	2300	2054	−170	100	1411	97	68	药用塑料瓶，农药瓶，塑料纱管，拉伸膜	1605

生产设备

公司拥有全自动注塑机和注吹机，全程电脑操控，能一次性成型各种塑料制品，自动化程度高。主要生产设备全部改装为全伺服电机控制，节能降耗。水循环设备可将生产用水经冷却处理后重复使用，高效环保。

历任负责人

李家高　董事长　1999.03—

　　　　总经理　1999.03—2021.11

周士春　总经理　2021.11—

企业文化

经营理念

以“团结、务实、高效、创新”为核心，坚持“以质量赢得市场、靠管理提高效益、用诚心服务客户”的经营理念。

管理模式

坚持以人为本，以人性化管理为主、目标管理为辅的管理方式，激发职工的自主性，提高职工认同感和归属感。

基层组织

2013年7月，淄博康力塑胶有限公司党支部成立，李家高任党支部书记。2022年10月，党支部换届，李家高连任党支部书记。截至2023年底，共有中共党员11名。

工会工作

2021年8月，淄博康力塑胶有限公司工会成立，周士春任工会主席。

大事记

1999年　山东沂源康杰医用橡塑有限公司成立。

2002年　淄博康力塑胶有限公司成立。

2003年　取得药品包装用材料和容器包材证书。

2003年　开始生产口服药用高密度聚乙烯瓶。

2008年　7月，搬迁至原山东巨源机械有限公司（鲁阳路16号）租赁厂房。

2009年　5月，开始生产口服药用聚酯瓶。

2010年　5月，购置2台350注塑机，开始生产塑料纱管。

2013年　淄博康力塑胶有限公司党支部成立。

2014年　搬迁至沂源经济开发区自建厂房。

2016年　3月，开始生产拉伸膜产品。

2021年　11月，技术改造项目立项。

2022年　更新6台主要生产设备。

山东维璟医疗器械股份有限公司

概　况

山东维璟医疗器械股份有限公司，位于沂源经济开发区标准厂房1号楼。2018年12月成立，2019年作为沂源县重点招商引资项目，入驻沂源经济开发区，注册资本6000万元，占地面积8400平方米。下设总经办、公共事务与财务管理部、技质部、生产部、营销中心、直营部和人力资源管理部7个部门。拥有山东维璟医学科技有限公司、苏州维璟生物技术有限公司2家子公司和淄博市高新区研发中心。产品涉及体外诊断试剂、有源医疗器械、一次性使用耗材，主要生产体外诊断试剂、血栓弹力图试剂、维生素体外诊断试剂及其诊断设备，一次性使用病毒采样管、采样器，核酸检测试剂。年产一次性使用病毒采样管1011万套、一次性使用病毒采样器15000万支。2023年，公司固定资产408万元，职工人数35人，实现销售收入1882万元、税收50万元。

公司是高新技术企业、中国医疗器械行业协会人因工程专业委员会副主任委员单位、山东省体外诊断试剂行业协会会员单位、山东省科技型中小企业。被商务诚信公共服务平台评为企业信用评价AAA级信用企业、诚信经营AAA级示范企业、立信践诺诚信AAA级示范企业。

发展历程

山东瑞莱医疗器械有限公司

2018年12月，山东瑞莱医疗器械有限公司成立，建筑面积120平方米，主要从事Ⅰ、Ⅱ、Ⅲ类医疗器械经营。

山东维璟医疗器械股份有限公司

2020年9月，公司更名为山东维璟医疗器械股份有限公司，同时扩股，由原来的1200万股扩增为6000万股；10月，公司由沂源县城荆山路6号搬迁至沂源经济开发区标准厂房1号楼，变更股本结构，由自然人控股变为3家公司共同控股；12月，新增一次性使用病毒采样管、一次性使用病毒采样器、核酸提取试剂盒（磁珠法）产品。2022年5月，新增活化凝血检测试剂盒产品（凝固法）；8月，新增血栓弹力图仪产品。

生产经营

生产研发

2023年，公司有研发人员13人，约占职工总数的20%。投入研发经费341万元，占全年销售收入的8.06%。拥有8项实用新型专利、7项外观专利。与县医院共同设立PCR实验室，用于体外诊断试剂及其设备、耗材的研发。研发的新产品有活化凝血检测试剂盒（凝固法）、血小板聚集功能检测试剂盒-AA激活途径（凝固法）、血小板聚集功能检测试剂盒ADP激活途径（凝固法）、针后贴全自动取片装置维生素检测仪试剂（样本稀释液VA-VE）、血栓弹力图仪质控品等。2022年新增两种产品，产量扩大209%，质量稳定提升，效益提高2倍。取得沂源县第一张二类体外诊断试剂注册证（IVD）和第一张有源医疗器械注册证，实现沂源县医药产业从医药化工、医药包装到医疗智能制造的突破。

2021—2023年公司主要经济指标

年份	产值（万元）	销售收入（万元）	收益（万元）	税收（万元）	固定资产（万元）	新增固定资产（万元）	员工人数（人）	主要产品	产量（人/份）
2021	633	1137	72	40	186	86	42	采样管采样器	633
2022	4721	4233	198	163	340	154	100	采样管采样器	4686
2023	2164	1882	211	50	408	104	35	采样管采样器	15000

产品销售

公司产品主要销往国内各大医院，在北京、山东、湖南、江苏、山西、吉林等省市派驻销售人员，设有销售网络。

生产设备

公司拥有十万级洁净化标准车间。2022年，新引进3台全自动拭子包装机，该机器生产计量精度高、效率快，节约人工62%，生产效率提高41.75%，在节省材料和人工成本的同时，提高合格率，降低损耗，达到安全卫生、节能环保的效果。

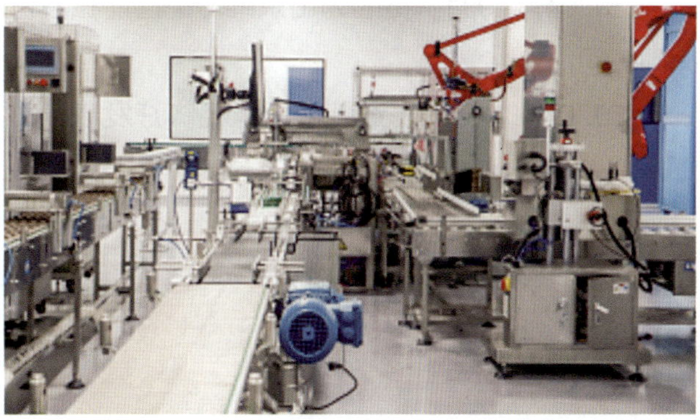

核酸检测试剂生产线

公司负责人

刘　欣　董事长兼总经理　2018.12—

企业文化

企业精神

公司把“以人类健康为己任”作为历史使命，把“以人为本、集体奋进、品质卓越、创新发展”作为企业核心价值观，用人之长，提振职工自信，营造积极向上、敢于创新、勇于担当的精神氛围。

工会工作

2021年8月，山东维璟医疗器械股份有限公司工会成立，崔乘凤任工会主席。组织员工开展了登山、文艺演出、团建等活动。

企业往事

抗疫那三年

2020年2月，新型冠状病毒突然暴发。一时间，防疫物资紧缺，特别是医务部门，更是捉襟见肘。在这种形势下，公司领导立刻行动起来，利用自己的进口渠道购买物资，为抗疫贡献公司力量。总经理刘欣连夜联系迪拜方人员，从迪拜购买3000套防护服，计划转道新加坡进入中国境内。没承想新加坡封城，物资又原路退回迪拜。情况紧急，刘欣连夜调动各种关系协调，最后转道香港到达国内。收到物资后，公司第一时间捐赠给县里的医疗部门。

2021年11月，抗疫物资生产紧锣密鼓，公司全体人员加班加点，几乎不眠不休。就是这样连轴转，也还是供不应求。但公司并没有一味追求经济效益，而是心系教育，向县教育和体育局捐助85000人（份）核酸检测物资。以实际行动展现了“投身公益、支持教育”的高度社会责任感。

2022年8月15日，公司接到淄博市卫生健康委员会和市应急管理局下发的支援昂仁任务后，立即组织人手，严格按照要求进行物资调配、采购。为确保安全，重新购买了新的保温箱，克服运输方面的困难，以最快的速度，将30万人（份）核酸检测物资安全送到淄博市疫情防控应急物资储备库。

大事记

2018年　12月，山东瑞莱医疗器械有限公司成立。

2020年　9月，更名为山东维璟医疗器械股份有限公司。

2020年　10月，迁址到沂源经济开发区标准厂房。

2020年　11月，淄博市高新区研发中心建设完成。

2021年　8月，山东维璟医疗器械股份有限公司工会成立。

2022年　1月，通过2个二类体外诊断试剂、1个有源医疗器械质量管理体系考核。

2022年　5月，管理平台软件（ERP）启用。

2022年　8月，子公司苏州维璟生物技术有限公司（苏州）和子公司山东维璟生物技术有限公司（张店）成立。

2022年　8月，购入拭子包装机3台。

2022年　10月，股本结构变更为华璟企业管理（淄博）合伙企业（有限合伙）68%、瑞璟（淄博）企业管理咨询合伙企业（有限合伙）12%、元像素医疗科技（苏州）有限公司20%。

2022年　11月，核酸及维生素检测试剂项目扩产改造。

2022年　12月，血小板试剂生产项目立项。

沂源新奥塑料制品有限公司

概　况

沂源新奥塑料制品有限公司，位于县城保丰路北侧。成立于1998年6月，占地面积18284平方米，建筑面积5300平方米，车间面积2470平方米。下设安全生产科、供销科、质管科、财务科、物资科等5个部门和吹塑车间、净化车间2个生产车间以及铝盖工序、回收工序。主要生产轻质打包带、药用低密度聚乙烯膜（袋）、包装用聚乙烯吹塑薄膜、保健品瓶用铝盖等，各类产品年产量6000余吨，主要用于医药包装、保健品包装等。2023年，公司固定资产1904.49万元，职工人数70人，实现销售收入7700.79万元、税收1262.3万元。多次被中共沂源县委、沂源县人民政府评为优秀企业、先进企业。

发展历程

1998年6月，沂源新奥塑料制品有限公司成立，隶属康顺实业有限公司，主要生产塑料薄膜、打包带。2000年，因股权变更，公司隶属康林实业有限公司，搬迁至山东药玻公司纸箱车间相邻处，新上3台吹塑机。2006年9月，因股权变更，公司成为山东药用玻璃股份有限公司的全资子公司，搬迁至县城保丰路北侧。

生产经营

产品销售

公司产品销售以国内市场为主，在江苏、山东、江西、贵州等地设有多个销售点。75％的产品供应山东药用玻璃股份有限公司，同时供应瑞阳制药股份有限公司、山东西王集团、北京北陆药业公司、辽宁东源药业公司等40余家知名企业。

生产设备

公司拥有成套现代化和智能化机器设备。其中，全自动吹塑挤出机，可全程智能化操作。全智能保健品瓶用铝盖冲床，采用集中控制，直接在触摸屏上设定、修改、执行，从上料到成型实现全自动流水线生产。

2003—2023年公司主要经济指标

年份	产值（万元）	销售收入（万元）	收益（万元）	税收（万元）	固定资产（万元）	新增固定资产（万元）	员工人数（人）	主要产品	产量（吨）
2003	1101	1128.67	154.19	282.69	64.69	12.14	45	塑料薄膜	1241.5098
2004	1347	1351.56	184.29	349.62	79.74	15.05	50	塑料薄膜	1192.904
2005	1749.5	1712.04	219.62	373.42	80.62	0.88	51	塑料薄膜	1367.8805
2006	1939.5	1922.21	162.82	288.56	86.45	5.83	60	塑料薄膜	1538.033
2007	2388	2317.94	45.16	246.14	717.01	630.56	69	塑料薄膜	1886.6175
2008	3106	3078.48	197.22	442.11	547.52	−169.49	66	塑料薄膜	2217.035
2009	2425	2429.48	195.49	369.97	550.6	3.08	69	塑料薄膜	2115.5174
2010	4032.9	3515.39	223.45	621.98	661.72	111.12	81	塑料薄膜	2905.7926
2011	4188.5	4142.26	287.38	626.44	713.56	51.84	77	塑料薄膜	3017.611
2012	4486.6	4533.46	487.24	748.14	871.11	157.55	72	塑料薄膜	3056.69
2013	4661	4680.96	477.44	828.04	873.68	2.57	72	塑料薄膜	3302.796
2014	4629.53	4687.88	386.69	770.27	1111	237.32	68	塑料薄膜	3211.604
2015	5633.06	5259.24	593.9	478.91	1237.72	126.72	68	塑料薄膜	3855.237
2016	5582.87	5827.8	610.69	974.54	1452.59	214.87	70	塑料薄膜	3821.638
2017	5887.77	5764.05	692.46	828.77	1472.44	19.85	66	塑料薄膜、保健瓶用铝盖	3971.5781
2018	6464.44	6016.19	843.54	1090.56	1552.26	79.82	64	塑料薄膜、保健瓶用铝盖	4263.0299
2019	7096.16	6475.74	771.78	1238.7	1648.72	96.46	60	塑料薄膜、保健瓶用铝盖	4729.925
2020	7210.88	7221.5	884.36	1248.42	1745.63	96.91	62	塑料薄膜、保健瓶用铝盖	5257.5988
2021	7226.03	7325.72	564.25	479.98	1851.89	106.26	62	塑料薄膜、保健瓶用铝盖	5273.377
2022	7292.04	7296.56	693.58	466.31	1878.19	26.3	66	塑料薄膜、保健瓶用铝盖	5087.1163
2023	7788.47	7700.79	793	1262.3	1904.49	26.3	70	塑料薄膜、保健瓶用铝盖	5148.07

历任负责人

李玉和　总经理　1999.01—2000.01

任维真　总经理　2000.01—2003.05

徐永友　总经理　2003.05—2008.05

张志成　总经理　2009.01—2016.12

张　伟　总经理　2017.01—

企业文化

企业理念

公司树立“自我加压、追求卓越、精益产品、服务客户”的企业宗旨，倡导“对工作一丝不苟、对产品精益求精、对服务细致周到”的企业精神，准确把握市场脉搏，主动满足客户要求，永不满足，持续改进，快速发展，永葆国内同行业先进水平。

管理方式

坚持以人为本，实行目标管理，任务到人，加强监督考评，提高职工积极性，发掘职工潜能。

工会工作

2017年6月，沂源新奥塑料制品有限公司工会成立，崔保强任工会主席。2022年10月，成立互助基金会，募集互助资金2600元。

大事记

1998年　6月，沂源新奥塑料制品有限公司成立。

2000年　隶属康林实业有限公司。

2006年　9月，成为山东药用玻璃股份有限公司的全资子公司。

2007年　6月，取得聚乙烯膜（袋）药品包装用材料和容器注册证。

2007年　7月，取得食品用聚乙烯吹塑薄膜生产许可证。

2008年　1月，首次通过ISO9001质量管理体系和ISO14001环境管理体系认证。

2008年　2月，实施2008年增资方案。

2018年　2月，被县委、县政府授予“2017年度优秀企业”荣誉称号。

2018年　2月，被县政府列入工业骨干企业30强，位居第15名。

2018年　3月，通过《全国工业产品生产许可证》换证实地审核。

2018年　5月，通过生产工序环境评审。

2018年　5月，通过中央环保督察组15轮检查。

2018年　5月，完成药包材药用低密度聚乙烯膜、袋和口服液瓶用铝盖两大类产品关联审评的网上注册登记，取得注册登记号。

2018年　7月，开始建设双重预防体系。

2018年　10月，取得双重预防体系合格报告。

2018年　11月，在2018年全县查保促示范企业评选中，被评为二类示范企业。

2019年　2月，被县委、县政府授予“2018年度先进企业”荣誉称号。

2019年　2月，被县政府列入规模企业20强。

2019年　7月，吹塑车间改造土建工程动工，新增厂房523平方米。

2019年　9月，新上加塞机1台。

2019年　12月，吹塑车间设备开始安装，并试机运行。

2020年　1月，被县委、县政府授予“2019年度优秀企业”荣誉称号。

2021年　2月，被县委、县政府授予“2020年度优秀企业”荣誉称号。

2021年　5月，通过ISO19001—2015方圆标志质量管理体系认证。

新材料产业

新材料产业涉及面广、领域多，可细分为节能保温材料、高分子材料、玻璃纤维材料、金属材料和建筑材料等产业。骨干企业分别是山东鲁阳节能材料股份有限公司、山东合力泰化工有限公司、山东瑞丰高分子材料股份有限公司、慧科高新科技股份有限公司、山东博拓新材料科技股份有限公司、淄博卓意玻纤材料有限公司、沂源精工医药塑业有限公司、山东德瑞防腐材料有限公司、山东宏泰科技有限公司、山东瑞泰新材料科技有限公司、山东沂源沂阳水泥有限公司、新时代昆仑循环科技（山东）有限公司等。沂源县节能新材料特色产业集群被列入2023年度山东省特色产业集群名单。2023年，全县新材料产业实现总产值130亿元。

山东鲁阳节能材料股份有限公司

概　况

山东鲁阳节能材料股份有限公司，主厂区位于县城沂河路11号，成立于1992年。公司占地面积109万平方米、建筑面积56万平方米，是一家集陶瓷纤维、氧化铝纤维、可溶纤维、轻质耐火砖、过滤材料等节能环保材料研发、制造、销售于一体的中外合资企业。下设高温纤维分公司、绝热材料分公司、包装材料分公司、保温材料公司、上海奇耐联合纤维股份有限公司等12个生产分公司和子公司，4个销售子公司。2023年，总资产达到383499万元，职工人数2800余人，实现销售收入351852万元、利润49203万元，纳税24850万元。

公司是全球产能最大的陶瓷纤维制造基地，世界陶瓷纤维业三强企业，中国无机纤维材料行业专家、行业标准起草单位，荣获“国家制造业单项冠军示范企业”“国家火炬计划重点高新技术企业”“国家新材料产业化骨干企业”“全国守合同重信用企业”“国家级绿色工厂”等荣誉称号。

发展历程

沂源县耐火纤维厂（1984—1985）

1984年，沂源县耐火纤维厂成立，占地5亩，投资19万元，主要生产硅酸铝保温材料，是山东鲁阳节能材料股份有限公司前身。

沂源县节能材料厂（1985—1992）

1985年，公司更名为沂源县节能材料厂。1985年1月，公司第一条生产线——两相电弧炉生产线建成投产。建设厂房9间，占地面积180平方米，20余名职工，生产低档保温棉，年产能不足

1985年，沂源县节能材料厂建厂初期大门

1985年，沂源县节能材料厂建厂之初生产情景

100吨。1985年11月，两相电弧炉改造为三相交流电弧炉，年产量提高到300吨。1987年，三相平行式电弧炉改造为三相夹角式电弧炉，成纤率提高70%，产量达到85kg/h，耗电量由4000kwh/t降为2000kwh/t，生产工艺达到国内同行业先进水平。1989年，进行技术改造，加强产品销售，实施以产促销，顺利进入油田施工市场。同年，注册硅酸铝耐火纤维系列产品商标“鲁阳”，岩棉制品商标“磊”。1990年，实现电弧炉生产线自行设计制造，通过电弧炉改造、真空成型技改，产能达到1000吨。1991年，CBC-Ⅰ型连熔连吹针刺毯生产线建成投产，改变以湿法制品为主体的单一品种结构，实现由湿法制品向干法制品的飞跃，公司快速发展。

淄博鲁阳节能材料股份有限公司（1992—1996）

1992年，公司进行股份制改造。同年9月，淄博鲁阳节能材料股份有限公司成立；10月，在沂源县工商行政管理局注册登记，领取《企业法人营业执照》，股本总额41721股，当年募集资金200余万元。

这个时期是公司高速发展阶段，通过引进先进设备，持续研发和技术改造，公司无论是设备、工艺，还是产品品种、品质，都达到了国内领先水平，生产规模扩大一倍，产能跃居全国第一。

1991—1996年，新上了CBC-Ⅰ型、CBC-Ⅱ型针刺毯、CBC-Ⅱ型含锆纤维生产线、陶瓷纤维纸生产线、陶瓷纺织品生产线、环保型宽幅双面针刺毯生产线等先进装备，进行了湿法真空成型生产线、异型湿法产品生产线、国产电阻炉等的技术改造，有1260、1430陶纤系列，1600多晶系列等产品。具有棉、毯、毡、板、纸、布、绳、模块、纤维浇注料等不同形态的产品100余种，实现年生产硅酸铝陶瓷纤维及制品4万吨。

山东鲁阳股份有限公司（1996—2014）

1996年12月，公司更名为“山东鲁阳股份有限公司”，公司股本总额为10154890股。其中，南麻镇政府持有4694902股，占股本总额46.23%。

1995—2004年，公司销售市场遍布全国并走向世界，由单一的棉毯发展到纸、布、绳等深加工型产品，先后获得“中国驰名商标”“中国名牌”等荣誉称号，公司销售收入、利润年平均增幅超过35%，最好的年份超过60%。

1995年，含锆纤维毯及模块实现批量生产，产品指标完全符合设计要求，含锆纤维制品迅速推向市场，成为公司的拳头产品，荣获“国家级新产品”称号。同年，CBC-Ⅱ型连熔连甩硅酸铝耐火纤维针刺毯生产线正式启炉投产，启熔甩丝、布棉、针刺等工艺均达到设计要求，生产规模扩大近一倍，产品档次实现新飞跃，达到国内领先水平。

1996年，CBC-Ⅲ型国产电阻炉生产线投产，结束了电弧炉生产“脏、乱、差”的历史。公司被国务院发展研究中心市场经济研究所、中华之最调查宣传活动办公室确认为“中国最大硅酸铝耐火纤维生产基地”。CBC-Ⅱ型含锆生产线投产，含锆纤维项目列为国家级火炬计划项目。1997年，成功开发纺织棉，新上超轻质防潮干法毡生产线，年产值突破亿元大关。1998年，实施ISO9002国际质量保证体系认证，质量管理步入规范化轨道。全面贯通湿法制品生产工艺，实现生产流程连续化。1999

年，建立北京、上海分公司，在一线城市建立“桥头堡”，迈出“走出去”的重要一步。2000年，公司党委成立，全面加强党的建设、群众工作、企业文化和思想政治工作。2001年，陶瓷纤维纸项目获得科技部“科技型中小企业创新基金”，新上三条甩丝法针刺毯生产线，有效提高产能，销售收入过亿元，同比增长35%。2002年8月，环保型宽幅双面针刺毯项目开工建设，公司进入快速发展时期。2003年6月，新兴工业园厂区环保型宽幅双面针刺毯项目竣工投产，公司年生产能力由原来的2万吨提升到4万吨，增幅达100%。2004年底，万吨环保型宽幅双面针刺毯扩产项目、万吨陶瓷纤维背衬板项目和万吨陶瓷纤维粒状棉项目投产。

2005—2014年，山东鲁阳股份有限公司利用十年时间，在技术创新能力、经营管理体制和资源保障能力等方面全面提升，成长为一家能够从容应对外部环境变化、具备跨越发展基础的成熟企业。获得国家级技术中心、国家级实验室等荣誉称号，综合实力跃升世界三甲。

2005年，公司利税突破亿元大关，“鲁阳”商标被认定为“中国驰名商标”。

公司开始建设优势生产基地，北上内蒙古，南下贵州，西出新疆，东进青岛，拉开子公司建设的序幕，产能布局更加完善，成为全球最大的陶瓷纤维生产基地。

2003年起，根据市场分布与生产原料产地、生产成本等因素，开始建设驻外子公司，打造资源当地化制造模式，进行国内产能布局，拉近生产基地与市场的对接距离，形成服务优势。2003年5月，成立青岛赛顿陶瓷纤维有限公司。2005年3月，成立新疆鲁阳陶瓷纤维有限公司。同年，2条生产线建成投产。2006年3月，成立贵州鲁阳节能材料有限公司，2007年3月，公司2条生产线相继点火启炉。2009年11月，内蒙古鲁阳节能材料有限公司6条陶瓷纤维毯生产线建成投产。至此，逐步形成了以山东为核心，北到内蒙古、南到贵州、西到新疆、东到青岛的五大生产基地，规模不断壮大，产能持续提升。

内蒙古鲁阳节能材料有限公司

公司总部方面，2005年4月，第一条陶瓷纤维板生产线（万吨）投产，后陆续建成3条陶瓷纤维板自动化生产线，形成年产4万吨陶瓷纤维板的产能。2005年6月，新建粒状棉生产线投产，为湿法制品生产提供了充足的原材料保障。2006年9月，建成4条1050型陶瓷纤维针刺毯生产线，新增产能2万吨。到2006年，山东鲁阳股份有限公司成为全国最大的先进节能材料专业制造商，年产陶瓷纤维棉、毯、毡、板、纸、模块、纺织品等各类陶瓷纤维制品8万吨。

2006年11月，山东鲁阳股份有限公司A股在深圳证券交易所挂牌上市。首次发行A股2080万股，募集资金2.86亿元，成为沂源县第三家上市公司，国内同行业中第一家上市公司。

2010年，科研中心及办公大楼建成投入使用，入选国家火炬计划重点高新技术企业。2012年，公司技术中心被确认为“国家认定企业技术中心”“国家级实验室认可证书”。

2012年7月，年产1000万块轻质砖扩产项目1号、2号隧道窑相继点火。2014年7月，第四条轻质砖隧道窑点火。至此，具备了4条轻质莫来石砖生产线的烧成能力，日产量5万块。

美国奇耐联合纤维公司控股（2014—）

2014年4月，南麻街道集体资产管理中心与美国奇耐联合纤维公司签署《股份购买协议》，将其持有的29%的股权转让给美国奇耐联合纤维公司，美国奇耐联合纤维公司成为公司第一大股东。

2014年4月，美国奇耐公司作为战略投资者进入鲁阳公司，带来电炉技术、MASS高温热防护涂

2014年4月，鲁阳公司与美国奇耐公司战略合作项目新闻发布会会后合影

料、高温热除尘滤管等专有技术和产品。

2015年，全面完成陶瓷纤维生产线电炉技术的复制推广工作，电炉能耗下降25%左右，产品市场竞争力进一步提升，与国内同行业相比，能耗成本控制优势进一步扩大，MASS高温热防护涂料等新产品，为公司市场拓展工作提供了支持。2017年8月，山东鲁阳玄武岩纤维有限公司成立，建设年产5万吨岩棉项目，公司净利润突破2亿元。2018年，内蒙古鲁阳公司16条生产线全部投产，各生产分（子）公司达产提效、满产满销、满负荷生产，同步开始新一轮产能扩张。同年11月，投资5000万元的电炉岩棉一线点火起炉，厂房建筑面积15734平方米，主要生产岩棉产品，年产量4万吨。2019年6月，投资5000万元的电炉岩棉二线点火起炉。

2020年，新型冠状病毒疫情暴发，公司开展“技改蓄势、培训聚力”活动，稳妥推进复工复产。2021年，内蒙古技改扩产项目4条线投产，12万吨陶瓷纤维扩产项目开工建设。2023年，完成第一期4万吨、第二期第一批次4万吨生产线建设，年产能达到28万吨。

2021—2023年，先后完成绝热材料分公司背衬板一线扩产改造项目、万吨粒状棉生产线、2条万吨陶瓷纤维毯生产线、1500吨陶瓷纤维纸生产线、高温材料分公司2条5000吨生产线、贵州鲁阳节能材料有限公司消防卷帘毯扩产改造项目。截至2023年底，陶瓷纤维各类制品年产能突破60万吨。

2022年4月，奇耐亚太公司向全体股东发出部分要约收购，斥资27亿元增持公司股份；6月28日，要约收购顺利完成，奇耐亚太公司持股比例53%，成为控股股东。鲁阳公司再一次进行战略转型，成为中国A股市场上为数不多的外企之一。

鲁阳公司电炉岩棉项目

生产经营

生产研发

2023年，公司有研发人员252人，占职工总数的13%，研发经费占销售收入的3.78%。公司与清华大学、山东大学、山东科技大学、安徽工业大学、山东理工大学建有研发合作关系，设有国家认定的企业技术中心、国家CNAS认证实验室、博士后科研工作站、工程技术研究中心等研发平台。拥有国家授权专利340项，其中发明专利152项、实用新型专利168项、外观设计专利5项、PCT专利15项，获得中国专利优秀奖2项、山东省专利二等奖1项。有59项产品通过国家、省、市部门成果评价，其中氧化铝纤维针刺毯关键制备技术研究、乙烯裂解炉节能高效新型陶纤衬里集成技术、高强陶瓷纤维板关键制备技术及产业化应用等15项技术达到国际先进水平。

国家知识产权局
STATE INTELLECTUAL PROPERTY OFFICE
OF THE PEOPLE'S REPUBLIC OF CHINA

中国专利优秀奖

名　称　利用煤矸石制造硅酸铝陶瓷纤维的方法及其应用

专利号　ZL01135221.3

发明人　鹿成洪　鹿成会　任大贵　苗海波　李京友

专利权人　山东鲁阳股份有限公司

中华人民共和国
国家知识产权局局长

北京 2016年12月

公司是国际和国家耐火材料标准起草单位，全国耐火材料标准化技术委员会委员单位、全国绝热材料标准化技术委员会委员

单位、中国耐火材料行业协会副会长单位、中国绝热节能材料协会副会长单位、山东标准化协会理事单位、山东硅酸盐学会副会长单位等，是国家级循环经济标准化试点单位、省级标准化战略性重点项目单位、省级技术标准创新中心试点单位。2023年，主导或参与起草国际标准1项、国家标准17项、行业标准14项、团体标准7项。确立了行业领导地位，拥有了规则话语权，提升了行业权威性，提高了市场知名度。

产品销售

2023年，公司有销售人员400余人，在北京、上海、广州、重庆、哈尔滨、南京、乌鲁木齐等地设有办事处。国外在越南设有办事处，常驻销售人员3人。公司产品畅销全国，并覆盖欧洲、美洲、中东、日韩、越南、印度等60多个国家和地区。主营的陶瓷纤维及制品在全国市场占有率在44%左右，年度出口总额4000万美元左右，主要出口中东及东南亚地区，主要出口产品为硅酸铝纤维毯。

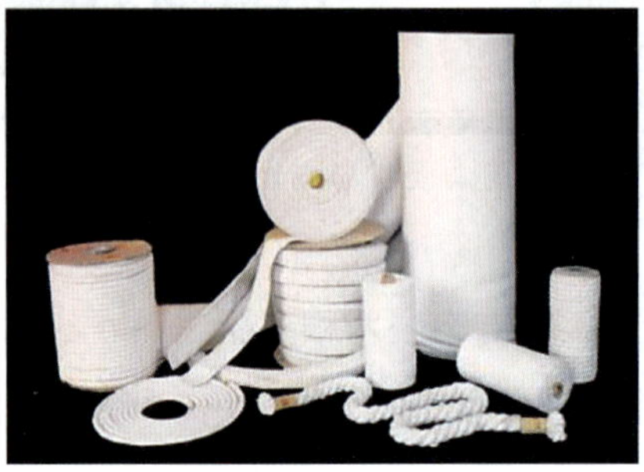

氧化铝纤维毯

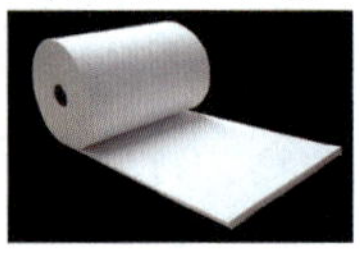

高温纤维纺织品系列　　高温热除尘陶瓷滤管

1992—2023年主要经济指标

年度	资产（万元）	收入（万元）	利润（万元）	纳税（万元）
1992	583	872	143	42
1993	1564	1570	220	57
1994	2181	2038	363	71
1995	3007	3975	254	359
1996	4332	5020	535	285
1997	4898	6775	711	322
1998	7257	9200	643	697
1999	8451	8514	854	511
2000	8505	6678	933	515
2001	9284	11161	1567	770
2002	11622	17147	2763	1077
2003	22055	20603	2526	2289
2004	35690	26210	4601	3108
2005	50388	39395	6313	4415
2006	81127	51152	7963	6076
2007	90907	67482	13284	8783
2008	115604	80987	14743	9327
2009	156350	77601	11694	8756
2010	166928	91834	12278	11106
2011	170800	97980	10817	10020
2012	185013	100334	8464	8720

续表

年度	资产（万元）	收入（万元）	利润（万元）	纳税（万元）
2013	188400	102646	8647	10456
2014	197310	117772	7849	12555
2015	210146	113275	5755	11118
2016	211710	118952	10467	14034
2017	243990	159578	21375	19557
2018	280831	184237	30717	19360
2019	308414	214704	34026	17372
2020	330435	232569	37027	23575
2021	382172	316381	53418	28391
2022	391526	336998	58235	28359
2023	383499	351852	49203	24850

历任负责人

鹿成滨　党支部书记、董事长　1992.09—1997.04

鹿成滨　党总支书记、董事长　1997.04—2000.09

鹿成滨　党委书记、董事长　2000.09—2023.05

John Charles Dandolph Iv　董事长　2023.05—

秦晓新　总经理　2023.05—

企业文化

组织建设

1986年，公司成立党支部，1997年改设党总支，2000年9月再次改设党委，现下设党支部10个，党员212名。公司党委曾六次被淄博市委命名为先进基层党组织，是省委组织部直接联系点、淄博市基层党建工作示范点、淄博市干部教育培训基地。

2000年9月，中共山东鲁阳股份有限公司委员会成立大会

鲁阳党建工作促进了与生产经营的同频共振、互促提升。每年“七一”前夕隆重表彰优秀党员、集中上党课，组织党员、入党积极分子和党务工作者到各地参观，接受革命传统教育。2013年，创造性地组建了12个党群工作室，有效发挥了党群组织联系职工、关爱职工的桥梁和纽带作用，平均每年搜集信息及建议均在100条以上。

2022年，捐款200万元助力疫情防控

党组织积极践行社会责任，开展抢险救灾、捐资助学等公益活动。2003年，向县抗击“非典”领导小组捐献人民币10万元。2008年，在南方冻雨灾害及汶川大地震后，公司及员工捐款捐物超百万元。新冠疫情期间，捐款200万元，助力疫情防控工作。另外在沂源一中设立“鲁阳

奖学金”，激励优秀学生、救助困难学生5000余名，为沂源二中捐建排球馆。公司累计提供就业岗位上万个，各类公益性支出过亿元。先后获得“山东省工商联系统抗震救灾先进集体”“山东省绿化模范先进单位”“淄博慈善奖最具爱心慈善捐赠企业”“淄博慈善事业突出贡献奖先进单位”等荣誉称号。

工会工作

1988年11月，沂源县节能材料厂（山东鲁阳节能材料股份有限公司前身）工会召开了第一次职工代表暨工会会员大会，民主选举了工会委员会成员，设立了专职主席、委员。目前下辖9个基层分会，工会会员2000余名。为改善职工生活条件，在公司东侧先后建设职工家属楼11座，在公司南侧建设单身公寓1座。工会积极打造“职工之家”，创办《鲁阳报》，建设图书室、篮球场，举办篮球邀请赛、乒乓球比赛等活动，举行元旦文艺晚会，丰富职工文艺生活。工会先后被山东省总工会授予“富民兴鲁劳动奖状”“山东省劳动关系和谐企业”“厂务公开民主管理示范单位”“模范职工之家”荣誉称号，2015年11月被中华全国总工会授予“模范职工小家”荣誉称号，2024年4月被中华全国总工会授予“全国厂务公开民主管理先进单位”荣誉称号。

企业人物

鹿成滨

鹿成滨，男，1959年3月出生，中共党员，高级经济师职称，1986年任沂源节能材料厂厂长，1992年10月至2023年任山东鲁阳节能材料股份有限公司董事长、党委书记，2008年至2023年任中国耐火材料行业协会副会长。

他带领鲁阳公司始终坚持“依靠科技求发展、立足市场求效益”的发展理念，坚持“以用户为中心，做好产品、好服务”的经营理念，在他的领导下，经过30多年的发展，鲁阳公司由乡镇企业发展成为亚洲最大、世界前三的陶瓷纤维生产基地。拥有陶瓷纤维、氧化铝纤维、可溶纤维、耐火砖、浇注料等九大系列上百种产品，可为石化、冶金、有色、交通、建材等70多个行业提供节能解决方案，鲁阳公司先后被授予“国家重点高新技术企业”“国家新材料产业化骨干企业”“国家制造业单项冠军示范企业”“全国守合同重信用企业”等荣誉称号。

他本人先后被评为淄博市最具社会责任感十佳企业家、山东省劳动模范、山东省优秀中国特色社会主义事业建设者、全国优秀乡镇企业经理、绝热隔音材料行业十大新闻人物；2007年光荣当选中国共产党山东省第九次代表大会代表；2011年荣获“全国五一劳动奖章”；2018年光荣当选山东省第十三届人民代表大会代表；2020年被评选为“齐鲁最美退役军人”“2020年行业领军人物”、2020年影响淄博年度经济人物；2021年被评为“中国耐火材料行业30年优秀企业家”。

企业往事

老乡一封信，催生大产业

山东鲁阳节能材料股份有限公司从1984年一家名不见经传的耐火纤维厂，经历40年，发展成为全球产能最大的陶瓷纤维制造基地，谁曾想到，这个支撑一方经济的重要企业的诞生，竟是源于一封机缘巧合的信件。

1984年，浙江省德清县乡镇企业局局长，沂源籍老乡苗瑞才，给沂源县县长冯学训写了一封信，推荐了一个项目。苗瑞才在信中提到，现在全国各地都在大力发展乡镇企业，浙江当地乡镇企业也发展得红红火火，对当地经济贡献很大。作为一名沂源人，他一心想为家乡的发展尽点绵薄之力，为此，真诚地向冯学训县长推荐一个市场前景好、需求大、竞争少的好工业项目。这个项目，主要生产一种叫硅酸铝纤维的耐火材料，工艺不复杂，见效还快。信中，苗瑞才还表示，他所在的德清县有一家企业正在生产这种材料，可以牵线搭桥，提供支持帮助。

推荐信很快被批转到南麻公社落实，经过研究，公社委派时任南麻公社党委副书记李绍福带队到浙江德清进行现场考察。根据考察意见，很快确定于1984年8月建设该项目。项目地址选在原南麻镇铝土矿的西南角，厂名为沂源县耐火纤维厂。同时从社会上选拔了10名青年到德清县筏头乡耐火纤维厂进行学习。1984年10月20日，项目正式启动投产。当时仅建设了2条简陋的电弧炉棉生产线，用炭棒熔融法生产电弧炉棉。自此开始，公司一步一个脚印，逐步发展壮大，成为首屈一指的新材料产业头部企业。

公司发展的“第一桶金”

1986年初，组织安排鹿成滨担任沂源县节能材料厂厂长，当时公司以电弧炉棉、湿法管壳产品为主。面临装备落后、产品无销路的困境，鹿成滨没有被困难吓倒，努力寻求工厂发展的突破口。经过反复思考琢磨，终于从建筑预算定额书中看到一丝希望——他发现，油田的注汽管线需要保温材料！于是，他立马跑到胜利油田，以热诚和坚韧“啃下”了试用50米管线的首笔订单，并通过“以安装代销售”方式，为用户创造更大的便利。短短2年时间，胜利油田成为公司的大客户、“聚宝盆”，换来了公司发展的“第一桶金”。他带领大家将这一案例进行经验复制，上东北，下新疆，陆续开发了辽河油田、克拉玛依油田等多个客户。

望着开发成功的管线保温业务，善于思考的鹿成滨又开始琢磨了，这注汽管线不是独立的，气体源是从哪里来的？上游是不是也有保温需求？那就沿着管线往上找！按照这一思路一路找到了上游的“高压注汽锅炉”。经过考察发现，注汽锅炉上的诸多设备同样需要保温材料，使用的是公司从没听说过的新型产品——干法针刺毯。经过对该产品消费场景分析和市场调研，发现全国高压注汽锅炉大量使用干法针刺毯这一产品。当时国内已有引进的干法针刺毯生产线，于是，公司迅速做出引进针刺毯生产线的决策，协调各方资源加快项目建设，迅速抢占市场。1990年底，第一条国产喷吹针刺毯生产线在公司投产，为开发高压注汽锅炉保温等市场奠定了坚实基础。

高压注汽锅炉产生高温蒸汽，注汽管线运输蒸汽，那么，注汽管线又最终延伸到了哪里？高温蒸汽什么用途？后续的工序是否也需要我们的产品？经过多方考察得知，石油在地下是呈固化形态，称“稠油”，高温蒸汽要注入地下融化稠油以便于采油，并且注汽管线到下游变成隔热管埋入地下2000米，还要用保温材料，这是多么大的市场潜力！公司开始为用户提供喷吹针刺毯用作填充用保温材料，但市场推广并不顺利。经过一线调研，公司迅速调整产品方向，第一时间引进甩丝法生产工艺，于1994年建成了第一条甩丝法针刺毯生产线，及时满足用户需求。随着甩丝针刺毯产品的出现，带来了地埋隔热管行业的开发热潮，更带来了公司市场份额的迅速扩大和业绩的大幅提升。

在“草桥油田”的艰苦施工岁月

1989年，是企业生产经营困难重重的一年。为遏制通货膨胀、稳定经济形势，国家采取了一系列宏观调控措施，进一步深化改革和治理整顿。当时，节能材料厂刚刚起步，底子薄、基础差、规模小，还弱不禁风。与众多乡镇企业一样，面临着原材料价格上涨、销售不畅、资金紧缺等困难。以鹿成滨为首的领导班子没有被困难吓倒，审时度势，改变经营策略，将以销定产转为以产促销，拓宽销售渠道，狠抓销售和安装服务。

根据管线保温业务需要，公司组建了油田第二施工队，主要负责东营外围、广饶地区的保温施工服务工作。1989年8月，油田第二施工队进驻广饶1#注汽站，在广饶县广袤的盐碱地上，开始了在草桥油田的艰苦奋斗。

当时，草桥油田（后称乐安油田）刚刚开工建设。施工现场地处广饶县盐碱地的中心地带，地广人稀，只能自行搭建工房，垒砌锅灶，黄草垫子搭通铺。盐碱地里老鼠、蛇、蛤蟆成群，苦咸水让人难以下咽。施工中，脚下踩着刺骨的冰水。就是在这样的环境下，大家团结一致，艰苦奋斗，不屈不挠，每天工作十三四个小时，保质保量提前完成了施工任务，施工人员农历大年三十晚上才从广饶撤回沂源。年终一结算，产值、销售收入、利润均大幅度超过上年度。

迎难而上，建设CBC-Ⅰ型连熔连吹针刺毯生产线

1990年，受1989年双轨变单轨生产资料价格的调整影响，众多同行对行业发展前景大都持怀疑态度，更有甚者认为硅酸铝纤维行业已是“夕阳”产业。可厂长鹿成滨却不这样看。他坚信，工业节能领域一定大有可为。但是，仅仅依靠几条真空吸滤湿法生产线，不可能占领市场。必须对经营品种和装备进行彻底升级改造。经过深思熟虑，他将目光锁定在CBC-Ⅰ型干法针刺毯生产线上。

按当时的条件，建成一条这样的生产线简直比登天还难。一方面是缺乏技术人才、技术和设备，另一方面是资金不足，建成一条生产线需要500万元，而当时的积累不过50万元。怎么办？想方设法解决困难！鹿成滨多方了解到，这种生产线当时主要为钢铁企业提供产品服务，于是，他来到山东省冶金总公司图书室，查阅应用资料、技术资料。翻阅技术信息时，看到一名叫崔之开的教授撰写的一篇论文，鹿成滨顿时眼前一亮，这不就是他苦苦寻找的人吗？

崔教授任国家冶金部硅酸铝纤维应用推广小组组长，一直致力于硅酸铝纤维在国内的生产推广。鹿成滨马不停蹄，到马鞍山拜会崔教授。双方相谈甚欢，但崔教授还是不放心，坚持要到企业现场看看。

1990年，公司厂房简陋，生活设施不健全，为了方便崔教授洗澡，鹿成滨专门安排为他盖了一个洗澡间，但由于电力供应时断时续，他就手持手电筒，为远道而来的崔教授照明。崔教授被这种诚意和精神深深打动，决意帮助企业建设这一自动化生产线，并给出了最低转让价。

技术来源解决了，但近300万的资金还是很难筹措。面对这种情形，崔教授示意公司邀请县、镇有关领导及帮扶部门的负责同志召开专题论证会，会上，他从耐火纤维的起源、潜在优势、发展前景、世界潮流等几个方面向与会人员讲述，使他们对耐火纤维有了崭新的认识，银行很快同意发放贷款。这一切，仅用了两个小时的时间。

1991年12月，伴随着震耳欲聋的鞭炮声，CBC—Ⅰ型连熔连吹针刺毯生产线正式建成投产。当洁白的棉絮开始飞舞，当整洁的毯子从生产线上缓缓“走”出，鲁阳的发展翻开了崭新的一页。

股份制改造换新天

如果将“股份制”这个词放到今天，相信大多数人了解其含义。但要放在20世纪90年代，则是完完全全的新生事物。1992年，第一代鲁阳人与这一新鲜事物走到了面对面。

当年，国家在深化改革的大背景下，开始探索尝试资本发展之路。为了解股份制，鹿成滨第一次坐上飞机去了深圳、珠海。他要到特区去看一看，那里是怎样对待股份制的，股份制在当地是怎么运作的。一周的考察使他眼界大开，他充分认识到：进行股份制改造，实质是打破原来的旧体制，让企业能够自主经营、自主决策、自主发展。

从南方返回后，他召集班子成员通报了考察情况，并立即申请对企业实行股份制改造。第一时间组建股改领导班子，大刀阔斧地开始改制工作。经过精心筹备，1992年9月，股份制创立大会正式召开，公司委托南麻农村信用社发行了股票。股票发行历经十多天的时间，募集资金200多万元。公司也正式更名为“淄博鲁阳节能材料股份有限公司”。至此，公司股份制改造工作全面完成，成为沂源县第一家完成股改的企业，为企业持续快速健康发展插上了腾飞的翅膀。

省委书记吴官正到公司视察

1997年5月，省委书记吴官正在市、县领导的陪同下，到公司视察。吴官正书记视察了公司厂区及生产车间，听取了鹿成滨总经理关于发展情况的汇报。当鹿成滨汇报到“公司发展到现在，虽已初具规模，但向更大规模发展，从管理层到一线员工都深感现有的思想、技术、管理水平已不适应了，迫切需要提高改进”时，吴官正书记说：“你们能看到这个问题，说明头脑很清醒。发展市场经济就需要时时有危机感。只要你们永不满足，下决心刻苦学习技术，学习管理，重视新产品开发，提高产品质量，大力开拓市场，企业就会发展得更快、更好。希望你们在今后的工作中加倍努力、加倍学习，为繁荣山东经济，为振兴淄博企业雄风，为振兴沂源经济再立新功。”

首次与国内外同行业巨头同台竞争成为赢家

1998年3月，大庆石化总厂裂解炉一期工程项目竞标，该工程是1998年度国家重点工程之一，国内同行业纷纷加入竞争行列，英国摩根公司等国外公司也参加了此次工程竞标。大庆石化总厂成立了专门的工程竞标考察组，对主要竞标厂家进行了实地考察，通过竞标比较、考察论证、产品检测，公司产品以过硬的质量品质，稳定的应用性能赢得了大庆石化总厂的信任和肯定，在众多厂家中脱颖而出，成为竞标的赢家。这是公司第一次与强大的国外跨国集团同台竞争，积累了市场竞争的经验，扩大了在国内外同行业中的影响。

省委书记张高丽到公司视察

2006年6月1日，省委书记、省人大常委会主任张高丽到公司视察。张高丽书记参观了鲁阳公司工业园区产品展柜，深入生产一线，实地察看了背衬板生产线，时任副总裁高俊昌汇报了近年来公司发展情况和今后发展规划。得知公司在两年前就位居亚洲第一时，张高丽书记高兴地说：“没想到在沂源这样一个山区县，还有两个亚洲第一的企业。鲁阳的发展前景很好，让人想不到，非常了不起。”

大事记

1984年　10月，沂源县耐火纤维厂创立。

1985年　1月，第一条生产线——电弧炉棉生产线建成投产。

1985年　7月，沂源县耐火纤维厂更名为“沂源县节能材料厂”。

1986年　1月，鹿成滨任沂源节能材料厂厂长。

1986年　5月，与胜利油田签订硅酸铝耐火纤维保温管壳合同，进入胜利油田保温市场。

1987年　8月，平角式电弧炉改为夹角式电弧炉。

1989年　8月，注册硅酸铝耐火纤维产品商标“鲁阳”，岩棉制品商标“磊”。

1990年　12月，自行设计制造的电弧炉生产线投产。

1991年　12月，CBC－Ⅰ型连熔连吹针刺毯生产线建成投产。

1992年　9月，淄博鲁阳节能材料股份有限公司成立。

1993年　1月，CBC－Ⅰ型连熔连吹针刺毯生产线二期建成投产。

1993年　9月，全国人大常委会委员、北京大学教授厉以宁到公司调研。

1993年　CBC－Ⅰ型耐火纤维针刺毯生产线与产品，获山东省科学进步三等奖。

1995年　1月，自主研制的含锆针刺毯产品批量生产，获得“国家级新产品”荣誉称号。

1995年　3月，CBC－Ⅱ型连熔连甩硅酸铝耐火纤维针刺毯生产线启炉投产。

1996年　3月，被确认为“中国最大硅酸铝耐火纤维生产基地”。

1996年　被国务院发展研究中心认定为“中国最大规模硅酸铝耐火纤维生产基地”。

1996年　含锆纤维产品获省科技进步三等奖。

1996年　12月，更名为山东鲁阳股份有限公司。

1997年　5月，山东省委书记吴官正到公司视察。

1998年　12月，取得ISO9002国际质量体系认证证书。

2000年　9月，成立中共山东鲁阳股份有限公司委员会。

2001年　3月，被全国耐火材料标准起草委员会定为陶瓷纤维毯、陶瓷纤维板产品标准第一位起草人。

2003年　6月，环保型宽幅双面针刺毯项目竣工投产。

2004年　12月，万吨陶瓷纤维背衬板项目竣工，鲁阳工业园区全面建成。

2005年　12月，"鲁阳"商标被认定为"中国驰名商标"。

2006年　11月，鲁阳股份在深圳证券交易所挂牌上市。

2006年　12月，"鲁阳"牌硅酸铝针刺毯产品被认定为"产品质量国家免检"。

2007年　公司获得"全国重合同守信用企业"称号。

2007年　6月，"鲁阳股份"跻身"2006年度中国中小板上市公司价值30强"，位列第7。

2007年　12月，公司技术中心被认定为省级技术中心，是国内同行业第一家省级科研机构。

2008年　12月，公司被认定为高新技术企业。

2009年　11月，内蒙古公司6条陶瓷纤维生产线一期工程建成投产。

2010年　12月，公司入选"国家火炬计划重点高新技术企业"。

2012年　5月，获得中国合格评定国家认可委员会颁发的"国家级实验室认可证书"。

2012年　10月，公司技术中心被确认为"国家认定企业技术中心"。

2013年　4月，获得首届"淄博市市长质量奖"。

2014年　4月，奇耐联合纤维亚太控股有限公司成为公司第一大股东。

2015年　9月，更名为"山东鲁阳节能材料股份有限公司"。

2016年　1月，"300吨/年氧化铝纤维制品产业化关键技术与装备创新研究"通过省自主创新专项项目验收。

2017年　7月，入选2017年山东省"厚道鲁商"品牌形象榜。

2018年　5月，年产2万吨窑炉专用耐火纤维整体模块项目建成投产。

2018年　12月，内蒙古公司十六条生产线全部开启投入生产。

2019年　5月，公司登上2019年度山东省制造业高端品牌培育企业名单、2019年山东省民营企业品牌价值100强榜单。

2019年　12月，含锆陶瓷纤维毯通过"泰山品质"认证。

2020年　7月，首创全纤维结构改造乙烯裂解炉正式投料运行。

2020年　10月，入选山东省新材料产业10强榜单。

2020年　12月，公司工会获得"全国模范职工之家"荣誉称号。

2021年　4月，入选"2020年度山东省高质量发展奖励企业"名单。

2021年　10月，入选"2021年度山东省科技领军企业"榜单。

2021年　11月，入选"国家制造业单项冠军示范企业"名单。

2021年　公司获得"2022—2024制造业单项冠军示范企业"称号。

2022年　6月，获得省级"绿色工厂"称号。

2022年　10月，获得"国家知识产权优势企业"称号。

2022年　11月，公司荣获山东省2022年度"工业互联网标杆工厂"。

2023年　获得国家级"绿色工厂"称号。

山东合力泰化工有限公司

概　况

山东合力泰化工有限公司，位于县城沂河路1329号。前身是始建于1965年的山东沂源化肥厂，占地面积约24.3万平方米，建筑面积约4.44万平方米。2023年，公司固定资产74677.18万元，职工人数778人，实现销售收入15.3亿元、税收7178万元。

发展历程

山东沂源化肥厂（1965—1970）

1965年1月29日，山东省委批复山东省重工业厅，同意新建山东沂源化肥厂。厂址设在沂源县田庄水库北侧、永兴官庄村以东，规模为年产合成氨2000吨，投资总额控制在500万元内，要求在1965年建成。1965年12月28日，产出合格氨水，年产合成氨2000吨。

建设工地（建厂初期）

山东东风化肥厂（1970—2003）

1970年2月16日，山东沂源化肥厂更名为“山东东风化肥厂”；6月，TNT炸药项目生产车间开始筹建。1977年7月7日，公司新建万吨联碱装置，设计规模定为年产纯碱1万吨、氯化铵1万吨，总投资323万元。1984年2月15日，公司投资260万元，将现有联碱1万双吨/年规模扩大到1.5万双吨/年。1988年7月7日，山东省临沂地区化学工业公司批复山东东风化肥厂，同意山东东风化肥厂开发N、P、K复混肥料品种，总

东风化肥厂早期照片

投资22万元，生产规模1万吨，年获利100万元。2001年，硝酸分厂年产25000吨硝盐工程开始施工。

20世纪70年代项目建设现场

山东联合化工有限公司（2003—2006）

2003年4月11日，沂源县企业产权改革领导小组下发“沂企改革（2003）3号”文件，同意批复公司组建“山东联合化工有限公司”；4月30日，山东联合化工有限公司成立；7月21日，公司硝酸分厂二硝扩产改造工程竣工，并开车成功，利用原2.5万吨/年硝盐装置中氧化系统，新上酸吸收系统转产硝酸，达到年产2万吨硝酸生产能力；7月24日，公司硝酸分厂第三套浓硝生产装置安装调试完成，并一次开车成功。2004年9月，公司利用原三合一机组旧厂房，新上2.5万吨氨氧化及酸吸收，年产稀硝2.5万吨；新上3万吨/年硝铵系统。2005年1月，3万吨/年硝铵项目投产，产量达到5万吨/年。

山东联合化肥有限公司（2003—2006）

2003年7月，山东联合化工有限公司（东风化肥厂）对县化肥厂实行租赁经营，并出资将瑞丰化工公司组建为山东联合化肥有限公司，使企业重现活力。到2005年，山东联合化肥有限公司已发展为拥有固定资产原值1.3亿元，职工1200人，下设6个分厂，年产合成氨4.5万吨、甲醇1.5万吨、液氨4.5万吨、复合肥1万吨、皮革助剂2000吨的综合性中型化工企业，全县骨干企业。2005年12月，与山东联合化肥有限公司同时存在的县化肥厂破产。

2005年9月，10万吨硝酸项目奠基仪式

山东联合化工股份有限公司（2006—2014）

2006年3月，公司整体改制，公司名称变更为“山东联合化工股份有限公司”；3月5日，4万吨合成氨新系统顺利投入运行。2008年1月18日，公司向社会公众发行3100万股A股股票，并向深圳证券交易所申请股票挂牌交易。

2008年1月，公司11万吨硝基复合肥技术改造工程竣工试产。此工程装置以合成氨、硝酸为原料，采用国内先进成熟的中和、浓缩、熔融法高塔造粒技术，生产颗粒硝基复合肥产品，填补了省内产品空白；2月20日，公司在深圳证券交易所挂牌上市，成为山东省2008年第一家上市公司。2013年6月24日，公司年产4万吨三聚氰胺生产装置开车生产。2013年10月26日，公司15万吨硝酸生产装置开车生产。

合力泰科技股份有限公司（2014—2016）

2014年4月，公司与江西合力泰科技股份有限公司重组，成立合力泰科技股份有限公司，业务涵盖化工和电子两个板块；5月4日，公司名称变更为合力泰科技股份有限公司。2016年3月3日，公司15万吨/年硝基肥改造项目投产，当日生产出N-P-K含量为20-10-12的合格三元复合肥产品。

山东合力泰化工有限公司（2016—）

2016年12月2日，上市公司注册成立山东合力泰化工有限公司，承接合力泰科技股份有限公司化工板块业务，2017年10月1日，业务承接全部完成。2021年12月，山东合力泰化工有限公司成为福建省和信科工集团有限公司全资子公司。2022年11月23日，公司10万吨碳酸氢铵装置顺利打通全流程，实现装置一次性投料开车成功。同时安全、环保设施投入运行，顺利产出碳酸氢铵合格产品。

2017年9月，环保部副部长刘华视察公司

生产经营

生产研发

2023年，公司有研发人员84人，占职工总数的10.8%，其中高级职称4人、中级职称19人。2023年，投入研发经费5903万元，占销售收入的3.84%。公司目前拥有发明专利3项、实用新型专利55项。“三聚氰胺联产硝酸铵工艺”专利，获得淄博市科学技术三等奖、淄博市专利三等奖；“联产硝酸铵的三聚氰胺生产新工艺”专利，通过了省级科技鉴定，工艺技术达到国际先进水平。

公司建有山东省“一企一技术”研发中心、淄博市工程技术研究中心、淄博市工业设计中心等研发机构，取得了多项省级科技成果和发明专利。截至2023年底，申请国家专利226项、授权196项，取得国家发明专利16项。公司形成了具有自身特色的循环经济产品链条，被认定为山东省发展循环经济示范企业、淄博市发展循环经济、建设节约型社会先进集体和环境友好企业。

公司拥有三聚氰胺、工业硝酸、硝酸铵等先进生产装置，配套建有50t/h高效煤粉炉和75t/h循环流化床备用锅炉。三聚氰胺总产能6万吨/年（2套3万吨/年生产装置），生产工艺为世界改良的低压法工艺，采用自主研发的三聚氰胺联产硝酸铵工艺节能先进技术进行技术改造，具有自主知识产权。工业硝酸总产能25万吨/年（15万吨/年装置一套、10万吨/年装置一套），生产工艺采用目前较为成熟的双加压工艺，该装置生产安全稳定、能耗小。硝酸铵产能23.5万吨/年、硝基复合肥产能30万吨/年装置，生产安全、产品杂质少，利用自主研发的三聚氰胺尾气回收联产硝酸铵工艺技术，生产工业硝酸铵，并可根据客户需求，提供溶液、颗粒、复合肥等多种形式的产品。

公司成品包装岗位新上机械手，实现了生产装置工艺指标自动调节控制，确保了生产稳定和产品质量。硝基复合肥车间和三胺生产包装岗位采用自动包装系统，实行机器人作业，自动码垛，实现了机械化换人和自动化减人，减少了人工成本，提高了工作效率。

产品及销售

公司主要生产三聚氰胺、硝酸铵、硝酸、碳酸氢铵和硝基复合肥等。广泛应用于化工、医药、民爆、合成材料、肥料等行业和领域，主要在国内销售。

主导产品三聚氰胺国内市场占有率约3.2%，同时出口国外，主要辐射欧盟、东南亚、土耳其等区域，国外市场占有率约1.4%，2023年，三聚氰

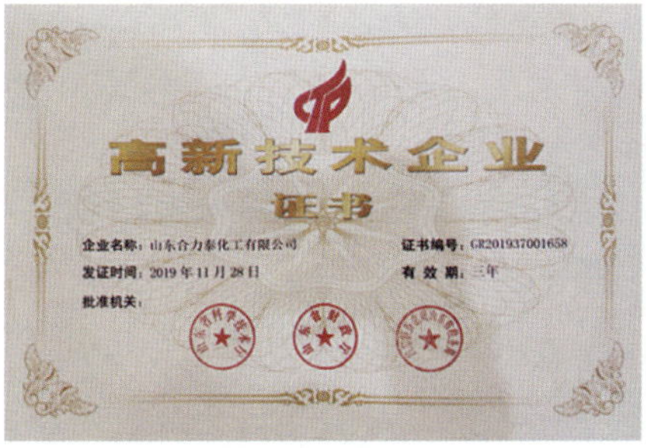

国家高新技术企业

国家知识产权优势企业

2023中国化肥企业100强奖牌

胺出口3.1万吨，出口额5300万美元。

硝铵产品国内市场占有率约3.4%、国外市场占有率约0.4%。硝酸产品国内市场占有率约0.7%。复合肥产品国内市场占有率约2.6%。

历年主要经济指标

年份	产值（万元）	利润（万元）	固定资产（万元）	员工人数（人）	主要产品	产量（吨）
1966		8.39			合成氨	
1967		-9.18			合成氨	
1968		19.14			合成氨	
1969		-50.76			合成氨	
1970		-22.44			合成氨	
1971		23.31			合成氨	
1972		20.41			合成氨	
1973		58.47			合成氨	
1974		38.63			合成氨	
1975		13.52			合成氨	
1976		45.21			合成氨	
1977		21.09			合成氨	
1978		168.87			合成氨	
1979		91.97			合成氨	
1980		48.12			合成氨	
1981		-121.01			合成氨	
1982		-48.12			合成氨	
1983		30.80			合成氨	
1984		4.03			合成氨	
1985		37.35			合成氨	
1986		18.14			合成氨	
1987		42.06			合成氨	
1988		221.19			合成氨	
1989		268.81			合成氨	
1990		2.01			合成氨	
1991		25.00			合成氨	
1992		28.19			合成氨	
1993		14.85			合成氨	
1994		32.34			合成氨	
1995		181.92			合成氨	
1996		120.95			合成氨	
1997		187.06			合成氨	

续表

年份	产值（万元）	利润（万元）	固定资产（万元）	员工人数（人）	主要产品	产量（吨）
1998		15.63			合成氨	
1999		24.83			合成氨	
2000		5.64	7289.68		合成氨	90062.88
2001		−400.78	7226.34		合成氨	102729.99
2002		23.51	12514.98		合成氨	118253.37
2003		1004.29	6869.92		合成氨	98881.6
2004		3025.82	8808.38		合成氨	167084.38
2005		8600	9864.02		合成氨	248038.85
2006		7570	14667.01	1182	合成氨	279063.15
2007		8455	26172.72	1228	合成氨	369883.94
2008		18800	32934.35	1360	合成氨	521131.47
2009	69630	9965	27230.95	1354	合成氨，硝酸铵，硝酸，三聚氰胺	556271.69
2010	101486	11800	61783.42	1841	合成氨，硝酸铵，硝酸，三聚氰胺	718943.2
2011	140943	15492.02	63208.97	1915	合成氨，硝酸铵，硝酸，三聚氰胺	1165262.15
2012	213851	2644.9	66765.95	1851	合成氨，硝酸铵，硝酸，三聚氰胺	1107578.51
2013	207574	−2084.67	91931.49	1619	合成氨，硝酸铵，硝酸，三聚氰胺	1099854.04
2014	222904	1060.77	88607.56	1440	合成氨，硝酸铵，硝酸，三聚氰胺	1049882.79
2015	163995	−14653.14	90671.27	1314	合成氨，硝酸铵，硝酸，三聚氰胺	1050306.31
2016	116468	2324.35	86073.03	1205	合成氨，硝酸铵，硝酸，三聚氰胺	1083069.08
2017	122576	6340.57	87562.14	1052	浓硝酸，三聚氰胺、硝酸、硝酸铵、硝基复合肥	1141071.04
2018	148156	8692.25	87699.72	956	浓硝酸，三聚氰胺、硝酸、硝酸铵、硝基复合肥	1157940.31
2019	114585	4885.32	73446.06	845	浓硝酸，三聚氰胺、硝酸、硝酸铵、硝基复合肥	1173141.88
2020	107462	8306.49	73786.72	802	浓硝酸，三聚氰胺、硝酸、硝酸铵、硝基复合肥	1176257.5
2021	157404	24859.12	74128.87	775	浓硝酸，三聚氰胺、硝酸、硝酸铵、硝基复合肥	1093692.75
2022	179235	25650.1	74677.18	778	浓硝酸，三聚氰胺、硝酸、硝酸铵、硝基复合肥、碳酸氢铵	1059821.2
2023	210425.1	47359	73899.18	791	浓硝酸，三聚氰胺、硝酸、硝酸铵、硝基复合肥、碳酸氢铵	1061759.9

历任负责人

张学礼　党委书记　1965.03—1975.10

徐志顺　党委书记　1975.10—1982.07

刘保安　党委书记　1982.07—1984.04

徐茂祥　党委书记　1984.04—1990.10

李春洲　党委书记　1990.10—1993.08

蔡成元　党委书记　1993.08—2001.04

王宜明　党委书记　2001.04—2016.01

李德军　党委书记　2016.01—2019.1
郑　澍　党委书记　2019.1—2019.11
李德军　党委书记　2019.11—

葛敬学　厂长　1965.03—1975.11
郭友驷　厂长　1975.11—1980.02
吕从义　厂长　1980.02—1984.05
傅学泉　厂长　1984.05—1986.07
徐茂祥　厂长　1986.07—1990.10
蔡成元　厂长　1990.10—2001.04
王宜明　厂长　2001.04—2008.07
王宜明　董事长　2003.04—2014.05
庞世森　总经理　2008.07—2014.05
李德军　总经理　2014.05—2018.02
李德军　董事长　2014.05—
李　峰　总经理　2018.02—

企业文化

基层组织

1965年10月，山东沂源化肥厂党委成立。2003年4月，党委名称变更为中共山东联合化工有限公司委员会。2006年2月，企业二次改制后，公司党委名称变更为中共山东联合化工股份有限公司委员会。2014年5月，公司与江西合力泰科技有限公司重组后，公司党委名称变更为中共合力泰科技股份有限公司委员会。2016年12月，合力泰科技股份有限公司注册成立山东合力泰化工有限公司后，公司党委名称于2017年8月变更为中共山东合力泰化工有限公司委员会。公司党委下设13个党支部，包括山东合力泰化工有限公司12个党支部（后勤党支部、经营党支部、生产党支部、三胺党支部、硝酸党支部、硝基肥党支部、原能党支部、退管一支部、退管二支部、退管三支部、退管四支部、退管五支部）和淄博新联化物流有限公司1个党支部（新联化党支部）。截至2023年底，共有中共党员308名，其中在职党员111名。

1976年，山东东风化肥厂第一次党代会

工会工作

1965年8月，山东沂源化肥厂工会成立，刘梅生任工会主席。2019年3月，工会换届，白如彬任工会主席。工会坚持以人为本工作理念，充分发挥桥梁纽带作用，积极参与民主管理，先后多次组织开展庆元宵猜灯谜、庆五一迎五四拔河比赛、登山比赛、职工一日游、红色学习教育、安全知识竞赛等活动。为职工建立读书屋、心理咨询室、母婴哺乳室，开展了为在职职工发放生日蛋糕等活动。常年组织慈心一日捐、救助困难职工等活动。

建厂初期元宵节文艺活动

企业往事

荒山坡上创奇迹

20世纪60年代中期，在当时国际局势日趋紧张的大背景下，为加强战备，国家大力实施“三线建设”，地处一线二线的省份，各自建设一批省属的“小三线”地方军工企业。

1965年初，山东省委决定在沂蒙山区建立一家以生产氮肥为主的企业。经过实地查看，认为沂源县田庄水库北侧、永兴官庄以东，山峦起伏、草木葱郁，隐蔽性极强，又紧邻水库区，水源方便，非常符合“靠山、分散、隐蔽”的建设要求。1965

年1月，山东沂源化肥厂成立（山东合力泰化工有限公司前身），投资500万元，规模为年产合成氨2000吨，要求当年建成。

建厂之初，条件异常艰苦。厂区是远离县城一无所有的荒山坡，进出只有一条羊肠小道；生活所需的柴米油盐等物品，得从10多公里外的县城用独轮车推、扁担挑等方式人工运回；时值寒冬，生活用水要到封冻的水库上凿冰取水；没有床，在地上刨个土窝，铺上干草，就算是床了。当时没有机械化施工设备，所有建设用的塔、罐、架子都得靠人抬、肩扛……创业者们就是在这样的环境下，发扬大无畏的革命精神，不怕牺牲，艰苦奋斗，经过10个多月的紧张施工，终于在当年12月28日完成了年产2000吨合成氨建设项目。创造了“当年规划、当年设计、当年施工、当年投产”的“四个当年”骄人业绩，创业者们硬是在山旮旯里建成了沂蒙山区第一家氮肥厂。

东风精神

工厂建成投产后，发展日渐平稳。20世纪70年代中期，厂党委组织人员克服知识匮乏、技术薄弱、机械化程度低等困难，通过自学、自主研发，进行了一系列技术革新。在国内率先使用碳酸丙烯脂脱除二氧化碳新工艺对合成氨生产系统进行优化改造、扩建TNT炸药项目、改造硝酸项目工艺、新建联碱项目。通过革新，产量逐年增长，企业发展快速，走在了全省的前列。广大干部职工更是以积极乐观的心态、激情高昂的斗志，你追我赶、大干快上，整个工厂呈现出一片干劲十足、热火朝天的场面。

经过十多年的艰苦创业，企业形成了自己特有的企业文化，培育了“艰苦奋斗、不怕困难、连续作战”的“东风精神”，树立起了光辉的“东风形象”，成为当时全国“工业学大庆”的典范，被山东省委命名为“大庆式企业”。当时中共山东省委第一书记白如冰批示：“东风化肥厂的经验很好，要好好地总结一下推广到地、县”；山东省委书记厉日耐批示：“省化学工业局：根据白书记指示精神，请马上组织力量，对东风化肥厂的经验进行总结，然后报省工办，以革委会文件批转各地、市和县级企业推广”。一时间，作为先进典型，在社会上响起了“远学大庆、近学东风”的口号。

破局而立向新而行

进入20世纪90年代末，随着市场经济的建立完善和国企改革的深入，企业规模小、设备陈旧、效率低下等弊端逐渐显现，生产经营逐步滑入低谷，企业发展举步维艰。再加上厂区紧邻的田庄水库是沂源县城区居民生活用水水源地，政策不允许再上新项目。怎么办？企业将何去何从？厂领导班子经过深思熟虑，决定打破困局，做出了异地建厂的重大决策。

1998年1月，厂党委成立了异地改造办公室，分工协作，压茬进行，全力推进。经过多方论证，选址在靠近县城、交通便利的县化肥厂南侧部位。接下来加班加点搜集整理各种资料，一趟趟跑政府有关部门报批土地、建设等手续。往返各大银行筹措资金，有时为了能见上主管领导，往往要连续蹲守在银行门口好几天。同时采取师傅带徒弟的模式，为新厂区培养管理、技术人才。建设期间，厂领导们不停地奔波忙碌于旧厂与新厂之间，生产建设两不误，几乎是马不停蹄，天天连轴转。终于在1998年底新厂区建设完成，3万吨稀硝酸装置由老厂区搬迁至新厂区，新上两套年产2万吨浓硝系统，次年新建硝酸分厂，新上3万吨硝盐项目。异地新厂的建立，为企业以后扭亏脱困、健康发展奠定了基础。

紧急关头的制胜一招

2001年，面对企业机构臃肿、技术落后、业绩亏损、负债严重等诸多问题，以新上任的王宜明厂长为首的企业决策层，按照“治理、整顿、充实、提高”的发展思路，实行了大刀阔斧的改革。进行机构改革，合并机构、调整精简管理人员，建立精干高效的管理机构。进行工资制度改革，打破了长期以来的“平均主义”“大锅饭”，建立经济责任制考核体系，工资分配模式由原来的固定工资制改为固定工资加效益工资的模式。挖潜改造旧设备，优化工艺，降低能耗，同时投资300余万元新上一台35吨循环流化床锅炉，提高锅炉产气量和能源利用率，减少烟气排放。

改革期间，由于效益不好，负债太多，多方筹措资金无果，连银行部门也不敢给企业贷款。没有钱就无法更新设备，就不能扩大再生产，面对困境，新任领导班子一筹莫展。在一次领导办公会上，厂长王宜明提出了一个当时唯一可行的解决办法，由高层管理团队集体用个人的房产证办理抵押贷款，并表态自己先带头。用个人的房产证抵押贷款，风险可想而知，万一工厂收不回利润，管理团队将面临无家可归的境况。虽然有人思想上有顾虑，但在王宜明的鼓动和带动下，大家很快同意了这个方案。正是有了这笔“舍小家为大家”的救命钱，2001年年底，新上的35吨锅炉建成投运，解决了长期以来制约生产的用气问题和锅炉冒黑烟问题，为装置后续的优化改造创造了条件。通过企业上下不懈努力，企业在一年内扭亏为盈，逐渐步入了快速发展的新轨道。

快速发展的八年

2003年至2010年，对东风化肥厂来说是极不寻常的几年。2003年，企业改制成立山东联合化工有限公司，在年终总结大会上，董事长王宜明代表领导班子郑重表态，从2003年开始，今后每年企业利润增长率不低于20%，如果实现不了就集体引咎辞职。立下铮铮誓言，领导班子自我加压，奋发图强。2003年12月，企业以租赁经营的方式接管沂源县化肥厂，成立了山东联合化肥有限公司，企业规模进一步壮大。

2004年，公司成功完成了国企改制，注入了新鲜血液，焕发出蓬勃生机与活力，加快了发展步伐。2005年11月，公司启动上市工作。2008年1月7日，中国证监会审核委员会通过了公司首次发行股票并上市的申请，2月20日，公司A股股票在深圳证券交易所挂牌上市，企业从此迈上了高速发展的新阶段。

虽然此间经历了“非典”、金融风暴等风险，但公司领导抱着无所畏惧的必胜信心，带领全体员工勠力同心，踔厉奋进，化危机为机遇，成功闯过了一道道难关。八年间，销售收入从1.2亿元增长到10亿元，利税从1947万元增长到1.7亿元，利润从984万元增长到1.2亿元，增幅均实现了既定目标。

申报认定重点化工监控点

2018年，沂源县化工产业园获批省级化工园区，但未将公司包含在范围之内。因“新建、扩建项目原则上进入省政府公布的化工园区、专业化工园区或化工重点监控点建设”的政策要求，如果进不了规定范围，公司将无法进一步发展。

生死攸关，2018年初，公司党委书记李德军立即组织人员展开了化工重点监控点的申报工作。申报过程工作量极大，一份份申报资料堆积如山、一项项审批程序纷繁复杂，李德军带领申报工作小组人员，加班加点、挑灯夜战。其间，他经常往返于省、市化工产业转型升级工作办公室，加强沟通联系，及时获取申报信息、及时调整落实工作要求、及时解决重点难点问题。经过两年的不懈努力，2019年12月27日，公司顺利通过了山东省第二批重点监控点认定。

高效建设碳酸氢铵项目

2020年，为响应应急管理部等五部委关于固体硝酸铵调峰、分流措施要求，落实国务院安委办硝酸铵专项检查方案，以党委书记李德军为核心的党委领导班子决定通过实施“产业链转型升级技术改造项目”的办法，实现固体硝铵的安全生产和产量缩减，从源头上降低安全风险。而碳酸氢铵建设项目是技术改造项目中的重要一环，关系到公司产品结构多元化调整战略和整体安全生产水平，意义重大。

三聚氰胺装置

随即公司集中优势力量，紧锣密鼓地展开了碳酸氢铵新装置的建设工作。在做好资料、审批等基础工作的同时，李德军带领工作人员深入研究上级政策，密切与政府相关部门对接沟通，第一时间抓住了政策调整的难得机遇，获取了项目建设的批准文书。

高效煤粉锅炉

有了尚方宝剑，大家的底气和干劲更足了。在之后5个多月的建设过程中，李德军几乎天天深入工地督导协调，管理层相关人员拿出一半的时间盯在现场，一线职工更是发扬不怕苦不怕累的精神，加班加点、日夜赶工。碳铵工段长宋以庆以工地为家，直接住在了工地里；管理层指哪打哪儿，即便在烈日炙烤下长时间清理碳化塔和石棉垫也毫无怨言；电焊工在灼热的管架上、框架中挥汗如雨，从不叫苦叫累。特别是碳化塔水箱安装时，需要长时间高处作业，操作工们早上上塔直到晚上才下塔，上去就是一整天，午饭都要在离地十几米的高塔上面吃，一天下来，工作服不知要被汗水浸透多少次。5个月的踔厉奋战，2022年11月23日上午11时10分，10万吨碳酸氢铵装置全线贯通，正式投产。

大事记

1965年　1月29日，山东省委批复山东省重工业厅，同意新建山东沂源化肥厂。

1965年　2月，山东沂源化肥厂筹建指挥部成立。

1965年　3月7日，沂源化肥厂党支部成立。

1965年　12月28日，生产出合格氨水。

1970年　2月16日，山东沂源化肥厂更名为山东东风化肥厂。

1970年　6月，TNT炸药生产项目生产车间开始筹建。

1976年　2月5日，石油化学工业部张珍副部长来厂检查工作。

1976年　12月15日，中共山东东风化肥厂第一次代表大会召开。

1977年　1月27日，硝铵车间扩建改造工程完成，一次开车成功。

1977年　9月25日，首届团代会召开，选举产生了首届团委会。

1977年　10月13日，中共山东省委书记厉日耐、省委常委宋庆友来厂检查工作。

1979年　10月，联碱车间建成投产，一次开车成功。

1993年　与中石化联合实验开发硫化异丁烯产品。

1998年　4月15日，厂党委、厂部会议决定，将已安装改造基本完成的3万吨硝酸新装置，搬迁至县城东部新址，并新上浓硝、硝盐项目。

1999年　9月1日，在东厂区（新址）成立硝酸分厂。

1999年　12月，3万吨硝盐工程竣工。

2001年　5月30日，新上35t/h循环流化床锅炉项目。

2001年　12月，35t/h循环流化床锅炉安装完毕投入运行。

2002年　9月，硝酸分厂10吨循环流化床锅炉项目开工建设。

2003年　4月1日，召开山东联合化工有限公司创立大会暨第一届股东代表大会。

2003年　9月26日，中共山东东风化肥厂委员会更名为中共山东联合化工有限公司委员会。

2003年　12月9日，以租赁经营的方式成立山东联合化肥有限公司。

2004年　4月，硝酸分厂硝盐恢复工程竣工并开车成功，它利用原2.5万吨/年硝盐碱吸收及后处理装置，新上一套氨氧化系统产能2.5万吨/年。

2004年　8月，“东风”牌商标被评为山东省著名商标。

2004年　9月，硝铵车间一硝扩产改造工程竣工并开车成功，它利用了原三合一机组旧厂房，新上2.5万吨氨氧化及酸吸收，年产稀硝2.5万吨。同月，新上3万吨/年硝铵系统并于2005年1月份投产，新老系统综合能力达到5万吨/年。

2005年　1月20日，子公司山东联合化肥有限公司决定在保留三聚氰胺项目办公室基础上，成立三聚氰胺车间。

2005年　1月，购买淄博有机胺厂设备，2月开始拆运，5月20日完成。其中，合成氨设备作为化工公司东厂区实施，4万吨/年合成氨技改项目用，此项目列入县2005年重点项目。

2005年　4月1日，硝酸分厂扩改工程投产，稀硝酸生产能力达到12万吨/年。

2005年　5月1日，胶印版《联合通讯》报纸创刊。

2005年　9月9日，装载着公司出口巴基斯坦22吨三聚氰胺产品的货船驶离青岛港，标志着公司40年自营出口创汇取得了新突破。

2005年　9月29日，10万吨硝酸项目举行奠基仪式。

2005年　11月17日，市委书记张建国到公司调研工作。

2006年　12月24日，11万吨硝基复合肥技改项目在东部厂区破土动工。

2007年　4月18日，10万吨硝酸项目安装完成并试车调试成功。

2007年　7月26日，高度108米、造价近1000万元的11万吨硝基复合肥造粒塔成功封顶，进入设备安装阶段。

2008年　2月20日，在深圳证券交易所正式挂牌上市，成为山东省2008年第一家上市公司。

2008年　4月29日，年产3万吨三聚氰胺项目在东部厂区举行奠基仪式。

2008年　5月25日，公司党委、工会在全公司范围内开展向四川汶川地震灾区募捐活动，累计捐款534138.6元。

2009年　7月9日，市委书记刘慧晏到公司调研指导工作。

2009年　7月30日，省委书记、省人大常委会主任姜异康到公司调研指导工作。

2009年　8月20日，淄博市市长周清利带领参加全市经济社会发展点评考核会议的领导，到公司东部厂区考察指导工作。

2009年　9月7日，被认定为国家高新技术企业和省级企业技术中心。

2009年　9月27日，3万吨三聚氰胺项目竣工剪彩仪式在东部厂区举行。

2012年　7月，新建办公大楼竣工启用。

2013年　6月24日，公司年产4万吨三聚氰胺生产装置开车生产。

2013年　9月，根据地方政府统一规划，公司西厂区自9月开始各车间陆续停产，合成车间12月3日系统停车，有着48年生产历史的西厂区关闭。

2013年　10月22日，“20万吨型煤工程”竣工投产，1#造气炉全部改烧型煤。

2013年　10月26日，公司15万吨硝酸生产装置开车生产。

2014年　3月11日，中国证监会通过公司与江西合力泰科技有限公司资产重组申请。

2014年　5月4日，山东联合化工股份有限公司更名为合力泰科技股份有限公司。

2015年　6月5日，“LIAHERD”及图注册商标被国家市场监督管理总局认定为驰名商标。

2016年　3月3日，15万吨/年硝基肥改造项目投产，当日生产出N-P-K含量为20-10-12的合格三元复合肥产品。

2016年　4月26日，创建完成了安全考试中心，新上安全考试软件和电脑，利用安全考试软件系统开展安全考试，实现了安全考试信息化管理。

2016年　6月17日，锅炉超低排放改造工程开始施工，8月23日完成主体建设，10月9日至27日完成超低排放项目仪表的安装调试工作并开始试运行。

2016年　6月30日，荣获“山东省企业知识产权优势培育企业”称号。

2016年　8月14日，50t高效煤粉炉项目开始施工，9月30日基础完成，12月15日仪表自动化安装开工。

2016年　10月26日，重点环保治理项目75t/h循环流化床锅炉烟气超低排放改造工程项目投入试运行。

2017年　3月28日，50t/h高效煤粉炉点火投粉试车成功。

2017年　7月16日，环保部、省市环保巡察组到公司进行实地巡查。

2017年　9月1日，中央第三环境保护督察组副组长、环保部副部长刘华一行3人，到公司督察指导环保治理工作。

2019年　12月17日，省工信厅完成对公司的两化融合管理体系贯标审核工作。

2019年　12月27日，通过了山东省第二批化工重点监控点认定。

2020年　8月29日，应急管理部危化司司长孙广宇一行8人到公司开展安全专项检查。

2021年　3月3日，淄博市委副书记、市长马晓磊到公司调研安全生产工作。

2021年　12月，公司成为福建省和信科工集团有限公司全资子公司。

2022年　11月23日，10万吨碳酸氢铵装置打通全流程，实现装置一次性投料开车成功，安全、环保设施同时投入运行，产出碳酸氢铵合格产品。

2023年　6月15日，淄博市生态环境局组织环保专家对公司清洁生产工作进行审核验收，公司顺利通过审核验收。

2023年　10月10日，国务院安委办帮扶组第一组由应急管理部危化监管一司副司长高建明带队，来公司开展人员定位系统使用帮扶指导工作。

2023年　10月30日，经3名省级专家评审，公司产业链转型升级年产7万吨液体肥项目安全设施设计通过评审。

2023年　11月28日，淄博市应急管理局聘请中石化安全工程研究院有限公司对公司安全生产信息化系统建设与应用进行了验收，公司顺利通过验收。

山东瑞丰高分子材料股份有限公司

概　况

山东瑞丰高分子材料股份有限公司，位于沂源经济开发区东岭路中段，紧邻青兰高速公路沂源东收费站。公司前身是1994年从县化肥厂独立出的全资子公司高分子材料厂。2023年，公司占地面积288378平方米（433亩），建筑面积202224平方米。拥有4个生产工厂和临沂瑞丰高分子材料有限公司及山东瑞丰生物材料有限公司2家全资子公司、山东瑞丰玥能新材料有限公司1家控股子公司、广东迪纳新材料科技有限公司1家参股公司。2011年7月，在深圳创业板上市，股票代码300243。2023年，公司固定资产91720万元，职工人数1031人，实现销售收入211622.9万元、税收2900万元。

发展历程

沂源高分子材料厂（1994—2001）

1994年7月，沂源县化肥厂成立沂源高分子材料厂，系企业的全资子公司，隶属县化肥厂。利用原草酸分厂厂房，新上年产500吨和1000吨ACR生产设备，开发生产ACR加工助剂产品。1998年，加工助剂ACRLP—530产品，被国家六部委认定为国家级新产品。同年开发MBS产品，产能达300吨。

1999年，沂源高分子材料厂被认定为省级高新技术企业，与浙江大学合作，联合生产塑料助剂ACR产品。同年，成立瑞丰高分子材料研究所，聘请留日工学博士担任总工程师、德国专家为技术顾问，成为集科研开发、生产、销售于一体的省级高新技术企业，以抗冲改性剂ACR树脂为主导产品，逐步形成生产PVC加工改性剂、抗冲改性剂、发泡调节剂三大系列产品格局，产品销往全国28个省、市、自治区。

沂源瑞丰高分子材料有限公司（2001—2009）

2001年9月，山东瑞丰化工有限公司报经沂源县人民政府批准，对沂源高分子材料厂进行改制，注册成立“沂源瑞丰高分子材料有限公司”，注册资本500万元，周仕斌任董事长。其中，山东瑞丰化工有限公司控股66.7%（国有法人股），管理人员及职工（自然人股）持股33.3%。

2003年5月，山东瑞丰化工有限公司持有的

66.7%股份，经过评估，全部转让给沂源瑞丰高分子材料有限公司管理人员和职工。自此，沂源瑞丰高分子材料有限公司成为职工100%持股的民营企业；7月，山东瑞丰化工有限公司将沂源瑞丰高分子材料有限公司所属资产、人员全部剥离，沂源瑞丰高分子材料有限公司成为独立法人公司，周仕斌任董事长。

2003年，公司通过ISO9001:2000国际质量体系认证。瑞丰高分子材料研究所自行研制的加工助剂、发泡调节剂、抗冲改性剂各2种及CPVC加工助剂1种，产品性能均达到国外同类产品水平。2003年9月，新上3000吨ACR装置，同时利用破产企业大金元公司厂房，新上2000吨MBS装置，实现MBS从胶乳合成到成品的全流程生产。2006年，公司占地面积4.5万平方米，有员工200余人，其中大中专毕业生96人、硕士3人、博士1人。形成年产PVC抗冲改性剂ACR树脂8000吨、加工助剂ACR树脂6000吨、发泡调节剂ACR树脂3000吨、抗冲改性剂MBS树脂4000吨、丁苯胶乳4000吨的生产能力。公司生产的“鲁山”牌PVC助剂在国内确立了重要地位，其中PVC加工助剂ACR和抗冲改性剂ACR产销量当时居国内首位，同韩国、泰国、土耳其等国家的客商建立了合作关系。

2005年7月，新增5000吨ACR装置，进一步扩大生产规模，ACR产能达到10000吨。

2006年7月，实施5000吨MBS生产装置扩产改造。同时新征土地60亩，规划建设20000吨ACR项目。

2008年6月，购买原光力士公司玻璃球分厂，增加MBS厂区面积到60亩，同时新建10000吨MBS生产装置。

2009年3月，对原5000吨MBS装置进行扩产改造，产能达到10000吨，MBS总产能达到20000吨。

2009年6月，开始谋划公司上市。

山东瑞丰高分子材料股份有限公司（2009—）

2009年8月，沂源瑞丰高分子材料有限公司以2009年6月30日经审计的净资产为基础进行整体变更，设立股份有限公司，名称更改为山东瑞丰高分子材料股份有限公司。2009年6月30日经审计的净资产为61894920.16元，折为股份有限公司的股本计40000000股，每股面值1元，未折股部分计入了股份有限公司的资本公积。

2010年3月，提交上市申报材料。

2011年6月1日，经证监会审核，批准瑞丰公司上市。

2011年7月12日，在深圳证券交易所挂牌上市，公司简称：瑞丰高材，股票代码：300243。

2012年3月，利用募集资金，在沂水征地200亩，设立全资子公司“临沂瑞丰高分子材料有限公司”。2013年，20000吨ACR项目投入生产。2015年，规划建设40000吨MC联产20000吨ECH项目，2020年10月一期20000吨MC项目投入运行。

2013年6月，对沂源厂区10000吨MBS项目进行扩建，产能达到30000吨，成为国内最大的MBS生产企业。同年，在沂源经济开发区新征土地230亩，建设研发中心和仓库，2015年投入使用。

2018年，在沂源新厂区规划建设40000吨MBS项目，一期20000吨MBS项目于年底动工，2020年6月建成投产。二期20000吨MBS项目2020年8月建设，2021年12月建成投产。

2020年8月，在临沂公司规划建设MC二期20000吨项目，2021年8月建成投产。

2020年10月，切入可降解材料领域，规划建设年产60000吨可降解材料PBAT项目，于2023年

全资子公司临沂瑞丰高分子材料有限公司厂区门口

12月建成。

2021年9月，通过司法拍卖，购买锦隆达30亩土地。

2022年6月，在东厂区建设20万吨可降解材料改性项目一期20000吨。

2022年7月，通过淄博市公共资源交易平台，购买南外环处20亩土地。

2022年，完成60000吨可降解材料二期建设手续。

2022年8月，在悦庄镇中张良村征地300亩，一期完成50亩。

2022年10月，按照县委、县政府要求，与鲁中高科公司协商，购买原世拓高分子40亩土地，建设年产3万吨ACR抗冲改性剂改造项目；对MBS老厂区20000吨装置进行改造，建设30000吨工程塑料助剂项目。

ACR生产车间

生产经营

生产研发

2023年，公司有研发人员95人，占职工总数的8.8%。投入研发经费8515.5万元，占销售收入的4%。公司累计投资6000万元购置试验设备，现拥有傅里叶红外光谱仪、气质联用仪、激光粒度分析仪、熔点测定仪、热失重分析仪等国际先进科研设备100余台（套）。建有2460平方米的研发大楼，4500平方米的小/中试车间，1条PBAT生产线，1条PLA中试生产线。

公司设立了省级工程技术研究中心和博士后科研工作站。与中科院、中国纺院、江南大学、青岛科技大学、青岛农业大学、山东农业大学、南京工业大学、北京化工大学等建立了科研合作关系。截至2023年，公司申报专利162项，获得发明专利70项、实用新型专利29项。承担完成了2项国家级火炬计划、1项省级火炬计划，承担省级科技项目18项、市级科技项目2项。2019年“年产5万吨高端耐候材料绿色生产技术”项目，被省科技厅立项为山东省重大创新项目。2021年，与山东农业大学合作申报“全生物可降解农用地膜产业链”项目，被省科技厅立项为山东省重大创新项目。“透明PVC用抗冲改性剂MBS树脂LB-730”项目、“有优异抗冲性能的高透具明无折白MBS树脂”项目，分别获得山东省科学技术三等奖；“PVC管道专用抗冲改性剂LB-156”项目，获得淄博市科学技术三等奖；“超高透明无折白MBS树脂LB-126”项目，获得淄博市重大科技成果二等奖。

公司拥有MES系统、DCS系统、ERP系统、台塑科技智能点巡检系统、智能监察系统、中控能源管理系统、智能环境监测系统、协同政务OA办公平台系统、自动化控制系统，自动称重包装系统等先进生产、办公系统。

智能中控室

化工企业有着生产工艺复杂，设备多样化、大型化，生产区域广泛的特点，通过智能系统的运用，能够更好更高效地完成生产过程中的各项任务，确保装置安全、稳定、长周期运行。自动大屏控制系统，主要配合液晶拼接屏、LED显示屏等大屏显示系统处理信号，切换各种图像，用于监控显示系统，监控各工段设备，反应釜内部变化，提前预警等功能，使工厂内部人员流动减少，多操作电脑控制生产情况，减少安全隐患。全自动称重包装系统，可完成进料、计量、充填制袋、印刷日期、产品运输等生产过程，拥有计量精度高、效率快等优点，配合机械手臂，节省人力，更加精准。公司被淄博市工信局评为淄博市智慧工厂，MBS、ACR车间被淄博市工信局评为淄博市智能车间。

MBS车间

产品及销售

公司努力打造世界一流的“塑料助剂”生产企业，主导产品有ACR树脂、MBS抗冲改性剂、工程塑料助剂等。

公司在国内青岛、上海、广州3个城市，在国外越南设有销售网点，派驻销售人员。目前，公司拥有国内客户4000余家，主要合作客户有中国联塑、浙江海象、公元股份等十几家行业上市公司和几十家知名企业。国际市场主要出口印度、越南、巴基斯坦等40多个国家和地区。2023年，销售各类产品106950吨，销售额211622.9万元。出口销售33689吨，销售额6305万美元。

历年主要经济指标

（单位：万元）

年份	产值	利润	税收	固定资产	员工人数	主要产品	产量（吨）
2004	9967	301	310	1630	99	ACR、MBS	7068
2005	12897	350	379	1872	102	ACR、MBS	8231
2006	15396	434	512	2174	106	ACR、MBS	10721
2007	24096	922	972	3015	113	ACR、MBS	16640
2008	30985	1497	1608	3994	145	ACR、MBS	19779
2009	38562	3440	2517	6082	214	ACR、MBS	29398
2010	60322	4367	1944	8392	294	ACR、MBS	34325
2011	92243	3907	2340	9115	400	ACR、MBS	43393
2012	103298	3411	3347	11161	444	ACR、MBS	45029
2013	117845	2277	3385	12297	489	ACR、MBS	44795
2014	123579	2604	3271	12822	505	ACR、MBS	39537
2015	138438	2940	3917	19913	501	ACR、MBS	39720
2016	157597	1731	3234	21246	480	ACR、MBS	46286
2017	186424	3845	3332	21808	552	ACR、MBS	45288
2018	237522	8216	5012	22926	597	ACR、MBS	58616
2019	84972	7872	3316	22670	607	ACR、MBS	59391
2020	150035	6494	2648	34690	730	ACR、MBS、ECH、MC	79727
2021	223746	8883	3394	47213	994	ACR、MBS、ECH、MC	91360
2022	228918	4287	2502	54715	1074	ACR、MBS、ECH、MC	108067
2023	216383	8341	2900	91720	1031	ACR、MBS、ECH、MC	99779

历任负责人

周仕斌　董事长　1994—

刘春信　总经理　2016—

企业文化

基层组织

2005年3月，山东瑞丰高分子材料股份有限公司党支部成立，周仕斌任党支部书记。截至2023年，共有中共党员48名。2023年，被淄博市委组织部评为淄博市先进党支部。

工会工作

2005年10月，山东瑞丰高分子材料股份有限公司工会成立，赵子阳任工会主席。工会定期组织开展岗位练兵、文体娱乐、走访慰问等活动。截至2022年，募集救助金83652元，救助困难职工36人次。

企业往事

2009年，瑞丰公司迎来发展史中最重要的决策上市。时值中国证监会刚刚推出创业板，公司深知机不可失，时不再来，周仕斌董事长领导董事会带领全体员工坚定信念，克服一切困难，排除一切障碍，力争实现上市目标。

公司于2009年7月确定了上市的三个中介机构，平安证券+华联律师+上会会计师的金牌团队，仅一个月左右的时间就完成了股权确权工作，并于当月完成股改及股份公司创立大会工作，又通过半年的时间完成了辅导、尽调、招股书和申报文件的起草等工作，于2010年3月成功申报上市申请文件至证监会。经过两次书面反馈，数次口头反馈，现场沟通会，克服举报信、诉讼等带来的障碍，于2011年5月成功过会，并于当年7月成功在深交所创业板挂牌。公司自启动至挂牌上市，仅用了两年左右的时间。依靠上市平台拓宽了公司融资渠道，显著提升了内在价值、知名度和抗风险能力，使公司得以规范运作、健康发展，可以说是公司发展史上的里程碑。

在整个上市过程中，县委、县政府非常重视，给予特别的关照与支持。公司将上市工作作为头等大事成立领导小组，上下一盘棋，全体员工共同努力，中介机构、证券、财务等相关人员加班加点，熬通宵、赶夜路、与时间赛跑；董事长周仕斌同志亲自安排部署，尤其是重点、难点、棘手的问题，更是亲自抓、亲自跑。2010年，公司上市工作进入关键期，而周仕斌的妻子秦老师也因脑瘤病重，在济南前后住院数月时间，在此期间，周仕斌白天上班指挥生产经营和上市工作，下午下班后接着赶往济南陪护，早晨再从济南医院赶回沂源上班。周总酷爱书法，在最困难时，他挥笔写下毛泽东的《七律·长征》，公司上下无不对周总的精神所感动，也被他坚毅的品格所鼓舞……更加坚定了要搞好生产经营，推动公司早日上市的决心。

大事记

1994年　7月，沂源高分子材料厂成立。

1998年　6月，加工助剂ACRLP—530产品，被国家六部委认定为国家级新产品。

1998年　8月，开发生产MBS产品，产能300吨。

2001年　5月，2000吨ACR项目投产。

2001年　9月，改制成立沂源瑞丰高分子材料有限公司。

2003年　5月，山东瑞丰化工有限公司将所持股份转让给沂源瑞丰高分子材料有限公司，沂源瑞丰高分子材料有限公司成为职工100％持股的民营企业。

2003年　9月，新上3000吨ACR装置，同时利用破产企业大金元公司厂址，新上2000吨MBS装置。

2003年　10月，年产5000吨ACR项目，被科技部列为国家级火炬计划。

2005年　7月，扩产5000吨ACR产品，产能达到10000吨。

2006年　8月，在荆山路南侧，专利园路西侧，新征土地60亩，建设20000吨ACR项目，成为单套生产装置全球最大的ACR生产企业。

2006年　10月，被山东省科技厅认定为“山东省PVC助剂工程技术研究中心”。

2007年　10月，被山东省科技厅评定为“国家高新技术企业”。

2009年　3月，改造原MBS生产装置，产能达到20000吨。

2009年　8月，沂源瑞丰高分子材料有限公司变更为山东瑞丰高分子材料股份有限公司。

2010年　5月，“1万吨/年抗冲改性剂MBS树脂LB—564”项目，被列为国家火炬计划项目。

2011年　7月，在深圳证券交易所挂牌上市。

2011年　10月，被科技部评为“国家火炬计划重点高新技术企业”。

2012年　5月，设立临沂瑞丰高分子材料有限公司全资子公司。

2012年　12月，公司“鲁山及图”商标，被国家商标总局认定为“中国驰名商标”。

2013年　6月，扩建10000吨MBS生产装置，产能达到30000吨，成为国内最大的MBS生产企业。

2013年　8月，在沂源经济开发区新征土地230亩，建设研发大楼，2015年8月建成。

2018年　6月，被山东省中小企业局认定为“山东省专精特新”企业。

2018年　10月，新上40000吨MBS项目，一期20000吨于2020年6月建成投产，二期20000吨于2021年12月建成投产。

2018年　10月，在临沂瑞丰公司建设20000吨MC项目。

2018年　11月，被评为“国家级制造业单项冠军示范企业”。

2018年　12月，被评为“山东省隐形冠军企业”。

2019年　1月，被山东省质量评价协会评为“山东名牌产品”。

2019年　10月，被中国塑料加工工业协会评为“改革开放40年中国塑料行业突出贡献单位”。

2020年　10月，建设年产60000吨可降解材料PBAT项目。

2021年　9月，通过司法拍卖，购买土地30亩。

2022年　6月，被山东省工信厅评为“山东省技术创新示范企业”。

2022年　7月，在公司东侧、南外环交界处，新征土地20亩。

2022年　10月，购买世拓高分子有限公司40亩土地，建设年产30000吨ACR项目。

2022年　10月，建设年产30000吨工程塑料助剂项目。

淄博卓意玻纤材料有限公司

概　况

淄博卓意玻纤材料有限公司(以下简称“卓意玻纤”)隶属于山东玻纤集团股份有限公司，成立于2011年，总注册资本3亿元，资产总额13.9亿元，在岗员工840人。

其前身是成立于1956年的南麻砖瓦社，后过渡经历沂源县建材厂、沂源县第二塑料厂、淄博光力士玻璃纤维厂、山东光力士玻璃纤维股份有限公司几个发展阶段。1998年，沂源县将光力士公司公有股权转让给临沂矿务局经营。2011年12月8日，成立淄博卓意玻纤材料有限公司，由山东玻纤集团股份有限公司全额投资；12月16日，由卓意玻纤收购光力士公司，清算资产。

2013年，公司以2.07亿元整体收购原山东格赛博玻纤科技有限公司，安置职工475人。同年，完成对原3万吨窑炉煤改气技术改造，产能提升到3.6万吨。

2014年，按照沂源县企业退城进园搬迁规划，完成对老厂区的搬迁，淘汰坩埚拉丝落后产能，转向窑炉拉丝及织物深加工生产。

2015年，公司实现扭亏为盈，当年盈利610万元，盈利水平逐年提升。近年来又抢抓全省新旧动能转换重大机遇，累计投资17.5亿元建成两条年产8万吨玻纤数字化生产线，年产能提升到16万吨，公司先后荣获“高新技术企业”“山东省专精特新企业”“山东省企业技术中心”等荣誉称号。

发展历程

南麻砖瓦社(1956—1971)

沂源县第一家建材企业是南麻砖瓦社，1956年建厂，生产建筑用砖瓦。1964年6月，沂源手工业联社接收南麻公社窑业生产合作社(包括南麻砖瓦社)组建成立沂源县砖瓦社，隶属沂源县手工业联社(后来的沂源县手工业管理局)管理，厂址从南麻公社高庄村迁至县城河西，当时砖瓦合作社，作坊生产条件工艺设备十分落后，一首民谣形象地描述了环境的艰苦及劳动的艰辛，“一根大烟筒，几间小矮房，锤子叮当响，汗流满胸膛”。1964年产砖6万块、瓦4万片，产值仅8000元。

沂源县建筑材料厂(1971—1987)

1971年砖瓦社进行第一次较大改造，同年4月，改名为沂源县建筑材料厂(简称县建材厂)，隶属沂源县工业局管理。新建一座年产360万片的24门大轮窑，1972年投产，年产缸瓦285万片，其中脊瓦3万片，改变了旧的土瓦生产工艺，提高了质量，增加了效益，是年实现产值23万元，创利润2.4万元。1973—1976年，由于受“文化大革命”

影响，管理涣散、人心不稳、生产下滑，连年亏损，累计亏损14.14万元。“文化大革命”结束后，企业一心抓生产，1976年实现利润0.32万元。

1980年，取消“大锅饭”，实行定额计划管理，试行经济责任制，每月按班组实际完成产量、质量进行核算，按劳取酬，多劳多得，调动了职工积极性，全厂提前69天完成全年任务，实现利润12.4万元。1981年开始，企业全面清理各项制度。1983年4月，实行承包责任制，企业内部制定具体承包方案，通过承包责任制承包定额，促进了生产，降低了成本。1984年，再建20门轮窑一座，使生产能力达900万片。

1986年12月至1987年1月，根据县委、县政府指示精神，企业实行集体承包经营和厂长负责制，突出厂长在生产经营中主导地位和指挥决策权，逐步做到职责分明，目标合一，各方面工作有了一个新的局面。1986年，生产缸瓦960万片，产值145.5万元，利润20万元。由于缸瓦生产品种单一，生产工艺简单，劳动强度大，技术含量低，加之乡镇企业蜂拥而上严重冲击和争夺市场，同时伴随着国民经济的发展，楼房建筑越来越多，缸瓦用量逐渐减少，面对严峻形势，厂领导清醒意识到单一产品随时会陷入被动，等待意味着淘汰，企业要发展只有另寻他路。

沂源县第二塑料厂（1987—1994）

1986年，县建材厂开发新产品涂塑窗纱，玻璃纤维涂塑窗纱新项目从考察到生产出第一批合格产品仅用半年时间，整个实施过程按照具体计划，加强领导，严密组织，发扬了“三千三万”（千山万水、千言万语、千辛万苦）的艰苦创业精神。1986年12月，生产出第一批合格产品。1987年4月，利用一个月时间新上玻璃纤维方格布产品，第一次创业取得重大成果，自此以产涂塑窗纱为主，改厂名为沂源县第二塑料厂（简称县塑料二厂）。企业持续发展，转产玻璃纤维及制品，临沂地区行署、沂源县委、县政府领导给予高度评价。

1990年，企业安装玻璃纤维生产“坩埚”法拉丝炉30台，主要生产中碱玻璃纤维纱，织机120台。同年，玻璃纤维涂塑窗纱产量达到1000万平方米。1992年7月，拆除大轮窑，结束缸瓦生产历史。

1991年，县塑料二厂完成产值1050.69万元，首次突破千万元大关，实现利润72.84万元。1992年，生产玻璃纤维涂塑窗纱785万平方米，产值1516万元，利税251万元。1993年5月，该厂投资兴建铂金坩埚车间，1994年10月，成立贵金属加工厂，满足内部需求。光力士集团公司所属的广利福利化工厂，主要生产该公司所用化工原料，贵金属加工厂生产玻璃钢制品，2000年停产。

1994年，该厂投资390万元，新上无碱玻璃纤维纱项目，安装拉丝炉24台、退解机4台、捻线机3台。同年6月，新开发“渔杆基布”项目，10月，与石桥乡合资办厂，成立沂源东方玻璃纤维有限公司。

淄博光力士玻璃纤维股份有限公司（1994—1996）

玻璃纤维行业是20世纪80年代的新兴产业，沂源第一家玻璃纤维企业即光力士公司。

沂源县第二塑料厂转产玻璃纤维及制品后，1994年4月12日，经沂源县二轻工业总公司批准，县塑料二厂更名为淄博光力士玻璃纤维厂，隶属沂源县二轻工业总公司管理。同年6月8日，企业改制后改称淄博光力士玻璃纤维股份有限公司。1995年4月，该厂新上年产1500吨无碱喷射纱生产线，产品出口德国。1996年9月，新上奶瓶纱生产线并投产。同年10月，成立开元玻璃钢厂，主要生产玻璃钢座椅及餐桌等，公司产品主要有玻璃纤维涂塑窗纱、中碱无碱玻璃纤维纱、渔杆基布、无捻粗纱、玻璃纤维短切毡、玻璃钢制品、化工制品、铂金制品等，随着规模的扩大，产值、利润逐年增长。

山东光力士玻璃纤维股份有限公司（1996—2008）

1996年12月25日，山东省体改委颁发《山东省股份有限公司批准证书》（鲁体改字〔1996〕第

163号），同意淄博光力士玻璃纤维股份有限公司更名为山东光力士玻璃纤维股份有限公司。同月，光力士股票在淄博证券交易自动报价系统托管；被国家经贸委批准晋升为国家大型二档企业。

当年光力士公司的“欧佳乐”系列玻纤壁布生产线，是委托德国设计、制造、安装的国内最先进的生产线，也是国内唯一的一条该类生产线，年生产能力400万平方米。“欧佳乐”系列玻璃纤维壁布产品，达到欧洲同类产品标准，符合国家装饰材料十项强制标准，属A级不燃烧材料，被认证为绿色建材。1997—1998年，受东南亚金融危机影响，国际国内玻纤市场需求不旺，企业经营困难，举步维艰，亏损748万元。1998年5月，县委、县政府将其公有股权以548万元转让给临沂矿务局，由临沂矿务局负责生产经营并成立新董事会和经理班子，新班子抓住资产重组这一契机，进行一系列改革。2002年1月24日，县委、县政府下发了《关于光力士集团有关问题的函》，同意将由县委组织部和县人事局管理的光力士公司在职66人和由县总工会管理的人员一并移交给临沂矿务局。

公司厂区管廊

2001年，总投资2760万元的玻璃纤维石英墙布项目兴建，2002年产品投放市场。2002年，光力士公司产品主要有“欧佳乐”牌系列玻璃纤维壁布、“光力士”牌玻璃纤维纺织细纱、中（无）碱膨体纱、玻璃纤维涂塑窗纱、无捻粗纱、中（无）碱方格布、网格布、短切毡、针织缝编毡、钓鱼竿基布等。产品销往全国，出口到亚洲、欧洲、非洲和美洲的十几个国家和地区。

2006年，光力士公司生产玻璃纤维纱2784.21吨。同年，改制成立的临矿集团将玻纤产业作为战略性产业进行扶持，使其成为临矿的三大主业之一。

山东玻纤复合材料有限公司（2008—2013）

2008年1月，临矿集团在整合山东光力士集团公司、沂水县热电公司、淄博草埠实业公司的基础上，依托当地矿产资源和电力优势，成立了山东玻纤复合材料有限公司，实现了从球法坩埚拉丝到池窑拉丝工艺的技术革命，形成了“资源整合—技术升级—规模经营”一体化的产业链发展模式。

2011年，公司从国外引进先进的ECR高性能纤维生产技术。

2011年10月20日，光力士公司召开董事会第五届五次会议，会议审议并通过了关于光力士公司解散清算的议案。同月21日，公司在《淄博日报》公告《关于召开临时股东大会的通知》。11月5日，公司召开临时股东大会通过了光力士公司解散清算的决议，授权董事会负责公司清算及办理工商登记等相关事宜。同月6日，清算公告。光力士公司按照《中华人民共和国公司法》及《光力士公司章程》有关规定，通过临时股东大会作出的决议，公司进入解散清算法定程序。2012年3月20日，山东光力士集团股份有限公司注销。

2013年5月，山东玻纤复合材料有限公司收购了沂源县格赛博公司3万吨中碱池窑拉丝生产线，自主研发了ECER改性纤维。

山东玻纤集团股份有限公司（2013—）

2013年12月，作为省国资委培育的改制企业，在山东能源和临矿集团的大力支持下，山东玻纤复合材料有限公司完成了整体改制，正式更名为山东玻纤集团股份有限公司，成长为玻纤产业“世界六强”，“全球首家”数字玻纤生产线。

淄博卓意玻纤材料有限公司（2011—）

2011年12月8日，成立淄博卓意玻纤材料有限公司。成立时注册资本3000万元，由山东玻纤集团股份有限公司全额投资。同年12月16日，由卓意玻纤收购光力士公司清算资产。主要产品有中碱纱、无碱纱、壁布、平纹布、平织窗纱等。

2013年，经山东能源资字〔2013〕38号文件批复，同意卓意公司收购山东格赛博玻纤科技有限公司。同年完成对原格赛博唯一的一条3万吨窑炉生产线煤改气改造，10月开始投产，产能3.6万吨。同年10月31日全部完成资产收购，接收安置职工475人。2014年2月，公司老厂区完成“退城进园”，并在原格赛博厂区东面新征地35453.18平方米，建设壁布和平织窗纱生产车间；11月5日，山东玻纤增资8000万元，注册资本变更为11000万元。公司占地面积202839.8万平方米，有职工1235人。

2015年，公司快速实现了新旧厂区生产资源的整合和配置，按照“效益增，工资增；效益降，工资降”的原则将全员工资与利润、成本挂钩，使全体员工感受到生产经营的压力，以提效降本为首要任务，当年实现盈利610万元。

2016年，公司在上年度扭亏为盈的基础上，全年实现了窑炉的稳产高产，特别是外贸市场增幅较大，全年在实现产销平衡的基础上，外贸市场收入占比达到总收入的50%。

2017年，公司经营成果在上年度的基础上稳步提升，主攻国内市场销售，玻纤壁布内贸销售取得了有史以来的最大突破。

2018年12月30日，公司投资9.49亿元建成8万吨无硼无氟玻璃纤维生产线，成为山东玻纤第一条数字化生产线，开创“智造玻纤”时代，原3.6万吨中碱池窑生产线同时停产。

2019年，公司8万吨池窑生产线实现高产、稳产。生产经营稳步发展，同年9月，公司7#线即原3.6万吨中碱池窑生产线技改项目开始动工。

智能仓储

2020年5月27日，公司7#线技改项目6万吨窑炉生产线点火投产。

生产经营

生产研发

2023年，公司有研发人员140人，占总员工的16.67%，其中中级以上职称6人、初级职称50人。2023年，公司研发经费占比销售收入比率为3.86%。公司有18项专利成果，其中4项发明专利、14项实用新型专利。先后与清华大学开展高级经营管理人才研修班，与南京玻纤院开展C—CR玻纤数字化生产线建设，与阳程、昆船等智能化企业开展玻纤设备自动化、智能化应用。公司聚焦热塑产品，在汽车配件加工制造上发力；同时积极开拓低Tex膨化纱、并捻纱等高端产品市场，为公司高质量发展奠定基础。

拉丝生产线

公司拥有各种设备6137台，主要生产车间的自动化智能系统占比达到80%以上，智能控制联接设备占比90%以上，实现公司的“数字化工厂”运营，成为行业标杆。公司形成以两条数字化纤维生产线为生产经营主体，以玻纤织物为辅的经营格局，按计划开展职业健康、安全、质量、环境、绿色工厂等体系建设，维持和及时更新数字化工厂运行的相关系统及设施，在确保安全、环保的前提下，实现稳产、高产。主要生产线使用清洁能源，采用纯氧垂直顶烧技术，窑炉节能技术国内领先。同时，能够实现废气超低排放、污水零排放和中水回用。

产品及销售

车间AGV正在运输半成品

公司早期以玻璃球坩埚拉丝玻璃纤维为主要产品，产品比较低端，主要用于纺织织布。发展过程中新增中碱池窑拉丝项目、玻纤网格布壁布项目、ECER无碱池窑拉丝项目、C—CR特种池窑拉丝项目。中碱池窑拉丝项目主要有低Tex纺织用直接纱、奶瓶纱、淀粉奶瓶纱、膨化纱等。

2020年，新建年产8万吨ECER无碱池窑拉丝项目，主要以纺织用608产品、缠绕用601产品、热塑用907/908产品、在线短切热塑纱921/925产品、在线短切毡用水切丝产品、膨化用767P产品、膨化或纺织用805产品等。年产8万吨C—CR特种池窑拉丝项目，主要以纺织用363产品、奶瓶纱767产品、膨化用767P产品等。

公司部分产品

2011—2023年公司主要产品

年份	员工人数（人）	主要产品	产量（吨）
2011	–	直接纱、奶瓶纱	–
2012	–	直接纱、奶瓶纱	22000
2013	–	直接纱、奶瓶纱	12000
2014	–	直接纱、奶瓶纱	27000
2015	847	直接纱、奶瓶纱	28000
2016	814	直接纱、奶瓶纱	38000
2017	766	直接纱、奶瓶纱	38000
2018	787	直接纱、奶瓶纱	32000
2019	769	ECER纱	55000
2020	887	ECER纱、C-CR纱	110000
2021	855	ECER纱、C-CR纱	150000
2022	852	ECER纱、C-CR纱	160000
2023	834	ECER纱、C-CR纱	120000

目前企业销售队伍有40人，占员工比率1.4%，其中研究生2人、大专以上16人。国内办事处4个，国外办事处2个。市场占有率方面国内占7%，国际占4%。2023年，出口额2136.56万美元，产品出口匈牙利、俄罗斯、捷克、波兰、罗马尼亚、德国和科索沃等国家和地区，出口主要产品为中碱无碱奶瓶纱、直接纱、水切丝、热塑短切。

历年主要经济指标

年份	产值(万元)	利润(万元)	税收(万元)	固定资产(万元)
2011	-	-	-	-
2012	10503.82	-379.62	757.64	5841.9
2013	13653.75	-1083	297.11	28951.87
2014	21181.63	-1592.33	389.64	25823.67
2015	21488.25	609.05	1715.57	30907.35
2016	21891.23	1114.31	1577.88	31303.19
2017	22129.46	1721.25	2629.05	31397.19
2018	26059.79	1370.92	1589.68	30985.96
2019	33336.7	-778.36	317.2	78707.22
2020	48683.59	2304.77	4662.46	133616.6
2021	91459.53	20063.85	7183.58	139147.65
2022	84375.46	18229.97	6643.05	142175.37
2023	61859.93	1045.17	5175.16	102692.55

历任负责人

宋忠玲　企业负责人　2011.12—2014.01

杜纪山　总经理　2014.07—2015.11

刘持兵　总经理　2015.11—2022.06

吴纪龙　总经理　2022.10—

企业文化

基层组织

2012年3月15日，经山东玻纤集团公司党委研究决定，调整党支部设置，成立卓意玻纤公司总厂支部、卓意玻纤公司后勤支部、草埠社区支部、退休支部等。

2013年8月17日，成立卓意玻纤公司贵金属加工车间党支部；10月15日，成立卓意玻纤公司池窑生产区党支部、织物生产区党支部，撤销原卓意玻纤公司总厂党支部、后勤党支部。

2015年5月20日，集团公司党委研究决定卓意玻纤公司党组织调整设置为拉丝车间党支部、制品车间党支部、纺织车间党支部、机电车间党支部、贵金属车间党支部、后勤部室党支部，原党支部设置一并撤销。

2016年7月31日，公司党委报请临矿集团党委批准，成立中共淄博卓意玻纤材料有限公司总支部委员会。下设6个支部：窑炉车间党支部、纺织车间党支部、机电车间党支部、贵金属车间党支部、机关后勤党支部、草埠社区党支部。

2018年5月，公司党委决定对各支部设置及成员进行调整。设卓意玻纤公司党总支，下设4个党支部：卓意玻纤公司生产支部、卓意玻纤公司后勤机关支部、卓意玻纤公司草埠社区支部、卓意玻纤公司退休支部。

2018年11月，公司党委研究决定对各支部和成员重新进行调整，设卓意党总支(190人)，下设4个

2020年4月2日，山东省副省长刘强一行到卓意玻纤调研指导工作

党支部：生产支部（40人）、后勤机关支部（23人）、草埠社区支部（77人）、卓意玻纤公司退休支部（50人）。后期，退休党员转入地方社区党组织管理，党总支按照上级要求仅保留生产党支部、后勤党支部。

工会工作

2019年，成立卓意玻纤车间工会，开展日常工作。

代表和组织职工依照法律规定，通过职工代表大会和其他形式，参加民主管理和民主监督。

构建群众安全监督管理体系。充分发挥群众安全生产监督作用，形成问题检查、筛选、反馈、整改、复查的闭环式管理模式。协助和督促做好职工劳动保险、劳动保护工作，办好职工集体福利事业，改善职工工作条件和生活环境。学习科学技术和管理知识，开展健康的文化体育活动，建立健全文体活动场所和设施设备，健全职工书屋、育婴室、篮球场等场所，办好工会文化、教育、体育事业。

维护女职工的特殊权益，每年积极开展女职工建功立业、技术比武、科技创新、文娱活动等。

对单位困难职工摸底建立困难帮扶档案，设立困难职工救助“彩虹基金”，建立健全困难职工帮扶一系列政策、制度。建立多层级、多渠道的困难职工脱贫、帮扶体系，开展“春送平安、夏送清凉、金秋助学、冬送温暖”等一系列慰问活动，形成精准、快捷、高效的常态化帮扶工作机制。

坚持“党建带团建”原则，充分发挥共青团作为党的助手和后备军作用，落实“从严治团”要求，构建“凝聚青年、服务大局、当好桥梁、从严治团”工作格局。加强团组织设置，2023年设立团总支，下设3个团支部。支部委员会、总支部委员每届任期3年，一般设委员3~5人，设书记1人、副书记1人。团总支积极开展青年志愿活动，接受党委各项考核。

企业往事

妥善安置分流职工

2013年，公司逐渐淘汰坩埚生产，需要分流安置300名职工。对此，部分职工思想有波动，出现了一些不好的苗头，妥善安置他们的岗位成了公司面临的一项难题。

公司领导经过反复论证、充分酝酿，拿出了针对性的安置措施。先是分批找职工集体谈话，动员职工到山东玻纤沂水厂区工作，是双职工的，由公司出面联系沂水方面，帮助解决孩子转学、住宿等问题，此批先后分流24人。对于44岁以上的男同志，由于不能再继续从事拉丝工作，便在沂源厂区成立托盘生产车间，既安置了这部分老同志又解决了公司使用托盘问题，同时减少了车间生产成本。2014年4月19日，卓意玻纤公司召开职工代表大会，会议审议通过了《卓意玻纤公司关于内部退养的暂行规定》《卓意玻纤公司关于困难职工安置的通知》，通过协调地方政府，使部分下岗职工享受到了失业金。自2014年4月至2015年5月，先后为238名职工办理了劳动合同解除手续。由于超前谋划，思想工作到位，整个分流过程平稳有序、和谐顺畅，职工满意，公司放心，在社会上树立了良好的口碑。

稳步推进“退城进园”搬迁工程

2013年底，公司启动“退城进园”搬迁工程。刚开始施工时，周围被征地村个别村民因个人利益问题，经常到工地闹事，致使搬迁项目无法正常施工，拖延时限长达2个月。为平息事端，公司领导前后十多次到涉事村庄了解情况，与村“两委”成员、党员代表、村民代表座谈交流，找准问题症结。同时积极协调当地政府及有关部门，反复沟通协商，以最大的诚意让利村民，最后工程得以恢复施工。

搬迁期间，公司正赶上窑炉更换耐火材料停炉，公司一方面想方设法保证放假职工的生活费用，稳定职工思想，另一方面抓紧组织人员昼夜加班进行维修。在大家的共同努力下，仅用80多天时间完成窑炉改造，在最短的时间内使生产恢复了正常。保证了在搬迁时期的公司职工思想稳定。

2013年11月，占地面积3000平方米、建筑面积1381平方米的贵金属加工车间开工建设，2014年5月竣工，由老厂区搬迁投入使用。2014年7月，建筑面积33268平方米的纺织车间开工建设；12月，玻纤壁布生产车间、单丝涂塑窗纱生产车间由老厂区搬迁投入使用。从2013年12月启动到2014年12月，用时1年，搬迁工程顺利完成。

潜心研发锐意创新

2015年，公司贵金属车间开始试制大漏板。当时该车间产品主要以中型、小型漏板为主，制作大漏板技术尚不成熟，所以，一开始制作的大漏板会出现电极不平、漏孔碰伤、孔径不一、法兰褶皱、底板划伤等一系列问题，最严重的还出现漏料，严重影响了漏板的使用寿命。2017年3月，车间生产的30多台漏板安装到生产线后，近三分之一陆续出现了不同程度的漏料问题。用户单位把问题反馈到车间，车间主任刘德峰彻夜难眠，感到了前所未有的压力。

问题不解决，直接影响生产的顺利进行。必须改进，刘德峰鼓足干劲，带领技术人员扎进车间，到窑炉一线生产现场查看漏料情况，对拆下的每一台旧漏板进行仔细对比分析，找出差异和问题所在。在公司领导的支持下，他们对传统漏板制作方法进行了大胆改进。他们根据制定的改进方案，从大漏板侧壁到法兰处出现的漏料现象，从加工工艺到取料、焊接和漏板结构等，一步步解决。功夫不负有心人，经过不分昼夜地反复研究改进，终于在5月解决了漏板漏料问题。该问题的彻底解决，大大提升了漏板的平均使用寿命，使用期限延长了三四个月，成为贵金属车间大漏板加工史上的里程碑。

研发不倦，创新不止。接下来他们又经过深入研究，改进了熔制方式，降低了漏板损耗。之后又研发改进了漏板喷涂技术，使旧板处理损耗从往年的4.2%降到了3.2%，每年为公司节约成本近400万元。

全力完成淀粉细纱生产任务

2017年1月，公司开始研制中碱CC9—34×1×3S110N淀粉纱。总经理刘持兵牵头，组织成立了由康成坤、亓圣民、赵成旭等技术人员和车间业务骨干组成的攻坚小组，开足马力，展开研发试制。

该产品主要销往日本，用于电瓶壳体及隔板制造。因纤维直径较细、生产过程复杂、品质要求严格，传统的小坩埚无法生产，需要转到中碱池窑生产线生产，而当时此种产品的生产尚无相关数据借鉴。一切从零开始，面对困难，他们不等不靠，主动通过翻阅专业书籍、网上搜索、头脑风暴等方式，进行自主学习、交流、研发，提高工艺水平。对技术难点逐项比对、科学系统分析，有时为破解一个难点就要熬上几个通宵。在试制过程中，他们加班加点，细化加工环节、把控关键点、严格程序操作，极度严谨投入。同时，他们花费了大量的时间和精力，对浸润剂配制与使用、漏板工艺、原丝生产工艺等进行了技改。关键节点，攻坚小组成员紧盯车间，连续一周没有一人离开。30多天的摸爬滚打，终于在2017年3月实现了中碱池窑细纱生产零的突破，且各项指标均达到规定标准。

质量至上精益求精

在2018年公司的一次质量分析会上，质检部报告了窑炉车间生产的601系列两个品种存在纱线强度不稳定、偏低的现象，时任总经理刘持兵当即表态：抓住问题，一改到底！

质检部郑艳、付光华等人立刻行动，利用一周时间对601系列产品进行地毯式环节排查，不放过任何蛛丝马迹。工艺部、生产部积极配合，派人及时跟踪处理。各部门配合默契，连续潜心研究、改进，从工艺标准梳理到实际操作规范，从原材料质量检验到生产细节，全部实行严格控制。同时对浸润剂配方、浸润剂配置温度、涂油转速、控制喷雾流量等进行精准调整。通过全方位的诊断改进，终于解决了601品种质量不稳定问题。

乘胜追击，精益求精，质检部又进一步对产品存在的纱线强度不稳定、个别炉台排线不良等质量问题进行了全线改进，最终使该产品质量完美呈现，稳定了产品的市场占有率。

恪尽职守严格监管

2018年，公司开始建设8万吨ECER项目。项目组人员严格遵守公司规定，加强工程质量管控，从不马虎懈怠。

7月5日，在建的均化车间接地极所用镀锌扁钢进场后，施工人员因着急施工，在没有分清材料性质的情况下，把新进场未经检验的扁铁拿来焊接。项目组李忠锋得知后，立即带领部门人员赶到现场查看处理。项目组人员和监理单位对已焊接完成的接地极一条一条地进行现场测量，从早晨忙到中午，顶着炎炎烈日，整整忙了一上午。测量完成时，每个人的衣服都被汗水浸透了。虽然测量结果全部合格，但项目组还是把这件事向主管领导做了汇报，对施工单位进行了处罚。

全面打造绿色工厂

2018年，公司开始打造绿色工厂。先后投资2945万元，建成污水处理系统、窑炉烟气脱硫脱硝除尘系统、VOCs治理设施等，安装自动化监测监控系统，实时上传排放数据，实现废水废气环保排放标准。在车间内部，实行粉料使用全过程密闭管理，固体废物使用达标。在厂区，实行绿化工程，栽植冬青、黄杨等绿化树，绿化面积超过1万平方米。2019年，对厂区路灯进行改造，全部实现太阳能照明。2021年，卓意玻纤公司通过山东省工贸行业二级安全生产标准化评审验收，获得淄博市“绿色工厂”称号。2022年3月，建成面积约78197.5平方米的光伏发电项目并投入使用，项目装机容量约8.008MW。

智能化改造实现安全生产

公司秉承“机械化换人、自动化减人、智能化无人”的工作思路，于2018年开始进行智能生产改造。截至2020年，累计投资17.5亿元，先后建成、改造两条“数字化”年产8万吨玻璃纤维生产线，改善了工作环境，降低了劳动强度。在车间，广泛应用智能牵引车、自动化机械手、自动化物流、DCS和MES系统等先进设备和控制技术，消除了高温、粉尘等危险作业，人均生产效率提升了6倍，同时大大减少了不安全因素。重点设备、重点部位全部安装远程监控系统，实现了无人操作、远程监控。

智能化改造后，提高工作效率的同时，公司的危险源由原来的450个减少到341个，很好地保障了职工的人身安全，提升了生产现场的安全水平。

大事记

2011年　12月8日，淄博卓意玻纤材料有限公司成立。

2011年　12月16日，由光力士公司清算组（出让方）整体出让光力士公司全部资产，由收购方卓意玻纤公司（收购方）收购，并签署协议。

2011年　12月17日，因企业改制资产重组的需要，光力士公司决定注销光力士公司沂水分公司；国家工商行政管理局商标局受理批复转让人光力士公司与受让人卓意玻纤公司协商5099556“GlassTex”、5099558“GlassTex”、1093619“光力士”、532944“光力士”、1093440“光力士”、5099557“GlassTex”、3133845“欧佳乐”商标转让许可。

2012年　2月25日，山东能源外部董事考察团到沂源县鲁村煤矿、格赛博公司和沂源热电厂考察调研。

2013年　5月9日，临矿集团与沂源县人民政府就格赛博资产收购协议签字仪式在沂源县举行。

2013年　7月25日，由收购方卓意玻纤公司与出让方山东格赛博玻纤科技有限公司清算组签署资产收购协议书并签署国有土地使用权转让合同。地块位于沂源经济开发区，面积116074.4平方米。

2013年　8月20日，卓意玻纤公司一期窑炉技改工程成功点火。

2013年　9月24日，山东能源党委书记、董事长卜昌森到卓意玻纤公司调研指导工作。

2014年　1月2日，卓意玻纤公司改扩建项目举行开工仪式。

2014年　4月19日，卓意玻纤公司召开职工代表大会，会议审议通过《卓意玻纤公司关于内部退养的暂行规定》《卓意玻纤公司关于困难职工安置的通知》。

2015年　5月17日，卓意玻纤公司纺织车间顺利通过ISO再认证审核，北京中大华远质量认证中心负责审核。

2015年　11月24日，俄罗斯专家一行3人，到卓意玻纤公司贵金属车间进行现场技术培训。

2016年　6月30日，县委、县政府与卓意玻纤公司签署2016年度环境保护综合治理工作目标责任书。

2016年　8月11日，卓意玻纤公司党总支召开换届选举大会。

2016年　9月13日，临矿安全考核小组到公司进行三季度安全检查与考核。

2016年　10月10日，卓意玻纤公司开展“慈心一日捐”，捐款12635元。

2016年　11月8日，卓意玻纤公司顺利通过由淄博市水资办、市节能办等专家组成的评审组对公司水平衡测试评审。

2017年　5月18—19日，北京中大华远认证中心对卓意玻纤公司进行质量管理体系、环境管理体系认证审核。

2017年　12月25日，卓意玻纤公司与山东鑫泉医药有限公司签署宗地转让协议。

2017年　12月27日，根据沂源县人民政府源政国土籍字〔2017〕23、24号文件，因城镇建设需要，收回卓意玻纤公司使用的位于县城薛馆路北侧国有土地16477.6平方米及638.6平方米，纳入政府储备。

2018年　1月11日，卓意玻纤公司与山东源泰新型材料有限公司签署资产交易合同。

2018年　3月29日，沂源县人民政府与临矿集团签署《社会职能分离移交补充协议》。

2018年　公司股东做出如下决议：同意将卓意玻纤公司注册资本由11000万元变更为30000万元。经股东自主约定，新增注册资本由山东玻纤以货币实缴出资19000万元，并通过修订后的公司章程。

2018年　5月25日，淄博市委副书记马晓磊到卓意玻纤公司调研指导工作。

2018年　7月1日，山东省发改委公布省新旧动能转换重大项目库第一批优选项目名单，公司年产8万吨无硼无氟项目位列其中。

2018年　9月10日，卓意玻纤公司《中碱3万吨单元窑炉拉丝生产技术》被淄博市中小企业局评为2018年第二批市级“一企一技术”创新企业。

2018年　9月30日，卓意玻纤公司“淄博市玻璃纤维新材料工程实验室”被淄博市发改委认定为2018年第七批淄博市工程实验室（研究中心）。

2018年　12月30日，卓意玻纤公司年产8万吨无氟无硼数字化生产线成功点火。

2019年　1月2日，市委书记、市人大常委会主任周连华带领淄博市“2018年经济社会发展”观摩团70余人，到卓意玻纤公司8万吨数字化生产线现场观摩点评。

2019年　4月13日，淄博市委副书记、市长于海田到公司调研指导工作。

2019年　6月21日，环保部第二十六轮督察组到卓意玻纤公司检查指导工作。

2019年　8月6日，市委副书记、市长于海田到卓意玻纤公司专题调研环保工作建设情况。

2019年　9月10日，在厦门召开的2019中国国际绿色发展大会上，卓意玻纤公司入选“中国绿色企业创造力样本”。

2020年　2月21日，淄博市举行重大项目集中开工仪式。卓意玻纤公司8万吨C-CR特种耐碱纤维项目和玻纤带增强聚乙烯复合管材管道“数字化”制造项目入选市、县重大项目名单。

2020年　3月10日，省财政厅党组成员、副厅长袁培全到公司调研指导工作。

2020年　3月23日，省委改革办专职副主任张成杰一行6人到卓意玻纤公司调研指导工作。

2020年　4月2日，副省长刘强一行到公司调研指导工作。

2020年　4月11日，省委组织部党员干部现代远程教育中心主任马文胜一行到公司调研。

2020年　4月，卓意玻纤公司获得山东省“高新技术企业”认定证书。

2020年　11月11日，国家卫健委贾晋阳一行3人公司对“职业卫生管理及国家职业卫生分类分级试点工作”开展情况进行检查指导。

2021年　6月15—17日，北京联合智业检验检测有限公司专家组对卓意玻纤公司进行了质量、环境、职业健康安全、能源管理“四体系”审核。

2023年　6月10日，青岛科技大学MBA标杆企业行一行60余人来卓意玻纤公司进行现场学习、考察。

2023年　7月，山东省工业和信息化厅公布了2023年度第一批省级绿色制造名单，淄博卓意玻纤材料有限公司成功获批省级绿色工厂。

2023年　8月，卓意玻纤公司荣获2023年全市“安全生产月”活动优秀组织单位荣誉称号。

2023年　10月11日，卓意玻纤公司“四体系”顺利通过认证。

2023年　12月，卓意玻纤公司入选2023年省级智能工厂名单。

山东兴国新力控股集团有限公司

概　况

公司成立于2015年11月6日，注册资金5000万元，位于县城人民路东段北侧，是一家集复合环保滤料、电子级玻纤布、集装袋（柔性集装袋）研发、生产、销售为一体的高新技术企业，占地330余亩，现有员工1096人，专业技术人员309人，其中高级职称14人、中级职称130人、初级职称165人。公司拥有固定资产10亿元，年销售收入5亿元，利税5000万元。公司下辖：山东信业新材料科技有限公司（简称：兴国信业）、山东兴国大成电子材料有限公司（简称：兴国电材）、山东兴国新力环保科技股份有限公司（简称：兴国环保）等子公司，均为规模以上高新技术企业。

发展历程

山东兴国新力控股集团有限公司，原名山东中植兴国投资有限公司。

2016年6月18日，公司重组淄博新力集团所属淄博新力塑编有限公司、山东新力环保材料有限公司、淄博丑牛特种纤维科技有限公司、淄博华冠高分子材料有限公司、沂源新宏新材料科技有限公司、沂源县银泰投资有限公司、沂源新瑞塑业有限公司、淄博闵仲包装材料有限公司、沂源县金泰投资有限公司等9家子公司，更名为山东兴国新力控股集团有限公司，增加注册资本至5000万元。

山东信业新材料科技有限公司

公司前身是“沂源县塑料制品厂”。1983年11月，沂源县利用国营8070厂搬迁后的厂房、水电设施，投资40万元，新建沂源县塑料制品厂，投产编织袋。1985年，生产各种塑料制品477吨，产值298.4万元，利税15.6万元。同年，新上人造革产品，当年生产人造革37.38万平方米。1989年，该厂兼并县汽车运输公司。1990年迁至县城，总占地面积114000平方米，增加20台圆织机，固定资产原值370万元，生产能力进一步扩大，由建厂初期的单一产品，发展到工业包装薄膜和塑料编织袋两大类，是年生产聚丙烯编织袋、聚氯乙烯人造革、聚乙烯薄膜、维棉纸复合袋、打包袋、撕裂膜等各类产品2000吨，其中聚丙烯编织袋出口日、美等国家，年生产总值1353.6万元，利税102万元。

1999年1月8日，企业改制为淄博新力塑编有限公司，注册资本1500万元，占地面积31800平方米。2002年7月，悦庄镇绢纺厂破产后被新力塑编公司收购，固定资产达到5000万元，员工912人。主要生产柔性集装袋、砂袋和塑料编织袋等各类塑编产品，年产6000吨，销售收入6200万元，出口创汇600万美元，产品远销日本、韩国、加拿大、美国和欧洲等国家。2006年，生产塑料编织袋11792吨。

1991—2006年，新力塑编有限公司以进口原料，采用具有国际先进水平的技术、设备，严格按照ISO9001国际质量标准，组织生产各种规格的柔性集装袋、砂袋及中型塑料编织袋，年产6000吨。此外，还生产7～10厘米的吊带和扎带，直径6～16mm的PP绳和∮3x3规格的缝纫线。

2016年6月，集团公司重组淄博新力塑编有限公司。

2021年7月20日，新成立山东信业新材料科技有限公司，注册资本580万元，占地面积120亩，固定资产3000余万元。

公司主要生产食品清洁袋、化工品袋、防漏袋、透气袋、防静电袋、导电袋、高抗紫袋、托盘一体袋、米袋、矿产袋等各种规格包装袋，拥有自营进出口权，产品出口30多个国家和地区。

山东兴国大成电子材料有限公司

公司成立于2018年2月13日，注册资本3000万元，是一家集电子级玻纤布研发、生产、销售为一体的高新技术企业，占地面积80余亩，建设7万平方米的洁净化标准厂房，织机176台套。2023年，公司销售额超过3亿元，利税1500余万元，是省内第二家电子玻璃纤维布生产企业。

公司主要生产厚度0.033～0.18mm的电子级印制板玻纤布，共10余个品种、20多种规格，主要应用于航空航天、国防军工、环保消防、建筑交通、高铁动车、IC载板、智能汽车及智能手机、手表等尖端领域。

公司率先在同行业中通过了ISO9001质量管理体系认证和ISO14001环境管理体系认证。

山东兴国新力环保科技股份有限公司

公司成立于2018年9月30日，注册资本5000万元，是专业从事研发、生产和销售工业除尘、烟气治理等领域复合过滤材料的股份制有限公司。现有员工160人，年销售收入1.2亿余元。

公司多次参与国家“863”计划，在科研创新的同时，高度重视知识产权保护，截至2023年，拥有各类知识产权26项，其中发明专利11项、实用新型专利5项、软件著作权6项、商标4件；申请中发明专利1项，淄博市高价值专利2项，沂源县高价值专利2项。

公司是省内最大的复合滤料生产、研发企业，年产各类过滤材料1500万平方米，除尘滤袋日生产能力可达7000条以上，企业装备、技术研发、产品检测、创新水平等列同行业全省第一、国内前十。公司通过了质量管理体系认证－ISO9001:2015，环境管理体系认证－ISO14001:2015；职业健康安全管理体系认证－ISO45001:2018，健全的管理体系为企业的健康快速发展提供强有力的保障。

兴国环保全景

生产经营

生产研发集团有系列高层次人才引进策略，引进了国家“千人计划”专家2名、泰山学者1名、淄博“英才计划”专家1名，并且与山东理工大学、青岛大学、齐鲁工业大学等建立了密切的产学研合作关系，实现了产业间的相互贯通融合，拓宽了相关研发领域的纵深度。

集装袋自动缝纫生产线

公司一直致力于新材料及纺织工艺的研究与开发，自主开发30多项高科技产品，具有丰富的产业转化放大经验，尤其是通过配方改良完成了传统集装袋、中低温滤料、超高温滤料的转型升级。公司研发团队组织建设了年产7000万米超薄级电子级玻纤布生产线一条、年产600万平方米中低温滤料生产线一条、年产500万平方米超高温滤料生产线一条，并且实施了年产2万吨食品医药软包装项目、年产1.5万吨改性膜项目。

集团通过研究原料体系、生产工艺、关键装备等核心技术，建立了新材料及纺织行业内最新的技术体系及研发体系，积极引进“华为云”、OA等智能生产管理系统，实现了研发、生产、经营全覆盖。

产品及销售

兴国信业

主要生产各种规格包装袋，主要有：食品清洁袋、化工品袋、防漏袋、透气袋、防静电袋、导电袋、高抗紫袋、托盘一体袋、米袋、矿产袋；公司拥有自营进出口权，产品出口30多个国家和地区。

集装袋圆织机生产线

兴国电材

主要生产0.033～0.18mm厚度各种规格电子级印制板玻纤布，共10余个品种、20多个规格的电子级玻纤布。产品主要应用于航空航天、国防军工、环保消防、建筑交通、高铁动车、IC载板、智能汽车及智能手机、手表等尖端领域。

电子级印制板玻纤布生产车间

兴国环保

年产常温涤纶针刺毡及覆膜、PTFE滤袋、亚克力滤袋、芳纶覆膜滤袋、P84复合高温复合针刺毡、P84覆膜滤袋、高温复合针刺毡及覆膜、PPS等各类纤维滤料1000万平方米，主要用于焦化、钢铁、水泥、电力、玻璃窑炉、有色金属冶炼、化工、新能源等各行业。

亚克力滤袋吊挂生产线

公司荣誉

兴国信业

沂源县出口创汇骨干企业、“中国塑料行业二十强企业”“省级守合同重信用企业”、淄博市“出口创汇先进企业”、沂源县“优秀民营企业”。

兴国环保

山东省“专精特新”中小企业、山东省科技型中小企业、山东省高新技术企业、山东省科学技术奖、山东省第二届“省长杯”工业设计大赛优秀奖淄博市科学技术奖、山东省科学技术厅第九届中国创新创业大赛（山东赛区）新材料领域优胜企业、齐鲁杯工业设计大赛三等奖、淄博市模范劳动关系和谐企业、淄博市绿色工厂。

兴国电材

山东省瞪羚企业、山东省高新技术企业、山东省专精特新中小企业、山东省科技型中小企业、省级守合同重信用企业、省轻工行业双文明优秀企业。

历任负责人

董方国　董事长兼总经理　2015.11-2018.02

董方国　董事长　2018.03-2020.02

米常军　总经理　2018.03-2020.02

董方国　董事长　2020.03-2022.08

米常军　副董事长　2022.02—

王玉东　总经理　2020.03-2022.08

董方国　董事长兼总经理　2022.09—

大事记

2016年　7月1日，重组新力公司资产暨管理接管仪式。

2016年　10月28日，山东中植兴国投资有限公司正式更名为山东兴国新力控股集团有限公司。

2016年　12月2日，“山东兴国新力集团”获批设立。

2017年　3月，公司举办第一届劳动技能比武大赛。

2017年　3月16日，投资2.5亿元的“年产3000万米超薄电子级玻纤布项目”举行奠基仪式。

2017年　4月19日，公司设立企业管理部、法律事务部，健全四部一室职能机构。

2017年　6月16日，公司“年产300万平方米高温复合过滤材料”省自主创新专项通过验收。

2017年　7月，重启塑编公司年产2万吨食品医药塑料软包装项目。

2017年　12月31日，全面接管原新力集团后扭亏为盈，实现质的飞跃。

2017年　8月，投资8000万元的2万吨食品医药软包装项目竣工投产。

2018年　10月11日，山东兴国新力环保科技股份有限公司创立大会召开。

2018年　11月20日，被认定为县劳动关系和谐企业。

2019年　5月，“年产3000万米超薄电子级玻纤布项目”入选山东省新旧动能转换重大项目库第二批优选项目。

2019年　8月，“兴国新力（图）”商标核准注册成功。

2019年　8月30日，与山东理工大学签订“产学研”合作协议。

2019年　9月6日，年产2万吨食品医药软包装项目二期工程开工建设。

2021年　4月30日，公司当选县企业家协会副会长单位。

2021年　9月28日，公司成为淄博市技工教育集团（联盟）理事单位。

2021年　11月26日，兴国新力集团启动浪潮ERP项目。

2021年　12月31日，公司利税首次超过1亿元大关。

2022年　7月，公司被授予“山东省劳动关系和谐企业”荣誉称号。

2023年　1月10日，“法官助企工作室”揭牌。

2023年　12月，公司被评为“沂源县公园式（园林式）单位”。

2023年　12月，公司成为淄博市企业联合会理事单位。

2023年　12月25日，公司被评为淄博市企业联合会“优秀会员单位”。

山东德瑞防腐材料有限公司

概　况

山东德瑞防腐材料有限公司位于悦庄工业园，2007年创立，下设山东沂源金泉有限责任公司和淄博安科防腐技术有限公司2家子公司，现有职工166人。2023年，完成产值1.05亿元。公司致力于绿色低能耗的防腐材料、防腐工艺的研发生产，具有中国腐蚀与防护学会一级资质，阴极保护产品生产、设计、施工和检测资质，是一家专业开发生产各类牺牲阳极、外加电流设备、环氧树脂涂层钢筋、海洋工程环保防腐材料、阴极保护技术及工程设计安装、技术服务，集科、工、贸为一体的综合性企业。

公司先后被评为中国腐蚀与防护学会40周年优秀企业、山东省海洋强省建设先进集体、山东省制造业单项冠军、山东省知识产权优势企业、山东省“专精特新”企业、山东省瞪羚企业、山东省民营企业创新100强企业、山东省首台（套）技术装备及关键核心零部件企业、山东省技术创新示范企业。

生产经营

生产研发

2023年，公司有研发人员77人，其中博士生5人、硕士生5人。2021年，研发投入1311.25万元，研发投入占比8.58%；2022年，研发投入1463.08万元，研发投入占比7.33%；2023年，研发投入1486.17万元，研发投入占比7.43%。

公司为山东省企业技术中心，2010年12月参与编写制定了《钢筋混凝土用环氧涂层钢筋》国家标准，GB/T25826—2010；2014年12月参与编写了《公路工程环氧涂层钢筋》行业标准，JTT945—2014；申请发明专利10余项，其中已授权发明专利8项。2019年，耐极端环境电化学保护新材料开发及产业化，列为山东省重点研发计划（重大科技创新工程）。2020年，耐间浸铝合金牺牲阳极新材料的开发与产业化项目，被列为淄博市重点研发计划项目。2021年，《船舶海底门防海生物装置》荣获淄博市高价值专利。2021年11月，《耐极端环境电化学保护新材料开发及产业化》经中国科学技术协会评定，荣获“国家科技成果特等奖”。

牺牲阳极车间一角

公司通过了ISO9001国际质量管理体系认证、GJB9001C武器装备管理体系、ISO45001职业健康安全管理体系、ISO14001环境管理体系、GB/T29490知识产权管理体系、AAA级资信等级。

产品及销售

牺牲阳极 由活泼金属（锌、铝等）在海水介质中与被保护材料构成电性连接，自身作为阳极被加速腐蚀，使被保护材料成为阴极而得到保护。

常用的牺牲阳极材料主要有锌基、铝基和镁基三种。用牺牲阳极保护金属不需要外加电源、不会干扰临近金属设施、电流分散能力好、易于管理和维护，在防腐蚀工程中得到了广泛应用。

在阳极保护领域，锌合金、铝合金阳极已经在包括海洋钢铁设施、海上平台、船舶、输油管路等诸多领域取得了极好的经济效益和社会效益。

外加电流 向被腐蚀金属结构物表面施加一个外加电流，被保护结构物成为阴极，从而使得金属腐蚀发生的电子迁移得到抑制，避免或减弱腐蚀的发生。

环氧涂层钢筋 环氧树脂涂层钢筋是在工厂生产条件下，采用静电喷涂方法，将环氧树脂粉末喷涂在普通带肋钢筋和普通光圆钢筋的表面生产的一种具有涂层的钢筋。

环氧树脂涂层钢筋有很好的耐蚀性，但与混凝土的粘结强度明显降低，适用于处在潮湿环境或侵蚀性介质中的工业与民用房屋、一般构筑物及道路、桥梁、港口、码头等的钢筋混凝土结构中。

公司主导产品国内市场占有率达70%，列国内第一位。公司通过DNVGL和BV两大国际船级社的厂家型式认证，研发生产的各类牺牲阳极产品广泛应用于国内外各类防腐工程，是中海油、中石化、中石油、中广核、中交集团、中集来福士、中铁各大局、水电集团各大局等单位的合格供应商。先后向近千项工程提供优质的各类牺牲阳极、外加电流和环氧涂层钢筋等产品。

牺牲阳极应用在港珠澳大桥、东海大桥、杭州湾大桥、金塘大桥、崇启大桥、春晓油田、番禺油气田、荔湾气田、茂名石化海管、深海LH29—1气田、深海LH29—2项目、深海LS17—2气田、胜宝旺导管架、绥中36—1导管架、KL10—1导管架、BZ28/34导管架、安游军港码头、大连长兴岛码头、珠海高栏港钢管桩、天津港、黄岛备战油库、湖北鄂北输水、吉林中部输水、中广核南鹏岛海上风电、中广核汕尾后湖海上风电、华能庄河海上风电等工程。

外加电流项目应用于印尼、孟加拉国、印度电厂冷凝器、上海国际邮轮码头、平海湾风电高桩平台、大唐大连庄河风电项目和华能庄河风电项目。

环氧涂层钢筋用于京沪高铁、石武客专、宁安高速铁路、邯黄高铁、济青高铁、郑万高铁、汉十高铁、京张高铁、鲁南高铁和潍莱高铁等项目。

环氧涂层钢筋加工车间一角

历年主要经济指标

年份	产值（万元）	利润（万元）	税收（万元）	固定资产（万元）	员工人数（人）	主要产品	产量（吨）
2007	2068	99	33	509	20	牺牲阳极	125
2008	4759	63	116	639	49	牺牲阳极	2483
2009	4319	105	117	1014	54	牺牲阳极	2317
2010	7084	151	173	1289	72	牺牲阳极 涂层钢筋	44881980
2011	7062	152	177	1503	83	牺牲阳极 涂层钢筋	22802713
2012	4747	120	166	1519	65	牺牲阳极 涂层钢筋	2188872
2013	5588	136	154	1581	68	牺牲阳极 涂层钢筋	23685107
2014	6152	159	230	1615	72	牺牲阳极 涂层钢筋	47762323
2015	2565	−34	91	1623	40	牺牲阳极 涂层钢筋	1524793
2016	4196	127	129	1784	58	牺牲阳极 涂层钢筋	8865678
2017	6996	678	443	1861	65	牺牲阳极 涂层钢筋	13004361
2018	11303	537	362	1898	77	牺牲阳极 涂层钢筋	20157978
2019	11991	414	384	2038	77	牺牲阳极 涂层钢筋	40172441
2020	15393	963	549	2182	77	牺牲阳极 涂层钢筋	67781986
2021	20207	1192	792	2510	77	牺牲阳极 涂层钢筋	5695102
2022	20077	1414	546	2740	77	牺牲阳极 镁棒	41952327
2023	20976	1296	884	2848	77	牺牲阳极 镁棒	54862478

大事记

2010年　被认定为“市级工程技术研究中心”。

2011年　被认定为全省中小企业“一企一技术”研发中心。

2017年　被认定为“淄博市工程实验室（研究中心）”。

2017年　被认定为“市级企业技术中心”。

2021年　公司组建“山东省企业技术中心”。

2021年　8月，荣获国家级专精特新“小巨人”企业。

2021年　12月，阴极保护2车间荣获市级“智能车间”称号。

山东博拓新材料科技股份有限公司

概　况

山东博拓新材料科技股份有限公司，位于沂源经济开发区，始建于2006年，公司注册资本6607.5万元，现有职工350余人，占地面积10万平方米。公司先后在上海、广东建立子公司，拥有国内外先进PVC发泡板材、型材、地板生产线45条，年可生产PVC复合新材料10万吨。公司形成了PVC板材、型材、地板三大产业板块，是以塑代木、以塑代钢的新型绿色环保材料的代表性生产企业。2023年，公司实现产值20149万元、税收499万元。

公司先后获得全国PVC发泡制品高新技术企业、国家专精特新“小巨人”企业、山东省瞪羚企业等荣誉称号，公司是中国塑料加工工业协会副理事长单位、中塑协硬质PVC发泡板专委会主任单位。

“博众家之长，拓全球市场”，山东博拓新材料科技股份有限公司将以科技创新为先导，以服务用户为中心，通过实施人才战略、创新战略、品牌战略，以崭新的姿态迎接国际化的竞争。

生产经营

生产研发

2023年，公司共有研发人员30人，占职工总数的12%，其中高级职称3人、中级职称7人、初级职称35人。2023年，公司投入研发经费922.22万元，占全年销售收入的4.58%。公司成立了山东省企业技术中心、山东省“一企一技术”研发中心、淄博市聚氯乙烯发泡板材工程技术研究中心、淄博市PVC发泡板材工程实验室科研平台，研发场地占地面积2500平方米。公司先后与青岛科技大学、山东理工大学、山东科技大学等高校建立了产学研合作关系。公司拥有授权专利71项，其中发明专利21项、美国专利5项。公司的高硬度聚氯乙烯结皮发泡板材和高硬度聚氯乙烯自由发泡板材通过了淄博市科技成果鉴定，项目技术达到国内领先水平。“博拓”牌硬质聚氯乙烯低发泡板材被认定为“山东名牌”；PVC发泡板材、型材被认定为“山东知名品牌”。

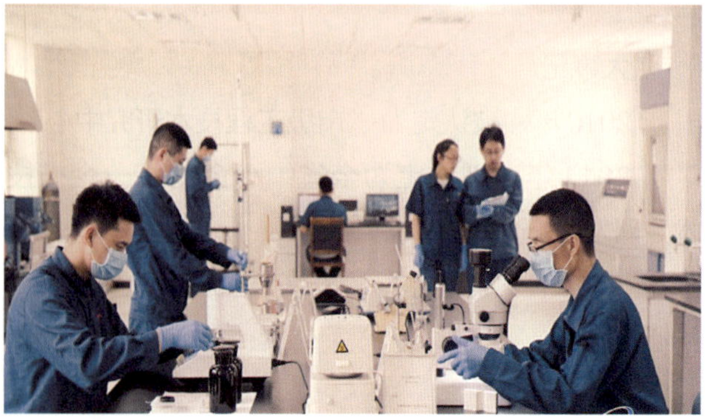

公司实验室

公司新型环保PVC高分子复合板材智能车间总占地9.6亩，建筑面积10690平方米。包括PVC板材自动化生产线8条，全自动配混料系统4套，表面质量自动在线检测系统1套，自动化码垛系统8套，自动切割及包装系统3套。车间内智能设备的比例达到85%，信息技术连接智能设备的比例达到80%，车间内安装监控系统可对生产设备运行情况实时监控。年产10万吨环保复合高分子SPC石晶地板项目，总投资2.5亿元，新建车间1万平方米，购置地板生产线8条。目前，已新进2条SPC石晶地板生产线，配备了全自动配混料系统、UV自动滚涂机、地板自动铣型线、自动包装机等智能化设备。

2012年起，公司通过ISO9001:2008质量管理体系、ISO14001:2004环境管理体系、OHSMS18001职业健康安全管理体系认证、知识产权管理体系、安全双体系等审核认证。

产品及销售

公司主导产品有PVC广告板、PVC橱柜浴柜板、PVC木塑装饰板、PVC抗菌耐折板、PVC天花板、PVC发泡型材、围栏护栏、SPC地板、WPC木塑发泡地板。

PVC护栏

建材小板

PVC型材

PVC板材

PVC护栏

聚氯乙烯地板

公司生产的PVC复合新材料，产品规格品种齐全，是以塑代木、以塑代钢的新型绿色环保材料，具有防潮、阻燃、隔音、隔热、吸音、保温、不变形、美观、抗老化、安装便捷等优点，是一种符合国际标准的新型绿色环保材料，广泛应用于广告业、绿色新型建材、新能源汽车、工业工程等多个领域。

公司拥有国内外5支销售队伍，共有销售业务人员55人，占公司职工总数的22.2%。公司年产PVC发泡板材14628吨，PVC型材4736吨，PVC地板2800吨。产品市场覆盖32个省、市、自治区，产品远销至美国、加拿大、英国、澳大利亚、日韩、欧盟、南美等100多个国家和地区。年出口产品6967万吨，出口额1065万美元，与美国MENARDS、美国ARMSTRONG公司、美国HOMEDEPOT、台湾巨高等200家企业建立了长期稳定的合作关系。

公司负责人

孙　锋　公司董事长　2006.12—

企业文化

基层组织

公司于2011年6月成立党支部委员会，董事长孙锋任党支部书记。2011年，成立党总支，常务副总苗祥成任党总支书记。

工会建设

公司工会组织筹建于2010年，2010年4月召开了第一次职工代表暨工会会员大会，民主选举了工会委员会成员，设立了专职主席、委员，截至2023年，是第六届工会委员会，房师新任工会主席，工会会员350名。2020年，被淄博市总工会评为淄博市全员创新企业。

企业往事

博拓崛起的秘密

2006年，企业创始人孙锋毅然决然地带着自己的积蓄和朋友们的借款从原公司辞职，开始了自己的创业之路，从事了高分子材料的后续加工制造专业——PVC发泡板的生产。

俗话说"隔行如隔山"，虽然高分子合成与加工相关联，真正做起来他感觉还是力不从心。亲人的最早反对，别人的不理解，资金的短缺，他觉得都可以忍受，但是市场的陌生，产品技术的滞后是燃眉之急。三个月下来，二十多万元的亏空，可以说是当头一棒，同时也给他提了醒。痛定思痛，"我要做什么？我要怎么做？"让他再次来了"撞了南墙也要破墙"的劲头，用他自己的话说"我一头扎进车间，三个月出来后，博拓公司的技术和产品已经革新换面"。

2009年12月，公司搬迁前原厂区

2008年初，上海一个客户带来美国在中国销售的一个产品样板，客户先后找了国内几家知名厂商进行攻关，最后仅颜色一项就是不过关。孙锋在看完样板后立刻组织技术人员在实验室进行攻关，不到两天时间即在生产线上试出了合格产品，而价格仅是美国产品的40%。

什么叫"艰辛"？什么叫"峰回路转"？什么叫"各得其所"？这时候的孙锋最明白，一句话"谁做谁知道"。

博拓公司成立后，孙锋在抓好全面工作的基础上，把科研开发作为公司腾飞的翅膀。以科技创新为先导，积极进行产品的创新研发和科研人员的培养，建立、完善了具有企业特色的企业创新发展体系。拓展公司技术创新项目的渠道来源，不断接受新技术、新材料、新成果以及新思想，加快公司新产品的开发速度，使博拓公司创新研发水平始终站在PVC发泡板材生产与加工制造领域的最前沿。

近年来，面对复杂的国内外市场形势，孙锋带领博拓公司加快转型升级，依靠科技创新开拓新市场。坚持研发投入，持续产业、产品升级。经过近5年的持续研发，成功开发出PVC围栏护栏系列产品、环保高耐候阻燃天花板、PVC抗菌耐折板、复合高分子木塑建筑装饰新材料等中高端产品，技术水平达到国际领先，成功打开欧美建材市场，打破了国际垄断，为公司健康持续发展注入了活力。

坚持吸引人才，持续推进校企产学研合作。公司先后与青岛科技大学、中国地质大学和山东科技大学建立了合作关系，开发出了8项新产品，共同承担山东省重点研发计划、淄博市英才计划等6项省市级课题。

坚持精益管理，持续加强职工素质培养。2019年，投资150余万元开展精益工作。精益管理使公司的现场和管理有了跨越式的突破。现场管理的提升也赢得了美国公司验厂客户的高度认可。

17年的拼搏，孙锋不负众望，脱颖而出。他以卓越的科研才能和高超的领导才干，打造了一家全国行业内风生水起的领军企业，用实际行动履行了一位企业家的使命与责任。孙锋用实力延伸了人生跑道，拉长了人生光线，用创业证明力量存在，用"博拓"崛起向生命致敬。

博拓塑业（广东）有限公司

大事记

2006年　12月12日，山东伟锋橡塑有限公司注册成立。

2007年　4月，公司第一条生产线（自由线）产品下线。

2008年　12月，公司第一条结皮线安装调试完成并投产。

2009年　12月，公司搬迁至寨里厂区。

2010年　公司完成改制，更名为山东博拓塑业股份有限公司。

2011年　苗山厂区奠基动工。

2011年　年产8000吨PVC低发泡板材仓库项目立项。

2012年　3月，苗山厂区启用，行政办公迁至苗山厂区。

2012年　公司研发中心成立，先后与上海交大、青岛科大、北石油研究院、中泰化学等大专院校、科研院所、国有民营大公司合作，加大科研投入。

2012年　公司被山东省科学技术厅、山东省财政厅、国家税务总局山东省税务局认定为高新技术企业。

2012年　12月，公司成立淄博市PVC发泡板材工程技术研究中心。

2013年　6月，公司成立淄博市工程实验室。

2014年　公司产品摒弃铅盐稳定剂，所有产品无铅化。

2014年　8月，公司经山东省中小企业局批复，成立了山东省“一企一技术”研发中心。

2014年　9月，公司成立山东省院士工作站。

2015年　8月，公司成立山东省企业技术中心。

2016年　6月，博拓塑业（广东）有限公司成立。

2016年　6月，公司积极发展海外贸易，控股上海博拓实业有限公司。

2016年　11月，公司获得中国塑料加工工业协会颁发的“十二五”塑料加工优秀企业。

2017年　公司向市场供应型材产品并销往美国。

2018年　公司被认定为国家知识产权优势企业。

2018年　公司被认定为中国塑料加工优秀科技创新企业。

2019年　公司获“淄博市创新型高成长企业50强”称号。

2019年　公司被认定为山东省瞪羚企业。

2019年　12月，公司完成改制，更名为山东博拓新材料科技股份有限公司。

2020年　公司获“省级中塑协科技创新型优秀会员单位”称号。

2021年　公司获“山东省科技进步奖三等奖”。

2022年　9月，公司获“国家专精特新‘小巨人’企业”称号。

2022年　公司获“中国塑料加工行业‘专精特新’优秀企业”称号。

2022年　公司获“中国塑料加工行业科技创新型优秀会员单位”称号。

2022年　公司获“中国塑料加工行业优秀科技成果”称号。

2022年　公司获“山东省民营企业创新100强”称号。

2022年　公司获得淄博市人民政府颁发的“淄博市高价值专利”称号。

2023年　公司获“山东省民营企业创新100强”称号。

2023年　公司获“山东省中小微企业创新竞技行动计划优胜企业”称号。

2023年　12月，公司获得淄博市科学技术协会、淄博市发展和改革委员会、淄博市科学技术局、淄博市工业和信息化局、淄博市人力资源和社会保障局颁发的“四一”工程技术创新项目一等项目。

山东瑞泰新材料科技有限公司

概　况

山东瑞泰新材料科技有限公司，创立于2010年12月15日，位于工业园区。2023年，有职工120余人，公司注册资金2000万元，占地68.91亩，主营业务收入14982万元。

公司主要从事特种功能合金材料及汽车、航空发动机、燃气轮机用高温合金的研发、设计、生产、销售。设计年产特种合金及高温合金材料2500吨。产品处于国际领先水平。主导产品特种合金绝缘金属产品被科技部列为"国家重点新产品"，目前全球仅有瑞泰公司及日本某公司拥有此技术，且公司产品的主要技术指标均优于日本某公司。

发展历程

2010年12月15日，由沂源君山投资有限公司、上海凡孚新材料科技有限公司共同出资组建，注册资本2000万元。创立时公司位于荆山西路31号，租用山东沃源新型面料股份有限公司收购的厂房及办公楼（沂源制丝厂）。创建时，公司占地面积约14000平方米，建筑面积约13866平方米，有员工33人。

2011年4月26日，公司购买锦州电炉责任有限公司50kg真空感应熔炼炉1台投入使用；7月26日，公司购买辽宁锦州50kg、200kg真空感应熔炼炉各1台投入使用；8月31日，公司第一家国内客户签约。2012年4月，公司第一家国外客户签约。2012年，生产特种合金73吨，实现产值1037万元、销售收入902万元。

2018年，积极响应县委、县政府号召，实施"退城进园"，启动实施"高性能高温合金材料产业化"整体搬迁、改造升级项目，扩大生产规模。同年，建设了高性能高温合金材料生产线1条，总投资20000万元。先后被列为山东省"泰山产业领军人才工程蓝色人才项目"、山东省"重点研发计划军民科技融合"项目、山东省"新旧动能转换优选项目"、淄博市重点项目、沂源县重点项目。建成后实现年产高温合金材料2000吨、绝缘耐磨抗氧化特种合金材料500吨。

2018年9月19日，建设2座加工车间、1座技术研发中心、1座检验检测中心及危废暂存间、循环水泵房、配电室、员工宿舍等配套设施，总建筑面积43870平方米，购置真空感应熔炼炉、电阻炉、抛丸机、质谱仪等52台（套），并搬迁老厂区52台（套）设备。

2019年5月13日，公司项目厂区开始场平。

2020年12月27日，50kg真空感应熔炼炉搬迁到新厂区开始运行。2021年2月21日，公司购买辽宁锦州300kg真空感应熔炼炉1台、湖南长沙真空高压气淬炉1台、江苏丹阳台车式电阻炉3台投入使用；3月4日，公司购买辽宁锦州1500kg真空感应熔炼炉1台投入使用；12月9日，营业执照变更地址为沂源县城荆山路231号。2022年1月26日，200kg真空感应熔炼炉搬迁到新厂区开始运行；4月4日，公司办公楼搬迁，原办公区停用。2023年1月15日，随着500kg真空感应熔炼炉搬迁到新厂区开始运行，原生产区全部停用。

生产经营

生产研发

2023年，公司有职工120余人（含柔性引进人才），大专以上人员占总人数76%，技术人员23人，具有高级职称18人，其中院士1人、教授3人、国家“千人计划”专家3人、研究员3人、高级工程师6人。2023年，投入研发经费1196万元，占销售收入比率8%。

2014年11月，公司产品绝缘耐磨抗氧化特种合金材料获得第十六届中国专利奖优秀奖。2016年12月，公司产品获得第十八届中国专利优秀奖。公司申请专利共获授权52件，其中发明专利22件、实用新型专利28件、PCT国际专利2件。

公司科技成果有国家重点新产品计划1项、国家“两机”重大专项1项、山东省泰山产业领军人才1项、山东省重点研发计划4项、山东省技术创新计划项目4项、山东省急需引进人才项目4项、山东省自主创新成果转化专项1项。同时获得市级以上奖励10项。

高新技术企业证书

与研发机构、高校、科研单位有协作关系，与中船重工第七〇三研究所闻雪友院士等共同组建山东省院士工作站，先后与中科院金属研究所、山东理工大学、上海大学、河北工业大学、山东大学、中国航发北京航空材料研究院、北京科技大学等高校院所有着良好的合作关系。公司未来的研发方向是高温合金材料纯净化及新产品研发。

公司研发场景

公司高温母合金材料采用先进熔炼工艺、纯净化和金属过滤技术，在氧化腐蚀环境中具备优良的抗氧化性以及优异的耐高温性能，产品达到国内同类技术的领先水平。

闻雪友为泰山产业领军人才工程蓝色人才专项人选。李道乾被省人社厅授予“2021年度齐鲁首席技师”。李道乾、马中钢、王雷、贾成建、王光华、李化坤获得“山东省科学技术奖”三等奖。

公司主要装备真空感应熔炼炉采用国际先进的机械设计、电气、自动控制技术和国内特冶领域几十年冶金工艺研究成果。设备的设计、制造时充分考虑了人机工程、整体布局合理，结构紧凑、操作维修方便。关键部件采用进口，关键及重要部位采用特殊的技术处理手段，确保设备的可靠性和稳定性。设备机械化、电气化、现代化、智能化达到国际先进水平。

产品及销售

建厂早期主要生产特种合金绝缘金属材料及制品，用途汽车焊接领域。发展过程主要新增产品高温合金材料，用途航空、航天、舰船等发动机叶片及结构件。

公司特种功能合金材料主要应用于汽车焊接、核工业等领域。

高温母合金材料是航空航天发动机、舰船燃气轮机、核反应设备领域的关键材料。主要用于航空、航天、舰船、车辆等发动机叶片及结构件。

公司主要经营范围为特种金属材料、汽车焊接生产定位线生产、销售，技术咨询、技术转让，货物、技术进出口（国家限定公司或国家禁止进出口的商品及技术除外）。

2023年，公司销售队伍人数8人，占员工比率为6.61%，其中本科4人、大专2人。

公司销售分为南方、北方销售部及外贸部。主要与中国航发、航空工业、哈汽集团、一汽大众、上海大众、广汽集团、东风日产、中国重汽等企业建立合作关系。

公司主要产品

2023年，特种合金绝缘金属材料在国际市场上的占有率为50%以上，销售额47万美元，产品销往美国、英国、加拿大、泰国、韩国、印度等国。

历年主要经济指标

年份	产值（万元）	利润（万元）	税收（万元）	固定资产（万元）	员工人数（人）	主要产品	产量（吨）
投产当年	4	0	0	423	33	定位销	2394件
2012	1037	0	0	424	42	合金	73
2013	1562	52	0	429	50	合金	105
2014	1544	48	0	437	53	合金	131
2015	1711	208	25	472	49	合金	79
2016	2295	593	102	744	73	合金	133
2017	2700	806	103	916	74	合金	168
2018	1697	433	154	1022	74	合金	184
2019	3678	1335	424	1092	83	合金	302
2020	5503	852	244	1129	98	合金	341
2021	5542	1264	395	5778	104	合金	321
2022	7391	677	271	7356	108	合金	327
2023	15257	1529	284	7945	121	合金	717

历任负责人

崔志山　董事长　2010.12.15—2015.10.13

李道乾　总经理　2010.12.15—

李道乾　董事长　2015.10.13—

企业文化

基层组织

公司成立之初，党员属山东沃源面料股份有限公司党委第一党支部。2017年7月1日，成立山东沃源面料股份有限公司党委瑞泰党支部。

企业往事

建立国内第一条绝缘耐磨抗氧化合金材料生产线

国内企业在绝缘耐磨抗氧化合金材料使用方面，长期以来依靠进口，属于“卡脖子”技术，开发这种绝缘合金产品存在非常大的难度，国内此前有许多国有大企业、知名企业都曾经尝试开发过这种产品，但因为技术难度大、开发周期长，均放弃了该产品的研发。公司领导暗暗下定决心，一定要早日开发出这种合金。为了确定技术路线，北上哈尔滨、沈阳、北京，南下上海、广东，向中科院金属研究所、清华大学、北京大学、北京科技大学等业内的专家教授请教，有技术思路后立即回公司带领技术人员进行方案设计，一头扎进实验室没日没夜地进行材料试验。三伏天，高温热处理室内气温50多度，公司领导及技术人员冒着高温酷暑，汗流浃背，半小时内就浑身湿透，但他们对此毫不在乎，反复试验、分析，直到取得满意的测试数据才离开。

功夫不负有心人，经过近两年的艰苦努力，绝缘耐磨抗氧化合金产品的研发终于取得了成功，产品顺利通过了山东省科技厅组织的专家鉴定，产品填补了国内空白，达到了国际同类产品领先水平。该产品的研制成功，使我国依靠自有技术生产出具有绝缘功能的合金材料，打破了日本企业在世界范围内的垄断，对我国特种合金制造领域来说具有重大的现实意义，增强了我国产品在这一领域的国际竞争力。

求贤若渴，与国内一流专家建立合作关系，刻苦钻研高温合金技术，不断提升公司研发水平

公司高温合金产品对公司来说是一个全新的技术领域，为了提升公司的科技水平，公司积极寻找行业内顶级专家进行合作，遍寻北京、上海、西安、沈阳、哈尔滨等各大城市的知名高校，省内的济南、青岛更是不知道去过多少次，国内的各大院校、科研院所都留下了公司领导的足迹。由于我们沂源地处鲁中山区，交通不便，经济、生活、技术条件、企业实力都不占优势，许多专家在听到公司的介绍后，均婉拒了公司的邀请。但公司领导没有灰心，前往北京、西安、沈阳、哈尔滨，谈技术合作、谈人才储备、讲企业发展，中国工程院院士、中国船舶重工集团公司第七〇三研究所闻雪友院士，我国著名的材料科学家和杰出的高温合金材料专家中科院金属所郭建亭教授，最终被公司领导的诚心和事业心所感动，欣然同意与企业进行合作，顺利建立了院士工作站，郭建亭教授将从事高温合金教学、科研工作60余年来出版的专著、收集的专业书籍、工作日记等资料无偿捐献给公司组建“郭建亭图书室”，提升了公司的科研水平，为公司的长远发展打下了坚实基础。

近年来，在公司领导带领下，公司技术团队刻苦钻研高温合金设备机械原理和合金熔炼技术，对高温合金的熔炼、浇铸、熔液过滤等工艺环节进行深入研究，设计开发了多种高温合金生产工艺技术，减少材料浪费，提高了铸锭质量，有20余项发明专利获得国家知识产权局授权，同时在科技期刊上发表论文20余篇。

大事记

2010年　12月15日，沂源君山投资有限公司、上海凡孚新材料科技有限公司共同出资组建山东瑞泰新材料科技有限公司。

2010年　12月，聘任上海凡孚新材料科技有限公司汪山兼任公司总工程师。

2011年　3月18日，公司ISO9001、ISO14001、OHSAS18001质量、环境、安全管理三标一体手册、程序文件、管理制度汇编颁布实施。

2011年　4月26日，公司购买辽宁锦州50kg真空感应熔炼炉1台投入使用。

2011年　7月26日，公司购买辽宁锦州200kg真空感应熔炼炉1台投入使用。

2011年　8月31日，签约公司第一家国内客户。

2011年　10月21日，取得华夏认证ISO9001、ISO14001、OHSAS18001质量、环境、安全管理体系认证证书。

2012年　4月，签约公司第一家国外客户。

2012年　4月26日，召开公司董事会，通过章程修正案。

2012年　5月15日，企业标准备案。

2013年　3月7日，取得中国工商管理总局商标局“瑞泰”商标注册证书。

2013年　6月，取得三级保密资格单位证书。

2013年　11月15日，取得中国新时代认证中心武器装备质量管理体系（民）、职业健康安全管理体系、环境管理体系认证证书。

2014年　7月，取得武器装备科研生产许可证。

2016年　10月24日，公司股权变更，公司章程修改。

2016年　12月，取得装备承制单位资格证。

2017年　7月1日，成立瑞泰党支部。

2018年　9月19日，公司“高性能高温合金材料产业化”项目立项，取得“山东省建设项目备案证明”。

2019年　5月13日，公司整体搬迁，“高性能高温合金材料产业化”项目厂区开始场平。

2019年　7月25日，新厂区取得“国有建设用地使用权土地不动产权证书”。

2019年　8月5日，“高性能高温合金材料产业化”项目取得“建设用地规划许可证”。

2020年　1月，取得武器装备科研生产备案证。

2020年　5月21日，“高性能高温合金材料产业化”项目取得“工程规划许可证”。

2020年　6月26日，项目单体取得“建筑工程施工许可证”。

2020年　7月24日，瑞泰党支部换届。

2020年　12月27日，50kg真空感应熔炼炉搬迁到新厂区开始运行。

2021年　2月21日，公司购买辽宁锦州300kg真空感应熔炼炉1台、湖南长沙真空高压气淬炉1台、江苏丹阳台车式电阻炉3台投入使用。

2021年　3月4日，公司购买辽宁锦州1500kg真空感应熔炼炉1台投入使用。

2021年　11月15日，公司章程修改。

2021年　12月9日，营业执照变更地址为沂源县城荆山路231号。

2022年　1月26日，200kg真空感应熔炼炉搬迁到新厂区开始运行。

2022年　3月10日，召开股东会及监事会议，监事会成员调整。

2022年　4月4日，公司办公楼搬迁，原办公区停用。

2022年　7月6日，公司101科研楼、104门房、201先进合金制造厂房、202高温合金制件厂房、203危化品库、204物流配套厂房取得“不动产权证/房屋产权”。

2022年　11月，取得二级保密资格证。

2023年　1月15日，500kg真空感应熔炼炉搬迁到新厂区开始运行，原生产区全部停用。

2023年　3月17日，公司获得中国合格评定国家认可委员会颁发的“CNAS实验室认可证书”。

2023年　5月11日，公司章程修改。

2023年　7月22日，召开股东会、董事会，修改章程。

山东宏泰科技有限公司

概　况

山东宏泰科技有限公司，位于县城荆山路以南、宏泰路以东交叉路口。2004年3月成立，2009年6月搬迁至沂源经济开发区，占地面积22768平方米，建筑面积11705平方米，车间面积9584平方米。主要经营业务为新型镁合金、新型铝合金、新型锌合金、MMO阳极、高硅铸铁、石墨阳极、纯铁阳极、测试桩、参比电极、恒电位仪、浪花飞溅区保护材料、阴极保护原辅材料、镁铝自行车架、轮椅车架、稀土镁合金、镁合金型材、镁铝合金汽车零部件、镁合金焊丝的生产和销售；自行车组装（不含焊接、喷涂）和销售；自营或代理各类货物和技术的进出口。防腐系列产品主要应用于石油管道、天然气管道、桥梁、港口、船舶、海底管线、海上风电钻井平台、城市地下管网的阴极保护。低压铸造产品主要为电力金具、汽车配件系列产品。镁合金材料及深加工产品主要为镁合金管材、棒材、型材、线材，轧制镁合金板、带材，锻造镁合金部件其塑性变形产品及其二次变形产品，广泛应用于汽车、3C和航空航天等工业领域。2023年，公司固定资产1639万元，职工人数88人，实现销售收入7046.71万元、税收210.4万元。

公司是高新技术企业，被全国有色金属标准化技术委员会认定为国际标准研制创新示范基地、国际标准研制试点企业，被山东省工业和信息化厅、山东省地方金融监督管理局、中国人民银行济南分行评为山东省瞪羚企业，被山东省科学技术厅认定为工程技术研究中心，分别被山东省经济和信息化委员会、山东省发展和改革委员会认定为山东省企业技术中心，被山东省中小企业局认定为山东省“一企一技术”研发中心，被山东省工业和信息化厅评为山东省“专精特新”中小企业、山东省新材料领军企业。

发展历程

淄博宏泰防腐有限公司（2004—2015）

2004年3月，淄博宏泰防腐有限公司成立，位于沂源县东苑民营工业园，注册资本1200万元。

2009年6月，搬迁至沂源经济开发区。同时，董事会批准股权转让，将江照军、翟慎宝部分股权转让给沂源县源泰实业有限公司、山东源泰投资有限公司、宁波钰烯阴极保护材料有限责任公司。至此江照军持股30%、翟慎宝持股25%、沂源县源泰实业有限公司持股20%、山东源泰投资有限公司持股15%、宁波钰烯阴极保护材料有限责任公司持股10%。

2012年1月，建设高性能大直径镁合金铸棒及深加工项目，通过改造熔炼技术、移液技术、电磁模具成型技术，具备年产5000吨镁合金铸棒及深加工型材生产能力。2014年9月，沂源县源泰实业有限公司和宁波钰烯阴极保护材料有限责任公司将各自持有的20%和10%股份转让给山东源泰投资有限公司，山东源泰投资有限公司持股达45%。

山东宏泰科技有限公司（2015—）

2015年4月，公司更名为山东宏泰科技有限公司，注册资本2600万元，主要生产镁、铝、锌合金牺牲阳极防腐系列产品，镁合金材料及深加工产品，稳压电流保护产品。2021年12月，翟慎宝和江照军将各自持有的股权分别转让给山东源泰控股集团有限公司和张超，山东源泰控股集团有限公司持股达97.52%。

生产经营

生产研发

2023年，公司有研发人员23人，占职工总数的26.14%。投入研发经费563.74万元，占销售收入的7.7%。“可显示消耗程度的热水器用牺牲阳极”“一种高电流效率Mg-Mn-Ca-Zn-Sr牺牲阳极”2个发明专利荣获淄博市高价值专利奖。2014年，“龙贡”牌精密铸造产品被山东省质量强省及名牌战略推进工作领导小组评为山东名牌。2016年，镁合金热挤压型材荣获中国有色金属工业科学技术奖。2017年，镁合金焊丝（镁合金3D打印材料制备技术）被评为淄博市职工优秀技术创新成果二等奖。截至2023年底，公司拥有“可显示消耗程度的热水器用牺牲阳极”“自动控温润滑的镁合金挤压模具及其使用方法”等发明专利14项，“Φ1.2镁焊丝的对接模具”“防腐阳极免螺纹连接结构”等实用新型专利9项，注册宏泰、宏泰镁商标9个，参与起草及修订《镁合金牺牲阳极》《变形镁及镁合金牌号和化学成分》等国家标准5项、行业标准3项。

与中国科学院海洋研究所签署合作协议（2011年）

产品销售

公司在浙江、江苏、天津等地设有销售网点30个，主要为上游龙头企业海尔集团、美的集团、格力电器公司、中国船舶重工集团等提供产品服务，并成为其主要供应商。2023年，实现销售利润101.75万元，主要产品销量排名全国第二，全国市场占有率为34.93%。

2004—2023年公司主要经济指标

年份	产值（万元）	销售收入（万元）	收益（万元）	税收（万元）	固定资产（万元）	新增固定资产（万元）	员工人数（人）	主要产品	产量（吨）
2004	20.2	17.8	2.1	1.03	46.59	0	39	铝合金牺牲阳极防腐系列产品	75
2005	61.46	55.99	4.8	1.66	50.71	10.58	54	镁、铝合金牺牲阳极防腐系列产品	465
2006	112.45	108.13	5.98	1.2	61.98	0	58	镁、铝、锌合金牺牲阳极防腐系列产品	1240
2007	501.61	482.32	11.77	7	87.98	26	115	镁、铝、锌合金牺牲阳极防腐系列产品	2855
2008	5216.21	5051.59	235.79	114	226.74	155.76	126	镁、铝、锌合金牺牲阳极防腐系列产品	3150

续表

年份	产值（万元）	销售收入（万元）	收益（万元）	税收（万元）	固定资产（万元）	新增固定资产（万元）	员工人数（人）	主要产品	产量（吨）
2009	2574.57	2475.25	143.97	61.3	280.85	13.89	158	镁、铝、锌合金牺牲阳极防腐系列产品	3662
2010	583.24	5606	161.29	111.25	936.32	658.80	208	镁、铝、锌合金牺牲阳极防腐系列产品	3752
2011	6651.06	6457.34	100.44	86.60	1163.23	227.02	242	镁、铝、锌合金牺牲阳极防腐系列产品	4250
2012	3493.34	5032.24	0.88	55.99	1248.34	88.82	160	镁、铝、锌合金牺牲阳极防腐系列产品、低压铸造产品	3650
2013	6604.56	6402.59	277.31	216	1315.57	67.23	135	镁、铝、锌合金牺牲阳极防腐系列产品、低压铸造产品	3220
2014	5853.88	6489.36	131.34	247.56	1663.12	354.82	130	镁、铝、锌合金牺牲阳极防腐系列产品、低压铸造产品	2800
2015	3206.64	4163.47	365.84	402.25	1713.36	50.25	115	镁、铝、锌合金牺牲阳极防腐系列产品、低压铸造产品	2215
2016	4425.6	4325.97	36.11	145	2585	2585	92	镁、铝、锌合金牺牲阳极防腐系列产品	1665
2017	3660.75	3766.65	−198.16	143	2611	25	88	镁、铝、锌合金牺牲阳极防腐系列产品	1156
2018	2150.7	2003.49	−494	150	2540	19	63	镁、铝、锌合金牺牲阳极防腐系列产品	1539
2019	2850.12	2750.89	−285.96	101	2579	52.64	75	镁、铝、锌合金牺牲阳极防腐系列产品	1258
2020	5694.53	5014.61	−65.81	38	2715	143	73	镁、铝、锌合金牺牲阳极防腐系列产品	2973
2021	4889.80	5057.02	−210.87	179.29	1562	283	77	镁、铝、锌合金牺牲阳极防腐系列产品	2529
2022	7073.88	8828.84	158.51	234.52	1646.73	84.93	88	镁、铝、锌合金牺牲阳极防腐系列产品	1948
2023	5271.5	7046.71	101.75	210.4	1639	20.9	71	镁、铝、锌合金牺牲阳极防腐系列产品	1955

生产设备

公司采用全球先进的压铸设备，配备先进的检测设备瑞士产ARL3460光谱仪，引进移液泵、中转包和全自动机械与数字化生产线。立式加工中心HMC630、XH714D、XH716D、WMC1000L机床具有自动换刀功能，可有效减少工件的装夹次数，降低或消除因多次装夹带来的定位误差，提高加工精度。机床具备铣床、钻床、攻牙机等多种功能，职工可同时操作多台加工中心机床，减少企业机床数量的同时，降低人工成本。自动上料数控车通过传感器、仪器仪表、嵌入式系统GSK928TD-L、控制系统、人机交换系统等实现生产过程的自动化。

历任负责人

江兆军　董事长　2004.03—2006.05

翟慎宝　总经理　2004.03—2014.12

齐元琥　董事长　2006.06—2015.03

孙启明　总经理　2015.01—2016.03

任恒滨　董事长兼总经理　2016.03—2017.06
张　超　总经理　2017.06—2018.12
孙启明　总经理　2019.01—2020.03
郭士奎　总经理　2020.04—2022.02
李云峰　总经理　2022.03—

企业文化

企业宗旨

始终以“质量是生命、创新是根本、务实是宗旨、效益是目标”为宗旨，牢记使命、责任担当，真情交流、有效沟通，海纳百川、融合包容，外塑形象、客户至上，内强素质，客户导向。

企业理念

坚持国际化，坚持绿色与科技创新可持续发展，致力打造品质宏泰、绿色宏泰、智慧宏泰和世界宏泰，树立行业新标杆，让宏泰产品走向世界、宏泰技术服务世界。

文化核心

做行业的先行者，为客户创利、为员工造福、为社会尽责。以防腐蚀产品为龙头，以专业技术为支撑，做21世纪绿色先进金属制造商，科技创新助力高质量发展，双碳质效为地球生态保驾护航。

经营理念

公司始终秉承“科技创新、绿色发展”的发展理念，不断追求高效、智能、低耗的现代化制造方式，努力实现从“制造”向“智造”的转变。

激励机制

公司建立月度优秀员工和年度优秀员工评选制度，主要从工作业绩、工作技能、工作态度等各方面进行综合绩效考评。设置先进个人奖、先进集体奖、突出贡献奖，主要从科技创新和技术改造、节能降耗等方面进行考评，根据考评结果予以奖励，激励职工。

基层组织

2008年10月，淄博宏泰防腐有限公司党支部成立，吕丽丽任党支部书记。2022年12月，党支部换届，吕丽丽连任党支部书记。截至2023年底，共有中共党员8名。

工会工作

2008年6月，淄博宏泰防腐有限公司工会成立，吕丽丽任工会主席。2019年9月，工会换届，吕丽丽连任工会主席。工会组织举办关爱职工送清凉、慰问困难职工送温暖、爱心捐赠助武汉等多项特色活动，关心职工，增强凝聚力。

企业往事

战高温赶订单

2009年7月，公司接到海尔集团订单。此时正值夏日，天气像流火般炙热，公司的生产车间里，炉内温度高达600多摄氏度，周围气温也达到50多摄氏度。在高温的炙烤下，工人们汗流浃背地不停忙碌着。由于温度高加上铸造岗位特殊，致使生产的阳极质量一直不稳定。副总经理侯兆春看在眼里急在心里，既担心产品质量又挂心职工健康，他义无反顾地坚守在生产一线，在抓质量、抢时间的同时，不断替换职工们轮流休息。连续几天的高温炙烤和夜以继日的高强度工作，侯兆春头晕恶心，严重的时候就悄悄拿出随身携带的藿香正气水喝一口，缓解一下症状，然后继续投入生产中。为保证产品质量，铸造出产品后，侯兆春又马不停蹄地和检验人员进行产品质量检测，一刻也不耽搁。大家都劝他休息一下，可他一直坚持守在车间里继续跟踪生产。最终在全体职工的共同努力下，高质量按期完成了订单。

以服务感动客户

2017年，行业的不景气，加上多家同行的竞争，公司业绩一落千丈，面临着严峻的考验。此时，能否成功拿下合肥美的暖通设备有限公司200余万元的项目，成为本年度至关重要的一项工作。销售部经理吕丽丽第一时间电话联系了对方技术负责人王部长，第二天又独自驾车去合肥，与王部长进行现场沟通。王部长表示对宏泰的产品质量非常认可，但是目前资金压力很大，希望价格可以调低一点。宏泰一直在产品生产上追求高品质，所以生产成本较高，价格不占优势。不出所料，在两周后的招标中，因价格原因，宏泰未中标。但吕丽丽依旧对王部长发出了下一次的合作邀请，并表示虽然此次合作没有成功，但宏泰可以为合肥美的暖通设备公司提供技术服务。就是这一次的邀请，成为后来打开与合肥美的暖通设备公司合作大门的关键。

11月的一个晚上，吕丽丽突然接到美的公司王部长电话，说公司的第一批热水器在试用过程中出现问题，想邀请宏泰公司做技术指导。吕丽丽立马叫上技术部经理连夜赶到合肥进行技术指导，并携带自己的产品让其免费试用。在一个月的时间里，吕丽丽多次带队到合肥进行技术指导，以专业的技术对比和讲解，让合肥美的暖通设备公司认识到宏泰科技的产品优势。精诚所至，金石为开。12月，吕丽丽再次接到王部长电话，本以为又出了什么问题，没想到这次王部长说，我们公司决定采购一批总价1500万元的产品，和您商定一下合同签订的日期吧。吕丽丽挂了电话后，长长舒了一口气。公司以最低价格同合肥美的暖通设备公司达成了长期合作协议，并一如既往地提供技术服务。合肥美的暖通设备有限公司为表示感谢，在12月中旬，提前把60%合同款打到了公司账户。

宏泰新技术跻身国际高峰论坛

2016年4月7日，山东宏泰科技有限公司董事长任恒滨，参加了中国国际海洋防腐与防护技术创新及应用发展论坛会。会议由中国科学院宁波材料技术与工程研究所、中国新材料产业技术创新战略联盟主办，汇集各大企业负责人、技术负责人、高校和科研院所科研人员近600人。

中国海洋防腐蚀领头人、中国科学院宁波材料技术与工程研究所研究员、院士薛群基先生，中国科学院海洋研究所研究员、院士侯保荣先生，美国腐蚀工程师协会副主席Sandy Williamson先生，美国杜克大学教授Daniel Rittschorf先生，美国南密西西比大学教授Shelby F. Thames先生等国内外知名教授，分别作了学术报告，介绍了海洋防腐与防护技术创新、海洋工程装备应用、海上风电应用以及互联网+海洋工程腐蚀防护等课题。

山东宏泰科技有限公司作为中国科学院海洋研究所青岛市海洋环境腐蚀与防护重点实验室研发基地、中国科学院海洋研究所中日海洋腐蚀环境共同研究中心生产基地和海洋防腐蚀的倡导者，董事长任恒滨在会上作了发言，就公司镁、铝、锌合金牺牲阳极防腐系列产品和镁合金材料及深加工产品的生产技术、生产规模、应用领域等进行了推介，介绍了公司科学先进的管理认证体系、产品销售、技术研发等情况。

啃下海水里的“硬骨头”

2022年5月，公司承建湛江港400号泊位码头的钢管桩防腐包覆工程。湛江港码头位置比较特殊，工作区域跨度大，且涉及多个部门协同工作，在组织协调上存在一定难度，致使施工方案难以顺利推进。得知这一情况后，总经理李云峰和副总任文祥第一时间奔赴现场进行勘察，积极同涉及区域部门进行沟通协调，制定切实可行的项目各阶段工作目标和实施方案，最终项目得以顺利开工。

项目开工后，困难接踵而来。该项目施工必须在低潮差时段进行，基本上都是在下午至夜间进行，施工条件恶劣，环境潮湿闷热，海水流动性较小，海水微生物泛滥，长时间涉水作业，海水微生物便会附着在身体上进行撕咬，导致涉水施工作业人员不同程度地出现全身疙瘩、奇痒难耐等皮肤过敏现象。最为严重的是李云峰，需要每天打吊瓶缓解瘙痒症状，但为了施工质量，他上午去医院打针，下午坚持盯在施工现场，严格把控施工中每个节点，做好对外沟通、对内协调工作，保证项目质量安全。尽管每天浸泡在海水里，忍受着潮湿和奇痒的双重折磨，但他们凭着不放弃、不退缩、不逃避的拼搏精神，相互照顾、相互鼓励，坚持保质保量完成每天的工作任务，最终在大家团结一致的努力下，啃下了这个难啃的“硬骨头”，用实际行动展现了宏泰人实干笃行的优良工作品质。

技术人才的孵化器

宏泰公司十分重视技术研发和人才的培养储备，涌现出一大批技术“达人”。研发中心被认定为山东省技术中心，是中国科学院海洋研究所海洋环境腐蚀与防护重点实验室研发基地。

吕丽丽，公司副总经理，助理工程师。2009年进入公司，前期主要从事技术创新、产品研发工作。作为技术人员，吕丽丽一进厂先从车间生产干起，了解机器设备、掌握生产流程、熟悉生产技术。之后不断创新，优化工艺方案和工作流程。在样机产品生产过程中，严格按照国际标准、国家标准组织生产，在传统工艺基础上，新创了“电位自调节”先进工艺，增加了9种镁合金类新产品，让客户有了更多选择。在联合研发“高性能大直径稀土镁合金铸棒”产品时，作为公司的研发带头人，她埋头车间和实验室，把全部精力用于组织研发和生产，一干就是3年。

从事技术研发以来，吕丽丽主导、组织实施的技术研发、攻关项目达30余项，获得发明专利7项，参与制定有色金属行业标准1项。与中国科学院海洋研究所合作研发的“浪花飞溅区包裹修复技术”，列入国家973项目；与东北大学合作研发的“高性能大直径稀土镁合金铸棒”产品，被山东省科技厅鉴定为具备国际先进水平，填补了国内空白；主导研发的“镁合金焊丝”技术，获得国家有色金属标准委员会优秀标准成果三等奖、淄博市职工优秀技术创新成果二等奖。吕丽丽被评为淄博市“四一”工程技术创新优秀项目一等研创者、沂源工匠。

张玉坤，宏泰公司技术部经理。2014年加入公司，主要从事机械设计、制造和牺牲阳极铸造工作。为不断提高自己的技术水平和专业能力，更好地发挥自身价值，他不停地加强学习，购买了一系列专业资料，自学了软件CAD、UG的三维绘图、数字编程、运动分析等知识。为进一步了解铸造热交换与凝固过程原理，对铸造模拟软件anycasting进行了系统深入学习，在电脑屏幕上通过计算机模拟铸造过程中不同时间的变化，从而掌握了其中的变化规律，提高了铸造技术水平。

张玉坤坚持学中干、干中学，干学相促，机械设计能力不断增强，铸造业务越发精湛。近年来，主持完成了多项军民融合的设备制造和生产，为山东第一、第二机械厂生产制造了不同型号产线的配件、不同枪械的配件以及超算CPU液态冷却铝合金主板的前期样品。为县消防大队设计生产了轻量化可折叠消防泵周转车，节约了空间，减轻了消防人员劳动量。

2020年以来，先后申请实用新型专利6项，已授权3项，正在审查中3项。申报发明专利1项，已进入实审阶段。

大事记

2004年　3月，淄博宏泰防腐有限公司成立。

2008年　8月，首次通过ISO9001质量管理体系、ISO14001环境管理体系、ISO45001职业健康安全管理体系认证。

2009年　5月，法国普拉迪（国际）集团股份有限公司代表来公司验厂。

2009年　6月，成立山东省首批院士工作站。

2009年　9月，牺牲阳极项目竣工投产。

2010年　4月，建立高标准实验室。

2010年　7月，产品通过DNV、BV、CCS等国际知名船级社检测认证。

2011年　与中国科学院海洋研究所签署技术合作协议，海洋所侯保荣院士出席仪式。

2012年　1月，建设高性能大直径镁合金铸棒及深加工项目。

2013年　12月，被山东省质量技术监督局评为4A级标准化良好行为。

2015年　4月，变更企业名称为山东宏泰科技有限公司。

2016年　5月，引进使用财务管理平台U8、自动化系统OA办公，并开通企业邮件、企业微信、企业公众号等。

2019年　7月，建设镁铝合金自动化装备及节能改造项目。

2021年　5月，先后投入300余万元建立以生产厂房为依托的800kW智能光伏发电组。

2021年　山东理工大学创新创业实践基地在公司挂牌。

2022年　12月，越南菲斯曼供热技术有限公司人员到企业参观考察。

山东沂源沂阳水泥有限公司

概　况

山东沂源沂阳水泥有限公司位于石桥镇马庄村，前身系1976年3月由山东沂源炼铁厂投资创立的石桥水泥厂，有近50年的发展历史。按国家政策要求，在2009年前，对直径3米以下水泥磨机生产设备全部进行淘汰拆除。截至2009年，沂源县关停5家水泥生产企业，仅保留了山东沂源沂阳水泥有限公司，公司占地面积47401.2平方米，建筑面积5960平方米，主导产品是普通硅酸盐325#、425#水泥，设计年生产能力100万吨，职工100人。

公司先后被评为山东省建材行业“十一五”节能减排与资源综合利用十佳典范企业、山东省材料行业优势企业、山东省建材工业品牌综合竞争力十强企业、山东省建材工业协会会员企业、山东省建材工业品牌综合实力十强企业。

发展历程

沂源县石桥水泥厂（1976—1980）

1976年3月，由沂源芦芽铁厂投资18万元，在石桥筹建水泥厂，为全民所有制企业，时称沂源炼铁厂石桥水泥厂。

芦芽铁矿最早是1958年大炼钢铁时创立的，后在1963年第一次工业调整时被裁关停。1973年又得以重建，叫“山东沂源炼铁厂”，又习惯简称“芦芽铁厂”。因1958年创立时矿石长期供应青岛炼铁厂，有紧密业务关系，从此与青岛方建立了长期深厚关系。由此机缘，才有了1973年青岛纺织工业局对芦芽铁厂的投资重建。芦芽铁厂由青岛纺织工业局投资160万元重建，于1973年投产。后来青岛纺织工业局又投资建设草埠炼焦厂和崮山煤矿，为芦芽铁厂生产配套。为了“以轻养重”，青岛纺织工业局又投资建设九会织布厂、石桥水泥厂，都是芦芽铁厂附属企业，均建成于70年代。

沂源石桥水泥厂老厂区远眺

1975年，芦芽炼铁厂利用废渣，自己设计建起年产8000吨水泥车间。当年，建成万吨规模小立窑水泥厂，生产水泥336吨，就是后来的芦芽水泥厂。1980年，芦芽铁厂停产，全部转产水泥。1996年6月，芦芽水泥厂破产。

沂源县第二水泥厂（1980—1993）

1980年，企业名称改为沂源县第二水泥厂，属国有企业。同年5月，为了扩大规模增加了1.2×4.5米水泥磨机一台，1982年8月，水泥磨机改造成1.5×5.7米，1983年4月，改建了2×8米机立窑和6×12米熟料圆库两座，经过改扩建，产品产量有了很大提高，由建厂初期的0.8万吨，到1983年达2万吨的生产规模。1984年，新建2×8米机立窑一座及1.83×6米磨机2台，于1986年建成，形成4.4万吨生产能力。生产工艺设备采用皮带秤配料、微机控制，产品产量、质量均实现了大幅度提高。

淄博鲁沂水泥股份有限公司（1993—1998）

1993年8月，第一次改制称为“淄博鲁沂水泥股份有限公司”，是沂源县国有企业中第一家实施股份制改造的企业。1995年7月，鲁沂水泥被组入山东沂源蓝天建材集团有限公司。

山东沂源鲁沂水泥有限公司（1998—1999）

1998年7月，撤销蓝天建材集团公司后，重新组建“山东沂源鲁沂水泥有限公司”。1999年9月，山东沂源鲁沂水泥有限公司依法宣布破产，同时购买鲁沂公司资产，新成立山东鲁源水泥有限公司。

鲁源水泥公司物料储仓

水泥磨机生产区一角

山东鲁源水泥有限公司（1999—2007）

1999年10月，企业二次改制后称“山东鲁源水泥有限公司”。公司拥有立窑生产线3条，年生产能力40万吨。

山东沂源沂阳水泥有限公司（2007—）

2007年10月，企业名称变更为“山东沂源沂阳水泥有限公司”。公司积极贯彻落实国家产业政策，2022年12月，经山东省经信委批准，对原有的3.2×13米水泥磨机置换成3.5×14米，产能达到100万吨，增加40万吨，同时对生产工艺进行了优化，公司主要设备均采用国内先进水泥磨机设备，实现节能、环保、清洁生产、超低排放的现代化生产模式，生产及管理系统全部实现计算机联网控制，拥有先进的产品检验检测仪器，现代化水平逐步提高，公司产品质量在全国水泥质量大评比中连续多年被评为全优，在山东省同行业中列为综合质量50强、质量品牌10强单位。

生产经营

生产研发

2023年，公司拥有技术人员24名，占员工总数的22%，其中高级职称2人、中级职称6人、初级职称16人，50余名职工取得相关专业技术资格证书。同时，公司不断探索新技术应用，加大科研投入，设备先进，技术力量雄厚，生产工艺、生产设备在国内属先进水平。公司加大研发投入，积极运用新技术、新工艺，不断提升公司的科技水平，不断提升产品品质，立足水泥产业，研发相关的绿色建材产品。

产品及销售

公司建厂初期，产品为普通硅酸盐32.5等级水泥，工艺简单、产品单一，产品主要用于民用建筑、普通公路、桥梁等基础设施。

2015年以来随着科技水平的不断提高，公司积极运用新技术、新工艺，坚持以市场为导向，以国家产业政策为依据，不断对生产设备进行技术改造，淘汰旧设备，新上节能环保设备，不断优化生产工艺，产品品种也由原来单一的普通硅酸盐32.5等级水泥，逐步向普通硅酸盐32.5R、42.5、42.5R、52.5等级水泥发展，产品广泛用于重大建设项目，并出口东南亚等十几个国家和地区。

1990年10月，“鲁源”牌水泥被评为“山东省优质产品”。

2023年，公司有销售人员6名，占员工总数的5.6%。销售市场主要分布在沂源县境内，并销售莱芜、沂水、博山等地区，公司建厂40多年来，产品质量稳定，销售服务周到，建成一套较完善的销售服务体系，在广大客户和市场中赢得了比较高的信誉，树立良好的企业形象，为企业产品销售创造了良好的市场基础，产品市场占有率一直占本地市场的90%，其他周边地区占10%。

历年主要经济指标

年份	产值(万元)	利润(万元)	税收(万元)	固定资产(万元)	职工人数(人)	主要产品	产量(吨)
1977	29.9	1.5		78.6	116	水泥	6222
1980	68.2	5.9	5	100.8	132	水泥	11380
1985	101.3	17.8	10	193.2	190	水泥	14204
1990	402	32.5	40	539.6	200	水泥	32500
1995	6327	176.6	332.7	4827	724	水泥	228000
2000	4543.4	25.8	194	4927	414	水泥	254353
2001	4927.6	404.7	597.3	4904	413	水泥	280219
2002	5761.3	61	622.1	5281	414	水泥	328057
2003	6510.5	301.1	611.5	6224	411	水泥	350063
2004	8489.4	366.5	674.6	7592.3	398	水泥	434669
2005	11406	1216.3	902.4	8489	333	水泥	393362
2006	6836	10.9	640	10333	330	水泥	420414
2007	6230	1.3	629.2	10599	324	水泥	392254
2008	6898	11	832.5	9616.2	328	水泥	329225
2009	7118	9.5	379.2	9061	318	水泥	353448
2010	7906	−124	406.1	3852.3	310	水泥	422077
2011	11298	618.4	825.2	6151	305	水泥	440838
2012	10324	99.3	672.9	5937	230	水泥	431421
2013	11138	153.2	548.3	7439.4	240	水泥	509752
2014	10386	−70	494.7	7043	240	水泥	444285
2015	7778	−679.2	377.5	7038	240	水泥	359275
2016	7718	−1427	105.2	6464.8	230	水泥	376123
2017	8433	−536.8	299.5	6971	225	水泥	325297
2018	8406	−282.5	255.4	5096.4	220	水泥	209595
2019	8669.4	−107	271.4	5380.5	210	水泥	220571

续表

年份	产值(万元)	利润(万元)	税收(万元)	固定资产(万元)	职工人数(人)	主要产品	产量(吨)
2020	10309	-91	541.4	7456.3	200	水泥	286812
2021	9376	-174.8	375.6	6478	190	水泥	263472
2022	9200	15.4	190.1	9592.4	106	水泥	424688
2023	9529	34	718	6012.5	106	水泥	498094

历任负责人

单长贵　厂长、书记　1976.07—1977.09

王可臣　厂长、书记　1977.09—1981.03

封明成　厂长、书记　1981.03—1989.10

陈安法　厂长、书记　1989.10—2016.11

杨军华　董事长、书记　2016.11—

大事记

1976年　投资组建“山东沂源炼铁厂石桥水泥厂”。

1977年　4月，石桥水泥厂正式投产，年产量0.8万吨。

1982年，将生料磨机由ф1.2×4.5米改换成ф1.5×5.7米。

1983年，改建ф2×8米机立窑和ф6×12米熟料圆库2座。

1990年　10月，“鲁源”牌水泥被评为“山东省优质产品”。

1993年　8月，沂源县第二水泥厂改制为淄博鲁沂水泥股份有限公司。

1995年　5月，沂源鲁山水泥股份有限公司、淄博鲁沂水泥股份有限公司、沂源县芦芽水泥厂共同组建山东沂源蓝天建材集团有限公司；1998年2月，撤销。

1999年　10月，成立“山东鲁源水泥有限公司”。

2003年　10月，被国家建材测试中心授予“绿色环保建材”。

2004年　1月，被山东省质量技术监督局授予“免检产品”。

2007年　10月，山东鲁源水泥有限公司变更为山东沂源沂阳水泥有限公司。

2009年　12月，拆除立窑，改建年产60万吨水泥粉磨站。

2011年　10月，被山东省建材协会授予“山东省建材行业‘十一五’节能减排与资源综合利用十佳典范企业”。

2013年　9月，淘汰ф2.2×7米磨机、ф2.2×9米水泥磨机，新上ф3.2×13米水泥磨机。

2013年　10月，被山东省建材协会授予“山东省建材工业品牌综合竞争力十强企业”。

2014年　1月，新上年产30万立方米预拌混凝土项目。

2016年　12月，新上年产30万吨干混砂浆项目。

2019年　8月，新上水泥制品项目。

2022年　12月，按照淘汰落后产能政策，将ф3.2×13米水泥磨机置换成ф3.5×14米磨机。

淄博华源新材料有限公司

概　况

淄博华源新材料有限公司位于山东省特色产业园——华源节能材料产业园区，是国内同时拥有玄武岩纤维材料及制品、玻璃纤维材料及制品的高新技术企业，其前身是成立于2011年的山东鲁阳玄武岩纤维有限公司。公司发明创新无树脂、无甲醛生产技术，创新推出玄武岩纤维干法毡、板，玻璃纤维干法毡等产品和玄武岩纤维湿法毡、板、纸等系列产品，广泛应用于现代设施农业、电池防火、冷链隔热、工业节能、交通节能、建筑节能、家电节能等众多新兴市场。

公司先后被评为山东省创新型中小企业、淄博市玄武岩纤维玻璃纤维重点实验室、山东省“专精特新”中小企业、山东省科技型中小企业。

发展历程

山东鲁阳玄武岩纤维有限公司（2011—2023）

2011年，山东鲁阳玄武岩纤维有限公司成立，并建成年产2.5万吨国产线1条。2013年，山东鲁阳玄武岩纤维有限公司引进年产5万吨进口冲天炉生产线1条。2017年，山东鲁阳玄武岩纤维有限公司建成年产4万吨进口电炉生产线2条。2023年，山东鲁阳玄武岩纤维有限公司建成年产4万吨进口电炉生产线2条。

淄博华源新材料有限公司（2019—）

2019年，淄博华源新材料有限公司成立，2021年建成年产2.5万吨玻璃纤维生产线1条。2022年12月，淄博华源新材料有限公司与山东鲁阳玄武岩纤维有限公司合并为淄博华源新材料有限公司，鹿超任董事长、总经理。

生产经营

生产研发

淄博华源新材料有限公司秉持“科研发展”的道路，2021年企业研发经费220万元、2022年企业研发经费980万元、2023年企业研发经费1102万

电炉二车间生产线

元，连续三年研发经费不断增加。

公司下设华源节能材料研究院、淄博市玄武岩纤维工程研究中心、淄博市玄武岩纤维玻璃纤维重点实验室等科研机构，占地2500平方米，投资3000余万元，拥有日立热场式场发射扫描电镜、傅立叶红外光谱仪等高精度科研设备50余台（套），价值1500余万元。同时，与中国农业大学、山东农业大学、扬州大学等多所科研院校，耗费3年时间、2000余万元研发的育秧专用农业无机纤维产品已获得国家科学技术评价报告，评价为国际先进，填补了国内空白。

产品及销售

公司主营产品有使用传统生产工艺制造的玄武岩纤维树脂棉、毡、板，玻璃纤维树脂棉、毡、板，主要用于传统的工业保温隔热、建筑防火隔热、船舶防火隔热、输热管网保温隔热等领域。

公司产品目前覆盖山东省内各大城市和重点工业区域，以确保产品能够及时、高效地送达客户手中，同时，通过设立直销点、代理商、分销商等多种渠道，与大型建筑公司、工业企业等建立长期合作关系，构建起完善的销售网络。

2021—2023年经济指标一览表

年度	2021	2022	2023
销售收入（万元）	1108.07	6582.43	12548.65
工业总产值（万元）	1258.01	7385.28	13756.33
总资产（万元）	11308.95	40879.31	37450.76
净资产（万元）	32308	14526	15125
利润总额（万元）	−248.4	5.55	398.67

企业文化

企业愿景

以绿色节能环保产品，助力生态文明建设，推动双碳目标实现。

核心价值观

奋斗取得成果，产品赢得客户，创新获得发展。

企业方针

研发新产品，优化新技术，细耕新市场，拓宽新渠道。

企业宗旨

员工有尊严，产品有价值，合作能共赢。

企业精神

勇于担责，善于学习，敢于创新。

普适推广语

华源，让世界更节能。

分配理念

我的收入来自我自己的奋斗。释义：以成果交换为基础，通过个人的奋斗并取得成果来获取理想的收入。

质量理念

今天的质量是明天的市场、后天的效益。释义：产品质量是一个企业能否拥有长远利益的根本，产品质量也是长远利益的保证。

产品理念

产品是1其他是0。释义：产品是企业生存和发展的载体，优秀的产品能够提供给客户独特的体验或者具备竞争力的比较优势。

大事记

2011年　山东鲁阳玄武岩纤维有限公司成立，并建成年产2.5万吨国产线1条。

2013年　引进意大利冲天炉生产线1条。

2018年　山东鲁阳玄武岩纤维有限公司被评为“A级效能企业”。

2019年　淄博华源新材料有限公司正式成立。

2020年　8月，获得“全国建材行业先进集体”荣誉称号。

2020年　10月，通过生态环境部重污染天气重点行业绩效评级审查，通过绩效分级A级评审。

2022年　12月，获得“高新技术企业”证书。

2022年　12月，山东鲁阳玄武岩纤维有限公司转让给淄博华源实业发展有限公司，与淄博华源新材料有限公司合并。

2023年　11月，淄博华源新材料有限公司入选“国家级5G工厂名录”。

2023年　12月，农业纤维系列产品被评为“国际先进水平”。

慧科高新科技股份有限公司

概　况

慧科高新科技股份有限公司，位于县城荆山路157号。2008年1月成立，注册资本5108.928万元，占地面积8.6万平方米。下设山东和隆新材料科技有限公司和青岛慧科控股有限公司两个子公司，专业从事新材料研发及投资业务。主要生产PVC复合稳定剂、PVC环保钙锌稳定剂、复合助剂、单体稳定剂、有机锡（硅）稳定剂等。产品广泛应用于PVC管材、型材、板材等领域。2023年，公司固定资产8945万元，职工人数70人，实现销售收入1.13亿元、税收363万元。

公司是高新技术企业，被山东省工业和信息化厅评定为山东省新材料领军企业培育库入库企业、山东省“专精特新”中小企业，被山东省经济和信息化委员会认定为省级企业技术中心，被山东省中小企业局评为山东省“一企一技术”创新企业，被山东省知识产权局评为中国专利——山东明星企业，被淄博市工业和信息化局评为淄博市2020年度瞪羚企业。

发展历程

山东慧科助剂有限公司（2008—2009）

2008年1月，山东慧科助剂有限公司成立，主要生产PVC环保复合稳定剂产品。

山东慧科助剂股份有限公司（2009—2022）

2009年1月，山东慧科助剂有限公司改制为山东慧科助剂股份有限公司；9月，公司二期增资800万元。2010年8月，沂源日科高分子材料有限公司以实物资产和土地使用权形式，增资1520万元，注册资本达2520万元；9月，沂源县泉聚投资有限公司和青岛福恩沃国际贸易有限公司，以货币形式增资1000万元，注册资本达3520万元；10月，公司在齐鲁股权托管交易中心挂牌。2013年5月，公司向全体股东由资本公积转增股本，每10股转增1.8股，转增后的注册资本达4153.6万元。2015年7月，公司突破钙锌稳定剂和铝酸酯改性分子筛项目关键技术，获得国家《知识产权管理体系认证证书》，开始生产PVC环保钙锌稳定剂产品。2017年5月，公司引进国家“千人计划”专家李旭博士，新上慧科生物新材料项目。

2017年11月，公司在北京“新三板”挂牌，股票简称“慧科科技”，股票代码871685。2018年8月，新上年产5万吨钙锌稳定剂项目和年产10万吨生物助剂项目。2021年7月，全体股东由资本公积转增股本，每10股转增2.3股，转增后的注册资本达5108.928万元。

慧科高新科技股份有限公司（2022—）

2022年1月，山东慧科助剂股份有限公司更名为慧科高新科技股份有限公司；5月，公司投资500万元对钙锌稳定剂生产线进行智能化改造。

新材料实验室核心企业揭牌仪式（2011年）

生产经营

生产研发

2023年，公司有研发人员10人，占职工总数的15%，其中高级职称5人。投入研发经费605万元，占销售收入的6%以上。公司与中国工程院舒兴田院士、吴慰祖院士、汪燮卿院士以及多名国家重点人才计划专家，建立长期合作关系。与山东科技大学、青岛科技大学、山东理工大学等高等院校，建立了产学研合作关系。公司是中国工程院化工、冶金与材料工程学部和山东理工大学精细化工、催化材料实验室核心企业，建有院士工作站，被认定为山东省塑料稳定剂工程技术研究中心、山东省认定企业技术中心、淄博市环保稳定剂工程研究中心。

公司共申请专利47项，已授权31项，其中发明专利14项。其中，“疏水性纳米水滑石基PVC用复合热稳定剂及其制备方法”专利，获得淄博市专利奖三等奖；“新型分子筛PVC复合稳定剂及其制备方法”专利，获得淄博市高价值专利奖；“氯乙烯用钙锌分子筛复合稳定剂及其制备方法”专利，获得沂源县高价值专利奖。2010年6月，自主研发的疏水性纳米水滑石基PVC高效复合热稳定剂项目，被科技部列为科技型中小企业科技创新基金项目。2013年9月，新型分子筛PVC复合稳定剂项目，被科学技术部火炬高新技术产业开发中心列为火炬计划产业化示范项目，被山东省和淄博市以科技计划项目立项；12月，荣获第四届全国职工优秀技术创新成果优秀奖和山东省优秀职工技术创新成果一等奖。2014年12月，疏水性纳米水滑石基PVC用高效复合热稳定剂项目，列入山东省自主创新和成果转化专项。2016年4月，获得淄博市科技进步奖三等奖。2021年2月，高性能新型环保PVC钙锌稳定剂关键技术及产业化开发项目，获得淄博市重大科技创新成果二等奖；12月，具有优异热稳定性能和加工性能的PVC环保钙锌稳定剂项目，获得山东省科技进步奖三等奖。

产品销售

2023年，公司有销售人员15人，占职工总数的22%。在沈阳、上海、广州等20个国内塑料重点加工区设有销售办事处和技术服务机构，在青岛和广州设有产品仓库和办事处。产品在全国范围内销售，国外主要销往欧美等国家和地区。2023年，产品的市场占有率市内达80%、省内达40%、国内达10%。

2008—2023年公司主要经济指标

年份	产值（万元）	销售收入（万元）	收益（万元）	税收（万元）	固定资产（万元）	新增固定资产（万元）	员工人数（人）	主要产品	产量（吨）
2008	3526	3420	58	101	3820	203	25	PVC复合稳定剂	3420
2009	4005	4520	110	108	4050	233	31	PVC复合稳定剂	4520
2010	5260	5620	169	104	5066	245	36	PVC复合稳定剂	5620
2011	5124	5720	158	206	7250	261	34	PVC复合稳定剂	5720
2012	6552	6820	251	209	7250	269	34	PVC复合稳定剂	6820

续表

年份	产值（万元）	销售收入（万元）	收益（万元）	税收（万元）	固定资产（万元）	新增固定资产（万元）	员工人数（人）	主要产品	产量（吨）
2013	6652	6920	263	216	7358	275	42	PVC复合稳定剂	6920
2014	7121	7010	258	220	7358	289	36	PVC复合稳定剂	7010
2015	8752	8120	361	228	7410	295	40	PVC复合稳定剂、PVC环保钙锌稳定剂	8120
2016	8852	8201	362	230	7410	310	45	PVC复合稳定剂、PVC环保钙锌稳定剂	8201
2017	9920	9210	369	234	7410	325	52	PVC复合稳定剂、PVC环保钙锌稳定剂	9210
2018	9020	9520	479	260	7500	352	53	PVC复合稳定剂、PVC环保钙锌稳定剂	9520
2019	10022	9194	385	236	7625	362	55	PVC复合稳定剂、PVC环保钙锌稳定剂	9194
2020	10200	9294	490	239	7800	395	60	PVC复合稳定剂、PVC环保钙锌稳定剂	9294
2021	10641	9394	407	241	8090	435	65	PVC复合稳定剂、PVC环保钙锌稳定剂	9394
2022	10290	10099	520	251	8425	383	68	PVC复合稳定剂、PVC环保钙锌稳定剂	10099
2023	11052	11257	590	363	8945	291	70	PVC复合稳定剂、PVC环保钙锌稳定剂	11155

生产设备

2020年，公司投资1000万元，对年产3万吨PVC无尘环保稀土复合稳定剂车间进行技术改造。2021年，公司投资800万元，对年产5万吨PVC环保钙锌稳定剂车间进行技术改造，设备性能进一步优化，极大提高信息化、数字化和智能化水平，2个车间分别入选该年度淄博市“智能车间”。公司引进先进自动化装置设备20台（套），年产5万吨PVC环保钙锌稳定剂装置，采用行业先进技术工艺，智能化、自动化水平高，产能大，产品质量稳定性强，关键指标处于国内领先水平。

稳定剂生产车间

历任负责人

唐守余　董事长　2008.01—

唐守亮　总经理　2008.01—2012.12

胡吉福　总经理　2012.12—2014.05

唐守强　总经理　2014.05—2016.12

代绪岚　总经理　2016.12—2018.06

刘照恕　总经理　2018.06—2020.11

唐潇东　总经理　2020.11—

企业文化

企业标志

标志图案由两个字母V围绕圆形组成。字母V代表胜利与成功，相互支撑，象征着企业雄厚的实力和稳固的基础，同时体现慧科人同心同德，共创未来的精神。中心的圆形象征企业的精神核心，寓意企业欣欣向荣、硕果累累。标志外观的眼睛造型，展现了企业慧眼世界、科技创新的精神。标志整体构造寓意企业团结一心，以科技为先导，开拓进取，致力建设具有雄厚综合竞争实力的高分子材料产业化基地，打造全球PVC助剂行业知名品牌的企业愿景。

企业使命

公司秉承“以市场为导向、以客户为中心”的经营理念，把“规模化、复合化、环保化、平台化”作为发展战略，以“诚信、务实、正向、开放”的企业精神和“仁爱和谐、创值共赢、成人达己、奉献社会”的价值观，为客户提供满意产品和周到服务，努力成为中国PVC环保稳定剂的制造与服务专家。

激励机制

公司建立物质激励制度、目标激励制度、竞争激励制度，激发职工工作热情，挖掘职工潜能，增强职工竞争意识和创新精神，促进工作开展。

基层组织

2011年5月，山东慧科助剂股份有限公司党支部成立，唐守余任党支部书记。2021年12月，党支部换届，唐守余连任党支部书记。截至2023年底，共有中共党员12人。

工会工作

2012年6月，山东慧科助剂股份有限公司工会成立，高秀玉任工会主席。2021年10月，工会换届，高秀玉连任工会主席。工会从关爱职工、尊重职工、理解职工、保护职工的角度出发，每年组织丰富多彩的文体活动、培训学习和拓展训练，愉悦职工身心，提升职工素质，增强职工的归属感和幸福感。

企业往事

工艺技术新突破

慧眼世界，科技创新。公司注重以科技为先导，以科技创新推动企业发展。2011年，公司与中国工程院舒兴田院士合作研究新型分子筛PVC复合稳定剂应用项目，该技术可制备出多种型号的廉价、高效、环保的新型分子筛PVC复合热稳定剂，用作PVC塑料加工，具有不易析出、稳定效果好、易上色、成本低等优点。进行工艺配方设计的新型分子筛PVC复合稳定剂系列产品，能更大范围地满足管材、型材、电缆料等PVC制品生产需要。2011年5月该技术研发成功，9月通过省级科技成果鉴定。鉴定委员会专家一致认为，该项技术属国内首创，达到了国际先进水平，产品市场前景广阔。应用于生产后，创造了显著的经济效益。截至2023年底，已累计为公司增加营收15250万元，实现利税1200万元。

以诚心感动客户

中国工程院舒兴田院士、吴慰祖院士到公司指导项目研发（2012年）

公司一直把客户奉为上宾，视客户为企业的衣食父母，董事长唐守余更是秉承真诚服务客户、为客户谋福利是最好营销手段的理念。他总是站在客户的角度考虑问题，给予他们家人般的关心和温暖。只要是合作过的客户，哪怕是只打过一次交道，他都记在心上，时不时地予以问候。对常年合作的客户，他更是用心。有一次，一个客户无意间跟他说起想吃沂源的大锅全羊，唐守余就一直记在心上，在去送货的时候专门带了两只活羊，同时带着厨师、山泉水、锅碗瓢盆，在送货现场为客户做了一顿原汁原味的沂源大锅全羊。虽不是什么贵重的好菜，但他的诚心深深感动了客户，从此建立了深厚的合作关系，这一合作，就是二十多年。

大事记

2008年　1月，山东慧科助剂有限公司成立。

2008年　4月，通过ISO9001:2008质量体系认证。

2008年　7月，与山东理工大学合作，成立山东理工大学教学科研实践基地。

2009年　3月，被确定为中国工程院化工、冶金与材料工程学部—山东理工大学精细化工、催化材料实验室核心企业。

2010年　9月，建立国内塑料稳定剂行业第一家院士工作站。

2010年　10月，在齐鲁股权托管交易中心挂牌。

2011年　6月，被认定为高新技术企业。

2011年　12月，被认定为山东省塑料稳定剂工程技术研究中心。

2013年　5月，自主研发的新型分子筛PVC复合稳定剂项目，被评为山东省优秀技术创新成果一等奖，并获得全国优秀技术创新成果优秀奖。

2013年　12月，建设完成有机锡稳定剂和钙锌稳定剂项目。

2014年　5月，被山东省职工技术协会、《山东工人报》社评为山东省自主创新模范企业。

2014年　8月，“慧科”牌塑料稳定剂被评为山东名牌。

2015年　10月，获得国家知识产权管理体系认证证书。

2016年　12月，被中塑协会评为“十二五”塑料加工业科技创新型企业。

2017年　6月，成立慧科工程研究中心。

2017年　10月，成立淄博市环保稳定剂工程研究中心。

2017年　11月，新上慧科生物新材料项目。

2017年　11月，在北京“新三板”挂牌上市。

2018年　12月，新上年产5万吨钙锌稳定剂项目和年产10万吨生物助剂项目。

2018年　12月，成立慧科生物研究院。

2018年　12月，举办慧科十周年庆典活动。

2019年　5月，被山东省科学技术厅、山东省财政厅、中国人民银行济南分行、中国银行保险监督管理委员会山东监管局评为山东省创新竞技行动大赛优胜企业。

2019年　6月，公司注册成立子公司——山东和隆新材料科技有限公司。

2020年　6月，被山东省工业和信息化厅评为山东省“专精特新”中小企业。

2020年　7月，完成年产3万吨无尘环保稀土复合高效稳定剂安全环保技术改造项目。

2020年　8月，被淄博市工业和信息化局评为淄博市2020年度瞪羚企业。

2021年　5月，被山东省工业和信息化厅认定为山东省新材料领军企业培育库入库企业。

2021年　7月，全体股东由资本公积转增股本。

2021年　12月，“具有优异热稳定性能和加工性能的PVC环保钙锌稳定剂”技术成果，荣获山东省科技进步奖三等奖。

2022年　1月，更名为慧科高新科技股份有限公司。

2022年　5月，完成钙锌稳定剂生产线智能化改造。

2022年　10月，科技创新项目“高效、环保、多功能化的多元醇酯基金属醇盐PVC热稳定剂的开发及产业化”，入选2022年度山东省科技型中小企业创新能力提升工程。

新时代昆仑循环科技（山东）有限公司

概　况

新时代昆仑循环科技（山东）有限公司，位于县城宏泰路北首。2021年2月，由淄博汇佳橡胶新型材料有限公司合资成立，注册资本2.36亿元，占地面积37000平方米。公司下设供销科、财务科、物管科、生产技术科、安全科、环保科、办公室7个科室和1个加氢精制车间。主要生产环烷基橡胶填充油、工业白油、润滑油基础油等产品，应用于黏合剂、橡胶制品的生产加工，工业润滑油、车用润滑油的调和以及化妆品、纺织印染、涂料等行业。2023年，公司固定资产7419万元，职工74人，实现销售收入6702万元、税收44万元。

公司是高新技术企业，被山东省中小企业局评为山东省“专精特新”中小企业，被淄博市总工会评为淄博市模范劳动关系和谐企业。

发展历程

淄博汇佳橡胶新型材料有限公司

2010年7月，淄博汇佳橡胶新型材料有限公司成立，注册资本3680万元，主要从事环保型橡胶填充油研发、生产、销售和技术咨询。2011年，批复建设3×104t/a填充油装置工程，占地面积26613平方米，投资9600万元。2012年3月，开工建设。2013年10月，投产并一次试车成功。2015年1月，30000吨/年橡胶填充油生产装置完成验收，同时取得安全生产许可证。

新时代昆仑循环科技（山东）有限公司

2021年2月，新时代昆仑循环科技（山东）有限公司成立，主要从事润滑油基础油、橡胶填充油的生产和销售以及人工智能基础软件和应用软件开发，网络技术服务，信息技术咨询服务，企业管理咨询等业务。

生产经营

生产研发

2023年，公司有17名技术人员，设有独立研发中心。自主研发的“一种高纯异己烷的制备方法”“一种环保型橡胶轮胎填充油的生产方法”和“一种低芳溶剂油的加工方法”，获得国家发明专利。生产的环保型ZN06、ZN10橡胶填充油和5号、10号、15号、32号工业白油，均达到欧盟环保标准。

产品销售

公司产品主要在国内销售，在山东、河北、河南、江苏、天津等地设有销售点，配有经销商。

2011—2022年淄博汇佳橡胶新型材料有限公司主要经济指标

年份	产值（万元）	销售收入（万元）	收益（万元）	税收（万元）	固定资产（万元）	新增固定资产（万元）	员工人数（人）	主要产品	产量（吨）
2011	0	4.1	−1.2	—	113.8	113.8	—	—	—
2012	139.3	180.6	−4.9	0.96	146.7	32.9	45	—	—
2013	844.8	1049.3	−234.2	20.4	158.1	11.4	60	橡胶油	92.97
2014	2802.3	2207.6	−1208.6	22.7	209.9	51.8	60	橡胶助剂	4718.30
2015	7111.7	5528.4	−2136.9	33.5	1525.9	1316	62	橡胶助剂	15084.415
2016	5755.4	5639.1	−1127.9	30.4	1832.1	306.2	62	工业白油	12591.623
2017	7814.1	8330.3	−317.3	195.3	1885.1	53	65	工业白油	16490.307
2018	8170	8617.2	−722.9	130.7	6859.3	4974.2	65	工业白油	19612.278
2019	7913.3	7788.9	−1902.2	26.98	6949.1	89.8	66	润滑油基础油	14471.605
2020	4877.4	4640.7	−2375.5	21.3	7023.9	74.8	66	润滑油基础油	12139.531
2021	9172.1	11513.6	457.5	95.4	429.5		68	润滑油基础油	15199.85
2022	5367.1	5740.3	−26.5	281.8	503.2	73.7	70	润滑油基础油	3396.345

2021—2023年新时代昆仑循环科技（山东）有限公司主要经济指标

年份	产值（万元）	销售收入（万元）	收益（万元）	税收（万元）	固定资产（万元）	新增固定资产（万元）	主要产品	产量（吨）
2021	394.89	294.73	−558.92	1.1	6611.51	6611.51	—	—
2022	6729.06	5005.2	−1495.73	29.2	6605.07	0	润滑油基础油	4031.915
2023	4065	6702	81	44	7419	0	润滑油基础油	5890

生产设备

公司拥有先进的年产30000吨橡胶填充油装置。该装置采用中国北京石油化工科学研究院研究的全氢法润滑油高压加氢技术，由三维设计院设计，年处理能力3万吨，年开工7200小时。该装置主要生产橡胶填充油，包括减一线、减二线和减三线馏出油。产品以德国汉胜—罗圣泰集团公司提供深加工的芳烃油（TDAE）VI-VATEC500指标为参考，全部符合欧盟2005/69/EC规定的橡胶填充油标准。

生产区

历任负责人

董云利　淄博汇佳橡胶新型材料有限公司总经理　2015.06—2019.02

温　超　淄博汇佳橡胶新型材料有限公司
董事长　2015.09—
崔学宏　淄博汇佳橡胶新型材料有限公司
总经理　2019.02—2020.12
董云利　淄博汇佳橡胶新型材料有限公司
总经理　2021.01—
温凤鸣　新时代昆仑循环科技（山东）有限公司
董事长　2021.02—
毛庆锋　新时代昆仑循环科技（山东）有限公司
总经理　2022.01—

企业文化

企业理念

公司把“打造持续创造经济效益和社会效益的标杆企业”作为奋斗目标，以“励精图治、艰苦奋斗、勇于开拓、自强不息”为精神动力，弘扬“工作计划有条理、任务安排有标准、落实执行有保障、成绩效率有考核”的企业作风，积极营造“享自尊、得关爱、崇公平、敬创新、爱团队、重效率”的公司氛围。确定“人适其位、位适其人”的人才理念和“精益求精、铸造精品”的质量理念。

基层组织

2017年9月，淄博汇佳橡胶新型材料有限公司党支部成立，温超任党支部书记。2020年7月，党支部换届，温超连任党支部书记。截至2023年底，共有中共党员4名。

工会工作

2016年1月，淄博汇佳橡胶新型材料有限公司工会成立，程明阳任工会主席。工会组织开展篮球、乒乓球、拔河、登山等比赛活动和先进工作者评选、红旗手选树等评先树优活动，丰富职工生活，激励职工进步。

企业往事

挥汗如雨检修锅炉

公司设备科负责机器的正常运转，每天都要进行认真检查，确保设备处在安全地运转状态，遇到停工检修，更是全员靠上，全力以赴。2015年夏天，因设备故障天然气制氢装置停工检修，检查人员多次钻进密不透风、黑暗狭窄的废热锅炉内进行检查，60多岁的副总经理刘汝斌不顾年迈，身体力行、率先垂范。废热锅炉又窄又矮，站不起身、转不动身，每次都得弯着腰进去，再弯着腰退出来，经常磕着碰着。由于锅炉内没有灯光，检查人员都是拿着手电筒照着，把脸贴上去细细查看。锅炉内密封闷热，每次检查完出来，浑身上下就像大雨淋过一样，汗流如注。凭着这种认真执着的精神，本来1个月的检修时间，只用了20天就检修完成，装置提前开工。

成功优化工艺流程

为提高产品质量，降低能源消耗，2016—2018年，总经理董云利带领团队对反应及分馏装置的分离和换热流程进行梳理优化。他们除了正常的研发调试，还要爬到换热器组前绘制流程图、爬到框架顶楼研究空气冷却器的提升空间……不管是烈日烤着还是寒风吹着，他们都没有抱怨过。董云利家在外地，一心扑在工作上，常常通宵达旦、废寝忘食。由于长时间吃饭、睡眠不规律，导致本来就患有结石和高血压的他，经常出现腰疼、视力模糊等症状，但是为了装置的安全高效运行，他始终坚守在一线。经过大家的不懈努力，最终拿出了翔实可行的优化方案，公司依此对生产装置进行提升改造后，产品单耗降低了10个百分点，产品质量更加优良，仅此一项每年就为公司创收200余万元。

大事记

2010年　4月，年产3万吨橡胶助剂项目立项。

2010年　7月，淄博汇佳橡胶新型材料有限公司成立。

2014年　12月，通过安全验收。

2016年　5月，通过环保验收。

2019年　1月，被评为山东省“专精特新”中小企业。

2019年　11月，被评为高新技术企业、淄博市模范劳动关系和谐企业。

2021年　2月，新时代昆仑循环科技（山东）有限公司成立。

2022年　6月，新时代昆仑循环科技（山东）有限公司年产3万吨橡胶助剂安全环保提升改造项目立项。

沂源精工医药塑业有限公司

概　况

沂源精工医药塑业有限公司，位于县城荆山路227号。2002年10月成立，2014年6月搬迁至沂源经济开发区，总投资2.2亿元，占地面积31985平方米，建筑面积23440平方米。设有沂源泰盛工贸有限公司分公司，下设综合部、质检部、业务部、财务部、生产部5个部门和拉丝、圆织（吊带）、裁剪、缝纫、质检、打包6个车间。主要生产柔性集装袋、耐候性三年黑色集装袋、一年黑色集装袋及其各种规格的中型塑料编织袋。2023年，公司固定资产1.89亿元，职工246人，实现销售收入1.16亿元、税收1052万元。

被淄博市税务局评为“依法纳税、强国惠民”荣誉企业，被山东省科学技术厅等三部门评为高新技术企业，被沂源县人民政府评为2009年度出口创汇先进企业、创新型高成长企业30强、2019年度优秀企业。

发展历程

沂源盛达塑编有限公司（2000—2014）

2000年3月，开始建设厂房。2002年10月，沂源盛达塑编有限公司成立，主要生产加工塑编沙袋，销往国内市场。2008年6月，公司扩大经营范围，开始生产集装袋，并进入日本市场。2010年3月，成立分公司——沂源泰盛工贸有限公司，购进30台设备，新上吹膜、涂膜等工艺，产品质量大幅度优化提升。2014年1月，新上年产2.1万吨医药包装材料项目，2015年12月项目投产。

沂源精工医药塑业有限公司（2014— ）

2014年6月，沂源盛达塑编有限公司搬迁至沂源经济开发区，更名为沂源精工医药塑业有限公司。新上设备130台，主要生产集装袋和塑料编织袋。

生产经营

生产研发

2023年，公司有研发人员52人，占职工总数的20%。投入研发经费729万元，占全年销售收入的6.08%。公司致力于高性能纤维集装袋的研发生产，先后取得“织带机的导带装置”“一种拉丝机冷却装置”“一种编织袋印刷机”等10项实用新型专利和“塑料自动精准裁切系统V1.0”“塑料丝拉丝加工控制系统V1.0”“塑料吊带切割自动控制系统V1.0”等7项计算机软件著作权。

产品销售

公司产品全部销往日本、韩国等国家。公司有独立的销售部门，设有国际贸易组和国内业务组，在日本、韩国等国家派有专门销售人员负责接单、跟单服务。2023年，出口集装袋7530吨，出口额1.16亿元，国外销售额占总销售额的96%。

2017—2023年公司主要经济指标

年份	产值（万元）	销售收入（万元）	收益（万元）	税收（万元）	固定资产（万元）	新增固定资产（万元）	员工人数（人）	主要产品	产量（吨）
2017	5780	6272	376	564	10114	344	182	集装袋	3825
2018	9224	9224	553	830	11360	1246	202	集装袋	7050
2019	10501	12506	750	1125	14803	3443	245	集装袋	8250
2020	10252	10795	647	981	15803	1000	225	集装袋	7179
2021	9342	12000	720	1086	18688	2885	234	集装袋	7947
2022	10800	11900	714	1080	19000	312	260	集装袋	7680
2023	10600	11600	698	1052	18920	256	246	集装袋	7850

生产设备

公司拥有先进的进口高速拉丝机，数控仪表控制操作，废品率低，具有产能高、效率高、成品质量高等优势。2022年，新购进8梭圆织机，设计合理，运转速度快，员工操作更加灵活方便，而且产量高、易操作、损耗低。同年，新购进花样裁剪机，数控仪表操控，自动化程度高，成品合格率高，不仅节省劳动力、提高效率，而且使产品更加多样化，更大程度满足客户需求。

圆织生产

公司负责人

任德法　董事长兼总经理　2002.10—

企业文化

企业理念

公司坚守“诚信、共赢、求发展”的文化理念，把“诚信”作为企业发展的根本，把“共赢”视为企业发展的理想状态。以“精益求精、精工细作”作为经营理念，追求公平、团结、和谐、向上的经营环境，在全心全意为客户服务中实现企业价值。

管理模式

公司采用“六个管理”“六个用心”“六个到位”管理模式，明确职责，压实责任，提高职工的工作积极性和企业的运作效率，推进企业内部管理标准化、规范化、科学化。

基层组织

2018年6月，沂源精工医药塑业有限公司党支部成立，王克波任党支部书记。2022年11月，党支部换届，陈兆强任党支部书记。截至2023年底，共有中共党员5名。

工会工作

2003年6月，沂源盛达塑编有限公司工会成立，刘文博任工会主席。2022年12月，工会组织换届，郭德全任工会主席。每年端午节、中秋节、春节等传统节日，工会组织慰问贫困职工，为孤寡老人送“福”、送爱心。“三八”妇女节、“十一”国庆节举办跳绳、拔河、象棋比赛等活动，丰富职工的业余生活，提高团队的团结协作能力。

企业往事

二次创业锐意创新

2000年初，任德法、曲霞夫妇决定离开打工的塑编厂，独自开办一家自己的公司。万事开头难，没有资金，曲霞跑到北京姐姐那里借来了30万元，又把自己唯一的福利房卖掉变现，把所有能拿的钱都拿了出来，凑够了启动资金。2000年3月，在南麻镇西河北村租赁8亩地，开始建厂房。为攻克技术难关，任德法家也不回，直接住在厂里的一辆解放牌汽车里，查阅资料、钻研技术、改造部件，几乎没睡过一次囫囵觉。妻子曲霞为降低成本，一个人承担了后勤、保管、配件采购、财务、给工人做饭等所有工作。那段时日，夫妻二人从早忙到黑，没有片刻闲暇。经过2个月不懈努力，终于生产出了质优价廉的塑编沙袋产品，并迅速打开了国内市场。随着公司规模不断扩大，2009年产值达到了2000万元。

公司开办后，生产经营一直很稳定，但任德法夫妇意识到，如果企业安于现状，不创新发展，就会失去竞争力，最终被市场淘汰。经过慎重考虑和充分调研后，两人开始了二次创业。2010年3月，在石桥镇成立分公司——沂源泰盛工贸公司，开始研发新产品；7月，成功生产出高端集装袋，从此打开了日本市场，公司年产值突破了5000万元，企业发展上了一个新台阶。

2014年，任德法夫妇决定向高精尖技术迈进，进一步提升产品附加值，扩大生产规模，将公司迁址到沂源经济开发区。从6月开始动工，利用8个月的时间，建成了占地48亩、建筑面积2万平方米的新厂区，又利用4个月的时间完成了设备采购和调试。在高强度建设期间，任德法一直盯在工地上，调整设计、联系施工、排除障碍，同职工们一起在临时搭建的塑料棚里吃大锅菜，一起赶工程进度到深夜。历时一年，2015年12月，正式投产，生产出了当时国内最高端的柔性集装袋、耐候性三年黑色集装袋、一年黑色集装袋等新产品。

小公司的大情怀

2019年，公司拉丝车间职工王洪伟因患心脏病需要手术，急需10万元手术费，但其家庭十分困难，一时难以凑齐。公司领导得知后，便在职工中发动捐款，在董事长任德法带领下，全厂近200名职工捐款8万元，帮助他渡过了难关。

2020年新冠疫情暴发后，公司捐款3万元，又购买了200个自动测温仪、200件军大衣和消毒液、酒精、方便面等价值7万元的防疫物资，体现了公司的社会担当。

每年春节前，公司都要到驻地周边村看望孤寡老人，公司负责人为他们送去米面油等生活用品。

大事记

2002年　10月，沂源盛达塑编有限公司成立。

2010年　3月，分公司沂源泰盛工贸有限公司成立。

2010年　10月，新上集装袋生产线。

2011年　3月，被沂源县总工会评为“工人先锋号”。

2014年　6月，更名为沂源精工医药塑业有限公司。

2015年　7月，淄博市委书记王浩到公司对新上项目进行调研。

2015年　12月，年产2.1万吨医药包装材料项目投产。

2018年　6月，新上进口拉丝机1台。

2020年　7月，新上4梭圆织机4台。

2021年　2月，联合县总工会开展“新春送福”活动。

2021年　6月，山东省“四进”工作组组长王相夏到公司调研。

2022年　10月，新上花样机1台。

装备制造产业

装备制造产业涉及通用设备制造、专业设备制造和汽车零部件配套等产业，骨干企业分别是山东省源通机械股份有限公司、淄博永华滤清器制造有限公司、沂源县华阳能源设备有限公司、山东硕源工业机械设备有限公司、山东恒立轨道装备制造有限公司、淄博悦卡电器科技有限公司等。2023年，装备制造产业实现工业产值10亿元。

山东省源通机械股份有限公司

概　况

山东省源通机械股份有限公司始创于1958年5月15日，创建之初为沂源县农业机械制造厂，发展中陆续改称“沂源县内燃机配件厂”“国营山东沂源内燃机配件厂”“山东沂源机械总厂”“沂源县源通机械股份有限公司”“山东沂源内燃机配件厂”。2010年4月，经过股份制改革，进一步完善结构，更名为山东省源通机械股份有限公司。

2003年12月，沂源县源通机械股份有限公司搬迁至沂源县东苑民营工业园，占地面积120亩，新建厂房及配套设施20468平方米，年设计生产能力4万吨。公司下设9个职能处室、1个办公室、6个车间。主要产品为高端电机零部件，风电、轨道交通、汽车、工程机械及大型农机等零部件。2023年，公司职工人数504人，固定资产11961万元，实现销售收入18208万元、税收438万元。

2012年以来，公司先后被评为淄博市地税500强企业、淄博市创新500强企业、山东省铸造行业综合实力50强企业、山东省机械行业重点行业关键零部件和机械基础件60强企业、中国铸造行业千家重点骨干企业。2016年，被山东省铸造协会评为先进单位；2021年，被山东省装备制造业协会评为先进企业。

发展历程

公司始创于1958年5月15日，经县委、县政府批准，在县重工业局领导组织下建厂，厂名定为“沂源县农业机械制造厂”，厂址设在县城西首。建厂之初，全厂仅有一只红炉、三个咕噜担、三间草房的固定资产，主要产品为锨、镢、铲头等小农具。1958年底，新上了第一台车床设备，试制出扁子锯、土机床、罗式鼓风机等产品，提高了工作效率。

1984年8月，沂源县农业机械制造厂改名为“沂源县内燃机配件厂”。1989年4月2日，沂源县内燃机配件厂改名为“国营山东沂源内燃机配件厂”。

1992年11月，新上汽修、花岗石加工、机械制造等项目，为便于开展业务，新增厂名“山东沂源机械总厂”。

1994年5月，为深化企业内部改革，五届十二次职工代表大会审议通过厂改组为股份制企业；5月23日，沂源县企业产权制度改革领导小组同意国营山东沂源内燃机配件厂改组为股份合作制企业。改组后，企业名称为“沂源县源通机械股份有限公司”。

1994年6月4日，沂源县源通机械股份有限公司创立大会暨首届股东大会在县经委召开，选举产生第一届董事会和监事会，第一次董事会选举丁修祥为董事长兼总经理；6月22日，精简机构，合并科室，由原来的10个科室压缩为7个科室，科室人员实行择优上岗，由原来的93人压缩到55人；7月4日，经公司研究，股东代表大会讨论通过，改革工资制度，实行岗位技能工资制。

2000年4月，根据《中华人民共和国公司法》和工商管理部门的要求，针对沂源县源通机械股份有限公司的实际情况，结合公司对外业务往来的需求，经上级研究批准，公司名称变更为“山东沂源内燃机配件厂”，经济性质由原来的股份制变为股份合作制；7月，被列为2001年全县重点项目。

公司厂区

2002年5月30日，企业股份进行结构调整，变更为“沂源县源通机械有限公司”。2004年5月，沂源新业投资有限公司（新业投资为山东省药用玻璃股份有限公司管理层及部分员工出资设立的企业，主营业务为股权投资）投资1000万元，控股沂源县源通机械有限公司，公司股本扩大到1484万元。

2010年4月12日，沂源县源通机械有限公司通过股东会决议，同意沂源县源通机械有限公司更名为“山东省源通机械股份有限公司”，并依法办理工商变更登记手续；12月29日，在齐鲁股权交易中心挂牌交易。

2014年4月30日，山东省源通机械股份有限公司在全国中小企业股份转让系统成功挂牌，为公司发展奠定了坚实的基础。

生产经营

生产研发

2023年，公司有研发人员85人，占公司员工比例的16%，其中工人技师46人、初级职称30人、中级及以上职称9人。公司科研经费逐年加大，2021年科研经费支出1175万元，2022年研发投入1259万元，2023年科研经费支出1234万元，研发经费占销售收入6%以上。公司建有2378平方米技术研发中心大楼，累计投资1000余万元购置实验研发设备，拥有万能材料试验机、金相显微镜、直读光谱仪、三坐标测量机、铸造智能检测仪等检测实验仪器，技术研发中心能够满足耐低温耐腐蚀金属材料化学成分、室温拉伸、低温拉伸、金相组织、硬度等方面的检测。

公司始终以科技创新为支撑，为国家龙头企业配套，公司设有山东省企业技术中心、淄博市耐高低温耐腐蚀铸造金属材料工程技术研究中心、淄博市耐低温耐腐蚀钢铁件工程实验室、山东省“一企一技术”研发中心等研发平台。不断加强与高等院校、知名企业的科研合作，先后与山东大学、山东理工大学等多家科研院所建立了技术合作关系，与世界500强企业ABB、西门子、墨西哥GE及国内卧龙电气、上海电机、东方电机、重汽、潍柴等公司有着常年合作关系。截至2023年底，公司申请国家专利55项，已授权29项，其中发明专利14项、实用新型专利12项。近几年来，公司申报山东省科技发展计划1项、淄博市科技发展计划5项、淄博市科技创新重点项目1项、山东省技术创新项目7项。荣获淄博市科学技术奖三等奖1项、淄博市专利奖三等奖1项、淄博市重大科技成果提名奖三等奖1项、淄博市高价值专利奖1项、山东省装备制造业技术创新奖三等奖1项、山东省装备制造业优秀新产品奖1项。

公司十分重视数字化转型工作，ERP管理软件在生产经营活动中全面应用，2018年投资2000余万元将Z148半机械化造型流水线升级改造为自动造型生产线，在砂处理、造型、浇注等工段形成了以PLC集中控制系统和DCS系统的全面控制为基础，主辅机全线运行状况在显示屏全程图文同步监控显示为核心的生产控制流程，实现运行全程同步跟踪，故障方便迅速排除，保证造型线全生产过程高效安全运行。2020年，荣获淄博市“智能车间”称号。

黏土砂湿型静压自动造型生产线

产品及销售

建厂早期的产品：

1958年7月2日，建厂初主要产品有铲头、锨、镢等小农具。

1962年1月10日，生产单柱、双柱榨油机。

1965年7月，生产十六寸动力轧花机，年底开始生产水车。

1971年4月，试产成功Z35摇臂钻床、“稀土—镁球墨铸铁”和“东方红—54”拖拉机调速器。

1972年10月7日，东方红拖拉机配件开发成功。

1973年5月，生产出12马力拖拉机30台、25马力拖拉机2台。

发展中代表性产品：

1999年12月30日，全年生产各种柴油机机体16万只，生产S195和T195缸盖总成1.5万只，开发生产S1100水箱2万只，共完成铸件折算重量9000吨。期间，产品主要为单缸柴油机主机厂配套。

2015年以来主要产品：

各种型号的电机壳、端盖、接线盒、内轴承盖、外轴承盖、轴承零件等电机零部件，变速箱前壳、后壳后桥箱主减速壳、中桥主减速壳、发动机飞轮壳、齿轮室、水泵体等汽车零件，主轴箱体、离合器壳、中间箱体、滚轮、机体等大型农机配件，变速箱上箱体、下箱体、电机悬挂横梁、上底板、下底板、弹簧外套等轨道交通动车机组零件，大型箱体、箱盖类零件，大型泵类零件，长排、短排等工程发动机零件，支架、驱动壳等电机零件等。

2023年，公司主营业务收入2亿元，主要产品产量2万吨（折算）。在省内同行业同类产品中为龙头骨干企业。

名、优、特产品：

山东195型柴油机气缸盖，1983年省机械行业协会检定为优等品，1984年荣获机械工业部优质产品。1989年8月，“沂农”牌山东195型柴油机气缸盖被评为山东省优质产品。

国内市场，公司积极与国内各大电机厂密切合作，加大国内布局，进一步巩固了公司在电机零部件方面开发制造的市场地位。随着业务量的增加，在主要客户设置专业的售后服务人员，夯实业务的持续性和有效性。

电机壳

M2BA电机壳

国外市场，积极维护当前的稳定市场，拓宽开发渠道和产品领域，不断探索国外的高端防爆电机类、轨道交通类、大型农机类产品等主要业务领域，公司持续推进与海内外重点客户的项目与市场合作开发，加深与国外市场的联系与了解，逐步发现新的增长点。

公司经济指标

年份	产值（万元）	利润（万元）	税收（万元）	固定资产（万元）	员工人数（人）	主要产品	产量（吨）
1960	45	−7.18	2.47	31.62	675	锨、镢、铲头	
1970	48	−3.85	1.45	84.16	223	Q581汽油机配件	
1980	150.98	0.29	3.36	212.27		拖内配件	
1990	523.00	−37.42	2.45	486.34		拖内配件	
2000	4513	12	281	1342		拖内配件	
2005	7127.20	−878.53					
2010			225	6189		电机壳体，大型农机配件	21176
2015	12554		483	7120	627		13565
2020	14692		249	8184	478		15954
2021	18963		229	9066	463		20547
2022	19970		303	11935	480		20129
2023	17830	1173	438	11961	504		18052

历任负责人

孔凡忠　党支部书记　1958—1969

董欣贵　党支部书记　1969—1975

周勤邦　党支部书记　1975—1984

赵曰桂　党支部书记　1984—1989

吴振家　党总支书记　1989—1990

周世平　党总支书记、厂长　1990.09—2003.04

丁修祥　党委书记、董事长　2003.04—2005.03

周仕勇　党委书记、董事长　2005.03—

企业文化

公司文化的核心内容

企业精神：精益严谨，追求卓越。

企业愿景：做行业的领跑者。

企业宗旨：为员工创造有安全感的企业，为客户创造有依赖感的企业，为社会创造有美誉度的企业，并倡导快乐工作、幸福生活的理念。

企业定位：打造百年企业。

企业使命：为客户创利，为员工造福，为社会尽责。

人才理念：优秀的员工是企业最宝贵的财富。

品德规范：诚信做人，认真做事。

公司经营理念、经营宗旨

经营理念：产学研结合，公司有效益、员工有利益。

经营宗旨：在经营范围内依法经营，坚持以人为本，实现公司与员工的共同成长；充分维护股东利益，并努力践行公司社会责任。

公司管理模式

山东省源通机械股份有限公司实行法人治理结构，由董事会、监事会、经理层等组成公司法人治理结构，建立决策、执行、监督体系。

公司实行总经理负责制，总经理对董事会负责，主持公司的生产经营管理工作。

公司激励体制

公司重视人才队伍的建设。采取各项优厚的政策吸引人才，创造利于人才成长与发挥的空间，留住人才。不仅注重高级管理人才、高级科技人才的吸引，同时注重专业技术人才、技能人才的队伍建设，打造科学有效的公司人才结构。

公司以人为本，推进绩效指标管理，打破原有框架，优化岗位职责与分配，大力培养年轻管理人才，并根据人员的工作环境、工作质量、人员素质，建立完善的人才等级考评制度。

公司加快新产品研发和产品结构调整；进一步细化生产计划和工序管理质量，不断提升制造水平；继续推进制度改革和绩效指标管理，优化公司管理体制；以人为本，防治结合，做好环保、安全和职业健康管理工作，保证公司健康可持续发展。为确保公司“经营方针”的有效落实，不断推行以“改革、开拓、执行、文化”为核心的管理理念。

大事记

1958年　5月15日，沂源县农业机械制造厂创建。

1962年　1月10日，生产单柱、双柱榨油机。

1965年　7月，生产十六寸动力轧花机，年底开始生产水车。

1967年　5月，生产Q581汽油机配件。

1971年　4月，试产成功Z35摇警钻床、“稀土一镁球墨铸铁”和“东方红—54”拖拉机调速器。

1972年　10月7日，开发新产品东方红拖拉机配件。

1973年　5月，生产出12马力拖拉机30台、25马力拖拉机2台。

1984年　8月7日，沂源县农业机械制造厂更名为“沂源县内燃机配件厂”。

1989年　4月2日，沂源县内燃机配件厂改名为“国营山东沂源内燃机配件厂”。

1989年　8月，生产的“沂农”牌195型柴油机气缸盖，被评为山东省优质产品。

1994年　5月23日，深化企业内部改革，改组为股份制企业，改组后企业名称为“沂源县源通机械股份有限公司”。

1994年　6月4日，沂源县源通机械股份有限公司创立大会暨首届股东大会在县经委召开，全体股东以无记名投票方式产生第一届董事会和监事会。

2000年　4月14日，公司名称变更为“山东沂源内燃机配件厂”。

2002年　5月30日，企业登记注册厂名为“沂源县源通机械有限公司”。

2003年　12月21日，沂源县源通机械有限公司搬迁至沂源县东苑民营工业园。

2010年　4月12日，沂源县源通机械有限公司更名为“山东省源通机械有限公司”。

2010年　9月29日，山东省源通机械有限公司更名为“山东省源通机械股份有限公司”。

2011年　6月，被评为“十一五”山东省机械工业节能减排典范企业。

2012年　高耐盐碱腐蚀特种不锈钢的研发与应用项目列入山东省科技发展计划（国际科技合作项目）。

2014年　4月30日，山东省源通机械股份有限公司在全国中小企业股份转让系统成功挂牌。

2014年　12月，公司研发中心被认定为淄博市耐高低温耐腐蚀铸造金属材料工程技术研究中心。

2016年　12月19日，公司被认定为山东省“自主品牌”中小企业。

2016年　12月，公司被山东铸造协会评为山东省铸造行业“先进单位”。

2017年　首次被认定为国家高新技术企业。

2017年　被认定为山东省“一企一技术”研发中心。

2018年　被山东省经济和信息化厅认定为山东省企业技术中心。

2019年　超低温高韧性特种球墨铸铁的研发与应用项目荣获淄博市重大科技成果奖（原科学技术进步奖）三等奖。

2019年　12月，560型大型防爆电机外壳的研发项目列入2019年第四批山东省技术创新项目。

2020年　9月，高强韧QT800—5球墨铸铁材料的研发与应用列入2020年第二批山东省技术创新项目。

2020年　11月，1万吨铸造车间荣获淄博市“2020年度智能车间”。

2021年　3月，电机壳生产线自动化技术改造项目立项备案。

2022年　6月，被认定为山东省“专精特新”中小企业。

2022年　7月，被认定为山东省“瞪羚”企业。

2022年　耐热耐腐蚀的奥氏体球墨铸铁生产的金属材料及制法荣获淄博市高价值专利奖（原专利奖）。

2023年　被认定为国家专精特新“小巨人”企业。

2023年　被认定为山东省制造业单项冠军企业。

淄博永华滤清器制造有限公司

概　况

淄博永华滤清器制造有限公司，位于县城荆山路222号。始建于1999年9月，2008年5月作为第一批招商引资项目，搬迁至沂源经济开发区，占地面积10万平方米，建筑面积6.5万平方米。主要生产内燃机滤清器和过滤器，包括一汽、二汽、重汽、欧曼、奔驰系列重卡滤清器及各种轿车、客车、工程机械滤清器。公司具备年产2亿支滤清器生产能力。2023年，公司固定资产11177万元，职工人数380人，实现销售收入18483万元、税收450万元。

公司先后被评为全国守合同重信用企业、山东省消费者满意单位、山东省高端品牌培育企业、山东省绿色工厂。“永华”商标被国家工商行政管理总局商标局认定为中国驰名商标。

发展历程

沂源县南麻滤芯厂（1999—2001）

1999年9月，沂源县南麻滤芯厂成立，租赁军民路广播电视局前2间民房作厂房，系家庭手工小作坊。

淄博永华滤清器制造有限公司（2001—）

2001年4月，租赁沿河东路北首20间厂房，成立淄博永华滤清器制造有限公司，注册“永华”商标，新上生产和检测设备20台。2005年，在沂源经济开发区征地150亩，2006年7月开工建设，建筑面积6.5万平方米。2008年5月，公司搬迁至沂源经济开发区，新上旋装滤清器生产线、聚氨酯滤清器生产线、纸质大空滤芯生产线和滤清器总成电泳喷涂线。

2015年9月，李永华将持有的80%股份、公方兰将持有的20%股份，转让给山东昊德投资有限公司，山东昊德投资有限公司持股100%；12月，山东昊德投资有限公司将持有的100%股份，转让给山东永华集团有限公司。2018年3月，山东永华集团有限公司将持有的3%股份，转让给山东源泰投资有限公司；4月，山东永华集团有限公司将持有的51%股份转让给周文明。同月，山东源泰投资有限公司将持有的3%股份、周文明将持有的51%股份转让给山东永华集团有限公司。至此，淄博永华滤清器制造有限公司成为山东永华集团有限公司的全资子公司。

生产经营

生产研发

2023年，公司有研发人员56人，占职工总数的16%。投入研发经费1140万元，占全年销售收入的6.17％。公司共申报国家专利200项，其中授权发明专利12项、实用新型专利100项。参与制定《道路车辆和内燃机滤清器名词术语第一部分：滤清器和滤清器部件定义》《汽车柴油机燃油滤清器试验方法》等10项滤清器国家标准。研发的EJL100二级全自动清洗滤器、SBL80—A型滑油半自动反冲洗滤器等10款新产品，通过淄博市科技局科技鉴定。EJL100二级全自动清洗滤器，列入2011年度山东省科技发展计划，获得山东省科技进步奖三等奖；SZL65-A型滑油滤器，列入2011年度山东火炬计划；SBL25C-A型重柴油半自动反冲洗滤器，列入2011年度淄博市科技发展计划；“SBL80-A型滑油半自动反冲洗滤器”，列入2012年度科技型中小企业技术创新基金和国家火炬计划，获得2012年度淄博市科技进步奖；SBL80-A型滑油半自动反冲洗滤器，获得2012年度淄博市科技进步三等奖；SC700国四排放的高效柴油水分离器，列入2013年淄博市科技发展计划；SBL25C-A型重柴油半自动反冲洗滤器、基于机器视觉的滤清器气密性智能检测系统开发研究，列入2013年、2014年、2015年淄博市科技发展计划；静电式油烟净化技术，列入2015年淄博市创新发展重点项目计划；配套七一一研究所军用大功率中速柴油机的大流量高精度自净式滑油滤清器，列入2016年淄博市创新发展重点项目计划；DMF—08高粉尘车间立式除尘器，获得淄博市科技进步三等奖；长寿命燃油过滤系统的开发与推广，列入2017年淄博市创新发展重点项目计划，获得2020年度市级“四一”工程技术创新优秀项目一等奖；KJ600G-A1、KJ800G-F1家用空气净化器，获得2017年淄博市首届“齐鲁杯”工业设计大赛银奖；空气净化机器人，列入2018年淄博市科学技术发展计划；收集式曲波过滤空气滤清器，获2019年第二届“齐鲁杯”工业设计大赛铜奖；车船滤清器高效智能产线，列入2019年淄博市科技创新发展项目计划。

产品销售

公司产品销售以国内市场为主，常年为陕汽、潍柴、欧曼等60余家汽车厂家和发动机厂家装机配套。主导产品滤清器主要出口印度、迪拜、英国等国家，2023年出口额超300万美元。

2011—2023年公司主要经济指标

年份	产值（万元）	收益（万元）	税收（万元）	固定资产（万元）	主要产品	产量（万支）
2011	-	-	331.33	-	空气、机油、燃油滤清器	-
2012	-	-	368.40	-	空气、机油、燃油滤清器	-
2013	-	-	456.79	-	空气、机油、燃油滤清器	-
2014	11452.66	196.23	431.37	8000.44	空气、机油、燃油滤清器	114
2015	9312.21	252.04	387.17	7988.81	空气、机油、燃油滤清器	93
2016	12564.36	-115.54	203.83	8169.07	空气、机油、燃油滤清器	126
2017	12332.12	9.58	201.04	6755.78	空气、机油、燃油滤清器	123
2018	12281.30	-633.35	543.79	6426.82	空气、机油、燃油滤清器	123
2019	7063.50	-1351.38	376.51	6011.84	空气、机油、燃油滤清器	82
2020	13972.70	257.87	443.45	8603.42	空气、机油、燃油滤清器	140
2021	19575.00	1307.40	437.02	11261.80	空气、机油、燃油滤清器	196
2022	22502	1337.16	318.91	12036.64	空气、机油、燃油滤清器	330
2023	26141	2398	450	11177	空气、机油、燃油滤清器	383

生产设备

公司拥有单班产能2万支旋装滤清器生产线5条、单班产能4万支生产线1条，适用于轿车及重卡生产的聚氨酯滤清器生产线16条，单班产能2000支的纸质大空滤芯生产线3条，滤清器总成电泳喷涂线1条，船舶滤器机械加工设备、模具加工设备200余台。拥有海天100～1000克、大禹300～500克注塑设备30余台、级进模冲压设备生产线20台（套）。能够生产各种旋装机油、柴油滤清器、聚氨酯、注塑滤清器及空气滤芯、滤清器总成和船舶滤器。折纸机550型XY-JCZZ-3，用于折叠中高效无隔板过滤器的滤芯，设备由主机和一套注胶系统组成，滤芯的折高由两套伺服系统控制，可实现折高任意调节，无须更换滚筒，标准产能7200支/天，便捷高效。DRS4525L热收缩包装机，具备PE膜受热均匀、收缩快等特点，输送带材质采用耐磨、高温不变形的优质链辊，适用于POF、PVC、PE材料的热收缩加工，标准产能17280支/天，耐用节能。

空气滤芯生产线

实验设备

公司建有技术中心，配有空气滤清器实验室、机油滤清器实验室、燃油滤清器实验室、船舶滤清器实验室、综合实验室、材料实验室。配备的5112立方米/小时的空滤试验台和80立方米/小时的船舶滤清器试验台，均为国内大流量、高配置试验台，能够对空滤总成和船舶滤器各项指标进行检测。从美国引进的流量0.5～240升、最小孔径4微米的多通道试验台，属当前国际先进实验设备，为高水平研发滤清器提供有力的检测保障。

公司负责人

李永华　董事长兼总经理　2001.04—

公方兰　副总经理　2001.04—

企业文化

企业理念

公司以“和谐、发展、诚信、共赢”为核心价值观，倡导“点滴做起、追求完善”的企业精神，秉承“专业、科技、创新，聚一流人才、建一流团队、造一流产品、做一流服务、创一流企业”的经营理念，立志打造滤清器、过滤器、净化器国际一流品牌，为客户提供高效、低碳、环保产品，推动滤清器制造业与国际接轨。

人才管理

公司实行“开放、流动、联合、竞争”的管理方式，对研发人员采取开放和动态管理模式，采取技术入股、合作开发等多种形式，调动科技人员的研发积极性。

激励机制

公司实行“竞争上岗、绩效考核、收入与业绩挂钩”的激励制度，通过引进、招聘、培训、培养等方式，提高职工的工作能力和业务素质。

基层组织

2008年10月，淄博永华滤清器制造有限公司党支部成立，李永华任党支部书记。2022年12月，党支部换届，李永华连任党支部书记。截至2023年底，共有中共党员22名。

工会工作

2014年11月，淄博永华滤清器制造有限公司工会成立，李栋任工会主席。2018年8月，工会换届，翟金任工会主席。工会每年组织职工开展读书会、篮球联赛、业务比武等活动。2014年8月，成立永华集团爱心基金会，工会组织职工开展“大爱无疆”爱心捐款活动，共募集善款10万余元，为12名困难职工大学生子女发放助学金，多次到敬老院、养老中心、贫困村救助老人、看望老党员。

企业往事

艰难创业

1998年，24岁的李永华决定从事滤清器生产制造行业。当时他对滤清器行业几乎一无所知，只听说河北沧州有生产滤清器的企业，由于信息闭塞，只能实地考察。于是他一早就从沂源出发，坐公共汽车到张店，再坐火车赶往沧州，直到第二天凌晨4点才到达。由于资金紧张，李永华把一分钱掰成两半花，舍不得去宾馆住宿，就在火车站候车室等候一晚，饿了就吃自己从家里带的煎饼咸菜。从沧州未能了解到有用的信息，他又马不停蹄赶往河间，之后又辗转河北安平等地。不到两年时间，他考察大小生产厂家80多个，行程数万里，终于掌握了滤清器的生产流程和相关技术，创办了沂源县南麻滤芯厂。

刚开始生产，由于技术落后、设备差，出现了不合格产品，给客户造成了损失。在尽快赔偿客户的同时，李永华利用58天时间，奔波于山东各地市场，搞调查、找原因。近两个月的时间，他硬是没回过一次家。其间，吃便宜的饭，住不超过5元的房间。不断地考察、学习、钻研，最后找到了症结所在，使滤清器的生产步入了正轨。此事件发生后，李永华进行了深刻反思，建立了产品“三包”服务体系，建立起与客户的联系网络，做到售出产品及时回访、及时处理问题、及时上门服务。同时，与中国人民保险公司签订产品质量责任保险协议，解除客户的后顾之忧。

百万物资防疫

2020年，新型冠状病毒感染疫情来袭，山东永华集团有限公司勇担社会责任，于2月5日，向武汉捐赠价值100多万元的空气净化器，用于疫情防控。

大事记

2001年　4月，淄博永华滤清器制造有限公司成立。

2004年　5月，被中国名优品牌监督管理委员会评为著名品牌、知名企业，“永华”品牌被评为中国滤清器十大名优品牌。

2005年　8月，“永华”商标被认定为山东省著名商标。

2008年　11月，“永华”商标被认定为中国驰名商标。

2009年　5月，与山东大学建立校企合作关系。

2010年　2月，被评为山东省重点行业关键零部件和基础件60强企业。

2010年　7月，公司技术中心被认定为淄博市企业技术中心。

2010年　9月，被认定为国家高新技术企业。

2010年　11月，被中国内燃机工业协会评为中国内燃机行业排头兵企业。

2010年　12月，被中国内燃机工业协会滤清器分会、中国汽车工业协会滤清器分会选为理事单位。

2010年　12月，公司技术中心被认定为淄博市船用滤器工程技术研究中心。

2011年　4月，被山东省企业信用与社会责任协会、山东省工商行政管理局评为省级守合同重信用企业。

2011年　6月，被山东机械工业协会评为“十一五”山东省机械工业节能减排典范企业。

2011年　9月，公司实验室被山东省发展和改革委员会认定为山东省滤清器工程实验室。

2011年　11月，被中国汽车工业协会评为中国汽车零部件滤清器行业龙头企业。

2011年　11月，公司技术中心被认定为山东省工程技术研究中心。

2011年　11月，SZL65—A型滑油滤器列入山东省火炬计划。

2011年　12月，“永华”牌滤清器（空气、机油、柴油）被山东省名牌战略推进委员会、山东省质量技术监督局评为山东名牌。

2011年　12月，成立院士工作站。

2012年　3月，被中国机械工业企业管理协会评为管理示范企业、管理基础工作规范化达标企业、管理进步示范企业。

2012年　4月，永华汽车内燃机滤清器技术提升改造项目竣工剪彩。

2012年　4月，SBL80－A型滑油半自动反冲洗滤器获淄博市科技进步三等奖。

2012年　5月，SBL－80A型滑油半自动反冲洗滤器列入国家火炬计划。

2012年　5月，EJL100二级全自动清洗滤器列入山东省科技发展计划。

2012年　7月，SBL－80A型滑油半自动反冲洗滤器荣获国家科技型中小企业技术创新基金。

2012年　8月，被中国机械工业联合会评为“振兴装备制造业中小企业之星——明星企业”。

2012年　9月，成功承办全国汽车标准化技术委员会滤清器分技术委员会。

2012年　10月，淄博市委书记周清利一行到公司调研。

2012年　10月，当选为山东内燃机学会第五届理事会常务理事单位。

2012年　12月，被山东省工业协会评为山东省机械工业品牌建设典范企业。

2012年，年会暨第三届分技术委员会成立大会，当选为委员单位。

2013年　7月，被山东省工商业联合会评为山东创新型民营企业。

2013年　8月，设立博士后科研工作站。

2013年　9月，研发的SC700国四排放的高效柴油水分离器被列为淄博市科技发展计划，公司成为中国农业机械学会会员单位。

2013年　10月，成为中国工程机械工业协会会员单位。

2013年　12月，实验室通过CNAS（中国合格评定国家认可委员会）认证。

2014年　3月，AE15－01车用高寿命空气滤清器产品和YOF－1120高效旁通机油滤清器产品通过科技成果鉴定。

2014年　4月，山东永华净化科技有限公司、山东永华文化传媒有限公司、山东永华电器有限公司成立。

2014年　6月，EJL100二级全自动反冲洗滤器项目，获山东省科技进步奖和淄博市科技进步奖。

2014年　7月，被国家市场监督管理总局评为全国守合同重信用企业。

2014年　10月，二级全自动反冲洗滤器产品，被列入国家火炬计划，公司再次被认定为高新技术企业。

2014年　12月，与山东大学合作共建的山大永华研究中心成立。

2014年　12月，被中国汽车工业协会车用滤清器委员会选为副理事长单位。

2014年　12月，公司技术中心被山东省中小企业局评为山东省中小企业“一企一技术”研发中心。

2015年　1月，公司工程实验室被国家发展和改革委员会认定为内燃机滤清器开发国家地方联合工程实验室。

2015年　3月，与山东大学签订战略合作协议。

2015年　5月，二级全自动清洗滤器（ZL201010127231.0）产品，获淄博市专利二等奖。

2015年　6月，SBL—80A型滑油半自动反冲洗滤器产品，通过国家科技型中小企业创新基金项目验收。

2015年　8月，山东永华集团有限公司成立。

2015年　11月，申报的2013年淄博市科技发展计划SC700国Ⅳ排放汽车高效柴油水分离器项目，通过专家组验收。

2015年　12月，二级全自动清洗滤器获得国家知识产权局第十七届中国专利优秀奖，DMF—08高粉尘车间立式除尘器、YHSL—80LW三通双联机油滤清器、YHZJ—100LJ自净式机油滤清器3款新产品通过科技成果鉴定。

2016年　4月，滤清器技术改造项目及信息化改造项目开始运作。

2016年　8月，配套七一一研究所军用大功率中速柴油机的大流量高精度自净式滑油滤清器项目，被列为淄博市创新发展重点项目。

2016年　9月，申报的淄博市科技发展计划“基于机器视觉的滤清器气密性智能检测系统开发研究”成功验收。

2017年　1月，DMF—08高粉尘车间立式除尘器被评为淄博市科学技术三等奖。

2017年　6月，被认定为淄博市创新型高成长企业50强。

2017年　7月，研发的长寿命燃油过滤系统的开发与推广项目被列为淄博市科技发展重点项目。

2018年　1月，被评为中国消费质量安全万里行诚信企业。

2019年　5月，被山东省市场监督管理局认定为山东省制造业高端品牌培育企业。

2019年　11月，山东永华净化科技有限公司被认定为高新技术企业；公司收集式曲波过滤空气滤清器项目，获得淄博市“齐鲁杯”工业设计大赛铜奖。

2019年　12月，长寿命燃油过滤系统的开发与推广项目，获山东省装备制造科技创新奖。

2020年　1月，山东省委常委、组织部部长王可到企业调研。

2020年　11月，被中国内燃机工业协会评为中国内燃机行业排头兵企业、卓越企业，李永华获得企业家优秀奖。

2020年　12月，被山东省工业和信息化厅认定为山东省工业设计中心。

2020年　12月，被山东省装备制造业协会评为2020年度山东省装备制造业先进企业。

2021年　3月，长寿命燃油过滤系统的推广与开发获2020年度淄博市“四一”工程技术创新优秀项目一等奖。

2021年　5月，被山东省市场监督管理局再次认定为山东省高端品牌培育企业。

2021年　6月，年产4000万支汽车内燃机滤清器智能化改造项目立项。

2021年　12月，永华内燃机滤清器被山东省品牌建设促进会认定为山东知名品牌。

2022年　12月，山东永华净化科技有限公司通过高新技术企业认定。

沂源县华阳能源设备有限公司

概况

沂源县华阳能源设备有限公司创建于2002年12月，位于沂源经济开发区，总占地面积100余亩，建筑面积4万余平方米，现有职工89人。公司下设山东华阳中科能源设备有限公司一家全资子公司。经过20余年的发展，已成长为一家集电力设备再制造和汽轮发电机组研发、改造、生产、安装于一体的节能环保型企业。产品主要为功率50MW以内多种型号汽轮机组。

公司先后被评为国家级专精特新“小巨人”企业、山东省瞪羚企业、山东省“专精特新”中小企业、山东省服务型制造示范企业、省级“一企一技术”创新企业。

发展历程

2002年12月17日公司成立，位于沂源县民营经济园南悦路北侧，占地面积10亩，建筑面积2000余平方米。

2009年，公司受产能限制，又在沂源县民营经济园征地29.6亩，建设了第二个厂区，新厂建筑面积近2万平方米。

2022年，公司再次面临产能制约，在沂源经济开发区征地64亩，新上“高效汽轮机智能化改造”项目，预计2024年能实现全面达产达效。

生产经营

生产研发

沂源县华阳能源设备有限公司有大中专学历以上技术人员32人，占职工总人数的37%，研发中心由26人组成，其中高中级以上技术人员19人，具有较强的科技开发能力。公司拥有23项国家技术专利，其中3项发明专利、20项实用新型专利。

公司与国内外多所高校在科学研究、教育教学、人员培训等校企产学研方面开展多项合作。

2020年，公司“节能高效多级小焓降冲动式汽轮机研发项目”通过工信部科技成果鉴定，鉴定技术水平为国际领先。2021年，公司节能高效冷凝式余热式汽轮机研发项目被山东省科技厅列为

汽轮机车间一角

“科技型中小企业创新能力提升工程”；公司汽轮机组系列产品被山东省工信厅评为山东创新工业产品。2023年，公司汽轮机组系列产品被淄博市工信局评为淄博市第一批创新工业产品。

产品及销售

公司成立早期，主要是承接热电厂二手机组的维修及二手机组调剂销售项目。2011年底，公司设计制造第一台汽轮机，并在潍坊诸城兴贸公司安装调试一次成功，大大超过了设计的经济指标，在同样的进排气参数条件下，原来发电量6.8MW左右，现在达到了8.9MW，每天多发电5万度左右。

2015年以来，主要产品为功率50MW以内背压式汽轮机组，至今已累计生产200余台（套）。汽轮机应用范围广，品类众多，根据驱动设备不同，汽轮机可分为工业汽轮机和发电汽轮机，其中工业汽轮机是目前国内汽轮机市场主流产品；根据驱动方式不同，可分为直接驱动式汽轮机和间接驱动式汽轮机；根据热力系统原理不同，可分为凝汽式、背压式、抽气式、多压式汽轮机。

公司主营产品是汽轮机、汽轮发电机及配件的设计，主要以背压式汽轮机为主，2023年，该产品销售收入11565.96万元，占主营业务收入83.59%。公司专注行业整体及根据不同客户需求优化解决方案，涉及工业设计、机械、电子工程、机电一体化、车辆工程、材料等专业，涵盖了公司的整个产品链。目前，背压式汽轮机产品在省内及全国的市场占有率名列前茅。

公司历年主要经济指标

年份	产值（万元）	销售收入（万元）	税收（万元）	固定资产（万元）	员工人数（人）	主要产品	产量（台）
2010	3458	3458	134	1086	23	汽轮机组	8
2015	4266	4266	354	3792	69	汽轮机组	14
2016	3183	3183	248	4288	75	汽轮机组	12
2017	5583	5583	457	4746	72	汽轮机组	16
2018	7881	7881	677	5024	69	汽轮机组	20
2019	7486	7486	591	5832	86	汽轮机组	24
2020	10139	10139	724	6551	87	汽轮机组	29
2021	11663	11663	1113	6621	91	汽轮机组	30
2022	12471	12471	1255	6935	90	汽轮机组	32
2023	13769	13769	1374	6946	89	汽轮机组	36

公司负责人

赵同斌　董事长　2002.12—

企业文化

公司文化的核心内容

文明生产，精益制造，创新超越。

公司经营理念

用产品和服务创造价值。

价值观

感恩在心，胸有华阳，奋力拼搏，敢于担当。

公司管理模式

公司董事会是公司的最高权力机构，设董事会，董事长为公司的法定代表人，科研生产、经营管理工作实行总经理负责制，下设综合办公室、企业管理部、采购物流部、财务管理部、制造部、产品开发部、品质管理部（CNAS实验室）、销售部。

核心竞争力

公司技术人员博学众家之长，荟萃热电行业

技术精华，深入探索，勇于创新，独树一帜，使公司汽轮发电机组改装技术在国内处于领先地位。公司改造和自主研发生产的汽轮发电机组与全国同行业改造和生产的同型号汽轮发电机组提高效率均在10%~15%。公司“节能高效多级小焓降冲动式汽轮机研发项目”通过工信部科技成果鉴定，技术水平为国际领先。

公司激励体制

公司奖惩以科学发展观为指导，做到以人为本，把思想政治工作同经济手段结合起来。在奖励上，坚持精神鼓励和物质鼓励相结合，以物质鼓励为主的原则；对违规违纪的员工，坚持以思想教育为主、惩罚为辅的原则。

大事记

2002年　12月，公司成立。

2006年　第一台汽轮机增容节能改造开机一次成功。

2009年　被沂源县人民政府评为节能降耗示范企业。

2010年　获得沂源县节能降耗优秀成果奖。

2011年　自主研发设计的第一台机组开机一次成功。

2011年　入选淄博市人民政府办公室“淄博市2011年度节能30项”项目。

2011年　获得了“淄博市优秀创新成果奖”。

2013年　获得市级“一企一技术”研发中心。

2013年　被评为沂源县工业企业绩效评价先进企业。

2014年　被评为淄博市“创新五百强”企业。

2015年　被评为省级“专精特新”企业、省级“一企一技术”创新企业。

2017年　获得淄博市“优秀技术创新成果奖”。

2018年　被认定为国家高新技术企业。

2020年　先后获得省级、市级“瞪羚企业”，省级、市级工业企业设计中心，公司“节能高效多级小焓降冲动式汽轮机研发项目”通过工信部科技成果鉴定。

2021年　先后被山东省工信厅评为“山东省首台（套）技术装备企业”“山东省服务型制造示范企业”；公司产品被工信部评选为“国家工业节能技术（装备）推荐目录”；节能高效冷凝式余热汽轮机研发项目被山东省科技厅列为“科技型中小企业创新能力提升工程”。

2021年　汽轮机组系列产品被山东省工信厅评为山东创新工业产品。

2022年　公司被评为市级绿色工厂；被工信部评为国家级专精特新“小巨人”企业。

2023年　被评为市级“公园式（园林式）单位”；汽轮机组系列产品被淄博市工信局评为淄博市第一批创新工业产品。

山东硕源工业机械设备有限公司

概　况

山东硕源工业机械设备有限公司，位于县城沂河东路北侧。成立于2007年1月，注册资本1亿元，占地面积26667平方米，建筑面积16850平方米。下设生产部、行政部、经营部3个部门和铸造、机械加工、装配3个车间。主要生产各种耐磨合金材料制品、高温耐热钢、破碎筛分整机设备及围绕国内高铁、航天、核电等高新产业发展新上的耐磨合金配件。产品广泛应用于电力、矿山、化工、建材等领域重型装备。2023年，公司固定资产2353万元，职工人数59人，实现销售收入6927万元、税收185万元。

公司是高新技术企业，先后被评为中国铸造协会会员单位、山东省重合同守信用企业、山东明星企业、山东省机械行业协会会员单位、淄博市文明诚信“双百佳”企业、淄博市机械行业协会会长单位。

发展历程

淄博硕源工业机械设备有限公司（2007—2013）

2007年1月，淄博硕源工业机械设备有限公司成立，位于悦庄镇唐家官庄村西侧，厂房面积约100平方米，主要生产高锰钢系列、高铬合金系列产品。2008年3月，自主研发设计的破碎设备成功生产。2009年7月，成功研发双金属锤头产品，在市场上替代了部分进口双金属锤头。2012年3月，公司以合金耐磨配件为基础，开始进行破碎筛分设备的整机研发、制造；4月，增加各类破碎机以及相关耐磨元件的研发、生产和销售。

山东硕源工业机械设备有限公司（2013—）

2013年11月，公司更名为山东硕源工业机械设备有限公司。新增辊套、破碎机衬板、转子、锅炉风帽、旋风分离器、打壳锤头、锤臂等产品和破碎筛分整机设备的研发、生产、销售，特别是双金属锤头的研发成功，完全替代进口产品，在电力行业市场占有率达60%以上。2015年8月，搬迁至沂源经济开发区。2016年8月，与西安理工大学开展合作，共同研发金属陶瓷复合锤头项目；10月，新购置的树脂砂生产线正式投产。2017年11月，新上离心铸造生产线，研发成功离心铸造辊皮项目。2018—2021年，开发设计了具有自主知识产权的多种规格的高压辊磨机。

2019年11月，公司收购山东巨源机械有限公司，开始涉足机电业务。2020年4月，将山东巨源机械有限公司更名为山东硕源动力科技有限公司。2021年，开始以高速永磁同步电机为核心的空气悬浮风机、磁悬浮风机的研发、生产和销售业务。2022年4月，自主研发的高压辊磨机系列产品上市。

生产经营

生产研发

2023年，公司有研发人员8人，占职工总数的12%。投入研发经费563万元，占销售收入的8.13%。公司拥有自主研发并应用于实践的国家专利14项，其中“高铬合金耐磨复合材料制备方法”“大型耐磨镶嵌硬质合金辊套及其一步成型制造方法”发明专利2项，“钛合金棒模具”“一种离心铸造用的复合辊皮”等实用新型专利12项。公司被认定为淄博市企业技术中心、淄博市工程实验室，与西安理工大学、山东理工大学、大连理工大学建立了产学研合作关系。在国内率先将成套高铬衬板用于Φ4米以上大型磨机；开发生产的双液双金属复合衬板产品，首例出口国外并用于Φ5.7×8.6磨机；研发的双金属锤头产品，其优异的机械性能和使用性能，在破碎行业处于领先地位；高铬锤头衬板产品，首次用于进口破碎机，实现了国内零的突破。

公司根据各地煤矸石、页岩石、煤渣等材质的不同，研发出各种耐磨锤头，锤头的最高使用寿命可达8000小时。公司开发设计的具有自主知识产权的多规格高压辊磨机，率先在山西宏光发电有限公司、山西启光发电有限公司成功生产应用，产品广泛应用于黑色及有色矿山、建材、水泥、钢铁、冶金、化工等行业，破碎粉磨工艺在增产、节能降耗、绿色环保等方面发挥了积极作用。

机加工车间

产品销售

公司产品在国内市场销售，主要销往山东、安徽、福建、甘肃、广东、广西、贵州、湖北、湖南、新疆、西藏等31个省、市、自治区，是中国大唐集团公司、中国国电、中国神华、中冶集团等28家国内大企业的供应商。公司在新疆、甘肃、山西、陕西、宁夏等地设有销售网点，派驻销售人员。

2017—2023年公司主要经济指标

年份	产值（万元）	利润（万元）	税收（万元）	固定资产（万元）	主要产品
2017	4912	18	101	761	耐磨材料
2018	5294	−234	288	1198	破碎机、耐磨材料
2019	6524	−83	219	1396	破碎机、耐磨材料
2020	6017	209	161	1606	破碎机、耐磨材料
2021	6557	242	212	1843	高压辊磨机、破碎机耐磨材料
2022	7242	225	195	1989	高压辊磨机、破碎机耐磨材料
2023	7187	269	185	2353	高压辊磨机、破碎机耐磨材料

生产设备

公司拥有现代化的厂房、高端智能的生产设备。有先进的树脂砂生产线、精密铸造生产线、消失模生产线和5T、3T、1T中频电炉等设备。树脂砂工艺生产出的铸件表面光滑、棱角清晰、尺寸精度高，能够大大减少铸件的砂眼、气孔、裂纹等缺陷，铸件产品质量高。此外，树脂砂工艺取消烘窑和水力清砂工艺，减少水资源浪费，减轻灰尘、噪声等环境污染，在节水、节煤、节电等方面效果显著。

公司负责人

宋志宏　董事长　2007.01—

宋志廷　总经理　2007.01—

企业文化

企业理念

公司以“铸造精品、追求卓越、客户第一、服务至上”为企业宗旨，坚持以人为本的管理原则，实事求是，精益求精，高标准对待生产经营，严要求规范职工行为，努力实现“技术领先、服务引领、打造世界知名品牌企业”的企业愿景。

激励机制

公司建立绩效考核制度，把绩效作为获取报酬和晋升机会的标准，增强职工责任感，提高工作效率和质量。建立培训学习、技能竞赛制度，提高职工理论业务素质，营造比学赶超的良好氛围。

基层组织

2016年5月，山东硕源工业机械设备有限公司党支部成立，宋深忠任党支部书记。2020年，党支部换届，唐守彪任党支部书记。截至2023年底，共有中共党员12名。

工会工作

2017年3月，山东硕源工业机械设备有限公司工会成立，王维江任工会主席。2020年3月，工会换届，谢孔明任工会主席。工会积极发挥职能作用，组织开展拔河比赛、五一劳动节乒乓球比赛、党史知识竞赛等活动，提高职工综合素质，增强凝聚力。

企业往事

一路负重前行

2003年，宋志廷在北京汇源公司工作期间，结识了当地铸造厂的老板和工程师，并通过他们认识了中国国家钢研院的专家教授。在和他们接触过程中，心里萌发了干铸造的想法。

2004年4月，宋志廷离职回乡。在父母、亲戚的帮助下，买下了悦庄镇唐家官庄村一处2000平方米的院落，建起简易的厂房，购买了电炉等设备，在国家钢研院的技术支持下，开始了研发试验。没有技术员，宋志廷就带领2名职工自己钻研，一次次地试验，数不清失败了多少次，硬是凭着坚韧的毅力和不屈不挠的精神，于2007年1月4日，试生产成功，正式投产高锰钢、高铬合金系列产品。刚开始职工人数少，宋志廷一个人跑业务，他白天骑着摩托车去沂水、莒县、莱州等地，晚上回来接着在简陋的厂房里加工产品，一天只睡三四个小时。宋志廷和职工骑着三轮车送货，常常一去就是三五天，路上吃的是从家里带的煎饼咸菜，晚上睡在客户的工地上，虽然苦些，但大家从不抱怨。宋志廷带领职工们吃苦耐劳，一步一个脚印，把公司逐渐做大。

2015年8月，公司搬迁到沂源经济开发区，进一步扩大了生产规模。其间，不断研发新产品，开拓新市场，到2019年，销售收入达到8000万元。正当企业稳步向前的时候，2020年6月，宋志廷在去江苏出差途中发生特大交通事故，在ICU昏迷40多天。当时企业正面临收购巨源机械公司的资金压力，更是新产品定位研发的关键时期。宋志廷在住院期间，通过视频和在医院召集会议的形式，及时指导新产品研发试验。最终，顺利完成了对巨源机械公司的收购，并成功研发出了新产品。2021年7月，新产品高压辊磨机生产上市，从此，公司迈上了一个新的发展轨道。

爱心捐助情意浓

硕源公司是一个温暖的大家庭，把每一名员工视为自己的兄弟姐妹，工作上关心，生活上照顾。2019年10月，清件工唐慎成的爱人在果园摘苹果的时候意外受伤，因伤情过重成了植物人。公司领导了解这一情况后，安排工会组织员工进行爱心捐款，不到两天时间，捐款1万多元，解了燃眉之急。

众志成城抗疫情

2022年12月，新型冠状病毒感染疫情全面暴发。公司90%以上职工陆续感染病毒，居家隔离，公司的生产、销售、运营一度濒临瘫痪。面对这种艰难情形，硕源人迎难而上。

车间里，由于严重减员，导致无法正常生产，眼看订单无法按时交付。公司董事长宋志宏，带领车间主任一头扎进生产车间，从公司领导变为操作工，一干就是一星期，加班加点抢回了订单。

市场上，以总经理宋志廷为首的销售团队被隔离在陌生的城市，无法行动。在被困的酒店里，宋志廷利用电话、微信、视频等形式，一边积极联络客户，一边调度销售人员业务情况，不但没有因疫情耽误销售工作，反而成功联系到了新客户，开拓了新市场。

在公司的大后方，投标、发货、对接客户等工作，也因人员不足陷入了停滞状态。公司副总经理朱宝香发着高烧，强忍着身体上的病痛，一个人拿着4部手机，不停歇地连轴转，包揽了整个团队任务，硬是凭一己之力保证了公司内勤工作正常运转。

在大家的共同努力下，公司顺利渡过了难关。硕源团队用实际行动彰显了风雨同舟、永不言弃的企业精神。

大事记

2005年　开始研发耐磨铸件产品。

2006年　12月，耐磨铸件产品研发成功。

2007年　1月，淄博硕源工业机械设备有限公司成立。

2007年　9月，被认定为高新技术企业。

2008年　5月，破碎设备研发成功。

2008年　10月，成为中国铸造协会会员。

2008年　12月，被评为淄博市双百佳文明诚信私（民）营企业。

2009年　7月，成功研发双金属锤头产品。

2010年　3月，被山东省科学技术厅、山东省知识产权局评为山东明星企业。

2011年　12月，年营业额突破5000万元。

2013年　11月，淄博硕源工业机械设备有限公司更名为山东硕源工业机械设备有限公司。

2015年　8月，搬迁至沂源经济开发区。

2016年　5月，硕源新厂区建成投入使用。

2016年　8月，与西安理工大学合作，成功研发金属陶瓷复合锤头产品。

2017年　6月，与山东理工大学合作，成功研发离心铸造辊皮产品。

2018年　10月，高压辊磨机项目立项。

2019年　4月，被认定为淄博市工程实验室。

2019年　5月，获得施工专业承包建筑机电安装工程三级资质。

2019年　10月，被认定为淄博市企业技术中心。

2019年　11月，收购山东巨源机械有限公司，拓展机电业务领域。

2020年　4月，山东巨源机械有限公司更名为山东硕源动力科技有限公司，自主研发生产空气悬浮鼓风机和磁悬浮鼓风机等节能风机设备。

2021年　成功研发高压辊磨机产品。

2022年　高压辊磨机系列产品上市。

淄博悦卡电器科技有限公司

概　况

淄博悦卡电器科技有限公司成立于2010年7月12日，位于历山街道沂河头村，占地面积1.8万平方米，建筑面积1.2万平方米。公司主要从事红外炉（辐射炉）的生产、销售，电子元件生产技术的研发，电子元件的销售，是一家集产品研发、生产、销售、服务应用于一体的综合性专业公司。2023年，销售电陶炉发热盘500万个，行业占有率40％左右。

公司先后获得国家高新技术企业、省级“专精特新”企业、市级“瞪羚”企业、县级优质企业等荣誉称号。

发展历程

2010年7月，淄博悦卡电器科技有限公司在原悦庄镇沂河头村小学旧址成立，注册资金100万元，有职工20余人。

2014年5月，随着公司发展，不断增加公司外部形象和改善员工的生产、生活环境，建设新的办公楼、车间，生产规模逐步扩大，销售额不断攀升，年销售额达1600多万元。

2017年4月，收购易高商贸公司，建立埠村分厂，注册资金1000万元，销售额达2500万元。

2018年，积极响应国家安全和环保要求，大力改造生产车间、生产设施，改善生产环境，完成半自动化封闭运料工程建设。同年，销售额达3000多万元。

2019年10月，新建南踅庄第二分车间，年销售额达4800万元。

2020年12月，在悦庄镇民营工业园新建年产200万台红外炉发热盘车间，年销售额达5800万元。

生产经营

生产研发

经过多年发展，公司现有职工200多人，其中技术人员24人。公司一直致力于技术研发与创新，以科技带动公司发展，始终以做精、做新为宗旨，拉开与同行企业之间的距离，把大量资金投入研发

生产车间

中去。目前，已占据机械式发热盘市场的80%。同时，汲取世界最前端的发热盘技术，结合本身特点，力求突破技术难关，并顺利研发出高效精准温控装置，先后获得14项实用新型专利、1项发明专利，通过CQC认证、CE认证和TUV认证。2014年，申报并通过淄博市2014年第二批“一企一技术”研发中心和创新企业。2015年7月，通过省级第七批“一企一技术”创新企业认定。2019年，通过国家高新技术企业认证。

产品销售

公司产品主要销往广东、浙江、贵州等省，并远销到中国香港、韩国、俄罗斯、土耳其等国家和地区，与美的、九阳、苏泊尔、海尔等知名电器公司建立了长期合作关系。电陶炉发热盘在国内市场占有率达30%、国外市场占有率达10%，2023年公司销售额达7091万元。

2018—2023年公司主要经济指标

年度	产值(万元)	利润(万元)	税收(万元)	固定资产(万元)	主要产品	产量
2018	4857	676	87	744	电陶炉发热盘	3851452
2019	5520	−0.14	288	843	电陶炉发热盘	3480408
2020	5826	464	329	848	电陶炉发热盘	3506544
2021	7144	477	251	936	电陶炉发热盘	4200333
2022	5855	167	147	940	电陶炉发热盘	3732472
2023	7017	619	192	1730	电陶炉发热盘	4591276

历任负责人

董　军　董事长　2010.07—

高书卓　总经理　2010.07—2017.03

王　涛　总经理　2017.03—

企业文化

企业理念

安全、质量、诚信、服务、创新。

企业愿景

成为卓越的企业，并推动社会生活质量的提高。

基层组织

2020年5月，淄博悦卡电器科技有限公司党支部成立，截至2023年，共有中共党员5人。

工会工作

2017年，淄博悦卡电器科技有限公司工会成立，积极组织开展困难职工帮扶和爱心捐助活动，共捐善款10万余元。

大事记

2010年　7月，在悦庄镇沂河头村建厂。

2017年　4月，公司改扩建，收购易高商贸公司，建立埠村分厂。

2019年　10月，公司在南踅庄建立分厂。

2019年　12月，被认定为国家高新技术产业。

2020年　11月，公司在悦庄镇民营工业园建立分厂。

山东恒立轨道装备制造有限公司

概　况

山东恒立轨道装备制造有限公司成立于2019年3月，位于大张庄镇回峪村，注册资金3000万元，用工人数21人。公司集轨道研发、制造、销售于一体，产品广泛应用于矿山运输、观光旅游等行业。公司主要产品为煤矿辅助运输单轨吊车用重型轨道、轻型轨道，齿轨卡轨车用齿轨轨道、道岔等。

公司实施进口替代战略，坚持技术创新，不断提升产品结构，在国内首家实现国产轨道在单轨吊车领域中的进口替代，成为国内煤矿辅助运输单轨轨道行业领跑者。2023年，销售收入达到9429万元，目前是德国SMT集团、捷克Ferrit集团轨道供应商，是淮南矿业集团、中煤集团、山东能源、焦煤集团等国内煤企战略合作伙伴。

近年来，公司先后被评为助力新旧动能转换实绩突出企业、助力进位攀高实绩突出企业、科技型中小企业、创新型中小企业、“上游大张庄”突出贡献企业、高新技术企业，公司是沂源县企业家协会理事单位，连续三年进入县纳税百强企业。

发展历程

2019年，在大张庄镇党委、政府帮助下，公司利用有利时机盘活闲置资产一处，占地面积20余亩，新建厂房2座，部分设施修缮改造翻新，新上了轨道建设项目，并且实现当年立项、当年投产、当年升规纳统的快速发展模式。

生产经营

生产研发

公司充分发挥在技术创新中的主导作用，推动公司科研技术的创新体系，提升公司整体研发水平和核心竞争力。组建成立山东恒立轨道装备制造有限公司研发部，研发部主任由公司总经理担任。公司拥有发明专利2项、外观设计专利2项、实用新型专利4项。

2022年，投资300万元，新上自动化焊接机器人4套，使焊接成品更加均匀、美观。在焊接生产过程中，机械化与自动化程度提高了15%左右，焊接自动化程度达到40%~50%，内置高柔焊接电缆，工作空间大、运行速度快、重复定位精度高。配置独立于控制系统的安全急停板，采用安全继电回路，对外提供双回路急停，确保急停的可靠性。通过使用自动焊接机器人，解决了人工焊接不均匀、焊接烟尘对人体造成的伤害等问题，安全系数提高，大幅度提高了公司的效益。

公司十分重视人才的引进、培养和激励，吸引高素质的人才加盟，与滨州学院签订产学研合作协议，积极推进企业与高校联合实施科技合作项目，拓展产学研合作关系，吸纳相关专业优秀毕业生，继续专注于轨道细分市场领域的探索。

产品及销售

公司主要产品为煤矿辅助运输单轨吊车用轻型轨道、重型轨道（I140E/I140V）、齿轨卡轨车用齿轨轨道（J140/J140Z）、道岔等。产品在耐磨性能、力学性能上均优于进口轨道，打破国外技术壁垒和市场垄断，采用单轨轨道运输与传统的辅助运输设备相比，在技术特性、运输效率和安全性能方面具有许多明显的优势：运行安全可靠，无跑车，不从道路上坠落；爬坡能力强，可在大坡度、多曲线道岔条件下运行；牵引力大，可实现重型液压支架等重型物料的整体搬运；运行速度很快；可实现长距离连续运输；配套设备和运输车辆比较齐全，可以实现装卸作业的机械化。

公司产品销售主要集中在安徽、山西等省，公司常驻业务人员3名，分别负责以上地区业务，省内业务由1名人员负责。公司大多采用直接销售方式，直接向最终用户销售产品，建立紧密的合作关系，全面了解客户需求并提供定制化解决方案。

公司销售主体思想：提高市场占有率、扩大产品知名度，树立规模、优质、专业、服务的良好形象。

第一代单轨轨道

第二代单轨轨道

第三代单轨轨道

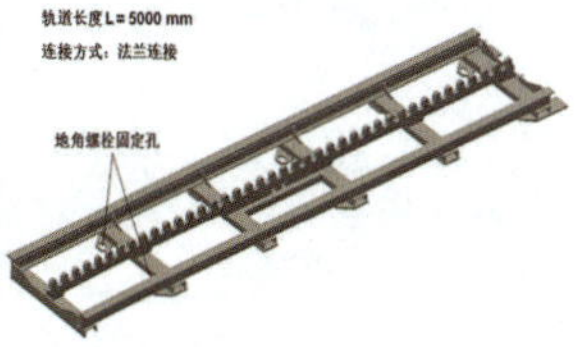

齿轨卡轨车用直轨轨道

公司在国内首家实现国产轨道在单轨吊车领域中的进口替代，成为国内煤矿辅助运输单轨轨道行业领跑者，国内市场份额占70%。

2019—2023年公司主要经济指标

年份	产值（万元）	利润（万元）	税收（万元）	固定资产（万元）	主要产品
2019	3166	16	41.4	500	单轨吊轨道
2020	5145	63	161.8	591	单轨吊轨道
2021	8775	217	540.3	926	单轨吊轨道
2022	9038	267	353.3	985	单轨吊轨道
2023	9113	181	776	1036	单轨吊轨道

公司负责人

许　浩　总经理　2019—

企业文化

公司的文化核心是以创新、合作和可持续发展为基础。致力于提供高质量的产品和服务，同时注重员工的成长和满意度。公司的经营理念是以客户为中心，追求卓越，始终保持客户需求的敏感性和灵活性，不断创新和改进，以满足客户的期望，并超越他们的预期。

以诚信、责任、协作和创新作为公司的价值观，鼓励员工诚实守信，承担起自己的责任，并通过协作和团队精神实现共同目标。鼓励创新思维，致力于不断改进和进步。

公司的主旨是为社会创造价值，为员工提供发展机会，实现公司和员工的可持续发展。在管理模式上，公司分层次下发各项规章制度，包括行政管理人员、车间管理人员、车间职工等，倡导开放、透明和充满激情的工作氛围。鼓励员工积极参与决策，并提供培训和发展机会，以提高员工的管理能力和领导力。同时也建立了一套绩效评估和激励体制，旨在激励和奖励那些取得优异业绩和创新成果的员工。注重员工的职业发展，并提供具有一定竞争力的薪酬和福利待遇。

食品饮料产业

食品饮料产业涉及农副食品加工，酒和饮料加工制造等产业，骨干企业分别是山东绿兰莎啤酒有限公司、山东乐利事食品有限公司、山东飞龙食品有限公司、山东新明食品饮料有限公司、尊海食品集团有限公司、山东海达食品有限公司、山东鲁源酿酒有限公司、沂源海赢食品有限公司、沂源圣沣食品有限公司等。2023年，实现产值14亿元。

山东绿兰莎啤酒有限公司

概　况

山东绿兰莎啤酒有限公司，位于县城历山路10号，始建于1987年7月，占地面积60亩。2014年，加入青岛啤酒集团，成为子公司。公司拥有五条生产线，年生产能力20万千升，主要生产崂山、绿兰莎系列啤酒。2023年，公司拥有固定资产39331万元，实现产值29497万元、销售收入28266万元、税收5050万元，职工371人。

公司先后被评为山东省级食品卫生示范单位、山东省消费者满意单位、山东省轻工业科学进步奖、中国啤酒优秀企业、AAA级标准化企业、“食安山东”食品生产示范企业、省级健康企业。2012年4月，公司注册商标“绿兰莎”被国家工商行政管理总局认定为“中国驰名商标”。

发展历程

1987年，国营山东沂源酿酒总厂增建沂源县啤酒厂。1992年，改名为淄博亨利啤酒厂。1994年8月，从国营山东沂源酿酒总厂分出，成为独立法人。1997年1月，与马来西亚金狮集团合资成立淄博绿兰莎啤酒饮料有限公司。1999年10月，改称山东华狮啤酒有限公司。

1994年，公司购置安装国内先进设备，引进罗马尼亚灌装线，开始使用青岛啤酒工艺生产“亨利”牌啤酒，年产量1万吨，为全县最早的啤酒制造企业。1995年，德国啤酒专家勒维驻厂指导技术。1996年，经过改造扩建后，年生产量3万吨，1997年扩为5万吨。同年，德国啤酒专家汤姆驻公司指导技术。1998年，投资7000万元，新建空压机站、制冷站各1座，购进德国产精滤设备2

套，改造完成二次真空灌装设备。同年，公司通过ISO9002质量体系和产品质量双认证，工艺控制和卫生管理达到一流水平。1999年，投资5000万元，建成20万吨全自动控制糖化生产线和灌装生产线3条。2000年，投资3900万元，引进美国无菌水和风过滤设备各3套，并对化验室、二次抽真空滤机和发酵管路进行无菌改造。2001年，投资8000万元的5万吨纯生啤酒生产线建成投产，全面实现全封闭无菌灌装，年生产能力达到20万吨。2002年，投资2000万元，改造发酵罐、污水处理和清酒罐。2006年，公司拥有空压机站、制冷站各1座，德国产精滤设备2套、二次真空灌装设备1套，20万吨全自动控制糖化生产线和5万吨纯生啤酒生产线以及灌装线3条，全面实现全封闭无菌灌装。有美国产无菌水过滤和风过滤设备各3套，现代化无菌化验室、二次抽真空滤机及发酵管路和35千伏双电源供电站，固定资产达2亿元。同年，山东华狮啤酒有限公司主营业务收入3.3亿元，利税总额4080万元，生产啤酒74924千升。2014年，加入青岛啤酒集团，按照青岛啤酒股份有限公司制度运行。

生产经营

生产研发

2023年，公司有技术（研发）人员90人，占职工总数的24.3%，其中高级职称11人、中级职称32人。

公司先后开发了低醇啤酒、冬令啤酒、小麦啤酒、苦瓜啤酒、干啤酒等新产品。2003年10月，绿兰莎苦瓜啤酒获得中国啤酒工业协会、中食协啤酒专业协会颁授的“中国啤酒优秀创新产品”称号。2012年4月，绿兰莎干啤酒获得中国酒业协会啤酒分会颁授的“中国特色创新产品”称号。截至2023年底，公司拥有专利和科技成就14项。

产品及销售

建厂早期，公司主导产品为亨利啤酒，发展过程中新增绿兰莎啤酒。2015年以来，主要产品有绿兰莎啤酒、崂山啤酒、银麦啤酒、趵突泉啤酒。其中，亨利啤酒获得“布鲁塞尔金奖”，绿兰莎啤酒获得“全国啤酒行业优质产品奖”“全国质量信得过产品”“山东省免检产品”“山东名牌”等荣誉称号。

公司销量旺盛产品为崂山啤酒8度500×9塑包、绿兰莎啤酒麦香8度500×9半托赋码罐啤、绿兰莎啤酒清爽8度500×9塑包、崂山啤酒冰爽8度500×9半托赋码罐啤、崂山啤酒精品8度500×12赋码箱啤等，产品主要销售区域为淄博、潍坊、泰安、济南等周边地市，在淄博市高居90%的市场占有率。

生产线

主导产品

2014—2023年公司主要经济指标

年份	产值（万元）	利润（万元）	税收（万元）	固定资产（万元）	产量（千升）
2014	18413	801	3328	27606	64593
2015	26545	1079	5054	28754	124520

续表

年份	产值（万元）	利润（万元）	税收（万元）	固定资产（万元）	产量（千升）
2016	23716	1005	4818	29197	107032
2017	26058	1964	5528	29659	115210
2018	28739	2110	6063	29732	129104
2019	20289	2364	5345	30127	122681
2020	29798	2398	5871	30397	129319
2021	24868	1194	4713	30570	102638
2022	27049	2448	5396	30873	102725
2023	29497	1031	5050	39331	75997

历任负责人

孙吉玉　沂源县啤酒厂厂长　1987—1991

王树声　沂源县啤酒厂厂长　1991—1993

刘志强　沂源县啤酒厂厂长　1994—1994

刘训富　沂源县啤酒厂厂长　1994—1997

刘训富　淄博绿兰莎啤酒饮料有限公司
董事长、总经理　1997—1999

刘训富　山东华狮啤酒有限公司
董事长、总经理　1999—2005

刘训富　山东华狮啤酒有限公司
董事长　2005—2014

申文波　山东华狮啤酒有限公司
总经理　2005—2014

申文波　山东绿兰莎啤酒有限公司
董事长、总经理　2014—

企业文化

2014年，山东绿兰莎啤酒有限公司加入青岛啤酒集团。青岛啤酒以“成为拥有全球影响力品牌的世界一流企业”为愿景，以“为生活创造快乐”为使命，践行“守正创新、行信致远”的核心价值观。以“高质量跨越式发展”为发展战略指导，遵循“高质量、可持续、与时俱进”的发展理念和“资源耦合、优势聚合、产业融合、价值链和”的经营理念，坚守“好人酿好酒”的百年世训，努力做大做强“时尚健康快乐”三大板块，坚持“以客户为中心”的市场理念、践行“你的需要就是我的工作”的服务理念，坚守“为了更美好的世界”的环境理念，笃信笃行，善作善成，打造魅力感知质量，让消费者“畅享欢聚时刻”。

企业往事

成功研制绿兰莎啤酒

为增加企业发展潜力，安置剩余劳动力，酒厂进一步扩大生产品种。1986年，新上啤酒生产车间，利用沂源优质矿泉水资源，运用青岛啤酒技艺研制生产啤酒。1988年，第一罐“亨利”啤酒成功问世，产品面世后一直深受消费者青睐。1994年，啤酒生产车间从酿酒总厂分离，成为独立法人单位，后来发展为颇具影响力的淄博绿兰莎啤酒有限公司，填补市内空白。

大事记

1987年，筹建沂源县啤酒厂。

1988年　4月，亨利啤酒投放市场。

1994年　9月，淄博亨利啤酒厂成为独立法人单位。

1996年　9月，公司与马来西亚金狮集团正式签订合资合同及章程。

1998年　2月18日，淄博绿兰莎啤酒饮料有限公司中方股份实行改制。

1998年　7月，淄博市委书记阎启俊到公司视察。

1998年　8月，山东省副省长陈抗甫到公司视察。

1998年　9月，通过ISO9002质量体系认证。

1999年　6月，淄博市委副书记、市长张建国到公司调研。

2003年　3月，马来西亚驻华大使马吉德先生到公司参观。

2003年　7月，“绿兰莎”商标被评为山东省著名商标。

2004年　5月，淄博市委副书记、市长刘慧晏到公司调研。

2007年　5月，首届绿兰莎啤酒节在张店举办。

2007年　8月，中国酿酒协会理事长王延财到公司调研。

2012年　4月，“绿兰莎”商标被认定为“中国驰名商标”。

2014年　7月，山东华狮啤酒有限公司与青岛啤酒股份有限公司合作签字仪式在青岛举行。

2015年　4月，淄博市委书记王浩到公司调研工作。

2016年　11月，被评为“食安山东”食品生产示范企业。

2021年　5月31日，山东绿兰莎啤酒有限公司整体搬迁项目正式签约。

2022年　2月16日，山东绿兰莎啤酒有限公司搬迁扩建项目举行开工仪式。

2023年　6月8日，山东绿兰莎啤酒有限公司60万千升搬迁扩建项目奠基。

山东乐利事食品有限公司

概　况

山东乐利事食品有限公司，位于县城荆山路东侧。成立于2004年1月，注册资本5000万元，占地面积53333平方米，建筑面积18000平方米，车间面积12000平方米。公司下设营销公司、办公室、制造部、品控部、财务部、人力资源部、仓储部、营运部、国际贸易部9个部门和2个生产车间。主要生产马铃薯系列休闲食品。公司年生产能力达12000吨，是山东省最大的马铃薯加工生产企业。2023年，公司固定资产8415万元，职工人数179人，实现销售收入14385万元、税收602万元。

公司是高新技术企业，被山东省工业和信息化厅评为创新型中小企业，被山东省农业农村厅等11部门评为山东省农业产业化重点龙头企业，被山东省农业农村厅评为山东省农产品加工业示范企业，被山东省食品安全委员会办公室评为“食安山东”食品生产示范企业，被淄博市人民政府认定为市级龙头企业，被淄博市劳动和社会保障局评为劳动保障诚信单位，被淄博市诚信企业信用评价委员会评为建设诚信企业先进单位。

发展历程

2003年3月，作为第一批招商引资入园项目在沂源县新兴工业园动工建设。2004年1月，山东乐利事食品有限公司成立，主要以大西洋马铃薯及其全粉为原料，生产原切马铃薯薯片、复合马铃薯薯片、焙烤马铃薯薯片、原切马铃薯薯条，共四大系列200多个品种。2005年5月，开通OEM生产加工渠道。2011年11月，投资3000万元，进行技改扩建，新增一条复合薯片生产线，新建薯片二车间、中心实验室、综合楼及配套仓储。2012年12月，验收投产。2016年10月，投资800万元，新增一条焙烤薯片生产线。2018年8月，投资1700万元，新增一条原切马铃薯片生产线。

生产经营

生产研发

2023年，公司有研发人员26人，占职工总数的16%。投入研发经费560万元，占全年销售收入的3.9%。公司以产品研发为先导，同天津科技大学食品学院、山东农业大学等高校建有长期合作关系，共建研发平台，实现研发检测设备、人才资源互通共享。2014年3月，“一种深红棕色及高光泽度的焙烤食品表皮涂布液及利用该表皮涂布液加工焙烤食品的方法”获得国家发明专利。拥有中华人民共和国国家版权局颁发的隧道烤炉网带自动纠偏系统V1.0、薯片隧道烤炉的温度及速度自控系统V1.0、薯片油炸机自动清洗系统V1.0等12项《计算机软件著作权登记证书》。

产品销售

公司作为山东省出入境检验检疫局注册登记单位，拥有自营进出口权，已通过ISO9001认证、ISO22000（含HACCP）认证、HALAL认证和欧盟BRC认证（最高等级A+证）。公司拥有系统专业的销售体系，融合线上销售渠道，形成多元化销售模式。国内主要通过华润万家、华润苏果、欧尚、大润发、TESCO乐购、三只松鼠、物美、麦德龙、家乐福、联华超市、百草味、来伊份、天虹、永旺、便利蜂、蚂蚁商业联盟、贵州合力等国际、国内著名连锁超市以及雀巢徐福记、亲亲集团、单身粮集团（香港）有限公司等知名品牌企业和多家连锁商超

薯片

进行销售。同时，产品远销日本、韩国、欧美、东南亚、中东、澳洲、非洲等20多个国家和中国香港、中国澳门等地区。2023年，整体出口销售额突破1200万元。

2018—2023年公司主要经济指标

年份	产值（万元）	收益（万元）	税收（万元）	固定资产（万元）	主要产品	产量（吨）
2018	12754	765	510	7480	薯片	4800
2019	13123	788	525	7585	薯片	4990
2020	13160	780	520	7790	薯片	4920
2021	13297	795	530	7890	薯片	5000
2022	14335	860	575	8300	薯片	5430
2023	14521	906	602	8415	薯片	5500

生产设备

公司拥有多套先进的流水线设备，包括PLC控制输送系统、CIP全自动清洗系统、YUSOOF（美国）智能切片系统、PID沉浸式智能控温油炸系统、SYTYON无差别电磁味料系统、YAMATO智能包装系统等。PID沉浸式智能控温油炸系统，是集自动控温、过滤、油烟净化、油炸成型为一体的全自动设备，整个过程按既定设定自动控制运行，将人工操作智能化，节省人力，保障操作人员人身安全，解决环境高温问题，自动化程度高、生产操作简单、产品质量稳定。YAMATO智能包装系统，是集自动传输、称量、金属异物检测、打码、自动包装及自动剔除系统为一体的全自动设备，单机设定多机联动，可按比例任意选择工位自动称量、逐个收集、自动校核，进行多种产品自动称量检测包装。

公司负责人

王　炜　董事长兼总经理　2004.01—

企业文化

企业理念

公司秉承“创新、领先、团队、责任”的经营理念，坚持“做快乐而利人的事业”企业精神，始终贯彻“顾客满意的微笑是乐利事不懈的追求”质量方针，坚守“做一个有道德的企业，做让消费者安心放心的食品，与时俱进，永续经营”的企业使命。

管理方式

公司坚持以人为本，发掘职工潜能，增强职工主观能动性，提升团队凝聚力和责任感。实行激励、创新的制度化管理，加强精细化管理，督导各部门履行职责。

奖励制度

公司制定绩效考核办法，考核目标层层分级，结合生产、质量、学习、活动情况定期考核，按成绩进行奖励，发放薪酬，提高职工工作积极性和创新精神。

基层组织

2020年10月，山东乐利事食品有限公司党支部成立，王炜任党支部书记。截至2023年底，共有中共党员10名。

工会工作

2019年12月，山东乐利事食品有限公司工会成立，曹光伟任工会主席。2020年5月，公司建立工会之家。截至2023年底，救助困难职工12人次，发放救助金18000元，用于组织团建、文体、技能比武大赛等活动以及福利支出120余万元。

公益事业

公司热心公益事业，多次向园区附近敬老院和小学进行爱心捐赠，累计捐助8万余元。多次在沂源县特殊教育学校组织开展“爱心助残情暖特校”活动，累计捐助7万余元。2008年，公司为汶川捐赠抗震救灾物资20万余元。2017年7月，为湖南长沙特大水灾捐赠物资10万余元。

2020年，为抗击新型冠状病毒感染疫情，捐款捐物累计达35万余元。

企业往事

“乐利事精神”

公司建设初期，条件非常艰苦。整个工业园道路全是土路，没有通勤车，职工们上班只能靠骑自行车或摩托车，常常是晴天一身土、雨天一身泥。车间内冬天冷得伸不出手，夏天热得像桑拿房。食堂设在简易的工棚里，四面透风，职工们常常站着吃饭……这一切没有吓退乐利事人，公司上下凭着团结一心、艰苦创业、开拓进取的“乐利事精神”，以顽强的斗志，执着的信念，一路披荆斩棘，硬是闯出了一片新天地。

2012年6月，公司决定在二车间新增加一条复合薯片生产线，按照生产计划，在保证正常生产的同时，必须50天内完成安装，投入使用。时间紧任务重，公司领导全部下沉到车间，督促工作进程，解决安装难题。车间员工加班加点，日夜赶工，每天连续工作近16个小时。在大家共同努力下，仅用短短20天的时间组装完成，正式开机投产。

大事记

2004年　1月，山东乐利事食品有限公司成立。

2004年　5月，正式投产。

2005年　2月，被沂源县人民政府评为利用外资先进单位。

2005年　5月，开启OEM生产销售模式。

2007年　7月，与迪亚（中国）、欧尚（中国）、大润发、TESCO乐购、SPAR（中国）等知名商超达成合作。

2008年　10月，通过ISO22000（含HACCP）食品安全管理体系认证。

2009年　12月，被山东省马铃薯协会授予“马铃薯加工出口明星企业”称号。

2010年　1月，与永旺（中国）、乐天玛特等超市达成合作。

2011年　6月，成立国际贸易部，开拓泰国、新加坡、马来西亚、菲律宾出口业务。

2011年　12月，通过HALAL认证。

2012年　2月，被山东省马铃薯协会授予常务理事单位。

2012年　2月，与家乐福超市达成合作。

2012年　11月，建成薯片二车间、中心实验室、综合楼及配套仓储，新增一条复合薯片生产线。

2013年　2月，通过欧盟BRC认证（最高等级A+证）。

2013年　5月，获得（轻工食品生产）安全标准化三级证书。

2013年　7月，开拓澳大利亚、巴布亚新几内亚、斐济出口业务，产品进入大洋洲市场。

2013年　7月，开拓日本、韩国出口业务，产品进入东亚市场。

2014年　3月，与华润万家、华润苏果等零售连锁企业达成合作。

2015年　5月，与麦德龙、亲亲集团达成合作。

2015年 7月，开拓伊拉克、沙特阿拉伯、阿联酋、巴勒斯坦、也门出口业务，产品进入中东市场。

2016年 10月，新增一条焙烤薯片生产线，实现产品多元化发展。

2016年 11月，通过ISO9001质量管理体系认证。

2017年 11月，开拓非洲市场，产品销往埃及、利比亚、毛里求斯、加纳等国家，同时与均瑶集团建立合作关系。

2018年 7月，开拓墨西哥、智利、乌拉圭、巴西、巴拿马、海地出口业务，产品进入美洲市场。

2018年 8月，建设年产4000吨马铃薯片生产线技术改造项目，新增一条马铃薯原切生产线。

2018年 10月，与电商休闲食品第一品牌三只松鼠达成合作，开启线上销售模式。

2019年 2月，被县政府评为2018年度先进企业，被县委、县政府评为“推进动能转换加快争先进位”先进集体。

2019年 9月，通过了省、市应急管理局安全专家组对双重预防体系建设运行的评估。

2021年 4月，被沂源县企业家协会授予常务理事单位。

2021年 8月，与雀巢徐福记、联华超市达成合作。

2021年 12月，被淄博市工业和信息化局评为马铃薯片智能车间。

2022年 12月，开拓欧洲市场，产品销往俄罗斯等国家。

2022年 12月，投资20万余元，升级财务软件用友T+畅捷通。

山东飞龙食品有限公司

概　况

山东飞龙食品有限公司，位于悦庄镇崔家庄村，公司始建于1984年，占地面积36000平方米，建筑面积24000平方米，注册资本1000万元，固定资产1.4亿元，职工380人，年综合加工各种水果1万吨。2023年，公司产值完成8360万元，实现利税354余万元。

山东飞龙食品有限公司是中国江北果脯产品产量最大的生产企业，是中国最大的实现工业化、规模化生产果品酵素的生产企业。被认定为“山东省食品卫生等级A级单位”“食安山东”食品生产示范企业。先后获得“第十一届中国林产品交易会金奖”“山东森林食品推荐品牌”“山东省林业龙头企业”“省级扶贫龙头企业”等荣誉称号。

发展历程

山东飞龙食品有限公司前身为沂源县民悦食品厂，属村办集体所有制企业，位于悦庄镇崔家庄村，以加工生产山楂果脯等山楂制品为主，1986年建成投入生产。

1995年，更名为淄博民悦食品有限公司。公司下设果品加工厂、纸箱厂、酱菜厂3家二级工厂，拥有果脯生产线4条、纸箱生产线2条、酱菜生产线1条，固定资产1021万元，职工320人，年实现产值2000万元、销售收入460万元、利税273万元。

2004年9月，淄博民悦食品有限公司与澳门澳通投资发展有限公司合资，改制成立山东飞龙食品有限公司，建设果脯生产线4条、果糕生产线2条、糖果生产线1条、罐头生产线1条，年产6000吨饮料生产线1条，年产5000吨酵素生产线1条。2010年，公司发展成为规模以上工业企业。

生产经营

生产研发

2015年以来，公司坚持“创新引领、精强主业、多元发展、走向全国”的发展思路，立足新旧动能转换，不断加大技术改造和创新研发力度，抓住果品酵素研发与产业化，深化产学研合作，抓好核心技术产业化、先进装备更新、信息技术应用、品质提升、工业设计等主要环节，实现了企业的转型升级。公司先后与江南大学、山东中医药大学、山东理工大学等高校院所建立了产学研合作关系，与江南大学联合组建“江南大学技术转移中心沂源分中心”；2015年，组建“淄博市山楂深加工工程技术研究中心”并通过市科技局认定；2016年，组建“淄博市企业技术中心”并通过市经信委认定；2018年，组建省级农科驿站和市级“一企一技术”研发中心；2020年，组建“淄博市国家高层次人才工作站”，通过市科技局认定，形成以企业研发中心、工程中心为主导的企业创新平台。

车间生产线

公司建成的果品酵素生产车间和技术中心，总面积4500平方米，配备了国内一流的研发与生产设备，设立综合实验室和酵素试验制备室等，完全符合国家GMP标准，该项目的建成促进了企业广泛应用先进技术装备，持续强化技术改造和科技创新，不断优化工艺流程，实现了绿色低碳发展。公司先后研制新工艺8项、新技术7项、新产品16个，其中，1项技术填补国内空白，3项技术达到国内技术领先水平；公司被批准立项的创新项目有13项，其中省级3项、市级8项。公司获得授权专利7项，其中发明专利2项。生物发酵技术成果成功实现产业化，公司成为我国第一家自主研发植物纯种发酵技术并实现工业化、规模化生产的企业。2021年12月，公司通过“国家高新技术企业”认定。

2023年，公司有研发人员21人，占员工总数的9.1%。其中，外聘教授2名、副教授（副研究员）3名、工程师4名、助理工程师5名。

公司将立足国家级林业重点龙头企业、国家高新技术企业、省级农业产业化重点龙头企业等，继续坚持“精强主业、多元发展、走向全国”的发展思路，把“建设中国果品精深加工产业链最大的林产品研发基地、生产基地”作为目标持续推进。

产品及销售

公司产品皆选用沂蒙山区盛产的优质山楂、苹果、黄金桃等为原料，采用现代工艺加工而成，是纯正的绿色食品。

建厂早期，产品主要有山楂果脯、山楂片、果丹皮、山楂罐头。随着公司的发展，新增产品山楂条、山楂糕、山楂棒、空心山楂等产品。产品逐步形成了果干和果汁饮料两个系列，果干系列有苹果、桃、梨、大樱桃、树莓、草莓、枣、柠檬等，果汁饮料系列有山楂汁、芒果汁、柠檬汁、苹果汁等。2015年以来，主要产品发展为五大系列40余种。主要包括空心山楂、鲜草莓、圣女果、无花果、野酸枣、阿胶枣等系列果脯产品；山楂片、果丹皮、番茄饴、酸枣糕、胡萝卜饴、苹果糕等系列果糕产品；山楂罐头、苹果罐头、桃罐头等系列罐头产品；山楂汁、芒果汁、柠檬汁、苹果汁等系列果汁饮料产品；果品酵素原液及系列饮品、冻干粉、复合饮料等系列酵素产品。

公司注册的“来懿品”商标被评为“山东省著名商标”和“淄博市知名农业品牌”。

1997年，“悦”牌果脯系列产品被评为第三届中国农业博览会名牌产品，1998年被评为淄博名牌产品，1999年被评为中国国际博览会名牌产品；公司产品先后获得第十一、十二届“中国林产品交易会金奖”；公司生产的山楂、红枣、桑葚、黑莓

等系列水果酵素饮品在2017年上海酵素博览会上荣获“酵素银钻奖”；2020年12月，公司“九赐方”牌酵素、“亿露红”牌饮品、“来懿品”牌果脯、蜜饯被评为“食品行业（山东）食品安全口碑品牌”。

在销售方面，主要采用销售代理模式，开展产品销售活动。公司先后在上海、南京、杭州、广州、北京等主要城市设立销售办事处，全国各主要城市80%的超市、大商场设有销售网点，其中山楂脯产品出口澳大利亚，山楂条出口美国。

公司与宁波良品铺子食品商贸有限公司、上海来伊份股份有限公司、江苏座上客食品有限公司、上海立丰食品有限公司、上海童涵春堂健康科技有限公司、上海盒马物联网有限公司、漱玉医药物流（山东）有限公司、山东薛记供应链管理有限公司、东莞徐记食品有限公司、云南白药集团中药资源有限公司、中百仓储超市有限公司、舟山馋文化电子商务有限公司、珠海永亨进出口贸易有限公司、沃尔玛超市、利群、家乐福、济南大润发、淄博商厦等大型商超建有紧密的合作关系。

公司线下产品销售主要以参加各级有关部门、行业协会组织的产品交流会为主，会上设置产品展示区、产品介绍页等形式开展产品宣传，年花费200余万元。线上主要通过建立公司网页，在“三只松鼠”“京东”“淘宝”“天猫”等电商平台建立旗舰店开展销售，年花费100余万元。

2006—2023年公司主要经济指标

年份	产值（万元）	利润（万元）	税收（万元）	固定资产（万元）	主要产品	产量（吨）
2006	1000	−11	25	210	果脯、果糕	670
2007	1560	27	29	230	果脯、果糕	910
2008	2160	78	53	260	果脯、果糕	960
2009	2100	75	55	292	果脯、果糕	1600
2010	3340	42	60	315	果脯、果糕	1390
2011	4980	78	97	380	果脯、果糕	1900
2012	5250	102	110	405	果脯、果糕	2150
2013	5640	181	183	455	果脯、果糕	2210
2014	6610	153	200	793	果脯、果糕	2400
2015	6920	138	205	915	果脯、果糕	2560
2016	7620	199.	222	2003	果脯、果糕	3200
2017	8200	203	257	3424	果脯、果糕	3910
2018	8800	97	313	4069	果脯、果糕	3980
2019	9300	103	272	4705	果脯、果糕	4020
2020	9500	108	315	6189	果脯、果糕、酵素饮料	4320
2021	11400	163	404	6532	果脯、果糕、酵素饮料	5560
2022	9780	153	335	7228	果脯、果糕、酵素饮料	4860
2023	8360	62	292	7623	果脯、果糕、酵素饮料	4180

历任负责人

刘志坤　沂源县民悦食品厂厂长
　　1985—2004.09

余德汉　山东飞龙食品有限公司法定代表人、董事长
　　2004.09—2019.06

刘志坤　山东飞龙食品有限公司总经理
　　2004.09—2019.06
刘志坤　山东飞龙食品有限公司
　　董事长、总经理　2019.06—

企业文化

公司文化的核心内容

以食品安全为核心，以诚信务实为基础，以创新协作为动力，以员工发展为根本，以社会责任为使命。

公司经营理念：诚信、务实、协作、创新。

公司价值观：忠诚担当，关注民生，永续发展。

公司主旨：绿色、健康、营养、放心。

公司战略思想：建设中国果品精深加工产业链最大的林果产品研发基地、生产基地。

公司管理模式

公司采取扁平化管理和平台化管理模式，即采用网络式结构，通过减少管理层次、压缩职能部门和机构，使企业快速地将决策权延至企业生产、营销一线，实现企业管理的高效协同，打破部门间的壁垒，提高企业内部的信息共享和资源配置效率。

公司激励体制

公司建立了科技创新流程管控制度、创新成果评审评价制度、科技创新保障制度等，形成了创意收集、评审、立项、实施、评价、反馈、奖励的“闭环流程”，提高了职工科技创新的积极性和岗位履职尽责能力。

企业往事

优秀员工助力企业发展

陈善爱，女，山东飞龙食品有限公司山楂臻棒产品车间主任。1994年，她高中毕业就进入淄博民悦食品有限公司工作，先后在果脯车间、果糕车间从事多工序工作。2014年，山东飞龙食品有限公司的五车间主要生产果酱制品，果酱制品在市场的竞争非常激烈，传统的山楂片、果丹皮已没多少优势，陈善爱看在眼里、急在心里，她和她的班组自动请缨开发研制山楂臻棒产品。在此期间，她们认真研究，反复试验，经常加班到深夜，不到半年的时间就拿出来合格的样品，经过几个月的市场推销，赢得了消费者的喜爱和市场的认可，特别是上海来伊份股份公司、沃尔玛超市、大润发超市等都对此产品赞叹不已，销量直线上升。为此，2015年，公司新增山楂臻棒生产车间，车间工人一致推荐陈善爱担任车间主任，当年就生产产品800吨，公司产值、效益、税金分别增加1500万元、80万元、50万元。2020年，陈善爱再次带领车间工作人员研发生产了卡通山楂棒产品，产品一经问世就受到良品铺子、来伊份等国内销售巨头的青睐。2021年，销售额达6000万元，直接增加利税1200万元，成为公司的拳头产品，带动了整个山楂制品市场的产品升级换代，真正为公司的持续发展奠定了良好的基础。

陈善爱连年被评为山东飞龙食品有限公司的技术标兵和先进工作者，2022年12月她被评选为“沂源工匠”。2023年4月，被评为淄博市“五一”劳动标兵。

大事记

1985年　沂源县民悦食品厂成立。

1986年　沂源县民悦食品厂建成正式投产。

2004年　9月，公司更名为“山东飞龙食品有限公司”。

2011年　12月，公司产品获得“第十一届中国林产品交易会金奖”。

2014年　1月，公司被接纳为“山东经济林协会常务理事单位”。

2014年　12月，公司产品品牌被省经济林协会认定为“山东森林食品推荐品牌”。

2015年　9月，公司产品获得“第十二届中国林产品交易会金奖”。

2015年　12月，公司产品通过上海质量体系审核中心“质量管理体系”和“食品安全管理体系”认证。

2016年　11月，企业被省林业厅认定为“山东省林业龙头企业”。

2017年　1月，公司被山东省食品安全委员会认定为“‘食安山东’食品生产示范企业”。

2017年　1月，公司注册商标“来懿品”被山东省工商行政管理局认定为“山东省著名商标”。

2017年　1月，公司被接纳为“中国生物发酵产业协会酵素分会会员单位”。

2017年　7月，公司被接纳为“中国经济林协会常务理事单位”。

2018年　8月，公司被山东省工商行政管理局认定为“守合同重信用企业”。

2018年　9月，公司“来懿品”品牌被市农业局、市财政局评为“淄博市知名品牌目录——企业产品品牌”。

2018年　10月，公司被表彰为“省级扶贫龙头企业”。

2018年　11月，公司被认定为“山东省农产品加工业示范企业”。

2018年　12月，公司被认定为“山东省农业产业化重点龙头企业”。

2019年　1月，公司被认定为“山东省农科驿站”。

2019年　9月，公司被认定为“山东省农业产业化重点龙头企业”。

2019年　11月，公司被认定为“国家林业重点龙头企业”。

2019年　11月，公司被接纳为“中国保健协会（酵素产业分会）副会长单位”。

2020年　5月，公司通过上海质量体系认定中心HACCP体系认证。

2020年　12月，“九赐方”牌酵素、“亿露红”牌饮品、“来懿品”牌果脯、蜜饯被评为“食品行业（山东）食品安全口碑品牌”。

2021年　10月，“亿露红”山楂饮料、“亿露红”桑葚果酒荣获“中国林产品交易会银奖”。

2021年　12月，公司被认定为“国家高新技术企业”。

2022年　4月，公司“来懿品果脯传统生产工艺”入选淄博市第七批非物质文化遗产名录。

2022年　12月，公司被认定为“省级高精尖中小企业”。

2023年　7月，公司被认定为“山东电商供应链基地”“山东直播电商企业”。

2023年　12月，“来懿品”入选“淄博市老字号”。

尊海食品集团有限公司

概　况

尊海食品集团有限公司始创于2014年，位于大张庄镇赤坂村，是一家集农业种植、加工、销售于一体的现代化龙头企业，注册资金5000万元，占地总面积5万余平方米，现有员工200余人。公司在各部门关心支持下不断向前发展，先后获得“国家林业龙头企业”“省级高新技术企业”“山东省农业产业化重点龙头企业”“省级扶贫龙头企业”“省知名农产品品牌”“食安山东”食品生产加工示范企业、“淄博市放心消费示范单位”“淄博市知名农产品品牌”、市级“瞪羚”企业、市级“专精特新”企业、“市级农业产业化联合体”等荣誉称号。

发展历程

企业大致经历了三个发展阶段：起步阶段（2009—2014），发展阶段（2014—2017），成熟阶段（2017—）。

公司以鲁中山区果蔬为原料，利用真空低温脱水工艺生产水果、蔬菜脆片产品。该工艺不仅保留了水果、蔬菜中的营养成分，而且完好无损地保存了水果、蔬菜的外观形状，产品口感酥脆，营养丰富，备受消费者的喜爱。公司一直立足农村，以助推乡村振兴为己任，在着力研发优质健康产品的同时，不断加大农业标准化力度，通过“企业+合作社+家庭农场+农户”的方式分别与大张庄镇、悦庄镇、中庄镇、张家坡镇、东里镇签订了沂源红苹果、黄桃、草莓、山楂等多种水果的订单回收协议。

采取“公司+合作社+农户”合作模式，通过土地流转和订单农业的方式建成2000亩标准化种植基地，与186家合作社、206家农场、1288家农户签订农产品订单回收协议，规定了种植、采收、验收等环节的标准要求和不合格原料处置措施。通过“订单农业”带动发展原料标准化种植，不仅提高农产品市场抗风险能力，也让农业真正实现“种得好、销路畅、收益高”，同时建立健全了利益联结机制，实现了贫困户分红收入、农民财产性收入、村集体收入等“五项收入”，做到了多方利益有效融合。

生产经营

生产研发

目前，公司拥有生产制造设备20余套，产品检测设备及仪器10余套，配备实验室2处、研发中心1处、研发人员20名。建有配置高精密仪器的高标准化验室、农产品快检室，拥有科学的检测手段。严格按照ISO系列标准，建成了一整套完善有效的质量保证体系，现有产品均采用国标、企标或行业标准生产，企业先后通过ISO22000及HACCP体系认证。产品通过国家权威部门的检测，部分产品被评为市级知名品牌，获得专利10余项。

公司一直积极通过研发创新的方式加快公司发展，重点研发的冻干奶酪、冻干粥、冻干面、冻干蔬菜汤等健康产品，成为集团旗下健康食品新标杆。

产品及销售

公司以鲁中山区果蔬为原料，利用真空低温脱水工艺生产水果蔬菜脆片产品；从种植、预处理到成品包装销售，采用了多种先进设备。工艺革新从普通的国产设备入手，逐步形成拥有自主知识产权的加工生产设备，既简化了生产工序，又提高了生产效率；公司现有冻干水果、奶酪水果、果蔬脆片、冻干蛋花汤4大系列120余个产品，该工艺所生产的产品颜色不变、形状不变、营养成分不流失，比一般传统油炸工艺具有更好的品质，产品附加值高。2020年，香菇脆、冻干苹果、黄桃、山楂四个产品在林交会上获得金奖。

公司主要合作客户有百草味、座上客、华味亨、吧彼等知名品牌商和大润发、家家悦、永辉超市等大卖场，拥有领先的行业地位和稳定的市场份额，保障了公司业务的稳定性，同时，公司已经构建了覆盖线上、线下的销售服务渠道，遍布全国的31个省市、300多家经销商、800多家超市卖场和8000多个直销网点。

尊海食品产品展厅

主要经济指标

2020年，实现营业收入2815万元、税收18.5万元。

2021年，实现营业收入4281.6万元、税收55.7万元。

2022年，实现营业收入4704.1万元、税收112.2万元。

2023年，实现营业收入5117.2万元、税收132.3万元。

企业文化

公司成立以来，帮扶资金累计超过80万元，资助100多名建档立卡贫困户及困难家庭成员，受到社会各界的好评。中秋节、重阳节等走访慰问贫困户，支出帮扶资金10多万元。

2019年底，成立扶贫服务队，深入南麻、历山2个街道13个省级贫困村，在一线“把脉问诊”，实施帮扶项目。

企业往事

百年村落有了“现代风”

大张庄镇大马峪村位于县城西南15公里处，2021年由大洼村和马峪村合并而来，总面积1200余亩。该村背靠玉皇山、红崮顶，高程落差大，风景优美，有千年古槐、百年流苏，发展文旅产业具有得天独厚优势。在大马峪村内流转闲置宅基地成为民宿建设区，将村落、民宿变成景观，既保留了民俗文化，也发展了旅游，改变了原有乡村旅游简单农家乐的模式，向着全域化、艺术化的模式发展。

2022年8月，民宿建设顺利推进，在民宿区西侧入口，高达9.23米的“丰收塔”巍然耸立。沿路是富有层次感、历史厚重感的石墙，在石墙与地面之间是工匠精心修葺的潺潺曲水。沿着小路走200余米，就是由尊海食品集团有限公司负责建设的“尊海小院”，小院于11月初开始运营，没有改变房屋的主体结构，而是增加了很多现代化元素，同时改建了客房、茶室、集体餐厅等功能室，配套了烘焙房、大锅台等美食制作用具，成功将传统与现代、乡村风貌与都市元素相结合，形成了一个集商务接待、业务洽谈、休闲娱乐为一体的现代民宿。

山东鲁源酿酒有限公司

概　况

山东鲁源酿酒有限公司，位于县城荆山路东侧。始建于1825年，历经“盛源号”酒坊、东里店酒厂、悦庄酒厂、国营山东沂源酒厂、山东沂源酿酒总厂、山东鲁源酒业有限公司，2022年重组成立山东鲁源酿酒有限公司。公司注册资本448万元，占地面积10万平方米。主要从事白酒生产与销售，年产白酒14000余吨。主要产品有鲁源原酒、鲁山五粮、芝麻香、洞藏玄云、洞藏鲁源5大系列170多个品种。公司实行总经理负责制和部门主管负责制，采用扁平化组织架构。2023年，公司固定资产2725万元，职工人数73人，白酒产量295吨，实现销售收入1684万元、税收440万元。

公司被中国食品安全网、“食安山东”网、中国食品安全舆情数据分析中心山东分中心评为食品安全共建示范企业，被山东省轻工业办公室评为山东省轻工业质量效益型先进企业，被淄博市人民政府评为先进单位，被淄博市委宣传部评为文明单位，被中共沂源县委、沂源县人民政府评为2019年度优秀企业。

发展历程

“盛源号”酒坊（1825—1930）

清道光五年（1825），东安村（今东里镇东安村）一任姓人氏，在村里制曲酿酒。清光绪三十四年（1908），任氏后人在东里店创办“盛源号”酒坊，采用传统工艺酿酒。

沂水酒类专卖局东里店酒厂（1930—1954）

东里白酒酿造业源于1930年东里店老字号酿酒作坊“盛源号”，后由“盛源号”和“昌源号”合并成立沂水酒类专卖局东里店酒厂，厂长为张艳秋。东里店酒厂以高粱为主要原料，采用固态发酵工艺进行手工操作，设备为木制甑桶、铁锅、铁锨和酒篓等。酿酒工40人，日投料1500斤，年产散装白酒100余吨，主要销往沂水、蒙阴、临朐、博山等地。

新中国成立后，东里店酒厂被莒沂县人民政府接管，时属鲁中南行署所辖的沂蒙专署管辖，生产业务指导为沂蒙专署实业公司，产品由沂蒙专署专卖事业处统销。1953年8月，改属临沂专区轻工业局管辖。1954年10月，东里店酒厂归并到临沂专区实业公司直属的悦庄酒厂（位于今悦庄镇西悦庄村）。

悦庄酒厂（1944—1965）

1944年6月，抗日民主政府鲁中南六分局派沂源工商所长王雨亭等五人，在悦庄筹建酒厂，悦庄酒厂是沂源县第一家国有企业，利用的是建于1930年的任元柱旧作坊，年产白酒150吨。

1954年，悦庄酒厂兼并东里店酒厂。同年，悦庄酒厂产白酒430吨。

1961年6月2日，悦庄酒厂发生火灾，经县人委会批准，于6月17日合并于沂源县南麻露酒厂。沂源县南麻露酒厂筹建于1958年，主要生产苹果露酒，厂址在县城历山路与鲁山路交叉的老啤酒厂位置。

1961年国庆节，悦庄酒厂领导班子合影

国营山东沂源酒厂（1965—1994）

悦庄酒厂与沂源县南麻露酒厂合并后，于1965年改厂名为国营山东沂源酒厂。

1966年首次对工艺及设备进行改造，采用液体发酵新工艺，代替了固体发酵，并实现了半机械化，使生产能力达到千吨。70年代曾生产黄酒，90年代停产。1987年3月经批准，实施较大规模的改造，万吨啤酒生产项目动工，总投资1292万元。白酒生产能力由5000吨增至8000吨。

1992年8月，成立淄博亨利啤酒厂，隶属山东沂源酒厂；9月，成立综合经营部，至此山东沂源酒厂辖白酒厂、淄博亨利啤酒厂、综合经营部3个下属单位。

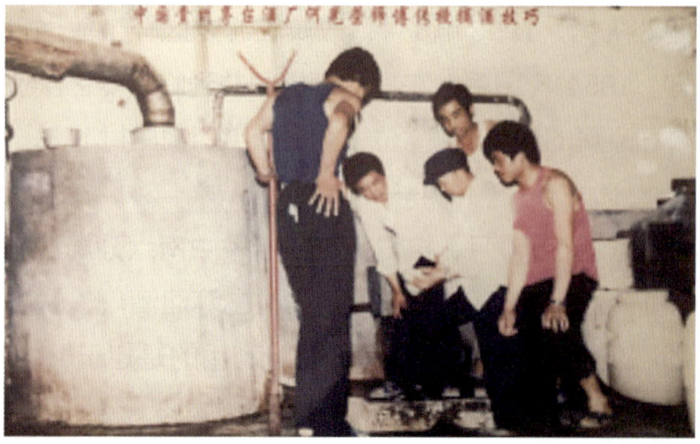

1987年7月，贵州茅台酒厂何光荣师傅传授摘酒技巧

1993年7月，公司投资200万元，对粮食酒车间扩产改造，新建窖池192个。

1994年，淄博亨利啤酒厂从山东沂源酿酒总厂分离，后更名为绿兰莎啤酒饮料有限公司。

山东沂源酿酒总厂（1994—2003）

1994年，国营山东沂源酒厂更名为山东沂源酿酒总厂。

1995年，引进磁化勾兑用水处理设备和气相色谱仪等，勾兑调味技术达到国内先进水平。1996年，投资100万元，新建包装车间1个，新安装国内先进的白酒自动灌装生产线8条，生产规模进一步扩大。

白酒制造为沂源县传统工业项目，山东沂源酿酒总厂以高粱为主要原料，采用传统手工操作，优质窖泥，老五甑工艺，双轮发酵、长期贮存、微机勾兑，中高温制曲等方法制造“鲁源特曲”和“一品特曲”等系列白酒60多个品种。1991年，“沂蒙山二曲”被评为省优良产品。1992年，“玄云陈酿”获荷兰第24届国际食品博览会银奖。1994年后，39度鲁源特曲系列酒被评为省优级产品，被中国食品工业协会评为国家质量达标食品；1995年，获首届中国国际食品博览会金奖；1996年，被中国名牌产品认定委员会评为中国名牌产品。

白酒厂还一直生产酒精，至20世纪80年代年酒精产量达到8000吨。1991年后酒精制造仍以地瓜干为原料，用“低温蒸煮，间歇糖化，浓醪发酵”工艺制作。1995年，投资400万元，对酒精车间进行技术改造，采用国内先进的微机自控浮阀蒸馏塔，引进大型高分子筛过滤、电渗析设备，使生产现代化、自动化，产品质量达到国家食用酒精普级标准，年产量达到15000吨。

1996年，投资700万元，新建3400平方米包装车间1处，购置国内先进白酒自动灌装线8条；投资100万元，新建大型综合性仓库1座；4月，撤销综合经营部；7月，购进200平方米厌氧罐3个，建设2000立方米生化池1个、1300立方米沉沙池2个，分期治理酒糟废液排放。

1997年4月，成立鲁源经理部，下设4个销售科及车队、清欠办、供应科。1998年2月，进行产权制度改革，精简机构，优化组合，竞争上岗。同时，成立山东御园葡萄酒业有限公司，隶属山东沂源酿酒总厂。同年12月，鲁源经理部撤销。1999年4月，投资80万元，改造酒精生产污水配套设备，酒精产量由15000吨降为5000吨。2000年4月，投资1200万元，建成年产60万桶纯净水车间。2001年8月，成立营销公司，设沂源、张店、莱芜、济南、潍坊、东营6个办事处。2002年7月，投资300万元，新上年产5000吨无水乙醇设备。

1989年，贵州茅台酒厂副总工程师、中国首席品酒师彭茵同志品评玄云陈酿

山东鲁源酒业有限公司（2003—2022）

2003年5月15日，山东华狮啤酒有限公司控股山东沂源酿酒总厂；5月22日，山东沂源酿酒总厂破产，重组成立山东鲁源酒业有限公司。刘训富任董事长，陈传林任总经理。注册商标为“鲁源”，厂址位于县城鲁山路20号。生产优质粮食白酒，设计年生产能力3000余吨。

2006年，公司拥有年产1.5万吨酒精的国内最先进的电脑自控浮阀蒸馏塔和5000吨无水乙醇生产设备，有大型高分子筛、电渗析、磁化勾兑用水、气相色谱仪等设备，有国内先进的白酒自动灌装生产线8条和3400平方米包装车间，固定资产达5000万元。2006年，实现产值15052万元、销售收入12326.52万元、税金1623.26万元、利润100.98万元。主要产品有沂蒙山二曲、玄云陈酿、鲁源特曲、极品鲁源、一品特曲等系列酒，多次被国家、省、市评为“优级产品”“国家质量达标食品”和“中国名牌产品”。所产“鲁源”系列及其他系列白酒有60个品种。

2009年，停止酒精生产，投入传统粮食酒酿造生产。采用高温大曲与芝麻香专用曲相混合，经地上地下两次发酵，猛火快炒、高温发酵酿造粮食酒。2012年，公司“退城进园”，整体搬迁至沂源经济开发区荆山路东侧，聘请四川泸州酿酒大师陈身耀到公司传授川酒跑窖工艺；9月，年产3000吨高档粮食酒项目正式投产。研发酿造出洞藏原酒，利用鲁山国家森林公园3处10万平方米的天然溶洞进行储存，成为全国规模最大的洞藏原酒。

山东鲁源酿酒有限公司（2022—）

2022年，公司产销分离，重组成立山东鲁源酿酒有限公司。

生产经营

生产研发

2023年，公司有研发人员12人，占职工总数的10%，研发经费占销售收入的1.7%。公司有国家级白酒评委1人、山东省白酒评委3人、淄博市首席技师1人、酿酒高级技师4人、国家一级品酒师5人。研发的53° 品鉴芝麻香型白酒，被山东省白酒协会评为齐鲁白酒酒体设计金奖。公司获得多项研发专利，有“多粮续糟法大曲酱香型白酒生产工艺”专利、“凉渣机出料结构、自动化储粮装置”实用新型专利、“酒瓶（鲁源窖藏）外观设计”专利、“包装箱（鲁山多粮）外观设计”专利、“酒瓶（鲁山多粮）外观设计”专利、“包装箱（鲁源窖藏）外观设计”专利、“包装盒（山谷白酒）外观设计”专利、“酒瓶（山谷白酒）外观设计”专利。

建厂早期产品有十里香、桂花酒、高粱酒、沂源大曲等。20世纪80年代，产品有兴源老白干、沂蒙山特烧、华丰酒、中华特酿、南麻囍酒、兴源春、蒙泉、特制沂春、沂源佳酿、沂蒙山白酒、精致特液、沂蒙山白干、鲁山白酒、串香、头曲、石龙酒、中华特液、玉果琼浆、特制红粮酒、琼浆、玄云陈酿、精酿特液等。90年代，产品有鲁源陈香、鲁源特曲、夏凉34° 、鲁源宴酒、鲁源极品、鲁源虎、鲁源特曲（红）、鲁源特曲（黄）、鲁源特曲（绿）、鲁源春、福进门、福到家、金牌特曲、五龙潭特酿、39°鲁源特曲、32°鲁源窖藏、31°鲁山五粮、鲁源百姓乐、精品鲁源、40°鲁源、鲁源金特曲、鲁源陈酿、鲁源特酿、鲁源好日子、贵宾宴、鲁源福、老沂蒙、鲁源酒、鲁源大曲、鲁源甘露酒、44°鲁源白酒、高粱大曲、特制红粮大曲、精致鲁源老白干、鲁源粮食酒、真露烧酒、竹青酒、鲁源ok、鲁源禧等。

发酵池

重点产品有1994年开发生产的39°鲁源特曲，年产60万瓶，畅销山东各地。1994年、1995年、1996年、1998年、1999年、2001年，被评为山东省优级产品；1995年，获首届中国国际食品博览会金奖。2003年，开发生产的一品特曲，销路广、销量大，深受消费者喜爱。

主要产品有“鲁源”牌浓香、芝麻香、酱香国标系列和芝香、原香、咖啡酒企标系列，共170余个品种。芝麻香系列有52°芝麻香白酒、53°芝麻香品鉴白酒，2019—2021年连续3年获得齐鲁白酒酒体设计金奖。浓香系列有31°鲁山多粮、32°鲁源窖藏、42°金鲁源等。酱香系列有53°玄云老酱、53°大曲酱香1986等。发展过程中新增产品芝麻香型产品有60°芝麻香坛子酒、53°山谷20白酒。浓香型产品有31°升级版鲁山多粮、32°大红瓶、32°龙腾飞天、32°鲁源红、32°绵柔、32°小红瓶、38°鲁源特曲、39°为人民服务、46°红瓷、52°鲁山多粮1908、42°金标醇甜等。酱香型产品有53°珑樽。企标产品有52°鲁山芝香、42°鲁山芝香、42°裸瓶芝香、52°光瓶芝香等。

名优特产品：1989年，鲁源白酒获得山东省临沂地区优良产品奖。1991年，鲁源特曲系列白酒被评为国家质量达标食品奖。1992年，“玄云”牌53°玄云陈酿荣获布鲁塞尔国际博览会大奖。1994年，“鲁源”牌39°鲁源特曲被评为山东省优级产品。1995年，“鲁源”牌鲁源特曲白酒荣获首届中国国际食品博览会金奖。2005年，“玄云”牌玄云陈酿获得山东省优级酒、山东省创新品牌。2017年，39°鲁源山谷香白酒荣获山东省白酒行业评委感官质量银奖。2019年，42°山谷芝麻香白酒、53°山谷芝麻香白酒荣获2019高端鲁酒标志产品奖。2021年，“鲁源”牌53°芝麻香型白酒荣获白酒酒体设计创新产品奖。

酿酒车间

产品销售

产品销售主要以沂源县城及各乡镇为基础市场，占比30%。周边辐射张店、博山、莱芜、临朐、青州等地，同时远销北京、上海、江苏、新疆、西藏等地。县内通过超市和酒店进行销售，县外依靠经销商包销，派有48名销售人员，实行区域分工负责。

生产工艺及设备

固态法浓香型白酒酿造，采用传统“老五甑”工艺，手工操作。以谷粮为原料、泥池老窖为发酵容器、中温大曲为糖化发酵剂，经蒸煮、糖化、发酵、蒸馏、摘酒、陈酿、勾调而成。大曲酱香型酒酿造，在传统间歇式发酵基础上，采用多粮续糟法连续发酵而成。酿造过程中采用微机自控系统进行勾调，产品风格更稳定、突出。运用大数据优选工艺，有效提高原酒出酒率和取优率。应用智能化自动通风降温设备，温度控制准、速度快，有效避免生产过程中杂菌感染。实行机械化行车自动起料入窖，降低劳动强度，减少岗位员工，有效降低生产成本。

历任负责人

任　氏　东安村家庭作坊坊主　1825—1908

任元柱　“盛源号”酒坊掌柜　1908—1930

张艳秋　沂水酒类专卖局东里店酒厂厂长　1930—1938

戴守良　沂水酒类专卖局东里店酒厂厂长　1938—1950

王同章　悦庄酒厂厂长　1950—1964

霍风采　南麻露酒厂厂长　1962—1968

古朋明　国营山东沂源酒厂厂长　1968—1975

阙成立　国营山东沂源酒厂厂长　1975—1981

孙吉玉　国营山东沂源酒厂厂长　1981—1990

王树声　国营山东沂源酒厂厂长　1990—1993

刘志强　国营山东沂源酒厂厂长　1993—1994

周仕斌　山东沂源酿酒总厂厂长　1994—1998

王瑞华　山东沂源酿酒总厂厂长　1998—2003

刘训富　山东鲁源酒业有限公司董事长　2003—2020

陈传林　山东鲁源酒业有限公司总经理　2003—2006

耿国华　山东鲁源酒业有限公司总经理　2006—2009

姜纶阳　山东鲁源酒业有限公司总经理　2012—2019

刘丰成　山东鲁源酒业有限公司董事长　2020—2022

山东鲁源酿酒有限公司董事长　2022—

企业文化

文化理念

公司将文化建设作为核心竞争力，以“诚实、高效、严谨、创新”为根本宗旨，秉承“做好人，酿好酒”的经营理念，强管理，抓落实，打造忠诚员工队伍，倡树“爱岗敬业、诚实守信、务实高效、创新发展”的企业精神，坚持质量优先，纯粮酿造，努力打造消费者信得过的优质品牌。

激励制度

公司根据职工平时表现、工作成绩、贡献情况，建立奖励制度。通过发放岗位绩效奖、销售业绩奖、成本考核奖、辛勤耕耘奖、突出贡献奖和评选先进工作者、优秀员工等方式，奖励认真工作、勇于创新、为公司创造价值的职工，增强职工责任感和事业心。

基层组织

2018年6月，山东鲁源酒业有限公司党总支部成立，陈传林任党总支书记，下设生产、后勤、退管3个党支部。2021年9月，党总支换届，王蓉任党总支书记。截至2023年底，共有中共党员52名。

工会工作

2017年4月，山东鲁源酒业有限公司工会成立，王蓉任工会主席。工会从关心职工、维护职工权益出发，多次邀请心理专家进行心理疏导，组织开展岗位练兵比武、党史知识竞赛、读书会、红色教育等活动，提升职工思想觉悟，提高职工业务能力。

企业往事

创山东茅台酒品牌

1985年，为掌握酱香酒的酿造技术，国营山东沂源酒厂派出逯元书、郑作训两名技术人员到贵州茅台酒厂学习。1986年，通过国家轻工部协调，贵州茅台酒厂选派酿酒工程师何光荣到厂指导，传授茅台大曲酱香酒酿造技术。为了能真正掌握核心技术，让茅台工艺在沂源落地生根，酒厂领导高度重视，专门成立由8名技术人员组成的酱香酒研制组，配合何工程师开展工艺研发。何光荣在沂源酒厂一住就是3年，在此期间一心专注于研发，毫无保留地传授发酵、摘酒等酿造技术，带领研发小组反复试验、试制，攻克一个个技术难关，终于在1989年2月，酿造成功具有茅台风味的大曲酱香酒。此后，以大曲酱香酒为基础，调制出一代酱香经典——玄云陈酿。1992年，大曲酱香酒“玄云陈酿”荣获布鲁塞尔国际博览会大奖。贵州茅台酒厂副总工程师、中国首席品酒师、高级勾调师彭茵女士，也多次来到沂源酒厂指导生产，并亲自为酒厂设计“玄云陈酿”小样。沂源酒厂也不断派员到茅台酒厂学习，1985—2020年，技术总管逯元书先后19次赴贵州茅台酒股份有限公司学习，掌握先进的酿造技术，主导了大曲酱香型白酒、芝麻香型白酒的试制与成功生产，促进了公司的长足发展。

打造“鲁酒之源”博物馆

2000年4月，在沂源县城西鱼台姑子坪出土一件青铜壶酒具，考古学家鉴定为西周晚期国宝级文物。更为珍贵的是，因壶盖密封性好，出土时壶中尚存2900年前的酒液，被史学界泰斗李学勤鉴定为国内最早的酒，堪称中国“酒中之王”。身处“酒中之王”出土地的山东鲁源酒业有限公司，主动担当起发掘、传承鲁酒文化的使命。2021年3月，投资170万元，建成1000平方米的“鲁酒之源”博物馆。通过实物、照片、视频、沙盘、模型等形式，将各个历史时期的鲁酒文化荟萃一堂、真实再现，让广大人民群众更加直观地了解鲁酒的发展历史、酿造技艺及深厚的文化底蕴。

传承非物质文化遗产

2009年，山东鲁源酒业有限公司响应国家“保护环境，淘汰落后产能”的号召，停止酒精生产，专心投入传统粮食酒的酿造生产中。为开发新产品，特邀四川汾酒酿酒大师陈身耀亲临公司授艺，同时对传统工艺进行深入发掘、整理和研究。结合茅台大曲酱香酒工艺和四川浓香酒工艺，经过多年探索实验，开发出了独具特色的芝麻香型酒酿造工艺。国际酿酒大师赖高淮先生品鉴后评价，既有川酒的净爽甘冽，又有鲁酒的丰满醇厚，是独具鲁源风格的白酒。公司生产的芝麻香型和浓香型系列白酒，多次被山东省白酒质量鉴评大会评为优质酒。2014年3月，“鲁源”品牌被山东省商务厅认定为山东老字号。2017年11月，粮食酒生产车间被评为山东省金牌手工酿造班。2019年7月，经权威部门评审，鲁源酒业的芝麻香酿造工艺被认定为市级非物质文化遗产。

“鲁酒之源”博物馆一角

洞藏美酒

2012年，公司退城进园，由县城整体搬迁至沂源经济开发区，年产3000吨高档粮食酒项目竣工投产。公司开辟新的存酒方法，加大窖藏力度，利用鲁山之阳10万平方米、存储量万吨以上的大型溶洞藏酒。溶洞内常年恒湿，冬暖夏凉，可以让酒液中的香味物质分子在稳定的条件下充分缔合。缔合成的分子簇团越大，酒的口感就越发绵柔、醇厚，并且散发出其他工艺无法比拟的陈香味。由此，造就了鲁源白酒陈香浓郁、醇厚绵甜的独特风格，鲁酒洞藏名列全国洞藏储存规模第一。

洞藏白酒

大事记

1825年　沂水县东安村（今沂源县东里镇东安村）一任姓人氏，开办家庭式酿酒作坊。

1908年　“盛源号”酒坊在沂水县东里店村诞生。

1930年　“盛源号”酒坊和当地“昌源号”酒坊合并，成立东里店酒厂。

1954年　东里店酒厂并入悦庄酒厂。

1958年　副厂长徐仲民率队参加南麻露酒厂建设大会战。

1965年　改厂名为国营山东沂源酒厂。

1966年　1000吨酒精车间建成投产。

1983年　3月，国营山东沂源酒厂召开第一届职工代表大会。

1984年　4月，国营山东沂源酒厂召开第二届职工代表大会。

1985年　派出逯元书、郑作训两名技术人员到贵州茅台酒厂学习。

1986年　贵州茅台酒厂酿酒工程师何光荣，来厂指导传授茅台大曲酱香酒酿造技术，酿出“玄云陈酿”。

1987年　新上啤酒生产车间。

1988年　“亨利”啤酒成功问世。

1989年　贵州茅台酒厂副总工程师、中国首席品酒师彭茵女士，来厂品评玄云陈酿，设计“玄云陈酿”小样。

1989年　鲁源白酒获得山东省临沂地区优良产品奖。

1990年　4月，国营山东沂源酒厂举办劳动竞赛活动，表彰标兵和先进。

1991年　1月，“鲁源”牌鲁源特曲系列白酒被中国食品工业协会审定为国家质量达标食品奖。

1992年　大曲酱香酒53°玄云陈酿荣获布鲁塞尔国际博览会大奖。

1994年　淄博亨利啤酒厂从山东沂源酿酒总厂分离，更名为淄博绿兰莎啤酒饮料有限公司。

1994年　山东沂源酒厂更名为山东沂源酿酒总厂。

1995年　3月，酒厂进行改革，推行全员劳动合同制，中层干部实行聘任制，竞争上岗。

1995年　6月，39°鲁源特曲被山东省第一工业厅、山东省白酒工业协会评为山东省优级产品。

1995年　12月，鲁源特曲白酒荣获首届中国国际食品博览会金奖。

1998年　2月，进行产权制度改革。

1998年　8月，39°鲁源特曲被山东省第一工业厅、山东省白酒工业协会评为山东省优级产品。

1999年　1月，“鲁源”牌鲁源特曲系列白酒被中国食品工业协会审定为国家质量达标食品。

2002年　6月，山东沂源酿酒总厂被山东省轻工业办公室评为2001—2002年度山东省轻工业质量效益型先进企业。

2003年　5月，山东沂源酿酒总厂破产，成立山东鲁源酒业有限公司。

2004年　2月，“鲁源”牌鲁源特曲被山东省轻工业办公室认定为2003年度山东轻工名牌。

2005年　9月，公司被山东省食品工业协会评为山东省白酒行业综合实力50强。

2006年　“鲁源”商标被山东省工商行政管理局评为山东省著名商标。

2007年　9月，成立“鲁酒之源”酒文化研究会，将“鲁源”品牌和沂源历史文化及当地酒文化相结合。

2008年　实施酒糟废水再提高治理与资源化工程改造项目，年节省水费320万元。

2012年　整体搬迁至沂源经济开发区。

2012年　9月，年产3000吨高档粮食酒项目竣工，在沂源经济开发区新厂区举行剪彩仪式。

2013年　52%vol、54%vol鲁源芝麻香原酒，被评为2012年度山东省白酒质量鉴评优级产品。

2014年　3月，“鲁源”品牌被山东省商务厅认定为山东老字号。

2017年　贵州茅台酒厂副总工程师、中国首席品酒师、高级勾调师彭茵女士，到公司指导鲁源芝麻香生产。

2017年　11月，粮食酒生产车间酿造班被山东省轻工纺织工会委员会、山东省轻工业联合会、山东省白酒协会联合评为山东白酒行业金牌手工酿造班。

2018年　52°鲁源品鉴被评为省优质产品。

2018年　被山东省食品工业协会列为山东省白酒企业综合实力30强。

2019年　4月，山东鲁源酒业有限公司工会委员会获得淄博市总工会颁发的“振兴淄博”劳动奖状。

2019年　7月，鲁源芝麻香白酒传统酿造工艺被认定为市级非物质文化遗产。

2019年　11月，被中国食品安全网、“食安山东”网、中国食品安全舆情数据分析中心山东分中心评为食品安全共建示范企业，被山东省白酒协会授予“高端鲁酒标志产品”称号。

2019年　12月，当选为淄博市中小企业商会第五届副会长单位。

2020年　1月，被中共沂源县委、沂源县人民政府评为2019年度优秀企业。

2020年　53°芝麻香品鉴获得2020齐鲁白酒酒体设计金奖。

2021年　3月，投资170万元，建造“鲁酒之源”博物馆。

2022年　成立山东鲁源酿酒有限公司。

沂源海赢食品有限公司

概　况

沂源海赢食品有限公司，成立于2019年10月，位于石桥镇石龙官庄工业园区，属广东海大集团旗下子公司。沂源海赢食品有限公司是一家集禽类屠宰、鲜肉分割、冷藏、加工销售为一体的大型农牧加工企业，产品主要销往北京、广东、江苏、四川、福建等省大型批发市场，是周黑鸭、绝味、无穷等知名品牌食品生产企业的基础原材料长期供应商。公司占地90亩，公司建有一条肉鸭加工生产线及配套设施，年可加工肉鸭3万吨。

2020年1月，取得ISO22000食品安全管理体系认证。公司一直坚持农业产业化的经营管理理念，用现代工业管理办法来组织和管理现代家禽养殖的生产和经营；以科技进步为支撑，围绕主导产品深化各种产品优化组合。对原料采购、生产加工、产品销售，实行区域化布局、专业化生产、一体化经营、社会化服务、企业化管理，形成了原料生产、产品加工、农科教为一体的经营管理体制和运行机制。

目前，沂源海赢食品有限公司有90余种产品。公司运行以来，每年产量、产值、营收均处于递增状态，总体经营稳健向好。

生产经营

集团公司坚持联农带农富农，培养新型农民的发展思路。沂源海赢食品有限公司成立以来，始终围绕集团公司20余年参与研发的1万余项项目，持续聚焦项目成果转化，推动传统农业向现代农业转型升级。同时，依托物联网+养殖智能化，打造智慧养殖产业互联网平台，构建智慧型产业互联网养殖企业。

2020—2022年，三年疫情期间，终端消费市场持续低迷，公司运营受到巨大影响，造成公司长期处于负债运营状态。公司为维护职工队伍和产品市场稳定，深化内部挖潜，全面实施节能降耗，在“机械化换人、自动化减人”、创新行业场景应用等方面大胆尝试突破，先后引入割掌机、锁骨机、自动分级称等设备，现场管理取得显著改善，生产效率不断提高。

沂源海赢食品有限公司与周黑鸭、绝味、无穷、苏食、瑞发德、齐汇、三明熏味等知名食品生产企业及商家建立供货服务关系，产品销往全国各地，市场反馈佳，客户口碑好，合作前景广阔。

公司产品

2019—2023年公司经济指标

年份	产值（万元）	利润（万元）	税收（万元）	产量（吨）
2019	3987.42	-451.72	1.12	4093
2020	29029.57	-1194.17	37.09	35929
2021	39465.30	-1290.31	46.49	41925
2022	53645.50	-694.04	179.23	49796
2023	54586.80	-1214.69	67.24	48707

历任负责人

潘瑞明　总经理　2019.10—2021.11

陈新刚　总经理　2021.12—2023.12

李新建　总经理　2023.12—

企业文化

企业精神：海纳百川，有容乃大。

企业价值观：敬业、诚信、创新、共赢。

企业愿景：成为中国饲料行业最强、水产饲料第一企业，成为全世界一流农牧企业；成为全球行业技术最好、服务能力最强企业。

企业经营理念：以服务为宗旨，为用户创造价值；以人为本，为员工创造机会；以市场为导向，为社会创造效益。

企业倡导员工行为：在社会层面，参与社会公益、遵守社会公德、维护企业形象；在企业层面，爱护企业资源、个人利益和企业利益高度统一、个人发展融入企业发展之中；在团队层面，和谐合作、宽容待人、乐于助人；在个人层面，强大的学习能力、创新能力、高度责任心，爱家人、爱公司、爱社会。

沂源圣沣食品有限公司

概　况

沂源圣沣食品有限公司位于石桥镇东北庄村，成立于2019年5月，厂区占地面积13180平方米，建筑面积4950平方米。公司主要从事家禽饲养、屠宰，肉、禽、蛋、奶及水产品、畜牧渔业饲料，动物用药品批发、零售，畜禽饲养技术开发、咨询、交流、转让、推广服务等业务。

公司先后获得石桥镇尊师重教先进单位、石桥镇爱心企业、石桥镇退役军人“四讲四比”教育实践活动先进单位等荣誉称号。

生产经营

2019年5月，沂源圣沣食品有限公司租赁沂源兴宝鸭业有限公司厂房和部分设备，并在此基础上投资11000万元，增加部分新型生产设备，建设新的办公区、生产区，进一步扩大生产规模，年屠宰肉鸭1200万只。

2022年，投入建设、研发资金120万元，建设立体库数据系统，将出入库信息进行数据化，使出入库产品信息更加精准快捷、高效。

公司现生产京典鸭胚、四系填鸭鸭胚、熏玉鸭胚等主产品的同时，还生产鸭翅、鸭肫、鸭舌、鸭心、黄金鸭掌等副产品。截至2023年底，产品覆盖全国，主要销售地在北京、山东、湖南、湖北、四川、辽宁、河南、河北等省市。

2019—2023年，公司产值呈现稳步上升趋势。2023年，产值达27624万元。

2020—2023年公司主要经济指标

年度	产值（万元）	利润（万元）	税收（万元）	固定资产（万元）	主要产品	产量（吨）
2020	13745	200	4.2	11000	鸭胚	5223
2021	17869	300	4.7	12000	鸭胚	5899
2022	21116	500	5.3	12000	鸭胚	7355
2023	27624	700	5.8	12000	鸭胚	8292

历任负责人

柴　森　总经理　2019.05—2020.12

王永贤　总经理　2021.01—2022.12

孙　富　总经理　2023.01—

企业文化

企业愿景

成为全球农牧行业最具竞争力企业，搭建快乐生活、实现梦想的平台，提供令人欣喜的食品，助推国人健康梦。

企业核心价值观

诚信担当、顾客至上；团队协作、简单高效；推崇人才、成果导向。

企业理念

创业理念是坚守梦想、永葆激情，用人理念是立场第一、业绩保证，成长理念是持续学习、超越第一，成果理念是没有借口、皆有可能，晋升理念是创造成果、成就下属，报酬理念是成果交换、能者多得，服务理念是真诚深入、恭敬主动，营销理念是正心利他、共创共赢。

其他产业

其他产业涉及黑色金属矿采矿，纺织，皮革及毛皮制品，制鞋，电力、热力生产供应，水生产供应等产业，骨干企业分别是山东华联矿业股份有限公司、沂源县源能热力有限公司、山东沃源新型面料股份有限公司、光大绿色环保再生能源（沂源）有限公司、山东华星创展门业有限公司、淄博金筑建业有限公司、沂源县坤盈建材有限责任公司、沂源水务发展有限公司、山东丰泽源皮革有限公司、山东省沂源县自来水有限公司等。2023年，实现产值16亿元。

山东华联矿业股份有限公司

概　况

山东华联矿业股份有限公司位于东里镇，依托当地铁矿资源，历经38年发展历程，由弱而强，从旧貌到新颜，成长为年产铁矿石270万吨的大型综合企业，入选全国铁矿采选经济效益十佳企业，成为山钢、泰钢等大型钢铁集团长期战略合作伙伴。

山东华联矿业股份有限公司，前身是一家1987年建厂的小型乡镇选矿厂，逐渐发展成为一家集铁矿开采加工、铁精粉国际贸易、金融投资、房地产等板块的综合型企业，现有职工1200人，注册资本5.255亿元，总资产14.7亿元，为山东省重要钢铁炉料基地。公司以成为“中国铁矿石采选行业技术领先者”为愿景，发扬“同舟共济、追求卓越、和谐共赢”的企业精神，实现“以矿立企、做精做强、打造一流企业”的战略目标。

公司先后荣获全国五一劳动奖状、国家级绿色矿山单位、国家级应急管理标准化建设试点单位、山东省AAA级资信企业、山东省安全生产先进单位、山东省循环经济与绿色环保十佳示范单位、支援抗击新冠肺炎疫情突出贡献企业、淄博市综合百强企业等多项荣誉称号。

发展历程

1985年9月，韩旺乡党委、政府第一届领导班子通过深入调研，决定建设铁矿。1986年5月，韩旺乡选矿厂经临沂地区计划委员会批复正式立项。1987年11月，全省首届农民企业家座谈会的召开，极大鼓舞了韩旺人民的信心，韩旺选矿厂正式成立。

1988年5月，一座自行设计、自行建设的万吨铁精粉选矿厂正式投产运行。运行初期，产品质量TFe58%，后经几次改造，达到年产5万吨，产品质量TFe高达62%。

1993年3月9日，韩旺乡选矿厂更名为淄博市华联矿业总公司，加强与济钢、莱钢等各有关单位挂钩联合协作，自此华联矿业发展进入快车道。省委书记苏毅然为公司题写了矿名“华联矿业公司”。

1995年7月26日，更名为沂源县华联矿业有限责任公司。同年10月，中共韩旺镇党委任命周立刚为公司总经理，加强企业管理，外树形象，内强素质，实行100%效益工资，极大地调动了干部职工的劳动积极性。同时，加大技改投入，注重挖潜配套，完成了一选厂工艺流程改造，采厂设备配套和尾矿输送系统项目。建立完善干部招聘和竞争上岗机制，及时调整中层干部队伍，理顺管理思路，为企业的进一步发展奠定了良好的人才保障。

1998年，公司更名为“淄博市华联矿业有限责任公司”。同年10月，时任韩旺镇经贸委主任的齐银山兼任公司总经理，带领团队摸排企业管理中存在的瓶颈短板，牵头撰写、制定14项多达10万余字的规章，涵盖人力资源、行政管理、财务审计、物资管理、生产技术管理、设备管理等企业内部管理制度，同时修订完善企业内部岗位说明书、操作规程等，为企业现代化管理奠定坚实基础。

2001年3月27日，经省政府批准撤销韩旺镇，其行政区域并于东里镇，公司团队深挖内部潜力、扩大产能、提高效益，当年创利税达1320万元。

2004年8月，齐银山任公司董事长兼总经理，组织企业严格依法依规开展生产经营，并根据公司的发展需要办理了供地手续，取得了国有土地使用证，累计受让土地3583亩，保证了生产经营过程中的合法用地。同年，投资6000万元，建设铁精粉扩产配套项目。2005年6月16日，市政府通报表彰，华联矿业荣获2004年度全市财源建设贡献突出企业。同年，投资6700万元，对一选厂、二选厂进行技术改造以提高回收率。2006年，投资8200万元，用于磁铁矿地下开采工程。同年4月，启动露天转地下开采项目审批设计和筹备建设工作，企业总资产达6亿元，生产铁精粉54.96万吨，实现收入3.38亿元、税金1.67亿元。根据当时国家统计局公布的数据，其经济效益在全国同行业中排名第5位，列淄博市纳税百强企业排名榜第10位。

2008年12月，更名为山东华联矿业股份有限公司，公司年生产规模突破了120万吨，总资产达11.32亿元，实现经营收入8.94亿元、税金2.1亿元，名列中国铁精粉行业10强（综合排名第3位），成为山东省重要钢炉铁料基地。其间，先后聘请上海上会会计师事务所有限公司、华泰联合证券有限责任公司、北京德恒律师事务所、中和资产评估有限公司等机构进行规范指导，为公司上市做好前期筹备工作。

2011年，公司积极响应国务院“鼓励央企重组整合、民营企业参与国有企业改革”号召，谋划资本运作与淄博大成农药通过重大资产置换及发行股份购买资产的方式进行重组，历经近两年的艰苦谈判，突破重重瓶颈，最终实现双方企业共赢。2012年8月，华联矿业在上海证券交易所主板成功上市（股票代码：600882），成为1400多家主板上市公司之一，从此开创了企业发展的新篇章。其间，先后成立不锈钢金属制品、房地产开发、小额贷款、煤矿生产加工等行业企业，组建华联集团公司。

2014年，受国际市场环境影响，铁精粉价格持续下跌，对企业效益产生较大冲击，公司高管团队积极对市场进行预判，并实施应对策略，为给上市公司注入优质标的资产，促进上市企业高质量持续发展，2015年5月，启动资产重组规划，8月重组完成。为规避股市风险，维护企业良好稳定发展，2016年12月，通过合理规划，山东华联矿业股份有限公司自上市公司成功剥离，较好地维护了企业与股东的利益与权益。

2023年3月，亓中华任山东华联矿业股份有限公司党委书记、董事长。公司资产总量、经营规模、经济效益持续攀升，矿区面积达到4.28平方公里，保有资源储量8200多万吨，可采资源储量约7000万吨，已累计实现利税40多亿元，成为山东省淄博市的骨干企业和纳税大户。目前共有卧虎山铁矿、下沟铁矿、金源矿业三处采矿权，根据目前生产能力及卧虎山矿深部开发规划，资源储量可开采至2050年左右。

生产经营

创新研发

华联矿业始终秉持“科技兴企”战略方针，目前拥有国内领先的采矿、选矿技术和先进的设备工艺流程，经穿爆、铲运、提升，采出铁矿石，而后进行铁精粉选别。选矿采用三段闭路全磁选工艺，中矿及溢流水实现再利用，尾矿全部用于井下充填及压滤干排，实现绿色环保无尾排放。2009年成立省级企业技术中心，2010年成立国内同行业首家博士后科研工作站，同年成立亓中华创新工作室，2011年设立市级工程技术研发中心，2016年成立院士工作站。目前，已取得专项发明和实用新型专利共690余项。

生产一角

华联矿业投资240余万元，建设了数字化矿山开发平台，完成了矿山地表模型、地质数据库、采矿巷道模型等，实现了矿山开采三维数字化管理。2009年，华联矿业湿式预选与反浮选工艺获淄博市尾矿选铁新技术工艺应用科技成果奖；自行研发的尾矿反浮选提铁降硅综合利用技术，被中国资源综合利用协会评为国家金属尾矿综合利用先进试用技术示范工程；铁尾矿资源化利用和清洁生产项目被淄博市人民政府评为淄博市节能降耗优秀成果奖；2015年5月，公司自主研发的“低品位难选铁矿石选矿新工艺”获得中国专利奖、优秀奖等10余项，此工艺被鉴定为国内外首创、国际领先；2016年12月，与中南大学研发的“倾斜中厚体矿体安全高效开采综合技术”鉴定为国际领先采矿技术；2021年，与山东理工大学联合开展的“全尾砂似膏体绿色置换矿产资源集成技术”项目，解决了砂仓料浆板结、充填料浆浓度低、系统不稳定的行业难题。

产品及销售

公司主导产品为65％品位铁精粉，营销网络主要为山东地区，客户主要有莱芜钢铁集团银山型钢有限公司、山东泰山钢铁集团有限公司、山东鲁欣冶金科技有限公司、石横特钢集团有限公司、莱钢集团永锋临港有限公司等。

2010—2023年公司主要经济指标

年份	产值（万元）	税收（万元）	固定资产（万元）	主要产品	产量（吨）
2010	99332.11	19257.32	17226.44	铁精粉	989651.67
2011	137045.11	25474.75	44233.27	铁精粉	1135563.15
2012	113821.98	22443.82	45193.92	铁精粉	1204080.72
2013	90851.01	20934.12	67586.59	铁精粉	976569.34
2014	58069.87	13686.91	73835.72	铁精粉	733591.99
2015	27245.21	4705.86	67711.19	铁精粉	562463
2016	22467.01	3289.28	67204.52	铁精粉	465633.26
2017	30458.02	5371.34	51005.70	铁精粉	499095.21
2018	30402.26	5740.14	49457.62	铁精粉	492751.5
2019	38113.23	7167.02	47044.20	铁精粉	506705.86
2020	65167.00	8841.55	44921.05	铁精粉	666529.5

续表

年份	产值（万元）	税收（万元）	固定资产（万元）	主要产品	产量（吨）
2021	73387.85	14400.02	44202.99	铁精粉	536077.58
2022	61646.20	7586.74	42349.08	铁精粉	541535.35
2023	52706.32	6484.15	40424.22	铁精粉	478788.86

历任负责人

周立刚　董事长　1998.04—2002.05

周国桥　董事长　2002.05—2004.08

齐银山　董事长　2004.08—2023.03

亓中华　董事长　2023.03—

企业文化

华联矿业始终奉行“为社会创造财富、为客户创造效益、为股东创造价值、为员工创造幸福”的企业宗旨。构建多方共赢的战略生态系统，使产业链条的上下游及利益相关方聚合在同一平台，共赢发展，从而实现对员工、对客户、对社会的丰厚回报。

践行社会责任，为民造福。20世纪90年代的韩旺，由于周边村紧邻沂河，每逢汛期洪水会严重影响韩旺人民的生命财产安全。韩旺镇政府及华联矿业决定将老韩莱路迁移至沂河边，通过对道路拓宽、加高等措施，规避了洪水对周边村民所产生的安全隐患，有效地保护了村民的生命财产安全。

由于矿区紧邻周边村居，开采生产难免对居民正常生活产生一定影响，村企关系时有冲突，公司通过积极筹划，与地方及上级政府积极申请，同时与周边村进行了大量交流与沟通，最终实现了周边村的安全迁移，2000—2004年，对韩旺一村、二村、三村、四村358户村民进行搬迁并妥善安置，同时协调周边村置换土地给搬迁户作为宅基地使用，协助搬迁户进行房屋建设，让村民搬进了新住房，开启了新生活。

人才强则企业兴，华联矿业始终坚持以德用人、留人，积极搭建实现员工价值舞台，与员工共同分享喜悦成果，共存、共赢、共同成长。公司投资2000余万元建设了职工家属廉租房96套，为员工提供福祉；投资300余万元修建860平方米的职工活动场地，定期组织各类文化活动，创造了和谐、轻松的环境氛围，增强了员工的自豪感和成就感。优秀的企业文化形成了强大的凝聚力与向心力，为公司发展赋予了强大力量。

华联矿业积极响应政府号召，先后接收并安置了三家破产国有企业（山东恒盛纸业有限公司、沂源开元金属制品有限公司、鲁村煤矿）2200多名下岗职工，为政府解决了后顾之忧，促进了社会和谐稳定。同时为社会发展积极奉献爱心、贡献力量，通过“慈心一日捐”“沂源道路改造”“帮扶经济薄弱村”等活动捐款或提供无偿资金4000余万元，2010年国内发生特大干旱，公司通过山东省国土资源厅向省政府捐赠抗旱资金500万元。2020年，面对突如其来的新冠疫情，公司第一时间向沂源县红十字会捐款150万元，并为乡镇及周边疫情防控站点捐款、捐物60余万元，为社会做出了应有的贡献。

公司大力支持教育事业发展，目前已累计投入1000余万元，用于改善当地办学条件，鼓励学生成才立业，解决困难学生上学难题，于2011年投资120万元设立“沂源二中华联奖学基金”；投资100余万元向东里镇中小学、幼儿园捐赠5辆国家新标准校车，解决了当地700多名山区孩子上下学的交通安全问题；同时还设立了“沂源县振华教育基金”“鲁村镇华联奖学金”“韩旺中学银山助学金”等，公司连续多年被评为尊师重教先进单位。

大事记

1987年　成立韩旺选矿厂。

1993年　3月，更名为淄博市华联矿业总公司。

1995年　7月，更名为沂源县华联矿业有限责任公司。

1998年　4月，更名为淄博市华联矿业有限责任公司。

2008年　11月，公司在2007年度中国独立企业四十行业纳税百强企业排行榜之黑色金属矿采选业中排名第12名，在山东省同类企业中排名第一。

2008年　12月，改制为股份制企业，更名为山东华联矿业股份有限公司。

2010年　成立博士后科研工作站。

2011年　10月30日，由马鞍山矿山研究设计院开始设计建设一选厂过滤车间，该工程于2012年3月5日正式投产运行。

2012年　7月25日，卧虎山矿区充填站经试车运行正常后，正式投入使用。

2012年　8月，在上海证券交易所主板成功上市。

2012年　8月31日，一选厂新建烧结粉加工车间，经调试正常后，正式投产运行。

2012年　9月4日，四选厂第三系列自动化控制系统集成安装工程经调试正常后，正式投入使用。

2012年　9月28日，公司顺利通过方圆认证济南分公司质量（ISO9001）、环境（ISO14001）、职业健康安全（OHSAS18001）管理三体系认证审核，并取得三体系认证证书。

2016年　12月，中共山东华联矿业股份有限公司委员会成立。

2017年　2月25日，经过设计、安装、调试粗废石复选项目正式投产运行。

2017年　公司被应急管理部列为国家级重点应急救援中心。

2018年　1月3日，成立卧虎山（平硐）矿，撤销露采厂。

2020年　1月8日，卧虎山铁矿列入国家级绿色矿山名录。

2020年　中共东里镇华联村企联合党委成立。

2021年　2月1日，与山东省冶金设计院股份有限公司签订《山东华联矿业股份有限公司露天转地下采矿项目二期工程建设工程设计合同》。

2022年　9月7日，山东省自然资源厅将公司下沟铁矿列入省级绿色矿山名录（第四批）。

2023年　5月12日，为更好地加强矿山管理，根据公司发展需要，成立露采、平硐矿。

2023年　12月20日，根据应急管理部门要求，完成公司地下矿采掘工程外包队伍清退工作，自建采掘施工队伍，成为全省首批外来项目部清零单位。

沂源县源能热力有限公司

概　况

沂源县源能热力有限公司，位于县城龙山路2号。始建于1987年8月，是一家由国资参股建设的综合性能源供应企业。公司拥有新、老两个厂区，注册资本30000万元，占地面积16.92万平方米。装机容量150兆瓦，主营热力生产和供应，主要用于县城居民采暖、工业用汽、发电上网。拥有沂源县源能热电有限公司、沂源县源能物资供应有限公司、沂源县安泰热力有限公司、沂源县安泰物流有限公司4家全资子公司。年供电能力9.6亿千瓦时，年供汽能力400万吨，能满足全县1000余万平方米居民供暖需求。2023年，总计发电量4.83亿kwh，供电量3.91亿kWh，全年外供蒸汽66.36万吨，循环水供暖热量255.54万GJ。公司总资产20.11亿元，固定资产11.61亿元，职工人数376人，实现总产值7.95亿元、销售收入7.2亿元、税收3963.58万元。

公司先后被评为高新技术企业、山东省节水型企业、山东省能源资源计量服务示范企业、淄博市综合百强企业、淄博市十佳职工信赖的职工之家。

发展历程

1986年11月22日，沂源县电厂筹建办公室成立，县政府以发放电力使用证券的形式筹集建厂资金，规划建设容量为2×6000kW机3×35t/h炉发电项目。厂区地址选在荆山路143号，占地面积61333平方米，建筑面积16694.02平方米。

山东省沂源县发电厂（1987—1992）

1987年8月16日，沂源县电厂筹建办公室更名为山东省沂源县发电厂。

沂源县发电厂奠基仪式（1987年）

沂源县热电厂（1992—1998）

1992年11月8日，山东省沂源县发电厂注销，成立沂源县热电厂。占地面积101.7亩，主要从事发电业务，增加供暖业务。同年12月3日，2×6000kW机3×35t/h炉发电项目竣工投产。

沂源热电厂办公楼（1993年）

沂源县热电有限公司（1998—2003）

1998年11月5日，沂源县热电厂改组为股份合作制企业，成立沂源县热电有限公司。占地面积115.55亩，继续开展发电、供热业务。

沂源县鲁阳热电有限公司（2003—2005）

2003年5月1日，沂源县热电有限公司更名为沂源县鲁阳热电有限公司。2003年，根据沂源县人民政府总体能源规划，公司投资1.68亿元，在沂源经济开发区建设东厂区，位于荆山路与润生路交叉路口东600米处，新建2台130t/h高温高压循环流化床锅炉，配套2台2.5万kW抽凝式汽轮发电机组。

沂源县源能热电有限公司（2005—2018）

2005年8月1日，沂源县鲁阳热电有限公司更名为沂源县源能热电有限公司；9月29日，东厂区沂源捷硕能源热电联产技改项目建成投产。

沂源县源能热力有限公司（2018—）

2018年2月5日，沂源县源能热力有限公司成立，由沂源县源能热电有限公司和山东鲁中高新科技园区开发有限公司共同出资，分别持股49%和51%，法定代表人为盛新太。2019年，公司投资近10亿元，在龙山路与开源路交叉路口东北处，建设东部热源2×50MW热电联产项目，占地面积149.94亩。2021年3月31日，沂源县源能热电有限公司股东沂源县工业公有资产经营有限公司、山东源泰控股集团有限公司、淄博泉聚投资集团有限公司，分别将持有的3.727%、43.578%、52.695%股权，转让给沂源县源能热力有限公司。沂源县源能热电有限公司，将其持有的66%股份，转让给淄博泉聚投资集团有限公司51%、山东源泰控股集团有限公司15%，山东鲁中高新科技园区开发有限公司34%股份不变。同日，公司召开股东会议，选举盛新太为董事长、王传庆为监事长。2022年4月2日，股东淄博泉聚投资集团有限公司将所持15300万股份（持股比例51%），以15300万元的价格依法转让给淄博华源实业发展有限公司；7月14日，股东山东源泰创业投资集团有限公司将所持4500万股份（持股比例15%），以4500万元的价格依法转让给源泰（山东）塑料制品有限公司；10月14日，东部热源2×50MW热电联产项目竣工投产。

生产经营

生产研发

2023年，公司有研发人员30人，占职工总数的7.9%。投入研发经费2264万元，占全年销售收入的3.1%。公司拥有"一种具有调节功能的供暖系统"发明专利1项，"一种供暖用水废水处理设备""一种热力水处理蒸馏装置""一种发电锅炉蒸汽供水装置"等实用新型专利10项。2008年，公司开始推行智慧供暖，采取集中控制平台和用户温控一体化的精准服务模式。该项目实施以来，实现供热节能15%～30%，节约标准煤35万吨，减少二氧化碳排放94.5万吨，累计退费近4.5亿元。截至2023年底，全县分户计量普及率已达97%以上。公司智慧供热及能源计量信息化改造项目，被山东省市场监督管理局、山东省发展和改革委员会评选为山东省能源资源计量服务示范项目。

产品销售

公司主要业务是发电供热，电主要供给国家电网，工业蒸汽主要供给县内工业企业使用，循环水供暖主要供给县内居民用暖。2023年，电、热销售额达47200万元，在县内市场占有率为100%。

1989—2023年公司主要经济指标

年份	产值（万元）	收益（万元）	税收（万元）	固定资产（万元）	主要产品	产量
1989	698	−129	−129	1544	电	2326万kWh
1990	775	3	46	1562	电	2583万kWh
1991	998	10	63	1632	电	2626万kWh
1992	879	13	64	1660	电、热	1157万kWh/122538.46吉焦
1993	1439	166	125	1780	电、热	1515万kWh/144276.92吉焦
1994	1989	48.4	285	1825	电、热	2094万kWh/161200吉焦
1995	3102	63	402	3453	电、热	3265万kWh/195446.15吉焦
1996	4869	71	67	5515	电、热	5125万kWh/1149815.38吉焦
1997	5589	201	527	9786	电、热	7452万kWh/1171969.23吉焦
1998	6210	482	312	11003	电、热	8280万kWh/1190051.28吉焦
1999	5148	420	315	12444	电、热	6864万kWh/1158400吉焦
2000	6129	95	256	11820	电、热	8172万kWh/1188584.62吉焦
2001	7563	120	138	13613	电、热	10084万kWh/1232707.69吉焦
2002	9102	449	122	16379	电、热	12136万kWh/1280061.54吉焦
2003	9958	606	122	21442	电、热	13277.33万kWh/1306400吉焦
2004	10264	11	126	23034	电、热	13685.33万kWh/1315815.38吉焦
2005	12125	−1331	2	20017	电、热	16166.67万kWh/1373076.92吉焦
2006	19479	−401	−34	35175	电、热	20304.21万kWh/1499353.85吉焦
2007	20817	−1210	0	36070	电、热	21912万kWh/1514771.43吉焦
2008	22548	−2398	1022	36217	电、热	23734.74万kWh/1644228.57吉焦
2009	23043	109	1137	36618	电、热	24255.79万kWh/1727673.68吉焦
2010	24077	−1331	85	36551	电、热	25344.21万kWh/2736102.01吉焦
2011	18024	−1889	753	50633	电、热	17239.11万kWh/2863105.5吉焦
2012	20166	−2203	1011	52789	电、热	21987.62万kWh/2938021.81吉焦
2013	20276	1116	1754	57289	电、热	21602.34万kWh/2948996.52吉焦
2014	19727	6099	3488	59037	电、热	22960.13万kWh/2681298.78吉焦
2015	22530	4592	645	56281	电、热	28209.04万kWh/2760683.77吉焦
2016	25979	4517	3193	67328	电、热	42373.51万kWh/3018976.04吉焦
2017	26220	4089	1520	68630	电、热	45396.22万kWh/2714323.2吉焦
2018	30164	11832	3013	69632	电、热	49659.03万kWh/3215710.04吉焦
2019	39888	11661	2711	70419	电、热	59937.21万kWh/3426018.4吉焦
2020	39592	9995	3370	66413	电、热	53631.3万kWh/3553826.5吉焦
2021	50214	9685	2803	115228	电、热	50385.82万kWh/5158722.8吉焦
2022	86551	2008	2230.29	116129	电、热	57164.92万kWh/5862505.34吉焦
2023	79462	2756.46	3963.58	150282	电、热	64502.32万kWh/6320522吉焦

生产设备

公司不断上新先进机器设备。2022年10月，新建2×50兆瓦高温、超高压背压式汽轮发电机组，配套2×260吨/小时循环流化床锅炉及附属系统。该设备选定高温、超高压主机参数，首创性采用了大型机组转换利用技术，核心设备选用东锅、东汽、哈电等国内一流企业先进产品，设备选型、工艺标准均处于全国同行业长期领先水平。生产规模达到年发电能力8亿千瓦时，年供汽能力300万吨，满足居民供暖面积700万平方米，为沂源县城区供暖、化工产业园区用电、用汽，提供有力保障。

历任负责人

许传信　筹建办党支部书记、主任
　　1986.11—1988.03
孙纯发　筹建办党支部书记
　　1988.03—1988.10
李家奉　筹建办主任　1988.03—1988.10
　　党支部书记、厂长
　　1988.10—1994.01
董京伟　党支部书记、厂长
　　1994.01—1998.11
张福友　董事长、总经理　1998.11—2000.06
徐　力　董事长、总经理　2000.06—2008.12
崔可德　总经理　2008.12—2011.09
周文明　党总支书记　2008.12—2020.08
刘京德　董事长　2011.09—2018.07
　　总经理　2011.09—2017.11
盛新太　总经理　2017.11—2018.07
　　董事长　2018.07—
王传庆　总经理　2018.07—2020.10
盛新太　党委书记　2020.08—
　　总经理　2020.10—

企业文化

企业理念

公司倡导“求实、创新、和谐、奋斗”的企业精神，以客户为中心、以奋斗者为根本，把“创造价值、成就企业、成就员工、服务社会”作为企业使命，努力实现“供给绿色清洁能源、成为热电联产行业标杆企业”的企业愿景。

激励机制

公司建立年度指标责任状、月度小指标、周考核、月评价等激励考核制度，以发挥技能价值、管理价值为导向，实行凭业绩能力取酬的分配制度。

基层组织

1986年11月，沂源县电厂筹建办党支部成立，许传信任党支部书记。2008年12月，沂源县源能热电有限公司党总支部成立，周文明任党总支部书记。2020年8月，沂源县源能热力有限公司党委成立，盛新太任党委书记。党委下设后勤党支部、生产一党支部、生产二党支部、热力（营销）党支部、退管党支部5个党支部。截至2023年底，共有中共党员130名。

工会工作

1989年8月，沂源县发电厂工会成立，杨中理任工会主席。2021年2月，工会第九次换届，薛峰任工会主席。工会连续15年开展“金秋助学”活动，累计为169名困难职工子女发放奖学助学金22万元。2021年、2022年，为职工购买“保外保”，为9名生病职工理赔13099.71元。2022年，被评为淄博市十佳职工信赖的职工之家。

精神文明

自2021年开始，连续两年争创为市级文明单位，积极开展“我们的节日”及供暖服务、共驻共建、走访慰问等志愿服务活动。每年组织岗位练兵，提升职工技能；每年五一、十一之际，开展文体比赛活动，陶冶职工情操；春节前组织新春送福、冬送温暖等活动。

企业往事

临危受命

2014年6月，公司化水车间预处理系统发生故障，保安过滤器滤芯频繁出现污堵。紧急时刻，考虑到人力资源部经理薛峰曾任化水车间主任，业务熟练，公司决定让薛峰再回化水车间担任车间主任，负责处理系统故障。接到命令，薛峰没有丝毫犹豫，第一时间来到车间。情况紧急，多一分钟就多一分危险。薛峰带领职工们立刻行动起来，一遍遍仔细检查机器设备，一次次深入分析故障原因，加班加点进行调试改造。埋头苦干整整五天五夜，他们没有吃过一次安稳饭，没有出过一次公司大门，最后彻底排除了故障，解除了安全隐患，保障了生产的顺利进行。

敷设东西厂区联络线高压电缆（2004年）

环保参数达标排放

2014—2015年，随着环保要求的不断提高，如何保证公司环保参数达标排放，成为摆在公司面前的一件大事。为攻克这一难关，公司成立了以总工程师王清泉为组长的研发团队。技术攻关期间，每一个细节、每一个数据，他们都要来回揣摩，反复论证。为及时正确解决出现的难题，先后召开研讨会30余次，外出调研10余次，最终确定了建设脱硫塔的解决方案。项目建设期间，王清泉一心扑在工程上，吃住在工地，最长的一次1个多月没有回家。最终利用一年半的时间，成功完成了两台脱硫塔的建设改造投运工作，在全县范围内率先实现锅炉超低排放，为公司节约资金800余万元。

大刀阔斧的体制改革

在“十三五”全国经济高速发展时期，公司由于经营理念落后，未能跟上发展快车。当时职工人均薪酬仅为1950元左右，人心涣散，兼职谋生现象比比皆是，企业内生增长动力不足。

穷则思变。2017年，公司决定进行改革，聘任盛新太为总经理，主持全面工作。改革以激发职工工作动力为主要方向，从打破“大锅饭”模式的薪酬制度调整开始，提出“向重点岗位和生产一线倾斜，促进劳酬公平，多劳多得、不劳不得”的分配理念。将管理人员岗分为5级，按照业绩表现、职责发挥进行评级。生产技术人员按照工作量、劳动强度、安全风险等级、技术含量、技术重要程度等分为13级，按级取酬。一举打破源能热电公司延续了30余年的“大锅饭”分配制度，提高职工待遇，激发职工干事创业的积极性。同时对用人制度进行改革，推行管理干部年轻化，实行全新的管理干部聘任制。通过竞聘，在全厂范围内选拔中青年管理干部11名，平均年龄39岁，让真正有能力的优秀人才走向管理岗位，为企业注入新的活力。随后展开基本制度、考核激励、办公自动化等一系列管理制度的全面改革。一步一个脚印，稳扎稳打，最终转变旧思想，建立新体制，职工重拾信心，企业焕发生机。

锅炉车间点炉（2005年）

在公司全体干部职工精神面貌焕然一新的同时，公司将改革重心转向生产运营，决定在热电厂开创性推行责任状指标制度。起初推行难度巨大，因没有可借鉴的经验，参数责任标准难以确定，只能“摸着石头过河”。在科学制度框架之下，通过奖惩推动，促进技术进步，参数指标不断压低，飞灰、炉渣可燃物等热电厂关键指标，由最初的13%、5%左右，降至3%、1%左右，企业效益得到大幅增长。

改革期间，破旧立新，势必影响到某些人的利益，受到各种阻力和压力。在煤炭掺配改革中，为降低煤炭成本，盛新太提出实行高低热值煤炭掺配的做法。此观点提出后，大多数管理人员和技术骨干对工艺问题表示质疑，甚至有既得利益者明确表示反对，认为此举会影响锅炉燃烧，根本无法掺配。

面对质疑和阻挠，公司管理层丝毫没有退缩，而是直接带领技术团队驻扎进煤场，做燃烧试验、攻技术难题。其间，仅召开大小现场会就达12场次。功夫不负有心人，通过1个多月的攻关摸索，成功实现了高低热值煤炭掺配燃烧。鉴于公司外网工程管理乱状，组建公司检修队伍和安装队伍，成立多种经营科，专门承接工程建设和安装，堵住大小工程外包的口子，提高工程建设质量，降低工程建设成本。

在体制改革过程中，新一届领导班子以壮士断腕的决心，披荆斩棘，大刀阔斧地将改革进行到底，实现了30多年老牌国有企业向现代化企业的转变。

改造调速控制系统

2019年，为解决发电机因雷雨天气、外网负荷波动而频繁跳闸保护问题，总工程师王清泉带领电气技术团队，开始研发全新的汽轮机控制系统。先是率队到和利时公司、南京科远公司等国内一流控制系统公司进行实地调研，结合公司实际，经过充分的技术论证后，决定采取陆续加装调频系统及孤网调速系统的方法。可加装的系统刚投入调试时，系统极不稳定，且调控难度大。王清泉在全面查看系统运行情况，经过进一步核算比对后，指出了通用的设计参数和调整系数不一定适合实际运行的问题所在，于是果断指挥热控人员大胆调整系数。经过反复调试，终于找到了符合公司机组的特定系统参数，调速系统恢复并保持了平稳状态，从而避免了雷雨天气网上故障影响电网周波的情况，改善了发电机保护动作跳闸停机现象，为公司以后的孤网运行奠定了坚实基础。

排除万难　新热源成功投产

2019年，公司决定建设2×50MW热电联产项目。

新热源项目建设之初，面临资金困难。项目及配套设施建设投资近10亿元，但注册资本不到1亿元。受国家政策影响，银行贷款极为困难。为解决贷款资金问题，公司主要领导反复到各大银行沟通协调，其间前往北京工商银行5次。一边忙于公司正常工作，一边跑资金，经常当天往返，最终成功获得工行4亿元贷款资金。同时通过多方努力，先后获得农行、东营银行、齐商银行贷款支持，为项目顺利建设提供了资金保障。

公司本着利益第一位的原则，严格设备、施建单位招标程序，选定东锅、东汽、哈电等国内一流企业的先进产品为三大主机设备，项目设备总体安装由中国电建集团承担，为高质量建成新热源项目打下了坚实基础。项目建设前，公司高标准规划布局，结合建设实际，100余次更改设计方案，最终形成了设计布局紧凑、土地利用高效、厂房位置搭配合理、现场环境美观的设计布局。

为确保项目快速上马，公司领导积极协调县直有关部门，以保证各项施工手续与施工工期合理衔接的办法，保障了工程建设顺利进行。2019年3月，新热源项目正式开工建设。在近4年的建设期间，带领筹建团队靠在施工工地，及时召开现场会，每周召开一次工程调度会，解决难题和阻碍，加强管理和督导，全力推进工程进度。

2022年10月，机组进入调试阶段，筹建团队36小时连轴转，密切观察参数变化，及时处理应急问题，得空休息时也只是在控制室的角落里迷糊一会儿。公司副总经理王清泉，作为工程的副总指挥，一直盯在现场靠前指挥，随时组织召开会议，调度进度，解决问题，曾连续24小时没有合过眼，以至于头晕目眩险些摔倒。在全体筹建人员的共同努力下，最终一次性成功完成了168小时机组试运工作。

新热源2×50MW热电联产建设项目历时三年零六个月建设完成，解决了我县多年来民生供暖热源不足、质量低下的问题，为工业园区发展提供了稳定高效的能源支撑。

顶风冒雨为供暖

2021年9月，为保障全县居民供暖，公司开工建设人民路至富源路供暖循环水管线工程，需铺设管径DN930的管道6.2千米。由于工程量大，工程难度大，其间要跨河、穿村、越马路，又因临近供暖期，施工时间非常紧张。为保证顺利供暖，项目人员倒排工期，每人每天平均工作12个小时以上，有时为抢工期节点，甚至连续工作长达20小时。

施工期间连降多场大雨，雨水灌入管道沟，严重影响施工。每次沟里灌入雨水，施工人员都要跳进水里，趴在管道下面，一桶一桶把水倒向外面，往往一干就是四五个小时，累得腰都直不起来。没有合适的地方进行焊接，工作人员就临近搭起帐篷，在封闭狭小的空间里操作，常常被烟呛得喘不过气来。施工沿路居民看到施工人员不分昼夜加班加点干活，很是感动，纷纷送来热水、稀饭、水果。村里一位姓张的奶奶把泡好的茶水、切好的西瓜送到施工现场，攥着满身泥水小伙的手说："你们太辛苦了，没日没夜地干，得注意身体啊，快来喝口水歇歇吧！"

24名施工人员风雨兼程、日夜劳作，历时53天，终于在供暖开始当天顺利完工，让居民温暖过冬。

史上第一份电煤中长期合同

2022年，煤炭价格暴涨，从年初的0.13元/大卡上涨至10月中旬的0.42元/大卡，涨幅高达223.08%，公司亏损严重。为稳定国家能源供应，11月，国家发展改革委下发《2023年电煤中长期合同签订履约工作方案》。公司准确把握政策机遇，立即组织各部门认真研读分析政策，全力争取长协煤份额，降低公司生产成本。公司副总经理薛峰、物供部经理庄克农主动请缨，立刻前往陕西榆林，与各煤矿对接洽谈电煤中长期合同签订事宜。当时正值全国疫情暴发的高峰期，他们不顾被感染的风险，每日马不停蹄地穿梭于各大煤矿之间，早出晚归，废寝忘食，上到矿区负责人下到现场调度员，与相关人员频繁接触，了解煤质信息，商谈合作事宜。其间他们造访了近百人，历经10多天耐心细致、艰苦卓绝地洽谈协商，最终在多方努力下，于2022年12月10日成功签订了公司历史上第一份电煤中长期合同。合同的签订，极大降低了公司煤炭采购价格，为公司减少了近千万元的采购成本。在此期间，薛峰、庄克农双双感染新冠病毒，加上过度劳累，高烧持续不退，饱受病痛折磨，但因成功完成了工作任务，他们深感欣慰。

疫情挡不住供暖

2022年12月，新型冠状病毒感染疫情大面积暴发。此时正值公司供暖的关键时刻，人员相继病倒，大规模减员，严重影响生产运行。面对突发状况，公司发出了"克服困难，保证供暖"的动员令，及时调配人员，调整运行班次。运行人员从四个班调成两个班，一个班正常工作12小时，于12月23日至12月31日期间实行封闭管理。

面对疫情，公司全体职工团结一心，坚守奋战在一线。感染高峰期，公司370多名员工最少时仅剩80余人。没有人计较工作时间，也没有人计较工作量，大部分职工带病坚持上岗。有的感染病毒不足3天，便重返工作岗位；有的连续工作24小时以上……一批倒下了，马上会有一批顶上去。这一切，不为别的，只为确保全县居民冬季供暖。

大事记

1986年　11月11日，山东省计划委员会批复2×6000kW机3×35t/h炉项目。

1986年　11月22日，沂源县电厂筹建办公室成立。

1986年　12月20日，县政府以发放200万电力使用证券的形式募集建厂资金。

1986年　12月23日，厂址选定在县城东关，泰薛路与万祥路交叉口的三角区域。

1987年　6月16日，一期工程开槽施工。

1987年　8月16日，沂源县电厂筹建办公室更名为山东省沂源县发电厂，招考第一批职工84名。

1988年　10月，一期工程竣工，一号机组总体并网发电。

1989年　8月，沂源县发电厂第一次工会会员代表大会召开。

1990年　11月，山东省计划委员会主任于建红到厂调研。

1991年　11月，二期工程开工建设。

1992年　10月，与县财政局、县供电局签订企业承包合同。

1992年　11月，山东省沂源县发电厂正式更名为沂源热电厂。

1992年　12月，二期工程竣工投产，并网发电。

1993年　2月，正式对外供热，第一批供热县皮革厂、县造纸厂、县玻璃厂等8家单位。

1993年　3月，与淄博市电业局签订《关于沂源县热电厂1号、2号机组的并网协议》。

1994年　4月，三期扩建工程动工。

1994年　11月，召开第二届职工代表大会，讨论通过了全员劳动合同实施方案。

1995年　3月，成立沂源县热力有限公司。

1995年　6月，三期工程竣工投产，并网发电。

1995年　7月，四期扩建工程开工建设。

1996年　5月，召开职代会，讨论通过《工资改革实施方案》，实施岗位技能工资改革。

1997年　8月，四期工程竣工投产，并网发电。

1997年　12月，北管线建成投运，向沂源县棉织厂供汽。

1998年　11月，召开沂源县热电有限公司创立暨第一届股东代表大会，组建第一届董事会和监事会。

2000年　12月，1号凝汽机组通过市经贸委组织的热电联产机组改造验收。

2001年　10月，增容建设7号锅炉竣工，点火投产。

2002年　11月，公司增容建设8号锅炉竣工，点火投产。

2003年　5月，沂源县热电有限公司更名为沂源县鲁阳热电有限公司。

2004年　投资1.68亿元，在沂源经济开发区建设东厂区。

2005年　7月，沂源经济开发区东厂区一期工程21号机组竣工，投产并网。

2005年　8月，沂源县鲁阳热电有限公司更名为沂源县源能热电有限公司。

2005年　11月，沂源经济开发区东厂区二期工程22号机组竣工，投产并网。

2007年　8月，被省经贸委认定为热电联产企业。

2008年　9月，对胜利山小区、水景家园小区、居家城小区等多个小区进行分户计量改造，安装热量表3000余块。

2009年　2月，投资1.4亿元，建设城区循环水供暖技改工程，更换两台汽轮机本体并配套建设一台130t/h高温高压循环流化床锅炉。

2009年　3月，循环水供暖技改一期工程开工建设。

2009年　11月，一期循环水供暖改造工程管道竣工，配套浑水站设备投入运行。

2010年　循环水二期供暖工程竣工投产，新增和替代供暖面积187万平方米。

2011年　1月，沂源经济开发区东厂区23号炉建成投运。

2011年　4月，循环水南管线供暖改造工程开工，8月投入运行。

2012年　2月，建设循环水余热利用节能技术改造项目，建设地点选在荆山路—新城路路段，总投资5100万元，铺设循环水管道22公里。

2013年　投资2100余万元，新建循环水直埋主管道7.8公里（双向），改造水暖管线3.41公里（双向），完成蒸汽主管道沟架设主管道1.85公里（单向）。

2014年　5月，在东厂区安装130t/h锅炉、25MW汽轮机机组及配套设施，12月汽轮机本体完成。

2014年　投资2160万元，新建循环水直埋主管道9.3公里（双向），改造水暖管线5公里（双向），完成蒸汽主管道管沟敷设主管道3.1公里（单向）。

2015年　2月，东厂区新建容量130t/h的24号锅炉和23号机投入运行。

2016年　投资6000万元，完成超低排放改造工程并投入运行。

2017年　3月，4×130t/h锅炉超低排放技改项目完工。

2017年　4月，新建2×50MW背压机组，配套2×260t/h锅炉热电联产项目。

2018年　2月，沂源县源能热力有限公司成立。

2018年　3月，新建公司组织架构，建立年度责任状指标奖励制度，完成薪酬制度改革。

2018年　5月，开创高低热值煤炭掺配工作。

2018年　8月，成立东部热源项目筹建办公室。

2019年　1月，西厂区土地性质由工业用地变更为商住用地，进行商住楼综合开发。

2019年　1月，市发改委核准批复源能热力2×50MW热电联产建设项目立项，由两炉两机变更为三炉（两用一备）两机方案。

2019年　2月，完成脱硝剂试制工作，获得淄博市职工优秀技术创新成果奖。

2019年　2月，与威海天罡公司合作开发供热信息化控制系统，该系统被评为山东省能源资源计量服务示范项目及淄博市新一代信息技术应用场景。

2019年　3月，新热源2×50MW热电联产项目正式开工。

2019年　5月，股东沂源县源能热电有限公司追加注册资本金，持股比例由49%变更为66%；山东鲁中高新科技园区开发有限公司减少注册资本金，持股比例由51%变更为34%。

2019年　11月，总投资3200万元，全长8.6公里×2的人民路供暖循环水管网工程竣工。

2020年　1月，荣获沂源县明星企业称号，获得新旧动能转换及煤炭消费压减奖励1806万元。

2020年　1月，公司向高速路检查站等捐赠价值5万元的抗疫、生活物资，向沂源县红十字会捐款50万元，向沂源县慈善总会捐款34560元，向沂源县疾控中心、县妇幼保健院等医疗机构定向捐赠应急车辆4辆。

2020年　3月，源能热电西厂区开始拆除，转为商住用地。

2020年　4月，省委改革办专职副主任杨占辉一行，到源能热力2×50MW热电联产项目建设现场调研。

2020年　5月，对东厂区22号汽轮发电机组实施背压机组改造。

2020年　8月，新热源项目至城区DN500蒸汽钢套钢直埋供汽联络管线工程竣工。

2020年　9月，新热源项目至人民路DN1000塑套钢直埋高温水管线工程竣工。

2020年　10月，源能热力2×50MW热电联产项目一期工程竣工，在沂河东路东首举行竣工仪式。

2020年　12月，市委书记江敦涛一行，到公司考察重点项目。

2021年　1月，征用老厂区储煤棚北侧、老泰薛路南侧2.1亩闲置土地及西侧东河北3.06亩村属土地，对原有储煤棚进行改造，5月29日竣工投运。

2021年　2月，新热源二期工程开工。

2021年　2月，新、老热源供暖环网方案实施。

2021年　3月，沂源县工业公有资产经营有限公司、山东源泰控股集团有限公司、淄博泉聚投资集团有限公司，分别将持有的沂源县源能热电有限公司3.727%、43.578%、52.695%股权，转让给沂源县源能热力有限公司。

2021年　3月，沂源县源能热电有限公司将其所持有的沂源县源能热力有限公司66%股份，分别转让给淄博泉聚投资集团有限公司51%股份，转让给山东源泰控股集团有限公司15%股份，山东鲁中高新科技园区开发有限公司股份不变。

2021年　4月，实施“多煤种”和“小步快跑”采购策略，降低采购成本。

2021年　5月，脱硫废水处理攻关项目验收通过。

2021年　6月，电玻线、林化线线路迁移改造工程竣工。

2021年　6月，南麻大街至高庄社区供暖主管道工程竣工。

2021年　8月，中国共产党沂源县源能热电有限公司党委，更名为中国共产党沂源县源能热力有限公司党委。

2021年　9月，全资子公司沂源县源能物资供应有限公司成立。

2021年　9月，汶河路至卓意玻纤公司路段蒸汽管线架设工程竣工，投入运行。

2021年　10月，东部热源配出线路工程竣工。

2021年　11月，人民路至富源路供暖循环水管线技术改造项目竣工投运。

2022年　4月，淄博泉聚投资集团有限公司将所持15300万股份，依法转让给淄博华源实业发展有限公司。

2022年　7月，山东源泰创业投资集团有限公司将所持4500万股份，依法转让给源泰（山东）塑料制品有限公司。

2022年　8月，完成润生路与荆山路丁字路口处DN400地埋蒸汽管道与原蒸汽管道对接工程。

2022年　10月，新热源二期机组整体启动，源能热力2×50MW热电联产建设项目全面竣工投产。

2022年　11月，总投资254万元的新热源两炉两机热量完整输出改造项目竣工并完成调试。

2022年　11月，东厂区23号机关停拆除完成。

2022年　12月，签署公司历史上第一份电煤中长期合同，签约数量为20万吨。

2022年　完成康源路供暖主管道县医院内420米的敷设工程。

山东沃源新型面料股份有限公司

概　况

山东沃源新型面料股份有限公司，位于县城龙山路1号。2004年6月成立，2022年11月作为“退城进园”项目，搬迁至沂源经济开发区。注册资本5900万元，占地面积116330平方米，车间面积95747.5平方米，是一家集织造、印花、染整、涂层为一体的复合型高新技术企业。主要生产高档化纤仿毛服装面料、功能性印花面料、军用警用面料以及各类标志服面料。年产新型迷彩面料2000万米、功能性差异化服装面料3000万米。2023年，职工人数700余人，实现产值8亿元、利税6000万元。

公司是解放军后勤保障部以及武警部队指定的“军需材料生产企业”“协议供应商”和“优秀试制企业”，公检法司、工商、税务、铁路、邮政、铁路、移动等行业制服的面料指定生产单位。

发展历程

山东沂源炼铁厂九会织布厂（1976—1977）

其前身是九会织布厂，最早为芦芽炼铁厂分厂。1976年7月，由青岛纺织局投资45万元创办，支援38寸150织布机，利用“小三线”下马搬迁的671战备发电厂原址，厂房设在山洞内，1977年6月投产。

沂源织布厂（1977—1981）

1977年9月14日，更名为“沂源织布厂”。1979年，生产棉布249.6万米，产值524.2万元，利税36万元。因长期在山洞内生产，影响工人身体健康。1980年3月，在西北麻征地新建厂区，1982年12月搬迁完毕。

山东省沂源县棉织厂（1981—1988）

1981年8月，更名为“山东省沂源县棉织厂”。1983年，被临沂地区评为同行业先进单位。1984年，纺织行业大滑坡，产品积压，工人放假，全年亏损43.13万元。是年，开始整顿调整、更新设备，购进75寸织布机42台。1988年，先后购进44寸织布机53台、65寸织布机24台，扩建纺纱车间3519平方米，新上5304枚纺纱设备。形成年产1万锭纺纱生产能力和500万米织布的生产规模。1986年开始扭亏转盈，1987年实行经营承包责任制后管理走向正规，生产效益年年提高。

山东沂源棉纺织厂（1988—1992）

1988年12月10日，企业再次更名为“山东沂源棉纺织厂”。1988年，生产棉布534.89万米，实现工业产值825.92万元、利税135.27万元。其中，销售利润121.07万元，被临沂地区评为先进单位。在省同行业中由17位上升到第2位。截至1990

年，公司发展到职工524人，固定资产1006.65万元。产品由单一的棉布发展到棉麻混纺。实现产值1162.97万元、利税127.23万元，由小型升格为市中型（二）企业，省级先进企业，隶属县经委管理。1991年后，沂源县棉纺织厂是沂源最大的棉纺织生产厂家。

淄博沃源纺织有限公司（1992—1998）

1992年5月，沂源县棉纺织厂与香港沃华纺织有限公司合资成立淄博沃源纺织有限公司。增设仿毛准备车间、织造车间、染整车间、供汽车间等，主要生产高档化纤仿毛产品。公司为沂源县棉纺织厂的子公司，各自独立经营，沂源县棉纺织厂以生产棉纺织品为主，沃源公司以生产化纤纺织品为主。当年开发高档化纤仿毛系列西装休闲装面料200余种，产品具有挺括、滑糯、易洗、快干、毛性感强等特点，被国内众多名牌服装厂家采用，销往全国各地。

在纺织行业经营形势不好的情况下，1992年与中国纺科院合作，立项实施“高档化纤仿毛面料项目”，可研报告通过省纺织厅批复，在山东省经贸委立项。引进意大利SIMIT公司TAST2.0剑杆织机24台，引进台湾亚矶公司大容量高温高压溢流染色机2台，引进德国布鲁克纳公司拉幅烘干定型机1台，引进意大利BIELLE公司KD80罐蒸机1台，配套国内先进设备。

1993年，高档化纤仿毛面料生产线调试生产，生产的高档仿毛面料质量优良，成为山东省第一家化纤仿毛面料生产企业，也是中国江北第一家化纤仿毛面料生产企业，公司从单一的纺织企业，成为织染联合企业，奠定了公司的发展方向和前景。

1996—1998年，投资2000万元，新上捻丝机65台、分条整经机1台、鲁思达剑杆织机25台、聊城剑杆布机20台，配套设备8台（套）；新建倍捻车间，安装倍捻机、高速分条整经机等先进设备21台（套）。

山东沃源新型面料有限公司（1998—2011）

1998年3月13日，公司顺利实行股份合作制改造，由原来的集体企业改制为股份合作制企业。2004年2月进行了第二次募股，成立了山东沃源新型面料有限公司。

公司自1999年参与军品生产，自此开启了沃源公司军品生产历史，至今已20余载。

2003年，是公司发展具有里程碑意义的一年。翻修喷气车间厂房3000平方米，对原有的国产设备进行了转移调整和拍卖，其中282台1515M、GA615型国产有梭织机转移到金山分厂，扩大了分厂规模；对104台用1511型改造成72英寸的国产有梭织机进行了拍卖；并第一次完成了大批工人的转岗分流。3月实施“高档化纤仿毛面料生产线技术改造”项目，公司斥资3814万元引进日本丰田喷气织机120台及贝宁格浆纱机、整经机等设备，完成了公司设备的跨时代飞跃。申报了山东省技术创新项目“新型雪丹绸”项目；投资4200万元的“高档化纤仿毛面料生产线技改”项目在省经委备案。

自2003年开始，先后在西安工程大学、山东科技职业学院和周村丝绸学院委培学生113名，其中大专生30名、中专生83名，提高了职工专业水平和综合素质。

2004年7月15日，对金山分厂（山东沂源金山织布厂）租赁的复烤厂1515M、GA615型有梭织布机149台进行了招标拍卖处理，同时将金山分厂复烤厂部分员工进行了转岗分流，这也是公司员工第二次转岗分流。多年来，公司一直致力于公司技改，先后分两次，新征仿毛分厂东南角和北边土地40余亩，用于剑杆车间、网印车间建设和污水处理再提高工程，扩大了分厂产能，延伸了产业链深度，为公司发展增添了活力；并顺利完成了剑杆、整理、倍捻车间搬迁。

2005年，公司被授予“省级高新技术企业”，入选“淄博市百强企业”。同年1月2日，对金山分厂133台（1515M-72英寸、GA615型）有梭织布机进行了招标拍卖，对所有国产有梭织布机进行淘汰处理，彻底改写了建厂以来以有梭织布机为主要生产设备的历史，同时撤销金山分厂。并对金山分厂全体员工实行分流到岗，这也是公司员工的第三次转岗分流。9月，因生产规模扩大，租赁制丝厂车间楼一座，实现了倍捻车间整体搬迁。从9月开始投资1000余万元翻建原纺纱车间，拆除锯齿厂房一座，新建框架结构二层车间12000平方米，用于喷气产能的扩大和提高；投资350万元，新征土地30亩，用于污水处理再提高工程。

2006年，是公司技改史上浓重的一笔。公司先后投资9000多万元，新上各类织机100多台。2月底公司引进日本丰田喷气织机60台；9月引进29台；12月引进染色机26台；所有设备顺利投产，使服装面料产能由年产800万米增加到1500万米。先后开发生产纯棉平布、麻棉交织布、哔叽、涤细平、涤棉新华达呢等30多种白坯布产品和高档内衣、休闲、羽绒服饰以及装饰布的高支高密全棉织物，“雪丹”商标被认定为“山东省著名商标”。2006年，先后投资1000万元，新上了污水生化处理设备，彻底摆脱了多年来制约发展的瓶颈，COD排放达到国家规定指标。2006年公司入围“淄博市百强企业”“淄博市工业优秀企业”，宽频新型电磁屏蔽布项目获“国家火炬计划项目证书”。

2007年3月，公司引进喷气织布机30台，达到239台的规模。投资2600余万元，购买制丝厂闲置厂房20000余平方米，土地70余亩。投资2000余万元实施了染整车间第三次技术改造，产能翻了两番。投资1000余万元，新上8000平方米轻钢厂房和网印生产线一条，主要生产解放军迷彩服面料；4月8日，中标成为“07年99式人民警察服装主面料生产企业”；9月，公司加入中国国际贸易促进委员会纺织行业分会和中国国际商会纺织行业商会，成为会员。公司被评为“淄博市工业优秀企业”“市级厂务公开民主管理先进单位”。

2008年，公司成为“高新技术企业”；10月，公司3种产品入选2008年度“中国流行面料”；11月，公司“雪丹”牌商标，经司法认定荣获“中国驰名商标”，挂牌设立了“淄博市工程技术研究中心”；12月，被司法部计财装备司认定为“司法行政系统警用服装面料生产定点企业”。获发明专利1项、实用新型专利7项。该年，先后投资1300多万元，新上网印生产线一条，配套了长车轧染设备，新上1000KWL蒸汽油炉1座以及辅助建设项目，从而达到了网印生产线与溢流生产线的优势互补。

2009年，公司被授予“山东省百家最具领袖品牌企业”，11月被中国人民解放军总后勤部授予“07式服装改革优秀试制企业”。公司陆续对网印生产线进行了最佳调整，引进了部分国外生产设备，增加了多种国内机械设备，网印产量和质量达到最佳发挥，全年总投资额达2500余万元。2009年，公司淘汰了20台731剑杆织机；对原制丝厂的旧厂房进行了调整，对闲置的沉旧设备进行了招标出售，盘活了不良资产，拓展了企业发展内涵，激发了新的发展活力。

2010年3月，公司被授予“省级重合同守信用企业”；10月，公司“高性能维纶及其纺织品开发”获得中国纺织工业协会科技进步一等奖；12月公司“雪丹”商标被评为“山东名牌”。公司投入资金上千万元，用于厂房改建和购置机器设备，上半年新上轧染生产线一条，增加打底、焙烘和还原皂洗机，购置染色机、中小样机、半自动称料系统、涂层机等先进设备，淘汰了老化落后的旧染色机，扩大了网印车间厂房面积，同时为网印和染整车间设备布局与搭配进行了优化。在节能降耗方面，支出资金达上百万元，促进了循环经济的持续性发展。公司投资56万元，新上ERP管理系统和OA办公系统，配备了部分新计算机，从而基本实现了管理系统化和办公自动化。

山东沃源新型面料股份有限公司（2011—）

2010年8月10日，淄博沃源纺织有限公司注销，清算后资产7400万元由山东沃源新型面料有限公司出资购买，包括设备、场地、人员全部予以接收。

2011年4月23日，全体发起人召开创立大会，成立山东沃源新型面料股份有限公司，同时撤销山东沃源新型面料有限公司；5月24日，公司更换营业执照。

2012年7月，中国纺织工业联合会、纺织产品开发中心核发证书，公布沃源公司为“国家功能性职业装面料开发基地”；9月25日，山东省科技厅等五部门批复沃源公司建设“山东省沃源新型面料院士工作站”；12月31日，山东省科技厅批复沃源公司组建“山东省新型化纤面料工程技术研究中心”。

圆网印花机

2013年，响应县委、县政府“退城进园”政策号召，开始筹划老厂区“退城进园”实施方案，“年产5000万米新型面料生产线搬迁改造项目”申请立项，总投资37698.64万元，在沂源经济开发区新征地228亩，由于县规划调整，项目暂停实施。

2014年，“纺织品点状染整技术研发项目”被省科技厅立项为“山东省科技发展计划”；“高档多组分纤维功能面料开发及产业化”项目，经科技投标，获省科技厅“山东省自主创新及成果转化专项”，并获科技资金支持。同年11月14日，山东省经济和信息化委员会认定沃源公司为山东省第二十一批企业技术中心。

2015年，参与研发成功武警部队“体能训练服面料”和“春秋常服面料”，新产品使用的“多组分本质阻燃纤维织物的印花方法”和“多组分本质阻燃纤维织物的染色方法”，获得国家知识产权局授予的发明专利。

2016年1月，“沃源”商标被山东省工商行政管理局认定为山东省著名商标。

2017年7月，公司参与国家重点研发计划项目“高品质阻燃纤维及制品关键技术”课题五“长效阻燃纺织品制备关键技术与应用”的研发，并获资金支持。同年，公司重新启动“退城进园”搬迁改造项目；10月18日，沂源县规划局出具规划选址意见书，确定搬迁用地；12月，“高档面料生产线搬迁改造项目”在山东省投资项目在线审批监管平台备案。

2018年7月，“高性价比可印染永久阻燃面料研发及产业化”项目，在省科技厅立项，为山东省重点研发计划，并获科技资金支持；12月，“沃源”牌多组分高档面料产品，被评为“山东名牌”产品。

2019年7月，沂源县自然资源局出具搬迁改造项目建设用地规划许可证；9月，淄博市生态环境局出具“关于山东沃源新型面料股份有限公司高档面料生产线搬迁改造项目环境影响报告书的审批意见”。

2019年9月，中国纺织工程学会公布沃源公司设立“高性能阻燃面料科研基地”；11月，“高性价比特种阻燃防护纺织品开发及产业化”项目，获省科技厅2019年度山东省重大科技创新工程项目立项（公司为承担单位，东华大学、青岛大学、山东芦氏特种面料科技有限公司为合作单位），获科技研发资金支持，后续项目研发圆满成功，超额完成任务书目标。

2020年1月，沂源县自然资源局出具搬迁改造项目“建设工程规划许可证”；2月，沂源县住房和城乡建设局出具搬迁改造项目“建筑工程施工许可证”。项目正式启动建设。

2020年6月12日，公司获得了“中国环境标志产品认证证书——直接接触皮肤的产品、非直接接触皮肤的产品”（中华人民共和国生态环境部授权，中环联合（北京）认证中心有限公司审核认证）。

2021年，鲁山路5号厂区印染生产线开始启动搬迁程序，陆续开始搬迁。

2022年，鲁山路5号厂区搬迁完成，沂源经济开发区龙山路1号新厂区开始试生产。

2023年3月，原制丝厂区倍捻车间所有设备全部搬迁到沿河东路78号厂区，织造生产线集中到一个厂区。

生产经营

生产研发

2023年，公司有研发人员85人，占员工比例为11.81%。其中，高级工程师1人，工程师68

人。2023年，公司营业收入77508万元，研发投入2709万元，占营业收入的比例为3.49%。公司研发的“高性能维纶及纺织品开发”获得中国纺织工业协会科技进步一等奖，“多组分纤维面料功能化关键技术及产业化应用”获得中国纺织工业联合会科技进步二等奖和淄博市重大科技成果二等奖。“抗静电阻燃弹力染色纹平布”“锦纶天丝混纺迷彩格子布”获得中国纺织工业联合会军服文化创意设计大赛优秀奖。

公司目前已拥有50余项专利，其中发明专利13项、实用新型专利37项，发明专利有咖啡碳多组分纤维机织面料及其制备方法、低含毛多组分化学纤维混纺面料及其制备方法、多组分本质阻燃纤维织物的染色方法、多组分本质阻燃纤维织物的印花方法、分散/士林染料印花提高清晰度的工艺、T/R氨纶四面弹面料的染整加工方法等。与上海交通大学、南通纺织丝绸产业技术研究院、四川大学等加强产学研技术合作，针对多纤维阻燃纱、多纤维阻燃面料的协同效应研究和功能防护面料的技术难题合作攻关，取得了重大技术突破，产品面市受到极大关注。公司企业技术中心加强与专家团队的合作研发，提高了研发水平、拓宽了研发视野，研发人员得到了培训，使“多功能阻燃面料”技术提高了一个新高度；与总后军需装备研究所密切合作，研究生产了一系列军需装备材料，包括世界领先水平的数码迷彩作训服面料、军用留守包和留守袋面料、飞机等武器装备棚盖布等，武警救援服装面料、特战服面料，单向导湿面料等。与中国纺织科学研究院有长期的技术合作，共创化纤面料新领域技术，与资深专家建立了紧密的技术协作关系。

公司一贯注重研发团队的建设，积极参与军服面料的研发试制。共参加了“07式军服”“07式预备役军服”“99式警服”“武警07式服装”“火箭军多组份纤维阻燃面料”“16式火箭军服”“文职人员常服”“21式作训服”的面料研发及试制，积累了丰富的研发和生产经验。

2006年，在原总后装备研究所专家的指导下成功研发，并列装衬衣系列“涤棉包芯纱平布与涤棉交织平布”，二炮阻燃迷彩（坑道服），“宽频新型电子屏蔽面料”（专利号：ZL00132720.8）并配合参与了部队“07式迷彩”系列的研发试制。其中，“宽频新型电子屏蔽面料”项目被列为国家级火炬计划项目。

氧漂联合机

2012年，与武警研究所联合研发“武警阻燃特战服系列”“救援服系列”“野外勘探服系列”及相关背囊、战术背心及防弹背心面料共计13个品种。2015年，参与研发武警部队“体能训练服面料”“春秋常服面料”，均得到了首长的肯定与官兵的好评。其中，在新产品上首次使用的“多组分本质阻燃纤维织物的印花方法”（专利号：ZL201410604965.1）和“多组分本质阻燃纤维织物的染色方法”（专利号：ZL201410603223.7）被国家知识产权局授予发明专利证书。由原来生产单一的军港系列军服面料，发展成为综合生产跨军种、跨战区、跨季节，衬衣、体能训练服、常服、正装、作训服等面料全面开花的局面。

2023年，公司以抗静电高强防透等功能面料为研发基础，拓宽功能性系列面料，工作重心仍主要放在与军队和职业装领域的合作供应上，建立国内密集型销售网络模式，横向联合发展本省终端资源。未来，企业将继续巩固国内纺织领域的阻燃系列的龙头地位，并在国际上处于领先地位，引领国内和国际纺织阻燃技术的创新及研发。

产品及销售

公司主要生产高档化纤仿毛服装面料、功能性印花面料、军用警用面料、职业装面料、民用服装面料。现有3个销售部，共计30人，占员工总数的6%，其中本科学历5人、大专23人。

国内销售网点遍布31个省市自治区，国内市场占有率为公安12.9%、税务10%、司法28.3%、综合执法13.2%、法院7.5%、民品5%、军品10%。

主要经济指标

年份	产值（万元）	利润（万元）	税收（万元）	固定资产（万元）	员工人数（人）	主要产品	产量（万米）
2006		4	0	2476	604	棉坯布、印染布	56
2007		192	122	6115	842	棉坯布、印染布	475
2008		1742	513	8838	915	棉坯布、印染布	2570
2009		2022	1547	16672	660	棉坯布、印染布	2980
2010	43228	3799	2503	11178	771	棉坯布、印染布	4252
2011	55778	3160	2816	13361	1067	棉坯布、印染布	5592
2012	53080	2993	3071	11025	1482	棉坯布、印染布	2939
2013	57559	3921	4182	9030	1399	棉坯布、印染布	3103
2014	49125	3074	2805	7935	1322	棉坯布、印染布	2877
2015	58878	2729	2869	7061	1306	棉坯布、印染布	3786
2016	47943	2528	3297	6293	1245	棉坯布、印染布	3087
2017	44762	1093	2268	6458	1067	棉坯布、印染布	2940
2018	32444	1360	2425	6046	1005	棉坯布、印染布	2040
2019	36381	983	1616	5307	931	棉坯布、印染布	1927
2020	29616	918	976	10351	856	棉坯布、印染布	1564
2021	21908	147	687	13801	746	棉坯布、印染布	1042
2022	79043	5083	2618	15359	722	棉坯布、印染布	2269
2023	42116	3049	2676	14902	730	棉坯布、印染布	3307

历任负责人

唐兆顺　党委书记　1976.09—1983.10

樊佃文　厂长　1983.10—1986.02

夏传富　厂长　1986.02—1990.03

刘加录　厂长　1990.05—1998.03

崔志山　董事长　1998.04—

企业文化

基层组织

1977年9月，成立沂源织布厂党支部。1988年8月，成立棉织厂党总支。1997年3月，党总支撤销，成立沂源棉纺织厂党委。2008年5月，沂源棉纺织厂党委更名为山东沃源新型面料有限公司党委。2011年4月，更名为山东沃源新型面料股份有限公司党委。截至2023年底，共有基层党支部7个，党员180人。

工会工作

1982年1月，沂源县织布厂工会成立。经过多次换届，截至2023年底，共有会员700余人。公司工会以维护职工的合法权益为基本职责，通过平等协商和集体合同制度等，协调劳动关系，维护职工劳动权益。动员和组织职工积极参加经济建设，努力完成生产任务和工作任务。教育职工不断提高思想道德素质和科学文化素质，建设有理想、有道德、有文化、有纪律的职工队伍。

光大绿色环保再生能源（沂源）有限公司

概　况

光大绿色环保再生能源（沂源）有限公司，位于省道沂邳线与三悦路交叉口西南侧。成立于2018年2月，总投资5.5亿元，占地面积96394.84平方米，建筑面积39938.25平方米，是光大绿色环保有限公司在山东省投资建设的首个一体化项目，由光大绿色环保有限公司与沂源县人民政府共同出资建设。下设生产技术部、生产运行部、燃料采购部、综合管理部、安环管理部、供热部、财务部7个部门和垃圾发电机组、生物质发电机组、主变及GIS车间、生物质料场4大区域。主要产品为电力和热力。2023年，公司固定资产5.88亿元，职工人数71人，实现销售收入16182万元、税收237.5万元。被淄博市商务局评为淄博市优秀外资企业。

发展历程

2018年1月，确定项目地址，位于沂源县垃圾填埋场周边，勘测定界186346.46平方米；2月，光大绿色环保再生能源（沂源）有限公司成立。2019年8月，取得垃圾焚烧发电项目和生物质热电联产项目施工许可证；11月，项目开工建设。2020年4月，开始垃圾机组与生物质机组设备安装；12月，一体化项目通过“72+24h”机组试运行，公司正式开始生产运行。2022年6月，对沂源经济开发区瑞阳制药厂区供汽；11月，对张良社区进行循环水供热。

生产经营

生产情况

公司主要从事生活垃圾焚烧发电、生物质发电和供热。生活垃圾焚烧发电，日处理生活垃圾400吨，年处理生活垃圾14.7万吨；年发电量6000万度，年上网电量4800万度。生物质发电，年处置生物质及农林废弃物约30万吨，年发电量24000万度，年上网电量22200万度。生物质发电项目供热能力为50吨/小时，供热面积115万平方米；垃圾发电项目供热能力为15吨/小时，供热面积35万平方米。满负荷最大供热能力可达65吨/小时，供暖150万平方米。

产品销售

公司电力主要通过国家电网进行销售，热力通过周边敷设的供热管道输送工业蒸汽、热水，为企业和居民提供供热服务。热力销售范围为沂源经济开发区内相关企业及集中居住区。

2022—2023年公司主要经济指标

年份	产值（万元）	收益（万元）	税收（万元）	固定资产（万元）	主要产品	产量（万千瓦时）
2022	13197.3	1372.7	200.1	40847.38	发电	23034.57
2023	15106.7	901	237.5	58790.91	发电	23375.04

生产工艺及设备

生活垃圾焚烧单元，生活垃圾由垃圾车从物流口运入厂区，进入垃圾接收厅将垃圾卸入垃圾池暂时贮存，再用垃圾吊车搅拌混合后将垃圾送入焚烧炉。配置1台400吨的机械炉排炉和9MW汽轮发电机组。同时配有垃圾焚烧系统、余热利用系统、烟气处理系统、飞灰螯合系统、渗滤液处理系统等。

环保车间

生物质发电机组单元，将收集到的秸秆由上料系统运送至秸秆料仓，通过取料螺旋，从料仓底取料分配给料机，送入炉膛燃烧，后经锅炉内加热，蒸汽推动汽轮机转动，汽轮机推动发电机做功产生电能。配置一台130吨生物质锅炉、一台30MW抽凝式汽轮发电机组和烟气处理系统、灰渣收集系统。该项目设备技术先进、自控程度高、操作持续时间长，节约了人力，提高了劳动效率，节能降耗、环保安全。

公司负责人

吕繁生　总经理　2018.05—2023.10

吕　建　总经理　2023.10—

企业文化

文化主旨

企业把“有情怀、有质量、有特色、有创新、有底线、有口碑、有活力、有责任”作为公司的核心价值观，注重加强“家园文化、阳光文化、崇商文化、担当文化”建设，情系生态环境、筑梦美丽中国，努力实现“中国光大，让生活更美好”的企业使命。

管理方式

以生产运营为主线，对标运营管理标准化模块，实行精细化、规范化管理。运用信息化手段，抓好具体指标落实，确保节能降耗，提质增效。

人才机制

制定人才培养和选拔任用制度，结合人事考核制度，实行重点岗位提前培养，择优梯次储备、使用优秀人才，为职工搭建公正透明的晋升渠道和发展空间。

基层组织

2018年11月，中共光大绿色环保再生能源（沂源）有限公司党支部成立，原欣任党支部书记。2022年1月换届，吕繁生任党支部书记。截至2023年底，共有中共党员8名。

工会工作

2022年2月，光大绿色环保再生能源（沂源）有限公司工会成立，顾建利任工会主席。工会成立后，首先改善职工的食宿环境，完善医保附加保险，打造棋牌室、健身房、室外羽毛球场、篮球场、步行公园等活动场所，每季度举办职工生日会，提高职工的福利待遇，丰富职工生活。

企业往事

邻避变邻利

沂源垃圾焚烧发电一体化项目，在建设之初遇到了来自周边村民的强大阻力。由于受传统思想观念影响，一提到垃圾焚烧发电，村民们首先想到的是乌烟瘴气、臭气熏天。大家普遍认为，如果在村子周边建垃圾焚烧厂，肯定会污染环境，影响身体健康。

面对这种情况，公司积极协调沂源县综合行政执法局，组织周边村村民代表，前往安徽省灵璧县垃圾焚烧发电公司参观。代表们参观了公司洁净优美的厂区、封闭环保的垃圾吊控制室、先进现代的设备工艺、智能明亮的中央控制室，听取了生活垃圾发电项目发展规划、工程建设、生产运营、安环管理等基本情况介绍，对项目的运营管理、智能化水平、安全达标排放底线有了充分认识和肯定。大家认识到，垃圾焚烧发电能够通过垃圾清运，实现能源再生，科学化的管理运营，不会对村民的生活产生危害。而且，沂源一体化项目建成后，能对沂源县的生活垃圾进行无害化、减量化、资源化处理，有利于生态环境保护，造福村民。于是村民们打消了顾虑，积极支持，“邻避”变“邻利”。

鼎力支持渣土回填

项目建设用地主要处在原沂源县垃圾填埋场及水塘位置，要想开工建设，必须首先挖除地下陈腐垃圾及腐质土。挖出35万立方米垃圾腐土后形成的基坑，需要外调渣土进行回填强夯。当时正值全县180多个土地平衡和矿山修复项目建设，也需用大量的渣土，因此周边的渣土大多流向了乡镇，致使公司渣土回填困难。为有效解决此难题，沂源经济开发区和县行政执法局领导高度重视，抽调人员组成专班，及时靠上做工作。他们协调有关部门，主动联系渣土公司，优先保障公司项目的渣土供应，对期间发生的问题及时解决。在两部门的全力支持下，最终公司以最快的速度完成了渣土回填，保证了项目顺利开工。

大事记

2017年　11月，沂源县人民政府与光大绿色环保有限公司签约生活垃圾焚烧及生物质发电一体化项目。

2018年　2月，光大绿色环保再生能源（沂源）有限公司注册成立。

2018年　2月，与山东鲁中投资有限责任公司签署合资协议和生活垃圾项目PPP合同。

2018年　8月，与县政府、县国土局签署项目用地协议。

2018年　11月，公司党支部成立。

2019年　4月，取得生活垃圾焚烧发电项目和生物质热电联产项目土地证。

2019年　4月，开工挖掘沂源县垃圾场。

2019年　6月，完成垃圾填埋场渣土换填。

2019年　8月，取得垃圾焚烧发电项目和生物质热电联产项目施工许可证。

2019年　11月，项目开工建设。

2020年　4月，开始垃圾机组与生物质机组设备安装。

2020年　7月，淄博市委书记江敦涛到公司调研生活垃圾焚烧与生物质发电项目建设情况。

2020年　9月，完成电网倒送电。

2020年　12月，项目竣工投产。

2022年　6月，对沂源经济开发区瑞阳制药厂供汽。

2022年　11月，对张良社区进行循环水供热。

沂源水务发展有限公司

概　况

沂源水务发展有限公司，位于沂源经济开发区。成立于2014年12月，注册资本1亿元，占地面积7.2万平方米。公司拥有污水处理厂2座，下设综合部、财务部、运管部、技术部4个部门，辖山东赫然环境科技有限公司1家子公司。主要经营污水处理、水资源调配、供排水、灌区配套及节水改造、水库除险加固、河道治理、城市防洪、水土资源综合开发利用等工程项目，矿泉水生产技术开发及销售等。2023年，公司固定资产5929.91万元，职工人数33人，实现销售收入5992.74万元、税收303.92万元。

被上级公司齐鲁水务集团有限公司评为2016年度先进单位和2018年度先进集体。

发展历程

开工建设

2002年2月，第一污水处理厂开工建设，位于南麻镇中儒林村沂河与埠村河交汇处；10月，投入运行，采用倒置AAO工艺，设计日处理污水能力4万立方米。2013年7月，第二污水处理厂开工建设，位于沂源经济开发区沂河头村沂河与饮马河交汇处。2014年12月，沂源水务发展有限公司成立。2016年6月，投入运行，采用AAO生化池+混凝沉淀过滤工艺，设计日处理污水能力4万立方米。

生产运营

2016年6月，水发集团与沂源县人民政府签署《沂源县污水处理TOT项目合同书》，授予沂源水务发展有限公司特许经营权，允许使用并运营污水处理厂及农村环境连片整治污水处理设施；7月18日，沂源水务发展有限公司正式接管运营2座污水处理厂的污水处理和农村综合连片整治等业务。截至2023年底，运营46个农村连片整治污水处理站点，年处理污水43万吨。公司通过加大投入，强化科学管理，有效解决农村污水直排造成的污染问题，改善农村环境；10月，公司与沂源县住建局签订城西污水提升泵站资产转让协议，泵站由县政府建设，总投资335万元，占地面积620平方米。泵站将上游污水提升至后续处理单元所要求的高度，使其实现重力流，污水提升能力达到300立方米/小时。

提标改造

2016年12月，水发集团与沂源县人民政府签署TOT合同书，追加投资3213.25万元，完成第一污水处理厂首次提标改造，污水处理工艺改为“改良AAO”工艺。2017年9月，投资833.76万元，完成第二污水处理厂首次提标改造，新建V型滤池1座，更换二沉池刮吸泥机。2021年1月，公司投资6900余万元，再次对2座污水处理厂进行提标改造，出水水质由原来的一级A标准提升至地表水类Ⅳ类标准。

公司变革

2019年8月，公司与淄博奥赛环保设备有限公司签订合作协议，共同出资成立山东赫然环境科技有限公司，注册资本500万元，沂源水务发展有限公司占股51%，淄博奥赛环保设备有限公司占股49%，成为一家集销售、经营、运营维护烟气、污水、VOCs等污染源在线监测为一体的专业公司。2022年6月，为优化国有资本布局结构，发挥省级国有资本在环境治理领域的功能作用，山东省委、省政府决定成立省级环保集团，由省政府、水发集团有限公司出资，组建山东省环保发展集团有限公司，沂源水务发展有限公司跟随股东水发生态产业集团有限公司，成为该集团的全资子公司。

生产经营

生产研发

2023年，公司有研发人员3名，占职工总数的9.09%。投入研发经费占销售收入的6.75%。拥有全自动液压机、旋流沉砂机等实用新型专利15项，一体化除臭自动控制软件V1.0、高速潜水搅拌机可视化搅拌控制系统V1.0等计算机软件著作权5个。

项目经营

公司主营业务为污水处理，运营管理2座日处理能力均为4万立方米的污水处理厂，主要处理沂源县城区生活污水及工业企业污水。第一污水处理厂实际产能平均2.74万吨/日，生产负荷68.5%；第二污水处理厂实际产能平均3.45万吨/日，生产负荷86.25%。2座污水处理厂的运营有效解决了沂源县城区近20万人的生活污水、6家上市企业及38家企业工业废水的排放问题。经过多次提标改造，出水水质稳定达到地表水类Ⅳ类标准。剩余污泥作为制砖辅料，实行减量化、稳定化、资源化和无害化处置。2023年，处理污水2323.85万吨。

2016—2023年公司主要经济指标

年份	产值（万元）	收益（万元）	税收（万元）	固定资产（万元）	处理量（万吨）
2016	1123.58	−109.02	118.94	33.77	607.09
2017	2492.18	−112.11	222.41	50.01	1686.49
2018	3011.62	56.22	72.23	97.93	2095.79
2019	3432.31	48.68	118.41	3892.31	2064.1
2020	3967.38	69.27	286.69	4769.95	2333.57
2021	4024.28	1.77	52.12	5077.02	2618.57
2022	6443.55	716.95	15.70	5865.23	2323.85
2023	5992.74	127.33	303.92	5929.91	2652.85

主要设备

公司建有臭氧接触池2座，该设备将有机物和微生物氧化分解为无机物质，实现对污水的处理，使废水得到更好的利用。在氧化污水的同时，降低污水色度并去除污水中的COD。活性炭滤池1座，通过活性炭强大的吸附力有效过滤水中的有害物质和微生物，去除水中的悬浮物及有机物质，包括异味、异色、润滑油等微量有机物质，提高水的品质

臭氧发生器

和使用效果。紫外线消毒池2座，经紫外线照射细菌核酸，杀死大肠杆菌等细菌。

历任负责人

陈开新　执行董事兼总经理　2014.12—2015.09

马　月　执行董事兼总经理　2015.09—2017.05

夏　沂　执行董事　2017.05—2019.09
总经理　2017.05—2017.10

胡立斌　总经理　2017.10—2019.09

孙玉国　执行董事　2019.09—2021.05

高　建　总经理　2021.01—2022.02
执行董事　2021.05—2022.02

王俊忠　执行董事　2022.02—2023.11

周平洋　总经理　2022.03—2023.11

张法睿　执行董事兼总经理　2023.11—

企业文化

企业理念

公司把精细化管理作为经营和发展的根本保障，力求在人际导向与工作导向、价值导向与工具导向、原则性与灵活性、自由与纪律之间寻求最佳平衡点，最大限度地发挥每个员工的潜能，团结协作，集体奋进，推动公司更好更快发展。

激励机制

公司通过精细化管理，明确部门职责、制定考核办法、细化管理过程，从岗位职责、业务能力、个人品德、理论学识、工作纪律等方面对员工进行考核评比，考核结果与绩效工资、评先树优、职务晋升挂钩，提高员工的工作积极性和主动性。

基层组织

2017年11月，沂源水务发展有限公司党支部成立，孙兆欣任党支部书记。2020年11月，党支部换届，周森任党支部书记。2021年6月，党支部改选，周平洋任党支部书记。截至2023年底，共有中共党员9名。

2020年，公司创建“圣源”党建品牌，引领党支部加强党员管理，积极开展党建工作。结合生产实际，开展慰问老党员、帮扶落后村、拥军优属等一系列党建活动。联合社区、公益组织等，开展爱心捐款、世界环境日公益宣传、清理环境卫生等公益活动，打造履职担当、服务为民的“圣源”品牌形象。

工会工作

2019年12月，沂源水务发展有限公司工会成立，周森任工会主席。2021年9月，工会改选，崔晓云任工会主席。工会组织开展夏送清凉、冬送温暖、走访贫困户等活动，为一线职工夏天送降温茶等防暑物品，冬天送棉服等御寒衣物，每季度一次轮流到贫困户家中看望慰问，做到亲职工、爱职工、为职工，全心全意为职工服务。

企业往事

彰显国企担当

2020年新冠疫情暴发后，公司全体员工立刻终止春节休假，提前到岗，迅速投入“保出水、抗疫情”工作中。受疫情影响，家庭、企业喷洒的次氯酸钠等消毒水随进水管网排入污水处理厂的生化系统，对生产工艺造成巨大冲击。为保障出水达标，确保全县水域生态安全，公司领导高度重视，分组负责，带领职工全天24小时轮流守候，密切关注各个工艺段指标，及时准确应对，保障了疫情防控期间出水稳定达标排放。抗疫开始后，公司勇担社会责任，携带植保无人机，组织专业操作人员，对悦庄镇、石桥镇、鲁村镇政府驻地及村庄，利用无人机和弥雾机进行全方位卫生消杀。防疫物资紧缺时刻，公司为驻地沂河头村捐赠价值5000元的医用口罩、瓶装饮用水、消毒液等物资，关键时刻彰显国企担当。

公司积极响应上级推进乡村振兴的决策部署，拓展“村企联手、以企带村、以村促企”的“村企共建”新模式，与张家坡镇毫坪村结成帮扶对子，开展共建活动，围绕村庄规划、集体经济增收等方面共同谋划，寻找村企合作的结合点和共振点，促进村经济发展。

二次提标改造

2021年1月，根据省市县环保要求，沂源水务发展有限公司对两座污水处理厂进行再次提标改造。

运管部经理齐文胜作为改造负责人，带领部门工作人员提前摸清底数，列好时间表，挂出作战图。第二污水处理厂地下管网复杂，为摸清状况，便于施工，工作人员在零下十几度的寒冬夜晚，多次钻到地下，仔细排查管线分布情况，及时对管线进行改造封堵，为提标改造的顺利进行打好基础。

2021年初，连降大雪，气温回暖后雪水快速融化进入污水管网，为防止第二污水处理厂进水污水管网外溢，造成进水水量过大且超负荷运行，预防在线数据超标风险，齐文胜带领运行人员和技术人员反复到现场查看，及时调整工艺及药剂投放量。同时主动联系多家污水处理厂，第一时间聘请专家帮助诊断，果断采取非常规处理技术工艺，在最短时间内解决了出水不稳定的问题。

疏通膜管

2022年初的一天，生活垃圾渗滤液处理厂工作人员在日常巡视时，发现超滤膜出水量有轻度减少，几经排查，确定为超滤膜堵塞。膜管堵塞若不及时疏通，将会造成严重后果。为保障尽早出水，避免设备出现严重损耗，副厂长孙兆村脱下外套就开始疏通设备。在他的带领下，大家积极行动起来。当时室外最高温度只有0℃，为了不让车间积水，只能大开着门，用直径两毫米的软管接上自来水进行疏通。由于软管较细，污泥堵塞严重，疏通困难，足足用了两天一夜的时间才疏通完成。其间，同志们主动加班，中间只休息了四五个小时，双手因长时间冷水浸泡，都变得又红又肿。

大事记

2014年　12月，沂源水务发展有限公司成立。

2016年　12月，完成第一污水处理厂首次提标改造工程。

2017年　9月，完成第二污水处理厂首次提标改造工程。

2019年　8月，成立山东赫然环境科技有限公司。

2020年　9月，上级公司齐鲁水务集团有限公司变更为水发生态产业集团有限公司。

2021年　1月，对两座污水处理厂进行再次提标改造。

2022年　6月，山东省环保发展集团有限公司成立，沂源水务发展有限公司成为其全资子公司。

山东丰泽源皮革有限公司

概　况

山东丰泽源皮革有限公司，位于县城儒林路南首。始建于1944年，占地面积110亩，建筑面积4万平方米。公司下设山东省沂源制革总厂皮鞋分厂、淄博汇发皮制品有限公司、淄博德源皮革有限公司。公司注册资金1299万元，员工253人。

公司是全国皮革行业重点骨干企业、中国皮革协会理事单位、山东省皮革协会副会长单位，被淄博市工商行政管理局、淄博市企业信用管理协会授予“守合同重信用企业”。拥有60多年的专业制革历史，多次获国家级、省级技术进步奖，是国家科学技术委员会“国家科技成果重点推广计划项目技术依托单位”。1995年，牛皮汽车坐垫革开始研发并投产，是中国皮革行业最早最专业生产汽车坐垫革的厂家，先后为红旗、东风雪铁龙、北京现代、起亚、吉利、长城、北汽、华晨轿车座椅配套。

公司通过了ISO9000、ISO14001、TS16949体系认证和3C认证，获“山东名牌”称号。2011年，公司通过环保部核查，认定为全国首批24家符合环保规定的制革企业。2013年，被山东省人民政府列为山东省六大传统产业转型升级扶持壮大的骨干企业，是山东省经贸委和淄博市政府规定的汽车工业发展规划重点扶持的汽车原材料企业。

发展历程

皮业社（1944—1963）

1944年，县推进社在东里组织创办了全县第一处皮业社，这是县制革企业“沂源制革总厂”的前身。1953年3月，皮业社迁至悦庄，1959年皮业社由集体企业转为国营企业。1962年，被省认定为全省17个皮革定点生产厂之一，企业性质由国营改为集体。

沂源县皮革总厂（1963—1980）

1963年，迁至县城河西，企业改称“沂源县皮革总厂”。1965年5月，迁至县水泥厂路南，仍然从事制革。

山东沂源制革厂（1980—1983）

1980年，企业改称“山东沂源制革厂”。同年12月，县农具厂并入山东沂源制革厂，企业开始出现亏损。1981—1982年，两年累计亏损127.4万元，企业陷入困境，被迫于1983年停产整顿。

山东省沂源县制革总厂（1985—1991）

1985年2月12日，更名为山东省沂源县制革总厂，重新恢复生产，同莱阳制革厂搞横向技术联合，仍以制革为主。1987年，总投资490万元，新上羊、牛革生产线，年生产能力140万张，当年产革25.6万张，产值1244万元，利税132万元。1988年，省科委下达的铬鞣黄牛软面革加工技术项目试产成功，该产品被评为省优质产品。同年，该厂通过企业升级考核验收，被命名为省级先进企业。1990年，职工425人，固定资产原值1172.9万元，制革专用设备140台（套），产品有牛软面革、牛修面革、猪革、羊革各式男女服装等30多个品种。其中，牛软面革、牛修面革在1990年产品行评中被评为一类产品中的第一名。

山东省沂源制革总厂（1991—2010）

1991年4月12日，更名为山东省沂源制革总厂。山东省沂源制革总厂扩大毛皮鞣制转鼓容量，将原1.8×2.2米转鼓改装为3×3.5米转鼓，使毛皮装载加工量成倍增长，经济效益大增。1993年，山东省沂源制革总厂与台湾公司合资创办淄博德源皮革有限公司。1994年，经国务院发展研究中心评估，列全国皮绒、毛皮、羽绒及制品最大规模工业企业第25位。1995年，被省统计局、省社会经济评价中心评价为全省三资企业经济实力第61名。1998年，成为中国皮革工业协会理事单位、武汉汽车零部件协会成员。

1999年，淄博德源皮革有限公司破产后，从山东省沂源制革总厂剥离。20世纪90年代后期，毛皮原料均为从澳大利亚和新西兰等国进口的优质牛皮。2000年，山东省沂源制革总厂生产鞣制皮革47.01万张。2004年，引进意大利利兹公司削匀机。2006年，山东省沂源制革总厂拥有鞣制转鼓26台、染色转鼓17台，年产优质牛皮50万张，在全省同行业中居中上等水平。1995年，山东省沂源制革总厂兼并县皮鞋厂，成立制革总厂皮鞋分厂，生产“猛蝎”牌皮鞋，年产50万双，1997年停产。1981年，山东省沂源制革厂手套车间扩建为沂源县皮件厂，1990年拥有机器设备120台（套），生产皮箱、皮衣、手套、包夹四大系列400个规格品种，当年产皮衣2000件。高档生活用革生产方面，20世纪90年代后期山东省沂源制革总厂猪、羊革停产后，主要生产用于汽车坐垫的高档牛皮革和部分高档鞋面革，主供韩国和日本等汽车生产厂家。2002年，韩国朝光株式会社租赁山东省沂源制革总厂部分厂房，投资200万美元创办淄博朝光皮革有限公司，主要生产皮革真皮汽车坐垫及各类皮革制品。2006年，淄博朝光皮革有限公司出口创汇1000万美元。

沂源丰泽源皮革有限公司（2010—2020）

2010年4月9日，更名为沂源丰泽源皮革有限公司。

山东丰泽源皮革有限公司（2020—）

2020年6月10日，更名为山东丰泽源皮革有限公司。

生产经营

生产研发

公司拥有4项专利，其中包括一种真皮材料及其制备方法和应用发明专利1项，一种自动皮革削匀机、一种节水型毛皮划槽等实用新型专利3项，被国家科学技术委员会授予国家科技成果重点推广计划项目，技术依托单位把公司设为重点实验室研发基地，与山东轻工学院联合办学，培训皮革工程专业人才50人，为公司的发展积蓄了力量。同时，联合西北轻工学院研究开发能够增加皮革柔软度的助剂U80，使皮革的柔软性达到了国内先进水平。“鲁西南整张黄牛软鞋面革”被评为省科技进步三等奖，“防水鞋面革”被评为省科技进步二等奖，“高尔夫手套革”被评为省科技进步一等奖。

生产车间

产品及销售

主要生产牛皮汽车坐垫革真皮、牛皮鞋面革、牛皮包袋革、牛皮沙发革、牛皮高档仿磨砂革、高档防水系列皮革及制品、牛皮服装革系列产品。主要用于汽车座椅、高铁座椅、家具沙发、皮鞋、服装、3C、军工和航空航天等工业领域。从建厂至今，丰泽源皮革形成从单一产品袭皮革到牛正软鞋面革、牛白护士鞋面革、高档水性移模革、高档仿磨砂革、高档鞋用防水系列皮革及制品、牛皮汽车坐垫革、牛皮沙发革、牛皮包袋革和来料加工产品的全产业链。

公司销售队伍20人，占员工比率8%。丰泽源皮革秉持“以质量求生存，以诚实、信用、人和、创业”的经营理念，先后在湖北武汉、安徽芜湖、浙江宁波、上海、河北保定、北京等处设立销售网点，为东风雪铁龙、奇瑞汽车、吉利汽车、上海名爵、长城汽车、北汽福田等汽车厂家配套汽车座椅真皮。公司产品远销德国、越南、韩国、俄罗斯、美国等国家。

2011—2023年公司主要经济指标

年份	产值（万元）	收益（万元）	税收（万元）
2011	61422	1204	3976
2012	76089	2513	4409
2013	78703	2202	2950
2014	86482	3513	2999
2015	89315	5064	3048
2016	95580	5266	3108
2017	146830	64	274
2018	19673	4.2	109
2019	8980	14	254
2020	6154	−3360	402
2021	7965	−2624	805
2022	7878	−1762	157
2023	4215	−108	221

历任负责人

庞志太　山东沂源制革厂厂长
1980.01—1983.12

辛克勤　山东省沂源县制革总厂厂长
1985.01—1989.03

董钦庆　山东省沂源县制革总厂厂长
1989.03—1990.10

刘增玉　山东省沂源制革总厂厂长
1990.10—1997.10

孟兆林　山东省沂源制革总厂厂长
1997.10—1998.07

李东满　山东省沂源制革总厂厂长
1998.07—2010.04

李东满　沂源丰泽源皮革有限公司董事长
2010.05—2020.09

周国祥　山东丰泽源皮革有限公司董事长

2020.09—

企业文化

核心内容

做行业的开拓者，为国家创收、为企业客户创利，为员工造福、为社会尽责；努力成为绿色环保生产的制造商，利用高科技提高产品质量，节能减排，为实现绿水青山就是金山银山、地球生态环境保驾护航。

企业理念

诚实、信用、人和、创业；以人为本，共求发展；高标准，零缺陷；顾客至上，追求卓越。

管理模式

制度化管理和薪酬激励管理模式。

激励机制

公司有月度优秀员工和年度优秀员工评选活动，主要从工作业绩、工作技能、工作态度等各方面进行综合绩效考评。

大事记

1987年　11月，被山东省二轻工业厅评为山东省二轻系统先进企业。

1988年　12月，“沂波”牌铬鞣黄牛正软鞋面革被山东省经济委员会评为山东省优质产品。

1990年　12月，铬鞣黄牛白护士鞋面革被中华人民共和国轻工部评为全国轻工业优秀新产品三等奖。

1990年　12月，被山东省经济委员会评为山东省企业设备管理三级单位。

1991年　4月，公司更名为山东省沂源制革总厂。

1998年　4月12日，沂源县企业产权制度改革领导小组同意改组为股份合作制企业。

1998年　成为中国皮革工业协会理事单位、武汉汽车零部件协会成员。

2004年　4月7日，取得中国质量认证中心认证的ISO9001:2008、GB/T19001—2008质量管理体系认证证书。

2005年　12月19日，取得中国质量认证中心认证的ISO14001:2004认证证书。

2008年　4月30日，取得山东质量技术监督局汽车装饰用革认可证书。

2010年　4月，公司更名为沂源丰泽源皮革有限公司。

2010年　8月4日，被山东省环境保护厅批准为通过清洁生产审核评估、验收企业。

2011年　5月19日，被环境保护部批准为符合环保规定的制革企业名单。

2014年　6月10日，整体搬迁至沂源经济开发区。

2015年　12月25日，取得北京九鼎国联认证有限公司认证的ISO/TS16949:2009质量管理体系认证证书。

2020年　6月，公司更名为山东丰泽源皮革有限公司。

2022年　4月，获得“一种高效皮革绷板机”“一种节水型毛皮划槽”实用新型专利证书。

2022年　6月，获得“一种真皮革材料及其制备方法和应用”发明专利证书。

2022年　8月，获得“一种自动皮革削匀机实用”新型专利证书。

山东省沂源县自来水有限公司

概　况

1969年5月，县委成立自来水小组。1976年5月，改名为自来水厂。1980年5月，自来水厂更名为沂源县自来水公司。2021年8月，沂源县自来水公司更名为山东省沂源县自来水有限公司。1990—1991年，县自来水公司建设沂河水源地二期工程，建成直径10米、深11米的2号大口井，配套安装加压站2号千吨蓄水池。城西水源地总装机容量为531千瓦，日供水能力8000吨。1993年，建设城北水源地一期供水工程，在城北芝芳村南岭打深井4眼；在东北麻村建设历山水厂，配套安装50千瓦270立方米/小时的离心泵机组。1998年，建成钓鱼台水源井，建4000吨清水池，配套安装180千瓦800立方米/小时离心泵提水机电设备。2006年，城区年供水量达600万吨。

公司有响泉龙洞泉、芝芳、沂河3处地下水水源地，工业供水厂、开发区水厂、历山水厂、西台加压泵站、公司加压站5座水厂加压站，管理历山路、润生路、花园世家等5处二次加压泵站。输配水管网全长达到266公里，供水服务范围东至石桥工业园，北至北营水库，西至高庄社区，南至黄家宅村和下龙巷村，覆盖供水面积85平方公里，综合设计日供水能力12万立方米，服务供水人口12万余人。

水源地

响泉、龙洞泉水源地，位于南麻街道永兴官庄村南600米，距田庄水库大坝2.5公里，响泉、龙洞泉系田庄水库库区310.64米淹没线以下泉群中的自溢泉水。2010年4月，实施引泉入城工程；9月25日建成通水，并作为县城供水的主要水源地之一。

芝芳水源地，位于南鲁山镇芝芳村，县城北侧，距县城约2公里。1993年，开始施工建设，先后机凿深井7眼，其中3眼涌水量满足水源地建设要求。1994年，县水利水产局成立城区供水管理站，2004年划转县自来水公司管理。

芝芳水源地

沂河水源地，位于南麻街道北刘家庄大桥北端路东。1986年10月，建成1号井。1991年10月1

日，2号井建成交付使用。该水源地总占地面积3.82亩，后作为工业供水水源地。

工业供水厂，位于东高庄村东200米，南麻大街南段路东，初建于1994年，1995年开始供水。2012年7月，县政府批准，田庄水库工业供水场划归县自来水公司经营管理，后改称工业供水厂。

开发区水厂，位于沂源经济开发区三悦路与华山路交叉口，该厂于2016年2月立项，分两期工程建设完成，初期称“东部水厂”，后改称开发区水厂。

开发区水厂

2017年5月开工建设第一期工程，2019年9月通水运行。工程总投资5800万元，占地面积27.73亩，设计供水能力为每天2万立方米；二期工程于2021年10月开工，2023年6月21日试运行，该期工程占地面积30亩，工程总投资8000万元，设计供水能力为每天5万立方米。

2023年12月，该工程采用的臭氧效能提升和板式臭氧发生器技术列入国家科技重大水专项推广工程、山东省重点研发计划示范工程。

历山水厂，位于鲁山路以北，一期工程于1993年8月开工建设，12月30日竣工供水。1998年8月，实施二期工程，建2000立方米蓄水池2座；12月，设备调试、运行。历山水厂的建成运行，改变了原来由南至北单向供水的局面，形成南北城区齐供的供水管网体系。

加压站

西台加压泵站，位于西城华府小区南，沿河西路西侧约50米。该加压站由田庄水库管理处于2010年4月动工建设，2012年12月7日完工。2017年10月，移交县自来水公司管理。

公司加压站，位于县城荆山路26号县自来水有限公司院内。1987年3月开工建设，1988年10月竣工。1995年，安装第一台变频调速器。

振兴西路二次加压站，2014年建成，配备4台机组，主要满足润泽佳苑、西城华府等河西高地势区域用水。

润生路二次加压站，2017年建成，配备4台机组，主要满足翡翠山景等高地势区域用水。

历山路二次加压站，2021年建成，配备3台机组，主要满足新城路以北翡翠山居、和源名居等高地势区域用水。

中营村二次加压站，2021年建成，配备2台机组，主要满足悦庄镇中营村、北营村、朱家庄等村的用水。

综合净水厂，位于县城教育小区县自来水公司北办公区院内，历山水厂以西。2005年9月奠基动工，12月31日投入生产，是县委、县政府2005年十件为民实事之一。该水厂为国内第一家采用高级氧化技术处理工艺且规模达1.5万立方米/日的水厂。

山东华星创展门业有限公司

概　况

山东华星创展门业有限公司初建于2014年8月，2016年10月投产，位于沂源经济开发区荆山路北侧、东岭路东侧，占地面积1.9万余平方米，总建筑面积1万余平方米，职工120余人，公司主要从事钢质防火门窗、钢木复合门、防盗门、车库门、入户门、室外门、防火卷帘门加工及销售，年产各类防火门35万平方米。2023年，实现总产值1.04亿元，销售收入1亿元。

公司是高新技术企业、科技型中小企业、山东消防协会会员单位，在同行业中率先取得了ISO9001:2015质量体系认证、ISO14001:2015环境管理体系、ISO45001:2018职业健康安全管理体系认证。公司积极引进国内外消防行业发展的最前沿技术，采用国际先进的开平液压成型流水生产线及无尘自动喷塑、烘干流水生产线。公司秉承“精益求精”的管理理念，在内部执行精益生产和6S管理体系，为用户提供安装、调试、维修、咨询等全过程售后服务。

发展历程

山东华星创展门业有限公司主要经营范围为防火门，防火门是用防火阻燃材料制成的具有耐火稳定性、完整性和隔热性的门，主要用于建筑防火分区的防火墙开口、楼梯间出入口、疏散走道、管道井口等处。

公司发展初期，在资金短缺、技术匮乏的情况下，广大干部职工艰苦奋斗创新发展。历经近10年的发展，公司已发展成为专业从事防火门生产加工、安装、调试、运营维管于一体的科技型中小企业。

生产经营

技术创新

2021年，山东华星创展门业有限公司对原有部分落后设备进行淘汰升级，更换部分自动化设备。项目于2021年4月申请立项核准，总投资1000万元，新购置激光切割机、自动化喷涂、自动装配系统等设备。通过改造，在生产过程中实现了如下创新：

新购入激光切割机2台，切割尺寸全程电脑控制，解决了普通剪板机下料慢、人工操作出现尺寸误差，导致生产效率低下，加工成本高，质量难以控制等问题。避免了尺寸误差，质量稳定，效率提高。

新引进防火门自动生产流水线，解决了传统防火门生产线工序重复，繁琐，多次加工，多次变换卡位，生产效率低下，质量问题频繁出现等问题。大大提高了产品产量，整个产品质量得到保证。

产品及销售

2016年，公司只加工销售钢质防火门，产能约5万平方米。2019年，从单一的钢质防火门发展为钢木质防火门、钢质防火卷帘门、特级无机布防火卷帘门等多个产品，产能从5万平方米增加到20万平方米。目前，已有八大系列、分型产品100余种。

目前，在全国设有15个办事处，产品销往全国各地，公司积极开拓海外市场。2023年7月，正式签订出口订单。

2016—2023年公司主要经济指标

年份	产值（万元）	利润（万元）	税收（万元）	固定资产（万元）	主要产品	产量（万平方米）
2016	160	5	12	265	防火门	0.42
2017	865	46	122	298	防火门	2.2
2018	1269	68	287	429	防火门	4.9
2019	5721	−5	85	523	防火门	14.3
2020	7994	22	118	528	防火门、防火卷帘门	19.9
2021	10069	23	147	821	防火门、防火卷帘门、入户门	32.3
2022	10386	10	148	952	防火门、防火卷帘门、入户门	35.2
2023	7859	9.2	102	1144	防火门、防火卷帘门、入户门	27.7

公司负责人

熊玖亮　总经理　2014.08—

企业文化

企业使命

卓越服务，满足客户需求；以人为本，培养聚集精英；创新争优，打造知名企业。

企业愿景

打造国内知名企业，做最受客户信赖的防火门生产企业。

企业价值观

为客户赢得价值，为员工提升价值，为股东创造价值，为社会奉献价值。

企业精神

亲和诚信、务实高效、学习创新、责任奉献。

大事记

2014年　8月，公司成立。

2015年　公司防火卷帘门获得消防产品认证。

2016年　公司钢质防火门获得消防产品认证。

2017年　公司钢木质防火门获得消防产品认证。

2022年　公司被评为科技型中小企业。

记忆中的工业企业

记忆沂源·工业卷

草埠煤矿

概　况

草埠煤矿，位于鲁村镇草埠村。1957年7月，正式建立，其创造的短壁采煤法曾在全国小型煤矿进行推广。2006年9月，有近50年生产历史的草埠煤矿彻底关井。

发展历程

草埠煤矿最早为私立小煤窑。民国二年（1913），舍庄人周立在本村打井采煤，商号曰“福山井”。民国四年至十六年（1915—1927），草埠人张兆丰、石门人王学孟3次打井采煤。民国十六年（1927），即墨人王子颜在草埠煤田打井采煤，当年产煤550吨。

草埠煤矿矿井工作面

民国十八年（1929），潍县人李某来开矿，成立鸿昌公司，占地九亩四分，1935年因欠税金1088元，被国民党税务部门取消开矿权。后有鲁村人唐伯平、唐瑞娥等在同一地二次打井采煤，井号“永生井”和“庆仁井”。民国三十年（1941）春，“庆仁井”掘进至40米深时，被吴化文强行霸占，一直滥采至1944年。同年4月，矿区解放，8月沂源工商所所长王雨亭带领贺兴普、白现英等同志接管矿井，9月恢复“庆仁井”生产。全井由24小时工作制改为12小时工作制，矿工待遇由3斤豆饼改为12斤小米。1947年7月，国民党重点进攻山东，矿井停产。翌年，国民党败退，矿井恢复生产。1948年，从博山八陡聘技术员岳宗凡来矿炼焦，供沂水马牧池、博山夏庄、沂源大三地兵工厂使用，有力支援了沂蒙山区的解放战争。同年11月，王雨亭调离，李长胜接任，建立党支部。

1957年7月，县委决定重新开发草埠煤田，草埠煤矿正式建立，隶属沂源县重工业局。沂源县从县直机关抽调7名干部、9名职工组成筹建委员会。1958年3月，采取老矿养新矿的措施，首先恢复石门村东5号井，边生产边建设，3月动工，新建1号井，8月投产，10月在“大跃进”影响下，全矿人员达5000多人，按军事化编制组织生产，全矿编为13个营、57个连，全年生产原煤8000余吨。因安全管理不善，10月26日，2号井发生重大透水事故。

1959年3月，全面改造2号井，以自力更生、土洋结合的方针，取得了技术革新的胜利；11月，草埠煤矿党委书记魏树民出席在北京召开的全国群英大会，在会上领取“先进单位”锦旗一面，个人被评为全国劳动模范，获金笔一支，受到朱德、周恩来等党和国家领导人接见，并合影留念；11月25日，矿长毕研文出席在北京召开的全国第二次小煤矿现场经验交流会，受到党和国家领导人接见。

1960年2月22日至24日，煤炭部在草埠煤矿召开全国小型煤矿现场经验交流会，来自全国26个省市自治区114名代表参会。

20世纪60年代，草埠煤矿井口

1963年2月开始扩建改造，矿井设计年产能力15万吨。同年4月归属临沂专署煤炭局管辖，1964年4月，草埠煤矿划归临沂矿务局管辖。1977年8月，矿井延深工程开始动工。1982年下半年，草埠、丁家庄开始搬迁，1983年底，全部搬迁完成，共花经费550万元。

1976年，临沂矿务局向省煤炭局提报《关于草埠煤矿延伸挖潜改造的报告》，1977年省煤炭局批复同意，采用新工艺新技术，运用激光定向、风钻打眼、金属锚喷、一次成巷技术，到1993年工程全部完成。

1983年，草埠煤矿实行经济责任承包制。1984年，原煤产量首次突破20万吨。1986年1月，随临沂矿务局上划煤炭部管辖，草埠煤矿定为中国煤炭部统配煤矿。

20世纪80年代，草埠煤矿储煤场

20世纪80年代，草埠煤矿矿井口

历次扩建改造后，设计生产能力达年产21万吨，1988年，矿务局实行集团承包经营和矿长负责制，深化改革安全生产、原煤生产和节亏增盈三大主题，加强企业管理，当年生产原煤21.96万吨，是建矿以来最好生产水平，连续安全生产1110天，被省煤炭局授予“安全生产文明单位”荣誉称号。

1987年以来，煤矿先后投资近百万元用于生活设施改造，建设两栋家属楼，成立了职工子弟学校、

20世纪90年代草埠煤矿北大门

托儿所，扩大矿区绿化面积，成为全省煤矿福利十佳矿区。

1990年，草埠煤矿矿井质量标准化达到部特级，晋升为国家二级企业。

截至1990年底，分六个工区，矿办设25个职能科室，职工1702人，管理干部128人。1990年，产原煤22.64万吨，产值1192.3万元，税金37.34万元。1958—1990年，全矿累计出产原煤342.1万吨。

1992年，成立了玻璃纤维风筒布加工厂，主要采用“坩埚球法”工艺进行玻纤生产，正式跨入玻纤行业。同年，投资50万元兴建大理石厂，新上切割锯、磨机等设备8台（套），职工28人。

1993年，投资建设焦化厂，建设4个焦炉、1个洗煤池，职工21人，10月投产。1994年，炼焦1160吨。同年，投资28万元建设洗煤厂，建设洗煤楼1座。1994年，生产洗精煤1400吨。同年，成立草埠煤矿机电厂，主要生产电子节能灯、大理石锯片和刀具。

草埠煤矿绞车房

2005年3月，临沂矿务局对草埠煤矿实行政策性破产。同年12月，临矿集团重组成立光力士集团公司。2006年9月，草埠煤矿彻底关井。

历任负责人

1944年8月，王雨亭任“庆仁井”经理。

1957年7月，刘子恩任草埠煤矿筹建委员会经理、矿长。

1958年8月，魏树民任草埠煤矿党委书记。

1965年7月，宋恒世任草埠煤矿矿长。

1969年3月，崔宝德任草埠煤矿革委会主任。

1971年12月，周统玉任草埠煤矿党委书记、代理矿长。

1975年7月，朱建昌任草埠煤矿矿长。

1975年12月，周统玉任草埠煤矿党委书记。

1980年5月，徐世荣任草埠煤矿党委书记。

1981年5月，魏修君任草埠煤矿党委书记。

1982年7月，宋恒勤任草埠煤矿矿长。

1986年10月，孙廷华任草埠煤矿矿长。

1992年6月，孙廷华任草埠煤矿党委书记。

1992年6月，刘成录任草埠煤矿矿长。

1997年7月，何发远任草埠煤矿矿长。

1997年7月，申贤增任草埠煤矿党委书记。

2001年7月，刘厚福任草埠煤矿党委书记。

草埠煤矿获得的荣誉

国家级、部级荣誉

1959年9月，全国工业、交通运输、基本建设、财贸方面社会主义建设先进集体和先进生产者代表大会召开，授予草埠煤矿“先进单位”称号，授予“为把我国建成一个具有现代工业、现代农业和现代科学文化的伟大的社会主义国家而奋斗”锦旗一面。

1960年2月22至24日，全国小型煤矿现场经验交流会在草埠煤矿召开，被煤炭部命名为“全国小型煤矿先进单位”，授予“高举毛泽东思想红旗、继续努力、在技术革新和技术革命中乘胜前进”锦旗一面。

1977年5月14日，在全国煤矿采掘队长会议上，草埠煤矿回采一队被授予“先进集体”称号。

1988年12月，中国统配煤矿总公司颁发荣誉证书，命名草埠煤矿为“二级质量标准化矿井”。

1989年，被中国统配煤矿总公司命名为“部二级矿井”。

1990年，被中国统配煤矿总公司评为“一级运输区队”和“机电质量标准化特级单位”。

省级、省煤炭局级荣誉

1959年，被省煤炭局命名为“六比竞赛红旗优胜单位”“统计工作一等红旗单位”；11月，共青团山东省第三次代表大会授予草埠煤矿团委“先进团组织”荣誉称号；12月，省煤炭局授予草埠煤矿“先进单位”称号。

1960年1月，全省工交、运输、基建、财贸先进代表大会召开，授予草埠煤矿“先进单位”称号。

1962年，被省煤炭局、山东煤矿工会授予“优胜单位”称号。

1963年10月，被省煤炭局、山东省煤矿工会授予“质量月活动优胜单位”荣誉称号。

1972年8月，被省煤炭局命名为“四十天会战先进单位”。

1975年，被省煤炭局命名为“快速掘进队先进集体”。

1977年上半年，在省煤炭局召开的全省煤炭系统采掘先进代表大会上，草埠煤矿回采一队被授予“先进集体”荣誉称号。

1982年9月，被省煤炭局、山东省煤矿工会授予“战高温、斗雨季、保安全、夺高产竞赛全胜单位”荣誉称号。

1984年1月，在省煤炭局召开的1983年度先进集体、先进生产者代表大会上，草埠煤矿通风队被命名为“通风乙级队先进集体”。

1989年9月，临沂矿务局在草埠煤矿召开安全生产1000天庆祝大会，省煤炭局、省煤矿工会授予草埠煤矿“实现安全生产一千天”锦旗一面。

1990年，被省煤炭局命名为“安全生产文明矿井”。

沂源县造纸厂

概　况

沂源县造纸厂始建于1958年10月，位于县城以南，二郎山以西，螳螂河以东，1960年3月建成投产，县属国营企业。1998年，改制为国有控股股份合作制企业。2003年6月，改制为山东恒源纸业有限公司。2004年9月，由沂源县鲁村煤矿有限公司和山东恒源纸业有限公司共同组建山东恒盛纸业有限公司。2007年6月16日，沂源县造纸厂实施关停，6月宣布破产。2008年，山东华科置业公司收购其资产进行房地产开发，沂源县造纸厂50年的发展历史结束。

发展历程

沂源县造纸厂（1958—1998）

1958年，沂源县造纸厂开始建厂。建厂初，仅有土法上马的“1092”型木制结构小纸机1台，因无电力，仅靠手工操作。到1960年3月才建成投产，工人77人。当年生产有光纸26吨，成品率仅77%。1961年，电力开通，主要生产设备为“1092”型小圆网机2台，2.5吨锅炉1台，5.6立方米和8.2立方米蒸球各一个。1960—1969年，平均年产量288吨，产值32.45万元，利税5.95万元。1969年9月1日，发生了一次重大火灾事故，直接经济损失42万元。1975年，改造扩建“1575”型圆网造纸机1台，4吨锅炉2台，蒸球4个，年产量提高到1570吨，产值173万元，利税35.59万元。1983年，淘汰2台“1092”型小圆网纸机，10月，破土动工扩建“1880”长网纸机，1985年元旦投产。1985年3月，沂源县造纸厂与济南黄台纸厂联合，进行技术操作交流，实行承包后，1989年利税创历史最好水平，达342万元。1989年11月，与南麻三村达成承包南麻三村造纸厂协议，承包期为15年。1990年10月，由小一型企业升级为中型二级企业。

1990年，公司主要产品有30克、50克有光纸，50～80克书写纸，60克单胶纸，28克、30克打字纸及特号打字纸，52克凸板纸等十几种。其中，“雪梅”牌30g/m^{2}有光纸，1980年、1984年被评为省优产品，1988年28g/m^2“雪梅”牌有光特号打字纸获轻工部颁发的优秀出口创汇产品奖，企业连续多年被评为省级“重合同守信用”企业，是山东省造纸协会会员单位。

1990年，企业有职工857人，其中工程技术人员26人，固定资产原值1373.29万元，设计能力12700吨，实际生产各种机制纸6319吨，产值1145万元，因管理原因，当年利税下降89万元。

1989年，收购县第二造纸厂，用常规制浆设备生产草浆。同年，沂源县造纸厂用“1880”型、“1575”型、“1092”型等造纸设备，生产各类机制纸，主要生产有光纸、书写纸、打字纸等品种，当年生产8103吨，实现销售收入2057万元、利税163.47万元。1992年，投资1140万元，新上“1880”型多缸纸机1套。1996年，投资640万元，改造“1760”型造纸机，中段水治理项目建成并运营，使废水排放达标，当年生产纸12034吨，实现销售收入6543万元、利税1108万元。1999年，投资803万元，新上“1760”型造纸机设备1套。

沂源县造纸厂老厂区

山东恒源纸业有限公司（1998—2004）

1998年，企业改制为股份合作制企业“山东恒源纸业有限公司”。1999年，投资1562万元，新上集中三段漂白制浆流水线1条，碱回收处理、污水处理设施各1套。2001年，投资2471万元，新上碱回收处理工程，使污水排放问题得到彻底解决。2001年，被山东省外经贸委批准为自营进出口企业，于2002年12月通过ISO9001：2000国际质量体系认证。2002年，投资1400万元，新上11号“1880”型高速造纸机，纸产量29018吨，销售收入达到1.06亿元，利税1018万元。

山东恒盛纸业有限公司（2004—2007）

2004年，山东恒源纸业有限公司与鲁村煤矿有限公司合资成立山东恒盛纸业有限公司。2005年5月4日，由鲁村煤矿有限公司发起并与山东恒盛纸业有限公司、鲁鑫建材有限公司三家共同组建鲁矿集团。

沂源县造纸厂冠名“雪梅杯”版画大奖赛

2007年6月16日，沂源县人民政府根据鲁政办发〔2006〕96号文件精神，响应淘汰落后产能的国家政策，对山东恒盛纸业有限公司实行关停，6月宣布破产。

沂源县造纸厂发展到山东恒盛纸业有限公司阶段，已经成为一家集造纸、热电、污水处理于一体的现代化造纸企业。2006年，山东恒盛纸业有限公司生产漂白麦草浆4万吨，年产各类机制纸及板纸5.27万吨。公司厂区占地面积30余万平方米，建筑面积9万多平方米。拥有资产2.7亿元。拥有员工1127人，其中各类专业技术人员300余人，科技开发力量雄厚。企业年创销售收入15176万元，利税400万元。

公司主要设备及配套设施有：自备电厂一座，三段漂白制浆流水线一条，碱回收处理和污水处理设施，配套齐全。有自动化程度较高的各种型号造纸机12台，年生产文化用纸、工业用纸、生活及农业用纸6万吨。公司拥有“1880”型、“1760”型、“1575”型、“1092”型等幅宽造纸机15台（套）。

主要产品涉及文化、生活、工业、农业四大系数十个品种、规格。有书写纸、胶版印刷纸、胶印书刊纸、打字纸（五色）、书皮纸、招贴纸、牛皮纸、糖果包装纸、镀铝原纸、镀塑原纸、镀膜原纸、离型原纸、铸涂原纸、装饰原纸、果袋纸、盐业包装纸、淋膜原纸、铜版原纸等，并可根据用户需求生产其他品种规格的产品。公司所产“雪梅”牌纸张为部优产品，销往全国各地，部分产品出口东南亚和中亚国家；打字纸获部优产品，单面书写纸获省优产品。

省计委有关负责人视察造纸厂

生产经营

1976年10月，年产2000吨“1575”型造纸机建成投产，主要生产52～60克书写纸。

1985年，新上“1880”型长网纸机，属国内先进造纸生产线。

1988年，省计划委员会批准，新上“1880”型长网薄页纸生产线一条，总投资798万元。

1989年，新上150吨黑液治理项目。

1991年，投资1400万元，引进涂布纸机；收购县第二造纸厂（原南麻三村造纸厂）；投资1900万元，实施薄页纸新品种改造。

1995年，投资200万元，进行黑液资源化工程配套。

1998年，投资1500万元，进行制浆系统和部分纸机技术改造；省计划委员会批准，新上碱回收处理项目，总投资4719万元。

2000年，投资3500万元，改造碱回收车间。

2001年，新上年产1.5万吨轻量涂布纸工程项目。

2002年7月，投资3070万元，新上节能环保综合利用项目自备热电厂，2003年11月投产运行；投资2600万元，新上“1880”型长网多缸造纸机，2003年1月试生产。

2003年，投资2800万元，进行节能环保综合利用技改项目；2月28日，成立开发新产品攻关小组，投资460万元，开发生产离型原纸和装饰原纸，当年达产并投放市场。

2005年，研发成功盐袋包装专用纸、无碳复写原纸，将低档书写纸改为中档B胶纸，吨纸增加附加值1000余元；4月，投资60余万元，运行11号“1880”型纸机；同月，分别对4号、2号、12号纸机投资180万元进行改造，改造后，4号机生产盐业包装纸，2号、12号纸机生产打字纸；5月，投资120万元，实施污水深度处理再提高工程，10月竣工投入运行。通过技术改造和新产品开发，新产品产量6194吨，占总产量的24.3%，实现效益620万元。

2006年2月，投资1000余万元，新上白水深度处理回用技术改造工程项目，9月投入运行，年可节水150万立方米；制漂残液回用、冷凝水回收改造、改善纸张色泽等12个科技攻关项目相继取得成功，年可创造利润300万元；7月，成立股份制物流中心；7月至12月，开展“提高产品成品率和产品质量”活动，成品率比上半年提高1.02个百分点，达90.18%；产品一等品率比上半年提高0.32个百分点，达95.69%。通过技术改造和新产品开发，实现新产品产量8641吨，占总产量的32.8%。

2007年，上半年新产品产量6045吨，占总产量的43.5%，创造效益610万元。

沂源县造纸厂自备电厂拆除时情景

2002—2007上半年度产量、产值、销售收入、利税、职工人数一览表

	单位	2002	2003	2004	2005	2006	2007上半年
产量	吨	24640	23519	15206	25490	26346	13897
产值	万元	10048	11676	7527	13008	14490	7782
销售收入	万元	10622	10644	11513	14860	15176	8150
利税	万元	1018	1021	−2582	50	400	283
职工人数	人	1435	1415	1256	1207	1127	1008

历任负责人

沂源县造纸厂时期（1998年前）

1959年，成立沂源县造纸厂党支部。

1968年3月，沂源县革委会批准成立沂源县造纸厂革委会，李清瑜任革委会主任。

1972年，宋功展任沂源县造纸厂厂长。

1980年11月，朱世言任沂源县造纸厂厂长。

1981年12月，朱世言任沂源县造纸厂党总支书记。

1985年2月，郑成福任沂源县造纸厂党总支书记。

1986年1月，县政府任命李清瑜为沂源县造纸厂厂长。

1986年7月，成立沂源县造纸厂党总支委员会，唐守良任书记。

1990年9月，朱健康任沂源县造纸厂厂长。

1990年9月，陈常暖任党委书记。

1995年7月，朱健康任党委书记。

1996年7月，江毓生任党委书记。

1997年11月，江毓生任厂长。

山东恒源纸业有限公司时期（1998年后）

1998年2月，刘长军任山东恒源纸业有限公司董事长兼总经理，刘志强任党委书记。

2003年6月，刘长军任山东恒源纸业有限公司董事长兼总经理，刘志强任党委书记。

2003年10月，傅洪树任总经理。

2004年7月，公司董事会聘任魏列海为山东恒源纸业有限公司常务副总经理，主持日常工作。

山东恒盛纸业有限公司时期（2004年后）

2004年9月19日，成立山东恒盛纸业有限公司，第一次股东会选举张成福为董事长。

2004年9月19日，山东恒盛纸业有限公司董事会聘任魏列海为总经理。

2005年7月19日，沂源县恒盛纸业有限公司党总支成立，隶属鲁村煤矿党委管理，党总支书记魏列海。

沂源县服装总厂

概　况

沂源县服装总厂，成立于1985年，由南麻缝纫社、沂源县鞋帽被服社、沂源县服装厂逐步改制发展而来。1992年8月，与香港公司合资成立淄博荣沂纺织辅料有限公司。1994年6月，与香港公司、台湾公司合资成立淄博爱斯达服装有限公司。1998年6月，法院宣告企业破产。同年9月，改称山东将军标志服厂。1999年9月，再次破产清算。2000年，由县工业公有资产经营公司、县棉纺织厂和原服装总厂330名职工，共同出资449万元，组建成立沂源北派服饰有限公司。2004年，县棉纺织厂对沂源北派服饰有限公司控股。

发展历程

1953年，南麻、悦庄分别成立缝纫组。1958—1959年，南麻、悦庄又分别成立缝纫社、鞋厂。南麻缝纫社刚成立时从业人员20多名，采取人带机器入股、年终分红的经营方式从事来料加工；悦庄鞋厂有职工30多名，主要生产皮鞋、翻毛劳保鞋，并手工制作部分布鞋，年生产能力0.5万双。1962年4月，悦庄鞋厂与悦庄绳业社合并，设置纺绳、制鞋2个车间。1965年秋，纺绳车间关闭，全部转入制鞋生产。1967年9月，该厂同南麻缝纫社合并，改称“沂源县鞋帽被服社”，社址位于县城历山路与振兴路交界处，占地面积400平方米，有职工54人，固定资产总值2万元，年产各种服装鞋帽26226件，年可实现产值19.43万元、利税0.55万元。1978年2月，沂源县鞋帽被服社分为“沂源县服装厂”和“沂源县靴鞋厂”2个独立企业，新建、扩建厂房1100平方米。其中，1985年10月，沂源县服装厂改称“沂源县服装总厂”，有职工170人，年产各种服装16.62万件，年可实现产值353万元、利税19万元。同年，与上海针织厂联营生产针织衬衫失败后，1986年春天，投资27万元，引进美国服装设备65台（套），开始加工各类出口套装。1988年，设立抽纱绣品分厂，加工制作各种绣花产品，年出口交货值50余万元。到1990年底，沂源县服装总厂有职工256人，固定资产原值204.5万元，年可生产各式服装33.48万件，实现年产值147.96万元、利税34万元。

20世纪90年代，沂源县服装总厂大门

沂源县靴鞋厂，1978年从沂源县鞋帽被服社分出，专业从事布鞋生产。1986年，改称“沂源县布鞋厂”，厂址位于历山路北端，年产各式布鞋5万双，因产销不对路，1978年、1979年连续两年亏损，之后虽增加设备、改进工艺，但由于市场疲软，产品式样陈旧等原因，致使产品大量积压，企业亏损严重。1990年1月，被沂源县服装总厂兼并，兼并时该厂亏损金额达44.6万元。兼并后，投入专项资金和流动资金40余万元，新增设备投资30万元。通过调整理顺，1990年1—3月，布鞋生产实现产值34万元，盈利0.34万元。通过兼并，沂源县服装总厂生产规模进一步扩大。1990年底，生产服装60万件、布鞋40万双、抽纱绣品30万件，出口交货值350万元。

2001—2005年，北派服饰公司年生产睡衣裤、童装和衬衣各20万件，牛仔服10万件，全部出口至日本、韩国、美国等国家和中国香港地区。2005年，北派服饰公司出口创汇3万美元，2006年停产。

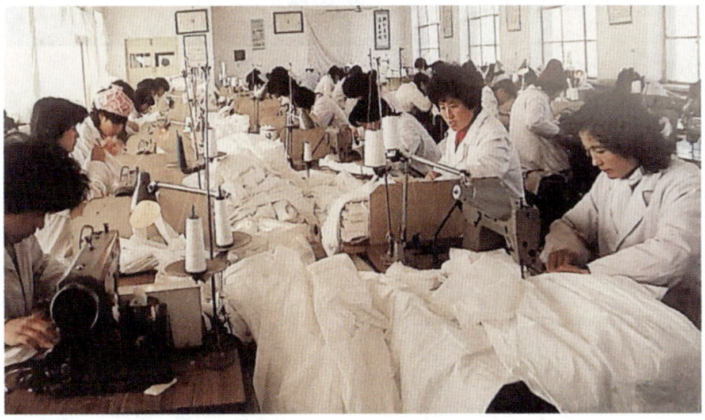

20世纪90年代，服装总厂车间情景

历任负责人

1978年12月，唐兆寅任沂源服装厂书记。

1978年12月，唐作群任沂源服装厂厂长。

1982年，徐立兴任沂源县服装厂厂长。

1982年，陈启文任沂源县服装厂书记。

1985年，任清明任沂源县服装厂书记兼厂长。

1992年，周世会任沂源县服装总厂书记。

1992年，马翠玲任沂源县服装总厂厂长。

1997年，张军任沂源县山东将军标志服厂厂长。

1999年，孟庆民任北派服饰有限公司总经理。

沂源县水泥厂

概　况

沂源县水泥厂于1958年开始建设，1959年建成投产，位于县城埠下路。1999年10月，沂源县水泥厂破产。

发展历程

投产时，县水泥厂采用土立窑烧结，设备简陋，生产始建规模为年产8000吨。第一次工业调整时，县水泥厂因水泥滞销转产水泥制品，曾于1963年更名为沂源县水泥制品厂，产品有水泥缸、水泥瓦等，保留生产设备，但整个20世纪60年代，水泥生产发展缓慢，产量徘徊在万吨左右。随着国民经济的发展，水泥需求量上升，县水泥厂于1970年将土立窑改造成机立窑，边生产边扩建。1978年以前，产品单一，只生产400#普通硅酸盐水泥。1979年，率先进行产品升级，重新调整配料方案及有关工艺参数；5月，500#水泥试产成功，各项技术指标均达到和满足国家标准。该项目的成功上马，使县水泥厂成为山东省最早生产500#水泥的厂家之一，年产该型号水泥7.2万吨，总产值达684万元。

1983年，投资175万元进行新建、扩建，主要新建2.5×9.5米机立窑，新增2×6.5米磨机2台，新上装包机，扩建包装机房及原料库等设施，通过改造，生产能力达10万吨。

“鲁山”牌水泥

1986年，县水泥厂“鲁山”牌水泥获省优产品称号。1991年，改称国营山东沂源县水泥厂。1993

年，改称山东沂源水泥股份有限公司。1995年7月，以山东沂源水泥股份有限公司为核心企业，联合山东鲁源水泥股份有限公司、芦芽水泥厂、县沂峰水泥公司、山东鲁中新型建材有限公司、县第三水泥厂和县第五水泥厂6家企业组建而成山东沂源蓝天建材集团有限公司。其中，沂源水泥股份有限公司、鲁源水泥股份有限公司和芦芽水泥厂3家企业属集团公司紧密层企业，鲁中建材、沂峰水泥和县第三水泥厂、县第五水泥厂为松散型企业，公司总部设在沂源水泥股份有限公司。1998年7月，撤销蓝天建材集团有限公司，重新组建沂源县水泥厂、沂源县第二水泥厂、沂峰水泥公司、山东鲁中新型建材有限公司和县第三水泥厂、县第五水泥厂。

20世纪90年代，生产厂区一角

1999年，沂源县水泥厂改制，与淄博山铝水泥有限公司合资成立山东沂源鲁山水泥有限公司，公司总股本480万元，其中淄博山铝水泥有限公司320万元。同年10月，沂源县水泥厂破产。

鲁山水泥有限公司的主导产品是“鲁山”牌普通硅酸盐水泥（国家标准代号为P.O），有325、325R、425、425R四个等级及425水泥熟料。产品具有早期强度高、凝结硬化快、抗渗透性强、水化热低、抗冻融、耐腐蚀等特点。至2006年，山东沂源鲁山水泥有限公司先后被评为省出口商品信得过企业、省消费者满意单位、全省水泥产品质量50强企业、全国500家最大建材工业企业。

20世纪80年代，沂源县水泥厂磨机车间

1980年10月，工人装运水泥

历任负责人

1958年7月，王凤林任沂源县南麻水泥厂党支部书记。

1959年2月，王凤林任沂源县南麻水泥厂厂长。

1959年2月，董可贞任沂源县南麻水泥厂党支部书记。

1964年11月，宋功展任沂源县水泥厂党支部书记。

1965年4月，刘复华任沂源县水泥厂厂长。

1970年3月，刘复华任沂源县水泥厂党的领导核心小组组长。

1971年2月，宋振业任沂源县水泥厂厂长。

1972年10月，刘复华任沂源县水泥厂党支部书记。

1978年6月，耿学浩任沂源县水泥厂党支部书记。

1981年2月，桑正江任沂源县水泥厂厂长。

1984年10月，李加奉任沂源县水泥厂党总支部书记。

1986年2月，桑纪学任沂源县水泥厂厂长。

1988年3月，吴振家任沂源县水泥厂党总支部书记。

1989年1月，黄进胜任沂源县水泥厂厂长。

1991年4月，黄进胜任沂源县水泥厂党总支部书记。

1994年4月，黄进胜任山东沂源水泥股份有限公司董事长兼总经理。

1995年，陈安发任山东沂源蓝天建材集团有限公司董事长。

2001年，张斌任山东沂源水泥股份有限公司董事长兼总经理。

山东沂源柴油机厂

概　况

山东沂源柴油机厂始建于1966年6月，位于县城西部，原占地面积114466.62平方米，建筑面积2.8万平方米，设计柴油机年生产能力5万台（套）。1999年9月，改制为沂源巨源机械有限公司。2003年9月，改制为山东巨源机械有限公司。2019年12月，公司将部分财产出让给山东硕源工业设备有限公司，由该公司控股经营。

发展历程

沂源柴油机厂建厂初期，隶属临沂地区机械工业局管理，系中型（一）企业，主要生产SD195、SD1100型柴油机，产品多次荣获“省优”“部优”称号。1990年1月1日，划归淄博市机械工业管理局管理，主要生产柴油机、装载机、叉车等产品。同年12月，被省经委公布为中一型企业（鲁经字〔1990〕608号）。1991年7月，经淄博市经委批准，山东沂源柴油机厂更名为淄博动力机械厂。1993年3月，淄博市政府为发挥区县综合经济职能作用，将淄博动力机械厂划归沂源县管理，隶属于沂源县经委，主要生产柴油机、三轮车、空气净化器等产品。1998年12月28日，沂源县人民法院民事裁定书（〔1998〕源经破字第7号）宣告淄博动力机械厂破产。

20世纪80年代，沂源柴油机厂大门

1991年，淄博动力机械厂揭牌

为使企业得到重组，沂源县委、县政府经多方协调，1999年9月，由山东巨菱股份有限公司、沂源县源通股份有限公司、原淄博动力机械厂职工集体参股三方组建沂源巨源机械有限公司，主要生产柴油机配件、汽车零部件、机械加工等产品。2003年3月，沂源县源通股份有限公司、山东巨菱股份有限公司相继退出企业经营管理，9月公司改制为山东巨源机械有限公司。

2014年，公司积极响应县委、县政府公司“退城进园”号召，8月，整体搬迁至沂源经济开发区。2019年12月，公司将部分财产出让给山东硕源工业设备有限公司，由该公司控股经营。

生产经营

主要产品

建厂早期，只生产8马力195型单一型号柴油机，主要用于样机试验。发展过程中，新增12马力SD195型柴油机、15马力SD1100型柴油机，主要用于农用机械、发电等配套；生产的

“银河”牌7Y－850型三轮车以自己出产的各型号柴油机为动力源，主要用于农业运输；单缸柴油机零部件，主要用于柴油机生产厂家配套和出口外销。

巴基斯坦客商参观企业产品实验室

公司SD195型柴油机、SD1100型柴油机荣获“省优”“部优”产品，并通过ISO9001国际质量体系认证和3C认证、美国UL认证。

公司生产的单缸柴油机零部件，主要销往柴油机生产厂家及东南亚国家和地区；生产的汽车零部件、载重汽车铝合金轮辋精研机，主要出口北美及澳大利亚。

SD195型柴油机总装线

1992年7月3日，被国务院机电产品出口办公室、对外经济贸易部批准为第十一批扩大机电产品出口生产企业（国机出口〔1992〕31号）；9月，SD1100型柴油机通过农业部鉴定，颁发“农用机械推广许可证”。1993年5月，公司产品“银河”牌7Y－850型三轮运输车编入机械工业部、公安部印发的《三轮农用运输车生产企业及其产品目录》。

产品研发

2009—2019年，公司拥有实用新型专利九项和发明专利一项，分别为钢基复合铜双金属涡轮、微孔阻尼阀系重型汽车减震器、电动跑步机除静电碳纤维滚子装置、带导向密封装置的X形环切刀具、栅网刮板间隙可调人力花生脱壳机、载重汽车铝合金轮辋精研机用U形研抛头装置、四驱多功能水田机动车高装轮边传动装置、全液压四驱高装多功能水田机动车、铜钢双金属高温渗透压力复合方法、载重汽车铝合金轮辋精研机。

澳大利亚客商到企业参观

1975年，研发SD495型柴油机并试制成功。

1994年4月，研发的KJ－A、KJ－B型空气净化器，经淄博市质量监督检验所检验，符合标准要求。

1995年6月，研发的SD195型柴油机经省内燃机研究所检验，通过可靠性认证。

2005年，研发交直流微特电机。

2009年，研发年产4万只双缸油气分离式载重

SD495型柴油机研发生产场景

汽车减震器，被列为山东省国际科技合作项目。

2010年，研发年产10000台载重汽车铝合金轮辋精研机。

2011年，研发年产3000台内置混合式转子可控磁通永磁同步电机项目，被列为山东省科技计划项目。

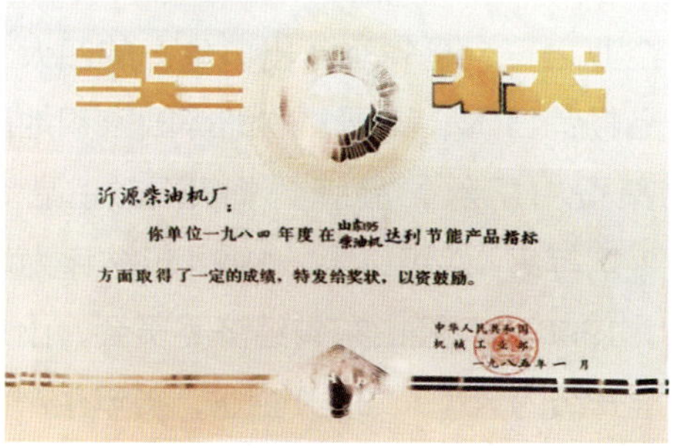

SD195型柴油机部优质产品证书

20世纪90年代，沂源柴油机厂主要产品

院企合作

沂源柴油机厂同山东省计算中心建立高端数控设备研发中心，并与天津大学建立产学研基地。

1983年4月14日，与上海内燃机研究所签订改造195型柴油机技术咨询合同，8月改造后的SD195型柴油机正式投产。

1987年4月20日，与中国机械设备进出口总公司山东分公司签订了SD195型柴油机出口200台的合同，第一次将产品销往巴基斯坦等国。

历任负责人

1966年8月，王炳福任沂源柴油机厂厂长。

1967年1月，张兴华任沂源柴油机厂党委书记。

1967年5月，刘斌源任沂源柴油机厂革委会临时负责人。

1968年3月，王炳福任沂源柴油机厂革委会主任。

1970年9月，李士喜（军代表）任沂源柴油机厂党的核心组组长。

1973年9月，王炳福任沂源柴油机厂党的核心组组长。

1977年10月，刘斌源任沂源柴油机厂革委会主任。

1980年2月，刘斌源任沂源柴油机厂党委书记。

1980年2月，刘靖任沂源柴油机厂厂长。

1983年12月，王树声任沂源柴油机厂厂长。

1990年11月，范金栋任沂源柴油机厂厂长。

1991年3月，杨希宏任淄博动力机械厂厂长。

1993年6月，杨希宏任淄博动力机械厂党委书记。

1994年4月，李玉新任淄博动力机械厂党委书记。

1994年5月，刘安贞任淄博动力机械厂厂长。

1997年3月，郑道友任淄博动力机械厂厂长。

1999年9月，许兆进任沂源巨源机械有限公司董事长。

2001年4月，许兆进任沂源巨源机械有限公司党总支书记。

2003年5月，张士平任山东巨源机械有限公司董事长、党总支书记。

公司文化

企业宗旨

科学发展　强企兴源

企业精神

参与　发展　提高

参与就是每位员工都关注和亲身参与公司的每一项事业，共享公司的每一项成就；

发展就是不断发展产品的销售领域；

提高就是在参与和发展的基础上，提高公司的企业形象，提高员工的福利待遇。

经营理念

天地人和

天：创新发展，自我提升；优化管理，做活经营，打造高新技术企业。

地：客户想要的，就是我们要做的；质量第一，服务至上；真诚合作，双赢共享。

人：点燃激情，相信我行；齐心付出，一定能赢；公开、公平、公正；高质、高效、高收入。

和：亮剑精神，超前思路；巨源产品，品质卓越；巨源公司，信誉永恒。

公司获得荣誉

1978年10月，机械工业部命名四车间机体组为“质量信得过班组”，临沂地区经委命名三车间凸轮轴组为“质量信得过班组”。

1979年3月，省机械工业局颁发给四车间缸头组、五车间机加工二组为“质量信得过班组”证书。

1983年10月，SD195型柴油机荣获“省优质产品”称号，省经委颁发证书。

1987年1月22日，被省机械工业厅通报表彰为山东省机械工业设备管理优秀单位。

1989年12月，机电部以机电质（1989）1822号文件通报全国部级优质产品名单，“沂峰”牌SD195型柴油机获“部优质产品”称号；SD1100型柴油机获“省优质产品”称号。

1990年4月，SD195型柴油机获机电部“节能产品”称号。

1993年2月，被省机械厅表彰为“产品出口先进单位”。

沂源制丝厂

概　况

沂源制丝厂于1975年6月创立，原名缫丝厂。最早位于县城西部刘家大峪村，利用山东东风化肥厂车间筹建起120台“立缫机”规模的缫丝厂，1976年11月建成投产。后因水源水质和交通不便，于1978年迁至县城西部东风路南侧，总占地面积77500平方米。

缫丝厂主产白厂丝，原隶属沂源县经委管辖，1984年实行归口管理后，隶属省丝绸公司，属中型全民所有制企业。1989年，更名沂源制丝厂。

20世纪90年代鼎盛时期，该厂拥有立缫机6000绪/300台，固定资产原值702万元，职工200人，具有年产400吨的生产能力，为山东省缫丝生产骨干企业之一，是省蚕丝出口生产的四大企业之一，产品畅销日本、美国、欧洲等国家和地区。主导产品桑蚕白厂丝，品牌“梅花”，正品率达到99%，平均等级4A级以上，1984年被评为地区优良产品。1990年，经山东省经济委员会、山东省统计局批准升级为大型（二类）企业，当年生产白厂丝145吨，产值667万元，利税164万元。出口白厂丝66吨，年创汇332万美元。

发展历程

1975年6月创立，1976年11月建成投产，1978年迁至县城，1989年更名沂源制丝厂。

1989—1990年，沂源制丝厂生产的“梅花”牌白厂丝获得山东省经委好评，主要质量指标居全省同行业前列。沂源制丝厂曾被评为“淄博市产品质量信得过单位”，涌现出省市级优秀质量管理小组2个、质量信得过班组2个、优秀质量管理者3人。

1991—1993年，沂源制丝厂自筹资金1551万元，实施了以淘汰300台立缫机、新增200台自动缫丝机及其配套设备为主体的两期技术改造项目。

沂源制丝厂退捻生产车间

1996年，投资180万元，完成了“750kw锅炉背压发电机组”技改项目。

1998年，自筹资金219.9万元，新增自动缫丝机100台，淘汰立缫机30台。设备更新，自动化水平提高，促进了产品升级换代，年产白厂丝达到355吨，平均等级达到4A级以上，正品率达99%，各项经济技术指标达到历史最高水平。曾生产35批5A级高等级白厂丝，打入西欧市场。

沂源制丝厂生产车间

1992年9月，沂源制丝厂与台商许焰辉合资成立山东美雅达丝针织服装有限公司，位于县城东风路32号。拥有络丝机、并捻机、络筒机、大圆机、横机、染色机、烘干机、定型机、缝纫机等300台（套）及配套设备。以生产真丝针织服装为主，年产真丝针织内衣及其他系列产品60万件，产值3300万元。公司设有生产部、技术开发部、销售部、财务部及准备车间、织造车间、印染车间、成衣车间等十多个车间科室。针织内衣及服装两大系列产品有60余种，正品率97%，一等品率90%。产品大部分出口日本、中国香港等国家和地区。1995年前后几年，产品出口创汇额均在200万美元以上。

从增加产品附加值出发，1994年投资8万元，开发了印花台板生产线两条，生产T恤衫、文化衫等印花产品32种，产品花色品种更加丰富，提高了产品市场适应性。为挖掘生产潜力，不断强化企业装备水平及配套生产能力，1995年投资190万元，新上络丝机12台、并捻机4台、精密络筒机2组，成立准备车间，改变依靠购进半成品或委托加工半成品的局面，产品生产的自立性和灵活性明显加强。

1995年后，受丝绸行业经营管理体制、企业内部经营管理体制、国内外市场行情等诸多因素影响，沂源制丝厂经济效益逐年下滑。1997年后，库存积压挤占了流动资金，此后大部分设备闲置，生产止步不前，亏损日益严重，企业陷入困境，2002年停产。

2002年底，公司积极寻求突破，根据下岗职工多、安置分流难等实际状况，决定将衰败的真丝针织转产为制鞋，以充分发挥这些低效闲置资产的效能。2003年，建成山东美雅达鞋业有限公司，安置职工600多人。2006年末，山东美雅达丝针织服装有限公司与沂源制丝厂同时宣布破产。

2006年8月，经全国企业兼并破产和职工再就业工作领导小组批准，沂源制丝厂实施政策性关闭破产。同年12月8日，经沂源县人民法院宣布正式破产。

历任负责人

1984年3月，张传连任沂源制丝厂党委书记。

1986年3月，张传连任沂源制丝厂厂长。

1987年2月，张继敏任沂源制丝厂厂长。

1997年2月，谷月勤任沂源制丝厂厂长。

1999年6月，谷月勤任沂源制丝厂党委书记。

2002年7月，张道满任沂源制丝厂党委书记、厂长。

企业往事

沂源制丝厂破产

1976年，沂源制丝厂建成投产。主产白厂丝和丝针织服装。随着由计划经济向市场经济的转变及国家宏观经济的调整，自1998年起企业处于停产半停产状态，连年出现亏损，职工工资不能按时发放，特别是2001年以后，企业到了举步维艰的地步。连续5年无能力发放工资和生活费，职工生活极度困难。时常发生群体上访事件，其中2002年9月近百名职工上访省委、省政府，滞留8天之久。企业全面停产。截至2006年12月8日，沂源制丝厂资产总额3751.93万元，负债总额1.8亿元，资产负债率480.24%。

2006年8月17日，全国企业兼并破产和职工再就业工作领导小组下发〔2006〕16号文件，同意

20世纪80年代，沂源制丝厂生产车间

沂源制丝厂实施政策性破产。该厂停产多年，情况复杂，职工人数多，破产任务艰巨。淄博市政府与企业共同研究制定了《沂源制丝厂政策性破产第一阶段工作计划》《政策性破产宣传提纲》等一系列文件；参与和指导了《山东省沂源制丝厂政策性关闭破产实施及职工安置方案（讨论稿）》等职工代表大会各种文件的准备和会议筹备。2006年9月30日，召开了职工代表会议，通过了《山东省沂源制丝厂政策性关闭破产实施及职工安置方案》。沂源县人民政府于11月20日召开了破产工作协调会，淄博市人民政府于11月21日召开破产工作协调会。沂源县人民政府成立了以县委常委、副县长赵希忠为组长的工作协调领导小组。沂源县人民法院于2006年12月8日以源民破字〔2006〕1号《民事裁定书》裁定山东省沂源制丝厂破产还债；12月12日，县人民法院依法成立了破产清算组。

企业破产时有职工2001人，其中在册职工1702人，离退休职工299人。2007年1月，经山东省劳动和社会保障厅审核，217名提前退休职工办理了退休手续；8月，通过大量耐心细致工作，1702名职工签订了《解除终止劳动关系证明书》，解除劳动关系的职工领取了安置补偿金；9月，1659名职工办理了失业登记，移交了档案，开始领取失业救济金。按照省财政厅、省国资委、省劳动和保障厅联合审核认定的在职职工一次性安置费（按淄博市上年度月社平工资1374元和职工实际工龄计算），工伤职工一次性伤残就业、医疗补助金，清算期间（2007年1月—2007年6月）职工的社保费和拖欠职工的各项保险费（1997年10月—2006年12月），退休职工独生子女一次性养老补助等共计7976.4万元，于2007年7月30日至8月5日予以公示，公示期7天。公示后职工无异议并在安置费发放明细表上签字确认，于8月6日至12日通过银行发放。

聘请山东新华有限责任会计师事务所对山东省沂源制丝厂资产、负债损益情况进行审计，委托具有评估资格的北京市天衡平国际资产评估有限责任会计师事务所对山东省沂源制丝厂的资产进行了评估。2007年8月18日，淄博意诚拍卖有限公司进行第一期公开拍卖会，通过竞价对山东省沂源制丝厂（包括山东美雅达丝针织有限公司）资产公开拍卖。

1702名职工档案，企业的文书、财务、基建等档案，集体户口、计划生育、离退休人员、党员组织关系，供水、供电、供暖等公用设施移交地方。

2008年8月27日，沂源县人民法院以〔2006〕源民破字第1—50号《民事裁定书》裁定山东省沂源制丝厂破产终结。

鲁村煤矿

概　况

鲁村煤矿位于鲁村镇政府驻地，始建于1978年，矿区占地面积12.5平方公里，保有地质储量2987万吨，可采储量1792万吨。1985年，正式投产，设计年生产能力15万吨，后经系统改造，核定生产能力为21万吨。矿区煤种属气肥煤，具有发热量高、升温快、粘结指数高、质量稳定等优点，是优质的动力煤和炼焦配煤。1984年，煤矿改制为有限公司，属国有控股企业，主要从事煤炭开采、销售，矿山小型设备的生产、销售，煤矸石多孔砖制造等。2002年，鲁村煤矿下辖8个区队、16个科室、3个直属公司、5个非煤产业项目，职工1500余人，拥有资产4800余万元，实现利税过千万元，成为沂源县重要的能源基地和利税骨干企业。

鲁村煤矿建矿以来，获得众多荣誉称号。1979年，被临沂煤炭局授予“快速建井、质量第一”先进单位；1986年12月，被省煤炭工业局授予“文明生产矿井”；1988年，被能源部命名为“质量标准化矿井”；1992年，被中共山东省委组织部命名为“先进基层党校”，被省煤炭工业局授予“安全生产先进单位”；1996年，被中共淄博市委命名为“先进基层党组织”；1997年，获市“振兴淄博”劳动奖章，被省工商行政管理局命名为“省级重合同守信用企业”，被省煤炭工业局授予“调度优秀矿井”。

鲁村煤矿矿区办公楼

发展历程

1977年11月，沂源县成立鲁村煤矿筹建指挥部，负责统筹协调，指挥生产建设。1978年1月，山东省煤炭工业局以《鲁煤地字（78）3号文件》正式批准鲁村煤矿建设方案。

1978年4月15日，鲁村煤矿正式破土动工。当年底因崮山煤矿停产，崮山煤矿领导班子承接了鲁村煤矿建设工作。1980年前后，国家开始对国民经济进行大调整，对“五小”企业进行压缩，鲁村煤矿面临下马的危险。后来县委、县政府通过努力争取，经省、地煤炭主管部门批准，决定鲁村煤矿恢复投资继续建设，历时三年完成了井巷和地面重点工程建设，基本具备了投产条件，1985年1月鲁村煤矿顺利实现投产。

20世纪80年代，建矿初期采煤区

1985年，鲁村煤矿投产当年实现产煤9.06万吨，产值213万元。随后生产能力和效率逐年提升，企业得到快速发展。到20世纪90年代初期，鲁村煤矿总占地面积达到1.89万平方米，其中生产区6000平方米，办公、生活区1.29万平方米。由山东煤炭设计院设计地质储量1700万吨，可采储量1170万吨，设计年生产能力15万吨。1996年，推行“高产高效”采面生产管理，产量突破18万吨，超过矿井设计生产能力3万吨。多种经营也从1992年的起步阶段到快速发展时期，先后兴办了

20世纪90年代，鲁村煤矿有限公司厂区大门

南麻经营办事处、畜牧场、洗煤场、营运车队等经济实体，年创利税达到300万元。1997年，全矿实现利税突破1000万元，由原来的亏损大户一跃成为全县骨干企业。

1994年，县委、县政府确定以鲁村煤矿为核心企业组建矿业集团，包括金星金矿和黄金公司。1994年8月8日，矿业集团成立，旨在以强带弱，将两个濒临倒闭的企业摆脱困境，但因黄金资源枯竭及管理等原因，最后金星金矿和黄金公司宣布破产，矿业集团随之解体。1996年，兴建博沂煤井股份有限公司，并于1997年3月实现投产。

2004年，县委、县政府确定由鲁村煤矿控股经营濒临倒闭的沂源县造纸厂，组建恒盛纸业有限公司，并成立以鲁村煤矿为核心的企业集团，由恒盛纸业、鲁鑫建材组成沂源县鲁矿集团。经过两年经营，沂源县造纸厂摆脱困境，实现稳定发展。2007年6月，沂源县造纸厂政策性关停。

2022年，因国家对煤炭企业实施整顿，沂源县鲁村煤矿有限公司宣布政策性关停。

20世纪90年代，鲁村煤矿矿区

生产经营

1984年，鲁村煤矿全面完成主体工程的地面建设任务，奠定了鲁村煤矿发展的基础。1985年，率先在全县企业中推行矿长负责制，初步对管理机制进行改革探索，打破多年来分配中的大锅饭，实行吨煤计件工资制。同时积极引进先进生产技术。1986年，第一个正规采面试验成功，投入生产，采面装备刮板运输机等设备，鲁村煤矿出现了第一个快速发展的势头，产量逐步提高，第二水平建设全面铺开，出现了生产和建设同步发展的好局面。

从1985年投产到1988年的四年，是鲁村煤矿发展的第一个高潮期。在这期间加快矿井和地面工程建设，一面进行生产技术革新改造，成功推行了正规长壁采煤技术，结束了自崮山煤矿以来一直沿袭残采生产的历史。1988年，鲁村煤矿投入上百万元进行质量标准化矿井建设，从井下安全生产系统到地面生活等系统，全部按部颁标准进行改造。经过一年的努力，1989年5月，鲁村煤矿以全省地方煤矿总分第一的成绩，被国家能源部和山东省煤炭工业局分别授予部级和省级“质量标准化矿井”称号。安全管理达到国家甲级一类矿井标准，并接连夺取了全省地方煤矿“一通三防甲级矿井”“机电质量管理标准化矿井”“省级文明矿井”“餐馆化职工食堂”和“旅馆化职工宿舍”的四连冠。1989年，晋升为国家中型（二）企业。

1992年4月，投资60万元组建营运车队，并带动加油、汽修一起上，单车月利润平均达1万余元，当年收回全部投资。再将利润转化为投资，每年以30%的比例对车辆进行淘汰更新，车队始终保持较强的活力。车队拥有各类新型载重车20辆，年实现利税170万元。

鲁村煤矿先后于1992年和1996年两次在县城征地20余亩，兴办南麻经营办事处和铝合金厂2个项目。

1993年，鲁村煤矿建立了内部模拟法人管理，实行利税承包的经营机制。同年，投资40万元，兴办洗煤厂，回收矸石浮煤。兴办起第一个股份制项目——小煤井，开采边角煤。该项目在1993年5月投产，至1997年7月，共采边角煤8.7万吨，为国家创利税548.8万元，为鲁村煤矿增加积累220万元，取得良好的经济效益。1997年12月，鲁村煤矿租赁鲁村镇崮山村荒山700余亩，兴建畜牧场。改造原缫丝厂旧厂房3004.2平方米，新建1822.5平方米的现代化养鸡场，养鸡规模达2万只。

鲁村煤矿获得部分荣誉称号

1992—1998年，用于矿井建设和技术改造的资金达1500万元，第二水平于1992年全面完成并投入生产，在生产中广泛推行光爆锚喷和金属支护等先进生产技术和工艺。特别是1996年建成的第一个高产高效采面，实现生产由分散型向集中型的转变，矿井机械化水平、安全和生产能力有了飞跃性提高，产量每年以15%的速度递增，由1991年的不足10万吨，提高到1997年的20万吨。在此期间，鲁村煤矿加大信息化投入，从煤炭计量、销售、财务、物资管理等经营系统全部实现了微机化管理。

1997年，鲁村煤矿又进一步改进完善经营机制，在经济实体中全面推行资产风险抵押经营，由原来单纯利税承包改为利税指标，资产增值，职工收入和货款回收综合考核，经营管理机制由粗放型向集约型转变，为多种经营的发展注入新的活力。

在煤炭主业稳定发展的同时，非煤产业也有长足发展。在国家政策的支持下，2001年公司投资1700万元，兴建煤矸石多孔砖厂，创建鲁鑫建材有限公司，2002年动工兴建，2003年第一条生产线投产。2004年，先后进行了第二条和第三条生产线的建设，生产规模达到年产6000万块标准砖，成为省内规模最大的煤矸石多孔砖厂家，年创利税达600余万元，成为鲁村煤矿非煤产业的龙头。与此同时，于2005年创办的富华公司和恒诚公司，依托煤炭主业也得到了快速发展，为企业和股东创造了良好的经济效益。

经过多年的滚动发展，鲁村煤矿的多种经营由1991年一个只有几万元资产、十几人的服务公司，发展到有7个经济实体的集团化经营规模，经营项目从矿车制造、橡胶制品、食品加工到畜牧养殖等十几个种类，鲁村煤矿跨出了单一经营的传统模式圈子，形成了煤炭生产与多种经营并驾齐驱、全面发展的新格局。

2008年，投资2.76亿元，对矿井实施技术改造工程建设，2013年7月建设完成投入使用，技改工程的建设，完善了矿井的通风系统、供电系统、排水系统，提升了运输系统，进一步提高了矿井的综合抗灾能力和机械装备水平，矿井的生产能力提高到45万吨/年，迈进中型矿井的行列。

2017年2月28日，发生矿井人员伤亡事故，企业被迫停产3个多月。2017年6月矿井恢复生产，并提出了“加大投入，提高标准，强化管理，能力升级”的十六字方针，公司走上了稳步健康发展的轨道，各经济实体发展势头良好，鲁村煤矿又进入全县利税前10名行列，成为沂源县的利税骨干企业。

历任负责人

1978年，戴佩伦任鲁村煤矿党支部书记；1981年任鲁村煤矿党委书记。

1979年3月，任明喜任鲁村煤矿党支部副书记、矿长。

1982年10月，李家奉任鲁村煤矿党委书记。

1982年12月，周世平任鲁村煤矿矿长；1987年12月，任鲁村煤矿党委书记。

1984年10月，王启德任鲁村煤矿党委书记。

1987年10月，李传禄任鲁村煤矿矿长；1990年11月，任鲁村煤矿党委书记。

1991年12月，孙启民任鲁村煤矿矿长。

1998年4月，齐金山任鲁村煤矿有限公司董事长、党委副书记。

2005年3月，来成存任沂源县鲁村煤矿有限公司总经理。

2005年12月，齐元国任沂源县鲁村煤矿有限公司党委书记。

2011年12月，齐金山任沂源县鲁村煤矿有限公司党委书记、董事长。

2015年12月，文增生任沂源县鲁村煤矿有限公司董事长。

2015年12月，齐顺山任沂源县鲁村煤矿有限公司总经理。

2017年5月，周国峰任沂源县鲁村煤矿有限公司总经理。

镇域工业

记忆沂源·工业卷

镇域经济是县域经济的基础，随着社会的不断发展，镇域经济中工业的主导地位越来越凸显，直接影响到整个镇的经济发展水平。沂源县的镇域工业，历经曲折，百年沧桑，逐渐发展到门类齐全、结构优化、功能强大，成为县域工业中不可或缺的一部分。

南麻街道

概　述

南麻街道工业，历史上以传统手工业为主。清朝末年，各村出现缫丝、红炉打铁、石灰烧制、淹麻打绳、粉皮加工等手工作坊，其中以祥峪村李氏在西沟开设的油坊最具代表性，整体规模小，工艺落后，经济效益差。

新中国成立初期，工业基础薄弱，仍处于一家一户的作坊式经营状态。1955年8月，沂源县成立手工业合作社联合社，负责指导、协调全县的手工业生产。1958年，开展“大跃进”运动，社办工业得以发展，涉及6个行业的9个项目，实现年产值250万元。成立第一个社办企业——独轮车运输队，由500余人组成，从博山、洪沟等地运输煤炭供应炼铁，从寿光运盐供南麻供销社销售。建起面粉加工厂、被服厂、四编（编簸箕、篼子、筐、篓等）厂、木器厂、建材厂、水力发电厂、农具修配厂等。水磨面粉加工厂建在芝芳南边“十亩地”，专供修筑田庄水库的民工食用。被服厂建在南麻老街，用西上高庄地瓜秧到青岛兑换的60余台“鹰轮”牌缝纫机。1959年，在田庄水库大坝建60千瓦水轮发电机厂，晚上发电，专供埠东村。1962年，国民经济贯彻“调整、巩固、充实、提高”八字方针，社办企业全部下马，农具修配厂移交县农机修造厂，木器厂移交县木器厂，运输队合并到县运输社。1965年3月，在田庄水库北侧、永兴官庄村以东，建设山东沂源化肥厂，年底生产出氨水，助力农业发展。1966年，成立手工业综合社（镇经委前身），推行“厂社挂钩”，建有车行、皮鞋厂、缝纫组、理发店等。

1970年5月，山东红旗机械厂（代号5823）在沟泉村万泉崮及周边大山的深洞中开工建设，“小三线”企业的建设带动了当地工业发展。同年，沟泉成立农机厂等集体企业，从事翻砂、白铁加工、红炉打铁等。1972年，南麻公社成立拖拉机站，用于货物运输。1973年，成立沂源县城关建筑工程公司，属社办集体所有制企业，占地面积9226平方米，职工690人。70年代中期，公社先后投资办起卷烟厂和纸巾厂。1977年，县政府成立公社工业局（乡镇企业局前身），公社经委主任由副科级干部担任。1979年，建起沂源县丝棉厂，位于县城埠下路，属公社集体所有制企业，占地面积10835平方米，职工180人，主要生产手扒丝棉和机制丝棉，是山东省丝绸公司的定点出口企业，产品出口日本、东南亚各国。

20世纪80年代初，社队企业成为发展农村经济的支柱，职工的劳动计酬由“劳动在厂、分配在队、厂队结算、适当补贴”的形式改为日工资加奖励的办法，职工生产积极性得到提高。1980年底，社办骨干企业有铝土矿、丝绵厂、卷烟厂、农具厂、汽修厂、机械修造厂、砖瓦厂、印刷社等，年产值达到760万元。1981年，实行企业承包责任制，社队企业效益显著增长。1984年，创建沂源县第二服装厂，为南麻一村集体所有制企业，占地面积1860平方米，职工27人，生产的中山装荣获市（地）优良产品。同时，社队企业改称乡镇企业。兴建楼外楼大酒店、电风扇厂、冷饮食品厂和节能材料厂等镇办企业，年产值491万元。1985年1月，总投资19万元，成立沂源县耐火纤维厂（鲁阳公司前身，隶属于南麻镇集体资产管理中心），厂房面积180平方米。同年，复合肥厂投产，年产复合肥1万吨。1986年，与威海联营兴建地毯厂，属劳动密集型加工企业，当年实现产值15万元。同年，南麻镇设立经济管理委员会，负责管理协调全镇企业。1987年5月，镇经委组织镇办企业开展“双增双节”运动，增强企业竞争力。同年，山东省乡镇企业局筹集100万元资金，投入南麻食品厂建设，建成1460平方米冷库。当年，镇办企业总产值达到1000万元以上，南麻一村、南麻二村、南麻三村、古泉村、大田庄村、西河北村的村办企业，总产值达到100万元以上。同年，成立沂源县毛巾厂。1988年，南麻镇实施经济强镇计划，成功申报国家技术研究中心3家，院士、博士工作站2处，技术研究中心2处。同年，南麻镇有省地属企业3家、县属企业32家、镇办厂矿8家。1989年，城关建筑工程公司楼房建设竣工，完成产值578万元、利税60万元。同年，政府主管部门整顿经济秩序，治理经济环境，在市场疲软、经济滑坡的情况下，南麻镇办企业仍保持较好的发展势头。

1990年，深化企业改革，狠抓科技进步，优化产品结构，乡镇工业稳步发展。1991年5月，创办鲁山型钢厂；村办企业新上北刘庄瓦厂，埠下海绵厂，南麻三村液化气站、汽修厂、编织袋厂，贾家庄毛巾厂6处，总投资350万元。1996年，镇党委、政府出台《进一步加快乡镇企业发展的决定》，加快推进企业改革。1997年，对镇属部分企业进行改制，集体股退出，企业产权关系明晰，自主经营性与市场活力增强。1998年，镇属企业城关建筑公司、鲁山型钢厂等企业实行产权出售、产权转让，从复合肥厂分离成立玻璃厂。通过改制，乡镇企业逐步走上规范化管理轨道。1999年，南麻镇有乡镇企业937家，从业人员9907人，固定资产16196万元，实现总产值69559万元，创利税4594万元，出口交货值1121万元。

2000年10月，沂源天润焊接材料有限公司成立，主要生产高碳锰铁。2002年，山东鲁阳股份有限公司鲁阳工业园区开工建设，占地面积36万平方米，产能占公司总产能的50%以上。2004年，沂源县毛巾厂更名为淄博恒润航空巾被有限公司，引进机器设备200余台（套），主产航空产品。2005年，投资11000万元，创建沂源旭光机械有限公司，占地面积26600平方米。2006年11月，山东鲁阳股份有限公司在深圳证券交易所上市。2008年，山东国塑科技实业有限公司成立，生产各种管材管件。2009年，鲁阳公司二次融资3.5亿元，成为全市唯一上市再融资的企业。

2010年12月，山东瑞泰新材料科技有限公司成立，主要从事特种功能合金材料及汽车、航空发动机、燃气轮机用高温合金的研发和生产。2011年5月，沂源县圣邦混凝土有限公司成立，生产商品混凝土，后成为规模以上企业；9月，淄博城市燃气（沂源）有限公司成立，年输气能力4.8亿立方米，日供气能力120万立方米，为广大居民带来清洁安全新能源；10月，沂源恒通新型建筑砖有限公司成立，生产混凝土复合自保温砌块、混凝土免烧砖；11月，山东鑫泉医药有限公司成立，研发、生产医药中间体和头孢类原料药。2011年，南麻镇有镇办企业67家，职工20861人，完成工业总产值34.3亿元、工业增加值13.7亿元。2014年2月，量子精工机械（山东）有限公司成立，由美国埃韦尔量子有限公司投资建设，研发、生产精密机械构件；8月，沂源万达水泥制品有限公司成立，主营商品混凝土。2015年，南麻街道全面落实“工业强县31条”政策，转方式、调结构，推进项目建设，开展对外战略合作；促成山东鲁阳节能材料股份有限公司与美国奇耐联合纤维公司高温热除尘战略合作，兼并苏州奇耐公司；投资1.8亿元，推进大华3万吨有机肥和2万吨冷库项目、滕坤工贸年产1.5万吨新型复合材料项目、泽润木业年产1.2万立方米胶合板项目、百耀科技精密机械加工项目等6个工业重点项目建设；推进山东鲁阳节能材料股份有限公司、金环线业公司“退城进园”，培育规模以上企业3家，完成招商引资任务7.2亿元。2017年10月，山东睿和新材料有限公司成立，生产环保型钙锌稳定剂。此阶段，南麻街道聚焦聚力培植发展新动能，推动鲁阳公司、汇丰木器厂、银河消防水带厂、瑞月公司等重点项目建设，加大投资力度。为20家规模以上镇属工业企业搭建融资平台，扶持中小企业自主创新和转型升级，帮助高成长性中小企业做大做强。全年完成招商引资12.8亿元，同比增长11.3%；完成商品进出口总额3.5亿元，同比增长9.6%；规模以上工业企业主营业务收入46.25亿元，同比增长23%。

2021年，南麻街道积极应对经济下行压力，持续抓投入、上项目，工业经济运行质量和效益进一步提高。先后策划实施年度重点项目36个，总投资128.45亿元；投资52.9亿元，促成青岛啤酒产业园等3个市级重大项目落地；投资21.5亿元，完成鲁中物流产业园、日照兴业集团城市更新、深圳君助投资管理有限公司电子商务物流产业园3个招商项目；建成山东泉聚新材料有限公司年产5万吨超轻质绝热材料项目、山东瑞泰新材料科技有限公司高性能军用高温合金材料项目、万达水泥搬迁等项目。坚持“抓龙头，培中小”工业发展战略，培优扶强、抓大带小，持续推进古泉、埠东、沟泉3个小工业园区建设，培育天润焊接、恒润航空巾被、旭光机械、量子精工等优势企业11家。截至2023年，南麻街道有规模以上工业企业17家，实现主营业务收入783300万元。

企业选介

沂源恒通新型建筑砖有限公司　2011年10月成立，位于埠下村。注册资本500万元，占地面积2万平方米，职工38人，是以生产混凝土复合自保温砌块、混凝土免烧砖（即空心砌块、多孔砖、实心砖、路面砖等）为主要产品的企业。

公司有技术人员6名，另外聘专业技术人员，组成专业技术团队，与山东理工大学建立合作关系，获得“自保温砌块及其制作工艺”国家发明专利1项、实用新型专利2项、外观设计专利1项。基本实现机械化和电气自动化，拥有数控全自动混凝土砌块砖生产流水线2条、数控自动码垛机2台、铲车2台、叉车6台，年生产混凝土复合自保温砌块

混凝土免烧砖生产车间

10万立方米、折标砖4000万块。2023年，公司实现产值1515.3万元、销售收入1271.71万元，上缴税金75.8万元。

量子精工机械（山东）有限公司　2014年2月成立，位于沂蒙路2号。注册资本1200万元，占地面积12229平方米，建筑面积8133平方米，职工140人。由埃韦尔量子（美国）有限公司投资控股，研发、生产、销售精密机械构件，产品主要用于船舶机械、食品机械、汽车配件三大门类。

船舶机械、汽车配件等系列产品

公司有研发人员12人，占职工总数的8%，研发经费占销售收入的8%。拥有“一种烧瓶加热套装适配器”“一种物料存取机构”“一种旋转物料盘以及物料架”“一种进料口密封结构”“柜机（智能样本管理系统Compound Bank Controiier）”5项国家专利。

公司奉行“绿色铸造”理念，依照“减量化、再利用、再循环”行业准则，使铸造产品从设计、制造、包装、运输到报废处理的整个周期中，实现对环境最小负面影响，获取最高资源效率。2017年，投资534万元，引进布鲁克Q8光谱仪、卧式加工中心等进口设备4台（套），购置立式加工中心、环保节能型电炉等国产设备52台（套），增加相应公用配套工程，通过硅溶胶铸造自动化制壳、切割研磨自动化和抛丸、振壳自动化等生产线技术改造，最终达到精密机械配件300万件的年生产能力，主要产品有食品机械、船舶机械、汽车配件。当年产量达到341万件，增加销售收入2000万元、利润180万元。

在青岛、东营、上海3个外贸公司和美国驻外办设有5支营销团队，产品主要出口美国、欧盟、日本、韩国等国家和地区，部分产品供应国内市场，在全国市场占有率达0.44%。

投产当年，组装轴流风机200台，生产机械配件15000件，实现产值28万元、销售收入32万元。2023年，实现产值3980万元、销售收入4071万元，上缴税金72万元。

山东睿和新材料有限公司 2017年10月成立，位于沂源经济开发区化工产业园。占地面积2640平方米，建筑面积2664平方米，职工24人，是集环保型钙锌稳定剂的研发、生产、销售和技术服务于一体的现代化工业企业。

公司与青岛科技大学、湖南大学材料科学与工程学院达成产、学、研合作意向，拥有15项实用新型专利，通过ISO9001质量管理体系认证。主要生产PVC环保钙锌稳定剂、PVC加工助剂、高分子抗冲改性剂等，产品用于板材、地板基材、管材、片材、型材、电线等PVC软硬制品。生产钙锌稳定剂的原材料来自动物和植物中提取的脂肪酸、氢氧化钙、氧化锌和沸石等，无毒无害，安全环保，可取代铅、镉、盐类稳定剂和有机锡类稳定剂，具有较好的热稳定性、耐候性、阻燃性、光稳定性、透明性及着色力，是一种性能优良的新型环保稳定剂。

与泰安惠尔集团、长安汽车集团公司、郑州宇通汽车股份有限公司等大型企业签订长期战略合作协议，与越南天蓝新材料有限公司、尼泊尔经典工业私人有限公司、巴基斯坦阿克巴里地板私人有限

公司生产厂区

公司等建立长期合作关系。公司成功跨入县规模以上工业企业，被纳入“专精特新”企业培育库。

沂源县圣邦混凝土有限公司 2011年5月成立，位于西上高庄村。注册资本2500万元，职工60人，主营商品混凝土生产及销售。

2023年，公司有专业技术人员8人，占职工总数的16.7%，投入研发经费179.2万元。与山东农业大学签订“不同配合比混凝土工程力学性质实验研究”技术开发合同。研发拥有高新技术产品——再生混凝土。截至2023年，共获得12项知识产权，其中实用新型专利6项、软件著作6项。

拥有180型商砼生产线1条、辅助生产线1条，配有6~18方各种型号混凝土运输车辆20台，日运输量达2000立方米。累计生产、销售商品混凝土50万立方米，先后为瓦日铁路沂源段、瑞阳制药公司、山东药玻公司、沃源纺织公司、沂河治理工程、翡翠山居小区、沂蒙佳苑小区、香麓园小区、西上高庄小区、临临高速公路等重点工程提供商品混凝土和技术指导服务。公司为县规模以上工业企业，被评为沂源县纳税百强企业、南麻街道明星企业。

公司生产厂区

沂源万达水泥制品有限公司 2014年8月成立，位于古泉村。总投资2500万元，占地面积16亩，职工40人，主营商品混凝土生产及销售。公司原址位于大田庄村，2018年厂区整体搬迁，2020年5月搬迁完成。

公司有专业技术人员6人，占职工总数的15%。建有设施完备的实验室，面积120平方米，

有高级工程师1人、中级工程师1人、实验员4人。拥有三一重工生产的180型、120型混凝土全自动生产线及辅助设备，配有混凝土搅拌车15台、6~18方各种型号混凝土运输车20台，日运输量达2000立方米。累计生产、销售混凝土50多万立方米，先后为瓦日铁路沂源段、中国人民解放军63926部队、山东药玻公司、悦府小区、付家庄社区、盛世华府小区、骊苑小区、山东鑫泉医药有限公司、万象府小区、润泽佳苑小区、世纪新城小区、沂河佳苑小区、文园小区、沂河治理工程、翡翠山居小区、沂蒙佳苑小区、香麓园小区、西北麻社区、临临高速公路等重点工程提供商品混凝土和技术指导服务。

沂源旭光机械有限公司 2005年成立，总投资11000万元，占地面积26600平方米，职工60人。年生产铸件能力12000吨、机加工能力4000吨，含旭阳（山东）智能科技有限公司子公司，是国家高新技术企业、国家科技型中小企业，3A级国家质量诚信单位，山东省“专精特新”企业、山东省科技型中小企业、山东省隐形冠军企业，沂源县创新高成长企业。

公司建有淄博市“一企一技术”研发中心、工程技术科研中心和检测实验室，建有模具设计与制作、半自动砂芯制壳、中频熔铸、清理修磨、热处理、机械加工、表面喷塑等专业技术团队，拥有“双层复合耐磨弯管”“双层复合高效直管”“内置螺纹填充式弯管”等发明专利和实用新型专利16项、计算机软件著作10项。先后参与滨州职业学院2019—2020年度、2020—2021年度工业和信息化职业教育教学科研申报课题立项建设，与韩国進城金属会社签署联合开发新型复合耐磨材料产品的合作及购销合同。目前，正在研发工业自动化机械手臂产品。

公司主要产品有高锰钢、高铬合金双层复合弯管、高铬合金双层复合直管、整体铸造S阀、双层复合变径管、双层复合铰链管、高铬合金弯管内胆、高铬合金离心铸造直管内胆等。其中，高铬合金双层复合直管为国内独家设计、制造。销售市场以出口为主，主要销往墨西哥、意大利、德国、韩国、日本、越南、印度、美国、迪拜等国家和地区；国内主要供应三一重工、徐工集团、中联重科等大企业，形成了完善的销售网络体系。

高铬合金复合弯管车间

历山街道

概　述

历山街道境内工业始于清代，清咸丰五年（1855），东北麻村岳修本开办第一家制丝厂。民国期间，陆续出现榨油、酿酒、面粉加工等手工作坊。民族企业家杜万兰在儒林集村兴办缫丝厂，设有专门收茧市场。村内除有客栈、丝绸店、粉坊、油坊、砖瓦窑、采石场外，还建有沂源县较早的酒坊。1935年，南麻社社长徐敬文开办制丝厂，有厂房80余间，雇工300余人。苗山村郑建庆、郑建广建有手工蚕丝厂，郑作祜建有油坊，规模较大。其间由于战事频繁，工业生产发展缓慢。

新中国成立初期，沂源县只有煤矿和酒厂2家全民所有制企业。1958年，筹建南麻农业机械制造厂，属全民所有制企业，主要生产铁锅、弹花机、轧花机、水车等，后期主要生产195型柴油机体、汽缸盖、调速器、平衡轴等内燃机配件，后名称改为山东沂源内燃机配件厂、源通机械公司。在全民大炼钢铁的号召下，南麻建起炼铁厂，1960年，13立方米炼铁炉正式投产。由于设备、工艺原始落后，矿石品位较低，所产生铁质量差，1962年停产。20世纪60年代，社队企业得到发展，建有草编厂、麻袋厂等企业。1966年8月，山东新华制药厂试车成功。1970年，沂源县玻璃厂建成投产。1978年1月，沂源县化肥厂建成投产。1987年，沂源县发电厂建成。20世纪80年代，先后创办木器厂、服装厂、塑料厂、水泥预制厂、瓶盖厂、果脯生产加工厂、织布厂、地毯厂、玻璃马赛克厂等企业。1990年，在县城博沂路建成全县第一家中石化加油站。1991年，在县城南部建成全县第一家液化气站。1992年，淄博隆祥企业总公司成立，经营范围涉及工业、商业、建筑、饮食服务等行业，下设20多个分支企业。1993年，建立银河塑料厂。1994年，在县城西部建立奇可力公司。1996年7月，建立隆祥塑胶制品厂。2009年，西北麻村建起纸箱厂和玻纤厂。2019年，中儒林村成立沂源县坤盈建材有限责任公司，主要生产建筑用水泥预制件、商品混凝土、预拌砂浆等，是2019年度中国绿色建材先进企业。截至2022年底，历山街道有规模以上企业103家，小微企业3000余家，个体经营户9000余家。截至2023年底，历山街道规模以上工业企业19家，实现工业产值125亿元。

企业选介

沂源县坤盈建材有限责任公司 成立于2012年6月，位于沂源县经济开发区，注册资本2600万元，是一家以装配式建筑PC构件生产为主营业务的企业，现有装配式PC构件生产线1条，专业生产模具80余套，具有年产1.2万套PC构件生产能力，有180混凝土生产线各2条，具有年产混凝土40万立方米的生产能力。公司主要从事装配式PC构件、商品混凝土和建筑构件的生产和销售。2019年度被

商品混凝土原料储仓

纳入沂源县规模以上企业，2021年实现销售收入7320余万元、税收290余万元，2022年实现销售收入10550余万元、税收500余万元，2023年实现销售收入6689万元、税收300余万元。

2018年，公司与山东万斯达集团、万斯达建筑设计院建立战略合作关系，共同设立沂源县坤盈建材装配式建筑研发生产基地，该基地是淄博市首家、沂源县唯一一家砼装配式构件生产企业。2021年投资6100万元，建设1.2万套装配式建筑搬迁入园智能化技术改造项目，公司市场竞争力提升，增加产能20万立方米，丰富了公司的产品结构，拓宽了市场领域。

经过十余年的拼搏，公司先后荣获“诚信、文明经营企业”“重合同守信用企业”“2019年度中国绿色建材先进企业”等荣誉称号。

南鲁山镇

概　述

新中国成立初期，南鲁山镇工业以手工作坊为主，涌现出小铸造、小轧钢、小水泥、小水电、小机械等“五小”企业，规模较小，产量较低。进入20世纪70年代，陆续建立芦芽炼铁厂、国营沂源县第四水泥厂、农机修配厂、石灰厂、冰糕厂、面粉厂等企业。改革开放后，以镇办企业为骨干，村办、联办、个体一起上，各类企业如雨后春笋，层出不穷，涌现出木器加工、陶瓷、饮料、针艺、制胶等各类村镇企业。1986年，上土门村建立胶厂；芦芽村先后建起砖厂、木器加工厂、宝丽板厂、砂轮厂。1991年，璞邱村村民王士平父子投资70多万元，建立地毯加工厂，安装60多台织架，安置120多人就业，职工人均年收入7000多元，企业年产值70多万元。

1997年，根据县企业产权制度改革领导小组出台的《沂源县乡镇企业产权制度改革实施细则》要求，土门镇镇办企业开始改制，沂源县铸造厂转为民营企业，沂源县轧钢厂、汇金精密铸钢厂、沂峰水泥厂、土门镇建筑公司等改制为租赁企业，鲁

峰陶瓷厂、沂源县福利胶厂等改制为私营企业。其间，工业发展迅猛，涌现出汇金胶合板厂、永祥轧钢厂等一批骨干企业。

2001年，轧钢铸造和板材加工两大优势产业集群加速发展，成为鲁中地区最大的轧钢铸造基地和板材进出口集散地。2007年，投资5400万元，新上鑫田木业等6个项目；投资8500万元，完成南华叉车门架、新汇木业建筑模板等8个技改项目。铸造业企业生产各类建筑机械配件达几十个品种，产品远销芬兰、美国、韩国、德国、澳大利亚等国家和地区，年产值10亿元、出口创汇8000万元，成为全镇支柱产业之一，产业集群初具规模。2010年，进入以铸造、板材、矿泉水为主体的工业全面发展阶段。至2018年，拥有鲁山山泉、沂河源矿泉水、八矿锶乡矿泉水等8家矿泉水加工企业，进一步擦亮"中国矿泉水之乡"品牌。

2022年，南鲁山镇有纳税企业183家，其中规模以上企业17家，形成"金、木、水、草、新"新产业图谱。依托"零地招商"，通过"双招双引"引进、嫁接、提升等方式，对30家亟待转型升级的小企业进行升级改造。按照"盘活闲置的、整合分散的、转型落后的"总体思路，"一地一策"量体裁衣，精准谋划实施项目。同年底，在谈企业53家，达成意向企业32家，落地投产企业20家。截至2023年，南鲁山镇有规模以上工业企业5家，实现工业产值1亿元。

企业选介

山东南华科技股份有限公司 始建于1987年，前身是芦芽村集体成立的沂源县第二轧钢厂。1993年7月，扩建改名为永祥轧钢厂，1994年1月投产。2001年，改建为山东南华科技股份有限公司，总资产1.4亿元，下辖南华型钢、银联设备、联盟兴业3个公司，是国内成立较早、规模较大的专业生产异型钢企业。主要生产多种型号的铸钢型材，产品销往国内30多个省市及美国、澳大利亚、荷兰等国家和地区，主导产品电缆钢在全国市场占有率达70%以上，槽帮钢在全国市场占有率达50%以上。

沂源新宇鸿翔木业有限公司 2016年6月成立，位于水么头河南村，占地面积1.5万平方米。有职工24人，其中研发人员6人，拥有新型专利9项。主要生产各种生态板和胶合板，用于建筑、包装及装修等。年产胶合板2.5万立方米，产值5000万元，利税400万元。产品出口欧美、中东、印度等十几个国家和地区。

淄博源丰诚新型建材有限公司 2019年成立，占地面积8.74万平方米，主营建筑材料的生产、加工和销售。拥有两条骨料生产线，处理硬质河卵石、花岗石、建筑垃圾等物料，可制成多种规格的建筑骨料和砂。2023年底，资产总额7322.55万元，实现总产值3482.3万元、营业收入3357.07万元，净利润318.19万元，年纳税额206.43万元。

鲁山山泉（山东）矿泉水有限公司 2002年成立，位于南鲁山镇政府驻地创业路40号，占地面积5000平方米。水源取自鲁山寒武岩层断裂带，pH值在7.3~8.0之间，富含锶、钾、镁等多种矿物质成分，其中锶含量0.75~1.93毫克/升，高于国家标准。配有桶装水、瓶装水、苏打水、气泡果汁等灌装生产线多条，桶装水智能流水线1条，吹瓶机11台。拥有"鲁山人家""冰三伏"等20多个品牌。被认定为全国名优产品、中国区域保健水系列产品生产基地、中国残疾人乒乓球国家队指定用水，"鲁山人家"商标被评为中国著名品牌。

沂源宾晟铸造有限公司 2006年成立，位于芦芽村，占地面积5000平方米。职工人数60余人，其中铸造专业技术人员8人。主要生产汽车、火车、矿山用铸钢件。2014年通过国际质量2000认证、AAR质量体系认证。为国内一汽、陕汽、重汽等多家企业提供铸钢配件，国外出口美国、澳大利亚、韩国等国家。

山东沂源华康食品有限公司 2004年成立，位于流水村，是一家集桔梗加工、储存、销售为一体的农产品加工出口型企业。主营去皮桔梗和保鲜牛蒡，年生产去皮桔梗1500余吨、保鲜牛蒡120多吨，年产值2000余万元。2010年，获得自营进出口权，主要出口韩国。2023年公司有残疾员工20人，50岁以上员工100余人，是省级残疾人优秀就业扶贫基地。被认定为农业产业化市级重点龙头企业。

鲁村镇

概　述

鲁村镇境内煤炭资源丰富，明末清初，即出现煤炭开采业。明代末年，有人在石门村东开挖煤井（今称作炭井沟），后陆续出现福山井、永生井、庆仁井等煤井，矿区规模逐渐扩大。民国初期陆续兴办榨油、酿酒、缫丝等手工作坊，其中染坊5家、缫丝厂2家。抗日战争和解放战争时期，战事频繁，工业生产发展缓慢。1958年后，公社在鲁村东门里路北开办铁木业社，生产各种农具、家具等；成立翻砂厂，生产各种型号的农业灌溉用铸铁管道。

20世纪70年代，社办集体企业兴起。1970年，鲁村公社成立建筑社。1971年，徐家庄公社建立农机厂。1975年，鲁村公社在草埠煤矿西渣子山处建砖瓦厂。1976年，在石门村东建硫黄厂、酒厂。同年，农机厂由县工业局下放到公社管理。1977年，在草埠村南“十八亩地”建陶瓷厂。1975年，鲁村公社革委会设立工交办公室，负责管理所属企业。因缺乏管理经验、企业技术力量匮乏、部分企业规模过小等原因，多数企业效益不好，在经营2~5年后先后倒闭。1979年，中央出台政策鼓励发展社队企业，鲁村公社社队经济得以发展。在鲁村三村建叶绿素厂，生产的“绿中”牌糊状叶绿素远销日本、美国和西欧市场。

20世纪八九十年代，镇办、村办及个体私营企业快速发展。1984年，公社建立服装厂，刘家石沟村建立鲁村公社第一家造纸厂。1986年，镇投资创建外贸福利冷藏厂。1987年，鲁村三村创建沂源县有机化工厂。同年，张家洼村创办鞋厂，1988年，转卖给个人经营，1990年，转为镇办企业，实行承包经营，厂址迁至鲁村镇政府驻地，更名为鲁跃鞋厂，1998年企业改制为私营企业。1989年，建成投产安平织布厂。1991年，鲁村镇在草埠山前建选矿场。1992年，在鲁村西建防水隔热粉厂，1998年转为私营企业，更名为沂源县强力防水材料有限公司。1995年，投资3000多万元建庆源陶瓷厂。

自1982年起，“两户一体”（专业户、重点户、联合体）和个体私营企业相继出现。1986年，联户办工业24家、个体工业32家，工业产值90余万元，年上缴税金6万余元。1997年，全镇有个体私营工业95家，从业人员3321人，产值1500万元，上缴税金68万元，形成建材、食品、油料加工、纺织、鞋帽等行业规模体系。1998年，全镇实现工业总产值1.99亿元，占全镇工农业生产总值的56.8%，创利税980万元，营业收入1.51亿元，实现工业增加值4580万元，外贸出口交易货值达4000万元，企业固定资产达6983万元。

2000—2005年，实施“工业立镇”战略。完成工业固定资产投资5.7亿元，招商引资4.8亿元，盘活晶鑫建材公司、有机化工厂、草埠煤矿等企业闲置资产2.33亿元。实施项目114个，其中过亿元项目1个、过千万元项目10个。规模以上企业11家，有自营进出口权的企业4家，海达公司兔肉代表中国出口欧盟冲关成功；鲁胜公司产品远销韩国、日本；锦阳电工材料有限公司借船出海，实现低成本扩张；庆源建安公司走出国门承揽跨国施工业务，与尼日利亚飞马房地产开发公司签订1.5亿元的施工合同。2004年，徐家庄乡主要企业有兴国矿业公司、淄博国泰能源发展有限公司、新海恒源科技发展有限公司、山东德成有限公司、华泰果业有限公司等，实现工业总产值6448万元。

2006—2010年，镇工业经济呈现平稳较快发展。新上和技改项目20个，其中投资过1000万元的项目8个、投资过500万元的项目10个，累计完成投资2.07亿元。盘活闲置土地60余亩，招商引资项目5个，完成招商引资1.2亿元。

2011—2017年，以项目建设推进工业强镇。累计完成投资2.5亿元，永波爆破、泰达塑编、淄博冉诺、林田肥业、华恒仪表、海达大豆食品深加工、瑞普思医用LED观片等镇重点工业项目投产。先后引进淄博弘源耐火制品有限公司年产40万平方米防火门、淄博一诺科思金属制品有限公司不锈钢装饰焊管和户外高档园艺护栏、山东物流集团金策能源LNG加气站、山东鑫盛达科技有限公司干混砂浆等15个项目。引进外资100万美元，建成良岸源博加气站。实施投资3亿元的华电国际风力发电项目、投资2亿元的三峡光伏发电项目。培育新企业12家，新增规模以上企业5家，形成以建筑、物流、建材、机械、塑编、食品加工等六大支柱产业板块。

2018—2020年，建成投资1.2亿元的鑫源电力、筑高混凝土、祥胜源新型建材项目，实施投资1700万元的鲁村煤矿、富泰建材技改项目，引进总投资3亿元的源河食用菌等4个项目。

2021—2023年，投资3.15亿元建成楷园农业、科腾塑编、优本玻璃、众西胶合板、鼎创康达新材料、辉科建材等重点项目。与广东风力发电公司线上签订投资6亿元的农光互补项目框架合作协议；投资4亿元，建设永正生物项目；成立沂源蒙河牧业发展有限公司，落实一期1万头奶牛养殖项目；投资5亿元，推进山东金翼科技股份有限公司粉末冶金新材料项目。截至2023年，鲁村镇规模以上工业企业9家，实现工业产值2.6亿元。

企业选介

淄博庆源集团有限公司 1970年5月成立，前身是鲁村建筑社，最初位于红旗机械厂内。曾承建山东半导体研究所、山东储备局三七二厂的山洞被服工程，山东裕华厂、东风化肥厂、沂源制丝厂等土建工程。1985年，更名为沂源县建筑工程公司，成为建筑安装三级企业。1994年，实行股份合作制改造，更名为沂源县鲁村建安股份有限公司。1997年，以建陶为主组建淄博庆源集团有限公司，下设淄博庆源建筑陶瓷有限公司、淄博庆源建安有限责任公司、沂源县鲁源矿业有限公司、沂源县鲁星石材有限公司4家公司。公司先后投资200万元，购买16台塔吊、25台砼搅拌机及其他大型机械设备，承建了县内十几项高难度工程，包括沂源县第一座高层建筑县供电局生产调度楼、山东药用玻璃总厂跨度20米以上的大车间、沂源县工商银行12层营业大楼等，被评为优良工程，建筑优良率达到35%以上，合格率达到100%。县外承建了东营飞机场、山东农药厂住宅楼群及车间、淄博长城建陶厂宿舍楼、淄川区董家村建陶车间和炼铁厂、张店区人民银行宿舍楼等工程。

20世纪90年代，相继创建鲁村镇选矿厂、鲁星石材有限公司、鲁星工艺美术玻璃厂等企业。1995年，投资4000万元，创建淄博庆源建筑陶瓷有限公司，1997年3月投产，从德国和意大利购进莱斯压机、奥半液化机等世界领先设备，填补沂源县建筑陶瓷业的一项空白。

公司被农业部认定为大型（二）乡镇企业，连续8年被省工商局评为重合同守信誉企业，被县税务部门评为纳税先进单位，被市、县建设管理部门评为质量标兵、外出施工第一名、工程安全文明单位等。

淄博辰通建材科技有限公司 1992年5月成立，前身是沂源县强力防水隔热粉厂。2000年，由原来的镇办企业改制成有限公司，更名为淄博强力防水材料有限公司。2003年，成立淄博辰通建材科技有限公司。主要从事水泥助磨剂、预拌混凝土、成品砂浆、防水材料等建材产品的研发、生产与销售，生产“辰通”牌液体水泥助磨剂、“强力”牌防水卷材、各种型号商品混凝土等系列产品。

2007年，盘活原临沂矿务局草埠煤矿闲置资产，投资1800万元，扩大企业生产规模。2013年，新上年产30万吨预拌砂浆项目，总投资950万元，属国家鼓励推广的节能环保项目。2019年，新上2条年产50万立方预拌混凝土生产线，设备采用目前淄博市最先进的中联重科180生产线。

公司聘有多名在水泥工业、混凝土工程领域有丰富经验的知名专家，同中国建筑材料研究院水泥研究所建立长期合作关系。产品“辰通”牌绿色环保高效复合水泥助磨剂，获得国家发明专利，拥有自主知识产权。CT-100型绿色环保复合高效助磨剂项目，获得2008年度淄博市“三个节能30项”奖，被列入淄博市科学技术发展计划项目，产品荣获2008年度淄博市政府节能奖。“强力”牌防水卷材被评为山东省驰名商标。

淄博雅安建材有限公司 2013年8月成立，位于三黄沟村。主要产品有FS复合保温外模板和聚合物砂浆，注册商标为“房羽”。公司获得《一种建筑浇筑模板结构》等实用新型专利9项。2016年，参与编写山东省工程建设标准《FS外模板现浇混凝土复合保温系统应用技术规程》。拥有FS复合保温外模板自动化生产线2条，设计年产量60万平方米；聚合物砂浆生产线1条，设计年产量2万吨。2014年3月，开始试生产FS复合保温外模板，是山东省首批生产FS复合保温外模板的企业之一（当时淄博市共3家）。FS复合保温外模板是国家和山东省大力推广的建筑节能与结构一体化产品，适用于抗震设防烈度8度和8度以下地区工业与民用建筑的现浇混凝土外墙、梁、柱工程，保温与结构一体化，与建筑主体同寿命，有效避免外墙保温带来的脱落等隐患，符合建筑节能83%的标准要求。截至2023年，累计生产产品300余万平方米，主要销往济南、淄博、青岛、临沂、德州、潍坊、日照等省内城市。

公司三黄沟厂区

阳春三月乳业有限公司 2018年3月成立，位于张店区傅家镇，2020年3月落户鲁村镇，是一家集液态羊奶的生产、研发、销售、物流于一体的综合性企业。

2018年6月，公司投资600万元建成巴氏鲜羊奶生产线，12月投产。至2019年底，客户发展到上万户，配送站从3个发展到400多个。2019年参加全国第二届奶吧大会，获得奶吧发展之星荣誉称号。2020年3月，年产1.08万吨液态羊奶生产线项目申报立项，8月该项目在沂源二期产业园奠基，10月动工，2021年9月投产。通过ISO9001质量管理体系、ISO22000:2018食品安全管理体系和危害分析与关键控制点（HACCP）体系认证。

2023年，公司有研发人员10人，投入研发费用137.46万元，与山东农业大学、西北农林科技大学等建立产学研合作关系，拥有发明专利1项、实用新型专利14项。公司引进法国、瑞典、德国等世界先进乳品生产线，集国际先进技术与工艺于园区，生产低温鲜羊奶系列、低温酸羊奶系列、纯羊奶系列及羊奶乳酸菌饮品系列等多元化的液态羊奶产品，拥有阳春三月、萨仑优卡、鲜有他、羊老大等明星品牌。

低温奶二期生产车间

公司有销售人员30人，运用“0”距离社区营销模式，以低温奶为主导，在社区形成独立的配送系统，平均2~3个社区设置1个配送站点，直接将奶配送到户。公司直营连锁门店具备新零售功能，形成从工厂→门店→配送站→喝奶户（用户）的物流配送体系。阳春三月鲜羊奶成为目前山东省日配鲜羊奶数量最多的企业。

公司以“发扬羔羊跪乳尚知孝的羊文化，传承中华民族感恩亲的孝文化”为发展理念，运用“一核四驱，多元融合”奶山羊全产业链发展模式，致力打造鲁村镇特色奶山羊小镇。

公司是高新技术企业、山东省瞪羚企业、山东省“专精特新”中小企业，淄博市农业产业化龙头企业、科技型中小企业、创新型中小企业、经济高质量发展优秀企业，淄博市第一批食品生产企业实训科普基地。

山东海达食品有限公司 始建于1985年，位于镇政府驻地。1985年底，开始建设150吨冷藏库和生猪屠宰车间及加工流水线。1986年6月，成立沂源县鲁村肉联冷藏厂，占地面积38000平方米，职工680人，产品以出口为主，远销法国、德国等20多个国家。1995年，加工出口胴体羊（即沂蒙黑山羊）产品。1996年8月，转卖给山东凯远集团公司淄博分公司，更名为沂源福利冷藏厂，日加工能力达到15000只肉食兔，年实现外贸出口交货值3000万~4000万元。1998年，创利税320万元。2000年12月，沂源县福利冷藏厂改制成立沂源海达食品有限公司。2001年7月，接收破产的沂源县食品公司。2002年3月，成立山东海达食品有限公司，新上国内先进的肉鸡加工出口流水线；成立生猪定点屠宰经营公司，负责全县生猪经营；买断张庄肉联厂，新上肉鸭加工项目。2003年，新上亿利达肉鸡熟制品加工出口项目，产品主要出口日本和韩国。2006年，新上桔梗加工出口项目，主要出口韩国。2012年8月，建设30万头生猪屠宰及分割生产线，开始“集中屠宰、冷链配送”。2015年6月，新上大豆香干条项目，成为海达公司三大支柱产业之一。

肉食兔加工车间

淄博全东机械制造有限公司 2005年成立，位于镇政府驻地，占地面积15000平方米，员工100多人，是一家集科研、设计、生产、加工、销售和技术服务于一体的现代化企业。生产经营不锈钢、碳钢、合金钢、耐热钢、高温合金钢等材质的各类高档次精密铸件及深加工产品。专业从事硅溶胶型壳精密铸造和机械加工，产品有6000种以上，涉及合金牌号200余种。90%以上的产品出口欧盟、日本、美国、澳大利亚等国家和地区。

大张庄镇

概 述

民国时期，大张庄乡境内有榨油、缫丝等手工作坊。抗日战争和解放战争时期，战事频繁，工业发展缓慢。1943年冬，八路军在西顾庄建立兵工厂，配有20千瓦发电机（柴油机带动）1台，是沂源县最早的电力生产企业。1958年，贯彻“以钢为纲”方针，掀起钢铁生产高潮，建炼铁炉128座、木焦炉132座，共炼灰白口铁3425吨、海绵铁487吨、淘铁砂495吨。同年，建水泥厂5处，生产低、高标号水泥。

20世纪60年代末，推行“厂社挂钩”，部分条件好的大队开始兴办工业。响应“实现农业机械化”的号召，建起一批以农机修造业为主的企业，力求农机具“小修不出队，中修不出社，大修不出县”。70年代，供销社在南村老街建酱油、醋酿造厂。1977年开始，公社陆续建立“七厂、二队、一站”，即农修厂、肥料厂、建筑材料厂、粮油加工厂、服装鞋帽厂、生活服务厂、工艺美术厂，建筑队、运输队，拖拉机站。80年代中期，依托当地资源，乡办磁选厂、石英厂、地毯厂、植物油厂等，太平庄、上升科、福峪等村开办大理石厂。1984年，成立乡建筑公司。1986年，从潍坊地毯厂引进技术、设备，成立大张庄地毯厂，有织机20台，职工100余人。1989年，全乡企业总产值达到200万元，实现利税30万元。

20世纪90年代初，大张庄乡成立经济贸易委员会，企业管理体制日臻完善，全乡工业企业迈入快速发展阶段。乡政府出资建成植物油厂，占地1万平方米，厂房12间，年产花生油700余吨，年产值400万元。1994年，建成肉联厂，占地面积7000平方米，年产值300万元。发展到90年代末期，大批乡办、村办企业因生产能力、管理水平低等因素，相继关停倒闭。

进入2000年，大批民营企业逐步崛起。2003年，太平庄村王成文将村办大理石厂改制建成新的大理石厂。2005年，松山村秦昌田成立山东沂蒙山花生油有限公司，后经过股份制改造，更名为山东沂蒙山花生油股份有限公司，实现年总产值1.5亿元，税收超过500万元。2006年，南村赵西亮成立沂源晟金港玻璃纤维制品有限公司，实现产值1300万元、税收100万元。同年，太平庄村投资成立沂源大秦砖业有限公司，生产页岩砖等建材。2009年，东唐庄村李道健成立建兴石材厂。

2010年后，一批新的科技创新型企业相继诞生。2011年，沂源康源生物科技有限公司成立。2014年，山东华星创展门业有限公司成立。同年，尊海食品集团有限公司成立。2019年，山东恒立轨道装备制造有限公司成立。4家企业均成长为规模以上工业企业。

截至2023年，大张庄镇有规模以上工业企业4家，实现工业产值2.5亿元。

企业选介

山东和众康源生物科技有限公司 2016年成立，位于富源村，占地面积34亩，注册资本600万元，职工54人，是一家集发酵菌剂研发、生产、销售和技术服务于一体的高新技术企业。主要从事生物工程技术推广服务，产品涵盖食品发酵菌种、饲料发酵菌种、酶制剂和生物肥料发酵菌种等，广泛应用于食品、饲料和绿色农业领域，“和众康源”成为微生物发酵行业领军品牌。

公司以微生物技术研发为核心，与江南大学、山东理工大学、淄博职业学院等多家高校和科研院所建有合作关系，建有淄博市企业技术中心和淄博市生态农业菌种工程研究中心研发平台，拥有自主研发知识产权30余项、授权发明专利5项、实用新型专利13项，主持和参与制定团体标准1项、发酵菌种、酶制剂、饲料添加剂等行业标准19项。

米曲霉发酵复合酶产品

公司通过质量、环境、职业健康安全管理体系、知识产权管理体系认证，被评为高新技术企业、山东省“专精特新”中小企业等。2023年，公司产品哈茨木霉被评为淄博市创新工业产品，获得第十二届中国创新创业大赛山东赛区暨2023年“建行创业者港湾”山东省中小微企业创新竞技行动计划优胜企业。

2023年，资产总额1794.4万元，实现营业收入3314.5万元、净利润361.4万元、税收105万元。

燕崖镇

概　述

燕崖镇工业由新中国成立前后的传统手工业逐渐向机械化工业发展，大体经历了3个阶段。

20世纪50年代至70年代，50年代末，以小规模作坊经营为主体，开办酿酒、榨油、缫丝、织布、砖瓦制造、陶器制作、铁器锻造等传统手工业，初步形成自给自足的手工业体系。20世纪70年代，中央号召学习苏南地区发展乡镇企业的经验，沂源县出台文件鼓励乡镇创办各类企业，社队企业得以快速发展。经营管理方式不断改进，劳动计酬由“劳动在厂、分配在队、厂队结算、适当补贴”的形式转变为日工资加奖励的办法，形成企业管理模式，调动职工积极性。这一时期，公社共有5家规模较大的乡镇企业，分别是1975年5月成立的燕崖建筑公司，后改制成立沂源县成泰建筑工程有限公司；1976年成立的燕崖公社农机修配厂，主要经营红炉、木工、锻造、标准件生产、农机维修等，年产值9万元左右，职工30余人（1985年关闭停办）；1976年成立的燕崖酒厂，主要生产苹果汽酒、果酒、白酒、果汁、酸枣汁、山楂汁等，职工100余人，年产值10万元（1997年改制，2000年关闭）；1977年成立的社办拖拉机站，购置50马力拖拉机2部、24马力拖拉机4部，从事货物运输和农业生产；1978年成立的燕崖综合厂，主要从事农产品加工、冰糕制作等（1986年关停）。这一阶段乡镇企业的发展，一方面培养了一批企业经营管理人才，另一方面形成了乡镇企业发展的框架，成为社队企业发展的支柱。后来由于经营管理方式落后和市场化意识不足等原因，逐渐走向衰落。

20世纪80年代至90年代，党的十一届三中全会后，国家鼓励发展工业经济。1985年，成立燕崖乡经济管理委员会，作为全乡乡镇企业的主管部门，推动建立了一大批乡镇企业。1982年，在燕崖村西建立燕崖奶牛场乳制品厂，职工30余人，年产值12万元，主要从事奶牛养殖、乳制品生产（1988年关闭）。1983年6月，通过集体贷款和个人集资结合的方式，在南安乐村西建起沂源县圣贤山食品厂，占地面积13亩，建有厂房6间、烘干洞4个、锅炉房1间、办公室4间，从业人员80多名。主要生产地瓜果脯，产品销往北京、济南、临沂等地，年收入8万余元。1987年，在燕崖乡驻地建立燕子石工艺品厂，职工12人，主要生产砚台、印章、镇纸、笔架、花瓶、摆件等燕子石艺术品，年产值20万元。同年，在燕崖村西建立沂源水龙带厂，职工15人，主要生产灌溉及消防水带，年产值50万元。1988年，在燕崖村西建立燕崖乡缫丝厂，职工120余人，年产值40万元、利润20余万元，1991年政策性关停，改制为沂源丝织厂，生产丝绸、美丽绸、提花布等布料。1988年，由社办拖拉机站改制成立沂源县压铸制品厂，1990年变更为山东淄博燕峰活塞厂，1997年改制为山东淄博燕峰活塞有限公司。1993年，由淄博建筑公司投资建立燕崖大理石厂，位于燕崖村，职工30余人，生产大理石、大理石磨板、大理石成品等，年产值500万元。1993年，在燕崖村成立燕崖玻璃纤维织布厂，2台织布机起家，2004年变更为沂源兴隆玻璃纤维有限公司，职工40余人，主要生产玻璃纤维布、玻璃纤维纱等，年产值1000余万元。这一时期的乡镇企业初具规模，产值利税有了较大提高，一度成为全乡经济发展的支柱。

2000年以后，全乡积极贯彻乡镇企业管理条例，深化企业改革，优化产品结构，乡镇工业稳步发展。2000年，在刘庄村建立沂源县洪成花岗岩矿，经营饰面用花岗石加工。2001年，在燕崖乡政府驻地成立淄博鑫峰玻璃纤维有限公司，生产玻璃纤维产品，职工70人，年产值500万元，当年实现税收25万元，2018年搬迁至沂源经济开发区。2004年，在乡政府驻地新建燕崖饲料厂，生产加工畜禽饲料及养殖奶牛，职工15人，年产值50万元。同年，在牛峪村建立石花钙业有限公司，职工30余人，生产轻质碳酸钙，年产值200万元。2005年，在韩家庄村北成立淄博市惠康医疗器械有限公司，主要生产医护用口罩、帽子、手术衣等，年产值400万元。2007年，成立山东耀源医疗器械有限公司。同年，在乡政府驻地成立淄博迪声绝缘材料有限公司，生产绝缘套管等材料，年产值600万元。2009年，在西白峪村成立淄博三智塑料包装制品有限公司，生产塑料包装材料，年产值720万元。同年，在乡政府驻地成立淄博鑫泽宇生物科技有限公司，生产复混肥等化肥。2012年，在镇政府驻地成立淄博益州涂料填料科技有限公司，生产凝固粉等建筑材料，年产值210万元，2018年更名为淄博益州建材科技有限公司，2021年更名为淄博凯立克新材料科技有限公司。同年，在镇政府驻地成立沂源县博洋建材有限公司，主要从事建材批发、销售、金属护栏加工等，年产值240万元。2014年，在镇政府驻地成立淄博柒祥彩塑粉科技有限公司，年产值500万元，后更名为淄博柒祥彩新材料有限公司，2017年搬迁至悦庄工业园。同年，在杏花村成立淄博沂源杏花虎泉山泉水厂，主要生产、销售瓶装罐装饮用水，年产值800万元。2017年，在镇政府驻地成立淄博至臻机械科技有限公司，注册资本1000万元，主要生产加工、销售机械零部件和汽车零部件等，年营业收入2000余万元。

燕崖镇按照转方式、调结构的要求，聚焦聚力培植发展新动能，工业经济运行质量和效益进一步提高。2017年，对5家规模以上工业企业搭建融资平台，扶持中小企业进行自主创新和转型升级，帮助高成长性中小企业做大做强。当年，新增规上企业3家，新建项目8个，技改项目2个，进园项目3个，完成招商引资任务4.8亿元，完成固定资产投资累计42021万元，同比增长18.71％。2018年，加大招商引资力度，全镇年度招商引资额41609万元。2020年，规模以上制造业实现生产总值4500万元，营业收入3150万元，同比增长69％。2022年，进一步优化招商模式，全镇推行副科级以上干部招商引资制度，招引工业项目6个。截至2023年，燕崖镇有规模以上工业企业3家，实现工业产值0.7亿元。

企业选介

山东淄博燕峰活塞有限公司　始建于20世纪70年代末，前身是燕崖乡农技服务站（拖拉机站），主营农机喷灌接头等铝铸件。1988年，变更为沂源县压铸制品厂，业务范围未发生变化。1990年，变更为山东淄博燕峰活塞厂，增加内燃机活塞制造业务。1997年，改制为山东淄博燕峰活塞有限公司，厂址位于燕崖乡政府东侧，注册资本200万元，主营业务为铝合金铸件和压铸件，被潍柴公司和派克公司确定为供应商，签订长期合作协议。2019年11月，成为戴姆勒公司的二级供应商。

2011年，与哈尔滨工业大学（威海）分校合作建立哈工大—燕峰技术研发中心。2012年，投资2000万元，建成省级“一企一技术”企业技术中心、市级车船用铝合金零部件工程实验室和市级车船用铝合金铸件工程技术研究中心。2017年，成立淄博市技术中心，投资1700万元完成技术改造，新增新研发重型汽车机油滤座、油底壳、各种进排气弯管、呼吸器等精密零部件，被评为淄博市高精度发动机用铝合金实验室。2021—2022年，研发新产品80余种，系新能源汽车相应的配套产品，目前有20多种已经批量化生产。公司拥有授权专利6项。

2023年，有职工200余人，年产精密零部件1000万件，实现产值7800余万元、利税800余万元。被评为省守合同重信用企业，市机械行业重点企业，县劳动关系和谐企业、纳税先进企业等。

沂源县成泰建筑工程有限公司　1975年5月成立，前身是燕崖建筑公司，位于燕崖村。1998年10月，改制为沂源县成泰建筑工程有限公司，注册资本2080万元，固定资产1280万元，流动资产3640万元。内设9个科室、9个工程项目部，技术工人386人，其中高级工16人、中级工370人。配置各种机械设备128台（套）。

公司具有建筑工程施工总承包二级资质。近年来，承建多处规模较大的工程项目：2009年，投资7385万元的淄博荣正房地产水印蓝山6—8号楼工程；2018年，投资13273万元的山东瑞丰高分子材料股份有限公司的新旧动能转换工程；2019年，投资6154万元的郦园小区住宅地下车库工程；2019年，投资1702万元的燕崖镇综合服务中心项目工程；2022年，投资10219万元的儒意家园1#—8#楼及地下车库工程等。公司承建的工程一次交验合格率达100％，优良率达50％以上；安全生产、文明施工现场合格率达到100％，优良率达90％以上；扬尘治理达到八个100％。

公司先后被省工商局评为守合同重信用企业、被省统计局评为山东省“三上”企业统计工作规范化四星级单位、被淄博市住房和城乡建设局评为AA级企业。

沂源兴隆玻璃纤维有限公司　1993年成立，前身是燕崖玻璃纤维织布厂，位于燕崖村。2004年，变更为沂源兴隆玻璃纤维有限公司，注册资本50万元，占地面积10000平方米，建筑面积6000平方米。现有职工40余人，有拉丝机16台、织布机30台、退捻机6台、整经机2台、染布机1台、刮胶机1台。主要生产玻璃纤维纱、玻璃纤维布等。年产值1000余万元，实现利税80余万元。产品主要销往上海、江苏、浙江及省内客户。

山东沂源新能工贸有限公司　2015年成立，位于牛峪村，注册资本100万元，占地面积2000平方米。主要产品为聚丙烯、聚乙烯拉丝专用母料、改性料、降解材料等，用于塑料和橡胶添加剂。公司拥有双螺杆、三螺杆挤出机4套、各类实验设备

8套。年产20000吨塑料填充母料，其主要特点是：可简化生产工艺流程；原料混合方便，混炼质量均匀；提高生产效率及制品性能指标；减少粉尘飞扬及对设备的磨砂；降低制品在换色时清洗螺杆用料量，延长原料贮存的保质期等。公司拥有员工7人，年可实现产值800万元、利税70余万元，产品销往全国各地。

中庄镇

概　述

中庄镇境内工业发展史最早可追溯到战国时期，盖冶村冶铁遗址中曾出土战国时期冶铁的矿渣、铁矿石及汉代的铁釜、生铁块。后峪子村东山后有明代“银子洞”遗址，露天矿坑长达59米，多处有进深2～5米不等的矿洞。石沟村存有明清时期的通济桥、石板路，青龙官庄清代古官道、驿站、石拱桥等，是沂州至青州府、济南府间行旅客商往来之通衢。

新中国成立后，集体工副业发展迅速。中庄、南庄两个大队的擀毡坊、油坊得以进一步发展。中庄、于家北坡、胡家庄等多家红炉（铁匠铺）开火行工。各生产队先后建立加工坊、粉坊等。纺线、织布、印染、烧制石灰、古法酿酒、土法缫丝等小作坊也应运而生。1971年，在中庄大队东南建立中庄公社农机修造厂，系中庄公社第一家村办企业。1974年，在中庄中学原址北，建中庄公社农机站，设红炉、翻砂和木器3个车间。1976年，在农机站东南建社办文具厂，设算盘、粉笔和竹箢3个车间。1978年，建社办油灰厂，设油坊和油灰2个车间。1979年，在西柳峪村建社办滑石粉厂。1983年，建社办罐头厂和果脯厂。1985年，供销系统在中庄建副食品加工厂。同年，中庄乡开办地毯厂，给周村加工成品。1986年，中庄乡投资300万元，建成容量500吨的全乡第一座大型冷藏库。1990年，建纸制品厂，年盈利20万元。

1991年，成立中庄乡经济贸易委员会，全面负责企业监督管理，全乡工业企业迈入快速发展阶段。先后成立罐头厂、玻璃纤维厂、卫生材料厂和三羊公司、康斯达门业、赛天丽塑粉、鸿开源塑料制品、源泰高分子、博克塞斯、神州天诚、一诺耐水材料等公司。截至2023年，中庄镇有“四上企业”21家，“四下企业”1000余家，形成以果品包装、果品加工、新材料、新医药等多门类工业企业。2021年，投资5000万元的源泰高分子公司1万吨环保复合稳定剂项目投产达效，年产值2000万元。2022年创办的山东博克塞斯新材料科技有限公司，2023年获得国家高新技术企业资质。截至2023年，中庄镇有规模以上工业企业3家，实现工业产值过亿元。

企业选介

中庄铁矿　2002年9月，由镇经贸委出资成立，矿区位于马莲峪村和社庄村，面积0.619平方公里，开采深度130～399米，系地下开采。2003年，开始开采，保有储量268.3万吨。2005年10月，因违背开采方式，安全生产条件不达标而停产。

沂源鸿开源塑料制品有限公司　2012年成立，2013年投产，位于中庄镇富家村，是中庄镇首家规上工业企业。占地面积180余亩，建设面积7.8万平方米，基建总投资2亿元，建有生产车间3个、综合楼1座。拥有拉丝机4台、圆织机22台、吊带机20台、裁剪机4台、缝纫机300余台。主要生产塑料（聚丙烯）环保集装袋，月生产集装袋15万条以上。产品主要销往日本、韩国、欧美等国家和地区，产品全部以单定产，零积压。

山东博克塞斯新材料科技有限公司　2022年1月成立，总投资13.6亿元，一期位于中庄镇政府驻地，二期位于沂源经济开发区，占地50亩，是中庄镇第一个省新旧动能转换优选项目、市重大项目。主要生产耐火动力电池箱体等，为晶科能源、理想汽车、长城汽车等汽车厂家供应新能源汽车轻量化零部件。项目全部建成达产后，可实现年产值20亿元、年纳税额1.5亿元，解决200余人就业问题。该项目推动形成了沂源县玻璃纤维—网格布—预浸料—汽车零部件上下游紧密衔接的完整产业链。

西里镇

概　述

新中国成立前，西里镇境内工业基础较为薄弱，仅有柳枝峪皮革、高家坡土陶、马庄上下沿河村造纸，唐庄、山东头、周家上庄、北王家庄印染，金星头、马庄、梭背岭酿造、榨油、红炉等传统手工作坊，生产力水平低下。新中国成立后，特别是人民公社化后的“大跃进”时期，工业呈现蓬勃发展势头。唐山公社建成水泥厂、石灰厂、砖瓦厂、土肥厂、修配厂、淀粉厂、酒厂、酱醋酿造厂、粮食加工厂、造纸厂、金厂等企业189家。1962年，除石灰厂、砖瓦厂、修配厂延续下来外，其他各厂均停产关闭。1969年，唐山公社修配厂扩大规模，建成唐山公社农机修配厂，建立农机具维修、木工、白铁、红炉、水泥预制车间，生产耩、犁、镢、锄、锨等农用机具。

20世纪80年代，乡镇工业发展迅速，先是建立油漆生产厂、酿造厂、食品加工厂，后相继建立裘皮加工厂、纺织厂、缫丝厂、塑料制品厂、砖瓦厂、建筑材料厂。村办企业建成制砖厂、纸板厂、棉纺厂，户办、联办建材、石子、粮油加工厂。1985年，唐山公社农机修配厂改称沂源县拖内配件厂（规范称呼），增设翻砂铸造、车床加工车间，有职工125人。1989年10月，成立沂源县金星选矿厂，主要经营铁精粉加工、销售等。

20世纪90年代，乡镇企业异军突起，十年间，西里镇企业发展到339家，包括山东双星名人鲁海鞋业有限责任公司、山东沂源华宇压力容器有限公司、淄博鲁裕祥隆食品有限公司及多家个体企业，形成了以纺织、建筑建材、皮毛制品、压力容器、拖内配件修理加工、酿造、塑料、农副产品加工为主的工业企业体系，吸纳6600多名农民工就业。镇建筑公司开发的韩莱路北侧商业用房，吸引永刚电器、苏杭服饰、信诺家电家具城等40多家商场店铺入驻经营。

进入21世纪，立足资源优势，围绕果品储存加工、矿山资源开发和青岛双星鲁中公司配套建设，大力发展特色经济。2002—2007年，建成源洋矿业公司和果品贮藏、保鲜、加工企业10家，投资50万元以上企业35家。2008年，全镇工业企业实现销售收入4.19亿元、利税4050万元。2009年，工业项目建设再突破，建成投产华伟果业公司果品储存、众阳公司保温材料加工等7个项目，新建双星物流、双达工贸、中建工贸3家物流公司，新增82家个体工商企业，全镇实现销售收入10.8亿元、利税1.2亿元。2013—2017年，大力实施“双招双引”，引进山东特迪尔国贸有限公司、昆越新型建材公司等4个项目。围绕青岛双星鲁中公司配套加工，建成服务企业6家。利用果品生产优势，建成天力源绿色果业有限公司和新宇食品厂农产品加工、果品冷藏企业32家。2018—2022年，新上瞻驰新材料公司，初步建起以新材料、生物健康产业为先导的新型产业体系。截至2023年，西里镇有规模以上工业企业4家，实现工业产值0.6亿元。

企业选介

淄博宏成塑料制品有限公司　始建于2007年，位于西里镇裕华村村南，前身是沂源县宏顺塑料制品有限公司，注册资本150万元，现有职工72人，资产0.12亿元，总负债0.07亿元。2022年，山东邦基集团注资，新成立淄博宏成塑料制品有限公司，位于西里镇红星村，注册资本200万元。经营塑料制品、货物进出口、包装装潢印刷等，主要生产加工塑料编织袋。2022年，产品总产量0.11万吨，其中塑料编织袋产量1341万多条。产品国内供应山东邦基科技有限公司、临沂瑞丰高分子材料有限公司、山东鲁阳节能材料股份有限公司，国外销往日本、哥伦比亚等国家。

山东瞻驰新材料有限公司　2020年10月成立，位于沂源经济开发区标准化厂房8号楼，车间面积7970平方米。下设综合部、质检部、生技部、销售部4个部门和合成、窑炉2个车间。主要生产氮化铝、高纯氧化铝、铝溶胶、勃姆石等新材料产品，广泛应用于精密陶瓷、航空航天、农业PO膜、红蓝宝石、锂电池等。

2021年7月，山东鲁中投资有限公司注资300万元，持有股权30%。2022年6月，在石臼路以东、兴源路西南征地19亩，建设2个生产车间，占地12874平方米、建筑面积9214平方米，主要生产氮化铝。同年11月，青岛瑞源信达商贸有限公司注资400万元，持有股权28.57%。公司有研发人员5人，投入研发经费50万元，拥有“一种铝醇盐直接氮化制备氮化铝的方法”发明专利。2023年4月，与集美大学建立研发合作关系，产品销售以国内市场为主，在山东、上海、江苏设有3个销售网点，派驻销售人员3名。

2023年，公司固定资产1000万元，职工人数13人，实现销售收入200万元、税收12万元。

氮化铝生产车间

东里镇

概　述

东里镇政府驻地原为清代沂水县西北乡的政治、经济和文化中心，手工业发展尤为突出。1944年，沂水县推进社在东里店创建全县第一处皮业社，职工20多人，专门从事皮毛、皮革加工。新中国成立后，实行农业合作社，东里区率先组织成立手工业生产小组，再发展为手工业生产合作社，最后成立手工业供销合作社。通过三个阶段，历时三年，逐步把分散的个体手工业者组织起来，实现由分散到集中、由低级到高级的社会主义改造。1958年，人民公社成立时，东里参加生产合作社（组）的类别有皮毛业、酿造业、农具制造维修业、编织业、食品加工业、木工业等，手工业者入社率达96%。白酒酿造业、回族传统皮毛业和柳沟染坊等产业影响较大。具有代表性的东里白酒酿造业，源于1930年东里店老字号酿酒作坊“盛源号”，后由“盛源号”和“昌元号”合并成为东里店酒厂，新中国成立后，隶属关系几经变更，酒厂多次更名、改制，发展为现在的鲁源酿酒有限公司。“大跃进”时期，县里提出“乡乡办工厂、社社办工业，人人动手、个个行动，全面开花、社社结果”的口号，全民进行大炼钢铁运动。

1960年，东里公社手工制造、维修农机具的骨干企业——东里铁木业合作社，归属县公社工业局管理，后隶属于县社队企业局（乡镇企业局前身）。1970年，东里铁木业合作社改称东里农机修配厂，设电气焊、红炉、木工、机床、组装等生产车间，固定资产70万元，从业人员53人，实行工资制。两年后，修配厂实现工业总产值7.27万元（按1970年不变价计算），位居全县第二名。1971年，东里东村新上砖瓦厂、面粉加工厂和运输公司等企业。1972年始，东里公社相继成立建筑社、拖拉机站、皮毛厂、砖瓦厂、制鞋厂、饭店等项目，从业人员900多人。

党的十一届三中全会后，国家鼓励大力发展乡镇企业，东里工业得以迅速发展。1984年，朱新礼等人成立沂源县东里工业集团公司，辖沂源县再生橡胶厂、沂源县东里裘皮工艺总厂、轧钢厂、皮鞋厂、水泥件预制厂、农林园艺部和东风车队7个部门，职工600多人，固定资产原值413万元。同年4月，沂源县第一皮毛厂投产，是东里第一家外向型企业，1990年出口额530万元，实现利税90万元。1986年，全镇实现工业总产值1307万元。1988年5月，韩旺选矿厂投产，总投资300万元。1989年3月，朱新礼创办永新实业公司，主要进行果品加工，同时生产皮革、建材等。1992年，东里东村集体经济收入过亿元，位居淄博市第23位，被县委、县政府评为全县经济第一村。1989—1993年，韩旺选矿厂进一步扩大规模，先后建成第二选矿厂、采矿场、铸造厂、金刚石厂、球团厂、车队等，新建2座办公楼。1993年，韩旺选矿厂通过企业改制，成立淄博市华联矿业有限责任公司。2000年，永新实业公司投资1.2亿元，新上汇源公司（建筑面积1万平方米）浓缩苹果汁生产线，扩大生产规模。

2000年后，深入实施“工业立镇”战略，通过招商引资，增加投入、扩张总量、完善结构、提高效益。2000年底，全镇共有企业397个，第二产业从业人员2239人，实现产值2.5亿元、利税1500万元。2008年，走新型工业化道路，以华联矿业、汇源饮料、华朋源塑料制品、凯达盖业、远达包装、永新包装、开成矿业等企业为着力点，实施技术改造，降低能耗，减少污染，集约利用，实现经济与生态相互促进、协调发展，进一步强化工业发展主导地位。华联矿业公司实施百万吨产能计划，地下开采项目顺利推进，产业链条逐步延伸。汇源公司新上果奶生产线和高档包装印刷生产线，形成苹果浓缩汁、鲜奶灌装、奶牛良种繁育等“九大项目”集群的多元化经营格局，年加工苹果10万吨，生产浓缩果汁2万吨，产品90％以上远销美国、德国、日本、韩国、俄罗斯等国家和地区，有力带动境内及周边地区林果业发展。从2008年开始，东里镇对企业项目进行统一整顿，依靠科技进步，节能减排，关闭部分亏损企业。2011年，东里镇有规模以上工业企业13家。

2021年，东里镇制定《经济发展考核奖励办法（试行）》，激发企业转型发展，增加企业内部活力，增强企业竞争力。同年，建设东里低碳绿动力制造产业园区，园区总占地面积4000亩，规划建设3个板块，分别建设功能配套区、招商服务中心、标准化厂房、绿色能源应用科技组团及综合服务中心、中低压纯氢管网和加氢母站等。截至2023年，东里镇有规模以上工业企业7家，实现工业产值14亿元。

企业选介

山东新明食品饮料有限公司 2009年成立，属于汇源集团子公司，现有职工105人，总资产2.77亿元。拥有3个生产车间、9条世界先进生产线，包括利乐A3、TBA8、易拉罐、1.5L玻璃瓶、PE瓶、10L酸奶、杯装酸奶等生产线各1条，果浆生产线2条。主要生产乳制品、蛋白饮料、果蔬汁饮料及其他饮料系列产品，可日加工原奶150吨，各类饮料200吨，年产乳制品、含乳饮料及果浆共计80万吨。

企业人物

朱新礼

朱新礼，1952年出生于山东省沂源县东里东村，中共党员，高级经济师。汇源集团创始人，中国果汁行业的开拓者和领军人物。

1984年，朱新礼担任沂源县东里东村村委会主任、东里工业集团总经理、山东永新实业公司总经理。1991年，任沂源县外经委副主任。1992年，在邓小平南方谈话精神的感召下，他辞职下海创立山东淄博汇源食品饮料有限公司。在他的带领下，汇源从一家地方企业成长为全国知名的果汁品牌。公司先后荣获中国驰名商标、中国名牌产品、农业产业化国家重点龙头企业、全国农产品加工业示范企业、全国轻工行业先进集体等荣誉称号。

朱新礼心系“三农”，在全国规划建设了20多个农业产业园区，逐步建设形成农、工、商高度融合，一二三产业相互支撑的新型综合产业园区，直接或间接带动超过百万农民增收致富，为推动中国农业产业化做出了贡献。汇源集团累计缴纳税金超百亿元，为国家经济建设做出了重要贡献。汇源集团累计向社会、公益慈善事业捐献现金、物资等价值数十亿元。是“大中国、大农业、大有作为”的筑梦者和践行者。

朱新礼先后当选为山东省人大代表、北京市人大代表、中国农学会农业产业化分会会长、华夏慈善基金会副会长、中国饮料工业协会副理事长、全国工商业联合会常务理事、中国企业家理事会副会长等职。受聘为中国农业大学食品科学与工程学院客座教授、中国传媒大学MBA导师、南开大学MBA中心兼职导师等。

朱新礼先后荣获全国劳动模范、全国五一劳动奖章、中国优秀企业家、全国关爱员工优秀民营企业家、山东省优秀共产党员、北京市优秀共产党员、国家星火计划先进个人、中国饮料工业突出贡献奖、中国农产品加工业功勋企业家、CCTV2008年度十大经济人物、中国品牌建设十大杰出企业家、改革开放30年中国饮料业突出贡献奖、中国改革开放30年轻工业十大领军人物等殊荣。

张家坡镇

概　述

张家坡镇境内工业，最早可追溯到清咸丰年间官峪村开设的“义顺成·嘉湖细点”生产作坊。1925年，南流泉村王氏家族在暖阳河南面建立蚕茧厂（缫丝厂），占地面积600平方米，依托当地发达的养蚕业生产蚕丝，销售给驻在青岛的意大利商人。

新中国成立后，很长一段时间，工业发展基础薄弱，处于一家一户作坊式小规模经营状态，有酿酒、榨油、织布、红炉、木器、锡铸、石灰等手工作坊。1958年，开展全民大炼钢铁运动，沂源县掀起工业史上第一次投资高潮，公社在张家坡村东建起1座炼铁小高炉，社员从博山、八陡挑炭供应炼铁；11月，成立由100多人组成的独轮推车运输队，专门运煤炼铁。1963年，公社成立规模较大的社办工厂，下设农具社、红炉组、木器组、维修组等。1970年，社办工厂搬迁至前瓜峪大队东，改建为张家坡农机厂，固定资产5.5万元，从业工人48人，生产小型农具。1979年12月，公社在前瓜峪大队东成立公社木器厂，固定资产2万元，从业工人11人，生产板材和木制家具。1980年，张家坡大队在街南建立烟斗丝厂，生产“青松”“全花山”“蓝桥”等品牌香烟，1982年因政策调整停产。1985年，林前村建立鞭炮厂，阳三峪村建立石棉厂，济南胜利食品北厂援建成立张家坡乡食品厂。1989年，张家坡乡在任马庄村成立石英、长石加工厂。1990年，成立制氧厂。

1991年，张家坡乡成立经济贸易委员会，全面负责企业监督管理，推进企业发展，先后成立板材厂、阳三峪石英粉厂、林前酒厂、辉潢藤业有限公司等企业。2001—2007年，立足资源优势，相继建立山川果蔬食品有限公司、鼎盛食品有限公司等企业。其间，拥有果品储存加工企业45家，其中投资50万元以上企业25家。2008—2010年，全镇工业企业实现销售收入4.2亿元、利税4000万元，安置就业劳动力4000人。

2013—2022年，强化新旧动能转换，强力推进“双招双引”工作，大力引进技术新、模式新的工业项目，利源选矿有限公司、沂源县欧凯玻璃有限公司、双义果蔬有限公司、沂源水务发展有限公司、山东伊诺维森焊割科技有限公司、淄博托普威能源技术有限公司、山东维璟医疗器械股份有限公司、山东远东建设工程有限公司、山东沂源玉山置业有限公司、淄博和凯商贸有限公司、沂源县嘉盛酒店管理有限公司、山东赫然环境科技有限公司、乐焊（淄博）工业科技有限公司等企业落户成立。

2022—2023年，山东华电沂源张家坡200MWp农光互补项目、淄博立特能源有限公司张家坡风电项目相继建成投产。全镇建果袋厂10家、反光膜厂1家、塑筐厂1家。2023年底，全镇有工业企业69家，其中规模以上企业4家，实现工业产值1.73亿元、利税500万元。

企业选介

淄博托普威能源技术有限公司　新疆金风科技股份有限公司的全资子公司，位于张家坡镇西北处，升压站占地面积8000平方米，南北长约100米，东西宽约80米。2020年12月28日，完成升压站倒送电，12月29日，首批并网机组并网运行。自2020年12月并网到2022年12月，上网电量17023.16万kwh，减少碳排放4692吨，2022年实现销售收入2690万元。

山东华电沂源张家坡200Mwp农光互补项目　2023年8月建成投产，位于张家坡镇境内。由华电新能源集团股份有限公司投资建设，为集中式光伏电站。总投资约8.6亿元，合计用地面积6445亩，安装550wp光伏组件363700块，配套建设1座220kv升压站，采用1回220kv送出线路接至沂源电网悦庄变电站，线路全长约27公里。同时，配置电化学储能设施。

淄博立特能源有限公司 2015年11月成立，位于冯家圈管区，注册资本500万元，总投资4.3亿元，主要从事风力发电技术、光伏发电技术、生物发电技术的推广、开发及能源技术咨询服务。永久占地面积约15.7亩，建设50Mw总装机，安装12台风力发电机组，新建1座110kv升压站（占地面积5646平方米），2023年8月建成投产。

石桥镇

概　述

新中国成立前后，石桥工业以零散手工业作坊为主，小规模分散经营，发展十分缓慢。1966年，推行“厂社挂钩”，社队企业得到发展。成立手工业综合社，建有车行，各大队成立缝纫组，发展“四编”（草编、条编、苇编、柳编）等项目，收益50%上交集体、50%留在企业。1972年开始，先后成立石桥建筑工程队、拖拉机站、建材厂、农机厂、工艺美术厂、石灰厂、马赛克厂、石英粉厂、淀粉厂及国营沂源县第二水泥厂等企业。

2002年，建成石桥工业园，地处石桥乡西大门，紧邻沂源经济开发区，距离沂源县城15公里，距离青兰高速公路沂源东出口10公里、张家坡出口10公里，交通便利，地理位置优越。工业园作为以新材料产业为主的综合性工业园区，集聚产业集群优势，提升企业经济效益和社会效益，充分发挥园区对地方经济社会的强大辐射和带动作用。十多年来，集聚了山东兴国新力环保科技股份有限公司、山东兴业塑料科技有限公司、沂源海赢食品有限公司、沂源大鼎塑料有限公司、淄博德源金属材料有限公司、淄博天普阳光饲料有限公司、山东丰悦生物技术有限公司、沂源莱士单采血浆有限公司、山东云睿新材料有限公司、沂源圣沣食品有限公司、山东开源电气有限公司、华润风电（淄博）有限公司、山东迪睿食品有限公司、沂源筑力新型建材有限公司、沂源欣禹环保材料有限公司等多家企业，呈现出蓬勃发展的良好势头。

2010年以来，石桥镇坚持走工业强镇道路，优化投资环境，实施“大招商、招大商”战略，把工业园作为“双招双引”的主阵地，加快乡镇工业化发展。2018年以来，石桥镇把做强工业作为经济发展的一号工程，实现与沂源经济开发区融合发展。引进世界500强企业华润风电、中国500强企业广东海大集团和泓桥食品公司、全球最具创新力20强企业上海莱士血液制品股份有限公司等12个优质项目。

截至2023年，石桥镇有规模以上工业企业11家，实现工业产值14.4亿元。

企业选介

沂源筑诚新型建材有限公司 2014年成立，位于悦庄镇中张良村，注册资本1000万元，占地面积20000平方米，是专业从事商品混凝土生产和销售的企业。在职职工35人，主导产品为C15～C60商品混凝土，拥有全新的先进全自动化生产线2条、进口及国内品牌混凝土搅拌运输车25台、输送泵2台，设计年产能30万立方米。2023年，实现产值12253万元、利润221万元，纳税695万元。

淄博德源金属材料有限公司 公司成立于2015年，注册资金2200万元，坐落在沂源经济开发区工业六路。公司占地面积2.3万平方米，厂房1.6万平方米。是一家以阴极保护和铝镁合金等新材料为主，集研发、设计、生产、施工为一体的综合

性高新技术企业。公司是高新技术企业，技术先进型企业，山东省瞪羚企业，省级“专精特新”中小企业，山东省新材料领军企业培育库入库企业，山东省镁产业创新战略联盟理事单位，中国腐蚀与防护学会会员，中国有色金属标委会会员、山东省稀土协会会员。沂源县纳税百强企业。

公司与中科院海洋所等科研单位合作研发生产海洋防腐材料，产品主要用于石油管道、天然气管道、桥梁、码头、港口、船舶、海底管线和钻井平台等的阴极保护；电热水器防腐镁棒，产品出口60余个国家和地区。合金新材料及深加工产品，主要为镁、铝合金、镁稀土合金、高强铝合金、铝基复合材料的管棒、型材、板材、特殊焊丝等，用于汽车、高铁、军工和航空航天等领域。

公司建有1200平方米实验室，建有齐鲁工业大学、山东省科学院新材料所研究中心，中国科学院院士、海洋腐蚀与防护学家侯保荣院士工作站。是山东省企业技术中心，淄博市、山东省“一企一技术”研发中心，“镁及镁合金国家标准研制示范基地”，淄博市国家重点人才工程专家工作站，淄博市高强铝合金喷射成形重点实验室，淄博市高性能宽幅镁合金铸板工程技术研究中心，淄博市工程实验室，淄博市工程技术研究中心。

公司以中国科学院海洋研究所、省科学院新材料所、哈尔滨工业大学等为技术依托，聘请国内知名的海洋腐蚀与防护、轻金属专家教授为公司技术顾问，有科技副总1人、科技特派员6人，工程技术中心有院士2人、高级专家9人、博士7人。参与制定国际标准4项，起草国家标准1项，参与制定国家标准7项，参与制定行业标准1项。拥有28项发明专利。

获山东省科技进步二等奖、三等奖各1项，淄博市优秀职工技术创新成果奖1项，承担山东省重点研发计划1项，参与山东省重大科技创新工程项目2项，承担市计划4项。

沂源筑力新型建材有限公司　2017年3月成立，前身是山东沂源沂阳玻璃纤维有限公司。注册资本1000万元，占地面积53333平方米。先后更名为沂源筑诚新型建材有限公司和沂源筑力新型建材有限公司。在职职工60人，其中技术人员20人。主要产品为预拌砂浆系列产品、矿粉等，拥有10万平方米湿混砂浆、30万吨干混砂浆、20万吨超细微粉、20万吨胶固粉矿山充填胶凝材料、15万平方米装配式建筑材料、15万平方米水泥制品等产品。

公司利用资源、工艺、设备、技术优势，环保延伸发展，形成上下游建材产品产业链。产品原料采用矿山生态修复剩余石灰岩、河道治理清淤的沙石清除物等，经加工制成生产所需石灰质钙粉20万吨、骨料30万吨、机制砂100万吨。生产过程中不产生废弃物，不影响环境质量。每年消化利用源能热电、光大电厂、药玻、瑞阳、合力泰等公司产生的炉渣、煤灰、脱硫石膏等固体废弃物30余万吨，有效减轻沂源县固体废弃物处置压力。

华润沂源凤凰山风电场　2016年9月成立，注册地位于县城荆山路221号301室。由华润风电（淄博）有限公司投资5亿元建设，在石桥镇黄墩河村东侧群山上安装19台金风GW115—2000型风力发电机组，装机容量38兆瓦。2019年1月入网发电，2022年实现总发电量9423.81万千瓦时，2023年前9个月缴纳税款264.51万元。

沂源县莱士单采血浆有限公司　2019年4月成立，位于沂源经济开发区。占地面积10亩，建筑面积3400平方米，投资近1亿元，是上海莱士血液制品股份有限公司的全资子公司，系石桥镇招商引资企业。设有血源管理、体检、检验、质控、采浆科、办公室等科室，拥有单采血浆机、洗板机、UPS电源、速冻库、冷储库、发电机等高端设施，配有全自动酶标仪、生化分析仪、生物安全柜等先进检测设备和双路供电系统，确保原料血浆质量。

公司是2018年经山东省卫健委批准、国家卫健委备案的合法健康人血浆采集机构，采浆区域为沂源县、淄川区和博山区，人口约150万。主要生产和销售血液制品、疫苗、诊断试剂及检测器具，并提供检测服务，产品包括人血清白蛋白、静注人免疫球蛋白（PH4）、人凝血因子、人凝血酶原复合物、人纤维蛋白原、冻干人凝血酶、外用冻干纤维蛋白黏合剂等，共7个品种23个规格。

山东开源电气有限公司 2020年1月成立，注册资本7000万元，占地面积6000平方米，是一家专注于高低压成套设备安装和高低压电气产品研发、生产与销售的科技创新型企业。拥有11个授权专利。主要产品有KYN28A-12型、MNS型、GCS型、GCK型、GGD型高低压开关设备，高低压动态无功功率补偿装置，箱式变电站微机继电保护装置，有源电源滤波器，无源电源滤波器，电缆桥架，母线槽，电力金具及铁附件等，产品通过“CQC”中国质量认证、CUS三大管理体系认证。2021年，公司被科技部认定为科技型中小企业，11月在齐鲁股权交易中心挂牌（股权代码306827）。2023年1月，被工信部认定为创新型中小企业。

悦庄镇

概 述

通过北辽村杜家遗址和北鲍庄遗址出土的大量陶制品及残片印证，悦庄镇工业历史，可追溯到4000年前。清咸丰十年（1860），祖籍山东省莒县陈家庄的陈广乾迁居悦庄，开设银饰作坊。新中国成立前，主要是传统小规模手工业，有制陶、柳编、草编、印染、酿酒、建筑等行业，皆属私人创办。北葛庄各堂号均建有酿酒坊，埠村有“泰丰”酿酒坊，各村都有建筑作坊。1931年，民族企业家杜万兰，在儒林集村开办规模较大的茧坊，经营鲜茧收购、烘烤和缫丝业务，创“太阳”牌丝织品牌，在上海设有销售站，同时在沂源县南麻、悦庄和张店、周村、济南、兖州等地经营丝绸、纺织、印染等行业。1946年6月，筹建悦庄酒厂，雇工40人，年产白酒150吨。

1953年，沂源县皮业社从东里迁至悦庄。同年，成立悦庄铁业社和木业社，铁业社主要生产、维修各种农机具。1954年，相继在悦庄成立沂源县鞋厂、绳厂、缝纫组等县办企业。20世纪60年代，在中央“大办工业”号召下，传统手工业得以发展。在王家泉村、东西十字路村及消水管区、沂河管区的村庄，出现了多处柳编、苇编、草编等编织类传统手工作坊。当时成立的鲁益公司，成为草编工艺龙头企业。石臼、西鲍庄、赵庄、消水、李家庄、西悦庄、崔家庄等村庄均建有窑场，唐家官庄规模最大，拥有5处砖窑。朱家庄、埠村、消水的酿造业发展较好，朱家老酱油被评为山东省非物质文化遗产。1961年，贯彻党的八届九中全会“调整，巩固、充实、提高”国民经济八字方针，悦庄公社成立拖拉机站，服务各村农耕生产。悦庄建筑社、悦庄缫丝厂、草编工艺美术品厂相继成立，成为悦庄公社的支柱产业。

党的十一届三中全会后，悦庄社队工业发展迅猛，呈现出社办、村办企业及个体私营业齐头并进的局面。1984年，成立民悦食品厂，是悦庄镇最早的一家村办企业。1985年，悦庄建筑社改为悦庄建筑工程公司，同时成立悦庄镇劳务输出公司，在北京、上海、广东及济南、烟台等省市承揽飞机场建筑工程。同年，北葛庄杜建池、杜明德、杜建杰、杜建营和杜明勤成立北葛庄建筑队，是当时规模较大的一支。镇办企业主要有悦庄镇绢纺厂、悦庄福悦制衣厂、印刷厂、石英加工厂、工艺美术厂、地毯厂等。村办企业主要有唐家官庄、李家庄、埠村、朱家庄、张家庄、悦庄等村的砖厂，东埠村的酒厂、纸厂、铝合金厂，寨里的陶瓷厂，北葛庄的耐火材料厂，南张良的大理石厂、张良乳业厂等，共37家企业。1994年，沂源绢纺厂新上绢纺工艺，成为全县重点项目之一。1995年，规划建设悦庄工业小区，饮马河西福悦制衣厂往南至泰薛路为第一工业小区，以绢纺厂为中心往东往西为第二工业小区。随着县城东扩及民营工业园的建立，逐步形成玻璃纤维及制品、玻璃制品及工艺品加工、矿产资源加工、食品加工和产品包装等四大工业经济板块，全镇有玻璃制品及工艺品企业14家，农副产品加工企业10家，包装企业13家，以石英石、石灰石、页岩、铝土等为原料的矿产资源型企业18家。

2000年，悦庄建筑工程公司更名为沂源县志祥建筑安装工程有限公司，经营规模进一步扩大。2002年，全镇乡镇企业有47家，初步形成食品加工、建材、包装、玻璃制品、玻璃纤维等工业门类。在南葛庄村规划建设占地500亩的葛庄工业小区。2006年，全镇工业企业有128家，其中规模以上企业18家、国家级高新技术企业2家。2007年，利用闲置资产招商，引进市外项目7个，总投资1.7亿元，盘活土地120亩、闲置资产2000余万元。2008年，新增工业企业6家，其中规模以上企业3家，盘活闲置资产4处，新上项目4个；投资1亿元，完成4个县重点项目建设，完成8个投资500万元以上的工业项目建设；实现固定资产投资4.3亿元，同比增长28.7%。2009年，新上工业项目5个，招商引资1.9亿元；申报国家专利24项，其中发明专利4项。

2010年，埝庄工业园新上高分子企业3家，招商引资1.6亿元，为8家企业征地330亩。2011年，新上新材料企业2家，新上投资1000万元以上的项目5个、过亿项目2个。2012年，全面铺开5家企业改造项目建设；利用外资70万美元，进出口创汇180万美元。2013—2015年，投资4.8亿元，提升悦庄工业园建设，完善基础配套设施，征地500亩，盘活利用土地60亩；引进企业10家、扩建5家，建成高分子、新材料、新能源3大产业板块。2016年，紧扣沂源经济开发区发展大局，铺开瑞阳制药二期等22项基础设施和重点项目建设，征地3900余亩，实施总投资15亿元的富翔公司光伏电站项目、鸿源公司新能源汽车关键零部件项目等4个市重大项目和3个县重大项目建设；源通公司和泰宝公司登陆新三板，光科公司和中天公司挂牌交易。2017年，承接沂源经济开发区路网等市县43项重大项目、8000余亩征地任务；引进企业8家，总投资7.7亿元，形成新材料、新能源、高分子、机械制造等四大板块，规模以上企业达25家；投资5.21亿元，实施泰宝公司肥料开发、飞龙公司水果酵素等15个工业项目建设。2018年，投资18.4亿元，新上飞龙公司果脯果糕加工、聚阳公司玻纤生产等8个项目；投资15.2亿元，实施博拓公司木塑材料、聚阳电子覆铜箔基板等9个续建项目；启动胡家沟、南张良、中张良、南石臼等4个园区村整体搬迁和土地收储工程。2018年6月，瑞阳制药、源通机械等8家县属企业下放归悦庄镇，悦庄镇一跃成为全市经济排名前十的经济强镇。2019年，工业征地1100亩；加快推进工业企业转型升级，瑞阳公司生物新药项目、博拓公司木塑项目等20余个新上和技改项目顺利推进；新增院士工作站1处，创建高新技术企业2家，建成企业技术中心、工程技术研究中心等7家。

2020年，实施“一企一策”推动重点企业发展，加快药玻公司一级耐水药用玻璃瓶、硕源公司高压辊磨机等19个高新技术项目实施；为32项市、县重大项目征地4800余亩。2021年，承办瑞阳生物医药园、药玻硼硅管制系列瓶等市、县重大项目32项，完成征地清表3700亩；加快推进德瑞防腐技改项目、博拓新材料SPC型材项目等11个高新技术项目实施，全镇“四上”企业38家，对外贸易额突破2亿元，外贸企业经济活力凸显。2022年，以“突破悦庄”为目标，新引进润源农业、彬海生命、赛德特、土发集团等过亿元大项目8个，总投资24.78亿元；铺开市、县重大项目征地清表35项；持续实施园区企业“腾笼换鸟”，累计关停并转企业10家；源通机械和鸿源新材料公司被评为省瞪羚企业，源通机械、鸿源新材料、飞龙食品、瑞特自动化等4家公司被评为省“专精特新”中小企业。截至2023年，悦庄镇有规模以上工业企业28家，实现工业产值107亿元。

企业选介

山东鸿源新材料有限公司 2012年成立，位于悦庄工业园，总投资8000万元，占地面积3万平方米，职工128人。年产铝合金、镁合金铸件及加工件100万套，用于新能源汽车、发动机、轨道交通和大型工业装备等领域，是一家专业从事高端铝合金零部件研发、生产和销售的高新技术企业。

2012—2015年，主要生产多功能木塑复合材

公司办公楼

料。2016年，转型生产新能源汽车零部件。2020年，增加牺牲阳极和镁阳极的加工和生产。公司有专职研发人员32人，柔性聘任“千人计划”专家2人、高校教授3人。拥有淄博市新能源汽车轻量化工程实验室、淄博市企业技术中心、淄博市级QR计划专家工作站等创新研发平台，与浙江大学、山东大学、山东理工大学、青岛科技大学等高校科研院所建有产学研合作关系。获授权专利7项，研发的新能源汽车一体式水冷电机壳生产工艺、铝合金铸造用砂芯激冷涂料及制备方法技术，获国家发明专利。

主要产品有新能源汽车水冷电机壳、牺牲阳极、镁棒、发动机配件、汽车配件、工业机器人机械臂、冷凝壁挂炉锅炉片、泵体类阀门类控制器壳体类外壳、酒店及户外用品等，主导产品是新能源汽车铝合金（镁合金）汽车轻量化零部件和海洋防腐牺牲阳极系列产品，一体式新能源汽车水冷机座生产工艺处于国内领先地位。

公司通过IATF16949、ISO9001、OHSAS 18001、ISO14001管理体系认证，与宇通客车、卧龙电驱、中国中车、潍柴动力、广西玉柴、格力电器、芬兰ABB、上海ABB、中海油、钢研纳克、中国交建等企业建有长期稳定的供应合作关系，是山东省瞪羚企业、山东省“专精特新”中小企业，淄博市瞪羚企业、淄博市“专精特新”企业。

山东瑞源康印务有限公司 2017年12月成立，2022年8月，搬迁至悦庄民营工业园山东泰宝生物科技股份有限公司院内，租赁面积2400平方米。

公司拥有三菱五色印刷机、三菱四色印刷机、卷筒纸分切机、高速覆膜机、品检机、压光机、电子监管码设备、全自动模切机、糊盒机、进口波拉机刀、烫金起凸一体机等系列高端生产设备40台，拥有分光密度仪、条码仪、油墨测定仪、纸张挺度仪等精密质量检验设备。产品以药品包装及配套产品为主，承接药品包装、食品包装、精美宣传页、手提袋、礼品袋等各种纸质印刷品，年产药盒15亿支。与瑞阳制药、石药集团、鲁抗医药、新华制药、哈森制药、荣昌制药等知名企业建立战略合作关系。

山东泰宝生物科技股份有限公司 2009年成立，位于悦庄工业园。主要从事新型微生物功能肥料研制和有机废物资源化利用，设有广西泰宝生物科技有限公司全资子公司和山东公正检验检测有限公司独资公司。

公司建有山东省企业技术中心、山东省院士工作站和国家“千人计划”专家工作站等科研平台，与中科院、南开大学、云南大学等科研院校建立产学研合作关系。获得国家专利14项、“作物秸秆降解菌群构建及还田模式”等省级科技成果鉴定4项、农业部认定的肥料证15个。成功研发的系列新型高技术肥料制品，主要包括与高校合作的泰宝秸秆腐熟剂、泰宝根线宁、泰宝金聚德、泰宝抗茬宁、泰宝欧比其等，具有自主知识产权，其技术均达到国内先进水平。

公司拥有年产3000吨菌剂的液固发酵站和年产30万吨的新型肥料生产线，产品包括微生物菌剂、土壤调理剂、水溶肥、叶面肥等6个系列20多个品种。有肥料制品独立进出口权，产品销往非洲、东南亚、南亚、中亚等地区。

2018年，与国际基因工程权威专家、美国加州大学洛杉矶分校（UCLA）功能基因组学教授、UCLA功能基因组和大数据中心主任李新民达成合作意向，共同开展“泰宝基因”项目研究，建立世界领先的可搜索果树和中药材功能基因组数据库。

公司是国家火炬计划和创新基金项目承担企业，山东省测土配方肥指定生产企业和减肥增效技术推广试点企业，多次荣获山东省科技进步奖，“泰宝及图”商标被评为山东省著名商标、山东名牌。

山东沂源瑞特自动化设备有限公司 2008年9月成立，注册资本5600万元，是一家集研发、设计、生产、安装调试、技术指导为一体的国内大型供水及水处理设备生产厂家。

公司有专业技术人员9人，投入研发经费126.63万元。获得知识产权专利16项、计算机软著10项。专利涉及叠压调配技术、变频控制技术、负压处理技术、稳流补偿技术、真空抑制技术等，其核心技术拥有自主知识产权。成功研发出系列具有国际先进水平的微机控制设备，主要产品有RTW

系列一体化污水处理设备、RTS智能全自动无负压生活供水成套设备、全自动生产供水成套设备、全自动生活生产合用供水成套设备、全自动消防恒压供水成套设备，同时研发出整套给排水及配套设备等。“瑞特”牌RTS型全自动不锈钢无负压生活供水设备，获得山东省卫健委批准的生活饮用水供水设备及用品卫生许可，通过中国建筑金属结构协会给水排水设备分会的技术论证。

公司产品销往全国各省、市、自治区，并远销国外，是全国质量诚信AAA级品牌企业、全国供水行业用户满意首选放心单位，被评为沂源县创新技术14强企业，“瑞特”商标被评为中国知名品牌。

山东源泰电气有限公司 2016年7月成立，位于悦庄工业园，注册资本15700万元，占地面积15000平方米，职工26人，是一家专注于高低压成套设备安装和高低压电气产品研究、开发、生产及销售的企业。

主要产品有KYN28A—12型、MNS型、GCS型、GCK型、GGD型等高低压开关设备，箱式变电站，高低压动态无功功率补偿装置，微机继电保护装置，有源电源滤波器，无源电源滤波器，电缆桥架，母线槽，电力金具及铁附件等。公司通过ISO9001:2008质量管理体系、OHSAS18001:2007职业健康安全管理体系、ISO14001:2004环境管理体系认证，产品通过“CCC”中国国家强制性产品认证。

公司树立现代企业经营理念，秉承“诚实守信、信誉第一、质量合格、服务周到”的经营宗旨，为用户提供可靠产品和优质服务。

沂源鼎固建材有限公司 2010年5月成立，位于前石臼村，注册资金1300万元，占地面积14320平方米，职工40人，是集商砼研发、生产、销售、运输一体化，全封闭、无污染、零排放的环境友好型建材企业。

公司拥有青岛新型120、三一重工180两条全电脑自动混凝土生产线，年生产能力45万立方米。配有混凝土搅拌运输车25台，其中国五车12台、臂架泵车2台、装载机2台。建有5000平方米的环保暖库、150平方米的试验室。有专业技术人员5名，其中高级工程师1名、中级工程师3名、生产材料检验员1名。配备JYW-300D型全自动抗折抗压试验机、JYE-2000型混凝土压力机、SJ-40A标准养护箱、HS-40混凝土砼抗渗仪等40余种检验设备。

公司获得建设部审定的预拌商品混凝土专业资质，具备严格的质量内控保证体系，生产的商砼质量均符合《混凝土质量标准》要求，适用于建筑工程、公路、桥梁等工程建设，是淄博市混凝土协会会员单位。承建的沂源一中综合楼，获得山东省鲁班奖；西城华府、瑞阳制药研发车间、翡翠山居、翡翠山景、秀水湾、丽水湾、尚品江南、沂蒙佳苑、怡景家园、怡康家园、祥瑞园、沂河嘉园、苹果大世界、新城苑、幸福里、印象西台、高庄棚户区改造等工程被评为市级优良工程。

新国风新塑料材料有限公司 2013年11月成立，注册资本5000万元。主导产品为丙烯酸酯类产品。2020年，扩大生产规模，新征土地。2022年3月，在公司南侧新征的25亩土地完成流转。

2021年3月，成立山东和天下新材料有限公司全资子公司，在沂源经济开发区化工产业园征地69亩，投资3.2亿元，新建年产8万吨高分子材料抗冲助剂项目，目前处于设备调试中。项目全部达产后，年总产能可达8万吨，预计年销售收入可达102000万元，创税约21397万元，提供约120个工作岗位。

公司拥有高层次科研团队，聘请2位博导、1位国内顶尖专家作为公司的研发骨干，建有研发中心、材料化验室、市场技术部等研发部门。获得专利2项，已提交申请2项，待提交2项。与青岛科技大学等高校合作设计的年产8万吨高分子材料抗冲助剂项目，是目前同行业中技术最先进、产能最高的单条生产线，在节能降耗技术上，已赶超县PVC助剂龙头企业。研发的新产品ASA胶粉，各项指标均超韩国和日本同类产品，在工程塑料、汽车保险杠、树脂瓦、摩托车外壳、冰箱外壳等方面大量应用。新型加工助剂，在下游行业中，特别是在波纹管、发泡型材制作上，凸显出发泡效果好、表面精度高、强度大等优点，增加产品附加值，提高经济效益。

工业往事

记忆沂源·工业卷

大搞技术革命加速矿井改造 促进煤炭生产继续跃进 全国小型煤矿现场会议在草埠煤矿举行

为了交流小型煤矿技术改造的经验，进一步掀起群众性的大搞技术革新和技术革命高潮，加速矿井改造，促进煤炭生产持续跃进，中央煤炭工业部于本月22日至24日，在我区沂源县草埠煤矿举行了全国小型煤矿现场经验交流会议，推广草埠煤矿整体改造的经验。到会的有新疆、云南、浙江、黑龙江、内蒙古等20多个省（自治区）小型煤矿代表130多名。会议听取了草埠煤矿整体改造的经验介绍，参观了井下的正规开拓、短壁采煤、箕斗提升，井上矿车轨道运输等，参观了昌潍五井煤矿锅驼机带木制绞车（已搬到草埠煤矿）。会议还听取了浙江、山西、辽宁、山东等地的小型煤矿的改造、安全生产、技术革命等方面的经验介绍。

会议通过参观和经验介绍，充分交流了小型煤矿的改造和大搞技术革命的先进经验。会议认为草埠煤矿在上级党委的正确领导下，发动群众大搞技术革新，进行矿井改造，在很短的时间内改变了原来残柱采煤采掘不分的情况，走向了正规开拓和短壁采煤。这是小型煤矿发展提高的方向，具有普遍推广的意义。因为正规开拓和正规采煤可以提高产量，提高效率，降低成本，改善劳动条件，减轻笨重的体力劳动，延长矿井寿命，适应机械化生产需要。只有加速小型煤矿的技术改造，实现正规开拓和正规采煤，才能保证煤炭生产持续跃进。会议认为草埠煤矿矿井整体改造所以取得显著成就，主要是矿党委认真贯彻了党的指示，干劲足决心大，大搞群众运动，大搞技术革命的结果。会议指出，推广草埠煤矿整体改造的经验，必须大搞技术革新和技术革命，大搞群众运动。首先要认真积极贯彻全面改造重点提高的方针，大力开发以“五改”为中心的“四比”红旗竞赛运动，积极改进开拓方式，改进采煤方法，以提升、排水、通风、井下运输为主进行设备和工具的改革，逐步改善安全和劳动条件。同时大力改善地面运输，铺设轻便铁轨，采用矿车运输，大搞坑木代用，使土法开采的矿井提高到半机械化的水平，再逐步向机械化迈进，从而普遍提高矿井技术能力和生产水平。此外，会议还要求大力推广中央煤炭工业部选定的60项先进经验，加速小型煤矿的改造，促进煤炭工业持续高速度地发展。

与会代表一致认为，这次全国小型煤矿草埠现场经验交流会议，是登门取经送宝上门，促进煤炭生产跃进的会议。会上，代表们都制定了推广先进经验的规划，热烈地展开了友谊竞赛。首先有山东省煤炭工业管理局代表全省小型煤矿，向全国兄弟小型煤矿的职工发起了友谊倡议，立即得到全国各地代表的热烈响应，都以更高的条件回答了山东的倡议，使整个会议充满了互相学习交流经验、大鼓干劲、齐争上游、共同跃进的气氛。会议期间，收到了来自全国各地的许多贺电和我区各矿向大会的献礼。

这次全国小型煤矿草埠现场经验交流会议，不仅鼓舞了草埠煤矿的广大职工，而且对全区煤炭战线上的职工都是一个极大的鼓舞，将大大促进我区煤炭生产的继续跃进。

原载于《临沂大众》

1960年2月29日

沂河源头酒飘香

沂源古老的酿酒技术，经过千年流传，到现在，逐步形成了自己独特的生产工艺：用当地优质矿泉水，优质红高粱做原料，大曲、泥池回沙发酵，木桶蒸馏，精心勾兑酿制而成“沂源白酒”。该酒酒体醇厚，香味浓郁，落口爽净，深受人们喜爱。

随着交通运输的发展，科学技术的进步，促进了沂源工业的迅速发展。沂源酒厂依靠资源优势、人才和技术优势，积极地走在酿酒行业的先进行列。1966年，该厂保留传统工艺车间，新建液体发酵车间。新上两台蒸汽锅炉，安装蒸馏塔，配套安装糖化、酒母、发酵设备，实现机械化操作。当时在沂蒙山区是率先进行的技改项目。

早期鲁源白酒的盛酒器具“酒篓”

鲁源白酒曾用商标

改革开放又为沂源酒厂注入新的活力。经中国科学院专家们实地考察，沂源县不仅地下水资源丰富，而且水资质软，含有大量人体需要的微量元素，硅酸盐及锶的含量高于国际矿泉水标准，是天然优质矿泉水。在专家们的指导下，经当地政府和人民的大力支持，沂源酒厂的干部职工团结奋斗，艰苦创业。1986年，该厂白酒车间再次进行技术改造，扩大产量到8000吨，并应用了计算机自动控制技术；又对传统工艺生产车间进行技术改造，增加窖池，采用科学管理，使高档粮食酒生产能力达到1000吨，另外，还新上万吨啤酒生产项目。三大项目当年施工，当年投产，及时地发挥了经济效益，形成了今天的生产经营规模。该厂现在生产鲁源白酒、玄云陈酿、亨利啤酒三大系列，三十多个品种。

鲁源白酒洞藏场景

鲁源系列白酒，有“鲁源白酒”（原沂源白酒）“中华特酿”“沂春喜”等十几个品种。该酒酒体无色透明，香味纯正，入口柔和，余香悠长，是省厅优良产品。

玄云陈酿系列白酒，有当地传统工艺生产的“石龙洞窖酒”等高档粮食酒，也有新引进茅台酒生产工艺研制成功的“玄云陈酿”“玄云大曲”等酱香型白酒，都是省厅优良产品。1990年底，玄云陈酿首次送样到贵州茅台酒厂参加全国酱香型白酒的行业评比，获得优质酒称号，在山东省同类酒中名列第一。

该厂啤酒分厂，取当地优质矿泉水，用澳大利亚进口麦芽作原料，青岛酵母发酵，配有先进设备，罗马尼亚灌装流水线生产的“亨利啤酒”，酒体呈金黄色，泡沫洁白细腻，挂杯持久，爽口，杀口力强。亨利啤酒虽然牌子新，但一经上市，就以“外观漂亮，口味纯正”而受用户青睐。该酒荣获世界风筝节“双十佳产品”奖，省厅优良产品。

用户是上帝，酒好自香远。沂源酒早已冲出大山，走向全国，主要销往东北三省、河北、江苏、安徽、浙江、山东及北京、上海等12个省市，沂源酒博得“真山真水真好酒”一片赞誉。

现在，沂源酒厂集生产、科研、经营于一体，形成自己的产品优势。该厂与中国科学院、山东轻工学院早有科研联系，还与贵州茅台酒厂、青岛啤酒厂建立业务往来。厂内24个车间、科室，其中一个产品开发研究室，白酒、啤酒两个技术科，专门从事科研工作，该厂现有各类专门技术人才84名，占职工总数1/10。雄厚的实力，保证企业稳步发展，效益不断提高。近十年来，该厂获市级以上新产品开发和技术进步奖9次，获市级以上管理奖21次，受市级以上表彰的先进模范人物达35人次。原在临沂地区时，该厂曾多年被省、地一轻系统命名为“技术革新先进单位”“先进企业”；沂源划归淄博市之后，该厂又被市委、市政府命名为“文明单位”“思想政治工作优秀企业”。

成绩已属过去，以后的任务更重。沂源酒厂正以全新的姿态，在“团结实干，争创一流”的精神鼓舞下，向更高的目标奋斗。沂河源头这颗企业明星，在社会主义经济建设中，将发挥更大作用，放出更加辉煌的光彩。

原载于《鲁酒飘香》
1992年12月

工业立县在沂源

深秋的沂源，天高云淡，层林尽染。走进沂源，记者看到一组令人振奋的数据：截至目前，全县工业生产增加值占到了全县生产总值的60％以上，比两年前提高了20多个百分点，工业提供的税收占境内财政总收入的80.8％，全县规模以上企业各项主要经济指标增速都保持在40％以上。数字是枯燥的，却是衡量一个地方经济发展的尺度，从中不难看出，工业已是沂源县财政收入的“台柱子”，成为促进县域经济腾飞的“推进器”。沂源是一个山区、老区，属经济相对欠发达县。

作为一个既无资源优势又无产业优势的农业县，何以在短期内迅速崛起呢？县委书记王世庆一语中的：“立足沂源现有工业基础和特点，大力实施企业集团化战略，走企业外向化、高新化、循环化、基地化的‘四化’带动路子，推进工业经济跨越发展。”沂源经济欠发达，根子在于工业不强不壮。为此，该县以“四化”带动为切入点，做活了工业立县的大文章。山东瑞阳公司的股市运作是企业外向化带动的一个缩影。瑞阳公司把企业发展定格在外向化发展上，走出国门寻找国际合作伙伴，今年9月8日在新加坡成功挂牌交易，一次性募集资金1200万美元，既解决了生产资金不足的问题，又提高了公司的产值和利税，成为全国规模最大的头孢类原料药生产基地。山东鲁阳公司的快速膨胀是该县实施企业高新化带动战略的一个例证。为提高企业的科技含量，鲁阳公司在企业内建立培养人才、流传“手艺”的“导师制”，除了从全国各地聘请高新技术人才、著名企业家、经营家、企划学者组成企业讲师团外，还用手把手带徒弟的传统方式，将多年积累的企业管理经验、企业文化精髓，从做人、做事、学习、创业诸多方面进行“传、帮、带”，使“徒弟”们尽快成为企业未来骨干，大大增强了企业自主创新的能力。生产的产品畅销全国并出口50多个国家和地区，成为国内同行业中唯一一家“国家重点高新技术企业”。一跃成为亚洲第一、世界排名第三的大型集团化企业，并以其高科技含量，吸引世界同行业中排名第一的英国摩根集团热陶瓷公司的总裁慕名而来，主动与公司签订了晶体纤维刺毯合作项目。山东联合化工集团的资源整合利用是企业循环化带动的一个典范。联合化工公司在股份制改造后，扩张欲望很强，但受到合成氨原料供应不足的限制。而恰恰山东瑞丰化工集团有着6万吨合成氨的生产能力，不但消耗不掉，而且效益低下。沂源县果断让山东联合化工公司控股经营该集团，并出资1500万元，对合成氨生产线彻底改造，充足的原料保证了企业开足马力生产，两年的时间企业脱胎换骨，利税增幅跃过了191个百分点，今年将突破一亿元。这种循环化带动既降低了成本和消耗，又扩大了企业规模，增强了企业竞争力。沂源县的循环化带动，同样也促进了资本运营，为企业强筋壮骨起到了助推作用。像绿兰莎公司和县白酒厂的“联姻”，县棉织厂与北派服饰的联合，鲁阳集团和县热电厂的嫁接等等，就是一个个鲜活的例子。山东海达公司的基地带农户是企业基地化带动的一个亮点。海达公司通过送饲料、送技术、保回收等措施，带动农户发展养殖业，促使养殖基地滚雪球式发展，迅速成为全国规模最大、设备最先进的兔肉加工企业，其兔肉出口占全国出口的70％。2004年，海达公司代表国家接受欧盟验收获得成功，并作为中国首家企业向欧盟出口肉食兔制品。沂源工业发展的亮点，同样也照亮了农业工业化的进程，使沂源的农业实现了质的变化，传统农业在沂源已不再是传统农业，农民也不再是昔日的农民，全县已有5.6万农民从田间走进车间，成为农业产业链条上的工人。工业立县，成效凸显。今年，该县将有20家企业利税过1000万元，其中6家企业过5000万元，4家企业过2亿元，有2家上市公司。沂源，正以跨越式发展引起国内外的关注。

原载于淄博新闻网

2005年11月3日

沂源现象：一个地域的经典上市故事

引　言

山东沂源县，坐落在鲁中腹地、淄博市最南端，是山东省海拔最高的县域，也是曾经的国家及省重点扶持的贫困县。原本，这并不是一个容易吸引目光的地方；稍微能引起人们一点联想的就是，这里曾经是“汇源果汁”的发源地。

现在，这个县城却拥有了四颗“明珠”——联合化工、山东药玻、鲁阳股份和瑞阳制药四家优秀的上市公司，成为山东省乃至整个北方区域拥有上市公司数量最多的县。

这已经成了一种“沂源现象”，让中国经济界瞩目。业内有言：“南有江阴，北有沂源。”江阴的故事早已家喻户晓，“沂源现象”，又是一个怎样的故事？

四颗明珠：深山藏不住

山东联合化工股份有限公司（002217）作为山东省2008年第一家首发公司，近日刚刚在深交所挂牌上市，这也成为山东省沂源县的第四家上市公司。在此之前，沂源县已经有山东药用玻璃股份有限公司（600529）、山东鲁阳股份有限公司（002088）分别在沪深交易所上市，山东瑞阳制药股份有限公司在新加坡交易所上市。

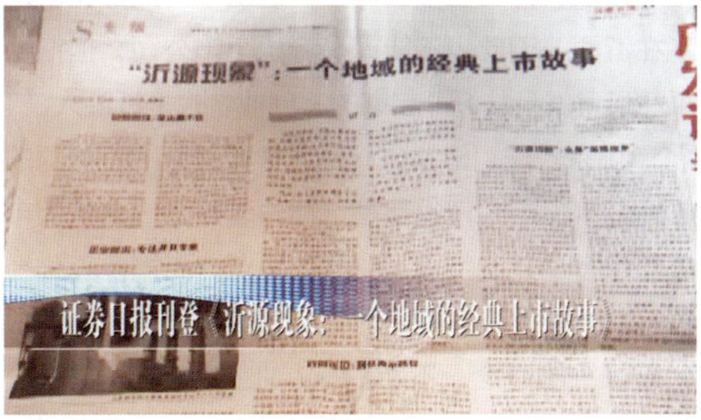

在沂源这四家上市公司中，山东药玻是沂源县第一家，也是全国医药包装行业第一家上市公司。公司于2002年在上海证券交易所挂牌，现已成为亚洲最大的药用玻璃瓶和丁基胶塞生产基地，是我国唯一掌握药用中性I类玻璃加工技术的企业。山东瑞阳于2005年在新加坡上市，作为山东省第一家粉针剂生产企业，其主导产品注射用美洛西林钠、注射用葛根素、注射用环磷腺苷葡胺等多个竞争激烈的产品，市场占有率为全国第一。山东鲁阳于2006年在深交所上市，是亚洲最大、世界第三的耐火陶瓷纤维生产企业，规模、效益连续12年位居国内同行业之首，产品畅销全国并远销欧盟、美国、加拿大、日本、沙特、中国台湾等60多个国家和地区。刚刚上市的山东联合化工股份有限公司，是国内最早生产硫化异丁烯和硝酸异辛酯的企业，2006年公司被评为省级高新技术企业、山东省资源综合利用企业、山东省10大竞争力品牌，并入选2006中国化工企业500强。

企业追求：专注并且专业

“80后”对一种瓶装面状青霉素肯定没有什么印象，但对出生在20世纪五六十年代的人们来说，肯定有着永不磨灭的记忆。盛装青霉素的这种非常廉价的小瓶子，山东药玻坚持不懈地生产了十几年，到20世纪末，其市场占有率已经达到70%。就靠十几年如一日地生产这种小瓶子，山东药玻成长为一个优秀企业，并最终成功上市。

80后的人对药玻的小瓶子没有什么印象，但对汇源果汁一定很熟悉。汇源公司坚持不懈地做了十几年的果汁，就是靠做果汁，公司发展成长为全国知名企业，并且已于去年在香港上市。虽然注册地不在沂源，因此也不能算是沂源上市公司，但汇源果汁最早就是从沂源起家的，创业者也是沂源人。

山东药玻、汇源公司是这样做起来的，沂源的其他几家上市公司也都是这样做起来的。这些上市公司都有个共同特点：专注做企业，不搞多元化经营。他们都推崇“把主业做到极致，才能把事业做到最好”的理念，不断依靠专业技术创新谋发展、求效益。因此，沂源出了四家上市公司，造就了三个全国行业“单打冠军”：山东药玻是国内规模最大、产品质量水平最高的药用玻璃包装企业，鲁阳股份是亚洲最大、世界第三的耐火陶纤生产企业，瑞阳是国内最大的头孢原料药生产厂。

在药玻的发展历程中，企业管理者始终专注主业。药玻董事长柴文说，药玻人从不头脑发热、盲目扩张，而是认准自己的优势不断突破。药玻优势就是做大主业产品规模，强力控制成本和费用，坚持不懈地技术改造和创新。1996年的时候，当时随着市场竞争的加剧和原料成本的上升，公司单位产品平均毛利率从5分钱大幅下降到了3.6分钱，然而由于长期注重主业产品的扩展和销售，当年客户从67家发展到98家，形成了销售的规模效应，企业当年的总利润反而大幅攀升。为了牢固地树立行业优势，药玻从未放慢研发的速度，积极进行技术创新，这不仅提高了生产效率，而且使公司单位生产成本低于行业平均水平10%左右，从而使得公司无论在国内还是在国外都极具价格竞争优势。近年来公司重点投资建设的新项目高档轻量薄壁棕色药玻瓶，将原有棕色瓶110克重量下降到70克，既节约了成本，也实现了环保节能。2007年，药玻率先研发成功中性硼硅药用玻璃，填补了国内空白，上市即可占领国内80%以上的市场。

鲁阳股份始终坚持把好钢用在刀刃上，“刀刃”就是主业。20世纪90年代初的时候，鲁阳的事业刚刚起步，众多同行受物价上涨因素的影响，思想变得保守，对耐火材料行业的发展前景非常悲观。鲁阳坚信行业发展前景，董事长鹿成滨独具慧眼，通过市场调研发现一种新型干法耐火纤维制品正逐步成为用户心中的“宠儿”。因此他大胆决策，贷款500万建设一条CBC—I型连熔连吹针刺毯生产线。这次果断的投入，为鲁阳的发展掀开了新篇章，实现了从湿法制品向干法制品的飞跃，在短短几个月的时间里，就从同行业手中夺得了这块刚刚培育的市场，占据了市场主动权，成为国内耐火材料行业的一匹黑马。正是对主业的专注与坚持，把鲁阳带入了稳步发展的轨道。这次的成功也使鲁阳人更加坚信，只有通过技术创新，在专业领域做强做精，企业才有更广阔的发展舞台。

瑞阳制药，为了做强主业提升专业优势，年产品开发和技改投入的比重占全部销售收入的5%以上，在中国医药经济数据网公布的2006年1—7月份全国医药工业企业创新能力百强排名中，瑞阳制药位居第三位。目前瑞阳公司已先后获得40余项专利、60多个新药证书，年新产品产值率在75%以上，创新已成为瑞阳发展的强大动力。拥有三项专利的分针粉装设备、排名全国前六的粉针分装能力、全国规模最大的冻干产品能力、全国排名第二的每年1000吨的头孢类无菌原料生产能力，成为瑞阳创新能力以及生产实力的最佳说明。依靠独有的创新技术，公司具备众多规格产品的生产能力，可满足5ml、10ml、15ml、20ml、32ml等30多个规格产品的生产需求，这在全国绝无仅有。

山东联合化工，专注于化肥和硝酸铵有关的技术创新，因此成为国内首家实现PC脱碳工业化技术的企业。公司通过技术改造，使进入氧化炉的混合气体的净化提升到一个新水平，使铂金网的清洗由原来的三个月一次改为六个月一次，铂金网的消耗降低45%，浓硝酸的产能提高20%。公司此次首发募集的资金也将全部投资于年产3万吨三聚氰胺资源综合利用及节能技术改造工程项目。新的工艺将使生产成本比目前普遍采用的传统方法低1000元/吨左右，具有较强的市场竞争力和抵御市场风险的能力。目前公司已获得各类专利24项，其中发明专利16项，实用新型专利8项，2006年获得山东省高新技术企业称号。正是以科技为依托，大力提升生产装备水平，扩大生产能力，公司形成了多产联合的典型“循环经济”模式。

沂源企业这样专业专注的做事风格，源于当地人的性格和文化。“性格决定命运”，在地处齐国和鲁国交界之处的沂源县，人们既继承了齐国人善经营的特点，更继承了鲁国人的实在和执着。20世纪末，德隆以资本运作为名，将众多企业玩弄于股掌之上，使众多优秀的企业遭受重创，在这些“德隆系”企业中，唯一没有被德隆所利用，反而利用德隆获得进一步发展壮大的就是汇源公司。这体现了沂源人的精于经营和聪明睿智。

沂源的企业管理者，更基本的性格是实在和执着，给人的感觉就是质朴、务实、作风低调。在去年夏天的采访中，我们就发现这样一个有非常有意思的现象，沂源县几乎所有的国营企业都没有安装空调，甚至连电扇也不多见。我们到联合化工采访时，联合化工的董秘范修巨接待我们，虽然是初夏，但在接待室里也感到闷热。有干部笑言，这是一个源自药玻的传统：领导班子都从工人中来的，工人是什么样工作条件，我们也就是什么样工作条件。

在鲁阳采访时记者有一个非常深刻的印象，企业园区比较简陋，大门并不起眼、办公大楼也早显陈旧，但在办公楼中专设了一间百余平方米的展览厅，这是整座办公楼面积最大、装潢最好的房间。公司董秘鹿超为此向记者解释，鲁阳作为一家产品已经远销全世界60多个国家的企业，经常会有外国友人上门参观、订货，尽管公司办公楼可以简陋，但为了公司的企业形象，让客户了解企业，公司董事长鹿成滨坚持设立这样一个“高规格”展览厅。

这点点滴滴，展示了沂源企业家务实、简朴、踏实的性格，他们所在的企业也被深深打上了这种烙印，形成了沂源企业普遍专注专业的文化，也正是这种专注专业的企业文化成就了“沂源现象”。

政府定位：到位而不越位

“沂源现象”的出现，当地政府居功至伟。近年来，沂源县委、县政府始终把转变发展理念、创新思路，培育上市资源作为实施“工业立县”战略、推动县域经济跨越发展的突出重点，确立了“上市一批，培植一批，储备一批”的工作思路，积极引导企业上市融资，5年内实现4家企业成功上市。这其中，联合化工的发展历程可以说是一个缩影。

联合化工的前身山东东风化肥厂是一个老国有企业，30多年的勉力经营，反而使得企业的生产经营面临越来越大的困境。2001年，县委、县政府选派药玻公司总经理王宜明到东风化肥厂任厂长；2003年，东风化肥厂由国有改为民营。王宜明到任后，大力压缩成本，实行全员聘任制。比如当时的管理后勤部门，总数达23个之多，人数也有300多。一位老员工回忆称，一般政府部门设有的“衙门”，东风化肥厂一个也没少，食堂、托儿所、幼儿园等也一应俱全。王宜明将原来的部门精简合并，实行社会化服务，人员分流，将员工从1300人减少到1000人，大幅压缩各项费用，所有指标同收入挂钩，很降能耗，进行技术改造，实现内涵式提高，原有产能提高30%至50%。改革渐见成效，东风化肥厂产值从8000万逐步增加到5亿；而后又进一步上规模，扩展产能。伴随产量的提高，节能降耗，成本降低，企业步入良性发展轨道。

沂源近年来还以产权为纽带，综合运用产权联合、兼并重组等手段，大力促进各类资源向优势企业集中，先后引导瑞阳公司整体购买益母公司、联合化工公司重组县化肥厂、沃源公司重组北派服饰公司和县制丝厂、华联矿业公司重组县造纸厂等等，通过把优势企业的扩张需求与弱势企业闲置资产盘活利用结合起来，实现了资源的优化配置，壮大了优势企业的实力。

该出手时就出手，不该出手时不出手。当地政府充分尊重市场规律，为企业发展留出广阔的空间。鲁阳作为一家乡镇企业，较早完成了股份制改造，成为完全自主发展、自主经营的市场主体。公司的发展，深深受益于政府营造的宽松自由的发展环境，在这种环境之下，公司通过十年的发展现已成为亚洲最大、世界第三的耐火陶瓷纤维生产企业。鲁阳商标成为中国驰名商标，鲁阳公司成为国家重点高新技术企业和国家新材料产业化基地骨干企业。2006年，鲁阳公司实现销售收入5亿元，利税1.3亿元，出口创汇829万美元。鲁阳股份2007年接连荣获“中国名牌”“国家产品免检”“全国重合同守信用企业”等荣誉称号。瑞阳制药和山东联合化工，是由政府出面推动重组改制的；当企业步入良性发展轨道之后，企业同样享受到了宽松自由的发展环境，保证了企业良好发展势头的延续，推动企业不断从辉煌走向辉煌。沂源现象的产生，与政府营造的宽松自由的大发展环境密不可分。

政府与市场的边界，就像是刀锋，难以清楚准确的划定。尤其是在中国这样的一个处于产业转型期的国家，政府的作用举足轻重。对于企业的上市工作来说，基层政府的政策和支持同样至为关键。

沂源县委书记韩国祥对资本市场的认识深透而到位：“在推进工业发展过程中，沂源既无区位优势，又无人才、技术等资源优势，如果不跳出产品经营的旧框框，不摒弃传统的自我积累发展模式，与先进地区的差距只会越拉越大。只有将优势企业推向资本市场，大胆实施资本运作，才能在短期内实现跨越发展。”

正是因为有着这样深透而到位的认识，沂源县委、县政府不断加大扶持服务力度，为企业创造良好的上市环境，专门建立了“政府引导、企业主导、市场运作、政策扶持”的上市工作机制，通过组织领导、宣传引导和协调服务等，积极创造条件，合力推动企业上市。对企业申请上市过程中，凡是在县内发生的费用除工本费外全部免收。同时，注意总结运用企业上市过程中探索出的好路子、好办法、好资源，以有效指导上市后备企业少走弯路。鲁阳公司和联合化工公司从保荐机构到上市工作人员，都沿用了山东药玻公司上市的原班人员，切实提高了企业上市的质量和效率。在企业成功上市后，县政府从企业新增增值税、所得税县享部分中拿出一块资金，作为企业发展基金，专项用于企业新上项目建设；对促进上市有关人员，县政府给予重奖。这些措施，有效降低了企业上市成本，有力地调动了企业上市融资的积极性，提高了企业再融资和资本运作的能力。

企业上市有效带动了全县工业和整个县域经济又好又快发展。2007年，4家上市公司共实现销售收入37.76亿元、利税7.14亿元、利润10.8亿元，主要指标增幅都在30%以上，分别占全县规模以上企业的26.7%、48.8%和47.5%。药玻、鲁阳两家公司连续入选全国工业重点效益十佳；药玻、鲁阳、瑞阳、联合化工四家上市企业贡献地方财力近亿元，占到全县总财力的1/6。2007年，全县实现生产总值110.31亿元，是2002年的2.6倍，年均递增21%；境内财政总收入10.84亿元，是2002年的3.2倍，年均递增25.3%，其中地方财政收入5.28亿元，是2002年的3.3倍，年均递增27.2%；全县工业增加值占GDP的比重达51%，工业实现的税收占全县税收总量的70%以上。

该出手时就出手，不该出手时不出手。当地政府到位而不越位的定位，才最终让沂源成为“现象”。

“沂源现象”：也是“淄博现象”

沂源县所在的淄博市是全国最早开展股份制改革的地区，是当时全国有名的场外交易市场——淄博报价系统的所在地，也是近年来山东省各地市中对企业上市最重视和推动力最强的地区。当地人称，正是这样的地域环境孕育了“沂源现象”；“沂源现象”，也是“淄博现象”。

现在组成“沂源现象”的这些上市公司，当年都是在艰难的环境中发展的中小企业。中小企业的发展，最难的就是资金问题，直到今天也是如此。而在当时来说，对中小企业成长的资金支持体系更是不存在，股份制对中小企业的融资意义弥足珍贵。股份制改革使公司获得了亟须的发展资金，也培养了利用资本市场的意识，为公司上市播下了种子。山东药玻、鲁阳股份都是沂源县和淄博市最早进行股份制改革的企业。

在淄博股份制改革大潮之中，淄博证券交易自动报价系统1993年正式创立，这实际上就是我们现在所说的场外交易市场。这个市场主要从事像山东药玻这样已完成股份制改造的淄博当地公司的股票交易。虽然其后按照国家要求进行了彻底清理，但其形成的股份制的深厚基底深深扎根于淄博大地。“山东药玻”于2002年在上海证券交易所挂牌交易，成为沂源县“第一个吃螃蟹者”；2005年，“瑞阳制药”在新加坡成功上市；2006年，“鲁阳股份”也在深圳证券交易所挂牌交易。这些都与淄博报价的培育作用是绝难分开的。近几年来，淄博市也成为全省股份制改制和企业上市的典范地区之一。

中国的产业转型特征，决定企业面临较高的隐性上市成本，企业在迈入资本市场的过程中往往会遇到土地、税收等方面的问题。因此，政府对企业上市的强力支持和大力推动至关重要。

淄博在全省各地市中最早制定下发《淄博市人民政府关于加快企业上市工作的意见》，推出八大举措推进中小企业上市：拟上市公司在上市过程中一次性发生的土地、房产、车辆等权证过户费，只按规定收取工本费，企业用水权、用电权及其他无形资产无偿给予过户；在拟上市企业改制过程中，原行政划拨地转为出让的，土地出让金部分返还，申请新增用地需办手续的，按市政府规定最低标准收取；已具备上市申报条件的拟上市公司，可以对利润调整后的税收给予优惠；在上市前一年上缴的有关税收留成部分以财政补贴方式返还；拟上市公司投资新建符合国家产业政策的项目，优先办理立项预审、转报或核准手续，自建自用的生产性建设项目，免缴有关费用；各类技改与创新等专项资金，优先用于符合条件的拟上市企业；进一步落实与深交所的备忘录，做好上市资源的培育与推介工作等。这些政策措施，都普惠到包括沂源县在内的淄博各区县市的拟上市企业。

对于“沂源现象”，淄博市很早就有了认识，提出要探究“沂源现象”，积极发挥“沂源现象”的示范效应，2007年初还特别召开了推广“沂源现象”的淄博市上市公司现场会，使“沂源现象”的示范带动作用得到充分发挥。

淄博市委副书记、市长周清利对此表示：“要充分发挥沂源现象的示范效应，积极推动淄博企业上市。做好企业上市工作，关系到地区经济发展的活力、可持续发展能力，同时也关系到在区域经济发展中的竞争地位。淄博市经济发展要由主要依靠招商引资、股份制改革转向依靠推动企业上市，以实现产业结构调整，提升老工业区的传统行业改造，推动新型工业化。资本市场的好时机不能错过，淄博市今后要将企业上市作为区域经济发展的一个重要切入点，实现经济又好又快发展。”

放眼山东：资本市场大超越

2006年，山东全省共有18家企业在境内外资本市场实现了首次公开发行股票并成功上市，位居当年各省市首发融资之首。在当年中国社科院上市公司竞争力调查中，山东省名列首位。山东省（青岛除外）在中国证监会的上市发行在审企业，目前已达到11家，成为全国各省市中在审企业较多的地区；就在上周末，山东黄金股价力压贵州茅台、中国船舶，成为沪深两市1500多家上市公司中最高者。

这一系列现象的背后，正表明山东正在超越。“沂源现象”，也是“山东现象”，是山东正在实现超越的体现。有人说，广东的企业改革好比是一辆桑塔纳，启动迅速，提速快，实际上是南方派的代表；而山东的企业改革，更像是一辆黄河大卡，启动慢，一旦走上进程却势不可挡。山东以厚重朴实的儒家文化为特征，山东的企业改革也以厚积薄发的形式演绎着这一文化，山东的上市公司发展也演绎着类似的历程。

一直以来，山东在利用资本市场发展方面位于全国前列。然而，与山东经济大省地位和丰富上市资源相比，应该说山东远没有利用足资本市场。这种现状正在发生改变。山东省已经给予发展资本市场工作前所未有的重视，将利用资本市场，加快推进企业上市，作为山东经济发展的新“引擎”。

近年来，山东全力推动企业上市工作。山东省委、省政府专门召开全省地市分管市长工作会，研究推进企业上市工作。为了更好地建立健全工作协调机制，加快推进省内企业上市融资，建设资本市场强省，山东专门建立了企业上市工作联席会议制度。为大力培育后备资源，山东深入实施“千百十”上市培育工程，积极创造良好政策环境，在全省16个地市中，已有淄博、烟台等11个市出台了鼓励企业上市的优惠政策。山东对推动企业上市既积极又审慎，原则就是，从企业实际出发，不搞拔苗助长，而是努力让优质企业通过上市变得更强。这样的发展思路，不仅带来了上市公司数量的大大增加，也从根本上提升了上市公司的质量。中国社科院的竞争力调查结果，甚至山东黄金在二级市场的表现，正是山东上市公司质量和实力的展现。

作为中国证监会的派出机构，山东证监局为积极推动山东辖区企业上市发挥了重要作用。“我们必须创造性地做好监管与服务工作，在强化企业上市监管工作的同时，大力推动辖区企业又好又快地上市，积极探索延伸服务、主动指导与事中提醒、事后监管相结合的企业上市监管模式。”山东证监局局长尹奉廷，多年来一直从事体改和证券监管工作，为企业上市工作倾注了心血，亲自跑遍了包括沂源县在内的山东辖区多家拟上市企业，因此对上市监管工作有着深入的理解和思考。

自2007年以来，山东证监局将拟上市公司监管工作重点从面上宣传发动转变到重点企业具体问题的指导解决上来，先后赴辖区16个地市及所属的60多个区、县、市，累计对120家企业进行了180多次现场指导。山东证监局还建立并完善了上市资源数据库，本着“关注一批，培育一批，上市一批”的工作思路，将列入数据库的上市后备资源分为重点推动类、重点培育类和重点关注类，对达到上市条件的优质公司给予重点支持。山东证监局结合辖区实际情况，就改制中的注意事项、辅导验收中的主要问题等，分别撰写研究报告，提出解决问题的思路，掌握监管主动权，有力地指导企业上市工作。

有理由相信，山东在资本市场上的超越正在变成现实。也许在不久的将来，“沂源现象”将演变为实实在在的“山东现象”。

原载于《证券日报》

2011年6月15日

“山东屋脊”，工业强县正崛起

沂源是山东平均海拔最高的县。说起沂源，不少人的第一印象是“山东屋脊”、革命老区，而正是这个山区县却荣膺“全省高质量发展先进县”。

山东省政府近日通报表彰2019年度县域经济高质量发展先进单位，沂源县与寿光市、青岛市黄岛区等一起，成为全省受表彰的10个高质量发展先进县。作为山区农业县，沂源如何破解底子薄、发展晚、总量小、环保要求高等困难和约束，高质量发展闯出新路？

瞄准国际一流，“老树发新芽”

舍得投入，加快本土上市企业和优质存量企业“二次创业”

9月3日，在位于沂源经济开发区的瑞阳生物医药产业园里，年产1000吨哌拉西林国际高端认证产业化项目正在加紧建设中。

瑞阳生物医药产业园

“新厂全部采用智能化设备，用工减少一半，产能却能提高50%。”瑞阳制药股份有限公司副总裁吴乃森说，项目2019年6月正式开工建设，目前正在内配安装，预计今年10月底具备调试条件。建成投产后，这家拥有54年历史的沂源本土医药企业将实现一个大的飞跃。

"项目达产后，企业年可新增销售收入约13亿元。"吴乃森介绍，该项目总投资5.6亿元，被列为国家创新链整合重大项目、山东省2020年新旧动能转换优选项目，主要建设青霉素类原料药生产车间，并配套建设质检、办公、仓库、污水处理等辅助设施。

近年来，沂源县落实省委、省政府"八大发展战略""九大改革攻坚行动"和市委、市政府高质量发展"六大赋能行动""十二大攻坚行动""十五大重点改革攻坚事项"部署要求，加快本土上市企业和优质存量企业"二次创业"，瞄准国际一流水平，强力推进动能转换、智慧转型，促进"老树发新芽"。

为扶持本土产业"二次创业"，沂源县政府各部门可谓集"团宠"之势。为瑞阳公司、药玻公司、鲁阳公司等骨干企业分别预留了约1000亩地，为企业留出发展空间，推动"存量变革"。在经济开发区推行工程建设项目区域化评估评审，对地质灾害危险性评估、环评影响评价、水利区域化评估等事项以园区为单位进行提前审批，大大促进了项目早建设、早投产。在财力紧张的情况下，县财政仍大力投入促进传统产业转型升级，仅去年，瑞阳公司就获得县级新旧动能转换扶持资金8224.53万元。

如今，总投资225亿元的瑞阳生物医药、药玻医药包装、鲁阳节能环保材料3个产业园正在建设，全部达产后，年可实现产值295亿元、利税50亿元。

沂源县还大力推动企业"退城进园"，在完成22家城区企业"退城进园""退二进三"的同时，加快现有9家企业、10个厂区"退城进园"步伐，顺势推动企业规模扩张、转型升级。

注重沿链聚合，形成集群效应

追求亩均效益，高新技术产业产值占规模以上工业比重超八成

在沂源，传统产业转型升级的同时，电子信息产业则实现了"从无到有"的快速发展，成为工业强县新的增长极。

沂源经济开发区探索"管委会+公司"运营模式，成立了注册资金1亿元的国有独资企业山东鲁中高新科技园区开发有限公司（简称"鲁中高科"），作为园区市场化运营主体，负责投融资、双招双引、基础设施建设、棚户区改造、产业服务、对外合作、物业管理等工作。沂源树立平台思维，园区已同步建成24.5万平方米标准厂房和3万平方米创业中心，建设了创业公寓、瑞阳科技大厦等平台；同时实施了路、水、电、热、污水处理、垃圾焚烧及生物质发电一体化、固危废处理等各类功能配套项目，为企业"拎包进驻"搭建优质平台。

沂源经济开发区规划注重沿链聚合，形成集群效应。"沂源多山地，经济开发区核心区仅24.87平方公里，这决定了我们必须追求亩均效益。"鲁中高科董事长朱杰说，沂源经济开发区坚持规划引领，高标准编制了《总体规划》和《产业发展战略规划》。

沂源以高端集约促进工业生态化，坚持新上项目向园区聚集，突出新兴产业引领，培植壮大新医药、新材料、新一代电子信息三大主导产业，其中新医药、新材料两个产业占规模以上企业比重达到45%以上。高新技术产业产值占规模以上工业产值的比重达到84.69%，保持全省领先。全县先后有6家企业在主板、中小板、创业板上市，3家企业在"新三板"挂牌交易。

沂源县委副书记、县长田晨光表示，沂源县将继续围绕淄博市"四强"产业（新材料、智能装备、新医药和电子信息）规划布局和重点产业链条，大力做好补链延链强链文章，加速产业资源横向集聚和垂直整合，力争通过3～5年努力，打造形成新医药、新材料、电子信息等10个左右优势产业链条和特色产业集群。力争到2025年，"四强"产业营业收入占规模以上工业比重达到80%，基本形成高端引领、链条完整、生态完善、效益显著的产业发展格局，真正挑起沂源工业的大梁。

原载于《齐鲁壹点》

2022年9月6日

企业技改开启动能转换强劲引擎　推进沂源工业加速“智变”

冬日的沂源尽管寒冷，但走入沂源县制造企业的车间却是热火朝天，各行各业技改项目的全面开花，换来的是沂源工业发展的满园春色。

以智能化生产促技改，企业从制造迈向智造

走进瑞阳制药粉针制剂208车间，在这里看不到工人忙碌的身影，洗瓶、轧盖、包装，每一环节都由机械臂、输送带、输料管道等“生产机器人”完成，“这是智能车间，主要是依靠智造系统在运作，工人只要在电脑前实时控制，就能随时看到生产运行情况。”该公司粉针事业部经理张光明介绍，很多岗位实现了无人化生产，工业机器人节约了20%的人力成本，成品率大幅提高。企业从“制”造到“质”造和“智”造，这是沂源制造业迈出的一大步。

瑞阳制药智能化生产车间

环保压力倒逼改革，技改让环境零污染

“过去我们因不重视环保企业停滞不前，现在因走在环保标准前面而成为全国同行业领军。”山东鲁阳节能材料股份有限公司副总裁郑维金语带自豪。借助环保治理的东风，公司全面淘汰燃煤设备，置换为天然气供能设备；针刺毯产品吨产品综合电耗下降500kwh，下降比例达30%以上，实现了水100%循环利用。2015—2017年，环保投入不仅不赔钱，仅能耗一项就为公司省下了1亿多元。环保设施的智能化改造让鲁阳逆势“蝶变”，向数字化工厂迈进。

鲁阳公司智能化生产线

政府是企业的“娘家人”，对企业的服务更贴心

“在我们的年产万吨高透8MRS项目建设中，工信局的同志们来企业跑了好多趟，帮着跑手续、到现场办理业务，企业为政府点赞啊！”在项目现场，瑞丰高材董事长周仕斌感慨地说。工信局是企业的“娘家人”，服务上“少跑腿、快审批”；工作中，送政策进企业；奖补政策上，设备购置补助再加大力度。2019年全县实施技改项目55个，年度累计完成投资56亿元，连续四个月考核位列全市小组第一，有11家企业入选山东省新材料领军企业。全年预计重点工业企业累计实现营业收入195亿元、利润16亿元，同比分别增长2%和1.5%。

瑞丰高材公司智能化码垛生产线

工业技改为沂源工业插上腾飞的翅膀，正向着主导产业高端化、传统产业新型化、新兴产业规模化方向发展，努力实现沂源工业经济智能化

跨越，一个新旧动能转换明显、充满活力与智慧的沂源工业正向我们阔步走来。

原载于齐鲁网

2020年8月10日

小小玻璃瓶何以装下百亿大产业

在不确定中寻找发展的确定性，在不可能中创造前行的新可能……这是山东药玻集团的发展“核心”。

1970年建厂到现在，除了应对宏观环境的不断变化，新老对手亦像走马灯，硬仗一场接一场，使一个更加务实的药玻茁壮成长。53年间，从传统制造到全部智能化，培育新增长点；从模仿式创新到原始创新，打破国外垄断；从“零科技”到拥有国内独家核心技术……

如今的药玻交出了一份精彩绝伦的答卷：主导产品模制抗生素瓶年产量达90多亿只，药用丁基橡胶塞年产量48亿只，与哈尔滨制药集团、北京双鹤药业、辉瑞制药、诺华、葛兰素等1200多家中外制药厂家建立了长期稳定的合作关系。目前，山东药玻公司已成为中国首屈一指的医药玻璃专业制造商，生产规模位居亚洲前列。

从一个为药厂配套的生产车间成长为闻名世界的药用包装行业龙头企业，药玻做对了什么？能为淄博其他民营企业发展提供哪些借鉴？

质量为王

一分钟能干什么？我们在药玻18亿只中硼硅管制系列产品项目车间，得到了答案。

走进其中的安瓿瓶生产车间，10条自动化生产线正在高速运转，三四名工人在生产线周围，忙着执行不同岗位的操作。“自动上料、预热、加热、拉丝、制口、封底，一台机器一共36个工位，完成仅需要1分钟，然后是打点、退火、检验、包装，这是安瓿瓶生产制造的主要流程。”药玻董事长扈永刚一边说，一边从生产线上拿起一只2ml的棕色安瓿瓶。“你可能不知道，同样的产品，我们使用的全是从意大利、德国进口的生产线，意大利ocmi的一条

安瓿瓶生产线

生产线50多万欧元，管瓶一条生产线120多万欧元，我们用全进口生产线和国内同行业不到10万元的生产线比拼，目的就是要为中国的制药企业提供最优质的包装，让中国老百姓用上安全药、放心药。”

扈永刚认为，要使企业可持续发展，必须做到两个极致，其中之一就是极致质量。

作为一家智能制造企业，药玻不断加大投入，采用最新科技，提高制造系列的自动化程度，完善生产工艺和质量控制手段，开发新的品种。在整个生产流程，全部引进欧美尖端生产设备，实现产品的自动检验和自动包装，以此提高了玻璃制品的成品率，为产业转型升级和创新超越打下了坚实基础。

通过以质换量，药玻引领了国内模制瓶包装迭代升级。为适应国内药包材高端化需求，药玻在最短的时间内完成了中硼硅模抗瓶的研发突破和规模化生产，目前中硼硅模抗瓶主要应用在血液制品、造影剂等高档药品上，并全方位向普通头孢类、青霉素类药品延伸。“未来该类产品发展有望成为药玻公司的支柱产品，成为推动药玻高质量发展的重要支撑。”扈永刚说。

创新为魂

引领企业发展的另一个极致，在扈永刚看来是“极致创新”。“我们得益于及时、主动地在发展面前求变、求新，紧跟行业发展步伐，主动创新创造，从一开始的行列机自动化控制、自动包装、窑炉自动控制等，再到攻克一级耐水玻璃、一类耐碱玻璃的技术难题，再到中硼硅玻璃产品的批量生产，还

有中硼硅玻璃管的成功，都是极致创新的体现。”

2014年，国内药用玻璃还在以“低质跑量”为主时，药玻嗅到了传统药用玻璃将被取代的风险。那时，中硼硅药用瓶在国际市场上刚刚兴起，抓住这一机遇，药玻走上了自主创新之路。经过3年试验，药玻成功突破瓶颈，实现了中硼硅玻管量产。借助中硼硅模抗瓶研发的成功经验，结合企业多年生产低硼硅拉管技术，再次聚力突破了中硼硅玻璃拉管熔化及成型技术，全面打破中硼硅玻璃拉管一直被德国肖特、美国康宁、日本NEG三家玻璃制造巨头垄断的局面，在瓶子+塞子+盖子这个产业链条不断成熟的基础上，又形成了中硼硅管子+预灌封+管瓶的全新产业链，实现了中硼硅管制系列产品原料的自给。目前公司现有科技成果172项，专利技术106项，自主研制开发的高白料、轻量薄壁模制药用玻璃瓶获国家级新产品证书，中硼硅玻璃产品填补了国内空白。

“我们是生产一代，研发一代，再储备一代，达到科技创新的良性循环。”扈永刚深有感触地表示，转型升级是药玻焕发活力的必经之道，虽然从研发到落地是个漫长的过程，但企业有持之以恒不放弃的信念，才能让药玻立于不败之地。

产业链跃迁

在年产20亿只中硼硅药用玻璃一期项目产线上，设备满负荷运转，现场机器轰鸣，工人们身着防护服抓紧生产。“我们正借助一期的动能优势，加紧建设二期项目。”扈永刚表示，今年拟计划总投资11亿元，用于建设年产40亿只中硼硅药用玻璃瓶项目、预灌封注射器扩产改造项目。年产40亿只中硼硅药用玻璃瓶项目主要用于冻干生物制剂、粉针、疫苗、基因工程药等。预灌封注射器扩产改造项目是省优秀新旧动能转换项目，未来市场瞄准国际、国内生物制药领域。两个项目计划2024年全部建设完成，项目建成投产后可新增产值40亿元。

这几个项目勾画出药玻全产业链条的创新版图——在瓶+盖+塞、管+预灌封+管瓶的基础上，延展出预灌封的巢+托+盒和钢针+柱塞+推杆的新链条，加速研发生产预灌封用巢、托、盒等外部配套包装用塑料制品；内部组装用的推杆、柱塞、钢针等进口组件，力争3年的时间内全部国产化，真正实现延链聚合，集群发展，使企业在全球产业链重构过程中站稳脚跟。

“面对不确定的市场环境，我们要做的就是要不断夯实内功，推进项目建设，依托平台做好科研创新，紧跟行业发展步伐，不断丰富产品种类。”展望未来，扈永刚信心满满。山东药玻公司将持续深耕药用玻璃包装领域，瞄准世界前沿、打造世界药玻。

原载于《淄博日报》

2023年2月9日

百年青啤“筑梦”淄博

2023年6月8日，青岛啤酒山东绿兰莎啤酒有限公司60万千升啤酒搬迁扩建项目在沂源县启动建设，标志着集啤酒生产、观光旅游、消费体验于一体的青啤“梦工厂”正式“落子”淄博。

作为我市重大招商引资项目，青啤“梦工厂”的建设情况也时刻牵动广大市民的心：项目进展如何？我们什么时候才能喝上“自家”酿造的青岛啤酒？

8月16日，记者从沂源县了解到，在历时一年零两个月的“抢工期、赶进度”之后，该项目（一期工程）已于当日投料成功、正式投产。

“梦工厂”从筑梦到圆梦

早在2014年，青岛啤酒股份有限公司便与绿兰莎啤酒牵手，精心酿造的崂山啤酒、绿兰莎啤酒

等产品赢得了消费者的认可，青岛啤酒与淄博的合作由此也迈上了新台阶。

2020年，因扩能升级需要，青岛啤酒股份有限公司规划了60万千升啤酒产能的新发展蓝图。

搬迁扩能建新厂，要建就建最好的！紧跟我市提出的“产城融合”发展理念，沂源县委、县政府当即组建项目专班，慎重选址、科学规划，全力支持绿兰莎啤酒搬迁扩能。

2021年5月，计划占地300亩，总投资10亿元，年产60万千升的啤酒生产线项目签约。

2023年6月8日，项目正式启动。建设人员克服地质、地貌因素制约，最多时一天动用40台破碎锤和挖掘机攻坚场平，累计挖填土石方239万立方米，并以最快速度完成鲁山路西延、华源路北延工程。

2024年初，厂区主体建设完工，主要酿造设备安装完毕，24个巨大的“啤酒罐”立刻成了网友打卡新地标。

8月16日，青岛啤酒山东绿兰莎啤酒有限公司60万千升啤酒搬迁扩建项目（一期工程）投料成功正式投产。再经过1个多月的发酵期，沂源甘冽的清泉将伴随着麦芽浓香，搭上青啤快车，奔涌至世界各地。

奔涌着的“沂源速度”

作为我市重大招引建设项目和沂源县的“头号工程”，沂源县借助“集中攻坚年”之机，强化县大班子成员挂包等制度，扎实推进青啤产业园项目建设。

从2021年5月签约到2023年6月启动，项目专班统筹全县力量，顶格推进，仅用15天便完成项目所在地618户居民的协议签订和房屋腾空，为青岛啤酒产业园的发展预留了空间。同时，沂源县投资3.84亿元，在项目西侧和北侧修建了华源路和鲁山西路两条道路，使厂区物流车辆进出青兰高速公路仅有2公里，极大提高了企业运营效率，降低了物流成本……面对青啤这位优秀的“城市发展合伙人”，沂源献出了最大的诚意。

自2023年6月8日项目启动，至2024年8月16日项目投产，沂源县与青岛啤酒山东绿兰莎啤酒有限公司携手成就了百年青啤集团同类项目中建设速度之最，再次创造了“沂源速度”。

“百年青啤”携手沂源好生态

有着121年历史的青岛啤酒是世界第五大啤酒厂商，居中国啤酒行业首位，具有强大的品牌影响力。众所周知，啤酒酿造过程对水质、空气、环境要求极高，“水”更是啤酒的灵魂。

作为国家重点生态功能区，沂源县地处沂蒙山腹地，生态优势突出，被誉为“齐鲁水塔”和“中国矿泉水之乡”。地域内矿泉水分布广、储量大、品种多、水质优，富含锶、偏硅酸等微量元素及矿物质，曾被专家认定为“富锶型矿泉水集中分布区”。

好泉好水出美酒，水质决定酒质，沂源境内上乘的水质，成为发展啤酒酿造业得天独厚的优势。拥有国际先进啤酒酿造技术的青啤携手绿兰莎，实施60万千升啤酒搬迁扩建项目，正是看中了沂源县优异的水质和优秀的生态资源。而青岛啤酒的落户，在为沂源县带来经济效益的同时，还促进了当地多业融合发展。

以青岛啤酒为核心，沂源县将筹建高规格主题公园、啤酒博物馆、酒吧美食街、欧式风情精品民宿等文旅项目，串联天湖、荆山寺等文旅资源协同发展。打造集“工业旅游、休闲商业、文化传播”于一体的“青啤小镇”活力片区。未来，以千亩青啤产业园为带动，沂源县将整建制打造文旅农商融合的“西部新城”示范片区，塑造沂源高质量发展新名片。

目前，青岛啤酒山东绿兰莎啤酒有限公司已成为青啤集团装备水平最高、设计最先进的“梦工厂”。作为标杆性的啤酒智能制造基地，将显著提升青岛啤酒在淄博区域的影响力，也为青岛啤酒下一个百年发展奠定坚实基础。

原载于《淄博日报》

2024年1月23日

大事记

记忆沂源·工业卷

1944年

5月，沂源县抗日民主政府设立实业科。

6月，悦庄酒业社创立。

8月，“庆仁井”创立（草埠煤矿前身）。

是年，成立沂北推进社，对手工业企业进行管理。

是年，东里皮业社创立（丰泽源皮革前身）。

1945年

是年，洪沟煤矿创立。

1955年

8月，成立“县手工业生产合作社联合社”，简称“手工业联社”，是最早的手工业管理部门，同年12月撤销。

是年，沂源县食品公司成立。

1956年

7月，设立工业科。

是年，南麻砖瓦社创立（卓意玻纤前身）。

1957年

2月，工业科改称工业局。

7月，草埠煤矿创立。

1958年

4月，工业局、交通科合并为县工业交通局；10月，县工业交通局撤销。

10月，设立县重工业局，1961年9月撤销；设立县轻工业局，1962年5月撤销。

是年，县水泥厂、南麻印刷生产合作社、南麻缝纫社、崮山煤田、南麻铁厂、芦芽铁矿、南麻农业机械制造厂、县造纸厂、县面粉厂、县耐火材料厂、南麻露酒厂12家企业创立。

1959年

10月，沂源县发电厂创立，1960年12月撤销。

1960年

12月，沂源县建成县内第一条高压输电线路和第一个变电站。

是年，沂源县木业社创立。

1961年

11月20日，县重工业局和轻工业局合并，改称为沂源县工业局。

12月，沂源县人民委员会公布成立沂源县人民公社工业管理局。

是年，沂源县南麻露酒厂与悦庄酒厂合并，更名为沂源酒厂。

1963年

10月，沂源县工业局改称县手工业管理局，同手工业联社合署办公。

是年，东里皮业社迁址到南麻，改称为沂源县皮革厂。

1964年

4月，草埠煤矿划归临沂矿务局管辖。

1965年

1月，创立国营山东第一机械修配厂（代号976），隶属山东省国防工办兵器工业局管理。

4月，国营山东第二机械修配厂（代号945）创立，隶属国防科工委管理。

12月，山东东风化肥厂创立。

是年，省电业局在南麻区刘家大峪北侧建南麻发电厂。

1966年

7月，山东新华制药厂第四分厂破土动工。

7月，山东沂源柴油机厂创立。

是年，国营山东裕华修配厂（代号9354）创立，隶属国家第五机械工业部（兵器工业部）管理。

是年，山东沂源八二迫弹厂创立，后改为国营山东新华翻砂厂（代号9363），隶属省军工局管理。

1967年

1月，671战备发电厂创立，隶属省国防工办管理。

9月，沂源县悦庄鞋厂与南麻缝纫社合并，改称沂源县鞋帽被服社（县服装厂前身）。

1968年

4月，成立沂源县革命委员会手管局三结合领导小组。

1969年

4月，成立沂源县手工业系统革命委员会。

5月，县委自来水小组成立，1976年5月更名为沂源县自来水公司。

11月，莱芜钢铁厂（代号701）创立，隶属山东省冶金工业局管理。

是年，沂源县玻璃厂创立，1970年投产。

1970年

1月，县五金厂创立。

5月，山东省电力局在沂源县九会建立671火电厂。

5月，红旗机械厂（代号5823）创立，隶属中国兵器工业集团总公司（部级）管理。

是年，山东半导体厂（代号8070）（研究所）创立，隶属山东省国防工办管理。

1971年

10月，成立沂源县工业局。

1972年

是年，沂源县副食品加工厂成立。

1973年

是年，芦芽铁厂转产水泥，沂源县芦芽水泥厂创立。

是年，沂源县工艺美术厂创立。

1975年

5月，重新设立多种经营办公室，同年9月撤销。

6月，沂源县缫丝厂创立；1989年，改称沂源制丝厂，隶属省丝绸公司管理。

9月，设立工业交通办公室。

是年，国营丈八邱煤矿创立。

1976年

7月，九会织布厂创立，由青岛纺织局投资创办，为芦芽铁厂分厂。

是年，沂源县石桥水泥厂创立，由青岛纺织局投资创办，为芦芽铁厂分厂。

1977年

11月，筹建鲁村煤矿；1978年4月，鲁村煤矿开工建设。

是年，沂源县成立了公社工业局，各公社成立工业办公室。

是年，县黄烟复烤厂创立。

1978年

是年，沂源县化肥厂创立。

1979年

5月，沂源县田庄水库发电站建成。

1980年

7月，“沂源县工业交通办公室”改称“沂源县经济委员会”。

1981年

6月，公社工业局改称社队企业管理局。

是年，县皮件厂创立；1993年1月，县皮件厂与县电业局、美国金东公司合资成立淄博金源皮革制品有限公司。

1983年

11月，县塑料制品厂创立。

1984年

6月，“多种经营办公室”与“社队企业管理局”合并，改称“多种经营乡镇企业管理局”，管理公社、村集体和个体联户、个体企业。

7月，“县多种经营乡镇企业管理局”改称县乡镇企业管理局，管理乡镇企业。

8月，县经委下发《关于对国有企业进行全面改革的试行规定》，企业全面实行以承包责任制为主的经济责任制，逐步推行厂长（经理）负责制。

是年，人民公社解体后，社队企业改称乡镇企业。

是年，县经济委员会设二轻工业公司，负责管理县属集体所有制企业。

是年，沂源县节能材料厂创立。

1985年

是年，沂美食品厂创立，由县供销社投资兴建。

是年，沂源县民悦食品厂创立。

1986年

是年，县委、县政府设立二轻工业总公司，负责管理县属集体所有制企业。

是年，全县工业总产值实现10902万元，首次突破1亿元。

是年，沂源县外贸福利冷藏厂创立；1987年，注册为山东海达食品有限公司。

是年，山东光力士集团股份有限公司创立。

1987年

8月，沂源县发电厂创立；1992年，改称县热电厂。

是年，沂源工业产值首次超过农业产值，成为沂源经济的支柱。

是年，全县经济工作会议确立了“工业农业一起抓，重点抓工业，抓好工业促农业”的经济工作指导思想。

是年，国营山东沂源酿酒总厂增建啤酒生产车间，沂源县啤酒厂创立。

是年，皮革服装厂创立；1996年7月，与俄罗斯公司合资成立淄博万宝皮革制品有限公司。

是年，韩旺选矿厂创立，为山东华联矿业的前身。

1988年

是年，沂源县塑料片材厂创立，为沂源县与山东省塑料工业公司合资兴建。

是年，县玻璃厂更名为山东省药用玻璃总厂。

是年，县艺品玩具厂创立。

1989年

9月，山东省药用玻璃总厂晋升为国家二级企业。

是年，金星金矿创立。

1990年

7月，全县第一家市级厂办科研所——淄博皮革研究所成立。

1991年

4月，县政府批转《关于促进我县工业企业扭亏增盈工作的意见》。

6月，县政府批转《关于扶持乡镇骨干企业发展的意见》。

10月，县委、县政府制定《关于进一步深化改革，搞好企业若干问题的规定（试行）》。

1992年

9月，经淄博市体改委淄体改股字（1992）67号文批准，成立淄博鲁阳节能材料股份有限公司。

是年，《沂源县乡镇企业股份合作制规范化试行办法》制定出台，在沂源县节能材料厂进行试点。

是年，沂源县啤酒厂改名为淄博亨利啤酒厂。

是年，山东淄博汇源食品饮料有限公司创立。

1993年

3月，山东药用玻璃总厂改制为山东省药用玻璃股份有限公司。

是年，沂源工业总产值达到13.05亿元，首次突破10亿元。

是年，县委、县政府出台《关于加强企业技术改造工作的决定》。

1994年

4月，县政府出台《进行企业产权制度改革试点的决定》。

是年，山东沂源高分子材料厂创立；2001年，公司注册为沂源瑞丰高分子材料有限公司。

1995年

5月，省委书记吴官正到沂源先后视察了海达食品厂、鲁阳公司、药玻总厂、汇源公司、沃源纺织公司。

是年，山东淄博蓝海妇女用品有限公司创立；2002年，改称山东益母妇女用品有限公司。

1996年

6月，县政府制定《关于在县属工业企业设立突出贡献奖的意见》。

1997年

12月，在全县县属工业企业产权制度改革动员大会上公布了改制企业名单，出台了《关于县属工业企业产权制度改革的意见》。

是年，淄博亨利啤酒厂与马来西亚金狮集团成立淄博绿兰莎啤酒饮料有限公司。

1998年

4月，成立沂源县工业公有资产经营有限公司。

6月，沂源新奥塑料制品有限公司创立。

7月，改组县经济委员会，撤销二轻工业总公司和国有资产管理局，成立县公有资产管理委员会（简称公资委），与县经济委员会一套班子两个牌子。

是年，山东瑞阳制药有限公司评为国家级高新技术企业。

1999年

是年，淄博绿兰莎啤酒饮料有限公司更名为山东华狮啤酒有限公司。

2000年

是年，淄博沃源纺织有限公司被解放军总后勤部定为纺织品军品生产基地。

是年，山东东风化肥厂改制，更名为“山东东风化工有限公司”。

2001年

4月，淄博永华滤清器制造有限公司创立。

2002年

3月，全县加快工业发展大会召开，出台《关于实施“两个转移”，加快工业发展的决定》。

6月，山东药玻公司在上海证交所上市交易。这是股票发行实施核准制后，淄博第一家、山东第二家上市公司。

是年，新兴工业园、东苑民营工业园动工兴建。

11月，淄博康力塑胶有限公司创立。

12月，沂源县华阳能源设备有限公司创立。

2003年

7月，全县优化经济发展环境大会召开，印发了《关于进一步优化经济发展环境的若干规定》《关于进一步优化全县经济发展环境工作的实施方案》等文件。

是年，沂源县实施“工业立县”战略，坚定不移地继续深化企业改革。

是年，山东药玻公司利税首次突破亿元大关。

2004年

1月，山东乐利事食品有限公司创立。

3月，山东宏泰科技有限公司创立。

9月，淄博民悦食品有限公司与澳门公司合资，改制成立山东飞龙食品有限公司。

2005年

3月，淄博和美华有限公司创立。

9月，山东瑞阳制药有限公司在新加坡证交所上市交易。

2006年

3月，山东省政府批准沂源经济开发区为省级开发区。

11月，山东鲁阳股份有限公司在深圳证券交易所挂牌交易。

12月，山东伟锋橡塑有限公司创立，2010年更名为山东博拓塑业股份有限公司。

2007年

1月，山东硕源工业机械设备有限公司创立。

4月，山东德瑞防腐材料有限公司创立。

2008年

1月，山东慧科助剂有限公司创立，2022年更名为慧科高新科技股份有限公司。

2月，联合化工在深圳证券交易所上市交易。

4月，沂源县乡镇企业局更名为“沂源县中小企业局”。

是年，全省30经济强县推动上市现场会在沂源县召开。

是年，制定出台《医药和新材料两个特色产业集群的扶持意见》。

是年，山东药玻股份有限公司、山东鲁阳股份有限公司分别设立国家博士后科研工作站。

2009年

7月，中共山东省委书记姜异康到山东联合化工股份有限公司调研工作。

2010年

7月，淄博悦卡电器科技有限公司创立。

12月，山东瑞泰新材料科技有限公司创立。

12月，沂源县经济贸易局更名为“沂源县经济和信息化局”。

2011年

7月，山东瑞丰高材公司在深交所创业板挂牌交易。

是年，山东鲁阳玄武岩纤维有限公司创立，2019年更名为淄博华源新材料有限公司。

是年，瑞阳制药股份有限公司成功申报国家级企业技术中心。

是年，山东华联矿业股份有限公司设立国家博士后科研工作站。

2012年

8月，山东华联矿业股份有限公司重组“大成股份”，在上海证券交易所上市交易。

是年，制定出台《关于扶持高分子产业集群发展的意见》。

是年，山东鲁阳节能材料股份有限公司成功申报国家级企业技术中心。

2013年

7月，设立沂源高新技术产业园管委会。

是年，山东能源集团下属山东玻纤公司完成对格赛博并购重组。

是年，瑞阳制药有限公司被评为“国家技术创新示范企业”。

2014年

8月，山东华星创展门业有限公司创立。

9月，尊海食品集团有限公司创立。

12月，沂源水务发展有限公司创立。

是年，山东联合化工公司与江西合力泰公司完成重组，成立合力泰科技股份有限公司。

是年，山东鲁阳节能材料股份有限公司与美国奇耐联合纤维公司达成战略合作协议。

2015年

是年，制定出台《两化融合专项资金管理办法》，设立两化融合发展专项资金。

是年，山东瑞丰高材股份有限公司设立国家博士后科研工作站。

2016年

是年，山东绿兰莎啤酒公司与青岛啤酒公司通过股权转让的方式开展战略合作。

是年，制定出台《关于加快转型升级建设工业强县若干政策意见》。

是年，制定出台《沂源县工业精准转调行动计划》。

是年，山东药玻成为沂源首家获得国家级贯标试点企业。

2017年

是年，制定出台《工业精准转调“1+N”行动方案》《关于工业企业“退城进园”的实施意见》。

是年，山东合力泰化工有限公司被确定为国家级贯标试点企业。

2018年

1月，编制沂源东部化工产业园区（精细化工）产业发展规划。

2月，光大绿色环保再生能源（沂源）有限公司创立。

2月，制定出台《沂源县化工产业安全生产转型升级专项行动工作方案》。

9月，山东兴国新力环保科技股份有限公司创立。

9月，山东省政府批准设立沂源化工产业园。

11月，开始建设智慧化化工园区平台。

11月，山东鑫泉医药股份有限公司设立国家博士后科研工作站。

2019年

5月，沂源县人民政府办公室印发《沂源化工产业园入园项目管理办法（暂行）》。

5月，沂源圣沣食品有限公司创立。

8月，山东恒立轨道装备制造有限公司创立。

10月，沂源海赢食品有限公司创立。

12月，沂源经济开发区进行体制改革。

是年，沂源县中小企业局更名为“沂源县中小企业发展服务中心”；沂源县经济和信息化局更名为“沂源县工业和信息化局”；沂源县工业公有资产经营有限公司更名为“沂源县工业公有资产经营中心”。

2020年

是年，山东省药用玻璃股份有限公司成功申报国家级企业技术中心。

是年，沂源县企业家协会和企业家联合会成立。

2021年

2月，新时代昆仑循环科技（山东）有限公司创立。

10月，沂源化工园区建成智慧化园区平台。

12月，编制沂源化工产业园“十四五”产业发展规划。

是年，印发《关于实施新一轮技术改造三年行动计划推动制造业高质量发展工作方案》。

是年，深化事业单位改革，组建沂源县化工产业转型升级服务中心。

2022年

11月，沂源县工信局等部门联合印发《沂源化工产业园入园项目管理办法》。

是年，重点围绕新医药、医药包装、节能环保、高分子材料、电子信息、纤维材料6条优势产业链，深入推进“链主制、链长制”。

2023年

6月，沂源经济开发区启动新一轮体制机制改革。

是年，沂源化工产业园获批省级生态工业园区。

附 录

记忆沂源·工业卷

1949年以来工业总产值表

表1　1949—1990年工业总产值表

单位：万元

年份	工业总产值（不含市属以上企业）	工业总产值（含市属以上企业）	其中			备注
			县属企业	乡镇企业	中央、省、地属企业	
1949	100	100	100			
1950	133	133	133			
1951	160	160	160			
1952	178	178	178			
1953	218	218	218			
1954	219	219	219			
1955	205	205	205			
1956	166	166	166			
1957	303	303	303			
1958	468	468	468			第一次工业大投入
1959	988	988	988			
1960	1160	1160	1160			
1961	421	421	421			第一次工业调整开始
1962	242	242	225	17		
1963	264	264	264			
1964	295	295	250	45		
1965	358	411	346	12	53	第一次工业调整结束
1966	427	658	427			
1967	510	800	510			
1968	504	802	504			
1969	448	4948	448			
1970	593	5648	586	7	5055	
1971	1144	9096	1144			
1972	1063	3120	1063			
1973	1293	3455	1293			
1974	1297	2579	1297			
1975	1739	4543	1739			

续表

年份	工业总产值（不含市属以上企业）	工业总产值（含市属以上企业）	其中			备注
			县属企业	乡镇企业	中央、省、地属企业	
1976	2234	6376	2234			
1977	3640	8607	3640			
1978	4671.6	9454.9	3923.6	748	4783.3	
1979	5076.6	9523.4	4267.6	809	4446.8	
1980	5441.5	9489.1	4565.5	876	4047.6	
1981	5852	9108	5010	842	3256	
1982	7714	11700	6497	1217	3986	第二次工业调整开始
1983	6566	11108	5508	1058	4542	第二次工业调整结束
1984	7143	14158	6241	902	7015	
1985	8367	16958	7438	929	8591	
1986	10902	17711	9774	1128	6809	
1987	13692	26844	11881	1811	13152	
1988	28467	42158	16062	12405	13691	第二次工业大投入
1989	24534	37681	20905	3629	13147	
1990	40625	51173	23460	17165	10548	

说明：1.“市属以上企业”，指驻沂源的中央、省、地属企业。

2.1988年、1990年全县工业总产值合计含村及村以下、联户、个体工业总产值。

表2 1991—2001年驻沂源县部分市属以上工业企业主要经济指标

年份	企业个数（家）	总产值（1990年不变价，亿元）	固定资产原值（亿元）	产品销售收入（亿元）	利税总额（万元）
1991	6	1.58	1.30	1.42	12
1992	6	1.82	1.41	1.58	591
1993	6	1.96	1.92	2.00	137
1994	3	1.19	1.10	1.25	456
1995	3	1.20	1.40	1.38	774
1996	4	1.40	1.58	1.58	1362
1997	4	1.47	1.63	1.59	−49
1998	3	0.58	0.86	0.39	−694
1999	3	0.56	0.89	0.68	−272
2000	3	0.61	0.84	1.08	73
2001	3	0.47	0.85	0.37	−978

说明：表中的企业个数仅指统计局统计的市属以上企业，2002年以后无统计资料。

表3　1991—2006年沂源县工业企业主要经济指标

年份	全部企业		全部乡及乡以上独立核算企业					规模以上工业企业					规模以下工业企业				
	企业个数（家）	总产值（亿元）	企业个数（家）	总产值（亿元）	固定资产原值（亿元）	产品销售收入（亿元）	利税总额（亿元）	企业个数（家）	总产值（亿元）	固定资产原值（亿元）	产品销售收入（亿元）	利税总额（亿元）	企业个数（家）	总产值（亿元）	固定资产原值（亿元）	产品销售收入（亿元）	利税总额（亿元）
1991	1332	6.39	108	4.34	2.81	3.77	0.41										
1992	1693	8.20	105	5.39	3.60	5.04	0.45										
1993	1790	12.72	99	7.87	5.13	7.35	0.23										
1994	1666	17.90	111	12.15	7.94	10.34	0.90										
1995	940	16.65	104	12.79	8.46	13.94	1.06										
1996	1125	22.52	101	16.54	9.90	15.77	1.47										
1997	1217	25.30	93	18.05	12.30	17.59	1.55										
1998	1042	24.722						51	17.21	14.37	18.21	1.43	9	0.26	0.45	0.22	−413
1999								54	18.83	15.49	19.38	1.98	2058	8.51			3278
2000								46	21.34	16.69	21.71	2.60	2277	10.0			3970
2001								51	25.26	19.64	25.30	3.38	2259	11.63			4518
2002								51	30.43	22.93	29.48	4.13	2217	14.80			4855
2003								63	40.68	27.30	37.01	5.36	2217	18.28		9.25	7217
2004								73	56.34	31.20	52.49	7.82	2217	21.66		11.42	8860
2005								102	82.85	36.59	82.85	12.10	2217	23.32		11.72	9062
2006								90	114.077	44.23		16.55					

说明：①以1998年为界，前后分为“全部独立核算企业”和“规模以上工业企业”两种统计口径。②1999—2005年，“规模以下工业企业”产值为当年价；1998年“税金”为“利税总额”。③2006年无“规模以下工业企业”统计数据。④1998年“企业个数”为规模以下县属工业企业，1999年后含非国有工业企业及农村个体工业。

表4 2007—2021年沂源县工业企业主要经济指标

单位：亿元

年度	工业总产值	规上企业家数	规上企业产值	销售收入（主营业务收入）	利润总额
2007	185	101	154.82	141.17	14.63
2008	232	138	197.59	182.58	19.86
2009	281	170	244.97	233.92	27.24
2010	372	176	331.29	318.87	39.22
2011	435.66	125（口径调整）	389.15	380.28	51.55
2012	481.23	130	428.19	419.5	59.23
2013	537.27	140	477.64	465.65	68.19
2014	569.4	140	505.08	493.13	69.71
2015	605.33	150	535.84	526.06	74.23
2016	634.5	152	年鉴未提供	504.3（改为主营业务收入）	74.09
2017	年鉴未提供	165		463.8	63.62
2018		年鉴未提供		544.04	72.27
2019				546.22	73.13
2020					
2021			250.1		24.7

注：2022、2023年度统计数据未发布。

1991年以来工业技改项目表

单位：万元

年份	项目名称	技改企业	投资数额
1991	引进小型玻璃包装瓶生产线	山东药玻公司总厂	3000
1991	引进涂布纸机增国内配套	沂源县造纸厂	1400
1991	薄页纸新品种改造	沂源县造纸厂	1900
1991	20万吨水泥改造配套	沂源县第二水泥厂	1200
1991	引进剑杆织机及国内设备配套	沂源县棉纺织厂	1800
1991	电厂二期工程	沂源县热电厂	1400
1992	碳铵添加剂	沂源县化肥厂	
1992	曲颈安瓿	山东药玻公司总厂	
1992	PVC板材	沂源县塑料厂	
1992	硅酸铝耐火纤维针刺毯	沂源县节能材料厂	
1992	羊剪绒	沂源县第一皮毛厂	
1995	5亿支抗生素瓶生产线	山东药玻公司股份有限公司	1400
1995	含锆（高锆）耐火纤维	淄博鲁阳节能材料股份有限公司	1600
1995	3000吨玻璃纤维增强纱组合窑生产线技改	淄博光力士玻璃纤维股份有限公司	3600
1995	啤酒厂扩产三万吨	淄博亨利啤酒厂	700
1995	S195型柴油机机体加工车间改造	沂源县源通机械有限公司	400
1995	造纸黑液资源化工程配套	沂源县造纸厂	200
1998	大剂量药用玻璃瓶生产线（一期）	山东药玻公司股份有限公司	240
1998	瓦松栓生产线（一期）	沂源县沂蒙新华制药厂	500
1998	脱碳改造	沂源县化肥厂	450
1998	布胶鞋生产线（一期）	沂源鑫泉鞋业有限公司	490
1998	新型墙体屋面隔热板	山东鲁阳股份有限公司	930
1998	果品、蔬菜深加工项目	淄博民悦食品有限公司	700
1998	东里钢管厂搬迁扩建二期工程	沂源县永新实业总公司东里钢管厂	1890
1998	增扩5万吨啤酒生产能力	淄博绿兰莎啤酒有限公司	2400
1998	高档化纤仿选毛配套	沂源县棉纺织厂	850
1998	制浆系统和部分纸机改造	沂源县造纸厂	1500
1999	抗菌素瓶扩建改造	山东药玻公司股份有限公司	1200
1999	啤酒扩建项目	淄博绿兰莎啤酒有限公司	1600
1999	易地搬迁项目	山东东风化肥厂	1000
1999	布胶鞋生产线（二期）	沂源鑫泉鞋业有限公司	300
1999	高档仿毛染整改造	沂源县棉纺织厂	900

续表

年份	项目名称	技改企业	投资数额
1999	镀锌及钢管生产线	沂源县永新钢管有限公司	1200
1999	兔皮加工及兔肉真空包装	沂源县外贸福利冷藏厂	400
1999	佛手瓜深加工	淄博民悦食品有限公司	204
1999	纤维机制纸	山东鲁阳股份有限公司	600
1999	二线成品库及生产线配套	淄博庆源建筑陶瓷有限公司	190
1999	设备更新改造	淄博市沂源压力容器厂	150
1999	塑料泡沫包装	淄博福悦制衣有限公司	100
2000	碱回收（二期工程）纸机改造	沂源县造纸厂	3500
2000	易地改造二期工程	山东东风化肥厂	4000
2000	年产1.5亿片制剂	山东瑞阳制药有限公司	2100
2000	秸秆全价生物饲料	沂源县鲁村煤矿有限公司	1100
2000	设备及工艺管道改造	山东华狮啤酒有限公司	2000
2000	ACR树脂、喷雾干燥塔改造	沂源县化肥厂	400
2000	集装袋和方口阀底袋	淄博新力塑编有限公司	500
2000	管制瓶扩产改造项目	山东药玻公司股份有限公司	780
2000	甩丝生产线及耐火纤维机制纸	山东鲁阳股份有限公司	1000
2000	浓缩果汁生产线	山东省永新实业总公司	4000
2000	高档棕色药用玻璃瓶生产线一期工程	山东药玻公司股份有限公司	两期共 3000
2001	高档棕色药用玻璃瓶生产线二期工程	山东药玻公司股份有限公司	
2001	动力配套改造	山东药玻公司股份有限公司	2500
2001	动力变电系统改造工程	山东药玻公司股份有限公司	900
2001	年产60吨舒巴坦钠冻干粉	山东瑞阳制药有限公司	200
2001	高分子材料扩产	山东瑞丰化工有限公司	600
2001	煤矸石综合利用	沂源县热电有限公司	1500
2001	5万吨纯生啤酒生产线	山东华狮啤酒有限公司	2200
2001	剑杆织机	沂源县棉纺织厂	1300
2001	陶瓷纤维机制纸	山东鲁阳股份有限公司	1000
2001	汇源浓缩果汁生产线	山东省永新实业总公司	12000
2001	源通公司整体搬迁改造项目	沂源县源通机械有限公司	2600
2002	丁基胶塞生产线	山东药玻公司股份有限公司	6550
2002	医药铝塑组合盖生产线	山东药玻公司股份有限公司	4780
2002	药用塑料瓶生产线	山东药玻公司股份有限公司	4530
2002	棕色玻璃瓶二期	山东药玻公司股份有限公司	1200
2002	头孢曲松钠	山东瑞阳制药有限公司	3600

续表

年份	项目名称	技改企业	投资数额
2002	阿莫西林克拉维酸钾制剂	山东瑞阳制药有限公司	2900
2002	75T/H循环流化床锅炉	沂源县热电有限公司	1500
2002	热力管网三期工程	沂源县热电有限公司	1500
2002	高抗冲ACR	沂源瑞丰高分子材料有限公司	1500
2002	煤矸石多孔砖生产线	沂源县鲁村煤矿有限公司	1500
2002	轻量涂布纸	沂源县造纸厂	1500
2002	高档玻纤防火墙布	山东光力士集团股份有限公司	3000
2002	扩大仿毛新产品开发能力	沂源县棉纺织厂	1200
2002	高档柔性集装袋	淄博新力塑编有限公司	1000
2002	制革设备改造	沂源县制革总厂	1000
2002	整体搬迁改造	沂源县内燃机配件厂	1400
2002	肉食鸡加工及冷库	沂源县海达食品有限公司	2500
2002	耐火纤维扩产	山东鲁阳股份有限公司	1100
2002	新建气调库、恒温库	山东鲁阳股份有限公司	1100
2002	果酱生产线	淄博汇源食品有限公司	2300
2002	无碱玻璃纤维纱	沂源县鑫峰玻璃纤维厂	1250
2002	气调库建设项目	淄博市华联矿业有限责任公司	1300
2002	纺织用线、汽车轮胎线	沂源县金环线业有限公司	1000
2003	高档药用玻璃瓶项目	山东药玻公司股份有限公司	11200
2003	硅酸镁纤维针刺毯	山东鲁阳股份有限公司	6000
2003	高档化纤仿毛生产线改造	沂源县棉织厂	3800
2003	乳制品项目	淄博市汇源食品饲料有限公司	7800
2003	节能环保综合利用及圆网纸机改造	沂源县恒源纸业有限公司	2800
2003	哌拉西林钠原材料及制剂	山东瑞阳制药有限公司	3300
2003	美洛西林钠生产项目	山东瑞阳制药有限公司	1500
2003	棕色玻璃瓶项目	山东药用玻璃股份有限公司	2100
2003	发酵罐技改及污水处理项目	淄博华狮啤酒有限公司	1000
2003	牛皮革技术改造及污水处理	沂源县制革总厂	1000
2004	30亿只丁基胶塞生产	山东药用玻璃股份有限公司	10200
2004	高硼硅药用玻璃瓶生产	山东药用玻璃股份有限公司	6700
2004	陶瓷纤维背衬板	山东鲁阳股份有限公司	6300
2004	铁精粉扩产配套	淄博市华联矿业有限责任公司	6000
2004	高温高压循环流化床锅炉技术改造	沂源县源能热电有限公司	5000
2004	高档化纤仿毛面料技改	沂源县棉纺织厂	3600

续表

年份	项目名称	技改企业	投资数额
2004	芬兰电机壳出口	沂源县源通机械有限公司	3000
2005	棕色瓶生产线	山东药用玻璃股份有限公司	9200
2005	头孢类粉针制剂	山东瑞阳制药有限公司	3600
2005	3万千瓦机组项目	沂源县源能热电有限公司	12000
2005	可溶纤维项目	山东鲁阳股份有限公司	5100
2005	高档新型化纤仿真面料	沂源县沃源纺织有限公司	4100
2005	一、二选厂提高回收率技术改造	淄博市华联矿业有限责任公司	6700
2005	精密铸造项目	沂源县博泵铸造有限公司	5600
2006	头孢粉针制剂	山东瑞阳制药有限公司	12000
2006	磁铁矿地下开采工程	淄博市华联矿业有限责任公司	8200
2006	1050陶瓷纤维项目	山东鲁阳股份有限公司	5700
2006	10万吨浓硝酸工程	淄博市华联矿业有限责任公司	8400
2006	煤矸石多孔砖项目	沂源县鲁村煤矿有限公司	5100
2006	新型功能性仿毛项目	沂源县沃源纺织有限公司	7300
2006	玻璃纤维防水基材	沂源县光力士股份有限公司	4700
2006	精密铸钢项目	沂源县鲁山铸造有限公司	7100
2006	抗冲ACR项目	沂源瑞丰高分子材料有限公司	3500
2006	乳品生产线项目	淄博市汇源食品饮料有限公司	6500
2007	高档预灌封注射器	药玻集团	13400
2007	2.8亿只高档棕色瓶项目		13100
2007	5000吨中性硼硅药用玻璃管项目		10800
2007	头孢类原料药扩产改造	瑞阳集团	9800
2007	磁选矿地下开采	华联集团	30000
2007	镁合金铸造项目	华联集团	4685
2007	3万吨池窑拉丝项目	格赛博玻纤公司	31000
2007	晶体纤维针刺毯	鲁阳集团	3000
2007	年产800万块轻质莫来石砖项目		2400
2007	陶瓷纤维背衬板项目二期工程		9000
2007	陶瓷纤维纸扩产改造		4900
2007	光学玻璃加工		4900
2007	硝基复合肥技术改造	联合集团	4000
2007	10万吨/年浓硝酸工程		16000
2007	矿井生产能力改造	鲁矿集团	20000
2007	400万米高档化纤仿毛面料项目	沃源集团	10560

续表

年份	项目名称	技改企业	投资数额
2007	三期玻璃纤维加工项目	电业集团	8000
2007	牺牲阳极项目		5500
2007	110千伏东里输变电工程		4800
2007	仿7628布技改扩产项目	新力集团	2000
2007	乳品扩建项目	汇源集团	9000
2007	肉食兔生产、销售及标准化养殖场建设项目	海达集团	4000
2007	玻璃纤维防水基材项目	光力士集团	8200
2007	抗冲改性剂ACR树脂	瑞丰高分子	6000
2007	19万件机械加工中心项目	源通公司	5000
2007	集装袋扩产及配套项目	凤凰塑编	1000
2007	铸钢生产项目	鲁山铸造	1500
2007	工业过滤器项目	永华滤清器公司	6000
2007	塑料助剂项目	世拓高分子公司	3000
2007	玻璃纤维加工	易高玻纤公司	1000
2007	叉车门架	南华型钢公司	1500
2007	实木装饰材料	江山石材公司	1200
2007	针织加工	石龙村委会	2000
2007	活性碳酸钙	泰和钙业	2500
2007	复合吸音材料	北辰金属公司	6000
2007	牺牲阳极项目	德瑞防腐公司	6000
2007	玻璃纤维加工	鸿坤玻纤公司	4000
2007	PVC低发泡板材项目	伟锋橡塑公司	2000
2007	平板太阳能项目	浪澳公司	4000
2007	10万吨玻璃基料加工	万盛隆玻璃制品	2000
2007	1万吨花生油加工	沂蒙山花生油	1200
2007	500吨超高分子量聚乙烯管材制造	联创工贸	1000
2008	新型生物制剂包装材料	药玻公司	30000
2008	年产11亿只高档轻量棕色瓶项目		68600
2008	中性硼硅药用玻璃管项目		23400
2008	非青霉素类冻干粉针项目	瑞阳集团	3860
2008	头孢类粉针制剂项目		5600
2008	磁选矿地下开采	华联集团	30000
2008	年产4500吨玻璃纤维短切原丝毡生产线	华联玻纤	4000
2008	年产3万吨玻璃纤维项目	格赛博玻纤公司	39000

续表

年份	项目名称	技改企业	投资数额
2008	年产5万吨可溶纤维毯	鲁阳集团	23000
2008	年产3万吨三聚氰胺项目	联合集团	32100
2008	矿井生产能力改造二期工程	鲁矿集团	5000
2008	高档化纤仿毛面料染整技术改造	沃源集团	1600
2008	城乡电网建设与改造工程	电业集团	5520
2008	宏泰防腐公司新建工程	电业集团	6500
2008	抗冲改性剂ACR树脂	瑞丰高分子公司	6000
2008	机械加工项目	源通公司	5000
2008	酒糟废水再提高与资源化工程	鲁源酒业	2100
2008	酒糟滤液全回用于拌料项目	鲁源酒业	1400
2008	化学建材	泓利化学	5000
2008	复合稳定剂	日科高分子材料公司	5500
2008	工业过滤器	永华公司	3000
2008	花生油加工	沂蒙山花生油公司	1000
2008	胶合板加工	鑫田木业	1000
2008	精密铸造	正航机械制造	1000
2008	光学玻璃材料及工艺品深加工	鲁阳光学材料	6000
2008	食品加工	高盛食品公司	1000
2008	玻璃拉丝	晟金港玻璃纤维公司	2000
2008	高档卫生巾项目	石桥乡石龙官村	1500
2008	玻璃纤维深加工	思创公司	8000
2008	玻璃纤维通道拉丝	万盛隆玻璃纤维公司	6000
2008	玻璃纤维布	鸿坤玻璃纤维公司	5000
2008	医药塑料制瓶项目	康力公司、河南许继集团	6000
2008	食品加工	乐万家公司	2000
2008	汽轮机及配件生产	华阳能源设备	3000
2008	异形瓶玻璃制品项目	欧凯国际贸易公司	6400
2009	年产3.9亿支高档棕色瓶项目（三期）	药玻公司	30000
2009	中性硼硅药用玻璃管项目	药玻公司	10800
2009	药用玻璃窑炉节能和环保脱硫技术改造项目	药玻公司	16200
2009	头孢类粉针制剂技术改造项目	瑞阳制药	5600
2009	年产55亿片（粒、袋）固体制剂技术改造项目	瑞阳制药	22000
2009	年产3000万袋非PVC膜粉液双室袋大输液技术改造项目	瑞阳制药	7800
2009	头孢类无菌原料药技术改造项目	瑞阳制药	6800

续表

年份	项目名称	技改企业	投资数额
2009	可溶纤维系列产品建设项目	鲁阳公司	23000
2009	3万吨/年三聚氰胺资源综合利用及节能技术改造工程	联合化工	32100
2009	磁铁矿地下开采二期工程	华联矿业	15000
2009	矿井生产系统技术改造	鲁村煤矿	18989
2009	年产900万平方米新型环保复合过滤材料	新力公司	11700
2009	年产3万吨PVC无尘环保稀土复合高效稳定剂	慧科助剂	11000
2010	年产55亿片固体制剂		22000
2010	年产3亿袋双室袋大输液		7800
2010	年产120吨青霉素类冻干原料		24000
2010	企业技术中心建设	瑞阳公司	9200
2010	年产600吨青霉素类原料		16000
2010	年产4800万支抗癌类冻干粉针制剂		14000
2010	年产3600万支青霉素类冻干粉针制剂		21000
2010	年产1.2万吨中性硼硅药用玻璃管		30000
2010	玻璃窑炉节能环保技术改造	药玻公司	20000
2010	企业技术中心建设		6000
2010	下沟矿区300万吨铁矿石开采		46000
2010	尾矿地下充填资源综合利用	华联公司	3000
2010	第四选矿厂二系列年产16万吨铁精粉扩建		4500
2010	企业技术中心建设	鲁阳公司	6000
2010	年产4万吨硅酸镁防火板		32000
2010	年产1200吨医药中间体搬迁改造		10000
2010	年产1000吨头孢匹罗	鑫泉公司	18000
2010	年产200吨4-乙酰氧基氮杂环丁酮		10000
2010	年产8万吨合成氨节能技术改造	联合集团	10000
2010	矿井节能改造及安全提升工程	鲁矿集团	20000
2010	电网改造项目	供电公司	5500
2010	城区循环水供暖工程项目	源能热电	11000
2010	130T/H高温高压锅炉	源能热电	3000
2010	锅炉脱硫工程		3000
2010	年产1万吨MBS技术改造	瑞丰高分子	10500
2010	年产2000吨硫纯甲基锡		2000
2010	年产900万平方米新型环保复合过滤材料	新力过滤	11700
2010	新增2万吨啤酒灌装线技术改造	华狮啤酒	11000

续表

年份	项目名称	技改企业	投资数额
2010	年产3万吨塑料助剂	慧科助剂	11000
2010	年产8000吨PVC板材	伟峰橡塑	9000
2010	年产3万吨PVC管材	国塑科技	7500
2010	食品冷藏加工	六和集团	5000
2010	年产500吨塑料板材	大鼎塑料	2000
2010	年产3.6万吨玻璃工艺品	欧凯玻璃	6800
2010	年加工2000吨饲料	大行六和	5000
2010	年产80台汽轮机及配件	华阳能源	5000
2010	年产7000吨脱水蔬菜	天圣蔬菜	3500
2010	年产8万件电机壳	源通公司	3000
2010	年产30万吨工业用活性氧化钙及深加工	鲁山水泥	3000
2010	企业技术中心建设	华德汽配	3000
2010	年产1500吨有机杂粮及植物油	千秋雪	3000
2010	年产2500吨生物制剂	泰丰源	3000
2010	年产300万米高档化纤面料后整理改造	沃源公司	2100
2010	年产300万件玻璃制品	德联玻璃	2000
2010	年产1万吨环氧涂层钢筋	德瑞防腐	2000
2010	年产2万套钢木门	康斯达门业	2000
2010	年产60万吨水泥粉磨站	沂阳水泥	1800
2010	年产3000吨S型钢及钢结构	安成公司	1600
2010	镁合金深加工	宏泰防腐	1000
2010	年产3万台套双缸油气分离式减震器	巨源公司	1000
2010	年产1500吨塑料纺织袋	普信亿安	1000
2010	年产30万台套太阳能热水器及10万平方米光电光伏电池板项目	美和新能源	35000
2010	年产20万吨果蔬汁饮料项目	新明食品饮料公司	29000
2010	年产1.2亿支稀土医药产品技术改造项目	世拓高分子	20000
2010	年产1亿平方米玻璃纤维电子基布项目	生力旺生物有机肥	20000
2010	年产5000吨高性能大直径镁合金铸棒技术改造项目	宏泰防腐	16000
2010	年产1万吨复合稳定剂技术改造项目	瑞丰高分子	12000
2010	年产3000吨大口径超高分子量聚乙烯管材技术改造项目	恒洲管业	12000
2010	年产200吨卵磷脂项目	天源生物科技	10800
2010	年产45万立方米商品混凝土项目	鼎固建材	9800
2010	年产3万吨橡胶填充油项目	汇佳橡塑助剂	9600
2010	年产10吨吉西他滨医药中间体技术改造项目	锦隆达化工	7700

续表

年份	项目名称	技改企业	投资数额
2010	年产2亿支高密度药用聚乙烯瓶技术改造项目	康力塑胶	7200
2010	年产1000万支过滤器技术改造项目	永华滤清器	6000
2010	年检测50万支液化石油气钢瓶及安全阀项目	东源煤气	4800
2010	企业技术中心建设	联合化工	4500
2010	年产2万吨丙烯酸酯类抗冲改性剂技术改造项目	世拓高分子	3000
2010	年产2500吨新型塑材项目	鲁晨工贸	3000
2010	年产100万件套铝合金汽车配件技术改造项目	燕峰活塞	2000
2011	制剂生产新区一期工程／年产60亿片（粒、袋）非青类固体制剂项目	瑞阳公司	67000
2011	年产7600万支美洛西林复方制剂产业化技术改造项目	瑞阳公司	12000
2011	非青类冻干粉针剂项目	瑞阳公司	8800
2011	抗癌类原料、制剂综合项目	瑞阳公司	6100
2011	质量研究中心项目	瑞阳公司	3600
2011	年产3亿袋双室袋大输液技术改造项目	瑞阳公司	7800
2011	企业技术中心建设项目	瑞阳公司	9200
2011	年产10.2亿支高档轻量棕色药用玻璃瓶（四期）项目	药玻公司	32223
2011	年产30亿支模抗瓶节能与环保治理技术改造项目	药玻公司	8608
2011	企业技术中心建设项目	药玻公司	6000
2011	生产线整体搬迁改造项目	联合化工公司	96000
2011	企业技术中心建设项目	联合化工公司	4500
2011	年产4万吨硅酸镁防火板项目	鲁阳公司	32000
2011	下沟矿区铁矿石开采项目	华联矿业公司	46000
2011	地下采矿“六大系统”建设项目	华联矿业公司	3000
2011	第一选矿厂新技术应用项目	华联矿业公司	3000
2011	年产300万件不锈钢制品技改项目	华联金属公司	10500
2011	矿井机械化开采技术研究与应用	鲁村煤矿公司	5000
2011	千米立井自动排水系统建设项目	鲁村煤矿公司	5000
2011	矿井水资源利用项目	鲁村煤矿公司	3000
2011	矿井紧急避险系统等“六大系统”建设与完善项目	鲁村煤矿公司	3000
2011	年产20万立方米粉煤灰夹气混凝土砌块资源综合利用项目	华鑫建材公司	3500
2011	城乡电网升级改造项目	供电公司	12794
2011	城区循环水供暖工程项目（三期）	源能热电	3000
2011	年产5万吨新糖化工程扩建项目	华狮啤酒公司	4200

续表

年份	项目名称	技改企业	投资数额
2011	年产3000吨高档粮食酒项目	鲁源酒业公司	11000
2011	年产1万台载重汽车铝合金轮辋精研设备制造项目	巨源机械公司	6000
2011	年产1万吨PVC助剂MBS技术改造项目	瑞丰高分子公司	6000
2011	年产1.5万吨PVC助剂ACR技术改造项目		4000
2011	多晶硅太阳能电池板项目	鲁山水泥公司	105000
2011	年产100万张高档牛皮汽车坐垫革技改项目	丰泽源皮革公司	12778
2011	高档面料织染生产线整体搬迁改造项目	沃源公司	36000
2011	酶抑制剂产品及抗生素中间体综合项目	鑫泉公司	32000
2011	企业技术中心建设项目		3000
2011	年产1000吨头孢匹罗项目		18000
2011	汽车内燃滤清器技术提升改造项目	永华滤清器制造公司	12000
2011	年产3万吨PVC无尘环保稀土复合高效稳定剂项目	慧科助剂公司	11000
2011	年产1.2万吨疏水性纳米水滑石基PVC用高效复合热稳定剂项目		2000
2011	年产2万吨高耐候多效环保PVC复合稳定剂项目	慧科助剂公司	8000
2011	年产2万吨新型分子筛PVC复合稳定剂项目		6000
2011	年产2万吨丙烯酸酯类抗冲改性剂技术改造项目	世拓高分子	3000
2011	年产5000吨硬质聚氯乙烯低发泡板材技改项目		3000
2011	年产5000吨高性能大直径镁合金铸棒及深加工技术改造项目	宏泰防腐公司	16000
2011	年产120万支LED节能灯项目	万通仪表公司	5000
2011	LED照明SMT（表面贴装技术）生产项目	金鼎玻纤公司	5000
2011	年产2亿支高密度药用聚乙烯瓶技术改造项目	康力塑胶公司	7200
2011	75吨医药中间体和12000吨减水剂项目	锦隆达化工公司	12000
2011	年产80台套300兆瓦以下汽轮发电机组再制造项目	华阳能源公司	4800
2011	年产3万吨PVC管材项目	国塑科技公司	12000
2011	年产3000吨大口径超高分子量聚乙烯管材技术改造项目	恒洲管业公司	12000
2011	年检测50万支液化石油气钢瓶及安全阀项目	东源煤气公司	4800
2011	年产200万吨消防、保温、隔热材料项目	新力环保材料公司	8350
2011	年产900万平方米新型环保复合过滤材料项目（二期）		20000
2011	年产千吨玄武岩纤维项目	新力特种纤维科技公司	1200
2011	年产5000吨塑料板材项目	大鼎塑料公司	5000
2011	年产300万平方米新型环保复合过滤用纤维项目	欣禹环保材料公司	5000

续表

年份	项目名称	技改企业	投资数额
2012	年产60亿片（粒、袋）非青类固体制剂项目	瑞阳公司	67000
2012	200吨/年美洛西林原料技改项目		12000
2012	2000万支/年非青类冻干粉针技改项目		4200
2012	质量研究中心项目		3600
2012	1000万支/年青霉素类粉针技改项目		3600
2012	50吨/年头孢原料技改项目		3200
2012	60吨/年非青类原料技改项目		2800
2012	年产10万吨玄武岩纤维建筑保温板项目	鲁阳	32353
2012	30亿支模抗瓶节能与环保技改项目	药玻	16320
2012	年产5万吨MMA工业化装置项目	联合化工	25000
2012	年产15万吨硝酸节能技改项目		14996
2012	年产3万吨三聚氰胺联产硝酸铵能量系统优化项目		14870
2012	年产1000吨MMA中试装置项目		1800
2012	危化品仓储中心	新联化物流	3000
2012	联合加油站项目		1000
2012	下沟铁矿（低品位矿）开采项目	华联矿业	46000
2012	年产300万件不锈钢制品技改项目	华联金属	10500
2012	千米立井自动排水系统建设项目	鲁村煤矿	5000
2012	矿井紧急避险系统等“六大系统”建设与完善项目		5000
2012	多晶硅太阳能电池板项目	光科太阳能	105000
2012	汽车内燃机滤清器技术提升改造项目	永华滤清器	12000
2012	汽车养护中心及物流配送中心项目		7000
2012	年产250吨酶抑制剂原料药技改项目	鑫泉医药	32000
2012	绝缘耐磨抗氧化特种合金材料加工项目	瑞泰科技	2000
2012	高档面料织染生产线整体搬迁改造项目	沃源纺织	36000
2012	年产2.2万吨日用玻璃制品（一期）项目	合聚玻璃	26000
2012	年产5万吨塑料门窗异型材项目	慧科助剂	25000
2012	年产2万吨新型分子筛PVC复合稳定剂项目		6000
2012	年产2万吨高耐候多效环保PVC复合稳定剂项目		8000
2012	年新增3万吨PVC低发泡板材技改项目	博拓塑业	25000
2012	年产1200万平方米外墙保温用硬泡聚氨酯板材项目	博科工贸	19000
2012	年产2.4亿支稀土医药系列产品项目	世拓稀土药业公司	16000

续表

年份	项目名称	技改企业	投资数额
2012	年产5000吨硬质聚氯乙烯低发泡板材技改项目	世拓高分子公司	3000
2012	年产5000吨高性能大直径镁合金铸棒及深加工技改项目	宏泰防腐公司	16000
2012	年产100万张高档牛皮汽车坐垫革技改项目	丰泽源皮革公司	13977
2012	年产75吨医药中间体和12000吨减水剂项目	锦隆达化工	12000
2012	年产150吨酞亚胺生产项目		3008
2012	年产3000吨大口径超高分子量聚乙烯管材技改项目	恒洲管业	12000
2012	年产3000吨高档粮食酒项目	鲁源酒业	11000
2012	年产5万吨新糖化工程扩建项目	华狮啤酒	4200
2012	年产200吨卵磷脂项目	天源生物	10800
2012	年产45万立方米商品混凝土项目	鼎固建材	9800
2012	年产3万吨橡胶填充油项目	汇佳橡塑	9600
2012	年产2600吨医药中间体项目（一期）	金铎医药	9500
2012	年产5000万支高档彩色纸箱包装项目	祥瑞印务	7500
2012	PVC给水管材、管件项目	国塑科技	7500
2012	年产2亿支高密度药用聚乙烯瓶技改项目	康力塑胶公司	7200
2012	年产1万台载重汽车铝合金轮辋精研设备制造项目	巨源机械	6000
2012	年产2万吨有机肥项目	华镕农业	6029
2012	年产1万吨PVC助剂MBS技改项目	瑞丰高分子	6000
2012	年产1.5万吨PVC助剂ACR技改项目		4000
2012	年产120万支LED节能灯项目	万通仪表公司	5000
2012	LED照明SMT（表面贴装技术）生产项目	金鼎玻纤公司	5000
2012	年检测50万支液化石油气钢瓶及安全阀项目	东源煤气	4800
2012	轻钢加工项目	宏宇轻钢	3900
2012	年产200万件节能加热器项目	悦卡电器	3500
2012	年产30亿支饮料吸管项目	伟业塑料	2000
2012	年产2000吨高档休闲食品技改项目	乐利事食品	2600
2012	果蔬、虫草深加工项目	兴禾耐火	10400
2012	年产1万吨PVC低发泡板材项目	凯邦橡塑公司	15000
2012	日加工6万只肉鸭屠宰加工冷藏项目	淦晟食品	15000
2012	日产30万平方米高档瓦楞纸项目	明海包装	5600
2012	塑料编织袋、塑料篷布加工项目	泰盛工贸	3000

续表

年份	项目名称	技改企业	投资数额
2012	年3000吨捻纱项目	尚德工贸	3000
2012	肉鸭屠宰冷藏项目	兴宝鸭业	1000
2012	年产60万支汽车配件项目	重联汽配	5000
2012	年产100万套汽车铝合金零部件	燕峰活塞	2600
2012	年产1200吨药用塑料包材项目	三智塑料	2000
2012	年产4000吨塑料集装袋项目	恒基塑业	2200
2012	年产30万吨预拌砂浆项目	辰通建材	1950
2012	年产3万吨生物有机肥和储量2万吨储量冷库项目	大华永大	10000
2013	年产60亿片（粒、袋）非青类固体制剂项目	瑞阳制药	67000
2013	基本药物品种GMP质量技改升级项目	瑞阳制药	20000
2013	年产7200万支冻干注射剂新产品产业化技改升级项目	瑞阳制药	22000
2013	年产200吨美洛西林原料技改项目	瑞阳制药	12000
2013	1500吨/天污水处理建设项目	瑞阳制药	6000
2013	自动立体库建设项目	瑞阳制药	4000
2013	质检中心建设项目	瑞阳制药	3800
2013	10000KVA变电站建设项目	瑞阳制药	3000
2013	年产6亿袋葛根麻黄颗粒项目	瑞阳制药	180000
2013	厚朴排气合剂产业化项目	瑞阳制药	53000
2013	人工熊胆胶囊产业化项目	瑞阳制药	64000
2013	年产30亿片红花黄色素胶囊产业化项目	瑞阳制药	42000
2013	联合化工西厂区搬迁改造项目	联合化工	80000
2013	年产15万吨硝酸节能技改项目	联合化工	23000
2013	年产3万吨三聚氰胺联产硝酸铵能量系统优化项目	联合化工	22000
2013	三废综合利用项目	联合化工	6000
2013	玄武岩棉板扩产及陶瓷纤维产品技改项目	鲁阳公司	180000
2013	中性硼硅药用玻璃瓶项目	药玻公司	32000
2013	年产26亿支模抗瓶节能与环保技改项目（二期）	药玻公司	21320
2013	预灌封扩产项目	药玻公司	35000
2013	年产250吨酶抑制剂原料药技改项目	鑫泉医药	32000
2013	年产350吨头孢哌酮酸项目	鑫泉医药	12000
2013	600吨/天高浓度污水处理项目	鑫泉医药	6000

续表

年份	项目名称	技改企业	投资数额
2013	低品位矿开发及尾矿资源综合利用节能环保项目	华联矿业	67200
2013	下沟铁矿（低品位矿）开采项目		46000
2013	进口磁铁矿深加工项目		12000
2013	鞍山式贫磁铁尾矿选矿综合利用项目		5000
2013	数字化矿山研究应用项目		3580
2013	水资源循环综合利用项目		3000
2013	年产300万件不锈钢制品项目	华联金属	8000
2013	220千伏悦庄输变电工程	供电公司	23000
2013	110千伏埠岭输变电工程	供电公司	10000
2013	110千伏土门输变电工程		10000
2013	110千伏城北沙沟输变电工程		10000
2013	城区电网改造工程		4000
2013	年产1万吨硫醇甲基锡项目	瑞丰高分子	40000
2013	年产1万吨钙锌稳定剂项目		30000
2013	年产2万吨PVC助剂MBS技改项目		18350
2013	省PVC助剂工程技术研究中心（MBS实验室）		3000
2013	新热源建设项目	源能热电	5000
2013	复合过滤材料二期工程	新力环保	30000
2013	年产2000万平方米玻璃纤维节能装饰壁布		12000
2013	年产5万吨高档食品、医药软包装项目	新力塑编	60000
2013	鲁村煤矿老矿区改造项目	鲁村煤矿	65000
2013	年产3万吨PVC低发泡板材技改项目	博拓塑业	25000
2013	年产5万吨木塑复合材料项目	博拓塑业	20000
2013	多晶硅太阳能电池板项目	光科太阳能	105000
2013	年产30万平方米墙体保温板项目	鲁山水泥	10000
2013	年产3000吨大口径超高分子量聚乙烯管材技改项目	恒洲管业	12000
2013	年产1200万平方米外墙保温用硬泡聚氨酯板材项目	博科工贸	10000
2013	年产3万吨橡胶填充油项目	汇佳橡塑	9600
2013	年产200吨卵磷脂项目	天源生物	10800
2013	年产75吨医药中间体和12000吨减水剂项目	锦隆达化工	12000
2013	年产2万吨功能性复合材料及制品项目	源通公司	4000
2013	年产5万吨塑料门窗异型材项目	慧科助剂	35000
2013	物流配送中心建设项目	永华滤清器	6250
2013	汽车养护中心建设项目		6000

续表

年份	项目名称	技改企业	投资数额
2013	年产2.2万吨日用玻璃制品项目	合聚玻璃	26000
2013	轻钢加工项目	虹宇轻钢	3900
2013	年产30万套电气机械及器材制造项目	鼎固建材	8000
2013	高性能稀土镁合金材料及深加工产品项目	宏泰防腐	7000
2013	年产800吨汽车用轻质镁合金部件生产项目		3000
2013	高档面料织染生产线整体搬迁改造项目	沃源纺织	34000
2013	年产1万台载重汽车铝合金轮辋精研设备制造项目	巨源机械	10000
2013	年产2亿支高密度药用聚乙烯瓶技改项目	康力塑胶	7200
2013	年产100万张高档牛皮汽车坐垫革项目	丰泽源皮革	24000
2013	池窑拉丝二期项目	格赛博玻纤	100000
2013	花生油精加工项目和研发中心建设	沂蒙山花生油	15000
2013	年产200万方搅拌混凝土项目	沂阳水泥	3000
2013	物流园建设项目	腾辉物流	13000
2013	铁路物流园区建设项目	正本物流	76000
2013	年产3万吨生物有机肥和储量2万吨冷库项目	大华永大	10000
2013	年产30万吨干混砂浆生产线项目	庆颖建材	12000
2013	塑钢加工和亚力克塑料制品项目	振华铝塑	12000
2013	年产1万吨塑料编织袋项目	永博瑞塑料	8500
2013	年产4万立方米建筑模板项目	大唐工贸	3600
2013	年产2000万平方米五层高档纸板	裕丰包装	3000
2013	肉鸭（鸡）食品冷藏项目	淦晟食品	15000
2013	年产20万条高档集装袋项目	泰盛工贸	4000
2013	年产3000吨捻纱生产项目	尚德工贸	3000
2013	年产50万立方米新型墙体节能保温材料	茂源化纤	5000
2013	年产1500台吊刮运输机项目	南华科技	5000
2013	年产30万吨天然矿泉水项目	依岩矿泉水	8000
2014	年产60亿片（粒、袋）非青类固体制剂项目	瑞阳制药	67000
2014	抗癌类原料项目		20000
2014	抗癌类固体制剂项目		10000
2014	抗癌类冻干项目		20000
2014	年产10亿袋葛根麻黄颗粒项目		100000
2014	厚朴排气合剂产业化项目		53000
2014	年产30亿片红花黄色素胶囊产业化项目		47000

续表

年份	项目名称	技改企业	投资数额
2014	下沟铁矿（低品位矿）开采项目	华联矿业	46000
2014	鞍山式贫磁铁矿尾矿综合利用项目		9400
2014	下沟铁矿矿井水综合利用项目		7500
2014	下沟南翼端部边角矿开采项目		6000
2014	年产300万件不锈钢制品技术改造项目	华联金属制品	10500
2014	液晶屏及导电玻璃基地项目	联合化工	100000
2014	三废综合利用项目		6000
2014	中性硼硅药用玻璃瓶项目	药玻公司	32000
2014	年产26亿支模抗瓶节能与环保技改项目（二期）		30000
2014	预灌封扩产项目		35000
2014	陶瓷纤维制品产业升级项目	鲁阳公司	200000
2014	年产5万吨氟材料项目	瑞丰高分子材料	80000
2014	研发中心及物流中心项目		8000
2014	年产5万吨MBS抗冲改性剂项目		30000
2014	年产2万吨PVC稳定剂项目		10000
2014	220千伏悦庄输变电工程	供电公司	23000
2014	110千伏石桥输变电工程		12000
2014	110千伏土门输变电工程		12000
2014	110千伏城北沙沟输变电工程		12000
2014	35千伏中庄输变电工程		8000
2014	年产4000万米高性能电子级玻纤薄布项目	新力环保材料	32000
2014	年产5万吨高档食品、医药软包装项目	新力塑编	42000
2014	年产3万吨PVC低发泡板材项目	博拓塑业	22000
2014	年产5万吨木塑复合材料项目		20000
2014	年产8万吨塑料门窗异型材项目	慧科助剂	80000
2014	年产250吨酶抑制剂原料药技改项目	鑫泉医药	32000
2014	年产350吨头孢哌酮酸项目		12000
2014	年产6万吨ECR玻璃纤维项目	卓意玻纤材料	60000
2014	柔性管道生产项目		30000
2014	贵金属加工项目		5000
2014	高档面料织染生产线整体搬迁改造项目	沃源新型面料	59000
2014	30万千瓦光伏发电项目	三峡电力集团	80000
2014	多晶硅太阳能电池板项目（二期）	光科太阳能	65000
2014	花生油精加工项目	沂蒙山花生油	50000
2014	年产2万吨强抗冲击性PVC管材项目	国塑科技	14000

续表

年份	项目名称	技改企业	投资数额
2014	热源扩建项目	源能热电	15000
2014	年产1万台载重汽车铝合金轮辋精研设备制造项目	巨源机械	12000
2014	年产100万张高档牛皮汽车坐垫革项目	丰泽源皮革	26000
2014	年产1200万平方米外墙保温用硬泡聚氨酯板材项目	博科工贸	24000
2014	橡胶填充油项目（二期）	汇佳橡胶新型材料	22000
2014	年产2万吨功能性复合材料及制品项目	源通机械	12000
2014	PFTE微孔覆膜高温环保滤材项目	宏志环保新材料	62000
2014	2000吨/年D–半胱氨酸项目	森源生物科技	24000
2014	年产9000吨果蔬活性水项目	乐高农业发展	13000
2014	果品深加工项目	盛全果蔬	36000
2014	富硒凉茶生产项目	新宇食品	30000
2014	年产75吨医药中间体及1200吨中草药提取项目	锦隆达医药科技	16000
2014	年产30万套电气机械及器材制造项目	鼎固建材	9000
2014	年产3000吨大口径超高分子量聚乙烯管材技改项目	恒洲管业	12000
2014	年产200吨卵磷脂项目	天源生物科技	13800
2014	液化石油气钢瓶、安全阀等检验项目	东源煤气	9500
2014	年产2万吨环保复合钙锌稳定剂项目	和润塑料助剂	20000
2014	皮革助剂项目	兴达新材料科技	8000
2014	医药中间体项目	和美华化工	13000
2014	年产2.2万吨日用玻璃制品项目	合聚玻璃制品	26000
2014	轻钢加工项目	虹宇金属结构工程	12000
2014	年产3.5亿只医用乳胶手套项目	来绪医疗器材	8000
2014	消防水带、消防器材扩产项目	银河消防水带	12000
2014	高档防火门、实木门加工及研发中心项目	康斯达门业	19000
2014	高功率照明级灯株与成灯组装生产线建设项目	汇联光电	40000
2014	年产3.8万吨木塑材料项目	拓科高分子材料	19000
2014	蜂产品加工项目	蒙山实业	9500
2014	年产2000吨医药生物添加剂项目	康源生物科技	12000
2014	年产10万套实木门实木家具项目	汇丰木器厂	12000
2014	徐家庄风电项目	华电风电	100000
2014	风电建设项目	国风风电设备	50000
2014	水系灭火剂消防器材生产项目	新安消防科技	8000
2014	铁路物流园区建设项目	正本物流	132000
2014	年产3万吨生物有机肥及储量2万吨冷库项目	大华永大农业发展	10000
2014	塑料编织袋项目	日和食品	12000

续表

年份	项目名称	技改企业	投资数额
2014	头孢菌素类医药中间体合成基地项目	众力滤清器	19000
2014	肉鸡肉鸭加工产业链项目	淦晟食品	24000
2014	新型建材加工项目	承唐建材	7500
2014	生态板加工项目	东宇恒翔木业	8500
2014	玻璃纤维深加工项目	晟金港玻璃纤维制品	8000
2014	机械加工项目	鸿森铸造	8000
2014	热处理机械加工项目	宾晟铸造	8000
2014	塑钢、铝合金及中空玻璃生产线项目	晶灿新型材料	5500
2014	年产12000立方米胶合板项目	泽润木业	8300
2014	爆炸物品存储库及两万吨矿泉水生产线项目	永波爆破	8000
2014	年产12000吨钢结构构件项目	兴奥钢结构工程	5500
2014	轻型合金材料及零部件项目	德源轻合金材料	17000
2014	年产8000吨捻纱生产项目	尚德工贸	14200
2015	气雾剂、粉雾剂FDA技术改造项目	瑞阳制药	8000
2015	原料药新产品产业开发项目		75000
2015	中药产业化（葛根麻黄颗粒）项目		100000
2015	中药产业化（厚朴排气合剂）项目		53000
2015	中药产业化（红花黄色素胶囊）项目		47000
2015	年产60亿片（粒、袋）非青固体制剂项目		67000
2015	高架物流仓储建设项目		22000
2015	药用玻璃窑炉烟气脱硫脱硝与余热利用技术改造项目	药玻公司	6500
2015	丁基胶塞三车间项目		7800
2015	中性硼硅药用玻璃瓶项目		32000
2015	年产26亿只模抗瓶节能与环保综合治理技术改造项目		22000
2015	选矿工艺系统优化节能技术改造项目	华联矿业	3800
2015	边角矿开采综合利用项目		8000
2015	下沟南翼端部边角矿的开采项目		6000
2015	下沟铁矿矿井水综合利用项目		5600
2015	新型PVC稳定剂产业化项目	瑞丰高分子	32000
2015	年产1万吨MBS节能扩产改造项目		10000
2015	研发中心及物流中心项目		8000
2015	医疗企业孵化产业园项目	徐闻乐辉投资管理	76000

续表

年份	项目名称	技改企业	投资数额
2015	年产8万吨新型塑材项目	慧科助剂	25000
2015	年产5000吨纳米β分子筛基PVC用环保高效复合热稳定剂技术改造项目		4100
2015	3万吨PVC低发泡板材项目	博拓塑业	26000
2015	年产5万吨木塑复合材料项目		26000
2015	废水处理技术改造项目	丰泽源皮革	2200
2015	高新产业园供电配套建设项目	供电公司	20000
2015	年产3000万平方米玻纤墙布、玻纤涂塑窗纱项目	卓意玻纤材料	30000
2015	年产3万吨铁路组合辙叉、高速列车刹车盘等轨道交通部件项目	硕源工业机械设备	14600
2015	太阳能光伏发电智能微网及新能源集成控制系统产业化项目	光科太阳能	16000
2015	年产20万吨花生油及花生制品综合深加工系列品项目	沂蒙山花生油	50000
2015	年产5万吨高档食品、医药软包装项目	新力塑编	42000
2015	果蔬深加工项目	乐高农业科技	52000
2015	氨基异丁醇生产项目	和美华化工	26000
2015	年产1200万平方米外墙保温用硬泡聚氨酯板材项目	沂蒙博科新型建材	24000
2015	年产2.1万吨医药包装材料项目	精工医药塑业	23000
2015	年产2000吨二甲氧基嘧啶胺项目	瑞泰鑫医药科技	22000
2015	1200吨/年中草药提取项目	伯泰生物科技	16000
2015	焊割气、锅炉油、生物添加剂储存经营项目	锦隆达医药科技	1000
2015	铁路专用线仓储物流项目	源能热电	120000
2015	供热系统技改项目		15000
2015	脱硫提升改造工程		1000
2015	高新产业园标准厂房建设项目	宏鼎资产经营	120000
2015	50MW太阳能光伏发电并网项目	中能华辰集团	45000
2015	水溶性高效农用肥料多聚磷酸铵－硫酸钾技术改造项目	泰宝生物科技	1300
2015	作物重茬病防治及促生微生物菌肥产业化开发项目		1200
2015	5万吨/年液体二氧化碳生产项目	亿盛化工	2200
2015	年产12000吨高效节能环保新型材料项目	金鼎光电科技	9000
2015	年产15000吨新型复合材料项目	滕坤工贸	4800
2015	年产12000m^{3}胶合板项目	泽润木业	8000
2015	轻钢加工项目	虹宇金属结构工程	6000
2015	爆炸物品存储库及两万吨矿泉水生产线项目	永波爆破	5700

续表

年份	项目名称	技改企业	投资数额
2015	机械制造加工项目	钰合环保科技	8000
2015	机械制造加工项目	荣华科技	6000
2015	机械配件加工项目	美辰机械加工	3000
2015	年产10万樘防火门项目	华星创展门业	11000
2015	年产1亿条塑料编织袋项目	宏顺塑料	10000
2015	LNG加气站	金策能源	3000
2015	年产20万吨陶瓷纤维针刺毯项目	鲁阳公司	110000
2015	液晶屏及导电玻璃基地项目	合力泰科技	80000
2015	年产5000万米新型面料生产线搬迁改造项目	沃源新型面料	59000
2015	经济开发区小微产业园建设项目	经济开发区	100000
2015	徐家庄风电项目	华电风电	100000
2015	风电建设项目	国风风电设备	100000
2015	40MW地面光伏电站项目	富翔集团	40000
2015	三峡新能源80MW光伏发电项目	三峡新能源发电	77000
2015	华润新能源风电场工程项目	华润新能源控股	40000
2015	玻纤系列项目	卓意玻纤材料	30000
2015	药用玻璃瓶机械制品产业化项目	康恩特药用玻璃	15000
2015	高新产业园东部热源项目	青岛利特尔新型能源	10000
2015	年加工12000吨钢结构构件	兴奥钢结构工程	8400
2015	年产2万吨水果罐头系列产品加工项目	晟立食品	38000
2015	年产3.8万吨木塑材料项目	拓科高分子材料	22000
2015	蒙山蜂蜜产业化基地建设及精深加工项目	蒙山实业	9500
2015	年产300万件不锈钢制品技术改造项目	华联金属制品	10500
2015	年产8000吨倍捻捻纱生产项目	尚德工贸	25000
2016	原料药新产品产业开发项目	瑞阳制药	74545
2016	医用高端营养液技术开发及产业化项目		12000
2016	年产2.8亿只一级耐水药用玻璃瓶技术改造项目	药玻公司	8060
2016	年产10亿只生物制剂胶塞技术改造项目		7800
2016	药用玻璃窑炉烟气脱硫脱硝与余热利用技术改造项目		6500
2016	年产18亿只一级耐水药用玻璃管制瓶系列项目		110000
2016	年产2700万只一级耐水药用针管技术改造项目		6000
2016	年产26亿只模抗瓶节能与环保治理技术改造项目		6300

续表

年份	项目名称	技改企业	投资数额
2016	年产200吨氧化铝纤维针刺毯技术改造项目	鲁阳公司	3900
2016	陶瓷纤维针刺毯生产线节能技术改造项目		1100
2016	陶瓷纤维、玄武岩纤维、轻质莫来石砖生产线装备智能化升级改造项目		2900
2016	工业园厂区大气污染综合防治项目		3000
2016	年产15万吨硝基肥改造项目	合力泰化工	4800
2016	选矿节能降耗技术改造项目	华联矿业	5000
2016	矿山自动化项目		6500
2016	110千伏悦庄消水输变电工程建设	供电公司	5949
2016	城东部热源项目	青岛利特尔新型能源	28000
2016	标准化厂房建设项目（二期）	高新技术产业园	10000
2016	创业中心项目		10000
2016	国家及地方联合工程实验室项目	永华滤清器制造	1610
2016	年产2000吨中药口服饮片项目	罗氏椒兰生物科技	22000
2016	年产600吨DM、300吨藜芦醛、500吨34-二甲氧基二苯甲酮项目	和美华医药科技	9098
2016	年产3000吨医药中间体项目	桃源医药科技	5066
2016	年产20万吨花生油及花生制品综合深加工系列品项目（二期）	沂蒙山花生油	10000
2016	果蔬深加工项目	乐高农业科技	52000
2016	新建单采血浆站项目	泰邦生物制品	5000
2016	仪器仪表及配件加工项目	华恒自动化仪器仪表	4910
2016	年产8万只无针注射器项目	潍坊恒硕实业	2100
2016	肿瘤检测仪、多酶发泡清洁剂、乙肝病毒基因变异检测项目	广东亨泉医疗集团	75964
2016	年产2.1万吨医药包装材料项目	精工医药塑业	24000
2016	家用不锈钢制品项目	精益发金属制品	14000
2016	年产2万吨MBS节能扩产改造项目	瑞丰高分子	8550
2016	年产5万吨木塑复合材料项目	博拓塑业	26000
2016	年产1200万平方米外墙保温用硬泡聚氨酯板材项目（二期）	沂蒙博科新型建材	24000
2016	年产10万樘防火木门项目（二期）	华星创展门业	12000
2016	年发电量48兆瓦徐家庄风电场项目	华电国际分公司	40000
2016	年发电量50兆瓦风力发电项目	托普威能源技术	40000
2016	富翔燕崖镇40WM光伏发电	富翔光伏电力	37000
2016	铁路物流园一期仓储物流项目	源能热电	30000

续表

年份	项目名称	技改企业	投资数额
2016	年产1.2万立方高档耐磨环保型胶合板项目	泽润木业	3500
2016	年产3万套机械零部件精密加工项目	百耀科技发展	1000
2016	精密机械加工项目	量子精工机械	1816
2016	年产1.5万吨新型复合耐磨管材项目	滕坤工贸	4800
2016	年产2000万平方米耐碱玻纤网格布生产线项目	金山新型建材科技	1480
2016	年产3万吨铁路组合辙叉、高速列车刹车盘等轨道交通部件项目	硕源工业机械设备	14546
2016	太阳能光伏发电智能微网及新能源集成控制系统产业化项目	光科太阳能	16208
2016	年产30万套新能源汽车关键零部件项目	鸿源新材料	18000
2016	新型农用多聚磷酸铵–硫酸钾全水溶肥料研制项目	泰宝生物科技	1300
2016	年产5000吨热作模具钢、工模具钢项目	秦鼎昌特钢科技	6000
2016	PVC、PP、PE管材板材加工项目（二期）	钰合环保科技	6000
2016	电机加工项目	德圣机电科技	8000
2016	新型绝缘材料项目	迪声绝缘材料	3650
2016	天然矿泉水生产项目	省矿业学院	10500
2016	年产1.2万吨钢结构构件生产项目	兴奥钢结构工程	8400
2016	年产300万双足球鞋项目	双星名人鲁海鞋业	13000
2016	年产40万平方米防火门项目	弘源耐火制品	21000
2016	医用LED观片装置项目	瑞普思医疗设备	1000
2016	中小型电子触摸屏项目	合力泰电子	30000
2016	年产5000万米新型面料生产线搬迁改造项目	沃源新型面料	69453
2016	年产2万吨水果罐头系列产品加工项目	晟立食品	10000
2016	年产600台药用管制瓶制瓶机项目	康恩特药用玻璃	3800
2016	LED节能照明产品一期项目	汇联光电科技	5000
2016	年产2000万米聚氨酯（TPU）消防水带项目	银河消防水带	15000
2016	年产1万吨皮革助剂产品项目	海达食品	2000
2016	经济开发区南石臼小微创业园	大东小微创业园发展	40000
2016	年发电量20兆瓦光伏发电项目	三峡新能源发电	20000
2016	年发电量50兆瓦风电场工程项目	华润新能源控股	40000
2016	年发电量20兆瓦太阳能光伏发电并网项目	中能华辰新能源	19700
2017	原料药新产品产业化建设项目	瑞阳制药	74545
2017	医用高端营养液技术开发及产业化项目		12000

续表

年份	项目名称	技改企业	投资数额
2017	年产18亿只一级耐水药用玻璃管制瓶系列项目	药玻公司	76000
2017	药用玻璃窑炉烟气脱硫脱硝与余热利用技术改造项目		6500
2017	年产2700万只一级耐水药用针管技术改造项目		6000
2017	年产1200万平方米外墙保温用硬泡聚氨酯板材项目（二期）	沂蒙博科新型建材	7800
2017	年产2000吨中药口服饮片项目	神州天诚中药饮片	22000
2017	年产1.5万吨新型复合耐磨管材项目	滕坤工贸	4800
2017	年产30万套新能源汽车关键零部件项目	鸿源新材料	18000
2017	天然矿泉水生产项目	省矿业学院	10500
2017	年产40万平方米防火门项目	弘源耐火制品	21000
2017	新建单采血浆站项目	上海莱士血液制品	8000
2017	肿瘤检测仪、多酶发泡清洁剂、乙肝病毒基因变异检测项目	广东亨泉医疗集团	76000
2017	年产2.1万吨医药包装材料项目	精工医药塑业	22280
2017	5万吨/年高性能PVC木塑发泡新材料	博拓塑业	10558
2017	铁路物流园一期仓储物流项目	源能热电	30000
2017	城东部热源项目	瑞能热力	28000
2017	标准化厂房建设项目（二期）	高新技术产业园	10000
2017	创业中心项目		10000
2017	富翔燕崖镇40WM光伏发电	富翔光伏电力	37000
2017	太阳能光伏发电智能微网及新能源集成控制系统产业化项目	光科太阳能	16000
2017	年发电量30兆瓦太阳能光伏发电并网项目	中能华辰新能源	26000
2017	年发电量48兆瓦徐家庄风电场项目	华电国际分公司	40000
2017	凤凰山风电场一期项目	华润风电	42000
2017	年发电量20兆瓦光伏发电项目	三峡新能源发电	20000
2017	国家级科技研发中心项目	瑞阳制药	52000
2017	生物医药园建设项目暨一期生物医药新产品产业化建设项目		40634
2017	高端制剂FDA认证技术升级建设项目		13000
2017	粉针生产线升级节能改造项目		4500
2017	头孢粉针技改项目		1500
2017	药用玻璃瓶轻量化技术改造项目	药玻公司	51200
2017	药用玻璃瓶自动化改造项目		12000

续表

年份	项目名称	技改企业	投资数额
2017	15吨/天危废等离子气化项目	鑫泉医药	3100
2017	酶抑制剂及无菌原料药建设项目		30000
2017	90m南北平硐开采工程	华联矿业	6500
2017	充填技术改造项目		1100
2017	选矿尾砂综合利用节能降耗技术改造项目		1850
2017	年产5000万米新型面料生产线搬迁改造项目	沃源新型面料	69000
2017	高档面料生产线自动化技术改造项目		2800
2017	织造装备和环保设施自动化技术改造项目		1500
2017	年产3万吨无尘环保稀土高校符合稳定剂技术改造项目	慧科助剂	2000
2017	年产360吨绝缘耐磨抗氧化型特种合金材料技术改造建设项目	瑞泰新材料科技	1500
2017	净化器项目	永华滤清器制造	3000
2017	信息化改造项目		1300
2017	年产5万吨高档食品、医药软包装项目	新力塑编	42000
2017	8英寸晶圆级LED封装技术研发与应用项目（一期）	汇联光电科技	5000
2017	年产2000吨切片型马铃薯薯片项目	乐利事食品	3000
2017	年产2000吨水果酵素饮料项目	飞龙食品	1920
2017	有机大豆香干条自动化生产线改造项目	海达食品	2600
2017	机器人焊枪加工项目	伊诺维森焊割科技	13000
2017	聚氨酯有衬里消防水带扩建项目	银河消防水带	2000
2017	超浓缩洗衣片生产项目	乐聚日用品	4500
2017	汽车配件（滤清器）生产项目	重联汽配	4000
2017	聚谷氨酸西里肥料产业化开发项目	泰宝生物科技	1100
2017	生物炭土壤修复项目		1000
2017	电力配件及仪表加工项目	源泰实业	2000
2017	年产4万吨富硒功能饮料项目	新宇食品	7000
2017	环保设备生产项目	天立环保科技	2000
2017	信息化系统升级改造项目	合力泰科技	1360
2017	年产10万套实木门、实木家具项目	汇丰木器厂	12000
2017	年产10万块军用篷布、50万顶帐篷项目	恒金源包装材料	11000
2017	年产1500吨热固性塑粉项目	柒祥彩塑粉科技	2600
2017	食品开发加工项目	北京康港食品开发	15000
2017	彩印包装生产线扩建项目	百川包装材料	7000
2017	沂蒙山道地中药材交易市场及丹参酮加工项目	神农药谷中药科技	21000

续表

年份	项目名称	技改企业	投资数额
2017	新上5吨电渣重熔炉项目	秦鼎昌特钢科技	2000
2017	电子芯片项目	日和包装材料	3000
2017	年产2万吨皮革助剂搬迁改造项目	兴达助剂	5000
2017	2-咪唑烷酮、医药级精品DM生产项目	银科橡塑科技、湖北凌盛药业	15600
2017	不锈钢装饰焊管、户外高档园艺护栏项目	一诺科思金属制品	1500
2017	仓储中心及防火门车间项目	康斯达门业	5000
2017	迁址及加油站项目	东源煤气	6000
2017	生物质锅炉生物质燃料项目	优奈新材料	13000
2017	绝缘套管材料项目	润丰园绝缘材料	3000
2017	编织袋出口项目	宏顺塑料	6000
2017	探矿采矿项目	钰尊矿业	20000
2017	乳制品及果汁生产项目	新明食品饮料	5000
2017	易拉罐系列产品项目		2000
2017	生物质气化炉项目	广东宝杰环保科技	12000
2017	年产2000吨高韧性环氧粉末涂料系列新材料项目	兰生环保科技	2200
2017	含腐殖酸水溶肥料一期项目	众沃生物科技	5000
2017	矿泉水饮料开发项目	沂河源矿泉水	3300
2017	经济开发区南石臼小微创业园（一期）	大东小微创业园	30000
2017	中国齐鲁塑料生态产业园开发建设项目	鲁中高新科技园区	160000
2017	新医药产业园开发建设项目		217000
2017	49.5MW风力发电项目	国风风电设备	40000
2017	铜陵关风电场项目	托普威能源技术	39000
2017	30MW光伏扶贫电站项目	暖阳光伏科技	24000
2017	20MW光伏发电项目	光源发电	20000
2017	煤改气工程	药玻公司	待定
2017	大健康工程项目		100000
2017	厂区扩产技改项目	卓意玻纤材料	50000
2017	产业融资项目	沂蒙山花生油	80000
2017	年产10万樘防火木门项目（二期）	华星创展门业	7000
2017	中小型电子触摸屏项目（一期）	合力泰科技	30000
2017	修星峪铁矿项目	金源矿业	18900
2017	中庄铁矿项目	华源矿业	4700
2017	济青南线服务区投产水生产线项目	新明食品饮料	13200
2017	助产器项目	新型助产器械生产	5500
2017	绿家地板实木地板项目	杜氏工艺品	10000

续表

年份	项目名称	技改企业	投资数额
2018	高档面料供用能工序和环保设施节能减排技术改造项目	沃源新型面料	1570
2018	高档面料生产线搬迁改造项目		70000
2018	年产4亿支头孢粉针技改项目	瑞阳制药	1500
2018	生物医药园建设项目		120000
2018	医用高端营养液技术开发及产业化项目		12000
2018	国家级科技研发中心项目		52000
2018	高端制剂FDA认证技术升级建设项目		30308
2018	年产1.25亿支粉针生产线升级节能改造项目		4500
2018	年产摄像头模组5亿套（一期）项目	合力泰科技	100000
2018	年产600万平方米中低温复合过滤材料扩产改造项目	新力环保材料	5000
2018	医药包装与印刷品扩产改造	瑞月包装材料	1560
2018	年产3000万米超薄电子级玻纤布	兴国新力控股集团	23000
2018	年产2万吨食品、医药塑料软包装项目		22000
2018	15万吨/年硝基肥造粒塔改造项目	合力泰化工	1050
2018	年产1000万件（套）高精度铝合金机械部件技术改造	燕峰活塞	4700
2018	酶抑制剂及无菌原料药建设项目	鑫泉医药	56000
2018	年产4000吨马铃薯片生产线扩产改造项目	乐利事食品	4600
2018	无硼无氟玻璃纤维生产项目	卓意玻纤材料	103000
2018	年产2万吨高性能绿色环保pvc建筑装饰新材料	博拓塑业	5000
2018	年产2万吨窑炉专用耐火纤维整体模块项目	鲁阳节能材料	16000
2018	年产6000吨可溶纤维板扩产改造项目		2000
2018	年产5000吨高档陶瓷纤维板扩产改造项目		1600
2018	陶瓷纤维湿法制品及轻质砖制品生产线装备智能化改造项目		2000
2018	年产1600吨陶瓷纤维纺织品扩产改造项目		2600
2018	年产32万吨玄武岩纤维（岩棉）建筑保温板项目		300000
2018	三胺熔盐炉烟气超低排放改造项目	合力泰化工	1600
2018	年产18亿只一级耐水药用玻璃管制系列瓶	药玻公司	75564
2018	药用玻璃瓶生产自动化改造项目		12000
2018	年产20亿只低硼硅药用玻璃管制系列瓶项目		100000
2018	药用丁基胶塞自动化技术改造项目		5400
2018	智慧鲁阳信息化建设项目	鲁阳节能材料	1800

续表

年份	项目名称	技改企业	投资数额
2018	年产30万套新能源汽车关键零部件	鸿源新材料	18518
2018	年产5000吨水果果脯扩产改造项目	飞龙食品	1960
2018	精密铸造及精密机械加工技术改造项目	量子精工机械	1000
2018	年产450吨PE、PVC管材、管件、板材项目	国源塑料科技	1800
2018	年产3500吨色母料项目	兴业塑料科技	4000
2018	年产15000吨新型复合材料项目	滕坤工贸	4800
2018	华联矿业	华联矿业	5100
2018	年产20万平方米增强竖丝岩棉复合板项目	百信节能材料	1000
2018	2000吨/年纯环氧热固型粉末涂料项目	兰生环保科技	3800
2018	年产1000吨哌拉西林国际高端认证产业化项目	瑞阳制药	55752
2018	年加工500万平方米超净排放纳米过滤材料项目	新力环保材料	22000
2018	全厂ACR安全隐患整治改造项目	瑞丰高分子材料	1000
2018	全厂MBS安全隐患整治改造项目		1200
2018	药用玻璃瓶轻量化技术改造项目	药玻公司	51200
2018	药用玻璃产能整合及节能改造项目		69800
2018	药品实验室建设项目	瑞阳制药	11568
2018	污水处理中心废气治理项目		2000
2018	全厂环保综合治理项目	瑞丰高分子材料	1200
2018	外排水末端水处理系统提标改造项目	合力泰化工	1337
2018	1×75t/h循环流化床锅炉、三胺熔盐炉烟气超低排放备用装置改造项目		1495
2018	硝酸装置安全仪表系统（SIS）项目		1100
2018	食品开发加工项目	奇诺生物科技	32000
2018	年产1200万平方米外墙保温用硬泡聚氨酯板材项目（二期）	沂蒙博科新型建材	7800
2018	年产10万樘防火门、防盗门项目	华星创展门业	11000
2018	年产3000吨双层玻璃杯项目	旭冉玻璃制品厂	610
2018	年产4.8万吨果汁饮料生产线技改项目	新明食品饮料	8000
2018	年产4.5万吨乳制品生产线技改项目		6000
2018	年产550吨塑料编织袋技改项目	鸿开塑编	500
2018	精密机械配件铸造技术改造项目	恒盛精密铸造	600
2018	年产6200吨高锰钢铸件技改项目	远华机械	500
2018	青霉素类粉针制剂包装升级改造项目	瑞阳制药	500

续表

年份	项目名称	技改企业	投资数额
2018	年产6000吨高档陶瓷纤维板技术改造项目	鲁阳节能材料	600
2018	年产1600万块莫来石纤维砖生产线超低排放技术改造项目		560
2018	年产100吨氧化铝纤维制品技术改造项目		600
2019	生物医药园建设项目	瑞阳制药	120000
2019	药品实验室建设项目		11568
2019	国家级科技研发中心项目		52000
2019	生态板技术改造项目简介	东宇恒翔木业	2860
2019	年产1.5万吨改性膜产品项目	兴国新力控股集团	31000
2019	无硼无氟玻璃纤维生产项目	卓意玻纤材料	103000
2019	机械配件加工技术改造项目	宾晟铸造	2600
2019	污水处理中心废气治理项目	瑞阳制药	2000
2019	年产12000吨陶瓷纤维模块项目	鲁阳节能材料	2000
2019	多功能原料车间技术改造项目	瑞阳制药	3000
2019	年产5万吨TCPP、TCEP阻燃剂项目	沂蒙博科新型建材	2000
2019	黏土砂造型线自动化改造项目	省源通机械	2000
2019	年产3000万米超薄电子级玻纤布	兴国新力控股集团	23000
2019	酶抑制剂及无菌原料药建设项目	鑫泉医药	56000
2019	年产3000立方米气凝胶绝热毡项目	鲁阳节能材料	3000
2019	药用玻璃产能整合及节能改造项目	药玻公司	69800
2019	年产摄像头模组5亿套（一期）项目	合力泰科技	100000
2019	年产8万吨C-CR特种纤维技术改造项目	卓意玻纤材料	80000
2019	年产2万吨食品、医药塑料软包装项目	兴国新力控股集团	22000
2019	年产6万只陶瓷纤维高温除尘滤管项目	鲁阳节能材料	5000
2019	三胺系统资源回收与能量优化改造项目	合力泰化工	2300
2019	年产1600吨陶瓷纤维纺织品扩产改造项目	鲁阳节能材料	2600
2019	年产4000吨马铃薯片生产线扩产改造项目	乐利事食品	4600
2019	年产18亿只一级耐水药用玻璃管制系列瓶	药玻公司	75564
2019	年产4万吨高透明MBS树脂节能扩产改造项目	瑞丰高分子材料	30006
2019	年产20亿只低硼硅药用玻璃管制系列瓶项目	药玻公司	100000
2019	年产1000吨哌拉西林国际高端认证产业化项目	瑞阳制药	55752
2019	年产2万吨高性能绿色环保pvc建筑装饰新材料	博拓塑业	6900
2019	年加工500万平方米超净排放纳米过滤材料项目	新力环保材料	22000
2019	年产32万吨玄武岩纤维（岩棉）建筑保温板项目	鲁阳节能材料	300000
2019	年产350万平方米五层瓦楞纸板纸箱搬迁改造项目	鲁阳节能材料	2000

续表

年份	项目名称	技改企业	投资数额
2019	年产600万平方米中低温复合过滤材料扩产改造项目	新力环保材料	5000
2019	高端制剂FDA认证技术升级建设项目–高架物流仓储项目	瑞阳制药	10000
2020	合力泰电子科技年产摄像头模组5亿套（一期）项目	合力泰电子科技	100000
2020	鸿源新材料年产30万套新能源汽车关键零部件技改项目	鸿源新材料	3000
2020	德源金属材料年产6000吨镁合金搬迁改造项目	德源金属材料	6000
2020	卓意玻纤材料年产8万吨C–CR特种纤维“数字化”技术改造项目	卓意玻纤材料	80000
2020	瑞丰高分子材料MBS生产系统智能化及节能技术改造项目	瑞丰高分子材料	5000
2020	瑞丰高分子材料年产4万吨高透明MBS树脂新旧动能转换工程		30006
2020	省药用玻璃高档轻量玻璃瓶	药玻公司	72000
2020	省药用玻璃药用玻璃产能整合与节能改造		69800
2020	省药用玻璃年产20亿只低硼硅药用玻璃管制系列瓶		100000
2020	兴国新力控股集团年产5000万米超薄电子级玻纤布扩产改造项目	兴国新力控股集团	23000
2020	兴国新力控股集团年产1.5万吨改性膜产品项目		31000
2020	新力环保材料年产600万平方米中低温复合过滤材料扩产改造项目	新力环保材料	5000
2020	新力环保材料年加工500万平方米超净排放纳米过滤材料项目		22000
2020	博拓塑业年产2万吨高性能绿色环保pvc建筑装饰新材料	博拓塑业	6900
2020	慧科助剂年产3万吨PVC无尘环保稀土复合高效稳定剂技术改造项目	慧科助剂	3600
2020	宏泰科技镁铝合金自动化装备及节能改造项目	宏泰科技	3000
2020	瑞泰新材料科技高性能军用高温合金材料产业化	瑞泰新材料科技	6000
2020	沃源新型面料高档面料生产线搬迁改造项目	沃源新型沃面料	70002
2020	鑫泉医药酶抑制剂及无菌原料药建设项目	鑫泉医药	56000
2020	瑞阳制药生物医药园建设项目暨一期生物医药新产品产业化建设项目	瑞阳制药	40634
2020	瑞阳制药药品生产国际高端认证产业化暨提质增效智能化技术升级改造项目		16600
2020	瑞阳制药年产1000吨哌拉西林国际高端认证产业化项目		55752
2020	瑞阳制药非青类药品生产高端认证暨技术升级项目		35000

续表

年份	项目名称	技改企业	投资数额
2020	本草药业医药气雾剂制造项目	本草药业	32000
2020	尊海食品年加工1200吨果蔬干制品项目	尊海食品	21000
2020	新明食品饮料年产5万吨1.5L装果汁扩建项目	新明食品饮料	9000
2020	鲁山山泉（山东）矿泉水瓶（桶）装包装饮用水自动化生产线技术改造项目	鲁山山泉（山东）矿泉水	3000
2020	光科太阳能晶体硅太阳能电池组件技术升级及产线智能改造	光科太阳能	2600
2020	省源通机械生产线自动化技术改造项目	源通机械	2000
2021	年产5.6亿只预灌封注射器扩产改造项目	药玻公司	93000
2021	年产20亿只低硼硅药用玻璃管制系列瓶项目		100000
2021	药用玻璃产能整合及节能改造项目		65000
2021	高档轻量玻璃瓶项目		72000
2021	酶抑制剂及无菌原料药建设项目	鑫泉医药	70000
2021	高端药品生产智能化技术升级建设项目	瑞阳制药	20500
2021	智能化工厂建设项目		32100
2021	高档面料生产线搬迁改造项目	沃源新型面料	70002
2021	兴国新力控股集团改性膜产品生产线节能改造项目	兴国新力控股集团	3100
2021	兴国新力控股集团超薄电子级玻璃纤维布生产线智能化改造项目		3200
2021	年产1.5万吨改性膜产品项目		31000
2021	年产6000吨高性能稀土镁、铝合金制品项目	鸿源新材料	2000
2021	年产30万套新能源汽车关键零部件技术改造项目		3000
2021	年产2万吨杯装酸奶建设项目	新明食品饮料	15000
2021	选矿工艺优化及精准配矿技术改造项目	华联矿业	16000
2021	年产490000吨高锶水项目	沂河源矿泉水	2200
2021	年产1000万件铝合金部件自动化升级改造	燕峰活塞	1300
2021	产业链转型升级技术改造项目	合力泰化工	4306
2021	海上风电用永久性钢结构ICCP产品升级改造项目	德瑞防腐材料	3600
2021	间浸环境下铝合金牺牲阳极的开发与产业化项目		600
2021	年产5000吨水果果脯扩产改造项目	飞龙食品	1960
2021	年产100万张牛皮革智能化改造项目	丰泽源皮革	2960
2021	电机壳生产线自动化升级改造项目	源通机械	6200
2021	年产70000平方米门窗技术改造项目	中天塑钢门窗工程	1000

续表

年份	项目名称	技改企业	投资数额
2021	年产13000吨环保高性能复合PVC板材、型材技术改造项目	博拓新材料科技	950
2021	高性能绿色环保PVC建筑装饰新材料技术改造项目		26000
2021	合力泰电子科技年产摄像头模组5亿套（一期）自动化改造项目	合力泰电子科技	2000
2021	和众康生物科技米曲霉饲料蛋白肽生产技术改造项目	和众康源生物科技	550
2021	年产4000万支汽车内燃机滤清器智能化改造项目	永华滤清器制造	11000
2021	旭光机械工程机械配件智能化改造项目	旭光机械	5600
2021	桔梗深加工自动化改造项目	华康食品	3000
2021	瓶（桶）装包装饮用水自动化生产线智能化改造项目	鲁山山泉（山东）矿泉水	3000
2021	鲁阳节能材料陶瓷纤维背衬板生产线扩产改造项目		6800
2021	鲁阳节能材料玄武岩纤维（岩棉）建筑保温板生产线扩产改造项目	鲁阳节能材料	1600
2021	鲁阳节能材料陶瓷纤维棉生产线扩产改造项目		3800
2021	益母中药科技卫生用品生产线自动化改造项目	益母中药科技	6000
2021	年产10万樘钢质防火门技术改造项目	华星创展门业	1000
2021	源能热力人民路至富源路供暖管线技术改造项目	源能热力	6500
2021	年产1.2万套装配式建筑搬迁入园智能化技术改造项目	坤盈建材有限责任公司	6100
2021	智能机器人焊割枪及辅机具智能化改造项目	伊诺维森焊割科技	954
2021	飞龙食品天然气锅炉技术改造项目	飞龙食品	560
2021	新国风新塑料材料木塑复合板材生产线自动化改造项目	新国风新塑料材料	1300
2021	药品生产国际高端认证产业化暨提质增效智能化技术升级改造项目		16600
2021	生物医药园建设项目	瑞阳制药	40634
2021	非青类药品生产高端认证暨技术审计项目		35000
2021	年产1000吨哌拉西林国际高端认证产业化项目		55752
2021	年产9.5万吨陶瓷纤维针刺毯扩产改造项目		2060
2021	年产3万吨陶瓷纤维模块扩产改造项目	鲁阳节能材料	600
2021	年产4万件机械配件扩产改造项目		600
2021	2×50MW热电联产建设项目	源能热力	61806
2021	供热信息化改造项目	源能热电	800
2021	年产6万吨生物可降解高分子材料PBA项目	瑞丰高分子材料	32021
2021	年产4万吨高透明MBS树脂新旧动能转换工程		30007

续表

年份	项目名称	技改企业	投资数额
2021	年加工1200吨果蔬干制品项目	尊海食品	21000
2021	年产20万立方米加气混凝土砌块项目	渠成建筑工程	5100
2021	镁铝合金自动化装备及节能改造项目	宏泰科技	3000
2021	晶体硅太阳能电池组件技术升级及产线智能改造项目	光科太阳能	2600
2021	年处理80万吨建筑垃圾矿山垃圾项目	鑫地建筑垃圾处理	2360
2021	混凝土搅拌站和建筑垃圾回收利用搬迁项目	万达水泥制品	1500
2021	年产1000台空气悬浮鼓风机扩产改造项目	巨源机械	960
2021	年产5000吨水果果脯技术升级改造项目	飞龙食品	890
2021	年加工10万件机械配件升级改造项目	硕源工业机械设备	580
2021	年产5000万米超薄电子级玻纤布扩产改造项目	兴国新力控股集团	23000
2021	年加工500万平方米超净排放纳米过滤材料	新力环保材料	22000
2021	粗废石铁矿石再回收技术改造项目	华联矿业	2000
2021	年产6000吨镁铝锌合金搬迁改造项目	德源金属材料	6000
2021	玻纤带增强聚乙烯复合管材管道“数字化”制造项目	卓意玻纤材料	79595
2021	医药气雾剂制造项目	本草药业	32000
2021	塑料片材产品升级改造项目	大鼎塑料	1500
2021	第一污水处理厂提标改造项目	水务发展	1858.92
2021	第二污水处理厂提标改造项目		5132.28
2021	青岛双星集团鲁中高档出口鞋技术改造项目	青岛双星集团鲁中	1160
2021	双星名人鲁海鞋业有限责任公司年产400万双硫化鞋环保改造项目	双星名人鲁海鞋业有限责任公司	500
2021	年产1000吨耐火材料自动化升级改造项目	兴和耐火保温材料	3000
2022	年产4000万支汽车内燃机滤清器智能化改造项目	永华滤清器制造	11000
2022	年产1000吨耐火材料自动化升级改造项目	兴和耐火保温材料	3000
2022	新国风新塑料材料木塑复合板材生产线自动化改造项目	新国风新塑料材料	7200
2022	康力塑胶塑料制品生产线自动化改造项目	康力塑胶	3000
2022	华源新材料玄武岩纤维(岩棉)建筑保温板扩产改造项目	华源新材料	26000
2022	和美华医药科技藜芦醛及衍生品技术改造项目	和美华医药科技	3118
2022	年产6000吨镁铝锌合金搬迁改造项目	德源金属材料	6000
2022	年产70000平方米门窗技术改造项目	中天塑钢门窗工程	1000
2022	旭光机械工程机械配件智能化改造项目	旭光机械	5600
2022	源能热力人民路至富源路供暖管线技术改造项目	源能热力	6500
2022	源能热力供热信息化技术改造项目		1500

续表

年份	项目名称	技改企业	投资数额
2022	2×50MW热电联产建设项目	源能热电	56651
2022	沂蒙黑山羊加工及蔬菜制品深加工自动化改造项目	山珍园农业发展	3600
2022	铁精粉选矿节能减排技术改造项目	利源选矿	650
2022	年产1.2万套装配式建筑搬迁入园智能化技术改造项目	坤盈建材	6100
2022	凯宁果品包装有限责任公司果袋、无纺布袋产品升级改造项目	凯宁果品包装	1200
2022	机械配件加工自动化改造项目	骄山工贸	880
2022	瀚泽绝缘材料纤维坯管技术改造项目	瀚泽绝缘材料	3600
2022	年产1000万件铝合金部件自动化升级改造项目	燕峰活塞	1300
2022	中晟医疗器械科技宫颈癌检测仪智能化改造项目	中晟医疗器械科技	5300
2022	云睿新材料有限责任公司玻璃纤维墙布扩产改造项目	云睿新材料	7500
2022	玻璃瓶烤花与蒙砂扩产改造项目	优本养生保健品	5000
2022	益母中药科技卫生用品生产线自动化改造项目	益母中药科技	2000
2022	鸿坤玻璃纤维制品玻纤布生产线自动化改造项目	鸿坤玻璃纤维制品	2000
2022	年产49000吨高锶水项目	沂河源矿泉水	2200
2022	智能机器人焊割枪及辅机具智能化改造项目	伊诺维森焊割科技	954
2022	年产1.5万吨改性膜产品项目	兴国新力控股集团	31000
2022	兴国新力控股集团超薄电子级玻璃纤维布生产线智能化改造项目		3200
2022	兴国新力控股集团改性膜产品生产线节能改造项目		3100
2022	酶抑制剂及无菌原料药建设项目	鑫泉医药	70000
2022	鑫泉医药医药中间体生产环保提升改造项目		5000
2022	年产2万吨杯装酸奶建设项目	新明食品饮料	15000
2022	新明食品饮料果浆生产扩产改造项目		16000
2022	高档面料生产线搬迁改造项目	沃源新型面料	70002
2022	年加工10万件机械配件升级改造项目	硕源工业机械设备	580
2022	双星名人鲁鞋业有限责任公司硫化鞋生产自动化升级改造项目	双星名人鲁鞋业	1600
2022	电机壳生产线自动化升级改造项目	源通机械	6200
2022	省源通机械电机壳制造废气治理设备提升改造项目		1390
2022	年产5.6亿只预灌封注射器扩产改造项目	药玻公司	93000
2022	高档轻量玻璃瓶项目		72000
2022	钠钙玻璃模制瓶生产线搬迁自动化改造项目		21500
2022	省药用玻璃一级耐水药用玻璃瓶项目		120000

续表

年份	项目名称	技改企业	投资数额
2022	年产6万吨生物可降解高分子材料PBAT项目	瑞丰高分子材料	32021
2022	智能仓库改造项目		10000
2022	高透明MBS树脂新旧动能转换工程智能化改造提升项目		10000
2022	瑞丰高分子材料ACR抗冲改性剂安全环保改造项目		1200
2022	6万吨/年生物可降解材料PBAT智能扩产项目		30325
2022	鲁阳节能材料陶瓷纤维背衬板生产线扩产改造项目	鲁阳节能材料	6800
2022	鲁阳节能材料陶瓷纤维棉生产线扩产改造项目		3800
2022	鲁阳节能材料玄武岩纤维（岩棉）建筑保温板生产线扩产改造项目		1600
2022	鲁阳节能材料陶瓷纤维针刺毯扩产改造项目	鲁阳节能材料	6600
2022	鲁阳节能材料陶瓷纤维棉扩产改造项目		3060
2022	年产1000台空气悬浮鼓风机扩产改造项目	巨源机械	960
2022	年产10万樘钢质防火门技术改造项目	华星创展门业	1000
2022	选矿工艺优化及精准配矿技术改造项目	华联矿业	16000
2022	年产30万套新能源汽车关键零部件技术改造项目	鸿源新材料	3000
2022	年产6000吨高性能稀土镁铝合金制品项目		2000
2022	宏泰科技镁铝合金自动化升级改造项目	宏泰科技	3000
2022	焊接轨道扩产改造项目	恒立轨道装备制造	1000
2022	恒金源包装材料塑料制品生产线自动化升级改造项目	恒金源包装材料	2000
2022	和众康源生物科技米曲霉饲料蛋白肽生产技术改造项目	和众康源生物科技	550
2022	年产30万立方LD混凝土复合自保温砌块搬迁改造项目	和泰新型建材	1000
2022	产业链转型升级技术改造项目	合力泰化工	4306
2022	合力泰电子科技年产摄像头模组5亿套（一期）自动化改造项目	合力泰电子科技	2000
2022	年产100万张牛皮革智能化改造项目	丰泽源皮革	2960
2022	丰悦生物技术新型绿色蛋白粉扩产改造项目	丰悦生物技术	23000
2022	飞龙食品天然气锅炉技术改造项目	飞龙食品	560
2022	5000吨水果果脯自动化升级改造		600
2022	海上风电用永久性钢结构ICCP产品升级改造项目	德瑞防腐材料	3600
2022	间浸环境下铝合金牺牲阳极的开发与产业化项目		600
2022	高性能绿色环保PVC建筑装饰新材料技术改造项目	博拓新材料科技	4300
2022	年产13000吨环保高性能复合PVC板材、型材技术改造项目		950

续表

年份	项目名称	技改企业	投资数额
2022	年产1000吨哌拉西林国际高端认证产业化项目	瑞阳制药	55752
2022	生物医药园建设项目暨一期生物医药新产品产业化建设项目		40634
2022	非青类药品生产高端认证暨技术升级项目		35000
2022	高端药品生产智能化技术升级建设项目		20500
2022	智能化工厂建设项目		32100
2022	智能制造固体制剂自动化改造项目		6230
2022	非青类药品生产智能化升级改造项目		2350
2022	青岛双星集团鲁中高档出口鞋生产自动化升级改造项目	青岛双星集团鲁中	1600
2022	瓶(桶)装包装饮用水自动化生产线智能化改造项目	鲁山山泉(山东)矿泉水	3000
2022	医药气雾剂制造项目	本草药业	32000
2022	本草药业医药气雾剂制造自动化升级改造项目		1062.473
2023	省药用玻璃一级耐水药用玻璃瓶项目	药玻公司	120000
2023	6万吨/年生物可降解材料PBAT智能扩产项目	瑞丰高分子材料	30325
2023	年产1.2万套装配式建筑搬迁入园智能化技术改造项目	坤盈建材有限责任公司	6100
2023	年产4000万支汽车内燃机滤清器智能化改造项目	永华滤清器制造	11000
2023	年产5.6亿只预灌封注射器扩产改造项目	药玻公司	93000
2023	高档面料生产线搬迁改造项目	沃源新型面料	70002
2023	本草药业医药气雾剂制造自动化升级改造项目	本草药业	1062.473
2023	旭光机械工程机械配件智能化改造项目	旭光机械	5600
2023	玄武岩纤维(岩棉)建筑保温板扩产改造项目	华源新材料	26000
2023	陶瓷纤维针刺毯扩产改造项目	鲁阳节能材料	6600
2023	鑫泉医药高端医药中间体生产自动化安全环保改造项目	鑫泉医药	5000
2023	鲁阳节能材料陶瓷纤维纸生产技术扩产改造项目	鲁阳节能材料	800
2023	塑料制品生产线自动化升级改造项目	恒金源包装材料	2000
2023	玻璃瓶烤花与蒙砂扩产改造项目	优本养生保健品	5000
2023	年产6000吨高性能稀土镁铝合金制品项目	鸿源新材料	2000
2023	间浸环境下铝合金牺牲阳极的开发与产业化项目	德瑞防腐材料	600
2023	海上风电用永久性钢结构ICCP产品升级改造项目		3600
2023	年产100万张牛皮革智能化改造项目	丰泽源皮革	2960
2023	飞龙食品天然气锅炉技术改造项目	飞龙食品	560
2023	高性能绿色环保PVC建筑装饰新材料技术改造项目	博拓新材料科技	4300

续表

年份	项目名称	技改企业	投资数额
2023	电机壳生产自动化升级改造项目	源通机械	6200
2023	年产13000吨环保高性能复合PVC板材、型材技术改造项目	博拓新材料科技	950
2023	年产30万套新能源汽车关键零部件技术改造项目	鸿源新材料	3000
2023	年加工10万件机械配件升级改造项目	硕源工业机械设备	580
2023	年产1000台空气悬浮鼓风机扩产改造项目	巨源机械	960
2023	省源通机械电机壳制造废气治理设备提升改造项目	省源通机械	1390
2023	宏泰科技镁铝合金自动化升级改造项目	宏泰科技	3000
2023	年产30万立方LD混凝土复合自保温砌砖块搬迁改造项目	和泰新型建材	1000
2023	智能制造固体制剂自动化改造项目	瑞阳制药	6230
2023	非青类药品生产智能化升级改造项目		2350
2023	玻纤布生产线自动化改造项目	鸿坤玻璃纤维制品	2000
2023	5000吨水果果脯自动化升级改造	飞龙食品	600
2023	益母中药科技卫生用品生产线自动化改造项目	益母中药科技	2000
2023	双星名人鲁海鞋业有限责任公司硫化鞋生产自动化升级改造项目	双星名人鲁海鞋业	1600
2023	神州天诚中药饮片年产4000吨中药饮片自动化升级改造项目	神州天诚中药饮片	2200
2023	智能机器人焊割枪及辅机具智能化改造项目	伊诺维森焊割科技	954
2023	年产1000万件铝合金部件自动化升级改造项目	燕峰活塞	1300
2023	云睿新材料有限责任公司玻璃纤维墙布扩产改造项目	云睿新材料	7500
2023	宝源精密铸钢机械配件自动化节能环保改造项目	宝源精密铸钢	3600
2023	康力塑胶塑料制品生产线自动化改造项目	康力塑胶	3000
2023	瑞丰高分子材料高透明MBS树脂新旧动能转换工程环保综合治理改造提升项目	瑞丰高分子材料	3000
2023	陶瓷纤维针刺毯建设项目	鲁阳节能材料	3500
2023	固体制剂扩产改造项目	瑞阳制药	4666
2023	瑞丰高分子材料丙烯酸酯类抗冲改性剂安全环保改造项目	瑞丰高分子材料	10000
2023	预灌封注射器生产线自动化升级改造项目	药玻公司	23500
2023	搬迁扩建60万千升啤酒生产项目（一期40万千升）	绿兰莎啤酒	79042
2023	源能热力新热源供暖首站及城区老旧小区供暖技术改造项目	源能热力	6500
2023	高效汽轮机智能化改造项目	华阳中科能源设备	15000

续表

年份	项目名称	技改企业	投资数额
2023	超薄电子级玻璃纤维布生产线智能化改造项目	兴国新力控股集团	6000
2023	兴国新力塑业科技集装袋生产搬迁改造项目	兴国新力塑业科技	5800
2023	食品、医药塑料软包装生产线智能化改造项目	兴国新力塑业科技	5800
2023	镁合金全流程一体化提升改造项目简介	德源金属材料	3500
2023	汇丰塑编集装袋生产线自动化升级改造项目	汇丰塑编	3200
2023	楷园农业科技发展果蔬干扩产改造项目	楷园农业科技发展	3200
2023	桔梗深加工自动化改造项目	华康食品	3000
2023	安耐科制氢装备制造自动化升级改造项目	安耐科（山东）氢能科技集团	2500
2023	乐利事食品马铃薯片生产线自动化升级改造项目	乐利事食品乐利事食品	5000
2023	鲁科新材料超级晶体纤维制品扩产技术改造项目	鲁科新材料	6600
2023	可再生锂离子电池生产自动化改造项目	鲁顺宏泰新能源科技	1200
2023	钧乐包装塑料编织袋生产线智能化升级改造项目	钧乐包装	3000
2023	MBS厂区安全环保技术改造项目	瑞丰高分子材料	1800
2023	省药用玻璃一级耐水药用玻璃瓶自动化提升改造	药玻公司	5500
2023	迁址及技改工程项目	宏顺塑料	16000
2023	莫西沙星原料药暨高端医药中间体智能化技术升级项目	瑞阳制药	78000
2023	年产2.5万吨超轻质绝热材料项目	华源新材料	16000
2023	玻璃纤维/树脂复合材料电池上盖搬迁扩产改造项目	博克塞斯新材料科技	30000
2023	年产10万吨环保材料项目	精工医药塑业	23000
2023	桶装水瓶装水生产自动化扩产改造项目	鲁泉山泉水	1000
2023	易拉罐生产线升级改造项目	新明食品饮料	3000
2023	绿色蛋白粉生产线改造项目	丰悦生物技术	500
2023	核酸及维生素检测试剂扩产改造项目	维璟医疗器械	5000
2023	血小板检测试剂扩产项目	维璟医疗器械	11000
2023	饮用水生产线扩产改造提升项目	杏花虎泉山泉水厂	3000
2023	医用耗材扩产改造项目	耀源医疗器械	2000
2023	博克塞斯新材料科技高性能复合材料动力电池箱体生产项目	博克塞斯新材料科技	136000
2023	永正生物医药叶酸产业链及中间体扩产改造项目	永正生物医药	200000
2023	头孢类抗生素原料药扩产改造项目	鑫泉医药	8000
2023	绿生源环境再生能源年处理6万吨灰渣自动化提升项目	绿生源环境再生能源	550
2023	阳春三月乳业液态鲜羊奶自动化改造项目	阳春三月乳业	5000

1980年以来部分年度工业企业名单表

表1 1980年沂源县境内工业企业名单

序号	企业名称	驻地	所有制性质
1	沂源县玻璃厂	沂源县南麻公社	国有企业共15家
2	沂源县黄庄煤矿	沂源县黄庄公社丈八邱大队	
3	沂源县鲁村煤矿	沂源县鲁村公社	
4	山东沂源炼铁厂	沂源县土门公社芦芽	
5	沂源县化肥厂	南麻公社前崖	
6	国营沂源缫丝厂	沂源县南麻公社刘家大峪	
7	沂源炼铁厂九会织布厂	沂源县土门公社九会	
8	沂源县造纸厂	沂源县南麻公社	
9	沂源县酒厂	沂源县南麻公社	
10	沂源县农机修造厂	沂源县南麻公社	
11	沂源县水泥厂	沂源县南麻公社	
12	沂源县第二水泥厂	沂源县石桥公社马庄	
13	沂源县水泥制品厂	沂源县南麻公社	
14	沂源炼铁厂草埠焦厂	鲁村公社草埠	
15	自来水厂	沂源县南麻公社	
16	沂源县制革厂	沂源县南麻公社	集体企业共8家
17	沂源县建筑材料厂	沂源县南麻公社	
18	沂源县农具厂	沂源县南麻公社	
19	沂源县木器厂	沂源县南麻公社	
20	山东省沂源县印刷厂	沂源县南麻公社	
21	沂源县美术厂	沂源县南麻公社	
22	沂源县靴鞋厂	沂源县南麻公社	
23	沂源县被服厂	沂源县南麻公社	
24	国营山东第一机械厂	沂源县土门公社	境内军工企业共7家
25	国营山东第二机械厂	沂源县土门公社	
26	国营山东裕华修配厂	沂源县金星公社	
27	国营山东新华翻砂厂	沂源县黄庄公社	
28	国营山东红旗机械厂	沂源县沟泉公社	
29	国营八〇七〇	沂源县鲁村公社	
30	54815部队标准件厂	沂源县土门公社	
31	草埠煤矿	沂源县鲁村公社	省、地区属企业共5家

续表

序号	企业名称	驻地	所有制性质
32	山东东风化肥厂	沂源县南麻公社	
33	山东沂源柴油机厂	沂源县南麻公社	
34	山东沂蒙新华制药厂	沂源县南麻公社	
35	山东省沂源县供电局	沂源县南麻公社	
36	沂源县南麻铝土矿	沂源县南麻公社北刘庄	部分乡镇企业
37	沂源县燕崖公社农机厂	沂源县燕崖公社一大队	
38	沂源县东里皮毛厂	沂源县东里公社东里大队	
39	粮食加工厂	沂源县革委粮食局主管	其他国企
40	沂源县副食品加工厂	商业局主管	

表2　1990年沂源县工业企业名单

药用玻璃包装:
山东省药用玻璃总厂（县属全民中一）
沂源县医用玻璃厂（草埠县属全民）
皮革业:
山东省沂源制革厂（县属集体）
山东省沂源县皮件厂（县属集体）
山东省沂源县皮革服装厂（县属集体）
山东省沂源县皮鞋厂（县属全民）
沂源县皮毛厂（梭背岭集体）
山东省沂源县金星福利皮毛厂（金星集体）
山东省沂源县第一皮毛厂（东里集体）
沂源县东里第三皮毛厂（东里集体）
纺织业:
山东省沂源县棉纺织厂（县属）
山东省沂源服装总厂（县属）
山东省沂源县南麻镇第一针织服装厂（南麻）
沂源县丝棉厂（南麻）
山东省沂源县绢丝厂（悦庄）
淄博市沂源县丝织厂（燕崖）
沂源县黄庄镇服装厂（黄庄）
造纸、印刷业:
山东省沂源县造纸厂（县属全民中二）
山东省沂源县印刷总厂（南麻集体）
沂源县悦庄印刷厂（悦庄集体）

白酒业：

国营沂源酒厂（县属全民中一）

食品业：

山东省沂源县沂美食品工业公司（县属集体）

山东省沂源县鲁村镇外贸福利冷藏厂（鲁村集体）

沂源县粮食局粮食加工厂（县属全民）

沂源县副食品厂（县属全民）

山东省沂源县食品公司肉类联合加工厂（县属全民）

沂源县粮油加工厂（商业县属全民）

山东省沂源县果品公司炒货厂（商业集体）

沂源县供销合作社商办工业科（商业集体）

山东省沂源县罐头厂（中庄集体）

博山酿造厂沂蒙分厂（梭背岭乡集体）

山东省沂源县淀粉厂（石桥集体）

沂源县南麻冷饮食品厂（南麻集体）

沂源县饲料公司（南麻县属全民）

山东省沂源县果酒厂（燕崖集体）

山东省沂源县九龙泉饮料厂（土门集体）

沂源县粮食局商办工业公司（商业全民）

山东省烟草公司沂源县分公司复烤厂（商业全民）

化工化肥：

山东省沂源县化肥厂（县属全民中二）

沂源县鲁村镇叶绿素厂（鲁村集体）

山东省沂源县烟草复合肥厂（南麻集体）

沂源鲁村镇碱厂（鲁村集体）

塑料：

山东沂源塑料厂（县属全民中二）

山东省沂源县塑料二厂（南麻集体）

沂源县塑料制品厂（徐家庄乡杨庄全民）

沂源县徐家庄乡福利塑料制品厂（徐家庄乡集体）

沂源县塑料包装厂（悦庄集体）

沂源县农用塑料厂（梭背岭集体）

沂源县日用塑料制品厂（东里集体）

建材保温材料：

山东省沂源县节能材料厂（南麻集体）

沂源县黄庄镇岩棉保温材料厂（黄庄集体）

沂源县张家坡保温材料厂（张家坡集体）

建材水泥行业：

国营山东省沂源县水泥厂（县属全民）

沂源县第二水泥厂（石桥县属全民）

国营沂源县芦芽水泥厂（土门县属全民）

山东省沂源县第四水泥厂（土门集体）

山东省沂源县建筑公司预制构件厂（建筑集体）

沂源县东里镇建材厂（东里集体）

沂源县鲁村镇砖瓦厂（鲁村集体）

沂源县东里镇砖瓦厂（东里集体）

沂源县石桥生石灰厂（石桥集体）

沂源县石桥乡砖瓦厂（石桥集体）

山东省沂源县土门镇水泥预制厂（土门集体）

沂源县韩旺乡建筑公司预制厂（韩旺集体）

沂源张家坡乡水泥预制厂（张家坡集体）

山东沂源陶瓷厂（土门集体）

沂源三岔乡建筑公司福利厂（三岔集体）

沂源徐家庄乡水泥预制厂（徐家庄集体）

沂源县城关建筑公司预制厂（南麻集体）

工艺美术业：

沂源县工艺美术公司（南麻县属）

山东省沂源县艺品玩具厂（南麻县属）

沂源县沟泉乡工艺厂（沟泉集体）

沂源县大张庄乡地毯加工厂（大张庄集体）

沂源县南麻地毯厂（南麻集体）

沂源县土门镇地毯厂（土门集体）

沂源县悦庄镇地毯加工厂（悦庄集体）

山东省沂源县工艺制品厂（悦庄集体）

山东省沂源县燕子石工艺厂（燕崖集体）

沂源县沟泉乡燕子石工艺品厂（沟泉集体）

木材加工：

山东省沂源县木器厂（南麻集体）

沂源县沟泉木器厂（沟泉集体）

金属加工：

山东沂源县五金厂（县属集体）

山东省沂源县轧钢厂（土门集体）

沂源县金属回收加工厂（土门集体）

重工业煤炭采选：

山东省沂源县鲁村煤矿（县属全民）

沂源县黄庄煤矿（县属全民）

黑色金属矿采选：

沂源县韩旺选矿厂（韩旺集体）

沂源县徐家庄乡选矿厂（徐家庄集体）

其他矿采选：

沂源县徐家庄石英加工厂（徐家庄集体）

沂源县鲁村镇矿产管理站（鲁村集体）

沂源县南麻铝土矿（南麻集体）

沂源县石英粉厂（悦庄集体）

山东省沂源县第二石英粉厂（悦庄集体）

沂源县大张庄乡石英粉厂（大张庄集体）

沂源县张家坡乡福利石英厂（张家坡集体）

机械：

国营山东沂源内燃机配件厂（县属全民）

山东省沂源县第一机械厂（黄庄集体）

铸造：

山东省沂源县土门铸造厂（土门集体）

农机修配：

沂源县大张庄乡农机修配厂（大张庄集体）

沂源县徐家庄乡农机厂（徐家庄集体）

山东省沂源石桥农机厂（石桥集体）

沂源县三岔乡农机修配厂（三岔集体）

沂源县中庄乡农机厂（中庄集体）

山东省沂源县东里农机厂（东里集体）

沂源县电器厂（张家坡集体）

沂源县拖内配件厂（梭背岭集体）

山东省沂源县标准件厂（南麻集体）

供水：

山东省沂源县自来水公司（县属全民）

供电：

沂源县供电局（县属全民）

山东省沂源县发电厂（县属全民）

沂源县黄庄供电所（黄庄集体）

沂源县田庄水库管理局水电站（南麻全民）

表3　1996年沂源县工业企业名单

药用包装：
山东省药用玻璃集团有限公司
沂源县医用玻璃厂
沂源县医用橡塑厂
医药制造业：
山东沂蒙新华制药厂
皮革业：
山东省沂源制革厂
沂源县金源皮革制品有限公司
山东省沂源县皮革服装厂
山东省沂源县裘皮厂
山东省沂源县金星福利皮毛厂（金星集体）
山东省沂源县第一皮毛厂（东里集体）
沂源县东里第三皮毛厂（东里集体）
纺织服装业：
山东省沂源县棉纺织厂（县属）
山东省沂源县服装总厂（县属）
山东省沂源县南麻镇第一针织服装厂（南麻）
沂源县丝棉厂（南麻）
山东省沂源县绢丝厂（悦庄）
淄博市沂源县丝织厂（燕崖）
沂源县黄庄镇服装厂（黄庄）
沂源县金星乡织布厂
淄博福源绢纺有限公司
沂源县玉合实业公司
淄博福悦制衣有限公司
沂源县东里镇针织服装厂
造纸：
山东省沂源县造纸厂（县属全民中二）
沂源县纸制品厂
沂源县梭背乡金华纸箱厂
印刷业：
山东省沂源县印刷总厂（南麻集体）
沂源县供销社印刷包装制品厂
沂源县悦庄印刷厂（悦庄集体）

饮料制造业：
山东沂源酿酒总厂
淄博亨利啤酒厂
山东省沂源县沂美食品工业公司（县属集体）
山东省沂源县虎泉酒厂
食品加工业：
山东省沂源县鲁村镇外贸福利冷藏厂
沂源县植物油厂
沂源县益源食品厂
山东省沂源县罐头厂（中庄集体）
博山酿造厂沂蒙分厂（梭背岭乡集体）
沂源县粮食局粮食加工厂（县属全民）
沂源县副食品厂（县属全民）
山东省沂源县食品公司肉类联合加工厂（县属全民）
沂源县粮油加工厂（商业县属全民）
山东省沂源县果品公司炒货厂（商业集体）
沂源县供销合作社商办工业科（商业集体）
山东省沂源县淀粉厂（石桥集体）
沂源县南麻冷饮食品厂（南麻集体）
沂源县饲料公司（南麻县属全民）
山东省沂源县果酒厂（燕崖集体）
山东省沂源县九龙泉饮料厂（土门集体）
沂源县粮食局商办工业公司（商业全民）
山东省烟草公司沂源县分公司复烤厂（商业全民）
化工：
山东省沂源县化肥厂（县属全民中二）
沂源县制氧厂
沂源县复合肥厂
塑料：
山东沂源塑料厂（县属全民中二）
沂源县塑料制品厂（徐家庄乡杨庄全民）
沂源县徐家庄乡福利塑料制品厂（徐家庄乡集体）
沂源县塑料包装厂（悦庄集体）
沂源县农用塑料厂（梭背岭集体）
玻璃纤维：
山东省沂源县塑料二厂（南麻集体）

橡胶制品：

青岛双星集团总公司鲁中分公司

淄博银河消防水带厂

淄博市鲁跃鞋厂

山东省沂源华丽化工厂

建材保温材料：

山东省沂源县节能材料厂（南麻集体）

沂源县黄庄镇岩棉保温材料厂（黄庄集体）

沂源县张家坡保温材料厂（张家坡集体）

建材水泥行业：

国营山东省沂源县水泥厂

沂源县第二水泥厂（石桥县属全民）

国营沂源县芦芽水泥厂（土门县属全民）

山东省沂源县第四水泥厂（土门集体）

山东省沂源县建筑公司预制构件厂（建筑集体）

沂源县东里镇建材厂（东里集体）

沂源县鲁村镇砖瓦厂（鲁村集体）

沂源县东里镇砖瓦厂（东里集体）

沂源县石桥生石灰厂（石桥集体）

沂源县石桥乡砖瓦厂（石桥集体）

山东省沂源县土门镇水泥预制厂（土门集体）

沂源县韩旺乡建筑公司预制厂（韩旺集体）

沂源张家坡乡水泥预制厂（张家坡集体）

山东沂源陶瓷厂（土门集体）

沂源三岔乡建筑公司福利厂（三岔集体）

沂源徐家庄乡水泥预制厂（徐家庄集体）

沂源县城关建筑公司预制厂（南麻集体）

工艺美术业：

沂源县工艺美术公司（南麻县属）

山东省沂源县艺品玩具厂（南麻县属）

沂源县沟泉乡工艺厂（沟泉集体）

沂源县大张庄乡地毯加工厂（大张庄集体）

沂源县南麻地毯厂（南麻集体）

沂源县土门镇地毯厂（土门集体）

沂源县悦庄镇地毯加工厂（悦庄集体）

山东省沂源县工艺制品厂（悦庄集体）

山东省沂源县燕子石工艺厂（燕崖集体）

沂源县沟泉乡燕子石工艺品厂（沟泉集体）
木材加工：
山东省沂源县木器厂（南麻集体）
沂源县汇金胶合板股份有限公司
金属制品：
山东沂源县五金厂（县属集体）
山东省沂源县轧钢厂（土门集体）
沂源县金属回收加工厂（土门集体）
煤炭采选：
山东省沂源县鲁村煤矿（县属全民）
沂源县黄庄煤矿（县属全民）
黑色金属矿采选：
沂源县韩旺选矿厂（韩旺集体）
沂源县金星乡选矿厂
沂源县大张庄乡磁选厂
沂源县鲁村镇选矿厂
非金属矿采选：
沂源县石英粉厂（悦庄集体）
山东省沂源县第二石英粉厂（悦庄集体）
沂源县徐家庄石英加工厂（徐家庄集体）
沂源县张家坡乡福利石英厂（张家坡集体）
沂源县大张庄乡石英粉厂（大张庄集体）
铝土矿采选：
沂源县南麻铝土矿（南麻集体）
机械：
淄博动力机械厂
国营山东沂源内燃机配件厂（县属全民）
山东省沂源县第一机械厂（黄庄集体）
铸造：
山东省沂源县土门铸造厂（土门集体）
农机修配：
山东省沂源县东里农机厂（东里集体）
沂源县悦庄镇农机修配厂
供水：
山东省沂源县自来水公司（县属全民）
供电：
沂源县供电局（县属全民）

山东省沂源县发电厂（县属全民）
沂源县黄庄供电所（黄庄集体）
沂源县田庄水库管理局水电站（南麻全民）

表4　2000年沂源县规模以上工业企业名单

医药：
山东瑞阳制药有限公司
医药包装：
山东省药用玻璃股份有限公司
山东省沂源县药用橡胶制品厂
山东省沂源医用玻璃厂
节能材料：
山东鲁阳股份有限公司
煤炭采选：
沂源县鲁村煤矿有限公司
食品：
沂源海达食品有限公司
淄博民悦食品有限公司
沂源县宏远粮油营销有限公司
饮料：
山东沂源酿酒总厂
山东华狮啤酒有限公司
淄博汇源食品饮料有限公司
纺织：
山东沂源棉纺织厂
山东省沂源制丝厂
山东美雅达丝针织服装有限公司
服装鞋帽：
山东沂源鑫泉鞋业公司
青岛双星集团鲁中公司
皮革：
山东省沂源制革总厂
淄博金源皮革制品有限公司
淄博万宝皮革制品有限公司
造纸：
山东省沂源县造纸厂
山东省沂源丰华造纸厂

化工：
山东东风化肥厂
山东省沂源县化肥厂
沂源县复合肥厂
山东省沂源县有机化工厂
塑料：
淄博新力塑编有限公司
山东沂源塑料有限公司
建材：
山东沂源鲁山水泥有限公司
山东沂源县第五水泥厂
山东沂源永新钢管有限公司
山东鲁中新型建材有限公司
淄博庆源建筑陶瓷有限公司
机械：
山东沂源内燃机配件厂
沂源巨源机械有限公司
山东省沂源县沂蒙型钢有限公司
淄博市沂源压力容器厂
印刷：
沂源县裕华实业有限公司
山东沂源九星印务有限公司
妇女用品：
山东淄博蓝海妇女用品有限公司
木制品：
淄博市汇金木业有限责任公司
玻纤：
山东光力士集团股份有限公司
五金：
沂源开元金属制品有限公司
工艺美术：
山东省沂源县工艺美术公司
热力电力供应：
山东省沂源县热电有限公司
沂源县电业局
水资源供应：
沂源县自来水公司

表5　2005年沂源县规模以上工业企业名单

青岛双星集团鲁中有限公司
山东沂源康杰医用橡塑有限公司
山东沂源鲁山水泥有限公司
山东省沂源制革总厂
淄博瑞月包装材料有限公司
山东省沂源县自来水公司
山东恒盛纸业有限公司
山东省药用玻璃股份有限公司
淄博华联金属制品有限公司
山东沂源县九星印务有限公司
淄博金源皮革制品有限公司
山东瑞阳制药股份有限公司
沂源海达食品有限公司
山东省沂源县第三水泥厂
沂源县源能热电有限公司
山东沂源星光纺织有限公司
山东省沂源县第五水泥厂
山东沂源棉纺织厂
沂源县源通机械有限公司
山东省沂源县强力防水材料有限公司
沂源县荣华铸造有限公司
沂源县鲁村煤矿有限公司
山东沂源双星纺织有限公司
沂源瑞丰高分子材料有限公司
山东沂源金泉有限责任公司
山东沂源金山织布厂
沂源县丰华纸业有限公司
沂源县兴国矿业有限公司
淄博市华联矿业有限责任公司
沂源县鲁阳轻型钢结构工程有限公司
山东沂源汇泉矿业有限公司
山东沂源宏达塑料有限公司
沂源新奥塑料制品有限公司
沂源汇丰酒业有限公司
沂源县盛源轧钢厂
山东沂源晶阳玻璃制品有限公司

淄博新力塑编有限公司
沂源县元利石粉有限公司
山东沂源万通仪表有限公司
淄博新力玻璃纤维有限公司
山东沂源鲁源水泥有限公司
沂源县裕华实业有限公司
山东光力士集团股份有限公司
山东鲁阳股份有限公司
山东淄博汇源食品饮料有限公司
沂源县供电公司
淄博民悦食品有限公司
山东华狮啤酒有限公司
山东巨源机械有限公司
沂源县悦胜玻璃制品有限公司
淄博国易玻璃纤维有限公司
沂源县齐源水泥有限公司
沂源北派服饰有限公司
淄博沂源福禄陶瓷有限公司
沂源天润焊接材料有限公司
沂源鑫泉化工有限公司
沂源县天力源绿色果业有限公司
淄博鲁胜塑料制品有限公司
淄博永华滤清器制造有限公司
沂源县中庄铁矿
沂源南华型钢有限公司
沂源鑫峰玻璃纤维有限公司
淄博草埠实业有限公司
淄博安科防腐技术有限公司
沂源新汇木业有限公司
山东沂源赛尔玛工艺品有限公司
淄博金环线业有限公司
沂源凤凰塑编有限公司
沂源合利塑料有限公司
沂源县蒲公英妇幼用品有限公司
山东益母妇女用品有限公司
沂源县鲁星耐火材料有限公司
沂源县金得铁合金有限公司

山东联合化工有限公司
淄博生力旺有机肥有限公司
沂源义盛铸造有限公司
山东美雅达鞋业有限公司
沂源瑞鑫工艺品有限公司
山东鲁源酒业有限公司
山东乐利事食品有限公司
淄博宏泰防腐有限公司
淄博市华联伟杰机械铸造有限公司
沂源鑫铁汇选矿有限公司
淄博宋家食品有限公司
沂源易德鸭业有限公司
山东沂源成达钢结构工程有限公司
沂源县峰铁选矿有限公司
淄博金东机构制造有限公司
淄博天普阳光饲料有限公司
淄博和美华化工有限公司
山东沂源华康食品有限公司
沂源东正包装有限公司
淄博天一卫生用品有限公司
沂源县弘翔矿业有限公司
山东沂源欧凯玻璃制品有限公司
山东省沂源县沂蒙型钢有限公司
沂源县沟泉乡仁里福利翻砂厂
山东省沂源县教育印刷厂
淄博汇宝饲料有限公司
淄博市沂源压力容器厂
沂源县东里桃花坪石灰石加工厂
山东省沂源县永盛福利玻璃纤维厂

表6　2010年沂源县规模以上工业企业名单

青岛双星集团鲁中有限公司
山东沂源鲁山水泥有限公司
山东省沂源制革总厂
淄博瑞月包装材料有限公司
沂源县自来水公司

山东省药用玻璃股份有限公司

淄博华联金属制品有限公司

沂源县新兴铸造厂

山东沂源九星印务有限公司

山东瑞阳制药股份有限公司

沂源海达食品有限公司

山东省沂源县第三水泥厂

沂源县源能热电有限公司

山东沂源星光纺织有限公司

山东省沂源县第五水泥厂

山东沂源棉纺织厂

山东淄博燕峰活塞有限公司

沂源县源通机械有限公司

山东省沂源县强力防水材料有限公司

沂源县荣华铸造有限公司

沂源县鲁村煤矿有限公司

淄博恒润航空巾被有限公司

沂源瑞丰高分子材料股份有限公司

山东沂源金山织布厂

沂源县兴国矿业有限公司

淄博市华联矿业有限责任公司

沂源县远东实业有限公司

沂源县鲁阳轻型钢结构工程有限公司

沂源新奥塑料制品有限公司

沂源县盛源轧钢厂

淄博新力塑编有限公司

沂源县元利石粉有限公司

淄博新力玻璃纤维有限公司

山东沂源沂阳水泥有限公司

沂源县裕华实业有限公司

山东光力士集团股份有限公司

山东鲁阳股份有限公司

淄博大鼎塑料有限公司

沂源硕阳环保材料科技有限公司

山东淄博汇源食品饮料有限公司

沂源县供电公司

山东飞龙食品有限公司
山东华狮啤酒有限公司
沂源县东里镇面粉加工厂
山东沂源光花工艺品有限公司
沂源县宾晟铸造有限公司
沂源县力强机械制造有限公司
山东德瑞防腐材料有限公司
山东沂源泉港鸭业有限公司
沂源县万盛隆玻璃制品有限公司
沂源县鑫锐机械铸造有限公司
沂源县高盛食品有限公司
山东华德汽车零部件有限公司
淄博华联实业有限公司
山东沂源远达包装制品有限公司
山东慧科助剂有限公司
沂源县福尔昕工贸有限责任公司
山东鑫田木业有限公司
沂源县普信亿安工贸有限公司
山东沂源远华熔铸有限公司
沂源华澳工贸有限公司
淄博银联设备制造有限公司
淄博凯达包装制品有限公司
沂源立新木制品有限公司
沂源县浩源面料有限公司
沂源科纶化纤有限公司
沂源县裕丰包装制品有限公司
山东新明食品饮料有限公司
沂源县洪磊石业有限公司
淄博华冠高分子材料有限公司
淄博康斯达门业有限公司
山东德联玻璃制品有限公司
淄博三智塑料包装制品有限公司
沂源大行六和饲料有限公司
沂源县鲁源矿业有限公司
山东巨源机械有限公司
沂源县天发铸造厂
淄博国易玻璃纤维有限公司

沂源县齐源水泥有限公司
淄博沂源福禄陶瓷有限公司
沂源县山田焊材有限公司
沂源天润焊接材料有限公司
沂源鑫泉医药中间体有限公司
沂源县天力源绿色果业有限公司
淄博鲁胜塑料制品有限公司
淄博永华滤清器制造有限公司
山东省沂源县源发矿业有限公司
沂源新宇食品有限公司
沂源南华型钢有限公司
山东沂源鑫峰玻璃纤维有限公司
沂源县华瑞铸造有限公司
沂源新汇木业有限公司
沂源县兴隆钢铸品有限公司
淄博金环线业有限公司
沂源凤凰塑编有限公司
沂源县鲁鑫建材有限公司
沂源县盛达塑编有限公司
沂源县蒲公英妇幼用品有限公司
山东益母妇女用品有限公司
沂源县鲁星耐火材料有限公司
沂源县华阳能源设备
沂源县茂英金属制品有限公司
沂源县金得铁合金有限公司
山东联合化工股份有限公司
沂源嘉丽轻工业品有限公司
沂源县玉华精密铸造有限公司
淄博生力旺生物有机肥有限公司
沂源义盛铸造有限公司
沂源县辰通建材有限公司
淄博同创助剂有限公司
沂源瑞鑫工艺品有限公司
山东鲁源酒业有限公司
山东乐利事食品有限公司
沂源县兴隆玻璃纤维有限公司
淄博恒达玻璃纤维有限公司

淄博宏泰防腐有限公司
沂源鑫铁汇选矿有限公司
沂源县明鑫金属铸钢有限公司
沂源县土门镇恒盛精密铸造有限公司
淄博宋家食品有限公司
沂源易德鸭业有限公司
沂源县锦阳电工材料有限公司
山东沃源新型面料有限公司
沂源县世利轻质碳酸钙有限公司
沂源金鼎纤维材料有限公司
沂源县宝源精密铸造有限公司
淄博市欣洲玻璃纤维有限公司
沂源县利源选矿有限公司
山东省沂源县舜天玻璃纤维有限公司舜天分公司
淄博思创玻璃纤维有限公司
淄博冠腾工贸有限公司
淄博金东机械制造有限公司
淄博迪声绝缘材料有限公司
淄博天普阳光饲料有限公司
淄博和美华化工有限公司
山东沂源华康食品有限公司
沂源东正包装有限公司
沂源联创工贸有限公司
淄博来绪医用器材有限公司龙王山泉水厂
沂源县鑫鑫纸箱有限公司
山东沂蒙山花生油有限公司
沂源县江山石材有限公司
淄博丰和工贸公司
沂源日科高分子材料有限公司
淄博华朋源塑胶有限公司
淄博天一卫生用品有限公司
山东沂源欧凯玻璃制品有限公司
淄博鲁阳光学材料有限公司
沂源县正恒果品包装有限公司
沂源县泰达滤芯制造有限公司
沂源县宏发新型建材有限公司

沂源县盛达鸭业有限公司
沂源奥科微粉有限公司
淄博世拓高分子材料有限公司
沂源县宝隆新型建材厂
淄博北辰金属材料科技发展有限公司
山东沂源金和工贸有限公司
山东沂源永新包装制品有限公司
淄博菲尼科思工贸有限公司
沂源兴达助剂有限公司
万增亿工贸有限公司
沂源县伟峰橡塑有限公司
沂源鑫辉玻纤制品有限公司
山东沂源鸿坤玻璃纤维制品有限公司
山东省沂源县恒力型钢有限公司
沂源县沟泉乡仁里福利翻砂厂
淄博汇宝饲料有限公司
沂源县东里桃花坪石灰石加工厂
沂源县徐家庄胜源微晶玻璃厂
沂源县沃隆工贸有限公司
沂源县东里镇新兴页岩砖厂
沂源县东里镇双祥果品包装厂
沂源县东里镇斌华包装厂
沂源欣禹环保材料有限公司
山东新力过滤材料有限公司
山东省沂源县永盛福利玻璃纤维厂

表7　2020年沂源县规模以上工业企业名单

山东合力泰化工有限公司
山东瑞丰高分子材料股份有限公司
山东慧科助剂股份有限公司
淄博卓意玻纤材料有限公司
山东国塑科技实业有限公司
沂源亿盛化工有限公司
山东丰泽源皮革有限公司
山东宏泰科技有限公司

山东乐利事食品有限公司
淄博永华滤清器制造有限公司
淄博和美华医药科技有限公司
山东鑫泉医药有限公司
沂源县源能热电有限公司
淄博汇佳橡胶新型材料有限公司
淄博瑞月包装材料有限公司
沂源精工医药塑业有限公司
山东硕源工业机械设备有限公司
山东合力泰电子科技有限公司
山东鲁源酒业有限公司
山东省药用玻璃股份有限公司
山东绿兰莎啤酒有限公司
山东沃源新型面料股份有限公司
沂源新奥塑料制品有限公司
山东兴国新力塑业科技有限公司
沂源县坤盈建材有限责任公司
淄博德源金属材料有限公司
山东沂源沂阳水泥有限公司
淄博天普阳光饲料有限公司
沂源筑诚新型建材有限公司
山东兴国大成电子材料有限公司
华润风电（淄博）有限公司
沂源筑力新型建材有限公司
山东兴国新力环保科技股份有限公司
沂源海赢食品有限公司
沂源圣沣食品有限公司
山东鲁阳节能材料股份有限公司
山东瑞泰新材料科技有限公司
山东省沂源县恒力型钢有限公司
淄博恒润航空巾被有限公司
沂源天润焊接材料有限公司
沂源泽润木业有限公司
沂源万达水泥制品有限公司
沂源县圣邦混凝土有限公司
山东鲁阳浩特高技术纤维有限公司

淄博城市燃气（沂源）有限公司
沂源恒通新型建筑砖有限公司
山东鲁阳玄武岩纤维有限公司
瑞阳制药有限公司
山东泰宝生物科技股份有限公司
山东省源通机械股份有限公司
沂源县华阳能源设备有限公司
山东飞龙食品有限公司
山东德瑞防腐材料有限公司
山东兴国大成特种纤维科技有限公司
沂源中天塑钢门窗工程有限公司
淄博光科太阳能股份有限公司
山东博拓塑业股份有限公司
淄博悦卡电器科技有限公司
淄博丹瑞工贸有限公司
山东源泰电气有限公司
淄博环亚助剂科技有限公司
沂源鼎固建材有限公司
山东鸿源新材料有限公司
山东沂源欣怡食品有限公司
淄博新国风新塑料材料有限公司
沂源县恒通建材有限公司
山东瑞源康印务有限公司
沂源万盛隆玻璃制品有限公司
山东华星创展门业有限公司
山东恒立轨道装备制造有限公司
青岛双星集团鲁中有限公司
山东双星名人鲁海鞋业有限责任公司
沂源县宏顺塑料制品有限公司
沂源县鲁村煤矿有限公司
淄博金东机械制造有限公司
淄博雅安建材有限公司
沂源汇丰塑编有限公司
山东恒金源包装材料有限公司
山东华联矿业股份有限公司
山东新明食品饮料有限公司

山东沂源永新包装制品有限公司
山东淄博燕峰活塞有限公司
沂源县鸿开塑编有限公司
沂源水务发展有限公司
淄博新宇恒宝新材料有限公司
沂源新宇鸿翔木业有限公司

表8　2023年沂源县规模以上工业企业名单

山东省药用玻璃股份有限公司
山东瑞丰高分子材料股份有限公司
山东合力泰化工有限公司
沂源新奥塑料制品有限公司
山东兴国新力塑业科技有限公司
山东绿兰莎啤酒有限公司
沂源县坤盈建材有限责任公司
山东沃源新型面料股份有限公司
山东和隆新材料科技有限公司
山东省沂源县自来水公司
沂源精工医药塑业有限公司
慧科高新科技股份有限公司
淄博永华滤清器制造有限公司
淄博丹瑞工贸有限公司
沂源县源能热电有限公司
沂源昊隆门窗有限公司
新时代昆仑循环科技（山东）有限公司
淄博瑞月包装材料有限公司
沂源县源能热力有限公司
山东鲁阳节能材料股份有限公司
沂源万达水泥制品有限公司
山东鲁阳浩特高技术纤维有限公司
沂源泽润木业有限公司
山东瑞泰新材料科技有限公司
沂源县圣邦混凝土有限公司
淄博城市燃气（沂源）有限公司
沂源恒通新型建筑砖有限公司

沂源天润焊接材料有限公司
山东鲁阳玄武岩纤维有限公司
沂源旭光机械有限公司
山东国塑科技实业有限公司
山东鑫泉医药有限公司
量子精工机械（山东）有限公司
淄博金泰木业有限公司
淄博华源新材料有限公司
山东睿和新材料有限公司
淄博雅安建材有限公司
沂源县鲁村煤矿有限公司
沂源汇丰塑编有限公司
淄博金筑建业有限公司
淄博金东机械制造有限公司
山东恒金源包装材料有限公司
沂源县熙皓木材加工有限公司
淄博钧乐包装有限公司
淄博阳春三月乳业有限公司
山东华联矿业股份有限公司
山东新明食品饮料有限公司
淄博卓意玻纤材料有限公司
淄博和美华医药科技有限公司
淄博新永包装制品有限公司
山东闵力包装材料有限公司
山东中晟医疗器械科技有限公司
瑞阳制药有限公司
淄博新国风新塑料材料有限公司
山东鸿源新材料有限公司
山东省源通机械股份有限公司
沂源鼎固建材有限公司
淄博悦卡电器科技有限公司
淄博环亚助剂科技有限公司
山东德瑞防腐材料有限公司
山东沂源欣怡食品有限公司
山东泰宝生物科技股份有限公司
沂源县华阳能源设备有限公司

沂源中天塑钢门窗工程有限公司
山东飞龙食品有限公司
山东博拓新材料科技股份有限公司
山东源泰电气有限公司
沂源县恒通建材有限公司
山东瑞源康印务有限公司
山东丰泽源皮革有限公司
山东宏泰科技有限公司
淄博汇佳橡胶新型材料有限公司
山东乐利事食品有限公司
山东硕源工业机械设备有限公司
山东合力泰电子科技有限公司
光大绿色环保再生能源（沂源）有限公司
山东沂源瑞特自动化设备有限公司
沂源霖琪工贸有限公司
山东信业新材料科技有限公司
淄博吉泰皮革制品有限公司
青岛双星集团鲁中有限公司
山东双星名人鲁海鞋业有限责任公司
沂源县宏顺塑料制品有限公司
山东益母中药科技有限公司
山东华星创展门业有限公司
山东恒立轨道装备制造有限公司
山东尊海食品有限公司
山东和众康源生物科技有限公司
沂源鸿开源塑料制品有限公司
沂源水务发展有限公司
淄博托普威能源技术有限公司
山东伊诺维森焊割科技有限公司
山东维璟医疗器械股份有限公司
山东淄博燕峰活塞有限公司
京合食品（淄博）有限公司
沂源富翔光伏电力有限公司
沂源筑诚新型建材有限公司
山东沂源沂阳水泥有限公司
淄博德源金属材料有限公司

淄博天普阳光饲料有限公司
华润风电（淄博）有限公司
沂源筑力新型建材有限公司
山东兴国大成电子材料有限公司
山东兴国新力环保科技股份有限公司
沂源圣沣食品有限公司
沂源海赢食品有限公司
山东开源电气有限公司
淄博新宇恒宝新材料有限公司
沂源新宇鸿翔木业有限公司
淄博康力塑胶有限公司
淄博源丰诚新型建材有限公司
淄博康顺塑胶有限公司

2000年(改制)前工业企业创立时序表(1944—1999)

年代	总序号	分序号	企业名称	创立时间	延续所至	备注
40年代共4家	1	1	悦庄酿酒厂	1944年6月	至今	白酒厂前身。
	2	2	庆仁煤井	1944年8月	2005年3月	草埠煤矿前身。2005年3月临沂矿务局对草埠煤矿实行政策性破产,2006年9月关井。
	3	3	东里皮业社	1944年	至今	县皮革总厂前身,今名山东丰泽源皮革。
	4	4	洪沟煤矿	1945年	1988年转产陶瓷	是黄庄煤矿前身,1988年沂源县黄庄煤矿因主煤层采空,转产陶瓷,创立国营沂源瓷厂,1990年黄庄划出沂源。
50年代共11家	5	1	南麻砖瓦社	1956年	至今	后续曾更名建材厂、塑料二厂、光力士,1998年,光力士被临沂矿务局收购。2011年12月8日,成立淄博卓意玻纤材料有限公司,由山东玻纤集团股份有限公司全额投资。2011年12月16日,由卓意玻纤收购光力士公司清算资产。
	6	2	沂源县水泥厂	1958年	1999年10月关停	山东沂源县水泥厂因国家政策的原因,关停破产。
	7	3	沂源县南麻印刷生产合作社	1958年	至今	是印刷厂前身。
	8	4	南麻缝纫社	1958年	2002年破产	是县服装厂前身,2002年实施政策性破产,2006年沃源公司重组北派服饰公司和县制丝厂。
	9	5	崮山煤田	1958年	1978年停产	崮山煤矿1978年底停产,崮山煤矿领导班子接替创立鲁村煤矿,后转为鲁村煤矿。
	10	6	南麻铁厂	1958年	1961年8月停产	因第一次工业调整停产,1962年连同芦芽铁矿全部下马。
	11	7	芦芽铁矿	1958年	1982年转产更名为芦芽水泥厂	1962年因工业调整曾下马,1971年芦芽铁矿、铁厂重建,是芦芽铁厂、芦芽水泥厂前身。由青岛纺织工业局投资创办。
	12	8	沂源县南麻农业机械制造厂	1958年	至今	是内配厂前身,今名山东省源通机械股份有限公司。
	13	9	县面粉加工厂	1958年4月	2021年破产	沂源县粮食局创建,2003年更名为宝丰粮油有限公司。
	14	10	造纸厂	1958年10月	2007年6月	2004年由鲁村煤矿控股,改名恒盛纸业,响应国家治理污染,淘汰落后政策,2007年6月破产。
	15	11	县耐火材料厂	1958年	1962年	生产耐火砖,产品积压,转产陶瓷,沂源县陶瓷厂1959年创立,1962年在第一次工业调整时期合并于县水泥厂。

续表

年代	总序号	分序号	企业名称	创立时间	延续所至	备注
60年代共15家	16	1	沂源县木业社	1960年	至今	沂源县木器厂前身，1998年改制更名为沂源县信德木制品有限公司。
	17	2	沂源县水泥制品厂	1962年	1980年	1962年创立，1963年改厂名为沂源县水泥制品厂。1980年3月沂源县成立水泥制品厂，为国营企业，由供电局水泥制杆厂和水利局制管厂合并入水泥制品厂。
	18	3	山东第一机械修配厂（976）	1965年1月	1995年迁出沂源	属“小三线”军工企业，隶属山东省国防工办兵器工业局，1995年搬迁日照市，原闲置厂房，1998年8月，政府协调由山东省药用玻璃股份有限公司盘活建立分厂。药玻投资80万元，整体购买山东第一机械厂搬迁后的房地产。
	19	4	山东第二机械修配厂（945）	1965年4月	至今	属“小三线”军工企业，隶属国防科工委；2002年11月搬迁张店。
	20	5	南麻发电厂	1965年	1973年下马	为“小三线”企业配套企业，为省电业局在田庄水库北侧建小型发电厂一处。
	21	6	山东东风化肥厂	1965年12月	至今	属“小三线”化工企业，由国防科工委、济南军区，山东省工业厅批准兴建的兵工企业，是联合化工前身。今名山东合力泰化工有限公司。
	22	7	山东新华制药厂第四分厂	1966年7月8日	至今	属“小三线”医药企业，1970年改名为山东沂蒙新华制药厂，隶属中国医药工业公司。今名瑞阳制药股份有限公司。
	23	8	山东沂源柴油机厂	1966年7月	至今	属“小三线”企业，隶属临沂行署，是巨源机械前身。今名山东硕源工业机械设备有限公司。
	24	9	国营山东裕华修配厂（9354）	1966年	至今	属“小三线”军工企业，隶属国家第五机械工业部（兵器工业部），1987年6月开始至1992年整建制搬迁日照。
	25	10	国营山东新华翻砂厂（9363）	1966年	2007年破产	属“小三线”军工企业，隶属省军工局，原名山东沂源八二迫弹厂，后改为国营山东新华翻砂厂，1997年11月，企业整体迁往泰安市泰山区，2007年政策性破产。
	26	11	671战备发电厂	1967年1月	1976年5月	属“小三线”电力企业，为“小三线”企业配套，隶属省国防工办。1976年5月，省里决定停运，随后被撤销。
	27	12	莱芜钢铁厂（701）	1969年11月	至今	属“小三线”军工企业，隶属山东省冶金工业局，厂址位于莱芜、新泰、沂源两市一县的交界处。莱钢的厂部在沂源县地界上，并且莱钢用水来自当时的沂源县黄庄镇。1988年8月，沂源县黄庄镇划归为莱芜市。随着沂源县的黄庄镇划归莱芜，莱钢与沂源脱离关系。今名莱芜钢铁集团有限公司。
	28	13	618战备电台	60年代	至今	属“小三线”配套电台，为山东人民广播电台战备台。

续表

年代	总序号	分序号	企业名称	创立时间	延续所至	备注
60年代共15家	29	14	沂源县玻璃厂	1969年	至今	创立初是为“小三线”医药企业山东沂蒙新华制药厂配套，1970年投产。今名山东省药用玻璃股份有限公司。
	30	15	县委自来水小组	1969年5月	至今	1976年5月更名为沂源县自来水公司。
70年代共12家	31	1	县属五金厂	1970年1月	2018年被华联矿业吸收合并	曾名华联金属。
	32	2	红旗机械厂(5823)	1970年5月	至今	属“小三线”军工企业，隶属中国兵器工业集团总公司(部级)；1994年第一次搬迁，从沂源迁潍坊，2002年改制重组，2008年响应潍坊市政府发出的“退城进园”号召，第二次搬迁潍坊北部的滨海经济技术开发区，2012年成立集团。
	33	3	山东半导体厂(研究所)(8070)	1970年	至今	属“小三线”军工企业，隶属山东省国防工办；20世纪80年代初，搬迁到山东潍坊安丘市。目前沂源境内的8070厂建筑，当时移交沂源后，1983年11月利用搬迁后的厂房、水电设施，兴建沂源县塑料制品厂，投产编织袋。是新力塑编前身。
	34	4	沂源县芦芽水泥厂	1973年	1996年6月破产	1973年由芦芽铁厂转产水泥，1982年改称沂源县芦芽水泥厂，1995年7月被组入山东沂源蓝天建材集团有限公司，1996年6月破产。
	35	5	工艺美术厂	1973年	不详	1998年改制后改称源盛工艺品有限公司。
	36	6	沂源县缫丝厂	1975年6月	2006年破产	1989年后改称沂源制丝厂，隶属省丝绸公司。2002年停产，2006年实施政策性关闭破产。
	37	7	沂源县石桥水泥厂	1976年	至今	是沂源芦芽铁厂分厂，由青岛纺织工业局投资创办。1999年10月改制后成立山东鲁源水泥有限公司。2008年改名为沂阳水泥。
	38	8	九会织布厂	1976年7月	至今	为芦芽铁厂分厂，由青岛纺织工业局投资创办，是县棉织厂前身，今名山东沃源新型面料股份有限公司。
	39	9	鲁村煤矿	1977年11月	2020年4月15日	接替峀山煤矿，由原峀山煤矿领导班子负责创建鲁村煤矿。1978年4月15日开工建设。2020年4月15日资源枯竭关停破产。
	40	10	黄烟复烤厂	1977年	不详	
	41	11	沂源县化肥厂	1978年	2005年破产	2003年被山东联合化工股份有限公司实行租赁经营，更名为：山东联华化肥有限公司。2005年12月，县化肥厂破产。
	42	12	南麻铝土矿	1979年	1989年停产	南麻公社投资

续表

年代	总序号	分序号	企业名称	创立时间	延续所至	备注
80年代共18家	43	1	县皮件厂	1981年	至今	1993年1月，皮件厂与县电业局、美国金东公司合资成立淄博金源皮革制品有限公司。
	44	2	塑料制品厂	1983年11月		沂源县政府利用徐家庄乡杨庄村国营8070原半导体厂搬迁后的厂房、水电设施，兴建沂源县塑料制品厂，即淄博新力塑编有限公司的前身。
	45	3	节能材料厂	1984年	至今	南麻镇创立，今名山东鲁阳节能材料股份有限公司。
	46	4	民悦食品厂	1985年	至今	沂源县悦庄镇崔家庄村创立，1995年改称淄博民悦食品有限公司，2004年更名为山东飞龙食品有限公司。
	47	5	沂源县食品厂	1985年	1992年被汇源公司重组	县商业局创立，1992年重组，成立汇源公司。
	48	6	沂美食品厂	1985年	破产不详	由县供销社投资兴建。
	49	7	沂源县外贸福利冷藏厂	1986年	至今	鲁村镇创立，1987年注册为山东海达食品有限公司，为肉食兔出口厂家。2001年县食品公司破产后资产和人员被山东海达食品有限公司整体接收。
	50	8	山东光力士集团股份有限公司	1986年	至今	由县塑料二厂转产玻璃纤维，曾名光力士，今名山东卓意玻纤股份有限公司。
	51	9	沂源县发电厂	1987年5月	至今	1992年改称县热电厂，今名沂源县源能热力有限公司。
	52	10	淄博瑞月包装材料有限公司	1987年6月	至今	公司最早是山东沂蒙新华制药厂创立的综合服务公司。
	53	11	沂源县啤酒厂	1987年	至今	由鲁源酒业公司增建啤酒车间，1994年独立。今名山东绿兰莎啤酒股份有限公司。
	54	12	皮革服装厂	1987年	2008年政策性破产	万宝皮革前身，是县工艺美术公司皮衣车间扩建成的独立的厂，1996年7月，与俄罗斯公司合资成立淄博万宝皮革制品有限公司；2003年后逐渐停产，2008年实施破产。
	55	13	韩旺选矿厂	1987年	至今	1997年由东里镇政府、县电业局、驻地周围村及职工共同出资，在原韩旺选矿厂基础上组建的有限责任公司。今名山东华联矿业股份有限公司。
	56	14	国营沂源瓷厂	1988年	1990年划出沂源	沂源县黄庄煤矿因主煤层采空，转产陶瓷，企业由此更名而来。
	57	15	沂源县塑料片材厂	1988年	2008年政策性破产	沂源县与山东省塑料工业公司合资兴办，1989年改称沂源县塑料厂。1999年改称沂源塑料有限公司，后又称沂源合利塑料有限公司。

续表

年代	总序号	分序号	企业名称	创立时间	延续所至	备注
80年代共18家	58	16	沂源县艺品玩具厂	1988年	1999年破产	
	59	17	燕子石工艺品厂	1988年	至今	燕崖乡创立
	60	18	金星金矿	1989年	1996年破产	1989年复建矿，1996年6月，金星金矿破产。鲁村煤矿接收安置金星金矿职工。
90年代共6家	61	1	山东淄博汇源食品饮料有限公司	1992年	至今	大陆与香港合资企业汇源公司重组沂源县食品厂。
	62	2	果品盐业公司	1992年	2019年并入县工信局	1991年，由县供销社果品公司盐业批发部负责管理全县盐业管理工业。1992年果品公司改称果品盐业公司。1998年改制成立沂源县果品盐业有限公司，后改称沂源晶泰盐业有限公司。2001年成立沂源县盐务局。2005年5月沂源晶泰盐业有限公司变更为沂源盐业有限公司，与盐务局一套班子两块牌子。2019年并入县工信局。
	63	3	沂源县沟泉制鞋厂	1992年	2008年12月实施停产	沟泉乡利用红旗厂旧址资产创立，2002年改制为山东沂源鑫泉鞋业有限公司。
	64	4	山东沂源高分子材料厂	1994年	至今	是隶属县化肥厂的独立法人单位，2001年公司注册为沂源瑞丰高分子材料有限公司，2002年7月彻底脱离县化肥厂。今名山东瑞丰高分子材料股份有限公司。
	65	5	山东淄博蓝海妇女用品有限公司	1995年	至今	2002年改称山东益母妇女用品有限公司。
	66	6	沂源新奥塑料制品有限公司	1998年	至今	

后 记

工业是经济的主导，是经济的脊梁。

在沂源工业体系的建立过程中，诞生了大批沂源第一、制造之最。《记忆沂源·工业卷》回顾了沂源工业的那些“第一”，重温了属于沂源制造的高光时刻。沂源工业历史，是恢宏史诗般的“故事”，是见证历史的“奇迹”，是铭刻时代的“印记”。

《记忆沂源·工业卷》是沂源工业史上第一部专辑，意义深远，弥足珍贵。可存史备考，可图强励志，可鉴昨筑今。

本书历时两年时间编纂完成。本书分七大部分，第一部分概述了沂源工业发展历程；第二部分记录了沂源的特色产业和骨干企业，它们是当前沂源工业的支柱产业；第三部分记录了消失在历史长河中的企业，它们虽已消失，但永留记忆中；第四部分记录了12个镇（街道）的工业经济；第五部分是工业往事，摘录当年有影响的工业事件；第六部分是大事记；第七部分是附表，附1949年以来的产值表等以备查。

编纂分三级调度，由企业、镇（街道、开发区）、县工信局合力而为，众手成书。涉及面广，涉及人员多，在此感谢所有参与编写人员。本书参考和引用了大量档案资料，尤其1991年由沂源县经委汇编而成的《沂源县工业志资料》，感谢当时的编辑组、主编及编辑成员。本书亦参考和引用了《沂源县志》中有关工业的资料。本书得到了县统计局的大力支持，提供了全套《统计年鉴》以备查数据。同时，感谢县档案局（馆）、沂源经济开发区、县发改局、县科技局等单位的配合和支持。

书此后记，一并感谢所有为此付出心血的同志！同时书中不当之处，敬请指正！

编 者

2024年10月

记忆沂源 · 行业篇
JIYI YIYUAN HANGYEPIAN
全 媒 体 图 书

8-07

记忆沂源

JIYI YIYUAN

·商贸流通卷·

《记忆沂源》MV

政协沂源县委员会
沂源县文化和旅游局 编

中国文史出版社

图书在版编目（CIP）数据

记忆沂源. 行业篇. 商贸流通卷 / 政协沂源县委员会, 沂源县文化和旅游局编. -- 北京 : 中国文史出版社, 2024. 12. -- ISBN 978-7-5205-5013-0

Ⅰ. K295.24；F729

中国国家版本馆CIP数据核字第2024CD4608号

责任编辑： 程 凤 赵姣娇

出版发行： 中国文史出版社
社　　址： 北京市海淀区西八里庄路69号　邮编：100142
电　　话： 010-81136606　81136602　81136603（发行部）
传　　真： 010-81136655
印　　装： 山东新华印务有限公司
经　　销： 全国新华书店
开　　本： 889mm × 1194mm　1/16
字　　数： 5304千字
印　　张： 183
版　　次： 2024年12月北京第1版
印　　次： 2024年12月第1次印刷
定　　价： 1980.00元（全九册）

《记忆沂源》编纂委员会

主　　任　边江风

副 主 任　张　涛　武光明

委　　员　郑　舰　于　庆　张庆勇　周清秀

成　　员　吕春晖　刘明法　杜　强　任　鸣　张仲亮

刘　水　崔春利　张成华　田立勇　陈立兵

郑继光　唐文彬　王世礼　齐元军　张艳秀

李　冬　陈霄霞　张立新　卢兴民　杜希伟

《记忆沂源》编审人员

主　　编　武光明

执行主编　张立新　杜希伟

编　　辑　（按姓氏笔画排序）

于朝阳　王明娟　刘　磊　李永红　李崇高

陈富锋　杨德明　周左锋　郑作昭　翟玉群

《记忆沂源·商贸流通卷》编纂委员会

主　　任　宋立波　唐文彬　杜　强　臧成娜　李可成

副 主 任　何　云　陈晓燕　郝树江　李传军

委　　员　崔光锋　董志霞　张明强　张德友　齐会东

毕玉生　常化龙　张怀军　曾现国　陈　峰

《记忆沂源·商贸流通卷》编纂人员

编　　审　刘　磊

责　　编　齐会东　毕玉生　曾现国　郝树江

编　　辑　（按姓氏笔画排序）

左进勇　付建志　刘　佳　刘　洁　李　敏

李雪梅　张玉娟　张庆春　陆丰安　陈文文

陈自文　徐　心　崔晓明

总　序

沂源历史悠久，文化厚重，在这片古老的土地上，在可考证的几十万年的岁月流转中，文明的脉络延绵不断；在这里，生命文化、爱情文化、红色文化交相辉映、一脉相传，悠悠吟唱着亘古昨天和崭新今天。编纂出版“记忆沂源”系列丛书，旨在全面记载沂源县自然地理、人文历史、政治经济和社会事业的发展变化，深入挖掘沂源特色地域文化，集中展现全县经济社会发展成果，铭记历史，传承文化，留住乡愁，增强自信，凝聚力量。这是沂源建县以来，首次对全县人文历史资料等进行全面系统挖掘整理，必将载入沂源发展史册。

走遍天涯路，最是乡情深。人一旦生长在什么地方，那里的山水草木、人文地理、村闾小巷、乡俗民情，便会像盐渍刀斫一样深深渗透在心窝里、镌刻在记忆中，与之结下浓得化不开的乡情，时刻都在怀念、向往与追忆。乡愁是一种故土情结、人文情怀，是一种精神寄托，流淌于人的血脉中，是凝聚力和向心力所在。在长期的社会变迁和历史发展中，乡愁成为民族情感的依托与精神家园的归附。在新时代建设现代化新沂源的壮阔征程上，必不可少的正是无数沂源人对乡土气韵、桑梓情怀的依恋和历史记忆的渴求。

沂源自1944年建县至今，发生了翻天覆地的变化，许多历史的印记已经或者正在被湮灭在时代的潮流中，迫切需要通过修史编志的方式，记录历史、留住乡愁。沂源县具有众多特色鲜明的地域文化标志，每一个都蕴含着一段难忘的历史，讲述着一个动人的故事，寄托着一种殷切的期盼。古建筑、古树名木、古老手艺、传说故事等，都是弥足珍贵的文化遗产，也是历史文脉重要的传承载体。沂源人民在不同的历史时期，创造出了辉煌的成就，其中蕴含着宝贵的精神财富，这些都需要记录好、传承好、弘扬好。通过编纂“记忆沂源”系列丛书，深入挖掘、整理、珍藏历史文化，全面、真实、客观反映沂源的发展历程，必将进一步增强全县人民的自豪感、责任感和使命感，激发广大干部群众干事创业的热情和斗志，汇聚起推动各项工作突破提升、走在前列的磅礴力量。

“记忆沂源”系列丛书分为“乡村篇”“行业篇”“经济开发区篇”和“小三线建设篇”四部分，其中“乡村篇”收录全县12个镇（街道）446个行政村和21个城市社区的翔实资料，一镇（街道）一卷。“行业篇”收录工业、农业、商业、水利、教育、卫生、住建、交通等行业资料，每个

行业独立成卷，着力展现沂源经济社会的发展历程和辉煌成就。丛书综合运用文字、图片、视频、音频、插画等多种方式，打造“全媒体”图书。读者除正常阅读外，还可以扫码听书、看视频，更加契合现代人学习阅读需求，成为展现沂源形象的“伴手礼”和沂源游子寄托乡愁、追思乡情的“枕边书”。

乡愁难忘，征程未老。牢记历史，是为了开创未来。沂源正站在一个新的发展起点上，全县上下正在深入学习贯彻党的二十大精神，聚焦“突破提升、走在前列”目标定位，强化生态立县、产业强县、创新兴县，推进“四新四创”，着力打造“六个高地”、实现“六个走在前列”，踔厉奋发、勇毅前行，奋力谱写沂源现代化建设新篇章。在时代新征程中，我们有信心、有能力、有情怀交出一份无愧于前人的历史答卷。

中共沂源县委

沂源县人民政府

序

沂河之源这块古老而又年轻的土地孕育出勤劳朴实、诚实守信、互利共赢、无私奉献等商业操守和文化内涵，在此基础上形成的商贸价值观和家国情怀，更加丰富了沂源人民特有的内在精神及对外形象，延续了沂源商贸的根源流脉。

自古以来，商贸就是连接生产与消费的桥梁和纽带，是关系到国计民生的先导性产业，直接反映了经济发展和社会繁荣程度。特别是新中国成立以来，“国家需要”深深根植于历代沂源人心中。随着社会主义市场经济体制的建立和完善，沂源县委、县政府从县情和行业实际出发，努力改变“耕农多而商贾少”的状况，不断深化体制改革，大力推进商贸事业现代化，努力繁荣城乡市场，加快商贸领域对外开放，新兴商贸业态得到较快发展，更加方便人民群众生产、生活。

《记忆沂源·商贸流通卷》由沂源县商务局牵头，汇聚商业、粮食、物资、供销等各方力量，在广泛搜集整理史料的基础上，对涉及内容进行甄别遴选，数易其稿。该书全面反映了全县商贸流通业发展变化与改革进程，突出沂源县商业、粮食、物资、供销等领域功能交集、业务互为补充的行业特点。该书是首次系统承载全县商贸事业挖掘和传承的文献记忆，旨在展现域内商贸文化风貌，唤醒尘封历史记忆，梳理古老而又年轻的沂源商贸脉络，突出新时代商贸传承和发展。该卷作为行业综合性史志文献，具有较高的存史和阅读价值。鉴于沂源县区域规划几番调整，对境内商贸状况的文字记载有时很难准确考证，难免有疏漏之处。

《记忆沂源·商贸流通卷》作为全县商贸事业发展史上的珍贵资料。卷中每一种记忆都镌刻着历史的痕迹和时代的烙印。一卷在手，可忆往昔之峥嵘岁月，知商贸发展之历程，晓发展之艰辛。期望本书的出版，能够成为全县人民群众抚古追昔、追忆商贸往事的“回忆店铺”，亦可成为域外游子对故乡割舍不断情怀、再续报效家乡之志的“拾忆商城”；更期望本卷的出版，能为域外读者了解沂源商贸提供一个重要窗口，进而搭建起一座携手合作共进的“连锁超市”，进一步推动全县商贸事业走向更为广阔的天地。

沂源县中心城区

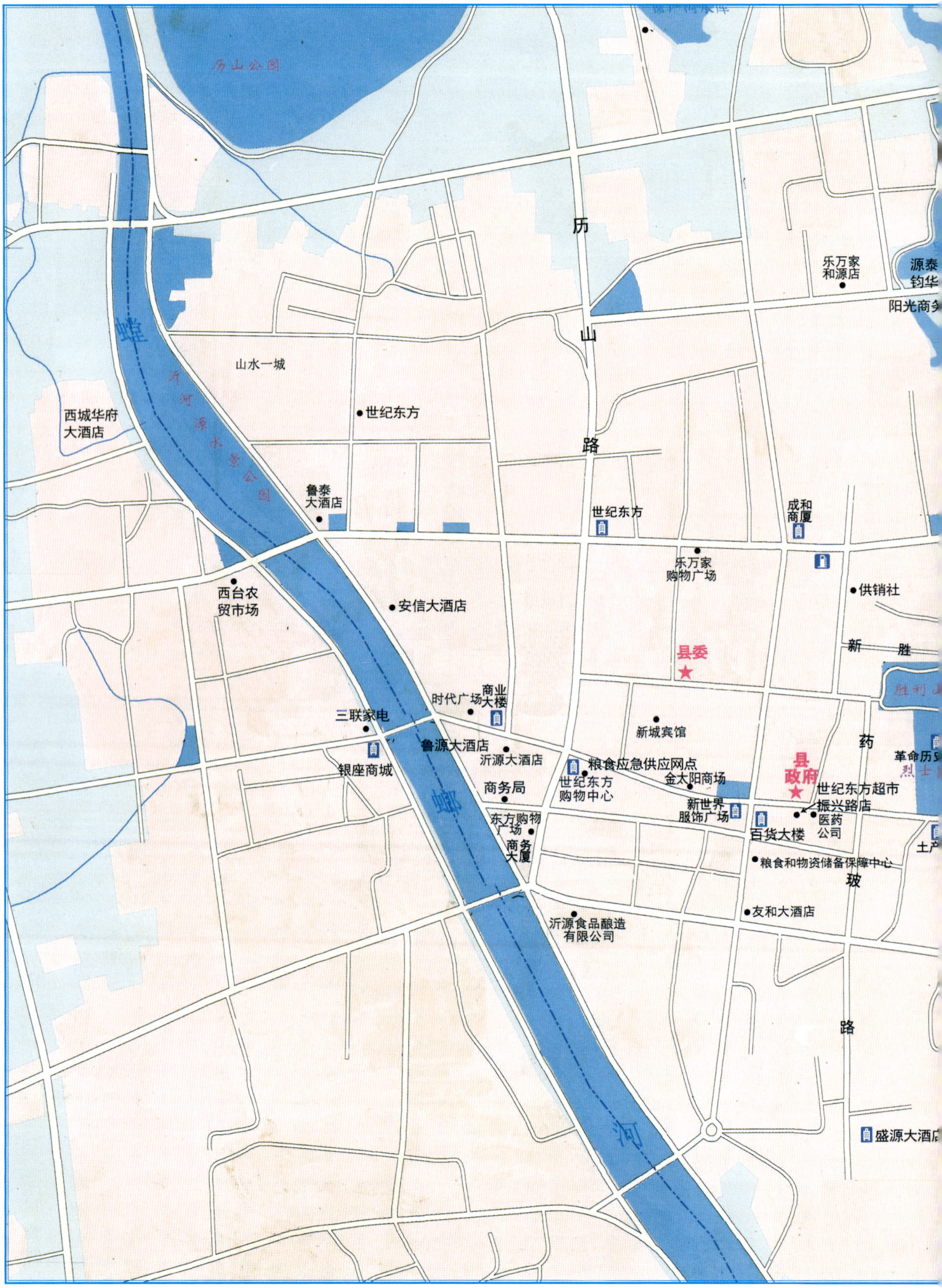
历山公园
历
山
路
乐万家
和源店
源泰
钓华
阳光商务
螳
沂河源水景公园
山水一城
西城华府
大酒店
世纪东方
鲁泰
大酒店
世纪东方
成和
商厦
乐万家
购物广场
西台农
贸市场
安信大酒店
供销社
新
胜
县委
胜利
时代广场
商业
大楼
三联家电
新城宾馆
药
鲁源大酒店
沂源大酒店
银座商城
粮食应急供应网点
世纪东方
购物中心
金太阳商场
县
政府
革命历史
烈士
世纪东方超市
振兴路店
商务局
螂
新世界
服饰广场
百货大楼
医药
公司
东方购物
广场
商务
大厦
土产
粮食和物资储备保障中心
玻
友和大酒店
沂源食品酿造
有限公司
路
河
盛源大酒店

商贸流通单位分布图

乙客家
购物广场
县委党校
新
城
路
新
田庄水库灌区干渠
教苑名
沂蒙山果蔬
批发市场
东城
华府酒店
路
山
富
鲁
宜佳花园
义乌商贸城
粮食应急供应网点
世纪东方
儿童乐园
城东装饰材料城
涝坡河
农贸市场
源
两城建材
批发市场
路
兴
路
粮食应急保障配送中心
地方粮食储备库有限公司
沂河源生产
资料有限公司
供销综合集配中心
再生资源公司
荆
山
路
伊丽兰家居广场
沂

沂源县沿河商业区

鲁中义乌商贸城及周边商业区

JINJIANG INN

成和商厦

银座商城

沂源蓝海钧华大饭店　　亿客家购物广场

沂源大酒店　　东方购物广场

沂源县电子商务产业园

沂源红产地仓

南麻夜市

沿河商业区夜景

20 世纪 70 年代，粮油管理所人员到农业社查看粮食质量

20 世纪 70 年代，公社社员上交公粮

20 世纪 80 年代购粮证

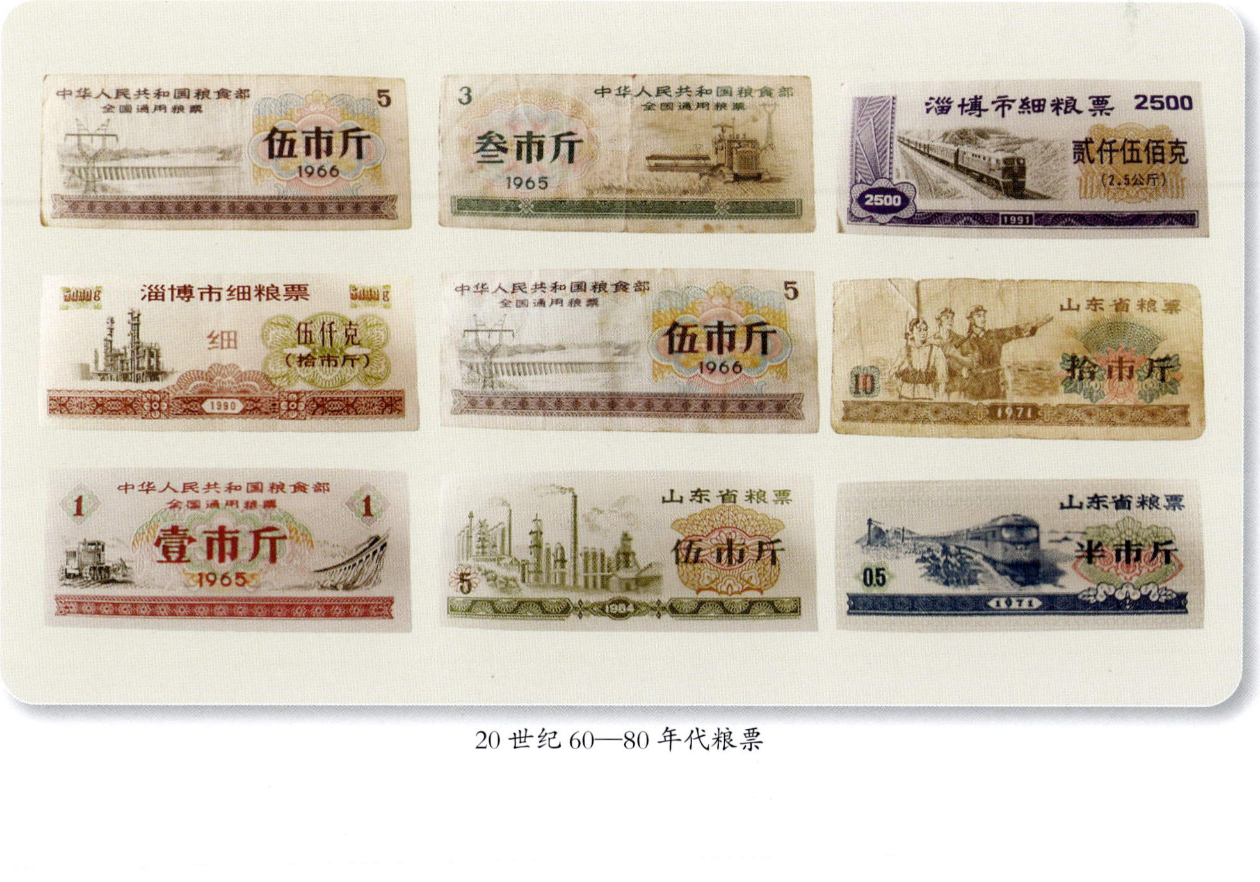

20 世纪 60—80 年代粮票

20 世纪 90 年代，沂源县生产资料市场

20 世纪 90 年代，沂源县粮食局办公大楼

20 世纪 90 年代，沂源县土产大楼

20 世纪 90 年代，沂源县百货公司第三零售店

20 世纪 80 年代，沂源商场

20 世纪 80 年代，沂源县百货公司第二零售商店

20世纪80年代，国营沂源人民商场

居家城商业区（2008年）

沂源县第一批苏式粮仓——九会粮站粮仓（20 世纪 50 年代）

国营第一饭店（20 世纪 80 年代）

沂源县供销系统第一家改制单位——沂源县供销大楼（1986 年）

沂源县第一家连锁超市——乐万家超级自选商场（2000 年）

悦庄大集（2004 年）

两城建材市场（2024 年）

编辑说明

一、坚持以马克思列宁主义、毛泽东思想、邓小平理论、“三个代表”重要思想、科学发展观、习近平新时代中国特色社会主义思想为指导，坚持辩证唯物主义和历史唯物主义的立场、观点和方法，客观、系统、简约记述沂源县工业、农业、商业、教育、卫生、水利、交通以及“小三线”建设等各行业发展变化进程和改革开放成果，挖掘行业内模范事迹，展示时代精神风貌，传承和抢救历史文化，激发爱国爱乡情怀，为地区经济和社会发展提供有益借鉴。

二、参照执行中国地方志指导小组印发的《地方志书质量规定》。在参照志体的前提下，在体裁运用、篇目设置、资料选择等方面作适当创新。“行业篇”的内容以记载本行业范围内的微观资料为主，详县志之所略。突出行业各自特点，有选择性地记述域内自然、政治、经济、文化、社会的历史与现状，从而达到执简驭繁、文约事丰、易于阅读、利于普及的目的。

三、为全面反映入书事物发展脉络，上限尽量追溯至事物发端，下限断至2023年年底。

四、以各行业为单位单独成卷。每卷记述地域范围以下限年份2023年的行政辖区为主。

五、横排门类，纵述史实，采用纲目体。总体基本篇目框架根据行业特点科学合理设置，所设条目依照突出时代特征、行业特色的原则作适当安排。

六、综合运用述、记、志、图、表、录等诸体裁，以志为主。随文配图，图下设文字说明，图文并茂。

七、打造新时代全媒体志书，各行业卷根据需要，按照综合衡量、集中展示、高度概括的原则，选择主要的篇目录制短视频资料和音频资料，引入扫码识别延伸阅读功能，形成文字、图片和音视频三条独立的记述线索，相互补充、相得益彰，使丛书从无声变成有声，从平面成为立体，从静态变为动态，力求满足人民群众对方志文化的新需求。

八、除引文和附录文献资料外，统一使用规范汉字及现代语体文记述体。记事坚持秉笔直书、述而不论，行文力求朴实、严谨、简洁、流畅、优美。

九、书中“人物”，均为简介，只选录本行业内有较大影响的人物及其他政策法规规定的应入志人物，不面面俱到。人物排序，去世人物按照去世时间先后排序，在世人物按照生年排序。

十、本书资料来源广泛，其出处不一一注明。所需数据一般采用政府统计部门数据，无政府统计部门数据时选用主管部门或主办单位提供的数据，个别数据由于统计口径和来源不同存在差异。

十一、原则采用国务院1984年2月发布的中华人民共和国法定计量单位。考虑到使用习惯，保留“公里”“亩”“斤”等。历史上使用的计量单位，如斗、石、里、尺等，在引文中可照录。

十二、中华民国成立前的纪年，使用历史纪年，括注公元年份；中华民国成立后的纪年，使用公元纪年。书中书“××年代”，凡未加世纪者，均指20世纪的年代；书中所称“解放前（后）”，以1944年5月沂源建县为界；“新中国成立前（后）”，以1949年10月1日中华人民共和国成立日为界；“改革开放前（后）”，以1978年12月中共十一届三中全会召开为界。

十三、记事概以第三人称记述。人名直书其姓名，必要时冠以职务职称。地名以现行标准地名为准。如使用历史地名，于每个类目首次出现时括注现行地名。各个历史时期的党派、团体、组织、机构、职务等均以当时名称为准。对于称谓过长而又频繁使用者，首次出现时使用全称并括注规范化的简称，之后使用简称。

十四、遵循国家标准和出版规定，数字书写以GB/T 15835—2011《出版物上数字用法》为准，标点符号使用以GB/T 15834—2011《标点符号用法》为准。

目录 CONTENTS

综述

扫码听书

记忆沂源·商贸流通卷

沂源商贸业历史悠久，域内出土的新石器时代骨币反映了商业活动的存在。东台地战国墓和姑子坪周代贵族墓的发现，展示了当时丰富的物产和贸易情况。秦汉时期，国内贸易网络辐射到四面八方，渤海和黄海沿海市场逐渐形成，丝绸之路和海上丝绸之路不断被打通，商业贸易的地理范围扩展到沂源境内。

新石器时代骨币

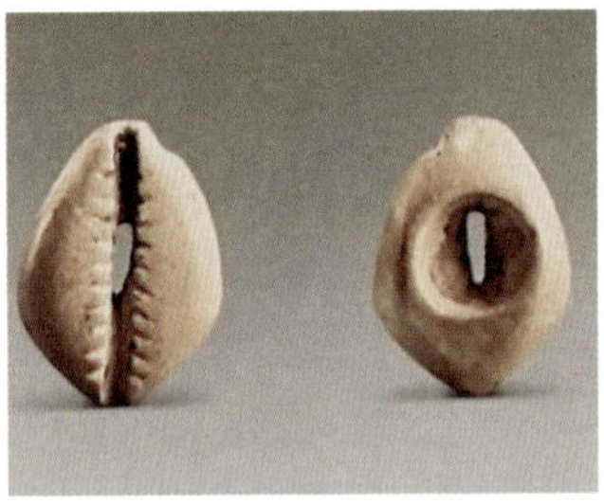

战国石贝币

沂源县地处鲁中腹地，境内以丘陵山地居多，群山连绵起伏，素有“七分山三分田”之称，自古以来粮食生产能力不足。自春秋战国时期，历史上虽与齐都临淄、商城青州、周村、博山或连山而邻，或隔山相望，但囿于“四塞之崮，舟车不通”，与他们商号街铺林立、商户云集的繁荣景象相比，沂源境内生产资料匮乏、生产力水平低下，商贾更是鲜见，或即便有江淮客商过境，多在南麻、东里、悦庄、鲁村等地零散的客栈或驿站驻足，境内商贸处于自发、无序的初始萌芽状态。

历史几经更迭，至1944年5月建县前，在半殖民地半封建社会条件下，沂源仍然是一片封闭的、以农耕经济为主的区域，自给自足的自然经济占主导地位，特别是受战乱影响，境内商贸业长期处于停滞不前状态。粮食产量受制于山岭薄地自然条件限制，加之连年歉收和苛捐杂税，人民食不果腹，“路有冻死骨”现象常见。在经济发展陷入困境的情况下，物资匮乏，流通受到限制，除了自产自销的粮食、蔬菜、木材，以及由官方统购统销的煤油、食盐等外，其他生活必需物资，只能通过并不发达的墟集和市肆自由购销，商业贸易惨淡。因交通不便和信息闭塞，在相当长一段时间内，当地的商业贸易以行商居多，大都是小本生意，无固定经营场所，无设施，多系肩挑小贩，以赶集串乡叫卖为主，当地人称之为“货郎”。至清末民初，始有莱芜、章丘、博山等地商人前来与当地富户联合经商，设立店铺和商号，当地人称之为“坐商”。涉及范围包括蚕丝、大麻、油坊、粮食、干鲜果、布匹、糕点、猪、牛、羊、禽蛋、中药材购销及屠宰加工等近20种行业，零散地分布于南麻、鲁村、燕崖、三岔店、东里店和璞邱、安乐、白峪等地，尤以南麻、鲁村、东里、燕崖等地较为繁荣。交易方式或以物易物，或以当时官方货币交换。1938年，日军入侵沂源后，粮食、物资等受到冲击，境内商贸渠道中断。日本帝国主义在沂源境内大肆掠夺资源，倾销产品，通过不等价交换，特别是实行食盐禁运等政策，对当地人民进行残酷的压榨和剥削，原本就很少的国内商号纷纷倒闭，商品贸易随之萧条，人民群众生活在水深火热之中。其间，境内所见商品大多属舶来品，被当地人称为“洋”货，如洋火、洋油灯、洋烟等。1939年6月，侵华日军对境内东里店进行猛烈轰炸，导致50余家商号被炸毁。1941年，长期盘踞于山东的吴化文部队投降日本后，配合日军对沂蒙山区进行“大扫荡”，致使沂源全县境内所有商户被迫关闭。

1944年5月，随着沂源县解放，人民民主政府设立财粮科具体负责商贸管理工作，沂源商贸业开始了艰辛创业过程。1946年人民民主政府设立实业科，具体负责全县的商业工作，全县私商行业呈现活跃气氛，摊行商贩重新开始遍布境内城乡村落。为支援解放战争，巩固人民政权，帮助群众发展生产，开展抗战救灾，人民民主政府于1946年设立县合作推进社（1948年6月更名为沂源县供销合作总社），各区先后建立村联社，具体负责农副产品购销，保障支前物资供应。通过发展供销业务，大力组织军需民用物资的生产和供应，仅1949年就发展社员28823名，带动全县群众编制支前草鞋415万双、苇蓑衣8万件，提供食盐4万余斤、各类布匹15万尺、棉花1.843万斤。为了便于粮食征收和调配，1947年成立县粮食局，按照“粮食调拨服从战争需要，战役打到哪里，粮食就运到哪里”的原则，在粮油无仓储设施的情况下，有外调任务时，即设点集结，随收随运，对粮食加强统一管理，有力地保障了莱芜、孟良崮、南麻、济南和淮海战役的胜利。《大众日报》（鲁中四日电）以《某庄二千群众一天筹集两万多斤粮食》为题，报道了在南麻阻击战中沂源县群众踊跃筹粮支前的事迹。

沂源人民运输粮食支援前线

新中国成立，结束了帝国主义、封建主义和官僚资本主义在中国的统治，也宣告了旧中国商贸屈辱历史的结束，崭新的社会主义商贸事业得以确立。在中国共产党领导下，全县商贸工作按照国家统一部署逐渐步入正轨。

新中国成立初期，按照党在过渡时期总路线政策，逐步对私营商业进行社会主义改造，破私立公，大力扶持供销合作商业，积极发展国营商业，开拓商品流通渠道，扩大购销网点，商贸业日趋繁荣。1951年，中国专卖事业公司山东省沂水专区沂源县专卖事业分处成立，系沂源县境内第一个国营商业机构；3月，沂源县供销合作总社正式改称沂源县供销合作社联合社，并召开全县首届社员代表大会。1955年5月，原有的供销社代购代销粮油业务全部划归县粮食局统一管理；9月，开始实行粮食“三定”（定产、定购、定销）和市镇粮食定量供应政策，山东省地方粮票开始在全县境内流通。同期，对私营商业改造进入高潮，至1956年6月，全县所有私营商业612名从业人员，全部过渡到供销合作商业和国营商业，对个体农业、手工业和私营工商业的社会主义改造任务基本完成。与此同时，按照商品类别和经营特点，全县相继成立百货、纺织、专卖事业、食品、煤建、药材、贸易等八大国营专业公司，商品货源除三类商品外，全部纳入国家计划内调拨供应。各个专业公司逐步建立起与计划经济商品流通相适应的68个批发、零售门市部和20个收购组，配备了加工、仓储、调运设施。从此国营商业日益发展壮大，社会主义生产关系基本确定，全县的商贸工作在稳定市场物价、促进工农业发展、供应人民生活需要、积累社会主义建设资金等方面发挥了巨大作用，并开始担负起服务全县国计民生和“发展经济，保障供给”的重任，为国民经济恢复奠定了基础。当年社会商品零售额达到1658万元。至此，在全县范围内，逐步形成了以国营商业和供销合作社为主体、个体私营商业为补充的社会主义商贸体系。

1958年，实行政社合一体制。沂源县商贸体制再次进行调整，商业机构下放到“人民公社”，公私合营商业和合作化商店全部过渡到国营化管理，国营商业和供销合作社合并，各专业公司撤销，城乡集市贸易全部关闭，全县商贸形成国营商业独家垄断经营的局面。1959年底，短时间内出现物资短缺，导致市面上出现排队争购商品的现象，社会商品零售总额出现严重下滑。从1961年起，根据中共中央提出的“调整、巩固、充实、提高”八字方针，全县重新开放集市贸易，以“三自一包”发展生产，国营商贸、供销商业重新分开，恢复合作化商店，

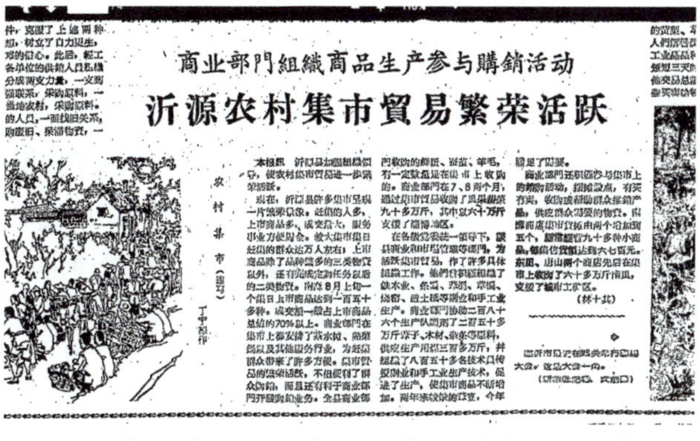

商业部門組織商品生产参与購銷活动

沂源农村集市貿易繁荣活跃

1961年，《大众日报》刊登《沂源农村集市贸易繁荣活跃》

活跃多渠道商品流通。全县商贸各个领域积极开展奖售收购，采取议购议销措施，大力开拓农副产品资源。在保障18种人民基本生活必需品定量供应的同时，采取临时性的特殊措施，组织部分高价商品供应。开展“三清”运动（清商品、清资金、清资产），改善经营管理。加强思想政治工作，稳定职工队伍，提高服务质量。截至1965年，市场挂牌差价基本平衡，国营商店高价商品基本退出经营，境内国民经济好转，物资充裕，物价稳中有降，城乡商贸市场出现转机和复苏。

“文化大革命”期间，全县商贸事业遭到干扰和冲击，经济效益降低。在物资和粮食领域，实行高度集中的计划管理体制，资源由上级部门统一拨给或分配，仓储和销售全部按国家计划进行，人民群众的大部分生活必需品恢复为凭票定量供应，社会上甚至一度出现了“一票难求”和托人找关系买紧俏物资和商品等现象，粮油、物资、商业、供销等部门开始成为人们向往的择业方向。“文化大革命”中期，国家提出“抓革命、促生产”和“以粮为纲，全面发展”的指导思想，全国经济形势开始有所好转，全县的商贸工作逐渐恢复正规。1972年，县粮食局恢复原建制。同年，为解决物资商品匮乏和供需矛盾，县物资局成立，担负着为全县工农业生产建设服务、保证物资供应的任务，发挥全县重要工业品生产资料流通的主渠道作用。据不完全统计，“文化大革命”期间，物资系统累计向社会供应物资总额接近1亿元。其中，煤炭60余万吨、钢材6000余吨、木材2万余立方米、水泥1万余吨。在“以阶级斗争为纲，其余都是目”的特殊时期，有效保障了全县经济社会的稳定和发展。在此期间，全县整个国民经济的发展以计划指导为主，生产和流通全部纳入国家计划之下，全县的商业、供销曾经是计划经济时期管理最为严格、计划特征最为明显的部门，而物资、粮食部门原本就隶属计划委员会，本身就是计划经济的产物。尽管全县各项社会事业都处于百废待兴状态，但商贸事业在特定的历史时期与计划经济体制相伴而生和发展，通过对关系到国计民生的重大生产资料和重大建设项目的严格计划控制，对全县国民经济的发展方向、规模和比例产生了重要影响，为全县国民经济的恢复和发展作出贡献。

党的十一届三中全会后，计划经济体制下的国营商贸，在完成历史赋予的任务后所带来的弊端日渐显现。随着全县农村家庭联产承包责任制的全面实施，涉农商品经营由国营商贸业一统天下的格局被打破，国营物资、商业和供销社的经营空间越来越狭窄、市场占有份额越来越小，包袱越来越沉重，垄断经营、大锅饭、财政补贴等弊端极大地制约着全县商贸流通领域的改革开放进程。自1982年开始，根据党的十二届三中全会提出的社会主义经济是“在公有制基础上的有计划的商品经济”理论，按照“以计划经济为主，市场调节为辅”的改革开放思路，全县商贸体制改革率先在流通领域拉开帷幕，主要涉及商业局、粮食局、物资局所属全民所有制企业，供销社所属集体所有制企业，以及国营外贸公司、烟草公司、医药公司、石油公司等。这一时期全县商贸流通业在所有制和运营机制上加大改革力度，在国家政策法令许可的范围内，部分产品的生产和流通不再实行单纯的计划指导，而是开始探索通过市场供求关系和价值规律进行调节。商贸购销政策突破统购包销和统购、派购、议购的旧模式，逐步取消日用工业品流通领域的指令性计划商品和国家管理的价格品种，在生产资料、粮食价格上实施双轨制，形成有计划的商品经济流通模式，除个别品种外，国家不再向农民下达农产品统购派购任务，转变为以合同定购和市场收购为主，在全县实行31年的农产品统购派购政策被彻底打破。商贸业也由分配物资和商品的政府管理部门转为实体企业，推行内部承包经营责任制，打破国营商贸业延续30多年的“三固定”（固定供应对象、固定供应区域、固定倒扣作价率）批发模式和“一、二、三、零”（一级、二级、三级批发站和零售企业）封闭式经营模式，完成向商品经济和社会主义市场经济新格局的转变。1988年，全县商贸系统取得有史以来的最好成绩，销售额首次突破1亿元，利税突破300万元。至1991年，全县除成品油、食用盐、烟草等少数商品仍实行计划供应外，其他工业品和日用品几乎全部敞开供应。与此同时，多种经济成分的商贸业在全县大批涌现，公社、生产大队、厂矿企业和个体经商者开设的商店开始遍及城乡、村落。改革开放后，各种投资主体在县城区陆续建设沂源商城、商业街、夜市、人民商场、商业大楼、鞋帽城、沂源商厦、楼外楼酒店、沿河东路建材市场（当地形象地称之为“火车匣子”）等一大批有影响力的商贸综合体。全县首家超级自选商场乐万家食品城成立。

各乡镇陆续组建一批综合性或专业性的批发交易市场。繁荣一时的城乡物资交流会，也为城乡商贸市场的发展提供良好的平台，超市、便利店、专卖店等新型商贸业态在全县开始崭露头角。城乡市场形成多种经济形式、多条流通渠道、多种经营方式和减少流转环节“三多一少”的商贸流通新运行机制。截至1990年底，全县商业网点达到5363个，从业人员1.4万人，社会商品零售总额2.6亿元，全县有农贸市场48个，集市贸易成交额9875万元。

楼外楼酒店

20世纪90年代沿河建材市场长廊

党的十四大正式把建立社会主义市场经济体制确立为我国经济体制改革的目标后，全县商贸流通业随着体制改革的不断深入，在保持政府宏观调控的同时，也逐步开始强调市场在资源配置中的基础性作用。生产资料领域，自1992年以后，国家基本上不再强调农资和其他物资专营，除少数物资尚需计划分配供应外，基本实现自由购销。到1993年底，各类商品价格中，国家定价的比重不足20%，社会商品零售额中市场调节价的比重上升到接近90%，初步实现了由政府定价体制向市场价格体制的转轨，市场机制在价格形成中的主导地位基本确立。1993年1月起，全县粮油实行价格、销售“两放开”，取消奖售粮“三挂钩”政策，“议转平”任务取消，国家用于扶持粮食生产平价供应的化肥、柴油改为货币支付，流通几十年的粮票、油票逐步停止使用。与此同时，全县城乡集贸市场进入高速发展时期，小商品和多数日用工业品全面放开，零售企业不断发展，国有、个人、私营以及中外合资、合作经营的商业零售企业并存，县城内接续成立供销大楼、京源商厦、万盛隆超市等商贸龙头企业。与之形成鲜明对比的是，国有商贸业经济效益持续下滑，亏损增加。为此，1993年，县商业局、粮食局、物资局、供销社退出政府序列，转为经济实体或服务实体，成建制转为企业总公司，其名称分别改为县商业资产经营总公司、粮油总公司、物资集团总公司、供销资产经营总公司（保留县联社组织形式），其行政管理职能移交给县财贸委员会；5月，全县商贸流通领域产权制度改革大幕随之拉开，原属商业系统的企业进行产权制度改革，公有资产有序退出，逐步完成股份合作制改造。1996年，恢复县粮食局政府序列建制，实行政策性业务和商业经营双线管理。截至1998年，改制后的商贸企业亏损势头有所遏制，市场运行逐步走出低迷状态。同年，县委、县政府撤销县商业资产经营总公司、县供销资产经营总公司（保留供销合作社联合社组织形式）和物资集团总公司，合并成立县商贸资产经营有限公司，开始全面负责管理原商、粮、供、物资系统所属企业以及各公司占用县属公有资产的非政策性经营企业。同时，成立县农副产品营销中心，果品盐业公司、供销食品公司、供销社物资经营中心、供销社印刷包装制品厂，归其经营。经过这一时期的发展，全县国有商贸流通企业改革任务全面完成，非公有制经济迅速崛起，市场主体趋于多元化。商贸业一改过去传统落后，以手工作业为主、科技水平低下的状态，企业管理和服务水平不断提高。城区形成以购物中心、仓储式商店、超市、便利店、专业店等业态为支撑的城市流通体系。商品流通主渠道以批发为主的格局逐步转向以零售业态为主。新的零售业态和经营方式开始从城镇走向农村，县、乡（镇）、村商贸流通初步形成网络化。2005年2月，按照国家商务部组织实施的“万村千乡市场工程”，乐万家食品有限公司等试点企业率先在全县13个乡镇开设50家连锁店和加盟店，覆盖全县所有乡镇和90%以上的行政村。

党的十八大以来，新兴电子商务业态蓬勃发展。沂源县依托全县的产业优势和资源优势，制定出台奖励支持政策，培育电商人才，组织大樱桃节、沂源人家进社区、年货节等活动，培育壮大以网络零售、民生服务为重点的电子商务经营主体。2017年，争创国家级电子商务进农村综合示范县。2020年，通过省商务厅对国家级电子商务进农村综合示范县项目验收。沂源县电子商务综合示范创建工作经验，先后被省商务厅纳入电子商务抗疫保供给典型案例，被商务部纳入农村电商公开课、《电子商务进农村培训案例参考》。

在不同的历史时期，沂源商贸业在全县经济发展中都发挥了不可替代的作用，实现了粮食、物资、商品、供销等从计划经济条件下全民所有制向市场经济条件下多元化、多渠道、开放式商品流通的转变。沂源商贸走过了一条艰辛而曲折的道路，特别是新中国成立以来，通过不断转型发展和改革创新，沂源商贸始终走在全县社会经济发展的前沿。

县、镇、村三级电商体系

智慧云仓

商业篇

扫码听书

记忆沂源·商贸流通卷

概　述

商业是从事商品交换的行业和活动的总称，包括各种形式的市场、商店、贸易公司等。商业是社会经济发展的重要组成部分，涉及零售、批发、制造、金融等多个领域。商业的目的是满足人们的需求和欲望，同时也可以为企业家和商人带来利润与财富。

商业的起源可以追溯到人类社会的早期阶段，当时人们开始通过交换物品来满足各自的需求。随着社会的发展和技术的进步，商业活动逐渐变得复杂，人们开始通过货币交换商品和服务。春秋战国时期，沂源境内已有商业活动，其中艾邑、盖邑、浮莱邑等地商业活动较为集中。隋代设立的东安城，成为当地重要商业中心之一。随着时间的推移、时代的变迁，沂源地区的商业活动逐渐发展。到现代社会，无论是线上还是线下，出现了各种各样的商业活动和商业模式。商业的概念也在不断扩展和演变。

新中国成立前，沂源县私营商业有坐商和行商两种，因自然地理条件所致，交通不便，其经营方式与规模也各有不同，但总的目的就是“利”。坐商，是指拥有一定数额的资本，具有一定的字号，有固定经营场所的商业。沂源的坐商大都分布在县、区、乡，靠集镇街坊，农村极少。县内无独立批发商，大多数经营零售业，只有少数商号兼营批发业，经营行业以粮食、布匹、绸缎、粗杂货、细杂货、烟酒糖茶等商品为主，有的还兼营酒店、油坊、糕点、酱菜等加工业。当时沂源行商多于坐商，其经营方式亦有所别。行商无固定地点、无营业场所、无设施，大都是小本生意，多系肩挑小贩，小额经营，有一部分是赶集串乡、沿街叫卖，被称之为“货郎担”；另一部分是长途贩运、转手倒卖，甲地低价购，乙地高价售。

抗日战争爆发后，受战争影响，沂源县进货渠道受限，商业也随之萧条。1939年夏，日军对沂源东里店狂轰滥炸，进货渠道全部中断。战争期间，沂源县商业活动受到极大冲击，1941年全县商业全部关闭。1944年，沂源县全境解放，商行开始逐渐复苏，但货品单一，数量不足，商业活动严重受限。

新中国成立初期，百废待兴，旧社会遗留下的投机资本开始投机倒把、囤积物资、哄抬物价、扰乱市场。1949—1950年，出现了4次全国性的物价暴涨风。建立适应新体制要求的新市场成为摆在新中国建设者面前一项重要而又紧迫的任务。1953—1956年，沂源县根据国家政策要求，大力扶持供销合作商业，积极发展国营商业，对私营商业进行社会主义改造，开拓商品流通渠道，扩大购销网点，实施限制、利用、改造私营商业政策，涉及烟酒、粮油、生猪、鲜蛋、蔬菜、棉花等各个领域。1956年，沂源县完成对私营商业的改造任务，国营商业按照商品类别和经营特点，相继成立了百货、纺织、专卖事业、食品、煤业建筑、药材、贸易等专业公司，国营商业批发零售机构日益发展壮大。

1956年“三大改造”完成后，我国确立了计划经济体制。1958年开始，商品供应逐渐紧张，大部分商品实行计划分配供应，商业机构下放到人民公社，商业发展受限制。1960年，持续三年的“大跃进”，导致生产资料所有制结构过于单一，中共中央提出对国民经济实行“调整、巩固、充实、提高”的方针。1962年，随着国民经济的恢复，进货渠道及货源趋于多样化，临沂地区二级站指定，省外工业品来自南路的从青岛购进，北路的从济南购进。百货专业公司先后派向青岛、济南、淄博、临沂常驻代表负责商品采购和调拨。

“文化大革命”期间，国营及合作社商业管理混乱，经济效益降低。全县有证商贩被取缔。私营个体商业濒于绝迹，形成单一的商品流通体系。按行政区划设置批发机构，工业品全部由国家纳入计划分配，按行政区划下拨，停止跨区采购。沂源县由临沂地区二级站分配指标，到指定地点进货。省外产品从济南进货，省内产品从产地进货。

1978年后，商业体制逐步改革，商品经济蓬勃发展，形成国有、集体、个体、私营等多种体制并存的商业体系。十一届三中全会后到1991年期间，轻纺工业迅速发展，商品日益丰富，工业品短缺的局面得以根本改变。商品流通渠道“三多一少”，即多种经济成分、多种经营方式、多种渠道、少环节的流通格局逐步形成，改变了过去层层分商品、分计划的局面。沂源县恢复发展集体和个体商业，集市贸易全面恢复；实施开放式经营，扩大商品购销渠道；从坐门等客、店内经营转变为坐行并举；开展代储、代运、代购、代销等多种业务，改进经营方式，扩大了经营范围和服务领域。

1992年，确立社会主义市场经济体制。党的十四大召开后，沂源县积极探索商业体制改革，在经营上改过去的单一经营为多头延伸，全方位开拓经营。以“小机构、大服务”为目标，坚持政企分开、政事分开，把企业推向市场，把事业推向社会，把管理推向宏观，把县级党政机构建成职能配置合理、机构人员精干、运转协调高效的工作系统。沂源县商业局退出政府序列，转为经济实体或者服务实体，改称沂源县商业资产经营总公司。

党的十八大以来，商业业态不断发展，商贸企业经营模式不断创新。在传统商品交易市场快速发展的同时，随着互联网技术的发展，新兴电子商务业态萌生并蓬勃发展，国内市场发展活力持续释放。沂源县电子商务发展起步较晚，初期主要是开设苹果、花生油等农产品及农产品加工业的淘宝店铺，后来扩展到商超开设网上商城、电商企业进入直播行业。2015年，沂源县人民政府印发了第一份明确规范电子商务发展的政府文件。2017年，设立沂源县电子商务发展管理中心，电子商务进入规范引领发展阶段。沂源县制定出台奖励支持政策，免费组织电商培训及实操培训，积极搭建政府与行业、行业与企业、企业间沟通平台，建设物流配送中心，推进全县电子商务发展。2020年，通过省商务厅对国家级电子商务进农村综合示范县项目验收。

沂源人家电子商务物流分拣中心

截至2023年底，沂源县拥有网店5037家（含实物店铺748家），开展电商零售业务的企业287家，直接从业人员1728人，电子商务交易额达到10亿元。

机构沿革

1944年5月，沂源县抗日民主政府成立，设立民政科、财粮科、公安局、支教科，商业归财粮科领导。

1946年初，县政府设实业科，商业归实业科领导。1947年，县政府设工商局，无正副职，商业归工商局管理，下半年撤销。1948年春，重新设立，同年冬撤销，商业管理归实业科。

1946年初，县政府成立沂源县合作推进社，为集体经济组织。1948年6月，改称县供销合作总社。负责农副产品购销。

1950年6月，沂源县人民委员会工商科成立，编制3人，管理全县商业。1956年10月，在沂源县人民委员会工商科的基础上成立沂源县商业局，内设财务、业务、人秘3个股，负责全县市场和国营商业的管理与领导工作。

1956年1月，成立沂源县农副产品采购局，负责全县农副产品管理，内设人事秘书、财会统计、业务股，共39人，主要经营棉花、黄烟、大麻、果品、畜产品等业务。

1957年1月1日，撤销农副产品采购局，在此基础上成立沂源县服务局，内设人事秘书、物价商改、计划统计、财务会计、加工储运5个股，并接管食品、专卖2个公司，负责领导全县各项副食品的生产和供应及归口改造工作。6月10日，各区建立市场交易管理所。6月22日，原属县商业局领导的药材公司交归沂源县人民委员会卫生科管理。7月1日，实行“政企合一”，相继成立沂源县食品经理部、沂源县烟酒糖业经理部、沂源县杂货蔬菜经理部。11月13日，沂源县工商联交归沂源县商业局领导，原采购局经营的棉、烟、麻、畜产品4项业务移交给县供销合作社经营。

1958年4月1日，沂源县服务局撤销，所属机构分别归属县商业局和县供销合作社。

1958年，县商业系统、县服务系统、县供销合作社系统合并，称“沂源县商业局”。通过输送给党政、工业及其他部门和动员退职等途径，精减商业人员200名。1月，商业局实行“政企合一”，内设人事秘书、计划统计、财务会计、商改物价、业务5个股，局统一核算。6月1日，“商社合一”取消公司建制，内设秘书、干部、计划统计、财务会计、组检、物价、生产企业、储运8个科，成立沂源县商业局百货、日用杂品、农用器材、食品、农副产品采购、生产资料、加工企业科7个经理部，下设19个乡商店。

1960年6月1日，沂源县商业局百货经理部改称沂源县商业局日用工业品经理部，日用杂品经理部改称烟酒糖业经理部，生产企业科改称加工服务经理部，新增草埠煤矿零售部。

1961年9月20日，“商社分立”，恢复公司建制，商业局内设人事秘书、财会统计、综合业务、市改物价4个科，下设山东省百货公司沂源县公司、山东省煤建石油公司沂源县公司、山东省蔬菜果品公司沂源县副食品公司、沂源县饮食服务公司、八陡转运站。糕点加工厂划归沂源县副食品公司，由公司统一核算；撤销沂源县蔬菜果品公司，蔬菜划归县副食品公司兼营；五金、交电、化工三大类商品批零业务划归县煤建公司经营；沂源县食品公司再次划归沂源县供销合作社。

1963年，沂源县食品公司划归沂源县商业局。12月31日，中国药材公司山东省沂源县公司由沂源县人民委员会卫生科移交给沂源县商业局。1964年，沂源县商业局下设机构由科改股，设人秘、财会统计、业务3个股。

1967年5月，红卫兵组织夺权，局机构瘫痪，原领导干部“靠边站”。1970年5月，军代表进驻商业局。

1971年3月，沂源县商业局改称沂源县革命委员会商业局核心领导小组，内设政工、财务、秘书、业务、八陡转运站5个组，工商行政管理机构并入商业局，增设工商组，对内对外行使商业局和工商行政管理局2个机构权力，对外挂沂源县革命委员会商业局、工商行政管理局2块牌子。6月23日，商社第二次合并，沂源县供销合作社第二次并入商业局，时称沂源县革命委员会商业局，内设秘书、业务、财会、政工4个组。9月，基层机构名称均冠以“革命委员会”字样。

1975年7月14日，商业局与供销合作社分立，分出工商行政管理机构，内设秘书、业务、财会、政工、基建储运5个股。

1980年12月，正式恢复沂源县商业局。1981年，沂源县商业局下设机构由股改称科。2月17日，省属沂源县储备库移交给沂源县商业局管理使用。

1984年6月，机构改革，新的沂源县商业局成立，内设人秘、业务、财会、保卫4个股。下设百货、五金、烟酒、食品、蔬菜、服务6家公司和沂源县副食品加工厂，沂源县石油分站，沂源县新华、裕华、红旗、鲁山4个三线厂商店，八陡转运站，局汽车队，沂源县商业贸易中心共15个单位，共有干部职工1158人。

1993年12月，县级机构改革，全县涉商专业经济管理部门县商业局、粮食局、物资局、供销社退出政府序列，转为经济实体或服务实体，成建制转为企业总公司，其名称改为商业资产经营总公司（继续挂沂源县商业局牌子）、粮油总公司、物资集团总公司、供销资产经营总公司（保留县联社组织形式）。

1996年，沂源县商业局主要执行行业管理职能，下设沂源商厦、百货公司、五金公司、烟酒公司、食品公司、人民商场等12家企业。

1998年，深化商业改革，完成系统内11家企业的改制工作。10月21日，撤销县商业资产经营总公司、县供销资产经营总公司（保留供销合作社联合社组织形式）和物资集团总公司，组建县商贸资产经营有限公司，为正科级自收自支事业单位，负责管理原商业资产经营总公司和物资集团总公司所属企业、粮食局所属附营企业和供销资产经营总公司非政策性企业中占用县属公有资产的企业，包括百货大楼、饮食服务有限公司、副食品总厂等38家企业，次年又接收县供销社农副产品加工冷藏厂，企业总计39家。

县商贸资产经营有限公司人员合影（1998年）

2002年，按照县委、县政府《关于县级事业单位机构设置和改革的意见》（源发〔2002〕13号）文件要求，县商贸资产经营有限公司为正科级定额补助事业单位，负责全县商贸资产的经营管理工作。县商贸资产经营有限公司内设4个股级业务科室，即办公室、财务科、政工科、企业管理科。人员编制20名，配备经理1名、副经理3名，中层领导职数7名。通过破产、合并和重组，县商贸资产经营有限公司负责管理39家商贸流通企业。

2013年，沂源县商贸资产经营有限公司更名为沂源县商贸资产经营中心。

2017年12月，沂源县电子商务发展管理中心设立，编制5人，为副科级事业单位，隶属县商务局。

2021年1月，根据深化县级事业单位改革试点实施方案，撤销县商贸资产经营中心、县外商投资服务中心、县出口农产品质量安全管理办公室、县电子商务发展管理中心、县散装水泥管理办公室事业单位建制，整合组建县商务综合服务中心，加挂县电子商务发展服务中心牌子，为所属正科级公益一类事业单位，隶属县商务局管理。县商务局作为全县商贸流通企业的行业管理部门，对商贸流通企业进行行业管理和提供综合服务。

沂源县工商业联合会筹备委员会　工商业联合会（筹备委员会）是在国家过渡时期由各类工商业者联合组成的人民团体。1952年7月，县政府工商科组建沂源县工商业联合会筹备委员会。由各区有威信的工商业代表，以及县供销社、国营商业、银行、粮食局等各单位代表民主选举产生。时设主任1名、秘书1名，同时在南麻、鲁村、黄庄、张庄、燕崖、唐山、东里、大泉、三岔、悦庄10个区成立分会。县工商联合会筹备委员会委员分别任各区分会主任。直到1965年撤销。

沂源县商业系统历任主要负责人

序号	姓名	任职时间	备注
1	毕研文	1966.10—1957.02	
2	亓善举	1957.03—1958.05	
3	梁燕飞	1958.06—1959.06	
4	刘德甫	1959.07—1961.06	
5	王凤林	1961.07—1961.12	
6		1962.01—1963.04	空缺
7	刘钦吾	1963.05—1967.02	
8		1967.03—1971.05	空缺
9	李明江	1971.06—1973.12	
10	左效义	1976.10—1978.08	
11	王永进	1978.10—1984.06	
12	褚成林	1984.10—1987.09	
13	王子富	1987.09—1992.11	
14	翟桂香	1992.11—1998.09	
15	王学君	1998.10—2001.07	
16	马继敏	2001.07—2009.03	
17	李淑斌	2009.03—2021.01	

沂源县商贸中心所属商贸企业一览表

2021年12月

序号	企业名称	属地单位
1	沂源县聚兴贸易有限公司	南麻街道
2	沂源县安丰贸易有限公司	南麻街道
3	山东沂源乐万家酒业食品有限公司	历山街道
4	沂源县商业大楼有限公司	历山街道
5	沂源县蔬菜副食品有限公司	历山街道
6	沂源县友谊商场	历山街道
7	山东沂源德隆商贸有限公司	历山街道
8	沂源食品酿造有限公司	历山街道
9	沂源县丰联商场有限公司	历山街道
10	沂源县金地商贸有限公司	历山街道
11	沂源颐德商贸有限公司	历山街道
12	沂源县泰丰商贸有限公司	历山街道
13	沂源县富华糖酒有限公司	历山街道
14	沂源县捷达物资有限公司	南麻街道
15	沂源县汇和百货有限公司	历山街道
16	沂源县晟隆商贸有限公司	历山街道
17	沂源县燃料总公司	南麻街道
18	沂源县富源废旧物资利用有限公司	南麻街道
19	沂源县金属材料总公司	南麻街道
20	沂源县兴源物资股份有限公司	南麻街道
21	沂源县机电设备总公司	南麻街道
22	沂源县机电购销中心	南麻街道
23	沂源县物资开发公司	南麻街道
24	沂源县宏琳木材有限公司	历山街道
25	沂源县商业局汽车队	历山街道
26	沂源县印刷厂	历山街道
27	沂源县大成建安有限公司	历山街道
28	丽华大酒店	历山街道
29	沂源县食品有限公司	历山街道
30	沂源县通泰汽修有限公司	历山街道
31	沂源县饲料公司	历山街道
32	沂源县丽源花岗石有限公司	历山街道
33	沂源县荆山宾馆	历山街道
34	沂源县沂美食品工业公司	历山街道

续表

序号	企业名称	属地单位
35	沂源县裘皮厂	历山街道
36	沂源县农副产品加工冷藏厂	历山街道
37	沂源县大富豪公司	鲁村镇
38	沂源县沂特公司	石桥镇
39	沂源县鲁山商店	南鲁山镇

组织建设

1963年，设立沂源县商业局党总支。

1977年10月，设立沂源县商业局党组。1990年5月，撤销沂源县商业局党组，成立沂源县商业局党委。

1993年11月，成立县商业资产经营总公司党委，加挂沂源县商业局牌子。

1998年10月，撤销沂源县商业资产经营总公司党委，成立商贸资产经营有限公司党委。

2014年5月，撤销县商贸资产经营有限公司党委，成立县商贸资产经营中心党委。

2019年1月，撤销县商贸资产经营中心党委，成立沂源县商贸资产经营中心党组，所属“两新”企业党组织16个、党员337人。2021年5月，商贸资产经营中心党组撤销，所属党组织由承接企业所在镇（街道）党委管理。

2022年7月13日，中国共产党沂源县直播电商行业委员会成立，隶属沂源县商务局党组管理，接受县委组织部中共沂源县委非公有制经济组织和社会组织工作委员会指导。11月18日，中共沂源县直播电商行业协会支部委员会成立，标志着沂源县直播电商行业正式纳入党的组织管理。

2021年7月，张怀印、左效生、亓保和、杨圣德、宋作文、朱志学、孙庆良、刘克文、杜怀章、李传洪、左效美、刘现龙、包培祥、刘永富、熊可英、崔宝田、秦光增、刘学泉、张同卫、金绪美、崔太武、吴宝贵、梅子花、张茂林、宋潘杰、梅丙义、宋泮昌、梁绪华、霰忠祥、唐慎禄、公丕银、左进秀、王尊民、李永梅、李守宝、张道亮、葛庆兰、王秀玲、宋传春、丁义善、王宝信、曹富举、郑功成、刘善祥、刘增芬、陈志柏、江照安、饶家荣获得“光荣在党50年”纪念章。

沂源县商业系统党组织历任主要负责人

序号	中共党组织名称	党组织书记	任职时间
1	商业局总支	刘钦吾	1963—
2	商业局党组	左效义	1977.10—1978.08
3	商业局党组	王永进	1978.10—1984.06
4	商业局党组	褚成林	1984.10—1987.09
5	商业局党组	王子富	1987.09—1990.05
6	商业局党委	董开新	1990.05—1993.12
7	商业局党委	王家亮	1993.12—1998.10
8	商贸资产经营有限公司党委	朱庆谊	1998.10—2001.07
9	商贸资产经营有限公司党委	杜道俊	2001.07—2004.09
10	商贸资产经营有限公司党委	杜兆礼	2004.09—2009.03

续表

序号	中共党组织名称	党组织书记	任职时间
11	商贸资产经营有限公司党委	马继敏	2009.03—2012.03
12	商贸资产经营有限公司党委	杜中玉	2012.03—2014.05
13	县商贸产经营中心党委	杜中玉	2014.05—2019.01
14	商贸资产经营中心党组	李淑斌	2019.01—2021.05

发展历程

新中国成立前商业活动

沂源群山连绵，物产资源丰富，1944年建县前，分属沂水、临朐、蒙阴各县。清末民初，莱芜、章丘、博山等地商人前来沂源与当地富户联合经商，遂形成行栈，有土产、酒店、油坊、粗杂货、细杂货、布业、糕点、酱园、饭庄、医药、屠宰等20多种行业，大都集中于南麻、鲁村、悦庄、黄庄、燕崖、东里、三岔，其他乡村商家寥寥，多系小本经营，肩挑小贩，串乡叫卖。

各商号出售商品均无明码标价和固定价格，在货物上柜前逐件用暗码标明“底价”。货物出售时究竟要多少钱，完全由站柜台的伙计根据掌柜意图掌握。在一般情况下，利率掌握在20%，俗称“二分利”，这是自然形成、社会公认的合理利润。但当某种货物市场紧缺时，利润则超过20%；当货物普遍积压时，利润也会低于20%，有时积压过重时，降到“底价”销售（底价是进货价加营业税）。这个价格除本商号内部知道外，对外严格保密。私营商业在零售方式上一般是现款交易，特别对生人要现款现货、货款两清；对熟人会灵活掌握，有则交现款，无则可记账，年终结算。

清末民初，沂源境内私营商业经营商品多样，其中日用工业品约占50%，商品大都带“洋”字，如洋布、洋钉、洋油、洋火、洋烟、洋糖等；农副产品经营主要有蚕丝、天麻、粮食、干鲜果、猪、牛、羊、蛋、山蝎、中药材等。日用工业品经营品种主要有布匹、绸缎、卷烟、火柴、瓷器、成衣、食糖、煤炭等，大部分从济南、青岛、张店、博山、青州等地运进，其中从济南运进布匹、“德士古”“亚细亚”煤油、卷烟、火柴；从青岛运进日用化妆品、成衣等；从张店购进绸缎、水果糖、食糖；从博山运进瓷器、煤炭。而农副产品收购无计划、无政策，随行就市，或以物易物，或以货币交换，除粮食、棉花不足外，其他都有余，那时主要从外地运进棉花、大豆、粮食；从日照购进食盐、海产。采购方式有两种：一种是有名气的商号，设1~2名外采人员专门跑外采购，根据本号货源、货物的盈利情况及掌柜的意图，采办所需的货物，这种情况甚少；另一种是一般商号，不设外采人员，进货时临时派人或掌柜亲自前去选购，这种情况居多。进货有赊购和现购之分，结算办法多系现购，即现钱交易，一手交钱，一手提货。也有临时赊欠，赊购不用现钱交易，需先讲好付款期限，卖完后付款，但量很少。所购商品笨重而量大的雇用小推车或用驴、马驮进，少而轻的货物雇用人员肩挑带回，农副产品购进大都由私商户用小推车运进。官方在南麻设“盐务局”，垄断食盐经营。官方对商业税收管理是通过给商人的团体组织商会下达指令性政策、法令加以实施。

1931年1月，国民政府制定工商营业税法，开征营业税。2月9日，国民政府颁布《倾销货物税法》。九一八事变后，战事频繁，物价暴涨，商行衰败。1935年2月27日，汪精卫、蒋介石联名向全国发布命令，严禁排日运动；同日，国民党中政会通告各报通讯社，禁登抵制日货消息。6月25日，国民政府公布修正《海关出口税则》，果类、火柴、棉织布、海产等88种商品免税；蛋类、油类等50种商品减税。9月19日，国民政府财政部决定，次年元月开征所得税。11月，法币改革，废止银本位制，禁止白银流通，采取纸币制。同时，外货倾销，白银外流，银根奇紧，物价暴跌，全县部分商号歇业。1937年12月，济南、青岛沦陷后，沂源境内工业品购货渠道不畅，只能从博山、泰安等地购进，且量极少。1938年，日军入侵沂源县，全县沦陷，各路设卡，工业品进货渠道全部中断，大部分商行塌号倒闭，特别是日军禁运食盐，一时全境吃盐困难。残存行业规模由大变小，私营商业损失近半，商业更为萧条。境内经济落后，交通闭塞，私营商业不发达，以肩挑车推、走街串巷叫卖的小贩和在集镇摆摊的商人为主，较大商号有80余家。其中，东里店有60余家，其他20余家集中在南麻、三岔店、璞邱、安乐、白峪等集镇大村。6月7日，日军飞机轰炸国民党山东省政府驻地东里店（现东里镇驻地），炸毁50余家商号，另外10余家受影响也倒闭。

1943年，吴化文投降日本，日军“扫荡”，全县商业纷纷倒号关闭。

解放前全县部分主要商号

字号	掌柜	住址	行业
长顺	朱振福	南麻	丝绸
源兴太	高会功	南麻	缫丝兼酒店
恒太	朱照远	南麻	日用杂货
仁和酒店	耿京忠	南麻	酒店
义顺堂	梁　某	南麻	布匹成衣
和盛增	刘存常	南麻	旅店
德盛永	丁学勤	南麻	布匹、印染、代办邮寄
德育堂	孙怀训	南麻	药店
万益堂	张　某	南麻	药店
中和堂	魏瑞清	南麻	药店
增寿堂	赵焕仁	南麻	药店
好生堂	王存效	南麻	药店
兴盛永	刘存兴	南麻	放债
永来东	魏云祥	南麻	药店
鸿太	王鸿图	三岔店	纺织杂货
裕太	王鸿斌	三岔店	粮食兼纺织品

续表

字号	掌柜	住址	行业
庆祥永	窦修甫	三岔店	酱园
裕厚祥	刘长春	璞邱	丝织纺织品
信义社	杨自信	北安乐	鞋帽、调料
顺华社	吴英俊	西白峪	杂货业
利民社	江东正	中河南	

1944年，沂源境内交通闭塞、商业萧条、经济落后，私营商业较少，主要经营布匹、成衣、煤油、火柴等日用杂货。从莱芜、章丘、博山等地来的商人与当地富户联合经商，行栈、商号集中在南麻、鲁村、悦庄、燕崖、三岔店、东里店等集镇。第三次“讨吴”战役胜利后，鲁中军区党委决定将沂水八区、临朐八区和蒙阴八区部分划出设县。5月，沂源县抗日民主政府成立，沂源县始为行政区，县政府财粮科管理全县商业。从此，个体商业陆续兴办起来，部分商行复苏，但经营品种单调，货源不足，以经营当地土织、手工产品为主，工业品更为罕见，副食品只有私营业主在集市经营的少量酥果、蜜食等。

1946年初，县政府实业科管理全县商业。沂源县合作推进社成立，各区相继办起村联社，私商行业活跃，商贩遍布全县城乡村落。农副产品由合作推进社负责购销。

新中国成立初期的私营改造

新中国成立初期，国家对私营商业实行“限制、利用、改造”的政策。沂源县人民委员会工商科对全县私营商业进行了普查登记发证工作，私营户83户，从业人员332人，无国营商业。1951年1月，沂源县第一个国营商业——中国专卖事业公司山东省沂水专区沂源县专卖事业分处成立，主要业务是酒类专卖。1952年，沂源县各类商业所经营的工业品从青岛、博山、张店、济南国营公司购进，其中国营商业与供销合作社商业部门所经营的工业品一般由上级公司调拨，实行系统内部转账结算。沂源县国营商业开始经营部分百货、文化、纺织、五金、交电、化工、烟酒、糖茶、石油等商品的批发业务，批发起点极低，与零售基本无差别，商品是明码实价，一般是一手钱一手货，批发对象主要是供销合作商业和私营商业。在南麻设百货经营组，在悦庄成立白酒专卖处，都是批发兼营零售，明码标价，货真价实，概不赊欠，无独立零售商业。卷烟批发业务由中国专卖事业公司山东省沂水专区沂源县专卖处代办。

贯彻党在过渡时期总路线，1953年，党明确提出把资本主义工商业逐步改造成为社会主义全民所有制企业，同时，国营商业扩大工业品加工订货和包销的范围。政府开始对私营商业进行社会主义改造，着手组织合作商店及代购代销店。县百货公司设有2名专职汇货员，全县分两片，对供销合作社进货实行“三包”（包进、包销、包退）。10月，实行粮食和油料的计划收购和计划供应，并加强对其他主要农副产品的收购工作。在北麻村设食品收购组。烟酒专卖事业分处在东里、鲁村设2个批发点，便于供销合作社及个体商户就近进货。结算形式为对基层供销合作社通过银行划款，对个体户现款交易。12月，沂源县烟酒专卖事业分处批发部成立。到年底，国营批发比重已达70%左右，私营商业主要部分已不能像过去一样从私营批发商或生产厂家进货，而必须从国营商业、合作商业方面进货。自此，沂源县国营商业开始承担大部分工业品及生猪、鲜蛋、蔬菜等农副产品的购进业务。工业品的购进渠道和购进方式大体有3种情形：一种是由国家计划分配的一类工业品和部分生产不足的名牌产品，如石油、铁丝、圆钉、棉布、棉纱等，由上级公司分配指标，从淄博运进；一种是对关系国计民生比较重要的二类工业品，如呢绒、丝绸、毛线、胶鞋、肥皂、洗衣粉、保温瓶、手表等商品，按分配计划，系统内调进；一种是不受任何限制自行外出采购的三类工业品，购货大部分通过银行以“托收承付”方式结算。农副产品的购进，按分工分别由粮食、商业、供销合作社和对外贸易等部门负责。

1954年9月，全国又实行棉花、棉布统购统销政策，私营布商必须从国营批发站进货。9月1日，发放第一期民用布票，按人定量发放布票，凭票供应棉布，棉絮也纳入计划供应。同时，对非农业人口的食油实行计划供应，每月发给定量油票，凭票购油。同年，中国食品公司山东省公司淄博支公司沂源收购组划归沂水专署沂水支公司领导。1955年，国营商业开始对鸡蛋实行派购政策，对秋衣裤、线毯、毛巾被等主要针织品实行凭布票供应。4月15日，对全县所有私营商业进行换证工作。通过登记换证，给全县1511户私商行业进行总路线教育，重点讲明只有组织起来走合作化道路，才是唯一正确的出路。4月26日，给私商中的百货、杂货、渔业、文具业、小农家具业5个行业发放进货证，并对进货范围、品种加以限制。5月，在国营商业批发的同时，县供销合作社对私营商业亦开展批发业务，并规定私营商户进货必须在本县范围内，如本县确实无货，须到外地进货的棉商，必须持有本县商业部门介绍信方可进货，且在进货证上填写进货额。对其他行业不加限制，但必须执行本县销售价格。7月，对生猪实行派养、派购。

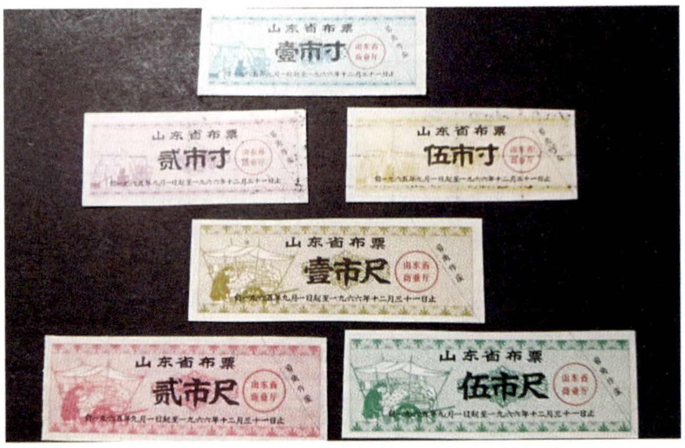

山东省1965年布票

1955年下半年，对私营商业在品种、数量上进行控制，规定对棉布、制品、酒类、糖茶、糕点、煤油、毛巾、袜子、胶鞋、香皂、肥皂、机制纸、国产手工业纸等实行限量计划分配，填写进货手册。11月，中央政治局通过《关于资本主义工商业改造问题的决议》，决定在一切重要行业实行大部或全部公私合营。对私商行业分别组织成立合作商店、合作小组，全行业改造成为供销合作社的所属单位。饮食业采取了“一区一店”、大集设店的办法，全行业改造为供销合作社饭店；药业以基层供销合作社所辖地为单位，实行全行合营；屠宰业以所在地供销合作社所辖地为单位，实行全行业合营；酱园、糕点等副食品加工业，实行全行业合营或直接改造为供销合作社的糕点、酱园加工厂。到年底，全县有私营商业1638户、从业人员1756人，共组成合作商店85个从业人员445人、经销店166人、代销处53人，计664人，占纯商业人员的60.3%；饮食合作饭店11个103人，饮食合作小组27个153人，计256人，占饮食业人数的39%；安排酱醋业13人。总计改造安排933人，占整个私营商业总人数的53.15%。1956年3月，对私改造进入高潮，全县私营商业中的612名从业人员过渡到供销合作商业和国营商业。私营商业分别过渡为合作商店、合作小组、代购代销等形式，重新组织合作商店9处38人，合作小组56个314人，代购代销店114人，自营户126人，全县基本完成对私营商业行业的改造任务。至此，以国营商业为主体、集体商业为助手从事工业品批发、农副产品批发（收购）和零售商业的综合商店、百货商店、副食品、五金交电专业商店等业务机构，日益巩固壮大。

计划经济时期的商业

1956年，“三大改造”完成，标志着社会主义计划经济体制在我国确立。在整个计划经济阶段，商品相对短缺、匮乏，国营商业在整个商业体系中占据主要地位，是商品流通的主要渠道。“大跃进”中，私营商户几乎被全部取缔，“文化大革命”期间，极少数私商亦被当作“资本主义尾巴”割掉。生活资料实行统购统销，农副产品以统购派购为主，消费品实行调拨分配，大多凭证凭票限定供应。

1956年，国营批发商业承担了百货、文化、纺织、针织、五金、交电、化工、烟酒、石油等全部工业品的批发业务。1月，沂源县百货公司成立，设有3名专职汇货员，分片包干，送货下乡，方便基层社选购，同时还赶集、设摊批发。7月，县供销合作社药材批发经理部从县供销合作社脱离出来，成立沂源县药材公司。沂源县花纱布公司改称中国纺织品公司山东省沂源县公司，接管了原由县供销合作社经营的丝绸批发业务。8月，在收购组的基础上，成立沂源县食品公司、沂源县贸易公司，沂源县贸易公司接收五金、交电、化工三大类商品的批零业务。10月，百货、纺织、专卖、药材、贸易5个公司分别在南麻、悦庄设立6个专业零售门市部，零售业务开始实行单独经营，经营商品除百货公司兼营纺织品外，其他公司只限于本公司经营范围内的品种。11月，国营商业开始实行经济核算制，国营企业进行工资改革，商业系统工资改革总的增长指标为14.18%。1956年，商业贸易发展较快，社会商品零售额达1658万元。

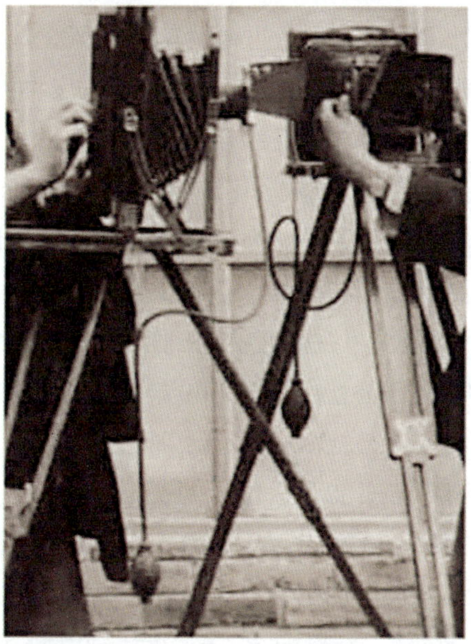

20世纪五六十年代的照相机

1957年1月，沂源县服务局接管食品、专卖两家公司。1月15日，县服务局将原食品、专卖两家公司的工作人员进行交换。1月25日，服务局接收供销社移交的糕点、酱园2个加工厂和南麻饭店、照相、理发、刻字、客栈、副食品门市部等24个经营单位。大众饭店暂时独立核算。7月1日，实行“政企合一”，相继成立沂源县食品经理部、沂源县烟酒糖业经理部、沂源县杂货蔬菜经理部。食品经理部有生猪、鲜蛋2个仓库，下设鲁村、悦庄、东里、南麻4个食品收购组；烟酒经理部有烟、酒2个仓库（民房），在东里、鲁村、悦庄设3个分销处；果品经理部有1个仓库，并在博山设1处转运站。7月31日，国营商业与供销合作社按城乡进行工业品分工。9月，对全县私营商业过渡人员和饮食服务业516名职工进行工资改革。

1958年，商品供应逐渐紧张，大部分商品实行计划分配供应。百货、纺织、煤建、药材、贸易5个公司合并，分设百货、纺织、民用器材3个经理部。4月，沂源县烟酒糖业经理部、食品经理部随县服务局划属县供销合作社。6月，商社合一后，全县19个乡商店由商业局各经理部实行统一计划，统一组织货源，统一分配供应。9月，洪沟、草埠2处煤炭分销处交给当地商店经营，时称沂源县黄庄乡商店煤炭零售批发处、沂源县草埠乡商店煤炭零售批发处。同年，县商业局投资18万元，成立沂源县商业局鲁山畜牧繁殖场，从外地调进良种牛、马、猪及"考力代"羊。花纱布公司并入百货公司。大炼钢铁开始后，各零售门市部都到炼钢工地送货，预约售货，送货下乡，服务到田亦为普遍，同时开始注重商品陈列和摆布，不断变换陈列式样，各门市部规模不大，但进门使人感到整洁新颖。

实行人民公社化后，1959年，国营基层商业单位下放给人民公社13个商店，职工1153人，商店所属集镇门市部33处、饭店21处、服务业4处、农业社供销部202处，代销员68人。沂源县商业局设立南麻、草埠、崮山、洪沟4个煤炭批发部。国务院规定全国统一计量标准，十六两秤改为十两秤。3月1日起，沂源县全部改用十两秤。

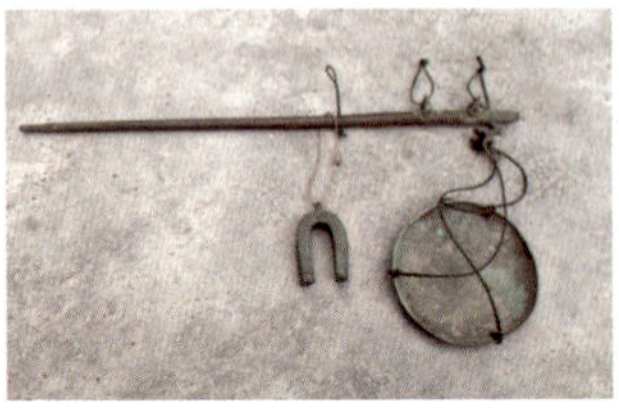

十六两秤

十两秤

1959年，对猪肉、鲜蛋、食糖、碱面、自行车、手表等货源不足的商品，实行凭票证限量控制供应。猪肉不能充分供应时，对医院病员、高空和井下作业的工人等，实行特种消费供应。1960年起，商品凭票证供应的范围扩大，增加针织品、火柴、胶鞋、肥皂、香皂、棉毯、毛毯、毛衣、毛线、皮衣、搪瓷钢精制品、暖水瓶、蓄电池、小苏打、酒类、呢绒、绸缎、缝纫机、茶叶、香烟等百种（类）左右，加计划供应的在内，可占消费品零售总额的60%。1月，全面推行按照商品大类实行资金定额的办法。对食品店出售的糕点、饼干按用粮数核收粮票；对纯棉织品的袜子、毛巾、小针织品和布鞋、缝衣线等实行凭布票供应。对经常直接参加高温、井下作业的工人，长期接触有害身体健康物质的工人、技术人员和职工，长期接触放射性物质和急性传染病、麻风病、肺结核病的工作人员，高级脑力劳动者，体力消耗较大的技术人员，产妇、男女结婚、医院病员、休养人员、少数民族（回族、蒙古族、壮族、满族）等需要的食油、水产品、猪牛羊肉、禽蛋等副食品给予照顾、特需供应。对低温、井下工作人员所需的酒类均保证特需供应。凡照顾供应的物资，一般发放专用的购买证（票），凭证（票）购买。

1961年，鉴于严重经济困难，国家稳定职工生活必需品价格，加强对主要消费品的计划供应，规定粮食、棉布、针织品、絮棉、食盐、袜子、酱、酱油、醋、大宗蔬菜、火柴、食油定量供应部分、煤炭、煤油、主要西药、房租、水电等18类商品的价格，稳定在当时的基础上，不许变动。对某些消费品，如定量外的糖果、糕点、针织品和手表、自行车等，采取高价敞开供应的措施，并在县城内开设了高价菜馆，高价的幅度一般比平价提高6倍，以大量回笼货币。对各级领导干部所需的副食品、卷烟和酒类等物资实行特殊供应。恢复对基层供销合作社的工业品供应。有计划地提高农副产品收购价格，全县生猪收购价格平均上调45.12%。1月，市场上实行高价供应的商品有糖果（5元/斤）、糕点（4元/斤）、针织、丝绸、自行车（青岛国防加重自行车500元/辆）、钟表、白酒（5元/斤）（省内14种名酒及省外10大名酒）、食糖、茶叶、香烟、水产品11类100多个品种。12月4日，调低高价商品销售价格，种类有糕点（由2.2元/斤降为1.6元/斤）、酒类（如茅台由12元/瓶降为8.5元/瓶）、进口国产手表（如上海17钻全钢防震三大针男表由180元/块降为150元/块）、自行车（如飞鸽牌和“五一”型“永久”牌自行车由350元/辆降为300元/辆）、丝绸（如苏州507—3人丝金玉缎拼幅被面由27.3元/床降为21.8元/床）等。1962年12月，提高火柴、卷烟价格，火柴由0.015元/盒提高为0.02元/盒，卷烟在现行价的基础上一律提高10%。

1962年，商品货源逐步好转，批发销售的方式也灵活多样。对计划供应商品公开库存和分配数量，由县商业局、县供销合作社按比例、花色、品种全面合理分配；对平衡有余商品，建立样品室，让零售单位自由选购，降低批发起点，拆整批零、拆箱配件。同时，汇货员与基层供销合作社采购员建立例会制度，按期调查群众需要，征求意见，按期携带商品到基层供销合作社巡回展销，为其办理托运、寄存商品等业务。同年，理发行业划出，重新组成合作理发店，实行自负盈亏。

1963年起，市场全面好转，绝大多数商品敞开供应。如猪肉、食糖、糕点、香烟、酒类、针织品、搪瓷钢精制品、火柴、肥皂、暖水瓶、碱面、自行车、缝纫机、手表等商品都取消了凭证控制供应的办法，凭票供应的商品减少了3/4。全县对副食品业务（猪、羊、蛋、菜牛、家兔等）实行固定设点和定期定点流动收购相结合的办法，改变购一留一和返还肉票的做法，实行派购任务，生产队包干，固定到户。全县贯彻中央八届十中全会关于“在发展工农业生产的基础上，继续稳定市场，稳定物价，对物价的不合理部分，应该分期分批地进行调整”的决定，对三类小商品的价格作了适当调整，基本上恢复到1957年的水平。6月，高价饭菜恢复平价。12月20日，全县白酒实行高价供应。1964年1月20日—2月5日，上调37种卷烟的价格，在原价的基础上增加9.7%。11月20日，22种高价卷烟销售价格再次上调，平均调价9.7%。至12月底，卷烟执行高价，白酒、食糖、糖果、部分针织品执行中价（半高价）。12月28日，自行车、国产各种手表、丝绸及丝绸制品撤出高价范围。糕点中价免收粮票敞开供应。猪肉适当降低议价，中等带骨肉由0.9元/斤降为0.85元/斤，5月3日，再降至0.78元/斤。12月，全部停止对领导干部的特殊供应。1965年1月5日，调整食糖销售价格，取消凭证定量和高价、中价供应的办法，一律按现行平价敞开供应。调整棉布销售价格、地区差价和批零差价。年底，高价商品只剩针织品1种。调整了百货、文化产品、自行车、收音机的地区差价，实行高价的商品也先后退出了高价。“文化大革命”开始后，鉴于经济秩序趋向混乱，市场物价有失去控制的危险，为使市场物价不受冲击，保障人民生活的安定，1967—1971年，沂源县基本冻结了物价。

1966年，沂源县百货批发站独立经营后，零售业务分别由副食品商店、百货商店管理。淄博批发站沂源分站采购进货业务划归淄博，恢复按经济区域组织商品流通的做法。1967年，停止实行拆整批零、拆箱配件、选样配色、下乡汇货员和基层供销合作社采购人员例会制度，以及携带样品下乡巡回展销，为基层社办理托运、寄存商品等经营方式。1967年后，合作理发店相继转为国营商业，个体商户趋于绝迹。

20世纪70年代的国营第二理发店

“文化大革命”期间，商品货源供应逐步紧张，尤其是一些日用工业品更为奇缺，大部分商品按计划分配，又陆续增加了控制范围，一些主要商品特别是肉类，长期实行凭票证控制供应，具体做法和控制范围与1963年以前大致相同。1969年，国家将大部分工业品纳入计划，按行政区划分配，指定淄博批发站沂源分站到济南、青岛、淄博进货。

1970年，袜子、毛巾、小针织品等恢复免收布票供应。1974年3月10日，恢复火柴定量供应。1976年，缝衣线退出凭票范围，实行免布票供应。1971年，沂源县本地产品有所发展，工业品购进，除按分配计划购进外，以当地产工业品作为补充，原依靠外采的服装、鞋帽、皮制革、机制纸、皮胶、清漆、油泥、墨汁、蜡烛、小五金等产品，逐步由县内产品所替代。

这时期的国营商业部门，不论零售还是批发都很少出店服务，基本是坐门等客、室内经商，办事凭单据，解决问题靠电话，商品按照计划“论件滚”，货物出门概不退换，经营品种因此下降。此间“造反夺权”“革命大批判”之风盛行，服务工作走向简单化，服务态度变差，服务质量下降，售货人员与顾客吵嘴、闹纠纷现象时有发生。1970年10月，全国商业工作会议期间，周恩来总理一再指示要改善服务态度，提高服务质量，此后经营作风逐步好转。县百货公司开始恢复下乡汇货员制度，降低批发起点，大包装改小包装，实行拆包、拆袋、拆箱批发，颜料都拆整批零。制定了“主动、热情、耐心、周到”和“百问不烦、百拿不厌”十六字服务守则，服务态度、服务质量开始好转。1971年起，恢复送货下乡、服务上门、流动服务、预约售货等经营方式，并开展前店后厂、以卖代修、修售结合、以卖代裁、拆双卖单、缺货登记等服务项目。1973年2月，沂源县红旗商店全面推广零售商店

大众日报　夏历庚子年八月初九日　十八节露

务总理的讲话

沂源猪蛋收购月计划两旬完成

生猪平均头重一一四斤　许多社队力争交售计划一超再超

黄山公社踊跃交售棉花

边拾　边晒　边选　边交售

1960年9月12日，《大众日报》关于沂源猪、蛋收购的报道

“日清月结”制度。各公司商店开设早、晚服务部和服务窗。1976年，取缔全县全部个体商贩、理发户、缝纫户，手工业户纳入集体，由大队或公社经营。1977年，五金公司帮助14个基层供销社建起五交化商品专业门市部和商品专柜。

计划经济时期，生猪、鸡蛋购销方式与价格不断调整。1955年，生猪实行派养派购制度。1956年7月，调整生猪收购价格。1957年3月1日，调整生猪收购与猪肉销售价格。对生猪实行统一收购，生猪收购发放预购定金。4—7月，两次调整鸡蛋价格。4月20日，农副产品订购推行合同制度。11月1日，将生猪收购由原来“以出肉率定等，按毛斤计价”办法改为“以斤重定等，按毛斤计价”办法，并将原来3个收购价改为全县统一价。1960年9月12日的《大众日报》以《沂源猪、蛋收购月计划两旬完成》为题，报道了“生猪平均头重114斤，许多社队力争交售计划一超再超”。1962年，实行包购超额奖励合同制，恢复生猪派购。1963年，规定生猪出肥和母猪产仔猪后，实行“斤猪斤粮”，鼓励农民多养猪、多繁猪。生猪收购恢复“以出肉率定等，按毛斤计价”的办法。“文化大革命”开始后，鸡蛋、生猪取消派购，实行统一收购。1971年，鲜蛋恢复派购政策，仍由基层供销社代购；生猪收购实行奖励化肥的办法，一直持续到1984年。1974年3月1日，对鲜蛋收购实行优待用糖的办法，每收鲜蛋1斤，优待食糖2两。1976年，对鲜蛋实行派购，对肉食定量供应。1977年，生猪恢复派购政策，鲜蛋收购工业品奖售停止。1978年1月，对鸡蛋收购实行补助化肥的办法，每收1斤鲜蛋补助半斤化肥。

改革开放后的多种商业模式

1978年，党的十一届三中全会召开后，党的工作重心转移到经济建设上来。改革开放初期，商品流通体系处于从计划经济向市场经济过渡的阶段，市场的作用逐渐增强，但计划管理仍然占据主导地位，个体商户大批涌现，集体商业不断发展，乡镇、厂矿、教育、卫生等部门亦在发展集体商业，逐步形成以国营商业和供销合作商业为主体、个体私营

商业为补充的社会主义商业体系。

十一届三中全会前，沂源县城零售服务业只有国营商业的寥寥几家：百货公司3个零售商店、五交化公司、糖业烟酒公司的几个零售店和饮食服务公司的3个饭店。其中，百货公司有楼房1座，其余均为平房，且门店陈旧，设施简陋。1979年1月，全县恢复发展集体和个体商业，但个体户不准开设私坊、旅店、照相业，其他如百杂货、饮食业均可经营。集市贸易全面恢复，全县各类商贩开始出现，公社、大队、商店、饭店、旅馆等经营机构形成。县百货公司在一零百货大楼增设侨汇专柜，供应凭侨汇券购买的商品。百货公司集体商店（三零）开业。新增商业网点26处，其中蔬菜、烟酒、肉食售货亭5个，在主要街道、公共场所设置流动车10辆。

20世纪七八十年代的旅馆

1979年起，控制供应的范围逐步缩小，除一、二类商品按计划进货外，其余大部分商品实行跨区、跨省到外地批发部门和工厂直接采购。采购人员常年活动于全国20多个省市区。工业品购进方式也多种多样。计划内分配商品按系统从二级站调拨，计划外一般商品大都由采购员组织进货，或通过参加外地供货会、展销会、物资交流会等途径选择购进；另有一部分是从县内工业部门购进的地产工业品。比较紧俏热销的名牌商品，除依靠计划分配一部分外，还由企业主要负责人亲自出面，以农副土特产品为协作条件，到产地或有关批发部门购进一部分。购进产品的绝大部分是通过银行结算或用少数现金结算，出现分期付款、销后付款等结算形式，与旧时的赊销方式大致相同。

农产品的流通在政府部门的控制下实施统购统销，并适当提高收购价格。直到1983年政策调整后才开始允许部分农副产品流通。1979年3月，提高粮食、油脂、油料、生猪、菜牛、菜羊、鲜蛋、蔬菜、水产品等18类主要农副产品收购价格。11月，提高猪肉、羊肉、牛肉、禽、蛋、蔬菜、水产品、奶制品8种副食品销售价格。1981年11月18日，提高烟酒商品价格，调低涤棉布价格。1983年1月20日起，降低化纤织品价格，提高棉纺品价格。1980年，沂源县食品公司撤掉养猪场，在全县雇佣了30名生猪派养派购管理员，负责生猪饲养管理、委派收购任务。1981年2月15日，对队宰分食生猪停止奖售粮食和布票。1983年10月1日，取消特等猪收购价格和调拨价格。10月18日，调整生猪等级差价，将“出肉率定等，毛斤计价”改为“毛重定等，出肉率定级，毛斤计价”。1984年底，停止实行售猪奖粮。

1980年后，多种经济成分的商业大批涌现，公社、生产大队、厂矿企业和个体经商者开设的商店星罗棋布，遍及沂源城乡、村落。从此，市场逐步由卖方市场转为买方市场，批发供应对象也由过去只限于县内国营零售商店和供销合作社、军人服务社，扩大到不论县内外，不分国营、集体、个体，只要有营业证均予以批发供应，日用工业品销售幅度逐渐增加，高中档商品的销售量增大。

20世纪80年代的物资交流会

1981年，全县有国营商业零售商店26处、饮食服务业12处。其中，南麻镇商业繁盛，国营、集体、个体营业网点遍布全城，国营商业尤为显著。

各公司在大街设立售货亭，摆摊设点，各零售店开始赶集，赶物资交流会，扩大销售；全县发展集体及个体商户1395户，其中商业经销420户。当时发展个体商业掌握的原则是对农村商业户必须从实际出发，重点解决个别偏僻没有商业网点的村庄。农村生产大队、生产队干部不准申请经商，对离退休干部和职工申请从事工商业经营的，除有特殊技艺者外，一律不予批准，对从事临时性和季节性经营的商户，发给有期限的临时营业执照，期限不超过一年。百货、五金、烟酒等公司，不断邀请县内外商业零售单位召开多种形式的物资交流会、展销会、供货会，进一步扩大批发销售。各公司内专设小额批发部，为集体和个体商户提供方便。1982年，百货公司、烟酒公司、副食品加工厂下伸批发网点，先后在东里、鲁村、唐山设临时批发点，并与大队建立联营批发业，扩大批发业务，方便零售进货。

1981年后，“三多一少”（多种经济成分、多种经营方式、多条流通渠道，减少流通环节）的商品流通体制逐步形成，主要工业品长期短缺的局面有了很大改变，商品日益丰富，工业品购进出现许多新变化，靠计划分配的商品进一步减少，通过多渠道自行采购、选购的商品增多；外地产品和供货单位大都采取“以热带冷”的办法，搭配供货；购进产地或供货单位推销的工业品和某些一般商品，可以在家用电话联系，由对方直接送上门，有的免费送货。凡供货方找上门推销的产品，均可实行延期付款、销后付款或代销收取手续费等形式，有的在批发价的基础上再给予倒扣1%~3%的优待。在

20世纪七八十年代的国营馄饨铺

商品运输上为争时间、抢市场，大都改变过去铁路运输的做法，采用公路汽车运输，直线运达，加快商品流转速度。1981年1月6日，棉纤纱、线卡及华达呢（包括成衣）实行免票供应，各种纯棉和棉毛衫裤实行减半收布票供应。1月15日，涤棉混纺布的全部品种（包括成衣）实行免收布票供应。1982年开始，秋衫裤、毛巾被、线毯等主要针织品逐步退出凭票范围，实行免布票供应。1983年12月1日起，各种凭布票、絮棉票供应的商品实行临时免收票供应。1984年，除个别生产不足的名牌产品，如自行车、缝纫机、电视机等六七种商品控制供应外，其余商品全部敞开供应。

随着计划经济向市场经济的逐步过渡，国营商业企业也迈出了向市场经济下的国有企业转化的第一步，打破“大锅饭”“铁饭碗”等平均主义的束缚，提高商业职工的积极性，推行承包、租赁等经营责任制，后来发展到小商店、零售店内部班组核算，内部承包柜台、门店承包、门店租赁等。1982年11月，商业系统各单位实行经营责任制。1983年3月，进行全面改革，推广经营承包责任制。1984年7月4日，对各公司、各厂等中型企业全面实行经济责任制；7月10日，商业局汽车队实行经济承包责任制。12月20日，五金商店，旅馆，百货公司一店、二店，烟酒公司一店、二店、三店，食品水产批发部，鸡蛋仓库及新华、裕华、红旗、鲁山4个商店实行“国家所有、集体经营、照章纳税、自负盈亏”，采用八级累进税，按国家对集体企业的政策和办法进行管理，对饮食服务公司的一、二、三饭店，一、二、三理发店，照相馆实行租赁经营。

1983年，百货公司第一、二门市部，烟酒大楼和新华、裕华、红旗、鲁山4个三线厂商店兼营批发业务，每逢集日、物资交流会都设点批发。此间，对计划内的供应商品，按计划指标分配；生产不足的名牌商品和计划外采购的紧俏商品，实行搭配销售；其余商品全部公开库存，进货单位自由选购。批发起点进一步降低，鞋可批双，衫裤可以批件，圆钉批斤，卷烟批条等。对国营、集体零售单

位一般是通过银行划款结算，个别也可使用现金；对个体商户，多以现金结算，也有少数使用限额支票。此外，对滞销积压和季节性商品，还实行提前下放、代存代销、分期付款和销后划款等结算方式。有些商品还对国营商业和供销合作社实行倒扣1%~2%的优惠价，进一步扩大销售。6月1日，开始对实行利改税的国营企业办理纳税，由批发单位代扣队办商业和个体商业营业税款。9月，各公司成立小商品批发部，新华、裕华、红旗、鲁山4个商店零售兼营批发。

20世纪80年代的国营商业物资批发部

1984年，全县国营商业共有86个单位，从业人员1797人；集体商业244户，其中集体饮食服务业185户、集体修理业43户；个体商业2864户，从业人员6362人，其中个体饮食服务业883户，从业人员1189人，商业网点遍布全县每个村落。全县商业业务机构中，有商业系统、供销合作社系统、粮食系统、物资系统、对外贸易系统和社、队、个体商业等多种类型。新华、裕华、红旗、一厂、二厂等三线厂和草埠煤矿等厂矿区，国营商业、供销合作社商业、队办集体和个体商业也鳞次栉比，个体摊贩往来其间、络绎不绝，早晚可闻其沿街叫卖声。中心大街振兴路两侧，旅馆大楼、烟酒大楼、五金交电大楼、百货大楼相互映衬，店堂宽敞明亮，设有茶水、排椅，专供顾客歇息观赏；商品琳琅满目，样品、广告、壁画、店外橱窗引人注目。据统计，1984年平均日销售额5万余元。

1987年以后，按照所有权、经营权分离的原则，进一步深化中小型企业改革。饮食服务公司所属企业，是商业改革起步最早的试点单位，实行租赁经营，增加服务项目，经营状况逐年好转。

1987年，除彩色电视机、名牌自行车、铁丝、圆钉、碱粉5种商品外，其他商品全部敞开供应。沂源县商业系统在工业品采购方面采用5种方式：从二级站进货，优点是正统渠道、货真价实；到厂购货或实行联购联销；直接购买推销到门的商品；扶持乡镇企业，购进销售地产工业品；搞横向联合，与兄弟县的同行业开展多种形式的经济联合，与县内外300多个生产厂家签订供销合同。在销售方面，采取举办订货会、展销会等方式，由坐门等客改为外出推销。在农村多设批发点，下乡巡回展销工业品，采取先售货延期付款或批发售完后付款，灵活经营。

1988年，县商业局、科协、农协、蔬菜公司联合成立沂源县蔬菜协会，顺应蔬菜体制改革的要求和广大菜农的意愿。同年，商业系统取得有史以来的最好成绩，销售额突破1亿大关，利税突破300万元大关，利润突破200万元。

改革开放前，我国商品批发体制按行政层次设立一、二、三级批发站，环节多，流转慢，效益差。20世纪80年代末，国家取消各级商业专业公司，打破批发零售封闭式的经营，凭票供应逐渐被遗忘，个性消费、时尚消费、信用消费等新名词应运而生。

1990年，沂源县划归淄博市管辖。全县商业经营单位5363个、从业人员1.4万人。集体商业发展到261户，从业人员403人。全县私营个体商业发展到4676户，从业人员8196人，成为城乡商品流通领域的重要组成部分，其中饮食业895户、1849人；服务业1072户、1886人；理发业246户、444人；修理业435户、707人；摄影业41户、117人；旅馆业43户、559人。社会农副产品收购总额1.4亿元，为1976年的6倍，比1985年增加1.5倍；社会商品零售总额2.6亿元，比1976年增加4.4倍；纯商业零售额1.8亿元，其中国营及集体商业零售额1.1亿元，占61.5%。全年共销售卷烟7182箱、各种白酒1468吨、棉布237万米、手表9742只、缝纫机2472台、自行车10217辆、收音机和录音机2111台、电视机4409台、电冰箱398台。

乐万家超级自选商场（2004年）

1991年，全县零售业逐步发展，个体私营商品零售店铺大量增加。随着人民生活水平的提高，消费者购买成品服装的比重不断上升，并向多层次发展，款式、花色、品种变化快，流行周期短。4月20日，放开服装价格，实行市场调节，由企业灵活定价，不受各种差率规定的限制。7月15日，省政府放开省及省以下管理的51种（类）商品价格，进一步深化价格改革，搞活企业、搞活流通，食品类、衣着类、日用品类、五金类、交电类、化工类、建材类、文化用品类实行市场调节。

1992年，党的十四大明确提出建立社会主义市场经济体制。根据淄商价字〔1992〕3号文件的通知精神，自1992年2月25日起放开花布、呢绒、毛线、胶鞋4种产品的厂销价格，实行市场调节，其厂销价格由生产、经营企业根据成本和市场供求情况自行确定，不受现行各种差率的限制。5月23日，县委、县政府作出《关于加快对外开放的决定》，沂源县商业局在县百货公司、五金公司、烟酒公司、人民商场4个单位试点。1994年，全县劳动制度综合配套改革，商业系统以五金交电化工公司为试点，年底商业系统全面实行“劳动合同制”。

1995年，全县首家超级自选商场——乐万家食品城开业。1996年1月18日，沂源商厦建成开业，是当时沂源县营业面积最大、设施最豪华的商业企业。

改制后的股份制商业

20世纪90年代，随着市场经济体制的确立，国营商业逐步从计划经济体制下的统购统销模式转向市场化运作。通过一系列改革措施，国营商业企业在管理体制、经营模式、服务方式等方面都发生了深刻的变化。

1998年，县委、县政府对全县流通业进行体制改革。5月，商业系统3个改制企业为百货公司、烟酒公司、五金公司。百货公司拆分为汇和百货有限公司、百货大楼有限公司2家企业，烟酒公司拆分为糖业烟酒有限公司、商业大楼有限公司、友谊商场有限公司、鲁山商店有限公司4家企业。8月8日，沂源县饮食服务公司改制为有限责任公司，10月，收购原县建筑公司的西苑大酒店并开始装修改造。商贸系统内11个企业全部实行了股份合作制改造，完成改制，做到产权明晰、权责明确。10月21日，根据《沂源县人民政府关于成立县商贸资产经营有限公司的通知》（源政发〔1998〕131号）文件精神，县委、县政府决定改革商贸经济管理体制，实施商贸资产运营监督管理，对流通企业产权制度进行改革，对流通企业结构进行调整，组建县商贸资产经营有限公司，对原商业、粮食、供销、物资系统所属39家企业，以及各公司占用县属公有资产的非政策性经营企业进行管理。

2001年10月23日，根据《沂源县经济体制改革委员会关于变更丽华大酒店归属管理体制的通知》（源体改字〔2001〕3号），丽华大酒店由县商贸公司管理变更为县粮食局管理。2002年7月初，实施县级事业单位机构改革，县商贸资产经营有限公司归口县国内贸易局管理，负责全县商贸资产的经营管理工作。通过破产、合并和重组，县商贸资产经营有限公司负责管理36家商贸流通企业。

从2003年起，针对1998年企业改制中存在的股权平均、责权不清、机制呆板等问题，县委、县政府提出对商贸企业进行以规范、完善为主要内容的“二次改制”。按照“一企一策、因企制宜、成熟一个、改制一个、压茬进行”的总体思路，着手企业“二次改制”和破产重组工作。改制主要采取三种方法：第一种是与银行核销不良贷款相结合，通过筹集资金与银行核销贷款一并将企业改制完善到位，如原五金公司采取自由报名、自由组建班子、公开选举的方式，确定发起人及领导班子。第二种是通过增资扩股，以召开第二届股东会议的形式，达到班子控大股、规范完善的目的。如颐德商贸有限公司、食品酿造有限公司、安丰民用爆破器材专卖有限公司等11家企业的“二次改制”均采取了这种形式。第三种是对于严重资不抵债、扭亏无望的企业，采取破产重组的方式。在破产重组中，充分考虑企业的实际情况，重点保全职工的利益，本着一企一策和全额偿还职工的集资、工资、养老金的原则进行。如原供销物资经营中心采取了原班子整体过渡的方式，设立总股本200万元，由原班子进行控股和包销，企业重组为聚兴贸易有限公司。2004年底，改制工作全部完成，核销企业不良贷款1亿多元，破产企业13家，其中破产重组7家，帮助企业甩掉包袱7600万元。21家“二次改制”或破产重组的企业面貌发生了显著变化。改制企业全部实行领导班子控大股，有的企业实现了董事长控大股，解决了权责不清的问题，并实现了公有资产的退出，将企业彻底推向市场。通过产权制度和股东身份的两个置换，股东思想发生了转变，班子控股比例达到80％以上，企业领导班子责任心增强，实现了“产权明晰，权责明确”。在企业二次改制完成以后，从2005年开始，商贸公司加大对企业的监管力度，每年对改制企业进行审计，要求企业的重要事项和重大支出要及时向商贸公司报告，便于搞好协调、帮助决策，保证企业正常合法经营。

沂源县商贸系统是由原商业、物资两个系统合并而成的。商业是计划经济时期管理最为严格、计划特征最为明显的部门，而物资系统原来隶属计划委员会，本身就是计划经济的产物。商业、物资系统是新时期最早启动改革和实施对外开放的领域，商贸系统也是最早经历体制转换，并历经阵痛的部门。2000年起，商品流通规模、流通服务方式和商业业态、流通现代化程度和科技水平等方面都发生了巨大变化。随着市场上商品的极大丰富，工农业产品实行自由流通，95％以上的商品供求平衡或供过于求，市场机制对商品流通开始起主导性作用。1998年，国家放开医药经营，全县有6家个体私营药店经营药品，县医药公司的批发业务有较大萎缩，县百货公司、五金交电化工公司、糖业烟酒公司3家商品批发企业的批发业务基本消失。2000年起，沂源县城乡零售市场不断发展，零售业态从以大型百货业态为主的单一业态阶段走向以连锁超市为主体的多业态并存阶段，百货店、超市、连锁店、专卖店、便利店、专业店、邮购、电视购物、刷卡消费、网上购物以及农村集贸市场、小商品市场等应有尽有。沂源县商粮供等系统商品流通主渠道长期形成的以批发为主的格局，逐步转变为以零售为主的格局，城乡居民消费结构不断优化升级，新的消费热点不断涌现，变化最大的就是人们常说的三大件。20世纪70年代是手表、自行车、缝纫机；80年代是黑白电视机、冰箱、洗衣机；90年代是彩电、录像机、摩托车；21世纪之初已升级为以房子、车

20世纪70年代“三大件”

20世纪90年代“三大件”

子、票子为特征的新型消费。全县批发业的主要市场逐渐被大量兴起的个体私营商贸批发业取代。

企业完成改制后，按照县城总体规划要求，商贸公司和各企业把工作重点转到商业网点建设改造和低效闲置资产的开发利用上来。短短几年，沿县城振兴路两侧以沂源大酒店为代表的一批商业网点拔地而起，商贸设施改造提升进入快车道。对商业网点的改造、扩建、装修和闲置资产的开发，为沂源县商贸企业的快速发展提供了良好的条件。商贸流通系统现代化水平迅速提高，以现代信息技术为支撑的各种先进流通管理手段得到广泛应用。商业一改过去传统落后、以手工作业为主、科技水平低下的状态，成为集中使用高新技术、科技含量和科技门槛较高的部门之一，企业管理和服务水平提高。

拆除原有老旧网点，3家商超相继建成。1996年，百货公司第二零售店拆除，重建为沂源商厦。2003年1月，沂源商厦实施破产重组，并于2004年1月与北京都市百货商场达成全面合作协议，北京都市百货商场租赁经营，投资1500万元，改造为京源商厦，于2004年9月正式营业后，成为集购物、娱乐、餐饮于一体的大型现代化商场，首次实现了地下1层和地上5层的全面营业。1995年，饮食服务公司拆除原软食饭店，建设乐万家食品城。1999年，乐万家超市成立，2000年后建立超市连锁网络，共建成13家连锁分店及物流配送中心，2006年被国家商务部确立为“万村千乡”市场工程承办企业。2001年，饮食服务公司拆除原沂源宾馆浴池，在原址修建万盛隆超市总店，此后数年，相继在城区建成4家分店，2005年改制为万盛隆超市有限公司。

沂源大酒店（1999年）

盘活利用低效闲置资产。丰联商场有限公司投资120万元对原营业楼进行装修扩建，吸引淄博政通超市有限公司投资，建立政通超市沂源店（原人民商场），于2004年1月3日开业。2003年，汇和百货公司将原百货二店平房拆除，建成1400平方米的轻钢结构市场1处；2005年投资160万元，建成沿街超市3200平方米，分别建成南通新世界服饰超市沂源店和万盛隆超市河西店。百货大楼从2002年开始，对大楼进行了3次扩建和装修，增加营业面积5900平方米。蔬菜公司投资300万元将原蔬菜一店全部推倒，建设营业面积为3200平方米的综合楼。通过招商引资成立的春天服饰广场于2008年6月25日开业。2002—2004年，友谊商场、晟隆公司、商业大楼、乐万家超市、万盛隆超市等企业对营业设施进行扩建、装修和改造。

沂源县喜运来服装床品超市

3处农贸市场全部建成。聚兴贸易公司投资960万元，建成建筑面积6240平方米的农贸市场，是以建材经营为主的县城河西综合市场。金地商贸有限公司（原五金公司）投资820万元，建成建筑面积7000平方米的水果市场，又引进南通新世界服饰超市有限公司进行投资，建成沂源新世界服饰广场。2005年8月28日，金地商城暨沂源新世界服饰广场举行隆重的开业庆典。富华糖酒有限公司投资800万元，建筑面积5000平方米的水产肉食市场于2004年全部竣工。县外客商独资的喜运来服装床品超市于2005年10月1日正式开业。这些商业设施相继建成开业，既活跃了市场，又增强了企业发展后劲。

一批流通重点企业陆续开业经营。2008年9月，沂源商务大厦奠基，这是沂源县商贸系统有史以来投资额和规模最大、楼层最高、功能最全的综合楼。2009年9月，成和商业大厦建成开业，是一家以自营百货为主的大型零售企业。2011年1月，沂源县黎明东方购物广场建成开业，隶属山东东方商业发展集团有限公司，是沂源县城规模较大、档次较高、服务较好、商品较齐全的大型综合购物广场。2018年4月29日，沂源银座正式开业，是银座商城在淄博地区开出的第14家分店。

医药业持续发展。1999年，县医药公司参与淄博市医药流通企业的连锁经营，县医药公司益民药店被淄博天和堂医药连锁有限公司吸收为全市139家连锁药店之一。此后，沂源县相继发展“天和堂”医药零售商店3家。2004年，县医药公司由市管企业下放为县管商贸流通企业。2007年9月26日，县医药公司改制为沂源县医药有限公司，医药公司于2010年10月成立沂源天和堂连锁总部。2017年10月1日，沂源天和堂连锁药店被山东立健药店连锁有限公司收购。2018年11月30日，县医药公司被山东立健药店连锁有限公司收购。2020年7月6日，企业名称由山东省沂源县医药有限公司变更为山东康健医药有限公司。

山东康健医药仓储物流配送中心（2021年）

2021年1月，根据《深化县级事业单位改革试点实施方案》，整合组建县商务综合服务中心，隶属县商务局管理。根据《沂源县人民政府办公室关于调整理顺原县商贸中心所属商贸企业管理关系的通知》（源政办发〔2021〕12号）文件要求，原县商贸中心所属商贸企业管理关系由原县商贸中心调整至相关镇（街道），一并调整企业党组织隶属关系，实行属地管理。

新零售商业

从20世纪90年代起，随着计算机技术、互联网技术的快速发展，电子商务开始兴起并以其高效、经济的优势成为时代潮流和新兴的经营模式。沂源县电子商务发展起步较晚，发展初期，主要为个人或企业自发在电商平台设店或自建网站。比较有代表性的，如中庄镇江润浩“老江的果园”，以销售纪念果、圣诞果为主，是沂源县电商发展史上第一个年销售农产品过千万的农产品网店，也是第一个将苹果与节日相结合的文化创意性店铺。最早试水电商的农产品加工企业是山东沂蒙山花生油股份有限公司，2013年2月率先在淘宝网上开设企业店铺，是第一家实现网上销售额过千万的企业。最早开展工业产品网上销售的企业是山东药用玻璃股份有限公司，于2014年1月成立山东优本养生保健品有限公司，专注于婴幼儿奶瓶开发销售，其生产的宝倍安奶瓶于2014年12月上线，当月实现网上销售超过2000单。县内各大商超也嗅到新商机，相继涉足电商。2014年，世纪东方超市开设全县第一家网上商城，自建物流队伍，开展同城配送，当年电商销售额达到100万元。成和商厦、银座商厦、世纪东方等超市纷纷在微信小程序、美团等电商平台开展团购活动。

沂源县委、县政府高度重视电子商务发展，将电子商务作为转型升级、促进农村快速发展的重要抓手。2015年9月，沂源县人民政府印发《关于加快电子商务发展的实施意见》（源政字〔2015〕67号），明确了沂源县电子商务发展工作目标、任务和

沂源县电子商务进农村综合示范工作电商孵化教材

保障措施。2015年12月，县商务局牵头，成立山东省电子商务促进会沂源县分会暨沂源县电子商务促进会，会员单位60余家，成员100多人，涵盖全县主要商贸、工业企业和电子商务知名企业。2017年，县商务局设立沂源县电子商务管理中心，对电子商务进行行业规范引领，制定《沂源县电子商务发展规划(2018—2022)》《沂源县农村电子商务发展规划(2019—2021)》《关于加快新旧动能转换的若干政策意见》(源政发〔2019〕14号)等政策文件，出台奖励措施，累计兑现电子商务扶持资金200多万元。开展电商培训，县商务局根据不同人群的需求，积极外请名师，编写电商孵化教材，组织各类电商座谈、免费普及培训和实操培训，累计组织150多期，培训电子商务人员1.2万人次。2020年，沂源县以全省首批电子商务进农村综合示范县第一名的成绩通过省商务厅项目验收，创建工作经验被商务部纳入农村电商公开课，《电子商务进农村培训案例参考》在全国推广。在县政府的强力助推下，各镇党委、政府立足本地农产品资源特色和优势，组织鼓励各类新型经营主体开辟电商新赛道，发展电商新产业，如中庄镇搭建“好苹中庄”电商平台，打造区域公共品牌。通过培育本土经纪人队伍和电商人才队伍，2023年中庄苹果线上销售额达2亿元。燕崖镇作为闻名全国的樱桃种植基地，大力发展线上市场，2018年9月被评为山东省首批电商小镇。2023年，全镇大樱桃6000多万斤，电商交易额达1亿元，交易量占比20%左右。

随着移动支付逐步成为新的生活方式，互联网科技飞速发展，借助大数据、人工智能等先进技术手段，传统零售与电子商务相结合，形成新零售商业模式。采用社交化销售的方式，通过社交网络传播商品信息，用社交关系助力销售，以实现“人人零售”的效果。各类直播电商、社交电商、跨境电商等平台层出不穷，物流业、文化娱乐业、餐饮业等多种行业延伸出零售形态，如微信、美团、拼多多、抖音、小红书、亚马逊等，借助多种平台，全县各类网店已达5000余家，消费者可以很容易找到衣食住行玩的各类信息和服务，获得更便捷的购物体验。2022年7月，沂源县直播电商行业委员会在全市率先成立。2023年1月，沂源县直播电商行业协会成立，标志着沂源县直播电商行业进入新的阶段。

电子商务进农村普及培训(2018年)

所属机构

沂源县百货公司

概况

沂源县百货公司，位于县城振兴路中段，始建于1956年1月，成立于1989年6月3日，注册资本358.8万元，为全民所有制企业，主要经营批发、零售百货、五金、化工、针纺织品、烟酒糖茶、糕点、食品罐头、日用杂品等。

1982年，沂源县百货公司被临沂地区百货站评为全区百货系统“五好企业”；1989年，被评为全省商业系统经济效益先进企业，通过省商业厅组织的“四好仓库”验收；1990年，被省商业厅评为省级先进企业达标单位。1985年，沂源县百货公司二店被临沂地区商业局评为先进单位；1986年10月，被评为县级文明单位，连续14年被评为县商业系统先进单位。

发展历程

沂源经营组 1952年10月，成立中国百货公司山东省公司周村分公司博山支公司沂源经营组，共有干部职工4人，租赁6间民房作营业门市部和仓库，面积90平方米，批零兼营。1953年，经营组扩大到8人，又租赁民房10间，共16间，面积240平方米，营业门市占用3大间。1954年，人员增加到9人，又租赁民房7间，共23间，面积363平方米。1955年公私合营时，成立沂源县第一个国营百货门市部，时称博山百货分站沂源经营组，由4人组成。同年，第一次征地，建简易仓库9间，共有门市部、仓库32间，面积571平方米。11月，成立沂源县花纱布公司，时称中国花纱布公司山东省沂源县公司，设棉布批发、零售2个门市部，次年改称中国纺织品公司山东省沂源县公司。

中国百货公司山东省淄博分公司沂源县公司 1956年1月正式成立，接收私商过渡商人4人，新招工14人，共有干部职工37人，扩建门市部1处，下设3个零售门市部，门市、仓库经营面积32间共655平方米。1957年，接收县供销合作社在县城的日用工业品门市部1处、8人。同时，扩建门市部1处、零售门市部3个。5月，建百货零售门市部10间。

沂源县商业局经理部 1958年1月，百货、纺织品、煤建、药材、贸易5个公司合并，分设百货、纺织、民用器材3个经理部。5月，建10间共231平方米的百货第一门市部，3个小门市部并入，退出民房32间。百货、纺织品仓库业务归公司，行政领导归商业局储运科，时有干部职工40人。6月，商社合一，取消公司建制，增设纺织品批发部及副食品门市部，沂源县百货公司、沂源县纺织经理部并入县商业局，时称沂源县商业局百货经理部。1960年6月，改称沂源县商业局日用工业品经理部。

山东省百货公司沂源县公司 1961年9月，商社分立，恢复公司建制，改称山东省百货公司沂源县公司，接收草埠矿区零售门市部及五金门市部各1处，时有百货、五金、草埠3个零售门市部，干部职工43人，自有门市、仓库营业面积52间1089平方米。

中国百货公司山东省沂源县公司 1962年8月，山东省百货公司沂源县公司改称中国百货公司山东省沂源县公司。1964年，县百货公司增设第二门市部。在县城建仓库10间350平方米、办公室10间165平方米，时有营业面积90间2418平方米。设立土门经营组，支援三线建设，下设零售门市部4处。1965年，设土门门市部。

中国百货公司山东省淄博批发站沂源分站 1966年1月，县百货公司批零分设。分出百货商店，专营零售，下设百货第一、第二和五金、草埠4个零售门市部。接收县糖业烟酒公司，改称中国百货公司山东省淄博批发站沂源分站。为支援三线建设，1968年5月，沂源县新华综合商店成立；8月，沂源县裕华综合商店成立。

沂源县百货服务站 1969年1月，沂源县百货分站、沂源县百货商店、沂源县副食品商店3家合并，改称沂源县百货服务站，内设百货、纺织、烟酒糖茶、五金交电4个批发部，县城设有百货第一、第二和五金、副食品4个零售门市部，设草埠、土门2个矿区零售店，新华、裕华2个三线厂商店及糕点厂，新华、裕华商店及糕点厂实行独立核算。5月，沂源县新华综合商店、沂源县裕华综合商店划归沂源县百货服务站。1970年，设红旗百货门市部。

山东省沂源县百货公司　1971年1月，沂源县百货服务站改称山东省沂源县百货公司，下设百货、纺织、烟酒糖茶、五金交电4个批发部和百货第一、第二和五金3个零售门市部，时有干部职工151人。1976年1月，沂源县百货公司分出县烟酒公司和县副食品加工厂。1977年，沂源县百货公司迁入新建的369平方米办公楼办公。为支援三线建设，1973年1月，成立沂源县红旗商店；1977年5月，成立沂源县鲁山商店。

1979年2月，直属临沂地区商业局的备战仓库（河西仓库）、隶属县服务公司的钟表修理铺划归县百货公司。5月1日，百货营业大楼开业。百货第一零售店迁入新建3300平方米三层百货大楼营业；百货第二零售店职工迁入新宿舍楼；第三零售集体商店开业，实行独立核算、自负盈亏。草埠煤矿门市部和县化肥厂门市部，以及百货、文化、针织、纺织4个批发部均隶属百货公司。1981年2月，沂源县百货公司接收临沂百货站沂源储备库（河西仓库）85间3294平方米，办公室、宿舍共11间192平方米，流动资金20万元，固定资产150918元，家具用具7900元，总计358818元。

1984年11月，根据国务院关于“建立城市贸易中心”的指示精神，成立商业综合公司（原商业贸易中心）。沂源县百货公司划出第三零售集体商店，县商业局拆除饮食服务公司第三饭店，建1600平方米的三层商业综合大楼，商业综合公司接收原百货公司第三零售集体商店和饮食服务公司第三饭店全部人员，营业大楼位于东城西桥首，共有干部职工40人，内设商品批发部、零售门市部各1处，门市部内分设8个经营柜组，共有仓库、门市营业面积2100平方米。实行独立核算，自负盈亏，是商业系统唯一一家集体所有制企业。

1984年底，县百货公司有干部职工203人，总建筑面积14374平方米，仓库、门市经营面积13918平方米，其中楼房3幢、汽车2辆。1985年1月，撤销东里批发部。公司下设大百货、小百货、针织品、纺织品、鞋帽5个批发部和百货大楼、百货第二零售店、草埠门市部3个零售单位。

1986年，县百货公司共有251人，下设百货第二零售店、百货第三零售店、百货批发部、针织批发部、会统股。1988年7月，县百货公司将商业贸易大楼交给县饮食服务公司，接收饮食服务公司第三饭店。

沂源县百货公司　1989年6月3日成立，为全民所有制企业，共有干部职工259人。1990年，沂源县百货公司调整批发部经营机构，下设百货、副食品与综合批发等9个批发部和百货大楼、百货二店、百货三店及东里批发部。1月，百货公司增设副食批发部；2月，兼并原商业综合公司，接收48名职工，并把原纺织批发部分为纯棉和化纤2个部，原小百文化批发部分为小百部和文化部。1994年，合并原批发科，成立针纺织鞋帽批发公司和百货文化用品批发公司。1996年1月，百货第二零售店拆除，建成沂源商厦。

20世纪90年代百货柜组

1998年，进行产权制度改革，实行股份合作制改造，百货公司拆分成汇和百货有限公司、百货大楼有限公司。2003年，汇和百货公司拆除原百货二店平房，建成1400平方米的轻钢结构市场1处。2005年，投资160万元，建设3200平方米沿街超市，分别建成南通新世界服饰超市沂源店和万盛隆超市河西店。

2003—2004年，实施企业“二次改制”和破产重组工作。2004年4月，汇和百货有限公司完成二次改制。2005年12月，百货大楼有限公司二次改制为沂源县泰丰商贸有限公司。自2005年开始，企业受商贸公司监管。2021年7月，沂源县汇和百货有限公司、沂源县泰丰商贸有限公司管理关系由原县商贸中心调整至历山街道，一并调整企业党组织隶属关系，实行属地管理。

业务经营

沂源建县初期，无国营百货业。1952年，沂源经营组成立，当时沂源县境内无公路，去博山进货只能沿河走小路，工具是扁担和木制独轮车，需两人来回两天，如果遇到汛期，则多日进不来货。经营品种包括日用百货、纺织、针织、文化用品、糖、茶、煤油、火柴等百余种。1953年，增加化工、交电、小五金业务，经营品种扩大到300余种。1954年，扩大中西成药业务，经营品种达600余种。1955年，增加五金业务，划出煤油业务，纺织品批发划归花纱布公司，经营品种增加到800余种。棉布实行计划供应政策，11月，沂源县花纱布公司接管原由百货经营的纺织品批发业务，承担沂源县的棉布批发任务，接管了原由县供销社经营的丝绸批发业务，经营棉布、丝绸、棉纱、针织品批零业务。沂源县百货公司成立后，经营品种达1000余种。1957年，实行工业品城乡分工，将五金、交电、化工、食糖、茶叶、土产品和生产资料交由其他公司经营。其中，五金、交电、化工3大类业务交县贸易公司，食糖交给县服务局，茶叶、土产品、生产资料交给县供销合作社，接收县供销社日用工业品门市部。

1958年，商品供应逐渐紧张，大部分商品实行计划分配供应。6月，商社合一，经理部恢复烟、酒、糖、茶等业务。1961年，商社分立后，又划出烟、酒、糖、茶业务，经营百货、纺织、针织、文化4大类商品批发零售业务，品种2500余种。1962年，商品货源逐步好转，品种日渐增多。山东省百货公司沂源县公司经营百货、纺织、针织、文化、五金、交电、化工批发零售业务，经营品种达4000余种。1965年，4处门市部经营品种达5000余种。

1966年，实行批零分设。沂源县百货批发站独立，专营百货、文化、纺织、针织、五金、交电、化工、烟酒糖茶8大类商品批发业务。零售业务分别由副食品商店、百货商店管理。沂源县百货商店主要经营百货、文化、纺织、针织、五金、交电、化工7大类商品零售业务。百货第二零售店和草埠门市部兼营副食品，经营品种常年保持8000余种。

1967—1969年，国家进入特殊时期，商品货源紧张，尤其一些日用工业品更为奇缺，经营品种因此下降。1971年1月，沂源县百货服务站交出烟、酒、糖、茶、糕点批零业务，经营百货、文化、纺织、针织、五金、交电、化工7大类商品批零业务。1973年2月，沂源县红旗商店全面推广零售商店“日清月结”制度。1976年1月，沂源县百货公司将五金、交电、化工3大类批零业务交给县五金公司，主要经营百货、文化、纺织、针织4大类批零业务。1977年5月，土门供销社在一厂的经营业务交给鲁山商店。

改革初期，县百货公司在零售柜组实行承包经营、在批发部实行分部核算等形式，改变以往统购包销、凭证定量供应的方式。1979年5月，百货营业大楼开业，县百货公司在一零百货大楼增设侨汇专柜，供应凭侨汇券购买的商品。1982年4月，百货第二零售店开始兼营批发。1983年5月，县百货公司与东里东大队搞批发联营点；9月，各公司成立小商品批发部，拆整批零，新华、裕华、红旗、鲁山4个商店同时零售兼营批发，方便了个体商户。因设小商品批发部，将第三零售集体商店搬至服务亭营业。公司随后开始调整批发机构，1984年，由原先针织、纺织、百货、鞋帽文化4个批发部调整为针纺织部和百货文化部2个批发部，同时充实调整2个批发部的负责人及部分批发保管人员。对所属百货大楼、百货第二零售店实行国家所有、集体经营、照章纳税、自负盈亏的经济承包责任制；对草埠门市部实行国家所有、租赁给个人承包的经营责任制；对针纺织、百货2个批发部等批发行业实行独立核算、指标到部、超额提成的经营责任制。年底，全公司经营品种1万余种。

1984年成立的商业综合公司主要经营针纺织品、烟、酒、糖、茶、副食品、五金、交电、化工、土产杂品、生产资料、建筑器材、机电产品、农副产品等的批发、零售及收购业务，其经营方式更加灵活多样。在交易对象上，实行开放式经营，地不分南北东西，人不分县内县外，全民、集体、个体，只要有营业证明，均可参加交易；在商品成交金额上，在批发价的基础上执行批量作价或协商作价的上下浮动价格；在商品种类上，不分计划内外，工业或农副产品均可经营；在商品购进上，畅通城乡流通渠道，配备3名强有力的采购人员，活跃在泰安、博山、张店、济南、天津、上海、潍坊、青岛、诸城等地，与十几家工厂、商店建立业务关系，调出农副产品，购进适销对路的工业品，能从工厂进的就不从批发站进，能代销的就不用现金，能销后划款的就不销前支付，大做无本生意。公司既可批发、零售，又可代购、代销、代储存，灵活多样，成为城乡畅通、地区交流、纵横交错、四通八达的城市商品物资交易市场。

1985年，县百货公司主要经营纺织品、化纤织品、针织品、大小百货、文具用品、鞋帽等13种类型商品。1986年2月，学习沂水县百货公司经验，实行专业划细，将原来的2个半独立核算部划为4个专业批发部，统一核算、定额管理，落实"一定、二包、四挂钩"经济责任制，公司对4个商品批发部实行批仓分工、各负其责，调动了批发员和保管员的积极性。

深化改革，"三级批发"体制逐渐被打破。按照所有权、经营权分离的原则，企业活力不断增强。1987年，百货大楼实行百元销售工资含量经营责任制，干部职工齐心经营，经济效益逐月上升，全年完成商品销售286万元，实现利润11.5万元。同年，百货第三零售店开办沂源县第一家国营商店夜市，晚上营业到九点半，很受欢迎。商业综合公司实行招标承包，各班组实行自由组合，在批发部、零售店落实百元销售工资含量经营责任制，出现了"一人经商、全家操心"的新气象。1988年，县百货公司经营品种7500种。从3月起，先后在东里、燕崖、红旗、新华和县城增设8处代销点。1990年，沂源县百货公司对批发部实行"五定一奖"经营责任制；对零售店实行"包死基数、超额分成、亏损自补"的责任制。1994年，针纺织鞋帽、百货文化用品2个批发公司推墙建店，实行批零一体化经营，以零售促批发，效果较为明显。

随着改革开放的进一步深入，"三级批发"体系受到严重冲击，个体私营商贸比重逐步增大，至1998年，县百货公司的批发业务基本消失，零售业务逐步发展，相继新建扩建县百货大楼、沂源商厦、万盛隆超市等零售商超。随着全县流通业产权制度改革，县百货公司一拆为二实行股份制改造，拆分

五金柜组（1999年）

后的汇合百货公司和百货大楼公司分别在2004年、2005年进行了二次改制，彻底成为股份制公司。

沂源县五金交电化工公司

概况

沂源县五金交电化工公司，位于县城振兴路中段，成立于1989年5月，注册资本107.8万元，前身是沂源县五金交电公司，后改制为沂源县金地商贸有限公司。主营业务是批发零售五金、交电、化工、家具。

1978—1983年，因统计工作成绩突出，连续多年被临沂五金站评为全区五金系统先进单位。1981年，被山东省五金站评为省五金系统先进单位，并奖励电子计算机1台。1983年，出席省物价工作表彰大会。1989年，被评为全省商业系统经济效益先进企业。

发展历程

沂源县五金交电公司 1976年1月1日，沂源县五金交电公司正式成立，时称山东省沂源县五金交电公司，下设批发部、零售部各1处，时有干部职工36人。

1980年5月1日，原五交化门市部迁入新建2774平方米3层五交化大楼，撤销原五金门市部。10月1日，五金公司营业大楼开业。

1984年，公司设五金、交电、化工3个批发部，1个无线电维修部，2室2股，1个独立核算的零售商店。企业固定资产43.4万元，流动资金10万元，主要肩负着全县军用、民用和工农业生产的五交化商品的供应任务。截至1984年底，全公司共有干部职工93人，办公室仓库营业面积4749平方米，五金大楼1幢。1985年，公司设办公室、业务指导室、业务股、会统股、维修部、五金化工批发部、交电批发部、保卫股和1个独立核算的零售商店。

1986年，建营业室18间，成立第二商店。公司有干部职工106人，内设办公室、经理室、指导室、会统股、保卫股及批发部、零售商店、维修部各2个，主要担负着全县工农业生产所需五交化商品的供应任务。1987年5月，原家电社会维修部改为公司第三零售点；10月，增设东里工业品批发部。

沂源县五金交电化工公司 1989年5月16日成立。1990年底，公司下设五金、交电、化工、东里4个批发部，辖五金大楼、二店、三店3个独立核算的零售商店及1个家电维修部、5个职能股室，共有干部职工142人，固定资产净值46万元。1998年，进行产权制度改革，企业实行了股份合作制改造。

沂源县金地商贸有限公司 2003年起，开始企业“二次改制”和破产重组工作。改制中与银行核销不良贷款相结合，通过筹集资金与银行核销贷款一并将企业改制完善到位，公司采取自由报名、自由组建班子、公开选举的方式，确定发起人及领导班子。10月，原五金公司改制为金地商贸有限公司。2004年底，企业二次改制工作全部完成。自2005年开始，金地商贸有限公司每年接受商贸公司审计1次。2021年7月，沂源县金地商贸有限公司企业管理关系由原县商贸中心调整至历山街道，实行属地管理。

业务经营

沂源县的五金、交电、化工3大类商品的批零业务，1952年开始由百货公司经营，1956年转交给沂源县贸易公司。1958年6月，“商社合一”，取消公司建制，县贸易公司并入生产资料经理部，该业务也划归生产资料经理部经营。1961年9月，该业务划归煤建公司经营。1962年4月，转由百货公司经营。

1976年1月，县五金交电公司接收了县百货公司的五金、交电、化工3大类批零业务；3月29日，接收县供销合作社生产资料公司的开山工具（镐、铰、各种石工锤、钻、钢钎等）经营业务，主要经营五金、交电、化工3大类商品计1600个品种。

县五金交电公司独立分设后，降低批发起点，拆整批零，除设有4名业务联络员跑基层社外，还建立起流动批发部，每季一次带货下乡、送货上门、看样选货、就地开单、就地提货。同时对不适销的五交化商品，公司负责调剂或代销。1977年，全县

农家喜添电视机（1985年）

基层供销合作社经营五交化商品的甚少，县五金交电公司派专人先后帮助14个基层供销社建立起五交化商品专业门市部和商品专柜。县五金交电公司除搞好电视机、收音机保修维修，还经常下乡到距县城较远的偏僻山区，帮助大队和社员安装调试电视机，先后帮助安平、燕崖、孝村3个大队农民户户买上电视机，成为“电视机村”。公司扶植地方工业，先后帮助建立唐山油漆厂、中庄油泥厂、燕崖五金厂、三岔皮胶厂，对其产品大量收购、积极推销，扩大业务经营，公司经营品种达4000余种。1983年，县五金交电公司增设副食品专柜，兼营副食品；3月，购进东风牌5吨汽车1辆。

承包经营责任制是指全民所有制企业经济体制改革中采取的一种生产经营责任制形式。1984年，全公司实行“国家所有、集体经营、照章纳税、自负盈亏”的经营承包责任制，批发部实行简易核算，零售门市部独立核算、自负盈亏，经营五交化商品4300余种。年底，通过民主选举产生了经理、副经理，对维修部实行租赁形式。截至1984年底，常年经营品种一般保持在5000余种，其中洗衣机增加到10个牌号，电视机增加到22个牌号，电风扇增加到20余种牌号，商店实有品种比上一年增加264种，增加汽车2辆。

根据省府〔84〕92号文件精神，进一步健全和完善经营责任制。从1985年1月1日起，对五金商店和维修部经营形式进行改革，商店改为“国家所有、集体经营、照章纳税、自负盈亏”的形式，维修部由个人承包，服务质量有了较大改善。1986年，商店继续采用“国家所有、集体经营”的形式，但对内部责任制进行完善，实行任务（利润、销售）到组，按月实行双百分考核，奖金与任务及服务质量挂钩，调动了职工的积极性。1987年开始，五金公司在批发部实行专业细分，分部核算，利润、库存指标到部，定期考核，奖惩兑现，促进了业务开展，特别是五金、化工分部核算后，各自发挥专长，广开进销渠道，全年完成销售402.5万元，比1986年增加68.5万元。

截至1990年底，沂源县五金交电化工公司主要经营品种3700余种，完成销售额1419.8万元，上交利税53.9万元，起到了全县五交化商品供应工作的主渠道作用。

1994年，全县劳动制度综合配套改革，五金交电化工公司为商业系统试点单位。11月4日，五金交电化工公司召开“全员合同制”签约大会，年底商业系统全面实行“劳动合同制”。

21世纪初，金地商贸有限公司投资820万元，建筑面积7000平方米的水果市场全部建成后，又引进南通新世界服饰超市有限公司投资，建成沂源新世界服饰广场。2005年8月28日，金地商城暨沂源新世界服饰广场举行隆重的开业庆典。

山东省沂源县食品公司

概况

山东省沂源县食品公司，位于县城沿河东路北首，始建于1956年8月，主要购销生猪、鸡蛋，是一家以从事批发业为主的企业。1989年，注册资本618.7万元。2001年整体转让。

1982年11月，被中商部授予“金字奖状”。1990年，被省商业厅评为卫生先进单位。1984年，沂源县食品公司张庄食品站被临沂地区食品公司评为先进单位。

发展历程

沂源收购组 1953年10月，在北麻村成立食品收购组，时称中国食品公司山东省公司淄博支公司沂源收购组，时有干部职工10人，在北麻租赁民房6间营业。1954年，食品收购组搬迁到南麻，租赁民房2间，在大泉、悦庄、鲁村下设3个收购点，方便农民卖猪。后来食品收购组划归沂水专署沂水支公司领导。1955年，食品收购组改称中国食品公司山东省公司临沂分公司沂水支公司沂源收购组。

中国食品公司山东省沂源县公司 1956年8月，在收购组的基础上，成立沂源县食品公司，时称中国食品公司山东省沂源县公司，租赁民房8间，自建猪栏6间。11月13日，接收鲁村、东里、悦庄3个肉食屠宰商店。

食品经理部 1957年1月，取消公司建制，食品公司划属县服务局，改称沂源县服务局食品经理部。当年建猪栏18间、鲜蛋仓库20间，下设鲁村、悦庄、大泉3个食品收购组。7月，大泉收购组迁往东里，食品经理部有生猪、鲜蛋2个仓库，下设鲁村、悦庄、东里、南麻4个食品收购组。

1958年4月，食品经理部随县服务局划属县供销合作社，改称供销合作社食品经理部。6月，“商社合一”取消公司建制，改称沂源县商业局食品经理部。

1961年9月20日，“商社分立”，恢复公司建制，食品经理部再次划属沂源县供销合作社，改称沂源县供销合作社食品经理部。

山东省食品公司沂源县公司 1963年4月，沂源县食品公司由县供销合作社划归沂源县商业局，改称山东省食品公司沂源县公司，同时成立了南麻、东里、悦庄、鲁村、张庄5个食品采购供应站和4个流动收购组，其余9个公社均设1~2人的驻社生猪饲养管理员。

1964年，南麻食品采购供应站合并到县食品公司业务股，增设燕崖、三岔、石桥、土门、中庄等8个食品采购供应站。1965年，随行政区划，撤销中庄、石桥2个食品站，全县有鲁村、黄庄、张庄、燕崖、唐山、东里、张家坡、悦庄、三岔、土门10个食品站。1966年6月，县食品公司接收县供销合作社水产批发部。1971年，增设徐家庄、中庄、石桥3个食品站，并接收县农业局仔猪繁殖场1处。全县食品站达13个。1972年，县食品公司将食盐业务交给沂源县蔬菜果品公司。1980年起，对全县13处食品站实行半独立核算经营责任制。

1980年，在沂源县食品公司东侧征地16亩，投资100万元新建肉联加工厂。1981年12月6日，500吨冷库建成投产，总建筑面积1747平方米，内设饲养、屠宰、机务、维修、熟食5个车间，生产供销、会统、卫检3个股及下货门市部，共有干部职工109名。实行独立核算，隶属食品公司领导，公司副经理兼任肉联厂厂长，对外挂“沂源县食品公司肉联厂”的牌子。1985年，肉联加工厂投资60万元，扩建冷库储藏能力350吨，总储藏能力达850吨。1986年，肉联厂增设制药车间，生产胆红素、肠衣肠沫，并建成面积2000平方米畜禽车间。1987年，扩建冷库1座，容量500吨。

1983年10月，食品公司建成1760平方米3层办公大楼。1984年，县食品公司增设南麻食品站。全年实现利税128.8万元。

1986年3月8日，山东省临沂市罐头厂和山东省沂源县食品厂签订联营合同书，对罐头生产实行联营，工厂全称为国营山东省沂源县食品厂，以沂源县食品厂管理为主，临沂市罐头厂给予技术指导和协助管理。县食品公司撤销东里食品站，鲜蛋仓库与暖鸡房合并为禽蛋经营部。1988年4月，沂源食品罐头厂并入食品公司。1989年3月，划归县畜牧开发公司，当年开办利源宾馆、汽车大修厂等企业，建成容量150吨水果蔬菜恒温库。

山东省沂源县食品公司 1989年5月16日，

国营山东省沂源县食品厂职工合影（1986年）

成立山东省沂源县食品公司，核准日期为2001年3月26日。1990年底，共有干部职工266人，固定资产净值449万元。1998年，进行产权制度改革，全部实行股份合作制改造。县食品公司作为商业系统的主要企业，于2001年6月破产后整体转让给海达公司。

业务经营

家畜家禽饲养与繁殖 沂源县地处沂蒙山区，群羊放牧和养猪都有着悠久历史，过去主要是群养沂蒙黑山羊、本地猪和华北型黑猪。1949年，全县存养牛、马、驴、骡1.2万头，猪3.78万头，羊2.48万只，家禽22万只，以后逐年上升。农民还养鸡养鸭，靠饲养家禽来补贴家用，因此当地农民有“鸡腚眼里是小银行”之说。养鹅较少，有“家有万担粮，不养脖儿长”之说。过去市场自由交易、随行就市，有的以蛋换物，有的货币交易，鸡蛋市价较低，每斤鸡蛋价值几厘至1分钱，有“鸡蛋换盐两不找钱”（就是一把子鸡蛋是10个，换1斤盐）的说法。

1952年，国家投资在沂源县南麻东鱼台、东里后水北设绵羊人工授精站后，多次引进“考力代”“美利奴”种公羊，通过人工授精杂交改良本地绵羊。1954年，广北农场4次引进“考力代”种公羊24只，增设东赵庄、南岩等配种站。1955年，县兽医站在南麻二郎山下建起养猪场，引入少量“约克夏”“巴克夏”纯种。大牲畜发展到2.09万头。

1955年以前，家畜家禽全都是农民户养私有。从1956年农业合作化开始，大牲畜统归集体所有，农户只养猪、羊、禽等，大牲畜数量有所下降。1957年，全县山绵羊发展到11.96万只，全年收购山羊板皮5097张、绵羊皮3931张。

1958年，集体饲养业兴盛，大牲畜、母猪、羊等都归集体饲养，出现了公社、大队、小队的众多羊群、养猪场，社员只准养肥猪、家禽等。商业局投资18万元，新建鲁山畜牧繁殖场，从外地调进良种牛、马、猪及“考力代”羊，以养马为主。1959年后，人民公社允许社员私养羊。1959—1961年“三年困难时期”，家禽存养量略有下降。1961—1962年，全县生猪70%为引进良种或其杂交后代。

1962年，绝大多数集体把羊群分散给社员喂养，规定所有权归队，社员饲养记工，繁殖有奖。1963年后，随着汽车运输的发展，马、驴、骡数量逐渐减少，而牛的数量逐渐增加。1965年，接收县农业局在涝坡河的仔猪繁殖场1处，引进“荷兰杂山猪”“长白”“荣昌”等优良品种。建起暖鸡房，引进寿光鸡，大力发展养禽业。1966年，全县集体养猪达到高峰，存养3.32万头，占全县总存养量的30.5%。1967年，养羊业开始发展。1969—1970年，由内蒙古自治区调入“美利奴”及“考力代”杂种羊1550只，由黄河农场调入数十只“考力代”纯繁，改良本地羊。

1970年后，农业机械化程度逐年提高，出现了弃牛买机的现象，大牲畜数量连年下降。1975年，县食品公司大力发展生猪生产，全县雇佣30名养猪事业管理员专门管理发展养猪，还发展了一批养猪基点队，大力推广“糖化”“发酵”“三青”（采青、打青、吃青）和长效发酵等科学喂猪法，并从外地购进优良种猪，培养优良品种，配备专职兽医员，配合农牧部门加强防疫治病，开展“猪医生”活动。1976年后，养羊业长足发展。1979年，县食品公司在张庄、唐山、悦庄、南麻建成4处现代化暖鸡房，派人到日照、临沂、沂南等地取经并请来师傅传授技术，结束历史沿用的土炕孵化的落后办法，掌握了电孵和架孵现代化先进技术，扩大了家禽孵化，4处鸡房年产小鸡40多万只。为改良种鸡，县食品公司从临朐县引进良种鸡“莱克航”（来航鸡）。同时，扶持良种蛋大队12个，建暖鸡房、养鸡场各1处，并在北埠东、盛家庄、沙岭子、涝坡河4个大队设良种鸡基地。

党的十一届三中全会后，农业实行责任制，家畜家禽养殖业发展迅速。1980年，实行生产责任制，土地承包到户，大牲畜分到组、户或作价归个人。农村陆续出现饲养鸡、鹅、猪、羊、兔的专业户、单户或联户经营，经营方向转为以盈利为目的的商品生产。县食品公司建养鸡场，从山东省禽科所引进意大利培育的新品种“星杂288”良种鸡，其特点是“鸡小产蛋多，超过来航鸡”，又引进良种“红玉鸡”，群众称赞说：“来航鸡，真正好，能吃草，产蛋早，下蛋大，歇窝少，一年能产200个蛋，对国家贡献大，对个人收入高。”设张庄、唐山、悦庄3处暖鸡房，年孵化小鸡40万只，从此养禽业迅速发展，并有了养禽专业户。1982年，县食品公司建暖鸡房3处，全县共建暖鸡房27处，年孵化小鸡117.7万只。实行生产责任制后，国家允许个人屠宰销售生猪，集体养猪场全部解体，打破国营食品公司独家经营格局，彻底解决了持续多年的吃肉难问题，市场肉品供应充足。燕崖公社建奶牛场1处，虽出现了养牛专业户，但仍发展不快。1983年，在燕崖西岭建起沂源县乳制品厂，再次引进奶山羊。1984年，全县山（绵）羊存养量略有回升，奶山羊1570只，繁殖母羊1084只，年底存养细毛羊及其改良羊0.36万只，半细毛羊及其改良羊0.42万只；养鸡专业户179户，年底存养鸡132万只，良种鸡占70%以上；鸭5.46万只，鹅10.2万只；全县奶牛25头，年底牛存养量0.58万头；马、骡绝迹，驴仅存40头；全县生猪存养量达到17.6万头。

生猪、鲜蛋等收购与销售 新中国成立初期，沂源县养猪业一直处在自然发展状态，生猪购销大都是通过市场，由私营屠宰户自由收购、宰杀、销售，国营商业部门只收购极少部分运往城市。

1953年，生猪收购业务由供销社代办，食品收购组只负责生猪调拨中转业务，因对外调拨全是

20世纪50年代赶猪

活猪，需人工步行运到博山。1955年，沂源收购组增加了鲜蛋经营业务，由供销合作社代购（委托供销合作社代办到1984年），采取报账制，国营商业开始对鸡蛋实行派购政策；7月，实行生猪派养派购制度。下半年，屠宰业以所在地供销合作社所辖地为单位，实行全行业合营。1956年7月18日，调整生猪收购价格，采用“以出肉率定等，按毛斤计价”的办法。1957年3月1日，调整生猪收购与猪肉销售价格。国家为增加农民收入，4月1日，第一次调整鸡蛋价格；7月10日，第二次调整鸡蛋价格。

“人民公社化”后，1958年4月20日，农副产品订购推行合同制度。国营食品公司对生猪实行统一收购，生猪收购发放预购定金，禁止个人购销。6月，除南麻站外，将猪、牛、羊、禽蛋等一切购销业务，以及下设的其余3个食品收购组全部交给当地供销社，食品经理部只负责外调中转业务和南麻住地食品购销业务，生猪全部由集体饲养。11月1日，将生猪收购由原来的“以出肉率定等，按毛斤计价”办法改为“以斤重定等，按毛斤计价”办法，并将原来3个收购价改为全县统一价。

“人民公社”大食堂时期，适逢三年困难时期，粮食紧缺，养猪极少，集体饲养出肥减少，肉食供应紧张，1959年，开始实行发票供应。1960年，粮库奇紧，养鸡量下降，鸡蛋收购任务未完成，生猪出肥率仅占总存养量的10%。此时对养猪实行“少杀多繁、繁殖第一、出口第二、消费第三，先城市、后农村”的供应办法。1961年5月1日，全县生猪、鲜蛋收购价格上调。对鲜蛋实行按比例收购政策，按照鲜蛋收购计划，规定每只鸡交售2斤鲜蛋，并把收购计划分配到各个基层供销合作社，由采购站和各门市部负责收购，采取边贯彻政策、边摸底、边收购、边奖励的“四边”收购方法。

1962年，恢复生猪派购，实行包购超额奖励合同制。后来又实行计划内“售一留一，购留各半”和“议价收购”两种办法，生猪收购实行“三兑现”，即“现金、饲料、布票”当场兑现，生猪出肥率大为好转。鲜蛋收购开始实行对农民养鸡户造册

20世纪70年代南营养猪厂

发证，规定每只鸡全年交售鲜蛋1公斤，持证售蛋，奖售18种工业品（红糖、白糖、茶叶、卷烟、火柴、煤油、针、线、顶针、剪刀、镜子、搪瓷面盆、暖水瓶、水瓶胆、鞋钉、胶皮掌、肥皂、香皂）。1963年，山东省食品公司沂源县公司收回下放给县供销合作社经营的猪、牛、羊、禽蛋经营业务（鲜蛋仍由供销社代购），恢复“一条边”经营。鲜蛋收购工业品奖售只保留红糖、白糖、暖水瓶、茶叶4种。8月6日，生猪收购恢复“以出肉率定等，按毛斤计价”的办法。全县对副食品业务（猪、羊、蛋、菜牛、家兔等）实行固定设点和定期定点流动收购相结合的办法，改变购一留一和返还肉票的做法，派购任务由生产队包干，固定到户。

随着生猪出肥量逐渐增加，1964年停止实行“售一留一”和“议价收购”等办法。1965年，对生猪实行“公私并举、队繁户养，以户养为主，两条腿走路”的方针，全县推行“户养猪，队包圈，集体推土专人垫（垫栏）”，生猪出肥量急剧上升。由于外调渠道不畅，肉品内销出现积压。为解决积压问题，在全县设60处猪肉代销点，采取就地购宰、就地销售的办法，发动各食品站积极推销猪肉。

“文化大革命”开始后，鸡蛋、生猪取消派购，实行统一收购。1966年6月，县食品公司增加水产品及食盐批发业务。1971年，食品站增加县供销合作社交来的水产、食盐经营业务。鲜蛋恢复派购政策，仍由基层供销社代购。生猪收购实行奖励化肥的办法，每卖给国家1头肥猪，奖给标准化肥25斤（如尿素），一直持续到1984年。1974年3月1日，对鲜蛋收购实行优待用糖的办法，每收鲜蛋1斤，优待食糖2两。1975年，为完成鲜蛋收购任务，各基层社、门市部从农村雇佣部分鲜蛋收购员（提成2%的手续费）。

1976年，又开始对鲜蛋实行派购，对肉食定量供应。1977年，生猪恢复派购政策，将每售1斤生猪奖粮食3.5斤改为3斤；鲜蛋收购停止奖售工业品。1978年1月1日，对鲜蛋收购实行补助化肥的办法，每收1斤鲜蛋补助化肥半斤。1979年，党和政府鼓励农民饲养家禽，再加连年粮食丰收、饲料充裕，鲜蛋收购工作顺利。全县增设代销点50处，共有肉食代销点110多处，采取每卖1斤猪肉补1分钱的办法，扩大猪肉销售。1979—1980年，实行国家补贴，降价销肉，两年降价补贴金额114.8万元。1980年，县食品公司撤掉养猪场，全县雇佣30名生猪派养派购管理员，负责生猪饲养管理和委派收购工作，将每售猪10元奖布票1尺，改为每售1头猪奖布票2尺，售猪奖粮至1984年底停止实行。3月，提高粮食、油脂、油料、生猪、菜牛、菜羊、鲜蛋、蔬菜、水产品等18类主要农副产品收购价格。11月，提高猪肉、羊肉、牛肉、禽、蛋、蔬菜、水产品、奶制品8种副食品销售价格。1981年2月15日，对队宰分食生猪停止奖售粮食和布票。

肉联加工厂建成之前，沂源县的生猪宰杀一直沿用人工宰杀、拔毛、开膛、打半的老办法，不能储存，一般是现宰现销。肉联加工厂建成后主要分冷库和屠宰两大类，生猪从刷洗、电麻、宰杀、打毛或剥皮、开膛、劈半、分割、检验、入库全部采用半机械化操作流水作业线，每班可加工生猪30头，主要加工白条肉、肥瘦分割肉和白条鹅、鸡肉，并对外调拨。1982年11月，沂源县食品公司全年交售鸡蛋突破50万公斤，达到历史最高纪录，因鸡蛋收购成绩显著，受到商业部表彰。1983年10月1日，取消特等猪收购价格和调拨价格。10月18日，调整生猪等级差价，将“出肉率定等，毛斤计价”改为“毛重定等，出肉率定级，毛斤计价”。1984年，食品部门坚持生猪宰杀平肚过秤，饱肚宰后按出肉率定等级，并允许养猪户跨区乡交售肥猪。

1985年，国家放开生猪、鲜蛋市场，停止派购，撤销代销点，对生猪、鲜蛋购销业务全部放开，允许自由经营。鲜蛋、生猪由二类农副产品变为三类农副产品，由计划价格变为指导性价格。当年临沂地区分配沂源县扶持生猪生产饲料粮5800吨，收购生猪55970头。1986年，规定农民交售肥猪1头，奖励平价饲料小麦50公斤或标准面粉45公斤，对边远乡镇农民每交售1头肥猪奖励平价小麦75公斤或标准面粉65公斤、配合饲料113公斤。1987年9月1日起，农民向国家交售1头肥猪奖励饲料75公斤。全县乡镇食品站实行自主经营，自负盈亏，独立核算，采取自购、代购多种形式收购，全年收购生猪46790头。1988年，取消售猪奖饲料，农民自由交易，国营食品部门实行议购议销。全县80％的生猪加工销售业务由私人承担。

进入20世纪90年代，全国生猪市场疲软，生猪经营跌入低谷。1990年，县食品公司对13个食品站采用“包死利润超额分成，不足自补”的承包方式，改独立核算为报账制。年底总销售额1391万元，全年亏损70.9万元。国营食品部门收购生猪19962头，比1985年减少36008头，仅占1985年收购量的35.6％；收购鲜蛋176吨。1991年4月3日，确定在全县推行“定点屠宰、集中检疫、统一纳税、分散经营”的生猪市场管理办法，有效杜绝病死变质猪肉上市。

沂源县蔬菜公司

概况

沂源县蔬菜公司，位于沂源县城振兴路57号，前身是沂源县蔬菜果品公司，成立于1960年11月15日，1998年改制，注册资本50万元，主要经营日用杂品、日用百货、服装鞋帽商品批发零售和营业房出租、物业管理。副食品、粮油食品、熟食、生猪肉零售等由分公司经营。

1977年，被临沂地区商业局评为“双学”先进单位。1982年，被临沂地区商业局评为“五好”企业。1985年，被临沂地区商业局评为先进单位。

发展历程

沂源县杂货蔬菜经理部　1957年7月1日，沂源县服务局以食品公司、专卖公司为基础建立沂源县食品经理部、沂源县烟酒糖业经理部、沂源县杂货蔬菜经理部。

沂源县蔬菜果品公司　1960年11月15日，成立蔬菜专营机构——沂源县蔬菜果品公司，隶属县商业局，下设悦庄、鲁村、南麻、东里4个采购供应站，负责干、鲜菜收购供应和外调支援灾区。

1961年9月20日，“商社分立”后，撤销沂源县蔬菜果品公司，蔬菜业务划归山东省蔬菜果品公司沂源县副食品公司兼营。1965年，县副食品公司设蔬菜收购供应站，实行独立核算，建8间蔬菜门市部，设土门蔬菜门市部，由蔬菜站收购供应蔬菜，实行议购议销。1966年开始，全县先后建立7处蔬菜基地，包含64个菜园，面积858亩（包括三线厂商店菜地4处358亩），发展39个大队500亩蔬菜基地，专业菜队日渐增加。

1969年1月，县蔬菜果品业务划归县供销合作社土产公司经营。1972年4月，沂源县蔬菜果品公司重新成立，隶属县供销社，接收县城和土门2个蔬菜门市部；12月，沂源县土产杂品公司将蔬菜、果品业务交给县蔬菜果品公司经营。

沂源县蔬菜公司　1976年7月1日，蔬菜经营与果品经营分设，果品业务划出，正式成立蔬菜专业公司，改称沂源县蔬菜公司，隶属县商业局。同时增设土门二厂蔬菜门市部。

1977年，县蔬菜公司将土门一厂、二厂蔬菜门市部交给鲁山商店。1980年2月，县蔬菜公司接收了土门一厂和红旗商店2个蔬菜门市部；9月，在县城增设第二、第三2个蔬菜门市部；10月，增设东风化肥厂蔬菜门市部。1981年3月，设立沂源县商业信托贸易公司，主要批发烟酒糖茶、调料、针织等。1982年，县蔬菜公司接收土门二厂蔬菜门市部，增设土门蔬菜门市部。1984年10月，县蔬菜公司增设新华药厂蔬菜门市部。年底，县蔬菜公司下设贸易、蔬菜2个批发部，辖县城及厂矿8个蔬菜门市部（土门一厂、土门二厂、红旗厂、东风化肥厂、新华制药厂，南麻3个店）和沂源县商业信托贸易公司，干部职工80人，蔬菜专业基地900亩，农兼菜2个大队74亩。

1986年，县蔬菜公司增设3个批发点、蔬菜公司综合商店和商场餐馆，建零售门市部10间，撤销红旗厂、东风厂2个蔬菜门市部。1988年，县蔬菜公司将公司机关房地产转卖给沂源县啤酒厂，新华制药厂蔬菜门市部改称“蔬菜公司第二商店”。1990年底，县蔬菜公司下设蔬菜一、二、三店，综合商店，副食品商店，土门蔬菜门市部及2个批发部和1处商场餐馆，共有干部职工87人，固定资产净值31.6万元。

实行家庭承包责任制以后，一家一户的家庭生产遇到了许多新问题，广大菜农迫切要求建立一个自我服务的组织。1988年6月6日，商业局、科协、农协、蔬菜公司顺应蔬菜体制改革的要求和广大菜农的意愿，联合成立县蔬菜协会。把全县17个乡镇蔬菜的产、供、销纳入协会的工作范围。协会下设技术咨询、良种繁育和物资调剂3个专业组，具体负责有关业务。

沂源县蔬菜副食品有限公司　1998年，进行产权制度改革，县蔬菜公司实行股份合作制改造。9月23日，沂源县蔬菜副食品有限公司成立，具有7处分支机构。

2003年，开始企业“二次改制”和破产重组工作，2004年底全部完成。从2005年开始，沂源县蔬菜副食品有限公司每年接受1次商贸公司的审计。

2021年7月，县蔬菜副食品有限公司管理关系由原县商贸中心调整至历山街道，实行属地管理。

业务经营

1953年前，沂源县无蔬菜经营机构，市场蔬菜由农民自产自销、随行就市，淡旺季悬殊。1954年起，县供销合作社组织农民种菜，并收购经营，供应县城非农业人口用菜。

沂源县蔬菜果品公司主要经营县城干、鲜菜及调料品供应等，收购方式是随行就市、议购议销。1966年开始，蔬菜购销执行国家牌价，但产销悬殊差大，每年都要从外地调进部分白菜、萝卜供应市场。蔬菜种植公司安排落实生产计划，所产蔬菜统购包销。在供应上，本着“就地生产、就地供应、少量购进”的原则，除了4个三线厂远离县城，蔬菜供不应求，需要每年外调部分蔬菜外，县城供应基本满足。到1976年，仅大葱、生姜、大蒜及少量细菜需要部分调进。

沂源县蔬菜公司成立后，在人力、物力、技术上大力支援菜农，开始推广短期覆盖、早春阳畦育苗、露地栽培和塑料大棚等新技术，每年从外地购进苇毛竹架、优良菜种、低毒防病治虫农药、架菜杆等支援蔬菜生产，指导菜农少茬变多茬、粗菜变细菜，多产菜、产好菜。同时，国家每年按每亩菜地150斤的标准下拨化肥，1981年增到300斤，蔬菜生产有所发展，蔬菜生产和供应基本实现蔬菜淡季不淡、旺季不烂，全年均衡上市。1979年4月，县政府批准南麻公社一、二、三大队和黄庄公社西冶大队社员为菜农，900亩农田转为商品菜地，原来的蔬菜基地除保留东埠村、鲁村、王家石沟3个大队实行厂队挂钩外，其余全部退菜还农。县城及东风、红旗各蔬菜门市部以经营蔬菜为主，兼营烟酒糖茶、小食品等业务。

1981年起，县蔬菜公司对蔬菜基地实行“统购包销”“大管小活”的同时，实行店队挂钩，产、供、销“一条龙”。菜农把菜直接送达各菜店，减少中转环节，降低消耗，让消费者吃上鲜菜。1983年，县蔬菜公司本着产大于销、均衡上市的原则，与菜农实行“五定”合同制，即定面积、定品种、定数量、定质量、定时间。菜农交菜，公司按国家价格政策，坚持以质论价。公司按政策与菜农制定蔬菜保护价，每亩收入不低于200元，保证菜农收入，调动菜农积极性。如菜农按计划种植蔬菜，遇到生产过剩时，公司实行“返销倒挂”，执行国家补贴的办法，补贴给菜农所损失的款额。国家每年拿出部分资金补贴政策性亏损，保证菜农合理收入和消费者利益。

1984年，沂源县蔬菜公司改变“统购包销”的蔬菜收购办法，与菜农实行“四定”，即定品种、定数量、定质量标准、定交售时间。公司内部实行月计划、旬安排，五日一统计，一日一通知（通知菜农交售品种、数量、交售地点、时间），并规定菜农完成上交任务后，允许上市出售。年底，南麻蔬菜一店兼营副食品、烟酒糖茶和土产杂品等，蔬菜店和市场的蔬菜品种多、数量大、质量好、价格稳定。

1985年1月，国家全面放开蔬菜市场，由市场调节供需。县蔬菜公司实行体制改革，制定改革措施，实行利润承包，停止派购蔬菜。菜组实行店队直接挂钩，业务股只管分配业务、找货源等，门市部直接收购、结算，减少流通环节，降低损耗，纠正大呼隆、吃大锅饭的现象，调动广大干部职工的主动性，经营作风转变，经济效益提高。

1986年，县蔬菜公司采取厂方门市部和三零门市部“自劳自食”、其他门市部和贸易公司“利润承包、超额部分五五分成”的办法，并与各单位签订了承包合同。菜组实行“一人一杆秤，一人一钱盒，一日一清、一日一结算”的办法，达到了“人人爱心经营、主动招揽业务、四处打捞货源、延长营业时间、增加花色品种、增强竞争能力”的目的。

蔬菜公司门市部（2020年）

至1990年，全县除大葱、生姜、大蒜和少量细菜需调入外，其余达到自给自足。1990年底，县蔬菜公司经营品种达2000余种，年销售额227.1万元，上交利税47万元。2008年，县蔬菜副食品有限公司投资300万元将原蔬菜一店全部推倒，建设营业面积为3200平方米的综合楼，通过招商引资成立春天服饰广场，并于6月25日开业。

沂源县副食品加工厂

概况

沂源县副食品加工厂，位于县城荆山路，属县商业局的商办工业企业，主要生产糕点、酱油。1975年正式成立，前身是县供销合作社东里糕点加工组，后更名为沂源县糕点加工厂。2004年底，改制为股份制企业。

发展历程

东里糕点加工组 1953年6月，县供销合作社在东里店成立东里糕点加工组，技术职工12名；9月，糕点加工组迁入悦庄。1955年，糕点加工组搬入县联社大院，人员增加到16人。下半年，酱园、糕点等副食品加工业实行全行业合营或直接改造，成为供销合作社的糕点、酱园加工厂。1957年1月，糕点、酱园加工厂划归沂源县服务局统一核算。

沂源县糕点加工厂 1957年9月，糕点加工组迁入南麻新厂址，正式更名为沂源县糕点加工厂。1958年6月，“商社合一”，取消公司建制，沂源县糕点加工厂成为独立单位，由县商业局加工企业科领导，隶属县商业局，有干部职工50人。

1961年9月，“商社分立”，恢复公司建制，糕点加工厂划归山东省蔬菜果品公司沂源县副食品公司，由公司统一核算。1966年，副食品公司并入百货公司，成立副食品商店，经营副食品。1969年1月，沂源县百货分站、沂源县百货商店、沂源县副食品商店3家合并改称沂源县百货服务站。沂源县糕点厂划归沂源县百货公司，酱菜划归县供销合作社土产公司。1972年1月，复建沂源县副食品公司，糕点加工厂归其管理，糕点酱园划归沂源县副食品公司。

沂源县副食品加工厂 成立于1975年，隶属沂源县商业局。1977年7月，沂源县副食品加工厂从县烟酒公司分出，成为独立企业，直属商业局。1982年10月，厂办公大楼落成使用。1991年4月，沂源县副食品加工厂隶属县经委领导。1998年，进行产权制度改革，实行股份合作制改造。2003年起，开始企业“二次改制”和破产重组工作，到2004年底二次改制工作全部完成，转变为股份制企业。2021年7月，企业管理关系、党组织隶属关系由原县商贸中心调整至历山街道，实行属地管理。

沂源县副食品加工厂

业务经营

东里糕点加工组以糕点加工为主，生产油果、薄脆、炒糖、饼干、桃酥、酥果等糕点，日产125公斤。1955年，日产400公斤，逢中秋节招聘技术人员，加工月饼、炒糖等。1956年，增加酱油、醋、蔬菜加工业务，生产酱油、食醋和酱腌菜（杂菜、辣疙瘩）3个品种，酱油大锅蒸料，大缸天然发酵，发酵周期12个月，用压榨法生产，日产量250公斤。

随着市场需求的增大，糕点加工厂扩大厂房，1957年将土炉改为煤烧回龙炉，生产15个品种，日产量600公斤。1958年，糕点加工有炉货、炸货、小食品（明姜片、山楂糕等）三大类，生产50多个品种，日产量900公斤。1967年，沂源县糕点厂搬入县城螳螂河东岸新厂址，建成27间624平方米酿造车间，增加部分设备，改小压榨为大压榨，日产酱油500公斤，酱腌各种咸菜从无到有、从少到多。1970年，酱菜生产大量增加，有发酵豆腐乳、豆腐干，酱腌虎皮卷、藕、黄瓜、海带、豆角、花生仁、核桃仁、蒜苔、包瓜、蒜、姜、菜椒、辣疙瘩头及糖蒜、醋蒜、甜酱、豆瓣酱、辣椒酱等30多种。

20世纪50年代，开始技术革新。1959年，沂源县糕点厂将手摇压面机改为电动式，时值三年困难时期，原料奇缺，用瓜干面、玉米面、玉米骨头、淀粉、枣泥做各种糕点的原料馅子，以减少用粮比重，节约粮食。

1972年，新建24间554平方米饼干车间，购进冲压式饼干机1台，改变了历史上沿用“一把模子，一把刀，一根棒子敲”的落后加工方式，工效提高5倍。更新3万大卡冷冻机1台，日产冰糕3万支，年产153万支。1975年，副食品加工厂主要生产糕点、酱油。酱菜加工酿造车间安装0.5吨小锅炉1台，从此用汽蒸料，改变历史沿用的大锅土炉蒸煮的落后方式，日产酱油800公斤。

20世纪70年代末期，逐步实现半自动化生产。1976年，安装糖果机1台，糖果生产实现机械化。酱菜加工酿造车间由加温发酵改为浴池无盐发酵，日产酱油1000公斤。1977年3月，酱菜加工酿造车间更新旧锅炉，新安装2吨卧式锅炉。酱油生产工艺由压榨改为淋油，日产酱油2000公斤。1979年，该厂自行设计建成一座班产3500斤左右的糕点远红外线烘烤炉，改变落后的爆炉土灶，更新上海产滚筒式506型饼干机。1983年，开始使用先进电动和面机、压面机。饼干、桃酥等主要产品的加工全部实现半自动化和机械化，年产能200万公斤。开始生产冷饮汽水。生产品种常年保持在20个品种，年产糕点55万公斤、糖果4万公斤、冰糕150万支。1984年，新建1015平方米三层酿造大楼1幢，安装双轨航车1台，配套原料粉碎、通风制曲、水池发酵、淋油出渣的机械化操作一条龙流水线，彻底改变以往大锅蒸、缸发酵、肩抬人扛的生产状况，能够生产甲乙两级酱油、食醋、各种酱腌杂菜及辣疙瘩咸菜等。

产品质量不断提升，在各级食品评比中连获佳绩。1981年12月，沂源县副食品加工厂生产的马蹄酥在临沂地区评比中获得第一名，在省评比会上被评为山东省优质产品第一名，荣获临沂地区优质产品证书、省优质产品奖。1983年，沂源县副食品公司生产的“精粉盒装月饼”在全区月饼评比中被评为第一名，白糖月饼被评为第二名。1984年，沂源县副食品加工厂产的普通饼干、马蹄酥被临沂地区商办食品评比会评为全区质量第一名、全省第一名；经济饼干在临沂地区质量检查中被评为第一名，并办理了国家注册商标。1985年，沂源县副食品加工厂生产的酱油和糕点桃酥在临沂地区质量检查评比中获第一名。1990年，沂源县副食品加工厂生产的一级酥皮月饼，在淄博市商业系统产品质量评比中获得第一名。

1985年，新建山东沂源食品加工厂被列入沂源县重点项目，6月开工，到1987年底建成，占地43.58亩，建筑面积7000平方米，配套500吨冷库、4吨锅炉，打机井1眼，超50立方米水塔1座。主要生产各种肉禽、水果罐头、酸枣汁等果汁饮料、果酒、花生酥糖、硬糖块等，年生产能力3000吨。1987年，各种肉禽、水果罐头、果汁饮料、果酒糖果40多个品种的产品，销往全国8个省，产值400万元，利税40万元。1990年，年产各种糕点253吨，酿造产品1370吨，商品销售额185.9万元。

1993年，县委、县政府决定以沂源县食品加工厂为依托建立汇源食品饮料公司，为汇源公司的发展奠定了良好的基础。

汇源食品饮料公司（1996年）

沂源县饮食服务公司

概况

沂源县饮食服务公司，位于县城振兴路，正式组建于1961年，是在对全县私营饮食业户进行改造的基础上逐步过渡为合作社，最后成为国营公司，业务范围涵盖饭店、旅馆、理发、照相、修表、浴池等多种项目。

发展历程

1957年前，沂源县饭店、旅馆由县供销合作社经营，照相、理发、刻字由县贸易公司管理。1957年1月，县服务局成立后，以上项目全部划归县服务局。1958年6月，“商社合一”，取消公司建制，饮食服务归沂源县商业局生产企业科领导。1960年6月1日，沂源县商业局生产企业科改称加工服务经理部。

1961年9月，商社分立，恢复公司建制，沂源县饮食服务公司正式成立。1967年2月，沂源县饮食服务公司改称沂源县服务总店。1971年7月，沂源县服务总店改称沂源县饮食服务公司。

1998年，进行产权制度改革，实行股份合作制改造。8月，饮食服务公司改制为有限责任公司，选举产生第一届董事会、监事会。2003—2004年底，饮食服务公司完成企业“二次改制”和破产重组工作。

业务经营

解放前，沂源境内的饮食业，集中在南麻、鲁村、东里等集镇。1944年建县，南麻恢复三、八集期，县政府迁往南麻城后，南麻成为全县政治、经济、文化中心，每逢大集，百工杂货，争相云集，货郎掮客，错杂其间，秋后旺季，集人更盛，饮食业逐渐兴旺。

饭店　旅馆　新中国成立后，沂源县的饭店、旅馆最早由供销社经营。1954年，国家开始对私营工商业进行社会主义改造，组织起来走合作化道路。全县有私营饮食业户562户、从业人员656人，少数兼营旅店。1955年，对私改造进入高潮。6月，在南麻以3家小饭店为基础吸收部分个体饮食户参加，成立第一家合作饭店，后又组织南麻、东里、悦庄、石桥、三岔、燕崖等11个合作饭店103人，合并饭摊和饭棚，组成27个饮食合作小组，计153人，总计256人，占饮食业人数的39%。下半年，饮食业采取了“一区一店”、大集设店的办法，全行业改造为供销合作社饭店。1956年，合作饭店及合作小组过渡到供销合作社。2月，第一个合作饭店过渡为南麻供销社饭店，时称大众饭店，归南麻供销社领导，成为沂源县第一家国营饭店。经社会主义改造后，私营饮食业户或退商还农，或进入合作饭店（组），或成为国营饮食业加工代销户，加工经营萝卜丸子、水煎包、面条、油条、火烧、大饼等。

1958年，商社合一后，紧接着国家进入经济困难时期。粮食供应紧张，经营品种减少，以地瓜面、小米饭为主，细粮罕见。每天按定量售饭，饭菜有平价、议价、高价，贵贱不等。成立高价菜馆，专营高价菜、高价白酒。1964年起，粮食供应逐步好转，经营品种日渐增加，营业规模逐渐扩大，大众饭店为支援三线厂，在土门设饭店1处。1971年，将土门饭店交给县供销合作社经营。

20世纪70年代，国营沂源第二饭店

1965年，在南麻建旅馆兼饭店1处，称第一饭店，设沂源第一旅馆。1967年，沂源第一旅馆扩大到100个床位。1969年，第二饭店开业，可容纳130多人就餐，撤销旅馆内饭店。1972年，新建第二旅馆开业，设床位150余个，2处旅馆共有床位250余个。1973年9月，第三饭店开业，可供60多人就餐，兼营旅馆。1974年，第一旅馆合并到第二旅馆。1979年，“回民饭店”建成，经营牛肉、羊肉、水饺、油条、大蒸包等，方便少数民族群众就餐。

改革开放后，全县乡镇、交通道口、公路沿线均出现饮食业，南麻一村、二村、三村、北麻、吴家官庄等村集体、个人在县城开设饭店、菜馆8处，第一饭店迁入车站东侧新址，个体饮食、熟食户如雨后春笋日日增多，展开竞争，随行就市、议购议销、灵活经营、逢集日摆卖熟食的摊户节节相连，各种饭食、佳肴皆有出售，生意兴隆。

国营沂源回民饭店（1979年）

1980年10月，服务公司旅馆大楼开业，时称沂源宾馆，建筑面积4000平方米，床位526个，附设旅客食堂、小卖部，食堂承包酒席。1984年，沂源县城共有大小饭店、菜馆24处（国营5处、村镇8处），除个体户外，从事饮食业共有283人，饭店规模尤以国营最著。县直各单位各乡镇相继开办旅店、宾馆，先后建成县委招待所、楼外楼宾馆、泰薛宾馆、荆山宾馆、粮食宾馆等规模较大、设备较先进的宾馆。多家行政事业、企业单位建有招待所，对外营业。饮食服务公司共有旅店、宾馆5处，照相馆2处，浴池1处，理发3处，共有干部职工114人，经营面积10690平方米。

1985年，实行产业体制改革。根据行业不同，对旅馆实行“国家所有、集体经营、照章纳税、自负盈亏”的经营责任制，民主选举经理，实行经理负责制。通过改革，调动了干部职工的积极性，经济效益显著提高。全县饮食业户发展到793户，从业人员1176人，营业额211万元。1987年，所有权、经营权分离，改革为各项工作带来新变化。作为商业改革起步最早的试点单位，饮食服务公司所属8个租赁企业积极改造服务设施，增加服务项目，当年实现营业收入119.65万元、利税17.67万元，创历史最高水平。沂源宾馆人均劳效跨入全区县级局行业第二位。

1991年3月—1992年4月，沂源饮食服务有限公司投资180万元装修沂源宾馆。1993年初，转换机制，对一、二饭店等小网点实行租赁经营，扭转了亏损局面。1994年，投资30万元对沂源宾馆餐厅部进行装修。1995年，沂源宾馆重新改造装修，增加高档客房，并在南麻大桥西新建西苑宾馆。1996年，拆除原第二饭店，投资170万元建造沂源商行，建筑面积1800平方米；投资30万元在沂源宾馆院内成立沂源宾馆面点“饺子王”。1997年，沂源商行竣工开业；饮食服务公司投资50万元建成美食城。

1998年10月，公司收购原县建筑公司的“西苑大酒店”。1999年5月，投资600余万元，改建西苑大酒店，建成全县第一家集餐饮、住宿、娱乐于一体的高档次、综合性服务网点——沂源大酒店，营业面积3600平方米，分为地下1层、地上5层；8月，沂源商行一、二楼改组成沂源家电城，总投资150万元。

1988年10月，沂源家电城开业

2001年，服务公司拆除沂源宾馆浴池，利用沿街的有利位置，投资200余万元建成建筑面积2700平方米的万盛隆超市。年底投资60万元改建回民饭店，建筑面积650平方米。2002年，沂源大酒店（河西）对外承包。

2004年4月—2006年9月，拆除沂源宾馆，投资5000万元新建成沂源大酒店，建筑面积2.8万平方米，主楼地下1层、地上15层。11月，沂源大酒店正式开业，2007年销售额、利税等经济指标名列全县首位。沂源大酒店多次荣获“绿色旅游饭店”、淄博市餐饮业十佳品牌饭店、好客山东旅游服务名牌等称号。2017年11月17日，“四星级旅游”

20世纪90年代的沂源宾馆

沂源大酒店（2002年）

饭店正式挂牌。2022年8月，沂源大酒店被东方汇泉集团收购。

2011年5月，饮食服务公司投资建设沂源商务大厦。2014年，商务大厦建成并投入使用。

照相 理发 修表 1955年12月，成立合作理发店1处、照相馆合作小组1个。1956年2月，合作理发店、照相馆合作小组过渡到南麻供销合作社，8月划归沂源县贸易公司。1958年，合作理发店划归沂源县商业局，属国营商业。1959年，分设3处理发店，从业人员共有14人。1966年，集体理发店收为国有。1971年，县城增设第二理发店，两处理发店共有理发员8人。

1961年9月20日，沂源照相馆划归县服务公司并迁入新址，条件仍然简陋，用竹竿搭棚拍照，新增加油色像。同时，在照相馆内设钟表修理组，正式成立沂源县修表店。1963年，沂源照相馆开展流动服务，上山下乡，到全县600多个村庄，为社员群众照相，深受广大农民欢迎。1972年，沂源照相馆增加了电光照、生活照、艺术照、代冲胶卷等营业项目。1974年，沂源照相馆迁入第一旅馆旧址，照相馆自力更生制造出光电积分合成印相测报器，照片质量提高，工效提高5倍。1975年，沂源照相馆在东里、黄庄设2个服务点，定点定时为农民照相。

1972年，沂源县修表店从照相馆分出，成为独立修表店，1974年正式挂牌。1979年2月，隶属县服务公司的钟表修理铺划归县百货公司。1980年，增设第三理发店，县城个体理发店增至数十家。

沂源县艺影照相馆（1981年）

1983年，县城、乡镇的集体、个体私营钟表修理户、照相馆渐多，在规模、设备、技术、营业额等方面均超过国营。1985年，实行产业体制改革。饭店、照相、理发等7个单位实行个人租赁承包责任制，由个人承包租赁并签订合同。

浴池 1957年，县总工会发动县直机关财贸企事业工会集资建设澡堂1处。1958年1月，沂源县第一个澡堂开业，1972年10月迁入位于县城振兴路西首的新建澡堂，床位扩大到72个，男女池分设，安装0.7吨锅炉1台，用自来水，增加淋浴设备。1983年，澡堂拆除翻新重建，增设脚踏淋浴设施，安装2吨卧式锅炉1台，床位增至100余个。随着县城居民住房条件的不断改善，热水器、太阳能等家用洗浴设备日渐普及，中低档澡堂慢慢减少，高档洗浴开始出现。

沂源县烟酒公司

概况

沂源县烟酒公司，位于县城振兴路，主要经营烟酒糖茶等生活物资的批发零售。其前身为1955年在批发部的基础上成立的中国专卖事业公司山东省沂源县公司。几十年中，业务不断合并拆分，公司名称不断变更，从专卖事业分处、批发部、经理部、副食品公司到糖业烟酒公司等。

1981年，沂源县烟酒公司被临沂地区商业局评为全地区物价先进单位。1983年，沂源县烟酒公司第三零售店被评为临沂地区食品卫生先进单位。1990年，沂源县烟酒公司仓库被验收为全国“四好仓库”。

发展历程

中国专卖事业公司山东省沂源县公司 1951年1月，中国专卖事业公司山东省沂水专区沂源县专卖事业分处成立，这是沂源县第一个国营商业机构。1952年，在悦庄成立白酒专卖处，时称中国专卖事业公司山东省沂源县专卖分处。1953年，白酒专卖处改称中国专卖事业公司山东省沂源县批发部，并在东里、鲁村设2个批发点；12月，沂源县烟酒专卖事业分处批发部成立。1955年10月1日，中国专卖事业公司山东省沂源县公司在批发部的基础上成立。

烟酒糖茶经理部 1957年1月，取消公司建制，中国专卖事业公司山东省沂源县公司划归沂源县服务局，改称沂源县服务局烟酒经理部，下设东里、悦庄、鲁村3个分销处。同年，烟酒经理部从悦庄迁往南麻。7月，实行“政企合一”，成立沂源县食品经理部、沂源县烟酒糖业经理部、沂源县杂货蔬菜经理部。1958年，“商社合一”，沂源县烟酒糖业经理部并入县供销合作社，改称沂源县日用杂货经理部。1960年6月，改称沂源县商业局烟酒糖茶经理部。

中国糖业烟酒公司山东省沂源县公司 1961年

9月，“商社分立”，恢复公司建制，时称山东省蔬菜果品公司沂源县副食品公司。1963年，公司改称中国糖业烟酒公司山东省沂源县公司，水产品业务交给县供销合作社。

沂源县副食品公司 1966年，县糖业烟酒公司划归县百货公司，成立沂源县副食品商店。1969年1月，所属土门门市部、糕点厂划归县百货公司，蔬菜酱园划归县供销合作社土产公司，撤销县副食品商店。1972年1月，从县百货公司划出，复建公司，成立沂源县副食品公司。

沂源县烟酒公司 1976年，改称沂源县烟酒公司；7月，从县烟酒公司分出沂源县副食品加工厂。1978年5月，改称沂源县糖业烟酒公司；12月，成立山东省沂源县酒类专卖管理局，设在糖业烟酒公司内。1980年，烟酒办公大楼正式使用。1994年10月6日，烟酒公司与副食品加工厂合并。

1998年，进行产权制度改革，商贸企业全部实行股份合作制改造，烟酒公司拆分成4家企业，即糖业烟酒有限公司、商业大楼有限公司、友谊商场有限公司、鲁山商店有限公司。

业务经营

新中国成立初期，国家对酒类和卷烟用纸两类实行专卖管理。1952年，烟酒实行产销分设，从酒厂分出白酒专卖业务，在悦庄成立的白酒专卖处主要经营白酒中转、代批发卷烟业务。1953年，增加卷烟业务，批发兼零售。到1957年1月，共有烟、酒2个仓库，下设东里、悦庄、鲁村3个分销处，便于基层供销社及个体商户就近进货。烟酒经理部从悦庄迁往南麻，增设批发、零售门市部各1处，经营烟、酒、食糖、糕点等批零业务。东里、悦庄、鲁村3个分销处交给县供销合作社。

1958年，商业管理体制改革，商社合一，权力下放，取消白酒专卖，实行地产地销；6月，沂源县日用杂货经理部移交糕点、烟、酒、糖、茶批发业务，零售业务除烟酒糖茶外，新增加水产、果品、陶瓷、杂品等，经理部下设的分销处交给当地乡商店，乡商店由经理部实行统一计划，统一组织货源，统一分配供应。国民经济进入困难期，对白酒、糖果、糕点等实行高价供应。1960年6月1日，沂源县商业局烟酒糖茶经理部成立后移交水产、果品等业务，接收烟、酒、糖、茶批发业务。

1961年，商社分立。9月，山东省蔬菜果品公司沂源县副食品公司成立后接收蛋糕、酱园、水产业务，收回糕点、烟、酒、糖、茶业务，兼营水产业务，下设批发部、糕点和酱园门市部各1处，2个副食品门市部兼营蔬菜。1963年，白酒实行第二次专卖，中国糖业烟酒公司山东省沂源县公司在全县设白酒代销点297处，其中县城6处。

随着国民经济好转，1964年底，白酒、食糖、糖果、糕点执行中价，糕点免收粮票敞开供应。在县城新建蔬菜门市部8间，增设蔬菜站1个，独立核算，到公司报账。为支援“三线”，设立土门副食品门市部1处，兼营蔬菜业务。

1966年，实行批零分设，县百货公司只办理批发业务，烟、酒、糖、茶批发业务交给县百货公司，零售业务由沂源县副食品商店开展，下设糕点、蔬菜2个零售门市部，主要经营烟、酒、糖、茶副食品和糕点、蔬菜等。“文化大革命”开始后，取消个体商户，商品货源逐步紧张，大部分商品按计划分配。1972年1月，沂源县副食品公司主要经营烟酒糖茶、糕点、酱园、食盐等批零业务，下设2个零售门市部。同时接收南茶北移种茶管理业务，全县18个大队共种植195.5亩，年产茶叶2925斤。1976年，沂源县烟酒公司分出糕点、酱菜加工机构，主要经营烟、酒、糖、茶批零业务。茶园发展到1350亩，年产茶叶12950斤。

党的十一届三中全会后，多种经济成分的商业大批涌现。1978年，沂源县糖业烟酒公司交出白酒批发业务，建成2100平方米四层烟酒营业大楼。1980年，烟酒营业大楼兼营百货、纺织、五金交化。1983年1月，卷烟业务交给县烟草公司；9月，增设商品小额批发部，在草埠设批发部1处。1984年，开设鲁村、东里2个批发部，年销售额31万元。开设唐山、中庄、三岔3个委托批发部，帮助燕崖酒厂、悦庄乳品厂、黄庄罐头厂销售和推销。

20世纪80年代的烟酒柜台

1986年，县烟酒公司完善经济责任制，将所属的3个零售商店改为国家所有、集体经营的小型企业，公司批发环节实行分类核标，加强经营管理。1990年，县烟酒公司下设酒类、小食品、东里、鲁村4个批发部，以及烟酒一店、三店、沂源人民商场3个零售商店，经营商品达8600个品种，完成销货额1710.1万元，上交利税48.9万元，固定资产净值111.1万元。

沂源县烟草公司

概况

沂源县烟草公司，位于县城振兴路99号，成立于1983年1月，接收原属棉烟麻公司经营的烟叶及原属烟酒公司经营的卷烟批发业务。1984年4月6日，沂源县烟草专卖局成立，负责全县烟草专卖管理工作。沂源县烟草专卖局与沂源县烟草支公司合署办公，一套机构，对外两块牌子。主营业务包括卷烟经营与专卖、烟叶生产经营。

1985年，沂源县被评为全国烤烟生产先进县。1986年，在南宁全国烤烟生产会上，沂源县受到国家烟草专卖局、中国烟草总公司的表扬；沂源县烟草公司被临沂烟草公司评为先进企业。1988—1990年，沂源县烟草专卖局连续被省局评为专卖管理先进单位。

发展历程

1983年，沂源县烟草支公司成立。1984年5月，沂源县烟草支公司由原属沂源县人民政府管理，划为省直属企业，隶属临沂烟草公司领导和管理。同年，沂源县烟草专卖局成立，行使国家的烟草专卖管理权，内设专卖科。

1986年5月，烟草行业统一名称，沂源县烟草支公司更名为“中国烟草总公司山东省公司沂源县公司”，简称“沂源县烟草公司”。1990年，沂源县烟草公司划归淄博市烟草分公司管理。1991年，沂源县烟草公司直属淄博市烟草分公司垂直管理。1994年4月，沂源县烟草公司划归济南烟草分公司管理，烟草专卖管理仍由淄博市烟草专卖局领导。1995年4月，沂源县烟草公司改为隶属临沂市烟草分公司管理，临沂市烟草分公司授权临沂市烟草专卖局对沂源县烟草专卖局行使管理职能。

1997年11月，县烟草公司隶属东方（集团）有限公司淄博分公司。1998年1月，沂源县烟草公司人事劳资管理划归东方烟草集团公司；4月，烟草专卖、卷烟经营归淄博市烟草专卖局（公司）管理。

2004年4月，山东淄博烟草有限公司沂源县公司改称山东淄博烟草有限公司沂源生产营销部。

业务经营

卷烟经营 从1952年开始，中国专卖事业公司山东省沂源专卖处的主要业务是酒的专卖，代办卷烟批发业务。卷烟先后由沂源县专卖事业批发部、沂源县副食品公司、沂源县烟酒公司等机构经营。

自1986年起，按照国务院规定，烟草利税统交给中央财政。全县卷烟由卷烟销售经理部统一经营，分别在悦庄、东里、唐山、大张庄、三岔、石桥、张家坡、鲁村、中庄、徐家庄、黄庄、土门、燕崖、南麻供销社设立卷烟委托代批点，并在裕华商店、新华商店增设委托代批点。1988年前，卷烟销售严格执行国家核定的批发价和零售价格。1988年，国家放开国产13种名优卷烟价格，沂源县卷烟购销由县烟草公司销售经理部负责，卷烟由省烟草公司组织每季度与卷烟厂签订购销合同，适时购进。

1991年，放开全部卷烟零售价和三级批发价格。1992年，完全放开卷烟调拨价格和出厂价格，全年销售卷烟1.69万箱。1995年，销售经理部改称县烟草公司销售公司，销售形式仍以批发为主，同时委托供销社批发，执行省烟草专卖局（烟草公司）

核定的最低批发价格。

2002年，全县设城区、东里、悦庄、中庄、鲁村、大张庄、张家坡7处卷烟销售批发部，销售卷烟1.21万箱。2003年以后，卷烟经营采取“电话访销、电子结算、网上配货、现代物流”的卷烟营销网建模式，实施分级跟踪管理，加大品牌整合和置换力度，提高名优重点牌号的上柜率和占有率。

专卖管理 1984年，沂源县烟草专卖局成立，行使国家烟草专卖管理权，内设专卖科，发放专卖检查证10个，对全县14个公社的52个集市、各公社的基层供销社、县城所在地门市部进行全面检查和调整。1984年4月至1986年，共发放烟草专卖许可证2613个，初步达到对市场进行集中统一管理的目的。

沂源县烟草专卖局（1984年）

1991年，按照国家对烟草行业的“产供销、人财物、内外贸”等方面实行统一领导、垂直管理、专卖专营的体制运行，贯彻落实国家对烟草生产和购销的指令性计划，烟草业由沂源县烟草公司独家垄断经营。

2003年以后，烟草行业步入了深化改革阶段，专卖管理体制更加完善，加大对涉烟违法犯罪分子的追刑力度。2013年以后，深入推进联合打假机制建设，与县公安局联合成立“打网办”，增设县综治委规范烟草市场秩序联席会议，成立重大案件督办小组，建立完善跨区协作机制。联合公安、工商、交通、交警等部门开展专项整治行动，实施网格化管理，市场监管效果进一步增强。

烟叶经营 沂源烤烟种植历史悠久，始于1928年。烟叶经营机构始于1952年，当时属于代购性质，隶属临朐烟草支公司。从1956年起，先后由沂源县农产品采购局、沂源县土产公司、沂源县棉烟麻公司和沂源县烟草支公司经营。20世纪60年代，沂源县被国家列为优质烤烟产区，所产烟叶被专门调拨至名牌卷烟厂。1984年，沂源县又被列为全省5个优质烤烟开发种植区之一，所产烤烟叶在省内外享有较高声誉，被调拨至全国十几个省、市、自治区。同年，烤烟收购全部实行专营。1987年，在省评级鉴定会上，沂源试种的G140品种烟叶获得第一名。

沂源县三岔乡黄烟种植喜获丰收

至1990年，全县烤烟种植面积基本稳定在6万亩左右。1991年，全县共设三岔、土门、鲁村、徐家庄、大张庄、沟泉、金星、东里、张家坡、石桥、悦庄、燕崖、南麻13个乡镇烟叶收购站和梭背岭收购点。各烟叶收购站除负责烟叶收购外，还负责对烟农进行落实种植面积、良种培育和开发、栽培管理、鲜叶烘烤等烤烟的生产管理和技术指导。

1992年，全县种植烤烟40238亩，之后面积波动较大，总体上呈缩减趋势，到2002年，全县种植烤烟面积为17513亩。受面积减少影响，烟叶收购站逐步缩减至7个。1995年，县政府成立烤烟生产办公室，乡镇也成立相应机构，组织领导烤烟生产。自1995年起，省控制沂源烟叶不外调，烟叶全部供应省内卷烟厂。

2003年后，全面加强技术指导服务和烟叶基础设施建设。合理布局烟叶种植，稳定和发展老烟区，开辟新烟区，开发特色优质烟，烟叶生产技术指导和服务水平持续提升，现代烟草农业建设稳步推进。2002—2006年，设三岔、土门、鲁村、悦庄、石桥、金星、燕崖、大张庄、徐家庄和南麻10处烟叶收购站。

2013年后，重新调整烟叶品种布局，全面加强大田管理和技术指导，建立健全病虫害预测预报网络和灾害应急快速反应机制，推广生物物理防治措施。全面推行集中育苗，全面推广小苗膜下移栽与井窖式移栽新技术，移栽效率提高30%以上。推动烟叶生产组织模式转型升级，建立“政企融合”管理机制和“国资+民营+村集体”新型组织模式，党支部领办合作社新型种植主体17个。2019年，关闭其他站点，仅设徐家庄烟叶收购点、三岔烟叶收购站2处。

沂源县石油公司

概况

沂源县石油公司，成立于1976年，位于县城东风路（现荆山西路）。2013年，迁至县城沿河东路94号，主要业务为油品供应。

1979年，被临沂地区石油公司评为“三无油库”。1980年，被评为临沂地区财贸“五好”企业。1981年，被临沂石油公司评为“四无油库”。1984年，支公司被省石油公司评为全省安全先进单位。1985年，支公司被省石油公司评为全省安全先进单位、“四无油库”；支公司车队被地区、省公司评为“六好车队”。1986年，公司被评为省地先进油库。

发展历程

沂源县煤建公司 1956年以前，县内只有煤油，未设燃油专供机构，由百货公司兼营批零业务。1956年，设立煤炭经营组，时有职工3人。1958年，改称中国煤业建筑器材公司山东省沂源公司（简称煤建公司），资源来自草埠煤矿，运输靠车推人担，年销售300吨左右。1959年，石油划归生产资料经理部经营。1961年，石油由煤建公司经营。

沂源县石油公司 1976年1月1日，石油经营业务从燃油公司单分出去，成立沂源县石油公司，归属商业局管理。1979年3月，划归临沂石油采购供应站管辖，沂源县商业局代管；6月，沂源县石油公司改称山东省临沂石油采购供应站沂源分站。1982年6月，建成1080平方米办公大楼。1987年，沂源县石油公司划至临沂石油公司条块管理。

1990年，沂源石油公司划归淄博石油公司管理，先后改名为沂源经营处、沂源石油支公司、沂源石油分公司。1992年，县石油经管机构改称山东石油集团淄博石油总公司沂源县支公司。1998年，中石化、中石油分离，沂源石油公司划分到中石化。

沂源县石油分公司 2001年，山东石油集团淄博石油总公司沂源县支公司改制，称中国石油化工股份有限公司山东省石油公司淄博分公司沂源经营处。2018年，中国石化销售公司改制，称中国石化销售股份有限公司山东淄博沂源石油分公司。

业务经营

20世纪五六十年代，沂源县石油经营设备简陋，只有几十个200公斤的大铁桶，储存少许汽油、柴油、煤油，供应政府单位几辆车用油。70年代开始，建设油库，建成50立方卧式罐的小规模油库10座，配置嘎斯车1辆，从博山八陡油库进油，主要供应各公社农机站，满足农机具用油，规模小、业务量少，无加油站对外供应油品。

1977年，开始实施“两统一定”（统一收购、统一分配，定量供应）供应政策。贯彻执行“保、压、停”原则，即保农田生产重点用油，压给一般

20世纪70年代，石油公司办公楼

性用油，停老旧车及非生产用油。同时，加强废油回收加工利用，1977—1978年，两年废油回收加工利用83.664公斤。1978年，增加油罐15个，增加储存能力750吨。1979年4月，由于农业机械化程度提高较快，油料需要量增长很多。为控制和节约能源，全面实行石油“两统一定”的供应方法，一年一定，全年统算，分季安排，超者不补，节约归己，全县工农业用油全部纳入计划供应范围。1983年9月，沂源县石油分站二级站组织的3名义务消防队员，在省石油系统消防基本功会操考核中，荣获全省总分第一名。

油储能力不断增强。1983年，增加油罐20个，增加储存能力800吨，总储存能力达到2000吨。1984年，石油公司（石油分站）年总进货量完成9178吨，购进总值为5438元。1985年，沂源县石油支公司在县城泰薛路建设首座加油站（现名中石化公司山东淄博沂源县第一加油站），安装20立方米标准加油机4座，储存量80立方米。1987年，油库规模逐步扩大，有40个50立方米的卧式罐，储存汽油、柴油、煤油和润滑油；建3座加油站，即沂源1站（居家城对面加油站）、沂源2站（原沂源制丝厂西加油站，因道路规划已拆除）和赵庄加油站，基本满足县域市场需求。

沂源县成品油的流通实行指令性计划和指导性计划两种分配办法。1991年，县计划委员会根据上级计划下达指标，山东省石油公司沂源支公司负责经营。县石油公司有库容2000立方米的油库1座，下辖零售加油站2家，年销售油品5000吨。石油公司系统外的社会石油零售站点有3家。此后，供销社、农机局、部分工厂和个人纷纷开办石油销售网点，加油站库容在14~100立方米。供销社系统的石油销售网点覆盖全县大多数乡镇驻地和公路沿线大村镇。全县成品油经营站、点发展到40余家。

成品油流通逐步市场化。1992年，石油流通体制仍由县计划委员会下达指标，但开始脱离计划经济运作方式，过渡至以计划分配为主、市场调节为辅的流通管理体制阶段。国家进一步放开石油市场，成品油购进以自采为主，主要购自齐鲁石化公司辛店炼油厂、东营炼油厂和青岛石化厂等，石油公司系统外的社会石油经销商则自行到各处进货。自1994年起，取消计划内供应，成品油流通全面市场化。

1998年，全县加油站点发展至51家，其中石油公司系统有28家。沂源县成品油流通除县石油公司和供销社系统外，其他经济成分均可经营，县石油公司购进油品6500吨，购进总额1518万元；销售油品7100吨，销售总额1707万元，销售收入4650万元。沂源石油公司在划分到中石化后得到长足发展，建设2座500立方米的立式罐石油公司油库，成立多个实体经济如车队、维修公司、润滑油公司、石化酒家等，由省公司统一发行油票。2000年初至2001年底，随着全县工农业生产发展，石油产品消费量逐年增多，沂源石油公司实现质的飞跃，两年间沂源石油公司收购了原属县储运公司的中心加油站及新建加油站共15座，加油站基本覆盖全县乡镇。

沂源油库成为历史。2003年初，响应环保部门号召，针对县级油库存在周转慢、自然损耗大的弊端，取消油库、回收油票，在油库旧址建成沂源建源时代新村小区。加油站进油由市公司车队统一配送。全年收购、租赁和新建加油站17座，油品年销量升至2.2万吨。

成品油销售网点遍布城乡。2006年，全县共计有成品油销售网点67家，库容总量达4300立方米，购进石油产品6.16万吨，销售6.32万吨。两大石油系统网点25家，其中中石化系统网点23家、中石油系统网点2家，网点覆盖县城和全县主要公路，库容总量2610立方米，总资产超过1亿元。其他石油经销单位建有零售网点42处，库容总量1685立方米。全县购进石油产品6.16万吨，销售6.32万吨，由中石化和中石油系统沂源县经营处购进3.7万吨，销售3.79万吨，占比60.77%；两大石油系统以外的社会经销商购进2.46万吨，销售2.53万吨。2023年，沂源县石油公司建成第29站，新上加氢业务，填补县域内加氢业务空白，至此共有加油站24座，年销售量达2.2万余吨，非油品销售近2000万元。

沂源县药材公司

概况

沂源县药材公司，位于县城振兴路38号，成立于1956年7月，主营业务是药材批发与零售。2007年，改制为股份制医药公司。

发展历程

推进药社药股 1947年3月，沂源县人民政府将一些个人零散药铺（包括没收地主药铺）以入股形式组织成立推进药社药股，地址在南麻老街西首。1952年后，推进药社转由县供销合作社管理，改名为县供销合作社医药股。

大众药社 1947年6月7日，县供销合作社医药股改名为大众药社。1953年3月5日，大众药社由县供销合作社改属县医院领导，财产属县财政局，人事属县政府办公室管理。1954年2月11日，大众药社由县医院转属县政府办公室直接领导。

沂源县供销合作社药材批发经理部 1954年5月12日，大众药社改名为沂源县供销合作社药材批发经理部，隶属县供销合作社领导。药业以基层供销合作社所辖地为单位，实行全行合营。

沂源县药材公司 1956年7月1日，药材批发经理部从县供销合作社脱离出来，成立沂源县药材公司，时称中国药材公司山东省沂源县药材公司，隶属县商业局。1957年5—7月，县供销社将黄庄、张庄、鲁村杨庄、唐山河南、东里、韩旺、福禄峪、东里东安、三岔鲍庄、金星10个药材股移交县药材公司管理。6月22日，原属县商业局领导的药材公司交归沂源县人民委员会卫生科管理；1958年，药材公司将下属各乡药材部除东里药材部外，其余全部移交给乡卫生所管理。1963年12月31日，中国药材公司山东省沂源县公司由沂源县人民委员会卫生科移交给沂源县商业局。

山东省沂源县药材公司 1972年，中国药材公司山东省沂源县公司改称山东省沂源县药材公司。1979年11月，沂源县药材公司改由上级药材公司领导。1980年11月，县药材公司党群关系移交给县经委领导。1985年，沂源县药材公司共有干部职工65人。

沂源县医药公司 1988年10月，沂源县药材公司更名为沂源县医药公司。2004年，县医药公司由市管企业下放为县管商贸流通企业。2007年9月，县医药公司改制为沂源县医药股份有限公司，企业类型由全民所有制变更为有限责任公司（自然人投资或控股），企业名称变更为山东省沂源县医药有限公司。

沂源县药材公司（1991年）

2010年10月，医药公司成立沂源天和堂连锁总部，医药公司下设的26家单体药店划归天和堂连锁总部进行统一管理。2017年10月，沂源天和堂连锁药店被山东立健药店连锁有限公司收购。2018年7月，山东省沂源县医药有限公司分立为山东省沂源县医药有限公司和沂源隆大商贸有限公司；11月，县医药公司被山东立健药店连锁有限公司收购。2020年7月，企业名称由山东省沂源县医药有限公司变更为山东康健医药有限公司。

业务经营

沂源县自古以来就是山东省药材重点产区之一，野生药材有400多个品种，还是名贵药材灵芝的主要产地。丹参、薄荷、黄芪、酸枣核年产5万公斤以上，桔梗、远志、苦参、柴胡等药材年产量在2.5万公斤左右。得天独厚的自然优势也使得药铺、药店众多，解放前大大小小多达70余家。解放后，在“公私兼顾，劳资两利”的政策指引下，医药事业得以繁荣。新中国成立后，党和政府采取一系列措施对全县私营药铺、药店进行了社会主义改造，医药经营面貌一新。这时候的大众药社自负盈亏，经营品种有中药、西药700余种，流动资金1.2万多元。从1956年起，从供销社独立出来的药材公司委托供销合作社按计划统一收购药材，品种达到50余种，年收购量15万公斤。1960年3月23日，沂源县地产中药材转由山东省临沂地区中心药材公司收购调拨。

随着医药管理机构逐步建立健全，医药经营走上了计划性、条理性、系统性和价格稳定性的轨道，医药批发零售网点逐渐延伸到农村乡镇，既方便了边远山村的医疗卫生，又扩大了医药商品流通规模。但到1958年下半年，受“大跃进”影响，发动农民大量采集药材，全年收购30多万公斤，冲击了计划管理。大购大上、粗制滥造、盲目购进、二级站下放库存等，导致商品购销不对路、销路少，大量库存积压报废，露天存放，日晒雨淋，霉烂变质失效，损失达5万余元，造成严重经济损失。

1959年开始，除按需要量计划收购外，为弥补某些药材的紧缺，由省中药材站负责从省内外引进药材，并在土门村建起8亩中药材试验基地，尝试将当地野生变家种家养，成功试种21个品种。随着党中央1962年开展反浪费运动，重计划管理，纠正盲目购进，调整库存结构，购进适销对路商品，达到购销平衡要求。中药材种植区域扩大到郭家上峪、阿陀、唐家官庄、寨里、儒林集、曹家庄、河西等10多个大队，面积150亩，试种茯苓、银花成功。1965年，中药材种植扩大到200亩，年产量2.5万公斤。

“文化大革命”时期，沂源县医药商业发展停滞。1967年1月，沂源县药材公司被“红卫兵”组织夺权。1968年8月，沂源县药材公司成立革命委员会，正常的工作秩序被打乱，工作中出现严重失误，年利润由1965年的约4万元，下降到1971年的3000元，下跌到新中国成立后最低点，商品损失达10万余元。

1967年11月，中国药材公司山东省公司给沂源县药材公司拨款1.2万元，筹建300平方米仓库。1969年3月，上级拨款1.5万元，药材公司自筹资金8000元，建宿舍和仓库16间，包括中西药批发部10间。1973年11—12月，公司投资59878元，在燕崖、黄庄、三岔、土门、中庄、悦庄、石桥等公社先后建立7处医药代批点。1975年4月，在东里买地2.3亩，建立药材组，盖房19间。1976年，东里批发部、零售部相继开业。全县药材种植面积发展到338亩，年产量5.7万公斤。

十一届三中全会后，医药商业开始拨乱反正，走上健康发展轨道，年利润由1979年的3.3万元增长到1983年的6.2万元，平均年递增17.76%。1984年，沂源县药材公司积极进行医药商业经济体制改革，通过实行经济承包责任制，端掉“大锅饭”，企业增添新活力。1985年，沂源县药材公司经营商品约2520种，总金额394万元，是1955年的38倍；总销售额447万元，是1955年的45倍；实现利税10.5万元，是1955年的10倍。1986年5月，开始进行多项设施建设，药材公司办公营业楼建成使用，总面积1320平方米；建成张庄药材部药材收购棚115平方米。1988年，投资4.9万元建设面积400平方米的沂源县悦庄经营部。

进入20世纪90年代，沂源县药材、药品、药械主要由市医药管理局直属的国营沂源县医药公司经营，但经营体制仍延续计划经济时期的“三级批发”制。各制药企业开始采用派销售代表进入各级医院直接推销药品的营销模式，在医疗行业“以药养医”和医药经营无序竞争的形势下，制药企业的临床销售模式垄断了全部处方药和90%的非处方药销售份额，作为医药流通主渠道的县医药公司竞争压力较大。针对这种市场状况，县医药公司改革内部经营体制，拓宽进货渠道，努力降低经营成本，积极参与市场竞争。同时，扩建中药饮片加工企业，加大地产中药材收购力度，年收购地产中药材100余吨。1998年，国家放开医药经营。1999年，县医药公司参与淄博市医药流通企业的连锁经营，县医药公司益民药店被淄博天和堂医药连锁有限公司吸收为全市139家连锁药店之一。2004年，县医药公司由市管企业下放为县管商贸流通企业，当年医药及医疗器械销售总额2508.7万元，其中批发额

1831.6万元、零售额677.1万元。2007年9月，山东省沂源县医药有限公司下辖16家经营药店，占有全县30%的药品经营市场份额。

根据山东省药监局的发展规划，医药公司于2010年10月成立沂源天和堂连锁总部，将医药公司下设的26家单体药店划归天和堂连锁，进行“七统一管理”。2011年，药品零售事业发展进入快车道，以每年5家以上的速度设立网点，销售以每年15%以上的速度递增，至2016年，沂源天和堂药店增加到44家，占到全县零售药店的80%以上。2019年底，天和堂药店已遍布县城主要街道、小区及各乡镇，共计60家。

2020年7月，企业租赁沂源经济开发区标准厂房2栋，建设仓储物流配送中心，上下3层，共计1.5万平方米，2021年9月建成，主要负责山东立健集团内8家连锁企业800多家门店的配送工作及省、内外批发与医院业务。2022年，医药公司实现营业收入5.88亿元、税收421万元，安置就业人员100余人，天和堂实现营业收入7500万元、税收55万元。

沂源县商业局汽车队

概况

沂源县商业局汽车队，位于县城振兴路（原汽车客运站东邻），正式成立于1978年1月，主要任务是为商业系统运输商品及三线厂商店送货。2002年，全部资产转让至淄博交通运输公司。

1983年，被评为临沂地区安全先进单位，授予锦旗1面。

发展历程

沂源县系山区，建县初期，交通闭塞，商品运输主要靠肩挑车推牲口驮。1949年后，随着公路建设的发展，运输工具由人力推车、拖拉机发展到汽车。新中国成立初期，我国重工业处于起步、缓慢发展阶段，直到1968年县商业局才购买了第一辆“上海58－Ⅰ型”1吨三轮汽车。1975年，商业局购买2.5吨跃进牌和4吨解放牌汽车各1辆，由局储运科负责管理。1977年，又购进2辆8吨大黄河牌汽车，在汽车站东征地7亩，建车库、修理车间14间。成立车辆修理班，招收部分司机和修理工11人，对车辆进行一保、二保和小修理。

随着汽车数量的增多，1978年1月，商业局汽车队成立，加强管理，实行独立核算，主要担负着全县商业系统商品运输和车辆保养维修任务。3月，车队由商业局大院迁入汽车站东新址，扩建车库两间42平方米，购进解放和小吉普车各1辆，7吨汽车2辆，5吨汽车1辆，车队规模达到大小车10辆。分设2个驾驶班和1个修理班，共有干部职工15人。1980年，扩建车库两间50平方米，用2辆大黄河牌汽车与省换进2辆4吨解放和1辆2.5吨跃进车。同时购进汽车零部件，自己安装4吨解放车1辆，车队车辆达到12辆。开展节能增效，对汽车实行单车核算和安全奖、节油奖，效益明显提高。1981年，又扩建车库6间190平方米。

党的十一届三中全会以后，全县商业系统各单位陆续推行经济责任制。1982年，车队开始推行经济责任制，全员实行利润分成奖、安全奖、节油奖。购进4吨解放车2辆，共有解放车10辆、吉普车1辆，干部职工23人。汽车修理班逐步扩大，技术提高，修理班增加到11人，分为一、二班，对汽车进行一保、二保、三保，小修大修不出队，除完成全系统车辆保养修理外，还积极为社会提供修理服务。1983年，重新修订安全奖，安全行驶万公里奖由10元提高到15元。由于加强管理经营，奖罚分明，驾驶员及工人的自觉性和积极性提高，1982—1983年，11辆车共行驶102.7万公里无事故，两年节约汽油

县商业局汽车队（1981年）

36吨26208元。1984年，车队实行经济承包责任制，除吉普车外，对10辆解放车全部实行单车经济承包责任制。管理体制的改革促进了车队规模的不断扩大。1985—1990年，车队运输汽车从23辆发展到59辆。

2002年9月，原商业车队6.3亩土地使用权和地上建筑及附属物，经县政府协调以总价格220万元，一次性转让给淄博交通运输公司。

沂源县商业局八陡储运站

概况

沂源县商业局八陡储运站，建于1958年9月，时称沂源县商业局博山储运站，由原沂源县食品公司中转组与县供销合作社八陡转运组合并而成，主要负责全县商品、工矿区上的机械设备和全县输出的大量农村产品中转业务。1994年，撤并至商业局汽车队。

发展历程

1958年9月，第一次商社合一，县食品公司中转组与县供销社八陡转运组合并而成博山储运站。1959年3月，迁入八陡，改称沂源县八陡储运站，博山设中转组，负责零担中转业务。1961年9月，第一次商社分立，分出县供销合作社八陡中转站。

1971年，第二次商社合一，沂源县供销合作社八陡中转站第二次并入县商业局八陡储运站，时称沂源县革命委员会商业局八陡储运站。1976年，第二次分出沂源县供销合作社八陡转运站，时称沂源县革命委员会商业局八陡转运站。

1980年12月，沂源县商业局八陡转运站改称沂源县商业局八陡储运站。1994年，八陡储运站合并至沂源县商业局汽车队。

业务经营

20世纪初，山东境内最早的铁路胶济铁路建成。1904年，胶济线第一条支线张博线与胶济线同年修建通车。1921年，博山—八陡的支线与张博线联通成为张（店）八（陡）线，八陡站成为张八支线的终点站。沂源县地处沂蒙山区腹地，群山环绕、交通闭塞，新中国成立初期没有公路，交通全靠肩担车推毛驴驮，发展生产所需的设备、物料运不进来、工矿企业生产的产品运不出去，八陡镇与沂源县相距不到50公里，在当时，通过八陡火车站中转是实现沂源县大宗商品物资流通的最主要方式。

沂源县商业局八陡转运站职工合影（1984年）

1958年，第一次商社合一后组建的储运站最初设在博山鱼市街，租赁鱼市街市民房14间及赵家后门街、香市街、八陡3个货场共800平方米，实行独立核算、自负盈亏。为更方便实现货物中转，1959年储运站搬迁至八陡镇。建站初期，条件艰苦，储运站共有干部职工30人，全员动手脱坯运石，修建办公室3间，食堂、宿舍各2间，职工们由席棚搬入土房。装卸货物全靠人工自装自卸。1960年国民经济出现暂时困难，因生活艰难，大部分工人自动辞职回家，全站职工减少至7人。1964年起，货物开始由火车站统一装卸，储运站装卸工全部下放，余干部职工4人。

20世纪五六十年代，驴驮或用木轮胶轮车推是最主要的长途搬运方式。进入70年代，随着公路运输迅速发展，人畜运输逐步被机械运输代替，汽车运量增加，货物进出量逐渐增大。1976年，储运站租赁八陡火车站和木场两处货场，总租赁面积达

1250平方米。同时拆除旧房，用自有资金建仓库、办公室、宿舍共16间356平方米，货台3个180平方米，月吞吐量达2500吨左右。

改革开放后，铁路沿线工矿企业资源逐渐枯竭，八陡火车站统一编制运输方案并组织实施，由联运服务站接管大宗物资的中转业务，八陡储运站只接零担业务。1984年，在原只限于县直中转业务的基础上，扩大到乡镇、供销、财贸企业的中转业务。1985年，实现利润5600元。随着交通运输业的迅速发展，货物运输不再单纯依赖铁路。八陡储运站这一计划经济年代为沂源县承担商品输入、输出主要任务的单位，逐步失去竞争优势，完成历史使命。

沂源县红旗商店

概况

沂源县红旗商店，位于南麻街道沟泉村，正式成立于1973年1月，前身为县百货公司1970年设立的红旗百货门市部，是专为三线厂国营山东红旗机械厂服务的综合商店。

1981年，沂源县红旗商店被省团委、工会、商业厅评为最佳商店；被临沂地区商业局评为“五好企业”。1982年3月，山东省团委、工会、供销社、商业厅联合命名沂源县红旗商店为“最佳商店”；11月，因鲜蛋收购成绩显著，荣获中华人民共和国商业部颁发的三等奖奖状。1983年2月，被山东省商业厅命名为“六好企业”；12月，被临沂地区商业局评为文明商店。1987年，先后被省厅评为全省“六好企业”、最佳商店；被临沂地区局评为文明商店。

发展历程

国营山东红旗机械厂诞生于“三线”建设的第二阶段，全厂职工2300余人。1970年5月，国营山东红旗机械厂破土动工，先后建成家属楼、职工宿舍、职工食堂、子弟学校、幼儿园、大礼堂、职工医院、商店、市场、澡堂、邮电局、银行等，厂区成为一个热闹繁华的小城镇。商店应需而生，县百货公司设红旗百货门市部。1973年，改称沂源县红旗商店，干部职工16人，内设百货、北沟、蔬菜3个门市部。1977年，撤销北沟门市部。

20世纪80年代开始，全县商业系统实行机构改革，红旗商店被划为小型企业。1984年底，全店共有干部职工26人。1994年底，工厂整体搬迁至潍坊市，红旗商店完成服务工厂的主要任务。

业务经营

商店成立之初，主要经营针棉织品、百货、文化、五金、交电、烟酒糖茶、糕点、杂品、调料、蔬菜、果品等1000余种商品。1976年，在5个大队发展蔬菜基地80亩，并指导菜农推广塑料大棚、阳畦育苗、露地栽培新技术，使蔬菜供应大都自给，更好地满足了厂区生活需求。1977年，蔬菜业务移交给县蔬菜公司，商店专营百货、副食品。

20世纪80年代开始，红旗商店实行“国家所有、集体经营、照章纳税、自负盈亏”的经营责任制。1984年底，仓库、营业面积37间700平方米，常年保持2500个经营品种。1987年，实行经济承包责任制，通过实行招标承包，经济效益明显提高，仅4个月就超过1986年的利润总额。1987年，实现目标利润2万元，比计划增长1倍，连续多年受到省、市各部门的表彰嘉奖。1994年底，随着工厂搬迁、人员撤离，逐步取消了经营。

沂源县鲁山商店

概况

沂源县鲁山商店，成立于1977年5月，位于沂源县土门公社（现南鲁山镇），是专为三线厂国营山东第一机械厂、国营山东第二机械厂（俗称土门一厂、土门二厂）而设的综合商店。

发展历程

土门经营组　1964年，百货公司在土门设立土门经营组。1971年，交给土门供销社经营。

土门蔬菜门市部　1965年，县副食品公司设立土门蔬菜门市部。1976年，增设土门蔬菜二门市部。

鲁山商店 1965年，国防科工委相继在沂源县建立第一机械修配厂和第二机械修配厂，职工6400余人。建有职工宿舍、招待所、食堂、医院、大礼堂、球场、子弟学校、幼儿园、澡堂、商店等，宛如一个社区。为两厂提供商品供应的是土门供销社门市部，蔬菜由蔬菜公司的土门蔬菜门市部供应。1977年，县糖业烟酒公司接收土门供销社的一厂门市部、县蔬菜公司的土门一、二厂蔬菜门市部，合并成立鲁山商店，为山东机械土门一、二厂提供商业服务。1998年，实施体制改革，鲁山商店从县糖业烟酒公司中拆分出来。

1989年，土门一厂整建制搬迁至日照市。2002年，国营山东第二机械修配厂搬迁到淄博张店。随着工厂搬迁、人员逐渐撤离，鲁村商店完成了服务工厂的历史使命。

鲁山商店旧址（2024年）

业务经营

鲁山商店设综合门市部1处，经营品种1000余种。1978年1月，在二厂增设综合门市部1处。在5个大队建立蔬菜基地60亩，满足两厂人员的蔬菜需求。1982年，县商业局投资在土门新建二层营业楼1幢，由鲁山商店、食品站、蔬菜门市部合用，称鲁山商店第三门市部。1983年9月，增加商品批发业务，成立小商品批发部，鲁山商店零售兼营批发。1984年，实行“国家所有、集体经营、照章纳税、自负盈亏”的经济责任制，商店对门市部实行“定额承包、利润分成”经济责任制。1986年，鲁山商店各门市部实行“三定”，即定人员、定销售、定利润。20世纪80年代末至21世纪初，随着2座工厂相继撤离，鲁村商店逐渐取消经营。

沂源县新华商店

概况

沂源县新华商店，建于1968年5月，时称沂源县新华综合商店，地处新泰、莱芜、沂源三县交界处，是沂源县商业系统专为三线厂新华翻砂厂服务而设立的综合商店。

发展历程

20世纪60年代，响应国家“深挖洞、广积粮、备战备荒”的战略性部署，在沂源县建了7个三线兵工厂，山东新华翻砂厂就是其中之一，1971年全部建成，高峰时全厂职工4000余人。1968年，设立新华商店，设副食品门市部、百货综合门市部、理发店各1处，干部职工21人。次年5月，划归沂源县百货服务站。1971年6月，划回沂源县商业局；9月，改称沂源县新华商店。1984年，新华商店共有干部职工29人，设3个门市部、1个批发部。

改革开放以后，军工技术也在突飞猛进，迫击炮这些传统武器逐渐被现代化的武器替代，军工企业没有订单，需要改制。1991年，新华厂从山东省国防科工办下放到泰安市管理。1998年，新华翻砂厂整体搬迁到泰安市，新华商店也完成了服务工厂的使命，原地撤销。

业务经营

新华商店主要经营针纺织品、百货、文化用品、五金、交电、化工、烟酒糖茶、副食、蔬菜、果品、杂品等1000余种。1976年6月，由翻砂厂负责房产、货架，在105家属区设综合门市部1处，同时增加以料换酒业务。

1979年，经政府批准，黄庄公社西冶大队由农转为商品菜地100亩，蔬菜生产推广短期覆盖、阳畦育苗新技术，从公司购进架杆、苇毛、农药、化肥等大力支援蔬菜生产，以满足厂区居民对蔬菜的需求。1980年，由副食品门市部分出，成立蔬菜门市部，接管百货交来的杂品业务，兼营果品等业务。1983年9月，增设小商品批发部，零售兼营批发。实行厂队挂钩，取消蔬菜供应。

随着经济体制改革的深入，新华商店实行“国家所有、集体经营”，商店对门市部推行利润承包、工资浮动、超利分成的经济责任制。1984年，经营品种常年保持2500种。20世纪90年代，随着工厂搬迁、人员撤离，新华商店结束经营。

沂源县裕华商店

概况

沂源县裕华商店，成立于1968年8月，时称沂源县裕华综合商店，地处沂源、沂水、蒙阴三县交界处，距县城55公里，是专为三线厂国营山东裕华修配厂服务而建的综合商店。

发展历程

沂源县裕华综合商店 1966年，国营山东裕华修配厂在原金星乡裕华村兴建，职工1500余人。1968年，裕华商店成立，为山东裕华修配厂服务。1969年5月，沂源县裕华综合商店划归沂源县百货服务站。1971年6月，沂源县裕华综合商店重新划回沂源县商业局。

沂源县裕华商店 1971年9月，改称沂源县裕华商店。1981年1月，在涝沟将百货、副食品两个门市部迁入合并，建成裕华商店第二门市部。在商店大院前设综合门市部1处，改称裕华商店第一门市部。东风门市部改称裕华商店第三门市部，1983年撤销。1984年，沂源县裕华商店共有干部职工22人，仓库营业面积64间1439平方米，办公室、宿舍24间424平方米。

20世纪80年代中后期，进入三线建设调整期。1992年，工厂整建制搬迁至日照市。裕华商店原地撤销。

业务经营

裕华综合商店设综合门市部、理发店各1处，主要经营针织品、百货、五金、烟酒糖茶、糕点等商品。1969年，综合门市部分成百货、副食品两个门市部，增设蔬菜门市部、煤炭组。经营业务逐渐扩大，经营品种达1000余种。1973年9月，增设东风综合门市部。1975年1月，理发店交给滑石峪队办。3月，煤炭组撤销，煤炭业务交给厂里。

1969年开始，发展蔬菜基地8个大队48亩，到1977年，蔬菜基地发展到10个大队198亩，积极推广塑料大棚、短期覆盖、早春阳畦育苗、露地栽培技术，大力支援菜农，指导菜农少茬变多茬，粗菜变细菜，蔬菜产供有较大发展。1978年，县商业局在此召开全县蔬菜生产现场会。

20世纪80年代，市场开放，在搞好为厂服务的前提下，裕华商店开始赶集、赶物资交流会，下乡、下厂送货，扩大销售。1982年，实行“七定到店、五定到组、百分计奖”的经营责任制。9月，商店开始零售兼营批发，并设小商品批发部1处。1个批发部、2个综合门市部全部实行“国家所有、集体经营、照章纳税、自负盈亏”的经营责任制。1992年，随着工厂的搬迁、人员的撤离，裕华商店结束业务经营。

沂源县百货大楼

概况

沂源县百货大楼，位于县城振兴路与健康路交叉路口，1979年5月正式营业，隶属县百货公司，营业面积4400平方米。主要经营批发零售百货、五金、交电等。1998年10月，改制为沂源县百货大楼有限公司。

发展历程

百货第一零售店 百货大楼于1978年开建。1979年5月，百货第一零售店迁入新建的三层百货大楼（俗称百货大楼）营业，营业面积3300平方米。

沂源县百货大楼有限公司 1998年，全县商业流通产业进行产权制度改革，实行股份合作制改造。沂源县百货大楼从百货公司中拆分出来，改制为沂源县百货大楼有限公司。2003—2004年，完成企业“二次改制”和破产重组工作。2005年开始，每年接受商贸公司审计。2006年，时有员工218人，其中在册职工173人、离退休职工45人。

2021年7月，企业管理关系、党组织隶属关系一并转至历山街道，实行属地管理。

业务经营

改革开放前，沂源县商业是统购统销的流通体制。改革开放后，开始在商业系统扩大企业自主权和实行经营责任制。1979年，县百货公司在百货大楼增设侨汇专柜，供应凭侨汇券购买的商品。1982年，县百货公司对百货大楼实行国家所有、集体经营、照章纳税、自负盈亏的经济承包责任制。1987年，进一步深化改革，实施所有权、经营权分离，实行“包死基数、超额分成、亏损自补”的经营制度和百元销售工资含量经营责任制，企业活力增强，经济效益逐月提升，全年完成商品销售额286万元，实现利润11.5万元。

沂源县百货大楼（2021年）

随着改革开放的不断深入，个体商业发展迅速，网点遍布，国营、集体商业因经营体制机制不灵活，普遍出现亏损。沂源县百货大楼有限公司采取超市经营模式，2002年，进行扩建和装修，增加营业面积5900平方米。5月，改建扩建商品销售大楼。2003年1月营业，设有8个经营商场，经营品种1万余种。

沂源县人民商场

概况

沂源县人民商场，位于县城振兴路和历山路交叉口西北侧。1988年7月建成，隶属沂源县商业局，由沂源县烟酒公司代管，是一处综合性、批零兼营的商业企业。2003年8月，破产重组成立沂源县丰联商场有限公司。

1990年，沂源县人民商场被评为淄博市消费者满意商店、市百货零售行业先进单位。

发展历程

沂源县人民商场 人民商场是经省商业厅、省工商银行批准的技改项目，投资120万元，建筑面积2700平方米，1988年建成，为县烟酒公司下属零售商店，时有干部职工87人。1991年，沂源县人民商场正式独立。2002年，有干部职工131人。

政通超市沂源店 2003年8月，破产重组成立沂源县丰联商场有限公司。2004年1月，投资120万元对原营业楼进行装修扩建，吸引淄博政通超市有限公司投资建立政通超市沂源店。

业务经营

20世纪八九十年代，沂源县商品经济日益繁荣，老百姓购买力不断增长，县城商场超市发展迅速。

1988年7月，沂源县人民商场五层营业大楼建成开业，营业面积约4000平方米，主营业楼三层。人民商场批零专营，商场内成立了沂源县商业批发公司，享受三级批发待遇。共设有3个批发部、19个柜组，经营范围包括烟酒糖茶、副食品、百货、针纺织品、鞋帽、服装、文化用品、五交化、土产杂品等多类商品，经营品种7500余种。开业初期，商场不断加强内部管理，对零售部实行营业员等级评审和挂牌营业制度，取得良好经济效益。

随着市场竞争不断加剧，加之管理模式、经营观念等因素叠加，企业效益不断下滑，人民商场也进行了诸多改革试点，如实行柜组抽本经营等改革试点，但最终因资不抵债于2002年宣布破产。

沂源县商业大楼

概况

沂源县商业大楼，位于县城振兴路，始建于1977年，1978年正式营业，是当时县城地标性建筑。隶属县糖业烟酒公司。

发展历程

1982年，县烟酒公司将烟草经营业务拆分出去。1986年，县烟酒公司将商业大楼改为国家所有、集体经营的小型企业。

1998年，全县商业流通产业进行产权制度改革，实行股份合作制改造，商业大楼有限公司从县糖业烟酒公司拆分出来，实行股份责任制。

业务经营

计划经济时期，供应大部凭票。市场开放后，各种商品自由贸易，市场竞争激烈，商业大楼效益逐步下滑。商业大楼是沂源县计划经济向市场经济转型中，国营、集体商业由繁荣逐步衰退的典型。1978年营业之初，为烟酒营业大楼，兼营百货、纺织、五金交化。1982年，公司进一步完善经济责任制，批发环节实行分类核标，分为酒类、茶类、小食品类、食糖、糖果类。此时，县域商业已形成国营、集体、个人三分天下的格局，面对市场竞争，人心涣散，经营不景气。1992年，商业大楼实行个人承包责任制，企业活力增强，带来经营上的短暂辉煌，经营品种增加700多个，销售额比同期增加1倍多。

商业大楼职工合影（1992年）

沂源县友谊商场

概况

沂源县友谊商场，位于县城健康路31号，1989年注册成立，1991年12月开业，前身是沂源县糖业烟酒公司第一零售商店，为沂源县第一家负责县域企业居民副食品供应的商店。

发展历程

沂源县烟酒公司第一零售商店　1985年，县烟酒公司下设4个批发部和3个零售店，零售店包括第一、第三和商业贸易大楼（二店）。

沂源县友谊商场　1989年注册成立，注册资本5.8万元。1991年12月开业，更名为沂源县友谊商场。

沂源县友谊商场有限公司　1998年，国有企业进行股份制改革，从沂源县烟酒公司中拆分出来，成为独立的股份制公司，更名为沂源县友谊商场有限公司。

友谊商场（2004年）

业务经营

改革开放之初，随着经济发展，人民生活水平日渐提高，县城商业日渐繁荣，逐步形成以中心大街——振兴路两侧为主的商圈，商业设施不断拆除重建。1990年，县烟酒公司将第一零售商店平房改建为二层楼，开业后改名为友谊商场，下设8个柜组，分为烟酒组、副食品组、百货组、化妆品组、针织组、布匹组、鞋帽组、综合性商场，年销售200万元，职工28人。

1993年11月，对商场8个柜组进行抽本经营，即原商场的货物由承包柜组经营，按月、季抽回商场本金，柜组人员自负盈亏。1995年3月，抽本经营方式不成功，商场收回各柜组，统一经营管理，推行“十点利”经营法，即在商场进货价基础上加价10％进行销售，也就是薄利多销，进价大公开，只加“十点利”口号家喻户晓，当年销售额280万元。

十点利柜组（1995年）

沂源商厦

概况

沂源商厦，位于县城振兴路与历山路交叉路口，前身为县百货公司第二零售商店，1996年建成开业，隶属商业局，是一家主要经营百货、五金、针织、食品、日用杂品等的零售企业。

沂源商厦被评为消费者满意单位、市级百城万店无假货活动示范店。

发展历程

沂源县百货公司第二零售商店 1964年，县百货公司开设第二零售店。20世纪90年代，县城各商业设施不断被拆除重建，大楼鳞次栉比，商业环境日益改善。1992年，县百货公司决定拆除第二零售店，在原址修建商厦，因资金缺乏，迟迟无法开工建设。经多方筹集资金，包括银行贷款、带资招工等方式，于1994年开始施工。1996年1月，商厦竣工，楼高6层，地上5层、地下1层，建筑面积1.2万平方米。

淄博市沂源商厦 1996年1月开业运营，隶属县商业局。沂源商厦是沂源县城区第三产业的重点工程，建设主要是向银行贷款近2000万元，开业后虽效益不错，但银行利息压力很大。2003年1月，沂源商厦实施破产重组。

沂源县德隆商贸有限公司 2003年9月，沂源商厦重组为沂源县德隆商贸有限公司。公司投资600万元进行全面装修，外墙干挂大理石，增设电动扶梯和中央空调制冷机组，商厦设施更加完善，但未带来营业状况的改善。12月，沂源县德隆商贸有限公司宣布破产保护。

沂源县京源商厦 2004年1月，沂源商厦与北京都市百货商场达成全面合作协议，改名为京源商厦。2016年，被沂源县世纪东方超市有限公司收购，改名为世纪东方购物中心。

业务经营

1982年4月，百货第二零售店开始兼营批发。改革初期，1984年，县百货公司对百货第二零售店实行国家所有、集体经营、照章纳税、自负盈亏的经济承包责任制；在零售柜组实行承包经营、批发部实行分部核算等形式，改变以往统购包销、凭证定量供应的经营方式。

沂源商厦营业面积8200平方米，是当时沂源县营业面积最大、经营品种最多、设施最先进的商品零售企业，当年实现销售额3000万元、利税150万元。商厦在经营过程中，不断调整营业布局，增设新鲜蔬果、鲜花、鲜活水产品、熟食、面点等专柜，顶楼开辟餐饮区。企业经营优势更为集中。在

沂源商厦内景（1996年）

管理上，不断完善现代化管理办法，对商品的购进、销售、库存、资金占用等进行全方位控制，堵塞漏洞。2001年，实现销售收入3034万元、利税77万元。

2004年1月，沂源商厦与北京都市百货商场达成全面合作协议，投资1500万元进一步装修改造成京源商厦，由北京都市百货商场租赁经营，增加营业面积1200平方米，总营业面积达1万平方米；9月，京源商厦正式营业，经营品种3万多个，成为集购物、娱乐、餐饮于一体的大型现代化商场。

重装之后的沂源商厦面临的是更加残酷的市场竞争环境，此时县域的商业圈已是群雄并起，超市林立，县外、市外、省外等地投资商纷纷来沂源布局超市网点，加之商厦经营管理没有特色亮点，因此在商战中慢慢败下阵来，最终于2016年被沂源县世纪东方超市收购。

山东沂源乐万家酒业食品有限公司

概况

山东沂源乐万家酒业食品有限公司，位于县城鲁山路22号，成立于1999年11月，注册资本300万元，是集连锁超市、物流配送、餐饮旅游、绿色农业于一体的综合性企业。

乐万家超市多次被评为市级消费者满意单位、市级诚信示范单位。2006年，被商务部确立为“万村千乡”市场工程承办企业。

发展历程

改革开放以后，面对商业竞争，各商业公司纷纷对原有门市部建筑、设施实施翻新改造。1995年，县饮食服务公司拆除振兴路中段软食饭店，修建乐万家食品城。

1998年，流通企业进行股份制改革，乐万家酒业食品有限公司从县饮食服务公司中拆分出来，成为独立的股份制企业。

业务经营

公司从事食品销售、烟草制品零售、自行车零售等业务。乐万家食品城率先在全县商场中使用POS机收款系统。进入21世纪，乐万家开始走品牌经营之路。2000年，注册使用“喜乐万家”商标，建立超市连锁网络，陆续在县城社区和乡镇设立沿河东路、县百货大楼银笃超市等13家连锁分店及物流配送中心。进军旅游业，在鲁山溶洞风景区建成乐万家旅游度假村、八一大酒店、绿色农场等。进军酒业，乐万家自己设计包装、制定品牌、制定价格、自主销售，以县白酒厂为依托，开发出了金鲁源系列白酒。

乐万家购物广场（2024年）

2002—2004年，乐万家超市对营业设施进行扩建、装修和改造。2004年，撤销部分连锁分店。至此，乐万家公司拥有5个超市（乐万家食品城、乐万家购物广场、乐万家滨河店、乐万家鲁村店、乐万家东苑店）、1个物流配送中心、1处乐万家鲁山旅游接待中心（土门镇）、1处农场（鲁村镇石门村）以及山东鑫田木业有限公司等下属单位，员工256名，总营业面积超3.2万平方米。

沂源县万盛隆超市有限公司

沂源县万盛隆超市有限公司，2001年建成开业，位于县城振兴路，是县饮食服务有限公司拆除沂源宾馆浴池后在原址修建的，时称沂源县万盛隆超市，为民营企业。

进入21世纪，县城商业发展进入快车道，居民购买力不断提高，对县城商业提出更高要求。县饮食服务公司实施网点改造工程，拆除沂源宾馆浴池，利用沿街的有利位置，投资200余万元建设万盛隆超市总店，2001年10月正式营业，实行租赁经营。总店拥有营业面积9800平方米，楼高3层，拥有条码扫描仪、POS机、影像监控系统、食品查询机、自动手扶电梯等硬件设施。随后，万盛隆超市继续对营业设施进行扩建、装修和改造，开启连锁经营之路。2002年12月，成立万盛隆超市居家城店；2003年7月，成立振兴店；2005年7月，成立河西店。2005年，万盛隆公司改制为沂源县万盛隆超市有限公司，当年商品销售收入2393万元，实现利税120万元，资产总额1808万元。截至2006年底，全公司共有4家分店、1家附属企业，总营业面积2万平方米，员工总数385人，全公司商品销售收入3354万元，利税131万元，资产总额2454万元。2016年陆续闭店。

超市先后被评为山东省消费者满意单位、山东省文明诚信民营企业、淄博市绿色超市、淄博市食品安全试点单位、淄博市百强民营企业、淄博市商品准入工程示范单位、淄博市双百佳文明诚信私营企业单位等。

万盛隆超市（2006年）

沂源成和商厦

山东成和商业有限公司，创办于2009年9月，位于县城鲁山路与健康路交叉路口。是一家以百货零售业为主的大型商业企业，有平原成和商厦、沂源成和商厦、莘县信誉成和商厦和茌平信誉成和商厦4家店，另有沂源成和工业路超市、河东店超市、佳惠店超市、西台超市4家超市。营业面积超过10万平方米，员工3000余名。

公司以“信誉为本，切实维护消费者和供应商的利益”为经营宗旨，秉持“具有高度的责任感以向社会负责为己任”的企业精神，建立一整套企业文化理念体系和经营管理模式，形成了独具特色的百货零售现象，取得了良好的经济效益和社会效益。公司发展战略定位为“1+N”的发展模式，意在每个地区现有购物中心的基础上，发展连锁超市，实现连锁经营，致力于打造高品质品牌企业。

沂源县黎明东方购物广场有限公司

沂源县黎明东方购物广场有限公司（简称东方购物广场），隶属山东东方商业发展集团有限公司，位于淄博市沂源县历山路商业中心，西依沂河源水景公园，北邻县城主商业街，2011年1月1日开业，经营面积约1.5万平方米，是沂源县城规模较大、商品较齐全的大型综合购物广场，企业职工82人。

东方购物广场秉承“顾客至上，服务至上”的企业文化，始终坚持“思想决定一切，让我们做行业第一”的企业理念，坚持“团结、拼搏、开拓、创新”的企业精神。专注于满足居民的日常生活需求，提供衣食住行、休闲娱乐等，通过提供送货上门、线上订购等增值服务，满足消费者需求。一楼为服装鞋帽专柜、生鲜、百货、食品、洗化用品；二楼为外租区，主营男女儿童平价服装、运动休闲

东方购物广场

服装、鞋帽、箱包；三楼主营儿童用品、儿童乐园、儿童绘画教育、健身。走传统连锁超市模式，自营、联营相结合，以规模化、标准化运营为特点，通过统一的采购、配送、管理和营销策略，实现品牌效应和成本优化。

公司先后被评为淄博市价格认定采报价定点单位、消费者满意单位、“依法纳税　强国惠民”先进单位。

银座沂源店

银座沂源店，位于沂源县城螳螂河西路与振兴西路交叉口，隶属银座集团，是银座在淄博地区开的第14家分店，属于淄博银座商城有限责任公司的分公司，于2018年4月开业。

银座沂源店发扬国企担当精神，努力打造成沂源县最高端、最安全舒适的休闲娱乐场所。沂源银座建筑面积约2.38万平方米，总经营面积2.28万平方米，地下一层为2.0模式精品超市，经营面积4048平方米；地上两层为精品百货服装商场，经营面积7768平方米；地上三层为齐纳国际影城、舞蹈培训学校及台球项目。门店有餐饮、影院、儿童乐园等配套项目，为广大消费者提供一站式购物体验。开业至今累计缴纳税费290万元，解决就业人口260余人，填补了县城西部商业空白。

淄博银座商城有限责任公司沂源分公司先后被评为消费者满意单位、拥军模范单位等。

银座商城

集市贸易

概况

“集四海之珍奇，皆归市易。”赶大集是一种民间风俗，在集市画物换物买卖交易，更是乡镇最具人文气息的符号。热闹的大集不仅是一个集聚买卖的市场，比起物质上的满足，最抚人心的是它独有的热闹与丰富，是一种最具有人间烟火气息的生活方式。沂源县大集，是城郊乡村商品的聚集交易地，有着悠久的历史和至纯的人间烟火味儿。新中国成立前，立集一般由乡村中有一定威望的人或比较有影响的商人提出申请，再报县衙门审批。新中国成立后，立集由村级组织提出申请，由工商行政管理

农村大集上的戏曲表演

部门批准。立集开市要举行唱大戏、放鞭炮、戏班子唱戏等隆重的庆典活动。集场场地一般选在交通便利、居于中心位置的宽敞地带。集期一般是五日，也有个别五日两集。每逢集日，自晨至午，商贾辐辏，熙来攘往，懋迁百货，应有尽有。

沿革

自古有商品便有集市，有商品交换便有集市贸易。隋代，东安郡治所驻东安村，当时的经济文化较发达，已有集市贸易。据《沂水县志》记载，清康熙十一年（1672），沂水境内已形成21个规模较大的集市，其中东里店集、燕崖集、袁家集、南麻集榜上有名（上述4个集市均位于现沂源县境内，袁家集即悦庄集）。据当地农民口传，小张庄集建

于清乾隆五年（1740）8月6日，大泉集建于清道光年间。清末民初，全县共有大小集市25处，尤其南麻、鲁村、东里等集市，四方客商云集，生意兴隆。

民国二十九年（1940）至中华人民共和国成立前，因日军入侵，战事频繁，时事不稳，人心不宁，集市亦呈衰废状态，大集化小，小集自消。为防敌机轰炸和兵乱骚扰，集址时有迁移，多选择地形掩蔽、树林茂密的山沟里。如鲁村集曾迁往过舍庄、张家石沟、河西村，南岩集迁于左家旁峪村。

1944年5月，沂源县建立初期，全县有27处集市，分别设在南麻、悦庄、消水、埠村、鲁村、草埠、小张庄、东里、韩旺、福禄坪峪、三岔店、张家坡、流泉、北店子、燕崖、石桥、大泉、黄庄、徐家庄、梭背岭、马庄、刘家庄、金星头、张庄、曹家庄、中庄、胡家庄。

中华人民共和国成立至1957年，工农业生产发展迅速，集市亦为最盛时期，全县大小集市发展到30处。

1958年，在“大跃进”和人民公社化高潮中，农村取消自留地，停止家庭副业，大商小贩早已过渡为国营商业或转入农业，各条战线“生活集体化，行动军事化，生产战斗化”，再加国营商业大购大销，全县集市基本关闭。

1959年5—6月间，中共中央连续发出指示，强调恢复农民自留地和家庭副业。1959年秋，全县集市随之恢复。1961年，国家工商行政管理局会同商业部提出“大胆地放、认真地管”和“活字当头，管在其中”的口号，推动集市贸易的恢复和发展。全县集市贸易活动日渐活跃。1967年设赤坂集。

“文化大革命”期间，集市被视为小生产自发势力泛滥的场所，对其设置了许多种关卡，实行严格的管理和限制，集市贸易、交易范围缩小，上市人数、上市商品减少，名存实亡。1970—1971年，全县曾两次统一集市日期，但没有实行。1975年，全面开展打击投机倒把活动，集市进一步瘫痪。

1978年，党的十一届三中全会召开，提出1979年起，全党工作的着重点转移到社会主义现代化建设上来。此后，经济开始活跃，市场逐步开放。

1961年春节，沂源县村民在集市上选购年画

到1979年底1980年初，全县原有集市全部恢复，并废除统一集期，各集仍延续传统集期。

1979—1984年，先后增设高庄、土门、两县、赵庄、埠前、柴家庄、水北、鲍庄、璞邱、马岭、南安乐、西白峪、石坂、葛庄、丈八邱、周上庄、薄板台、裕华、松崮、淤土地、水营21处集市。1984年，全县共有大小集市49处，商品生产迅速发展，上市商品除农副产品、工业品、水产品外，粮、油、棉、麻、烟也大量上市，个体商户的烟、酒、糖、茶、布匹服装、小百货等涌入市场。商品价格浮动灵活，如猪肉每市斤0.96元，食盐每市斤0.145元，鸡蛋每市斤1.1元，面粉每市斤0.178元。全县49处集市成交额约2300万元，占社会商品零售额的20.4%。

1985年，全县集市贸易成交额2592万元。徐家庄集、悦庄集、南麻集、埠下集、张庄集、西冶集被评为地级文明市场，鲁村集被评为省级文明市场。

1986年，全县集市贸易成交额3420万元。悦庄、东里、中庄、黄庄、徐家庄5个集市，经临沂地区检查验收合格，被评为“五好”（管理好、卫生好、秩序好、服务好、宣传好）集市。沂源县“五好”集市在全地区检查验收中名列第一。

1987年，全县集贸市场发展到53处，集市贸易成交额5098万元。东里集、鲁村集、南麻集、悦庄集、张庄集、中庄集、徐家庄集、梭背岭集、三岔集、张家坡集、黄庄集、西冶集被临沂地区工商行政管理局命名为“五好”集市。南麻、鲁村、东里、徐家庄、悦庄5个市场建成标准化市场。徐家庄集、悦庄集、南麻集、埠下集、张庄集、西冶集、鲁村集被评为地级文明市场。

1988年，集贸市场成交额8119万元，农贸市场发展到54处，专业批发市场31处。徐家庄集、悦庄集、南麻集、埠下集、张庄集、西冶集、鲁村集被评为地级文明市场，东里集被评为省级文明市场。

1989年，全县共有集贸市场52处，成交额7412万元。徐家庄集、悦庄集、南麻集、埠下集、张庄集、西冶集、鲁村集被评为地级文明市场，东里集被评为省级文明市场。

1990年，全县集贸市场54处（万人以上大集8处、中小集市46处，其中市级文明市场8处、省级文明市场1处）、各种季节性专业批发市场15处。

1991年，设部分集市，扩建和改建老集市，适应农村贸易的需要，全县集贸市场58处，成交额9886万元。鲁村集、东里集、张庄集、徐家庄集、悦庄集、沂源商场被淄博市工商行政管理局评为市级文明集贸市场。

1992年1月，徐家庄乡小张庄村划出8000平方米土地，投资8万元，扩建小张庄集市，建水泥售货台700平方米，成为可容纳1000个摊位的农贸市场；石桥乡划出16667平方米土地扩建集市；三岔乡投资2万元增建市场设施，摊位增加20%，市场成交额比1991年增长32%；东里市场扩建为布局合理、设施齐全的集市，集日上市人数达1万人，上市商品数千种。全县集贸市场发展到66处，市场建设总投资1271.6万元。

1993年，投资5万元扩建金星乡裕华集，占地1万平方米，建800米长水泥售货台。燕崖集搬迁后，投资5万多元建设水泥台576米，修河坝300米。全年集贸市场成交额1.5亿元，各类市场62处，其中专业批发市场2处。

1995年，沂源商场、鲁村大集、东里大集、金星裕华农贸市场、张庄大集、徐家庄大集、悦庄大集、燕崖大集被淄博市工商局表彰为市级文明市场。全县市场成交额1.8亿元，各类市场66处。

1996年，建市场2处，改扩建市场2处，社会投资总额1500万元，全县城乡市场总数达69处。市场成交额2.2亿元，其中批发市场成交额3700万元。

2000年，投资2万元，扩建草埠集和悦庄大集。2002年，全县经登记注册的集贸市场有72处，其中专业市场1处、农副产品批发市场4处，年市场成交额64179万元。2006年，全县共有集贸市场68处。

2015年10月，沂源县确定在城区新建10处便民市场，并列为十大民生工程之一。2018年，10处便民市场基本完成。

农村大集

南麻集　南麻大集设立于新中国成立前，农历每月三、八逢集。原位于现沂蒙商城北端大桥东首，先后搬迁至现沂源商厦处、南麻老街（现商业街）处、振兴路和历山路部分路段、南麻老街东端（现商业街东首）十字路口处、螳螂河（现水景公园内的河滩上）、历山路（影剧院以南地区）、荆山路南螳螂河东的县体育场（现沂蒙商城东）、泰

1989年，南麻集上的民间说唱

薛路北的工业路、南麻大街，后整体搬迁至封闭道路老华源路。新中国成立初期，一般每集上市5000人左右。1981年以来，每集上市万人以上，评书、渔鼓、木板小鼓、四弦等曲艺活动活跃在集市上，集市遍及南北、东西两条主要街道，长达1公里，摊铺栉比，人流拥挤，自晨开市，至晚方散。

东里集 东里集贸市场地处沂源县东南，北接临朐，南邻蒙阴，东通沂水，交通方便，经济繁荣，是沂源县四大集市之一，农历每月四、九逢集。1939年2月，国民党山东省政府由鲁村迁至东里（时称东里店），一时商旅云集，故有“小济南”之称。1992年，投资150万元，建皮毛制品批发交易中心、农用生产资料交易中心、果品批发市场、工业品批发市场，10月16日建成并投入使用。1994年，投资2万元兴建东里市场大门。东里是山区特产的集散地，大量的桃、葡萄等农副产品从这里运销全国各地，并出口国外，每逢集日各地客商云集。东里大集上的东里大饼，其色淡黄，外层甘脆，内瓤暄软，以其“传承千载、即食烩片脆绵香”等特色，被列入沂源县非物质文化遗产名录。居住在东里的回民制作的狗皮鞋，以其样式新颖、穿着舒服、价廉耐用而久负盛名，曾销往东欧各国。

悦庄集 农历每月逢一、六为集，每到集日，上万人汇聚悦庄街赶集，集镇繁华名噪千里，又称“悦庄集”或“悦庄街”。元末明初时，悦庄集叫袁家集，位于今西悦庄南约200米处。明洪武年间，周边百姓皆来居住，集市规模进一步扩大，遂以市面而兴隆。至清代，这里的酒肆、油坊、字号、铺面等分列东西大街两边，百里闻名。乡绅们计议“近悦远来，和悦人情广顺”，遂更名“悦庄”。悦庄在民国时期系沂水八区驻地，位于沂水、临朐、蒙阴三县交界处，是沂水县西北乡的重镇。悦庄街200户人家，人口总数1000多人，常年在此经商的有400多人，过往的马队、推车及挑担行人络绎不绝。党的十一届三中全会后，赶集人数和上市物资不断增加，原有场地无法容纳。1981年8月1日，集市从西悦庄大街迁到悦庄公社和供销社煤炭站后边西悦庄大队的树林，北至林北边东西机耕路，南至煤炭站院墙东北角，西至悦庄公社西院墙，东至河西坝。2000年，在悦庄集场范围内，沿饮马河及朝阳路建设总长1000余米、建筑面积1.5万平方米的商住二层沿街商铺。经分批规划建设，集场占地近3万平方米，长期摊点400多个，临时摊点150多个，年成交额7000多万元。悦庄大集通过搬迁、扩建，建成“江北第一大集”。2011年10月，悦庄大集被中央文明办确定为第二批农村精神文明建设宣传典型。

悦庄大集（2005年）

鲁村集 鲁村是千年古镇，商周时期就有村落。自清康熙年间始，农历二、七逢大集，是清末民初时期鲁中地区最大的物资集散地之一。鲁村街上有酒肆3家，每年酿用粮食不下百余石，均是零售兼批发；油坊2家，经营额年达千元；布商6家，主要经营布匹、杂货、鞋帽、绸缎布匹、成品服装等，兼营染坊、花生等；杂货铺号5家，经营杂货、点心等，杂货商号都发行钱票，货物都由博山进，每天下午用驴骡驮来，除零售外还进行批发，销售范围覆盖沂蒙一带；钱庄2家，除放利钱外，还经营绸缎、布匹等。主要的食品有锅饼、烧饼、油条、火烧、精制驴肉、馍馍等，每年宰杀猪牛不下1000头。抗日战争和解放战争时期曾迁往张家石沟、舍庄、河西村等地，解放后先后迁至南鲁村未搬迁前的老街处、海达公司附近西南处。1991年，以鲁村二村、三村50亩土地为场地，建设“商业街、顶棚市场、天天市、农贸集市”四位一体的综合市场，总面积3.3万平方米，总投资40万元，1992年元旦竣工并交付使用。

石桥集 石桥村南曾建有庙宇，当地和莒县、沂南、临朐等地的人前来求神拜佛。每月逢五遇十，庙门大开，前来拜佛之人越来越多，一些商人在庙门前摆设地摊，从香火供品到百货一应俱全，还开设饭店、旅社等，石桥逐渐繁华，形成大集。石桥大集是石桥重要的商品贸易流通集散地，却因战乱而历经变迁，现存清代和民国时期的老账簿中均有记载。据说清代大集在亳山，民国初年由石桥和北庄人用半升银子买来，设在石桥村老街。吴化文的四师驻军石桥村，石桥集被迫迁到马庄洞上。1941年，日军的飞机投弹到马庄洞集市上，造成人员伤亡，集市迁到葛庄和马庄之间的桑树行。抗日战争胜利后，迁到石桥上峪河，当年又迁到南涧口，集市只开一次又搬迁回石桥老街。而后在石桥周围辗转数次，于1993年下半年迁到北庄西埠。2020年，落户石桥镇综合服务中心北部、石桥南墁南侧。

金星头集 明末，魏忠贤派人到金星头淘金时，在大槐树处设立集市，集期为农历每月一、六。街上山货齐集，买卖兴隆，兼有戏剧杂耍，是周边较繁华的山区集贸市场，临沂、江苏商贾到金星头集市贸易者众多。清末，由于大槐树处为东至东里店、西至坡里街重要的官道、商道，集市日通行不便，集市迁至关帝庙西、前河北岸杨树林内。1982年，集市迁至采购站前大路上。1986 年，乡政府建成后，又迁至乡政府大门前。2018 年，在集市对面前河南岸征集土地 10 亩，架桥梁、筑坝堤，投资30 万元建造集贸市场，消除了集市占路、影响交通、不利安全的弊端。

两县集 明末清初，两县集买卖十分兴隆。设有粮食市、布匹市、青菜市、水果市、杂货市、牲口市，还有说书、卖艺场地。集日定为农历每月二、七，摊位摆满两县大街。民国后期匪患四起，民不聊生，两县集因此萧条，“文化大革命”期间曾一度中断。改革开放后，两县集重新开集立市，重现昔日繁华。

徐家庄集 据清康熙十一年（1672）修《蒙阴县志》载：“北乡集在徐家庄”。徐家庄集早在清中叶就属蒙阴县北乡十大集之一，至今逢农历五、十开集市。

南流泉集 该集市立于清光绪四年（1878），最早集市设在矗派底，逢五、十开集。集市设有布衣鞋帽市、日用百货市、说书杂耍市、蔬菜市、鱼市、肉市，以及饭摊。1960年，迁至村东西大街。1968年，迁至祠堂后。1985年，因集市摊位需求增多，人员流量大，经上级主管部门批准，南流泉集市迁至东流泉村前河滩。1988年，又由前河涯迁到祠堂后，占地12亩，摊位100余个，年交易额100余万元。

张庄集 大张庄镇地处沂源、蒙阴、新泰、钢城四县交界处，商贸业发展较早。新中国成立前，便有张庄大集，每逢一、六，十里八乡的百姓云集于此，摆摊卖货，购物交易。张庄大集是大张庄镇开设最早最大的集市，一直未曾中断。此集市有“母猪集”的绰号，意思是这个集市贸易渠道畅通，货到即销，特别是粮食，几乎没有剩市的。

草埠集 新中国成立前设立，集日为每月五、十，1988年改为四、九。集址原在草埠老村西的河东岸沙滩上（现草埠公路大桥南端），后搬至丁家庄村东（现草埠公路大桥北端的河滩上）。1988年，迁至峨峪村公路南端与东西公路接头处的路南端。1996年，迁至草埠公路大桥北丁家庄小河东岸至今。

三岔集 1986年10月，三岔店村村碑记载：“该村南宋嘉泰年间建村，原名芦家崖，因此村为沂水、临朐、博山三县要道，且多店铺，后更名为三岔店。”该地是周边通往外地的必经之处，久而久之出现了众多为过往行人提供食宿便利的店铺，逐渐形成繁华的三岔大集。每逢三、八，周边几十里内的临朐、博山、淄川的赶集人纷纷涌入集市，冬天的大集时常赶到日落西山。

土门集 清代，芦芽就设有大集，是方圆几十里的货物集散中心，与博山夏庄大集、鲁村大集并称“三大集”。1979年2月27日，土门公社芦芽店

20世纪90年代末，土门镇大坡集鲜果市

原有一个传统集日，因不在公社驻地，群众调剂余缺不便，根据土门公社广大社员和驻地工厂工人的要求，经沂源县革委研究决定，将芦芽店集迁到土门，农历每月四、九逢集。

马岭集 1979年4月20日，沂源县燕崖人民公社革命委员会、燕崖工商所申请恢复1966年取消的石板集。1979年6月1日，经财办和沂源县革命委员会工商局批准同意，将石板集改迁到马岭，设立马岭集，集日为农历四、九。

葛庄集 1984年7月11日，经沂源县工商局同意，在石桥区虎山乡驻地葛庄设立集市，集日为农历每月的三、八。

璞邱集 1984年8月7日，经沂源县工商局同意，在三岔区璞邱乡驻地璞邱大队设立集市1处，集日为农历每月的二、七。

北店子集 1984年，北店子村设立农村集市，位于村中心街上。9月开集，集日定为农历每月五、十，设立成衣布匹、日用百货、蔬菜瓜果、小吃摊位等15个门类、98个摊位，年交易额在300万元左右。

沟泉集 1986年12月22日，在沟泉乡政府驻地设立沟泉集，集日为农历每月五、十。1986年，农历十一月二十五正式开集，由莱芜市梆子剧团为开集演出6天，以示祝贺。

东长旺集 1989年3月2日，在韩旺乡东长旺村设立集市，农历二月二十六至二月二十九开集，集日为农历每月的一、六。

舍庄集 1991年12月19日，在鲁村镇舍庄村设立集市。集市日期为农历一、六，后取消。

四门地集 1992年9月8日，沂源县工商局决定在徐家庄乡四门地设立集贸市场，1992年农历十月初四开集，集日定为农历每月的四、九。

东郑集、蝙蝠峪集 1992年12月10日，沂源县工商局决定在燕崖乡东郑村和金星乡蝙蝠村设立集市各一处，农历十月初七开集。东郑集逢农历一、六，蝙蝠峪集逢农历二、七。

李家河西集 1993年11月15日，在中庄乡李家河西村设立集贸市场，农历十月初六开集，集日定为农历每月的一、六。

唐庄集 1994年12月1日，根据梭背岭乡政府意见和唐庄村的申请，按照国家工商局《商品交易市场管理暂行办法》规定，批准开办梭背岭乡唐庄农贸市场，交易时间为每月农历的二、七。

赵庄集 集址原位于赵庄村公路两侧和村内的一条街道上，场地狭窄，农历每月四、九，摊位难以安排，人员拥挤，交通堵塞严重，难以适应城乡贸易交流的需要。2004年，迁至东赵庄一村。

农村大集分布表

集名	集期	设立时间
南麻	三、八	新中国成立前
鲁村	二、七	
悦庄	一、六	
东里	四、九	
黄庄	三、八	
张庄	一、六	
石桥	五、十	
张家坡	二、七	
中庄	三、八	
梭背岭	一、六	
徐家庄	五、十	

续表

集名	集期	设立时间
消水	二、七	新中国成立前
埠村	四、九	
张庄	一、六	
韩旺	五、十	
福禄坪	三、八	
三岔	三、八	
南流泉	五、十	
燕崖	五、十	
大泉	二、七	
金星头	一、六	
曹家庄	四、九	
胡家庄	二、七	
刘家庄	五、十	
草埠	四、九	新中国成立后
上高庄	五、十	
王家石沟	三、八	
西丈八丘	四、九	
马岭	四、九	
马庄	三、八	
松崮	五、十	
两县	二、七	
吕家庄	一、六	
赤板	三、八	
水营	三、八	
南安乐	四、九	
西白峪	二、七	
冯家圈	三、八	
蒿庄	三、八	
柴家庄	五、十	
水北	五、十	
小张庄	五、十	
焦家上庄	四、九	
赵庄	四、九	

续表

集名	集期	设立时间
土门	四、九	新中国成立后
裕华	四、九	
璞邱	二、七	
北店子	五、十	
沟泉	五、十	
东长旺	一、六	
舍庄	一、六	
四门地	四、九	
东郑	一、六	
蝙蝠峪	二、七	
李家河西	一、六	
唐庄	二、七	

城区农贸市场

10处便民市场

2015年10月，沂源县确定在城区建设10处便民市场，并列为十大民生工程之一，总占地185亩，总建筑面积9.1万平方米（室内建筑面积6.8万平方米，大棚建筑面积2.3万平方米），总投资2.3亿元。该项目由县政府主导，县规划局牵头，各部门配合，有关镇办督促协调，村居具体投资承办建设运营，分区域按500~1000米服务半径服务周边居民。2018年，10处便民市场建设完成。

涝坡河润生路市场　位于润生路西侧、义乌商品城南侧，占地面积11.25亩，总建筑面积4310平方米，其中配套商业用房2700平方米，市场大棚1610平方米，可容纳摊位约320个，东苑小区部分经营业户迁入。市场兼具零售及果蔬批发业务，服务该村及周边小区日常生活所需。

涝坡河鲁山路市场　位于鲁山路南侧、村民住宅楼北侧，占地面积6.9亩，建筑面积3620平方米，东苑小区至沂河源学校经营业户迁入。

西河北市场 位于瑞阳大道南首西侧、瑞阳公司北侧，占地面积51亩，总建筑面积25990平方米。其中，东区占地21亩，市场大棚2950平方米，配套商业用房3340平方米，可容纳摊位约600个；西区占地30亩，建筑面积1.97万平方米。工业路及商业街、盛源酒店北侧经营业户迁入，是兼具批发零售的较大型综合性市场。

东北麻市场 位于历山路东侧、长途汽车站南侧，占地面积22.2亩，总建筑面积1.01平方米，其中配套商业用房7150平方米、市场大棚2950平方米，可容纳摊位约500个，中国工商银行以北沿历山路、中医院门口、育才街经营业户迁入，是兼具批发、零售的综合性市场。

东沙沟市场 该市场位于新城路南侧、东沙沟安置楼北侧，占地面积2.2亩，市场大棚建筑面积600平方米，可容纳摊位约160个，是为周边居民小区服务的便民市场。

吴家官庄市场 位于瑞阳路东侧、村民住宅楼南侧，占地面积1.2亩，建筑面积500平方米，可容纳摊位100个，是为周边居民服务的便民市场。

儒林集市场 位于鲁山路南侧、东营路东侧，占地面积24.7亩，总建筑面积2.22万平方米，其中配套商业用房9700平方米、市场大棚5100平方米，

儒林集市场

地下、半地下建筑7400平方米，可容纳摊位约620个，东营路及鲁山路东段经营业户迁入，是县城东部兼具批发零售的较大型综合性市场。

西台市场 位于北京路南侧、枣庄路东侧，占地面积12.6亩，总建筑面积6984平方米，其中配套商业用房5284平方米、大棚1700平方米，可容纳摊位约230个，是河西集批发、零售于一体，为河西片区服务的较大型综合性市场。

东高庄南麻大街市场 位于南麻大街东侧、天津路南侧，占地面积18.6亩，总建筑面积9380平方米，其中配套商业用房7090平方米、市场大棚2290平方米，可容纳摊位约320个，南麻大街及县城其他沿路经营户迁入，是全县花鸟鱼虫、苗木、奇石、字画等综合性文化市场。

西上高庄市场 位于济南路南段东侧，占地面积32.7亩，总建筑面积9550平方米，其中配套商业用房4350平方米、冷库1000平方米、市场大棚4200平方米，沿天津路两侧经营业户迁入，是县城西部集干果、水果、蔬菜、肉禽蛋、粮食等于一体兼具批发与零售，吸引西南部乡镇、服务县城西部居民的大型综合性市场。

农贸市场改造升级

2021年，出台《关于试点打造“三位一体”标准化农贸市场的实施意见》(源政办字〔2021〕50号)，成立沂源县城区农贸市场改造提升推进工作领导小组，统筹协调城区农贸市场改造提升工作。县财政专门安排500万元专项资金，对完成改造提升并验收合格的农贸市场开办方进行补助。

6处城区农贸市场的改造充分结合城区布局规划，同步提升市场及周边公共设施便利化水平，建设公厕、休息区、自产自贸区、快检室等配套设施，为周边40个小区、7.4万余名群众提供更加优质便利的生活服务。

西台成和农贸市场改造前后

世纪新城改造提升前后

西下高庄农副产品超市改造提升前后

儒林集便民市场改造提升前后

涝坡河果蔬市场改造提升前后

西北麻便民市场改造提升前后

专业市场

沂源商场（南麻农贸市场） 1985年，县财政局、工商局、城建局共同投资60万元，拆除南麻老街东段部分民房，建设1620平方米顶棚、974米水泥售货台等设施。1986年6月建成使用，主要以农副产品流通为主，附营服装、土产杂品等，农历三、八营业。1992年，沂源商场仅留肉、禽、粮食等市场，其余迁至荆山路南螳螂河东的县体育场。1994年，商场扩建大棚250平方米，改建营业房40间、售货台1300米。1997年，商场改为天天市。此后，又投资42万元，建设玻璃钢顶棚2688平方米、临时性经营房78间。至2001年，经几次改建，市场向东延至工业路，向西与商业街市场相连接，水泥顶棚全部更换为玻璃钢瓦。

商业街市场 位于县城南麻老街，中西段两侧曾为低矮的旧式平房，东段为轻钢大棚。1988年7月，拆除中西段旧民房，兴建商业街市场，共投资927万元，建设商业经营楼房22幢，总建筑面积2.31万平方米，1990年底建成并投入使用，与沂源商场连为一体，主要经营五金交电、日用小百货、布匹、服装、鞋帽、农副产品、餐饮等。1992年6月，商业街市场被辟为全县第一个夜市；8月，被辟为星期天市场。2017年，拆除东段大棚。200余户商户分流至义乌小商品城、居家城，部分进入沿街商铺。

拆除前的商业街大棚

2017 年，商业街拆迁现场

拆迁后的商业街

沂蒙商城 1993年5月，搬迁位于县城荆山路南、螳螂河东的县体委等单位，着手兴建沂蒙商城。1996年11月，商城一期工程竣工，建设二层以上商业楼房73套，总建筑面积1.41万平方米，总投资1400万元。1997年，开发建设商城二期工程，建设钢化塑料大棚2400米，硬化停车场5000平方米，建简易营业房74间、售货台600米。2000年5月，竣工并交付使用。整个商城共占地5891平方米，总建筑面积15760平方米，总投资2962万元，主要商品有农副产品、海鲜、建材等，是专业的商贸批发市场。

1993 年的沂蒙商城

鱼台瓜菜批发市场 位于县城北部东鱼台村南。1994年，经南麻镇东鱼台村申请建设，1996年7月建立。2001年6月，市场扩建，东西长90米，南北长163米，占地11亩。12月，市场被撤销。

沂源县建筑材料市场 位于县城东风路中段淄博汽运公司沂源第五分公司院内，主营钢材、建筑陶瓷、铝型材、五金等。1997年申请，1999年9月批准，由淄博汽车运输总公司沂源第五分公司建设。市场占地面积2万平方米，其中建筑面积800平方米、室内面积750平方米，建设总投资47万元。

悦庄镇苗山蔬菜批发市场 位于悦庄镇苗山村南，市场东西长82米，南北长80米，总面积6560平方米，1998年建设。市场以批发蔬菜为主，附带批发瓜果。北京、安徽、河南、黑龙江等省市的客商每年来车采购商品，为全县韭菜销售批量最大的专业蔬菜批发市场。

悦庄镇苗山蔬菜批发市场

大观园商城 位于县城中心南麻老街和振兴路之间，主要经营服装、鞋帽、床上用品、电子产品等，以批发为主，附带零售，属工业品综合市场。2000年，由沂源县城区办事处、南麻一村、淄博市隆祥企业总公司兴建，投资1000万元，占地总面积1.33万平方米，建设营业楼房150套。2005年3

月，淄博市工商局颁发市场登记证。

沂源县沂蒙山果菜批发市场有限公司 位于县城鲁山路东。2000年10月，由山东鲁阳股份有限公司兴建，总投资1500万元，占地面积200亩。到2002年，建成5000平方米大棚2座、恒温库36间，总容量1000吨；建业务洽谈房21间、酒店招待所1处，硬化路面2.5万平方米。是年试运营，成交果菜批发量7000万公斤。2003年6月，在淄博市工商局颁发市场登记证后正式运营。

2002年建成的沂源县沂蒙山果菜批发市场

居家城市场 位于县城振兴路和荆山路之间老城中心区，属旧城改造工程。2000年春，开始拆迁旧民房，2001年底，拆迁工作全部完成，铺开主体工程。2003年8月投入使用，建成商住楼18栋，建筑面积9.1万平方米。居家城市场主要经营服装、鞋帽、花草、电器等。

物资交流会

山会

“山会”是一种留传年代久远的民间经济贸易活动，会址多设在交通方便、买卖繁华的较大集镇地区，行会分为春秋两次，也有的一年一行。会期一般为5天，如遇买卖兴盛，可延长至10天。山会上衣食住行各种品类应有尽有，也有杂技、马术、歌舞团搭台献艺。届时，各行各业的商家和成千上万的百姓从周边镇村聚集而至进行商品交易。

1984年，南麻起会日为3月10日，入会3万人左右，成交额29.7万元；鲁村起会日为2月10日，入会3万人左右，成交额25.467万元；东里起会日为3月10日，入会3万人左右，成交额18万元；悦庄起会日为2月9日，入会3万人左右，成交额25万元；中庄起会日为2月9日，入会2万人左右，成交额12万元。

南麻山会 1952年9月16日，沂源县人民政府在南麻螳螂河召开了新中国成立后的第一次山会，会期3天，入会2.5万多人。此次山会，上市产品种类繁多，有猪、羊、油料、糕点等30多个品种，大会成交额达60776万元（旧币与新币比为10000：1），各种经济成分所占比重是供销合作社35%、私营商业33%、农民交易32%。

东里山会 20世纪50年代，东里开始酝酿设立山会事宜，并在老集市水浅子沟尝试开山交易。1958年，人民公社成立后，正式议定东里山会时间，为每年忙完秋收秋种的农历九月十四至十九，共6天时间，地点设在公社驻地老集市水浅子沟。因山会规模不断扩大，交易地点转移到沂河北岸的河滩里。东里山会交易的货品主要是农业生产用具、家具、食品蔬菜、服装鞋帽、锅碗瓢盆、皮毛及各类农产品等，并邀请安徽的马戏团、北方的魔术表演队、皮影戏班、拉洋片艺人等，开展有组织的文娱活动，吸引安丘、沂水、蒙阴、临朐、莱芜、博山，以及外省市的商家前来设点交易。1966—1977年，东里山会一度中断。1978年，东里山会重新启动。

庙会

庙会，是中国传统文化中的一种民俗活动。清代至民国初期，境内庙会颇多，较大的有16处，其中包括天齐庙、神清宫、香云寺、汇泉寺、栖真观庙会。各地庙会一般每年举行一次，也有的举行两次，时间多在春秋两季，春季较多。庙会期间上市物资繁多，买卖极为兴隆，吸引附近10余县的商贾摊贩，经营匹布、绸缎、五金、百货、日用品，大至成套家具、大牲畜，小至针头线脑、儿童玩具，一应俱全。庙会成为农村贸易中不可缺少的组织形式。

庙会期间，会场事务都由会首主持，费用来源于会场各个商户，大至广货巨商，小至肩挑负贩，都得交纳会费。多者百吊，少者十个小钱。民国十一年（1922）始，会首会同热心教育者借庙会之机，筹措学款，兴办学堂。

唐山庙会 始于隋唐，位于距县城40余公里的唐山，每年三月十五起会，沿袭千余年未曾间断。文人墨客慕名而来，商贩云集，各种物品、各色小吃应有尽有。整个庙会人头攒动，万人齐聚，逐渐发展成一个大型集贸市场。

天齐庙庙会 始于唐。位于县城西12公里的鲁村镇鲁村四村南1000米处，四面环山，地势平阔。每年农历三月二十八起会，会期5~6天，视交易情况而定。吸引沂水、蒙阴、临朐、莱芜、博山、周村，以及外省市的商家设点交易，盛时到会人数日达1.4万多人，五行八作各类摊贩云集而来，上市物资繁多，买卖极为兴隆，日成交额约达8万吊。其中，以牛、猪为大宗，日上市量800余头，买卖300余头，成交额约3万吊。

汇泉寺庙会 始于唐。位于徐家庄境内，坐落在埠西、乐村、邢家庄3个村之间一平缓而开阔的坡地上，占地20亩，东傍沂河，古柏森森，汇泉涌流。每年两次会，第一次农历二月十九是香火会，第二次农历八月十五是大会，会期3~5天，盛时到会人数日达万余人，成交额约达8万吊。

神清宫庙会 始于宋。位于县城南13公里的燕崖乡西郑王庄村西500米处。背靠青牛山，前绕白马河，院内有千年油松。每年自农历二月十五起会，会期3~5天，商贾云集，人声鼎沸，好戏连台，盛时人数日达万余人，日成交额约达7万吊。

栖真观庙会 始于元。位于县城西南20公里的安平庄前一开阔坡地上，占地约30亩，四面环山，一片林海。每年的农历三月三举办栖真观庙会，六月六举办栖真观拜山祈福会，九月九举办栖真观九九重阳长寿节庙会。各地商家小贩云集于此，到会日达万余人。庙会的主要活动是货物贸易，商户来源于附近10余个县，商品主要是日用百货、生产用具、家具陈设等。成交量相当可观，日成交额约9万吊，牲畜交易量4000多头，庙会期间搭台唱戏，天南地北的杂耍艺人展示绝活。新中国成立前，兵匪横行，栖真观三月三庙会由此消失。2006年，庙会重新开始。

香云寺庙会 始于明。位于县城东10公里的悦庄镇张良村南150米处的一座高埠上，北高南低，坡缓而宽阔，东傍饮马河，每年两次会，农历正月十六和三月二十八，各历时3天，盛时到会人数日达万余人。上市物资繁多，日成交额约8万吊。

集市管理

管理机构

沂源古时集市，属自由贸易场所，交易活动无机构管理。1944年，沂源县抗日民主政府建立，开始对集市进行管理。1947年，县政府成立工商局，负责管理集市贸易。1948年2月，撤销工商管理局，集市贸易由县供销合作总社代管。1950年6月，县政府设沂源县工商科，负责市场管理。

1953年6月，县政府设立沂源县第一个交易所，负责全县集市管理工作。1954年3月14日，根据临沂专署指示，全县成立南麻、鲁村、东里、悦庄4处交易管理所，分片负责全县10个区的集市管理工作，同时撤销县政府第一交易所。1956年5月18日，撤销市场交易所；10月，在工商科的基础上成立沂源县商业局，局内设立商政物价股，下设南麻、鲁村、东里、悦庄4个交易管理所，负责全县市场管理。

1957年6月20日，全县成立9处交易管理所。7月8日，县人民委员会指示，各区普遍建立集市管理委员会，由各区供销合作社、税务站、粮管站、营业站、卫生院、驻地村干部等部门组成，设主任委员，公社管委会副主任兼任集市管委会主任。

1958年6月1日，沂源县供销合作社并入商业局，局下设物价科，辖9个交易管理所，除南麻、鲁村、东里、悦庄4个外，增设燕崖、张庄、黄庄、三岔、唐山5个所，负责全县的市场、物价管理。当年，因大炼钢铁，全县9个交易管理所全部撤销。

1959年7月，恢复9个所，增设九会交易管理所。

1961年9月，沂源县供销合作社从商业局分出后，商业局下设商政物价科，负责全县物价管理工作。

1963年2月25日，成立沂源县市场物价管理委员会，沂源县商业局正式把工商行政管理工作移交给沂源县市场物价管理委员会。1967年7月，撤销市场物价管理委员会，成立沂源县工商行政管理局，下设12个工商行政管理所（增设中庄、张家坡2个所）。

1964年3月28日，成立中庄、张家坡交易站。1965年，有中庄、九会、三岔、张家坡4个交易站。

1970年1月24日，沂源县革命委员会设市场管理领导小组。同时恢复“文化大革命”以前的南麻、燕崖、悦庄、三岔、东里5处工商管理站。

1971年3月，工商行政管理机构合并至商业局，设工商组。1972年7月21日，从商业局分出后，成立沂源县革命委员会工商管理局。1981年8月12日，改为沂源县工商行政管理局。1984年，沂源县工商行政管理局辖14个工商行政管理所，成立沂源县工商局经济合同仲裁委员会，工商管理人员发展到80人。

1990年，在全县17个乡镇设立市场管理委员会，实行“划行规市，编号定位，对号入市”的管理办法。在全县各大中集市上配备卫生管理人员13名，负责日常市场卫生。

管理政策和有关规定

1951年，县政府发布《加强棉布管理，开展零售，消灭黑市的通知》，强调严禁不法商人囤积和黑市投机活动，打击集市抢购物资、囤积居奇、牟取暴利的不法行为，抑制物价飞涨现象。

1953年6月30日，沂源县人民政府公布《交易所之管理规定》，根据国家政策、法令进行市场管理，对各地关系到国计民生的物资，按照政策进行管理；维持市场秩序，处理市场交易中出现的争执事项；协助国营公司、合作商业完成国家购销业务；调剂供求，稳定市场物价；检查与禁止私商各种投机违法行为；协助国家完成税收任务；研究交易市场产销变化，组织公私贸易，依法公平合理交易；指导教育私营工商业，遵守政府政策、法令，进行有利于国计民生的正当经营；检重度量衡器，严禁营私欺骗行为；按期统调物价，上报数量和市场动态。

1954年，严格取缔粮商粮贩的投机行为，严禁黑市交易；生产行业用布不得向他地或非指定供货单位购布；生猪出口是国家的重要外汇来源，个人不得随便宰杀；禁止诊所、药店使用略号药名、售卖假药、抬价等不轨行为。

1955年初，沂源县人民政府对集市物资做出规定：烤烟、大麻国家包收；牛皮、元铜、木材、毛猪采取证件管理，无证不准收购；羊毛、羊绒、小茧、土丝国家包收，山果允许私营购运，小奶猪不限制；加强对春蚕市场管理，国家实行包购政策。

1955年，市场管理主要是在社会主义过渡时期配合工业化的发展，限制私商投机，发展国营商业和合作社经济，改造私商。国家规定粮油、棉实行统购政策后，限制自产的粮食加工成熟食到集市出售。

1956年，各集市上市物资主要有大牲畜、干鲜果、木器、家畜、农机具、肉食蛋禽、海产品、黑白条编、蔬菜、柴粮、油、棉，这些属一类物资，完成国家任务后可到集市销售；黄烟、中药材、皮毛、铜等有色金属属国家控制的二类物资，不允许到集市销售，一律由合作社收购。交易所的管理人员对集市商品统一核定价格，并由交易所、供销社、工商联等单位组成市场管理委员会，共同管理市场。

1957年，将集贸市场上的农副产品划分为三类进行管理。第一类是国家实行统购的产品，如粮、棉、油类；第二类是由国营商业和供销合作社统一收购的产品，如生猪、烤烟、废铜、锡等；第三类是鸡、鸭、蛋、蔬菜、小土产等。8月9日开始，严禁计划收购（一类产品）和统一收购（二类产品）的农副产品进入自由市场交易，允许上市的三类产品只能是自产的部分，要持自产自销证明才能上市交易。

1958年，农民自留地被收回，家庭副业被取消，农村开设公共食堂，社员全部在大队的食堂统一吃饭，市场十分萧条。

1959—1961年三年经济困难时期，贯彻党中央、国务院对农村市场要“管而不死，活而不乱”的指示，又一次对小商贩进行登记，并发给营业执照，规定合理税收，指定活动场所，允许交易双方自行议定价格。凡国家统购、派购的农副产品，必须在完成交售任务后才能上市交易；不属统派统购的，可以自由交易。

1963年4月，允许集体和个体在集市上按照国家的政策规定出售自己生产的产品，购买自己需要的产品，从事一切季节性的短途运销活动。集体和个体手工业不经特许，不准购买国家关闭市场的农副产品原料，不准厂矿企业、机关、团体、部队、学校和集体单位在集市上采购或换购粮食、油脂、油料、大麻等国家统一收购的物资。国家征购的粮食品种，征购期间不准上市场买卖；征购结束后，经政府批准，方允许上市交易。肥猪、菜羊、鲜蛋必须完成派购任务后，方可持国家收购机关的证明上市出售。

1964年8月，贯彻山东省人民委员会《关于整顿集市收费问题的通知》，本着“以集养集、以集建集、以旺养淡”的原则，确定了集市收费范围和标准，交易服务手续费按成交额计算，牛、驴、骡、马收1%，买卖双方各半；粮食、柴草及未开征集市交易税地区的自行车、猪、羊收2%，买卖双方各半。

1964年12月，山东省人民委员会发布布告。为保护合法贸易，稳定物价，促进生产，规定必须取缔以下投机倒把行为：贩卖国家统购、统销和派购、统一收购物资；组织投机集团，内外勾结，走私行贿，盗卖国家和集体资财；非法转批发，长途贩运；投机倒卖耕畜、化肥；伪造或倒卖票证；贩卖黄金、白银；囤积居奇，哄抬物价；黑市经纪，买空卖空，居间获利；给投机倒把分子当窝主或销赃；私设工厂、商店、行栈、雇工、包工剥削。

1965年6月，贯彻执行“发展经济、保障供给”的总方针，加强政治观点、生产观点、群众观点，为工农业生产服务，为人民生活服务。同时强调，继续贯彻“管而不死，活而不乱”的方针，克服单纯管理观点，明确市场管理与促进生产、保证供给的关系，正确区分投机倒把同合法经营的界限，利用其补充作用，限制其消极作用。

1965年7月，为了发展大牲畜，促进农业生产，规定生产队和社员是在本公社毗邻公社的习惯市场内相互调剂耕畜，可以不要证明；在省内和省际毗邻地区，只需生产大队的证明；出省的需要公社的证明。坚决打击投机倒把、挖牙做口、残害耕畜的分子，坚决取缔黑牛行。交易时必须明讲明议，不袖筒摸价，暗语成交。

1965年8月，为方便生产和社员销售自产品，促进农副产品发展，在生产队和社员完成国家收购任务后，到市场销售自产品和手工业品时，凡是不超出管辖地区范围及接壤地区的习惯市场，一律免开自产自销证明；超出管辖地区在本省销售的，只需生产大队出具的证明；需出省销售的仍由当地市场管理站出具证明。

“文化大革命”时期，集市贸易和上市商品范围实行严格限制，集市贸易处于萧条冷落的境地。

1966年9月，规定收市场交易服务手续费的范围缩减为粮食、石油、油料、耕畜（牛、驴、骡、马）、自行车5个品种。服务手续费率按成交额计算，粮食、油品、油料、自行车为2%，耕畜为1%。对过去规定的其他品种一律停收。

1970年2月，贯彻山东省革命委员会《布告》，提出反对一切投机倒把活动，对大犯、要犯要依法惩处。规定除国营商业、合作商业和有证商贩以外，任何单位和个人，一律不准从事商业活动。非经当地主管部门许可，任何单位一律不准到集市和农村社队自行采购物品。

1971年，加强市场贸易管理，打击投机倒把行为，粮食、油脂、油料、牲畜、肉食、木材、手工业设备器材和农业生产资料是国家计划分配物资；坚决取缔无证商贩和无证手工业者；严禁各单位到集市和农村采购物品。

1972年10月，贯彻山东省商业局、粮食局

《关于加强粮油市场管理的联合通知》规定：投机倒把分子贩卖粮、棉、油一律没收，情节严重的要严厉惩处；生产队集体的粮油一律不准上市，完成国家包购任务后，多余部分出售时，按加价办法卖给国家，如果到市场出售，国家即按统购牌价收购；在关闭市场期间，社员自己多余的秋粮需要出售时，要动员教育，按议价卖给国家，如果到市场出售，即按加价办法收购。

1974年11月15日，国务院、中央军委颁布《关于严禁机关、团体、部队、企业、事业单位自行到农村采购农副产品的通知》指出，一切机关、团体、部队、企业、事业单位，一律不准自行采购国家统购、派购的农副产品，不经地、县市场管理部门批准，不许自行采购三类农副产品，不许用国家机器设备、原材料等物资换取农副产品。按规定不得上市的商品，坚决不许上市。

1975年5月22日，山东省革命委员会颁布《关于对鲜蛋实行派购的通知》规定，农村社员饲养的产蛋母禽，每只母禽每年派购鲜蛋2市斤，作为向国家的交售任务。集体饲养的母禽（种禽场除外）所产的鲜蛋，应全部卖给国家。社员在没完成国家鲜蛋派购任务以前，不许上市出售。完成任务后需要出售时，也应号召卖给国家。禁止机关、企业、部队等集体单位到农村采购鲜蛋及其他农副产品，一经查获，即按牌价收购，情节严重的，应予处理。

1977年10月25日，经沂源县政府批准，在鲁村、南麻、悦庄设立3个临时物资检查站，其主要任务是制止国家机关、团体、部队自行到农村社队采购农副产品，制止破坏国家计划和各种资本主义的非法活动。

1981年1月7日，国务院颁布《关于加强市场管理，打击投机倒把和走私活动的批示》，规定个人（包括私人合伙）未经工商行政管理部门批准，不准贩卖工业品。有证商贩可按规定经营小商品。

1981年，市场管理的重点是禁止走私贩私，倒卖外运粮、油、棉和工业品；有证商贩不准跨范围经营；禁止黑市经纪和买空卖空套购商品，转手加价出售，囤积居奇，哄抬物价，倒卖粮票及贵重药材、长毛兔和兔毛等不法行为。

1982年，在计划经济为主、市场调节为辅方针指导下，多种经济成分、多种经营方式、多条流通渠道，少环节、开放式的流通体制逐步形成，市场日益活跃，集市贸易方面的各项管理政策规定随之放宽，取消了有碍于贸易扩大的各种禁令，除极个别品种和项目外，绝大部分商品和服务、修理项目可以进入集市交流和活动。

1983年1月，山东省人民政府下达《关于进一步放宽政策搞活管好城乡集市贸易的规定》，只要不违反国家政策法令和市场管理规定，可以自销，可以贩卖，也可以零售或批发，撤销农副土特产品外销外运归国营公司审批的规定。

1984年，在市场管理方面，缩小了查处投机倒把案件的范围，年底，过去的二类农副产品苹果变为三类农副产品。取缔无证屠户，农民自宰上市要凭村民委员会完成派购任务的证明信。

1985年，中央1号文件明确了进一步活跃农村经济的十项政策，粮棉取消统购，生猪、水产品取消派购，所有农副产品都可常年上市。恢复中药材市场，允许上市和贩运，允许集体、个体户开中药铺、办中药行栈。上市商品价格放开，在国家政策、法律允许的范围内由买卖双方协商议定。集市贸易真正成为按价值规律和供求关系进行调节的市场。

1986年11月23日，放宽生猪、棉花购销政策，在保证国家储备和完成国家调拨计划的前提下，棉产区可直接到外地推销，价格由购销双方商定。建立健全农村商品交易市场，在大宗农副产品主要产区和集散地，建立农副产品批发交易市场；在乡镇工业比较发达的地方，建立工业品批发交易市场和物资市场。集体、个体运输事业、国营汽车站点，都向农村集体、个体客运户开放。

1987年，蚕茧生产收购只准丝绸公司经营，其他国营、集体、个体不予核发营业执照；对已经营的收回营业执照，停止其经营。同年，整顿市场秩序，在集贸市场上设立公平秤、公平尺和监督台，对价值较高的商品实行信誉卡办法。推广“编号定位、对号入市、责任到人”的管理方法，推行市场目标管理责任制。

1988年，规定凡是有粮食合同定购任务的生产单位和农户，必须先完成定购任务后再议价出售余粮。4月12日，规定在市场管理中除农民自产自销的农副产品外，进入集市经营的单位和个体工商户必须亮证（统一印制的胸牌）经营。8月10日，为保证丝绸工业生产和出口任务，规定蚕茧、厂丝由丝绸公司统一经营，长年关闭蚕茧市场。10月1日，关闭粮、棉、油市场，大米只准粮食部门经营，烤烟由烟草部门统一收购、复烤、经营，汽车定点供应。

1989年，紧俏耐用消费品和价值较高的生活日用品实行信誉卡，市场设公平秤、服务台、监督检举箱，统一计量器具。

1991年8月，县城“天天市”定点为商业街，健康路以东为蔬菜、熟食、肉食市场，健康路以西为成衣、布匹、百货、修理等市场。河西蔬菜熟食市场定点为东风路粮站大门口以西人行道上，车站市场定点为烟酒大楼大门以东人行道及育林路，历山路市场定点为三粮站对面（原县工商局大门以南）。凡不准摆摊设点的路面路段一律入室经营。

1992年，肉食兔实行定点收购制度。收购点设在各乡镇兽医站，肉食兔收购人员必须持工商行政管理部门颁发的营业执照进行收购。对名酒市场，各经销单位经销封签名酒时，须事先报县标准计量局、工商行政管理局备案。11月14日，淄博市人民政府发布《淄博市集贸市场管理暂行办法》。

1993年6月，沂源县人大常委会视察西瓜批发市场

1993年，鼓励发展长途贩运队伍，引导个体工商户、私营企业从事果品、花椒贩运业务。凡不在市场内交易的，免收交易服务费；对进入市场交易的，优先安排摊位，并酌情减收市场管理费。全年集贸市场成交额1.5亿元。

1994年3月，规定对凡有固定场所、设施、公开交易的各类生活资料、生产资料市场进行登记注册，统一发放市场登记证。全县食盐、非定点工业用盐和全税盐的采购、销售业务，均由县果品盐业公司负责统一经营。除国家粮食部门和经核准的具备规定资格的粮食批发企业外，其他单位和个人不准到农村直接采购粮油。

1995年，规定凡是国家放开经营的商品，均可进入集贸市场交易，并明确了劳务、技术等服务活动允许进入集贸市场。集贸市场禁止出售棉花，棉花临时检查站对“三证”（棉花调拨准运证、收购许可证和加工许可证）按照规定进行检查验收。

1996年，对全县所有市场进行一次集中打假治劣活动，检查重点是烟、酒、食品、肉类等日用消费品。生猪产销实行限价制，即生猪收购限定最低价3元／斤，猪肉最高批发价4.12元／斤，零售价4.5元／斤。夏粮收购期间，在完成夏粮定购任务之前，除承担国家收购任务的国有粮食企业外，其他任何单位和个人不准直接到农村插手收购粮食。

1997年，集中整治城区市场，取缔乱摆摊点300余户，治理店外经营500余家，1000多户商家进入沂蒙商城经营。

1998年，规定从事粮食批发和零售业务的单位和个体工商户，均可进入粮食交易市从事粮食批发和零售业务。其经营的粮食必须来自国有粮食收储企业或县以上粮食交易市场，不得直接向农民和其他粮食生产者收购粮食，也不得走街串巷在集贸市场等设点直接收购农民的粮食。粮食加工企业和饲料、饲养、医药等用粮单位可以委托产地国有粮食收储企业收购原料用粮，但仅限于自用，不得倒卖。

1999年，为农民发放农副产品绿色通道证书

1999年，以打击假冒伪劣行为为核心，加强对小商品批发市场及从事生产加工活动的专业村和餐饮业、食品加工业等行业的监管。开展农副产品销售工作。

2000年7月，按照国家工商局工商明电〔2000〕14号文件要求，市场粮食管理政策放宽，农村集贸市场常年开放，鼓励农民通过农村集贸市场出售自产的粮食，且不受数量和其他条件的限制；允许经县级以上工商行政管理机关核准发照的粮食经营企业和粮商（包括私营、个体粮食经营者）到农村集贸市场和粮食批发市场购买和销售粮食。

2002年9月，对猪肉市场进行检查

2002年1月15日起，凡不具有肉品品质检验合格印章和动物防疫监督机构出具的检疫证明、验讫印章的生猪产品，一律不准进入市场销售。

2005年，执行食盐经营许可证制度，无证不得加工、储运、销售食盐。

往事琐忆

古商道

沂源地界古时交通不畅。唐宋以来，情况逐渐有所改观。明清以后，随着各地商贸的发展，山峰壑谷间千百年来形成的便道和沂河流域的水道，也能穿针引线般连接域外大集镇的官道，以致通京津，达江淮，成八方通衢。

山间便道

沂源地处沂蒙山腹地，山峦起伏，沟壑纵横，古时交通不便，外货难入，土货难出，西部、北部区域尤甚。因无官道，少有车马道，与外界通联往来，籴物贸商，多靠穿山谷、沿河边、翻山岭的蜿蜒崎岖小道。古代由周边县邑进入今沂源县的商道，分别由西北部、西部、东北部、东部进入。另外还有由沂水县城进入西北乡的东南线，蒙阴县城进入北乡的西南线。这些线路均跋山涉水，路遥难行。

西北方向商道是从博山进入蒙阴、沂水境。从鲁山以北的博山下庄镇向北或向南，向北越过鲁山松仙岭出境，辗转进入博山，由博山官道往北至北镇（今滨州）、沧州直抵京津；向南则翻越鲁山西麓群峰，至博山、蒙阴交界的隘口松仙岭（今属沂源县），便入蒙阴境。由此又分为去沂水的东线和去蒙阴诸地的南线两条路线。东线由松仙岭向东南下行，穿行于鲁山南面山谷，直到今鲁山溶洞群南面的黄崖村，又向东到达茨峪村，再东行至菜园村，南行穿马头崮西北侧峡谷，达南麻、悦庄诸集镇所在的山前平原，如清修《沂水县志》载“马不联辔、车不方轨者百余里”“至马头崮而开障”。出平原地带后经石桥，出东里沿跋山店子、武家洼通沂水城。由松仙岭向南的路线，从龙封山、唐家寨山和东西封山之间的山谷中穿过，至芦芽店，商贾多至此歇息。沿山谷南行，翻过烟花台与石老婆顶之间的山口，下行经王家坪、王村，东南行达蒙阴县北部大集镇鲁村。

西部方向商道是从莱芜进入蒙阴北部及沂水境。因入境山口较高、河流阻隔等原因，需由莱芜县城东辛庄镇乔店与南宝台村南，向东至桃峪村，再东行，从相对较低的山谷进入蒙阴县境，穿过蒙阴县的碌碡崖与老峰山间的谷口，东行至西埠村，经月庄、杨庄、小张庄出张家石沟村，进入小平原“鲁村洼”的西南部。然后由刘家石沟村折向东北，在齐家石沟村东北渡过沂河上源之一的草埠河，从河西村北渡过沂河支流王家庄河，北行达鲁村集镇。今329省道线路雏形，旧时也是莱芜通往沂源的便道，只是晚于西部莱蒙线商道。

东北方向商道是从沂源到临朐、益都（今青州）、潍坊。由大集镇悦庄北行至营村北，走出南（麻）悦（庄）平原进入山区，穿南北走向的峡谷，至辘轳岭（今无路岭）隘口，翻过关隘进入临朐县（今沂源县三岔一带）。故清初《沂水县志》载辘轳岭“地势旷险，为沂水、临朐、益都交界”。旧时无路岭常有匪痞盘踞打劫，商旅多结伙过关。过了无路岭向北一路下坡，至北鲍庄村，折向西北方，经小北坡、前坡、田峪和陈家庄子等村，达三岔店村。该村处于南横岭、深道山和二郎山间的山前冲击小平原上，又处朐沂、朐博要道，自古因商道经此而有骡马店，故村名称三岔店。自三岔店东北达今临朐县五井镇。

东部铜陵关商道是从南麻、悦庄、石桥等集镇去往潍坊一带。该道从南悦平原东端的石桥镇向东南，至张家坡村北，黄家峪村西，渡过红水河转向东北，沿丘陵谷地和红水河行进，达铜陵关古隘口，出关口东北行，至临朐县大集镇九山镇。由黄家峪村不去临朐而折向西南，可通过东里店去往沂水县城方向。

除上述4条商道外，另有东里店至沂水县城商道两条、大张庄至蒙阴县城商道两条。

东里店至沂水城。一条从东里店沿沂河北岸向东到院峪村西，渡红水河转向东南，经东长旺、马家沟、韩旺、石马山村出今沂源县境，到沂水新民官庄，经武家洼到沂水县城；一条从东里店南渡沂河，沿唐山和保崮顶山以西丘陵山地南行，到梨行村出今沂源县境，南行至沂水县城。前一条路线因走沂河左岸，不受沂河限制而比较畅通；后一条路线要过沂河，夏秋季渡河困难。

大张庄至蒙阴县城。一条从大张庄偏西南方向，沿柴汶河上源恶沟南行，到今沂源县境边缘的栗洼后峪进入新泰市，一路南行至常路镇，进入大道，转蒙阴县城；一条从大张庄东南行，至土眉峪村东，进入蒙阴县后峪村南折，经野店村、上东门村至坦埠镇。坦埠镇处交通要道，西可去蒙阴县城，东可去沂水县城，南可至沂州城，均为大道。

沂河水道

古时沂河大致每年雨季都涨溢两岸，沂河上游水道，西从草埠、南岩、大张庄等源流顺流而下，皆可行船，进入干流到南麻，便有可停靠大船的较大码头，且重要渡口也有商家摆渡。明清时期，沂河上游降雨多，河道水量丰沛，行船条件较好。沂河上游的商船多自上源的鲁村、雕崖、狗泉等村起行，东行至南麻，河道渐宽且平缓，船行通畅，下行至燕崖、中庄、东里较为顺畅，明诗“雕崖山下是源流，百里南来始负舟”即描写此水道情景。向南下行可至沂州，再南行进入江苏，在邳州东南自骆马湖驶入大运河。该水道一直是沂源通往外界的重要商贸通道之一。

清代吴树声的《沂水桑麻话》曾谈及沂河水道的舟楫之利：“沂河入夏，水势平槽，数百石粮食船可以直入运河，每年皆有粮客自南来贩买。沂邑木值甚贱，若广造船只，不惟粮食可运往南方贩卖，一切土产如柿饼、核桃、梨、枣、落花生、靛、酒、豆油、豆饼之类，皆可贩运；每年苹果皆运往南方，可以类推。其船回头又载南货回沂，此无穷之利。惜北人不知水利，有此名水，徒受其涨溢之害，不获其利济之功，良可叹也。诚能修舟楫之利，葛沟集为第一码头，界湖第二，县城第三，葛庄第四，东里店第五，中庄第六，燕子崖第七，南麻第八。每岁四月开运，九月底归埠，以冬春两季，处处有桥梁，恐有阻滞也。如此办理，则沂将为一都会，西通蒙阴，北通临朐、博山，百货流通，利济良非浅鲜也。沂邑木值甚贱，尝见柏树长丈余，粗一两围者，不过值钱六七百文。若于近河之地置木厂收买，于夏秋之时编筏南运，即近在兰、郯售卖，获利亦不少也。”

骡马店

古代沂源地界有一些村庄或聚落，常设有供商旅行人住宿及歇息马匹的骡马店。明清时，在今日沂源区域大约有二三十个村庄有骡马店，为过往行人憩息住宿提供便利，大的店村还兼有商业店铺的功能，经营日用百货、土产杂品及餐饮酒肆、药铺当铺等，有的还建起馒头、蒸包、豆腐、榨油、酿酒、屠宰等作坊，经商业态已大大超出了骡马店的本行和角色，几乎成了各行各业交织的商店村，像鲁村、东里店、徐家庄和三岔店等即属于这一类。这些村庄的骡马店，少则一两家，多则十几家，虽为乡民私人所办，而在为来往客商提供方便的性质上，却类似官设的驿站，故人称“山中驿站”。

这类店铺多设在进出本地的交通要道上，或在县境交界地方难行商道的附近，实际是旅店、客栈，久而久之，其村庄即多以“店”为名。如北店子、芦芽店、三岔店村、东里店等。北店子村位于沂水和临朐交界处的山中，紧靠险关要隘铜陵关。旧时铜陵关夜间常有歹徒打劫，来往客商在此歇息一宿再过关北上，这也成全了北店子村的旅店生意。三岔店的“同鑫”店也经营得有声有色。东里店村的骡马店，最兴盛时达十几家。其中较大的“来顺”店，拥有卧房、饭屋、伙房、库房等店舍40多间，能同时接待客商数十人、骡马上百匹，常年客商不绝，生意兴旺。芦芽店村兴盛时有骡马店9家，常年接待南来北往经由松仙岭商道往来于博山、长山（今邹平市）、北镇等地的客商，远近闻名，素有“南东里，北芦芽”之誉。

三大店

千年古镇东里店

东里店，沂河北岸的一座历史古镇，地处鲁中腹地，南通沂水，北到博山、临朐，交通便利，自古便是商贸重镇。

相传汉代，东里店有“董家店”“李家店”两家店坊，因称“董李店”。由于董李店前是沂河、背靠群山，村落东西绵长，后取谐音为东里店。董家店的客人主要是从日照来卖白鲢鱼和虾皮的，还有从南面来卖胡桃、花生、带皮栗子、软枣红枣的。李家店的客人主要是从博山来卖黑碗、砂锅和从西面来卖羊皮的。在董、李二位掌柜的建议下，董家店和李家店双方客人自由贸易，互通有无。南来北往的客人每5天聚在一起交换货物，考虑到正月十五元宵节、八月十五团圆节和过年热闹，所以在这些节日的前一天，逢四逢九聚集在一起交换商品，时间长了便成了集市，也成为较大的物资集散地。两家客店起初的饭菜比较简单，一般是用挑子挑着玉米糊糊、豆沫子卖给来往生意人吃，后来发展到用全木质小车推着油炸果卖，再后来客人建议做些结实的饭菜，推小车闯买卖时有劲，所以就添了大饼、高桩馒头、马蹄烧饼等。这些小吃，尤其是大饼，已经成为东里的地方名吃。

据东里东安村重修双临桥碑记载，清末民初，境内商贸流通企业发展不亚于手工业。当时有当铺、盐店、正兴号、德源号、同盛号、聚盛号等34家商号和店铺。为了扩大业务，许多字号商铺印发地方票。20世纪30年代，全县80多家商号，东里店占60多家。老街两侧百货商号、油坊、酒坊、酱醋坊、骡马店、药店、银店、客栈、饭店林立。农历四、九日逢集，人来人往，车马喧嚣，商业繁荣。1939年，日军轰炸东里店，经济遭受重创。

新中国成立后，农村地区的商品流通商号，通过社会主义改造，改变私营属性。1960—1978年，国家实行计划经济管理，区级设供销社总店、采购站、物资站、饭店等，每个管理区设立一处综合门市部，配备3~5名售货员，主要销售60多种日用百货。大队设代销处，统一价格。1964年，在东里店创建全县第一处皮业社。1969年，建造纸厂生产桑皮纸。1970年，建沂源县第一个麻袋包厂。1971年，建砖瓦厂。改革开放后，东里发挥经商办实体的传统优势，国营、集体、个体私营商贸服务业发展迅速。此后，振东皮鞋厂、沂源县第五水泥厂、皮毛厂、农贸市场等陆续出现，东里店商业稳步持续发展。

齐国的南大门三岔店

三岔店位于沂源县最北部，璞邱河、文坦鲍庄河在村西南交汇成大石河后向北流去，为弥河的源头。三大河谷呈“三岔型”，山高谷深，三大谷中形成三条道。据《临朐县志》记载，南宋嘉泰四年（1204）建村，以姓氏和地貌取村名“芦家崖”，后因地处通往博山、沂水和临朐三条路交会处，客商往来汇聚此处，久而久之逐渐出现了众多店铺为过往行人提供食宿便利，遂更名为“三岔店”，也形成了有名的三岔大集。每逢农历三、八日，周边几十里内的临朐、博山、淄川人纷纷涌到这里赶集。

三岔店历史悠久，自西周时就有人在此定居。20世纪70年代初，在三岔店村十亩地古墓里曾出土过西周时期的铜镜；1974年，村民在青龙山下盖烘烟房挖地基时曾发现过西周古墓，墓四壁皆用长38.5厘米、宽15.5厘米、厚8厘米的周代黑砖砌成。齐国历来将这里视为都城临淄的南大门，周围齐长城复线等防御工事遍布，如北边的西井齐长城、嵩山齐长城、凤凰山齐长城、水沟齐长城、东边的庙子岭齐长城，西边的二郎山齐长城，为齐国在南部设置了层层防线。清代末期，为防土匪骚扰，在三岔店四周建围墙。当时的围子墙相当壮观，有南北东西4个门。西门对联：一面荷花三面柳；满村山色半村湖；横批：长安。南门对联：山水环怀灵秀地；商民齐聚太平村。村南立一大碑，有鲍庄书法家高海青题写的“鄉國億型”四个大字。

明成化四年（1468），陶氏先祖创办酒坊和油坊，用软枣、柿子、酸枣等酿造果酒，酿造工艺娴熟，果酒醇香、浓郁，酿造的果酒主要销售到青州、临朐、五井等地。油坊的主要原料是大豆和蓖麻籽。明末清初，陶氏在三岔店建“永合号”“春和号”店铺，开设推进社（钱庄）。三岔店村在清代就设有大集，是经商贸易的集散中心，也是鲁中食盐和海产品集散地，外地商贾多寄宿于该村，先后开设王家、付家等车马店，为来往客商提供便利。村里陆续开办窦氏“同兴东”、房氏“庆香永”、王氏“鸿泰”等杂货铺。当时盐市规模较大，有专职管理人员收取盐业交易税。随着商贸业规模的扩大，又先后开设粮食市、青菜市、布市、字画金银市、果品山货市、铁匠铺、木匠铺。在西门外设“短工子市”。1944年，由临朐县划归沂源县，商贸服务业逐渐恢复。1953年9月，成立三岔供销社，设百货门市部、副食门市部、生产资料门市部及采购站等，满足社员生活需求。此后，缝纫店、电气焊维修点、生产资料经营店、酒店等陆续出现，促进了当地经济发展。

三岔店依稀尚存溜光的大青石街道、久远的排水口、古老的店铺遗存和村西青石崖上的明柏，印证着三岔店沧桑的历史。

芦芽店

据《唐氏谱碑》记载：“唐姓始祖于明洪武三年（1370），自直隶枣强迁居沂邑埠下村，长支迁至芝芳村，次支迁居唐家沙沟村，三支落户于此。”当时，在西封山下北围子有一道观，有道号“芦芽”者在此修行，遂借其道号为村名。芦芽村地处北去博山、南接蒙阴、东连沂水、西至莱芜的交通要冲，行商坐贾，络绎不绝，多设客店，故又名“芦芽店”，与沂源境内的东里店、三岔店并列为沂源三大店。

芦芽作为“店”，历来有经商贸易的传统，在清代，芦芽就设有大集，是方圆几十里的货物集散中心，与博山夏庄大集、鲁村大集并称“三大集”。因地处博蒙交通要冲，商旅不绝，逐渐在河两岸形成了许多店铺，有刁桂珍的刁家车马店，唐乃义的火烧铺，刘家铁匠铺，邢富美的酱油、香油铺，孟宪贵的孟家饭店，许永春的许家饭店，唐乃砚的唐家饭店等，为南来北往的客商提供服务。康熙初年即有官军马步兵驻守维持治安，旅店生意活络兴旺。

新中国成立后，这些店铺仍然顾客盈门、生意兴隆。人民公社成立后，大队一直经营粉坊、油坊、棉花坊等手工作坊。1958年，设立供销合作社门市部，主营盐、茶、烟、酒、火柴、针线等日用百货，代收花椒、柿饼等农产品，年均营业额1.6万元。

1982年，芦芽村自发组成一支颇具规模的“雅马哈”70摩托车运输队，以到张店、博山等地贩卖猪肉为主，因此产生了一批“万元户”。

老字号

油坊

同圣油坊 俗称南油坊，房主唐建业，位于鲁村，掌柜齐四，齐家石沟人，惨淡经营，七七事变前倒闭。

万福堂 北徐家庄村盛产花生，新中国成立前，左廷楷在村南建大型油坊“万福堂”，大量加工销售花生油，产品销往周村、青岛、济南等地。

泉圣油坊 位于鲁村，唐秀兰、唐中兴父子二人任经理兼会计，经营规模大，销售面广，经营额年达千元。

布商

隆泰昌 位于鲁村，开始完全由章丘人经营布匹。后来，房主唐明三将房产卖给李大本，商号改名为“永泰昌”，经营布匹、杂货、鞋帽等。

恒源祥 1935年，上头庄唐氏兄弟在鲁村开设店铺商号“恒源祥”，主要经营布匹，兼营日用百货、染坊。20世纪40年代，在周村开设丝绸店。

福圣和 位于鲁村三村。房主郑玺文，掌柜李之俊，东岭村人，账房会计傅公一。经营绸缎、布匹，成品服装，有周村商人陈子明常年住在该号坐庄联系，信息灵通，货物齐全，经营面广。

杂货铺

义圣东 位于鲁村，原名“恒圣东”，掌柜石宝之，章丘人，经营杂货、点心等，营业额一般。房东郑连会。

公和成 位于鲁村，由唐守德、郑朋、李之勤、郑连会等多人成立，所以叫“公和成”。基金丰厚，经营比较灵活。

广顺堂 光绪年间，分水官庄杨氏曾在东里店开设货栈，经营粮食、百货等，堂号“广顺”。70多岁的杨明红家里，保存有清光绪二十年（1894）“东里东南乡老账簿”，多为经营的货物名称及赊账收账信息。

义兴东 位于石桥镇，经营日用百货、油盐酱醋、粮食布匹等，商铺买卖遍及四乡，与五福堂、

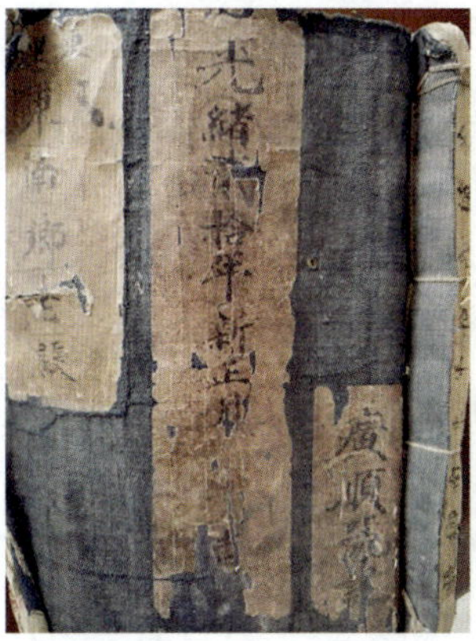

清光绪年间“广顺堂”老账簿

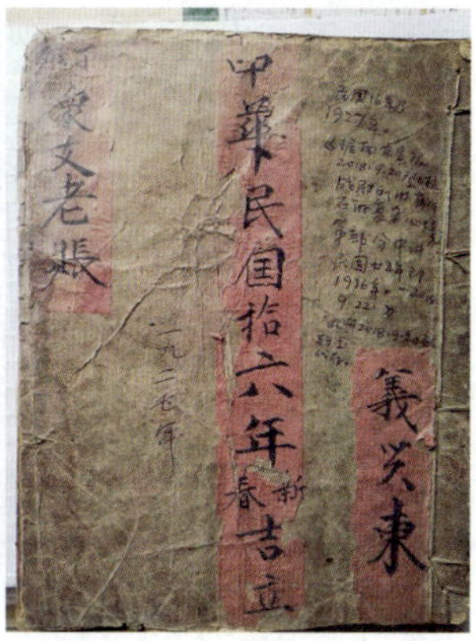

民国时期“义兴东”老账簿

心正堂、协泰号、曾义东、连圣东、福泰昌、源盛和、恒顺昌等堂号家族皆有生意往来。铺子经营方式以赊销后年关收账为主。民国时期，因匪患及赊账难收，资金难以周转，经营受到很大影响。葛庄陈梅成家保存有民国时期老账簿，此账簿是家族堂号“义兴东”下设商铺记账之用。

永盛堂 清代末年，燕崖村杨氏家族成立经济社（油锅铺），字号“长胜羲”，后改名为“永盛堂”。主要制作面食、小食品，腌制各种咸菜，并发行银票。杨氏家族仍保留着民国三十四年（1945）“来往老账”本，从账目看，经营范围很广，有粮食、食盐、罗丝、桑叶、果酒、茶叶、花生油、烟等。

恒顺堂 清末，北徐家庄村左廷祯创办“恒顺堂”，将蒙阴、莱芜、新泰一带的花生、蚕茧、线麻等销往济南、青岛、周村等地，并在销售地开设票号、店铺，涉足金融、商贸、油料加工等多个行业，在村中建有近百间房屋的左家大院及贸易货栈。20世纪三四十年代，因战乱和匪患走向衰败。

福顺堂 解放前，鲁村镇凉泉村，周福开办“福顺堂”，主营茶叶、丝绸、日用品。

福盛东 位于鲁村。新中国成立前，周文信、周文君经营“福盛东”商号，主要经营布匹、日用百货等。

钱庄

德聚公 有房产两处，路北路南，一处房东是北官庄刘明木，另一处房东是刁崖良璧，兼本号掌柜。总经理是章丘人尹敬斋。该号除了放行利钱外，还经营绸缎布匹、成品服装，是鲁村商号中最大的

一家，生活也最高级，顿饭成席。

永圣东 无固定地址，经理王复文，王石沟人，专门经营钱庄，高利贷出放，多有还不上的，就用土地房屋作抵押，所以王复文的土地房产遍及鲁村一带所有村庄，他再按土地收粮，按房屋租价收钱，多有人说“王复文摔跤，立倒了”。解放后，土地、房产归各村各户所有。

德厚堂 位于大张庄镇。清末，李氏在大张庄下淤土地南胡同成立钱庄“德厚堂”，时有房屋四五间，主营金融、通商、粮食、布匹等业务。德厚堂发行银票，银票在蒙阴县自由流通，老百姓拿粮食等生活物资可在此换取银票，抗战时期停用。

富源永 1946年前，红岭子村地主闫本祥设立“富源永”，发行银票，其银票曾流通到周村一带。

药店

有喜堂 清同治年间，由中庄镇东孝村人苗溪沂开设，坐医问诊，其后人一直经营到1950年。

德兴堂 始于清乾隆年间的山东临沂，用祖传秘方治疗烧烫伤、褥疮、冻疮等，对治疗鼻炎、癫痫、骨刺、风湿等亦有独到之处。

颜喜堂 西里镇中西里村人江中泰设立。江中泰，字岱东，清光绪年间庠生，擅医术。早年在东里店开药铺行医，字号“颜喜堂”，后迁至东里镇罗家庄村定居。他对医圣张仲景的《伤寒杂病论》颇有研究，善医妇科病，对天花、麻疹、梅毒等各种疑难杂症颇有研究。

同益药社 位于南麻镇，创建于清末。1870年，河北邢台平乡县王固村霍氏创办“同益堂”。霍氏家族根据《本草纲目》《外科正宗》等，研制出疗效奇特的中药“生肌散”，主要用于治疗疮疖久溃、肌肉不生、久不收口等病症。

德义堂 创立于光绪二十年（1894），研制出有中药青霉素之称的皇宫秘方“梅花点舌丹”“小儿七诊丹”，后在民间流传百余年。

中和堂 清末，由出生于关东长白山脚下的满族中医世家贾氏创立。坚持以中和之道养自然之身，秉承《黄帝内经》之核心理念。君药取自长白山鹿场，臣药源于长白山地道纯正药材。

万英堂 据坊间相传，清代末年，淄川西河镇马氏（马有义）有一祖传秘方专治妇科病。民国初年，马氏父子到南麻一带开设药铺“万英堂”，姚南峪村张学孔在“万英堂”帮工学徒。后因战乱，药铺难以为继，马老先生将秘方传授给张学孔后回乡经营布匹。张学孔回到姚南峪村开设药堂，利用此方为当地民众解除疾患。新中国成立后，药堂归燕崖卫生所。

济世堂 位于石桥镇大泉村，民国八年（1919），石桥人崔永谌在师傅孙宝山（章丘中医）的帮助下成立中药铺“广聚堂”。民国十二年（1923），崔永谌将“广聚堂”更名为“济世堂”，治病救人，乡邻大受裨益。1958年，“济世堂”合并到石桥联合保健站。1980年，崔永谌诊所再启用“济世堂”，四子崔昌坤成为济世堂第二代传人，孙子崔远富成

2020年，“济世堂”膏药制作技艺被定为沂源县非物质文化遗产

为第三代传人。2006年8月，“济世堂”中医诊所迁至县城育才街。2020年4月，济世堂膏药制作技艺被沂源县政府公布为县级非物质文化遗产。

仁慈堂 1921年，张庄修女房同秀依托天主教堂开设，为当地及周边百姓免费治病，她尤其擅长小儿科，研制的“八宝镇惊化痰化食散”和“八宝口疮散”功效独到。

同德堂 位于悦庄镇，由南鲁山人叶本第开办，原籍土门镇朱阿村。16岁跟外祖父杨氏学医，苦研医书经典，熟悉临床实践。20岁随全家逃荒到山西临汾行医，时患大骨节病、痈疡皮肤病者众，经他施治顿收奇效，慕名求医者络绎不绝。24岁受聘于临汾一大药店，坐堂行医。1930年，在悦庄开

业行医，堂号“盛春堂”，后改为“同德堂”。

同聚堂 1930年，张新树开办“同聚堂”药铺，是燕崖村最早的诊所。

仁德堂 中药医铺，民国时期由西里镇黎明村任俊三开设。

恒春堂 创立人张德明，字新民，南鲁山人，一生行医授徒，悬壶济世，著有《便宜良方》《世传经典良方》等中医专著。

德兴堂 位于鲁村镇，由章丘人张凤仪开设，房东唐建圣，古老铺号。

保生堂 1942年，西白峪村孙文章曾开办“保生堂”药铺，为百姓看病开药。1958年，药铺与大队成立的保健卫生所联合经营。

同春堂 1947年，在鲁中子弟兵团担任过卫生员的任宏玺，回到北刘家庄村开设中医诊所，堂号“同春堂”；5月，华野战地医院秘密进驻该村，并设在任宏玺的诊所内。1954年公私合营，合并至中庄卫生所。

济生堂 中药铺，新中国成立前，由中医田启兰在杨家庄开设。1954年，公私合营，合并至中庄卫生所。

中益堂 新中国成立前，鲁村镇凉泉村赵凤娄开设“中益堂”，为村民提供中医服务。

泰和堂 新中国成立前后，由李福汉开设，石桥镇东北庄村人，祖籍济南府章丘县鹅庄村，李福汉、李存朴、李思义祖孙三代经营。泰和堂各类中草药齐全，并自制镇惊丸、接骨丹、腹泻散、地榆粉等药物，为十里八乡的患者治病疗疾，赢得几代人的赞誉。

德生堂 陈西苓擅长用中医诊疗，在胡家沟村开办中医诊所，其孙陈桂生传承祖业，独创陈氏膏药、小儿惊风散、溃疡散等，创办德生堂诊所，在悦庄镇政府驻地、县城设有门诊。2019年，德生堂不孕不育疗法被列为县级非物质文化遗产。2022年，被淄博市人民政府公布为非物质文化遗产。

染坊

裕圣和 位于鲁村一村，由王光前经营，不久改为澡堂。

元顺和 位于鲁村三村眉寿居酒店后，经理崮山村孙吉会，是一家专业染坊。

缫丝业

“太阳牌”丝 1931年，悦庄杜万兰在儒林集开办一处规模较大的茧坊，经营蚕茧收购、烘烤和缫丝业务，生产“太阳牌”丝和丝织品，在上海设销售站，在南麻、悦庄、张店、周村、兖州、济南、上海等地经营纺织、印染等作坊。

福泽东 20世纪40年代，东赵庄一村沈道生经营缫丝业，商号福泽东，与儒林集杜万兰丝厂有交易；沈明光与西赵庄任明升合办缫丝厂，出现“村南村北响缫车”景象。

酒坊

盛源号 清道光五年（1825），东安村（今沂源县东里镇东安村）一任姓人氏，在村里制曲酿酒。清光绪三十四年（1908），任氏后人在东里店（今沂源县东里镇东村）创办“盛源号”酒坊，采用传统工艺土法酿酒。1930年，“盛源号”酒坊与当地“昌源号”酒坊合并，成立沂水酒类专卖局东里店酒厂。1953年，东里店酒厂并入临沂专区实业公司直属的悦庄酒厂（位于今悦庄镇西悦庄村）。1964年，悦庄酒厂搬迁到沂源县城，与南麻露酒厂合并成立国营山东沂源酒厂，是县属第一家全民所有制企业。2014年，被山东省商务厅认定为“山东老字号”。

2014年，鲁源酒业被认定为山东老字号

食品坊

“义顺成 嘉湖细点”官峪分号 清咸丰年间（1851—1861），总商号设在嘉兴的“嘉湖细点”在官峪村（今张家坡镇前瓜峪村）设立“义顺成”商号，江南以江米为原材料生产的茶点——“嘉湖细

1983年，前瓜峪村民间“义顺成 嘉湖细点”

点”，沿运河一路北上，在铜陵关前的古齐鲁商道上建立分号。“嘉湖细点”是政商交际中的一种茶点，享用“嘉湖细点”也是高贵身份的象征。

1983年，在前瓜峪民间发现“义顺成 嘉湖细点”商号的木刻版商标，为后人提供了这样几点信息：“义顺成 嘉湖细点”是沂源境内最早的具有知识产权的商标；前瓜峪在清末叫“官峪”，与民间传说相符；原官峪出过官员，是当地南北文化交流的重要纽带；铜陵关是古齐鲁重要商道。

永盛昶 位于悦庄镇朱家庄村。清同治年间，朱氏十四世朱清波精通商贸，善于经营，富甲一方。其子朱永玠，人称朱五，清光绪年间到青州学习酿造陈醋及酱油技术，学成后回村办厂，古法酿造陈醋、酱油，兼制酱菜。刻八棱木制商号“永盛昶”，两边列“秋油”“伏醋”。朱永玠将秘方传朱文倜，再传朱广亮、朱广奎、朱广清。公私合营时期并入悦庄人民公社酿造厂。改革开放后，朱广亮重操古法酿造祖业，后将技艺与“永盛昶”木刻商号章传至长子朱庆聪。2010年，朱西宁在悦庄工业园建厂，古法酿制酱油、陈醋，其古法酿制朱家老酱油技艺入选第五批山东省非物质文化遗产名录。

清代酱油、醋老字号“永盛昶”印章

南村百年老字号“美香斋” 20世纪20—40年代，大张庄赵自正创立“美香斋”，主营手工自制的72种糕点及香油、酱油、醋、锅饼、馒头，兼营粮店、布店、骡马店（旅馆）等。装入精致食盒的各样糕点，远销济南、张店、周村、临淄、沂水等地，并在这些行销地设有分号，如济南分号就在当年繁华的闹市区广智院一带，今广智院街。后人赵希俊经营至今。

老行当

货郎 《水浒传》第七十四回：“你既然装做货郎担儿，你且唱个山东货郎转调歌与我众人听”。货郎是在城乡流动零售日用品的人，有的也兼营收购。

旧时进村送货最多的是叫货郎，他们摇着拨浪鼓走村串巷，销售的只不过是针头线脑、小玩具之类。春秋两季染匠子进村收货送货最多。当时家家都种棉花纺线织布，机匠织下的布都是白色的，染上颜色才能做衣服，染匠子下乡不叫不喊，摇着拨浪鼓，人们就将自己织的白布交给他，付上加工费，过几天他再进村送货、收货。窑货匠也经常挑着罐子、盆子进村叫卖。那时候村民买不到陶瓷和搪瓷盆，也买不到铁水桶，挑水用泥巴烧制的罐子，生活中用的盆子也是泥巴烧制的，一不小心就打破了，去旧买新是经常的。

箍炉子匠 旧时穿行于乡村，从事生活服务的手艺人，他们传承着锔（修补）锅、碗、盆、壶等手

走街串巷箍炉匠

艺，将残杯破碗等陶瓷器具修复完整，在那个物资极为匮乏的年代，他们的存在有着极其重要的意义。

银匠 银匠走村串巷，是以修改、制作各种金银首饰为业的手工匠人。主要制作手镯、戒指、耳环及嫁妆上的装饰品、工艺品等。

石匠 加工、打磨石料的手艺人。使用大锤、钢钎、楔子等工具，以天然石头为原料，活跃在民间打墙盖屋、修渠筑坟等。

木匠 沂源山林丰茂，不缺木料，故建造房屋、打造家具农具等活动都离不开木匠。旧时木匠的工具有锯、斧头、刨、凿、尺、墨斗等，墨斗和尺是制作木器的标具。

木匠活之一是弹墨线，先用铅笔在木料上画标记，然后用墨斗线弹印墨线，再比照墨线分解木料。木匠手艺的高低，主要看榫头工艺，此手艺过关，才能使柱、梁、檩牢固连接支撑房屋，才不会出现“上梁不正下梁歪”的情况，所谓“墙倒屋不塌”的房子，就是木架构连接牢固。

木匠

打铁匠 打铁锻造铁器的工匠，以铁为原料打造出各式各样的生产工具和生活用品。“半间东倒西歪屋，一个千锤百炼人”，是旧时打铁匠的真实写照。一个铁砧，几杆铁锤，几把铁剪，外带风箱和火炉是打铁人的基本家当。

弹棉花 又称“弹棉”“弹花”，靠弯弓、磨盘、弹花锤等工具，让棉花更加松软，适合使用。“檀木榔头，杉木梢；金鸡叫，雪花飘”是这种劳动场景的写照。做被褥要先找弹棉花的工匠，随着一声声弦响、一片片花飞，一堆棉花被压成一条整整齐齐的被褥。从20世纪末起，弹棉花这门老手艺慢慢淡出人们的视线。

打铁匠

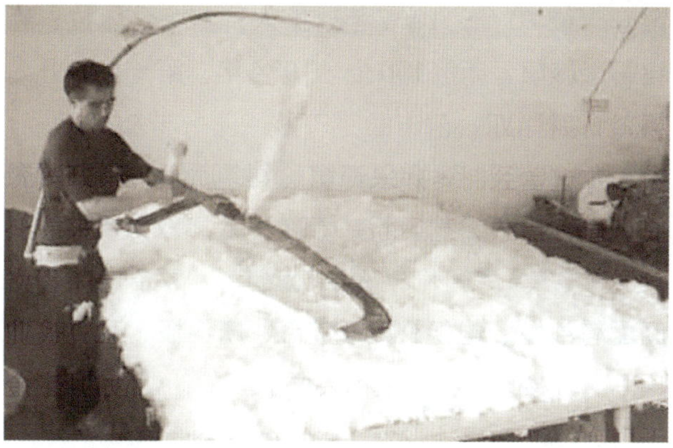

弹棉花

磨剪子戗菜刀 是一门中国传统手艺。他们挑着担子走街串巷，“磨剪刀来，戗菜刀……”声音拉得老长，且夹带点韵味，伴有铛铛作响的金属撞击声。磨刀人的行头有水铁罐，挂篮子或一只箱子，里面装一些简单的工具，多为锤子、钢铲、水刷、

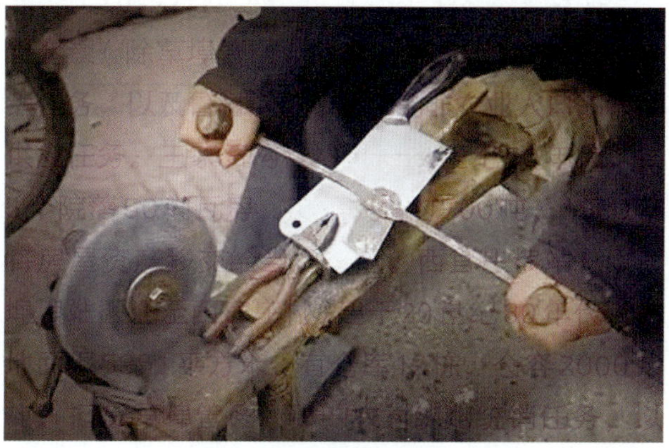

戗菜刀

水布、砂轮、戗刀、磨刀石等。一条长凳，一头固定两块磨刀石，一块用于粗磨，一块用于细磨，打磨的动作多是铲、戳一类，所以就叫作“戗菜刀”。

旅馆业　清末民初，沂源境内交通闭塞，过往客商稀少。南麻、鲁村、悦庄、三岔、东里等集镇，少数饭店兼营旅店。南麻较有名气的有“和盛增”一家，容客10多人，只有地铺、吊铺，系通铺。徐家庄有一骡马店，只接待赶车者住宿，条件较差。1956年，国营大众饭店在南麻西门里租借民房3间，兼营旅馆业。1960年，县人民委员会招待所建成，有3层楼房1座，设300个床位，为全县最大的宾馆。1962年，大众饭店建5 间旅客房间，10个床位，均为双人房间。1965年，设沂源第一旅馆，床位70个。1967年，扩大到100个床位；新建第二旅馆，床位150个。1974年，第一旅馆并入第二旅馆。

1980年，建沂源宾馆，建筑面积4000平方米，有床位526个。设中档（单人、双人）和低档（4人、6人）房间，附设旅客食堂、小卖部。中档房间配有沙发、电视机、写字台、床头柜、暖气、电扇等。大楼设有接待室和会议室。

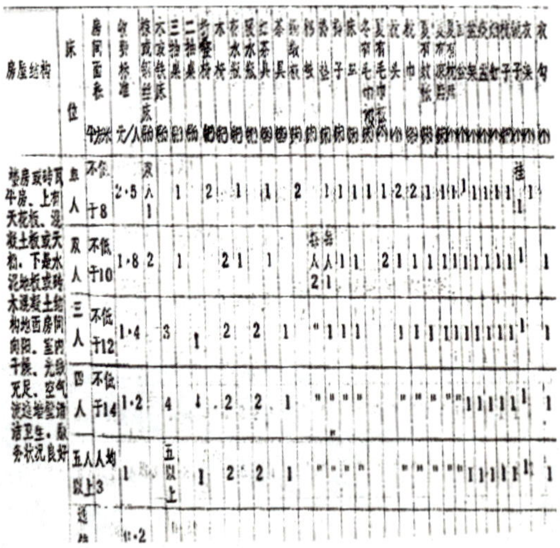

房屋结构	床位	房间面积（平方米）	收费标准（元/人）
楼房或砖瓦平房、上有天花板、混凝土板或天棚，下是水泥地板或砖木混凝土结构地面房间向阳，室内干燥，光线充足，空气流通，墙壁清洁卫生，服务状况良好	单人	不低于8	2.5
	双人	不低于10	1.8
	三人	不低于12	1.4
	四人	不低于14	1.2
	五人以上	人均3	1
	通铺		[illegible]

1980年，沂源县旅馆、旅社房间收费标准

1984年后，县直各单位、各乡镇相继开办旅店、宾馆。县城先后建成县委招待所、楼外楼宾馆、泰薛宾馆、荆山宾馆、粮食宾馆等规模较大、设备较先进的宾馆。多家行政事业、企业单位建有招待所，对外营业。1988年，国营沂源宾馆更新设备，改善管理。4人房间配钢丝床、桌、椅、床头柜；2人、3人房间设有席梦思床、沙发、茶几、衣架、床头橱等，单人房间设备齐全，条件优越。

沂源县招待所外貌（1997年）

理发　1949年前，南麻只有2处私人理发店，4名从业人员，东里、悦庄、鲁村等集镇也仅有少量理发匠。1955年12月，成立合作理发店1处，理发员8人，借民房3间营业。翌年2月，过渡到南麻供销社，1958年划归国营商业。1959年，分设3处理发店，职工14人。1961年，除留1处（4人）转为集体经营外，其余10人下放。

1980年后，随着生活水平的提高，女性理发者增多，个体私营理发店大批涌现，浙江、安徽等地个体理发业者相继来沂源建烫发店，县城个体理发店增至数十家。1984年，国营理发店有3处，增加吹风、烫发业务，实行个人租赁承包经营。1987年，国营理发店剩2处，有职工8人，其中有1—3级理发师4人。理发工具有电推剪、扣头机、电吹风机等。

照相　新中国成立前，沂源境内无照相业。1950年，一张姓人从泰安迁至南麻，开办照相馆，字号“海亭”。1954年，孟家照相馆从沂水迁来，两家照相馆从业人员共4人。1955年12月，两家照相馆合并成立合作小组。1956年2月，过渡到南麻供销合作社，成立沂源照相馆。租借民房3间，从业人员6人，以室外照相为主，多是黑白照相，油色像极少。1961年，照相馆划归县服务公司，增加油色像。1963年，开展上山下乡服务，到全县600

多个村庄，为社员群众照相。1972年，增加电光照、艺术照、代冲胶卷等营业项目。1974年，沂源照相馆自力更生制造出光电积分合成印相测报器，照片质量提高，工效提高5倍。1975年，设东里、黄庄2个服务点。1981年，在县城东新建420平方米两层照相楼1幢，称艺影照相馆。2处照相馆从业人员19名，设普通、艺术、化妆3类摄影。1983年，增加先进彩色拍照。此后，县城、乡镇出现集体、个体私营照相馆10余家。县城的光明照相馆（村办）在规模、设备、技术、营业额等方面超过国营照相馆。

1990年，国营沂源照相馆投资12万元购彩扩机1部，增设彩扩部1处。从业人员11人，其中有二级摄影师和暗房师各1名。设有普通、艺术、化妆3类照相，并具备产品广告照相、野外照相、电光照相和彩扩全项技术。

浴池　1957年，县总工会发动县直企事业工会集资，建澡堂1处，翌年1月开业。人工担水，用锅烧水，只1个小池，20张床位，男女共用一池，轮换日期洗澡。

1972年10月，建澡堂1处，设72个床位，男女池分设。安装0.7吨锅炉1台，用自来水。1977年，自制1台自动搓背机，为顾客服务。1983年，澡堂翻新重建，增脚踏淋浴设施，安装2吨卧式锅炉1台，床位增至100个。至1990年，玻璃厂、酒厂、新华药厂等10多个单位均建有浴池，并对外营业。随着人民对物质生活水平的提高，浴池已不单纯只是洗澡的地方，而是缓解生活压力的场所。

修理业　1961年，在县服务公司照相馆内设钟表修理组，职工2人。1974年，县服务公司成立沂源修表店，职工4人，仍隶属照相馆。1979年，划归百货公司后以卖代修。1983年，增设1处修表店，两店共4人。此后，集体、个体私营钟表修理户渐多，与光明照相馆为一体的光明钟表店，在规模、技术上均超过国营修表店。个体私营修表户多采用租赁百货商店柜台或街头出摊方式营业。

1961年，县农具厂开设修理自行车业务，称为车行。20世纪70年代，车行多为生产大队经营，

手表修理业

80年代转为个体经营。20世纪80年代，家用电器、无线电器、汽车、摩托车、机电产品等修理业户逐渐增多。

老商品

收音机　无线电广播接收器，有调幅收音机、调频收音机等，是20世纪七八十年代少有的娱乐工具，可收听天南海北的新闻、评书、小说、歌曲及各种信息。

电视机　20世纪七八十年代，黑白电视机价格比较昂贵，不是家家户户都有。常见尺寸有7英寸、9英寸、12英寸、14英寸和17英寸，其中14英寸的使用较为普遍。电视机能收到的电视台很少，但有电视的人家，总会有一堆人前来聚集观看。

1970年，沂源县第一台电视机

缝纫机　20世纪八九十年代，缝纫机家家必备。当时缝纫机品牌有上海牌、蜜蜂牌、牡丹牌、飞人牌、蝴蝶牌等。

二八大杠 “二八大杠”是对早期自行车的称呼。“二八”指车轱辘为28英寸，“大杠”指车子带有一条黑粗的横梁，可以坐人、可以载物。这种自行车在20世纪七八十年代相当流行，是当时结婚四大件之一。如今，随着各种类型、各种色彩的自行车的出现，特别是电动车、摩托车的普及，二八大杠逐渐退出历史舞台。

香烟 老一辈总是会蹲在家门口，或者三五集聚在一起谈天说地，时不时拿起烟袋锅抽上一口旱烟，偶尔能抽上卷烟。

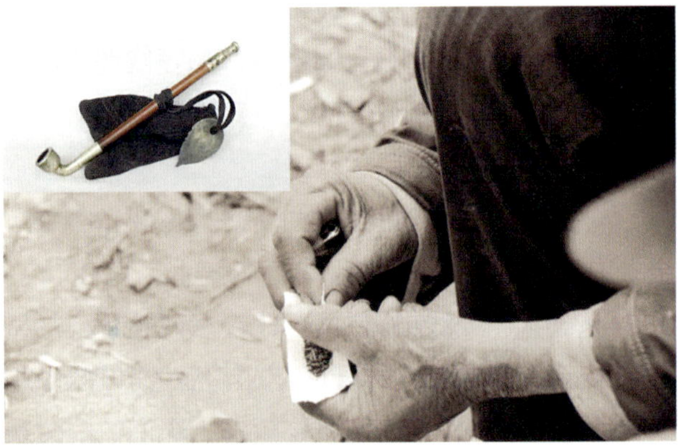

旱烟

“一云（云烟）二贵（贵烟）三中华（中华烟），黄果树下牡丹花，马马虎虎阿诗玛”是20世纪八九十年代的香烟品牌。黄金叶只要0.25元1盒，最贵的红梅要5元钱。20世纪70年代之前，香烟还可以分开卖，买不起整包的，可买几支。

老烟盒

算盘 早在汉代就已经出现，商家核算往来账目、收入支出大多离不开算盘。普通百姓人家也有算盘，用来理财算账，如家庭收支、水费电费等。算盘呈长方形，四周木条为框，内有轴心，俗称“档”，由穿着木珠的小木棍固定。档的上端中间用一根横梁隔开，上端有两个珠子，每一个珠子代表5个数；下端有5个珠子，1个珠子代表1个数。运算时定位后拨动珠子运算，谓之珠算。

煤油灯 煤油灯是电灯普及之前的主要照明工具，以煤油为燃料。外形如细腰大肚的葫芦，上面是个形如张嘴蛤蟆的灯头，灯头一侧有可把灯芯调进调出的旋钮，以控制煤油灯亮度。

自行车上的冰棍箱 20世纪七八十年代天气炎

20世纪七八十年代，走街串巷的冰棍箱

冰糕配料及价格表

品名 / 数量 / 原料	单位	普通冰糕 万支	豆沙冰糕 万支	花生冰糕 万支	牛奶冰糕 万支	
白糖或红沙糖	斤	66	180	180	180	
糖精	"	0·1	0·15	0·15	0·15	
香兰素	"	0·1		0·1	0·1	
香精	"	0·05			1	
淀粉	"	26	30	30	30	
红小豆	"		120			
炼乳	"				30	如使用奶粉可进行折算
花生酱	"			90		
每只重	"	0·1	0·1	0·1	0·1	
出厂（批发价）	支/元	0·02	0·044	0·044	0·044	
另售价	支/元	0·025	0·05	0·05	0·05	

1982年的冰糕价格

热的夏天，没有那么多品种的饮料可以选择，在没有冰箱的年代，商贩们只能把冰棍放在木箱里，下面垫上几层毛巾，上面盖上棉被。木箱上用油漆清晰地写着“冰棍”二字。

支付方式和柜台的变迁

20世纪70年代，每到年前年后，供销社里都会挤满了人，收款结账处有铁丝通到各卖货柜台，上面挂着铁夹子。卖了东西，开了票，把票夹在头顶上的夹子上，尺子一打，夹子就飞过去，像织布的梭子。用算盘算好账，收了钱，夹子再飞回来，买者拿了东西就可以走人。

那时候的冬天，人们都穿着大棉袄，用宽粗布条当腰带。大棉袄交叉着把孩子裹进里面，用腰带扎紧，再用一只手擎着，孩子在里面探头探脑，既暖和又不耽误看景。孩子们都特别喜欢看算盘珠子噼里啪啦地蹦跳出正确的钱数，即使双眼看成了蚊香圈也不愿意挪开。

等到供销社快下班人数少的时候，人们再挤进去交钱票拿出买好的年货，塞到孩子嘴里点吃的，顺便用袄袖子擦掉孩子要流到自己前襟上的口水。

谈起柜台，那时候小孩子经常两手扒在柜台上舍不得走，有的柜台是用砖块垒起来，外面用水泥抹平，长期使用后，台面被磨得泛着灰黑的油光；也有的柜台是用木头打造的，一般刷着黄色或者褐色的漆。柜台把货物和顾客里外隔开，售货员在柜台内给顾客拿货。

砖石柜台

20世纪80年代末90年代初，去商店买东西就用计算器算钱数了，方方正正的计算器，有大有小，按数字时，有温柔的电子女音提醒所按的数字和结果。还有个三联的单据，其中有一张给顾客，对所卖货物的质量有了保障。

一些卖服装、鞋袜的柜台只有冲着门口一小段U字形或者L形，一般是木质结构或铁质结构，柜台黄色、绿色、黑色居多。里面有抽屉放钱和账本等物品，上面放着计算器、笔记本、笔等物品。柜台成了为顾客服务的工具，再也不是隔开售货员和顾客的阻挡。

玻璃柜台（1999年）

90年代的各种超市，包括小区门口卖菜、卖书的小超市，都用电脑结账。柜台成了简便耐用样式，台面有木质的、玻璃的、大理石等材质。里面有几个抽屉，可以分门别类放置物品。超市也成了自选模式，找到自己需要的物品后，售货员输入物品的编号，价格自动出现，再自动合计，用现金付款就更加便捷了。

进入21世纪，收付款方式就更加多样了。在自选超市挑好所需商品，售货员直接拿着商品刷一下物品上的条码，价格迅速出现在屏幕上并完成汇总，方便快捷又不会出错。付款方式就更多了，可以用现金、微信、支付宝、银行卡支付。

此时的柜台叫超市收银台，基本是组合式的，由一组主柜和若干组附柜组合而成。台面放着电脑，收银台由平整式和倾斜式两部分组成，将购买的物品放置在平台上，售货员扫码后把商品放入倾斜式柜台上，物品会自动滑下，与未扫码的物品分开。

随着时代的发展，网络购物平台逐渐占据了更

扫码支付

多市场，在家里就能买到各种需要的商品、美食、药品等。在手机上挑选支付，快到十几分钟，慢到五六天左右，各种商品就被送到家门口，真正实现了“一机在手、世界我有”。

侨汇专柜

1979年5月，百货大楼开业，县百货公司在一零百货大楼增设侨汇专柜，这是全县唯一一个侨汇专柜，主要供应进口冰箱、电视、自行车、名贵烟酒等高档紧俏商品，这些商品由临沂地区主管部门按照计划分配而来，凭侨汇券购买，不得挪用。侨胞到中国人民银行沂源县支行用外汇按照国家牌价兑换人民币同时得到侨汇券，即可购买侨汇商品，由于侨汇商品购买者很少，所以侨汇专柜没有单设专职营业人员，和普通柜台连在一起管理。进入20世纪90年代，进口商品渠道逐步增多，进口冰箱、彩电等产品凭人民币都能买到，侨汇柜台逐步撤销。

亚运会火炬的传递

1990年，在亚运会火炬传到沂源县的前一天，县总工会到百货第二零售店购置100套运动服，当时县城无货，百货二店的同志多方联系，最后派专车到淄川提货，满足了第二天急用，受到好评。

众志成城，抗洪救灾

1984年7月12日凌晨，电闪雷鸣，突发暴雨。沂源县百货公司在救灾领导小组的指挥下积极投入救灾战斗，有的同志冒雨涉水查看水情并及时向公司汇报，有的同志冒雨顶风扛着工具步行4里路到河西仓库抗洪，还有的同志跳进急流中疏通排水道、帮助受灾户抢运财产……许多同志从凌晨两点一直奋战到第二天中午，饭都顾不得吃，背压肿了、肩磨破了仍不休息。

在兄弟单位和驻军的支援下，经过奋战，县百货公司在两天时间内转移布匹1100余包、鞋帽50余吨、火柴879件，提升20余吨商品货位，倒架120余吨商品，整理500余包水淹布匹，晾晒30余吨商品，减少了国家损失。

灾后，县百货公司成立水淹商品领导小组，会同保险部门对水淹商品进行削价处理。同时迅速组织批发部门人员先后到济南、青岛、潍坊、泰安等地采购和求援，及时补充货源，保障市场供应。干部职工自觉捐款救灾，县五金公司捐现金85.6元、粮票85斤；县食品公司捐款300多元、粮票500多斤、衣物8件……

商业文化

对联

对联在我国源远流长，有着悠久的历史。商业对联蕴含着商业智慧，装点着商业门面，传递着商业理念与精神。

新中国成立前，各商号都根据项目特点，请有文墨的先生或师爷编写，对联内容较为吉利，一般商号多用“生意兴隆通四海，财源茂盛达三江”“轻重相权千金日利，新春开张财若泉流”等。新中国成立后，商业对联立意内容有新改变，多赋予新意，具有时代气息。

通用对联

本小利薄，支账不赊；货真价实，童叟无欺。

财星显辉，对我生财；大发财源，吉庆有余。

本固枝荣；根深叶茂。

财贸新风；勤俭创业。

笑迎三江客；招来五湖宾。

话语温文可人意；接待和悦暖客心。

五湖寄迹陶公业；四海交游晏子风。

五湖四海陶朱业；天南地北百业兴。

文明经商商兴旺；礼貌待客客盈门。

越国大夫曾贸易；孔门子弟亦生涯。

财如晓日腾云起；利似春潮带雨来。

增产胜似摇钱树；节约犹如聚宝盆。

财源茂盛货真价实；算盘一响黄金万两。

新春一来喜气满怀；不但发福而且生财。

经营有方生意兴旺；服务周到顾客盈门。

事业临身须要鸡鸣而早起；经营在己必待鼓尽以迟眠。

礼貌经商柜台内外添春色；文明待客城乡上下喜开怀。

进进出出笑颜开人人满意；挑挑选选花色全件件称心。

杂货店对联

楼上云霞五色；楼下锦绣千重。

坚持优质低价；实行薄利多销。

缙绅人至讲经纶；江湖客来谈贸易。

百货百美百究不厌；千客千心千学不烦。

货架上下汇集祖国春色；柜台内外倾注同志深情。

货架上下鲜花朵朵；柜台内外春意融融。

文明经商货流五湖四海；礼貌待人心向万户千家。

经营有方货物满架生意好；服务周到顾客盈门买卖活。

柜台内外五彩缤纷添春色；货架上下琳琅满目绽奇葩。

亲亲热热使顾客进门满意；挑挑拣拣让群众出店放心。

绫罗绸缎丝纶棉麻货真价实；针头线脑修妆日用童叟无欺。

饮食店对联

包办酒席，应时小卖；家常便饭，随意便酌。

山间走兽云中雁；天上飞禽海底鲜。

美味常抬云外客；清香能引月中仙。

煎炒溜炸美味适口；冷荤凉拌质高价廉。

店小菜好环境美；盘大味鲜佐料全。

问寒问暖待客周到；吃荤吃素任君挑选。

画栋前临杨柳岸；青帘高挂杏花村。

宴客迎宾酒席包办；打尖便饭小卖应时。

鞋帽店对联

不论男女老幼；冠冕当分夏冬。

岂为富丽堂皇；不过振奋精神。

脚踏实地前程似锦；步履严谨登月凌云。

相貌堂堂请君莫忘着履；衣冠楚楚自负配好足装。

文具纸张店对联

笔墨纸砚文房四宝；士农工商沧海之船。

薄纸千张请试妙手；秀管一支精绘花容。

蔡伦遗教古今相辅新成就；科学新法内外互学好纸张。

理发店对联

虽然毫末技艺；却是顶上功夫。

不教白发催人老；更喜春风满面生。

进店来虬髯太岁；出门去白面书生。

真功夫头顶上起；好发型从少年来。

推剪刮剃使您满意；烫吹洗理令君称心。

浴池店对联

石池春暖人宜浴；水阁冬温客最多。

温凉恰好堪称泉浴；寒暑相均可比天地。

泥垢自去身始肤爽；洁水涤来心旷神怡。

荡漾香汤和气脉流心涤虑；淋漓津汗长精神振衣弹冠。

药店对联

春顶晚云锄芍药；秋踏晨露采人参。

只愿世间人无病；不怕架上药蒙尘。

一药一性岂能指鹿为马；百病百方焉敢以牛易羊。

南参北芪匣内丸散延年益寿；藏花川贝架上膏

丹返老还童。

家具店对联

虚心成大事；劲节见奇才。

有材皆中选；适用乃为宜。

衣柜软椅新式样；雕床画橱硬功夫。

金碧丹青好颜色；门间陈设闪光辉。

淡妆浓抹调新色；顽绿痴红发古香。

刮垢磨光成时代器；疏通致用有民族风。

谚语

谚语，是民间流传的一种语言形式，是人民群众在社会生活中生动形象的经验总结。商业谚语，则是古今经商者长期积累的经商之道，简练通俗而意义深邃，鲜明生动而富于诙谐，是经商者须掌握的生意经。

人无喜色休开店，和气能招千里客。

货不停留利润增。货源不旺，财源必枯。

三分生意七分谈，人无笑脸休开店。

未曾入手，首先看出手。人要衣装，物要全装。

三分生意，七分仁义。先尝后买，方知好歹。

转货如流，货快聚财。薄利多销，多中求利。

内行当家，锦上添花。百问不烦，顾客开颜。

百拿不厌，顾客方便。秤杆一动，想到群众。

顾客疏亲，来者欢迎。有货货到，无货话到。

待人礼貌，顾主心到。和气为贵，公平为高。

生财之道，讲究礼貌。买卖公平，天经地义。

货畅其流，利无尽头。拾遗补缺，经商一诀。

价格合理，顾客满意。磨要助锻，账要助算。

八仙过海，各显其能。逢贵莫赶，逢贱莫懒。

隔行休贪利，是货先出手。生意做独市，买卖抢先头。

要想多卖钱，就得货色全。不怕不识货，就怕货比货。

美言成交易，信誉值千金。不怕卖不掉，就怕话不到。

出门看天色，进门看脸色。服务有高低，冷暖顾客知。

酒饭让人吃，生意自己做。经营信为本，买卖礼在先。

坐商变行商，财源达三江。和气能生财，横强客不来。

不怕生意小，就怕顾客少。不怕不卖钱，就怕货不全。

大生意怕跌，小生意怕歇。生意要勤快，懒惰百事废。

价格要订明，含糊争执多。用度要节俭，奢华钱则竭。

赊欠要认人，滥出血本亏。出入要谨慎，潦草错误多。

优劣要细分，混淆耗用大。货物要修整，散漫查点难。

期限要约定，马虎失信用。买卖要适时，拖误失良机。

临事要尽责，妄托受大害。账目要稽查，懈怠资本滞。

主心要安静，妄动误事多。经商千条路，信誉第一关。

购销调存赚，有货就好办。经商讲文明，店堂暖人心。

利润诚可贵，信誉价更高。忙时心不乱，闲时心不散。

货架布置新，顾客满堂厅。诚抬天下客，誉赢客自来。

橱窗装潢妙，生意源源到。论其有余不足，则知贵贱。

若要生意好，秤计莫要少。

人叫人千声不语，货叫人点头自来。

炉火不旺不出钢，不懂行情难经商。

秤里可以有轻重，语言可以测人心。

泥人经不起雨打，劣货经不起检查。

好话一句三冬暖，话不投机六月寒。

百问不烦礼相待，买卖不成人情在。

互惠互利宝换宝，舍得珍珠换玛瑙。

只有人花钱买享受，没有人拿钱买气受。

人无我有，奇货可居，人有我好，以质取胜；人好我多，量多利大，人多我早，贵在时机。

幌子招牌

旧时经商者，为了招揽业务，吸引顾客，一般根据自己所经营的范畴，打出幌子。它既是商品广告，也是生意的招牌，简便易懂，标志明显。

最原始的商品广告是声音广告，那些坐地设摊或串街走巷的商贩，多是用吆喝声叫卖，有的编成一套一套的快板叫唱，有的用发音的响器代替叫卖，如货郎担摇鼓、卖油的敲当当、卖布的摇鼓等。

“城外春风吹酒旗”“水村山郭酒旗风”。随着商业的发展，又出现了另一种原始的广告形式：旗帜、望子或幌子，即实物广告。如鞋店挂一双特制的大鞋，帽店挂一顶精制的大帽，剪刀店挂一把特制的大剪刀，浴池挂红灯等，都十分惹人注目。

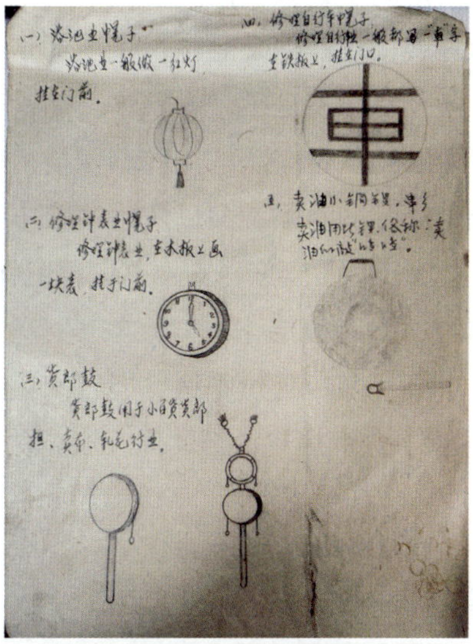

商业实物广告样式

随着经济社会的发展，商品广告多种多样，出现了路牌广告、橱窗广告、印刷广告、展销海报、霓虹灯广告、电视片广告、电影银幕广告、报纸杂志广告等。

新闻集萃

多产好糕点　迎接中秋节

为了使群众吃上更多更好的糕点食品，欢度中秋佳节，沂源县商业局早在八月上旬便根据县委指示召开食品加工工作会议，研究布置了食品加工供应工作。根据加工任务，除了县营糕点加工厂由原来十四名职工增加到三十四名外，重点恢复了五个食品加工组，扩大了生产能力。截至本月十日止，除了保证市场正常供应外，全县已生产出各种糕点、糖果十万九千九百多斤，并已大部分运到供应单位。今年这县的糕点生产的特点是质量好，花样多，已生产出的糕点中有月饼、蜜饯、桃酥、蜂糕、长寿糕等。

职工们在党的八届八中全会精神鼓舞下，千方百计地克服原料供应困难。红丝供应不足，去东北本溪市买来四千斤。用以粮换粮的办法解决了制蜂糕原料黍子的供应。生产中还采取老手带新手的办法解决了技术问题，工效大有提高。县营糕点加工厂黑白两班生产，日产量由七百斤增加到两千斤。

这县在糕点生产中，对回民群众需要的食品同时做了妥善的安排，生产了大批适于回民食用的好糕点。

临沂市食品加工厂糕点车间本月上旬共生产各种糕点、饼干等四万九千九百多斤，完成旬计划的百分之一百六十六。生产中工人刻苦钻研技术，虚心学习外地经验，利用枣核、枣皮等代用品制糖稀一千三百八十斤，不仅解决了原料供应困难，而且节约粮食两千三百多斤。

目前职工们通过学习八中全会文件，开展劳动竞赛，生产情绪更加高涨，决心争取中秋节前生产月饼九万斤，供应市民欢度佳节。

原载：1959年9月13日《临沂日报》

作者：侯子先　李茂喜　张兴华

沂源县商业部门为山果寻找销路

沂源县由于加强了果树培植管理，除治了各种虫害，战胜了严重的旱灾，获得山果大丰收。全县已收各种山果一百零七万斤，预计全年可收三千二百万斤，较一九五八年增长百分之二十三点一。

为了使大批山果及时找到销路，县商业部

门积极进行了收购、包装，及时外运支援城市工矿区和农村，先后已运出苹果、伏奎、桃等山果七十七万四千斤，烘制果干四万六千多斤。此外，还帮助生产队作了短途的自产自销。工业部门还组织十七处酒厂利用残伤山果酿酒，增加生产队的收入。

现在商业部门对即将收获的一千二百多万斤柿子、四百多万斤软枣及山楂、石榴等进行了销路安排，并组织了八十多名编筐工人赶编筐篓，准备包装外运。

原载：1959年10月9日《临沂日报》

作者：侯子先　李茂喜　张玉播

沂源县黄烟收购任务超额完成

沂源县的烤烟收购工作，在县委的统一领导下，各产烟公社与商业部门紧密协作，已提前超额完成。到本月六日，全县已收购了九十三万斤，占全年收购任务的百分之一百零三，比一九五八年同期收购量增长百分之九十以上。

这县今年共培植烤烟五千四百四十一亩，在各级党委的统一领导下，由于加强了田间管理和精心培植，战胜了几十年少有的严重干旱，获得了亩产一百八十多斤的大丰收。在烘烤过程中，普遍推行了“按部位采叶，分级烘烤、扎把”的先进经验，大大提高了烤烟的质量。三岔公社坡九生产队组织专业队，采取边熟、边采、边烤、边售的方法，大大加快了烘烤与收购进度。

在收购工作中，全县组织了五十多名商业职工，采取固定设点与流动收购相结合的方法，深入到生产队开展突击收购。如南麻商店九月三十日利用中午休息时间，一次就收购烤烟三千四百多斤。同时认真贯彻了“以质论价，好次皆收”的收购政策，大大促进了广大群众交售烤烟的积极性。

原载：1959年11月14日《临沂日报》

作者：耿兆林

多种经营人人忙

播下丰收种不怕没货源

去年春天，沂源县唐山公社商店马庄零售店职工们，看到有的生产队培育的树苗好栽了，但由于缺乏劳力，不能及时栽培。零售店经理王春甫就发动八名商业职工，和粮站、修配厂共集合十五人帮助栽树。连栽五天，共栽桑树、苹果、花椒等一万多棵，还栽了一片四十亩的万株林。苹果树开花的时候，蔡马庄生产队有六千棵果树生了虫子，被王经理下乡送货时发现了，他回来放下挑子连饭也没顾得吃，背着农药械跑到生产队，和队支部书记一同发动群众抢治了五天，消灭了虫害。他们又听说生产队内开展十五养缺乏品种，就主动到兄弟社调进仔猪十五头，家兔三百二十二只，小鸡两千只。王经理还抽空到各生产队的饲养场作技术指导。秋季出售土副产品的时候，蔡马庄生产队丰收了九万斤苹果，全部卖给了国家，支部书记蔡留林说：“今年苹果丰收，多亏商店帮助。”这个生产队养殖场的场长王丰庭，亲自赶着肥猪、担着家兔、鸡到零售店卖，他说：“商店热心帮助俺发展多种经济，我们保证完成出售任务。”

为生产着想为群众服务

沂源县商业局南麻商店，为了支援人民公社大兴多种经营，光在畜牧业方面，帮助调进良种猪一千六百多头、耕牛十九头、家兔三百六十只、鸭六十七只。还到新泰县聘来技师给公社孵化小鸡四万九千多只。去年十月份当地发生了鸡瘟，商店听说后，就把零售员、会计、收购员、统计员调动起来，下去给鸡打针，五天注射大小鸡一万三千多只，制止了鸡瘟蔓延，受到群众欢迎。

为了提高黄烟质量

沂源县三岔人民公社，年年种植大量黄烟，由于缺乏技术指导，烘烤质量差，价值低。公社商店采购站，为了提高黄烟质量，抽出专人和社员一起培植。从生产培植、采摘、加工、烘烤等方面，都加强技术指导。在烘烤方面，他们把烟炉的三根地火洞改成四根，使悬火洞增加了受热面，提高了烘力。这样每烘一炉烟，节约煤炭一百五十五斤，烘烤挂黄烟质量很好。并把烟农已经丢弃的底脚烟全部拾回来进行烘烤，每斤价值两角多。他们所在的朴邱生产队，去年共种四百一十亩黄烟，光底脚烟叶一项就增加收入三千多元，节约烘烟煤炭三万多斤。全社改造了九十二支烘干炉，普遍推行了烘烤底脚烟叶，全社每亩黄烟比去年增产二十斤，节约烘烟的煤十二万八千三百多斤。

采集五野主力军

沂源县在大力采集和利用野生植物原料运动中，中小学学生成了各公社的采集主力军。在去秋一次运动中，有两万五千名学生上山入林采集五野。他们抽课余时间和星期天，到山上集中突击。学生们分成镢头队（刨地下的）、镰刀队（割地上的）、杆子队（打树上的）、筐子队（采小油料等），在教师的带领下，分工包干，全面采集。三岔公社的学生们唱着：社员叔叔治山河，我们儿童采“五野”，鼓足干劲争上游，支援国家大建设。还唱：五野到处有，就怕不动手，十指伸出来，金银财宝拿到手。这个社的朴邱小学，四天就采集“五野”三万三千多斤。

原载：1960年1月9日《临沂日报》

商业部门忙春节

今年更比去年好

一进入沂源县境内，满山遍野热气腾腾。商店、市场一片繁荣。商业人员正在为春节而忙。

这个县今年的春节物资准备的货多、样全，现已大部供应到社员手中。就拿商业局准备的物资随便举几种：猪肉比去年增加一点二倍，海货比去年增加将近一倍，糖增加一万多斤。南麻这个商店总算账春节物资比去年增加百分之八十，品种由八百种增加到千种以上。各门市部今年的零售额也比去年同期增长百分之五十。高庄门市部去年一月中旬平均日销二百元，今年就是五百元。商品增多，零售额增长，这怎叫商业人员不忙呢？但他们却说：为了社会主义事业“大跃进”，忙点累点也情愿。

超额完成生猪外调任务

这县商业部门的职工们，为超额完成生猪外调收购任务，支援城乡春节肉食供应。商业部门的广大职工，采取“五收”（白天收、晚间收、串村到户收、村村有人收、供应肉食结合收）、“三边”（边收购、边摸底、边安排生产）、“四到”（任务到队、摸底到圈、宣传到人、收购到户），先抓生产，再抓收购。就这样，三千四百头猪的外调收购任务，本月十日就超额完成了。猪的存养量不但没有减少，反而又增加了七千多头。

按计划十五日前要把这三千四百头猪赶到离南麻一百里路的“八陡”火车站，这个任务非常艰巨。但赶猪的工人采取了分鞭、多赶、快走的办法。共产党员邱胜福和申学敬、宋星义、周林宅四人一鞭，由过去最多赶一百二十头，猛增到二百五十头，由五天赶一趟缩短到三天一趟，他们的经验是：根据猪走路快慢分批赶运，在路上勤走勤休息，注意搞好途中饮食。他们就这样边收购、边运，提前两天，于十三日就运完，并且一头也没有死亡。

日日夜夜忙运输

全县商业部门总算一下账，外调和内调的春节物资重量两千四百吨，要用平常的运法，两个月也运不完。他们就采取短途运输靠群众，长途运输靠协作，干部充当装卸工的积极办法，昼夜不停忙运输。全县组织了二百多人的专业队突击运输，发动群众晚间运送，人挑肩担车子推，来回捎脚等办法。唐山公社发动上县开会的党员代表一次捎柿饼四千多斤。这县运输部门不能完成长途运输任务，从沂源芦芽铁矿往博山运矿石的青岛汽车队就大力支持，采取快跑多挂车斗，为群众过好春节包运物资。商业局的干部就自动组织了一个装卸突击队，车到装得保证快卸得快，一月十五日夜，土产经理部经理周葆兰亲自带领干部一连装卸八部汽车。干部李清和、刘景祥一连四五个通宵不眠，干得还是很带劲。

忙不过来怎么办

今年春节物资供应是货多样全，在一部分商业人员中产生畏难情绪，叫喊忙不过来。到底能不能忙过来。南麻商店就是一例，这个商店担负的春节物资供应比去年增加百分之八十，而人员比去年减少十三名。在职工大会上提出：“人员少任务大，能不能多快好省地完成？”展开了鸣放辩论。开始争论不休，最后提出和社员比一比，和工人比一比，赛赛干劲，找找窍门，这一下可真解决了问题。北麻门市部干部一回去就说：“老办法吃不开啦！”三个人实行分工作业，王本余负责送货下乡到工地，张永爱担负门市零售，会计唐兆满搞好账目，每天还到南麻运四趟货，来回跑三十二里路，这样一安排，业务搞得有条有理。东里商店职工在个个出谋、人人献计的口号鼓舞下，改革量盐器、计量器、速算尺，大大节省了操作时间，解决了顾客拥挤的现象。同时还委托二十五处食堂代销油、盐、茶、小百货等二十多种商品，大大便利了群众，保证了春节物资供应。

原载：1960年1月25日《临沂日报》

作者：立亭

沂源县财贸部门大闹技术革新

沂源县财贸部门自从参观了郯城县李庄公社的工具改革后，全县财贸系统的广大职工，很快掀起了一个大闹技术革新的热潮。到目前共制成卷布压码机、硬币找零器、晒粮翻粮机、畜力机械磨、自动包装缝口机等一百二十五项共一千五百五十五件。这些工具，一般提高工效五、六倍，有的提高工效三十二倍。

开始，有的职工对大搞技术革新缺乏信心，存有神秘观点。各级党委针对以上情况提出：“开展技术革新有哪些有利条件”、“技术能否革新，怎样才能把技术革新开展起来”等题目组织职工展开了鸣放辩论。通过鸣放辩论，统一了思想认识，迅速掀起了一个大搞技术革新的热潮。东里公社财贸职工在“人人搞创造，个个搞发明，突破技术关，实现机械化”的口号下，几天内搞技术革新十六种，制成工具七十七件。为了加强技术革新的领导，财贸系统各单位都成立了技术革新委员会或领导小组。县商业局还建立了技术革新办公室，负责联系技术革新情况和加强技术指导。全局职工一天就做革新技术模型三十多种。在试制中，没有原料，他们就四处搜集和到废品堆中拣，没有工具就找木匠、小炉匠配合搞，做到了创造一件，推广一件。全县财贸系统的广大职工开展了人与人、单位与单位的红旗竞赛运动，涌现出许多先进人物。如商业局照相馆张乐海，试制成功了旅行照相机，下乡照相，当时就可洗印，便利了群众。营业员王永祥试制成了卷布压码机，不仅提高了工效，并且便利月终盘。

原载：1960年3月5日《临沂日报》

作者：中共沂源县委财贸部通讯组

沂源县大力开展春孵工作

沂源县商业部门根据省、地委关于开展配种、保胎和孵化突击月运动的指示和县委提出的今年平均每户养鸡二十只的规划，积极组织力量，依靠群众，培训技术人员，总结交流经验，本着“两条腿走路”的方针，大力开展孵化工作。全县二十三处暖房，已有十五处先后铺蛋二十二万三千多个，其中已有两处孵出小鸡一万八千多只，出鸡率达百分之八十以上。同时还发动群众开展了每户孵一窝家禽的运动。

这县商业部门以商业局长为主建立了开展孵化工作的领导机构。并采取“请、参、培、带”的方法，培训了技术人员。除向新泰、莱芜聘请老技术员四十六名以外，于二月十五日在悦庄商店暖房开办了四十四人的短期训练班，用以师带徒、以老带新、现场参观等办法，解决了技术力量不足的困难。悦庄公社埠村暖房青年吴保增等四人，由于老师的帮助和自己虚心钻研、学习，现已成为能够单独操作的技术员。

为提高种蛋出鸡率，商业部门组织干部深入生产队，在围绕服从中心的前提下，建立种蛋基地九十五处，组织了四百七十多人收购种蛋。同时，大力推广了张庄公社东上峪生产队社员采用的“母鸡下蛋不拾，引母鸡孵鸡”的经验。还推广了悦庄公社花水生产队万鸡山用菠菜喂小鸡和夜间哄窝提高成活率的经验，很受群众欢迎，推动了每户孵一窝家禽的运动的开展。

原载：1960年4月4日《临沂日报》

作者：侯子先　高书田　李茂喜

让野生植物献宝　支援工农业生产
沂源大搞小夏收每户平均能增加收入十元

沂源县商业部门，抓住当前野生植物陆续成熟的有利季节，和工业、农业、林业、文教等部门密切协作，采取组织辅助劳力采集，和参加田间劳动的社员上坡下地不空手等办法，掀起了小夏收高潮。到十五日止，全县共采集“五野”（野生纤维、油料、淀粉、烤胶、药材等植物）一百五十四万多斤，超过计划百分之三十七，比去年同期增长二十七倍，平均全县每个农户增加收入十元七角。

在采集中，坚持了政治挂帅，向广大群众广泛宣传了抓紧时机采集“五野”对支援工农业生产和增加社员收入的重大意义，并在各生产队食堂建立“五野”代收点，便于群众出售。三岔公社党委在全社生产队支部书记会议上进行了动员，发动社员上坡不空手，回家不空篓，七月份共采集桑皮、葛条等野生纤维原料三万斤。文教部门以勤工俭学精神，发动师生一万多人，提出开展每人拾一斤杏核、采五斤野生植物、捉一两山蝎的运动。刁崖、南麻两处小学师生，十天内利用课余时间采集“五野”五千多斤，拾杏核五百多斤。茅台小学师生二十五人，十天捉山蝎五十五斤，药材九十六斤，共收入二百四十六元，全部解决了文具、书籍费用。

商业部门还帮助社、队组织编织厂、绳经厂四百五十二处，土农药厂五十五处，野生植物综合利用加工厂三十五处，加工生产出条货十万多件，土农药六万多斤，淀粉三十万斤，酒、糖稀、纸浆七万斤，精饲料二十三万斤，连同全县收购的“五野”，共价值七十五万元，有力地支援了农业生产，供应了市场大量商品。因此，党委满意，群众欢迎。现正乘胜前进，决心让野生植物献更多的宝，支援工农业生产。

原载：1960年8月24日《临沂日报》

作者：中共沂源县委财贸部通讯组

思想发动深透　工作成绩显著
埠下门市部大力收购野生植物

沂源县埠下门市部，在做好“三秋”生产资料供应的同时，积极开展了“小秋收”运动。到本月十五日止，已收购野生纤维、油料、淀粉、烤胶、药材等植物原料一万五千斤，比去年同期增加了二点五倍。

“小秋收”运动开始，有些社员说：秋收秋种这样忙，哪有时间搞“小秋收”。也有的说：收这些零星东西费工不少，价钱不高。为了解决这些思想，他们利用各种场合，通过各种会议和利用黑板报、标语等形式，广泛进行了宣传教育。同时，到山里采集样品六十多种，在食堂、大街、门市部进行了实物展览。埠下小学师生看了样品展览后，两小时采集苍子三百多斤。这村在食堂召开了展览会后，立即组织老年、妇女、儿童一百多人下坡收集。五十多岁的王德祥边放羊、边采集，五天共采集野生原料一百五十斤。重喜官庄王德勤利用早晚空隙时间采集葛条一百九十斤，药材三十斤，卖钱五元七角。他高兴地说：不但自己得到收入，而且还支援了国家建设。

在小秋收运动中，他们认真学习、贯彻了政策。参加收购的人员，每人都知道当地有什么、收什么、什么样品多少钱。食堂代购员不熟悉价格，门市部就写了价格表发下去。马王峪食堂会计马令吉在这次收购中，代收油料、药材等五百五十多斤。

由于这个门市部的职工干劲足、方法对头，“小秋收”收购工作取得了显著成绩。为了推广这里的经验，商店在这里召开了全社的供销部、门市部、食堂代购员现场会，对全社推动很大，现在全社已行动起来。鱼台门市部自参加现场会议后，已收购“五野”两千三百斤。

原载：1960年10月28日《临沂日报》

作者：沂源县商业局通讯组

广泛加工利用提高野生植物的经济价值
沂源边采集边加工利用沂水收购野生植物成绩大

沂源县在继续采集野生植物的同时，积极组织力量加工利用，满足本地生产、生活的需要，支援国家建设和灾区人民。

这县地处高山峻岭，野生植物非常丰富。在胜利完成秋收秋种的基础上，全县组织了九万多名男女整半劳力投入复收和采集野生植物运动。到目前，已复收地瓜三百四十二万斤，复打粮食二十八万斤，采集代食品、牲畜饲草饲料、割山草及其他野生植物达七千二百多万斤，大大增加了收入。

为了提高野生植物的经济价值，县、社党委狠抓了加工利用，组织县、社营糖厂、糕点厂、水泥厂、炼焦厂、淀粉加工厂，对采集的产品进行加工，已加工野生淀粉二十多万斤。并组织社、队大搞副业生产，目前已组织手工业条编组一百七十五个，加工筐、篓、筦子、簸箕等生产生活用品两万八千多件，打绳二十三万斤。现有的四处纸浆厂，已利用杂草加工纸浆两万五千斤。各公社和生产队还利用有毒的野生植物制造土农药十一万斤。同时，注意了原料的综合利用。悦庄酒厂利用茅草制成淀粉、纤维等多种产品。鲁村公社沙沟生产队条编组过去只用柳子心编条货，柳子皮全部丢掉，现在用柳子皮制成了各种绳，既耐用又节约了苘麻原料。

为把加工的产品及时运往各地，县、社党委组织农、工、商、交大协作，做到了边收、边购、边加工、边调运。全县已收购野生油料、烤胶、淀粉、药材、纤维、干菜四十多万斤，并通过交通部门外调了大批产品，支援了国家建设和灾区人民。

原载：1960年12月3日《临沂日报》

作者：中共沂源县委财贸部通讯组　吕洪法　马殿周

沂源积极组织农村集市贸易

沂源县认真贯彻执行党的组织农村集市贸易的方针和政策，在切实做好整治思想工作的基础上，加强了对于农村集市贸易的领导，保障了合法交易，活跃了农村经济，促进了生产发展，也有利于完成国家的购销计划。

这个县原有三十个集市。现在，除有三个小集市，因处于偏僻山区交通不便，而自然消失外，其余二十七个集市，一直坚持常年活动。

沂源地处沂蒙山区。全县人民在党的领导下，发愤图强，艰苦奋斗，依靠人民公社的优越性，大兴山水草木之利，农林牧副渔五业俱兴，因而向国家交售的农副产品年年增加，进入集市交易的产品品种、数量也越来越多。现在全县进入集市交易的产品品种、数量也越来越多。现在全县进入集市的产品主要的有十二大类，二百三十多种。其中有蔬菜、菜种、瓜、果、土烟、淡水鱼虾、柴草、木货、条货、小农具、小家具、土陶瓷、畜产品、仔猪、家禽及其它估衣、玩具等。1至12月8日成交总值达五百五十七万三千余元。此外，一年之中，在春耕前和秋收后，还举办了一些小型物资交流会，对于促进市场活跃，调剂有无，满足人民生产和生活上的一些需要，起到了一定的作用。农村中的修理服务行业经过整顿之后，也活跃起来。每逢集日，掌鞋的，补锅的，焊壶的，修秤的，磨刀磨剪的，各行各业，忙个不停，给人民生活带来了许多方便。

沂源县农村集市贸易充分发挥了在社会主义商品流通中的补充作用，在以下四方面显示了它的效果：①促进了农业生产和多种经营的发展，补充了农业生产上所需的部分生产资料的调剂和供应。今年一年来，社、队和队员共调剂地瓜秧七百万株，各种菜种二万余斤，牛、仔猪等二万一千四百头，木制条制二十四万件；②扩大了商品流通，增加了商品品种。现在全县多种经营中的较大项目到二百三十多种。过去，像苇席、苇笠等本县很少生产，多数依靠外地进货；粪筐、架筐等本县也生产不多，今年11月到12月5日，全县就编制上述条货三万五千九百多件，秫席四千五百六十四领，通过集市供应了群众需要。③便利了公社、生产队、生产小队和社员之间交换和调剂自己生产的商品，满足他们的某些需要。南麻公社西高庄生产队共制铁木小农具和条货五千二百五十件，除本队自用一千四百四十件以外，其余三千八百多件，均通过集市贸易出售，并换回本队需要的耩子七部，还有锅、碗、缸、盆等用具；④有利于国营商业完成购销任务。全县除粮、棉、烟、生猪、鲜蛋均提前超额完成或基本完成收购计划以外，某些未列入国家收购计划的三类物资如蔬菜、瓜果、药材等土副产品和废品的收购额通过集市收购也有显著增加，全年这类物资收购额扩大二百余万元。

沂源县各级党组织重视农村集市贸易的领导。县和公社两级，都在党委的领导下，由财贸、政法、工业、卫生等有关部门组成市场管理委员会。在主要集市上设有十处市场交易管理所，配备足够的办事人员，具体负责市场管理和服务工作。现在四百一十个生产队建立了由党支部书记、队长、商店经理、信用部主任等组成的市场管理小组。逐级市场管理组织都注意了依靠群众，认真贯彻有关农村集市贸易的各项政策，除经常宣传开展农村集市贸易，对于活跃农村经济，促进生产，调剂有无，满足人民生产和生活某些需要的好处以外，并教育群众自觉地遵守有关政策规定，执行价格政策，从事公平交易和正当经营，协助政府管好市场。这些

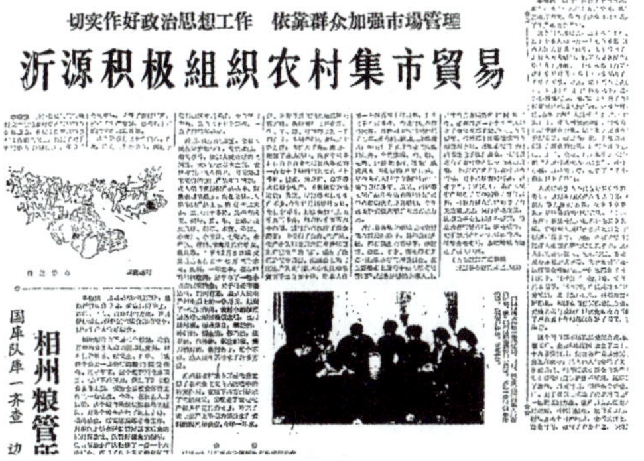
1960年12月27日　星期二　DAZHONG RIBAO

切实作好政治思想工作　依靠群众加强市场管理

沂源积极组织农村集市贸易

1960年，《大众日报》刊登《沂源积极组织农村集市贸易》

措施，对于加强市场的领导和管理，保证合法交易，取缔投机活动起了很大作用。

原载：1960年12月27日《大众日报》

商业部门支援好　春菜种子准备足

由于商业部门多方设法，积极安排，原来缺春菜种的沂源县石桥公社，现在不仅自给，还调出一部分支援了兄弟社。

按照种植计划，这个社种春菜一千二百亩，共需种两千三百多斤。商业部门根据党委指示，组织力量深入生产队调查摸底，发现生产队现存种子只有一千一百斤。为了解决这个问题，保春菜有足够的种子，商业部门除加强种子基地的管理，搞好菜种培植外，积极做好了菜种收购和供应工作。他们合理调整了菜种收购价格，保证留种出售的收益不低于出卖蔬菜的收益；组织集市贸易，通过市场调剂有无，解决了七百六十多斤菜种，从外地购进蒜种和油菜种一千多斤。还发动队与队之间本着共产主义协作精神和自愿互利等价交换的原则，调剂了六百六十多斤菜种。这样，全社春菜用种就自给有余了。

原载：1961年1月19日《临沂日报》

作者：中共沂源县委财贸部通讯组

请教老农　鉴定工具
东里公社商店因地制宜地供应春耕生产工具

沂源县东里商店邀请有经验的老农、公社制修厂和商业职工等有关人员，对制出的各种步犁、耩子、耙、犁铧、铲头、锄、镰、镢、锨等十三种三十三件农具，进行了鉴定，使春耕工具品种多样、得心应手。

通过实物鉴定，韩德福、杨相珍等四名有实际经验的老农，提出了不少改进意见。如八寸步犁和二十号步犁的优点是：耕地平、没犁隔、旧式犁耕不动的硬地它能耕起来，但也有它的弱点：垡头矮、扶地瓜沟不能用，耕山地不挖地边，湿地不翻垡、

耕不透。双、单铧犁耕地深透、效率高、适合平原地和壮畜力，山地里不好使，因此，扶地瓜沟和耕山地、截草根、挖地边得使旧式犁。小农具用途不一，式样多，必须因地、因时、因人制宜。平原用锨多，山区就用得少；山区好用条镢和小镑锄，平原则喜欢板镢和大镑锄。总之，农具必须因地制宜，品种多样，新旧并重。

经过鉴定，使工、商部门对制修工具的规格、数量达到了心中有数，立即签订合同，安排生产。商店党支部组织十二名干部配合工业部门，深入各生产队组织十九只红炉、三十个木业组，三处草绳加工组和三十五个条货组，并安排公社制修厂的木业、翻砂、轴承等五个车间，共五百多人，投入制、修农具生产。商业部门及时供应了原煤十六万斤、木材十二立方、钢铁四万五千多斤、油草三千多斤、杂条一万五千多斤，促进了工具生产。目前，已按照农民需要的品种、规格，制造出各种小农具三万七千多件，占需要量的百分之七十五。同时，商店组织五个修配组串队到村修理工具一万四千多件，三十六名职工送货上门七千多件。社员满意地反映：当今的商业部门，既是咱们的勤务员，又是内行的庄稼汉。

原载：1961年2月10日《临沂日报》

作者：沂源县商业局　葛会彬　张维启

南麻集上

1960年12月20日的早晨，群山上的薄雾还没有消散，到沂源县南麻镇赶集的人们就穿山越岭，从四面八方陆续涌来。

赶集的人们冒着严寒，忙忙碌碌地在那里卸车拆担，很快在广阔的平地上摆出了各式各样的商品。鲜嫩的白菜，脆绿的萝卜，鲜红的柿子，摆满了集市的大半个部分。这时候，人群里挤过来一辆车子，上面满载着大葱，推车的是一个身体结实的中年人，他是前崖生产队第二小队的小队长徐明法。他今天推来的菜是队里集体生产的。他们1960年和国家签订的蔬菜交售合同是三千斤，已经交售了三千七百斤，剩下的队里还是吃不完，于是队的干部和社员们商量着到集市上卖一些，买上几对抬筐、粪篓，为1961年生产多增加些工具。紧靠着菜市和山果市，是排得整整齐齐的过冬穿的草鞋，一溜两行的炊帚、笤帚，成堆的条筐、条篓，还有小巧玲珑的小木货，各式各样的泥盆瓦罐……这些是社员们利用假期搞的一些家庭副业产品。这里有：西鱼台生产队社员周宝潭，今天带来了六个粪筐、四个提篮、两个抬筐；儒林庄生产队社员苗长成和他的邻居苗长友，用自己的木料加工的六个板凳、两条扁担和一个门框；这边还有一位“老把式”，北刘家庄生产队七十三岁的老妈妈，她赶南麻集不只一回了。前些日子，她先后卖过二十二个亲手做成的盖帘（炊事用具），买回了些蔬菜和小家具。

集市上的交易十分活跃。生产者清楚地解释着产品的特点，消费者仔细地挑选着自己需要的货色，买卖双方合理议价，公平交易。南麻生产队第十三小队的小队长刘元法，早就缺个尿罐子，今天抽空来赶集买到了，喜得他说：“人人动手，家家积肥，这回浇麦子可有本钱了。”燕崖公社郑王庄生产队社员宋明贞早想买领席子，今天挑来了一担柿子，满足了这个要求。国营商店的肉食供应点旁边，簇拥着一大堆人，这是社员们用肉票在选购猪肉和牛肉。几个钟头的工夫，有二百五十多个人买去了二百八十多斤肉。高堂峪生产队社员蒋绍荣，前些日子卖给国家一头一百二十八斤重的肥猪，留下八斤肉票，以前买了二斤，今天又买了二斤，剩下的四斤打算留着过春节吃。

在熙熙攘攘的人群里，马王峪生产队队长马守吉遇见了重喜官庄生产队党支部书记徐道恩，两人顺利达成了一条协议。马王峪生产队急需十二对粪筐，自己有五百斤条子，可是没人编，早想找人给加加工。今天马守吉到公社有事，正好在集上碰上了徐道恩，马守吉把情况一说，徐道恩满口应承：“行啊！照公社规定合理计酬，过集就给你派两个人去。”其实，生产队和生产队之间互相帮忙，搞一些有无调剂，在这个公社来说已是常事了。1960年以来，只是通过国营商业部门的帮助，就有二十六个生产队根据自愿两利的原则，互相调剂了耕畜、仔猪、小农具、秧苗等十二种产品，价值一万九千多元。

南麻集上，不仅交易频繁，十几种修理服务行业也在忙个不停。这家掌筐的是东里公社张家坡生产队的，他们离这里八十里路，一早就骑着自行车赶来了。悦庄公社张良生产队两个倒箢子的，离这里也有二十里路，每集挑着担子来服务。沙沟生产队王本成老大爷，前些日子送来了三张用过五六年破得不像样子的旧箢子，经过修理，只花了一元二角钱，变成了三张半新的箢子，老人高兴地说："花钱不多，办事不少，叫孩子拾草再也不愁没有家伙了！"

在集市中心的东北角上升起了缕缕的青烟，这是南麻生产队为了便利社员修理农具和小家具安设的一盘红炉。已到中午了，西台生产队社员唐慎荣赶完了集，来这里拿回了刚刚修好的一把镢头，他看了又看，摸了又摸，满意地说："好镢，好镢！"南麻生产队的这盘红炉，逢集就到集上服务，1960年以来已经为本队和兄弟队修补、加工了三千多件小农具和小家具。

今天南麻集是入冬以来最热闹的一次。赶集的人数四千多人，上市的商品品种主要的有六十多种，成交额达七千九百多元，都比上一个月以前有了很大的增加。上市的蔬菜三千多斤，山果四千多斤，家禽家兔二百多只，草鞋七百多双，席子一百多领，条筐条篓、炊事用具、土陶瓷器、小木货三千二百多件，除蔬菜因季节已过较之前减少（最多时上市一万七千多斤）外，其他产品的上市量都比一个月前增加好几倍。在国营商业领导下的集市贸易日益繁荣兴旺，发挥了促进生产、调剂有无、活跃农村经济的作用，发挥了它在统一市场中的补充作用。

原载：1961年8月8日《大众日报》

组织集市贸易
活跃农村经济
金郝庄公社集市贸易繁荣兴旺
谈农村集市贸易问题

1961年，《大众日报》刊登《南麻集上》

沂源农村集市贸易繁荣活跃

沂源县加强组织领导，使农村集市贸易进一步繁荣活跃。

现在，沂源县许多集市呈现一片繁荣景象。赶集的人多，上市商品多，成交量大，服务事业方便周全。较大集市集日赶集的群众达万人左右，上市商品除了品种繁多的三类物资外，还有完成定购任务以后的二类物资。南麻8月上旬一个集日上市商品达到一百五十多种。成交额一般占上市商品总值的70%以上。商业部门在集市上都安排了茶水摊、熟菜锅以及其他服务行业，为赶集群众带来了许多方便。集市贸易的繁荣活跃，不仅便利了群众购销，而且有利于商业部门开展购销业务。全县商业部门收购的鲜蛋、蚕茧、羊毛，有一定数量是在集市上收购的。商业部门在7、8两个月，通过集市贸易收购了瓜果蔬菜九十多万斤，其中以六十万斤支援了淄博地区。

在各级党委统一领导下，该县商业和市场管理等部门，为活跃集市贸易，做了许多具体组织工作。他们曾积极组织了铁木业、条编、苇编、草编、烧窑、造土纸等副业和手工业生产。商业部门协助二百八十六个生产队调剂了二百五十多万斤苇子、木材、杂条等原料，供应生产用煤三百多万斤，并组织了八百五十多名技术员传授副业和手工业生产技术，促进了生产，使集市商品不断增加。两年来稀缺的苇笠，今年满足了需要。

商业部门还积极参与集市上的购销活动，摆摊设点，有买有卖，收购或帮助群众推销产品，供应群众需要的物资。南麻商店集市货摊由两个增加到五个，经常经营九十多种小商品，每集售货额达到六七百元。东里、唐山两个商店先后在集市上收购了六十多万斤南瓜，支援了城市工矿区。

原载：1961年9月22日《大众日报》

山里人爱戴的大泉饭店

在沂蒙山区北麓的沂源县，有条从南麻城通往沂水县的大道。成群结队的山区民间运输队员，有的用胶轮车推着农副产品往城里运，也有的把一车车农药、化肥、生产资料和各种百货用品运进山里去。就在这条大道旁边，有一客店——沂源县石桥供销社大泉饭店。这客店只有两名职工，男的是四十四岁的陈明义，女的是刚满二十二岁的共青团员韩兴美。凡是来这客店落过脚的人，没有不夸说好的。

大泉饭店的职工，从各方面方便旅客。

夏天雨多，经常有人冒着雨湿淋淋地跨进店来。遇到这种情况，他们便帮助旅客把衣服晾干或烘干。夏天蚊蝇多，他们用药剂杀蚊蝇，灭跳蚤。冬天气候冷，他们就加厚铺草，准备被褥，让旅客住得暖和舒适。在这家小客店的饭桌上，经常摆着暖水瓶和茶具。旅客们不论什么时候来到这里，都能喝到开水。山里人有喝大茶的习惯，客店里经常备有清香的大茶。在这里吃菜，数量和价格都随意。想吃什么菜，要多要少，只要开口说一声，不用多大工夫，服务员便笑容满面地端到旅客的面前。客店里经常备有馒头、烤牌、煎饼和油条，虽然饭菜花样不大多，但都很适合山里人的生活习惯。旅客们说："山里人不讲究什么花样，只要家常便饭办得好就满意了。"

过路的旅客，除了汉族人，还有回族人，为了尊重少数民族的风俗习惯，厨房里还有专用菜锅和饭具。有一次，一位旅客进店后，拿起一个碗，刷一遍又一遍。正在炒菜的陈明义，看出他是回族人，就主动告诉客人说："同志！你要喝茶或是吃饭，请您坐下，这里有专门供您用的菜锅和碗筷。"这位旅客满面含笑就座后，陈明义拿出专用的菜锅和饭具，特地用青油为他办了菜。这位回族旅客满意地说："您为旅客想得太周到了。今后路过这里，一定到您这里来。"

在这家小客店的墙壁上，张贴和悬挂着许多旅客赠送的红旗和表扬大字报。有位旅客这样写道："山乡小客店，工作不一般，饭菜做得好，服务更周全。"的确不错。在这家客店里，您会听到许多动人的事情。

有一天早晨，一个四五岁的小姑娘，领着她双目失明的母亲，来到客店。韩兴美一看便快步迎上前去，一手搀着盲人，一手领着小姑娘，把她们母女安排在一张方便的饭桌上。小韩一面给她们母女倒茶，一面亲切地问："大娘，您想用些饭菜吗？"盲人点了点头，小韩马上根据盲人的要求，把刚出笼的热馒头和一盘炒菜端过来，并亲自把热馒头和竹筷递到她的手里。这母女俩吃过饭后，盲人要上厕所，小韩立马放下手里的活，搀扶着把她送到厕所去，又一直等着把她领回来。盲人被感动地说："旧社会，在家千日好，出门时时难；现在是到店如到家，到处是亲人。"

去年春天的一个傍晚，天已大黑了，三个推着地瓜秧苗的社员来这里住店。向前接待客人的韩兴美，发现有位社员走起路来一瘸一拐，好像受了伤。她便问道："同志！您的脚怎么了，是受伤了吗？"客人回答说："因为急着赶路，过河没留心，把脚趾碰破了。"小韩心想：那怎么得了，现在农村都急等着用地瓜苗，伤了脚，不能把秧苗及时运到家，耽误了时间，可是件大事！她把旅客们安排就座后，就急忙跑到保健站，买来了红药水、药棉和纱布，迅速地给那位旅客上好药，包扎好。感动得那位旅客简直不知说啥好。

原载：1964年7月12日《大众日报》

作者：郝浩然　张先庆

沂源县商业局所属企业实现首月开门红

沂源县商业局把竞争机制引入承包，择优选定合格经营者，所属企业的服务质量和经济效益不断提高。今年实现首月开门红。

这个县商业局自1984年开始对所属企业试行承包。但是，由于思想不够解放，都是先确定好承包方案和承包人，然后再动员承包人签订承包合同，不是“我要承包”，而是“要我承包”。因此，承包后企业内部活力不大，效益不佳。党的十三大后，他们在所属企业中，实行公开招标承包，通过竞争演讲、答辩和民意测验，选择最佳方案、最佳指标和最佳承包人，使一批懂经营、会管理、富有开拓精神的经营者在竞争中脱颖而出。这批经营者上任后，注重市场预测，拓宽服务领域，加强横向联合，狠抓服务质量，在企业内部全面推行了经营责任制，调动了广大商业职工的积极性，经营越搞越活，经济效益明显提高。1987年，该系统完成商品销售额5740万元，实现利税235万元，分别比上年增长17.4%和31.8%。今年，他们又实现首月开门红，一月份的销售额和利税分别比去年同期有了大幅度增加。

原载：1988年3月1日《临沂日报》

作者：王化奎　苗宗祥

沂源县商业局对前段承包经营情况“回头看”
针对承包存在问题 完善配套改革措施

沂源县商业局对已实行承包的企业开展“回头看”活动，针对存在的突出问题，进一步完善配套改革的措施，取得了明显的经济效益。今年1—6月份，全局完成销售额4240万元，实现利税182万元，超额完成了全年的承包任务。

沂源县商业局从1984年起就先后对所属的33个独立核算企业实行了经营承包，较好地促进了经济效益的提高。他们没有因此满足，在监督、指导、服务中，见微知著地进行“回头看”，找出了经营承包中存在的一些突出问题：有些企业因承包期短，有的承包人对企业缺乏长远打算，急功近利，搞掠夺性经营；原班人马承包的企业，由于承包人缺乏压力，致使企业发展缓慢；有些企业的风险只有承包人担当，职工缺乏风险压力感。针对上述问题，局领导本着“修改、充实、巩固、完善”的原则，采取了以下措施：

——对承包期限短、基数低或因领导班子弱造成经济效益差的17个企业，慎重地测算了承包基数，并在全系统内实行公开招标承包，更换了9名承包人，承包期限也由1年改为3年。这样一来，原亏损的企业全部扭亏为盈。

——对长期严重亏损的企业，让有能力的企业兼并。县食品厂是1986年投产的以生产罐头为主的加工企业。由于经营管理不善，到1987年底已累计亏损16万元。而县食品公司因经营有方，效益较好。局里便决定，让食品公司兼并食品厂。食品公司把收购的猪、禽初加工后，交食品厂深加工成罐头，销路大开，使食品厂绝处逢生。

——在10个企业中推行了全员承包和风险金抵押制度。如县食品公司规定，在3年的承包期内，经理、副经理分别交3000元和2000元，职工交200元的风险金。完成承包任务后，公司按高于银行的利息还本付息；如完不成任务，则按比例扣除。这样，全公司就出现了干部职工利益一致、风险共担的局面。今年上半年，该公司完成销售额1076万元、利润17万元，分别比去年同期增长107.7%和262%。

原载：1988年7月14日《临沂日报》

作者：苗宗祥　张秀起

下属部门实行承包经营后，上面领导如何尽责？
沂源县百货公司的做法是：
当开明“婆婆” 做称职“掌柜”

沂源县百货公司针对下属部门实行承包经营后的新情况，为承包单位当开明“婆婆”，做称职“掌柜”，保证了商业的健康发展。

1988年初，这个公司下属5个批发部门、4个门店实行了承包经营。实行承包后，公司领导坚持做到两条：首先，当开明“婆婆”。对下属各承包单位，除对经营方向进行指导监督外，对正常的人员安置、工资分配、奖金发放、经营决策、规章制度等概不干预，保证让其自主经营。对各单位未被组合上的人员，公司负责做工作，妥善安置。其次是做称职的“掌柜”。他们积极为各承包单位排忧解难，提供商品信息，联系货源，组织商品展销会，保证资金、车辆运输等等。他们积极协调好各部、店之间和上下左右的关系，在整体上保证全公司共同下好“一盘棋”。这样一来，各承包者吃了“定心丸”，有了“主心骨”，竞相落实自己的改革措施。县百货大楼承包者大胆打破原来的工资分配制度，实行“百元销售工资全浮动”的办法，每个人一个钱匣子，月月核算，卖多多得报酬，卖少少领工资。

由于经营决策的不同，1988年上半年，沂源县百货公司各承包单位在奖金上拉开了档次，其中最高的纺织品批发部人均奖金比其它一些部、店高出700多元。对这一从来未出现过的档次，有人攀比，有人等待观望。县百货公司经理翟桂香一口排众议：多劳者就要多得！保护了多劳者的积极性，也医治了一些人的“红眼病”，促成了全公司竞争向上的新局面。1988年全公司完成商品销售额3247.4万元，比承包前的1987年（含已承包的两个月）增长了67.88%，实现利税135.8万元，比1987年增长了86.54%，人均劳效16.5万元，比上年增长了98.8%，资金周转天数比去年加快了50.4%。公司也由小三级企业升为小二级。

原载：1989年4月8日《临沂日报》

作者：张会生　张寿玉

沂源县百货公司开展优质服务活动促企业经营

沂源县百货公司化为人民服务、为顾客服务的软指标，为科学有效的硬措施，搞活了企业经营，全公司提前八个月完成了今年的任务。1至8月份实现利润49.1万元。

沂源县百货公司经营业务分为批发、零售两大块。他们不把为人民服务、为顾客服务的商业宗旨挂在墙上、说在嘴上，而是把这些软性内容变为硬性的指标渗透到企业经营中。从今年元月开始，该公司在零售部门积极推行等级营业员制度。他们根据营业员的劳动纪律、服务态度、业务素质、技术水平四个方面的综合考评，分为优秀营业员、优良营业员、营业员和见习营业员。各等级营业员分别拿基础奖金的120%、110%、100%和70%，营业员挂等级牌上岗为顾客服务，每个营业员的服务直接接受群众的监督和评议，每个营业员的荣誉与各自的服务质量直接挂钩，从而使公司的服务水平得到很大的提高，在社会上赢得好评。

在商业批发部门，他们采用“一包五定”宏观措施，作为顾客包退货、包赔损失的娘家人买卖。现今，该公司批发业务除本县外已覆盖到沂水、泰安、莱芜、临朐、博山、邢台、邹平、临沂以至费县、平邑等10多个县市及45个基层供销社。有的客户远行300多里来这里进货。

原载：1989年10月24日《临沂日报》

作者：司吉军　桑培栋

大事记

1950年　6月，设沂源县人民委员会工商科，管理全县商业，对全县私营商业进行了普查登记发证工作。

1951年　1月，沂源县第一个国营商业中国专卖事业公司山东省沂水专区沂源县专卖事业分处成立。

1952年　7月，沂源县工商业联合会筹备委员会组建。

1953年　政府开始对私营商业进行社会主义改造。

1954年　中国食品公司山东省公司淄博支公司沂源收购组划归沂水，由沂水支公司领导。

1956年　1月，成立沂源县百货公司，时称中国百货公司山东省淄博分公司沂源县公司。

1956年　7月，在工商科的基础上成立沂源县商业局，负责全县市场和国营商业的管理与领导工作。

1956年　7月，成立沂源县药材公司，时称中国药材公司山东省沂源县药材公司，隶属县商业局。

1956年　8月，成立沂源县食品公司，时称中国食品公司山东省沂源县公司。

1957年　1月，成立沂源县服务局。

1957年　7月，实行“政企合一”。

1958年　1月，沂源县第一个澡堂开业。

1958年　6月1日，县商业局、供销社合并，统称沂源县商业局。

1958年　9月13日，沂源县食品公司中转组与县供销合作社八陡转运组合并成立沂源县商业局八陡中转组。

1959年　3月1日，全县开始统一使用十两秤。

1959年　10月26日，沂源县商业局农副产品收购成绩显著，被国务院评为农副产品收购先进单位。

1959年　11月，沂源县商业局作为先进集体出席全国群英大会。

1960年　11月，沂源县商业局农副产品收购超额完成任务，被山东省委、省政府评为农副产品收购先进单位。

1961年　9月，商业、供销分开，设有人事秘书、财会统计、综合业务、市政物价4个科。

1968年　商业局购进第一辆上海58-1型1吨三轮汽车。

1971年　3月，沂源县商业局改称沂源县革命委员会商业局核心领导小组，工商管理机构并入，对内对外行使商业局和工商管理局两个机构权力。

1971年　6月，商业、供销第二次合并，改称沂源县革命委员会商业局。

1972年　1月，沂源县副食品公司成立，隶属县供销社。

1972年　4月，沂源县蔬菜果品公司成立，隶属县供销社。

1975年　临沂地区在沂源县召开现场会议，推广沂源县照相馆自力更生制作的光电积分式印像测报器。

1975年　7月，商业、供销分开，分出工商行政管理机构。

1976年　1月，沂源县五金交电公司正式成立，时称山东省沂源县五金交电公司。

1976年　1月，沂源县石油公司成立，归属商业局管理。

1978年　1月，成立沂源县商业局汽车队。

1979年　5月，百货大楼开业。

1980年　12月，正式恢复沂源县商业局。

1983年　沂源县商业局被山东省人民政府、中国人民解放军济南军区评为拥军优属先进单位。

1984年　全县商业系统实行机构改革。

1984年　6月，新的沂源县商业局成立，内设人秘、业务、财会、保卫4个股。

1984年　沂源县机械厂生产的“195”汽缸盖被评为全省优质产品；沂源县被服厂生产的“中山服”在全省评比中获第三名；沂源县造纸厂生产的“30克油光纸”被评为省级优质产品。

1985年　沂源县被服厂生产的“中山服”在华东六省一市评比中荣获优秀产品奖。

1986年　5月，烟草行业名称统一，沂源县烟草支公司更名为中国烟草总公司山东省公司沂源县公司，简称沂源县烟草公司。

1988年　沂源县人民商场五层营业大楼建成开业，是一处综合性、批零兼营的商业企业。

1993年　12月，县级机构改革，县商业局由政府序列局成建制转为企业，成立商业资产经营总公司（继续挂沂源县商业局牌子）。

1996年　1月18日，沂源商厦建成开业。

1998年　10月，撤销县商业资产经营总公司、县供销资产经营总公司（保留供销合作社联合社组织形式）和物资集团总公司，组建县商贸资产经营有限公司。

1999年　5月18日，沂源县第一家集餐饮、住宿、娱乐于一体的高档次、综合性服务网点——

沂源大酒店正式建成开业。

2002年　10月，县商贸资产经营有限公司为正科级定额补助事业单位，归口县国内贸易局管理，负责全县商贸资产的管理经营工作。

2003年　开始企业“二次改制”和破产重组工作。

2004年　9月19日，京源商厦正式营业。

2004年　12月，企业“二次改制”工作全部完成。

2008年　9月26日，沂源县商贸系统有史以来投资额和规模最大、楼层最高、功能最全的综合楼——沂源商务大厦正式奠基。

2010年　12月，沂源县商贸资产经营有限公司获2010年度全市商业经济效益优胜单位奖；被淄博市商业局评为2010年度全市商业先进工作单位。

2013年　2月，沂源县商贸资产经营有限公司更名为沂源县商贸资产经营中心。

2015年　9月，沂源县人民政府印发《关于加快电子商务发展的实施意见（试行）》（源政字〔2015〕67号），这是沂源县第一份明确规范电子商务发展的政府文件。

2017年　沂源县成功创建国家级出口食品农产品质量安全示范区。

2017年　12月，设立沂源县电子商务发展管理中心。

2018年　1月，成立沂源县食品商会。

2018年　3月，撤销沂源县商务综合执法大队。

2020年　12月，通过省商务厅对国家级电子商务进农村综合示范县项目验收。

2021年　1月，撤销县商贸资产经营中心、县外商投资服务中心、县出口农产品质量安全管理办公室、县电子商务发展管理中心、县散装水泥管理办公室事业单位建制，整合组建县商务综合服务中心，加挂县电子商务发展服务中心牌子，为所属正科级公益一类事业单位，隶属县商务局管理。

2022年　7月13日，中国共产党沂源县直播电商行业委员会在全市率先成立，隶属沂源县商务局党组管理。

2022年　11月18日，中共沂源县直播电商行业协会支部委员会成立。

2023年　1月28日，沂源县直播电商行业协会成立。

山东粮食

粮食篇

记忆沂源 · 商贸流通卷

扫码听书

概　述

"国以民为本，民以食为天。"粮食是关系到国计民生和国家经济安全的战略物资，也是人民群众最基本的生活物资，无论过去、现在和将来，粮食的重要战略地位不可替代。

我国历朝历代，都对粮食安全特别敏感和关注，注重从种植粮食入手发展农业生产。"文景之治""贞观之治""开元盛世"都把关心农桑、重视粮食生产、增加粮食库存作为施政方略，促使人民择良地而居、精耕细作，从而达到强国富民之目的。新中国成立后，党中央高度重视粮食问题，积极探索发展路径。通过艰苦奋斗和不懈努力，逐步解决中国人的吃饭问题，真正实现了老百姓从"吃不饱"到"吃得饱""吃得好"的重大转变。

新中国成立初期，党中央采取土地改革、兴修水利、推广良种良法等一系列措施，加强农业生产，提高粮食产量，增加粮食供给。1953年，国家实施第一个五年计划，进一步强调"以粮为纲、全面发展"来安排粮食和农业生产。11月23日，政务院发布《关于实行粮食的计划收购和计划供应的命令》，决定在全国范围内有计划、有步骤地实行粮食计划收购（简称统购）和计划供应（简称统销）。沂源县认真贯彻执行国家粮食统购统销政策，广泛宣传动员和深入调查摸底，粮食统购统销政策家喻户晓，统购统销工作很快在全县开展起来。麦收结束后，群众自发挑选最好的粮食，顶着炎炎烈日，用手推车和地排车，或开着拖拉机，排着长长的队伍去粮库交售爱国粮。从此，交公粮成为那个年代最为深刻的记忆。

1955年8月，国务院颁布《市镇粮食定量供应暂行办法》，规定对非农业人口按年龄大小、劳动轻重分三等九级确定供应标准，每人每月定量后发证供应。沂源县除供应军粮外，对非农业人口粮油供应按人分等定量，核定每人每月供应标准，按户领取《沂源县粮食局市镇居民粮油供应证》，到辖区指定粮站领取粮油票证购买粮油，供应的口粮品种比较单调，基本都是面粉、大米、大豆和花生油。对工商业行业用粮油（饮食、糕点、熟食等）采取计划控制和凭票（指标）供应。非农业饲料用粮（指机关团体喂养牲畜等）按头数核定供应。粮票同时流通，实行专人管理。工业用粮（饮料、酒）由省、市（地区）下达指标，沂源县粮食局负责供给。

1957年，国务院发布《粮食统购统销的补充规定》，明确指出粮食工作的方针"坚持粮食三定（定产、定购、定销）的基础上，实行以丰补歉，保证国家正常的粮食收入，严格控制粮食销售"。国家实行粮食统购统销政策的同时，加大粮食储备规模，相继建立"506""101"等战备粮，进一步夯实国家粮食调控基础。将仓库建设纳入国家建设计划，根据国家粮食部的部署，各地参考借鉴苏联提供的粮食仓库施工图纸、建筑技术和方法建造粮仓，习惯称之为"苏式仓"。沂源县大部分粮食仓库属于"苏式仓"，仓库密闭性能较好，属散装储粮方式。

1976年7月，南麻公社侯家官庄大队送公粮

20世纪六七十年代，石桥粮油管理所苏式粮仓

20世纪70年代末，停止建造苏式仓，开始兴建房式仓直到现在的高大平房仓、浅圆仓等储粮仓库。

大众日報

15

中共中央 国务院 关于做好夏收分配工作的指示

1957年6月14日

普遍进行算账教育

沂源各社积極准备繳售麦粮

全国麻瘋防治專業会議在济举行

坚持說服教育 合理安排口粮

省庄乡农業社多卖余粮

是不是立場問題

1957年，《大众日报》报道沂源各社积极准备缴售麦粮

1958年，沂源县建成第一家国营面粉厂，标志着沂源县粮食加工产业走向工业化。粮食部门立足部门职责，发挥行业优势，大力发展熟食品加工、饲料加工、油脂加工等，产品品种达到30多个，既丰富了城乡居民生活，又满足了农村畜牧养殖业发展需要，并拓宽了粮食部门服务范围，实现了经济效益和社会效益双赢。

1962年9月，中央粮食工作会议后，粮食工作实行“统一征购，统一调拨，统一销售，统一库存”的“四统一”政策。沂源县粮油调运分为县内、省内、省外3种类型调入调出，实行购销差额管理、调拨包干办法。粮食系统内部调拨一律实行送货制，结算实行银行托收承付方法，即由发货方组织运输，把粮油送到收粮方。1985年后，逐步改为提货制，即发粮方在最后发粮点车板交货，交货后一切费用均由收粮方负担。沂源县非产粮大县，调运粮食主要靠人力、畜力车运输。1980年，沂源县粮食局成立汽车运输队，有汽车4辆，达30余吨位，每逢有外调任务靠汽车进行运输，都能按期完成调运任务。在粮油调拨中严格执行国家各项调拨规定，根据省、市（地区）粮食局下达的粮油调拨计划，结合沂源县粮油库存及购销情况，于月初向各粮管所下达调拨计划，如遇紧急调拨任务，随时追加计划，保证调拨计划按时完成。

党的十一届三中全会以后，农村实行家庭联产承包责任制，农民开始拥有土地耕种自主权，极大地调动了农民的种粮积极性，粮食生产有了长足发展，产量不断提高，粮食市场供应充裕，逐渐取消粮食统购统销和计划分配制度。

1983年5月，沂源县政协调研夏粮生产情况

1981年，沂源县粮食局成立粮油议价购销公司，对计划供应外的粮食实行议价贸易，活跃粮食市场。1985年4月，对粮食统购统销进行改革，将粮食统购改为合同定购，通过与农民签订合同的形式，收购农民余粮。定购品种有小麦、稻谷、玉米等，在定购中按“倒三七”比例计价，即30%按统购价，70%按加价，自该年度起实行奖售措施，奖励标准为每交售100斤粮食，奖售平价优质标准化肥13斤、平价柴油3斤。合同定购外的粮食和非定购粮食品种可以自由入市，标志着我国粮食购销体制改革正式开始，粮食统购统销政策开始注入市场调节因素，更多地允许市场价格机制发挥作用，从而形成政府干预价和市场价共存的局面，称之为“价格双轨制”。

1993年，国务院宣布取消凭粮本、粮票供应粮食办法，改为市场调节，实行40年的统购统销制度至此结束。放开粮食消费市场，粮票退出历史舞台，有效解决了粮食购销价格“倒挂”带来的财政负担过重，以及国有粮食企业效率不高等难题，也较好地满足了居民不同层次的消费需求。

1998年，国家提出“四分开一完善”的粮食体制改革原则，即“政企分开、中央与地方责任分开、储备与经营分开、新老财务挂账分开、完善粮食价格机制”。同时实行“三项政策、一项改革”，即“按保护价敞开收购农民余粮、粮食收储企业实行顺价销售、粮食收购资金封闭运行和加快国有粮食企业自身改革”。顺应改革要求，1998年10月，成立沂源县粮食收储管理中心，为自收自支正科级事业单位，专司政策性粮食的收购、储存和销售业务。基层粮管所实行“转岗分流、减员增效”，对政策收储业务和附营业务进行分离。2001年7月，沂源县农业产业化经营工作会议召开后，沂源县粮食收储管理中心更名为沂源县粮食收储营销中心，对职能进行调整，更好地服务全县农业产业化经营。2003年，沂源县商贸流通体制改革，对沂源县宏运粮油营销有限公司进行整体改制，重组为自主经营、自负盈亏、自我发展的非公有制市场主体，成立沂源县宝丰粮油有限公司。

2004年，国家再次启动粮食流通体制改革，全面放开粮食收购和价格，完善粮食收购市场化机制。建立新型粮食生产支持体系、全面放开粮食收购市场的同时，建立粮食市场调控机制。粮价过低时，启动粮食最低收购价，实现政策兜底，确保种粮农民利益；粮价过高时，通过竞售国家储备平抑粮食价格。国家对种粮农民实行粮食直补惠民政策，全面取消国家粮食定购政策。2005年，对沂源县各镇粮油管理所实行国有粮食购销企业改革，各镇粮油管理所整体改制为自主经营、自负盈亏、自我发展的非公有制市场主体。至2006年上半年，沂源县国有粮食企业改革全部完成。

党的十八大后，以习近平同志为核心的党中央高度重视国家粮食安全，强调“中国人的饭碗，任何时候都要牢牢端在自己手中，饭碗主要装中国粮”。2013年底召开的中央农村工作会议，提出新国家粮食安全战略，主要内容包括“以我为主，立足国内，确保产能，适度进口，科技支撑，确保谷物基本自给，口粮绝对安全”，进一步明确了保障粮食安全党政同责的政治责任。实施国家粮食安全战略以来，沂源县不断深化供给侧结构性改革，完善粮食支持方式，通过加强耕地资源保护、划定永久基本农田、建设粮食功能区、推进“优质粮食工程”等，粮食生产能力明显提升。2023年12月29日，十四届全国人大常委会第七次会议高票通过《粮食安全保障法》，自2024年6月1日起施行。《中华人民共和国粮食安全保障法》对耕地保护、粮食生产、粮食储备、粮食流通、粮食加工、粮食应急、粮食节约和监督管理等分别作出明确规定，是我国粮食领域的基础性、统领性法律。通过法制手段确保粮食有效供给，提高防范和抵御粮食安全风险的能力，为全方位夯实粮食安全根基提供有力法治保障，标志着我国在粮食安全保障方面迈出了重要一步。沂源粮食部门从管理粮食系统拓展到全社会粮食流通，并向行政执法转型，主要肩负粮食宏观调控、保供稳价、市场监管、储备管理、应急保障、军粮供应等职能，通过修订《沂源县粮食应急预案》《沂源县县级储备粮油管理办法》等规范性文件，健全粮食执法机制，不断完善粮食安全保障体系，大力实施“放心粮油”示范工程、应急体系建设、绿色仓储提升行动、粮食和物资储备库建设等，不断增强政府粮食宏观调控能力，确保县域粮食市场供应不脱销、不断档，为全县经济社会高质量发展奠定坚实基础。

机构沿革

1939年，渤海行署、渤海军区所属各县相继建立抗日民主政府，地、县两级设财粮科，主管粮秣筹集，执行渤海行署和山东省战时工作委员会颁布的粮食征收政策，以保障军政工作人员的粮食供应。1942年，对党政军人员实行粮食定量供给。1944年3月26日，沂源县解放；5月，成立抗日民主政府，设财粮科，6个区配财粮助理员。1945年，成立县总粮库，属财粮科管理，下设历山、青龙、鲁村3个粮库。

1946年7月，国民党向沂蒙山区发起重点进攻。沂源县政府成立支前司令部，负责部队粮草供应及支前民工调配。

1947年7月，成立沂源县粮食局，时辖历山、青龙、鲁村、黄庄、张庄、安平、大泉、文坦8个粮库。

1950年6月，撤销8个区粮库；沂源县粮食局改称沂源县中央公粮分库，下设3个支库，即南麻支库、鲁村支库和悦庄支库。

1952年，沂水县的唐山、莒沂县的东里粮站划归沂源，隶属第三支库领导；12月，撤销中央公粮分库和支库，改为粮食局和区粮库。

1952年2月，恢复“沂源县粮食局”称谓。

1953年2月，粮食局和区粮库合并为沂源县粮食局，成为政仓合一的独立核算单位。同年，沂水专署撤销，沂源县粮食局改归临沂地区专署粮食局领导。

1954年，增设黄庄、张庄、燕崖、唐山、东里、大泉、三岔7个区粮库。在南麻成立粮食购销公司，下设门市部，负责粮食购销业务。

1957年12月，沂源县油脂公司撤销，油脂经营业务并入粮食局；同年秋，随区划调整，建立18个粮油购销管理站。

1958年，成立人民公社，实行政社合一体制，草埠、埠村、金星、马庄4个粮油管理站撤销，粮食局共设14个粮食管理所，分别是南麻粮油管理所、悦庄粮油管理所、黄庄粮油管理所、燕崖粮油管理所、东里粮油管理所、梭背岭粮油管理所、徐家庄粮油管理所、中庄粮油管理所、石桥粮油管理所、九会粮油管理所、三岔粮油管理所、鲁村粮油管理所、金星粮油管理所、张家坡粮油管理所，达到一社一所。

1960—1964年，粮食局专设公社粮食管理股，各公社成立粮食科。1961年，为保证城镇非农业人口供应，分设城乡粮食经营机构，成立供应站，专事城镇居民供应。1964年7月，经县委批准，建立沂源县粮食局政治处。

1965年，人民公社改区，徐家庄、中庄、石桥、九会4个粮所分别并入黄庄、燕崖、悦庄、南麻粮油管理所。

1966年，“文化大革命”开始后，沂源县粮食局受到冲击。1968年12月，设立粮油管理站革命委员会，1969年5月撤销。

1972年，恢复沂源县粮食局。

1979年，沂源县粮食局设立沂源县粮食局直属库。

1981年，沂源县粮食局成立沂源县粮油议价购销公司。

1984年，沂源县粮食局成立沂源县饲料公司，配备专职人员2名。

1985年，沂源县粮食局下辖12个粮油管理所和面粉厂、直属库、饲料公司等22个核算单位，干部职工476人。

1988年9月，成立沂源县城镇粮油供应公司，代管南麻粮管所购销业务。

1986年，全县粮食系统工作会议合影

1989年7月，沂源县粮食局建设沂源县粮油贸易楼，属集体企业。

1990年，沂源县粮食局设人秘股、财会股、审计股、计划购销股、储运基建股、饲料公司、粮油议价公司、食品工业公司。直属单位有沂源县城镇粮油供应公司、沂源县粮食局直属库、沂源县面粉厂、沂源县粮油食品厂、粮油贸易楼。16个乡镇粮油管理所，所下设粮站、店，计40个。全县粮食

1990年3月，沂源县粮食经济学会成立大会

系统共有干部职工561人；3月，沂源县粮食经济学会成立。

1992年7月7日，沂源县粮油供应公司被县政府定为小Ⅰ型企业。12月21日，沂源县粮食局内部结算中心成立，实行统一贷款，统一还贷。

1993年，沂源县粮食局进行机构调整，局机关有工会、纪委、监察室、办公室、财务科、审计科、业务科。撤销粮油议价公司和食品工业公司，成立沂源县丽源花岗石开发公司、沂源县粮油贸易公司、沂源县粮食局劳动服务公司。全系统共有职工1140名，其中粮食企业人员620名、工业企业人员520名。同年，沂源县政府机构改革，撤销沂源县粮食局，成立沂源县粮油总公司。

1993年，全县粮食工作会议表彰先进单位

1994年，根据沂源县政府《关于恢复粮食部门行政管理职能的通知》（源政发〔1994〕110号）文件精神，恢复县粮食部门行政管理职能，实行两条线运行机制。全系统共有职工630名。

1995年，成立沂源县粮油购销有限公司。

1996年7月，沂源县委、县政府下达《关于进一步深化完善县乡机构改革的通知》，设立沂源县粮食局，与沂源县粮油总公司一个机构两块牌子，局机关为差额事业单位。10月，沂源县政府出台《关于粮食部门深化改革实行两条线运行的通知》，实行行政政策性业务和商业性经营分开两条线运行管理体制。全系统共有18个独立核算单位，其中13个乡镇粮油管理所、5个直属企业，共有在职干部职工563人。

1996年，沂源县粮食系统新一轮承包工作会议

1997年，组建沂源县粮油配送中心，原城镇粮油供应公司、粮油食品厂、粮油储备库划归沂源县粮油配送中心管理，为独立核算单位。同年，撤并金星、徐家庄两个粮管所。

1998年，根据《国务院关于印发当前推进粮食流通体制改革意见的通知》（国发〔1998〕35号）文件精神，沂源县作为山东省试点县，先行进行粮食流通体制改革。同年，成立沂源县粮食收储管理中心，为正科级自收自支事业单位，负责管理政策性粮食业务。按照县企业产权制度改革文件要求，将沂源县粮食局原所属企业大成建筑公司、丽华大酒店、饲料公司、花岗石公司划转至沂源县商贸资产有限公司。

1998年，沂源县粮食收储管理中心挂牌成立

2001年，沂源县粮食收储管理中心更名为沂源县粮食收储营销中心，为正科级差额拨补事业单位。同年，县粮食局和县粮食收储营销中心实行“一套班子、两块牌子”的管理体制，合署办公。全系统共

有在职干部职工695人。

2005年，沂源县进一步深化粮食流通体制改革，全面放开粮食收购市场和粮食收购价格，加快基层国有粮食购销企业改革。截至2005年12月底，沂源县11个乡镇粮管所全部退出国有资产，组建11个股份制公司。土门粮油管理所改制为沂源县金宝利粮油有限公司，鲁村粮油管理所改制为沂源县鲁泰粮油有限公司，大张庄粮油管理所改制为沂源县润禾粮油有限公司，燕崖粮油管理所改制为沂源县金燕粮油有限公司，中庄粮油管理所改制为沂源县正丰粮油有限公司，西里粮油管理所改制为沂源县富强粮油有限公司，东里粮油管理所改制为沂源县双隆粮油有限公司，张家坡粮油管理所改制为沂源县金穗粮油有限公司，石桥粮油管理所改制为沂源县聚丰粮油有限公司，悦庄粮油管理所改制为沂源县峪阳粮油有限公司，三岔粮油管理所改制为沂源县富民粮油有限公司。243名职工全部置换身份，自愿入股职工165人。

2006年，成立沂源县粮食行业协会。

2007年，沂源县粮食局转为参照公务员管理事业单位，编制17人。

2011年，沂源县粮食局粮食稽查大队升格为副科级，配备大队长1名、副大队长1名。

2015年，沂源县政府修订《沂源县粮食应急预案》，确定1家粮食应急加工企业、13家粮食应急供应网点、1家应急配送中心、1家应急储运企业，建立18个粮油价格监测点。

2016年，根据淄博市人民政府办公厅《关于成立淄博市粮食安全责任考核工作组的通知》（淄政办字〔2016〕44号）文件精神，沂源县成立由县政府分管领导任组长，沂源县发展改革局等18个部门为成员的沂源县粮食安全责任考核

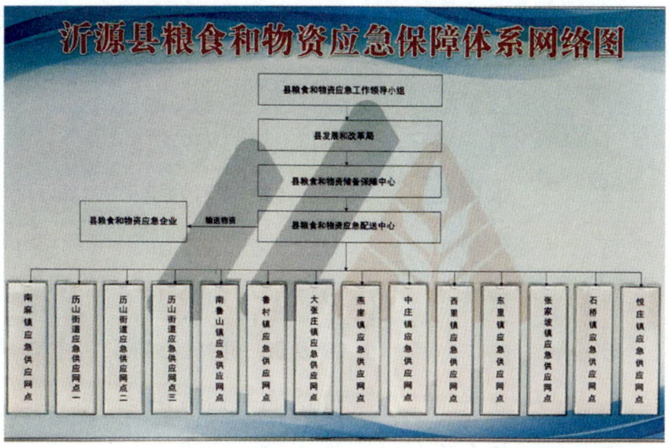

沂源县粮食和物资应急保障体系网络图

工作组。沂源县粮食局监督检查科加挂沂源县粮食安全责任考核工作组办公室牌子，为常设协调机构。

2019年，根据沂源县机构改革要求，将沂源县粮食局行政职能划转至沂源县发展和改革局，加挂沂源县粮食和物资储备局牌子。整合沂源县粮食局和沂源县粮食收储营销中心，组建沂源县粮食事业服务中心，为县政府直属正科级事业单位，由沂源县发展和改革局代管，职能增加生活保障类应急物资采购、管理。同年，将沂源县军粮代供点收回，由沂源县粮食事业服务中心直接管理。

2021年，沂源县粮食事业服务中心更名为沂源县粮食和物资储备保障中心，为正科级公益一类事业单位，由沂源县发展和改革局管理。

2023年4月，沂源县推进粮食储备企业化改革，成立沂源县地方粮食储备库有限公司，完成粮食储备事企分开。5月，沂源县粮食和物资储备保障中心转为参照公务员管理的事业单位。12月，成立由沂源县委书记、县政府县长任双组长的沂源县耕地保护和粮食安全工作组，全面贯彻落实国家耕地保护和粮食安全责任制考核工作。

沂源县粮食局历任主要负责人

序号	姓名	任职时间	备注
1	刘　坚	1947.07—1947.11	
2	张宗九	1947.11—1949.02	
3	王静之	1950.03—1957.09	1950.06—1952.02任沂源县中央公粮分库主任
4	唐敬尊	1957.09—1959.05	
5		1959.06—1962.04	空　缺
6	崔兴珍	1962.05—1965.05	
7	梅子斋	1965.05—1968.12	
8	徐祯荣	1968.12—1969.05	沂源县粮油管理站革命委员会主任
9		1969.05—1972.02	空　缺
10	梅子斋	1972.02—1978	
11	刘同厚	1972.02—1975.09	兼　职
12	李成杰	1978.02—1978.09	
13	唐敬成	1978.10—1984.06	
14	王祝科	1984.06—1989	
15	徐祥田	1990—2001	
16	崔广全	2001—2003	
17	杜道俊	2003—2010.03	
18	王兴武	2010—2012.03	
19	董　洋	2012—2016.04	
20	彭贞刚	2016.04—2017.12	
21	常化龙	2017.12—2021.05	2019年，任沂源县发展和改革局党组成员、粮食事业服务中心主任
22	张怀军	2021.05—2023.08	沂源县粮食和物资储备保障中心主任
23	陈晓燕	2023.08—	沂源县发展和改革局党组成员、粮食和物资储备保障中心主任

组织建设

1954年10月，沂源县粮食局与沂源县公路站、沂源县汽车站成立联合党支部。1958年，经中共沂源县委批准，成立中共沂源县粮食局支部委员会。1967年1月，“造反派”全面夺取沂源县粮食局权力，粮食局党的组织随之解体。1970年，沂源县粮食局恢复党的核心小组。

1980年，经中共沂源县委批准，成立沂源县粮食局党组。1990年，经中共沂源县委批准，成立中共沂源县粮食局委员会。2019年3月，经中共沂源县委批准，成立沂源县粮食事业服务中心党组，设立中共沂源县粮食事业服务中心机关委员会。2021年，经中共沂源县委县直机关工委批准，成立中共沂源县粮食和物资储备保障中心支部委员会。

2021年，左效英、王广照、张开藻、遇肇铭、袁爱云、郑志松、张景良、周兴泽、郝全成、刘焕彩、刘文香、刘朝法、董纪泉、丁念宜、张永兰、徐志桂、王宗泉、石兴明、徐光彩、陈安美、侯学传、李传林、闫相来、徐祥田、杨宗礼等25名同志荣获“光荣在党50周年”纪念章。

沂源县粮食系统历任党组织书记

序号	中共党组织名称	党组织书记	任职时间	备注
1	中共沂源县粮食局支部委员会	唐敬遵	1958—1962	
2	中共沂源县粮食局支部委员会	崔兴珍	1962—1965	
3	中共沂源县粮食局支部委员会		1965—1972	空　缺
4	中共沂源县粮食局支部委员会	梅子斋	1972—1978	
5	中共沂源县粮食局支部委员会	李成杰	1978.6—1978.10	
6	中共沂源县粮食局支部委员会	唐敬成	1978.10—1980	
			1980—1984.06	党组书记
7	中共沂源县粮食局支部委员会	王祝科	1984.10—1989	党组书记
8	中共沂源县粮食局委员会	武传信	1990—1992	
9	中共沂源县粮食局委员会	郝建成	1992—2000	
10	中共沂源县粮食局委员会	徐祥田	2000—2001	党委副书记，主持工作
11	中共沂源县粮食局委员会	崔广金	2001—2003	党委副书记，主持工作
12	中共沂源县粮食局委员会	杜道俊	2003—2007	党委副书记，主持工作
13	中共沂源县粮食局委员会	段连霄	2007—2012	
14	中共沂源县粮食局委员会	董　洋	2012—2016.04	
15	中共沂源县粮食局委员会	彭贞刚	2016.04—2017.12	
16	中共沂源县粮食局委员会	常化龙	2017.12—2019.03	
17	中共沂源县粮食事业服务中心机关委员会	常化龙	2019.03—2021.05	党组书记
18	中共沂源县粮食和物资储备保障中心支部委员会	张茂斌	2021.05—2023.04	隶属中共沂源县发展和改革局机关委员会
19	中共沂源县粮食和物资储备保障中心支部委员会	曾现国	2023.04—	隶属中共沂源县发展和改革局机关委员会

业务经营

粮油征购

粮食征购，是历代政权向粮食生产者收取税赋和购得粮食的基本形式。清末民初，基本上是只征不购，农民负担重。日伪时期则多为抢掠，民不聊生。革命根据地采取公平负担办法征收实物粮食，称之为公粮，以应战争之需。中华人民共和国成立之初，公粮改称农业税。从1953年起实行统购，到1984年，对粮食生产者实行征购制。1985年至1990年夏，改统购为合同定购。1990年秋至1993年，改合同定购为国家定购。2001年后，国家以宏观调控为主，出台粮食最低收购价格政策，对粮食市场进行托底，确保种粮农民利益。

清末粮食征收　清末，封建政府对农民实行以田亩数为依据计征税捐的赋税制度——田赋。征税分夏、秋两季进行。其中的漕粮，是规定由水道运往京师供官、军需用的粮食实物，是田赋中特定的征实部分。清光绪五年（1879），县衙按地亩等级征收银、米两种，年征米6000石以上。光绪二十年（1894），征收7000石以上。光绪二十七年（1901）清廷又将漕粮改折银两，每漕粮1石折收京钱1.38万文。

民国粮食征收　民国元年（1912），将田赋及各项杂税并为地丁、漕粮、租课3项。征收标准仍沿清制。每地丁银1两，连耗银0.14两，收京钱4800文；漕粮每粟米1石，连耗1斗5升，折收京钱1.38万文；租课每亩100文至1000文不等。1929年，国民党山东省政府成立后，田赋征收迥异往昔，地丁银每两4元，2.2元为正税，1.8元为附税，废除从前一切杂项附加名称。

1938年4月，开始贱价征购。1939年，物价变动无常，国民政府为保证军公粮之需，田赋改征实物。1941年，又随赋带购粮食，其标准与田赋相同。1942年，又改征购为征借，购粮不再付给农民现金，只发给“粮食库券”。1944年起，又停发“粮食库券”，只在收纳凭证上注明“还期”。“田赋征实”“随赋带购”“凭据征借”，这“三征”是国民党政府在抗日战争中后期乃至逃离大陆前，赖以解决粮食和财源的主要手段。

日伪粮食征购　日军侵占后，军事侵略与经济掠夺并行，抢掠粮食及其他物资，成立食粮公社和食粮采运社等官办粮食垄断机关，对粮食流通与消费实行全面统制。在田赋之外，实行粮食“责任供出制”“责任征购制”“集荷收买制”等掠夺式征购政策，强行低价收购粮食。1944年6月，伪省政府制定《三十三年度小麦集荷收买实施要纲》。1945年，日本无条件投降前，粮源匮乏。为摆脱困境，又实行征粮代赋，小麦、杂谷各半。

公粮征收　域内抗日民主政权的公粮征收始于1940年。在此之前，一切给养主要依靠没收敌人资财及向富户募捐维持。只有在十分必要时才向一般群众募捐。1942年，山东省战时工作推行委员会规定，绝对禁止按亩摊派，按产量征收公粮。产量征收标准为“每人每年产量不足100斤不负担，101斤为起征点”。

公粮征收累进表

序号	人均年产量（斤）	征收率（%）
1	100斤以下	免征
2	101~150	1
3	151~200	2
4	201~250	3
5	251~300	5
6	301~350	7
7	351~400	9
8	401~450	11
9	451~500	13
10	501~550	15
11	551~600	18
12	601~650	21
13	651~700	24
14	701~750	27
15	751~800	31
16	801~1000	33
17	1000斤以上	35

以上标准为全年产量，分季征收时，起征点夏季为30斤，秋季为70斤。

1943年3月，渤海行署制定《简易合理负担暂行办法》，主要内容是：计算负担以土地为标准，所有土地一律计算负担；以县为单位负担人口应达到全部人口的80%，负担最高额不得超过农户土地年收获量的30%；以人为计算累进数单位，以户为计算负担数单位。按人均土地数计算每人应累进数，各户每人应累进数之和即民户负担数；计算负担地以每亩年收入1石2斗至1石4斗为标准地（每石折小米75公斤），根据土质好坏并参酌收获量之多寡将土地分为若干等级计算负担；计算负担每人应扣除标准地为免征点，在免征点以上即计算负担，并详细规定了实有土地的累进率标准、应负担地亩数、实有地亩数累进率是多少、应负担的地亩数是多少。按照这个暂行办法，土地超过20亩者不再累进，每亩按1.9亩计算负担。1944年，中共鲁中区出台《征收公粮暂行办法》，按每户每人平均占有土地累计征收。累计共分35级，地亩累进标准分为4段（2分、2.5分、5分、1亩）。全年征收粮食7000担。翌年，累计标准修订为8段（1分、1.5分、2分、3分、3.5分、4分、5分、6分），征收制度更趋合理。公粮征收种类主要有小麦、小米、高粱、玉米、大豆、棉花等。1946年，实行按土地等级累计征收的政策，按土地优劣划分为若干等级，折成标准亩，每亩定产75公斤累进征收。对贫苦的鳏寡孤独无劳力者，每人平均不足1亩者负担减半，1~2亩者减轻负担1/4。对受灾户酌情减征。全年一次计算，夏秋两季征收。1949年，按照农民每人扣除7分地免征农业税，其余每亩全年负担公粮15公斤、田赋粮2.5公斤、柴草粮2.5公斤，附征乡村经费粮7.5公斤，对烈军属、鳏寡孤独困难户，除7分地免征外，酌情减免负担20%~50%。

收购公粮用的磅秤

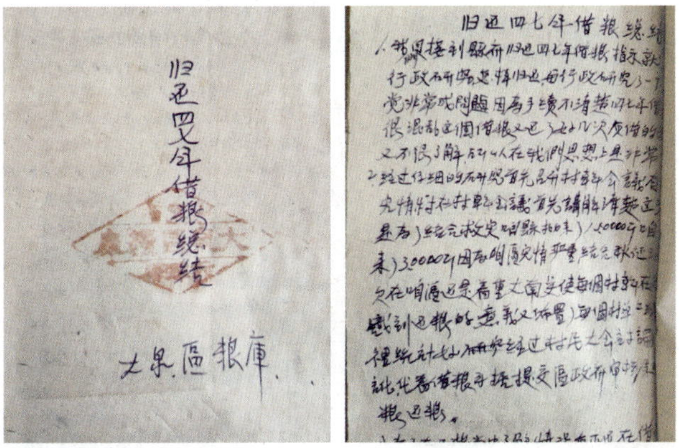
旧退四七年借粮総結
大泉區粮庫

大泉区粮库偿还战争时期借粮欠条

1950年10月，抗美援朝战争开始后，国家开始征收“爱国粮”；11月，全县928个村庄签订《爱国公约》，捐“爱国粮”38.3万斤。

1951年，沂源县按常年产量，每口人扣除50公斤免征，其余按20%税率计征为全年负担数，并以此加20%计征地方附加。是年，共征收公粮718.5吨。

公粮征购 1953年11月，政务院发布《关于实行粮食的计划收购和计划供应的命令》，沂源县于12月在农村实行粮食统购统销。中国粮食公司在沂源县的全部业务交沂源县粮食局经营，沂源县粮食局除在南麻设立门市部进行经营外，并与基层供销社签订代购代销合同，按当地牌价收购，按购价的2.5%付给手续费。是年，完成征购任务7215吨，为1949年的2.7倍。从此，粮食市场在夏秋两季统购期间全部关闭，完成统购任务后，再行开放。

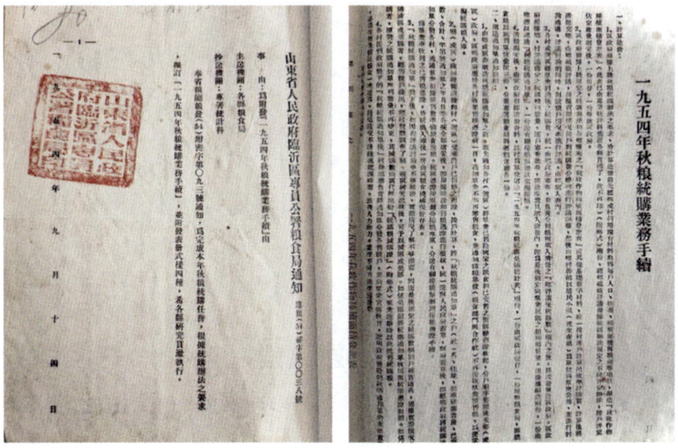
山東省人民政府臨沂區專員公署糧食局通知 [illegible](54)[illegible]字第〇〇三八號
事　由：為附發「一九五四年秋糧統購業務手續」由
主送機關：各縣糧食局
抄送機關：專署統計科
奉省糧廳糧[illegible](54)附密字第〇九三號通知，為完成本年秋糧統購任務，根據統購辦法之要求擬訂「一九五四年秋糧統購業務手續」，並附發表冊式樣四種，希各縣研究貫徹執行。
一九五四年九月十四日

一九五四年秋粮統購業務手續

1954年，秋粮统购统销文件

沂源县贯彻山东省人民政府制定的《秋季粮食统购暂行办法》。

依照秋粮一般估产扣除公粮免购额按人均余粮分级累进率。

人均余粮数（斤）	统购率（%）	人均余粮数（斤）	统购率（%）
10以下	免购	151~200	82
11—40	54	201~250	86
41—70	62	251~300	88
71—100	70	301以上	90
101—150	78		

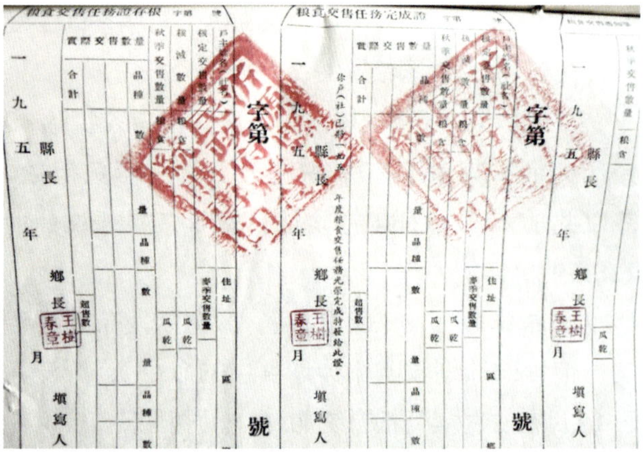

20 世纪 50 年代，沂源县人民政府收购公粮手续

20 世纪 70 年代，张家坡公社社员上交公粮

依照全年一般估产扣除公粮免购额和饲料按人均余粮分级累进率。

人均余粮数（斤）	统购率（%）	人均余粮数（斤）	统购率（%）
20 以下	免购	201~250	80
21~50	54	251~300	86
51~100	70	301~400	88
101~150	76	401 以上	90
151~200	78		

1955 年 5 月，沂源县供销社粮食代购代销业务全部归沂源县粮食局统一管理，粮食局负责全部粮食购销业务。9 月，在农村实行粮食“三定”（定产、定购、定销）三年不变的政策。定产即根据土地质量和管理条件，通过民主评议，评出单位面积产量，并规定开垦荒地 3 年不计产量，不交征购粮；定购即从定产中留足种子、口粮、饲料、机动粮、余粮的 90% 向国家交统购粮食；定销即对农村缺粮户，经民主评议评出 1 年的统销数。

1958 年，在农村实行粮食大购大销，部分社队购过头粮。是年，社员平均口粮 156.5 公斤，完成粮食征购 1.77 万吨。1960 年，农民生活遭遇严重困难。1962 年，分给社员自留地，开放市场，农村困难形势开始好转。1965 年，粮食征收实行“一定三年不变”的政策。1971 年，粮食征收改为“一定五年不变”的政策。

1978 年，全县征购基数由 1.65 万吨减为 1.47 万吨，以减轻农民负担，增加农民收入。在完成征购基数后，国家下达超购任务，加价收购。完成超购任务后，以高于统购价的 50%~60% 议价收购。1984 年 5 月，国务院发布《关于做好夏季粮油征购和销售工作的通知》，从夏季粮油上市开始，在国家征购的同时，开放市场，实行多渠道经营。7 月，国务院提出调整农副产品购销政策，粮食购销只收稻谷、小麦、玉米 3 个品种，油脂油料统购只收花生、菜籽、棉籽 3 个品种。

合同定购　1985 年 4 月 1 日，取消粮食统购政策，实行合同定购。政府粮食部门分配定购任务，与承包土地农民签订定购合同，按“倒三七”超购比例计价（三成按原统购价，七成按原超购价）收购粮食。至 1990 年，仍实行合同定购。

1993 年，根据省财政厅、省粮食局《关于农业税征收粮食实物结算问题通知》（鲁财农税字

1988 年，沂源县粮食局完成粮油收购任务受到表彰

〔1993〕9号）要求，农业税实行“实物征收、货币结算”的办法，征收以小麦为主。

2001年始，全省统一粮食收购凭证，沂源县制发收购资格证42个，改坐门收购为上门收购。2004年，执行国家对种粮农民进行粮食直补的惠民政策，全面取消粮食定购政策，实行市场化经营。

托市收购 国家从2004年开始对重点地区、重点粮食品种实行最低收购价政策，以促进粮食生产稳定发展，保护种粮农民利益。当主产区小麦、稻谷市场价格低于最低收购价时，由委托收储库点按最低收购价挂牌收购，以稳定市场价格。2005年，国家首次在南方部分稻谷主产区启动稻谷最低收购价执行预案。2006年，在部分小麦主产区启动小麦最低收购价执行预案。因沂源县是粮食销区，一直未启动粮食最低收购价执行预案。

1953—1999年粮食征购销售量统计表

单位：吨

年份	征购	销售		
		合计	非农业	农业
1953	7215	3505	1100	2405
1954	10455	7930	2730	5200
1955	13005	7430	4135	3295
1956	9490	8410	4140	4270
1957	8860	9600	4305	5295
1958	17700	13770	6250	7520
1959	16930	97660	63200	34460
1960	17735	9645	6690	2955
1961	18165	5505	3770	1735
1962	16505	3165	2300	865
1963	17510	3740	2140	1600
1964	15460	4520	2460	2060
1965	17850	5330	2360	2970
1966	11230	8355	3195	5160
1967	15685	10310	4765	5545
1968	7335	7925	4620	3305
1969	11460	12735	5255	7480
1970	11345	10940	6045	4895
1971	12690	15375	7510	7865
1972	4235	15910	8165	7745
1973	8175	19130	6945	12365
1974	11745	10815	6840	3975
1975	14610	13755	9350	4405
1976	16630	12245	7770	4475

续表

年份	征购	销售		
		合计	非农业	农业
1977	10330	17810	8465	9345
1978	13225	16470	9265	7205
1979	12480	13010	8290	4720
1980	6995	17930	8950	8980
1981	5635	15265	8970	6295
1982	7715	29795	10875	18920
1983	8135	26640	9300	17340
1984	3835	40765	11775	28990
1985	3250	21165	9980	11185
1986	7245	42875	11235	31640
1987	7340	25680	12310	13370
1988	4785	20580	13345	7235
1989	5225	23570	13675	9895
1990	2355	21820	13330	8490
1991	2355	21036		
1992	2550	21048		
1993	2550	60500		
1994	2550	58603		
1995	3155	59605		
1996	4655	12820		
1997	5000	35680		
1998	4785	18620		
1999	4785	20310		

油料征购　1953年，中共中央发布《关于全国实行计划收购油料的决定》，规定农民生产的花生，扣除应留种子（每亩留花生仁8~11.5公斤，后改为17.5公斤）及自食油料（每人留花生仁6斤），其余部分按照统购价格卖给国家。

速写《基层粮油管理所收购公粮》

1958年，粮食征购放弃“三定”政策，实行大购大销，造成粮食紧张，逐渐出现粮油争地矛盾。张庄、黄庄、张家坡等公社，沙山坡地多，宜种花生，但农民为多种粮、多留口粮，不愿种花生。1959年，全县仅种花生4.4万亩。1961年，减至2万亩，当年国家收购花生米432吨。

1965年，沂源县在张庄公社松崮管区建立300

亩花生基地作样板，全县建花生基地3000亩，共种花生4.4万亩，平均单产83.5公斤（皮果）。其中，花生基地单产200公斤皮果的500亩、单产250公斤的180亩、单产300公斤的45亩。1966年，收购花生米860吨，比1961年增收428吨。

1982年，全县种花生5.26万亩，单产164.5公斤，收购花生米2741吨。1990年，仍沿用60年代花生统购政策，年收购花生仁885吨。

自1994年起，沂源县花生定购以大张庄乡、徐家庄乡、石桥乡、三岔乡为重点区域，当年花生定购任务795吨。1995—1999年，花生年定购任务分别是655吨、655吨、630吨、655吨、655吨。

粮油供应

粮油供给 解放战争中，莱芜、孟良崮、济南、淮海等战役供给浩繁。全县人民踊跃支前，为取得战争的胜利作出了巨大贡献。

1944年5月建县后，各区只设1名财粮助理员，承担公粮的征收和对非农业人口的供应。其方法是先吃（借）用，后结算。部队或地方机关工作人员，走到哪里吃（借）到哪里，农村凭借条顶抵征收任务。若一二人分散行动，随老百姓吃饭交餐票，老百姓凭餐票到指定机关领取粮食或现金。

1944年，粮食调拨服从战争需要，战役打到哪里，粮食就运到哪里。1947年，为支援前线，鲁中行政公署指示“征收军粮原征原存，以村为单位即行加工80%，听候调拨”，山东省粮食局规定了加工粮与生粮变熟粮的兑换标准。加工粮：麦子磨面，每百斤磨80斤，麸子归磨者；谷子碾米，每百斤碾73斤，糠归碾者；高粱碾红米，每百斤72斤。生变熟：麦子换大饼，每百斤换75斤，柴草不管；麦子换馍馍，每百斤换85斤，不贴柴草；高粱兑煎饼，每百斤换90斤，不贴柴草；小米换煎饼，每百斤换100斤，不贴柴草；谷子换煎饼，每百斤换90斤，不贴柴草；白面换馍馍，每百斤换100斤，不贴柴草；白面换大饼，每百斤换105斤，不贴柴草。

1947年2月，中共鲁中地委在紧急通知中指示“空前大恶战已经开始，党的任务是保证人力物力满足及时支援前线，争取战争的全部胜利，保证粮食供应是部队打好胜仗的先决条件”。为及时把征集的军粮、马草送往前线，沂源县干部群众在县委支前委员会具体领导下，全力以赴支援前线。

20世纪40年代，军民用石碾加工军粮

计划供应 1953年，我国经济规模迅速扩大，基本建设投资比上年增长83.7%，工业总产值增长30%，带动了城市人口和就业人数的大幅增加，工业所需经济作物的种植面积不断扩大，粮食种植面积相应减少，致使粮食供求关系紧张。为平抑粮食价格、稳定粮食供应，10月16日，中共中央作出《关于实行粮食的计划收购与计划供应的决议》，11月23日，政务院发布《关于实行粮食的计划收购和计划供应的命令》。

1954年，沂源县因旱灾，农村缺粮户增多，当年统销粮食7930吨，除省内调入外，从东北三省、河北、安徽和内蒙古等地调入谷子1540吨供应农民，供应酒厂酿酒用瓜干、高粱、小麦、麸皮等300吨。

1955年，国务院颁发《市镇粮食定量供应暂行办法》，分等定量供应市镇居民口粮。

全国市镇人口定量标准（1955 年 8 月 25 日）

体力劳动者	特重体力者	50~60 斤	其平均数不超过 55 斤
	重体力者	40~49 斤	其平均数不超过 44 斤
	轻体力者	29~39 斤	其平均数不超过 35 斤
脑力劳动者		27~32 斤	其平均数不超过 31 斤
大中学生		29~36 斤	其平均数不超过 35 斤
一般居民和儿童	居民和 10 周岁儿童	24~28 斤	其平均数不超过 27 斤
	6~9 周岁儿童	18~23 斤	其平均数不超过 21 斤
	3~6 周岁儿童	12~17 斤	其平均数不超过 14 斤
	3 周岁以下儿童	6~11 斤	其平均数不超过 8 斤

山东省定量人口口粮标准（1955 年 9 月 25 日）

特重体力者	一等	49 斤	
	二等	44 斤	其平均数不超过 44 斤
	三等	40 斤	
轻体力者	一等	39 斤	
	二等	34 斤	其平均数不超过 35 斤
	三等	29 斤	
脑力劳动者	一等	32 斤	
	二等	31 斤	其平均数不超过 31 斤
	三等	30 斤	
大中学生	一等	36 斤	
	二等	34 斤	其平均数不超过 35 斤
	三等	32 斤	
	四等	29 斤	
居民及 10 周岁儿童		24~28 斤	其平均数不超过 27 斤
6~10 周岁儿童		18~23 斤	其平均数不超过 22 斤
3~6 周岁儿童		12~17 斤	其平均数不超过 14 斤
不满 3 周岁儿童		6~11 斤	其平均数不超过 8 斤

1956年8月31日，山东省人民政府制定《市镇粮食供应办法实施细则》。临沂地区规定市镇居民（非农业人口）每人每月口粮标准，9月1日起执行。

1960年，农业生产遭受挫折，粮食供应偏紧，根据中央、省、地关于城镇节约备荒、压缩粮食销量的规定及压缩整顿非农业人口的口粮和各项工业用粮的指示，对全县非农业人员再次进行审定，压缩口粮标准，开展节约用粮。

1967年，商办副食品加工业逐渐发展，供应糕点及酿造（酱油、醋等）业的面粉、小麦、大豆、瓜干等粮食逐年增多。1968年，工业用粮达到755吨，为1954年的2.5倍。

1971年7月，根据山东省粮食局《关于调整非农业人口粮食供应定量的报告》，沂源县对各工种口粮供应标准进行全面整顿。整顿后，每人每月粮食供应量提高1.1公斤左右。粮食供应的具体方法是供应对象所在单位，根据户籍证分职务工种登记造册，报粮食部门核准后，填发粮食供应证，单位或个人按月持证到指定供应点（站）购粮。执行“以人定量，归户计算，分月供应，超吃不补，存粮自愿，取粮自由，节约归己”的政策，供应粮食主要有面粉、玉米面、小米、大米等。因沂源县地瓜种植面积大，按省规定，搭配供应地瓜干、地瓜面。1976—1990年，细粮（面粉）供应比例逐步提高到70%。非农业人口供应食油，1971年每人每月100克，1973年增至150克，1980年200克，1982年250克，1983年元旦和春节每人补助过节油500克，1984年增至750克，食油供应方法与粮食相同。

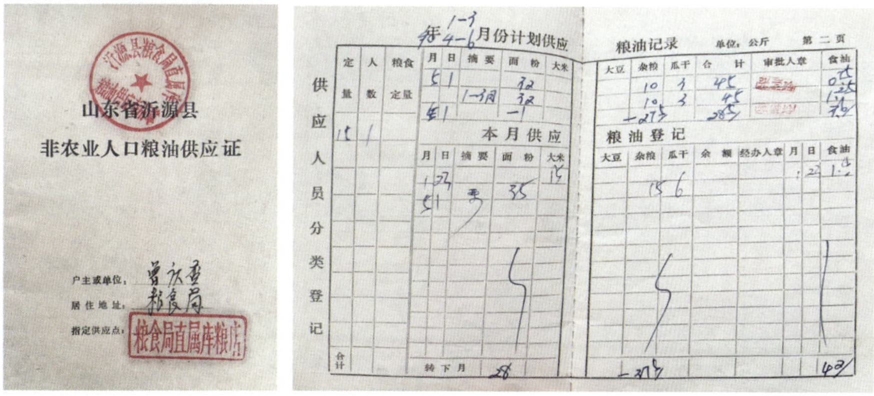

20世纪六七十年代，非农业人口粮油供应证

1972年，全县有粮食征购任务的2404个生产队，购返销粮的有2263个，占统购队的92.4%。其中，徐家庄、黄庄、燕崖、东里、张家坡、三岔6个公社，返销面达100%。当年，全县返销粮达7745吨，为征购量的1.82倍。

1985年，农村缺粮户的统销粮和菜农的定量供应粮，均以平价销售（购销价平衡）。采取议价销售、借销（下年征购时归还）方法，解决统销粮不足。

油画《村民到粮站购买统销粮》

1986年，对农村销粮11185吨，超过征购量的2.44倍。1988年，受自然灾害影响，全国性粮食减产。县政府确定居民供应口粮不涨价，粮票不作废，凭证票限购当月粮油。1989年，调整粮油供应政策，缩小平价粮供应范围，减少财政补贴，恢复粗细粮“三七”比例供应。对饮食业用粮按计划数的50%供应标准粉，50%供应特制粉。对集体伙食单位按粮证人数核定，凭票购买当月粮油。

1990年，农村统销粮食8490吨，为上级下达征购量2355吨的3.6倍。4月，淄博市政府发行地方粮票，定量供应平价粮。

1991年5月，沂源县粮食局确定平价粮、油定量供应居民，其他社会用油实行议价供应。同年，实行购销同价，调高粮油统销价格，其中面粉、大米、玉米每公斤调高0.2元；花生油、豆油等6种食油每公斤调高2.7元。

1992年，国家逐步放开粮油销售价格，实行随行就市，对居民粮油供应实行保量不保价政策。同年，再次调高粮食统销价格，平均每公斤调高0.22元。全年共安排统销粮6300吨。

1993年1月起，粮油销售实行价格、销售“两放开”，流通了几十年的粮票、油票逐步停止使用。

1992年沂源县用粮供应计划（单位：吨）

单位名称	用粮计划	备注
合计	1435	
土门	100	
鲁村	40	

续表

单位名称	用粮计划	备注
徐家庄	20	
大张庄	30	
沟泉	40	
燕崖	20	
中庄	20	
金星	40	
梭背岭	30	
东里	25	
韩旺	30	
张家坡	10	
石桥	25	
悦庄	30	
三岔	30	
直属库	80	
供应公司	450	
面粉厂	15	
食品厂	300	
贸易楼	100	

1994年，对非农业人口实行粮食定量限价供应。供应范围包括户籍在沂源县的非农业人口（包括已办理省、县地方城镇户口的人员）和国家正式招收且粮户关系已转入沂源县的大中专在校学生（主要指县劳动技校在校学生）。城乡非农业人口每人每月定量供应10公斤；大中专在校学生每人每月定量供应15公斤。供应品种为特二粉、面条或熟食品，特二粉每公斤为1.94元。食用油每人每月限价供应0.5公斤，阶段性暂定价为12元/公斤。

议价粮食 国家允许在统购统销体系之外，通过议购议销的方式进行粮食交易，出现了高于平价的议价粮。议价粮食的出现是为了适应市场上的不同需求，特别是随着城市居民饮食结构变化，主食减少而副食增多，导致粮票使用减少。1993年，国家取消粮油票制度后，议价粮食也随之消失。

1963年夏季，沂源县粮食部门开展议价粮油购销业务。1964年，议价收购粮食265吨、油脂20

油画《居民到国营粮店购买粮食》

吨，议价销售粮食15吨、油脂275公斤。1965年，议价收购粮食2897.5吨、油脂23.85吨，议价销售粮食391吨、油脂27.75吨。

“文化大革命”期间，粮油议价销售业务萧条。1971年，议价收购粮食55吨、议价销售粮食230吨，议价收购油脂15.15吨。

1979年，粮油市场日趋繁荣，粮油议价收购、议价销售业务逐渐发展，国营粮店设立议价专柜，销售价格随市场需求浮动的粮食不受粮票限制。1980年，议价销售粮食505吨、油脂3.5吨。1985年，议价收购粮食2630吨、油脂1915吨，议价销售粮食1880吨、油脂305吨。1990年，议价收购

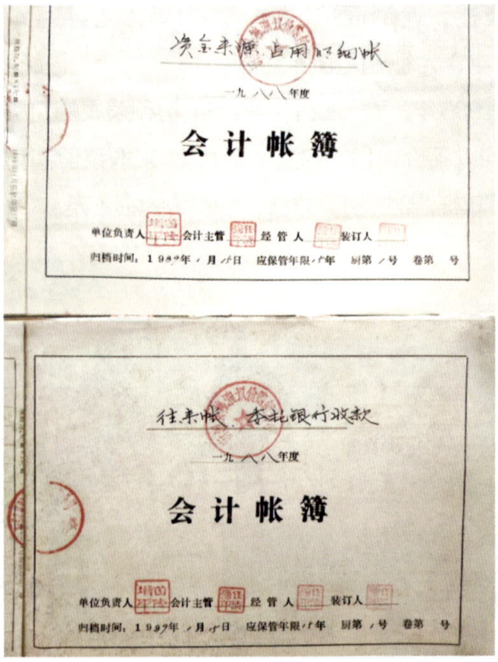

20世纪80年代粮食议价专用账簿

粮食2445吨、油脂245吨，议价销售粮食1145吨、油脂390吨。

1979—1990年，沂源县共议价收购粮食46395吨、油脂10465吨，议价销售粮食50590吨、油脂7915吨。粮油议价经营本着"购得进销得出、应有利润"的原则进行。1988年，实行经营承包责任制后，议价粮油每年定额完成利润30万元。议价粮油利润的分配留成几经变化，1979—1990年，共计盈利240万元，弥补了平价粮油销售的政策性亏损。

1991年，共购销瓜干3810吨、玉米497吨。1992年，共购销瓜干5300吨、玉米3740吨，供应出口1500吨，实现利润19.76万元。

粮油奖售 国家粮油奖售政策主要是通过奖售平价化肥、柴油和发放预购定金等方式，降低粮食生产成本，鼓励农民完成国家定购任务。1960年，开始实行粮食奖售制度，奖售的工业品票证有布票、鞋票、针织品票等。1962年，山东省委指示，生产队在征购任务以外交售给国家的粮食和社员在安排好自己的生活以后自愿向国家交售的粮食，可以用工业品兑换。

1962年换粮标准表

序号	工业品	兑换粮食（斤）	兑换瓜干（斤）
1	1斤化肥	1	1.5
2	1斤煤油	2	3
3	1辆推车轮	100	150
4	1辆自行车	150	200
5	1块手表	20	30

1965年10月，生产队向国家交售价值100元的统购粮，奖给布票17尺；每超售价值100元的的粮食，除按任务内标准奖售外，增奖布票80尺或奖售化肥40公斤，或加价40%奖励；以生产队为单位，每人超过负担50公斤的统购粮，超额部分加价12%；交售花生仁50公斤，奖布票2.5尺，奖售化肥3.25公斤，生产队每超售50公斤花生油或花生米（不返饼），除按任务奖售外，增奖售化肥40公斤。

1970年山东省收购粮油奖售标准

项目	计奖单位	奖售标准	说明
征购粮食奖售	每征购百元钱粮食	化肥80斤	按统购价计算
征购大豆奖售	每征购百元钱大豆	化肥120斤	
大花生仁	每征购100斤	化肥55斤	大花生果折仁
小花生仁	每征购100斤	化肥45斤	小花生果折仁
花生油	折生仁100斤	化肥45斤	油38斤折仁100斤
油菜籽	每100斤	化肥50斤	
芝麻	每100斤	化肥80斤	
蓖麻籽	每100斤	化肥50斤	或者食用油30斤
收购出口花生	每百斤大花生仁	化肥40斤	大花生果折仁
收购出口花生	每百斤小花生仁	化肥20斤	小花生果折仁
花生返饼肥	每1斤花生饼	化肥2斤	

1972年，每超售价值100元的粮食，奖售化肥60公斤，并加价30%；每交售50公斤花生油，奖售化肥33.5公斤；交售大花生仁50公斤（不返饼），奖售化肥12.5公斤。超售花生仁50公斤，除奖售化肥12.5公斤外，加价30%。

1984年，沂源县遭受重大水灾，仍向国家交售商品粮3835吨，国家为扶持沂源人民生活，奖售标准定为“倒三七”，即全部交售量的70%作为超购，加价50%，其余部分按平价计算。

1987年，实行粮、棉、油合同定购与供应平价化肥、柴油预购定金挂钩。农民每交售50公斤定购粮，可发给奖售票，每交售小麦50公斤，奖售化肥22公斤；交售玉米50公斤，奖售化肥20公斤；交售大米或大豆50公斤，奖售化肥30公斤；每交售50公斤粮食，奖售柴油1.5升；每交售花生仁或棉籽油50公斤，奖售化肥20公斤。夏秋粮奖售物资，分别在10月底、次年6月兑现完毕。

1996年，农民每交售50公斤定购粮，按省定零售价格奖售国产尿素5公斤，按每公斤0.45元奖售县产碳酸氢铵化肥50公斤。1998年，暂停农民向国家交售粮棉与奖售化肥挂钩政策。

市场购销 1998年，粮食流通体制改革，实行政企分开。贯彻敞开收购、顺价销售、封闭运行的粮食购销政策。2000年，全县粮食购销总量达到5.6万吨。

2001年，沂源县粮食购销总量53499吨，其中瓜干3500吨、玉米4600吨。全系统共建设粮油服务社73处，经营品种达到20个以上。开展政府

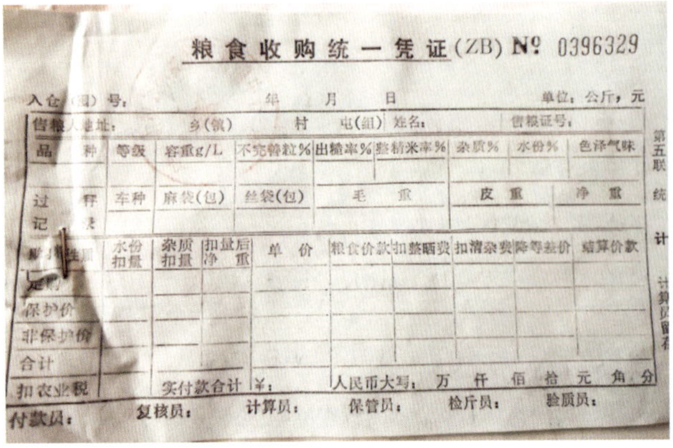
粮食收购统一凭证(ZB) №0396329
入仓(囤)号：　年　月　日　单位：公斤，元
售粮人住址：　乡(镇)　村　屯(组)　姓名：　售粮证号：
品种　等级　容重g/L　不完善粒%　出糙率%　整精米率%　杂质%　水份%　色泽气味
过秤记录　车种　麻袋(包)　丝袋(包)　毛重　皮重　净重
水份扣量　杂质扣量　扣量后净重　单价　粮食价款　扣整晒费　扣清杂费　降等差价　结算价款
定购　保护价　非保护价　合计　扣农业税
实付款合计　¥：　人民币大写：　万　仟　佰　拾　元　角　分
付款员：　复核员：　计算员：　保管员：　检斤员：　验质员：
第五联　统计　计算员留存

2001年，沂源县粮食收购凭证

收购粮食时用的珠算盘

早餐工程，对县城健康路、历山路、市场路粮店进行改造，抓好居民早餐供应。

2002年，沂源县粮食购销总量59494吨，全系统共发展农村粮油服务社76处，发展粮油经营网点186个。开展居民厨房工程，在县城设立销售点20处，配备流动服务车30辆，生产销售各类食品1080吨。

2003年，在“非典”期间，沂源县粮食系统组织调运小麦760吨，生产面粉650吨、面条70吨，确保市场供应不脱销、不断档。2005年，沂源县社会粮食购销总量达到6万吨，社会面粉加工量达到4万吨，食品加工量达到8000吨。建立农村粮油服务网点169个、县城服务网点60个。2006年，沂源县社会粮食购销总量6.7万吨，完成粮食经营收入1.4亿元，建成农村粮油服务网点170个。2007年，沂源县社会粮食购销总量5.2万吨，面粉加工量2.7万吨，食品加工量6000吨。沂源县农村粮油服务网点170个，县城服务网点69个。

2008年，粮食市场出现较大波动，沂源县总体供需平衡，社会粮食购销总量达6.3万吨，社会面粉加工量1.7万吨，食品加工量5400吨。2009年，沂源县社会粮食购销总量8.7万吨，社会面粉加工量1.1万吨，食品加工量5600吨。全县有农村粮油服务网点280个、县城服务网点160个。2010年，沂源县社会粮食购销总量7.6万吨，社会面粉加工量1.6万吨，食品加工量4600吨。开展“放心粮油”示范工程，建成示范销售店（专柜）19个、示范加工企业3家、示范主食厨房1家、放心馒头销售点4个。

2011年，沂源县社会粮食购销总量8万吨，社会面粉加工量1.8万吨，食品加工量5500吨。2012年，沂源县社会粮食购销总量7.9万吨，社会面粉加工量1.4万吨，食品加工量5800吨。开展粮食、食用植物油供需平衡调查，抽样调查5个镇、农户241家、城镇户68家、企业10家，全面了解沂源县粮食、食用植物油产、供、销、存等情况，为政府宏观调控提供有效依据。深入8家馒头加工企业调查指导，在原料质量、制作流程、卫生状况、成品馒头品质等方面，按照国家食品安全规定进行规范。

2013年，沂源县粮食购销总量386451吨，粮食购进157940吨，其中转化用粮企业购进88676吨；粮食销售228511吨，其中饲料及工业转化用粮84370吨。粮油年加工能力达到20万吨，实现产值6.05亿元。2014年，沂源县粮食总产 7.68万吨，粮食购销总量41万吨。2015年，沂源县粮食总产7.41万吨，粮食购销总量42万吨。2016年，沂源县粮食购销总量40万吨。开展沂源县粮油供需平衡专项调查，培训粮情调查员15名，对沂源县241户农户、68户城镇户的粮油收支存情况、口粮消费情况进行入户调查填报，为政府宏观调控提供科学依据。

2018年，沂源县各类粮食播种面积14.31万亩，粮食总产3.33万吨，其中小麦1502吨、玉米23376吨、大豆1038吨。沂源县粮食购销总量达到40.2万吨，全年粮食外调流入13.4万吨，粮食缺口10万吨以上，成品粮、半成品粮市场流入在8万吨左右。组织开展农户存粮专项调查，抽取7个镇共72户农户作为调查对象，对样本户的粮油收支存情况、口粮消费情况进行全面调查。2019年，沂源县粮食播种面积19.4万亩，总产量3.1万吨，其中夏粮播种面积0.58万亩，总产量0.1万吨；秋粮播种面积18.82万亩，总产量3万吨。粮食购销总量达到41万吨，外地流入粮食16万吨。

2020年，沂源县各类粮食播种面积14.31万亩，粮食总产3.03万吨，其中小麦1002吨、玉米25376吨。粮食购销总量达到41.2万吨，粮食外地流入粮食15.4万吨。

粮油价格

战争时期的粮油价格　1945年8月，侵华日军无条件投降后，国民党统治区内，宣布“法币”与伪“联银券”的兑换率为1∶5，并大量抛售日本侵略军战时储备物资，因而市场物价大幅度下跌。1946年7月，国民党公然撕毁《国共停战协定》，向解放区发动全面进攻，山东省是国民党军队重点进攻的区域之一。由于国民党政府为摆脱经济困难而滥发货币，导致国民党统治区的“法币”急剧贬值，粮食价格节节高升。1948年8月，比战前上涨2.2万倍。其中，小麦、玉米、大豆、棉花等农产品价格上涨4.1万倍，面纱、白布、煤炭、食油、面粉、食糖、火柴等工业品价格上涨8.8万倍。1946年，百公斤大米批发价格为94216.66元（法币，下同），1948年上涨为6200万元，上涨657倍；1946年，百公斤小麦批发价格50729.42元，1948年上涨为4290.86万元，上涨845倍；1946年，百公斤玉米批发价格27877.78元，1948年上涨为3333.34万元，上涨1195倍。

1944年3月根据地与敌占区物价比较

品名	根据地	敌占区
小麦	1.73元/斤	2.98元/斤
小米	1.63元/斤	2.75元/斤
苞米	1.38元/斤	2.6元/斤
豆子	1.5元/斤	2.59元/斤
高粱	1元/斤	2.8元/斤
花生油	3.53元/斤	5.37元/斤
猪肉	3.5元/斤	7.33元/斤
棉花	26.66元/斤	30.9元/斤
布匹	5.33元/尺	10.4元/尺

统购统销时期的粮油价格　1953年，实行粮食统购统销政策后，粮油价格由国家统一管理，粮价稳定，统购价在一个粮食生产年度内不变。年内，每公斤粮食统购价为小麦0.2182元、谷子0.1374元、玉米0.1468元、高粱0.1394元、大豆0.1834元。1955年，小麦统购价在各区略有差异。每公

斤最高0.202元，最低0.198元。1959年，小麦每斤为0.199~0.20元，油料统购价为花生米每公斤0.348元、花生果0.2124元、芝麻0.5元、向日葵0.308元、蓖麻籽0.386元。1961年，国家上调粮食统购价24.6%，统销价未动，粮食购销价呈现倒挂，差价亏损由国家财政补贴。1965年，规定（年）每人平均向国家提供公粮和商品粮超过50公斤部分，按统购价给予12%的奖励金。1966年，对粮食主要品种统购价平均提高17.1%，同时取消奖励金。

1971年，中央决定恢复超购加价政策，加价为30%。1979年，粮食统购价格又上调21.92%，同时将超购加价提高到50%。1981年，全省提高大豆统购价，每公斤为0.69元，豆油每公斤为3.302元。1985年，实行合同定购价，主要粮食品种统购价再次上调，小麦每公斤0.452元、玉米0.332元、谷子0.312元。1987年，小麦统购价又上调为每公斤0.482元。

1988年，实行订购粮与奖售化肥、柴油和发放预购定金“三挂钩”政策。4月，提高部分粮食品种定购价格，其中小麦每50公斤由22.6元提高到24.1元。年内，全省调高化肥挂钩标准，每百公斤小麦奖售化肥22公斤，每百公斤玉米奖售化肥20公斤。1989年，改革定购粮预购定金发放办法，由两次发放改为一次性全额发放，再次提高粮食定购价，小麦每50公斤由24.1元提高到25.8元，玉米每50公斤由16.6元提高到17.6元。

1991年，合同定购改为国家定购，由当地政府向村、户颁发国家粮食定购任务通知单。1992年3月，调高粮食定购价格，每百公斤小麦由51.6元调至64元，每百公斤玉米由35.2元调至42元。玉米精二粉为0.35元/斤，玉米糁为0.32元/斤，面粉为0.85元/斤，淀粉为0.6元/斤，大米为0.53元/斤。同年，粮食销售价格逐步放开，实行随行就市，食油退出国家定购，粮食定购任务不变。

1993年，取消奖售粮“三挂钩”政策。粮食价格全面放开，议价粮转平价粮任务取消，国家用于扶持粮食生产平价供应的化肥、柴油改为货币支付。1994年，实行保留数量、放开价格和继续执行价外加价粮食收购政策。1995年，恢复执行售粮与奖肥挂钩政策，每百公斤定购粮供应平价尿素10公斤，每收购1公斤小麦，供应1公斤碳酸氢铵。每50公斤小麦定购价格为54元。1996年，省内市地间计划调拨小麦每50公斤85元、特一粉每50公斤112元、特二粉每50公斤105元、标准粉每50公斤98元。国家大幅调高粮食收购价格，每百公斤小麦调至152元、玉米调至126元。1998年，小麦定购价格每50公斤73元，收购保护价格为每50公斤64元。

托市收购时期的粮油价格　1999年，小麦收购保护价格每50公斤70元，玉米收购保护价格每50公斤46元，花生仁收购保护价格每50公斤150元。从夏粮收购起，定购价格按保护价执行，实现价格并轨。2001年，采用全省粮食收购统一凭证。小麦收购保护价格每50公斤57元。2002年，小麦收购保护价格每50公斤55元。

2004年，我国全面放开粮食收购市场和收购价格，粮食价格由市场形成。国家在主产区对稻谷、小麦两个重点粮食品种实行最低收购价政策。因沂源县小麦播种面积较小，产量较低，市场化收购价格均高于国家小麦最低收购价格，所以一直未启动国家小麦最低收购价格执行预案。

2004—2023年国家小麦最低收购价格与沂源县小麦市场价格对比表

单位：元/100斤

时间	国家小麦最低收购价格（三等小麦）	沂源县小麦市场价格（三等小麦）
2004	68元	70元
2005	68元	70元
2006	70元	74元
2007	70元	78元
2008	75元	80元
2009	80元	88元
2010	85元	88元
2011	90元	98元
2012	95元	102元

续表

时间	国家小麦最低收购价格（三等小麦）	沂源县小麦市场价格（三等小麦）
2013	100 元	110 元
2014	118 元	122 元
2015	118 元	130 元
2016	118 元	136 元
2017	118 元	138 元
2018	115 元	132 元
2019	112 元	122 元
2020	112 元	120 元
2021	113 元	124 元
2022	115 元	130 元
2023	117 元	134 元

票证管理

中华人民共和国成立后，沂源境内流通的票证有5种，即全国通用粮票、山东省地方粮票、山东省地方油票、军用粮票、山东省饲料票。

粮票分为全国通用粮票和山东省地方粮票。1955年9月，沂源县实行市镇粮食定量供应政策，开始使用山东省印发的地方粮票。

全国通用粮票 国家粮食部于1955年发行全国通用粮票，票面金额为4两、0.5斤、1斤、5斤（16两制），并投入流通，保证流动人口的粮食供应。1957年，印制了3斤、5斤2种面额全国统用粮票，于1964年10月使用。1965年，发行新版全国通用粮票，票面额为2两、0.5斤、1斤、3斤、5斤5

20世纪60年代，全国通用粮票

种，于1966年1月1日启用。1966年，印制3斤、5斤两种票面额的全国粮票，于1973年10月1日启用。1955年版（包括1957年再版）全国通用粮票于1980年10月1日起停止流通。

全国通用粮票的领取，在县内各基层粮油粮食管理所均可办理，凡出省探亲和因公出差的工作人员，持单位介绍信和购粮证或山东省粮票，到当地供应单位领取和换取全国通用粮票。持全国通用粮票，可以在全国范围内购买粮食及粮食制成品。

山东省地方粮票 1955年，山东省粮食厅发行山东省粮票，1956年9月1日起在省内流通使用，票面额为1两、2两、4两、0.5斤、1斤、3斤（16两制）。省粮食厅规定，这些粮票投入流通，只准使用一次，如再次使用，必须经省粮食厅批准。1958年，为方便群众购买粮食，山东省粮食厅统一印制山东省粮票代用凭证，由于管理不善，易

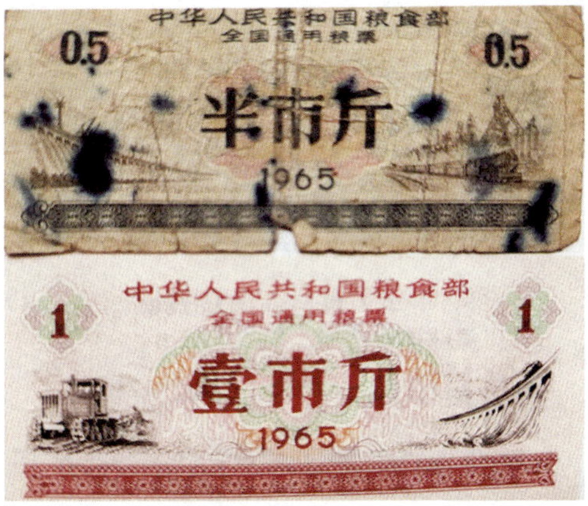

20世纪60年代，全国通用粮票

20世纪70年代，山东省粮票

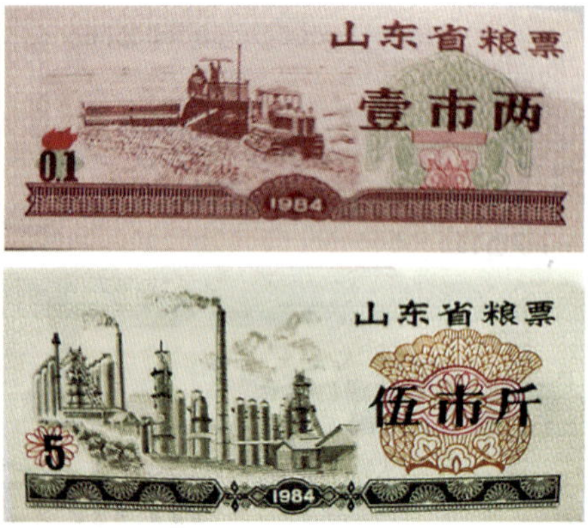

20世纪80年代，山东省粮票

涂改冒领，于1963年取消。1963—1966年，发行的山东省粮票有1两、0.5斤、1斤、5斤、10斤5种，规定只准在一年内循环使用，过期作废，只有1966年的粮票延长使用到1969年。1969年，山东省粮食厅印制粮票，票面额为1两、0.5斤、1斤、5斤、10斤5种。1971年，又发行与1969年票面额相同的5种粮票。1978年，增印1两、1斤、5斤3种票面额的粮票，8月投入流通。1981年，增印票面额为1两、1斤2种粮票。1984年，山东省粮食厅印制山东省粮票面额为1斤、10斤的2种。1969年印制的粮票于1983年作废。从1988年5月1日起，陆续投放1斤、5斤2种票面额的山东省粮票，与原流通的粮票同时使用。规定凡在省内的流动人口使用山东省粮票；凡机关干部、工人外出需用粮票，可持单位介绍信和购粮证到当地粮管所领取；农民外出需换取粮票，可经大队（村委会）开具证明，到当地粮食部门以同等数量的粮食实物换取粮票。

山东省地方油票　始于1955年，票面额分1两、4两、0.5斤、1斤4种。1960年，山东省粮食厅发行，票面额为2两、3两、6两、12两、1斤、2斤、5斤7种，此种油票在一年内循环使用，过期作废。1963年，发行0.5两、1两、3两、0.5斤、1斤、2斤6种票面额的油票，使用期限为1963年10月1日至1964年12月31日。1965年度的油票，使用期限为1年。1966年，发行1两、4两、0.5斤、1斤、2斤5种票面额的油票，使用到1970年。1969年发行的油票，票面额为1两、4两、0.5斤、1斤4种，1976年5月1日停止流通。1976年，发行票面额为1两、0.5斤、1斤3种票面额的油票，5月1日开始使用。1978年，发行1两、0.5斤2种票面额的油票。

1969年，山东省食用油票

1981年，山东省食用油票

山东省饲料票　1955年，山东省统一印发的饲料票在本省范围内流通，票面额为10斤、20斤2种。1959年，料票的管理与解报工作由省粮食厅下放到专署粮食局，县与县之间的料票余缺，可由专署粮食局进行调剂。为保证流动牲畜的饲料供应，山东省粮食厅于1963年、1966年、1967年分别印制了地方料票。各省料票在全国范围内互相流通。1989年，饲料粮放开改为议价供应后，沂源县停止使用饲料票。

军用粮票　包括军用供给粮票和军用价购粮票两种，由部队后勤机关发给。军用供给粮票为部队

1967年，军用供给粮票

战士购粮之用，军用价购粮票为部队干部、职工购粮之用。1956年，国家粮食部制发军用供给粮票，分粗粮、大米、面粉、马料4种，每种票面额为50斤、100斤、500斤、1000斤4种。1964年，印制

1967年，军用大米和马料专供票

军用粮定额支票，分粗粮、大米、面粉、马料4种，面粉、大米、马料的票面额均为50斤、100斤2种，粗粮票面额为100斤、1000斤2种，1966年作废。1967年初，国家粮食部制发军用供给粮票、军用价购粮票，军用供给粮票分粗粮、面粉、大米、马料4种，票面额均为50斤、100斤、500斤、1000斤。1981年，粮食部印发军用供给粮票、军用价购粮票，供给粮票有粗粮、大米、面粉，票面额均为50斤、100斤、500斤、1000斤4种，1983年7月启用。1967年印制的军用粮票除马料票外，1983年6月底作废。部队持团以上机关证明信和军用粮票到粮食供应单位购粮。

购粮证 是群众购买粮油和粮食部门供应粮油

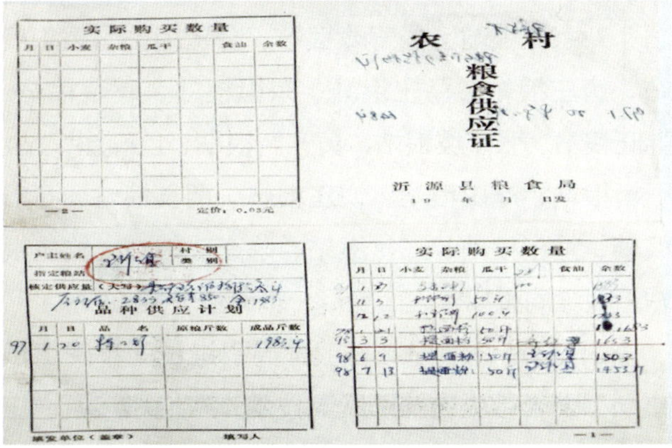
农村粮食供应证

沂源县粮食局

实际购买数量

品种供应计划

1997年，沂源县农村粮食供应证

的凭证，分为“城镇居民粮食供应证”和“农村缺粮人口粮食供应证”，是统购统销的产物。

城镇居民粮食供应证，是非农业人口购买粮油的凭证，内容有供应计划、供应数量、结存数量。采用“计划供应、节约归己”的办法，粮食部门按期核对和换证，以确保计划供应的顺利实施。

农村缺粮人口粮食供应证是因特殊情况供应农村缺粮人口粮食的凭证，采取按期按计划供应、过期作废的方法，保证缺粮人口基本生活需要。

粮油储运

建县初期，无专用粮食仓房设施，有外调任务时，即设点集结，随收随运。储存粮食以租借民房为主。夏秋粮食征购时，检验粮食质量，主要是眼看、牙咬、鼻闻、手攥、耳听等感官鉴别。当时仅有米温计、长柄探粮器、干湿度计、德林克、隧道式水分测定器，只能测验粮油气温、粮食水分。因粮仓简陋，上漏下潮，粮食受潮发热、生虫、霉变现象经常发生。

20世纪40年代，公粮仓库

1950年，粮食部门接收鲁村区王家石沟村的5个院落50间瓦房和悦庄区韪庄村的102间瓦房，作为固定仓房。全县共有仓房444间，其中公房152间，总容量3330吨。1954年，在南麻建苏式砖木结构仓房1栋，容量为1000吨。翌年，在鲁村粮所建同类石木结构仓房1栋2廒，容量为500吨。至1958年，先后建成10处简易房式单仓，各粮所均有固定仓库。购置容量1吨的油罐15个。1965年，在九会粮站，投资16万元，建石木结构房式仓4

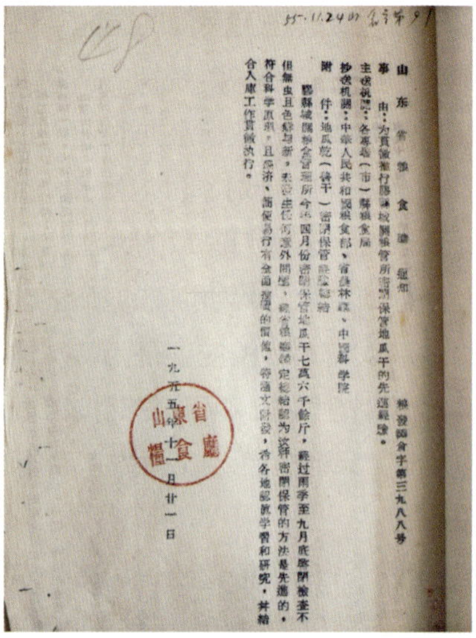

1955 年，山东省粮食厅粮油保管文件

栋，容量3000吨；建油库1座，仓房5栋。1966年，建拱型仓3栋，容量2000吨。之后相继在白峪、松崮、土眉峪、亳山、两县、陈家庄等地建设仓房，在松崮、陈家庄建油库，全县有油柜11个，容量315吨。1977—1978年，在南麻东岭建大仓6栋，容量3000万斤。1985年，全县有粮仓41处、1246间，总容量370吨。1990年，全县有仓库317栋，总容量达5.4万吨。

1958年，采取趁热入仓、密闭保藏、合理通风、降温散湿、防治结露、日光曝晒等方法降低粮食水分，并开始用化学药剂防治虫鼠害。

20世纪60年代，保管粮食方法以化学药剂防治为主，物理机械防治为辅。空仓消毒的喷洒药剂有敌敌畏、敌敌涕、敌百虫、可湿性666粉、高丙体666等；熏蒸杀虫剂有氯化苦、磷化锌、磷化铝片、溴化甲烷等；防鼠雀的药剂有氯醛糖、磷化锌

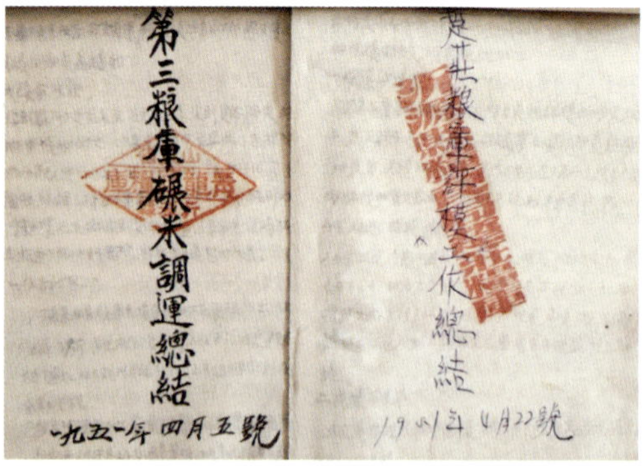

1951 年，沂源县粮库调运工作总结

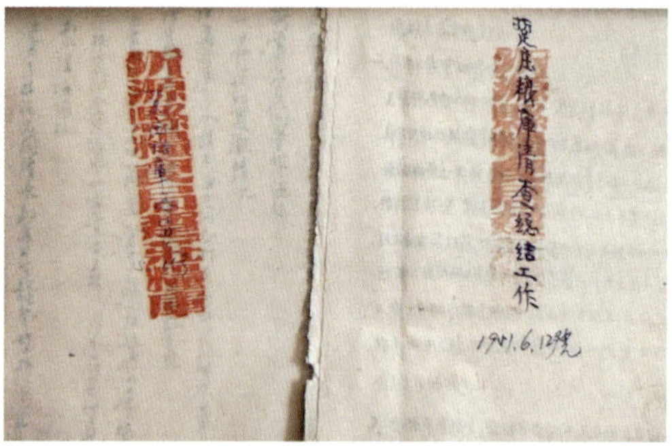

1951 年，沂源县粮库印章

等毒饵。为防止食油酸败，储存采用低温、干燥、清洁和避光措施。化验项目增加粮油水分、出糙率、含杂率、含糖粉率、油脂杂质与酸价等。

20世纪70年代，粮食系统共有346口储粮仓房、总容量57325吨。库存量最高达4.23吨，最低2.8万吨，平均每库库存3.83吨。全县储粮点有南麻一粮站、南麻二粮站、南麻三粮站、九会粮站、土门粮站、鲁村粮站、西官庄粮站、小张庄粮站、王家石沟粮站、徐家庄粮站、黄庄粮站（90年代归钢城）、新华粮站（90年代归钢城）、张庄粮站、松崮粮站、土眉峪粮站、赤坂粮站、红旗粮站、下高村粮站、燕崖粮站、白峪粮站、河西粮站、中庄粮站、刘家庄粮站、梭背岭粮站、金星粮站、裕华粮站、唐庄粮站、马庄粮站、东里粮站、暖院粮站、韩旺粮站、张家坡粮站、黄家峪粮站、巨石崖粮站、石桥粮站、亳山粮站、悦庄粮站、两县粮站、石臼粮站、埑庄粮站、三岔粮站、陈家庄粮站、鲍庄粮站、粮食局直属库、面粉厂、饲料厂，共46处。

1977年，从郯城县粮食局引进试验小麦自然缺氧和大米微生物辅助脱氧技术，在悦庄粮所悦庄粮站10号仓试验新收小麦自然缺氧成功。在南麻粮

20 世纪五六十年代，使用的公粮印、公粮斗

所试验储存大米用黑白曲霉和鲜树叶辅助降氧成功。

1979年，实施“缺氧保粮”“低温密闭”“三低（低氧、低药、低温）”方法代替药剂喷洒，当年缺氧保粮2160吨，低温储粮13460吨。先后在南麻、悦庄粮所配备输送机、扒谷机、扬场机、装包机、风动取样器。

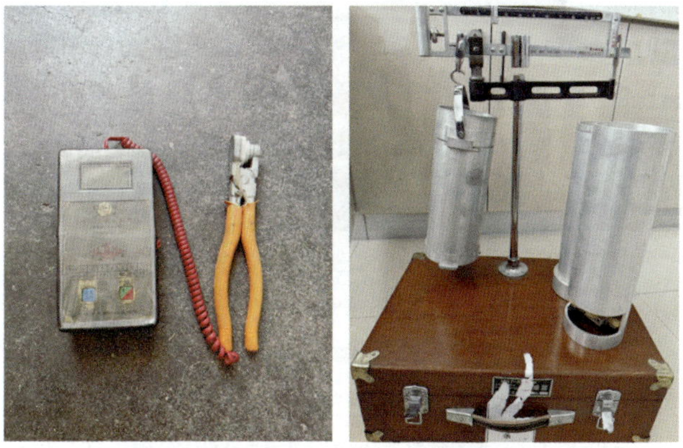

钳式水分测试仪、容重器

1985年，全县有粮食水分、温度快速测定仪、粮食容重器、多头多用粮食温度水分测定仪56台。

1986年，全县16个仓储单位有15个实现“四无”（无虫、无霉、无鼠雀、无事故），达到“四无”粮仓县标准，被评为临沂地区粮食系统仓储保管先进单位（至1990年仍保持“四无”县的称号）。同年，从费县粮食局引进推广全箱式机械通风技术，在悦庄粮所、鲁村粮所、南麻粮所安装19口仓房，容量近4000吨。

20世纪80年代，创建“四无”粮仓

1989年10月，在普及机械储粮的同时，在直属库进行微机测温试点，安装测温点185个，一次调试成功。存粮2400吨的仓库，用电子测量器测温需要1小时，微机仅用2分钟自动打印出每个点的温度。当年，全县有电子测温器40台、测温电阻500只，储粮测温实现电子化。

1992年，新增食品经营网点25处，增加食品机械29台。同年，开工建设基建项目24项，总建筑面积4888平方米，完成工程投资额270万元，建成200吨容量油库。

1993年，建设粮油服务网点332个，占全县行政村总数的49%。1983年，粮食储量3.24万吨，为历史最高存量。1952—1990年，年均粮食储存量1.82万吨。1992年，粮油储存量3.5万吨，其中油脂635吨。1993年，粮食总容量11.465万吨。

1998年，沂源县粮食储备库尝试低温、低药、低氧的“三低”储粮技术，实行冬季开窗通风降温、夏季压盖毛毯薄膜，减少温差变化，保持常年低温，延迟害虫繁殖，降低用药量。

2003年，沂源县粮食储备库在沂源县率先推广应用模拟电子测温系统，利用微机远程控制、电阻感应测温，实现实时粮情监测，劳动强度大幅降低，是粮油保管史上的里程碑。

2007年，沂源县粮食储备库将粮情测温系统升级为G2电子测温系统，储粮仓库全部安装机械通风、环流熏蒸系统，三项保粮新技术全部得到应用。

2008—2009年，沂源县实施平房仓扩建项目，新建粮食仓库2栋及配套附属设施，总建筑面积3000平方米，库容量1万吨。

2009年建成的高大平房仓一角

2013年，沂源县粮食局按照“网上备案，属地管理”的原则，对全县从事粮食收购、加工、销售业务，且仓容规模500吨以上或者罐容规模100吨以上的涉粮企业进行调查统计和仓储备案，备案企业4家，有效仓容33561吨，有效罐容3600吨。

2014年，沂源县粮食局争取省级仓库维修资金50万元，对中心收储站的2栋老仓进行维修改造，更换密封门6樘、密封窗32樘，硬化仓前水泥路面1850平方米，提升仓储管理水平。

2015年，危仓老库维修改造和功能提升项目被列为沂源县政府的重点工程。总投资188万元，涉及仓库6栋，仓容11261吨，增加有效仓容1.1万吨，接受发放能力由改造前的30吨/小时增加到改造后的50吨/小时。开展全国粮食仓储设施专项调查，调查单位15家，总仓容125391吨，建立仓储设施电子图集15册。

2016年，沂源县粮食局开展“生态粮库”建设，投入资金10万元，修建3条绿化带，种植绿化树木600多棵，增配电箱18个、安全警示牌36块，实现安全消防系统“三级设防”，绿化率达到96%以上，“四无”粮仓率达到100%。

2017年，沂源县粮食局投资203万元，实施粮食应急保障配送中心建设项目，建成一处应急保障服务大厅和一栋应急成品粮仓库。争取全省粮库智能化升级项目试点县，投资150万元，建立“一卡通”出入库系统、储备库管理系统、集中展示系统，安装自动扦样机，建成2栋智能粮仓，整体智能化水平提升。2018年，沂源县粮食局实施中心收储站屋面防水、地面硬化和库区监控工程，仓储管理和安全保卫能力提高。

2016年，淄博市生态粮库建设现场观摩会在沂源召开

2018年，签订粮库信息化建设战略合作协议

2020年，沂源县粮食事业服务中心实施沂源县粮食储备和应急保障设施改造提升项目，总投资460万元，完成仓顶维修改造面积5500平方米，新建1个100吨油罐，建成沂源县粮食物资储备和应急保障信息系统，改造建成4栋智能化粮仓、2栋应急物资仓库，新建轻钢罩棚1000平方米，硬化地面1200平方米，老库换新颜。

2022年，沂源县粮食和物资储备保障中心实施地方政策性粮库绿色仓储提升改造项目，完成防水维修面积3500平方米，气密窗改造68个，内环流系统2套。计划投资2.4亿元，实施沂源县粮食和物资储备库建设项目，建设6万吨仓容规模的现代

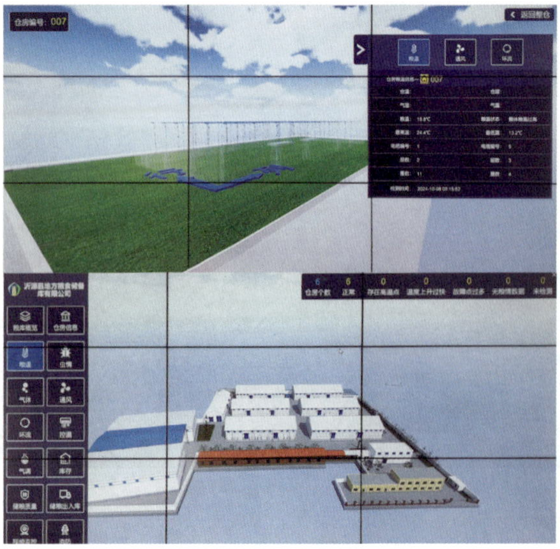

2020年，沂源县粮食储备信息化系统检测粮情

化储备库。2024年3月，沂源县国有投资集团有限公司承建的沂源县粮食和物资储备库建设项目正式开工建设。

沂源县粮食和物资储备库（2024年）

政府储备

粮油储备 新中国成立后，党中央、国务院高度重视国家粮食储备工作。1952年，全国粮食储备量达到20亿公斤，这部分储备很快就用于调剂市场和救灾。1954年，国家在《关于粮食征购工作的指示》中明确要求，国家必须储备一定数量的粮食来应对灾荒等意外事件的发生。这部分用来应对灾荒的粮食被称为“甲子粮”，是构成中国粮食储备的重要部分。1962年，中共中央发布《关于粮食工作的决定》，要求建立国家粮食储备，做到年年储一点、逐年增多。同年，由于台海局势紧张，中央决定建立备战目的的军用“506”战略储备粮，即储备足够50万人6个月食用的粮食以作备战之需。从此中国储备粮的功能不仅是应付灾荒，还增加了备战的用途。

1993年，沂源县建立200万公斤的地方粮食储备。1995年，根据淄博市粮食局、淄博市财政局文件精神，沂源县完成地方食油储备计划指标90吨、粮食储备计划指标3000吨。1997年12月，沂源县粮食储备库被命名为山东省省级粮食储备库。

2000年，根据山东省粮食局等四部门《关于下达我省中央储备粮划转方案的通知》（鲁粮调字〔2000〕160号）文件要求，沂源县中央储备小麦指标2000吨划转为商品周转粮，核定价格0.54元/斤。

2001年，党中央、国务院决定在全国开展粮食清仓查库工作。滨州市沾化县检查团对沂源县开展了为期14天的检查工作，共查储粮单位13个，包括库点28个、仓库292口，仓容5.2万吨，存粮2.9万吨。沂源县检查团到青岛市胶南市开展检查工作。

2004年，根据淄博市人民政府淄政发密电〔2004〕7号文件精神，下达沂源县新增地方储备粮计划3000吨，品种为小麦。经沂源县人民政府批准，由沂源县发改、粮食、财政、农发行四部门联合行文《关于新增地方粮食储备的通知》（源计发〔2004〕182号），确定粮食储备计划规模。

2006年，沂源县粮食储备库被国家粮食局批准为国家储备粮承储库。2007年，争取代储山东省鲁北粮食储备库省级储备小麦万吨。

2008年，根据淄政办发〔2008〕75号文件精神，为增加粮食市场调控能力，维护粮食市场稳定，市政府下达沂源县新增地方储备粮计划9000吨，品种为小麦。经沂源县人民政府同意，由沂源县发改、粮食、财政、农发行四部门联合行文《关于增加地方粮食储备的通知》（源计发〔2008〕32号），确定粮食储备计划规模，并组织实施。同年，沂源县增加成品粮储备面粉200吨和花生油储备100吨。

2009年，党中央、国务院决定在全国开展第二次粮食清仓查库工作。淄博市各区县进行库存检查互查，淄川区到沂源县进行库存检查。沂源县检查组代表山东省政府，到潍坊市开展粮食库存检查工作。

2010年，沂源县粮食局通过代储方式，完成新增花生油储备170吨。

2014年，沂源县粮食局按照“外购为主、县内补充、购销衔接、边购边销”工作思路，确定“公开收购、竞价销售、分批轮换”的轮换方式，轮入小麦10149吨，轮出陈粮9951吨。

2015年，沂源县粮食局轮换入库小麦5000吨，平均容重达到775克/升以上。争取国家粮食跨省移库任务指标，与中储粮桓台直属库合作，承接东北玉米跨省移库任务4000吨。与博山粮食收储管理中心协商，代储3500吨地储小麦。

2016年，沂源县粮食局开展粮食库存检查，共查储粮仓库8栋，仓容25389吨，库存粮食15011吨，其中县级储备粮1.5万吨、商品粮11吨，账账、账实相符。同年，轮换完成静态储备油200吨，建立动态储备油70吨。配合中储粮桓台直属库销售东北玉米4000吨，配合博山区粮食局销售代储粮3500吨。

储备粮轮换出入库

2017年，沂源县粮食局举办“一规定两守则”和“超标准粮食处置办法”学习培训班，执行国家粮食收购质量标准，共清退不合格粮食23车930多吨，入库粮食5027吨，平均容重达781克/升以上，圆满完成轮换任务。

2018年，沂源县粮食局采取先购后销的方式，轮换小麦5121吨、储备油270吨。开展科学保粮等工作，做到“仓内有卡、仓外有牌、账账、账实相符”，储粮仓库全部达到“一符四无”粮仓标准。

2019年，沂源县粮食局轮换到期储备粮4815吨，平均容重达790克/升以上，按期完成年度轮换任务。开展政策性粮食库存数量和质量大清查工作，沂源县储粮19440.866吨，粮情稳定，实物测量损耗误差在±2%以内，财务、统计、保管账账、账实相符。同年，举办沂源县粮食安全应急知识培训班1期，开展粮食安全应急演练1次。

2019年，沂源县粮食安全应急演练

2020年，沂源县粮食事业服务中心公开招标采购储备油70吨，将动态储备转为静态储备。按期完成200吨花生油轮换任务。

2021年，沂源县粮食事业服务中心采取网上公开竞价销售的方式，轮换储备粮5027.767吨。同年，根据《关于建立地方成品粮储备的通知》（淄发改粮储〔2021〕41号）文件精神，按照城镇人口数量和“一人一天一斤粮，15天供应量”的标准，沂源县建立成品粮储备800吨。

2022年，沂源县粮食和物资储备保障中心轮换到期储备粮5121.096吨，平均容重达782克/升以上，按期完成年度轮换任务。采取购销双向竞标方式，轮换储备油270吨。同时，做好疫情期间保

2022年，夏粮收购

供稳市，购销面粉652吨。

2023年，沂源县地方粮食储备库有限公司轮换到期储备粮4851.137吨，平均容重达780克/升以上，按期完成年度轮换任务。

物资储备 2019年，沂源县建立生活保障类物资储备，规模为300套帐篷、300张折叠床、535件救生衣。

2020年，沂源县粮食事业服务中心代管沂源县盐业有限公司储存商业储备食用盐200吨。是年，将盐业储备业务转交给沂源县工业和信息化局管理。

2021年，制定出台《沂源县生活物资供应预案》，建立食品、矿泉水等生活物资动态储备。同年，公开采购生活保障类物资24种4117件。

2022年，建立医疗防疫类物资储备，根据沂源县疫情防控指挥部的指示，在疫情防控期间，共收发医疗防疫类物资100多万件。

2023年，建立生活保障类物资动态储备，由企业代储10大类27481件物资。

粮油调拨

计划调拨 1952年后，粮油调拨分县内、省内、省外3种类型。

县内调拨：沂源县粮油加工业大都集中在县城南麻和各乡镇驻地。1953年，征购入库网点设置逐步合理，打破区域界限，实行跨界交粮，方便粮油调运、加工供应，节约了运费。1960年，调运公路沿线网点粮食4420吨。1962年，合理设置网点，征购粮食15120吨。1957—1968年，年均向外调出粮食8500吨，占征购任务的50%以上。

省内调拨：1952—1990年，共计调入粮油30.3万吨。其中，1958年春，从临沂地区调入粮食（地瓜干）430吨，调出14.9万吨。

省外调拨：1958年春，全县缺粮，从淮南调入地瓜干228吨。20世纪50年代，从东北、内蒙古、河北和安徽等6个省调入谷子1540吨。

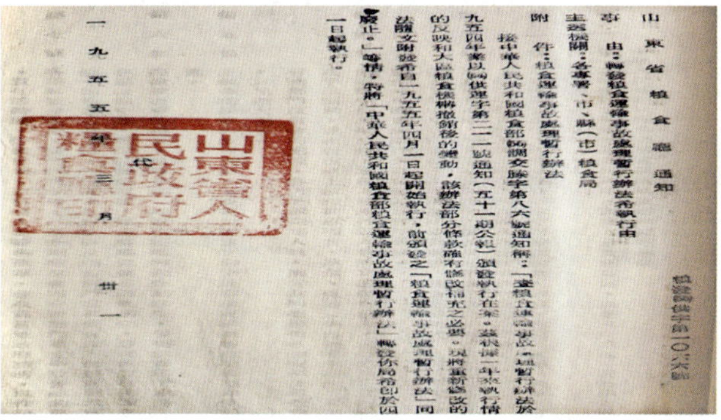
山東省糧食廳通知
事由：轉發糧食運輸事故處理暫行辦法希執行由
主送機關：各專署、市、縣（市）糧食局
附件：糧食運輸事故處理暫行辦法
一九五五年三月卅一日

1955年，山东省人民政府粮食厅制定《粮食运输事故处理暂行办法》

1959—1968年，沂源县系粮食调出县，年均调出粮食16570吨。1980年后，常遇旱灾，农业歉收，征购任务减少，加上工业发展和非农业人口增多，供应量加大，至1990年，共调入粮油23.18吨，年均调入2.1万吨。其中，1984年调入3.27万吨。

1952—1998年沂源县粮油调拨一览表

单位：吨

年份	粮食		食油	
	调入	调出	调入	调出
1952	380	150		
1953	1945	1475		275
1954	1180	995		720
1955	195	2630		595
1956	300	2215	100	1085
1957	7650	3880		260
1958	3250	1645	45	675
1959	605	6100	5	55

续表

年份	粮食		食油	
	调入	调出	调入	调出
1960	645	10175	10	30
1961	155	14390	45	735
1962	120	11165		5
1963	245	15970	50	160
1964	260	8855		190
1965	785	11405		210
1966	6490	3850	40	
1967	5450	4455		155
1968	2915	2750		45
1969	5280			
1970	3350	3015	10	
1971	3735	5490	25	
1972	10985	2340	25	45
1973	14960	50	225	
1974	2385	3165	95	160
1975	3530	7285	35	140
1976	1820	3975	215	5
1977	6385	1165	25	245
1978	3080	1495	55	260
1979	2465	2810	145	280
1980	12955	1280	245	
1981	11185	5	225	
1982	28570	10	90	
1983	16575		80	
1984	34940		580	
1985	18485		95	
1986	2794		240	
1987	27265		225	
1988	17480		295	
1989	19690		380	
1990	22310	1405	285	
1991	18426		123	
1992	19217		59	
1993		500		

续表

年份	粮食		食油	
	调入	调出	调入	调出
1994	11000	7900		
1995	8060			
1996	6500			
1997	4740			
1998	1000			

粮食运输 新中国成立初期，沂源县无正规公路，不通汽车，粮油运输用肩担车推毛驴驮。1951年冬，向八陡火车站调运小麦500吨，用木轮小车搬运，历时两个多月运完。1959年，随着公路建设的发展，长途运输改用汽车，农民送粮也由扁担、木轮车改为胶轮车和拖拉机。1963年，用汽车运粮800吨，节省运费6563元。

1976年6月，购进载重2吨拖拉机1辆；12月，临沂地区粮食局拨给沂源县粮食局南京“跃进牌”汽车2辆，翌年又拨给汽车1辆，共有汽车4辆。1980年6月，购进“解放牌”4吨汽车1辆，成立车队，职工8人，实行独立核算。1983年，车队撤销。1988—1990年，直属粮库、黄庄、悦庄、棱背岭粮所等单位购进汽车8辆，用于粮油运输。1994年，沂源县食品厂成立汽车维修保养车间，开展汽车维修业务，保障粮食运输。

粮油运输过程中，会产生一定损耗，国家粮食部和省粮食厅制定了粮油运输损耗定额标准。

粮食、瓜干运输损耗率定额表

运输方式	品种	20公里以内（%）		20~1000公里（%）		1000公里以上（%）	
		包装	散装	包装	散装	包装	散装
陆运	粮食	0.1	0.1	0.25	0.29	0.3	0.34
	瓜干	0.1	0.2	0.2	0.5	0.6	0.7
水运	粮食	0.1	0.1	0.1	0.1	0.1	0.1
	瓜干	0.15	0.15	0.3	0.3	0.3	0.3

油品运输损耗率定额表

品名	运输里程（公里）	陆路（%）		水路（%）	
		冬春包装	夏秋包装	冬春包装	夏秋包装
食用油	100	0.21	0.2	0.29	0.3
	101~1000	0.25	0.24	0.31	0.34
	1000以上	0.29	0.26		
非食用油	100以内	0.25	0.35		
	100以上	0.32	0.40		

油料运输损耗率定额表

里程（公里）	铁路（%）	汽车（%）	人畜力（%）
	包装	包装	包装
100以内	0.22	0.29	0.30
500以内	0.26	0.32	0.34
500以外	0.30	0.34	

面粉运输定额损耗率不分陆路、水运和里程，一律为0.1%，中途换装、短途搬运不另计损耗。

粮食产业

粮食加工

粮食加工是指通过处理将原粮转化成半成品粮、成品粮，主要包括稻谷碾米、小麦制粉、玉米及杂粮加工等。

1958年4月，沂源县第一座面粉加工厂建成，厂址位于工业路和商业街交叉路口西南。承担县域内军、工、民所需的粮食加工生产任务，生产加工组织形式为国家计划调拨下的计划生产加工。设备有中捣磨5台、27马力柴油机1台。翌年，生产面粉1390吨、杂粮粉317吨，后经几次改造扩建，生产规模日益扩大，产品质量提高。

1960年，在国家“备战、备荒、为人民”和“深挖洞、广积粮、不称霸”方针指引下，土门粮所九会粮站设立备战加工生产车间，确保战时状态下保供所需的加工生产。

石磨加工玉米糊

1986年，沂源县面粉厂扩建投产，固定资产500万元，在职职工135人，主要生产特二粉、标准粉。主要设备是临沂市粮机厂生产的MFQ型气压磨粉机5台，日加工小麦50吨，设计面粉生产能力为1.5万吨/年，加副产品和相关衍生产品实际产量达到2.1万吨/年，年进出总量达到4.2万余吨，特二粉出厂调拨价格为0.2491元/斤，粮油供应站点的销售价格为0.215元/斤。

20世纪60年代，老式面粉加工机组

1990年，全县共有小型面粉加工厂16家，个体承包经营。1992年，沂源县面粉厂投资150万元，对制粉车间进行技术改造，增加4台磨粉机，增建容量为2500吨的钢筋混凝土结构立筒仓6座，面粉年产量由1.2万吨提高到2.5万吨。县食品厂投资54万元，建设面条生产线一条，年生产各种面条2000吨。

1993年，沂源县粮食局开展“两代一换”业

1992年，制粉工人正在操作新型磨粉机

务，即代农储存、代农加工和品种兑换。1995年，全县开展“两代一换”业务6000多吨。1996年，沂源县面粉加工厂与沂源县粮食局直属库合并组建“沂源县粮食储备库”，全县开展“两代一换”业务8000多吨。

1999年，村民购置自动面粉机

2003年，沂源县宏运粮油有限公司在非典期间组织调运小麦760吨，生产面粉650吨，生产面条70吨，确保市场供应不脱销、不断档。2004年，沂源县宝丰粮油有限公司被淄博市粮食局认定为“骨干粮食加工企业”。

进入21世纪，粮食生产加工技术不断提升。2008年，沂源县宝丰粮油有限公司实施面粉加工转化扩建项目，提高日产能100吨。2017年，沂源县争取上级资金100万元，实施主食产业化面条产能提升项目，提升主食供应能力。同年，争取资金30万元，扶持沂源县鲁村康源面粉厂争取应急加工企业产能提升项目。

2008年，沂源县宝丰粮油有限公司新上洗麦设备

随着人民生活水平的不断提高，对面粉的质量要求也越来越高，石磨加工面粉陡然走俏，主要是因为用石磨加工出来的面粉，保留了小麦的营养成分，以绿色、纯天然为主，不添加任何食品添加剂。石磨面粉深受群众的欢迎，但是产量较小、成本较高，市场占有率相对较小，代表品牌主要有“云艺田”“千里香”等。

2020年，石磨面粉加工机组

油料加工

油料加工是将油料加工成食品油的过程，包括油脂制备、精炼、改质及食品油生产等。明朝宋应星编著的《天工开物》中描述了原始的水代法及压榨法取油。水代法是用石磨把油料磨碎成浆，然后兑水振荡，再用水把油代出。压榨法用杠杆或撞击方法把油压出，设备均为木制。1900年，用螺旋连续挤压油料而取油的榨油机在美国首先制造成功，取油方法从间歇式变为连续式，产量剧增，榨油遂从手工业变为机械化。其后出现了用溶剂从油料中

萃取油的方法。萃取法几乎能将油料中的油全部取出，已在全世界油脂制备中占主导地位。

新中国成立初期，沂源县有榨油作坊60余处。1958年前，食用油的加工全靠小作坊，石磨磨糁，木榨榨油，季节性生产。

20世纪50年代，用石磨磨花生糁榨油

1958年，沂源县粮食局建榨油厂1处，主要生产豆油、花生油和棉籽油等，日产食用油1500公斤。

1982年，沂源县面粉厂建成香油车间，年加工芝麻3562公斤，生产香油1109.5公斤，后因出油率低，经济效益差而停产。80年代后期，全县的油料加工主要由乡镇和个体经营。至1990年，全县有120多处加工点，规模较大的加工点有7处，为乡镇村企业，有榨油机185部，其中铁榨65部、木榨120部。

20世纪80年代，农户晾晒花生果

沂源县盛产花生，主要品种有沙白1016、海花1号、11号、37号、39号等，质优粒饱、含油量高。1958年，出口花生60.48吨。1985年，外贸公司委托粮食部门代购，年出口花生85.9吨。从1987年开始，打破区域界限，开展直购业务，实行就地收购、就地包装、就地发货。1990年，出口花生670吨，主要销往日本、新加坡、叙利亚、马来西亚和中国香港、澳门等国家和地区。

2007年，山东沂蒙山花生油有限公司在大张庄镇成立，日生产量50吨，分压榨生产线和分装生产线。该公司注册的“沂蒙山”牌花生油成为全省著名商标。2009年，该公司新上花生油及花生制品深加工项目。该公司获得“中国著名品牌知名企业”“山东省农产品加工示范企业”“山东省粮食行业协会放心油”等荣誉称号。

主食加工

主食一般是指人们一日三餐消费，满足人体基本能量需求和营养摄入需求的主要食品。沂源县受粮食种植品种影响，主要有馒头、煎饼、面条等传统谷物主食，以老百姓家庭制作为主。

1979年，沂源县粮食局食品公司建设一条馒头生产线，以机器和面、蒸车蒸制为主，日生产能力达到2000公斤，产品有馒头、花卷、包子、火烧等。2009年，沂源县宝丰粮油有限公司新上面条日产30吨、馒头日产30吨生产线各一条，2014年后停产。到2021年，全县共有馒头加工店（点）110

沂源县传统面食

家、面条加工厂（点）16家，日产馒头10多吨、面条8吨。主要品牌有“陈老大”“天香坊”“芝芳馒头”“东里大饼”等。

芝芳馒头 源自南鲁山镇芝芳村的馒头坊，该馒头坊有70多年的祖传历史，是周边群众公认的品牌馒头。芝芳馒头制作工艺严谨、独特，精选颗粒饱满的黍谷做引，传统老面发酵，九龙泉泉水和面，再经手工揉面、整形、挑选、摆盘、醒面、上屉、复醒面、木柴烧蒸等十几道工序，蒸出的馒头香甜劲道、外形好看，深受老百姓喜爱。

东里大饼 源自东里镇东里村，是由东里店商人旅途携带的饭食干粮，久而久之逐渐演化而成。以“翟氏大饼”最为正宗，采取优质面粉，经和面、压面、塑形、印花、烙制5个环节，成品大饼具有面香皮脆、结实干燥、易携带保存的特点，深受群众喜爱。2007年，东里大饼获得“沂源地方名吃”称号，被列入沂源县非物质文化遗产名录。

沂源煎饼 沂源民间家常饭食，以玉米、小米为主要原料，制成糊，发酵后，通过鏊子煎制加工，薄、香、软，且保存时间长，成为老百姓的传统主食。煎饼以主料的名称来命名，有地瓜面煎饼、玉米煎饼、高粱煎饼、小麦煎饼、小米煎饼等，还有多种杂粮掺和制作的“十香煎饼”等。到2021年，全县共有煎饼专业加工店（点）144家，以手工制作为主，日产煎饼3吨。主要煎饼品牌有“金兆宏”等。

手工制作煎饼

沂源县现有煎饼制作规模最大的企业是山东金兆宏食品有限公司，其前身是金兆宏煎饼坊。该公司2015年成立，秉承沂源传统手工煎饼制作技艺，以纯手工摊制，纯天然、不添加，不断钻研创新出杂粮、蔬果等多种口味的煎饼。金兆宏煎饼曾先后获得“沂源地方名吃”“淄博名小吃”“山东名小吃”等荣誉。

饲料加工

1984年以前，粮食部门饲料经营的主要任务是协助生产队按规定留足牲畜饲料粮；对畜牧场和其他单位的种畜，运输部门的役畜，部队、机关、厂矿、企业、事业单位饲养的畜禽按统销政策供应饲料粮及其副产品；按规定供应商业部门收购生猪的奖售饲料及收购生猪各个环节使用的饲料；管理和分配酿造业和副食品厂的下脚料；配合农业部门调剂推广高产优质青饲料种子等。

1985年，沂源县粮食局建立机械化饲料加工厂1处，有小型饲料加工机组9座，装机容量96.7千瓦，年产能力1.56万吨（其中饲料厂年产2000吨）。年底，从事饲料经营工作的专职人员发展到22人。1986年，向社会供应畜禽饲料3555吨，获利润14.7万元。

1988年，全县12个粮所（厂）建起饲料点。1989年，销售饲料6960吨。

1990年，由于上年度粮食价格高，春季粮价下落，库存玉米价每公斤达0.84元，市场价0.52元。产品成本高，又遇养殖业不景气，饲料经营较困难。粮食部门采取分解任务指标、增设代购代销点、开展兑现与来料加工等措施，销售饲料3245吨，获利润16.2万元。1985—1990年，共出售饲料3.68万吨，获利润298万元，年均获利49万余元。

1992年，沂源县饲料公司实现利润29.21万元，是年计划的116%。共孵化雏鸡4万只，提供禽蛋5000公斤、禽肉1140公斤、仔猪24头。同年，沂源县饲料公司与香港沃华公司共同出资组建淄博华良饲料有限公司，总投资400万元，年产畜禽混合饲料2.4万吨。

1996年，沂源县饲料公司开发的“宝源”牌浓缩饲料达到三大系列9个品种，主要是浓缩料、混合料、全价料等3大系列，分仔猪（种猪）饲料、仔猪（小）饲料、仔猪（中）饲料，肉鸭（一）饲料、肉鸭（三）饲料、肉鸭（五）饲料，肉鸡（一）饲料、肉鸡（三）饲料、肉鸡（五）饲料等9个品种，深受当地养殖户欢迎。

2005年，淄博天普阳光饲料有限公司成立，是山东天普阳光生物科技有限公司的子公司，位于沂源县石桥工业园，占地面积32亩，拥有员工60余人。公司引进湖北“三江”牌饲料加工生产设备，年生产能力18万吨，主要产品有猪、鸡、鸭饲料三大系列30多个品种。

饲料企业厂景（2023年）

“放心粮油”工程

2006年，国有粮食企业产权制度改革完成之后，原有的城乡粮油经营网络被打破，经营网点急剧萎缩，营销网络缺乏有效监督，经营秩序比较混乱，给粮食安全带来不利影响。从2008年开始，沂源县粮食局大力实施“放心粮油”工程，积极构筑新型城乡粮油食品供给网络。

2012年，“放心粮油”示范店

按照“政府引导、业主自愿，科学规划、合理布局，坚持标准、设施配套，高点起步、环境优美，商品配送、规范经营”的发展思路，根据市场需求、人口密度、运输配送等条件，以“宝丰”“沂蒙山”“山珍园”知名粮油品牌企业为载体，在全县范围内，深入开展“淄博市放心粮油工程”建设。对辖区内从事粮油食品加工企业、粮油食品店、超市、主食加工企业等进行考察调研，择优对店面装修、店面标识、货架粮柜、垫粮板、管理制度等进行建设。截至2015年，沂源县共创建“放心面”品牌1个、“放心油”品牌1个、“放心粮油示范销售店”36家、“示范粮油加工企业”3家、“主食厨房”2处，放心粮油食品供给网络覆盖全县城乡。

“优质粮食”工程

国家粮食和物资储备局以“六大提升行动”深入推进优质粮食工程。通过大力推进“三链协同”（产业链、价值链、供应链协同发展），深入实施“五优联动”（优粮优产、优粮优购、优粮优储、优粮优加、优粮优销），做实粮食绿色仓储、品种品质品牌、质量追溯、机械装备、应急保障能力、节约减损健康消费提升等“六大提升行动”，打造“十四五”时期优质粮食工程升级版，加快粮食产业高质量发展。

沂源县粮食部门自2017年开始，相继实施政策性粮库信息化建设、政策性粮库绿色仓储升级改造、粮食应急保障配送中心建设、应急加工企业面粉产能提升、粮食储备和应急保障设施改造提升、粮食应急供应网点建设等项目，自主研发沂源县粮食物资储备和应急保障信息系统，建立应急物资库管理系统，建立1处县级应急保障配送中心、12处基层粮食应急供应网点，大力推广应用新型科学保粮技术，加快推动新旧动能转换，逐步构建高层次、高质量、高效率、可持续的现代化粮食储备管理体系。

粮食节约

农户科学储粮工程

农户科学储粮专项建设是国家扩大内需的一项重要内容，也是促进社会主义新农村建设的一项重大举措。按照山东省发展改革委和山东省粮食局鲁发改经贸〔2009〕1459号文件精神，农户科学储粮工程遵循农户自愿申请、共同出资的原则，采取中央补助投资、地方配套和农户自筹相结合的方式解决。每个示范仓按420元计算，其中中央补助30%，地方政府配套30%（省级配套20%，市县配套10%），农户自筹40%。淄博市实际参照其他市农户自筹比例，增加市级配套资金比例，农户仅需自筹100元。农户储粮组合仓呈圆柱体，分上、中、下三段，每段0.5米高，圆柱直径1.5米，底部有圆形出粮口，内部有塑料袋防潮，1个仓可容纳小麦、玉米约计2000斤。

2005年，在石桥镇发放农户科学储粮仓

2009—2013年，沂源县粮食局实施农户科学储粮工程。先后在沂源县悦庄、鲁村、石桥、东里、燕崖等镇的12村，分批发放3000套农户科学储粮示范仓，价值120万元，仓容3000吨。组织农户科学储粮服务队进村入户宣传发动，发放科学储粮知识明白纸2万张、民用储粮药剂1万余片。

节粮爱粮“五进”行动

根据中办、国办《关于厉行节约反对食品浪费的意见》（中办发〔2014〕22号）和中宣部、国家发展改革委《关于开展节俭养德全民节约行动的通知》（中宣发〔2014〕21号）精神，国家粮食局会同农业部、共青团中央、全国妇联等单位，以及联合国粮农组织驻华代表处共同在全社会开展以“节约一粒粮”为主题的家庭在行动、青少年在行动、企业在行动等系列活动。开展节粮爱粮“五进”行动，即节粮爱粮宣传进企业、节粮爱粮宣传进农村、节粮爱粮宣传进社区、节粮爱粮宣传进学校、节粮爱粮宣传进家庭。

2014年，沂源县粮食局开展“世界粮食日”暨“爱粮节粮宣传周”活动，与悦庄镇青龙山小学开展“节约一粒粮　青少年在行动”倡议活动，征集小报380余份，评选出优秀作品60份，设立优秀作品展板3块。在全校3个年级10个班召开“爱粮节粮”主题班会，增强爱粮节粮意识。

2014年，开展节粮爱粮进校园活动

2017—2023年，沂源县粮食事业服务中心（沂源县粮食局）先后开展沂源县爱粮节粮宣传周、节粮爱粮进社区、“五进”行动等活动，面向全县农村、学校、企业开展宣讲活动20多场，悬挂宣传横幅20多条，设立宣传展板30多块，发放节粮爱粮倡议书3万余份、保粮知识宣传单10万余份，现场

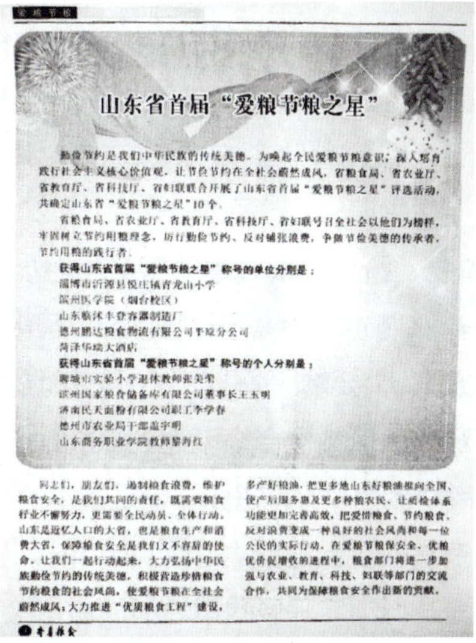

山东省首届“爱粮节粮之星”

勤俭节约是我们中华民族的传统美德。为唤起全民爱粮节粮意识，深入培育践行社会主义核心价值观，让节俭节约在全社会蔚然成风，省粮食局、省农业厅、省教育厅、省科技厅、省妇联联合开展了山东省首届“爱粮节粮之星”评选活动，共确定山东省“爱粮节粮之星”10个。

省粮食局、省农业厅、省教育厅、省科技厅、省妇联号召全社会以他们为榜样，牢固树立节约用粮理念，厉行勤俭节约、反对铺张浪费，争做节俭美德的传承者、节约用粮的践行者。

获得山东省首届“爱粮节粮之星”称号的单位分别是：

淄博市沂源县悦庄镇青龙山小学
滨州医学院（烟台校区）
山东临沭丰登容器制造厂
德州鹏达粮食物流有限公司平原分公司
菏泽华瑞大酒店

获得山东省首届“爱粮节粮之星”称号的个人分别是：

聊城市实验小学退休教师张美荣
滨州国家粮食储备库有限公司董事长王玉明
济南民天面粉有限公司职工李学春
德州市农业局干部温宇明
山东商务职业学院教师黎海红

同志们，朋友们，遏制粮食浪费，维护粮食安全，是我们共同的责任，既需要粮食行业不懈努力，更需要全民动员、全体行动。山东是近亿人口的大省，也是粮食生产和消费大省，保障粮食安全是我们义不容辞的使命。让我们一起行动起来，大力弘扬中华民族勤俭节约的传统美德，积极营造珍惜粮食节约粮食的社会风尚，使爱粮节粮在全社会蔚然成风；大力推进“优质粮食工程”建设，多产好粮油，把更多地山东好粮油推向全国，使产后服务惠及更多种粮农民，让质检体系功能更加完善高效，把爱惜粮食、节约粮食、反对浪费变成一种良好的社会风尚和每一位公民的实际行动。在爱粮节粮保安全、优粮优价促增收的进程中，粮食部门将进一步加强与农业、教育、科技、妇联等部门的交流合作，共同为保障粮食安全作出新的贡献。

2017年，全省“爱粮节粮之星”名单

解答群众咨询3万余次。同时，发起“节约粮食拒绝浪费从我做起”征文活动，收到征文280余篇，评选出优秀作品30份。成立“爱粮节粮红领巾宣传队”5支60余人。2017年，悦庄镇青龙山小学被山东省粮食局、山东省教育厅、山东省农业厅、山东省科技厅、山东省妇联授予山东省“爱粮节粮之星”荣誉称号。

粮食质量

加强原粮卫生安全监管是《粮食流通管理条例》赋予粮食行政管理部门的重要职责。2007年，国务院办公厅发布《国家食品药品安全“十一五”规划》(国办发〔2007〕24号)，明确要求“建立原粮污染监控制度，开展原粮质量安全和卫生监测，建设粮食质量安全和原粮卫生监测网络。”粮食质量标准分为储存指标和食品安全指标。储存指标包括水分、容重、杂质、不完善粒等，食品安全指标包括金属含量、呕吐毒素、赤霉烯酮、农药残留等。自2007年起，沂源县粮食局深入开展原粮质量安全监管工作，重点对政策性粮食、新收获粮食的质量定期监测，在沂源县政府网站进行通报。

2013年，湖南大米镉超标事件发生后，粮食行政管理部门加大对新收获粮食的监测力度，将食品安全指标列入强制检测指标。同年，沂源县粮食局对夏秋新收获粮食质量进行调查摸底，分地域抽取小麦样品40个、玉米样品72个、花生样品12个、大豆样品6个，检测结果全部符合国家标准。加强粮食质量检测能力，积极争取上级政策支持，相继配置金属含量、呕吐毒素、赤霉烯酮、农药残留等快速监测设备，完善储备库实验室，基本满足基层粮食检测工作需要。

2019年，沂源县粮食事业服务中心加强粮食质量安全监管，制定出台《沂源县粮食质量安全提升行动实施方案》，要求“严控不合格粮食流入口粮市场，新收获粮质量抽检合格率达到100%，原粮质量抽检合格率达到100%，超标粮食处置率达到100%，全面提升粮食安全治理能力和保障水平”。实施粮食质量安全提升行动，开展政策性粮油质量检查12次，抽检小麦样品192个、花生油样品36个；开展新收获粮食质量监测，抽取小麦样品122个、玉米样品216个、花生样品40个、大豆样品54个；配合市粮油质检中心报送小麦样品26个、玉米样品52个、花生油样品22个。同时，加强对政策性粮食出库、进口粮食的监管，与淄博海关等部门协同配合，无缝监管粮食转化企业的定点加工政策性稻谷糙米44395吨、进口玉米42020吨，确保不流入口粮市场。

粮食执法

2004年，国务院颁布《粮食流通管理条例》(中华人民共和国国务院令第407号)，赋予县级以上地方人民政府粮食行政管理部门对本地区粮食流通的行政管理、行业指导职能，主要对从事粮食的收购、销售、储存、运输、加工、进出口等经营活动进行监督检查，对粮食收购行为实行行政许可管理，对粮食加工、粮食仓储设施建设实行备案管理。

2005年，沂源县粮食局开展粮食流通规范化管理执法年活动，加强对《粮食流通管理条例》的宣传，共出动宣传车59次、人员220人次，在《沂源通讯》开设“依法管粮、放心消费”专栏，刊出5期。沂源县落实山东省粮食局提出的“五个一”要求，设立一个行政局、一个行政执法科、一个稽查队、一个粮油质量检测站、一部执法车，履行好粮食行政管理执法和市场监管职能。

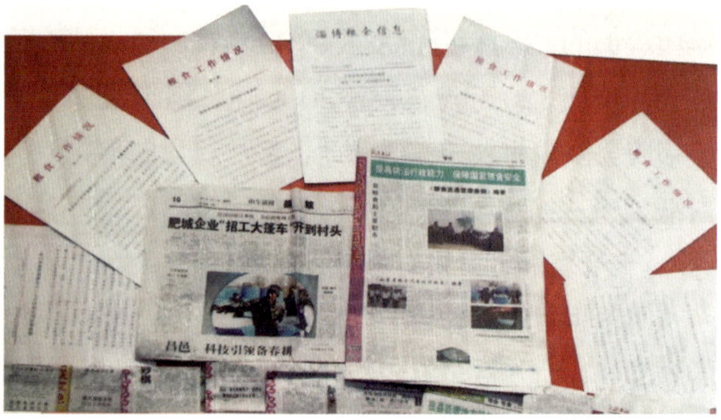

《粮食流通管理条例》宣传报道材料

2007年，沂源县粮食局购置1辆北京现代牌轿车，作为专用执法车辆。同年，沂源县粮食局转为参照公务员管理事业单位，编制17人。当年，共办理粮食收购许可证23家、粮食加工企业备案16家、油脂加工企业3家。组织综合性执法检查32次、专项检查28次，出动执法215人次。2008年，沂源县粮食局办理《行政处罚罚（没）许可证》，进一步完善粮食执法机制。开展库存检查、政策性粮食出库等执法检查29次，出动执法181人次。

2009年，沂源县粮食局开展第二次全国政策性粮食库存大清查，对县域内政策性粮食库存进行摸底自查、鉴定，下达的储备任务全部落实到位，账账、账实相符。在全市交叉普查阶段，沂源县粮食局检查组一行7人到博山执行库存检查任务，在时间紧、任务重的情况下，克服不规则粮堆测量难、包装粮标准不统一等困难，采取分段测量计算、分区抽包称重等方法，按期完成检查任务，其做法受到淄博市粮食局的通报表扬。在全省抽查检查阶段，淄博市检查组到潍坊市执行检查任务，淄博市粮食局成立2个检查小组，一组由市局、市属粮库、区县业务骨干等10人组成，负责潍坊市青州市的检查任务；二组由沂源县粮食局业务骨干7人独立组成，负责潍坊市昌乐县的检查任务。二组利用5天时间，共查仓库40栋、仓容12万吨、储粮9.2万吨，按时完成检查任务。

2010年，沂源县被山东省粮食局授予“全省粮食规范化执法示范县”荣誉称号

2010年，沂源县粮食局举全局之力，大力开展创建全省粮食规范化执法示范县活动。结合沂源县粮食工作实际，调剂2名同志充实粮食执法岗位，统一执法服装、标志牌、胸卡、台卡，建立《执法工作日志》，编制《沂源县粮食行政执法实用手册》。同时，举办3期粮食流通执法业务知识培训班，培训120人。完善粮食执法监督机制，聘请人大代表、政协委员、相关部门、粮食企业法人、个体经营户等22人为沂源县粮食流通执法监督员，进一步完善粮食流通执法机制。10月，办理沂源县第一起粮食流通执法处罚案件，全年共办理3起粮食执法案件，有力地维护了粮食流通市场秩序。12月，通过山东省粮食局考核验收，沂源县被授予“全省粮食规范化执法示范县”荣誉称号。

2011年，沂源县粮食局编制出台《依法行政十二五规划》和《沂源县粮食局粮食行政执法宣传工作实施方案》，以“维护市场秩序、放心消费粮食”为主题开展《条例》宣传活动，发放宣传材料3000余份。编制《粮油生产加工营销网络图》，建立粮食质量监管档案，发放沂源县粮食局便民服务卡600份。累计检查43次，出动执法315人次，检查单位105个，查处违法案件1起，督促18户完善粮食经营台账，下达责令改正通知书7份，有效地维护了粮食收购市场秩序。

2013年，国务院对《粮食流通管理条例》进行第一次修订，将粮食收购资格设置为“前置审批许可”，增加粮食市场监测预警机制，加强粮食市场准入监管。沂源县粮食局推出《沂源粮食信息》，每月1期，主要包括粮食工作动态、粮食收购许可办理程序、粮食法规知识讲解、粮食价格等栏目，当年刊发12期3600份，深受涉粮企业、个体经营户的好评。同年，沂源县粮食局主动与周边6个区县粮食局签订《关于建立粮食流通管理工作联系协商机制的协议》，建立定期会商制度，加强执法信息互通交流和执法案件跨区域协同办理。同时，沂源县粮食局与沂源县工商局、沂源县物价局、沂源县质量技术监督局等部门共同建立《沂源县粮食

2014年，开展粮食流通执法宣传活动

流通管理部门工作联动及信息共享机制》，进一步完善粮食执法机制。参加全省粮食执法效能提升创建活动，经山东省粮食局考核组实地考评，沂源县粮食局被评为全省粮食执法效能提升工作先进单位（全市3家）。

2014年，沂源县粮食局开辟粮食收购许可办理“绿色通道”，将许可办结时间由15天压缩至3天，主动上门服务20余次，指导企业依法办证收购粮食。同年，出动执法175人次，组织各项检查14次，查处违法案件2起，督促6户完善粮食经营台账，下达责令改正通知书12份。

2016年，国务院对《粮食流通管理条例》进行第二次修订，将粮食收购资格的“前置审批许可”改为“后置审批许可”，将粮食收购活动的执法主体由“工商行政管理部门”改为“粮食行政管理部门”，进一步加强粮食执法职能。沂源县粮食局相继开展了粮食库存、夏粮收购、秋粮收购等执法专项检查，累计检查22次，出动执法165人次，办理违法案件2起，有效地维护了全县粮食市场秩序。

2019年，沂源县机构改革后，沂源县粮食局的行政职能移交至沂源县发展和改革局，在沂源县发展和改革局内设粮食和物资监管科。但粮食执法业务一直由沂源县粮食事业服务中心负责，组织开展全国粮食库存、夏秋粮食收购、政策性粮食出库等监督检查执法，出动人员168人次，督促完善粮食经营台账5户，规范粮食统计报表7家。

2020年，沂源县粮食事业服务中心组织开展粮食库存、夏粮收购、秋粮收购专项检查。配合江苏省连云港市粮食和物资储备局、河南省开封市粮食局开展政策性粮食出库监管工作，监督涉粮企业定点加工中标粮食3500吨。

2021年，国务院对《粮食流通管理条例》进行第三次修订，将监督管理方式从事前的收购资格许可转变为加强事中、事后监管，实行粮食收购备案和粮食经营者信用等级管理机制，明确在执法过程中，执法人员可以采取查封、扣押强制措施。同年，沂源县粮食和物资储备保障中心开展粮食流通“亮剑2021”专项执法行动，出动执法70人次，下达责令整改通知书5份，重点整治政策性粮食承储企业的粮食轮换、粮食保管、政策性资金管理等。2022年，国家开展省际间新入库政策性粮食交叉检查工作，沂源县积极做好检查准备工作，接受江苏省连云港市检查组的现场监督检查。检查鉴定结果为沂源县新入库政策性小麦库存数量真实，账账、账实相符。

2023年，十四届全国人大常委会第七次会议表决通过《中华人民共和国粮食安全保障法》。沂源县粮食和物资储备保障中心结合工作实际，深入开展《中华人民共和国粮食安全保障法》宣贯工作，组织人员深入社区、集市，发放明白纸1万多份，接受现场咨询2000人次。同时，相继开展夏秋粮收购、粮油安全储存检查、成品粮储备库存检查、粮食统计制度专项检查等工作，出动执法200人次，下达责令改正通知书30余份，查处违法案件3起，有力地维护了全县粮食市场秩序。

所属机构

乡镇粮油管理所

粮所，是粮食收储之所。沂源县基层粮油管理所的前身是基层粮库和公社粮食购销管理站，1958年改称沂源县公社粮油管理所，实行一社一所。2005年6月，根据《沂源县人民政府关于进一步深化粮食流通体制改革的意见》（源政发〔2005〕64号）文件精神，各粮油管理所进行企业化改制。

南麻粮油管理所　位于沂源县城健康路32号，始建于1958年，下设3处粮店，分别是健康路粮店、东风路粮店、历山路粮店，有办公室、营业室、宿舍等44间房屋，储粮仓房40间。主要担负着沂源县城73个单位，3万多名城镇居民，南麻一、二、三村菜农，驻沂源部队的粮油供应，以及南麻镇50多个自然村5万多口人的粮油购销任务。经营品种主要有小麦、玉米、谷子、大豆、瓜干、油脂、油料、成品粮等。粮所常年义务为离退休人员送粮上门，不管严寒酷暑还是工作人员更换，从未间断，确保城镇居民、驻军、库区群众和菜农的粮油供应，取得良好的社会效益和经济效益。

南麻粮油管理所粮油仓库

1988年，因城镇居民人口粮油供应任务不断增加，南麻镇农业人口与库区群众及南麻3个村菜农粮食购销工作繁重，根据省、地粮食局要求，经县政府批准，成立沂源县城镇粮油供应公司，南麻粮油管理所担负的城镇粮油供应工作交由沂源县城镇粮油供应公司负责，农村粮油购销业务由城镇粮油供应公司代管，南麻粮油管理所设施、人员划转至沂源城镇粮油供应公司。

土门粮油管理所 1968年，设立土门粮油管理所，位于土门镇土门村。

1979年，土门粮油管理所下设九会粮站、土门粮站。九会粮站建于1956年，位于九会村，于1959年改称九会粮油管理所。1979年，因乡镇区划改革，九会粮油管理所改称土门粮所九会粮站，主要担负506战备粮的储备任务和九会管区的粮油征购任务。1965年6月，上级拨款13万元进行扩建，历时3年，建成石头房27口、130间，仓容5000吨的标准粮仓，占地面积15385平方米，成为当时沂源县最大的一所粮库，被国务院特定为“506”战备粮站。1972年，在九会粮站建设小型战备面粉厂1处，日加工能力1万公斤。水磨头粮站始建于1956年，九会粮站在水磨头村西建设20余间草房，作为粮食储备仓库，1964年撤离到九会粮站，房屋转至地方政府。土门粮站始建于1968年，位于上土门村，占地面积2960平方米，建有苏式仓房5栋16间，仓容600吨，营业室1处，主要担负收购全公社23个大队所缴公粮、油料、军用马料等物资和土门一厂、土门二厂、驻地部队、企事业单位等3.6万余人的粮油供应任务。

土门粮油管理所九会粮站

1993年，国家放开粮油市场，取消粮食统购统销政策，土门粮油管理所采取多种经营方式，依托原来的经营网络，开设粮油经营代办点，通过兑换等销售形式开展粮油、馒头、面条、饲料等经营业务。2005年6月，土门粮油管理所改制为沂源县金宝利粮油有限公司。

鲁村粮油管理所 位于鲁村镇驻地，始建于1958年。1998年，乡镇区划改革，徐家庄粮油管理所划归鲁村粮油管理所，下设粮站一并转入，共有仓库53栋，仓容1万吨，员工50余人。

鲁村粮油管理所下设鲁村粮站、王家石沟粮站、西官庄粮站、徐家庄粮站、小张庄粮站等5处粮站。鲁村粮站建于20世纪50年代，占地面积9520平方米，有仓库20栋，仓容4000余吨，担负着全镇（除草埠管区、徐家庄乡以外）农村统购统销任务，以及鲁村煤矿和所属的非农业人口的粮油供应任务。王家石沟粮站建于20世纪50年代，共5个院落50间瓦房，存储粮食约700吨，1980年将房屋资产移交给当地政府。西官庄粮站（原草埠粮站搬迁至西官庄村）建于20世纪80年代，占地面积5951平方米，有仓库12栋，仓容2000余吨，担负草埠管区所属的农村统购统销任务，以及草埠煤矿非农业人口的粮油供应任务。小张庄粮站建于20世纪50年代，占地面积2132平方米，有仓库8栋，仓容1000吨，担负着小张庄管区农村的统购统销任务，以及8070（半导体厂）非农业人口的粮油供应任务。徐家庄粮站建于20世纪50年代，占地面积7505平方米，有仓库13栋，仓容1500吨，担负着（除小张庄管区外）徐家庄管区粮油统购统销任务，以及军需马草的组织收购任务，马草是代部队收购，每年收购100多吨。

鲁村镇因土地肥沃、水利条件较好，一直是粮食生产大镇。鲁村粮油管理所每年粮食征购量在2000吨以上，主要是小麦、玉米。

1993年，鲁村粮油管理所采取多种经营方式，依托经营网络，开设8处粮油经营代办点，通过兑换等销售形式开展粮油、馒头、面条、饲料等经营业务。开设大米加工厂，从主产区购买稻谷进行加工，年购销粮食200多吨。2005年6月，鲁村粮油管理所改制为沂源县鲁泰粮油有限公司。2009年，沂源县鲁泰粮油有限公司整体并入沂源凤凰塑编有限公司。

鲁村粮油管理所（1999年）

大张庄粮油管理所　位于大张庄镇驻地，始建于1958年。1990年，因乡镇区划改革，从大张庄粮油管理所划出红旗粮站和赤坂粮站，组建沟泉粮油管理所。1994年，乡镇区划再次改革时，将沟泉粮油管理所划归大张庄粮油管理所，下设粮站一并转入。时有职工33人，承担粮油储备1500吨，每年经营粮油5000吨左右。

20世纪80年代，大张庄粮油管理所营业室

大张庄粮油管理所下设大张庄粮站、松崮粮站、土眉峪粮站、红旗粮站、赤坂粮站、大张庄饲料站、大张庄食品站、油坊等。大张庄粮站位于大张庄村，占地面积8891平方米，有仓房9栋，仓容1200吨，担负着大张庄管区农村的统购统销任务和镇直部门非农业人口的粮油供应工作。松崮粮站位于大张庄镇松崮村，占地面积3313平方米，有仓库6栋（仓容600吨）、油罐2个（罐容120吨），担负着松崮管区农村的粮油统购统销任务。土眉峪粮站位于大张庄镇土眉峪村，占地面积2211平方米，有仓库7栋（仓容1000吨）、油罐4个（罐容240吨），担负着明末峪管区农村的粮油统购统销任务和“101”“102”战备粮储备。赤坂粮站位于大张庄镇赤坂村，占地面积2997平方米，有仓库6栋，仓容1000吨，担负着赤坂管区的粮油统购统销任务。红旗粮站位于大张庄镇沟泉村，占地面积4229平方米，有仓库8栋，仓容1200吨，担负着沟泉管区农村的粮油统购统销任务和红旗厂的粮油供应任务。

1993年，大张庄粮油管理所采取多种经营方式，大力开展多元化经营业务。大张庄粮站开设饲料加工站，每年生产销售饲料200多吨；开设馒头房2处、油条面点1处，每月生产销售食品100多吨；开设油坊1处，在县城五金公司、楼外楼、健康路设有3处大张庄粮所花生油专营店，喊出“想吃纯正花生油、大张庄粮所有”的响亮口号，年加工销售花生油70多吨；利用红旗粮站闲置土地，建设阳光大棚1处，种植平菇等；利用大张庄粮站发展养殖业，每年收购销售山鸡蛋3吨，进入张店麒麟超市、银座超市，取得了良好的经济效益和社会效益。大张庄粮油管理所先后被上级党委政府、粮食主管部门评为先进单位、多种经营先进单位等。

2005年6月，大张庄粮油管理所改制为沂源县润禾粮油有限公司。

黄庄粮油管理所 始建于1958年，前身是黄庄粮油购销管理站。原址位于黄庄公社洼子峪村，1980年搬迁至黄庄乡驻地。粮所总占地面积10470平方米，仓房15栋，总仓容1810吨。

黄庄粮油管理所下设黄庄粮站、新华粮站。黄庄粮站建于1980年，位于黄庄乡驻地，占地面积8805平方米，设有仓库12栋（仓容1710吨）、油罐5个（罐容125吨）、营业室1处，主要担负“101”战备花生油储备、黄庄公社粮油统购统销和非农业人口粮油供应任务。新华粮站建于60年代，位于黄庄乡大上峪村，占地面积1665平方米，设有仓库3栋、营业室1处，仓容100吨，主要担负山东新华翻砂厂非农业人口的粮油供应任务，每年供应粮油达到800吨。

1990年8月，山东省区划改革，沂源县黄庄乡划入莱芜市钢城办事处，黄庄粮油管理所一并转入。

燕崖粮油管理所 位于燕崖镇燕崖村，始建于1958年，下设燕崖粮站、河西粮站、西白峪粮站、燕粮酒店等，在册职工20人，主要承担全镇粮油统购统销、战备粮储备、城镇居民粮油供应、粮油附营业务等工作。燕崖粮站建于1958年，占地面积4533平方米，仓库9栋，仓容900吨。计划经济时期，担负着全镇的粮食统购统销任务和非农业人口的粮油供应任务。西白峪粮站占地7674平方米，仓库20栋，仓容5000吨。河西粮站占地1964平方米，仓库28间，仓容1400吨。河西粮站、西白峪粮站主要承担国家“506”战备粮储备任务。

1993年，国家放开粮油市场，粮油管理所开展多种经营，经过市场考察，在河西粮站新上造纸厂1处，利用燕崖粮站仓库和沿街房改造饭店1处。购置“天津大发”牌货车1辆、“五征”三轮车1辆，依托经营网络，开设10处粮油经营代办点，通过瓜

燕崖粮油管理所西白峪粮站

干兑换等销售形式开展粮油、馒头、面条、饲料等经营业务。1996年，国家鼓励农民转换经营模式，大力缩小“粮经比例”，燕崖粮油管理所承包燕崖村温室大棚1处，发动粮所员工，培育早熟“佛手瓜”种苗，取得良好的经济效益和社会效益。燕崖粮油管理所先后被评为沂源县精神文明建设先进单位、沂源县粮食系统多种经营先进单位、沂源县先进基层党支部、沂源县粮食仓储工作先进单位。

2005年6月，沂源县燕崖粮油管理所改制为沂源县金燕粮油有限公司，公司依托原来的厂房设施，继续开展多种经营。2012年，自筹资金建设沿街房1000平方米，依托供销社经营网络开展超市连锁经营，经营态势发展良好。

中庄粮油管理所 位于中庄镇中庄村，始建于1958年，前身是中庄公社粮油购销管理站，下设中庄粮站、南刘庄粮站等，共有仓库13栋，总占地面积9324平方米，总仓容约1560吨，储存粮食品种有小麦、玉米、瓜干等，年征购小麦量约200

20世纪80年代，中庄粮油管理所平房仓

吨。主要担负着全镇45个村2.1万人的统购统销任务和非农业人口的粮油供应任务。20世纪80年代初期，开展多种经营，新上饲料加工机组1套，年加工饲料100吨；新上面粉生产线1条，日产量20吨。同时，设有馒头房、面条等面食加工，年销售量达到100多吨。1988年，配备1辆“天津大发”牌双排货车、2辆三轮车，从事粮食运输贸易。2005年6月，中庄粮油管理所改制为沂源县正丰粮油有限公司。

西里粮油管理所　位于西里镇驻地，1998年正式成立，由成立于1964年的梭背岭粮油管理所和金星粮油管理所合并组成。梭背岭粮油管理所的前身是唐山粮油管理所，始建于1958年。主要担负着全镇59个村5万人的统购统销任务、非农业人口和山东裕华机器厂的粮油供应任务。

西里粮油管理所下设梭背岭、唐庄、马庄、金星、裕华等5处粮站，共有仓库31栋，仓容4650吨，总占地面积2万平方米。储存粮食品种有玉米、地瓜干等，年征购地瓜干量约3000吨。梭背岭粮站有仓库12栋，仓容1800吨，仓房以苏式仓为主，石头墙体。主要承担梭背岭管区粮油征购任务和镇非农业人口粮油供应工作。唐庄粮站有仓库6栋，仓容900吨，仓房以房式仓为主，主要承担周边管区的粮油征购任务。马庄粮站有仓库3栋，仓容450吨，主要承担马庄管区的粮油征购任务，以储存地瓜干为主。金星粮站位于西里镇金星村（原金星乡驻地），有仓库6栋，仓容900吨，主要承担金星管区的粮油征购任务。裕华粮站有仓库4栋，仓容600

西里粮油管理所平房仓

吨，主要承担山东裕华机器厂的粮油供应工作。

20世纪80年代初期，开展多种经营，新上饲料加工机组1套，年加工饲料80吨。同时，设有馒头房、面条等面食加工，年销售量达到100多吨。1990年，购置“航天”牌货车2辆、拖拉机1辆、三轮车5辆，从事地瓜干运输贸易，通过日照港出口，每年创汇50多万元。2005年6月，西里粮油管理所改制为沂源县富强粮油有限公司。

东里粮油管理所　位于东里镇驻地，始建于1958年。总占地面积14357平方米，共有仓房23栋65间，总仓容2080吨。时有正式人员33人，年粮食征购量500吨，年粮食购销量达到3000吨。

东里粮油管理所下设东里粮站、暖院粮站、韩旺粮站和东粮招待所。东里粮站始建于1964年，占地面积7374平方米，有仓库11栋33间，仓容900吨，主要担负着原东里镇54个村（水北管理区除

2002年，东里粮油管理所大门

外）的统购统销任务和非农业人口的粮油供应任务。暖院粮站始建于1964年，占地面积1465平方米，以民房为主，有仓库12栋，仓容180吨，主要担负着东里镇水北管理区的统购统销任务。韩旺粮站始建于1958年，当时借用韩旺铁矿地质队的房屋，共10间民房，仓容150吨。1982年，在韩旺四村征地4299平方米，建设7栋20间仓库，仓容1000吨，主要担负着东里镇韩旺管理区、石马山管理区的粮食统购统销任务。东粮招待所占地面积1219平方米，主要从事餐饮服务业。

20世纪80年代初期，开展多种经营，投资5

万元，新上面条加工生产线1条，机组1套，年加工面条300吨；投资13万元，新上面粉生产线1条，日产量5吨，年生产加工量1000吨，产值200万元。同时，设有馒头房、糕点房等，年销售量达到100多吨。1988年以后，陆续购置“天津大发”牌货车1辆，“解放”牌货车1辆、拖拉机1辆、三轮车3辆，从事地瓜干运输贸易，通过日照港出口，每年创汇60多万元。2005年6月，东里粮油管理所改制为沂源县双隆粮油有限公司。

张家坡粮油管理所 始建于1958年，办公地点设在张家坡公社张家坡村北。1968年，粮油管理所迁往黄家峪粮站，主要担负着张家坡镇34个行政村2.7万口人粮油购销和非农业人口的粮油供应任务。

1963年8月，在张家坡公社桃花坪村设立粮站，占地面积2000多平方米，建筑面积600多平方米，于1976年撤销。1967年，在黄家峪村建立粮站，占地3289平方米，包括仓库、办公室、经营室、宿舍等，建筑均为石头混凝土结构。1974年，设巨石崖粮站，同年开工建设，占地3403平方米，1976年投入使用，2001年建设青兰高速公路时被占用。

1986—1990年，购买4台三轮车。1990年，

1990年，沂源县粮食局与张家坡粮油管理所签订承包合同

购买“金杯”客货车1辆。1994年，购买“解放”牌客货车1辆。20世纪80年代，开展多种经营，先后实施馒头、油条、点心等食品加工项目，年粮食购销量1000吨。活跃了市场，增加了单位与职工收入，张家坡粮油管理所连年被评为先进单位，议价粮油购销等各项工作在全县名列前茅。2005年6月，张家坡粮油管理所改制为沂源县金穗粮油有限公司。

石桥粮油管理所 位于石桥镇石桥村，始建于1967年。下设石桥粮站、毫山粮站、金谷大酒店，主要担负着石桥镇29个村3.2万人的统购统销任务和非农业人口的粮油供应任务。共有仓库28栋，总占地面积11491平方米，总仓容5000多吨，储存粮食品种有小麦、瓜干、花生等，年征购小麦约400吨，年购销粮食1000吨左右。1974年，全所有员工27人，其中正式员工17人。

20世纪90年代，石桥粮油管理所

石桥粮站位于镇驻地石桥村，占地面积5296平方米，有仓库12栋、经营门店1处，仓容1800吨，以苏式仓房为主，条石墙体。毫山粮站位于石桥镇毫山村，是重要的国防储备仓库，占地面积4459平方米，共有仓库16栋，仓容3200吨，以苏式仓房为主，条石墙体，主要储存“101”“102”战备粮。

20世纪80年代，开展多种经营，增加集体创收，新上饲料加工机组1套，年加工饲料300吨。同时，开展油条、桃酥、月饼、馒头、面条等面食加工，年销售量达到100多吨。1988年，配备1辆“天津大发”牌双排货车。1993年，国家放开粮油市场，购置1辆“解放”牌拖挂货车、3辆三轮车，从事粮食运输贸易。2005年6月，石桥粮油管理所改制为沂源县聚丰粮油有限公司。

悦庄粮油管理所 位于悦庄镇政府驻地，始建于1958年，前身是悦庄公社粮油购销管理站，下设悦庄粮站、石臼粮站、两县粮站、埝庄粮站、百川大酒店等，主要担负着全镇69个村6.8万人的统购统销任务和非农业人口的粮油供应任务。共有仓库56栋，总占地面积19571平方米，总仓容1万多吨，储存粮食品种有小麦、玉米、瓜干等，年征购小麦量约1700吨。1970年，全所有员工65人，其中正式员工32人。

悦庄粮站位于镇驻地悦庄村，占地面积6130平方米，有仓库16栋，仓容2600吨。石臼粮站位于悦庄镇石臼村，占地面积8340平方米，有仓库16栋，仓容3000吨。两县粮站位于悦庄镇两县村，是重要的国防储备仓库，占地面积5101平方米，共有仓库16栋，仓容3600吨，主要储存“101”“102”战备粮。埝庄粮站位于悦庄镇埝庄村，始建于1950年，共有102间瓦房，仓容预计1000吨，80年代后期，不再作为储粮仓库，转交给当地政府。

20世纪70年代，沂源县悦庄粮油管理所两县粮站

20世纪80年代初期，开展多种经营，加工油条、桃酥、月饼、馒头、面条等，增加企业收入。1988年，配备1辆“天津大发”牌双排货车、2辆“解放”牌拖挂货车、5辆三轮车，从事粮食运输贸易，及粮油配送业务。1993年，国家放开粮油市场，取消粮食统购统销政策。1994年，购置1辆“北京”牌吉普车。2005年6月，悦庄粮油管理所改制为沂源县峪阳粮油有限公司。

三岔粮油管理所 位于原三岔乡政府驻地，始建于1958年，下设三岔粮站、陈家庄粮站、鲍庄粮站，员工25人，储存粮食品种主要有小麦、玉米、瓜干等。

三岔粮站始建于1958年，占地面积2544平方米，仓库7栋，仓容900吨，担负着全乡（除了鲍庄管区）的统购统销任务和非农业人口的粮油供应任务，以及837部队的军粮供应任务。陈家庄粮站始建于1968年，占地5722平方米，仓库17栋，仓容2500吨，储油罐3个，罐容1500吨，是重要的国防储备仓库。鲍庄粮站始建于1972年，占地1374平方米，简易仓3口7间，仓容300吨，担负着鲍庄管区10个村的统购统销任务和非农业人口的粮油供应任务。

20世纪70年代，三岔粮油管理所陈家庄粮站小拱仓房

20世纪80年代，开展多种经营，增加创收，加工油条、桃酥、月饼、馒头、面条等，丰富人民生活。1988年，配备1辆“天津大发”牌双排货车，开展粮油配送业务。2005年6月，三岔粮油管理所改制为沂源县富民粮油有限公司。

粮食局所属企业

粮食局所属企业是粮食系统在粮食流通体制改革中，采取多种经营方式，从流通领域向生产领域拓展延伸经营的成果。粮办企业始于20世纪50年代，以粮油加工为主，逐步延伸至面食加工、餐饮服务、饲料加工、石材加工、建筑施工、汽车运输等领域。20世纪90年代，粮办企业达到20多家，从业人员600多人，为全县经济发展贡献了力量。1998年，县委、县政府对全县流通企业结构进行调整，原隶属粮食局的大成建筑公司、丽华大酒店、饲料公司、花岗石公司一并转交给沂源县商贸资产经营有限公司管理。其他粮办企业资产全部注入沂源县宏运粮油营销有限公司，属于国有控股企业。2003年，沂源县宏运粮油营销有限公司进行二次改制，国有资本退出后，粮食局所属企业全部转为民营企业。

沂源县面粉厂 始建于1958年，其前身是沂源县粮油加工厂，位于现在的工业路与市场路交叉路口西南，时设油脂、面粉2个加工车间，主要职责是保证全县城镇居民面粉供应。1964年，面粉厂进行技改升级，配有65型磨粉机，日产面粉15吨。为确保全县面粉供应，沂源县粮食局于1983年对面粉厂进行迁址重建，将面粉车间迁往县城万祥路（现宝丰路），与沂源县粮食局直属库相邻。1986年，建成立筒库、厂房、办公楼等，更新改造面粉加工设备，产品质量提高，生产能力增强，日产面粉达到50吨。

1988年，沂源县粮食局投资20万元，进一步进行设备升级改造，提升面粉精度和产量。同时，注册“源和”牌系列面粉，年供销量达到2万吨。

20世纪70年代，沂源县粮食局面粉厂门口

1986年，沂源县粮食局面粉厂投产剪彩仪式

1990年，沂源县面粉厂拥有固定资产原值163.45万元，生产小麦特二粉1.1万吨、次粉929吨，产值433万元，利税58万元。1991年，沂源县面粉厂生产各种面粉1.25万吨。

1995年，深化粮食流通体制改革，沂源县粮食局直属库与沂源县面粉厂合并，成立沂源县粮油储备库。

沂源县京源食品厂 始建于1973年，其前身是沂源县粮食局面包厂，位于现在的工业路与南麻老街交叉路口西南。沂源县京源食品厂由原沂源县面粉厂改建，下设面包车间、馒头车间、车辆维修车间等，时有工人60余人，主要生产馒头、桃酥、月饼、面包、麻花、炒糖等20多个花色品种，销售网点覆盖全县乡镇驻地，年营业额达到200万元。1997年，沂源县京源食品厂并入沂源县粮油配送中心。

沂源县粮食局直属库 1975年8月，沂源县粮食局设立直属库建设指挥部，在南麻公社东岭筹划建设粮食储备库，山东省粮食厅设计院出具建设规划图纸，划拨国有土地83亩，历时3年时间，于1978年投入使用，采取石料就地取材、人力建设的方式，建设仓库6栋，每栋仓仓容2500吨，总仓容1.5万吨。另建设机械库7间、器材库7间、办公室14间、食堂7间、宿舍7间。1979年，沂源县粮食局直属库成立，时有职工18人。1981年，调入加拿大进口红麦2000吨、进口白麦2000吨，分别存在5号、3号仓。1982年，集并乡镇粮油管理所101号、102号战备粮指标计划2000吨，存入储备库2

号仓。1983年，直属库发动职工加工油条、馒头等食品，拓宽便民服务渠道，增加创收。

20世纪80年代，直属库机械物资库

1986年，直属库建设，罐容100吨钢板的油罐2个，总罐容200吨。同年，沂源县粮食局依托直属库食堂设施，设立直属库粮店，负责粮油供应业务，方便沂源县城东和沂源县化肥厂非农业人口购粮。1988年，配备1辆“天津大发”牌双排货车，开展粮油配送业务。1990年，集并乡镇粮油管理所101号、102号战备粮指标计划2750吨，存入直属库。同年，将101号、102号战备粮指标计划4750吨，全部转为506号战备粮指标计划。

1993年，国家放开粮油市场，取消粮食统购统销政策。沂源县粮食局直属库开展多元化经营，利用闲置仓储设施设立轧钢厂，生产10号、12号钢筋；设立黄油生产车间，生产工业用黄油。

1995年，沂源县粮食局直属库与沂源县面粉厂合并，成立沂源县粮油储备库。1997年，与城镇粮油供应公司、沂源县京源食品厂、丽华大酒店、沂源县粮油储备库合并重组，成立沂源县粮油配送中心，时有人员250多人。

1998年，根据沂源县政府《关于进一步深化粮食流通体制改革的实施意见》（源政发〔1998〕129号）和《关于粮食流通体制改革中进一步明确的几个问题的通知》（源政发〔1998〕158号）文件要求，依托沂源县粮油配送中心的粮食储备库、基层粮所，成立沂源县粮食收储管理中心，为自收自支管理的正科级事业单位，主要职责是承担政策性粮食的收购、储存和销售业务。2001年，深化农业产业化体制改革，沂源县粮食收储管理中心更名为沂源县粮食收储营销中心。2019年，沂源县进一步深化机构改革，整合沂源县粮食局和沂源县粮食收储营销中心，成立沂源县粮食事业服务中心，为公益一类正科级事业单位，由沂源县发展和改革局代管。2021年4月，沂源县粮食事业服务中心更名为沂源县粮食和物资储备保障中心，由沂源县发展和改革局管理。2022年，根据政策性粮食储备企业化改革要求，成立沂源县地方储备粮有限公司，沂源县粮食和物资储备保障中心的粮食储备库资产及政策性粮食储备业务整体划转到该公司。

沂源县粮食储备库（2024年）

沂源县粮油议价购销公司 位于沂源县城健康路32号，成立于1981年，时有人员8名，业务隶属临沂行署粮食局粮油议价购销公司，主要负责国家计划以外的全县粮食议价购销业务。办公地点设在沂源县粮食局办公楼，1992年迁往沂源县城振兴路东首粮食储备库北侧粮油贸易综合服务楼。

十一届三中全会后，粮油市场逐步放开，沂源县粮油市场主要是地瓜干、花生米、高粱等粮油。沂源县粮油议价购销公司统一到外地组织粮源，调拨到各粮油管理所进行销售。对各粮油管理所收购的议价粮，由议价公司统一进行销售。沂源县粮油议价购销公司组织高粱、瓜干等粮源，销售到广东、四川省等酒厂，广受欢迎。1982年，经营总量达到2392万斤，利润22.24万元。1991年，组织瓜干出口创汇，年销售量达到1.6万吨。1993年，沂源县粮食局撤销沂源县粮油议价购销公司，成立沂源县粮油贸易公司，继续开展粮油议价购销业务。1997年，沂源县粮食局将沂源县粮油贸易公司并入沂源县粮油配送中心。

沂源县饲料公司 成立于1984年，时有管理人员2人，主要负责全县饲料生产调度、协调分配、统计等业务。公司下设沂源县饲料加工厂，位于沂源县城东岭以东，与沂源县粮食局直属库相邻。沂源县饲料加工厂于1984年开工建设，建有成品库12间、原料库12间、器材室4间、办公室伙房6间，占地7.02亩，总投资20万元，日加工能力6吨。1985年，产量达2200吨，总产值85万元，利润7.2万元。

20世纪80年代，饲料公司办公区

随着沂源县畜牧养殖规模不断扩大，饲料需求量呈现快速增长。1988年，沂源县粮食局对沂源县饲料加工厂实施改造提升工程，将年生产能力提高到5000吨，生产品种由原来的三个增加到十几个。1993年，沂源县饲料公司与香港沃华公司共同出资组建淄博华良饲料有限公司，总投资400万元，开发出“宝源”牌浓缩饲料三大系列9个品种，年产畜禽混合饲料2.4万吨。1998年，根据沂源县商贸流通体制改革要求，沂源县粮食局下属的沂源县饲料公司移交给沂源县商贸资产经营公司。

沂源县城镇粮油供应公司 位于沂源县城健康路32号，成立于1988年，前身是南麻粮油管理所。时有职工58名，是隶属沂源县粮食局的全民所有制企业。下设健康路粮油食品店、东风路粮油食品店、历山路粮油食品店、东风饭店、会统办公室、粮油经营部、办公室等7个店室，共有仓房13口42间，仓容2234吨。有办公楼、营业楼3座，粮店门市部3处，总建筑面积6507平方米，占地27亩。担负着沂源县城73个集体伙食单位和3万名城镇居民的粮油供应、驻沂源部队的军粮供应、南麻镇50多个村5万多人的粮油购销及库区群众、南麻一、二、三村菜农粮油供应任务。经营粮食品种主要有小麦、玉米、谷子、大豆、瓜干、油脂、油料、成品粮等，年经营量2200吨左右。1997年，沂源县城镇粮油供应公司撤销，人财物一并转至沂源县粮油配送中心，适应粮食流通体制改革变化。

沂源县丽源花岗石公司 成立于1991年，前身是沂源县粮食局直属库花岗岩石材厂和沂源县饲料公司花岗岩石材厂。公司位于保丰路6号，有办公室4间、生产车间3处，时有职工7人。1992年，投资40万元，租赁大张庄乡双庙村北山花岗石矿山1处，购置设备13台（套），建设厂房120平方米。

1998年，根据沂源县商贸流通体制改革要求，沂源粮食局下属的沂源县丽源花岗岩公司移交给沂源县商贸资产经营公司。

20世纪90年代，全市粮食系统新上产业观摩会

沂源县宏运粮油营销有限公司 1998年，根据沂源县政府深化粮食流通体制改革相关要求，依托沂源县粮油配送中心的粮食储备库、基层粮所，成立沂源县粮食收储管理中心。依托沂源县粮油配

送中心其余经营项目及相关资产、人员，成立沂源县宏运粮油营销有限公司，由沂源县粮食局控股51%，为国有控股企业。

公司下设面粉厂、食品厂、一粮店、三粮店、市场路粮店、保丰路粮店等，有职工200多人，主要经营三大系列的“源和牌”面粉、10多个品种的“源和牌”馒头、面条、大米、花生油等，年面粉加工能力1万吨，年粮食购销能力1.4万吨，年产值达到3000万元。2001年，公司投资200万元，对面粉机组进行升级换代，提高面粉生产能力。同时，实施淄博市早餐工程，依托原有网点，建立一粮店、三粮店、胜利小区等3处早餐店，每日营业额上千元，既拓宽便民服务渠道，又增加企业收入，实现企业“双赢”。

2003年，沂源县宏运粮油营销有限公司经沂源县体改办批准，进行二次改制，国有股份全部退出，按照法人治理结构模式，依照《公司法》和国家有关法律法规规定，职工自愿参股持股，改制为完全民营成分的有限责任公司，更名为沂源县宝丰粮油有限公司。

沂源县宝丰粮油有限公司 位于沂源县城保丰路，成立于2003年12月，是独立法人的民营企业。公司下设面粉厂、食品厂、一粮店、三粮店、市场路粮店、保丰路粮店等，有职工160多人。主要经营三大系列的“源和牌”面粉和十多个品种的“源和牌”馒头、面条、大米、花生油等。2004年，沂源县宝丰粮油有限公司被淄博市粮食局认定为“淄博市骨干粮油加工企业”。2005年，公司投资50万元，建设1条面条生产线，日生产能力5吨。2008年，新上面粉加工扩建项目，日产能提高到100吨，企业市场竞争力提升。

面粉加工厂立筒库

2021年，沂源县宝丰粮油有限公司因企业债务问题进行破产重组。2024年，淄博花石沟农业发展有限公司与沂源县宝丰粮油有限公司重组完成。

往事琐忆

二千群众一天筹集两万多斤粮食

1947年7月，在南麻阻击战役中，××村二千群众热烈支前。7月17日黎明，他们看到大批解放军来到，都从山沟里赶回来，把锅盆等家具全搬回家来招待解放军，青壮年、小孩子、老大娘都投入支前拥军，武工队回家担任村政，不到一天收集17000多斤小麦，7900斤谷子，全村30余盘碾、400盘磨白黑不停地碾米推面，三天之中磨面8493斤，碾米2475斤，推麦子煎饼3631斤，杀树劈柴供给部队木柴60000多斤，马草30000余斤，推马草4106斤。八个老头子在两个茶站上用20口锅烧了五天五夜的开水，满足部队民伕喝水需要。妇女们到部队里洗战士同志泥湿的衣服，三天内洗了万余件，原坚持边沿斗争的80余民兵武工队，立即组织支前大队，分工担任向导、担架、挑运等任务。王廷蕙、陈廷英等妇女夜以继日地给军队办饭碾米，特别是王德伦的母亲七十多岁，自告奋勇烙煎饼，她说“打这些狗杂种我老娘也得下把力。”她一连烙了五天五夜煎饼，当时敌机不断来侵扰，她们说：同志们在前方打，咱们在后方还怕飞机吗？当伤员路过时，陈明月大嫂、张立英等都自动用鸡蛋赶面条慰问伤员，并选出王廷蕙、陈廷英、陈传秀、王文英等七人代表全村群众带鸡子白面等到部队慰问，给前方部队以很大的鼓舞。

摘自《大众日报》(鲁中四日电)

粮油统购统销政策在沂源

新中国成立后，在全国范围内实行土地改革。从封建枷锁下解放出来的农民，焕发了极大的生产积极性，粮食产量有了大幅度提高。但由于城镇和工矿区的发展，粮油需求逐年增加，因而供求矛盾仍较突出。1953年实行粮油统购统销前，流通领域存在着多种经济成分、多条流通渠道。自由贸易、互相竞争，致使部分不法粮商乘机套购、囤积居奇、哄抬物价、牟取暴利，人为地扩大了商品粮的供求矛盾。

为从根本上解决粮食问题，以保障粮油供应长期稳定，除了努力促进农业互助合作化和农技改良、提高粮油产量外，党中央、政务院于1953年秋出台粮食统购统销政策：在农村向余粮户实行粮食计划收购（简称统购）；对城市人民和农村缺粮人民实行粮食计划供应（简称统销）；实行由国家严格控制粮食、油料市场，对私营粮食工商业进行严格管制，并严禁私商自由经营粮油；实行在中央统一管理之下，由中央与地方分工负责的粮食管理政策。除少数偏僻地区和某些少数民族地区外，必须全国各地同时实行。沂源县立即实行统购统销粮油的政策，取缔粮油自由市场。农户生产的粮食，除留下口粮、种子、饲料外，在照章纳税的同时还必须完成国家分配的统购任务。对城镇居民口粮、工商业用粮和农村缺粮户实行计划供应。

实行粮油统购统销政策，不仅妥善地解决了一定历史时期粮食的供求矛盾，稳定了社会秩序，促进了经济发展。而且把分散的小农经济纳入了国家计划经济的轨道，对引导农民走互助合作的道路起到了积极作用。

把一万二千斤余粮卖给国家
买牛驴猪羊扩大生产多打粮食

沂源县鲍家庄王振田农业生产合作社的社员们，听了党在过渡时期的总路线以后，在进行座谈讨论的时候，社长王振田说："在未解放前，我被地主、保长逼的连一粒粮也没有，两个孩子活活饿死。在共产党的领导下现在翻身啦，生活改善了，毛主席领导咱过更好的日子，那还能不干么？我先把五百斤麦子卖给国家。"社员唐瑞茂说："过去受蒋匪的摧残，无吃无穿，逼得我把弟弟卖了，换了一斗粮食，回来时又被保长禄朝善夺去，母亲连饿加害怕死了，现在的好日子，是共产党给的，我一定响应党的号召，把所有余粮都卖给国家。"社员张忠全检讨说："自从听了总路线以后，知道自己走错路，忘了本，对不起毛主席。在从前我也是受苦的人，土改后分了五亩多地，生活好了，今春天我放了一千斤粮食的高利贷（吃一斗还一斗半），现在我知道这是走了资本主义的路，从今后再不那样干了，我现在把一千斤余粮都卖给国家。"社员张瑾接着说："大家谈得都对，只有把粮食卖给国家，咱们才能过好日子，我从入了农业合作社，今年多收了二千多斤粮食，我把五百斤余粮卖给国家。"社务委员王耕田说："在从前咱连个煤油灯都点不上，今天有煤油了，价格还很贱，要不是国家建设了工业，哪里会有煤油，再说咱使用的喷雾器，今年就救出十亩棉花，得了丰收。咱远的不谈了，就拿上级奖励给的那个玉米脱粒机来说吧，它一个就能顶八个人工，要不是人民政府办工厂，哪能有这样的好东西呢？现在国家买粮食，正是为办更多的工厂，制造更多的新式农具来发展农业生产，打更多的粮食，我一定把三百斤余粮卖给国家。"全体社员经过座谈讨论以后，心里亮堂了，大家合计共卖余粮一万二千斤，并计划冬耕一百亩，整地六亩，把卖粮的钱买牛驴各一头，羊三只，猪五口，为明年增产更多的粮食，支援国家经济建设。

（摘自1953年12月《临沂大众》，作者齐登禄、徐建良）

普遍进行算账教育沂源各社积极准备缴售麦粮

沂源县各农业社通过算账教育，提高社干部和社员的思想觉悟，纷纷向国家多售余粮。

今年的小麦预分和征购工作布置到农业社以

后，由于不少干部和社员对正确处理国家、合作社、社员三方面的关系认识不足，对这项工作较普遍地存在着抵触情绪，主张少扣多分、少卖统购粮多分口粮。

鉴于以上情况，中共沂源县委指示各区、乡党委以本县、本社的实例向农民算三笔账，加强了预分、征购工作中的思想教育。第一笔账，首先公布全县历年来国家征购的粮食和统销的数证。1954年，国家征购粮食1520万斤，销了1420万斤；1955年征购1744万斤，销了1425万斤；1956年征购1110万斤，销了1026万斤。国家征购的粮食仅占全县总产量的12%，其中超大部分又销于本县。三年中，农民交纳农业税总值205万元，而国家在基本建设、农田水利、文教、卫生、优抚和救济等各方面的支出，就有154万元。第二笔账，国家扶持农业生产，发放农菜贷款的数量也逐年增加。1954年贷款23万元；1955年贷款25万元；1955年贷款102万元；今年上半年已经贷了85万元。另外，国家还供应了大批化学肥料和豆饼。第三笔账，几年来，群众的生活水平不断提高，购买力不断增长。1955年全县农民购买力为868万元，1956年就增长到1026万元。如茶叶，1952年销24500斤，至1956年销量增加了八倍。

通过算账、教育，消除了广大社干部和社员对统购的不满情绪。有的检讨了想多分粮少卖余粮的思想，表示要多卖余粮。南麻区共有五十三个农业社，已有五十二个社协商好售粮数；全区15万斤统购任务；将超额22644斤。鲁村区鲁村镇原来统购35000斤，现在多售17000斤。东里区长兴社通过座谈，指出今年小麦所以丰收，主要是去年国家供应了肥料，换给良种，因而每亩平均产量比去年提高30斤。社员一致表示：去年咱是缺粮社，国家供应咱13000斤粮食，今年增产了，得向国家多卖余粮。

现在，沂源县各社正在积极收割小麦，准备收好，打好、晒干、扬净、缴足公粮，多售余粮。

（摘自1957年6月《大众日报》，作者朱傅环）

张庄粮管所帮助生产队精心选留储存花生良种

沂源县张庄粮管所帮助生产队精选和储存花生良种，为今年扩种花生做好准备。

张庄公社地处沂蒙山区，大部分土地适合种花生，全公社计划今年扩种花生4000亩，现在张庄粮管所正帮助各队选留种子。已选留的良种花生适合山区合理密植；成熟期早，和小麦可以错开茬口；出生米也比较多。到去年十二月中旬，全公社已经收起花生良种74000多斤。粮管所精心存放，采取露天垛存的办法，通风晾干，防止霉坏。

（摘自1963年1月《临沂大众》，作者伯烈、京美、元和、傅祥）

东高庄粮站开展“七无”粮仓活动

沂源县南麻粮管所东高庄粮站，在完成全年粮食征购入库任务的同时，组织力量，分片包干，对所有仓房的各种粮食，进行普遍检查，积极开展无虫蚀、无霉变、无变质、无鼠雀、无事故、无病疫、无异味的“七无”粮仓活动。

这站仓房简陋，而且分散在三个自然村，粮种复杂，质量有好有次，水分有高有低。粮站职工认真研究了这一情况，组织人员对所有粮仓普遍进行了检查。对每口仓房的粮食都分层试温、分别记录、分别处理，效果良好，现在已有6口仓房、16万斤粮食达到“七无”标准。

在检查的基础上，建立了三项保管制度：一是检查制度。根据季节和粮种的特点，分别实行五天一小查、七天一大查、十天一普查，个别粮种不定期地抽查，风雨后及时检查。二是收支手续制度。建立了“三卡”“两牌”“一簿”。“三卡”即商品卡片，收支粮食随时登记，结算出余额；费用卡片，支付的费用分项登记，以便正确衡量每万斤粮食在一定存期中的平均费用；器材卡片，小工具固定到仓，记在卡片上，以达账实相符，防止乱拉现象。“两牌”是仓房号码牌和保管员姓名牌，这是加强保管人员责任制的一项重要措施。“一簿”是查仓记录簿，每次查仓后，粮食安全与否作出结论，记在簿上，签名盖章，对存在的问题，以便及时处理。三是责任制度。仓房固定到人管理，仓内外随时打扫，保证清洁和水道畅通，发现虫害、事故马上报告，开仓后整平粮面，盖好粮印，贴好封条，同时和驻地民兵协商，组织护粮组，经常巡回检查。

（摘自1971年8月《临沂大众》，作者丁念亮、王永胜）

速写《山区群众运送公粮》

吃饭用票

“在计划经济那个年代，吃饭要用粮票、穿衣要用布票、割肉要用肉票，票比钱好使来。”年过八旬的卜大爷回忆说：“粮食是宝贝疙瘩，干重体力的一个月55斤粮食、不是很重的一个月45斤粮食、老师和机关上的一个月31斤粮食，年轻的都吃不饱，都抢着干重体力的活，好多发点粮食补贴一下家里。”

“那时候，买粮食要带着购粮证和粮票到国营粮店，自己带着布口袋和油瓶，价格是都怪便宜，大米才0.185元一斤，面粉好像也是0.185元一斤，豆油0.81元一斤，玉米面0.095元一斤。外面私下卖的就贵了好几倍。”卜大爷继续念叨着：“吃顿饭刚便宜，一个人两角钱四两粮票就吃得刚好。”

在沂源工作的卜大爷老家是江苏的，平时很少回去，只有春节时才回去一趟，临走前，最重要的是换粮票。因为涉及省际间粮食供应计划，需要把山东省粮票拿到粮站去兑换成全国通用粮票，到了江苏，才能吃上饭。

踊跃交售“爱国粮”

计划经济时期，各村生产队每年夏收之后，都要先把最好的麦子交给国家，群众政治觉悟高，都是“一颗红心为国家”喜气洋洋到粮站交公粮，各个生产队都会上演一幕幕动人的比拼交售“爱国粮”的场景，一张张笑脸展现出一颗颗爱国的心。

1976年，大张庄粮油管理所最忙的时候是每年的夏秋粮征购阶段，乡政府提前做好粮食征购计划，排出各生产队的交售时间表，粮所和各管理区再对接，一个管区前后跑好几趟。记得轮到娄家铺子大队交公粮时，粮所统计员一早到村里落实交售计划，在大队部院子里，社员们热情高涨、干劲十足，正在将晒干扬净、颗粒饱满的小麦装进麻袋里，看着金灿灿的麦粒，社员们脸上洋溢着丰收的喜悦。大队娄会计正跑前跑后地过磅、清点麻袋数、开单子，粮所统计员简单地交代了几句，就组织社员们用架子车装粮，排成一条长长的送粮大军，向乡粮油管理所出发。

娄家铺子离乡政府驻地约10里路，个把小时的光景，就到了乡粮所，大家都排着队进入粮站，质检员拿着一根尖尖的取粮杆，往车子上戳麻袋，手一斜，麦粒哗哗地从取样杆里流出来，只见他熟练地将麦粒往嘴里扔，不停地传出嘎嘣、嘎嘣的响声。“水分合格，再做做容重吧。”说着，将一铲子麦粒倒进量筒里，三下五除二，容重就出来了，“容重不高啊，才760，比明末峪的低了，但是合格啊”，听到这句话，交粮的房大爷心里美滋滋的。接着是过磅，大家把麻袋垛到磅面上，一人多高，过磅员赶忙说：“好了、好了，把磅压坏了。”村会计一边指挥着社员往下抬麻袋，一边赶紧拿出记账本，瞄着磅秤，及时记下数量……

就这样，大家你挨着我，我挨着你，依次把上等粮交给国家，把次品粮留给自己。那时交公粮已成为农民群众交纳农业税的一种形式，也成了一成不变的习惯。

买香油治烫伤

据齐某回忆：1977年，父亲在工作时不小心腿被烫伤，伤的面积不小，去医院诊治，医生开完药后，给开了个医疗证明，说拿着这个去粮站买点香油，作为辅助药品，定期涂抹伤口利于恢复。邻居拿着证明来到粮食局说明情况，领导审批、签字后供给2两香油。按照医嘱用药、涂抹香油，1个多月后复查，医生说不必再用药了，慢慢恢复即可。

此时，香油还剩下大半两，就好好保存起来。其间，亲朋好友遇有烫伤的，都来找香油用，用筷子蘸点香油给涂抹一下。村里一位大娘摊煎饼时突然晕倒在鏊子上，烫伤了脸颊，家人找到家里想用些香油，母亲没有丝毫犹豫，赶紧盛了一盅香油给他们，他们很感激，多年过后，见面依旧非常热情。

吃上国库粮

20世纪七八十年代，通过高考、中考吃上国库粮，是农村孩子的愿望。

原唐山公社李某回忆他吃上国库粮的感受和经历。他出生在一个偏僻农村，家里有爷爷奶奶、父母及4个弟弟妹妹，家里劳力少、人口多，生活自然艰苦。村里进行土地承包的时间较晚，到了1982年，村民还在生产队里劳动挣工分，一个壮劳力劳动一天算一个工只能挣1毛钱左右，因劳力少、人口多，有时挣的工分折价不够口粮钱。

他在沂源一中读初中，每日与书本、煎饼、咸菜为伴。因家里困难，他发奋读书。为早日吃上国库粮，初中毕业时，他选择了报考小中专。考试结束，他就回老家在生产队里劳动，挣工分补贴家用。

1982年7月下旬的一天，老师托人捎口信，让他第二天8：00前赶回学校拿录取通知书，并进行体检。他激动不已，心血没有白流，终于要吃上国库粮了，全家人无比喜悦，左邻右舍也为他高兴。很快这一消息就传遍全村，他成了全村羡慕的对象。

当时交通不便，一天只有一趟公交车去南麻而且还是下午到，第二天坐公交车来不及。他父亲找亲戚借来自行车和手电筒，母亲凌晨2点叫醒他们，父亲载着还没睡醒的他，一路向南麻奔去。崎岖的山路上，耳边不时传来几声狼叫声，他紧张地握紧书包里的菜刀和斧头。父亲蹬车，他坐在车后座上，拿着电筒从侧面为父亲照着路前行。车子蹬不动了就步行，不敢稍作停留。80多里的山路，走了近5个小时，终于在早上7：00赶到学校。拿到中专录取通知书，爷俩非常激动，反复地查看通知书。老师对他父亲说："祝贺孩子考上中专，以后他就吃国库粮了，毕业后就是国家干部。"父亲对老师的教育表示感谢，老师带他们到教委招待所进行了体检。

体检完，他们到县第二饭店（现京源商厦对面），买了5个馒头、两碗猪肉炖粉条。开好票，他去取菜，隔着窗看到厨房服务员从一直径有1米多的铁锅里舀出两碗递了过来，一碗5毛钱，里面主要是粉条，有几块肉但不多，吃惯了煎饼咸菜，一吃这样的饭菜便觉得味道非常香。他对父亲说："等我毕业了，一定要全家都吃上馒头和肉炖粉条。"

下午，他们赶回公社派出所，办理户口转移手续，民警称赞他给唐山争了光。他们又到公社粮所，办理粮油关系介绍信。开学时，他把录取通知书、户口转移手续、粮油关系介绍信交到学校。至此，他从一个农村孩子变成了吃国库粮的师范生。

先交公粮再办农转非

1982年，考上学的学生，在办理入学手续时，需要提交粮油关系介绍信，这是一道必备的手续。

办理粮油关系需要到公社粮站，带着粮食、录取通知书、户口转移手续等，在粮站票证员那里办理。自1982年8月1日起，国家出台新政策，农转非人员交公粮数由35斤变为350斤。因为农业户口转为非农户口，挤占原非农户口的粮食，所以要先交粮，待明年国家做好计划后再调拨粮食。

粮食保管创"全国纪录"

1985年，沂源县土门粮所九会粮站储存战备小麦1600吨，储存时间长达15年（当时国家对粮食储存没有具体要求），排名全国第二位（第一位是青州市粮食局16年）。国家商业部委派天津粮食科学研究所实地取样，将小麦样品送至四川绵阳粮食科研所进行检测研究，各项指标均符合国家小麦粉质量标准，国家商业部在全国进行了粮食质量通报。

粮所“八大员”

计划经济时期，基层粮油管理所担负着粮食征购、农村议价粮和非农业人口的粮油供应任务，粮所管理非常严格，职责分工也非常明确，被称为“八大员”，分别是会计员、出纳员、统计员、票证员、营业员、粮管员、保管员、防化员。会计员是粮所的财务管家，也是经济决策的智囊；出纳员是粮所的金库守护者，所有的现金流都从他手里进出；统计员是粮所的粮食供应计划制定者，直接关系到粮食供应的多少；票证员是粮所的粮证审批、粮票收发者；营业员是粮所的门面和前台，与老百姓打交道最多；粮管员是粮所的管理层，负责粮食的收购、销售等业务；保管员是粮所的守门员，负责保管仓库的粮食等物资；防化员是粮所的特殊工种，负责对粮情进行检查，定期熏蒸作业。

粮站的早餐真不错

2002年，沂源县组织实施淄博市早餐工程，第三粮站积极响应政府号召，充分利用粮站门头的地理位置优势和国营粮站的金字招牌，多方筹措资金5万多元，装修门头招牌，新上和面机1台、电饼铛3台、炉灶2个、桌椅板凳200张，聘请厨师1名，提供早、中、晚餐服务。早餐最为出色，早餐组每天早上3点上班，上午10点下班，面食就有3大类24个品种，其中包子就分肉馅6种、素馅6种，食材都是从正规渠道进货，肉包子1块钱1个，素包子5毛钱1个，好吃不贵是周围居民的一致评价。

“要2个素包子、1碗稀饭、1个小咸菜，多少钱？”家住建行家属院的房大爷每天都到粮站吃早餐。

“大爷，1块3毛钱。”收银员小宋热情地答应着。我们从计划经济的粮食供给转变为粮食服务，感到非常充实。

“我们这的早餐有包子、水煎包、油条、油饼等30多种，还有稀饭、豆腐脑等，国营粮站、价格公道、食材新鲜、欢迎惠顾。”负责接待客人的陈姐，腰上扎着围裙，手上戴着手套，嘴里不住地宣传着。

每天早上，来吃早餐的人越来越多，粮店里外20多张桌子都坐不下，还有买早餐带走的，他们不光冲着早餐的品种花样，还冲着国营粮站的老感情和信任感。第三粮店每天的早餐营业额达到2000多元，粮站职工的工资有保障，老百姓也吃得放心。

庄里有了“存粮囤”

2011年4月，沂源县实施农户科学储粮工程，县粮食局工作组到东里镇前西长旺村组织发放、安装新型组合粮仓。

进村后，找到前西长旺村村委委员陈洪福同志对接，在他的指引下，和从淄博市云海面粉厂来的安装队侯队长一起看了3处安装地点，最终选定在村委大院。

一辆满载建设材料的货车驶进村委大院，安装人员正在紧张地卸材料、工具。11:00左右，第一个小粮仓就制作完成了。附近的居民都凑过来看热闹。

“这囤能放多少斤粮食，怎么没看见出口呢？”

“把这囤放在平屋上，不占空子。”

“还有塑料布来，能防潮、防雨来，不孬，是个好东西。”

村民们围着崭新的“彩钢板组合仓”，七嘴八舌地议论着。村会计老陈慢悠悠地说：“都议论个啥，这是国家的惠农政策好，让咱存粮食的，有了这个存粮囤，收了玉米、谷子的，往里一倒，就不怕老鼠了。这个囤能放2000斤来！”

不一会，村委大院已经围得里三层、外三层，大家都在翘首以盼，想把粮囤早点领回家。这时，村委扩音喇叭里传来：“前期报名的户，抓紧排队了，准备发囤了。带好身份证，签字领囤。”大家一听，赶紧都到会计室门口排队。还有前期没报名的户，都嚷嚷着：“这么好的东西，我们也要一个。”看到这种情况，经与村委同志商量后，紧急向局领导汇报，建议增加计划数量。经上级同意后，给这个村又增加了100套计划，原本2天的施工时间，延长到了3天。

第二天，天公不作美，下起了小雨，淄博市云海面粉厂的安装师傅们将设备挪到房檐下，继续组装作业。虽然条件比较简陋、气温比较低，但是大家都干劲十足。村民们陆续领到“存粮囤”，心里别提有多美了！

雨中保粮

粮食保管是粮食部门的主要业务之一。面对一堆粮食，看似平淡无奇，其实学问很多、难度很大、责任很重。保管员最担心的就是下雨天，一旦屋顶漏雨，雨水滴到粮堆里，6~7米高的粮层，根本就没有补救的办法，不用一周时间，上层的粮食就会发芽萌动，中层的粮食就会发热，底层的粮食就会发霉腐烂。

2013年10月，强热带风暴“利奇马”台风袭扰山东时，沂源粮库人员24小时值班巡逻，时刻做好防汛防台风准备。这天上午，天空中布满了乌云，压得人喘不过气来。10点多，大雨就像瓢泼一样，一直下个不停。同事们焦灼地望着屋外密集的水雾，“滴铃铃、滴铃铃……”值班电话急促地响了起来，徐站长的心里咯噔一下，急忙跑过去，抓起电话，“接最新通知：今天，沂源县天气会有大雨转暴雨，风力达到8级以上，请注意做好防护工作”。雨情就是命令，迅速通知全站职工立即到岗、全员备战。

粮油保管人员冒雨入仓检查粮情

10:30左右，外面风力逐步加大，大风卷着雨滴啪啪地打在玻璃上，大家的心都悬在半空里。粮库地势较高，排水管网都很顺畅，不怕积水，就怕大风，风大了很容易把仓房上的瓦片卷走，造成屋面漏雨。虽然粮面都有塑料薄膜防护，但是雨水多了，就会流入粮堆，造成粮食腐烂。

“徐站长，6号仓仓顶东南侧出现大面积瓦片卷起情况”，值班员通过监控发现。

“一组人员立即进仓，做好重点部位防护”，徐站长立即做出工作安排。随即，李增成同志和3名职工扛起10米长的防水篷布，拿上水桶和脸盆，冲进雨幕里。经过十几分钟的努力，6号仓粮面上已经铺上了防水篷布，篷布上摆满了水桶和脸盆，他们拿着强光手电，目不转睛地观察着屋面，心里默默地祈祷“雨停下来”。

“人天”对峙了近一个小时，雨势才渐渐小了。同志们抓住时机，立即组织人员架起云梯，运送瓦片，已经年近半百的李增成同志脱下水靴、雨衣，系上安全带，带领几名年轻同志爬上7米高的云梯，来到30°斜坡的屋面，身体几乎贴着瓦面，脚下不时打滑，只能手脚并用，一块一块地将瓦片安装好，锋利的瓦刺划破了他的手指，鲜血与雨水交融在一起，让人泪目。

经过半个小时的努力，终于在下一波雨水来临前，完成了修缮任务。他们拖着疲惫的身躯，望着修缮好的屋面，脸上露出了满意的笑容。

九会粮站全羊

在南鲁山镇九会村的美女峰下，有一处粮站叫九会粮站，始建于1958年，是当时沂源县最大的粮食储备库，担负着506储备粮储存和战时面粉应急加工任务。

2005年，国家粮食流通体制改革后，九会粮站褪去了神秘的面纱，面对改革的阵痛，新生企业的负责人倍感压力，在迷茫与彷徨中，感到企业要发展，就必须继承粮食人朴实无华的传统，挖掘沂源区域特色，经过多重抉择后，开始做特色餐饮，其中木柴大锅全羊是一绝，主要选用美女峰对面南山上放养的黑山羊，宰杀后去皮洗净，支大锅，木柴小火慢炖，只放盐、鲜姜及自产花椒等调味料，炖出的羊肉鲜香肉嫩、绵软筋道，赢得了食客的一致好评。

为了提高羊肉的鲜嫩度，一遍遍地找农村里煮羊的老把式讨教，回来再琢磨配方，有时因为一个小失误，一锅羊汤就糟了，心里拔凉拔凉的。经过一次次的尝试，最终达到了一个好的标准。在九会粮站全羊招牌影响下，企业的经营也逐渐有了起色，已成为基层国有粮食企业改制发展的缩影，为服务新农村建设添柴助力。

大锅全羊

说起沂源名吃，“大锅全羊”要排在沂源美食前列，因其色、香、味俱佳且有滋补功效，深受群众喜爱，外地来的客人如果吃不到“大锅全羊”，总觉是件非常遗憾的事。

大锅全羊，关键在“全”字上。把羊的肉、骨、脏、血、头、蹄、尾等一锅煮出，色、香、味俱佳，鲜嫩可口，汤汁浓郁，营养丰富，具有大补之功效，

大锅全羊熬制中

因此有肉中人参之誉，是秋冬季节大补佳肴。

品尝全羊汤，最讲究“鲜”“全”二字。所谓“鲜”，是说羊一定要现宰现煮，如果是隔天存放或冰冻存放，味道就会大打折扣。做出的全羊汤，也要趁鲜食用，如果放凉再加热，味道也会大为逊色。所谓“全”，是将羊肉、羊肝、羊肺、羊肚、羊肠、羊血、羊头、羊蹄、羊骨头等，全部下锅，这样做出的全羊汤，味道最纯正、最鲜美。

东里山会上的萝卜丸子和水面条

东里山会，最早设在东里文山前和北大峪水库前被称为“水浅子沟”的干涸地带，彼时此处地域宽阔，是个闲场。那时的人们特别是孩子，每年有“两盼”，一盼过年过节，二盼逢山赶会。每到这时，大街小巷赶会的人们络绎不绝，个个脸上喜笑颜开，热闹非凡。

东里水面条

东里山会上最吸引人的要数萝卜丸子，20世纪80年代，萝卜丸子只有过年才能吃得上，可谓非常稀罕。于是很多人都盼着赶山会，吃个萝卜丸子，喝碗丸子汤，一碗下肚，浑身热乎乎的，十分满足。还有山会特色面食——水面条。东里水面条又称马家面，以其柔软、筋道、香而不腻的独特风味深得百姓青睐。一个简易帐篷，一口老式铁锅，几张家用方桌就搭建成临时面馆，地方虽简陋，但总是食客满满。

节粮爱粮之星

青龙山小学坐落于沂源县悦庄镇崔家庄村，办

2017 年，爱粮节粮之星奖杯

学区内土地资源丰富，是悦庄镇主要的粮食产区，各村庄有着悠久的爱粮节粮传统和重视农耕的浓厚氛围。学校一直珍视这一独特的文化财富，多年来在教育教学工作中处处渗透爱粮节粮教育，形成一系列专题教育传统活动。利用板报、红领巾广播站、班队会等加强对节约粮食的宣传。主要就我国人口增加、耕地减少、水资源短缺、粮食安全压力大等现状进行充分分析和讨论，树立节约意识。组织学生开展“节约粮食拒绝浪费从我做起”征文活动，让“节约光荣、浪费可耻”的观念在校园内蔚然成风。聘请粮食局专家进行广播讲座，介绍粮食科学知识，使学生深入了解每天吃到的食物，从其播种到生长，再到呈现在饭桌上，经历了无数的汗水与艰辛，从而强化学生的爱粮节粮意识，固化厉行节约的行为习惯。农忙季节家校联合，让学生实际体

2017 年，青龙山小学老师讲授爱粮节粮知识

验粮食种植、管理、收获的过程，进行劳动实践教育，家庭及长辈爱粮节粮的传统教育更加生动有效，产生了广泛积极的社会效应。各班级定期召开主题班会，通过讨论会、粮食科普知识竞赛等方式进行，使爱粮节粮、健康消费这一理念深入人心，让学生积极主动地参与粮食科技活动周主题宣传活动。经过多年坚持不懈的努力，爱粮节粮已经成为青龙山小学的德育特色。

粮食行业对联

粮丰天下安；库满国家安。

谷乃国之宝；民以食为天。

粮丰农户乐；库满职工欢。

家家粮满囤；户户喜盈门。

送去千包米面；迎来万户春光。

库存五谷国之宝；天降生民食为天。

生产五谷农无愧；供应三餐我有功。

槽边不乏千里马；仓内常存万石粮。

大事记

1944年　5月，沂源县抗日民主政府成立，设立财粮科。

1945年　沂源县总粮库成立，归财粮科管理。

1947年　沂源县粮食局成立。

1948年　沂源县粮食局从外地调入大豆500吨、杂粮150吨，加强全县生产救灾工作。

1950年　4月，沂源县粮食局改为沂源县中央公粮分库。

1953年　2月，沂源县粮食局成为政仓合一的独立核算单位。

1955年　9月，沂源县开始实行粮食“三定”（定产、定购、定销）和市镇粮食定量供应政策，开始使用山东省印发的地方粮票。

1958年　沂源县粮食局粮油加工厂建成。

1958年　各公社设立粮油管理所。

1967年　1月，“造反派”全面夺取沂源县粮

食局权力，粮食局党的组织随之解体。

1970年　沂源县粮食局恢复党的核心小组。

1972年　沂源县粮食局恢复原建制。

1977年　在南麻东岭建大仓6座，容量1.5万吨，设立粮食局直属库，1978年建成。

1980年　沂源县粮食局办公楼落成并投入使用。

1980年　10月，经中共沂源县委批准，成立沂源县粮食局党组。

1981年　2月，组建沂源县粮油议价购销公司。

1988年　9月，成立沂源县城镇粮油供应公司。

1989年　7月，建成沂源县粮油贸易楼。

1990年　经中共沂源县委批准，成立中共沂源县粮食局委员会。

1993年　成立沂源县粮油总公司。

1995年　成立沂源县粮油购销有限公司。

1995年　4月21日，国内贸易部阎司长一行到沂源县检查国家506战备粮和国家专储工作。

1996年　7月，恢复设立沂源县粮食局，与沂源县粮油总公司一个机构、两块牌子。

1997年　组建沂源县粮油配送中心。

1998年　沂源县作为山东省试点县，先行进行粮食流通体制改革。

1998年　沂源县粮食收储管理中心成立。

2001年　沂源县粮食局和沂源县粮食收储营销中心实行合署办公。

2001年　5月，取消市镇居民粮食转移证明。

2003年　原沂源县宏运粮油营销公司破产，组建沂源县宝丰粮油有限公司。

2004年　山东省粮食经济学会工作会议在沂源召开。

2005年　沂源县11个乡镇粮油管理所的国有资产全部退出，组建11个股份制公司。

2006年　沂源县粮食行业协会成立。

2011年　山东省粮食局局长孟庆秀到沂源调研粮食工作。

2012年　山东省粮食经济学会工作会议在沂源召开。

2012年　9月，山东省军粮供应工作会议在沂源召开。

2015年　沂源县政府修订《沂源县粮食应急预案》。

2016年　成立沂源县粮食安全责任考核工作组。

2017年　山东省粮食局、山东省教育厅、山东省农业厅、山东省科技厅、山东省妇联联合授予沂源县悦庄镇青龙山小学山东省“爱粮节粮之星”荣誉称号。

2018年　沂源县政府修订《沂源县县级储备粮油管理办法》，出台《沂源县完善粮食等重要农产品收储制度的实施意见》。

2019年　整合沂源县粮食局和沂源县粮食收储营销中心，组建沂源县粮食事业服务中心，为县政府直属正科级事业单位，由沂源县发展和改革局代管。

2021年　沂源县粮食事业服务中心更名为沂源县粮食和物资储备保障中心，由沂源县发展和改革局管理。

2021年　淄博市委第八联动巡察组对沂源县粮食购销领域腐败问题进行专项巡察工作。

2021年　淄博市粮食应急培训暨演练观摩现场会在沂源县举办。

2022年　源县粮食和物资储备保障中心牵头制定《沂源县委常委会及其成员粮食安全工作职责清单》《沂源县政府领导班子及其成员粮食安全工作职责清单》《沂源县“十四五”时期保障粮食安全行动方案》。

2023年　4月，沂源县积极推进粮食储备企业化改革，成立沂源县地方粮食储备库有限公司。5月，沂源县粮食和物资储备保障中心转为参照公务员管理的事业单位。

2023年　12月，成立沂源县耕地保护和粮食安全工作组，全面贯彻落实国家耕地保护和粮食安全责任制考核工作。

速写《东里店》　（柏淑杰）

中国供销合作社
CHINA CO-OP

供销篇

记忆沂源·商贸流通卷

扫码听书

概　述

沂源县供销社是以农民为主体的劳动者根据合作社原则，自愿集资入股组建的，为其生产、生活服务的合作经济组织，是活跃于沂源县城乡经济领域的一支重要力量，在沂源经济发展的各个时期都发挥了重要作用。

沂源县供销社的基本任务是根据党的任务和社员群众的基本要求确定的。在不同的历史时期，由于党的总任务不同，社员群众的基本要求不同，供销社的基本任务内容也有所不同。在革命战争时期的基本任务是组织群众发展生产，战胜经济困难，支援革命战争。在社会主义改造时期的基本任务是通过业务活动，引导农民走合作化道路，并受国家委托，对农村私商小贩进行社会主义改造，壮大集体所有制经济。在全面进行社会主义建设时期的基本任务是承担国家委派的大量统购统销任务，巩固和发展社会主义统一市场，为工农业生产服务，为农民生活服务，为社会主义建设服务。改革开放后，我国进入了一个新的历史时期，这个时期的基本任务是通过经济联合，引导农民完善合作制，通过扩大经营范围和服务领域，扶持农村商品生产，帮助农民致富。进入中国特色社会主义新时代后，沂源县供销社的基本任务是组织服务农民保障粮食和重要农产品稳定安全供给，持续深化供销社综合改革，推动供销社担当农资流通服务主渠道、农业建设生力军、农村商品市场"国家队"，加快打造为农生产生活服务综合平台，成为党和政府密切联系农民群众的桥梁纽带。

社会主义革命和建设阶段发展情况

沂源县供销社的前身为沂源县合作推进社，1946年1月在悦庄成立。当时的工作重点一方面是冲破国民党的重重封锁，动员组织群众，做军鞋、织粗布支援前线，另一方面帮助群众发展生产，开展救灾。1948年6月，更名为沂源县供销合作总社。1951年3月31日，召开了全县首届社员代表大会，正式改称沂源县供销合作社联合社。1951年10月、1954年8月、1957年12月、1983年10月、2022年5月，分别召开了二、三、四、五、六届社员代表大会。

建社初期，沂源县供销社通过购销业务活动，大力组织军需民用物资的生产和供应。1949年，发展社员28823名，带动全县群众171978名，编织草鞋415万双、苇蓑衣8万余件，提供食用盐2万余公斤、粮食27.2万公斤、各类布匹15万尺、棉花9219公斤，为粉碎国民党的经济封锁和支援解放战争作出了积极贡献。

20世纪50—70年代，供销社大力开展工农业产品的交流，促进工商业的社会主义改造，支援国家工业化建设，保障人民生活需求。在党和政府的坚强领导下，在全县广大社员群众的大力支持下，沂源县供销事业由小到大迅速发展起来，成为沂源县农村商贸流通的主体。1957年，召开第四届社员代表大会时商品销售总额为1290万元，到2022年召开第六届社员代表大会时商品销售总额为3.06亿元，增加近23倍。

1983年，沂源县供销社系统总结大会会场

改革开放以来的发展成就

党的十一届三中全会以来，涉农商品独家经营格局被打破，特别是1982年供销社体制改

革后，县供销社先后成立印刷厂、果品盐业公司、沂源县装饰公司、沂源县储运总公司、沂源县供销食品公司、大富豪酒店、沂源县供销社包装印刷厂、沂源县土产棉麻公司和物资经营中心、荆山宾馆、沂源县供销社综合贸易公司、沂源县工业品公司、沂源县再生资源公司、沂源县农业生产资料公司、裘皮厂、沂美食品厂等几十家企业，工业产值迅速增长，生产门类和产品品种迅速增加，形成了较为完整的加工生产体系。

1998年10月，县委、县政府进行流通体制改革，对全县流通企业结构进行调整，原隶属沂源县供销社的贸易公司、物资经营中心、包装印刷厂、裘皮厂、大富豪酒店、荆山宾馆、沂美食品厂、储运公司8家企业划归沂源县商贸经营总公司，果品盐业公司、供销食品公司划归农副产品营销中心。

改革开放以来，县供销社将发展农产品专业合作社作为发展重点，率先在石桥镇进行农产品专业合作社试点工作。截至2008年，县供销社新成立和重新规范专业合作社124处。2021年，通过基层社领办、龙头企业带动等方式累计领办专业合作社175个，编织起了全县供销系统“对内一张网，上下一本账，经营一盘棋，服务一体化”的服务网络，为繁荣沂源农村经济，加快农村脱贫致富和乡村振兴建设步伐作出重要贡献。

1983年，沂源县供销社系统第五次社员代表大会现场

自1997年起，县供销社开始探索实行系统内大联合，率先在日用工业品和生产资料经营上实行联购分销，在农副产品上实行分购联销。

2003年开始，县供销社推行班组承包制，在各门店班组实行“社有民营”承办，由职工自筹资金，自主经营，自负盈亏，从根本上解决了供销社企业负盈不负亏的问题，建立起与市场经济相适应的经营机制，提高了职工积极性。但随着市场竞争日趋激烈，供销社企业的经营日渐困难，有的甚至到了资不抵债的边缘。2004年10月，县供销社对所属企业实行产权制度改革，确定了统筹规划、分批运作的改革方针，以重点、难点为突破口的工作思路，开始了“以产权制度改革为主体、多种改革形式并举”的改革攻坚战，实行企业法人治理制度，严格按照法定程序和民主程序，选举建立董事会、监事会，形成决策、执行、监督相互促进、相互制衡的现代企业制度。

进入21世纪，供销社在农业生产资料和生活资料上均实现了连锁经营，逐步搭建起涵盖农业生产资料、生产生活服务、农村商贸流通、再生资源回收等方方面面的农村流通服务一张网。

新时代深化改革及发展情况

2020年开始，以争创全省供销系统“县域流通服务网络建设示范县”为重要抓手，依托沂源县世纪东方超市有限公司、沂蒙人家商贸公司，加快建设县域供销综合集采集配中心、镇级综合服务站、村级综合服务社。2022年，建成县级供销综合集采集配中心2处、镇级供销综合服务站10处、村级供销综合服务社119个，建立起“一点多能、一网多用、上下贯通、综合服务”的县域农村现代商贸流通服务网络，全面助力乡村振兴。2023年3月31日，沂源县在“全省供销社流通经济跨越发展暨县域流通服务网络示范县建设现场推进会”上被授予“山东省县域流通服务网络示范县”称号。

2023年，沂源县荣获“山东省流通示范县”称号

打造“以供销合作社为主导、以为农服务龙头公司为骨干、以专业合作社为依托”的农业社会化服务体系，不断推进大田粮食种植和果品生产规范化基地建设。对指导社员生产的农产品进行统一销售，实现农资统一供应和指导使用。县内开展订单式农作物服务托管面积达2万余亩次/年。全力开展农资连锁直供、农业科技培训、统防统治等系列服务，建成农资集采集配中心1处、镇级农资服务站10处、村级农资服务社70处、农资经营网点216个。创新服务方式，建立当地林果业生产全程社会化服务体系，破解林果业生产中农户机械化程度低、产品品质低、经济效益低等难题，助推乡村振兴、农民致富，探索实践优质果品发展路子，实行以“合作社＋基地＋农户”为重点的产业化经营运作模式，与社员签订果品收购协议，果品对接销售200余万斤/年。

本着“先易后难，逐步推进”的原则分类改造基层社，优化活化基层供销社资产，推进基层供销社发展。悦庄供销社投资建成办公楼1处，改造红宝龙超市，增加营业面积近1000平方米。徐家庄供销社整修6处门市部，并对闲置土地资源进行开发再利用，建成1座2层楼，成立集超市、电商、农资等经营于一体的供销综合服务社，借助镇政府招商引资机遇，盘活闲置土地20亩，建设农产品深加工项目。南麻供销社与康源生物科技有限公司合作，盘活老旧房产2700平方米。鲁村供销社建立农村服务综合体办公室，合作建设日用品超市、医药超市、电子商务公司，拓展为农服务中心服务项目，充实为农服务内容，加大资产盘活力度，推动运营提质增效。

以开放办社工作为改革突破口，以强带弱，盘活基层供销社闲置低效资产，推进供销社综合改革向纵深发展。以山东农商智联供应链有限公司为龙头与基层供销社合作，建设村级寄递物资综合服务站。依托其快递网络搭建县、镇、村三级公共服务体系，创新建立以县级公共服务中心为中枢，社区直营店、村级服务站点为两翼，辐射服务社区居民、农村村民的五级双向服务覆盖模式，年实现商贸配送2000余万元，快递配送1800余万件，上行快递400余万件。吸收尊海集团、盛全果蔬公司、山珍园公司入社，利用他们的农产品深加工、农产品储藏、农产品出口和产业资金优势，带动基层供销社闲置资产综合利用。通过农产品收购、加工、销售拉长产业链，推进基层供销社发展，壮大供销社实力。

机构沿革

1946年1月，鲁中南行署专署合作推进社沂源分社成立，下设业务股、财务会计股、组织指导股。1948年6月，更名为沂源供销合作总社。1951年3月，召开第一届社员代表大会后，正式改名为沂源县供销合作社联合社。1953年2月，设立推销、供应、生产资料、药材供应4个经理部。1954年，县联社改称沂源县供销合作社。1955年，县供销合作社的经营机构有药材供应部、中药材经理部、生产资料批发站、土产杂品副食经理部。

1958年5月，县供销社和商业局合并。1961年9月，商社分离，县供销社恢复独立办公，设生产资料、食品、土产杂品3个经理部。1971年6月，县供销社第二次与商业局合并。1975年7月，县供销社与商业局再次分设，恢复独立办公。

1976年，县供销社有直属公司4个，即农业生产资料公司、土产杂品公司、棉麻烟公司、果品公司。1985年7月，成立山东沂源沂美食品厂。县供销社直属经营机构有农业生产资料公司、土产杂品公司、果品公司、综合贸易公司及供销车队。

1990年1月，沂源县供销社隶属淄博市供销社，内部机构设理事会、监事会、办公室、人事科、储运保卫科、基建财务科、业务物价科、基层工作科、商办工业科、计划统计科、饮食服务管理科、科技教育科、审计科、工会，共计14个科室。

1991年，增设纪委、老干部科，共计16个科室。1992年4月，撤销监事会，共计15个科室。1993年，调整部门、科室，撤销理事会、业务物价科、计划统计科，新设党委、主任室、调研室、计划业务科，共计16个科室、部门。1994年，县供销社进行机构改革，撤销调研室、老干部科、基层工作科、饮食服务管理科，12个科室调整合并为四科一室，即办公室、政治工作科、财会基建科、业务工作科、社务管理科。1996年，撤销审计科，原财会基建科改为财会审计科。同年，沂源县供销社为自收自支单位。1997年4月14日，县供销社撤销基建工业科，该科基建管理职能移交给社务管理科，社办工业管理职能移交业务科。同年，撤销供销社纪委。

1998年，县委、县政府对全县流通企业结构进行调整，原隶属县供销社的贸易公司、物资经营中心、包装印刷厂、裘皮厂、大富豪酒店、荆山宾馆、沂美食品厂、储运公司划归县商贸经营总公司，果品盐业公司、供销食品公司划归农副产品营销中心。县社下属12个基层社和县工业品公司、生产资料公司、再生资源公司、土产棉麻公司。

2002年，增设基建办公室。组建鲁村、南麻、唐山、东里、悦庄中心社，撤销原徐家庄、张庄、燕崖、中庄、张家坡、石桥供销社，将其就近并入中心社，保留土门、三岔供销社建制。2006年，沂源县徐家庄供销社、南麻供销社、鲁村供销社、土门供销社、东里供销社、中庄供销社、燕崖供销社、悦庄供销社、唐山供销社获得沂源县经济体制改革办公室关于同意组建供销社有限公司的批复，陆续完成改制。

2007年，原政治工作科改为组织人事科。2010年，撤销基建办公室。2016年后，根据中共沂源县委、沂源县人民政府《关于深化供销合作社综合改革的实施意见》(源发〔2016〕9号)，对沂源县供销社主要职责、内设机构和人员编制进行调整，撤销工会，设置5个科室，即办公室、组织人事科、合作指导科、经济发展科、财会审计科。

沂源县供销合作社联合社历任主要负责人

序号	主要负责人	任职时间	离任时间
1	查丹宸	1946	1948
2	吴念慈	1948	1949.05
3	（空缺）	1949.05	1953.04
4	张成印	1953.04	1957.11
5	刘德甫	1957.11	1962.05
6	李明江	1962.05	1968.03
7	陈明田	1968.03	1970.10
8	（空缺）	1970.10	1975.07
9	李明江	1975.07	1976.02
10	崔宪章	1976.02	1983.10
11	王可臣	1983.10	1984.02
12	（空缺）	1984.02	1984.06
13	李克昌	1984.06	1987.11
14	李绍福	1987.11	1991.03
15	（空缺）	1991.03	1992.04

续表

序号	主要负责人	任职时间	离任时间
16	伊永祥	1992.04	1993
17	钱声起	1993	1997.02
18	王学君	1997.02	1998.11
19	杨中兰	1998.11	2001.04
20	王庆泉	2001.04	2003.03
21	任道深	2003.03	2007.06
22	张道富	2007.06	2016.03
23	张敬平	2016.03	2021.12
24	李可成	2021.12	

组织建设

1990年以前，沂源县供销合作社联合社设党组。1991年，改设党委。2019年，改设党组。同年3月，成立沂源县供销合作社联合社机关党委。

2021年7月，田守英、孟宪友、杨文兰、王先奎、相启连、张纪芳、朱学光、包培菊、胡茂胜、黄成英、郑作福、刘方启、张文明、张汝玲、李兰斌、于永谭、王京美、江东爱、王者娟、江玉芳、焦方安、王本岭、秦承源获颁“光荣在党50年”纪念章。

沂源县供销合作社联合社党组织历任负责人

序号	负责人	在任时间	职务
1	查丹宸	1946—1948	党组书记
2	吴念慈	1948. 秋—1949.05	党组书记
3	（空缺）	1949.05—1953.04	党组书记
4	张成印	1953.04—1957.11	党组书记
5	刘德甫	1957.11—1962.05	党组书记
6	李明江	1962.05—1968.03	党组书记
7	陈明田	1968.03—1970.10	党组书记
8	（空缺）	1970.10—1975.07	党组书记
9	李明江	1975.07—1976.02	党组书记
10	崔宪章	1976.02—1983.10	党组书记
11	王可臣	1983.10—1984.02	党组书记
12	李克昌	1984.06—1987.11	党组书记
13	李绍福	1987.11—1991.03	党组书记
14	伊永祥	1991.09—1992.11	党委书记
15	钱声起	1992.11—2001.04	党委书记
16	杨中兰	2001.04—2003.03	党委书记
17	张道富	2003.03—2009.03	党委书记

续表

序号	负责人	在任时间	职务
18	刘　咏	2009.03—2014.08	党委书记
19	（空缺）	2014.08—2016.03	党委书记
20	张敬平	2016.03—2019.01	党委书记
		2019.01—2021.12	党组书记
21	李可成	2021.12	党组书记

业务经营

1946—1949年，解放战争期间，沂源县合作社（推进社）的业务主要是为军需民用服务，重点是组织发动群众生产和运输必需品，粉碎敌人的经济封锁，支援革命战争。新中国成立后，供销社围绕农民生产生活需要，活跃城乡物资交流，开展业务经营。同时，接受省、市的各项委托，承担相关任务，促进了城乡生产的发展。沂源县委、县政府按照上级政策对国营商业和合作社商业的经营范围、商品分工，做过多次划分和调整，使国营商业和供销社商业在政策上相互协调，在业务上密切配合，稳定市场，保证人民供需。1953年12月，国家规定：国营和地方国营的产品，由国营商业收购；对私营企业的加工订货，通过国营商业有计划地进行；手工业产品的加工订货、收购推销和供应业务，统一由供销社负责；农业生产资料中的工业品批发与零售，由供销社统一经营。

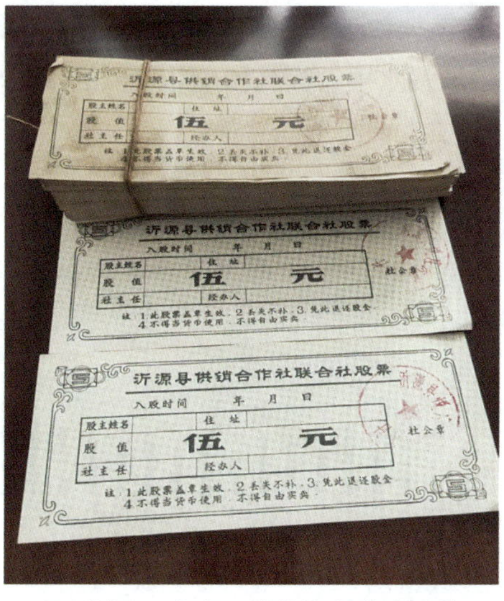

20世纪80年代，供销社发放的股票

1954年7月，国家决定国营商业和供销合作社实行城乡分工。城市市场由国营商业（沂源县为商业局）负责，农村市场由供销合作社负责；10月，国家实行粮油统购统销，供销社根据上级人民政府的工作部署，承担除粮食部门直接收购外的其他农村粮油统购任务。1954年，沂源县供销社为国家收购各类粮食31.69万公斤，其中收购高粱、小米等粗粮17.21万公斤，大豆等12.43万公斤，小麦2.1万公斤。1955年5月，粮油统购全部移交给县粮食部门，国营商业在农村的经营机构，除粮食收购和农产品外，全部移交给县供销社。1956年12月，国务院决定国营商业和合作社商业在城乡分工的基础上，对经营的商品进行分类。国营商业主要管理日用工业品和部分生产资料（五金、交电、石油、化工）的收购和供应；供销社主管粮油以外的农副产品和生产资料的采购供应、废旧物资回收、全县农村市场日用百货及各类农具和副食品的供应。

从1949年新中国成立到1958年，全县供销社购销总额：1949年为59131万元，1953年为3292256万元，1954年增长到6247158万元（1955年前为1948年发行的第一套人民币。1955年，发行第二套人民币，兑换比为10000：1），1956年为1165.9万元，1957年为1608.7万元。因国家政策调整，1958—1961年，沂源县供销合作社和商业局合并。在国民经济遇到暂时困难的关键时刻，国家重新恢复供销社。沂源县供销社开展城乡购销业务，努力做好农村的各项供应工作，完成国家委派的各项收购任务。同时，组织农民群众广开生产门路，发展多种生产经营，为社会主义生产建设供应各类原料，支援工农生产，稳定城乡市场。沂源县供销社的购销额逐年增长：1961年为1325万元，1962年为1380万元，1965年为1446万元。

1975年，恢复独立办公的县供销社，在十分困难的情况下大力开拓业务经营，完成购销总额4951万元。改革开放后，随着国民经济的好转，县供销合作社购销额逐年递增，1978—1981年，购销总额分别是7443.8万元、8642.1万元、9960万元、8904.3万元。1982年，首次突破亿元大关，实现购销额10453.2万元。

20世纪80年代，供销社门市部

1982年以后，随着流通体制改革和市场逐步放开，原有的经营分工格局被打破，县供销社的经营范围和服务领域日益扩大，供销社为农服务的职能进一步强化。这一时期，县供销社继续加强乡镇、农村基层网点的业务经营，发挥群体优势，加强规模经营，积极组织联购分销、分购联销，开拓直供直销渠道，开展工商联销、为生产者代销以及总代理、总经销等新的经营方式，促进了购销业务发展。1982年，县供销社蚕茧业务移交县丝绸公司。1983年，烟草业务移交县烟草公司，销售额减少5000万元左右，购销额度总体有所下降，全年购销额为8699.7万元。1984年，县供销社实现销售额6474.6万元，1987年为8250.6万元。从1990年开始，广大干部职工以社为家，艰苦创业，开拓经营，购销额度实现较大增长，1990年18446.4万元、1991年16925.7万元、1992年17888.1万元、1993年16647.8万元、1997年19151万元。

进入21世纪后，县供销社立足沂源县实际，以市场需求为导向，以经营效益为中心，进一步解放思想、更新观念，在支援农业生产、繁荣城乡经济、搞好现代商贸物流方面做了大量工作。2000年，实现购销额20370万元，购销额首次突破2亿元大关。2002年，全系统完成购销总额24119万元。2003年，完成购销总额24541万元。2005年，完成购销总额30763万元，购销额度突破了3亿元大关。2007年，县供销社通过招商引资引入世纪东方超市有限公司。此后，县供销社依托世纪东方和金太阳商场及各乡镇基层社网点，改造利用原供销社房屋建设超市直营店，打造日用品现代流通服务网络体系，取得重大突破。2010年，全系统实现购销总额2.45亿元。2012年，实现购销总额3.27亿元。2019年，实现购销总额2.89亿元。2020年，实现销售总额3.1亿元。2022年，全系统销售总额突破5.1亿元。2023年，实现销售总额5.04亿。

生活资料供应 农村生活资料供应是县供销社业务经营的一个重要部分。供应商品品种从食盐、火柴、煤油及日常生活必需品逐步扩大到日用百货、副食调料、五金交电、文化用品、纺针织品、民用建材、家用电器、图书等各类商品，并对沂源县农村的集体、个体商业开展批发零售业务；负责土副产品、日用杂品、干鲜果品的城乡市场的零售及批发。

自县供销社成立以来，生活资料供应额随着群众生活消费水平的提高和商品货源的不断增加而

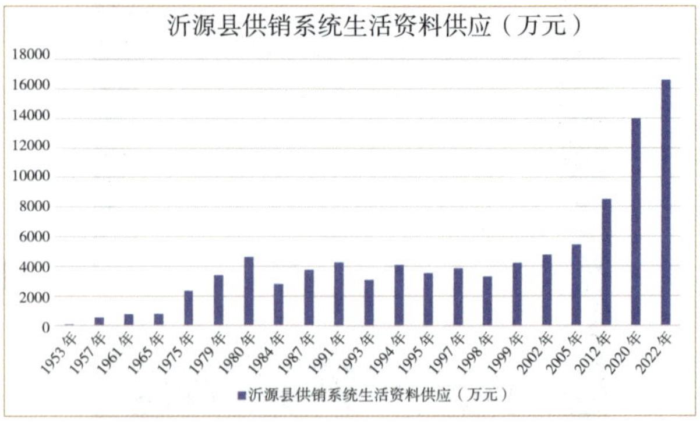

1953—2022年，沂源县供销系统生活资料供应情况

逐年增长。1953年，供应食盐174万公斤、食用油42.28万公斤、火柴614件、茶叶9.19万公斤、纱布23624尺及其他日用百货，共计145565万元（旧币）。1957年，生活资料零售额完成522.03万元，对私商批发完成77.05万元，全年完成生活资料供应额599.07万元。1961年，实际完成生活资料销售额780万元。1965年，县供销社贯彻“发展经济、保障供给”的商业工作总方针，完成生活资料供给总额797.7万元。

1975年，县供销社在人员紧张、物资匮乏的情况下，深入开展“你追我赶劳动竞赛运动”，广大职工积极进取，出现了市场繁荣、物价稳定、购销两旺的大好形势，全县生活资料销售额实现2380万元。1979年，县供销社遵照党中央、国务院“调整、改革、整顿、提高”的方针，狠抓管理，沂源县供销事业出现繁荣景象，日用品销售额完成3393.1万元。1980年，实现销售额4643.9万元，社会商品销售额和商品供应量大幅度增加，与改革开放的时代背景分不开。1982年，县供销采取一系列措施，积极参与竞争，了解市场行情，努力服务农村市场，扩大供销量，采购适销对路的商品参与市场竞争，增加了营业额。据统计，当年仅计划外购进商品总值就达464.2万元，增加各类商品400余种。1984年，实现生活资料销售额2815.1万元。1987年，实现生活资料销售额3780万元。1991年，生活资料零售额度为2276.2万元，批发额度为2005.4万元，共计完成生活资料销售额度4281.6万元。

1983年，沂源县供销社获中华人民共和国商业部表彰

1993年，沂源县供销系统继续深化供销企业改革，全体干部职工以“建九五、奔小康”为动力，以提高经济效益为中心，进一步解放思想，更新观念，加速企业经营机制的转换，生活资料完成销售额3084.6万元。1994年，实现生活资料销售额4090万元。1997年，面对市场竞争日益激烈、流动资金严重短缺、社会购买力不足的现状，供销社组织各企业以市场为导向，注重市场信息和供求关系变化，开展总代理、总经销业务，按照“勤进快销”的原则，积极组织购进高、中、低档商品，满足不同层次消费者的需要，并普遍采取预约送货、赶集赶会摆摊、改善服务态度、延长营业时间等促销措施，方便群众，扩大销售。据统计，当年实现生活资料销售额3876.6万元。1998年，生活资料销售额较1997年减少13%，为3298万元。

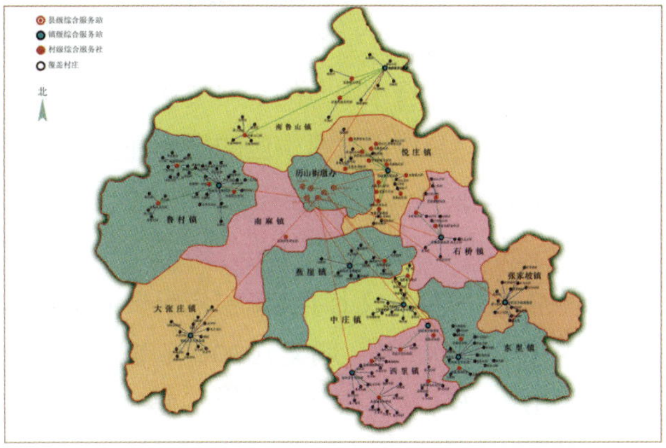
供销社县、镇、村三级商贸流通网络

2002年，实现生活资料销售额4777万元，比2001年增长15%。2005年，以服务“三农”为宗旨，县供销社创新营销业态，构建流通网络，调整营销策略，强化购销措施，搞活生活资料供给工作，全年实现生活资料销售额5445.9万元。2007年后，沂源县供销社依托社属企业世纪东方超市有限公司、金太阳商场、各基层社，扎实推进日用品现代流通服务网络建设。2012年，生活资料销售额达到8495.6万元。2020年，全系统实现销售额1.4亿元。2022年，全系统实现生活资料销售额1.66亿元。2023年，实现生活资料销售额2.11亿元。

农业生产资料供应 农业生产资料的供应是县

供销合作社业务经营的重要内容。基本任务是根据国家不同时期在农村的方针、政策，组织货源、扩大供应、改进方法、加强服务，最大限度满足农民需求，促进农业生产的稳定发展。县供销社自建社以来供应的农业生产资料主要有肥料、农药、农业机械、中小农具、农用塑料薄膜、种子等，随着生产力的发展，供应的农资产品不断更新换代，供应规模也逐步扩大。

新中国成立后，沂源县农业生产亟待恢复和发展，但是受当时条件制约，农业生产资料的供应品种较为单一、数量也不太充足。1949年，县供销社供应粮种1.44万公斤、豆饼10.44万公斤、牲畜粪便等各类有机肥16.81万公斤、杀虫剂1026公斤，犁子、镢头、镰刀、水车等各类生产工具26.6万余件。根据当时互助合作农业的发展及社员的现实需要，县供销社逐步增添农具供应的品种并扩大供应数量。1954年，县供销社组织进货和加工，供应包括镰刀、小推车、耙子、木锨头、铲子、锄头、耙齿等各种农具19种，仅上半年就供应农具1014078件，其中扫帚88948件、腊叉1090杆、镰刀56008张、铲头6704件，及时将农业生产需要的各类农具供应到农民手中，确保了全县农业生产的顺利开展。另外，县供销社还坚持农业技术指导和农具推广相结合，大力推广新式农具、农药，供应大型喷雾器187部、小喷雾器1140部、大型玉米脱粒机100个、步犁22部、小车880部及各种农药4000余公斤。新式农具和农药的供应，在很大程度上改变了农民过去完全靠天吃饭的现状，极大地增强了沂源县农业生产抵抗旱灾、虫灾等自然灾害的能力，保证了农业增产增收，当年实现粮食增产4.3万公斤。

1957年，县供销社完成生产资料供应568909元。1961年，根据“因时因地制宜，实事求是不误农时”的工作方针，县供销社全力供应好农业生产资料，支援农业生产的发展。在小农具方面，按照“四个第一”（小农具第一、维修第一、规格质量第一、补套配套第一）的方针，制定计划，签订合同，供应原料，组织加工和修理配套及进货供应，全年组织1631人加工锄头、镰刀等各类小农具32.4万件，修理配套小农具32.16万件，供应工业、手工业的生产原料钢铁35万公斤、煤炭108万公斤、工具零件750余件，全年供应大型农具455部、化肥71.4万公斤、农药18.4万公斤，农药械822具，全年完成生产资料销售额182万元。

1965年，全系统贯彻“发展经济、保障供给”工作总方针，积极支援工农业生产，支援集体经济，全年实现农业生产资料销售额155.6万元，供应有机肥等肥料61万公斤、农药41.69万公斤、各类铁质农具24.9万件、各种钢材11万公斤、农药械120架及开山工具若干，有力地支援了农业生产。1975年，供销社恢复之初，提出“两人工作一人干，替出一人上前线”的口号，广大职工积极努力，全年农业生产资料实现销售额373万元。

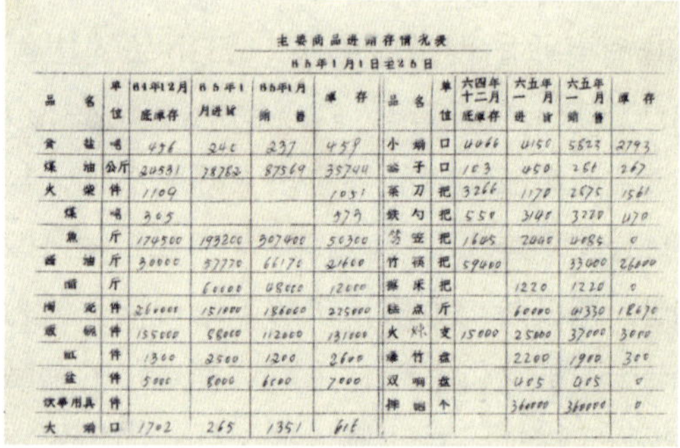
主要商品进销存情况表

65年1月1日至26日

品名	单位	64年12月底库存	65年1月进货	65年1月销售	库存	品名	单位	六四年十二月底库存	六五年一月进货	六五年一月销售	库存
食盐	吨	456	240	237	459	小锅	口	4066	4150	5823	2793
煤油	公斤	20531	28782	87569	35744	[illegible]子	口	103	450	286	267
火柴	件	1109			1031	菜刀	把	3266	1170	2575	1561
煤	吨	305			373	铁勺	把	550	3140	3220	470
糖	斤	174500	193200	307400	50300	笤帚	把	1605	2000	4085	0
酱油	斤	30000	57770	66170	21600	竹[illegible]	把	59400		33000	26000
醋	斤		60000	48000	12000	[illegible]	把		1220	1220	0
陶瓷	件	260000	151000	186000	225000	糕点	斤		60000	41330	18670
瓷碗	件	135000	58000	112000	131000	火[illegible]	支	15000	25000	37000	3000
缸	件	1300	2500	1200	2600	爆竹	盘		2200	1900	300
盆	件	5000	8000	6000	7000	双响	盘		405	405	0
炊事用具	件					[illegible]	个		360000	360000	0
大锅	口	1702	265	1351	616						

1965年，沂源县供销社商品储存单

1980年，县供销系统在农资供应工作中，千方百计扩大货源，做到农资供应不误农时，不断满足农业发展需要。据统计，全年供应化肥4830吨、农药220吨、农药械620架、薄膜61吨，各种中小农具12.65万件，同期扩大零售额58万元。

1984年，县供销系统按照中央一号文件要求，积极深入地进行供销社体制改革。县农业生产资料公司先后多次派出人员对全县的化肥、农药、中小农机具、薄膜等生产资料的需求情况进行调查摸底，对货源不足的物资加紧外出采购调运，全年共供应农药312吨、农药械1703架、化肥20494吨、中小农具16.67万件、薄膜88吨，实现销售额796.7万元，有力地支援了农业生产，促进了农村经济发展。1987年，在农业生产资料的供应上，县供销社农资企业转变经营作风，采取拆整卖零、下乡送货、延长营业时间、降低批发起点等各种便民措施，尽量方便群众，不违农时地做好农业生产资料的供应工作，全年销售各种化肥21933吨、农药293吨；中小农具16.51万件，较1986年增加5000件；薄膜217吨，较1986年增加99吨；农药械5263架。全年完成农业生产资料供应总值1024万元，较1986年增长23.45%。

1991年，全县供销系统共供应各类生产资料总额1557.7万元，较1990年增加432.9万元，增长38%。供应化肥24095吨，其中尿素3565吨、碳铵9417吨、磷肥1895吨、复合肥3580吨，供应各类农药177吨、中小农具12.08万架、柴油1363吨、农膜215吨。

1993年，县供销系统继续深化企业改革，县生产资料市场变化较大，销售渠道已经基本放开，出现销售进度缓慢、农资市场旺季不旺的形势。为此，县供销社系统加强外采，寻找优质货源，缓解供求矛盾，全年从外地购进优质化肥10470吨、农用塑料薄膜136吨，弥补当地优质货源不足的现状。转变服务态度和工作作风，提供优质服务。各单位在农忙季节，采取延长营业时间、下乡送货、服务上门等多种便民措施，扩大农资销售规模。据统计，当年全系统下乡送肥3151吨、农药19吨、农药械3000余件，维修各类喷雾器、喷灌机120余件。完善服务体系，加强农资系统化服务，不断强化科技服务功能，逐步建立和完善支农服务体系，在全县共成立农资服务站13处，其中庄稼医院5处。深入田间地头推广科学种田，引导农民科学施肥，合理用药。全年生产资料销售额完成2128.8万元，销售化肥33209吨，比1992年增加2335吨；农药197吨，比1992年增加34吨；农用塑料薄膜213吨，比1992年增加32吨；农药械6500余件。

伴随着产业结构不断调整，农业基础地位不断加强，沂源县对各种农业生产资料的需求持续增加。县供销社充分发挥农资经营主渠道作用，保证农资供应，支援农业生产。1998年，全系统农资供应总值达3838万元，较1997年增加920万元。其中，供应各类化肥43180吨，较1997年增加4915吨；

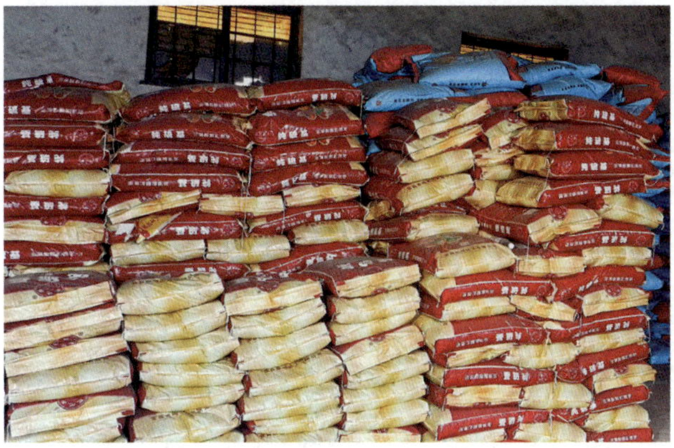

2001年，供销社农资仓库储备的化肥

供应农药334吨，较1997年增加5吨；供应农地膜451吨，较1997年增加120吨；供应农药械5100架，柴油、汽油2745吨，中小农具50余万件。

2002年，沂源县遭遇历史上罕见的高温干旱天气，县供销社把农资供应和抗旱物资供应当作头等大事来抓。从入春开始，县供销社就针对农资市场变化和全县农业需求，对农资商品进行早调查、早计划、早进货、早供应。农资公司抓早争先，开展厂商合作，扩大经营品种，确保货源充足。2002年，县供销社农资公司先后与北京天地新生力高科技有限公司、烟台绿云化工有限公司、江苏新沂农药有限公司联合举办农业科技培训班，在各生资门市部设立为农服务咨询电话，建立科技示范基地。当年完成农业生产资料供应额4778万元，创历史新高，供应各类化肥61841吨、农药465吨、农地膜164吨、各类农药械5200余架、抗旱农机1086台、柴油2132吨、汽油1353吨，有力地支援了抗旱减灾斗争。2005年，县供销系统各农资企业认真贯彻落实《关于加强农资市场经营管理工作的意见》（源政办发〔2004〕8号）和县供销社农资连锁会议精神，抓好农资市场网络建设，努力扩大生产资料供应规模，全年完成生产资料供应额5690.7万元，供应各类化肥42716吨、农药1081吨、农地膜241吨、农药械4500架、农机655台、柴油1459吨、汽油873吨。

2010年，沂源县被确定为全省供销社创新农资经营服务体系建设试点县。沂源县供销社依托沂河源生产资料连锁有限公司，重点开展农资供应和技术指导培训等工作，新型农资经营服务体系建设初见成效。全年举办果树管理和科学施肥用药培训班120期，培训农民1.3万余人，发放科技资料2.6万余份，供应各类化肥20754吨、农药434吨，实现农业生产资料供应额6279万元。

2013年，县供销社把农资服务体系建设的重点放在农业服务上，成立科技服务公司，建成土壤标准化实验室1处，配备农业服务车辆4部，聘用专任农艺师20余名，邀请近百名中、高级“庄稼医生”走向田间地头为农民释疑答惑，先后在鲁村、悦庄、燕崖、大张庄、西里建立花生、樱桃、苹果、蔬菜示范区。依托农资协会、果品专业合作社，通过开展免费测土配方施肥活动和举办科技培训班等方式进行农资营销，在进行广泛的进村入户宣传、田间现场指导的同时，还联合金正大、史贝美等知名农资企业，通过公交车车体广告等方式宣传，起到了较好的宣传效果，共销售各类化肥1.5万吨、农药150余吨、农膜500余吨，实现销售收入7890万元，进一步确立了供销社在农资供应上的主渠道地位。

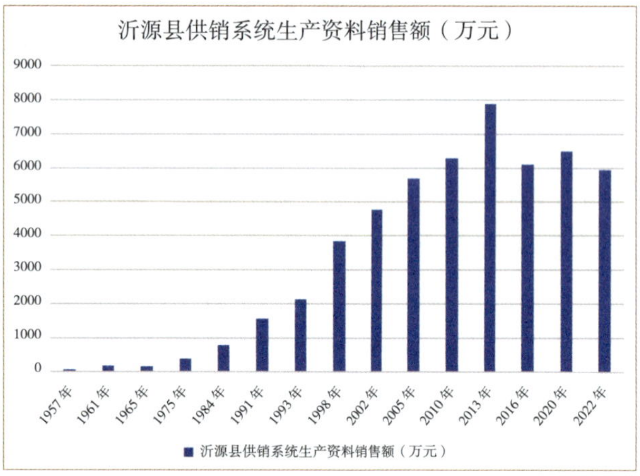

1957—2022年，沂源县供销系统生产资料销售额

2016年，建成3处县级农资中心、16个镇级农资直营店、369处农资网点，全县农资网络体系基本建成，实现农资销售额6100万元，销售各类化肥1.3万吨，农药200余万元。2020年，县供销系统的农资供应工作重点放在着力打造农资品牌，强化农资服务功能，提高服务质量与规模上，加大与肥料厂方的合作力度，实现农资销售额6500万元，全年销售化肥1.7万吨、农药350余万元。

农副产品收购 建县以前，蚕丝、大麻、干鲜果、猪、牛、羊、蛋、山蝎、中药材等由私商经营。1946年，成立沂源县合作推进社（1951年改名为沂源县供销合作社联合社），负责收购粮食、花生、烤烟、皮棉、畜产品、干鲜果等近百个品种，有力地支援了解放战争和新中国的建设。20世纪五六十年代，县供销社先后设采购科、推销经理部、中药材经理部、土产杂品经理部，开展棉麻及各类农副产品的购销工作，在南麻、鲁村、东里、悦庄、三岔等基层社成立采购站，经营品种200多个。自1961年开始，对农副产品实行派购、议购政策。供销社与生产队签订农副产品派购合同，收购果品、皮张、蚕茧、黄烟、蜂类产品、全蝎等各类杂品，返销一定数量的棉布、化肥等紧俏商品，完成派购超额部分实行议价收购。到20世纪80年代中期，市场完全放开后，棉麻、各类农副产品的收购逐渐减少。目前，各基层社此项业务仅有少量开展。

1949年，县供销社（时称推进社）围绕党的生产政策，积极配合县国营贸易部门，组织自身经济力量完成收购任务，收购生米328吨、棉花11吨、黄烟2.3吨、蚕茧17吨、麻200吨。

1954年，根据国家工业化建设需要，进一步提高社员农民生产力，改善人民生活，结合全县土副特产品的产量、销路，收购蚕茧、黄麻、烟叶、蓖麻籽等产品11种，共计1712吨；皮猪、毛猪、鸡仔、金针、花椒等副食类产品375吨；山果、山药类、柿饼、山蝎、半夏、桃仁、杏仁等102吨；

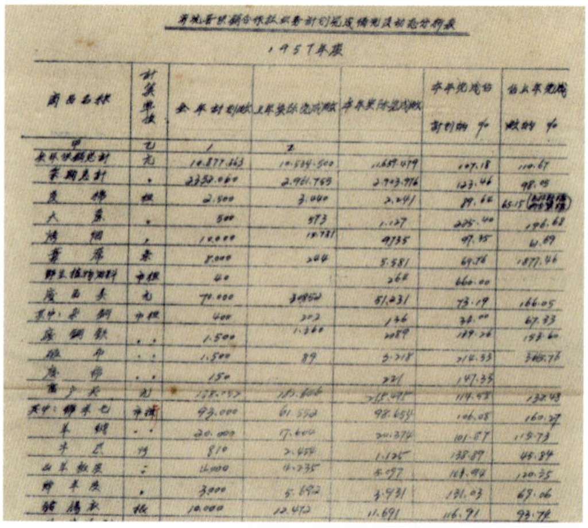

[illegible]

1957年度

商品名称	计算单位	全年计划数	上年实际完成数	本年实际完成数	本年完成占计划的%	占上年完成数的%
甲	乙	1	2			
[illegible]	元	10,877,563	10,534,500	11,659,479	107.18	110.67
[illegible]	〃	2350,060	2,961,765	2,903,976	123.46	98.05
[illegible]	担	2,500	3,040	2,241	89.64	65.15 [illegible]
大[illegible]	〃	500	573	1,127	225.40	196.68
[illegible]	〃	10,000	14,731	9735	97.35	[illegible]
[illegible]	[illegible]	8,000	264	5,581	69.76	1877.46
[illegible]	市担	40		264	660.00	
[illegible]	元	70,000	30850	51,231	73.19	166.05
其中：[illegible]	市担	400	203	136	34.00	67.33
[illegible]	〃	1,500	1,360	2089	139.26	153.60
[illegible]	〃	1,500	89	3,218	214.53	[illegible]
[illegible]	〃	150		221	147.33	
[illegible]	元	[illegible]	[illegible]	[illegible]	114.53	132.43
其中：[illegible]	市斤	93,000	61,550	98,654	106.08	160.27
[illegible]	〃	20,000	17,600	20,374	101.87	115.73
[illegible]	[illegible]	810	2,454	1,125	138.89	45.84
[illegible]	〃	16,000	4,235	[illegible]	[illegible]	120.75
[illegible]	〃	3000	5,692	3,931	131.03	69.06
[illegible]	[illegible]	10,000	12,472	11,691	116.91	93.74

1957年，沂源县供销社土特产完成情况分析表

羊毛、羊绒、各类皮革等118258万元（旧币）。

1957年，坚持贯彻集中主要力量做好农副产品和小土产杂品的采购政策，县供销社进一步充实采购人员，充分发挥全体人员的积极性。全年完成采购额290.39万元，其中收购皮棉112吨、烤烟486.8吨、黄麻56.4吨，畜产品总值21.55万元。1961年，农副产品的收购采取合同制，对指导农副产品生产、推动社会主义经济有计划按比例地发展起了很大作用，既保证了国家收购计划的落实，又使各公社、生产队加强了对生产、生活的安排，群众称赞实行合同制是“一年早知道”。当年完成收购额420余万元，收购活猪12590头、鲜蛋103.6吨、棉花110吨、烤烟305吨、蚕茧81.5吨，收购畜产品总值27.5万元。1965年，收购棉花281.7吨、烤烟317吨、黄麻9.3吨、鲜蛋277吨，苹果等各类果品168.3吨、核桃171.2吨、柿饼413.7吨、花椒27吨，畜产品总值23.9万元、全蝎等土药材16.3万元，收购产品无论数量还是种类都有了大幅度增加。1975年，主要农副产品收购量大幅上升，苹果收购量8100吨、花椒500吨，当年收购额达1267万元，比1966年增加近2倍。

1979年，张家坡供销社采购站收购蚕茧

1979年，供销社系统一边扶持社队发展生产，一边下乡积极收购蚕茧、鲜蛋、黄烟等农副产品，收购花椒1570吨、苹果7500吨，收购黄烟4210吨，仅此一项增加销售额370万元。1984年，收购苹果5014吨、花椒897.4吨、柿饼800吨、花生316.15吨。

20世纪90年代，供销社面对市场竞争勇于开拓，不断扩大经营范围和领域，全县农副产品收购工作取得一定成绩。1991年，实现收购额1894.2万元，其中棉麻类40.1万元、土产类188.5万元、干鲜果类407万元、粮食油料类140.6万元、肉食禽蛋类917.3万元、畜产品类44.2万元、中药材类25.8万元，另外收购蜂蜜356吨。1997年，根据市场形势变化，供销社充分发挥农副产品专业合作社的作用，与广大社员结成利益共同体，按照“以销代购、快收快调快结算”的原则，强化收购措施，努力开拓市场，全年各类土特产品购进额分别是棉麻类161万元、土产类146万元、干鲜果品384万元、干菜调味品类154万元、肉食禽蛋类228万元、中药材类34万元。另外，收购蜂蜜153吨、花椒300吨。

1979年，徐家庄供销社收购苹果

进入21世纪，随着农业产业结构调整，全县的果品种植面积逐渐扩大，苹果、葡萄、花椒、桃等果品生产已成为全县的支柱产业，是广大农民的主要经济来源，县供销系统购销业务也逐步由采购改为代购代销、联营合作。2002年，全县供销系统直接为农民推销农副产品1823万元，调拨代销花椒300吨，购销各类果品8824吨，其中苹果2200吨，购销鲜菜185吨、粮食108吨、油料17吨。2005年，购销果品6713吨、花椒120吨、中药材350吨、棉花105吨、蜂蜜31吨，实现各类农副产品购销额1463.1万元。2005年，县供销系统各企业改制完成后，土产公司和各基层社自主开展农副产品购销业务，农副产品购销逐渐转为以代销苹果、樱桃等果品为主，其他业务逐渐减少。

烟叶是关系到国计民生的重要物资。域内土烟种植始于明朝万历年间，各乡均有零星种植。1928年，三岔引进烤烟。20世纪50年代末，烤烟种植面积渐多，土烟渐少，至60年代中后期均改为种植烤烟。

县供销社在新中国建立之初就收购烟叶，业务始于1949年，当年收购烟叶2万公斤。1952年，供销社在三岔设置收购点，当年收购烟叶5.5万公斤。1959—1962年，供销社增加九会采购站和石桥采购站，开始收购烟叶。1963年，全县收购烟叶9.41万公斤。1977年，全县供销系统13处收购站共收购烟叶190.22万公斤。直到1983年将烟叶收购加工业务转入沂源烟草支公司，业务开展了30余年。

1956年前，烟草业由县供销社代营。1957年1月，县供销社土产经理部（后改称土产杂品公司）负责经营。1976年6月28日，土产杂品公司分设为土产杂品和棉烟麻两个公司，烟草业归棉烟麻公司经营。1983年1月26日，沂源县棉烟麻公司改为棉麻公司，原棉烟麻公司与烟草相关的财产、资金、人员并入沂源烟草支公司。1983年以后，烟叶由烟草公司收购，供销社不再保留相关业务。

再生资源 工业生产过程中切削下来的金属屑、边角废料、报废的设备及零部件，工农业生产、居民生活中产生的废弃物，都是宝贵的生产资源，是可利用的再生资源。再生资源同自然资源一样，经过再加工可以生产出新的产品。回收利用废旧物资，变废为宝，增加社会财富，既保护环境免受污染，又节约资源实现再利用，是利国利民的事业。

新中国成立后，国家十分重视废旧物资的回收利用工作。1950年，中华全国供销合作总社结合生产救灾，在灾区收杂铜、废橡胶，属于中国土产公司的代购业务。1952年8月，国家决定发挥供销合作社组织的广泛性和群众性特点，将回收杂铜的工作改交供销合作社系统承办。随后，为适应国家大规模经济建设的需要，国家要求供销合作社全面开展废旧物资回收业务。1955年8月，中华全国供销合作总社与有关方面协商，决定将城乡废品回收业务统一交由供销合作社负责。经营范围包括城乡居民中失去使用价值的生产资料和生活资料，厂矿企业生产中不便于处理的下脚料、金属制品、交电器材及破衣服、鞋子，共30多个品种。

1957年8月，国务院规定，废铜、废锡、废铅、废钢铁为统一收购物资，由国家委托供销社统一收购，不是国家委托的商店和商贩，一律不准收购。沂源县供销社系统也是在这种形势下，充分发挥供销系统的群众性、广泛性优势，组织广大社员，积极开展废旧物资收购和加工利用业务，为沂源县经济建设作出积极贡献。县供销社将各类废品的收购任务按季节分配到各零售店，提高了各店的积极性，收购量显著增加，仅张庄社就收购废品40.5吨。1965年，根据省财贸会议指示精神，发动全系统职工在全县范围内开展群众性废品收购运动，不到2个月时间，全县收购废品105吨，为社员增加收入2.3万余元。进入20世纪80年代，全国废旧物资市场逐步呈现出活跃之势，大部分商品持续畅销，基层社、土产公司根据市场变化，大力开展废旧资源的回收和利用，1984年，收购杂铜307吨、废铝129吨、废铅6.2吨、废钢铁150吨、破旧衣物75吨。1987年，收购废铜30吨、废铁893吨。

1989年，全国开展清理整顿再生资源市场行动，山东省人民政府颁发《山东省钢材、有色金属管理暂行规定》，要求所有计划内钢材和有色金属，必须按规定进行交易，不准在集市上自由购销；供销合作社负责统一收购废钢铁和废有色金属，并组织实施调拨计划，其他单位和个人不准收购，不准进入集市交易。同年1月12日，县供销社成立沂源县再生资源公司，独立核算，专营废旧物资的回收、加工利用，形成一个完整的独立经营行业。

1990年，再生资源公司完成废旧物资收购额220.5万元。1993年，废旧物资市场持续活跃，大部分品种适销对路，废旧金属尤为畅销，县供销社根据市场变化及时调整计划，制定奖惩措施，调动干部职工收旧利废、变废为宝的积极性，完成废旧物资回收额358万元，其中收购废钢铁2370吨、废有色金属45吨。针对废钢铁货款回笼难的情况，县供销社大力开展废钢铁换钢材业务，同时着力在废旧物资的挑选、整理、加工增值业务上下苦功夫。1995年，完成废旧物资收购额508.8万元。

进入21世纪，再生资源市场已基本放开，市场竞争日趋激烈，再生资源行业整体滑坡，县再生资源公司面临着资金回笼难、干部职工薪资与养老金落实压力大等问题。广大干部职工不等不靠，积极找门路想办法，充分发挥行业龙头作用，在抓好当地资源的同时，扩大外购外销业务，先后组织人员到临沂蒙阴、潍坊临朐、青州、泰安新泰等地设点，直接收购或者与当地购销网点联合经营，拓宽废旧物资购销渠道。2002年，全系统共完成废旧物资回收额1195万元，其中收购废旧钢材10728吨、有色金属3吨、造纸原料49吨。2005年，完成废旧物资购进额2625万元，其中收购废旧钢铁9493吨、造纸原料319吨。2006年，沂源县再生资源公司改制为股份制公司，继续开展废旧物资回收业务。2011年，完成废旧金属收购额2276万元。2022年，收购废旧金属5175吨，收购金额1698万元。

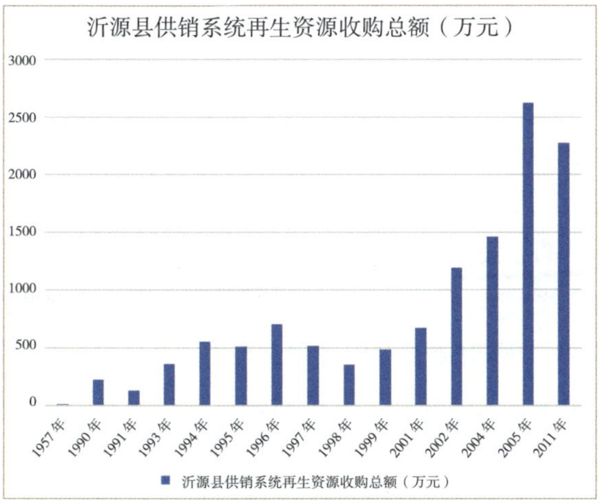

1957—2011年，沂源县供销系统再生资源收购总额

饮食服务 在新中国成立之前和新中国成立之初，沂源县境内的饮食服务行业，均为私营和个体经营，多集中在南麻、悦庄、东里、鲁村等地或处于交通要道的大集镇上。一般集镇和乡村饮食服务业以摊贩集日经营为主，多系小饭店和熟食摊。1954年，全县有私营饮食业户562户、从业人员656人，其中农村饭铺25处、从业人员61人，少数兼营旅店。

1955年，政府对私营商业进行改造。6月，在南麻以3家小饭店为基础，成立了第一家合作饭店，后来又组建起南麻、东里、悦庄、石桥、三岔、燕崖等11个合作饭店，职工103人。同时，还通过合并饭摊和饭棚，组建了27个饮食合作小组。1956年，合作饭店和合作小组均归属县供销社。其中，南麻合作饭店过渡到南麻供销社，改称“大众饭店”，饭店从业人员22名，主要经营馒头、烙饼、面条、一般炒菜与合菜。当年，全系统共有饮食服务网点24处，从业人员144人，营业额31万元，实现利润11.3万元。1965年，县供销社系统所属饭店、旅馆发展到19家，每家旅馆都配上了枕头、被褥，有6家饭店安装了蒸汽炉，受到旅客和广大社员好评。1975年，供销社再度恢复时，全县供销系统尚有14家饭店，年营业额在30万元左右，实现利润9.9万元。

20世纪七八十年代，中庄供销社饭店制作糕点场景

20世纪80年代，随着改革开放政策的落实，乡镇、集体、个人纷纷在县城开饭店、设菜馆。全县乡镇、大集市、交通道口、公路沿线均有饮食服务业出现。以前的供销社独家经营变成了全社会自由竞争，供销系统饮食服务业在与同行业的相互竞争、相互促进下，经营面貌大幅改观，各类菜品花色增加到198种，把过去的一锅煮、一盆装、一瓢舀的做法改成现点、现配、现炒、现卖，普遍讲究刀法、刀工和色香味形。与此同时，各饮食服务店的营业时间也普遍延长，一般都做到了“早开店、晚关门，全日供应不停堂”，并且还恢复了包办酒

1987 年，沂源县供销社饮食服务工作获地区表彰

席、定饭包伙、服务到桌、回锅加热等传统做法。供销系统饮食服务业经营日趋灵活。

20世纪90年代是供销社系统饮食服务业的繁荣时期。1990年，供销社系统有服务业网点18处，从业人员125人。其中，1—3级厨师技师12人，年营业额152万元，完成利润17万元。1993年，供销系统服务经营开创新纪录，县社贸易公司荆山宾馆、储运总公司海味饭庄、食品公司烤鸭店，各具风味特点，形成“高、中、低档配套，以贴近百姓的中低档为主”的经营特色。各饭店不断提高饭菜质量，实行薄利多销，积极承办婚宴。荆山宾馆一年承办婚宴达1000多桌。荆山宾馆、海味饭庄当年实现利润分别达65.27万元、13.43万元；食品公司烤鸭店开业当年实现利润81万元。东里、石桥、悦庄、土门、三岔、张家坡、徐家庄供销社饭店经济效益也明显提高。当年全县供销系统实现饮食服务业营业收入330.26万元，实现利润92.05万元。

1997年，饮食服务业坚持经营上档次、品种多样化，经营服务做到人无我有、人有我优、人优我廉、人廉我全。县供销餐饮行业突出特色经营，重点抓好早餐、零食、夜市、婚宴、生日宴、家宴，提供上门服务项目。供销社以优质的服务赢得了顾客、社会的认可，打造了全系统饮食服务业的经营特色和体系优势。当年，全县供销系统饮食服务业实现营业收入450.1万元，实现利润83.1万元。1998年10月，全县供销系统饭店、宾馆自供销系统转出。进入21世纪后，各企业、乡镇基层社的饮食服务企业逐步外包或退出。供销系统各基层社、企业已极少涉及饮食服务行业。

社办工业 供销社社办工业指的是供销社在体制改革中，从流通领域向生产领域延伸的一种成果，即供销社并未局限于流通领域，而是开始兴办工业加工企业，涉及农副产品加工等领域。这一转变是随着农村商品经济的发展而发生的，旨在适应市场需求，提高农产品的附加值和市场竞争力。兴办棉纺、麻纺、肉类加工、裘皮加工、粮食加工、食品加工等加工工业，形成了产供销一条龙的优势，这不仅提升了供销社的经济效益，也为农民提供了更多的就业机会，扩大了收入来源。新中国成立前，县推进社依靠各手工业合作组保障各类物资生产和供应，有力支援了兄弟地区的军需供给。新中国成立后，包括手工业合作社在内的合作社工业生产蓬勃发展。沂源县供销社工业一般采取的是就地取材，就地加工销售，满足群众的生产、生活需要。1954年7月，手工业合作社从供销系统独立出来，20世纪60年代，由于政策等各方面的调整，社办工业基本没有发展。

改革开放后，沂源县集体、个体商业发展迅猛。20世纪80年代，各类经营机构达到8000多家。沂源境内有许多省、市企业，工业基础较好。供销社耳灵腿长，既有遍布城乡的网点，又有500多人的采购运输队伍，有着广阔的产品销路。在资金、物资方面，供销社具备投资建厂的能力，闲置场地较多，房屋可以更新改造利用，闲置资金比较充足。发展社办工业，沂源县有着得天独厚的优势。县供销社设立商办工业科，以市场为导向，立足当地资源优势，坚持“一业为主，多业并举”的经营方针，加强社办工业的建设，走出一条工商结合、以工补商、工商共同发展的道路，取得显著的经济效益和社会效益。1984年，县社果品公司率先投资30万元，上马具备彩印能力的纸箱厂，年生产纸箱达3000万件，当年实现产值50万元，利税20万元。

1985年，沂美食品工业公司建成开工，其生产的沂美牌花生酥糖、酸枣汁、炒红果名噪一时，甚至出现了供不应求的情况，当年年产值就达到500余万元。1986年，县供销社投资建立供销食品公司。鲁村供销社利用原有场地和房屋投资10万元，率先建起木器厂、面粉厂、印刷厂、骨胶厂和面条加工厂等6家小厂，当年实现产值28万元、利润7万元。1987年，供销车队发挥资金、技术优势，兴建汽车保养修理厂1处，除保养维修车队车辆外，还面向社会提供服务，实现收入14万元、利润6万元。

1991年，县供销社装饰公司开办铝合金门窗厂、塑料制品厂和涂料厂，不仅满足了自身需要，而且向社会提供产品，年产值60余万元，实现利润15万元。县供销社投资10万元，组建小型印刷厂1家，年产值达40余万元。

1991年，沂源县供销社荣获淄博市社办工业先进单位

1994年，县供销社已发展社办工业企业及加工项目40余个，年产值达到2000余万元，从业人员500余人，形成棉花、粮食、印刷、纸箱、服装、果业加工、维修、塑料、建材、食品、酿造等11个门类、120多个品种，多形式、多层次的加工生产体系。1998年，县委、县政府对全县流通企业结构进行调整，原隶属县供销社的贸易公司、物资经营中心、包装印刷厂、裘皮厂、大富豪酒店、荆山宾馆、沂美食品厂、储运公司划归县商贸经营总公司，果品盐业公司、供销食品公司划归农副产品营销中心。至此，社属工业企业基本全部划出供销社系统。1999年，全系统社办工业产值84万元。进入21世纪后，县供销系统社办工业逐步消失，仅有个别基层社保留了布鞋加工、地毯编织、纸箱加工等项目。

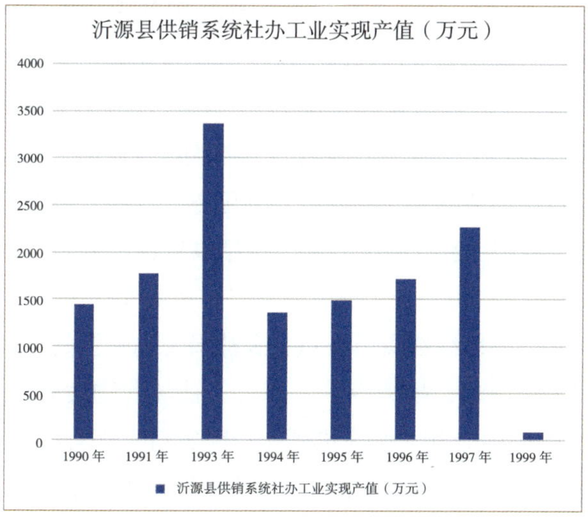

1990—1999年，沂源县供销系统社办工业产值

所属机构

唐山供销社

概况

唐山供销社，位于沂源县南部西里镇驻地，成立于1945年7月。2006年9月，改制为唐山供销社有限公司。2024年，有干部职工21人、退休职工48人、离休干部1人，经营网点13处，年销售总额700万元，利税60万元。

发展历程

唐山供销社 1945年7月6日成立，又名唐山商店，隶属县供销社，设有办公室、会计股、采购股、供应股、染坊、酱园厂，9个门市部，13个分销店，共有职工92名，其中正式干部19名、过渡人员45名、长期雇佣人员12名、工人3名。

唐山中心社 2002年3月15日，县供销社确定组建唐山中心社，撤销原中庄供销社，将其就近并入唐山中心社。

唐山供销社有限公司 2006年9月，重组成立沂源县唐山供销社有限公司，召开公司第一届第一次股东大会，通过了公司章程，选举产生了新的领导班子，运营至今。

业务经营

唐山供销社建立之初，为解放战争供应物资，为当地人民提供生活物资服务。据统计，1946—1949年，区供销社为前线提供作战物资（粮食、布

20世纪80年代，供销社门市部柜台

匹、鞋帽等）1.3万万元（旧币），受到上级领导的肯定和表扬。1961—1964年，共完成人民生产、生活物资供应额800万元，其中生产资料200多万元，各种小农具198875件、各种水车520辆、农药械425架、农药61789公斤、化肥212708公斤，充分满足了农业生产的供应需求。在各中心村设立村级服务站，开展农产品的代购代销业务，解决了人民的买难卖难问题。

唐山供销社有限公司成立后，对集贸市场进行改造，建成26套商住楼，在原供销大楼后院建成面积1200多平方米二层超市1处。2009年3月，争取财政扶持，成立农民花椒专业合作社，总投资180多万元，建成建筑面积1000平方米的花椒深加工项目1处。当年提供工作岗位60余个，采购加工当地农民花椒20余吨，实现了社会效益和经济效益。

南麻供销社

概况

南麻供销社（原张庄供销社），成立于1946年，地处县城西南方向，蒙阴、新泰、莱芜三县交界的大张庄镇。2007年7月26日，张庄供销社改制重组为南麻供销社有限公司，职工15人，离退休人员35名，资产以原张庄供销社资产为主（原南麻供销社已于1993年破产）。2024年，有3个承租单位、8个经营零售门市部，固定资产170余万元。

发展历程

张庄互助推进社　张庄一带于1943年3月解放，属于老解放区。解放初期，在党组织的领导下，把当地商贩组织起来，成立了40余人的互助推进社。

张庄供销社　1946年，在互助推进社的基础上成立张庄供销社，内设6个科室、17个门市部，另有粮食站、食品站、药店等。

南麻中心社　1992年3月，县供销社对全县基层供销社进行划分，成立5个中心社。张庄供销社和燕崖供销社合并成立南麻中心社。

南麻供销社有限公司　2005年5月，南麻中心社宣告破产重组，燕崖供销社重新分离出去。2007年7月，张庄供销社资产设施及人员进行了重新组合，成立南麻供销社有限公司。

业务经营

张庄互助推进社成立时的经营设施和资金来源主要是向推进社社员租借或者吸引个人投资，靠一根扁担，走街串巷起家。张庄互助社都是从100里外的博山进货，最初主要是靠人力推木轮车进货，来回一次需要2~3天。主要的商品多为群众急需物品，如食盐、油、茶等生活必需品及锄头、铁锨等农具物资。为当地百姓服务的同时，为前线部队筹集粮食、布匹等物资，为抗日战争和解放战争作出积极贡献。

张庄供销社成立之初，设施简陋、资金缺乏。为克服发展难题，张庄供销社号召当地群众持股入社，共发行股票3000股，每股5员，筹集资金1.5万元。1965年后，供销社逐渐发展壮大。在此期间，张庄供销社召开第一次社员代表大会，充实领导班子，在扩大基础设施的同时进一步增加工作人员。1970年，张庄供销社逐步摆脱经营困境，步入正轨。很多商品凭票供应，满足不了农村社员的需求。20世纪80年代，各类商品供应逐渐充足，凭票购买商品的时代随之结束。在此期间，张庄供销社坚持组织售货员推着装满社员急需物资的小木车走街串巷，摆摊经营，满足了社员的物质需求。1978—1981年，张庄供销社利用3年时间筹集资金30万元建成仓库50余间、门头80间、职工宿舍30余间，办公室、门市部全部由草房翻新成砖瓦房。

1981年，张庄供销社从杭州购买罗马尼亚进口货车1辆，当时全县供销社系统仅此1辆。

1984年，供销社系统进行体制改革，原有的铁饭碗被打破，由专属经营改为开放经营，农村市场经济逐步放开。为适应农村市场全面放开的新形势，张庄供销社干部职工进一步解放思想，不断开拓经营项目，根据当地资源开展了花生米购销业务，当年收购花生米25万公斤。1986年，张庄供销社开展生猪收购业务，平均年收购生猪10万余头，销往青州、文登等6个肉联厂。

20世纪80年代，张庄供销社门市部

1987年，对全社15个经营单位实行承包责任制，具体方法是制定承包基数，由1人挑头、自由组合，由供销社统一管控。按照多劳多得的办法，依照承包基数完成比例发放工资，极大调动了全社干部职工的工作积极性。1988年春季，发动全社干部职工，抽调采购站购销员，利用1个月时间开展蚕茧收购业务，获利40万元。9月，张庄供销社进一步解放思想，通过申请立项，征收土地10亩，投资100万元成立张庄供销社肉联厂，建设500吨级冷库1座，车间、办公室及食堂60余间，购置冷藏车、普桑车、解放牌货车、拖拉机各1辆。1992年，投资40万元，建400余平方米两层楼1座用于经营饭店，在沟泉建饭店5间、采购站10间。张庄供销社时有职工200余人。

随着农村市场经济的进一步深化改革，农村个体经济逐步扩大。1996年后，张庄供销社各项业务逐渐消失。2001年后，供销社大部分门市部出现无人承包的情况。2012年，南麻供销社有限公司召开股东大会，筹集资金24万元，对南岩、娄家铺子2个门市部进行改造翻新。出租荒废的门市部，进一步盘活资产。2021年，南麻供销社有限公司与康源生物科技有限公司合作，对闲置土地、房产进行盘活利用，盘活土地7亩、老旧房产2700平方米，增加社有资产20万元。2023年，出租旋峰门市部土地4.5亩，增加收入9.5万元。

悦庄供销社

概况

悦庄供销社，位于悦庄镇驻地，成立于1946年3月。2008年1月，正式改制成立沂源县悦庄供销社有限公司。2024年，有干部职工19人、退休职工48人、离休干部1人，经营网点15处，年销售总额2000万元，利税80万元。

发展历程

悦庄区供销社 又名悦庄商店，1946年3月成立，隶属供销社，内设办公室、会计、采购、染坊、酱园厂等股级科室和机构，管辖9个门市部、13个分销店，有职工92名。同年，悦庄区供销社按照“保本增息，按利分红”的原则，募集了股票，每股5元，共吸收群众入股1200股，募集资金6000元。1956年6月8日，召开第一次社员代表大会，选举产生理事会和监事会，制定了沂源县悦庄区供销社章程。

悦庄供销社 1970年，悦庄区供销社改名为悦庄供销社。1975年4月，为满足人民群众增长的日用品需求，投资1143元，建设两县门市部。1976年5月，建设沂河头门市部。1976年7月，建设生资门市部、百货门市部、供应股仓库。1977年，建设石臼门市部，以及煤炭站、宾馆、饭店各1处。1982年10月，新建砖厂1处并投产。

悦庄中心社 由悦庄供销社和石桥供销社合并组成。2002年3月，县供销社对全县基层社进行划分，成立5个中心社，悦庄中心社为其中之一。2004年4月，悦庄中心社存在职工工资欠发、上访等问题，导致中心社经营难以为继，向法院申请破产。

悦庄供销社有限公司 沂源县人民法院批准悦庄中心社破产重组申请（源政发〔2005〕80号）。2008年1月，悦庄中心社破产重组完成，成立悦庄供销社有限公司。

业务经营

悦庄区供销社成立后，主要是供应人民生活所需物资，在解放战争时期，还承担了为前线供应粮食、布匹、鞋帽等物资的任务。1946—1949年，悦庄区供销社承担了战争物资供应任务，供应前线价值1.3万余元的作战物资。新中国成立后，为适应发展农业的需求，悦庄区供销社主要供应农具、化肥、农药等生产资料。1970年，投资60余万元，新建烟站、蚕茧站，开展黄烟、蚕茧收购业务。1971年，悦庄镇种植黄烟2000多亩、桑园800多亩、地边桑150多万棵，全年收购黄烟80多万斤、蚕茧10多万斤，创收200万元。

2024年，悦庄供销社红宝龙购物商场

1973—1977年，在公社驻地中心新建百货门头1处，在石臼乡（等同于后来的管区）、黄山子乡各新建门头12间，在埠村乡、沂河乡、赵庄乡、两县乡各新建门头10间。

1977年，新上煤炭、饭店、宾馆业务，新建煤炭站、饭店、宾馆各1处，并投入使用。1954—1977年，悦庄供销社营业收入由60余万元增加到600余万元，干部职工由92人增加到154人。

1982年，悦庄供销社新上砖厂、苗木培育、养鸡等业务，先后投资3.5万元，在唐家官庄建设砖厂1座；投资10万元，在埝庄建设育苗基地1处；投资20万元，在崔家庄和朱家庄分别建设养鸡场1处，拓宽了悦庄供销社的业务范围。

1991年，为服务悦庄发展，将悦庄供销社饭店、旅馆的土地与悦庄联中土地进行了置换。

1991—2000年，面向农村市场实行开放办社，悦庄各村都建立了代销点，发展代销75户，扩大了经营业务。在此期间，悦庄供销社也发展迅速，在悦庄镇驻地设百货、生产、综合3个大门市部，在8个管区分别设立了门市部，有供应股、采购站、酱园厂、饭店、面粉厂、维修车行、饲料加工厂等。

为提高职工积极性，增加干部职工收入，2002年，将悦庄供销社原有的“大锅饭式”集体经营改为个体承包经营，对供销社原有经营网点进行了对外租赁承包。2019—2022年，先后改建超市2处，新建超市1处，修建商住楼1处。2019年，将原石桥供销社大楼改建成建筑面积1000平方米的红宝龙超市石桥店，方便了周围村民。

鲁村供销社

概况

鲁村供销社，位于沂源县鲁村镇驻地，成立于1947年3月。2007年6月，改制为沂源县鲁村供销社有限公司。2024年，有干部职工59人、退休职工38人、离休干部6人，股金总额116.4万元，经营网点39处，年销售总额2800万元，利税89万元。

2012年，被省政府评为农民合作社示范社。2013年，被淄博市供销合作社评为系统先进单位。2015年8月，被山东省农业厅、发改委等10家单位评为农民合作社省级示范社。

发展历程

鲁村区互助社 成立于1947年3月，隶属县供销社，设有办公室、会计股、采购股、供应股、染坊、副食品加工厂，有生资、百货、综合等26个经营网点，16个分销店，共有职工62名、管理人员5人。1947年，按照每股0.5元的价格，吸收群众入股，募集资金650元。

鲁村公社供销社 1959年3月，召开第一次社员代表大会，选举产生理事会和监事会，制定鲁村公社供销社章程。1968年，田庄水库北干区蓄水，供销社从南藕塘旁搬迁至现址。

鲁村供销社 20世纪70年代，鲁村公社供销社改名为鲁村供销社。

鲁村供销社有限公司 2002年以后，供销社经营困难，在县供销社的协调和部署下，2004年11月，鲁村供销社向县法院申请破产重组。2007年6月，重新登记注册成立沂源县鲁村供销社有限公司。按照公司法及公司章程，重新选举产生公司董事会和监事会，运营至今。

2024年，鲁村供销社加油站

业务经营

20世纪60年代，鲁村供销社每年完成供应总额290万元，其中生产资料、日用百货、副食品等供应额200多万元。供应各种小农具23.6万件、水车650辆、农药械560架、农药8万公斤、化肥3.1万公斤。同时，收购生产队苹果、农副产品、废旧物资、黄烟、蚕茧等。

1970—1975年，供销社多方面筹措资金，在公社驻地中心位置新建饭店、宾馆、采购站、煤炭站，在草埠、舍庄、沙沟、南岭、王石沟、王村、西坡等村建经营服务门店。1976年，开展黄烟种植和养蚕业务，当年收购黄烟45万公斤、蚕茧5万公斤。1980年，供销社投入80万元建成面积2000余平方米的鲁村供销宾馆。20世纪八九十年代，先后投入260余万元，新建鲁村加油站、沿街房等。其间，鲁村供销社顺应市场经济发展，通过公开招标等方式将原有资产租赁给个人经营，增收显著。

2002年开始，先后投资440余万元，提升改造原供销社家属楼和沿街房。2007年以后，先后成立了富鲁果蔬专业合作社、旭鑫果蔬专业合作社、联鑫果蔬专业合作社、鲁村农民合作社联合社，通过领办合作社，带动了果品和蔬菜的标准化种植及规模化发展。2011年5月，投资200余万元，在安平村承包土地68亩，新建27个蔬菜大棚，种植芹菜、黄瓜和西红柿，每年为安平村创收10余万元。

2015年，对加油站进行升级改造，增强汽油储备量，年纯利润由20万元增加到40万元。

东里供销社

概况

东里供销社，位于东里镇政府驻地，成立于1947年，2006年7月改制为东里供销社有限公司。2024年，有干部职工12人、离退休干部职工38人、股东32名，企业总资产470万元，下辖1处加油站、1处中型综合服务社、16处零售门店。

发展历程

东里供销社 成立于1947年3月，内设6个科室，管辖14个门市部。1984年6月，第二次扩股，借鉴其他基层社的经验，以每股5元的价格募集社会资金，共吸收群众入股1万多股，募集资金8万余元。张家坡供销社成立于1961年5月，内设6个科室，管辖10个门市部。1984年6月，第二次扩股，以每股5元的价格募集社会资金，共吸收群众入股6000余股，募集资金3万余元，为基层社发展奠定了基础。

东里中心社 2002年3月，县供销社将全县基层社重新划分合并成立了5个中心社。东里供销社和张家坡供销社合并成立东里中心社，选举产生中心社理事会和监事会。

东里供销社有限公司 2004年，东里中心社负债严重，无法继续经营，10月，宣告破产重组。2006年7月，重组后成立沂源县东里供销社有限公司，召开公司第一届第一次股东大会，通过了公司章程，选举产生新的领导班子，运营至今。

业务经营

解放初期，东里供销社的成立是在广泛发动当地群众入股、部分小资产商人过渡的基础上形成的集体性质的商业流通组织，主要从事农业生产和生活资料的供应服务工作及农产品购销、饮食服务等业务。确立以服务为宗旨的经营理念，企业逐步发展壮大，内部服务部门逐渐细化，先后设立办公室、会计股、供应股、采购股及百货、生资、副食品、综合等商店，相继在服务范围内60余个村庄组建设立了近40处经营服务门店。20世纪六七十年代，业务范围不断扩大，经营能力逐渐增强，东里供销社不断征地扩点，进入了发展鼎盛时期。东里供销社在各经营网点推行“实行大包干，利润翻两番”的经营模式，在当时社会背景下对发展经济、保障供给发挥了积极作用。

20世纪80年代末90年代初，随着改革开放政策的深入，社会主义市场经济体制确立。国家鼓励发展个体私营经济。供销社收入减少、负担加重，出现资不抵债的局面。

东里供销社有限公司成立后，抓好旧设施改造和闲置资产开发，克服资金等方面的困难，拆除老旧房屋20间，投资400多万元，建起3000平方米的2层商服楼，年增加经济收入80多万元，安置30名下岗职工再就业。2015年，公司投资40万元对东里少数民族经济开发区标志楼营业厅进行装饰装修，改善购物环境。截至2022年底，先后改造6处门市部，增加营业面积1200余平方米，修缮漏水营业房30余间。

2024年，东里供销社大楼外景

燕崖供销社

概况

燕崖供销社，位于燕崖镇政府驻地，成立于1947年4月。2007年1月，改制为沂源县燕崖供销社有限公司。2024年，有在职职工3名、退休职工6名，经营网点6处。

发展历程

燕崖区供销社　1947年4月9日成立，设有办公室、会计股、采购股、供应股、染坊、酱园厂，9个门市部，7个分销店，共有职工46名。成立之初，以每股5元的价格，吸收群众入股700股，集资3500元。

燕崖供销社　1970年，燕崖区供销社改称燕崖供销社。20世纪七八十年代，在政府驻地中心位置建门头仓库50余间，在各村建门市部、仓库56间。随着门市部的建成，燕崖供销社收入进一步增加，群众购销物资更加方便。

南麻中心社　2002年，县供销社对基层社进行合并，燕崖供销社和张庄供销社合并成立南麻中心社。

燕崖供销社有限公司　2004年，南麻中心社宣布破产。燕崖供销社从南麻中心社分离出来。4月，燕崖供销社申请破产重组。2007年1月，登记注册成立沂源县燕崖供销社有限公司，公司股本总额30万元，收纳入股职工9人、退休职工16人，经营网点5处。

业务经营

燕崖供销社成立后，担负着全区45个村和3万人口的日用百货、生活用品的供应及所生产的农副产品的收购、调拨工作。在重点村和人口比较集中的地方建立门市部，如马岭门市部、碾砣门市部、安乐门市部、白峪门市部。

1974年春至1979年冬，历经6年时间，在镇驻地中心位置新建百货门头、生产门头各10间，百货、副食、针织仓库各10间；在马岭、碾砣村各新建门头10间；在安乐、白峪村各新建门头9间；在河西村新建饭店1处；在西岭村新建门头16间、煤炭站1处。

1988年后，燕崖供销社开始推行租赁经营承包制，租赁方式是公开招标、个人租赁，一人挑头，众人承担，包死基数，确保上交，超收自留，欠收自补。这种承包形式提高了个体承租门头开拓经营的积极性，从坐门等客，到下乡送货，服务农民到田间地头，扩大了经营范围，增加了经济收入。

1990年，组织职工收购花椒，当年由于仓促抢收，采购价格高、品质差、存量大、销路不畅，造成严重亏损，出现银行贷款二次拖欠的状况。2004—2007年，燕崖镇供销社破产重组后，先后引领农民创办各类专业合作社6处、村级服务站11个，方便了群众，为农服务水平提高。

2024年，燕崖供销社白峪门市部

三岔供销社

概况

三岔供销社，位于南鲁山镇三岔片区，原三岔乡驻地。成立于1954年8月，2009年改制为鲁瑞经贸有限公司，2024年有股东16名，经营网点8处。

发展历程

三岔供销社　1954年8月18日，三岔供销社正式成立，印模为“沂源县三岔供销合作社”，拥有职工36名。

三岔供销社有限公司　经县政府批准，三岔供销社于2004年10月申请破产。2007年，原三岔供销社18名职工募集资金80万元，成立沂源县三岔供销社有限公司。

鲁瑞经贸有限公司　2009年7月，三岔供销社有限公司召开股东大会，表决解散沂源县三岔供销社有限公司。2009年9月，17名股东重新募股60万元，成立鲁瑞经贸有限公司。

业务经营

20世纪六七十年代，为做好农村服务工作，分别在三岔区驻地、璞邱、南鲍庄、茅台、流水、丝窝等地设置门市部8处，后期逐步设立了供应股、采购股、会统股，在北流水等村设置“双代”店20家，职工达80人，采购站年收购调运黄烟330万斤。1980年，完成黄烟收购330万斤，收购额达400万元之多。其中，流水门市部地处偏远，全是山间小路，所供货物都得用独轮小车推、人工挑才能运过去，即使这样，也保证了各门市部内群众需要的基本生活物品齐全。

20世纪八九十年代，随着供销社逐步发展壮大，在三岔村征地10余亩，建成饭店、宾馆各1处；在茅台村征地15亩，扩建采购站、煤炭站、加油站，购置车辆2辆。三岔供销社在支农服务、支援农业生产中，开展送货下乡、登门服务等活动，组织鲍庄、璞邱、驻地门市部参加赶集摆摊，北到临朐五井，南到悦庄，东到乐庄，西到博山池上。

1981—1991年，在原有科室的基础上，增设了运输股，人员、设备、资产等都达到顶峰。1992年前后，市场经济体制逐步建立，私营业户、个体工商户纷纷挂牌营业，三岔供销社也先后成立了2个为农服务中心，组织社员成立药材、果品等5个专业合作社。三岔供销社当时除办公室、会统股外，下属的门店、各股全部按照承包租赁经营，实行经营、价格、用工、分配等放开政策。

2014年，投资120万元，拆除饭店、旅馆、老门市部，建成了800平方米东方超市1处，在璞邱

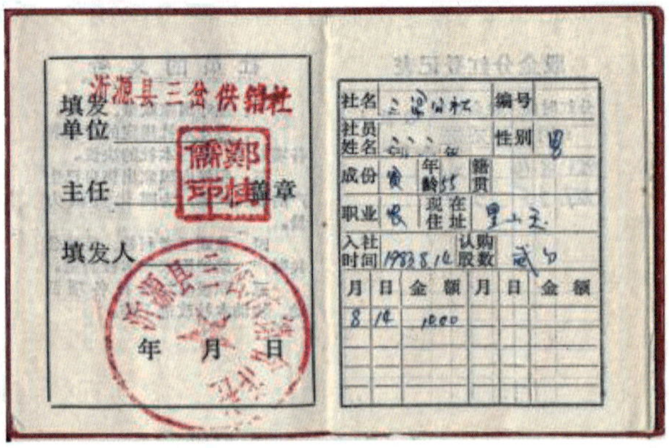

1981年，三岔供销社社员证

门市部投资125万元，建成1200平方米集服务农民生产、生活、休闲、健身于一体的社区服务中心1处，改变了三岔供销社老、旧、破的面貌，逐步走上发展壮大的快车道。

中庄供销社

概况

中庄供销社，成立于1957年8月，办公地点设在中庄公社店头村，下设会计股、供应股、采购股，时有职工32人。中庄供销社由5个经营门市部及采购站、林果技术服务站组成，服务范围是当时唐山公社的22个大队和燕崖公社的23个大队，共计45个大队，服务人口2.8万，担负着当地居民的生产、生活、日用百货的供应，以及农产品的购销工作。

业务经营

1957年，供销社成立后，全体干部职工干劲十足，经济效益连年提升。1972年，在中庄公社驻地建采购站1处、生产门头10间、百货门头10间、煤炭站1处、供应仓库22间、办公室8间。1982年增设门店5处，在200口人以上的村建成代销店30处，方便人民群众购买生活用品、销售农副产品，供销社的经济效益不断提升。

20世纪七八十年代，中庄供销社压面条场景

20世纪80年代后期，在张庄村和上庄村各建门市部1处，干部职工由原来的30余人增加到85人。随着国家政策的变化，计划经济转变为市场经济，个体经济迅速发展，供销社效益出现下滑。1988年，中庄供销社为调动职工积极性，对基层社所有经营网点实行大包干，即一人挑头、多人经营。2002年，县供销社对全县基层社进行调整，中庄供销社并入唐山供销社。2004年，中庄供销社从唐山中心社分出，独立经营至今。

南鲁山供销社

概况

南鲁山供销社，位于南鲁山镇驻地，成立于1958年。2010年，更名为南鲁山供销社有限公司。拥有在职职工3名、退休职工3名，经营网点3处。

发展历程

九会供销社 土门供销社的前身是九会供销社，成立于1958年。

土门供销社 1966年，土门一厂、二厂建厂后，职工日用品需求增多，为更好地为一厂、二厂职工服务，增加收入，九会供销社搬迁到上土门村，更名为土门供销社。

土门供销社有限公司 2000年后，受市场经济冲击、员工老龄化、发展思想滞后等原因影响，土门供销社的经营开始走下坡路。2005年，公司经营难以为继，11月申请破产重组。2007年，重组成立沂源县土门供销社有限公司。

南鲁山供销社有限公司 2010年，沂源县部分乡镇进行区划调整，原土门镇和原三岔乡合并，成立南鲁山镇，原土门供销社有限公司更名为南鲁山供销社有限公司，运行至今。

业务经营

1966年，九会供销社搬迁到上土门村后，在大坡、芦芽、九会、芝芳设门市部，在土门区驻地设立百货、综合、副食、土产4处商店，供销社收入增加。

1970—1980年，分别在芦芽、大坡、芝芳、九会等地设立门市部、批发部及会计股等部门15处、代销站12处，新增工作人员90余人，以销售满足周围群众需要的烟、酒、糖、茶等日用品为主。1993年1月，沂源县供销社投资30余万元在土门镇新建沂源县供销系统第一处正规加油站，当年7月正式投入运营，拓展了土门供销社的经营业务。

20世纪80年代，土门供销社旧址

1990年以后，随着市场经济的不断发展，私营业户、个体工商户纷纷挂牌营业，供销社也大力推行经营、价格、用工、分配等放开政策，将大坡、芦芽、九会3处门市部及镇驻地4处商店对外租赁，由承包人自主经营，交足国家和集体的费用后，剩下的归承包人所有，激发了承包人和职工的工作热情。

2012年，对原有的设施进行提档升级，拆除镇驻地两处老门市部22间，投资420万元，历时1年4个月，建成1100平方米的农资建材超市和1200平方米的副食品超市，打造"三农"服务综合平台。

徐家庄供销社

概况

徐家庄供销社，成立于1970年8月，位于沂源县最西部，距离县城32公里，与莱芜、钢城两区接壤。2007年6月，注册成立沂源县徐家庄供销社有限公司，拥有干部职工10人、退休干部职工28人。公司下辖2处加油站、1处中型综合服务社、12处零售门店。

发展历程

北徐家庄供销分社 成立于1958年7月，位于北徐家庄大队，时辖1处商店和1处收购站，商社一体，归黄庄供销社。20世纪60年代，随着北徐家庄供销分社业务不断扩大，经营网点和机构也随之扩大，下设办公室、会统股、供应股、采购股、屠宰店、徐家庄商店、饭店、旅馆等，新设凉泉、贾庄、四门地、姬家峪、青杨圈、小张庄6处供销营业点，开设染坊、酒厂等。1969年10月，商社分家，屠宰店划归县商业局管理。

徐家庄供销合作社 1970年8月，在原北徐家庄分社的基础上，组建成立沂源县徐家庄供销合作社，是沂源县供销社管辖的小型商业流通企业。成立之初，广泛发动社员入股而形成集体性质的商业流通组织，先后累计吸收社员股金3万余元，制定了供销合作社章程，选举产生了理事会、监事会，定期召开社员代表大会。1973年6月以后，徐家庄供销社进入快速发展期，通过老店置换土地、场地置换、补偿征用大队土地等办法，积累了大量的固定资产，仅在驻地北徐家庄村就购地30多亩，建仓库、营业房屋等200余间，还购置了汽车、拖拉机等运输工具。先后于1974年、1976年、1978年间征地，新建四门地、姬家峪、埠西、

2024年，徐家庄供销综合服务社

凉泉等门市部。1985年8月，县供销社将小张庄片区的3个门市部的资产和3个经销店的经营权由鲁村供销社划归徐家庄供销社管辖，服务范围由过去的21个村扩大到32个自然村，时有干部职工109人。

鲁村中心社 2002年3月，鲁村、徐家庄两社合并组建鲁村中心社。2004年11月，中心社宣布破产，经过两年多的资产债务清算清偿，原徐家庄供销社独立重组。

沂源县徐家庄供销社有限公司 2006年7月21日，募股60万，召开第一届第一次公司股东创立大会，28名股东全部参加会议。2007年6月18日，正式注册成立沂源县徐家庄供销社有限公司。

业务经营

徐家庄供销社历经半个多世纪的发展，始终围绕“服务三农”的办社宗旨开展工作。20世纪五六十年代建社之初，发扬吃苦耐劳的“扁担”精神，靠肩挑人抬、小车推、用自行车驮运等方式，保证了当地农民生产、生活物资的供应。在七八十年代，徐家庄供销社抓住发展机遇，积极加大投资、扩充网点，转变服务方式，下乡送货、送货上门，得到老百姓好评。为激励各门店搞好经营，指标细化到店到人，推行了利润包干，受到市社和县社的表彰，市社颁发“实行大包干，利润翻两番”的锦旗。1984年，被县委、县政府命名为“文明单位”。其间，还承担着众多的政府工作职能和调拨供应计划内物资的任务，如蚕茧收购、黄烟收购等。增设经销石油、化肥的石化组，在此基础上又相继设立2处加油站网点，先后在大院内成立酱园厂和食品加工厂。

党的十一届三中全会以后，随着改革开放的深入，社会主义市场经济体制确立，鼓励发展个体私营经济，行业竞争日趋激烈，以商业经济流通为主的供销社企业受到冲击，烟草、蚕茧、盐业等盈利行业被划出独立，离退休人员及老员工全留在供销企业。徐家庄供销社的经营陷入债务多、负担重的困境，举步维艰。2004年11月，沂源县人民法院依法宣布其破产终结。

公司改制后，先后将下辖的加油站、门市部等全部进行改造提升。2019年，经全体股东会议通过，在镇政府协调下，对原闲置资产进行有偿盘活利用。公司支付7万余元收回被占用的房屋6间及土地2000平方米，企业固定资产使用率明显提高。2022年，对原二店及维修店等危房进行拆除，在此地基上新建1200余平方米的综合商超1处。2023年6月，徐家庄供销综合服务社对外营业，成为服务徐家庄片区的重要商品流通服务网点。

沂源县土产棉麻有限公司

概况

沂源县土产棉麻有限公司，位于沂源县城振兴路中段，是隶属县供销社的社办集体企业，主要负责全县土产杂品、烟花爆竹、棉花、计划物资的调拨分配，畜产品、干鲜果品、废品、蚕茧、棉烟麻、农副产品批发、零售、收购、加工调拨，红炉铁制品、木制品加工等业务。1998年8月，改制为股份制企业。

1997年，被山东省工商行政管理局授予全省重合同守信用企业。2009年，被山东省烟花爆竹协会授予诚信守法企业。2010年，被淄博市公安局授予安全工作集体三等功。连续多年被山东省供销合作社联合社评为全省供销合作社安全生产工作先进单位。

发展历程

沂源县土产经理部 1953年，沂源县土产经理部在悦庄建立，隶属沂源县供销合作社。1955年7月，土产经理部由悦庄迁入南麻，办公地点设在南麻老街126号原县供销社院内东侧，占地面积8亩，办公室5间、仓库10间，下设书记经理室、财务股、业务股、仓储部，干部职工12人，资产20万元。

淄博土产杂品采购供应站沂源分站 1965年3月，沂源县土产经理部更名为淄博土产杂品采购供应站沂源分站，在供销社各门市部设立收购点，土副产品的经营管理逐步形成完整的网络。全县下设110个收购点、260个购销员。

沂源县土产杂品公司 1970年，更名为沂源县土产杂品公司。1975年10月—1977年6月，在县城东环路东侧筹建土产大楼1座。1976年6月，土产杂品公司分设土产杂品和棉烟麻公司。1977年9月，土产公司搬迁到振兴路52号土产大楼办公。

山东省沂源县土产杂品公司 1983年1月，棉烟麻公司改为棉麻公司；3月，土产杂品公司更名为山东省沂源县土产杂品公司。1984年3月，沂源县棉麻公司撤销，业务并入土产杂品公司。1991年至1992年6月，解决职工住房难问题，建设职工住宅楼1座，建筑面积2200平方米。1993年1月，城区供销社撤销，部分资产划归土产杂品公司。1996年4月，土产杂品公司将接收到的原城区供销社资产从公司中分离，成立沂源县供销物资中心。

土产棉麻有限公司 1996年4月22日，土产杂品公司更名为山东省沂源县土产棉麻公司。1998年8月8日，土产杂品公司因企业改制，更名为山东省沂源县土产棉麻有限公司，公司设立办公室、经理室、书记室、财务科、保卫科、业务科、批发部、仓储部、综合门市部、炊事机械商场、恒温保鲜库，主要经营烟花爆竹、土产杂品、棉麻制品、果品、日用百货、五金家电、建筑材料、家具、炊事机械、农用三轮车、花卉等批发、零售业务。1998年8月，企业改制后，按照"政企分开、产权明晰、自主经营、自负盈亏、自我约束、自我发展"的方针，逐渐明晰产权，公司逐步发展成为集商品批发零售、收购调拨、果品恒温保鲜、烟花爆竹等多项经营于一体的综合性公司，有员工38人。

业务经营

1952年，开展棉麻及各类农副产品的购销工作，在南麻、鲁村、东里、悦庄、三岔等基层社成立采购站，经营品种200多个。自20世纪60年代开始，对农副产品实行派购、议购政策，与生产队签订农副产品派购合同，收购果品、皮张、蚕茧、黄烟、蜂类产品、全蝎等各类杂品。1961年，完成收购额420余万元，收购棉花11万公斤、烤烟30.5万公斤、蚕茧8.15万公斤。20世纪70年代，土产公司调整经营范围，将干鲜果品业务剥离，由沂源县果品公司独立经营。1975年1月，土产公司调整经营范围，将棉烟麻业务分离，由沂源县棉烟麻公司独立经营。1976年3月，土产公司将蚕茧相关业务分离，由沂源县蚕丝公司独立经营。

20世纪80年代初，土产公司积极落实供销"发展生产、保障供给"的方针，在生产生活资料、土产杂品物资供应和农副产品收购、加工、调拨等方面，为三农工作作出贡献。1982年，在农村市场竞争日益激烈的情况下，公司培植货源，扩大收购品种，增设收购网点。全年完成农副产品收购额513.4万元，收购兔毛1.32万公斤、蜂蜜1.5万公斤，完成外贸出口210.6万元。

20世纪90年代，根据市场形势变化，公司充分发挥农副产品专业合作社的作用，与广大社员结成利益共同体，按照"以销代购、快收快调快结算"的原则，强化收购措施，努力开拓市场。1997年，完成购进额分别是棉麻类161万元、土产类146万元、干鲜果品384万元、中药材类34万元，收购蜂蜜153吨、花椒300吨。

1998年，公司充分利用原闲置场地及设施，投资100余万元，重新装修改造土产大楼，增加800多平方米经营面积，将土产大楼一楼改造成为集批发零售于一体的生产、生活资料齐全的综合性专业自选商场，扩大炊事机械的购销范围，上品种、上档次，完善售后跟踪服务机制，占据了全县市场的较大份额。

2005年，土产公司烟花爆竹仓库

进入21世纪，公司开拓进取，开展多种经营，提高效益。1999年6月—2001年4月，公司在振兴路、岭南街、药玻路沿街地段，拆除老旧平房及院墙，改造营业房4000多平方米，增加营业面积，改善经营条件，美化经营环境。2000年，公司在东里镇东安地段投资200余万元，建成容量1500吨的恒温库1座，增加水果收购、调拨、储存保鲜等业务，打造农产品上行的为民服务平台。2005—2007年，公司投资300余万元，在下高村北部山坡处建设三级烟花爆竹安全标准化仓库、库房26间，共计1100平方米，办公及值班室11间，300余平方米。公司还盘活现有资产，投资800多万元，拆除老旧库房，建设住宅楼5座，建筑面积1.6万平方米，妥善解决职工住房问题。

公司现有3层土产办公营业楼1座，沿街营业房4处，烟花爆竹专业储藏仓库1处，果品恒温库1座，总建筑面积达6000余平方米，拥有固定资产3000余万元。

沂源县再生资源有限公司

概况

沂源县再生资源公司，位于沂源县城荆山路123号。1989年1月，沂源县再生资源公司由县土产杂品公司分离出来，是隶属于沂源县供销社的小一型集体企业，主要从事废旧物资回收、加工、调拨业务。1998年8月，改制为沂源县再生资源有限公司。

2009—2010年，被淄博市供销社评为安全统筹先进企业。2010年，被评为淄博市国税系统纳税大户。

发展历程

土产公司废品股 1957年8月，县供销合作社成立土产公司废品股。最初，共有干部职工3人，办公室2间、仓库10间、沿街房3间，面积共460平方米，开展废旧物资收购和加工利用业务，收购杂铜、废铝、废铅、废钢铁、破旧衣物等。

沂源县再生资源公司 1989年1月成立，独立经营废品回收等相关业务。公司建立之初，有干部职工13人，办公室2间、会计科室1间、仓库3小间、大仓库8间、130货车1辆及位于荆山路的1000平方米经营场所。1992年4月，公司加强网点布局建设，在驻地成立废钢料、有色金属科、造纸原料科、翻砂厂、桥头经营部、钢材经营部、综合经营部、供销加油站，最多时有10个回收站点。1994年，改建职工西家属院19套。

沂源县再生资源有限公司 1998年，沂源县供销合作社进行产权制度改革，对下属企业实行股份合作制改造。沂源县再生资源公司改制为沂源县再生资源有限公司。1999年，召开职工大会集资建楼，拆除平房改建职工家属楼40套，极大地改善住房条件。同年，因工业路开通和荆山路拓宽，占用公司翻砂厂、综合门市部、加油站及塑料加工厂等。公司抓住机遇，在原址重建办公楼，结束了在低矮平房办公的历史。

沂源县久兴再生资源有限公司 2003年，进一步深化产权制度改革，再生资源公司实行破产重组，公司更名为沂源县久兴再生资源有限公司。2023年，公司拥有资产800余万元，在职职工13名，离退休职工38名。

业务经营

1957年，土产公司废品股成立后，将各类废品的收购任务按季节分配到各零售店，由废品股开展具体业务经营，废品收购量显著增加，收购废品7.9万公斤。1965年，公司多次发动干部职工，在全县范围内开展群众性废品收购运动，全年收购废品62万余公斤。

20世纪80年代，随着改革开放的不断深入，各行业逐渐细化，再生资源行业在循环经济中的作用和地位逐渐增强。面对新业态、新形势，公司采取废旧业务统一收购、统一分拣、统一调拨方式，初步形成县、乡、村一体回收利用格局，逐渐成长为沂源县废旧物资回收行业的龙头公司，取得较好的社会效益和经济效益。1984年，收购杂铜307吨、废铝129吨、废铅6.2吨、废钢铁150吨、破旧衣物75吨。1987年，收购废铜30吨、废铁893吨。1989年，全国开展清理整顿再生资源市场行动，山东省人民政府颁发《山东省钢材、有色金属管理暂

20世纪90年代，再生资源公司收购的废旧电视机

行规定》，要求所有计划钢材和有色金属，必须按规定进行交易；供销合作社负责统一收购废钢铁和废有色金属，并组织实施调拨计划。再生资源公司负担着全县的废旧钢铁回收任务。1990年，再生资源公司完成废旧物资收购额220.5万元。

进入21世纪，公司废旧物资回收额不断创历史新高，年回收各类废旧物资达2万余吨，回收额近3000万元。2010年，创历史最高水平，实现废旧物资销售收入3800万元，上缴税金110万余元。2011年，购进各类废旧物资2213万元，其中废钢铁6126吨、废有色金属426吨，实现销售收入2276万元。2015年，购进各类废旧物资3112万元，其中废钢铁7059吨、废有色金属491吨，实现销售收入3415万元。2021年，购进各类废旧物资970万元，其中废钢铁1530吨、废有色金属25吨，实现销售收入1000万元。2022年，购进各类废旧物资1620万元，其中废钢铁3000吨、废有色金属35吨，实现销售收入1650万元。公司连年被评为系统先进单位。

沂源金太阳商场有限公司

概况

沂源金太阳商场有限公司，前身是沂源供销大楼，隶属县供销社，位于县城振兴路41号，是1986年1月建成开业的批发零售兼营的商贸企业。1998年7月改制为股份制企业。公司营业面积9000平方米，企业资产2000万元，从业人员160多名，是集批发、零售、餐饮服务于一体的大型综合购物商场。

公司先后获得省级文明单位、市级先进企业、全市十佳商场、全市供销系统二十强企业等荣誉称号。

发展历程

沂源县供销大楼 1986年1月建成开业，营业面积2300多平方米，是隶属沂源县供销社的集体所有制企业，主营百货、五金、家电、服装、鞋帽、床上用品、家具、副食品、烟酒等。

沂源县工业品公司 1988年6月，沂源县供销大楼更名为沂源县工业品公司。拥有固定资产350万元，17个商品经营部、99名员工，是集批发、零售于一体的大型综合商店，经营商品达2万多个花色品种，累计实现零售额近13亿元，实现利税650万元。

1986年，沂源供销大楼正式开业

沂源金太阳商场有限公司 1998年7月，工业品公司完成经营性资产的股份制改革，成立金太阳商场有限公司。2002年9月，进一步深化产权制度改革，名称变更为沂源金太阳商场有限公司。

为职工解决住房问题，公司在胜利小区筹建职工住宅楼。2006年2月，在营业楼后，开发建设集住宅、办公、仓储于一体的综合楼，建筑面积3500平方米。综合楼开发，偿还了营业楼扩建形成的巨大债务，减轻了企业压力，也为商场的发展奠定了良好基础。

业务经营

沂源供销大楼开业之前，全县流通商业市场仅有百货大楼、商业大楼2家大型商场。正处于计划经济向市场经济的过渡时期，业务开展相对容易，只要能组织好货源，销售基本没有问题，是典型的求大于供的时代，企业发展比较平稳。

1988年，公司打破“大锅饭”，推出“百元销售工资含量法”，进行劳动分配机制改革，职工工资按“百元销售额”提成，取消基本工资，真正体现“多劳多得，少劳少得，不劳不得”的分配原则。这一改革的推行，充分调动了职工积极性，从而使公司效益、职工收入都有了较大幅度的提高，公司从此也迈向快速发展时期。

20世纪90年代，京源商厦、人民商场先后建成营业，大多集中在振兴路中段，相隔都不到200米。面对这样的局面，公司于2001年筹资200多万元，将商场进行了第一期扩建工程，扩大营业面积2000多平方米，又投资90万元更换营业楼门窗、货架、柜台，重新装修商场内部。2004年，投资500多万元，进行第二期扩建工程，扩建营业面积近5000平方米，营业面积达到9000平方米；投资130万元，加装4部电动扶梯。2011年，公司投资60万元，安装空调50台，解决了夏季降温解暑难的问题。金太阳商场成为当时全县营业面积较大、设施最先进、装饰豪华、环境典雅、功能齐全的大型购物商场，在创造经济效益的同时，也树立了良好的社会形象。

21世纪初期，市场竞争日益激烈，公司及时调整经营策略，积极招商引资，搞活经营，增强竞争力。2006年以来，根据现实状况，公司果断对经营体制、经营方式进行改革，从2006年2月开始至8月底，对以前集中管理的柜组，部门实行抽本租赁经营，在企业内部进行招标、投标，实行“一人挑头，众人承担”模式，引导有能力有意愿的职工积极参与，做到“确保基数，超收自留，欠收自补”，广大职工的积极性提高了，经营效果显著，销售额大幅度提高，企业经济效益和个人收入快速增长，达到预期目的。

沂源县金太阳商场（2023年）

2006年1月，公司不断加强内引外联，与山东新星集团成功达成合作协议。5月1日，新星连锁超市沂源金太阳店正式营业。新星连锁超市的加入，带来了先进的经营理念，提升了商场档次，聚集了人气，方便了顾客，带动了其他业务，扩大了销售收入。2017年10月，公司与浙江温州服饰批发城合作，将其成功引入公司4楼。温州批发城的加入，将全国货源带入商场，低廉的价格、良好的品质给商场带来生机活力，也给沂源人民带来实惠。

淄博沂河源生产资料连锁有限公司

概况

沂源县生产资料有限公司，位于沂源县城保丰路2号，成立于1971年7月，前身是沂源县农业生产资料公司，属县供销社社办集体企业。2005年，改制为股份制企业，更名为淄博沂河源生产资料连锁有限公司，主要经营化肥、农药、农地膜等生产资料。

2005年，被国家商务部批准为“全国万村千乡试点企业”。

发展历程

生产资料经理部　1953年，县联社成立生产资料经理部，负责全县农业技术指导和农具、农药、肥料的推广。1955年，改称生产资料批发站。1958年，县商业局、供销社合并，改为商业局生产资料经理部，1961年9月商社分开后仍归县供销社。

淄博市生产资料采购供应站沂源分站 1965年，生产资料经理部改称淄博市生产资料采购供应站沂源分站。

沂源县农业生产资料公司 1971年7月，改称沂源县农业生产资料公司。公司设办公室、财务科、业务科3个科室，共有职工16人。公司旧址位于振兴路老电影院附近，占地15亩，拥有办公房400平方米、中型仓库8栋、载重10吨货车1辆。

淄博沂河源生产资料连锁有限公司 进入20世纪80年代，受市场经济和企业内部管理等因素影响，加之公司创建历史久远，各种问题较多，发展日益艰难。2005年10月，更名为淄博沂河源生产资料连锁有限公司，担负着全县化肥、农药、农地膜等主要农业生产资料的供应任务。

业务经营

沂源县农业生产资料公司成立之初，属于供应制，主要负责全县各个公社大队化肥、农药等的按计划供应。随着农村经济的不断发展，农户用肥用药需求逐步增长。公司经营范围不断扩大，原有的门头、运输车辆已不能供应越来越多的物资需求。为此，公司领导班子分头管理，责任到人，做好服务工作，利用多种渠道，减少销售环节，降低运输成本，形成了以化肥、农药及农具供应为主体的农资经营网络。公司营业收入从成立初期每年的6万元增长到1954年的60多万元，8年增加10多倍。1961—1964年，共完成生产资料供应额500万元，每年增长速度30%。供应农药13.56万瓶、化肥4.5万吨，充分满足农业生产的供应需求。1965年，为农业生产供应动力机械48台、化肥275万公斤、农药10.3万公斤、农药械472架、各种小农具23.5万件。

21世纪初，沂源县农业生产资料公司大门

20世纪70年代，生产资料公司在各公社成立生产资料门市部，如东里供销社生产资料门市部共有职工6名，担负着12个大队、62个生产队的生产资料供应和农具维修工作。1976年，东里供销社生产资料供销社门市部完成肥料销售额22.8万元，供应农药5300余公斤、其他商品3600余件。

20世纪80年代，在农业生产实行各种形式责任制的新形势下，公司在农资供应工作中，坚持“四早三到户”，即早调查摸底、早安排加工、早组织货源、早供应销售，了解需求到户、安排加工到户、供应销售到户。1982年上半年，供应农业生产资料357万元。其中供应化肥8671吨、农药161吨、农业机械3349台、农膜118吨。80年代末期，农药、化肥等农业生产资料出现了供不应求的情况。公司狠抓农业生产资料的采购工作，千方百计扩大计划外采购，采取多种形式搞好生产资料供应。1988年，公司完成生产资料销售额1037.6万元，共供应化肥15595吨、农药290吨、农业机械7717台、农膜186吨、中小农具22万件。

20世纪90年代，公司不断开展农业服务，以服务促效益，逐步完善以测土施肥、合理用药、农机具维护、租赁为主要内容的农资系列化服务体系，重点抓好农机具维修、租赁业务和村级服务站的建设。1996年，设置农资村级服务站350个，生产资料销售完成4000万元，共供应化肥3万吨、农药400吨、农业机械7000台、农膜260吨、中小农具2万件。

进入21世纪，公司秉承“建百年公司，创沂河源品牌”的经营理念，致力为农户提供优质农资配送服务，年销售化肥8万吨、农药600万元、地膜200吨，销售额 1.6亿元，一直是全县农资供应的龙头企业。

沂源县源合资产运营有限公司

概况

沂源县源合资产运营有限公司，位于沂源县城军民路县供销社院内，成立于2017年3月6日，注册资本1000万元人民币，为县供销社独资企业。公司受县供销社委托，经营管理社有资产，对系统内社属企业以自有资金进行投资，同时线上线下兼营日用品、农资、农产品等产品。

发展历程

沂源县源合资产运营有限公司由县供销社设立，旨在发挥沂源县供销社所属企业的“为农服务”作用，推进供销社系统龙头企业“为农服务”项目建设，争取企业项目建设财政扶持资金，全力推动全县高效农业发展。

沂源县供销社作为全省供销社综合改革重点联系县，工作任务非常艰巨，需向总社、省社、市社申请专门财政扶持资金对综合改革进行纵深推进。为获得上级部门政策和资金支持，确保国家财政资金保值增值，按照政策要求，成立源合资产运营有限公司运营社有资产，为县供销社参与系统综合改革提供基础支撑。

2023年，源合资产运营有限公司供销大院一角

2017年，源合资产运营有限公司对沂源县沂冠通农业科技发展有限公司、沂源县鲁村供销社有限公司分别以26.67%、34.54%的比例相对控股。2023年，与省社电商平台合作，实现苹果、樱桃等农产品上行，销售金额1200万元。

业务经营

源合资产运营有限公司不断强化社有资产管理，扩大经营范围，着力抓社有资产管理。对代管的经营性资产（办公场所及经营场所面积共计4186.29平方米）收益实行应收尽收，资产增值能力提升。截至2024年8月31日，该公司资产总额169万元，净资产134万元，实现利税36万余元，上缴国有资本收益23万余元。

2017年5月，源合公司参股企业沂冠通农业科技发展有限公司在鲁村镇北徐家庄、刘家庄村流转土地550亩，总投资1000多万元，建设水肥一体化高标准科技示范园1处。2017年6月，由源合公司参股企业鲁村供销社有限公司，投资130万元承建鲁村为农服务中心，位于鲁村镇鲁村三村，项目占地面积15亩，建筑面积1000平方米，主要设施包括农资配送仓库、培训中心及油品经营室等。2018年5月，沂冠通农业科技发展有限公司承建“水肥一体化为农服务中心二期建设”项目，项目位于沂源县南麻街道办事处沟泉村，在原有水肥一体化为农服务中心基础上，建成200平方米肥药直配中心和120平方米水肥一体化培训中心各1处，化验室1处，该项目总投资120万元。水肥一体化培训中心的建立真正实现了现代农业与小农户的有机衔接，为沂源县乡村振兴打造了新样板。

沂源县世纪东方超市有限公司

概况

沂源县世纪东方超市有限公司，成立于2009年，注册资本1000万元，位于沂源县城宝丰路8号。公司设立办公室、财务部、营销部、综合运营中心、后勤部、采购配送部等。现有超市营业面积5万平方米，资产总额2.4亿元，员工960人，年销售收入2亿元，利税600万元。

2010年，被淄博市供销合作社评为全市供销社系统先进集体。2012年，被淄博市授予市级守合同重信用企业。2013年，被淄博市授予淄博市第十届消费者满意单位。2016年，被山东省食品安全委员会授予“食安山东”食品流通示范单位。2020年，被淄博市授予社会扶贫示范点。

发展历程

2007年，与东里供销社合作，投资140万元，利用其闲置场地，在东里镇政府驻地建设了第一家乡镇日用品超市直营店，营业面积2000平方米，员工58人，经营商品10大类1万余品种。经营范围辐射周边4个乡镇。2009年，与东里供销社合作开办张家坡超市。

2024年，世纪东方超市有限公司办公楼

2009年，注册成立沂源县世纪东方超市有限公司，将先前开业的2家超市纳入公司统一经营管理。公司成立后，又先后建成了西里、燕崖、三岔、鲁村、裕华、中庄、悦庄、大张庄等8家直营店，初步形成了覆盖全县乡镇的日用品现代流通网络。

2011年，在县城历山路建起1万平方米的历山店，作为世纪东方超市的旗舰店。2014年1月，在县城振兴路投资500万元建设的2000平方米振兴店投入运营，经营品种达1万多个。2016年11月，投资5000万元对京源商厦进行装修改造后的购物中心店正式开业，营业面积达1.5万平方米，经营品种近7万个。2017年9月，营业面积9000平方米的润生店投入运营。2020年9月，经营面积3500平方米的儒林集店开业运营。2022年7月，营业面积1000平方米的西北麻店投入运营。至此，公司在县城的直营店达到6家，直营店总数达16家，在沂源县域内初步形成了县、乡、村三级立体经营、基本覆盖全县的日用品现代经营服务网络。

业务经营

2007年，从在东里镇开办第一家超市起，世纪东方超市公司扎根农村，大力发展城区和乡镇直营店，扩大经营规模，提升销售质量和服务水平。满足城乡居民网上购物需要，实现“互联网+日用品+农产品”在实体店顺利嫁接。2015年1月，沂源县域内第一家日用消费品网上商城——沂源世纪东方网上超市正式上线运营。该电子商务平台总投资160万元，服务网络覆盖整个县城区域，日均配送150单左右。2016年，世纪东方网上超市实现电子商务销售额364万元，比2015年翻了一番。其中，购物中心店开业首日销售额达到180余万元，客流量突破4万人次，成为沂源县城市商贸流通业的亮丽名片。

公司在稳步推进日用品经营业务的同时，积极将经营服务拓展到酒店、餐饮等其他领域。2014年1月，投资500万元对振兴店3000平方米的四层楼房重新进行设计装修和升级改造，与都市118全国连锁酒店联合建设快捷酒店，共设有房间80个、床位160余个、车位80余个，年实现营业额300余万元。同时，通过招商整合众旺大酒店、华盛源快餐两家餐饮企业入驻历山路旗舰店，总营业面积2000平方米，年营业收入达500万元。

公司成立以来，始终秉承“新鲜、便宜、舒适、便利”的经营理念和“为民、利民、便民”的服务宗旨，不断提升网络运营质量和水平。投资42万元配备了先进的零售业商品销售管理软件，全部网点实行微机联网，实现了管理层决策的高效运作。建立进货台账，严把商品质量关，确保商品品质，维护消费者的权益。立足农村实际，根据农民的生产生活及饮食习惯、消费水平组织货源，把农民真正需要的产品供应到他们手中。采取灵活多样的营销方式，除节假日正常促销外，还在每个大集日组织各种促销活动，最大可能把农民吸引到超市里来。2021年，实现城镇消费品零售额7234万、乡村消费品零售额5200余万元。

供销社沂源车队

山东省供销社沂源车队，成立于1977年12月。1992年9月，更名为沂源县储运总公司，时有干部职工98名、各类专业技术人才34人，拥有固定资产450万元，以汽车货运和汽车维修为主，兼营汽车配件、饮食服务、农副产品、石油制品等项目。1995年，该公司实现储运收入350万元，实现利税30万元，资金利税率、人均劳效、人均利税等指标均超过省二级储运企业，在省市汽车运输企业中名列前茅，被省经委授予安全生产先进单位，被市供销社评为先进单位。1998年10月28日，沂源县储运总公司划归县商贸总公司后改制重组。

20世纪90年代，山东省供销社沂源车队

沂美食品工业公司

沂美食品工业公司，成立于1985年，当年产值达到500万元。主要生产酥糖、酸枣汁、水果罐头、硬质糖块、糕点、水果原汁、人参蜂王浆、沂蒙全蝎、果脯系列、野枣可乐、多味汽水。1998年10月28日，沂美食品工业公司划归县商贸经营总公司。

沂源县供销食品公司

沂源县供销食品公司，成立于1986年，以屠宰和冷藏猪肉为主。建厂之初是纯手工操作，日处理生猪能力仅100头。公司投资80多万元新上现代化屠宰流水线后，日处理生猪能力提高到1200头。1988年，供销食品公司完成产值2000多万元，实现利税50万元。20世纪90年代，增加精肉分割和熟食加工等配套项目，扩大牛羊肉和家禽加工项目。1998年，划归县商贸经营总公司。

沂源县裘皮厂

沂源供销社裘皮厂，建成投产于1988年10月，是国家商务部扶贫工作组扶持开办的，以裘皮服装为主导产品。裘皮厂实施“网点、品种、技术、边贸”四项开发策略，狠抓技术和质量，配套布制、皮革服装生产流水线，使用供销系统回收的废旧布料研制开发皮毛工艺品，产品最多时有20余种，受到广泛欢迎，其产品远销俄罗斯、日本、韩国、中国香港，仅1993年就实现产品出口额240万元，被县委、县政府评为出口创汇先进企业。1998年，裘皮厂划归县商贸经营总公司。

1990年，裘皮厂生产车间现场

沂源县果品盐业公司

沂源县果品盐业公司，成立于1989年，前身是果品公司，为县供销社专业经营企业。1998年，拥有固定资产350多万元，职工120余人，经营单位8处，经营场地3.3万多平方米，是全县果品、盐业的骨干企业，下设旅馆饭店、盐业批发部、门市部、纸箱加工厂等，充分发挥果品购销主渠道和盐业专营作用。

1997年，被授予省、市级重合同守信用企业，被评为经营管理先进企业。1998年9月，改制为股份制有限公司；10月，划归县农副产品营销中心。

沂源县供销社印刷包装制品厂

沂源县供销社印刷包装制品厂，建成于1991年，为县供销社社办工业企业，由县供销社办公室管理。企业建立之初，资金缺乏，人员短缺，技术缺乏，干部职工攻坚克难，通过银行贷款、社会借款、股东集资等多种融资渠道，聚集资金增添设备，扩大生产规模，优化产品结构，扩大市场占有率，迅速发展成为拥有职工30余人、营业收入100余万元的企业。1998年，印刷包装制品厂划归农副产品营销中心后拆分重组。

荆山宾馆

荆山宾馆，建成开业于1991年，原隶属于县供销社综合贸易公司。1998年7月8日，县供销社确定将荆山宾馆与县供销社综合贸易公司分离。荆山宾馆开始独立经营，是一处集饮食、服务、娱乐为一体的综合服务网点。营业面积达6000平方米，共有高、中、低档客房52间、床位152张，KTV间4个、中高档雅座间14个，婚宴厅、卡拉OK舞厅、大餐厅、可容纳200人的会议室各1个，干部职工50余人。1996年，完成营业收入182万元，实现利润89.5万元。其“笑迎天下客，满意在荆山”的服务宗旨一直为广大沂源人熟知。1993年、1995年被淄博市委授予文明店。1998年，划归县商贸经营总公司。21世纪初，转由个人经营，更名为友和大酒店。

友和大酒店（2005年）

沂源县供销社物资经营中心

沂源县供销社物资经营中心，成立于1996年，隶属县供销社的经营企业。物资经营中心下设12个承租单位，拥有职工41人，固定资产60万元，经营场地2.5万平方米，营业面积800平方米，为集商品收购、批发零售、饮食服务于一体的综合性企业。1998年10月，全县流通体制改革后，供销社物资经营中心划归县农副产品营销中心。

往事琐忆

沂源有个全国闻名的“山村女货郎”

高希凤，1951年参加工作，由一名普通的营业员成长为城区供销社高庄门市部的经理、南麻供销社副主任，用热情的服务赢得了当地群众的称赞，被大家亲切地称为“山村女货郎”。1982年被评为“全省劳动模范”，1983年9月被授予“全国三八红旗手”称号。

高庄门市部地处沂源县城西的山沟里，这里的山山水水无不印记着高希凤的足迹和勤劳的汗水。她在南麻高庄门市部工作的30余年间，身不离柜台，心不离群众，宁愿自己麻烦千遍，也不叫人民群众一时为难。1978年腊月的一天，一场鹅毛大雪后，高希凤和青年职工冯梅推起小车，冒着严寒，爬过四道大岭，越过四个山头，赶到高堂峪村送货。为方便山里人生产、生活，她和全店职工，靠着两个肩膀和一双铁脚板，推车挑担，跑遍了这里的村村队队、家家户户。在为老百姓带去生产、生活资料的同时，收购回建设祖国需要的农副产品。周围的干部群众风趣地说：“老高来时推着百货部，走时拉着收购站。”30余年间，高希凤累计行程5万里，送货额达100余万元。

高希凤和同志们一道干过“红炉”、掌过鞋、修过车、筑过路，农忙季节，身体单薄的她经常挑起百十斤重的担子，送货到田间地头。先后帮助西下高庄大队打水井、建石灰窑、办草编厂等，村里的粮食亩产量由300多斤增长到了900多斤，多种经营收入增收80余万元。1980年8月，上高庄大队果园发生虫灾，急需“223乳剂”，大队干部群众跑遍所有门市部都没买到。高希凤知道虫情后，四处奔走，最终从园艺场借到48斤药，送到村里，大队干部握着她的手说：“您真是为俺们操尽了心！”

高希凤心怀一团热火，时刻为群众着想。1961年，村里周德作老两口先后病故，撇下5个挨肩的孩子，最大的15岁，最小的5岁。20来岁的高希凤和他们一个屋里烧火，一口锅里做饭。那时正是生活困难时期，高希凤把细粮留给了孩子们吃，自己饿了吃野菜、树皮充饥。平时工作忙，自己孩子顾不上管，也要抽时间为5个孩子洗洗缝缝，照顾他们的生活，直到他们长大成家。邻居周作树中年丧妻，撇下不满半岁的孩子，高希凤硬是让自己不满周岁的孩子断了奶，给老周的孩子喂奶，直到孩子两岁半。她把周围25户“四属五保”装在心里，只要来了稀罕商品，先想到他们。秋忙帮着晒瓜干，冬冷帮着糊窗户。1981年，高希凤被任命为南麻供销社副主任，离开高庄后，还时常买上东西去看望那里的孤寡老人。

高希凤同志在从事农村供销工作的30余年中，脏活累活干在前，50多岁时还不顾自己年龄大，亲自跟车到泰安、高密组织货源，和青年同志们一起抬大包、装车卸车，是老百姓心里的供销劳模。

解放初期供销门市部的经营

1952年，芦芽门市部有3名工作人员。那时博沂路还没有修通，所卖的货，全部靠3人轮流到鲁村去挑，要翻山越岭爬封门顶子，走20里山路挑运。1954年，博沂路修通之后，去南麻提货用上了手推车。除逢四、九芦芽大集摆摊外，还要轮流到周围6村送货摆摊，同时负责宣传党和政府关于供销合作社的政策。1955年，中国人民银行发行新版人民币，之前用的还是新中国成立初期发行的老币，用老币1万元兑换新版人民币1元，1000元兑1角，100元兑1分。除银行兑现外，供销社也承担一部分兑换业务，将卖东西收回的老币拿去银行兑换成新币。

工资待遇是每人每天7斤粮食，规定“吃三留四”，就是3斤粮食大家共同吃饭，留下4斤，每月120斤粮食用于拿回家去养家糊口。当时市场平均粮价7分钱，等于月工资14.7元。1955年之后，实行工资制，每月24元。

当时，开办供销社没有周转资金，就动员全县人民投资入股，每张股票2.5元，年底按股金分红利。当时人民群众不愿购买股票，怕战争再起，不用说股金分红，就连股金怕也没有地方去找，工作很难开展。

后来，供销社把入股的人称为“供销合作社社员”，发给“社员购买证”，一些紧缺的物资和新产品，例如暖水瓶、皮鞋等，要凭社员购买证购买，那些没有入股的人需要买这些东西，得向入股的人借购买证才能购买。如此有吸引力，大大加快了投资入股的进度。

供销合作社讲信用，年底把股金红利计算出来，亲自到各村去兑现，需要现金的付给现金，需用百货物品的兑现物品，例如火柴、油盐、布匹、鞋袜、帽子等。供销合作社的领导机构，分理事会、监事会。理事会负责具体管理，购货、销售、结算股东红利。理事会成员由供销社职工担任，监事会人员大多是当地乡村有威望的领导人和入股资金较多的股东，职责是监督理事会结算红利是否合理，供销社职工有无贪污浪费，评议供销社职工、领导的服务态度等。理事会、监事会是由供销合作社社员代表大会选举产生。供销社每年都要召开1~2次社员代表大会，向社员汇报工作，报告红利分配情况，讲述供销合作社的发展前景。

1957年，沂源县供销社的资金基本有了保障，全县村村都有供销社门市部，方便人民群众的生产、生活需要。1958年，大炼钢铁，树木、铁锅等人民财产搞了“一平二调”。人民所需购买的物品又执行布票、粮票、油票、肉票、酒票、鞋票等计划供应，供销合作社的社员购买证失去效用。

改革开放后，供销社对入股资金进行了一次清理，对股票保存完好的，退还了一部分股金。从新中国成立初期，直到20世纪80年代，供销合作社都是农村商品购销的主渠道，担负着服务生产、保障供给的重任。

改革开放前的基层供销社

企业改制前，各乡镇供销社统称为基层供销社，是县供销社直属单位，下设供应股、采购站、门市部、多种经营办公室等部门，以管理区为单位设立供销门市部，一般就设在管理区办公所在村，其他各村设有供销代销点，门市部从供应股提货，各代销点再从各门市部提货，各按比例提成利润，形成良性循环，这种模式成为那个历史时期推动城乡经济发展的有力支撑。

以悦庄供销社为例，那时设有赵庄、沂河头、消水、石臼、埠村、黄山子、涝洼、两县共8个门市部，承担着全镇居民生活日用品和农产品的购销工作，各自独立经营，向国家缴纳3%的零售税，各村代销点按营业额提成4%，不用缴税，收入除去租用村集体房屋费用，余额作为供销员报酬，这也是门市部和代销点最大的区别。门市部和代销点的主要职能是日用品销售，同时收购鸡蛋、中药材和废旧衣物等，记得那个时候的蝎子才5元钱1斤。那时的采购站直属基层社，负责人不叫站长叫股长，起初主要职能是收购中药材、棉花、黄烟、蚕茧等，随着沂源果业发展，按照上级要求，开始收购苹果、花椒等农产品，县里主要是与副食品公司、果品公司对接，同时与国家统一分配政策相结合，实现统一调拨分配，从这个意义上说，供销社从建立之日起就是党和政府为农服务的窗口。

三尺柜台，手底下是钱，脚底下是货，不能有任何贪念，不能有任何私心，也不能粗枝大叶，出现任何错误，小者接受处分，稍重直接开除，干过供销社的人，只要“三尺柜台”过关，到哪里人家也信任你，这也是有那么多优秀干部从供销走出来的根本原因。县供销社对基层社、各级经营部门的管理以严著称，有一套非常细致的管理制度，要求日清月结，清库存、清现金，对质量要求更是特别严格，有专人携带酒精测量仪，定期和不定期到各门市部供销点，按照一个对照表测量白酒度数，如不达标当即严惩。供销系统还有一个特别有意思的术语叫“升耗”，经营金额要有万分之五的“升耗”，就是卖1万元钱要求长出来5元钱，算利润，按说这种经营丁是丁卯是卯，不会长出钱来，但是由于茶叶类物品时间稍长吸潮增重，白酒进货度数高需要按标准勾兑零售，这都在一定程度上增加了收入，导致经营金额多出来。这些事情显示出那个时代供销人工作的认真和严谨。

基层社多种经营办公室的职能主要是直接到村里指导农业生产，主要的形式就是组织起各村农业生产技术能手，按照农时分片分组到各村进行生产业务指导。到了农业发展的一些关键时期，比如沂源县的苹果发展，当时村村都发展苹果园，多以大国光、小国光、金帅、红玉等为主，技术指导的重任就由多种经营办公室承担，技术员们几乎天天往村里跑，废寝忘食泡在果园，从零开始，手把手地教，一点一点地提升农民的管理水平，为沂源果业发展打下坚实基础。

20世纪80年代初，国家开始推行使用化肥，但农民们从未见过这些颗粒状或粉状的东西，他们不认识，不敢用，更不会用，都坚持使用农家肥，没人愿意拿自家的庄稼冒险，何况还需出钱买来使用。关键时刻，各级党委政府要求供销社承担起化肥的推广使用工作。为了让老少爷们放心使用化肥，全县的供销人几乎全体出动，奔赴农业生产一线，各级供销社拿出专门基金购置化肥，从每个村里选出农业科技带头户，率先使用化肥，同时各基层社先后邀请专家举办化肥使用培训班，让供销人和示范户一起学一起用。第一批使用化肥的农户当年大获丰收，起到了很好的示范带动作用，全县化肥推广使用的难题迎刃而解，沂源农业生产逐步提升到新水平。

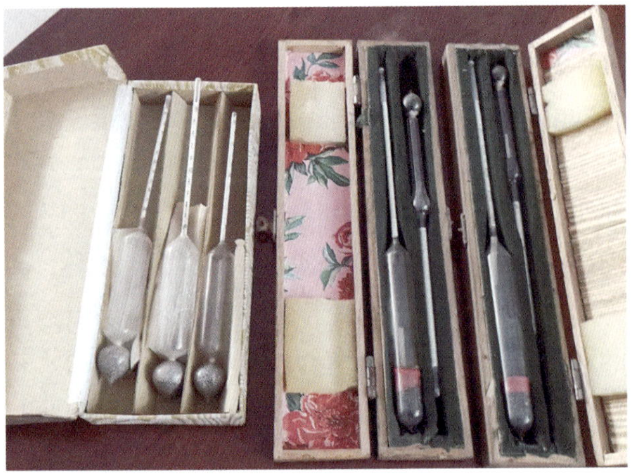
1980年，供销社留存的酒精测量仪

风靡一时的“沂美食品”

20世纪80年代，县供销社下属企业沂美食品工业公司生产的“沂美食品”系列产品，畅销省内外，深受消费者青睐。

公司生产的沂美牌花生酥糖，是在中国科协食品专家指导下，选用沂蒙山区所产的上等花生、芝麻及优质白砂糖，采用先进技术、科学的加工方法精制而成，入口香、酥、脆、甜，风味独特，营养丰富，是当时馈赠亲友的绝佳礼品。产品不仅畅销省内，还销往上海、北京、安徽、江苏、河南等地。1987年，被评为地区优质产品。1988年，被评为部优产品，并在中国首届食品博览会上获得银奖。

公司研发生产的酸枣汁，选用沂蒙山区野生酸枣和优质白砂糖为主要原料，精制而成浓缩汁饮料，既保持了原果的色、香、味，又含有丰富的维生素，具有益气、养血、安神、疏肝健胃等功能，一上市就受到消费者好评，销往了全国十几个省市，甚至销往德国，年产250吨。1988年被评为省优产品。生产的炒红果，酸甜适中、美味可口，因工艺独特，保持了原维生素含量，具有健胃、止咳等功能，产品上市当年就畅销省内外，年销量达15万瓶，该产品1988年被评为省优产品，同年在中国首届食品博览会上获铜奖。

1989年，公司会同大连金蜂制药厂联合生产出人参蜂王浆。后期还采用先进技术和当地野生资源，结合古老药膳方法，研制出了国内首创产品“蝎精口服液”及各类山珍系列罐头，填补了省内食品行业的空白。

从鲁村到南麻推车购货经历

1968年，老齐18岁时，在鲁村供销社参加工作，领导交给的第一个任务是去南麻酱园买200斤酱油、醋回来零售。为了稳妥，他先推200斤水走一趟试试，过了刘家大峪即可返回。用独轮车把木桶固定好，他推着200斤水往南麻去，走山路才发现和平日在家里推粮食不是一回事，上坡下坡比在平地里推费劲多了，其间最难走的是刘家大峪，坡长还有个拐弯。下坡不容易，上坡更费力。下坡时他拉紧闸绳，用力往后拉车，尽量减缓速度，小心翼翼地走了下来，返回时在刘家大峪段感到很吃力，在半坡上走着走着不小心脚底一滑，一腿跪地摔倒了，车子也倒了，水洒了一身，一骑车路过的解放军同志帮忙扶住了车。幸亏推的是水，要是酱油、醋该如何是好？

接下来的几天，他利用早晚工余时间，早晨早起几个小时、下午饭后，推着水车奔向刘家大峪去，一天两趟，一个星期下来，也能胜任了。

正式推酱油那天，他带好煎饼、咸菜，水壶系在车把上，早早出门，到了酱园，付款、开票，装好酱油、醋，工作人员帮忙把木桶绑好，开始返程。当然最难走的路段还是刘家大峪，因此格外小心，不时有养路工，以及一些热心人过来学雷锋帮忙助力推车。下午三四点钟到家，卸完货，一天的工作完成。以后平均每月到南麻买一次酱油、醋，有时也根据销量增加购买次数。春秋天还好，夏天最难，一趟下来，全身被汗水浸透，冬季手冻得裂口。

供销老物件

20世纪七八十年代，城乡生活物品从米、面粮、油，到糖果、烟酒，再到小人书、布料、手电筒，甚至是自行车、缝纫机等大件，多由供销社销售供应，供销社是当时人们购买物资的主要渠道。这些老物件照片记录了那个年代的生活点滴。

缝纫机是人们缝制衣服的便利工具，有上海、蜜蜂、蝴蝶等品牌，价格每台 150 元左右

搪瓷盆主要用来盛水洗涮，按型号不同，价格在 2~6 元

白酒销售是以散装为主，每斤 1 元左右，或用小麦、瓜干等粮食置换，人们用空瓶、皮桶等容器到供销社购买

搪瓷缸子一般用来盛水盛饭，耐摔实用，印刻有时代标语

顶针儿是用来缝制物品的辅助物，套在相应的手指头上，缝针时省力防扎，便捷好用

手电筒是常用的照明设备，有多种型号，价格 3~5 元，小灯泡和电池是其使用易耗品

塑料凉鞋色彩多样，柔软耐用，不怕水浸，适宜在夏季、雨天穿用

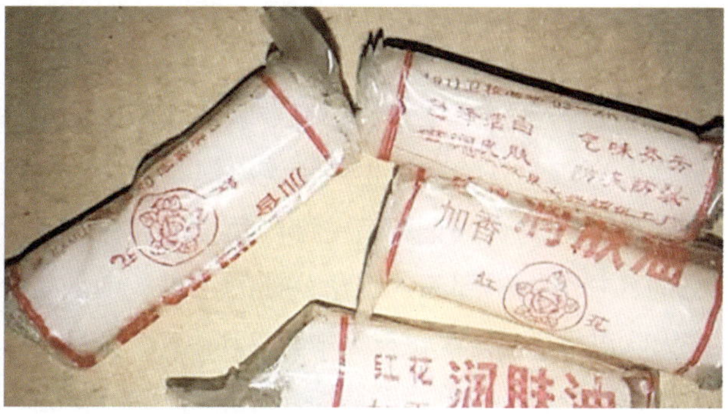

润肤油是供销社里的常卖品，一管长长的乳白色，又有点透明感，带有好闻的香味

供销人物

孙文明，男，1927年6月出生，张家坡镇张家坡村人，中共党员。曾在东里供销社韩旺门市部工作，被誉为“庄户经理”。第三届全国人大代表，山东省“五好职工”，全省先进工作者。

高希凤，女，1932年6月出生，西里镇中西里村人，中共党员。曾任城区供销社高庄门市部经理、南麻供销社副主任。山东省第五、六届人大代表，全省劳动模范，全国“三八”红旗手。

耿文香，女，1939年6月出生，东里镇韩旺村人。曾任县供销社装饰公司队长，在全省“群英会”上被表彰为先进工作者。

张忠修，男，回族，1947年1月出生，沂水县崖庄乡上流庄村人，中共党员，曾任沂源县供销车队队长。山东省劳动模范，全省供销系统“文明职工”。

孙谭山，男，1958年3月出生，大张庄镇东上峪村人，中共党员，曾任供销食品公司经理。山东省供销社劳动模范。

王庆泉，男，1967年7月出生，原莱芜市钢城区黄庄镇人，中共党员，曾任沂源县供销社主任。山东省劳动模范。

新闻集萃

沂源县生猪收购工作进展快

沂源县生猪收购工作进展较快，到九月十四日止，已收购生猪六千多头，占一、二、三季度收购任务的89.3%。

为把生猪收购工作抓好，各级党委加强了领导。从县委到各公社党委，都有专职或兼职干部具体负责。今年，开始实行生猪定购办法，县委及时召开了各公社财贸书记和有关部门负责人会议，进行贯彻，并组织干部深入三岔公社的丝窝、前坡等生产大队进行生猪定购试点。本着有利生产，兼顾国家、集体和社员三者利益的精神，合理地确定了购留比例，广泛宣传了政策，加强了对社员的集体主义和爱国主义教育，顺利完成了定购任务，全面签订了生猪定购合同。接着在全县范围内推广了这一经验，全面推行了生猪定购办法，先后与生产队、社员签订生猪定购合同一万二千多份，定购生猪一万三千多头，使生猪收购任务有了保证。在分季分批收购过程中，县财贸部门又组织人员深入各社、队，检查定购合同的贯彻执行情况，达到定购合理，群众满意。

为保证合同的实现，促进社员交售生猪的积极性，在收购过程中，对社员加强了爱国主义教育，表扬好人好事，使社员把卖肥猪支援国家建设，当成一项光荣的义务。还坚决执行了“四兑现”（即：现金、饲料、留肉、仔猪），把帮助社员解决仔猪当成一个重要任务去抓，到目前为止，商业部门已帮助社员解决仔猪五千多头，基本达到了收一头肥猪给一头仔猪。中庄供销社采购员牟现花，处处从有利增养生猪出发，帮助道坐崮生产队的社员解决养猪资金、栏圈、饲料、仔猪等困难，仅七月份就收购生猪十九头，社员们高兴地说：供销社这个办法好，既收购了肥猪，又帮助解决了猪源。为使售猪的社员能及时买到猪肉，各公社在集镇上设有猪肉架，以便利群众买肉。

同时，还注意加强了母猪管理，提高繁殖率，扩大仔猪来源。有些生产队的母猪，包给社员喂养，所有权归队，给喂养户定工分、定饲料、定膘肥，粪归户有，生了仔猪归生产队所有。生产队把产的仔猪首先安排本队社员喂养，剩余者按合理价格支援外队。社员自己养母猪生了小猪，每头小猪由队里补助十至十五斤饲料，出售时按合理价格卖给社员喂养，从而促进了仔猪的发展。

原载：1961年10月2日《临沂日报》

作者：沂源县供销社专区供销社食品科

调拨物资，组织制修小秋收工具

沂源县供销社，前几天组织二十多名职工，分赴基层，了解群众在小秋收中的需要。生产队和社员要求供应一批镰刀、筢、筐、篓、绳子。供销社立即研究，采取措施。全县安排了二十多个行业，一千九百多名服务人员，加工修理工具。红炉不但在集市生火加工，而且划片修理到队。编筐的，修篓的，制筢钩的，换筢齿的，除了集市设摊外，还由乡修理。商业部门通过清仓，调拨竹竿一千一百根、箱齿五万根、镰刀两万张、猪毛绳三百多斤，及时下放到基层单位，供应生产队和社员群众。还帮助二百八十六个生产队调剂了杂条、木材、煤炭等物资，保证了小秋收工具加工修理原料的供应。

原载：1961年10月26日《临沂日报》

作者：沂源县供销社通讯组

从便利群众出发

我是庄户出身，社员们都叫我“庄户经理”。在工作中俺常和门市部的几个同志一起商议着办。原来光知道来了货就卖，卖没了再去运，只要送货上门，便利群众就行。可是对怎样合理地分配商品注意不够，碰到了些问题。后来俺就和党委工作组研究，吸收大队党支部书记、生产队长和社员代表参加，组成商品分配小组，对一些暂时供不应求的商品经分配小组研究后再进行合理分配，群众很满意。我们还规定了几项制度，大家严格遵守。这些制度是：一、合理分配商品，自己严格遵守；二、大公无私，全心全意为群众服务，三、艰苦朴素，勤俭节约，遇到困难不叫苦；四、服务生产，便利群众，送货上门。这些制度，只有自己严格遵守，才能带动别人共同遵守。去年七月里，我到生产队送货去了，屠宰工人听说俺爷过生日，给留下了二斤猪肉，我回来后听说老中医公玉生和一个烈属生病，我和同志们一商量把这二斤肉供应了他俩。社员们说：门市部的同志真好，只知照顾群众的困难，自己却是廉洁奉公。我们听了这些话，觉得这是理所当然的事，国家的商业工作人员应该这样办。

原载：1962年3月25日《临沂日报》

作者：孙文明

染青线

“俺那孩子整天在队里劳动，不是推车，就是挑担，离了鞋哪能行，来买缕青线纳鞋帮，偏偏短了货，真急人！”这话，是一位社员站在沂源县燕崖供销社门口说的。

供销社物资供应股长周德金把这番话牢牢地记在心里，他想：青线刚刚卖完，就有人找上门来。到商业局去提货，社员们又急着用，等不得，可怎么办呢！他猛然又想到蓝线和白线上，仓库里存了不少白线和蓝线，如果染成青线，就能满足急需。说办就办，他把白线放在锅里煮成青线，第二天就拿到门市部出售了。知道这件事的人，都夸老周接受群众的意见虚心，想得周到。

原载：1962年5月15日《临沂日报》

作者：成训　进秀　汝学

沂源供销部门注意培养新职工

沂源县供销部门，多方面采取措施，帮助新职工提高政治觉悟和业务水平。这个县供销部门从1958年以来先后吸收新职工二百九十五名，占职工总数的28%。这些新职工，多数来自学校、工厂和农村。青年学生占大多数。他们一般都有一定的文化程度，有上进心，接受新事物较快，但是缺乏业务知识和实际工作经验。许多新职工刚做供销工作，怕负责、怕麻烦，也有些新职工，对供销工作存有不正确认识，认为没有前途，工作不安心。

县供销社党总支和各基层供销社党支部，根据这种情况，除了充分发挥党、政、工各种组织作用，教育新职工以外，还分类分批举办各种短期业务学习班，组织职工学习政治、学习业务和文化。到目前，已先后举办各种学习班七期，培养训练了二百八十多名新职工。各供销社党支部还通过定期上大课的办法，组织职工学习。悦庄供销社把全社职工根据文化程度高低，分别编成不同班级，固定专人教学，坚持常年学习，并定期举行测验，使职工学习纳入正轨。

三岔供销社为了解决基层供销门市部学习时间的问题，帮助他们建立了五天一次的大课制度。即每逢集日，头半天赶集，后半天便组织职工学政治、业务或是文化，听课以后并进行讨论。

为了帮助新职工提高技术，尽快地熟悉和掌握经营业务，许多社还组织老职工给新职工传授经营中的一些技术精髓。悦庄门市部的老职工，经常利用业余时间，帮助新职工学习量布、称秤、打算盘等技术。副食品门市部女营业员牟新，是1950年才到供销社的，文化程度低。在老职工的帮助下，两年时间已成为能算会干的营业员。东里门市部新职工曹秀花，在老职工鞠兴学的帮助下，不仅熟练地掌握了八百多种商品的门市经营业务，还熟练地担任了会计工作。

为了帮助新职工学会收购农产品的选级技术，也采取了包教包学的办法。悦庄供销社采购员马秀亭，三年时间就培养了七名农产品收购员。

由于采取了上述许多措施，新职工政治与业务上进步都很快，到目前为止，全县二百九十五名新职工，已有二百七十十名入了党，有八十八名参加了共青团，有一百六十九名成了供销部门的先进工作者，能够独立进行工作的新职工占全县新职工数的95%以上。

原载：1962年6月23日《大众日报》

作者：郝浩然

群众爱戴的“二人店”

沂源县张家坡供销社后峪门市部只有一个经理和一个会计，却负担着六个生产大队、十一个自然村的供应和收购工作。由于他们明确了商业为农业服务的观点，不误农时地供应了生产、生活资料，提前超额完成了全年农副产品收购任务，被评为先进单位。群众热情地叫这个门市部为“二人店”。

急需一面山西犁子　春耕大忙的时候，北老峪生产队忽然把犁子毁了，党支部书记急得抓耳搔腮，马上叫一个社员到后峪门市部去买，可是门市部没有库存了。刘加春经理听说山西犁子毁了，他和社员们一样着急。于是他先跑到大石沟生产队，想找箍炉工给他们修理，事不凑巧，箍炉工串乡去了。刘经理二话没说，匆匆忙忙地向东里供销社跑去。当他拿着一面崭新的山西犁子从十五里的东里回来时，已是晚八点多了。第二天一早，他把犁子送到北老峪生产队，直到安好、套上牛耕地了，他才走。党支部书记王文圣感激地说：“刘经理真是俺农业的好后勤部。”

一条合理化建议　后峪村东边，有个大桑行，今年夏天树上招了虫子，十分严重。刘经理送货路经桑行，发现树招了虫子，立即向党支部作了汇报，建议迅速发动努力扑灭。可是，有的人说：“不要紧，今年雨水好，桑树旺，一星半点的虫子，碍不着桑叶长。”刘经理解释说：“桑树虽旺，但被虫子吃开了也快，如果不赶快洒药，桑叶被吃光了，蚕喂不好，就会影响茧的收入。”队干部接受了他这个建议，第二天就组织社员洒药，消灭了虫害，保证了桑叶旺盛生长，蚕儿喂得喂得好。这个队今年产茧四百多斤，完成了定购任务，增加了社员收入。

代社员掌鞋　在今年“三秋”大忙季节，刘经理和王恩贞会计天天送货到队。有一天，送货来到了核桃峪生产队，听到社员议论着说：“今秋雨水大，耕地刨地非穿胶鞋不可，不少人的鞋穿破了，拿到集市上去掌，一是跑路，二是花钱多。”刘经理和王会计决心为社员解决这个困难，他们商量了一个办法：这次送货下乡把破鞋收起来，捎回门市部修理，下次把修好的鞋捎回去，只收原料费。这样，社员们既省时间，还少花钱，不几天就拿各种胶鞋一百四十多双。社员刘树栋把掌好的鞋穿到脚上，满意地说：“这双装鞋变成了新鞋，好好刨地可有本钱啦！”

原载：1962年11月15日《临沂日报》

作者：刘峨太　丁念亮

变“对手”为“帮手”搞活农村商品流通

在个体商户日渐增多，市场竞争越来越激烈的新形势下，供销社怎样处理与个体商户的关系？沂源县悦庄供销社和个体商户交朋友，使农村商品流通越来越活。

过去，这个供销社的干部职工总认为个体商户与自己争市场、争生意。于是把他们当成“对手”来对待。对他们采取了紧俏商品不批发、封锁商品信息等对策。结果个体商户从供销社进不到货，就到外地进货，生意越做越活；而供销社由于把个体商户当“冤家”，路越走越窄，销售额和利润额每年均以百分之十的幅度下降。他们总结了这一教训，认识到发展个体商业是搞活经济的一项重要措施。充分发挥他们的作用，对于搞活商品流通有着巨大的作用。基于这一认识，他们对个体商户由“对手”变为“朋友”，采取了三条服务措施：一是充实和加强了个体商户批发机构，充实、调整了采购人员，建立了样品室，添置了样品展销柜，让个体商户看样选购；二是为满足个体商户选购商品的需要，他们与省内外一百多家厂家和二级批发站建立了固定的供货关系，直接从生产厂家购进了500多个品种、价值90万元的适销对路商品；三是想方设法为个体商户排忧解难。他们在样品室内为客户设了茶水桶、电扇等，还建立了意见簿和缺货登记簿。由于这个供销社服务态度好，商品品种全，批零差率高，不仅将本镇范围内的个体商户吸引了过来，而且外地百余家商户也慕名前来求购。今年上半年，这个供销社完成批发额七十五万七千元，较去年同期增长14.7%；商品销售额也比去年同期增加25.7%。

原载：1986年8月23日《临沂日报》

作者：茂胜　中旺　秀起

组织货源搞好节前市场供应

沂源县供销社积极组织货源，切实搞好节前市场供应。

这个社为了购进质量优、品种全、价格廉、消费者喜爱的商品，先后到北京、上海、黑龙江等十四个省市的三百二十个生产商家购进了一千四百四十五万元的商品。为了把购进的商品及早供应到农民手中，他们在积极扩大批发网点，方便零售商业进货的同时，大力开展了下乡送货活动，把三尺柜台推到村边和农家庭院。仅四季度下乡送货额就达八十万元。

由于这个供销社抓住了农村旺季市场供应这一重要环节，从而促进了全年购销业务的完成。去年全社完成商品销售总额四千四百万元，比八五年同期增长百分之二十一点二；对个体工商户的批发额完成七百三十万元，较一九八五年增长百分之六点五。

原载：1987年1月24日《临沂日报》

作者：胡茂盛　杨中旺

悦庄社帮助新营业员提高业务水平

沂源县悦庄供销社采取多种办法帮助新营业员提高业务水平，使十四名新营业员在一个不很长的时间内，都能独立工作，其中有八名还被评为先进工作者。

去年这社增添了一批新营业员。这些新营业员的共同特点是：富有朝气，上进心强，坚持各种制度比较认真；但由于缺乏业务知识，服务质量不高，工作上常碰钉子。为了帮助他们提高业务水平，领导上除有组织地领导他们学习政治理论和业务知识外，还采取以老带新、包教包学、业务座谈、技术表演等多种形式加以培养，使新营业员的思想水平和业务水平不断提高。埠村门市部新营业员张先远，开头串村送货、收购时，一进村就红脸不好开口，看到烂鞋破布条，也嫌脏，认为这种买卖不好干。老经理宋京彦知道这个情况后，就一面向他进行教育，提高他对社会主义商业的认知，一面亲自带他下乡送货，上网收购，通过实际工作帮助他提升业务水平。经过一段培养，张先远工作变样了，今年五个月中，他就到各队送生产、生活资料万余斤，收购鸡蛋三百多斤，超额完成了购销任务。悦庄百货门市部新来的女营业员牟森善，开始站柜台时，看到一群一群的顾客和满架的商品，眼花心慌，量布错了尺寸，包装也不顺手，更难的是不会算账、填证，急躁发愁。老营业员王如宣包教她学习业务，抽空就教她打算盘，熟悉商品品种、价格以及称、量、捆、数、算等技术。现在，牟森善不仅掌握了这些业务技术，而且熟悉了七百多种商品的性能、用途和价格，服务质量大大提高，被连续评为先进工作者。

由于领导上注意对新营业员的培养教育，加上新老营业员的团结努力，新营业员的业务水平和服务质量迅速提高，购销业务也取得了显著成绩。

原载：1962年6月15日《临沂日报》

作者：沂源县供销社通讯组

沂源县供销社组织货源丰富春节市场供应

沂源县供销社及早动手，积极组织货源，搞好春节期间的农村市场供应工作。

早在去年11月，这个社就组织人员深入到全县17个乡镇对农民节日期间的消费趋势进行了调查。他们根据农业丰收、购买力增强、市场消费需求提高、部分商品货源偏紧的特点，在清仓查库、挖掘库存潜力的同时，先后到北京、上海、浙江等10多个省市购进了890万元的商品，增加了近400个花色品种。为了把购进的商品及时供应到农民手中，他们在增设供应网点、延长营业时间、扩大对个体商业批发的同时，各零售单位走出店门，下农村、串农户，流动售货，服务上门，大力开展了下乡送货活动，对烈军属、孤寡老人、离退休干部职工优先安排供应。从去年12月份以来，他们共下乡送货、赶集设摊1200人次，扩大销货额72万元。

原载：1988年2月2日《临沂日报》

作者：杨中旺　任道深

三岔供销社积极搞活农副产品经营

三岔供销社在农副产品经营中，主动同农民扩大联合，拓宽了经营路子。今年上半年，全社农副产品收购总额完成142万元，实现利税15万元，分别比去年同期增长165%和66%。

三岔供销社在搞好工业品经营的同时，立足山区优势，主动联合农民扩大农副产品经营。当地盛产柿饼，但过去由于信息不灵，质量没有保证，影响了农民收入。去年，供销社派人到济南、青岛等地了解行情，联系销路。在收购上，打破过去单一收购成品的方式，积极收购鲜柿子，并聘请了50名农民技术员按照统一质量标准组织统一加工，去年他们收购加工柿饼吊饼27吨，收入6万元，农民增加收入9万多元，今年羊绒收购季节，供销社联合农民筹集资金35万多元，由120余辆摩托车组成了收购突击队，跑临朐、五莲等15个地县，还远到山西省深购远销，仅一个月就收购羊绒1.1万斤，收购额90多万元，实现利税10万元，农民增加收入3万多元。

原载：1989年8月19日《临沂日报》

作者：秦升元

大事记

1946年　沂源县农民推进社成立。

1948年　6月，更名为沂源县供销合作总社。

1951年　3月31日，沂源县供销社第一届社员代表大会召开，改称沂源县供销合作社联合社。

1954年　县联社改称沂源县供销合作社。

1955年　10月8日，县供销社由悦庄村迁往县委驻地南麻村办公。

1958年　5月28日，供销社、服务社、信用社在沂源县进行三社合一试点，供销社、商业局合署办公。

1961年　9月20日，县供销社、商业局正式分开办公，供销社电话挂号为4357。

1962年　全县设基层供销社14个、门市部102个，职工1041人，发展社员73321人。

1965年　12月15日，沂源县供销系统职工业余学校开学。

1971年　6月，沂源县商业局、沂源县供销社合并。

1972年　1月，复建沂源县副食品公司。

1975年　7月，沂源县供销社与商业局分立，恢复独立办公。

1981年　2月10日，沂源县供销干校恢复。

1982年　1月9日，沂源县供销社蚕丝公司移交给沂源县丝绸公司。

1983年　1月26日，县棉烟麻公司改为沂源棉麻公司，原棉烟麻公司烟草相关的财产、资金、人员并入沂源烟草支公司。

1983年　10月18日，沂源县供销社第五届社员代表大会召开。

1984年　1月1日，沂源县供销合作社联合社贸易公司成立。

1984年　12月13日，建立果品综合加工厂。

1985年　7月5日，山东省沂美食品厂成立。

1986年　沂源县供销大楼竣工。

1987年　3月4日，县供销社印发《沂源县供销合作社章程》。

1988年　3月9日，沂源县供销企业集团公司成立。

1989年　1月12日，沂源县再生资源公司成立。

1991年　4月，淄博市委、市政府给建设淄博作出贡献的沂源县供销社记三等功1次。

1993年　1月4日，县供销社撤销城区供销社，该社人、财、物移交给土产、生资、再生等6个企业。

1993年　4月5日，沂源生资公司首次获得全省“四好仓库”称号。

1994年　4月3日，淄博市委文明委为沂源县供销社记建设淄博三等功1次。

1996年　4月，县供销社确定撤销土产杂品公司，分别组建为县土产棉麻公司和物资经营中心。

1996年　4月23日，大富豪酒店、县供销社包装印刷厂成立并开业。

1996年　11月5日，县政府以源政发〔1996〕164号文件批准县供销社为自收自支事业单位。

1996年　11月9日，县棉花专业合作社召开创立大会。

1998年　7月11日，县工业品公司在供销社系统中首家改制为有限公司。

1998年　8月，县土产棉麻公司、再生资源公司、县供销社包装印刷厂改制完成，召开创立大会。

1999年　3月，县工业品公司荣获省社先进单位称号。

2001年　8月27日，全国供销合作总社常务理事、科技工业部部长张祥茂在省、市供销社相关负责人陪同下，到沂源县检查指导工作。

2002年　3月15日，县供销社确定组建鲁村、南麻、唐山、东里、悦庄中心社，撤销原徐家庄、张庄、燕崖、中庄、张家坡、石桥供销社，将其就近并入中心社，保留土门、三岔供销社建制。

2002年　5月19日，全国政协副主席、全国总社主任白立忱来山东视察工作。沂源县供销社被确定为全省发展农民合作经济组织试点县。

2002年　7月11日，全市供销社发展农民合作经济组织现场会在沂源县新城宾馆召开。

2002年　8月20日，省供销社主任白志刚、副主任王献玲到沂源检查供销工作。

2002年　12月8日，中国社科院研究院、博士生导师高涤陈教授，中科院经济研究所副研究员申恩威考察沂源专业合作社。

2002年　12月底，全县供销系统共有23个专业合作社召开社代会或创立会，村级服务站达到418个。

2003年　10月30日，全省发展农民合作经济组织现场会在沂源县召开。

2003年　10月30日，沂源县农民合作经济组织联合会正式挂牌成立。

2004年　3月1日，沂源县供销社被省供销社评为县联社突出贡献先进单位。

2004年　3月31日，唐山花椒合作社被全国总社命名为全国示范专业合作社，是沂源县供销社系统第一个、全市供销社系统第二个跃入全国示范专业合作社行列的合作社。

2004年　10月18日，沂源县久兴再生资源有限公司召开创立大会暨第一次股东会议。

2004年　12月10日，沂源县供销社被省供销社评为信息工作先进单位。

2005年　8月28日，沂源县供销社制定《基层社产权制度改革实施方案》，全县12处基层社进行以破产重组为主要内容的产权制度改革。

2005年　10月，沂源县农业生产资料连锁有限公司改制为淄博沂河源生产资料连锁有限公司。

2006年　9月20日，沂源县棉麻公司获得沂源县经济体制改革办公室关于同意组建有限公司的批复。

2007年　7月，县供销社招商引入世纪东方超市有限公司，世纪东方与东里供销社合作的第一家超市开业。

2009年　10月，县供销社办公地点由商业老街126号搬迁至军民路16号。

2009年　10月31日，省供销社党组书记、理事会主任白志刚到沂源县供销社调研工作。

2011年　9月22日，全省供销合作社推进新型农资经营服务体系建设现场会在沂源召开。

2014年　8月14日，沂源县永青果蔬专业合作社、祥利果品专业合作社获2014年农民合作社省级示范社称号。

2016年　中共沂源县委、政府出台《关于深化供销合作社综合改革的实施意见》(源发〔2016〕9号)。

2016年　9月26日，县供销社成功举办2016年中国苹果年会暨第六届山东沂源苹果节。

2017年　3月6日，沂源县供销社成立源合社有资产运营有限公司。

2018年　11月13日，山东省供销社水肥一体化现场培训会在沂源县召开。

2019年　8月20日，悦庄供销社有限公司、鲁村供销社有限公司、东里供销社有限公司、南麻供销社有限公司、沂河源生产资料公司入选“淄博供销·诚信农资”示范点。

2021年　4月，沂源县被列为全省城乡商贸流通网络建设先行启动县。

2022年　县域农村现代商贸流通服务网络建成。

2022年　4月25日，沂源县供销合作社第六次代表大会召开，修订《沂源县供销合作社章程》，选举产生新一届理事会、监事会。

2023年　3月31日，沂源县荣获“山东省县域流通服务网络示范县”称号。

物资篇

记忆沂源·商贸流通卷

扫码听书

概　述

物资，包括生活资料和生产资料。物资部门管理的物资，是进入流通领域的关系到国计民生的重要生产资料，主要有煤炭、木材、钢材、有色金属、化工、轻工产品、机动车辆等。

新中国成立前，沂源县境内经济落后，交通闭塞，私营商业不发达，无物资专营机构。当时的物资产品主要有照明用的煤油、建筑材料等，大多从济南、青岛、张店、博山、青州等地运进。通过店铺、商号、集市等进行买卖，交易场所集中在南麻、鲁村、燕崖、芦芽店、三岔店、东里店、璞邱、安乐、白峪等地。境内煤炭、木材资源较为丰富，主要是地产地销。其他物资，如照明用的煤油，由各商户肩挑畜运从外地购入，当时境内较大的店铺——东里店刘氏开的“长胜号”，就是从博山用肩挑或骆驼运入煤油进行销售。

20世纪30年代物资运输

1937年，济南、青岛被日军占领后，沂源境内物资购货渠道不畅，仅能从博山、泰安购进，且量较少。1938年5月，日军入侵沂源，各路设卡，进货渠道全部中断，商号倒闭颇多。1944年沂源建县后，虽部分商行复苏，但经营品种单一，货源不足，生产资料罕见。解放战争期间，因战事多发、交通阻隔，生产资料更为短缺，以木材为例，境内森林资源因国民党军队修筑工事等原因遭到严重破坏。

新中国成立后，国家进入有计划的社会主义建设和社会主义改造时期。全县物资管理经营体系实现了从无到有，由计划分配供应体制向指令性计划、指导性计划与市场调节相结合、市场调节的转变；物资管理机构、经营网络，以及与经营业务相适应的各种储运服务设施也不断得到健全和完善，大致经历了计划经济、有计划的商品经济、市场经济几个阶段。

计划经济阶段　由于在理论上长期不承认生产资料的商品性质，忽视经济发展的客观要求和价值规律的作用，过多地依靠行政手段来管理物资流通，这一阶段计划性较强，指令性物资比重大，物资进货渠道单一，物资供需缺口较大，供需矛盾日益突出，就是最普通的轴承、钻头都必须实行重点控制供应。

20世纪60年代，随着经济的发展，对生产资料的需求大幅增长，国家在物资工作上执行“集中统一，全面管理”的方针，沂源县物资管理部门应运而生。1965年5月，沂源县物资供应站成立，负责全县物资管理工作。建站初期，物资经营与管理工作比较薄弱，经营范围很小，仅有木材、水泥、轴承、玻璃等几种物资，而且销售量有限，1965年营业额仅7.3万元。

“文化大革命”期间，物资工作遭到破坏，供需矛盾十分突出。从1966年开始，国民经济建设中所需物资逐渐增多，物资管理的计划性逐步增强，县计划委员会开始每年下达年度物资分配计划，物资管理部门根据计划分配方案组织实施物资的进货和供应。由于计划分配的物资数量与实际的社会需求量存有差距，而且分配计划常常不能兑现，物资供需矛盾开始暴露。1968年，上级计划分配给沂源县的木材674立方米，实供480立方米。1976年，为解决木材长期缺口问题，物资局从黑龙江省购进计划外木材1350立方米。

20世纪70年代初期，国家提出“抓革命、促生产”加强国民经济建设的指导思想，全国经济形势有所好转，全县经济建设也有了较快发展。1972年，沂源县物资局成立，统筹规划和管理社会生产资料流通，为全县工农业生产建设提供物资供应。

“文化大革命”结束后，党和国家的工作重点开始转向经济建设，改革开放带来了全县物资工作的新局面。通过加强思想政治工作，完善各项管理制度，强化业务技能提升，培养了一支懂经营会管理的队伍，涌现出一大批先进集体和先进个人，新的行业道德风尚形成，推动了全县物资工作的开展。经过十几年的发展，物资系统成为全县流通领域里的一个重要行业。物资购销业务大幅度增长，1975年营业额132万元，1977年营业额达236万元，1978年增至305万元。

有计划的商品经济阶段 国家确认了生产资料的商品性质，开始执行“以计划经济为主，以市场调节为辅”的方针，物资管理体制跳出高度集中、以行政手段调拨物资的圈子，按照商品流通的原则来组织和管理物资流通并进行体制改革。沂源县物资局适应形势发展需要进行了多次改革，实施政企分开、简政放权，实行经理负责制，改革用人制度，实行公司承包，建立生产资料市场、物资贸易中心，对公司实行精细化分工等。物资局所属国营公司也由原先5个分成8个，有些公司又进一步成立小公司。全局上下转变观念，走出计划经济时期的经营模式，多方寻找商机：建立信息网站，与东北林业局建立友好县局关系，在煤炭、化工、汽车、钢材等资源地设立业务点，加强同行联系，提高了沂源县物资局的知名度。为支援农业发展，占领农村物资市场，物资局先后在一些公社、乡镇建立或联合建立物资供应站，企业效益明显提高。1981—1990年，累计实现销售收入达到30547万元，利润348.5万元。

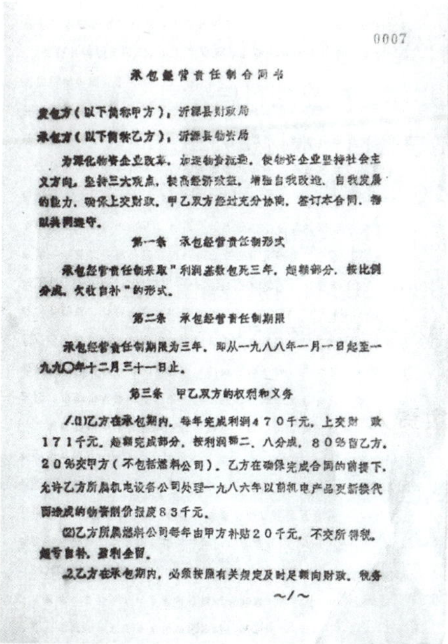
0007

承包经营责任制合同书

发包方（以下简称甲方）：沂源县财政局

承包方（以下简称乙方）：沂源县物资局

为深化物资企业改革，加速物资流通，使物资企业坚持社会主义方向，坚持三大观点，提高经济效益，增强自我改造、自我发展的能力，确保上交财政，甲乙双方经过充分协商，签订本合同，并以共同遵守。

第一条 承包经营责任制形式

承包经营责任制采取”利润基数包死三年，超额部分，按比例分成，欠收自补”的形式。

第二条 承包经营责任制期限

承包经营责任制期限为三年，即从一九八八年一月一日起至一九九〇年十二月三十一日止。

第三条 甲乙双方的权利和义务

1.(1)乙方在承包期内，每年完成利润470千元，上交财政171千元，超额完成部分，按利润二、八分成，80%留乙方，20%交甲方（不包括燃料公司）。乙方在确保完成合同的前提下，允许乙方所属机电设备公司处理一九八六年以前机电产品更新换代而造成的物资削价报废83千元。

(2)乙方所属燃料公司每年由甲方补贴20千元，不交所得税，超亏自补，盈利全留。

2.乙方在承包期内，必须按照有关规定及时足额向财政、税务

~1~

1988年，承包经营责任制合同书

市场经济阶段 新的生产资料流通市场出现繁荣兴盛的局面，县物资局鼎盛时期固定资产达160余万元，年销售额过亿，利税100余万元，安置就业人员300余人，连续多年被评为山东省物资系统先进单位。

随着改革的深入，多种经济形式并存，全县每年计划分配供应的主要物资大幅减少。1993年，沂源县物资集团总公司成立，下辖燃料公司、木材公司等国营公司。各公司不断调整思路，尝试转型，如成立的物资开发公司，尝试养殖、纸制品加工。燃料公司开始从事房地产开发、餐饮经营。有些公司因经营不善倒闭。

1998年，物资集团总公司完成历史使命，退出了历史舞台。

1993年，物资集团总公司挂牌成立

机构沿革

1956年，煤炭经营组设立，时有职工3人。

1958年，中国煤业建筑器材公司山东沂源分公司（简称煤建公司）成立，主营煤炭业务。1961年9月，五金、交电、化工3大类商品批零业务划归煤建公司经营，1962年4月又转由百货公司经营。

1963年10月，成立物资供应机构——山东省临沂物资综合公司沂源县木材组，主要经营木材业务，1964年5月撤销。

1965年5月，成立沂源县物资供应站，隶属临沂专员公署物资局，属国营企业。

1972年2月，经沂源县党的领导核心小组研究决定，成立沂源县革命委员会物资局，由当地政府领导，实行政企合一，统揽物资业务，下设业务组、行财组和仓储组3个组。

1978年，原属商业部门管辖的煤建公司划归物资局，改名为沂源县燃料公司。

1982年，县物资局由3个业务组扩大到3个科、5个专业公司、1个物资供应站，即人事秘书科、财务科、计划业务科，木材公司、金属机电公司、化工建材公司、燃料公司、物资服务公司，张庄物资供应站。各公司组织管理机构有办公室、财务股、计划业务股、仓储股。同年，与唐山公社联合设立唐山物资供应站。

1984年，机构改革，成立沂源县物资综合服务公司，与沂源县物资局一套机构、两块牌子，仍为政企合一单位。1987年，局机关设业务科、财务科、办公室和政工科。1988年6月24日，撤销业务科，原统计工作归局财务科。1989年4月，经县人民政府批准，沂源县物资综合服务公司重新改为沂源县物资局，单位性质、规格、人员编制、隶属关系、经费渠道不变。11月13日，成立行政科，单设审计科。

1984年，成立沂源县废旧金属回收公司，隶属金属机电公司。

1986年12月，沂源县物资服务公司撤销；金属机电公司分为金属材料公司和机电设备公司。

1986—1987年，根据鲁政发〔86〕51号文件和临沂地委行署关于建立乡镇物资站的要求，燕崖、中庄、沟泉等乡镇挂靠县物资局设立乡镇物资供应站。

1988年1月，化工建材公司分为化工轻工公司、建筑材料公司。

1988年6月，经县政府同意，县物资局成立物资贸易中心。1989年10月撤销。1992年6月，恢复成立。

1988年8月，经中共沂源县委、县人民政府研究决定，燃料公司、机电公司、金属公司、木材公司，升为小Ⅱ型企业。

1988年11月，成立沂源县汽车销售公司，隶属沂源县机电设备公司。

1990年9月，沂源县物资局机构设置为办公室、监察室、调研员室、工会、政工科、财务科、审计科、行政科，所属燃料公司、金属材料公司、机电设备公司、木材公司、建材公司、化轻公司、金属回收公司及张庄物资供应站。

1993年4月，沂源县兴源物资股份有限公司成立。9月，撤销沂源县物资局，成立沂源县物资集团总公司，下设燃料公司、木材公司、化轻公司、机电设备公司、金属材料公司、金属回收公司、建材公司、物资贸易中心、兴源物资股份有限公司等公司及张庄物资供应站。

1994年，成立沂源县民用爆破器材专卖公司，隶属化轻公司。同年，物资开发公司成立。

1995年，成立燃料总公司、金属材料总公司、机电设备总公司、木材总公司。

1996年11月，金属回收公司、建材公司、化轻公司、木材总公司破产。

1998年10月，物资集团总公司所属企业并入沂源县商贸资产经营有限公司。

沂源县物资系统历任主要负责人

姓名	任职时间	职务	备注
张学道	1965.05—1972.02	县物资供应站站长	
张学道	1972.02—1976.02	县革命委员会物资局局长	与刘钦吾同时任命为县物资局局长
李成杰	1975.02—1978.02	县物资局局长（列刘钦吾后）	

续表

姓名	任职时间	职务	备注
刘钦吾	1972.02—1981.07	县革命委员会物资局局长	
	1981.07—1982.07	县物资局局长	空缺
陈锡敬	1982.07—1983.05	县物资局局长	
贾德祉	1983.05—1984.06	县物资局局长	
	1984.06—1985.09	县物资综合服务公司经理	
秦成海	1985.09—1989.04	县物资综合服务公司经理	
	1989.06—1992.01	县物资局局长	
白正法	1992.01—1993.09	县物资局局长	
	1993.12—1996.09	县物资集团总公司总经理	
朱庆谊	1996.09—1998.10	县物资集团总公司总经理	

组织建设

1972年7月，成立物资局支部委员会。1983年2月，成立物资局党组。1984年6月，成立物资综合服务公司党支部。1984年10月，成立物资综合服务公司党组。1990年5月，成立物资局党委。1993年9月，成立物资集团总公司党委。

2021年7月，周仕礼、王洪远、梅玉江、张庆兰获颁“光荣在党50年”纪念章。

沂源县物资系统党组织历任主要负责人

序号	中共党组织名称	党组织书记	时间
1	物资局支部委员会	张学道	1972.07—1973.04
2	物资局支部委员会	刘钦吾	1973.04—
3	物资局党组	陈锡敬	1983.02—1983.04
4	物资局党组	贾德祉	1983.04—1984.06
5	物资综合服务公司党支部	贾德祉	1984.06—1984.10
6	物资综合服务公司党组	贾德祉	1984.10—1985.09
7	物资综合服务公司党组	秦成海	1985.09—1988.03
8	物资综合服务公司党组	白正法	1988.03—1990.05
9	物资局党委	白正法	1990.05—1992.11
10	物资局党委	田悦志	1992.11—1993.09
11	物资集团总公司党委	田悦志	1993.09—1996.09
12	物资集团总公司党委	白正法	1996.09—1998.10

业务经营

沂源县物资系统经过几十年的发展，逐步建立健全了物资经营管理体制，形成了以计划管理为主体、积极参与市场调节的物资管理格局。

计划经济阶段

新中国成立伊始，按照国家恢复经济、发展生产、稳定物价、保障供给和“重要物资由国家集中统一分配”的方针，国家对煤炭、钢材、水泥、纯碱、杂铜、机床、麻袋等8种主要物资实行计划管理。以后实行计划管理的物资逐年增加，1951年为23种，1952年为55种。1953年，国家开始执行发展国民经济的第一个五年计划，计划管理物资增加到227种。国家在建立计划经济制度的同时，在物资管理上建立统一分配、统一调拨制度。根据各种物资在国民经济计划中的重要程度和产销特点，分为一类物资、二类物资、三类物资。其中一、二类物资品种由国家计委逐年确定并公布品种目录。

一类物资，又称统配物资。主要包括煤炭、钢材、有色金属及其制材、木材、水泥、重油、橡胶、轮胎、烧碱、纯碱、硫酸、硝酸、火工产品、汽车、机床、动力机械等。这类物资实行全国范围的统一分配，由国家计委进行全国范围内的产需综合平衡，按计划下达给中央有关部、委、局和各省、市（区）。各省、市（区）按国家分给的统配产品，加上省自筹资源和省外汇进口资源，经全省范围综合平衡后，按计划下达给有关厅局和各地、市。

二类物资，又称部管物资。主要包括各种矿石、石油、铁轨、大型专用设备等，也有一部分是需要在全国范围内统筹安排的重要通用物资，如化工原料、专用机床、专用汽车等。这类物资由国务院各主管部门分配，经产需综合平衡后，按计划下达给部属直供企业和各省、市（区）。各省、市（区）主管厅、局经全省平衡后，按计划下达给省直供企业和各地、市。

三类物资，又称地管物资。它是统配、部管物资以外的工业品生产资料。主要包括建材类的砖、瓦、灰、砂、石以及大量化轻、机电类品种。对三类物资的管理，主要是在地方计委指导下，由地方物资部门或有关生产部门，根据品种余缺状况，随时纳入计划平衡分配。

1949年前后，沂源县无专门物资经营机构，燃料及建筑材料等自由买卖。

1958年，中国煤业建筑器材公司山东沂源分公司成立，由商业系统管辖，主营煤炭业务，兼营木材。1961年，石油归县煤业建筑器材公司经营。

1963年10月，设立物资供应机构山东临沂物资综合公司沂源县木材组，实行统一销售、统一供应、统一资金、人财物垂直管理的体制，主要经营木材业务。资源多来自黑龙江省各林业局，由临沂地区物资局订货直发八陡火车站，县木材组验收接货，年平均进木材300立方米。

1965年，沂源县物资供应站成立之初，经营木林、玻璃、水泥、炸药、钢材、二类机电产品、胶电产品、化工产品共8类商品，物资资源由临沂地区分配，县物资站组织进货供应。物资站所经营的物资，除部分等外木材以外，其余全部为计划内物资，除木材有批发价和零售价外，金属材料、建筑材料、化工产品及机电产品全部执行供应价。计划内物资的价格是在专区物资局指导下，经县物价委员会批准后执行的。等内木材按照临沂专区木材公司制定的价格表执行，等外材实行以货论价的办法，对储存时间较长、变质木材的调价，需物资站写报告，经物价部门审批后作价处理。当年，物资供应站购进木材1016立方米。供应站的木材加工实行按需加工，木工由13人增加到25人，由零星加工逐步发展成批量加工，全年共加工木材55立方米。

在综合业务方面，1965年6月29日，根据省物资厅便字第131号文的指示精神，为适应小三线建设的发展需要，该站经营范围增加金属材料和机电产品等；10月，原由水利局经营的火工产品转由物资站经营。全年上级拨给钢材19吨，从机械厂回收22.29吨，共计41.29吨，销售26吨；购进玻璃42大箱，销售42大箱；购进机电产品额4000元；全年销售额7.3万元。

速写《木材加工》

从1966年开始，国民经济建设中所需物资逐渐增多。当年第一季度共购进木材964立方米，占全年计划的50%，同比增长236%。其中，购进等内材357立方米，同比增长40%；购进等外材589立方米，同比增长424%。共销售木材566立方米，营业额52772元，同比增长362%，其中支农材175立方米、水利用材10立方米、三线厂矿维修用材41立方米、薪炭材350立方米。同年，物资供应站开展增产节约运动，在保证木材加工质量的前提下，利用等外材23立方米，占全年木材节约计划的23%。全体职工卸车、垛放木材794立方米，节约262元；整理场地，节约45.20元，节约劳力112个。综合业务进一步发展，全年共购电动机3台、变压器4台、轴承89个、电缆3360米、钢材1.97吨、玻璃116标准箱，购进额25025元，销售额32034元。同年，按照上级大办农业的方针，物资站大力支援农业生产，先后派出4名同志，采购抗旱物资，同时配合县电业科，建立西坡、盛家庄、西鱼台3处电灌站，灌溉面积达5000余亩；加工木制农具3000余件、备战箱和生活用具500余件。

1967年，购进木材1095立方米、钢材94.5吨、水泥747吨、玻璃1154标准箱，其他物资也开始从无到有、从少到多，物资经营额达到48万元。

1970年以后，国家提出“抓革命、促生产”加强国民经济建设的指导思想，沂源县物资工作有所好转。1971年，营业额实现94万元，比1970年（42万元）增长1倍多，物资仓储能力有所提高，周转物资开始增加，为物资工作开展创造了良好条件。

1972年2月，沂源县革命委员会物资局成立，在原物资供应站旧址上进行改建，占地30余亩，有职工14人，担负着为全县工农业生产建设服务、保证物资供应的任务。物资购销主要包括国家计划分配物资调拨和计划外物资的采购销售，对国家分配的物资先由县计划委员会制定分配计划，再由物资局按分配计划实行调拨和供应，计划分配的主要物资有木材、钢材、水泥、生铁、有色金属、煤炭等。对虽未列入国家计划，但供需矛盾较大的重要物资，县物资局尽力寻找货源，进行地区间协作调

1992年，县物资局

剂，经统一平衡后调拨分配。当年实现营业额118万元，达到历史最高水平，主要物资的购进、供应量也大幅度增加。

1974年，山东省在物资分配供应上，实行“统一计划、归口规划、条块结合、分户记账、就地就近组织供应”的办法，由物资部门统一订货、统一调度、统一供应，克服物资经营管理上分散多头、渠道混乱、调度不灵、积压浪费等弊端。

1974年1月1日，按照临沂地区革命委员会生产指挥部〔74〕第9号文件通知要求，在组织供应上实行大额直达到厂、小额中转、就地就近组织供应。当年，县委确定以“农业为基础，工业为主导”的工作中心，县物资局围绕这一工作中心，坚持为工农业生产建设服务，搞好物资供应，支援工农业

1974年，物资局引进的北京212型吉普车

1978年，农用氨水坛子

生产建设。当年夏季，天旱无雨且电力器材不足，县物资局通过临沂地区物资局介绍，到省物资局机电公司争取裸铝线4500多米、铝芯橡胶线1.8万米、各种轴承150多套、水泥杆100根、7500千瓦变压器1台；9月，南麻公社西下高庄大队修建一座渡槽，可浇地1400多亩，国家只拨款不拨料，物资局协助有关部门，解决钢材3.5吨、水泥30吨，渡槽顺利建成。同年，物资局为县委引进一辆“北京212”型军绿色吉普车，方便了公务出行。

随着经济发展，沂源县物资局担负的供应任务日益繁重，直接负责供应的单位有14个农机修配厂，14个护理维修网，14个供销社支农维修组，630个农副产品加工厂（大队），500多处电灌、抽水站，11处县办厂矿，省、地厂矿，以及党、政、军、文教、卫生、企事业等单位。1974年，完成经营额100万元，上缴纯利润0.64万元，销售木材597.43立方米、金属292.45吨。1976年，营业额达144万元，销售木材1075立方米、煤炭66861吨、钢材350吨。

1978年以后，物资部门冲破“生产资料不是商品”的禁区，按照“以计划经济为主、市场调节为辅”的方针，由封闭的少渠道、多环节的物资流通形式，逐步过渡为多渠道、少环节、开放式、经营型的物资体制。在物资计划管理上主要是缩小指令性计划品种和减少计划内产品的比重，并拿出一部分计划内物资投放市场，开展物资协作，增加经营网点，采取灵活的供应方式扩大销售市场。县物资部门贯彻“大的方面管住管好，小的方面放开搞活”的精神，在国家计划指导下，开展市场调节，搞活物资流通，转变经营模式，对生产原材料（如纯碱、硫酸、钢材、木材等）采取指标到局、供应到厂、大额直达、小额中转的办法，减少物资流通环节，降低费用。同时，组织计划外调度，只组织但不经营，全年购进计划外木材2000多立方米、钢材300多吨、机电产品12万余元，支援了工农业建设；为发展轻纺工业，供应缫丝厂木材316立方米、钢材68吨；加大对乡镇企业的支援，为鲁村、黄庄、刘家庄、燕崖烤烟厂、悦庄轮胎翻新厂供应急需物资，支援钢材15吨、水泥杆230根、机电产品总额22万元；帮助唐山、中庄、龙王峪建起3处电灌站，灌溉农田1.8万亩，解决了19个大队的吃水问题。

1979年，县物资局营业额为312万元，销售木材1321立方米、煤炭72887吨、钢材350吨，其他主要物资的进货供应量也大幅度增加。加强统一计划管理，年底全面清核库存资产，将58万元库存积压物资，通过报废、削价等办法进行处理，大大减轻了库存负担。

十一届三中全会以后，国家将工作重心转移到现代化建设上来，县物资局改变过去注重政治学习、轻业务的做法，开展掌握本职技能运动。物资局干部职工以全国劳模、大庆保管员齐莉莉为榜样，大练基本功，补上业务学习这一课。立足本职、钻研业务成为干部职工的自觉行动。开展比、学、赶、帮、超的竞赛活动，坚持月结、季总、半年评比、年总评比，调动了大家的积极性。仓库保管员对库内物资名称、规格型号一问皆知；机电仓库保管员在掌握技能的基础上，研究不同型号的轴承相互代用，多次为用户解决困难。通过开展技术练兵，职工的业务水平有了普遍提高，有力促进了各项工作的完成。

是年，物资局重新组织了由局领导带队，计委、燃料公司等单位参加的12人服务队，分成5个小组，采取“重点企业、重点项目联合到厂，正常服务分组到厂，根据需要协商下厂”的做法，及时解决生产急需，为缫丝厂扩建调剂供应红松40立方米；从地区协调部分机电产品供应农村，保证了

“三夏”生产急需；帮助部分社、队在短期内先富起来，重点支持了黄庄、燕崖、鲁村、鲁村大队电瓶厂、许村水泥厂等单位的物资需求。

从1980年起，一、二类物资的品种不断减少，生产资料流通市场在国家计划指导下逐步放开，部分中长线物资开始进入市场流通。过去那种统得过多、管得过死的局面有所改观，形势迫切需要改变经营方式。为解决短缺物资的供应问题，县物资局积极开展串购协作，加强计划内和计划外的衔接。1980年，物资购进额250万元，销售额334万元，实现利润8万余元，资金周转次数2.5次，流转费水平12%。据不完全统计，1965—1980年，物资系统共向社会供应物资总额2000余万元，供应的主要物资有煤炭60余万吨、钢材6000余吨、木材2万余立方米、水泥1万余吨，保障了全县经济发展所需。

有计划的商品经济阶段

20世纪80年代，国家经济政策发生了重要变化。1984年10月，《中共中央关于经济体制改革的决定》公布后，物资经济体制改革开始逐步进行。

物资经济体制改革是在依据社会主义经济是有计划的商品经济理论、初步承认生产资料具有商品属性的基础上进行的。在改革实践中，国家逐步减少指令性计划物资，开放生产资料市场，改变对物资部门的行政管理方法，促使物资部门改变经营方针，参与市场竞争，不断提高自我发展能力。

物资经济体制改革使物资部门面临着既要行使物资管理职能，发挥物资流通的主渠道作用，又要在激烈的市场竞争中求得生存和发展。为此，县物资局从满足全县生产建设的基本需要出发，从提高物资企业经济效益着手，确定了一业为主、多种经营、搞活物资流通的经营方针。在这个方针指导下，各物资专业公司采取灵活多样的经营管理形式，如物资协作、外购外销、优质服务等，在一系列改革措施的配合下，物资经营管理水平达到一个新高度。这一时期，生产资料市场逐步开放，按照物资部门同种物资可以实行两种价格的规定，对计划内物资严格执行国家规定的供应价，对非指令性计划物资采取市场浮动价格。各公司加强成本核算，对计划内物资保证供应，做到不克扣、不混价；对计划外物资本着保本微利的原则进行经营，这对搞活市场、支援工农业生产起到重要作用，物资企业经济效益明显提高。

1981 年 1—10 月计划任务完成统计表

单位：万元

指标	计划数	完成数	完成计划（%）
销售	250	229	91.6
购进	200	199	99.5
盈余	3	3.6	120
管理费水平	3%	3%	100
流转费水平	14%	10%	-4
周转天数	140	104	缩短 37 天

1981年，物资工作主要是保计划、保重点、保轻纺、扶持社队企业、抓好计划供应。计划内不足的由计划外弥补，对县重点单位例如玻璃厂，做到优先照顾、优先供应、有求必应，全年供应钢材110吨、木材60立方米、其他物资金额达15万元。

物资局大抓短线产品，重点抓木材、钢材、建材、煤炭、化肥等物资的购销。全年计划购进木材1240立方米。1—10月，计划内进货830立方米、计划外进货710立方米；钢材进货550吨；煤炭全年计划购进5.2万吨，完成4.978万吨，占计划的96%，购进计划外煤炭3000吨。

当年，全县大力发展黄烟种植，种黄烟44370亩，平均亩产350斤，每斤黄烟烘烤需要2.2斤煤，共供应煤炭1.89万吨，满足了烤烟需求。另外，购进1200吨化肥，以保障农业生产。

随着农民生活水平的提高，需求的物资越来越多，购买力不断增强。针对这些新情况，县物资局搞好市场调节，将供应重点逐步转向农村，与各公社本着自愿互利的原则，实行联合经营，凡属县物资局经营的金属材料、机电产品、建材产品、部分化工产品，各公社都可以经营，对经营的物资全部实行代销。

加强财务管理、经济核算、增收节支、压缩库存、处理积压等。1—10月处理积压物资达4万元，清仓利库15万元；开展“四代一调”业务，遵循优先销售、不留库存的原则，巩固和发展17个代销单位，总代销额达50万元；开展上门服务，在物资购进渠道上，与省内外生产单位和物资部门采取调剂、协作等形式，加大钢材、煤炭、木材、建材等物资购进量，对县直15个厂矿及各公社进行深入调查研究，以销定购，积极组织货源，送货到家，为基层解决了不少困难。例如，县水泥厂原来的物资均靠上级直供，由于物资局服务跟上了，他们便主动地由直供转为从物资局进货。

1982年，县物资局实行经济责任制。5个专业公司从1月1日开始独立营业，主要经营煤炭、钢材、木材、化工、机电等物资，各公司制定一系列规章制度，全员实行岗位责任制，克服吃“大锅饭”现象，实现营业额628万元，同比增长113%；实现利润29万元，同比增长456%；物资年周转次数由1981年的4次提高到1982年的6.8次，提高了资金利用率，达到历史最高水平。其间，对生产性物资敞开供应，以销定购，除计划内木材、燃料外，其他物资尽量敞开供应，全年敞开供应钢材1500多吨，机电设备供应额100余万元。628万元营业额中敞开供应的就有502万元，占总额的80%。对紧缺物资核实供应，严格审批手续，按指标供货，对计划内的木材、煤炭、汽车轮胎、有色金属、工业用化工材料、玻璃等核实多少就供应多少，基本解决了物资紧张状况，实现供应对路，保证了生产建设重点需要。

组织计划外货源，抓牢紧缺物资进货，木林、煤炭、钢材作为工农业生产建设的重要物资，供需矛盾十分突出，上级分配给沂源县的指标远远不能满足生产建设和人民生活的需要。1982年，县委对农业经济结构进行调整，全县种植黄烟8.2万亩，烤烟煤是直接关系到黄烟能否丰收的大事，当年全县共需烤烟煤4.5万吨，上级只拨给1.74万吨，尚缺2.76万吨，中共沂源县委、县人民政府高度重视，专门成立黄烟煤领导小组，领导带队跑遍淄博、莱芜、新泰等大小煤矿，利用各种渠道，克服困难，保证了烤烟用煤，取得全县烤烟总产1.73万吨的好收成。狠抓木材、钢材进货，同年上级分配给沂源县计划内木材598立方米、钢材500吨，按照实际需求木材需要3000立方米以上、钢材也需2000多吨，木材、钢材的不足，直接影响到全县的工农业生产建设，为更好地履行物资供应职责，木材公司11人除去保管、会计外全部去东北采购木材，完成计划内木材进货，购买计划外木材2000多立方米；完成钢材供应任务，购进各种钢材1800多吨，保证了生产建设需求。根据农业需求，从青岛、湖北等地购进计划外化肥1500多吨，特别是磷肥，受价格政策的影响，在购进就要亏损的情况下，仍购进300多吨，亏损5000多元。为支援山区建设，提前购进雷管35万枚、导火线7万米、钢钎10吨，平价供应硝氨300吨。当年，县物资局购进计划外物资总额396万多元，占总营业额的63%，保障了全县工农业生产所需物资供应。

1984年，国务院发布《关于进一步扩大国营工业企业自主权的暂行规定》，随后批转国家计委《关于改进计划体制的若干暂行规定》，进一步明确适当缩小指令性计划范围，扩大指导性计划和市场调节范围的精神，对部分计划内物资开始放开，形成“双轨制”，从理论上承认生产资料的商品属性。这标志着物资部门经营的生产资料也将像商业部门经营的生活资料一样，在国家计划指导下，重视价值规律的作用，按照经济合理的原则组织物资流通。

1984年11月，结合物资部门的实际，县物资局制定《沂源县物资企业改革方案》，实行集中领导下的分工负责制。自1984年起，县物资局全面地、循序渐进地对物资管理经营体制进行系列配套改革。

改革计划管理办法。对统配物资，在县计委年度计划综合平衡的基础上，由县物资局负责编制平衡分配计划，各专业公司组织订货供应，在计划方面对县计委负责，在物资调度和供应方面对县经委负责。地方重要资源（地产钢材、木材、水泥等）先由县计委进行年度计划平衡，由县物资局具体分配，分期安排，搞好供需衔接。对协作调进或市场调节进来的紧缺物资，由县物资局酌情纳入计划平衡分配，专业公司对这部分物资按协作价或略低于市场价格供应。

改革计划供应办法。实行“指标到局，供应到厂”，由物资部门和生产企业两级设库，取消中间层次。1985年，试行“固定基数、差额补贴”办法，即以1985年计划分配数为基数，按企业隶属关系分配，统一由局属各专业公司组织供应。生产用统配物资首先保证指令性计划生产的需要。

改革销售价格。重视价值规律的作用，破除“一统价格”的框框，计划内物资仍按规定价格供应，对市场调节物资，遵照省、市、县物价管理部门规定的原则，实行“高进高出，低来低去”，即进货价加实际进货费、管理费和银行利息为销售价。后来，为衔接和平抑市场物价，又实行“略低于市场价”的原则，在具体经营中还实行协作价、协议价、浮动价等多种形式，对搞活物资流通起到了促进作用。

改革收费原则。1980年以前，长期实行“以收抵支、收支平衡”原则。1984年以后，开始实行“合理计费、合理盈余”原则。

开展市场调节。在国家计划指导下，不限制地域，不分经济成分，按照经济合理的原则，多渠道组织计划外物资，主要用于地方企事业单位计划外用物资及乡镇企业“两户一体”生产建设的需要，市场调节的方法有物资协作、超计划收购、地区调剂、工物联营、物物联营等。

建设流通网络。以建设农村经济发达地区销售网点为重点，理顺全县城乡物资流通渠道，形成四通八达、信息灵敏的物资流通网络。

改变服务方式。改善服务态度，提高服务质量，根据物资余缺的不同情况，按照保证重点、择优供应的原则，对重点工程项目实行配套承包供应。燃料实行凭证定量供应，对县重点发展的企业如轻纺、电子、化工等，实行按需核实供应。为方便用户，实行门市展销敞开供应、分斤破两、拆零供应等。建立下厂下乡服务队，以送单上门、送货下乡、代办运输、义务检修等方式，为企业、群众提供优质服务。

实行计划经济与市场调节相结合以后，除能源、木材、建材、钢材、有色金属等短缺物资仍然实行计划分配外，对多数统配、部管物资采取缩小计划分配产品的范围和灵活供应的办法。统配、部管物资的品种和数量逐年减少。1984年，国家统配物资的品种由256种减少为60种左右，进入市场的物资品种大量增加。

1984年，县物资局按照精细化管理的原则，增设废旧金属回收公司，主要从事全县厂矿、企事业单位的废旧金属回收工作。

随着机构改革的进行，物资局对所属企业领导班子进行调整，建立健全党、群、团各级组织，按照干部队伍年轻化、知识化、专业化的要求，对所属5个公司、2个科、1个站的领导班子进行配备。领导班子的年龄由过去的45岁，下降到37.5岁，文化程度由原来的高小提高到初中，特别是为知识分子落实政策，发挥他们的特长，调动了他们的积极性。在用人上冲破“左”的束缚，改变过去干部终身制的老框框，树立新的用人观点，不管是固定工还是临时工，只要是政治素质好，有知识、有闯劲、有改革精神、群众威信高，就把他们提拔到领导岗位上来，新的领导班子组成以后，以身作则、大胆负责，开创了新局面。

1984年，全县物资购进计划为624万元，实际完成740万元，占年计划的107%，同比增长8.1%；销售额693万元，同比增长4.8%。其中，煤炭完成262.6万元，同比增长45.5%；木材完成100万元，同比增长25%；机电金属完成227万元，同比增长1.4%。

1984年生铁分配计划

数量单位：吨

单位	数量	用途
合计	62	
社队企业管理局	32	用于中小农具制修
五金厂	30	用于轻工市场

1984 年木材分配计划

数量单位：立方米

单位	数量	备注
合计	501	
社队企业管理局	352	中小农具制修，报出分配方案计委同意下达
水利局	35	包括：小农水 27 立方米，抗旱打井 8 立方米
民政局	37	退役军人安置
人社局	16	退休干部安置
劳动局	4	退休工人安置
机械厂	8	农机制造
烟草公司	30	补助烤烟建房
丝绸公司	11	茧库建棚
农机局	3	拖拉机站维修
水库管理局	5	渔船维修

1984 年钢材分配计划

数量单位：吨

单位	数量	备注
合计	284	
社队企业管理局	54	中小农具制修，提出分配方案报计委同意下达
水利局	34	中小型农田水利，抗旱
供电局	4	电业专用
化肥厂	40	经营维修
烟草公司	5	烤烟铁丝
农村建房	100	由建委提出意见，落实到各社（镇）
建委	15	经营维修，由计委分配
一轻系统	8	经营维修，由计委分配
二轻系统	12	经营维修，由计委分配
纺织行业	4	经营维修，由计委分配
交通运输	8	经营维修，由计委分配

1985 年，县物资局贯彻执行经济体制改革的决定和省、地改革的试行方案。1月，沂源县物资综合服务公司下发《沂源县物资综合服务公司关于印发物资企业整改方案的通知（试行）》，从七个方面进行改革。改革对农村的物资供应，积极支持乡镇企业的发展；充分利用市场调节，大抓计划外物资；打破行业、地区界限，扩大经营范围和服务领域；正确执行价格政策，搞活商品流通，严禁转嫁负担；改革人事劳动制度；改革企业和职工的物质利益分配；实行党支部集体领导下的分工负责制。根据整改方案，各公司结合自身实际，制定出一些必要的更具体的实行经济责任制的措施，对改革过程中出现的新问题，在自己的职权范围内能够解决的及时解决，自己解决不了的报告党组研究解决。

1985 年以后，全县国民经济和社会发展较快，对主要物资的需求量逐年增加，在主要物资指令性计划分配逐年减少、缺口较大的情况下，全县物资系统通过投资开发、联营联销、补偿贸易、协作串换、组织调剂等多种形式积极组织货源，物资供应量大幅度增长。上半年，县物资综合服务公司进行经济体制改革，实行经济责任制，将经营、人事、财务下放给专业公司，把企业的经济效益与每个职工的切身利益挂钩，在5个专业公司中，有3个公司经济效益同比都有较大幅度的增长，如燃料公司的蜂窝煤生产车间，通过完善经济责任制，把责、权、利结合在一起，充分调动了职工的积极性，人员由1984年的12人减少到7人，月产量由原来的120吨增加到240吨，人员减少了，产量却增加了1倍。按照开放搞活一系列政策，进一步巩固企业整顿成果，企业经济效益明显提高。当年物资供应额为1063万元，实现利润22.66万元，比1984年分别增长53.1%、86.2%；经清仓查库核实，物资库存盘亏、削价报废等，共亏挂14.4万元；基建、征地欠款6万元，呆账8万元。

1986 年，为进一步增强企业活力，充分调动企业和职工生产经营的积极性，促进国民经济持续稳定发展，中共沂源县委、沂源县人民政府印发《关于进一步搞活企业若干问题的试行规定》（源发〔1986〕33 号）。按照文件精神，物资综合服务公司坚定不移地实行经理负责制。经理对企业的生产经营和行政管理工作实行统一领导、全面负责。公司实行经理任期目标责任制，接受党委和职代会的监督。

1986年，物资市场竞争加剧，购销业务大幅度滑坡，县物资综合服务公司不断强化服务意识、改进服务措施，在全系统广泛深入开展以双增双节、优质服务为主要内容的社会主义劳动竞赛，制定“立足本县搞服务、面向全国求发展”的经营方针，把工作重点由过去的深购远销、大购大销转到努力为全县工农业生产服务上来，突出“四抓四保”和“三优”工作，即抓资源保重点、抓资金保购进、抓信息保销售、抓服务保效益，对全县工农业生产所需的物资，坚持做到以优质产品、优惠价格、优质服务保障供给。各专业公司进一步提高服务质量，扩大购销业务，根据本单位的专业特点和经营范围普遍增设服务设施，建立用户意见簿、缺货登记簿、业务咨询处，延长营业时间，降低批发起点，实行挂牌服务、明码标价、拆整化零等多种形式的便民服务。同时，县物资综合服务公司和下属各公司还组织物资服务队，深入厂矿、重点工程，常年开展上门征求意见、落实计划和送货上门、送信息上门、结算上门等优质服务活动。发展多渠道、少环节、开放式的农村生产资料市场，根据“工业农业一齐抓，重点抓工业，抓好工业促农业”的方针和地、县关于建乡镇物资站的指示，建成徐家庄、大张庄、梭背岭、沟泉、东里、鲁村6个乡镇物资供应站，支援部分木材、钢材、水泥和其他物资，销往农村物资价值506万元。据不完全统计，全系统先后登门服务1200多人次，足迹遍布全县17个乡镇和近百家企业，送货额占总销售额的61.2%。采取“走出去，请进来”的办法，加强对外联系，构建稳固的资源点，先后与北京、天津、济南、淄博、临沂、莱芜等大中小城市的物资部门建立密切联系。针对计划物资减少、资源紧张、市场扩大的实际，利用当地资源优势，开展物资协作、补偿贸易、调剂串换，全年兑换钢材342.5吨、生铁427吨及其他物资。

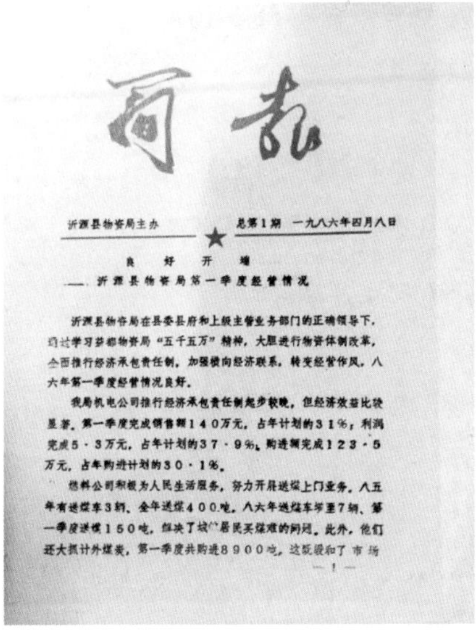
简报

沂源县物资局主办 ★ 总第1期 一九八六年四月八日

良 好 开 端

——沂源县物资局第一季度经营情况

沂源县物资局在县委县府和上级主管业务部门的正确领导下，通过学习莎都物资局“五千五万”精神，大胆进行物资体制改革，全面推行经济承包责任制，加强横向经济联系，转变经营作风，八六年第一季度经营情况良好。

我局机电公司推行经济承包责任制起步较晚，但经济效益比较显著，第一季度完成销售额140万元，占年计划的31%；利润完成5.3万元，占年计划的37.9%；购进额完成123.5万元，占年购进计划的30.1%。

燃料公司积极为人民生活服务，努力开展送煤上门业务，八五年有送煤车3辆、全年送煤400吨，八六年送煤车增至7辆，第一季度送煤150吨，解决了城厂居民买煤难的问题。此外，他们还大抓计外煤炭，第一季度共购进8900吨，这既缓和了市场

—1—

1986年，物资局简报

1986年，县物资综合服务公司健全经济责任制，实行人定岗、岗定责、责定利，认真贯彻执行按劳分配原则，根据个人贡献大小分配应得利益，充分体现奖勤惩懒、奖优罚劣，改变“企业吃国家大锅饭、个人吃企业大锅饭”和“花钱伸手要，开支向上报，损失没人管，赔赚不知道”的现状，改革劳动、福利管理制度，加强劳动定额管理，改月工资为日工资，实行药费包干制，按职工基本工资的一定比例按月付给职工。

对紧缺物资的购进，采用购进计划外紧缺物资提成方法，充分调动采购人员的积极性，收效明显。当年，县物资综合服务公司各项经济指标都有较大幅度提高，初步摘掉了落后帽子。全年实现购进额1779万元，同比增长92%；实现销售2037万元，同比增长92%；实现利润49.77万元，同比增长120%；资金周转加快18天。购销额由过去全区物资系统倒数上升为第6名，增长幅度居全区之首。

在抓好物质文明建设的同时，突出精神文明建设。物资局成立篮球队，参加地区物资系统篮球赛，并获得精神文明奖；选送美术、书法、摄影作品参加县美展；参加县乒乓球赛，获团体第四名；参加地区珠算比赛，获总分第三名。同年，成立修志办公室，历经8个月完成《沂源县物资局志》初稿。1986—1987年，建造2栋宿舍楼，铺设新标准水泥球场和水泥货场，为职工创造清洁、温馨的办公和生活环境。

1986年木材、化工物资分配计划表

单位	木材/立方米	烧碱/吨	纯碱/吨	备注
合计	459	810	118	
内燃机配件厂	8			农机归口
乡镇企业局	352			中小农具制修
水利局	33			小型农田水利26立方米，打井抗旱7立方米
县社	9			专业车船维修
人事局	12			退休干部安置
民政局	30			退伍军人安置
建委	15			城镇房屋维修
造纸厂		810	8	
玻璃厂			100	日用玻璃制品
制革总厂			10	

1986年钢材、生铁、铜分配计划表

单位	钢材/吨	生铁/吨	铜/吨	备注
合计	316	97	2.5	
内燃机配件厂	20			农机归口
乡镇企业局	70	67		中小农具制修用钢材54吨、生铁67吨；机半机维修用钢材16吨
水利局	32			中小型农田水利
经委	8			机半机维修
二轻公司	12			经营维修
建委	65			农村建房55吨，经营维修10吨
农机服务公司	20			拖拉机维修
水泥厂	20			水泥钢球
第二水泥厂	3			水泥钢球
芦芽水泥厂	3			水泥钢球
化肥厂	40		2.5	维修、小氮肥生产
塑料制品厂	5			经营维修
交通局	8			经营维修，包括大修厂、运输公司
棉织厂	1			经营维修
供电公司	9			经营维修
五金厂		30		经营维修

1987年，物资局认真贯彻“三保三压”方针即保计划项目、重点项目和生产项目，压计划外项目、一般项目和非生产性项目，努力保证重点建设工程的物资供应需要，保证火力发电厂和啤酒厂这

1987年，物资供应站煤炭销售

两个全县重点工程建设需要，争取到计划内钢材380吨、木材1040立方米。同时，牢固树立“农业发展我发展，我与农业共兴衰”的思想，切实为农民解决实际问题，针对旱情严重、化肥缺口较大的现状，购进化肥6000吨，支援农业生产。工作中深化企业内部改革，试行会计、统计百分评比办法，开展“双增双节”（增产节约、增收节支）运动，成立节资挖潜小组，积极处理积压商品，合理调整库存，对机电设备物资进行清仓查库，调查摸底，共查出13万元的积压物资。进行财税、物价大

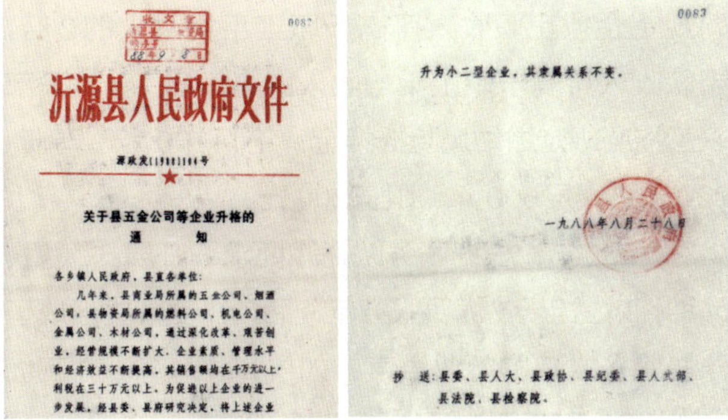

沂源县人民政府文件

源政发〔1988〕104号

关于县五金公司等企业升格的
通知

各乡镇人民政府，县直各单位：

几年来，县商业局所属的五金公司、烟酒公司，县物资局所属的燃料公司、机电公司、金属公司、木材公司，通过深化改革，艰苦创业，经营规模不断扩大，企业素质、管理水平和经济效益不断提高，其销售额均在千万元以上，利税在三十万元以上。为促进以上企业的进一步发展，经县委、县府研究决定，将上述企业

升为小二型企业，其隶属关系不变。

一九八八年八月二十八日

抄送：县委、县人大、县政协、县纪委、县人武部、县法院、县检察院。

1988年，物资企业升格的文件

检查和公司整顿，物资工作有了新的起色。临沂地区物资局下达年销售任务2200万元，县财政局制定的利润计划是37.5万元，物资局制定的销售任务是3780万元。通过全局员工的努力，全年实现销售收入6369万元，完成地区计划的290%，完成县物资局计划的168%，同比增长214%，增长幅度居全区第二位。利润实现23.15万元，在地区物资系统中名列前茅。物资流转费用水平同比降低62.7%，资金周转天数比上年加快18天，物资局的做法和所取得的成绩被《山东工人报》《临沂大众》报道。

1988年3月，物资局实行承包经营责任制，将权力下放，企业实行自主经营、自负盈亏。对所属燃料公司、木材公司、化工轻工公司、机电设备公司、金属材料公司、建筑材料公司、金属回收公司7个公司进行招标承包，实行公开招标答辩。全局共收到答辩书20份，考评委员会综合各方面因素，择优确定7位承包人。采取“基数包干、确保上缴、超收分成、欠收自补”的承包形式，承包期限为3年，利润承包数为103.6万元，销售基数为8750万元，并规定相应的权利、义务，明确双方责任。随着经营规模的扩大，燃料公司、机电公司、金属公司和木材公司年销货额达到千万元以上，利税达到30万元。经县政府批准，将这4个公司升为小Ⅱ型企业。同年，贯彻“国家调节市场，市场引导企业”这一新的经济运行机制，为加速全县生产资料市场建设，更好地发挥物资流通部门在生产和流通中的作用，经县政府批准，沂源县物资贸易中心和沂源县汽车销售公司先后成立，主要经营计划外生产资料和计划外各种汽车，全年共销售汽车567辆，销售额达4000万元。全年物资系统共实现销售额8032万元，占合同计划的91.4%，同比增长53%；实现利税88.6万元，同比增长67.7%；人均利税

4 专版 山东工人报 1990年12月25日 星期二

改革前进中的沂源县物资局

行业精神：团结实干 开拓进取

加强两个文明建设 促进企业蓬勃发展

1990年12月，《山东工人报》报道县物资局

8300元，同比增长85.7%。10月，县物资局办公楼竣工并投入使用，全局的固定资产由115万元增加到150万元。

同年，县物资局加强组织建设，注重发挥党组织、工会的作用，不断提高业务水平和服务能力。加强财务审计，7月，聘请审计事务所的1名会计师担任审计会计顾问，成为全县首家聘请审计会计顾问的单位。做好扶贫工作，服务冬季农田水利建设，投资7700元，帮助扶贫点梭背岭乡江家峪村，利用原有深井实现三级配套，提水上山，扩大了浇水面积，在冬季农田水利基本建设中支援10吨水泥帮助修建蓄水池。

1989年，市场萎缩，需求下降，银根抽紧，资金短缺。县物资局坚持紧中求活，空中找路，眼睛向内，立足发展，重点提高企业素质、管理水平和社会效益。全年实现购进额3558万元，购进煤炭13万吨、钢材4800吨、木材5000立方米，实现销售额3934万元。

随着物资流通体制改革的不断深化，指令性计划物资分配的品种、数量进一步缩减，指导性计划和市场调剂加大，传统的物资流通格局被打破，计划管理的职能逐渐弱化，物资企业的自主权逐步扩大，计划物资的供应量下降到20%左右。1990年底，统配物资主要有煤炭、钢材、木材、水泥、生铁、铜、铝、锌、硫酸、烧碱、橡胶、轮胎、汽车等。购销业务由过去的“旺、紧、涨、抢”变为“淡、缓、降、软”。人员思想受市场变化的影响，有的悲观泄气，有的消极等待，物资经营受市场影响波动较大，县物资局在贯彻省委、省政府“五个不变”、淄博市委“八个不变”和县委、县政府“两不变一不收”的基础上，坚持“六不变”，即坚持经营承包责任制不变，经理在企业的中心地位不变，党组织的核心地位不变，工人阶级的主人翁地位不变，立足本县搞服务、面向全国求发展的经营方针和联购联销政策不变。1990年，完成物资销售额6836万元，实现利税133.8万元，同比增长75.5%；物资流转费水平为7%，同比下降30%；流动资金周转天数为42天，同比加快9天。由于成绩突出，物资局连续六年被评为山东省物资系统先进单位。

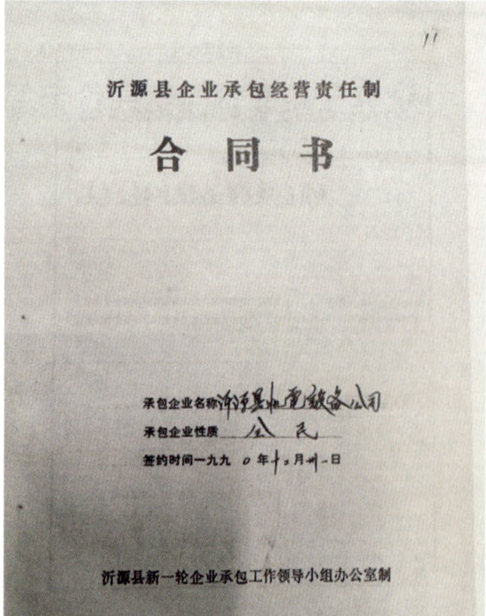
11

沂源县企业承包经营责任制

合同书

承包企业名称 沂源县机电设备公司
承包企业性质 全民
签约时间一九九0年十二月卅一日

沂源县新一轮企业承包工作领导小组办公室制

1990年，机电设备公司承包合同书

市场经济阶段

1990年底，国家持续深化改革，县物资局开始进行第二轮经营承包责任制，承包形式继续采用“基数包干、确保上缴、超收分成、欠收自补”。县物资局与下属公司签订《沂源县企业承包经营责任制合同书》，规定各自的权利和义务及分配方式。合同规定企业正职收入可高于职工平均收入的2倍，副职收入可高于职工平均收入的1.6倍；全体干部职工按照规定缴纳风险抵押金：正职1000元、副职800元、中层500元、职工200元。

1991年，根据国务院通知要求，开展“质量、品种和效益年”“优质服务年”活动。活动中形成了一些脍炙人口的行业语言，如“二上一下”“三优一送”“一张单”“全天候”服务等。

1992年，县物资局拥有职工265人，其中党员110人，下设8个专业公司，全年实现销售2500万元，利税16万元。1993年9月，撤销沂源县物资局，成立沂源县物资集团总公司。

1994年，国家加大宏观调控力度，控制固定资产投资规模，抑制物资需求，改革金融及税制体制，增加税负；国家控制信贷资金规模，市场流动资金严重不足。全国物资流通格局和生产资料市场发生重大变化，物资系统购销额和市场占有率大幅度下降，个体、集体、国营物资经营单位共存，竞争加剧，生产企业自销比例加大，物资经营由传统的卖方市场彻底变成买方市场。在此背景下，物资集团总公司向管理要效益，实行费用包干，严把物资经营中的购、销、运、存4个环节，把各项费用降到最低限度。公司先后出台一系列规章制度，制定《行业管理暂行规定》《公费医疗暂行规定》《车辆管理暂行规定》《水电管理暂行规定》《招待费管理暂行规定》《电话管理暂行规定》等规章制度，这些管理制度的建立、完善和落实，对加强行业管理、降低费用支出、提高经济效益、保证改革开放和物资经济的健康发展起到了积极的保障作用。仅水电费和医疗费两项，全系统就减少开支14万元。在资金的管理上，包干使用，勤贷勤还，调整不合理占用。减少机关管理人员，充实经营第一线，机关人员由30人减少至16人。

总公司根据县劳动竞赛委员会和市物资局《关于在全系统开展加强经营管理，提高经济效益竞赛活动的通知》要求，在全系统掀起以“双增双节”为主要内容的劳动竞赛。通过开展劳动竞赛，为企业搞好内部挖潜创造了良好环境。上半年职工义务清理水沟230余米，筛煤1000余吨，装卸货物4500余吨，修路1500余米，仅此一项全系统就节约支出9.5万元。针对外欠款较多的问题，总公司成立了清欠领导小组，把清欠作为劳动竞赛的主要内容来抓。新成立的县检察院驻物资局检察室与原监察室联合发动全系统干部职工积极投入清欠专项活动中，全系统上半年回收货款350万元，清理个人欠款22万元，减少利息支出18万元。

同年，县物资集团总公司向多元化发展，成立沂源县民用爆破器材专用公司，专营雷管、炸药等物品；成立沂源县物资开发公司，从事养殖、纸制品加工等，壮大企业规模和实力。

1995年，国家实行宏观调控政策，市场需求变化加快，物资集团总公司及时调整经营结构，按照市场需求组织购销活动。改变单一经营状况，实施专、科、工、贸、农全面发展。在物资集团总公司的基础上，成立4个规模较大的总公司和16个相对独立的综管分公司。机电公司、化轻公司分别在沿河路新增经营网点1处；燃料总公司在东风路成立能源开发公司；机电总公司新上纸制品加工、浮雕门板项目；燃料总公司新上空心砖项目；集团总公司与燃料总公司、化轻公司承租鲁村四村荒山500亩，达成30年承租协议，发展养殖业、种植业等等，形成了母体大而全、子体专而精的物资流通格局，增强了抗风险的能力。

1996年，随着改革不断深入和社会主义市场经济体制的逐步建立，企业之间的竞争加剧，物资企业面临多种挑战。年初，总公司与下属单位法人代表签订生产经营目标责任书，增强干部职工的风险意识。基层干部职工实行风险金抵押制度，抵押金数额一般职工800元、中层干部1000元、副经理1200元、经理1500元。这种方式让广大干部职工有了压力和动力，实现风险共担、危机自解和利益同享。

11月，金属回收公司、建材公司、化轻公司、木材总公司资不抵债，宣布破产。金属回收公司、木材总公司是物资系统较有影响的两家公司，虽然已申请破产，但一直与业务单位保持着联系，因此重新申请办理营业执照，组建沂源县富源废旧物资利用有限公司和沂源县木材购销中心，一部分有专业特长的人员组合到这两个公司，安置80人。另外利用闲置场地新建一处胶合板厂，安置8人。当月，物资集团总公司将所承包的荒山转包给他人。

1997年初，物资集团总公司进行企业改制，并成立以物资集团总公司总经理为组长的企业改制领导小组，根据《公司法》等有关法规及审批程序，进行一系列改制工作。当年，完成物资购进1246万元，同比增长8%；实现销售收入1441万元，同比增长9%。同年，物资集团总公司组织职工集资，建2200平方米、50户的职工住宅楼1幢，解决了无房户的后顾之忧。

1998年，物资集团总公司所属企业并入沂源县商贸资产经营有限公司。

沂源县物资局历年五项经济指标完成情况表

年份	购进总额(万元)	销售总额(万元)	利润总额(万元)	费用水平(%)	资金周转(天)
1963	5.74	5.89	−0.01	5.3	57
1964	7.10	7.95	−0.04	7.3	68
1965	6.93	7.30	−0.04	7.4	84
1966	29.62	29.62	−0.02	7.2	73
1967	58.00	57.06	0.76	8.9	68
1968	43.00	56.00	1.95	16.3	66
1969	32.00	41.00	1.36	20.5	98
1970	42.00	42.00	0.13	22.7	187
1971	104.00	94.00	1.73	16	185
1972	113.00	118.00	1.33	15	191
1973	119.00	147.00	1.47	14.2	124
1974	92.00	100.00	0.64	12	206
1975	128.00	132.00	4.30	7.2	209
1976	115.00	144.00	2.52	10	186
1977	248.00	236.00	5.93	15	138
1978	250.00	305.00	6.60	15	154
1979	261.00	312.00	3.54	13.3	141
1980	251.00	334.00	8.20	12.1	129
1981	269.00	295.00	5.33	10	90
1982	541.00	628.00	29.41	8.1	62
1983	577.00	661.00	27.39	9.7	63
1984	624.00	693.00	12.17	13.9	52
1985	927.00	1061.0	22.66	17	44
1986	1779	2037	49.77	13.7	26
1987	6077	6369	23.15	5.1	10
1988	7670	8032	88.6	5	13
1989	3558	3934	76.6	10	33
1990	6281	6837	13.38	7	42
1991		6098	51	8	17
1992	9000	2500	16	17	16
1993	6500	4500	23	21	17
1994	4540	3400	48.7		
1995	3700	2900	27.5		
1997	1246	1441			

物资系统主要物资销售表

年份	木材（立方米）	煤炭（万吨）	钢材（吨）	生铁（吨）	轮胎（吨）	水泥（吨）	炸药（吨）	玻璃（标箱）	石油（吨）	沥青（吨）	纯碱（吨）	汽车（辆）
1965	1533	0.35	50		300	677	300	84			30	
1968	480	0.527	250	170	370	500	270	980		450	35	
1976	1075	6.6861	350	250	190	580	420	1200	5588	30	35	15
1979	1321	7.2887	350	200	150	800	480	1500	8884	280	120	7
1985	3690	8.5261	1536	148	343	2020	300	568	8453	80	44	21
1986	6184	18.7	2724			5924						69
1988	7514	12.1	4396	445	91	4900	251	539	8111	140	99	567
1989	5000	13	4800	195		3910					477	161
1990	4913	24.4	8477	527	356	464		4410	7983	655	20	176
1991	7584	20.8	10250	273	81	21					12	119
1992	6216	22	12000								350	210
1993	5500	5	6000									159
1994	3500	4.5	4000			2300						103
1997		2.5										

物资系统所获省级荣誉：1985—1986年，连续2年被评为山东省物资系统先进单位；1987—1990年，连续4年被评为山东省物资系统文明单位、先进单位。

所属机构

20世纪80年代，沂源县物资局实施体制改革，政企分开、简政放权。1982年1月，成立5个专业公司，分别为木材公司、金属机电公司、化工建材公司、燃料公司、物资服务公司。各公司属全民所有制企业，均设办公室、财务股、计划业务股、仓储股，经营方式为计划内调拨、供应、批发零售，利润分配形式为八级累进税后留成，劳动报酬分配办法为八级工资制。

同年，设立物资局所属全民所有制物资供应站——张庄物资供应站，与唐山公社联合设立唐山物资供应站。20世纪80年代后期，帮助8个乡镇建立物资供应站，开拓了农村市场。

随着企业规模的扩大，分工越来越细，企业向精细化方向发展，废旧金属回收公司、物资贸易中心、汽车销售公司等新公司不断出现，有一些公司进一步分化，如金属机电公司分成金属材料公司和机电设备公司，化工建材公司分成化工轻工公司和建筑材料公司；木材公司、燃料公司、金属材料公司、机电设备公司分别升级为总公司等。物资集团总公司在股份合作制方面进行探索，成立沂源县兴源物资股份有限公司。物资系统由最初5家企业发展到10余家。随着市场经济的发展，一些企业在竞争中效益变差，经营出现困难，相继关停。1998年，物资集团总公司被撤销，所属安丰民用爆破器材公司、物资开发公司、兴源物资股份公司、顺达汽车销售中心、机电设备购销中心、木材购销中心、富源废旧物资利用有限公司、燃料总公司、金属材料总公司、机电设备总公司、物资贸易中心等企业并入沂源县商贸资产经营有限公司。

沂源县燃料总公司

概况

沂源县燃料总公司，位于县城鲁阳路（原东风路）11号，始建于1956年，占地30余亩。1997年，公司有员工60余人，注册资金32.1万元。1987年，升为副局级企业。1998年，由国营企业改制为股份制企业。

1985—1987年，连续三年获得山东省、临沂地区燃料系统先进单位。

发展历程

新中国成立后，随着经济的发展，煤炭需求逐年增加，沂源县煤炭经营机构相应成立，先后经历了沂源县煤炭经营组、煤建公司、燃料公司、燃料总公司等阶段。

煤炭经营组 成立于1956年，位于东风路柴油机厂南，时有职工3人。

煤建公司 1958年，中国煤业建筑器材公司山东沂源分公司（简称煤建公司）成立，位于东风路柴油机厂南，隶属商业系统。1978年，划归县物资局。

燃料公司 1978年11月，煤建公司改为燃料公司，占地30余亩，时有职工30余人，设有办公室、财务股、计划业务股、仓储股，单一经营煤炭。燃料公司成立之初，正值改革开放，进入快速发展时期。1986年，因城镇非农业人口煤炭供应人数增多，燃料公司在城东新建煤炭供应场地，征用15亩土地，各类费用共计54万元。同年，投资19万元新建1200平方米的办公楼1座。1988年，升为小Ⅱ型企业。

1989年，燃料公司调整机构，将原来计划业务科分为计划科和市场科，计划科负责落实计划和合理分配计划，市场科负责抓计划外资源。

燃料总公司 1995年，燃料公司改为燃料总公司，下属5个分公司，即煤炭销售分公司、煤炭协作分公司、煤炭储运分公司、能源分公司、型煤厂。为增强抗风险能力，燃料总公司在东风路成立能源开发公司。1996年，燃料总公司将办公楼出售给县审计局。1998年6月，燃料总公司改制为股份合作制企业。

业务经营

经营初期，煤炭资源来自草埠煤矿，运输靠车推人担。1956年，县煤炭经营组销售煤炭30吨。1958年，煤建公司销售煤炭300吨左右。1965年，煤建公司销售煤炭达3500吨，所售煤炭大类分为烟煤、无烟煤、焦煤、动力配煤、成型煤5种。烟煤来源于新汶、莱芜矿区和沂源草埠煤矿、曹庄煤矿；无烟煤来源于莱芜和山西省大同、阳泉、阴营、盂县等地煤矿。

1967年，国务院、中央军委要求压缩生产与生活用煤，对生活用煤实行凭证定量供应。1971年，煤炭实行计划供应，县计委按不同单位需求计划分配，用户自行调拨。市场用煤，由煤建公司供应；城镇居民用煤，按人定量凭票供应；农村生活用煤，按分配计划供应；机关团体取暖用煤，定量凭票供应。20世纪70年代中期，国务院二号文件在批转国家计委等部门制定的《燃料统一管理，凭证定量供应办法》中指出："要把燃料像管口粮一样管好用好。"县物资局依此开展了对工业用煤核定消耗定额工作。1976年，煤炭销售6.68万吨。

进入20世纪80年代，国家对生产用煤实行"凭证定量供应"。1981年，燃料公司煤炭供应计划5.1万吨，完成6.1393万吨；销售计划120万元，完成156万元，占计划的130%。1982年，银行限额资金17万元。1985年，核定亏损基数是8.5万元，实行超亏不补、减亏全部留用的办法，销售达8.52万吨，1990年达到24.4万吨，数量逐年增加。经过多年发展，公司拥有固定资产130余万元，年吞吐量达30万吨。

1985年，县物资综合服务公司进行经济体制改革，实行经济责任制，将经营、人事、财务下放给专业公司，把企业的经济效益与每个职工的切身利益挂钩，公司经济效益有较大幅度增长。公司完成计划供应后积极参与市场调节，走内引外联的路子，在泰安、莱芜等地建立资源基地，年销售8.59万吨。由于煤炭价格波动，沂源县对所售蜂窝煤和山西煤炭价格进行调查，按〔85〕鲁物财字第167号文批复，沂源县蜂窝煤按原料煤零售价（包括辅助材料）加8元加工费定价，即每吨零售价格51.8元，原蜂窝煤价格同时废止；沂源县城所销山西阳泉无烟煤每吨批发价39.5元，零售价43.4元。1986年，设立草埠、鲁村、黄庄3个煤站和2个蜂窝煤加工车间，先后帮助5个乡镇村建立蜂窝煤加工点，签订了“两包一保”（包机器购置安装、包设备维修、保证供应质优价廉的煤炭）扶助生产合同。全年加工蜂窝煤2960吨，解决了乡村买蜂窝煤难的问题。当年，上级下达给沂源县煤炭供应计划7.4万吨，实际购进8.51万吨，销售额达661万元，利润6.5万元，加价差补贴24.6万元，一举摘掉多年亏损的帽子。

公司改变经营方式，开展送煤上门业务。1985年，拥有送煤车3辆，全年送煤400吨。1986年，根据城镇居民做饭要求卫生、快速的特点，改变单一燃煤结构，与外地联营销售液化气。1987年，公司采取“预约订货，送炭上门”的便民服务措施，送煤车增至7辆。1985—1987年，送蜂窝煤3000吨，行程3.5万公里，解决了城镇居民“买煤难”的问题。

燃料公司节能挖潜，推广新技术。1987年，先后投资14.2万元，帮助企业更新旧锅炉，引导利用煤矸石、煤渣制砖造瓦，在农村推广沼气和太阳能，节省了大量煤炭。

物资局实行承包经营责任制，企业实行自主经营，自负盈亏。1988年3月，推行首轮经济承包责任制及公司内部承包，承包期3年，燃料公司将任务承包到股，当年销售额达到1500万元，利税达到30万元。1989年，市场疲软，资金短缺，燃料公司调整机构，合理分配计划。市场科负责抓计划外资源，全年落实计划资源6.5万吨，同比增长13%；采取协作、兑调、串换、收购等方式，全年购进计划外煤炭5.7万吨，保证了全县用煤并充实库存5749吨。投资1.2万元改换生产用电线路，打破蜂窝煤生产只能保证半天的先例，超额完成全年的蜂窝煤生产任务；投资4.7万元购置北京130牌自卸车1辆，保证了城东蜂窝煤车间的原料供应。1990年底，进行第二轮承包，职工积极性提高，集资购买自卸车，及时把煤送达，节省了人力、物力。全年完成销售额2050万元，完成计划的124%；实现利润15万元，完成计划的150%；蜂窝煤生产总量5500吨，完成计划的110%，向社会提供煤炭21万吨。

20世纪80年代，燃料公司装载机班组在第一台装卸车前合影

20世纪80年代，家用蜂窝煤制作工具

20世纪90年代，燃料公司贯彻执行市、县物资系统“四放开”（经营、价格、用工、分配）试点意见。1992年，煤炭由单一计划供应转向市场调节，市场销售由计划转向市场竞争。由于资源价格上涨，任务重，经营出现困难，面对市场的变化，沂源县燃料公司一方面抓好计划内煤炭的到货率，另一方面，采取以销定进、适销对路、保进促销的经营策略，有的放矢地组织进货，年内共购进计划外煤炭15.44万吨，开展登门服务和重点对象重点服务等活动，为用户送蜂窝煤3000多吨，为各工矿企业上门送货7万多吨。全年完成销售额

2269万元，实现利润21.7万元，蜂窝煤生产总量达4840.06吨，向社会提供煤炭20.68万吨，保证了全县工农业生产和人民生活用煤。

1993年，公司转换经营机制。全面实施职工合同制、效益工资挂勾制，实行“一业为主，多种经营，猛抓信息，广开财源”的新战略。在煤炭业务上，一方面抓好对路资源，开拓销售市场，县内以抓好制丝厂、玻璃厂、水泥厂、东风化肥厂、土门陶瓷厂、悦庄绢丝厂等几十个用煤大户为主；对外积极开拓，与临朐、潍坊、烟台、青岛、日照港等地的物资部门建立业务关系，拓宽煤炭经营渠道。另一方面开始尝试多种经营，先后在淄博、莱芜等地购销一大批钢材、木材和化工原材料等物资，灵活运用订购促销的方法，加快资金周转，在探寻、摸索多种经营上迈出了一步，全年完成销售额563万元。

1994年7月，国家统一的煤炭计划价格取消，价格的调节作用进一步增强，煤炭销售市场疲软，供过于求，燃料公司效益开始变差。为改变困境，型煤厂于1995年4月成立送煤服务队，走街串巷，挂牌促销，并在鲁村、悦庄、大张庄等地设立蜂窝煤销售点，不到2个月，销售蜂窝煤240吨。同年，公司采取抓好主业、兼顾副业的方针，上半年销售汽车10多辆，获利3万多元。燃料总公司与集团总公司、化轻公司承租鲁村四村荒山500亩，达成30年承租协议，发展养殖业、种植业等，形成母体大而全、子体专而精的物资流通格局。

1998年6月，燃料总公司改制为股份合作制，经营范围为钢材、五金机电（除轿车外）、建筑材料（易制毒、监控、危险化学品除外）、化工产品（易制毒、监控、危险化学品除外）销售。

企业文化

公司精神为“团结、创新、务实、高效、民主”。

沂源县木材总公司

概况

沂源县木材总公司，位于县城健康路，占地30余亩，始建于1963年，属全民所有制企业，有职工20余人，注册资金124.9万元。

发展历程

新中国成立后，随着经济的发展，木材需求量增加，经营机构相应设立，先后经历沂源县木材组、沂源县木材公司、沂源县木材总公司等阶段。

沂源县木材组 1958年，煤建公司兼营木材业务。1963年，物资系统接管商业系统所辖中国煤业建筑器材公司山东沂源分公司的木材业务。10月，成立物资供应机构，时称山东省临沂物资综合公司沂源县木材组，简称沂源县木材组，地址在原柴油机厂西北部，主要经营木材业务。1964年5月8日，根据临沂行署临人字12号文件，沂源县木材组撤销。

物资供应站 1965年5月，沂源县物资供应站成立，位于河西原柴油机厂东部，兼营木材业务。1972年，物资供应站撤销，成立沂源县物资局，木材业务由县物资局经营。

沂源县木材公司 1982年，县木材公司成立，位于东风路县物资局院内。1983年搬迁至健康路。1988年，木材公司升为小Ⅱ型企业，设计划业务股、会统股、仓储股。公司因仓储场地太小，在木材公司原有场地的基础上向西扩20米合4.5亩。

沂源县木材总公司 1995年，在原木材公司的基础上，成立沂源县木材总公司。1996年11月，县木材总公司破产。木材总公司是物资系统中较为有影响力的公司，虽然已破产，但一直与业务单位保持着联系。1997年，重新申请营业执照，成立沂源县木材购销中心，原木材公司一部分有专业特长的人员及下岗职工组合到该中心。

业务经营

新中国成立后，国家实行保护民族工商业政策，私营木商木贩纷纷复业。1953年，国家建立国民经济计划管理体制，木材是全国统一平衡分配的112种物资之一。1958年，煤建公司兼营木材业务，按照上级下达的分配供应计划，组织调拨供应，年销售木材20立方米左右。

由于地产木材资源量小，公司成立起即以经营东北材、江南材为主，主要来源于黑龙江、吉林、福建等省国营林场，后以东北材为主。东北、内蒙古材多由大兴安岭林区及小兴安岭、长白山林区各林业局调进，有红松、白松、沙松、臭松、落叶松、樟子松、鱼鳞松、黄波罗、核桃楸、水曲柳、柞木、椴木，以及刨花板、胶合板、纤维板等；江南材多由福建、江西、安徽、云南、四川等省林业部门调进，有杉木、马尾松、楠木、香樟、檀木等；地产材多由沂源本地、淄博市山区及莱芜等地购进，有楸木、榆木、杨木、槐木、平柳木、桐木、香椿、枣木、柿木、梨木、柳木等。

1963年，物资系统接管木材业务后，木材业务进入快速发展时期。山东省临沂物资综合公司沂源县木材组主要经营木材业务。1964年，销售木材556立方米。1965年，沂源县物资供应站兼营木材业务，全年共销售木材1533立方米。

“文化大革命”期间，木材货源紧张，流通不畅，计划分配不平衡，供求矛盾突出。1966—1976年，木材尤为紧张。1966年，全县掀起“以生产为中心，以增产节约为中心”的增产节约运动，物资站利用等外材、薪炭材、次材等木材加工农具和生活用具。1968年，计划分配674立方米，实供504立方米。1971年，计划分配944立方米，实供744立方米。

20世纪70年代，火车运输木材

党的十一届三中全会后，木材供应逐步由计划供应向市场调节供应转变。木材市场开放，江南材也解禁过江，木材从多渠道流入沂源市场，形成竞争局面。公司实行专业化经营，做到合理供应、专材专用，在保证重点的前提下，敞开供应。1982年，销售2212立方米，比1977年增加91%。1984年，木材销售额突破百万大关，达106万元，完成计划的112%，比1983年增长33%；利润完成35.4万元，完成计划的108%。1985年，销售木材4032立方米，其中计划外2014立方米，占销售量的55%；完成销售额117.6万元，实现利润3.8万元。

1988年，实行承包责任制，公司按照“以木为主，多种经营”的原则，新建综合门市部1处，具体负责其他物资的购进和销售。木材公司年销售额超过1000万元，利税达30万元以上。

20世纪90年代初，全省木材行业开始不景气。1991年，计划内木材全部取消，木材独家经营的局面已不存在，市场竞争越来越激烈，国家改革开放步伐正在加快。往年公司木材全部从八陡火车站中转，1992年铁路运输紧张，木材进不来，公司出现无木材经营局面；公司在德州设立办事处，当年转运木材2000多立方米，在当地销售500多立方米。公司发展多种经营，开展钢材、煤炭、汽车等业务，全年共销售钢材1196吨、煤炭4261吨、汽车19部，多种经营额467万元。

随着人民生活水平的提高，室内装饰进入千家万户，公司充分利用资源优势，扩大经营面。1992年，在木材公司内部成立物资装饰公司，开始试经营。1993年，正式开始经营。

1992年，共完成物资销售额923万元，同比增长32%；实现利税19.2万元，同比增长26%；实现利润11.4万元，同比增长35.7%；资金周转天数由1991年的33天减少到22天；物资费用水平同比减少1.58%。各项经济指标达历史最高水平。

1993年上半年，德州办事处在当地销售木材800立方米，占公司销售量的20%，网点经营已成为公司经营的一大重要支柱，初步形成以县城为中心，辐射到德州、莱芜、八陡等地的经营网络，取得建一个基地、多一条渠道、占领一个市场、增一份效益的效果。

20世纪90年代中后期，木材市场持续疲软，县木材公司开始出现持续亏损。1995年，成立木材总公司，主要经营批发零售木材、胶合板、纤维板、钢材、煤炭、机电、化工产品。1996年，木材总公司资不抵债破产。

1990年，木材公司经营的东北木材

沂源县金属机电公司

概况

沂源县金属机电公司，成立于1982年，属全民所有制企业，位于县城荆山西路（原东风路物资局院内），时有职工30余人。主要经营钢材、生铁、有色金属和机电产品等。

发展历程

1965年，沂源物资供应站成立，机电产品、金属材料由物资供应站经营。1972年，沂源县物资局成立，金属机电产品由物资局经营。

1982年，县物资局成立沂源县金属机电公司，下设计划业务股、会统股、仓储股。1984年，县物资局成立废旧金属回收公司，设在金属机电公司，归该公司领导。1986年12月，金属机电公司分为金属材料公司和机电设备公司。

业务经营

新中国成立初期，机电产品、零星配件、刀具等由商业部门经营，金属材料则由企业主管局调拨供应。

1965年，沂源县机电产品、金属材料由物资部门经营，资源主要由临沂地区物资局分配，实行计划供应。“文化大革命”期间，产品一度紧张，供求失调，计划失控。1969年，计划分配钢材615吨，实际兑现370吨，占分配计划的60%；机电产品控制供应，实行以旧换新。1974年，供应金属材料292.45吨，计12.8万元，机电产品21.5万元。

十一届三中全会后，执行计划为主、市场调节为辅的经济管理政策，机电、金属材料除计划分配部分外，其他进入市场交易。1982年，金属机电公司开始独立运营，当年供应钢材1500多吨，机电设备100多万元。1983年，金属机电产品有的资源紧张、缺口大，有的供过于求。为此，对供过于求的机电产品，在采购上按照业务范围划分小组，实行按需进货、以销定进、部分代销的原则，避免盲目进货造成机电产品积压及资金周转不开。年初，针对金属材料资源紧张的问题，安排业务员去潍坊、烟台、大连、沈阳等地及兄弟县各金属材料公司购进部分资

20世纪80年代，机电产品——轴承

20世纪90年代，国家定价有色金属

源，补充计划不足，满足生产需要。为几个重要企业供应金属材料，其中造纸厂46吨、水泥厂38吨、鲁村煤矿30吨、玻璃厂130吨。除国家计划分配外，全年购进计划外钢材1120吨，全年机电产品销售额224万元，实现利润15万元。

十二届三中全会《关于经济体制改革的决定》及中央“开放、搞活”的一系列方针政策公布后，金属机电公司改革物资管理体制，加强横向联合，广开物资流通渠道，由管理型变为经营型，开展物资串换调剂，以土特产协作购进急需的生产资料，扩大物资来源。1984年，销售额达228万元，利润6万元，购进计划外钢材1000吨左右。

1986年，公司结合实际实施责任制，层层分解任务，多劳多得，调动职工积极性。全年销售额554万元，比1985年增长78.7%，资金周转天数28天，实现利润8.3万元，购进钢材2455吨、板材30多吨、管材100吨、汽车47辆。

沂源县金属材料总公司

概况

沂源县金属材料总公司，成立于1995年，属全民所有制企业，位于县城荆山西路（原东风路物资局院内），时有职工20余人，注册资金56.8万元。主要职责是对全县重点企业、重点工程进行综合配套服务，既保证大宗物资供应，又解决急用、短缺物资。此外，开展物资批发和零售业务。公司以“坚持为生产建设服务、为基层服务”为宗旨。

发展历程

随着工业化进程的加快，金属材料的需求越来越大，分工越来越细。沂源县金属材料总公司先后经历了金属材料公司、金属材料总公司两个阶段。

沂源县金属材料公司 1986年12月，从沂源县金属机电公司分出成立。

沂源县金属材料总公司 1995年，成立沂源县金属材料总公司。

业务经营

沂源县金属材料公司，主营批发黑色金属材料、有色金属材料、电气设备、建材、煤炭、木材、化工产品、汽车、货运等。

公司围绕政府经济工作中心，加大对工业项目、乡镇企业的支持，开展“双增双节”运动，达到增产增收、减少浪费的目的。1987年，金属材料公司通过横向联系，购进轿车40辆，销售收入进一步提高。为保证火力发电厂、啤酒厂等重点项目，多次到省、地区物资部门争取资金、钢材，争取计划内钢材380吨。本着优先优惠原则，帮助建成东里、徐家庄、沟泉、燕崖、梭背岭、中庄、大张庄7个乡镇物资供应站。全年实现销售收入1433万元，利润16万元。

在“开放、搞活”经济政策的指导下，坚持改革创新，大胆解放思想，进一步完善以承包为主的经济责任制，激发广大职工的积极性。1988年，金属材料公司经营钢材3951吨、生铁123吨、有色金属0.8吨、汽车98辆，完成销售额1595万元。其中，市场选购占98%，创利润22万元，销售额和利润均创历史最高水平。1989—1990年，在市场疲软、资金不足的情况下，积极开辟资源渠道，组织适销对路产品。1989年，金属材料公司完成销售额578万元，其中市场选购占96%。1990年，金属材料公司实现销售额1104万元，利润16.15万元。

1993年，公司提出“团结务实、开拓创新、齐心协力、争创一流”的口号，在干部职工队伍中树立“无功便是过”的思想，制定一系列优惠政策，提高超额完成任务数的提成比例，进一步体现多劳多得、不劳不得的政策，调动了职工积极性。坚持以销为主、购进为辅、优化库存结构、处理积压、加强资金周转、降低利息支出的经营方式，提高服务质量，送货上门，免费为厂矿企业送钢材1500多吨，为企业节省开支5万余元，全年实现销售额963万元，利润18.79万元。

随着“四放开”政策的进一步深化，物资企业面临着严峻考验。公司及时调整经营方式，坚持“一业为主，多种经营”的方针，主营与兼营并举、经营与开发并举，改行不改色，继续坚持以购销金属材料为主，同时逐步向汽车、机电、化工等领域拓展，扩大经营自主权和经营范围。1994年，实现销售额438.5万元、利税2.2万元。

1995年，全国物资系统效益滑坡、市场疲软，为调动职工积极性，沂源县金属材料总公司将所有业务人员进行合理编制，划分为4个分公司，根据全年的财政预算，对各分公司下达承包任务、确定承包基数，并制定了奖惩体制，即工资、奖金与完成任务的多少挂钩，多劳多得。上半年，销售钢材955吨，完成销售额358万元，实现利润1.7万元。

1998年10月，随着企业之间竞争加剧，金属材料总公司效益变差，公司注销。

沂源县机电设备总公司

概况

沂源县机电设备总公司，成立于1995年，属全民所有制企业，位于县城荆山西路（原东风路物资局院内），时有职工25人，注册资金46.6万元。经营二、三类机电产品千余种，肩负着全县生产建设所需机电产品供应任务。

发展历程

随着经济发展，机电产品的需求逐年增长，机电产品经营机构相应产生，先后经历了沂源县机电设备公司、沂源县机电设备总公司两个阶段。

沂源县机电设备公司 1986年12月，从金属机电公司分出成立。下设4个经营机构，即汽车一股，汽车二股，机械、轴承、工具股，电工、电器、仪表股。1992年，有员工36人。

沂源县机电设备总公司 1995年，沂源县机电设备公司发展成沂源县机电设备总公司。1998年6月，机电设备总公司设有业务科、财务科、仓储科，内部成立沂源县机电设备购销中心、沂源县顺达汽车销售中心。2002年，机电设备购销中心被吊销；2004年11月，顺达汽车销售中心注销。2005年11月，机电设备总公司被吊销。

业务经营

沂源县机电设备总公司主营批发零售机械设备、电气设备、汽车及配件（小轿车除外）、仪器仪表、工业电炉及电焊机、金属材料、化工产品（不含危险品）、橡胶制品、建筑材料、中小农机具等。

20世纪90年代的机电设备

20世纪80年代末，沂源县机电设备公司在市场疲软、资金不足的情况下，努力开辟资源渠道，组织适销对路产品。公司实行经理会议制度，对经营决策、工作制度等重大问题，形成决议，共同遵守。1988年，机电设备公司销售机电产品1200万元，经营汽车177辆，完成销售额1509万元，创利润12.28万元。1989年，机电产品销售额628万元，经销汽车127辆，完成销售额828万元。全年共组织送货100余次，累计送货金额50余万元。1990年，机电设备公司采取代购代销、联购联销等措施，完成销售额1302万元，实现利润15万元。

随着经营范围的不断扩大，沂源县机电设备公司积极开拓资源市场和销售市场。1992年，设立济南、北京办事处2处。1993年，设立天津、上海办事处2处，掌握了华东、华北地区的物资行情。公司专营机械设备，二、三类机电设备，各种进口、国产汽车，兼营金属材料、化工产品等，共经营20个产品大类、3000多个品种。全年销售额实现飞跃，物资购进额1674万元，比上年增长39%；实现销售额1718万元，比上年增长35%；实现利税13.2万元，比上年增长42%。8月，县商业企业“四放开”改革领导小组在机电设备公司进行“四放开”（经营、价格、用工、分配）试点工作，实施一系列改革措施。本着一业为主、多种经营的原则，凡属物资部门经营的物资，各下属公司均有权参与经营。用工上实行全员劳动合同制，职工原身份作为档案保留，一律成为合同制工人，并与公司签订合同，实行竞争上岗，“四放开”给企业注入了活力。

1993年，各办事处在外开拓业务中，以就地就近销售为主，加快资金周转率，北京办事处利用兄弟单位的关系，前后仅用20天的时间从江西提昌河面包车10辆在北京销售，获利近万元；机电公司对各厂矿、企事业单位的生产急需物资实行全揽承包，成为全县最大的机电产品经营单位，产品的质量也得到用户认可，二、三类机电产品经营额达500万元，同比增长10%。当年实现物资购进额994万元，同比下降40%；实现销售额1137万元，同比下降33%，完成全年任务的56%；实现利润15.2万元，完成任务101%。

1994年，物资市场持续疲软，国家紧缩银根，企业资金严重不足，公司改变经营策略，由原先一元化经营变为“走出去、争做大买卖、不漏小买卖”的多元化经营。公司编发《沂源机电信息》半月专刊，上发至省市有关业务部门，下发至乡镇、企事业单位，让各级了解公司的经营品种及价格、库存、对市场行情的研判分析等。是年，公司组织开展以增收节支为中心的劳动竞赛。上半年，节约支出达3万元，购进物资187万元，实现销售收入250万元，利税15万元。

1998年6月，机电设备总公司经营批发零售机械设备、电气设备、汽车及配件（小轿车除外）、电线电缆、仪器、仪表、工业电炉及电焊机、金属材料、化工产品（不含危险品）、橡胶制品、建筑材料、中小农机具等。2005年，公司被吊销，结束经营。

沂源县化工建材公司

概况

化工建材公司，1982年1月成立，时有职工20余人，正式职工17人，位于县城荆山西路（原东风路物资局院内），属全民所有制企业。

发展历程

1982年1月，沂源县化工建材公司成立。1986年，公司成立建材、化工两个小组。1988年1月，县物资局将原化工建材公司分为化工轻工公司、建筑材料公司。

业务经营

新中国成立初期至1965年，化工产品由商业系统经营。1965—1982年，化工产品由物资站、物资局经营。沂源县化工建材公司成立后，主要经营批发化工轻工产品、器械、工业用化肥、民用爆破器材、建筑材料、金属材料、机电设备、煤炭、通用机械，资源主要由上级业务部门分配。

1978年以前，化建产品是计划分配供应。化工产品主要有三角带、火工产品、橡胶制品等；建材产品主要有玻璃、油毡、水泥杆等。年销售额一般在20万元左右。1982年，销售额250万元，是1978年的7.8倍。

1984年，公司成立新的领导班子，健全各项制度，制定各级岗位责任制，对每个人都提出了具体的工作任务和要求，制定考勤制度、奖惩制度及职工守则。通过企业整顿和健全制度，干部职工的精神面貌和工作作风有了较大转变，克服了过去那种门难进、脸难看、事难办的官商作风。物资综合服务公司给化建公司下达的年销售计划是165万元，购进计划是131万元。化建公司将计划指标分解到每个业务员，按需组织货源。夏季，全县农村化肥紧张，公司及时派人去掖县购得500吨复合肥，很快销售一空；8月，土门一厂削价处理一批缝纫机，价格便宜，公司购进200台，一天销光，此两项销售额达18万元。公司采取将物资直达到户的办法，全年直达物资300余吨，就地调拨物资800余吨，方便了用户，减少了费用。公司还开展代销业务，全年代销额达20余万元，通过直达、就地调拨和代销业务，资金平均占用同比减少7.2万元。全年物资销售额176.7万元，完成计划的107%；购进额156.8万元，完成计划的120%；周转天数为42天，同比缩短12天。

在改革开放、搞活经济的新形势下，为完成综合服务公司下达的各项经济指标，根据业务规模不断扩大和业务量大幅增长的实际情况，进一步调整内部组织机构，在原设业务股、财务股、仓储股的基础上，把业务股分为化工、建材两个组。公司在各股实行联购、联销、联责、联利的“四联”责任制，增强了企业活力。1986年，综合服务公司下达给化建公司计划购进额230万元，实际完成374万元，完成计划的162%，同比增长184%；计划销售额250万元，实际完成405万元，完成计划的162%，同比增长158%；利润额8万元，实际完成11万元，完成计划的138%，同比增长98%；费用水平同比减少39%。

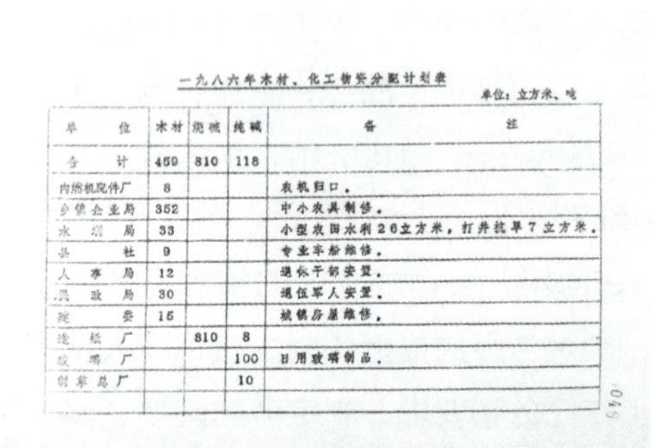

一九八六年木材、化工物资分配计划表

单位：立方米、吨

单位	木材	烧碱	纯碱	备注
合计	459	810	118	
内燃机配件厂	8			农机归口。
乡镇企业局	352			中小农具制修。
水利局	33			小型农田水利26立方米，打井抗旱7立方米。
县社	9			专业车船维修。
人事局	12			退休干部安置。
民政局	30			退伍军人安置。
建委	15			城镇房屋维修。
造纸厂		810	8	
玻璃厂			100	日用玻璃制品。
制革总厂			10	

1986年，木材、化工分配计划书

公司为提高效益，建材组与省、地建材公司联营水泥6000吨，销售额60余万元；化工组加强跨地区、跨部门的横向联合，在市场化工产品紧缺的情况下，与外地互相调剂有无，建立牢固的业务关系网。经营中，精打细算，尽量减少周转环节，实行资源—运输—用户一条龙服务，减少费用2000余元。同时，树立为农业服务的思想，在化肥比较紧缺的情况下，多方筹措，与掖县化工厂签订购进500吨复合肥合同，解决农民买化肥难的问题。

1987年，化工建材公司经营的化肥

沂源县化工轻工公司

概况

沂源县化工轻工公司，1988年1月成立，位于县城荆山西路（原东风路物资院内），10月搬迁至健康路。时有员工20余人，注册资金50万元。公司设有财务科、橡胶科、民爆科、仓储科，属全民所有制企业，为全县工农业生产建设提供所需化工产品和服务。

1989—1992年，连续4年被评为市级重合同守信用企业。1989年，被评为全县纳税先进单位。1991年，被淄博市消费者协会授予消费者满意单位、全市物资系统先进单位。

发展历程

1988年1月，沂源县化工轻工公司从沂源县化工建材公司分出。

1994年，公司成立汽车队，由工会代为管理。同年，成立沂源县民用爆破器材专卖公司。1996年，沂源县化工轻工公司破产。

业务经营

化工轻工公司主要经营批发化工轻工产品、器械、工业用化肥、民用爆破器材、建筑材料、金属材料、机电设备、煤炭、通用机械、金属材料等。

公司成立伊始，实行经理经济承包责任制，层层分解任务。1988年，化工轻工公司经销化肥2821吨、纯碱80吨、水泥300吨，实现销售额1084万元。公司将原来的仓储股撤销，设立了业务一股、二股、财务股、炸药库，为增加市场占有率，开拓农村市场，公司承包张庄物资站，当年实现销售收入万元，一举扭亏为盈。1989年，公司把服务全县的农田水利基本建设作为工作重点，实行倾斜让利政策，在省长绿化工程中，化轻公司无偿支援5吨硝铵。

进入20世纪90年代，化工轻工公司实行奖金浮动、工效挂钩、月奖月罚、一次兑现的考核办法，调动了干部职工积极性，经济效益明显提高。1990年1—11月，公司提前完成全年的各项经济指标，销售额768万元。

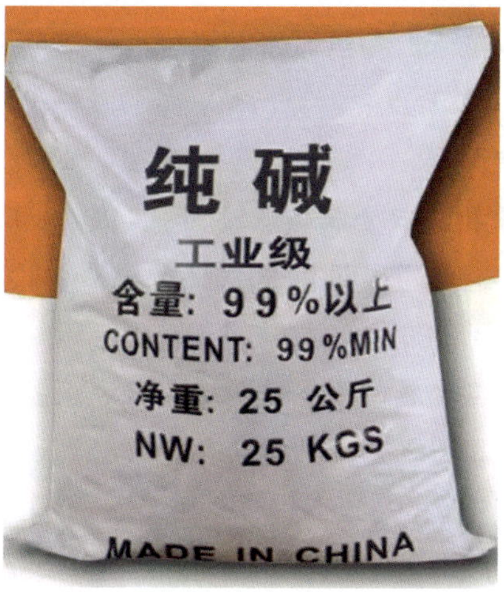

20世纪90年代的化工产品

邓小平同志发表南方谈话后，公司紧跟时代步伐，积极主动融入市场经济大潮中。1992年，完成物资销售额1216万元，占年计划的125.4%，比上年增长31.1%；物资购进额1167万元，比上年增长31%；实现利税15万元，比上年增长27.3%，其中实现纯利润8.74万元，占年计划的102.4%，比上年增长40.97%；物资流转费用水平为2.86%，比上年下降0.26%。

为搞活企业，公司转换内部经营机制，通过优化组合，竞争上岗，实行四个放开，即经营放开、价格放开、用工放开、分配放开等措施，调动员工积极性。1993年，物资销售额890万元，物资购进额809万元，实现利税16万元，比上年增长6.7%。

20世纪90年代后，为应对市场疲软的情况，公司将5个业务科室调整合并为2个业务科室，强化经济效益与个人收入相挂钩。1994年，完成物资销售额364万元，物资购进额342万元，实现利税3.6万元。同年，沂源县民用爆破器材专卖公司，作为全县经营民用爆破器材的唯一合法单位，行使专营权，完成全县民用爆破物品的管理和供应工作，不仅为全县山区建设作出贡献，而且有效地控制了因非法经营爆炸物品给社会带来的潜在威胁，取得较好的经济效益和社会效益。

1995年，面对市场的不断变化，化工轻工公司大力加强网点建设，在沿河路增设经营网点1处，新增驻外网点，扩大了销售市场。

随着市场竞争加剧，公司效益变差，1996年破产。

沂源县建筑材料公司

概况

沂源县建筑材料公司，1988年1月成立，注册资金50.2万元，设有业务科、财务科、仓储科，属全民所有制企业，位于县城荆山西路（原东风路物资局院内）。

1990年，被淄博市工商局授予重合同守信用企业。1991年，被淄博市消费者协会授予消费者满意单位。1992年，被淄博市工商局授予重合同守信用企业。

发展历程

1988年1月，沂源县建筑材料公司从沂源县化工建材公司分出。1996年10月，沂源县建筑材料公司破产。

业务经营

公司主要经营批发建筑材料及器械、通用机械、金属材料、钢材（不含四种板）、化肥、木材、沥青等工农业生产紧缺物资。成立之初，无国家计划内分配物资，经营物资全部为计划外调节，经营资金来自银行贷款。

根据物资局关于进一步深化改革、推行经济承包责任制的要求，1988年3月，建筑材料公司实行内部承包，即任务承包到股、落实到人，工资奖金、提成与经济效益挂钩。加强财务管理，搞好增收节支，经理具体分管财务工作，坚持财务管理一支笔，制定严格的财务支出审批制度，实行财务支出内部公开。公司千方百计购进工农业生产急需的物资，当年秋天，公司及时从黑龙江化肥厂购进硝酸铵300吨，缓解了化肥紧张状况。成立当年销售额708.66万元，利润7.38万元，年底有效库存达100%，全面完成各项承包任务。

固体沥青

面对国家紧缩银根、银行贷款困难、银行贷款利率大幅上调、各项费用开支增加的状况，1989年，公司进一步完善经济承包责任制，加强财务管理、多方筹集资金、努力增收节支、压缩银行贷款、减少资金占用，银行利息同比减少8000多元，物资流转费用总和同比减少1.9万多元，全年完成销售额236.6万元，实现利润6.5万元，完成了物资综合服务公司下达的年度承包任务。

20世纪90年代，建材市场疲软，公司经营困难，亏损严重，应收账款回收难。1992年，公司领导班子换届后，完善经营承包责任制，积极参与市场竞争，广泛建立供需关系和销售网络，先后同县水泥厂、石桥水泥厂、县棉织厂、玻璃总厂、新华制药厂、县酒厂等企业建立了稳定的供需关系，加强与莱芜、临沂、聊城、淄博等地的业务往来，扩大购销市场。全年销售额660万元，利润9.4万元，实现扭亏为盈。

1993年，面对经营中出现的严重资金短缺和遗留下来的几十万应收款问题，公司发动职工广开门路，多方筹集资金，保证经营工作正常运行，并运用法律手段维护自己的合法权益，对长期拖欠公司货款的欠债人依法提起诉讼，收回在外长期滞留的货款30余万元，全年销售额为463万元，利润2.1万元。1996年10月，公司结束经营。

沂源县金属回收公司

概况

沂源县金属回收公司，始建于1984年，原名沂源县废旧金属回收公司，1987年更名，注册资金50万元，位于沂源县城泰薛路东首，属全民所有制企业。

发展历程

沂源县废旧金属回收公司 1984年成立，隶属金属机电公司，时有干部职工16人，设有业务、回收、综合、加工、财务5个股室。

沂源县金属回收公司 1987年，沂源县废旧金属回收公司更名为沂源县金属回收公司。1993年，有干部职工25人，下设9个股室，办公营业场地5000平方米。1996年，金属回收公司破产，因该公司在物资系统中较有影响，虽然已申请破产，但一直与业务单位保持着联系，于是重新申请营业执照，组建沂源县废旧物资利用有限公司，一部分有专业特长的人员组合到新成立的公司。

业务经营

公司担负着全县厂矿、企事业单位的废旧金属回收任务，主要经营收购加工废旧金属、串换钢材（四种板材除外），销售化工、建材、煤炭、木材、机电产品、电气焊、工程机械，水电暖安装、工程机械承包施工。1985年实现销售额88万元，其中市场供应占80%。1987年，回收废金属550吨、钢材经销959吨，销售额236万元。1989年，物资局更换承包人，实行联购联销计酬等考核办法，实现利润6万余元，超额完成任务。

进入20世纪90年代，物资流通市场疲软，经营竞争激烈，受国家金融宏观调控政策影响，公司资金紧张，经营出现困难，公司根据实际情况和外部环境，分析市场变化的特点和发展趋势，及时调整经营战略。1990年，配合公安、工商等部门严厉打击非法收购废旧金属的活动，消除了废旧金属市场管理混乱、大量废旧金属外流的现象，稳定了市场。1991年，物资局下达销售任务350万元，上缴利润3.4万元，到11月底即超额完成任务，回收废旧金属700吨，销售钢材2000吨，完成销售额423万元，比1990年同期增长11.5%；实现利润3.4万元，上缴税金3.3万元。1992年，完成物资购进470万元，物资销售502万元，完成年指标的110%，实现利润5万元，利税7.94万元。

1991年，金属回收公司收购的废金属

1993年，公司组建沂源县工程机械修理厂，当年维修大小装载机39次、各种车辆54次，合格率达98%以上。设立驻莱钢办事处和沟泉矿石点，开展横向经济联营，提高了经济效益。该公司经过多方走访、考察，投资10万元成立餐具磨光厂，专为省新华医药器械厂张店分厂磨光出口餐具。公司面对银行只收不贷，经营流动资金紧张的局面，筹措资金86万元，在县法院配合下依法收欠51万余元，保证了内部流动资金的正常周转。全年实现利润5.5万元，比1992年增长18%；实现利税8.1万元，比1992年增长79.1%。

1994年，公司在抓好废旧金属购销主营业务的同时，积极开展其他业务，下半年开拓工程机械作业施工业务。8月以后，开展工程作业施工5处，获得工程施工款额累计18.6万元。

1995年，金属回收公司困难大，问题多，亏损严重。1996年10月，向人民法院递交了破产申请，县法院于11月6日正式受理，即进入破产程序。

沂源县物资服务公司

概况

沂源县物资服务公司，1982年1月成立，位于县城荆山西路（原东风路物资局院内），属全民所有制企业，时有职工18名。设业务科、财务科、仓储科，以及240平方米的门市部，进出货物全部由门市部经营，主要经营工业品生产资料和副食品加工。1986年撤销。

业务经营

公司宗旨是为生产建设和人民生活服务，负责以“四代一调”（代购、代销、代加工、代托运，调剂余缺物资）为主的信托服务、组织展销、租赁、承包服务、推销当地产品、采购当地需要物资。

公司成立后，业务全部靠贷款，银行限额资金30万元，坚持薄利多销的经营方式，广泛组织社会资源，疏通各级购销渠道，配合各专业公司，发挥拾遗补缺的作用。1982年，先后与日照、益都、汶上物资服务公司及青岛市生产资料服务公司结成业务网络，互通有无。全年实现营业额80万元，其中“四代一调”业务额达20万元。1983年，“四代一调”业务额达40万元，比1982年增长1倍，代购汽车8辆，购买计划外钢材315吨，销售支农化肥400吨，全年业务总额113万元，比1982年增长41%，公司利润达4万元。

1984年，按照上级要求，公司成立企业整顿领导小组，把整顿作为工作重点和中心任务。建立新的领导机构，成立新的党支部、团支部、工会、计划生育领导小组、卫生小组、治安领导小组，加强思想建设，牢固树立“三个第一”的意识，即质量第一、信誉第一、服务第一。物资综合服务公司下达的营业指标是130万元，利润是3万元，实际完成营业额146.4万元，比1983年增长30%；利润完成4.4万元，比1983年增长10%，全年销售汽车18辆、金鹿牌自行车250辆、拖拉机18辆、木材440立方米、煤炭33吨、钢材165吨、生铁118吨、化肥390吨，圆满完成全年任务目标。

沂源县物资贸易中心

概况

沂源县物资贸易中心，1988年6月成立，位于县城荆山西路（原东风路物资局院内），时有员工10人，注册资金50万元，设有办公室、汽车科、财务科、钢材科、综合科等，属全民所有制企业，独立核算、自负盈亏。

发展历程

为进一步深化和加快沂源县物资体制改革，贯彻“国家调节市场、市场引导企业”这一新的经济运行机制，更好地发挥物资流通部门在生产和建设中的作用，沂源县政府决定成立沂源县物资贸易中心。

1988年6月，沂源县物资贸易中心成立，因许多业务与其他公司相同，于1989年12月被撤销。1992年6月，根据中央关于搞活国有大中型企业的决定和“八五”规划中向第三产业倾斜的精神，恢复成立沂源县物资贸易中心，1999年被吊销。

业务经营

物资贸易中心的职责与任务是不断加强与外地的横向经济联系，协调购进生产资料，为全县的生产资料交易提供服务和场所，综合管理全县的生产资料交易。主要经营批发民用建材、化工、木材、煤炭、机械电气设备、汽车、金属材料、农机配件、家用电器、家用电子产品。

公司不断改革谋发展，自1992年6月起，物资贸易中心制定一系列改革方案，彻底打破“大锅饭、平均主义”的做法，制定科学的分配机制，上不封顶、下不保底，多劳多得。因物贸中心职工是从各行各业调入的，年纪轻，经验少，物贸中心根据这一特点，把3名懂业务的骨干分配到各科室任负责人，使每个科室都有一名骨干进行传帮带，起到很好的示范作用。当年，完成销售收入500万元、利润5万元，上缴3万元。

20世纪90年代，物资贸易中心经营的解放牌汽车

1993年，物资局分配给该中心的任务目标是实现销售收入950万元、利润5.5万元；实际完成销售额820万元，实现利税9万元。年初，物贸中心下达给汽车科的任务是完成利润4万元，实际完成7.5万元，超额完成87.5%；下达给综合科的任务是完成利润4万元，实际完成6.5万元，超额完成62.5%。

1995年，国家紧缩银根，贷款困难，物贸中心的经营资金不足，为经济形势所迫，中心采取一系列措施，努力提高资金利用率，压库存不赊账，货物直达不入库，与厂家搞代销等。当时建筑市场疲软，建材销售不畅，由于建筑材料在物贸中心的经营中所占比例较大，效益受到影响，物贸中心及时研究分析市场行情，调整方向，将主营业务由建筑材料转向化工产品，上半年销售化工产品400余吨，销售收入占物贸中心业务的60%以上，提高了经济效益。1999年，沂源县物资贸易中心结束经营。

沂源县安丰民用爆破器材专卖有限公司

沂源县民用爆破器材专卖公司，1994年成立，隶属沂源县化轻公司。1996年3月1日，更名为沂源县安丰民用爆破器材专卖有限公司，位于南麻街道高堂峪，不再隶属沂源县化轻公司，专营雷管、炸药等民爆器材，产品主要用于农业基本建设、石料厂等，公司有业务科、财务科、安全保卫科。鼎盛时期，职工20余人，年销售收入达3000余万元，利润170余万元。2006年，炸药经营全面放开，不再按照计划经济模式进货，炸药可直接从厂家进货，舍弃中间经营机构环节。2023年，民爆公司停止营业。

20 世纪 90 年代，爆破用雷管

沂源县汽车销售公司

改革开放以后，汽车需求不断增加。1988年，物资局各公司汽车销售收入达4000余万元。1988年11月，沂源县汽车销售公司成立，隶属沂源县机电设备公司，位于县城荆山西路（原东风路物资局院内），职工20余人，下设财务股、仓储股、汽车一股、汽车二股、综合股。汽车一股主要负责北方地区汽车的购销，汽车二股主要负责南方地区汽车的购销。1989年，汽车销售公司经销汽车127辆，销售收入800余万元。1990—1993年，汽车销售量分别是176辆、170辆、210辆、137辆。随着市场经济的发展，汽车销售部门逐渐增多，汽

1992 年，汽车销售公司经营的轿车

车生产企业竞争加剧，为增强竞争力，各汽车生产企业纷纷建立自己的销售网点，减少中间环节。沂源县汽车销售公司业务逐渐减少，1996年停止营业。

沂源县兴源物资股份有限公司

沂源县兴源物资股份有限公司，位于县城健康路物资局院内，于1993年4月成立，属于股份合作制企业，集体股占35%，内部职工股占65%，机构人员实行内部选拔聘用制。注册资金70万元，公司设有办公室、金属部、化建部、机电部、膳食部等部门。经营批发零售及代购代销钢材、木材、煤炭、化工、机电产品、干鲜果品、烟酒糖茶、土畜产品、五金交电和机械维修、餐饮服务。

公司成立后，面对严峻的物资形势，抓机遇、转观念、占市场、创效益。把保障全县重点项目工程作为工作重点，先后为山东药用玻璃总厂的水煤气改造、光力士玻璃纤维厂1600工程、白酒厂的酒精改造、啤酒厂的扩产等重点项目工程提供了大量质优价廉的物资，取得了用户信赖。公司在经营中开展“三上门服务”（业务上门、送货上门、结算上门），为用户解决“小、少、急、难”四个困难，实现两个转变，即把卖方市场的观念转变为买方市场的观念，把只想做大买卖的观念转变为大小买卖都做的观念。公司根据不同部门的特点，采取灵活的承包方式，比如对膳食部采取“独立核算、包死基数、风险低压”的承包方式；对机电部采取“包死基数、风险低压、公司记账”的方式，调动了员工积极性。通过一系列举措，1995年上半年，购进物资额301万元，销售收入354万元，实现利润5000余元。其中，金属部、化建部两个部的销售收入和利润达到公司总销售收入和利润的83%、78%。

公司在激烈的市场竞争中遇到许多困难，应收欠款较多、市场占有率不高等。2000年7月，公司被吊销。

乡镇物资供应站

随着农村经济的发展，农民购买力增强，为开拓市场，扩大经营范围，支援农业建设，根据上级指示精神，1982年，物资局决定在张庄公社建立全民所有制物资供应站，并与唐山公社联合建立集体所有制物资供应站。从1987年开始，石桥、中庄、燕崖、沟泉、徐家庄、大张庄、东里等乡镇先后在物资局的业务指导下，建立物资供应站，挂靠物资局。

张庄物资供应站

1982年11月，县物资局选派人员在张庄公社驻地设立物资供应站，这是全县唯一一个在公社设立的全民所有制物资站，由县物资局独家经营，注册资金15万元，员工6人，包括正式职工2人、临时工4人。

该站有营业室5间、仓库2间、宿舍3间。周转资金3.1万元，经营批零化工、轻工产品、金属材料、电器、建材、五金、电工器材、农机具配件、煤炭等。

1983年，物资局下达业务指标是完成营业额30万元，上交利润5000元。该站实际完成30.04万元，上交利润9000元，超出计划的80%，资金周转10次，销售化肥600多吨、水泥500余吨、瓦7万片及近万元的农机具和电器材料，满足了当地生产及生活需要。1988年，化轻公司承包张庄物资站，承包费9000元/年。2000年被吊销。

唐山物资供应站

1982年，物资局与唐山公社联合设立物资供应站，属集体所有制企业，设在公社驻地经贸委院内，公社经贸委提供6间房屋作为门市部，另建有仓库、宿舍。工作人员5~6人，注册资金25万元，经营化肥、机电设备、五金、家用电器、农用机械、中小农具。

建站初期，因很多产品属独家经营，货物种类齐全、质量好而深受群众欢迎，旺季一天营业额可达2000多元，年营业额30万~40万元，利润3万~4万元。1986年，物资局撤出，公社经贸委接管并进行承包，承包费9000元/年。1990年后，物资供应站效益变差。1996年注销。

沟泉物资供应站

1987年6月5日，沟泉乡政府成立沟泉物资供应站，属乡镇集体所有制，由原红旗厂蔬菜公司门市部改造而成，有门市部5间，办公室、仓库、宿舍6间。工作人员4人，经营化肥、百货、五金、废旧金属等，鼎盛时年销售额达50万~60万元，利税5000余元。1991年停办。

大张庄物资供应站

1988年，大张庄乡政府在乡政府驻地成立物资供应站，属乡镇集体所有制，注册资金24.2万元。经营零售日用百货、五金工具、家用电器、家用电子产品（除彩电）、农用机械、中小农具、烟酒糖茶、日用杂品等。

建站初期，物资站有员工10余人，承包费7000元/年。经过几年的发展，该站拥有固定资产30余万元，年销售收入30余万元，建有两层营业楼1座，增加饭店、旅馆、面粉加工等项目，承包费增至1万余元/年。2001年被吊销。

石桥物资供应站

1989年9月，石桥乡政府在乡政府驻地成立物资供应站。该站属乡镇集体所有制，注册资金10万元，经营批发零售钢材、木材、水泥、煤炭、化工、粮油、烟酒糖茶、副食品等。1998年被吊销。

燕崖物资供应站

1992年7月，燕崖乡政府在乡政府驻地成立物资供应站。该站属乡镇集体所有制，注册资金13万元，经营批发、零售、代购代销化工、燃料、五金交电、土产杂品、百货、烟酒糖茶、糕点罐头、干鲜果品等。1998年被吊销。

东里物资综合公司

1986年11月29日，县物资局与东里东村在东村共同建立东里物资综合公司。根据协议，由村里提供场地、资金，物资局提供部分物资联合经营。公司经营汽车和冰箱、彩电等家用电器，以及农药、化肥、木材、农机物资等。时有员工10余人，鼎盛时期年销售收入近1000万元，利税达60余万元，成为东里知名企业。1993年停办。

往事琐忆

物资局的篮球队

沂源县的篮球比赛是何时开始兴办的没有具体考证，记得20世纪70年代末期就有，因每次比赛都能看到县总工会、体委的领导在场，大概是县总工会和体委等单位联合举办的。普及体育运动，既能丰富职工业余生活，又能增强体质，增进凝聚力。20世纪七八十年代，全县有条件的单位都有自己的球队，比较著名的有邮电局队、玻璃厂队、造纸厂队、商业局队等，有些单位还有男、女两支球队。每年的五一、十一篮球赛是全县两大重要体育赛事。早期的赛场主要是位于县电业局和影剧院之间的“灯光球场”，这是当年沂源档次最高的球场，耐火砖铺的地面；上悬照明灯，晚上灯一开，灯火通明，比赛照样进行。每当临近比赛，各球队抓紧训练，踊跃报名参赛。进入赛季，球场周围总悬挂有“发展体育运动、增强人民体质”“友谊第一、比赛第二”之类的横幅，观众里三层、外三层把球场围得水泄不通，看球赛是人们节日休闲生活的重要内容。

1984年，物资局已经发展成为拥有6个公司、职工人数达180余人的大单位，物资局决定成立篮球队。建队伊始，局领导就把建立全县一流球队作为目标，加强训练，积极参加全县各类篮球比赛。要在比赛中打败对手，球员、教练是关键，如何提高球队水平？物资局一是聘请优秀教练前来指导队员训练，提高球员技能；二是提升硬件设施，修建了球场，购买了服装、篮球等。通过努力，球队进步很快，为了打出更好的成绩，物资局考虑引入优秀球员来物资局。1986年夏季，知名度颇高的沂源一中篮球队学生面临毕业，局领导就有了将这批球员招聘到旗下的想法。

此时的物资局声望高、福利好，能够在此工作是很多年轻人及家长的愿望，经过与球员及家长商谈，双方一拍即合，皆大欢喜。篮球队员来到物资局工作，这在县城引起了轰动，很多单位在议论：“物资局把一中的篮球队员全挖走了，以后还怎么和他比赛！别的队只好把名次往后排了。”一些单位后悔没早去一中“挖人”。

球员被分配到物资局各公司，物资局对这批队员的工作、训练有明确规定，做到工作、训练两不误，队员在教练的指导下，水平日渐提高。

每逢两大赛事，物资局就把球员们从各个岗位抽调出来，进行1~2个月的集训。赛场上，球队配合默契，将团队意识、争创一流意识发挥到极致，多次获得前三名，极大地振奋了全局士气。比赛时，物资局职工及家属常常全家出动，为本局球员喝彩、助威，凝聚力空前高涨。

除了两大赛事外，物资局经常与县玻璃厂、造纸厂、邮电局等强队进行比赛，切磋技艺，加强来往，沟通感情，其间领导同志们聚在一起，少不了交流物资信息，促进合作。

精湛的球艺，也让物资局篮球队员走出了县门，多次参加省、地区、市物资系统的球赛，并且取得了好成绩，通过比赛交流，既打出了声威和知名度，又结交了朋友，起到了以球会友、促进物资工作的目的。

全员承包

改革开放后，国家开始执行“以计划经济为主，以市场调节为辅”的方针，按照商品流通的原则来组织和管理物资流通并进行体制改革。县物资局适应形势发展需要，也经历了多次改革，如政企分开、简政放权、实行经理负责制、改革用人制度、实行公司承包等。

1988年，物资局进行了第一次公司承包，通过竞争上岗，选出新的公司经理。物资局与各公司签订合同书，明确权责、奖惩办法，调动经理积极性。经理们按照市场规律真抓实干，不断提高效益，但是随着工作的开展，经理们逐渐发现经济承包成了经理一人承包，经理们压力很大，忙得团团转，职工的积极性却没调动起来，没有压力，干劲不足。计划经济时期吃大锅饭、在家等客上门的现象还存在。

针对这些问题，公司经理们提出了变经理承包为全员承包，将承包额量化到部门、量化到人，层层签订责任书，人人有任务，人人有责任，拉开分配档次，多劳多得，完不成任务连基本工资也拿不全。这些办法很快在全局得到推广，并收到了立竿见影的效果。以木材公司为例，以前，个别业务员出发需经理做工作、催促好几遍才出门，变着法找理由待在家里。改革后，业务员积极主动地奔波在南方、东北的木材市场；在家的职工因每年有销售任务指标，也在积极搞推销，女会计在男同志外出的情况下，多次主动跟车送货验货……1991年，木材公司合同规定完成销售收入630万元，实际完成697万元，按照奖励兑现办法，经理以职工平均奖的2.2倍获奖3600余元，完成任务的普通职工也至少获奖1000多元，是月基本工资的10余倍，改革激发了内生动力，公司提高了效益，个人也得到实惠，同志们的干劲更足了。

义务劳动

自1965年县物资供应站成立至1998年物资局被撤销的30多年间，物资站、物资局及下属单位的各级组织都高度重视职工的队伍建设、思想建设，无论是20世纪60年代艰苦创业期还是市场经济时期，培养职工的主人翁意识，牢固树立为人民服务、为生产服务的思想，一刻也没有放松过，参加义务劳动成为物资人的优良传统。

县物资供应站成立伊始，党支部高度重视职工的思想政治工作，制定了学习制度，上好“三会一课”，定期进行政治学习，带领全体同志学习毛主席《实践论》《为人民服务》《纪念白求恩》《反对自由主义》等文章，学习王杰、焦裕禄的事迹，树立一不怕苦、二不怕死、一心为革命、一心为人民的精神，激发革命热情。全体职工利用节假日、工余时间参加义务劳动，全年垛木材1200余方，节省开支500余元；装卸车75吨，节省开支22元；粗加工木材50方，节约开支10元；在建物资站办公场所的过程中，职工运石灰1万公斤、水泥1万公斤、石头12方、砖3000块，整理场地等共节省劳力400个，节省开支500余元。职工共同努力，在荒凉的土地上建成了一个美观、大气的办公场所。

1979年，义务劳动中全体职工平整场地、运沙40余立方米，实现办公场地硬化；同志们轮番上阵养猪2头，改善职工生活；仓储组同志两次整理仓库，仓库面貌焕然一新。

1988年，在计划经济向市场经济过渡的转型期，物资局及各公司仍然不放松职工的政治学习和思想教育，全心全意为人民服务、为生产建设服务的宗旨没有改变。机电公司针对公司承包后职工的思想状况，组织学习路线方针政策，进行“爱祖国、爱人民、爱社会主义”的“三爱”教育，通过学习、交流谈心，职工的思想觉悟和境界有了较大提高，一年间，公司职工参加义务劳动300余人次，平整土地400平方米，义务装卸车150余吨，节省开支3000余元。

1991年，女职工利用业余时间义务平整场地1500平方米，卸煤炭3000余吨，打煤堆9000多吨，为公司节约开支3.1万元。

1994年，全系统掀起以双增双节为主要内容的劳动竞赛，提高广大干部职工的主人翁责任感，更加明确了个人与企业的关系，企业与效益的关系以及效益与发展的关系。上半年，职工义务清理水沟230余米，筛煤1000余吨，装卸货物4500余吨，修路1500余米，全系统节约支出9.5万元。

1995年，受市场经济的影响，物资经营工作出现困难，出现亏损，职工思想出现波动。物资局党委及时对职工开展主人翁意识教育，讲明形势，让职工出谋划策、提合理化建议，干部职工清醒地认识到，只有团结一心，才能共渡难关。通过评先树优和“三讲三比”（讲思想、比干劲，讲奉献、比精神，讲实绩、比贡献），职工统一了思想。为了降低风险，物资局开始探索多种经营，在鲁村承包500亩荒山，从事养殖业、种植业，局机关及下属公司利用节假日、工余时间轮番上阵，前去荒山开荒种树、平整土地、修建房屋。一年间，通过义务劳动栽种果树3000余棵、花生20余亩，帮助修筑塘坝1处，建羊舍1处。

义务劳动贯穿了物资系统的发展全过程，折射出物资人的价值取向和精神追求，给物资人留下了难以磨灭的时代记忆。

优质服务年

1991年，根据国务院关于开展“优质服务年”活动的指示精神，物资局迅速成立以各副局长为组长，以各公司经理为成员的优质服务领导小组，连续召开局长办公会、中层干部会议和全局职工大会，进行广泛宣传，层层发动，迅速掀起“优质服务年”高潮。

在全系统内建立“二上一下”和“三优一送”服务体系。“二上”，即主动上门服务和上门结算，各公司都成立了服务队，由经理亲自挂帅，携带征求意见簿，不定期到工厂企业了解用户需求情况、生产情况、进货情况等，对企业的情况做到心中有数。“一下”，即下乡村服务，服务队冒着严寒酷暑，走乡串镇，到乡镇企业寻用户，找销路，占领乡镇市场。据统计，上半年销往农村市场的物资金额就达700多万元。“三优”，即以优质的产品、优惠的价格、优良的服务满足用户。“一送”，即送货上门，各公司都配备专门运输工具，开展送货上门服务，有的公司对大批量进货和县城内的用户实行免费送货上门。据不完全统计，上半年送货金额达1500多万元，创历年同期最高水平。

各公司在“二上一下”和“三优一送”服务体系的基础上，根据各自的实际情况，进行不同形式、不同层次的服务，收到较好的效果。比如，机电公司开展“一张单”服务和“全天候”服务，只要用户将所需物资写在一张购物单上，公司就竭尽全力送货上门。机电公司以优质的服务征服了用户，他们的服务事迹被新华社报道。燃料公司开展重点服务，以及售前、售中、售后服务，开展“用我一辆车，温暖千万家”送温暖活动，深受社会各界好评。其他公司也采取增设各种服务设施，建立用户档案和业务咨询处、延长营业时间、降低批发起点、实行挂牌服务、明码标价、拆整售零等优质服务活动。扩大了销售，占领了市场，促进了全局各项工作的开展，局党委对活动中作出突出贡献的单位和个人进行表彰、奖励，并发了红包，调动了全体干部职工优质服务的积极性。

蜂窝煤的兴盛与消失

计划经济时代，生活用煤炭供应凭证购买，每季度2口之家150公斤，3口之家200公斤，4口以上220公斤。

蜂窝煤使用方便，燃烧充分，比直接烧炭节省20%，深受人们喜爱。当时一块蜂窝煤能烧2壶水，而用同等价格的电量只能烧1壶水，再加上当时电力供应不足，经常停电限电，因此用蜂窝煤的居民逐渐多了起来。最初居民购买模具自己制作，费时费力。20世纪70年代末，县煤建公司成立蜂窝煤生产车间，购买3台蜂窝煤机，月产蜂窝煤100余吨；100公斤煤票可买154块蜂窝煤，0.0336元/块，共计5.18元。县城居民中有蜂窝煤用户3500余户，月需蜂窝煤350吨。当时的生产条件已不能满足所需，每季欠供蜂窝煤400~500吨，加之公司离县城较远，又零售烟煤、无烟煤，业务量大，人员不足，矛盾突出。

最初，公司一天生产5~7吨蜂窝煤，居民拿煤

1985年，制作蜂窝煤

炭供应本自带工具到煤建公司，付款、开票后购买，常常是一家三四人出动，有的借用单位的两轮地排车，有的借用农民的独轮车，有拉车的、推车的，还有扶车的，到煤场经过排队、捡煤、装运、计量等环节，才能完成买煤的过程。居民为了买煤往往需要请假、借工具，遇到买煤高峰时往往需要大半天的时间，加上煤建公司地处河西偏远地带，居民购煤很不方便，那些年老体弱、孤寡病残者买煤就更困难，教师忙于教学常常无暇买煤。公司领导急群众所急，想群众所想，于20世纪70年代末招聘农民工及待业人员成立送煤队，有偿送煤，既解决部分人员就业，又满足人们需求，很受欢迎。为尊师重教，服务队优先保障教师用煤需求，随订随送，解决教师买煤难的难题。一些老人在确定好送货时间后，就早早地等着送煤服务队的到来。送煤伊始，订单不多，送煤队出现亏损；后来随着蜂窝煤用户增加，收益增加。由于收费合理，送煤从业人员激增，多时达30余人。由于机制合理，工人送煤积极性高，人均收入能达到正式工的2倍。送煤高峰期，一部分正式职工也利用工余时间加入送煤行列，主动送煤，既增加个人收入，又保证了煤的及时供应。街道上经常看到送煤工或蹬车奋力前行，或在路边停下歇脚，或在用户家中卸煤的身影。这个时期，居民只需拿着煤炭供应证到煤建公司开票，留好地址，商定好送货时间即可。后来发展到用户打个电话，送煤工在约定的时间内就把煤送到家，并在用户指定的位置把煤垛好，解决了居民买煤难的问题。

公司针对时弊，打破铁饭碗，推行经济承包责任制，实施多劳多得，蜂窝煤由日产5吨增加到10吨，效率提高1倍。产量提高了，对煤炭的需求增加，计划经济时期上级分配的煤炭指标远远不能满足需求，每季欠供蜂窝煤仍在400~500吨之间。

为保证煤炭足量供应，燃料公司以改革为动力，在搞好计划内煤炭经营的基础上，积极开展计划外煤炭经营。多次前往省、临沂地区物资局寻求解决办法，想方设法增加计划外煤炭采购，主动打破地域界限和行政区划，开展深购远销。1985—1987年，共购进计划外煤炭15万吨，大大缓解了全县煤炭供应紧张的局面。针对当时电量供应不足的情况，公司避开用电高峰，晚上运煤、卸车，晚上生产，领导带队同职工一道加班加点，保证了市场用煤充足供应。截至20世纪80年代末，共送蜂窝煤1万吨，行程约5万公里，满足了城乡居民需要。

蜂窝煤以其便捷性深受居民青睐，用量逐年增加，原有生产规模已经不能满足居民需求，供需矛盾突出。20世纪80年代中期，经上级批准，燃料公司在县城胜利路东首、胜利山脚下购地15亩，建办公楼1栋，并在楼后建蜂窝煤生产车间1处，购买3条生产线，日产蜂窝煤10余吨。至此，县城有东西两个蜂窝煤生产点，日产蜂窝煤20余吨，缓解了县城蜂窝煤供应紧张的状况。这一时期，公司业务量不断增加，规模日益扩大，经济效益提高。

随着计划经济向市场经济的转变，煤炭供应也由计划转向市场，煤炭经营不再有计划经济时期的诸多限制，而且经营煤炭者有适当国家补贴，因此集体、个体煤炭经营者逐渐多了起来。20世纪80年代末，县供销社购置2台蜂窝煤生产设备，个体煤炭经营者购置2台，县城蜂窝煤生产设备10余台，日产蜂窝煤40余吨，蜂窝煤供应不再紧张。与此同时，另一种高效清洁的能源液化气开始在沂源普及，它一经出现便大受欢迎，上班族纷纷选用液化气替代蜂窝煤；另外，县电厂于20世纪90年代初期开始为县城居民供应暖气，使用暖气、液化气的居民不再为冬天过冬存煤。由于国家经济的发展、科技的进步，电能已供应充足，电饭煲、电水壶、电热锅等高效电器产品如雨后春笋般出现，生活越来越便捷。其间，煤炭经营成本提高，1块蜂窝煤的价格由20世纪70年代末的0.0336元涨至90年代的0.3元多，远超居民收入增幅，蜂窝煤的性价比已不明显，出现供过于求的局面，并且越来越严重。20世纪90年代末期，燃料公司逐步减少蜂窝煤的产量。蜂窝煤的需求逐步减少，用户主要是老年人，还有一些特殊用户，如煎饼制作者。据了解，现在一块煤的价格涨至1元多，用户一个电话，送煤工即可送货上门，比以前更加便捷，但是蜂窝煤已经退出人们的日常生活，很多人已不知道哪里还有生产车间，如何订购。

燃料公司的“夜猫子”

20世纪80年代，正是全县大量使用蜂窝煤的时代，随着用户增多、需求量增加，县燃料公司生产的蜂窝煤常常供不应求，每月欠缺100余吨。于是很多用户购买煤炭、模具，自己制作。

蜂窝煤产量不足的原因，一是山西无烟煤供应不足，制作蜂窝煤需要的无烟煤计划指标少，满足不了需要；二是当时白天火车站运输繁忙，常常耽搁时间，造成生产延误；三是电量供应不足，白天经常限电，造成停产。面对诸多困难，燃料公司干部职工采取了一连串的对策，针对煤炭供应不足的问题，积极与省、地区进行沟通、协调，争取更多计划指标，同时积极参加各类订货会，争取更多计划外指标；针对白天火车站运输繁忙、晚上空闲的特点，燃料公司采取晚上卸车、晚上运输的办法，避开拥堵时段，避免耽搁时间；应对白天经常限电停电的问题，公司决定职工白天休息，晚上生产，领导带班，组织职工搞好生产。每当人们进入梦乡时，蜂窝煤生产者正热火朝天地工作，都成了“夜猫子”。一连串的举措，增加了蜂窝煤的产量和销量，满足了用户需求。

沂源县与黑龙江兴隆林业局建立友好县局关系

1990年10月16日，黑龙江兴隆林业局党委书记叶成一行5人来到沂源，与沂源县政府正式建立友好县局关系，县主要领导对东北客人的到来表示热烈欢迎，对多年来兴隆林业局对沂源的支持和帮助表示感谢，双方共同回顾了28年来的合作，达成了稳定的合作协议。友好县局关系的确立，使沂源县物资局和黑龙江兴隆林业局由单纯的木材业务关系上升到沂源县政府与兴隆县林业局的经济合作关系。

自1962年起，黑龙江兴隆林业局便是沂源县重要的木材供应单位，沂源县物资部门派遣工作人员长年驻扎在东北林区，千方百计搞木材、订车皮，源源不断地为沂源输送大量木材及林场特产。截至1990年，兴隆林业局为沂源县供应木材2万余立方米。友好县局关系建立以后，木材供应更加稳定，满足了城乡需求。此后，沂源县政府及物资局领导也多次拜访兴隆林业局。双方相互支持，沂源的农产品源源不断地销往东北，东北的木材、土特产也频繁运来，互通有无；沂源县物资局通过自己的业务关系帮其购买北京牌车辆及其他物资，满足其工作需要，真正实现了互惠共赢。

机电公司的信息网络

进入20世纪90年代，信息已经成为企业经营中最重要的资源，掌握的信息越多、越准确，企业在市场竞争中越能避免出现失误和损失。机电公司十分注重信息网络建设，公司成立以经理为组长、各科长为成员的信息网络小组，订阅《传真快讯》《汽车商情》《经济快讯》《实用经济信息》等10余种信息资料，随时掌握市场行情。编制《沂源机电信息》半月专刊，上发至省市有关业务部门，下发至乡镇、企事业单位，让各级了解公司的经营品种及价格、库存、市场行情研判分析等。公司收集各企业需求信息，及时组织进货，保障供给，仅1993年，通过信息反馈销售外地库存汽车10余辆，销售二、三类机电产品30余万元。通过信息网络建设，提高了公司的知名度，提高了公司在用户心目中的地位。

公司设立信息反馈热线电话，各驻外办事处每晚10点前向单位反馈市场信息，便于单位随时掌握市场行情并及时调整部署。1993年4月，上海办事处传来信息：柴油解放车价格将大幅增长，可在7万元/辆左右组织进货。公司经研判后迅速做出安排并及时购进一批，不出1个月，该车型价格涨至8万元/辆；6月，电工科通过信息得知电动机价格将大幅调整，公司及时组织购进电动机100台，不久电动机价格上涨40%，收益2万余元，由于灵活地运用信息，产生了良好效益，仅上半年公司就已完成全年利润计划。

合作共赢

黑龙江的十八站林业局是该省的著名林业局，森林资源总蓄积达5000多万立方米。计划经济时期，沂源县木材公司所进东北木材多来源于十八站林业局和兴隆林业局。为确保货源稳定，县木材公司常年在此设点，千方百计搞木材、订车皮。最初每年计划内指标不足1000立方米，搞木材难，有时订车皮更难，遇上交通繁忙，很长时间车皮不能满足运输需要，计划指标就落空。为保障木材供应畅通，县木材公司派出业务员常驻十八站。沂源同志进驻后，在茫茫林海中克服自然环境差、生活条件艰苦等困难，广交朋友，抓机遇，争分夺秒调木材。沂源的同志把自己融入林业局的集体中，帮助打水、清理内务，帮助困难职工劈柴、做饭。一次，林业局急需一种机器配件，找不到货源，焦急时刻，派驻同志及时帮助联系，带着设备参数多次去周边城市寻找、购买，终于找到配件，保障了林业局生产需要，林区人员深受感动。沂源人的务实作风赢得林业局领导、职工们的尊重，在保证分配给沂源的计划及时提供的同时，也能提供一些其他单位落空的计划指标。计划指标多了，没有车皮仍是问题，派驻同志常常焦虑。一个冰天雪地的晚上，派驻同志回宿舍途中，发现路旁深沟内有东西蠕动，打开手电筒一照，原来是火车站调度员骑自行车掉进沟里，派驻同志赶紧帮忙把人救出并送去医院救治，此举令调度员深受感动，山东人的真诚与东北人的豪爽激起火花，后来两人成为知心朋友。之后，再遇到困难，车站总是尽一切可能提供帮助。林业局面积大，交通工具少。1992年，通过派驻人员协调，沂源县木材公司为十八站林业局供应9辆北京吉普车，改善了交通条件，林业局也为沂源提供了3000多立方米的木材。朋友越来越多，业务工作难度越来越小，木材源源不断运回沂源。

沂源县物资局充分挖掘资金潜力

今年以来，沂源县物资局在经营工作中充分挖掘资金潜力，提高了资金使用效益。

这个局在挖掘资金方面主要做了三项工作：一是清理欠款。半年中，他们先后派出10多人次到欠款单位收回欠款50万元，占年计划的82%。二是处理积压物资。他们组织人员清仓查库，对前些年因各种原因积压的物资进行降价处理，收回现金6万多元。三是加快资金周转速度，提高资金使用效益。今年上半年，定额流动资金周转比去年同期加快11天，仅银行贷款利息一项就节约1万多元。

原载：1987年10月1日《临沂日报》

作者：秀起　永军

沂源县物资局改变旧的经营方式
走出山门做生意　深购远销增效益

沂源县物资局大力开展深购远销业务，取得了良好的经济效益和社会效益。去年，这个局共完成物资销售额6376万元，实现利税102万元，分别比上一年同期增长212%和69.8%。

以前，这个局只满足于物资的计划调拨供应，年销售额连年在800万元左右徘徊。1986年以来，他们改变旧的经营方式，实行深购远销，扩大了物资购销业务。近年来，这个局先后与广东、黑龙江、北京、天津等省市建立了业务联系。到目前为止，这个局在外地建立的货源点已达83个。在此基础上，他们充分发挥当地资源优势，与有业务联系的单位开展物资协作，既调入了当地人民需要的物资，又为当地人民销售了产品，增加了收入。去年，他们共为本县调出苹果250吨，增加收入3万元；调入钢材289吨、木材2000立方米。为了调动职工进行深购远销的积极性，他们改奖金平均分配为购进计划外物资提成。去年，共购进价值5868万元的各类计划外物资，占全部购进物资额的92%；全员劳动生产率由1986年的14.2万元增长到39.1万元，增长幅度居全省前列。

原载：1988年1月26日《临沂日报》

作者：苗永军　张秀起　孔祥广

开展“三优活动当好生产后勤兵”

沂源县木材公司在市场疲软、资金困难的情况下，发扬“团结实干”的行业精神，克服不利因素，开展了以优质服务为主要内容的“三优”（优质服务、优惠价格、优质木材）活动，到今年9月底已提前完成全年经营任务，实现利润14.6万元。

在“三优”活动中，首先抓了优质服务，各科室都制定了优质服务规范标准，从经理、书记到职工都实行挂牌服务；设立了监督台，自觉接受用户的监督；开展便民服务活动，如免费为用户送货上门，征求用户意见等，获得了用户好评。公司领导还及时组织人员下厂、下乡，了解市场行情，多渠道开拓优质木材资源，调整进货品种，购进了大量适销对路的优质木材，并在销售价格上给用户以优惠，让利于用户，提高了公司信誉，增强了竞争力。

（杨　鉴）

原载：1990年12月25日《山东工人报》

加强经营管理　提高经济效益

沂源县化工轻工公司担负着全县工农业生产建设所需化工产品的供应和服务任务。今年以来，公司认真分析市场变化，及时调整经营策略，转移工作重点，向经营管理要效益，以优质服务扩大购销业务，截至10月底，全公司提前两个月超额完成了全年的销售和利润计划。

公司根据行业特点突出抓了计划管理和财务管理，制定了“五定五不进”制度，即定库存、定经营范围、定费用水平、定有效库存比例、定奖罚；坚持做到家底不清的物资不进，以热带冷的不进，质次价高的不进，无进货计划的不进，不适销对路的不进。在财务管理方面，从严要求，一是严把现金收付关，二是严把银行承兑关，三是严把财务结算关。严格的经营管理，使公司出现了“一快、二少、三高、四无”的好局面，即资金周转快；滞销商品少，银行利息少；商品资金占全部流动资金的比例高，有效资金占全部商品资金的比例高，适销商品占全部库存的比例高；无外部摊派，无内部挪借，无“死”商品积压，无积压悬案。

为扩大业务，公司在加强经营管理的同时，大力开展“三服务、三上门”活动。据不完全统计，今年以来，全公司送货上门140多人次，送货额达190多万元，保证了生产建设的需要。（公培军）

原载：1990年12月25日《山东工人报》

大事记

1958年　成立中国煤业建筑器材公司山东沂源分公司，主营煤炭业务。

1961年　石油归县煤业建筑器材公司经营。

1963年　10月，成立物资供应机构——山东省临沂物资综合公司沂源县木材组，主要经营木材业务。1964年5月8日，被撤销。

1965年　5月，成立沂源县物资供应站。

1972年　2月，经沂源县党的领导核心小组研究决定，成立沂源县革命委员会物资局，由当地政府领导，实行政企合一，统揽业务。

1972年　7月，物资局支部委员会成立。

1974年　11月，物资局下设3个组，即业务组、行财组和仓储组。

1978年　原属商业部门管辖的煤建公司划归物资局，易名为“沂源县燃料公司”。

1982年　物资局由3个业务组扩大到3个科（人事秘书科、财务科、计划业务科）、5个公司（木材公司、金属机电公司、化工建材公司、物资服务公司、燃料公司）、张庄物资供应站。

1983年　2月，物资局党组成立。

1984年　6月，在机构改革中，沂源县物资局改称沂源县物资综合服务公司，原有机构未动，新增设废旧金属回收公司，设在金属机电公司，归该公司领导。

1984年　6月，物资综合服务公司党支部成立，10月党组成立。

1986年　11月29日，成立徐家庄物资供应站、东里物资综合公司，同时公布印章，即“沂源县物资局徐家庄供应站”“东里物资综合公司”章及财务专用章。

1986年　12月24日，物资局将原金属机电公司改为金属材料公司，成立机电设备公司并公布印章，撤销物资服务公司。

1987年　5月28日，成立沂源县物资局燕崖物资供应站。

1987年　6月5日，成立沂源县物资局沟泉物资供应站。

1987年　6月11日，成立业余党校。

1987年　9月5日，成立沂源县物资局中庄物资供应站。

1988年　1月1日，沂源县物资局与沂源县财政局签订第一轮承包经营合同书，合同规定承包期限为三年。

1988年　3月20日，沂源县物资局与所属的7个专业公司签订第一轮承包经营合同书，全部承包利润总额为104.2万元。

1988年　6月13日，沂源县物资贸易中心开业。

1988年　8月28日，燃料公司、机电公司、金属公司、木材公司升为小Ⅱ型企业。

1988年　10月，物资局新办公楼竣工，位于县城健康路木材公司后，占地面积20余亩。

1988年　11月16日，沂源县物资局成立沂源县汽车销售公司，隶属沂源县机电公司。

1989年　4月，沂源县物资综合服务公司改为沂源县物资局，单位性质、规格、人员编制、隶属关系、经费渠道等不变。

1989年　10月，撤销物资贸易中心。

1990年　1月，沂源县划归淄博市管辖，县物资局业务归口淄博市物资局领导。

1990年　5月，物资局成立党委。

1991年　物资局实行第二轮经营承包责任制。

1992年　6月，恢复成立物资贸易中心，1999年被吊销。

1993年　9月，县物资集团总公司成立，所属燃料公司、木材公司、化工轻工公司、机电公司、金属材料公司、金属回收公司、建材公司、物资贸易中心等国营公司。

1993年　9月，物资集团总公司党委成立。

1994年　成立沂源县民用爆破器材专卖公司，隶属化轻公司。

1995年　成立燃料总公司、金属总公司、机电设备总公司、木材总公司等4个规模较大的总公司。

1996年　11月，金属回收公司、建材公司、化轻公司、木材总公司破产。

1998年　10月，沂源县物资集团总公司所属企业并入沂源县商贸资产经营有限公司。

后 记

2022年5月，沂源县启动“记忆沂源”系列丛书编纂工作，并确定由县商务局、县发展改革局、县供销合作社联合社共同编写《记忆沂源·商贸流通卷》。整卷涵盖商业、粮食、供销、物资四篇，其中商务局负责商业篇、物资篇的编写，发展改革局、供销社联合社分别负责粮食篇、供销篇的编写。

2023年3月，《记忆沂源·商贸流通卷》编纂委员会成立，县商务局牵头统筹协调全卷编写，各篇分别成立由各部门主要领导任组长的编写工作领导小组，全面启动《记忆沂源·商贸流通卷》的编纂工作。编写组认真研讨，多方借鉴，充分酝酿，制定编写框架。各单位根据本部门特点，按计划推进编写工作，通过查阅档案、走访老同志、召开座谈会等形式，广泛搜集信息。编写人员顶酷暑、冒严寒，到县档案馆、临沂市档案馆等单位多方查证，获得大量翔实资料。编写组按照编写要求和规范认真编写，突出史料性、可读性、记忆性。2024年4月形成初稿。县政协多次组织召开《商贸流通卷》编纂工作专题研讨会，指出存在的问题和不足。其间，不断修改，几易其稿。2024年，商贸流通卷成书，全卷共45万余字，选用照片（插画）300余张、音频5个，真实、全面、立体地呈现了沂源商贸流通业发展历程，反映了商贸流通战线人们的精神面貌和价值追求。该书不仅是对全县商贸流通领域发展的全面回顾，更是对商贸从业者辛勤付出与不懈努力的深情致敬。

在资料收集、整理和撰写的过程中遇到许多困难和挑战，各行业发展历程长、许多资料丢失、知情人员年龄偏大、记忆模糊、有些单位已撤销多年等，因而《商贸流通卷》的编纂并非易事。在编纂过程中，参考了《沂源县组织史资料》《沂源县志》《沂源文史资料》《山东省商业志》等文献，注重史料的严谨性，同时又收录了“报刊集萃”和“往事琐忆”，增强全书的可读性。县档案馆、融媒体中心等单位给予热情帮助和指导，部分离退休老同志也对成书给予关心和支持，在此一并表示感谢。

由于涉及历史年代久远，《商贸流通卷》的体例、结构等无成例可资借鉴，加之文献资料匮乏，撰稿、编纂人员水平有限，在时间紧、任务重的情况下，疏漏、不当之处在所难免，敬请读者批评指正。

编　者

2024年10月

记忆沂源 · 行业篇
JIYI YIYUAN HANGYEPIAN
全 媒 体 图 书

8-08

记忆沂源

JIYI YIYUAN

· 农业农村卷 ·

《记忆沂源》MV

政协沂源县委员会
沂源县文化和旅游局 编

中国文史出版社

图书在版编目（CIP）数据

记忆沂源. 行业篇. 农业农村卷 / 政协沂源县委员会, 沂源县文化和旅游局编. -- 北京 : 中国文史出版社, 2024. 12. -- ISBN 978-7-5205-5013-0

Ⅰ. K295.24；F329.524

中国国家版本馆CIP数据核字第2024Y654Y5号

责任编辑：程　凤　赵姣娇

出版发行：中国文史出版社
社　　址：北京市海淀区西八里庄路69号　邮编：100142
电　　话：010-81136606　81136602　81136603（发行部）
传　　真：010-81136655
印　　装：山东新华印务有限公司
经　　销：全国新华书店
开　　本：889mm × 1194mm　1/16
字　　数：5304千字
印　　张：183
版　　次：2024年12月北京第1版
印　　次：2024年12月第1次印刷
定　　价：1980.00元（全九册）

《记忆沂源》编纂委员会

主　　任	边江风
副 主 任	张　涛　武光明
委　　员	郑　舰　于　庆　张庆勇　周清秀
成　　员	吕春晖　刘明法　杜　强　任　鸣　张仲亮
	刘　水　崔春利　张成华　田立勇　陈立兵
	郑继光　唐文彬　王世礼　齐元军　张艳秀
	李　冬　陈霄霞　张立新　卢兴民　杜希伟

《记忆沂源》编审人员

主　　编	武光明
执行主编	张立新　杜希伟
编　　辑	（按姓氏笔画排序）
	于朝阳　王明娟　刘　磊　李永红　李崇高
	陈富锋　杨德明　周左锋　郑作昭　翟玉群

《记忆沂源·农业农村卷》编纂委员会

主　　任　张庆勇　郑继光

副 主 任　王现利　朱庆梓

委　　员　翟淑法　刘跃广　张传源　周德虎　丁宗国　王传信
田玉胜　张士刚　王志强　张德娟　李崇澍　田永清
杨洪超

《记忆沂源·农业农村卷》编纂人员

编　　审　李永红　杨德明

责　　编　杨玉庭

编　　辑　李云锋　孟　文　郑　军　张伟峰　辛明洋　董纪民
杜兆梁　宋志奎　桑申梅　杨　倩

总 序

沂源历史悠久，文化厚重，在这片古老的土地上，在可考证的几十万年的岁月流转中，文明的脉络延绵不断；在这里，生命文化、爱情文化、红色文化交相辉映、一脉相传，悠悠吟唱着亘古昨天和崭新今天。编纂出版“记忆沂源”系列丛书，旨在全面记载沂源县自然地理、人文历史、政治经济和社会事业的发展变化，深入挖掘沂源特色地域文化，集中展现全县经济社会发展成果，铭记历史，传承文化，留住乡愁，增强自信，凝聚力量。这是沂源建县以来，首次对全县人文历史资料等进行全面系统挖掘整理，必将载入沂源发展史册。

走遍天涯路，最是乡情深。人一旦生长在什么地方，那里的山水草木、人文地理、村闾小巷、乡俗民情，便会像盐渍刀斫一样深深渗透在心窝里、镌刻在记忆中，与之结下浓得化不开的乡情，时刻都在怀念、向往与追忆。乡愁是一种故土情结、人文情怀，是一种精神寄托，流淌于人的血脉中，是凝聚力和向心力所在。在长期的社会变迁和历史发展中，乡愁成为民族情感的依托与精神家园的归附。在新时代建设现代化新沂源的壮阔征程上，必不可少的正是无数沂源人对乡土气韵、桑梓情怀的依恋和历史记忆的渴求。

沂源自1944年建县至今，发生了翻天覆地的变化，许多历史的印记已经或者正在被湮灭在时代的潮流中，迫切需要通过修史编志的方式，记录历史、留住乡愁。沂源县具有众多特色鲜明的地域文化标志，每一个都蕴含着一段难忘的历史，讲述着一个动人的故事，寄托着一种殷切的期盼。古建筑、古树名木、古老手艺、传说故事等，都是弥足珍贵的文化遗产，也是历史文脉重要的传承载体。沂源人民在不同的历史时期，创造出了辉煌的成就，其中蕴含着宝贵的精神财富，这些都需要记录好、传承好、弘扬好。通过编纂“记忆沂源”系列丛书，深入挖掘、整理、珍藏历史文化，全面、真实、客观反映沂源的发展历程，必将进一步增强全县人民的自豪感、责任感和使命感，激发广大干部群众干事创业的热情和斗志，汇聚起推动各项工作突破提升、走在前列的磅礴力量。

“记忆沂源”系列丛书分为“乡村篇”“行业篇”“经济开发区篇”和“小三线建设篇”四部分，其中“乡村篇”收录全县12个镇（街道）446个行政村和21个城市社区的翔实史料，一镇（街道）一卷。“行业篇”收录工业、农业、商业、水利、教育、卫生、住建、交通等行业资料，每个行业独立成卷，着力展现沂源经济社会的发展历程和辉煌成就。丛书综合运用文字、图片、视频、音频、插画等多种方式，打造“全媒体”图书，读者除正常阅读外，还可以扫码听书、看视频，更加契合现代人学习阅读需求，成为展现沂源形象的“伴手礼”和沂源游子寄托乡愁、追思乡情的“枕边书”。

乡愁难忘，征程未老。牢记历史，是为了开创未来。沂源正站在一个新的发展起点上，全县上下正在深入学习贯彻党的二十大精神，聚焦“突破提升、走在前列”目标定位，强化生态立县、产业强县、创新兴县，推进“四新四创”，着力打造“六个高地”、实现“六个走在前列”，踔厉奋发、勇毅前行，奋力谱写沂源现代化建设新篇章。在时代新征程中，我们有信心、有能力、有情怀交出一份无愧于前人的历史答卷。

中共沂源县委

沂源县人民政府

序

农耕文明，源远流长。沂源，这片古老而充满生机的土地，承载着厚重的历史与文化，也孕育了独特的农业文明。早在六十万年前，沂源猿人就在沂河两岸刀耕火种，繁衍生息。沂源扁扁洞古人类遗址考古证明，距今约9600至11000年左右，早期的原始农业已趋成形，先民们在这片土地上开垦农田，种植五谷，创造了灿烂的农耕文化。

艰苦奋斗、求新思变。沂源是一个以粮食作物为主的传统农业县，面对山多地少、土地瘠薄、农业生产技术落后的困难，沂源人民始终以坚韧不拔的精神与自然抗争，努力开垦土地，发展农业。新中国成立后，特别是党的十一届三中全会以来，沂源的农业发展迎来了历史性转折。历届县委、县政府带领全县人民艰苦创业，调整农业产业结构，转变经营方式，向荒山要效益。通过普及推广新技术、新品种，加大农业投入，兴修农田水利，强化扶贫攻坚，培育新型经营主体，沂源的农业农村发展逐步驶入快车道。沂源，从一个依赖粮食生产的农业县，蜕变为果品、畜牧、蔬菜、中药材等多业并举、高质量发展的现代农业强县。农业结构调整走在了全省前列，规模化、基地化、标准化、品牌化发展纵深推进，沂源成为全国绿色农业示范基地县、国家扶贫攻坚开发先进县、国家绿色能源建设先进县、国家休闲农业建设先进县、全国果品生产百强县。特别是“沂源红”苹果，已成为沂源农业的金字招牌和耀眼名片，享誉全国，成为沂源人民自豪的象征。

生态优先，振兴乡村。在乡村建设方面，沂源同样走过了不平凡的历程。从新中国成立初期的土地改革，到改革开放后的家庭联产承包责任制，再到新时代的乡村振兴战略，沂源的农村面貌发生了翻天覆地的变化。特别是近年来，沂源以生态优先、绿色发展为引领，大力推进美丽乡村建设，不仅改善了农村人居环境，也为农民增收致富开辟了新路径。如今的沂源乡村，青山绿水间点缀着现代化的农业园区和生态村落，展现出一幅幅乡村振兴的美丽画卷。

记录乡情，致敬历史。《记忆沂源·农业农村卷》不仅是对沂源农业农村发展历程的一次系统性回顾，也是对沂源人民勤劳智慧的致敬。本书翔实记录了沂源农业在不同历史时期的耕作变革、结构调整、土地改革、乡村振兴、人文物产、农业文化等内容，通过文字、音视频等全媒体手段，真实反映了沂源人民在各个时期取得的不凡业绩和战天斗地的精神风貌。这不仅是一部波澜壮阔的老区农业发展史，更是一份留住记忆、鼓舞斗志、启迪未来的县情史、乡情史。

漫步希望田野，品味悠长乡韵，探寻浓浓乡愁，见证家园蜕变。让我们凝聚共识，坚定自信，携手共进，聚力推动沂源农业农村更快更好发展，大步跨入新时代！

沂源县农业农村局

沂源县主要农业产业分布图

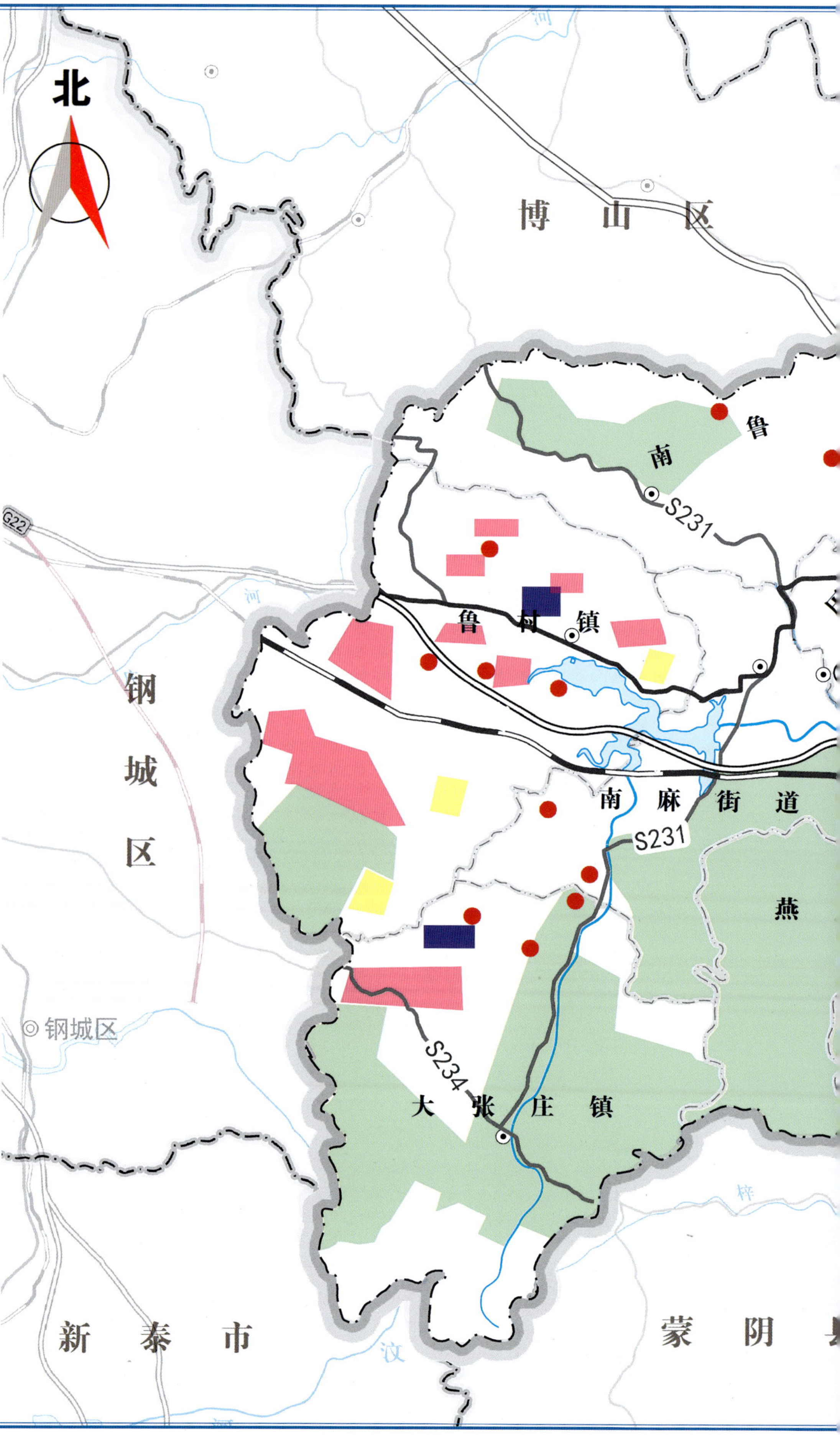

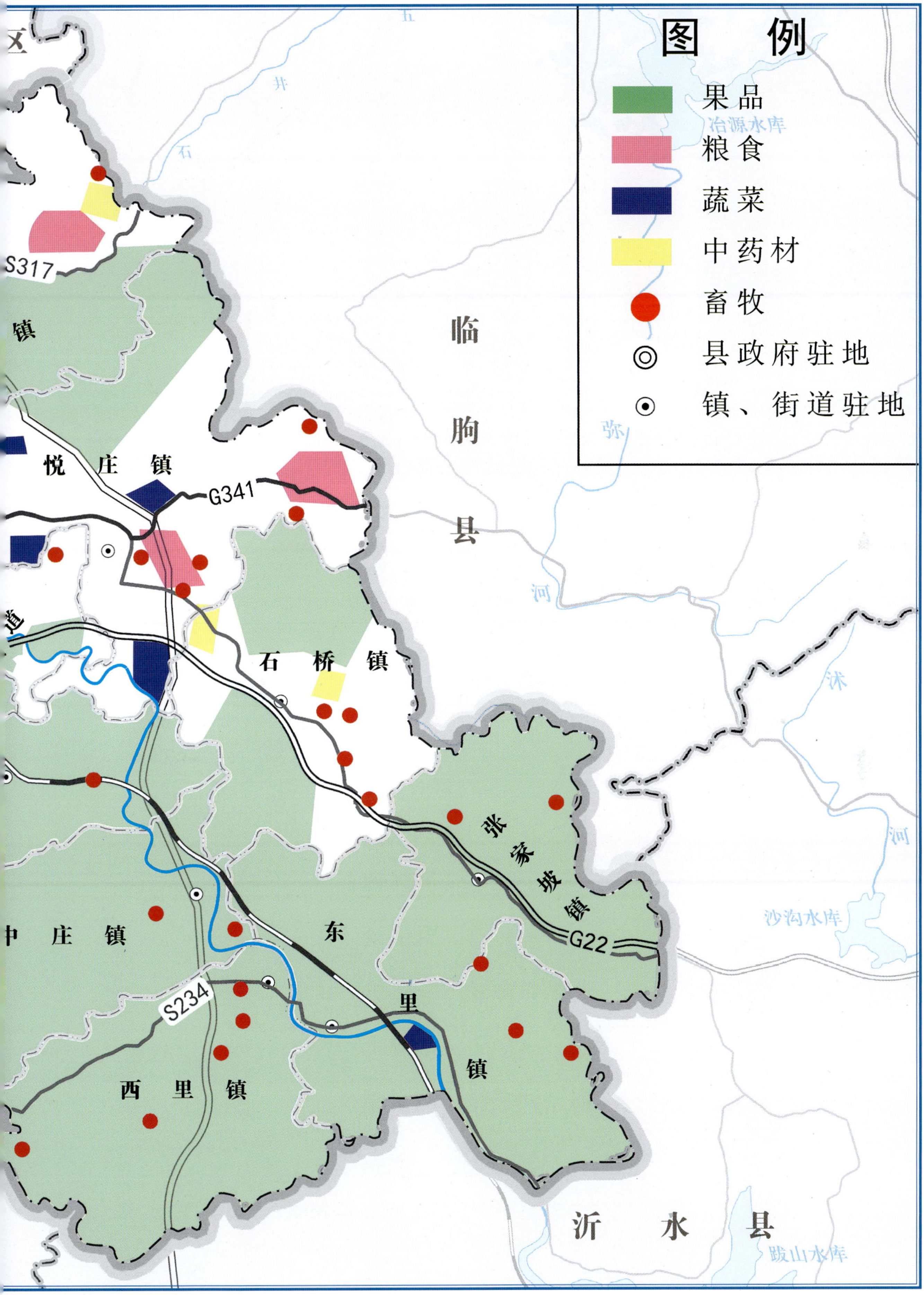
图　例
果品
粮食
蔬菜
中药材
畜牧
县政府驻地
镇、街道驻地
冶源水库
临朐县
悦庄镇
石桥镇
张家坡镇
中庄镇
东里镇
西里镇
沂水县
沙沟水库
跋山水库
G341
G22
S317
S234
弥河
沭河

沂源县乡村振兴示范片区分布图

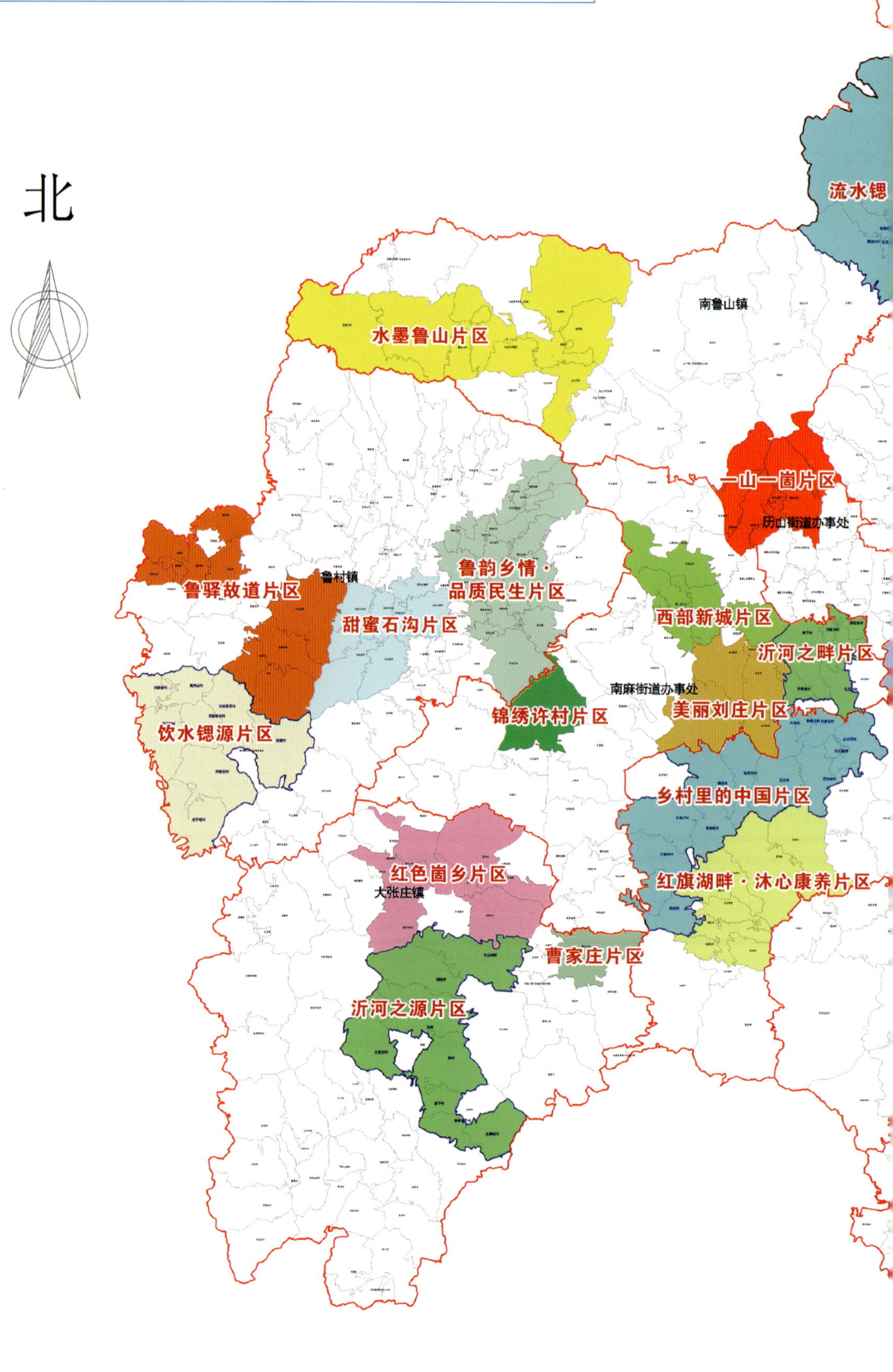

沂源县坚持把乡村振兴示范片区建设作为实施乡村振兴战略的重要载体和抓手，统筹整合资金和项目，突出典型带动，以乡村产业园区、生态景区、新型社区“三区同建”方向和“生态、洁净、整齐、美丽”为目标，沿河、沿主干线建设连片美、持久美、内在美、生产美、风尚美“五美融合”的乡村振兴示范片区32处，覆盖209个村庄，进一步扩大和彰显乡村振兴沂源板块特色和亮点，在打造乡村振兴齐鲁样板中闯新路、走在前。

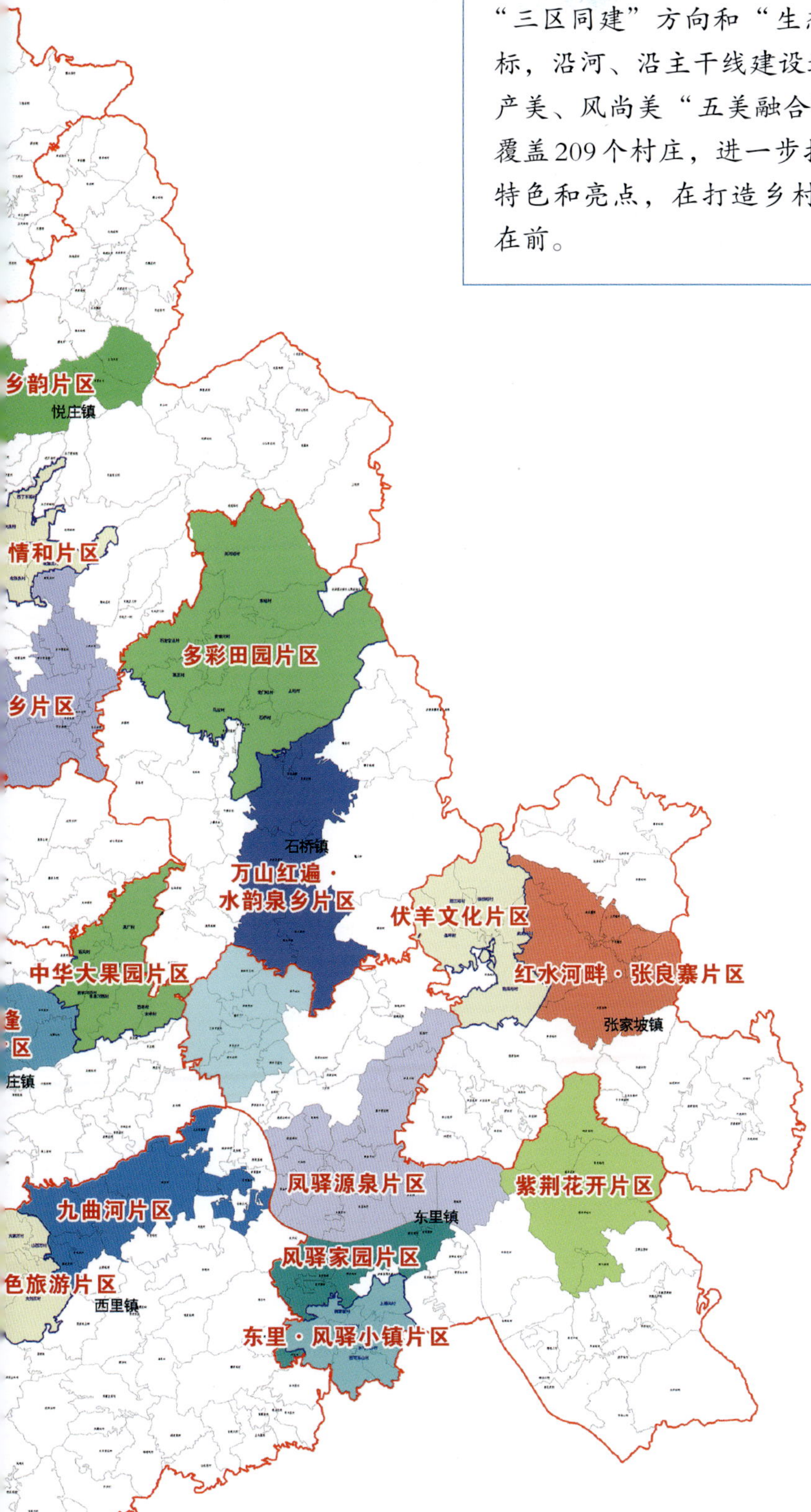

饮水锶源乡村振兴片区

龙湾水乡乡村振兴片区

大张庄镇富锶产业园

美丽乡村桑家峪

“沂源红”幸福家园民生综合体

中庄万亩“沂源红”大果园

西里中华寿桃

张家坡巨峰葡萄

燕崖大樱桃

中庄草莓

沂源花椒

沂源柿子

沂源黄烟

沂源蚕茧

“沂源红”苹果发源地

沂源花生

经审定，登记申请人申报的农产品符合农产品地理标志登记条件和相关技术标准要求，准予登记并允许在农产品或农产品包装物上使用农产品地理标志公共标识，特颁此证。

核准登记产品全称：沂源苹果

登记申请人全称：沂源县生态农业与农产品质量管理办公室

产品生产总规模：17333 公顷，60 万吨/年

质量控制规范编号：AGI2009-02-00148

登记证书编号：AGI00148

二〇〇九年五月二十七日

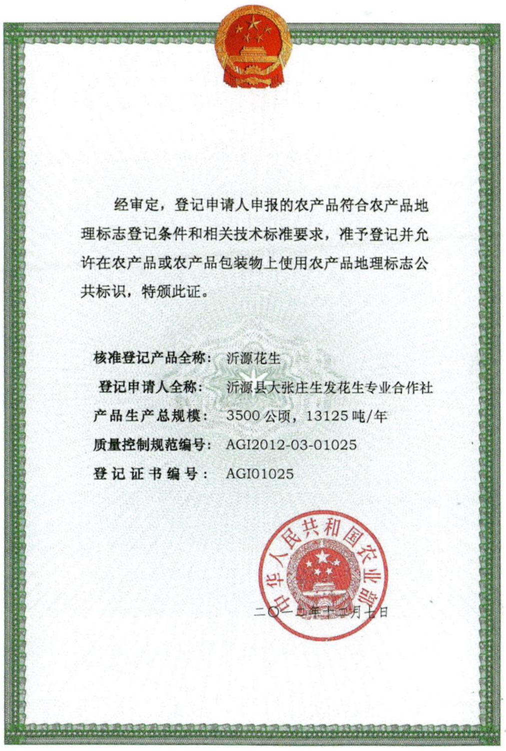

经审定，登记申请人申报的农产品符合农产品地理标志登记条件和相关技术标准要求，准予登记并允许在农产品或农产品包装物上使用农产品地理标志公共标识，特颁此证。

核准登记产品全称：沂源花生

登记申请人全称：沂源县大张庄生发花生专业合作社

产品生产总规模：3500 公顷，13125 吨/年

质量控制规范编号：AGI2012-03-01025

登记证书编号：AGI01025

二〇一二年十二月七日

经审定，登记申请人申报的农产品符合农产品地理标志登记条件和相关技术标准要求，准予登记并允许在农产品或农产品包装物上使用农产品地理标志公共标识，特颁此证。

核准登记产品全称：鲁村芹菜

登记申请人全称：沂源县鲁村芹菜种植协会

产品生产总规模：1350公顷，10万吨/年

质量控制规范编号：AGI2012-03-01022

登记证书编号：AGI01022

中华人民共和国农业部

二〇一二年十二月七日

鲁村芹菜

经审定，登记申请人申报的农产品符合农产品地理标志登记条件和相关技术标准要求，准予登记并允许在农产品或农产品包装物上使用农产品地理标志公共标识，特颁此证。

核准登记产品全称：西长旺白莲藕

登记申请人全称：沂源县蔬菜产销服务中心

产品生产总规模：100公顷，2250吨/年

质量控制规范编号：AGI2012-03-01021

登记证书编号：AGI01021

中华人民共和国农业部

二〇一二年十二月七日

西长旺白莲藕

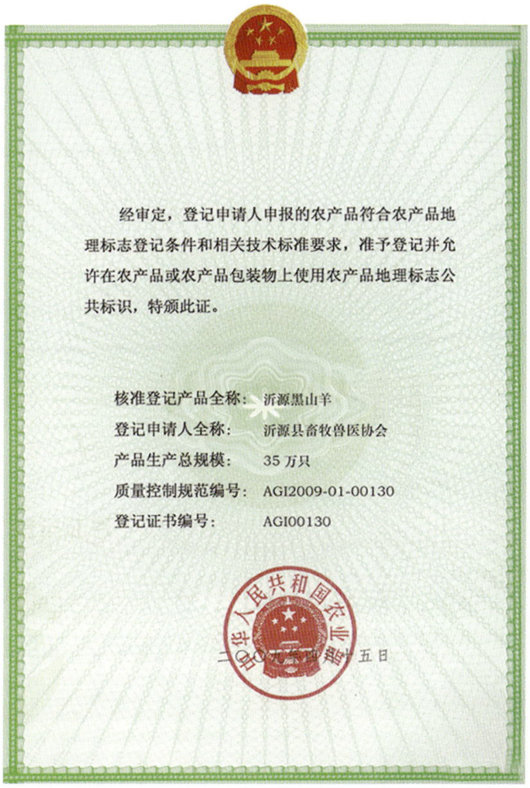

经审定，登记申请人申报的农产品符合农产品地理标志登记条件和相关技术标准要求，准予登记并允许在农产品或农产品包装物上使用农产品地理标志公共标识，特颁此证。

核准登记产品全称：沂源黑山羊
登记申请人全称：沂源县畜牧兽医协会
产品生产总规模：35 万只
质量控制规范编号：AGI2009-01-00130
登记证书编号：AGI00130

中华人民共和国农业部

二〇〇九年四月十五日

沂源黑山羊

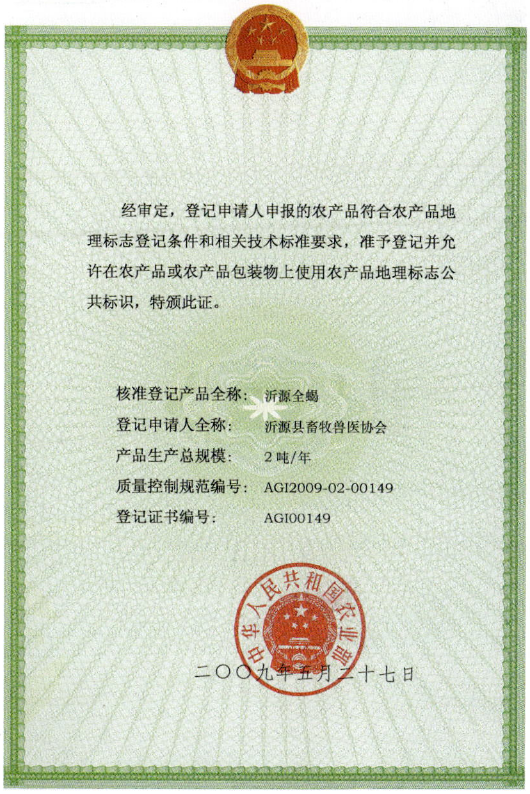

经审定，登记申请人申报的农产品符合农产品地理标志登记条件和相关技术标准要求，准予登记并允许在农产品或农产品包装物上使用农产品地理标志公共标识，特颁此证。

核准登记产品全称：沂源全蝎
登记申请人全称：沂源县畜牧兽医协会
产品生产总规模：2 吨/年
质量控制规范编号：AGI2009-02-00149
登记证书编号：AGI00149

中华人民共和国农业部

二〇〇九年五月二十七日

沂源全蝎

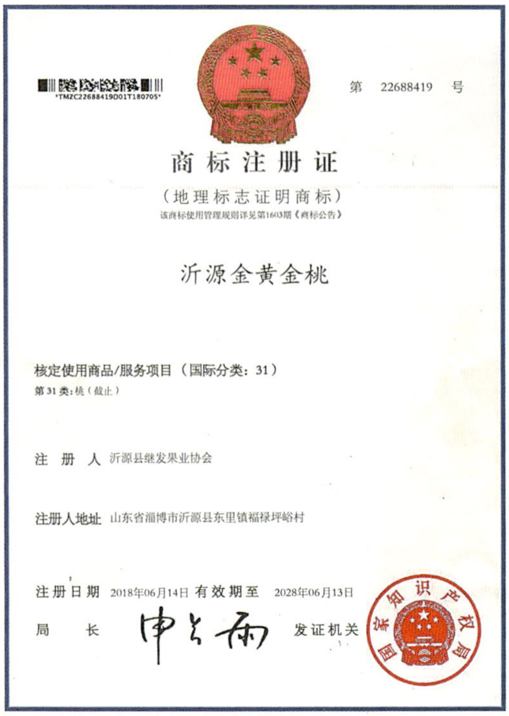

TMZC22688419D01T180705

第 22688419 号

商标注册证

（地理标志证明商标）

该商标使用管理规则详见第1603期《商标公告》

沂源金黄金桃

核定使用商品/服务项目（国际分类：31）

第 31 类：桃（截止）

注 册 人 沂源县继发果业协会

注册人地址 山东省淄博市沂源县东里镇福禄坪峪村

注册日期 2018年06月14日 有效期至 2028年06月13日

局 长 发证机关

国家知识产权局

沂源金黄金桃

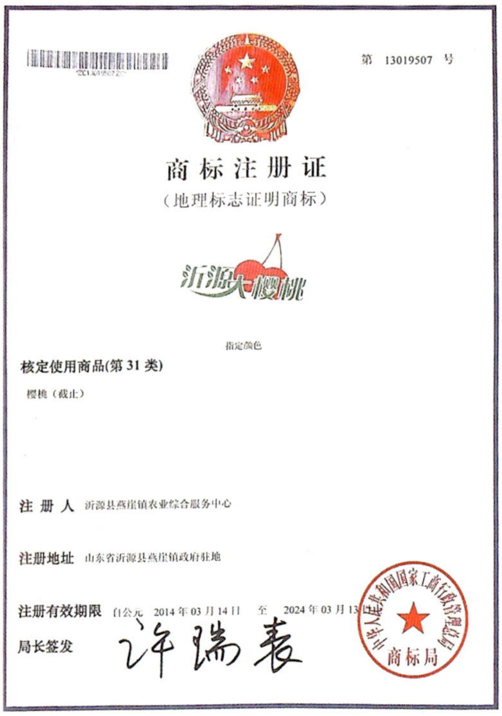

第 13019507 号

商标注册证

（地理标志证明商标）

沂源大樱桃

指定颜色

核定使用商品(第 31 类)

樱桃（截止）

注 册 人 沂源县燕崖镇农业综合服务中心

注册地址 山东省沂源县燕崖镇政府驻地

注册有效期限 自公元 2014 年 03 月 14 日 至 2024 年 03 月 13 日

局长签发

中华人民共和国国家工商行政管理总局 商标局

沂源大樱桃

第 8434739 号

商标注册证

（地理标志证明商标）

悦庄韭菜

核定使用商品(第 31 类)

韭菜（截止）

注 册 人 沂源县悦庄韭菜协会

注册地址 山东省淄博市沂源县悦庄镇王家泉村

注册有效期限 自公元 2011 年 02 月 14 日 至 2021 年 02 月 13 日止

局长签发 李建昌

中华人民共和国国家工商行政管理总局 商标局

悦庄韭菜

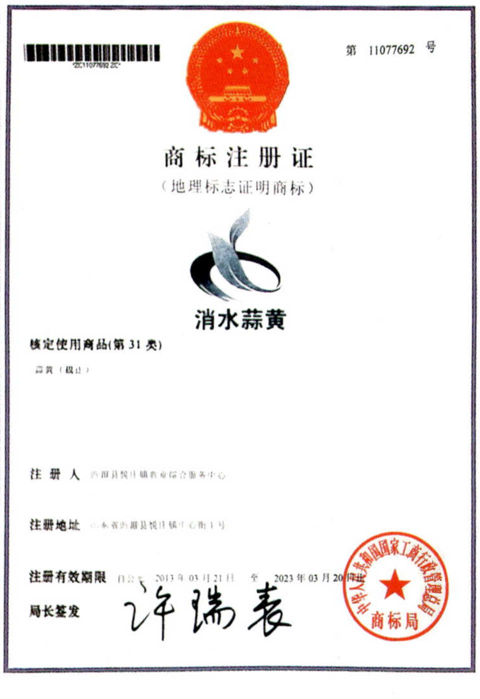

第 11077692 号

商标注册证

（地理标志证明商标）

消水蒜黄

核定使用商品(第 31 类)

蒜黄（截止）

注 册 人 沂源县悦庄镇农业综合服务中心

注册地址 山东省沂源县悦庄镇中心街1号

注册有效期限 自公元 2013 年 03 月 21 日 至 2023 年 03 月 20 日止

局长签发 许瑞表

中华人民共和国国家工商行政管理总局 商标局

消水蒜黄

山东淄博汇源食品饮料有限公司

山东飞龙食品有限公司

山东海达食品有限公司

尊海食品集团有限公司

汇源果汁

飞龙食品

尊海果蔬脆片

沂源大锅全羊

山东省沂源县
中国优质苹果十大产地
ZHONGGUO YOUZHI PINGGUO SHIDA CHANDI
首届中国苹果产业发展战略峰会
二○○五年十一月九日

授予：山东省沂源县
全国现代苹果产业10强县(市)
中国果品流通协会
二○一六年九月

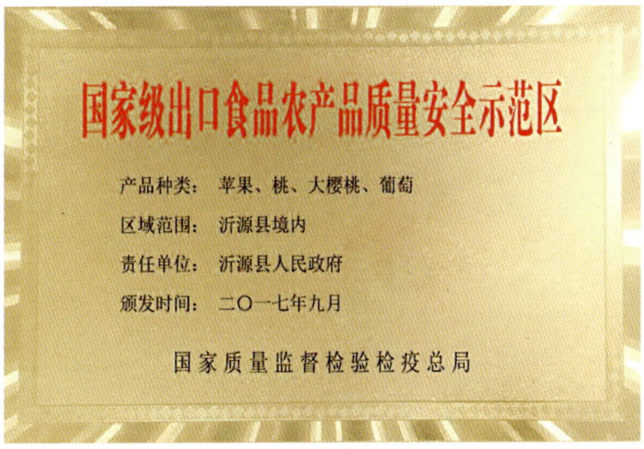
国家级出口食品农产品质量安全示范区
产品种类：苹果、桃、大樱桃、葡萄
区域范围：沂源县境内
责任单位：沂源县人民政府
颁发时间：二○一七年九月
国家质量监督检验检疫总局

授予：沂源苹果
山东地标名片
商标持有人：沂源县农业品牌管理办公室
山东省地理标志产业协会
有效期三年

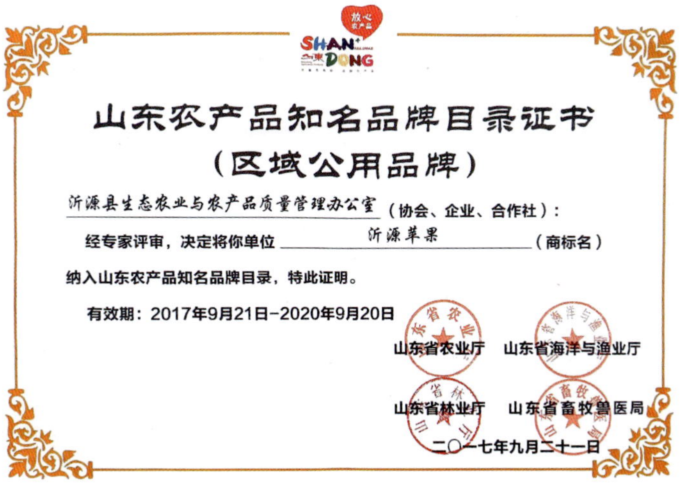
山东农产品知名品牌目录证书
(区域公用品牌)
沂源县生态农业与农产品质量管理办公室（协会、企业、合作社）：
经专家评审，决定将你单位 沂源苹果 （商标名）
纳入山东农产品知名品牌目录，特此证明。
有效期：2017年9月21日-2020年9月20日
山东省农业厅 山东省海洋与渔业厅
山东省林业厅 山东省畜牧兽医局
二○一七年九月二十一日

全国名特优新农产品
证书
沂源县农业农村局：
你单位申报的沂源苹果已被全国名特优新农产品名录收集登录。
特颁此证。
2021年9月14日
编号：CAQS-MTYX-20210331
（此证2022年9月13日后需与年度确认文件同时使用）

鲁村耕地整理（1975 年）

20 世纪 70 年代燕崖山体治理

中庄梯田建设（1978 年）

南麻红旗岭大寨田建设（1978 年）

20 世纪 60 年代人工整地

20 世纪 60 年代牛力耕地

沂源县第一台拖拉机耕地（1959 年）

20 世纪 90 年代花生机械一体化覆膜播种

水肥一体化（2019 年）

无人机飞防作业（2021 年）

商代石斧（1984 年发掘）

20 世纪 40 年代辘轳

20 世纪 50 年代独轮木车

20 世纪 50 年代独脚耧

20 世纪 60 年代织布机

20 世纪 70 年代石碾

20 世纪 80 年代石磨

20 世纪 80 年代风箱

编辑说明

一、坚持以马克思列宁主义、毛泽东思想、邓小平理论、“三个代表”重要思想、科学发展观、习近平新时代中国特色社会主义思想为指导，坚持辩证唯物主义和历史唯物主义的立场、观点和方法，客观、系统、简约记述沂源县工业、农业、商业、教育、卫生、水利、交通以及“小三线”建设等各行业发展变化进程和改革开放成果，挖掘行业内模范事迹，展示时代精神风貌，传承和抢救历史文化，激发爱国爱乡情怀，为地区经济和社会发展提供有益借鉴。

二、参照执行中国地方志指导小组印发的《地方志书质量规定》。在参照志体的前提下，在体裁运用、篇目设置、资料选择等方面作适当创新。“行业篇”的内容以记载本行业范围内的微观资料为主，详县志之所略。突出行业各自特点，有选择性地记述域内自然、政治、经济、文化、社会的历史与现状，从而达到执简驭繁、文约事丰、易于阅读、利于普及的目的。

三、为全面反映入书事物发展脉络，上限尽量追溯至事物发端，下限断至2023年年底。

四、以各行业为单位单独成卷。每卷记述地域范围以下限年份2023年的行政辖区为主。

五、横排门类，纵述史实，采用纲目体。总体基本篇目框架根据行业特点科学合理设置，所设条目依照突出时代特征、行业特色的原则作适当安排。

六、综合运用述、记、志、图、表、录等诸体裁，以志为主。随文配图，图下设文字说明，图文并茂。

七、打造新时代全媒体志书，各行业卷根据需要，按照综合衡量、集中展示、高度概括的原则，选择主要的篇目录制短视频资料和音频资料，引入扫码识别延伸阅读功能，形成文字、图片和音视频三条独立的记述线索，相互补充、相得益彰，使丛书从无声变成有声，从平面成为立体，从静态变为动态，力求满足人民群众对方志文化的新需求。

八、除引文和附录文献资料外，统一使用规范汉字及现代语体文记述体。记事坚持秉笔直书、述而不论，行文力求朴实、严谨、简洁、流畅、优美。

九、书中“人物”，均为简介，只选录本行业内有较大影响的人物及其他政策法规规定的应入志人物，不面面俱到。人物排序，去世人物按照去世时间先后排序，在世人物按照生年排序。

十、本书资料来源广泛，其出处不一一注明。所需数据一般采用政府统计部门数据，无政府统计部门数据时选用主管部门或主办单位提供的数据，个别数据由于统计口径和来源不同存在差异。

十一、原则采用国务院1984年2月发布的中华人民共和国法定计量单位。考虑到使用习惯，保留“公里”“亩”“斤”等。历史上使用的计量单位，如斗、石、里、尺等，在引文中可照录。

十二、中华民国成立前的纪年，使用历史纪年，括注公元年份；中华民国成立后的纪年，使用公元纪年。书中书“××年代”，凡未加世纪者，均指20世纪的年代；书中所称“解放前（后）”，以1944年5月沂源建县为界；“新中国成立前（后）”，以1949年10月1日中华人民共和国成立日为界；“改革开放前（后）”，以1978年12月中共十一届三中全会召开为界。

十三、记事概以第三人称记述。人名直书其姓名，必要时冠以职务职称。地名以现行标准地名为准。如使用历史地名，于每个类目首次出现时括注现行地名。各个历史时期的党派、团体、组织、机构、职务等均以当时名称为准。对于称谓过长而又频繁使用者，首次出现时使用全称并括注规范化的简称，之后使用简称。

十四、遵循国家标准和出版规定，数字书写以GB/T 15835—2011《出版物上数字用法》为准，标点符号使用以GB/T 15834—2011《标点符号用法》为准。

目录 CONTENTS

国画《鲁山人家》 亓文平（中国美术家协会会员）

综述

记忆沂源·农业农村卷

扫码看视频

扫码听书

概 述

沂源县位于鲁中山区，淄博市最南端，地处鲁山之阳，沂河源头，属中低山区。总体地势西北高东南低，海拔高度300~600米，平均海拔401米，是山东省内平均海拔最高的县，素有“山东屋脊”之称。县域内地形复杂，沟壑纵横，层峦叠嶂，峰秀谷幽，有大小山头2075座，河流1530条，是沂河、汶河、弥河发源地。沂河由西向东蜿蜒贯穿全境，是境内最大河流。山泉众多，水质优良，被誉为“中国矿泉水之乡”“中国锶都”。境内山多、地少、坡度大、土层薄，属纯山区县。

沂源县地处东经117°48′—118°31′，北纬35°55′—36°23′，属暖温带半湿润大陆性季风气候，四季分明，日照充足，小气候明显，常年平均气温11.9℃。自然环境独特，生态环境良好，是国内优质农产品的最佳生产地带。境内土壤主要有棕壤土（面积108.39万亩）、褐土（面积127.58万亩）、潮土（面积4.2万亩）3个土类，共8个亚类、18个土属、56个土种。

沂源县农业发展历史悠久，代代先民在这片土地上孜孜耕耘，为后人开辟农业、建设家园。早在60万年前，沂源猿人便在这里繁衍生息。周代，鲁国在艾山附近设艾邑，在盖冶村设盖邑；纪国在院峪村东设浮莱邑等治所。西汉时，盖邑改称盖县。东汉末在东安村设东安郡所，隋开皇四年（584年）改为东安县。元代至民国时，沂源为沂水、临朐、蒙阴三县属地。1938—1939年，国民党山东省政府曾驻鲁村和东里店。1944年建县后，先后隶属中共鲁中行政联合办事处、鲁中行政主任公署所辖的沂蒙专署和沂水专区、临沂专区、临沂地区行政公署。1990年1月1日划归淄博市。

沂源猿人雕塑

在漫长的社会发展过程中，受农业生产条件和生产方式落后等因素制约及“种在人、收在天”传统观念影响，生产力低下，加之频繁的战乱和自然灾害，人民生活处于极度贫困状态。

抗日战争时期，中国共产党在境内秘密成立党组织，团结和带领广大人民群众打土豪、分田地，实施减租减息，开展生产自救，调动农民生产积极性，解放生产力。

新中国成立后，历届县委、县政府高度重视农业生产，坚持以粮为纲，大力发展农业生产。20世纪60年代，全县大搞农田水利基本建设，治山治河、整地改土、改良品种、增施肥料、改革耕作制度，增加耕种面积，改善农业生产条件，提高生产力，粮食产量逐年增加，人民群众温饱问题得到基本解决。党的十一届三中全会后，农村推行家庭联产承包责任制，农民生产积极性极大提高，生产力进一步解放。农业产业结构不断调整和优化，发展多种经济，从单一的粮食作物转向粮经作物并重发展，农业产出效益提高，人民生活水平得以提升。21世纪后，大力发展绿色、高效、优质、特色农业，转变农业发展方式，推动农业基地化、规模化、品牌化、产业化发展，走现代农业发展道路，实现农业发展大跨越，农民收入提高，农村经济加快发展，农业生产和人民生活水平发生了翻天覆地的变化，农业成为全县国民经济发展的支柱产业。

经过70多年的发展，沂源县从一个以粮食生产为主的传统农业县，变成了一个以果品为主、多业并举的现代农业县，农业发展走在全省前列。全县农业总产值从1949年的1024万元增加到2022年的77.3亿元，其中农业产值从827万元增加到58.16亿元，畜牧业产值从162万元增加到11.68亿元，农民人均年纯收入从56元增加到2.23万元。农业总产值增长754.88倍、农业产值增长703.26倍、牧业产值增长720.99倍、农民人均年纯收入增长397.98倍，实现了历史性跨越。

农业发展历程

新中国成立前农业

民以食为天，人类赖以生存的基础是农业。农业伴随着人类社会的发展而不断丰富和发展。在原始社会，粮食作物主要是粟、黍、稻、菽（大豆）、大麦、小麦等品种。长江以北主要种植粟、黍，长江以南主要种植水稻。《诗经·小雅》中，农作物排序是黍、稷、稻。春秋战国时期，人们把粟（禾、稷）、菽（大豆）、黍、稻、麦（大麦）列为五谷。宋元时期，稻麦两熟制逐步形成，双季稻得到推广。明嘉靖年间，玉米从美洲传入中国。万历年间，甘薯从吕宋（菲律宾）传入中国。16世纪末，土豆从南美、墨西哥一带传入中国。玉米、甘薯、土豆等品种引进，丰富了中国粮食种类。水稻、小麦、谷子、玉米、豆类，成为中国主要粮食作物。

新中国成立前，沂源农业产业结构比较单一，主要以谷子、小麦、高粱、大豆、玉米和地瓜等粮食作物为主，农业生产基础条件薄弱，耕作粗放，技艺落后，地力差，产量低，抵御自然灾害的能力脆弱，是典型的靠天吃饭的“雨养农业”。1949年，全县农作物播种总面积82.9万亩，其中粮食作物播种面积76.5万亩，占农作物播种面积的92.28%。粮食作物品种主要是谷子、小麦、高粱、大豆、玉米、地瓜。粮食总产量3854.5万公斤，平均亩产50.4公斤。农业总产值1024万元，其中农业产值、畜牧产值分别占农业总产值的80.76%、15.82%。

新中国成立后至20世纪80年代初农业

粮食作物 新中国成立初期，由于常年战乱和自然灾害频发，境内农业生产长期处于落后状态，人们时常面临灾难和饥荒，温饱无法得到保障。

新中国成立以后，经过三年恢复期（1950—1952年），农业生产逐步得到恢复，在积极开展变工、互助的基础上，农村走向由初级农业生产合作社到高级农业生产合作社的农业合作化道路。农业发展坚持“以粮为纲”，大力发展粮食生产，增加粮食产量，解决吃饭问题。粮食总产、单产、农业产值有了较大提高。1956年，实现粮食总产6629万公斤，单产94公斤。农业总产值2443万元、农业产值1778万元、牧业产值465万元。粮食总产和单产分别比1949年增加2774.5万公斤、43.5公斤，增长73.32%、86.14%；农业总产值、农业产值、牧业产值分别比1949年增加1419万元、951万元、303万元，增长138.57%、114.99%、187.05%。社员平均分配口粮168.5公斤，社员生活有了一定的改善。

1958年，在全县范围内实行政社合一的人民公社化体制。由于管理过于集中，生产组织规模高、大、空，盲目追求高指标，瞎指挥，浮夸风盛行，严重挫伤了农民生产积极性，加上霜冻、倒春寒等灾害天气发生，刚刚恢复的农业又跌入低谷，农民生活极度困难。1956—1960年，连续5年社员人均分配口粮143.5公斤，每天人均0.39公斤，是新中国成立后社员生活十分艰难的一段时期，农民又过上半年粮食半年糠的生活。有些农民在地里干活，早晨或中午不回家吃饭，挨到中午或晚上吃饭，只靠喝水充饥，一天只吃两顿饭，叫作“一套牛”。有些农民靠吃咸菜喝水充饥，得浮肿病、肺气肿（痨病）的人较多。

1960年，贯彻农业“八字宪法”，加大有机肥投入，推广优良品种，实施精耕细作，农业生产条件得到改善。1961年，贯彻“调整、巩固、充实、提高”国民经济总方针，建立完善县、公社、大队、示范户四级农业技术推广体系。实施良种工程，引进推广玉米、小麦、棉花、高粱等作物新品种。20世纪60年代末，粮食作物老品种逐步淘汰更新，粮食产量逐年提高。1965年，粮食总产量8917.5万公斤，单产130公斤，比1960年分别增加3810公斤、34公斤。社员平均分配口粮153公斤，比1960年增加34公斤，社员生活水平逐步提高。

1966年，“文化大革命”运动爆发，使本来已经恢复发展的农业生产又遭受挫折。1973年底，县委、县政府确立粮食、棉花、花生、生猪生产上

执行农业「八字宪法」必须因地制宜

中共沂源县委第一书记 张奇

农业八字宪法报道（1960年）

“纲要”奋斗目标。1974年，全县开展粮食、棉花、花生生产上“纲要”（平均亩产粮食500斤以上，棉花80斤以上，花生300斤以上）行动，推动各公社、各生产大队鼓足干劲，力争上游，多快好省发展农业生产。当年，粮食生产上“纲要”的生产大队有219个；棉花生产上“纲要”的生产大队有21个；花生生产上“纲要”的生产大队有29个。1976—1977年，在全县开展棉花、花生、生猪（生产大队平均户养殖生猪2.5头以上）生产上“纲要”，粮食生产上“纲要”、过“长江”（生产大队平均亩产粮食1000斤以上）行动。两年共有805个生产大队粮食生产上“纲要”，144个生产大队过“长江”；有17个生产大队棉花生产上“纲要”；有52个生产大队花生生产上“纲要”；有219个生产大队生猪生产上“纲要”。1978—1979年，连续两年在全县开展粮食、棉花、花生、生猪生产上“纲要”行动，两年共有958个生产大队粮食生产上“纲要”；有6个生产大队棉花生产上“纲要”；有67个生产大队花生生产上“纲要”；有62个生产大队生猪生产上“纲要”。上“纲要”、过“长江”行动的开展，全县掀起了“比学赶帮超”农业生产高潮，农业发展跃上一个新台阶。1980年，粮食总产13966万公斤，亩产209公斤，社员人均分配口粮221.5公斤；实现农业总产值8227万元，社员平均每人分配现金25元。与1970年相比，在粮食播种面积减少0.72万亩的情况下，粮食总产增加4639万公斤、单产增加71公斤、人均增加64.5公斤、农业产值增加4337万元、社员人均分配现金增加17元。社员温饱问题得到基本解决，改变了历史上缺粮状况。

“文化大革命”期间，粮食产量虽有所上升，但农业内部结构严重失衡。限制私营经济、收回自留地等压缩了农民收入空间，农民收入不增反降，出现了许多“高产贫队”（浮夸产量，按比例多缴纳公粮，生产队剩余少），社员生活没有多大改善。

经济作物 20世纪60年代初，实施农业产业结构调整，由发展单一的粮食作物向粮经作物并举发展，坚持抓牢“粮袋子”，抓好“钱袋子”，增加农村经济收入。开始发展苹果、桃、核桃、板栗、花椒、柿子、软枣、山楂、蚕桑、黄烟等经济作物，破解山区农业县发展粮食的先天短板。实施“北果南移”，从辽宁引进红香蕉、大国光、秋金星、印度蜜等品种，淘汰栽植多年的茶果、歪把子、秋风蜜等老品种。1965年，全县苹果面积达1.7万亩，产量1407万公斤，比建县初期分别增加1.6万亩、1352万公斤。桃、梨、板栗等果品规模化发展。1965年，全县干鲜果品面积达1.9万亩，总产量825.5公斤。

1970年，推行“三园一化”（桑园、花椒园、果园，荒山绿化），大力发展花椒、山楂、板栗、桃、核桃、柿子、软枣、桑树等经济树种，基本形成了以中庄、燕崖、唐山、东里等公社为主的花椒、柿子、核桃产区，以三岔、张家坡、石桥等公社为主的板栗产区，以东里、唐山等公社为主的山楂产区。

1975年，全县蚕茧突破百万斤大关。1978年，

20世纪60年代，中庄公社发展林果

20世纪70年代，技术员指导农户养蚕

县委、县政府提出“以林为主，林粮牧并举，以桑蚕为重点、多种经营、全面发展”目标，计划到1980年全县实现人均百株桑、户养一张蚕，实行户管桑、户养蚕经济责任承包制，蚕茧发展进入鼎盛期。1983年，山东省政府将沂源县列为全省19个桑蚕重点县之一。1984年，全县蚕茧产量达79.32万公斤，创历史新高，成为山东省桑蚕发展的一面旗帜，桑蚕经济成为沂源财政和农民增收的支柱产业。沂源县流传着一个民谣：“张奇的苹果，李顺祥的桑”，反映了县委书记张奇和李顺祥对沂源苹果和

20世纪70年代花椒园

蚕桑产业发展作出的贡献。

20世纪80年代，是沂源县黄烟发展高峰期。1982年，全县黄烟面积达8.3万亩，总产达1829.75万公斤，社员人均种植黄烟0.17亩，成为农村经济的主要产业和农民收入的重要来源。是年，沂源县被列为全国优质烟叶产区，被山东省政府确定为专供青州卷烟厂烟叶生产基地。

1985年，全县果园面积达15.7万亩，总产量8387万公斤，其中年产花椒280万公斤，沂源县花椒产量、质量列全国第一位，2000年，被山东省林业厅授予花椒之乡。柿子产量居全国第19位，成为全国柿子主产区之一。

畜禽养殖 新中国成立初期，全县畜禽种类主要是牛、马、驴、骡、猪、羊和鸡、鸭、鹅、兔等，

20世纪80年代，社员系烟叶

家庭分散养殖，规模较小，主要用于耕作和提供农业生产用肥，以及增加家庭经济收入。1949年，全县存栏牛1.2万头、驴骡马48头、猪3.78万头、羊2.48万只，鸡、鸭、鹅、兔等存栏规模较小。畜牧业产值162万元，占农业总产值的15.82%。高级农业合作社，牛等大牲畜作为主要农业劳动力，属集体财产，由集体统一饲养，家庭不允许私养。1958年，生猪以生产队养殖为主，家庭存养量逐年下降，又加上三年自然灾害带来的困难，全县畜牧业发展出现下滑。1961年，全县畜牧业产值为192万元，占农业总产值的8.36%，比1956年减少264万元，同比下降10.67个百分点，畜牧业发展处于低潮期。

1962年，贯彻毛泽东主席作出的“大养其猪”指示和中央“调整、巩固、充实、提高”总方针，号召生产大队、生产队大办养猪场，走集体养殖和农户养殖并举发展的路子，实行“户养猪、队包圈（肥）、斤猪斤粮（1斤猪生产队付给养猪户1斤粮）”

20世纪60年代，生产队放养生猪

政策，鼓励社员养猪积粪，兑换粮食，养猪业得到恢复发展。1966年，全县生猪存栏10.9万头。1979年，生猪收购价格提高，养猪业进入新的发展期。1980年，全县生猪存栏16万头。1983年，全县生猪存栏15.68万头，其中生产队集体存栏0.52万头，家庭存栏15.16万头。主要分布在鲁村、张庄、悦庄、南麻、唐山、中庄等公社，占全县生猪存栏的58.61%。

因林牧矛盾，护林禁牧。1964、1971、1976年3次禁牧，养羊业受到较大影响。1977—1980年，养羊政策趋于稳定，1981年存栏13.69万只，达到历史新高。1982年，又实行禁牧圈养，当年下降到5.87万只，1983年仅存栏3.39万只，比1981年减少10.3万只，降幅75.24%，养羊业处于低谷期。1983年，养羊政策趋于稳定及羊绒、羊肉市场价格走高，调动了农户养羊积极性，存栏逐年增加。

乡村副业　1944年建县前，县域内经济落后，交通闭塞，信息不畅，私营商业不发达，以肩挑车推、走街串巷和在集市摆摊的小商小贩为主。全县较大的商号有80余家，主要集中在东里、鲁村、南麻、悦庄、三岔等经济相对较发达的集镇大村。1939年，日军轰炸东里店，炸毁商铺50余家。1949年，全县私营业户发展到83户，从业人员332人。是年，实现副业产值27万元，占农业总产值的2.63%。

1954年，走农业合作化道路，政府对私营商业实行限制、利用、改造政策，农村私营商业发展缓慢。1955年，国家对私营商业进行社会主义改造，绝大部分私营商业被过渡到供销合作社。“大跃进”期间，私营业户被取缔。“文化大革命”期间，

20世纪70年代，中庄公社面条加工作坊

严禁私营商业活动，乡村副业活动基本停滞。

1978年后，改革开放，农村经济放活，个体私营经济如雨后春笋蓬勃发展。豆腐、粉皮、粉条加工和缝纫、理发等家庭作坊恢复发展。

1983年，全县个体私营业户发展到2864家，从业人员6362人。石匠、木匠、铁匠、壶匠、染匠、编织等传统技艺在民间蓬勃兴起。年轻人大多拜师学艺，从而掌握一门谋生的技能。许多匠人背着家什常年在外闯荡。20世纪80年代乡村匠人达万人以上规模，基本上每个村都有，繁荣了农村经济。1983年，全县实现副业产值2285万元，占农业总产值的14.80%，比1949年增加2258万元，成为农村经济的重要组成部分。

20世纪80年代，悦庄公社埠村大队工艺品编织

20世纪80年代后农业

党的十一届三中全会后，农民温饱问题得到基本解决。县委、县政府审时度势，转变农业发展思路，实施农业产业结构二次调整，大力发展以林果业为主导的多种经营，由抓“粮袋子”转为抓“钱袋子”，推动以粮食为主的传统农业县向以林果为主的农业强县迈进，建设农村殷实小康社会。2023年，全县高效农业面积达到80万亩，建成苹果、葡萄、大樱桃、桃、韭菜等标准化生产基地32万亩。粮经比例由3∶7调整为1∶9。实现农林牧渔业总产值82.8亿元，增加值46.4亿元，其中农业、牧业增加值分别为36.4亿元、4.7亿元。

粮食作物 20世纪90年代初，组织实施10万亩玉米新品种综合技术开发；6万亩山旱粮田综合技术开发；8.5万亩山旱田旱作节水技术开发；5万亩花生低产田综合开发；农作物良种工程等农业开发项目，农田基础设施得到改善，新技术、新品种得到普及推广。种子包衣率在80%以上，小麦、玉米良种覆盖率在95%以上，复种指数达到167%。随着农业产业结构的不断优化调整和以林果业为主的高产、优质、高效经济作物的发展，效益比较低的粮食作物播种面积逐年减少。2003年，全县农作物播种总面积30.16万亩，其中粮食作物面积11.62万亩，粮食总产量3.48万吨，比1982年分别减少47.62万亩、48.19万亩、25.73万吨。干鲜果面积达到41.69万亩，其中水果面积35.93万亩，果品业逐渐成为农村经济的支柱产业，农业经济由粮食经济逐步调整为果业经济。2004年，国家实施粮食直补政策，对种粮农民给予补助，调动了种粮农民积极性，全县粮食播种面积有所回升。2008年，全县果品面积达到67.73万亩，粮食播种面积17.20万亩，粮食总产量为5600万公斤。粮食播种面积比2003年增加5.58万亩，增幅48.02%；果品面积比2003年增加26.04万亩，增幅62.46%。

2012年，高产高效农业大面积发展，粮食效益低下，农民种粮积极性降低，全县粮食播种面积呈下降趋势。2023年，全县农作物播种总面积28.86万亩，其中粮食作物面积为14.04万亩，比2011年分别减少12.78万亩、6.98万亩，降幅为44.28%、49.71%。

主要农作物播种面积变化表

单位：万亩

品种 / 年度	小麦	玉米	地瓜	花生
1949	12.60	7.50	4.60	3.20
1955	14.90	9.3	8.00	6.90
1960	20.50	8.70	19.40	4.00
1965	18.00	10.00	19.00	4.40
1970	18.50	10.80	18.20	3.20
1975	22.19	16.30	17.71	4.64
1980	23.45	21.28	16.18	4.90

续表

品种 年度	小麦	玉米	地瓜	花生
1985	26.11	23.17	10.76	5.39
1990	21.91	21.88	11.21	4.38
1995	18.86	18.87	11.43	4.71
2000	12.69	11.01	8.92	3.96
2005	4.39	6.95	3.83	4.39
2010	5.93	10.74	2.87	5.91
2015	3.90	11.82	2.64	5.70
2020	0.58	11.10	1.01	5.05
2023	0.48	11.29	1.05	5.40

林果业　1980年，县委制定了“以林为主，全面发展”的农业发展方针，推动农业向林果业转型发展。1982年，县委确定“山上抓林果，山下抓高效，庭院抓养殖，推进产业化”农业发展思路，加快林果业发展。是年，大面积发展山楂，一度出现了山楂热，面积达2.9万亩，年产山楂1516吨。1983年，张家坡乡、东里镇发展巨峰葡萄，带动韩旺乡、悦庄镇规模化发展，建成了红水河沿岸“三十里葡萄沟”。2002年，全县葡萄面积达9.24万亩，总产量6584.2万公斤。

1986年，红富士苹果在全县大面积推广，沂源苹果进入了红富士为主的发展时代，逐步淘汰了国光、香蕉、金帅等老品种，红富士成为沂源第一果。当年，县委确立了“山顶松柏戴帽，山腰果树缠腰，山下粮田葡萄”的产业布局和户均一亩经济园发展目标，提出了“甩掉粮食包袱，发展多种经营”“半亩良田保吃饭，经济园林保花钱”“半亩良田保吃饭，怎么赚钱怎么干”等口号，加快农业产业结构优化调整，大力发展多种经营，林果业步入快速发展期。1990年，全县果品面积达到10.4万亩，总产量3.89万吨。1991年，县委、县政府制定了“建九五、奔小康”“一块基石保稳定，六柱合力奔小康”发展规划，实施“四富工程”（林果业、养殖业、特色产业、设施农业），大力发展高产、高效、优质农业，建设全国果品生产百强县。1992年，燕崖乡燕崖村从临朐引进大樱桃品种，辐射带动燕崖乡、南麻镇、中庄乡、石桥乡等大面积发展。2020年，全县大樱桃面积达4.8万亩，年产量3.7万吨，实现产值7.4亿元，成为沂源主导果品之一。其中燕崖镇大樱桃面积3.2万亩，占全县面积的66.67%，户均种植大樱桃3.58亩，成为全国大樱桃产业镇。“燕崖大樱桃”获国家地理标志证明商标。1994年，金星乡涌泉村从蒙阴县引进晚熟品种中华寿桃，带动全县中华寿桃大面积发展，金星乡建成了以涌泉村为核心的“万亩桃花沟”。全县鲜桃实现了早熟、中熟、晚熟多品种布局，面积有5万余亩。同年，县委、县政府把发展高档果品提到重要议程，作为果业提质增效的重要举措，与山东省果科所合作筹建了山东黄河高档果品有限公司，开展高档果品生产技术的研发与推广。1995年，大力推广果实套袋、疏花疏果及人工授粉等先进生产技术，发展优质高档果品，优质果率由40%提高到60%以上，推动沂源果业由数量型发展转向质量型发展。

1998年，县委、县政府实施“双十万”工程，计划用3年时间，建成十万亩红提葡萄（红地球）基

洼子流域红提葡萄产业园（2000年）

地和十万亩冬暖蔬菜大棚基地，大力发展红提葡萄。2000年，全县红提葡萄种植面积达11.6万亩，建成了大张庄乡旋峰片（5个村）2000亩、洼子片（3个村）1000亩、左家旁峪片（3个村）1000亩3个示范片。红提葡萄发展进入快速发展期。2001年，大面积推广中晚熟品种红将军苹果，全县发展面积达2万亩，其中鲁村镇1万亩，成为红将军苹果第一镇。全县形成了以红富士、红将军、红嘎啦为主导的早熟、中熟、晚熟三个苹果品系，称为“沂源三红”。

2009年始，把老果园更新改造纳入果业振兴的重要议程，利用山东省财政支农项目，在中庄镇杨家庄村改造老果园50亩，拉开了全县老果园改造序幕。翌年，中庄、张家坡、西里、东里等乡镇，对老果园实施改造提升。2011年，全县铺开苹果、桃、大樱桃、葡萄、梨等老果园改造提升工程。同年，沂源县被国家苹果工程技术研究院授予全国优质苹果生产基地称号。至2023年，全县更新重建老果园2.6万亩，改造郁闭园8万亩，占全县果品面积的28.65%。

2009年，结合财政支农项目、扶贫开发项目实施，引导农业龙头企业、专业合作社、种植大户等新型经营主体发展现代果业园区，撬动工商资本向农业产业转移，推动果业产业振兴。是年，利用山东省财政支农项目，在中庄镇杨家庄村、张家坡乡林前村建设苹果现代栽培示范园2个、面积300亩。2010年，编制《沂源县都市农业发展规划》，提出“一基地两园区三圈层”区域布局。建设6处都市农业园区、10处循环农业示范园区、60处休闲农庄。北部中华大果园、燕崖大樱桃观光采摘园被淄博市政府命名为市级都市农业示范园。实施山东省现代农业生产发展资金项目，在大张庄镇左家旁峪村，南鲁山镇北流水村、璞邱村，中庄镇富家庄村、李家河西村，西里镇前西里村，张家坡镇任马庄村建设苹果、桃现代集约栽培示范园7个、面积3000亩。2011年，实施精品园区创建工程，推进都市农业园区和循环农业园区建设，建设都市农业园区4处、循环农业园区2处。建设经验做法在全省推广。同年，沂源县被国家苹果工程技术研究中心授予优质苹果生产基地、全省高效特色农业先进县、全省生态农业与农村新能源示范县。2012年，结合淄博市“菜篮子”工程实施，加快推进矮化集约型果园建设。建设国家级苹果标准园7个、面积2000亩，其中中庄镇5个，张家坡镇2个。沂源县乡村园果蔬有限公司与山东银座集团签约，在沂源县建立直供山东银座旗下超市生产基地12个，面积8000亩。2016年，实施山东省高效特色农业发展项目，在张家坡镇张家坡村、南麻街道下高村、沟泉村、中庄镇南刘家庄村、富家庄村、黄土崖村、鲁村镇刘家坡村建设集约化高效特色苹果、桃、梨产业园7个、面积5200亩。沂源县被中国果品流通协会授予全国现代苹果产业十强县，获中华名果称号。2017年，沂源县获山东省农产品十大原产地称号。2019年，建成全省唯一苹果类中国特色农产品优势区，建成全省首家院地共建山东（沂源）果树产业技术研究院，燕崖镇入选全国农业产业强镇示范建设名录。是年，启动实施省级现代农业示范园项目建设。2020年，实施山东省高效特色农业发展项目，在南鲁山镇北流水村、璞邱村，鲁村镇刘家坡村、西徐家庄村，张家坡镇张家坡村、前瓜峪村，西里镇山西万村、柳华峪村、前西里村，悦庄镇西辽军埠村、踅庄村，东里镇可乐山村，中庄镇富家庄村建设现代集约栽培园14个、面积3万亩。是年，沂源县被农业农村部确定为国家级“互联网+”农产品出村进城工程示范县。2023年，全县建成市级都市农业示范园13个、面积0.8万亩，省级生态

中庄镇杨家庄老果园改造（2009年）

下龙巷智慧樱桃大棚

面积的56.36%。金黄金桃获国家地理标志证明商标。大樱桃由红色系列品种向黄色系列品种调整，2015年，引进推广鲁樱5号、南洋、黄蜜等黄色系列品种，逐步淘汰红灯、红宝石等红色系列品种，实现早、中、晚不同熟期品种搭配，提高品质，上市时间由5月集中上市延长为1—7月持续上市。对巨峰葡萄实施提质，大力推广套袋、避雨棚、疏穗疏果、适时采收等技术，控制氮肥，禁止激素类催熟剂使用，从而提高了品质。2017年，推广黄色系阳光玫瑰品种，淘汰红提葡萄。2023年，全县苹果、桃、大樱桃、葡萄四大品种优化率在90%以上。

循环农业产业园7个、面积0.6万亩，省级标准化示范园37个、面积4.05万亩，示范园区面积占全县苹果面积的32.06%。

2011年，发展名优特新果品品种，淘汰老品种，改造老果园。苹果由烟富系列片红品种向条红品种调整。2013年，大面积推广沂源红、2001、新2001等红富士优系芽变新品种，逐步淘汰栽植多年的片红红富士老品种。2023年，面积达11万亩，占全县苹果面积的64.71%。

2017年，推广黄色系列维纳斯等苹果品种，2023年，推广面积0.6万亩，占全县苹果面积的3.53%，全县苹果品种优化率达到67.7%。桃品种由红桃系列向黄桃系列调整。2015年，在全县大面积推广金黄金系列1-7号、新世纪、黄油蟠等黄色系列品种。2023年，推广面积10万亩，占全县桃

蔬菜业 1984年，南麻镇东北麻村岳洪恩建起了沂源县第一个春暖黄瓜大棚。1985年，东鱼台村苗纪友、刘圣法各建黄瓜和辣椒春暖大棚1个，开启了沂源县保护地反季节蔬菜生产的先河。1990年，苗纪友建起全县第一个黄瓜冬暖大棚，带动南麻、悦庄、鲁村等乡镇蔬菜种植大户建冬暖蔬菜大棚20多个，生产反季节蔬菜。1992年，苗纪友被淄博市委、市政府授予“蔬菜状元”称号。1996年，县委、县政府把发展冬暖蔬菜大棚提到重要议程，在全县推广，发展冬暖蔬菜大棚200多亩，称为“白色革命”。

1993年，全县大面积发展种植佛手瓜，出现

西里镇红源新村沂源红产业园区

陡起峪流域千亩佛手瓜基地（1993年）

佛手瓜热。1997年，面积达3万余亩，产量过亿斤，以后价格下滑，面积逐渐减少，常年保持在3000亩左右，主要分布在南麻街道陡起峪和南鲁山镇文坦流域。

1997年，实施“菜篮子”工程，聘请寿光市三元朱村党支部书记王乐义作技术顾问，指导发展冬暖蔬菜大棚。1998年，县委从县直部门抽调600人组建农业农村工作队，驻村指导。县委书记陈留泉和县委常委、办公室主任王恩明在大张庄乡抓点。是年，发展冬暖大棚1万亩以上，发展规模较大的村有22个。南麻镇东沙沟村、燕崖乡河西村成为全县示范典型。

大张庄乡蔬菜大棚（1998年）

2000年，结合扶贫项目开发，大力发展大棚草莓，建成鲁村镇于家石沟，东里镇三庄，中庄镇盖冶，南鲁山镇北流水、芝芳，悦庄镇寨里，大张庄镇旋峰，西里镇苗庄等草莓园区，全县草莓产业快速发展。2023年，全县大棚草莓面积达6000多亩，成为农村经济新的增收产业。

北流水富锶草莓基地（2018年）

2008年，为进一步抓好“菜篮子”工程，引导农业龙头企业、农民专业合作社、种植大户采取“公司+基地”“公司+合作社+基地”“合作社+农户+基地”“合作社+基地”等模式，推进蔬菜产业向基地化、品牌化、产业化发展。是年，悦庄镇政府成立沂源致信农业发展有限公司，在王家泉村建立有机韭菜生产基地120亩，实行基地化、品牌化、产业化经营运作。王家泉韭菜基地被农业部认定为国家级韭菜标准园，被淄博市政府认定为市名优蔬菜，被山东省全运会组委会指定为山东省全运会唯一专用韭菜。

2009年12月，沂源长青果蔬有限公司在石桥村建设有机韭菜基地60亩。2010年，安信农庄在鲁村镇于家石沟村建设有机蔬菜基地50亩。2012年，“鲁村芹菜”“西长旺白莲藕”被农业部登记为国家地理标志保护农产品，“消水蒜黄”“悦庄韭菜”获国家地理标志证明商标，被淄博市政府认定为市名优蔬菜。2013年，安信农庄蔬菜、草莓基地被农业部认定为国家级蔬菜标准园。2018年，众志农业科技有限公司在燕崖镇燕崖村建设香菇生产基地，年产菌棒3000万个。2020年，山东汇泉河食用菌有限公司在鲁村镇刘家坡村建设香菇生产基地，年产香菇130万公斤。2023年，全县有3个公司、21个专业合作社、2个家庭农场，建设蔬菜、食用菌、草莓等生产基地1.83万亩，占蔬菜播种面积的27.63%。建成国家级蔬菜标准园2个、淄博市名优蔬菜基地4个、有机农产品基地2个、无公害农产品基地8个，拥有国家地理标志登记产品2个、国家地理标志证明商标2个，蔬菜发展进入新的发展期。

中药材 县域内中药材资源丰富，有562种，其中菌类药材3种、植物类521种、动物类30种、矿物加工类8种。70%的野生药用植物分布在山丘地带。1970年，人工栽植丹参、柴胡、黄芩等植物类中药材，面积较少。1988年，人工养殖全蝎、土元等动物类中药材。1992年，三岔乡从博山区池上乡引进桔梗，大面积发展。1995年，桔梗面积达到2000亩，占全县中药材面积的70.42%。2006年，桔梗面积达到4000亩，总产320万公斤。2011年，县政府印发《关于实施果业等四大产业振兴推动现代农业发展的意见》，把发展中药材产业作为促进农民增收的重要产业来抓，纳入政府支持政策，推动桔梗、丹参、黄芩、牛蒡等中药材规模化发展。2013年，全县中药材种植面积3.8万亩，其中桔梗2.6万亩、丹参0.6万亩，主要分布在南鲁山镇、石桥镇。带动发展桔梗出口加工企业15家，年实现出口创汇1.2亿元以上。后因桔梗出口市场疲软，桔梗种植面积逐年下降，2023年，桔梗面积为0.3万亩，丹参、黄芩、牛蒡等中药材面积约1万亩，主要分布在悦庄、南鲁山、石桥等镇。

畜牧业 20世纪90年代，畜牧业发展由农户散养模式向企业集约化模式转变。2002年，县委、县政府出台《关于加快畜牧业发展的意见》，推动养殖场、养殖小区发展。2005年，提出“五线带五养”发展思路，以肉鸭、肉兔、肉鸡、奶牛、肉羊五类畜产品加工生产线带动奶牛、肉鸭、肉鸡、肉兔、奶山羊、波尔山羊为重点的畜禽养殖，实现畜禽规模化养殖、标准化生产、产业化经营。

1991年，悦庄镇中张良村秦元会购买3头荷兰黑白花奶牛，建立了全县第一家奶牛养殖场，牛奶供应周边村及县城居民。2003年，山东淄博汇源食品饮料有限公司在东里镇王坪村和西长旺村兴办汇源奶牛养殖有限公司，发展奶牛1400头。2004年，汇源公司新上年加工7.5万吨鲜奶生产线、2条利乐灌装线和3条百利包生产线，推动全县奶牛大发展。是年，全县新建100头以上奶牛养殖小区30个，发展奶牛4023头。2008年，存栏7200头。后因奶牛市场竞争日趋激烈及汇源牛奶生产线停产，奶牛发展逐年下降，2024年，全县奶牛仅存4头。

1997年，民营企业家王成兰创办沂源县首家养殖肉牛的企业——沂源县良种肉牛开发公司，产品主要销往日本、东南亚等国家及中国香港地区。2004年，从胶东、吉林购进牛犊，育肥后销往上海等地。2008年，全县建成年存栏50头以上规模的肉牛场37个，年存栏1.84万头，出栏1.27万头。2023年，沂源县共有肉牛规模养殖场2个，年存栏1.1万头。

奶牛养殖场（2009年）

1991年，沂源县被列为国家瘦肉型生猪基地，发展瘦肉型品种。1995年，瘦肉型生猪存栏17.9万头。20世纪90年代后期，随着粮田面积的减少和化肥投入的增加，大部分农户不再养猪积粪，养殖模式由农户散养转为企业化、大户集约规模化养殖，存栏量逐年下降。2000年，全县生猪存栏15万头。2008年，存栏4.98万头，比2000年减少10.02万头，降幅66.80%。2023年，全县发展养猪专业大户204户、存栏4.83万头。

20世纪90年代，瘦肉型猪规模化养殖

1995年前，沂源县羊的品种主要是沂蒙黑山羊和细毛绵羊（1989年被国家列为细羊毛基地县）。1996年，从文登引进奶山羊600只并推广。1998年，从山东省畜禽良种中心引进肉用型波尔山羊13只，杂交改良当地山羊，推广波尔山羊。2005年，在徐家庄乡建成存栏规模3000只的奶羊繁育中心1处，在燕崖、徐家庄、大张庄等乡镇建成存栏400只规模奶山羊养殖场7处。全县形成了沂蒙黑山羊、

沂蒙黑山羊

奶山羊、波尔山羊三大种群。是年，全县存栏8.86万只。2022年，全县出栏34.04万只，存栏19.99万只。

20世纪50年代前，县域内主要兔品种是短毛肉用灰兔。80年代后相继引进了西德、日本长毛兔及哈尔滨白兔等品种。兔毛价格持续上扬，推动了全县长毛兔大发展，1985年，长毛兔存养量达21.43万只，1990年达20.71万只。后因兔毛出口市场疲软，价格下滑，长毛兔养殖逐年减少。2008年，全县长毛兔存栏8.49万只。2000年，沂源海达食品有限公司兔肉出口欧盟等国际市场，带动全县肉兔养殖大发展。2008年，全县肉兔存养127.75万只，成为沂源第一大兔品种。2023年，全县有肉兔养殖大户260户，年存栏23.6万只。

20世纪90年代末，鸡鸭鹅等家禽养殖主要是家庭散养，以产蛋为主。2000年，全县家禽存栏177.25万只，年产蛋1006.69公斤。21世纪初，家禽养殖由以家庭散养为主向基地化、集约化、产业化转型发展。2000年，石桥乡马庄村大棚养殖肉鸭，带动全县大棚鸭规模化发展。2003年，全县肉鸭大棚达到60个，存养6万只。大棚鸭规模化发展催生了全县肉鸭加工企业的发展。2003年起，全县有11家肉鸭加工企业投产运营。2005年，县政府出台每建成1个存养1500只以上的肉鸭大棚，奖励现金300元，每建成1处50个连片肉鸭大棚标准化基地奖励现金5万元，推动了全县肉鸭养殖发展。2006年，建成肉鸭大棚1800个，年出栏1200万只。2007年，农村环境污染大整治，村庄周边、河道、道路两侧的肉鸭养殖大棚被拆除，肉鸭基本不再养殖。2023年，全县发展肉鸭规模场50家，出栏2237.8万只。

2002年，沂源海达食品有限公司建成肉鸡加工生产线，年加工肉鸡1000万只，带动了沂源肉鸡养殖业发展。是年，全县建成存养肉鸡5000只、年出栏2万只的标准化鸡舍216个，存栏100万只。2005年，海达食品公司肉鸡生产线转产，县域内大部分肉鸡养殖大棚也随之转产。2008年，肉鸡养殖大棚有193个，存栏516.85万只。2023年，全县养殖大棚主要为外地企业合同鸡，肉鸡规模养殖场67家，蛋鸡规模场25家，肉鸡年存栏267.5万只，蛋鸡年存栏88.5万只。

肉鸡、肉鸭、肉兔规模化养殖

标准化生产　1999年，县政府印发《关于加快无公害农产品生产创建无公害农产品基地县的意见》，按照区域化布局、标准化生产、产业化经营要求，建立生产、经营、服务、执法、检测、市场标准化生产管理体系，在果品、杂粮、蔬菜、畜产品等农产品生产上推行农业标准化生产，推动农业由粗放型发展向标准化发展转型，提高农产品安全质量。2000年12月，悦庄“苗山”牌韭菜被山东省农业厅认定为无公害农产品，建成鲁中山区首家无公害农产品基地——“苗山”牌无公害韭菜生产基地。悦庄韭菜成为沂源县首个标准化农产品，由此沂源县农业进入标准化生产新阶段。翌年，“东里”牌无公害巨峰葡萄基地成为全省首家无公害葡萄生产基地；“中庄”牌红富士苹果、“燕崖”牌大樱桃、徐家庄“汇泉”牌鲜桃等果品被认定为无公害农产品。同年，大张庄“鲁山红”牌红提葡萄、“东里”牌巨峰葡萄、黑李子、西里镇“天力源”牌中华寿桃、燕崖乡“沂河源”牌大樱桃被国家绿色食品发展中心认定为A级绿色食品，成为全县首批获得绿色食品认证的产品。2001年5月，沂源县被农业部确定为全国首批创建无公害农产品（苹果、大樱桃）生产示范基地县，面积10万亩。2002年，被确定为全国首批无公害果品示范基地县和全国农业标准化生产综合示范区。2006年，大山食品有限公司生产的核桃、柿子、花椒被认证为有机食品。年底，全县建成绿色无公害食品生产基地10个，无公害、绿色、有机食品认证产品19个，标准化生产面积达到46万亩。沂源县农业进入标准化（无公害、绿色、有机）发展新阶段。2007年12月，创建15万亩全国绿色食品原料（苹果）标准化生产基地。2009年，县委、县政府提出发展有机农业，建设有机品牌农业强县目标，实施农业跨越发展二次革命。成立沂源县有机品牌农业管理办公室，编制《沂源县有机农产品生产基地规划》，印发《沂源县有机农产品生产管理办法》，制定21个主导农产品有机生产操作规程和标准，有机苹果生产标准成为省级标准。被山东省农业厅认定为全省果品标准化生产示范县。沂源苹果参加了人民大会堂60周年辉煌成就展，沂源有机苹果被指定为人民大会堂和全国两会专供果。2009年，全县有机产品认证60个，居全省第一，全国前列，被誉为“沂源有机现象”。10月，国家农业部在北京西郊宾馆召开全国绿色食品工作会议，县委书记韩国祥代表全国52个绿色食品基地县作典型发言。2011年，县委、县政府把创建全国首批有机农产品（红富士苹果）示范基地县列为县政府年度十件大事之一，打造有机农业品牌强县。开展有机农产品规范提升年活动，印发《关于加强“三品一标”农产品包装和标识管理的通知》，严厉

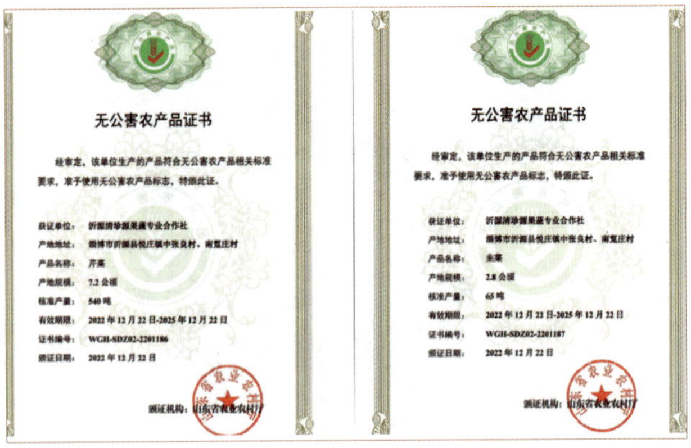
无公害农产品证书

经审定，该单位生产的产品符合无公害农产品相关标准要求，准予使用无公害农产品标志，特颁此证。

获证单位：沂源清珍源果蔬专业合作社
产地地址：淄博市沂源县悦庄镇中张良村、南鲍庄村
产品名称：芹菜
产地规模：7.2公顷
核准产量：540吨
有效期限：2022年12月22日-2025年12月22日
证书编号：WGH-SDZ02-2201186
颁证日期：2022年12月22日
颁证机构：山东省农业农村厅

无公害农产品证书

经审定，该单位生产的产品符合无公害农产品相关标准要求，准予使用无公害农产品标志，特颁此证。

获证单位：沂源清珍源果蔬专业合作社
产地地址：淄博市沂源县悦庄镇中张良村、南鲍庄村
产品名称：韭菜
产地规模：2.8公顷
核准产量：65吨
有效期限：2022年12月22日-2025年12月22日
证书编号：WGH-SDZ02-2201187
颁证日期：2022年12月22日
颁证机构：山东省农业农村厅

无公害农产品证书

打击滥用、冒用、套用有机产品标识现象，有机农产品经营市场得到净化。10月，在首届沂源苹果文化节开幕式上，农业部绿色食品发展中心主任王运浩授牌，沂源县成为国内首个有机苹果示范基地。2016年，全县累计认证“三品”（无公害、绿色、有机）产品91个，其中无公害产品23个、绿色食品10个、有机产品58个，认证面积49.4万亩，占农产品生产面积的81.13%。2020年，全县认证“三品”产品177个，其中无公害农产品89个、绿色食品20个、有机产品68个。至2023年12月，全县“三品”产品有效认证68个，其中无公害产品53个、绿色食品9个、有机产品6个，认证面积13万亩。

2009年，强化对地域特色品牌农产品挖掘和依法保护，引导部门、企业开展国家地理标志农产品登记保护，打造沂源地域特色品牌。是年，沂源县生态农业与农产品质量管理办公室登记保护“沂源苹果”产品，登记保护面积30万亩，年产量60万吨；沂源县畜牧兽医协会登记保护“沂源黑山羊”“沂源全蝎”产品，沂源黑山羊登记35万只，沂源全蝎2吨。2012年，沂源县鲁村芹菜种植协会登记保护“鲁村芹菜”产品，登记面积2.025万亩，年产量10万吨；沂源县蔬菜产销服务中心登记保护“西长旺白莲藕”产品，登记保护面积1500亩，年产量2250吨；大张庄生发花生专业合作社登记保护“沂源花生”产品，登记保护面积5.25万亩，年产量1.31万吨。按照“依法保护，无偿使用”原则，鼓励引导企业依法经营地理标志农产品。沂源苹果获最受消费者喜爱的中国区域公用品牌、全国名优

特新产品、首届山东地标名片、中华名果等荣誉，位列全国区域品牌类59家上榜品牌产品第24位，品牌强度715.4、品牌价值146.62亿元。

产业化经营 20世纪80年代后期，沂源县出现贸工农一体化、产加销一条龙产业化经营雏形。1994年，县委、县政府把推进农业产业化经营定为发展农业和农村经济的重大战略举措，推行“企业+基地+农户”产业化经营模式，推动农业产业化经营发展。1999年，投资2000万元，在南麻镇建成沂蒙山果菜批发市场。2001年，投资2000万元，在东里镇建成占地216亩的无公害农产品专营市场；在乡镇、村建设专业市场和季节性市场100多个。是年，沂源县被山东省人民政府授予农业产业化经营先进县称号。2002年，发展农产品营销加工企业110多家，其中省级重点农业产业化龙头企业1家（沂源海达食品有限公司），市级2家（淄博汇源食品饮料有限公司、淄博民悦食品有限公司），发展农产品冷藏、保鲜、储存设施2000多处，年贮藏保鲜能力达9万吨。发展农民专业协会30多个、农村经纪人1500余人。2005年，县委、县政府印发《关于加快推进农业产业化经营工作的意见》《关于扶持农业及农业产业化经营的奖励办法的通知》，制定扶持农业产业化经营的政策，推动农业产业化更快更好发展。2006年，全县有规模以上农产品加工、运销龙头企业53家，企业总资产9.7亿元，总产值11.5亿元，实现销售收入10.9亿元，初步形成牛奶、畜禽、果品、蔬菜、中药材加工产业链条，建成贮藏保鲜设施4000多处，年储存保鲜能力2.6亿公斤，发展农民经纪人队伍5000多人，农民专业协会155个，县级重点协会6家，会员3.25万户，占全县农民总户数的21.2%。2007年7月，《中华人民共和国农民专业合作社法》颁布实施。8月，中庄镇后峪子村高圣和注册沂源县正果果品专业合作社，农民专业合作社发展进入新阶段，成为农业和农村经济发展的主力。2008年，县委、县政府加大对农业龙头企业、农民专业合作社等农业经营主体扶持，不断催生膨胀发展壮大。2009年，全县销售收入500万元以上的农业龙头企业达80家，县级示范合作社6家，企业总资产16.9亿元，固定资产10.8亿元。其中省级农业龙头企业2家，市级农业龙头企业17家。农业龙头企业实现总产值19.6亿元，销售收入18.8亿元。带动贮藏保鲜、包装、果袋等配套产业260多家，实现产值4亿元，安排劳动力1万人，增加工资性收入1.5亿元。经营模式由生产经营型向生产、加工、运输、销售复合型发展。2012年，县政府出台《关于支持农业产业化龙头企业发展推进农业产业化经营的意见》《关于印发促进农业科技创新加快现代农业发展奖励办法的通知》《关于促进农民专业合作社健康发展的意见》。为3家省级农业龙头企业落实贷款1.2亿元，争取上级财政扶持资金2000多万元，推动农业龙头企业和专业合作社健康发展。至2013年，全县县级以上农业龙头企业达到120家，其中省级龙头企业5家（海达、乐利事、汇源、大华、沂蒙山）、市级龙头企业18家、县级龙头企业97家、市级示范合作社6家。企业总资产28.4亿元，实现销售收入38.54亿元。山东华盛果品股份有限公司获淄博市首届十佳农业产业化龙头企业，山川公司被山东省农业厅授予全省出口农产品质量安全示范企业，奖励40万元。

2013年，贯彻《山东省家庭农场登记管理办法》，培育发展家庭农场。4月，中庄镇于家北坡村李明星注册沂源县第一家家庭农场“沂源县恒香农场”。农场流转土地58亩，实现收入70万元，带动沂源县家庭农场快速发展。2015年6月，县政府印发《关于公布政府优先扶持农民专业合作社家庭农场目录的通知》予以扶持。同年认定县级示范农场3家、市级示范农场10家、省级家庭农场1家。2019年，县委、县政府印发《关于加快推进村党支部领办农民专业合作社促进乡村振兴的意见》，发挥村党支部示范引领作用，推动农民专业合作社更快更好发展，村党支部创办合作社120个，占行政村26.9%。沂源县越水种植养殖专业合作社、沂源县红冠农产品农民专业合作联社被农业农村部确定为全国典型，经验做法在全省推广。沂源县绿果果蔬专业合作社股份制做法在全省推广，有5个合作社经验在《大众日报》《中国农民合作社》《农村

星辉果品数字分拣中心

经营管理》等报纸、杂志刊登推广。因市场竞争激烈，部分农业龙头企业效益下滑，退出农业龙头序列，县级农业龙头企业不再开展认定，市省级农业龙头企业规模渐小。2021年11月，淄博市政府印发《关于支持农业产业化龙头企业和农产品加工业快速发展的九条措施的通知》，加大对市级以上龙头企业支持，促进市级以上农业龙头企业发展。

2023年，全县有省级农业龙头企业6家，市级28家；发展农民专业合作社1438家，入社会员7656户，其中国家级示范合作社8家，省级25家，市级70家，县级78家，有22个村党支部领办合作社获市级示范合作社称号，3个合作社被评为中国农民合作社500强；培育家庭农场1289家，其中家庭式农场1052家，“公司+农场”模式237家。企业总资产51.59亿元，年收入38.54亿元，流转土地16.5万亩，建设生产基地200处，养殖基地80处，科技园区22处，安排劳动力1160人。

数字农业　2020年8月，沂源县成立数字农业农村建设工作领导小组，组建沂源县数字农业农村发展中心和农业发展集团公司，县农业农村局抽调7人组建数字农业农村工作专班，建立以县果业振兴领导小组为统领，县农发集团公司为总揽，县数字农业农村大数据中心、县大宗农产品交易中心、县农村产权交易中心为平台，12个镇（街道）为基础载体，村党支部领办合作社为实施主体的工作推进机制，制定《果业振兴实施意见》《党支部领办合作社意见》《全域水肥一体化意见》《数字农业考核实施办法》和《数字农业农村建设扶持办法（试行）》等配套文件，数字农业农村建设工作全面铺开。2021年，山东中以果业有限公司在南麻街道沟泉村率先建成全国第一处生态无人智慧果园，山东华盛果品股份有限公司在鲁村镇刘家坡村建设面积518亩的科沃云数字果园示范基地，引领全县数字赋能农业园区加快发展。至2024年，全县共建成智慧农业应用基地13处、数字农业应用场景27处，其中中以数字果园、燕崖镇数字乡村获山东省数字乡村发展创新实践典型案例，华盛科沃云数字果园、中以智慧果园、源河香菇菌棒智慧化培育基地、数字燕崖、禽远生态智慧牧场、中庄数字果园被认定为淄博市智慧农业应用场景。2024年8月，沂源县入选山东省首批县域数字农业发展县建设名单，以数字赋能为主导的现代农业得到快速发展。

楷园农业公司

阿里巴巴沂源产地仓苹果数字分拣线（2022年）

富锶农业　2021年，沂源县与中国农业科学院合作，建立富锶产业研究院，研究开发富锶农业产业。10月23日，在淄博市乡村振兴大会上，中

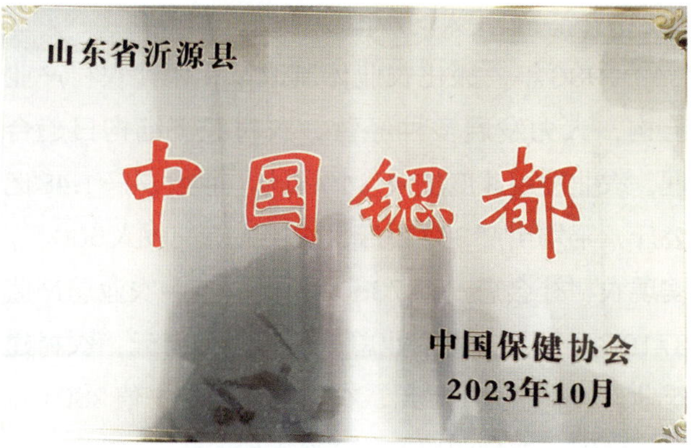

国农业科学院富硒农产品研究团队发布《山东省沂源县富硒苹果产业发展报告》。2022年4月，开展水、土硒资源普查百日行动，对县域内水、土硒养分状况实施全面普查，经检测全县水样硒平均含量为5.48mg/L（矿泉水国家标准为≥0.2mg/L），土样硒平均含量为160.5mg/kg，全县90%区域土壤硒含量超过国家二级丰度标准，沂源县为国内少有的富硒安全区，是发展富硒农产品的优势产区。绘制出全国第一张水土硒资源分布图，制定《沂源县富硒果业高质量发展实施方案（2023—2025）》和《富硒包装饮用天然水》《富硒小米》《富硒山楂》3个团体标准，初步开发出沂源富硒苹果、富硒矿泉水、富硒小米等10多个富硒农产品。11月5日，在第十二届山东沂源苹果节上发布《沂源县水土硒资源检测普查报告》《沂源县重点人群骨密度检测评价报告》，为共建中国硒都和中农数院富硒产业研究院揭牌。2023年10月，中国保健协会授予沂源县中国硒都称号。2024年9月，悦庄镇苗山村结合有机韭菜生产，建成10亩富硒有机韭菜生产基地。10月28日，在第十四届山东沂源苹果节上，富硒产业科技创新联盟、富硒产业科技创新联盟研发中心揭牌，中国农业科学院富硒农产品研究团队发布《沂源红富硒苹果品质评价报告》，在全国7个苹果主产区中，沂源红富硒苹果综合评价排名第一。

农业经济结构

沂源县是一个传统农业县，居民以农为本，东安、姑子坪、北曹家庄文化遗址出土的石刀、石铲、石斧、石磨等农用器具，距今已有四五千年的历史。新中国成立初期，县农业生产落后，产业结构单一，主要以粮食作物为主，农村经济主要来源于粮食作物。1949年，全县粮食总产3854.5万公斤，平均单产50.5公斤，实现农业总产值1024万元，其中农业产值827万元，林业产值7万元，牧业产值162万元，副业产值27万元，渔业产值1万元。农业产值占农业总产值的80.76%，农村经济主要来源于粮食生产，林业、副业、渔业占比较低，其他产业一穷二白。

农业总产值、农业产值、畜牧业产值统计表

单位：万元

年度＼项目	农业总产值	农业产值	畜牧业产值
1949	1024	827	162
1955	2139	1771	294
1960	2134	1647	272
1965	2747	2060	313
1970	3890	3055	587
1975	5832	4527	640
1980	8227	5565	1190
1985	22200	12648	5282
1990	35721	17545	13914
1995	88895	43901	38951
2000	102206	59261	30404
2005	183000	95485	67411
2010	331739	234573	64676
2015	554109	389918	128323
2020	648711	483127	95933
2023	828184	631426	119390

1954年，全县农村走向农业合作化道路，生产力得到释放，农业发展步伐加快，农业效益逐年增加，农村经济逐步增强。1957年，全县粮食总产量12114万公斤，平均单产85公斤，实现农业总产值2074万元，其中农业产值1530万元，林业产值49万元，牧业产值356万元，副业产值138万元，渔业产值1万元。农、林、牧、副产业分别比1949年增长85%、600%、119.75%、411.11%。农村经济由粮食经济逐步向农、林、牧、副产业协调发展。

1958年，实行人民公社化，搞“大跃进”，由于管理过于集中，生产组织规模过大，高指标、瞎指挥、浮夸风盛行，农民积极性被严重挫伤。1959—1962年三年自然灾害，农业发展遭受挫折，农村经济发展缓慢，其中畜牧养殖、家庭副业遭受重创，出现严重下滑。1962年，粮食总产量1.45亿公斤，平均单产104公斤，实现农业总产值2126万元，其中农业产值1640万元，林业产值110万元，牧业产值265万元，副业产值110万元，渔业产值1万元。总产值、农业产值、林业产值比1957年分别增加52万元、110万元、61万元；牧业产值、副业产值比1957年分别减少91万元、28万元。

1963年，农业生产进入三年调整期，贯彻中央关于“调整、巩固、充实、提高”总方针，落实“三级所有，队为基础”管理体制，大力治山治水，整地改土，改良农作物品种，改革农业耕作制度，农业得到恢复和发展，农村经济缓慢增长。1965年，粮食总产17835万公斤，平均单产130公斤，实现农业总产值2747万元，其中农业产值2060万元，林业产值223万元，牧业产值313万元，副业产值149万元，渔业产值2万元。社员人均分配现金6.1元，人均口粮153公斤。社员生活水平有所改善。

1966年，“文化大革命”爆发，全县各级领导机构一度陷于瘫痪。在“以粮为纲”方针指引下，粮食产量虽有所上升，但农业内部结构严重失调。1975年，粮食总产12815万公斤，平均亩产190.5公斤，社员人均口粮187.5公斤，人均分配现金16.20元，实现农业总产值5832万元，其中农业产值4527万元，林业产值405万元，牧业产值640万元，副业产值256万元，渔业产值4万元。

1978年，党的十一届三中全会后，农村实行家庭联产承包责任制，农民积极性得到充分发挥，农林牧副渔全面发展，农村经济结构由农业向农、工、贸、商、服务业协调发展，农村经济收入逐年增加。1985年，全县粮食总产15793万公斤，平均亩产247.5公斤，实现农业总产值22200万元，农村工业产值2461万元，农村建筑业产值1950万元，交通运输业产值1143万元，商业、饮食业产值1621万元。农民人均所得现金225.30元。

1986年，深化农业体制改革，调整农村产业结构，大力发展多种经营，农村经济结构日趋合理，农业发展速度加快。1990年，粮食总产1.48亿公斤，平均亩产387公斤，农民人均纯收入506元。实现农村社会总产值73501万元，其中农业总产值37195万元，农村工业总产值22260万元，农村建筑业总产值7944万元，农村运输业总产值2801万元，商贸、饮食业总产值3301万元。

20世纪90年代后，农业产业结构调整加快，农村经济多元化发展，一、二、三产业协调推进，农业经济步入快速发展期。1995年，实现农村社会总产值198615万元，其中农业总产值88895万元，工业总产值78652万元，建筑业产值15568万元，运输业产值9023万元，商贸饮食业产值6477万元。农业总产值中，种植业产值43901万元，林业产值5139万元，牧业产值38951万元，渔业产值904万元。农民人均纯收入1185元。农村社会总产值、农业总产值、农民人均纯收入分别比1990年增长170.22%、138.99%、118.4%。

2000年，进一步调整农村产业结构，大力发展绿色、优质、高产、高效农业，推动农业高质量发展，农业农村经济效益稳步增长，农民收入持续增加。2006年，农村经济总收入428761万元，其中种植业收入181196万元，占42.26%；林业收入8111.89万元，占1.89%；牧业收入22270万元，占5.19%；工业收入134928万元，占31.47%；建筑业收入34651万元，占8.1%；运输业收入15253万元，占3.6%；商贸餐饮业收入12849.89万元，占3%；服务业收入10399万元，占2.4%。农村经济以农户家庭经营为主，农民收入主要来源于家庭经营收入。是年，农户家庭经营收入299992万元，占农村经济总收入的70%。农民人均纯收入3887元，比2005年增加551元，增长16.51%。

2010年，大力发展绿色有机农业，推动农业农村经济高质量发展。2017年，实现农林牧副渔业增加值33.2亿元，年增长4.8%。其中农业、林业、牧业、渔业分别实现增加值23.5亿元、2.0亿元、6.3亿元、0.9亿元。农村居民人均可支配收入2.51万元，比上年增长9.1%。至2022年，实现农林牧副渔业总产值82.8亿元，比上年增长7.0%，增加值46.4亿元，增长6.4%。其中农业、林业、牧业、渔业分别实现增加值36.4亿元、4.7亿元、4.7亿元、0.1亿元。农村居民人均可支配收入3.55万元，比上年增长6.4%。

村居与农业人口

村 居

沂源县建县之前属沂水、临朐、蒙阴三县属地。1944年5月建县后至1957年底，农村以自然村为基础实行农业合作化生产，没有设立行政建制村，全县有自然村759个。1958年，全县农村进入人民公社发展阶段，按照地理和历史形成原因，对部分自然村进行合并，改称生产大队，下设生产队，作为基层一级农业生产管理组织。全县759个自然村并为682个生产大队，下设生产队2194个。1959—1983年，生产大队、生产队进行了多次调整。

1959—1983年，生产大队、生产队历年变化

年份	生产大队数	生产队数
1959	452	2347
1960	457	2474
1961	673	3771
1962	675	3771
1963	666	3795
1964	665	3835
1965	663	3754
1966	662	3634
1967	663	3570
1968	660	3528
1969	659	3386
1970	660	3511
1971	662	3506
1978	664	3394
1980	666	3774
1981	668	4992
1982	667	4949
1983	670	4736

1984年，农村经济体制改革，实施家庭联产承包责任制，农村土地承包给农户，农户自主生产经营，村级工作职能调整，生产大队改称村民委员会，各村成立若干村民小组。1984年，全县村民委员会为672个，设立村民小组4247个。1985年，因区划调整，由1984年的12个区1个镇调整为6个镇11个乡，村民委员会调整为677个，村民小组为3600个。1990年，黄庄镇由沂源县划归为莱芜市，村民委员会由677个减至636个，减少41个。1996年，悦庄镇2个村民委员会合并，减少1个，为635个。1997年，大张庄乡、三岔乡各合并1个，村民委员会减少2个，为633个。2001年，乡镇调整，由7个镇9个乡调整为1个办事处、6个镇、7个乡、12个居民委员会和626个村民委员会。2011年，乡镇调整为1个办事处、11个镇，14个居民委员会、626个村民委员会。2014年，乡镇调整为2个办事处、10个镇，居民委员会为14个，村民委员会为626个。2020年，村（居）民委员会合并，调整为446个，社区居民委员会为21个。

农业人口

1944年建县前，没有人口状况记载。1944年5月，沂源县建县时，全县总人口18万人，基本是农业人口。1949年，全县总人口23.1万人，其中农业人口23万人，占总人口的99.57%；1957年，全县总人口29.3万人，其中农业人口28.6万人，占总人口的97.61%；1962年，全县总人口34.4万人，其中农业人口33.6万人，占总人口的97.67%；1970年，全县总人口43.8万人，其中农业人口41.9万人，占总人口的95.66%；1975年，全县总人口48.6万人，其中农业人口45.79万人，占总人口的94.22%；1980年，全县总人口51.4万人，其中农业人口48.09万人，占总人口的93.56%；1985年，全县总人口53.81万人，其中农业人口49.29万人，占总人口的92.80%；1990年，全县总人口56.79万人，其中农业人口50.96万人，占总人口的89.73%；1995年，全县总人口54.40万人，其中农业人口47.83万人，占总人口的87.93%；2000年，全县总人口55.26万人，其中农业人口46.64

万人，占总人口的84.41%；2005年，全县总人口55.66万人，其中农业人口43.69万人，占总人口的78.48%；2010年，全县总人口56.37万人，其中农业人口44.21万人，占总人口的78.42%；2015年，全县总人口56.52万人，其中农业人口43.13万人，占总人口的76.82%；2020年，全县总人口57.51万人，其中农业人口45.78万人，占总人口的79.60%；2022年，全县总人口56.92万人，其中农村常住人口42.16万人，占总人口的74.07%。与1949年相比，总人口增加33.82万人，农村常住人口增加33.92万人，在总人口中的占比减少25.50%。农业人口比1949年翻了一番多。

1944—2023年农业人口变化表

年度	总人口（万人）	农业人口（万人）	占比（%）	备注
1944年前				无人口状况记录
1944	18			基本全部农业人口
1949	23.1	23	99.57	
1957	29.3	28.6	97.16	
1962	34.4	33.6	97.67	
1970	43.8	41.9	95.66	
1975	48.6	45.79	94.22	
1980	51.4	48.09	93.56	
1985	53.8116	49.2897	92.80	
1990	56.79	50.96	89.70	
1995	54.395	47.8289	87.93	
2000	55.2573	46.6394	84.41	
2005	55.6579	43.6854	78.48	
2010	56.3679	44.2063	78.42	
2015	56.5169	43.1305	76.82	
2020	57.5074	45.7764	79.60	
2023	56.9236	42.1654	74.07	

人口变动原因

新中国成立前，战争频繁，疫病蔓延，饥寒交迫，人口呈高出生、高死亡、低增长的缓慢发展状态，年自然增长率为11.3‰。全县人口基数较低，非农人员基本没有，农业人口基数占比大。新中国成立后，社会秩序安定，人民安居乐业，生活水平和医疗条件逐步改善，死亡率降低，自然增长率提高，1950—1952年三年恢复期后，人民生活好转，农业人口呈高出生、低死亡、快速自然增长的状态。1954—1957年，出生人口4.48万人，年出生率42.15‰。这一时期是农业人口增长的第一个高峰期。1959—1961年的三年经济困难时期，全县有2万多农民迁居到东北三省。1962年三年困难期过后，人民生活水平逐步恢复和提高，人口数量猛增，年出生率达到40.7‰，自然增长率为28.6‰。这一时期是农业人口增长的第二个高峰期。1971年，党和政府大力提倡计划生育，人口出生率得到有效控制，人口呈低出生、低死亡、低增长的计划增长状态。1983—1985年，年出生率为12‰，自然增长率为6.7‰，这一时期是建县以来农业人口自然增长最慢的时期。1985年，山东省政府确定沂源县为“间隔式”生育试点县，对只有一个女孩的农村户口的户有计划安排2胎生育，自然增长率有所回升。1986—1990年，人口自然增长率为11.4‰，是全县农业人口增长的第三个高峰期。1991年后，社会经济发展较快，群众生活水平普遍提高，少生优生观念深入人心，农村人口增长态势得到控制。

20世纪70年代以后，亦工亦农、农转非人口及学生考入高校，部分农业人口转为非农户口，农业人口有所减少。80年代中后期，因改革开放和经济的发展，户籍制度政策改革，特别是城乡一体化推进加快，农村迁入城镇的外出务工经商及从事其他职业的人口逐渐增多，农村人口自然增长呈现平稳下降趋势。

农民团体

农民协会

1929年春，中共东里店小学党支部领导成立沂水三区（东里、西里、中庄一带）农民协会，发展会员数千人。农民协会的口号是“打倒列强、打倒土豪劣绅、铲除贪官污吏、实行耕者有其田”。他们破除迷信、掀神拔庙、宣传自由、剪辫放足、查禁日货、游斗土豪。5月3日，中共东里店小学党支部组织八区（石桥、悦庄、南麻、燕崖一带）和三区的农会会员、学生、店员3000余人在东里店举行集会，纪念“五三”济南惨案。三区农会领导人刘铁英、刘希泉在大会上讲话，号召广大贫苦农民和各界爱国人士团结起来，抵制日货，反对日本帝国主义的侵华暴行，打倒土豪劣绅。会后进行声势浩大的游行，此举震动了沂水西北乡。5月12日，东里店小学党支部遭到破坏，农民协会被迫解散。

农民抗日救国会

1944年5月，中共沂源县委为动员广大农民参加抗日救亡运动，决定成立沂源县农民抗日救国会。农民抗日救国会指导动员各区、村相继建立组织发展会员，积极动员群众，开展抗日救亡运动。

1944年6月，沂源县开展减租减息运动。青龙区农救会组织20多个村庄的会员和群众反奸诉苦，批斗伪乡长秦贞言，会后组织1000余人游行，扩大政治影响。此后，以反奸诉苦为中心的减租减息运动在全县全面展开，团结教育了广大贫农和中农。麦收时，村中佃户请农救会负责人到麦场主持分粮，由过去的二、八分成改为四、六分成。贫雇农积极拥护这一“双减”政策。1946年7月，沂源县执行中央“五四”指示，全面开展土地改革，农救会积极配合各群众团体，没收地主富农土地和财产。10月，全县收回地主、富农土地10103亩、房子1992间、粮食11.83万公斤、钱币115.3万元（北海币）。将其分配给59户荣誉军人、665户军属、1217户赤贫户、45户复员军人、300户工属、3237户贫农、1980户中农。土地改革后，全县基本实现“耕者有其田”。1947年，农救会积极参与土改复查、生产救灾及发动农民参军支前等工作。至1949年，全县先后派出支前民工、民兵56500人。1949年10月，县农救会改称农民协会。1950年1月，农民协会组织撤销。

贫下中农协会

1965年1月，在南麻召开沂源县首次贫下中农代表大会，出席代表646人，选举产生由9名常委、27名委员组成的沂源县贫下中农协会筹备委员会。年底，各区、大队、生产队相继建立贫协组织。1966年1月15—16日，沂源县第二次贫下中农代表大会在南麻召开，出席代表137人。大会总结了1965年以来的贫协工作，布置1966年工作任务，选举产生出席山东省贫下中农代表大会的9名代表。1965—1966年，各级贫协组织在发展生产、贯彻党的各项政策、移风易俗等方面做了大量工作。1967—1972年，各级贫协组织瘫痪。后根据上级指示逐步恢复建立。1973年3月2—5日，在南麻召开第三次沂源县贫下中农代表大会。入会代表850名，会议选举产生了由29名委员组成的沂源县第三届贫下中农委员会。会后，各公社、大队、生产队的贫协组织相继恢复建立。1977年底，全县贫协会员发展到127086名。1980年12月，根据省、地委指示，各级贫协组织撤销。

妇女救国会

1939年下半年，黄庄一带各村建立妇救会组织，主要任务是宣传妇女解放、反奸诉苦、发动妇女放足、剪发、识字等。1944年5月，沂源县成立妇女抗日救国会（简称妇救会），张秀珍任会长。年底，全县大部分基层妇救会组织建立。1945年8月，沂源县妇女抗日救国会改称沂源县妇女救国会，许辉任会长。1949年10月，沂源县妇女救国会改称沂源县民主妇女联合会，王炎任书记。1957年9月，沂源县民主妇女联合会改称沂源县妇女联合会。抗日战争和解放战争时期，在中国共产党的领导下，妇救会作出了积极贡献。

1938年8月，中共女党员夏明到青治行一带开展工作，向群众宣传革命道理，教唱革命歌曲，组织妇救会动员妇女放足、剪发，同封建势力作斗争。杨军、张士功、杜云秀、陈素娥等一批女青年率先放足、剪发，投身革命活动，成为县内较早入党的共产党员。1943年，开展冬学运动，各村纷纷成立“识字班”，青年妇女在学习识字中表现尤为活跃积极，参加者众多。“识字班”成为域内女青年的代名词。在学习政治文化，提高觉悟的基础上，广大妇女放足、剪发，争取婚姻自主，破除封建迷信，积极参加农业生产、支援前线等活动。曹宅村在男青壮年参军参战的情况下，妇救会组织全村妇女成立变工组积极生产，并把全村16台织布机组织起来成立纺织合作社，发动妇女纺线、织布供给部队，解决群众生活困难。1944年6月，刚刚获得解放的沂源人民进行了反奸诉苦、土地改革运动，广大贫苦妇女在土地证上第一次写上了自己的名字。韩旺村妇救会长赵有名，过去一直被人称为张氏，填写土地证时，她激动地说："过去我从来没有名字，现在我要争口气，自己起个名，就叫赵有名。"一时，赵有名这个标志着妇女翻身解放、当家作主的名字传遍四面八方。解放战争时期，全县男壮年劳力大部分参战支前，广大妇女成为后方的主力军，她们在支前、土改复查、生产劳动中作出重大贡献。1947年，全县妇女中有249人任村长，619人任网长，25人任村政委员，20人任公安员，72人任支前或生产委员。5月17日，《大众日报》刊载"沂源县千余妇女参加民政"报道。

抗战初期，青冶行村设立中共地下情报站，许多革命干部和进步人士经常在此开展革命活动，逯传英等妇女经常为他们洗衣做饭，站岗放哨，掩护他们脱险，动员自己的亲人参军参战，全村96户人家有72户军属、抗属，成为闻名四乡的抗日模范村。1942年夏，八路军宋姓战士腿部受重伤，青冶行村妇女左氏将他收留在家，像亲人一样对待，用土方、偏方为他治伤，日军来扫荡时掩护他转移，后这位战士曾回青冶行感谢这位救命恩人。1946年10月，全县掀起大规模参军运动，广大妇女在各级妇救会的领导下，积极动员自己的亲人参军参战，仅10天时间，全县参军2000多人。历山区动员新兵400人，其中母送子参军的90多人，妻送郎参军的120多人，姐妹送兄弟参军的32人。1947年2月，莱芜战役期间，沂源县组建2个子弟兵团、12个爆炸队上战场作战，7000多名民夫担负运输任务。留在家里的妇女儿童日夜赶办给养，5天碾米150万公斤，磨面粉做干粮50万公斤。南麻村识字班长杜润英带领60多个女青年轮流为退下来的伤病员服务，连续40多天，每天熬米粥10大锅，接待几百名伤员。1947年5月，孟良崮战役期间，沂源人民提出"一切为了战争，一切服从战争"的口号，县妇救会号召全县妇女紧急行动起来搞好拥军支前。悦庄村妇女亓氏看到部队没有马草，毅然将自己新盖的3间草房的谷草全扒下来给部队喂马。西河北村妇女为解决部队的烧柴问题，将祖林中的大树砍伐送给部队和医院。妇女们欢迎人民军队常唱的歌是："开开门，掌上灯，欢迎同志们进门庭……"1948年2月至1949年5月，全县妇女为支援济南、淮海、渡江等战役，为部队做军鞋19万双，在军鞋上绣上"过江鞋""胜利鞋""报仇鞋"，鼓励战士多打胜仗。

1929年5月，沂水县妇女协会负责人、共产党员刘洁斋以教员身份，到东里店小学从事党的活动。1939年6月，伊音、王衡、张建、胡静、张玲姗等中共女干部为组织群众反扫荡，剃光头发，扮做放牛郎，活动在青冶行一带。1942年秋，日军扫荡时，中共女党员夏明被包围，她英勇顽强，用手榴弹炸死敌人10余人，后被敌机枪击中壮烈牺牲。1947年春，黄庄区涝坡村咸开君等10多名女民兵组成妇女爆炸队，学习埋雷技术和爆破方法，炸死炸伤敌军10多人，并教男民兵爆破技术。咸开君被称为"爆破大王"。1947年1月，开展土改复查斗争，全县由妇女领导斗争的达37个村。张庄区旋峰村地主李洪瑞虽经几次斗争，但未能彻底清算，村妇救会再度向他清算后，李洪瑞理屈认罪，只得交出3500公斤粮食。鲁村区阎家庄村干部和地主拉帮结派，被妇女组织起来予以罢免，另选妇女刘学兰代理村长。包家庄地主王守仁曾任伪保长，横行乡里，民愤极大。反奸诉苦时被村干部包庇过关。土改复查中，妇救会长张秀珍、女民兵队长王建英集合妇女斗争王守仁2个晚上，交出15亩地、14间屋、2个场院、16棵树，分给了贫农。1947年5月，国民党军一部占领苗庄一带，反动地主告密，苗庄村村长江照贵、妇救会长张发荣、识字班组长孟现梅等13名村干部被敌人逮捕。敌人严刑拷打，逼迫他们说出解放军通信器材和粮食埋藏地点，他们宁死不屈，守口如瓶。17日晚，13名村干部被敌人枪杀于石匣峪村西南山上。

儿童团

1942年，张庄、黄庄一带部分村庄建少年儿童救国组织，吸收8~15岁的少年参加。1944年5月建县后，各村普遍建立儿童团，时有儿童团员7.31万人。1949年10月，全县儿童团员发展到10万余人。抗日战争和解放战争时期，儿童团的主要任务是唱革命歌曲、张贴标语、站岗放哨、盘查行人、传递情报、斗争地主、监视坏人、拥军支前、学习文化、破除封建迷信等。1944年6月，全县开展减租减息运动，各村的儿童团白天配合成年人斗地主、分浮财，夜晚站岗放哨、监视地主行动，搞得地主胆战心惊。12月25日凌晨，500余名日伪军偷袭南麻，放哨的儿童团员发现后鸣枪报警，全村干部群众迅速撤离，免遭损失。莱芜战役期间，南麻一带有万余名解放军驻防，历山区儿童团组织近千名儿童团员为部队割马草，3天割马草十几万斤。莱芜战役后，有千余名解放军伤病员安置在境内，儿童团员烧水送饭，打扫卫生，护理伤员，做了大量的工作。因工作出色，部队首长奖给南麻村儿童团长白正和长枪1支。

农业资源

沂源县植被总面积155.43万亩（10.36万公顷），占全县土地总面积的64.72%，分为自然植被和人工植被两类植被区。自然植被面积55.5万亩（36670公顷），占全县植被总面积的35.71%。主要分布在山崮上部、林场附近、村边封山、河边道旁。主要为松柏、刺槐、野榆、椿树等树木和酸枣、荆棵等灌木及黄蒿、蒺藜、茅草、野艾等杂草。人工植被面积91.93万亩（6.13万公顷），占全县植被总面积的64.29%。其中有林面积63.75万亩（4.25万公顷）、疏林面积3.32万亩（2213公顷），“四旁”（河、路、沟、渠）树木974万株。

植物资源

沂源县地处北纬36°地带附近，海拔高，生态环境没有受到外来污染，自然环境独特，小气候特征明显，适宜多种植物生长，植物资源丰富，是国家重点生态功能区。

农作物资源 农作物资源有600多个，23科、54属、100余种，其中粮食作物20余种、350多个品种，多为引进品种，其中小麦22个、玉米13个、地瓜9个，高粱、谷子、豆类等引进品种、当地品种兼而有之，品种众多；经济作物有花生、黄烟、棉、麻等10余种、近50个品种；花生品种13个，黄烟品种5个；蔬菜品种110余种，适宜四季种植品种皆有，面积比较大的有白菜、萝卜、菠菜、葱、蒜、黄瓜、茄子、辣椒、马铃薯、西红柿、芸豆、豆角、南瓜、冬瓜、芹菜、蒜黄、甘蓝、卷心菜等；菌菇类有平菇、香菇、金针菇、鸡腿菇、草菇、黑木耳等；瓜果类有草莓、西瓜、甜瓜等。

干鲜果品资源 有56科、123属、233个品种和46个变种。鲜果类主要有苹果、桃、大樱桃、葡萄、梨、猕猴桃、杏等；干果类主要有核桃、大枣、山楂、柿子、板栗、花椒等。

林木资源 针、阔、乔、灌林木品种皆有，面积大、分布广的主要有刺槐、杨树、柳树、泡桐、松针、侧柏、香椿、榆树、楸树、国槐、白蜡、白果等。此外，尚有古稀树种28种、数百株。

饲草植物资源 野生饲草植物有10科、70余种。分布于青石山阳坡的主要有白羊草、马唐、狗尾草、金狗草等。砂石山阳坡有黄草、茅草、野麦子、大小胡枝子等。砂石山阴坡有葛藤、鸡眼草等。田边地埂上有灰菜、猪毛菜等。

药用植物资源 有50余科、100多种。主要有益母草、薄荷、黄芩、生地、狼毒、地锦、柴胡、何首乌、紫参、酸枣、远志、桔梗、马齿苋、半夏等。

水生植物资源 主要有浮萍、芜坪、紫背浮萍、金鱼藻、苔草、槐叶藻等。

动物资源

畜禽资源 畜禽是指经过人工驯化饲养的动物，包括牲畜、家禽等。县域内饲养的畜禽品种达150多个。其中家畜类主要有猪、沂源黑山羊、波尔山羊、狗、黄牛、肉食兔、长毛兔、奶牛、驴等；家禽类主要有鸡、鸭、鹅、天鹅等；其他类主要有肉食鸽子、信鸽、鹌鹑、中华蜜蜂、土蜂等。

野生动物资源 县域内发现的野生陆栖动物约300种，其中兽类约40种。主要有刺猬、蝙蝠、伏翼、水鼠、大家鼠、小家鼠、草兔、黄鼬、赤狐、狗獾、菊头蝠等，分布于全县县域内。山区主要有狼、豺猫（野狸）、狐狸等。爬行类动物上百种，常见的有青蛙、气鼓子（蛙）、大蟾蜍、壁虎、蜥蜴、红点绵蛇、蝮蛇、草上飞蛇、捆牛绳蛇等。

鸟类资源 已查明的有82种，分属13目、30科、61属。其中留鸟31种、旅鸟25种、夏候鸟20种、冬候鸟6种。国家一级、二级重点保护鸟类10余种，著名益鸟40余种。国家一级重点保护鸟类有白鹤1种，国家重点保护鸟类有雕、麻鹰、松雀鹰、白枕鹤等10种。留鸟主要有麻雀、乌鸦、啄木鸟、猫头鹰、山鸡、鹰、黄雀、斑鸠、野鹤、鹌鹑等。候鸟和迁徙过境鸟主要有家燕、灰喜鹊、杜鹃、黄鹂、两道眉、大雁、凤头百灵、栖莺等。

水生类动物资源 主要有鱼类、腹足类、瓣鳃类、甲壳类、两栖类、爬行类20多种。鱼类共有6目、10科、30种，主要有鲤鱼、鳜鱼、鲶鱼、鰲鲦、马口鱼、麦穗鱼、甲鱼、鳖、青鱼、泥鳅、鳝鱼等。其他类主要有螃蟹、白虾、青虾、田螺、水蛇、水蚯蚓、椎实螺等。

有益昆虫资源 有益昆虫有8目、37科、92种，数量较大，分布广泛的主要有沂源全蝎、土鳖、黑螳螂、蜜蜂、蜻蜓、蜘蛛、色食蚜蝇、大灰食蚜蝇、七星瓢虫、多异瓢虫、龟纹瓢虫、赤眼蜂、螟蛉绒茧蜂、步行虫等。

农业气象

气候特征 沂源县属暖温带季风区域大陆性气候，四季分明。春季回暖迟而迅速，风大雨少。夏季湿热多雨，间有干旱。秋季凉爽，干燥少雨。冬季寒冷，雨雪稀少。受山区地形影响，小气候特点明显，光能资源丰富，热量偏低，干旱威胁严重。

日照与辐射 历年日照时数平均2660.6小时，日照百分率60%。常年日照时数5月最多，为277.2小时，占年日照时数的10.7%。12月日照最少，为180.9小时，仅占年日照时数的7%。7—8月雨季，日照时数减少，日照百分率分别为47%和54%。光照是全省高值区之一，年均太阳辐射量1125.8千卡/平方厘米，10月照百分率为全年之冠。积温是≥0℃的作物林草生长季节。辐射量5月份最多，为15.3千卡/平方厘米；12月份最少，为6.1千卡/平方厘米。

常年平均气温11.9℃，年均最高气温18.3℃，年均最低气温7.6℃。一年中，最热月份为7月，月均温25.6℃；最冷月份为1月，月均气温为-2.6℃。受地理方位和海拔影响，全县各地气温差异较大。海拔200~300米的平洼地带，每百米温度梯度为0.63℃；海拔300~500米的丘陵地带，温度梯度为0.35℃；海拔500~800米的低山带，温度梯度为0.8℃。县境西部海拔600米以上的低山地带，比东南部海拔200米以上的河谷地带，年均气温低3.6℃。受小气候影响，县域内播种和收获期相差7~15天。有“山下杏花山上雪，山前山后不一天”“黄庄麦上场，土门没变黄”之说。

降水 历年平均降水量689.4毫米。年内降水不均，春季占14%，夏季占66%，秋季占17%，冬季占3%。7—8月降水量最集中，占全年降水量的51.84%。受地形影响，北部山区、东南部沂河谷地为多雨区，东里一带年均降雨808.5毫米，较全县多降雨117.6毫米。鲁村洼地为少雨区。生态环境对降水影响较大，鲁山、豪山等林场附近，年降水量偏多5%~13%。田庄水库库区降水量比距离3公里的县城偏多27.6毫米。降水程度以7月最大，平均6.17毫米/日；1月最少，平均0.2毫米/日。年降水日数历年平均76.8天，多雨年110天，少雨年60天。

湿度与蒸发 相对湿度平均63%，以7—8月最大为79%；4月份最小为51%。春季在51%~54%之间，为全年最小季节，春季比冬季更干燥。

全县历年平均蒸发量1836.1毫米，为年均降水量的2.65倍。全年除7月份降水量大于蒸发量外，其他月份降水量均小于蒸发量，故易发生干旱。蒸发量最大的月份是5月，为288.1毫米，相当于12

月和1月之和的5.7倍。

气压与风 年平均气压981.7百帕，1月最高，平均气压990百帕。全县气压变化规律是上半年气压逐渐下降，7月降到最低值970百帕。7月开始上升，形成对称的“V”字形变化。

县域内以静风、西风和东北风为最多。年平均风速2.3米/秒。四季中春季风速大，4月最大，平均风速为3.2米/秒。4月以后渐减，8—9月最小仅为1.8米/秒。11月平均风速达到全年次高值，为2.2米/秒。每年2—3月，多为东北东风，频率为10%~11%；4—5月多为西南西风，频率为10%；6—9月多为东北风，频率为8%~10%；11—12月和1月多为西风，频率为11%~13%。

地温与冻土 地温年平均为14.4℃，较年均气温高2.5℃。一年内，以7月最高为28.7℃，1月最低为-3.2℃。地面极端最低温度是1981年1月27日，为-28.4℃。

冻土初日，历年在12月17日，最早在11月18日。解冻日期，平均在2月20日。解冻日数平均每年63天。冻土厚度≥10厘米的初日为1月8日，终日为2月7日，最大冻土厚度为44厘米，发生在1958年1月26日。有10%的年份出现20~30天只冻不消的现象，其余处于冻化间期状态。

霜期 初霜期多年平均出现在10月15日，最早在9月29日，最晚为10月30日。终霜期多年平均出现在4月9日，最早为3月19日，最晚为5月13日。历年平均无霜期189天，最长为219天，最短为162天。

动物候 青蛙、蛤蟆于每年的3月中旬出蛰，4月中旬始鸣，9月上旬终鸣。大雁3月下旬由南向北过境飞往，10月中下旬过境南去。蛇于3月下旬出蛰，10月中下旬蛰伏冬眠。家燕清明节归来，9月上旬迁去。蝉于6月下旬出蛰，7月上旬始鸣，8月中上旬产卵盛期，10月中旬终鸣陆续死亡。

植物候 农谚曰：“白露早，寒露迟，秋分种麦最适宜。”沂源县小麦播种时间一般在10月15日左右最适宜。来年3月返青，4月拔节，5月抽穗、扬花、灌浆，6月上旬成熟收割。夏玉米套种一般在5月下旬，7—8月上旬抽穗扬花，9月中旬成熟收割。春地瓜一般在谷雨插秧，夏地瓜在6月中旬插秧，10月中下旬收获。果树冬芽一般在3月底萌动，4月中旬开花，8—10月成熟，10月下旬开始落叶。枣树4月下旬发芽，5月中旬开花，9月中旬成熟，10月下旬落叶。花椒4月上旬吐叶，5月开花，7月中旬成熟，10月落叶。白杨树3月上旬发芽，中旬开花，4月初展叶，10月下旬落叶。

土地资源

地貌特征 沂源县位于山东省中部，地处鲁中脊部，西北部鲁山主峰海拔1108.3米，东南沂河谷底海拔176米，平均海拔401米，全县最大高差900米以上，在全省平均海拔最高，有“山东屋脊”之称。县域内大小山头2075座，山头海拔多在500米左右，属低山丘陵区，地势沿沂河流向自西北向东南倾斜。大小河流1530条，水库114座，是沂河、弥河、汶河“三河之源”，系山东省主要河流发源地之一。

域内地形复杂，山峦起伏，沟壑纵横，地貌类型较多，主要有中山、低山、丘陵和山前倾斜平地等种类。中、低山和丘陵面积占全县总面积的99.3%，山前倾斜平地仅占0.7%。有七分岭三分田之称，是典型的山区县。根据全县地形走势及自然生态特点划分为四个自然区：北部高山区，谷深山陡，降雨较多，光照时数少，昼夜温差大，作物成熟较晚；中部平洼区，多为平原丘陵，土层深厚，红黏土较多，水资源丰富；南部低山峡谷区，水源条件差，山地较多，土质黏重；西部丘陵区，山坡平缓，砂土较多，土壤松散，潜水资源较丰。

中山 面积6.8平方公里，占总面积的0.4%。分布于西北部、北部的南鲁山镇，海拔800米以上，相对高度400米以上。地势险峻，沟深谷幽，坡度≥30°，不少地方达到45°以上。基岩是花岗岩和片麻岩为主的酸性岩。土层厚度少于30厘米，只能植草种树，发展林牧。

低山 面积766.2平方公里，占总面积的44.2%，是沂源县主要的地貌类型。分布于各乡镇，海拔400~800米之间，相对高度300米。其中砂石低山分布于西南部和东部，山岭低缓，沟谷开阔，土质低劣，砂砾含量高；青石低山分布于南部和北部，山势陡峭，沟谷深邃，坡度在20°~30°之间，土层10~40厘米，裸岩较多，水土流失严重。除小部分可发展经济林外，其余只适宜种草和防护造林。

丘陵 面积850.53平方公里，占总面积的51.99%。海拔200~400米之间，相对高度低于200米，全县均有分布。主要分布于鲁村、南麻、悦庄、东里、西里等地。丘陵的中上部多为岭坡梯田，土层20~30厘米，砂砾含量高，缺肥少水。丘陵中下部土层40~60厘米，土质较好，有较好的保肥保水能力。

山前倾斜平地 面积12.12平方公里，占总面积的0.7%。主要分布于鲁村、南麻和悦庄3个镇周围及沂河西岸。海拔180~300米之间。地势平缓，土层厚，上松下紧，保肥保水能力强，地下水位浅，水浇条件好，适种范围广，是沂源县种植业高产区。

土壤类型 沂源县可利用土地面积240.17万亩（16万公顷），土壤种类分为棕壤、褐土、潮土3个土种、8个亚种、18个土属、56个土种。

棕壤 分为3个亚种、6个土属、20个土种。亚种是棕壤性土、棕壤、潮棕壤。成土母质多为花岗岩或片麻岩风化物，土棕色。面积108.39万亩，占全县可利用土地面积的45.13%。主要分布在大张庄、鲁村、南麻、悦庄、张家坡等乡镇。棕壤性土，俗称粗砂土、火石渣子土。主要位于山岭薄地，土质松散、瘠薄，发小苗不发老苗；典型的棕壤，俗称黄泥头、当家地，主要位于山前平地，土层深厚，保肥保水性好。潮棕壤土，俗称涝场土、老淤土，主要位于棕壤地带的下部或沿河，全县面积较少，土层深厚，地下水位浅，适宜农作物生长。

褐土 分为褐色性土、淋溶褐土、褐土、潮褐土4个亚种。成土母质多为石灰岩、钙质岩、页岩风化物，少数由基性岩或非石灰岩、页岩发育。面积127.58万亩（85058公顷），占全县可利用土地面积的53.12%。主要分布在燕崖、中庄、西里、东里、石桥、南麻、南鲁山、鲁村等乡镇的青石山区。褐色性土，俗称石渣土，位于青石山上部，土层浅薄，水土流失严重，土质粗劣，含大量砾石，适宜耐旱作物。淋溶褐土，俗称老白塘土、老姜瓣土，主要位于低缓丘陵、山前扇形地、倾斜平原及河谷高阶地。成土母质复杂，属褐土和棕壤的过渡类型，发育在青石山地带的红色粘质土，占可利用土地面积的8.6%。俗称红黏土、老黄土。发老苗不发小苗。典型褐土，成土母质由碳酸盐石风化而成，具有明显的粘化作用和钙化反应，土壤呈中性或微碱性反应，多属坡麓梯田、沟谷梯田和近山阶地，土层深厚，适宜多种作物种植，县域内面积较少。潮褐土，俗称夜潮土，主要分布于东里、西里、燕崖、大张庄四个镇的沿河平缓地带。土层深厚，水位较浅，保肥保水性好，属高产稳产田。

潮土 俗称河淤土、夜潮地。县域内只有亚种潮土一个种类，面积4.2万亩，占全县可利用土地面积的1.8%。零星分布于南麻、鲁村、悦庄、大张庄等沿河两岸。地势平坦，地下水位较高，土层深厚，河流沉积发育而成，易耕作、抗旱性强、透气性好、为高产土壤，适种作物广泛。

全县土壤突出特点：垂直分布明显，因高度不同，其土层厚度、土壤种类、理化性状、肥力状况有明显差异；适宜多种作物、林果、药材及野生植物生长；土壤肥力较低，水土流失严重，生产力低；土地后备资源较多，但土层薄，水、气条件恶劣，利用难度大。

土壤理化形状 全县土壤质地划分为3类，即砂土面积80万亩，占可利用土地面积的33.31%；砾石土面积73.37万亩，占可利用土地面积的30.55%；壤质土（砂壤土、轻壤土、中壤土、重壤土）面积86.8万亩，占可利用土地面积的36.14%。耕层土壤容重偏大，高于1.1~1.3克/立方厘米的适度。如河潮土亚类为1.39~1.48克/立方厘米，潮棕壤亚土为1.35~1.36克/立方厘米，主要是有机质不高所致。土壤构型分4种，即薄土层型面积180.36万亩，占可利用土地面积的75.1%；均质型面积54.63万亩，占可利用土地面积的22.75%；夹砂型面积2.46万亩，占可利用土地面积的1.44%；夹砾石型面积1.7万亩，占可利用土地面积的0.71%。耕层土壤总孔隙度在44.2%~56.6%之间，毛管孔隙度在35%~46%之间。河潮土总孔隙度均低于5%。田间持水量随质地的细度而增加，砂壤土为14.3%，轻壤土为19.1%，中壤土为22.2%。

1983年全县第二次土壤普查耕地土壤养分平均值是：有机质0.87%，全氮0.061%，碱解氮55PPM，速效磷4.7PPM，速效钾111PPM。按照全国土壤养分分级标准，速效钾含量属于第三级，其他养分均属第五级。有机质不足，普遍缺氮，严重缺磷，部分缺钾。氮磷钾比例失调，为1：0.09，比值11.1。土壤养分属低水平。2010年，在悦庄镇2个村、西里镇3个村、大张庄镇1个村、鲁村镇1个村、南麻街道1个村、东里镇3个村、燕崖镇2个村、石桥镇2个村、张家坡镇2个村、中庄镇2个村、历山街道2个村，共计21个村实施土壤养分定点跟踪检测。2022年，21个土壤养分观测点土壤养分平均值是：有机质19克/公斤、全氮1.169克/斤、有效磷64.5毫克/公斤、速效钾247毫克/公斤。有机质属于三级，全氮属于二级，有效磷、速效钾属于一级。土壤有机质、氮、磷、钾养分含量均比1983年有较大提高，土壤肥力增强。

土地级别 土改结束时，为了合理负担田赋、税收、公粮，1959年，全县进行了一次土地丈量评级，以产定粮，划分为28个级差。1983年，按照全国第二次土壤普查八级评定标准，重新对土地进行了评级，全县二级地26.52万亩，主要分布于沿河阶地及南麻、鲁村、悦庄等乡镇山前倾斜平地；三级地42.29万亩，主要分布于各镇近山阶地和山丘中下部梯田，土地利用受限制较大；四级地65.56万亩，主要分布于各镇山岭中上部，对农业发展限制较大，主要适于林果业、牧业；五级地76.38万亩，主要分布在山丘中上部，以石桥、中庄、南鲁山、悦庄等镇最多，主要适于林果业和牧业；六级地（坡度≥25°）29.41万亩，主要分布于东里、西里、南鲁山、鲁村等镇山丘上部或顶部，主要适于林果业和牧业；八级地0.83万亩，主要为裸岩、石砾地，全县零星分布，不适于农业生产。全县没有一级地和七级地。

耕地面积 全县土地总面积245.35万亩，已利用土地面积206.43万亩，占土地总面积的84.14%，未利用土地面积38.92万亩，占土地总面积的15.86%。

1945年，全县耕地面积49.57万亩。新中国成立后，坚持以粮为纲，全县农业工作重心转移到发展粮食生产上，把解决吃饭问题放在突出位置，治山治河，大造基本农田，耕地面积逐步增加。1949年，耕地面积达到66.7万亩，比1945年增加17.1万亩，农业人口人均占有耕地2.9亩，是沂源农业发展史上耕地面积最大的时期。1949—1969年期间，耕地面积一直稳定在60万亩以上。1970年后，因工业化发展、基础设施建设、国家征用等非农用地增加，耕地面积突破60万亩下限，呈逐年下降趋势。1970年为58万亩，农业人口人均占有耕地1.38亩，比1949年人均减少1.52亩。

1964年下半年响应全国号召，在全县掀起了农业学大寨运动，以生产大队为单位开垦荒山、填河造田、整治卧牛沟，建设高标准农田，弥补了因非农用地增加而减少的耕地面积。1970—1990年，全县耕地面积一直稳定在50万亩以上，1990年为52.36万亩，比1970年减少5.64万亩，减少幅度为9.72%，年均减少0.28万亩。

1991年以后随着国家征用、集体占用、农村建房、退耕造林及黄庄镇划归莱芜后，全县耕地面积突破50万亩下线。1991—2000年，耕地面积稳定在40万亩以上。1991年为48.76万亩，2000年为43.44万亩，年均减少0.59万亩，降幅为1.21%。2001—2002年稳定在30万亩以上，2001年为39.74万亩，2002年为33.41万亩，比2000年减少10.03万亩，减少幅度为30%。2003年，耕地面积突破30万亩下线，一直到2022年稳定在20万亩以上，2011年达到历史最低，为20.88万亩，比1949年减少45.82万亩，减幅68.7%，是全县耕地面积最少的年份。

2006年，国家制定《国民经济和社会发展第十一个五年规划纲要》，要求坚守18亿亩耕地面积红线不动摇，牢固树立“饭碗端在自己手里”理念。县委、县政府严格管控非农用地，推行退林还耕，拆除违建等刚性措施，耕地面积有所增加。2022年达到27.06万亩，比2011年增加6.18万亩，增长29.59%。

农业耕地面积变化表

单位：万亩

年度＼项目	耕地面积	变化幅度（%）	备注
1949	49.57		
1955	65.80	32.74	
1960	61.80	−6.08	
1965	60.30	−2.42	
1970	58.00	−3.81	
1975	57.33	−1.16	
1980	55.98	−2.35	
1985	54.79	−2.13	
1990	49.90	−8.92	
1995	46.29	−7.23	
2000	43.44	−6.16	
2005	35.95	−17.24	
2010	40.56	12.82	
2015	44.24	9.07	
2020	45.83	3.59	
2023	27.20	−40.65	

水资源

境内水资源主要来源于大气降水，没有客水流入。水资源的年际变化大，各年丰枯悬殊，最大年际降水量是最小年际降水量的4倍。年内降水不均，春季占14%，夏季占64%，秋季占18%，冬季占4%。7、8月降水量最集中，占全年降水量的51.7%。6—9月的降水量占全年的75.4%。受地形影响，北部山区、东南部沂河谷地为多雨区，鲁村洼地为少雨区。生态环境对降水影响也很大，降水程度以7月最大，1月最少。

地表水 据全县农业资源调查，境内地表水全部来自大气降水。全县多年平均降水量为129026万立方米，径流量50815万立方米，占降雨水量的39.38%。可利用水量8022万立方米，占径流量的16%。工程拦蓄量7357.2万立方米，占径流量的14.5%。

地下水 全县地下水静储存量34084.24万立方米，调节储量1749.77万立方米，动储量877.7万立方米，总补给量14321万立方米，潜水蒸发量1766.06万立方米，净补给量12555万立方米，入渗补给量年均13483.5万立方米，多年平均可采量8941.69万立方米，实际开采量6034.4万立方米，占补给量的44.75%。地下水总储量36712万立方米。地下水分布极不均衡，富水区面积较少，只有306.8平方公里，占全县总面积的18%，且集中于鲁村、南麻、悦庄及沂河两岸。一般富水区面积787.64平方公里，占全面积的46%，多分布于西里、鲁村、燕崖、东里、中庄等镇。贫水区面积635.73平方公里，占总面积的36%，多分布于大张庄、张家坡、石桥、南鲁山等镇。

水质 境内地表水、地下水属重碳酸盐类型，pH值在7.3~8.2之间，呈中性和弱碱性反应，矿化度在116~508毫克/升之间，总硬度在3.3~10.8德国度之间，属软水，适宜于人畜饮用和农田灌溉。只有鲁村冯家沟、崔家峪、杨家岭、上下土城，大张庄镇南堰6个村的地下水含氟量大于1毫克/升，已实施防氟改水工程。

水资源供需现状 全县水资源供需情况，按不同典型年份计算：丰水年可利用量为2.06亿立方米，平水年可利用量为1.66亿立方米，偏枯年可利用量1.37亿立方米。平水年，全县农业用水8631万立方米，人畜用水557万立方米，共用水12207万立方米，余水1477万立方米。按典型年P=75%，水资源可利用量12995万立方米，国民经济各部门需要量16397万立方米，缺水3402万立方米。

水系 沂源县地势高，无客水过境。沂河、弥河、汶河均发源于境内，形成3条水系。

沂河水系属淮河流域，主要河流是沂河。沂河源头，历史文献记载不一。《水经注·沂水》注：“沂水出泰山盖县艾山。”《禹贡锥指》胡谓言：“今沂水实出雕崖山，北去东泰山尚五十余里，则古沂水当即指此。”《清史稿·地理志》注：“沂水三源。

郑氏主中原，出沂山；班式主东源，出临乐山；桑式主西源，出艾山。经龙洞山而合，东入沂水。”《沂水县志》（清康熙十一年修）：沂水三源，西源发源于绞岭西北刘家庄小泉，东北流转西，经艾山之阴；东源发源于王峪岭北之水盈泉，北流至大张庄南，又北经临乐山合狗跑泉；中源出自雕崖山南之通厂峪北，经雕崖山东，自龙洞山北、栗山南，三川汇而合一。《山东省情》《壮丽的山河》《临沂地区概况》等，分别将沂河源头说成三府山南麓、龙子峪和鲁山。1988年10月，水利部治淮委员会专家唐涌源、水利部沂沭泗局沂沭河管理处柏蒖、山东省临沂地区水利局刘国强等来沂源县会同县水利局进行实地勘察，认为沂河有4源：发源于鲁村镇龙子峪村西南小黑山北麓的徐家庄河（流域面积170平方公里、河长20.13公里，河水流量最大）；发源于大张庄镇老松山北麓的大张庄河（流域面积97.7平方公里、河长29公里）；发源于大张庄镇张家旁峪南山的南岩河，又称仁里庄河（流域面积89.4平方公里、河长23.84公里）；发源于大张庄镇狼窝山北麓的高村河，又称田庄河（流域面积52.3平方公里、河长17.42公里）。2021年10月，水利部淮河水利委员会、沂沭河水利管理局根据划界数据，按照河源唯远原则，确定大张庄镇松山北麓为沂河发源地，沂河水利管理局在松山村西设置“沂河源”标识。

沂河主河道由田庄水库流向东南，从韩旺西南部流出县境。境内长84.6公里，河床最宽处800米，最窄处百余米，流域面积波及15个乡镇，共1462平方公里。主要支流有石沟河、仁里庄河、包庄河、大张庄河、田庄河、螳螂河、十八转河、儒林集河、北石臼河、悦庄河、石桥河、燕崖河、杨家庄河、石井河、韩庄河、苗庄河、大泉河、马庄河、唐庄河、长旺河、马连庄河。螳螂河发源于鲁山西南部的三府山，向东南流经土门镇、南麻镇，由北向南穿越县城，在城区南部汇入沂河，全长27公里，流域面积187平方公里。故《水经注·沂水》称螳螂水，“出鲁山，东南流，右注沂水”。

汶河水系在境内的主要支流有丈八丘河、黄庄河，流入莱芜区；新汶河流入新泰市。3条支流在境内段长均超过10公里，流域面积144平方公里。

弥河水系在境内主要支流有两县河、三岔河，流入临朐县。境内段长19.6公里，流域面积114.1平方公里。

林业资源

沂源县属暖温带山区，山多地少，地形复杂，适宜多种树木生长。树种之繁，分布之广，居山东省前列。尚存千年古树2株，500年以上的针叶树和200年以上的阔叶树230多株。其中300年以上的古槐100多株。抗日战争前，境内有林地面积10万亩，各种果树200多万株，主要是天然防护林和桑果林，森林覆盖率为3.7%。1938—1948年因战乱，林木遭受严重破坏。1949年，全县有林地面积3.3万亩，多为残次林，森林覆盖率1.1%。绝大部分山头成为光山秃岭，水土流失严重。新中国建立后，县委、县政府提出“靠山吃山，吃山养山”口号，领导全县人民大力发展林业，年年封山造林，从无间断。由于政策多变，林牧矛盾处理不当，特别是人民公社化初期和“文化大革命”时期受“左倾”错误影响，逐渐发展的林业遭受严重破坏，起落不定。1957年山林入社，1958—1960年，全县共滥伐成材林1.75万亩，开荒毁林1.05万亩，放牧毁幼林4.2万亩。1975—1977年，缩河造地和荒山开垦毁林11万亩，农民宅院的四旁树和自留山的树木损失80%。1978—1981年，农业体制改革初期，政策不完善，全县滥伐乱砍林木5万亩，毁地边桑30万株。1983年，随着农业内部结构调整加快推进，农林牧副渔得到协调发展，山林承包，大力发展经济林，林业逐渐成为农村经济支柱产业之一。2022年，全县林业产值64157万元，增加值47139万元。林业产值比1949年增加64150万元，是1949年的9164.28倍；比1990年增加62713万元，是1990年的43.43倍。全县森林覆盖率达到58.6%，比1949年增长57.5%。

林地资源 2024年，全县林业用地面积81.1万亩，占全县总面积的33%。其中有林地面积64.9万亩，占林业用地面积的80.1%。疏林地面积7万亩，占有林地面积的8.6%。未成林造林地面积3万亩，灌木林地面积3.6万亩，乔木林地面积64.9万亩，无林地面积2.2万亩，苗圃地面积0.5万亩，经济林（果园）面积83.2万亩（经济林为园地不包含在林地内）。

树种资源　林果类有56科、123属、236种，覆盖针叶、阔叶类和乔木、灌木类。有地方品种，也有南方和北方外来树种。

用材林和防护林树种有182种、29个变种，其中乔木99种、14个变种。主要有赤松、油松、黑松、落叶松、雪松、华山松、白皮松、侧柏、水杉、银杏、刺槐、国槐、臭椿、楸树、苦楝、泡桐、麻栎、栓皮栎、黄连木、楸树、斛树、加杨、青杨、毛白杨、欧美杨、柳树、榆树、枫杨、构树、黄栌、悬铃木、梓树、五角枫、栾树等。

经济树种有51种、17个变种。鲜果类主要有苹果、梨、桃、杏、樱桃、石榴、李子、葡萄等。干果类有核桃、板栗、大枣、山楂、柿子、软枣等。特用经济树有桑树、花椒、香椿、茶树等。条用经济树有棉槐、白腊、杞柳等。稀有经济树有杜仲、漆树、乌柏、文冠果、沙棘、木瓜等。经济树已成为全县经济收入的重要资源。2023年，全县干鲜果品总产89689.37万公斤，其中鲜果48879.16万公斤、干果40810.21万公斤。

古树　县域内存有千年以上古树5株。荆山寺有1株银杏，系隋代栽植，距今1400余年。树高26米，胸径1.69米，冠覆600平方米。燕崖镇青牛山下神清宫有1株油松，树龄千年以上，称为“千年虎皮松”。树高15米，胸径1米，冠覆300平方米。鲁村镇安平庄栖真观有1株“母子银杏”，树龄约千年，高26米，胸径2.4米，冠覆500平方米，在树干基部南北两侧各生出1株小银杏，高5米，胸径分别为30和50厘米，故名母子银杏。鲁村镇徐家庄中学有一株圆柏，树龄1400余年，树高约12.5米，胸径约2.4米。南宋末年，著名道教高士丘处机云游到此，见此处依山傍水，风景旖旎，风水极佳，于是依山建观，留弟子于此布道，香火鼎盛。元军南下毁观逐道。后鲁村洪福寺高僧洪增法师遣弟子弥砚布施化缘，重修原址，改观为寺，初名释迦寺，后因寺旁“汇泉”，更名汇泉寺。自此香火兴盛，寺院建筑日渐完善，店庙之侧多植桧柏，历经千年，参天入云。1944年，寺院毁于战火，但众多古柏依然屹立。“大跃进”时期，古柏多遭砍伐，仅余1株。中庄镇杓峪村有1株侧柏，树龄1200余年，树高约8米，胸径约2.25米。全县500年以上的针叶树和200年以上的阔叶树有20余种、230余棵，300年以上的古槐有100余棵。偏良山有2株古槐，树龄约500余年。大张庄镇明末峪村有1株400年以上的古槐。南鲁山镇南水沟村陶家院内有1株古槐，距今约400年。全县300年以上黄连树有3株，南鲁山镇璞邱村和芝芳村各1株，历山街道东鱼台村1株。张家坡镇前瓜峪村有1株酸枣树，树龄300年，高10米，胸径约60厘米。

珍稀树　织女洞有县内唯一的叶籽银杏1棵，叶子上结果，国内罕有。土门镇政府院内有1株树龄60年左右的流苏（油公子）。鲁村镇姬家峪村有1株百岁文冠果。大张庄镇土眉峪村有一株50年左右的杜仲。鲁山、织女洞、毫山林场各有老椴树数株。

林场　全县有国营林场2处，总经营面积56253亩，其中林业用地53502亩，有林面积51745亩，占林业用地面积的96.71%。

鲁山林场，1957年建立（前身是1950年建立的省立鲁山林场黄崖分场）。场区以鲁山为主，横跨鲁山南北麓。1951年，经省政府批准，北麓划归博山县。场区跨土门、鲁村、南麻3镇，东西长17公里，南北宽7公里，分为鲁山、孟坡、芦芽3个林区。场部设在鲁山林区，历经几次边界调整，经营面积35841亩，其中林业用地34851亩，林地面积33607亩，占林业用地面积的96.4%。

织女洞林场，2021年林场体制改革，由织女洞林场（原）、毫山林场和松山林场3个林场合并组建成织女洞林场，位于燕崖镇、大张庄镇、石桥镇、东里镇、张家坡镇境内，分设织女洞、毫山、松山3个营林区，场部设在织女洞营林区。经营面积20413亩，其中林业用地18651亩，林地面积18138亩，占林业用地面积的97.2%。其中织女洞林场（原）于1950年建立，位于燕崖镇境内，分设织女洞、神清宫、圣佛院、两股夹、木口峪等5个林区，场部设在织女洞。经营面积5288亩，其中林业用地5016亩；松山林场于1959年建立，位于大张庄镇境内，场部设在明末峪村。1989年清山划界后，经营面积5527亩，林业用地5493亩；毫山林场于1959年建立，场部设在石桥镇茅子峪村。场区分为两片，一片在茅子峪以东至临朐九山林场连界，一片在东里镇的唐山。1989年清山划界后，经营面积1.14万亩，林业用地1.14万亩。

社办林场，1963年，全县有社办林场15处，经营面积3万余亩。20世纪70年代末达5万余亩。营造用材林6300亩，经济林1900亩。1986年，保留经营良好的社办林场7处，分别是土门镇胡林林场、三岔乡丝窝林场、悦庄镇马家峪林场、东里镇西寺林场、张庄乡曹家庄林场、双庙林场、石桥乡上水帘林场。经营面积14240亩，有林面积1.02万亩。其中用材林8950亩、防护林415亩、经济林790亩、速生丰产林37亩。20世纪90年代初社办林场取消，归有关村集体所有。

村办林场，农业合作化时期兴办。1980年，全县村办林场有700多个，有林地面积47万亩。1983年起，村办林场承包到户或组，归村集体所有。

病虫害防治 县域内主要林业有害生物有37种，主要有杨树溃疡病、杨树黑斑病、泡桐丛枝病等。虫害主要有光肩星天牛、双跳山天牛、杨扇舟蛾、杨小舟蛾、微红梢斑螟等。松林主要林病虫害为日本松干蚧、松墨天牛、微红梢斑螟。侧柏林主要病虫害为双跳山天牛、侧柏叶枯病等。杨树主要病害主要是溃疡病、黑斑病、美国白蛾、光肩星天牛等；刺槐病害主要是锈色粒肩天牛、木檫尺蠖等。20世纪90年代前，林业病害每年发生面积5万～10万亩，有害生物每年发生面积10万～30万亩。主要采取化学药物防治、物理防治和生物防治相结合的方法。

松毛虫危害最大，且呈毁灭性。1952年，东里区紫荆峪、南流泉2个乡首次发现赤松毛虫，7个村的750亩赤松林叶片被全部吃光。1963年，东里、张庄、石桥、悦庄、张家坡等公社普遍发生松毛虫，受害面积10万余亩，虫口密度每株树100～500条松毛虫。60年代末，年年都有大面积虫灾发生。1971—1972年，用飞机喷药防治，以毫山林场和松山林场为中心，喷洒松林面积4万亩。1980—1990年，年年有虫害发生，防治及时，都未成灾。

虫害天敌主要有益鸟、益兽、寄生性昆虫、扑食性昆虫及致病微生物等。保护林木效果好的有啄木鸟、猫头鹰、灰喜鹊、大山雀、杜鹃、肿腿蜂、赤眼蜂、寄蜂、花绒坚甲、小寄蝇、僵菌、松毛虫杆菌等。1982年，织女洞林场和鲁山林场开始驯养、繁殖灰喜鹊、啄木鸟、猫头鹰等益鸟防治松、柏毛虫和刺槐尺蠖虫害，每年节约费用5万多元。

本世纪以来，坚持预警与防治并重，采用飞机防治、打孔注药、病枯死木清理等综合防治措施，病虫危害程度逐步减轻，常年危害面积在3万～4万亩左右，因科学防治，没有成灾，造成林木损失。

耕作制度

种植区划

沂源县是典型的山区县、农业县，山多地少。1983年前，坚持以粮为纲，生产粮食、解决口粮是农业发展的重中之重。县域内根据自然环境和土壤地力条件差异，主要种植玉米、小麦、地瓜、谷子、大豆、高粱、小杂粮等粮食作物和花生、棉花、黄烟等经济作物。

南麻、鲁村、悦庄等区域土层深厚，土壤肥沃，水源条件较好，以种植小麦、玉米为主，粮食产量高而稳定，是全县粮食生产的重点区。这3个镇交通方便，离县城较近，有长期种植蔬菜的传统习惯，是全县蔬菜种植主要产区。20世纪70年代前，东里公社是全县棉花种植主要产区。1978年国家取消棉花统购计划，东里公社不再种植棉花，调整为种植粮食作物，规模较大，成为全县粮食主产区之一。

地瓜、谷子、高粱及小杂粮等属耐瘠薄、耐干旱农作物，各地山岭薄地均有种植。其中燕崖、中庄、南鲁山、西里等乡镇山岭薄地多，是种植地瓜、谷子、高粱、小杂粮的主要产区。燕崖是全县地瓜栽植面积最大的乡。

三岔、悦庄、石桥等区域大部分土质为红、黄质黏土，是栽植黄烟的最适宜土壤，是全县优质黄烟的主产区。20世纪30年代三岔区域开始栽植黄烟，烟叶质量上乘，是全县优质黄烟主产区。

花生喜砂质土壤，大张庄、张家坡、徐家庄等区域土壤属花岗片麻岩发育而成的棕壤土，砂性大，适宜花生生长，是全县花生主产区。其中大张庄镇花生面积最大，占全县花生面积的30%以上。

1983年，沂源县立足当地自然特点和生态条件，挖掘山区潜力，走靠山吃山发展之路，确立“一块基石保稳定，六柱合力奔小康”发展蓝图，不断优化调整农业产业结构，发展高效特色农业，农民收入逐年增加。其中中庄、燕崖、西里、东里、张家坡等乡镇是全县苹果主产区，果品生产面积占全县面积的80%以上；燕崖、中庄、南麻3个乡镇是大樱桃主产区，面积达4.43万亩，占全县的84.91%；大张庄、东里、西里3个镇是桃发展重点区，面积达6.38万亩，占全县面积的57.42%；悦庄、鲁村、南麻3个镇是蔬菜生产重点区，面积达到4.23万亩，占全县面积的64.19%；鲁村、大张庄2个镇是花生主产区，面积达2.65万亩，占全县的53.1%；悦庄、鲁村、石桥3个镇是中药材主产区，面积1.24万亩，占全县的71.26%；鲁村、悦庄2个镇是玉米、小麦等粮食生产主产区，播种面积占全县的60%以上。

熟制结构

新中国成立初期，农业生产主要沿用传统的春种秋收，一年一熟制和两年三熟制。一年一作作物主要是地瓜、春玉米、谷子、棉花、花生、高粱等。1949年，一作作物播种面积40.3万亩，占播种面积的60.4%；两年三作作物主要是小麦、玉米，播种面积20.46万亩，占播种面积的30.7%；一年二作播种面积5.97万亩，占播种面积的8.9%。粮食作物复种指数为120.3%，总复种指数为124.3%。1970年，小麦、夏玉米成为一年二作的主要作物，面积达16.3万亩，占播种面积的28.7%。两年三作作物比1949年大减，仅为3.8万亩，占播种面积的6.6%。一年一作作物为37.9万亩，主要是地瓜、花生，占65.3%。1989年，一年二作作物为23.27万亩，占40%，两年三作作物为1.96万亩。1984—1989年粮田复种指数为162.1%，比1949年增加41.8%，总复种指数为143.8%，比1949年增加19.5%，粮田复种指数变化大于总复种指数。

2010年，玉米、小麦等粮食作物效益低，播种面积大幅减少，主要播种春玉米，一年一作。2012年，全县玉米播种面积11.22万亩，小麦播种面积0.48万亩，比1986年玉米减少11.44万亩，小麦减少23.63万亩，收获后耕地闲置，基本不再复种。

间作套种

间作为农业传统种植模式。新中国成立初期，主要间作模式有玉米间作大豆，地瓜间作玉米（地瓜为主），花生间作玉米、芝麻，春地瓜间作马铃薯，谷子间作高粱（称满天星播种），谷子混种大豆，棉花、花生混种芝麻，地堰边间作南瓜、冬瓜、山豆角、红豆等。1958—1965年是农作物间作最长的时期，有四间三不间的生产经验。四间是禾本科与豆科间作，匍匐作物与直立作物间作，早熟作物与晚熟作物间作，矮棵作物与高棵作物间作。三不间是禾本科作物不与禾本科作物间作，丛生作物不与匍匐作物间作，两个品种不适应近似土壤的不间作。20世纪60年代，还有三沟地瓜间作一行玉米，三沟地瓜间作两行黄烟，黄烟间作萝卜等。70年代后，单播作物产量逐步提高，间作面积逐年减少，90年代以后，推广玉米、大豆同穴播种，棉花地里间作大豆、芝麻等，但面积较小。1993年，在石桥乡石龙官庄村推广大沟麦，在小麦地里间作蔬菜、花生等复种模式。

20世纪60年代初，推广套种模式，多在土层深厚，肥水条件较好的一季两作地块，充分延长后播作物生长期，避开不适宜作物生长的气候条件，合理调整茬口。60年代末，主要套种模式是小麦田里套种夏玉米，播种小麦时采用大小行，提前留出套种行间，在小麦收获前半月内套播玉米，不影响小麦生长发育，玉米生长期延长半个月时间，利于玉米增产。1975年后，小麦田里套种夏玉米成为玉米播种的主要播种方式，占全县夏玉米播种的80%以上，增产效果明显。其次，地瓜套种棉花、玉米，小麦套种花生，春马铃薯套夏玉米，地瓜套春马铃薯，马铃薯收获后再套种小麦，春玉米套种早熟蔬菜，蔬菜收获后再套种小麦，一年三收。春马铃薯套蔬菜三作三收。春马铃薯套春玉米，马铃薯收获后再套早熟秋菜，秋菜收获后再套种小麦，四作四收。

轮作换茬

轮作换茬是农业生产中主要种植模式，是培肥地力、减少病虫害、提高作物产量的一种重要技术措施，有换茬如换土之说。青石山地块，一年一作单季田，主要是地瓜、谷子、高粱轮作或地瓜、黄烟、棉花轮作，砂石山地块，花生、地瓜轮作；双季田，主要是小麦、玉米实行换种换茬轮作。在果树栽植上，果农也十分注重换茬轮作树种，栽过苹果的地块，下一茬不能再栽植苹果，更换梨、桃、葡萄等其他异类品种，或改换栽植穴，不再在同一穴点栽植，否则果树长势不好，出现“小老树”（树体长势缓慢）情况，病虫害增多等问题。

农业耕作

牛耕农业最早始于春秋战国时期，铁器的产生发明了铁犁，带动了牛耕农业的发展。牛耕农业淘汰刀耕火种农业，标志着生产力的进步和“井田制”的解体。20世纪70年代前，境内农业耕作完全依靠牛力和人力，属牛耕农业时代。

20世纪70年代，牛力耙地

1945年，全县有耕牛14150头，其中地主、富农占有5613头，占总量的39.67%，户均耕牛1.98头；中农、贫农有耕牛8537头，占总量的60.33%，户均耕牛0.21头。人民公社期间，牛是生产队重要农业劳动力，由生产队集体管护饲养。每个生产队都饲养几头牛，固定专职饲养员，负责牛的日常管护。春耕备播季节是牛最忙碌的季节，从早到晚耕作不息，辛勤耕耘，叫作歇人不歇骡，晚间饲养员给牛添加豆饼、瓜干、玉米等精料，让牛吃饱喝足，白天耕地。1952—1970年，全县年存栏在1.6万头以上。其中1955年、1969年，年存栏均为2.09万头，每个生产队平均饲养4头，是沂源耕牛发展史上最高年份。每年春耕备播季节，天刚刚放亮，老远听见“喝牛”声，鞭子甩得啪啪响，犁地的师傅肩上扛着铁犁，一手牵着牛，一手拿着鞭子，匆匆走向农田，开始一天的劳动。

1960年，拖拉机开始在农业生产中使用，标志着农业由牛耕时代向机耕时代迈进。1976年，县委、县政府提出“到1978年全县实现农业机械化”目标，推动农业机械化加快发展，农业机械化耕作水平逐步提高。1983年，中央出台《当前农村经济政策的若干问题》政策，对农业机械配置政策进行了调整，允许农户个体或联户购置农用拖拉机，农用拖拉机走进家庭，农业机耕率大大提升，农业耕作进入机耕时代。1983年，全县农业机械总动力达到12.8万马力。其中农用大中型拖拉机为2.19万马力，小型拖拉机7573马力，占农业机械动力的23.03%。全县机耕面积14.09万亩，占耕地面积25.27%；机播面积5万亩，占粮食播种面积的7.85%。全县购置拖拉机的大队有589个，占全县大队总量的87.79%。同年，全县耕牛存栏4792头，比1969年减少1.61万头。拖拉机耕作基本替代了牛耕和人耕，成为农业耕作的主要方式。

1984年，全县推行家庭联产承包责任制，土地承包到户，生产队解散，集体拥有的拖拉机、牛

20世纪80年代，拖拉机耕地

等生产资料被处置，耕地大田变小田，多数地块不适宜机械耕作，许多农户又拿起镢、锨、锄等传统农具耕作，人力劳动成为主要耕作方式，全县机械化耕作水平下降。2000年后，调整农业产业结构，高产高效农业面积增加，粮食作物面积减少，不适宜大型机械和拖拉机耕作，农业耕作机械向小型化、旋耕化、功能化、智能化等多用途转变，农业机耕化水平提高。2004年，国家出台大中型农用机具购置补助政策，农民购置农耕机械的积极性提高，农耕机具种类逐年增多。2023年，农业机械装备总动力达到43.95万马力，其中农用拖拉机3482台，排灌动力机械2.7万台，农业综合机械化率达58.9%，农业耕作化率95%以上，基本实现机耕、机收、机播、机运、机脱等农业生产机械化。

自然灾害

旱　灾

旱灾是境内主要自然灾害之一，发生频繁且灾情严重。有十年九旱、秋旱如刀割说法。降水年际变化大，经常出现全年干旱或连年干旱，春旱、夏旱、秋旱时有发生。春旱一般2年一遇，夏旱2~3年一遇，秋旱2年一遇。

1981年，1—9月降水量为408毫米，造成汛期不汛，河塘干枯、水源枯竭，水利工程无法发挥效益。全县150个生产队、8.5万人吃水困难。除东里、石桥、张家坡外，11个公社旱灾风灾严重，全县农作物受灾面积56万亩，成灾45万亩，绝产

张家坡公社陈家沟大队社员在做气象预测（1979年）

1.5万亩。粮食作物比上年减产2500万公斤，全县2400个生产队、30万人口粮不足。

1982年，县域内春旱长达120天，无水浇条件的小麦几乎绝产，夏粮减产56%。

1983年，全年少雨，夏秋连旱历时60天，汛期不汛，雨季无雨，河道干涸，库塘无水，全县160个村庄人畜用水困难，夏粮9万亩绝产，花生2万亩绝产，春播作物4万亩绝产，干鲜果减产40%左右。

2002年，全年降雨330.2毫米，12个镇办467个村受灾，受灾作物65.5万亩，绝产10.75万亩；122个村、6.18万人，2.1万头大牲畜饮水困难；72个村水源干枯，2.55万人靠政府车辆送水，解决饮水困难。

唐山公社社员抗旱（1977年）

2010年10—12月，县域内基本没有降水，造成南麻、鲁村、悦庄、石桥等镇冬小麦受灾，受害面积3万亩。

2014年，全县持续干旱，农作物受灾面积6.45万亩，绝产0.48万亩；全县1.66万人、8270头大牲畜饮水困难，直接经济损失6460万元。

雹 灾

境内雹灾平均每年发生1~2次，一年中6月出现次数最多。雹灾常在局部地区成灾，其移动路径和强度受地形地貌因素影响。沂源县冰雹移动路径主要有5条：从三岔经悦庄、石桥、张家坡、东里、韩旺进入沂水；从莱芜经徐家庄、大张庄、燕崖、中庄盖冶、东里河南进入沂水；从鲁村镇李家泉、南麻街道刘家庄、燕崖镇井子峪到石桥镇大泉，与东路汇合后南移；从莱芜黄庄到大张庄镇石柱、松山进入蒙阴县县域内；从莱芜黄庄镇青冶行经大张庄镇松崮、鲁村镇四门地到悦庄镇消水一带消失。降雹日期分布不均，持续时间各异，一年中3—11月均有发生，春末夏初最为集中，4~6月占全年的55%，6月最多，占总数的25%。降雹时间少则1~2分钟，长则半小时以上。冰雹直径一般在2~10毫米。

1944年建县以来，遭遇的重大雹灾：

1953年5月29日，张庄区、徐家庄区冰雹成灾，小麦绝产，高粱、谷子叶片被砸光，减产严重。

1964年4月23日下午2点，暴风雨加冰雹持续约1小时，高峰时间约10分钟，降水范围100多公里，冰雹落地两三指厚，风力七八级，雹粒大如核桃，小如黄豆。中庄公社、唐山公社，15个生产大队遭受雹灾，其中中庄公社的于家北坡、列里、社庄、倒坐崮、马连峪，唐山公社的柳枝峪、赵家庄、山西万等8个大队最为严重。受灾作物主要是小麦、地瓜苗和各种经济林木，小麦受灾1178亩，绝产69亩，减产约33.2%；冲淤地瓜苗炕47个、冲塌15个；冲毁春田245亩，其中80余亩不能耕种；冲塌地堰630余道，砸死羊4只，砸伤1人。桑树、柿子树、核桃树等被砸掉砸伤叶芽30%~50%，桃、杏、花椒、苹果等损毁花和幼果50%。

1965年6月19日，悦庄、燕崖、张家坡3个区降冰雹20分钟，大者如鸡蛋，农作物受灾面积1.05万亩。

1966年6月23日，全县普降大雨，局部暴雨间伴有八级大风、冰雹，造成黄庄、大张庄、鲁村3个区、11个大队受灾，农作物受灾面积6096亩，绝产1518亩；冲毁小水库3座、塘坝14处、房屋栏圈55间。

1967年6月8日，夜降雷雨和冰雹，大雹似鸡蛋，连降13~60分钟不等，胡家庄、刘家大峪一带1小时积冰雹307毫米厚，有6个区、19个小公社、97个大队、506个生产队受灾，受灾小麦3661亩，减产6350公斤；受灾春苗2400亩，绝产2100亩；受灾棉花2717亩，绝产277亩；5.3万亩果园成灾。

1983年5月20日，持续干旱60天，普降大雨伴有冰雹，张庄、唐山、徐家庄、黄庄、鲁村、土门、石桥、南麻等公社218个大队受灾，农作物受灾面积12.3万亩，小麦减产30.5万公斤；苹果、花椒、桑园减收30%~50%。

1987年8月19日，悦庄镇遭到暴风雨伴有冰雹袭击，最大风力达到9级，有45个村、1.3万户、3.16万人受灾，经济损失151.5万元。

1996年6月27日，东里镇、张家坡乡、鲁村镇遭受暴风雹灾，农作物受灾面积1245亩，成灾面积915亩，减产30%~50%不等；2100人受灾，受伤4人，损坏房屋240间，折倒树木1700棵。

1997年4月29日，悦庄、东里、石桥、燕崖等乡镇遭受雹灾，苹果、花椒、葡萄、黄烟等农作物受灾面积2.34万亩，成灾面积3200亩，减产30%~70%，受灾人口2.14万人。

1998年6月16日，燕崖、中庄、石桥、悦庄、东里、张家坡等乡镇遭受风雹灾，死亡1人；死亡牛、猪、羊70头(只)；农作物受灾面积1.86万亩，成灾面积1.23万亩，减产30%~50%不等，绝产1855亩，经济损失2078万元。

2001年8月23日，暴风雨、龙卷风夹杂雹灾袭击全县，平均降雨30毫米，风力9级以上，冰雹直径最大达3厘米，10个镇、187个村、16.6万人受灾，农作物受灾面积16.54万亩，损坏房屋300多间，造成直接经济损失2.84亿元。24日下午，再次遭受暴风雨、冰雹袭击，大张庄、悦庄、南鲁山等乡镇受灾严重，经济损失792万元。

2003年7月6日，东里镇、西里镇遭受冰雹袭击。苹果、葡萄、桃等作物受灾面积1.35万亩，经济损失4080万元。

2004年6月18日，三岔乡双石屋、三岔店等20多个村遭受冰雹袭击，冰雹最大直径3厘米，持续时间10分钟。

2006年6月17日，中庄镇西柳峪、焦家上庄、社庄3个村，发生雹灾，冰雹最大直径15厘米，苹果受灾面积1050亩。

2006年6月27日，燕崖乡12个村发生雹灾，苹果受灾面积2000亩，葡萄、桃、黄烟受灾面积2295亩，减产20%~30%，经济损失640万元。

2013年5月19日，境内东南部乡镇遭遇冰雹灾害，造成苹果、桃、大樱桃、葡萄等幼果冻害，受灾面积1.6万亩，经济损失7110万元。

2014年6月19日，鲁村镇突遭大风冰雹袭击，极大风速22米/秒，冰雹最大直径约2厘米，小时降水量39.6毫米，34个村受灾。

2018年5月1日，县域内部分镇遭遇强降雨、冰雹袭击，冰雹最大直径约5毫米，持续时间16分钟，果树受灾面积13256亩，绝收面积3488亩，经济损失8962.5万元。

2018年6月4日，燕崖镇遭遇强降雨冰雹袭击，冰雹最大直径约5毫米，持续时间20分钟，受灾苹果面积1062亩，经济损失约362万元。

2020年5月11日，南鲁山、中庄、西里等镇27个村遭受雹灾，大樱桃、桃、苹果、猕猴桃、李子等受灾面积5479亩，经济损失1390万元。

2020年5月17日，燕崖、中庄、东里、张家坡、南鲁山等乡镇出现冰雹，持续时间1~3分钟，冰雹最大直径3~4cm，极大风速11.7米/秒，降水量10.5毫米，受灾果树平均减产25%，经济损失36840万元。

2020年5月23日，东里、张家坡、南鲁山、鲁村、南麻街道等乡镇遭受冰雹，持续时间1~3分钟，最大直径为15毫米，受灾果树平均减产25%，经济损失11351万元。

风　灾

县域内≥8级的大风日数，多年平均16.9天。一年中，春季出现大风次数最多，占全年总次数的45%。大风风向以西北风最多，春秋两季也常有西南和东北大风，夏季雷雨大风造成的危害最大。

1971年6月27日，徐家庄、鲁村、大张庄、西里、中庄、东里一带遭遇大风，最大风速26米/秒，持续21分钟，刮倒房屋7635间，揭盖550间，折倒树木4.55万株，作物受灾面积1.91万亩。

徐家庄风灾灾情（1971年）

1978年6月30日，大风雷雨，最大风速40米/秒，降雨量96毫米，全县重灾村200个，农作物受灾面积20万亩，部分秋作物绝产，房屋受损4万间，折倒树木10万株。

1987年8月1日，金星、梭背岭、中庄3个乡镇遭受暴风雨袭击，平均降雨量95毫米，最大风力八级，暴风刮倒农作物7100多亩。其中，玉米6000亩，高粱、谷子1100亩，减产100多万公斤；冲毁地堰3000多道。

2003年7月27日晚至次日凌晨，县域内部分区域遭受龙卷风袭击，风力达8~10级。南麻、鲁村、南鲁山、石桥、燕崖等乡镇损失严重。

2004年7月5日凌晨，县域内大部分区域遭受大风袭击，最大风速达11.7米/秒。燕崖、悦庄、鲁村等乡镇农作物受灾严重。

2005年7月12日14时，县域内遭受罕见大风袭击，瞬时风速达28.2米/秒，大风持续16分钟。11个乡镇、257个村受灾，倒塌房屋182间，农作物受灾面积14.97万亩，绝产7.63万亩；折断树木1.7万棵，损坏大棚41个，经济损失1.5亿元。鲁村、南麻2个镇损失最为严重。

2010年4月26日，县域内出现大风，最大风速超过10级，石桥、悦庄、南麻、中庄、三岔、土门、东里、燕崖、鲁村等9个乡镇受灾，造成蔬菜大棚、房屋、电力及通信设施等一定程度损坏；苹果、桃、樱桃等作物减产40%以上。

2012年7月12日，南麻镇和大张庄镇遭受雷雨大风冰雹袭击，部分村庄受灾严重。受灾苹果、桃、葡萄、樱桃等5975亩、农作物4047亩、木材树20382棵、蔬菜大棚27个；损坏房屋693间、畜舍11间，损坏电力电线1860米，冲毁河坝100米；受灾人口3000余人，经济损失1650万元。

2012年8月3日，县域内遭受台风，受灾人口8.69万人，转移376人；农作物受灾面积39万亩；房屋一般性损坏360间，严重损坏157间，经济损失11260万元。

2013年8月12日凌晨，东里镇、燕崖镇出现6～7级大风。受灾作物面积9000亩，成灾面积2700亩，绝产面积300亩，经济损失900万元。

2015年7月30日下午至31日凌晨，遭受大风强降雨和冰雹袭击。全县13个镇（街道、经济开发区）均遭受灾害。极大风速19.2米/秒，最大降水量163.5毫米。其中西里、张家坡、南鲁山、东里4个镇遭受冰雹。受灾作物面积2.3万亩，受灾人口5610人，倒塌主房屋1间，经济损失920万元。

2017年7月18—19日，中庄、西里、张家坡3个镇、81个村遭遇大风强降雨天气。风速16.7米/秒，最大降雨量37.6毫米。受灾作物面积1.79万亩，受灾人口2.42万人，经济损失1489万元。

2018年5月15日，县域内遭遇强降水、大风和冰雹灾害天气，极大风速15.3米/秒，最大小时降雨量38.8毫米，冰雹最大直径约3毫米。受灾作物面积7230亩，受灾人口6696人，经济损失960.6万元。

2018年8月19日夜间至20日清晨，县域内6个镇（街道）遭受台风灾害，受灾作物主要为苹果、桃、花生、玉米等。受灾人口460人，损坏房屋2间，经济损失40.5万元。

2019年8月10—13日，县域内11个乡镇遭受台风袭击，极大风速19.7米/秒，最大降水量477.1毫米。农作物受灾面积8010亩，毁坏蔬菜大棚6个；倒塌房屋195间，受灾人口11.98万人。悦庄镇北鲍庄村1人死亡。

霜　冻

县域内霜冻基本发生在非作物生长期，危害较轻。历年初霜出现在9月29日，最晚终霜在5月7日，初霜越早或终霜越迟所造成的危害越大。

1979年5月，全县出现霜冻，地下温度降到1.4℃~2.5℃，早春作物和黄烟、地瓜苗床受害严重，蔬菜几乎全部绝产复种。

2018年4月6—7日，县域内遭受大风降温天气，6日极大风速22.8米/秒，7日最低气温1.7℃。燕崖、东里、西里、中庄、大张庄、张家坡等镇果树冻灾面积4.43万亩，损坏蔬菜大棚50个。

2020年4月23—24日，受冷空气影响，全县大部分地区出现0℃以下低温，23—24日最低气温达-2.6℃，苹果、大樱桃正值幼果期，冻害最为严重。

水　灾

1908年7月23日，暴雨洪水迅猛，冲毁大片良田，沂河河床见底，河床两侧加宽10~20米，地表形成许多沟壑。

1937年7月31日，悦庄、西里一带暴雨山洪爆发，4人被洪水冲走；农作物、树木受损严重，许多房屋冲垮。

1947年7月8日，阴雨连绵40天，沂河涨水迅猛，冲毁桥梁、土地、房屋无数。

1962年7月13日，全县普降大雨，东北风转西北风，平均降水量152.5毫米，极大风速28米/秒。张家坡公社倒塌房屋300间，冲走2人，牲畜100余头，折断树木23万株，冲毁土地2000余亩，损失粮食8万余斤；燕崖公社火石盖子、井子峪、牛峪3个村刮倒石碑11座；土门公社孟坡村一家5人被冲走，1人遇难。

1964年，年降雨量1616.7毫米，连降暴雨7天，三座水库决堤，房屋、栏圈倒塌997间，死亡8人，牲畜412头，三岔供销社饭店冲走煤炭400吨，农作物内涝面积2.4万亩。

1965年7月23日，大风暴雨，最大风速20米/秒，最大降雨量68毫米。悦庄、东里、鲁村3个区135个村，刮坏房屋309间，折倒树木520株，农作物受灾面积3.5万亩。

1965年8月15日，局部大风暴雨夹杂少量冰雹。东里、张家坡、鲁村3个区、15个村受灾面积1.28万亩，绝产500亩；冲毁房屋830间，淹死猪7头、羊16只。

1979年6月24日，局部大暴雨，石桥公社降水130毫米，冲坏地堰300余道，倒坝11处，冲毁良田500亩，中庄公社冲毁公路一段。

1979年7月17日，三岔公社11个村遭受暴雨，受灾面积2000亩，其中1500亩绝产。

1984年7月12日，特大暴雨袭击全县，最大雨区400毫米以上。沂河断面最大洪峰流量为每秒3660立方米，为历史以来最大洪峰。冲垮房屋2480间，死亡12人，6525户群众住房被淹。农田受灾面积11万余亩，其中4.6万余亩绝产。

1993年7月，暴雨，大张庄、徐家庄、沟泉、燕崖、鲁村等乡镇受灾严重。受灾面积28万亩，冲毁塘坝4座、谷坊10座、河堤1万余米，受灾村道路、电力中断。

1994年6-8月，两次暴雨，局部特大暴雨，5人死亡、79人受伤，三岔乡南流水小（二）型水库大坝决口。

1995年9月3日，悦庄、土门、三岔等8个乡镇突降特大暴雨，悦庄镇狼窝子沟、豹家峪及土门

洪涝灾情（1984年）

镇大坡水库等10座小型水库出现险情，122座谷坊被冲垮，6400米渠道被冲毁，倒塌河堤5300米，农业、道路、电力、通信等设施遭到严重破坏。

2001年8月，全县普降暴雨，187个村13万人受灾，成灾人口11.5万人，农作物受灾面积14.26万亩，成灾面积11万亩，冲毁道路140公里、桥梁7座、河坝3.1万余米，倒塌民房94间、蔬菜大棚245间，冲走大牲畜30头。

2007年8月17日，中庄镇韩庄河流域、杨家庄河流域遭遇暴雨，24小时降水量156毫米，韩庄河堤决口2处，杨庄河堤决口5处，冲毁道路10公里、果园160亩，倒塌房屋50间，受灾人口2.1万人，经济损失500万元。

2011年9月11—16日，县域内连续降雨7天，降雨量达到200毫米，各镇遭受不同程度的内涝，农作物受灾面积3.15万亩，受灾人口8.12万人，倒塌房屋135间，损坏房屋500间，经济损失790万元。

2012年8月3日，受第10号台风“达维”影响，全县从3日凌晨开始普降大雨，局部暴雨并伴有大风，平均雨量83毫米，最大雨量203毫米（北鲍庄），最小雨量33.5毫米（小张庄）。水库受损14座、塘坝受损60座、谷坊受损116座，损毁河堤

1.1万米、拦沙坝1146米、桥梁67座、饮水工程机管房9处、管道5541米、水池38座、大口井6眼、管井10眼、灌溉工程机房15间、管理房院墙35米，冲毁灌溉管道6976米、防汛道路1.59万米，损坏灌溉设施31处，经济损失6160.1万元。

2018年6月25—26日，县域内11个镇遭受暴雨灾害，全县平均降水量189.5毫米，最大降水量243毫米。受灾作物面积1315亩，受灾人口1232人，倒塌房屋3间，受损房屋3间，转移安置3人，经济损失139万元。

蝗灾、鼠灾

1948年2月（农历），张庄区、历山区、大泉区66个村遭遇蝗虫灾害，崮坡村350亩麦苗被蝗虫吃光。政府组织1419人灭蝗，10天捕捉蝗虫0.77万公斤。

1951年3月初，张庄、安平等8个区、91个村100多平方公里发生蝗灾及土蚕虫害。县区抽调13名干部到灾区指导灭虫，受灾村成立除虫委员会，发动全村劳力捕捉灭虫。

1983年秋，县域内农田发生大面积鼠害，县、公社均成立灭鼠工作领导小组，领导鼠害村灭鼠。各村发动劳力集中捕捉，按各户上交老鼠尾巴数量记工分。

1989年3月，全县大面积蝗灾，受灾面积11万亩。其中中庄、金星、石桥、三岔4个乡灾情严重。金星乡桑树峪村人工捕捉蝗虫590斤。

1990年6月，全县大面积发生玉米螟、黏虫等虫害，危害面积10万亩以上。县委、县政府下发紧急通知，组织人力，备足农药、器械全力灭虫除害。

沂源县农业农村局机构沿革

1944年5月，沂源县抗日民主政府成立，组建实业科兼管农业。1950年6月，实业科改为沂源县人民委员会建设科，管理农、林、水业务。1956年6月改称沂源县人民委员会农业科，负责农业工作。10月，改称沂源县农业局。1958年1月，与水利科合并为沂源县农水局。1959年12月，撤销沂源县农水局，设沂源县农业局。1961年9月，沂源县畜牧局并入沂源县农业局。1962年5月，沂源县农业局与沂源县水利局、沂源县水库管理局合并为沂源县农水局。1963年9月，农水局分拆，重新设立沂源县农业局。1966年5月，因受“文化大革命”冲击，农业局瘫痪。1967年，成立沂源县革委生产指挥部农林水办公室，下设农业组。1972年2月，成立沂源县革命委员会农业局。1981年6月，沂源县革命委员会农业局改为沂源县农业局。1984年6月，沂源县农业局与沂源县畜牧局合并，称为沂源县农牧渔业局。1988年4月，沂源县畜牧局从沂源县农牧渔业局分出，沂源县农牧渔业局改称沂源县农业局。1993年12月，沂源县农业局归口沂源县农业委员会，改称沂源县农业服务中心，为差补事业单位。1996年7月，撤销沂源县农业服务中心，重新设立沂源县农业局，恢复县政府序列局。2001年7月，沂源县农业委员会办公室撤销，工作职能移交到县农业局。2004年5月，设立沂源县农业管理办公室，与沂源县农业局合署。沂源县农业局为农口牵头单位，牵头县水利局、县林业局、县田庄水库管理处、县水土保持局、县气象局、县烟草公司、县丝绸公司、县污水处理中心、县水资源管理办公室等单位，归口管理县农业机械管理局、县畜牧局、县果品产销服务中心、县蔬菜局等单位。2008年6月，设立沂源县农业农村工作委员会，挂牌沂源县农业局，县农业局党组调整为县农业局党委，协调县直有关部门和镇办农业农村工作。2008年10月，设立沂源县有机品牌农业管理办公室，为正科级全额拨款事业单位，与沂源县农业管理办公室合署，归口沂源县农业局。2013年2月，沂源县农业管理办公室撤销，职能移交到县农业局，沂源县有机品牌农业管理办公室更名为沂源县农业品牌管理办公室，隶属沂源县农业局。2019年1月，组建沂源县农业农村局，整合沂源县农业局职责，以及沂源县发展和改革局的农业投资项目、沂源国土资源局的农田整治项目管理职责、沂源县财政局的农村综合改革等职责、沂源县农业综合开发办公室、沂源县畜牧兽医局、沂源县农业机械管理局承担的行政职能，承担扶贫开发工作职责，加挂沂源县扶贫开发办公室、沂源县畜牧兽医局牌子，内设沂源县农业技术服务中心、沂源县农村改革发展中心、沂源县畜牧渔业服务中心、沂源县扶贫开发办公室4个正科级事业单位和沂源县农村经济经营服务中心1个副科级事业单位。6月，沂源县农机局、沂源县畜牧兽医局、沂源县果品产销服务中心、沂源县蔬菜局、沂源县扶贫开发办公室的财务移交到沂源县农业农村局。2021年6月，沂源县乡村振兴服务中心更名为沂源县乡村振兴局，在沂源县农业农村局挂牌。

集体获奖情况统计表

集体名称	荣誉称号	授予单位	授予时间	级别
沂源县果品产销服务中心	全国科普惠农兴村先进单位	中国科协 财政部	2007.12	国家级
沂源县畜牧兽医局	全省畜牧兽医工作先进集体	山东省人力资源和社会保障厅、山东省畜牧兽医局、山东省公务员局	2014.05	省级
沂源县扶贫开发领导小组办公室	全省扶贫系统先进集体	山东省人力资源和社会保障厅、山东省扶贫开发领导小组办公室、山东省公务员局	2018.01	省级
沂源县农业农村局	沂源县沂源苹果中国特色农产品优势区	农业农村部	2018.12	国家级
沂源县扶贫开发领导小组办公室	全省扶贫开发先进集体	山东省扶贫开发领导小组	2019.05	省级
沂源县农业农村局	2020“新时代乡村阅读季”之“我爱阅读100天”活动中进入“全国百强”	中共中央宣传部印刷发行局、农业农村部农村社会事业促进司	2020.01	省级
沂源县农业农村局	互联网＋农产品出村进城工程试点县	农业农村部	2020.8.24	国家级
沂源县扶贫开发领导小组办公室	记大功	山东省人力资源和社会保障厅、山东省扶贫开发领导小组办公室	2020.12	省级
沂源县扶贫开发领导小组办公室	山东省脱贫攻坚先进集体	山东省委、省政府	2021.06	省级
沂源县乡村振兴局	我爱阅读100天全国百强	中宣部、农业部、国家乡村振兴局	2021.01	省级
沂源县扶贫开发领导小组办公室	山东省脱贫攻坚先进集体	山东省委、省政府	2021.06	省级
沂源县畜牧渔业服务中心	山东省畜牧兽医工作先进集体	山东省人力资源和社会保障厅、山东省畜牧兽医局	2022.12	省级
沂源县农业农村局	好品山东名录（沂源苹果）	山东省质量强省及品牌战略推进工作领导小组办公室	2023.05	省级
沂源县农业农村局	国家级乡村振兴示范县（创建名单）	农业农村部	2023.9.11	国家级

续表

集体名称	荣誉称号	授予单位	授予时间	级别
沂源县农业农村局	好品山东名录（沂源大樱桃）	山东省质量强省及品牌战略推进工作领导小组办公室	2024.05	省级
沂源县	2023年度全国村庄清洁行动先进县	农业农村部	2024.04.11	国家级

沂源县农业农村局历任主要负责人

机构名称	姓名	职务	任职时间	备注
沂源县民主政府实业科（1944.05—1950.06）	鲁介夫	科长	1944.05—1948.06	
	朱奉久	科长	1948.07—1949.07	
	朱玉山	科长	1949.08—1950.06	
沂源县民主政府建设科（1950.06—1956.06）	朱玉山	科长	1950.07—1951.11	
			1951.11—1952.12	空缺
	孟广居	科长	1952.12—1955.07	
	孟广和	科长	1955.08—1956.06	
沂源县人民委员会农业科（1956.06—1956.10）	孟广和	科长	1956.06—1956.10	
沂源县农业局（1956.10—1958.01）	孟广和	局长	1956.10—1958.01	
沂源县农水局（1958.01—1959.12）	孟广和	局长	1958.01—1959.12	
沂源县农业局（1959.12—1962.05）	杨玉振	局长	1959.12—1960.05	
	袁忠瑞	局长	1960.05—1962.05	
沂源县农水局（1962.05—1963.09）	袁忠瑞	局长	1962.05—1963.09	
沂源县农业局（1963.09—1967.03）	袁忠瑞	局长	1963.09—1965.01	
	徐建良	局长	1965.02—1965.05	
	孟广和	局长	1965.06—1967.03	
沂源县革命委员会农林水办公室农业组（1967.03—1972.02）	朱尔东	组长	1967.03—1972.02	
沂源县革命委员会农业局（1972.02—1981.06）	庄永礼	局长	1972.02—1981.06	
沂源县农业局（1981.06—1984.06）	庄永礼	局长	1981.06—1983.05	
	张世显	局长	1983.05—1984.06	
沂源县农牧渔业局（1984.06—1988.04）	刘光玉	局长	1984.06—1987.06	
	孙振同	局长	1987.06—1988.01	
沂源县农业局（1988.04—1993.12）	孙振同	局长	1988.01—1989.03	
	徐祥田	局长	1989.03—1990.05	
	曹子鼎	局长	1990.05—1993.12	

续表

机构名称	姓名	职务	任职时间	备注
沂源县农业服务中心（1993.12—1996.07）	曹子鼎	主任	1993.12—1995.01	
	张淑文	主任	1995.01—1996.07	
沂源县农业局（1996.07—2019.01）	张淑文	局长	1996.07—2003.03	
	崔远信	局长	2003.03—2007.02	
	刘京德	局长	2007.02—2008.03	
	周国桥	局长	2008.03—2009.10	
	张成玉	副局长	2009.10—2010.01	主持工作
	刘教武	局长	2010.01—2016.01	
	耿益民	局长	2016.01—2018.05	
	齐俊涛	局长	2018.05—2019.01	
沂源县农业农村局（2019.01—）	齐俊涛	局长	2019.01—2021.01	
	郑继光	局长	2021.01—	

种植业

扫码看视频

记忆沂源·农业农村卷

概　述

沂源县农业发展历史悠久，早在60万年前，沂源猿人就在这里繁衍生息。由于受生产力的制约和人种天收观念影响，农业技术代代沿袭旧法，农业生产长期处于落后状态，加上频繁的战乱和自然灾害影响，温饱问题长期得不到解决。农业产业结构单一，品种落后，生产条件薄弱，是典型的“雨养农业”，靠天吃饭，农业生产力低下。主要粮食作物是玉米、小麦、地瓜、高粱、谷子、大豆等。建县初期，坚持以粮为纲，把粮食生产作为农业发展的根本任务。1949年，全县农作物播种面积82.9万亩，其中粮食作物播种面积63.6万亩，占农作物播种面积的76.72%，粮食总产3211.8万公斤，平均亩产50.5公斤。1950年，土地改革完成，生产力获得解放，农民走上合作化道路，农业发展步伐加快。1956年，粮食播种面积56.2万亩，总产5283万公斤，亩产94公斤，社员人均口粮168.5公斤，比1949年播种面积减少7.4万亩情况下，粮食总产增加1428.5万公斤，亩增产43.5公斤。1958年，搞“大跃进”，以粮为纲没有得到正确理解和执行，农业元气大伤，造成1959—1961年生活极度困难。1960年，粮食总产7012.5万公斤，亩产96公斤，社员人均口粮119公斤，比1956年粮食总产增加1729.5万公斤，单产增加2公斤，社员人均口粮减少49.5公斤。粮食总产、单产增幅不大，社员口粮不增反降，生活水平下降。

1961年，贯彻“土、肥、水、种、密、保、管、工”农业八字宪法，落实三级所有、队为基础管理体制，健全完善县、社、大队、科技户四级农业推广体系，大力治山治水、整地改土、改良品种、增施肥料、改革耕作制度、提高复种指数等，农业生产条件得到改善，粮食总产、单产明显提高。1965年，粮食总产8917.5万公斤，单产130公斤，社员人均口粮153公斤，人均分配现金6.1元。

20世纪60年代后，坚持以粮为纲，实施农业产业结构调整，发展苹果、桃、山楂、板栗、核桃、花椒等经济作物，农村经济结构由单一的粮食经济向粮果经济转变，逐步形成以粮为主粮果并举发展的产业态势，村集体经济收入逐年增加。1965年，农业产值达到2060万元，比1960年增加413万元，增幅25.08%。

20世纪60年代，青杨圈大队包装苹果

1966年后，受“文化大革命”冲击，农业内部结构严重失调，农业发展滞缓。1975年，农业总产值5832万元，粮食总产12815万公斤，亩产190.5公斤，社员人均口粮187.5公斤，人均分配现金16.20元。

20世纪70年代初，在抓住粮食不放松的情况下，大建三园（果园、桑园、花椒园），发展多种经营，苹果、蚕桑、花椒、黄烟等经济作物得到大面积发展，成为农村经济支柱产业，形成粮经并举发展的产业格局，粮经比例结构由新中国成立初期的9∶1调整为8∶2，农村经济结构日趋合理，社员生活水平逐步提高，温饱问题得到基本解决。1979年，实现农业产值5165万元，粮食总产量14263.5万公斤，亩产211.5公斤，社员人均口粮216.5公斤，人均分配现金22.69元。

党的十一届三中全会后，实行家庭联产承包责任制，调动了农民生产积极性，农、林、牧、副、渔全面发展。1985年，实现农业总产值16922万元，粮食总产15793万公斤，亩产247.5公斤，农民人均分配现金225.30元。沂源县彻底改变了历史上缺粮问题，农民温饱问题得到根本解决。1986年，贯彻中央决不放松粮食生产，积极开展多种经营总方针，进一步深化农业体制改革，确立了以农、林、牧、工商结合，多种经营全面发展农业方针，大力发展多种经营，推动以粮为主的传统农业县向以果为主的果品大县发展。20世纪80年代末，县委、县政府提出了“一块基石保稳定，六柱合力奔小康”“半亩粮田保吃饭，经济园林保花钱”等口号，实施四富工程和科技兴农战略，加快调整农业内部产业结构，发展果品、蔬菜、瓜果、设施农业等高产、高效农业，减少粮食种植面积。林果、蔬菜、畜牧三大支柱产业初步形成，成为农民收入的重要来源。1997年，粮食面积47.87万亩，高效农业面积37.28万亩，其中苹果栽植面积21.67万亩，实现农业总产值15626万元，增加值33148万元，粮食总产量11942.6万公斤，亩产402公斤，农民人均收入1732元。农民人均收入比1952年(人均收入46元)增长37.65倍，全县整体脱贫，农民生活由温饱向小康迈进。

1998年，县委、县政府确立山上抓林果，山下抓高效，庭院抓养殖，推进产业化发展思路，实施“双十万”工程(10万亩红提葡萄、10万亩蔬菜大棚)，农业产业结构进一步优化调整。葡萄、设施蔬菜得到规模化发展，逐步形成了以苹果、葡萄、桃、大樱桃、设施蔬菜为主导的高产高效农业产业格局，高产高效农业面积达到45万亩，占农作物种植面积的71.72%。1999年，推行农业标准化生产，发展绿色、优质、高效农业并把农产品质量安全提到农业发展的重要议程，提质增效。2000年，悦庄“苗山”牌韭菜获得无公害农产品认证，铺开沂源县发展无公害农产品、绿色食品、有机产品发展道路，推动全县农业由数量型向质量型发展方式转变。当年果品、蔬菜产值达44700万元，比1991年增加85.87%。建成全国果品生产百强县，2001年列全国果品百强县第47位，2006年上升为第38位。2003年，全县高效农业面积达80万亩，粮食面积11.23万亩。高效农业面积比1998年增加35万亩，增幅77.78%，粮田面积减少37.26万亩，降幅76.84%。

2004年，国家实施粮食补贴政策。2006年国家实施农业生产资料综合补贴政策，全面取消农业两税(农业税、农林特产税)，农民种粮积极性提高，粮食种植面积有所增加。2011年，全县粮食面积达21万亩，比2003年增加9.7万亩，增长85.84%。2012年，实施四大产业振兴计划，大力发展果品、蔬菜、畜牧、中药材产业，培育壮大农业龙头企业、农民专业合作社、家庭农场等农业新型经营主体，建设果品产业园区、蔬菜产业园区、科技园区，采取“公司+合作社+基地”“公司+基地”“合作社+基地+农户”等经营模式，推动农业规模化、标准化、品牌化、产业化发展，走品牌强县发展之路，现代数字农业雏形基本形成。2023年，全县果品发展面积37.36万亩，总产量89.69万吨，其中苹果产量48.88万吨，占总产量的54.50%，粮食播种面积14.04万亩，总产量3.59万吨。实现农业产值63.14亿，占农林牧副渔总产值的76.24%，其中苹果产值19.31亿元，占农业产值的30.29%，占总产值的23.32%；粮食产值3.77亿元，占农业产值的5.97%，占总产值的4.55%；蔬菜产值16.71亿元，占农业产值的26.46%，占总产值的20.18%。苹果产值是粮食产值的5.12倍。农民收入的63%来源于苹果产业，苹果产业成为农村经济的支柱产业。

粮食作物

小　麦

小麦起源于西亚，春秋战国时期作为固定粮食作物在国内种植。公元前300年，随着旋转磨石器的出现，把小麦磨成面粉，面粉制成的各种食物广泛出现在中国餐桌上，逐渐成为人们的主食，因此小麦在国内得到大面积种植。

小麦是世界上最早人工栽培的农作物之一，也是世界上分布最广、面积最大、总产量最高、贸易额最多、营养价值最高的粮食作物之一。小麦分为冬小麦和春小麦，长城以北主要种植春小麦，长城以南主要种植冬小麦。沂源县历史上传统栽培小麦品种属冬性品种，秋播夏收，称为夏收作物，播种时间多在白露期间，有白露两边看早麦之说，成熟收获较早。1968年，对传统栽培技术进行改革，推广半冬性小麦品种，播种期推迟至秋分时节，有“白露早，寒露迟，秋分种麦最适宜”之说。沂源小麦适宜播种期为秋分前后。

小麦是沂源县主要粮食作物，20世纪七八十年代播种面积最大。主要分布在鲁村、南麻、悦庄、石桥、东里等平洼地带及沂河两岸的洼地，占全县播种面积的70%以上。其中鲁村、悦庄、南麻是全县小麦主产区，占全县播种面积的40%以上。

种植历史 1944年建县初期，受自然条件、品种、肥料、生产技术等因素制约，全县小麦播种面积在10万亩左右，少于谷子播种面积，亩产三四十斤。新中国成立后，大搞整地改土，兴修水利，改良品种，改进种植技术，增施肥料，小麦种植面积和产量增加。1949年，小麦种植面积12.6万亩，占粮食播种面积的19.81%，总产366.5万公斤，亩产29公斤，比1944年增加面积2.6万亩，亩增产20斤。9月，县委总结改良小麦种植技术，推广选种、浸种、杀虫增产经验。当年，全县有2.07万户参与田间选种，占种植小麦总户的72%；有1.99万户参与浸种，占总户数的45%；有1.4万户用砷石、枚花条、芝麻、荆种、烟筋、花椒皮等防治病虫害，占总户数的31.55%。其中青龙区石臼村发动劳力73人，人工捕捉蛴螬80多斤。1950年三年恢复期，加大对农业投入，加快品种调换，增加双季田，小麦播种面积逐年增加，产量不断提高。1956年，黄庄区丈八丘乡光明社种植小麦146亩，单产300斤，创历史新高，荣获临沂地区高产丰产田三等奖。1957年，小麦播种面积17万亩，总产量514万公斤，亩产60.5公斤，比1949年增加面积4.4万亩，总产量增加661.5万公斤，亩增产31.5公斤。1958年，粮食大丰收，因“大跃进”运动，粮食没有被及时归仓，造成大量粮食霉烂，粮食丰产不丰收。1959—1961年发生三年自然灾害，农业生产遭到重创，是新中国成立后中国历史上生活最困难的时期。1960—1961年，全县小麦播种面积均突破20万亩，1962年下降到17.2万亩，1963—1970年，在17万~19万亩之间，但产业结构不尽合理，亩产维持在50公斤水平。1967年6月8日，沂源遭受暴雨和冰雹，给小麦生产造成重创。1971年后，坚持以粮为纲，大力发展小麦、玉米、地瓜等粮食作物，小麦面积稳定在20万亩以上，亩产突破100公斤，小麦总产突破1800万公斤。1974年，全县开展粮食生产上“纲要”、过“长江”行动，号召各公社、大队发展小麦、玉米、地瓜、棉花等粮经作物，推动小麦加快发展。1974年，小麦种植面积22.2万亩，亩产102公斤，总产2267万公斤。1976年，小麦种植面积27万亩，达到历史最大种植面积，总产3703.5万公斤，亩产137公斤。1980年，鲁村公社草埠大队农科队种植济南13号小麦丰产田2.3亩，单产524.19公斤，创历史最高产量，被树为全县的一面红旗，种植技术在全县推广。

1982年后，小麦等粮食作物面积逐年减少，通过品种改良、耕作制度改革、化肥增施等生产技术，单产逐年提高。1983年，全县小麦播种面积25.14万亩，总产4947.5万公斤，单产196公斤，比1976年面积减少1.86万亩，总产增加1244万公斤，单产增加59公斤。1986年后，农业产业结构调整加快，高产高效经济作物种植面积扩大，小麦等粮食作物种植面积剧减，2003年降到1.91万亩，总产465.2万公斤，单产244公斤，比1983年，面积减少23.23万亩，降幅79%，单产增加48公斤，增幅24.49%。2004年，国家对小麦等粮食作物实施良种补贴，农民种粮积极性提高，小麦种植面积增加。2005年，面积达到4.39万亩，比2004年增长109%。2006年，农业“两税”取消，农民种粮积极性进一步提高，小麦播种面积6.08万亩，比2005年增加1.69万亩。

2012—2015年，沂源县实施国家粮棉油高产创建项目。2012年秋，在鲁村镇西坡村、泉子官庄村建设2处小麦高产创建示范片，分别建立小麦十亩高产创建攻关田、百亩示范方、万亩示范片。经淄博市专家验收组测产，十亩高产攻关田亩产668.17公斤，百亩高产示范方亩产630.44公斤，万亩高产示范片亩产436.15公斤。2处小麦万亩高产创建示范片亩产与当年全县平均亩产，分别增产77.91公斤、67.79公斤，增幅21.45%、18.66%。2013年秋，在鲁村镇月庄村建设小麦高产创建示范片1处。十亩高产攻关田亩产616.2公斤，万亩高产示范片亩产324.1公斤。2014年秋，在鲁村镇月庄村实施小麦高产创建。十亩高产攻关田亩产700.4公斤，万亩高产示范片亩产405.0公斤，比2013年增产80.9公斤，增幅25.0%。

2007年后，粮食作物经济效益低，农民种粮积极性不高，小麦播种面积逐年减少。2020年，全县小麦播种面积0.48万亩，总产172.4万公斤，是沂源县小麦发展史上面积最少年份。2021年，实行退林还耕政策，建设高标准农田，小麦播种面积有所增加。2023年，全县小麦播种面积0.66万亩，总产237万公斤，比2020年增加0.18万亩。主要集中在鲁村、悦庄、南麻、南鲁山等乡镇。

品种繁育 1944年建县初期，县域内小麦品种主要有长芒白、红秃头、白秃头、旱八斗等品种，多属自留种。小麦收获前选择长势好、穗头大、籽粒饱满的麦穗作为下一季麦种，日常储藏在泥罐或瓷缸里，时常晾晒，防止虫蚀或受潮霉烂。由于常年种植，自留种品质退化，抗病能力弱，品质差，产量低。1953年，县农业科设立农业技术推广站，对农作物品种进行培育改良和推广。是年，从山东省农科院、陕西等地引进高秆、秸硬、耐肥、高产的新品种，逐步淘汰老品种。1955年，在东里区、南麻区、鲁村区、悦庄区建立农技站，负责域内良种推广。1957年，悦庄区第二农业社创新小麦选种方法，采取田间穗选、片选，提高选种质量，临沂地区行署作出指示，经验在全区各县推广。1959年，全县14个公社均设立农技站，在85个大队设立试验队（含种子队），配备试验队员789名，设立试验田1241亩，开展新品种试验或良种提纯复壮项目200多项，加快良种选育。采取“四自一辅”方针，生产大队、生产队、试验队自配、自选、自留、自用为主，县统一调剂余缺。1964年，全县大面积发生小麦条锈病，给小麦生产造成一定损失，不抗锈病品种遂被淘汰。1972年，从临沂农科所引进适应性强、抗冻性好、产量高的泰山1号等品种，推广面积17万亩，占小麦总播种面积的70%，成为沂源当家品种。1973年秋，在悦庄公社苗山村北建立沂源县良种场，占地211亩，担负全县小麦、玉米等良种试验、繁育、推广及农民技术员培训等工作。在全县建立种子试验队143个，队员1511人，试验田2720亩。每个公社都设立试验队，配有试验员。育种期间，试验队安排专人蹲点指导，保证育种质量，摸索育种经验。1974年，推广湖南华容县四级农科网经验，全县以管理区为单位建立技术交流网83个，配备网长83名，并在部分大队建立科研队，加快良种的试验推广。1979年，沂源县建立四级农科网，县有农科所、公社有农科站、村有农科组，发展科技示范户2800户，承担全县良种的试验、示范和推广。主要小麦繁育基地有社庄、侯家官庄、西鱼台、西台、中营、悦庄农科站等，年提供小麦良种15万~25万公斤。南麻公社西鱼台大队试验队长刘在明认真负责，兢兢业业，对全县良种试验繁育推广工作作出了突出贡献，成为全县的一面旗帜，被团中央授予“全国新长征突击手”称号。1980年，重视高、中、低产田和早、中、晚品种搭配布局，针对沂源山区实际，推广旱薄地品种、中肥品种、高肥水品种，满足不同肥力地块品种需要。1981年，遭遇春夏连旱，降雨量不足常年降雨量的一半，2万亩小麦绝产，7万亩小麦不能播种，给小麦生产造成重创。山东省政府拨给统销粮33万公斤，救济款21万元，救助困难群众渡过难关。1983年，大面积推广高肥品种鲁麦1号、中肥品种鲁麦3号、抗旱耐瘠品种科红1号，推广面积占全县面积的40%以上。20世纪90年代初，实施小麦“125”工程，建立小麦良种繁育基地，构建适合沂源山区地块的高产田、中产田、山旱田的品种体系，满足小麦良种生产需要。1992年，全县小麦全蚀病大面积发生，造成小麦减产10%以上。县土壤肥料工作站开展小麦增施锌、硼、铁等微量肥料防治研究并取得成功，有效防止了全蚀病蔓延。带动了微肥在农作物生产上广泛使用，该成果获县科技进步二等奖。

1998年，推广强筋型品种，取代高淀粉型品种，由产量型发展向优质型发展转变。在高产田推广济南17号，中产田和山旱田推广烟农15等品种。强筋型品种因含面筋高、黏性大适合做面包，称为“面包”小麦。面粉蒸馒头、包水饺筋道，口感好，深受农户欢迎，在全县大面积发展。2005年，种植面积4.5万亩，占全县播种面积的74%。2007年，推广优质高产型品种济麦22、鲁原502、临麦4号等半冬性品种。2008年后，小麦种植面积逐年减少，种子市场放开，良种更新换代缓慢，多数小麦种植户不再重视良种的更新换代，主要采取自留种的形式保留种子。

播种技术 县域内一直沿用秋种夏收种植模式。20世纪60年代前，主要与春谷子轮作，一年两熟制。20世纪70年代后，开始与夏玉米轮作，两年三熟制。沂源县小麦最佳播种适宜期是秋分前后，因气候差异，西北部土门、三岔等高海拔区域，播种适宜期早于南部低海拔区域，“有白露种麦不为早，寒露种麦不为晚”之说。

新中国成立初期，沂源多采用大扒垄（行距3~4尺）播种，深三四指（谓之麦耩黄泉），亩播种量5~7斤。播种量过少，大田麦苗稀疏，穗头不足，产量过低。1953年，改革种植方式，推广宽幅密植和小垄密植模式，亩播种量15斤左右，用种量增加，亩穗数增多，小麦产量提高。1960年，推广风搅雪（小麦间作豌豆）模式，提高复种指数。是年，推广面积2万亩。20世纪60年代前，全县小麦播种主要采用单腿耧耩播，用2~3个劳力或1头牛拉耩，1人在后面扶耧，扶耧人边走边晃，晃耧必须专业，否则下种不匀，出现断苗或簇苗。1962年，推广6寸和8寸双腿耩。

20世纪80年代，人工耩播小麦

双腿耩播种阻力大，一般用牛或4~5个劳力拉耧，提高播种效率，大扒垄播种法被淘汰。1963年，在平洼大块田采用农用拖拉机牵引机播，机播效率大幅提升，一天能播5亩以上，但机播暗坷垃多、土壤不实、失墒快麦苗易吊死、苗不齐不全影响产量。1969年，学习滕县大肥大水大播量播种模式，亩播种用量25斤，亩穗数增加，产量明显提高。1972年，推广莱阳稀播高产经验，降低亩播种量，发挥边行效应，产量不减。1972—1974年连续3年推广莱芜精播低播量经验，减少播种量，精耕细播。1972—1973年，基点小面积单产突破千斤。1974年，推广莒县小麦间作苕子，小麦收前套玉米，收后套绿豆、大沟麦（每隔2垄地瓜串耩2~3行小麦）模式。1978年，采取以地定产，以产定肥，以肥定播量，亩播量控制在15~20斤。1983年，推广旱田小麦“一炮轰”施肥法（土肥、化肥播种前一次施足），解决旱田肥力差、施肥不足、产量不高问题。1984年，推广面积3万多亩，旱田亩产增加20多公斤。1985年，推广旱作小沟麦丰产技术，采用小行挖沟播种，易于保存雨水、雪水，利于抗旱保墒。

1994年8月，淄博市委副书记李书绅到石桥乡石龙官庄村视察农业工作，建议该村利用200亩山旱田种植大沟麦，提高复种指数。县委、县政府决定在石龙官庄村先行示范种植大沟麦。大沟麦是一种新的种植模式，农户不认识、不接受，给示范工作带来较大难度。县长陈留泉蹲点一线指挥，县农业局技术员王德安驻村靠上指导。是年，完成大沟麦种植200亩。1995年秋，县政府制定《关于在全县推广种植大沟麦的意见》，在全县推广，全县种植大沟麦4万亩。1996年，大沟麦种植面积5万

小麦收获和脱粒

亩。1998年，大面积发展以果品为主的高产高效作物，不再推广大沟麦。2000年后，小麦种植大多采用1.5米宽畦种6行或1米窄畦种4行小麦，双腿耩播种。

玉 米

玉米是禾本科玉蜀黍属，一年生草本植物，雌雄同株异花授粉。又称玉蜀黍、棒子、苞谷、苞米、珍珠米等。原产于中美洲墨西哥和秘鲁，16世纪传入中国，在国内已有400多年的栽培历史。全国各地均有种植，是主要的粮食作物和饲料作物。经山东省农科院作物研究所对沂源光温水气等气候研究，沂源县是省内玉米最适宜种植区。沂源县玉米种植技术在临沂地区领先，20世纪60年代临沂地区农业局指定沂源县农业局派技术员到临沂、郯城、苍山等地帮助发展玉米生产。

种植历史 域内玉米有春播和夏播之分。1944年建县前，域内以春播玉米为主。建县初期，春播、夏播玉米并举。新中国成立后，沂源有十年九旱之灾，春玉米产量低而不稳，历年种植面积不大，以夏玉米为主。1949年，全县玉米种植面积7.5万亩，亩产50公斤，总产375.25万公斤。沂源县玉米发展历经四个阶段：1944—1956年，属面积逐年增加期，面积由建县初的4万亩左右增加到1956年的10.8万亩，单产由1949年的50公斤增加到100公斤左右。玉米属异花授粉作物，自花授粉能力弱，20世纪50年代前，玉米授粉主要靠风、昆虫、飞禽等自然条件传播授粉，玉米产量低。50年代初，采用人工授粉，技术不过关，增产效果不稳定，人工授粉推广面积不大。1957—1964年，属稳定发展期。其间地瓜、小麦良种大力推广，增产明显，地瓜、小麦种植面积增加，玉米种植面积略有下降，基本稳定在8万~9万亩之间，单产100~150公斤。1964—1989年，属杂交品种广泛应用期。1965年，全县推广悦庄公社隔株玉米去雄授粉技术，亩增产10%左右。杂交种的应用，玉米发展面积、总产、单产急剧增加，种植面积由1965年的10万亩，增加到1988年的23.47万亩，增加13.47万亩，增幅134.7%，是历年玉米种植面积最大的一年。杂交种的种类不同，产量也有差异。1965—1973年，主要推广“双交”玉米种，单产200公斤。1974—1981年，主要推广“三交”“单交”玉米种，单产280公斤，比“双交”种增产80公斤。1980年，西鱼台大队栽植丹玉6号、鲁源单4号杂交种271亩，亩产487.5公斤，创县域内栽培史上大面积最高产纪录，县科委奖励150元现金。1982年，推广密植型品种，亩株数由3000多株增加到5000株，亩产量增加。1989年，播种面积22.89万亩，总产544.64万公斤，单产238公斤，最高单产350.5公斤。20世纪90年代后，玉米播种面积渐少。因农业产业结构加快调整，粮食作物种植面积减少，玉米种植面积逐年下降，2003年下降到2.85万亩，总产891.4万公斤，单产312.77公斤，比1988年面积减少20.62万亩，降幅87.8%，是玉米发展史上最低年份。2004年，国家实施粮食直补政策，农民种粮积极性有所提高，玉米种植面积增加。2010年面积达到10.78万亩，总产440.39万公斤，单产408.52公斤。比2003年，面积增加7.93万亩，增幅278.25%。

2011—2015年，实施山东省玉米“十、百、万”（十亩高产攻关田、百亩示范方、万亩示范片）高产创建项目。其中2011年创建1个万亩示范片，2012—2015年期间，每年创建2个万亩示范片。经淄博市专家验收组测产，2011年，十亩高产攻关田亩产812公斤，万亩示范片亩产602.5公斤。2012年，鲁村镇万亩示范片遭受达维台风影响，比上年亩减产89.9公斤。2013年，鲁村镇万亩示范片同比增产67.9公斤，南鲁山镇万亩示范片同比增产35.3公斤。2014年，鲁村镇万亩示范片同比增产87.7公斤，南鲁山镇万亩示范片同比增产88.4公斤。2015年，示范区在鲁村镇小张庄片区和石沟片区，小张庄片区比全县平均亩产增加148.2公斤；石沟片区比全县平均亩产增加124.1公斤。

2017年，全县玉米种植面积达15.32万亩，比2003年增加12.47万亩，增幅437.54%。2018年后有所下降，均保持在10万亩以上，2023年，全县种植面积11.29万亩，总产2658.46万公斤，单产235.47公斤。主要分布在鲁村、大张庄、悦庄、南麻、南鲁山、石桥等镇办，占全县面积的80%以上。

品种演变 建县初期，县域内主要种植当地农家品种小粒红、红骨头、白八趟、黏棒槌等，属自留种，也称农家种。自留种因常年种植，品种退化严重，产量低，抗逆力差。1949年，县政府开始重视玉米品种改良，号召选种、留种、精选良种，提高玉米产量。1954年，县农业部门首次从外地引进玉米良种，改良淘汰当地品种，推进品种改良换代。是年，引进晚熟品种金皇后，亩增产35公斤以上，推广面积5万亩，占总面积的58.82%，成为20世纪60年代前主要种植品种。1963年，引进晚熟品种双跃3号、中熟品种双跃150号、早熟品种新双1号等杂交品种，经对比试验，比金皇后增产20%~40%，杂交玉米品种在全县推广。同年，在悦庄公社朱家庄村、悦庄农科站建立玉米自交系繁育田5亩，开始对自交系生物特征进行观察研究，掌握玉米杂交育种的技术要领。1964年，开展杂交玉米制种工作，在悦庄公社朱家庄、中营等13个大队建立玉米自交系繁育基地，在鲁村公社社庄大队建立良种繁育基地，开展杂交繁育制种。1969年，制种基地扩大到120个大队，种植面积700亩以上，年制种40万~70万公斤。1970年10月10日，县农业局抽调5人去海南岛保宁县加茂公社半弓大队南昌生产队开展玉米、高粱制种30亩，繁育良种750公斤。1971年10月13日，县农业局抽调17人去海南岛保宁县加茂公社半弓大队大田上、下生产队搞玉米、高粱制种70亩，繁育良种6168公斤。杂交玉米种在全县推广，玉米种植实现杂交良种化。1973年，县良种场建立，在本地从事玉米、小麦制种。1974年，推广烟农、太单、新单系列“三交”“单交”玉米品种，淘汰“双交”玉米品种。

20世纪60年代，技术员查看玉米收获情况

1975年，“三交”“单交”玉米品种种植面积13.8万亩，占总种植面积的85%。杂交玉米种大面积推广，需种量激增，造成制种技术混乱，品种纯度降低，给玉米生产带来安全风险。1976年，推广中单2号、丹玉6号、鲁单31号等高纯度优质杂交玉米品种，淘汰烟农、太单、新单系列玉米品种，解决玉米品种多乱杂问题，保证品种纯度。当年，种植面积12.62万亩，占总种植面积的60%。中单、丹玉、鲁单系列品种属高棵、稀植型品种，增产潜力不大，1982年引进鲁玉2号、鲁玉3号、烟单14等高产密植型品种，增产效果显著，在全县

推广。1990年，全县玉米种植面积22.79万亩，单产314公斤，总产7153.8万公斤。面积比1949年增加15.29万亩，增幅203.87%；总产增加6778.5万公斤，增幅1806.39%；亩增产264公斤，增幅628%，实现了历史性跨越。同年，淄博市政府与沂源县政府签订繁育玉米良种合同，沂源县承担全市玉米繁育制种任务，育种面积3000亩，安排在悦庄、南麻、土门3个乡镇，是有史以来育种最多年份。1991年，推广矮棵、抗倒伏、密植型品种，亩株数在4000株以上，产量较高，主要有掖单2号、13号、22号，烟单14号等品种。1998年，推广吸水吸肥能力强、耐瘠薄、抗旱、抗倒伏、高产稳产、品质好、营养价值高、制种容易等优点的农大108品种。2000年，种植面积达6.6万亩，占全县种植面积的60%，成为当家品种。由于多年种植，品种退化，产量下降，2011年推广抗病、抗倒伏能力强，产量高的中科4号、登海3622、威玉17、鲲玉8号等大穗型品种及浚单20、伟科702号紧凑型耐旱品种。2015年，引进推广糯型系列玉米品种，全县年种植面积在0.5万亩左右。

种植技术 20世纪50年代前，县域内传统的种植方法有间作、纯作两种。玉米一般与绿豆、大豆等豆类作物大小行间作，每亩玉米1000余株，产量较低。纯作是上茬作物收获后采取等行距直播。春玉米从谷雨至小满均有种植，夏玉米在麦收后直播，采取点播，墒情好的耩播。20世纪60年代后，改革玉米种植模式，推行合理密植和麦田套播夏玉米技术。合理密植利于作物均匀通风透光，产量增加10%以上。麦田套播玉米是在小麦收获前，中晚熟玉米品种15天左右，早熟玉米品种8天左右，在小麦大行内提前播种玉米。小麦播种时留出套种玉米行。套种可延长玉米生育期，避开后期低温影响，比直播玉米增产10%~20%。套种玉米成熟早，早收获早腾茬，有利秋季小麦适期播种。1965年，玉米套种面积达5万亩，占玉米播种面积的50%。1970年，小麦套种玉米面积9.7万亩，占玉米种植面积的90%，套种成为玉米主要播种模式。1975年，推广玉米大小行或等行距栽培技术，亩株数增

20世纪70年代，生产队麦田套种玉米

加500~1000株，产量提高10%以上。1990年，在梭背岭乡实施夏玉米高产攻关项目，通过深翻改土、精选良种、配方施肥、合理密植等措施，获得成功，全乡1.1万亩夏玉米，平均单产507.5公斤，比上年增产46.1%。2007—2011年，春播玉米暴发粗缩病，造成春玉米减产30%~50%，给春播玉米生产造成较大损失，夏播玉米发病率明显低。2011年，推广“一增四改”技术（合理增加玉米种植密度、改种耐密型品种、改套种为直播、改粗放用肥为配方施肥、改人工种植为机械化作业），为避开玉米粗缩病爆发期，改套种玉米为小麦收获后直播玉米，适期晚播春玉米。是年，推广种植面积3.5万亩，占全县播种面积的31.19%。春玉米适期晚播技术被农户认可。

收获与加工 不同品种玉米成熟期存有差异，收获适期是玉米蜡熟期（成熟期），这个时期籽粒饱满、硬度大，易于储放。过早收获籽粒不成熟，养分不足，籽粒干瘪；过晚收获籽粒易发芽霉变。早熟品种生育期一般为90~100天，中熟品种一般为100~110天，晚熟品种一般为110~130天。春播玉米一般是晚熟品种，生育期长，产量高；夏播玉米一般是早、中熟品种，生育期短，产量低于春播玉米。春玉米一般在芒种前后收获，夏玉米一般在秋分至寒露前收获。

玉米收获又称掰玉米，传统收获通常有两种方式：一种是先掰玉米棒子，后砍玉米秸；另一种是先砍玉米秸，后掰玉米棒子。先掰玉米棒子时，手里拿着提篮或编织袋，在闷热不透风的玉米地里，拿着工具顺行边掰边走，不一会儿热得满身冒汗，有时不小心被锯齿状的玉米叶把脸或胳膊划上一道道血口，或者雄穗上败落的花蕊落在冒汗的脖子里，特别瘙痒难受。先砍玉米秸再掰玉米，虽避免了闷热、受划之苦，但长时间弓着腰，不一会儿就会感到腰酸背痛，更主要的是砍倒的玉米秸堆放在一起，玉米棒子容易漏落。

玉米秸含有较高的糖分，吃起来比较甜，类似甘蔗。20世纪80年代前，糖稀缺，在掰玉米棒子时，大人、小孩会时不时地掰断一棵玉米秸，剥掉玉米秸外层木质硬皮，吃起来津津有味。有时粗心大意，玉米秸外皮剥不净，吃时会被锋利的玉米秸皮划破手、舌头或嘴唇，鲜血外渗，用七七菜汁液涂在受伤处，很快止血。玉米棒子收获后，带皮集中堆放在庭院里，利用晚上时间，借着煤油灯或借助皎洁月光，全家围坐在玉米堆旁，剥玉米外皮，借助内层皮将2个玉米系在一起或几个玉米编成辫，挂在木棒或绳子上晾晒。玉米收获季节，家家户户院子墙上、树上、木棒上挂满了一串串金黄色玉米棒子。

20世纪70年代，东里公社社员晾晒玉米

冬季来临前，把晒干的玉米棒子进行脱粒，全家围着煤油灯，一人一个簸箕或筢子等农具，用手搓粒，不一会儿手掌被搓得红肿，火辣辣地疼。

20世纪70年代，农户剥玉米

玉米是域内主要粮食。抗日战争、解放战争时期，沂源人民把玉米做成煎饼支援前线，为抗日战争和解放战争的胜利作出了贡献。沂源煎饼饼薄、易嚼、口感好，百吃不厌，深受人们喜爱，煎饼卷大葱闻名全国。金兆宏煎饼是沂源县早期的品牌煎饼，成为走亲访友的馈赠礼品。

玉米除加工成煎饼外，还可加工成玉米面，把玉米面掺上菜叶做成菜窝头、菜饼子，既当菜又当饭。20世纪80年代前，粮食不够吃，通常在玉米面里添加榆树叶、菠菜叶做成玉米粥，称为“菜糊涂”，是主要的吃法。唐山公社杨家庄大队一女社员有句名言：“菠菜糊涂真好喝，喝一碗还想喝。”玉米渣子熬粥是清明节准媳妇过婆家吃的一道美食。清明节前婆家人把准媳妇接来过节，清明节这天中午熬制玉米糙子粥，吃染色的鸡蛋，成为个别乡村地方习俗。玉米皮是做草编工艺品的重要材料。70年代，用玉米皮编制工艺品是生产队的一个重要副业项目，村村办草编项目，发动女劳力在空闲时间用玉米皮编制各类工艺品，增加经济收入。悦庄公社光华草编通过合作社形式，把光华草编做成了一个年出口创汇500万元以上的大产业。

21世纪初，煮熟的嫩玉米棒子越来越受到人们喜爱，成为一道休闲美食。一些蔬菜大棚户在蔬菜收获后种植早熟玉米或露地覆膜种植早春玉米，卖煮棒子、鲜棒子。

地　瓜

种植历史　原产于南美洲的秘鲁、厄瓜多尔、墨西哥一带。明万历年间由福建人陈振龙引入福建，后传入山东。20世纪20年代末，县域内开始种植地瓜。按栽植季节分为春地瓜和夏地瓜，县域内主要栽植春地瓜，作为主要粮食作物；夏地瓜也称麦茬地瓜，一般作为地瓜种用。春地瓜在春分前后温床育苗，立夏采苗移栽；夏地瓜在麦收后栽植。春地瓜生长期长，产量高，栽植面积大；夏地瓜生长期短，瓜块细小，产量低，栽植面积少。1944年建县前，域内地瓜栽植面积较小，仅几百亩。建县初期发展到千亩左右；新中国成立后至1965年，口粮短缺，地瓜具有适应性强、抗旱、稳产、高产、耐干旱强等特点，栽植面积逐年扩大。1949年，栽植面积4.6万亩，单产（折粮）92公斤，总产422万公斤。1952年，引进胜利百号新品种，产量明显提高，栽植面积迅速扩大，逐渐淘汰老品种，成为沂源当家品种。1955年发展到8万亩，1960年发展到19.4万亩，单产143公斤，总产2778.4万公斤，总产量占粮食产量的41.1%，面积、产量居沂源粮食作物之首。

1965年以后，小麦、玉米双季田增加，收益超过地瓜，导致地瓜栽植面积减少。1973年，地瓜栽植达20.3万亩，总产30856万公斤，单产1520公斤，是沂源地瓜栽植面积最大的一年。单产由新中国成立初期不足100公斤提高到1500公斤以上，单产翻了15倍。1974年，地瓜栽植面积处于稳定状态，产量呈螺旋增长趋势。1974年后，随着经济作物和双季田作物逐年增加，地瓜上山，不再占用粮田，栽植面积逐年下降，1980年栽植16.18万亩，比1973年减少4.12万亩，降幅25.46%。是年，中庄公社于家北坡村栽植徐薯18号和济薯5号春地瓜281亩，亩产鲜地瓜2870公斤，创县内地瓜大面积最高产量，县科委奖励现金150元。燕崖村农科队栽植春地瓜丰产田2.3亩，亩产鲜地瓜4497.5公斤，创县内小面积最高产量，成为全县历史地瓜单产最高水平，县科委奖励现金100元。1982—1999年，全县地瓜面积稳定在10万~13万亩。1999年，地瓜栽植面积10.27万亩，总产35716万公斤，单产3480公斤，单产突破3000公斤，比1973年单产增加1960公斤。1989年，实施温饱工程，推广地瓜地膜覆盖技术1500亩，亩增鲜地瓜384公斤，增产23.3%。21世纪初，果树上山和高产高效作物大面积发展，地瓜栽植面积降到2万多亩。2010年后，地瓜不再作为主要粮食作物，只各地零星发展，作为休闲食品，常年面积保持在1万亩左右。2023年，全县地瓜栽植面积1.05万亩，总产544.3万公斤。与1999年比，栽植面积减少9.22万亩，总产减少35171.7万公斤。

中庄公社社员收运地瓜（1977年）

品种改良　新中国成立前，县域内栽植品种是大红袍，产量低，出干率低。1952年，从青岛引进胜利百号地瓜种60斤，开始育苗推广。该品种蔓短，呈纺锤形，结果大而集中，出干率高（37%），瓜干质量好。是年，栽植面积3.84万亩，单产225公斤，比大红袍品种增产100公斤，很受农民欢迎。1957年，栽植胜利百号地瓜面积12.9万亩，占地瓜总面积的89.7%。1961年，地瓜黑斑病大发生，胜利百号品种不抗黑斑病。20世纪60年代中后期，推广建立无病毒留种地，因品种退化严重，收效甚微。1965年，推广莒县宋家庄宋开周“母地瓜下蛋”栽植技术，用整块地瓜作母本，春天把地瓜埋种，再生新地瓜叫地瓜“下蛋”，比芽苗地瓜增产30%以上，用种量大，成本高，经济效益差。20世纪70年代初，地瓜烂根病大发生，烂根发病面积达

唐山公社西里大队地瓜丰收（1977 年）

8万亩，绝产2.4万亩，分别占栽植面积的47.48%、14.24%，对全县地瓜生产造成重创。1973年，从莒县引进莒薯二号、一窝红，从省农科院引进济薯一号和抗旱性较好的红红一号。1975年，从肥城引进抗黑斑病和烂根病的南京92等系列品种，淘汰老品种，品种更新换代。同年，山东省农科院作物研究所在燕崖公社燕崖大队、河西大队，南麻公社西台大队，中庄公社于家北坡大队，悦庄公社唐家官庄大队建立地瓜培育点，为全省培育地瓜良种，每年为全县提供地瓜良种5万公斤，地瓜秧苗100万株。1976年，引进高产、抗病性强的徐薯18号和省农科院在燕崖大队选育的济薯5号，在全县推广，淘汰不抗黑斑病、烂根病的胜利百号。1978年，引进济薯7号、73135，在全县普及，成为当家品种。1982年，从徐州农科所引进徐薯18号原种（77—6）10斤，经两年繁育，在全县推广。90年代推广脱毒种薯，1991年推广北京553。1995年引进徐薯18茎尖脱毒苗，繁育原种供应生产。2015年后，地瓜不再作为主要粮食作物，由淀粉型品种转向高糖型品种发展，推广糖分高、甜度大、软糯性好的烟薯25等系列品种。街上售卖烤地瓜的品种主要是烟薯25，味道香甜软糯，成为主栽品种，占栽植面积的70%以上。主要分布在鲁村、大张庄、悦庄等镇。

育苗技术 地瓜育苗一般在春分前后。育苗方式随着时间推进不断变化。1955年前，全县普遍采用家庭坯炕式育苗，育苗床与火炉连在一起，做饭每天要烧火两次。所育秧苗，栽后缓苗慢，成活率低。1956年，推广以烧柴草为主的室外回烧火炕，在室外背风低洼处建立育苗床，单独烧火提温，出苗早、芽子壮、缓苗快，成活率高，产量比室内育苗增产30%~50%。夏地瓜栽植秧苗，采用冷床式育苗，不烧火加温，借助阳光自然提温。20世纪60年代初，塑料薄膜开始在农业生产上推广应用，采用薄膜温床育苗。1963年，推广河北省卢龙大火炕育苗。1974年，推广三道沟节煤火炕育苗，出苗率高，生长快，采苗早，每斤瓜种用煤0.7斤，比卢龙大火炕育苗节煤三分之一，管理简单，在全县推广。1978年，示范推广滕县、即墨简易式太阳能温床，不用烧火，借助太阳能加温，一般不烂炕，瓜苗质量好于火炕，1979年在全县推开。1983年，推广内循环对流式太阳能温床。2010年，地瓜栽植面积减少，育苗床大多废弃，少有从事地瓜育苗的人，主要采用简易式太阳能温床育苗。

贮藏保鲜 地瓜属热带作物，在北方难以过冬。地瓜保鲜适宜温度是10℃~15℃，最佳温度是13℃，高于20℃易糖心化，发生黑斑病、软腐病，低于9℃易受冻害，瓜块变褐、硬心、腐烂、煮不烂。地瓜保鲜最适宜湿度是80%~95%，低于80%易失水、萎蔫，品质下降，湿度高于95%易腐烂。地瓜储藏在晴天收获，选择无外伤、无虫害的地瓜晾晒1~2天，瓜皮干燥后贮藏保鲜最佳。贮藏保鲜地瓜以留种为主，兼食用。早期传统贮藏多是在平

20 世纪 70 年代，东里公社下柳沟大队永久大窖

地挖方窖或在土崖挖窖，独用或几家合用。这种贮藏方法保温效果不好，地瓜易受冻烂窖。1963年，推广井式地窖，保温效果好，但管理不方便，使用较少。1974年，推广永久大窖，容积大多在100立方以上，窖形呈非字形和半非字形两种，一般一个大队建1个。贮藏量大，管理方便，可调节窖内温湿度，瓜种越冬安全。1978年，全县永久大窖达600个。

1982年后，生产队解散，永久大窖基本弃用，独户或几户联合在村周边土层深厚处挖地窖（地瓜窨子）用来贮藏保鲜地瓜，一般离地表下挖1.5~2米深，再横挖10多米，大多10~20平方米，类似地道。窖内铺干草，霜冻前瓜种入窖，小雪后用大石板或木板盖住洞口，外加草帘或厚土保温，在一侧用秫秸或麦秸扎把做成气孔，利于平时通风换气，称作“气眼”。大雪前后堵死气眼，窖瓜种或取瓜种时用绳子系着竹筐上下输送，由两个人完成。平时很少打开洞口，一般一个月左右，选择晴天无风天气中午打开洞口，以利洞内排湿换气，下午太阳落山前再封死洞口保温。

地瓜长期呼吸，窖内氧气浓度稀薄，二氧化碳浓度高，入窖取地瓜时先打开洞口通风，再在窖口点火检验一下，如果火很快熄灭，说明窖内二氧化碳浓度还很高，不能下窖，否则易造成缺氧窒息，有生命危险。

2000年，全县地瓜栽植面积少，各户地瓜除切干外，少量食用的地瓜一般在室内简易保鲜，地瓜窨子荒废。2016年，在美丽乡村建设时，东里镇下柳沟村的一个永久地窖，被改造为村庄景观。

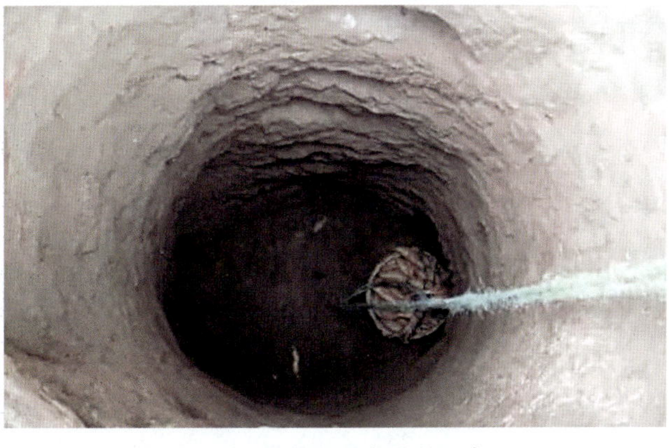

20世纪80年代，农户地瓜窨子

切干　地瓜切片晒干（地瓜干）后便于贮藏保存。切片农具随着时间推进而调整。新中国成立前，一般用菜刀切片，效率低，切片厚薄不匀。20世纪50年代后期，开始使用地瓜擦刀，俗称搓板。在长方形木板中挖一缝装一镰刀，1人操作。切片时一手攥紧擦刀，一手拿地瓜在擦刀子上来回擦动，日擦地瓜500公斤左右。擦地瓜是个技术活，一不小心就会割破手，切片时手上戴手套，以防手被割伤。1956年，推广县农机厂研制的手摇地瓜切片机，切片破碎多，未推广开。1980年，推广新式手摇地瓜切片机，把切片机固定在一条木凳上，1人操作，一手摇动手把，一手续地瓜，日切1000公斤左右，效率大幅提升。用完后，把切片机卸下来，携带方便，广泛接受。一般地瓜收获后，在地瓜地里或就近荒坡处切片单摆晾晒。地瓜切片晾晒是功夫活，

20世纪80年代初，地瓜切片大田晾晒

全家老少齐上阵，有的刨地瓜，有的切地瓜，有的晾晒瓜片。收获季节，漫山遍野是晾晒的瓜干，到处是一片片的白色原野。在瓜干晾晒过程中，遇上阴雨天，无论白天黑夜，全家男女老少齐出动，带着雨具和农具，到野外抢拾瓜干。有时雨来得突然，抢收不及时，地里的瓜干中间部分会烂掉，只剩下四周的“眼镜框”。晚期晾晒的瓜干有时也会冻在地里，吃一口甜滋滋的。一旦瓜干被雨淋霉变，全家一年的口粮成为难题，叫作“断囤子”（断粮）。瓜干晒干后，一般用粮囤或囤栈储存。秋天各家各户院屋内最显眼的是盛满瓜干的粮囤和粮栈。20世纪

70年代前，姑娘首次到婆家相亲，首先要到各房间转转看看粮囤粮食是否满着，以便嫁过来后不挨饿。

加工食用 地瓜是20世纪80年代前主要粮食之一。20世纪70年代，大多生产大队、生产队建立队办粉皮、粉条、面粉等加工作坊，作为队办副业发展，制作地瓜粉皮、粉条。鲁村公社泉子官庄大队张维奎制作的泉子官庄粉皮远近闻名，成为鲁村地方特产，价格比其他地方高，供不应求。带动泉子官庄村家家户户制作粉皮、粉条，成为村民增收产业。

20世纪80年代前，清水煮瓜干是通常的吃法，全家人围着土坯炉灶，蹲在地上一人一碗煮熟的地瓜干，吃得津津有味。由于地瓜含有大量的淀粉和糖分，吃多了不易消化，肠胃不好的人更不宜多吃，容易引起烧心吐酸水。地瓜中含有一种氧化酶，能在人的肠道里产生大量二氧化碳，产生腹胀，引起打嗝、放屁。煮地瓜干时加上少许爬豆，吃起来味道更佳，都喜欢喝瓜干爬豆汤。煮地瓜吃，是80年代前最常见的吃法，煮上一大锅能吃几天，有时吃不完，为防止霉变腐烂，把煮熟的地瓜切成干，在太阳下晒几天，半干后当薯条吃，大人小孩喜欢。

鲁村镇泉子官庄粉皮晾晒

谷　子

谷子属禾本科一年生草本植物，果实去皮后俗称小米。早在7000多年前的新石器时代，谷子已成为中国的主要种植作物。谷子古称稷、粟，亦称粱。人们把穗大、毛长、粒粗的称粱，穗小、毛短、粒细的称粟。粟的稃壳有白、红、黄、黑、橙多种颜色，俗称“粟有五彩”。南稻北粟中的粟指的是小米。

小米粥

小米易贮存，营养价值高，是一种战略性作物。小米熬粥时会浮着一层细腻、黏稠、形如膏油的金黄色米质油，是天然的补品，营养价值极高，有代参汤美称。用小米面做成的茶汤是民间传统的滋补佳品。小米粥、茶汤营养价值高、易吸收消化，是产妇、病号的首选补品。中国最早的酒也是用小米酿造的，叫作黄酒。

种植历史 谷子抗干旱耐瘠薄，适应性强，是全县种植历史最悠久、面积最大的粮食作物。新中国成立初期，谷子是县域内主要粮食作物，全县大面积种植。1949年，全县种植面积33万亩，占粮食作物面积的43.3%，总产949.5万公斤，占粮食产量的49.27%，单产57.5公斤。谷子种植面积、产量接近全县粮食作物的一半，是全县主要粮食作物。1950年，种植面积达33.6万亩，总产2018.6万公斤，单产60公斤，是全县谷子发展历史上种植面积最大年份。随着双季田的发展，玉米、地瓜、小麦等农作物种植面积逐年增加，谷子种植面积减少。1959年前，常年种植面积在14万亩以上，1960年降到8.9万亩，占粮食作物种植面积的12%，总产700.9万公斤，占粮食产量的9.99%，单产79公斤。1963—1965年，三年调整时期种植面积上升到10万亩以上。1963年，种植面积达12.9万亩，占全县粮食播种面积的18.89%。1964年，种植面积下降。1982年，种植面积降到1.8万亩，占粮食作物种植面积的3%。20世纪90年代后，随着果树上山，谷子种植面积不断减少。1996年，全县谷子种植面积降到万亩以下。2007年，谷子种植面积0.19万亩，为历史上种植面积最低年份。2010年，淄博千秋雪食品有限公司、山东华盛果品股份有限公司、沂源山珍园食品有限公司等农业龙头企业实施土地流转，在南鲁山镇鲍庄村、龙泉村，鲁村镇刘家坡村等建设谷子绿色、有机生产基地0.5万亩，从事谷子绿色食品、有机食品发展。2015年后，全县谷子种植面积保持在0.6万亩左右，主要分布在南鲁山、鲁村、悦庄等镇。其中鲁村镇刘家坡小米、南鲁山镇陈家山小米全省闻名，成为沂源特色有机农产品，价格比周边区域高出3元/斤左右，成为村民增收产业。

品种改良 县域内传统农家品种有红苗、鸡嘴、青苗母鸡嘴、打罗锤、撑破国、阴天旱、毛谷子等，打罗锤种植面积最大，是当家品种。1957年，全县种植打罗锤面积2500亩，占全县谷子种植面积的13.97%，单产150公斤，是全县谷子平均单产的1.7倍。同年，悦庄区东埠村种植8亩，单产352.5公斤，创历史最高产纪录。1958年，鲁村公社引进黄毛谷，具有抗旱抗病、早熟、出谷草多等特点，3年试种比当地母鸡嘴亩增产30斤，1962年在鲁村公社大面积推广。1959年，部分公社试种越夏谷子取得丰收，在全县推广。1969年，从山东省农科院引进柳条青品种，种植面积3.9万亩，占总面积的43.82%，成为20世纪70年代当家品种。1984年，从山东省农科院引进鲁谷4号、豫谷1号、7520、黄金谷、千斤不倒等品种。

陈家山村民收获谷子

小香米是沂源地域特色品种。据传是明洪武年间，移民大迁徙时从山西洪洞县带来的山西品种与沂源引进品种，经过长期物竞天择和劳动人民多次筛选，选育出的适合沂源生态特点的地方品种，籽粒小、色泽金黄、黏度大、米质细腻、清香入味，品质上乘，称为沂源小香米，成为沂源特色品种，在县域内广泛种植。

高　粱

高粱亦称秫黍，属禾本科高粱属，是五大(小麦、玉米、地瓜、高粱、谷子)粮食作物之一。具有抗旱、耐涝、耐盐碱、适应性强等优点，在早期农业发展史上占有重要地位。高粱的蛋白质中含人体难以消化的醇溶性蛋白较多，而人体必需的赖氨酸、色氨酸偏低，籽粒含有单宁，涩味浓、适口性差，除少量用作煮饭、熬粥、摊煎饼外较少直接食用，主要用作牲畜饲料。在饲料中添加一定量的高粱可以增加牲畜的瘦肉比例，防治牲畜肠道传染病。工业上是酿制白酒、醋、酱油、味精或提取单宁等主要原料。茅台、竹叶青、汾酒、泸州大曲等中国名酒均以高粱为主要原料或重要配料酿制而成。高粱秸秆是20世纪80年代前农村建房的重要材料，用秫秸作屋笆(现在用芦苇)，外苫麦秸(瓦)，称为草屋。深冬腊月，有时屋顶上会积着一层厚厚的白雪，晴天温度升高积雪融化，雪水系在麦秸上，晚上气温下降，雪水冻成长长的冰棒挂在屋檐下，称为“琉璃”。小孩喜欢用木棍把屋檐下的琉璃打下来摔碎，成为冬季孩子们的一种乐趣。高粱穗脱粒后是扎笤帚的重要材料，高粱笤帚坚固耐用。

县域内种植高粱历史悠久，主要种植农家品种，产量低。1949年，全县高粱种植面积8.9万

高粱

亩，占粮食作物种植面积的11.63%；总产488.8万公斤，占粮食总产量的12.68%；单产55.5公斤。1949年7月26日，县委召开小麦、高粱发展总结会议，对青龙区葛家庄大队高粱多锄一遍地、多增施土杂肥、亩增产100斤经验，给予通报表扬，引导全县多施粪、多锄地，增加高粱产量。20世纪50年代，作为粮食作物，主要种植在山间薄洼地。1951年，发展面积达11万亩，占粮食作物面积的15.45%，总产764万公斤，占粮食总产量的17.29%，是历史最高发展时期。20世纪60年代，小麦、玉米、地瓜作为主要粮食作物大面积发展，双季田增加，高粱产量低，食用性差，薄洼地不再种植高粱，种植面积逐年减少。1960年，种植面积3.8万亩，占全县粮食播种面积的5.19%。1961年，引进推广白粒高粱，逐渐淘汰传统红粒高粱。1962年，从山东省农科院引进高粱不育系、保持系。1963年，开展高粱杂交育种工作。1965年，推广杂交高粱，产量高，种植面积有所回升，种植面积达5.7万亩，占粮食面积8.34%。1970—1971年，县农业局抽调技术员两次到海南岛加茂公社半弓大队，大田上、大田下生产队开展高粱杂交育种工作，繁育杂交种6180公斤。1973年后种植面积降到2万亩，1983年，种植面积1.35万亩。1989年后，房屋屋顶用芦苇代替秫秸，高粱基本不再发展种植，只有少数农户在山岭薄地零星种植，主要用作高粱穗扎笤帚。

高粱穗笤帚

大　豆

大豆起源于我国黄河流域，商代甲骨文中有大豆记载。汉代司马迁《史记》中，提到轩辕黄帝时“艺五种”（黍稷菽麦稻），菽就是大豆。《诗经》中亦有“中原有菽，庶民采之”“五月烹葵及菽”等描述。大豆在沂源种植历史悠久。建县初期，大豆种植面积多于玉米、地瓜，少于谷子、小麦，属主要农作物之一。1949年，全县大豆种植面积8.5万亩，总产量256万公斤，单产30公斤。1953年，种植面积9.8万亩，总产量190.5万公斤，是大豆发展史上种植面积最大的年份。20世纪60年代初，种植面积在8万亩以上，与玉米种植面积持平。种植方式多与玉米等作物间作或单作，产量低、收益低。1966年后种植面积逐年减少，面积降到6万亩以下。20世纪70年代，以与玉米间作为主，基本无单作种植，种植面积降到5万亩以下，1978年面积降到2万亩以下。1989年，推广大豆、玉米同穴间作模式，种植面积3万亩，玉米亩增产30公斤以上。90年代后，大豆种植面积逐年减少，常年种植面积0.11万亩左右。

杂　粮

杂粮种植历史悠久，主要有绿豆、小豆、爬豆、豇豆、红豆、黍子、荞麦等品种。杂粮耐瘠薄、抗干旱、适应性广，在全县普遍种植，作为粮食作物的补充。1949年，全县种植杂粮面积1.1万亩。1954年，种植面积下降至0.7万亩。1955年，种植面积有所回升，1958年，种植面积8.8万亩，是沂源县杂粮发展史上面积最大的年份。1959—1961年，种植面积稳定在2万亩左右，以后逐渐下降。1989年，下降至0.3万亩。20世纪90年代后零星种植，常年种植面积保持在0.2万亩左右。主要种植在山岭薄地、堰头地边。

绿豆 绿豆属豆科作物，为夏播或春播，生育期80天左右。青石山区种植较多，一般与玉米等高棵作物间作。县域内有明绿豆和毛绿豆两种。20世纪60年代中期，推广有限结荚品种，棵矮、产量低，多在地瓜地带种。20世纪70年代，推广无限结荚品种，棵高、产量相对高，采取纯作或与玉米、棉花、高粱、黄烟等高棵作物间作。绿豆有清热解毒功效，夏天人们常常用绿豆熬汤解暑，畜禽药物中毒或胀气时，通常把绿豆压碎灌肠也有很好的疗效。

小豆 小豆属豆科作物，以春作为主，生育期130天左右。有赤色、灰绿色两个品种，有限结荚习性。小豆适应性强，对土壤要求不严，多与玉米、地瓜、棉花、谷子等作物间作，田埂、地头、斜坡空隙地亦有种植。

爬豆 爬豆属豆科作物，茎蔓生，有红色、白色、红白花纹3个品种。谷雨至立夏播种，多种植于田埂、地边、堰头，或与谷子、高粱等高棵作物混作。

黍子 黍子是五谷之一，属禾本科作物，立夏前后播种，是中国最早用于耕作的作物之一，也是中国北方重要粮食作物之一。黍子脱壳去皮后米粒呈黄色，也叫黄米。黍米是做粽子、年糕、酿制黄酒的主要原料。在古代用100颗黍子的籽实排列起来作为一尺的标准，叫黍尺。20世纪70年代后，县域内零星种植，种植面积100余亩，90年代后少有种植。80年代前，县域内农村春节前有用黍米酿制黄酒、做年糕的习俗，叫备年货。黄酒、年糕是年夜饭或招待客人的必须品。年夜饭喝自酿黄酒，吃自制年糕才算过年，才感觉有年味。黍子秸穗是扎笤帚的上乘材料，耐用性强于高粱穗笤帚。

黍子

荞麦 荞麦属蓼科。头伏播种，农谚："头伏荞麦，二伏萝卜，立秋白菜"，头伏是播种荞麦的最佳适宜期。荞麦耐瘠薄，适应范围广，多种植于新垦荒坡、山岭薄地、田边地头。播种粗放，在地里随意撒上种子，用耙子简单耙耙即可。荞麦红秆、绿叶、白花，籽实三棱。20世纪80年代前，农村多有种植，作为优良的填闲补种作物，全县种植面积达3000多亩。

荞麦

荞麦面粉灰色，属粗面，黏性差，可包水饺、制作面条、蒸窝头，是80年代前主要面食之一。荞麦面包水饺、做面条时最好掺些小麦面粉，增加黏性，更筋道、可口。

经济作物

花 生

花生属豆科植物，俗称果子、皮果子，是重要油料作物。据《沂源县志》记载：清代末年开始种

沂源花生

植，已有100多年的栽培历史。花生性喜砂质疏松土壤，适宜砂山地带。大张庄、黄庄、徐家庄、鲁村、张家坡等区为主产区。其中张庄区最多，占全县种植面积的20%以上。2023年，大张庄镇种植花生1.51万亩，占全县面积的28.01%，总产量377.78万公斤，占全县的28.19%，是全县花生种植面积最大的镇。

种植历史　1944年，县域内传统品种是爬蔓大花生，谷雨前后露地播种，霜前收获，生育期长。全县花生种植面积3万亩左右。传统种植，田间管理粗放，不施肥，仅限于锄地拔草，白种白收，亩产50公斤左右。1949年，全县种植面积3.2万亩，单产皮果60公斤，总产192.5万公斤，播种面积占经济作物面积的53.3%。农业合作社时期，推广半站秧大花生，改变传统栽培习惯，推广整地换茬、轮流冬整、合理密植、增施种肥等技术措施，面积、单产有所增加。1957年，花生种植面积7.7万亩，总产706万公斤，单产91.75公斤，比1949年单产增加31.75公斤，增幅52.92%，是沂源花生种植史上面积最大的年份。其中半站秧大花生种植面积占总面积的60%，成为全县主导品种。1957年，从烟台农科所引进早熟抗旱良种30斤，在张庄区南岩四大队实施品种繁育，翌年推广面积200亩。1958年，国家粮食征购放弃“三定”（定产、定购、定销）政策，实行大购大销，造成粮食紧张，逐渐出现粮油作物争地矛盾。张庄、黄庄、张家坡等公社，砂山坡地多，宜种植花生，农民为多种粮食，多留口粮，不愿意种植花生，花生种植面积渐减。1959年，种植面积为4.4万亩，比1957年减少3.3万亩，降幅75%；总产410万公斤，比1957年减少296万公斤，降幅72.19%。1961年，全县种植面积降为2万亩，总产156万公斤。1962年恢复到4.4万亩，80年代前一直徘徊在4万~5万亩之间。1965年，推广花生良种，施用磷肥、氮肥、根瘤菌肥，精耕细播，单产逐年增加。1971年单产112公斤，突破100公斤，比1957年增加20.25公斤，增长22.07%。因早熟品种粒小达不到出口标准，影响出口创汇，加之长期种植，品种退化严重，早熟品种逐渐被淘汰，引进推广中晚熟品种。1972年，推广花生清棵蹲苗田间管理技术，改革传统栽培模式，增产10%以上。1975年，推广小万短节合理密植技术，亩增1000棵以上。1976年，实施品种改良，引进晚熟高产品种临花1号，粒大、高产、适应性强，当年种植面积4万亩，占全县花生种植面积的86.21%。生育期长，成熟较晚，1978年进行两次品种改良。同年，引进适合山区的中早熟品种徐州系列品种，品质、抗病均优于临花1号，增产10%以上，大面积推广。当年，推广花生起垄种植和增施磷肥技术，变花生平地播种为起垄播种，利于花生增温抗涝，长势健壮，增产效果明显。

1980年起，调整种植业结构，花生种植面积扩大，产量逐年提高。1981年，在大张庄、鲁村、悦庄等公社实施花生起垄地膜覆盖栽培技术试点。1984年，在大张庄乡北旋峰村推广。起垄覆膜利于花生增温、保湿、抑草，可提早半月时间播种，生育期延长，增产效果明显。起垄覆膜栽培技术是花生栽培技术的一次重大变革，推动了花生产业可持续发展。1991年，实施山东省“八五”期间在沂蒙山开发100万亩砂石山项目，沂源县承担出口花生、苹果基地建设任务8万亩。编制《沂源县出口花生、苹果基地建设规划纲要》，在大张庄、鲁村、徐家庄等乡镇开发花生低产田2万亩，至1995年投入建设资金100万元，治理砂石山2万亩，建设花生丰产田2万亩。1997年，推广种衣剂包衣技术，种衣剂具有杀虫、杀菌、肥效作用，有效防治地下害虫，出苗整齐，增产明显，在全县大面积推广，包

20世纪80年代，花生地膜覆盖播种

衣率在98%以上。因种衣剂含有高毒农药呋喃丹，对人体有危害，1999年花生种衣剂包衣技术被弃用。2010年，推广花生黑色地膜覆盖栽培技术，黑色地膜吸光性强，保温保湿性、抑制杂草效果强于无色地膜。2012年，在大张庄镇大三地村开展花生单粒精播技术试验，亩增产5%~10%，花生单粒精播技术适宜高肥水地块，不适合沂源山岭旱田地块，没有得到大面积推广。2012—2015年，在大张庄镇实施万亩花生高产创建项目，推广地膜覆盖、适期播种、增加密度、药剂拌种、增施控释肥、防早衰和适期晚收技术。建设十亩高产攻关田、百亩高产示范方和万亩高产示范片。十亩高产攻关田亩产478.6公斤，百亩高产示范片亩产412.3公斤，万亩高产示范片亩产315.5公斤。万亩高产示范片亩产突破300公斤大关，十亩高产攻关田、百亩高产示范片亩产突破400公斤大关，创全县花生亩产最高纪录。

花生经营　20世纪80年代前，花生属于国家调控产品，主要由生产队组织生产，生产的花生除留足种子外，统一上缴国家，主要用于出口创汇，社员自留地生产的花生归私人支配，主要用于压榨花生油自用，市场流通较少。1953年，中共中央发布《关于全国实行计划收购油料的决定》，规定农民生产的花生，扣除应留种子（每亩留花生仁8~11.5公斤，后改为17.5公斤）及自食油料外（每人留6公斤），其余部分按统购价格卖给国家。花生出口由县外贸公司组织实施，实行区域限制，不能跨区域经营。1958年，沂源县出口花生6.05万公斤。1961年，国家收购花生4.32万公斤。1965年10月，实行生产队缴售花生仁50公斤，奖励布票2.5尺、化肥3.25公斤，生产队每超售花生米或花生油（不返饼）50公斤，除按任务奖售外，增奖化肥40公斤，调动生产队发展花生积极性。1971年，实行只购不销政策，不允许花生自由交易，严格控制花生市场自由交易。1972年，生产队缴售花生仁50公斤（不返饼），奖售化肥12.5公斤，超售50公斤除奖售化肥12.5公斤外，再加价30%。20世纪80年代，国家放开花生经营调控政策，采取引导鼓励政策，倡导多向国家缴售花生。1985年，县外贸公司委托县粮食部门代购，出口花生仁8.59万公斤。1987年，打破区域限制，开展直购业务，实行就地收购、就地包装、就地发货。是年，实行粮棉油合同定购与供应平价化肥挂钩。每缴售花生仁50公斤，奖售化肥20公斤。1990年，沿用60年代花生统购政策。收购花生仁8.85万公斤，出口6.7万公斤。主要销往日本、新加坡、叙利亚、马来西亚等国家和中国香港、澳门地区。20世纪90年代，花生市场完全放开，市场调节、自由交易。

花生油加工　花生是沂源县传统经济作物，花生榨油业发展历史悠久。新中国成立初期，全县有花生榨油作坊60余处，主要分布在张庄、鲁村、悦庄、南麻等花生主产区。1958年前，花生油加工全靠家庭小作坊，石磨磨糁，木榨榨油，季节性生产，出油率低。1958年，县粮食局建榨油厂1处，主要生产花生油、豆油、棉籽油，日产食用油1500公斤。1980年，张庄公社建立沂蒙山植物油厂，年加工花生油1000多吨，成为全县规模最大的花生油加工企业。2005年，企业改制为山东沂蒙山花生油股

20世纪70年代，花生油加工作坊

份有限公司，成为市级农业龙头企业。“沂蒙山”商标认定为省著名商标，是山东省最大花生油加工企业之一。“沂蒙山”牌花生油在省内市场占有率达到30%。80年代前，张庄、鲁村、黄庄、悦庄等花生主产区生活食用油主要是花生油，非花生主产区生活食用油主要是猪肥油（腥油）、豆油，搭配花椒籽油、棉籽油、麻籽油，其中猪肥油是大众油。猪肥油食用量过大，肥肉价格比瘦肉、排骨价格要高出0.1~0.2元（20世纪70年代猪肉价格是0.72~0.75元/斤）。社员为买到肥肉便早早到卖肉点排号，剩下的往往都是瘦肉和排骨。

20世纪80年代初，农村经济体制改革，乡镇办、村办油料加工企业和个体榨油作坊蓬勃发展，花生油加工企业异军突起。1990年，全县花生油加工作坊120处，榨油机185部。其中铁榨65部，木榨120部。90年代后花生油逐渐取代腥油（猪肥油），成为生活主要用油。花椒籽油、棉籽油、麻籽油口味差，不再食用。2000年后，花生油作坊规模发展，遍布乡村。2023年，花生油作坊达200多家，年加工花生油2万余吨。

棉　花

棉花属锦葵科棉属植物，原产于亚热带地区。棉花并不是花，而是锦葵科棉属植物的种子纤维。棉花花卉呈乳白色或粉红色。棉花是棉桃开花后长出的果子成熟时裂开翻出的果子内部的纤维。清明后播种，等行刨穴点播，亩株数2000株左右，播种时用草木灰搓种下播，叫作白种。棉花喜欢中耕，谚语：“棉花锄十遍，转身一提篮。”

县域内种植棉花历史悠久，新中国成立前零星种植大白籽斯新棉小棉花品种，由私商经营。1946年，成立沂源县生产推进社，经营皮棉、粮食、花生、烤烟、畜产品、干果等近百个品种。新中国成立后，棉花列入国家战略物资，对棉花实行管控政策，严格棉花经营。1949年，全县棉花种植面积2.3万亩，占经济作物的38.3%，平均亩产皮棉8公斤，总产18.5万公斤。1953年，种植五爱棉。1954年，从高密引进岱字棉15号，衣分与纤维长度好于五爱棉，在全县大面积推广，淘汰五爱棉。1955年，随着人民生活的需要和国家计划安排，面积增加。1956年，种植面积达到3.2万亩，平均亩产19.5公斤，总产63万公斤，比1949年增加0.9万亩，亩增产11.5公斤。是年，成立沂源县农产品采购局，负责全县棉烟麻经营。1957年1月，县农产品采购局撤销，棉烟麻业务交县供销社经营。1963年，推广“五合一”播种法（开沟、浇水、点种、施肥、盖土），改变白种传统播种法，亩产皮棉增加。是年，东里公社后水北大队30亩棉花亩产皮棉51公斤，创沂源县历史上棉花亩产最高纪录。1967年，种植面积2.8万亩，亩产皮棉25公斤，比1949年亩增皮棉17公斤，比1956年亩增皮棉5.5公斤。1970年，推广营养钵育苗、“920”激素喷花等技术，比传统种植出苗齐、苗健壮，花铃

唐山公社生产队拾棉花（1978年）

减少脱落，在全县推广。是年，全县种植3.2万亩，亩产27公斤，总产86.4万公斤，是沂源县历史上种植面积最大年份。1972年春，在全县18个大队开展棉花“三囚田”（株行囚、株系囚、原种囚）杂交株系培育，在24个大队开展一代原种育种，育种面积993亩，实施品种改良。1974年，县委开展棉花生产上“纲要”（亩产皮棉80斤以上的村）行动，引导生产大队、生产队大力发展棉花，增加棉花产量，对上“纲要”的大队给予通报表扬。是年，有5个公社的16个大队上“纲要”，其中东里公社东安、石马山、韩旺三村3个大队亩产过100斤；鲁村公社沙沟大队、崮山大队，燕崖公社大马岭大队，中庄公社道坐崮大队，唐山公社唐庄大队，东里公社四崮峪、东里西、东里东、黄崖子、前暖院、朝阳官庄、韩旺一、二大队亩产皮棉过80斤，成为全县棉花生产典型，经验在全县推广。1975年，学习高密、平度栽培经验，推广合理密植、早打顶、花期追肥、等行栽培等技术，亩株数由新中国成立初期的2000株增加到3000~4000株，亩产量增加。1976年，亩产皮棉33.5公斤，比1967年亩增8.5公斤。同年，成立沂源县棉烟麻公司，隶属县供销社。1977年，国家取消沂源县商品棉缴售任务，种植业计划不再强调棉花种植，棉花种植面积骤减。1980年，种植面积0.62万亩，单产21.5公斤，总产13.25万公斤。1983年1月，县棉烟麻公司改称棉麻公司。棉麻种植面积逐年减少，1984年3月，棉麻公司撤销，业务并入土产杂品公司。1990年，种植面积0.01万亩，亩产80公斤，总产0.8万公斤，是沂源棉花发展史上最少年份。实施家庭联产承包责任制后，农户零星种植，主要用于子女结婚缝制被褥或自用，常年种植面积在2000亩左右。2023年，全县种植面积0.26万亩，单产107公斤，总产27.82万公斤。

20世纪80年代前，棉花是生产队经济收入的主要产业之一。由生产队按照国家计划安排发展。霜后是棉花成熟季节，到处是一片片白花花的棉花。采摘时，生产队组织劳力和小孩集中到大田一同采摘，一人一行弯着腰往前赶，边摘边说边笑，一行

布票（1983年）

采摘下来累得腰疼。其间，布料紧缺，凭布票供应，社员家家户户在自留地种植棉花，自给自足。村村都有弹棉花、织布作坊和染匠，家家户户拥有纺线车，把弹好的棉花纺成线，交给作坊织布、染色，称作老粗布，是做衣服、袜子、棉被、床单的重要布料。老人、小孩棉袄外襟、裤腰特别肥大，通常用一块长布绳（扎带）扎起来，防风保暖，俗语说：“你的嘴像裤腰带一样，怎么不把门。”

黄 烟

沂源县是山东黄烟主产县之一，所产烟叶组织细腻、光泽鲜明、油分足、香味醇、燃烧力强、灰白火亮，色、香、味居全省烤烟之首。全县拥有最适宜栽培黄烟的淋溶褐土及典型棕壤30万亩。1984年，山东省黄烟种植区划最佳乡镇47个，其中沂源县有三岔、南麻、土门、石桥、燕崖、中庄、张家坡、唐山、张庄、东里10个乡镇，占全省最适宜黄烟区的21%，为全省5个黄烟开发县之一，其中三岔乡是驰名中外的青州烟产地。1980年，黄烟生产列为全县农业经济翻番的短线项目，所产黄烟销往全国几十家著名烟厂。

种植历史 明代万历年间县域内开始种植土烟（晒烟），主要品种有老烟民、长把子等，品质差、产量低。新中国成立前，县域内各地均有零星种植，面积几百亩。20世纪50年代末，黄烟种植面积增加，土烟种植面积减少，60年代中期，绝大多数烟农不再种植土烟，改种黄烟。土烟烟劲大、烟味浓，

老烟农喜欢抽。烟叶成熟后搓成细末，装在用粗布或皮革制成的烟袋包里，平常连同烟袋挂在腰带上，抽烟时使用方便。常年抽烟的人身上散发着浓浓烟味，叫作“老汉子味”。

县域内种植烤烟始于1928年，时称洋烟。三岔（时属临朐）郑家庄村郑玉环、郑良善等6户农民从临朐引进大黄金、小黄金品种，种植面积20亩，产烟叶1050公斤，70年代前是全县当家品种。1930年，种植规模扩大到璞邱、三岔店、鲍庄等村，1933年种植面积500亩。1938年，日军侵占三岔，1945年停种。1946年，三岔乡（时属沂源县文坦区）受临朐影响又开始种植黄烟。翌年10月，三岔店成立手工卷烟合作社，开始生产卷烟，黄烟种植面积增加，1947年达到900亩。1947年前，三岔烟叶多卖给外国烟商，外国烟商随意压价，挫伤烟农积极性，其间发展缓慢，新中国成立后开始稳定发展。1949年，黄烟种植面积1000亩，单产75公斤，总产7.5万公斤。1951年，烟草种植面积3000亩，其中黄烟2100亩，单产91公斤，总产19.1万公斤。黄烟全部集中在三岔区，为全县唯一的黄烟种植区。1955年，黄烟种植由三岔区扩展到悦庄区、南麻区、石桥区，以三岔区、悦庄区北部为主，南麻区、石桥区零星种植。是年，种植面积达到8000亩，单产84.5公斤，总产67.6万公斤。1972年，黄烟生产纳入国家计划，棉花种植面积减少，黄烟面积增加。1974年，全县黄烟面积突破万亩关，达到1.3万亩。1976年，黄烟成为三岔、土门、悦庄、石桥、南麻5个公社主要经济作物。1977年，国家取消棉花征购任务，黄烟生产得到重视，全县13个公社均大面积发展黄烟。同年，面积达到2.86万亩。1978年，从云南引进红花大金元品种，成为全县主导品种。1980年稳定在3万亩，占经济作物面积的30%，全县青石山区均有栽植。1980年，县委把黄烟生产列为农业翻番短线项目和重要财源，大力发展黄烟生产。是年，黄烟面积达到4.63万亩，单产165.5公斤，总产766.5万公斤。1982年，农业内部结构调整，面积猛增到8.34万亩，占全县经济作物面积的51.1%，比1980

姬家峪村千亩黄烟基地（上）　掰烟叶（下）

年增加面积5.44万亩，增幅187.59%。其中悦庄、鲁村、石桥、三岔等公社超万亩，悦庄达到1.91万亩，居全县之首，是沂源县黄烟发展史上面积最多年份。三岔公社黄烟品质上乘，被山东省政府确定为青州烟产地。同年，三岔公社董家峪村高会春选育源选1号黄烟品种，优于当家品种，在全县推广，是沂源县自选自育的首个黄烟品种，闻名全省。1983—1984年，全国烟叶原料处于饱和状况，需求量减少，根据国家计划种植面积压缩到6万亩左右。1987年，沂源县被列为山东省优质烟生产基地。是年，种植面积5.1万亩。20世纪90年代后，黄烟种植面积减少，1995年面积为0.52万亩，处于发展低谷。1996年，成立沂源县黄烟生产办公室，强化宣传引导，推广普及技术，推动全县黄烟业发展，种植面积回升。1997年，种植面积达到4.31万亩，比1995年增加3.79万亩，增幅728.85%。2003年后，种植面积回落，降到1万亩以下，2023年，面积0.4万亩，总产65.6万公斤。

20世纪90年代前，黄烟是沂源县农村的经济支柱产业和农民收入主要来源。三岔乡是传统黄烟种植大乡，全乡黄烟种植面积常年保持在万亩以上，人均种植黄烟0.5亩左右，农民收入的70%来自黄烟。八九十年代，三岔乡年黄烟财政收入均超过100万元，占财政收入的60%以上，称为黄烟财政。

烟叶烘烤 新中国成立前，县域内烟农尚未掌握采收、烘烤技术，多从临朐聘请烘烤师傅指导采收、烘烤。新中国成立后，烟农逐渐掌握烟叶采收、烘烤技术。1960年前的烤房为旧房改建的三火管大烤房，烟叶烘烤质量差。1965年，三岔公社璞邱村建成全县第一座五火管大烤房，在全县推广。70年代初，推广七火管、九火管烤房。1976年，对五火管、七火管烤房进行改造，推广暖风灶大烤房。1980年，开始应用小烤房。烤房是烟叶处理的第一道工序，每个生产队都建有烤房。用土坯加上麦穰垒制而成，保温效果好。80年代初，生产队期间，集体统一组织烟叶采摘、系烟、烘烤。男女劳力负责到大田里采收、运输烟叶，家庭妇女、小孩负责系烟叶，大家围在烤房周边，边拉呱边系，很快就系一竿，按系烟棒数记工分。实行家庭联产承包责任制后，土地承包到户，家家户户种黄烟，规定烘烤时间，各户必须按规定时间，采烟、系烟、烘烤。烘烟是个技术活，安排专门技师2~3人烘烤。技师24小时轮流值班，时刻掌握烘烤火候和时间，如果温度控制不好，容易把烟叶烤焦或过生，成为级外品，造成较大损失。

1977年，筹建沂源县烟叶复烤厂。是年，复烤烟叶1512吨，产值310万元，利税10万元。改写了县域内无复烤烟叶的历史，实现了生产、烘烤、复烤一条龙产业链。2000年，黄烟种植面积减少，烤烟原料不足，县烟叶复烤厂撤销。

20世纪90年代，黄烟烘烤

20世纪60年代，黄烟烘烤房

烟叶购销 1947年前，三岔烟农多到辛店、益都、潍县等地卖给英国、德国、日本等外国烟商，价格低廉。1948—1949年，大部分卖给大华烟草公司的五井、冶源（属临朐县）收购点。1952年，潍坊烟草分公司临朐支公司在三岔店设点，供销社代收。是年，收购烟叶11万公斤。1956年，烤烟列入国家计划，购销业务由县农副产品采购局负责，设三岔、悦庄2处收购点。是年，用马车将收购烟叶运至益都转火车运至二十里堡复烤厂，销售69万公斤。1957年，农副产品采购局撤销，烟叶收购由县供销社土产经营部经营。翌年，南麻采购站开始收购烟叶。1959—1962年，九会采购站、石桥采购站开始收购烟叶，烟叶销往济南卷烟厂，销售18.8万公斤。1964年，销至济南、张店、德州，销售21.2万公斤。沂源县是省优质烟叶生产基地，限制出省销售，均销售至省内14家卷烟厂和复烤厂。1982年后，省内烟叶充足，允许沂源烟叶外销，遂销往上海、天津、江苏、安徽、湖南、湖北、内蒙古、甘肃等省市，共销售1381万公斤。1982—1990年，先后设立悦庄、石桥、鲁村、三岔、南麻、东里、张家坡、大张庄、燕崖、金星、徐家庄11个烟叶收购站和梭背岭、中庄、土门3个烟叶收购点。收购站（点）遍布全县各乡镇，为烟农销售提供便利。1982年，全县烟叶缴售户发展到7.82

万户，收购烟叶684万公斤。1985年，改为合同收购，收购969.4万公斤。1989年5月，沂源县烟叶复烤厂列入国家计划内复烤厂，建立完善工作机构，开展规范化工作。1990年，销售560.9万公斤，纳税620万元，获利239万元。

奖售政策 1962年，实行奖励政策，鼓励生产队、烟农多向国家缴售烤烟，每缴售烤烟50公斤，奖售粮食50公斤、化肥15公斤。1964年，改为奖售粮食36.5公斤、化肥24公斤。1967年，改为奖售粮食、化肥各10公斤。1968年，取消奖售政策。1973年，恢复奖售，缴售烤烟50公斤，奖售化肥10公斤，并规定按国家计划每超交50公斤，补助化肥15公斤（1982年取消补助）。1979年，调整为每缴售烤烟50公斤，上等烟奖售化肥50公斤，中等烟15公斤，下等烟10公斤。1986年改为上等烟35公斤，中等烟10公斤，下等烟不奖。1988年后改为国家下拨黄烟专用化肥指标，由县分配销售。

卷烟经营 1947年10月，三岔店成立手工卷烟合作社，生产“三友”“金钟”牌卷烟，日产30~40条，产品供不应求，声誉、销路、经济效益很好。翌年，外村纷纷购买其股票，卷烟社越办越兴旺。1951年，合作社并入第八区（三岔区）供销社，卷烟厂撤销。1952年，卷烟批发业务由中国专卖事业公司山东省沂源专卖处管理。翌年，机构改称中国专卖公司沂源县批发部，并在东里、鲁村设批发点。1957年，专卖公司划归县服务局，称沂源县服务局烟酒经理部。1983年，卷烟一直由国营糖业烟酒公司经营。购货渠道稳定单一，主要从济南、益都、青岛等烟厂购进。1980年4月，南麻公社筹建南麻卷烟厂，固定资产30.3万元，职工257人。生产红喜、丹凤、迎客、如意、欢欢、红日、喜鹊、白兰花等牌卷烟，当地销售，效益较好。因不符合国家《烟草专卖条例》规定，1984年5月关停，12月重开。翌年1月复关停，遂撤销。共生产卷烟9830大箱，销售451.6万元，创利117.8万元，交税245.8万元。1982年，张家坡公社筹建张家坡烟厂，固定资产10万元，职工68人。生产蓝桥、青松、试制（未注册商标）牌卷烟，生产卷烟480大箱，销售16.8万元，创利3万元。因不符合国家《烟草专卖条例》规定，1984年5月关停。

1983年1月，成立中国烟草总公司山东烟草公司沂源支公司。翌年4月，成立沂源县烟草专卖局，与沂源烟草支公司合署。对全县烟叶收购、复烤及卷烟市场进行整顿，实行《烟草专卖许可证》制度，发证营业。1988年7月，县烟草专卖局在南麻、悦庄、三岔、石桥、张家坡、东里、大张庄、鲁村、徐家庄、燕崖、金星等地设立卷烟监督检查站，实施烟草专卖管理，对烟草市场依法管理，维护市场经营秩序。

麻 类

县域内麻类种植历史悠久。相传在荒古时，历山上居住着神农氏和泰医，在沂河处种植了一片繁茂桑麻，黄淮河水泛滥，从低洼处河水把桑麻隔开南北两部分。后来有了南桑麻地、北桑麻地之说。习惯称作南麻、北麻，这就是南麻、北麻的来历。

南麻的由来还有一个美丽传说。相传杨戬奉玉皇大帝之命前往东海，当行至蒙阴地界时随手折了山下一根苘麻秆想把两座山移至东海，当到达沂源境地时麻秆突然断裂。杨戬把折断的麻秆抛向空中，任凭狂风卷落在周边沟沟壑壑、弯弯汪汪里。翌年，麻秆碎渣飘落的地方竟长出一片片郁郁葱葱的苘麻。生长在水汪南边的麻地，称为“南麻地”，生长在水汪北边的麻地，称为“北麻地”，生长在水汪西北的麻地，称为“西北麻地”，生长在水汪东北的麻地，称为“东北麻地”。后来人们便于顺口，干脆把“地”字去掉，直接叫“南麻”“北麻”“东北

大田麻（左） 池塘沤麻（右）

麻”“西北麻”。南麻在沂源种植麻类最早、面积最大，最为出名，南麻由此得名。

县域内麻类有大麻、苘麻两种，主要分布在鲁村、南麻、悦庄等地，其他区域零星种植。主要用麻皮搓麻绳、制麻袋、纳鞋底。1949年，全县大麻面积0.2万亩，苘麻面积0.2万亩。1956年1月，成立沂源县农产品采购局，负责棉烟麻业务。因麻皮使用量减少，麻类种植面积逐年减少。1960年，麻类面积稳定在0.2万亩左右。1976年6月，成立沂源县棉烟麻公司，负责棉烟麻业务。1972年，种植面积降到800亩，1980年种植面积为58亩。1985年后基本不再种植。

麻类一般于7月中旬成熟收获，收麻俗称“杀麻”。杀麻很有讲究，一般由男人完成。杀麻时，男人光着脚板，蹲着身子，骑着麻壕，紧握麻刀，从根部将比人高的麻秆一把一把砍断，整整齐齐、一捆一捆堆在地上，来来回回，直到把麻“杀”完为止。有时连续蹲走五六个小时，累得腰酸腿痛。女人跟在男人后面，用“哨麻刀”（弯刀）把砍倒的麻秆上的叶子削净，称作“哨麻”。叶子削净后，把麻秆扎成捆放在池塘里浸泡，用大石头压实使麻秆完全浸泡在水里，叫作“沤麻”。沤麻水不能流动，用死水沤麻，麻皮才容易剥下。麻秆沤熟后捞出成行摊开晾晒，每隔一段时间要翻一次，叫“翻麻”。晾晒期间遇上下雨，无论白天黑夜，都要及时抢收，一旦雨淋容易霉变，麻皮报废。沤制好的麻皮需要用硫黄烟熏，叫“漂白”。只有漂白的麻皮才可使用。

20世纪80年代前，基本没有胶底鞋，布鞋是最主要的鞋种，一年四季穿。布鞋轻便透气养脚，常穿布鞋很少得脚气病，特别是老年人喜欢穿。麻皮搓成绳叫麻绳，麻绳是纳鞋底的重要材料。农闲时，家庭妇女大都喜欢三五成群坐在街头，边搓麻绳、边纳鞋底、边拉呱唠嗑。平时不用时，常常把麻绳、鞋底、针线等用具放在簸箩子里混杂在一起，当用某一个用具时一时很难找到，有句俗话叫“针线簸箩子”。

抗日战争、解放战争期间，妇救会把全村妇女

20世纪60年代，妇女纳鞋底

组织起来，纳鞋底做军鞋，一捆捆布鞋送往前线，支援前线抗战，为新中国成立作出了积极贡献。

中药材

县域内中药材资源丰富，品种繁多。据1985—1986年普查，全县有中药材资源133科562种，其中药用菌类2科3种、植物类101科521种、动物类30科30种、矿物类和加工类8种，矿物总蕴藏量1.2万吨。全县野生药用植物70%分布在山丘地带。

1970年，开始人工栽培植物类中药材，主要有丹参、黄芩、远志等品种，零星栽培，种植面积小。1983年，鲁村刘家增、土门徐志文及南麻部分养殖户开始养殖全蝎、土元等动物药材。1985年，县科学技术委员会孙纯孝开始探索塔式仿生快速养蝎技术，获得突破。1989年，在全县推广，全县出现养蝎热，发展养蝎户几百户。孙纯孝被誉为“中华蝎王”。1992年，三岔乡从博山区池上乡引进桔梗，大面积发展，种植区域由20世纪80年代初的璞邱村逐步扩展到整个三岔乡，后又扩展至悦庄、石桥等乡镇。1995年，全县中药材种植面积达到2840亩，其中三岔乡种植2200亩，占全县种植面积的77.46%，是全县桔梗第一乡。2000年，中药材市场价格攀升，种植面积逐年增加，形成了以桔梗为主的中药材产业。2006年，全县中药材种植面积5万亩，其中桔梗种植面积4万亩，占中药材种植面积的80%。南鲁山镇桔梗种植面积2.5万亩，占全县桔梗种植面积的62.5%。南鲁山镇几乎家家种桔梗，农

南鲁山镇桔梗生产加工车间

民收入的50%以上来自桔梗，成为南鲁山镇农村经济支柱产业。桔梗大面积发展催生桔梗加工企业15家，加工产品出口日本、韩国等国际市场，三岔成为韩国桔梗最大进口基地之一。2015年，内蒙古赤峰市等地区大面积种植桔梗，市场逐渐饱和，价格下滑，种植面积逐渐减少。2014年，全县中药材种植面积3.79万亩，比2006年减少1.21万亩，下降31.93%。其间，丹参等中药材价格逐渐上扬，以丹参为主的中药材种植面积有所增加。2015年，丹参种植面积达1.2万亩，占中药材种植面积的33.33%，其中石桥镇种植面积为0.6万亩，占全县种植面积的50%，是丹参种植面积最大镇。2023年，全县中药材种植面积1.78万亩，其中种植丹参1.1万亩、桔梗0.3万亩、黄芩0.3万亩。主要分布在悦庄、石桥、南鲁山、鲁村、大张庄等镇。

2019年，中药材价格持续上扬，尤其是连翘种子、艾草、酸枣仁、松树种子等价格翻了几番。每到秋天野生中药材成熟季节，漫山是采收野生中药材的人，有些品种几乎到了绝种边缘。

花 椒

县域内花椒发展历史悠久。据记载：明代万历年间“县域内所饶者，惟麻焉、木棉焉、椒焉、柿焉、核桃焉”。1944年建县初期，县域内零星栽植，主要栽植在山岭薄地、山间地边，品种有川椒、大红袍、小红袍，以大红袍为主，占总量的80%以上。管理粗放，多数是半野生状态，收入甚微。

新中国成立后，花椒主要分布在中庄区的桃峪、耿庄，东里区苇子峪等几十个村，面积百亩。1957年，东里区水北公社苇子峪大队在荒山栽植花椒，1960年栽植花椒1.9万株，栽植花椒收入9560元，占村集体收入的60%以上，户均收入139元，成为全县花椒发展先行大队，国家奖励布票人均20尺。1962年，县委把花椒作为农村主要经济树种之一，大面积发展。1965年，产花椒1万公斤。石桥公社分水官庄大队20世纪70年代前是一个典型的“三靠”队（吃粮靠返销、用钱靠救济、生产靠贷款），1971年发动劳力，实施荒山治理，栽植花椒10万余株，年产花椒9000公斤，把昔日荒山秃岭变成“东岭花椒西岭桑，泉子峪里花果香，柿子软枣满山岗”的全县花椒生产重点大队。1972年，全县大搞“三园一化”（苹果园、花椒园、桑园和荒山绿化）建设，号召各生产队利用山岭薄地、山间地边大力栽植花椒，花椒发展进入一个新阶段。1974年，中庄公社社庄大队三等残疾军人张永祥担起了大河峪治理任务，不管刮风下雨、天寒地冻，吃住在山上，用铁镐、镢锨奋战两年栽植花椒3000多株，把荒山变成了花椒园，自此社员把大河峪称为花椒峪。1977年，全县花椒栽植面积突破4万亩，年产花椒74.6万公斤，创历史新高，成为农村经济的三大（花椒、黄烟、蚕茧）产业之一。

沂源花椒皮厚、色艳、味麻辣、质量上乘，成为出口创汇产品。1977年，开始出口创汇，销往日本、美国、英国、泰国、新加坡等国及中国香港地区。是年，出口花椒1.5万公斤。1978年，全县花椒栽植面积达到4.6万亩，年产花椒90万公斤。1979年遭受冻害，产量维持在80万~90万公斤。1980年，花椒产量下降到36.3万公斤。20世纪80年代中期，花椒价格回升，农民在承包地内开荒造田，大力栽植花椒，栽植面积不断增加。1990年，全县花椒栽植面积达7万亩，产量达180万公斤。燕崖、东里、石桥3个乡镇花椒年产量均过10万公斤，中庄、梭背岭、金星3个乡年产量过20万公斤。6个乡镇产量占全县80%以上，是全县花椒主要产区。其中中庄乡年产花椒56.5万公斤，占全县产量的31.39%，成为全县花椒生产第一乡。

20世纪90年代初，花椒价格持续走高，催生了花椒小商小贩队伍大发展，几乎村村有从事花椒收购的小商小贩，走街串巷收购花椒。花椒干皮的价格走高带动了鲜花椒价格的上扬，鲜花椒价格由2元/斤提高到3~3.5元/斤，花椒商贩动起了歪脑筋，采用工业盐腌制鲜花椒，增加重量，到处有成排腌制花椒的大缸，造成工业用盐断货，价格大涨，有的甚至把红页岩加工成花椒粒大小的石头颗粒外涂颜料充当花椒，以假充真，导致花椒大量积压，价格大跌，给全县花椒产业带来较大冲击。

花椒采摘完全靠人工，是一个既费工又辛苦的活，大部分人不喜欢采摘。花椒成熟采摘正值夏季高温季节，如果采摘过晚，花椒粒会大量脱落。生产队时期，花椒采摘季节发动全队男女劳力顶烈日冒酷暑在山坡上采摘花椒，漫山遍野是采摘人群，

说说笑笑，甚是热闹。上午、下午收工后一块到生产队麦场过秤，按斤计工分。有些生产队为鼓励农户多采摘，除按斤记分外，每斤再奖励2~5分钱。有些农户为了多采花椒，中午带着饭在山上随意吃点接着采摘。一旦遇上下雨，漫山人群往山下跑找地方避雨，雨一停就往山上跑接着采。

2000年，全县花椒栽植面积8万多亩，年产量850万公斤，达到历史最高水平。山东省林业厅授予沂源县“花椒之乡”荣誉称号。沂源花椒质量、产量名列全国第一，被山东省政府列为全国花椒主产区。

20世纪80年代初，唐山公社社员采摘花椒

2003年，农业产业结构不断优化调整，高产高效农业种植面积逐年增加，花椒价格持续在低价位徘徊，许多农民改花椒园为桃园、苹果园，花椒面积逐步减少。2023年，全县花椒栽植面积稳定在2万亩左右，年产量13.08万公斤。

种子经营管理

建县初期，农作物种子属农家品种，农户自选，民间自行调节。新中国成立初期，政府号召选种、留种、引种。1955年，实行自选、自繁、自留、自用，辅之调剂的“四自一辅”方针，倡导生产大队、生产队、试验队自选、自繁、自留、自用，县统一调剂余缺。种子经营实行以粮换种，分别作价，等量交换，差额付款。1956年，县农业局安排专人负责农作物种子工作，参与种子检验和制订良种调剂计划，县粮食局负责种子调剂经营。1962年，建立沂源县种子站（对外称沂源县良种公司），

负责引进、繁育、经营管理农作物良种。实行在统购价基础上加价收购，加上管理费销售，调入种子本着不赔不赚的原则推广。1964年，县种子站开始经营少量农作物良种，采取企业核算办法，按照不赔钱或少赔钱的原则，从事良种经营管理。1969年12月，良种经营管理业务归县粮食局种子股。1971年，县粮食局种子股撤销，种子经营管理业务移交县农业局种子站。1964—1971年，只经营管控玉米、高粱杂交种，其他非杂交种子不在管控范围。1972年，按照不亏不盈，略有盈余原则，所有农作物良种统归县种子站经营。县种子站力量不足，只承担鲁村、南麻、土门、三岔、悦庄5个公社种子经营业务，其他公社种子业务归公社粮所，实行“三代”（代收、代存、代销）业务。县种子站统一核算，按经营额付给粮所6‰的手续费。1976年，按照良种布局区域化、种子质量标准化、种子加工机械化要求，由县种子站统一供种，采取集中制种、集中繁育，县种子站统一调拨。是年，全县14个公社均设立种子站，公社粮所三代业务取消。由县种子站、公社种子站两级经营，公社种子站实行独立核算，自负盈亏。公社种子站从县种子站调拨，负责区域内种子经营。同年，所有农作物、蔬菜种子纳入管控范围，禁止个体繁育、引进销售。1983年前，种子收购价格是在粮食部门同品种收购价的基础上加价5%~10%收购，杂交种和亲本种子价格根据上级规定执行，销售价格是在收购价格基础上加价10%供应生产，外地调剂种子在调剂价格基础上加管理费6%销售。1984年，实行议购议销价格，本地种子采取平价加指标费议购，再加价10%议销，省内调剂种子在调拨价基础上加价6%销售，省外调剂种子在调拨价基础上加运杂费、装卸费销售。

2000年，贯彻《中华人民共和国种子法》，组建种子执法队伍，强化对农作物种子市场依法管理，维护种子市场经营秩序，保护农民利益。2005年，国务院对种子市场经营实施改革，放开种子市场，推向种子经营市场化，县种子站职能由种子经营、管理、执法调整为种子市场管理，依法监管、维护种子市场秩序。

林果业

沂源县果品发展历史悠久，早在100多年前开始栽培多种果树。清末苏泰初先生的《苏泰初文集》中就有一篇《念陀江老果园记》，记述到念陀村（今燕崖镇碾砣村）江清果园游玩的故事。文中描述“既起而周视其园，见果之在树，有伏魁，有秋魁，有朱李，其余种类尚多。皆累累如贯珠。”县域内果树种类繁多，资源丰富。鲜果主要有苹果、桃、大樱桃、葡萄、猕猴桃、梨、杏、李、石榴、草莓等，干果主要有山楂、柿子、大枣、核桃、板栗、软枣等。新中国成立前，受封建社会生产关系和落后的栽培方式制约，果品发展缓慢，栽植面积小、产量低、品种落后。1949年总产量58万公斤。新中国成立后，发挥山区优势，加快产业结构调整，大力发展果品生产，实施一系列发展果品生产的政策措施，果品栽植面积不断扩大，产量大幅度提高，成为农村经济支柱产业和农民收入重要来源。2023年，全县果品栽植面积达到37.36万亩，总产量89.69万吨，总产值42.35亿元，占农林牧渔业总产值的51.13%。

苹　果

县域内苹果已有百余年栽培历史。建县初期，当地品种主要有茶果、平婆、歪把子、秋风蜜等，面积小、产量低、品质差。主要分布在燕崖、中庄、唐山、东里、张家坡等区。1952年，山东省政府支援革命老区援助沂源国光、金帅、红香蕉品种树苗4000株，在中庄区西孝村、社庄村，燕崖区西郑村，荆山园艺场栽植80余亩。1953年，实施“北果南移”，从辽宁省引进国光、金帅、倭锦、红玉、祝光、鸡冠、青香蕉等优良品种树苗2.45万株，栽植面积1000亩。后来又引进红香蕉、大国光、秋金星、印度蜜、早生旭、伏花皮、祥玉等品种，淘汰茶果、平婆、歪把子、秋风蜜等老品种。1957年，全县苹果栽植面积0.55万亩，总产量1294.8万公斤。县委书记张奇高度重视苹果发展，把苹果产业发展作为一个新兴产业来抓。沂源民间流传着一句颂词："张奇的苹果，李顺祥的桑。"同年，山东省政府支援沂源县苹果园建设，派来烟台市龙口兴隆阳光社果树技术员刘连松等4人组成苹果管理技术组，与中庄区林业站技术员李国权一同到中庄区西孝村大队传授苹果整形修剪技术。1966年，山东省政府又派威海果树技术员张兆富会同县土产公司技术员周士杰、县林业局技术员隋安改等3人组成苹果管理技术组，进驻西孝村大队3年，传授苹果修剪、追肥、喷药等综合管理措施，并培养苗兴代、狄正杰等一批果树技术员，成为全县第一代乡土果树技术员，为沂源县果业发展积蓄了技术力量。是年，西孝村苹果产量达到15万公斤，成为全县苹果发展第一村，引领全县苹果产业发展。

1971年，县委号召大建"三园"（桑园、果园、花椒园），把发展苹果、蚕桑、花椒作为增加农村经济收入的主要产业来抓，进行第一次农业产业结构调整，由发展粮食生产向粮经协调发展转型。20世纪70年代苹果园面积逐步扩大。1975年，苹果面积达到3.43万亩，总产量1177.5万公斤。各大队都建设苹果园发展苹果，作为大队集体经济增收产业之一。队队组建林业队，培养技术员，专职苹果生产管理。1976年，临沂地区农业局组织全区农业技术人员，在中庄公社西孝村大队果园召开苹果优质丰产现场会，把西孝村苹果管理技术作为临沂

20世纪60年代，青杨圈大队苹果收获

地区果树技术管理标准和示范点在全区推广。1983年，全县苹果面积达到4.17万亩，总产量3007万公斤。主导品种是小国光、金帅、红香蕉、大国光，占总量的90%以上，其他品种零星栽植，栽植面积不到10%。

1984年3月，县果工商联合公司生产科长任辉传从烟台果科所引进红富士苹果接穗，结合临沂地区着色系红富士苹果引种繁育开发性试验项目，在中庄乡西孝村48株果树上进行嫁接试验。县里成立了以任辉传为组长，孙宝玉、谭洲、李国权为成员的项目技术小组，西孝村成立了以邓安华为组长的项目实施小组，进行红富士苹果接穗嫁接技术攻关。同年9月，东里镇果树站技术员谭洲从烟台市招远农业局良种场引进红富士苹果成品苗7000株，在院峪村进行栽植。院峪村成为全县规模化栽植红富士苹果的第一村。1986年，西孝村红富士苹果接穗嫁接获得成功，收获红富士苹果60个，其中临沂地区农业局带走10个，中庄乡留下2个，其余48个苹果被谭洲带回，切片让领导和技术员品尝。红富士苹果个大、外形美观、品质好、风味佳，形状明显优于老品种，引起县领导重视，作为主栽品种在全县大面积推广，形成了以中庄乡西孝村为中心向周边镇村辐射发展的新业态。试验项目获山东省科委丰收杯科技二等奖。是年，全县发展红富士苹果4.48万亩，占全县苹果栽植面积的33.47%，成为沂源县第一果，由此进入红富士苹果发展的新时期，对沂源县苹果产业发展具有划时代意义。其中悦庄镇达到1.5万亩、鲁村镇0.45万亩、大张庄乡0.43万亩，是全县红富士苹果率先突破0.4万亩以上的乡镇。同年，山东省举办第二届优质果品评选，徐家庄乡凉泉村红星苹果获全省红星类苹果第一名，张家坡金帅苹果、荆山园艺场国光苹果分获同类苹果第二名，沂源县苹果首次在省级以上苹果评选中获得名次。1987年，东里东村党支部书记杨恩文牵头成立民营鲁中果树研究所，聘请中国果树研究所汪景彦为总顾问，任辉传、谭洲、李国权、主冠楼为顾问，对红富士苹果生产管理技术实施专题研究，把农户承包田收回用于发展红富士苹果、巨峰葡萄、山楂。

按照平地发展苹果、沿河栽植巨峰葡萄、山地种植山楂规划布局，共发展1000亩，成为全县产业结构调整先行村。

1989年，县果树站从烟台果科所引进皇家嘎啦苹果接穗，安排在中庄乡西孝村、盖冶，东里镇

红富士苹果

东村，张家坡乡张家坡村果园改接试验，改接面积10亩，主要用作红富士苹果授粉树。1994年，县良种场从荷兰引进红嘎啦脱毒苗木，在良种场进行脱毒苗木繁育，是沂源苹果发展史上首次开展脱毒苗木繁育推广。2000年，全县红嘎啦苹果面积达到1.5万亩，成为全县苹果主导品种之一，与红富士、红将军并称沂源“三红”。第二届沂源县苹果文化节改称为沂源红苹果文化节，是因沂源“三红”苹果而得名，后因沂源红品种成功培育成为一个新品种。

红富士苹果自花坐果率低，授粉树种较少，果品产量不高。1991年，推广苹果授粉技术，起初果农不认识、不接受，抵制苹果授粉技术。1991年春，韩旺乡刘家圈村徐姓会计对果树授粉不重视，让他授粉他采取应付态度，自认为100朵花坐一个果也够用了，授粉时把花粉随意撒在了半棵树上，结果只有撒了花粉的半棵树坐果很好，没有撒花粉的果树基本没有坐果，欲哭无泪，后悔没有授粉。在韩旺乡挂职科技副乡长的谭洲知道情况后，深感培训苹果授粉技术的重要性，随即召集韩旺乡各村书记、果树技术员在刘家圈徐姓会计果园召开现场会，并举办专题培训班7期，培训苹果采粉、制粉、

西里镇红源新村沂源红苹果母树

授粉技术。苹果授粉技术是对苹果传统生产技术的一次重大变革，推动了苹果产业可持续健康发展。

1994年，山东省果树科研所所长李震三到香港考察，发现在香港国外苹果摆在高档展柜上卖，国内苹果摆在地摊上卖。农业部部长何康提出发展高档果品，让国内果品在香港“提高1米的地位”倡议。3月，县政府分管副县长王本富与县农业局局长曹子鼎到荷兰考察高档果品基地发展，深有感触。时值省果科所倡议在山东建立高档果品基地，认为沂源县是全国果品生产最佳适宜区，优势突出，确定与沂源县政府合作，建立山东黄河高档果品有限公司，共同开发高档果品，计划用5年时间生产出具有国际领先水平的高档果品。该项目由县农业局负责，委托荆山园艺场和省果科所共同投资组成合资公司，李震三任董事长，果科所副所长王公初任法人代表，薛炳义博士任副总经理。同年5月动工筹建。9月20日，苹果水洗打蜡项目正式投产。这是继烟台之后我国第二家水洗打蜡苹果面世，保鲜质量处于国内领先水平，引起国内轰动。淄博市委书记杜荣祥亲临视察，市政府现场会前来观摩，各地参观者络绎不绝。苹果水洗打蜡项目是沂源苹果高质量发展迈出的关键一步。是年，推广果实套袋技术，解决苹果轮纹病和果面质量问题。由省果科所派出专家现场指导，全县第一次实施苹果套袋是在燕崖乡西郑村果园，由此拉开了沂源县苹果套袋序幕。

1995年春，县委、县政府在中庄乡召开全县高档果品现场会，安排部署苹果人工授粉、疏花疏

果、果实套袋等高档果品生产技术。果实套袋是项新技术，果农不认识不接受，甚至有些乡镇、村领导也持怀疑态度，思想阻力大，给果实套袋推广工作带来很大难度。为推广这一新技术，通过多次召开现场会、座谈会、入户走访、地头交流、高音喇叭宣传等多形式动员，做果农思想工作。出台奖励政策，每套一个袋，县财政补助2分钱。中庄乡党委书记赵书君认识到位，高度重视，率先在中庄乡示范。5月26日，县政府在中庄乡胡家庄村高大振果园召开苹果套袋现场会。各乡镇分管乡镇长、林果站长、26个果树重点村党支部书记参加。要求年内完成500万个套袋任务。沂源县苹果套袋工作全面展开。是年，安排在中庄乡焦家上庄、胡家庄、西孝村、中庄、张庄、北庄、于家北坡、社庄、西柳峪、黄土崖等15个村，东里镇东村等6个村，韩旺乡福禄坪、刘家圈、韩旺二村等5个村，张家坡乡西瓜峪、张家坡等7个村，燕崖乡双泉、西郑、平安、红岭子、东白峪等5个村，南麻镇西北麻、窗户沟、西儒林村等5个村，沟泉乡赵家庄、朱家庄、酸枣峪、红花峪、宋家庄、大桑树等6个村实施果实套袋。6月24日，全县苹果套袋现场会在南麻镇窗户沟召开，各乡镇分管乡镇长、林果站长、每乡镇5个重点村书记参加。中庄乡政府、东里东村果农何家才介绍经验。10月19日，全县苹果套袋观摩会召开，参观燕崖乡南安乐村、中庄乡西孝村、东里镇东村、韩旺镇刘家圈村、韩旺二村套袋果园。初期，果农套袋技术掌握不成熟，在套袋过程中出现一些问题。南麻镇窗户沟流域周忠太等9户果农因套袋前未打药杀虫杀菌，造成套袋后出现果面被虫咬痕迹，他们对套袋技术予以否定，并要求赔偿损失，给全县推广果实套袋带来很大负面影响。

1996年，县委、县政府确定完成5000万个套袋任务，并将套袋任务列入对乡镇年度考核工作。受窗户沟事件影响，部分乡镇、村仍持消极观望态度。6月9日，县委书记陈传玉召开了8个重点乡镇党委书记、镇长会议，要求各乡镇党委、政府把套袋工作作为一项政治任务。5个先行乡镇在会上介绍经验，各乡镇书记作表态发言。7月中旬，5000万个套袋任务全面完成。10月下旬，套袋苹果比普通苹果每斤高出2元且供不应求，极大激发了果农套袋积极性。是年，山东黄河高档果品有限公司与烟台市蓬莱园艺场合作实施苹果出口，沂源县第一集装箱30吨苹果出口到了东南亚国家，填补了沂源县苹果出口历史空白，由此沂源苹果走出国门，进入国际市场。1997年，套袋工作压茬推进，列入县政府重点工作和乡镇政绩考核重要内容。全县完成套袋1亿个。1998年后套袋成爆发式增长，2000年，全县苹果套袋已全覆盖，并覆盖到桃、葡萄、梨等品种上，不套袋反而不被果农接受。果袋用量持续增长，推动果袋加工业发展。2000年，全县果袋加工企业达80多家，年产果袋20多亿个，除供应本县外还销往周边区县。2005年，一些不法果袋制作企业生产药袋（袋内喷洒农药），农药污染了果面，农药残留超标，导致沂源苹果价格下跌，给果农带来较大损失。经过3年持续高压执法整治，杜绝了药袋生产经营，净化了果袋市场经营秩序。是年，沂源县被首届中国苹果产业发展战略峰会评为中国优质苹果十大产地之一。

果实套袋

红富士、小国光属晚熟品种，一般在10月中旬成熟上市，红嘎啦、金帅等属中熟品种，一般在9月底前成熟上市，沂源县缺乏国庆节期间成熟上市品种。县果品产销服务中心征求省果科所所长李震三意见，希望引进一个好吃好看的中晚熟苹果品种，李震三托农业部专家从日本带回20个红将军苹果果芽。1995年4月，在三岔乡郑家庄村郑贵明果园改接一棵果树试验，1997年果树见果。红将军苹果果面色泽好、口感甜脆、香气浓郁，恰在国庆节期间成熟上市，正好填补了沂源苹果销售空当。1998年，在南麻镇侯家官庄村、中庄乡焦家上庄村、鲁村镇西官庄村进行高嫁换头，获得丰产。2001年秋，鲁村镇在草埠一、二、三村、丁家庄、峨峪、西官庄六个村建立万亩红将军苹果示范园，带动全县大面积发展。2010年，全县红将军苹果面积达2万多亩，成为沂源县苹果主导品种之一。由于红将军苹果不耐储存，市场保鲜期短，面积逐年减少。2023年面积仅为几百亩，主要分布在南麻街道侯家官庄村。

2013年9月，“沂源红”苹果通过山东省农作物品种审定委员会新品种审定。这是沂源县首个自主选育的苹果新品种。中国工程院院士山东农业大学教授束怀瑞给予高度评价：“沂源红是一个好品种。”红富士苹果在县域内已有30多年的发展历史，品种退化，品质变差，制约发展空间。县农业局副局长、果树研究员东明学自2010年以来，开始对红富士发展进行研究，在西里镇山西万村李兆春果园发现6株红富士芽变果树，明显区别于其他果树，结果枝短、果皮条红、果型高桩、肉脆汁多、甜度大，品质、品相优于普通红富士。东明学经过几年的跟踪研究和精心培育，选育出了沂源红新品种。2013年，在全县大面积推广，2023年，沂源红品种县域内栽植面积4万亩，占全县苹果面积的18.1%，成为沂源苹果当家品种，境外栽植面积6万亩，被省内果农广泛认可。2014年，全县苹果栽植面积达到22.1万亩，总产量60.72万吨，这是沂源县苹果发展史上面积、产量最大的年份。其中红富士（含沂源红）总产量59.7万吨，占苹果总产量的98.32%，农民收入的58%来自红富士苹果，是沂源县苹果“第一果”。

束怀瑞在红源新村考察沂源红苹果母树（2012年）

2015年，相继引进维纳斯黄金、鲁丽、美国八号、2001等新品种，全县形成了以沂源红（红富士）为主导，红将军、嘎啦、乔纳金、小国光、金帅等多品种发展的产业态势。陕西、甘肃等地区苹果发展迅猛，国内苹果市场饱和，苹果价格下滑，苹果栽植面积渐减，2023年，全县苹果栽植面积为17万亩，比2014年减少5.57万亩，减少33.69%。

2009年始，转变苹果产业发展方式，由以品种调整为主向发展现代果业园区转型，振兴果业经济。是年，从山东农业大学引进矮化中间砧红富士苗木，安排在中庄乡杨家庄村，建成现代集约栽植（矮化密植）示范园38亩。翌年，杨家庄村又发展67亩。2010年始，发展苹果现代集约栽培技术。2010—2012年，实施现代农业生产发展资金苹果产业项目。完成投资5077.04万元，新建苹果现代矮砧集约栽培示范园3472亩，改造苹果郁闭园5264亩，建设生态循环农业示范基地2600亩。其中2010年，在张家坡镇任马庄村新建苹果现代集约栽培示范园627亩；在中庄镇黄土崖村、北坡村、张庄村，燕崖镇西郑村，东里镇吴家北峪村，张家坡镇毫坪村、西瓜峪村改造苹果郁闭园4300亩；在中庄镇北坡村、燕崖镇朱家户村建成生态循环农业示范基地710亩。2011年，在大张庄镇北宅村、石柱村、胜利村新建苹果现代集约栽培示范园1176亩；在中庄镇富家庄村改造苹果郁闭园426亩；在中庄镇富家庄村、大张庄镇北宅村建成生态循环农业示范基地960亩。2012年，在大张庄镇左家旁峪村、鲁村镇于家石沟村、中庄镇盖冶村新建苹果现代集约栽培示范园1669亩；在中庄镇富家庄村改造苹果郁闭园538亩；在中庄镇富家庄村、大张庄镇左家旁峪村、张家坡镇亳坪村建成生态循环农业示范基地930亩。

2013—2015年，实施山东省农转资金项目——沂源红苹果苗木繁育与栽培示范项目。推广栽植沂源红苹果2万亩。实施“菜篮子”产品生产果菜项目（苹果），投资335.3万元，在中庄镇社庄村、富家庄村建成有机苹果标准园2600亩。2014年，实施菜果茶标准化创建项目。在中庄镇马连峪村建成绿色苹果标准园1230亩，在张家坡镇兴旺村、东流泉村建成绿色苹果标准园1180亩。2015年，总投资1416.72万元，在张家坡镇下河疃村建成绿色苹果标准园1160亩，在中庄镇焦家上庄村建成绿色苹果标准园1080亩。

2015年，实施省级引智示范推广项目——苹果现代矮砧密植栽培技术引进与示范推广项目。在南鲁山镇北流水村建成苹果现代矮砧集约栽培示范基地1250亩，在中庄镇杨家庄村和盖冶村、鲁村镇于家石沟村、大张庄镇左家旁峪村、悦庄镇西辽军埠村、南鲁山镇璞邱村、南麻街道沟泉村建设苹果现代矮砧集约栽培示范基地7个、共2880亩。在南鲁山镇璞邱村、南麻街道沟泉村、悦庄镇西辽军埠村新建苹果矮砧集约栽培示范园980亩，在西里镇西里村建设老龄低效苹果园更新改建示范园107亩。

2016年，总投资1650.29万元，在南麻街道沟泉村，鲁村镇北徐家庄村、刘家庄村，张家坡镇张家坡村新建现代苹果标准化生产基地4处、面积766亩。2017年，在南麻街道、鲁村镇、南鲁山镇、燕崖镇、中庄镇、西里镇、东里镇、张家坡镇、悦庄镇33个村推广有机肥替代化肥1.3万亩。2018年，在南麻街道、南鲁山镇、燕崖镇、中庄镇、西里镇、张家坡镇22个村推广有机肥替代化肥1.03万亩。2019年，在南麻街道、鲁村镇、南鲁山镇、燕崖镇、中庄镇、西里镇、张家坡镇24个村及荆山园艺场推广有机肥替代化肥1.08万亩。12月，沂源苹果被农业农村部认定为中国特色农产品优势区。

2020年，总投资2447.6万元，实施现代苹果标准化生产基地建设项目。在鲁村镇邢家庄村、西里镇欣苗村建成现代苹果种苗繁育基地227亩，在鲁村镇刘家坡村、鹿角山村，中庄镇富家庄村建成现代苹果标准化生产基地666亩。3月，县委、县政府印发《沂源县果业振兴实施意见》，强化农业新型经营主体、适度规模经营、三产融合发展三个转变，实施农民组织方式转型、老果园改造提升、现代果园发展、现代果业技术支撑、果品产业链赋能、品牌与市场建设6大工程，初步构建百亿级产业集群，推动果业提质、增效、扩量，做大做强果业经济。编制《沂源县水果产业“十四五”发展规划纲要》，对“十四五”期间水果产业发展谋划布局，建立现代数字农业发展体系。2021年，总投资1408.45万元，在中庄镇南刘庄村、黄土崖村，西里镇北王庄村建成现代苹果标准化生产基地650亩。2022年，总投资1315.76万元，在中庄镇富泉村、耿庄村，西里镇桑树峪村建成现代苹果标准化生产基地600亩。2023年9月，县政府与山东农业大学签订《山东农业大学沂源县人民政府共建国家苹果工程技术研究中心沂源实验室合作协议》，编制《国家苹果工程技术研究中心沂源实验室运行机制草案》，建设沂源红会客厅、实验室，计划投资700万元，用于新品种研发和市场运营，在中庄镇胡家庄、东里镇可乐山开展果品抗重茬实验，开展“千人下乡稳粮保供”农技服务专项行动，培训农民技术人员600人次，推动沂源果业高质量发展。

苹果产业的大发展带动了苹果储藏保鲜产业发展。1980年春，中庄公社于家北坡大队果农司维孝对地下室实施改造，建立沂源县第一个半地下式苹果储藏通风保鲜库，自然保温，保鲜期较短，苹果一般在春节前后上市，年储存保鲜苹果20吨左右，开启了沂源县苹果储藏保鲜发展历史。同年底，沂源县果品公司建成沂源第一座恒温保鲜库，年储存保鲜果品2000吨，是山东省四大示范恒温保鲜库之一。1984年，徐家庄乡凉泉村赵友后建成沂源县第一个冷藏保鲜库，库容量50吨。1986年，悦庄镇崔家庄宋作彬，中庄乡林果站于洪贵、狄正杰、苗兴代合伙建成冷藏保鲜库，是中庄乡首个冷藏保鲜

徐家庄村“沂源红”富锶苹果试验基地

库。20世纪80年代中期，全县果农掀起了半地下果品通风保鲜库建设热潮，建设房屋时把地下一层改造建成半地下通风式果品保鲜库，供家庭自用，延长苹果上市时间。80年代末全县半地下式通风保鲜库达2000多座，年储藏能力达10余万吨。半地下式通风保鲜库的发展改变了果农即摘即卖的传统销售方式，上市时间延长，果农收入增加。1987年，东里镇东村杨恩文建成东里镇第一个通风保鲜库。1989年，全县建成冷藏保鲜库6座，储存保鲜能力8460吨。90年代初，东里、张家坡苹果冷藏保鲜库快速发展，先后建成50多座，年储藏保鲜能力达5万多吨。90年代中期，中庄乡冷藏保鲜库得到快速发展，达到64座，占全县的24.2%，是全县冷藏保鲜库数量最多的镇。90年代末，由于地下式通风保鲜库保鲜效果差，保鲜时间短，基本被果农弃用。转而把苹果储藏在当地的冷藏保鲜库里，推动了冷藏保鲜库的大发展。21世纪初，全县冷藏保鲜库达265座，年储藏保鲜能力达30万吨以上。2003年，东里华联公司刘道春建成全县第一座恒温气调库，是沂源县第一座恒温气调库。2006年，淄博山川果品有限公司建立恒温气调库，年储存保鲜能力2万吨。恒温气调库保鲜效果好于冷藏保鲜库，保鲜期延长，但属一次性开库，运行费用高，不适宜苹果随时出库，随时销售，2010年后主要用于蔬菜保鲜。储藏保鲜设施的发展延长苹果上市时间，较好规避市场风险，增加农民收入，促进苹果产业健康发展。

鲜 桃

桃原产于中国，甘肃、陕西、新疆等是桃的起源中心，已有3000年以上栽培历史。《诗经》中有“桃之夭夭，灼灼其华”描写桃花娇艳的诗句。2000年以前，桃沿着丝绸之路从甘肃、新疆由中亚向西传播到波斯，再由波斯经亚美尼亚传播到希腊、罗马、法国、西班牙等地中海沿岸各国。桃在我国漫漫历史发展中，形成了独特的桃文化，拥有丰富的民俗风情和独特的文化内涵。桃寓意长寿和活力，民间年画上的老寿星，手里总是捧着硕大的寿桃。直到今天，老人过寿时把馒头蒸成桃形，桃尖染成红色，祝福老人健康长寿。桃常常被用来喻为美好爱情，人们用交“桃花运”来指男子或女子在爱情方面的运气。桃木有辟邪之意，寓意吉祥平安。人们还用“桃李满天下”来比喻前辈和老师所培养的后辈或所教学生多，遍布各地。

沂源县是全国桃树栽培最适宜区之一。建县初期，县域内传统品种主要有山桃、毛桃，个头

中华寿桃

小、品质差，各地零星栽植，主要分布在荒坡、堰边。山桃、毛桃根系发达，抗逆性强，20世纪80年代主要作为嫁接砧木发展。1965年，张家坡区有些生产队开始建设果园，引种黄金桃、四月半、五月红、六月鲜等品种。因口感差、商品性低等原因均被淘汰。1982年，土门公社茨峪大队引种黄金桃，鼎盛时期发展1500亩，产量225万公斤，收入650万元，成为全县黄金桃主产区。1985年，引进早香玉、大久保、晚黄金、早黄金等品种，各占一定比例，全县栽植面积3722亩，总产量19.9万公斤，主要分布在鲁村镇、土门镇、三岔乡、石桥乡，占全县栽植面积的60.32%。1988年，张家坡乡林业站引种早生桃，在撑子峪村试种，因其个大、色艳、甜脆、成熟早，填补了上市“空窗期”，经济效益优于其他品种，成为张家坡乡主导品种，带动其他乡镇零星发展。1990年，全县桃栽植面积5748亩，总产量达到108.9万公斤。1994年，金星乡涌泉村杨玉明、祁京红从蒙阴引进中华寿桃，栽植10亩，是全县最早发展中华寿桃的村。中华寿桃成熟晚、个头大、颜色鲜艳、口感甜脆，一上市被抢购一空，价格7元/斤左右，比其他品种高出3~4元，成为涌泉村“明星桃”，前来考察参观者络绎不绝，带动金星、梭背岭乡中华寿桃大发展。梭背岭乡山西万村李兆法抓住机遇，把果树砍伐后嫁接繁育中华寿桃苗木，供不应求，年收入10万元以上，成为当地有名的10万元户。1996年，荆山园艺场、梭背岭乡江家峪村规模化发展中华寿桃。

1998年，中华寿桃面积达到0.9万亩，占全县

20世纪90年代末，金星乡涌泉村中华寿桃种植园

红冠桃

桃面积的45%，成为当地桃主导品种，全县形成了早、中、晚熟品种协调发展的桃产业格局。主要分布在梭背岭、金星、东里、张家坡、土门等乡镇。梭背岭、金星成为桃专业乡。建成了覆盖梭背岭、金星20多个村的“万亩桃花沟”。每年春季桃花盛开季节，漫山遍野都是粉红色桃花，前来踏春旅游的客人络绎不绝。

1997年，发展反季节大棚油桃。张家坡乡前瓜峪村刘太顺第一个发展反季节油桃，建油桃大棚3个、面积10亩。1998年，中庄乡杨家庄村、阮南峪村建设油桃早熟品种五月火冬暖大棚45个、面积100亩，年实现产值150万元。翌年，大张庄、东里、西里、张家坡、石桥等乡镇开始发展大棚油桃，面积达1000亩。2001年，草莓大棚逐年增加，油桃价格下降，果农转向草莓大棚发展。2023年，全县大棚油桃栽植面积稳定在200多亩，主要分布在东里、石桥、中庄、大张庄等镇。

2001年，由于中华寿桃生育期长、管理难度大、易发生霉心病、裂果等弊端，加之价格下滑，种植面积逐年减少。美国油桃得到大面积发展，逐渐成为主导品种。2002年，全县形成了以美国油桃、中华寿桃、大红桃、早生、黄金桃、蟠桃、加工用黄肉桃等多品种发展的产业态势。2002年，全县桃栽植面积达4.42万亩，总产量2815.5万公斤。2008年，随着农业产业结构不断调整，桃种植面积发展加快。2011年，桃栽植面积达10.15万亩，总产量2.05亿公斤，突破10万亩，成为沂源第二大果品产业（苹果第一）。主要分布在西里镇、大张庄

沂源金黄金桃

镇、石桥镇、鲁村镇、张家坡镇、土门镇，占全县面积的55.88%。2013年，栽植面达11.8万亩，总产量达到2.4亿公斤，是沂源县鲜桃发展史上最大年份。

2015年，县果品产销服务中心果树研究员刘进、杨成发在东里镇院峪村曹长军桃园成功选育出金黄金桃新品种，通过山东省农作物审定委员会审定。这是沂源县继沂源红品种后又自主选育的首个桃品种。金黄金桃个大、色泽金黄、甜度高、口感好，起初上市达到7元/斤，比其他品种每斤高出3元以上，东里镇大面积发展。2018年，金黄金系列1—4号通过农业部非主要农作物品种登记。2021年，5—7号通过农业部非主要农作物品种登记。金黄金系列在全县大面积发展，成为沂源当家品种。2022年8月，农业农村部授予沂源县沂源金黄金桃特色农产品优势区。2023年，全县桃栽植面积17.74万亩，总产量2.85亿公斤，其中金黄金桃栽植面积4.8万亩，占全县桃总栽植面积的27.06%。主要分布在大张庄、西里、东里、张家坡、石桥等镇，占全县面积的89.13%。

2017年，实施高效特色农业发展项目。总投资1222.4万元，在大张庄镇大桑树村、鲁村镇姬家峪村、南麻街道下高村、悦庄镇龙汪崖村、西里镇前西里村建设现代桃标准化生产基地4处、面积984亩。推动桃产业向标准化、基地化、品牌化发展。

大樱桃

樱桃古名莺桃，据说是因为黄莺喜欢啄食的缘故，又称含桃。大樱桃也叫欧洲甜樱桃，原产地为高加索山脉的南部地区，后传到欧洲，比中国本土的樱桃大，又叫大樱桃。1871年，美国传教士尼维斯把10棵大樱桃树引入中国，栽植在烟台东南山区。

沂源县早期栽植的樱桃品种是毛樱桃，又称小樱桃。相传明嘉靖年间，大贤山周边的燕崖、牛郎等村就有大户人家在房前屋后种植毛樱桃。清光绪十九年（1893年），沂水县夏蔚镇王庄村圣母山教堂德国恩神父从德国引种大樱桃百余株，植于沂水县王庄圣母山山顶。后柳花峪村民马均义从恩神父处得到2棵大紫大樱桃树，栽植于自家院子，这是沂源县最早栽植的大樱桃。1981年，中庄公社胡家庄大队高大振兄弟两人从烟台引进大紫大樱桃，种植4亩。

20世纪80年代末，县域内有毛樱桃2万株，年产樱桃1.5万公斤，主要栽植在房前屋后闲置地处。1991年，燕崖村“两委”到烟台市栖霞县寺口镇花园泊村参观红富士苹果时，发现种植大樱桃收益颇高，市场每斤6~8元，远高于苹果价格且种植周期短，发展潜力大。1992年冬，燕崖村从临朐购置大樱桃苗木7000株，在村北坡栽植40亩。主要品种是那翁、红灯、大紫、红蜜（授粉树）、红艳（授粉树）。那翁、大紫口感不好被淘汰。村“两委”计划承包到户，村民对大樱桃不认识、不了解，感觉风险较大不愿承包，只能5名村干部带头承包下来。经过3年精心管理，大樱桃喜获丰收，一上市每斤卖到20多元，亩收入5万多元，引起了轰

燕崖村红灯大樱桃

直播售卖大樱桃

动，极大地调动了村民种植发展大樱桃积极性。几年时间，燕崖村发展到1000多亩。

双泉村党支部书记刘宝吉意识到发展大樱桃是一个潜力产业，发动村民发展大樱桃近千亩。初期，大樱桃发展面临的首要难题是管理技术问题，燕崖村从临朐聘请大樱桃技术员到村举办技术培训班，深入田间地头手把手传授生产管理技术。在燕崖村培养了全县第一批大樱桃技术人员，推动了全县大樱桃规模化发展。1994年，燕崖村引进乌克兰系列、意大利早红等大樱桃新品种，对老品种嫁接改良，淘汰老品种。1997年，燕崖乡党委政府因势利导，在全乡大力推动大樱桃发展。1998年，燕崖村引进美早品种。美早果大、质优、肉硬、耐贮运、丰产，价格高于其他品种5~10元，效益高，在全县得到大面积发展，美早面积占大樱桃面积的60%，成为主导品种。燕崖大樱桃比烟台、大连等大樱桃主产区提早上市10天左右，被誉为“江北第一果”。1998年，大樱桃发展辐射到南麻、中庄、悦庄等周边乡镇。2002年，全县大樱桃面积达1.15万亩。同年4月，燕崖大樱桃被山东省农业厅认定为无公害农产品，是全国第一个无公害大樱桃产品。2007年，中国果品流通协会授予燕崖大樱桃“中华名果”称号。2008年，燕崖大樱桃被农业部认定为国家级有机大樱桃标准化示范区。2014年，沂源大樱桃获国家工商总局地理标志认证。2019年，山东省农业科学院聘请院士刘庆忠在燕崖镇朱家户村建立院士工作站，引进辉煌1-5、1-3、1-8、8-1等系列品种。是年，燕崖大樱桃获淄博市首批特色农产品（大樱桃）优势区。2020年，燕崖镇从大连果科所引进蜜露，从烟台引进布鲁克斯、南阳新品种，实施品种更新改优，由“红色”系列品种向“黄色”系列品种调整。2021年，燕崖大樱桃入选农业部全国名优特新农产品名录。2022年，燕崖大樱桃入选亚果会年度最受市场欢迎的樱桃区域公用品牌20强，被农业部评为中国农业产业强镇100强。2023年5月，燕崖大樱桃获第九届国际樱桃大会樱桃擂台赛3个特等奖、3个一等奖。8月，燕崖大樱桃入选好品山东名录。年底，全县大樱桃种植面积5.37万亩，总产量3313.5万公斤。主要分布在燕崖、中庄、南麻、悦庄等镇。燕崖镇成为闻名全国的大樱桃镇，面积达3.23万多亩，占全县总面积的60.15%。燕崖镇是全国种植大樱桃面积最大的乡镇之一，全镇95%以上农户栽植大樱桃，农民80%以上的经济收入来源于大樱桃产业。

开花季节露天大樱桃易遭受冻害、风灾等自然灾害影响。2006年，燕崖村“两委”组织村民到烟台、临朐学习大棚樱桃种植管理技术。是年，该村建起樱桃大棚6个。大棚樱桃春节前可上市，比露地樱桃提前1个多月，价格高，效益好。2010年，

燕崖镇樱桃冬暖大棚

每斤卖到100~150元。2017年，每斤卖到40~80元，比露地樱桃亩增收8万元以上。2019年，悦庄镇下龙巷村结合美丽乡村建设，投资300多万元，建设智能化樱桃大棚10个，面积30亩，发展乡村旅游，带动了全县大棚樱桃规模化发展，推动大樱桃露地栽培向保护地栽培发展转型，效益明显增加。2023年，全县樱桃大棚达250余个，面积500余亩。其中燕崖镇樱桃大棚达240余个，面积460亩，占全县的62%。大棚樱桃逐渐成为一个新兴产业。

1992年，为解决大樱桃市场销售问题，燕崖村“两委”对燕崖集市场地实施改造扩建，建成燕崖大樱桃市场，承担起全县大樱桃市场交易。随着大樱桃产量逐年增加，市场承载能力跟不上发展，2012年燕崖村在市场西侧征地30亩实施扩建提升，成立大樱桃市场服务公司，实施公司化运作。2017年，再征地70亩进行二次扩建，并配套建设吃、住、交易、分拣、贮藏保鲜等设施，实行一条龙服务，为外地客商提供优质服务。2019年，交易市场东侧延伸到南安乐村，西侧延伸到西白峪、凤凰官庄等10多个村，是全国最大大樱桃集散地和江北最大大樱桃交易市场，云集全国客商，产品销往北京、辽宁、吉林、广东、湖南等地区。大樱桃集中上市期间，周边乡镇及县城务工者云集燕崖从事大樱桃采摘、分拣、包装、运输等业务，年雇用劳动力4500余人，务工者每天收入在300余元，人均增收6000元以上，并带动了餐饮、住宿等服务业发展。

2005年始，燕崖镇为强化宣传，提升燕崖大樱桃品牌影响力，在大樱桃成熟期间每年举办大樱桃节，至2023年，已连续举办19届。吸引全国各地众多游客前来采摘旅游，润享牛郎织女爱情文化，品尝“江北春果第一枝”美果。

燕崖村大樱桃批发市场

葡萄

葡萄是世界最古老的果树树种之一，葡萄的植物化石发现于第三纪地层中。葡萄可生食可制干可酿酒。葡萄原产亚洲西部，世界各地均有栽培，95%的葡萄分布在北半球。中国栽培葡萄始于西汉，司马迁《史记·大宛列传》中记载，张骞在西汉建元三年出使西域，看到“宛左右以葡萄为酒，富人藏酒万余石，久者数十岁不败”的景象，之后“汉使取其实来，于是天子始种”。

1944年建县初期，县域内当地品种是山葡萄，零星种植，个头小、酸度大、品质差、产量低。1953年3月，山东省政府扶持革命老区，沂源县实施“北果南引”，张家坡、东里等地农民开始零星种植玫瑰香、龙眼等品种，主要栽植在院内、房前屋后，自然生长。1983年，张家坡公社林前大队张洪礼从莱西引进巨峰葡萄苗3000株，兄弟5人栽植了7亩，1987年进入丰产期。巨峰葡萄穗重、粒大、色泽鲜艳、酸甜适口，品质上乘。一上市客商纷纷抢购，供不应求，收益颇丰，带动周边农户发展。张家坡乡党委政府抓住这一发展机遇，深入宣传发动，西王庄、张家坡等村先行发展起来。1985年，南麻镇西台村党支部书记刘淑民从莱州引进法国蓝、佳丽酿、白羽、蛇龙珠、赤霞珠、雷司令等品种，属酿酒型品种，口感酸涩，发展空间小，后改植巨峰、玫瑰香等品种。1986年，悦庄镇黄家宅村“两委”三下烟台莱西红旗村，向葡萄大王孙培杰取经学习，引进巨峰葡萄苗2万株，种植面积70余亩，带动悦庄镇巨峰葡萄大面积发展。1987年，东里镇东里东村党支部书记杨恩文认识到发展巨峰葡萄潜力大，从莱西葡萄大王孙培杰处引进巨峰葡萄苗，在沂河北侧发展巨峰葡萄120亩。1988年达到300亩，3年后喜获丰收，村民收入大幅增长，带动东安、黄崖子、香磨等村发展巨峰葡萄。1989年，张家坡乡党委书记刘绵昌高度重视葡萄产业发展，继续压茬推进，沿红水河两岸10个村实施集中

巨峰葡萄

连片、规模化发展，在基地内配套水利、道路等设施，形成沿红水河两岸东北到北店子村，西到林前村，连同东里镇沿河3个村、韩旺乡4个村30里葡萄沟，面积达1万亩，示范带动全县巨峰葡萄大发展。1990年，全县巨峰葡萄种植面积达到1.5万亩，占葡萄面积的80%，成为沂源葡萄主导品种。

20世纪90年代，巨峰葡萄面积逐年增加，成为沂源新兴果品产业。1995—1996年，苹果出现卖果难，果农对发展苹果渐失信心，部分果农砍伐果树发展葡萄和桃。1996年，相继引进红提、黑提、京秀、京亚、乍娜、里扎马特、大泽山1号等多个葡萄品种，全县形成以巨峰品种为主导多品种发展格局。1998年，全县葡萄面积达到6万亩。同年，中庄乡南庄村张兆彬、西韩庄村王家忠开始保护地葡萄栽培，建设巨峰葡萄冬暖大棚2个。大棚葡萄提前1个月成熟上市，获得较好效益，引领葡萄保护地栽培规模化发展。2023年，全县大棚葡萄面积1200亩。

1998年，县委、县政府提出“山上抓林果，山下抓高效，庭院抓养殖，推进产业化”农业发展思路，实施“双十万”工程，确定在3年内发展10万亩红提葡萄、10万亩冬暖蔬菜大棚目标。县里专门组建葡萄生产办公室，张德福任主任，东明学、杜申忠为成员，负责全县红提葡萄宣传发动、技术指导、苗木繁育等工作。同年，县农业委员会主任房思俊带队，县果品产销服务中心主任闫培德、悦庄镇、沟泉乡、大张庄乡主要领导、县果树技术员东明学、田玉福等到辽宁省熊岳镇考察红提葡萄生产及苗木繁育情况，引进抗病毒优质红提葡萄苗木20万株、接穗5000万个，全县大面积发展红提葡萄。2000年，大张庄乡集中建设洼子示范片1000亩、旋峰示范片1000亩、左家旁峪示范片1000亩。是年，全县红提葡萄面积达到9.6万亩，占全县葡萄面积的83.48%，成为沂源县主导葡萄品种。

红提葡萄

2001—2002年，全县葡萄连续遭遇冰雹、低温等自然灾害，造成葡萄大面积减产，给葡萄产业生产造成重创。其间，果农大量施用催红素等催熟类激素，造成葡萄品质下降，烂果严重，出现卖果难，果农收入降低。2003年，东里、张家坡等葡萄种植重点乡镇对巨峰葡萄园实施更新调整，面积急剧减少。2006年，全县葡萄面积5.58万亩，总产量6452万公斤，其中红提面积3.5万亩，比2000年减少6.1万亩。红提葡萄发展变革了传统栽培模式，由棚架栽培改为篱架栽培，易于管理，减少病虫害，增加产量，属全国首创。得到省、部专家首肯，省内外前来参观学习。2018年，悦庄镇黄家宅村党支部书记孙吉新从平度大泽山引进阳光玫瑰葡萄品种，连片发展葡萄大棚50个、面积400亩。阳光玫瑰品种管理难度大，技术要求高，孙吉新从云南省聘请葡萄技术员帮助管理，培养当地技术员。阳光玫瑰品质好、甜度大，深受消费者喜爱，上市价格28

黄家宅村阳光玫瑰葡萄大棚

元/斤左右，引起社会轰动，带动全县规模化发展。2022年，该村发展阳光玫瑰1100亩，户户栽培阳光玫瑰，成为农民增收的支柱产业，是全县发展阳光玫瑰品种最早、规模最大的村。

2020年，狮子山阳光玫瑰葡萄现代农业示范园建设现代化阳光玫瑰葡萄大棚50个，栽植5000株，年产量7.5万公斤，年销售收入350万元。2023年9月21日，狮子山阳光玫瑰获全省山东农技杯第二届葡萄大赛金奖。星辉农业葡萄数字农业园区建设阳光玫瑰连栋大棚200亩，实行数字智能化管理。

2023年，全县葡萄栽植面积2万亩，主要分布在东里、悦庄、大张庄等镇。

梨

我国是梨属植物的中心发源地之一，白梨、沙梨、秋子梨原产于我国。梨在我国栽培至少有3000年历史。汉代汉武帝修上林苑，山东琅琊进贡金叶梨。西汉司马迁记载千树梨，北魏贾思勰《齐民要术》中，对梨树嫁接、栽植、采收、贮藏等有详尽记载。说明我国古代对梨栽培技术的研究已达到较高水平。

县域内主要有巴梨、鸭梨等传统品种。栽植面积较小，零星栽植于苹果园或庭院内。主要分布在土门镇的九会、龙泉，鲁村镇的西寨，南麻镇的傅家庄等地。1995年，徐家庄乡发展伏巴梨，栽植面积1550亩，主要分布在刘家坡、涝坡、姬家峪、张家石沟、西徐家庄、北徐家庄等村，成为全县梨产业最大的乡镇。2000年，鲁村镇引进发展黄金梨（水果梨），全县梨栽植面积增加。2008年，面积达到4223亩，年产量6685吨。2009年，从河南焦作引进晚秋黄梨。2010年，引进大果水晶梨。全县梨品种多，栽植面积不大，没有形成规模优势，且管理跟不上，市场竞争力不强，效益低下。2012年，梨树多被砍伐。2014年，梨栽植面积降到2659亩。2019年，总投资1252.78万元，实施山东省高效特色农业发展项目。在西里镇前西里村、桑树峪村新建现代山东酥梨标准化生产基地2处、栽植面积610亩。2021年，沂源金兴家庭农场毛瑞莲，从山东农业大学引进山农酥梨580棵，栽植6亩。山东农业大学教授毛志泉亲自为沂源金兴家庭农场栽植了第一棵梨树。2022年春，引进发展山农酥梨1200亩，主要分布在西里镇、鲁村镇、石桥镇、南麻街道。2023年，全县梨栽植面积5148亩，年产量9158吨。

山　楂

我国是山楂原产地之一，也是最早人工种植山楂的国家。山楂在我国最早的文字记载为《山海经》中的“柤”，距今已有两千四五百年。《尔雅》记载“杌（qiú）梅，杌（qiú）树状似梅，子如指头，赤色，似柰，可食。”《西京杂记》记载，西汉初期开始人工驯化栽植山楂，可见山楂在我国栽培历史悠久。

山楂又名红果，俗称山里红。据《沂源县志》记载：沂源县种植山楂历史悠久，品种有敞口、红瓤锦、大金星等，重点产区在韩旺乡东西桃花坪、王家庄、四崮峪和梭背岭乡。20世纪50年代初，

崔家庄山楂

东西桃花坪有山楂树万余株，年产31万公斤。20世纪60年代初，号召各大队因地制宜发展山楂，山楂栽植面积增加。1965年，全县发展山楂2万余株，年产山楂50万公斤。20世纪80年代，山楂价格上涨，由0.5元/斤逐步上涨到2元/斤左右，供不应求，沂源一度出现了山楂热。山楂管理粗放，投入少，很多果农不惜砍伐果树、桃树来发展山楂，栽植面积急剧扩张，遍布全县。1985—1986年，全县栽植山楂树120多万株。1989年，山东省沂源县罐头厂建成投产，生产山楂罐头，推动了山楂进一步发展。1990年，全县山楂园达到2.9万亩，年产1516吨。1993年，山楂产量达到5275吨。90年代中期，山楂市场饱和，价格回落，由每斤1元多降到0.1~0.2元，低于人工成本，许多成熟山楂被遗弃在树上，成为鸟类的美食，甚至采摘后倒入河道里，河道、道路两侧到处堆积着山楂，给生态环境带来了一定污染。许多山楂树被砍伐，面积大幅缩减。2002年，全县山楂产量降到695吨。2003年，山楂价格回升，栽植面积有所增长。2023年，山楂年产量7554.96吨。主要分布在悦庄、大张庄、石桥等镇，占全县面积的80%。

大枣

大枣原产中国，有文字记载的栽培历史达3000多年。《诗经》记载“八月剥枣，十月获稻”。《战国策》中也有“民虽不由田作，枣栗之实，足食于民”的记载。红枣在我国人民心目中象征着幸福、美满和吉祥。古人把枣作为祭祖的珍品以及和女子初次见面的礼物。沂源传统婚礼习俗中，结婚当天，红枣、花生、栗子放在婚床被子下面，并用红绳把枣、花生、栗子串起来缝在被子上，寓意早生贵子。

县域内栽植历史悠久。当地品种是长红枣，又名躺枣，品质独特，营养丰富。长红枣单个重、长柱形、皮薄肉多、枣核小，与马牙枣最大的区别是头尾较平，而马牙枣头尖尾瘦。长红枣在民间有长寿、长发、长益寓意，作为走亲访友的最佳礼品。主要分布在石桥、张家坡一带。据说，沂水县衙来张家坡办案必备上当地特产长红枣供衙役人员食用。1960年，全县产大枣160吨。20世纪80年代中期长红枣达到巅峰，各地荒山野坡均有栽植，遍布全县。夏季枣花遍地开放，吸引大批南方蜂农前来放蜂采粉，酿制枣花蜜。枣花蜜颜色深、浓稠，品质上乘，属上等蜂蜜。1983年，实施长红枣成龄树增产技术开发，采用野生酸枣树嫁接，选育出地方优良品种鲁源小枣。该成果获省、地科技进步奖。1986年，全县有枣园6000亩、枣树15万株，年产大枣350吨，其中长红枣占总产量的95%。县域内还有少量圆铃枣、金丝小枣、乐陵小枣、平顶小枣、盘枣等。20世纪90年代，随着农业产业结构不断优化调整，大力发展高产高效经济树种，因枣树易得枣疯病自然死亡率高，逐步被淘汰，栽植面积逐年减少。1999年，推广雪枣和冬枣等品种。2000年，东里镇院峪村翟慎琪采用野生酸枣与冬枣选育出西寺福枣，在西寺周边山坡栽植500亩，年产150吨。西寺福枣肉质爽口、汁多浓香、入口甘甜，类似沾化、乐陵小枣口感，深受消费者喜爱。2002年，翟慎琪开始举办“十一”黄金周欢乐福枣采摘节，采摘价格20元/斤，吸引众多游客前来采摘。2012年，西寺福枣被农业部认证为有机产品。2013年，全县大枣面积减少，2023年大枣面积为300亩左右，主要分布在张家坡、南鲁山等镇。

酸枣属野生树种，分布全县各地。秋季漫山遍

张家坡长红枣

野是熟透了的野生酸枣，一片片红彤彤的。酸枣营养丰富，既可生食又可入药，是嫁接大枣的主要砧木。1983年，全县收购酸枣核15.5万公斤。1986年，沂美食品厂开始生产酸枣汁饮料。2020年，中药材市场趋旺，酸枣仁价格持续上涨，每斤鲜酸枣价格在7元以上，激发了农民采摘积极性，闲暇时间遍山是采摘酸枣的人们，能采的人一天能卖300元以上。

草　莓

1915年，俄罗斯侨民从莫斯科引入500余株维多利亚草莓，栽植在黑龙江的亮子坡。这是中国文字记载最早的草莓栽植史。1918年，法国神父从法国引入草莓品种在河北正定栽植。1931年，旅居朝鲜的侨民将草莓引入山东，故有“高丽果”之称。最初栽植在庭院、地角、花盆里，供观赏和食用，后扩大到田间栽植。

县域内草莓于20世纪70年代初由烟台引进，主要品种有紫晶、鸡心、狮子头等品种，露地栽植，主要间作于幼龄果园，发展缓慢、栽植面积小、产量低、品质差。分布在中庄、石桥、南麻、悦庄等区。20世纪80年代初，烟台果树研究所借鉴日本草莓栽培技术，研究出大棚草莓栽植技术在全省推广。草莓由露地栽培进入保护地栽植新时期。1984年，中庄乡盖冶、悦庄镇北石臼等村开始发展小拱棚草莓，是全县早期的保护地栽培模式，面积100多亩。主要品种是宝交早生、戈雷拉、全明星等品种。90年代初，推广小拱棚、中拱棚、大拱棚设施栽培模式。设施栽培草莓比露地栽培草莓上市时间提早1个多月，早于其他水果，效益提高，亩收入5000多元，称为时令水果。1999年，中庄乡盖冶村对沂河南岸老果园实施改造更新，连片发展大棚草莓35个，面积80亩。采取合作社订单式发展模式，注册“盖冶”牌商标，年收入150万元以上。2006年，全县草莓栽植面积达到1138亩，总产量149.7万公斤。草莓畅销济南、青岛、莱芜、张店等周边市场，产品供不应求。2007年，盖冶村成立映山红草莓专业合作社，实施基地化、产业化、品牌化发展。2022年，全村发展草莓大棚600多个、面积813亩。80%以上的户从事草莓生产，成为农民增收的支柱产业，是全县知名的草莓专业村，也是全县草莓交易集散地。

2013年，县农业局副局长谭洲去日本考察草莓生产，从日本引进冬暖式大棚起垄滴管补光微喷配套栽培技术，改传统的旱栽为水栽，平垄栽培改为起垄栽培，栽培模式领先全国，是对传统栽培模式的一次重大变革，引领全县草莓栽培技术进入新的发展阶段。是年，安信农业开发公司投资200多万元，在鲁村镇于家石沟蔬菜基地建设起垄滴管补光微喷式冬暖草莓大棚22个、面积25亩。品种是甜宝、章姬。当年11月下旬上市，每斤60元，亩收益7万元以上，成为全省学习参观的典型。引领草莓冬暖大棚栽培技术的重大变革，成为全县草莓冬暖大棚主栽技术。

2016年，安信农产品开发有限公司与山东农

西里镇欣苗村草莓园区

南鲁山镇北流水村草莓立体种植

业大学合作建立山东果力农业科技有限公司，共同开发苹果、草莓育苗技术，每年培育草莓苗600多万株，供应省内外。2017年，南鲁山镇北流水村利用扶贫资金，建设草莓生产大棚21个，育苗大棚33个，开展生产与苗木培育同步发展。2018年，县委、县政府把发展草莓大棚作为扶贫攻坚的主要扶贫项目，扶持贫困村大力发展草莓大棚，增加贫困人口收入。2023年，沂源县草莓大棚面积达到4000亩，主栽品种有甜宝、章姬、香野、红颜、金刚2号、弗吉尼亚、丰香、新明星、全明星等，成为农村经济发展和农民增收的一个新兴产业。主要分布在中庄镇的盖冶村、富家庄村，西里镇苗庄村、中西里村、涌泉村、红源新村，悦庄镇北石臼村，沂源安信农产品开发有限公司，南鲁山镇北流水和芝芳等村。

猕猴桃

猕猴桃被誉为21世纪水果之王，有“绿色金矿”“绿色美容师”等美称。我国是猕猴桃的起源中心，全世界66个品种中有62个起源于中国。猕猴桃个小、皮厚、味道酸。

20世纪90年代初，鲁村镇姬家峪、齐家石沟等村部分农户在庭院栽植猕猴桃用作绿化，自然生长，个头小、皮厚深黄、味酸涩、产量低。2012年，芝芳村唐兆留、唐守连从博山区池上镇引进猕猴桃苗木，栽植20亩。2017年，南麻街道朱家庄等村栽植28亩、石桥乡栽植10亩、南鲁山镇唐家六村栽植10亩，共50亩。2018年，南鲁山镇、悦庄镇、鲁村镇大面积发展，其中南鲁山镇唐家六流域发展200多亩，成为主导产业。同年，沂源县大圣归来猕猴桃专业合作社投资600万元，在南鲁山镇芦芽村建立猕猴桃生产基地300亩，配套开发四季果园和生态农庄，发展乡村旅游业。2019年，全县栽植面积达到2385亩，其中南鲁山镇1368亩，占全县面积的57.36%。2019年，猕猴桃价格走高，每斤7元以上，带动全县大面积发展。2023年，全县栽植面积达到3056亩，产量421.32万公斤。主要分布在南鲁山镇、悦庄镇、鲁村镇，占全县栽植面积的94.27%。其中南鲁山镇1715亩，占全县栽植面积的56.12%，是猕猴桃生产专业镇。

柿 子

县域内元代初期开始栽植柿树，主要加工柿饼。据传说，明代永乐皇帝朱棣过寿食用三岔柿饼后大悦，赐名“帅饼”，声名远播，自此以后沂源民间开始大植柿树，山坡、地边、房前屋后都栽植柿树，制作柿饼，成为传统特色美食。因长期战乱，大部分柿树被砍伐毁掉。

新中国成立初期，县域内柿子树零星栽植，主要栽植在山坡、地边、沟底，面积较少。品种有牛心柿、水柿、桦柿、油杏柿等品种，主要加工柿饼，其中牛心柿是加工柿饼的主要品种。牛心柿柿饼个大、口感香甜，是上乘柿饼，价格比其他柿饼要高。水柿除加工柿饼外还可用来制作漤柿（温水泡除去

南鲁山镇九会村猕猴桃基地

柿子树

柿子鞣酸）。20世纪60年代初，作为主要经济树种发展，号召各大队在山坡、地边、沟底大力栽植柿树，增加村集体经济收入。主要分布在燕崖、中庄、三岔、唐山、东里等公社。

20世纪70年代，柿子树作为自留树按人口分到各户，由各户管理经营，增加收入。家家户户都有柿子树，秋季柿子成熟后成金黄色，漫山遍野金灿灿，昭示秋天收获季节的喜悦。柿子基本用来加工柿饼，每年柿子成熟季节，村内或周边朝阳的空闲场地晒着一箔箔（高粱秸制作）柿饼，一片片红灿灿的，增添了乡村秋收美景。柿子树一般用软枣树苗做砧木嫁接，软枣树根系发达，耐瘠薄能力强，是嫁接柿树的理想砧木。柿子树木质坚硬，农民大都用来加工案板或制作镢楔。20世纪80年代中期，实施荒山承包，承包户在空闲地块发展柿子、大枣、软枣、花椒等耐瘠薄经济树种，柿子栽植面积进一步增加。1985年，县域内有柿树40万棵、面积10万亩，年产柿饼7500吨，产量居全国第19位、全省第5位，成为全国柿子生产基地和柿饼供应大县，是全国柿饼主产区之一。柿饼除供应国内大中城市外，还是出口创汇产品，主要销往日本及中国香港等国际市场。

20世纪80年代末，果品等高产高效作物大面积发展，柿饼价格长期平稳，采摘难度大，柿饼加工费工费时，效益低，农户对柿子发展关注度下降，栽植面积逐年减少。1990年，柿子总产量4503吨，比1985年减少2997吨，降幅66.56%。20世纪90年代末期，三岔、悦庄等乡镇引进生食柿树品种，面积较少。2000年后，多数农户放弃采摘，少数农户采摘少量水柿子用来制作漤（lǎn）柿子吃，大量柿子被遗弃在树上，成为鸟类的美食。2005年，三岔乡调整农业产业结构，把发展柿子矮化密植园作为重点基地来抓，建成双万亩柿子（牛心柿）生产基地。2009年，沂源县山珍园果蔬有限公司开发有机柿饼，认证有机柿饼基地3000亩。有机柿饼出口日本、韩国等国际市场。

2010年，随着城市绿化美化步伐加快，部分柿树作为绿化树种被移栽进城，乡村柿树数量明显减少。2023年，全县柿树面积不足万亩，主要品种是牛心柿和水柿，主要分布在南鲁山、燕崖、中庄等镇。

板　栗

板栗含淀粉高，有木本粮食之称。20世纪30年代，县域内零星栽植，年产板栗100吨左右，主要是传统老品种，俗称毛栗子。树体大，板栗个头小、产量低、口感甜润。后经战乱摧残，损害严重，20世纪60年代初恢复发展。70年代引进红光、青丰、石丰、海丰等品种，主要分布在悦庄、石桥、张家坡、黄庄等公社。1986年，大张庄乡松山流域大面积发展。1991年，保安庄栽植板栗40万株，成为全县栽植板栗面积最大的村。1995年，全县栽植面积达到5250亩，其中悦庄、石桥、中庄、鲁村等乡镇面积达4170亩，占全县面积的79.43%。1998年，大张庄乡把板栗作为主导产业实施规模化发展，1999年大张庄乡栽植板栗595万株，占全县的59.5%，成为全县板栗主产区。21世纪初，从河北引进“迁西3113（黄朋）”品种，个头大、产量高、效益好，在全县大面积发展，占全县面积的70%以上，成为当家品

20世纪80年代吊饼晾晒

郑家庄板栗园（2010年）

种。上市初期，价格每斤6~7元，比其他品种高出3~4元，供不应求，老品种逐步被淘汰。2008年，大张庄镇半截沟村建成420亩优质板栗园，年产板栗160吨，收入128万元，人均增收2800元，成为该村支柱产业。2010年，全县栽植板栗6723万株。其中大张庄镇栽植2318万株，占全县34.48%。

2010年，板栗在全县稳定发展，面积起伏不大，各地均有栽植。2023年，全县栽植板栗7213万株，总产量263.98万公斤，主要分布在悦庄、南鲁山、大张庄、鲁村、张家坡等镇。

核　桃

县域内核桃发展历史悠久。20世纪30年代年产核桃100吨左右。当地传统品种有光皮绵核桃、鸡爪绵核桃，主要栽植在荒坡、地头堰边、庭院、村内外等空闲地块。树体高大，核桃皮厚壳硬、米紧实、味道香浓，不易剥壳，因经战乱被大量砍伐，1949年产量降到20吨。

20世纪60年代初恢复发展。1981年，全县核桃产量达到8.15万公斤。主要分布在中庄、燕崖、唐山等公社。1990年，全县达23万株，年产量10万公斤。

20世纪90年代初，推广薄皮核桃。2004年，沂源山珍园果蔬有限公司在三岔乡南水沟村建设薄皮核桃基地200亩。2010年，被认证为有机产品。同年，农民企业家朱时兰在大张庄镇建设薄皮核桃育苗基地200亩，出苗10万多株，销往省内外。2023年，全县栽植核桃1315.4万株，主要分布在南麻街道、悦庄镇、南鲁山镇、鲁村镇等，占全县面积的76.79%。

沂源县果品产销服务中心机构沿革

1972年，沂源县林业局恢复建制，内设县经济林管理站，负责全县干鲜果品发展。1986年2月，县经济林管理站鲜果发展职能移交县农业局果树管理站。1988年4月，果树管理站改称县果树技术服务中心。1995年3月，县果树技术服务中心升格为正科级全额拨款事业单位，改称县果品产销服务中心，归口县农业服务中心。2002年10月，机构改革，县果品产销服务中心调整为正科级定额补助事业单位，挂沂源县果树技术服务中心牌子，归口县农业局管理，负责全县果品产销服务工作，编制25人。2003年10月，设立县沂蒙山品牌管理办公室，与县果品产销服务中心合署，负责沂蒙山商标注册、保护、宣传、使用和监督管理工作。2021年5月，机构改革，整合县果品产销服务中心（加挂沂源县沂蒙山品牌管理办公室牌子）、县蔬菜局、山东省农业广播电视学校沂源分校、县荆山园艺场、县农业技术服务中心、县种子站，组建沂源县农业

三岔乡南水沟核桃园（2010年）

技术服务中心，为正科级公益一类事业单位，隶属县农业农村局，挂沂源县数字农业农村发展中心、沂源县果树技术服务中心、沂源县农业广播电视学校牌子。

沂源县农业技术服务中心历任主要负责人

机构名称	姓名	职务	任职时间
沂源县果树管理站（1986.02—1988.04）	任辉传	站长	1986.02—1988.04
沂源县果树技术服务中心（1988.04—1995.03）	任辉传	主任	1988.04—1992.11
	谭　洲	副主任（主持工作）	1992.11—1995.03
沂源县果品产销服务中心（1995.03—2021.05）	闫培德	主任	1995.03—2001.03
	董　洋	主任	2001.03—2005.10
	鲁建勇	主任	2005.10—2014.02
	杨红玉	主任	2014.02—2016.04
	高丰文	主任	2016.04—2021.05
沂源县农业技术服务中心（2021.05—）	王志强	主任	2021.05—

蔬菜业

发展历史

20世纪80年代前，县域内蔬菜生产为传统露地常规栽培，以农户分散种植为主，家家户户有菜园地，除自食外多余部分零售交易。县城郊部分生产大队种植少量蔬菜供县城非农业人口，增加生产大队经济收入。以大白菜、萝卜、马铃薯、芸豆、豆角、茄子等常规露地品种为主，面积不大。冬季食用蔬菜主要是大白菜、萝卜、胡萝卜、马铃薯等品种。家家户户都有冬季储存蔬菜的传统习惯，在庭院内或房前屋后开挖蔬菜储藏窖子，用于白菜、萝卜、马铃薯等冬季用菜保鲜。

建县初期，蔬菜生产由农民分散露地种植，面积很小。1949年，全县蔬菜种植面积0.23万亩，人均0.01亩。1954年，县供销合作社开始组织农民种菜，收购供应县城非农业人口用菜，蔬菜面积扩大，1955年蔬菜面积达到2.4万亩。1960年，成立沂源县蔬菜果品公司，下设南麻、鲁村、东里、悦庄4个蔬菜采购供应站，经营干、鲜蔬菜及日用调料。是年，全县蔬菜种植面积达到2.2万亩。1961年，县蔬菜果品公司撤销，蔬菜业务归副食品公司兼营，全县蔬菜面积减少。1964年，全县蔬菜面积为0.9万亩，比1960年减少1.3万亩，降幅59%。1965年，县副食品公司设立蔬菜收购供应站。1966年，在全县建立7处蔬菜基地、64个菜园，面积858亩，供应县城用菜。“文化大革命”期间，不允许社员搞计划外家庭副业，不允许社员蔬菜私自交易，农民种菜积极性降低，全县蔬菜面积明显减少，1967年降为0.6万亩。20世纪70年代中期，在南麻、鲁村、悦庄建立3大蔬菜生产基地。1979年，蔬菜面积达到1.97万亩。同年，县政府批准南麻一、二、三村和西台村村民转为菜农，4个村蔬菜种植面积900亩。1980年，全县蔬菜面积达到2.13万亩，品种增多。1984年，县蔬菜公司与莱阳农学院签订蔬菜“四定”（定品种、定数量、定质量、定缴售时间）购销协议，规定菜农交足协议任务后，多余部分允许上

20世纪80年代末，东北麻春暖黄瓜大棚

市出售。是年，蔬菜种植面积达到2.44万亩。

20世纪80年代初期，推广地膜覆盖种植马铃薯。地膜覆盖提早半月种植，增温、抗旱、抑草，提高产量，在全县推广。蔬菜种植由露地生产向保护地生产迈入，反季节性蔬菜品种增加。1984年，南麻镇东北麻村岳洪恩建起全县第一个春暖塑料大棚，生产黄瓜，比露地栽培提前一个月上市。东鱼台村村民苗纪友听说后很感兴趣，对春暖大棚进行了进一步研究革新，与同村村民刘圣法一同建起了2个高标准春暖塑料大棚，生产黄瓜和辣椒，价格比露地栽培高出1倍多，在全县引起轰动，县里将其树为典型，在全县大面积推广春暖蔬菜大棚。1988年，全县春暖蔬菜大棚达到2000多亩，称作蔬菜“白色革命”，蔬菜生产进入保护地发展新阶段。

1987年，县科委孙纯孝、县科协齐登全从烟台带回一袋佛手瓜，在岳洪恩蔬菜大棚内试种。翌年，苗纪友把岳洪恩生产的佛手瓜买下，在自家蔬菜大棚栽植，并聘请省农科院专家指导，当年秋季获得大丰收，一棵结1000多个，上市价格每斤1.5元左右，供不应求，在全县轰动。县政府作为新兴蔬菜产业，在全县大力推广，引起佛手瓜热，家家户户开始种植佛手瓜，佛手瓜苗供不应求，价格大涨，由当初的每棵0.2元涨到每棵1.5元。1992年，实施山区百万株佛手瓜基地建设工程，在全县大力发展佛手瓜。1997年，全县发展佛手瓜266.6万株，栽植面积13.2万亩，总产4.45亿公斤。同年9月，沂源县被国家农业部定为双百万株佛手瓜生产基地县。佛手瓜发展过速，市场出现饱和状态，价格下跌，出现销售困难。分管副县长王本富多方联系，中央电视台免费在3、7、12频道连续为沂源播放佛手瓜广告，吸引全国客商前来采购，短期内高价销售完毕，解决了佛手瓜销售燃眉之急。1998年“沂蒙山”牌佛手瓜被评为淄博名优蔬菜。1999年被评为中国国际农业博览会名牌产品。2005年，沂源县南麻镇佛手瓜生产基地被认定为市政府放心菜生产基地，是全省最大的佛手瓜生产基地之一。

1988年3月，农业部实施“菜篮子工程”。1995年，农业部提出“米袋子工程”，要求省长抓“米袋子”，市长抓“菜篮子”，蔬菜生产纳入政府工作议程。受到各级党委政府重视，大力发展蔬菜生产，蔬菜品种增多，面积增加。1990年，全县蔬菜种植面积达2.54万亩，总产2389.8万公斤。1990年，东鱼台村苗纪友与南麻、悦庄、鲁村几个蔬菜种植大户到临淄考察冬暖大棚蔬菜种植技术。10月，苗纪友、刘圣法在东鱼台村建起全县第一个冬暖黄瓜大棚，面积1.09亩。春节前黄瓜上市，实现产值1.48万元，成为全县新闻。分管副县长任明喜到苗纪友蔬菜大棚现场办公，在全县推广蔬菜大棚技术，并奖励苗纪友及其他示范户化肥和柴油指标。苗纪友被淄博市委、市政府授予全市蔬菜状元称号。1991年，悦庄镇苗山村开始发展小拱棚越冬韭菜，带动全县小拱棚蔬菜大发展。90年代末，全县中小拱棚韭菜、芹菜等蔬菜种植面积达2.8万亩，主要分布在悦庄、南麻、石桥、三岔、大张庄等乡镇。

南麻镇陡起峪佛手瓜基地（1997年）

20世纪90年代，悦庄镇苗山村拱棚韭菜

20世纪90年代初，大力发展西瓜，把西瓜作为农民增收的主要产业来发展，西瓜面积逐年增加，遍布各乡镇。1999年，全县西瓜播种面积达8531亩，悦庄、鲁村成为西瓜生产大镇，占全县面积的44.54%。为提高西瓜产量，增强抗病性，瓜农普遍采用黑南瓜苗作砧木嫁接西瓜，所产西瓜个大、皮厚，西瓜风味渐失，价格逐年下滑，西瓜面积逐年减少。1997年，县委、县政府把发展冬暖蔬菜大棚提到重要发展议程，强力推动。3月，在新城宾馆召开冬暖大棚建设动员大会暨王乐义冬暖大棚报告会，拉开了全县发展冬暖蔬菜大棚的序幕。聘请寿光市三元朱村党支部书记王乐义做技术顾问，东鱼台村苗纪友做技术指导，多次召开现场会，外出参观学习等推进措施，聚力推动冬暖蔬菜大棚发展。1998年，县政府下发《关于大力发展冬暖大棚生产的意见》，县农业局率先示范发展冬暖蔬菜大棚，在悦庄镇苗山村良种场建设冬暖蔬菜大棚6个、面积15亩。当年全县建设冬暖大棚1000亩，其中燕崖乡河西村建设规模大、标准高，成为全县示范典型，多次在此召开现场会，示范引领全县冬暖大棚发展。2003年，全县蔬菜种植面积达到12.7万亩，实现产值2.7亿元，其中新发展芦笋、食用菌等特色蔬菜1000亩以上。发展悦庄韭菜、鲁村芹菜、南麻辣椒、大张庄甜椒、石桥黄安越夏萝卜等500亩以上，相对集中连片的生产基地达到7个。设施蔬菜面积达到4万亩，占总面积的31.49%。全县形成了露地栽培、小拱棚、春暖大棚、冬暖大棚并举发展的蔬菜产业格局。蔬菜品种增多，市场周年供应。

2000年，转变蔬菜生产方式，发展无公害、绿色、有机蔬菜，走基地化、标准化、品牌化蔬菜产业化发展道路，振兴蔬菜产业。12月，“苗山”牌韭菜被山东省农业厅认定为无公害产品。苗山牌韭菜生产基地成为鲁中山区首家无公害韭菜生产基地。覆盖50个村、面积1.8万亩，年产量5000万公斤，年产值9000万元。2002年苗山牌韭菜通过北京市检测验收，获准进入首都市场，仅北京大钟寺一家批发市场订购5000吨。2004年，蔬菜标准化生产进入快速发展期，鲁村200亩芹菜生产基地，悦庄1万亩韭菜生产基地、消水300亩蒜黄生产基地，南麻1000亩佛手瓜生产基地、300亩无公害拱棚辣椒和黄瓜生产基地，石桥乡500亩黄安越夏萝卜生产基地，大张庄镇100亩大棚甜椒生产基地，通过市政府“放心菜工程”认定，认定面积1.24万亩。2005年，实施市政府蔬菜产业升级工程，在三岔、南麻、石桥等乡镇建设1.9万亩无公害桔梗生产基地、1万亩佛手瓜无公害生产基地、5000亩无公害辣椒黄瓜生产基地、500亩无公害越夏萝卜生产基地和1000亩无公害菜花生产基地，并通过市级无公害质量认定。2006年，实施市政府“三绿工程”（提倡绿色消费、培育绿色市场、开辟绿色通道）和蔬菜产业升级工程，集中建设鲁村镇3000亩无公害大棚黄瓜和1.6万亩无公害菜花、芹菜、大白菜生产基地，徐家庄乡2000亩无公害西瓜和6000亩无公害菜花、大白菜生产基地，悦庄镇2000亩无公害水培消水蒜黄生产基地，通过市级无公害质量认定。在南麻、土门、三岔、燕崖、中庄等乡镇新建6万亩绿色食品佛手瓜、桔梗生产基地，通过农业部绿色食品A级产品认定。2008年，沂源致信现代农业发展有限公司在悦庄镇王家泉村建立200亩韭菜标准化生产基地，通过欧盟和农业部有机产品“双认证”，是国内首个通过“双认证”的蔬菜生产基地。韭菜价格大涨，每斤卖到120元。济南、青岛、张店等大型超市、酒店等纷纷提前预订，产品供不应求。同年，悦庄镇供销社成立沂源县永青果蔬专业合作社，在石桥村投资160万元，建成80亩有机韭菜标准化生产基地，翌年“鲁中长青”牌韭菜，被农业部认证为有机韭菜。有机韭菜在青岛佳世客、海信广场、家家悦超市、台湾麦凯乐超市、济南银座连锁超市设立专柜。2010年，有机韭菜专供上海世博会；3月，悦庄韭菜被指定为省运会唯一专供韭菜；8月，安信芹菜获有机产品认证；10月，“鲁村芹菜”“西长旺白莲藕”获国家地理标志农产品登记。2011年1月，“沂蒙山”牌无公害韭菜获省著名商标；2月，“悦庄”牌韭菜商标获国家地理证明商标。2019年，南麻街道整合扶贫资金323万元，流转4个村土地200亩，在浇花泉村建设冬暖式芦笋大棚40个，面积70亩。采取党支部领办合作社模式，实行订单化经营，受益贫困户365户、585口人。2023年，全县蔬菜生产面积达到6.62万亩，总产量26506.32万公斤。全县有3个龙头企业、15个农民专业合作社、5个家庭农场从事蔬菜标准化生产，建设国家级蔬菜标准园2个，获有机蔬菜认证2个、绿色A级蔬菜产品2个、无公害农产品8个，获国家地理标志登记产品2个、地理标志商标2个，省著名商标2个、省名优蔬菜4个。全县标准化蔬菜生产面积2.5万亩，占全县蔬菜面积的37.76%。

品牌蔬菜

悦庄韭菜 悦庄韭菜起源于苗山村，清雍正年间开始发展，有300多年的栽培历史。悦庄韭菜又称苗山韭菜。清代末期，苗山村民就有在冬季用芦花给韭菜保暖，种植韭菜黄的习惯。民国时期，悦庄镇地域归属临朐县和沂水县。每逢春季临朐县、沂水县县官来悦庄办案时，必定要点名吃上苗山韭黄，并被指定为县衙专供蔬菜。

20世纪90年代前，悦庄韭菜属传统露地栽培。1991年，苗山村在党支部书记郑述忠的带领下，开始发展韭菜越冬拱棚栽培模式，春节前上市，春节前后可收获3茬，效益大增，带动全村规模化发展拱棚韭菜，成为村民支柱产业。1993年，悦庄镇党委、政府把发展拱棚韭菜列为富民工程产业，在全镇大力发展。1997年，悦庄韭菜被命名为市级名牌蔬菜。2000年，拱棚韭菜发展覆盖全镇50个村，种植面积达到1.8万亩，年产量1亿公斤，成为全省最大的韭菜生产基地和江北最大韭菜批发市场。韭菜的发展催生了韭菜批发市场的发展，吸引国内众多批发商慕名纷至沓来购销韭菜，韭菜上市季节，每天天不亮，农户推着一车车韭菜到苗山市场批发，灯火通明，天一放亮，一车车韭菜被销往全国各地。韭菜产业成为悦庄镇支柱产业和农民增收主要来源，年收入4亿元以上。

悦庄王家泉有机韭菜基地（2008年）

2000年，悦庄韭菜被省农业厅认定为无公害农产品，成为鲁中山区首家无公害韭菜生产基地。2004年，被认定为市政府放心菜生产基地。2008年被评选为淄博市名优蔬菜。全县形成了以苗山为中心，带动悦庄、石桥、南麻等镇的发展，韭菜种植面积达到2万亩，年产韭菜1亿公斤，年产值3亿元，成为全国集中连片面积最大的韭菜基地，远销黑龙江、陕西、江苏、上海等20多个省市，被誉为“中国韭菜第一镇”。2010年3月，悦庄有机韭菜被指定为第二十二届省运会唯一专用韭菜。5月，《中国蔬菜》杂志刊发《集约经营——悦庄有机韭菜彰显高效益》。7月，淄博市科技局批准，在悦庄镇成立淄博市有机韭菜工程技术研究中心。

消水蒜黄 20世纪80年代初，悦庄公社中消水大队社员宋以善等3户社员利用自然河水养殖蒜黄，建设养殖小拱棚20个，上市价格每斤3元。1986年带动本村30户农户利用消水泉水养殖蒜黄。消水泉水常温保持在8℃~25℃，在较寒冷的冬季也维持在10℃~17℃，且富含钙、镁、锶、铁等营养元素，是养殖蒜黄的适宜水质，带动东、西、北、中4个消水村蒜黄大发展。90年代初，4个消水村建设蒜黄拱棚1000多亩，年产蒜黄7.5万公斤。1995年，发展四季棚生产蒜黄，面积500亩，实现周年生产，年产蒜黄12茬，年产量15万公斤，年产值达210万元，是山东省最大的蒜黄生产基地和淄博市名优蔬菜基地，被誉为蒜黄之乡。

2000年，发展大棚蒜黄，4个村建成蒜黄大棚800亩，带动燕崖乡北安乐、南安乐，石桥乡石桥、葛庄、石楼，悦庄镇东埠、王家泉，土门镇芝芳，鲁村镇邢家庄等10多个村开始发展蒜黄。蒜黄远销上海、安徽、江西、天津、青岛、烟台、威海等20

消水蒜黄

多个省市。2012年，消水蒜黄被评为市名优蔬菜，获国家地理证明商标。成为农村经济支柱产业和农民收入重要来源。2019年，悦庄镇东埠村采取党支部引领合作社形式，投资980万元，建设蒜黄生产车间96个，实行工厂化生产，周年供应江苏淮安市场，年产蒜黄350万公斤，年产值3000万元。

西长旺白莲藕　白莲藕又称菜藕，有9孔、8孔之分，深水栽培的藕一般是8孔，主要分布在南方，浅水栽培的藕有8孔和9孔两个类型，9孔品质优于8孔。

白莲藕的来历有一个美丽的传说：相传明朝，黄河多次决堤泛滥。有一年，无情的黄河水竟在黄河下游姚集房湾村金盆口处形成一个百余米宽的大决口，河水像箭一样射向大堤南侧一片背河洼处，形成一条宽400余米、长3000余米的深河，叫金潭。紧接着黄河的水头又凶猛上抬，在其前方近千米的地方打个回旋，搅成一个深达六七米，方圆近百亩的深潭，叫银潭。泛滥的黄河水不知从上游何地携带几株野荷，就在银潭里扎了根，经过几年的繁育，便形成了大片荷塘。于是这里每年都呈现出一片春露尖角、夏溢清香，秋飘雅翠的自然景观。不久，在银潭的南岸住上了几户人家，逐渐形成了一个村庄。最早落户该村的是一户郭姓铁匠，银潭改称为郭铁潭子。村民过上夏季采莲，冬春挖藕的幸福生活。因这里生长的莲藕质细脆嫩，洁白如玉，很快闻名十里八乡，被称作姚集白莲藕，白莲藕由此得名。

西长旺白莲藕产地东里镇西长旺村，已有百余年栽种历史。在西长旺长期流传着一句顺口溜："西长旺的藕，东长旺的蒜，马家沟的地瓜蛋，张庄的闺女不用看。"人们把粉嫩的藕、香脆的大蒜和质朴的地瓜同美女相提并论，带给人们难以忘怀的奇妙之美。西长旺白莲藕是地方独特的自然环境造就的特色品种，内腔9孔，圆润光滑、皮薄、灰白色、细嫩无渣、无涩感、入口脆香，区别于其他白莲藕品种8~9孔，品质优于其他品种，是白莲藕种类中上等品种，生食或熟食皆可。有"生食脆如玉、熟食软如面"的清香口感。据《沂源县志》记载，清咸丰年间就被钦定为御膳贡品，名扬四方。该村原有一块清代石碑为证，"文革"时期石碑被红卫兵当"四旧"损毁。常年栽种面积200余亩，年产45万公斤。2009年被认证为有机食品，2012年获国家地理标志登记农产品认证。

西长旺白莲藕品好质优，价格高于其他白莲藕。顾客买藕时往往先问问是不是西长旺白莲藕。西长旺白莲藕是地域特色产品，产品供不应求，成为农民主要收入来源。

西长旺白莲藕

鲁村芹菜　鲁村芹菜种植历史悠久。鲁村芹菜叶片肥大、叶柄长而粗、颜色青绿、株体高大强健、叶柄含纤维少，质脆、风味清香，是地方特色产品。2012年8月，鲁村芹菜被认证为有机食品；11月，获国家地理标志登记农产品认证。

鲁村芹菜有一个传说：元代末期，朱元璋争夺天下，路经鲁村，突发高烧咳嗽不止，一直跟随他平定天下的南京人大刀冯胜听说当地芹菜可治病，抱着试一试的心态，到鲁村冯氏家族菜园中取了一撮芹菜，榨汁给朱元璋祛病，果然退烧止咳。朱元璋得天下后，血洗山东，因冯氏家族芹菜汁救了朱元璋一命，冯氏家族没有受到牵连，当时郑、许、董、唐四大家族与冯氏有亲缘关系也逃过劫难。

鲁村芹菜是通过鲁村野芹、鲁村本芹培育出来的地方品种。据传，鲁村野芹是南方大雁往返南北在鲁村栖息留下的产物。鲁村本芹，早在元代初期全真教宗师丘处机的徒弟道安子张志顺在鲁村安平村建成栖真观不久，有一名膳房道徒把道观前河边的野芹引种到菜园里，经过他多年精心培育出鲁村本芹。20世纪50年代中期，鲁村三村农民冯杰去济南走亲戚时引进济南芹菜，冯杰兄弟用鲁村本芹与济南芹菜杂交，培育出鲁村芹菜。50年代末，鲁村三村及周边村零星种植。80年代，鲁村村民把芹菜作为主要蔬菜产业规模发展，扩大到鲁村周边20多个村，种植面积1500多亩，年产量1125万公斤，成为鲁村主要产业，农民增收重要来源。

鲁村芹菜品种独特，是走亲访友的馈赠佳品。猪肉尖子炒芹菜、芹菜三鲜水饺是鲁村名吃。

2011年，山东安信农产品开发有限公司在于家石沟村建设20亩有机芹菜基地，年产芹菜8万公斤，远销青岛、泰安、济南等城市。

鲁村有机芹菜（2011年）

黄安越夏萝卜 石桥镇黄安村萝卜在清嘉庆年间已有名气，被沂水县衙指定为县衙专供品。据村村碑记载：最早的黄安萝卜仅一小块地，是萝卜上乘精品，其产地谓“北官后、北官前，郭家庄子、刘家园”。所谓北官后、前，即北官的北、南方向。安庄在北官东，黄家园在北官西，即围绕北官一带的土地出产的萝卜，品质最佳。黄安萝卜已有200多年发展历史，形成了大缨、小缨和二缨3个品系。黄安萝卜又称安村萝卜。黄安萝卜集中在上黄安、下黄安2个村，地域性强，种子拿到外地栽培品质发生很大变化，失去原有风味。其原因为水土不同。黄安萝卜属地方特有产品，内瓤青绿、汁多清脆、无白糠花、皮微辛，生食更佳。当地人喜欢生食，有“吃萝卜喝茶，不用找医生把药拿”说法。黄安村地势高，气温凉爽，昼夜温差大，所产越夏萝卜分外甜脆，恰在夏秋之间蔬菜淡季上市，故每年外地客商云集黄安收购。2006年，种植面积500亩，年产量175万公斤，年产值140余万元。家家户户种植萝卜，是农民收入的重要产业。

2010年，黄安越夏萝卜被省农业厅认证为无公害农产品。2018年后，萝卜价格平稳，中药材价格上涨，大部分农户逐渐放弃萝卜种植，改种丹参、黄芩等中药材，萝卜种植面积逐渐减少。2023年，种植面积在20亩左右，作为常规菜种植，供家庭食用。

黄安越夏萝卜（2006年）

食用菌 据《沂源县志》记载，明末清初，土门有利用山洞养殖食用菌的习惯，规模较小。2000

年前，全县食用菌养殖以农户分散养殖为主，规模小、品种单一，主要是平菇。2000年，食用菌养殖转向基地化、规模化、品牌化发展，规模增大，品种多样。1981年，悦庄公社西辽军埠村民孙德利利用棉籽皮养殖平菇，建平菇养殖大棚5个，年收入3万余元。经几年研究和实践，孙德利掌握了平菇配料、制种等技术，通过开展培训班、跟踪指导等形式带动周边10多个村、80多户发展平菇，带动全县平菇发展。20世纪80年代末，全县发展平菇养殖专业户100多家，年产平菇15万公斤以上。孙德利被称为“沂源平菇大王”“沂源平菇第一人”。1990年，孙德利开始研究香菇、草菇、杏鲍菇等食用菌养殖技术，取得成功，带动全县200余户从事食用菌养殖，推动了全县食用菌产业发展，丰富了餐桌。孙德利被市委、市政府授予“全市首批科技致富能手”称号。1995年，成立沂源县食用菌研究所，县科协齐登全任所长。研究推广平菇、香菇、鸡腿菇、木耳、杏鲍菇等食用菌种，年产菌种5万袋，销售棉籽皮300吨。在全县建立9个示范带头村，培养食用菌栽培户1000户。1997年，三岔乡南鲍庄村党支部书记窦仲爱通过潜心学习研究掌握了灵芝养殖技术，贷款建设3个灵芝越冬养殖大棚，产品出口韩国。食用菌产业呈现出多品种、多模式发展态势。2001年，全县食用菌养殖专业户8000多户，养殖面积4万多平方米，鲜菇产量280多万公斤。2003年，土门镇龙泉村中医崔学恒从鲁山分离纯化蛹虫草野生菌种。2007年，成立沂源金草科技有限公司，专门研发蛹虫草。2010年，批量生产获得成功，产品远销北京、天津、上海等大中城市。

南鲍庄林下养殖黑木耳（1997年）

西辽军埠平菇养殖大棚（1995年）

2004年，县蔬菜产销服务中心研究用果树枝条碎末作培养基，在土门镇芝家峪防空洞养殖鸡腿菇、金针菇、香菇、榆黄菇等稀有菌种；在土门镇皇宫洞、九会村防空洞，燕崖双泉村，悦庄镇埠村恒温库反季节养殖金针菇；在鲁村、土门、悦庄、石桥等镇部分养殖户试养猴头菇、茶树菇、袖珍菇等珍稀菌种。研究探索珍稀菌种和反季节菌种养殖技术。当年，沂源雨润菌业有限公司采取“公司+基地+农户”发展模式，养殖香菇、袖珍菇品种，年实现销售收入400余万元，利润120余万元。2008年，土门镇政府利用天然山洞养殖平菇、杏鲍菇，年产食用菌1万公斤，成为政府增收项目。2008年，淄博亿百合食用菌发展有限公司实施黑木耳规模化栽培项目，在悦庄镇王家泉村、东消水村、埠村，土门镇黄崖村，山东华盛食品股份有限公司厂房建立5个养殖基地养殖黑木耳。2011年2月，县政府印发《关于实施果业等四大产业振兴计划的意见》，计划到2015年全县食用菌投料5000吨，总产值达到1500万元，年均增长15%以上。计划在南鲁山镇建成省内最大的反季节鸡腿菇生产基地和北冬虫夏草生产高标准示范园区；在鲁村草埠建成一个规模较大、工艺先进、科技含量高、自动化程度较高的金针菇工厂化生产企业。2012年，沂源县季季润食用菌专业合作社在鲁村镇草埠一村建成自动化金针菇养殖生产线，日生产金针菇2000多公斤。沂源商城实业有限公司食用菌厂建成日产6000菌包的金针菇自动化生产线。因棉籽壳原料不足，不能满足食用菌生产需要。2013年，试验推广苹果树锯末作为食用菌栽培原料。当年，全县用苹果树锯末养殖食用菌专业户达300多户，利用苹果树锯末600吨，基本解决了苹果树锯末浪费和造成环境污染问题，取得较好效益。

鲁村镇刘家坡村汇泉河香菇基地（2020年）

2019年，沂源汇泉河食用菌有限公司在鲁村镇刘家坡村建设香菇生产基地，建成香菇养殖大棚50个，出菇面积9万多平方米，冷藏保鲜库4个，其中双层棚21个、高温棚20个、空调棚9个。2020年，山东七河生物科技股份有限公司在鲁村镇成立全资子公司山东源河食用菌种植有限公司，投资3亿元建成占地165亩的香菇菌棒智慧工厂，建设生产车间、播种车间、培养车间、智能二层培养房，形成年产3000万棒香菇菌棒生产能力。2023年，全县食用菌养殖呈现多品种、多模式发展态势。有5个企业从事食用菌生产，年产量203.99万公斤，覆盖平菇、鸡腿菇、杏鲍菇、白灵菇、草菇、袖珍菇、黑木耳、灵芝等20多个品种，成为一个新的蔬菜产业。

沂源县蔬菜局机构沿革

1960年，成立县蔬菜专营机构，负责干鲜果菜经营。1961年，撤销县蔬菜专营机构。1965年，县副食品公司设立蔬菜收购供应站，负责蔬菜收购供应工作。1981年，县蔬菜公司负责蔬菜购销业务，生产技术由县农业局农业技术推广站负责。1991年8月12日，成立县蔬菜局，为正局级事业单位，隶属县农业工作委员会。1993年12月，因机构改革，撤销县蔬菜局，成立县蔬菜办公室，为股级事业单位，隶属县农业服务中心。1994年3月，撤销县蔬菜办公室，职能移交县农业工作委员会，设立蔬菜科，股级事业单位。1996年7月，撤销蔬菜科，成立县蔬菜办公室，副科级事业单位，隶属县农业局。2001年7月，撤销县农副产品营销中心和县蔬菜办公室，组建县蔬菜产销服务中心，正科级定额补助事业单位，归口县农业局。2007年1月，县蔬菜产销服务中心挂县蔬菜局牌子。

2021年1月，整合县果品产销服务中心、县蔬菜局（县蔬菜产销服务中心）、山东省农业广播电视学校沂源分校、县荆山园艺场、县农业技术服务中心、县种子站，组建县农业技术服务中心，为正科级公益一类事业单位，隶属县农业农村局。

沂源县蔬菜局历任主要负责人

机构名称	姓名	职务	任职时间
沂源县蔬菜局（1991.08—1993.12）	马　俊	局长	1991.08—1993.12
沂源县蔬菜办公室（1993.12—1994.03）	王世玉	主任	1993.12—1994.03
沂源县蔬菜科（1994.03—1996.07）	王世玉	科长	1994.03—1996.07
沂源县蔬菜办公室（1996.07—2001.07）	王世玉	主任	1996.07—2001.07
沂源县蔬菜产销服务中心（2001.07—2002.08）	周业升	主任	2001.07—2003.03
	徐志庆	主任	2003.03—2007.01
沂源县蔬菜产销服务中心（沂源县蔬菜局）（2007.01—2021.05）	徐志庆	局长	2007.01—2008.01
	孙庆文	局长	2008.01—2010.03
	任向东	局长	2010.03—2021.05
沂源县农业技术服务中心（2021.05—）	王志强	主任	2021.05—

肥料与农药

肥　料

肥料是农作物生长发育的主要“食粮”。肥料种类可分为有机肥、无机肥（化肥）、生物肥（菌肥）、激素肥4大类。

有机肥　20世纪50年代初期，百业待兴，工业薄弱，化学合成肥料（化肥）缺乏，农作物肥料全部来源于有机肥料。主要种类有农家肥（厩肥）、堆肥、绿肥、草木灰、墙皮土、火炕土、饼肥等。农家肥即为传统意义上的厩肥，包括牛马猪羊等中大牲畜圈舍肥、鸡鸭鹅家禽粪及兔狗肥。厩肥是圈舍垫土与牲畜粪尿、残料混合发酵而成，也称压栏肥。其中牛、羊、马所产生的厩肥属热性肥，肥效快，利于农作物生长；猪所产生的厩肥属凉性肥，肥效慢；兔粪属热性肥，肥效快，但后劲不足；鸡鸭鹅主要以粮食作为饲料，其粪容易产生蛴螬、金针虫等害虫，并含有大量病菌，必须经过高温发酵灭菌后使用。有些村把牛羊存养在山上，便于就地积肥，就地用肥。堆肥主要以杂草、作物秸秆及废弃料掺拌泥土、人粪尿堆积发酵而成。有些地方采用熏神粪的办法，即在山地里，用草皮坷垃掺杂牛粪，燃烧烘烤，制成粪干，省工速效。沤肥，是在田边开挖土坑，投入杂草、秸秆、饲草、河床土，在夏季高温季节露天堆积，表层覆盖一层泥土，利用高温发酵2~3月。此外，草木灰、火炕土、厨房墙皮土等，也是重要的有机肥料。因含钾高，利于作物壮根强秆，被广泛使用。豆饼肥、花椒种肥、棉籽饼肥也是优质的追施有机肥料，因其营养全面、速效，被广泛使用。

1959年，根据国家和山东省安排部署，对全县耕地土壤进行普查。抽调20人组建普查组，历时3个月，摸清了全县耕地土壤类型分布及养分状况，绘制效果图3幅。

1963年，全县开展以养畜积肥为主，广开肥源，改进积肥活动，号召各生产大队、生产队千方百计积肥造肥。年内，全县建沤肥池300个，改造猪圈2.5万间，建“气死猪粪池”（厕所与猪圈分

20世纪60年代，生产队田间施肥

离）2万个。每亩使用有机肥3700公斤，比以前亩增加700多公斤。1965年，试种豆科植物苕子、草木犀作为绿肥。1975年，在玉米、小麦田间作苕子、绿豆植物，直接压青作肥料。1977年，全县开始发展农村沼气，推广使用以沼渣、沼液为主的沼肥。至2016年，全县建设“一池三改”“猪沼果”“猪沼菜”等模式沼气池3万多个，沼肥施用面积30多万亩，年减少化肥投入7500吨。沼肥是速效肥，养分全面，无污染，增产效果明显，是优质的有机肥，在果树、蔬菜上广泛使用。沤制沼气需要作物秸秆、牛马粪便等为原料，因境内稀少，供应不足，大部分从外地购进及沼气池进料、出料困难等问题，2018年全县80%以上的沼气池已弃用。1978年，全县开展养猪上“纲要”行动，倡导生产大队、生产队大力发展养猪，当年生猪存栏量达到14.66万头，比1977年增加7178头，社办养猪场13处，有32个大队养猪上“纲要”，8个大队实现一人一头猪或一亩一头猪目标，收购肥猪8.29万头，出栏21.92万头。有机肥生产量逐年增加。1982年11月，根据全国第二次土壤普查要求，筹建化验室，抽调农业专业人员98人，历时两年，对全县土壤养分状况进行第二次全面普查，绘制土壤结构、类型、等级、利用现状等效果图6幅，摸清了土壤有机质、速效氮磷钾养分现状。

20世纪60年代，生产队有机肥沤制

20世纪80年代前，许多生产队为增加有机肥，千方百计开辟肥源。在春秋季节，生产队组织劳力逐家逐户刨院土、刮厨房烟熏土坯、拆火炕土。因肥料稀少，社员自留地、菜园地肥料投入不足。为保障自家用肥问题，大人、小孩出门前必须先“解手”，把粪尿留在家中，叫作“肥水不流外人田”。多数家庭也备置粪筐或粪篓，小学生放学后，背着粪筐走街串巷或到村周边、田地边捡拾人畜粪便。90年代前，农田大多使用有机肥，土壤基本没有被污染，所生产的农产品原生态，品质好，质量安全，称得上“有机产品”。

90年代初，全县开展小麦高留茬、作物秸秆还田等培肥地力行动。县农业局土壤肥料工作站组建工作专班，巡回到各村指导，采取印发明白纸、宣传车、现场指导等形式，引导农民在小麦收割时，麦茬高度不低于15厘米，来年耕地时一并翻茬入土作为有机肥。1991—1993年，推广小麦高留茬面积10万亩。在果园大力推广作物秸秆还田。把果树底部土壤整成穴盘，把牲畜饲草废料、柴草垃圾或粉碎秸秆堆放在地盘里翻土覆盖，增肥又保温保墒，推广面积30多万亩。

1993年6—9月，县土壤肥料工作站利用3个月的时间，对东里、西里、悦庄、中庄、韩旺、燕崖等6个乡镇75个果园、粮田土壤有机质、氮磷钾养分开展土壤养分普查。经测定，全县土壤样本平均含有机质0.8%、氮158ppm、磷18ppm、钾95ppm，有机质、氮、磷偏低。因长期过度使用化肥造成土壤板结，地力下降，农产品品质变差，农产品失去了原有风味。

2000年始，创建无公害、绿色食品、有机产品示范基地县，发展绿色农业，推广杨康生物有机肥，带动有机肥施用又重新热起来。燕崖、中庄、西里、东里、张家坡等乡镇的果农不惜高价从鲁西、鲁西南、高青等地购置牛羊驴有机肥，亩投入量达3000公斤以上。张家坡村双义沂源红苹果产业园、北流水富硒苹果产业园、红源新村沂源红苹果产业园等园区有机肥亩使用量均超过5000公斤，苹果品质明显提升。豆饼、花生饼肥也在果品、瓜菜、地瓜、马铃薯等作物上广泛使用，农产品品质、口感、商品性有所提升。中庄、西里、东里、燕崖等乡镇所生产的苹果比周边镇办同比每斤高出1元左右。2004年，全县推广果园种植三叶草、紫花苜蓿等豆科植物技术。县委、县政府将此列入对乡镇工作政绩考核指标，年内种植面积17万亩。2008—2023年，连续15年在全县开展测土配方施肥项目，在全县11个镇办629个行政村累计布点7172个，跟踪对土壤养分进行检测，掌握养分动态变化。根据土壤养分变化情况，制定了苹果、大樱桃、桃、葡萄、草莓、韭菜、小麦、玉米、花生等9个主要农作物品种平衡施肥方案，指导农民科学用肥，平衡施用有机肥、化肥、微肥、生物肥等肥料。纠正农民重无机轻有机，重氮轻磷钾，重大量肥轻微肥、生物肥的不科学施肥习惯，农民用肥观念逐步改变。2010年后有机肥施用掀起新热潮，农民开始重视平衡施肥，有机肥投入逐年增多，导致有机肥市场价格逐年走高，每车有机肥比2000年前增长50元以上，且供不应求。

2012年，大力推广果园留草技术，引导农民果园不再人工锄草，禁止使用草甘膦等除草剂。果农对果园留草技术高度认可，家家户户置备打草机，一年打草4~5次，除草剂基本不再使用，减轻了土壤污染，增加了土壤有机质，果品质量提高。

生物菌肥 1956年，在花生和大豆作物上推广花生根瘤菌肥和大豆根瘤菌肥。大豆根瘤菌肥增产效果不明显，两年后不再应用。1957年，在张庄区等花生主产区推广花生根瘤菌肥，推广面积5万亩，增产效果不明显，不再应用。1958年，建立了沂源县细菌肥料厂，生产磷细菌肥料，年内使用面积5万亩，增产效果不明显停产。1970年，县白酒厂采用土法生产“920”（赤霉素），年产1000余斤，含量500ppm~1700ppm，主要应用于蔬菜、农作物、林果、畜禽饲养等，增产10%~20%。1971年，推广“5406”菌肥，以棉籽饼作为基料培养，设点9处，县白酒厂负责生产一二级菌种，各生产大队搞成品发酵使用。1975年，细菌肥料厂移交到县供销联社，由8个基层供销社负责一二级菌种制种，100多个生产大队负责成品发酵，应用面积4万多亩，亩均增产二成左右。后因棉花种植面积渐减，棉籽饼基料供应不足，以及化肥使用量增加，1978年停产。

1982年，推广国产的“920”、三十烷醇生长激素，应用面积9万多亩，农作物、果品增产效果不明显，1989年后少有使用。但芹菜使用“920”激素增产效果明显，一个夜间能增长5厘米以上，但会导致芹菜品质变差，失去原有风味。1990年，在棉花、花生、果树上推广增产灵、矮壮素、多效唑等激素，效果不好，使用面积不大，后被淘汰。冬暖大棚西红柿、黄瓜一直采用“2.4—D”沾花，延长授粉期，增加坐果率，被广泛采用。但浓度过大，易导致西红柿空心，酸涩度大，品质变差。乙烯利广泛用于西红柿催熟，提前上市一周左右，但保鲜期短，易变软腐烂。

2000年，推广生物有机肥，推动了生物有机肥的大面积使用。生物有机肥是有机肥中掺上生物菌种，生物菌可加速肥料养分和土壤中的养分分解转化，利于作物根系吸收，肥效发挥快。目前在苹果、桃、大樱桃、葡萄、蔬菜大棚等高效作物上广泛应用。2010年，结合农村沼气项目实施，在鲁村、悦庄、南麻等乡镇蔬菜冬暖大棚推广生物反应堆技术。生物反应堆是在大棚内开深沟添加粉碎秸秆、牛羊厩肥和生物菌种混拌，上面覆土。生物菌种加速秸秆、厩肥分解，成为速效优质肥料，并分解产生热量，供蔬菜生长需肥和热量。至2013年，推广面积100亩。生物肥料广泛应用于农业生产。

化肥 1952年，首次从外地购进硫酸铵10吨，群众称为“肥田粉”“洋粪”。起初，农民不认识不接受，县农业局先行在悦庄区朱家庄、张家庄、南麻区西台等10个村小麦、玉米生产上试验示范，增产效果明显，从而在全县推广。1954年，全县推广硫酸铵230吨，1963年达到980吨。年内推广硝酸铵、氯化铵两种氮肥。1965年，推广尿素、过磷酸钙氮磷肥、复合肥。1966年，沂源县东风化肥厂建成投产，主要生产氨水及少量硝酸铵。1975年，年

20世纪70年代，生产队从东风化肥厂推运氨水

产量达2万吨以上，70%供应县内。70年代初，县内碳铵、氨水等氮肥供应不足，有些村派年轻力壮的男劳力用独轮木车从博山区八陡转运站购进氨水，瓷坛装运。路程近的村一天往返，路程远的村需两天往返。

1976年，悦庄中学建立磷肥生产车间，生产过磷酸钙，磷肥在农业生产上应用。1978年1月，沂源县化肥厂建成投产，生产碳酸氢铵和氨水，年产3万吨，主要供应本县。化肥增产效果明显，农业生产上化肥用量大增。20世纪90年代前，化肥种类较少，常用碳酸氢铵、氨水、硝酸铵、磷酸二铵、尿素、三元复合肥、过磷酸钙等氮磷钾化肥。其中磷酸二铵、尿素、三元复合肥是进口的，价格较高。化肥、农药等重要农业生产资料由县生产资料公司统一购进分配。90年代初，南麻镇在东高庄村建立了沂源县复混肥料厂，生产氮磷钾复混肥，主要供应县内，年产复混肥2000多吨。

长期过度投入大量化肥，造成土壤板结，地力下降，产品品质变差，出现卖果难、效益降低等农业生产风险。2010年，实施化肥减量项目，引导农民增施有机肥，减少化肥，培肥地力。在8个乡镇16个农业新型经营主体苹果产业园区，建设有机肥替代化肥示范片16个。同年，淄博市农科院在中庄镇杨家庄村实施100亩苹果水肥一体化项目。全县进入了水肥一体化发展阶段。2013年，农民企业家张伟到以色列考察学习现代农业园区建设，与以色列合作建立山东现代智慧农业有限公司，在南麻镇沟泉村、大张庄镇赤坂村建立了现代智慧苹果产业园区，引进水肥一体化灌溉施肥技术。2014—2018年，张伟在5个镇60个村的苹果、大樱桃、桃、葡萄推广肥水一体化面积2.25万亩。

2015年，县委、县政府把推广水肥一体化技术列入发展现代农业的重要技术措施，细化分解任务，纳入对镇办工作政绩考核，在全县推广应用。2022年，全县推广水肥一体化面积21.7万亩，占全县果品面积的58.65%。

微肥 主要包括锌、铁、硼、铜、钼、硒、钙等微量元素。作物缺乏微量元素，会抑制生长发育，产生生理疾病。缺锌导致作物小叶病，缺铁导致作物黄叶病，缺硼导致芯叶簇长，缺钙易裂果等。1983年，在小麦、玉米、果树上试验应用。1990年，在小麦、玉米、花生、果树上大面积推广应用，施用面积20多万亩。1992年，小麦全蚀病在全县麦田大面积发生，造成小麦大幅减产。县土壤肥料工作站在小麦上推广应用锌硼肥，凡施用锌硼肥的，小麦基本没有被全蚀病侵染，长势良好。此项技术获得县科技进步二等奖。1993年，在果树、蔬菜、粮食作物生产上大面积应用。1994年，锌肥、硼肥、铁肥出现市场紧缺，价格上扬。1999年，三岔乡流水村陈丙福、中庄乡韩庄村王家东在果树上增施锶肥，生产“富锶苹果”，每斤比普通果高出1.5元以上，成为沂源苹果的一个新卖点。

沂源县土壤富含锶，是生产富锶苹果的优势产业产地。2022年10月，“中农数院富锶产业研究院”“中国锶都”在第十二届山东沂源苹果文化节上揭牌。沂源县与国家苹果工程技术研究中心、山东农业大学合作组建专家团队，专题研究推广富锶苹果产品，打造“中国锶都”苹果产业品牌。2023年10月，国家苹果工程技术研究中心在沂源县建立了沂源实验室，专题研究富锶苹果产业发展。

农　药

3000年前，农药开始在农业生产中应用。《本草纲目》中记载了1118种中草药可以有效杀灭害虫。20世纪30年代末，国内采用硫磺、砒霜、烟草、树脂、鱼藤等植物农药和矿物质农药杀灭虫害。新中国成立初期，多采用人工捕捉害虫或用硫磺粉、砷石、黑矾、草木灰、烟筋、花椒皮、蓖麻、枚花条、白附子、辣椒等土法防治病虫害。1952年春，在棉花、地瓜、花生种植上推广使用“六六六”农药粉剂，主要毒杀蝼蛄、蛴螬、金针虫等地下害虫，年内推广1000公斤，是沂源农药发展史上首次使用化学合成农药。此后，“1605”、氧化乐果、辛硫磷、敌敌畏、久效磷、甲胺磷、对硫磷等高毒高残留农药逐步在农业生产中投入使用，种类、数量逐年增多。1971年，农药投入量42吨，1973年67吨。1974—1980年呈下降趋势，稳定在40~50吨之间，1974年为47吨，1980年为44吨。随着全县果树和蔬菜种植面积扩大，农药投入量逐年增加，1983年为210吨，2000年为1121吨，2014年为2467吨，达到历史最高年份。2015年后，随着科学用药普及和对高毒高残留农药的严格控制，农民用药水平提高，农药投入量出现下降趋势。2016年为2122吨，2022年为939吨，比2014年减少1528吨，降幅为61.94%。

1952—1983年，是化学合成农药投入上升期。化学合成农药的品种、数量市场供应日渐丰富，农业生产上投入逐年增加。灭虫的品种主要有“六六六”粉剂、“1605”、氧化乐果、辛硫磷乳剂、辛硫磷颗粒、久效磷、对硫磷、水胺硫磷、敌敌畏、敌百虫等种类；灭菌农药种类较少。

20世纪50年代，农药防治玉米螟

1984—2014年，属化学合成农药投入无序期，灭菌、灭虫的农药种类急剧增多。农药灭菌灭虫效果好，但农民用药知识匮乏，病虫害防治用药不科学，过度依赖农药，农药使用的浓度、时间、间隔期不科学，喷药随意，农药使用过度过量，造成病虫害抗药能力增强，大多病虫出现了耐药性，造成农业生产环境和农产品严重污染。主要农药类型有除草剂、杀菌剂、杀虫剂及其他剂型农药；型剂有液态型、颗粒型、固态型，品种达100多个。其中草甘膦是农民使用频次最高的果园除草剂，属高毒高残留农药，毒性强，在土壤中10多年不易分解，对土壤污染严重。草甘膦中毒事件多有发生，造成生命危险。

2007年，农业部发布了第322号公告，对18种农药禁止在蔬菜、果树、茶叶、中草药上使用；对甲胺磷、甲基对硫磷、对硫磷、久效磷、磷铵5种高毒高残留农药全面禁止在农业生产上使用。县农业局对禁止使用的农药实行经营备案制，加大对农资经营市场监管和管控，禁止在市场上流通。

2014年后，属规范用药期。通过持续的宣传、培训和市场执法管控，农药经营市场秩序规范，高毒、高残留农药禁止市场流通，普及推广低毒、低残留、生物农药。农民用药意识逐步发生转变，由重高毒高效农药转向低毒、低残留、生物农药。低毒低残留农药、矿质农药、生物农药逐步取代了高毒高残留农药，高毒高残留农药被全面禁用，退出

果树喷洒农药

市场。农民用药逐步规范、科学，农药投入量呈逐年下降趋势。

植物检疫

19世纪中期，葡萄根瘤蚜在美国爆发。1860年，葡萄根瘤蚜从美国传入法国，造成法国葡萄产业重大损失。1881年，相关国家签订了植物保护公约。这是早期的国际植物保护条例。此后，英国、法国、俄国、澳大利亚等国制定了相关法令，禁止境外农产品自由进入。1928年，中国制定了相关农业保护法令禁止某些农产品调运入境，加强对农林业保护。

1964年，沂源县在南麻公社西鱼台大队设立农作物病虫害预测预报点，测报对象5种，1967年移至西北麻村。1976年，设立了沂源县植物保护站，负责农作物病虫害测报、防治及检疫。植物保护站配有专职检疫员，各公社农业技术推广站配有1名兼职检疫员。1978年，全县14个公社均设有测报观测点，测报对象扩大到15种。县植物保护站根据测报情况编发《病虫情报》，指导全县及时防治。20世纪70年代末，已查清沂源县有12种病虫发生、分布和危害情况，及时消灭了传入县域内的地瓜线虫病，控制了苹果小吉丁虫、小麦全蚀病、棉花黄萎病的疫病蔓延。

1983年1月23日，国务院颁布《中华人民共和国植物检疫条例》，全县植物检疫工作步入法制化、机制化、常态化轨道。检疫业务从调运领域向生产领域拓展，注重源头监管，控制危险性病虫害蔓延传播。

20世纪90年代，外来农作物品种增多，农作物病、虫、草、鼠“四害”进入高发期，发生的种类和面积增加。1991年，发生面积326.53万亩，其中小麦锈病发生面积11万亩、全蚀病发生面积2万亩，分别占全县小麦播种面积的48.01%、8.7%。1998年达到630.6万亩次，比1991年增加304.07万亩次，增幅93.12%。其中病害215.2万亩、虫害315.4万亩、草害80万亩、鼠害20万亩，分别占受害作物面积的34.13%、50%、12.7%、3.17%。

1993年，大面积发生大袋蛾，城区行道树及乡村四周阔叶林受灾严重，县政府及时组织化学药物防治，遏制了蛾灾扩散。是年，县植物保护站整合到县农业技术推广服务中心，配备专职植物检疫人员3名、兼职检疫人员8名，各乡镇农技站配备兼职检疫员13名，检疫力量得到加强。建立了农业、交通、交警三部门联动机制和县、乡（镇）联动防疫机制。在鲁村与莱芜交界处、大张庄与蒙阴交界处、三岔与临朐交界处、张家坡与沂水交界处、土门与博山交界处分别设置了临时检查点，实行24小时执勤，加强对进出农产品、苗木、林产品检疫，防止检疫对象传播。

1997年9月，侧柏毛虫成灾，有虫株率达78%，平均虫口密度120头/株，危害面积2.5万亩。县政府发出限期防治侧柏毛虫的紧急通知，动用无人机、大型机械设备、人工抓拿等措施进行了有效防治。2003年，沂源县建立森林病虫害联系报告制度，每月按时上报本地区森林病虫害发生防治信息，及时准确掌握病虫害发生动态。2004年，农业部批复在沂源县建立苹果非疫区疫情监测站，投资260万元，建设800平方米检测楼，配套检疫检测仪器设备。强化产地检疫、调运检疫，不定期开展检疫对象普查、清查、控制，有效遏制检疫对象的传播蔓延和危害。2005年，实施跨省调运林产品需签发《植物检疫要求书》，处理无检疫违法调运56起。当年，周边区县大面积爆发美国白蛾疫情，为防止疫情传入县域内，在全县范围内开展对美国白蛾幼虫网幕期3次普查。2006年，在鲁村镇王村黄瓜大棚内发现检疫对象黑星病，县植物检疫人员及时进行了灭除，未造成危害。2018年9月，在燕崖镇山水河村、西郑村，中庄镇李家河西村、中韩庄村，张家坡镇山川公司，西里镇中西里村、大家万村、涌泉村首次发现检疫对象柑橘小食蝇。为防止蔓延，在全县设置监测点85处，对全县农产品进行跟踪监测灭除，小食蝇得到有效控制，但对全县农业生产造成一定影响。

2011年，强化农业重大有害生物专业化防控体系建设，建立12支专业化防治队伍，配备植保器械，开展农业病虫害统防统治。2014年，实施苹果主要病虫害专业化统防统治与绿色防控融合试点项目。2015年，实施苹果主要病虫害绿色控害项目。2016年，启动农药零增长行动，建立示范区45个、面积2.6万亩，推广壮株栽培、植物诱导免疫、物理化学防控、幼虫带诱杀、生物农药绿色防控等技术，减少农药污染，保护生态环境，发挥病虫害天敌作用。

2019年7月，在鲁村镇小张庄村设立智能化监测站，实施智能化远程监控，及时掌握病虫害发生动态，科学精准防治病虫害，严防检疫对象危害蔓延。

农业执法

新中国成立初期，农业市场管理的主要任务是控制粮食流通，重点打击囤积粮食的不法商贩。1953年，社会主义改造后，国家实行生产资料专营制度，农资市场封闭，生产资料产品由县生产资料公司集中计划采购、统派，各基层供销社门市部负责分配管理，只售集体，不售个人，按照国家指导价统一定价销售。1978年，经济体制改革，农资市场放开，允许个体经营，一些不法商人违法违规经营，投机渔利，坑农害农现象时有发生，给农业生产带来风险。1985—1990年，查获假劣农药、化肥604吨，假玉米种子1240公斤。

1997年5月，《中华人民共和国农药管理条例》颁布实施，依据条例对农药经营市场进行依法治理，整顿市场经营秩序。2000年6月，农业部《肥料登记管理办法》发布施行，加强对肥料源头管理，对肥料标识、养分含量实施有效监控，不定期进行抽检检测。

2002年前，农资市场监督管理由沂源县工商行政管理局和沂源县技术监督局负责。2002年，成立沂源县农业综合执法办公室（与沂源县农业技术推广中心合署），配备执法人员31人，隶属沂源县农业局。依照《中华人民共和国农业法》《中华人民共和国种子法》《中华人民共和国农产品质量安全法》《中华人民共和国农药管理条例》等法律法规，依法对农资经营市场管理，农业执法步入制度化约束、程序化办案、规范化运行轨道。根据《中华人民共和国农药管理条例》《山东省农药管理办法》《山东省农作物种子管理条例》《肥料登记管理办法》等法律法规，强化源头管理，从经营资质入手，对全县农资经营业户进行调查摸底，登记备案。全县共有农资经营业户435家。同年，实行《农资经营许可证》《农资登记证》《农资标准证》三证制度，取缔无证经营业户。对进入沂源县市场的农药企业实行品种备案制度。

随着全县林果业面积的扩大，农药、化肥投入量急剧增加，农资经营业户规模逐年扩大，2006年达到540家，遍布全县各村。一些不法业户投机逐利，坑农害农现象时有发生，给农业执法带来较大压力。农业执法坚持一手抓流通市场监管，开展春秋拉网大检查和不定期抽检检测，规范市场经营秩序；一手抓农资经营业户法律法规专项培训，每年组织培训两次，聘请专家授课，观看警示片，依法施教，增强农资业户守法意识。至2006年，全县立案查处无证经营、经营假冒伪劣种子的违法案件230余起，没收非法经营的违禁种子6000余公斤；查处三证不全、销售假冒伪劣农药的案件209起，涉案农药24.1吨；立案查处肥料违法案件67起，涉案肥料340吨，抽检合格率由1996年的75%提高到2006年的90%。

2002年6月，农业部发布第199号公告，2004年5月发布第322号公告，2011年6月发布第1586

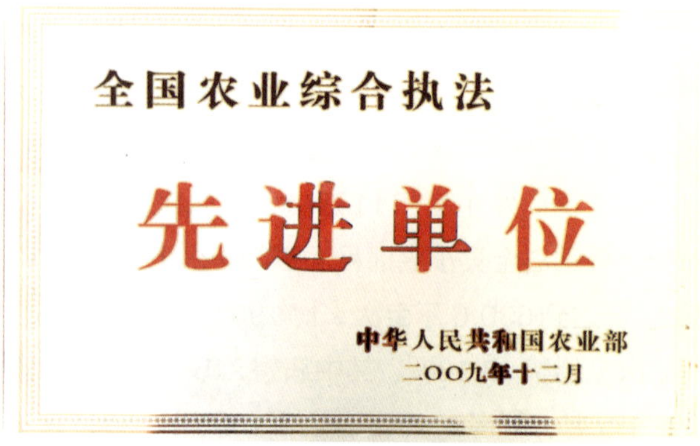

号公告，2016年9月发布第2445号公告，对48种高毒高残留农药禁止销售和在农业生产上使用。按照农业部4个公告要求，开展农业执法工作，严厉打击违法经营行为，保护农民利益不受损失和农业生产安全。2009年，沂源县被农业部授予全国农业综合执法先进单位。

2010年，西里、东里等镇一些果袋加工业生产药袋（果袋内喷洒农药），造成果品农药污染，给全县无公害、绿色、有机果品生产带来较大负面影响。县政府要求坚决禁止加工和使用药袋，以此开展广泛宣传和不定期拉网检查，查出3家违规果袋加工企业，依法予以处罚。2012年，药袋加工、使用被全面禁止。2013年，沂源县农业综合执法办公室升格为沂源县农业执法大队，为副科级行政管理单位，依法对农药、肥料、种子市场执法检查，定期开展培训和日常抽检检测。2009—2016年，查处各类违规经营210余起，对违法行为依法处置，农资市场经营秩序得到净化。

2017年3月，沂源县农业行政处罚职能移交到沂源县综合行政执法局。县农业局负责农资市场督查监管，县综合行政执法局负责依法处罚。

粮食补贴

2004年，国家对种粮农民实行直接补贴政策（粮食直补），目的是保护种粮农民利益，调动农民种粮积极性，扩大种粮面积。以小麦实际种植面积为补助依据，每亩补贴13元，直接补贴到种粮农民手中。2006年，国家对粮食直补政策实施调整，由粮食直补政策调整为农资综合补贴和粮食直补两项补贴，合并发放，以小麦实际种植面积为补贴依据，后逐年增加，2014年增加到每亩补贴125元，减轻因化肥、农药、农膜等农业投入品价格提高，给种粮农民生产带来的负担。2009年，国家在实施农资综合补贴和粮食直补外，又对玉米和小麦实施良种补贴，每亩补贴10元。是年，兑付农资综合补贴和粮食直补资金326万元，兑付良种补贴面积19.8万亩、198万元。2015年，国家将农作物良种补贴、粮食直接补贴、农资综合补贴合并为农业支持保护补贴，支持农民对耕地地力的保护和粮食适度规模发展。按照小麦实际种植面积，每亩补贴125元，后逐年提高，2022年提高到每亩134元。当年全县核实小麦种植面积2315.58亩，兑付补贴31.03万元。2023年，农业支持保护补贴标准由2022年每亩134元下调为每亩121元。是年，全县核实小麦种植面积4212.43亩，兑付补贴50.97万元。

农业保险

农业是一个弱势产业，面临自然风险、市场风险双重压力，一旦遭受冲击，会给农民造成重大经济损失，甚至农业生产无法进行。2012年，山东省人民政府启动政策性农业保险工作，把农业生产纳入保险范畴。沂源县被确定为山东省政策性农业保险实施县。县政府按照“政府引导、市场运作、自主自愿、协同推进”原则，建立政府、保险、农民“三位一体”的政策性农业保险长效机制，印发《沂源县政策性农业保险工作实施方案》。是年，与中华联合财产保险股份有限公司合作在小麦、玉米2个品种上开展政策性保险。玉米每亩保费10元，保额300元；小麦每亩保费10元，保额320元。投保费用个体、县财政各承担50%。当年遭受“达维”台风袭击，玉米造成损失，获保险理赔87.58万元，并争取市财政救灾补助146万元。

2014年，根据山东省政府要求并结合沂源县农业实际，扩大农业政策性保险范围，新增苹果、桃、温室大棚、花生4个保险品种。是年，由泰山财产保险股份有限公司承保，苹果每亩保费200元，保额4000元；桃每亩保费150元，保额3000元；温室大棚每亩保费400元，保额每亩2万元；花生保费每亩16元，保额每亩400元。保费财政承担50%，个体承担50%。2017年，承保面积21.6万亩，承保总额707.5万元。受风灾、大雨、冰雹影响，理赔486.2万元，占承保总额的68.72%。2020年，按照山东省政府关于“扩面、增品、提标”要求，沂源县新增大樱桃、葡萄2个品种，由中国人寿股份有限公司承保。保费保额比往年有所提高，小麦每亩保费20元，保额500元；玉米每亩保费20元，保额450元；大樱桃、葡萄每亩保费200元，保额4000元；其他品种保费保额与往年相同。是年，承保面积22.22万亩。因遭受大风、冰雹等灾害影响，理赔3610.8万元。2023年，泰山财产保险股份有限公司、中国人寿股份有限公司、中华联合财产保险股份有限公司3家保险公司联合承保，承保面积44.3万亩，承保总额5062.2万元。因遭受大风、冰雹、暴雨等灾害影响，获保险理赔3351.54万元，占承保总额的66.21%。2012—2023年，获保险理赔1.612亿元。

琐　忆

沂源县荆山园艺场

沂源县荆山园艺场于1952年建立，位于荆山寺，是山东省人民政府作为支援沂源县发展所建立的国营园艺场，场长耿守忠。正科级全额事业单位，隶属沂源县林业局。有职工92人、4个自然作业区，总面积3140亩。1980年，移交沂源县果工商联合公司。1984年，移交沂源县农业局。1988年9月，

山东省副省长张瑞凤到沂源县荆山园艺场故地重游（1992年）

调整为副科级事业单位。

建场初期，栽植苹果70亩，是全县最早的苹果生产基地之一。1983年，引进荷兰西太斯鸡1万多只，建立养鸡场。1987年，建设250吨果品恒温库1处。1988年，建设纸箱厂1处。1989年，在山东省果树研究所指导下，建立果脯厂。1991年，建设库容量780吨的果品贮藏库1座。是年，淄博市委、市政府授予建设淄博立志立功竞赛活动集体一等功。1992年，山东省副省长张瑞凤专门到荆山园艺场故地重游，对陪同的县委书记陈传玉说“想不到，想不到，荆山园艺场变化如此大”。对荆山园艺场的发展给予高度肯定。年底，淄博市委、市政府授予建设立志立功竞赛活动集体三等功。

1996年，与日本香耀国际实业株式会社、北京市海区生物工程技术开发部合作成立荆山香耀食品厂，实施沂蒙全蝎养殖与加工出口项目，产品出口日本。1997年，从莱阳引进中华寿桃2000株，2002年栽植面积达550亩，成为主导产业。2001年5月，经山东省民政厅批准，实施公墓经营性开发，是全县唯一的经营性公墓。2011年，栽植优质核桃面积400余亩。2012年12月，县委、县政府将场办公室以西2100亩的耕地、荒坡和山林租赁给山东华盛股份有限公司，用于建设都市

沂源县荆山园艺场场部（1988年）

沂源县荆山公墓

农业示范园区。

2019年1月，机构改革，荆山园艺场撤销，工作人员分流。2021年10月，资产、债权、债务划转县农业农村发展集团有限公司。2022年10月，县农业农村发展集团有限公司与县国有投资集团有限公司重组，人员、资产、债权、债务一并划归县国有投资集团有限公司。

沂源县良种场

1973年秋，在悦庄公社石臼管区苗山村北建立沂源县良种场，占地211亩，房屋67间，拥有汽车1部，拖拉机4台，总资产27.7万元。以繁育小麦、玉米等农作物优良品种为主，兼营养猪、运输、酿酒、饭店等副业。亓善义任场长，有职工40人。隶属县农业局，股级事业单位。

1979年，经营体制改革，包工到组。1981年，实行企业化管理，自负盈亏。1982年，累计繁育小麦良种10.15万公斤，玉米杂交良种19.45万公斤，培训农民技术员200名。同年承包到户、到人，5年不变。1993年以后，全县农作物种植面积减少及农作物良种调入增多，良种繁育职能弱化，出现连年亏损，不再繁育农作物优良品种，调整为苹果、设施蔬菜生产等经营项目。1994年，从荷兰引进无病毒苹果砧木，繁育无病毒苹果苗木。1996年12月良种场归属县种子站，县种子站副站长张少青兼任良种场场长。2002年，沂源县东苑民营工业园区建设，县良种场土地被征用，良种场职工分流。

沂源县棉烟麻公司

1956年1月，成立沂源县农产品采购局，负责经营棉烟麻业务。翌年1月，农产品采购局撤销，棉烟麻业务交由县供销社。1976年6月，成立沂源县棉烟麻公司，隶属县供销社。1983年1月，黄烟业务交由县烟草公司经营，改称棉麻公司。翌年3月，棉麻公司撤销，业务并入土产杂品公司。

养殖业

记忆沂源·农业农村卷

扫码听书

概　述

沂源县养殖业发展历史悠久，牧草资源丰富。新中国成立前畜牧业发展缓慢。新中国成立后，在历届县委、县政府的领导下，广大农民和科技人员克服重重困难，走出了一条从传统落后到现代化发展的畜牧业道路。

新中国成立初期，刚经历完长期战乱，家畜匮乏，疫病流行，全县畜牧业生产力水平很低。1950年，在国家颁布禁宰耕畜、奖励繁殖、防治兽疫等一系列政策措施后，畜牧业发展逐渐恢复。1957年，全县耕牛存栏2.1万头、生猪存栏7.45万头、羊存栏11.96万只，畜牧业发展水平有较大提升。

1958年，人民公社化时期，大牲畜等生产资料为集体所有。为培育推广良种，沂源县供销社在鲁山脚下投资建立鲁山家畜繁育场，1959年引进牛、猪等牲畜良种并进行繁育推广。各公社设立兽医站，配置壮大兽医队伍，建立生猪育种繁育体系，推动母猪当地化、公猪良种化、商品猪杂交化、家禽品种多样化发展，畜牧养殖业有了很大进步。

党的十一届三中全会后，畜牧业逐步从家庭副业发展成为农村经济的支柱产业。1990年，全县牛存栏1.05万头、猪存栏20.46万头、沂源黑山羊存栏7万只，全县养鸡专业户767户，鸡存栏达145.03万只。畜牧业产值达17526万元，占全县社会总产值的13%。畜牧业对保障社会供给、增加农民收入、培植地方财源、促进对外开放发挥了重要作用。

20世纪90年代，畜牧养殖由农户散养型向规模效益型发展，畜禽人工授精、细毛羊药物脱毛、青贮饲料制作等畜牧科学新技术逐步推广应用，畜禽存栏量逐步提高，内部结构日趋合理。1997年，实施《中华人民共和国动物检疫法》，建成了以县畜牧局为中心，乡镇畜牧兽医站为纽带，村级防疫员为基础的畜禽防疫网络。2005年，县委、县政府提出“五线带五养”畜牧业发展思路，以肉鸡、肉兔、肉鸭、奶牛、肉羊五类畜产品加工生产线为依托，发展以奶牛、肉鸭、肉兔、肉鸡、奶山羊和波尔山羊养殖为重点的畜禽养殖业，实施规模化养殖、标准化生产、产业化经营，畜牧业生产成为农业增效、农民增收的支柱产业之一。2022年，全县肉牛存栏1.01万头、生猪存栏7.93万头、羊存养19.54万只，家禽存养量730.5万只，畜牧业生产总值达11.56亿元。

畜禽养殖

黄　牛

牛者，耕种万物也。牛在中国历史文化发展中占重要一席，位于六畜之首，在十二生肖中排第二位，二十八星宿之一。相传大禹治水时，每当治好1处，就要铸铁牛投入水中，以镇水患。《左传·哀公六年》记载：“女忘君之为孺子牛而折其齿乎？而背之也！”说明牛与人民生活息息相关，牛文化丰富多彩。

县域内养牛历史久远，文化底蕴深厚。牛郎织女的美丽传说，见证了牛耕文化的历史渊源。东晋学者郭璞《尔雅注释》中提到沂蒙县域内饲养蒙山牛。民间流传着“赶不尽的蒙山牛，杀不完的蒙山羊”等说法。当地群众常以“抱头旋、龙门角、骆驼蹄子、大尾巴”来描述蒙山牛的外貌特征。可见蒙山牛大面积饲养的历史。《费县县志》记载：“清乾隆十六年（1751年）圣驾南巡，经沂蒙等地，对养牛为业而又无力饲养者每户赐钱九钱，以资助养牛。”蒙山牛也称黄牛或耕牛，是20世纪80年代前

20世纪60年代黄牛

重要的农业耕作劳力。

1944年，全县牛存栏1.42万头，主要被地主、富农占有。1946年，土地改革后，地主拥有的牛被没收分给贫苦农民，农民有了私有耕牛。1950年，县政府从鲁西引进2头黄牛种牛，在石桥区后水北村配种站与当地黄牛进行杂交改良。1953年后，随着农业互助组的发展，一些农户开始成立养牛合作社。8月15日，鲁村区曹家庄村集股买牛办起全县第一家养牛合作社，养殖经验在全县推广。1955年，全县耕牛达到2.09万头。

1956年，高级农业合作社后，牛作为重要农业劳动力，归合作社拥有并支配使用，个体不再被允许饲养。1958年人民公社化后，牛作为集体财产，归生产队拥有，队队养牛，小生产队至少饲养1犋牛，大生产队饲养3犋以上，个别的达到十几头。每个生产队有专职饲养员，负责牛的饲养和日常管护。人民公社期间，牛受法律保护不能私自屠宰，对于失去耕作能力可以屠宰的老弱病残牛，生产队必须向公社报告，公社派专人查验，符合屠宰要求后委托屠宰站工作人员前去屠宰。宰杀后牛皮归屠宰站所有，牛肉及内脏在本生产队内以抓阄的方式低价卖给社员。有个别生产队难以负担喂养耕牛所需的饲料，又无法通过正常的程序处理能够劳役的耕牛，就想些歪招私自处理。三岔公社一个生产队因饲养困难，队长跟会计两人合计，把牛牵到崖边，合力将牛推下悬崖摔死，造成牛失足坠崖假象。

1961年，中庄公社焦家上庄大队对牛实施繁育改良，通过自繁自育将100头老弱病残牛发展到1964年的141头健壮牛。县农业局作了《焦家上庄大队母牛繁殖群积极发展大家畜》专题报告，号召全县千方百计大力发展耕牛。1962年，县委将耕牛繁殖作为一项生产任务，列入生产计划，推动耕牛发展。号召各公社向张庄公社赵家旁峪大队学习发展耕牛的经验，实施专人负责、集体放牧、分槽喂养、散栏牛、混合积肥、固定使役、按季评比、繁殖奖励、以资报酬等措施。春夏秋三季，由专业放牧人员分群集体放牧，按头实行定工保膘；冬季实行分槽喂养，晚间由社员各户分散栏牛，节约建圈开支，猪牛混合积肥，所积肥料归栏牛户以资报酬，提高农户养牛积极性。猪牛肥混合，增加农业生产的施肥量，由1957年的每亩5车提高到8车，提高了肥效减少了虫害。以肥带粮，粮食亩产由273斤提高到385斤。大队将所有的耕牛全部折价归队，出售耕牛的收入，除扣留必要的成本费和公共积累外，其余部分随同农业收入，按劳分配，促进养牛业发展。1970年，全县耕牛存栏2.17万头，达到历史最高水平。70年代初，在山东省政府主导下，引进西门塔尔、利木赞等国外肉用牛液氮冻精，采用人工授精培育肉役兼用型品种。党的十一届三中全会后，集体饲养的耕牛折价处理，养殖模式由集体养殖转为个体养殖。1979年，国家废除禁宰耕牛规定，牛市放开交易。1981年，发展农业机械，耕牛存栏迅速下降，当年耕牛存栏6933头，比1970年下降14767头，降幅71.4%。

1982年，随着商品经济的发展，耕牛日渐退出市场，牛的品种由劳役型向肉质型发展，全县涌现出一批肉牛养殖专业户，实施规模化养殖，牛的饲养量回升，全县养牛在50头以上的专业户达到35户，牛存栏总量达到8369头，其中耕牛存栏6404头，主要集中在养殖大户手里，肉牛存栏1965头。1985年，三岔乡出台奖励政策，鼓励发展肉牛，每头牛补助500元。当年，三岔乡肉牛存栏183头。1989年，全县牛存栏1.05万头，比1982年增加2156头，增幅25.76%。其中耕牛存栏3225头，比1982年减少3179头，耕牛主要集中在大张庄、张家坡等乡，共1970头，占全县的61.08%；肉牛存栏7300头，主要集中在大张庄、张家坡等乡，共3540头，占全县的48.5%。1994年，肉牛价格上涨，肉牛需求量增加，全县肉牛存栏量大涨，当年存栏1.23万头。大张庄、鲁村、徐家庄3个乡镇牛存栏占全县的二分之一，悦庄镇、石桥乡增速最快，分别为2200头、700头。1997年，民营企业家王成兰创办沂源县良种肉牛开发公司，注册资金50万元，固定资产100万元，引进瑞士西门塔尔、法国利木赞等良种肉牛，年存栏250头以上，牛肉主要销往日本、东南亚等国家以及中国香港地区，年产值500万元，利税100万元，是沂源县第一家肉牛养殖企业。2000年，全县牛存栏15402头，其中耕牛存栏4624头，肉牛存栏10778头，分别占30%、70%。鲁村、土门、中庄、东里、石桥、悦庄、三岔等7个乡镇基本不再饲养耕牛，大张庄乡、鲁村镇肉牛饲养量占全县总量50%。2004年，从胶东、吉林等地引进肉牛牛犊，育肥后销往浙江、江苏等国内大城市。2006年，肉牛存栏达到2.66万头，存栏50头以上规模的肉牛养殖场37个。全县耕牛基本退出市场，饲养量日渐减少，仅南麻镇存养101头、大张庄镇存养98头、悦庄镇存养1头。2008年，肉牛养殖达到高峰期，全县肉牛存栏18442头，其中鲁村镇存栏5303头、悦庄镇2334头，2个镇占全县存栏量的41.4%，是全县肉牛养殖大镇。2015年，肉牛养殖步入萧条期。2018年，肉牛养殖数量下跌至6429头。2019年，肉牛养殖业出现回暖，存栏数量上升。2022年，全县肉牛存栏1.01万头。2023年，全县有肉牛规模化养殖场2个，养殖专业户66户，年存栏1.1万头，出栏1.16万头，全县耕牛数量清零。

奶　牛

中国早期奶牛是欧洲传教士和殖民者在400多年前从东南亚引种杂交后流入云南边陲，清代后期登陆中国。1874年，法军带入黄白花奶牛。1880年，英国人引入荷斯坦奶牛。1898年，俄国人在内蒙古呼伦贝尔盟的三河一带带入奶牛。1901年，上海徐家汇天主教堂修女院经营奶牛场。1923年，中国最早的牛奶业同业工会上海牛奶业同业会成立。1928年，中国奶业出现第一个投资高潮，西湖炼乳公司饲养奶牛400余头，是当时我国最早最大的奶牛场。1949年新中国成立时，全国牛奶年产量为21.7万吨，牛奶消费主要集中在北京及沿海的几个少数大城市中的优裕家庭和某些特殊人群。

1978年后，牛由集体养殖转为农户散养，由单纯劳役耕牛逐步向肉牛及奶牛发展，全县涌现出一大批畜禽养殖场，部分养殖户开始饲养奶牛。1985年，三岔乡政府鼓励农户养奶牛。三岔店村民窦浩双、窦学新各养殖奶牛4头，是全县最早发展奶牛的专业户。1988年，三岔乡丝窝村购入近百头奶牛，村党支部书记卜凡如、乡兽医站长谢明山、村民付少德等负责管护。1989年，璞邱管区、鲍庄管区开始发展奶牛，规模达到200头。1991年，悦庄镇中张良村建立张良奶牛场，秦元会饲养3头荷兰黑白花奶牛。2000年，发展至60头，品种主要有黑白花和黑星，兼少量荷斯坦。2001年，张良奶牛场更名为沂源县张良乳业有限公司。所产牛奶主要供应县城居民及周边村老人，每天早晨秦元会用三轮车驮着鲜奶到县城胜利山处定时定点供应鲜牛奶，由于牛奶新鲜不含添加剂，深受消费者欢迎，一大早消费者排起长龙等待购买，牛奶供不应求。

悦庄镇张良村奶牛养殖（2003年）

2003年，北京汇源集团公司在东里镇东村建设1条牛奶生产线，生产“汇源”牌牛奶，推动全县奶牛养殖业发展。东里镇政府成立奶牛生产办公室并推出惠民政策，镇政府担保并承担3年的银行贷款利息，鼓励养殖户发展奶牛。是年，东里镇回民小区、三宝官庄、孟家庄各建1处奶牛养殖场，规模达到300头。汇源公司在王坪村、西长旺村投资建设2处奶牛养殖场，规模达到500头。

2005年，把发展奶牛列入重要发展议程，列入对乡镇年度工作政绩考核的重要内容。确定乡镇每养殖1头奶牛政绩考核分值为1分。是年，全县建设标准化奶牛养殖小区15个，规模达到4568头。其中东里镇3000头、鲁村镇601头。2006年，全国掀起奶牛发展热潮，导致奶牛市场紧张，品质良莠不齐，高品质的奶牛在东北非常紧俏，大部分牧场拒绝售卖。经多方协调，只有东北一个牧场主答应卖2头奶牛供沂源县饲养研究。2007年，全县奶牛发展达到高峰，存栏量达到5750头。2009年，全国牛奶市场竞争日趋激烈，汇源公司因奶源供应不足，生产能力下降，奶牛养殖业失去发展推力，奶牛存栏数量逐年下降，当年奶牛存养量为4467头，比2007年减少1283头。2014年，减少到2810头。2015年奶牛少有饲养。2024年，仅有东里镇东村马峰饲养4头，牛奶主要供应周边养羊大户作为羔羊用奶。

马　驴　骡

明代永乐年间，青州府在鲁山设立养马场，饲养役马1000多匹，供战役使用。1944年，全县存养马驴骡等大牲畜48匹（头），主要集中在地主、富农手中，作为耕作、运输、交通等劳役工具。新中国成立后，饲养量有所回升，1951年达到77匹（头），1958年，县供销联合社在鲁山建立鲁山畜禽繁殖场，从东北购入役马22匹，在茨峪、胡林、下崖洞设立3个放牧点，牧草面积1.1万亩。1961年，达到历史发展高峰，为314（匹）头，比1949年增加266（匹）头。1968年，在鲁山建立山东第一机械厂，牧草面积缩减到3000亩，不再适宜马匹放牧，基本不再饲养。高级农业生产合作社、人民公社化时期，驴、骡不再作为主要驮运、运输劳力，饲养量日渐减少，1976年基本不再饲养。

20世纪70年代前，马、驴、骡作为农村主要的驮运、交通、加工等劳役工具。驴、骡是驮运、拉磨的重要劳力，驴骡拉磨时大都用一块白布蒙住驴骡的脸，脖子上挂上一个铃铛。蒙布是防止拉磨时驴骡晕圈或吃粮食，挂铃铛是防止驴骡偷懒，铃铛不响了说明驴骡偷懒了。有时主人在一边拿着鞭子驱赶，驴骡卖命地往复转圈拉磨。驴骡有时也会发脾气耍无赖，连屎带尿来一摊，叫作“懒驴上套不是拉就是尿”。1960年冬天，悦庄公社王家泉大队一青年驱赶一头驴拉磨时，驴被激怒，突然将该青年踢倒并啃食其脸，险些酿成大祸。大户人家结

20世纪60年代骑驴走亲（王沂东油画　中国当代油画家）

婚时，一般用马作为迎亲工具，新郎佩戴红花，骑着系着大红花的高头大马迎接新娘。也有农户用驴骡作为迎亲工具，驴骡头上系着大红花，新娘骑在驴骡背上过门。

驴肉品质上乘，有“天上的龙肉地下的驴肉”之说。20世纪80年代饲养肉驴，1980年全县存养182头，分布在东里、张庄、石桥等公社，后逐年减少。1995年仅存养13头，1996年后不再饲养。2000年，经营业户在县城第四、第五小学西侧分别开设1家驴肉店。肉驴主要从鲁西北购进，年存养30头左右。2016年，南鲁山镇孟坡村民唐慎涛利用扶贫开发项目资金，在孟坡村建成扶贫养驴场1处，从聊城东阿县及辽宁引进三粉驴、黑山驴等

南鲁山镇孟坡驴场（2016年）

品种，年存栏220头。经营不善，2021年养驴场停业。

猪

约在3000年前，已有养猪的记载。殷墟出土的甲骨文中已有“豕”的象形字，并有阉猪的记录。《说文》的解释：“豕居之圈曰家。”表明当时养猪在居室内，无豕不成家，是早期家庭养猪的记载。

建县初期，全县猪品种单一，当地土种猪属华北型黑猪，俗称笨猪，体型小、生长慢、出肉率低、耐粗饲养。以农户圈养育肥为主，有的农户将二三十斤重的仔猪组群放养，秋后长成七八十斤重的壳郎猪再分离入圈育肥，积攒肥料。1949年，全县生猪存栏3.78万头，户均养殖0.69头。1955年，县政府从临沂引进约克夏和巴克夏种猪，进行纯种繁育。1957年，生猪存栏达7.45万头，户均养殖1.11头。猪圈肥是主要的农业生产用肥，家家户户养猪。由于粮食紧缺，主要喂饲草、菜叶、粗糠。育肥期间，才舍得在草料里添加瓜干、玉米、豆饼之类作为精料，促猪快速育肥出栏。长期的粗料饲喂，猪长得比较慢，少则1年多则2~3年出栏，但猪肉紧实、味道醇香。1958年人民公社化，强调生产队集体饲喂为主，恰遇上3年自然灾害，存养量下降，1960年下降到5.75万头，比1957年减少1.7万头。

1961年，各公社、大队、生产队开始建养猪场，并实行“户养猪、队包圈（肥）、斤猪斤粮（1斤猪生产队付给养猪户1斤粮食）”的政策，养猪业得到恢复发展。是年，中庄公社掀起“养猪为纲、六畜兴旺”热潮，在于家北坡大队召开现场会，推广于家北坡大队“红旗越举越高，生猪继续跃进”的发展经验，各大队开展竞赛活动。1962年，于家北坡大队徐敏兰用两年时间喂养出千斤大肥猪，成为全县百草喂肥猪模范饲养员，在全省闻名。

1963年，全县开展以养猪为主，广开肥源大造积肥活动，全县建沤肥池300个，改造猪栏2.5万个，建气死猪粪池2万个，推动全县养猪业快速发展。1966年，全县存养生猪10.9万头，户均养猪1.32头。同年，“文化大革命”运动爆发，禁止个体经济发展，个体养猪业受到影响，全县生猪存栏下降，1969年全县存栏8万头，比1966年减少2.09万头。

20世纪60年代，农户养猪

1970年，县政府从四川引进荣昌种猪与当地猪杂交繁育，杂交猪体型大、育肥快，属脂肉兼用型，生长期缩短，8~9个月可长100~150公斤，出肉率70%以上。是年，号召生产大队兴办集体养猪场，推动集体、农户“双线”养猪。1974年，全县猪存栏10.49万头，其中生产队存栏1.02万头，农户存栏9.47万头。张庄、三岔、鲁村3个公社存

南麻公社生产队养猪场（1975年）

栏均超过1.14万头，是全县养猪存栏最多的公社。1975年始，开展养猪上“纲要”活动（户均养殖2头半以上的生产大队即为上“纲要”），推动养猪事业再上新台阶。当年，全县有66个生产大队户均养猪2头半以上，31个生产大队户均养殖3头半以上。其中悦庄公社南营大队、张庄公社北山大队户均养猪5头半以上，居全县前列。1976年，全县生猪存栏15.28万头，户均养猪1.43头。

1977年前，中庄公社西孝村大队饲养过3次猪，均未成功。1977年，西孝村大队妇代会兴办三八妇女养猪场，由大队妇代会负责饲养。大家抱着质疑的心态，初期遇到了猪不进食的问题，饲养员苗兴花用土方医治渡过难关。1978年冬，母猪产崽，苗兴花不顾零下十几度的寒冷，坚守给母猪接生，怕猪仔冻死，把猪仔抱入怀里取暖防寒，经过妇代会的辛勤努力，养猪场规模越办越大，1979年发展到400头，成为全县养猪典型。是年，全县生猪存栏15.63万头，其中生产队存栏1.74万头，社员个体存栏13.89万头。

1979年4月1日，国家将生猪收购价格提高了23.6%，调动了农民养猪积极性。1980年，全县达到16.02万头。1980年，建立生猪育种繁育体系，推行“三化”（母猪当地化、公猪良种化、商品猪杂交化）发展。1983年，全县分配到一公一母两头美国杜洛克种猪，与本地猪杂交进行品种改良。此后相继引进长白、施格、大约克等优良品种，在全县推广，存栏量逐年增加。1985年，全县生猪存栏16万头，户均养猪1.16头。1990年，县委、县政府出台政策鼓励农户养猪，对规模养猪场县财政给予奖补政策，引导农户大力发展养猪事业，生猪存栏呈上升趋势。是年，全县生猪存栏达到20.46万头，比1985年增加4.46万头，户均养猪1.98头。同年，鲁村镇西坡村崔学千率先建成全县第1处规模化养猪场，年存栏母猪150头、育肥猪1500头，年收入100万元以上，带动了全县养猪业规模化发展。1991年，沂源县被列为国家瘦肉型猪基地，二元、三元杂交猪等为主的改良品种逐步代替了原有品种，由脂肉型生猪向瘦肉型生猪转型发展。1998年，全县生猪存栏达到21.3万头，其中大张庄乡、悦庄镇存养均超过3万头，占全县31%。1999年，林果业等高产高效农业大面积发展，粮田面积减少，饲料价格上涨，养猪效益降低，农户养猪积极性下降，特别是燕崖、中庄、西里、东里、张家坡等林果业发达乡镇，许多农户不再养猪，退出养猪市场，生猪存栏逐年下降，2005年生猪存栏10.73万头，比1998年减少10.57万头，降幅49.6%。2006年，全国突发猪高热病（变异型蓝耳引发猪瘟）造成猪大面积死亡，导致全县猪存栏断崖式下降。2007年，全县生猪存栏4.99万头，比2005年减少5.74万头，减幅53.5%，给全县养猪业带来重创，造成养猪户重大经济损失，猪肉市场出现断档。此后除个别户还保留养母猪（窝猪）的传统，绝大部分个体散养户退出养猪市场，延续多年来的农户养猪习惯已成为历史。

三元杂交瘦肉型猪

2008年，养猪模式由农户散养转向专业养殖大户（年出栏50头以上）、养殖农场（年出栏500头以上）、公司规模化养殖，全县生猪存栏规模比2006年前出现明显下降，常年保持在6万~7万头。2023年，全县发展养殖专业大户204户、养殖农场19家、养猪公司5家。其中沂源县汇兴畜禽养殖有限公司年存栏8955头，年出栏4320头，是全县养猪规模最大的企业。全县生猪存栏4.83万头，出栏8.34万头，其中规模化养殖农场、公司存栏1.58万头，出栏1.89万头。

羊

据玉皇庙碑文记载：“清道光年间重建玉皇庙，

曾用黑山羊驮砖瓦上山。”由此可见，沂蒙黑山羊至少有200多年的养殖历史。羊是全县饲养数量最多的食草家畜，分为山羊和绵羊。新中国成立前，县域内主要饲养本土黑山羊、红山羊品种，平时以放牧为主，大雪封山后圈养。地主、富农等大户人家饲养规模较大，常年雇用放羊人，称为羊倌、牧羊人。有的大户人家为了让放羊人好好管护羊群，羊粪归放羊人，并给他一定的劳动报酬，六月六给放羊人买蓑衣、苇笠、雨鞋等雨具。

1949年，全县有山羊、绵羊2.48万只。山羊属沂蒙黑山羊，是当地传统品种，系山东省优良品种，性活泼，适合野牧；绵羊属山地绵羊，性温顺，适合圈养。山地绵羊产毛量低、质地差、效益低。1952年，县政府在南麻区东鱼台村和东里区后水北村建立绵羊人工授精站，引进考力代公羊，通过人工授精技术改良本地绵羊。1954年，县政府从广北农场4次引进考力代种公羊24只，增设悦庄区东赵庄村和张庄区南岩村配种站，加快本地绵羊品种改良。1957年，全县羊存栏11.96万只，比1949年增加9.48万只。

1958年，“大跃进”运动，禁止户养，只准许村集体养殖，存栏下降到7.4万只，比1957年减少4.56万只，是沂源县第一次养羊低迷期。当年，县政府从新疆引进细毛种羊28只，从济南调入奶山羊23只，对本地绵羊进行品种改良。1959年，国家调整养羊政策，允许户养，许多社员又开始养羊，1961年发展到11.5万只，比1958年增加4.1万只。1964年，实行禁牧封山政策，因林牧矛盾，许多社员放弃或减少养羊数量，存栏锐减。1966年降到2.58万只，比1961年减少8.92万只，养羊出现第二次低迷期。1971—1975年，禁止放牧，两次推行圈养，羊存栏再次下降，1975年存栏1.98万只，比1966年减少0.6万只，出现第三次低迷期，也是沂源县养羊史上最低迷的时期。

1970年，从内蒙古引进考力代种羊1550只，进行纯种繁育，在全县推广考力代绵羊。考力代绵羊为中国三大粗毛羊品种之一，肉脂兼用，羊毛细长产量高。1976—1980年，养羊政策趋于稳定，允许放养，社员养羊积极性提高，全县存栏逐年增加，1981年存栏13.69万只，比1975年增加11.71万只，为历史最高峰。1982年，实行封山造林，严禁放牧政策，社员养羊积极性再次受到冲击。是年，存栏下降到5.87万只，比1981年下降7.82万，是第四次养羊低迷期。为了落实圈养政策，各公社均成立巡查队，不定期在野外巡逻，一旦发现有放羊的，当即扣押几只。养殖户交款赎回，每只罚款5元，过期不赎回的，巡查队自行处理。随着林牧矛盾激化掀起杀羊风，极端的禁羊育林方式影响了养殖黑山羊农户的经济收入，老百姓无奈只得以0.25元/斤的价格廉价卖掉自己喂养的黑山羊。1983年，中央委派特派员特来沂源调查“禁养黑山羊”事件。调查组到达沂源县当晚去三岔、土门进行实地考察，第二天去孟坡大队。经过实地走访，调查组把实际情况反馈给中央。最终，持续了十多年之久的杀羊风被中央纠正叫停。同年，山东省科委投资25万元，将沂源县沂蒙黑山羊作为重要科研课题，从此

沂源红山羊

考力代种公羊

黑山羊养殖步入正轨。

人民公社期间，除各户养羊外，生产队也兴办养羊场，增加生产队收入，安排专人管理。1979年，生产队集体存栏5.07万只，占全县存栏44.16%。1980年后集体存栏逐年减少，1982年为6133只，占全县存栏的10.45%，1983年生产队解散后不再养殖。

1982年，燕崖公社新上乳制品加工厂，为保证奶源，县畜牧局从临沂、费县引进奶山羊700只，开始发展奶山羊。1997年10月，从文登引进奶山羊200只，在燕崖乡2个村、石桥乡2个村饲养。1998年，全县奶山羊达到3400只。

1984年，沂源县开展沂蒙黑山羊选育利用研究，被山东省科学技术委员会确定为“七五”期间重大科研攻关课题。省财政拨付科研经费25万元，在土门镇茨峪村、孟坡村，三岔乡丝窝村建立沂蒙黑山羊繁育基地，每个基地给予无息贷款3万元，共培育育种群羊1500只，繁殖群羊1万只。1990年9月，科研成果获山东省科技进步三等奖、淄博市科技进步一等奖，研究成果载入《中国技术成果大全》。1991年后，沂蒙黑山羊作为主要品种在全县大规模发展，成为沂源县主导品种。2008年，存栏达到16.32万只，比1990年增加9.32万只。同年，县畜牧局制定了《沂源黑山羊生产操作规程》（为申请国家地理标志登记产品沂蒙黑山羊改称沂源黑山羊）。2009年，沂源黑山羊获农业部国家地理标志产品登记认证，是山东省第一个获得国家地理标志农产品登记认证的畜产品。沂源黑山羊成为沂源县地方特色产品。

2010年，成立沂源黑山羊原种场和沂源黑山羊工程技术研究中心，实施沂源黑山羊提纯复壮工程。2011年，成立沂源黑山羊养殖专业合作社，建立沂源黑山羊良种繁育示范基地10处。2012年，农业部拨付专项资金180万元，用于沂源黑山羊的提纯复壮工程。2013年，全国畜牧总站将沂源黑山羊列入畜禽种质资源保护项目，纳入全国山羊活体基因库。淄博市连续给予扶持资金，沂源黑山羊得到快速发展。是年，全县存栏18.1万只，比2008年增加1.78万只。

改良后的沂源黑山羊

1987—1990年，从内蒙古、河北、新疆、陕西及新西兰、澳洲引进绵羊优良品种进行纯种繁育，对当地绵羊实施更新换代，提高了羊毛产量、质量。1988年9月，沂源县被列为山东省细毛羊基地县。1989年4月，沂源县引进新西兰考力代2只。6月，被列为国家细毛羊基地县，国家拨给低息贷款160万元。1990年3月，引进澳洲美力奴细毛羊纯种公羊3只，对细毛羊品种进行改良。是年，全县细毛羊及改良羊达6.1万只，全县羊毛产量达到250吨，个体产毛达2~3公斤。后因国际羊毛价格下跌，绵羊存栏逐年下降，1995年为1.36万只，1998年为1.41万只，2000年后绵羊基本不再养殖。20世纪90年代前，绵羊毛比山羊绒价格要高，绵羊的收入高于山羊，农户大都饲养绵羊，少则几只，多则十几只，一只绵羊一年产毛能卖几十元。80年代前生产队集体养羊，每年七月十五、八月十五，生产队宰杀几只用大锅煮熟分给社员，一户一份（几斤），这是生产队对社员付出的犒劳。

1998年，鲁山种畜场引进肉用波尔山羊冷冻精液与当地黑山羊及奶山羊杂交改良，培育出一代杂合体奶山羊（萨能奶山羊）。奶山羊具有体型大、生长速度快、繁殖率高、耐粗饲、抗病力强等优点，在全县推广。1999年，淄博市畜牧局在沂源县召开全市奶山羊现场会，倡导在全市推广。2000年后，奶山羊存栏逐年增加，户均养殖3~10只，主要分布在张家坡、东里、西里、中庄、大张庄等乡镇。

2008年，全县年存栏16万只，达到一个高峰。2008年后平稳发展，常年保持在15万只以上。2018年，中央环保大督查、农村污染治理以及农村老龄化等问题，大部分散养户不再养殖。全县养殖规模逐渐下降，在9万只左右。

波尔山羊

2014—2016年，沂源县实施省级高效特色示范县项目，大力培育发展沂源黑山羊养殖专业户和养殖企业，推动沂源黑山羊规模化发展。2015年6月，在南鲁山镇孟坡村建立沂源盛宝畜禽养殖专业合作社，年存栏500只。2015年5月，在南鲁山镇三岔村建立沂源羊之语牧业有限公司，年存栏1000只。2015—2016年，在鲁村、西里、南鲁山、南麻等镇办发展专业大户15个，累计年存栏3200只。2023年，全县沂源黑山羊年存栏9.19万只，主要分布在南鲁山、鲁村、燕崖、石桥、悦庄等镇。沂源黑山羊、奶山羊是沂源两大主要品种，占全县羊存栏的98%以上。

家　兔

县域内具有传统的家兔养殖习惯。新中国成立初期，沂源县养殖的家兔是肉食灰兔，主要用于售卖毛皮和食用，家庭散养，规模较小。1950年，引进安哥拉长毛兔。1958年，中庄公社养殖长毛兔540只，1959年发展到2816只，增加2276只，增幅421%。桐峪、胡家庄等林业队也办起养兔场，实施规模化养殖。1980年，引进西德长毛兔，对品种实施更新，推动长毛兔发展。是年，全县长毛兔存养12万只，兔毛收购量9000公斤，比1979年翻了一番。1981年，贯彻中共中央、国务院《关于积极发展农村多种经营的意见》，取消一些不合理的限制，制定《鼓励集体和社员个人发展长毛兔生产的奖励办法》，增设收购网点，列为公社“一把手”工程，要求各公社党委书记亲自抓，把发展长毛兔作为重要工作来抓，形成了户户养长毛兔的产业格局，推动了全县长毛兔大发展。是年，全县长毛兔存栏量达到14.76万只，收购兔毛1.85万公斤，比1980年增养2.76万只，兔毛增加9500公斤，增加社员收入50万元以上，涌现了一批养殖大户，当年县政府奖励养殖大户化肥250吨。梭背岭乡崮东万村江润明养长毛兔年存栏1000只以上，年收入过万元，成为远近闻名的养兔专业户和万元户，被县委县政府授予“养兔大王”称号。1985年，兔毛价格上涨，每斤在80元以上，带动了全县长毛兔的大发展，家家户户养殖长毛兔，少则几十只，多则过百只。南麻镇东台峪村唐孝忠、冯秀成、苏成宝等人合伙在村东沙梁子建长毛兔养殖场，养长毛兔400余只，年增收1.5万元以上。1986年，全县长毛兔存养16.5万只，产兔毛24250公斤，是长毛兔发展的鼎盛期。1987年，兔毛价格出现下滑，每斤50~60元，部分养殖户退出长毛兔养殖，长毛兔存养量逐年减少。1988年，全县存养5.54万只，比1986年减少10.96万只，降幅66.4%。此后，国际

侯家官庄养兔专业户周文祥（1985年）

兔毛价格长期疲软，农户对长毛兔养殖积极性不高，全县常年存养保持在万只水平。

1986年1月，沂源县利用世界银行贷款实施肉食兔系列化生产项目，开始饲养肉用獭兔，后引进青紫兰、日本大耳白、哈尔滨白兔、新西兰兔、比利时兔、加利福尼亚兔等肉食兔，由长毛兔转向发展肉食兔。1988年，全县以獭兔为主的肉食兔存养35.34万只，占86.44%，进入肉食兔发展时期。1989年，全县肉食兔存栏40万只。1990年，山东省沂源县外贸福利冷藏厂（山东海达食品有限公司前身）依托山东省肉食蛋品进出口公司出口经营权，开始肉兔加工出口，推动了沂源肉兔规模化、产业化发展。1995年，县政府积极倡导发展肉食兔，肉食兔发展进入一个新时期。是年，全县肉兔存栏达50.7万只，比1989年增加10.7万只，增幅26.75%。1996年，山东省沂源县外贸福利冷藏厂为扩大肉兔规模发展，冷藏厂与养殖户签订保护价收购协议，让养殖户吃上“定心丸”，调动了农户养殖积极性，全县出现肉兔饲养高潮。当年，发展肉兔专业村200个，养殖大户5000多户，年存栏73.36万只，出栏160万只，比1995年增加22.66万只，增幅45%。

2002年，县政府出台《关于加快畜牧业发展的意见》，设立沂源县畜禽标准化生产办公室，推动肉兔产业化发展。沂源县畜牧局设立兽医监管办公室，派驻官方兽医具体实施肉兔产业化生产全程监管，全县肉兔养殖基本形成了“龙头企业+基地+农户”的产业化经营模式。发展肉兔标准化养殖小区建设，在鲁村镇、大张庄镇、徐家庄乡，建成年出栏15万只以上肉兔标准化养殖小区17个、存栏200只以上的肉兔养殖场296个。是年，依托山东海达食品有限公司兔肉出口重要机遇期，做大做强肉兔养殖产业，发展肉兔养殖户2000多户，存栏198.3万只，出栏713万只。

海达食品公司养兔基地（1990年）

山东海达食品有限公司积极发挥龙头引领作用，在鲁村、大张庄等乡镇建设标准化肉兔养殖基地16处，规模达到100.5万只，年出口兔肉840吨。2016年，受国际金融风暴和环保风暴双重压力，兔肉出口行业严重受阻，出口转内销市场竞争激烈，企业效益下滑，导致肉兔养殖数量逐年下降。公司自建16处养兔场关闭10处，6处转给养殖大户，年存栏1.6万只，出栏16万只，兔肉供应国内市场。2023年，全县有肉兔养殖大户260户，年存栏基础母兔600只以上规模的养殖场50个，年存栏稳定在23.6万只左右，出栏240万只，主要分布在南鲁山、鲁村、悦庄、西里、东里等镇。

鸭　鹅

鸭、鹅是县域内传统养殖的主要家禽品种，饲养数量不大，靠近河岸、河塘的农户多有饲养。沂源县水资源丰富，被誉为齐鲁水塔，适合鸭、鹅饲养。鹅的警觉性很高，一旦有陌生人或者动物靠近，它们会发出叫声提醒主人有危险；其次鹅的体形较大，有一定攻击性，可以对小动物起到震慑作用。因此，老百姓在养鸡、鸭时喜欢一块饲养几只大鹅，大鹅可以保护鸡、鸭不受黄鼠狼、老鹰等动物的袭扰，大鹅的粪便是优质的有机肥，用于农作物生产。20世纪90年代前，鸭鹅属农户散养，规模较小，主要为了产蛋和积粪。鸭子除了能够食用、观赏之外，还可以用来作为生物除虫器，人们将鸭子放进有虫害的田地里，鸭子能吃掉害虫而不损坏庄稼。鸭鹅是喜水禽类，多在水中生活，捕捉鱼虾、觅食河草。鸭有结队出行的特点，早晨结队到河觅食，下午结队回家。1985年，全县存养鹅19.12万只，鸭3.07万只。后逐年下降，1989年仅存鹅5.1万只，鸭2.5万只。20世纪90年代后，农户在果园或林下少量饲养，除能够食肉、产蛋外，还用来捕捉害虫，消灭杂草。1995年，全县鹅存养14.81万只，鸭存养6.08万只。

20世纪90年代末，石桥乡马庄村党支部书记徐希明，开始发展大棚肉鸭养殖项目。他先后到临朐、沂南等地进行考察，第一个在村边河滩上建起两个养鸭大棚。第一次出棚获得收入3000元，徐希明感觉大棚养鸭项目可行，决定带领群众共同发展。起初群众存有疑虑，徐希明许诺：每建设1000只鸭的大棚户给予500元的资金扶持，并帮助困难户协调贷款，与县畜牧部门签订技术服务合同，跟踪技术指导。在徐希明的带领下，马庄村建起了十几个养鸭大棚，年收入10万多元。带动周边村发展养鸭大棚50多个，成为石桥乡的特色产业。徐希明被群众戏称“鸭司令”。石桥乡的成功经验推动了全县大棚养鸭的规模化发展。

2008年，全县大棚养鸭进入鼎盛期，存栏达121.7万只。2015年3月始，县政府开展环境污染治理，对村边、河边、路边存有污染的养鸭大棚予以关闭或搬迁。大部分散养户不再养殖，部分养殖专业户迁址到远离村庄、河道、路边的山涧沟地，群众称赶鸭上山，对全县养鸭业带来较大影响。2017年，肉鸭存栏50万只，比2008年减少71.7万只，降幅58.9%。

2019年，山东圣沣食品有限公司、沂源海赢食品有限公司连锁肉鸭屠宰企业成立，实行肉鸭养殖、屠宰、加工、销售一条龙产业化发展模式，推动了肉鸭养殖业新发展。2022年，对全县养鸭企业实施数字化设施建设，配套信息化饲养设施，实施科学精准饲养，数字化普及率达到99.2%。2023年，全县发展肉鸭规模养殖场50家，大型养殖场20家、专业大户152户，肉鸭年存栏500万只，出栏2237.8万只。

鸡

县域内有饲养鸡的传统习惯，可谓是家家养鸡，年年养鸡。老百姓养母鸡的同时也会养几只大公鸡，除节日宰食外，可用来天明报晓，提醒家人起床劳作。母鸡用来产蛋和孵化小鸡。新中国成立之初，县域内饲养的鸡属土种鸡，也称为笨鸡子。个体小，成年鸡只有2~3斤，产蛋少，灵活好动，觅食抗病力强，肉质好。农户用泥土混着稻草垒一个两层的鸡窝，既保暖又能躲避黄鼠狼等野生动物的伤害，院内散养，规模不大。20世纪80年代前，母鸡主要用来产蛋卖钱补贴家用，很少自己食用，日常吃个鸡蛋也算是生活奢侈。清明节时，煮上一些鸡蛋，用颜料涂成红色、绿色等颜色连同荷包挂在小孩脖子上好多天才舍得吃。鸡一般不舍得宰杀，只有在重大节日或重要客人来时宰杀。一只鸡有的养几年，俗称老笨鸡，是用剩菜残饭或饲草喂养的，肉质紧实、筋道，营养价值高，是大补食品。

20世纪50年代初，先后引进肉鸡品种白洛克、安徽鸡，肉蛋兼用品种澳洲黑，蛋鸡品种莱克航等品种，体形大、产蛋早、蛋个大、产蛋率高，逐步更替当地品种。20世纪60年代初，石桥公社石龙官庄大队首次组织社员王守田、沈成怀、王学奎、宋洪学尝试用土法孵化本地土鸡苗取得成功，成为全县最早的一批鸡苗孵化技术人员。其中王守田采用煤油灯调温孵鸡法，宋洪学采用土炕孵化。土法孵化鸡苗法在全县推广。人民公社时期，实行养鸡限制政策，家庭养

20世纪90年代末，石桥乡马庄村徐希明肉鸭养殖大棚

鸡规模较小，一户只允许养几只。“文化大革命”期间，禁止个体经济发展，鸡、鸡蛋只能供家庭食用，不能市场交易，制约了养鸡业发展，全县存栏仅为100多万只。

20世纪80年代初，农户养鸡（左） 上文坦村养鸡专业户（右）

1980年，引进星杂288、京白II系、西赛斯、海赛斯、星杂579、伊莎、罗曼等优质蛋鸡品种，全县养鸡业恢复发展。1984年，鲁村镇西坡村侯明成立淄博明发种禽有限公司规模化养鸡，下设3个养殖场、2个孵化场，繁育发展鲁禽系列优质肉鸡、农大三号（粉）节粮蛋种鸡，日供苗、种蛋5万只以上，供应本县及周边区县养鸡专业户，是中国北方最大的优质肉鸡繁育场，被山东农科院家禽研究所定为省级良种鸡育种基地。20世纪80年代中期，全县出现养鸡热，悦庄、鲁村、金星、韩旺等乡镇发展了一批养鸡企业和专业户，全县养鸡业由家庭散养型向规模化、集约化、企业化转型发展。

1987年，南麻镇河北养鸡场建成，向社会提供星杂579、京白II系等鸡苗及种蛋。是年，鲁村煤矿在刘家大峪村北沟开设养殖场，规模化养殖鸡鸭。1990年，鲁山种畜场从济南潘村种鸡场引进艾维茵种蛋孵化雏鸡。1991年，引进星杂579父母代鸡3000组、罗斯父母代鸡4000组、579父母代种鸡等肉鸡品种孵化在全县推广。

20世纪90年代，养鸡模式呈现个体散养型、林下养殖型、集约化养殖型多模式发展态势。家庭散养型是老百姓在庭院散养或网养，一般养殖几只到几十只，主要供家庭食用或零星交易。林下养殖型是果园户或荒山承包户在果园或林下散养，规模较大，称为山鸡子，成年鸡每斤30元左右，山鸡蛋交易价格较高，一般在每斤15~20元，产品供不应求。2010年前后是林下养殖发展的黄金时期，2011年，刘佳成立沂源山那边生态农业科技有限公司，投资100万元，占地300余亩，进行林下养殖，主要发展蛋鸡养殖，价格达到1枚蛋2元，远销北京。鲁村镇王家石沟村刘维波从2013年始从事林下养殖瘦肉型肉蛋兼用芦花鸡，发展到几千只。2019年5月，在百姓放心—山东农业企业评选活动中刘维波排名第二位，荣获AAA级放心企业称号，大家习惯称他“鸡司令”。2021年，张君创办沂源县凤栖养殖场，林下养殖富硒芦花鸡，以玉米、小麦、麸子、豆粕为主料，添加45种中草药和12种微量元素矿物质，鸡肉和鸡蛋富含硒，1枚鸡蛋价格达6元，公鸡价格每公斤120元。集约化养殖则是由养殖大户

沂源县禽远生态养殖有限公司养鸡车间

或企业规模化养殖，大多选择养殖蛋鸡。蛋鸡淘汰周期一般为1~2年，当蛋鸡产蛋8个月左右时，会出现产蛋率明显下降，养殖户通过断食法使蛋鸡保持一段时间饥饿从而达到强制换羽的效果，以此来延长蛋鸡的淘汰周期，淘汰蛋鸡称为“下岗鸡”，主要制作烧鸡、盐焗鸡。1990年，全县发展养鸡专业户179户、重点户767户，饲养存栏145.03万只。

2000年，肉鸡快速发展，进入肉鸡、蛋鸡共同发展时期。肉鸡存栏达169.2万只，主要分布在悦庄、鲁村、金星、韩旺等乡镇。2002年，全县存栏283万只，比2000年增加113.8万只，增幅67%。2006年，全球爆发禽流感疫病，全县养鸡业遭受影响，肉鸡存栏降到165万只，比2002年减少118万只，降幅41.7%。后逐年下降，年保持在50万只左右。2019年，明发畜禽养殖公司、惠润合作社、友帮生态农场等一批企业进行规模化养殖，全县肉鸡养殖业又重回高峰。2020年，全县肉鸡存栏315.4万只，比2002年增加32.4万只。2022年，全县肉鸡养殖已全部实现集约化发展。2023年，全县有肉鸡规模养殖场67家，其中大型肉鸡规模养殖场20家，专业户20家，肉鸡年存栏267.5万只，出栏1179.6万只；蛋鸡规模养殖场25家，专业户44家，蛋鸡年存栏88.5万只，年产鸡蛋1.04万吨。

桑　蚕

县域内植桑养蚕历史悠久，旧《临朐县志·续志》有“邑人养蚕其来甚远，种桑之田十亩而七，养蚕之家十室而九”的记载。三岔乡南鲍庄（原属临朐县）西山蚕姑庙建于明代，碑文有农桑盛事的记载。1931年，儒林集杜万兰开办1处茧坊，经营收购、烘烤和缫丝业务，在上海设有销售站。此期，东埠村、张良、南麻及县域内较大的村镇均有经营蚕茧业的场坊。1933年《胶济铁路经济调查报告》载，本县所产蚕茧多数被日本日华蚕丝株式会社青岛、张店丝厂（铃木丝厂）收购，推动了县域内养蚕业的兴盛。抗日战争和解放战争期间，桑蚕业遭受严重破坏，桑蚕业基本停滞。

新中国成立初期，县域内养殖桑蚕、柞蚕2个品种，均属自留土种，茧小而薄、产量低、出丝率低、呈黄色。养殖沿袭传统旧法，一年一季，农户分散饲养，饲养规模较小。催青时将蚕布子（蚕种）用棉絮包裹，白天贴放在身上，黑夜放在被窝里，用人体温暖蚕种。饲养期间，门口挂红布，以示辟邪，求得蚕宝健康高产。1949年，全县有桑树20万株，柞树近千亩，年产桑蚕茧3600市担，柞蚕茧3600市担。

20世纪50年代初柞蚕养殖兴盛，县林业部门从东北、内蒙古调入大批橡子种，发展橡子树用来养殖柞蚕，1965年，全县发展橡子树4600亩。柞蚕养殖是在柞树林里放养，不同于桑蚕在室内养殖，鸟、虫害多，损失大而价格低，1976年停止养殖。至今县域内荒坡上还残留着五六十年代发展的橡子树。20世纪50年代，丝窝、茧场等村因养蚕而取村名。1951年，从益都引进桑蚕九X瀛汗品种1200张，在全县推广，淘汰当地传统品种。1952年，沂水专署派技术人员来沂源传授养蚕技术，推行科学饲养。1953年，在三岔区茅台村、燕崖区东郑村、大泉区马庄村建立3处催青室。农业合作化时期，桑树折价归公，实行县集中催青、村集体饲养，农户不再分散饲养。

1954年，贯彻中央“大力发展蚕丝生产”的指示，大力发展桑蚕事业，在张庄区玉泉寺村、唐

20世纪70年代，农户桑蚕养殖

山区曹宅村增设2处催青室，扩大催青规模。是年，全县桑树发展到170万株，年产蚕茧5200市担。1955年始，推广夏蚕和秋蚕，由一年一养的传统养殖方式改为一年二养，增加了产量和收益。1958年，受“左倾”错误影响，以粮为纲，毁桑种粮，盲目推行集体养殖、高温养殖、一年多养等做法，使桑蚕业蒙受损失。1961年，全县成桑不足20万株，树势衰败，年产茧仅1650市担，比1954年减少3550市担，降幅68.27%。1963年，植桑方式由传统的高大稀植、零星分散改为中杆偏矮、适当密植、集中成片，推广南麻公社南刘庄大队桑园样板园、马王峪大队改造地蹲桑和高堂峪大队梯田堰边桑经验，推动植桑养蚕业发展，涌现出燕崖公社西郑大队树上百斤茧、树下千斤粮，唐山公社杨家峪大队480亩梯田堰边桑，亩产17.5公斤茧、400公斤粮，鲁村公社16个大队联合建成1.13万亩桑园，人均102株的典型，倡导各大队学习推广。

1964年，贯彻全国蚕茧会议精神，推行“五定一奖”（定人员、定产量、定工分、定用桑量、定副产品，超产奖励）办法，养蚕量逐年增加。同期，调整养蚕结构布局，扩大秋蚕比例，使养蚕业发展上了一个新台阶。为解决蚕室蚕具不足困难，曾试行室外育蚕（室外地面条炕），因温度不好控制，虫病害多，未能成功。20世纪70年代，由村集中饲养改为农户分散饲养，饲养户统一到生产队领取蚕种利用闲置房屋饲养，由一年二季调整为春蚕、夏蚕、秋蚕三季饲养，成茧交到生产队，按上交量记工分。1965年，县委根据全县人均三亩山一亩田

20世纪70年代，鲁村公社大田桑

的特点，提出“一年育足苗，两年嫁接完，三年实现梯田堰边桑树化”的奋斗目标，当年全县育桑苗2500亩。同年，从临沂引进蓖麻蚕12盒，在九会公社董家庄大队、鲁村公社郑家岭大队试养，1966年扩大到50个村，养殖368盒。县域内蓖麻种植少，饲养期正值夏季高温，病害多，茧价低，1968年停养。1965年7月，临沂地区在沂源县召开蚕茧生产现场会，参观南麻区高堂峪大队和三岔区部分大队，南刘家庄大队在会上作了典型发言。1967年，山西、陕西、江苏、辽宁、河北、甘肃、河南、山东等8省60多个市、县2万多人到沂源县参观桑蚕养殖。1970年，大力推行“三园一化”（桑园、果园、花椒园、荒山绿化），桑蚕业得到快速发展。1975年，产茧首次突破百万斤大关，达到50.15万公斤，创历史最高，成为农村经济主导产业和农民主要收入来源。县委书记李顺祥高度重视桑蚕业发展，把沂源养蚕业推向一个新的发展阶段。

桑蚕业的快速发展推动了沂源丝织企业的发展。1975年，建起沂源县缫丝厂，是山东省四大桑蚕丝生产出口企业之一。年产丝织品16万公斤，销往日本、美国及欧洲等国际市场。1991年，升格为省属企业。1977年悦庄公社建起沂源县绢丝厂，1979年南麻公社建起沂源县丝棉厂，两厂均是山东省丝绸进出口公司定点出口创汇企业。两厂年产丝织品8万公斤，产品销往日本、美国、德国、加拿大及东南亚各国。丝绸制品出口创汇推动了沂源县桑蚕业健康持续发展。

党的十一届三中全会以后，县委、县政府作出“以林为主、林粮牧并举、以桑蚕为重点、多种经营、全面发展”的农业发展部署，把桑蚕业作为农村经济主导产业来抓，引导农户大力发展桑蚕业，力争到1980年实现全县人均百株桑，户养1张蚕的目标。实行户管桑、户养蚕经济承包责任制。1980年，大力发展山地桑，确定侯家官庄等30个大队为全县山地植桑重点村。1981年，成立沂源县丝绸公司，以此加强对全县桑蚕养殖的管理和技术指导，改变传统养蚕技术，推广纸板方格蔟和绳制方格蔟养蚕技术，提高蚕质和上蚕率。是年，在大

张庄、燕崖、梭背岭、南麻、三岔等5个公社建起5处催青室，保障全县蚕种供应。燕崖公社南安乐大队耿成美组织联户共育蚕种，供应全村蚕种，被评为“山东省养蚕模范”。1982年，农户根据市场调节自主饲养，积极性高涨，家里一切闲置房间都被利用起来，养蚕业得到快速发展，成为家庭收入来源的重要产业。是年全县蚕茧量达到12170市担，其中唐山公社、燕崖公社突破2100市担，大张庄公社、中庄公社、悦庄公社突破1200市担。蚕茧的发展催生了蚕茧贩子违法收购，收购价格比收购站每斤高出2~3元，部分蚕茧被私下交易流向外地，蚕茧市场秩序受到严重冲击，丝织企业蚕茧供应量不足，乡镇税收减少。80年代，各乡镇蚕茧工作办公室联合工商、丝绸公司等单位，在主要道路、村口设卡堵截查扣，严厉禁止私下交易，维护蚕茧经营市场秩序。

蚕茧业的发展带动了蚕沙业（蚕屎）的兴起，催生了蚕沙销售队伍，全县蚕沙销往全省各大市场，成为蚕茧的副业。沟泉乡朱家庄村几乎家家经营蚕沙业务，是全县蚕沙销售队伍最大的村，在全省有很高的知名度，外地市人可能不知道沂源县，但知道朱家庄村。在20世纪90年代前，蚕沙经营成为朱家庄农民增收的主要产业之一。1984年，全县产茧79.32万公斤，产量达到养蚕历史上最大年份，有39个村产茧0.5万公斤以上。1990年，蚕茧价格持续上涨，推动了全县桑园面积和蚕茧量的逐年增加。同年，在全县17个乡镇设立蚕茧收购站，负责蚕种发放、蚕茧收购和技术指导。1991年，沂源县桑蚕业发展进入新阶段，许多农户改粮田为桑园，形成地边桑、大田桑并举发展的产业态势。全县桑园面积达到7153亩，年产蚕茧量76.9万公斤。主要分布在燕崖、悦庄、鲁村、金星、中庄、大张庄等乡镇，其中燕崖乡产量15.6万公斤，占全县的20.29%，是全县蚕茧产量最大乡（镇）。1995年，全县桑园面积达到7353亩，比1991年增加200亩。1996年，桑蚕价格下滑，粮油菜等农产品价格上涨，以及果品等高产高效农作物的规模化发展，桑蚕比较效益低下，全县出现大面积毁桑改粮现象，桑蚕饲养呈现下降趋势。1999年，全县桑园面积4768亩，比1995年减少2585亩，下降35.2%；蚕茧产量40.8万公斤，产量比1991年下降46.94%。其中燕崖、东里、韩旺、三岔、梭背岭、土门等果品主产乡镇基本不再养殖，桑蚕业萎缩。2002年，农村产业结构调整，蚕茧价格回升及县政府实行扶持桑蚕发展等政策，全县桑田面积增加，达到7215亩，桑蚕产值达到174万元。2003年以后，全县林果业大面积增加，桑园改果园，桑园面积逐年减少，桑蚕饲养渐少。2006年，全县零星发展，绝大部分农户不再饲养。2013年以后，桑蚕养殖退出沂源发展历史。

特色养殖

沂源全蝎

全蝎，又名钳蝎、全虫、蝎子，古书上称虿。中国十几个省份均有分布，有15种，统称东亚钳蝎。盛产于临朐、沂水、沂源、蒙阴、平邑等沂蒙腹地的钳蝎是两钳八腿，区别于其他地区的两钳六腿，故名沂蒙全蝎。沂蒙全蝎个大、体肥、营养丰富而闻名全国，是沂蒙山名贵药材之一，药用价值极高。

沂源县自然环境独特，适合沂蒙全蝎生长和繁殖，是野生沂蒙全蝎主产地。每年谷雨前后蝎子出蛰外出活动、觅食、交配、繁殖，冬至后入土冬眠。20世纪80年代前，蝎子全是野生的，每年谷雨后，小孩子放学后第一个任务就是带着菜篮，拿着小葫芦或玻璃瓶等盛蝎器具以及用筷子或木棒做的镊子，边挖野菜边捉（掀）蝎子，蝎子白天蛰伏在石块下或土穴中，每捉到1只高兴地叫起来，幸运的话一次能捉十几只，一年能捉1~2斤，价格5元/斤，一年能挣5~10元。蝎子春季生活在阳坡光照充足的区域，夏季高温季节生活在阴坡或地堰墙体里。20世纪70年代，蝎子价格逐渐上涨，由每斤5元到80年代后涨到每斤150元，90年代涨到每斤300元，2000年后涨到每斤500元，2023年涨到每斤600元以上。捉过蝎子的人几乎都被蝎子蜇过，一旦被蜇，

沂源全蝎

抓紧用绳子扎住胳膊防止蝎毒上移，一般用氨水、肥皂水或人尿解毒，缓解疼痛。

20世纪80年代初，鲁村公社刘家增、土门公社徐志文及南麻公社部分农户开始人工养殖蝎子。县科学技术委员会委派孙纯孝前去指导，经多方考察研究，1985年孙纯孝探索出了塔式仿生快速养蝎技术，在全县推广，孙纯孝被誉为“中华蝎王”。1989年后，全县形成了养蝎热，从事养蝎的人员达到几百户，在自家闲置的房子或场所里搭建蝎子养殖室从事蝎子养殖，饲喂蝎子的主要食物是黄粉虫，导致黄粉虫价格大涨。人工养殖的蝎子比野生蝎子价格一般低一二百元。有些不法商贩在人工养殖的蝎子身上涂上泥巴充当野生蝎子，谋取私利。

20世纪90年代，沂蒙全蝎价格持续上涨，社会上出现了捉蝎热，不仅小孩捉蝎子，连成年人在闲暇之余也漫山遍野捉蝎子，尤其晚上一些成年人三五成群或夫妻两人拿着蝎子灯在蝎子晚间出来觅食时捕捉，连幼蝎也逃不掉。人工的无度捕捉及农药的大量施用，导致野生沂蒙全蝎数量急剧下降，处于绝种边缘。2009年5月，“沂源全蝎”被农业部列入地理标志农产品登记，依法予以保护，属沂源县特有地理标志产品，区别于其他地区八足全蝎。

2020年2月，为保护沂源全蝎物种，县自然资源局、县森林公安局联合发布公告：自2020年3月1日起禁止任何个人和单位猎捕、销售、收购、食用野生沂源全蝎，猎捕超过20只，追究刑事责任，20只以下，予以罚款或拘留等行政处罚，从重处理。把沂源全蝎列入国家二级野生保护物种，从法律角度坚决遏制捕捉沂源全蝎的违法行为。2020年后市面上出售的蝎子基本是人工养殖的，沂源全蝎作为沂源特色产品、品牌产品，驰名全国。

蜜　蜂

县域内一直传唱着一曲《羊蜂曲》：“羊蜂小曲满山飘满山飘，莫道沂源山水好林茂丰，你养羊来我放蜂，吃的是百草丹，喝的是山泉水，住的是别墅，羊儿跑蜂儿舞，羊蜂小曲满山飘满山飘……”沂源独特的生态环境，造就了蜜蜂良好的生存环境。每年春暖花开的季节，有大批南方养蜂专业户云集沂源，遍布山间乡村放蜂采蜜。

当地品种是中华蜜蜂，主要分布在中庄、南鲁山、西里、东里、悦庄等蜜粉源植物丰富的乡镇。蜂蜜品种主要有槐花蜜、枣花蜜、荆花蜜，其中槐花蜜品质最好，价格高。蜂蜜是沂源县传统出口商品，货源以蜂箱养蜂为主。1977年出口10吨，1985年出口104吨，1990年出口235吨。主要销往日本、英国和中国香港、中国澳门等国家和地区。20世纪70年代前，养殖户多采用窝养式土法养殖，中华蜜蜂易受天敌蜡螟危害，在缺蜜或受天敌危害时易弃巢逃逸（迁居），养殖规模较小。1953年，中庄区引进意大利蜜蜂53箱。1960年，中庄公社养中华蜜蜂137箱。1963年，中庄公社在西柳峪大队、社庄大队各发展养蜂场2处，养殖模式由传统的窝养改为箱养。1972—1978年，中庄公社在胡家庄、西孝村、东韩庄、列里、北刘庄等大队先后建养蜂场，养殖蜜蜂2000箱，年产蜂蜜4.86万公斤，占全县的74.71%，成为全县养蜂最多的公社。

1978年后，蜜蜂养殖逐年增加。1982年，全县养蜂2677箱，产蜜6.5万公斤。1984年后，集体不再养蜂，由个体分散养殖，养殖规模有所下降。1985年，全县养蜂1906箱，比1982年减少771箱。20世纪80年代末，中庄、燕崖、西里、东里、张家坡等果品主产乡（镇），有些果农在果园内设置蜂箱，采用蜜蜂补助果树授粉。1995年后，大棚草

西里中华蜜蜂养殖基地（2017年）

莓面积增加，草莓自花授粉能力弱，种植户普遍在大棚内养殖蜜蜂，帮助草莓授粉，养蜂数量增加，2000年全县存养4236箱，比1985年增加2330箱，增幅122.24%。

意大利蜜蜂的发展，导致中华蜜蜂养殖量锐减。2012年底，全县中华蜜蜂养殖量不足500群，达到濒临灭绝的边缘。2013年，沂源蒙山实业有限公司投资380万元，在悦庄镇马家峪村建设标准化中华蜜蜂养蜂场1处，存养中华蜜蜂500箱，以此开发“蒙山”牌蜂蜜、蜂胶、蜂花粉、蜂王浆等蜂产品，年产蜂产品20吨，推动了中华蜜蜂发展。2014—2016年，沂源县实施高效特色畜牧业示范县项目，把中华蜜蜂保护发展纳入重点，推广中华蜜蜂生产及授粉技术，建设东里、中庄、大张庄等镇核心示范区，示范带动其他区域同步发展，促进中华蜜蜂恢复发展。2015年，全县中华蜜蜂存养3000箱（群），主要分布在南鲁山、东里、西里、中庄、悦庄等镇，年产蜂蜜60吨。其间，蜂蜜价格上扬，一些不法商贩见利投机，用白糖制售假蜂蜜，谋取私利，严重扰乱蜂蜜市场秩序。工商部门严厉打击，不法行为予以制止，蜂蜜市场得到净化。

是年，县委、县政府把保护和发展中华蜜蜂提到重要议程，在南鲁山、悦庄、燕崖、中庄、西里、东里、张家坡、石桥等镇设置省级中华蜜蜂自然保护区，面积971.4平方公里，对中华蜜蜂遗传资源加以有效保护。并依托高效特色畜牧业示范县项目，把中华蜜蜂保护开发纳入项目建设，按照“谁保护谁收益”原则，在自然保护区内筛选出保种户60户，按类给予1万元、1.5万元、6万元奖励，调动农户发展中华蜜蜂积极性，养蜂规模增加。同年，淄博市添园园农产品有限公司在南鲁山镇璞邱一村建设中华蜜蜂保种场1处，引进中华蜜蜂种群400群，每年向社会提供种蜂1200群。2016年，全县存养2.235万箱，比2013年增加1.935万箱，增幅645%，达到历史发展高峰。

2017—2018年，借助现代畜牧业发展平台项目，对中庄镇中韩庄村张太国养蜂场、西柳峪村王金财养蜂场、西里镇大刘庄村韩自富养蜂场、大家万村李春风养蜂场、曹宅村沈照勇养蜂场、北王庄村江照征养蜂场、东里镇紫荆峪村姚丰刚养蜂场、张家坡镇阳三峪村张怀锋养蜂场和北店子村刘启富养蜂场、南鲁山镇璞邱四村刘莹养蜂场等10个养蜂场实施规模扩大，存养1000箱。

2019年，对36处蜜蜂养殖场实施标准化建设，开展蜜蜂保种，配备现代化养殖设施，提高蜂产品质量。2022年，开展蜂业质量提升行动，投资226.9万元，对沂蜂源（山东）蜂业有限公司实施改造提升，配备现代化冷藏、加工、封切、包装、打标等设备，提升现代化生产加工水平，推广中华蜜蜂0.8万箱（群）。

2022年后，养蜂人员断代、蜂蜜价格下跌及疫情过后客蜂减少60%以上，导致蜜蜂存养量明显下降。2023年，全县共存养6899箱，比2016年减少1.55万箱，降幅69%，主要分布在南鲁山、中庄等镇。

鸽　子

鸽子在我国饲养已有3000多年的历史。据史料记载，周天子御膳房的菜谱上，有鸽子这一道菜肴。三门峡妇好墓出土的殷商玉鸽，是一只体态丰满的食用鸽。家鸽是从野生原鸽驯化而来，家鸽根据用途可分为蛋鸽、肉鸽、信鸽等种类。县域内生存的主要有野鸽（斑鸠）、蛋鸽、肉鸽、信鸽。斑鸠属野生，遍布全县，种群庞大，一般生活在村庄、小区或果实丰富的区域，食物丰富，易于觅食。斑鸠繁殖期一般在低矮树上用枝条树叶搭成一个简易窝，用以产蛋孵化，一年繁殖5~6次，1次2只。

蛋鸽养殖大棚

20世纪90年代前，县域内家鸽主要是蛋鸽、肉鸽、天落的信鸽等种类，没有专门饲养的，属半野生性质，平时喜欢群居。在繁殖季节，一公一母组建一个家庭。家鸽喜欢在高大宽敞洁白的屋檐下安家繁殖。喜欢鸽子的人常常用白色涂料涂刷墙体，在屋檐下安设一个泥罐或水桶，吸引鸽子来安家生活。雏鸽营养丰富，有些人喜欢吃雏鸽，雏鸽一旦丢失，其父母迁走，再也不回。家鸽有特别强的识途能力，在农贸市场或集市上，有些鸽子没卖完，主人原地放飞，鸽子仍能回到主人家。在县城多个小区内有成群的家鸽，每群几十只。在水景公园景观石处有一群天落鸽子，规模达到上百只，是全县最集中的天落鸽子群。

信鸽养殖起步较晚、规模较小，多为引进的外国血统，主要有佛科克、林波尔、巴腾伯格、凡龙、戈玛丽等品种。2002年，沂源县有信鸽爱好者养殖信鸽，规模在几只到几十只不等，用来参加比赛，但成绩平平。2008年，张家坡镇宋伟饲养信鸽十几只，参加淄博市信鸽比赛均取得较高位次。2014年，宋伟成立了沂源县烽火鸽业，专业化饲养信鸽，规模达120只，主要用来参加赛事。

2009年，山东瑞阳制药股份有限公司一职工在家属楼院内（一楼带院）饲养了500只，因扰民及粪便污染问题，被周边邻居多次举报，2014年6月被禁止饲养。2015年，南麻街道东高庄李长平、历山街道东沙沟村王书双饲养信鸽几十只。2018年，宋伟所养信鸽获得西安威力世界杯职业联赛三鸽组冠军，获奖金85万元；是年，宋伟参加首届全国公棚锦标赛东南赛区获400公里冠军、500公里亚军、三关精英冠军、三关鸽王冠军、双冠鸽王冠军、路虎争霸赛冠军，获奖金130万元。2021年，参加新泰信鸽协会举办赛事，获大团体冠亚军、小团体冠亚军、550公里锦标赛冠亚军。2022年，获济南万顺特比首关冠军。2023年，获新泰、莱芜莱钢联合赛事冠亚季军、泰新公棚300公里万只信鸽赛事总冠军。2022年，沂源县烽火鸽业规模达200只，是沂源县规模最大的信鸽养殖基地。

2022年，山东开源电气有限公司经理孙启明牵头成立沂源县信鸽协会，孙启明任荣誉会长，会员40余人，会员主要分布在张家坡、南麻、东里、历山等地。2023年，全县信鸽存栏3000只左右。

县域内蛋鸽饲养较晚。2010年，东里镇孟家庄村退役军人王涛在临朐干工程时去朋友家吃饭，看到朋友家养着几百只蛋鸽，对饲养蛋鸽产生了浓厚兴趣，想作为一个副业来发展。此后到各地考察，参加济南、日照农产品交流会，掌握养鸽信息。2011年，建设了蛋鸽养殖大棚，饲养蛋鸽2000只。在线上销售鸽子蛋，销往上海、青岛、济南等地，供不应求。2022年，规模达到2万只，年收入30万元，成为东里镇的一个特色产业。

2010年，有些鸽子爱好者在闲置院内建设棚舍饲养蛋鸽，规模在几十只到几百只。2023年，全县鸽子养殖户326户，存养5.26万只。

梅花鹿

县域内梅花鹿养殖起步较晚，始于21世纪初。2004年，南麻镇东高庄村李孔良成立李老头畜牧养

东高庄村梅花鹿养殖场（2011年）

殖场，从东北引进梅花鹿10头，开始养殖梅花鹿，是全县最早的梅花鹿养殖专业户。通过自繁自育，2013年存栏200余头。在李孔良的带动下，燕崖、西里、南麻、悦庄、鲁村、三岔等乡镇部分农户开始散养，规模保持在10~20头。此外带动临朐、周村、博山、济南等地养殖。2007年，南麻镇田庄村宋以镇成立沂源县宝鸣梅花鹿养殖专业合作社，是全县梅花鹿养殖规模最大的专业合作社。当年，从滨州引进8头梅花鹿。2011年，从东北引进35头。2014年，存栏300余头。2023年，存栏100余头，年出栏70余头。2023年，全县梅花鹿年存栏400余头。

鸵　鸟

县域内鸵鸟养殖起步较晚，主要分布在历山街道儒林集村、历山动物园、南鲁山镇、鲁村镇龙子峪村等景区，用来供游客观赏，发展旅游业，2023年全县存栏50只。

2017年，历山街道儒林集村杜道侠从济宁引进小鸵鸟6只（当时价格600元/只）。幼苗时期的鸵鸟饲料以70%的青草、青菜加30%的小鸡饲料玉米面为主，3个月后的鸵鸟以各种农作物秸秆或者干草粉碎成糠加上玉米面为主，早晚各喂1次。鸵鸟蛋一般长达15厘米，宽8厘米，重量可达1.5公斤，相当于30枚鸡蛋，蛋壳厚而坚硬，完整的鸵鸟蛋可以承受90公斤的重量而不破，一枚鸵鸟蛋销售价格160~200元。采用孵化器孵化鸵鸟蛋孵化期约为42天，出壳30天后的雏鸵鸟每只售卖600元，6月龄鸵鸟每只售卖4000~5000元，12月龄以上的鸵鸟每只售卖1万元。2023年，历山街道存栏30余只。其中成年育种鸵鸟4只（2公2母），青年鸵鸟10只，幼年鸵鸟20只。

畜禽防疫

新中国成立前，农户散养的畜禽因缺乏兽医、药物，遇有疫病流行束手无策，任其自由传播蔓延自生自灭。1949年，沂源县开始对入境的牲畜进行官方检疫，县域内防疫由自然村、互助组、合作社自主防疫。1954年，沂源县成立兽医站，安排专人负责动物防疫工作。1956年，东里区、鲁村区成立兽医站，配备动物防疫员2名，开展动物防疫工作。1959年，流行传染性羊胸膜肺炎，用“914”治疗后基本消灭。1960年，全县14个公社全部成立兽医站，配备专职兽医4人，大村配备一名防疫员，就近几个小村配备一名防疫员，构建县、公社、村三级防疫网络。贯彻国家“预防为主，防治结合”方针，每年定期召开动物防疫部署会议，安排部署春秋两季防疫工作，国家免费发放疫苗，防疫员入户注射疫苗，免疫效果有所提升。1962年，鲁村、东里等6个公社发生猪丹病毒，病猪千余头，死亡150头。1964年，石桥公社石桥大队牛羊患有流产、关节炎、睾丸炎等病状。在该村采血100份，经平板凝集实验布病阳性17例，阳性率17%。1968年，大面积流行猪喘病，1970年被及时扑灭。20世纪70年代初，炭疽、羊胸膜肺炎、猪哮喘病等疫病得到基本消灭，猪瘟、猪丹毒、鸡瘟、禽霍乱等疫病得到控制。

1980年，全县14个公社兽医站增加工作力量，由28名增加到69名，每个兽医站2~6人，又招收部分村级防疫员。1981年，加强对牲畜5号病的防疫防治。1982年，对牛焦虫病开展调查，摸清牛焦虫病的病原（蜱虫传播）和防治措施（抗孢子药物）。1984年，大面积爆发牛流感，年底被扑灭。同年，黄庄镇发生兔瘟，迅速蔓延。1986年，全县大面积发生兔瘟，成群死亡，年内基本得到控制。

1989年，实行程序化免疫，改变过去每年春秋两次防疫制度，对生猪实行窝防和群防相结合，提高防疫密度，全县没有发生猪瘟和猪丹毒疫病；对鸡防疫实行乡镇兽医站防疫和村防疫员查漏补缺结合办法。是年，县、乡（镇）兽医站会同各乡镇法庭、派出所对户养犬开展狂犬疫苗注射防疫，防止狂犬病发生。1990年，充实防疫力量，县乡（镇）防疫工作人员达到97人，村级防疫员721人，村村都配有防疫员，实行县乡村三级联动防疫机制。4—5月，集中对全县猪、鸡、兔进行疫苗注射，在外县猪瘟大流行的情况下，沂源县无疫病发生。

1993年2月8日，沂源县南麻镇涝坡河村、吴家官庄村4户群猪发生5号病（猪口蹄疫）。县委、县政府高度重视，及时启动防疫应急预案，召开县防疫指挥部成员会议，于9日、15日分两批对存有安全隐患的134头生猪进行集中扑杀，有效控制了疫情扩散。

2002年，沂源县设立动物防疫监督所，隶属县畜牧兽医局，为副科级事业单位。下设南麻、鲁村、西里、东里、悦庄5个分所。贯彻执行《中华人民共和国动物防疫法》等法律法规，依法承担动物防疫、检疫、监督与动物产品安全监管的行政执法工作。是年，沂源县组建防控重大动物疫病指挥部，制定重大动物疫病防控应急预案，组建沂源县重大动物疫病防控应急预备队。防疫工作实行政府保防疫注射密度、业务部门保防疫质量的“双保责任制”，全县动物防疫工作进入一个新阶段。

2003年，实行兽医资格证制度，优化兽医人员队伍，对从业人员进行专业培训，审定执业兽医资格，发放资格证书。是年，世界多地爆发H5N1、H5N7禽流感病毒疫情，3月在上海、安徽两地发现2例H5N7禽流感患者病例。沂源县及时启动动物疫情预防应急预案，与非典型性肺炎（SARS）防控一并部署实施，抽调公安、交警、交通、卫生、畜牧等人员在过往沂源的所有交通路口设立检查卡口，对过往沂源的畜禽实施检疫，严控外来传播。同时，关停县域内活禽交易市场，县域内无疫情发生。2004年，全国部分地区爆发人畜共患高致病性禽流感，城区及各乡镇均成立防治高致病性禽流感指挥部，县政府下发《关于做好高致病性禽流感防治工作的紧急通知》，对畜禽实施强制性免疫。同时，层层签订重大动物疫病防控目标责任书，储备应急物资，组建应急预备队，全县未发生高致病性禽流感病例。2005年，县政府制定《关于对重大动物疫病实行责任追究的实施意见》。2006年，贯彻山东省《关于加快建立农村应急性动物防疫队伍的通知》，对全县村级兽医防疫员实施优化调整，按照一村一名防疫员要求，通过考试择优选配了633名村级防疫员。并在畜牧养殖重点村设立动物诊疗服务站点41个。

2009年3月，沂源县动物防疫监督所更名为沂源县动物卫生监督所，13个乡（镇）设立分所。因人员、车辆、办公场所等紧张，在南麻、鲁村、东里、悦庄4个镇分所集中办公，其中南麻分所管辖南麻、土门、燕崖3个乡（镇），鲁村分所管辖鲁村、大张庄、徐家庄3个乡（镇），悦庄分所管辖悦庄、石桥、三岔3个乡（镇），东里分所管辖东里、中庄、西里、张家坡4个乡（镇）。出台《2009年沂源县农村应急性动物防疫员考核聘用办法》，对村级防疫员重新进行择优录用，由原来的633人缩减为320人，将全县633个行政村划分为320个防疫责任区，一个责任区确定一名防疫员。免疫检测结果与个人工资、续聘挂钩，保证免疫效果。建立集中免疫为主，日常免疫补充，应免尽免的防疫体系。

2011年，对村级防疫员实施精简，由320名精简为251名。实行春秋两季集中强制性免费免疫，平时饲养户也可根据情况到镇兽医站免费领取疫苗自行免疫。2012年，调整充实县乡重大动物疫病指挥部及应急预备队，县重大动物疫病指挥部与12个镇（办）重大动物疫病指挥部签订责任状，更新补充应急物资。对全县畜禽普查登记，建立电子档案，实行网络化管理。当年，注射免疫生猪16万头次、家禽305万羽、牛（羊）40万头（只）。2013年，实行县包镇、镇包村、村包场（户）“三包责任制”。执行每月补针制度，每月20日为全县集中免疫补防日，确保免疫全覆盖。

防疫员入户强制免疫（2011年）

2015年4月25日，沂源县政府与预备役76师工兵团联合举办突发高致病性禽流感疫情应急处置演练，参演人员260人，观摩人员200余人。预备役76师工兵团给予大力支持，派出42人参加演练。演练规模在淄博市畜牧发展史上是空前的。县委常委、副县长陈保华任总指挥。山东省畜牧兽医局局长冯继康现场观摩指导，淄博市各区县分管区（县）长、市畜牧兽医局局长、市畜牧兽医局全体工作人员、各区县业务骨干等参加观摩，应急演练取得成功。

2017年5月27日和6月7日，沂源县先后发现2例人感染H7N9流感病例。沂源县立即启动疫情应急预案，制定《沂源县H7N9流感紧急监测抽样方案》，迅速对全县活禽市场、养殖大户开展流调和监测，抽样检测758个场（户、点）、样品3657份，病原学全部阴性，对全县规模养殖场实施喷药消毒，未出现疫情扩散。2019年，实行一审报三结合制度，每年强制免疫疫苗，实行先申报后领取标识，领取疫苗与实际存栏数相结合、免疫证领取与免疫档案结合、免疫标识领取与抗体监测结合，避免村级防疫员责任心不强，瞒报、漏报、错报、免疫不到位等情况发生，实现全覆盖、无死角免疫。

2021年，县政府出台《关于改革和完善村级动物防疫员队伍管理制度的实施意见》，按照每10个村配备一名村级防疫员原则，从原村级防疫员和社会人员中公开选聘45名具有相关专业技术的基层动物防疫和畜产品质量安全协管员，从事村级畜禽检疫防疫工作。免疫办法由官方强制免疫改为规模养殖场实行先自行免疫后领补贴，规模以下场户仍实行官方强制免疫。2023年，全县群体免疫密度达95%以上，免疫抗体合格率在70%以上。

畜禽检疫

1903年，国家在中东铁路管理局设立铁路兽医检疫处，对来自沙俄的各种肉类食品实施检疫，这是我国动物入境检疫的最早时期。沂源县动物检疫始于1959年，贯彻农业部、卫生部、对外贸易部、商业部联合颁布的《肉品卫生检验试行规程》（四部规程），对生猪及其产品实施检疫。其间，全县生猪由国营食品公司统一收购，定点屠宰，禁止个体屠宰。县兽医站派兽医专业人员到屠宰点实施生猪屠宰检疫，主要对生猪临床健康检查为主。经检疫合格后，出具动物产品检疫合格证明，并在猪肉胴体上加盖验讫印章。

1972年4月30日，鲁山种畜场从四川省引进荣昌猪132头，带入猪瘟病，致使仔猪死亡280余头，种猪死亡12头，损失3万余元。

1985年，国家放开生猪市场，打破国营食品公司独家屠宰经营格局，停止派购，实行自由交易，全县80%的生猪加工销售业务由私人承担。由于加工经营分散，遍布全县，给检疫工作带来较大困难。县畜牧局增加检疫力量，配备兽医卫生检疫员84人、兽医卫生监督员4人，依法开展对动物及动物产品的检疫及防疫监督。是年，贯彻执行国务院《家畜家禽防疫条例》和农牧渔业部《家畜家禽防疫条例实施细则》，对屠宰、加工、仓储、贩运、经营畜禽及畜禽产品的企业和个人发放兽医卫生合格证，并对畜禽及畜禽产品进行产地检疫、屠宰检疫、运输检疫。

1990年，县畜牧局新设立动物检疫站，同时在乡镇兽医站配备专职检疫员，村级防疫人员协助

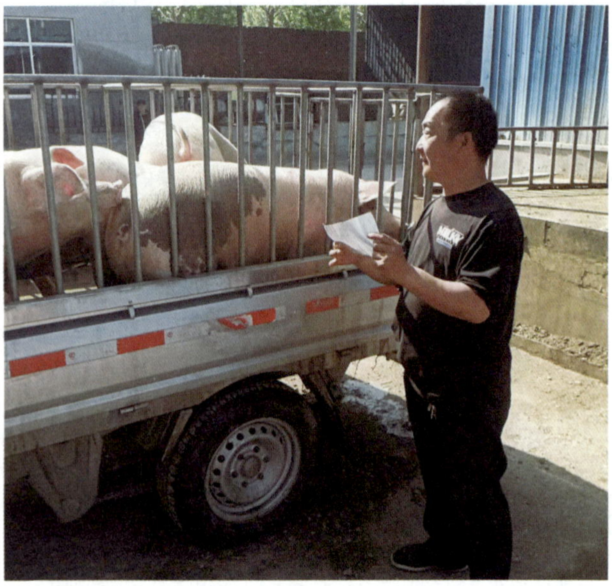

生猪入场产地检疫（1990年）

开展检疫工作。同年，根据省、市工作要求，配备动物检疫员98名、兽医卫生监督员6名、种畜禽管理监督员4名、兽药监督员4名、兽药监察员16名、饲料监测员4名，担负全县畜牧兽医行政执法、动物检疫、动物防疫监督、兽药饲料管理等工作。同时换发兽医卫生合格证840个。

1998年，沂源县成立生猪定点屠宰管理办公室，办公室设在县商业局。生猪屠宰由各乡镇食品站负责，定点屠宰，禁止私人屠宰，猪肉经营户到乡镇食品站批发。并抽调商业、公安、工商、畜牧等部门人员组建沂源县生猪屠宰稽查大队，加强对生猪屠宰市场秩序管理。当年，动物检疫权限下放到各乡镇兽医站，各乡镇检疫员负责本辖区内生猪屠宰检疫工作。检疫合格产品，出具动物产品检疫合格证明，并在猪肉酮体上盖蓝、紫色检疫合格印章。对无证屠宰经营者，县生猪屠宰管理办公室依法处置。

2002年3月，沂源海达食品有限公司更名为山东海达食品有限公司，承担全县生猪屠宰业务，是全县唯一生猪定点屠宰企业。公司在13个乡镇设有生猪屠宰场，由动物防疫监督所派人检疫。是年，县畜牧兽医局向山东海达食品有限公司派驻官方兽医，实施官方兽医监管。

2002年，沂源县生猪定点屠宰管理办公室职责移交到县国内贸易局。同年，成立沂源县动物防疫监督所（事业单位），隶属县畜牧局，专职负责全县动物防疫检疫工作。

2005年，对全县畜禽规模养殖场、屠宰场、

海达生猪屠宰检疫（2002年）

活禽屠宰交易市场等实行兽医监管。对在超市经营的肉类，经营业主必须持有《动物检疫合格证明》，否则不允许经营。沂源县有规模养殖场186个，专业养殖户527户，遍布全县，给检疫工作带来较大困难。当年，共检疫大中型动物20余万头、禽兔600余万只、动物产品4.3万吨。

2011年，全县检疫片区由南麻、鲁村、东里、悦庄4个调整为南麻、鲁村、东里、悦庄、大张庄、三岔6个，基层动物监督执法人员增加到38人。投资40万元，为基层卫生监督所配备检疫车辆5辆，配置检疫服30套，改善检疫条件。淄博市开展检疫系统大学习、大比武、大练兵活动，沂源县名列第3名。实施局班子成员包分所、检疫员包养殖场、养殖户机制，签订安全生产责任书，挂牌监管。当年，检疫大、中型动物35万头（只），禽兔2936.8万只，动物产品4.07万吨。

2013年，贯彻农业部《关于畜牧兽医行政执法六条禁令》，严禁只收费不检疫，严禁不检疫就出证，严禁重复检疫收费，严禁倒卖动物卫生证章标志，严禁不按规定实施饲料兽药质量监测，严禁发现违法行为不查处，全县检疫工作规范有序。

2014年，生猪定点屠宰管理办公室（副科级全额财政拨款事业单位）职责整建制调整到县畜牧兽医局，人员编制、机构规格保持不变。同年，实行动物检疫合格证明电子出证制度，出证与收费统一。是年，产地检疫大中型动物3.2万头、禽兔628万头（只）、动物产品1.36万吨、屠宰检疫631.2万头（只）。强化养殖场（户）监管，建立规范养殖档案，禁止瘦肉精、苏丹红等有毒有害物质的添加和使用。检查兽药经营企业88家、兽药药品230余种，没收过期兽药110余种，立案15起，罚款1.5万元；没收猪肉1100斤、屠宰工具25件，捣毁窝点5个，移交食品药品监督机关2起、公安局机关1起，行政拘留1人。

2015年，对规模化养殖场实行一卡一书一档（监管联系卡、安全用药用料安全承诺书、养殖监管档案）监管，采取风险分级管理，对不同风险等级场所，采取不同监管频次。贯彻财政部、国家发改

委《免征小微企业动物检疫费的通知》《关于取消和暂停征收检疫费的通知》，自1月1日起免征小微企业检疫费，11月1日起全面暂停检疫费征收，取消动物及动物产品检疫费。

2016年，强化对病死动物无害化处理，县政府委托临淄齐城无害化处理有限公司，在县垃圾集中处理场设立病死动物无害化处理集中收集点1处，是年无害化处理病死猪845头。

2017年，对全县动物养殖场（养殖小区）、屠宰场、动物诊疗所等进行风险评估，实施分级管理，科学监管。养殖场达到A级的45家、B级的20家、C级的23家；屠宰场达到A级的2家；诊疗所达到A级的2家、B级的1家。

2019年，对原有兽医实验室进行改造提升，建成无菌室、样品制备室等，新购置核酸提取仪、生物安全柜等设备，具备非洲猪瘟、禽流感、口蹄疫等病原学检测能力。同年，沂源县创建省级免疫无口蹄疫区和无高致病性禽流感区。2021年11月23日，通过省级评估验收。12月23日，由淄博市畜牧渔业服务中心主办，县人民政府、县畜牧渔业服务中心承办，在南鲁山镇模拟羊口蹄疫突发症状联合应急演练。是年，非洲猪瘟大暴发，给国内动物检疫防控带来严峻挑战。

2020年，严格落实《山东省生猪运输车辆备案监管指导意见》，对县域内生猪运输车辆实行备案监管，落实产地检疫报检制度，严禁生猪运输车辆混装混用，及时清洗消毒，杜绝病菌传入。全县备案生猪运输车辆57辆。

畜禽疾病诊疗

1944年，沂源县建县初期，畜禽养殖由农户散养，养殖规模较小，官方兽医诊疗体系没有建立，缺乏专业兽医兽药，畜禽生病，农户多采用西瓜皮、黄瓜、醋酒、生石灰、葱、蜂蜜等民间土方治疗，疗效慢，病死率高。1954年，建立县级兽医站，开展官方畜禽疾病治疗，畜禽病死率下降。1960年，全县13个公社均设立兽医站，每个兽医站配备专业兽医1~2名，开展畜禽疾病诊疗。其间，专业兽医配备不足，交通不便，为方便治疗，有些村配备1名乡村兽医，称为“赤脚兽医”。遇有羊、猪等大中型牲畜生病时，一般请乡村兽医、赤脚医生帮忙诊疗救治。家禽类一般性疾病，村民到村兽医、赤脚兽医处拿药自己治疗。

许多村地处偏僻，道路崎岖，交通不便，一旦遇到牛、羊、猪等大中牲畜患有重大疾病，乡村兽医不管刮风下雨、白天黑夜，步行到养殖户家诊疗。20世纪60年代，大张庄公社房家圈大队熊自花，23岁起就从事畜禽疾病诊治工作，无论刮风下雨从不误诊，几十年如一日，兢兢业业，被群众称为“兽医郎中”。

牛属于生产队重要劳动力，是生产队重点保护对象，一旦患有流感、难产等重大疾病，生产队派专人陪牛到县兽医站住院治疗（各公社兽医站不具备畜禽重大疾病治疗条件），县兽医站安排住宿场所，陪护人员自带被褥，自己做饭，直到牛康复出院。有时遇有疾病大流行，大批牛感染疾病，由于县兽医站场地有限，只能排号或把牛安排在附近的空闲场所，在树上挂吊瓶为牛输液。

2009年，沂源县动物疫病预防与控制中心成立，与沂源县兽医站合并，广泛开展畜禽疾病诊疗服务。2017年，政企脱钩，政府部门不再从事有偿

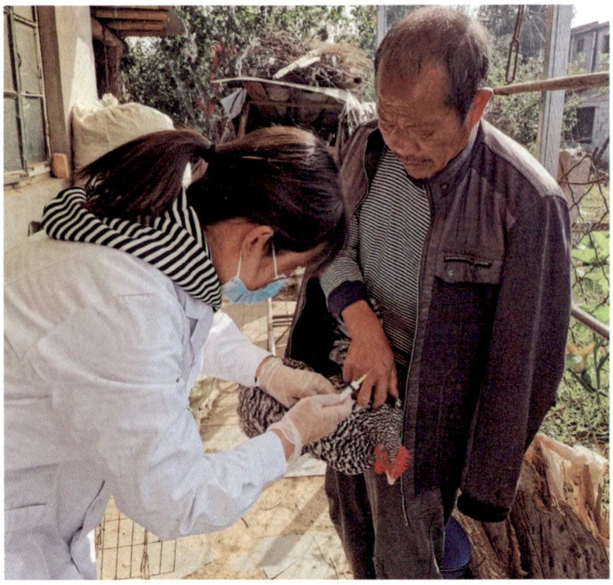

防疫员入户诊疗家禽疾病（2009年）

性经营活动，县动物疫病预防与控制中心经营性职能取消，兽医治疗服务活动推向市场，实施市场化有偿服务。随着宠物数量增多，县城诞生了4家宠物门诊，专门从事宠物疾病治疗及日常护理服务。2022年，淄博市首家公益性兽医门诊沂源惠牧兽药饲料有限公司第一门诊部成立，隶属沂源国有投资集团有限公司，开展畜禽疾病诊疗、药物饲料销售、宠物日常护理等服务。

饲料经营

1984年以前，饲料经营由粮食部门负责，主要任务是协助生产队按规定留足牲畜饲料粮；对畜牧场和其他单位的种畜、运输部门的役畜，部队、厂矿、企业、事业单位饲养的畜禽按统销政策供应饲料粮及其产品，按规定供应商业部门收购生猪的奖励饲料及收购生猪各个环节使用的饲料；管理和分配酿造业和副食品厂的下脚料；配合农业部门调剂推广高产优质青饲料种子等。是年，成立县饲料公司，配备专职人员2名。1985年，建立机械化饲料加工厂1处，配备小型饲料加工机组9座，装机容量96.7千瓦，年产能力1.56万吨（其中饲料厂年产2000吨）。年底从事饲料经营加工的专职人员发展到22人，当年向社会供应畜禽饲料3555吨，获得利润14.7万元。1988年，全县12个粮所建起饲料加工点，年加工饲料6960吨。1990年，由于上年度粮食价格高，当年春季粮食价格下降，库存玉米价每公斤达0.84元，市场现行价0.52元，产品成本增高，又遇养殖业不景气，饲料经营面临困难。粮食部门采取分解任务指标、增设代购代销点、兑现与来料加工等措施，化解经营困难。当年销售饲料3245吨，获利16.2万元。1985—1990年，共销售饲料3.68万吨，获利298万元，年均获利49万元。

2000年，推广人工种植牧草，主要有苜蓿、串叶松香草、俄罗斯饲料菜、黑麦草、墨西哥玉米、鲁梅克斯等饲草品种。在奶牛养殖场推广玉米秸青贮饲料，年推广玉米秸青贮14万吨。2005年，在鲁村镇建成淄博天普饲料有限公司，实施饲料生产加工经营。2006年，在东里镇和燕崖乡建成淄博汇宝饲料有限公司和淄博中阳牧业有限公司，发展饲料经营企业41家，主要生产猪料、鸡料、鸭料、牛料、兔料、羊料等浓缩饲料和全价饲料，年生产能力8.2万吨。2012年，贯彻国务院《饲料和饲料添加剂管理条例》《饲料和饲料添加剂生产许可管理办法》和农业部《饲料药物添加剂使用规范》等法律法规，加强饲料市场监管，维护饲料市场秩序。2023年，全县饲料经营企业50余家，遍布全县。

畜产品加工

牛屠宰加工

建县初期，牛等大牲畜由私营屠户自由购销屠宰加工，屠宰方式以家庭作坊式屠宰为主，采用传统的“一把刀，一口锅”宰杀方式。但牛等大型牲畜属农村重要劳动力，少有屠宰，直到失去劳动能力后方可宰杀。东里、柳枝峪、刘家庄等回民居住集中的村及周边村屠宰牛等大牲畜一般请回族族领阿訇帮忙屠宰。宰杀时阿訇用一块白布蒙住大牲畜的头，并念叨戒语后方可下刀。回族人不吃牲畜的内脏和血，这是回民的传统习俗。

农业高级合作化后，牛属于合作社公共财产，受到保护，生产队没有屠宰决定权，牛屠宰由合作社集体研究决定，对于老弱病残确需宰杀的，必须事先向公社申请，公社向县报备，且公社派人实地审验获准后方可宰杀，否则按破坏社会生产力论处。党的十一届三中全会后，农村经济体制改革逐步深化，牛不再作为主要劳动力管理，牛屠宰加工推向市场，由市场调剂供应。1985年后，柳枝峪、东里、大刘庄等回民集中居住区逐步发展起一批牛屠宰户，以家庭作坊式从事牛屠宰加工，销售牛肉及肉制品。20世纪90年代初，柳枝峪村杨兴田在县城楼外楼处建立回民饭店，从事牛屠宰及肉制品销售，是县城最早的牛屠宰专业户。2023年，全县牛屠宰专业户达100多家，年屠宰牛3万头以上。

生猪屠宰加工

新中国成立初期，生猪由私营屠宰户自由购销，国营商业购销量极少。其间，生猪屠宰、烫刮、剥皮均为手工操作。1955年7月，实行生猪派购制度，依据上级分配上调计划与县内市场供求情况确定派购任务，县食品公司与畜户签订缴售合同后收购。1958年人民公社化，生猪由国营食品公司统一收购，禁止个体购销屠宰，实行生猪收购许可证（卖猪条）制度，社员凭条到食品公司销售，得不到许可不能销售。离食品公司近的，凌晨社员把猪喂饱直接赶去，以增加猪的重量；离食品公司远的，只能用小木车把猪推去。毛猪过秤按级打价，分特等、一等、二等、三等不同价格，特等价是五毛七分五。1960年，实行“少杀多繁、繁殖第一、出口第二、消费第三，先城市、后农村”政策，严格控制生猪屠宰。1962年，恢复生猪派购，实行包购超额奖励合同制。是年国家拨给10万元无息贷款，发放预购定金，扶持社员养猪。1963年，实行“计划内售一留一、购留各半和议价收购”办法。“文化大革命”期间，不允许发展私营经济，严格禁止畜禽个体屠宰交易。1966年，沂源县食品公司成立，各公社相继成立食品站，主营生猪屠宰和加工。此后，县食品厂在肉联加工厂建容量为500吨的冷库1座，同时建脱毛、剥皮等流水线，采用机械化屠宰，代替人工屠宰。是年，全县雇用30名生猪派养派购管理员，负责生猪饲养管理和委派收购任务。1980年，牲畜屠宰加工由县食品公司肉联厂、县食品厂、县供销社肉联厂、张庄供销社冷藏厂、沂源县外贸福利冷藏厂、鲁村肉联冷藏厂等国营和集体企业宰杀，猪肉消费凭肉票供应。由于经济状况低下，人们都喜欢买肥肉、五花肉，可以用来熬猪油炒菜，很少有人吃瘦肉，肉摊上往往最后剩余的是瘦肉。20世纪80年代前，肉蛋菜价格实行国家定价，全国统一价格，猪肉0.72元/斤，肥瘦一个价。

1982年，国家放开生猪屠宰管理，允许个人屠宰销售，打破国营食品公司独家经营格局，生猪屠宰市场日趋活跃，肉品供应日渐充足。1984年，为解决卖猪难问题，允许养猪户跨区、乡销售生猪。1985年，国家放开肉蛋菜价格，停止派购，自由交易，恢复“斤猪斤粮”奖励办法。临沂地区分配本县扶持生猪生产饲料粮5800吨。是年收购生猪55970头。1986年4月，临沂地区分配给饲料2925吨，订购育肥猪饲料1750吨。规定农民交售肥猪1头，奖励平价饲料小麦50公斤或标准面粉45公斤，对边远乡镇农民每交售1头肥猪奖励平价饲料小麦75公斤或标准面粉65公斤、配合饲料113公斤。同年，沂源县鲁村肉联冷藏厂成立，投资38万元，建设150吨冷藏库、生猪屠宰车间及加工生产线，开展生猪屠宰加工业务，肉产品主要销往北京、上海等国内大中城市。1987年9月1日起，农民向国家交售1头肥猪奖励饲料75公斤。当年收购生猪46790头。1998年，取消售猪饲料奖励，国营食品部门实行议价议销。全县80%以上的生猪加工销售业务由私人承担。1990年，国营食品部门收购生猪19962头，比1985年减少36008头，仅占1985年收购量的35.6%。国营和集体屠宰及加工企业货源供应不足，效益逐渐下滑。生猪屠宰加工业务逐渐被个体作坊取代。

1995年，沂源县生猪实行定点屠宰，由县食品公司统一集中宰杀，批发给个体业户零售销售。县政府对生猪定点屠宰实行政府监管、企业运作模式，成立沂源县生猪定点屠宰领导小组，强化市场组织管理，每逢重要节日、重要活动，农民宰杀的猪只能私用，不能销售，一旦被稽查，猪肉被没收或被罚款。1998年，县食品公司因亏损并入县农副产品营销中心，停止经营生猪屠宰及肉类加工业务。2001年7月，沂源县食品公司破产，其资产和人员整体移交山东海达食品有限公司，海达公司承担全县生猪定点屠宰业务，实施政府“放心肉”工程，设立“放心肉店”，在乡镇改造和新建生猪定点屠宰场、点16处。2012年，公司投资3678万元，新上年加工30万头生猪屠宰及分割生产流水线，达到国家AAA级标准，在南麻镇、鲁村镇、历山街道、经济开发区设立了5个定点屠宰点，实行集中屠宰、冷链配送，取代原设的16处屠宰点，冷链配送到各零售点。2023年，海达公司年加工生猪3.3万头。

肉鸭屠宰加工

2002年，石桥乡马庄村党支部书记徐希明投资100万元建立沂源盛达鸭业公司，建成日加工肉鸭3000只的生产线，实现肉鸭大棚养殖、屠宰加工、保鲜贮藏于一体的全产业链发展，带动石桥乡鸭业发展，成为石桥乡支柱产业。是年，沂源盛达鸭业公司被认定为市级龙头企业；2008年，被山东省农业厅认定为省级示范合作社。

盛达公司肉鸭加工

2003年5月，山东海达食品有限公司收购沂源县张庄肉联厂，成立沂源易德鸭业有限公司，引进肉鸭加工项目，开展肉鸭加工。同年10月，徐敏林投资200万元在西里镇裕华村建立沂源汇盛鸭业有限公司，年屠宰肉鸭100万只。是年，西里镇唐庄村李海东投资500余万元，建成沂源县富盛达肉类加工厂，年屠宰肉鸭100万只。2004年，王元坤投资200万元，在西里镇梭背岭村建成沂源县绿洲鸭业有限公司，年屠宰肉鸭200万只。2007年8月，陈明杰投资500万元，在石桥乡黄墩河村建立山东沂源泉港鸭业有限公司，年屠宰肉鸭200万只。2009年10月，张李远在西里镇唐庄村建成远大禽业有限公司，年屠宰肉鸭100万只。2011年，沂源兴宝鸭业有限公司投资300余万元，建成年屠宰90万只肉鸭生产线。通过“公司+农户”模式，发展肉鸭养殖户280余户，养鸭户年增收2万元以上。2017年，全县肉鸭屠宰能力达2000余万只，实现收入2亿元以上。

2016年，进行环境大整治，县域内村边、河边、路边养鸭大棚被全部拆迁或关停，大部分养鸭户转业，全县养鸭业受到影响，肉鸭货源供应严重不足，6家老字号肉鸭屠宰企业基本关停或转产。

2019年7月，潍坊人韩伟在石桥镇东北庄村成立了沂源圣沣食品有限公司，注册资本300万元，从事家禽饲养、肉鸭屠宰，蛋、奶制品加工等，年屠宰肉鸭1218万只，实现收入2.65亿元。2019年9月，沂源海赢食品有限公司在石桥镇石龙官庄村成立，隶属广东海大集团，注册资本500万元，从事家禽屠宰、兽药经营等业务。年屠宰肉鸭2000万只，主要销往北京、广东、江苏、四川、福建等大型批发市场，是“周黑鸭”“绝味”“无穷”等全国知名连锁企业供应商，带动肉鸭养殖户200多户。2023年，两家企业肉鸭年屠宰能力在3000余万只以上，销售鸭产品7.8万余吨，年产值达4.8亿元。

肉鸡屠宰加工

20世纪80年代前，处于计划经济发展阶段，主要养殖蛋鸡，由家庭散养，规模较小。老龄蛋鸡宰杀由养殖户自行宰杀，回民宰杀时把鸡带到教堂，由族领阿訇宰杀，这是回族的习俗。宰杀鸡也是一个技术活，技术不熟练的很难把鸡立即杀死。唐山公社赵家庄大队左姓农民由于宰杀技术不过关，宰杀后的鸡跑进玉米秸攒，两天后才发现鸡尸。20世纪90年代，随着市场经济的成熟发展，县城、各乡镇驻地、大型农贸市场驻地逐步出现了一批活禽交易市场，并为消费者提供免费宰杀。

2002年，山东海达食品有限公司投资6000万元，对县食品公司车间进行改造，新上肉鸡加工出口流水线，年屠宰肉鸡50万只，实现产值200万元。加工肉鸡主要出口欧盟、日本，被山东省检验检疫局列为全省肉鸡产品对日出口窗口企业。2004年，禽流感疫情爆发，各类家禽产品出口受限，2006年海达公司肉鸡屠宰项目关停。2007年4月，沂源县康乐食品有限公司在鲁村镇舍庄三村成立，主要生产真空包装烧鸡、酱猪蹄、卤肉制品，年加工酱卤肉制品100吨。其中烧鸡选用18个月龄健康鲜活的老母鸡作材料，搭配28种名贵中药材，经过12道传统工艺加工而成，口感独特，打造了“沂蒙周氏”烧鸡品牌。

肉羊屠宰加工

羊是沂源县的传统养殖产业，具有悠久的发展历史。2023年，全县羊存栏17.99万只，出栏34.04万只，是农民增收的主要产业之一。长期以来，羊的养殖主要是家庭散养，宰杀由养殖户自行屠宰。传统的宰羊吃羊节日主要是农历六月六伏羊节、七月十五中元节、八月十五中秋节。随着生活水平的提高，升学宴、生日宴也成为吃羊的重要节日。特别是升学宴，为图个吉利，祈求鸿运当头，一般选择长角的红山羊宰杀，价格比黑山羊高出2~3元。沂源黑山羊是国家地理标志登记产品，独特的生态环境造就了沂源羊肉的特有品味。沂源黑山羊肉质独特，沂源大锅全羊成为地方特色名吃，受到众多外地客人认可，声名远播，普遍认为没吃到大锅全羊，就是没到过沂源。全县有上百家口味正宗的大锅全羊饭店，其中南鲁山镇芝芳村的唐家羊肉馆是一家经历父子两代的30年老字号。2016年，芝芳村唐家羊肉馆的大锅全羊被中国饭店协会评为中国名小吃。

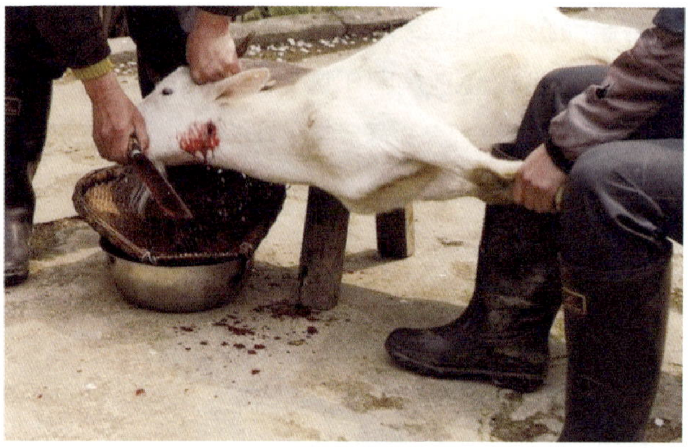

个体肉羊屠宰

2022年，贯彻山东省人民政府办公厅《关于加强食品安全工作的若干措施的通知》，推行集中屠宰、质量追溯、冷链配送、品牌经营的要求，县政府出台《关于推行牛羊集中屠宰的实施意见》，规范牛羊屠宰方式，清理家庭作坊式屠宰户（俗称地滚户），推进牛羊屠宰标准化、产业化。是年，沂源县第一家肉羊屠宰企业——山东迪睿食品有限公司在石桥镇黄墩河村建成投产，是一家集屠宰、冷鲜、分割、深加工、销售于一体的现代化肉羊屠宰企业，注册资金500万元，占地4000平方米，年设计屠宰肉羊16万只。主要产品为羊肉、羊胴体、羊排、羊腿、羊蝎子等产品。实行“公司+合作社+基地+农户”产业化经营模式，与500余家养殖户签订养殖回收协议，每户年可增收2.5万元。2023年，肉羊屠宰能力达到1万只，肉羊产品400吨，产品销往安徽、江苏等省。10月，被国家畜禽屠宰质量标准创新中心认定为2023年度全国畜禽屠宰质量标准创新中心全产业链健康肉实验示范基地。同年，获第38届山东畜牧业博览会优质畜产品银奖；2024年，获第39届山东畜牧业博览会优质畜产品金奖。

肉兔屠宰加工

1987年，沂源鲁村肉联冷藏厂投资引入肉兔加工项目，开启了沂源县兔肉企业化加工。1990年，依托山东省肉食蛋品进出口公司，开始兔肉加工出口。1997年1月，公司取得出口食品卫生注册代号，具有了出口自营权。2001年7月，公司破产被山东海达食品有限公司兼并。总经理张新岭瞄准国际市场，按照技术服务，区域化规模饲养，商

海达肉兔加工车间（1990年）

品兔保护价收购发展模式，在全县大力发展肉食兔。在鲁村镇、大张庄乡、徐家庄乡、博山区建标准化种兔场15处，规模达30万只以上。2003年9月，公司代表全国肉兔加工企业通过欧盟兽医官的现场检查验收，顺利开关。2004年10月，海达公司生产的“华源牌”冷冻分割兔肉被评为山东省名牌产品。11月，海达公司第二次代表全国肉兔加工企业通过欧盟兽医官检查验收。12月，海达公司被评为山东省肉类食品行业先进企业，获2003—2004年度山东省畜牧行业综合实力五十强企业称号。2005年1月，满载海达兔肉的第一个货柜发往欧盟，标志着中国兔肉走进国际市场。8月“海达”商标被认定为山东著名商标，获山东省守合同、重信用企业。9月，公司通过国家食品安全管理体系认证、ISO9001国际质量体系认证和HACCP认证。10月，作为全国首批100家食品加工企业率先通过ISO22000国际食品安全管理体系认证，获山东省先进龙头企业称号。2006年，公司被农业部评为全国乡镇企业实施“走出去”战略先进企业称号，通过IFS（国际食品供应商标准）认证。2007年4月，获2006年第五届中国成长百强第13名。2007—2009年，被中国畜牧业协会认定为首届全国养兔行业优秀企业。2008年，通过韩国注册。2009年3月，中国兔肉进入韩国市场，年出口兔肉500吨。10月，第三次代表中国肉兔加工企业通过欧盟兽医官员的现场检查。肉兔养殖基地获国家无公害农产品产地认证，冻兔肉获国家无公害农产品认证。2010年12月，俄罗斯官方兽医对公司进行全面考察，当年出口兔肉100吨。2011年，在全县建设标准化肉兔养殖基地16处，其中鲁村镇15处，大张庄镇1处，养殖规模48万只，出口肉兔840吨。同年，国家兔产业技术体系淄博综合试验站在海达公司设立，国家兔产业体系首席科学家秦应和教授和岗位科学家李福昌教授多次到海达公司养殖场进行现场指导。被中国农业大学动物科技学院畜牧产业技术体系设为专业学位研究生研究实践教育基地。2012年，通过俄罗斯注册，签订兔肉出口俄罗斯协议。2017年6月，第四次代表中国肉兔加工企业通过欧盟兽医官现场检查，是全国同行业中唯一一家4次代表国家兔肉行业迎接欧盟兽医官现场检查验收的企业。

沂源县畜牧渔业服务中心机构沿革

1950年，畜牧业务归县政府建设科。1952年，县政府农业科设立畜牧组。1954年，设立县兽医站。1956年，东里区、鲁村区设立兽医站。1959年12月，畜牧管理业务从县农水局分出，成立县畜牧局。1960年，全县13个公社均设立兽医站。1961年9月，县畜牧局撤销，业务归县农业局。1980年11月，畜牧管理业务从县农业局分出，成立县畜牧局。1984年6月，县畜牧局与县农业局合并为沂源县农牧渔业局。1988年1月，农牧分开，成立沂源县畜牧开发公司，为正科级事业单位；8月，成立县畜牧局，与畜牧开发公司合署，挂2个牌子。1989年1月，县畜牧开发公司改为科级企业单位，与县畜牧局分设；6月，县畜牧开发公司与县畜牧局合并，保留2块牌子。1993年12月，县畜牧局改为县畜牧服务中心，16处乡镇兽医站人、财、物三权下放到乡镇，县畜牧服务中心负责业务指导。1995年5月，建立沂源县西部畜牧开发区。1998年3月，县畜牧服务中心更名为县畜牧局。2002年，成立沂源县动物防疫监督所，为副科级事业单位，隶属县畜牧局。2008年6月，县畜牧局更名为畜牧兽医局。2009年，县动物防疫监督所更名为县动物卫生监督所，下设13个乡镇分所；县兽医站更名为县动物疫病预防与控制中心，加挂县兽医站牌子。2014年，县商务局承担的生猪定点屠宰职责划入县畜牧兽医局；县生猪屠宰管理办公室整建制移交至县畜牧兽医局。2019年1月，整合县畜牧兽医局、县渔政渔技站、县动物疫病预防与控制中心，组建县畜牧渔业服务中心，为正科级事业单位，由县农业农村局代管，行政职能划转到县农业农村局。2021年，整合县畜牧渔业服务中心、县动物卫生监督所、县生猪屠宰服务中心，组建县畜牧渔业服务中心，隶属县农业农村局，挂沂源县动物疫病预防控制中心、沂源县动物卫生检疫中心牌子；3月，在12个镇（街道）设立县畜牧渔业服务中心分中心，实行派驻体制。2023年12月，调整为参公正科级事业单位。

2002年12月，山东省人事厅、山东省畜牧办公室授予沂源县畜牧局全省畜牧工作先进集体称号。2014年5月，山东省人力资源和社会保障厅、山东省畜牧兽医局、山东省公务员局授予沂源县畜牧兽医局全省畜牧兽医先进集体称号。2022年12月，山东省人力资源和社会保障厅、山东省畜牧兽医局授予沂源县畜牧渔业服务中心山东省畜牧兽医工作先进集体称号。

沂源县畜牧渔业服务中心历任主要负责人

机构名称	姓名	职务	任职时间
沂源县畜牧局（1980.11—1984.06）	聂文亮	局长	1980.11—1984.06
沂源县农牧渔业局（1984.06—1988.08）	林志坚	局长	1984.06—1988.08
沂源县畜牧局（1988.08—1993.12）	林志坚	局长	1988.08—1989.01
	刘勤学	局长	1989.01—1993.12
沂源县畜牧服务中心（1993.12—1998.03）	徐志同	主任	1993.12—1998.03
沂源县畜牧局（1998.03—2008.06）	李化随	局长	1998.03—2001.03
	曾庆军	局长	2001.03—2006.02
	牛启胜	局长	2006.02—2008.01
	徐志庆	局长	2008.01—2008.06
沂源县畜牧兽医局（2008.06—2019.01）	徐志庆	局长	2008.06—2011.11
	房师玉	局长	2011.11—2016.12
	韩启云	局长	2016.12—2019.01
沂源县畜牧渔业服务中心（2019.01—）	韩启云	主任	2019.01—2021.05
	李崇澍	主任	2021.05—

农经管理

记忆沂源·农业农村卷

农村土地制度

古代土地制度

中国古代土地制度在不同的社会发展历史时期，跌宕变革，赋予鲜明的时代特色。原始社会土地属于氏族公社所有，公社成员集体耕种，土地平均分配。夏商周奴隶社会时期，土地实行“井田制”，归国家所有，土地分封给领主贵族所有，领主不得买卖和转让，向国家缴纳贡税，农民终生不得离开土地。秦朝时期，商鞅变法，推行开阡陌决裂封疆系列改革，废除“井田制”，实行“名田制”，以法律形式把土地固定在地主手中，土地可以自由买卖。王莽新政时期，实行“王田制”，将土地收为国有，禁止私人买卖，有男丁不超过八口的家户占有土地限制在“一井”（九百亩）之内，无地农户按一夫一妇授田百亩标准。隋唐时期，实行均田制，国家按户数人口分配土地，农民每年向国家缴纳赋税。太平天国时期，推行天朝田亩制度，提出“凡天下田，天下人同耕”，但没有实施。1840年，第一次鸦片战争，中国主权遭到破坏，一步步沦为半殖民地半封建社会，土地基本被地主阶层掠夺占有，农民失去土地，成为土地的附庸，依靠租地、借高利贷等形式维持生计。

民田　即私田。1945年土改前，沂源县民田基本由地主、富农占有，属于地主、富农个人私有财产。地主、富农靠土地出租、雇工、放高利贷、拉官工（佃户除按契约交租外，还无偿给地主干零活）等形式攫取财富，压榨贫农。贫农靠打长工、租地、借贷、官工等形式受盘剥压榨维持生计。1944年，全县有地主、富农2834户，共1.55万人，主要集中在历山、鲁村、青龙3个区，占有耕地15.55万亩，人均占有10.06亩，占有大牲畜5613头，人均占有0.36头，地主人均占有粮食3445斤，富农人均占有粮食1785斤。贫农、中农4.63万户，共18.93万人，拥有耕地34.03万亩，人均占有1.79亩，拥有大牲畜8537头，人均占有0.045头，贫农人均占有粮食205斤，中农人均占有粮食536斤。全县6.1%的地主、富农占有31.36%的耕地，地主、富农人均耕地是贫农、中农的5.62倍。地主、富农占有的土地是地势平坦、土地肥沃的耕地，贫农、中农占有的土地基本是土壤贫瘠、地力较差的山岭薄地，产量低、收成少，根本不足以解决口粮问题，饥寒交迫，食不果腹。逃荒要饭、卖儿卖女、打长工是维持生计的根本出路。1944年，全县逃荒要饭的有1.38万户，卖儿卖女的有2793户，分别占贫农、中农户数的29.78%、6%；打长工的有1.36万人，占贫农、中农人口的7.17%；逃荒要饭和打长工的鲁村区最多，分别占全县的16.76%、13.18%；卖儿卖女的历山区最多，占全县的11.56%。

庙田　县域内有较大的寺庙、庵、观36座，均有数量不等的土地，少者几亩、几十亩，多者上百亩。丈八丘清元观84.7亩，安平栖真观50亩，消水寺100亩，荆山寺50多亩。由所在僧、尼、道士掌管。土地多的寺院靠出租、雇工经营。如荆山寺附近的付家庄大部分村民是该寺的佃户。其所得用于供养僧尼、道士、管庙人员及修葺寺庙、祭祀等。土改后庙田归为民田。

学田　较大的学校有学田，由校董掌管。其收入用来校舍修缮、办学经费、补助教工薪资。南安乐小学有40亩，黄庄小学有65亩。土改后，学田归民田。

族田　也称防护林、坟地。大的姓氏家族均有族田，由家族长辈族首经营，其收入用于祭祖、续家谱、修家庙（祠堂）及本族公共活动。黄庄区丈八丘村张氏家族有族田60亩，农业合作化时期，收回归农业合作社所有。

义田　俗称舍地、乱葬岗，多是荒坡野地，数量较少，多数村都有。用于埋葬无地葬身者、夭折幼童、无人认领的路尸。

减租减息

1937年8月，洛川会议通过《抗日救国十大纲领》，决定以减租减息作为解决农民土地问题的基本政策。停止没收地主土地，普遍实行减租减息政策，以减轻农民所受的封建剥削，提高他们抗日和生产积极性，同时实行交租交息，以利于联合地主抗日。二五减租（即把原租额减少25%）年息利率为一分（10%），最高不得超过一分半（15%）。正租以外的杂租、劳役和各种形式的高利贷一律取缔。1943年，博莱县（1942年，博山与莱芜合署办公，称博莱县，当时沂源县隶属博莱县）抗日民主政府根据山东省战时工作推行委员会颁布的减租减息法令，在张庄、黄庄（1990年后属莱芜）开展减租减息和雇工增资运动，对租种地主土地的租额由“三七”“四六”交租比例，改为“二五减租，分半减息”，适当增加雇工的工资（一般是粮食）。各区于1944年全面完成，减轻了农民生活负担。

土地改革

沂源县土地改革运动分三个阶段：1946年开始，1947年土改复查，1950年结束。1946年7月初，沂源县委在西北麻村举办土地改革骨干培训班，学习中共中央《关于清算减租和土地问题的指示》（简称“五四”指示），部署土地改革事宜，培训骨干600人。7月中旬，县委调集百名干部到鲁村区鲁村、王家石沟、西沙沟，青龙区的踅庄等封建势力较大的村进行土改试点，将地主、富农人均多余占有的土地征收或让其献出，分给无地和少地农民。7月下旬，县委书记刘延博带领干部到鲁村区王家石沟村和西沙沟村蹲点具体指导。经过试点，全县铺开。10月底，8个区405个村基本完成。1947年，国民党军队攻占南麻，阶级斗争激烈，出现明改暗不改和反攻倒算的情况。

1947年9月，对全县土改工作情况复查，进

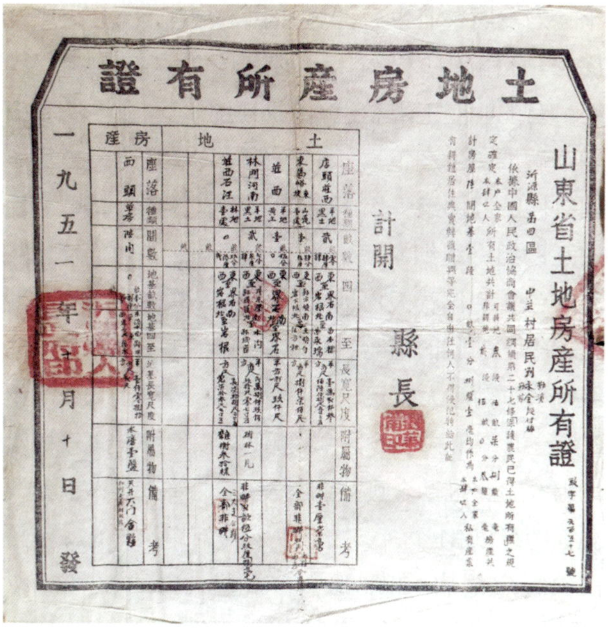

土地房产所有证（1951年）

行“谁养活谁”的教育，提出“土地回老家，耕者有其田”的口号，查出黄庄、鲁村、青龙区存在漏落土地和地主瞒报土地问题。1950年底，土改工作结束。土改中，紧紧依靠贫雇农，团结中农，打击地主和反动富农。征收富农多余财产，没收地主多余土地、房产及生产资料，个别地方“实行扫地出门”政策。共征收、没收地主、富农土地1.01万亩，房屋1992间，粮食11.83万公斤，现金（法币）115.33万元。对土地进行重新划分，按人口分配给农民，没有房产的农民也分到房产。实行“耕者有其田，居者有其屋”，解决了农民土地和居住难题。土地改革完成后，县政府实施土地确权颁证，确定土地主人，农民拥有了私有土地，享有土地所有权、生产权，自主经营，除上缴国家公粮外，剩余的粮食归自己，多劳多得。土地政策改革彻底废除了地主阶级封建剥削的土地制度，地主阶级被消灭，改变了贫农、佃农依附地主、富农靠打长工、租土地生存的命运，变革了农村生产关系，农民生产积极性高涨，生产力获得解放。

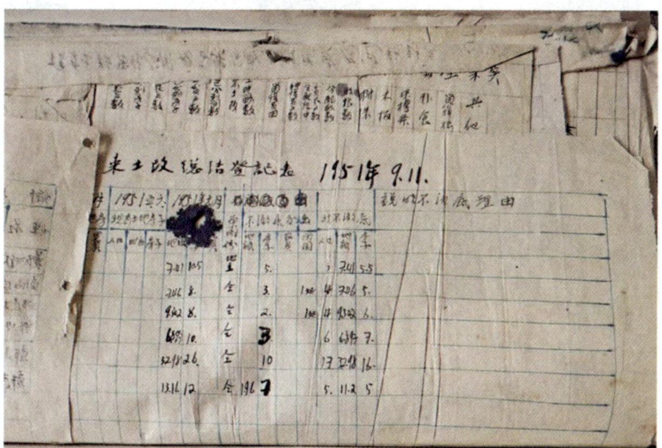

土改总结登记表（1951年）

农业互助组

建县初期，由于常年战乱和瘟疫流行，社会不稳定，劳动力不足，生产资料短缺，生产力低下，严重影响农业生产，吃饭问题面临严峻考验。1947

年，为发展农业生产，解决生产难题，部分村庄几户农户自愿组成一个组，变工互助，有的叫互助组，有的叫变工组，也有的叫掰犋组，在农忙季节相互帮忙，生产工具、生产资料共享共用。有常年固定性的互助组，组织稳定，常年坚持；有季节性的互助组，组织不固定，季节性强，有“春组织，夏垮台，明年春天再另来”之说；有临时性的互助组，农忙时临时组合，农忙完成后自行解散。互助组解决了劳动力不足，生产资料缺乏问题。1948年2月，推广鲁村区齐家黄沟和张庄区娄家铺子村互助组经验，推动全县互助组发展。1950年，全县成立互助组2031个，参加户数2.39万户、10.01万人，占农村户数的42.75%，占农业人口的42.23%。1954年，互助组发展达到历史高峰，为2967个，参加户数3.61万户、15.19万人，占农村户数的58.13%，占农业人口的56.89%。是年，农业生产互助组开始向初级农业合作社转型发展，有2738个互助组合并成立初级农业合作社，农民转为合作社社员，社员民主选举社委会，较大的社可分为几个作业组。社委会根据国家计划指导，安排农业生产经营，社员除参加集体劳动外，剩余时间可发展家庭副业和饲养家禽。1955年，全县互助组剩余229个，入组户数2.83万户、12.39万人，比1954年分别减少2738个、7744户、2.8万人。1955年底，互助组全部合并为初级农业合作社，互助组解散。

初级农业合作社

1951年12月，中共中央出台《关于农业生产互助合作的决议（草案）》，鼓励引导农民以土地入股，合作社统一运作的形式组建初级农业生产合作社。1952年冬，县委在南麻区西鱼台村冯玉元互助组基础上，试办全县第一个初级农业合作社，称为红旗农业合作社，有8户农户入社，农户以土地入股，大牲畜、机耕具由合作社统一使用，统一生产经营，土地分红，按劳分配，步入了沂源县初级农业合作社发展阶段。1953年春，东里区东长旺村曹子富、南流泉村王居连、鲁村区包阎庄村王振田等相继成立了初级农业合作社。12月，贯彻中共中央《关于发展农业生产合作社的决议》，全县掀起初级农业合作社发展高潮。在变工组、互助组基础上，实行农民以土地入股、耕畜、机具等生产资料作价的形式加入初级农业合作社，土地性质不变，仍属农民私有财产，农民成为合作社社员，共同参加社内组织的生产劳动。社员在参加社内劳动外，还可以耕种自留地和经营家庭副业，家庭副业的生产工具、零星树木、家禽家畜及生活资料归社员所有。初级社实行民主管理，最高管理机关是社员大会，社员大会选出管理委员会管理社务，选出监察委员会监察社务。粮食分配在完成上缴国家公粮任务后，集体留足种子、饲料外，剩余的粮食按土地四成，工分六成比例分配；现金分配从农业总收入中扣除农业税、公积金、公益金、生产费用外，剩余部分按土地四成、工分六成进行分配。1954年，全县成立初级农业合作社249个，入社7015户、3.2万人，占农村户数的11.33%，占农村人口的12.07%；1955年达到758个，入社3.29万户、14.2万人，占农村户数的52.2%，占农村人口的52.57%。

初级农业合作社同农业生产互助组相比，有很大不同。虽然土地和其他主要生产资料仍然私有，但由于统一合作经营，积累了部分公共财产，具有了半社会主义性质，是中国农民走向社会主义道路的决定性步骤。

20世纪50年代初，农业合作社社员分红

高级农业合作社

1955年，沂源县实行初级农业合作社并社、扩社，成立高级农业合作社，初级农业合作社社员全部转为高级农业合作社社员。高级农业合作社按照国家计划，统一组织劳动和生产经营。高级农业合作社由初级农业合作社联合组建，少量的由互助组和个体户联合成立，一般大自然村一村为一社，几个小自然村联合组建一社。是年，南麻区西鱼台红旗农业合作社转为高级农业合作社，名为“红旗农庄”，是沂源县成立的第一个高级农业合作社。1956年，高级农业合作社组建进入高潮，达到671个，入社5.27万户、22.23万人，占农村户数的82.02%，占农村人口的82.03%。

高级农业合作社对分配制度进行了调整，农民除留有少量的自留山、自留地外（不得超过土地总量的5%），其余土地无偿归为高级农业合作社集体所有，取消土地分红，农民私有的大牲畜、农耕机具等生产资料按当地正常价格定价有偿转为高级农业合作社所有，分期偿还，由高级社统一支配使用。粮食分配在完成上交国家公粮任务后，留足种子、饲料、储备粮后，按人口劳工六四分配；现金分配扣除农业税、生产费、公积金、公益金外，剩余的按社员劳动工日分配。高级农业合作社把农业发展推向了一个新阶段，农民积极性提高，农业生产力获得极大释放。粮食产量、农业产值效益逐年增加，社员生活逐步改善。1956年，全县农作物播种面积85.2万亩，其中粮食作物面积71.1万亩，粮食总产量6672万公斤，平均亩产188斤，社员人均分配口粮337斤；实现农产总产值2443万元，其中农业产值1778万元，牧业产值465万元，与1949年相比，粮食播种面积减少5.4万亩，粮食总产量增加2826.5万公斤、平均单产增加87斤；农业总产值增加1419万元，增长138.57%，农业产值增加951万元，增长114.99%，牧业产值增加303万元，增长187.04%。

人民公社

1958年8月29日，南麻区29个高级农业合作社，5100户社员合并成一个人民公社，名为“南麻红旗人民公社”，实行政社合一体制，是全县第一个人民公社。9月5—10日，响应毛泽东主席“还是办人民公社好”的号召，全县掀起公社化高潮，几天之内，全县19个乡镇全部公社化，实行政社合一体制。辖84个管区，682个生产大队，2194个生产队，生产队是公社最基本的生产单位。1962年调整为14个公社。

人民公社体制实行政社合一（人民公社既是行政组织，又是经济组织），“工农商学兵”五位一体。初期，劳动管理上实行军事编制管理，组织军事化、行动战斗化、生活集体化，在秋收秋种季节，实行大兵团作战，男女老少齐上阵，在田野安营扎寨作业。推行“一大二公”（人民公社规模大、公有化程度高）“一平二调”（在公社内把社员贫富拉平，公社对生产大队生产资料、劳动力、劳动产品及其他财产有权无偿调拨）。高级农业合作社一切所有权统归公社管理，一切生产资料和劳动力归公社调配使用，农民保留的自留地、家庭饲养的大牲畜、家庭副业等资产收归集体所有，实行以供给制为主要特征的按需分配制度。

人民公社对分配制度进行了大的调整，实行拉平、吃大锅饭，搞平均主义，走大集体所有化发展道路。1958年，南麻公社率先实行“三化”（吃食堂化、缝纫集体化、托儿互助化），此后，各公社随

南麻公社缝纫机组（1958年）

风而动，全县办起集体食堂2410个、缝纫机组122个、托儿所760个。

“共产风”在全县刮起，社员统一参加生产队劳动，集体吃食堂，口粮分配实行人口劳动三七定量供给，凭饭票吃饭，剩余归自己；现金分配，全年劳动工日扣除三分之一做饭钱，余者个人领发工资。集体统一组织生产劳动，出现出工一窝蜂，干活不记工，吃饭不要钱局面，生产积极性明显降低。

1958年6月，全国掀起了轰轰烈烈的“大跃进”运动，“浮夸风、共产风、瞎指挥风、强迫命令风、干部特殊化风”五风盛行，农业生产推崇“高产卫星”“人有多大胆地有多大产”“人定胜天”，粮食产量层层拔高，上面盲目追求高目标、高产量，瞎指挥，“一平二调”，到处“插红旗”“拔白旗”“放气球”。南麻公社东高庄大队亩产粮食1.84万公斤，是沂源县树起的第一面红旗，引领全县浮夸风盛行。当年，全县被插红旗的有4.57万人，被拔白旗撤职的84人，说真话报实产量而受辩论的2098人。导致生产大队自吹自擂，搞“高、大、空”，有些村自吹粮食亩产过万斤，严重违背了农业经济发展规律。“左倾”思想严重扰乱了社会管理秩序和农业生产秩序，农民积极性受到严重挫伤，生产力明显下降。是年，农业大丰收，是风调雨顺的一年，由于“大跃进”思想严重影响，片面要求以

大食堂就餐（1958年）

公社为收入分配单位，搞平均，丰产的粮食没有及时归仓，粮食烂在地里，造成丰产不丰收，发生粮食严重短缺困难。县委、县政府发现问题的严重性，安排人员到各公社实地调查、摸清实情，调整了分配制度，决定以公社为单位分配改为以生产大队为单位分配，不搞公社平均分配，阻止了各生产大队“左倾”思想继续蔓延，大大降低了生产损失。沂源县社员生活比周边地区相对好得多。

1959—1961年，长江以北连续三年遭遇特大旱灾、洪灾，山东是重灾区，给农业生产造成重创，粮食减产50%以上，造成粮食短缺危机。这三年是新中国成立以来全国经济最困难的三年，也是沂源建县以来农业发展最低迷的三年，生产力严重下滑，粮食短缺，生活大饥荒。1959—1963年连续五年，社员人均口粮253.4斤，每天不足0.7斤口粮，社员过着半年糠菜半年粮的苦日子。野菜、菜叶、瓜秧、树叶成为难得的食粮，有些缺粮严重的村，把花生壳、玉米轴、地瓜秧、花生秧等壳皮加工磨粉掺在粮食面里艰难度日，有的靠吃咸菜喝水填肚维持生计。由于长期吃不饱，营养不良，得水肿病、痨病（结核病）的人较多。有的拖儿带女外出逃荒要饭，有的举家逃荒到东北三省，叫“闯关东”，这段时期是社员生活最困难的时期。1962年，全县农作物播种总面积79.4万亩，粮食播种面积69.7万亩，粮食总产量7245万公斤，单产208斤，社员自留地产粮475万公斤，人均口粮253斤，比1958年总产减少863万公斤，下降11.91%，单产减少25斤，下降12.02%，人均口粮减少56斤，相当于每天减少口粮0.15斤。

1960年，贯彻中央《一九五六年到一九六七年全国农业发展纲要》（简称农业发展纲要），落实“土、肥、水、种、密、保、管、工”农业“八字宪法”，沂源县大力推广农作物间作套种和“十边”种植技术，提高作物复种指数，引进玉米、高粱等新品种，提高粮食产量。对土地政策进行调整，准许社员经营自留地，用于发展蔬菜和家庭副业等项目，自留地又回到社员手中。其间，队办、户办粉皮、粉条、馒头、面条、豆腐、理发、红炉、木工

组等副业项目也有一定程度发展，生产队、社员收入增加。1961年1月，县委部署对1958年“大跃进”以来“一平二调”的错误进行检查纠正，凡是向生产队和社员平调的土地、房屋、家具、树木、家禽等都坚决退赔，查出平调款581.25万元，退赔524.9万元。5月，召开全县三级干部会议，贯彻中央《调整、巩固、充实、提高》国民经济八字方针，“农村人民公社工作条例六十条”“关于执行农村人民公社工作条例的若干意见”和《农业发展纲要》精神，实行人民公社、生产大队、生产队三级所有，队为基础经济体制。耕畜、机具、队办企业等资产所有权归公社、生产大队、生产队所有，生产队拥有土地、山林、荒山、水滩、耕畜、机具等农业资源的自主经营权。撤销大队集体食堂，调整分配制度，确定以生产队为基本核算单位，自主生产，独立核算。每个生产队选出队长、副队长、会计、保管员。生产队长负责生产队全面工作，拥有生产、分配决策权。唐山公社赵家庄大队，有个生产队长家属说：“俺男人当队长俺也管一半。”经常到劳动现场指手画脚，引起社员反感。社员统一参加生产队组织的劳动，实行劳动评工记分，社员根据工分量分配粮食和现金，多劳多得。为了多挣工分，社员积极参加生产队劳动，劳动热情高涨。有“干到腊月二十九，吃了包子再下手”的传统，一年四季基本没有休闲日，年头干到年尾，就连上学的小孩在周末、麦假、暑假、秋假、寒假期间也积极参加生产队劳动，多挣工分。成年人是整劳力，劳动一天记工11分，小学生算半劳力，劳动一天记工7分。当时流行“分、分、分，社员的命根”之说。

1962年，粮食分配制度作了适当调整，按人口50%，工分40%，肥料10%（社员提供给生产队的农家肥）比例，肥料依质定价，以价定粮。把肥料纳入粮食分配指标，鼓励社员多养猪、养羊、养家禽；棉花完成上缴国家任务后，按人口分配；柴草随粮分配；烈军属、残疾军人实行优待工的办法，优待工与实干工同样标准分配粮食和现金，优待工值从公益金中支付；五保户实行补助工日或直接补助现金和口粮的办法；职工家属根据情况，尽量安排家属子女多参加生产队劳动挣取工分。实行“四定”办法，即定生活标准、定实干工数、定补助虚工数、定缴款计划。工值不足部分，缴纳现金补齐。公职家庭年底基本分不到现金，往往再向生产队缴纳部分现金补齐工值。对收入低于一般社员20%以下的贫困户，给予适当照顾，村干部实行误工补助。

燕崖公社生产队集体劳动（1961年）

20世纪50年代后，农业生产坚持以粮为纲，把粮食生产放在农村经济发展的突出位置，村集体和农户收入渠道较窄，主要来源于粮食作物、花生、棉花、花椒、大牲畜、林木等产业，效益低、收入少。社员靠生产队分配粮食解决吃饭，分配现金较少，部分户靠自留地、自留树产出和畜禽养殖收入，少部分户自办家庭副业及木匠、铁匠、石匠、染匠、理发等手艺和生活用具编制等收入补贴家用。这期间收入渠道窄，空间小，催生了能工巧匠，有些农户安排孩子很小拜师学艺，学到一技之长，谋求生活本领。各行各业涌现出一大批能工巧匠，常年走村串巷，赶四集，活跃在农村。“三百六十行，行行出状元”便是这个道理。有些技艺还在民间传承，具有鲜明的乡土文化地域特色。

1955年9月，全国实行《农产品统购统派制度》，国家工作人员和城镇居民不参加生产队劳动，不参与生产队收益分配，由国家统一供养，实行票据制度，个人凭《购粮证》及布票、油票、煤票、

粮票（1969年）

粮票等票据购买生活用品，俗称吃国库粮。农村也实行票据购买制度，每年社员按人口发行一定数量的布票、油票等票据，凭票到供销社购买所需生活用品，也可到粮站卖粮食兑换粮票，外出或到供销社、集市兑换各类食品。1985年，国家取消了《农产品统购统派制度》。1992年4月，山东省全面取消粮、棉、油、煤等票供制度，自此票供制度成为历史。

1966年，“文化大革命”，坚持以阶级斗争为纲，批唯生产力论，割资本主义的尾巴，限制私营经济发展，再次收回社员自留地，禁止社员个体经商，取缔社员个人经营行为，农民积极性再次遭受挫伤，造成农业内部结构失调，收入降低，生活水平下降，出现“高产贫队”现象。

1970年，全县生产大队、生产队普遍实行定额管理，主要农活分配到人，分组作业，按完成的质量和数量记工，生产条件好的生产队由生产队统一计划、统一核算，包工到组，实行多奖少罚，不搞全奖全罚，奖励超产部分的50%，罚减产部分的20%。亦工亦农、合同工和外调劳力只参加生产队分配，不纳入奖罚。

家庭联产承包责任制

1978年，党的十一届三中全会后，党中央确立了以经济建设为中心的基本国策，工作重心转移到经济建设上来，全面推行农村经济体制改革，突破“一大二公”所有制形式，发展以公有制为主体，多种经济并存模式；突破计划经济，废除人民公社，实行家庭联产承包责任制；突破以粮为纲单一结构，发展多种经营；突破统销统购制度，实行市场调节，发展商品经济。农村经济体制改革，为农村经济发展注入强大活力。

1979年夏，东里公社在福禄坪管区召开党员、生产队长以上千人大会，在会场上有多人心慌头晕。经了解，参加会议的多人两天没有饭吃，饿晕倒下。这一事件对参会人员震动极大，经过激烈讨论，多数人员认为划分土地给农民经营，能够多打粮食，社员能够吃上饭。最后，公社党委书记刘勤学拍板，“该下决心的时候到了，出了问题我负责，处分光处分我”。经过反复酝酿，东里公社制定了《关于把部分山地划户经营的管理办法》。是年冬天，东里公社将1万亩山地划给农户经营。1980年，东里公社夏秋粮食喜获丰收，花生增产18万公斤、黄烟增产9万公斤、生猪达2900头，人均口粮首次达259公斤，人均增加65公斤，创东里公社历史最高水平，为全县家庭承包责任制实施推开了大门。

1980年秋，县委领导到鲁村公社吴家庄子大队检查工作，发现该大队两个生产队包产到组，亩增玉米200公斤，结合东里公社包产到户的经验，安排县委办公室总结经验在全县推广，两社的经验并在临沂地区推广。

1981年3月，县委在鲁村召开公社党委书记会议，安排落实中央（1980）75号文件座谈会精神，进一步加强和完善农业生产责任制。会上介绍了悦庄公社沂河头大队2个生产队包产到户增产经验。组织660名干部到大队搞试点71个。其间，全县80%的生产队实行不同形式的责任制。大队一级的林、牧、工、副实行专业承包、联产计酬的有480个大队；生产队实行专业承包、联产计酬的有537个；统一经营、联产到劳力的有1388户；三包到组、联产计酬的有728个；包产到户或包干到户的有154个。2646个生产队将11.77万亩边缘山地三包到户。

是年夏，全县召开管区书记以上领导干部会议，东里公社、唐山公社马庄管区、薄板台大队分别介绍了经验做法；同年冬，县委召开四级干部会议，提出包产到户意见。1981年12月29日，沂源县人民政府制定《包干到户生产责任制试行规定（草案）》，在全县推行土地承包责任制。初期，按口粮田和责任田划分，口粮田按人口划分，责任田按劳力划分。随着土地大包干推行，土地按人口直接划分到户。1984年，全县改革完成，生产队取消，生产大队改为村民委员会。村民委员会在保留村集体经济统一经营，留足一定数量的机动地后，将土地和其他生产资料承包给农户，实行大包干，包产、包干到户，多劳多得，自负盈亏。土地承包分口粮田和责任田，口粮田按人均划分，责任田重新按劳力划分。农户对承包田享有充分的土地使用权、经营权、获益权。村集体“四荒”地（荒山、荒沟、荒丘、荒滩）也承包给农户，由农户经营管理。由于荒山、荒坡面积大，山体陡峭崎岖，不好丈量，给丈量工作带来较大难度，丈量时用秫秸秆或步量预估土地面积。有“八竿子打不着”说法。

农村土地丈量（1982年）

1984年12月，中共中央制定《10项农村经济政策》，对农产品统购统派制度进行改革，实行30多年的农村粮食统购制度被废止，家庭联产承包责任制被确定为一项基本的农村经济制度被长期执行，主要是稳定和完善生产责任制，规定土地承包期15年不变，荒山、荒滩承包期30~50年不变，并可转让继承。承包后的土地、山滩所有权归集体。自此全县农村实行了以家庭承包经营为基础、统分结合的双层经营体制，农村土地从人民公社的所有权、经营权高度集中的“两权合一”，过渡到家庭联产承包责任制的集体所有，家庭承包经营的“两权分离”，把土地政策的“稳”与“活”结合起来，极大释放了农村生产力。1986年，全国人大通过《土地管理法》和《民法总则》，把土地承包权纳入法律范畴，依法保护。1988年，贯彻落实山东省人民政府（1988）18号文件，成立沂源县农业承包合同管理委员会、沂源县农业经济合同仲裁委员会，推动农村土地承包合同制度化、规范化发展，改变农村土地承包无序不规范状态。1990年，中共中央、国务院出台《关于1991年农业农村工作的通知》《关于进一步加强农业和农村工作的决定》两个文件，对农村土地承包进行进一步定性，保证农村土地承包长期性不变。1993年11月，中共中央出台《关于当前农业和农村经济发展若干政策措施》，确定农村土地承包期到期再延长30年，明确土地使用权可以依法有偿转让，盘活农村土地资源，提高土地利用效益，实现土地增值保值。1994年前，农村土地承包关系实行“减人减地，增人增地”政策，对升学、就业、婚嫁等迁出户口的及自然死亡减少人口的承包土地，村集体抽回，作为村机动地，统一调配使用；对婚娶、生育等人口增加的，村集体给予土地或粮食、资金等补偿。1994年，贯彻国家农业部《关于稳定和完善土地承包关系的意见》，农村承包土地实行大稳定、小调整政策，土地承包期内“增人不增地，减人不减地”，土地承包期内人口有

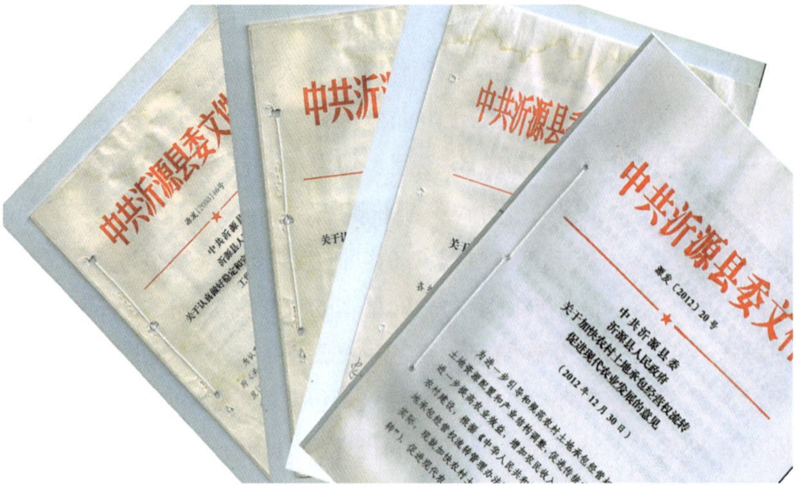

农村土地承包文件

移。许多农民外出经商、务工或年迈失去劳动能力无力耕种土地，导致土地闲置、荒废，造成土地资源浪费，通过流转得到有效利用。同年底，有595个村的6.61万亩土地以转包、互换、转让等形式流转到农业龙头企业、农民专业合作社、种植大户手中，发展农业园区，占全县承包土地面积的17.4%。

2012年底，按照农业部《关于农村土地承包经营权登记试点项目指南的通知》《农村土地承包经营权登记工作规程（试点）的通知》要求，在石桥镇天井官庄、东峪、旋风峪3个村开展农村土地承包经营权登记试点工作，2013年在全县铺开。2014年3月，县政府印发《沂源县全面开展农村土地承包经营权确权登记颁证工作方案的通知》，农村土地承包经营权确权登记颁证工作全面展开，2015年全县579个村完成承包地测绘面积36.8万亩，建立农村土地承包经营权登记簿12.9万份，颁发《经营权证书》12.9万本，并通过淄博市检查验收。农村承包土地有了合法"身份证"，以证书的形式把土地承包经营权固定到户，解决了第一轮土地承包细碎化、承包期过短等问题。

增减变动的，村集体不再予以补偿土地或抽取土地，稳定土地承包关系，保障承包户收益。1999年，落实中央办公厅、国务院办公厅《关于进一步稳定和完善农村土地承包关系的通知》，全县铺开农村土地第二轮承包，在延长土地承包期15年基础上，再延长30年不变。2000年底，全县土地延包工作结束。全县633个行政村除14个城区村外，全部进行土地延包，签订承包合同14.5万份。

2003年12月，县委、县政府下发《关于认真做好稳定和完善农村土地经营制度工作的实施意见》，开展"两田制"（口粮田、责任田）清理整顿，规范引导农村土地经营权健康流转。由于全县绝大部分农户"两田"内栽植了果树等生长期较长的高效作物，清理补偿费用较高，与种植粮食的"两田"有较大差异，给清理工作带来一定难度，全县"两田"清理基本没有进展，基本保持在2003年12月前土地承包状况。

土地流转

2002年1月，县委、县政府下发《关于认真传达贯彻中发〔2001〕18号文件做好农户承包地使用权流转工作的通知》，按照依法、自愿、有偿原则，允许土地使用权合理流转。2012年12月，下发《关于加快农村土地承包经营权流转促进现代农业发展的意见》，鼓励农民以转包、互换、转让、入股等形式流转土地，农村土地流转形成机制化、规范化，加快农村土地向集约化、园区化、基地化转

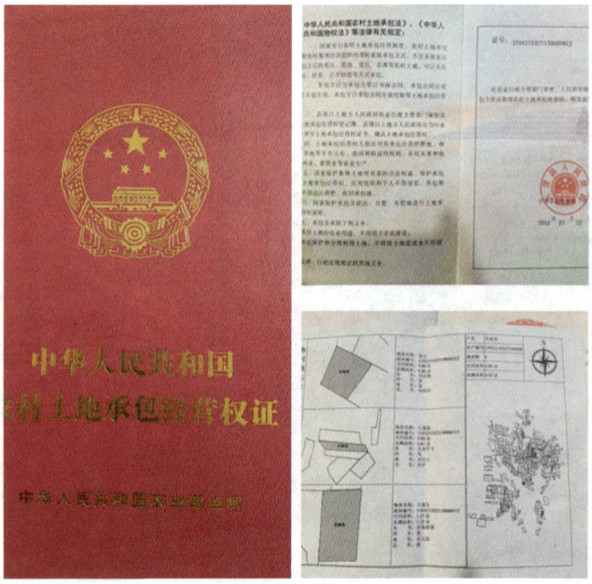

农村土地承包经营权证

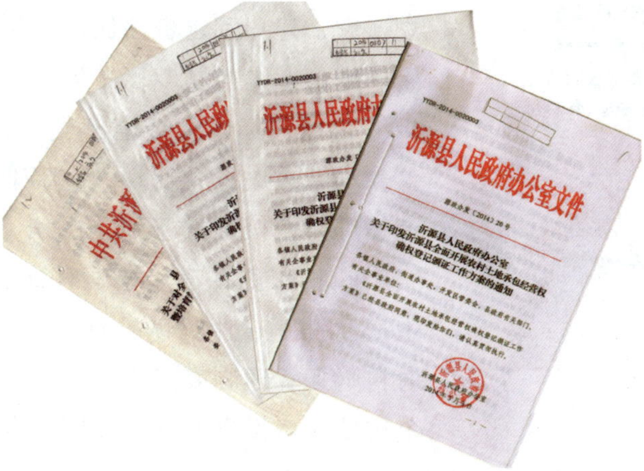

农村土地确权登记文件

2014年9月，下发《关于印发沂源县农村土地承包经营权抵押登记工作流程（试行）的通知》，铺开农村土地承包经营权抵押登记工作。10月，成立沂源县农村土地流转交易与抵押融资服务中心，在县农业局挂牌，建立土地经营权抵押平台、土地流转服务平台，确定了中国农业银行沂源县支行、山东省沂源县农村信用合作联社、沂源博商村镇银行3个金融机构为试点银行，提供土地抵押贷款服务。12月，沂源安信农产品开发有限公司流转土地1500亩，办理土地经营权证。2017年抵押贷款5500万元，是沂源县第一家办理土地抵押贷款的农业企业。2020年，有6家农业企业、3个农业合作社办理流转土地抵押贷款46751万元，解决企业发展资金困难。2023年底，有12家农业企业、家庭农场办理流转土地《农村土地经营权证》17本，流转土地面积10.38万亩，占承包土地面积的35%。农村土地资源得到盘活和开发利用。

2018年7月，贯彻新修订的《农村土地承包法》，下发《关于完善农村土地所有权承包经营权分置办法的实施意见》，对农村土地所有权、承包经营权、收益占有权进行明确界定，实行承包土地“三权”分置，明确土地所有权属于村集体，依法享有对集体土地的占有、使用、收益和处分的权利；土地承包权人对承包土地依法享有占有、使用和收益的权利；土地经营权人对流转土地依法享有在一定期限内占有、耕作和相应收益的权利。

2018年10月，中共中央、国务院出台《关于保持土地承包关系稳定并长久不变的意见》，确定农村第二轮土地承包合同到期再延长30年不变。

农村财务管理

1944年建县初期，农业部门有1人负责全县农村会计工作。1953年，县农业局设立农村会计辅导股，编制3人，负责培训农村会计，各区设1名专职会计辅导员，负责本区互助组、农业合作社财会人员培训与指导。1954年，县里对农村集体财务人员开始专业培训，每年培训3次，培训人数大都在400~500人，财务制度也逐步建立起来。

1956年，初级农业生产合作社转为高级农业生产合作社，社员的土地无偿归集体所有，耕畜、农具等作价入社，转为集体公有，并留有少量的自留山、自留地，全县高级社大部分由初级社联合而来，少部分由互助组和个体户组成，基本上一村为一社。生产管理以定额包工为主，个别不适应包工的实行死分死记，由同工同酬改为死分活评。定额包工落实到作业组或农户。作业组一般为常年，有时也组织季节性、临时性的作业组，把完成农活所得工日，在作业组内分配。为贯彻勤俭办社，民主理财方针，合作社设主管会计1人。会计科目比较

20世纪50年代，农村会计在核对账目

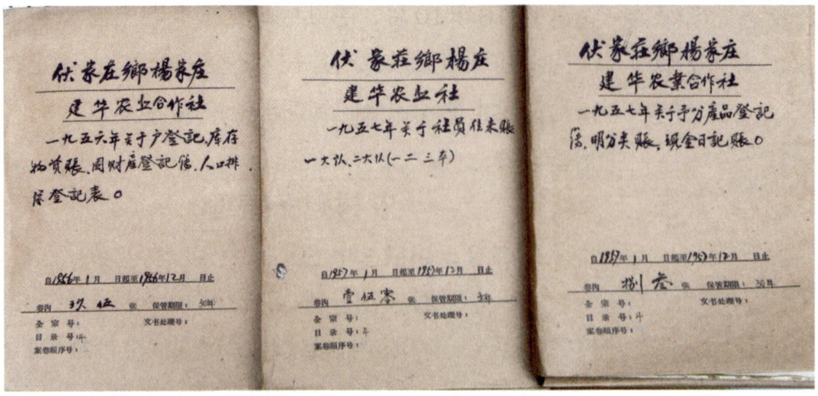

20世纪50年代，农业合作社账本

健全，有严格的财务制度。开支权限、范围有明确规定，账、钱、物安排专人管理，账目处理日清月结。1958年，县会计辅导股改为经营管理站，会计辅导员为公社经营管理助理员，全县建立会计交流网，小网设网长1人，大网设2人，一个管理区一网，全县共设117个交流网，村集体财务管理步入规范。是年，人民公社化打破原有社和村的界限，一区为一个公社。大队为经济独立核算单位，生产队为生产单位，实行定额管理，有些大队实行“四小”管理（小段计划、小组作业、小段评比、小段检查验收）。“大跃进”期间因受“左倾”影响，生产上采用人海战术，搞大呼隆，出现了平均主义，吃大锅饭现象。劳动管理实行三包一奖（包工、包产、包成本、超产奖励），四固定（大队对小队固定土地、劳力、牲畜、农具），评工记分，农作物管理包工到人（户）、计件到人。1969年，中国农业银行沂源县支行在各管理区配备1名兼职会计辅导员，协助公社经管人员搞农村财务经营管理工作。1970年，农行会计辅导员划归县农村经营管理站领导。1979年，全县生产队普遍采用定额管理，田间管理责任到人，条件好的生产队包工到组，在林、牧、畜、渔建立专业队（组），实行专人管理，在生产队统一核算和分配的前提下实行“五定一奖”（定劳力、定土地、定产量收入、定工分、定费用、超产则奖减产则罚）和个人岗位责任制，工副业队办企业实行计件包工，有的按纯收入比例提取奖金。是年，贯彻中央55号文件，对农村社队财务管理账簿科目实施改革和整顿，对大队、生产队的财产、物资、债权、债务全面清理，搞公物还家，建立固定资产保管、使用、维修、盘点制度，做到账物相符，拖欠集体现金全额收回，欠款与余款进行兑现，确有困难者签订协议按期归还。1982年，实施农村家庭联产承包责任制，生产队撤销，生产队会计取消。对村财务管理制度实施改革，每个村按人口设立部分核算户，全县共确定家庭核算户6000户，为农村财务报表提供参考依据。是年，贯彻中央《全国农村工作会议纪要》（中央一号文件），开展对全县农村财务整顿，主要任务是健全农村财务管理制度、民主监督制度、缩减人员补贴、清产核资、培训农村财会人员，提高农村经营管理水平。1983年，全县农村财务整顿工作全面铺开，每个大队配齐村会计、出纳、保管员，账务分开管理。9月，黄庄区成立农经服务公司，主要任务是加强农村财务管理、培训农村财会人员，为公社有关业务部门代收费用，征收农业税，实行收支预算，控制基本建设等，全区共选拔专业会计55人，专业出纳员42人，经考核颁发会计证书。选举成立11人组成的公司理事会，负责公司人事、财务业务。各村设农经服务组长1人，从公社到大队形成了农经服务网。1984年，全县农村财务实行统一账簿、票据，各类票据由县农经管理站印制。同年，对农村会计实施业务培训，培训农村会计579人，村村配备专业会计。1993年，对农村会计记账法实施调整，由收付记账法改为借贷记账法，并对乡镇农经工作人员和村会计进行专业培训，提高业务水平。

1995年，实行农村财务“双代管”制度。双代管是指在保障农村集体经济组织资产所有权、使用权、审批权、收益权不变前提下，实行村账乡管、村财乡管管理机制。村账乡管是指对村集体发生的各项经济业务由村会计负责报账，乡镇经管站专职记账员负责处理基本账务；村财乡管是指对村集体所有的资金由乡镇经管站统一代管，使用时再按照规定去提取。改变过去村账村管，村主任“一支笔”制度，严格控制村资金使用流向，杜绝账务不符、账资不符，减少资金随意支出和滋生腐败。村主任“一支笔”制度易造成村级班子不团结、搞内耗。有些村主任掌握了村财权，拉帮结派，严重影响村级工作开展。同年，印发《沂源县农村财务清理清欠工作方案》《沂源县农村财务村由乡镇代管实施办法（村财乡管）》，在南麻镇、沟泉镇开展农村财务双代管试点。开展农村会计培训、会计证年检和农村会计续聘，发证390个，年检365个，续聘363人。1996年，县政府印发《关于进一步加强农村集体财产清理整顿及代管工作的通知》，加快推进农村财务清理整顿和双代管工作。当年，农村财务清理整顿完成604个村，双代管554个村，分别占农村数的94.97%、87.11%。11月，全市农村集体财务管理现场会在沂源县召开，参观了南麻镇、土门镇、悦庄镇现场。1998年，县政府印发《关于进一步加强农村财务管理工作意见》，制定考核细则，纳入对乡镇工作政绩考核，推进农村财务规范化管理。

2000年，全县在农村财务双代管前提下，实行会计委派制，由各乡镇按照民主公开、公平竞争原则，采取专业考试与民主评议相结合的办法，择优选聘委派会计。委派会计履行村会计职责，各村不再自行选用会计。印发《沂源县农村财务规范化管理暂行办法》，对机构设置与人员配备、农村会计的委派与管理、账务的清理与交接、账簿设置与记账程序、民主理财与财务公开、职责范围、制度管理与责任追究等作了具体规定。制定农村财务管理示范乡镇试点方案、实施细则和各项管理制度。全县选聘委派会计88人，1名委派会计代管7~9个村，委派会计的日常业务工作由乡镇经管站负责管理。当年，在梭背岭乡召开全县农村财务规范管理会议，梭背岭乡党委书记刘京德介绍经验做法，并参观前西里村、后西里村现场。印发《关于在全县实行农村财务会计规范化管理的意见》文件，推动会计委派制实施。2001年，举办全县农村委派会计培训班，培训委派会计110名。

2002年，贯彻山东省人民政府《关于进一步推进村级会计委托代理制切实加强村级集体财务规范化管理的意见》，推行村级会计委托代理制试点工作，在西里镇整镇试点，由乡镇政府依托农村经营管理站成立农村集体财务代理中心，代理中心与村委签订代理协议，代理村集体经济组织会计核算和账务处理等工作。2005年，在全县推行村级会计委托代理制，开展代理记账、村集体资金、会计档案、提供会计信息等工作。2007年底，各乡镇建立村级财务委托代理中心，开展村集体经济组织会计核算和账务处理等工作。

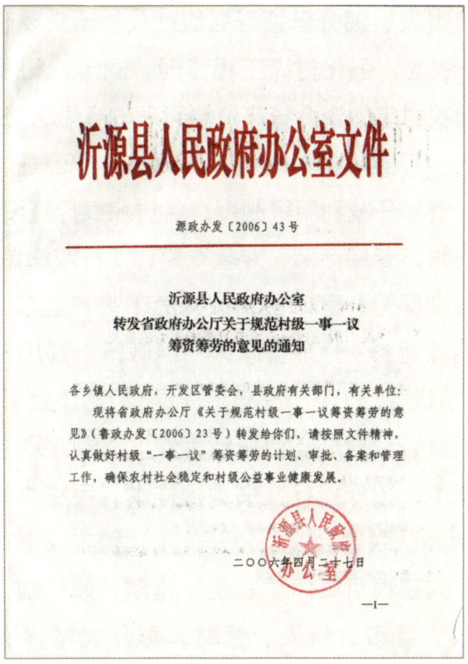

沂源县人民政府办公室文件

源政办发〔2006〕43号

沂源县人民政府办公室
转发省政府办公厅关于规范村级一事一议
筹资筹劳的意见的通知

各乡镇人民政府，开发区管委会，县政府有关部门，有关单位：

现将省政府办公厅《关于规范村级一事一议筹资筹劳的意见》（鲁政办发〔2006〕23号）转发给你们，请按照文件精神，认真做好村级“一事一议”筹资筹劳的计划、审批、备案和管理工作，确保农村社会稳定和村级公益事业健康发展。

沂源县人民政府办公室

二〇〇六年四月二十七日

—1—

农村一事一议文件

2008年，印发《村级公益事业“一事一议”筹资筹劳细则》，对村级公益事业“一事一议”筹资筹劳用途、对象进行明确规定。“一事一议”财政奖补项目，必须由村民按“一事一议”民主议事议程办理，界定筹资筹劳对象、标准，严禁违反规定向非劳动力筹资。筹劳对象每人每年筹劳不得超过10个标准工日，以资代劳必须农民自愿，不能强行摊派。

2010年5月，印发《关于沂源县加强农村工作规范化建设维护农村和谐稳定实施细则的通知》，进一步规范农村财务管理，健全落实财务开支预决算、财务开支审批、财务审计等制度，实行财务月结承诺书制度，每月委托代理服务中心记账完成，村“两委”与农经站签订财务月结承诺书，村“两委”对本月的收入、支出的完整性、真实性做出承诺，在承诺书中列出本月发生、已处理的各项账目和因其他原因暂不能处理的账目，并明确承诺本月无其他经济支出，今后若出现承诺书中未记载的支出，均属个人行为，与村集体无关。承诺书在村公开栏公开，确保农村财务月月清、年年清。是年，鲁村镇率先实行财务月结承诺书制度。规范集体资产处置“四把关一审批”（包村干部、责任区领导、主管部门负责人、镇分管领导层层把关，镇党委、政府审批）制度，强化村级工程管理。同年，印发《关于加强农村集体资金资产资源管理的意见》，建立财务收入、开支审批、财务预决算、财务公开、资产经营、资源开发利用等制度，各村在银行开设账户，一村一账，专户存储、专款专用，实行双印鉴（村、乡镇分别保管一套印鉴，须两套印鉴齐全方可办理银行结算业务）分开管理，杜绝截留、挪用情况发生。“三资”（资金、资产、资源）清理建立了资产、资源清查登记评估和台账管理制度，制定承包租赁合同文本、招标投标文书规范样本。民主决策建立村“两委”联席会议、公开公示、民主议事审核等制度，构建农村集体“三资”管理长效机制，用制度管权、管事、管人、管财，提升农村集体“三资”管理水平。2011年，印发《关于进一步加强村级财务委托代理中心规范建设和代理资金安全性审计的通知》，开展村级财务委托代理中心规范创建活动，全县乡镇、经济开发区代理中心全部达到省级规范化标准。11月，印发《关于在全县实行村务监督委员会制度的意见》《关于进一步加强农村集体经济组织民主理财民主监督的意见》，进一步完善村级民主决策、民主管理和民主监督制度。对村集体经济组织重大财务活动和财务事项实行“四议两公开一监督”（党组织提议、村“两委”会议商议、党员大会审议、村民会议或者村民代表会议决议，决议公开、实施结果公开，村务监督委员会全程监督）制度。各村按程序选举产生村务监督委员会，负责落实民主理财和村务公开工作。监督委员会定期召开民主理财会议，开展民主理财活动，按照事前参与、事中监督、事后检查要求，全程参与村集体经济组织经济和财务活动，加大村级财务公开力度，做到公开内容规范、公开时间规范、公开程序规范、公开形式规范。每个月15日是村级财务公开规定日期，必须按期在政务公开栏公示，接受群众监督。当年，农村集体财务定期公开在全县推行。

2012年初，全县农村集体经济组织清产核资工作会议召开，印发《沂源县农村集体经济组织清产核资工作方案》，对县、镇清产核资工作人员进行业务培训。4月，在鲁村镇召开全县农村集体经济组织清产核资现场推进会议。10月底，全县633个村账务清理、“三资”清查、核实、公开公示、结果确认工作全面完成。在鲁村镇、历山街道办事处挂牌建立农村集体“三资”委托代理服务中心。当年，全县累计清理各类资产17.18亿元，新增资产2.47亿元，核销资产5950万元，清理各类经济合同17.06万份，清理各类资源性土地资产113.82万亩。贯彻中共山东省纪委、山东省农业厅、山东省财政厅《关于在全省推行农村集体“三资”委托代理服务工作的意见》，印发《沂源县村级集体资金代理指导办法（试行）》《沂源县村级集体账务代理指导办法》《沂源县村级集体资产代理指导办法》《沂源县村级档案代理指导办法》《沂源县村级公章代理指导

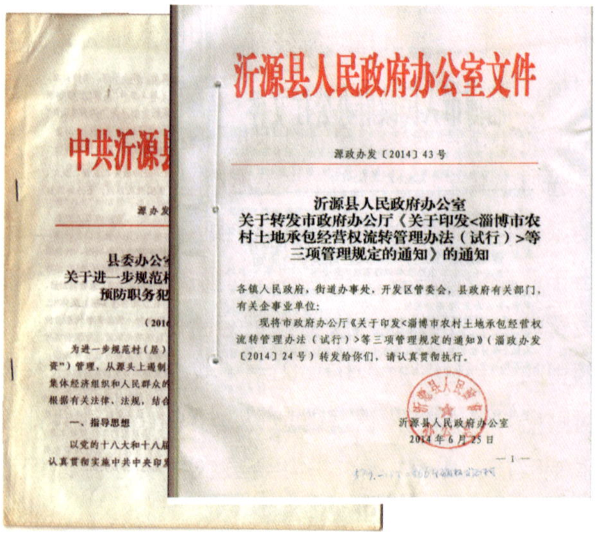

农村“三资”管理文件

办法》等通知。各镇依托农经站建立农村集体“三资”委托代理服务中心，实行农村集体资产“五代理”（村级集体资金、村级集体账务、村级集体资产、村级档案和村级公章），村集体资产管理进一步规范。

2013年1月，县纪委牵头实施“123农廉”工程，印发《沂源县123农廉工程实施方案》，县财政投入20余万元，建立沂源农廉网监管服务大厅和农村集体“三资”监管平台。在全市率先开通运行农廉网，创建示范村创建、民主决策、监委会建设、三资管理、三务公开、便民服务、网络举报、预警控制等8大模块，健全完善农廉网职责、农村集体“三资”委托代理服务等14项工作制度，实现省、市、县、镇、村五级联网，具备网上实时监控、问题自动报警、信息及时反馈、管理全程公开等功能，全县农村党风廉政建设进入信息化发展阶段。4月，贯彻山东省《关于在全省推行农村集体“三资”委托代理服务工作的意见》，各镇在村级财务委托代理中心基础上，建立农村集体“三资”委托代理服务中心，全县633个村全部纳入农村集体“三资”委托代理服务管理，推进农村集体“三资”管理制度化、规范化、信息化。是年，县纪委、县委组织部、县农业局联合对全县100个经济业务量大、有上访案件的村实施专项审计，审计出各种违纪违规金额328.4万元，依法予以追缴，查出违纪人员16人，处分12人。营造农村“两委”换届选举良好氛围。5月，山东省农村集体经济组织清产核资工作领导小组授予沂源县农业局全省农村集体经济组织清产核资工作先进单位称号，授予董纪民等15位同志为“全省农村集体经济组织清产核资工作先进个人”称号。2014年4月30日，制定《沂源县农村集体经济组织财务票据管理办法》，对农村集体经济组织财务票据种类、适用范围、票据管理、票据填用、作废核销、盘点移交、停用销毁、票据长短处理及处罚等作出明确规定。7月，转发《山东省农业厅关于规范村级集体经济组织票据管理的通知》的通知，全县村级统一启用山东省村级集体经济组织收款收据、山东省村民一事一议筹资筹劳专用票据、山东省农民承担生产性费用专用票据、山东省村级集体经济组织付款凭据等票据，规范村级票据的使用，强化村级票据指导和监督。2015年1月24日，县纪委将沂源县农廉网移交给县农业局，由县农业局负责日常运行和管理。

2015年，县农业局、县人民检察院、南麻街道办事处联合开展关于进一步规范农村集体“三资”管理预防职务犯罪试点工作，印发《关于进一步规范农村集体“三资”管理预防职务犯罪试点工作的实施意见》，成立试点工作领导小组，在南麻街道召开动员大会。通过试点，规范完善财务预决算、资金管理、资产资源管理、票据管理、开支审批、会计结报账、监督、责任追究等8项制度，推动农村社会稳定发展。2016年1月25日，印发《关于切实加强农村集体资金管理的通知》，进一步强化对村级集体资金收入、银行账户、备用金限额、资金提取审核、工程款支付等管理力度。3月17日，印发《关于进一步规范村（居）集体“三资”管理预防职务犯罪工作的实施意见》，从源头上遏制和防范职务犯罪，巩固试点成果。2018年2月，全面推行一村一户银行账户开设和“双印鉴”资金管理制度。中国人民银行沂源县支行印发《关于支持全县各村开设银行基本账户的通知》，加强对村级一村一户银行账户管理。3月底，全县633个行政村已全部开设一村一户银行账户并启动运行。

2022年，开展清廉村居——村级事务智慧化管理平台建设，强化对农村集体“三资”监管。印

沂源县农村产权交易服务中心

发《沂源县村级事务智慧化管理平台建设实施方案》的通知，结合清廉村居建设，构建完善农村“三资”管理平台，设置资金网上审批、银农直联支付、资产账务处理、“三务”公开、合同管理、产权交易、电子公章7个版块，实现对农村集体资产资源、产权交易、经济合同等数据进行查询、分析、公开，变动信息及时更新、实时监督，提高农村“三资”动态管理和远程监控水平。2022年底，全县446个村8.45亿元村集体经营性资产、321.16万元资源性资产、9000余份合同台账全部纳入监管。当年，山东省农业农村厅授予沂源县农业农村局农村集体产权制度改革试点工作表现突出集体称号。2023年7月，对农村财务人员120人进行业务培训，经考试颁发培训证书。同年，在全县开展清理规范合同和侵占集体资产专项整治，推动村级财务活动更加规范有序和集体资产提质增效。

农村产权制度改革

2016年，贯彻中共中央、国务院《关于稳步推进农村集体产权制度改革的意见》，选取历山街道、南麻街道、大张庄镇、张家坡镇20个村先行试点。9月8日，大张庄镇新村成立沂源县新村农村股份经济合作社在工商部门注册并规范运营，是全县首家农村股份经济合作社。是年，合作社实现分红10万元，社员人均分红300元。2017年，根据淄博市委、市政府《关于印发〈淄博市农村集体产权制度改革市级试点方案〉的通知》要求，印发《沂源县农村集体产权制度改革试点实施方案》，各镇（街道）按不低于30%的村开展市级试点，全县共选取210个村（含20个先行试点村）铺开试点工作，年底试点任务基本完成。2018年，在总结市级试点工作的基础上，按照中央、省、市全面开展农村集体资产清产核资工作的要求，全县633个村（居）全面开展农村集体资产清产核资工作，累计清查资产41.34亿元，清查集体土地面积203.51万亩；633个村完成成员身份确认，确认集体经济组织成员47.77万人；633个村完成资产折股量化，量化资产总额30.34亿元。

2019年1月18日，张家坡镇阳三峪村股份经济合作社登记赋码，颁发组织机构证书，是沂源县首家在农业农村部门注册登记的新型农村集体经济组织。是年，对全县村（居）开展清产核资、成员身份确认、资产量化、股权设置等环节回头看及股份经济合作社成立、制定章程、成立组织机构、登记赋码、股权证书印制发放等工作。2020年4月，有629个村完成调查摸底，602个村完成拖欠承包费清收，共清收承包费1.25亿元；520个村完成合同规范完善，规范完善合同4.8万份。沂源县承包合同清理规范工作做法在农业农村部内刊《农村经营管理》刊发，在全国推广。6月底，登记赋码、股权证书印制发放工作全部完成，共颁发组织机构证书633个，累计分红30万元。开展村（居）承包合同清理规范，印发《关于做好农村集体承包合同清理规范工作的实施意见》，解决在清产核资过程中发现的集体资产、资源被私自占用、低价承包、无偿使用及承包合同不规范、承包费长期拖欠且村集体难以收回等突出问题。2021年11月，东里镇试点筹建350平方米的农村产权交易服务站，2022年5月揭牌并投入使用，是沂源县开展农村产权交易服务试点镇。2022年，全县12个镇办全部建成农村产权交易服务站，成为淄博市首个镇（办）农村产权交易服务站全覆盖的区县。当年，全县完成农村产权交易10笔，交易金额104.91万元，覆盖8个行政村，节支率11.17%，列全市第二。同年，开展村改社区转型工作，印发《沂源县村改社区农村集体产权制度改革工作方案》《关于规范村改社区资产移交和分账核算工作的指导意见》。当年完成22个村改社区转型工作。

2023年4月19日，鲁村镇凤凰官庄村土地流转项目在淄博市公共资源交易网发布挂牌交易公告，标志着沂源县农村产权交易站实现全域站点启动。9月19日，县政府出台《沂源县农村产权交易平台建设运行管理工作方案》，县、镇成立沂源县农村产权交易平台建设管理监督委员会，统筹推进本县农村产权交易实施。当年发布农村产权交易128笔，覆盖94个行政村，交易金额9197.8万元，节支率2.56%，增值率1.1%。同年，开展国家级农村集体资产权属归位、村集体经济组织与村民委员会账务分设试点。在历山街道27个村整建制及其他镇61个村开展试点。完成清产核资，清查总资产30.35亿元，净资产10.58亿元。试点村流动资产、生物资产、固定资产、无形资产、债权债务、盘活利用资产、扶贫项目资产、专项资产、收回违法违规侵占的集体资产、未发包到户的资源性资产及高标准农田设施、农村集体经营性建设用地、村集体收回的农村闲置宅基地等资源性资产和集体所有非经营性资产的权属已全部归位到农村集体经济组织，共移交资产29.79亿元、净资产10.58亿元。88个试点村集体经济组织和村民委员会分别设置独立的银行账户，单独建立账套。按照新修订的《农村集体经济组织会计制度》《农村集体经济组织财务制度》进行独立会计核算和财务管理，实现财务核算分离、事权财权分离，划分清晰。2024年，全县符合条件的村全面推行权属归位、账务分设工作。

2024年，依托淄博市公共资源交易平台，采取“农业农村+公共资源+乡镇服务站”形式，分层级建设农村产权交易服务网络，构建县有机构、镇有站点、村（社区）有人员，三级联动的农村产权交易服务网络和交易机制。推广东里镇农村产权交易服务经验，将14类交易项目纳入交易范围，构建公共资产、资源交易市县镇村四级联动机制。当年，农村产权交易749笔，覆盖456个行政村，交易金额10126.03万元，节支率3.3%，增值率0.43%。年底，全县456个村全部进入平台交易，实现全覆盖，成为山东省首个农村产权交易行政村全覆盖的区县。

农民负担监管

1985年初，随着农村经济的发展，农村在过去集体公积金、公益金基础上，逐渐形成新的集体资本积累制度，即村提留和乡统筹费。村提留包括公积金、公益金和管理费；乡统筹费包括乡村两级办学、计划生育、优抚、民兵训练和道路建设费用。两种收费简称“三提五统”。

1991年，国务院颁布《农民承担费用和劳务管理条例》，规定农民所承担的“三提五统”以乡为单位，不得超过上年农民人均纯收入的5%。1992年，县政府下发《关于切实减轻农民负担的若干规定》，成立农民负担监督管理领导小组，领导小组办公室设在县农业局。1993年5月，贯彻山东省委、省政府办公厅《关于开展减轻农民负担“四清理三整顿”工作的通知》，全县开展减轻农民负担“四清理三整顿”工作，对涉农的各种违规文件、项目、收费票据、资金进行清理，整顿村提留、乡镇统筹费及各种收费、罚款、农村“两工”（义务工、劳动积累工）使用。6月5日，全县清理整顿结束，废止各种违规文件156份。

1996年11月，中共中央印发《关于切实做好减轻农民负担工作的决定》，确定村提留乡统筹以村为单位，不超过上年农民人均纯收入的5%。村提留乡统筹由以乡为单位调整为以村为单位。1998年7月，县委下发《关于对村提留、乡统筹实行规范化征收管理的意见》，对农民负担核算、费用征收和监督管理做出了严格规定。2002年5月，县委、县政府下发《沂源县农村税费改革实施方案》，正式实施农村税费改革，主要内容是“三取消、两调整、一改革”。即取消乡统筹费和农村教育集资等收费集资项目，取消屠宰税，逐步取消劳动积累工和义务工；调整农业税、特产税政策；改革村提留征收使用办法。通过税费改革，农民负担由改革前的年人均101.37元，减少到改革后年人均68.46元，减负率32%，全县农民负担得到较大幅度减轻。2003年，全县实际征收农业两税（农业税、农林特产税）及附加3522.8万元，年人均85.52元。其中农业税742万元，农林特产税2484万元，农业税附加296.8万元。2004年2月，县委、县政府下发《关于做好减轻农民负担工作的意见》，取消农业特产税，降低农业税，农业税税率在2003年的基础上降低1个百分点，农业税附加按农业税的40%征收。是年，全县实际征收农业税及附加1146.32

万元，年人均24.4元。其中农业税818.8万元，农业税附加327.52万元。改革后农民负担比上年减轻2376.48万元，人均减负61.12元，减负率71.5%。同年，按照国家支农惠农政策，对种粮农民首次实行粮食直补，核实小麦面积4.26万亩，每亩补贴13元，共补贴55.32万元，有4.91万户农户受益。

2005年5月，县委、县政府下发《关于切实做好减轻农民负担工作的意见》，确定从2006年起，全面取消农业税及附加，取消农村“两工”，严格执行农村义务教育一费制。县政府下发《沂源县村级兴办集体公益事业“一事一议”筹资筹劳实施细则》，严格规范村级兴办集体公益事业筹资筹劳。是年，对7.12万户种粮农民进行粮食直补，核实小麦面积7.44万亩，每亩补贴13元，共补贴96.68万元。6月，县委下发《关于对重点工作实施“一票否决”管理考核有关问题的意见》，把减轻农民负担纳入“一票否决”重点考核范围。2006年1月，县减负领导小组下发《转发省政府办公厅关于进一步做好减轻农民负担工作的意见》，对落实减轻农民负担和支农惠农政策提出更加严格要求。当年，核实小麦面积7.88万亩，每亩补贴14元，共补贴99.23万元；按每亩14.20元标准，落实农资综合补贴100.65万元，两项合计199.88万元，亩均补贴28.2元，有6.21万户种粮农民受益。

2008年8月，县委、县政府下发《关于印发沂源县减轻农民负担工作目标管理责任制“一票否决”考核办法》，强化目标责任管理，把减轻农民负担目标责任压实到乡（镇）、有关部门党政一把手和分管负责人，纳入年度政绩考核和评先树优否决条件。

2010年2月，县委、县政府下发《关于进一步加强农民负担监督管理工作的意见》，就进一步加强农民负担监督管理工作，确保农村社会和谐稳定提出要求。同年，沂源县农民负担监督管理领导小组办公室下发《关于做好农民负担监督卡发放及管理工作的通知》，把完善监督卡制度作为农民负担监督管理的一项重要措施落到实处。

2011年7月，县委、县政府下发《关于开展专项治理活动切实解决部分领域农民不合理负担问题的通知》，对切实解决部分领域农民不合理负担提出要求。

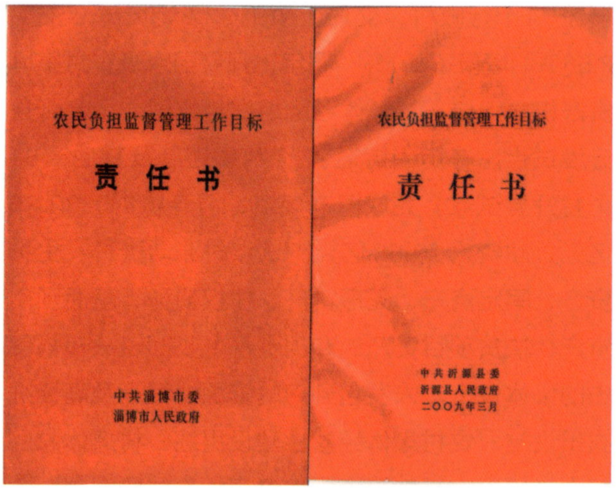

农民负担监督管理工作目标责任书

2016年10月，沂源县农民负担管理办公室下发《关于开展2016年涉农乱收费乱摊派专项治理工作的通知》，按照省、市减负部门的通知精神，结合域内实际，开展2016年涉农乱收费乱摊派专项治理工作。

2018年，沂源县人民政府办公室印发《沂源县涉农乱收费乱摊派专项整治行动工作方案的通知》，主要整治农村环境卫生领域乱收费问题、农村用水领域乱收费问题、农村义务教育领域乱收费问题、“一事一议”筹资筹劳领域乱收费问题、村级组织乱收费问题、监管制度落实方面问题、其他政策落实方面突出问题。

2021年4月，县农业农村局转发《淄博市农业农村局关于做好减轻村级组织负担工作的通知》，进一步促进村级组织减负增效。

2023年10月，淄博市考核工作委员会办公室印发《关于清理规范“一票否决”和签订责任状事项的通知》，对减轻农民负担“一票否决”和签订责任状事项进一步进行规范。

三品一标农产品

“三品一标”农产品是指无公害农产品、绿色食品、有机产品、国家地理标志登记保护产品。

无公害农产品

是指农产品生产过程中允许限量、限品种、限时间使用人工合成的低毒低残留化学农药、化肥、添加剂等农业投入品，产品质量符合国家食品卫生标准。须经省级以上农业部门认证，属政府强制行为，标志有效期3年。

1999年，县政府印发《关于加快无公害农产品生产创建无公害农产品基地县的意见》，按照区域化布局、标准化生产、产业化经营要求，建立生产、经营、服务、执法、检测、市场6大体系，制定苹果、葡萄、桃、大樱桃、杂粮、韭菜等6大类无公害农产品生产技术操作规程和标准，铺开沂源县无公害农产品基地建设。2000年12月，悦庄韭菜获山东省农业厅无公害韭菜认证，建成1万亩鲁中山区首家无公害农产品基地——“苗山”牌无公害韭菜生产基地，是沂源县首个获得无公害农产品认证产品。2001年5月，沂源县被农业部确定为全国首批创建无公害农产品生产示范基地县。7月，“东里”牌巨峰葡萄获得无公害农产品认证，成为山东省首家无公害葡萄生产基地，面积2.5万亩。10月，中庄红富士苹果、燕崖大樱桃、汇泉鲜桃获无公害农产品认证，面积分别为2.5万亩、0.3万亩、1万亩。2002年6月，沂源县被农业部确定为全国农业标准化生产综合示范区。沂源县无公害农产品基地建设工作走在全省前列。2006年4月20日，全国无公害农产品工作会议在济南召开，沂源县代表山东省作了“发挥山区资源优势，大力实施无公害农产品基地建设”典型发言。2022年，全县有63个企业、专业合作社、家庭农场参与无公害农产品基地建设和认证工作，认证无公害农产品89个，覆盖果品、蔬菜、畜产品等21个主导产品，认证面积23万亩、畜禽3000万只(头)。2023年1月1日，贯彻国家新颁布的《农产品质量安全法》，国家不再开展无公害农产品认证工作。2025年，全县无公害农产品认证标识将全部到期注销。

绿色食品

是指农产品生产过程中允许少量使用化学合成的低毒低残留农药、肥料、添加剂和其他不危害人类健康和环境的物质，不属政府强制行为，属企业行为，标识有效期3年。

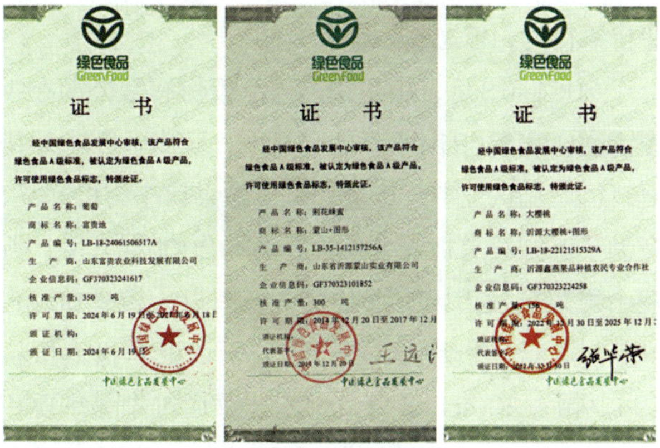

绿色食品证书

2001年8月，“东里”牌巨峰葡萄和黑李子被国家绿色食品发展中心认证为A级绿色食品，认证面积分别是2.5万亩、0.5万亩，铺开了沂源县绿色食品发展。2003年8月，大张庄镇沂源绿苑葡萄发展有限公司“鲁山红”牌红提葡萄被国家绿色食品发展中心认证为A级绿色食品，面积2.5万亩，基地被评为全国新技术应用示范基地。2004年10月，西里镇“天力源”牌中华寿桃、燕崖镇“沂河源”牌大樱桃、蒙山实业有限公司“荆花”蜂蜜被认证为A级绿色食品，果品面积分别是1万亩、0.5万亩，蜂蜜年产量3万公斤。2005年5月，沂源县被农业部确定为创建全国绿色食品(红富士苹果)标准化生产基地县，面积15万亩。覆盖中庄、张家坡、燕崖、东里、西里、南麻6个乡镇。2007年12月，15万亩绿色食品标准化生产基地县通过农业部验收，全县认证A级绿色食品10个，面积18万亩，涵盖苹果、葡萄、大樱桃、蜂蜜、核桃、柿子、花椒、桔梗、佛手瓜等产品。2010年8月，农业部在北京西郊宾馆召开全国绿色食品工作会议，沂源县作了“打造绿色食品标准化生产基地建设，增创山区农业发展新优势”典型发言。2023年，全县累计认证A级绿色食品20个，面积19.5万亩。有30个农业龙头企业、专业合作社参与绿色食品基地建设。

有机产品

是指农产品在生产过程中，禁止使用任何化学合成的农药、化肥、外源激素等物质，不允许使用基因工程技术，生产环境（土壤、灌溉水、空气）达到安全标准，产量控制。不属政府强制行为，属企业自愿行为，标志有效期1年。

2001年8月，山东华盛果品股份有限公司在中庄镇道座崮村68亩苹果生产基地，获农业部中绿华夏有机产品认证中心认证，是沂源县首个有机产品，开创了沂源县有机农业发展历程。2005年5月，沂蒙山果菜批发市场有限公司认证有机大樱桃60亩。2007年，沂源奉源果蔬有限公司认证有机大樱桃494.7亩。2008年8月，悦庄韭菜通过中绿华夏和欧盟有机产品“双认证”，是国内第一个通过“双认证”的蔬菜有机产品。10月，成立沂源县有机品牌农业管理办公室，为正科级全额事业管理单位，负责全县有机农业发展和品牌建设工作。沂源农业进入以有机农业为主导的标准化发展新阶段。11月30日，全县有机农业发展启动大会在新城宾馆召开，出台《关于推进有机品牌农业发展加快有机农产品基地建设的意见》，计划到2012年建设有机农产品基地15万亩，有机养殖小区30个，有机农产品品牌15个，培育发展有机农产品加工营销组织25个，争取用10年时间，把沂源县建成有机品牌农业强县，全县主导农产品生产面积80%以上达到有机标准。依据国家和国际标准制定《沂源县有机农产品生产技术操作规程》，涵盖11个主导农产品。有机农产品生产进入有标规范发展时期。

制定《关于推进有机品牌农业发展有机农产品基地建设的奖励办法》，加大对基地建设、经营主体、品牌建设奖励。12月，沂源县在张店义乌城建成沂源有机农产品展销厅，悦庄有机韭菜在展销厅召开新闻发布会。当年，有15个农业龙头企业参与有机品牌农业建设，县政府兑现奖励资金539.96万元。

有机产品认证证书

2009年，县委、县政府将20个有机农产品基地建设列入政府工作10件大事之一。制定《沂源县有机农产品生产管理办法》，对基地建设、生产管理、技术标准、农业产品投入、认证程序、标识使用、质量追溯、产品销售等作了明确规定，是国内首个有机农产品发展质量标准体系。每个有机农产品基地必须建设管理房、竖立标志牌、设置与普通作物间隔5米以上隔离带，做法得到省农业厅、农业部专家高度认可，在全国推广。当年，建成有机农产品基地20个、面积5万亩，有机产品认证22个。2010年，县政府将5万亩有机农产品基地建设列入全县180项重点工作之一。出台《关于推进品牌惠农战略加快有机农产品基地建设的奖励办法》，加大对基地建设、品牌建设、市场网络建设扶持。印发《关于实施有机品牌农业“十百千万”工程分解落实任务指标的通知》，年内有机农产品基地面积达到10万亩，在全国大中城市设立沂源有机农产品营销网点100个以上，培养农村有机农产品技术人员1000名以上，全县有1万户以上农户获益。4月，沂源县被农业部确定为全国首批4个有机农产品示范基地县之一，建设张家坡镇、中庄镇2个有机产品核心区，面积2000亩。同年，建设有机农产品基地30个，整建制流域13个，认证有机产品13个，认证总量达到60个。山东华盛果品股份有限公司成功运作世博果（沂源苹果直供上海世界博览会）；中庄正果专业合作社沂源有机苹果指定为人民大会堂和全国两会专供果；“悦庄牌”有机韭菜被登记为国家地理标志证明商标。有17个龙头企业在国内银座、家乐福等连锁超市设立沂源有机农产品专柜（直营网点）50处。沂源有机农业发展走在全国前列，被誉为“沂源有机现象”，省内外多个单位来沂源参观学习。

2011年，沂源县把建设50个有机农产品基地列为重点工作之一，压茬推进有机农产品生产基地建设。5月，淄博山川果品有限公司“山川之星”牌有机苹果获第五届中国（上海）国际有机农产品博览会金奖和最畅销产品奖。8月，国家首批有机红富士基地县建设通过农业部验收，农业部绿色食品发展中心主任王运浩在首届沂源苹果文化节上给沂源授牌，成为国内首个有机苹果示范基地县。2011年，沂源县有机农业被社会广泛认可，有机农产品一度成为农产品销售热点、买点。随着有机农业的发展，冒用、套用、滥用有机农产品标识和包装物的现象时有发生，有的超市、农贸市场、流动商贩打着有机农产品标识兜卖，连烤红薯的流动烤炉也标着有机地瓜，给有机产品市场造成严重冲击，扰乱了有机农产品市场经营秩序。2012年，县委、县政府把该年确定为有机农产品规范提升年。县政府印发《关于实施有机农产品规范提升年的实施方案》，由县有机品牌农业管理办公室牵头，抽调县有机办、农业局、工商管理局、果树中心10人，组建有机农产品专项检查组，深入生产企业、印制企业、超市、集市、农贸市场等拉网检查，送达《责令整改书》210份，限期违规企业、经营业户15日内整改，严厉打击违规经营行为，全县有机农产品市场经营秩序得到净化。在国内有机农产品多次违规曝光情况下，沂源有机农产品市场经受了官方、第三方、新闻媒体等多次明察暗访，未出现任何违规问题。得到省农业厅、农业部肯定。

2012年5月26日，在燕崖镇燕崖村有机大樱桃基地举办了沂源县有机农产品直供济南银座超市基地建设启动揭牌仪式。签订了《关于设立沂源县果品直供济南银座基地建设的合作框架协议》，确定在沂源县建设13个果品直供基地，品种8个，面积8000亩；8月，在大张庄镇洼子村有机红提葡萄基地、张家坡镇任马庄村有机早生桃基地分别揭牌。年底，在济南银座28个连锁超市设立“沂源红”有机农产品专柜，销售沂源苹果200万公斤。

2013年，县有机品牌农业管理办公室对全县特色品牌农产品进行全面梳理、分析和研究，对全县54个特色产品从发展历史、文化、产地、特点、现状、发展前景进行全面探究，编写了《花儿为什么这样红》一书，宣传推介沂源县特色农产品，是沂源县农业发展史上第一部关于农产品发展的专业丛书。是年，加强有机农产品质量体系建设，强化有机产品生产管理、质量追溯和宣传推介，建立12个有机产品生产企业质量追溯体系，定期对有机农产品质量开展抽检检测，对不达标产品取消有机产品使用标识。2023年，全县认证有机产品68个，其中有62个已失效。

国家地理标志农产品

国家地理标志农产品是指农产品原产于某地区，具有区别于其他同类产品的特定性状、特征、品质或信誉，主要由该地域的自然因素（地质、气候、土壤、水源、原料）或人文因素（历史、文化、技术、背景）所决定的特有品质产品。

2009年，县生态农业和农产品质量管理办公室申报的“沂源苹果”和县畜牧兽医协会申报的“沂源全蝎”“沂源黑山羊”3个地域特色农产品获国家地理标志农产品登记保护。

沂源苹果发展历史悠久，历经多次品种改良和发展，选育出地域特色鲜明的“沂源红”品种。沂源红属短枝条红，果实高桩长圆，色泽艳丽，质脆香甜，区别于同类红富士苹果，是沂源县具有自主知识产权的产品。沂源苹果发展面积37万亩，成为农村经济和农民增收的支柱产业。沂源黑山羊是全省首个通过农业部农产品地理标志登记的畜产品，是沂蒙山区地方优良山羊品种，是在沂源特有自然条件下形成的肉、绒、毛、皮多用型品种，肉质细嫩、膻味小、味道鲜美，常年养殖规模在10万只以上，是农民收入的主要产业。沂源大锅全羊是山东省地方名吃，声名远播。“沂源全蝎”有八足，一对螯钳，区别于六足蝎，一对螯钳，故曰全蝎，是沂源特殊自然环境条件下孕育的结果，毒性高，八足蝎药用价值高于六足蝎。

2012年，沂源县鲁村芹菜种植协会申报的“鲁村芹菜”、沂源县蔬菜产销服务中心申报的“西长旺白莲藕”、沂源县大张庄生发花生专业协会申报的“沂源花生”3个特色产品获国家地理标志农产品登记保护。

鲁村芹菜发展历史久远，历经鲁村野芹、鲁村本芹多次品种杂交改良而发展为鲁村芹菜，是鲁村地方品种。杆绿空心，区别于杆绿实心、杆黄空心品种，粗纤维少，口感香脆，品质独特。常年种植面积3000亩以上。西长旺白莲藕已有300多年发展历史，藕有9孔区别于8孔藕，藕皮薄、丝纤维少、口感细腻脆甜、无渣无涩。价格比其他藕高于1～2元，登记保护面积1500亩。沂源花生是地域传统产品，已有100多年栽培历史，主要分布在大张庄、徐家庄等地。花生仁种衣粉红色、皮薄、果粒细小、清脆香甜、爽口细腻，含油率45％以上，比普通果高出5％左右，俗称沂源油果子，登记保护面积5.25万亩。

农业经营

农产品购销

1949—1959年，出口农产品由县供销社经营，通过基层供销社采购站和个体工商户进行采购，组织出口货源。多经八陡、青州等地，通过青岛、天津口岸出口。主要是皮张、蚕丝、土特产。1959年，县供销社成立外贸科，出口商品由县供销社、县粮食局等部门经营。每年上级外贸部门下达年度计划，县供销社外贸科组织落实，基层供销社采购站收购。收购期间，省地外贸出口单位培训业务技术员，或派员蹲点，传授技术，把关商品质量。1977年，成立县外贸局，负责农产品出口经营，采取直接收购、委托代购、组织货源三种经营方式。直接收购采取坐地收购、设点收购、外地收购三种形式。坐地收购安排专人验货、付款、入库；设点收购安排业务员蹲点跑面，购后装车发货；外地收购，主要收购德州、巨野、泰安、莒县、临朐等地农产品，扩大出口需要。委托代购，在农产品收购旺季，采取签订合同、预付货款、交货结账的办法委托个人或集体代理收购。组织货源，外贸公司不直接经营农产品，只在队社与省外地外贸公司之间牵线搭桥，组织货源，年终归口结算提取一定手续费。

1991年，全县12处基层供销社和土产公司、果品公司、沂美食品厂、裘皮厂均开设农副产品购销和加工业务。主要经营干鲜果品、花椒、药材、畜产品、棉花、蜂蜜、生猪、禽蛋等农副产品。基层供销社农副产品采购站直接收购农户销售的农副产品和基层门市部交来的农副产品。所购农副产品除自销外，部分上调拨给县社各直属公司。20世纪90年代中期，随着市场经济体制建立和农业产业结构调整，农副产品产量大幅增加，购销方式也发生变化，出现直购直销、委托代理、经纪人、联合体等多种经济成分和经营方式，初期单一、多环节的购销模式已不适应市场发展要求，各基层供销社逐步撤销农副产品采购站，由基层社门市部代行采购。采购原则是“统放结合、以销定购、快收快调快结算”，除棉花、蜂蜜等采取分购联销外，其他农副产品全部放开经营，市场调节。1996年，贯彻省政府《关于依托供销社发展专业合作社的通知》，成立棉花、果品、中药材、花椒等6个专业合作社，扩大销售业务。2000年，供销社开始发展农民合作经济组织，壮大农副产品购销实力，农副产品购销业务大幅增加。2006年，供销系统发展专业合作社80个，吸收社员股金4120万元，入社社员2.095万户，农副产品销售额2.1亿元，助农增收4000万元。2010年后，个体工商业快速发展，农副产品流通渠道多元化发展，供销系统农副产品购销主体地位逐渐弱化。

农业龙头企业

20世纪80年代中后期，沂源县出现贸工农一体化、产加销一条龙农业经营方式雏形。1985年，悦庄镇民悦食品厂建立，生产“悦牌”果脯系列产品，是沂源县首家农产品生产加工龙头企业。1986年，鲁村镇建立沂源县鲁村外贸福利冷藏厂，1987年从事兔肉加工出口。1991年，大张庄乡建立大张庄植物油厂，年加工花生油733吨。

1992年，山东淄博汇源食品饮料有限公司成立，生产果品软饮料。1993年，汇源公司从德国引进亚洲第一条大型浓缩汁生产线，生产浓缩苹果汁，年加工苹果3.2万吨，年产浓缩汁4000吨，出口欧盟市场。2001年6月，公司迁址北京顺义区，注册为北京汇源饮料食品集团有限公司，成为全国同行业龙头企业。

20世纪90年代中后期，市场经济体制逐步确立完善，农产品供求关系发生转变，沂源县委、县政府把推进农业产业化经营确定为发展农业和农村经济的重大战略举措，全县农业和农村经济步入产业化发展新时期。1994年，摸索发展“企业+基地+农户”产业化发展模式，扶持引导农业龙头企业基地化、产业化、品牌化发展。1997年，农民企业家王成兰创办沂源县良种肉牛开发公司，规模化养殖肉牛，销往日本、东南亚等国家和地区。年产值500万元，利税100万元。1998年，沂源海达食品有限公司取得自营进出口权，通过欧盟市场准入，兔肉出口欧盟、日本、韩国、俄罗斯等国际市场，年销售收入8200万元，利税680万元。省政府授予山东省先进民营企业、省级重合同守信用企业称号。是年，省政府授予沂源县农业产业化经营先进县称号。

2000年，沂源海达食品有限公司被认定为省级农业产业化龙头企业，是沂源县首个省级农业龙头企业，跻身全国出口创汇企业500强。是年，淄博汇源公司投资1.2亿元在东里镇新建占地13万平方米的加工车间，从德国、瑞士、意大利等国家引进两条具有国际先进水平的果汁生产线，年加工浓缩汁2万吨，年消化苹果15万~20万吨，年出口创汇1000万元。被中国食品消费者协会评为国家食品工业重点企业、国家食品工业重点产品。2001年，汇源公司投资5000多万元，从瑞典引进世界先进利乐灌装线，从法国引进百利包生产线，生产乳制品，年加工鲜奶5万吨。“汇源”牌商标和产品被认定为中国驰名商标和中国名牌产品。2001年始，淄博市政府开展市级农业产业化龙头企业认定工作，淄博汇源食品饮料有限公司、淄博民悦食品有限公司被认定为淄博市首批市级农业产业化龙头企业。2002年，全县发展农产品加工营销农业龙头企业110多家，其中省级农业产业化龙头企业1家，市级农业产业化龙头企业2家。年加工农产品能力达7.3万吨。

2005年，县委、县政府印发《关于加快推进农业产业化经营工作的意见》《关于扶持农业及农业产业化经营的奖励办法的通知》，加大对农业龙头企业扶持，推动农业产业化经营发展。是年，山东乐利事食品有限公司、沂源大华永大贸易有限公司被认定为市级农业产业化重点龙头企业，全县市级龙头企业达到4家。2006年，县政府开展县级农业产业化龙头企业认定工作，建立县级农业产业化龙头企业认定标准和申报管理制度。当年，认定县级农业产业化龙头企业18家。年底，全县发展规模以上农产品加工、营销龙头企业53家，企业总资产9.7亿元，固定资产6.8亿元，实现总产值11.5亿元，销售收入10.9亿元，初步形成牛奶、畜禽、果品、蔬菜和中药材加工5条产业链，带动基地20万亩，农户8万户。

2008年，县委、县政府出台《实施品牌惠农战略推进现代农业发展意见》，制定发展无公害农产品、绿色食品、有机产品和品牌创建奖励政策，推

飞龙食品果脯加工车间

动农业龙头企业参与无公害农产品、绿色食品、有机产品品牌创建。淄博华盛食品有限公司创建了“奥运果”“世博果”，沂源县盛全果蔬有限公司创建了“全运果”，“中庄”牌苹果被认定为中国驰名商标。2009年，沂源乡村园果蔬有限公司、金钟山现代农业科技有限公司、沂源县双义果蔬有限公司、淄博山珍园果蔬有限公司、淄博千秋雪食品有限公司、大华永大农产品有限公司、安信有机农庄等15个农业龙头企业参与有机农业基地建设和品牌创建，建设有机农产品基地10万亩，推动全县农业高质量发展。2010年，全县销售收入过500万元以上农业产业化龙头企业83家，其中加工型企业49家、营销型企业31家、生产型企业3家，省级重点农业龙头企业4家、市级重点农业龙头企业17家。企业总产值30.39亿元，固定资产10.8亿元，年销售收入29.15亿元。带动发展贮藏保鲜、包装、果袋加工等260多家企业，实现产值4亿多元，安排劳动力1万余人，增加工资性收入1.5亿元以上。

2012年，县政府出台《关于支持农业产业化龙头企业发展推进农业产业化经营的意见》《关于印发促进农业科技创新加快现代农业发展奖励办法的通知》。同年，为3家省级农业龙头企业落实贷款1.2亿元，争取上级财政支持资金2000多万元。2013年，县级以上农业龙头企业达到120家，其中省级龙头企业5家（海达、乐利事、汇源、大华、沂蒙山）、市级龙头企业18家、县级龙头企业97家。企业总资产28.4亿元，实现销售收入38.54亿元。当年，山东华盛果品股份有限公司获淄博市首届十佳农业产业化龙头企业，山川公司被山东省农业厅认定为全省出口农产品质量安全示范企业。

2016年，强化政府监管，对农业龙头企业实行退出机制，对效益不好，成长空间不大，予以退出农业龙头企业序列。是年，县级以上农业龙头企业44家，其中省级4家、市级24家、县级16家。2018年，全县省级农业龙头企业6家、市级21家，县级农业龙头企业不再认定。

2021年11月，淄博市政府印发《关于支持农业产业化龙头企业和农产品加工业快速发展的九条措施的通知》，加大对省市级农业龙头企业扶持。2023年12月，全县有省级农业龙头企业6家、市级28家。

农民专业合作社

2007年7月1日，《中华人民共和国农民专业合作社法》颁布实施。8月20日，中庄镇后峪子村高圣和成立沂源县正果果品专业合作社，采取“合作社+农户+基地”模式，注册商标“誉芸”，是沂源县首家农民专业合作社。注册资金15万元，资产总额80万元，入社社员230户。主要经营干鲜果品、蔬菜、禽畜、鸡蛋等产品。是年，实现经营收入230万元，社员户均分红8000元。同年，张家坡、东里、中庄、南鲁山等镇注册农民专业合作社49家，主营苹果、大樱桃、桔梗等产品。

2008年，沂源县在全市率先开展县级示范合作社创建，制定《沂源县县级示范合作社认定管理办法》《沂源县县级示范合作社标准和考核细则》，规范农民专业合作社发展。同年，开展国家、省、市、县四级农民专业合作社示范社联创，推动农民专业合作社规范发展和晋阶升级。2009年，县政府对示范带动能力强、管理规范、诚信守法的25家合

南鲁山镇猕猴桃专业合作社社员培训

作社授予“县级示范合作社”称号。2010年，县农业局等11个部门印发《关于开展农民专业合作社示范社创建活动的通知》，进一步明确示范社创建目标、标准、步骤，推动农民专业合作社标准化建设、规范化发展。2011年，淄博市农业局开展市级示范合作社评定工作，沂源县沂蒙山果菜专业合作社、沂源新宇果品专业合作社、沂源县沂河源鸭业专业合作社、沂源县牧星畜禽养殖专业合作社、沂源县新农庄小杂粮专业合作社、沂源县正果果品专业合作社被评定为淄博市首批市级示范合作社。2012年，县政府印发《关于促进农民专业合作社健康发展的意见》，在资金、项目、税收、土地、电力等方面予以扶持，推动农民专业合作社健康发展。同年，山东省农业厅开展省级农民专业合作社示范社评定工作，沂源联大果品专业合作社被评为首批省级示范合作社。是年，农业部开展国家级示范合作社评定工作，沂源联大果品专业合作社、沂蒙山果菜专业合作社、沂源县新宇果品专业合作社被评为第一批国家级示范合作社。2014年，县农业局等11部门印发《沂源县农民专业合作社县级示范社评定及监测暂行办法》，进一步明确县级示范合作社标准、申报、评定、扶持、监测等要求，推动合作社规范化发展。2015年6月30日，县农业局印发《关于公布政府优先扶持农民合作社家庭农场目录的通知》，将符合条件的98家农民合作社、14家家庭农场列入政府扶持目录，优先予以政策支持。2016年始，对市级以上示范合作社开展跟踪监测，实行动态管理。

2019年，县委、县政府印发《关于加快推进村党支部领办农民专业合作社促进乡村振兴的意见》，采取“党支部+”模式，推动村党支部示范引领和创办农民专业合作社。沂源越水种植养殖专业合作社发展三产融合，建设美丽乡村做法被农业农村部评为2019年度全国农民专业合作社典型案例。2020年，利用中央财政资金对县级以上示范社在品牌、营销、先进技术、财务管理、电子商务等方面给予补助。11月6日，沂源越水种植养殖专业合作社在中国农村合作经济管理学会举办的中国农民合作社高质量发展高峰论坛上，张家坡镇阳三峪村党支部书记、合作社理事长田悦水作了“党支部+合作社引领乡村发展”典型发言。同年，县委组织部等13个部门印发《关于推动村党组织领办合作社工作的实施意见》，明确总体要求、基本原则、基本形式、重点任务、扶持措施等，强化村基层党组织政治引领、合作社抱团发展，促进农民增收，壮大村集体经济。2021年，淄博市开展对党支部领办合作社市级示范社评选工作。沂源金飞洋果品专业合作社、沂源守望果蔬农民专业合作社、沂源县绿果果蔬专业合作社、沂源县大家万果蔬专业合作社、沂源县柳兴乡村旅游专业合作社、沂源越水种植养殖专业合作社、沂源忠成果蔬专业合作社等7家党支部领办合作社被评为淄博市首批党支部领办合作社市级示范社。同年，西里镇43个村党支部领办合作社组建沂源县红冠农产品农民专业合作联社，开展果树技术全托管社会化服务，实施抱团发展。经验做法被农业农村部评为全国农业社会化服务典型，在全国推广，在《农村经营管理》杂志刊登；沂源县绿果果蔬专业合作社实行股份制发展，社员按股分红，经验做法在全省推广，在《中国农民合作社》

果树技术全托管模式产业论坛

杂志刊登；沂源守望果蔬农民专业合作社经验做法在《农村经营管理》杂志刊登；沂源金飞洋果品专业合作社、沂源县绿果果蔬专业合作社经验做法在《大众日报》刊发。陈丙福被中国农村合作经济管理学会评为“年度农民合作社带头人”。2022年，沂源泉兴农业专业合作社、沂源荞菽稷农产品农民专业合作社、沂源农和果蔬专业合作社、沂源富盈源农产品专业合作社、沂源县宏元果蔬专业合作社、沂源富发果蔬专业合作社、沂源巾帼果蔬专业合作社、沂源富茂果蔬专业合作社等8家党支部领办合作社被评为淄博市第二批党支部领办合作社市级示范社。沂源东益果蔬专业合作社、沂源县大家万果蔬专业合作社被评为中国农民合作社500强。2022年底，全县446个行政村全部创建了党支部领办合作社，实现全覆盖。2023年，沂源县盛林畜禽养殖专业合作社、沂源县姬家峪村黄烟种植专业合作社、沂源云泽园果蔬专业合作社、沂源东盛梅乡村旅游专业合作社、沂源恒益农农业专业合作社、沂源悦心种植专业合作社、沂源沂心源粮食种植专业合作社等7家党支部领办合作社评选为淄博市第三批党支部领办合作社市级示范社。全县党支部领办合作社达446家，其中市级示范社22家，覆盖种植、养殖、农产品加工等产业。

2023年，落实省委组织部《关于对省委巡视和选人用人专项检查发现有关问题开展专项整治的通知》《关于开展村党组织领办合作社重数量轻质量问题专项整治的补充电话通知》，对村党组织领办合作社实施规范整治，对山东省党组织领办合作社系统中不规范的合作社实施变更、移出、删除，共清理175家。是年，西里镇桑树峪村党支部领办的沂源县宏元果蔬专业合作社带动村集体与村民增收典型做法在《农村财务会计》杂志刊登；鲁村镇三源新村党支部领办的沂源荞菽稷农产品农民专业合作社聚力融合、村强民富典型做法在《农村工作通讯》杂志刊登；中庄镇南刘庄村党支部领办的沂源巾帼果蔬专业合作社强村富民典型做法被农业农村部评为全国第四批新型经营主体典型；沂源县宏宇果蔬专业合作社理事长邱红英被中国农村合作经济管理学会评为“新型农业经营主体带头人”，在《中国农民合作社》杂志刊登；沂源县绿琳凯果品专业合作社入选2023中国农民合作社500强。年底，全县注册农民专业合作社1438家，其中国家级示范社8家、省级示范社25家、市级示范社70家、县级示范社78家。涵盖种植、养殖、信息、技术、储藏、销售、乡村旅游等产业。资产总额21.79亿元，其中固定资产7.95亿元，入社社员7.66万户。流转土地面积16.5万亩，建设标准化生产基地100处、村级标准化养殖基地80处、生态循环农业示范区10处、都市农业示范园区12处，带动发展有机农产品生产基地15万亩，标准化生产基地60万亩。

家庭农场

2013年，中央一号文件提出发展家庭农场，把农业龙头企业、农民专业合作社、家庭农场一并称为农业新型经营主体。山东省政府印发《山东省家庭农场登记试行办法》，推动家庭农场加快发展。4月，中庄镇于家北坡村李明星注册沂源县恒香农场，注册商标“李明星”，主营果品、蔬菜生产及营销，沂源县第一家家庭农场诞生。是年，流转土地58亩，实现收入70万元。

2015年3月，县农业局、县工商局、县财政局联合印发《关于加快推进家庭农场发展的意见》，明确家庭农场创建标准、扶持政策，推动家庭农场规范发展。6月30日，县政府印发《关于公布优先扶持农民合作社家庭农场目录的通知》，将符合条件的农民合作社、家庭农场列入政府扶持目录，支持农民合作社、家庭农场等新型经营主体发展。当年，开展县级、市级、省级示范农场认定工作，鲁村镇五福山家庭农场、中庄镇会发农场、中庄镇薛金军农场被认定为县级示范农场；张家坡前山农场、鲁村镇浦旺家庭农场、燕崖祥泉农场、中庄镇贵香农场、西里镇诚鑫家庭农场、沂源县福霖农场、历山街道办事处世芹家庭农场、南麻泰沂家庭农场、燕崖镇子荣农场被认定为市级示范农场；张家坡镇锦绣农场被认定为省级示范农场，获10万元财政扶持。2022年，全县共发展省、市、县示范家庭农场139家，其中省级示范农场54家、市级示范农场11

家、县级示范农场74家。

2023年底，全县共有各类家庭农场1289家，其中家庭型农场1052家，“公司+”“合作社+”型农场237家。注册资金10175.5万元，资产总额14023万元，经营面积4.63万亩，常年雇用劳动力1160人，实现经营收入13408万元。

农村经纪人

农村经纪人萌芽于农产品自产自销时期。一些聪明能干、胆子大的农村人开始提篮叫卖，他们肩挑手提农副产品走街串巷叫卖，有的农产品好卖，但自家产得少，自然去收其他农户的农产品来卖，不仅尝到了卖农产品赚钱的甜头，还积累了农产品交易经验，掌握了市场信息，自此走向了经纪人道路。改革开放后，随着市场经济的发展繁荣和农产品交易量增多，农村经纪人队伍不断发展壮大，活跃在各种经济领域，对推动农村经济发展起到积极作用。20世纪90年代前，是农村经纪人最活跃的时期，穿梭于集市和乡村农贸市场，协调卖方和买方交易，从中赚取交易费用，叫作“经纪钱”。特别是牛羊猪等大中型牲畜交易，离不开经纪人的从中协调，交易时经纪人把手揣在怀里，偷偷向买卖双方伸手指头暗示合适的交易价格，行话叫“掐骨估”。双方根据暗示价格上下抬价拉价，最终达成双方满意价格交易完成。80年代前，交易1头（只）猪羊，经纪人赚取1～2元；90年代，交易1头牛赚取10元，1只羊赚取5元；2000年后，交易1头牛赚取100元，一只（头）羊猪赚取50元。

1994年，东里镇在全县率先成立果品经纪人协会。2001年12月，在果品经纪人协会基础上，成立沂源县农副产品经纪人协会，年销售各类水果600万公斤。2002年，东里、中庄、张家坡等乡镇有些经纪人开始自建恒温库、保鲜库，购置汽车，由经纪中介转为农产品自储、自运、自销。当年，通过经纪人销售的农产品达7000万公斤，2004年达到4亿公斤。2006年，全县经纪人队伍发展到3000多人，在南京、上海、武汉、广州、厦门、深圳等60多个城市建立直销点和专业批发市场，年销售果品4亿公斤以上，成为沂源县农村经济发展重要力量。2010年以后，随着市场经济的发展和网络信息的沟通，农村经纪人在市场交易中的作用日渐弱化，经纪人队伍逐步缩减。

农业品牌

1986年，山东省农业厅举办山东省第二届优质苹果评选活动，徐家庄乡凉泉村红星苹果获全省同类苹果第一名，张家坡乡金帅苹果获同类苹果第二名，荆山园艺场国光苹果获同类苹果第三名。这是沂源县苹果首次参加全省高规格苹果评选活动获得的荣誉。1997年，沂源县果树技术服务部注册“沂蒙山”商标，涵盖果、菜、粮、畜禽及加工产品7大类、近百个品种，由此沂源县农业步入品牌农业发展时期。1999年，县政府成立实施沂蒙山品牌带动战略领导小组，印发《关于对“沂蒙山”商标实行依法管理无偿使用的通知》，由政府培育运作的区域公用品牌运行。2002年，成立沂蒙山品牌管理办公室，负责沂蒙山品牌的管理、保护和推介。2004年，“沂蒙山”商标被认定为省著名商标。2008年，县委、县政府印发《关于实施品牌惠农战

沂源苹果获得荣誉

略推进现代农业发展的意见》，把发展品牌农业作为现代农业发展的战略举措，推动区域公用品牌和企业品牌同步建设，构建沂源特色农业品牌体系，以品牌带动农业综合效益提高。3月，沂源苹果被国家奥组委指定为2008北京奥运会专供果品，称为“奥运果”。10月15—18日，在北京国际农产品博览会上，全国人大常委会副委员长铁木尔·达瓦买提、山东省副省长贾万志亲临沂源展台，对“奥运果”给予高度评价。沂源苹果获博览会金奖、最畅销产品奖。16日，沂源县在北京国际农产品博览会展厅举办了新闻发布会。当年，成立沂源县有机品牌农业管理办公室，专职有机农业和品牌农业的管理和培育发展。2009年，“沂源苹果”被国家工商总局认定为国家农产品原产地地理标志证明商标，沂源苹果拥有了自己的“身份证”，淄博市政府奖励100万元。1月，在张店义乌城举办沂源有机产品进张店活动。9月10—13日，在吉林长春中国国际农产品交易会上，央视《新闻联播》《午间新闻》栏目，摄制了以“沂源红”苹果为主题的“中国红”喜迎60周年国庆专题片。10月，沂源苹果入选中华人民共和国第十一届全国运动会专供果品，称为“全运果”。是年，沂源苹果代表山东省入选农业部在北京国际展览馆举办的中华人民共和国成立60周年辉煌成就展。沂源县农业局被山东省农业厅授予“山东省品牌展示推介工作先进集体”称号。11月，沂源县在山东省科技厅展馆举办了沂源有机农产品走进济南活动。

2010年，山东华盛果品股份有限公司运作了2010上海世博会专供苹果，称为“世博果”，专供沂源苹果55万公斤。同年，沂源苹果列2010全国1522个农产品区域公用品牌价值排行榜第31位。2011年10月，举办了首届沂源苹果文化节，沂源苹果走进济南、走进青岛等宣传推介活动。2012年，“中庄苹果”被国家工商总局认定为中国驰名商标，“沂源红”获山东省名优苹果新品种。2015年，沂源苹果入选2015年中国好食材品牌名录。2016年，沂源苹果获山东省著名商标品牌。2018年，沂源苹果列中国区域品牌排行榜第30位、全国地理标志苹果类产品第3位，“沂蒙山”牌苹果获国家驰名商标。2021年，燕崖大樱桃获全国名优特新农产品，沂源苹果获首届山东地标名片称号。2022年，金黄金桃入选山东省特色农产品优势区。2023年，沂源县累计注册农业商标216个，获国家级区域公用品牌2个、知名企业品牌5个、省级知名农产品企业品牌115个、市级知名农产品企业品牌22个；获农产品交易会、洽谈会、经贸会、展销会、博览会等金奖45个、最畅销产品奖45个。央视《走遍中国》栏目拍摄了《沂源：一果万金》专题片，《农广天地》栏目拍摄了《从农田到餐桌—走进沂源》专题片，央视《乡约》栏目录制了沂源苹果访谈节目，《农民日报》、山东电视台《乡村季风》、科技网络等媒体对沂源苹果品牌进行宣传报道。农业品牌为沂源农业带来10亿元以上的收入，成为沂源一张靓丽名片。

中国苹果产业高质量发展大会金奖（2020年）

农业社会化服务

2020年，西里镇以楷模之乡绿色红泉乡村振兴示范片区为核心，成立红冠农产品专业合作社联社，以“联合社+合作社+农户”运作模式，组建专业技术团队、专业营销团队，采取示范引导，统

沂源红现代栽培示范基地进行无人机飞防教学示范

一技术标准、统一生产管理、统一配套水肥一体化设施，对40个村2万亩果园实施果树生产技术全托管，果农在联合社指导下开展生产管理，建设苗庄河流域、马庄河流域2处高端果品生产基地，面积1万亩，年内荣获中国苹果产业高质量发展大会金奖，被确定为2021年沂源县十大改革创新项目之一。2021年，西里镇果树技术全托管做法被农业农村部评为全国农业社会化服务典型，在全国推广。10月25日，山东省人民政府《关于新时代支持沂蒙革命老区振兴发展的实施方案》提出大力推广沂源县西里镇果业托管典型经验。

2022年，沂源县承担国家级农业社会化服务（经济作物）项目，在南麻、燕崖、中庄、西里、张家坡、石桥6个镇开展试点，实施果树修剪、测土配方、水肥一体化、无人机飞防项目。制定《沂源县农业生产社会化服务项目组织实施工作方案》《关于遴选2022年度农业生产社会化服务项目服务主体的公告》，当年社会化服务面积1.26万亩。2023年，开展果树修剪、测土配方、无人机飞防社会化服务项目，服务面积8040亩。2024年，围绕苹果测土配方、修剪、无人机统防统治等方面开展1万亩苹果生产社会化服务托管。印发《2024年沂源县农业生产社会化服务项目实施方案》，在政府网站发布《关于遴选2024年度农业生产社会化服务项目服务主体的公告》，公开遴选服务主体，纳入社会化服务名录库。当年服务面积1.02万余亩。沂源县农业社会化服务做法在山东省农业新型经营主体和农业社会化服务工作培训会上作了典型发言。

公 粮

兵马未动，粮草先行。抗日战争、解放战争时期，沂源县组建支前民工4万多人支援前线，为前线浴血奋战的将士送粮、肉等食粮，累计出动独轮木车8617辆，挑担3.3万副，牲口215头，捐款18.3亿元（旧币），捐献粮食19.15万公斤。那时公粮称为军粮，没有具体征收标准，由村农会组织发动村民踊跃捐粮捐款捐物。

1944年建县后，根据鲁中区征收公粮暂行办法，按每户每人平均占有土地累计征收，公粮征收主要是小麦、玉米、谷子、高粱、大豆、棉花等，是年征收粮食35万公斤。1946年，实行按土地等级累计征收的政策，按土地优劣划分若干等级，折成标准亩，每亩定产75公斤累进征收。对贫苦的鳏寡孤独无劳力者，每人平均不足1亩者减半，1～2亩者减1/4，对受灾户酌情减征，全年1次计算，夏秋2次征收。1949年，每人扣除7分地免征农业税，其余每亩全年负担公粮15公斤，田赋粮2.5公斤，柴草粮2.5公斤，附征乡村公费粮3公斤，每头大牲畜减征7.5公斤。对烈军属、鳏寡孤独困难户，除7分地免征外，再酌情减免20%~50%。1951年，按常年产量，每口人扣除50公斤免征，其余按20%

南麻公社侯家官庄大队送公粮（1976年）

20世纪80年代，社员交公粮

税率计征全年负担数，并加收20%地方附加，当年征收公粮71.85万公斤。1953年12月，贯彻政务院《关于实行粮食的计划收购和计划供应的命令》，实行粮食统购统销，按当地牌价收购，按购价的2.5%付给手续费，当年征购721.5万公斤。从此，粮食市场在夏秋两季统购期间全面关闭，完成统购任务后再行开放。

1955年，实行粮食“三定”（定产、定购、定销），3年不变的政策。定产即根据土地质量和管理条件，通过民主评议，评出单位面积产量，并规定新开垦荒地3年不计产量，不交征购粮；定购即从定产中留足种子、口粮、饲料、机动粮，余粮的90%向国家缴纳统购粮；定销即对农村缺粮户，经民主评出1年的统购数。1958年，受“大跃进”人民公社化运动“左倾”错误影响，实行粮食大购大销，部分队购过头粮。是年，社员人均口粮156.5公斤，完成粮食征购1.77万吨，加之三年自然灾害影响，1960年农民生活发生严重困难。1962年，纠正政策上的错误，分给社员自留地，开放市场，农村困难形势开始好转。1965年，实行一定三年不变。1975年，改为一定五年不变。1978年，为减轻农民负担，全县征购基数由1.65万吨减少到1.47万吨。在完成征购基数后加价收购，以高于统购价50%~60%的议价收购。

1983年11月，国务院颁布了《关于农村特产收入征收农业税的若干规定》文件，国家对农业税种进行调整，将园艺、林木、水产及其他农村特产收入一并纳入征收范围，称为农业“两税”，即农业税和农林特产税。按农户承包亩数、品种计征。1985年4月1日起，取消粮食统购政策，实行合同定购。由粮食部门分配征购任务与承包土地农民签订定购合同，按“倒三七”超购比例计价（三成按原统购价，七成按原超购价）收购粮食，1990年仍实行合同定购。1991年，合同定购改为国家订购，当年征购粮食2595吨。1993年，国家放开粮食价格和经营，原来的粮食定量配给转为市场供应，城市居民的粮票粮本取消。1998年，贯彻国务院《关于进一步深化粮食流通体制改革的决定》《粮食收购条例》，由合同收购改为政策性收购，对小麦、玉米、稻谷实行保护价收购，粮食收储企业实行顺价销售。1999年，粮食收购价格实行等级差价。2004年，国家放开粮食市场，取消粮食订购政策，粮食市场放开，是年征购粮食17506吨。2006年，国务院颁布《关于促进农民增加收入若干政策的意见》，废止了多年以来实行的农业税条例。2006年1月1日起，除烟叶外，其他农业产品全部免征农业税。

20世纪90年代前，公粮缴纳分夏秋二季缴纳，农户按照核定的指标，以生产队为单位，在规定时间内，各户统一到当地粮站集中交纳。条件好的户采用地排车或独轮小木车推送，条件差的户用肩挑、肩抬，排成长长的送粮队伍，浩浩荡荡。到达粮站后自觉排队等待粮站工作人员验收、过秤，质量不达标的，依标折量扣除，交验后，每户反馈一张征交公粮回执单，回村交给生产队会计保管，以便审核漏落户或征交不足问题。由于征交时间集中，户数多，每户都自带午饭和饮用水，中午在粮站场地上席地吃饭，等待过验。

琐 忆

农村合作基金会

1989年，县政府根据上级指示，部署筹办农村合作基金会。农村合作基金会属社会性质融资合作组织，实行入股自愿、退股自由。目的是盘活农村集体资金，清理农村三角债，确保村集体资金增值保值。资金主要来源于代管本辖区村集体资金、农户欠集体款的欠转借（贷）、村民的入股资金。主要用于农业基础设施建设、种植业、养殖业、农业投入品等扶持。投放款利率低于银行和信用社，贷款人有保人和村委会证明便可借贷，贷款手续简便。中国人民银行沂源县支行负责监管，乡镇农村经济管理站代管，乡镇农村经济管理站站长兼任会长。各村设立代办员，由村党支部书记、村委会主任或会计兼任。1990年5月，东里镇成立全县第一家农村合作基金会，年底，全县16个乡镇成立15家农村合作基金会（三岔乡没成立），融资额7000万元。因农村合作基金会贷款手续比金融系统便捷，贷款利率低，深受农民欢迎，出现村集体资金、农户资金大量融入，对乡镇农村信用社业务冲击很大。

1994年，县农业服务中心印发《关于沂源县乡镇农村合作基金会章程的通知》，对农村合作基金会进行规范。1996年，出台《沂源县农村合作基金会管理制度》，举办全县农村合作基金会工作培训班，邀请省、市相关业务主管部门专家培训有关法律法规和业务知识。邀请中国人民银行沂源县支行金融专家培训中共中央、国务院《关于当前农业和农村经济发展的若干政策措施》《关于金融体制改革的决定》《农村合作基金会管理制度等》《国务院批转中国人民银行关于加强金融机构监管工作意见的通知》及农业部、中国人民银行《关于加强农村合作基金会管理的通知》。其间，县农业服务中心联合中国人民银行沂源县支行定期不定期对各乡镇农村合作基金会进行检查监督。

1997年，全县农村合作基金会发展达到高峰，15个乡镇农村合作基金会计划成立联合会，因多种原因暂时搁置。1998年，淄川区寨里镇农村合作基金会出现挤兑，造成较大社会影响；5月，山东省农业厅召开座谈会要求不再新办农村合作基金会；10月，问题波及土门镇农村合作基金会，其他乡镇基金会也陆续出现问题。1999年6月，贯彻《国务院办公厅转发整顿农村合作基金会工作小组清理整顿农村合作基金会工作方案的通知》，印发《关于清理整顿农村合作基金会的紧急通知》《沂源县清理整顿农村合作基金会工作实施方案》；9月，召集各乡镇财政所长、农村信用社主任、农村合作基金会工作人员集中汇账，资产认定，记账及初报表；12月，印发《乡镇农村合作基金会向乡镇农村信用社并入、兑现和清欠工作实施方案》。2000年1月15日，各乡镇农村合作基金会将账簿、表格、凭证全部移交乡镇农村信用社，业务由乡镇农村信用社接管，农村合作基金会退出历史舞台。

中华会计函授学校沂源分校

中华会计函授学校由财政部会计司于1986年创建，1990年，受山东省财政厅委托，县农村经济管理站与县财政会计学校合办中华会计函授学校沂源分校，设在县农村经济管理站，办学、招生、授课等具体办学业务由县农村经济管理站负责。县农村经济管理站站长刘桂欣兼任校长。是年，招收会计函授中专班，至1995年共举办5期，招收学员554人。1994年，招收会计函授大专班，举办1期，招收学员76人。1996年，山东省财政部门业务合并，农经部门不再承担办学任务，中华会计函授学校沂源分校撤销。

国画《拾柴》　李军胜（山东省美术家协会会员）

农业机械

扫码听书

记忆沂源·农业农村卷

概　述

在华夏五千年文明史中，农具的不断发展对古代农业发展起到了不可或缺的作用。所谓工欲善其事，必先利其器。好的农具不仅缩短了劳作时间，而且提高了劳作效率。我国原始农耕时代木石并用，使用最多的是磨制石器、骨器和蚌器，最具代表性的工具是磨制石器和耒耜，从事的农事活动被称为耜耕农业。夏商西周时期，青铜农具开始引入农业生产。春秋战国时期铁犁、铁臿、铁锄等铁制农具的出现推动了农业生产力飞跃。汉朝时，出现了播种工具耧车，提高了播种效率。以曲辕犁为代表的中国犁，与世界其他地区传统耕犁相比，更具灵活和播种质量。隋唐宋元时期犁、耙、耖、翻车、筒车等传统农具臻于成熟和普及。元代《王祯农书》的农器图谱所载农具达105种之多。

农具与农业生产密不可分，农民从小就学会了使用各种农具。地区不同，农具各异，叫法也有区别，鲁中山区一般把农具叫家什、家伙头。在农村广泛流传一段顺口溜：

杈、笓、扫帚、簸箕、杴，麦䦆、碌碡、梭头、鞭；

锨、镢、锄、镐、辘轳、耧，爪钩、荡笓、犁、耙、镰；

篼子、抬筐、笸箩、篓，车、绳、锅枷、袋、扁担；

升、斗、筛、箩、锅窠郎，要吃馍馍得推磨、碾。

新中国成立初期，沂源县农业生产一直靠传统的农具生产耕作。在长期的生产实践中，勤劳智慧的沂源人民不断创制和引进了门类齐全的传统生产生活农具11类、70多个品种。县域内传统的耕地翻土农具主要有犁、耙、耠子、镢、锨、锄、镐；播种农具主要有耧子（也称耩子）；收割农具主要有镰刀；运输农具主要有扁担、钩担、架叉、独轮木车、地排车；脱粒加工农具有碌碡、石碾、石磨；灌溉农具有辘轳、撑杆；装载农具有囤、花篓、系筐、泥瓮、泥罐、水梢（铁桶、木桶）等。农业生产完全靠人力、畜力，是传统的耕作农业。20世纪50年代，为尽快恢复和发展农业生产，县委、县政府采取增补和改革传统农具措施，实行“农民自力增补，政府加以领导扶持”方针，主要传统农具逐步得到恢复，引进新式农具，提高生产效率。1956年，引进推广解放式水车、双轮双（单）铧犁、步犁、喷雾器、马（牛）拉播种机、收割机、地瓜切片机、三齿轻便耘锄、人力胶轮车等新式农具5000多部（台、架、辆），农业生产条件得到改善。是年，贯彻中共中央、国务院《关于迅速在农村开展农具改革运动的指示》，全县掀起了以推广使用滚珠轴承为主的农具改革运动，投入大量人力、物力、财力制造滚珠轴承和新式农具，技术不过关，绝大多数新制机具质量差，不能使用。

1959年秋，山东省人民政府拨给沂源县罗马尼亚产尤兹特-45型拖拉机1台，是沂源县拥有的第一台拖拉机。1960年，沂源县建立国营拖拉机站，负责农机具购置、使用、维修维护和调配及为农民代耕代种。10月，县国营拖拉机站购进拖拉机4台（2台国产东方红54式，1台罗马尼亚尤兹特45轮式，1台捷克热托25A轮式），开始用拖拉机耕地。1962年，从山西引进150台马拉收割机。1963年，经临沂地区农机局协调，与苍山县拖拉机站对调2台捷克斯洛伐克产的超级热托-35型和罗马尼亚产的尤特兹-45型拖拉机及配套机具，是沂源县早期的大型农业机械，用于机耕，效率提高。1968年，县国营拖拉机站配备拖拉机20余台，全部系进口型，同时开始培养农机管理、维修、驾驶等乡村农机人才。1967年，贯彻全国第一次农业机械化会议精神，各人民公社建立拖拉机站，购置拖拉机，为生产队代耕代种。是年，农机具下放社营，拖拉机站改为社有社营，农机具由社营调配。20世纪60年代末，部分生产大队购买拖拉机，称为队营拖拉机，由生产大队支配使用。队营拖拉机发展解决了国营、社营拖拉机站农机经营与运用脱节矛盾，推动了农业机械发展。1970年，全县拥有大中型拖拉机14台，小型拖拉机30台，机耕面积1.3万亩。

1976年，县委、县政府提出“1978年全县实现农业机械化目标”，推动机耕向机播、机喷、机收、机脱等农业机械化发展。是年，利用国家无偿支农资金400万元，帮助困难社队、社营拖拉机站、排灌站配备拖拉机、内燃机、电动机及配套机具。1978年，全县拥有拖拉机774台、1.53万马力，其中20马力以上拖拉机378台，排灌机械1901台、农用汽车13辆、电动机420台、机引农具1365台（套）、胶轮地排车191辆。机耕面积28万亩，占耕地面积的49.7%。

党的十一届三中全会后，土地承包到户，大田变小田，农民土地小块化、零碎化，不适宜大型机械耕作，大型耕作机械保有量减少，大多农民又拿起镢头、镰刀等传统农具，从事农业生产耕作。1979年，全县12个公社建立农业机械管理服务站，县农业机械管理局建立农机维修管理科，组建农业机械服务公司，成立农业机械销售网点52个，各公社建农业机械维修服务点11家，农业机械培训、推广、维修、供应得到加强，保障有效运转。

1980年，队营拖拉机发展到1120台，机耕面积21.44万亩，机播面积15万亩，农业机械化水平逐步提升，减少了人力、畜力投入。农业耕作由传统耕作逐步进入机耕农业时代。1982年，生产队解散，村集体的农机具被封存或变卖，农民开始独自或联合购买小型（大型农业机械不允许个人购买）农业机械用于农业生产，农业机械进入农民生产生活中。1982年，全县农业机械总动力达到7.24万千瓦，其中各型拖拉机1149台、农用汽车70辆、机引农具1421台（套）、柴（汽电）油机2064台（部），覆盖耕作、播种、运输、加工、喷药等机械，使用范围更加广泛，劳动力逐步从繁重的农业生产中解放出来。

1983年，中共中央出台《当前农村经济政策的若干问题》文件，农业机械市场放开，允许个体购买大中型拖拉机和汽车，享受与国营单位和集体单位同样的农机政策，推动了农业机械化快速发展。12马力和24马力型拖拉机快速增加。1986年，全县小型拖拉机达到6000余台，成为农村经营运输的主力军。据统计，仅在沂源县水泥厂从事水泥、石料运输的拖拉机达400余台。2006年，全县农业机械总动力达到12.98万千瓦，其中农用运输耕作机械动力6.69万千瓦、加工机械动力2.15万千瓦、其他类机械动力4.14万千瓦。

泰山-12拖拉机（1983年）

2000年后，农用三轮车、低速汽车、货车发展迅速，特别是农用三轮车价格低、使用便捷，快速走进千家万户，成为农村运输、交通主要工具，农用汽车、三轮车逐步替代了拖拉机，农用拖拉机逐渐退出市场。2004年，国家实施农机购置补贴，适宜山区的小型农业机械得到大规模发展，进入千家万户，逐步摆脱了几千年来传统农业耕作的历史。2014年，全县农业机械总动力达46.25万千瓦，覆盖种植业、农产品加工业、畜牧养殖业、林果业、运输业、农田基本建设等农业生产全过程。2014年后，沂源县地势特点和果品面积增加，不适宜大中型机械耕作，借助国家农机购置补贴政策的推动，农业耕作机械向小型化、功能化、多元化发展。2023年，全县农业机械总动力32.56万千瓦，其中拖拉机及配套机械6081台、种植机械2.22万台、排灌机械2.88万台（套）、田间管理机械2.75万台、收获机械667台、加工机械863台（套）、畜牧机械2845台、喷防无人机34架，机耕面积17.47万亩，机播面积10.02万亩，机收面积7.72万亩，无人机喷防面积2万亩。发展农机服务专业合作社13家、农机化作业组织15个、农机户1.12万个，乡村农机从业人员1.16万人。

2009年，沂源县农业机械管理局被山东省农机办授予全省农机宣传先进县称号。2010年，被山东省农机推广站授予山东省农机推广示范县称号。2011年，被农业部农机化司授予全国设施农业示范县称号；被山东省农机局授予全省农机工作先进集体、全省农机推广示范县称号；被山东省农机局授予全省农机化宣传工作先进县称号。2012年，被山东省农机局授予全省农机推广示范县称号。2017年，被山东省农业机械管理局授予2016年度全省农机化宣传工作先进县称号。2020年12月，被山东省农业机械技术推广站授予全省农机维修工作先进单位称号。2023年12月，被山东省农业农村厅授予全省“两全两高”农业机械化示范县称号。

农业机械与耕作

耕作机械

县域内传统的耕作农具主要有犁、耙、耠子、镢、锨、镐、铁杈等；耕作机械主要有拖拉机、手扶拖拉机、旋耕机、D-85推土机等。其中犁、耠子、镢、镐、铁杈等是翻耕土地农具，锨是装卸物料农具。20世纪60年代前，农业生产耕作、农田基本建设、农业工程项目等完全依赖传统农具，劳动效率低下，投入大量的人力、畜力，是典型的传统农业发展时代。人民公社化时期，农业劳动由生产队组织实施，采用人工会战形式，男女劳力齐上阵。农业耕作完全依赖人力、畜力，大田地块一般用牛耕作，日耕2亩以上，不适宜牛耕的地块由人力耕作。牛是重要的耕作劳力，每个生产队都饲养牛。春耕备播季节，是牛一年最劳累的季节，天不亮就开始一天的劳作，田野上到处传来驾犁者的吆喝声和鞭子清脆的“啪啪”声。牛是一个灵性牲畜，犁地、耙地时人与牛必须默契配合，不要动辄用鞭驱赶，否则牛四蹄乱动，用力不均，犁地深浅不一，耙地不匀。老把式不会轻易打牛，只是将鞭子在空中甩出响亮的鞭声，牛听到响声会卖力拉犁。驾犁者不时发出“驾驾”声，或长或短、或高亢或哀怨、或激昂或缠绵，尽情发挥宣泄，彼此起伏。耙地是个技术活，一般人驾驭不了。耙地时，人先把右脚踏在耙的后框架上，等牛拉着耙走起来后，再把左脚快速踏在左侧横竖框架交叉点上，紧接着右脚移到右侧横竖交叉点上，身子后倾，两侧不断摇摆，并不断变换脚的位置调整身体重心，把坷垃耙小、耙无，土地平整均匀。镢、锨、锄、镐、铁杈等农具是家庭必备农具，大多数老农收工后都习惯用铁片、石块或木棒把农具刮得铮亮铮亮的，便于下次使用。农户习惯在房檐墙上钉一块铁棒或木棒，把暂时不用的农具挂在上面，防止雨淋生锈。镢、锨、锄、镐等传统农具至今仍使用。

20世纪60年代，黄牛耕地

1950年，从山西引进铁制步犁，较当地传统的老式木犁轻便，翻垡效果好。1954年，又从山西引进7寸步犁和8寸步犁。1958年，引进300架双轮双铧犁，因不适宜沂源山区，随即淘汰。1959年，引进400架适宜15°以上坡地和不规则梯田使用的犁，因配件供应困难逐渐被淘汰。是年秋，山东省政府拨给沂源县拖拉机站罗马尼亚产尤特兹-45拖拉机1台，由县拖拉机站工作人员从江苏新沂开回，沿途群众感到稀奇，纷纷驻足争相观看。1960年，开始用拖拉机耕地，沂源县步入机耕农业时代。拖拉机耕地效率大幅提高，一天能耕5亩以上，拖拉机被群众称为铁牛，赞叹“铁牛不吃草料不喝水，不用人管护，耕地比牛快，铁牛确实比黄牛强”。20世纪70年代前，拖拉机稀缺，难得在公路上见到，许多人不认识，一次唐山公社赵家庄大队一位董姓社员看到一台拖拉机正在公路上跑，问旁边的人这是什么东西，别人说这是拖拉机。他感叹道："拖拉机趴着都跑得这么快，如果站起来那跑得不更快！"1976年，贯彻毛泽东主席作出的"农业的根本出路在于机械化"指示和国务院"到1980年全国三分之一以上的县建成大寨县，基本上实现农业现代化"蓝图，县委、县政府提出"1978年实现农业机械化"目标，推动农业机械化快速发展。是年，小麦播种季节，中庄公社党委书记赵维宽亲自挂帅，秋收秋播指挥部设在地头坐镇指挥，两名公社拖拉机驾驶员轮流驾驶拖拉机耕地播种，歇人不歇车，把机耕机播发挥到极致。社员给公社拖拉机站赠送锦旗以示感谢。80年代前，机耕机播被群众广泛认可，每到备播收获农忙季节，各大队争相邀请公社拖拉机站派农业机械进村帮忙作业，机耕逐步成为农业耕作的主要方式。

20世纪70年代，拖拉机耕地

家庭联产承包责任制实施后，农村土地"大田"变"小田"，大中型机械无法应用，农业机械化水平明显下降。1982年，机耕面积14.09万亩，机播面积3.18万亩，分别占耕地面积的25.27%、5.7%，比1980年分别下降24.89%、21.26%。许多农民又拿起锨镢锄镐等传统农具从事农业生产耕作。1983年，国家农机政策调整，允许农户购买小型农业机械，许多农户开始购买小型耕作机械，适合沂源山区的12马力拖拉机和6马力手扶拖拉机等小型农业机械得到快速发展。1989年，全县拥有大中型拖拉机313台（6795千瓦），小型拖拉机2673台（2.45万千瓦），小型拖拉机成为农业耕作的重要机械。

1986年，县农业机械管理局研制与引铧犁配套的2FL-0.2型犁底施肥机，当年推广500台。20世纪90年代，农业机械步入快速发展期。小沟麦种植、花生地膜覆盖等机械在全县推广，与其匹配的耕播机械大幅增加，逐步向小型化、便捷化、功能化发展。拖拉机由农业耕作为主转为运输为主，农业耕作逐渐被手扶拖拉机、旋耕机替代。手扶拖拉机适合山区小田、不规则地块作业，在大张庄、鲁村、徐家庄等乡镇发展最快，占全县的60%以上，广泛用于农业耕作和运输。1995年，全县有轻型机引犁2399台、手扶拖拉机1280台、旋耕机406台、拖拉机3438台。机耕面积32.7万亩，占耕地面积的70.49%，机耕成为主要耕作方式，牛耕农业时代基本结束。2000年，全县有拖拉机2300台、小型拖拉机牵引田间作业机械3475台。2001年3月，全县第一台BJ00T变型拖拉机落户，因动力性和安全性高，在全县推广，2002年全县保有350台。

2004年，国家实施农机购置补贴政策，调动农民购买积极性，以小型旋耕机为代表的宜山宜林的小型机械爆发式增长。以6马力柴油机作为动力的旋耕机，小巧灵活，适宜山区、小地块作业。2004—2014年，每年农机购置补贴旋耕机数量均在4000台以上。2006年，旋耕作业面积达5.25万亩，占耕地面积的23.23%，占机耕面积25.82%。2023年，全县农业机械总动力达32.55万千瓦，其中农用拖拉机2294台、微耕机4万台、旋耕机2039台，机耕面积16.82万亩，占耕地面积的45.46%。宜山宜林的小型机械得到普及应用。

播种收获机械

县域内传统的播种农具是耧（也称耩子），收获农具有镰刀、镢、爪钩等；播种收获机械主要有播种机、联合收割机。耧分为单腿耧和双腿耧。单腿耧多用于山岭薄地播种和作物穿氨水。穿氨水时后面紧跟一人用小木车轮子压实穿沟土壤，防止氨水挥发降低肥效。双腿耧多用于大田地块播种小麦和谷物。20世纪80年代前，农作物播种主要使用耧。

20 世纪 70 年代，牛牵引耧播

双腿耧、三腿耧耩地时土壤阻力大，一般用牛牵引。牛牵引播种时，1人扶耧把，1人牵着牛驱赶，日可播种10~15亩。人工驾辕播种时，一般4人，1人扶耧把，3人驾辕、牵引，日可播种3~5亩，效率比牛低。扶耧是个技术活，不熟练的人扶耧往往耩沟歪曲不直，下种量不均匀，忽多忽少，影响出苗质量。生产队时期，大块平整的地一般用牛驾辕牵引，山岭薄地或不规则的小块地用人工驾辕牵引。土地联产承包责任制实施后，农户耩地完全靠人工驾辕耩地，由男劳力扶耧，女劳力和小孩驾辕牵引。小麦播种季节，为赶农时播种进度，往往借助月光，全家出动耩地。每到夜色明亮的晚上，野外耩地的人遍地都是。

1974年，推广拖拉机牵引的9行、11行播种机。1986年，县农机局引进花生铺膜种植机械，先行在大张庄乡北旋峰村示范，起初村干部顾虑重重，经工作人员反复解释，才勉强接受。作业时全村村民围观，作业效果得到村民认可，在大张庄乡广泛应用。1987年，从诸城引进精量播种机2台，东里镇1台、悦庄镇1台。当年，在东里镇1000亩、徐家庄乡500亩、三岔乡500亩试播，播种均匀、节约种子、效率高，在全县推广。1988年，从淄川引进旱田小沟麦播种机，改旱田小麦畦播为沟播。1990年，全县有大型播种机9台、小型机引播种机98台、人畜两用播种机150台。当年，全县机播面积5.5万亩，占小麦播种面积的25.10%。1991—1993年，推广2BFG-3-6型小沟麦播种机160台、2BG-6型小麦精量播种机33台。1993年，小麦机播面积13万亩，占播种面积的62.26%。1998年，县农业机械管理局引进3台小沟麦播种机，机播面积逐年增加，人畜耧播逐步减少。2000年后，粮食面积逐年减少，播种机保有量逐年渐少，2002年为128台，机播面积1.87万亩。2006年，在大张庄镇等花生主产区推广花生覆膜播种机，播种覆膜一次性完成，当年推广8台。2015年，实施山东省花生全程机械化生产示范项目，在大张庄镇董家河沟村和西唐庄村示范面积1000亩，辐射带动机械化作业面积5000亩。2016年，在董家河沟村、大三地村建设花生示范区2个，面积1000亩，全县推广1万亩。2017年，引进双垄4行花生覆膜播种机1台、2MB-1花生覆膜播种机60台、走式花生联合收获机2台、SH-2型分段式花生挖掘收获机21台、摘果机5台，花生播种收获机械化水平提高。2020年后，粮食种植效益低，农民种粮积极性下降，全县小麦播种面积逐年下降，且种植分散，不适合机械播种，农户又开始用传统两腿耩播种，播种机械退出市场。2023年，全县小麦播种机械保有量仅有3台。

镰（镰刀）是主要的传统收割农具，构造简单，在农业生产中广泛使用，家家具备。20世纪90年代前，小麦、玉米、高粱、谷物及秸秧收割全用镰刀，在收割工具中占统治地位。农民上山不用也习

20 世纪 80 年代，机播小麦

惯随身携带。农村流传一句话“上山不带镰，不如在家里玩”。镰刀伴随着农业发展，见证着农业历史变迁。

生产队镰刀收割小麦（1978年）

小麦联合收获机作业（1991年）

镢、爪钩、杈镢是传统的收获农具。20世纪80年代前，广泛用于地瓜、花生、马铃薯、蔬菜及玉米、高粱作物茬子等农作物耕作收获。镢、杈镢是刨地、收地瓜、收花生及刨玉米、高粱茬子的主要农具。小麦播种前用镢把玉米、高粱茬子刨出来，利于土地深耕播种。1962年，从山西引进150台马拉收割机，用于收割小麦，因不适合沂源山区地块，逐步淘汰。

人民公社时期，悦庄、鲁村等小麦播种面积较大的公社，有时从河南、河北等产粮大省雇用小麦联合收割机帮助夏收。每年小麦收获季节，帮助收割小麦的联合收割机在公路上排成长龙鱼贯而过，甚是壮观，吸引群众驻足观望。1991年，县农业机械管理局引进推广36台GL-140型小麦割晒机。2000年，达到50台，因适用性不高渐被淘汰。

1997年，县农业机械管理局引进2台悬挂式小麦联合收获机。2016年，沂源县爱友农机服务专业合作社借助省级花生全程机械化示范项目，购买花生联合收获机1台，用于示范作业和社会化服务。2017年9月4日，在大张庄镇召开全县花生机械化联合收获演示现场会，农机合作社成员和农机手等200多人观摩，次日在董家河沟花生示范基地培训农机手，提高农机手操作水平。2018年，全县农作物联合收割机械保有量6台，集中在悦庄、鲁村等镇农业专业合作社，用于社会化服务。2023年夏，沂源县爱友农机服务专业合作社购进中日合资洋马小麦联合收获机1台，开展社会化服务作业，当年作业面积1000余亩。2023年，全县各类农作物收获机械保有量600台。

灌溉取水机械

常用的传统灌溉机具有庳斗、撑杆（拔杆）、辘轳等。庳斗是在柳管、木桶或铁桶两边各系两根长绳，一根系在桶的底部，另一根系在桶的口部。是20世纪60年代前常用的一种结构简单传统提水工具。使用时两人相对扯绳，有节律地左右摆荡，把水舀起泼洒到别处，达到灌溉或排水目的。主要用于提水高度不大、用水量不多的菜园地。撑杆多在河边、汪边、沟边水源较为丰富的地方使用，竖一木桩（支撑点），在木桩上系一横杆，横杆一端缚一重物，另一端系一水桶，一人操作，主要用于菜园地和零星地块灌溉。

3000年前，辘轳已流行于中国北方，是民间最古老、最传统的井上提水工具。根据轮轴原理制成，由辘轳头、支架、井绳、水斗构成。20世纪80年代前，辘轳提水在农村普遍使用，是农村重要的提水工具。由于长年提水，井口周边铺设的垫石被井绳勒出一道道深深的沟痕。90年代，自来水在各村普及，辘轳水井基本被弃用，有的被填埋，有些

20世纪60年代，辘轳提水

20世纪80年代，大水灌溉

村对水井实施改造作为村庄景观。

1958年，引进锅驼机带动抽水机，开始用动力机械灌溉，灌溉效率得到极大提高。20世纪70年代，电动机、柴（汽）油机带动水泵抽水的配套动力机械得到快速发展，动力抽水机械逐渐代替传统取水机具。1973年，唐山公社赵家庄、大家万、大刘庄、山西万4个村联合在赵家庄村建设全县容水量最大的大口机井，容水量60万立方，配套135马力柴油机带动的抽水泵，用于4个村农业灌溉，称作友谊机灌站。井四周墙壁上镌刻着“水利是农业的命脉”“为有牺牲多壮志，敢教日月换新天”。

赵家庄村友谊机灌站（1973年）

80年代中期，引进喷灌机械。1990年，全县有灌溉机械3042台、4.28万千瓦。

2000年，燕崖、大张庄、东里等乡镇引进推广微滴灌节水机械3700多套，用于葡萄园、苹果园、大棚蔬菜灌溉。2006年，全县排灌机械31292台（套），其中水泵22484台、喷灌微喷管4179套，节水灌溉面积5.58万亩。2010年，淄博市农科院在中庄镇杨家庄村100亩果园实施水肥一体化试验项目，铺开了沂源县水肥一体化发展。2013年，农民企业家张伟在南麻街道沟泉村、大张庄镇赤坂村苹果产业园，引进应用以色列水肥一体化灌溉施肥技术，面积500亩，后推广到5个镇60个村，应用面积2.25万亩，带动了水肥一体化技术在全县果园广泛应用。2018年，县委、县政府把推广水肥一体化技术作为现代农业发展的重要措施，纳入对乡镇工作政绩考核，连续5年出台奖励政策，推动水肥一体化技术发展。2020年，县委、县政府出台《全域发展水肥一体化工作意见》，加快水肥一体化技术推广。2023年，全县各类灌溉机械达3.8万余台，水肥一体化应用面积21.73万亩，其中苹果水肥一体化应用面积20.12万亩，占总面积的92.59%，占苹果总面积的54.38%。

中以现代智慧果园微喷灌溉（2013年）

脱粒农具

传统脱粒农具主要是碌碡，也叫石碾子、石磙子。石质，圆柱形，中间略大，两端凿上窝，便于安装廓笤。表面光滑的称滑碌碡，带有若干条棱的称芒碌碡。主要用于小麦、高粱、谷物、豆类等作物脱粒和压场。北魏（389—532年）《齐民要术·大小麦》篇记载：“青稞麦在治打时稍难，唯伏日用碌碡碾。”可见我们的祖先在一千多年前就会制作和使用碌碡。人民公社时期，每个生产队都有一个大型打麦场，小麦收获后集中堆放在脱粒场周围，家庭妇女和小孩围坐在脱粒场外围，每户一垛麦捆，用镰刀把小麦穗头割掉集中到场中央，用牛或由2~3个劳力牵引着碌碡反复转圈碾压小麦穗头，直到麦粒基本脱净为止。碌碡打场是个苦差事，正值炎热夏季，上面太阳烤，下面热气蒸，有时虫子还咬几口，不一会儿浑身湿漉漉的。山东吕剧《李二嫂改嫁》中有一段李二嫂拉碌碡心酸的唱段：“麦场上拉完碌碡，忙把场翻，满肚子苦水儿，能对谁言。”是对农民夏收辛劳的写照。牛拉碌碡时，在牛的肩胛骨上套上梭头和绳索，在主人口令指挥下围着麦场转圈，有时牛累了就忽快忽慢，有时就干脆罢工，任凭主人怎么鞭抽也不干。

麦子脱穗按完成麦捆记分。麦收期间，一般男劳力负责割麦和运输，女劳力负责脱穗头，小孩负责拾麦穗，家家户户都参加。农村学生有麦假，时间两周，假期学生参加麦收劳动。小麦收获期，生产队为加快麦收进度，管参加麦收劳动的社员一二顿午饭，算是犒劳社员，一般提供白面馒头和咸菜，有的社员听说中午管饭，早晨饿着肚子不吃，空着肚子中午大吃一顿，能吃的可吃8~9个馒头（4个/斤）。社员各户也都在自家院外设立一个小型打麦场，自备碌碡，供自家打麦用。打麦时，有的用绳子牵引碌碡打场，有的用别竿子系碌碡打场。20世纪70年代，部分生产大队购买12马力拖拉机，用拖拉机牵引碌碡脱粒。70年代中期，引进电动或机动小麦脱粒机，每个生产队都购进几台脱粒机，供生产队和社员使用。实行家庭联产承包责任制后，农户自发组成一组，相互帮忙。机械脱粒效率大幅提升，1天能脱3~5亩地的小麦。

20世纪70年代，学生拾麦穗

20世纪80年代前，家家户户孩子多，没有娱乐活动，打麦场便成了孩子们的娱乐场所，每到秋冬季节，打麦场上堆积着一垛垛玉米秸、麦秸、高粱秸、瓜秧等柴草。闲暇的时间，孩子们在麦场上打毛蛋（线球）、跳绳、踢毽子、跳方、拾石子，月色明亮的夜晚，小孩成群结队到麦场钻麦穰垛、捉迷藏（藏猫）、抓飞虫，玩得不亦乐乎，有时忘记回家的时间，直到父母来喊（叫）才悻悻回家，还意犹未尽。

20世纪80年代，小麦脱粒机在农村普及，小麦脱粒基本实现机械化，脱粒时麦糠、尘土飞扬，女劳力一般

20世纪60年代，人力牵引碌碡脱粒（左） 20世纪60年代，牛牵引碌碡脱粒小麦（右）

20世纪80年代，机械脱粒小麦

头上围上一块围巾，男劳力满脸尘土，灰头土脸。1990年，全县小麦脱粒机保有量1549台，2002年发展到4410台。

1965年前，玉米脱粒一般使用木棒捶打或擦床（长木条中挖一孔、装一弯钉），有的直接用手脱粒，也叫剥棒子。花生脱壳用手脱或挫车（木制车帮、摇把、铁轴、篦子组成）。大型挫车需多人操作，中小型需2人或1人操作。到了冬季农闲的晚上，全家人围坐在火炉边，边取暖边磕玉米或花生脱壳。60年代末，引进推广手摇式玉米脱粒机、花生脱壳机。几乎家家都配备1台，脱粒效率大大提高，一般白天闲暇时间就完成脱粒，晚上很少再熬夜脱粒了。

20世纪80年代初，一些农户用“土办法”给玉米脱粒，把玉米棒子装入塑料编织袋中用棍子捶，脱粒效果不错，没有脱粒机的农户一般用这个办法，不再用手磕，易把手磨破皮。80年代中期，引进推广小型玉米脱粒机，型号多样，使用方便，许多农

手摇式玉米脱粒机

户配备小型玉米脱粒机。1982年，引进手摇花生脱壳机，操作轻便，脱壳效率提高。2023年，全县家用型玉米脱粒机6700余台。

地瓜切片最早用菜刀切片，50年代后期开始使用地瓜擦刀（长方形木板中间挖孔装上刀片），1人操作，一手扶板，一手套上棉布袋或棉袜防止擦伤手，随着手摇地瓜切片机的普及，地瓜擦刀少有使用。

20世纪50年代，地瓜擦刀切片

1956年，推广县农机局研制的手摇地瓜切片机。20世纪70年代后引进推广手摇式地瓜切片机，1人可操作，日切地瓜1000余公斤，被广泛使用，成为地瓜切片的主要农具。

20世纪70年代，手摇式地瓜切片

90年代后，地瓜不再作为主食，地瓜面积锐减，很少有切片晒干的，只有个别户还有切片晒干的习惯，主要使用擦板或手摇式切片机。

2000年，农产品脱粒向机械化、专业化发展，

作坊机械化脱粒取代家庭手工脱粒，作坊机械化脱粒成为农产品加工的附加产业。2023年，全县发展小麦、玉米、花生加工脱粒作坊600家，保有脱粒机600台，主要分布在大张庄、鲁村、悦庄等镇。

场间农具

常用的传统场间农具主要有铡刀、木枚、木杈、排杈、木耙、箔子等。

铡刀 由铡床、铡刃和横轴构成。主要用于柴草、饲草、麦秸等秸秧短截。使用时一人蹲在铡刀旁用双手握住草禾，另一人持铡柄用力切割。20世纪80年代中期前，广泛使用于玉米秸、麦秸、高粱秸、谷秸、瓜秧、花生秧等切割，用作牛、羊、猪等大中型牲畜饲草。生产队都配有几台，社员也可以借用。90年代后，加工机械普及应用和畜禽成品饲料增多，铡刀少有使用。

人工铡草

木枚 用木板或五合板制成，枚头长方形。主要用于场间清选或堆积粮食。生产队时期，玉米、小麦、高粱、谷物等都要集中在麦场晾晒，每天下午或雨前都要用木枚把晾晒粮食堆积或收仓，防止雨淋或泛潮，特别是麦子、豆类、谷物脱粒后掺杂较多叶、蔓、萼等杂物，粮食收场时需要把杂物扬净剔除，叫扬场。扬场时用木枚把粮食迎风扬起，把粮食与杂物分开。扬场是个技术活，要掌握好力度，巧妙借助风向，否则粮食、杂物分不开，白忙活一通。木枚把长轻，枚头短重，有个歇后语“小老鼠拉木枚大头在后头”。木枚是场间必备农具，每个生产队都配备几把，有些户也自备1把，以备方便使用。20世纪90年代后，木枚少有使用。

20世纪80年代，木枚扬场

木杈 分为全木制或铁木合制两种，主要用于禾捆装车及翻晒禾秸穗。20世纪80年代前，是堆积麦穰、麦秸、瓜秧、花生秧的常用农具。麦场上堆积麦穰时，几个社员围着麦穰堆，每人拿着1把木杈用力上挑麦穰，顶部站着1人把上挑的麦穰整理压实，直到堆到2米多高，顶部用草栅子盖严防止雨淋发霉腐烂。麦收后，麦场上堆积着一垛垛麦穰，像一座座小山，成为孩子们捉迷藏、占山头等娱乐的场所。90年代后，基本不再使用。

20世纪60年代，木杈堆场

排杈 由木柄、横木及6根齿构成，不同于木杈，中间有支撑木，作用类似于木杈，因齿间距离小，用于挑翻、堆积短碎禾草秸糠。20世纪80年代前是农村常用农具，90年代后基本不再使用。

耙子（耙子） 分为木耙和铁耙。木耙由木柄和竹耙头构成，铁耙由木柄和铁耙头构成。木耙主要用于秸秆、瓜秧、麦穰等物料堆积。堆积搂物料时木耙齿贴着地皮用力拉搂，把范围内的物料能统统搂净。农村有句老话："还是自己家的耙子上柴火。"说明耙子搂得干净，自己家耙子好用。80年代后木耙基本不再使用。铁耙主要用于平整土地，把土坷垃搂匀压细。特别是需要整畦播种的地块，土壤深耕整畦后，用铁耙把土壤搂平搂匀压实再播种，利于出苗整齐。

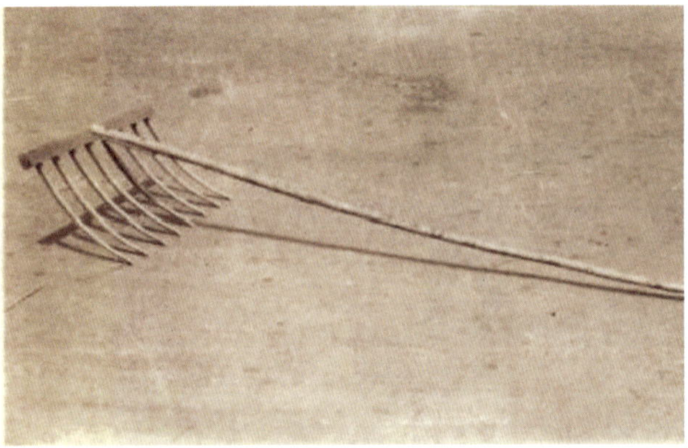

木耙

加工工具

传统的农产品加工工具主要有石碾、石磨、杵臼、弹花机、簸箕、筛子等。

石碾、石磨 20世纪80年代前，石碾、石磨是重要的粮食加工工具。石碾属村民公用农具，人口多的村不少于十几盘，小村也有三四盘。璞邱村是沂源县第一大村，人口5000多人，有石碾几十盘。石碾一般是单砣设置，全县仅有的一盘双砣石碾在石桥镇错石村。石碾用来碾压米、面、渣等。农忙季节，经常发生农户扎堆推碾情况，地上摆着盛满各色粮食的簸箕、箢子等，排号等待加工。清晨或夜晚点灯推碾的情况也是常事，有时天不亮就听见推碾的"吱呀吱呀"声。碾棍（木棒）和扫帚一般不共用，各户自带。

石桥镇错石村双砣碾

石磨由磨盘、磨轮、支架三部分组成，通常置于院中，用来加工面粉、米糊等产品。20世纪50年代初，靠近河流的部分村庄发展过水力磨，靠水流冲击水轮带动磨扇转动，70年代绝迹。土门公社水么头大队在河西边安置水力磨，由此取名水磨头村，后沿革为水么头村。

石磨加工

80年代前，煎饼、窝窝头、锅贴子（贴饼）是主要的食物。家庭人口多的石磨一年四季基本不停歇，特别是临近年关备年时家家户户的石磨几乎加工不停。备年时，孩子成为推碾、推磨的主力。备年关键时候，加工任务重，通常早起或夜晚点灯推磨。

20世纪70年代末期，有些生产大队办起农产品加工作坊，用电动机械加工糊子、米粉、面粉，加工效率提高，此后社员多去作坊加工，石磨加工

20世纪60年代石碾

减少，孩子从石碾、石磨加工中解脱出来。90年代后，加工机械增加，从事农产品加工的家庭作坊增多，发展起一大批专业加工户，替代了传统加工，石碾、石磨基本不再使用。90年代末期，石磨很少使用，退出历史舞台。闲置磨盘多遗弃在墙角或被用于景观墙建设，燕崖镇碾砣村在村口处用磨盘打造了1处景观村碑。石碾加工的农产品口感好，农村一直沿用。2014年后，实施美丽乡村建设，有的村搭建景观碾棚，成为乡村历史记忆。

箩（筛子） 箩是筛选面粉、粮粉或颗粒中的杂质的传统农具，家家户户置备。箩由箩底（丝网）和圆形木框组成。按箩底编织的稀密度分为粗箩和细箩。细箩用来箩麦粉、米粉，粗箩用来分离籽粒中尘土细砂等。使用时将待分离物放入箩中，双手持框来回晃动，或将箩放在箩撑子（光滑的木棍）上前后推拉木框，往返抖动。箩一般和碾配合使用，将碾加工好的粮食，在碾盘上用箩分离出更精细的部分备用。

箩筛粮食

簸箕、簸箩 簸箕、簸箩是分离农产品常用传统农具，由柳条编制而成。簸箕方形，三边有帮，一边开口，用于分离粮食谷壳、粗皮或者沙土。使用时，将待分离物放入簸箕中，双手持帮上下颠动，即可将谷壳、粗皮从开口处颠出，沙土重沉入簸箕底，颠簸后倒掉。簸东西是个技术活，一般人颠不净。簸箩圆形，四面有帮，大小不一，大的用来盛粮食或晾晒粮食，小的用来盛饭食、针线、布头等。20世纪90年代前，簸箕、簸箩在农村广泛使用，家家都有置备，后少有使用。

20世纪80年代，用簸箕簸米糠

纺线车 纺线车是纺线的传统工具，西汉时期人们就会熟练地使用纺车纺线。20世纪80年代前家家户户都置备纺线车。抗日战争、解放战争时期，为支援前线，村妇救会发动全村妇女，把分散于各家的纺线车集中到一起纺线、织布、做军鞋、纳军袜，保障前线抗战将士穿衣问题。妇女有时白天参加生产劳动，晚上点着煤油灯加班加点纺线织布。

曹宅村妇救会纺线支援前线（1943年）

20世纪60年代，妇女纺线

这一时期，纺线车使用频率最高，组织规模最浩大。

农业合作社时期，有些村成立纺织合作社，把各户的纺车集中到一起实施规模化生产，改变一家一户小农纺织方式，大村达几十架、上百架之多。妇救会纷纷设立培训班，传授纺线技术，培养了众多纺线织布能手、修理能手，储备了农村纺织人才。纺线是个技术活，左手松了出不了线，紧了线易断，右手摇柄也需掌握好力度，两手要协调好。“一棵树，十六桠，又打滚，又翻叉，又牵藤，又结瓜”，是盛行于20世纪60年代农村民间关于纺线车的民谣。人民公社期间，棉花属于国家管控产品，生产队按国家分配计划安排生产，家庭妇女从生产队里领回棉花纺织成线后交回，按量计分。纺线主要利用晚上空闲时间，伴着昏暗的煤油灯光，把一捆捆棉条纺成一支支整齐的线穗。晚上各户从窗户里透出微弱的灯光，那是家庭主妇在纺线劳作。

织布机 织布机又叫纺机、织机、棉纺机。织布机的发展基本伴随着整个农耕历史的发展。南北朝《木兰诗》中“唧唧复唧唧，木兰当户织”至今传颂。早期的织布机是手摇式，用手摇动织布机进行纺纱、织布，效率很低。宋末元初著名棉纺织家黄道婆发明了脚踏式纺织机，纺织效率大大提高，并大力推广纺织技术和纺织工具，清代时黄道婆被尊为布业始祖。传统脚踏式织布机长约1米，宽约3米，有一个类似框架的木床，一端是布满经线的机头（线柱子），机头两端有6个翅，可控可放机头转动。

20世纪80年代前，每个村都有从事织布的家庭作坊，少则1~2处，织成的布料叫老粗布。老粗布质地纯棉、手工织造、图案鲜明、冬暖夏凉，是缝制被褥、衣服、鞋袜的主要布料。清朝时期，老粗布曾作为贡品进献朝廷。织布时，技师端坐在布机前端，双脚踏板上下交替，双手轮换操作机杼和梭子，双手不停翻飞，穿梭往复，动作娴熟如同弹钢琴一般。民间有歌谣“十亩地，八亩宽，里边坐个女貂蝉，脚一踏，手一掰，稀里哗啦都动弹”。

20世纪50年代，人工织布

80年代后，人们的衣着逐渐告别了老粗布，传统织布机也随之退出历史舞台。21世纪后，在现代社会崇尚环保和回归自然的潮流中，人们又兴起推崇老粗布潮流，有些地方又办起了传统工艺纺织作坊，纺织粗布床单、花格色布，老粗布又回到了人们的生活中。

弹花机 20世纪70年代前，多数村有专业弹棉花作坊，采用传统弹花机人工弹棉花，效率较慢，皮棉弹后用于纺织棉线。70年代末引进电动弹花机，替代人工弹花机，效率提高。80年代后，随着商品经济发展，成品布料品种、花色供应充足，布料选择丰富，白棱布日渐减少，人工弹花机退出历史舞台。

2000年后，随着市场发展和农机购置补贴政策推动，新型农业加工机械得到广泛应用，现代加工机械取代了传统加工机具，逐渐向多元化、功能型发展，加工效率提升。2023年，全县发展粮食初加工机械230台、油料初加工机械240台、棉花初加工机械20台、果蔬初加工机械320台、茶叶初加工机械5台、饲草加工机械2583台、畜产品加工设备155台（套）。

储藏农具

传统储藏农具主要有囤、摺子、栈子、瓮（缸）。囤用棉槐条或荆条编制，多用牛粪或泥浆将内里糊起，不漏粮可防潮；摺（zhé）子用苇子或高粱秸劈成篾编成；栈子用高粱秸勒编而成。囤、摺子、栈子主要用于储藏瓜干、未脱粒的玉米棒子。瓮用红泥烧制而成，主要用于储藏小麦、玉米、谷物、米面、水等。20世纪80年代前，家家户户都有囤、摺子、栈子、瓮等储藏农具。粮食晾晒干统统储存在储粮农具里，为防止返潮霉变，一年好几次把粮食倒腾出来晾晒。瓜干是最多的，有时囤装不下，把囤上面再加一个摺子盛更多的瓜干。有俗语“你楦摺子吗？”一般囤放置在床头一侧，时间长了老鼠会在瓜干、玉米棒里“抱窝”（繁殖），晚上老鼠会弄出响动的声音，小孩睡梦中听到声音害怕，用被子把头盖住，缩进被窝。

90年代后，粮食市场供应充足，随吃随买，农户基本不再储存粮食，囤、摺子、栈子、瓮等储粮农具不再使用，泥缸还有农户在使用，储存米、面和食用油等食品。

20世纪70年代粮囤

运输工具

传统轮式运输工具主要有独轮木车（推车）、两轮地排车；挑抬背传统工具主要有扁担、钩担、抬杠、提篮、系筐、筢子等。

独轮木车对道路要求低，适合山区崎岖道路运输，20世纪80年代前广泛使用，是沂蒙山区特有的重要运输工具。备耕备播季节，用来运粮、运粪、运料、运柴草。1个劳力可1次推1300斤以上，年轻壮劳力1次可推1500斤以上。当爬坡或道路状况不好时，一般前面1~2人用绳或牛拉助力，崎岖的泥土路上被木车轮压出一道道深深的车辙。

20世纪60年代，独轮木车走亲

解放战争期间，沂源县组织独轮木车8617辆运送粮草、弹药、衣服，支援前线奋战，为抗战胜利作出了巨大贡献，淮海战役的胜利就是沂蒙人民用小车推出来的。六七十年代大搞农田基本建设，大型机械设备匮乏，农田基本建设等大型农业工程项目全靠人工车推、肩挑、手搬完成，独轮木车发挥了重要作用。

20世纪50年代前，县域内独轮木车是木制轮，承载力差，一般承载200公斤左右，易损坏。20世纪50年代初，开始使用橡胶轮代替木轮，承载力增强。60年代，使用胶轮并加装滚珠轴承，载重量提高，轻便省力，载重量可达1500斤以上，成为农村主要运输工具。70年代，拖拉机、农用三轮车、手扶拖拉机等运输机械增多，独轮木车逐渐被替代。90年代，独轮木车少有使用。

20世纪70年代，独轮木车运送土肥

人力两轮车（地排车）用硬杂木（榆木、槐木、香椿木等）制作，由车轮、车轴、车辕和车厢构成，车厢载货，两边各一个车轮。适用于宽敞平整路面运输，运载量多于独轮车，一般2人以上牵引或牛、驴、马牵引。20世纪50年代，地排车车轮为木轮，县域内拥有量较少，主要分布在南麻、鲁村、悦庄等地势相对平坦的乡村。

木轮车除运输外也是走亲访友的交通工具，大户人家媳妇回娘家通常乘坐双轮地排车，由驴牵引，管家一手牵驴，一手拿着皮鞭伴行；贫苦人家媳妇回娘家通常坐单轮木车，由丈夫推着，一侧坐着媳妇，一侧放着礼物。

扁担、钩担、抬杠属肩挑（抬）式传统运输工具，20世纪80年代前广泛使用。钩担主要用来挑水、挑粮、运粪等；扁担主要用来挑（抬）麻袋、布袋、柴草等物料，可单人挑也可两人抬；抬杠俗称撬杆，主要用来抬石料、杂料等重物或撬动大物料。撬动重物时，木杆一头放在重物下面，木杆下放一支撑点，多人下压木杆另一头。抬杠、扁担、钩担是农村最常用的农具，农村孩子从小就学会用肩挑东西，初学时肩表皮被扁担、钩担磨得红肿甚至起皮，几天不敢用肩。有的小孩从10多岁开始锻炼用肩挑东西，有些个子矮小，挑东西时在路上磕磕碰碰，有时把泥罐碰碎。

钩担挑水

解放战争期间，沂源支前民夫14.44万人，出动担架4726副、小木车8617辆、挑担33028副，送粮、送弹药、送衣服等战争物资，为新中国成立立下赫赫战功。90年代后，机械工具增多，扁担、钩担、抬杠等传统工具少有使用。

花篓、篓筐、提篮、系筐、粪篓等是传统的条编农具，因用途不同，其大小、形态各异。花篓、提篮由棉槐或荆条编制而成，花篓缝孔较大，编有花形图案，盛装东西较多；提篮缝孔较小，编条紧密。花篓、提篮主要用来盛装玉米棒、小麦穗、地瓜、高粱（黍黍）穗、谷穗、柴草、瓜秧、蔬菜等物料。80年代中期，小孩周末、假期或放学后，家长一般安排孩子挎着花篓、提篮到野外拾柴禾、割草。

篓筐是由棉槐编制而成，2种形式，2个筐连在一起的叫座篓。80年代中期，自行车普及，成为小商小贩的主要运载工具，座篓固定在自行车后座上，大都从南麻批发蔬菜到乡下赶四集贩卖，90年代后固定在摩托车后座上，2000年后逐渐被农用运

20世纪60年代，系筐挑运

输车和三轮车替代。长方形的篓筐叫粪篓，放在独轮木车上用来运载物料。系筐用棉槐条编制，三条系，用来盛装肥料、土壤、粮食、废料等物料，配合钩担使用，是家庭常用农具。90年代后渐被三轮车、小铁车替代，家庭很少使用。粪箕用棉槐条编制而成，主要用于拾粪，70年代中期前，农家肥是主要生产肥料，因农家肥不足，多数农户置备一个粪箕，学生放学后或节假日背着粪箕走街串巷或到村周边田野捡拾狗粪、人粪，增加生产用肥。

�童子 筐子由柳条精编而成，主要用来盛粮食、熟食等，也是走亲访友的主要用具。20世纪80年代前，每年春节后走亲戚都用筐子盛着馒头、饼干、挂面等礼品，用一根木棍挑着筐子，年轻人过丈人的棍子前面还挂1块猪后座，表示重视。节后走亲期间，上午是浩浩荡荡的走亲大军，下午路上常见醉酒摔跟头的人，押回的礼品从筐子里全抖出来，饼干、面条摔碎，馒头滚得很远。搬新居温锅或送粥米（婴儿出生贺喜）也常用筐子盛着面粉、小米、小麦等食物，上面盖一块红布，叫送筐子。返回时一般筐子不能空着，主人都会在筐子里押上一把大豆，叫押筐子，半路遇上桥时把豆子撒在河里，以求大吉大利。邻居盖房时也常用筐子盛着馒头来帮忙。春节备的炸货、肉、鱼等珍缺食品，也用筐子系着绳挂在房梁上，防止小孩、狗、猫等偷吃。90年代后，方便袋逐步代替了筐子。

20世纪80年代，挑着筐子走亲

动力机械运输工具主要有拖拉机、手扶拖拉机、农用汽车、农用运输车等。80年代初，国家放开农用车辆购置政策，允许家庭购买，拖拉机、农用运输车得到快速发展。1985年，全县拥有大中小型拖拉机1959台、农用运输车376辆。1990年，全县有各型拖拉机3438台、农用汽车535辆。1992年，淄博市政府无偿分配给沂源县小四轮拖拉机16台。90年代中期，全县拖拉机保有量6000多台，有些村超过100台，型号由12马力小四轮发展为泰山-12、泰山-15、临沂志同12马力、泰山-25等多个型号。拖拉机由耕作转为运输，成为农村运输的主要运载机械。当时流行“拖拉机一响，黄金万两”之说。90年代后，农用汽车、农用运输车（三轮、四轮）逐年增加，成为农产品运输经营的主要运载工具，逐渐替代了拖拉机。2023年，全县拖拉机保有量6727辆。2000年后，运输机械快速发展，拖拉机被农用三轮车、低速汽车替代。农用三轮车因其轻便灵活、载重量大，在农村广泛使用。农村常住户数的60%拥有轻便三轮车，成为农村运输、经营和代步工具，2023年全县达93696台。

中耕除草机具

锄是中耕、除草、松土、灭茬的主要传统农具。锄地利于消灭杂草、疏松土壤、保持土壤水分和温度，有“锄底下有水，锄底下有火”之说。夏季高温给玉米、高粱锄地是一件很辛苦的农活，地里密不透风，很快汗流浃背，有时叶片会把胳膊划出一道道血痕，汗水浸润后很疼。1999年，县农

20世纪80年代，人工松土

业机械管理局引进2台小型田园旋耕机，用于果园、菜园、大棚旋耕、除草、喷药等作业示范，当年推广50台，用机械代替人工锄地除草。田园旋耕机使用方便，效率提高，深受农民欢迎。2004年，农机购置补贴政策实施，田园旋耕机快速普及，2012年达到3628台（14492千瓦），2023年达到15905台（63620千瓦），比2004年增加722.95%，成为林果业、种植业、设施农业中耕除草的主要机械。

2013年，割草宝（简易打草机）价格低廉、使用简单，特别适合果园、园林除草，在果园普及使用。2020年，全县90%以上的果园户配备了割草宝，1年割草4~5次，基本代替了人工除草和农药灭草，减少了除草剂投入，减轻了除草剂对土壤和农产品污染。

植保机具

喷雾器是消杀病虫害保护农作物的专业工具。20世纪80年代前，农业植保机械使用的是手摇式圆筒形喷雾器。喷药时，把药筒放在地上打足气，再背在身后，等气耗尽，药液雾面变小了，再放在地上打足气，再背起……如此反复，耗力费时。80年代初，农村土地承包到户，生产队购置的喷雾器折价分到户，大多2~3户合分1台，农户轮流使用。

80年代中期，推广背负式喷雾器，解决了喷药时必须不停地间歇打气问题，把喷雾器背在身后，一手压气，一手握喷杆喷药，不耽误时间。夏季天

20世纪70年代，手推式喷雾器喷药

20世纪90年代背负式喷雾器

气炎热，1桶药水背在身上，会感觉到丝丝凉意。80年代末，农户单独购置背负式喷雾器，25~30元1台，不再合伙使用。

90年代中期，使用背负式电动喷雾器，打开喷雾器电源开关，一手握喷杆就可喷洒农药，另一只手不再压气，省时省力，广泛使用。背负式喷雾器不适合大面积果园喷药，90年代末推广机动式喷雾器，用三轮车动力带动，省工省力，两个人1天能喷5亩以上，喷药效率提高，劳动强度减轻，且喷药均匀，成为果园植保常规农具。2023年，全县机动式喷雾器达11350台。

2010年，推广小型自走式喷药机和飞防无人机。小型自走式喷药机非常适合山区作业，用6~8马力柴油或者汽油机带动，喷洒面范围广，2023年全县发展20台，主要用于果园和设施大棚植保作业。2019年，县政府出台《农用无人机飞防作业补贴政策》，对新型经营主体使用植保无人机在县域内进行农作物飞防作业，按照5元/亩次的标准给予一

自走式喷雾器（2011年）

次性补助，是山东省第一个出台关于使用无人机飞防补助政策的区县。是年，卓曦农业机械合作社、淄博润泽园农林科技有限公司开展无人机飞防作业服务，配备无人机18架，当年飞防作业面积1.5万亩。2023年，全县农用无人机企业发展到5家，配备农用无人机35架，年飞防作业面积4万亩。无人机飞防作业标志着植物保护由传统式植保向现代数字式植保转变。

工程机械

传统工程机械主要有独轮木车、地排车、镢、锨、镐、铁锤、铁锹、系筐等。20世纪60年代前，农业生产和农业工程项目完全靠镢刨、锨挖、车推、肩扛、肩抬、手搬人工完成。80年代后，农用拖拉机增多，逐步代替了木车、地排车等传统运输机械。1989年，田庄水库除险加固，核心工程是向大坝底部拢入大量石块，县农机局调动全县400多台拖拉机从南麻、大张庄、沟泉、土门等地源源不断地运送石料，每送1方石料补助2升柴油，机手干劲十足，按期完成除险加固任务。八九十年代初，大型工程机械缺乏，传统机具依然是农业工程的重要机具，大型工程都是通过“大会战”“大兵团”等人海战术，工作效率低下。1991年，沂源县农机工程开发站成立，负责农业工程机械的开发推广，是年，利用省财政厅粮食开发项目资金4万元购买1台东方红-75推土机，用于农业工程开发，是全县首台大型工程机械。

1992年，中庄乡购买1台新式东方红推土机，因没有驾驶员及维修问题，以3万元转给县农机局。1996年“三九路”（三岔至九会）铺开施工建设，投入全县仅有的2台推土机，施工效率大幅提高，推土机成为香饽饽。1997年，利用省财政厅粮食开发项目资金购买了1台D-85推土机和1台新式东方红推土机。1998年，实施“双十万工程”（10万亩葡萄、10万亩大棚蔬菜），在中庄、鲁村、大张庄等乡镇投入大型推土机建设冬暖蔬菜大棚140个。2022年，全县农田基本建设大型工程机械达160台、1.2万千瓦。

农机监理

1983年前，沂源县拖拉机驾照考取由临沂地区交通局车辆管理所负责，各县拖拉机驾驶员驾照考取按规定时间统一到临沂考试。1964年7月，沂源县首批拖拉机驾驶员到临沂考取驾照，有6人参加考试，仅有县农业机械局职工崔广涵1人通过考试，成为全县首个拥有拖拉机驾照的驾驶员。1983年6月，成立沂源县农机安全监理站，隶属县农业机械局，负责拖拉机挂牌、年审、安全监理。初期，农业机械监理人员身着中国农机监理的制服，驾驶二轮摩托车，巡回道路安检。为调动拖拉机落户、年审积极性，利用国家农用平价柴油政策，对拖拉机落户、年审的给予一定数额的平价柴油奖励。

1984年11月，贯彻国务院《关于农民个人或联户购置机动车船和拖拉机经营运输业的若干规定》《关于改革道路交通管理体制的通知》和农牧渔业部《农用拖拉机及驾驶员安全监督管理规章》，县政府

沂源县第一台东方红—75推土机（1991年）

20世纪90年代，农机监理

颁发文件，对农机监理的性质、任务及管理职责等作出规定，明确农用拖拉机挂牌、发证工作由县农机安全监理站负责。农机安全监理工作（主要是拖拉机）全面铺开。1994年，贯彻《山东省农业机械监督管理办法》《山东省农业机械监督管理条例》，依法管理农业机械，加强对拖拉机驾驶员的培训教育、驾照考取、道路检查，严禁无证驾驶。1995年5月成立农机巡回法庭，6月配合交警部门在石桥乡葛庄村公开审理1起农机驾驶员违规违法案件。

农机监理宣传

1997年12月，县政府转发《沂源县农机局关于启用换发九二式拖拉机牌证及监审工作的报告》的通知，开展农用车换发交通牌证"山东C-"和农用牌"鲁C-"牌照，废止"山东03-"牌照，当年共换发、核发交通牌2572副、农用牌34副。1998年6月，贯彻国务院办公厅《关于印发农业部职能配置内设机构和人员编制规定的通知》，强化对拖拉机、联合收割机、农用运输车等农机的安全监理、产品质量检验、鉴定和认证管理工作。1999年4月，《山东省农业机械事故处理办法》颁布，依据该办法处理农机事故。2000年，全县开展农机执法大检查，查出无证驾驶190余人次、无牌车辆210余台，补审车辆300余台，纠正其他违章行为250余人次。2001年，县农机监理站设立4个中队，对乡镇实行划片管理。2004年5月，贯彻《中华人民共和国道路交通安全法》，拖拉机道路行驶管理职权由县公安机关交通管理部门移交县农业机械管理局行使，取消交警委托管理，接受公安机关交通管理部门监督。是年，核发拖拉机牌照329副，检验拖拉机1948台，审验驾驶证1540个，换发牌照120副。被省农机办评为全省农机安全宣传先进单位。

2005年2月，农用运输车和拖拉机移交县公安交警大队管理，共移交变型拖拉机242台、驾驶员83名。5月1日，全县启用全国统一的拖拉机号牌、行驶证、驾驶证、登记证书及检验标志。2016年，农机具落户、挂牌和拖拉机驾驶证颁发纳入行政许可。是年，农业机械落户、办证费用由县财政全额补贴，车辆缴纳费用全部免除。

农机教育

1973年，开始开办农机人员培训班，每年定期对全县拖拉机驾驶员及其他农业机械操作人员开展培训，每月1期，每期60学时。同时，开展对农机人员和军地两用人才培训，储备基层农机专业技术人才。

1986年6月，成立沂源县农业机械化学校，隶属县农机局，负责对基层农机人员专业培训。1990年3月，淄博市教育局、农机局将沂源县农机化学校纳入成人中等职业教育管理系统，配备师资11人，左效谦任校长；9月，与沂源县职业中专联合办学，开办全日制机电中专班，招生60人，翌年招收62人。1993年，办学政策调整，全日制中专班停办。1992—1995年，共招收财会、机电专业业余函授中专学员200人。1995—1998年，在中庄、金

南麻公社拖拉机第四期驾驶员培训班毕业合影（1973年）

沂源县农机校首届中专班开学典礼合影（1990年）

星、东里等乡镇成立农机校分校，举办5期拖拉机驾驶员培训班，培训380人。1999年9月，与山东省农业广播电视学校沂源县分校合作，开展绿色证书人员培训，对拖拉机驾驶员、农机维修人员及其他农机操作人员实施专业培训。2006年，共培训拖拉机驾驶员1160人、变型拖拉机驾驶员580人、基层农机管理人员50人、农机操作手500人，复训拖拉机驾驶员3600人。2007年后，政策调整及拖拉机保有量逐年减少，培训工作趋于弱化。2018年，根据山东省农业机械管理局安排，农机管理部门退出拖拉机驾驶员培训序列，农机化学校取消拖拉机驾驶员培训资质，不再开展农业机械培训工作。

农机维修

新中国成立初期，县域内农业生产一直沿用传统农具，农具维修完全依赖铁匠维修。每逢集市铁匠早早在集市上摆好摊位，把火炉烧得通红。需要维修的铁具一个个摆在地上。维修时，铁匠一手拿铁锤，一手用铁钳夹住烧红的铁具，“叮当叮当”敲打，反复在水里验火，直到修好为止。80年代前，很多村有铁匠，铁匠是一门祖传手艺，铁匠年纪大了就把手艺传给下一代，代代相传。农忙前，是农具维修的高峰期，铁匠就用独轮木车推着维修工具走乡串村给农户维修铁具。唐山公社赵家庄大队铁匠祁京东，四代相传，因技艺过硬，在周边村享有很高声誉，有些人跑几十里路来找他维修。90年代后，机械设备的增多，传统农具减少，铁匠行业逐步退出市场，集市上偶尔还见到铁匠的身影。

20世纪50年代后，新式农具、半机械化农具推广应用。农具维修由单纯的传统农具维修扩大为对旧式农具、新式农具和半机械化农具的维修，传统的机具维修技术已不适应现代机械维修需要。1958年3月，成立沂源县农具改革办公室，负责对新式农具维修。1959年4月，成立沂源县农业机械局，主管全县农机具的生产和维修业务，内设沂源县农业机械厂（现内燃机配件厂）和13个公社的农机具修配厂。1960年，机械机具维修由农业、农机、工业等部门负责，从事专业维修的单位有县拖拉机修配厂、农机修造（修配）厂、拖拉机内燃机配件厂、农具（修配）厂、国营拖拉机站、社营拖拉机站、村队农机维修组等。基层供销社成立农机公司，承担农机具供应和农村部分维修业务。1961年10月，贯彻山东省委关于“小农具的制造与修理归公社工业局管理”的指示和临沂专署农机局、公社工业局《关于小农具生产管理移交工作的通知》，小农具的生产管理等事宜移交给县公社工业局，铁、木、竹等小农具及小五金等制品归县公社工业局管理，半机械化和改良农具归农机局管理。

是年，县农业机械局撤销，国营和社营拖拉机站的农机维修业务并入县农业局。小农具的生产与维修管理工作，随着公社工业主管部门的调整、变更，先后由手工业管理局、手工业办事处、轻工业局、第二轻工业局、公社工业局、乡镇企业局负责，

农机公司农机配件销售部

农机维修管理和机械厂管理几经改变。1965—1984年，农业机械维修工作主要由县工业局（机械工业局、机械工业公司）负责。1973年2月，县农机局重新成立，国营和社营拖拉机站的农机维修业务从县农业局移交县农机局负责。

1984年11月，国家农牧渔业部、工商行政管理总局联合颁布《全国农村机械维修点管理办法》。明确规定一切以维修农牧渔业机械为主的国营、集体（合作）、个体等多种形式的农村机械维修经营单位，均属于农村机械维修点。从事农村机械维修的服务点，须经当地农业机械管理部门签署意见、县农业机械管理部门考核发给技术合格证书、工商行政管理部门颁发营业执照后方可营业。农业机械维修实施依法管理，纳入法制化轨道。是年，县农机修造厂转为生产制造厂，不再从事农机维修业务，农机维修工作由国营、社营拖拉机站及农村机械维修点承担。1988年，贯彻临沂地区行署《关于加强农业机械化工作的意见》，县农机局强化对农机维修点的指导、监督和年度审验。1989年3月，县农机局设立农机维修管理站，主管全县的农机维修工作。90年代，个体农机维修网点快速发展，逐步成为农机维修的骨干，农机维修管理站职责由农机维修转为对农村机械维修点审核定级和对维修工技能鉴定、考核定级，核发技术合格证。1995年，全县核发证书的农机维修点300余个。2000年，拖拉机逐年减少，农用汽车增加，农机维修网点渐少，大多改为农机整机及配件售后服务，农机维修多由车辆维修企业代办。2003年，换发农机维修技术合格证及行业标志牌。是年，开展文明农机修配网点创建活动，79个农机修配点参与，其中农机水利配件服务部、刘家维修、农机水利配件服务部悦庄分部被评为省级文明农机修配网点。

2006年，农机维修经营实行资质许可制度，要求从事农机维修经营的企业必须取得农业机械维修技术合格证。2007年5月28日、6月28日，县农机局在大张庄镇政府、明末峪村举办2期手扶拖拉机补贴户职业技能培训班，对190余名驾驶员进行培训、鉴定。鉴定农机修理工、拖拉机驾驶员68名，核发农业机械维修技术合格证52本，为36名维修工办理资格证书，各维修厂（点）做到挂牌经营、持证上岗。同年，成立草埠一村农机服务队、沂源县林果基础工程机械化生产合作社、中庄镇社庄村林果机械化生产协会3个农机服务组织。2022年，全县共成立农机专业合作社15家。2018年7月，贯彻国务院《关于取消一批行政许可事项的决定》，取消农业机械维修技术合格证核发行政许可制度，农机维修管理不再核发资格证书，工作重点转为对农机维修行业监管和农机质量投诉受理。2021年，机构改革，农机维修管理科更名为农机社会化服务科，不再承担农机维修管理行政职能，调整为社会化服务职能。由此，农机维修全面推向市场。

农机补贴

农机购置补贴是国家对从事农业生产的个人和农业生产经营组织购买推广先进适用的农业机械给予补贴。2004年，中央财政拿出7000万元用于粮食主产区16个省（市区）66个县的农机购置补贴，此后补贴规模逐年增加。2005年，按“差额购机、直接补贴”方式实施农机购置补贴政策，补贴资金直接发放给厂家，主要补贴种类为轮式拖拉机、微耕机、田园管理机、饲料粉碎机、无人机、打捆包膜机、有机废弃物好氧发酵翻堆机、全混合日粮制备机、粮食色选机等各型农业机械。当年，补贴各类机具5751台，兑付补贴资金30万元，占全市66.1%。至2013年共兑付补贴资金2285万元，补

农机补贴报名登记现场（2005年）

贴机械22679台（套）。

2014年，补贴方式由“差额购机、直接补贴”调整为“全额购机、直补到卡”，补贴资金直接兑付给购机户。是年，落实补贴资金460万元，补贴农业机械5282台（套）。2004—2014年，沂源县农机补贴规模呈逐年增长态势，被称为“黄金十年”。农机补贴政策实施推动了全县农机销售企业规模发展，其中沂源县爱友农机销售公司、沂源县和丰农机销售公司、沂源县兆梅农机销售公司销售业绩居全县前位。2015年，补贴方式调整为自主购机、直补到卡，将补贴资金直接兑付到购机者银行卡上。当年，落实补贴500万元，补贴农机具5751台。至2022年，全县共落实农机补贴资金5110余万元，补贴各类农机具5.55万余台（套），撬动社会农机装备资金投入1.95亿余元。

补贴的大型拖拉机（2006年）

沂源县农村改革发展中心机构沿革

1958年3月，成立沂源县农机具改革办公室，下设沂源县农业机械厂（内燃机配件厂）和13个公社农机具修配厂。1959年4月，撤销沂源县农机具改革办公室，成立沂源县农业机械局。1960年10月，设立沂源县拖拉机站，隶属沂源县农业机械局。1961年，撤销沂源县农业机械局，县排灌机械、县拖拉机站及下属厂分别归属县水利局、县农业局、县工业局和县手工业管理局。1968年，悦庄、鲁村、张庄、南麻等公社拖拉机站成立。1973年4月，重新建立沂源县农业机械局。1979年，全县14个公社分别建立农机管理站；11月，县农机公司从县供销社生产资料公司析出，隶属县农业机械局，属独立核算单位。1981年4月，县农业机械局党支部成立。1983年6月，设立县农机安全监理站。1984年6月，机构改革，沂源县农业机械局调整为沂源县农业机械服务公司。1986年6月，设立沂源县农业机械化学校，隶属县农业机械服务公司。1988年7月，沂源县农业机械服务公司调整为沂源县农业机械管理局。1988年9月，设立沂源县农机化技术开发服务中心，隶属县农业机械管理局。1989年3月，设立农机维修管理站；12月，农机化技术开发服务中心改为沂源县农机物资站。1990年，乡镇农机管理站和农机服务站“两站”合一，改称为农机管理服务站。1992年10月，设立沂源县农机局劳动服务公司，股级经济实体。12月，撤销县拖拉机站。1993年12月，机构改革，沂源县农业机械管理局调整为沂源县农业机械服务中心，为实体经济单位。1996年7月，沂源县农业机械服务中心调整为沂源县农业机械管理局。2002年11月，沂源县农业机械管理局调整为正局级定额补助事业单位。2010年，县农业机械管理局定为参公单位，参公人员35人，农机化学校为财政补助事业单位，物资站为自收自支事业单位。2019年1月，县农业机械管理局更名为县农业机械事业服务中心，为县政府直属正科级事业单位，由县农业农村局代管。人事、财务划归县农业农村局。2021年1月，机构改革，整合县农业农村事业服务中心（加挂县乡村振兴发展服务中心牌子）、县农业机械事业服务中心等两个事业单位，组建县农村改革发展中心，加挂县乡村振兴发展服务中心、县农业机械事业服务中心牌子，隶属县农业农村局，为正科级公益一类事业单位。2023年12月，调整为参公正科级事业单位。中心设党总支，不再设党组。

沂源县农村改革发展中心历任主要负责人

机构名称	姓名	职务	任职时间
沂源县农机局改革办公室（1958.03—1959.04）	李顺祥	县委书记兼主任	1958.03—1959.04
沂源县农业机械局（1959.04—1961）	张希畔	局长	1959.04—1961
撤销（1961—1973.04）			
沂源县农业机械局（1973.04—1984.06）	贾文玉	局长	1973.04—1978.12
	杜荣欣	局长	1978.12—1984.06
沂源县农业机械服务公司（1984.06—1988.07）	王瑞现	经理	1984.06—1988.07
沂源县农业机械管理局（1988.07—1993.12）	王瑞现	局长	1988.07—1992.11
	葛勤贵	局长	1992.11—1993.12
沂源县农业机械服务中心（1993.12—1996.07）	葛勤贵	主任	1993.12—1996.07
沂源县农业机械管理局（1996.07—2019.01）	葛勤贵	局长	1996.07—2001.03
	刘汝新	局长	2001.03—2004.03
	房洪玉	局长	2004.03—2007.04
	苗纪雨	局长	2007.04—2010.04
	王传明	局长	2010.04—2014.02
	高列文	局长	2014.02—2016.09
	刘跃广	局长	2016.09—2019.01
沂源县农业机械事业服务中心（2019.01—2021.01）	刘跃广	主任	2019.01—2021.05
沂源县农村改革发展中心（2021.01—）	张士刚	主任	2021.05—

琐忆

国营拖拉机站

国营拖拉机站（县拖拉机站）成立于1960年，在南麻公社涝坡河大队办公。承担全县农业机械引进、农业机械社会化生产、农机具维修保养等职能。职工多为上海、济南、青岛等地下乡知识青年。

1960年10月，购进拖拉机4台（2台国产东方红-54式履带拖拉机、1台罗马尼亚优特兹-45轮式拖拉机、1台捷克热托-25A型轮式拖拉机，共178马力），后购进大型运输汽车5台、农机田间作业机具多台，沂源县初步具有耕、耙、播、收、脱、运、加工等机械作业能力。1961年下半年，迁至县酒厂西。1974年春，迁至二郎山。1981年后，农村土地经营制度改革，县拖拉机站职能逐渐弱化。1984年6月，县拖拉机站改为农机修配站。1992年12月，农机修配站撤销，资产并入县药用药玻总厂。

乡镇农机站

1968年10月，悦庄公社拖拉机站成立，后鲁村、张庄、南麻等社站相继成立。1979年，全县14个公社分别建立了农机管理站，站长由公社领导兼任，副站长由公社农机管理员担任，配临时工2名。主要职能是农业机械管理，指导拖拉机站、农机大户作业，开展农机操作人员培训，负责农用柴油分配等。1981年3月，土门、南麻公社农机管理站、拖拉机站“两站”合一，更名为农机管理服务站。1990年，全县各乡镇农机管理站和拖拉机站“两站”合一完成，统称为农机管理服务站。1993年，机构改革，乡镇农机管理服务站人、财、物划归所属乡镇政府，负责农机管理、推广等工作，县农机局负责业务指导。2010年，机构改革，各乡镇农技、农机、种子、果树、林业站合并为农业技术服务中心，承担农业各站（所）职能。

沂源县农业机械公司

农机机械公司

1953年11月，县供销合作联社设立生产资料经营部，主要经营肥料、农药、农机具等农业生产资料。1955年，改称生产资料批发站，翌年撤销，改设大型农具、农业机械供应站，负责大型农机具经营。1971年7月，改称沂源县生产资料公司。1977年10月，沂源县农业机械公司成立，农机业务由生产资料公司移交农业机械公司经营，隶属县供销合作联社。

1978年，县农机公司划归县农业机械局，为县级财政管理企业。李爱斌任书记，李运福任经理。1979年，迁至南麻三村二郎山处。1984年，张泗方任书记兼经理，职工30多人。设立第一门市部、第二门市部，新建东里门市部、张庄代销点、梭背岭代销点、中庄代销点、草埠代销点等经营网点。1991年，总销售额734万元，利税9.2万元。1992年，在东河北村处设立农机加油站，当年实现利税10万元。1994年，宋守岱任经理。是年，公司对农机科、配件科、橡胶科、综合经营科、物资站、加油站、维修科实施承包经营，调动职工发展积极性。1996年，成立摩托车经销处，经营摩托车。因市场竞争日趋激烈，公司发展面临困难，效益下滑。

1998年，公司实施股份制改革，更名为沂源县农业机械有限公司。11月20日，沂源县农业机械有限公司成立大会第一次股东大会召开，标志着沂源县农业机械有限公司正式成立。唐慎亭当选为董事长，张立军当选为监事会主任。1998年后，公司经营越发萧条，职工工资无法保障，大部分职工办理了停薪留职，自谋出路。

2008年11月，公司拖欠银行贷款223万元（不含利息），其他欠款及拖欠养老金102.35万元。2008年12月24日，第三届换届股东大会召开。张立军当选董事长，房孝平当选监事会主任。2018年4月24日，公司与山东沂源玉山置业开发公司签订职工住宅楼开发协议，开发公司返还公司收益款2373万元，用于缴纳拖欠退休职工养老金和遗留债务。由此公司摆脱发展困境，逐步走上健康发展道路。

油画《木车走亲》

乡村振兴

记忆沂源 · 农业农村卷

扫码看视频

农村扶贫

概　况

沂源县建县初期，为解除战乱造成的饥荒，鲁中抗日联合办公室给沂源拨款100万元（北海币），免息贷款给群众用于生产自救，发放救济粮5万公斤。鲁中军区把在讨伐吴化文战役中缴获的5000公斤粮食和县工商局从外地调剂的15万公斤粮食，用于救济困难群众。1948年，发放救济粮13.5万公斤。

新中国成立后，贯彻“生产自救，节约度荒，群众互助，以工代赈，辅以政府必要救济”方针。1954年，全县发放救济款10次、18亿元（旧人民币），救济粮11.5万公斤，互助互济粮食8.7万公斤。拨少数民族救济款16.8万元，布1.4万尺，棉花1410公斤。1980年后，全县用于解决群众吃、穿、住的救济款相对减少，主要用于扶持贫困户发展生产，脱贫致富。

1984年，沂源县被国务院列为全国重点扶持贫困县。是年，农民人均纯收入197元，低于国家规定的200元标准，有241个村，14.2万人存在吃水困难，83个村不通电，312个村不通广播，208个村不通车，700多处中小学设备陈旧简陋。其中人均纯收入在150元以下的有391个村，6.7万户、25.93万人，占全县总人口的50%。沂源县根据国家贫困县标准把人均纯收入不足150元的391个村定为贫困村。8月，成立沂源县山区开发建设扶贫办公室，负责全县扶贫开发工作，农村扶贫开发工作进入一个新阶段。1984年始，县委、县政府采取向特困户政策倾斜，兴办扶贫经济实体，部门扶贫包点，组织实施开发式扶贫、扶贫攻坚开发、综合性扶贫开发、精准扶贫、脱贫攻坚、巩固提升等一系列措施，全县扶贫开发工作稳步推进。1994年，沂源县摘掉国家重点扶持贫困县帽子，调整为山东省重点扶持贫困县。1997年，实现整体脱贫。2001年，被山东省人民政府确定为全省扶贫开发工作重点县。2010年，沂源县退出山东省重点扶持贫困县序列，三岔乡和徐家庄乡贫困人口较多，人均收入低于省定贫困线，被定为省级扶贫重点乡。2020年，沂源县贫困户全部脱贫。2021年后保持扶贫政策稳定实施，巩固脱贫成果。

截至2023年，先后有中央、省、市、地属的269个单位在沂源开展扶贫工作。全县有168个县直单位、企业单位先后到391个贫困村扶贫包点，有44名副县级以上领导干部包镇，有9289名机关干部到村帮包1.55万户贫困户。各级累计投入扶贫资金112857.5万元，以工代赈物资折款1095万元、化肥7390吨、钢材1473吨、木材2256立方、水泥3115吨、煤炭11240吨。全县利用扶贫资金兴办扶贫经济实体688个，新建维修水利工程1692处，解决184个村人畜用水困难；新修县乡公路233.5公里，208个村通车；架设输电线路339公里，83个村通电，312个村通广播；中小学校舍改造完成。

2018年10月，沂源县扶贫开发办公室被山东省人力资源和社会保障厅、山东省扶贫开发领导小组办公室、山东省公务员局授予全省扶贫系统先进集体称号；2019年5月，被山东省扶贫开发领导小组办公室授予全省扶贫开发工作先进集体称号；2021年6月，被中共山东省委、山东省人民政府授予山东省脱贫攻坚先进集体称号。

农村救助

1956年，对农村丧失劳动能力的鳏、寡、孤、独人员、残疾农民、生活无依靠者，村集体按“五保”（保吃、保穿、保住、保医、保葬）政策予以特殊照顾，解除后顾之忧。1958年，全县兴办幸福院298处，鳏、寡、孤、独和失能残疾人入驻幸福院，大队安排护理人员专门照顾护理，入住5677人。1960年冬，政策调整全县幸福院停办。1961年，五保对象由生产队集中供养或分散供养，生产队按略高于社员生活水平的标准提供给养。对日常生活不能自理的五保户，大队安排专人照顾或者安排其亲朋、近邻负责供养，生产队按标准供应生活物品。是年，全县五保户有2172户、4032人，全部得到妥善安置供养。

1982年，五保供养办法有所改变，采取集中供养和分散供养相结合的办法。集中供养以敬老院为主，生活来源由乡镇统筹或村提留解决，人均生活费1500元；分散供养采取集供自养、专人供养、代耕代养和亲属供养4种形式，生活费由村集体解决，不低于当地人均生活水平。全县兴办敬老院18处，符合五保条件的788人，其中入院老人33人、包户照顾的81人、派人照顾的379人、亲属照顾的189人、亲属代耕责任田的106人，五保户全部得到供养照顾。

1992年，开展五保供养调查，全县农村“三无”（无法定赡养或抚养人员的、无劳动能力的、无生活来源的）对象有1131人，其中敬老院集中供养123人、分散供养347人、纳入低保政策的661人。全县9个乡镇实行五保费用统筹。2003年，对五保供养政策实行调整，实行定期定量救济，每年每人享受面粉400斤、现金60元，资金由县财政支付。2005年，县财政投资对乡镇敬老院实施改造扩建，增设床位700个，年集中供养标准为2200元。2006年起，五保供养制度由集体供养改为财政供养，供养费用全部由市、县、镇三级财政共同负担，集中供养每人每年2000元，分散供养每人每年1200元。当年，全县敬老院集中供养率为50%。2007年，扶贫政策覆盖面扩大，集中供养率逐年降低，大多村级敬老院闲置。

扶贫开发

为全面抓好农村扶贫开发工作，实现脱贫致富，沂源县逐步建立完善工作体制机制，推动全县扶贫开发工作向纵深发展，逐步实现整体脱贫，实现农村小康社会。

开发式扶贫　1984年8月，沂源县设立山区开发建设扶贫工作领导小组，组建沂源县开发建设扶贫工作办公室，各区（乡镇）均成立扶贫开发领导小组，设立扶贫工作办公室，构建有领导、有机制、有专班的工作体系。同年，县委抽调1000多名机关干部，用近一个月的时间，进村入户开展贫困户调查摸底，全县共有贫困村391个，6.7万户，分别占农村总量的53.72%、46.66%。县委、县政府制定了《沂源县扶贫开发工作初步规划》，确定1984—1985年扶贫开发工作主要任务是解决农村“两难三不通”问题（人畜吃水难、孩子上学难，不通路、不通电、不通广播）。山东省和临沂地区给予大力支持，淄博市对口给予援助，采取向特困户政策倾斜、兴办扶贫经济实体、上报扶贫项目、开发砂石山、县直部门及乡镇干部包村、劳务输出等措施开展脱贫工作。两年共利用各级扶贫资金14633.34万元，扶持乡镇企业发展，调整种植、养殖业产业结构，发展果品、畜禽等高效农业。1986年，利用支农资金366.6万元，发展种植业、养殖业、开采业、工副加工业项目18个。有68个贫困村人均纯收入超过150元，6个村解决饮水困难，34个村新通汽车，47个村新通广播，628处农村小学完成六配套（校舍、课桌凳、大门、院墙、厕所、操场配套）改造，学龄儿童入学率达到98%。1987年，利用支农资金366.6万元，发展种植业、养殖业、开采业、工副加工业项目22个。有294个贫困村，3.58万户、14万人，人均纯收入超过200元。解决47个村3万多人吃水困难，16个村新通汽车，106个村通广播，75个村通电。700所中小学校完成校舍改造，学龄儿童入学率达到98.5%。

1988年，调整扶贫工作重点，由村级基础设施转为发展农业产业为重点，确立在“农”字上下功夫、在“山”字上做文章的扶贫开发总体战略，提出“一轻二轻种养加，富民富县同时抓”的发展战略（发展一轻二轻工业是富县项目，种植业、养殖业、加工业是富民项目）。是年，利用支农资金242.38万元，发展种植业、养殖业、开采业、工副加工业项目25个，解决了12个贫困村的饮水问题。有104个贫困村1.64万户、6.29万人，人均纯收入超过200元，超过了国家确定的农村人口贫困线标准，分别占全县贫困总数的92.3%、91.5%、88.7%。有166个贫困村3.67万户、13.49万人，人均纯收入超过300元，分别占贫困总数的42.5%、54.8%、52%。159个村通广播，行政村全部通电。1989年，投资262.25万元，发展种植业、养殖业、开采业、工副加工业项目47个。全县有106个村人均纯收入超过300元，158个行政村通车，106个行政村解决人畜用水困难。9月19日，国务院扶贫开发办公室全国扶贫培训会议在沂源县召开，县委书记孙运河作沂源县扶贫开发情况介绍，东里镇东村、南麻镇大田庄村、石桥乡石楼村等5个村作经验介绍。

1990年，沂源县由临沂地区划归淄博市，淄博市派驻135个市直部门来沂源帮包135个贫困村。全县利用扶贫资金1003万元，实施经济林、大口井、扶贫经济实体、旱田小麦、治理荒坡荒山等扶贫开发项目。1991年，贯彻山东省扶贫工作会上提出的向深山区、最贫困地区工作转移的精神，沂源县调整扶贫工作方向，集中人力物力财力向特困村转移，实施温饱攻坚。全县确定了29个特困村，计划用3年时间解决群众温饱问题。县委、县政府确立了“远抓林果近抓牧，经济作物当年富，因地制宜上工副，剩余劳力出劳务”的扶贫工作思路，开展农田水利基本建设，实施山水林田路综合治理，兴办经济实体。3年扶持29个特困村资金30万元作为发展启动资金，同时扶持柴油29吨、化肥143吨，解决了10个村3840人的吃水问题。全县投资899.5万元，扶持矿山开发，万亩花生、苹果基地建设，兴修水利等项目。全县361个贫困村人均纯收入362元，贫困村粮食总产达到7118.62万公斤，人均占粮303公斤，比1990年增加114斤。1992年，投资988.19万元，发展林果业、养殖业、企业等项目16个，解决了30个村1.5万人的人畜用水困难，13个自然村通电，10个村通路。

1993年，围绕两个稳定和九五奔小康目标，制定“巩固温饱，发展经济，奔向小康”的扶贫工作方针。利用各级资金1395万元，发展经济林1.2万亩，新建水利工程55处，新上工副业项目12处。全县234个贫困村，3.53万户、12.35万人，人均收入达到365元，人均占粮550斤。其中有33个村人均收入在300元以上，有39个村人均收入在400元以上。全县贫困村全部通电、通路、通水、通车、通广播，贫困人口温饱问题基本解决。

攻坚开发 1993年，沂源县农民人均纯收入784元，超过国家确定的700元国家级贫困县收入标准。1994年，沂源县国家级贫困县帽子摘掉，被列为山东省重点扶持贫困县，享受国家级贫困县扶持政策。是年，利用上级扶贫资金825万元，实施基础设施建设、兴办扶贫经济实体、开发高效农业、开发砂石山等项目。解决了20个自然村1.8万人的人畜用水问题，有72个村1.17万户、3.92万人跨过温饱线。是年，遭遇百年不遇特大洪水灾害，返贫风险激增，有96个贫困村、27个重点库区村、20个重点灾区村，12万人口温饱不稳定，极易返贫。12月4日，根据国家《“八七”扶贫攻坚计划》和山东省《四五扶贫攻坚计划》要求，出台《关于进一步加强扶贫工作的意见》，制定《沂源县二五扶贫攻坚计划》，计划1995—1998年用4年时间，解决全县12万人口的稳定温饱和脱贫致富问题。1995年4月6日，全省扶贫开发工作会议在沂源县召开，县委书记陈传玉汇报沂源县扶贫工作经验做法。9月21日，全国民族地区扶贫工作经验交流座谈会在沂源县闭幕，国家民委、计委、扶贫办、中国人民银行及19个省、自治区民委和少数民族贫困县领导参观东里镇乡镇企业和双星鲁中公司。是年，利用上级扶贫资金966万元，扶持9个乡镇13个村建设项目。10月，全县开展“五五”扶贫活动，即从县扶贫基金会拿出5万元救灾扶贫资金，每年扶持100户优抚对象贫困户，每户扶持500元，一年一周转，乡镇使用期5年，共扶持500户。1995年底，全县农民人均纯收入不足850元的村还有175个，占总村数的27.52%，大部分是库区村、山顶村、贫水村和灾区村，其中库区村有81个。

1996年，是扶贫攻坚开局年。全年利用扶贫资金758.4万元，重点对经济林发展、水利工程建设、种养加工项目、科技示范村、示范户培育实施扶持，发展各类经济实体41家。当年，人均纯收入低于850元的贫困村中，有60个贫困村9602户、2.88万人摆脱贫困，占贫困村数的34.28%。1997年1月，召开全县扶贫开发工作会议，印发《关于奋战一年实现脱贫的决定》，决定集中力量奋战1年实现全县脱贫，使人均年纯收入不足850元的贫困户全部摆脱贫困。同年，组织全县39名副县级以上领导干部、168个县直部门和企事业单位，对全县58个特困村、93个贫困村实行扶贫包点帮扶，每村有2~3名机关干部驻村帮包。市、县包村单位和经济强村向特困村帮扶钱物360万元，建设扶贫项目217个。对58个特困村班子建档立卡，由县委组织部和党建办公室实行档案管理，逐村提出村级班子建设年度目标，对村干部实行工效挂钩，充实调整14个涣散软弱不能胜任扶贫攻坚任务的村级班子，举办特困村书记、主任短训班，树立10个脱贫致富典型村。全县选拔50余名农、林、牧等专业技术人员，组成科技扶贫讲师团，对全县58个特困村干部群众进行农业科技培训，举办培训班386期，发放科技资料2.5万份，培训3.27万人次。县职业中专为每个特困村培养1名中等专业技术人才。扶持特困村发展黄烟、佛手瓜、肉食兔等3个短平快项目，实现收入966万元，人均增收452元。投入2333万元，实施159个助力脱贫项目及高档果品、食用菌栽培、大棚蔬菜等燎原项目。6月，县委专题研究三岔乡大崮村等搬迁下山彻底解决脱贫问题。7月，将三岔乡大崮村和大张庄乡红崮顶村73户230口人，分散搬迁安置到5个乡镇41个村。年底，58个特困村年人均增收698元，达到1238元，全部解决温饱问题，特困村2.16万人85%以上脱贫。1997年，农民人均纯收入达到1732元，比上年增加225元，全县实现整体脱贫。1998年，利用各级扶持资金1097万元，扶持种植、养殖、干果基地、基础设施、扶贫龙头企业等项目135个。年底，全县农民人均纯收入达到1835元，58个特困村人均收入1340元，85%以上的贫困人口达到温饱线。

帮扶干部入户宣传帮扶政策（1999年）

1999年，制定《关于进一步加强扶贫开发工作的实施意见》，确定全县在两年内稳定解决16个村，6490户、2.04万人的温饱问题，巩固27个村，7815户、2.4万人的脱贫成果。是年，利用资金571万元，实施基本农田、水利设施、道路整修等工程，发展种植养殖项目86个。34个贫困村人均增收85元，达到1560元。2000年，全县农民人均纯收入2012元，比1984年翻了两番多，有23万人基本解决温饱问题，80%以上的被帮扶户实现脱贫。

综合扶贫开发　2001年，全县省定温饱线1000元以下的贫困人口有15.32万人，国定温饱线625元以下的贫困人口9.1万人，分别占全县农业人口的32%和19%。贫困人口主要集中在边远山村和库区村，基础条件薄弱，增收渠道窄，扶贫任务重。因遭遇特大干旱，农作物受灾十分严重（新中国成立以来第三次特大干旱），部分村出现人畜用水困难，人均因灾减收700余元，有9.5万人返贫，扶贫开发任务进一步加重。是年，山东省人民政府确定沂源县为全省扶贫开发工作重点县。9月17日，全市扶贫开发工作会议在沂源县召开，总结十几年来扶贫开发的成绩和经验，对新世纪初的扶贫开发工作全面安排部署。县委、县政府制定了《沂源县2002—2010年扶贫开发规划》，确立“村为基础、整乡推进、区域规划、综合开发”扶贫方针，计划用9年时间，根本解决和稳定全县15.32万贫困人口（年纯收入1000元以下）的温饱问题。利用各级扶贫资金808万元，实施水利、道路等基础设施建设，发展种植养殖项目。与县内5家水泥厂协商，预借水泥2万吨，铺开工程建设，年终用扶贫资金结算。当年，扩大灌溉面积3000亩，解决1500人吃水难问题，实施20个村道路硬化，覆盖165个村2.4万贫困人口。

2003年，利用扶贫资金716万元，建设水利设施100处，修复道路100公里，发展林果业3.5万亩，扶持养殖大户200家，扶持3个农产品加工龙头企业。2004年，利用扶贫资金800万元，新建水利设施300多处，扩大和改善灌溉面积2500

亩，新修复修环山路8公里。2005年，投入扶贫资金1266.4万元，用于水利、道路、林果业及养殖基地建设，项目区贫困人口人均增收1000元以上，1.4万贫困人口脱贫。2006年，利用扶贫资金917.2万元，发展种植项目7000亩、养殖项目50个，建“四小”水利工程近400处，新修道路125公里，解决8.83万人的吃水难问题。覆盖贫困村41个，1.03万户、2.79万人，贫困人口年收入4350万元，人均增收1560元。2007年，利用财政无偿资金866万元，扶持贫困村发展种植项目8300余亩，引进养殖奶山羊项目，建设小型水利设施1000余处，解决贫困村人畜饮水及农田灌溉问题，新修道路11.2公里。2008年，利用财政无偿资金866万元，扶持龙头企业3家，发展种植项目1万余亩，发展奶山羊及长毛兔养殖项目，建设小型水利设施600余处，新修道路42公里。项目区贫困人口人均增收1200元。2009年，利用财政资金355万元，发展种植项目2万亩，畜禽养殖存栏8000只，新修道路46.7公里，水利设施500余处。覆盖54个村，1万户贫困户、3.12万人，人均增收2500元，项目区贫困人口全部脱贫。贫困人口由2001年的15.32万人减少到5.29万人，减少10.03万人，其中国定贫困线人口由9.1万人减少到3.12万人，减少5.98万人。2010年，投资1340万元，新发展优质果品标准化果园5400亩、有机苹果500亩、有机中华寿桃500亩，绿色韭菜5000亩、有机韭菜1000亩，新建5处畜牧养殖小区，新建蓄水池102个、沼气池100个，新建维修配套机电灌5处，新修硬化生产路13.6公里，修生产桥4座，农民实用技术培训1万人次，贫困劳动力转移培训1000人。项目区农民增加收入4110万元，全县贫困人口减少到4.15万人，比2001年减少11.17万人，其中国定贫困线人口减少到3.09万人，比2001年减少6.01万人。

2010年，三岔乡和徐家庄乡被定为省级扶贫重点乡，每个乡有15个贫困村作为省定重点扶贫村。11月，撤乡并镇，三岔乡和土门镇并为南鲁山镇，三岔乡的15个省定重点扶贫村归南鲁山镇；徐家庄乡并于鲁村镇，徐家庄乡的15个省定重点贫困村归鲁村镇。由此南鲁山镇和鲁村镇成为省级扶贫重点镇。2011年，鲁村镇、南鲁山镇30个省定重点贫困村被省政府调整为省级重点扶持村。9月，沂源县被国务院列入沂蒙革命老区政策支持范围。是年，利用省财政资金45万元，扶持中庄、悦庄、西里三镇的基础设施建设；争取中央及省财政资金80万元，培训转移贫困劳动力1200名，培训农民实用技术人才1000人。

2012年，淄博市实施“十万农户脱贫奔康工程”，确定沂源县市级扶贫重点村30个、省级扶贫重点村30个，贫困户1.3万户、3.27万人。重点村每村配套30万项目资金，以种植养殖项目为主，实施整村推进。争取中央彩票公益金支持沂蒙革命老区扶贫开发创新试点项目，总投资2148.5万元，建设期限为2年，重点扶持南鲁山镇、鲁村镇的30个省级重点扶贫村的小型农田水利工程。国家、省、市按照贫困人口收入分别划分为国标、省标、市标三个标准。人均年收入在2300元以下的为国定贫困人口标准，全县有1.89万户、4.92万人；人均年收入在2500元以下的为省定贫困人口标准，全县有2.52万户、6.54万人；人均年收入在2600元以下的为市定贫困人口标准，全县有2.73万户、7.1万人。

2013年，沂源县新选定了80个县级扶贫重点村，由此省市县三级扶贫重点村为140个，扶贫任务加重。当年，利用专项资金380万元，扶持鲁村镇西埠村、张家石沟村，石桥镇东峪村、黄墩河村，南鲁山镇茨峪村、南水沟村，悦庄镇两县村、小辛庄村，燕崖镇上龙巷村、山水河村，张家坡镇东流泉村、中流泉村发展果业项目，覆盖贫困户1419户、3294口人。利用彩票公益金项目2148万元，在南鲁山镇、鲁村镇15个村，建设小型农田水利工程，改善扩大灌溉面积2.1万亩，1.2万贫困人口受益；扶持5个省级贫困村、12个市级贫困村发展果品3000亩、养羊2000只；扶持80个县级贫困村，每村扶持5万元，修建生产路及小型水利设施，改善生产条件。

淄博市沂源县140个贫困村名单

镇、街道	省级贫困村	市级贫困村	县级贫困村
鲁村镇	西埠、刘家坡、小北庄、乐村、张家石沟、楼子、西徐家庄、于家石沟、南官庄、安平、凉泉、舍庄二村、崮山、姬家峪、桃花山	刘家石沟、鹿角山	南冯家沟、郑家岭、西官庄、贾庄、李家泉、齐家石沟、上头庄、王家坪
南鲁山镇	水么头河北、孟坡、菜园、茨峪、郑家庄、南水沟、刘家洞、北流水、璞邱五村、九会、西松仙岭、东流水、胜家庄、上文坦、茅台		车场、水么头河南、唐家六、龙泉、鄢家峪、璞邱四村
南麻镇		许村、朱家峪、上高村、朱家庄、宋家庄、酸枣峪	赵家庄、雕崖、红花峪、浇花泉、东台峪、刘家沟
悦庄镇		东鲍庄、北鲍庄、南鲍庄、龙汪崖、陈家官庄、流水店、两县、小辛庄	北辽军埠、西辽军埠、八仙官庄、北营、中营、马家峪、崔家庄、东赵庄一村、东赵庄三村、西鲍庄、前坡、桃花峪、张家庄、南张良、王家泉
石桥镇		关河峪、东峪、黄墩河、北河峪	马庄、葛庄、松峪、黑崖、茶峪、下黄安、石龙官庄
燕崖镇		山水河、上龙巷	石井河、东高角、郑家场、花峪、牛峪、帽子庵、刘庄、姚南峪、王庄、井子峪、蒲峪
大张庄镇		东唐庄、东上峪、大桑树、东洼	洼子、南岩四村、北旋峰、南岩五村、地于沟
张家坡镇		中流泉、东流泉、西流泉、野炉坡	
西里镇			胡马庄、蔡马庄、苏家上峪、金星、侯家峪、抗洞洼、梅家庄、清泉、大家万、苗庄、李家庄、黎明、后西里、崮东万、蝙蝠峪
中庄镇			于家桃峪、王家桃峪、南刘庄、东大峪、耿庄、东韩庄
历山街道			前崖
合计	30个	30个	80个

2014年，推进精准扶贫，开展对全县贫困人口普查，精准识别贫困人口。历时3个多月，完成全县2.91万户、5.44万贫困人口的精准识别、建档立卡、信息采集等工作，建立贫困户大数据，做到精准识别，精准扶贫。是年，争取专项彩票公益项目资金1190万元，扶持21个省级贫困村、12个市级贫困村、28个县级贫困村，发展有机品牌农业8200亩，养殖牛羊家畜2445只；投资9700万元，扶持12个企业、合作社发展绿色生态农业8400亩，贫困村人均增收1500元以上；投资4700万元，在南麻街道2个村、鲁村镇15个村、南鲁山镇12个村、石桥镇2个村、悦庄镇2个村发展果业、养殖项目及基础设施建设，覆盖贫困户3555户、7667口人。

2015年，利用彩票公益金项目1400万元，在石桥镇、悦庄镇9个省定贫困村，实施生产路、大口井、蓄水池、涵洞等农业基本设施建设，改善扩大灌溉面积1.2万亩，受益贫困户2023户、3681口人；利用专项资金1180万元，扶持21个省级贫困村、12个市级贫困村发展果品8000亩、养羊2445只；利用扶贫专项资金2273.5万元，在南麻、历山、南鲁山、鲁村、大张庄、燕崖、中庄、西里、张家坡、石桥、悦庄等11个镇办82个村实施果品、畜禽产业项目及村庄基础设施建设，受益贫困户9559户、2.06万人。

脱贫攻坚 2016年，贯彻中共中央《关于打赢脱贫攻坚战的决定》，对沂源县扶贫开发领导小组调整充实，成立由县委、县政府主要领导任组长、县委副书记任常务副组长、48个成员单位主要负责人为成员的沂源县扶贫开发领导小组。下设扶贫开发领导小组办公室，强力推进扶贫攻坚工作，坚决打赢脱贫攻坚战。沂源县贫困人口基数大、经济总量较小、贫困人口人均收入低，脱贫攻坚任务重，难度大。为坚决打赢脱贫攻坚战，确立了产业扶贫、教育扶贫、金融扶贫、行业社会扶贫等攻坚措施。以年人均纯收入低于3560元为贫困户识别标准，对全县建档立卡贫困户进行再识别再认定，实行三入户两票决、两公示一公告八步走认定程序，制定“十看”反向标准，对全县633个行政村36万农业人口实施逐户识别，识别出629个村有贫困户1.55万户、2.67万人，贫困率7.4%。2017年，以年人均纯收入低于4200元为贫困户识别标准，以“两不愁三保障（包括安全饮水）”为核心标准，再次识别。是年，因病返贫6775户、1.07万人，新识别贫

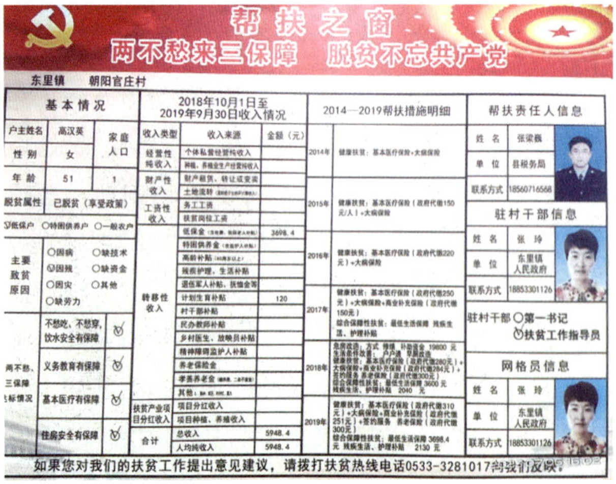

帮扶之窗

困户2883户、5245人。

2018年，是决战脱贫攻坚年。要求贫困户“两不愁三保障”人均纯收入4200元全部达标。推进“七个一批”脱贫措施（产业项目帮扶一批、孝善扶贫覆盖一批、扶贫岗位就业一批、土地流转增收一批、危房改造提升一批、大病救助托底一批、低保五保提标一批），对贫困户实行动态管理，新致贫的户享受贫困户政策，脱贫户不再享受贫困户政策。推行一户四表模式，将贫困户收入细分为财产性收入、生产经营性收入、转移性收入等6大类。统一制作帮扶之窗，将贫困户收入等基本信息上墙公开。9月30日，全县所有贫困户收入全部稳定达4200元以上。

2019年，是脱贫攻坚巩固提升年。实行即时帮扶机制，对因病、灾、意外等存在致贫、返贫风险的困难家庭，实施低保兜底、防贫保险、暖阳春雨救助等帮扶措施，实行网格化管理，兜住返贫新致贫底线。28名县级领导干部一线督导，2746名网格员跟踪监管。沂源县动态管理做法在全省推广。7月，开展建档立卡贫困户“大走访、大排查、大整改”活动，从全县抽调300多名机关干部，组成12个督导组，围绕“两不愁三保障”问题，对全县2.16万户贫困户逐户核查，督促问题整改。

2020年，是脱贫奔康年。围绕“三保障”和饮水安全、政策落实、群众满意度等方面，统筹推进疫情防控和脱贫攻坚工作。出台《沂源县即时发现即时帮扶工作方案》，建立“一上一下”即时发现机制，对家庭重大变故户，自上而下第一时间提出预警，通过农户申请和镇村干部排查，自下而上及时反馈返贫和新致贫风险，即时开展帮扶救助。共识别即时帮扶对象550户、1180人，全部落实帮扶措施。

产业扶贫：2016年，投资5574.39万元，在11个镇（东里镇除外）140个村发展太阳能光伏发电、畜禽养殖、乡村旅游、基础设施建设等产业扶贫项目144个。2022年底，收益1594.25万元，其中贫困户1.52万户、2.59万人，收益935.79万元，村集体收益658.46万元。2017年，投资2453.09

鲁村镇小张庄村10兆瓦光伏项目（2017年）

富民生产贷是金融机构面向各类新型经营主体（农民专业合作社、家庭农场、农业龙头企业）发放的，按每带动1名贫困人口稳定就业、稳定劳务或稳定增收，给予5万元优惠利率贷款，财政年贴息3%。其中，省级扶贫龙头企业，按每带动1名贫困人口，按5万~10万元的标准发放基准利率贷款，财政全额贴息。2016年，国家开发银行山东省分行向沂源宏鼎经营资产有限公司注入扶贫专项资金2320万元，由淄博安信融资担保公司提供担保，沂源宏鼎经营资产有限公司按照吸纳1户贫困户给予10万元的额度，向扶贫贷款对象发放贷款，授信额度控制在10万~1000万元。沂源安信农产品公司、淄博千秋雪农产品公司、王家泉村扶贫互助社、苗庄村扶贫互助社等9家农业经济实体贷款2800万元，财政贴息84万元。2017年，有13家农业龙头企业、专业合作社贷款4100万元，财政贴息120万元。2018年，有4家农业龙头企业、专业合作社贷款1700万元，财政贴息51万元，带动贫困户120户，增收110万元。2019年，有2家农业龙头企业、专业合作社贷款600万元，财政贴息18万元。

扶贫小额信贷是金融机构面向信用好、有就业创业潜质、有还款能力的贫困户开展的贷款业务，贷款额度在5万元（含5万元）以下，3年期以内，

万元，在西里、东里、中庄、大张庄、南麻、悦庄、张家坡、南鲁山等8个镇办84个村，发展农光互补光伏电站项目22个，设施农业项目5个，扶持企业发展项目2个，扶持农业合作社产业发展项目2个。2022年底，收益746.08万元，其中贫困户1.14万户、1.72万人，收益524.56万元，村集体收益221.52万元。2018年，投资4956.44万元，在鲁村、大张庄、南麻、燕崖、西里、东里、南鲁山、石桥、张家坡等9个镇办218个村发展连村扶贫项目，认购沂源暖阳农光互补光伏扶贫项目11个。2022年底，累计收益995.01万元，贫困户9790户、1.56万人，收益725.68万元，村集体收益269.33.万元。2019年，投资4990.62万元，在大张庄、历山、鲁村、南麻、张家坡、石桥、西里、燕崖、南鲁山、中庄、东里等12个镇办56个村，发展设施农业大棚72个，支持农业龙头企业12个，发展太阳能光伏、乡村旅游、生活污水处理等扶贫项目31个。2022年底，收益1053.92万元，其中3773户、1.93万人贫困人口收益603.33万元，村集体收益450.59万元。

金融扶贫：2016年，加强与金融、保险机构合作，推动信贷政策、保险政策向贫困村、贫困农户倾斜，推出了富民生产贷、扶贫小额信贷、扶贫生产贷三种政策性贷款业务及扶贫特惠保险，助力脱贫攻坚。

金融机构为帮扶企业办理贷款

入户宣传“特惠保”政策（2020年）

免抵押免担保，财政全额贴息。2023年，累计发放贷款427万元，财政贴息18.23万元，帮助94户贫困户发展致富产业。

扶贫特惠保是对享受脱贫政策的人口（户）实施医疗商业补充保险、意外伤害保险、家庭财产保险险种。2017年，全县参保医疗商业补充保险2.32万人，意外伤害保险2.32万人，家庭财产保险1.39万户，理赔6190人次（3223人），赔付332.3万元。2018年，县财政列支2489万元专项资金，为全县贫困居民统一购买基本医疗保险和扶贫特惠保，形成了贫困居民基本医疗保险、大病保险、医疗机构减免、医疗救助、医疗商业补充保险相衔接的综合医疗保障体系，推行“一站式”即时结算，个人承担合规医疗费不超过10%。是年，理赔12303人次，赔付1097.77万元。至2020年，全县贫困户理赔16.81万人次，赔付4291.29万元，减轻了贫困居民看病经济压力，降低因病致贫返贫的风险。南鲁山镇东流水村贫困户朱庆祥因病住院，发生医疗费用62.02万元，仅此一项赔付11.4万元，占医疗费用的18.38%，减轻了朱庆祥的经济压力。

教育扶贫：2016年，对全县建档立卡贫困学生实行“一揽子”扶贫补助政策，减轻贫困学生经济负担，保障贫困学生安心学习。针对高等职业教育在读贫困学生实行“雨露计划”扶贫，每人每学年给予3000元补助；对学前教育至高等教育阶段贫困学生实行学费（行政事业性收费、服务性收费代收费）补助扶贫；并实行资助、补助、减免等配套扶贫政策。至2020年，全县有1929名农村贫困生享受“雨露计划”补助578.7万元，人均3000元；有2260名在读农村贫困生享受学费扶贫补助375万元，人均1659.29元；有1783名贫困生享受困难补助201.58万元，人均1131元；有1080名贫困生享受资助、减免179.69万元，人均1663.80元；有958名贫困生享受困难补助127万元，人均1325.67元；有1572名中职及以下贫困学生享受困难补助236.9万元，人均1507元。

行业社会扶贫：2016年，开展行业社会扶贫，聚合社会力量参与扶贫攻坚行动。调整贫困户最低生活保障政策，实行“两线合一”补助标准，将贫困线和低保线合成一个标准，低保线由2016年前的每人每年3050元提高到3560元，增加510元。开展善助家园活动，面向社会募集资金或物资，为1人的贫困户配发床、沙发等8件套，为2人及以上贫困户配发菜橱、桌椅等十件套，贫困户居住生活条件得到改善。

开展健康扶贫，实施乡村医生签约服务贫困户活动，每户确定1名签约医生，定期上门为贫困户开展健康查体。在全县15家一级以上医疗机构对贫困户实行“先诊疗后付费”“两免两减半”（免挂号费、免诊疗费，专家检查费减半、大型设备检查费减半）政策，贫困户住院治病费用报销90%，减轻了贫困户就医负担。实施贫困户白内障复明工程，为1260例贫困白内障患者免费实施复明手术。2019年，对患有重大疾病的贫困人口实施临时救助制度，在居民基本医疗保险、大病保险、医疗机构减免、民政医疗救助、医疗商业补充保险报销后，剩余医疗费用按50%比例给予一次性救助。是年，

“善助家园”宣传栏

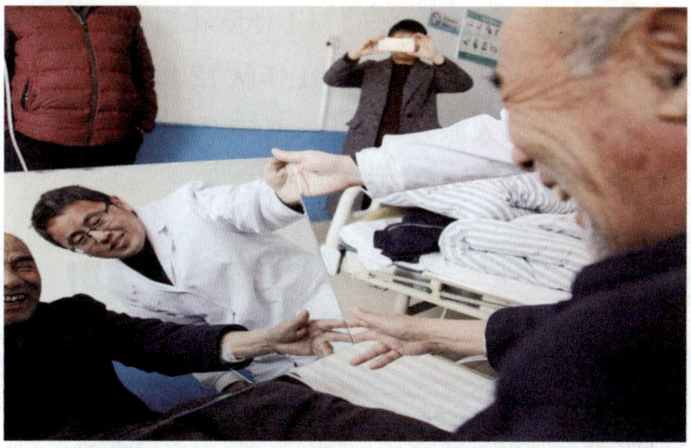

免费为贫困群众做白内障手术

为6244名贫困群众救助232万元。

县委、县政府倡导开展扶贫济困活动，救助因重大疾病、自然灾害、突发事故等特困群体。2016年4月，瑞阳制药股份有限公司董事长苗得足、山东药用玻璃股份有限公司董事长柴文、鲁阳节能材料股份有限公司董事长鹿成滨积极响应，联合发起成立了以“扶贫、济困、赈灾、助残”为宗旨的沂源县暖阳春雨基金会，335家企业和个人踊跃参加，募捐资金1876万元，其中瑞阳制药股份有限公司捐款500万元、山东药用玻璃股份有限公司捐款300万元、鲁阳节能材料股份有限公司捐款200万元，社会各界捐款876万元。2019年，基金会募捐611万元，两年共募捐2487万元。至2022年，全县有4万贫困家庭大学生得到救助，共计2200余万元。

2017年，对60周岁以上基本无收入来源的建档立卡贫困户老年群体，实行孝善养老金制度，由其子女为老人交纳一定数额的孝善养老金，原则上每月不低于100元，最高可交纳300元。同年3月，在12个镇办的26个村实行试点，县财政按试点村参与率予以补贴，参与率在80%以上的村，每加入1人一次性奖励老人200元，参与率在60%以上的，每加入1人一次性奖励老人100元，参与率在60%以下的村不予奖励。是年，26个试点村1568名贫困老人参与，参与比例均在80%以上，财政补贴31.36万元。11月，在全县616个有70周岁以上贫困老人的村全面推行孝善养老金制度。孝善基金子女缴费分为两档：一档300元，二档200元。一般贫困户子女按每月300元交纳，低保户子女按每月200元交纳。财政对交纳300元的予以10%补贴（子女交纳300元，财政补贴30元），按330元标准发给父母，交纳200元的予以8%补贴（子女交纳200元，财政补贴16元），按216元标准发给父母。

2018年，70岁以上贫困老人的子女大部分年龄偏大，赡养能力有限，每月拿出300元或200元孝善养老金压力较大，针对这一实情，县委对赡养标准方案予以调整，结合低保兜底扩面工作，将交纳孝善养老金的对象范围调整为60周岁以上建档立卡的贫困老人，子女交纳养老金标准调整为一般贫困户每月交纳200元，低保户每月交纳100元，财政补贴比例提高到15%，缓解了贫困户子女的经济压力。同年，县文明办牵头，县扶贫办、县直机关工委、团县委、县妇联、县老龄委联合在全县发起孝善养老倡议，县法院、县检察院、县公安局、县司法局联合下发《关于敦促赡养义务人履行赡养义务的通告》，推动赡养金要按时足额交纳，对不孝敬、不交纳的子女予以警告劝诫，敦促按时交纳，不能影响贫困老人的生活。是年，全县60周岁以上贫困户参与人数达到2.37万人，财政补贴690万元。其中南麻、鲁村、东里、石桥、悦庄5个镇办在落实县级以上补贴的基础上再补贴37万余元。2019年，参与贫困老人2.39万人，比2018年增加185人，县以上财政补贴720万元，历山、南麻、

“暖阳春雨”基金理事会成立大会（左）　贫困大学生“春雨”基金发放仪式（右）

全县结对帮扶工作会议

悦庄3个镇办再补贴59万元。2020年，参与贫困老人2.24万人，县级以上补贴650余万元，历山、南麻、石桥、悦庄4个镇办再补贴83万余元。

开展“万人脱贫奔康、1+1结对帮扶”活动。2016年，发动县、镇机关干部、国企员工“1+1”结对帮扶贫困户，根据对口帮扶贫困户数量，正科级以上领导干部帮扶5户，副科级干部帮扶4户，职工帮扶3户。发动干部职工9289人，结对帮扶贫困户1.55万户。

帮扶人员定期（规定日期）不定期（自主安排）走访结对贫困户，了解生活、收入情况，帮助解决棘手问题，与贫困户结下深厚感情，贫困户把帮扶人当作自己的亲人。

省、市、县三级派驻贫困村、经济薄弱村驻村工作队和第一书记，开展驻村帮扶。2017年，省派驻村工作队22个，工作队员106人，市派第一书记34人，县派第一书记118人。实施领导挂包，部门、企业帮包办法，深入推动扶贫攻坚。淄博市委书记周连华等10位市大班子领导联系挂包沂源县10个重点镇；56个市直部门联系帮扶56个贫困村；28名县领导挂包12个镇；106个县直部门、双管部门和县规模以上企业一对一结对帮扶140个扶贫工作重点村；县委组织部选派12名优秀年轻干部到镇挂职，兼任驻村工作队长或第一书记。2018年，市、县派驻村第一书记和工作队员290人，其中市派48人、县派242人。2019年，市、县派驻326人，其中市派118人、县派208人，第一书记219人，乡村振兴服务队62人，民企服务队30人，驻村工作队员22人。2020年，市、县派驻村工作队和第一书记321人，其中第一书记201人，工作队120人。2021—2023年，市、县派驻326人，其中第一书记272人，强基服务队54人，合力推动脱贫攻坚。

市派第一书记帮助推介农产品

按照“五通十有”（村村通路、通电、通自来水、通广播电视、通信息，有旱涝保收田、有致富项目、有办公用房、有卫生室、有卫生保洁制度、有学前教育、有文化活动室、有健身场所、有良好生态环境、有就业保障措施）标准，坚持缺什么补什么、什么弱强什么原则，强化贫困村基础设施建设，补齐贫困村短板，夯实发展基石。全县有191家企业、部门参与扶贫攻坚，投入资金2000万元，对21个贫困村实施道路改造提升3.26万米；投资4200万元，对35个贫困村自来水管网实施改造，建设9处村办公场所、13处村卫生室、6处村文化活动场所，110个村硬化健身广场、配套健身器材；投资200万元，为140个贫困村配套办公电脑280台、图书3万册、书橱280组；投资2.6亿元，完

“五通十有”公示牌

成29个农村校舍改造；投资1000万元，对5个省扶贫重点村新修村内道路24.3公里；投资1060万元，对存有安全隐患的农村道路安装防护栏190公里；投资270万元，对20个贫困村饮用水实施净化提升，解决1.27万人饮水安全问题；投资400余万元，免费为贫困户安装有线电视；完成贫困户旱厕改造1.1万户。2018年6月，全县140个省扶贫重点村“五通十有”全部达标。

实施贫困户危房改造工程，按照贫困户房屋损坏程度予以翻建、修缮、周转房或租赁分类补助。翻建房按贫困户人口数分为1人户、2人户、3人及以上户标准户型改造，1人户补助1.98万元，2人户补助3.08万元，3人及以上户补助4.18万元；修缮房每户补助不超过1.5万元，少于1.5万元的按修缮投入全额补助；周转房每间补助3.2万元；租赁房每间补助不超过2万元。2016年，投资3000余万元，完成贫困户危房改造871户。2017年，投资2300万元，完成贫困户危房改造936户。2018年，为精准实施危房改造，保障贫困户住房安全，县政府聘请专业队对全县所有建档立卡的2.57万贫困户住房逐户鉴定，全县核定危房改造户5213户，修缮1307户、翻建3467户、周转房安置428户、闲置公房安置11户，危房贫困户全部得到妥善安置。2020年，对享受政策的脱贫户住房实施统一鉴定，按A（不需要改造）、B（有损毁，可居住）、C（需修缮）、D（无法居住）4种类型一户一档出具鉴定报告，实施精准改造。当年完成危房改造2011户、修缮2738户、搬迁405户。

危房改造前（左）　改造后（右）

统筹推进美丽乡村与家庭洁美建设，把贫困户家庭洁美纳入脱贫攻坚重要内容，各村组建志愿服务队，利用公益岗包户到人，责任到位。全县大部分贫困户属老弱病残，家庭卫生脏乱差问题突出，包户责任人定期给贫困户清理庭院、房屋、厨房、厕所卫生，为贫困户创造良好的居住环境，带动部分贫困户卫生习惯的改变。

2018年，实施低保兜底政策。全县享受低保政策的贫困户占建档立卡贫困户的34.1%，占比较低，给脱贫攻坚带来较大难度，是年开始低保扩面，力争应保尽保，把符合政策的低保边缘户和低收入家庭户纳入低保政策，实行低保政策兜底，新纳入低保政策4076户、6467人。2020年，全县享受低保政策户占建档立卡贫困户的38.3%，比2017年增加4.2个百分点。2020年11月，沂源县脱贫攻坚通过省级验收评估，脱贫攻坚任务完成，消除绝对贫困。

脱贫巩固　2021年，贯彻中共中央、国务院《关于实现巩固拓展脱贫攻坚成果同乡村振兴有效衔接的意见》，5年过渡期内，主要帮扶政策总体稳定，巩固拓展脱贫攻坚成果，推动乡村振兴。严格落实“四个不摘”（摘帽不摘责任、摘帽不摘政策、摘帽不摘帮扶、摘帽不摘监管），脱贫攻坚期内出台的教育、医疗、住房、饮水、养老、产业、就业、金融、保险、兜底救助、残疾人帮扶等扶贫政策保持稳定，继续对脱贫享受政策人口、监测帮扶对象实施帮扶，确保稳定脱贫不返贫，推动乡村振兴。同年，建立防返贫动态监测机制，开展致贫返贫隐患全面排查，新识别脱贫不稳定户、边缘易致贫户、突发严重困难户3类人员84户、200人，纳入贫困户动态检测系统，享受贫困户政策。2022年，全县享受脱贫政策户1.89万户、30214人，监测帮扶对象621户、1257人。

2021年，对全县脱贫享受低保政策的人口、纳入防返贫监测信息系统的边缘易致贫人口、严重困难人口实行特惠保政策，省、市、县三级财政出资为其购买医疗商业补充保险、意外伤害保险，医疗商业补充保险每人534元，意外伤害保险每人10

元，为全县3.42万贫困人口支付保费1863.15万元，全年贫困人口理赔9.18万人次、1510.01万元，减轻了贫困人口经济负担。2022年，政策调整，特惠保不再实施。

2021—2023年，对2216名贫困中、高等职业在读学生补助332.4万元，为3910名建档立卡贫困在校学生补助1378万元。

2021年，在南麻街道西台村等4个村和悦庄镇王家泉村等5个村，开展“沂源红”乡村公益医疗互助项目试点。2023年4月，在全县推行。全县有334个村24.83万人参与，占农村总人口的51.12%，累计补助8184人次，补助688.9万元，其中脱贫享受政策和监测帮扶对象737人次，补助71万元。有效防止了因病致贫、返贫的风险。

县派第一书记直播（2019年）

2021年，继续实施驻村帮扶，推进乡村振兴。下派第5轮驻村第一书记和工作队326人，其中市派第一书记27人、县派第一书记245人、派驻13个省强基服务队54人，覆盖286个村，帮扶资金400余万元。创办第一书记直播间网上销售农产品1000余万斤，帮助村民增收500余万元，村集体增收100万余元，全县村集体年收入全部在10万元以上，村级发展后劲增强。6月，沂源县扶贫开发领导小组办公室被中共山东省委、山东省人民政府授予山东省脱贫攻坚先进集体称号。

转变衔接资金发力方向，转向发展特色产业和基础设施建设，推动乡村振兴。2021年，投资4316.08万元，在大张庄、西里、石桥、燕崖、南鲁山、南麻、鲁村、张家坡、中庄等镇办发展产业项目21个，基础设施项目6个，覆盖124个村。项目收益79.64万元，其中贫困户受益11.61万元，村集体受益48.03万元。2022年，投资5362.47万元，在南鲁山、西里、石桥、中庄、南麻、大张庄、悦庄等镇发展产业项目20个，建设产业示范片区2个。累计收益40万元，其中贫困户受益1.62万元，村集体受益38.38万元。2023年，投资3969.14万元，在大张庄、东里、南鲁山、南麻、西里、燕崖、张家坡、中庄等镇发展产业项目7个，建设产业示范片区7个，覆盖26个村。

2022年，中国农业银行沂源县支行面向农业企业实施富民生产贷政策，按吸纳一个脱贫户给予10万元额度发放贷款。山东华盛果品股份有限公司帮扶脱贫人口100人，银行提供贷款1000万元。2022年，与沂源县农业银行、工商银行合作，开展齐鲁富民贷业务，无抵押担保，解决群众发展资金难题。是年，发放齐鲁富民贷7834万元，至2023年，发放贷款1.62亿元。2021—2023年，为72户脱贫户发放小额信贷344万元，县财政贴息5.9万元。实行公益性岗位向脱贫人口倾斜政策，优先安

南鲁山镇璞邱村桔梗加工小微扶贫站点

排脱贫人口就业，每人每月820元。2022年，开发公益性岗位3575个。2023年，开发公益性岗位1257个，两年发放公益性岗位补助463.87万元。

2023年，出台《沂源县2023年发展共富小院工作实施方案》，采取“产业+基地+站点+农户”产业模式，引导农户在庭院发展小种植、小养殖、小手工、小买卖、小电商、小作坊等农家小院经济，建设共富站点，实现共同致富。建成桔梗加工、艾草加工、种植养殖、传统手工制作、果品包装等共富站点242处，解决劳动力就业7534人。

2023年，印发《关于进一步推进完善防止返贫监测预警长效机制工作方案的通知》，采取农户主动申请、基层干部排查、部门筛查预警相结合的方式，对存有返贫致贫风险的困难群众，早发现、早预警、早帮扶，做到应纳尽纳、应帮尽帮，不漏1户，不漏1人。共纳入监测帮扶对象22户、70人，风险消除79户、145人。2023年，有1.84万贫困老人享受孝善养老政策，发放孝善养老金3507万元，县级以上补助450余万元，人均1908.67元。

“沂源红”幸福家园民生综合体

2021年7月，东里镇西河南村依托土地增减挂钩项目，采取以地养老模式，打造民生综合体1处，配套建设宿舍、长者食堂、澡堂、中心卫生室、便民超市、公共卫生间、长者学堂等生活设施，满足老年人日常生活需要，收纳该村70岁以上老年人

芦芽村长者食堂老年人就餐

40余人。老年人生活在一起，充满欢乐，享受幸福晚年。是全县首个集住、食、医、购、娱于一体的民生综合体，示范引领民生综合体整体推进，入选2021年全省养老服务创新典型案例。2022年，县委、县政府把“沂源红”幸福家园民生综合体建设确定为年度全县十大民生实事项目之一。4月16日，在鲁村镇举办全县“沂源红”幸福家园民生综合体集中开工仪式，12个镇办全部启动建设，计划投资2.3亿元，建设300处集助餐、就医、洗澡、文娱、宣教于一体的“沂源红”幸福家园民生综合体。

按照一村一策，一村一韵味方案，盘活农村幸福院、集体闲置房屋、闲置荒废校舍或流转闲置宅基地等资源，由沂源县国投集团有限公司统一规划建设和日常运营管理。对全县农村60周岁以上老年人全部纳入统一集体供餐，每餐一荤一素一粥（汤），每周菜品不重样。实行县财政补助政策，60~79岁老人，每餐财政补助2元，每人自付2元；80岁以上老人每餐财政补助3元，每人自付1元。国投集团公司统一配送蔬菜、米面、佐料等食材，综合体负责烹任。采取自愿助餐原则，有生活能力的老人可以到综合体集体统一就餐，失去生活能力的老人，村里安排专人送餐到家，较好解决了老年人就餐困难问题。至2023年，总投资3.1亿元，建设“沂源红”幸福家园民生综合体

“沂源红”幸福家园民生综合体开工仪式（2022年）

353处、街道综合养老服务中心2处、改造提升社区日间照料中心6处、建筑面积6.7万平方米，服务农村老年人6.4万人，占全县农村60岁以上老年人的75.3%。

乡村振兴示范片区

2018年4月，成立由县委书记王义朴、县长田晨光任组长的沂源县实施乡村振兴战略领导小组，下设沂源县乡村振兴办公室，县委常委、宣传部部长杨溯易兼任办公室主任。从相关部门、单位抽调8人组建县乡村振兴工作专班，编制《沂源县乡村振兴战略规划（2018—2022年）》和5个工作方案，印发《沂源县关于集中推进乡村振兴示范片区建设实施方案》。在11个镇办（除历山街道外）谋划建设第一期11个县级乡村振兴示范片区。2019年，完成建设任务，发展产业振兴项目55个、人才振兴项目11个、文化振兴项目12个、生态振兴项目48个、组织振兴项目24个，覆盖81个村，2.25万户、6.46万人，总面积241.5平方公里。同年2月，印发《沂源县创建山东省乡村振兴“十百千”工程示范县暨2019年乡村振兴工作实施方案》《沂源县实施乡村振兴示范片区连片打造工程创建方案》《沂源县乡村振兴示范片区评估认定办法》。7月，全市脱贫攻坚暨乡村振兴现场会在沂源召开，淄博市市长于海田带队到南麻街道“沂河之畔”乡村旅游示范区、东里镇“东里·风驿小镇”乡村旅游示范区、燕崖镇“乡村里的中国”文化旅游示范区、鲁村镇“沂河源田园综合体”示范区观摩点评，给予高度评价。

2020年，编制《乡村振兴“十百千”工程示范县创建实施方案》，印发《关于成立打造乡村振兴齐鲁样板沂源特色板块6个专班抓好工作推进落实的通知》，在12个镇办谋划建设第二期12个县级乡村振兴示范片区，覆盖85个村，2.46万户、7.07万人，总面积213.7平方公里。谋划打造鲁村镇“沂河源田园风光”文化旅游乡村振兴片区、燕崖镇“乡村里的中国”文化旅游乡村振兴片区、东里镇“东里·风驿小镇”文化特色旅游乡村振兴片区、南麻街道“沂河之畔”乡村振兴片区、南鲁山镇“流水锶乡”乡村振兴片区5个市级示范片区。2021年，12个示范片区建设任务完成，实施产业振兴项目37个、人才振兴项目24个、文化振兴项目29个、生态振兴项目34个、组织振兴项目38个。燕崖镇“乡村里的中国”文化旅游乡村振兴片区创建为市级示范片区，“沂河源田园综合体”乡村振兴示范片区获淄博市乡村振兴示范片区一等奖（全市2个），获市财政补助资金2000万元，入选为山东省首批乡村振兴齐鲁样板示范区，获省财政奖补资金1000万元。燕崖镇获评市级乡村振兴精品片区，获市财政奖补资金3000万，东里镇获评市级全域美丽乡村，获市财政奖补资金1500万。农业农村部、省农业农村厅、市农业农村局、新华社等部门组织到“沂河源田园综合体”乡村振兴示范片区开展调研、考察、参观学习等活动。在全省驻村帮扶工作推进会上，省委组织部副部长杨原田对张良社区工作法点名表扬，市委书记江敦涛签批意见在全市推广。2022年，沂源县成功创建为山东省乡村振兴示范县。2023年1月，成立乡村振兴齐鲁样板建设指挥

鲍庄千亩黄烟示范片

西里镇红源新村乡村振兴示范片

部，办公室设在县农业农村局。8月，入选国家级乡村振兴示范县创建名单。2024年6月3日，山东省重点项目和乡村振兴现场推进会到沂河源田园综合体乡村振兴示范片区观摩，省委书记林武对沂源乡村振兴示范片区建设给予高度评价，连用3个没想到：没想到沂源苹果产业发展这么好；没想到片区农文旅融合每年吸引游客50万人，人气这么高；没想到沂源抓培训、育人才、促增收成效这么好。

美丽乡村

美丽乡村示范村

2005年10月，党的十六届五中全会提出了“生产发展、生活宽裕、乡风文明、村容整洁、管理民主”美丽乡村建设二十字方针，沂源县根据要求，铺开了美丽乡村建设。至2023年，建成省级美丽乡村示范村28个、市级美丽乡村示范村35个，建成省级美丽乡村示范连片1个8个村，市级美丽乡村示范连片2个15个村。

美丽沂源乡村行工程 2014年，沂源县委、县政府确定了美丽沂源乡村行工程示范点建设项目，印发了《关于加快推进首批“美丽沂源乡村行”工程示范点建设的通知》，按照“旅游名镇带动性”“果香人家示范性”“城市里的乡村主体性”三种类型，在12个镇办16个村铺开了美丽乡村示范点建设，以村庄清洁化、硬化、绿化、美化、亮化为突破口，引领推进全县美丽乡村建设。分别是南麻街道浇花泉村、刘家沟村，历山街道北部林果大观园，南鲁山镇朱阿村，鲁村镇于家石沟安信农庄，大张庄镇张家旁峪村，燕崖镇双泉村、杏花村，中庄镇盖冶村，西里镇张家泉村、涌泉村，东里镇梅家坡村、东安村，张家坡镇阳三峪村，石桥镇黑崖村，悦庄镇西山村。年内累计投入资金480万元，硬化村内道路20公里，新增绿化面积1.2万平方米，美化立面墙体1.5万平方米，安装太阳能路灯320盏。山东电视台以“山好、水好、人更好，美丽沂源乡村行”为标题进行了报道。

美丽乡村梅家坡村

省、市级美丽乡村示范村 2016年，山东省委、省政府把省级美丽乡村示范点纳入全省乡村建设的重要内容，出台了《山东省省级美丽乡村示范村建设实施方案》，拉开了全省美丽乡村建设大幕，出台奖补政策，给予财政资金扶持。南鲁山镇朱阿村、水么头河北村，东里镇下柳沟村，张家坡镇阳三峪村列入全县首批省级美丽乡村示范村建设，4个村落实奖补资金340万元。

2017年，淄博市把市级美丽乡村建设提上了乡村建设工作议程，省、市级美丽乡村示范村一并

市级美丽乡村贾家庄一角

省级美丽乡村阳三峪一角

推进建设，南鲁山镇陈家山、燕崖镇上龙巷、中庄镇富家庄、西里镇张家泉4个村列入省级美丽乡村示范村建设；鲁村镇小张庄，大张庄镇沙崖子，燕崖镇朱家户，西里镇涌泉、大家万、山西万，石桥镇后大泉7个村列入市级美丽乡村示范村建设。省级美丽乡村示范村每村奖补资金160万元，市级美丽乡村示范村每村奖补资金50万元。2018年，南鲁山镇北流水、燕崖镇朱家户、东里镇下柳沟3个村列入省级示范村建设；南麻街道赵家庄，南鲁山镇朱阿，鲁村镇龙子峪，大张庄镇小官庄和张家旁峪，燕崖镇燕崖和石井河，中庄镇高厂，朱泉和黄土崖，西里镇大家万和前西里，张家坡镇阳三峪，石桥镇郭家上峪，悦庄镇西辽军埠，前坡和下龙巷17个村列入市级美丽乡村示范村建设。省级美丽乡村示范村每村奖补资金160万元，市级每村奖补资金50万元。

2019年，张家坡镇阳三峪、悦庄镇西辽军埠2个村列为省级示范村建设，南鲁山镇北流水、大张庄镇南村、燕崖镇南安乐、中庄镇青龙官庄、西里镇大刘庄、东里镇王坪、石桥镇郭家上峪7个村列为市级美丽乡村示范村建设。省级美丽乡村示范村每村奖补资金110万元，市级美丽乡村示范村每村奖补资金50万元。

省级美丽乡村燕崖镇朱家户村一角

2020年，南鲁山镇朱阿、燕崖镇西郑、石桥镇后大泉3个村列入省级示范村，南麻街道赵家庄、鲁村镇小北庄、大张庄镇赤坂和南岩五、燕崖镇燕崖、中庄镇杨家庄、西里镇前西里、东里镇西可乐山、张家坡镇冯家圈、悦庄镇崔家庄10个村列入市级示范村建设。省级示范村每村奖补资金150万元，市级示范村每村奖补资金50万元。

2021年，南鲁山镇水么头河北、大张庄镇南岩六和小官庄、中庄镇青龙官庄、悦庄镇下龙巷5个村列入省级示范村建设，每个村奖补资金100万元。

2022年，南麻街道许村、石桥镇分水新村2个村列入省级示范村建设，每个村奖补资金107.75万元。

2023年，鲁村镇小北庄、大张庄镇回峪、燕崖镇计宝峪、东里镇东安、张家坡镇桃花坪、西里镇红源新村6个村列入省级示范村建设，每村奖补资金100万元。

市级美丽乡村示范连片　2015—2016年，东里镇组织实施了市级美丽乡村示范连片，覆盖东安、黄崖子、墨牛官庄、东泉水、花园5个村，投资470万元，实施了村内环境卫生整治、道路硬化、绿化、美化和亮化五大工程。2017年，西里镇

市级美丽乡村红源新村一角

组织实施了市级美丽乡村示范连片创建，覆盖1个省级美丽乡村示范村（张家泉村），3个市级美丽乡村示范村（涌泉村、大家万村、山西万村）及大刘庄、杨家庄、李家庄、崮东万、五里沟、苗庄6个村，共10个村，投资410万元。10个村实施了村庄清洁化、硬化、绿化、美化、亮化工程，其中张家泉村结合朱彦夫事迹展馆建设，对村内道路实施了石板硬化，建设休闲凉亭3处，改造破损庭院5套、16间。

省级美丽乡村示范连片 2015年，东里镇组织实施了省级美丽乡村示范连片建设，覆盖下柳沟、上柳沟、东可乐山、西可乐山、薛家峪、梅家坡、王坪、东河南、西河南、郑家旺10个村，总投资3000万元。

农村人居环境整治

2018年2月，中共中央办公厅、国务院办公厅印发了《农村人居环境三年整治行动》，把改善农村人居环境作为社会主义新农村建设的重要内容和实施乡村振兴战略的主要抓手，纳入中央生态环境保护督察和国务院重点工作督查。确定2018—2020年，用3年时间对农村环境实施集中整治，打造美丽宜居乡村。根据文件精神，2018年11月，沂源县委、县政府办公室印发了《沂源县农村人居环境整治三年行动实施方案》，对农村人居环境整治进行了安排部署，明确了农村生活垃圾、农村厕所改造、村容村貌、村庄规划、建设管护机制5个整治重点，责任分解落实到各镇办、县直10个相关部门，成立了由县委书记王义朴、县长田晨光任组长的整治领导小组和工作专班。2019年根据淄博市委、市政府安排，全市铺开“百村示范千村整治”工程，确定在全市先行抓好100个市级示范村和1000个村整治工作。4月，县政府印发《沂源县实施“百村示范千村整治”工程推动农村人居环境建设2019年工作方案》，确定建设百村示范村31个，千村整治村392个，县农业农村局牵头，集中开展了三清一改和六个专项行动，通过市级检查验收。根据市委、市政府安排部署，在全市开展城乡环境大整治行动，11月9日，在县人民会堂召开了全县城乡整治行动动员大会，县委王义朴书记作了重要讲话，印发了《关于建立完善全县城乡环境大整治精细管理大提升行动工作推进机制的通知》《全县城乡环境大整治精细管理大提升行动考评办法的通知》，将责任分解落实到各镇办，纳入对镇办乡村振兴工作考核重要内容，全面铺开了城乡环境大整治工作。县农业农村局牵头负责农村环境整治工作，集中对农村生活垃圾、“四大堆”

省级美丽乡村下柳沟一角

农村环境整治示范村鹿角山村一角

（建筑垃圾、土堆、粪堆、柴草堆）“四大乱”（乱堆、乱泼、乱挂、乱画）、生活污水和通信电缆线路杂乱、残垣断壁等实施全面整治，相继开展清零行动、防疫情保健康清洁家园行动、夏季攻坚行动。抽调县农业农村局、县行政执法局、县城乡和住房建设局、县自然资源局、县环保局15人，组建了5个督导督查组，包乡镇包村，一月一督查、一通报，纳入对镇办工作政绩考核。

2020年，把农村环境整治与农户“美在家庭”建设结合起来，一并推进，县妇联负责抓“美在家庭”建设，做到庭院美、居室美、厨房美、厕所美四美目标，对达标的户每户大门口悬挂一块“美在家庭”牌匾，不定期复查，并纳入一网三联建设内容，对评选优秀的户给予物品奖励。5月，组建工作专班，每月对全县74个党建共同体（原管区）一个村实施抽查排名，各党建共同体抽调1名工作人员组建检查组，每组3人，交叉检查。

省、市、县三级每月实施官方明查、第三方暗查，对全市排名后10位的镇办书记到市进行表态发言。检查发现的问题梳理后及时反馈到各镇村，限时整改完成。各村建立了后续管护长效机制，纳入村规民约。通过3年的压茬持续整治，农村环境面貌持续向好，卫生痼疾问题得到基本解决，2020年12月通过市级检查验收。

农村旱厕改造

战国时期《墨子》一书记载，厕所到秦、汉时期较为普遍，多与猪圈合建。米莉·霍兰所著《厕神》一书，特别提到，人类文明并非从文字开始，而是从第一个厕所开始。厕所革命最早由联合国基金会提出，是对发展中国家开展的一项重要举措。

习近平总书记多次对厕所革命作出重要批示。国家把解决农村厕所“脏乱差”问题列入建设美丽乡村，推进乡村振兴战略的重要举措。2014年，淄博市铺开农村旱厕改造项目，沂源县于2014年10月在南鲁山镇朱阿村先行进行试点示范，建设“三格式”“双瓮式”厕所107个，效果较好。12月，在朱阿村召开了全县现场观摩会，并就旱厕改造工作进行了安排部署。

2015年2月，全县11个镇办（除历山街道办事处属城区村外，不属于改造范围）600个村全面铺开了建设工作。计划用3年时间全面完成8.3万户建设任务。下达了改厕任务指标，分解落实到镇办村。县农业局组建工作专班，县农业品牌管理办公室组织实施。先后举办村书记、技术人员参加的培训班3期，组织参观学习12期。以镇办或村组建施工队，统一招投标、统一技术标准、统一施工材料，保证施工质量，加快建设进度。便盆、压力水桶、排气管由县统一招标发放，建筑材料、人工费用由施工企业暂行垫支，每户按800元标准补助，省市县三级财政分级承担。根据农户居住条件及地质限制，建设模式不拘一格，因户制宜，主推“双瓮式”“三格式”建设模式，全县共完成农村旱厕改造8.33万个（除楼房户、自行改厕户），农村常驻户

旱厕改造中（左）　旱厕改造后（右）

改厕全覆盖。

2018年3月，县财政出资30万元，购置抽粪车20台，改厕户多的镇2台，改厕户少的镇1台，配送给各镇统一管理使用，各镇分别成立农村旱厕改造管护服务公司，实行公司化运作，为农户提供抽粪、维修等服务。

农村沼气

沼气工程是农民生活生产方式的一次变革。1958年开始发展农村沼气，每社建设沼气池1处，由于技术不过关，建设材料（水泥）短缺，沼气发展搁置。1972年，推广荣成节柴灶、莒县单锅灶、沂水节柴灶、临朐一条龙节柴灶，后结合荣成节柴灶模式改造成沂源型省柴灶。至1990年，建设省柴灶11.11万户、节柴灶1.84万户。1977—1989年，在50个村建"一池三改"模式沼气池1486个，用作生活燃料和生活照明。

1983年，开始试建太阳能聚光灶，到1985年试建6台。1986年6月，沂源县被列为全国农村能源重点县之一。10月，沂源县与国务院委托单位山东省农业厅农村能源办公室签订了农村能源推广项目合同。1995年，淄博市召开全市能源工作会议，提出发展农村沼气能源工作，县农业局安排农村能源办公室技术人员先行到大张庄乡水营、北旋峰村，中庄乡焦家上庄、东韩庄村进行沼气池改进试点。借鉴外地先进经验和反复实践，创造了符合沂源实际的"三位一体"建造模式，即沼气池建设与厕所、洗澡间、厨房改造同步实施，使人畜粪便进入沼气池作发酵原料，沼气照明、做饭改造取得成功。1996年4月5日，省农业厅到东韩庄村视察沼气池建设现场，给予高度评价。6月28日，淄博市农村能源工作会议在沂源宾馆召开，沂源县作了经验介绍。会后，县委、县政府作出了沂源建设沼气万池县的决定。7月5日，在旅游宾馆召开了全县建设万池县动员大会，6个乡镇作了表态发言，拉开了全县沼气万池县建设大幕。到1997年6月，全县建设沼气池1.2万个，超额完成万池县目标。年内通过了省市两级检查验收，列全省第一。1997年8月30—31日，农业部能源处到南麻镇西北麻村、大张庄乡水营和红星村、鲁村镇曹家庄村查看建设使用情况，当即表态给予项目支持。沂源县被农业部和省农业厅列入国家、省农村能源项目重点实施县。从2002—2014年相继实施了省农村户用沼气项目、农村沼气国债建设项目和小型公益设施能源户用沼气项目，大力推广"一池三改""猪沼果""猪沼菜"三种沼气建设模式。"一池三改"模式就是在农户畜禽圈舍内建设一个沼气池，配套改造厨房、厕所、圈舍，用管道把三者连接起来，人畜粪便进入沼气池，经过厌氧分解产生沼气用于厨房生火做饭，作为生活燃料，粪便发酵腐熟后是一种优质速效有机肥，用于农业肥料。

沼气池施工现场

"猪沼果""猪沼菜"模式就是在果园畜禽圈舍

"一池三改"厨房、厕所、洗澡间改造

“猪沼果”沼气池

或蔬菜大棚内畜禽圈舍内建设一个沼气池，畜禽粪便直接进入沼气池发酵，沼气作为生活燃料，沼液、沼渣直接作为果树、蔬菜肥料，沼肥的使用大大减少了化肥的投入，减少了对农产品的污染，降低了生产成本，成为发展生态循环农业的重要一环，被农民广泛接受。

沼气万池县工程 1994年，县农业局对全县90年代前建设的沼气池使用情况进行调查摸底，发现原建沼气池全部弃用，主要原因是设计不科学、密封不严、产气不足，不能正常使用。技术人员到大张庄乡水营、北旋峰，中庄乡焦家上庄、韩庄等村进行沼气池改进试点，总结以往失败教训，通过聘请专家、外出参观学习，对沼气池进行了改进。采取沼气池与人厕、畜禽圈舍、厨房一体化设计建设，人粪、畜禽粪便、厨房废水流入沼气池，作为沼气原料，既较好解决了沼气原料，又解决了环境卫生，称为“一池三改”模式。

1996年7月，县委、县政府确定利用1年时间建设沼气万池县目标，列入年度工作大事，建设任务分解落实到各乡镇，并出台奖励政策，每个沼气池验收合格县财政奖励100元，配套沼气炉灶。12月31日，在县农业局会议室召开验收汇报会议。经验收，全县建设“一池三改”沼气池7800个，完成任务的78%。其中建成中庄、张庄2个千池乡，双泉、焦家上庄等45个百池村。1997年，全县掀起沼气池建设高潮，至6月建成“一池三改”沼气池1.2万个，成为山东省第一个万池县。2001年12月21日，全省标准化生产暨生态农业会议在济南舜耕山庄召开，沂源县介绍了万池县建设及综合利用情况。同年，被省政府授予生态农业建设先进县称号。

农村户用沼气项目 2002年，在南麻镇西北麻村、窗户沟村，鲁村镇西坡村，大张庄镇明末峪村、西顾庄村，中庄镇西孝村、东韩庄村，东里镇大沟村、香磨村等5个镇9个村，建设“一池三改”模式沼气池1664个。2006年，总投资292万元，在南麻镇北刘庄村，鲁村镇草埠二村、草埠三村，张家坡镇前瓜峪村、任马庄村、毫坪村，燕崖镇双泉村、东郑村等4个镇8个村实施省农村户用沼气项目，建设“一池三改”生态示范户1000户。

2008年，总投资352.5万元，在中庄镇于家北坡村、黄土崖村、中庄村，东里镇打虎峪村、西河南村，大张庄镇曹家庄村、东上峪村、西顾庄村，南鲁山镇朱阿村，鲁村镇北官庄村，悦庄镇崔家庄村等6个镇11个村实施省农村户用沼气项目，建设生态示范户1250户。

2009年，总投资470万元，在大张庄镇小官庄村、左家旁峪村，石桥镇后大泉村、东北庄村，中庄镇东韩庄村、富家庄村、杓峪村，东里镇前水北村、吴家白峪村，西里镇大刘庄村、江家峪村，燕崖镇大红峪村、碾砣村、双泉村，鲁村镇西官庄村等7个镇16个村及4个专业合作社实施省农村户用沼气项目，建设“一池三改”生态示范户1175户。

2010年，总投资560万元，在西里镇徐马庄村、茂子峪村、西王庄村、曹宅村，悦庄镇涝洼村、上花水村、下花水村，石桥镇豪山村、黑崖村，张家坡镇任马庄村、阳三峪村、核桃峪村、东王庄村，燕崖镇马岭村、红岭子村、朱家户村、山水河村、石井河村，大张庄镇向阳峪村、么石山子村，鲁村镇龙子峪村、杨庄村，中庄镇李家河西村、刘大峪村、后峪子村等9个镇27个村实施省农村户用沼气项目，建设“一池三改”生态示范户1400户。

2010年，总投资1440万元，在南麻镇重喜官庄村、朱家庄村，鲁村镇王庄村、西寨村，大张庄镇土眉峪村、大三地村、下淤土地村、石柱村、东洼村、曹家庄村、松山村、宋家峪村、北村、双庙村、松崮村、南岩五村，燕崖镇朱家户村、计宝峪村、郑家场村、姚南屿村、碾砣村、桑家峪村、牛郎村、双泉村、井子峪村、东辉村、胡围村、平安村、牛峪村、红岭子村、大红峪村、王庄村，中庄镇富家庄村、盖冶村、桃树洼村、于家桃峪村、高厂村、鑫联合作社，西里镇黎明村、抗东洼村，东里镇吴家白峪村、前暖院村、梅家坡村，张家坡镇任马庄村、毫坪村、阳三峪村、河套峪村，石桥镇分水村、马庄村、石桥村、东峪村、宣风峪村、北河峪村，悦庄镇上枝村、西赵庄村、盛和木业等10个镇58个村、合作社，建设“一池三改”“一池两改”“畜沼果（菜）”生态示范单元3万立方米，联户沼气工程9处，农村沼气服务网点14处。

农村沼气国债项目 2004年，总投资515万元，在南麻镇西鱼台村、北大岩村，鲁村镇于家石沟村，悦庄镇悦庄村，中庄镇焦家上庄村、桐峪村、南庄村、富家庄村、耿庄村，大张庄镇水营村、明末峪村、洼子村、大三地村、唐庄村等5个镇14个村组织实施了第一期农村沼气国债项目，建设“一池三改”生态示范户1990户。9月份，全省农村沼气国债项目建设现场会在沂源县召开，沂源县作了经验介绍，实地参观了悦庄村和西鱼台村“一池三改”建设现场，山东电视台作了专题报道。

2005年，总投资623.56万元，在南麻镇雕崖村、仁里村、赵家庄村、埠下村、高庄村，东里镇河南村、水北村、东安村、暖院村、吴家白峪村，悦庄镇王家泉村，张家坡镇撑子峪村，燕崖镇杏花村，大张庄镇张庄村、刘家旁峪村等8个镇21个村组织实施了第二期农村沼气国债项目，建设“一池三改”生态示范户2380个。

2007年，总投资840.36万元，在南麻镇朱家庄村、南埠东村、许村、西河北村、重喜官庄村、浇花泉村、刘家沟村，东里镇福禄坪村、绳庄村、王坪村、四顾峪村、三宝官庄村、柴家庄村、阮峪村、郑家旺村，鲁村镇沙沟村、高峪村、草埠一村，大张庄镇北旋峰村、大桑峪村，悦庄镇朱家庄村、东埠村、北营村、西山村、儒林集村、东赵三村，西里镇后西里村、徐马庄村等8个镇32个村组织实施了第三期农村沼气国债项目，建设“一池三改”生态示范户2980个。

2009年，总投资960万元，在南麻镇侯家官庄村、上高村、宋家庄村、南刘庄村、彩板峪村，东里镇东安村、刘家圈村、高家官庄村、墨牛官庄村、朝阳村、苇子峪村，中庄镇苗家河西村、菜峪村、河东泉村、于家桃峪村、店头村、西柳峪村、张庄村、列里村、南刘庄村，大张庄镇回峪村、南旋峰村、地淤沟村，南鲁山镇北流水村、南水沟村，燕崖镇东白峪村、王庄村、河西村、燕崖村、平安村、牛郎村、双泉村，张家坡镇豪坪村、前瓜峪村等7个镇34个村组织实施新增农村户用沼气项目，建设“一池三改”生态示范户3000个。

农村沼气联户工程 2010年，投资9万元，在西里镇北王庄村金冠畜禽养殖场建设畜禽粪便原料型联户沼气工程1处，沼气用作农户生活燃料，沼肥作为果树用肥。

2010年，总投资123.12万元，在鲁村镇郑家岭养殖场，大张庄镇泰和养殖场、友和养殖场、宏达养殖场，燕崖镇富源养殖场、忠风养殖场，中庄镇富家庄养殖场，东里镇高家官庄养殖场，张家坡镇玉兴养殖场等9个畜禽养殖场，建设联户沼气项目9处，对养殖场畜禽粪便实施无害化处理，为果园提供有机肥料，并向周边270户农户提供沼气燃料，发展循环农业。

大型沼气项目 2014年，投资430万元在沂源县海达食品有限公司鲁村养兔基地建设容积1000立方米的大型沼气反应器1座，配套周边村400户农户用气。投资430万元，在沂源县国富养殖有限公司建设容积1000立方米的大型沼气反应器1座，年产沼肥1.17万吨，用于公司生产基地用肥。

农村沼气服务网点 2008年，投资90万元，在抓好农村沼气池建设的基础上，把重点转移到沼气项目管好用好效益发挥上。年内，在西里镇2个村、南鲁山镇1个村、悦庄镇3个村、鲁村镇2个村、中庄镇8个村、燕崖镇2个村、东里镇4个村建设农村沼气乡村服务网点40处。

2010年，在西里镇3个村、悦庄镇3个村、石桥镇2个村、张家坡镇4个村、南鲁山镇1个村、燕崖镇5个村、大张庄镇2个村、东里镇2个村、鲁村镇2个村、中庄镇3个村建设农村沼气乡村服务网点45处，全县农村沼气服务网点达到85处，保障农村沼气使用安全和效益发挥。

生态农业与农村新能源示范县创建 2011年，沂源县被农业部列为全国生态农业与农村新能源示范县。建设中立足域内沼气建设规模优势和产业优势，重点推广了果园“猪沼果”生态循环农业发展、蔬菜大棚生物反应堆、秸秆青贮饲料等3种生态发展模式，将畜禽粪便、柴草发酵无害化处理，生产优质肥料或饲料，变废为宝，增加农民收入。在鲁村、东里、西里、南鲁山、燕崖等4个果品生产重点镇，主要推行果园“畜沼果”循环农业发展模式，示范面积4800亩，每亩果园为果农减少开支2000元左右。在石桥、大张庄、中庄等5个蔬菜生产重点镇，推广温室蔬菜大棚生物反应堆，利用作物秸秆、生物菌作原料发酵有机肥，建设示范区5片、291户，推广面积333亩。在鲁村、大张庄2个镇的2个畜禽养殖场，推行了秸秆青贮饲料发酵模式，将作物秸秆青贮发酵，为畜禽提供优质饲料。2013年，建设任务完成，总投资695万元，顺利通过省农业厅组织的检查验收。

粪便、柴草在发酵过程中会产生大量沼气，池内压力巨大，就像一颗威力巨大的炸弹，如果池子质量达不到技术标准，就会带来不可想象的安全隐患，因此，质量标准是实现效益、安全的根本保证。县沼气技术人员把建池质量标准放在首要位置，时刻绷紧安全弦，实行人员包乡镇、包村、包池制度，不分周末、节假日，深入建池一线，帮助规划设计、挖池、建池，受到群众高度赞扬。

农田基本建设

治山改土

1958年，沂源县开展农田水利基本建设，利用冬春农闲季节，动员全县农村劳动力开展治山治水运动，建梯田、治河道、兴修水利，改善农业生产条件。其间，农业机械一穷二白，完全依赖小木车、地排车、镢、锨、镐、锤、锹等传统农具，采取大会战、大兵团作战等人海战术，男女劳力齐上阵，通过镢刨、锨挖、肩挑、手搬、车推等原始手段，治山改土。是年春，学习河南省禹县治山改土经验，在山上建鳞穴、鱼鳞坑、水平线、缓水池等。在梯田坡地建“二合一”“三合一”“四合一”（里掏地边、外长堰头、整平地面、拾净石头）工程，建成层层梯田。1960年，全县共治山20万亩，改造砂地、涝洼地2.1万亩，整“三合一”“四合一”梯田、坡地8.5万亩。土层由解放初期的17~20厘米加深到27~30厘米，农业生产条件得到改善。1962年12月，山东省农业厅转发沂源县《唐山公社江家峪大队改良山岭薄地获连年丰收的经验》，推动全县治山改土工作。江家峪经验是山上修鱼鳞坑植树造林，梯田小块并大块，里掏地边外长堰头，洼子头地修地下排水沟、地表水簸箕，以排水防涝。1963年，江家峪大队杜长安被山东省人民政府授予劳动模范称号。推广南麻公社西台大队削高填洼、划方整地、深翻改土、沟渠相连、堰边植桑等治理经验。

1964年，学习龙口市下丁家公社下丁家大队、莒县南坪上公社历家寨大队经验，在全县开展以治山改土为重点的农田基本建设，大建底上两平、旱涝保丰收的“海绵田”（土堰田）。是年，整地32.9

鲁村公社农田建设（1978年）

万亩，改造涝洼地2万亩，整修地堰2万道，扩大水浇地1.5万亩。

农业学大寨

1968年，响应农业学大寨号召，全县大力开展农田基本建设。4月10日，县计划委员会作出《沂源县关于农业学大寨的决定》。每年冬季以社队为主，以大会战形式集中全社劳力开展治山治水农田基本建设，男女劳力吃住在工地，没有工程机械，采用镢刨、肩挑、肩抬、手搬、车推等传统机具整山治水改河。施工场地人山人海，彩旗飘飘，场面壮观。组建青年突击队、巾帼突击队、党员突击队、团员突击队等，开展劳动大比武、打擂台，人人争先恐后，争当先锋。其间，编排三句半、快板、诗朗诵、歌曲等文艺节目活跃氛围，调动大家积极性。1974年1月31日，县委召开全县五级干部大会，7000人参会，会期9天，会议贯彻农业学大寨精神，表彰全县农业学大寨先进集体，有150个单位受奖，972个单位上光荣榜。1975年，学习东平、新泰、莱芜经验，对山、水、林、田、路全面规划，综合治理。提出《苦战两年把沂源建成大寨县的决定》，采取人民战争与专业队结合，冬春大干与常年坚持结合，县里成立2000人基建团，各公社组建500人规模专业队，深入社队指导，动员全县15.2万劳力上阵，铺开悦庄公社走马岭、埠村西岭，

20世纪70年代，土门农田水渠建设

朱彦夫田间指导（1978年）

南麻公社刘家岭、大埠岭，鲁村公社摩天岭，黄庄公社黄庄东岭，唐山公社唐庄岭、刘家庄岭，石桥公社东风岭，中庄公社盖冶岭等39道岭及白马河、红水河、饮马河、松山河、水北河、艾山河、三岔河、螳螂河、富家庄河、黄庄河等10条河治理工程。1977年冬，以公社为单位，组织23处战场，投工484万个，整治“三合一”梯田2.02万亩，深翻土地482万亩，河滩造地1.3万亩。1978年冬，以建设高产、稳产田为主攻方向，13万人上阵，投资517万元，投工1000万个，整平土地3.05万亩。投工投资为历史上最多一年。连年大规模农田建设，建成了层层梯田，称为大寨田，荒山荒坡、卧龙沟、河滩变粮田，增加了土地，改善了农业生产条件。

1975—1977年冬，东里公社把两河三岭五沟治理作为主攻方向，摆开水北河、东里洼沿河、蚕场山下、韩莱公路4个大会战主战场。动员全公社1.1万人参与，投工226.7万个，整治河道4000米，涵洞9座，修建机耕路35条、9949米，连村路1500米，河滩改地2250亩，整地1900亩。1976年，中庄公社党委决定在全社迅速掀起农业学大寨高潮，在沂河北岸朱家泉村、西孝村、李家河西3个村荒山整修大寨田，动员全社45个村劳力1200余人，吃住在工地，分成5个连队划片施工，建设高标准农田340亩。

20世纪70年代，唐山公社张家庄大队党支部书记特等残疾军人朱彦夫动员全村劳力330多人投入农业学大寨运动，戴着假肢拄着双拐坐镇指挥，遇上雪天道路泥泞时常被摔倒，社员劝他不要来了，他说："我是指挥员，你们能来，我也能来，不就是多摔几个跟头，我来也能给你们鼓劲。"在农业学大寨期间，一直坚持亲临现场指挥，激发社员干劲，许多社员感冒也不愿请假休息。3年投工1万多个，开挖荒山，整治赶牛沟，整修大寨田200多亩，打机井3眼，整修生产道路3条、3500米。

20世纪80年代前治山改土，增加了粮田面积，也造成了一定程度的山体植被破坏，造成水土流失。1958—1978年，农业体制变动时缺乏林木保护措施，出现滥垦乱伐乱牧，有3次较大规模乱砍滥伐。"大跃进"时期全国开展砸锅卖铁，大炼钢铁运动，树木被大量砍伐，连村民家的木床、木门也被用来烧炭炼铁，甚至一些古树也未能幸免。20世纪70年代缺乏煤炭，秸秆木柴是主要生活燃料，大量树木被砍伐，连树根、草皮也被挖净，致使山体裸露，山头光秃，植被遭到破坏，仅改河造田毁林2万余亩。1978—1982年，全县陡坡开荒10.59万亩，其中25°坡以上的3.5万亩。森林覆盖率由1958年前的36.2%下降到20%。

砂石山开发

20世纪80年代后，较大工程一般以村或乡镇组织。1990年冬，组织数万人投工，治山7.52万亩，挖卧龙沟176.2万米，卧牛沟176.3万个，修水平阶89.1万米，治理荒坡5.35万亩。1991年，山东省扶贫开发领导小组确定"八五"期间在沂蒙山区开发砂石山100万亩，建设出口花生、苹果基地，沂源县开发任务8万亩。是年，制定《沂源县出口花生、苹果基地建设规划纲要》，在10个镇96个村实施开发任务，总面积32万亩，其中治理砂石山面积8万亩。至1995年，投入开发资金370.75万元，柴油135吨，化肥160吨，治理砂石山11.07万亩，发展苹果9.88万亩，育苗1000亩，开挖卧龙沟203.6万米、卧牛坑95.8万个。修建水利工程390处，打大口井68眼，建塘坝38座、蓄水池144个、扬水站8座，引水渠道32万米。修建环山路479.5公里。1996—2002年，乡镇、村投资160余万元，以大会战方式，开发治理砂石山8万亩。2003—2006年，开发治理砂石山、青石山1.09万亩。

农业综合开发

1988年，国务院设立国家土地开发建设基金（后改称国家农业综合开发资金），用于农业综合开发。2002年6月，沂源县农业综合开发办公室成立，与县扶贫开发办公室合署，负责全县农业综合开发工作。11月，沂源县被农业部列为全国农业综合开发县，推进农业综合开发工作。

规划编制 2002年12月，制定《沂源县农业综合开发规划方案》，计划用18年时间，投资10亿元，分5个区域，将51万亩中低产田改造为稳产、高产、高效基本农田，建设15处大型水利配套工程，扶持发展15家种、养、加工龙头企业。2003年8月，印发《关于加强农业综合开发的意见》，按照基地化、标准化、产业化原则，实施中低产田改造、生态工程、多种经营及重点示范项目。2004年，印发《沂源县农业综合开发项目运行管护暂行办法》《沂源县农业综合开发资金管

东里公社东泉水大队大寨田（1984年）

理暂行办法》，加强对农业综合开发项目建设管理，调整农业综合开发项目，重点实施土地治理项目和产业化经营项目，不再实施科技示范项目。2005年，编制《沂源县农业综合开发“十一五”规划》，确定“十一五”期间规划5片涉及6个乡镇，其中中低产田改造3片涉及3个乡镇，生态综合治理2片涉及3个乡镇，共覆盖55个村，土地总面积16.28万亩，其中改造中低产田6万亩，生态综合治理6.5万亩，扶持产业化经营项目4个，扶持农民合作经济组织29个（含农民用水协会26个）。

2010年6月，编制《沂源县农业综合开发“十二五”规划》（2011—2015年），计划治理中低产田8万亩，覆盖6个镇67个村、6.55万人。总投资7280万元，计划实施田庄水库中型灌区配套改造项目1个，对红旗水库灌区配套改造，涉及燕崖、南麻2个镇56个村、4.8万人，总面积5.6万亩，扶持产业化经营项目12个（其中财政补助项目7个），贷款贴息项目4个，农发行贷款项目1个。2012年9月，编制《沂源县“十二五”农业综合开发帮扶重点贫困村建设旱涝保收田规划》，规划以建设人均0.5亩旱涝保收田为目标，计划投资1812万元，治理中低产田1.3万亩，改善贫困村生产生活条件，提高农业综合生产能力，助力脱贫致富。2013年，调整资金安排向高标准农田聚集，项目布局向省定贫困村倾斜，实施中低产田改造和中型灌区节水配套改造。8月，编制《沂源县农业综合开发高标准农田建设规划（2013—2020年）》，计划到2020年，完成投资2.39亿元，建设高标准农田16万亩，完成红旗水库中型灌区节水配套改造工程。2014年4月，印发《沂源县农业综合开发土地治理项目工程管护工作管理办法》。

2015年，编制《沂源县农业综合开发扶持农业优势特色产业规划（2015—2018年）》，围绕林果、畜牧两大优势产业，投资5100万元，以标准化种养基地建设、储存保鲜、专业批发市场、农产品加工、种业及有机肥生产为重点，做大做强一批新型农业经营主体，建设具有沂源特色的优势产品基地和产业带，全面促进农业增效和农民增收。

2016年3月，编制《沂源县农业综合开发“十三五”规划》（2016—2020年），总投资1.587亿元，其中中央财政资金9643万元，省财政资金3471万元，市财政资金386万元，自筹资金868万元，吸引社会资金投入1500万元，建设高标准农田10万亩，建成以林果为主的优势农产品生产基地。2017年3月，编制《2017—2018年巩固提升脱贫攻坚成果实施方案》。2021年9月，印发《2021—2025年沂源县高标准农田建设规划》。2022年11月，编制《2021—2030年沂源县高标准农田建设规划》，新建4.78万亩高标准农田，改造提升8万亩，打造高效节水与旱作农业发展模式。

项目建设 农业综合开发项目突出土地治理、产业发展、农业科技三个方面实施。2003—2018年，累计投入农业开发资金7.32亿元，实施土地治理项目41个，开发19.8万亩，覆盖11个镇（街道），新建维修配套机电井186眼，建电灌站73座，新建维修塘坝和拦河坝75座，蓄水池452座，铺设管道1037公里，水泥硬化主干生产路、砂石硬化生产道路510公里。实施产业化经营财政补助项目34个，产业化经营贷款贴息项目18个，扶持农业龙头企业、农民专业合作社22家。

土地治理项目以林果为重点，整建制连片开发，建一片成一片。2004—2013年，在中庄镇实施土地治理项目，覆盖26个村1.97万人。投入农业开发资金3014万元，改造中低产田4.05万亩，新建维修配套机电井31眼、扬水站6座，新建维修拦河坝15座，铺设管道164.5公里，建蓄水池234座，硬化生产路137.1公里。被山东省农业开发办公室定为全省农业综合开发现场会流动现场，组织全省参观学习，并作为山区农业综合开发样板工程在全省推广。2007—2014年，在张家坡镇实施土地治理项目，覆盖22个村2万人。投入农业开发资金3836万元，改造中低产田3.9万亩，新建维修配套机电井29眼、扬水站13座，新建维修拦河坝38座，新建小口井20眼，铺设管道193公里，修蓄水池128座，硬化生产路112.7公里，新增耕地面积2500亩。被评为山东省山区农业综合开发十大精品工程、全省优秀项目，作为山区农业开发典型在全省推广。土地治理项目实施，农业生产条件得到极大改善，一座座荒山变成花果山，成为金山银山。2009年，实施田庄水库中型灌区节水改造项目，覆盖南麻、悦庄、石桥3个乡镇，32个自然村17万人，耕地面积23万亩。总投资2513.63万元，铺设管道10583米，新建加压泵站1座，节制闸3座，闸阀室20座，维修干渠7714米。农田灌溉条件得到改善。

产业发展项目重点扶持种养业、储藏保鲜、农产品加工产业，提高农业产业化经营水平。沂源黑山羊是沂蒙山区地域特色良种，是山区自然条件下形成的一个肉、绒兼用型品种，2009年获农业部农产品地理标志认证登记，2012年获山东省十大畜牧品牌。2013年，沂源喜洋洋畜禽养殖专业合作社实施沂源黑山羊良种繁育基地扩建项目。总投资122万元，新建羊舍400平方米，性能测定室、无害化处理室等1525平方米，沼气池100立方米，购置动物精液分析仪、妊娠诊断仪等设备12台套，建成3000只规模沂源黑山羊良种繁育基地。合作社采取“合作社+基地+社员（农户）”经营模式，向农户提供优质沂源黑山羊良种，带动600户农户实现增收511万元。是年，山东沂源长青果蔬有限公司、沂源县永青果蔬专业合作社、沂源县富鲁果蔬专业合作社、沂源县祥利果品专业合作社、沂源县玉瑞花椒专业合作社实施新型合作示范项目。投资1815万元，建设保鲜库1座7000立方米，果品加工包装车间1400平方米，购置保鲜、供水等设备5台套；建设日光温室大棚2.05万平方米，硬化田间道路200平方米；建设苹果标准化生产基地82亩；建设花椒保鲜库2000立方米，附属用房1690平方米。年实现销售收入5220.3万元，利税814万元，社员增收436万元，带动农户4500户，辐射带动农户4万户，实现农民增收8000万元，安置劳动力88人。2014年，山东飞龙食品有限公司投资661万元，实施水果酵素饮料项目，建成年产5000吨水果酵素饮料产业项目，年实现销售收入3500万元，利润总额412万元，带动农户1100户，实现农民增收550万元，安排劳动力60人。是年，沂源安信农产品开发有限公司投资354万元，建设设施蔬菜标准化生产示范基地项目，新建日光温室12780平方米，新打配套机井1眼，硬化道路800米，铺设管网3000米，购置仪器设备3台。年产草莓、彩椒、黄瓜、西葫芦等有机蔬菜30万公斤，实现销售收入600万元，辐射带动农户1.3万户，户均增收1500元以上。

农业科技项目重点扶持新技术新品种推广。2004—2017年，共实施科技示范项目5个，完成投资313万元，建设科技示范园1处，果树新品种新技术引进示范基地1处，果树病虫害农药减量控制技术推广项目2处，瓜果集约化生态化栽培技术科技示范推广项目1处，涉及5个镇22个村，示范推广面积2.45万亩。总投资105.35万元，其中英国赠款51.25万元，省、市、县配套资金54.1万元，在鲁村镇西坡村，燕崖镇双泉村，中庄镇社庄村、西柳峪村，大张庄镇洼子村、大张庄镇红提葡萄基地等6个农民用水协会（WUA）实施DFID项目（英国国际发展部赠款面向贫困人口的农村水利改革项目），覆盖农田面积5595亩，灌溉条件得到改善，项目区农户年增收24万元。

高标准农田建设

2018年，国家调整农业投资方向，整合农业投资项目、农业综合开发项目、农田整治项目、农田水利建设项目等资金，捆绑转向高标准农田建设项目，加快推进高标准农田建设。2019年，贯彻国务院《关于切实加强高标准农田建设提升国家粮食安全保障能力的意见》，铺开高标准农田建设。是年，实施沂河源田园综合体项目，编制《山东省沂源县沂河源田园综合体建设试点项目规划报告》，计划投资5.88亿元，覆盖鲁村镇龙子峪、刘家庄、姬家峪、刘家坡、鹿角山、北徐家庄、西徐家庄7个行政村、4525口人，总面积3.2万亩。

2021年，完成投资3.74亿元，占总投资的63.61%。建设高标准农田1.87万亩、土地占补平衡464.31亩、铺设沥青路21.2公里，完成龙子峪村、刘家坡村电代煤项目；鹿角山、刘家坡村民宿自来水管网建设，建设公共澡堂1处，旱厕改造

刘家坡村千亩杂粮基地

建设电商综合楼1座，发展乡村电商平台。沂河源田园综合体成为全省经典综合体，年吸引游客50万人。

2019—2023年，完成投资3.19亿元，实施高标准农田项目27个，建设高标准农田21.37万亩，覆盖11个镇、184个村。新建维修机电井143眼，新建扬水站35座，塘坝、拦河坝13座，蓄水池196座，集雨池174座，铺设管道1005.7公里，硬化机耕路239.26公里，新建桥涵117座，安装变压器136台，铺设输变电线路70.97公里，新上水肥一体化设备12套，农业生产条件得到改善，农业综合生产能力显著提高。

按照利益共享、风险共担、互惠互利原则，扶持山东沂源欣怡食品有限公司在悦庄镇崔家庄村发展三产融合项目。投资1100万元，建设葡萄、桃、猕猴桃种植基地2000亩，育苗基地30亩，建设水果蜜饯加工车间及生产、加工、保鲜配套设施，年产水果蜜饯2000吨，储藏保鲜能力达4900吨，实现销售收入3480万元，利润170.2万元，带动农户1000户，安排劳动力63人，农民增收200万元。

420户，建设百果园1050亩；建设3A级景区沂河源头湿地公园；建设山东财经大学乡村振兴学院，学院办公、教学、公寓大楼由法国设计大师保罗·安德鲁设计；建设山东省航空研学基地；建设时间之花艺术馆、刘玉堂文学馆、艺研柒号艺术馆、李心田文学馆、保罗与娜蒂之家艺术馆、李怀杰艺术馆、三生书院等7座艺术馆；流转刘家坡村民旧宅院135套，改建民宿10套。投资1500万元，建设汇泉河食用菌种植基地80余亩，空调大棚9座、高温棚20座、双层棚21座，冷库、包装车间等配套设施，年产香菇45万公斤，实现收入350万元；投资1亿元，建成七河生物股份有限公司智能化、工厂化草菇培育基地，年产食用菌2000万棒、鲜香菇200万公斤；山东楷园农业科技发展有限公司投资3000万元，新上果蔬脆片加工项目，年产果蔬脆片2000吨；山东红泉文旅产业发展有限公司投资3000万元，建设高效数字化农业示范基地，流转整理土地300亩；山东华盛果品股份有限公司投资575万元，建设现代数字产业园518亩；山东桃花岛艺术乡村文化旅游发展有限公司投资400万元，

大张庄高标准农田

农业教育

农民教育

建县初期，按照闲时多学、忙时少学、大忙放学、忙后复课办学原则，积极开展农民业余教育。1942年1月，日寇对沂蒙山区展开大扫荡，山东省鲁南特区农业职业中学从莒县迁至沂水县中庄区（建县前中庄属沂水县）苗家河西村，校长王玉寰，教务主任白孟龙。随校迁来40名学生，又从本地招收2个班，共3个班，120人。开设农业、林业、蚕业3个专业，培养农村初级农业技术人才。1945年6月，鲁中区党委、五地委和五专署决定在沂源县苗山村成立鲁山中学。五专署专员徐化鲁兼校长，文教科长许萍任副校长。学员主要是沂源、博山、益都等地党政干部和教员。分为文教、财粮、党群班，计划培训1年。因形势恶化，3个月停办。1945年秋，沂源县抗日民主政府组织社教辅导团，发动群众办夜校，举办妇女识字班，提高农村妇女文化水平。1946年，苗庄的冬学、马家河西、下土城、凤凰峪、蝙蝠峪等村民校、南安乐儿童识字班和南桃花坪劳动模范李士贵动员全家上冬学的事迹被《鲁中大众》报道。曹宅村全村480口人，举办青年、壮年、老年、民兵、妇女5个识字班，学员210人，其中民兵班32人，既是一个变工组又是一个学习班，白天带枪干活，晚上学习文化，成为鲁中地区出名的文化村。3月，鲁中行署在博山召开三模（办学、教学、学习模范）大会，授予曹宅文化新村锦旗1面，授予民师李克明“教育英雄”称号。同月，县委在北麻举办全县土地改革骨干培训班，培训2期，每期半个月，每期300人，共培训业务骨干600人，分赴各区指导土地改革工作。1958年3月，建立沂源县农业中学，同年在9个公社建立9处农业中学，共50个班，在校生1124人，培训农业生产技术，培养农村专业人才。1949年底，全县有妇女识字班91个、1595人，青年夜校班131个、2931人，农村剧团20个，农民通讯组12个。1951年，开展创模运动，全县选出办学模范16人，教学模范46人，学习模范140人。安乐官庄成为“一村三模”典型。是年，共培训民师867人，选拔小先生653人，全县农民业余学员92110人，其中文化班25610人，政治班66500人。1952年推行祁建华速成识字法，成立沂源县速成识字法委员会，在东高庄试点。秋季在埠村举办民师训练班2期，培训民师428人。当年，全县办速成识字班288个，学员8600人。翌年春，发展到386个班，学员1125人。

1960年1月28日，县农业学校校长高维峰参加山东省农业教育工作会议，作了办学经验介绍。1966年，全县90％的大队办起民校。全县663个大队中民校学员出身的党支部书记125人，大队会计230人，民兵连长190人，妇女主任438人。全县3754个生产队中民校学员当队长的1135人，当会计的3117人，当保管员的944人，另有部分当了大队农业、林业技术员。1975年成立沂源县业余教育委员会。5月，组织教育干部赴山西省万荣县学习注音识字扫盲经验，在燕崖公社试点。8月，在燕崖公社召开县、社、管区、大队4级干部现场会，推广燕崖经验，掀起“学高家柳沟赶燕崖”扫盲热潮。1977年3月，临沂地区对鲁村公社72个大队和其他公社部分大队进行抽查验收，全县青少年脱盲率达93％，符合中央规定无盲县标准，成为临沂地区第一个“青少年无盲县”。

1980年，农民业余教育重点转入业余高小和技术班，巩固扫盲成果和学习专业技术。1981年底，全县有业余高小班198个、7205人，技术班89个、1668人。其中西赵庄草编班、龙子峪林果班、椁椤缝纫机班、西孝果树班、赵家庄黄烟班办学成效显著。1981年7月，建立沂源县农业广播学校办公室，扩展到农业、畜牧、蔬菜、农机、会计等多个专业。采取集中培训与现场指导相结合、广播与印发明白纸相结合，多形式培训农村实用技术人才，年培训1500人以上，储备农村实用技术人才。1985年，在全县13个乡镇分别设置农业技术培训班，每个乡镇聘请一个专职班主任，负责管理组织和日常培训工作。1986年，提倡乡镇、县直部

技术员田间指导（1985 年）

民专业培训。5月，在南麻镇、徐家庄乡召开启动会议，全面铺开绿色证书工程培训工作。是年，培训2200人，发证350人。1996年与县教委联合对全县初中“3+1”班学生开展果树、蔬菜培训，培训4200人，发证3800人。1997年与县农业机械局、县妇联联合，培训女能人、农机手3800人，发证1550人。1998—1999年，与乡镇联合，开展果树、蔬菜培训，共培训5383人，发证2354人。2000年与县教体局、畜牧局联合，培训果树、蔬菜、畜牧养殖、会计3472人，发证687人。2001年开展果树、农村会计培训3600人，发证671人。至2001年，“绿色证书工程”共培训20655人，发证9656人，列全省第一。

1996—2003年，县农业广播电视学校发挥培训主阵地作用，探索产学研一体化办学模式，与南麻镇东沙沟村、侯家官庄村、西河北村、埠下村等果农户签订3年果树技术管理承包合同。县农业广播电视学校抽调技术员田玉福、杨玉庭、王学禄组成技术指导组，深入各村果园跟踪指导、现场讲授、操作示范、训练果农，果园管理水平显著提高，达到省级样板园标准，果农给予高度评价。产学研论文获省农广校系统一等奖。

1997年，县政府与山东农业大学结成合作对子，聘任副校长高东升为科技副县长，通过举办培训班、现场指导等形式对沂源果树进行技术指导，

门联办农民文化技术培训学校。1988年底，成立悦庄、鲁村、徐家庄、黄庄、张庄、燕崖、中庄、梭背岭等8处乡镇农民文化技术学校。1989年，农民业余教育转向实施“燎原计划”，注重培养乡土技术人才。经山东省教委批准，张庄、黄庄、鲁村、金星4个乡镇为实施“燎原计划”示范乡镇。至1993年，共举办各类培训班500多期，培训农民4万人次，培养土秀才、土专家1100人，并成为农业技术骨干力量，为农业技术传播推广发挥了重要作用。

中庄乡林业站邓安华是80年代初沂源县培养的第一批果树技术员。邓安华不负众望，巡回到中庄乡各村、户指导果树发展，推广农业技术，培养果树技术员300多名。南麻镇侯家官庄村周钦玉在沂源、张店建立了2处绿化苗木基地，成为沂源县早期的绿化苗木发展“领头雁”。事迹在《中央农业广播电视学校校报》刊登。

1994年，实施国家“绿色证书工程”，培养有文化、懂技术、善经营、会管理的新型农民。县政府成立领导小组，围绕“果树、蔬菜、食用菌、畜牧兽医、农机、农村会计”6个专业，开展新型农

田间培训农民技术人员（2000 年）

推动了沂源果业可持续发展。90年代末期，燕崖大樱桃处于发展期，大田管理技术不成熟，管理跟不上，产量低、效益差，通过高东升精心指导，为沂源培养了一批大樱桃土专家，大樱桃科技生产水平走在了全省前列，燕崖镇成为全国知名的大樱桃生产基地。

2004年，实施国家农村劳动力转移培训阳光工程，对农民开展就业前引导性培训和职业技能培训，在县职业教育中心学校、县就业训练中心、县农业广播电视学校、县农业机械化学校、县沂蒙职业培训学校、汇泉职业培训学校、安业公司设置7个培训基地，围绕家政服务、餐饮服务、电动缝纫、微机操作、电工、钳工等6个专业，采取脱产、半脱产、夜校培训等形式培训，至2012年，共转移培训16436人，农业技能培训3391人，农业职业技能鉴定924人，农业专项技术培训514人。

2008年，县委、县政府把科教兴农列为农业发展战略，成立由县长任组长的县科教兴农领导小组，县科技局牵头，抽调县农业局、林业局、畜牧局、蔬菜局、果品产销服务中心等部门10名技术骨干组建县农业讲师团，巡回到各乡镇、专业村技术讲座、现场指导、印发明白纸等形式，推广农业新技术。至2009年，共举办技术讲座50期，现场指导100多期，印发明白纸1万多份。培养农村技术员100多人。是年，实施国家级基层农技推广体系改革与建设示范县项目，构建以县级农技推广机构为主导、乡镇农技站为基础、村科技示范带头户为补充、广大农户广泛参与的农技推广体系。建立“专家—农技人员—科技示范户”农业科技成果转化应用快速通道。至2022年，共举办培训班1120期，培育农业科技示范户8400户，建设农业科技示范基地98个，培养乡村技术员1000名，农民科技素质明显提高，全县农业科技贡献率达到73%。

2013—2023年，实施国家高素质农民（新型职业农民）培训培育工程。选择县直部门、乡镇单位81名农业技术骨干，组成技术指导员队伍，每名指导员包镇培养10名村级技术员，每名村级技术员示范带动20户专业户，主推农业十项先进技术，采取集中学习、田间课堂、现场指导、明白纸、云上智农APP、农保姆APP、中国农技推广APP、微信培训、外出参观、实地观摩、模拟训练、拓展训练等多形式多途径，推广传播农业新技术、新成果，培养农村新型职业农民，提高农民专业技术水平，筑牢农民就业创业基础。在12个镇办设置13处田间学校。其中，沂源越水种植养殖专业合作社实训基地、山东绿水青山农业发展有限公司实训基地被确定为山东省新型职业农民培育实训基地，担负全省各区县新型职业农民培训任务。安信农庄培训观摩基地、东沙沟培训观摩基地、红源新村培训观摩基地、山东华盛果品股份有限公司培训观摩基地、计宝峪村培训观摩基地、源泰公司培训观摩基地、沂源越水种植养殖专业合作社培训观摩基地、桃花岛培训观摩基地被确定为省级培训观摩基地。燕崖双泉、鲁村安信田间学校被确定为市级示范田间学校。至2023年，共培养新型职业农民8380人。实现村村都有新型职业农民的目标。

东沙沟实训基地高素质农民培训班（2023年）

2016年，实施农业扶贫培训工程，在鲁村、西里、燕崖、南鲁山、悦庄等5个镇设置田间课堂，开展果园更新复壮提升、土壤酸化综合调理、果树病虫害绿色统防统治、日光温室蔬菜高产栽培、保护地蔬菜病虫害综合防治、中药材高产栽培技术等知识培训。至2018年，举办培训班13期，培训540人。

成人中专学历教育

1981年，沂源县农业广播学校办公室成立，由负责农民教育培训工作调整为农民教育培训和农业中专学历教育两线发展。中专学历教育主要面向乡镇农业农村工作人员和村“两委”班子成员学历教育。新生入学必须参加国家或省教委组织的统一考试，入学后按期参加学习和省教委组织的各科考试，学制2年。各科考试成绩合格颁发国家承认的中等学历毕业证书。1988年前，主要授课形式是通过中央人民广播电台和山东人民广播电台教授、专家进行授课，学员在家听课自学，按期到县农广校统一考试。1982年春，面向基层招收第一批学员，设置2个专业3个班，2个农学班，1个果树班，共招生167人。1985年，随着农业发展形势的需要，进行专业拓展，增设农业经济管理、畜牧、林学、蔬菜、农产品加工贮藏、乡镇企业经营管理、财会、会计统计与审计、市场营销、机电、贸易经济等专业，招生人数逐年增多。1986年，为方便学员学习考试，在16个乡镇设立乡镇教学班。至1988年，全县共注册学员1606人，有1142名学员合格毕业，其中农学385人，农经53人，畜牧175人，果树398人，林学19人，农产品加工26人，蔬菜18人，乡镇企业经营管理48人。

1989年，沂源县农业广播学校办公室更名为中央农业广播电视学校沂源县分校，谢玉清任校长。课程在中央人民广播电台、中央电视台和教育台播出，学员通过自学、收听广播、收看电视、做作业、考前辅导5个过程学习。1996年1月，对专业进行了调整，设置果树、农业经济管理、畜牧兽医、蔬菜、园林与花卉、桑蚕、企业经营管理、村级事务管理、机电专业、电气化、拖拉机运用与维修、财务会计、会计统计与审计、会计电算化、现代乡村综合管理、农村电气化、家电维修、经济管理、党务建设、能源开发与利用、人口管理与计划生育等21个专业。是年，报名人数793人，注册学员692人，毕业498人。2014年后，中专招生逐年呈下降趋势，生源逐渐枯竭。2016年，停办中等学历教育，其间共注册录取中专生2298名，毕业1640名。培养副县级领导2人，正科级干部21人，副科级干部28人，一般干部144人，乡镇企业经理5人，有217人被招聘到县乡企事业单位工作。

成人高等学历教育

1993年，贯彻山东省委组织部、山东省人事厅、山东省教育领导小组、山东省教委关于成人高等学历教育办学方针，调整办学方向，由农民培训教育、成人中等学历教育两线办学延伸为农民培训教育、成人中等学历教育、成人高等学历教育三线办学，开展专科、本科学业证书教育，学制3年。专科起点是高中学历和中专学历，本科起点是专科学历。省内承认学历，享受与普通高等教育同等学力待遇。联合办学院校在沂源县设教学点，由办学院校派教师来教学点授课，试卷由院校出题批卷。是年，与山东省农业干部管理学院合作，开办农技推广专业大专班，面向基层农技、果树人

阳三峪实训基地高素质农民培训开班仪式（2023年）

员，招收注册学员26人。1994年，与山东省农业大学合作，招收畜牧、林果、蔬菜专业，注册119人。1995年，县农业广播电视学校、县电视大学管理站、县职业教育中心联合，与山东省经济学院、山东建筑工程学院、山东省经济管理干部学院合作，招收财务会计、经济管理、建筑工程专科和本科学业证书班，招生注册315人。1996年，与山东省农业大学联合，招收果树、经济管理、环保专业，注册88人。其间共招收注册学员548名。

1996年7月，山东省教委检查验收组来沂源对县农业广播电视学校办学情况进行检查验收，县农业广播电视学校验收成绩居全省成人教育学校第九名，给予全省通报表扬。

1997年，与山东省委党校联合，招收经济管理专业大专班22人。国家承认学历。

1998—2000年，与山东省农业管理干部学院联合，招收经济管理专业，3年录取62人。1998—2014年，开办成人高考高等教育班，采取函授学习形式。2001年，与山东省农业管理干部学院、山东农业大学、中国农业大学、沈阳农业大学联合，开设财会、林果、土地管理等13个专业，录取本科9人、专科23人。2002年，与山东省农业管理干部学院、山东农业大学、中国农业大学联合，开设财会、经济管理、会计学等10个专业，录取本科13人，专科63人。2003年，与山东省农业管理干部学院、山东工会管理学院、山东农业大学、山东经济管理干部学院、沈阳农业大学联合，开设会计电算化、会计学、法学、果树等18个专业，录取本科59人，专科86人。2004年，与山东省农业管理干部学院、山东农业大学、中国农业大学、沈阳农业大学联合，开设果树、建筑、水利等15个专业，录取本科26人，专科52人。2005年，与山东省农业管理干部学院、山东农业大学、中国农业大学、山东工会管理学院、沈阳农业大学、长春师范学院、沈阳师范大学、长春工业大学、沈阳师范大学联合，开设会计、林果、建筑、水利、土地管理、学前教育等21个专业，录取本科38人，专科124人。2006年，与山东省农业管理干部学院、山东农业大学、山东大学、莱阳农学院、沈阳师范大学、曲阜师范大学联合，开设语文教育、土木工程、公共事务管理等25个专业，录取本科27人、专科39人。2007年，与山东省农业管理干部学院、山东农业大学、中国农业大学、中华女子学院、山东曲阜师范大学联合，开设汉语言文学、经济管理、土木工程等31个专业，录取本科73人、专科38人。2008年，与山东省农业管理干部学院、山东农业大学、曲阜师范大学联合，开设经济管理、水利水电工程、动物科学、园林等21个专业，录取本科10人、专科70人。2009年，与山东省农业管理干部学院、山东农业大学、中国农业大学、曲阜师范大学联合，开设经济管理、会计、语文等12个专业，录取本科17人、专科13人。2010年，与山东省农业管理干部学院、山东农业大学、中国农业大学联合，开设会计、经济管理、计算机应用等11个专业，录取本科18人、专科9人。2011年，与山东省农业管理干部学院、山东农业大学、中国农业大学联合，开设农学、园林、园艺等15个专业，录取本科28人、专科10人。2012年，与山东省农业管理干部学院、山东农业大学、中国农业大学联合，开设园艺、土木工程等7个专业，录取本科8人、专科2人。2013年，与山东省农业管理干部学院联合，开设园林、水利水电工程等6个专业，录取本科7人、专科2人。2014年，与山东省农业管理干部学院联合，开设园林、农学等7个专业，录取本科11人。

2000年，县农业广播电视学校加挂沂源县农村科技教育培训中心牌子。是年，根据淄博市人事局安排，与山东工程学院联合，招收市内承认大专学历班，招收通信专业大专班80人。2002年，县农业广播电视学校被县委组织部列为沂源县农村党员干部培训基地。同年，山东省农业广播电视学校开办中专后大专教育班，开设现代乡村综合管理、果树管理、经济管理、园艺、会计、农民合作社、人口、畜牧、蔬菜等专业。至2008年，共招生中专后大专班274名。

2010年，中央农业广播电视学校沂源分校改为山东省农业广播电视学校沂源分校。2020年12

月机构改革，撤销山东省农业广播电视学校沂源分校，职能并入沂源县农业技术服务中心。内设科技教育培训科，对外保留沂源县农业广播电视学校牌子，并保留沂源县农业广播电视学校印章。

互助资金协会

2007年，贯彻国务院扶贫办、财政部《关于2007年贫困村村级发展互助资金试点工作的通知》，以财政扶贫资金为引导，按照民有、民用、民管、民享原则，用于扶持本村村民发展农业生产及产业，借款占用费由互助社研究确定。占用费用于互助社运转、发展村内公益事业、看望贫困户等。是年，在悦庄镇王家泉村，西里镇苗庄村，中庄镇高场村、列里村，燕崖镇双泉村，石桥镇葛庄村开展村级互助资金试点。以村为单位成立村级互助资金社，原则上每户1人，为村内18周岁以上的村民。制定《互助资金社章程》，推选社长1人，理事会、监事会各3人，负责资金管理、监督。互助资金由财政资金、村民自筹资金、社会捐助资金、互助资金增值4部分构成。实行增配股制度，凡入社村民每户为1股，每股1000元，特困户实行财政增股1000元，低收入户实行财政配股500元，自筹500元，其他户自筹1000元。是年，入社户数2057户，筹集互助资金251.5万元，其中财政配资143.1万元，社员自筹108.4万元。2008年在全县铺开。2010年，财政资金按照入社比例和社员自筹情况全县统筹安排，社员自筹资金数额调整，一般户由1000元下调到500元，低收入户由500元下调到300元，特困户免交。2011年，全县发展互助资金社98个，入社户数2.1万户，入社资金2608.78万元。是年，成立县互助资金管理办公室，为副科级事业管理单位，对互助资金社实施规范提升，强化对村级社的监督管理，在邮政储蓄银行设立县级互助资金专户。2013年4月，所有社资金存入县级专户，借款业务通过惠农一卡通办理，对各户入社资金全部予以归还。2014年，互助资金全部纳入财政投入，会员不再自筹。对运行不规范的社实行退出机制，退出25个，剩余73个，互助资金2579.04万元。

2018年，县扶贫办通过购买社会服务方式，委托中和农信公司统一管理运营，办理借款业务，借款占用费统一执行月利率8‰的标准。至2023年，全县规范互助资金社有12个，其中南鲁山镇2个、张家坡镇1个、西里镇1个、中庄镇1个、悦庄镇3个、鲁村镇1个、燕崖镇3个。

悦庄镇王家泉村互助资金协会成立大会（2007年）

沂源县乡村振兴服务中心机构沿革

1985年12月，沂源县扶贫开发办公室成立，为正科级行政单位，归政府综合口。1993年12月，县扶贫开发办公室调整为正科级事业单位，撤销党组，归口农业农村委员会。1994年10月，县扶贫开发办公室增设农业互助科、综合事务科和项目服务科三个科室。2002年11月，县扶贫开发办公室与县农业综合开发办公室合署，为正科级事业单位，设立党组，归农口，负责全县扶贫开发及农业综合开发工作。2016年1月，县委成立扶贫议事协调机构（县扶贫开发领导小组），县委、县政府主要负责人任组长，下设县扶贫开发领导小组办公室，与县农业综合开发办公室分开，归党群口。2019年9月，事业单位改革，县扶贫开发领导小组办公室党组撤销。2021年6月，县扶贫开发办公室更名为沂源县乡村振兴局，在沂源县农业农村局挂牌，局长由县农业农村局局长兼任，设常务副局长一名（正科级）。2021年12月，沂源县扶贫开发领导小组办公室（沂源县精准扶贫保障中心）更名为沂源县乡村振兴服务中心，隶属县农业农村局，为正科级事业单位。

沂源县乡村振兴服务中心历任主要负责人

机构名称	姓名	职务	任职时间	备注
沂源县扶贫开发办公室（1985.12—2016.01）	王学彦	主任	1985.12—1987.08	
	杨少建	主任	1987.08—1989.04	
	张宗祥	主任	1989.04—1991.05	
	窦学德	主任	1991.05—1992.05	
	郗志仁	副主任	1992.05—1994.04	主持工作
	郗志仁	主任	1994.04—2003.03	
	崔广金	主任	2003.03—2013.03	
	马中锋	主任	2013.03—2016.01	
沂源县扶贫开发领导小组办公室（2016.01—2021.12）	赵　强	主任	2016.01—2017.03	
	郑继光	主任	2017.03—2021.06	
	张德娟	副主任	2021.06—2021.12	主持工作
沂源县乡村振兴服务中心（2021.12—）	张德娟	主任	2021.12—	

大事记

记忆沂源 · 农业农村卷

1908年

暴雨洪水冲毁粮田，沂河河道见底，河床加宽10~20米。

1911年

除夕夜大雨，沂河发洪水，天气骤暖。

1928年

三岔（时属临朐）郑家庄村6户农民开始种植黄烟20亩，1930年扩大到璞邱、三岔店、鲍庄等村，1933年，面积达到500亩，栽培品种小黄金、梧桐烟。

1937年

7月31日，青龙区一带暴雨山洪爆发，4人被洪水冲走，农作物、树木受损严重，许多房屋被冲垮。

1942年

1月，山东省鲁南特区农业职业中学从莒县迁至沂水县中庄区（建县前中庄属沂水县）苗家河西村，3个班120人。

1943年

1月，山东省鲁南特区农业职业中学解散。

在张庄、黄庄（今属济南市）区开展减租减息和雇工增资运动。

1944年

5月，中共沂源县委成立，沂源县抗日民主政府成立。县政府设实业科，分副、农、林、水、商五类行政事务。

冬，全县减租减息任务基本完成。

1945年

8月，沂源县妇女抗日救国会改称沂源县妇女救国会，许辉任会长。

秋，大马岭村联社成立，为沂源县最早的村联社。

1946年

7月，沂源县全面开展土地改革，农救会积极配合各群众团体，没收地主富农土地和财产。

7月中旬，在鲁村区鲁村、王家石沟、西沙沟，青龙区的蜇庄等封建势力较大的村进行土改试点。

7月，县委在西北麻举办土地改革骨干培训班，共办2期，培训600人。

10月底，8个区405个村基本完成土地改革。

1947年

3月，县委提出“边支前边生产，支前生产挑两肩”口号，组织83名机关干部组成突击队帮助群众春耕生产。

5月，华东野战军后勤机关、地方行署、专员公署、县政府留守人员及战地北撤群众10万余人进驻沂源，生活极度困难。县委提出砸锅卖铁支援前线的口号，渡过难关。

6月上旬，国民党第11整编师进驻沂源，共拆毁房屋11000间，损坏粮食264万斤，牛、羊、驴、猪等牲畜88000头。

6月，县委在鲁山千人洞召开土改复查动员大会。

7月，贯彻华东局《关于山东土改复查的新指示》，全县开始土地复查。

7—8月，阴雨连绵40天，沂河涨水迅猛，冲毁桥梁、土地、房屋无数。

8月下旬，推行淄川在土改中实行贫雇农路线的经验。

10月，三岔店成立手工卷烟合作社，生产“三友”“金钟”牌卷烟。

鲁中行署拨给沂源县麦种13.5万公斤，贷款450万元，用于生产自救。

12月，中共华东局在南、北棗庄和僚军埠开展土改复查试点，后来扩大到悦庄、张庄、赵家峪等村。

1948年

二月（农历），张庄区、历山区、大泉区66个村遭遇蝗虫灾害，崮坡村350亩麦苗被蝗虫吃光，政府组织1419人灭蝗。全县出现空前的灾荒。中共华东局指出：“山东生产救灾的重点是鲁中，鲁中的重点是沂源县。”全县上下集中力量生产救灾，口号是：“不荒一亩地，不饿死一口人！”

8月15日，沂源县鲁村区曹家庄集股买牛办养牛合作社，制定了管理、喂养、使股等办法。

1949年

5月27日，全县进行土地改革政策检查，补偿中农的损失。

沂源县开始对入境牲畜进行防疫。

1950年

沂源县政府引进鲁西黄牛种牛2头，在后水北村配种站与当地黄牛进行杂交改良。

沂源县政府建设科设置畜牧业务。

1951年

春，沂源县开展土地丈量评级，以产定级，共分28级。

2月，沂源县开始开展畜禽防疫工作。

10月，沂源县8个区76个乡全部结束土改，以乡为单位召开庆祝大会。

冬，南麻区西鱼台村冯玉元互助组成立全县第一个初级农业合作社，13户农民入社。翌年春，鲁村区包闫庄王振田、东里区南流泉王居连和东长旺曹子富等相继成立初级农业合作社，拉开了全县农业合作社建立高潮。

1952年

春，沂源县开始推广化学合成农药“六六六”粉剂、化学合成肥料硫酸铵，是全县首次施用化学合成农药、肥料。

7月，沂源县第一台柴油机（波兰产18马力）在县酒厂投入使用。

是年，开始推广解放牌水车，喷雾器。

是年，沂源县政府建设科设立畜牧组。

是年，在南麻区东鱼台村和东里区后水北村建立绵羊人工授精站。

1953年

5月，张庄区、徐家庄区冰雹成灾，小麦绝产，高粱、谷子叶片被砸光，减产严重。

11月，根据中央政务院命令，全县实行粮食统购统销政策。

开始实施“北果南移”，引进国光、金帅、倭锦、红玉、祝光、鸡冠、青香蕉等优良品种。

1954年

春，沂源县畜牧组调整为沂源县兽医站。

9月15日，根据中央政务院颁布的《关于棉布计划收购和计划供应的命令》，全县实行棉布计划供应，凭布票买布。

东里、鲁村、南麻、悦庄区设立农业技术推广站。

沂源县从广北农场4次引进考力代种公羊24只，增设东赵庄和南岩配种站。

1955年

1月，全县初级农业生产合作社发展到429处，入社户数9713户。社员民主选举社委会。

12月，南麻区西鱼台村初级农业合作社转为高级农业合作社，名为“红旗农庄”。

县政府从临沂引进约克夏和巴克夏种猪进行纯繁。

1956年

5月8日，沂源县志愿开垦团组成。2500名青年去黑龙江甘南县安家落户。

5月，沂源县政府建设科分出农业科，主要从事农业技术推广，畜牧业技术培训。10月调整为沂源县农业局。

全县成立671处高级农业生产合作社。

张庄、唐山、三岔、燕崖、黄庄区设立农业技术推广站。

设立东里区、鲁村区兽医站。

1957年

10月，沂源县农业生产合作社发展到449处，6.19万户入社。

11月中旬，农村整风运动开始。全县462处农业社，480个党支部，478个团支部参加了运动。

1958年

1月，县农业局、县水利局合并为县农水局。

3月，沂源县农具改革办公室成立，下设沂源县农业机械厂（沂源县源通机械有限公司）和14个农机具修配厂。

5月，南麻区东高庄村发生首例牛传染人的布病病例。

6月下旬，南麻镇率先实行“三化”（吃饭食堂化、缝纫集体化、托儿互助化），至9月10日全县办起集体食堂2410个，托儿所760个，缝纫组122个。

沂源县开展以除“四害”（苍蝇、蚊子、老鼠、麻雀）为中心的群众性爱国卫生运动。

8月6日，沂源县委、县人委召开炼钢铁、农具改革现场会，号召“在总路线光辉照耀下大搞农具改革”，运输工具轴承化，使农民放下扁担，大搞木轨道和钢铁生产。至9月15日，共完成工具改革41121件。

8月29日，南麻红旗人民公社诞生，由全镇29处高级农业生产合作社（社员5100户）组成，实行政社合一体制。

9月5—10日，全县掀起办人民公社高潮，全县19个乡镇全部人民公社化，政社合一。

10月，农机具改革办公室在西北麻大队实施“万亩丰产田”10行播种机小麦播种试验。

沂源县供销社投资建立鲁山家畜繁殖场（鲁山牧场前身）。由济南调入奶山羊23只。

县政府引进新疆细毛羊种羊28只。

建徐家庄、中庄、石桥、张家坡、九会农业技术推广站。

沂源县办起10所农业中学，共50个班，在校生1124人。

开始发展沼气，每社挖建一个沼气池，沂源县开始开发利用沼气。

年底，开始修建田庄水库，1960年基本建成。

1959年

3月1日，根据国务院关于统一计量标准的规定，沂源县统一使用10两秤，废止16两秤。

4月，成立沂源县农业机械局。

12月，成立沂源县农业机械管理局，撤销县农水局，成立县农业局。

畜牧管理业务从沂源县农水局分出，建立沂源县畜牧局。

山东省拨给沂源县人民政府罗马尼亚产尤特兹-45型拖拉机1台，是沂源县第一台拖拉机。

传染性羊胸膜肺炎流行，用“914”治疗后，基本消灭。

1960年

1月28日，沂源县农业学校校长高维峰在全省农校教育工作会议上介绍了经验，受到大会好评。

4月30日，沂源县委贯彻中央郑州会议精神，作出《关于整顿巩固人民公社、办好食堂、改进领导作风的决定》，农村公共食堂解散。

根据党中央颁发的《一九五六年到一九六七年全国农业发展纲要》，种植业实行“八字宪法”，推广间作套种、十边种植技术。

种子机构由粮食局移交农业局经营。

在涝坡河大队成立沂源县拖拉机站。

全县14个公社全部设立和充实了兽医站。

1961年

1月，沂源县委部署对1958年“大跃进”以来“一平二调”的错误进行检查纠正，共查出平调额（折款）581.25万元，退赔524.9万元。

9月，沂源县农业机械管理局撤销，业务并入县农业局。

县拖拉机站由涝坡河迁至县酒厂西。

沂源县畜牧局撤销，业务归沂源县农业局。

1962年

3月，从山东省农科院引进玉米自交系4种，高粱不育系、保持系各1种进行繁育。翌年尝试两杂制种与推广。

5月，县农业局、县水利局，合并为县农水局。

7月13日，降大暴雨。张家坡公社倒塌房屋300多间，大水冲走2人，冲地2000余亩；土门公社孟坡大队老泉子山山体滑坡，5人被冲走，1人死亡。博沂公路桥梁被冲断，车阻月余。

12月12日，山东省农业厅向全省转发沂源县《唐山公社江家峪大队改良山岭薄地连年丰收的经验》。

沂源县引进纯种长毛兔。

鲁村、东里等6个公社发生猪丹毒病，病猪千余头，死亡150头。

在东里公社后水北大队发现棉花黄萎病，相继蔓延全县。

对全县农作物品种资源进行调查。

于家北坡大队两年时间喂养出千斤大肥猪，闻名全省。

1963年

9月，沂源县农水局分设，设立沂源县农业局。

鲁山种畜场由沂源县供销社管理转为沂源县农业局管理。

沂源县树立农业战线上“十面红旗”：西鱼台、于家北坡、东上峪、凉泉、后水北、江家峪、青冶行、刘家峪、璞邱、金星。

1964年

8月1—7日，连续7天暴雨，三座小型水库决堤，房屋、栏圈倒塌997间，死亡8人，死亡牲畜412头，作物内涝面积2.4万亩。

沂源县开展“农业学大寨”运动。共整地32.9万亩，改造涝洼地2万亩。

石桥公社石桥大队牛、羊有布病流行。经平板凝集实验布病阳性率17％。

1965年

1月，沂源县开展“四清”运动。

3月，沂源县应用地瓜温床塑料薄膜育苗技术。

春，中共山东省委书记谭启龙来沂源视察治山治水、封山造林工作。

6月19日，悦庄、燕崖、张家坡区（公社）降冰雹20分钟，农作物受灾面积1.05万亩。

7月23日，大风暴雨。冲毁房屋309间，折断树木520棵，农作物受灾面积3.5万亩。

7月，临沂地区在沂源县召开蚕茧生产现场会。南麻公社刘家庄大队作了典型发言。

8月15日，三岔、东里、张家坡、鲁村区（公社）遭遇大风暴雨冰雹袭击，冲毁房屋830间，淹死生猪7头、羊16只，农作物受灾面积1.28万亩，其中绝产500亩。

1966年

悦庄区（公社）西赵庄村购铁马-6型小四轮拖拉机1台，配0.5吨拖斗1个，是沂源县最早购买拖拉机的大队。

6月23日，大暴雨伴八级风、冰雹。农作物受灾面积6096亩，其中绝产1518亩，冲毁小型水库3座、塘坝14处、房屋圈舍55间。

牛流感病在全县大规模发生。

1967年

6月8日，突降暴雨冰雹。506个生产队受灾。农作物受灾面积6.18万亩，其中绝产2377亩。

推广玉米杂交种（双跃1号、3号、150号），种植面积20万亩。

1968年

4月，沂源县印发《关于农业学大寨的决定》，全县农业学大寨运动推向新阶段。

10月，悦庄公社拖拉机站建立。

全县暴发猪喘病。

1969年

10月2日，全县出现初霜冻、黑霜，地瓜、蔬菜受冻害。

“文化大革命”两派斗争激化。县、公社农业技术部门瘫痪，农业技术工作停滞。

1970年

7月27日，梭背岭石峡峪一带遭雷击，击死耕牛6头。

6—7月，小麦黄熟期干热风严重，全县小麦减产2~3成。

10月10日，县农业局抽调5人去海南岛保宁县加茂公社半弓大队南昌生产队，开展玉米、高粱制种，面积30亩，繁育良种750公斤。

从四川引进荣昌猪进行纯繁。

1971年

6月27日，大风刮坏房屋7635间，揭盖550间，折断树木4.55万棵，农作物受灾面积1.91万亩。

县农业局抽调13名技术员前往海南岛开展玉米、高粱制种，面积70亩，繁育良种6168公斤。

1972年

4月30日，鲁山种畜场从四川省引进荣昌猪132头，因检疫不严，带入猪瘟病，致使本场仔猪死亡280余头，种猪死亡12头，损失3万余元。

秋，沂源县种子站从疫区引进携带全蚀病毒的小麦品种，导致小麦全蚀病在全县大面积发生，到1978年发病面积2万多亩，小麦减产100多万公斤。

1973年

2月11—17日，沂源县五级干部大会召开，大会提出“为1973年粮、棉上‘纲要’而奋斗”，开展粮、棉、花生、生猪上“纲要”过“长江”运动。

沂源县农业机械管理局重新成立，各公社设立农业机械管理站。

秋，沂源县良种场在悦庄公社苗山西建场，面积211亩。

开办农机人员培训班。

1974年

1月31日，县委召开全县五级干部大会，贯彻农业学大寨精神，表彰农业学大寨先进集体，450个单位受表彰，972个单位上光荣榜。

全县开展粮食、棉花、花生生产上“纲要”（平均亩产粮食500斤以上，棉花80斤以上，花生300斤以上）行动。

推广湖南华容县“四级农科网”建设经验，以管理区为单位建立技术交流网83个，配备网长83名，多数大队组建科研队。

春，沂源县农业机械局、县拖拉机站迁址二郎山。

1975年

3月，沂源县第一批拖拉机女驾驶员在县农机局培训。

秋，沂源县组织15.2万人，对39道山岭、10条河，进行山水林田路综合治理。

11月1日，沂源县委抽调一批干部组成农业学大寨工作队，分赴各公社帮助开展农业学大寨运动。

蚕茧突破百万斤大关。

建立沂源县缫丝厂，是山东省四大桑蚕丝生产出口企业之一。

1976年

4月，取缔农村个体经济。

临沂地区在沂源县召开农机管理工作经验交流会议。

5月，农业部部长郝中土、山东省委书记白如冰等到沂源视察抗旱春播、小麦春灌和人畜用水情况。

沂源县农业机械研究所成立。

全县粮食上“纲要”的大队450个，其中过“长江”（生产大队平均亩产粮食1000斤以上）的大队103个；棉花“上“纲要”的大队6个；花生上“纲要”的大队27个。

成立沂源县棉烟麻公司，隶属县供销社。

悦庄中学建成小型磷肥厂。

根据省农业厅部署进行品种资源征集，包括农家品种和野生品种。

1977年

6月30日，雷雨大风。全县200多个村受灾，损毁房屋4万间，折断树木10万株，农作物受灾面积20万亩。

悦庄公社建立沂源县绢丝厂。

沂源花椒开始出口创汇，销往日本、美国、英国、泰国、新加坡等国及中国香港地区。

筹建沂源县烟叶复烤厂。

1978年

1月，沂源县化肥厂建成投产，主要生产碳酸氢铵，年产3万吨左右。

沂源县确定了养猪上“纲要”（生产大队平均每户养殖生猪2.5头以上）目标，有32个大队养猪上“纲要”，年内生猪存栏量达到14.66万头，收购肥猪8.29万头，出栏21.92万头。

6月29—30日，大风。全县14个公社受灾，其中重灾6个公社、200个大队，损坏房屋4万间，农作物受灾面积20万亩。

1979年

11月，沂源县农机公司从县供销社生产资料公司分出。

14个公社建立农机管理站，站长由公社领导兼任。

1980年

4月，南麻公社筹建南麻卷烟厂。

11月，畜牧管理业务再次从沂源县农业局分出，成立沂源县畜牧局。

大力发展山地桑，确定侯家官庄等30个大队为全县山地植桑重点村。

建立猪育种繁育体系，推行“三化”（母猪当地化、公猪良种化、商品猪杂交化）发展。

沂源县果品公司建成沂源第一座恒温保鲜库，年储存保鲜果品2000吨，是山东省四大示范恒温保鲜库之一。

1981年

3月，在全县推行土地包干到户生产责任制。

3月，土门、南麻公社农机管理站、拖拉机站两站合一，更名为农机服务站。

春夏秋连旱，2万亩小麦绝产，黄烟、地瓜重栽2~3茬，大秋作物减产2~4成。7万亩小麦不能播种。

12月，各公社农机管理站临时工下放。

12月，鲁村公社曹家庄大队明火烤车，引起火灾，烧毁泰山-50、泰山-12拖拉机各1台，车库4间，直接经济损失达1.01万元。

成立沂源县丝绸公司。

1982年

1—5月降雨量不足50毫米，全年降水仅442.5毫米，大旱百年未遇。河流除沂河有小径流外，其余均干涸；406座水库、塘坝，除5座较大者外，余皆干枯；地下水位下降7~10米。全县11.5万亩小麦绝产半绝产，上半年有300个村庄（23万人）人畜用水困难。

11月，全县开展土壤普查、草场普查，历时三年。

沂源县农业局设土地管理股，负责城乡建设征地的批办工作。

创办农业中学，翌年招生3个班共167人。

1983年

5月20日，前期大旱60天，后降暴雨伴有冰雹。218个大队12.3万亩农作物受灾，小麦减产30.5万公斤，苹果、花椒、桑园减收3~5成。秋，发生农田鼠害。

6月，成立县农机安全监理站。

9月，黄庄公社成立农经服务公司。

10月，沂源县900多个团支部，11万青少年响应团中央号召，义务采集树种、草种2194公斤，支援甘肃省。

12月1日，各种布票、棉絮及棉织品实行免票供应，取消自1954年以来的凭票供应制度。

全县科技带头户发展到2800户。

引进一公一母两头美国品种杜洛克种猪。

山东省科委投资25万元，将选育沂蒙黑山羊作为重要科研课题。

1984年

1月，沂源县政府办公室印发《农用柴油管理试行细则》文件，农用柴油由农机部门管理分配。

6月，沂源县农业机械局更名为沂源县农机服务公司。

县农业局与县畜牧局合并为县农牧渔业局。

7月12日，特大暴雨伴有八九级大风。531个村受重灾，6525户被淹。

秋季，牛流感大面积发生。

沂蒙黑山羊选育工作被列为山东省科技攻关项目，并大规模选育，研究成果载入《中国技术成果大全》。

黄庄镇发生兔瘟，迅速扩散。

1985 年

1月，农村基层体制改革完成，677个生产大队改为村民委员会。

12月，沂源县扶贫开发领导小组办公室成立。

沂源县悦庄镇民悦食品厂建立，生产“悦牌”果脯系列产品，是沂源县首家农产品生产加工龙头企业。

东鱼台村苗纪友、刘圣法各建1个黄瓜和辣椒春暖大棚，沂源县开始保护地反季节蔬菜生产。

粮食征购实行改革，将征购派购改为合同定购，价格是“倒三七”，即评价三，议价七。

两次组织500名干部对全县贫困村进行调查，有284个贫困村，其中重点贫困村101个，20263户、76525人。

1986 年

6月，农机培训班从农机管理站中单列为沂源县农业机械化学校。

6月，沂源县被列为全国农村能源重点县之一。

7月，山东省政府批准，南麻一、二、三村和黄庄吕家庄村、西冶村由农业户口转为非农业户口，共转6301人。

10月，沂源县被列为全国农村能源建设重点县。

全县发生大面积兔瘟，成群死亡，年内基本得到控制。

红富士苹果在全县大面积推广，沂源苹果进入了“红富士”发展时代，成为沂源第一果。

1987 年

8月19日，4个乡镇75个村遭遇暴风雨袭击。受灾作物面积5.7万亩，折断树木1890棵，冲毁民房450间，中断高压线路7条。直接经济损失700多万元。

沂源县被列为山东省优质烟生产基地。

1988 年

1月，成立沂源县畜牧开发公司，为正科级事业单位。

4月，设立沂源县农业技术服务中心、沂源县果树技术服务中心，隶属沂源县农业局。

7月15—16日，暴风雨伴有冰雹。6个乡镇65个村受灾较重。农作物受灾面积4.84万亩，成灾面积2.922万亩，绝产9860亩。折断树木6070株，倒塌房屋121间，冲毁地堰5400多道、河坝29处、连村路11公里。

7月，沂源县农业机械服务公司更名为沂源县农业机械管理局。

8月24日，设立沂源县畜牧局，与沂源县畜牧开发公司为一个单位，挂两块牌子。

9月，成立沂源县农机化技术开发服务中心。

9月，沂源县被列为山东省细毛羊基地县。

10月6—8日，国务院经济开发领导小组顾问林乎加、副组长朱荣等带领北方12省市和国务院7个部门领导110多人，到南麻镇大田庄村和张家坡乡阳三峪村视察农村经济开发情况。

成立农业承包合同管理委员会、农村合同仲裁委员会。

山东省人民政府将沟泉乡高村流域确定为省长绿化点。

1989年

1月，设立沂源县畜牧开发公司，属科级企业单位，与畜牧局分设。

春，与淄博市农业局签订3000亩玉米良种培育合同。

3月28日，鲁山种畜场发生火灾，直接经济损失2100元。

3月，设立农机维修管理站。

4月，沂源县引进新西兰考力代种羊2只。

6月3日，沂源县畜牧开发公司同沂源县畜牧局合并。

6月28日和30日，114个村遭遇特大风雹袭击，受灾面积11.60万亩，成灾面积7.35万亩，直接经济损失1740万元。

6月，沂源县被列为国家细毛羊基地县。

9月19日，国家北方片扶贫培训班（160多人）在沂源县举办，共举办3期。

12月，沂源县农机化技术开发服务中心变更为沂源县农机物资站。

2FL-0.2型施肥机被山东省农机局评为山东省农业机械化科技进步三等奖。

1990年

3月，引进澳洲美力奴细毛羊纯种公羊3只。

6月，淄博市政府、淄博市农业局与沂源县政府、沂源县农业局签订《配制玉米杂交种合同》，制种面积8000亩。

6月，发生玉米虫害，玉米螟感染0.4万亩，黏虫感染10万亩以上。

7月，花生结荚期发生严重病虫害，花生叶斑病感染85%，花生棉铃虫、花生虫蚜病虫率25%以上。

9月4日，首届农机校“机电中专班”开班，招生60人。

9月，南麻镇东鱼台村苗纪友、刘圣法建起全县第一个冬暖蔬菜大棚，栽植黄瓜。

各乡镇农机管理站和服务站两站合一，称为农机管理服务站。

沂蒙黑山羊组群选育获省科技成果三等奖，市科技成果一等奖。

1991年

2月20日，开展果树管理年活动。

3月，全国绿化委员会、林业部、人事部授予沂源县全国造林绿化先进单位称号。

5月，国家烟草专卖局确定在沂源建设云烟生产基地。

6月5日，暴风雨伴冰雹。3个乡遭受暴风雨和冰雹袭击，农作物受灾面积6000亩，经济损失220多万元。

8月12日，沂源县蔬菜局成立，隶属沂源县农业委员会。

沂源县农机工程开发站成立。购买1台东方红-75推土机，是全县首台大型工程机械。

11月，沂源县被列为国家瘦肉型猪基地县。

悦庄镇苗山村开始发展小拱棚越冬韭菜，带动全县小拱棚蔬菜大发展。

建立全县第一家奶牛养殖场。

实施1991—1993年发展粮食生产专项资金项目。

1992年

6月，山东淄博汇源食品饮料有限公司成立，1994年迁至北京。

10月，沂源县被国家六部委授予“第二届全国农村科教影片汇映活动先进单位”称号。

12月31日，撤销县拖拉机站。

实施山区百万株佛手瓜基地建设工程，在全县大力发展佛手瓜。

全县小麦全蚀病大面积发生，造成小麦减产10%以上。

1993年

2月8日，南麻镇涝坡河村、吴家官庄村4户群发猪生5号病（猪口蹄疫），县委、县政府于9日、15日分两批对存有安全隐患的134头生猪集中扑杀，最终消灭了疫病。

5月16日，沂源县开展减轻农民负担“四清理、三整顿”工作。

12月，沂源县农业局改称为沂源县农业服务中心；县农业机械管理局更名为沂源县农机服务中心；县畜牧局改为沂源县畜牧服务中心。

汇源公司从德国引进亚洲第一条大型浓缩汁生产线，生产浓缩苹果汁，年加工苹果3.2万吨，年产浓缩汁4000吨，出口欧盟市场。

1994年

3月25日，旱作农业机械化技术试验示范项目被山东省农机局授予山东省农业机械化科技进步三等奖。

6月18日，日本果树专家佐藤俊三到东里东村进行技术指导，并举办全县果树技术培训班，培训果农技术人员100余名。

6月24日，沂源全县遭受百年不遇特大暴雨袭击。暴雨中心三岔乡、悦庄镇花水管区、土门镇大坡管区，3小时降水325毫米。29日，三岔乡又降特大暴雨，降雨量300毫米。两次暴雨冲毁大量塘坝、农田等，倒塌房屋1000余间，冲走大量粮食、畜禽等，死亡5人，伤60人。三岔、土门、大张庄、徐家庄4乡镇多处供电线路损毁或报废。三岔乡经济损失1530万元。

7月6日，大张庄、金星等6个乡镇遭龙卷风和冰雹袭击。倒塌房屋1755间，烟房753间，畜棚2518间，死亡7人，伤72人，108户群众无家可归。冲走粮食65万公斤，淹死畜禽23万头，受灾农田4.89万亩，绝产1.89万亩，一座小（二）型水库决堤，道路、电力、通信设施、厂矿企业遭到严重破坏。直接经济损失1.77亿元。

10月，石桥乡石龙官庄村示范种植大沟麦200亩。

12月4日，沂源县委、县政府制定《沂源县二五扶贫攻坚计划》，确定1995—1998年解决全县12万人温饱和脱贫致富问题。

从荷兰引进红嘎啦脱毒苗木，进行脱毒苗木繁育，是沂源苹果发展史上第一次开展脱毒苗木繁育推广。

沂源县国家扶贫开发工作重点县摘帽。

沂源县成为省重点扶持贫困县。

1995年

1月24日，沂源县委印发《关于印发共产党员帮扶贫困户脱贫致富的试行意见》，决定1995—1998年开展“双万”（万名党员帮扶万名贫困户）活动。

3月9日，山东省委、省政府授予沂源县荒山荒滩绿化先进县称号。

4月6日，山东省扶贫开发工作会议在沂源县召开。

沂源县委、县政府制定《关于深化农村改革的意见》，推行“两田制”（口粮田和责任田）。

5月7日，县委、县政府建立沂源县西部畜牧开发区。

5月，沂源县被确定为省级生态农业建设试点县。

7月10日，沂源县生猪产销实行定点屠宰、集中检疫、统一纳税、分散经营的管理办法。

9月3日，全县普降大到暴雨，8个乡镇平均降雨在150毫米以上，三岔、悦庄、土门3个乡镇受灾最重。倒塌房屋684间，冲走粮食72万公斤，淹死畜禽2500头（只）。冲毁塘坝124座、渠道6400米，6座小型水库出现险情。作物绝产9000亩，冲倒树木34万株。47家乡村企业被淹。直接经济损失3200多万元。

9月21日，全国民族地区扶贫工作经验交流座谈会在沂源县闭幕。

12月，沂源县建立100个科技富民示范带头村。

1996年

1月25日，山东省委书记赵志浩带领省直有关部门负责人到悦庄镇北张良村、上枝村走访看望贫困户。

1月，沂源县农机公司升为小Ⅰ型企业。

3月，张家坡乡刘家峪村被全国绿化委员会命名为“全国造林绿化千佳村”。

7月10日，沂源县农机服务中心更名为沂源县农业机械管理局。

7月10日，沂源县农业服务中心更名为沂源县农业局。

7月24日，三岔、东里、韩旺等8个乡镇遭受大雨暴风袭击。农作物受灾面积6.2万亩，减产30%~50%。损毁和倒塌房屋733间，刮倒树木1.3万棵，受灾人口4.7万人。经济损失1700多万元。

沂源县召开沼气“万池县”建设动员大会，当年总投资760万元，建成沼气池9238个。

沂源县开始扶贫攻坚。

1997年

1月，沂源县扶贫开发工作会议召开。

5月16—17日，山东省委书记吴官正到沂源视察农业龙头企业。

9月10日，沂源县被农业部定为“双百万株佛手瓜生产基地县”。种植面积10万亩。

10月，县财政拨付周转金，从文登市引进奶山羊200多只，分别在燕崖乡2个村，石桥乡2个村饲养。

11月7—8日，山东省“燎原计划”科技扶贫现场会在沂源召开。

沂源县整体脱贫。

12月31日，苗山韭菜、中庄草莓被评为市级名牌蔬菜。

1998年

3月10日，沂源县畜牧中心更名为沂源县畜牧局。

3月，沂源县委、县政府下发《关于大力发展冬暖大棚生产的意见》。是年，建设冬暖大棚5960亩，拱形春棚655亩，中小拱棚2457亩。

5月，沂源县农业局履行农业执法职能。

6月16日，燕崖、东里等乡镇遭受风雹灾。死亡1人，损坏房屋127间。作物受灾面积1.86万亩。经济损失2073万元。

8月，沂源县政府颁布《沂源县农业环境保护暂行条例》。

沂源县1996年实施的沼气“万池县”工程通过验收，成绩排全省第一。

鲁山种畜场引进肉用波尔山羊冷冻精液与当地黑山羊及奶山羊杂交改良，培育出一代杂合体奶山羊(萨能奶山羊)。

山东省民政厅批准沂源县开发荆山经营性公墓。

1999年

5月22日，沂源县召开加快发展特色农业大会。

6月，沂源县清理整顿农村合作基金会，年底全部清理完毕。

10月29日，沂源县扶贫开发会议召开。

淄博市畜牧局在沂源县召开全市奶山羊现场会，号召在全市推广。

“沂蒙山”牌佛手瓜被评为中国国际农业博览会名牌产品。

推行农业标准化生产，发展绿色、优质、高效农业。

在南麻镇建成沂蒙山果菜批发市场。

淄博市委、市政府确定32个市直部门对口帮扶沂源县16个贫困村。

山东省人民政府授予“沂源县全省扶贫开发先进单位”称号。

2000年

1月，农村合作基金会全部撤销，业务移交县农村信用合作联社。

2月26日，沂源县召开欢送第三批农业和农村工作队下乡大会。

5月，沂源县生态农业试点县建设通过省级验收。

6月，沂源县被农业部确定为“生态家园富民计划”项目实施县，建设内容为“四位一体”（冬暖大棚、畜禽养殖、沼气池、蔬菜种植）。

12月，悦庄韭菜获山东省农业厅无公害韭菜认证。

食用菌养殖转向基地化、规模化、品牌化发展，规模增大，品种多样。

开始发展大棚蒜黄。

苹果套袋技术全县覆盖，并扩大到桃、葡萄、梨等大众品种上。

沂源县被山东省林业厅授予花椒之乡。柿子产量居全国第19位，成为全国柿子主产区之一。

2001年

4月，沂源县农村税费改革工作启动。

5月18日，县农机局与悦庄镇政府粮食自给工程农业机械赠扶仪式在县农机局举行。悦庄镇为试点镇，赠扶20马力拖拉机10台。

5月，沂源县被农业部确定为全国首批“创建全国无公害农产品生产示范基地县”。

6月，县农机局与三岔乡政府粮食自给工程农业机械赠扶仪式在县农机局举行。赠扶三岔乡20马力拖拉机6台。

沂源县被农业部、财政部、团中央确定为2001年“跨世纪青年农民科技培训工程”实施县。

山东省农业厅、省计划委员会等八厅局授予沂源县“省级生态农业试点建设先进县”称号。

7月，撤销沂源县农业委员会，职能划归沂源县农业局。

是月，撤销沂源县蔬菜办公室，成立沂源县蔬菜产销服务中心，为正科级定额补助事业单位，归口沂源县农业局。

8月23—24日，沂源县2次遭受暴雨伴冰雹袭击。10乡镇灾情严重。16.5万亩农作物受灾，损坏房屋889间，折断树木9万余株，经济损失2.83亿元。折断线杆149根、线路111千米。

11月，沂源县被农业部列为农村小型公益设施建设农村能源项目县。建设农村户用沼气池1500个。

12月，沂源县被山东省政府确定为省扶贫开发工作重点县。编制《沂源县2002—2010年扶贫开发规划》。

“中庄”牌无公害红富士苹果被指定为全国唯一现场质量监测产品。

“苗山”牌韭菜被山东省农业厅认证为无公害农产品。建成鲁中山区首家无公害农产品生产基地。

2002年

1月23日，淄博市政府命名东里镇为林果生产专业镇，大张庄乡南旋峰村为红提葡萄生产专业村、燕崖乡燕崖村为大樱桃生产专业村、张家坡乡张家坡村为运销生产专业村、东里镇东里村为果品加工专业村。

按照依法、自愿、有偿原则，允许土地使用权合理流转。

4月，燕崖大樱桃被山东省农业厅认定为“无公害农产品”，是全国第一个无公害大樱桃产品。

6月27日，山东省农村小型公益设施农村能源项目建设现场会在沂源召开。

8月，沂源县被农业部列为全国果品标准化生产综合示范区。

县农机局被确定为正局级定额补助事业单位，归口县农业局管理。各乡镇农业机械服务站被定为自收自支事业单位。

沂源县被农业部批准为生态家园富民计划示范县。

沂源县农业综合开发办公室成立，与县扶贫开发办公室合署，负责全县农业综合开发工作。

沂源县被农业部确定为全国农业标准化生产综合示范区。

沂源县被确定为全国首批无公害果品示范基地县。

成立沂源县动物防疫监督所，隶属县畜牧兽医局。

设立沂源县畜禽标准化生产办公室，推动肉兔产业化发展。

成立沂源县农业综合执法办公室，隶属沂源县农业局。

2003 年

1月，沂源县委、县政府提出发展奶牛、肉鸡、肉兔、肉鸭四大养殖业基地建设战略。

6月，沂源县委工作会议，确定2003—2010年“三步走”战略目标，大力推行农业标准化、产业化、外向化，走农业工业化道路，建设绿色生态农业强县。

9月24—25日，齐鲁环保世纪行记者团30人对沂源县生态农业建设和生态家园富民计划工程进行考察、采访。

9月，沂源海达食品有限公司代表全国肉兔加工企业迎接欧盟兽医官的现场检查验收，并顺利通过。

10月19日，淄博百名博士科技行沂源农业专场在新城宾馆举行。

10月29—30日，全省发展农村合作经济组织现场会在新城宾馆召开。沂源县农村合作经济组织联合会揭牌。

沂源县第十二届三次全委扩大会议提出实施以果品质量和优化品牌为核心的农业结构二次调整。

2004 年

3月，县农业综合开发办公室、县财政局印发《沂源县农业综合开发资金管理暂行办法》，分6章21条。

4月，沂源县人民政府印发《沂源县农业综合开发项目运行管护暂行办法》，共12条。

7月29日，沂源县委、县政府印发《关于在村级事务管理中实行“三民主一公开”制度的意见》。

11月2日，山东海达食品有限公司代表中国肉兔加工行业顺利通过欧盟复关验收。

对种粮农民实行直接补贴政策，以小麦播种面积为基准，每亩按13元标准补贴。

2005 年

2月，农用运输车、变型拖拉机由县农机局移交县交警大队管理。

5月18日，沂源县委、县政府决定，对集体经济年收入3万元以下的247个村进行集中扶持。

8月11日，淄博市政府公布山东海达、淄博汇源、乐利事、大华永大贸易公司为2005年农业产业化市级重点龙头企业。

8月，世界银行DFID项目第二次检查团到沂源县检查DFID项目农民用水协会建设情况。

9月9日，山东省农村沼气国债项目建设现场会在沂源召开。

10月21日，沂源县政府下发《关于印发沂源县最低生活保障实施办法的通知》，实施农村最低生活保障。

11月17日，山东省政府授予山东海达公司为全省农业产业化工作先进龙头企业称号。

开始落实农机具购置补贴政策，按农机具购置总价的30％予以补贴。

2006年

1月1日，全面取消农业税及附加，取消农村“两工”，严格执行农村义务教育“一费制”。

1月23日，沂源县委、县政府提出加快实现“六化”目标，召开社会主义新农村建设工作会议，推进社会主义新农村建设。

8月，沂源县人民政府成立县农业综合开发运行管护工作领导小组。

县政府开始县级农业产业化龙头企业认定工作，建立县级农业产业化龙头企业认定标准和申报管理制度。

2007年

3月，县农业综合开发办公室、县财政局联合印发《沂源县农业综合开发项目单项工程竣工验收实施细则》《沂源县农业综合开发土地治理项目招投标实施细则》，对招投标和工程验收工作作出规定。

5月，全县第一期手扶拖拉机补贴户职业技能培训班在大张庄镇政府举办。

6月，全市第一期送科技到村农机购置补贴户职业技能培训班在大张庄镇明末峪村举办。

7月，县农业综合开发办公室、县财政局印发《沂源县农业综合开发资金县级报账提款实施细则》，分8章30条。

12月，沂源县被淄博市人民政府评为全市农业综合开发先进单位。

2008年

3月，县财政局、县农业综合开发办公室印发《沂源县农业综合开发财务管理实施细则》，分8章35条。

4月，中庄镇社庄流域林果机械化示范项目被市政府列为淄博市十大殷实小康工程项目之一。

6月8日，沂源县畜牧局更名为沂源县畜牧兽医局。

6月，淄博华盛食品有限公司选送的沂源苹果被国家奥组委指定为2008北京奥运会专供果品。

10月，沂源县有机品牌农业管理办公室成立。

12月，张家坡中低产田改造项目被省开发办评为2008年优秀项目。

沂源县畜牧兽医局制定了《沂源黑山羊生产操作规程》(为申请国家地理标志产品“沂蒙黑山羊”改称“沂源黑山羊”)。

2009年

1月，抓好有机农产品生产基地建设被列入沂源县十件大事之一。

4月，沂源县政府与济南银座集团签订有机农产品直供协议，直供基地13处、面积8000亩。

5月，沂源盛全果蔬有限公司选送的“中庄”牌苹果被国家全运会组委会指定为2009全国运动会专供果品。

10月13日，全省循环农业现场会在沂源县召开。沂源县作典型发言。

沂源苹果代表山东省参加在北京人民大会堂举办的新中国成立60周年农业发展成就展。

沂源苹果、沂源黑山羊、沂源全蝎通过国家农业部国家地理标志产品登记。

“沂源苹果”被国家工商总局注册为农产品原产地地理标志证明商标。淄博市人民政府对“沂源苹果”品牌奖励100万元。

组织实施2009年国家新增农村户用沼气项目，建成沼气池3000个，乡镇沼气服务网点10处，村级沼气服务网点38处。

沂源县被农业部列入世界银行农村户用沼气清洁机制发展(CDM)项目。

组织实施旱作农业基地建设项目，开发2.3万亩，总投资600万元。

沂源县被农业部列为基层农技推广体系改革与建设示范县。

沂源县被山东省农业厅命名为全省果品标准化

生产示范县。

沂源县在淄博市首个建立县级农业示范合作社申报管理制度。

2010 年

6月，淄博华盛食品有限公司选送的“沂源苹果”被上海世博会组委会指定为世博会专供果品。

10月，农业部在北京京西宾馆召开全国绿色食品发展20周年座谈会，沂源县作为全国唯一县级代表作了沂源县发展绿色食品的典型发言。

沂源县被山东省人民政府授予山东省高效特色农业先进县称号。

沂源县被山东省农机推广站确定为山东省农机推广示范县。

沂源县退出省重点扶持贫困县。

沂源县确定30个省级扶贫重点村。

沂源县实施“品牌惠农”战略，发展品牌农业。

中庄镇、燕崖镇循环农业示范园被列入省级循环农业示范园。

沂源县实施“农村殷实小康十大工程”。

依托沂源县山珍园土特产有限公司，成立了沂源黑山羊原种场和沂源黑山羊工程技术研究中心，开展沂源黑山羊的提纯复壮。

2011 年

2月，组织实施果业、菜业、畜牧业、中药材“四大产业”振兴计划。

9月，沂源县被国务院列入沂蒙革命老区政策支持范围。

10月15日，沂源县举办首届沂源苹果文化节，打造“沂源红”品牌。

11月，“沂源苹果”区域公用品牌价值列2010年全国区域公用品牌价值第31位。

12月，沂源县被农业部授予“全国休闲农业与乡村旅游示范县”称号。

沂源县被农业部认定为全国有机农业（红富士苹果）示范基地，是全国唯一有机苹果生产基地。

沂源县被国家苹果工程技术研究中心授予全国优质苹果生产基地。

沂源县被山东省农业厅确定为“十二五”期间全省生态农业与农村新能源建设示范项目县。

2012 年

1月，淄博市委、市政府授予沂源县建设农村殷实小康十大工程先进集体称号。

2月，淄博市人民政府授予沂源县农业局扶贫开发工作先进集体称号。

沂源县农业局被山东省农业厅评为山东省农产品展销推介工作先进集体、全省农业宣传暨科学技术普及工作先进集体。

5月，沂源县政府与山东银座集团达成合作协议，在沂源县建设直供山东银座集团果品基地，品种8个、面积8000亩。

12月，沂源县农机协会成立。

沂源县开展首届乡村之星评选，评选乡村之星20名。

中庄镇被农业部认定为全国“一村一品”示范镇。

被山东省农业厅确定为全省沼渣沼液综合利用技术推广县。

沂源红苹果大世界获上海大世界吉尼斯认证。

沂源县10个镇（街道、开发区）成立农村“三资”委托代理服务中心，推进农村土地有序流转。

沂源县确定30个市级扶贫重点村。

2013 年

10月，“沂源红”苹果品种通过山东省农作物品种审定委员会审定，成为沂源县首个自主选育的苹果新品种。

“沂源苹果”入选中国最具影响力区域公用品牌百强。

沂源县开展农村土地承包经营权确权登记颁证试点工作，完成第一、二批86个试点村确权登记。

沂源县农业局被省农业厅评为农村集体三资委托代理服务工作示范单位、农村集体经济组织清产核资工作先进单位。

燕崖镇双泉村被省农业厅认定为全省首批“一村一品”示范村。

沂源鲜桃发展面积达到最大年份。

全国畜牧总站将沂源黑山羊列入2013年畜禽种质资源保护项目，沂源黑山羊列入全国山羊活体基因库。

沂源县确定80个县级扶贫重点村。

2014年

3月，沂源县实施“美丽沂源乡村行”工程。

4月，县农业综合开发办公室、县财政局印发《沂源县农业综合开发土地治理项目工程管护工作管理办法》。

5月，沂源越水种植养殖专业合作社被农业部认定为全国休闲农业与乡村旅游五星级园区。

在南鲁山镇朱阿村开展农村旱厕改造试点工作。

开展农村土地流转交易和抵押融资服务工作。

落实《山东省农产品质量安全监督管理规定》，实施农产品产地准出和原产地追溯制度。

沂源县被淄博市人民政府认定为2014年全市农产品质量安全县，张家坡镇被评为全市农产品质量安全示范镇。

“沂源苹果”“鲁村芹菜”入选全国名特优新农产品名录。

沂源县开展新型职业农民培训工程。

沂源县在县农业局建立农村土地流转交易与抵押融资服务中心。

是年，沂源苹果栽植面积、产量达到历史最高值。

生猪定点屠宰管理办公室整建制调整到县畜牧兽医局。

2015年

2月，沂源县农村旱厕改造项目全面铺开。

4月25日，沂源县政府与预备役76师工兵团联合举办了突发高致病性禽流感疫情应急处置演练，参加演练人员260人，观摩人员200余人。

4月，淄博市审计局组成审计组对沂源县涉农资金进行专项审计，对沂源2012—2014年农业综合开发土地治理和产业化经营项目建设和资金使用管理情况进行了严格审计。

6月，组织编制《沂源县农业综合开发扶持农业优势特色产业规划（2016年—2018年）》。

“沂源红”苹果入选“2015中国好食材品牌名录”“2015最受消费者喜爱的农产品区域公用品牌”“2015年中国品牌价值评价信息央视发布会”。

沂源县盖冶映山红草莓专业合作社盖冶草莓基地被农业部认定为国家级蔬菜标准园。

实施国家农村一二三产融合发展试点项目。

2016年

1月，沂源县实施脱贫攻坚。

1月，成立中国共产党沂源县农业综合开发办公室党组。

3月，组织编制《沂源县农业综合开发“十三五”规划》。

9月，沂源县被中国果品流通协会评为全国现代苹果产业十强县（市）。

调整县扶贫开发领导机构和工作机构，县农业综合开发办公室独立办公，归口县财政局。

“沂源苹果”被中国果品流通协会授予中华名果称号。

“沂源苹果”区域品牌价值达到149.33亿元，列全国初级农产品地理标志产品（苹果）类第三位。

与束怀瑞院士专家团队合作建立了我市第一家果业“院士工作站”。

实施高效特色农业项目3000亩。

2017年

3月，制定《沂源县农业综合开发办公室2017—2018年巩固提升脱贫攻坚成果实施方案》。

6月，县农业综合开发办公室由归口县财政局管理调整为沂源县人民政府直属事业单位。

6月，“沂源苹果”被中国优质农产品开发服务协会评为2017最受消费者喜爱的中国农产品区域公用品牌。

8月，通过农村旱厕改造项目全覆盖验收。

9月，沂源县通过国家质量监督检验检疫总局验收，创成苹果、桃、大樱桃、葡萄的国家级出口食品农产品质量安全示范区。沂源苹果被山东省农业厅纳入第二批“山东农产品知名品牌（区域公用品牌）目录”，入选“2017年度全国名特优新农产品名录”，获得第十八届中国绿色食品博览会金奖。

成功培育出桃新品种——沂源“金黄金”桃。

沂源县动物疫病预防与控制中心经营性职能取消，只保留服务职能。

2018年

4月，沂源县组建实施乡村振兴战略领导小组办公室，编制《沂源县乡村振兴战略规划（2018—2022年）》。

6月，沂源县出台了《沂源县农村环境整治三年行动实施方案》。

9月23日，沂源县越水种植养殖专业合作社在张家坡镇阳三峪村举办淄博市首届中国农民丰收节。

“沂蒙山”商标被国家市场监督管理总局认定为驰名商标。

实施农村承包土地所有权、承包权、经营权“三权分置”改革。

沂河源田园综合体项目启动。

沂源“金黄金”桃成功申报国家地理标志产品。

沂源县被农业农村部认定为第二批中国特色农产品优势区（苹果）。

山东省沂源黑山羊原种场被列为山东省省级畜禽遗传资源保种场。

是年，被确定为决战脱贫攻坚年。

中国品牌价值评价信息发布“沂源苹果”为中国区域品牌（地理标志产品）前100排行榜第30位，列全国地理标志苹果类产品第3位。

2019年

1月，沂源县农业农村局组建。成立沂源县农机事业服务中心。

组建沂源县畜牧渔业服务中心，为沂源县政府直属正科级事业单位。

沂源县被农业农村部等6部委联合认定为中国特色农产品优势区（第二批）。

沂源县被山东省农业农村厅、山东省财政厅和山东省畜牧兽医局命名为山东省农产品质量安全县。

2月，沂源县工作落实年暨乡村振兴脱贫攻坚大会召开。

3月，沂源县开展“百村示范千村整治”农村环境整治行动。

中外现代果园新技术研讨暨全省水肥一体化现场会在沂源县召开。

市委书记周连华以“四不两直”方式，到沂源县大张庄镇大桑树峪村、南岩四村调研。

省财政厅厅长刘兴云、交通厅厅长江成一行到沂源县调研乡村振兴工作。到沂河源田园综合体项目现场实地查看百合种植示范园、香菇园、刘家坡民宿、万亩桃园、桃花岛及龙子峪土地治理等项目。

5月，山东省民主党派助力乡村振兴县区行活动在沂源县启动。

6月，燕崖镇姚南峪村入选第五批中国传统村落名录。

8月，市委书记江敦涛到沂源县对脱贫攻坚、乡村振兴和灾后重建工作进行调研。

9月，塔吉克斯坦共和国果树栽培和果品加工技术考察团一行30人到沂源县考察学习果树种植先进技术。

南鲁山镇被全国脱贫攻坚奖评选表彰工作办公室表彰为全国脱贫攻坚典型镇。

11月，民革省委“助力乡村振兴县区行”系列活动在沂源县举行。副省长、民革省委主委孙继业，省委统战部副部长孙仲亮出席。

12月，农工党省委副主委王军一行到沂源县开展“情系三农·同心助力乡村振兴”消除扶贫对接活动。

淄博市首届蜜蜂养生文化节在石桥镇东北庄村开幕。

省委书记刘家义一行3人以“四不两直”方式到大张庄镇走访调研。到洼子村查看旱厕改造、葡萄种植、扶贫帮扶情况。

沂源县获全省扶贫开发工作先进单位称号。沂源县扶贫办公室获全省扶贫开发工作先进集体称号。

全县农村集体产权制度改革暨承包合同清理规范工作推进会在大张庄镇召开。

全市推进乡村振兴暨脱贫攻坚现场会在沂源县召开。到东里镇下柳沟片区、鲁村镇沂河源田园综合区片区实地观摩。

全县农村宅基地“‘三权’分置”试点工作推进会召开。

全市民主党派助力乡村振兴交流推进现场会在沂源县召开。

沂源县入选首届“美丽中国·深呼吸小城高质量发展试验区”。

燕崖镇被农业农村部认定为全国“一村一品”示范村镇，入选2019年全国农业产业强镇示范建设名录。

省委副书记杨东奇以“四不两直”方式到大张庄镇大三地村调研村级闲置资产、农民专业合作社建设情况。

沂源县开始推进基层党支部领办农民专业合作社工作。

沂源县越水种植养殖专业合作社被农业农村部列为全国农民专业合作社典型案例（全国共24个）。

出台《沂源县现代农业发展扶持办法》。

山东省农业科学院（沂源）果树产业技术研究院成立并运行。

沂源“金黄金”桃被农业农村部授予2019年全国乡村特色产品。

确定为脱贫攻坚巩固提升年。

沂源县被认定为全省唯一苹果类“中国特色农产品优势区”。

县委、县政府印发《关于2019年开展村级发展增收“清零攻坚”行动的实施意见》。

2020年

3月，印发《沂源县果业振兴实施意见》。

7月，成立沂源县数字农业农村建设工作专班。

10月，沂源县越水种植养殖专业合作社被农业农村部认定为国家级农民专业合作社。

沂源县人民政府与上海蜂耘网络科技有限公司签订协议，在经济开发区建设阿里巴巴沂源“产地仓”，推进沂源苹果线上交易。

沂源县被农业农村部授予全国农村承包地确权登记颁证工作典型地区、全国农村创业创新典型县称号；被确定为国家级“互联网+”农产品出村进城试点县。

“沂源苹果”在中国品牌日参评区域品牌中列第26位，苹果类第3位。

数字果园建设成功启动。

“沂源红”苹果在中国苹果产业高质量发展大会举办的全国优质苹果大赛中荣获优质苹果金奖。

沂源县在中国·山东国际苹果节上荣获中国十大苹果产区联盟与苹果品牌发展联盟成员称号。

“沂源红”苹果获得《家乡好物》金牌认证。

是年，被确定为脱贫奔康年，年底脱贫攻坚任务完成。

东里镇福禄坪村入选国家级“一村一品”示范村，下柳沟村创建为中国美丽休闲乡村。

2021年

1月，沂源县扶贫开发办公室更名为沂源县乡村振兴局。

组建沂源县畜牧渔业服务中心，隶属县农业农村局。

整合县农业农村事业服务中心、县农业机械事业服务中心，组建县农村改革发展中心，隶属县农业农村局。

6月，成立山东沂源农业农村发展集团有限公司，12个镇（办）设立子公司。

9月，沂源苹果、燕崖大樱桃纳入农业农村部“全国名特优新农产品”名录，沂源红苹果获亚洲果蔬产业博览会金奖。

9月，编制《2021—2025年沂源县高标准农田建设规划》。

编制《沂源县高标准农田建设项目管护办法》，该办法共6章18条。

9月23日，在全省“首届山东晚熟桃大赛”评选中，沂源县选送的晚熟桃获得金奖。

12月31日，山东省人社厅认定沂源县农业技术服务中心博士后创新实践基地。

华盛科沃云数字果园被认定为全市首批智慧农业示范应用场景。

西里镇“发展农业生产托管助推山地果园振兴”模式入选全国农业社会化服务典型名单。

12月，沂源县扶贫开发领导小组办公室更名为沂源县乡村振兴服务中心，隶属县农业农村局。

12月，“沂源苹果”获山东省地理标志（原产地）优质产品。

申报通过了“沂源苹果”优势特色产业培育方案。

“互联网+农产品出村进城”试点县建设完成。

编制《沂源县水果产业“十四五”发展规划纲要》。

2022年

8月，鲁村沂河源示范区被山东省农业农村厅等三部门认定为山东省首批乡村振兴齐鲁样板示范区。

10月，山东沂源农业农村发展集团有限公司与沂源国投集团有限公司整合，职能移交沂源国投集团有限公司。

11月，编制《2021—2030年沂源县高标准农田建设规划》。

中国农业科学院与沂源县人民政府共建中国锶都、中农数院富锶产业研究院揭牌。

“沂源苹果”获首届山东地标名片。

沂源县入选全国病死猪无害化处理与保险联动机制建设试点县。

沂源县被山东省发展和改革委员会等八部门认定为山东省乡村振兴示范县。

大张庄镇、张家坡镇、中庄镇创建为省级“平安农机”示范镇。

沂源县入选国家乡村振兴示范县创建名单。

县委、县政府印发《开展携手共建聚力推进乡村振兴行动实施方案》《关于沿河、沿主干线打造乡村振兴示范片区的行动方案》。

2023年

1月，成立沂源县乡村振兴齐鲁样板建设指挥部，2024年2月更名为沂源县乡村振兴集中攻坚指挥部，下设4个工作专班。

4月，“沂源红”苹果获二十二届中国绿色食品博览会金奖，二十届中国国际保健博览会“百县百品”奖。

在第九届国际樱桃大会，沂源县选送的大樱桃荣获3个特等奖和3个一等奖。

鲁村镇龙子峪村入选2023年中国美丽休闲乡村名单。

沂源县入选全国产权权属归位和村集体经济组

织与村民委员会账务分设试点县。

9月11日，山东省质量强省及品牌战略推进工作领导小组办公室公示，“沂源苹果”地理标志加入第二批“好品山东”品牌名单。

9月23日，沂源县与山东农业大学签订《山东农业大学沂源县人民政府共建国家苹果工程技术研究中心沂源实验室合作协议》。

10月，中国保健协会授予沂源县“中国锶都”称号。

12月，沂源县被评为山东省“两全两高”农业机械化示范县，是山东省第一个获得此荣誉的山区县。

12月，县农改中心调整为正科级参照公务员管理事业单位，隶属县农业农村局。

沂源县被农业农村部评为2023年度全国村庄清洁行动先进县。

东里镇、燕崖镇入选国家农业产业强镇名单。

“沂源苹果”入选全国首批农耕农品记忆索引名录。

燕崖镇朱家户村入选第三批全国乡村治理示范村镇名单。

2024年

4月，《村庄清洁全员共治提质扩面互促发展》被农业农村部列为全国村庄清洁行动典型案例。

5月，沂源大樱桃入选好品山东名录。

6月，全省重点项目和乡村振兴现场会在沂源县召开。

8月，沂源县被列为全省首批县域数字农业发展县建设名单。

10月，富锶产业科技创新联盟、富锶产业科技创新联盟研发中心揭牌。

沂源县双义果蔬有限公司被认定为省级生态农场。

沂源大樱桃入选省级农业品牌精品名单。

沂源亿美果蔬专业合作社、沂源宏宇果蔬专业合作社入选2024中国农民合作社500强。

沂源大樱桃、沂源金黄金桃入选全国农耕农品记忆名录。

国画《老农》　李军胜（山东省美术家协会会员）

附录

记忆沂源·农业农村卷

农业人物

2021年获颁“光荣在党50年”纪念章的党员（41人）：

颜成美、赵希智、吕新斗、左效义、刘相亮、李学照、何秀利、王英德、沈光宝、左效进、刘维兰、赵军、于富桂、李化祯、李化俭、王茂德、韩波、王庆龙、周继英、张义奎、曾庆山、张立顺、李学成、葛振娟、孙振同、吴修森、刘勤学、吴茂禄、吴言德、魏纪洪、徐长河、李隆和、王克福、李敦山、刘汉柱、左效部、高福统、王秀兰、闫文臣、葛勤贵、宋作高。

个人获奖情况统计表

姓名	单位及职务	荣誉称号	授予单位	授予时间	级别
刘在明	南麻公社西鱼台村农业科技队长	新长征突击手	共青团中央	1979年	省级
东明学	沂源县农业局副局长	全国优秀科技特派员	国家科技部	2009年	省级
干兆江	沂源县气象局职工	全国气象行业技术能手	国家气象局	2013年	省级
刘　进	沂源县农业农村局果品产销服务中心生产科科长	有突出贡献的中青年专家	山东省人民政府	2019年	省级
郑继光	县农业农村局局党组书记、局长、县乡村振兴局局长、一级主任科员	山东省脱贫攻坚先进个人	山东省委、省政府	2020年7月	省级
丁宗国	县农业农村局副局长	山东省民族团结进步模范个人	山东省人民政府	2020年9月1日	省级

齐鲁乡村之星名单

姓名	性别	出生年月	政治面貌	届别	单位	人选类型
丁念华	男	1962.09		第一届2009	山东华盛果品股份有限公司	
王存刚	男	1968.09	中共党员	第五届2017	沂源县三才果品专业合作社理事长	
周长春	男	1983.08	中共党员		沂源康源生物科技有限公司总经理	
张　伟	男	1975.01		第六届2020	山东中以果业有限公司总经理	技能带动型
陈丙福	男	1970.05		第七届2021	山东沂源华康食品有限公司经理	高素质农民
田月水	男	1965.07		第八届2022	沂源县张家坡镇阳三峪村党支部书记	社会服务型
王海军	男	1985.08			山东桂北辰农业发展有限公司	高素质农民
陈义冲	男	1990.03			沂源鑫悦桔梗加工有限公司	技能带动型
贾明三	男	1982.07			淄博群易工电子商务有限公司	技能带动型
张德义	男	1962.09			沂源县双义果蔬有限公司总经理	高素质农民
刘志坤	男	1959.04			山东飞龙食品有限公司总经理	社会服务型
侯念义	男	1970.07			沂源县东益果蔬专业合作社	高素质农民
耿国梅	女	1966.04			沂源清珍源果蔬专业合作社理事长	高素质农民
李艾友	男	1977.10		第九届2022	沂源县爱友农机服务专业合作社	技能带动型
王敬忠	男	1976.04			沂源县新民养兔专业合作社	高素质农民
宋纪纲	男	1975.11			沂源绿果果蔬合作社	高素质农民
翟淑来	男	1967.04			沂源县大家万果蔬专业合作社	技能带动型
刘春省	男	1955.01			沂源县莲花山黄金桃研究开发中心	技能带动型
冯成文	男	1965.07			沂源县燕崖镇计宝峪村	技能带动型
刘建华	男	1982.02			沂源县盖冶映山红专业合作社	技能带动型

续表

姓名	性别	出生年月	政治面貌	届别	单位	入选类型
崔学亮	男	1978.06		第十届 2023	沂源县水磨农产品专业合作社	技能带动型
董　军	男	1972.12			沂源县悦庄镇下龙巷村	社会服务型
毛瑞莲	女	1968.07			沂源县金兴家庭农场	高素质农民
杨富本	男	1981.02			沂源县宜丰宝果蔬专业合作社	技能带动型
顾　伟	男	1982.04			沂源县绿琳凯果品专业合作社	技能带动型
何光达	男	1994.05			沂源广达果品专业合作社	技能带动型
王　涛	男	1988.01			沂源县贵友养鸽专业合作社	高素质农民

农业系统省级以上劳动模范统计表

姓名	性别	出生年月	政治面貌	单位及职务	荣誉称号	备注
王贵友	男	1911.12	中共党员	中庄乡于家北坡村党支部书记	省级劳模	
王文庆	男	1915	中共党员	东里镇后水北村	省级劳模	华东劳模
闫学习	男	1919.08	中共党员	燕崖乡红岭子村	省级劳模	
赵中庆	男	1919.12	中共党员	徐家庄乡凉泉村党支部书记	省级劳模	
耿成美	男	1923.04	中共党员	燕崖乡南安乐村	省级劳模	
张志兰	女	1923.05	中共党员	大张庄乡	省级劳模	华东劳模
亓元坡	男	1924.09	中共党员	鲁村镇西官庄村	省级劳模	
朱有泉	男	1926.04	中共党员	东里镇东里东村党支部书记	省级劳模	
刘启楼	男	1929.08	中共党员	张家坡乡刘家峪村党支部书记	省级劳模	
梅子风	男	1931.05	中共党员	东里镇福禄坪村党支部书记	省级劳模	
崔学汉	男	1935.11	中共党员	土门镇池埠村	省级劳模	
刘勤学	男	1940.04	中共党员	沂源县畜牧局局长	省级劳模	
陈启兰	女	1940.06	中共党员	悦庄镇西赵庄村	省级劳模	
陈炳湖	男	1942.09	中共党员	石桥乡石楼村党支部书记	省级劳模	
刘宝吉	男	1944.12	中共党员	燕崖乡双泉村党支部书记	省级劳模	
刘训谟	男	1947.05	中共党员	徐家庄乡小张庄村党支部书记、村委会主任	省级劳模	
刘太顺	男	1948.07	中共党员	张家坡乡西瓜峪村党支部书记	省级劳模	
董可芝	男	1952.01	中共党员	大张庄乡东家河沟村村委会主任	省级劳模	
陈丙福	男	1970.05	中共党员	南鲁山镇流水村党支部书记、村委会主任	省级劳模	全国二十大党代表

农业故事

身残不忘本的领路人

朱彦夫，男，1933年出生，西里镇张家泉村人，中共党员，1947年参军，1950年在抗美援朝一次战斗中失去了双手双脚和一只眼睛，成为一名特等残疾军人。1956年冬，朱彦夫拖着残躯回到家乡——唐山公社张家庄村。翌年，朱彦夫被全村7名党员全票推选为村党支部书记。接过这个担子，他深感肩上的责任重大。说道："就我这个条件，大

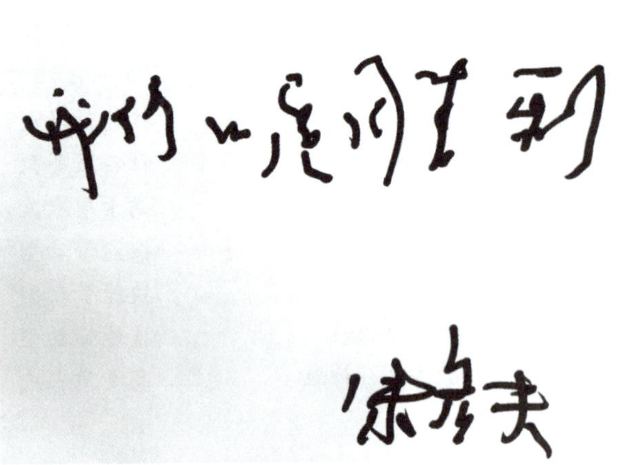

朱彦夫手稿

家能选我当支书，我无以为报，唯有一个字：拼！”担任党支部书记伊始，他开始拄着双拐，拖着17斤重的假肢，到田间地头查看生产，逐门逐户察访民情。主意拿定：治山、治水、造田、架电。一个个山里人想都没想过的大工程，在张家庄村热火朝天地干起来。

山村夜校点亮致富明灯。朱彦夫意识到，知识是改变村里贫穷落后面貌的“金钥匙”。于是决定在村里建图书室，村集体没有钱，他便拿出自己微薄的抚恤金置办图书。可村民没几个识字的，许多村民连自己的名字都不会写，很快图书室冷清下来，没有几个再去图书室了。朱彦夫又拿出自己的抚恤金办起了唐山公社山村里的第一所夜校，亲自担任教员，教群众识字。经过两年多学习，100多名社员从夜校“毕业”，成为张家庄村农业发展中坚力量。现在村里上了年纪识字的人，都是从夜校走出来的。

治水改地，让水润荒山粮仓满。张家庄村是一个两山夹一河的典型山区村，赶牛沟、腊条沟、舍地沟把农田分割得七零八落，土地瘠薄影响耕种。要脱贫先改地，朱彦夫作出一个大胆决定——填沟造地，先用石头把沟壑搭成棚状，上面垫土造农田，底部成为排水沟，做到旱能灌溉，涝能排洪。忙完秋收，全村劳力在朱彦夫的带领下，开进赶牛沟，镢刨锹挖，筐抬车推，一干就是一个冬春。朱彦夫拖着残躯的身体天天泡在工地上，用两只残臂夹着铁锹，一点一点培土。朱彦夫的意志力感动了大家，干活劲头十足，没有一个叫苦叫累的。一个冬春下来，搬了2万多方土石，建成了1500多米长的暗渠。荒废了不知几辈子的赶牛沟，变成了40多亩良田。完成赶牛沟治理，又实施荒山荒坡治理，垒堰整地填土，硬是把一座座荒山建成200多亩的大寨田。

张家庄村是个缺水村，20世纪60年代末，村民吃水很困难。朱彦夫领着水利专家翻山越岭，转遍沟沟坎坎查找水源，几天下来，数不清摔了多少个跟头。找到水源后，朱彦夫天天盯在打井工地上，现场指挥，解决难题。经过一个冬天，一眼深6米、东西宽24米、南北长33米的机井终于竣工，张家庄村有了历史上的第一眼机井。此后的两个冬天，朱彦夫带领乡亲们一鼓作气，又打出两眼大口井，修建了1500米长的水渠，彻底解决村民用水匮乏和无水浇田的问题。解决了水和土地问题，朱彦夫又带领大家在山上栽植苹果、花椒，发展经济林，让荒山变成了花果山，增加了村集体经济收入。

一身清廉，解决社员困难。社员蔡光生患有心脏病，家里穷，治不起，朱彦夫每月从抚恤金中拿出一大半给他买药治病。褚秀才兄弟五个，家里有一年断了粮，朱彦夫拿出家里有限的粮食接济他，帮助渡过难关。20世纪80年代前，化肥紧缺，朱彦夫多方协调，为村里及周边村争取化肥，用于粮食生产，成为全县使用化肥较早的村。

朱彦夫将自己的经历写成《极限人生》《男儿无悔》，被誉为“中国的保尔·柯察金”。先后荣获“全国模范伤残军人”“全国自强模范”“时代楷

朱彦夫查看农业生产

朱彦夫事迹展览馆

模”“山东省优秀共产党员”“2015中国消除贫困感动奖”“全国敬业奉献模范”“最美奋斗者”等荣誉称号。2019年9月17日，国家主席习近平签署主席令，授予朱彦夫“人民楷模”国家荣誉称号。

为民是扶贫人最美底色

北流水村是省级贫困村，山高坡陡，土地贫瘠，全村共有贫困户132户、332口人，贫困人口占全村总人口的47%。6年换7任村书记，村级班子几乎处于瘫痪状态。2000年10月，陈丙福走马上任村党支部书记。上任之初，陈丙福心上的事是怎样让村集体和乡亲们尽快脱贫致富。经过再三考察，他认为发展产业项目是带动该村及群众脱贫致富的根本之路。2002年，陈丙福带领全村老少爷们，做起桔梗生意，实现村民人均年收入2000元。2017年，投资60多万元建起桔梗加工扶贫车间，吸纳村内及周边贫困户120多人从事桔梗加工，村民人均年增收8000元。

2014年，北流水村实行党支部领办合作社，流转1300多亩土地，建成“沂源红”苹果现代农业示范园，投资600余万元建设了一处存储容量2000吨的华康食品冷藏保鲜库。收益按股份分配，10%归村集体，30%归入股村民，35%属贫困户，剩余部分归合作社作为发展基金。苹果丰产后每亩收入达1.1万元以上，年产值1400余万元，净收入600余万元，户均年增收1.1万元，村集体年增收60余万元，带动就业120余人。

2014年，流转土地300余亩发展大榛子。2016年，争取扶贫资金162万元，建起金飞扬合作社和沂香杂交平欧大榛子合作社，让村民抱团发展共同富裕。2017年，依托长江防护林项目，带动该村及周边3个村发展大榛子2000亩。投资150余万元，建设大榛子深加工项目，年加工大榛子1500吨，销售收入3000万元，年利润200万元。该项目受益村集体按投资比例持股分红，分红覆盖全村贫困户。2016年，北流水村民实现户均增收1万余元，村集体增收10万元，实现整村脱贫。陈丙福在带领群众发展经济的同时，不忘改善村民的居住环境，结合美丽乡村建设，对村庄实施硬化、绿化、亮化，改善办公条件，村容村貌焕然一新。2019年，被认定为“省级美丽乡村示范村”。乡亲们称陈丙富为扶贫书记。

陈丙福连续两届被选举为市人大代表、县党代表，2017年，被选举为省人大代表，被授予“县劳动模范”称号。2018年10月，陈丙福被山东省扶贫开发领导小组评为2018年“全省脱贫攻坚先进个人”称号。2022年，被选为全国党代表参加中国共产党第二十次全国代表大会。2023年，被授予“省劳动模范”称号。

窗户沟套袋风波

1995年5月，沂源县开始推广果实套袋技术。由于果实套袋是一项新生技术，果农不认识不接受，甚至有些乡镇干部也不接受，阻力很大。是年，先行安排在7个乡镇49个村示范。南麻镇窗户沟流域有果园50多亩，由西北麻村民周仲太等9户果农经营。果实套袋两个月后，发现果实出现虫咬痕迹，认为是袋子质量问题。9户果农带着虫咬的果实找到分管县长王本富，说是袋子质量不合格，情绪特别激动，要求赔偿损失。王本富对他们进行安慰，表示抓紧调查处理，会给他们一个满意答复。王本富深感这个问题如果不调查清楚，处理不妥，会产生极大的社会负面影响，使本来难以推广的套袋技术就可能半途夭折。

王本富稳住果农情绪，及时与省果科所李振三所长汇报情况，并召集县农业局、果树中心技术人员到现场查看实情，分析原因，查找症结，组建联合调查小组，到有关村了解套袋情况，发现其他村均没有出现类似情况，纯属个例，确定是套袋技术不过关问题。但9户果农不认可，到燕崖、中庄等村寻找套袋不成功的证据，从这些地方找了一些有伤的果子，证明是套袋不可行，继续闹腾。这个时候，外界舆论纷纷，套袋事件继续发酵，给套袋推广带来了极大阻力。

10月，果品成熟季节，套袋果品喜获成功。王本富邀请省果科所、山东农业大学、莱阳农学院果树专家到实地查看，召开座谈会，进行论证，一致认为果实套袋技术成熟，效果明显，值得推广。9户果农出现问题是技术不过关造成的。

实践证明果实套袋是切实可行的，更加坚定了王本富推广果袋的信心，经过几年不懈努力，果实套袋被果农普遍接受，并成为果品提质增效的重要技术措施 。

“沂源红”苹果诞生记

红富士苹果在沂源已有近40年的发展历史，面积达17万亩以上，占沂源苹果总面积的89.5%，农民收入的60%来自红富士苹果，成为农村经济的支柱产业，是沂源县名副其实的第一果。

由于发展历史长久，品种退化严重，果品的产量和质量出现下滑，果品效益下降，影响了农民增收。改良品种，优化结构提到了果业发展的重要议程。沂源县委、县政府高度重视，把果品新品种研发列入县政府为民办的十件大事之一。2011年8月，县农业局副局长、果树研究员东明学对全县的红富士果园展开调查，踏遍山山坎坎，查遍每一个果园，功夫不负有心人，9月29日当他爬到西里镇山西万村北山果园最上端李兆春果园时眼前一亮，发现靠路边一行果树很特别，果树叶片厚绿整齐，果枝较短，果实均匀，色泽条红，明显区别于周边苹果，在心中留下了深刻印记。

10月15日，沂源县举办第一届沂源苹果文化节，李兆春选送的苹果获全县优质苹果第一名，再次引起东明学的高度重视，并二次回到李兆春果园，详细了解、观察。后专门找到山东农业大学中国工程院院士、博士生导师束怀瑞、教授姜运茂及山东省果茶站站长苏桂林，向他们详细介绍了这个苹果的形状特点，他们一致认为这可能是一个芽变品种，值得选育。

县农业局成立苹果选育技术小组，东明学任组长，带领技术人员多次到李兆春果园进行田间观察和调查，研究生物学和果树学特性，并到西里镇唐庄、中庄镇河西、燕崖镇双泉、张家坡镇前瓜峪、东里镇虎落白峪等村调查观察近似的果园对照分析，发现他们与李兆春的果品有明显的差别。为了尽快掌握这个品种的稳定性，在周边果园搞了高接换头和嫁接育苗试验，经过反复试验观察，形状稳定，符合新品种特质。

2013年，山东省农作物品种评审委员会予以审定通过，命名为“沂源红”品种。“沂源红”苹果新品种由此在沂源诞生。中国工程院院士束怀瑞听说后非常高兴，亲笔题字“沂源红是个好品种”。

西里镇“沂源红”良种优选苗木基地

为了保护好发挥好沂源红品种优势，2013年春，东明学积极与烟台农科院果树研究所对接，委托培育“沂源红”脱毒苗木，并在南鲁山镇北流水村建立了全县第一个标准化沂源红苹果现代栽培示范园和育苗基地，开展苗木繁育和推广。2023年，全县推广沂源红品种2万亩，县外推广4万亩。

“沂源红”不仅是一个新品种，更是沂源苹果的一个符号，推动沂源苹果走向国际舞台。

省长绿化点

1989年初，省委、省政府作出奋战十年，绿化荒山的决定。省委、省政府领导成员分别在一个县建立绿化点。省长赵志浩的万亩绿化点定在沂源县沟泉乡的高村河流域，称为山东省人民政府省长万亩绿化区。

1989年3月27日上午，赵志浩一行首先来到沟泉乡上高村流域绿化点入口标志碑处和陪同人员一起栽下了4棵国槐树、2棵银杏树。后又徒步登上赵家庄西山省长绿化点，与群众一道植柏树苗。省长带头植树，极大地鼓舞了植树群众，大家干劲倍增，担水大军沿着崎岖山路你追我赶，川流不息，挖坑筑堰，树穴一个个建成，植树速度加快。热火朝天的植树场面拉开了省长绿化点建设的序幕。植树过程中，赵志浩看到一起植树的一位小姑娘，间你姓什么？姑娘回答说姓赵，赵志浩风趣地说：“那咱栽的这棵树就叫赵家树吧！”参加植树的还有临沂地委书记王渭田、副书记李祥栋、县委书记孙运河、县长朱兆彬等地县领导。赵家庄村党支部书记梁续米，身先士卒带领村民开山修路、治山上水、挖坑建果园，把全村荒山绿化，林木覆盖率达60%以上。

2002年8月16日，赵志浩（山东省委书记）来到赵家庄西山，又亲手栽下了2棵大槐树，10棵柏树。2008年4月18日，赵志浩在赵家庄西山又亲手栽下9棵柏树。当赵志浩看到当一起植树现在是2个孩子母亲的赵家姑娘时，和在场的同志讲起当年栽“赵家树”的精形。赵志浩在省长绿化点亲自栽下31棵苹果树、15棵槐树、8棵银杏树、33棵柏树。有几次植树节因赵志浩在京参加人大会议不能前来，便让夫人和工作人员专程到绿化点植树，共植树136棵，已全部长成大树。

省长绿化点历经3年9次大会战，开挖卧龙沟50万米，整鱼鳞穴100万个，修生产路100公里、交通路30公里，新建维修水电站21处，植经济树50万株、绿化树100万株。绿化点生态环境得到极大改善，经验在全省推广，有40多个县、乡镇前来参观学习。2019年4月11日，在省长绿化点建点30周年之际，88岁高龄的赵志浩再次来到赵家庄绿

省长绿化点石碑

省长赵志浩植树（1990年）

化点，看到他30年前栽的槐树已长成参天大树，特别高兴，对赵家庄村的巨大变化，给予高度评价。并看望了当年参加绿化点建设的部分村干部和红花峪村管护员张明山一家，向村里赠送了亲笔题词和一箱自己珍藏多年的书籍。再次把深厚感情投入这一方令他情牵梦绕的百姓之中。

卧龙沟会战

1989年秋，沟泉乡党委、政府决定在省长绿化点基础上，压茬推进荒山治理，向荒山要效益，增加村民收入。战场确定在朱家庄、宋家庄、红花峪东侧三村交界的庙子岭区域，总面积2000亩。采用挖卧龙沟模式，宽2米、深1米，沿水平线围山转，一条沟通到底，形状似龙，建成层层梯田，称作卧龙沟。10月9日，大会战打响。出台考核机制、奖惩机制，层层签订责任状。乡党委班子成员实行包村责任制。动员全乡劳力1万多名，自带干粮、农具开展大会战。县委书记孙运河多次调研指导，经过半月艰苦奋斗，8万米卧龙沟，10华里环山路成功告捷。山东省委副书记陆懋增、国家扶贫领导小组副组长许林枫等领导前来参观，给予充分肯定。乡党委书记王本富在北方各省扶贫会议上作了经验介绍。1990年3月10日，省长赵志浩到会战中心庙子岭视察。2008年4月，赵志浩再次来到卧龙沟，看到昔日的荒山野岭变为如今的漫山花果，非常高兴，同果园管理员张明山、李宗义全家及在场的干部群众合影留念。

沂源冬暖大棚情怀

1989年，寿光市三元朱村党支部书记王乐义会同村“两委”班子，发明了冬季日光温室生产蔬菜技术，在寒冷的冬季能生产出新鲜蔬菜。1997年，沂源县组织重点乡镇、村、重点户多次前往三元朱村参观学习，向王乐义请教，并恳请王乐义亲临指导，王乐义欣然同意。3月31日，在新城宾馆三楼会议室举办冬暖大棚建设动员大会暨王乐义冬暖大棚报告会。各乡镇分管乡镇长、农技站长，重点村党支部书记、主任、重点户、县直有关部门负责人200多人参加会议。对发展冬暖大棚进行安排部署，拉开了沂源县寿光式冬暖大棚建设序幕。6月23日，王乐义派出4名技术员来沂源指导。1998年，全县共建成冬暖蔬菜大棚1000亩，其中较大规模的示范村22个，分别是南麻镇东沙沟村、西沙沟村、北大岩村，燕崖乡河西村、燕崖村，悦庄镇东悦庄村、北笪庄村、阿陀村、儒林集村，鲁村镇西坡村、鲁村二村，徐家庄乡邢家庄村、西徐家庄村、埠西村，三岔乡中文坦村、丝窝村、茅台村，沟泉镇宋家庄村、朱家庄村、赤坂村、西峪村，土门镇九会村。其中南麻镇东沙沟村、燕崖乡河西村规模大标准高，全县冬暖棚建设现场会在此召开，对全县冬暖棚建设起到较好示范带动作用。12月12日，悦庄镇东悦庄村部分冬暖棚种植户受了药害，黄瓜出现枯萎现象，王乐义及4名技术人员前来查看，原因是菜农用硼肥过量导致肥害。王乐义拿出3万元表示对受损户补偿。王乐义及技术员多次来沂源无偿指导，分文不取，路费自付，没有给沂源添任何麻烦。

抗疫之战

1993年3月13日，悦庄、张庄等局部地区发生猪口蹄疫病。猪口蹄疫是一种烈性传染病，发病急、传播快，通过空气传播，发病率和致死率达到100%。如果不及时控制，将会导致大面积暴发，对周边地区生猪生产造成重大影响。

县委、县政府高度重视，及时召开了公安、农委、畜牧、卫生等防疫指挥部成员会议，制定防控实施方案，畜牧部门负责拉网普查，摸清底子，公安部门负责捕杀，卫生部门现场消毒。几百头疑似病猪在县城东侧一个大坑进行全部消杀处理。

因处置及时，一场即将暴发的猪口蹄疫得到迅速扑灭，杜绝了疫情扩散，保证了全县生猪事业健康发展。

农事节庆

沂源苹果文化节

21世纪初，中庄、张家坡等苹果生产大镇开始举办苹果采摘节，吸引部分采摘园引导客人前来采摘。苹果采摘节社会影响力不大、文化品位低、体

首届沂源苹果文化节开幕式（2011年）

2013年10月18日，第三届沂源苹果文化节开幕，举办了沂源县十大品牌农产品、沂源“千村红”杯苹果王大赛、评选沂源苹果十大生产明星、与青岛农业大学产学研签约、“好客山东”沂源苹果采摘游、沂源苹果文化节走进济南等系列活动。

2014年，沂源苹果文化节改为“沂源红苹果文化节”。10月20日，在苹果文化大世界举办，并在张家坡镇阳三峪、燕崖镇双泉、中庄镇盖冶村设立3个分会场。主题是“摘沂源苹果·游美丽乡村”。其间举办《沂源红——我的苹果故事》征文发行、安信杯第二届农民书画大赛、优质苹果评选、“沂源苹果网”开通、沂源红苹果走进中国农交会、走进青岛等系列活动。

现不出沂源苹果品牌文化价值，不具品牌打造和果业振兴推动力。2010年10月，县有机品牌农业管理办公室提出了举办沂源苹果文化节的框架构想，形成了初步方案，提报县委研究。2011年，县委、县政府把举办“沂源苹果文化节”列为政府工作十件大事之一，确定一年举办一届，责成县农业局、县有机品牌农业管理办公室、县果品产销服务中心谋划筹办。2011年8月，县农业局组建了沂源苹果文化节工作专班，精心策划布置了沂源苹果为什么这么甜展示厅，从沂源苹果自然、生态、历史、文化、技术、品种等方面对沂源苹果深入研究分析，成为文化节的亮点和看点。10月15日，首届沂源苹果文化节在文化广场开幕。主题是“提升苹果品质·彰显沂源魅力”。其间举办了沂源苹果产业发展高端论坛、沂源苹果十大畅销城市客商座谈会、沂源苹果走进济南、张店推介会、国民休闲欢乐采摘游等系列活动。中央电视台《乡约》栏目录制了沂源苹果访谈节目。

2012年10月15日，第二届沂源苹果文化节在文化广场举办，开展“沂源红”新品种鉴定、苹果王大赛、优质苹果评选、成立沂源苹果产业协会、启动中庄“沂源红”苹果主题公园揭牌暨欢乐采摘游、沂源苹果文化节走进青岛推介会等系列活动。本届苹果王重1537克，以9999元拍卖给沂源大华永大果蔬有限公司。

2015年10月15日，第五届沂源红苹果文化节开幕。主题是“美丽沂源乡村行·中国苹果沂源红”。本届苹果文化节由政府主办改为企业主办，采取民办公助、县财政补贴办法，倡导社会化办节。由沂源县苹果产业协会主办，醉美双泉乡村旅游开发有限公司、中庄盛全农庄、阳三峪乡村旅游开发有限公司协办。其间举办优质苹果评选、苹果王大赛、沂源县十大苹果生产管理技术能手评选、十大果品产业经营能人评选、《我的家——美丽果乡沂源行》征文发行、摘沂源苹果·游美丽乡村等活动。

2016年9月26—27日，第六届沂源红苹果文化节改为2016中国苹果年会暨第六届山东沂源苹果节。主题是“苹果产销对接·美丽果乡沂源行”。由中国果品流通协会主办，山东果品流通协会、沂源果品产业协会承办。其间举办齐鲁大宗农产品交易中心开锣、沂源苹果产销对接会、现代苹果产业高峰论坛、客商签约等活动。

2017年10月15日，第七届沂源苹果文化节开幕，主题是“中国苹果沂源红”。由沂源县苹果产业协会、沂源县苹果技术协会主办。其间举办沂

第七届山东沂源苹果文化节沂源现代苹果种植十强颁奖（2017年）

源现代苹果种植十强评选、沂源苹果十大营销商评选、优质苹果评选、苹果王大赛、沂源苹果摄影展等活动。

2018年10月17日，第八届沂源苹果文化节开幕，主题是“中国苹果沂源红·乡村振兴做先锋”。山东省苹果产业协会、沂源苹果产业协会、沂源苹果技术协会主办。其间举办中缅沂源苹果签约、沂源苹果种植十强、营销十强、贡献十强、优质苹果评选等活动。

2019年9月23日，淄博2019中国农民丰收节暨第九届山东沂源苹果文化节开幕。淄博市农业农村局、沂源县人民政府、山东省苹果产业协会主办。举办2019年沂源果品销售明星企业、现代农业发展贡献奖、种粮大户颁奖；淄博市特色农产品优势区、山东省（高青黑牛）特色农产品优势区、中国（沂源苹果）特色农产品优势区授牌；苹果销售签约；三农摄影展等活动。

2020年，阿里巴巴数字农业集运加工中心开仓，10月23日，阿里巴巴数字农业集运加工中心开仓仪式暨第十届山东沂源苹果文化节开幕。举办开仓仪式、参观车间、阿里巴巴（沂源县）数字农业发展论坛等活动。

2021年10月27日，第十一届沂源苹果文化节开幕。举办2021年度沂源果业振兴突出贡献颁奖、阿里巴巴淘菜菜沂源苹果直采基地授牌、“沂源红”富锶苹果基地农超对接签约等活动。

2022年10月27日，第十二届沂源苹果文化节暨共建“中国锶都”“中农数院富锶产业研究院”揭牌仪式开幕。举办《中国富锶苹果标准》发布，“中国锶都”“中农数院富锶产业研究院”揭牌，评选优质苹果、苹果王大赛等活动。

2023年，国家苹果工程技术研究中心沂源实验室揭牌。10月22日，第十三届山东沂源苹果文化节暨“中国锶都”授牌国家苹果工程技术研究中心沂源实验室揭牌仪式开幕。农业农村部食物与营养研究院、山东农业大学（国家苹果工程技术研究中心）、淄博市农业农村局、中国农业科学院数字农业农业农村研究院（淄博）、淄博海关、沂源县人民政府主办。其间举办沂源精选产品展、电商销售大赛、优质苹果评选、乡村振兴暨苹果现代产业发展论坛、“苹果红了”美丽沂源摄影展等活动。

中国农民丰收节

中国农民丰收节是第一个在国家层面专门为农民设立的节日，旨在彰显三农工作的重要地位，提升亿万农民的荣誉感、幸福感、获得感，传承弘扬中华农耕文明和优秀文化传统。2018年起，确定每年农历秋分这一天（通常是9月23日）为中国农民丰收节。各地农民举办丰富多彩的活动来庆祝丰收、弘扬文化、推动乡村振兴。张家坡镇阳三峪村党支部书记田悦水依托沂源越水种植养殖专业合作社在阳三峪村举办首届“沂源中国农民丰收节”。投资30余万元，整理场地，布置会场，打造以玉米、花生、谷子为主题的景观小屋，举办文艺演出、篝火晚会、斗鸡斗羊比赛、剥玉米、摘花生等农事体验活动，体现庆丰收促和谐办节理念。

2019年，沂源越水种植养殖专业合作社承办淄博市第二届“中国农民丰收节”，至2023年，沂源越水种植养殖专业合作社已连续举办六届中国农

沂源首届农民丰收节（2018年）

民丰收节，阳三峪村成为沂源县中国农民丰收节举办地。每一届都举办具有沂源地域特色的农事文化活动，吸引众多群众一同庆祝。

伏羊文化节

农历六月六日是中国的一个传统民间节日，历史悠久。在汉唐，六月六称为天贶节，传说是唐僧师徒晾晒经书的日子，平民百姓则在这一天晾晒衣物、书籍。《汉书·东方朔传》记载：“伏日，诏赐从官肉”，而民间由于五谷丰登，往往农忙一停，民事风行，尝新节应运而生。至清代，六月六则成为山神的生日，故称山神节、祭山节。沂源县民间一直流传着这一传统民间节日活动。每逢这一天，男

首届伏羊文化节开幕式（2013年）

女老幼倾家出门，到山上摆上菜肴、酒、馒头等祭品祭祀山神，保佑林木茂盛，狼（狗）不伤人，粮果丰收，家人平安。祭祀活动结束后，人们在山上杀羊会餐。逐渐演变为六月六吃羊肉习俗，越来越盛行。此时刚进入夏季，羊被称为伏羊，故民间又称六月六为伏羊节。随着生活条件的改善，人们对伏羊节越来越重视，夏季饲草茂盛，羊肥膘壮，羊肉的味道更浓，每逢六月六这天，亲朋好友聚在一起，宰羊吃酒以示庆祝。2013年，山东省首届伏羊文化节在张家坡镇阳三峪村大寨沟举办。

沂源越水种植养殖专业合作社投资300多万元，在大寨沟整理场地、硬化道路、修建停车场、建设大舞台、餐饮室、更衣室等配套设施，成为山东省伏羊文化节举办地。2021年，大寨沟改称伏羊圣地，增添伏羊文化韵味。每届伏羊节会期一周，在传承祭山神、求祥瑞、祈民福等传统文化基础上，举办文艺演出、斗羊表演、篝火晚会、欢乐乡村游、知名书画家现场展示书法绘画才艺等系列活动。丰富活动内容，彰显文化底色，弘扬传统文化。

伏羊文化节斗羊

为隆重举办伏羊节，合作社提前三四天着手准备，清扫卫生，杀鸡宰羊，购置招待用品，每届要宰杀大红羊10余只，会期内免费为来客提供餐饮，大碗喝酒，大块吃肉，吸引省内众多客人前来参节、休闲、游玩。带动了阳三峪村乡村旅游发展，年接待游客1万余人，成为山东省乡村旅游示范村。

汇泉桃花节

桃花象征着爱情、美丽和希望，让人们在繁忙

第三十届汇泉桃花节（2024 年）

的生活中找到片刻的宁静与慰藉，感受春天的温暖和幸福。20 世纪 90 年代初，金星乡在涌泉村、土门镇在茨峪村举办桃花节。每到春暖花开季节，涌泉村流域、茨峪村流域漫山遍野是盛开的桃花，大山、村庄被粉红色的桃花簇拥，成为花的海洋，村在山中，人在花中，到处弥漫着春天的气息，吸引大批游客前来踏青赏花，成为旅游打卡地。1995 年始，桃花岛艺术乡村文化旅游发展有限公司董事长董方军为传承文化，推动乡村旅游与艺术乡村建设深度融合发展，注入乡村振兴新动力，在徐家庄乡龙子峪村桃花岛举办一年一度的汇泉桃花节。桃花节于每年 4 月中旬桃花盛开季节开幕，时间一周。桃花节期间，观赏美丽桃花，举办大型文艺演出、民风民俗表演、地方戏剧表演、低空飞行表演、寻找最美桃花岛亲子定向赛、艺术家现场创作等文体活动；设置非遗产品、旅游产品，品尝淄博烧烤、沂源大锅全羊等美食，充分展示桃花岛的美丽风光和丰富文化，让游客真切感受到厚重的沂源文化，体验沂源田野生活。至 2024 年，已连续举办 30 届。汇泉桃花节已成为沂源的一张名片和招牌，成为助力乡村振兴、推动乡村经济的重要节事。

中国沂源大樱桃节

燕崖镇是山东省最早种植大樱桃的乡镇之一，2023 年，种植面积 4 万亩，实现年产值 6 亿元，是农民致富果。为传承牛郎织女爱情文化，打造生态休闲品牌，建设特色小镇，2005 年始，燕崖镇开始举办一年一度的中国沂源大樱桃节，于每年大樱桃成熟上市季节开幕，时间持续 1 个月左右。举办地点不固定，视情况每年调整，采取政府主办，企业承办的形式，邀请省内外知名电商企业、新闻媒体、网红参加，至 2023 年已连续举办 19 届。其间举办优质樱桃评选、参观种植基地等活动，电商在京东、淘宝、拼多多、抖音等媒体到现场直播，搭建“互联网+”产销对接信息交流平台，打造燕崖大樱桃特色品牌，推动樱桃产业发展振兴。

第十九届燕崖大樱桃节（2023 年）

沂源十大古村落

村落是伴随着种植文明的出现而诞生的，在中国有 1 万多年历史。沂源猿人及新石器时代桃花坪扁扁洞遗址的发现，证明了沂源早期古人类的存在。据《沂源县地名志》及考古考证：沂源县村落最早出现在夏商时期，东汉初年已有 10 个村落，称沂源十大古村落。

盖 冶

位于中庄镇政府驻地2.3公里处。韩庄河在村西汇入沂河，经村西向东折而南去。公元前690年，齐灭纪国，遂设盖邑，以盖邑近音字沿革为盖冶。西汉景帝元年，于盖邑置盖县，属泰山郡，东汉亦曰盖县。晋惠帝时，置东安郡，盖县属之。村南分布17万余平方米的冶铁遗址，地面暴露有大量的残渣、烧土、铁块等冶炼烧结物，曾出土过汉代的铁釜及生铁块。由此，“盖冶”一称，或由盖地冶铁而来。1610口人，以王姓居多。村东岭、村北发现古墓群。村东岭古墓群出土陶罐、壶、铜剑等文物，地表散见大量的汉代墓砖。村北古墓群地表偶见汉代陶片及汉代墓砖，在墓群的西北角曾出过土坑竖穴式战国墓，出土了铜剑、陶罐、陶壶等文物。明嘉靖四十三年十一月初二日在村内二郎庙立碑一块，记载：“沂源乡中庄社盖冶庄”。村内有雌雄异株古银杏树两株，树龄约600年，相距50余米。雌株开花结果，雄株开花不结果，雌雄特征明显，国内少有，属国家一级保护等级。有古槐一株，树龄约300年，为二级保护等级。1984年开始发展小拱棚草莓，1996年发展大棚草莓，是全县发展草莓最早的村和最大的草莓批发市场。

东 安

位于东里镇政府驻地东约2.8公里，沂河北岸，红水河西岸。东至东九路，西依东里东村，南靠韩莱路，北临张家坡镇林前村。据沂源县文物普查资料及出土的陶器残片、古石器考证，年代属龙山文化时期至隋朝。西汉景帝二年（前156年）朝廷开始在此地置县，称东安县。《山东考古录》载：“东安郡县城，在邑西北七十里许，今东安庄后。”《续山东考古录·卷宗廿一》沂水县条载：“后汉末（或建安初立也）于盖县地置东安郡，魏因之。东安郡辖周边数县，隶属青州府。”据《中国历史地理图集》第四册载：“南北朝时期，北城是北朝后赵（襄国）东安郡治所，郡府故址即今东安村。”村名源于古郡县名，有“一村安则天下安”之意。1511口人，耿、张、杜、江姓居多。

东安古城由小城和大城组成，在春秋时期为纪国浮来邑。考古发现，东安古城遗址有龙山、商、周、汉代城墙。2006年，古城遗址被列入省级文物保护单位。城隍庙位于村东北，清末重修，修建和祭祀过程中内容多为庙主神歌功颂德，祈盼保佑一方城池平安。

丝 窝

位于南鲁山镇政府东北28公里处，凤凰山脚下，丝窝河、三峨路穿村而过。战国（前476—前221年）时期建村，距今约2300年，时属齐国。因家家植桑养蚕，连户织绢而得名。1123口人，以窦、卜、张姓居多。村东凤凰山原名玉泉山，风光秀丽，雄伟壮观，自古为著名的战略要地，被政治家和军事家重视。1947年，南麻战役、临朐战役期间，曾是陈毅元帅、粟裕大将指挥部驻所。1952年，八一电影制片厂在此拍摄《南征北战》外景时，

丝窝村俯瞰图

远望玉泉山主峰和余脉，犹如一个展翅欲飞的凤凰，改名凤凰山，成为国家AA级旅游景区。

梭背岭

位于西里镇驻地西北0.7公里处，曾是唐山公社、梭背岭乡政府驻地。北临沂河，战国（前475—前221年）时期建村，属齐国盖邑，距今约2300年。原名凤崖官庄，清康熙十一年更名为梭背岭。《沂水县志》载："九曲水自金星头北庙子岭东流，合老龙潭泉又东抵苗庄，东折至梭背岭西北入沂。"。2020年，梭背岭村与泉头村合并称岭泉村，1588口人，江、张、许姓居多。村东五圣神祠建于清顺治十四年（1657年），多次修缮，众人敬仰！

北徐家庄

位于鲁村镇西南14公里处。艾山西麓，徐家庄河、草齐路并行沿村东而过，1985—2010年为徐家庄乡政府驻地。据村边帽子岭出土陶器考证，秦汉时期已有村落。明洪武年间（1368—1398年）以徐姓得名徐家庄村。新中国成立后，以方位称北徐家庄村，1945年7月前属蒙阴县，为蒙阴重镇。2021年2月，北徐家庄、西徐家庄和鹿角山三村合并，改称徐家庄村。1969口人，徐、王、左、赵姓居多。自古商贾云集，市貌繁荣，月牙池、南庙、镜碑、棋盘街、后楼等古建筑和商号"恒顺堂""万福堂"负有盛名。

北徐家庄村俯瞰图

北旋峰

位于大张庄镇驻地，居大张庄河支流旋峰河两岸，据村北出土的汉墓群考证，旋峰村建于汉代。先后用名东瞭庄、先富峪，因常有龙卷风出现，先富峪与旋风峪谐音，人们便叫成旋风峪，后改"风"为"峰"。1960年分成南旋峰、北旋峰两个大队，以方位划分叫北旋峰峪，习惯叫北旋峰。全村969口人，以李姓居多。村北发现汉代墓群，村内现存石鼓、绣楼、清代青砖灰瓦二层小楼，南封仙岭北坡300年树龄侧柏3棵、200年树龄油松4棵。抗日战争时期，曾设八路军兵工厂。1948年，沂蒙担架

团第五营在该村成立，在淮海战役、渡江战役中屡建奇功。

东 里

位于东里镇政府驻地，北依凤凰山，南临沂河，省道韩莱公路纵贯村南。《宋史》记载为“董店”。因最早有董、李两家开店，又称“董李店”，后演化为“东里店”。《续山东考古录·卷廿一》载：“（沂水）县西北九十里，东里店东五里有东安庄……”东汉建安初，于东安庄置东安郡城，东里店即为郡城附近村镇。1962年，东里店分成两个生产大队，以方位称为东里东大队、东里西大队。东里东村有3407口人，汉、回两个民族，其中回民560人，以翟、杨、何、王、赵居多。村内有何家巷子、杨家巷子、王家巷子等古街道，清代中期始建清真寺，张家老林有《玉映草》诗碑，村北山坡建有防空洞；东里西村，有2700口人，以江、翟、张、包、李姓居多。东里东、西村是沂源县回民居住最集中的村之一。

东里店东西两侧，均发现古墓群。西侧古墓群紧邻凤凰崮，为春秋、汉代古墓群，被列为市级文物保护单位。东里西村文山西侧有簸箕洼墓群，出土汉代文物。1939年，国民党山东省政府迁至东里店，遭日军飞机大轰炸，制造东里店惨案。

东里店村俯瞰图

鲁 村

位于鲁村镇政府驻地，天湖北岸，沂河源头，乃鲁山之阳第一大村而得名。据北曹家庄村出土的商周遗址考证，商周时期该地就有人居住。汉初（前202—8年）建村，距今2000多年，春秋鲁国边陲要地。明清时期，属蒙阴县北乡鲁阳社，1933年属蒙阴县八区，1945年4月划归沂源县，2017年被沂源县人民政府公布为“千年古村落”。5225口人，杂姓村，唐、郑、冯姓稍多。1958年分为5个大队，成为5个独立行政村，同年建田庄水库。因村落位于田庄水库水位线之内，1967年始，村落搬迁至现址。天齐庙、洪福寺等古建筑被淹，古井被废弃。

鲁村俯瞰图

桑树峪

位于西里镇政府驻地西南12.9公里处，峪内多桑树，相传东汉光武帝刘秀被王莽追赶于此，以桑葚充饥而得村名。东汉（25—220年）建村，距今约2000年，时属盖县。隋代以后属沂水县，1936年属沂水县四区金星乡，1952年1月划归沂源县。1087口人，以公、赵姓居多。村南山鞍处有五角古枫树1株，高13米、胸径1.1米、覆荫190平方米，为山东省六大古树之一，树龄2000年以上，

桑树峪村俯瞰图

1983年大旱枯死。相传刘秀曾在此树下小憩，故自此该树虫蚁不生。1931年村中心建防匪红云护炮楼5栋，解放后拆除4栋，保留1栋，2012年7月被列入沂源县近现代重要史迹和县级文物保护单位。

南月庄

位于西里镇政府驻地西南12.7公里，原名魏家庄，金星头村位于其东，取吉祥言“金星照月”之意，更名月庄，因与原徐家庄乡月庄村重名，1982年更名为南月庄。东汉（25—220年）建村，距今约2000年，时属盖县。隋代以后属沂水县，1952年1月划归沂源县。696口人，以张姓居多。村南唐贞观二年建“胜水佛洞”保存尚好。1915年在庄西修建东西向石条小桥一座，长3米、宽2米、高1.5米。2017年3月，被沂源县人民政府公布为“千年古村落”。

南月庄村俯瞰图

沂源十大名吃

沂源大锅全羊

沂源黑山羊是山东省第一个国家地理标志畜产品，其独特的品质特性造就了特有的肉质。沂源吃羊的方式很特别，把羊宰杀处理干净，将羊身上所有部位放入一个大锅里煮制，煮熟的肉汤香气浓郁，肥而不腻，不膻不腥，汤清味醇，肉红细嫩，有大补之功效，称为肉中人参。这种吃法叫沂源大锅全羊。

沂源大锅全羊秘诀在煮。挑选纯种的黑色或棕

沂源大锅全羊

色羯羊，体重80斤以上最佳。黑山羊、山泉水、生姜、花椒料包、木柴五大元素缺一不可。煮4小时左右，煮熟捞出分切，羊汤留在锅中。

传统吃法讲究有仪式感，有五道程序，叫五味全羊。第一道上羊血。羊血有补铁、活血等功效，“一碗羊血汤，身体更健康！”浸好的羊血切片，用羊汤烫一下，撒点香菜末，先让客人品尝羊血老嫩，展示厨师厨艺。第二道上羊杂。羊杂具有补肾壮阳、补脾胃、排毒养颜，增强免疫力功效。“一碗羊杂汤，神仙也不当！”羊杂切制后，从锅中舀入热羊汤烫热。羊杂是最好吃的部分，一盆纯羊杂，体现出对客人的尊重。第三道上羊排。羊排具有暖胃、御寒解表等功效。“常吃羊排，感冒不来！”羊排肉最香，啃羊排，有大口吃肉，大碗喝酒的豪爽义气。第四道上羊肉。羊肉营养丰富，食补极品。“一碗羊肉汤，医生不开方！”前三道是前奏，这一道是高潮，大盆上桌，吃起来过瘾。第五道上羊汤炖豆腐。用羊汤炖豆腐，豆腐越炖越嫩，入口即化。“吃块豆腐爽爽口，幸福日子天天有！”物以稀为贵，若有炖羊蹄上桌，不论几只，说明这一桌客人极其重要。羊蹄富含胶原蛋白，有强筋壮骨功效。“一只羊蹄一杯酒，前程似锦壮如牛！”全羊宴进入尾声。大锅全羊已成为沂源招待客人的一道招牌菜，享誉八方。

悦庄布袋鸡

沂源喜宴上菜有个传统习惯，都是以鸡开头，叫头鸡二鱼，寓意大吉大利，年年有余。布袋鸡是吃鸡的一种形式，当地也称脱骨鸡。借鉴八宝布袋

鸡和当地鸡炖栗子、鸡炖花生米的做法，以当地散养鸡、土特产栗子、花生米为主料制作而成，具有八宝布袋鸡之形，更有鸡炖栗子、鸡炖花生米之实。脱骨后形似布袋，外形完整，清香扑鼻，营养全面，回味无穷。

制作布袋鸡有八道工艺：（一）选鸡。用一年左右的散养公鸡，太嫩欠香味，太老不易蒸熟。（二）脱骨。将鸡架、腿、翅膀大骨剔出来，保持鸡皮完好无损。（三）去四尖。去掉脚趾尖、腚尖、翅尖、嘴尖，看上去美观大方。（四）腌制。脱骨鸡外皮内，用料酒、葱花、姜片、少许盐腌二三十分钟，清洗备用。（五）拌料。将剥去外皮的栗子、泡好的花生米、切好的香菇、红枣、肉丁、肉丸子放入一个容器内，加入少许黑木耳、银耳，放入调料、食盐，搅拌均匀。（六）装料。先用牙签把开膛口封住，然后从上口用勺子把备好的料子装入鸡内，装到八成即可。（七）焯水。锅内水烧开，将鸡放在大漏勺里，放在锅里焯十分钟左右，将血水焯出来。（八）蒸鸡。将焯好的鸡清洗干净，放入大点的瓷器中，倒入高汤，放入大锅内蒸1小时左右即可出锅。布袋鸡流行于悦庄一带，故得名悦庄布袋鸡。

悦庄布袋鸡

沂源浆豆腐

我国做豆腐历史悠久，多用卤膏制作。俗话说：“卤膏点豆腐，一物降一物。”沂源是用老浆水点制豆腐，手法上明显区别卤膏豆腐，浆豆腐由此得名。传统手艺制作，老浆水点制，无任何添加，豆蛋白丰富，营养价值高。用豆腐为原料做成的菜肴，花样繁多，鲜嫩可口，百吃不厌，被称为大众情人。

沂源浆豆腐

传统做法有七道工艺：（一）泡豆子。选用优质大豆，用清水浸泡10个小时左右，将豆子泡透。（二）磨糊。用石磨磨成豆糊。（三）煮糊。将豆糊倒入锅中，一边烧火，一边搅拌，一边适量加水，停火后将锅内豆糊舀入浆液盆中备用。（四）滤渣。锅上放置箩床，用瓢把煮好的豆糊舀入豆腐布袋，扎好布袋口，两手反复用力按压，挤出豆汁入锅，豆腐渣滤在袋中。（五）点豆腐。将锅中的豆汁烧开，停火后稍等一下，将事先准备好的老浆均匀舀入锅中，豆汁慢慢变成了豆腐脑。（六）入模。把箩床放在浆液盆上，支上豆腐模子，铺上豆腐布子，用瓢将锅中的豆腐脑全部舀入模子中，豆腐浆滴入浆液盆中，豆腐脑留在模子里。（七）控浆。用豆腐布子包住豆脑，用一平整、略小于豆腐模的秫秸盖垫压在上面，再在盖垫上放上一块石头或其他重物，挤压豆腐脑滤出浆水制成豆腐。大张庄豆腐最具特色，每包有6、9、12块不等，按块售卖，其余地方按斤售卖。

随着时代发展，制作工艺有所变化，但皆在传统工艺基础上改进而来。

鲁村狗肉

狗分为田狗、家狗和菜狗，吃狗肉主要吃菜狗的肉。鲁村大街两侧有多处正宗狗肉店，其狗肉很有名气，是鲁村特色名吃。“狗肉滚三滚，神仙站不稳”，狗肉香味浓郁。文字记载中国吃狗肉有3000多年的历史，世界各地也有吃狗肉习俗。《本草纲

鲁村狗肉

目》记载：狗肉具有安神、补绝伤、补精髓，暖胃祛寒，补肾壮阳之功效。各地习俗不同，吃狗肉存有差异。鲁村狗肉煮熟后有两种吃法：（一）热吃。将狗肉用手撕成小块，加入狗肉汤，放少许葱花、胡椒粉等，上火炖开即可。（二）冷冻。将狗肉手撕成肉丝，加入狗肉汤，放入盆中，静待12小时即成狗肉冻。正宗狗肉店铺多在鲁村大街。

沂源干炒鸭

沂源河汊纵横，河塘众多，水质清澈，河鸭养殖条件得天独厚。河鸭在河里长大，以鱼虾为食，现吃现抓。鲜嫩的鸭肉芳香四溢，营养丰富，肉质鲜美。鸭肉炖煮后再炒干，故叫干炒鸭。干炒鸭炒制有四道工艺：（一）选鸭。选用一年左右的河鸭，宰杀处理干净。（二）切块。将整鸭分割，剁成小块。（三）炖煮。倒入锅中，加入泉水，加入适量的花椒包、生姜去腥味，大火烧开，小火慢炖，1小时左右炖熟，捞出备用。（四）干炒。热锅倒入食用油，量稍大些，加入大葱、姜片、花椒、辣椒炒出香味，加入炖熟的鸭肉，加点生抽、食盐快速翻炒，鸭肉表层炒干即可出锅食用。悦庄镇娄峪水库饭庄、南鲁山镇九龙泉饭店干炒鸭是特色菜。

东里大饼

东里大饼又叫东里锅饼，是地方传统特色面食，是先人外出便于带饭发明创造的，因源于东里而得名。2020年，列入市级非物质文化遗产名录。由专用炉鏊烙制而成，传统烙法非常讲究，每一道工艺必须到位，方可制成正宗大饼。主要有六道工艺：（一）和面。选择优质面粉，按固定比例加入清水，和成面团。（二）压面。将面团放在大面板上，用木杠人工反复压制，使面团柔软、均匀。（三）揉面。将大面团分成小面团，一个小面团即做一个饼。手工揉面，揉成扁圆形面团。（四）擀面。将面团抹上食用油，把扁面团进一步压扁，然后撒上面醭，用擀面杖用力慢慢擀成比炉鏊口稍小的饼。（五）压印。在正面，用专用木压条按等比例，纵横各压五条，成方格状，再在每个方格内用专用“香”章，印上“香”字。（六）烙制。将炉鏊用木柴烧热，用带油的布子在锅里擦几遍，然后将圆饼放入炉鏊内，在饼上用竹筷粗的木棒插上一些孔，便于热气从孔中排出。细火慢烙，中间需翻个面，40~50分钟烙熟，出锅后凉透方可打包。

主要有两种吃法：（一）直接入口。小口咀嚼，越嚼越香，尤其饼边，硬而脆，酥而香。（二）烩面。切成薄片，放入汤锅，小火慢煮，将饼煮透，口感软糯，满口面香。东里大饼店铺县城、东里镇皆有，正宗门店在东里老街。

沂源干炒鸭

东里大饼

沂源煎饼

山东煎饼卷大葱名声远扬。在抗日战争、解放战争时期，是沂蒙山区人们支援前线的主要食品。煎饼是山东泰沂山区传统主食，尤以沂源最具鲜明区域特色。用专用铁鏊煎烙而成，状如薄饼，故称煎饼。煎饼是粗粮精吃，干软皆宜，便携带、耐存放。软和煎饼不仅能卷大葱，且是万能卷，用玉米为原料制作而成的煎饼最为地道。

传统煎饼制作非常讲究手艺，称为摊煎饼，很辛苦。以前，当地姑娘找婆家，摊煎饼水平代表这个姑娘的做饭水平，做饭水平好坏，是相亲找到婆家的重要条件。正宗制作煎饼有八道工序：（一）选粮。去除玉米中的杂质、坏粒，清水洗净晾干。（二）碎糁。用石碾碾碎，叫玉米糁子。（三）浸泡。糁子倒入大盆，用凉水浸泡，泡透即可。（四）磨糊。把泡好的玉米糁子用石磨磨制成糊。（五）发酵。将煎饼糊置于干净盆内，加入少许发酵过的老糊当引子，静待发酵。发酵时间根据各人的口味，喜欢吃酸煎饼的，糊子发酵时间长一点，把糊子发酸，喜欢吃甜煎饼的，发糊时间短一些，也有喜欢吃不甜不酸的，发酵时间要恰到好处。（六）摊制。把鏊子烧热，用涂有食用油的布垫（油褡子）在鏊子上擦一遍，防止煎饼粘在鏊子上。用勺子将发酵好的煎饼糊舀出1勺，倒入鏊子中央，用轮耙匀摊在鏊子面上，再用煎饼抟板子把糊子抟匀、抟平、抟实，转瞬，煎饼就熟了。（七）揭鏊。用戗刀在煎饼边缘戗起个边，两手捏住边往上一，一张煎饼便从鏊子上揭下来了，顺手放在旁边的煎饼盖垫上。（八）叠制。将摊好的煎饼，用喷壶洒点水浸润一下。喷水有讲究，水多了不易保存，水少了不易折叠。把喷过水的煎饼折叠成10厘米多宽长条，从中间用刀切断或用手撕断，就成了一个煎饼。

沂源煎饼

三岔糊油面

全国各地煮面条的方法多种多样，做成地方特吃的也比比皆是。但三岔域内流传有一种糊油面的做法，先烧葱油，葱至金黄，貌似油糊，实则葱味浓厚，葱香扑鼻。此法煮出的面条润滑爽口，油而不腻，营养丰富，戏称糊油面。

三岔糊油面

糊油面制作最讲究的是火候和盐头，火候凭手艺，盐头卡标准，火候过则糊，不到则生，盐多则味重，少则无味。糊油面制作有六道工艺：（一）起锅倒入适量花生油，葱花切玉米粒大小，凉油入锅，葱花量比平时多几倍。葱花在油锅中不停翻炒，炒到变黄，炒出葱香味，火候一到立即关火。（二）捞出葱花放入碗中，放入食盐搅拌均匀。（三）用另一口锅把清水烧至开锅，面条入锅煮熟关火；将面条捞出沥干盛于碗中，每碗约7分满即可。（四）将炒制好的油葱，用小汤匙舀出两勺放入面碗；用勺子舀点热面汤逐碗加入，约8分满，使油葱似漂非漂为宜，正宗糊油面制作完成。

悦庄肴肉

猪的全身都是宝，猪肉消费量居肉类之首，猪肉味道香美，营养丰富，是多数人的最爱。猪的内脏及其他器官俗称猪下货，用猪下货制作的美食叫作肴肉，乃美味佳肴之意。肴肉盛行于悦庄区域，故得名悦庄肴肉。

猪下货有猪头、猪蹄、猪肚、猪肠、猪心、猪肝、猪肺等器官，每个器官都有自己独特的制作方法。猪下货煮熟过程就是肴肉制作过程，诀窍都在煮上，手法、火候、大料等不同，制作出来的肴肉味道相差甚远。肴肉吃法花样多变，大肠套小肠谓之套肠，最受追捧，是当地一大特色，猪肠可炖豆腐、炖白菜，可切片装盘蘸蒜泥。猪耳可拌黄瓜，猪头肉、肝、心等切块烩成一锅，曰“大锅全猪”，也可装盆做成冷冻肴肉。沂源数百年流传着农村传统大席标配，开席前先上4个果碟、4个肴碟，肴碟即肴肉碟，肴肉切成小片，放上用鸡蛋饼切丝做的菜头，浇上香醋和香油而成，乃中意的下酒小凉菜。悦庄几乎每个村都有煮肴肉的店铺，比较出名的有赵庄肴肉、悦庄街肴肉、黄山子肴肉、埠村肴肉等。

悦庄肴肉

鲁村滑汤丸子

滑汤丸子在鲁村区域盛行，故得名。外表粉弹包裹，熟后滑润，配汤调味，外糙内细，嫩滑爽口，汤丸同食，味道酸香，多吃不腻，口留余香。制作工艺：（一）剁肉。选择五花肉，加适量葱花、生姜、五香粉、料酒、酱油、食盐，剁成肉泥。

（二）加蛋清。加入鸡蛋清，搅拌均匀。（三）制丸子。将肉馅手工做成丸子，丸子大小直径约2厘米。（四）滚粉弹。将肉丸放入盛有粉弹颗粒的容器中，让丸子周身粘上粉弹粒。（五）煮熟。将水烧到80℃左右，把丸子放入锅中，待所有丸子漂起来，将丸子捞出备用。（六）烧制。锅中加入适量食用油、葱花、生姜等炒出香味，加入适量清水烧开，把葱花、生姜捞出来，倒入丸子，加入适量胡椒粉、食醋、酱油、食盐，炖2~3分钟起锅，将丸子倒入汤碗中，撒少量青菜叶点缀即可。印象沂源、金典乡韵、安信大酒店等酒店做法比较地道。

鲁村滑汤丸子

二十四节气

起　源

二十四节气起源于黄河流域，形成和发展经历了漫长的历史过程，是古代劳动人民长期经验的积累和智慧的结晶。大约在夏代，古人就发现每年四季日影的变化，冬天树木的影子长，夏天树木的影子短，开始对日影变化进行测量。测量发现，一年之中日影最长的一天总是在冬季来临的某一天，年年如此，从不变化，西周周公（周武王弟弟）把这一天称为冬至，意为寒冷冬天来临，冬至是二十四节气中出现最早的节气。确定冬至后，周公发现，从一个冬至日到下一个冬至日大约间隔365天，这就是一年的长度。春秋时代，古人利用土圭实测日晷（即在平面上竖一根杆子来测量正午太阳影子的长短）。一年中，土圭在正午时分影子最短的一天为夏至（又称日短至、短至），最长的一天为冬至（又称日长至、长至），影子长度适中的为春分或秋分，由此定出春分、夏至、秋分和冬至四个节气。战国时期《吕氏春秋·十二月纪》中，有了立春、春分、立夏、夏至、立秋、秋分、立冬、冬至等八个节气名称。公元前104年，唐都、落下闳、邓平等人制定的《太初历》（又称《甲历》），正式把二十四节气定于历法，明确二十四节气天文位置，并规定无中气之月为上月的闰月，这是中国古代历史上第一部完整统一的历法。《周髀算经》一书，把二十四节气气候变化、物象差异与农业生产密切结合，并根据二十四节气季节变化，确定农作物的适时播种与收获。在国际气象界，二十四节气被誉为中国第五大发明。2016年11月30日，二十四节气被正式列入联合国教科文组织、人类非物质文化遗产代表作名录。

二十四节气：

立春 雨水 惊蛰 春分 清明 谷雨

立夏 小满 芒种 夏至 小暑 大暑

立秋 处暑 白露 秋分 寒露 霜降

立冬 小雪 大雪 冬至 小寒 大寒

立春：春季的开始。

雨水：降雨开始，雨量渐增。

惊蛰：春雷开始乍动，蛰伏在土中冬眠的动物惊醒出土。

春分：昼夜平分。

清明：天气晴朗，草木繁茂。

谷雨：雨量开始充足而及时，谷类作物茁壮成长。

立夏：夏季的开始。

小满：麦类等夏熟作物籽粒开始饱满。

芒种：麦类等有芒作物成熟。

夏至：炎热的夏天来临。

小暑：气候开始炎热。

大暑：一年中最热的时候。

立秋：秋季的开始。

处暑：炎热的暑天结束。

白露：天气转凉，露凝而白。

秋分：昼夜平分。

寒露：露水已寒，将要结冰。

霜降：天气渐冷，开始有霜。

立冬：冬季的开始。

小雪：开始下雪。

大雪：降雪量增多，地面可能积雪。

冬至：寒冷的冬天来临。

小寒：气候开始寒冷

大寒：一年中最冷的时候。

节气歌

春雨惊春清谷天，夏满芒夏暑相连，
秋处露秋寒霜降，冬雪雪冬小大寒。
每月两节不变更，最多相差一两天，
上半年来六、廿一，下半年是八、廿三。

立春梅花分外艳，雨水红杏花开鲜，
惊蛰芦林闻雷报，春分蝴蝶舞花间，
清明风筝放断线，谷雨嫩茶翡翠连；
立夏桑果象樱桃，小满养蚕又种田，
芒种玉秧放庭前，夏至稻花如白练，
小暑风催早豆熟，大暑池畔赏红莲；
立秋知了催人眠，处暑葵花笑开颜，
白露燕归又来雁，秋分丹桂香满园，
寒露菜苗田间绿，霜降芦花飘满天；
立冬报喜献三瑞，小雪鹅毛片片飞，
大雪寒梅迎风狂，冬至瑞雪兆丰年，
小寒游子思乡归，大寒岁底庆团圆。

立春阳气转，雨水沿河边，
惊蛰乌鸦叫，春分地皮干，
清明忙种麦，谷雨种大田；
立夏鹅毛住，小满雀来全，
芒种开了铲，夏至不拿棉，
小暑不算热，大暑三伏天；
立秋忙打甸，处暑动刀镰，
白露烟上架，秋分不生田，
寒露不算冷，霜降变了天；
立冬交十月，小雪地封严，
大雪江茬上，冬至不行船，
小寒近腊月，大寒整一年。

七言节气诗

地球绕着太阳转，绕完一圈是一年。

一年分成十二月，二十四节紧相连。
按照公历来推算，每月两气不改变。
上半年是六、廿一，下半年逢八、廿三。
这些就是交节日，相差不过一两天。
二十四节有先后，下列口诀记心间。
一月小寒接大寒，二月立春雨水连。
惊蛰春分在三月，清明谷雨四月天。
五月立夏和小满，六月芒种夏至连。
七月小暑和大暑，立秋处暑八月间。
九月白露接秋分，寒露霜降十月全。
立冬小雪十一月，大雪冬至迎新年。
抓紧季节忙生产，种收及时保丰年。

节气顺口溜

正月岁朝蒙黑四边天，大雪纷纷是丰年，
但得立春一日晴，农夫不用力耕田。
二月惊蛰闻雷米似泥，春分有雨病人稀，
月中但得逢三卯，到处棉花豆麦好。
三月风雨相逢初一头，沿村瘟疫万民忧，
清明风若从南起，预报丰年大有收。
四月立夏东风少病遭，时逢初八果生多，
雷鸣甲子庚晨日，害虫成灾损谷禾。
五月端阳有雨是丰年，芒种闻雷美亦然，
夏至风若从南起，瓜菜园内受熬煎。
六月三伏之中逢苦热，五谷田禾多不结，
此时若不见灾危，定住三冬多雨雪。
七月立秋无雨甚堪忧，庄稼从来一半收，
处暑若逢天下雨，尽管结实也难留。
八月秋分天气白云多，到处欢歌好晚禾，
最怕此时雷电闪，冬来米价道如何。
九月初一飞霜侵损民，重阳无雨一冬晴，
月中火色人多病，若遇雷声菜价高。
十月立冬之日怕逢壬，来岁高田枉费心，
此日更兼壬子日，灾殃预报损人民。
十一月初一东风多疾病，更兼大雪有灾魔，
冬至天阴无日色，明年定唱太平歌。
十二月初一东风六畜灾，倘逢大雪旱年来，
若然此日天晴好，来年农夫大发财。

风物民俗

二月二龙抬头

二月二龙抬头，又称农耕节、农事节、青龙节、春龙节等，是中国民间传统节日。二月二龙抬头的传说与古代天文学对星辰运行的认识和农业节气有关。古人认为，龙是吉祥之物，主管云雨，而农历二月二这天是龙欲升天的日子。此外民间还有多个传说，其一：据说，李世民通过玄武门之变登基后，朝局不稳，登基第二年天下大旱。贞观二年二月初二，李世民来到山西绵山，心中默念若在位期间百姓能安居乐业，四海升平，就请真龙现出真身。稍此，一条巨龙从云霄中冲出，盘在绵山之上，龙头微微抬起，紧接着下起大雨，李世民赶忙跪拜，随后巨龙长啸一声飞走。李世民便命人在此铸造龙头以示纪念，并规定每年二月初二为龙抬头日。其二：据说武则天当了皇帝后，玉帝下令三年内不许向人间降雨。但司掌天河的玉龙不忍百姓受灾，偷偷降了一场大雨，玉帝得知后，将玉龙打下天宫，压在一座大山下面。直到第二年二月初二，人们爆玉米花，让玉龙知道金豆开花了，玉帝才将其放回天庭，继续给人间兴云布雨。

二月二龙抬头的风俗丰富多彩，因各地习俗差异，不同的地区有不同的风俗活动。主要习俗有：

祭土地神 二月二既是龙抬头节，也是土地公的诞辰。惊蛰一到，百虫萌动，疾病易生，因此，很多地方的百姓都会在社日奉祀土地神，保佑人们一年平安。

吃龙食 古人认为，龙是人间的帝王，是呼风唤雨的灵兽。在龙抬头这一天，人们把所吃的食物都以龙为名，希望这样可以让自己和家人沾上龙的气息，有所出息。这一天，人们会食用与龙相关的食物，如龙须面、龙耳饺子、龙眼馄、炒黄豆（蝎豆）等，面条、馄饨一块煮叫作“龙拿珠”。二月二吃蝎豆在民间最为流行。

剃龙头 指二月初二理发。儿童理发，叫剃“喜头”，借龙抬头之吉时，保佑孩童健康成长，长大后出人头地；大人理发，辞旧迎新，希望带来好运，新的一年顺顺利利。

起龙船 在南方一些地区，有“起龙船”的传统，人们会在二月二这天点龙睛、赛龙船。

采龙气 人们会选择在二月二这天外出踏青，以吸收大自然的“龙气”，祈求健康和好运。

引钱龙 人们早早地挑水回家，倒入水缸，谓之“引钱龙”。据说最先把水挑回的人家，是最早引到钱龙的，这一年里就会财运大好。所以经常出现二月二凌晨争先恐后挑水的情形。现在，人们变通的做法是早早地从自来水管里接水，寓意财运更大、更好。

使耕牛 龙抬头也是农村的农事节。农谚曰“二月二龙抬头，大家小户使耕牛”。农时春雨贵如油。倘春雨充沛，预示着一年的大丰收。

放龙灯 在一些地方，人们会制作和放飞龙形的风筝或灯笼，以庆祝龙的苏醒。

敲龙头 在东北地区，在二月二早晨，以长竿击打房梁，谓之“敲龙头”。把龙唤醒，保佑一方平安。

围粮囤 有的地方在院子里用灶灰撒一个个大圆圈，将五谷杂粮放在中间，称作“打囤”或“填仓”，预祝当年五谷丰登，仓囤盈满。

端午节

农历五月初五，当地人叫“五月端午”。端午节源自天象崇拜，由上古时代祭龙演变而来。仲夏端午，苍龙七宿飞升至正南中天，是龙飞天的日子，《易经·乾卦》第五爻的爻辞曰：“飞龙在天。”端午日龙星既“得中”又“得正”，乃大吉大利之象。端午节，本是南方先民创立用于拜祭龙祖的节日，因传说战国时期的楚国诗人屈原在五月五日跳汨罗江自尽，后来人们亦将端午节作为纪念屈原的节日，也有纪念伍子胥、曹娥及介子推等说法。端午风俗形成可以说是南北风俗融合的产物。“端午”一词最早出现于西晋的《风土记》《说文解字》。“端，物初生之题也”，即说端为初的意思，因此五月初五被称为“端五节”。《岁时广记》说：“京师市尘人，以五月初一为端一，初二为端二，数以至五谓之端五。”古人习惯把五月的前几天分别以端来称呼。但端午的习俗却早已有之，譬如龙舟竞渡祭祀之俗，早已存在。古人以天干地支来作为载体，天干承载天之道，地支承载地之道，设天干地支以契天地人事之运。古人纪年、纪月、纪日、纪时通用天干地支，根据干支历，按十二地支顺序推算，第五个月即“午月”，午月午日谓之“重午”，而午日又为“阳辰”，所以端午也称为“端阳”。这一天，天刚蒙蒙亮，人们便到野外采集艾蒿、车前子、猪牙草、茵陈4味中草药，烧水煮鸡蛋。据说吃了这种煮鸡蛋，有预防疥疮、疙瘩之功效。端午节前几天，人们采集柠椤叶、芦苇叶包粽子。多用小米、黍子（现在也用糯米）和大枣为馅，外形有枕形、三角形、筒状，各有特色。端午节女人有缝荷包的习俗，将艾叶加香料、雄黄等，用裁剪成形状多样的花布包起来，缝制成形态各异的荷包，有驱虫祛邪之功能。俗话说“清明插柳，端午插艾”，家家户户打扫庭院，将艾蒿插于门框之上，寓意辟邪驱疫。端午节，实际上就是一个传统意义上的医药卫生节，是祖先与疾病、瘟疫作斗争的传统节日。

过 麦

麦收后背筦子走亲戚，是当地一项重要的礼仪活动。女儿携带装有肉和新麦面馒头的筦子走亲戚，大都是看望长辈，让长辈尝尝新麦子，请安问好。没结婚的女婿带的礼要多一些，除去馒头外，肉至少要10斤，或一条猪腿。也有的带一对咸白鳞鱼或一对鸡，去看岳父母，以示“吉祥如意”“年年有余”。麦子收了，也就到六月，属农闲时节，准媳妇要被婆家接去过六月，以熟悉婆家的生活习惯，加深感情。准媳妇还要给婆家人剪鞋样、做新鞋，回家时婆家要送钱和衣物以表示疼爱。

麦收敬天

节日习俗，常以老人为主，自发做敬天活动。没有固定的日期，一般是从农历五月新麦下来后延至农历六月六，其形式大体有两种。

集体敬天，是以人口多的大户人家或村中较有威望的女性老人为主，庄里乡亲自愿响应加入。敬天时，要把第一场打下来的新麦子，筛选籽粒饱满的磨成面粉包水饺。讲究的人家还凑份子钱杀猪、宰羊。择吉日，在某家的院子，或在公共场院，摆好菜肴，祈求风调雨顺，一方平安。事后猪肉按份子分食。也有人口少的小村，由村里约定俗成的主事者组织全村一起敬天。

分散敬天，在自家院内桌子摆上3碗水饺、豆腐、水果等供品，也是祈祷人口平安、五谷丰登。但不管是哪种形式，都是为了感谢大自然恩赐，祈求风调雨顺。

敬天的当日下午，用新麦子面粉包的水饺和菜肴到祖先坟前祭祀，以表示对先人的敬重和怀念。

七月十五

古称“中元节”，也叫鬼节。用来纪念后稷“教民稼穑”。七月为五谷成熟季，人们拔几株高粱、谷子放在家门口，请后稷来家赴宴，观看庄稼，并请祖先作陪，后逐步演变成为上坟祭祖的日子。本地习俗以家为单位准备鸡鱼肉豆腐、时令水果为祭品供奉先人。20世纪90年代前，南麻、鲁村、悦庄等乡镇农村多在七月十五这一天“请家堂”，把祖先一同请到家中供奉一天，东南部乡镇主要是上坟祭祖，少有“请家堂”的。仪式与春节基本相同。后随着生活节奏的加快，年轻人大都在外创业生活，逐渐以上坟祭祖代替。

九九重阳节

是中国民间传统节日。九九两阳数相重，故曰“重阳”。因日与月皆逢九，故又称为“重九”。古人认为九九重阳是吉祥的日子。古时民间在重阳节有登高祈福、拜神祭祖及饮宴祈寿等习俗，传承至今，又添加了敬老等内涵。自古以来，中国人就将重阳节作为一个重要的节日来庆祝。

九九重阳节的起源，可以追溯到先秦时期。据《吕氏春秋》记载，重阳节最早的活动是祭祀天地和祖先，以感谢他们的恩赐并祈求福祉。汉代《西京杂记》中提到重阳节佩戴茱萸、食用蓬饵、饮用菊花酒的习俗，这些习俗被认为可以让人长寿。九九重阳节还有一个广为流传的故事。相传在东汉时期，有一个名叫桓景的人，他的家乡遭受了瘟疫的侵袭，为了拯救乡亲们，桓景前往远方求学道术，并最终在九月九日这一天回到家乡，带领大家登高避祸，并成功驱逐了瘟疫。从此以后，每年的这一天，人们都会登高、佩戴茱萸、饮用菊花酒，以纪念桓景的勇敢和智慧。

九九重阳节的主要风俗：

登高　重阳节也被称为“登高节”，人们会在这天登上高山或高塔，以表达对祖先的怀念和对未来的期望。登高还有驱邪避凶的寓意。

赏菊　菊花是重阳节的象征，人们会在这一天赏菊、饮菊花茶，以此来庆祝秋天的丰收和生命的延续。

饮菊花酒　菊花酒是重阳节的传统饮品，具有延年益寿的功效。人们会在登高或赏菊时饮用菊花酒，以增添节日的气氛。

佩插茱萸　茱萸是一种具有香气的植物，古人认为它可以驱邪避凶。因此，在重阳节这一天，人们会将茱萸插在头上或佩戴在身上。

敬老　由于九九与久久谐音，有长久之意，因此重阳节也被视为敬老尊贤的节日。在这一天，人们会拜访家中的长辈，表达对他们的尊敬和关爱。在机关事业单位，一般在这一天组织离退休的老同志举办一些庆祝活动，以表示对老同志的关心和厚爱。

吃重阳糕　重阳糕是重阳节的传统食品，通常由糯米粉、豆沙等材料制成。人们会在节日当天食用重阳糕，以祈求全家人的健康和幸福。

谚　语

土

山地塌了堰，身份去一半。

山地脱了唇（地堰），必定饿死人。

山地功夫婆，喜欢勤动手。

山区待要发，保住水和沙。

山地无有唇，跑了金和银。

肥

间苗如上粪。

种地不上粪，等于瞎胡混。

人哄地一时，地哄人一年。

庄稼一枝花，全凭肥当家。

施肥一大片，不如一条线（集中施肥）。

施肥一条线，不如一个蛋（穴施）。

肥源到处有，就怕不动手。

地里有底货，增产有把握。

薄田出肥草，荒屋长树荫。

花前不补硼，产量减五成。

花后不补钙，果子着急卖。

肥料含有硫，质量往上走。

苗期没有锌，病毒来入侵。

土壤缺了钙，细菌感染快。

少了铜和锰，真菌它横行。

根系少了钼，氮肥跑无数。

补钾不补镁，吃果如喝水。

无氮不长叶，无磷难成花。

无钾不上色，缺铁新叶黄。

缺镁老叶黄，缺钙黑点多。

氮长新叶磷长根，要想促花用磷喷。

钾抗倒伏磷抗旱，枝叶黄瘦是缺氮。

氮长叶子磷长果，有了钾肥茎秆壮。

水

桑洒条，麦洒苗。

锄头底下有潮，锄头底下有火（锄田松土、既保墒又跑墒）。

泥里拖拖，来年吃饽（秋种时的湿）。

人怕老来穷，麦怕胎里旱。

锄头上有三宝，有火有水有肥料。

雨后锄山地，恰似渴了喝口水。

有钱难买五月旱，六月连阴吃饱饭。

麦收八、十、三场雨（八、十、三指月份）。

三伏有雨好种麦。

立了秋，挂锄钩，哪里下雨哪里收。

豆子开花，地里扒虾。

种

好种出好苗，好葫芦结好瓢。

换种如上粪。

种大苗肥。

好孩有好娘，好种多打粮。

麦种去杂在田间，运到场里难辨别。

种蒜选好种，一垄顶两垄。

农 时

一年之计在于春。

白露早、寒露迟，秋分种麦正宜时。

夏季田，早一宿，高一季。

谷雨前风生，谷雨后水生（春播时间）。

蚕老一时，麦熟一晌。

棉花立了秋，便把头来揪。

秋不秋，六月二十头（农历六月二十日前后立秋）。

头伏荞麦末伏白菜。

清明高粱谷雨谷。

花见花（棉花），四十八（天）。

星门（三星）晌，把麦耩。

立秋种、处暑栽，小雪到来出白菜。

芒种三日见麦茬。

处暑三日见谷摞。

白露无青谷，寒露无青豆。

一月小寒接大寒，薯窖保温防腐烂。

立春雨水二月间，顶凌压麦种大蒜。

处暑就把白菜移，十年准有九不离。

冬至收萝卜，小雪收白菜。

立冬快拔菜，不拔受霜害。

谷雨前后，种瓜种豆。

要种四季豆，不在清明后。

秋分种立冬盖，来年清明吃菠菜。

春分早谷雨迟，清明种薯正当时。

谷雨前后种地瓜，最好不要过立夏。

白露种葱，寒露种蒜。

过了谷雨种花生，秋分时节收花生，

晚了落果叶归空。

小满芝麻芒种谷，过了立夏种黍秫。

小满不起蒜，留在地里烂。

清明忙种粟，谷雨种大田。

七月核桃八月梨，九月柿子赶四集，十月软枣黑地皮。

农　技

三分种，七分管，十分收成才保险。

九成熟，十成收，十成熟，一成丢。

秋耕骨头春扒皮（春秋耕地，深浅不同）。

麦耩黄泉谷露糠，豆子耩在地皮上。

歇锄不歇镰（麦收时抓紧收割）。

烟怕淹，瓜怕刮，豆子就怕水来抹。

一翻二不收，三翻到了秋（指翻种）。

板凳子腿，黄瓜架，间作套种好办法。

麦锄三遍满斗，谷锄八遍饿杀狗（糠少）。

棉花锄十遍，转身一提篮。

能栽婆婆丁，不栽一棵葱（黄烟栽壮苗）。

顶风岭，顺风沟，高秆作物定不收。

锄了火色地，等于上遍粪。

薄地地瓜旱地谷，涝洼地里种黍秫。

小麦玉米洼子头，谷子地瓜山上走。

头麦不锄二遍谷，过了麦，守着哭。

有收无收在于种，收多收少在于管。

砂山花生土山粮，空里代种小杂粮。

麦子不怕草，就怕坷垃咬。

庄稼喜换茬，换茬如上粪。

头遍浅，二遍深，三四遍上下狠心，五遍六遍翻上来，七遍八遍未伤根（锄棉花）。

豆子入了伏（播种），打着有和无。

涝不死的黄瓜，旱不死的椒。

茄子栽阔，辣椒栽窝。

萝卜是根，耕地要深。

葱怕雨淋，韭怕晒。

深栽茄子浅栽葱。

番茄能结五六层，打去顶尖莫心痛。

气　象

早晨烧（云），晚上浇。

开门风，闭门雨（早上有风就刮一天，晚上有雨就下一夜）。

春刮东南夏刮北，秋刮西南到不了黑。

六月里北风及时雨，好比亲娘叫闺女。

黑云起了烟，雹子在当天。

不怕初一阴，就怕初二下（初二下雨头半月没好天气）。

云彩向东一阵雨，云彩向南一片蓝（晴天）。

瓮穿裙，山戴帽，燕子低飞蛇过道（下雨征兆）。

天黄有雨，地黄有风。

山泉早晨水变少，晚上大雨似瓢浇。

早哇阴，晚哇晴，半夜哇子到不了明（一种鸟叫的声音）。

早上有雾当日晴，晚上有雾等不到明（下雨）。

烧了老龙窝，等不到晌午多。

勾勾云，晒煞人。

云来接，明日把工歇。

刮下春风下秋雨。

鱼打浪，雨上门。

丁当（小蜘蛛）爬了树，雨点往下注。

蜘蛛上吊，大雨就到。

野鹊窝朝天，大旱一百天（喜鹊）。

八月十五云遮月，（来年）正月十五雪打灯。

东虹雾露西虹雨，出了南虹晒黍秫。

大雾不过三（有雨），过三阴雨天。

连刮三天东南风，下雨不用问先生（春季）。

夕阳斜照，明天晒得老猫叫。

早晨下雨一天晴，饭后不晴下一天。

鸡鸭上架，必定要下。

旱了东南（风）不下雨，涝了西北（风）不晴天。月亮罩开口，大风在后头，月亮罩堵口，下雨有盼头。

东北风管不了阴晴。

夏至逢端阳，麦子不上场（大旱）。

涝了伏头旱伏尾。

淋了伏王（入伏前一天），一天一场。

鸡发愁，雨淋头。

吃了端午粽，才把棉袄扔。

春雨贵如油，秋雨价更高。

夏至不过不热，冬至不过不寒。

大雁不过九月九，小燕不过三月三。

春雪流成河，人人都吃白面馍。

久雨不见晴，一声霹雳鸣，阴雨即转晴。

有雨天涯亮，无雨顶上光。

寒潮过后多晴日，夜里无云地尽霜。

秋前北风秋后雨，秋后北风干河底。

夜晚西北风，半夜天就晴。

惊蛰不动风，冷到五月中。

雷声绕圈转，有雨不久远。

天上起了老鳞斑，明天晒谷不用翻。

吃了暑伏饭，一天短一线。

惊蛰乌鸦叫，春分滴水干。

立春阳气转，雨水沿河边。

其 他

人勤地不懒。

秋天弯弯腰，强似春天围庄跑一遭。

磨镰擦锄不耽工。

省囤尖强似省囤底（计划用粮）。

庄稼地里不打粮，万般买卖死了行。

春天刨个窝，秋后熬一锅。

惊蛰冒了风，旱到五月终。

处暑下雨烂谷垛。

丁当（小蜘蛛）紧闭门，场里留下人。

一寸光阴一寸金，寸草不生寸荒田。

春天有雨，谷场多粮。秋天有雨，面粉如香。

大雨下在小满前，农夫不愁水送田。

秋禾夜雨强似粪，一场夜雨一场粪。

遭了寒露风，收成一场空。

歇后语

一根筷子吃藕——挑眼儿。

一个西瓜切九块——四分五裂。

二十一天不出鸡——好大坏蛋。

七月里核桃——满了人（仁）。

刀切豆腐——两面光。

山地里的谷——个儿不大，有穗（岁）了。

马尾拴豆腐——提不得。

小老鼠吞个花椒皮——从头麻到脚。

大年五更里吃饺子——没外人。

门后头挂葫芦头——装种儿。

三九天吃葡萄——寒酸。

王八吃西瓜——滚的滚，爬的爬。

牛屎上的蘑菇——熬到粪（份）上去了。

太阳底下的洋葱——皮焦肉烂心不死。

四两棉花——不值一弹（谈）。

冬天爬桑树——没甚（事）儿找甚（事）儿。

石榴木打圆房——又酸又嫁妆（假装）。

老牛掉进枯井里——有劲使不上。

老母猪啃碗碴儿——吐不出好瓷（词）儿。

西瓜掉进油篓里——滑蛋一个。

地瓜秧子烤火——甜麻哈的脸。

羊群里跑出驴来——数着你大。

张飞打“乌麦”（高粱上长，可吃）——溜黑头子。

豆腐掉进灰窝里——吹不得，打不得。

驴头不叫驴头——长脸。

麦秸秆吹火——小气鬼。

芹菜摘了叶——梗起来了。

卤缸点豆腐——一物降一物。

两口子吃西瓜——一掰（百）。

没牙豁子啃西瓜——净道道儿。

迎着大风吃炒面——张不开口。

卖了白面买笼扇——不蒸馍馍争口气。

拔了萝卜栽上葱——一茬比一茬辣。

青皮柿子夹在驴腚里——漤（懒）不出好漤（懒）来。

茶壶里煮饺子——肚里有，嘴里吐不出来。

柴煎饼卷螃蟹——柴对了柴。

砸核桃砸出屎壳郎来——什么仁（人）儿也有。

猪鼻子里插葱——装象。

窗户台上喂兔子——出息不出大牲口来。

擀面杖吹火——一窍不通。

蝎子拉粑粑——毒（独）一份儿。

张庄豆腐——大方。

南流泉打水——接着来。

苗山的和菜——郑拌（正办）。

马连峪里拾棉花——你来他不来。

一个萝卜一个坑——没空地方。

三牛犁地——多了一套。

打麦子下雨——难收场。

牛吃草帽——一肚子圈圈。

西瓜皮做帽子——滑头滑脑。

西瓜皮擦屁股——没完没了。

西葫芦配南瓜——一对软货。

麦苗儿当韭菜——不是庄稼人。

叫花子吃豆腐——一穷二白。

大粪车子翻个——亮亮你那臭底子。

肉案上的买卖——斤斤计较。

入秋的高粱——老来红。

秋天的谷子——弯腰又低头。

九月的冬瓜——皮老心不老。

春天的萝卜——心里虚。

山头儿上的草——根子硬。

削了皮的高粱秆儿——光棍。

五月的石榴花——红火。

发了霉的葡萄——一肚子坏水。

驴粪蛋儿——外面光。

锅盖上的米——熬出来了。

拔了萝卜窟窿在——有根有据。

土豆接番茄——上下都结瓜。

民　谣

1.给钱给物，不如帮助建立一个好的党支部。

2.不怕有个烂摊子，就怕没个好班子。

3.一不等，二不靠，自力更生最重要，最后需要领导帮助配配套。

4.农忙小干，农闲大干，一年四季不断线，专业队常年干。

5.喂猪图攒粪，喂鸡换油盐。

6.有山就栽树，有草就养禽，有水就养鱼。

7.远抓林果，近抓牧，经济作物当年富。

8.因地制宜上工副，剩余劳力出劳务。

9.春季草莓和油桃，夏天时令水果鲜，冬天果品储藏全。

10.山上无树，地上无皮，田中无肥，灶前无柴，仓中无米。

11.进了小山沟，步步踩石头，小的像鸡蛋，大的如老牛。

12.无雨一片旱，有雨水成灾，无风遍地土，有风土满天。

13.山顶松柏刺槐草戴帽，山腰果树缠腰，山沟垒坝拦沙蓄水，山下是稳产高产田，地旁是机井塘坝，地边栽条压花，地间种的是花生地瓜。

14.山顶一家一个小林场，山腰一家一户一个小果园，沟间一家一户一个小塘坝，山下一家一户一片小粮田，整个山村形成了一个商品基地。

15.种草养牛，产销不愁，家有存款，住上高楼。

16.养好一只羊，顶上一亩粮，养好50只羊，三年盖楼房。

17.家养3只兔，不愁油和醋；家养10只兔，不愁棉和布；家养百只兔，走上致富路。

18.弯弯山路裤腰带，双脚不能并着踩；家乡山货拿不走，守着金山不发财；黄瓜掉了刺，西瓜裂了纹，葡萄掉了粒，百姓掉了泪；桃子出山一身伤，豆腐进城颠成汤。

19.五个月种田，一个月过年，六个月赋闲。

20.出去一个人，当年就脱贫。

21.山上光秃秃，河里满石头，外面没人来，自己四处游。

22.春看花，夏看绿，秋看果，冬看盆景满山坡（一棵棵果树都像盆景一样）。

23.才看桃花开，又摘大樱桃，吃不够的农家饭，看不够的沂源景。

24.做饭不烧柴，走路不沾泥，用水拧开关，屋内知天下。

25.小越越，乖娃娃，挖个坑，种西瓜，先长叶，后开花，结个西瓜圆又大，乐得越越笑哈哈。

26.高高山上一头牛，两个犄角一个头，四个蹄子分八瓣，尾巴长在身后头。

27.公鸡公鸡真美丽，大红冠子花外衣，油亮的脖子红红的爪，人人见了人人夸。

28.小鸡小鸡叽叽叽，爱吃小虫和小米。小鸭小鸭嘎嘎嘎，扁扁嘴大脚丫。小青蛙呱呱叫，专吃害虫护庄稼。小肥猪胖嘟嘟，吃饱饭来睡呼呼。

29.小花狗真奇怪，反穿皮袄毛朝外，见了熟人它不叫，碰到生人耍厉害。

30.杨小宝，好小伙，指望着瓜干找老婆。地瓜干烂了一半儿，老婆落了蛋儿。宝他爹着了急，背起毡包去赶集。三八赶了个南马庄，还是没赶上。

31.祥峪村，山连山，过去缺吃又缺穿。计划经济那些年，光有饭吃没有钱。党的领导真不孬，芝麻开花节节高。镇上领导关怀咱，处处照顾咱老年。村两委，齐努力，为咱百姓做好事。

32.八字宪法是个宝，农业生产离不了。
"土"为基础第一位，改良土壤增产高。
庄稼全靠"肥"当家，圈肥化肥都需要。
"水"是农业的命脉，兴修水利年年搞。
选好良"种"出好苗，优良品种产量高。
合理"密"植能增产，因地制宜很重要。
"保"护庄稼生产好，不受虫害来骚扰。
田间"管"理要勤劳，从种到收离不了。
改革"工"具提工效，土洋结合一起搞。

儿 歌

棉花种

棉花种儿，咯嘣嘣儿，我唱唱儿，兔子听。
大烧饼，薄又薄，我唱唱儿，小狗儿学。

小板凳

小板凳儿，一崴快，上南京，做买卖。
做买卖，挣了钱，好几辈子花不完。

小蚂蚱

小蚂蚱儿，肚皮黄，蹦蹦哒哒在路旁儿。
七月八月还好过，九月十月下严霜。
十一月里下了雪，叫你一命见阎王。

小羊羔

小羊羔儿，哞嘎嘎儿。恁娘呢？没在家。
吃的什么饭？干草。拉的什么屎？软枣。

这个牛

这个牛，是个牛，两个角，一个头。
四个蹄子分八瓣儿，尾巴长在腚后头。

老公花

老公花，白脖子，王二娶了个老婆子。
又拉下，又尿下，气得王二不要她。
搽上点胭脂抹上点粉儿，喜得王二抿着嘴儿。

卜卜丁

卜卜丁(蒲公英)，开黄花，死了亲娘来后妈。
后妈有个小兄弟，叫俺整天哄着他。
弟弟穿着花花鞋，俺就穿着泥碗碗儿。
弟弟穿着花衣裳，俺就穿着瓜蒌秧。
弟弟吃的饼和肉，叫俺光喝南瓜汤。
姥娘听说生了气，大舅把俺叫了去。
穿花衣，吃米饭，妗子教俺学针线。

小白鸡

小白鸡儿，上高架儿，从小在她姥姥家。
姥姥给她好饭吃，妗子给她官粉搽。
一直长到十七八，大舅给她找婆家。
找给南庄大管家，也有楼，也有瓦，
也有小车纺棉花，也有大车走娘家。
谁来搬，哥来搬，问问奶奶过几天。
过到腊月二十三，割着猪肉买着鞭，
嘁哩喀嚓过新年！

小黄狗

小黄狗儿，你看家，我上南园摘黄花。
一墩黄花没摘完，听见小狗汪汪咬。
小狗儿小狗儿你咬啥？咬得亲家不坐下。
东屋里搬板凳儿，西屋里搬杌扎儿。
亲家亲家你坐下，说说您那闺女没样法儿。
摊煎饼，抠脚丫儿，越说越抠喳！

小麻妮

花椒树，耷拉枝儿，上头结了个小麻妮儿。
脚又小，手又巧，两把剪子一齐铰。
左手铰了个牡丹花，右手铰了个灵芝草。
灵芝草上一对鹅，扑棱扑棱过天河。
过去天河是俺家，铺下棉条磕芝麻。
一碗芝麻两碗油，大姐二姐梳油头。
梳得那油头光悠悠，苍蝇上去打提溜儿，
蚊子上去竖跟头儿。

明月圆圆

明月圆圆，出来神仙。
神仙作揖，出来小鸡。
小鸡咯咯，吃个黄瓜。
黄瓜有种儿，吃块油饼。
油饼不烂，吃个鸡蛋。
鸡蛋有皮，吃个牛蹄。
牛蹄有毛，吃个樱桃。
樱桃有尖，吃个大官。
大官哇哇地喊，吃个牛眼。
牛眼一瞪，吃个牛腚。
牛腚不干净，吃个麦子煎饼。
麦子煎饼卷蒜苔，一顿吃一大口袋。

九　九

一九二九不出手，
三九四九冰上走，
五九六九沿河看柳，
七九河开八九雁来，
九九加一九，耕牛遍地走。

腊　八

小孩小孩你别馋，
过了腊八就是年。
腊八粥喝几天，哩哩啦啦二十三，
二十三糖瓜粘，二十四扫房子，
二十五做豆腐，二十六炖猪肉，
二十七宰公鸡，二十八把面发，
二十九蒸馒头，三十晚上熬一宿，
大年初一走一走。

十二生肖

子鼠丑牛来赛跑，
寅虎追着卯兔咬。
辰龙巳蛇去助阵，
午马未羊吃青草。
申猴上树酉鸡啼，
戌狗不见亥猪找。
十二生肖团团转，
一年更比一年好。

大小月份

一三五七八十腊，
三十一天永不差。
四六九十一小月，
三十天呀不变卦。
二月灵活又多变，
闰年二九平年二八。

小　调

春　耕

春天来了万物都发青，咱老百姓家家忙春耕，有主力，有民兵，保卫大春耕。主力和民兵保卫大春耕，连夜往东行，攻打蒙阴城，机枪扫，炸弹轰，我军齐冲锋。血战两夜收复蒙阴城，活捉唐一兴，消灭鬼子兵，俘虏了汉奸队两千多名。八路军打仗为咱老百姓，依靠八路军反攻有保证，打胜仗，多生产，保卫大春耕。

清闲歌

茅屋苍老，宾客稀少，看的无名草，听的鸟声叫，喜的青山隐隐，爱的绿水滔滔。春花开得早，夏蝉枝头闹，黄叶飘飘秋来了，白雪纷纷冬又到。叹人生容易老，总不如盖一座土团瓢，闲来把棋敲，闷向溪边钓。鱼儿炒，酒儿烧，吃一个醉醺醺，把愁山推倒。这滋味非神仙谁人知晓。

扇子赋

纸为衣裳竹为胎，素也奇哉，画也奇哉，摇动清风透满怀。左也遮腮，右也遮腮，离别只待菊花开。你也孤哉，我也孤哉，要相逢还得等到阳春来。

素影飘飘，冰清玉洁，展开十二栏杆，悬起半轮明月，助我几阵清风，解我许多炎热，握手相交，任意转折，这恩情何时别。阴飞是燕子，飞去霜降花落时节。

半如明月白似雪，摇动清风起，能扫人间热。相伴天天过，陪我昼夜歇，菊开又离别。只可惜是一日绝，待相逢只得来年早三月。

对 联

春至展丽景
燕归兆丰年

大地春来早
农家福降多

丰年飞瑞雪
好景舞春风

风吹田野绿
梅开小院春

和风吹绿柳
时雨润春苗

年丰人增寿
春早福满门

雪映丰收景
灯照万里程

人勤三春早
地肥五谷丰

和风吹绿柳
时雨润春苗

年丰人寿福满
柳绿花香春浓

日暖风调雨顺
家和人寿年丰

岁岁风调雨顺
年年物阜民康

雪白梅红柳绿
年丰人喜春浓

春来花香鸟语
雪兆五谷丰登

春暖风和日丽
年丰物阜民欢

春引百花竞放
福到人寿年丰

春到山乡处处喜
喜临农家院院春

福到农家家蕴福
春荣大地地迎春

山水田园春意浓
丰收喜迎好时光

春风送来种子香
秋雨浇灌瓜果香

春耕夏耘秋丰收
冬藏禾稼养人口

勤劳致富在农田
阳光雨露伴功臣

绿色王国茁壮成
金秋时节丰收喜

农家小院香满溢
耕田大地劳作中
日出东方才见光
工农共建富强国

春风吹绿江山美
夏雨滋润稻谷香

大地如母养我饱
江山如父护我周

科技兴农春意满
知识富户福星多

科技推动农业盛
创新引领产量增

智能农机耕织梦
科技良种丰收歌

秋收冬藏盼未来
劳动伟大神州夸

科学种田千顷绿
知识育秧万畴金

劳动奉献筑伟业
根基深厚柿子香

网络织春农业盛
基因绘梦产量增

春耕夏耘秋收获
冬需储藏随时候

绿野春风播科技
金秋硕果满农家

黄河滋润文明郁
汗水映照幸福美

农业科普兴农事
知识惠民办实事

智能农机显身手
高产良种谱新篇

大地撒下坚韧种
树起汗水物丰成

光伏农业绿发展
科技田园硕果香

耕田春色如画卷
收获秋时看果盘

科技兴农千家富
知识惠农万户春

致富路上勤为本
彩虹桥头顾客来

农业科研结硕果
田间地头笑声扬

春暖花开田园好
冬藏禾稼更丰饶

春风化雨润农田
科技扬帆谱新篇

乡村家园千里展
天地诗韵一曲新
耕田贵在精耕作
收获美在质量优

联北斗车驰坦路
借东风福报丰年
冬至阳生山色秀
春回律转日光新

庆丰收全家欢乐
迎新春满院生辉

人寿年丰春意满
家和气正富源长

三春喜庆三阳泰
五谷丰登五福临

岁月逢春人欢笑
禾苗得雨粮丰收

天洒甘霖滋沃土
地铺瑞雪兆丰年

五谷丰登人人喜
六畜兴旺处处欢

白雪银枝辞旧岁
和风细雨兆丰年

春到山乡处处喜
喜临农家院院春

春风吹柳千枝绿
时雨浇苗万亩新

春风已着花千树
丽日频添果万株

春柳深处农家乐
白杨水边村舍新

春种满田皆碧玉
秋收遍野尽黄金
丰年顺意家家富
美景宜人处处春

风摇翠柳青山暖
雪映寒梅小院春

寒梅怒放迎春早
冻土精耕起步先

花开小院朝阳处
燕舞农家幸福时

鸟鸣花艳春光好
人寿年丰喜事多

春来鸟语花香四海
秋到硕果累累三秋

它边屋角瓜黄菜绿
池间河畔鸭大鹅肥

人勤春早地肥粮茂
岁稔秋丰物阜民康

产学研结合兴农业
智能化助力振乡村

良种配良法双丰收
科技加勤劳共致富

春回大地山欢水笑
福满农家人寿年丰

春满人间百花吐艳
福临小院四季长安

村村富裕家家欢乐
月月称心岁岁丰登
大地新春百花齐放
和风甘雨四季丰收

鸟语花香人勤春早
风和日丽民乐年丰

千里松涛无山不绿
万顷麦浪有地皆春

万紫千红百花齐放
三江四海五谷丰登

好景有望几枝梅似雪
丰年先兆千顷稼如云
瑞雪兆丰年家家欢喜
春光映大地处处生辉

春绿鲁中高地村村秀美
政和生态家园户户安康

紫燕高飞剪开千重云雾
布谷欢歌唤起万家春耕

鲁山脚下耕耘结出丰收果
沂水岸边浇灌绽开幸福花

服务三农牛劲十足多奉献
惠泽九州虎威大振更精神

后　记

以史为鉴，知史明志。《记忆沂源·农业农村卷》的编纂工作历时一年有余，终于付梓成书。本书全面记录了沂源农业农村发展的历史脉络，回顾了沂源由传统农业县向现代农业强县迈进的历史发展过程，展现了沂源人民战天斗地、艰苦创业的伟大沂蒙精神。作为一部记录沂源农业农村变迁的史志类著作，本书不仅是对过去的回顾，更是对未来的启迪。

沂源的农业农村发展史，是一部充满艰辛与辉煌的奋斗史。从早期的刀耕火种到现代的绿色高效农业，从食不果腹的艰难岁月到多业并举的繁荣景象，沂源的每一步发展都凝聚着无数人的心血与汗水。为了真实还原这段历史，2023年5月，沂源县农业农村局启动《记忆沂源·农业农村卷》编纂工作，成立由9人组成的编纂工作专班，先后组织召开动员、培训、推进和通稿审核等多次专题会议，广泛搜集资料，深入走访调研，期间不断修订完善，几易其稿。2024年10月，付梓成书。

全书8篇，共49万余字，照片（插画）310张，视频3个，音频3个，内容翔实，图文并茂，宏观记述与微观展现相结合，是一部可读、可看、可听的全媒体志书类书籍和“百科全书”式的资料书、工具书。

本书的顺利完成，离不开各级领导的关心指导和社会各界的大力支持。各乡镇、村居及相关部门的积极配合，为资料的搜集和整理提供了极大便利；县委党史研究中心、县融媒体中心等单位给予了大力支持和指导；县农业农村局各中心、科室给予了无私的支持和帮助；许多老同志、农业专家和基层工作者提供了宝贵的口述史料和图片资料，为本书增添了丰富的历史细节。在编纂过程中，参考了《沂源县志》《沂源统计年鉴》《沂源县农业区划》及临沂市档案馆、沂源县档案馆等部分史志、档案资料。在此，我们向所有为本书编纂作出贡献的单位和个人致以诚挚的感谢！

由于涉及历史年代久远，事件广泛而繁杂，其体例、结构等无成例可资借鉴，加之文献资料匮乏，撰稿、编纂人员水平有限，在时间紧、任务重的情况下，无法面面俱到，疏漏不当之处在所难免，敬请读者批评指正。

《记忆沂源·农业农村卷》不仅是一部记录历史的书籍，更是一份承载乡愁、凝聚力量的珍贵文献。它让我们铭记过去，珍惜当下，也激励我们以更加坚定的信念和更加昂扬的斗志，投身于乡村振兴的伟大事业中。愿这本书能够成为连接过去与未来的桥梁，让沂源的农业农村故事永远流传，让沂蒙精神代代相传！

编　者

2024年10月

记忆沂源·行业篇
JIYI YIYUAN HANGYEPIAN
全 媒 体 图 书
8-09

记忆沂源

JIYI YIYUAN

·小三线建设卷·

《记忆沂源》MV

政协沂源县委员会
沂源县文化和旅游局
编

中国文史出版社

图书在版编目（CIP）数据

记忆沂源. 行业篇. 小三线建设卷 / 政协沂源县委员会, 沂源县文化和旅游局编. -- 北京：中国文史出版社, 2024. 12. -- ISBN 978-7-5205-5013-0

Ⅰ. K295.24；F426.48

中国国家版本馆CIP数据核字第2024AW3519号

责任编辑：程　风　赵姣娇

出版发行：中国文史出版社
社　　址：北京市海淀区西八里庄路69号　邮编：100142
电　　话：010-81136606　81136602　81136603（发行部）
传　　真：010-81136655
印　　装：山东新华印务有限公司
经　　销：全国新华书店
开　　本：889mm × 1194mm　1/16
字　　数：5304千字
印　　张：183
版　　次：2024年12月北京第1版
印　　次：2024年12月第1次印刷
定　　价：1980.00元（全九册）

《记忆沂源》编纂委员会

主　　任　边江风

副主任　张　涛　武光明

委　　员　郑　舰　于　庆　张庆勇　周清秀

成　　员　吕春晖　郭中锋　张　坤　刘明法　杜　强

任　鸣　张仲亮　刘　水　崔春利　张成华

田立勇　陈立兵　郑继光　唐文彬　王世礼

齐元军　张艳秀　李　冬　陈霄霞　张立新

卢兴民　杜希伟

《记忆沂源》编审人员

主　　编　武光明

执行主编　张立新　杜希伟

编　　辑　（按姓氏笔画排序）

于朝阳　王明娟　刘　磊　李永红　李崇高

陈富锋　杨德明　周左锋　郑作昭　翟玉群

《记忆沂源·小三线建设卷》编纂委员会

主　　任　郑　舰　孙　前

副 主 任　郭中锋　张　坤

委　　员　程明佐　崔建华　赵国柱　张彦涛　李德军

　　　　　黄　晋　王　瑞

《记忆沂源·小三线建设卷》编纂人员

编　　审　陈富锋　于朝阳　郑作昭　王明娟

责　　编　黄照广　尹雪源　谭立忠

编　　辑　（按姓氏笔画排序）

　　　　　于朝阳　万秀军　亓玉河　王东祥　王家安

　　　　　王振奎　刘国文　江云英　吕　建　任维俊

　　　　　宋以民　张　琦　周士元　段新庆　耿　雪

　　　　　靳元春　蔡志田

总　序

沂源历史悠久，文化厚重，在这片古老的土地上，在可考证的几十万年的岁月流转中，文明的脉络延绵不断；在这里，生命文化、爱情文化、红色文化交相辉映、一脉相传，悠悠吟唱着亘古昨天和崭新今天。编纂出版“记忆沂源”系列丛书，旨在全面记载沂源县自然地理、人文历史、政治经济和社会事业的发展变化，深入挖掘沂源特色地域文化，集中展现全县经济社会发展成果，铭记历史，传承文化，留住乡愁，增强自信，凝聚力量。这是沂源建县以来，首次对全县人文历史资料等进行全面系统挖掘整理，必将载入沂源发展史册。

走遍天涯路，最是乡情深。人一旦生长在什么地方，那里的山水草木、人文地理、村闾小巷、乡俗民情，便会像盐渍刀斫一样深深渗透在心窝里、镌刻在记忆中，与之结下浓得化不开的乡情，时刻都在怀念、向往与追忆。乡愁是一种故土情结、人文情怀，是一种精神寄托，流淌于人的血脉中，是凝聚力和向心力所在。在长期的社会变迁和历史发展中，乡愁成为民族情感的依托与精神家园的归附。在新时代建设现代化新沂源的壮阔征程上，必不可少的正是无数沂源人对乡土气韵、桑梓情怀的依恋和历史记忆的渴求。

沂源自1944年建县至今，发生了翻天覆地的变化，许多历史的印记已经或者正在被湮灭在时代的潮流中，迫切需要通过修史编志的方式，记录历史、留住乡愁。沂源县具有众多特色鲜明的地域文化标志，每一个都蕴含着一段难忘的历史，讲述着一个动人的故事，寄托着一种殷切的期盼。古建筑、古树名木、古老手艺、传说故事等，都是弥足珍贵的文化遗产，也是历史文脉重要的传承载体。沂源人民在不同的历史时期，创造出了辉煌的成就，其中蕴含着宝贵的精神财富，这些都需要记录好、传承好、弘扬好。通过编纂“记忆沂源”系列丛书，深入挖掘、整理、珍藏历史文化，全面、真实、客观反映沂源的发展历程，必将进一步增强全县人民的自豪感、责任感和使命感，激发广大干部群众干事创业的热情和斗志，汇聚起推动各项工作突破提升、走在前列的磅礴力量。

“记忆沂源”系列丛书分为“乡村篇”“行业篇”“经济开发区篇”和“小三线建设篇”四部分，其中“乡村篇”收录全县12个镇（街道）446个行政村和21个城市社区的翔实资料，一镇（街道）一卷。“行业篇”收录工业、农业、商业、水利、教育、卫生、住建、交通等行业资料，每个

行业独立成卷，着力展现沂源经济社会的发展历程和辉煌成就。丛书综合运用文字、图片、视频、音频、插画等多种方式，打造“全媒体”图书。读者除正常阅读外，还可以扫码听书、看视频，更加契合现代人学习阅读需求，成为展现沂源形象的“伴手礼”和沂源游子寄托乡愁、追思乡情的“枕边书”。

乡愁难忘，征程未老。牢记历史，是为了开创未来。沂源正站在一个新的发展起点上，全县上下正在深入学习贯彻党的二十大精神，聚焦“突破提升、走在前列”目标定位，强化生态立县、产业强县、创新兴县，推进“四新四创”，着力打造“六个高地”、实现“六个走在前列”，踔厉奋发、勇毅前行，奋力谱写沂源现代化建设新篇章。在时代新征程中，我们有信心、有能力、有情怀交出一份无愧于前人的历史答卷。

中共沂源县委

沂源县人民政府

序

60年沧桑巨变，弹指一挥间。1964年，面对日趋紧张、复杂的国际形势，中央确定实施三线建设的军事战略大调整，着力加强战备，逐步将我国重要的工业、交通、国防、科技等基础设施建设由东向西转移。山东省委决定在沂蒙山区建设山东省的小三线，建设一批国防军工企业。同时，对当时偏僻落后的沂蒙山区进行较大规模的开发建设。沂源县境内山峦起伏，沟壑纵横，隐蔽性强，是沂蒙山区革命根据地之一。因此，形成了在沂源县集中建设山东省小三线军工厂的格局。

“好人好马上三线。”近30000名建设者，操着不同乡音，从济南、青岛等繁华城市，浩浩荡荡地奔赴沂源深山。按照“靠山、分散、隐蔽”的布局原则，一批各具特色的军工企业在崇山峻岭中迅速创建起来。从1964年10月开始，历经三年时间，在沂源境内建设国营山东第一机械修配厂、国营山东第二修配厂、山东新华翻砂厂、山东裕华机械修配厂、山东东风化肥厂等军工厂和通信保障基地六一八电台。1970年，一批部属军工厂落户沂源，新建国营山东红旗机械厂和山东半导体厂，进一步壮大了山东省战略后方军工厂的规模。

小三线军工厂创造了一个时代精神。可敬的建设者们在大山深处，一干就是几年、几十年，“献了青春献终生，献了终生献子孙”。在建设与发展的长期实践中形成的“艰苦创业，团结协作，无私奉献，勇于创新”的小三线精神，不仅是军工人的宝贵精神财富，更是新时代大力弘扬的民族精神、奋斗精神。

小三线军工厂创造了特殊年代的军民鱼水情。军工厂的建设与发展，得到了沂源县委、县政府的鼎力支持，得到了沂源人民的无私援助，军工厂的需要就是沂源人民的需要，军工厂和驻地干部群众结下了深厚的友谊。军工厂为支持沂源经济发展，有钱的出钱，有力的出力，为地方输送了大批管理人才和技术骨干，培养造就了一批优秀的企业家。小三线军工厂为沂源经济发展和社会进步产生的深刻影响，已成为沂源人民传承红色基因的沃土和深藏在革命老区人民心中的永恒记忆。沂源县和沂蒙精神，也像鲁山上的酸枣树一样牢牢扎根在军工人心中，传遍五湖四海。

站在新的历史起点，沂源县委、县政府高度重视小三线军工企业的历史和未来。通过系统性地发掘与整理，《记忆沂源·小三线建设卷》真实记述了小三线军工企业的发展历程，通过深挖小三线军工企业的历史文化价值，更好地服务于两个文明建设，推动沂源县在“率先发展、走在前列”的伟大实践中再创佳绩。

沂源小三线建设布局图

国营山东第二机械厂
国营山东第一机械厂
六一八战备电台
618战备电台
东风化肥厂
国营山东半导体厂
国营山东红旗机械厂
国营山东新华翻砂厂

国营山东裕华机器厂

山东第一机械修配厂全景

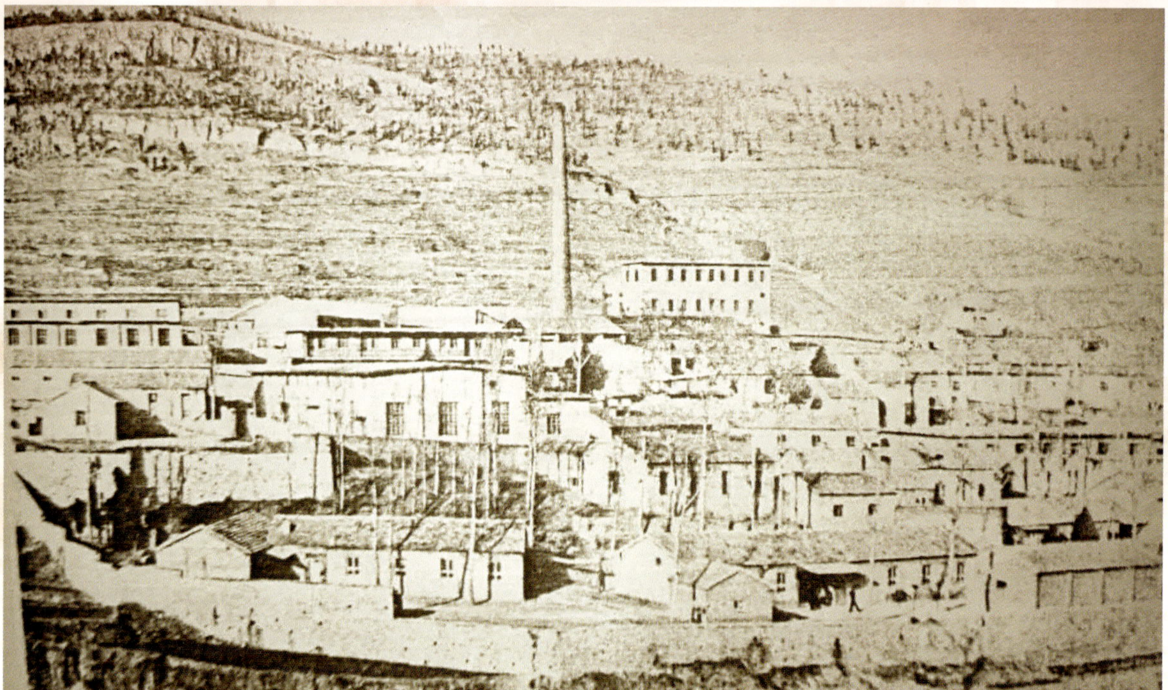

20 世纪七八十年代的山东第二机械修配厂旧貌

山东新华翻砂厂旧址

20世纪八九十年代的山东裕华修配厂俯瞰图

20 世纪 80 年代初的山东半导体厂全景

六一八电台全貌（2024 年）

20 世纪 70 年代的山东东风化肥厂

山东第一机械修配厂 3 号洞北口

山东第二机械修配厂一角

山东新华翻砂厂洞室车间

20 世纪 80 年代的山东裕华修配厂

山东半导体总厂局部

六一八战备电台坑道走廊

20 世纪 70 年代的山东东风化肥厂变换、脱硫工段

1970年9月，山东半导体厂生产的第一支硅单晶棒

20世纪80年代，山东第二机械修配厂生产的压片机药冲和药模

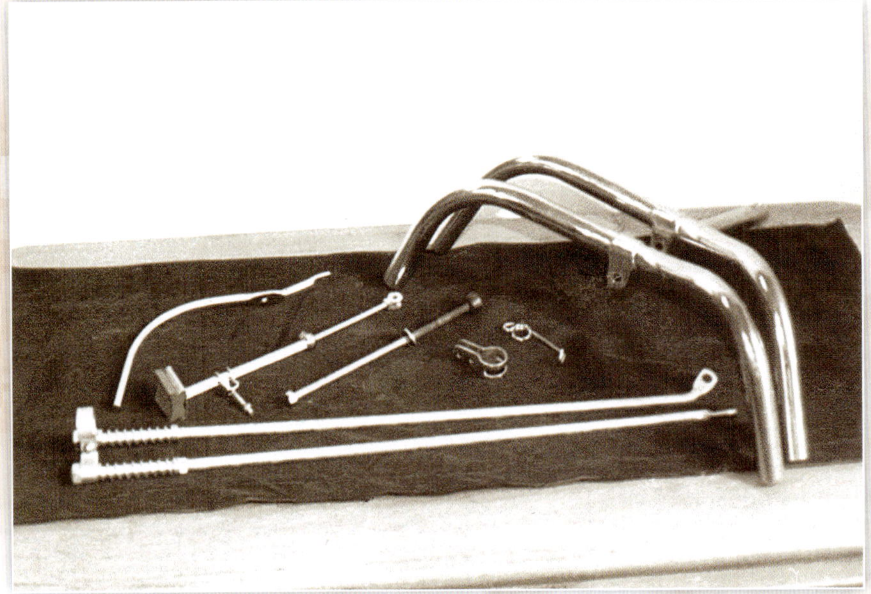

20世纪80年代初，山东裕华修配厂生产的ZA-80型“金象”牌自行车零件

山东新华翻砂厂82毫米、60毫米迫击炮榴弹模型展品

编辑说明

一、坚持以马克思列宁主义、毛泽东思想、邓小平理论、“三个代表”重要思想、科学发展观、习近平新时代中国特色社会主义思想为指导，坚持辩证唯物主义和历史唯物主义的立场、观点和方法，客观、系统、简约记述沂源县工业、农业、商业、教育、卫生、水利、交通以及“小三线”建设等各行业发展变化进程和改革开放成果，挖掘行业内模范事迹，展示时代精神风貌，传承和抢救历史文化，激发爱国爱乡情怀，为地区经济和社会发展提供有益借鉴。

二、参照执行中国地方志指导小组印发的《地方志书质量规定》。在参照志体的前提下，在体裁运用、篇目设置、资料选择等方面作适当创新。“行业篇”的内容以记载本行业范围内的微观资料为主，详县志之所略。突出行业各自特点，有选择性地记述域内自然、政治、经济、文化、社会的历史与现状，从而达到执简驭繁、文约事丰、易于阅读、利于普及的目的。

三、为全面反映入书事物发展脉络，上限尽量追溯至事物发端，下限断至2023年底。

四、以各行业为单位单独成卷。每卷记述地域范围以下限年份2023年的行政辖区为主。

五、横排门类，纵述史实，采用纲目体。总体基本篇目框架根据行业特点科学合理设置，所设条目依照突出时代特征、行业特色的原则作适当安排。

六、综合运用述、记、志、图、表、录等诸体裁，以志为主。随文配图，图下设文字说明，图文并茂。

七、打造新时代全媒体志书，各行业卷根据需要，按照综合衡量、集中展示、高度概括的原则，选择主要的篇目录制短视频资料和音频资料，引入扫码识别延伸阅读功能，形成文字、图片和音视频三条独立的记述线索，相互补充、相得益彰，使丛书从无声变成有声，从平面成为立体，从静态变为动态，力求满足人民群众对方志文化的新需求。

八、除引文和附录文献资料外，统一使用规范汉字及现代语体文记述体。记事坚持秉笔直书、述而不论，行文力求朴实、严谨、简洁、流畅、优美。

九、书中“人物”，均为简介，只选录本行业内有较大影响的人物及其他政策法规规定的应入志人物，不面面俱到。人物排序，去世人物按照去世时间先后排序，在世人物按照生年排序。

十、本书资料来源广泛，其出处不一一注明。所需数据一般采用政府统计部门数据，无政府统计部门数据时选用主管部门或主办单位提供的数据，个别数据由于统计口径和来源不同存在差异。

十一、原则采用国务院1984年2月发布的中华人民共和国法定计量单位。考虑到使用习惯，保留“公里”“亩”“斤”等。历史上使用的计量单位，如斗、石、里、尺等，在引文中可照录。

十二、中华民国成立前的纪年，使用历史纪年，括注公元年份；中华民国成立后的纪年，使用公元纪年。书中书“××年代”，凡未加世纪者，均指20世纪的年代；书中所称“解放前（后）”，以1944年5月沂源建县为界；“新中国成立前（后）”，以1949年10月1日中华人民共和国成立日为界；“改革开放前（后）”，以1978年12月中共十一届三中全会召开为界。

十三、记事概以第三人称记述。人名直书其姓名，必要时冠以职务职称。地名以现行标准地名为准。如使用历史地名，于每个类目首次出现时括注现行地名。各个历史时期的党派、团体、组织、机构、职务等均以当时名称为准。对于称谓过长而又频繁使用者，首次出现时使用全称并括注规范化的简称，之后使用简称。

十四、遵循国家标准和出版规定，数字书写以GB/T 15835—2011《出版物上数字用法》为准，标点符号使用以GB/T 15834—2011《标点符号用法》为准。

目录 CONTENTS

综 述

记忆沂源·小三线建设卷

扫码听书

概　况

沂源县地处山东中部的沂蒙山区腹地，泰沂山脉的中间地段，淄博市的最南端，东连临朐县，南接蒙阴县，西依济南市钢城区，北靠博山区，东南与沂水县毗邻，西南与新泰市相接。境内山峦起伏，沟壑纵横，地形复杂。最高点鲁山主峰海拔1108.3米，最低点海拔180米，相对高差近1000米，地面海拔在300～600米之间，是山东省平均海拔最高的县，有“山东屋脊”之称。其中，位于沂源县北部的原土门镇境内具有显著的构造剥蚀区地貌特征，岩溶发育，构造节理、裂隙错综复杂，沟谷深切，风化剥蚀强烈，广泛分布有九天洞、千人洞、下崖洞、上崖洞、珊瑚洞、玄云洞等大、中型岩溶洞穴。

沂源县作为沂蒙革命老区的重要组成部分，有着光荣的革命传统和深厚的群众基础。1946年6月，解放战争打响，中共沂源县委、沂源县人民民主政府提出“砸锅卖铁支援前线”的口号，积极组织民兵、民工为部队运弹药、送给养、抬担架，20万沂源人民承担起党、政、军10万余人的供给。抗日战争和解放战争时期，全县共有2.3万人参军参战，先后出动担架8640副次、独轮车10750辆次，运送伤员91460人、粮食弹药44250万公斤，支前民兵、民工达173830人。几乎是村村有人参军参战、户户有人支前，为民族解放和新中国的成立作出了重要贡献。

20世纪六七十年代，中央提出把“靠山、分散、隐蔽”作为小三线军工厂选址和建厂的一项基本原则。沂源境内复杂的山区地形、十分发育的石灰岩岩溶构造和分布广泛的岩溶溶洞等，十分符合“靠山、分散、隐蔽”的原则和洞室开挖施工的地质条件。同时，当地各级政府坚强而扎实的群众工作基础和人民群众光荣的革命传统，也是小三线军工建设中得到当地政府和群众支持的必要条件。于是，沂源县成为山东省小三线军工建设较为理想的首选之地。

1965年春，山东省后方建设指挥部将山东第一机械修配厂和山东第二机械修配厂的厂址选定在沂源县九会公社（翌年改为土门区）土门一带，开始了山东省第一批小三线军工企业的大规模建设。

1965—1970年的六年时间内，在山东省进行的两次大规模小三线军工企业建设中，沂源县境内先后兴建5处轻型武器装备生产工厂、1处半导体生产厂、1处国防战备电台、1处“平战结合、军民结合”的保障型化工厂。

山东小三线建设基本情况

历史背景

20世纪五六十年代，国际形势动荡变化，中国面临来自多方面的军事压力和战争威胁。冷战环境中，美国奉行对华敌视政策，在政治、经济、军事等各个方面遏制中国的发展，中美关系持续紧张；人民解放军炮轰金门岛后，盘踞台湾的蒋介石政权在美国的支持下，叫嚣反攻大陆更甚；中国为维护国家主权，在拒绝苏联提出的共建联合舰队和长波电台的建议后，中苏两党、两国关系逐渐交恶，边境冲突日益增多；印度多次挑起中印边境冲突，妄图占领中国领土，中国被迫实施两次自卫反击。在复杂的国际斗争形势和现实的战争威胁甚至来自美苏的核讹诈下，中国无法安心以经济建设为主导的和平发展，不得不全面加强备战，随时准备迎击外来入侵之敌。

1964年5月，在讨论“三五”计划的汇报提纲时，毛泽东从战争、特别是核战争和备战的角度指出：“在原子弹时期，没有后方不行。‘三五’计划要考虑解决全国工业布局不平衡的问题，要搞一、二、三线的战略布局，加强三线建设，防备敌人入侵。”并告诫全党要“备战备荒为人民”；三线建设要抓紧，要“靠山、分散、隐蔽”；要发挥两个积极性，中央建三线，地方也要建三线。

中共中央作出三线建设的重大战略决策。全国上下一盘棋，开展三线建设。

“大三线”与“小三线”

三线建设是指中国从20世纪60年代中期到70

年代中期，以战备为目的，以国防经济建设为中心，进行的大规模工业、交通等基本建设，是中国经济史上一次极大规模的工业迁移过程。所谓“三线”，是指当时经济相对发达且处于国防前线的沿边沿海地区向内地收缩划分的“三道线”。

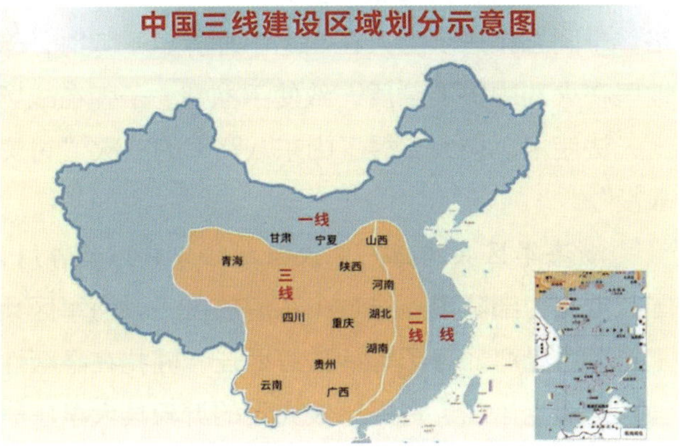

中国三线建设区域划分示意图

一线地区是位于沿边、沿海的前线地区，泛指东南沿海、东北和新疆；二线地区是指一线地区与京广铁路之间的安徽、江西、河南、河北、湖北、湖南的东半部等腹部地区；三线地区是指长城以南、广东韶关以北、京广铁路以西、甘肃乌鞘岭以东的广大地区，主要包括云南、贵州、四川以及西北的陕西、甘肃、宁夏、青海等省（区）。上述“三道线”俗称“大三线”，主要由中央统筹规划建设、调度和管理。

同时，党中央依照“平战结合”的国防建设总原则，要求地处一线、二线的省份，各自建一批省属的小三线地方军工企业，称为“小三线”企业。“小三线”的建设由各省国防工办领导，主要生产半自动步枪、冲锋枪、轻重机枪、中小型口径火炮及各种子弹、炮弹、火箭弹等步兵营连级火力配置的常规性武器，力争在未来的反侵略战争中达到“省自为战”坚持抵抗的目的。

小三线军工厂的建设将隐蔽性作为重点，生产区多分散建在隐蔽的山沟里。生产流程中比较关键的部分多在山洞中进行，以保证安全和技术不会外泄，保证战时为前线提供充足的物资支援。但因小三线军工厂生产的产品多为小型武器、单兵武器，所需保密级别较低，因此小三线厂区对周边农村多采取开放的态度，有些厂区甚至与村庄建为一体。多数小三线厂区内部功能较为健全，分工明确。

山东小三线建设的地理优势

山东省地处东部沿海、黄河下游，陆地总面积15.67万平方公里，约占全国面积的1.649%。境内包括半岛和内陆两部分：胶东半岛突入黄海，与辽东半岛相对，和朝鲜半岛隔海相望；内陆地区南邻江苏，北接河北，西南方向则与河南、安徽接壤。山东省作为祖国的前哨、首都的屏障、华北和中原的门户，战略地位十分重要，历来为海防重地、军事要冲、兵家必争之地。其重要的战备位置、境内复杂的地形地貌、良好的经济条件、丰富的物产资源、便利的交通运输网络等，在建设小三线方面具有得天独厚的优势，促使山东成为发展小三线建设的主要力量。而沂蒙（沂蒙山）、泰莱（泰安、莱芜）山区符合有关三线建设“靠山、分散、隐蔽”的指导原则和基本要求。

沂源小三线建设的军工产业基础

八路军山东纵队兵工一厂（千人洞） 沂源具有良好的军工产业基础，在抗日战争和解放战争时期就有多处兵工厂。1938年9月，八路军山东纵队兵工一厂由石匣峪修械所搬迁到鲁山南麓的千人洞。该厂从附近的黄崖、池埠、九会等村庄招收了数十名有铁木工专长的人员，又从八路军山东纵队兵工二厂抽调了部分技术骨干，有工人100多人。厂部下设机修、红炉、弹药装配、木工等班组，主要生产刺刀和手榴弹，日产手榴弹70余枚。

山东纵队兵工一厂千人洞遗址

八路军山东纵队兵工一厂（燕崖大贤山） 1939年3月，为躲避鲁山北麓的日伪军“扫荡”，兵工一厂迁到燕崖大贤山，建厂房于半山腰，大贤山植被茂密，便于隐蔽。兵工厂增加生产设备，扩大生产规模。全厂有车床4部、钻床1部，并有虎钳、化铁炉等生产工具。生产的枪支弹药藏于迎仙观和织女洞中，当地许多民工参与武器弹药装箱、搬运等工作。其间，由回民连担任警卫任务，保卫兵工厂的安全。1939年6月8日，日军计划袭击织女洞兵工厂，得到消息后，兵工厂将所有机器设备分散埋藏于山谷、河滩。兵工厂人员分两路转移，一路由厂长孙世铭率技术人员向南转移，经桐峪到达胡家庄，人员化整为零隐蔽；另一路向东转移，由政委杨兴中、指导员郑香山率警卫连向东北方向的临朐县沂山一带转移。6月10日（农历四月二十三）早8点左右，行至绳庄时遭日军袭击，双方展开了激烈交战，政委杨兴中、指导员郑香山、三排排长丁连营、战士马俊盛等10余人牺牲。第二天清晨，日军攻上大贤山兵工厂，发现所有工厂人员及武器设备早已荡然无存，恼羞成怒的日军一把火烧毁了厂房和道士的住宅，并杀害了两位道士。

山东纵队兵工一厂大贤山织女洞遗址

国民政府新编第四师芦家泉村兵工厂 1939年，国民政府新编第四师师长吴化文部在芦家泉村建兵工厂，制造手榴弹、迫击炮、机枪并维修枪炮。村里多人在兵工厂工作。1943年，山东八路军派遣一位姓宁的地下党员到兵工厂做工，他团结群众，争取进步工人，秘密发展党员，有3人走上革命道路。宁同志和进步工人在制造手榴弹、子弹时，暗地里在火药中掺上杂质，致使手榴弹、子弹在战场上无法使用，极大支援了山东八路军的三次“讨吴战役”。

渤海军区兵工五厂（大泉村） 1948年4月，国民党主力部队重点进攻山东解放区，渤海军区兵工五厂由渤海、日照等地陆续西迁，驻扎在隐蔽性强、群众觉悟高、资源比较充足的沂源县大泉庄一带。此时的兵工厂克服重重困难，依靠当地人民群众的全力支持，主要生产八二式迫击炮弹，有兵工400多人，张圣真任厂长。发电厂设在苇子峪河南杨朝琦父亲家中，前大泉村驻扎警卫部队、运输队和木工车间等。以大泉村中的古银杏树为中心，借用民宅进行生产。银杏树小广场处设有翻砂车间，西南侧段会成、段会学家设装配车间，最西边独院内生产引火装置，发射实验设在大泉水池南边河道内，厂部设在村西北关帝庙里。所产炮弹分别由马车、独轮车夜间经村后博沂路运出，源源不断地供应到战斗第一线。1949年2月，五厂由后大泉村搬迁至博山县东石马村，与其他兵工厂合并，是山东省政府工矿部兵工局第一兵工厂、中央兵工总局山东兵工总厂的前身。

渤海军区兵工五厂用的化铁炉

黄安村兵工厂 1939—1942年，在国民党军于学忠部进驻上黄安村之前，八路军鲁中军区所部在上黄安村短暂设有小型兵工厂，设于陈元章所属空闲地及陈立红住宅一带，主要生产土制地雷、手榴弹等。1942年，兵工厂转移。未及时搬迁的物资、机械等深埋于东坡陈忠恒院外，部分弃至黄安河对岸深井内。1958年，大炼钢铁时被村民挖出。20世纪80年代旱灾时，村民陈安圣下井刮水，捞出井内被遗弃的部分工具如锤头等，2022年时仍保存使用。

国民党51军杓峪村兵工厂 1939年，日军轰炸东里店后，抗战进入最艰难的时期，作战兵力分散隐蔽。1940年，国民党51军某团团部驻扎杓峪村，1942年撤走。其间，51军兵工厂在村南峪安扎，制造手榴弹和迫击炮弹。

马家河西村兵工厂 1939年3月，山东纵队兵工一厂从鲁山千人洞迁至大贤山织女洞，其中兵工厂的厂部和一个制造车间设在了马家河西村。工人家属也全部住在这里。朱伯章把最好的房子腾出来，给兵工厂作厂部，刘文考、刘文田兄弟俩将自家的四合院无偿给兵工厂，当作车间和工人宿舍。江兆和、朱全本、朱于芳、江行政等民兵负责为厂部站岗放哨，严查进村的陌生人，保卫厂部安全，并为兵工厂搜集信息、传递情报，提供生产、生活上的方便，有力地支援了兵工厂的建设。

1939年6月8日，日军进犯织女洞。八路军山东纵队兵工一厂在政委杨兴忠的领导下，把机器和工具分散埋藏于沂河滩、大贤山石堰及桐峪，工人家属散居马家河西老百姓家中。随后，日军突袭马家河西村，负责警戒的王者观发现有情况，此时已来不及报告，便向日军骑兵方向开了两枪，正巧打在日军指挥官脚下。八路军兵工厂的领导听到枪声后，立即组织向山下的日军猛烈射击，日军见到山上早有准备，就撤到了南安乐村。当晚，工厂掩埋机器设备和所用钢材，向南撤离。由于情况紧急，工人家属来不及撤离，马家河西村的党员群众冒着生命危险，将他们领回家掩护起来。第二天，敌人把全村人聚集到场院里训话，并歹毒地把襁褓中的婴儿举在空中，以摔死孩子相威胁，逼迫群众说出兵工厂家属的下落，群众怒目而视，无人吱声，最终，敌人一无所获，悻悻而去。

建设初期的筹备过程

根据党中央的统一部署，山东省按照“靠山、隐蔽、分散”“立足省自为战”和“小、专、新、协”3个小三线军工建设原则和“不占良田、少占耕地、不迁移居民、便利群众”“因地制宜，阶梯式、瓜蔓式、村落式，因陋就简”的建设方针，在沂蒙山区着手建立军工厂。同时，按照“平战结合”的原则，建立以军工厂为主、地方企业为辅的专业化协作生产体系。在最早的规划中，山东省计划生产5种枪、3种炮、10种弹药，以及小飞机、准镜、夜视镜、装具和各种附件等，承担国家重点项目的配套生产任务。

1964年下半年，济南军区和山东省人民委员会成立后方建设指挥部（该指挥部受济南军区和山东省人民委员会双重领导，简称后方建设指挥部），具体领导山东小三线军工建设。1965年上半年，中共山东省委战备领导小组成立，由白如冰担任组长，杨国夫、苏毅然、刘秉林、高启云任副组长。1966年7月，山东省人民委员会国防工业办公室成立，健全了山东省国防工业建设的领导机构。

按照中央的规划、原则与要求，当时由省委、省经委、济南军区、省军区、省国防工办的领导组成选址工作领导班子，包括济南军区副司令员杨国夫、山东省副省长高启云以及省经委副主任李春之（1966年7月兼任山东省国防工办主任）、省机械工业厅二局局长李本均以及省建设厅建筑设计院的主要负责人和技术人员等，对全省小三线的近20个企业进行全面实地考察。

杨国夫副司令员是早在1929年就参加红军的老战士、老革命，抗日战争时期曾任八路军山东纵队第三支队司令员，对山东的情况非常熟悉。当杨国夫接到上级负责山东小三线建设的命令后，他深知武器弹药对部队和战士的重要性，感到责任重大。

杨国夫将军

要开展山东小三线军工建设，按照中央的要求尽快造枪、造炮、造弹药，工厂选址是当务之急。杨国夫在办公室面对硕大的山东省地图，反复思考。从战略上看，“鲁中”属山东腹地，有连绵千里的沂蒙、泰莱山区，沟壑纵横，山高林密，地形特殊。更重要的此地是革命老区，民风淳朴，群众基础好，是小三线军工建设理想的首选之地。当他将自己的想法告诉山东省人民政府具体负责此项工作的山东省经委副主任李春之时，两人所见略同，一拍即合。他们将这一设想向战备领导小组汇报后，经全面研究，确定将山东小三线军工建设的范围定在临沂、泰安、济宁三个专区的沂源、蒙阴、沂水、新泰、泗水等12个县。鲁西地区平阴、肥城2个县的山区与胶东牙山地区，作为后方建设的辅助（候选）地区。

小三线军工建设是一项复杂的系统工程，也是山东省全省的重大政治任务。它涉及多个行业，时间紧、任务重，必须党、政、军、民齐心协力才能顺利完成。选定厂址、组织动员、基建施工、工厂人员遴选调配等一切事项都是从零开始，必须周密部署、交叉进行、环环相扣。在杨国夫和李春之的直接部署和带领下，各项工作有条不紊、紧张有序地稳步、快速推进。

1965年初，在沂蒙山区和泰安、莱芜一带山区拉开了小三线建设的序幕。来自全国五湖四海的数万名军工战士，在极其艰苦的条件下，奋力拼搏，克服种种困难，在短时间内先后建起一座座制造枪支、火炮、弹药等常规武器的军工厂以及与之相配套的计量站、医院、军工技校等企事业单位，完善了山东小三线军工体系，生产出大批优质、精良的军工产品，为改善部队官兵、地方民兵的装备和保卫祖国的安全作出了重要贡献。

1965—1967年，山东小三线军工在济南军区及山东省党政领导的正确指导下，在地方各级政府的大力支持下，经全体军工战士的共同努力，取得了辉煌的成就。山东小三线军工建设配套工业完成计划的52％，交通公路完成96％，邮政通信完成68％。山东小三线军工完成建筑面积22.8万平方米、设备安装2677台，修建公路5条共计322.8公里、桥涵962座共计13894米，建设邮电立杆通信线路1096公里，修建机房6座共计12395平方米，完成建洞工程1.5万平方米。军品生产任务均按计划提前完成，实现了投资少、见效快、质量高的预定目标。

小三线建设的主要领导机构

1964年，济南军区、山东省人委、省军区按照党中央的备战政策以及三线工业建设的部署，着手建立山东省国防工业的领导和管理机构，成为山东小三线军工厂最初的直属管理部门。

后方建设指挥部 山东省接到党中央关于三线建设的指示后，1964年下半年召开党政军会议，研究部署小三线建设工作，建立由党、政、军各部门领导参加的军事工业领导小组，领导山东小三线建设工作。同时，成立后方建设指挥部，具体负责山东小三线军工建设的领导工作，办公地点设在山东省人民政府大院内，由济南军区杨国夫副司令和山东省经委副主任李春之负责。后方建设指挥部主任由李华珍、赵克明2人担任，其成员由从济南军区各兵种和省有关部门遴选出的优秀专业人员组成。1964年9月，参加山东小三线军工建设的有关工作人员全部到位。

“火车跑得快，全靠车头带。”山东小三线军工建设在济南军区副司令员杨国夫和山东省经委副主任李春之的带领下，从领导到职工，每位工作人员都像高速运转的机器，有条不紊、忙而不乱、紧张有序地工作。后方建设指挥部从成立到1965年5月，在不到1年的时间内，克服了人员少、任务重、时间紧等种种困难，脚踏实地，为山东小三线军工建设做了大量扎实有效的工作。1965年初，作为沂蒙山区的第一批小三线军工厂，山东第一机械修配厂和山东第二机械修配厂的选址、设计与基建工程相继开始。

后方建设办公室 1965年4月，中共山东省委战备领导小组专门召集14个有关厅局的主要领导和后方建设指挥部全体干部开会。会上，战备领导小组传达了当时国际、国内形势和后方建设任务，并对山东小三线军工建设任务进行动员和具体部署。同时，要求参加小三线建设的全体人员树立革命人生观，积极行动起来，投入这一光荣而艰巨的任务，并强调领导干部要现场指挥，迅速行动，保质保量完成任务。

1965年4月底，为了有组织、有领导地搞好山东小三线军工建设，及时解决现场施工遇到的各类问题，提高工作效率，专门成立后方建设办公室，办公地点设在沂源县九会公社土门大队（土门、黄崖、朱阿等大队时属九会公社。1965年5月，撤社划区，该公社并入南麻区；1966年5月自南麻区析出，设“厂区合一”的土门区；1968年12月改称土门人民公社）。后方建设办公室作为军工厂建设现场的具体指挥机构，也被称作工地指挥部，下设政工组、设计组、物资供应组、施工组和行政秘书组等5个组。

同时，山东省后方建设办公室成立临时党委，由李春之（山东省经委副主任）任临时党委书记。临时党委下设2个党总支、8个党支部，分别为建设工程队党总支、民工队党总支和后方建设办公室机关党支部、建筑和机械设计党支部、交通党支部、地质党支部、矿务党支部、电力党支部、国营山东九七六厂党支部、国营山东九四五厂党支部。

当时，在沂源县土门等地的小三线施工现场的干部、民工达千余人，其中党员113人、团员140人。现场施工人数随着工程建设的进展，人数不断增加。

随着山东前进配件厂、山东民丰机械厂、山东工模具厂等军工单位陆续在沂蒙山区的兴建，山东省后方建设办公室由土门迁往唐山区，在滑石峪大队任家洼借用草房1间，进行现场办公。李春之等领导长年在一线施工现场，与各厂的干部职工同吃、同住、同劳动，有问题当即解决。由于措施得力，大大加快了山东小三线军工企业的建设速度。在山东省委、山东省人民政府及济南军区的联合领导下，山东省诞生了前所未有的新兴行业——小三线军工。

1966年，后方建设办公室在任家洼借用的草房

山东省机械工业厅第二局 山东小三线军工厂在1965年正式开建以来，时间紧，任务重，工作千头万绪。1965年上半年，为加强山东小三线军工建设的领导，加快建设进度，山东省成立机械工业厅二局（又称军事工业局，简称军工局）。该局归后方建设指挥部和山东省机械工业厅双重领导，由山东省机械工业厅副厅长刘卉卿分管二局的工作，李本均担任二局局长。二局的办公地点设在山东省机械工业厅大院内，全局工作人员30余人，1965年5月正式运行。1974年1月，三线军工厂管理体制改变，山东省机械工业厅二局改为山东省第二机械工业局（又称山东省军事工业局，简称山东省军工局）。

由于山东小三线军工建设处于筹建时期，二局机关和各军工单位的工作异常繁忙，每天早上不到上班的时间，各单位到二局办事的人员就已在办公室门前相继排队等候。二局副局长杨玉升带队奔波在沂蒙、泰莱山区，协助各军工厂选址工作；二局栾福魁负责到枪弹厂帮助解决枪弹生产方面技术问题；经营科在基建材料供应方面想方设法，保证各厂基建施工的顺利进行。

山东省机械工业厅第二局的建立，健全了山东小三线军工建设和管理的领导体制，对加快军工建设、领导军工生产的顺利进行起到了重要作用。仅用3年左右的时间，首先在沂源县境内建成山东第一机械修配厂等一批军工企业，并生产出大批优质精良的军工产品。

小三线建设的第一个高潮

1965年初，山东小三线军工建设的号角首先在沂源境内吹响。至1967年，先后完成勘察、选址和筹备工作。支援山东小三线军工建设的大军从全国各大城市、各军工企业来到沂源，仅用3年时间就建起了山东第一机械修配厂、山东第二机械修配厂、山东新华翻砂厂、山东裕华修配厂等4家军工厂。同期，还在沂源境内开建一处国防战备电台——六一八战备电台，建成一家“平战结合、军民结合”的保障型化工厂——山东东风化肥厂。在建成的首批军工厂中，基本上都是当年设计、当年施工、当年试制、当年出产品，实现了“四个当年”的建设目标，形成山东小三线军工建设的第一个高潮。1979年6月，山东第一机械修配厂、山东第二机械修配厂同时被山东省委、省政府授予“大庆式企业”。

山东第一机械修配厂（简称一厂）

1965年初，将厂址选定在沂源县土门区黄崖、水么头河北、池埠、朱阿等4个大队所处的深山中，后改称“山东第一机械厂”。在建厂筹备初期，山东省后方建设指挥部最初的设想和预案，是将一厂和二厂一同设在千人洞山峪，两个厂同时进行选址和筹备工作。后来将二厂厂址定在了左家峪、刘家洞、上土门3个大队所处的山沟中。一厂厂址确定后，在山东省后方建设指挥部和工地指挥部（后方建设办公室）的直接领导和当地政府、群众的鼎力支持下，立即开始以黄崖大队以北、鲁山南侧的千人洞为生产核心区域的基本建设。1965年8月20日，土建工程基本完工。在土建工程建设的同时，产品设计和设备的安装筹备也在同时进行中。当年12月中旬，一厂开始投料试生产，山东小三线军工建设首战告捷，创造了“四个当年”的军工建设奇迹。

山东第一机械修配厂理化室

1965年6月，山东省委、济南军区主要领导提议，后方建设指挥部从省经委借调王耕田到一厂主持行政工作。10月16日，山东省委工交政治部批准中国共产党山东第一机械修配厂委员会成立，下设9个党支部。厂党委由9人组成，宋协贵任党委书记，王耕田任党委副书记并主持行政工作，隋翰成任党委副书记兼政治处主任，江玉泉任党委副书记兼政治处副主任。11月17日，经山东省人民委员会批准，王耕田任一厂厂长。

一厂占地面积450余亩、建筑面积11.3万平方米，拥有各类设备1700余台，工厂职工一度多达4400人。该厂具有较强的金属切割、压力加工、焊接、热处理、精密铸造、表面处理、木材加工等生产能力及完善的计量检测手段。主要产品为“五六”式7.62毫米半自动步枪、“五六”式7.62毫米冲锋枪、“五六—1”式7.62毫米轻机枪等。

一厂研制的产品质量可靠，部分产品可以单手上膛，满足实战要求，列入军队装备序列。其中“五六”式7.62毫米半自动步枪荣获国家第五机械工业部和山东省优质产品称号。1971年，该厂被国家第五机械工业部确定为全国“五六”式7.62毫米半自动步枪第一底图厂。

20世纪80年代，一厂贯彻落实国民经济“调整、改革、整顿、提高”和“军民结合、平战结合、军品优先、以民养军”的战略方针，成立山东缝纫机厂。一厂承担JB7-2双喜牌家用缝纫机部分配件的生产及总装任务，并先后开发了流星牌气枪、民用猎枪、澄油器、增压器、并条机、梳毛机、抽油烟机、胶印机等多种民用产品。1980—1983年，共生产JB7-2双喜牌家用缝纫机293037台，1980年出口流星牌气枪23500支。1980—1985年，一厂的外贸产品出口产值和创外汇分别达到2165万元和582万美元，被国务院机电产品出口办公室批准为第一批扩大外贸自主权企业。

1987年2月，根据山东省政府有关文件精神，一厂下放调整至山东省日照市管理。1990年，该厂搬迁到日照市的方案落地。经过7年的建设，1997年整体搬迁至日照市。2002年改制为山东正力机械有限公司，后来由于种种原因，企业经营不善，2007年宣告破产。

山东第二机械修配厂（简称二厂）

1965年4月，二厂正式建厂，后改称“山东第二机械厂”“山东第二机械有限公司”。该厂是与一厂同步选址、同步设计、同步建厂的配套厂家，建制级别同为团县级单位。建厂初期，二厂由党委副书记侯君格主持党委工作，董传明担任厂长。因该厂主要生产“五三”式7.62毫米枪弹和“五六”式7.62毫米枪弹，与一厂是配套单位，所以厂址选在距离一厂较近的土门区刘家洞、左家峪、上土门3个大队的山沟内，占地440余亩，拥有各种设备800余台，职工一度超过2000人。建厂当年试制成功“五六”式7.62毫米枪弹，是华东七省（市）地方军工建设中首先产出枪弹的工厂。1981年，“五三”式7.62毫米枪弹平均一次交验合格率达98.7%，质量指标列全国同行业之首。

山东第二机械修配厂工房

20世纪80年代，随着国内外形势的变化，按照国家要求，国内军工企业“保军转民”。二厂转型生产的民用产品有ZA-80型金象牌自行车辐条、条帽，缝纫机零件，气枪枪弹，电热褥，医药冲模等。其中，流星牌4.5毫米气枪运动比赛枪弹于1984年荣获山东优质产品称号。1987年2月，根据山东省人民政府的有关文件精神，二厂调整至地方，隶属山东省临沂地区第二轻工业公司。

1988年6月17日，经山东省工商行政管理局批准，山东第二机械修配厂更名为山东第二机械厂，注册资本1430万元，总资产3423万元，工厂占地面积36万平方米，建筑面积10.8万平方米，机械设备773台。

1990年1月，沂源县由临沂地区划归淄博市，企业隶属山东省淄博市塑料工业集团公司管理。2002年，二厂从沂源县迁至淄博市张店区。2006年，国家为解决企业困难问题，提出了政策性破产，该厂被列入政策性破产项目单位。2007年8月，为确保武器正常生产，经山东省淄博市经济贸易委员会批准，在原山东第二机械厂基础上成立山东第二机械有限公司，租赁山东第二机械厂的固定资产，实行股份制运营。经过几年发展，该公司有了飞跃性的发展。并在此基础上组建成立了山东军沃科技有限公司。该厂连续20年实现经济效益快速增长，多种产品获得“国家级新产品”“山东省优质产品”“华东地区优质军械产品”“军队科技进步奖”等荣誉。2018年，其工业总产值、销售收入首次实现双过亿。2023年，企业总产值突破1.4亿元。为使企业更好地发展，山东第二机械有限公司在淄博市高新技术开发区征地106亩，2020年主体工程全部完成，山东军沃科技有限公司搬迁至此，为进一步扩大生产奠定了坚实的基础。

山东新华翻砂厂（简称新华厂）

1966年5月开始选址筹建，将厂址定在沂源县黄庄公社大上峪、小上峪、青冶行、灰菜峪和东峪5个大队境内，厂部设在大上峪大队村北坡，整个厂区分布在青杨崮南麓绵延约18公里的9条山

山东新华翻砂厂办公楼

沟、13个点上，点与点之间相距约2公里。1966年10月开始施工建设，1968年7月投入试制“五三”式82毫米迫击榴弹。下设101、102、103、104、105等多个车间。全厂占地面积1900余亩，房屋建筑面积12万平方米。其中洞室面积1883平方米，并配有800余米的铁路专运线。由于产品性质的原因，新华厂是山东小三线军工占地面积较大、车间最为分散的军工厂。

1969年3月，新华厂开始试产工业硝铵炸药；5月鉴定合格并投入批量生产。1985年生产能力达到6000吨。1970年6月1日，新华厂试制的“五三”式82毫米迫击炮稀土铸铁杀伤榴弹鉴定合格并投入批量生产。1971年11月，开始试产“六三”式60毫米迫击炮稀土铸铁杀伤榴弹，1973年2月7日鉴定合格并投入批量生产。其中，82毫米迫击炮稀土铸铁杀伤榴弹先后于1980年、1981年被评为山东省优质产品和五机部优质产品。1979年9月，新华厂被五机部指定为82毫米铸铁稀土增重弹的第一底图厂。该厂也是山东光明机器厂的配套单位，其木材生产车间为山东小三线军工系统有关单位提供产品服务。

新华厂的编制级别为团县级单位。建厂初期王占山任临时党委书记，马相礼任厂长。管理干部、生产技术骨干主要来自国营七三二厂、国营二八二厂、齐齐哈尔建华机械厂等军工单位，全厂职工多达4000余人。

20世纪80年代，军工企业贯彻“保军转民”战略方针，根据国家要求开发民品。新华厂转型生产缝纫机机头、机架铸铁和台板、柴油机曲轴及灭火弹等民用产品。1987年2月，根据山东省人民政府的有关文件精神，新华厂下放地方政府管理。该厂先后划归临沂、淄博、泰安。划归泰安后又划归泰山区管理，成了山东小三线军工企业划归地方管理后唯一的区属企业。1998年1月，整建制搬迁至泰安市经济开发区；4月，山东新华翻砂厂更名为山东新华机器厂。

搬迁后的新华厂是泰安市经济开发区重点骨干企业之一。但由于搬迁投资数额巨大，企业背上了沉重的债务负担，多次陷入停产、半停产状态。2004年9月6日，山东新华机器厂宣告破产。

山东新华翻砂厂搬迁至泰安后，原厂址得到济南市钢城区政府妥善保护。从2017年开始，济南市钢城区政府投资2000余万元，对该厂遗址进行维护、加固和保护性开发，在其原厂址规划建设“9363军工遗址公园”主题教育基地、新华军工纪念馆、洞室生产车间复原场景等主要景点，将其打造成国防教育基地和红色文化旅游基地。

山东裕华修配厂（简称裕华厂）

1966年6月选址，厂区分布在唐山区滑石峪大队（1996年改称裕华村，属西里镇）及其周边的“五峪一沟”地带，呈一字长蛇阵布局，全长5公里，横跨沂源、蒙阴两县，周围有3个公社、10个生产大队，其布局是由生产工艺决定的。山东裕华修配厂占地面积1230余亩，有7个主要生产车间和2个辅助车间，建制级别为团县级单位。建厂初期由曲耀庭任党委书记，邢德君任厂长。该厂管理干部、技术干部、骨干工人分别来自国营八四四厂、国营五二四厂、国营七三二厂、国营七二四厂等军工单位，全厂职工约1600人。

山东裕华修配厂办公楼

车系列产品以及原裕华厂开发的民用产品等。

2004年，该厂整体改制为民营股份制企业“日照裕鑫动力有限公司”并组成董事会，选举产生新的领导机构，开启第三次创业。主要生产“裕华”牌细纱机气动加压摇架、弹簧加压摇架、紧密纺装置、钢领、“裕民”纺织专件等产品。其中，气动摇架被评定为“山东名牌”产品，“先锋”牌汽油机、三轮摩托车、两轮摩托车等系列产品，为目录内准入企业产品，并通过“CCC”产品认证和“CE”出口认证，产品畅销国内外市场。

2022年11月15日，日照裕鑫动力有限公司实施“退城进园”，整体二次搬迁，迁至山东省日照市高新技术开发区。新厂址占地约380亩，投资约6亿元。公司对原有的生产工艺装备、设备，实施全方位的改造升级，转型进入新能源汽车、摩托车制造产业，公司高起点、高标准建设冲压、焊接、涂装、装配、检测“五大工业体系”，主要生产新能源汽车、汽油机、三轮摩托车、智能化纺织类等机械专用产品，开启了第三次创业的新纪元。

裕华厂系国营山东第二机械修配厂、国营山东民丰机械厂、国营山东新华翻砂厂、国营山东红旗机械厂的配套单位，主要产品为12.7毫米和7.62毫米枪弹底火及D-6底火，“六三”式60毫米迫击炮和“五三”式82毫米迫击炮炮弹的基本药管与附加药包，“迫—1甲”和“电—2”引信，12.7毫米枪弹曳光管等军工产品。其中“电—2”引信曾在同行业产品质量评比中获全国第一名。

20世纪80年代，根据国内外形势的变化和国家的要求，裕华厂实施“军转民”，开始第二次艰苦创业，先后开发并生产“裕华”牌SDDA21122P气动加压摇架和PK225弹簧加压摇架、“裕华”牌碾米机筛片系列、猎枪弹、雷管、“裕华”牌25毫米电风扇、折叠椅、20W家用小型鼓风机、JB7-2“双喜”牌缝纫机和ZA-80“金象”牌自行车零部件等民用产品。

1987年2月，根据山东省有关文件精神，企业由山东省国防科工办下放调整至当地政府管理。1988年，在日照市筹备建厂，翌年改称山东裕华机器厂。1992年，整建制搬迁至日照市，隶属日照市第二轻工业局管辖。其生产的“裕华”牌碾米机筛片系列产品荣获省优、部优“双优”金奖。

1995年，裕华厂并入中国轻骑集团，重组为全资公司——中国轻骑集团日照摩托车公司。主要生产“轻骑”牌跨骑式、踏板式、弯梁式两轮摩托

六一八战备电台

位于沂源县鲁村镇峨峪村北山，占地面积265亩，建筑面积2820平方米。1966年8月，由济南军区

六一八战备电台筹建期间，杨得志将军（右一）在山区查看地图，讨论选址方案

司令员杨得志亲自选址兴建，历时8年建成，是“小三线”时期建设的省“三防”（防核武器、防化学武器、防生物武器）战备电台，由山东广播电视局管理。1972年6月试播，1974年7月正式播音。该电台发射机功率为50kW，是全省四大功率台站之一。

电台分布在山中坑道内。坑道全长550米、宽5.5米、高5.0米。坑道走廊两侧建有大小房屋70间，洞内可同时容纳上百人。坑道内建有大小泉池4座，被称为“水库”，涌水丰沛，溶洞存积，水质优良，含有多种对人体有益的微量元素，是富锶型泉水，可为电台工作人员在战时长期隐蔽洞内提供足够的饮用、盥洗和设备冷却、空气过滤等水源。电台坑道施工由解放军工程兵某部实施，分两期工程完成。1966年8月开始第一期工程，历时3年完成。坑道呈南北向，总长350米。1972—1974年实施第二期工程，坑道呈东西向，总长200米。二期工程坑道比一期工程坑道下沉10余米，并在洞中交会。

1966年，六一八战备电台施工技术员正在勘测地形

2003—2006年，淄博市广播电视台投资1000余万元，对坑道内外设施进行整修复原，建设陈列室和集餐饮、住宿、会议为一体的接待中心，成为一处集转播和革命传统教育、国防教育为一体的红色教育基地。

山东东风化肥厂

坐落于沂源县南麻镇永兴官庄村东、田庄水库北岸、塔山南麓。1965年2月，由山东省人民委员会批建。建厂时称为“山东沂源化肥厂”，1970年2月更名为“山东东风化肥厂”。该厂是小三线建设时期按照“平战结合，军民结合”的原则建设的保障型化工厂，是20世纪60年代国家批准建设的全国14个小硝酸生产厂家之一。厂区占地总面积403亩，职工总人数最多时有770余人。主要产品有合成氨、硝酸铵和浓硝酸等。硝酸系列产品、工业纯碱、农用化肥等产品为工农业提供生产保障，工业硝酸铵为民用爆破、军工行业提供原料支持。

1965年12月，各生产队组织社员到山东东风化肥厂推氨水

1965年10月1日，开始安装合成氨生产装置。12月28日，顺利产出合格的氨水。仅用不到10个月时间，从立项、批复、筹建到投产，实现当年规划、当年设计、当年施工、当年投产的“四个当年”建设目标。

该厂硝铵车间综合实力居国内同行业先进水平。1989年12月，东风牌硝酸铵（结晶）产品被评为“山东省优质产品”。2003年4月，创立山东联合化工有限公司；7月，该公司接管原沂源县化肥厂，成为淄博市百强企业之一。2006年3月，山东联合化工有限公司进入“2005年度中国石油和化学工业肥料制造业百强”和“综合效益百强”；8月，进入“中国化工企业500强”。2008年2月，山东联合化工有限公司首次发行的A股股票在深圳证券交易所正式挂牌上市，成为“山东省2008年第一家上市公司”。2013年，销售收入由建厂初期的90万元增长到7.4亿元，工业总产值超过20亿元。2014年5月，公司名称由“山东联合化工股份有限公司”改为“合力泰科技股份有限公司”。

小三线建设的第二个高潮

成少甫将军

20世纪60年代末，国际形势风云突变，国家安全环境进一步恶化。面对这种严峻的国际形势，全国三线建设作为压倒一切的中心任务被国家提上重要日程。1968年5月，全国小三线建设工作会议提出“今后不管大小三线，军队都管起来”的三线军工领导体制战略方针。鉴于此，中共山东省革命委员会和济南军区决定成立国防工业领导小组，进一步调整和加强国防工业办公室的领导力量。山东省国防工办由济南军区副司令员成少甫和山东省经委副主任李春之负责。

山东红旗机械厂（简称红旗厂）

1970年2月开始筹备建厂，4月，红旗厂筹备组将厂址定在沂源县张庄公社狗泉大队和鲁村公社雕崖大队之间的炮垛子山周围地区。1970年5月动工兴建，1974年建成投产。建厂总投资3026万元，占地面积2087亩。建厂初期的主要产品是“六九”式40毫米火箭弹。1985年，红旗厂投产“六九-1”型和“八四”式40毫米火箭弹。其中，1982年9月开始研制的“八四”式某型产品，主要性能达到国内同类产品先进水平，荣获国家机械委科技进步一等奖。

红旗厂隶属于国家第五机械工业部，建厂初期由张盛令任厂党委书记，王惠民任厂长，全厂职工最多时达2300余人。

20世纪80年代中期，根据国家实施“军转民”的战略方针，红旗厂开发生产自行车中轴总成、自行车B型中轴、手压水泵、油压减振器、钢筋对接机、电视天线等民用产品。

1988年，红旗厂迁往潍坊市，开始进行第二次创业。

山东半导体厂

1969年，山东将军用电子工业纳入小三线建设规划，为卫星、导弹、运载火箭和雷达等尖端武器装备研制配套电子元器件。1970年5月，济南军区和山东省革委会根据党中央“靠山、分散、隐蔽”的小三线军工厂建设方针，决定在沂蒙山区建一处半导体器件制造军工厂。经过勘察选址，将建厂地址选在了沂源县西部的鲁村区杨庄、小张庄、月庄一带的深山中。9月30日，山东省半导体器件所正式成立。翌年4月，改称山东半导体研究所。1974年4月，改称山东半导体厂。

山东红旗机械厂远景

该厂编制级别为团县级，厂区总面积315亩，职工最多时达到840人。主要生产硅半导体晶体三极管、硅单晶、硅外延片等。建厂初期，该厂的专业技术人员和科研力量主要抽调自生建八三厂能力强、经验丰富的专业技术人员和哈尔滨军事工程学院、山东大学等各高等院校直接分配来的应届毕业生，相较县内其他军工单位，其科

山东半导体总厂车间一角

研队伍的整体学历水平较高，科研攻关能力较强。

1970年11月29日，成功试制出首批超高频低噪声CG35晶体管48支。翌年5月，继生产出硅单晶样品后，又成功制成超高频低噪声CG30晶体管、高反压高频小功率3DG3晶体管。1972年5月，受到四机部副部长齐一丁的高度评价。1975年，在我国发射的第一颗返回式人造地球卫星上，使用了该厂生产的高频反压晶体管，受到国防科工委的表彰奖励。1980年5月18日，我国向太平洋预定海域成功发射的第一枚远程运载火箭使用了该厂生产的晶体管。

1983年，实行“军转民”，山东半导体厂搬迁至潍坊地区安丘县，改称山东半导体总厂，主营电工电气和电子元器件。2002年7月，山东半导体总厂停产倒闭。

军地共建

勠力援建军工厂

各军工厂建设初期，主要进行厂区内的“四通一平”（通水、通电、通路、通电话和平整场地）工程和厂房、宿舍等基础设施建设。由于房建工程量大，当时沂源县内没有足够的烧砖厂供应，房体建筑材料基本以凿制料石为主，石料为就地取材，人工凿制料石。同时，在时间紧、任务重的情况下，优先保障工房等主要基建设施的施工速度和质量，职工宿舍等辅助设施的施工，均为简易的石砌平房，被称为“干插缝”。在附近的山上开采石料、修筑公路桥梁、平整场地、房屋砌筑、电杆架设等，需要大量的人力，当地政府和群众的支持，是按时完成军工厂建设任务的关键。沂源县参建民工队伍，成为军工建设大军中的重要组成力量。

1965年初，山东小三线建设的号角首先在沂源县吹响后，沂源县要人给人，要地给地，不惜一切代价，全力以赴支援军工厂的建设。

沂源县委、县人委随即成立以副县长包延收等组成的土建施工领导小组，同时召开县有关部门和军工厂驻地公社干部动员会。强调需要哪个部门协助，哪个部门跟上；军工厂建在哪里，当地公社做好群众的动员工作；对涉及的占地问题，军工厂规划到哪里，需要哪块地，就要无条件地让出来，不含糊、不拖延、不讲条件。同时，明确国防建设的重要意义，明确参建过程中的有关纪律事项，遵守保密纪律和现场施工纪律，一切从国防建设大局出发，服从施工进度和建筑质量要求，服从建厂工地指挥部和施工现场负责人的指挥，搞好与外来支援军工建设人员的团结，按期或超额完成各项施工任务。

几天之内，沂源县委、县人委就在土门、九会、悦庄、三岔等公社22个大队中组建起一支近万人的基建队伍，重现1958年田庄水库建设时“万人大会战”的场面，其中仅通往一厂3公里的修路施工现场，民工就达3500人。

民工队伍中，以公社基建营和民兵为骨干，并抽调各大队社员中的石匠、木匠、泥瓦匠和铁匠等民间工匠，组成修路、运输（线杆、土石等运输及帮助厂方的设备进厂）、开采（主要是就地或附近石料开采）、砌筑（主要是厂房、职工宿舍以及桥梁等建筑）、架设安装（主要是电杆和房梁等的架设）等施工分队。铁匠负责施工现场的工具打制和维修等。各施工分队在工地指挥部的领导和沂源县土建施工领导小组的具体组织下，统一协调，分工负责，有序推进。

施工中所需要的木推车、大锤、镐头、铁锨、撬杠、扁担、抬筐、钢钎等施工工具，大都由民工自带。各大队参建民工由生产队记工分，自带口粮，施工现场提供热水。当时的住宿条件极其简陋，各驻地村（大队）社员的房屋优先安排给来自外地的军工战士，随着军工建设大军的到来，人员逐渐增多，有的军工战士甚至住在社员的草房、羊栏、牛棚里。而当地的基建民工也和他们一样，有的在当地社员家中打地铺，几人挤在一个房屋内，大点的房屋甚至有十几人，有的就在社员的大门过道、牛棚下打个地铺，席地而睡。随着军工战士和当地基建民工人数的增加，当地社员家中容纳不下，民工们就两三个人为一组，用秫秸、玉米秸等自己搭建简易帐篷。

根据上级当年规划、当年设计、当年施工、当年投产的“四个当年”建厂目标，沂源县援建施工队的民工们披星戴月加油干，日夜奋战不停歇，和时间赛跑，向困难宣战。凿岩石、填沟壑，废寝忘食，通宵达旦，攻坚克难。

在一厂基建施工现场，三岔公社民兵排长车春水在挖电杆坑打铁锤时，手腕都震肿了，但他轻伤不下火线，仍然坚持在工地上施工。修路工地上的民工，每挖2立方米的土就算完成1个工的定额任务。但有很多人每天完成挖土3立方米，个别的达到4立方米。1965年3月，筑路施工进入高潮阶段，有的民工为了多出勤、不误工，坚持施工期间不回家。三岔民工陈传龙、韩尚本两人，3月25日利用晚上时间回家安排好家中的春耕农务等，第二天早上天没亮就返回工地，一夜往返90里的山路。回到家时还要连夜挨门逐户地收集起11名同村人的口粮。3月29日，土门到厂区3公里的简易公路建成通车。5月1日，电线架设完成。水、电、路工程全部完工，保证了后期厂房修筑、设备进厂等一系列工程的建设。

1965年5月14日，山东省煤炭公司60名施工人员开始进入千人洞，实施对千人洞的改造施工任务。千人洞施工改造工程包括洞内土石方清理开挖、抬底、安全出口和风门、洞外挡土墙、外上坡加固、设备运输和机电安装等11个分项工程，计划使用6000余个工日。沂源县民工援建队伍承担了外上坡加固、洞外挡土墙、洞口整修、洞内清理后的渣土外运等多个分项工程的施工，其中洞外挡土墙由悦庄公社59名民工负责施工。为加快施工进度，自5月20日起，千人洞改造施工现场实行三班倒，“歇人不歇马”，一天24小时连轴施工。

二厂开建后，沂源县副县长包延收带领除二厂驻地村以外的民工1000余人，进入土建施工现场。土门、左家峪、刘家洞3个驻地村也出动社员劳力300余人。进行修路、架桥、凿石建房、挖坑填沟、竖线杆、架电线等厂区建设，左家峪、刘家洞和上土门3个大队的社员汗流浃背，在管沟中摸爬滚打，全然不顾满身的泥水，加班加点拼命干。人拉肩扛，挖管沟、铺管道，引水上山。在修筑通往二厂厂区的公路中，经过连续5个昼夜的紧张施工，提前2天完成施工任务。

1965年，左家峪是个仅有69户、179人的小生产队，党支部书记孙吉田组织80余人参与到基建任务中，进行修道路、建厂房、盖宿舍和引水、架电、运料等。村中所有的党员、团员和老石匠、老木匠等尽数“参战”，年龄最大者60多岁，最小的仅十五六岁。就连村中的妇女、学生也参与其中，做些烧水、送饭、照顾病号的工作。

在第一批军工厂的建设中，沂源县直接或间接参建的民工人数累计达数万人。1965年，一厂和二厂直接参建民工有2000余人。1966年2月，开始建设山东新华翻砂厂时，参建的沂源民兵营有400余人，负责厂区内的“四通一平”工程，后又随着厂房、宿舍等基建工程的铺开，人数逐渐增加。1966年10月，在山东裕华修配厂第一次建设“大会战”中，就组织起一支1730人的筑路队伍和一支655人的建筑队伍，首先实施“四通一平”的工程建设。

到年底，建设山东裕华修配厂的筑路队共修建干线公路4.7公里、厂内道路4.18公里、干线桥涵7座、厂内道路桥涵8座，除通往大秋峪的道路外，其他线路基本通车；建筑队完成开挖土石方4055.6立方米、开采料石3660立方米，其中开采山洞料石200立方米、房屋建筑用料石3460立方米。

1970年8月，山东红旗机械厂为实现“四个当年”目标，组织第一期为期50天的抢建“大会战”。沂源县、沂水县分别组织一支民工团参建，加上淄博市建筑工程公司的职工，总人数近1万人。10月1日，完成厂房建筑2.5万平方米。到年底完成第二期的“百日大会战”后，厂房、宿舍等基建工程竣工面积6万平方米，修建厂区公路18.5公里、桥涵70座，架设高压输电线路13公里。

随着各军工厂初期建设工程的完成并投入试生产，后期基础设施也在不断完善中，沂源县委、县人委和各公社也都根据军工厂基建工程的需要，积极给予人力等方面的支持。如二厂的东山、南山、石窝、刘家洞宿舍区和北山单身宿舍区以及后期建设的各大工房、办公楼等，都是当地社员、民工队参建的。

建厂初期，工厂职工和家属逐渐增加，人员生活物资的供应、孩子上学、家属落户等，当地政府均给予大力支持和妥善办理。沂源县蔬菜公司在土门专设1处供应站，优先供应一厂、二厂的冬季蔬菜。沂源县人委卫生科在土门大队南山建小型地方医院，保障一厂、二厂职工的医疗健康。

建厂初期的“干插缝”职工宿舍（山东裕华修配厂）

由于各厂厂区分散，当时不具备独立办学的条件，各军工厂采取与当地联合办学或插班就读等方式，就近解决职工子女入学教育的问题。一厂、二厂与驻地村黄崖、土门等3个大队合办小学3处，一厂101名职工子女分散在3所小学就读，二厂的职工子女在土门小学就读；山东裕华修配厂的职工子女分散在当地学校就近插班借读，其中初中学生在蒙阴岱崮中学（蒙阴四中）、沂源刘家庄中学（沂源十六中）和月庄联中等学校借读，小学生分别在辛庄小学、滑石峪小学、犁掩沟小学和东风小学借读；山东新华翻砂厂与地方进行联合办学，厂社结合，工助民办，厂方出资在大上峪大队兴建学校1所。

厂内基础设施建设逐渐健全，生产步入正轨后，各厂开始各自建起内部职工子弟学校，成为独立于地方的军工“小社会”中的一部分。

民拥军，军爱民

驻沂源的军工厂逐渐步入正轨后，在几十年的时间中，也对沂源工农业发展建设给予极大的支持。20世纪七八十年代，当地农村生活条件差，文化生活匮乏。军工厂在文化生活方面比地方要好得多，经常组织文艺演出、放电影等各类文化娱乐活动，当地群众也与工厂职工开展各种形式的联谊文体活动，丰富了社员文化生活，建立起深厚的军民情谊。

土门一厂在建厂初期，在保障生产用电的同时，帮助黄崖大队解决了社员生产、生活用电问题。职工还自发在该大队创办夜校，帮助黄崖大队进行扫盲。1987年，土门一厂帮助黄崖村打大口井1眼并提供大工房楼板。1991年，一厂资助2万元，帮助该村建交通桥1座。第二年，提供设备和技术支持帮助黄崖村建钢件精密铸造厂。

1973年冬，土门二厂的知识青年响应党中央毛主席的号召，上山下乡，接受贫下中农再教育。土门二厂张振廷作为首批带队干部，同知青一起插队到南麻公社东沙沟大队，并任沂源县知青办带队干部、南麻公社党委常委。带队期间，他与知青同吃、同住、同劳动，并同社、队干部群众打成一片。为了解当地的生产情况，他每天都随身背上军用水壶，带上干粮，进深山、搞规划、开荒山、整良田、修水池……走遍了南麻公社的山山水水。

20世纪70年代初，沂源县在筹建石桥公社建水泥厂时，面临财政资金困难。一厂厂长袁文清得知沂源县政府面临的困难后，动员驻沂源的其他6家军工单位，每家赞助10万元，一起帮助解决。在驻沂源小三线企业的帮扶下，石桥水泥厂很快投产。由于当时基础建设工程不多，水泥销路又成了难题。后来，又由各军工厂负责消化一半的水泥销量，一半由水泥厂自己出售，为石桥水泥厂初期的顺利成长打下坚实的基础。

在长期军民水乳交融般的生活中，军工厂的职工和当地群众有的结成了一辈子的“亲戚”。来自全国各地的工人家属落户当地后，与当地村民打成一片，亲如一家。

土门二厂汽车队的代恒顺（村民们称他为“老代”）就是其中的一个缩影。刘家洞村民郭公平在厂里干装卸工，早年丧妻，家庭极为困难，两个年幼的女儿无人照管。代恒顺和郭公平经常一起出发到外地拉货，一去就是一整天，有时回来得很晚。代恒顺每次回来第一时间陪着郭公平去看望他的两个女儿。时间久了，刘家洞的村民们把老代当成了亲戚，逢年过节，老乡们的土特产总是先给老代送去一份。二厂搬迁后，每年中秋或春节前后，老代总是不忘回“家”探访他的这些亲戚们。2002年二厂搬迁的时候，驻地村民恋恋不舍。3个村的村民纷纷来帮助装运设备和物资，收拾行装。搬家的车队开动那一天，村民们打出“相处数十载，难舍兄弟情”的横幅，工人和当地群众相拥而泣，恋恋不舍，场面催人泪下。

企业转型

军转民

1978年，党的十一届三中全会召开，作出了国内经济战略重点转移的重大决策，国防军工也确立了“军民结合、平战结合、军品优先、以民养军”的战略方针。从1979年开始，军品生产任务大幅度下降，军工企业为了渡过难关，解决生存问题，走上了“军转民”二次创业的艰难历程。驻沂源县的6家军工厂，也在国家三线军工企业“军转民”的战略转移中，经受着改革开放和市场经济大潮的洗礼。

随着国内外形势的发展，小三线的军工保密单位撩开了其神秘的面纱，向社会和人们展示了山东军工战士们为了国家安全，不惜牺牲个人利益，在山区默默无闻，“献了青春献终身、献了终身献子孙”，把一切献给党的可歌可泣的小三线军工史。

各军工单位自建立初期贯彻执行计划经济，“皇帝的女儿不愁嫁”，生产军品时根本不用考虑原材料供应和产品销售的问题。实行“军转民”战略方针后，各企业不等不靠，不找市长找市场，积极找出路、谋生存、求发展，“自己找米下锅”，产品自己销售，资金自己解决。由计划经济转为市场经济，从思想观念到具体实施都面临着严峻的考验。经过奋力拼搏，成功实现了“军转民”的战略转移，生产出市场上紧俏的缝纫机、自行车和各种农用机械等民用产品。

在山东省军事工业局的支持下，结合军工系统自身设备、技术优势，将国内市场与人民生活密切相关的缝纫机、自行车等紧俏商品纳入“军转民”的优先项目，并经山东省经委、山东省计委审批列入国家生产计划。1980年，山东第一机械修配厂成立“山东缝纫机厂”，并成为缝纫机制造的龙头单位和总装厂，由山东第二机械修配厂配套生产缝纫机锁边器，山东新华翻砂厂生产缝纫机机头、机架铸铁件和台板等零部件，山东裕华修配厂生产缝纫机挑线机构、面板、铰链、针距旋转和夹紧簧等零件。

另外，缝纫机的摆梭、梭床、上轴和大小连杆等零部件则由山东工模具厂、山东民丰机械厂、山东机械修理厂、山东光明机器厂等4家县外军工单位分工生产。各军工企业分工协作，配合山东缝纫机厂生产双喜牌缝纫机。经过初步试制，生产出价廉物美的“双喜”牌家用缝纫机并投入市场。

同时，山东省军工局决定在山东工模具厂的基础上组建“山东自行车厂”，生产“金象”牌自行车。山东第二机械修配厂生产自行车辐条和条帽，山东裕华机械厂生产自行车车把、前闸和保险叉等零部件，山东新华翻砂厂生产包装箱。1980年，生产出了“金象牌”自行车206辆。1985年3月，经国家五部一司鉴定验收，产品完全合格，并被评为山东省优质产品。

在计划经济年代，自行车和缝纫机曾属于凭票供应的紧俏商品。以上两种民品在批量生产投放市场后，受到广大人民群众的青睐和市场追捧，一度出现“一票难求”的局面。军工企业对民用紧俏商品的开发生产，满足了市场需要、提高了人民生活质量。

异地搬迁

1983年，山东半导体厂最早完成搬迁出山外。1987年2月，山东省人民政府开始统一将省内其他小三线军工企业下放调整至地方，实行属地管理。1987年3月，根据山东省人民政府鲁政发〔1987〕16号文件的部署，临沂地区内所有军工企业已经完成下放地方管理的交接手续，并明确归口管理单位。按照“就地开发、易地改造、总体规划、分期实施”的调整指导思想，计划在5年内完成调整工作。

山东省经委、省国防科工办就军工企业调整问题，积极向山东省政府汇报，解决一厂的中外合资项目（合资生产经营高科技澄油系列产品）、二厂的活络扳手项目等已经批准立项的经营贷款问题。

随后，1992年山东裕华机械厂整体搬迁至日照，最后完成搬迁的是山东第二机械修配厂（2002年搬迁至张店区）。

大部分企业在异地搬迁后，根据市场和自身发展的需要，先后在2002年以后完成企业改制，实行

日照裕鑫动力有限公司生产的“先锋”牌二轮摩托车

公司化经营。其中二厂、红旗厂成功实现市场化改制转型，逐步发展成为集开发研制和生产制造为一体、军品和民品两大产业并举的军民融合型现代化高科技企业集团。裕华厂也在改制后，形成集机车、纺织机械、农业机械以及机加工和模具等制造生产、设计、销售为一体的集团化经营实体。而一厂、新华厂和半导体厂则因资产负债过重、自身经营不善等原因，改制后先后倒闭。

小三线企业建设对沂源经济社会发展的影响

对经济发展方面的影响

小三线企业的建设发展，对沂源县的经济和社会发展、群众生活都产生了深远影响，特别是对经济方面的带动影响更直接。

直接带动了当地建筑业的发展 1965年，国营山东第一机械厂、国营山东第二机械厂等小三线企业建厂，涉及的周边大队，纷纷成立建筑施工队积极参与企业建设，大队集体、个人的经济收入都得到了增加，如朱阿大队在建一厂时，成立建筑队、装卸队、维修队等，村集体年收入达6万余元。黄崖大队在建一厂时，成立由20～30人组成的施工队，在土门一厂搞土建、做零工，年收入3万余元。左家峪大队、上土门大队、刘家洞大队在建土门二厂时大量劳动力参与建设。1966年，山东裕华机器

厂建厂时，来自当地的民工队伍进行施工。滑石峪村东西两庄、辛庄、犁掩沟等地的几条山峪中同时有3000多人在此破土动工，极大锻炼、提升了当地村民的建筑技能。

促进了副业生产，繁荣了商贸业 小三线企业在沂源建成后，猛然增加数万人口，形成了一个巨大的消费市场。各大队纷纷成立蔬菜、熟食、生活必需品供应点，例如馒头坊、豆腐坊等加工点，促进了粮食、蔬菜等生活物资的销售，活跃了市场，从而增加了村集体收入，改善了社员生活。

促进了当地就业 随着小三线企业的不断扩大发展，工厂劳动力不足，安排附近大队剩余劳动力到厂里当临时工，增加了大队和社员的经济收入；后来又陆续招收一部分“亦工亦农”工人，社员变成了工人，每月有了固定工资收入。

促进了养殖业发展 村民充分利用机械二厂生产弹壳余下带孔的铁边角料（老百姓管它叫花铁）制作兔笼、鸡笼，搞庭院养殖，增加经济收入，随着养殖户的增多，黄崖村孙凤玉成立了山东省沂源县彩兔产业有限公司，公司采取公司+养殖户+衍生产品的经营模式，主营彩色长毛兔养殖、加工，效益可观。村民在为小三线企业服务的同时，增收致富，钱袋子鼓了，房子更宽敞宜居了，装饰和家具摆设高档了，衣服穿着打扮时髦漂亮了。

培养了大批技术和管理人才，培育形成了特色产业 1984年，机械一厂、二厂、红旗等企业的军转民后，企业扩大规模，主要生产自行车辐条、“双喜”牌缝纫机零部件、气枪弹等多种民用产品，更需要大批量的工人，给周边村村民提供了更多就业机会，同时也培养出了一大批的车铣、刨磨、锻造、车床、电工、钳工、电焊等技术人才和企业管理人才，这些人才为后来镇办企业、个人企业的兴办打下了坚实的基础，为后来当地轧钢铸造业和板材加工业发展奠定了基础。改革开放前，原土门镇是一个传统的农业镇。1978年，第一产业增加值占到了国内生产总值的75%，第二、三产业总和所占比重只有25%。改革开放后，第二、三产业逐年发展，1986年二产比重首次超过一产比重，实现了历史性跨越。1984年土门公社被确定为市属镇——土门镇，也是沂源县的第一个镇。1986年底，镇办企业达到9处，镇办企业共安排就业人员710人，总产值达到356万元，比1983年增加1倍，1989年镇办企业共安排就业人员850人，实现总产值764万元，利税56万元。轧钢铸造和板材加工两大优势产业集群加速发展，占全镇规模以上工业比重90%，原土门镇已成为鲁中地区最大的轧钢铸造基地和板材进出口集散地。南华型钢、鑫田木业等私营经济蓬勃发展。其中山东南华科技股份有限公司，下辖南华型钢、银联设备、联盟兴业3个公司，是国内成立较早、规模较大的专业生产异型钢企业。公司拥有员工200余人，年产11万吨异型钢，年产值8亿元，利税6000万元，产品销往国内30多个省以及美国、澳大利亚、荷兰等国家和地区，主导产品电缆钢在全国市场占有率达到70%以上，槽帮钢在全国市场占有率达到50%以上，是山东省最大的异型钢生产企业。荣华铸造有限公司，生产矿用钢、电缆钢、T型钢、Y型钢、汽车配件、轮船配件、建筑机械配件等几十个品种，产品大部分用于出口，远销芬兰、美国、韩国、德国、澳大利亚等国。沂源宾晟铸造有限公司，主要生产汽车、火车、矿山用铸钢件，产品出口美国、澳大利亚、韩国等国家，国内为一汽、陕汽、重汽等多家企业提供铸钢配件。全镇铸造业年产值10亿元，出口创汇达8000万元，铸造业产业集群已初具规模。沂源新宇鸿翔木业有限公司，主要生产各种生态板、胶合板，用于建筑、包装及装修等。年产胶合板2.5万立方米，年产值5000万元，利税400万元。产品出口到欧美、中东、印度等十几个国家和地区。

军工遗址得到有效利用，促进了当地工业、旅游服务业、教育等经济社会发展 20世纪80年代，山东半导体厂搬迁后，利用原厂房成立了沂源县塑料制品厂。90年代，山东裕华机器厂搬迁后，原厂址成为双星公司的厂房。滑石峪大队利用裕华厂留下的丰富工业遗产，陆续办起包装厂、塑料厂、食品厂等，成立了裕华实业有限公司，村集体经济得到较快发展。依靠山东裕华厂发展起来的其他民营企业，年产值可达数千万元，解决当地1000余人就业问题。依靠裕华员工发展起来的商业一条街，当地人开设的百货店、饭店、旅馆有80多家。第一机械厂搬迁至日照后，原厂区被山东药玻作为生产厂区用于医药玻璃生产，原厂区指挥部、文化楼及医院楼被药玻厂作为办公楼使用，厂办招待所及礼堂改造为药玻厂仓库并使用，厂区原宿舍区保存完好，现为药玻厂职工宿舍，朱阿村原职工宿舍一座楼被山东鲁山神农药谷文化发展有限公司改造为旅游接待客房，另两栋楼现被山东骏祥鲁山神农药谷智慧康养有限公司计划改造老年公寓、建设接待中心、康复训练中心、餐饮服务中心，原厂办子弟学校现为南鲁山镇中心小学、土门中学。山洞车间大部分被市人防办征用，少部分作为菌类养殖基地使用。第二机械厂搬迁至淄博市张店区，原厂区闲置，20世纪90年代后期原厂区各部分逐渐被当地企业用于工业生产。招待所、礼堂被华盛食品公司改装为办公室和生产车间，2008年在中国举行奥运会期间，该公司15.8万斤“奥运果”运抵北京奥运村和各比赛场馆，得到了各国运动员和官员的一致好评。原学校、幼儿园现在改为南鲁山镇中心幼儿园。大部分生产区、办公区、宿舍区、生活娱乐区分别被山东沂源鲁山山泉水厂、沂源县盛源型材有限公司、沂源县恒鑫节能材料有限公司、山东第二机械有限公司、沂源县义盛铸造有限公司、沂源县宝源精密铸钢有限公司、山东鲁泉山泉水有限公司等利用。其中鑫田木业有限公司等生产的绿色环保型多层板、贴面板、装饰板等产品全部出口到欧美、中东及东南亚等十几个国家和地区，市场供不应求，外向型经济搞得有声有色。

对当地社会生活的影响

小三线企业的入驻对当地生活也产生了较大影响，特别是周边村庄的村民生活、文化都发生了天翻地覆的变化。企业的职工来自全国各地，天南地北的文化汇聚于此，思想先进、风气开化，其思想观念和生产、生活方式都对当地农村产生了积极影响。在那个信息相对封闭和落后的年代，一些逸闻趣事和国际国内新闻，一度成为这里人们茶余饭后的重要谈资。青工们的发型和衣着打扮，引领着当地青年人的时装潮流和行为模式。每逢附近村庄集市，操着各种口音、衣着各异的军工们，跻身于不同的摊位前，谈质论价，精挑细选。当时，滑石峪大队及其周边村落整日里车水马龙，工农相互融合交流、相互影响，别是一番热闹景象。

通　水　小三线企业建厂后，多向周边村供水。特别是山东机械一厂、二厂向10多个邻村免费供水，并及时维修更换零件，保证村民日常饮用水。二厂从建厂起先后在左家峪大队周边打6眼深井，在厂自足的情况下，为左家峪、上土门、刘家洞大队提供生活用水，天气干旱时帮助大队抗旱救灾，保墒情。机械一厂、二厂撤走后所有的水利设施全部无偿地赠给就地村委，为现在的自来水配套打下了充实的铺垫。1965年，机械一厂为黄崖大队安装自来水龙头4个，社员首次吃上自来水。1997年，与国营山东第一机械修配厂协商，对小圈、苏家林、下河崖3眼深井进行改造，全村村民用上自来水。

通　电　随着小三线企业的入驻，电力随之配套，周边村庄也用上了电。1965年，机械二厂建成651变电站，输出一路6千伏农业用电专线，十几个村庄先后通电，同时供芦芽水泥厂使用。随后，域内公路沿线大多数村庄生活、生产用电得到解决。靠近厂生活区的左家峪、上土门、刘家洞、黄崖等村首先用上了路灯。

电影、电视　20世纪六七十年代农村文化生活匮乏，看一场电影就是难得的文化大餐，县放映队到村庄放电影，几个月才轮到一次。半导体厂、红旗厂、裕华厂等企业都有专门电影放映员，附近村庄社员也能去看露天电影。其中山东半导体厂，每周放一次电影。山东第一机械厂、第二机械厂每周二、四、六放电影，附近村的社员不论是在地里干活还是在家里做家务，听大喇叭里播放电影消息，回到家扔下劳动工具、放下手里的家务，顾不上吃饭，就奔向土门一、二厂放映场地。第二天社员们到田里干活的第一件事就是谈论电影的故事情节，你一言我一语，把整个电影内容复述一遍。露天电影是那个时代的产物，在人们脑海里成了一道抹不去的风景、挥之不去的美好记忆。

1974年8月，机械二厂购进国产上海牌14吋黑白电视机2台，设刘家洞生活区和厂游戏室两个播放点供职工和周边群众观看。但厂地处山区，厂区地形复杂，电视信号微弱，收看效果差，为解决这一问题，厂里购进国产的DCZ-10W差转机2台，经省无线电管委会批准，在左家峪南山站建电视差转台，辐射周边村庄。1987年7月，安装第2套电视差转台，转播中央第一套电视节目，1988年8月建立了一套卫星地面接收站，同时接收山东台，中央1、中央2三套节目。随着生活水平的提高，1979年，90%的职工家庭逐步购置了电视机，有条件的大队、社员购进黑白电视机。1982年，黄崖大队为了鼓励更多村民看上电视，普及电视文化教育，村从公益金拨出4460元，对购买电视机的村民进行奖励，每户奖50元，全村一次性购买“双喜”牌电视机87台，85%以上的农户都看上了电视。1983年，新华社和大众日报社相继以《沂蒙山区第一个电视村》为题对黄崖大队进行了宣传报道。1994年，从二厂地面卫星接收站接入电视信号，比1998年全县“小前端、多布点”地面卫星接收早了四年多。地面卫星接收站传输信号，使山区群众看上了7～11套清晰电视节目。随着信号的清晰、电视节目的增多，1988年，周边村庄89%以上的农户都看上了电视。

文化、体育 小三线企业的工会经常组织工人和村民开展文艺演出和体育活动，比赛项目有篮球、乒乓球、象棋、射击、拔河、长跑、爬山等。20世纪70年代，裕华厂建成露天舞台，经常在此举办各种会演，有演唱会、曲艺表演、戏剧演出等，每有放映或演出活动，周围村庄的群众就会成群结队前来观看，人群熙熙攘攘，好不热闹。孩子们更是兴奋不已，早早地搬上板凳，坐在舞台或银幕前等候。在那个精神食粮匮乏的年代，露天电影和舞台演出极大地丰富了人们的精神世界，也给周围乡村带来了现代文明。山东半导体厂，每到“七一”“八一”和元旦等重要节假日，就组织开展群众性娱乐活动，举办歌咏比赛、诗歌朗诵会等，附近大队的社员群众也到现场观看，观众足有三四千人。1965年8月，支援小三线建设的职工汇集沂源后，在左家峪大队用汽油灯照明，自发组织业余文艺晚会，与当地社员共同开展联欢活动。为配合学习毛主席著作，一厂、二厂工会、团委组织文艺宣传队自编自导大型歌剧《红太阳照亮安源山》《井冈山的道路》到各大队巡回演出，每年元宵节，厂工会和周边村庄组成秧歌队、高跷队、舞狮队，自制高跷、演出服装参加演出，主要表演踩高跷、舞狮、跑旱船、打花棍、扭秧歌、打渔鼓，此外还有歌舞表演、快板、相声等。受小三线企业的影响，周边村庄村村建有百姓大舞台，村村有文艺宣传队、广场舞队、秧歌队。

教　育 小三线企业入驻沂源后，为解决职工子女入学问题，多与驻地村庄联合办学，促进了当地教育教学质量。如山东第一机械厂、第二机械厂与地方合办学校，在黄崖村北山下建约5000平方米教学区，设48间教室、3间办公室，学校设6个班，学生305人，教师队伍由地方教师和厂方教师组成。1972年7月，二厂子弟学校在土门村南山建成，同年与地方学校分离，子弟学校设小学部、初中部，张成利、毕德云等先后任校长，李财家、高瞻、张庆勇等先后任教师。土门一、二厂撤离后，学校停办，有的老师留在当地继续从事教育工作，有的转行进入政府服务为民，有的进入企业就职。20世纪五六十年代，实施成人扫盲教育，土门一、二厂工会、团委组织年轻知识分子在工作之余，以生产队为单位辅助各大队开办识字班，没有固定教学时间和地点，在街头巷尾、社员家中聚集起来教学，有时也在田间地头利用劳动间隙，开展青壮年识字扫盲教育。1984年，基本扫除青壮年文盲、半文盲，经县主管部门验收合格率达98%以上。

医疗卫生 小三线企业多设立卫生所或者医院，方便职工就医的同时也方便了周边村民就医。1965年4月，一厂、二厂工厂筹建初期，在土门村借用民房一间，设立卫生所。1978年厂卫生所升格，成立职工医院，设综合门诊、妇产科、放射室、化验室、心电图和治疗室等，住院处设病床30张，配备救护车一辆，常规化验设备一套，30MA“X”

射线透视机一部、心电图机和一般理疗器械。截至1984年底，医护人员共24名，其中主治医生3名、医师4名、护师1名、护士 4名、助理护士4名、药剂士1名、药剂员2名。职工医院以对本厂职工、家属防病、治病为宗旨，并为邻村村民服务，日平均门诊达100人左右，在生产繁忙季节，到附近村庄开展巡回医疗。

洗　澡　小三线企业都建有内部澡堂，同时也对周边村民开放。1972年，山东第一机械厂新锅炉安装完成。气源解决了，澡堂安装水汽管道、喷淋喷头、洗脸盆等，洗浴条件的改善，冬季对周边村民每周周日提供洗澡便利。

道路交通　小三线企业建厂后，开始了大规模的道路交通建设，也极大改善了沂源交通条件。这些企业大部分建在崇山峻岭之中，由于道路不畅，交通十分闭塞。因此，尽快修建好公路，成为“小三线”建设中的首要任务。省交通厅公路局、临沂专员公署交通局、临沂公路管理段，专门派出技术力量，支援沂源县“小三线”建设的公路工程项目，帮助做好规划和勘查，并给予施工技术指导。沂源县委、县人委会对涉及“小三线”建设的公路工程高度重视，专门成立了公路修建指挥部，把公路建设当作作战一样组织指挥。从1965年12月开始，“小三线”公路建设项目陆续开工建设，到1970年相继完成南坦路、南崔路、颜张路、三悦路、草齐路、莱马路、娄龙路、池三路等10余条（段）180余公里的改建、新建任务，并对博沂路南麻至松仙岭段23公里进行了复修，对南坦路田庄水库段3.56公里进行改线使其绕出库区。同时，帮助“小三线”企业修建厂区道路20余公里。经过六年艰苦奋战，沂源县境内连接“小三线”企业并与周边相接的公路网络基本形成，不仅为“小三线”企业建设发展提供了良好的交通便利条件，也带动全县总体交通状况得到显著改善。1965年，建设一厂时，从上土门大队到朱阿大队道路全部是顺着河道走，坑坑洼洼，崎岖不平，汛期来时被雨水冲刷，更是无法行走，一厂用最短的时间修成一条4公里的砂石路，途经黄崖、朱阿到厂区（现在九天洞处的防空洞），后以此为路基改修成沥青路，同时也方便了附近村民的生产运输、生活通行。建二厂时只有一条长2公里、宽3～4米的简易土路，由于受地理条件限制，路基随地形起伏弯曲、高低不平，且落差大，原来是一条坡度大、石头多、高低不平的羊肠小道，雨天泥泞，雪天路滑，不仅车辆无法通行，就是行人也难以行走，必要时沿路拉上大绳攀缘上下，也时有摔伤事故发生。1976年春经修弯取直、挖高垫底，完成厂区南路、厂区南路两条主要道路，大大方便了周边村民出行。

山东第一机械厂

记忆沂源·小三线建设卷

扫码听书

概 况

山东第一机械厂，位于沂源县南鲁山镇（原土门镇）黄崖、水么头河北、池埠、朱阿4个村所处深山。该厂是小三线建设时期，由山东省报建，第五机械工业部（简称五机部）批准设立的地方军工企业，县团级编制，取厂名“国营九七六厂”，对外称“国营山东第一机械修配厂”，后改称“山东第一机械厂”（简称一厂）。1964年底至1965年初，进行选址、设计和筹建。1965年4月，与配套军工企业二厂（国营九四五厂）同时动工兴建，分别承担枪支和枪弹的生产制造。因位于土门公社，当地将一厂、二厂称为“土门一厂”“土门二厂”。该厂占地面积450亩，建筑面积11.3万平方米，配套各类设备1700余台，工厂职工一度多达3000多人（先后在该厂供职的职工近4500人），拥有年产“五六”式7.62毫米半自动步枪8万支、手枪1万支、班用机枪3000挺、冲锋枪3万支的生产能力。1971年，被五机部确定为“全国‘五六’式7.62毫米半自动步枪第一底图厂”。20世纪80年代初期，曾冠名山东缝纫机厂，出产“囍”牌家用缝纫机。1986年，被国务院机电产品出口办公室批准为全国第一批扩大外贸自主权企业。1987年2月，下放临沂地区管理后，为“三保留”（保留番号、保留生产线、保留底图）军工企业。1988年，成为全国地方军工厂中唯一的中国北方工业公司枪械出口联合体理事厂家。1994年，该厂被国家经委、计委、统计局、财政部、劳动部、人事部认定为兵器工业大（二）型企业。

1979年6月，该厂荣获省委、省政府“大庆式企业”荣誉称号；同年，该厂生产的“五六”式7.62毫米半自动步枪获部优、省优产品称号。1982年，被省经委授予“先进计量单位”。1986年，被省政府授予“机电产品出口创汇先进企业”。1988年，荣获机械电子工业部“机械电子百家出口先进企业”。1993年，被省经委、财政厅、统计局、工商局评为全省工交财贸系统“经济效益排头兵”。1994年3月，被国家经济贸易委员会、对外经济贸易合作部授予“全国机电产品出口先进单位”。

历史沿革

1964年10月，中央确定在山东省重点建设“五六”式半自动步枪厂和“五六”式枪弹厂，山东省后方建设办公室随即组织进行选址。1965年4月，山东省机械工业厅报国防工业办公室备案后，正式启用“国营九七六厂”“国营山东第一机械修配厂”称谓；6月，山东省机械工业厅成立二局，又称军事工业局（简称军工局），该厂属之。1969年3月，属山东省国防工业办公室（简称省国防工办）。1973年11月，属山东省第二工业局。1975年8月，山东省第二机械工业局改为山东省军事工业局，简称军工局，企业属之。1983年7月，山东省军事工业局改称山东省国防科学技术工业办公室（简称省国防科工办），该厂属之。

1987年2月，该厂下放至临沂地区管理，属临沂地区机械工业公司，行业管理归口省国防科工办。1988年2月，厂名由“国营山东第一机械修配厂”改称“国营山东第一机械厂”，原“国营九七六厂”名称同时使用；6月，选址临沂地区日照市。1989年6月，日照市由县级市升格为地级市；10月，该厂隶属日照市机械化学工业局，归口省国防科工办管理。1997年2月，该厂整体搬迁到日照市。日照生产区占地面积210亩，建筑面积6.9万平方米，拥有固定资产1.1亿元。

1999年，开始企业改制。2002年，以债权转股权方式进行重组，成立“山东正力机械有限责任公司”，同时保留山东第一机械厂的法人地位。2006年6月，该厂申请政策性破产。2007年3月，山东第一机械厂实施政策性破产，资产中的外贸民用枪械生产许可及生产设备等，被民营企业日照兄弟机械公司收购，人员分流。

建设发展

建厂背景

20世纪50年代末，国际形势持续动荡变化，美苏冷战不断加剧，新中国面临美苏两大军事集团、中印边境方向，以及盘踞在台湾岛上的国民党势力不断叫嚣反攻大陆等多方面军事压力。国内无法安心和平发展，不得不全面加强备战。在这样的国际环境下，毛泽东主席告诫全党要“备战备荒为人民”。1964年5月，毛泽东指出：“‘三五’计划要考虑解决全国工业布局不平衡的问题，要搞一、二、三线的战略布局，加强三线建设，防备敌人入侵。”

处于山东中南部地区的沂蒙山区，符合中央对三线建设“靠山、分散、隐蔽”的原则，在建设“小三线”方面具有得天独厚的地理位置和地势优势，成为山东省“小三线”建设的优选地区。

选址筹建

1964年10月，山东省成立后方建设办公室（俗称指挥部），作为三线建设的领导机构，隶属济南军区和山东省委、省人民委员会（简称省人委）领导。1964年11月，济南军区副司令员杨国夫、副省长高启云等组成选址工作领导班子。山东省后方建设办公室开始筹备该厂建设项目。选址、建立临时指挥机构、土建工程设计和施工、“五六”式7.62毫米半自动步枪的设计和试制等，边勘测、边设计、边施工，各项工作几乎同时展开，有序推进。

成立临时机构 1965年2月25日，在南麻召开后方建设工作会议。为加快建厂速度，会议要求尽快在现场设立筹备办公地点；3月1日，省后方建设办公室在济南机械工业学校成立建厂筹备处，具体指导和协调筹备、建设工作。建厂筹备处主要由张玉理、隋翰成、侯君格、董传明等人组成，张玉理负责筹备处的行政工作。根据南麻工作会议精神，3月2日，建厂筹备处将先期在马场设立的办公地点迁到土门，土门大队提供队部3间房作为筹备处办公室，林场提供马棚一处用作伙房。在省后方建设现场办公室的领导下，筹备处现场组织开展了打井、修路、架设电线、采集建筑用石材等前期建设工作和一定的生产准备工作。（注：1月14日确定厂址后，省后方建设办公室的先行人员在马场搭建帐篷，设立了办公地点）

根据建厂筹备处的工作报告，综合考虑建厂工作的复杂性、艰巨性、紧迫性和协调指挥参建各行业、地方的必要性，报请省委、省政府同意，4月29日，省后方建设办公室在土门设立临时办公机构和党委——山东省后方建设现场办公室（俗称现场指挥部）和山东省后方建设工地临时党委，全面指挥、协调一厂、二厂的建设，尤其是基本建设。现场办公室设主任1人、副主任2人，李春之任主任（成立临时党委后，兼任党委书记），陈太东、包延收兼任副主任。现场办公室下设5个组：政工组，陈太东兼任组长；设计组，李春之兼任组长，刘锡江、刘子平任副组长；物资供应组，杨崇富任组长，娄玉成、于学政任副组长；施工组，王远志任组长，牟安之、梁仲民任副组长；行政秘书组，郑祥茂任组长。

在省后方建设办公室的领导下，筹备处开始两个军工厂的基建与生产线建设。

厂址选定 1965年1月14日，按照“靠山、分散、隐蔽”的选址原则和“要准备打仗”的指导思想，济南军区副司令员杨国夫、山东省副省长高启云、省经委副主任兼国防工办主任李春之、省委工交政治部副主任陈太东等参与选址，并最后研究决定，将厂址定在沂源县九会公社黄崖大队以北、鲁山南侧的千人洞山峪（黄崖、朱阿等大队时属九会公社，后改称土门区、土门公社）。由于一厂和二厂属配套军工企业，同时选址，同时建厂。在筹备初期，二厂厂址确定稍晚，当时有将两个军工厂一同设在千人洞山峪的设想和预案。最终，二厂厂址被选定在左家峪、刘家洞、上土门3个大队所处的山沟中，位于黄崖大队西南1.5公里处。

厂名确定 1965年4月26日，省机械工业厅下达厂名启用通知，并于次日向国防工业办公室报备两个厂的第一厂名“国营九七六厂”“国营九四五厂”、第二厂名“国营山东第一机械修配厂”“国营山东第二机械修配厂”印章印模（分别简称一厂和二厂），4月28日正式启用（据该厂档案资料显示，公布正式启用公章前，最早于4月3日即开始使用“国营山东第一机械修配厂”公章）。工厂的通讯地址为山东济南（2）5号邮政信箱。按照保密规定，除国防工业内部工作业务，对外不得使用第一厂名，一律使用第二厂名，因此，社会上习惯性地把第二厂名认作第一厂名，而把第一厂名称为军工代号。

基础设施建设

1965年初，一厂的建设者们高举毛泽东思想伟大旗帜，从战争观点、群众观点、生产观点、节约观点出发，积极做好投产前的各项准备工作。为加快地方军工建设的速度，早日实现批量生产，创造条件，按照省委指示，一面搞基建，一面搞试制。1965年3—4月，济南军区副司令员杨国夫、山东省副省长高启云等先后多次到该厂建设工地视察指导工作，现场解决问题，促进工程进度。

1965年4月，确定厂区总体平面布局，5月开始以沂源千人洞为生产核心区域进行土建。8月20日，土建计划工程基本完工；10月6日，济南军区、中共山东省委、省人委在济南南郊宾馆召开庆祝表彰大会。

后方搞基建，前方搞试制。1965年1月开始工装制造和产品试制；9月，基本完成第一期基建工程和产品试制；10月，完成从8个生产线厂向新建厂搬迁工艺装备；12月中旬投料试产。1966年2月，在新厂试产出产品；4月底，完成300支枪的定型任务。

山东第一机械厂的建设从最初的勘察选址、打下第一眼水井开始，到1984年之前，年年根据基建计划扩建。主要分为3个建设阶段：1965年初到20世纪60年代末为初始建设阶段；1971—1973年为改建、扩建阶段；1978年重新规划后，为生产、生活区升级改造与建设提升阶段。先后建成以隐秘的山洞和现代化的厂房为主的军工生产车间、职工生活区等基本设施，另外在距离主厂区2.5公里外的水么头河北村建有精密铸造车间。

土建工程设计　1965年1月开始，各项土建工程设计结合现场陆续展开。设计人员，尤其是厂房设计人员，白天爬山、下沟实地测量，晚上点起油灯绘图、计算，经常一天工作13~14个小时。4月底，完成工厂的整体布局和工房的大部分土建设计，为全面开工做好了准备。因千人洞的相关问题，直到6月初完成全部设计。

“三通一建”　主要包括通水、通电、通路和厂房、宿舍等土建工程建设。由于时值冬季，天寒地冻，军工厂的建设者们顶风雪、冒严寒，克服地形复杂、施工难度大、天气恶劣等困难，按期完成各项建设任务，保证了当年投产的计划如期完成。

千人洞山峪没有足够的地表水存储，只能依靠地下水。1965年伊始，山东省委、省人委组织抗旱工作队，与省地质局801勘探队一同到沂源进行地下水资源调查勘测，优先安排为该厂的筹建寻找和钻探深井。1月30日，在千人洞山峪中开钻第一眼机井。801勘探队的钻井工人，过年不休息，历时16天，于2月15日完成钻凿施工。该井深101.39米，距离地面静水位4.39米，动水位下降1.12米，涌水量每天590立方米，水量较为充沛，水质良好，完全满足工厂建设、生产和生活需要。4月，在完成第一眼深井后，又在黄崖完成第二眼深井的钻凿施工任务。

在省后方建设办公室的领导下，省直参建单位有机械、交通、建设、电力、煤炭等系统的各个单位，施工人员主要来自临沂地区和淄博市，尤以沂源县为主。

电力基础设施的建设，由淄博建筑公司承担。淄博电业局负责设计、架设线路和设备安装。架电施工中，按照省电力厅的设计和施工组织，沂源县组织当地的基干民兵和社员劳力，完成博山到土门，再到千人洞的专线架设。1965年4月7日，完成长约3公里的3.5万千瓦线路设计、架设；建成变电站室1座，同时安装避雷器1组、油开关1台；一厂电路从黄崖至千人洞6级电线杆坑全部挖完并布设完成。4月8日开始，先架设到二厂的电线，再架设黄崖至千人洞的线路，当月下旬全部架设完成。在起起伏伏的山峦、河谷之中，参建民工没一个叫苦，没一个喊累，挖出一个又一个线杆坑、扳线坑，用原始的肩扛人抬方式，将一根一根电线杆送到基坑，然后竖立起来。

筑路施工从1965年2月23日开始，沂源县政府调动当地22个生产大队（村）基干民兵，用近似原始的生产工具，正常日每天投入500多个人工。据该厂1965年3月2日的档案记载：22个参建大队仅投入道路施工的民工已达3548人次，当日已累计完成工程总量的41%。到3月29日，仅用一个多月的时间即完成厂区3公里的简易公路修建任务，汽车可以开到马场。之后，集中力量突击建设黄崖石拱桥，该桥共5孔，桥墩6个，使用石方600立方米。

1965年5月1日，厂区工地正式通电。至此，该厂实现“水、电、路”三通。

在进行“三通”建设任务的同时，工厂筹备处为即将全面开展的建设，一并进行建材原料的准备。按照战备隐蔽的要求，新厂建设风格要和当地的民间建筑相像，并尽可能就地取材，利用当地的建筑材料。因此，开采石料，成为当时建筑材料准备工作的重点。由于人工打炮眼效率太低，无法保证按期完成任务，建厂筹备处想到了淄博煤矿的机械化开采技术和设备。经过联系，得到淄博市政府的大力支援。博山、洪山、黑旺、湖田、金岭、南定以及潍坊等地的矿厂抽调机械和干部、工人全力予以支援，保证了开采、土建等工程的顺利开展。

1965年4月上旬，完成土门职工宿舍土建工程，并完成门窗安装。在黄崖建7排职工宿舍，并破土开挖水泵房地基。马场宿舍开始放线动工。工厂厂房、宿舍的全面建设以临沂地区建筑公司和临沂矿务局坑道作业队为主，动用大量的建筑技术工人和民工。在5—6月期间的建设高潮时，现场施工人员达到3500余人。临沂矿务局坑道作业队（后来专为山东三线建设打山洞而组建成为7115工程队）在艰苦的环境条件下，完成了千人洞、附洞、两级绞车道等坑道（洞室）工程的建设任务；8月20日，完成了当年的建设任务。

工房、宿舍布局 建厂初期，基本建设特别强调要隐蔽、分散，要求“加强对空隐蔽，利用好地形，根据对空隐蔽和防空的要求，把厂房和其他建筑摆布好，并一律采用当地民间建筑形式，特别是职工宿舍，一定要就地取材，搞‘干打垒’（当地使用石料筑墙时，不使用石灰、水泥等填缝，是一种简易的筑墙盖房方法），把工厂隐蔽在广大群众之中”。因此，最初的建设，除了隐蔽的千人洞外，基本是纯石结构或石土结构的低矮平房，形成了以千人洞及周边为生产中心，以黄崖大队北山脚为办公中心，在黄崖、朱阿、池埠、水磨头（后演化为“水么头”）几个大队周边的荒野之地，建设职工家属宿舍和单身宿舍的布局。

1965年6月20日，后方建设工地临时党委研究了宿舍布点和福利设施规划。安排宿舍的人数按照一厂、二厂的定员进行设计，两个厂依照50%的比例建家属宿舍，其中一厂按952人设计、二厂按552人设计。家属宿舍和集体宿舍每户、每人的分配平方数不超过城市标准。家属宿舍平均每户24.7平方米、单身宿舍人均4平方米。按照计划，一厂年内先建300户、670人（指容纳职工和家属总人数，下同），共7427平方米；二厂年内先建200户、550人，共4208平方米。在商店、学校、诊所等保障福利设施的布局和建设原则上，既考虑分散建设的要求，又有节约成本和加快建设步伐的考虑。服务商店主要是充分利用3~5间旧房，设立地点将土门作为重点，但不都集中在上土门。百货公司门市部和供销社合并设立在一处，由供销社代办业务或单设商业门市部。在池埠大队建小学校舍3间，在水么头大队建小学校舍3间，下土门医院先在工地设一处门诊。

单身宿舍集中建在马场，紧靠鲁山，是在荒山野岭中仿建的一个“山村”，称作“马场宿舍”。该地最近处距离土门3公里。家属宿舍分散建在朱阿、黄崖、池埠、水么头村边和土门西山上。土门西山宿舍是在过去没有村庄的地方新仿建的山村。房屋墙体为干插缝石墙，茅草覆顶，多依地形、地势而建，无院落，各户以羊肠小道串联。

在千人洞外，由北至南修建100余平方米不规

马场宿舍区一角

则的平台。千人洞下的陡坡、谷底及其南北附近的山脚旮旯，隐蔽摆布理化检验、电镀、氧化、工装制造、锅炉房、木工、热处理、总装等工房建筑。从洞口平台到山下厂区公路，建2级绞车道，通过绞车上下周转产品和物资。工厂指挥中枢设在千人洞东南方的黄崖大队村北。1965年，建办公房、伙房、招待所等平房70余间。

千人洞工房 千人洞，位于鲁山之阳、黄崖村北，距沂源县城12.5公里，属奥陶纪石灰岩溶洞。

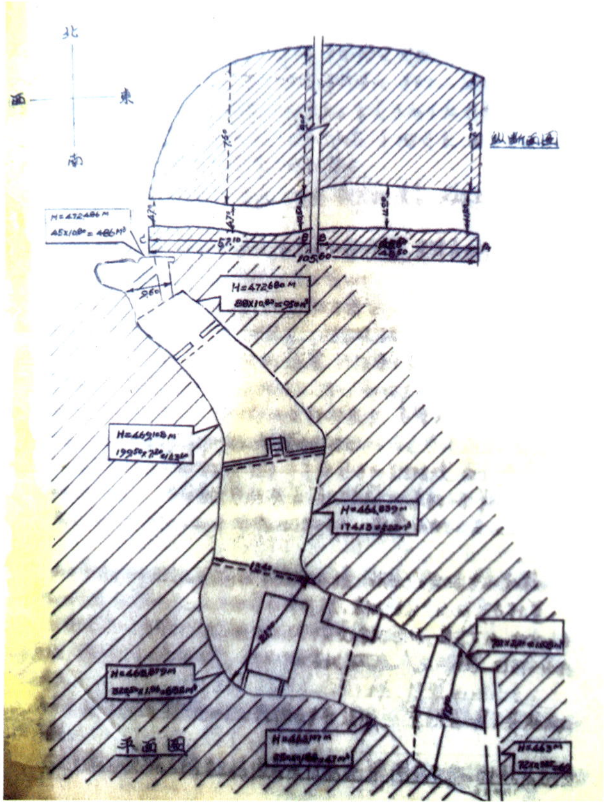

1965年5月，千人洞平面、纵断面规划设计施工图

该地区地质构造节理、裂隙十分发育，是沂源县境内岩溶洞穴分布较为密集的地区，周边分布着九天洞、下崖洞、上崖洞、玄云洞、养神洞、珊瑚洞等大小不一的岩溶洞穴数十个。千人洞洞口朝东，海拔469米，洞腔长91米，稍呈S形走向，腔内最宽处19.5米、最窄处8米，最高点13.5米、最低点7米，平均高度9.4米。

1965年初，在二厂厂址尚未最终确定时，建厂筹备处曾组织对千人洞、养神洞（亦称“养身洞”）和石龙洞（当时称“石榴洞”）进行勘察测量，并对一厂和二厂如何利用这3个自然洞穴提出过方案。最终，上级决定二厂设在左家峪后，养神洞和石龙洞放弃利用。而千人洞则因其有利用价值、符合中央精神、少占耕地、能达到隐蔽的目的和适应战争的要求等因素，被确定为一厂的枪械机加工房，并以该洞为生产中心，展开布局。按照专业化的对口承担任务，省煤炭厅所属施工部门负责千人洞利用的设计和施工任务，当时工程负责人为张培山。

千人洞利用面积达不到生产线设计要求。工地临时党委研究并报请批准后，追加打通千人洞南侧的“和尚坟洞”，使其与千人洞联为一起，以保证生产线的合理布局。

和尚坟洞内曾有一老僧人在此圆寂，故取其名。千人洞被一厂利用之前，该洞尚住有一位年长的僧人。筹建办领导拜访该僧，说明来意后，僧人通情达理，当即表示支持和配合，并搬到茨峪大队过起了还俗的生活，次年过世。

千人洞整个改造施工包括洞内土石方清理开挖、抬底、扫伸脚、修建安全出口和风门、扫顶、打眼、铆杆水泥封堵防水、洞外挡土墙、外上坡加固、洞口整修、设备运输和机电安装等11个分项工程，共需工日6000余个。洞内清理等施工由省煤炭公司承担，洞外挡土墙由悦庄公社59名民工负责施工。1965年5月14日，省煤炭公司60名施工人员开始进洞作业。

为加快施工进度，自1965年5月20日起，实行三班倒，保证6月上旬完成千人洞的施工任务。计划用工172人，后由省煤炭公司协调，分别从泰

一厂洞室车间内景

安矿务局调40人，从金岭、湖田2个矿调72人，增援千人洞建设。

1965年6月17日，山东省机械工业厅二局对千人洞扩大洞内面积的工程预算做出批复，同意扩大千人洞面积440平方米。整个千人洞改造工程总费用9.1万元，其中千人洞洞内工程费用3万余元、和尚坟洞与千人洞洞室贯通费用3.82万元、绞车道安装费用2.3万元。

征用土地 建设征用土地时，按照中央和省委“不占好地，少占可耕地”的指示精神执行。所占各大队的土地，由工地指挥部和厂部具体指导，厂方、县财政局各派1人，黄崖、池埠、朱阿、上土门等4个生产大队的党支部书记、会计、贫协主任、生产小队长等共同进行土地丈量，按照省人委关于征用土地的有关指示进行补偿。

1965年3月，该厂生产厂房、办公室、职工集体宿舍和公路等，共占用土地118.474亩（不含河滩和非生产用地），其中麦田45.458亩、春地46.916亩。征用土地内有25处坟墓。所占土地中，土建工程用地95.374亩、公路占地23.1亩。

1965年建厂占用各大队土地情况表

大队（村）名称	土建工程占地（亩）			地内坟墓（处）	公路占地（亩）
	麦地	春地	小计		其中麦地8.1亩、春地15亩
朱阿	28.913	26.781	55.694	8	5.8
池埠	14.445	5.305	19.75		5.3
黄崖	5.1	12.21	17.31	11	7.3
上土门		2.62	2.62	6	4.7
合计	45.458	46.916	92.374	25	23.1

1966年，一厂征用黄崖大队土地6.36亩，用于修建职工宿舍。所占土地依照该大队平常年份的粮食亩产量，共计赔偿2年1341斤，每斤折价0.116元，赔付粮价155.55元，另赔偿青苗、果树等农作物25元，总计赔付180.55元。

当地的干部、群众对建厂占用土地积极支持。左家峪大队党支部书记孙吉田同社员们算了一笔账，他说：“建厂子虽是要占点地，但也给我们带来许多好处。修了马路也好走了，电灯、自来水也解决了，特别是人多了，肥料就多了，好好的耕地，粮食增产，啥也有了。”

改建扩建

1971年扩建 中苏珍宝岛事件后，苏联陈兵百万于中苏边境，并扬言要对中国进行外科手术式的核打击，战备形势再度紧张。1971年，五机部指示一厂进行扩建，人员编制调增至2278人。扩建规模为年产半自动步枪8万支、手枪1万支、“五六”式班用机枪3000挺、轻重两用机枪1500挺。优先集中精力扩建半自动步枪和班用机枪生产线，基建项目仍以洞室为主。新建2号洞、3号洞。2号洞为工具科专用，面积2700余平方米，3号洞为新的半自动步枪机械加工生产中心，面积约6000平方米。千人洞转为班用机枪机加工房。同期，还对洞外生产、生活设施和职工宿舍进行扩建。除工房建筑外，新建6000平方米的汽车场（库），新建砌石结构三层办公楼1座，在该厂礼堂南建砌石结构二层单身

20世纪70年代建成的一厂办公室楼

宿舍楼1座（又称“鸳鸯楼”）。另外，建马场东和西岭单身宿舍、黄崖家属宿舍区（河东）、职工图书阅览室、大餐厅、百货门市部等。

黄崖家属宿舍区位于黄崖大队东南、朱阿河道以东，沿河道左岸建砌石结构平房，建筑风格与黄崖大队村内的房屋建筑相同。该家属区建筑总面积4300平方米，安置130余户，当时被称为“工人新村”。分配住房时，领导干部和普通职工统一按照家庭人口标准分配。该地紧邻朱阿河下游与螳螂河的交汇处，景色优美。因住在该宿舍区的领导干部较多，又被称作“干部新村”。此次扩建后，职工的生活条件明显改善。

1973年，一厂扩建基本完成，投资增加到1857万元，设备增加到742台，职工超过2400人。一厂成为全国轻武器生产的重点骨干企业。

1978年重新规划 20世纪70年代中期，国际局势相对缓和，三线建设中不再过度强调隐蔽，而且洞室作业的弊端也被逐渐认识。根据上级批示，一厂立足于山中，着眼于长远发展，将军品生产线搬出山洞，在军转民、军民结合中，对生产、生活布局进行重新规划设计。1978—1983年，开始大规模的扩建。

生产区：结合洞外总装等生产车间的原有布局，集中建设班用机枪生产工房（1980年改为缝纫机厂房，后为猎枪、民品生产工房）、工具科生产工房、半自动步枪机加工房、冲压工房、精密设备工房、热处理工房、生产调度楼、理化楼、成品库等，形成一个完备、封闭的生产区域。新增厂房建筑面积2.6万平方米。到1983年2月，洞内生产线全部搬进新建厂房。千人洞、2号洞、3号洞停用封存。

千人洞山峪，土地稀少，沟壑纵横，雨季极易暴发山洪。工具、机加、冲压、热处理厂房的位置，处于汛洪险地。1972年，3号洞启用之前，近千名单身职工上下班均须通过一座桥梁，安全隐患极大。1966年7月14日夜，暴雨倾盆，桥梁被洪水冲毁，去抢救国家财产的该厂职工于世安溺水殉职。

为消除安全隐患，该厂将主河道与东侧支流河道相连，在主河道砌筑拦河坝、开挖人工水渠，改河造地，回填土石方13万立方米，换来大片可用地，使其成为厂区最大的一块平地。同时，建成1.6万平方米的以排架结构为主的现代厂房设施，与原有厂房连成一片，完全改变了“隐蔽”状态，同时形成了科学的生产线布局和相当规模的现代工业建筑集群。

办公生活区：1979—1984年，一厂在千人洞下原医疗、托幼、洗浴服务区偏南的位置，购置土地，进行扩建、新建，形成集中的办公生活区。主要有职工医院楼（1979年投入使用）、幼儿园楼（1982年投入使用）、澡堂（1982年投入使用）、职工教育楼（1983年投入使用）、新办公楼（1984年投入使用），均为砖混结构，面积近8000平方米。1981年，在大佛山前建成3300平方米的子弟学校教学楼、实验楼。

1982年建成并投入使用的一厂幼儿园

职工宿舍区：新规划建设的职工宿舍，主要有2片，分别是朱阿片区、黄崖片区。原处池埠大队的职工宿舍及土地，在征用大佛山前的土地用来建设职工子弟学校大楼时，全部置换给所在村。

朱阿片区曾在建厂早期建有职工家属宿舍，与朱阿村居及该村的祖茔地相邻，取名后朱阿、上朱阿、下朱阿。1975—1976年，一厂在下朱阿新建、改建1号、2号住宅楼，砌石结构，上下4层。新规划是在原有建筑的区域改建、扩建职工住宅楼，并在小佛山北侧向西开挖通道，连接生产区，形成环小佛山的厂区道路。按新规划，先在片区南的大、小佛山间，劈山改道，取直朱阿山谷及河道出口，回填自然河道险滩，换取可用土地后，建起砖混结构住宅楼4栋。随后，又在上朱阿拆除原先的平房，改建住宅楼3栋，上下4层，共6个单元。1981年建成1—9号楼，总面积2.3万平方米。后因三线政策调整，环小佛山厂区道路建设半途终止。

位于朱阿村的一厂职工宿舍楼

黄崖片区的原规划，是对整个邻黄崖村的河西平房进行拆除后建楼。拆建到1/3，黄崖村委提出请求，希望能用河东的土地置换工厂待拆除的房屋及土地。因此，该厂在河西建6栋宿舍楼后，又转至河东，当建至2栋后，因三线政策调整而停建。黄崖片区的改造，完成建筑面积1.2万平方米。企业搬迁后，黄崖村在该厂河西宿舍建筑的基础上改为黄崖新村。

生产经营

产品设计试制

在进行工厂土建工程基本建设的同时，“五六”式7.62毫米半自动步枪设计、工装和试制工作同步推进。

分工试制 1965年1月9日（阴历1964年腊月），山东省后方建设办公室向省人委呈报《关于设计“五六”式7.62毫米半自动步枪设计任务书》。同月，省后方建设办公室通过省计划委员会、省经济委员会、省机械工业厅，向分布在济南、青岛、潍坊、烟台、淄博、济宁等6个城市和地区的32家国营工厂下达“五六”式7.62毫米半自动步枪工艺装备及产品试制任务。其中31家工厂承担6221种、20725套工艺装备的试制和生产；13家工厂作为一厂的产品生产线厂；2月16日，省人委批复并同意省后防建设办公室“五六”式7.62毫米半自动步枪厂设计任务书，同时上报五机部；3月11日，五机部下达《1965年地方军工基本建设试制计划通知》，批准设立一厂，并由国营二九六厂对口援助，提供产品图和生产工艺装备图；6月底，31个工装试制工厂完成任务；7月1日，开始产品试制；9月17日，13个工厂试制的半自动步枪零件，在济南机床二厂装出36支成枪，并通过鉴定。

整合生产 1965年9月22日，产品生产线厂开始向千人洞山峪搬迁。在没有枪械生产经验的条件下，短时间内吸收、消化、生产“五六”式7.62毫米半自动步枪；10月24日，完成生产线安装基本布局。按省经委、省计委、省机械工业厅下达的投产300支试制产品计划，12月中旬，投入150支“五六”式半自动步枪的试生产。该厂建设初始投资627万元、设备436台、定员952人，设计生产规模为每年制造半自动步枪1.5万支。

产品检验 1966年2月13日凌晨3点，打响该厂自产的13支半自动步枪试制成品的第一枪。2月18—21日，该厂组织15人的鉴定委员会，对成品进行自检自验，省机械工业厅二局参加。经鉴定，符合技术资料要求，产品完全合格。5月23日—6月8日，五机部在济南召开全国“小三线”建厂现场会议，并将该厂作为参观现场之一，全国25个省、市、自治区领导及部分军工企业负责人共223人参加。现场会议期间，山东后方建设指挥部工地临时党委副书记陈太东向参会代表介绍一厂、二厂的建设情况，该厂厂长王耕田作题为《关于我们厂组织生产的情况》的发言。10月22日，该厂生产的半自动步枪通过省机械工业厅鉴定委员会全面鉴定。1967年4月5日，山东省机械工业厅正式批准该厂转入半自动步枪的批量生产。

山东三线建设首战告捷，实现了“当年设计、当年施工、当年试制、当年投产”的“四个当年”目标，在山东甚至全国范围内的“小三线”建设中，产生了积极而重大的影响。

军品生产　1970年4月27日，济南军区、省革委国防工办向该厂下达生产1150支弹道枪的试制、生产任务。10月11日试制成功，年底完成任务。

1971年3月，省国防科工办下达由该厂试制“五六-1”式7.62毫米班用机枪100挺；10月试制成功，年底完成102挺。1971年5月24日，总后勤装备部、省国防科工办给该厂下达微型自卫手枪的科研任务。1972年12月，试制成功24支，当时因未建成生产线，遂停止生产。

1971年11月21—25日，五机部在该厂召开“五六”式7.62毫米半自动步枪技术协调会，全国20余个同类产品军工厂家全部参加。五机部对一厂建厂以来的关键技术改进、技术管理、质量管理和生产成本管理等方面所取得的突出成绩给予肯定。随后，五机部以〔71〕五机字第1528号文件，确定该厂为全国“五六”式7.62毫米半自动步枪第一底图厂。一厂生产的半自动步枪被评为省优、部优产品。

实施改建、扩建后，一厂由起初单一生产“五六”式7.62毫米半自动步枪的工厂，扩展到以“五六”式半自动步枪、“五六-1”式班用机枪为主的集研发、生产多品种轻武器能力的军工厂家。先后为国家研制、生产过“七七”式微型手枪、“五六”式7.62毫米弹道枪、“五六”式40毫米火箭筒内膛枪等军用枪械，除“七七”式微型手枪研制后未形成生产线外，弹道枪、内膛枪均得以量产，出色地完成国家下达的生产计划。1979年6月，该厂被山东省委、省政府命名为“大庆式工业企业”。

军民结合，以民养军

党的十一届三中全会后，国家经济运行体制逐步形成以“计划经济为主，市场调节为辅”的格局。国防军工企业随之调整，实行“军民结合、平战结合、军品优先、以民养军”的指导方针。在此背景下，军工企业普遍出现指令性任务锐减，面临着单靠指令性生产就“吃不饱饭”的困局。省军工局领导三线军工企业，开始探索开发民用产品生产。按照省军工局的统筹安排，一厂在保持军工产品生产并开展对外援助工作的同时，积极投入开发和生产缝纫机、自行车等民用产品，大力拓展对外贸易。

在市场经济环境下，该企业在民用产品的开发方面做了许多探索，20世纪80年代中期研制石油封隔器、R195柴油机、纺织机械的梳毛机（部分）、并条机（部分）等；90年代立项研发高科技澄油器、涡轮式增压器等产品。搬迁到日照后，新上分体式抽油烟机生产线、胶印机、医疗器械等，但因多种原因，这些项目均未成为该企业的支柱产品。

1980年，根据省外贸公司的信息和需求，一厂研发出4.5毫米、5.5毫米“流星”牌高压气枪，通过省军工局组织的产品鉴定后，投入生产，产品全部通过外贸公司销往国外。1980—1985年，该厂外贸产品出口产值达到2165万元，创外汇582万美元。到20世纪80年代中期，一厂已由一个单一的、专业的轻武器生产企业，发展为同时具备较强的金属切削、压力加工、焊接、热处理、表面处理、非标设备制造、工装设计制造、木器加工等生产能力和具有完善的理化检验、计量检测手段的综合性机械工业企业。

1984年10月，党的十二届三中全会讨论并通过《中共中央关于经济体制改革的决定》，提出发展社会主义商品经济，并将增强企业活力作为经济体制改革的中心环节。1984—1996年，一厂充分发挥自身技术、生产能力和具备国家认证的军工生产质量保证体系等优势，大力开创民用枪械国际外贸市场。经兵器工业总公司（原兵器部）鉴定批准，以“五六”式7.62毫米半自动步枪和“五六-1”式冲锋枪为原型，开发、研制、改型生产24个品种规格的SKS系列、AK系列军品以及流星汽枪、猎枪、9毫米口径手枪等系列外贸民用枪械，产品畅销国际市场。外贸出口枪械年均创汇478万美元，累计创汇5745.6万美元。截至1996年末，山东第一机械厂共出产、销售各种军用装备枪支和外贸枪支108.6万支，完成工业总产值（不变价）3.5亿元，实现利税792.1万元。

期间，该厂在石油机械、纺织机械、柴油机、滗油器、涡轮增压器等民用产品开发、研制和生产方面，进行了艰难的探索和实践。如滗油器项目被省经委批准为企业搬迁（二期）技术改造项目；在省国防科工办指导帮助下，与科研单位合作研发涡轮式增压器。但因受多种因素的影响，这些民用产品有的曾小批量生产，有的最终停滞在技术研究、试制样品、鉴定定型阶段，没有形成产能而走向市场。1994年，受当时国际政治因素影响，该厂原来畅销的系列枪械遭遇禁止，产品积压严重，占用流动资金2450余万元，经营状况急转直下。

“囍”牌缝纫机 1979年11月13日，厂长袁文清带领干部、工程技术人员共50余人，分两批到上海、青岛缝纫机厂学习，并制定该厂生产缝纫机方案。12月30日，山东省经委批复一厂承担缝纫机生产总装任务，并定名“山东缝纫机厂”。经过到上海和青岛等地学习、消化、吸收，并做进一步的改进。1980年6月29日，完成307台缝纫机样机。省军工局发来贺电，并在该厂召开“小三线”军转民现场会议。7月20日，省经委副主任李春之、省一轻厅副厅长王一、王亚声、高志新及工程师孙寿松、代洪利等15人，在省军工局局长李本均陪同下，到该厂检查缝纫机生产情况。

一厂自行设计制造缝纫机机械加工、表面处理和总装生产线，定产品型号为JB7-2型家用缝纫机，品牌为“囍”牌（双喜牌），形成年产30万台的能力。

一厂生产的双喜牌家用缝纫机

1981年6月16—29日，一厂生产的“囍”牌缝纫机首次参加山东省在烟台举行的家用缝纫机质量鉴定会，得87.895分，列第二位；8月15—31日，首次参加在长治举行的全国北方16个缝纫机生产厂家产品质量鉴定会，得92.47分，列第五位，列全国44个同类厂家第十四位；8月27日—9月12日，五机部在湖南二八二厂召开军工系统8个厂缝纫机产品质量鉴定会，该厂“囍”牌得85.11分，列第二名；12月18—22日，该厂生产的150台“囍”牌缝纫机在上海市徐汇百货商场参加全国JB型缝纫机工商联合展销会，受到普遍好评。

1980—1983年，一厂总计生产销售JB7-2“囍”牌家用缝纫机29.3万台。由于“老三件”（20世纪80年代的自行车、手表、缝纫机，后来被人们统称为“老三件”）市场趋于饱和，1984年停产。

“五六-1”式冲锋枪 枪身自重3.9公斤，全长890毫米，瞄准基线长378毫米，准星高（枪膛轴线距准展尖的标准高）49毫米。最大射程2000米，有效射程单发时400米、点射时300米。初速每秒710米，战斗射速单发时每分钟40发、连发时每分钟90~100发。最高膛压每平方厘米2800公斤，枪口动能每米203公斤。

1982年，一厂经过调研，依靠企业自身的技术和资金能力，并征得兵器工业部（原五机部）和省军工局批准后，新建“五六-1”式7.62毫米冲锋枪生产线，形成年产5万支的生产能力。1983年，完成生产1万支，产品由兵器工业部收购，第四次受到兵器工业部的表扬，省国防科工办向一厂发来贺电。

对外援建

1987—2002年，一厂根据国家对外军工援建的计划，先后实施乌干达、阿尔及利亚军工援建项目。

援建乌干达 1987年8月，与乌干达签订援建该国轻武器综合车间的合同（“U871”项目），该厂开始在国内做准备工作。12月28日，乌干达国防部高级军官，该国抵抗委员会委员、军队建设委员会主席费雷德·姆韦希杰到一厂参观考察枪械生产情况。

1991年，一厂开始外派工程技术人员和技师，到1995年项目结束，先后派10人分4批前往乌干达工作。该项目中，一厂负责为乌干达建成“五四”式手枪、“五六”式半自动步枪、“五六-1”式冲锋枪及“五六-1”式班用机枪的综合性枪械修理车间，年维修枪械能力5000余支。同时，为该国提供维修工艺、设备和全套生产技术资料，并进行人员培训。

援建阿尔及利亚 1999年，一厂承接援助阿尔及利亚的军工厂建设任务，先后派出工程技术人员、技师8人到阿方工厂工作，为阿方建设猎枪生产线。2002年8月完成任务。

下放调迁

1984年4月，国家主管部门批准山东“小三线”军工企业搬迁出山，实施易地技术改造，到铁路沿线城市建立民用产品生产基地。自1988年6月选址日照市起，到1997年2月（春节前）全部完成搬迁工作，前后历时10年，进入了生产经营和调迁改造同步进行时期。

1987年2月，按照省政府批转省国防科工办等6个部门《关于国防企事业单位下放调整的通知》（鲁政发〔1987〕16号）精神，包括一厂在内的12家省属三线军工企事业单位下放到临沂地区，为地区直属企事业单位，一厂归口临沂地区机械工业公司。按照省政府文件的指导性意见，下放军工企业的搬迁目的地定在兖石铁路沿线的临沂或日照城区；3月25—31日，厂长高贵德、党委书记于仁斌参加省国防科工办和临沂行署联合召开的军工企事业单位下放调整交接会议；5月，一厂成立由17人组成的调整搬迁领导小组，厂长高贵德任组长，党委书记于仁斌、副厂长宋作义任副组长，下设办公室。调整搬迁办公室的人员先后两次到临沂、日照考察并向临沂地区行署汇报调整搬迁方案，开始研究制订搬迁改造总体规划，确立总体设计、分期实施的思路。

1988年2月4日，临沂地区机械工业公司批复（临机办字〔88〕第4号）一厂厂名由“国营山东第一机械修配厂”改为“国营山东第一机械厂”；4月26日，省机械工业厅在该文件上签署意见：“该厂已下放临沂地区，隶属于地区机械工业公司，企业更名事宜由所在地区审批”；6月20日，日照市（县级）主要领导和临沂地区军工企业调整办公室的负责人，在日照市与一厂厂长高贵德、党委书记于仁斌等，就企业搬迁到日照市的有关事宜进行实质性磋商，次日，市政府有关部门开会，对企业搬迁新厂址和征地事项予以确定，总征地350亩，其中生产区用地200亩，一期工程征地150亩（用于运动步枪、猎枪生产线搬迁改造项目）。随后办理了一期工程土地征用手续。

1988年11月15日，一厂调整搬迁领导小组，原设的调整搬迁办公室改设为搬迁筹建办公室。高贵德任领导小组组长，于仁斌、朱庆磊任副组长，另有成员张奎华、王秉亮等8人。于仁斌任筹建办公室主任，张奎华、王秉亮任副主任。

1989年，日照市升级为地级市。因一厂已经被确定搬迁到日照市，10月25日，临沂地区经委与日照市经委签订《关于山东第一机械厂、山东裕华机器厂移交日照市管理的交接协议书》，正式办理企业交接。山东第一机械厂转隶日照市管理，该厂资产、人员、生产计划管理、党、团、工会组织关系和干部档案等，全部移交日照市。1990年1月，企业所在地沂源县，从临沂地区划归淄博市，一厂搬迁之前，成了在淄博市境内的日照企业。

1990年6月26日，调整一厂搬迁领导小组，将原搬迁筹建办公室改设为搬迁筹建处。高贵德任搬迁领导小组组长，于仁斌、朱庆磊、刘堃茂任副组长，成员有张奎华、王秉亮、高传龙、汪玉忠等。朱庆磊任搬迁筹建处主任，张奎华、王秉亮任副主任，成员有张树华、周德林等。

1990年7月，山东第一机械厂搬迁筹建处进驻日照建设工地，展开搬迁前的准备工作。根据7月12日市长现场办公会议精神，与日照市丝山乡高家村村委会签订征用土地补充协议，落实开工前有关土地征用细节问题；10月19日，调整搬迁筹建处领导班子，副厂长张奎华兼任筹建处主任，王秉亮任副主任兼筹建处办公室主任，张树华任办公室副主任；12月1日，隆重举行日照新厂区建设开工典礼，日照市委书记王树文等领导出席，并为其开工剪彩、奠基。至此，一厂历时4年的调迁工作告一段落。直到1997年2月1日，一厂搬迁工作全部完成。

20世纪90年代，搬迁到日照市后的山东第一机械厂

边备搬迁，边保生产

一厂在进行紧张的搬迁工作的同时，生产经营业务不停，新项目、新产品的洽谈和定型工作也在马不停蹄地进行。

1987年4月29日，一厂召开改型产品300A型“五六”式7.62毫米半自动步枪设计定型鉴定会，由中国北方工业公司及分公司、208所、省国防科工办、临沂地区、二九六厂、六二六厂驻厂军代室等单位组成产品鉴定委员会。会议同意定型，并可批量生产；8月28—29日，厂长高贵德在地区机械工业公司与香港商人齐琴女士商谈合资生产经营高科技澄油系列产品的有关事宜。是月，就援助乌干达的“U871”项目签订《乌干达兵工厂分包合同》；11月4日，山东省对外经济贸易委员会批准山东第一机械修配厂与香港浩年有限公司合资经营“山东日浩澄油器有限公司”；11月16日，厂长高贵德、外经主任王秉亮、副总工程师高传龙在深圳市深圳湾大酒店与美国I.E.C公司董事长雷曼诺、澄油器发明人大卫·史密斯和香港浩年有限公司代表黄国申、罗学士进行洽谈，就合资经营高科技澄油系列产品有关问题进行磋商，并草签合同、章程。

1988年5月16日，山东省经委批复（鲁经技改字〔1988〕356号），同意一厂的一期搬迁改造项目《运动步枪、猎枪生产线调整搬迁技术改造项目建议书》。10月14日，山东省经济委员会批复《山东第一机械厂“七五”搬迁技术改造初步设计》，明确一厂下放后调整搬迁一期建设工程的规模、面积等，设计建筑面积48895平方米，其中生产性建筑面积39949平方米，非生产性建筑面积8946平方米；土建工程投资1102.06万元；投资56.81万元，新增关键设备、仪器67台（套）；征地及其他费用442.08万元。项目总投资1600.95万元，其中申请银行贷款1205万元，企业自筹395.95万元。建成投产后的所需原材料、动力等，除正常供应渠道外，其余由临沂地区和企业平衡解决。项目完成后，年产运动步枪2.5万支，单管猎枪2万支，可实现产值1354万元、利税320万元、出口创汇362万美元。

1989年，一厂300A型7.62毫米、300B型5.56毫米半自动步枪先后被中国北方工业（集团）总公司发文批复，批准生产定型。

1990年5月21日，国家计委、国务院生产委员会下发《关于继续保证军工企事业单位科研、生产条件的通知》，对“双保”企业试行“双保”时，要求“仍要继续保证军工企事业单位需要的条件”。8月15日，山东省经委、计委、体改委、国防科工办联合下发《关于地方军工企业实行归口管理的通知》，通知“今后，地方军工企业仍由有关市、地管理，省里由国防科工办实行归口管理。军品生产由国防科工办统一组织安排，民品生产，各有关部门要加强指导，并纳入省有关行业、市地的规划、计划”。

1991年11月27日，山东省经委（鲁经技改字〔1991〕768号）对省国防科工办和日照市经委报送的《关于〈山东第一机械厂澄油器生产线技术改造项目建议书〉的报告》做出批复，同意一厂在完成第一期搬迁技改工程的基础上，进行第二期民品生产线的调整搬迁技术改造。项目总投资2995万元，其中申请银行贷款2195万元，企业自筹800万元。

内燃机澄油器合作项目 该项目是一厂二期改造中与香港浩年有限公司的合营项目，合营期限暂定20年。项目总投资450万美元（包括流动资金），注册资本450万美元。其中，山东第一机械修配厂以外汇出资228万美元、人民币出资240万元（折外汇64.5万美元），共计出资292.5万美元，占注册资本的65%；香港浩年有限公司外汇出资157.5万美元，占注册资本的35%。中方出资部分自中国银行贷款解决。

合营企业的生产规模为年产内燃机澄油系列产品120万套。合营企业投产后，所需钢材、铜、铸铝等，由企业自行解决；所需水、电、燃料、交通运输等配套设施由临沂地区统筹安排解决；所需厂房，由日照市开发公司以租赁方式提供。合营企业的产品全部外销，在合营期间内，企业要做到自身外汇收支平衡有余。

改制破产

1997年2月1日（春节前），一厂完成整体搬迁。易地技改项目总体搬迁工作全部完成后，日照新厂区占地面积210亩，建筑面积6.9万平方米，最大工房建筑面积达1.1万平方米。至1996年末，资产总额1.54亿元，搬迁贷款本金6480万元，负债总额1亿元，资产负债率68%（减老厂区不动产后资产负债率为78.5%）。

截至1997年3月，企业职工2360人，其中管理人员187人、工程技术人员138人（高级和中级职称分别有36人和47人）、技术工人2043人、退（离）休职工420人。拥有各类设备1458台，其中金切设备690台、锻压设备66台、高精设备23台。年生产能力各种枪械10万支以上、混流涡轮增压器2万台、精密铸造2000吨以及医用器械、木地板等。具有金切、冲压、焊接、热表处理、精密铸造、工具制造、设备制造与维修、木制品加工等综合配套性较强的生产能力和先进完善的理化、计量检测手段。

300毫米卧轴矩台平面磨床

因枪械生产量急速下滑，不足以保持正常的生产能力，大量军品专用设备长期闲置，部分通用设备利用率很低。为维护、维持生产线的设备，自1987年起，平均每年由企业自身投入直接费用（不含职工工资）约35万元。1997年3月，累计欠发职工工资21个月。

一厂搬迁改造项目是“七五”前期制定的。到“八五”时期，市场物价、人工费翻番，造成项目概算缺口很大，资金严重不足，工期被迫拖长，贷款利息等资金成本进一步扩大。1994年后，又受国际市场变化影响，企业经营严重下滑，搬迁建设陷入十分困难的境地。

搬迁到日照后，企业领导班子克服重重困难，带领广大职工恢复生产，改善经营模式，扩大二级单位的经营自主权，深入开发国际市场需求的枪械产品，参与国家军工援外，开发抽油烟机、胶印机等民用新产品，生产经营逐渐步入正轨。但受制于搬迁贷款本金及持续增长的利息，给一厂造成了巨额债务。1994年，军贸产品积压又占用大量流动资金，企业的融资渠道极其有限。加上市场份额不足，开工严重不足，下岗待业人员达到50%，企业始终承担着沉重的经济压力。

在省、市各级党委、政府和国家兵总、省国防科工办的关心帮助下，一厂搬迁事宜被日照市列为1996年“市长工程”。1998年，企业将老厂区原值3600余万元折旧后净值1000余万元的不动产，无偿转让给沂源县。

1999年，按照日照市国有企业改革的总体进度要求和工作安排，改制工作组进厂帮助企业改制。2000年，初步形成“债转股”的改制方案。2002年，改制方案落地实施，以债权人（主要是搬迁借款银行的资产管理公司）的债权转股权方式，对山东第一机械厂的有效资产进行重组，成立了“山东正力机械有限责任公司”。债权转股权重组后，同时保留山东第一机械厂的法人地位，等待国家军工产业政策。

2006年，国办发〔2006〕3号文出台有关“支持军工企业改革脱困，实施政策性关闭破产”的政策，对三线军工企业因调整搬迁形成的债务，在处置上有了政策依据。6月，一厂申请纳入国家军工企业政策性破产之列。2007年3月，市破产清算组进厂，宣布停产，进行破产清算。

破产解散

一厂曾经是辉煌一时的机械制造企业，其破产直接关系到众多职工的生计与未来，一度引发社会各界的广泛关注。2007年，该厂宣布破产后，日照兄弟机械有限公司购并该厂的枪械生产许可执照及生产设备，约定安排职工300余人。截至2023年，原厂职工仅有60余人尚在兄弟公司工作。日照兄弟机械有限公司对原生产线进行了升级改造，部分老的机器设备仍在发挥作用。

日照市东港区莘阳小区

企业搬迁时，共征用非生产性用地141.83亩，用于职工宿舍建设 。经过1997年前的建设和搬迁后的2次续建，共建成27栋、1410套职工住宅楼，总面积9.1万平方米，基本解决了职工住房问题。职工生活区取名日照市东港区莘阳小区。

破产解散之前，设有企业自行管理运行的居委会和离退休党支部。企业破产清算时，预留20年的管理经费，由原企业主管部门代为管理，设立莘阳小区管委会。原企业党员全部转到管委会。历经40余年的“土门一厂”，逐渐消失在历史的记忆中。

组织建设

1965年4月29日，经中共山东省委组织部批准，成立后方建设办公室临时党委，负责一厂和二厂建设工地的现场组织指挥工作。工地临时党委由7人组成，是建设工地的临时核心领导组织。山东省经委副主任李春之兼任临时党委书记，省委工交政治部副主任陈太东任副书记。委员由孙笑生（临沂专员公署副专员）、包延收（沂源县副县长）、王远志（山东省建设厅建工局局长）、隋翰成（一厂党务负责人）、侯君格（二厂党务负责人）组成。

1965年6月中旬，从各地抽调的工人陆续抵达一厂建设现场，调配的干部也基本到齐。6月23日，一厂向山东省机械工业厅党组提报申请成立党委。申请拟由隋翰成、江玉泉、张玉理、潘安堂、余启光、刘毓江、许孝德、庞志浩、王志勤9人组成党委会，隋翰成、江玉泉分别拟任党委书记、副书记，其他为委员。10月16日，经山东省委工交政治部批准，成立中国共产党国营山东第一机械修配厂委员会，下设9个党支部。党委会由9人组成，宋协贵任党委书记，王耕田任副书记（主持行政工作），隋翰成任副书记兼政治处主任，江玉泉任副书记兼政治处副主任。

1968年3月26日，经山东省革命委员会（简称省革委）批准，一厂成立革命委员会。驻厂军管小组组长芦绍银任主任，下设“三部一室”（政治部、生产部、后勤部、革委会办公室），同时将车间改称连队，实行军事化管理体制。1973年4月8日，调整政工、行政科室。政治机关设政治处，生产行政管理机构设11个科室；同时撤销原“三部一室”，重新将连队改为车间。

1968年5月3日，经省革委批准，建立一厂党的核心领导小组，芦绍银任组长。翌年9月10日，军管小组芦绍银等调离一厂，青岛边防站站长王德志等8人进厂，对该厂实施军管。王德志任组长，隋曰章任副组长。

1970年6月，开展全厂整党建党、整团建团工作。1971年6月结束。1972年3月1—2日，召开首届党员代表大会，选举产生中国共产党国营山东第一机械修配厂委员会，在第一次全委会上，选举夏治行、侯君格、薛观明、姜衍智、刘佳禹、陈桂兰、于乃林等7人组成常委会，夏治行任党委书记，侯君格、薛观明、姜衍智任党委副书记。4月7日，山

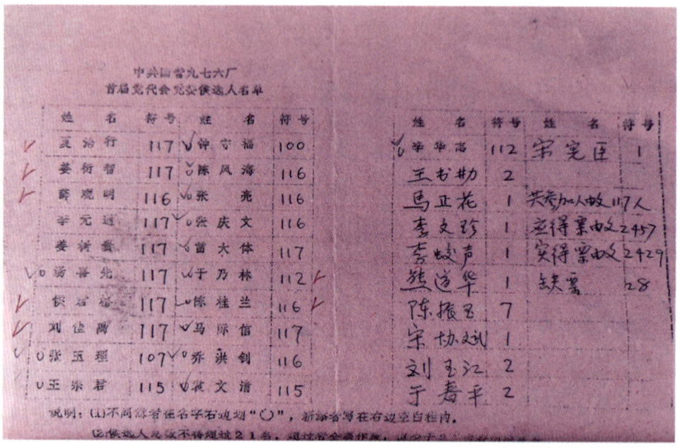

中共国营九七六厂
首届党代会党委候选人名单

姓名	符号	姓名	符号	姓名	符号	姓名	符号
夏治行	117	钟守福	100	[illegible]	112	宋宪臣	1
姜衍智	117	陈风海	116	[illegible]	2		
薛观明	116	张亮	116	马正花	1	共参加人数117人	
[illegible]	117	张庆文	116	李文珍	1	应得票数2457	
[illegible]	117	[illegible]	117	[illegible]	1	实得票数2429	
[illegible]	117	于乃林	112	焦道华	1	缺票	28
侯君格	117	陈桂兰	116	陈振玉	7		
刘佳禹	117	[illegible]	117	宋协斌	1		
张玉理	107	[illegible]	116	刘玉江	2		
[illegible]	115	袁文清	115	于春平	2		

说明：(1)不同意者在名字右边划“○”，新选者写在右边空白栏内。
(2)候选人总数不得超过21名，[illegible]

1972年3月，一厂首届党代会选票

东省国防工办党委批准，调整该厂革委会领导班子，侯君格任革委会主任，薛观明、姜衍智、刘佳禹、张玉理、江景富、于春平任副主任；10月15日，召开青年团第一次代表大会，选举产生新一届团委会，团委会由18人组成，其中常委7人，袁文清任团委副书记；11月，建立民兵团，侯君格任团长，刘佳禹任政委，桑志发任参谋长。

1980年1月，山东省军工局党委批准，成立由7人组成的纪律检查委员会，沈明友任纪检委副书记。4月，山东省委工交政治部批准，党委书记王庆常调离，朱显武接任一厂党委书记。

1984年9月17日，经山东省企业政治工作部批准，于仁斌任一厂党委书记；12月25—26日，该厂召开第二届党员代表大会，民主选举产生新的党委班子和纪律检查委员会，选举于仁斌任党委书记、张玉臣任党委副书记兼纪检委书记，党委委员由高贵德（厂长）、钟守福、朱庆磊、段琪胜、张洪利组成，党委下设24个党支部，党员总人数582人。1987年至1989年10月，企业党委隶属临沂地委领导。1989年11月隶属日照市委，党员组织关系转至日照市委组织部，党员总人数619人。之后，张玉臣、安佰利、马志先等先后接任一厂党委书记。

2002年2月，企业改制成立山东正力机械有限责任公司（与山东第一机械厂并行设立），设立党委，钱焕涛任党委书记，汪玉忠任党委副书记，吕建任党委委员、纪委书记，颜景武、肖向东、张敬学、许明贵、缑世琦任委员。2007年3月破产后，一厂（公司）653名党员组织关系转为新成立的萃阳小区管委会党总支，后改为党委，设20个党支部，靳元春任党委书记，李宏伟任党委副书记兼任管委会主任。

历任党组织主要负责人

机构名称	姓名	职务	任职时间
临时党委	李春之	临时党委书记	1965.04—1965.10
	隋翰成	临时党委委员（主持该厂党务工作）	1965.04—1965.10
党委	宋协贵	党委书记	1965.10—1968.05

续表

机构名称	姓名	职务	任职时间
党的核心领导小组	芦绍银	组长（兼任驻厂军管小组组长）	1968.05—1969.01
	王德忠	组长（军管负责人）	1969.01—（时间不详）
	隋曰章	组长	（时间不详）—1972.03
党委	夏治行	党委书记	1972.03—1973.08
	侯君格	党委副书记、革委会主任（主持工作）	1973.08—1975.05
	王庆常	党委书记	1975.05—1980.04
	朱显武	党委书记	1980.04—1984.09
	于仁斌	党委书记	1984.09—1990.10
	张玉臣	党委书记	1990.10—1997.09
	安佰利	党委书记	1997.09—1999.02
	马志先	党委书记	1999.12—2002.02
	钱焕涛	党委书记	2002.02—2007.12

历任主要行政负责人

机构名称	姓名	职务	任职时间
山东省后方建设办公室	李春之	筹备建设办公室主任	1965.04—1965.06
厂建设指挥部	张玉理	主持行政工作	1965.04—1965.06
国营山东第一机械修配厂	王耕田	借调主持行政工作	1965.06—1965.10
	王耕田	党委副书记（主持行政工作）	1965.10—1965.11
	王耕田	厂长	1965.11—1968.03
国营山东第一机械修配厂革命委员会	芦绍银	革委会主任	1968.03—1969.01
	刘志彬	革委会主任（军代表）	1969.01—1972.04
	侯君格	革委会主任	1972.04—1975.02
	李宝林	革委会主任	1975.07—1977.05
	袁文清	主持行政工作	1977.05—1978.10
国营山东第一机械修配厂	袁文清	厂长	1978.10—1983.03
	杜能忍	副厂长（主持工作）	1983.03—1984.03
	高贵德	副厂长（主持工作）	1984.03—1984.05
	高贵德	厂长	1984.05—1988.02
山东第一机械厂	高贵德	厂长	1988.02—1992.04
	张玉臣	厂长（兼任党委书记）	1992.04—1992.11
	张玉臣	厂长	1992.11—1996.12
	安伯利	厂长	1996.12—1999.12
	马志先	厂长	1999.12—2002.02
	颜景武	法人	2003.04—2007.03

企业文化

三线建设是在党中央、毛主席领导下，为国家的和平安宁而进行的以国防为主，同时兼顾工农业等国民经济发展的一项前无古人的伟大工程建设，是一次国家工业体系向战略纵深的大迁移。

沂蒙山区是红色革命老区，也是经济相对落后的地区。其隐蔽性强的地貌特点和当地优良的革命传统，成为山东建设“小三线”军工企业的主战场。在一厂建设和发展的几十年中，尤其在建厂初期，面对当地经济条件差、交通落后和当时土建工程机械设备不足，基本靠人工的不利因素，三线建设者们不等不靠，克服重重困难，以最快的速度和最优良的建设品质，向党中央和全国人民交上了一份合格的答卷，保证了当时山东省乃至全国三线建设大棋局、大战略的顺利实施。在这个过程中，凝结成以“艰苦创业、无私奉献、团结协作、勇于创新”为主要内涵的三线精神，形成了一系列独特而鲜明的军工企业文化。

三线精神，军工速度

在“备战备荒为人民”“好人好马上三线”的号召下，当地政府在社员中挑选壮劳力，组织起一支成千上万的基干施工队伍，投入热火朝天地开石取料、平山修路、挖沟夯基、垒墙筑堰等一系列土石方工程之中。从1965年4月20日第一批干部、工人14人进厂起，来自四川的二九六厂、四五六厂和东北的六二六厂以及山东机关、厂矿、学校等160多个企事业单位的工程师、技术员、学生和普通工人组成的建设大军，陆续从四面八方赶来，无怨无悔，扎根深山，奉献了自己的大半生，将自己塑造成又红又专的“军工人”。

在建厂初期，马不停蹄、紧锣密鼓地完成工房、宿舍、道路等土建工程和生产线的设计、组装等一系列工作。水、电、路等基础保障设施仅用两个多月完成。山东省后方建设办公室下达工装及产品试制任务后，全省32个工厂紧密配合、有序推进，仅用不到一年时间，先后试制完成并通过半自动步枪零件鉴定，为在该厂全面完成整枪试生产打下坚实的基础，实现当年设计、当年施工、当年试制、当年投产的“四个当年”目标，展现出“艰苦奋斗、无私奉献、团结协作、勇于创新”的三线精神和难以比拟的“军工速度”。

从零学起，追求卓越

在一厂成立之初，“五六”式半自动步枪的试制和生产工艺、生产线的流程和管理机制等，都需要从零学起，从零做起。其绝大多数制造技术都是从国内其他原图厂学习而来。作为“学生”，该厂干部职工不仅短期内把本事学到了家，而且能够攻克原技术工艺中存在的缺陷，在此基础上合力攻关，进一步完善，进而成为全国第一底图厂。1971年11月，该厂被五机部确定为全国“五六”式7.62毫米半自动步枪第一底图厂。

从20世纪80年代中期开始，面对军品指令性任务的逐年下滑，“铁饭碗”被打破。一厂积极投身国际枪械市场，研发出大量的外贸出口枪械品种，行销国际市场。1986年，成为国务院机电产品出口办批准的第一批机电产品出口外贸扩权企业，成为中国枪械出口联合体的理事单位。20世纪90年代，成为全省甚至全国机电产品出口的佼佼者。

务实创新，勇于挑战

20世纪六七十年代，国内物资匮乏，以美国为首的西方列强在“巴统”（巴黎统筹委员会，美苏冷战之初成立的对社会主义国家军用武器装备、尖端技术产品和稀有物资等实施禁运和封锁的组织，到1990年，由美、英、法、日等17个国家组成）体系内，对中国实施全面禁运和封锁，各项工业技术尤其是军工技术只能在苏联“老大哥”时代留下的老底子基础上自力更生，创新发展出属于自己的军工技术。在全国一盘棋的三线军工建设中，在二九六厂、六九六厂等兄弟工厂鼎力支持下，一厂务实创新，在已有产品的技术、荣誉、质量基础上，成功研制出“五六”式7.62毫米半自动步枪。并且把“五六”式半自动步枪、“五六”式冲锋枪研发改进为几十个品种的系列产品，挑战国际市场，赢得了效益，赢得了荣誉。后来还把生产军品枪械积累的优势，用于开发民用猎枪、用以国家对外军工援建，这一成果不仅满足了国内需求，还实现了出口，赢得了国际市场的广泛认可，成为一厂具有核心竞争力的产品，为中国军工产业的发展树立了榜样。

军地共建

兵工厂和黄崖村的军民鱼水情

1965年初，一厂的建厂地址选在了黄崖和周边的几个大队范围内，三线军工企业建设进入如火如荼的阶段。由于在建厂初期，职工宿舍等土建工程尚未完工，来自各地的工厂职工没处住，黄崖大队的社员腾出房间，自觉提供房屋100余间。黄崖大队党支部按照沂源县委、县政府的指示要求，全力支持军工厂的建设，提供土地140余亩。大队干部带头，组织起一支以基干民兵为主的上百人的青壮劳力，参加工地的道路建设，昼夜奋战在绵延3公里的工地上，一个多月的时间，实现道路通车。石匠、木匠、泥瓦匠，悉数参建参战，男女社员们用工字锤、窝头锤、铁杠、钎子起石窝（在山间开启石料的场所）、砸石子、修琢块石等，为建厂“添砖加瓦”。当时，建设工地需要水，黄崖大队就免费将3眼吃水井作为工程水源地。

随着工厂的建成并开始投入生产，一厂的职工越来越多，职工子女的教育成了大问题。1967年，黄崖大队新建小学1所，设一至五年级，2个班，含一厂子弟在内，可容纳78名学生。

民拥军，军爱民。一厂在转入正常的生产后，在提高当地群众生活和教育、文化水平等方面给予大力支持。建厂初期，该厂在保障生产用电的同时，帮助黄崖大队解决了社员生产、生活用电问题。一厂职工自发在该大队创办夜校，帮助社员学文化、学知识。通过每周一次放电影以及文艺演出、篮球比赛等各种形式的联谊文体活动，丰富了社员文化生活，军工人和当地群众建立起深厚的军民情谊。济南军区司令员杨得志、政委袁升平等先后到一厂视察，曾专门走访慰问支援建厂的黄崖大队干部和群众。

1987年，一厂帮助黄崖村打大口井1眼，无偿提供大工房楼板20余页，用于封井口。1991年，一厂资助2万元，在该村南的螳螂河上建交通桥1座。1992年，该村建钢件精密铸造厂，一厂提供设备和技术支持，1993年顺利投产。1994年，该村建胶带厂，一厂无偿提供钢梁8架，帮助该村在村南建长35米、宽10米的大工房，同时提供100千伏变压器2台，用于大口井提水灌溉。

1996年，一厂确定搬迁日照，厂方在兼顾国有资产不流失的情况下，给予黄崖村最大支持与帮助。黄崖村以20万元的最低价格购置职工宿舍楼6座共92套；以10万元购买大口井2眼、深井1眼及配套设施；该村铸造厂低价购买一厂车铣刨磨钻等机床12台。同时，一厂为黄崖村提供生活用水改造费10万元，无偿赠送该村50吨冷库设备1套。

帮建石桥水泥厂

20世纪70年代初，沂源县决定在石桥公社建水泥厂，由于当时财政资金困难，面临着建设难题。在沂源县召开的一次企业家会议上，当时参加这次会议的第一机械厂厂长袁文清决定动员驻沂源的其他6家三线企业一起帮助解决。经过他的积极协调和争取，袁文清所在的一厂和其他6家企业每家赞助10万元，用于石桥水泥厂的厂房建设，解决了石桥水泥厂的建设难题。后来，袁文清又建议将该厂生产的水泥分为两部分，一半用于支持县内企业，一半由水泥厂自己出售，为石桥水泥厂的成长打下坚实的基础，更为地方工业的发展提供了强有力的支持。

帮助东风化肥厂

山东东风化肥厂建厂之初，面临严重的资金和物资短缺，生产进度受到极大影响。为确保该厂化肥生产的顺利进行，同时为沂源农业发展提供支援，第一机械厂厂长袁文清得知情况后，当即决定为该厂提供大量的钢材和100立方米的木材。当时，合格的木材非常稀缺，一厂的帮助对东风化肥厂来说无疑是“雪中送炭”，是及时雨。在帮助东风化肥厂解决短期危机的同时，一厂每年组织10余人的专业技术工人，前往山东东风化肥厂进行设备修缮和维护，连续一个月的无偿服务，为山东东风化肥厂实现稳定生产提供了重要保障。

后勤保障

一厂建成后，先后建立和扩建职工医院、幼儿园、小学、俱乐部、电影放映场、商店、职工餐厅、邮电和银行代办点等一应服务设施，逐渐形成独立的、社会化的后勤服务保障体系和“以厂为家”的物质载体。

子弟学校　建厂初期，一厂与驻地村黄崖、土门等3个大队合办小学3处，校舍面积共约200平方米。一厂有101名职工子女分散在3处小学就读，该厂有代课教师2人。1968年12月，一厂革委会申请建子弟小学，由公办小学改为厂办小学，翌年3月，在黄崖建成职工子弟学校，石砌平房，教室和办公室总面积约400平方米，在读学生130余人。

1981年，在大佛山前建成子弟学校教学楼、实验楼各1座，总面积3300平方米，中、小学在校人数最多时达到近千人。1982年，建成幼儿园楼和澡堂。1983—1984年，先后建成砖混结构的职工教育楼和办公楼，总面积约8000平方米。

1983年，子弟学校配备美术教师1人，开设美术教学课。到1986年，该校先后有80余名小学生参加沂源县组织的儿童画展，其中6人获一等奖、10人获二等奖；有7名小学生参加临沂地区组织的儿童画展，其中4人获二等奖、3人获三等奖。

职业教育　1976年4月21日，一厂成立“七·二一”职工大学。当年招生30名，1978年10月结业后停办。1979年1月，成立教育科，开办电视大学，首批招生理工科学生21人。一厂创办的电视大学，在招收该厂职工的同时，代替省国防科工办开办多个电大班，招收其他军工厂的职工学生，成为省直电大工作站的站点。并开办军工技校（后为地方劳动技校）分校，为企业和社会培养合格的技术工人。

职工医院　1979年之前，山东第一机械厂设有卫生所1处。1976年4月，一厂革委会向山东省军工局申报职工医院扩建初步设计方案，初步计划总投资25.5万元，设计床位50个，建筑面积1920平方米，设备17台（已有4台，尚缺13台），医务人员及行政管理人员57人（已有23人，尚缺34人），设中医科、内科、外科、妇产及儿科、五官科及理疗、放射、化验等辅助科室。1978年6月，经省军工局批准，该厂卫生所改为职工医院。1979年，建成职工医院楼，总建筑面积2000平方米，其中业务用房面积1800平方米。

1990年，一厂职工医院共有卫生技术人员35人、管理人员2人、工勤人员2人。该医院主要服务于该厂职工及家属子女，日均门诊量120人次。开设内科、外科、妇科、儿科、五官科、中医科、放射科，药房、化验、心电图等10个科室，床位30张。其中，内科能收治慢性气管炎、胃溃疡病、肺心病、高血压病、外伤感染及各种常见疾病；外科可开展阑尾切除、疝修补等手术。1995年，医院随厂搬迁至日照市。

1981年建成的一厂子弟学校

一厂职工医院

企业人物

王耕田（1921.11—1968.09），男，山东省栖霞县人。1941年2月参加革命，4月加入中国共产党。曾任胶东区区委书记，烟台市委政策研究室主任、市地方工业局党委书记等。1965年11月，被山东省人委会任命为山东第一机械修配厂厂长、党委副书记。

李长芹（1939.10—1987.07），男，山东省聊城人，中共党员。1964年10月，在执行原子弹核爆试验中成绩显著，荣立三等功1次。1987年4月，被山东省总工会授予山东省优秀仓库保管员和“富民兴鲁”劳动奖章。

钟守福（1933.02—2007.05），男，重庆市璧山县人，中共党员，高级工程师。山东第一机械修配厂总工程师，曾任生产、技术副厂长等。1955年，获四川省西南区劳动模范；1959年，获四川省“青年红旗手标兵”；1991年10月，被中国兵器工业总公司表彰为“中国兵器工业劳动模范”。

刘堃茂（1938.12—2021.04），女，山东省莱州人，中共党员。曾任山东第一机械修配厂副厂长、高级工程师。1983年9月，被中华全国妇女联合会授予全国“三八”红旗手。1987年，当选为沂源县第十一届人大代表。

袁文清，男，1940年出生，山东省潍坊人，中共党员。曾任山东第一机械修配厂厂长，日照市乡镇企业局党组书记、局长，日照市人大常委会副主任。

三线往事

建设工地上的民工风采

1965年初，上级决定在土门修建2个军工厂，修路、架桥、盖厂房、架电线等，需要大量的人力投入各项工程建设中。沂源县组织起几千人的民工队伍，参与到这次大会战当中。参建的民工主要来自土门、九会、悦庄、三岔等公社22个大队的社员。

春节期间，山东省地质局801钻井队的施工队员们没有放假。建设现场矗立着一架十几米的钻井架，在柴油机的带动下轰轰隆隆作响，日夜不停地向地下钻进。1965年2月23日，刚过完春节，冬季的寒流还没有退去，通往工厂的公路就开始施工。3500多人的民工队伍散布在3公里长的筑路工地上，挥铁镐、抡大锤、抬土筐、运石料，把尚处于封冻状态的地面一点点铲平，将建厂房使用的石料就地取材运往现场……

那个时代，食宿、交通条件极差，又是在一个“拓荒”的工地上，现场什么都没有。他们有的住在当地社员家的牛棚、过道里，有的因粮食接济不上吃不饱。但民工们仍然不怕脏、不怕累，斗志昂扬，干劲十足。有的民工离家远，如三岔公社的民工，需要翻山越岭步行几十里到工地。当步行到达工地时，天就黑了，头天晚上到工地，第二天一早就投入火热的建设工地中。

许多人的肩膀被压肿了，但他们轻伤不下火线。三岔公社民兵排长车春水在挖电杆坑的过程中，打铁锤把手腕震肿了。领导劝他休息，他却说：“比起革命前辈的艰苦，咱这还差得远呢！”晚上用温水洗了洗，第二天继续坚持上工。修路工地上，规定每个工（每人每天为1个工）要挖2立方米的土就算完成定额任务。但民工们全都大大超过定额，有很多人每工挖土3立方米，个别的达到4立方米。到了3月，筑路施工进入高潮阶段，有的民工为了多出勤、不误工，坚持施工期间不回家。三岔民工陈传龙、韩尚本两人的家，距离土门有45里的山路。3月25日，他们利用晚上时间，回家安排好家中的春耕农务等，并连夜逐门逐户到同村的11个民工家中收集起他们所带的粮食，次日天还没亮，就带着十几个人的口粮，返回工地。一夜往返90里，到达工地时也没耽误出工。

3月29日，经过一个多月时间马不停蹄地奋战，土门到厂区3公里的简易公路建成通车。5月1日，电线架设完成。水、电、路工程全部完工，保证了后期厂房修筑、设备进厂等一系列工程的建设。

四面八方军工人，汇聚山间作贡献

1965年，来自四川、山东两个省的12个地区、148个单位的军工建设者们，陆续抵达一厂。他们都是经过组织上精心挑选，政治合格，阶级觉悟较高，工作积极有干劲的人，平均年龄只有27岁，其中党、团员占57%。每个人对调到山区搞军工生产，都感到无上光荣，认为是组织上对自己的信任。从烟台调来的孙树林，其女友不同意他到山区工作，两难之下，他说服家中卧病在床、无人照顾的母亲，断绝了与女友的关系，毅然选择了到大山中工作。

很多人来自城市，过惯了城市的生活，来到大山里自然不适应。少数青年来了后啼哭流泪，有人说："在山区工作是河流子腌咸菜，一言难尽。"也有人编出顺口溜："山间路不平，羊肠小道都难行；天天爬山坡，穿鞋重、吃得多；夜间睡马场，点灯也不明。"对于"干插缝"式的宿舍和分散建设的居住区，也有人想不通，"厂房和宿舍建的那样分散，有什么用？敌人的原子弹不会扔到山沟里！""'干插缝'别无好处，只能增加原子弹的威力。""年年备战，也没有打起来。"针对这种思想上存在的误区，一厂进行了有针对性的、细致的思想政治工作。在干部中组织学习《矛盾论》《实践论》《放下幻想，准备斗争》，在工人中组织学习《为人民服务》《纪念白求恩》《愚公移山》，开展阶级教育，并组织干部工人访贫问苦，开展学雷锋、学王杰、学焦裕禄等先进人物事迹的活动。

通过毛主席著作的学习和一系列的政治思想教育，提高了广大职工的战备观念，树立了革命人生观，精神面貌有了显著的变化。如青年工人钟培福在自我检查中说："我在重庆也是干革命，为什么偏要调到山沟里来呢？主要是思想搞不通，白天夜里盼着回重庆。通过学习《纪念白求恩》《为人民服务》，使我感受很深，白求恩能从加拿大不远万里来帮助中国革命，我从重庆调到山东就不安心，实在是不应该！今后，我决心在山区干一辈子革命，把白骨埋在鲁山脚下。"他在日记中写道："厂小，革命志气不能小。条件差，革命精神不能差。条件越差，干劲越足；困难越多，办法越巧；环境越艰苦，越能很好磨炼人的革命意志；工作越忙，越要学习毛主席著作。"有一次，钟培福生病，体温烧到39.7℃，一天没吃饭，仍然坚持工作。医生和同志们劝他休息，他说："任务急，不能休息。"他白天工作了1天，又连干了1个夜班。肚子痛，就用腿顶着，一直坚持到完成任务。

老工人李章学在试产中连续7个昼夜不下山，吃在炉旁，睡在工房，有时连干几个班不休息。有一次铅炉发生故障，为保障顺利试产，李章学不顾高温，冒着危险抢修。

一厂抓住这些好人好事和先进典型，及时进行宣传表扬，先后评选出建厂先进生产者64人、积极分子128人，通过各种宣传形式表扬他们的先进事迹，掀起"比、学、赶、帮、超"的浓厚氛围。

秘密取图纸

1964年9月底，正在山东省机械设计院工作的颜景福接到去后方建设指挥部报到的通知，在抓紧交接工作后，匆忙赴任。

颜景福是1959年山东省机械学校的优秀毕业生，是省机械设计院重点培养的青年干部。这次被调入后方建设指挥部参加"小三线"建设，颜景福深感任务光荣而艰巨。

后方建设指挥部设在省政府大院内。他在报到后，根据工作需要，领导命其负责军工产品的图纸资料工作。尽管指挥部人员不多，但成员非常精干，分工明确，每位成员都具备独当一面的工作能力，可谓精兵强将。

此时，山东建设的首个"小三线"军工厂——山东第一机械修配厂正在紧锣密鼓进行筹建。后方建设指挥部的成员都按各自分工，积极主动做好本职工作。颜景福也按要求提前准备好第一机械修配厂的图纸、资料。

根据上级安排，该厂军工产品图纸、资料由四川省某军工厂负责提供，由于军工产品图纸、资料均属国家机密，不能邮寄、托运，必须由专人领取、武装押运。这一工作便由颜景福负责。临行前，领导专门找颜景福谈话，规定了行动路线，提出注意事项，并专门为其配备了2名全副武装的解放军战士一同前往。

四川省自古就有“蜀道难，难于上青天”之说，那个年代到四川出差没有直达列车，要先坐火车抵达南京，再乘船到四川省的军工厂。去的时候由于空手而行，大家还比较轻松，可是带着图纸往回走时，情况就完全不同了，颜景福一行都高度紧张。当他带着2名解放军战士登上轮船和火车径直走向包厢时，引起不少乘客的羡慕和猜测，这么年轻就有2名警卫员跟随，这3位一定是在执行特殊任务呢！他们进入包厢，告诉服务人员要非请莫入，把门关上。3个人昼夜轮流值班，无论吃饭、上厕所，包厢内必须保证有2人守护图纸、资料。

就这样，先坐轮船，后坐火车到达济南。到站时，赵宗岐处长已备车在站台等候多时了。

他们3人出了包厢，携带机密图纸和资料，迅速登上汽车，风驰电掣般地开到后方建设指挥部。这时，颜景福如同卸下千斤重担，长舒一口气。图纸、资料放入资料室后，他又抓紧昼夜整理分类，然后通知厂方前来领取。这项工作这才算是告一段落。

那些年，所有的图纸、资料都由他一个人负责管理，工作十分紧张。每次去外地取资料，在别人看起来是件很风光的事，但他深知，这些军工图纸、资料如不慎泄密，那是影响国防建设的大事，会给党和人民造成不可弥补的损失。所以他每次都是小心谨慎、百倍警惕。

由于他工作认真负责，从没发生过失泄密事件，保证了山东“小三线”军工生产的顺利进行，多次受到领导的表扬。

三支队伍攻坚总动员

1965年8月，进入工厂的主要简易公路已经完成，通往各个车间的道路、桥梁正在紧张地施工当中，一厂生产设备马上就要进厂，工程建设已经到了关键的阶段。8月9日，一厂组织先期到厂的职工进行了一次“战场”攻坚总动员。当时负责一厂建设的工地主要领导在这次简短而有力地动员中，通报了当前国际形势，分析了工地目前存在的优势，针对3项大的紧迫性任务，建立起重运输队、修路队、安装队3支攻坚队伍，并明确分工、提出要求。

同志们：

现在就讲讲我们目前的战斗任务。

在这样的形势下，要求我们的生产赶快上马。上级指示我们10月1日正式开工生产。但我们的建设工程却还未竣工，设备安装刚刚开始。时间不等人、不饶人，任务非常艰巨！为实现上级的指示，经过研究分析我们的有利条件，认为能够实现上级的要求，按期开工生产。

这些有利条件是什么呢？第一是党的正确领导和上级的大力支持，同时又有兄弟单位的支援；第二是我们都是来自各行各业的优秀职工，有一颗火热的心，有旺盛的革命斗志和冲天干劲，又都是在运动中选拔出来的优秀战士，有战胜一切困难的信心和决心！这就是我们能够如期完成任务的可靠保证。

同志们，我们的具体任务是什么呢？经过梳理、排队，按照轻重缓急的原则，当前任务的重中之重是设备安装。但设备安装不是一项孤立的工作，他涉及几个方面：第一，设备在货场要运到车间，必须有一支起重、运输队伍；第二，山路崎岖、上坡下沟，对较大、较重设备的运输是不利的，必须首先修好通向各车间的路，以便运输，因此，又必须有一支修路队伍；第三，设备运到车间后，还必须有一支安装队伍。这三支队伍承担着整个设备起运和安装的重任。为了这个仗打得更好，厂部成立了领导小组，各工地就成了三个战斗部队。

这三支部队的领导分别是：第一支，修路部队，由边文福和张岱云两位同志负责；第二支，起重运输部队，由张庆文同志负责；第三支，安装部队，由王吉坤同志负责。

在设备安装过程中，要打破车间界限，统一调度、统一指挥。有的要编到修路队，有的要编到起重运输队，有的要编到安装队。不管编到哪个队，要求同志们要像在自己车间一样，服从分配、听从指挥。同志们也一定能这样做。

我们的目标是一致的，那就是鼓足干劲，力争上游，千方百计地缩短工期，把生产设备早日安装起来，早日试车，按时或提前投产！我想，这也是同志们的共同要求。

第一任厂长王耕田

一厂第一任厂长王耕田，出生在胶东栖霞县桃村南埠村的一户工商业家庭。1941年4月，加入中国共产党，同年秋参加武工队，在当地党组织的领导下开展对敌斗争，从此活跃在胶东地区，成为令敌人闻风丧胆的双枪武工队长。因其皮肤黝黑，人称“王黑子”。敌人一听到王黑子的名字，就吓得不敢出门。被神化了的王耕田，成了敌人的天敌，同时也成了当地人民群众的保护神。新中国成立前，王耕田先后担任解放区人民政府乡长、区长和胶东军区敌工科干事、分区委书记、区委书记等，积极组织开展对敌斗争，发动群众恢复生产、支援前线，屡立战功，多次被传令嘉奖。

新中国成立后，王耕田先后任烟台团市委副书记、市委政策研究室主任、市地方工业局党委书记、市委工业部副部长、莱阳钢铁厂厂长、省经委某处处长等职。1965年初，一厂的筹备建设工作正在紧要关头，面对从零开始的艰难局面，需要有一个能战斗、能吃苦、敢担当同时又履历丰富、懂建设、懂技术的人去组织建厂工作。具备丰富的工业生产管理经验和坚定理想信念的王耕田，被上级组织选中。1965年6月，王耕田被借调到山东第一机械修配厂建设工地主持行政工作；11月，被省人委正式任命为该厂第一任厂长。

王耕田到任三线建设工地后，在省、地领导和沂源县的大力支持下，坚决贯彻毛主席关于“三线建设要抓紧”的指示要求。在山东第一机械修配厂的初建过程中，大胆泼辣，身先士卒，带头深入各个工地，穿梭于生产线组装和军品试制现场，催进度、抓质量、保安全，处处都有他忙碌的身影。在他的推动下，该厂实现当年设计、当年施工、当年试制、当年投产的目标，为军工厂尽快地形成生产能力作出了巨大贡献。

1966年“文化大革命”开始，处在深山之中的一厂也在这次运动中遭受冲击和干扰。随着运动的深入发展，夺权斗争愈演愈烈，“批斗”“武斗”之风日益蔓延。1967年2月，该厂群众组织大联合，并形成多个派别，自发成立“革命生产委员会”。此时，厂长王耕田等领导还在继续工作。

1967年4月，周总理讲话强调国防工业实行军管，不实行夺权。4月16日，济南军区军管小组进厂，王耕田发表声明脱离所谓的“革命生产委员会”。1968年3月，山东省革委会批准成立“厂革命委员会”，肖成州（1965年由省劳动厅技校毕业分配到一厂的干部子弟）是革委会副主任，开始纠集一帮造反派实施夺权。

肖成州等人到处伸手，处处干涉工作，并成立所谓的“卫东一团”，宣布厂长王耕田为“1号服务员”，随时听从“卫东一团”的调遣。他们不懂装懂，瞎指挥、乱放炮，打击迫害干部，把干部队伍搞得乱了套，工作处于失控状态。“革命无罪，造反有理”，造反派打着革命的旗号，行造反夺权和迫害有功干部之实。王耕田即便是在这样的情况下，仍然坚持毛主席的革命路线，抵制错误倾向，把主要精力放在抓革命、促生产上。

王耕田看清了肖成州等一伙人的真实面目后，为保护厂里的干部，在一些重大原则问题上与肖成州等人产生了严重分歧。王耕田严厉地批评他们说：“你们不顾生产，专搞打、砸、抢，迫害打击干部，你们执行的不是毛主席的革命路线”“我不听你的，我也不怕你！革命群众也不会支持你们的！”

肖成州等人开始怀恨在心，密谋对王耕田进行打击迫害，并派人去了解和整理王耕田的所谓“黑材料”。但事与愿违，从王耕田的外调材料上根本没搜集到他的“黑历史”，反而在材料中显示出王耕田革命立场坚定，在战争年代驰骋疆场、屡立战功，并多次在领导岗位上担任要职、积极工作，为党为人民作出突出贡献。

肖成州看到王耕田的红色历史材料之后恼羞成怒，发了疯，大骂外调人员是白痴、是饭桶。为彻底打倒王耕田，肖成州、张立堂、戴玉臣等一伙打砸抢分子欲置王耕田于死地。于是诬蔑王耕田对“文化大革命”、对革命群众态度不好，给王耕田扣上“三反分子”“走资派”等帽子，以批斗为名，反复对其进行残酷的打击迫害。

批斗会逐渐演变为武斗会。每次武斗会，对王耕田拳打脚踢都不少于500次。他们丧心病狂地指着王耕田大声吼叫“不弄死这个老东西，将来他就要弄死我们”，煽动暴徒和打手对王耕田下狠手、下毒手。有一次，和王耕田一起被批斗的一名副厂长看到肖成州等人的残暴，害怕地对王耕田说，“你快说了吧”，他毅然回答：“没有的事我说什么？”王耕田坚定地相信党、相信群众，坚持党的原则，光明磊落，至死不屈。

1968年9月11日，王耕田被肖成州等造反派殴打致死。噩耗传来，广大干部职工悲痛欲绝。

王耕田的死，震惊了全省军工战线各企业和省、部有关部门的领导，引起各级政法部门和工作组领导的高度重视。抗战期间曾任胶东军区指挥员、新中国成立后的解放军某高级将领说：“记得山东有个王耕田，没记得有个王*禹（‘文化大革命’期间武斗的幕后策划者）。”军工战线领导和群众广泛发出急切的呼声，要求立即惩治坏人、惩治罪犯。济南军区和省有关部门领导到厂了解案情，要求工作组和公安机关彻底清算肖成州一伙暴徒的滔天罪行。

1969年初，上级对一厂革委会干部进行调整。1970年4月10日、1971年4月30日，先后依法逮捕肖成州等6人。1978年4月，王耕田骨灰移放到济南英雄山革命干部纪念堂，山东省军工局党委为其召开追悼会；7月，王耕田冤案得以彻底平反；9月26日，判处主犯肖成州死刑，立即执行枪决；判处同案犯张立堂、戴玉臣有期徒刑10年；其他曾参与殴打、迫害王耕田的8人被依党纪政纪处理。

1966年抗洪抢险自救

1966年7月13日晚到15日凌晨2时，连续30多个小时降雨243毫米，特别是14日19时到15日凌晨2时的6个小时内的倾盆大雨，连续降雨120毫米，造成山洪暴发。

山洪导致一厂8处工房进水。其中千人洞支洞和四车间机加工房严重漏水、地面进水，导致无法生产，3处金属材料库周边严重渗水，部分带钢金属材料浸泡在水中，12箱子弹被淹。

厂区内交通要道、各车间之间的通道和水电设施等均遭严重破坏。工具车间前的公路有300米被完全冲垮，部分路基宽度仅余1.5米；通往第一宿舍的双孔桥南侧，被冲出一条宽9米的深沟；小绞车道完全被冲毁，砌筑的“干插缝”护坡有少部分被冲塌；四车间冲压工房后坡坍塌，冲压到工房后墙窗户位置，玻璃被打坏，车间附近冲刷深沟深达1～1.5米、宽2～4米；总装车间附近冲下乱石约200立方米；地下水管和电缆暴露在外，致使第二食堂和设备动力科的自来水被洪水冲毁而停水。另外厕所倒塌1处，冲走生产、生活用煤约60吨。

7月14日晚24时，全厂立即停工，各单位成立群众性的防汛抢险队，四车间工人于世安在抢险中一马当先，奋不顾身，不幸牺牲。全厂职工化悲痛为力量，更加顽强地投入抗洪抢险和生产自救中。

在厂党委的统一领导、统一指挥下，将防汛队分为生产、生活及交通和水电三部分，各车间分工负责，支部书记抓宿舍，车间主任抓车间；科室人员作为机动队，灵活机动，遇事支援，遇险抢救；厂长、科长雨夜值班。7月15日抢险一天，凡有倒塌危险的宿舍全部腾出，被冲断的自来水重新再接通，工房、仓库的淤泥和积水全部被清理和排除，电器设备全部检查一遍，被冲塌的双孔桥搭上临时的木板，以保障通行。

灾情过后，一厂党委组织进行了一次防洪教育，同时在全厂大力宣传于世安不怕牺牲的革命英雄主义精神，并组织专人安抚于世安家人，妥善处理后事。7月17日，全厂恢复生产。

大事记

1964年

10月　中央确定在山东省建“五六”式半自动步枪厂和“五六”式枪弹厂，山东省后方建设指挥部随即组织进行选址。

1965年

1月　14日，山东省副省长高启云、济南军区副司令员杨国夫等研究决定将厂址选定在千人洞一带的山峪中。

1月　30日，在千人洞山峪中机凿深水井1眼，2月15日完成钻凿施工，用于一厂建设、生产和生活水源。

1月　山东省后方建设办公室向全省32个工厂下达“五六”式7.62毫米半自动步枪工装及产品试制任务。

2月　16日，山东省人委批复同意省后防建设办公室“五六”式7.62毫米半自动步枪厂设计任务书，同时上报五机部。

2月　23日，开始修建土门至厂区全长3公里的公路，3月29日完成通车。

3月　1日，建厂筹备处在济南机械工业学校成立，负责一厂和二厂的筹备建设。

3月　11日，五机部批准设立一厂，并由国营二九六厂实施对口援建。

3月　11日，济南军区副司令员杨国夫和华东局有关负责人到该厂建设工地检查、指导工作。

4月　8日，杨国夫再次到一厂建设工地视察。

4月　20日，第一批干部、工人14人进厂，张玉理主持行政工作，隋翰成主持党务工作。

4月　25—27日，山东省副省长高启云到一厂工地视察，现场解决问题。

4月　28日，正式启用第一厂名“国营九七六厂”、第二厂名“国营山东第一机械修配厂”。

4月　29日，成立一厂和二厂建设工地临时党委。

5月　1日，建厂工地实现“水、电、路”三通。

5月　9—10日，中共山东省委第一书记兼济南军区政委谭启龙到工地视察。

5月　25日，山东省省长白如冰到厂工地视察工作。

6月　15日，副省长高启云再次到建厂工地检查、指导工作。

6月　月底，31个工装试制工厂完成任务并开始产品试制。

8月　20日，完成当年的土建工程设计任务。

9月　17日，13个生产线厂试制的半自动步枪零件通过鉴定。

10月　6日，在济南南郊宾馆召开建厂庆祝表彰大会。

10月　16日，成立国营山东第一机械修配厂党委。

11月　17日，经省人委批准，王耕田担任该厂厂长。

11月　成立7个科、1个室、5个车间、24个班组。

12月　中旬，完成150支半自动步枪试生产。

1966年

2月　13日，一厂完成装配自产的13支成枪并自检自验。

2月　18日，组织成立由15人组成的产品鉴定委员会。

5月　23日，五机部在济南召开全国“小三线”建厂现场会议，并组织参会代表到该厂参观。

10月　22日，一厂生产的半自动步枪通过省机械工业厅鉴定委员会的全面鉴定。

1967年

4月　5日，省机械工业厅正式批准该厂转入半自动步枪的批量生产。

4月　16日，济南军区派驻军管小组进厂。

1968年

3月　26日，成立一厂革命委员会。

5月　3日，一厂建立党的核心领导小组。

7月　5日，越南留学生第17班的学员到该厂进行为期一周的学习参观。

9月　11日，一厂第一任厂长王耕田被肖成州等造反派殴打致死。

1969年

1月　3日，经山东省革委批准，免去芦绍银厂革委会主任职务，由军代表刘志彬任主任。

3月　建立厂职工子弟学校。

1970年

4月　试制、生产弹道枪。

4月　济南军区副司令员成少甫到该厂视察。

5月　经山东省委工交政治部批准，党委书记宋协贵调离该厂，侯君格调任该厂革委会副主任。

6月　全厂开展整党建党、整团建团工作。

9月　2日，济南军区后勤部派驻该厂常规兵器验收组，汤喜先任组长。

10月　11日，弹道枪试制成功，年底完成1150支的生产任务。

1971年

3月　五机部指示进行扩建生产规模，优先扩建半自动步枪和班用机枪生产线。

3月　试制生产“五六-1”式7.62毫米班用机枪。

5月　24日，上级下达给该厂微型自卫手枪科研任务。

11月　21—25日，五机部在该厂召开半自动步枪技术协调会。

11月　月底，一厂被五机部确定为全国“五六”式7.62毫米半自动步枪第一底图厂。

1972年

1月　24日，半自动步枪3个机加车间由千人洞搬进新建的3号洞；班用机枪生产线搬进千人洞。

3月　1—2日，召开首届党员代表大会，选举产生该厂党委委员及书记、副书记等。

4月　7日，调整革委会领导班子，侯君格任该厂革委会主任。

10月　15日，召开该厂共青团第一次代表大会，选举产生由18人组成的新一届团委会。

11月　建立民兵团。

1973年

1月　1日，启用新的通信信箱，由“济南（2）5号信箱”改为“山东沂源6号信箱”。

4月　8日，调整政工、行政科室，撤销原“三部一室”，政治部改设为政治处，设11个生产行政管理科室，连队复改称车间。

6月　4—6日，召开第一届工会会员代表大会，民主选举厂工会委员会。

6月　13日，济南军区后勤部驻厂常规兵器验收组改为军事代表室。

12月　24日，完成生产半自动步枪4万支的任务，超额完成800支。

1974年

10月　山东省军工局副局长陈太东带领工作组进厂，主要解决派性斗争和生产问题。

11月　17日，为加强工厂保卫工作，成立厂社（土门公社）联防委员会。

是年　第一批24名知识青年下乡到悦庄公社。

1975年

2月　厂革委会主任侯君格调离该厂。

5月　王庆常调至该厂任党委书记。

7月　1日，李宝林任该厂革委会主任。

8月　半自动步枪装箱由油封改用气相缓蚀剂包装。

9月　25日，开始在全厂开展战备“生产拉练”。

1976年

1月　6—17日，五机部组织的半自动步枪专业会在该厂召开。

4月　21日，成立“七·二一”大学，招生30名。

9月　18日，召开全厂职工大会，举行毛泽东主席逝世悼念活动。

1977年

3月　9—10日，召开第二次团代会，选举产生新的团委会。

3月　为67军研制训练用“五六”式40毫米火箭筒内膛枪。

10月　调升1316名职工工资收入标准。

11月　校正成枪精度打靶报靶方式，由原来的人工报靶改为电视报靶。

1978年

6月　一厂卫生所改为职工医院。

7月　厂党委书记王庆常、106车间党支部书记沈明友代表该厂参加全国兵器“工业学大庆”会议。

10月　18日，山东省经委党组批准袁文清任厂长。

1979年

1月　成立教育科，开办电视大学。

5月　4日，召开第一届职工代表大会和第二届工会会员代表大会。

6月　26日，山东省委、省政府命名该厂为“大庆式工业企业”。

11月　13日，组织50余人分两批到上海、青岛学习缝纫机生产工艺。

12月　30日，山东省经委批复同意一厂承担缝纫机生产总装任务，定名为“山东缝纫机厂”，同时启用印章。

1980年

1月　一厂成立由7人组成的党纪律检查委员会。

1月　根据五机部长沙会议精神，“五六－1”式7.62毫米班用机枪停产。

1月　根据青岛外贸部门及外商要求，试制成功4.5毫米、5.5毫米“流星”牌高压气枪，9月通过省军工局鉴定后投入批量生产。

4月　山东省委工交政治部批准，党委书记王庆常调离，朱显武调任一厂党委书记。

6月　29日，完成307架缝纫机样机。

6月　29日，暴雨致山坡防护墙塌方，109车间职工宿舍被砸塌4间。

7月　20—21日，山东省经委副主任李春之等15人，到一厂检查缝纫机生产情况。

9月　3—5日，召开第二届职工代表大会。

10月　在沂源县县直机关、厂矿、部队篮球比赛活动中，一厂男队获冠军、女队获亚军。

11月　一厂生产的“五六”式7.62毫米半自动步枪，被兵器工业部评为优质产品。

1981年

6月　16—29日，首次参加烟台家用缝纫机质量鉴定会，一厂生产的“囍”牌缝纫机被评列第二位。

8月　15—31日，参加在长治举行的全国北方16个缝纫机生产厂家产品质量鉴定会，“囍”牌缝纫机被评列第五位。

8月　27日，五机部在湖南二八二厂召开军工系统8个缝纫机厂的产品质量鉴定会，“囍”牌缝纫机被评列第二名。

12月　18—22日，一厂携150台“囍”牌缝纫机参加在上海市徐汇百货商场举行的“全国JB型缝纫机工商联合展销会”。

1982年

1月　春节假期，工具科由2号洞搬迁到洞外新建工房。

5月　1—2日，首次举行全厂职工田径运动会。

6月　经公安机关批准，建立由20人组成的经济民警分队，隶属保卫科。

9月　19—21日，兵器工业部副部长荀元书到一厂视察工作，并就军民结合问题提出建议。

10月　17日至11月10日，厂长袁文清、副厂长江景富带领14名干部及工程技术人员，先后到六二六厂、五五〇六厂对“五六”式7.62毫米冲锋枪生产进行调研。

10月　机动科电工技术员王凤才被山东省人民政府授予“山东省劳动模范”。

11月19日　经党委扩大会议讨论，同意调研组提出的生产“五六”式7.62毫米冲锋枪实施方案。

11月30日　根据兵器工业部文件，暂停生产半自动步枪，对其工艺装备实施封存。

11月　在济南召开全省先进计量单位经验交流会，山东省经委授予一厂“先进计量单位”称号。

1983年

1月20日　山东省军工局召开军工系统1982年科技成果表彰大会，大会授予一厂“半自动步枪质量奖”“污水处理成果奖”。

2月　春节假期，101、104车间从3号洞搬到洞外新建工房。

4月　颁布《企业管理制度》上、中、下3册，后又补充1册。

4月　机动科电工技术员王凤才当选为山东省第六届人民代表大会代表。

7月　根据省军工局布置，开始试行厂长负责制。

8月　8日，山东省军工局调整一厂领导班子。

9月　1日，副厂长刘坤茂获全国“三八”红旗手荣誉称号。

9月　24—29日，山东省军工局在一厂召开“五六”式7.62毫米冲锋枪质量鉴定会，鉴定产品合格。

10月　20日，山东省军工局、济南军区后勤部军代表办事处批准冲锋枪投入批量生产。

12月　28日，提前3天完成1万支冲锋枪生产任务，第四次受到兵器工业部的表扬。

1984年

3月　15日，经省国防科工办党委批准，调整企业领导班子。

3月　17—19日，召开第四届职工代表大会和第三届工会会员代表大会。

3月　20世纪50年代加入省兵工学会会员的原副厂长江景富，介绍一厂第一批22人加入省兵工学会。

4月　13日，根据省国防科工办指示，成立教研室，负责军工小三线子弟学校教研工作。

5月　23日，经省政府批准，高贵德任厂长，免去袁文清厂长职务。

9月　17日，经山东省企业政治工作部批准，于仁斌任一厂党委书记，免去朱显武党委书记职务。

12月　25—26日，召开第二届党员代表大会，选举新的党委班子和纪律检查委员会。

12月　30日，试制成功胜利油田使用的SL3增压泵。

12月　根据鲁政发〔84〕121号文件规定，开始为农业人口的职工家属办理农转非事宜。

是年　建成砖混结构新办公楼1座。

1985年

3月　8日，第四届职工代表大会主席团审议通过《经济承包办法》。

4月　28日，举行建厂20周年庆祝晚会。

4月　试制成功胶南纺织机械厂配套产品BC272G二联梳毛机（第十八部分）。

9月　10日，召开第一个教师节庆祝大会。

10月　在全省军工系统文艺调演中，一厂于慧的女声独唱获一等奖。

12月　参加沂源县职工象棋比赛，一厂代表队获男子团体第一名。

1986年

2月　24日，厂党委下达《关于编写厂志的工作安排意见》，并由党委书记于仁斌、厂长高贵德等11人组成领导小组。

2月　26日，省国防科工办主任李太均等7人到一厂检查。

3月　26日，省国防科工办党委副书记王凤勤等3人到一厂检查，对企业搬迁、生产和政治工作等方面提出要求。

3月　27日，国务院机电产品出口办公室批准，一厂为第一批机电产品外贸出口扩权企业。

1987年

2月　26日，包括一厂在内的12个省属军工“小三线”企事业单位下放到临沂地区。

3月　25—31日，省国防科工办和临沂行署联合召开军工企事业单位下放调整交接会议。

4月　29日，召开改型产品300A型“五六式”7.62毫米半自动步枪设计定型鉴定会。

4月　省政府授予李长芹“富民兴鲁”劳动奖章。

5月　14日，成立由17人组成的调整搬迁领导小组。

5月　25—29日，调整搬迁办公室的人员到临沂地区汇报调整搬迁方案，并对临沂、日照两地进行考察。

8月　8日，成立机械工业部驻一厂兵器外贸产品验收代表室。

8月　28—29日，一厂与香港商人商谈合资生产经营高科技澄油系列产品。

8月　签订援助乌干达“U871”项目。

9月　18日，临沂地委书记刘明祖等到一厂检查调研。

11月　16日，在深圳与美国I.E.C公司磋商合资经营高科技澄油系列产品，草签合同、章程。

12月　3日，R175柴油机试制成功。

12月　28日，乌干达国防部高级军官，该国抵抗委员会委员、军队建设委员会主席到一厂参观考察枪械生产情况。

1988年

2月　4日，一厂名称由“国营山东第一机械修配厂”改为“国营山东第一机械厂”。

4月　19日，加入中国北方工业公司枪械出口联合体，并成为理事单位。

5月　16日，山东省经委批复一厂《运动步枪、猎枪生产线调整搬迁技术改造项目建议书》。

6月　20—21日，日照市（县级）、临沂地区军工企业调整办公室就企业搬迁事宜进行研究和部署，确定一厂搬迁新厂址，总征地面积350亩。

10月　14日，山东省经委批复，同意一厂的《“七五”搬迁技术改造设计》。

11月　15日，调整搬迁办公室改为搬迁筹建办公室。

12月　一厂入选全国机械电子工业百家出口先进企业。

1989年

1月　26日，临沂地区行政公署向省经委、省各大银行提请解决军工企业调整搬迁所需贷款指标的报告。

4月　24日，一厂300A型7.62毫米半自动步枪生产定型。

6月　30日，聘任刘堃茂等243人专业技术职务。

8月　23日，一厂职工张元俊、林代祥参加山东省国防工业系统职工技术比武，分别取得磨工组第二名、车工组第四名，2人受到省国防科工办的表彰。

9月　2日，一厂300B型5.56毫米半自动步枪设计定型。

10月　25日，一厂资产、人员组织关系和干部档案等，全部移交日照市。

11月　11日，一厂获得机械电子工业部“机械电子工业百家出口先进企业”证书。

1990年

4月　一厂被山东省机电产品出口领导小组评为“一九八九年机电产品出口先进企业”。

6月　26日，调整厂搬迁领导小组，将原搬迁筹建办公室改设为搬迁筹建处。

7月　6日，山东省机械工业厅授予一厂“1989年机械产品出口先进集体”。

7月　6日，一厂搬迁筹建处进驻日照建设工地，展开搬迁前的准备工作。

7月　10日，启用“国营山东第一机械厂筹建处”和“国营山东第一机械厂筹建处财务专用章”2枚印章。

7月　10日，向中国农业银行日照分行申请搬迁技术改造工程（一期）贷款1100万元。

7月　18日，与日照市丝山乡高家村村委会签订征用土地补充协议。

7月　22日，成立企业管理办公室，厂长高贵德兼任主任。

7月　22日，203车间与201车间合并设立201车间。

8月　6日，成立“U871”项目办公室，办公地点设在厂科研所。

8月　6日，发动党员为困难职工滕培录捐款。

8月　15日，山东省4个委（办）联合下发《关于地方军工企业实行归口管理的通知》。

10月　17日，日照市委任免一厂领导班子，免去于仁斌党委书记，同时任命张玉臣为该厂党委书记。

10月　19日，调整搬迁筹建处领导班子，副厂长张奎华兼任筹建处主任。

12月　1日，举行日照新厂区建设开工典礼。

1991年

3月　山东省机电产品出口领导小组授予一厂“1990年机电产品出口先进单位”。

6月　29日，参加日照市庆祝建党七十周年党史党建理论知识竞赛，夺得第一名。

10月　18日，300A型半自动步枪项目被评为1991年度山东省国防科技工业科技进步一等奖。

10月　30日，在日照市机械化二系统统计工作规范化检查验收中，以940分排名第一。

11月　27日，省经委同意一厂在完成第一期搬迁技改工程的基础上，进行民品生产线的调整搬迁技术改造。

1992年

1月　7日，沂源县政府办公室公布由一厂、山东红旗机械厂等主要领导组成的军工企业搬迁工作领导小组。

2月　23日，山东省国资局和省国防科工办联合发布《关于我省三线搬迁单位处置国有资产有关问题的意见》。

3月　山东省机电产品出口领导小组授予一厂“1991年机电产品出口先进单位”。

1993年

9月　23日，日照市技工学校（后改称日照市技师学院）在一厂开办日照市技工学校机械分校。

1994年

3月　一厂被国家经贸委、对外经贸合作部授予“全国机电产品出口先进单位”。

是年　一厂被国家经委等6个部、委、局认定为兵器工业大（二）型企业。

是年　黄崖村建胶带厂，无偿为该村提供钢梁8架、变压器2台，用于村办胶带厂和农田灌溉。

1996年

是年　一厂搬迁事宜被日照市列为“市长工程”。

1997年

2月，一厂完成全厂整体搬迁。

1998年

是年　将土门老厂区不动产，无偿转让给沂源县。

1999年

是年　开始企业改制，翌年形成初步“债转股”改制方案。

2002年

8月　完成援建阿尔及利亚军工厂任务。

是年　进行企业重组，成立“山东正力机械有限责任公司”。

2006年

6月　申请政策性破产。

2007年

3月　山东第一机械厂宣布停产。

是年　一厂所有党员关系转到新成立的萃阳小区管委会党总支（后改为党委）。

附　录

1966年初，厂长王耕田在实现批量投产后的总结报告会上的讲话

1966年春节假期过后，为鼓舞干劲，一厂及时召开全体干部职工进行阶段性总结大会。大会上，厂长王耕田主要就一厂实现小批量投产后的先进人物及其典型做法进行表扬和鼓励。讲话节选：

自1965年12月中旬小批投料、验证工装以来，全厂职工通过学习王杰的革命精神，反对浪费，开展增产节约运动和贯彻省委国防工业政治工作会议精神，讲形势、摆任务，大大提高了思想觉悟，促进了小批投料定型。这段时间的工作，总起来看，广大职工革命精神旺盛、觉悟高、干劲足，为早日拿出合格、过硬的产品，职工们千方百计做出了成绩。

一、废寝忘食，日继夜续，为了出枪，忘我的劳动

热处理车间工人李章学同志，为了枪管焠火不出问题，他连续三天两夜没有回家休息，每天都连续工作16个小时以上，保质保量完成了任务。设备动力科电工王振增、孙辉正等同志，为了热处理车间早日投产，他们昼夜苦战安装电器设备。元旦前夕，一直干到后半夜2点多钟，直到完成任务才肯休息。锻工班为了保证前方打胜仗，对车间下达的任务随到随做。有一次大家已经下班，接到一车间

急用30个靠模轴，他们连饭都没有顾上吃，一直干到夜间9点多钟，保证了一车间的正常生产使用。

二、苦练基本功，认真操作，一丝不苟

一车间铣工梁速珊同志，从12月20日投入生产，每天劳动12个小时以上。领导再三劝阻，让他休息。但他说："拿不出来产品，心里怎么安心休息？"经他一手操作的12道工序、130个件，只有一个回品，合格率达99%以上。工具车间工人王树岑同志，在11月开车投料做二类工具时，他还不能独立操作。但他能虚心向别人请教，不懂就问，不会就学。他没有认为自己是个五级工而感到自居自傲。相反，他却向那些二级工、三级工的青年同志学习，苦练基本功。该同志自11月24日正式独立操作生产。仅用2个多月的时间，在一丝不苟把好质量关的情况下，共干出大小工件497个，其中只有2件退修。

三、动脑筋、想办法，技术革新，攻难关

二车间工人贵善林同志，在做4-6、3-3产品零件时，因刀具达不到质量要求，他带着这个问题学习了毛主席的著作《愚公移山》。他说："对待产品质量要求低一点，就等于反美斗争的劲头松了一点。"他开动脑筋，与技术员一起研究改进了两种刀具，提高了工作效率，保证了产品质量。在他所制作的130个部件中，只有2个废品。

四、自力更生，克服困难，千方百计完成任务

一车间付光甲同志，工作困难不上交，刀具不够就自己做，共做了万能铣刀7把，保证了生产使用。工具车间杨进田同志，自己动手盘烘炉，制造二类工具。小锻件自己动手造，不找别人干，把方便让给别人，困难留给自己。

五、党叫干啥就干啥，不挑不拣，干什么都是干革命

一车间工人刘忠林同志，进厂半年，前后因工作调动工种3次。但他本人丝毫不打折扣，而且干劲十足，样样工作都干得很好。有人说："老刘你真傻，为什么凭着技工不去做，非要干运料工？"刘忠林同志回答说："干什么都是为了干革命。"

六、科室工作服务生产，干部与群众一起攻关钻研、突击任务

行政科全体同志埋头苦干、兢兢业业、任劳任怨，尤其在夜间，科长带头担饭送到车间。热处理车间党支部书记、车间主任和工人一起，夜战不眠，攻关钻研、突击任务。工具科、动力科的领导干部坚持每周劳动1~2天，通过劳动，深入实践，指挥生产。医务室全体同志，为了工作，昼夜不息，哪里有病人，就到哪里治疗，经常因给病人治疗，吃不上早饭，但他们从来没有怨言。革命精神旺盛，干劲足，群众反映服务得好。

山东第二机械厂

扫码听书

记忆沂源·小三线建设卷

概 况

山东第二机械厂，位于沂源县南鲁山镇（原土门镇）左家峪、刘家洞之间，四面环山，东邻博沂公路和螳螂河。该厂是山东省小三线建设时期在山区筹建的地方军工企业，县团级编制，对外称“国营山东第二机械修配厂”，后改称“国营山东第二机械厂”（以下简称二厂）。1964年底至1965年初，进行选址、设计和筹建。1965年4月，开始动工兴建。因位于土门公社，当地称“土门二厂”。全厂占地总面积440余亩，配备各种机械制造设备800余台（套），职工最多时（1985年）达到2000余人，拥有成套生产线3条，年生产“五三”式某产品4000万发、“五六”式步枪弹6000万发及弹夹、铁盒等配套部件。1979年6月，二厂荣获山东省委、省政府“大庆式企业”荣誉称号。20世纪80年代初，贯彻国防工业“军民结合，以民养军”方针，先后研制开发、自产自销汽枪弹、发声弹、自行车辐条、电热褥、磁电机以及医药机械、精密铸造等民用产品。1987年，停止指令性军品生产。2002年，搬迁至张店区湖田镇。

历史沿革

1964年10月，中央确定在山东省重点建设“五六”式半自动步枪厂和“五六”式枪弹厂，山东省后方建设办公室随即组织进行选址。1965年4月，经山东省机械工业厅批准，报国防工业办公室备案，正式启用“国营九四五厂”“国营山东第二机械修配厂”称谓。8月，隶属山东省机械工业厅二局，又称“山东省机械工业厅军事工业局”（简称军工局），后改称山东省第二机械工业局。1969年，属山东省国防工业办公室”（简称省国防工办）。1973年11月，属山东省第二工业局。1975年8月，山东省第二机械工业局改为山东省军事工业局，简称军工局，企业属之。1983年7月，山东省军事工业局改称山东省国防科学技术工业办公室（简称省国防科工办），该厂属之。

1987年2月，下放到临沂地区管理；5月，归属临沂地区二轻工业公司领导。1988年6月，更名为“国营山东第二机械厂”。1990年1月，沂源县划归淄博市，二厂随之划归淄博市塑料工业集团公司管理。2002年10月，全厂搬迁至张店区湖田镇。

山东军沃科技有限公司

2007年8月，成立山东第二机械有限公司。2013年11月，成立山东军沃科技有限公司，下设山东第二机械有限公司、淄博前沿机电有限公司、淄博腾力经贸有限公司3个子公司。

建设发展

建厂背景

20世纪60年代初，随着国际斗争形势的日益严峻，中国面临来自多方面的军事压力和战争威胁。1964年5月，毛泽东主席在讨论“三五”计划时要求：“要搞一、二、三线的战略布局，加强三线建设，防备敌人入侵。”随后，全国开始了轰轰烈烈的以加强国防为中心的“大三线”和“小三线”战略大后方建设。同年，省人委、济南军区、省军区按照党中央的备战政策以及三线工业建设的部署，着手建立山东省国防工业的领导和管理机构，成为山东“小三线”军工厂最初的直属管理部门。

山东省根据“靠山、分散、隐蔽”的建设原则，在沂蒙山区着手建立军工厂。1964年10月，中央确定在山东省重点建设“五六”式半自动步枪厂和“五六”式枪弹厂。

济南军区副司令员杨国夫、山东省副省长高启云以及省经委主任李春之、省机械工业厅二局局长李本均等组成选址工作领导班子，对全省“小三线”选址进行实地考察。最先确定一厂（国营山东第一机械修配厂）和二厂的建设地址。一厂和二厂作为军工产品的配套生产企业，分别负责生产枪支和枪弹。

建厂初期的选址、筹备和设计

1964年底，根据中央和山东省委指示，山东省后方建设办公室立即组织有关部门进行地形勘察和选址定点工作。1965年春，先后勘察沂源县九会公社（后改称土门区、土门公社）的董家庄大队附近和龙泉大队所处的山沟。两处山沟在地质上均属石灰岩结构，皆因水源不足未被选中。在对左家峪大队至刘家洞大队所处的山沟进行勘察后，认为刘家洞大队以西山沟底部比较理想。但在平面布置上会占用较多良田，不符合上级“不占良田，少占可耕地”的原则。最后确定，厂址设在左家峪大队以西，在此处建厂，占用可耕地较少，水源充足且靠近博沂公路，交通方便。

参加选址的单位有山东省经委、省计委、省机械厅设计院、后方建设指挥部筹备处以及沂源县的有关部门。二厂的侯君格、董传明、杨维贤等3人也一同参加选址工作。

由于当时对后方建设缺少经验，以及对中央“靠山、分散、隐蔽”的方针认识不一致，厂址和平面布置曾几度变动，直到1965年4月华东三线建设会议以后，正式确定选址和设计方案。

二厂和一厂作为配套企业，两者毗邻，所以这两个厂的选址定点，勘察筹备和初期施工，是在后方建设工地指挥部的统一领导下同时进行的。

1965年2月，山东省后方建设指挥部组织各方面力量，采取“边设计、边备料、边施工”的方法，开始进行筹备。建设工地指挥部设在土门村。

二厂的初期设计和平面布置，由山东省机械厅设计院负责。参加设计的工程技术人员33人，深入工地调查研究，现场设计。12天完成地质勘察，25天完成地形测量，18天完成土建工程设计，28天完成水、电、暖和交通设计，整个设计速度较快。

生产厂房建设

“土门二厂”开建后，省、地各有关部门和驻地群众，全力以赴支援三线建设。山东省煤炭公司施工队、省安装公司、淄博市建筑公司、运输公司和电器安装公司等单位，组织起500余人的专业建筑安装队伍；临沂地区莒县、平邑、费县、沂源等5个县动员民工3500余人，组成临沂施工团，仅沂源县就抽调民工1000余人，由副县长包延收带队，参加土建工程施工。土门、左家峪和刘家洞等大队的300多名社员，连续奋战五昼夜，通往厂区的公路筑成通车。

初建期间，山东省总工会支援资金8万元，用于建造职工宿舍。山东省委动员省直机关28个厅局和大专院校，支援家具和各种生活用器皿数千件。

五机部、华东局、省委、省人委和济南军区领导先后多次在工程开始前后到现场检查和指导工作。

按照“先生产，后福利”的原则，优先进行厂房和部分宿舍等生产性项目土建工程的建设，以保障尽快投入生产。1965年5月8日，第一阶段工程破土动工；6月30日，完成建筑面积12011平方米，其中厂房竣工面积6266平方米；7月，第一阶段建筑工程基本完工，职工及设备相继进厂；10月初到年底，进行第二阶段的建筑工程，完成建筑面积1333平方米。1965年，完成总建筑面积13344平方米。

20世纪八九十年代的二厂办公楼

生产性建设项目的设计、平面布置和施工，均以“靠山、分散、隐蔽”为建设方针，立足于“战争观念”，突出体现“快”“省”。厂区布局采取分片、分散、依山沿沟按车间形成几个区域，从远处或高空观察厂区，一撮一撮，一片一片，分辨不出哪里是工厂哪里是农村。

厂房多为木石结构，小型平房，跨度一般为6.9米，个别房屋跨度9米。高度在4米左右，长度在20米以内。厂房每平方米造价61.48元。

1966年，续建和扩建部分工房和库房，至1967年底，按设计要求基本完成。随着生产规模的不断扩大，生产项目的扩建、更新改造也不断进行。

随着前方车间生产能力的扩大，后方装备车间生产能力也必须得到相应的加强。1971年，工厂将四车间分解，成立机动科和工具科，专责工装制造和机械动力设备的制造维修。机动科和工具科成立后，原130平方米的机修工房已不能满足生产需要。

工具科从四车间分离出来后，1971年迁入东洞口内生产，因洞内面积狭小、光线不足等原因，1976年投资6.7万元，在原一、二车间旧址建设机加工房1000平方米。1979年，拆除原二车间旧工房305平方米。翌年，建成591平方米的计量、样板、精密制造工房。

1972年6月，新建机修工房1083平方米，并安装自行设计制造的自行车。下半年，又新建工房186平方米。1974年，对机修工房扩建加厦270平方米。1975—1978年，相继建设电工工房和备件库。1980年，将第二食堂改为钣金、电气焊工房。至此，完成机动科工房的改造和扩建。

截至1985年底，厂区房屋建筑面积达到62935平方米，其中生产性项目建筑面积31606平方米。

道路建设

厂内道路，建厂之初仅有一条长2公里、宽3～4米的简易土路。1965年，发动职工自己动手，在车间与车间之间开挖土路，部分路段铺筑石板。

由于受地理条件限制，路基随地形起伏弯曲、高低不平、落差大，仅从博沂路土门段桥面至锅炉房一段，绝对高度相差达53米。特别是洞口经石窝至东山宿舍区的路段，是坡度大、石头多、高低不平的一条羊肠小道。该路段雨天泥泞，雪天路滑，车辆无法通行，行人步行困难，有时沿路拉上大绳攀援上下，但也时有摔伤事故发生。

1975年，投资25万元，开始筹建整修厂内道路。1976年8月，经修弯取直、挖高垫底，修建南、北两条沥青路，全长4040米。其中，南路横贯厂区的东西干道，从南沟药库经刘家洞生活区，再经厂部办公楼、左家峪大队，到土门供销社饭店后，与博沂公路交会，道路长2217米、宽6米；北路由西洞口，经石窝生活区与厂区南路汇合，过石窝桥，直至东山生活区尽头，道路长1823米、宽4～6米。沿两条道路筑坝堰、修护坡600余米，建涵洞4个、石桥3座。之后，又逐步完成厂内其他路面的拓宽和整修。

洞室建设

根据战备需要和省机械工业厅"各工厂的关键性设备、人员都要进入山洞内生产"的指示，弹头、弹壳生产车间的工房改造建设为洞室。1967年5月，山东省机械工业厅设计院开始设计洞室工程。工厂就建洞地点、面积、平面布置、资金来源等与上级反复研究后，6月10日开工，1969年底竣工。山洞建设投资61.6万元，面积4082平方米。1970年底，洞内水、电、暖等设施安装完毕，弹头、弹壳（一、二车间）进洞生产。

20世纪八九十年代，二厂工人在洞室车间内工作

考虑职工保健因素，当时确定五联辊洗、磷化、滚光和高频等工序不进洞生产。装配车间不到战备关键时期不进洞生产。另外，一、二车间相继分别建起熔铅、电泳涂漆和外观工房。

为改造生产线，扩大生产能力，1975—1977年在东洞口新建"五三"式步枪弹壳工房1950平方米，同时新建该型号辊光工房和酸碱洗工房。

库房建设

建厂初期，库房（化工、油料、劳保杂品）面积共计610平方米。部分原材料和辅助材料只能露天存放，风吹、日晒、雨淋，腐蚀严重，影响产品质量，同时也有丢失情况。经上级批准，对仓库进行改建扩建。1971年，建成五金交电、劳保杂品库；1976年，建成化工、镀锌板库；1978年，建成木箱成品库；1980年，建成建筑钢材库，南沟药库相继扩建为427平方米。除南沟药库和成品库分别为独立的建筑外，其余均集中于锅炉房煤场以西，形成完整的库房大院，建筑总面积2452平方米。

1965年，在土门大队建2间车库，后移至左家峪大队村西，建有6间车库和部分平房宿舍。随着汽车车辆的增加，1971年开始，在新锅炉房以东、总务科以西的空地新建580平方米的汽车库，同时增建配件仓库和值班室。1972年，又扩建112平方米。1976年整修公路期间，在院内铺设沥青路面，1978年新建汽油库188平方米。

生活设施建设

1965年5月10日动工兴建，主要由民工承担，主要包括职工宿舍、澡堂、食堂、办公大楼、子弟学校、职工医院等福利性保障设施。

职工宿舍的建筑按照村落式住宅区布局，因陋就简，就地取材。建筑标准低于城市、稍高于当地居民住宅，主要为石木结构"干插缝"式简易平房，每平方米造价28.91元。

职工家属住宅每户建筑面积24.75平方米，实用面积17平方米；单身宿舍每人建筑面积5.26平方米，实用面积4平方米。经当年两个阶段的奋战，至1965年底，完成非生产性项目（主要是宿舍）建筑面积6277平方米。

建厂初期的福利设施除宿舍、食堂外，另建幼儿哺乳室36平方米、澡堂45平方米、保健室50平方米，与"土门一厂"在土门大队合建700平方米的礼堂1座。

1967年以后的10余年中，职工人数成倍增加，造成职工住房紧张。1978年以后，福利设施建设步伐加快，建筑标准和质量相应提高。

1977年，建成办公大楼，竣工面积2274平方米，厂机关从平房搬进办公大楼；同年，投资7万余元，购置冷冻设备，建成冷冻机房、冷库和700平方米的福利棚。1978年，投资2.7万元，修建子弟学校理化实验室和教研室319平方米。1979年，改建扩建职工第二食堂625平方米、职工医院700余平方米；同年，建成1、2、3、4号宿舍楼。1980年，新建百货商店和蔬菜店。1980—1984年，建成大礼堂，附设图书阅览室、游艺室等，成为二厂文化娱乐中心。1982年，建成5、6、7、8、9、10号宿舍楼。1983年，新建1740平方米教学楼1座。1984年，13号宿舍楼建成。13座职工宿舍楼的建筑总面积为14557平方米，其中单身宿舍楼2座，建筑面积3155平方米。截至1985年底，非生产性建筑面积达到31339平方米。经过有计划地逐年进行职工宿舍楼建设，二厂住房紧张状况得到有效缓解，其他福利设施也逐年得到扩建和改造。

土地征用、补偿和划界

1964年底，山东第一批"小三线"军工企业选址定点在沂源县九会公社境内的刘家洞、左家峪和上土门3个大队所在的山沟内。1965年春开工建设。要求厂区公路、生产车间、部分职工宿舍在年内建设完成，并完成设备调试安装，争取当年达到试生产能力，生产出合格产品。

由于战备需要，土建工程时间紧、任务重，省委主要领导多次召开有关地、市、县负责人会议进行动员。要求将这项工作当作头等政治任务来完成，各地要人给人、要物给物、要地给地，要顾全大局，克服困难，创造条件，争取年底前将工厂建成。

沂蒙山区是抗日战争和解放战争时期的老革命根据地。群众的思想政治觉悟高，对建厂持有积极态度，建厂需要哪块地就给哪块地，从不讲价钱，为土建工程的顺利开展创造了条件。工厂在土建、修路的工程中，各大队都做了动员，从县委书记、县长到各大队的社员都像当年支前一样，义务出工，开石修路，为当年建厂作出了贡献。

中央和省委、省政府对三线建设都有明确的要求，就是靠山、分散、隐蔽，不占良田；少占可耕田；尽量利用荒山、野坡建房。

厂房主要建在厂区公路两旁，土地相对平整，地块相对集中，面积较大的地块。生产车间多数建在左家峪大队。机修车间、工具车间、靶道建在刘家洞大队。

办公楼、礼堂、招待所、车库、仓库、医院、澡堂、大食堂等生活设施多数都建在左家峪大队的村北山坡，成为厂的中心区。

职工宿舍分散建在3个大队，大多都建在荒山坡上，有的宿舍和当地村的民房靠在一块，主要是便于隐蔽，以后建的职工宿舍楼大多数建在左家峪大队，少数建在上土门大队地界，学校建在上土门大队的村西山坡。

当时在建厂征用地过程中，县、公社、大队都给予大力支持，需要哪块地，双方协商就行，双方达成征地协议后就可以办理征地手续，按当时的征地价格进行经济补偿。

厂方和3个大队的关系相处密切，从未因为征地和当地村发生争端。厂里占了3个大队的部分土地后，同时也为这几个大队创造了一些优惠条件，比如村民（当时称社员）用的自来水、照明电等，均予以无偿提供。厂方用临时工，优先用当地村民。1966年，二厂扩大生产，需要招聘职工，在沂源县招收大批的"亦工亦农"工人（指20世纪60年代到80年代末，利用农村剩余劳动力，从农村招收具备一定条件的青年劳力进入城市工厂或乡镇、村办企业中务工，农闲时参与工作并获得一定报酬，农忙时返回家中务农。也称"亦工亦农轮换工""临时工"。1989年前后，根据政策和相应的条件，大批的"亦工亦农轮换工"转换为合同制工人），在工厂用工上给当地最大优惠政策。

1965—1980年，先后征用刘家洞、左家峪、上土门3个大队土地442.9亩，其中可耕地213.68亩、荒坡地229.22亩，各种树木285棵。可耕土地在征用时，按当时规定的价格进行经济补偿。

1965—1980年征用可耕地情况表

单位：亩

年份	村庄（大队）			合计
	刘家洞	左家峪	上土门	
1965—1969	32.92	57.19	24.24	114.35
1970	12.29	5.76		18.05
1971		6.14	7.2	13.34
1972		21.59		21.59
1974		10.01		10.01
1976	1.08	1.79	1.02	3.89
1977	2.34	5.04	3.58	10.96
1978	5.3	9.33	3.58	18.21
1979		1.58		1.58
1980		1.7		1.7
合计	53.93	120.13	39.62	213.68

占地划界丈量 1981年8月29日，根据山东省68号文件和临沂地区、沂源县有关文件精神，要求当地公社、大队清理厂占用土地进行经济补偿的要求，厂与当地召开第一次土地划界会议。出席会议的有厂党委书记吕玉富，分管基建的副厂长邓吉凯，基建科副科长刘维堂，厂办主任姚胜利，土门公社分管民政负责人唐慎昌，刘家洞大队负责人张福山，左家峪大队负责人刘学德，上土门大队负责人孙兆增。会上学习了文件，研究了土地划界的办法。具体划界工作由厂基建科和厂办负责操作。要求每块地都用米尺丈量、记录，地上建筑物四周的标志物一律量到地堰，没有地堰的量到房后1米。所有道路不管是厂区公路还是通往宿舍的小路都要丈量，长度按实际丈量数计算，宽度取路最宽处和最窄处平均值计算。地面上的树木要一棵一棵的清点清楚。会议统一了认识，对丈量计算办法表示同意，要求在1个月内完成丈量任务。

厂、村（大队）土地划界是一项政策性强、工作量大的工作。占用的每块土地、建筑物都要用米尺全部丈量，要求一丝不苟，不漏一块土地，不少点1棵树，要不怕吃苦，精心操作，让厂、村都满意。

会议的第二天，1981年8月30日开始由基建科科长杜松林、副科长刘维常带着皮尺，从刘家洞大队的厂占地开始丈量，厂办主任姚胜利记录，用了3天的时间丈量完。9月2—5日用了4天的时间把左家峪大队的厂占地丈量完，9月6—8日用了3天的时间把上土门村厂占地丈量完。到9月15日，仅用半个月时间全部完成3个大队的占地丈量工作。

经过半年的土地划界工作，1982年3月3日，二厂与土门公社及3个大队的负责人召开最后一次土地划界会议。出席会议的有土门公社分管民政的负责人唐慎昌，厂方副厂长孟兆彬、邓吉凯，基建科杜松林，厂办姚胜利；上土门大队孙兆增、左家峪大队刘学德和大队孙会计、刘家洞大队张福山、唐富田。

会议传达了沂源县人民政府源政发〔1981〕86号文件，经临沂地区民政局〔81〕临民字22号文件批准，山东第二机械修配厂补办征用土门公社上土门大队非耕地58亩5分6厘；左家峪大队非耕地129亩5分4厘；刘家洞大队非耕地41亩2分2厘（坟地7亩）。

荒山地、树木补偿　1981年该厂土建基本结束，在建设时占用当地村的一部分荒山地，并没有给予经济补偿。按照上级文件规定，厂和驻地村进行土地划界中，对清理出的荒山地进行一次性补偿。1981年9月14日，厂方与沂源县民政局、土门公社、驻地村召开联席会议，商讨荒山、树木价格，经过协商，本着价格就高不就低的原则，达成荒山、树木的补偿价格。

荒山地按当时的价格每亩30元，经济林木（柿子、山楂、软枣、花椒、桑树等）按每年每棵估算的产量，依照当地市价补偿4年。其他树木如槐树、松树、杨树等，按成材树的当地市价进行补偿。荒山中的坟地按每亩600元进行补偿。

生产经营

军品生产

二厂为枪弹生产厂，设计规模为年生产“五六”式铜枪弹2300万发，产品有“五六”式7.62毫米普通枪弹（包括铜弹和钢壳涂漆弹）、“五三”式某产品。

“五六”式覆铜弹于1965年9月试制，10月试产3万发。1966年1月试制定型，随即投入小批量生产；5月，经上级有关部门鉴定合格；6月，正式批准投入批量生产。在当时的艰苦条件下，全厂职工头顶蓝天，脚踏荒地，发扬自力更生、艰苦奋斗的精神，不怕苦、不怕累，排除万难，于1965年实现“当年设计、当年施工、当年投产”的目标。1966年下半年，仅用半年时间完成产量1000万发。

1967年，投产的一条生产线，完成3001万发的产量，超过了原设计规模。1969年，基本建成2条生产线，年生产能力达到4000万发。

1968年，根据五机部第五设计院的建议，二厂开始筹备“五六”式钢壳涂漆弹的试制生产。1971年5月，鉴定合格，6月1日正式批准投产。

“五六”式钢壳涂漆弹生产线，除下料、打平、挤盂、电泳涂漆等工序外，大部分设备仍在使用“五六”式铜弹的设备，所以两种产品只能轮换生产，不具备同时生产的条件。1972年，“五六”式枪弹形成两条生产线，覆铜弹年产5000万~6000万发，若生产钢壳涂漆弹，年产4000万~4500万发。

“五三”式某产品自1970年筹备试制，经过三年的努力，于1972年10月鉴定合格，1973年初正式投产，年底形成一条生产线，年生产能力1000万发。

1966—1973年，军品生产任务连贯、持续，经济效益好，8年共盈利271.4万元。1972年，根据五机部、济南军区和山东省国防工办关于编制“四五”规划的通知精神，形成3条“五六”式枪弹生产线，年产量达到8000万发；1条“五三”式某产品生产线，年产量达到2000万发。

1974—1976年，受“四人帮”极左路线干扰破坏，生产受到影响，产量大幅度下降，企业连年亏损，亏损总额213万元，工厂效益大幅下滑。因而“四五”规划目标未能完成。到1975年，“五六”式枪弹实际年产4000万发，“五三”式某产品实际年产2000万发，仅有一项规划指标达到年产目标要求。

1976年，粉碎“四人帮”后，二厂的生产形势逐步恢复正常。1977年，根据山东省军工局关于重新编制“五五”（1976—1980）期间规划的要求，重新编制二厂军品生产规划。通过摸底核实，本着实事求是的原则，将“五六”式枪弹年产量定为6000万发，“五三”式某产品年产量定为4000万发。同时将“五六”式枪弹只选择生产覆铜弹或钢壳弹其中的一种。

党的十一届三中全会以后，二厂职工生产积极性空前高涨。经过几年的努力，产量大幅度提高，各项经济技术指标均达到历史最好水平，年年按计划完成生产任务。

通过几年的挖潜改造，技术革新、充实调整，扩充关键设备，使枪弹生产规模迅速实现了“五五”规划提出的目标，形成3条“五六”式枪弹生产线、2条“五三”式某产品生产线，两种产品年产达到1亿发的水平。

“五六”式7.62毫米覆铜枪弹的试制、鉴定与生产 1965年9月开始进行小批量试制和生产准备工作，10月试制3万发，实现“当年设计、当年施工、当年投产”的目标。试制过程中，全厂职工发扬自力更生、艰苦奋斗的精神，因陋就简，以土代洋，科学攻关，边准备、边试制，加快了试制工作的进程。经鉴定，试制产品的初速、膛压、强度、精度等主要技术性能均符合标准。

1966年1月，开始小批量试制，第一季度试制29万发。按照五机部、总后军械部《关于地方军工企业军工产品试制鉴定办法（草案）》的要求，组织有关人员进行了一次性批量生产鉴定，鉴定结果：产品性能基本符合技术要求。请示上级后，开始批量生产。

1966年4月，生产100余万发，同时向上级申请产品鉴定。5月16日，五机部、总后军械部、济南军区装备部、山东省军区、山东省后方建设办公室等组成鉴定委员会，该委员会由山东省机械工业厅李本均担任主任委员，济南军区张颂善担任副主任委员，委员有五机部韩永春、刘绍文、石本信、张思勉，总后军械部高瑞春、林维秀，山东省军区顾洪义，山东省后方建设办公室、山东省经委王秀峰，二厂董传明以及国营三二一厂、华东国防工办的有关人员。

5月16—21日，开始对“五六”式7.62毫米覆铜枪弹进行全面鉴定。鉴定结论为符合要求，同意转入批量生产。

“五六”式7.62毫米涂漆枪弹的试制、鉴定与生产 1968年5月，二厂根据五机部第五设计院的建议，开始进行“五六”式7.62毫米涂漆弹的准备工作。将覆铜弹壳改为钢棒涂漆弹壳，在当时是一项新工艺。二厂派员到重庆七九一厂学习后，进行小批量试制。但该型号产品的试制工作进展缓慢，到1970年10月完成第一批10万发的试制任务，半个月后完成第二批4万发。为尽快达到试制定型，下半年再投料30万发作为鉴定批的试制。

1971年5月20—27日，山东省国防工办兵器局、济南军区后勤装备部及九三八一厂、九三五四厂等受邀单位组成产品鉴定委员会。由栾福魁担任鉴定委员会主任，石新生、秦贞珠任副主任，委员有二厂安家兴、丛祝益、王绍清及受邀单位九三五四厂的鲁志国、九三八一厂的涂福国等人。参加鉴定的工作人员有冉宝全、刘广栋、马玉英、张传武、姚长庆、董玉琴、张鸿仁、魏玉英、朱茂华、尹国兴、冯贵申等。

经过对“五六”式7.62毫米涂漆弹的全面鉴定，该型号产品生产条件成熟，同意进行批量生产。济南军区、山东省国防工办兵器局于1971年5月29日以〔71〕济军防兵字32号通知，批准二厂“五六”式7.62毫米钢壳涂漆弹自1971年6月1日起正式投入批量生产。

“五三”式某产品 根据中央国防工业计划会议精神及二厂“三年规划方案”，依照五机部提供的产品图和技术条件，1970年二厂开始筹划试制“五三”式某产品。1972年3月，试制工作由小批量试制转入批量试制，8月完成批量生产试制，达到工厂鉴定阶段。10月9日，进行产品鉴定。鉴定认为该产品的主要性能合格，技术资料齐全，生产工人能够熟练掌握生产工艺，具备批量生产条件。同时指出，存在射击掉底火、弹壳口部裂缝、弹头壳掉尖等质量问题，建议二厂进一步改进，待解决后投入批量生产。

1972年10月11日，济南军区、山东省国防工办以〔72〕济防兵字185号文批复同意鉴定意见。1973年初，二厂采取技术措施，攻克存在的质量问题，随即正式投入批量生产。

“三八”式6.5毫米复装弹的试产 复装弹，即利用旧黄铜弹壳和新的弹头，配装底火、火药重新装配成弹。原有分厂（内部称复装弹生产车间）负责试制生产，所需工装和部分技术资料均由六七一厂提供，年设计生产能力300万发。

1965年开始试制，1966年试生产100万发。因技术资料不全、设备不齐，部分工序需要手工操作，难以保证产品质量。经验收试射，出现弹体断裂、穿孔、底火击穿、精度不符合要求等严重质量问题。经报上级批准，暂时停止生产。

1967年，因旧黄铜弹壳货源不足，质量无保障，上级批准建设6.5毫米复装弹半条弹壳生产线，计划全弹生产。但因“三八”式枪支遍及全国各地，新旧不一，口径也不一致，故弹头难以确定，最后折中改为6.67毫米，并规定有效期为2年。当年生产105万发，交付军械部门试用。此后，上级未下达生产任务，复装弹停止生产。

民品生产

20世纪70年代末至80年代初，国际形势发生变化，国防建设和军队建设为经济建设“让路”，国家压缩国防经费，军品生产任务急剧下降。为贯彻党中央以经济建设为中心的基本路线，适应改革开放的发展形势，1981年10月，根据《国务院、中央军委批转国防科工委关于调整各省、市、自治区小三线军工厂报告的通知》要求，山东三线军工企业进入军转民、军品民品生产相结合的时期。

二厂自1979年第四季度开始筹划，抽出部分人力、物力转入民品生产的准备工作。实行“保军转民”的方针，成立科研部门，进行民用产品相关的开发研制。1980年，在完成军品生产任务的同时，民品生产从研制转入生产。4.5毫米、5.5毫米气枪弹和缝纫机零件均已投入生产，锁边器的生产也基本达到一定规模。1977—1980年，共盈利171.3万元。

由于军品减少，1981—1982年的两年内亏损260.6万元。1982—1983年，对全厂进行整顿，加强企业管理，提高职工素质，企业面貌发生较大变化。在企业整顿上，大上民品后，整体经济效益状况较之前几年有小幅度改善，但在3年间企业呈盈亏交替且总体盈利为0的状态。1983年盈利10万元，1984年亏损26.5万元，1985年盈利16.5万元。1965—1985年，从20年时间内的盈亏状况看，总体相抵净亏31.2万元。

20世纪80年代，二厂先后编制“六五”“七五”规划，两次规划均以“军民结合”“以军为主，以民养军”为方针。在军品方面，维持现有的生产能力，以挖潜改造、增产节约为重点；在民品方面，重点放在现有项目的扩大生产规模上。计划将民用产品汽枪弹实现年产4000万发，缝纫机零件、摆梭托实现年产30万件，自行车辐条实现年产6000万根。在保证实现民品生产指导性计划的同时，努力把握市场信息，开发研制新的民品项目，逐步增加民品生产在企业中的比例，争取民品产值占工业总产值的50%以上。

20世纪80年代，二厂生产的猎枪弹

1981—1982年，二厂军品任务大幅度减少，产值下降。能否开发持续生产、适销对路的民品，是企业改革成败的关键和扭亏增盈的出路。80年代的前5年，掀起大上民品、振兴二厂的热潮，民品生产得到较快发展。

1985—1995年，相继开发生产汽枪弹、缝纫机零件、锁边器、自行车辐条、电褥子、摩托车磁电机、150型发电机、制药机械、医药冲模、活络扳手等民用产品。共完成工业总产值11804万元，其中民品产值完成7884万元，占工业总产值的66.8%。期间，二厂处于军转民阶段，但因设备、资金、人员等多方面条件制约，尽管开发生产了不少的民品，但适销对路的产品不多，所生产的民品产量少、质量低、利润少，10年累计亏损达705万元，企业在整体上处于困难和低迷状态。

1985—1995年民用产品完成情况

产品名称	完成数量	单位	备注
汽枪弹	1081	万发	
50型磁电机	213970	台	
90型磁电机	32658	台	
150型发电机	9245	台	
医药机械	509	台(件)	
医药冲模	809532	副	
药机备件	204.9	万元	按销售产值计算
自行车辐条	3917	万根	
活络扳手	830495	把	
电褥子	215645	床	
发声弹	306	万发	

到1992年，二厂民品产值完成1630万元，占全年总产值的84.9%。1993年和1994年，创不变价格工业总产值最好水平，分别完成2340万元和2370万元。

1996—2001年，是二厂最为困难的阶段，既要准备搬迁，又要进行正常的生产营收，保障职工的“吃饭”问题。军品任务越来越少，原有民品项目逐渐失去市场，职工大多数下岗，生活困难。而工厂处在山区，职工自谋职业的空间狭小。这种情况下，二厂领导班子不等不靠，创新管理，从责、权、利结合等方面着手体制改革，激发全体干部职工的创造积极性，大力开发民品。其中氯化铵、精密铸造、报警锁、捆秧机、窑炮窑弹、金属管壳、美式塑钢窗、海天防盗门等，研制成功并投入生产，取得一定的效益。随着搬迁工作的进行，2002年后以上产品大多停止生产。但这一阶段的民品开发和经营，对安置和保障职工的基本生活，发挥了重要作用，更重要的是锻炼了队伍、积累了经验，为二厂以后的发展奠定了基础。

“流星”牌气枪弹 气枪弹生产是二厂实施军转民后开发研制最成功的民品之一。1978年开始项目调研，1980年8月确定将气枪弹与小型锁边器、缝纫机零部件一起作为主要开发的民品。该产品采用纯铅制造。先后投入生产和研制5.5毫米、4.5毫米两种型号，其中4.5毫米气枪弹按其精度要求分为普通弹和运动比赛弹两大系列。确定投产后，抽调人员27人，组合机床3台，形成年产3000万发的生产能力。投产当年，完成产量1134.6万发。

1981年，根据体育运动市场的需要，开始研制生产4.5毫米运动比赛弹。通过改进设计、工艺、工装和反复试验，试生产出23.3万发精度较高的比赛用铅弹，达到山东省体委要求的标准。同年，山东运动员王凤莉使用二厂生产的4.5毫米运动气枪弹，参加在广州举行的青少年气枪射击比赛，获得381环的好成绩，比第一名382环仅差1环。

为进一步扩大生产，二厂又自制气枪弹组合机床1台。1981年生产完成4004万发枪弹。

1982年，二厂提出“进一步提高精度质量，立足赶超国内外先进水平”的要求，再次进行技术攻关。经过近一年的努力，技术人员精心设计，生产工人大力配合，修正了气枪弹设计精度标准，改进了工装工艺，当年生产完成61万发运动训练弹和16.2万发高精度比赛弹的生产任务，并将该产品注册为“流星”牌商标。

1982年10月15日，在北京国家射击场同西德进口弹及国内同类气枪弹进行精度对比实验，二厂

“流星”牌4.5毫米运动比赛弹，在精度质量上，超过进口弹和国内同类产品。

1983年1月，4.5毫米气枪比赛弹获山东省军事工业局“科技质量奖”。1983年，生产完成比赛弹82.5万发，试产特高级弹获得成功。10月，在北京射击场，经过国家奥运会集训队运动员射击技术鉴定，4.5毫米气枪比赛弹的设计精度和性能已赶上国外（西德）、超过国内（重庆）同类产品。此后，二厂进一步完善4.5毫米比赛弹的产品图和技术标准，并将原来的纸盒包装改为塑料盒包装。

1984年，对产品加强全面质量管理，实现标准化、科学化生产，技术工艺得到进一步完善。在产品表面处理上，增加防氧化处理工序，提高气枪弹的外观质量和防氧化性能。10月，“流星”牌4.5毫米气枪比赛弹获得“山东省优质产品”称号。

1984年10月，二厂生产的4.5毫米比赛枪弹被山东省经济委员会评为省优质产品

自行车辐条 1981年2月，根据山东省军工局生产计划安排，二厂开始筹划、试制自行车辐条，该产品为指导性计划产品，主要供山东自行车厂（“金象”牌自行车）配套使用。

该产品由五车间（民品车间）负责试制生产。1981年6月，全面展开设备选型、非标工装的设计制造、设备安装调试和工艺实验。自制、外购、自调生产线设备38台，使用工房560平方米，建成2000万根镀锌辐条生产线。同年底，试制工作基本完成。1982年初，辐条和条母主要工序开始小批量试车生产；3月，全部工序开车生产。1982—1986年，5年分别完成产量607万、1002万、2014万、1877万、465万根。1987年后，停止生产。

发声弹 是用于油田检测油井液面深度，供回声仪器使用的发声弹药。发声弹由弹筒（壳）、底火和火药3部分组成。

1983年2月，二厂到胜利油田对发声弹的用途和使用方法进行调研后获悉，发声弹的生产在国内尚属空白。油田所用回声仪器系由美国进口，随仪器带有部分发声弹，但数量有限，用完后仪器便无法使用，需要购置新的仪器，浪费巨大。随后，二厂制订发声弹试制工作计划。

在没有产品图纸和技术条件的情况下，二厂组织科研人员对进口弹进行解剖测绘，决定采用现有“五三”式枪弹的弹壳进行试制。根据用户要求和实测结果，绘制产品图，试制部分样品。

1983年3月，胜利油田派人到二厂签订6万发的生产合同和验收技术协议；4月，生产准备工作基本就绪，并报山东省军工局科技处申请鉴定；5月，山东省军工局批复投入试生产，并要求按签订的协议生产。

1983年底，完成6万发“五三”式发声弹的合同生产计划。1984年，研发美式塑筒发声弹获得成功，当年完成“五三”式发声弹24万发，塑筒发声弹17万发，全生产线形成年产120万发发声弹的生产能力。

“流星”牌电热褥 1982年开始研制，小批量生产后投放市场。1983年，根据市场需要及使用安全性，对电热褥的电路技术性能及生产工艺进行改进，发热元件由康铜线改用优质镍铬合金塑料层电热线。购置多功能缝纫机，由原来的缝制工艺改为锁制工艺，产品质量、安全可靠性提高。当年生产普通双人电热褥1105床。

1984年，加强生产管理和技术检验能力，产品质量稳步提高。技术部门根据“创名牌、夺优质”目标，依据轻工部SG277-82标准，修订全部技术资料，并将该产品命名为“流星”牌。后经临沂地区标准计量所、烟台标准计量局和山东省标准计量局技术鉴定合格，发给《质量检查合格证书》。

1984年，完成普通型双人电热褥36156床。

1985年，增加花色品种、完善工艺、充实人员、增加设备，形成了完整严密的流水生产线。重点工序配备专职检验人员，严格执行部颁标准，确保产品质量信誉万无一失。全年生产15万床，比1984年产量增加1倍多，并且实现零库存销售，取得较好的经济效益。

1986年，完成62459床，销量开始下滑。1987年后停止生产。

CJ501型磁电机 CJ50I型轻便摩托车磁电机，是二厂于1985年4月开发的新产品，主要为洛阳嘉陵摩托车厂配套生产嘉陵本田摩托车磁电机。

在没有技术资料、没有专用设备的情况下，厂科研所技术人员同生产车间工人经过半年努力，设计完成完整的生产线，年生产能力10万台。当年10月，生产出样机50台。经中国摩托车质量监督检测中心天津内燃机研究所全面技术性能测试，11月又经山东省国防科技工业办公室主持、有全国11个单位参加的产品鉴定会，均认定合格。

1986年，生产磁电机1万台，产值40万元。1986—1988年，累计生产3.73万台，产值173万元。其中，1988年生产磁电机2.2万台，产值110万元，成为二厂民品中的主产品。

1987年，将有触点改为无触点，提高了摩托车机械性能，经过几年的实验使用和改进，得到用户好评。

QFQ袖珍气体发声器 1985年，应胜利油田胜采地质工艺研究所的委托进行研制，主要用于井下液面深度的测量。该产品是国外20世纪80年代的最新产品，属国内空白。特点是不用发声弹，体积小、重量轻、效益高，安全可靠。原理是用空气为声源，通过气体的压力变化产生声波，通过声波的传递、反馈，实施井下液面深度的测量。

1985年试制样机3支，1986年生产99支，1987年生产29支，1988年生产81支，累计产值70万元。供应全国十大油田井下深度测量作业。1986年，获山东省国防科工办“优秀科技成果奖”。

活扳手 该产品是外贸出口产品，是二厂民用产品开发中投资规模最大的项目。总投资近100万元，生产线工人近400人。

1987年9月开始调研，仅用70天完成10寸活扳手生产线14种非标，34套模、夹具，17种刀具，31种量具和工艺文件、图纸资料的设计任务。

1988年3月，生产线全部完成，生产能力100万把；4月，生产出样品40把，经山东省外贸质量检查，完全达标合格。当年完成产量9300把，产值31.32万元，同时完成8寸活扳手图纸资料的设计任务。1989年，完成50万把，产值350万元，占当年全厂工业总产值的40%。

ZP-33、ZP-19旋转式压片机 1986年初，二厂生产的医药冲模销售已遍及全国十几个省市200多个厂家，产品质量、使用寿命、供货信誉，均受到用户的好评，部分制药厂来函要求二厂生产压片机。

经过市场调研，发现压片机市场存在较大、较好的发展空间。二厂机动科在技术、设备、人员等方面均具备生产的条件。1986年5月，对山东省医药总公司、山东沂蒙新华制药厂、济南制药厂等十几个厂家进行市场调查后，认为该产品具有发展前途。

1986年6月15日，开始组织工程技术人员对ZP-33旋转式压片机产品进行设计，制定生产工艺；9月15日，生产出第一台ZP-33旋转式压片机样机，经济南东风制药厂使用，其性能、技术参数均达到国内同类产品水平；9月18日，二厂在山东省国防科工办招待所（济南）召开压片机订货会；10月，参加国家医药管理局在承德召开的全国制药机械订货会上，ZP-33旋转式压片机得到与会代表的认可。1987年，形成年产150台的能力。

1986年10月底，开始研制ZP-19旋转式压片机，12月底完成图纸设计。1987年1月，开始试制；4月，生产出第一台样机。经西安制药厂使用，其性能、技术参数完全符合国家标准，遂投入批量生产，仅1987年5月至1988年就生产35台。

YK-160颗粒机 YK-160颗粒机是制药企业的基础设备，其功能就是将粉状物料通过不锈钢滚筒左右往复运动，形成颗粒，供压片使用。

1988年，二厂已形成压片机、冲模规模生产，成为国内较有影响力的制药机械生产厂家。1989年3月，二厂完成第一台YK-160颗粒机样机，经吉林丰力制药厂使用，其性能、技术参数完全符合规定要求，5月形成批量生产。同时，配套开发研制的还有CH-150型单浆槽式混合机，并生产出第一台样机，1989年4月形成批量生产能力。

氯化铵 1997年4月，二厂成立化工分厂。技术厂长辛光锦具体负责该项目，技术员何秀军、李进杰配合产品的试产技术工作，罗存连负责分厂的试产和人员管理等，隽东峰负责销售业务。参与试产的职工有朱建顺、赵文、张怀江、郑富强等。氯化铵提纯场地设在大食堂内。

1997年5月，从沂源县化肥厂购进农用氯化铵进行提纯试产。6—10月，提纯工业级标准的氯化铵共计35吨。

1997年11月13日，二厂以二机厂字〔97〕第52号文件《关于氯化铵提纯的报告》，对提纯达到工业级和废物利用等事项，向沂源县人民政府和淄博市经委汇报并做出说明。11月底，县政府同意进行生产。

该项目的生产工艺比较简单、原材料充足、人工成本低，主要供二厂精密铸造分厂使用。销售市场是潍坊、平度、临朐、沂源的精密铸造单位，二厂的精密铸造分厂每年消耗近百吨。该产品属工厂特困时期的过渡产品，只有短暂的几年时间。1997—2000年，生产氯化铵共520吨，产值57.2万元。

精密铸造 1997年10月，二厂根据市场调研，开发精密铸造项目。主要配套厂家是河北某杠杆厂和山东光明机械厂，提供其生产的农用三轮车毛坯配件。

精密铸造工艺流程：模具设计—模具制造—压蜡—修蜡—组树—制壳—脱蜡—型壳焙烧—化性分析—浇注—清理—热处理—粗加工—入库。

该项目由二厂开发办主任邢科峰总负责，庄向东负责外购设备的采购。何秀军任项目组长，成员有郭力、颜吉祥、崔学民、吴广胜等人。邢科峰、庄向东两人考察石家庄拖拉机厂自动化程度较高的精密铸造生产线后，由邢科峰负责编制精密铸造生产工艺。项目组在何秀军带领下，用13天完成自制设备的图纸设计工作，经审核后将图纸投放制药器械厂(原机动科)，副厂长王虹负责零部件的加工和组装。1998年1月中旬，完成自制的拌料机、削蜡机、脱壳机、振动机和蜡模等设备的组装、安装和调试。

1998年1月，二厂成立精密铸造分厂。鞠树志任分厂厂长兼党支部书记，罗存连任副厂长。崔学民、吴广胜负责技术，贾俊富负责理化。1月15日，厂长鞠树志带队30余人，到沂源县某铸造厂进行为期10天的学习培训。分厂从山东第一机械厂请来精密制造方面的师傅，3月生产出第一批合格的精密铸造产品，送往河北某杠杆厂和山东光明机械厂。1998—2001年，累计生产精密铸造件（产品）536.9吨，产值402.71万元。

报警锁 该产品是二厂自行研制的专利产品，1998年被省经贸委列为省级新产品开发项目，通过国家级生产技术鉴定并申请专利（专利号:ZL94235522.9）。1997年6月，开发办公室根据市场调研，开发报警锁系列产品。报警锁主要由盒体、盒盖、线路板、锁头、锁芯、凤鸣报警器、钢丝绳、发条等部件组成。

二厂开发办主任邢科峰，技术员刘明强、李睿、葛效森、张峰，分厂技术员何秀军、张洪春，试制人员杜海川、梁成贞、张红军、武玉雷、宋敏、王霞等，经过10余次试验，1998年1月25日研制成功凤鸣报警锁。其间，技术员李睿多次到周村无线电三厂进行交流和试制。不到3个月的时间，完成线路板和凤鸣报警器的试制。装锁试验达到120分贝以上，完全符合设计标准。

1998—2001年，累计生产报警锁71723把，实现产值281.87万元。

捆秧机 该产品主要用于蔬菜吊秧捆秧，其主要特点是操作方便、效率高。1997—1998年初，二厂开发办公室根据市场调研，厂长办公会研究决定与潍坊农机研究所联合开发捆秧机。该产品是潍坊农机研究所所长闫林平出国考察时带回的样机，测绘产品图后，由磁电机分厂配合开发。邢科峰、刘卫东、颜吉祥、马军、丁增录等设计全套零件冲压模具。1998年初研制成功。同年，被山东省经贸委列为省级新产品开发项目，并通过省级生产技术鉴定。1998—2001年，累计生产25360把，实现产值83.69万元。

窑炮、窑弹开发 1998年初，工具处、特种器材厂根据分厂自身优势，经二厂同意进行市场调研。该项目是化工和水泥行业生产设备悬窑大炉结圈不停产使用的清窑工具——窑弹。3月15日，二厂工具处处长赵国柱、特种器材厂厂长梁纪友和工具处钳工隽东峰进行市场调研，先后考察济南裕兴化工厂、山东阳谷化工厂、鲁南水泥厂、台儿庄水泥厂等单位。后由工具处对济南裕兴化工厂正在进行维修的窑炮实施测绘，由特种器材厂对窑弹进行解剖分析和试制。

窑炮：工具处对济南裕兴化工厂的窑炮进行图纸测绘对比和改进，1998年4月20日完成图纸测绘、校对和审核，随即进行加工。机件加工完成后，钳工进行装配。5月底，装配完成第一台窑炮，进行带底火测试击发，后进行实弹测试100发，达到设计要求。

1998年6月初，到济南裕兴化工厂进行清窑测试。经测试，该产品性能可靠，超过原产品图纸的设计要求指标，双方随即订购3台，合同总价6.6万元。工具处累计生产窑炮25门，实现产值55万元。

窑弹：主要由铅弹丸、火药、塑料弹壳、底托和底火构成。九七六厂（山东第一机械厂）201车间主任魏友根提供产品信息，技术开发人员邢科峰、葛效森、刘明强、张峰等设计制造弹壳加工模具、铅丸、底托加工模具及成弹装配热收口工装，并编写生产加工工艺规范和说明。技术处绘制产品图。左效贵、王本胜、鲍世松、任恒增、杜勤芝等参与试制。铅丸和底托分厂自己设计制作，塑料弹壳从莱芜购进。窑弹封口设备在技术员葛效森、刘明强、张峰、何秀军的带领下，左效贵、王本胜、鲍世松、杜勤芝使用手搬压力机，经多次试验，改造弹壳与底托结合的平底设备1台、封口热合机1台，封口效果良好。2003年，水泥和化工行业悬窑结圈问题完成全行业技术攻关，解决了多年来悬窑结圈给生产造成的极大困难，窑炮和窑弹陆续退出市场。

金属管壳系列产品 1999年1月，成立民爆器材厂。该产品是在市场调研的基础上，结合二厂自身优势开发的新品种。

金属管壳的工艺比较简单：下料—退火—酸洗—五联冲引长轧口—碱洗—发蓝烘干—外观拣选—检验—打包—装箱。

民爆器材厂在二厂的支持下，从辽宁阜新机床厂购进卧式五联引长机1台，改制弹头冲尖机2台，自制金属管壳发蓝生产线1条。生产金属管壳系列产品有40毫米、45毫米、50毫米、55毫米、60毫米、65毫米、70毫米、75毫米、80毫米、90毫米等型号。

分厂厂长左效贵，技术员何秀军，工段长王本胜和王效瑞、李桂岚、代光宝、王强、岳增宝、武玉福、武玉录、郭瑞霞、任霞等参与试制。主要供货厂家是河南平顶山民爆器材厂、山东五莲民爆器材厂等厂家。

1999—2003年，累计生产金属管壳3012.6万发，实现产值256.04万元。

美式塑钢窗 是为张店创业家园职工家属楼和新厂区工房塑钢窗的加工制作而新上的项目。1999年3月，到济南塑钢焊接厂等3个单位考察塑钢焊接设备，选中该单位生产的双头塑钢焊接机。冲孔设备使用一次引长机改制。6月，工厂投资5万元，特种器材厂组建塑钢生产线1条。塑钢窗选用淄博塑料二厂生产的“三钟”牌美式塑钢型材。6月30日，采购淄博塑料二厂生产的美式塑钢型材10吨，同时，该单位派出塑钢生产骨干，提供为期15天的技术指导。7月20日，完成第一批塑钢窗的加工制作和批量生产。2000—2001年，累计生产塑钢窗7580平方米，实现产值110.14万元。

组织建设

1965年5月，在二厂筹建阶段，设置党支部，隶属山东省后方建设工地指挥部临时党委领导。10月，经山东省经委工交政治部批准，组建党委会，由侯君格、董传明、王立乾、石汝安、秦贞珠、贾贞磊、张景坡7人组成。侯君格任书记，董传明任副书记，王立乾任副书记兼政治处主任。下设政治处和4个生产车间党支部。

1966年，由于“文化大革命”，党委受到冲击，被群众组织和革命委员会所代替。1967年8月实行军事管制。

1970年，经国防工办党委批示，同意建立厂革命委员会，由侯君格、关述堂（军代表）、董传明、于振江（军代表）、秦贞珠5人组成党的核心领导小组。1971年，整党建党，车间党支部改为连队党支部，设政治指导员。

1972年1月12—14日，召开全厂第一届党员代表大会，大会历时3天。参会正式党员代表93人，列席代表3人。大会通过由18人组成的主席团。选举成立由15人组成的第一届党委会，其中常委7人、委员8人；选举张守明（军代表）任党委书记，王树翰、张福德任党委副书记。设党委办公室和政治处，下设组织科、宣传科、团委、工会，日常工作由政治处负责，全厂设4个车间、6个科室共10个党支部。1980年，按上级规定，撤销政治处。

1981—1982年，贯彻三个条例（《国营工业企业职工代表大会暂行条例》《国营工厂厂长工作暂行条例》《中国共产党工业企业基层组织工作暂行条例》）。1983年，进行企业全面整顿，遵循“党委集体领导，职工民主管理，厂长行政指挥”的管理机制，实行党政分工，逐步形成党委领导下的厂长负责制、职工代表大会制。1982年，设纪律检查委员会。

1984年12月11—12日，召开第二届党员代表大会，参加会议的正式党员103人。大会选举由7人组成的第二届党委会，不设常委。王长芳任党委书记，赵玉英任副书记。同时选举产生由5人组成的纪律检查委员会，赵玉英任书记，黄占林任副书记。

1984年12月，二厂第二次党代会代表

1985年，按照上级指示进行全面整党，统一思想，加强纪律，提高战斗力，使党组织更加纯洁，党的作风建设逐步好转。

1987年，二厂党委属临沂地区二轻公司党委领导；1990年，属淄博市塑料工业集团公司党委领导；1998年，属淄博市经信工委领导。

2005年6月22日，在湖田厂区召开第三届党员大会，参加会议的正式党员89人。大会主席团由9人组成。大会选举由5人组成的第三届党委会和由3人组成的纪律检查委员会。王明章任党委书记，刘树军任党委副书记，张洪起、赵国柱、秦立涛任委员；张洪起任纪检委书记，孟凡强任纪检委副书记，纪检委委员崔现富。

2023年底，厂党委下设军品、民品、机关和总装4个党支部，共有党员144人。

1980—1984年，二厂机动科党支部、职工医院党支部先后被山东省国防（科）工办表彰为先进党支部；

2024年7月，二厂党委组织开展党性主题教育

2011年，二厂党委被淄博市委经信工委表彰为优秀党委。自1980年起，二厂（公司）颜忠泉、孙连启、程德干、闫义忠、秦宗文、唐寿武、王明章、刘宣胜、王文昌、秦立涛、孙兆忠、王虹、董艳华、武玉录等人先后被山东省国防（科）工办、淄博市经贸工委等评为优秀共产党员。截至2021年7月，唐寿武、张淑兰、荣庆菊3人获颁“光荣在党50年”纪念章（党员组织关系转移到社区的老党员孟兆彬等人未统计在内）。

历任党组织主要负责人

机构名称	姓名	职务	任职时间
党委	侯君格	党委书记	1965.10—1970.01
党的核心领导小组	侯君格	组长	1970.01—1970.04
	刘国权	组长（军代表兼任）	1970.04—1971.12
	张守明	组长（军代表兼任）	1971.12—1972.01
党委	张守明	党委书记（军代表兼任）	1972.01—1973.06
	王树翰	党委书记	1973.06—1976.01
	吕玉富	党委书记	1976.01—1984.01
	王长芳	党委书记	1984.01—1984.12
	王长芳	党委书记	1984.12—1990
	王世堂	党委书记	1990—1995
	王明章	党委书记	1995.08—2005.06
	王明章	党委书记	2005.06—2016.11
	刘树军	党委书记	2016.11—2023.12

历任主要行政负责人

机构名称	姓名	职务	任职时间
国营山东第二机械修配厂	董传明	厂长	1965.12—1968.03
	石汝安	革委会主任	1968.03—1970.01
	董传明	革委会主任	1970.01—1972.02
	王树翰	革委会主任	1972.02—1975.11
	吕玉富	革委会主任、厂长	1975.11—1979.03
	侯玉恭	厂长	1979.03—1984.01
	王世堂	厂长	1984.01—1988.06
国营山东第二机械厂	王世堂	厂长	1988.06—1995
	王明章	厂长	1995.08—2015
	赵国柱	厂长	2015—
山东第二机械有限公司	王明章	董事长、总经理	2007.08—2011.08
	王明章	董事长	2011.08—2016.12
	赵国柱	总经理	2011.08—

续表

机构名称	姓名	职务	任职时间
山东军沃科技有限公司	王明章	董事长、总经理	2013.11—2014.02
	王明章	董事长	2014.02—2016.07
	赵国柱	总经理	2014.02—2016.07
	赵国柱	董事长、总经理	2016.08—

企业文化

二厂的文体活动从建厂开始，一直较为活跃。在不同的历史时期，既秉持着“业余、多样、节约”的原则和“把一切献给党”的理想信念，又有不同时代的精神和烙印，展现出极具军工特色的企业文化风貌。二厂不断发扬“自力更生、艰苦奋斗、开拓进取、无私奉献”的优良传统，持续弘扬红色军工精神，通过各种形式和载体的文体活动，陶冶职工情操，提高全体干部职工的整体素质，调动全厂职工的凝聚力和向心力，取得很好效果。与此同时也带动了沂源县文体工作的发展，促进了沂源县的精神文明建设。二厂军工人经过长期扎根深山的艰苦奋斗，培养出乐观向上、勇于奉献的进取精神，最终沉淀形成根植于每个职工内心深处的以“勤奋、敬业、荣誉、责任”和“珍惜岗位、有所作为”为基本信条的企业文化理念。

文化宣传

文艺宣传队 1965年8月，来自山东省8个地区、4个市支援三线建设的职工汇集到土门的深山之中。之后，在左家峪大队用汽油灯照明，自发组织业余文艺晚会，与当地社员共同开展联欢活动。参加演出的主要来自济南、淄博、潍坊和聊城等地刚参加工作的7个技校的毕业生，这是二厂第一次业余文艺活动。建厂初期，二厂宣传队李凤翔等人自编自演反映建厂生活风貌的舞蹈节目《挑水歌》、合唱《建厂号子》，获得沂源县职工文艺汇演一等奖。那时候的宣传队，白天上班，晚上排练到深夜。厂领导非常关心，安排食堂的师傅们手擀一锅热面条，作为宣传队员的夜宵。由此，还得了一个“英姿飒爽面条队”的雅号。

1966年6月，工会、团委组织由吴云、马乃云、王秀兰等37人组成的宣传队伍，自编节目，与九七六厂一起赴济南，向全国“小三线”建设华东现场会汇报演出，受到与会领导和会议代表们的赞扬。后又到分厂、九七六厂、九三六三厂巡回演出，受到省后方建设部的表扬。11月，工会、团委组织学习毛泽东著作文艺宣传队，到分厂、一厂、新华厂巡回演出，观众累计达4800余人次，受到山东省后方建设指挥部通报表彰。

1969年，庆祝党的九大召开，二厂革委政治部组建40余人的宣传队，排演大型歌剧《红太阳照亮安源山》，先后去博山及三线各军工厂演出。主要演员有张绍阳、孙明连、熊淑敏等，乐手有朗毅、张志芳等。1970年，排演大型歌剧《井岗山的道路》，在本厂和其他兄弟厂演出7个场次，观众累计达8000余人次。

1971年，二厂党的核心领导小组重建40人的演出队，添置乐器、道具、服装，请人指导排演大型现代京剧《海港》。在山东省国防工办的安排下，赴济南为省国防工办“三代会”演出，其后为济南市师以上直属单位演出选场20余天。在济南军区八一礼堂、山东大学广场、山东化工厂礼堂等巡回演出全剧。在本厂、土门公社、蒙阴工模具厂等演出6场次，观众累计数万人次。

1978年，排演话剧《于无声处》。在本厂、南麻等地慰问驻军等演出10余场，观众万余人。1981—1982年，两次参加山东省军工局组织的调演。1983—1984年，举办“振兴中华读书活动”职工美术、书法展览。1985年4月，庆祝建厂20周年，举办独唱、曲艺、舞蹈、合唱等节目组成的文艺汇演。

1985年以后，二厂工会、团委在每年的五一、六一、七一、八一、国庆节等重大节日组织文艺汇演及职工运动会、设计比赛和国防知识竞赛等活动。由于二厂把职工业余文艺活动列入政治工作考核内容，文艺宣传队的活动实现经常化、制度化，并不断与时代同步发展，长盛不衰。

小喇叭广播 1965年10月，建立广播室并试播，在厂区、生活区设置扬声器4只。1966年9月，正式开播，扬声器扩大到10只。1971年，更新设备，安装电动扬声器16只，广播线延至家属区，全长3500米。广播员有王桂香、尹忠兰等。济南军区政委袁升平中将到二厂视察重点军品生产线，进到洞室时听到广播室的广播。听完广播后，袁升平中将称赞小喇叭广播“很实用、很及时、很有效、很有情”。

该广播室在1983年前归厂工会管理，后归宣传科，由青年职工侯华等在业余时间负责。每天广播3次，主要播音内容是宣传党的方针路线政策、新闻转播、快书音乐、表彰好人好事、文明理想教育、通报经济形势以及各单位职工的来稿等。同时，

二厂广播室

广播室还担负着水电、火盗等意外事故的报警工作和安全、保密、法制讲座等职能。工作、生活在厂区的职工，每天早上都会被首先响起的起床号叫醒。听着新闻广播上班，成为人们每天的生活常态。几十年如一日的小喇叭广播，深深嵌进每个职工的工作和生活。直到企业搬迁前夕，小喇叭广播才结束播音。

厂报 1965年，由宣传科主办的第一份油印厂报《职工生活》出版。共出版30期，1966年10月停办。1971年9月，政治处创办《战报》，共出刊15期，1972年3月停办。1973年，政治处又创办了《大干快上报》，共出刊15期，1974年停办。1975年，厂生产拉练指挥部创办《火线报》，共出刊59期，1976年1月停办。1984年11月，宣传科长孙文祥主持创办《振兴报》，油印两个版面，每月1~2期，1988年停刊。该报由各车间、科室提供稿件，王学良采用手工钢板刻制、油印。

2005年，为适应企业不断发展的需要，充分发挥企业文化的作用，在庆祝建厂40周年之际，二厂提出《关于创刊九四五厂报的工作意见》。《九四五厂报》由党群工作处主办，每月一期，激光排版，工厂彩印。报纸共分为4个版面，党群工作处负责编辑宣传党的路线、方针、政策以及工厂的重大事件；综合办公室负责编辑宣传工厂的生产经营形势和企业管理现状；质量管理处负责编辑宣传工厂产品质量及企业管理各方面的情况；党群工作处负责编辑学习园地、生活园地等知识的宣传。为保证稿件质量，成立了编辑委员会，创设由各单位组成的通讯网络，每个单位选拔1~2名通讯员。《九四五厂报》坚持以“弘扬企业文化，引领舆论导向”为方针，不忘初心三线人，军工精神永传承，对广大干部职工起到极大的鼓舞作用。到2023年，《九四五厂报》已累计发行200余期。

图书阅览 1965年，因陋就简建成图书室。1972年，新建图书阅览室，藏书千余册，后逐年添置，到1985年，图书室存书4000余册，订购杂志30余种。

电影电视 1974年8月，二厂购进国产“上

海”牌14寸黑白电视机2台，设刘家洞生活区和厂游戏室2个播放点。1978年增加电视机3台，在职工居住区设5个播放点。1979年，90%的职工家庭逐步购置了电视机。由于二厂地处山区，地形复杂，电视信号微弱，收看效果差。为解决这一问题，二厂购进国产DCN-10W差转台2台，经山东省无线电管委会批准，在南山建电视差转站。1987年7月，安装第二套电视差转台，转播中央第一套节目。1988年8月，投资1.5万元，建卫星地面接收站1套，可同时接收中央1台、中央2台和山东台的节目。

其他文化活动 1980年，二厂选派李凤翔、杨玲参加省军工局在红旗厂举行的片区歌咏比赛。1983—1984年，进行“振兴中华读书活动”测验，职工美术、书法展览。厂俱乐部建成后，职工业余文化生活更加丰富多彩。王石曾获山东省国防军工系统演讲比赛第二名；机动科团支部在《中国青年报》“党在我心中”知识竞赛中获全国第二名。开展“五小”活动中，有21项成果荣立省国防（科）工办二等奖。1987—1988年，全厂职工开展“增产节约、增收节支”活动和“四比四看”大讨论竞赛活动。1992年，开展“质量、品种、效益年”活动。2006年，举办“军工质量文化建设”演讲会。2007年，国防科工委印发关于《军工文化建设指南》等4个文件的通知（2007年696号），厂长办公会提出以加强“三个机制”为企业文化建设中心，把“勤奋、敬业、荣誉、责任”和“珍惜岗位、有所作为”作为干部职工的座右铭。同年，第二届全省军工质量文化建设演讲比赛在济南举行，单洪玲、孟向荣参加并获得三等奖，厂获优秀组织奖。2009年，举办摄影、征文活动。2010年，召开“创先争优、争做创业先锋活动年”动员大会。2012年，庆祝企业搬迁10周年，开展“见证企业十年发展”征文活动。2015年，举办建厂50周年庆祝活动。2020年开始，不定期组织各类文体比赛，每年在全厂开展庆“七一”党建活动等。

体育活动

1966年，二厂组织参加沂源县体育运动比赛活动，获沂源县职工篮球、乒乓球团体第二名。1973年，宣传科与武装部联合举办厂第一届职工运动会，分田径、球类项目，参赛人数达400人次以上。后选派梁金田、赵丽参加济南军区体育运动会。1976年，组建游泳队，参加沂源县在田庄水库举行的游泳比赛，获男子团体优秀单位称号。

1973年6月，二厂四车间篮球队

1983年，开展职工体育活动，比赛项目有球类、象棋、射击、拔河等，参赛543人次。1985年3月，根据国防科工办指示，举办第一个“体育月”活动，开展篮球、排球、乒乓球、拔河、射击、长跑、自行车慢速、爬山等11个项目的比赛，参加人数1174人次，年龄最小的11岁、最大的62岁。1985年9月，国防科工办在济南山东化工厂举办第一届排球赛，二厂女子排球队获得第二名，男子队获得第六名。1986年9月，由领队李良奎，队员史连科、任选、孙风海组成参赛队，参加山东省国防

20世纪八九十年代，二厂工人在进行拔河比赛

科工办在济南山泉厂举办的象棋、围棋比赛；10月，山东省国防科工办在鲁光化工厂举办首届羽毛球赛，二厂男子队获得团体第三名、女子队获得第六名。2015年9月，参加山东省国防科工协会组织的第一届“军工杯”乒乓球赛，公司李善滨、李文泰、孟祥光等取得优异比赛成绩。

劳动生产竞赛

1975年，二厂召开“抓革命、促生产”誓师大会。会后组织全厂干部职工开展以战备生产拉练形式的“三大战役”劳动生产竞赛。总指挥王德瑾，政委吕玉富，副政委孟兆彬、孙玉增。战备拉练从10月9—24日为第一阶段，即“淮海战役”阶段。从11月4—28日为第二阶段，即“渡江战役”阶段。从12月3日至月底为第三阶段，即“上海战役”阶段。战备拉练赛结束后，军工局首长出席祝捷表彰大会。通过“三大战役”劳动竞赛，三个阶段完成枪弹生产1300余万发，超额完成工业总产值的年度目标。

1977年6月，厂党委召开劳动竞赛誓师大会，号召全厂职工学大庆、学王进喜，深入开展以“优质、高产、低耗、安全”为主要内容的200小时工作量竞赛活动。1979年6月，山东省委、省政府命名二厂为“大庆式企业”，并授予锦旗一面。1988年，厂团委组织开展“创双岗、夺双杯”系列竞赛活动，获临沂地区团委、经委“效益杯”竞赛优秀成果奖。2014年，公司组织“大干100天，完成2600万”活动，确保军品任务圆满完成。

军工文化创作

二厂的老一辈军工人责任与担当并存，退休不褪色，不忘初心，薪火相传。他们对二厂有着特殊的感情，怀着饱满的热情写出了多部军工著作，再现当年“备战、备荒、为人民”的火红年代场景，反映军工人的优秀品质和军工精神，教育后人奋发努力，励志前行。其中刘耀华、胡淑华、孙文祥编著回忆录《沂蒙军工情》，建厂元老孙殿文编写《永远的楷模，永远的怀念》《老照片里的二厂情》；颜廷礼出版反映军工人优秀品质和军工精神的长篇小说《鲁山脚下军工人》；李赋春、孙殿文、童怀勇编著二厂纪事文学《岁月光辉》；王仁义、李凤翔创作歌曲《军工战友之歌》，武传亮创作大型绘画《军工晨曲》等。军工战友之歌，充分融入《驼铃》《沂蒙山小调》和《祝酒歌》等旋律和表现手法，歌词朗朗上口，意境深情，音律激扬，较易传唱，是凝结一代军工人的深情之作。

军地共建

军工厂是军民融合的重要载体。二厂在当地扎根、发展的过程中，得到当地各级政府和群众的大力支持。1965年春，在沂源县土门村、左家峪村与刘家洞村之间的山坳里，掀起了一场轰轰烈烈、波澜壮阔的土门二厂建设高潮，好人好马上三线，一批批能工巧匠从全国各地纷至沓来。同时，来自驻地村庄的民兵、民工齐聚工地，万众一心建设军工厂。二厂建厂后，军工人与驻地村的村民长期相处，济南、沈阳、青岛以及博山、沂源等各地口音和方言相互交织，其乐融融，形成一个你中有我、我中有你的和谐大家庭。人们在生活中相互支持、相互关爱，建立起深厚的军地情谊。在长达几十年的共建中，形成水乳交融的军地依存关系。2002年，二厂搬迁，当地政府组织村民举行欢送时，驻地群众敲锣打鼓，与二厂干部职工挥泪话别，“相处数十载，难舍兄弟情”，场面催人泪下。

地方支援军工

土门二厂的建设号角吹响后，驻地政府和群众全力以赴支援建设。沂源县抽调民工1000余人，由副县长包延收带队参加土建施工。仅土门、左家峪、刘家洞等几个附近生产大队就出动劳力300余人，修筑通往厂区的公路。他们手握镐头、铁锨、大锤、钢钎、扁担、撬杠，架着推车，肩挑抬筐，快马加鞭，干劲冲天，披星戴月加油干，日夜奋战不停歇，和时间赛跑，向困难宣战。凿岩石、填沟壑，废寝忘食，通宵达旦，攻坚克难，5个昼夜连轴转，修筑完成通往厂区的公路。

沂源县委、县政府和驻地村要人给人、要地给地，全力以赴支持军工厂的建设。左家峪大队党支部书记孙吉田带领全村干部群众发扬沂蒙精神，组织青壮劳力修道路、建厂房、盖宿舍和引水、架电、运料等，为二厂实现“当年建厂、当年投产”的目标作出积极贡献。土门大队是个落后的小山村，社员普遍住房紧张，一家老小挤在狭小的房间里。二厂筹建指挥部，只能设在土门大队的一个牛棚里。指挥部的领导不计条件，不怕困难。大队选派精明强干、技艺高超的厨师，炒菜做饭，按时送上热腾腾的可口饭菜，尽最大努力让指挥部的领导以充沛的精力工作。

当初厂区到处高凹不平，乱石成堆，没有住房。许多军工战士借住在土门、左家峪、刘家洞3个大队的草房、羊栏、牛棚里，条件艰苦、生活困难。战士们严格遵守“三大纪律八项注意”，秋毫不犯，不扰民，不给社员添麻烦。社员看在眼里，记在心里，主动问寒问暖，送水送饭，有的军工战士病了，社员送去可口的病号饭，无微不至的关心照料。在厂区建设中，修路、架桥、凿石建房、挖坑填沟、竖线杆、扯电线等，3个大队的社员汗流浃背，在管沟中摸爬滚打的劳动，全然不顾满身的泥水，加班加点拼命干。人拉肩扛，挖管沟、铺管道，引水上山。

二厂东山家属宿舍区、南山家属宿舍区、石窝家属宿舍区、刘家洞宿舍区、北山单身宿舍区，军工生产用的各个大工房，还有一座座拔地而起的大楼，都有社员们添砖加瓦时流过的汗滴。二厂正常开始生产后，供销科使用的装卸工，锅炉房使用的出渣工，总务科、基建科、机动科使用的民工，都是驻地的社员。

在后勤保障和解决二厂职工子女的医疗、教育等方面，当地政府也提供最大的帮助。建厂后，沂源县蔬菜公司在土门设供应站，每年优先供应二厂冬季用菜。沂源县在土门大队的南山建小型地方医院，进一步保障一厂、二厂的医疗服务。后来，二厂与沂源县中医院、沂源县人民医院保持密切合作医疗关系。

1965年，由于当时不具备独立办学条件，二厂在上土门大队联合开办小学。1972年，二厂子弟小学与土门小学合并。20世纪70年代，二厂举办的九年一贯制子弟学校学生上山下乡，学生被安置到南麻、悦庄等公社的领导班子强、生产潜力大、收入比较稳定的大队中插队锻炼。

老百姓的贴心人

在沂源县的工农业经济建设中，二厂充分发挥自身设备、技术和制造能力等优势，援建工厂和开展生产项目合作等。

1975年11月，沂源县政府和红旗、一厂、二厂、裕华4个军工厂联合创办石桥水泥厂。该项目计划总投资50万元，4个军工厂投资占50%。1997年成立化工分厂后，与沂源县化肥厂通力合作，从二厂购进农用氯化铵进行提纯，为精密铸造分厂提供原料，并将产品销售到潍坊、平度、临朐、沂源等市、县的精密铸造单位。在二厂1997—2000年的困难时期，生产氯化铵520吨，实现产值57.2万元。

20世纪90年代初，厂长王明章在土门镇挂职副镇长，把军工精神和作风带到了乡镇。说干就干，雷厉风行，并发挥企业管理的特长，带领镇、村和企业广大干部职工，大力发展乡镇企业。带着干部职工走南闯北，到上级机关和兄弟单位，跑资金、上项目。使乡镇企业蓬勃发展，为驻地镇、村的脱贫致富作出极大贡献，同时也加深了镇、村和二厂的深情厚谊，镇、村群众称赞他“真是党的好干部，群众的贴心人”。

二厂的军工战士，学“毛著”，见行动。每逢节假日开展学雷锋、做好事活动，为村民打扫庭院，为孤寡老人和残疾人做家务、做饭，自带面粉、蔬菜为他们包水饺。每年麦收季节，也是“虎口夺粮”的时候。二厂抽调军工战士支援麦收，战士们在烈日当头，骄阳似火的夏日，被晒得头晕目眩、口渴难忍，直到颗粒归仓。社员们称赞二厂军工战士“是毛主席教导下的雷锋式军工战士，咱老百姓的贴心人”。

驻地村有事，二厂积极支援，有求必应。生产队需要修理机器，加工机器零件，二厂就优先安排，高质量完成农业机械零部件加工，并派人现场维修。

刘家洞大队的深井泵要安装、维修，土门、左家峪的离心泵站出现故障，二厂马上派电工、管道工、钳工等，不论天寒地冻，还是烈日炎炎，克服一切困难，保证设备安全运行，及时保障3个大队（村）的农业灌溉用水。同时免费向驻地村提供安全、卫生的饮用水。

二厂职工医院免费为村民防病、治病，保证村民健康。厂里外出采购的副食品，也对当地村民适当开放供应。土门、左家峪、刘家洞地处山沟，出行难、运输物资难。职工医院的救护车、基建运料的拖拉机、汽车队运煤炭等物资的解放卡车等，只要遇到村民出行，招手即停，搭车就上。

文体交流

二厂通过工会、团委等组织丰富多彩的文体活动，与沂源县各单位进行交流。同时，在20世纪后半叶的大部分时间里，沂源县农村地区的文化设施落后，文化资源匮乏，左家峪、刘家洞等驻地村的村民（社员）一道参与二厂的各项文体活动，极大丰富当地村民的文化娱乐生活。

后勤保障

食宿

职工宿舍 根据国家对军工企业建设的总体要求，职工宿舍建设要遵照“靠山、隐蔽、分散”原则，从“战争、群众、节约”的观念出发，房屋建设标准“低于城镇，略高于当地居民”。建厂初期，为保障军工产业工人住房，确保“当年施工，当年投产”的目标，职工宿舍基本与厂房等生产设施同步建设。宿舍全部采用石木结构，因陋就简，就地取石，是“干插缝”式的建筑（“干插缝”房屋，当地的俗称，即房屋墙体石块之间不使用沙、水泥、石灰、草泥等填缝，构造简易）。宿舍布局比较凌乱，没有街道，不成排、不成行，像“满天星”一样分散在厂区周围的几处山坡、沟旁。

1965—1966年，共建设“干插缝”宿舍13666平方米。其后的10余年中，生产规模不断扩大，职工人数逐年增多，福利设施却基本没有增加，职工住房非常紧张。1966—1976年，建设平房3255平方米，但仍远远不能满足职工生活需要。

1977年以后，扩大投资，采取包工包料等措施，加快职工宿舍建设步伐。1979年11月，4座宿舍楼竣工。每座楼房3个单元，3层建筑，每个单元6户，总建筑面积4500平方米。72户职工第一次住进楼房。1980年底，又有2座3层宿舍楼交付使用。至1983年底，建成职工宿舍楼13座，总建筑面积达到19511平方米。职工住房困难状况基本得到解决。

二厂职工宿舍楼

1985年，120户职工家属“农转非”。同年底，家属在厂居住的职工有522户，房舍使用总面积19740平方米，平均每户居住面积37.8平方米。1985年后，宿舍建设停止，实行存量分配调整。

截至1985年10月，按建筑的片、段，主要分为7个生活区。

厂内居住区：该区包括10号楼及其以西的山坡平房，老厂部及新招待所等，使用面积3251平方米，居住79户。其中，平房101间，居住43户；宿舍楼2座，居住36户。

石窝区：该区地面较长，从单身楼东起，沿公路两侧，直至石窝尽头。有楼房2座，平房368间，使用面积5368平方米，居住196户。

楼房宿舍区：该区包括桥头以东的1、2、3、4、7、8、9、11、12号楼房和变电站平房，使用面积共计7528平方米，居住180户。其中，楼房建筑面积10803平方米，居住172户；平房24间，分别于1967年、1982年竣工，建筑面积468平方米，居住8户。

西山宿舍区：该区包括桥西小楼和学校以东的平房宿舍，建筑总面积4401平方米，使用面积3214平方米，居住105户。其中，平房为1965年建造，共183间；楼房1座，1970年竣工，共28间。

刘家洞宿舍区：包括老四车间前后的家属和单人宿舍，平房57间。其中，48间于1983年转给刘家洞村；公路以东有平房9间，居住职工6户。

东山宿舍区平房：平房135间，建筑面积2865平方米，1965年建造，“干插缝”石木结构，当时居住74户。1983年，与上土门大队置换地基14.5亩。

土门宿舍区：该区占地4.62亩，1965年建平房25间，兑换土门村可耕地4.8亩。1981年交土门公社，使用期终止。

职工食堂 二厂地处沂蒙山区腹地，远离城市，交通不便。为搞好职工生活，工厂在建设和发展过程中，逐步扩大福利设施，增加服务项目，解决职工的后顾之忧，安心三线建设。二厂和地方政府部门做出极大努力，不断建设和改进，逐渐形成一个体系完整、功能健全的“小社会”。其中，职工食堂的建设经历临时、新建、改建和扩建4个阶段。

1965年4月，工厂开始筹建，当时筹建人员有20人左右。办公地点设在土门河边的牛棚里，食堂设在上土门大队的鲁山林场院内。

5月，进厂人数很快增加，并且都在厂区劳动。此时，食堂设在上土门大队，人们来回就餐不便，于是就在厂区临时用秫秸、苇席等搭盖简易房屋，架起2口大锅，用于炒菜、蒸馒头，成为临时食堂。食堂用水源则是从左家峪大队村前的河沟中人工取水。7—8月，100余名技校学生进厂，全厂职工达到数百人，临时食堂已不能满足需要。此时，包括食堂在内的工厂第一期工程建设完成，食堂锅灶有所增加和改善，但没有餐厅，职工就在院子中露天就餐。

1966年，新建食堂2处，原食堂停用。第一食堂设在厂区中心，炊事员10余人，就餐人数300余人；第二食堂设在刘家洞大队以东（机动科原址路东），炊事员6人，就餐人数100余人。

1970年9月，扩建第一食堂，往东扩出100余平方米，设置餐厅和餐具橱。1978年开通暖气，1979年增设小炒。1982年，配备桌凳14套，并相继添置和面机、面条机、电烤箱、绞肉机等炊事机械，为减轻炊事员体力劳动，改善职工生活创造了条件。

1978—1979年，将第二食堂改建到机动科新工房后面的路西，但就餐人数逐渐减少。1981年，合并为一个食堂。1982年，第二食堂房子作为机动科的钣金、电气焊工房。

1985年底，食堂炊事员有16人，300余人就餐。开设4个菜窗口、2个饭窗口，每餐4～6个菜。在食堂北侧设小炒部，每天中午、下午可为职工提供点菜服务。

自1980年起，在山东省国防工业单位开展的食堂竞赛中，二厂职工食堂均取得优异成绩。1985—1986年，连续两年获得竞赛第一名；1988年，被评为临沂地区二轻工业局先进食堂班组；1985年起，连续被评为厂先进班组。

卫生

20世纪60年代，九会公社（后改称土门区、土门公社）地处深山，交通闭塞，缺医少药。二厂自建厂之初直到2002年搬迁至张店，不断发展内部卫生设施，改善职工的医疗条件，建有一套相对独立完备的医疗体系。在二厂筹建的同期，沂源县在土门大队的南山，建小型地方医院，也为一厂、二厂的职工服务。同时，二厂与淄博市人民医院建立合作关系，使疑难病症和危重病号得到及时救治。1973年，山东省国防工业中心医院在蒙阴县岱崮建成，二厂与淄博人民医院的合作自动解除。但距离岱崮较远，且道路崎岖，交通不便。其后，二厂与解放军“二七”野战医院（后来的沂源县中医院）和沂源县人民医院保持密切合作的关系。

卫生所 1965年4月，在土门大队借用民房1间，设立卫生所。7月，卫生所搬进原厂部的2间西屋，有医务工作者4人（其中，医生2人，吕云成自省防疫站调入，赵光自沈阳五三厂调入），配备南京产“跃进”牌救护车1辆。其后，卫生所地址多次搬迁。1967年，在托儿所西建成新的卫生所，建筑面积117平方米。1973年10月，卫生所设立化验室。

1966—1972年，相继从省内外调入多名医务工作人员，支援三线建设，如1967年6月从茌平县调入刘国楹、高桂芝；1968年4月，李处勋由汶上县人民医院调入；1971年，先后调入张忠田、潘文荣、刘士彩；1972年，先后调入李景堂、刘玉香夫妇和李自新，其中李自新从山西五四一厂调入。后又通过调入、医科院校毕业生分配和本厂其他岗位调入等方式，不断充实卫生服务人员。

职工医院 1978年，在原有卫生所的基础上，成立职工医院，设综合门诊、妇科、化验、放射、治疗等科室。二厂将1976年建的3间防震草房改为简易病房，共设10个床位。

1979年，新幼儿园建成后，因入托儿童逐渐减少，改建为医院。11月，搬入新建的二层楼房。设综合门诊、妇产科、放射室、化验室、心电图室、护理和治疗室等。设病床30张，配备救护车1辆、常规化验设备1套、30毫安X射线透视机1台、心电图机1台和常用的医疗器械等。截至1984年底，二厂职工医院共有医护人员24人，其中主治医生3人、医师4人、护师1人、护士4人、助理护士4人、药剂师1人、药剂员2人。

该医院在1978年以前隶属总务科，1978年以后归卫生科管理。1979年，吕云成任副院长并主持工作，1981年任院长。之后，韩孝勉、董兴成、张守孝等先后担任院长。

职工医院主要承担厂内工业卫生、计划生育、爱国卫生等的宣传和职业病、慢性病、常见病、多发病的防治，开展有害作业现场毒物测定、有毒作业职工查体、职工健康状况普查、女工定期查体、炊事人员定期查体、儿童接种疫苗等方面的工作。在服务本厂职工的同时，也为附近大队的社员提供诊疗服务，日平均门诊100人左右。在生产繁忙季节，曾开展巡回医疗。1979年，在子弟学校设立医疗点。

该医院在军工系统后勤工作检查评比中，1983年获得山东省军工局厂级医院竞赛组第一名。

2002年，工厂搬迁到张店，人员分流，该医院完成历史使命，正式停办。

教育

托儿所 1966年8月，二厂正式设立托儿所，入托儿童10人，保育员4名，由张桂香负责。1970年起，托儿所建筑面积不断扩大。1973年，设专职所长，赵玉英任第一任所长，托幼管理逐渐走向正轨。1977年4月，魏玉英任所长。1978年“工业学大庆”，托幼工作得到加强。建起幼儿食堂，试办集体食宿的周托和全托2个班，共60余人，同时添置投影电视机等设施。

20世纪80年代的职工医院医护人员

进入20世纪80年代，为进一步抓好幼儿早期教育，配备专业幼儿教师。1980年，王永爱任幼儿教师，后陆续增加张琳、张月华、胡淑华、高成叶、刘美英等人。

3岁以上的幼儿由年轻有文化的女职工担任保育员，实现保育人员的年轻化、知识化、专业化。因厂区较大，为方便孩子入托，从1970年起，在子弟学校设托儿所分所1处，婴、幼儿混合编班，设保育员2人。

托儿所原属总务科管理，

二厂托儿所旧址

1984年归属服务公司管理。

子弟学校 1965年4月筹建。建厂初期，受场地、师资限制，不具备独立办学条件，遂与邻近的一厂和土门大队三个单位联合办小学1所，设一至六年级6个班，校址设在上土门大队。顾秀梅是厂派的第一位小学教师。

1968年下半年，在“把农村的中小学下放到大队来办”的形势下，三个单位联合筹办的小学解散。1969年，二厂自办子弟小学。1972年，二厂子弟小学与土门小学合并。

1972—1981年，二厂建起较为正规的职工子弟学校，学校为九年一贯制教育。其间，初、高中毕业生响应上级号召，分别到南麻、悦庄公社等地上山下乡接受锻炼。20世纪80年代初，停办高中班，初中毕业后的学生到沂源县城就读高中。1983年，建成教学楼。1985年，二厂职工子弟学校共有教师32人，其中小学教师14人、中学教师18人。在校学生361人，其中小学生205人、中学生156人。王凤来等先后任子弟学校的校长。

2002年，二厂搬迁到张店，该厂子弟学校停办。截至2001年10月，子弟学校有师范院校毕业的教师16人，在校生144人，其中小学生75人、中学生69人。同年夏，厂迁基本完成后，小学、初中学生分别进入张店区城中小学和张店一中就读。16名教师被分流安置到张店区实验中学、西六路小学等14所学校。

“七·二一”工人大学 1968年7月21日，毛主席在《从上海机床厂看培养工程技术人员的道路》的“编者按”中批注：“大学还是要办的，我这里主要说的是理工科大学还要办，但学制要缩短，教育要革命，要无产阶级政治挂帅，走上海机床厂从工人中培养技术人员的道路。要从有实践经验的工人、农民中间选拔学生，到学校学几年以后，又回到生产实践中去。”这段话后来被称为“七·二一指示”。1975 年6月，教育部在上海召开全国“七·二一”大学教育革命交流会。会后，“七·二一”工人大学在全国各地得到快速发展。

1976年3月，国营九四五厂“七·二一”工人大学成立，校址设在广播室前的一排平房内。5月，经各车间推荐，厂党委批准，招收机动科吴忠文、秦立涛、纪常进、王克建、魏玉娟、董怀勇，工具科闵春英、贾清祥、刘茂勉、徐慎平、李士亭、曹伟，一车间张恩成、耿光生，二车间张忠进，三车间杨世武、张宗莲，四车间武传亮，检验科孙国法、朱建顺等20名优秀工人入学，学制一年半。教学指

国营九四五厂子弟学校八五届初中毕业合影

20世纪70年代，二厂“七·二一”工人大学师生

导思想为“学以致用，生产中需要什么人才，就培养什么人才”。学校根据工厂需要设置机械等专业课程。学校每天早上8点上课，上午、下午各4节，晚上有晚自习。学习内容为机械制图、机械原理、机械零件、公差、力学、热处理、电工学、枪弹工艺、高等数学等。

技工分校　1978年6月，山东省国防军工系统在新泰市楼德镇柴城村成立国防工业技工学校（亦称楼德技校）。1989年6月，为解决二厂用工不足和职工子弟就业难问题，筹建二厂技工分校。

分校招生计划、录取、学籍管理、教学大纲、学期安排及毕业考试等均由山东省国防技校负责，教学、师资、就业安置由工厂负责。学校的具体事务由厂劳动人事教育科、劳资科负责。教室、活动场地利用原职工学校的设施。教育科科长刘耀华兼任校长，李财家、高詹、史保胜等先后在技校任教。1989年9月，举行首批38名学生的开学典礼。1990年9月，36名学生入学。同年底，分校有2个教学班，共74名学生、9名专业教师。1991年5月，该厂与淄博市劳动局技校达成合作办学协议，当年招生48人。之后，该技校改为淄博市劳动局技校二厂分校。

20世纪90年代初，学生逐年减少。1996—1997年，技校招生不足，两个年级合并教学。1998年，停止招生，2000年在校学生全部毕业。在12年的时间内，该技校先后有8个教学班、230余名学生完成三年的学业，被充实到工厂工作，成为生产第一线的技术工人、生产骨干。

二厂技校1992级毕业生

其他保障设施

澡堂　1965年9月，于第二期工程建设中，在后来的冷冻机房附近建造澡堂。当时上级批建两小间，约45平方米。因面积太小，不能满足需要，经上级同意，在不增加投资的情况下，重新建2间面积为80平方米的澡堂，分别作为浴室、更衣室。男女轮流使用，一直使用到1972年。

1965年后重建的80平方米澡堂很快不能适应需要。1967年10月，申请新建澡堂。新建澡堂坐落在球场北侧，建筑面积320平方米，1969年完工。但因锅炉小，新澡堂一直无法使用。直到1972年，安装新锅炉以及水汽管道、淋浴喷头、洗脸盆等，才正式交付使用。

蔬菜供应　建厂后，二厂没有建设专门的蔬菜基地或定点供应渠道。1980年以前，二厂职工家属和食堂用菜的来源，主要是总务科从外地采购或在自由市场购买。土门区（公社）驻地五天一次的集市、周日的小菜市是主要的渠道。沂源县蔬菜公司设在土门的供应站每年一次性定量供应部分冬季用菜。

1981年，县蔬菜公司在土门和厂区设蔬菜店2处，但供应数量少、品种不多。每年立冬，开始冬储大白菜，总务科安排专人开着卡车到周边公社（乡镇）和村庄收购大白菜。收购回来后，按照事先安排好的车间或单位次序分领一个冬天的主菜。一个供应季下来，大约需要10～15天的时间。

二厂使用过的“解放”牌卡车

综合服务公司　综合服务公司的前身是二厂家属委员会举办的“土门工农生产合作社”和“五七”

工厂。其主要任务是服务工厂生产、方便职工生活，组织家属和待业青年开发多种服务项目，扩大从业途径，支援工厂生产，增加公共积累和个人收入。

1966年春，二厂组建家属委员会，由马志俊负责筹建加工厂。1967年3月，经沂源县政府批准定名为“土门工农生产合作社”。当时从业人员有28人，生产服务项目主要有白铁、洗手套和缝纫等，年产值9000元。

1971年，家属委员会改为“五七”工厂，二厂增派管理人员和会计，实行独立核算。1975年，

1968年7月，二厂“五七”学习班的学员

增加废品回收业务。1978年，增加季节性茶水炉3处。1979年，开办豆腐坊和面粉加工坊。1980年，开始炸油条等。在“工业学大庆”时，曾筹建“五七”农场，后因条件不成熟而未实现。

1983年10月，“五七”工厂改为“综合服务公司”。建厂初期来厂的家属工的年龄已偏高，有的健康状况已不适宜从事体力劳动，遂实行退休制。1982年3月，制定《家属工退休的暂行规定》，到1985年，已有49名家属工办理退休手续。

1985年4月，原属总务科管理的招待所归并到综合服务公司。增加服务项目，开展对外营业，经济效益明显提高。招待所有客房17间、床位40张，1985年营业额2万余元，纯利近4000元。

1985年，综合服务公司设招待所、托儿所、饭店门市部、茶水炉、豆腐坊等14个生产服务单位，共有职工119人，其中厂派管理人员7人、家属工 68人、待业青年44人。主要生产项目有拔钢、白铁、缝纫、串珠等。

1985年，工业服务业总产值18.5万元，纯利润2.1万元，家属工月人均收入44元。固定资产净值3.97万元，公共积累8.3万元。

冷藏库 建厂后，地方政府虽在土门设立食品店，但职工、食堂、招待所的副食供应，基本是由总务科到外地采购，随购随销。旺季供应过剩，淡季无货源。

针对这种情况，1973年，二厂投资3万余元，购置冷冻机2台，建成128平方米的冷藏库。冷库每年的周转储存量10万余斤，年平均销售7.4万余斤。逢年过节或定期为职工供应鱼、肉，为改善职工生活，方便职工提供了条件。

煤场 1965—1976年，职工生活用煤由土门供销社供应，煤场设在土门大队。二厂职工、家属多数居住在土门南面的东山、西山上，运煤要过螳螂河还要爬坡，山路狭窄不平，肩挑人抬，非常困难。

1977年，二厂设立煤场，由总务科负责供应煤炭。同时，通往东、西山宿舍区的道路也完成了整修，厂采取了送煤到户措施，或由车间出动拖拉机，职工之间相互帮助装卸。职工买煤困难基本解决。

职工生活取暖的煤炭，由厂总务科采购，保证价格低、质量优。

液化气站 1979年，二厂建成液化石油气站，由总务科管理。购置气罐、炉具500余套，大部分职工家属用上液化气。1980年安装2个（分别为8吨、2吨）液化气储存罐和充气设施，1982年交付使用。

1985年底，有467户使用液化气，占职工户数的89.5%。1988年，达到518户。在使用液化气方面，二厂走在沂源县各单位和居民的前头。

企业人物

侯君格（1920—1983），男，河北吴桥人，中共党员。1943年11月参加革命，曾任山东第二机械修配厂党委书记、淄博市冶金局副局长、重工业局副局长。滨海军区劳动模范、兵工厂模范，荣立

山东军区新四军直属政治部特等功1次。

唐居正（1930.10—2003.08），男，辽宁瓦房店人，中共党员。曾任山东第二机械修配厂工程师、技术科长。1975年11月，被派往柬埔寨执行援外任务。

薛桂英（1938.02—2023.04），女，辽宁沈阳人，高级工程师。1965年，从沈阳五三厂支援二厂建设。曾任山东第二机械修配厂一分厂厂长、二厂产品研发组组长。1987年，“318微声冲锋枪穿甲弹研究设计”荣获国家发明奖。

辛光锦（1945.09—2023.06），男，山东安丘人，中共党员，高级工程师。1970年8月进入山东第二机械修配厂，曾任厂工会主席、技术副厂长。1980年，当选山东省第七次工会代表大会代表。

李凤翔，男，1945年6月出生，山东招远人。二厂工会干事，新闻高级职称。山东省新闻工作者协会理事、中国文艺评论家协会会员；中国兵工记者协会优秀新闻工作者，并多次获全国、省部级新闻奖。

杜振西，男，1949年1月出生，山东青州人，中共党员。1970年2月分配进厂，军工系列产品优秀技术员、企业标兵。1984年9月，被山东省人民政府表彰为山东省劳动模范。

刘华双，女，1957年出生，山东济南人，中共党员。1990年，被评为国家二级档案管理先进个人。

受省部级及以上表彰的部分人物列表

姓名	受表彰时间	表彰名称
杜克元	1966.12	山东省后方建设学习毛主席著作先进分子
	1970.02	济南军区“四好连队、五好战士和学习毛主席著作积极分子”代表大会代表
熊守田	1969.10	受邀参加新中国成立20周年国庆观礼
孟兆彬		山东省第三次党代会代表
李永爱	1972	济南军区、山东省革委、省国防工办先进个人
赵玉英	1975、1978	第四届、第五届全国人民代表大会代表
侯玉恭		山东省劳动模范
翟云波	1985	山东省优秀工会积极分子
念公民	1987	“富民兴鲁”劳动奖章、振兴沂蒙劳动奖章、临沂地区劳动模范

三线往事

“百年时我第一个给你立碑”

左家峪大队党支部书记孙吉田是新中国成立前入党的老党员，1949年2月起担任左家峪村的党支部书记。1965年春，上级决定在左家峪和刘家洞两个大队的山沟里建三线军工厂。初春的季节，乍暖还寒，建设工地上的战士们和民工们顶风冒雪赶进度，歇工时就住在社员家的草房、羊圈、牛棚里。老书记孙吉田看在眼里，疼在心里，马上召开党员干部会，组织80余名社员参加军工厂的建设，组织女社员给战士和民工们送水送饭，还无偿提供土地百余亩，水源2处。1965年5月9日，中共山东省委第一书记谭启龙到二厂建设现场视察工作。在会见孙吉田时说：“你带领乡亲们在很艰苦的环境和条件下为革命做出了很大的牺牲和贡献，现在要建厂，快建起厂子，就有你和乡亲们的功劳。你百年时我第一个给你立碑。”谭启龙说到做到。1974年10月，任职25年的党支部书记孙吉田因病去世，已调任甘肃省委书记的谭启龙收到电报，当即回电慰问，邮寄现金请地方有关部门转交，兑现了当年的承诺。

九三七厂与九四五厂合并

原九三七厂，建于1964年5月，位于博山区山头南，占地面积约5000平方米，基建建筑面积2850余平方米。该厂有生产设备40台，主要生产“三八”式6.5毫米复装枪弹，设计年生产能力300万发。属小型军工生产企业。1965年11月，经山东省机械工业厅批准，该厂合并到二厂，作为二厂的分厂。合并后，该分厂继续生产复装弹。所谓复装枪弹，即利用旧的黄铜弹壳和新的弹头，装配底火，重新组装成弹。1966年，试生产100万发，但出现弹体横断纵裂、穿孔、底火击穿、精度不合等质量问题，遂暂停生产。1967年，因黄铜弹壳供货源不足，装配质量不合格，经上级批准将半条弹壳生产线而改为全生产线，弹头直径由6.5毫米改为6.67毫米。当年试制该型复装弹105万发后，上级未再下达复装弹生产任务，随后停产，分厂9名管理人员和57名技术工人调入二厂总厂。

复装弹生产项目下马后，又在该分厂试制生产硬质合金和钢结合金，用于枪弹生产冲压模具。经过两年的筹划试制，在正式投产前，该分厂设备、人员、房屋、场地等又移交给七三二厂，作为其试验基地。

职工退休，子女接班

子女顶替，又称接班，是指父母退休、退职后，由其1名符合招工条件的子女顶替空出的名额，进父母原单位上班。这种制度始于20世纪50年代，终于80年代末期，是当时特定的历史条件下全民所有制和集体所有制单位招工的一种重要途径。也对当时更新职工队伍、解决退休职工的子女就业发挥了积极作用。

1983年9月，国务院颁发《关于认真整顿招收退休、退职职工子女工作的通知》，规定对因病提前退休的工人或不具备退休条件而退职的工人以及退休、退职的干部，在他们退休、退职时，不再实行招收其子女参加工作。80年代末期，随着劳动就业体制改革的深化，“职工退休子女顶替”就业制度退出历史舞台。

从1976年1月—1984年6月，二厂退休职工子女顶替就业的有54人。

职工子弟下乡与待业青年安置

1965—1970年，二厂职工子弟基本没有初、高中毕业生。1970—1973年，正值三年规划扩大生产规模时期，即使每年有少数几名应届毕业生，也随即招收进厂，不存在待业青年安置问题。

1973年，中央、山东省委下达指示，要求1974年毕业的非农业户口的高、初中毕业生和往届毕业生未有工作以及中途退学的学生，以及符合条件的社会青年，除按规定不动员下乡、暂缓下乡的以外，其余的都要“上山下乡”。临沂地区对城镇知识青年“上山下乡”做出初步规划，沂源县接收本县和三线军工厂“上山下乡”青年的安置任务。二厂的知识青年主要被安排在南麻、悦庄等6个公社。

1974年，二厂组织首批14名青年，到悦庄公社的儒林集、南麻公社东沙沟2个知青点集中插队。知青点必须选择领导班子强、生产潜力大、收入比较稳定的大队。每个知青小组12~15人，并在其中选配觉悟高、作风正派的带队干部。1978年，撤销儒林集大队知青点，合并到东沙沟大队。

1974—1980年，二厂先后组织6批知识青年“上山下乡”。带队干部有张振廷、王文茂、昌继臣、李京生、王连录、赵亚丽、英兆和等。

1981年后，待业青年均由“五七”工厂安排。1984年3月，成立青年服务社，安置待业青年19人。1985年，经沂源县劳动服务公司批准，通过考试择优录取，分2批安置待业青年44人，并办理就业手续。

张振廷等知青插队到南麻公社东沙沟大队

1973年冬，厂里的知识青年响应党中央毛主席号召，“上山下乡”，接受贫下中农再教育。土门二厂张振廷作为首批带队干部同知青一起插队到南麻公社东沙沟大队，并任沂源县知青办带队干部、南麻公社党委常委。带队期间，他与知青同吃、同住、同劳动，并同社队干部群众打成一片。为了解当地的生产情况，他整天背上随身的军用水壶，带上干粮，进深山、搞规划、开荒山、整良田、修水池……他的两只大脚走遍了南麻公社的山山水水。

战备"拉练"，促进生产

1975年9月，二厂为落实毛主席"三项指示"（"巩固无产阶级专政""安定团结"和"把国民经济搞上去"），努力完成1975年国家生产计划，打好第四季度生产攻坚战，组织3个阶段的战备生产"拉练"，实际是大会战。这3个阶段分别被比作"淮海""渡江""上海"三大战役。三大战役的时间分别为1975年10月9—24日、11月4日—12月2日、12月3—12日。

为搞好生产"拉练"，二厂成立战备生产拉练总指挥部，各车间、部室根据业务、生产情况成立前线指挥部、营、大队等"战斗"组织单位，形成完整的指挥系统和"作战"梯队。

1975年10月9日拂晓，二厂隆重召开"淮海战役总攻"誓师大会。总指挥部副政委孟兆彬宣布大会开始，象征国庆26周年的26响礼炮轰鸣，会场顿时掌声雷动，鞭炮声、欢呼声、锣鼓声交织在一起，拉开了"淮海战役"的序幕。随后，政委吕玉富做战前动员，吹响"淮海战役"的号角。

各前线指挥部、营、大队（车间、部室等）向总指挥部请战，总指挥王德瑾颁布作战命令。各部代表表决心："胸怀全局搞拉练，淮海战役迎考验；不怕疲劳出大力，顶着困难把敌歼；人在阵地在，战旗永向前；英雄豪气冲霄汉，不获全胜不休战。"

1975年10月24日，二厂总指挥部在露天球场隆重举行祝捷大会。18时30分，总指挥部副政委孙玉增宣布大会开始。红、绿、白三色信号弹腾空而起，划破长空，象征中国工农红军长征40周年的40门礼炮轰鸣，机枪排射，鼓乐喧天，会场气氛达到高潮。各部队手捧大红喜报，向大会报捷，总指挥王德瑾向"作战"有功单位颁发嘉奖令。

政委吕玉富在讲话中说："我代表厂党委总指挥部向全体指战员表示热烈祝贺。'淮海战役'的胜利，充分证明了用马克思列宁主义、毛泽东思想武装起来的军工战士是无坚不摧、无往不胜的。我们要发扬成绩，总结经验，戒骄戒躁，乘胜前进，去争取更大的胜利。"

山东省军工局首长出席大会并作重要指示。最后进行文艺演出。

1975年11月4日，在毛主席"三项指示"指引和全国"农业学大寨"会议精神的鼓舞下，二厂战备生产拉练总指挥部再次召开"渡江战役总攻"誓师大会，开始了第二阶段的生产大会战。清晨5时，总指挥王德瑾宣布大会开始，40响礼炮犹如密集的火力，直摧"江南"，群情鼎沸。

政委吕玉富做渡江总攻动员，副总指挥秦贞珠颁发作战命令。各个队纷纷向总指挥部请战，显示出工人阶级无坚不摧、无往不胜的大无畏英雄气概。嘹亮雄壮的进军号，冲破黎明前的黑暗，向全厂指战员催战、促战，各路"大军"扬旗鼓帆，似排山倒海，杀向"渡江战役"的战场。

"渡江战役"阶段的战斗口号是："三项指示为指南，全军上下总动员。抓路线，学理论；评水浒，批招安。学红军，搞拉练，鼓足干劲剿'11'。集中精力歼'顽8'，抢渡大江，占领'66'高地。'渡江战役'歼敌617万，誓为人民多贡献。"

1975年12月3日下午，二厂同时举行"渡江战役"祝捷和"上海战役总攻"誓师大会。其过程和阵势一如前两次"战役"。

"战上海"是几个"战役"中的最后一仗、关键一仗。打胜这一仗，对完成全年"作战"任务意义重大。为此，总指挥部提出这次"战役"的战斗口号为："全军上下总动员，学习理论抓路线；大寨精神放光芒，胸怀全球搞拉练。乘胜进军战上海，团结战斗攻关键；六八高低红旗飘，迎接新年把礼献。"

从1975年12月4日凌晨至12日，历时9天时间，"上海战役"胜利结束。至此，十几条战线和所有"战区"都完成或超额完成总部下达的作战任务。截至1975年10月24日，第一阶段完成"五六"式两种枪弹生产338万发；截至11月28日，第二阶段完成生产任务620万发；截至12月底，第三阶段完成"五六"式枪弹生产任务380.75万发。

1975年12月24日，全厂提前7天完成全年生产计划，完成年计划工业总产值的100.6%，产量和品种创历史最好水平，产品质量大幅度提高，两种军品3个月完成年计划的88.37%。通过开展这次战备生产拉练，取得了丰硕成果。

亦工亦农，生产主力

“亦工亦农”是我国特定历史时期的用工制度，根据企业需要，可以是临时的工人或干部，不需要的时候回家从事农业生产，是工业劳动制度与农业劳动制度相结合的一种用工方式。

建厂初期，二厂就使用了大量的“亦工亦农轮换工”。1965年5月25日，山东省省长白如冰到该厂视察时，其中就强调有关“亦工亦农”轮换工的问题。1966年1月4日，山东省机械工业厅下达二厂1966年产品试制任务后。厂党委研究认为，只靠从五三厂调入生产工人，根本无法完成上级下达的任务。4月，经山东省劳动厅批准，二厂从土门公社各大队招收“亦工亦农”轮换工109人。

1966年6月27日，山东省机械工业厅下达《“亦工亦农”轮换工试行办法》(草案)。10—12月，二厂从沂源县三岔、南麻、悦庄、石桥、张家坡、东里、燕崖、张庄、徐家庄、黄庄、鲁村等公社招收“亦工亦农”轮换工156人，共计招收265人，占当时职工总人数789人的33%以上。

在当时形势下，能够干上“亦工亦农”轮换工，既不容易，也是很幸运的。首先得是“根正苗红”的进步青年，家庭成分不好是进不了二厂的。

这些“亦工亦农”职工绝大部分被分配到一、二、三车间军品生产线。在五三厂老师傅们的言传身教下，他们努力钻研、埋头苦干、任劳任怨，很快掌握了军品生产技术，不久便成为生产线上的骨干力量。

“文化大革命”期间，二厂很长一段时间生产处于停产、半停产状态。此时，“亦工亦农”工人们不由得担心起自己的前途。1970年前后，先后有18人自动离职和辞职回家。

1971年6月30日，国务院发出《关于临时工、轮换工制度的通知》，规定“常年性的生产工作岗位应该使用固定工，不得再招用临时工。现在这种岗位上使用的临时工、轮换工，凡是生产工作需要，本人政治历史清楚，表现较好，年龄和健康状况又适合于继续工作的，经群众评议，领导批准，可以改为固定工”。得知这个消息，“亦工亦农”轮换工奔走相告、欢呼雀跃。

1971年6月16日，经二厂革命委员会研究决定，7月14日经沂源县革命委员会生产指挥部计划组批准，给235名“亦工亦农”轮换工办理招工手续，转为固定工。岗级定为二级工，月工资36.5元。

“亦工亦农”轮换工及合同工转为固定工后，从此改变了身份和待遇，他们的精神面貌也大大改观，生产积极性更加高涨，成为军工战线的一支生力军。

军工工匠，建厂脊梁

1965年，一大批技术精、觉悟高的技术工人响应党的号召，从四面八方来到鲁山脚下的二厂。他们远离闹市，一头扎进大山深处，不畏山区的艰苦环境，勤勤恳恳、兢兢业业、埋头苦干，一待就是一辈子，为二厂的建设和祖国的军工事业贡献了青春和才智。几十年如一日在深山工作和生活，不惧枯燥，精于钻研，在各个工作岗位上产生了一大批工艺一流、技术精湛的专家，堪称军工战线的大工匠、二厂的脊梁。

机械动力科的于长吉是二厂首屈一指的机修技术权威，他曾向同事们说过“东北有位叫牛发和的老师，能在地面上，听高空飞翔的飞机发出的各种声音，准确判断出飞机哪个部位出现了故障”。于长吉师傅同样可以通过听、看、摸、嗅的方法准确判断机械设备的故障所在，并手到病除。经他之手及时处理过无数精密设备的故障，有力保障了生产的正常进行。

一车间的任广海，对弹头冲尖工序十分精通，人称“冲尖大拿”；二车间的共产党员朱步贵，七级工匠，工作从不计较报酬，技术精湛，在任务重、人员少的情况下，曾一个人操作3台车底机，而且质量优、效率高，是名副其实的“车底大拿”；一车间和二车间的陈兆明、刘文君分别在弹头、弹壳较量工艺方面独树一帜，无与争锋，被称为“弹头较量大拿”“弹壳较量大拿”；三车间的李维友对成弹装药十分精通，是操作、维修装药机的专家；工具科的秦福祥、张绍阳等人在车工、磨工、电镀、计量、样板加工等方面，都是“大拿”级的行家里手……

调出深山，涅槃重生

20世纪80年代末到90年代初，山东小三线军工厂完成历史使命，进入调整转型、下放地方和异地搬迁的改造时期，军工元素成为历史的记忆。山东省的小三线军工厂搬迁是一项大工程，比当初建厂的时候还难、投资还要多。其他同类小三线军工企业都在忙着搬迁出山，数万军工人经历了脱胎换骨的思想转变和二次创业的艰难探索。

二厂却在这一时期错过搬迁的黄金时期，而且这一“稳”就是好几年。1995年6月，山东省国防科工办在泰安召开的搬迁工作专题会议中，明确指出：搬迁工作到了收尾阶段，已开工的要加快进度，没有开工的，原则上不再搬迁，就地改造。此时，山东省国防科工办对军工企业只有军品生产的行业管理职能，已无隶属关系。刚主持工作不久的二厂厂长王明章参加了这次会议，并在回厂后召开的全厂职工大会上通报了会议情况，职工的情绪一度失控。

随着山东省政府在临沂设置的搬迁指挥部的撤销，二厂最终没有搭上搬迁的“末班车”。这让当时的很多人理解不了，数百名职工自发组织，分乘十几辆卡车到济南上访。后来在淄博开了一次由市领导、厂方参加的搬迁协调会，后来没了下文。这时，全厂议论纷纷，说什么的都有，也有打听事儿的，也有发牢骚的。

有人问：“咱厂还搬不搬？”“这事谁知道，只有厂长知道！”“领导们每年去看厂址，说什么临沂、日照、潍坊，哪里也不如土门好！”厂里还有人说：“搬出去是找死，不搬是等死。”全厂弥漫着一片悲观的情绪，大家都感到二厂的搬迁是没门儿了，只好在这“两死”中挣扎等待。

20世纪90年代中期，军品订单持续减少，民品开发举步维艰，没有挣钱的。多个生产线停产数年，数年来的民品拳头产品“药冲模”也失去继续生产的能力。技术工人、管理人员也在不断流失。二厂已经走到了低谷，面临倒闭的风险。在资不抵债的烂摊子下，欠银行贷款几百万，谁看了都发愁。虽有商家客户欠二厂货款几十万，但那都是死账，想要回来，比登天还难。1995年，二厂组织大规模外出清账，催回货款2.7万元，仅差旅费就花费1.4万元，最后厂财务连出差费都拿不出一分钱，全厂更是拖欠厂内职工集资134万元、欠发职工工资188.4万元。当年，就拖欠全部人员3.6个月的工资，月人均工资不足80元的就有几十户，被淄博市列为特困户的就有十几户。

1995年5月，副厂长王明章主持工作后，大家把搬迁的希望都寄托在他的身上。新班子成立后，王明章带领班子成员分头深入职工中间做思想工作，树立信心，一方面尽最大努力解决当前职工的现实生活困难问题，一方面不断争取搬迁的机会。通过多方努力，二厂被批准为全员下岗单位，下岗费是每名职工每月110元。钱不多，但及时，这110元是二厂的救命钱。即便是吃馒头就咸菜，最起码职工不会饿肚子，也能安心上班了。经过工资晋级、机关科室管理制度、产品质量控制、全面清资核产、精简安置多余人员等一系列改革措施，开始一步一步重塑希望。

1996年，二厂仍在惯性下滑中苦苦挣扎，虽然在这一年开发了10余种民品，但屡遭失败，主要因为资金筹集困难，没有支柱产品，出现“开发一个新产品，扔掉一个老产品”的局面。几年下来，仓库里的老底儿也吃光了。即便是采取措施压缩开支，减少工资，同时厂里开始收职工房费、电费，但还是解决不了根本性的问题。1997年，一分厂接到复产1000万发的枪弹生产任务，仅用70天时间，保质保量按期交货。为此，厂党委为一分厂记集体三等功。

1997年3月，山东省委副书记陈建国到沂源视察，厂领导抓住机会向省领导汇报，陈书记提出“城乡结合，军品不动，宿舍建在县城，民品逐渐搬到县城”的意见。但后来职工意见不统一，搬迁工作未能实质性开展，失去一次难得的机遇。

1998年1月7日，二厂大刀阔斧实施内部改革和调整，撤销原所有机构设置，重新设置28个生产、管理处室，即党委办公室、厂部办公室、纪委、工会、团委、政工处、劳资人事处、企业管理处、财务处、技术处、生产安全处、检验处、武装保卫处、销售总公司、物资公司、服务公司、东方公司、离退休办公室、职工医院、职工子弟学校、特种器材厂、精密铸造厂、电机厂、制药器械厂、动力处、设备工具处、调整搬迁办公室等。

1998年下半年到1999年上半年，累计8个月没发工资，1998年人均收入仅有2500元。但二厂的工人照常上班、干活儿，更没有人向厂里要工资的。有人说，只有二厂的工人才能做到只讲奉献、不计报酬，从这一点看，二厂仍是一个有希望的工厂，今后一定能发展起来！在这种情况下，受市场经济和外部环境的影响，要求调走、出去打工的人还是越来越多，部分有条件的，全家搬到了张店。

万般无奈之下，厂长王明章将《工厂情况汇报及搬迁申请报告》发给山东省的省长、副省长，因违反组织程序，受到省政府秘书长的批评。但王明章跑的次数多了，省政府办公厅、省国防科工办的领导还是了解二厂的情况，批评归批评，最终，秘书长还是安排了二厂搬迁的事情。

1998年10月，淄博市经委组织“二厂搬迁论证会”，二厂的搬迁开始有了曙光；12月，淄博市第七次市长办公会将二厂搬迁工作纳入议事日程，并成立山东第二机械厂搬迁领导小组。同时，将张店区湖田镇的交警队驾校土地划拨给了二厂，作为搬迁厂区，由二厂自建，市财政支持1800万元，并每年给予3万元的经营维持费。市轻工业管理办公室、二厂随即成立搬迁工作协调小组和搬迁筹建小组，全面展开搬迁工作。1999年初，搬迁的喜讯传遍全厂。

短暂的兴奋之后，又进入更大的焦虑之中。俗话说“一搬三年穷”，何况一个负债累累、一无所有、濒临倒闭的极其虚弱的旧军工厂！搬迁过程中要动员很多人力、物力，其间生产势必受到很大的影响；职工宿舍需要集资建造，几万元的资金对二厂的职工无疑是天文数字。不搬的时候，难！如今开始搬了，还是一个字——难！

面对两难境地，王明章征求职工们有关在张店付家镇建职工宿舍楼是集资还是放弃的意见。但所有的人异口同声说“放弃是不行！”王明章知道，职工们不想放弃这次搬迁的机会，但他们嘴上不放弃，可面对一套楼房就得六七万元的集资款，有几个不去东借西凑而能一把拿上的？一时间，二厂的借钱大军足有几百人，有借到的，也有空手而归的。千难万难下，二厂人就为了那个“放弃是不行”的表态，更为了搬出深山，让奉献了一辈子的二厂，重新燃起希望！一年后的2000年5月，职工宿舍楼开始动工。

1999年3月，二厂制定《民品项目搬迁及职工宿舍建设的事实计划方案》；7月，制定《关于职工住房建设和职工住房建设筹资方案》；10月，成立搬迁筹建处。2000年4月，确定职工宿舍的户型和户数。2002年1—3月，先后成立4个搬迁专业领导小组（户口迁移、设备搬迁、宿舍搬迁、人员分流）和搬迁工作领导小组；4月，迁出职工538户共1649人；11月，全部搬迁工作基本结束。

搬迁时，当地政府和村民敲锣打鼓热烈欢送，并打出“相处数十载，难舍兄弟情，祝二厂搬迁再创辉煌”的标语，场面催人泪下。

搬迁到张店后，全厂上下齐心协力，誓言“三年脱困，五年脱贫”，不断创新技术，在极其困难的情况下，重点在新产品研发上下功夫。先后研发成功801、802、805、807等装备产品和铣床两箱体、立铣头等新产品，民品产值连年大幅度增长。同时，在二次创业的征途中，培养造就了一支作风过硬的技术科研队伍。从2002年产值不足500万元，发展到2011年总产值突破9000万元，增长18倍。2018年，实现总产值和销售收入双过亿。

自建厂之初背井离乡、扎根深山，在备荒备战、反帝斗争的年代里，为国铸剑，研发生产高质量的军品，成为全省三线军工中的佼佼者，再到改革开放后，逐渐完成自己的历史使命，困于深山一二十年，被市场经济的大潮冲击得遍体鳞伤、几近倒闭但又不屈不挠，最终搬出大山。二厂的军工人重新融入市场的大潮，走进新的创业环境，寻找新的创业机遇，克服重重困难，再次实现涅槃重生！

一部二厂的创业史，就是一部军工人坚韧不拔的奋斗史。

老代的亲戚

二厂建厂后，来自四面八方的军工战士，告别故土，千里迢迢来到沂源的大山中，舍在老家的妻儿老小无人照管。随着工厂的建设，军工家眷也陆续告别家乡，落户到驻地村，解决了军工人的后顾之忧，让他们得以安心工作。在工厂职工与村民的长期相处中，形成一个充满温情如同亲戚一般的小社会。

二厂汽车队的代恒顺就是这其中的一个缩影。他是解放军大熔炉里出来的退伍军人，大家都称其为老代或代师傅。其家属落户刘家洞大队后，与当地村民打成一片，亲如一家。刘家洞村民郭公平，早年丧妻，撇下两个无人照看的幼小女儿，小女儿有时爬着去吃放在院中的猪食、狗食。又加上他有一个聋哑内弟，一家人食不饱腹，衣不蔽体，家境十分困难。

郭公平在厂里干装卸工，经常出发。在一个严寒的冬天，郭公平跟随老代到张店拉货，半道上下起鹅毛大雪。转眼间，大地一片冰天雪地，平路上车轮打滑、打转。老代开车行至博山，大雪仍在漫天飞舞。再向前行，就是松仙岭，山高、坡陡，路滑、沟深，再继续走极其危险。有人提议停下来住在博山。代师傅首先想到郭公平两个在家无人照管的幼女，决定无论如何要冒险往回返。在陡峭的公路上，几次打滑出现险情。返厂后，代师傅第一时间陪着郭公平回到家中，看望一天没人照顾的两个幼女。

有时村里有人走失，有的离家出走，代师傅就帮着连夜寻找，一直找到博山、沂水，直到找到为止。村民家中或是邻里之间，出现纠纷，代师傅也主动调解，促使邻里、家庭团结和睦。

逢年过节，村民们杀猪宰羊时或者秋天山里的水果、地里的花生等，也都给他送上一份。日积月累，情谊日渐加深，代师傅成了村民们亲密无间的亲戚。二厂搬迁后，每年中秋或春节前后，老代总是不忘回“家”探访他的这些亲戚们。

2002年夏，二厂要搬迁了，驻地村民恋恋不舍。3个村都派出村民帮助装运设备和物资，收拾行装，并帮着看家护院。搬家的车队开动那一天，一大早，镇、村领导亲自送行，土门村、左家峪村、刘家洞村的党支部书记孙兆增、刘学德、郭宝满带领村民敲锣打鼓，挥泪相送，恋恋不舍。

一棵莲子树

刘家洞村李福正家门前有一棵沂源境内极为少见的莲子树。该树为南方树种，北方不易成活。其学名苦楝树，又称苦苓、苦苓仔、楝树、金铃子、翠树等，亚洲速生落叶乔木，树高可达10余米，木质坚硬，常用于家具、装潢和乐器制作。其花呈紫色，夏结果，叶、花、皮等可入药，外敷。

来自全国各地的二厂职工，把二厂当成自己的第二故乡，一头连着老家，一头连着沂源。20世纪80年代初的一年春，二厂油库管理员李福正回江苏老家探亲，正是植树的季节，而家乡的莲子树，寓意“连子”。当地传统中，莲子树是在孩子小的时候种植，等孩子长大后，便将其用于孩子结婚时的家具木料。李福正萌生了将莲子树带到沂源的想法，也能解思乡之念。回厂时，他将数棵莲子树树苗严严实实包裹好，背着这些树苗登上北上的绿皮列车，再转乘客车，一路奔波千余里，将莲子树带到了大山深处的二厂。除了在油库周围种植几棵外，还送给刘家洞村的村民委员会主任张福安1棵。张福安将莲子树栽植在他的家门口。当时栽下的这些树，也仅有这1棵尚存。

大事记

1965年

4月　27日，经山东省机械工业厅批准，报国防工业办公室备案，自4月28日启用“国营九四五厂”“国营山东第二机械修配厂”印章，对外正式办公。

4月　30日，山东省经委、省计委确定二厂建设规模，年产7.62毫米枪弹2300万发，投资总额320万元。

5月　9日，中共山东省委第一书记、济南军区政委谭启龙到二厂视察工作并做出重要指示：“要注意隐蔽，抓好家属的副食供应等问题。”

5月　20日，山东省副省长高启云到该厂建设工地视察。

5月　25日，山东省省长白如冰到二厂视察。

8月　19日，五机部确定二厂产品代号为“351”。

10月　16日，山东省经委工交政治部批准成立厂党委。

11月　17日，山东省人委任命董传明担任山东第二机械修配厂厂长。

11月　19日，九三七厂划归二厂领导，对外称“山东第二机械修配厂分厂”。

1966年

1月　4日，山东省机械工业厅下达1966年地方军工试制生产任务：“五六”式枪弹1000万发，弹夹10000个，6.5毫米复装弹100万发。

3月　17日，成立民兵团，下设6个直属连，配备38名民兵干部。

3月　21日，厂党委研究成立共青团委员会，由王绍义等7人组成。

4月　月初，上级部门组成鉴定委员会，对“五六”式7.62毫米复铜弹进行全面鉴定。

4月　11日，山东省劳动厅同意二厂招收亦工亦农轮换工109人。

4月　16日，二厂颁发试行第一部《行政管理制度（草案）》。

5月　23日，山东军分区任命董传明等6人为二厂民兵团干部。

8月　正式设立托儿所。

9月　20日，二厂与土门区成立联防委员会。

11月　16日，山东省机械工业厅批准，停止生产6.5毫米复装弹。

1967年

3月　14日，确定电报挂号自4月1日起由1563改为0059。

5月　5日，为战备需要，上级批准建山洞生产车间。

8月　8日，济南军区派出军代表对该厂实行军管。

1968年

3月　11日，二厂成立革命委员会。

5月　20日，二厂开始试制钢棒涂漆弹。

7月　23日，军代表梁文歧担任该厂革委会第一副主任。

12月　山东省革委会决定增加驻二厂的驻军，负责工厂重要目标的警卫工作。

1969年

9月　20日，根据山东省军区党委决定，向二厂增派军代表金立坤、关述堂、葛文亭等8人。

11月　23日，调整、补充厂革委会成员。

12月　23日，建立厂革委党的核心小组。

是年　二厂自办子弟小学。

1970年

3月　10日，厂制定三年规划初步方案。

4月　28日，经山东省国防工办批准，将山东工模具厂粉末冶金全部移交二厂。

4月　30日，经山东省国防工办研究确定，军代表刘国权任厂革委副主任，并任厂革委党的核心小组代理组长。

5月　17日，厂革委会作出开展向沈秀琴同志学习活动的决定。

6月　24日，五机部军事管制委员会通知，该厂产品标记为“351”，企业标准代号为Q/QZE。

7月　20日，山东省革委、济南军区后勤部联合通知，在二厂设立军代表“驻厂产品验收组”。

7月　27日，厂革委核心领导小组公布各连队整党建党领导小组成员。

7月　29日，成立保密委员会。

11月　18日，成立整团建团办公室。

12月　孙振远、姜振喜、黄占林等16人作为国防工办代表团成员，出席济南军区三代会。

1971年

2月　10日，厂革委成立老工人检查团，对六连锅炉班停气事件进行调查处理。

2月　24日，孟兆彬出席山东省第三次党代会。

4月　12日，召开活学活用毛泽东思想积极分子、“四好单位”“五好职工”代表会议（简称“三代会”）。

5月　29日，山东省国防工办兵器局批准，自1971年6月1日起正式投入钢漆弹批量生产。

5月　山东省革委国防工办兵器局会同济南军区后勤部装备部组成产品鉴定委员会，对“五六”式钢壳涂漆弹进行产品鉴定。

7月　18日，二厂选出的25人代表，参加省国防工办首届“三代会”。

11月　8日，经山东省国防工办兵器局批准，二厂硬质合金烧结分厂移交给七三二厂。

12月　9日，中共中央军委委员、济南军区第二政委袁升平到该厂参观洞室。

1972年

1月　12日，召开第一次党代会。

1月　15日，成立生产、政治、后勤3个部和厂革委会办公室。

1月　19日，经国防工办党委批准，第一届党委会由15人组成。

2月　1日，增补王树翰为厂革委会主任。

3月　4日，启用“中国共产党山东第二机械修配厂委员会”“中国共产党国营九四五厂委员会”印章，原厂革委会党的核心小组印章作废。

3月　31日，厂革委会发布各部（组）工作职责范围，公布试行关于党的民主集中制会议制度。

4月　17日，五机部同意扩大初步设计方案。

5月　9日，开展民兵教育和整组，全厂组建8个民兵连。

5月　30日，山东省国防工办政治部批复该厂共青团委员会由14人组成。

10月　28日，全厂开展反对无政府主义、反不良倾向、反资产阶级思想腐蚀教育的活动。

11月　11日，省国防工办兵器局批准“五三”式7.62毫米普通枪弹投入批量生产。

12月　24日，自1973年1月1日起，厂邮政信箱由“山东济南第（2）六号信箱”改为“山东沂源第八号邮政信箱”。

1973年

2月　27日，厂党委制订《关于计划生育工作的规定》。

3月　5日，厂党委下发《国营九四五厂管理制度汇编（试行草案）》。

3月　27日，召开第一次工会会员代表大会。

7月　3日，驻厂军代表验收组改称“济南军区后勤部驻九四五厂军事代表室”。

1974年

1月　27日，三线军工厂管理体制改变，党政工作、干部管理、生产业务直接归省第二机械工业局领导。

9月　10日，成立10～12人的专职消防队，配备消防车1辆。

11月　10日，厂党委发出《进一步加强党的建设的意见》，对全厂党员进行马克思列宁主义、党的基本路线、党章的教育。

1975年

1月　12日，成立安全消防委员会。

4月　2日，召开“抓革命，促生产”誓师大会。

10月　6日，成立战备生产拉练前线指挥部。

10月　9日，开展以“淮海战役”“渡江战役”“上海战役”为名的3个阶段战备生产“拉练”。

10月　9日，五机部通知该厂负责援助柬埔寨

"五三"式7.62毫米枪弹生产项目。

10月　23日，开展质量大检查，提出整顿产品质量的措施109条。

11月　9日，唐居正赴柬埔寨执行援外任务。

11月　9日，编制1975—1985年的十年发展规划。

11月　10日，沂源县政府、红旗厂、一厂、二厂、裕华厂联合举办小型水泥厂——石桥水泥厂。

11月　16日，吕玉富担任厂党委书记、革委主任。

1976年

3月　4日，成立援外办公室。

3月　14日，厂区公路加宽并铺设沥青路面。

3月　16日，成立技改办公室。

3月　开办"七·二一"工人大学，招收学员20人。

4月　20日，厂党委作出《关于计划生育工作的几项规定》。

5月　12日，厂党委研究确定成立计划生育委员会。

1977年

1月　24日，厂党委作出《关于贯彻执行省革委实行劳动保险条例通知的意见》。

3月　9日，厂团委组织全厂团员、青年开展向雷锋同志学习活动。

4月　3日，厂党委制订建设"大庆式"企业规划。

4月　7日，第二次共青团代表会议召开。

5月　23日，成立设备群众管理委员会。

6月　15日，召开劳动竞赛誓师大会。

6月　17日，组织人员对建厂以来的档案进行全面鉴定。

6月　29日，编制"五五"规划。

10月　29日，提升40%职工的工资。

12月　1日，召开提前1个月完成1977年国家计划的总结大会。

1978年

3月　26日，召开"工业学大庆"先进代表会议。

3月　29日，厂党委作出厂区建设总体规划。

3月　29日，四车间、五车间合并。

3月　29日，成立安全委员会。

4月　2日，二厂代表17人参加在济南举行的山东省军工系统第二次工业学大庆先进代表会议。

4月　3日，经山东省经委党组批复，侯玉恭担任厂党委副书记、副厂长。

5月　4日，全厂开展学习宣传新时期的总任务和新的《宪法》。

5月　7日，厂党委召开全厂"大战红五月"誓师大会。

5月　18日，厂党委成立质量大检查小组，对全厂产品质量进行检查。

5月　厂党委制订"苦战一年，使二厂在年内进入学大庆先进行列，争取实现'大庆式企业'的规划"。

6月　28日，下达《产量工时定额（试行草案）》。

7月　17日，下发《计时工资加奖励试行办法（草案）》。

9月　4日，厂党委发出《关于停办"七·二一大学"的通知》。

9月　4日，该厂成立卫生科和爱国卫生运动委员会。

9月　颁发《工厂行政各级人员责任制》。

12月　24日，山东省军工局学大庆检查团对二厂进行第一次全面检查。

12月　26日，从1979年1月1日起启用"国营九四五厂""国营山东第二机械修配厂"印章，原"国营九四五厂革委会""国营山东第二修配厂革命委员会"印章，同时作废。

1979年

3月　8日，经山东省经委党组批复，侯玉恭担任厂党委副书记、厂长。

6月　山东省委、省政府命名该厂为"大庆式企业"，授锦旗1面。

7月　8日，开展第一次质量月活动。

7月　8日，召开第一届职工代表大会暨第二届工会代表大会。

8月　15日，撤销技改办公室，成立科研所。

9月　7日，厂工会第二届委员会成立。

1980年

3月　7日，成立教育科。

4月　5日，经山东省广播电视局批复，二厂新设电视差转机，使用频道为收5发6。

4月　13日，召开第一届职工代表大会第二次会议。

4月　23日，经山东省经委党组批准，孙玉增任厂党委副书记。

5月　7日，成立产品质量检查验收组，对9个业务科室进行检查验收。

5月　8日，厂党委制定提高职工工资方案。

5月　30日，制订《职工教育、文化技术、工人技术考核规划（1980—1985）》。

8月　10日，确定小型锁边器、气枪弹、缝纫机零件为民品生产的主要项目。

9月　30日，撤销政治处。

10月　13日，山东省清产核资扭亏增盈领导小组颁发给该厂清产核资合格证书。

12月　1日，成立工程技术干部职称评定委员会和卫生技术人员定职晋升考评小组。

1981年

3月　24日，召开第一届职工代表大会第三次会议。

6月　4日，设立外贸产品质量监督小组。

6月　22日，举行建党六十周年纪念活动。

7月　17日，与土门公社达成换地协议。

8月　9日，成立节能办公室。

9月　24日，全面划清与各社、队的界限。

10月　7日，成立人民调解委员会。

10月　26日，山东省军工局党委批复王世堂、刘光栋为副厂长，批复建立该厂党的纪检委员会。

11月　29日，建成石油液化气站。

12月　27日，召开第二届职工代表大会第一次会议。

1982年

1月　3日，改组民兵组织，民兵团调整为1个民兵营。

2月　18日，山东省军工局党委批准王金烈任副厂长。

3月　6日，把位于刘家洞大队山坡的职工宿舍作价处理给刘家洞大队。

3月　21日，成立五车间。

3月　30日，厂党委制定关于“五七”家属工厂《家属工退休的暂行规定》。

5月　29日，成立会计干部技术职称评定委员会。

6月　3日，召开第二届职代会第二次会议。

6月　7日，制订全面企业整顿规划，按照“五项工作要求”，年底达到整顿目标。

6月　13日，编制“六五”规划，保军转民，大力开发民品，1985年民品产值达到整个总产值50%的目标。

6月　20日，通过自行车辐条技术鉴定。

8月　8日，成立警消队。

9月　24日，扩建“651”变电站。

10月　25日，通过JB7-2摆梭托技术鉴定。

1983年

4月　23日，撤销第四车间。

7月　23日，科研所合并到技术科，撤销警消队党支部，警消队合并到保卫科。

10月　27日，组织机构设置为4个车间，16个行政科室，6个政工科和服务公司、子弟学校。

1984年

1月　4日，山东省国防工办党委批复，王长芳任厂党委书记，王世堂任厂长。

3月　9日，成立科研所。

3月　山东省国防工办召开各厂厂长、书记会议，传达调整出山的设想并要求各厂停止基本建设项目。

4月　6日，与国防工办签订全年亏损指标不超过50万元的经济责任制承包合同。

4月　18日，通过电热褥技术合格鉴定。

8月　14日，召开第三届职工代表大会第一次会议。

8月　27日，成立全面质量管理领导小组。

9月　7日，第一车间与第二车间合并为一车间。

10月　山东省经委颁发4.5毫米气枪弹优质产品证书。

11月　13日，国防工办党委批复杨明光任副厂长、从祝益任调研员。

12月　11日，召开第二次党员代表大会。

1985年

1月　9日，举行第三届职工代表大会。

1月　9—10日，举行第三次工会代表大会。

1月　11日，民兵整组，民兵营下设8个民兵连。

1月　26日，工会发出《关于开展第一个“体育活动月”的通知》。

2月　3日，制订“七五”规划。

2月　7日，组成12号自行车辐条试制鉴定小组。

3月　开展为期8个月的整党工作。

4月　15日，制定《劳动合同制管理试行办法》。

7月　24日，成立工业普查领导小组，在全厂范围内开展企业管理工作整顿。

7月　25日，制定《厂长工作细则（试行）》。

8月　制定《党委工作细则（试行）》。

10月　17日，成立厂志编纂领导小组并下设厂志编纂工作办公室。

10月　28—30日，山东省国防科工办、洛阳嘉陵摩托车厂、临沂农业药械厂、沂蒙摩托车厂、六七一厂在该厂召开CJ50型和CJ3A 型两种磁电机生产定型会议。

12月　24日，制定下发科技保密有关规定。

1986年

8月　10日，成立安全防火委员会和安全保卫委员会。

1987年

2月　22日，按山东省政府鲁政发〔1987〕16号文件要求，二厂下放由临沂地区管理。

4月　8日，发动全厂职工开展“增产节约、增收节支”活动。

4月　山东省国防科工办在临沂经委召开厂长、书记会议，宣布将军工企业下放地方，二厂划归到临沂地区。

5月　30日，临沂地区行署以临政发〔1987〕54号文通知，二厂由临沂地区二轻工业公司领导。

6月　9日，成立企业调整、新产品开发领导小组。

7月　10日，向山东省经委申报“异地改造医药压片机、冲模生产线项目建议书”。

7月　13日，向临沂地区二轻公司提出有关调整搬迁的报告和搬迁实施方案。

10月　19日，向临沂地区经委呈报有关活络扳手生产线项目的建议书。

10月　29日，成立经济承包责任制领导小组，负责各车间的经济承包工作。

11月　12日，成立职称改革领导小组。

1988年

3月　4日，调整科学技术干部技术职称评定委员会。

4月　24日，临沂地区经委临技改字〔88〕15号文件批复同意关于申报活络扳手生产线项目的建议书。

5月　16日，设立门卫，建立门卫制度。

6月　17日，二厂更名为山东第二机械厂。

6月　20日，为搞好经济承包，划小核算单位，一车间、三车间、工具科、机动科分别改名为一、二、三、四分厂。

8月　5日，山东省国防科工办建筑设计室与厂科技人员合作编制异地改造医药压片机、冲模生产线工程扩大的初步设计。

10月　19日，临沂地区二轻公司批准任命王长芳、阎义忠为副厂长。

12月　8日，二厂与临沂市焦庄村签订征地协议书，征地120亩。

1989年

1月　1日，开始实行职工浮动工资制。

2月　28日，召开第三届职工代表大会暨第四次工会代表大会。

6月　27日，通过《技术工晋级实施方案》。

7月　筹建山东省国防工业技工学校二厂分校。

10月　13日，聘任118名技术职务人员。

1990年

1月　沂源县划归淄博市，二厂随之归隶淄博市塑料工业集团公司管理。

7月　30日，对在职职工增加0.5~1.5级工资。

9月　28—29日，在张店区柳泉路24号成立山东第二机械厂淄博物资供应站。

10月　对生产机构进行调整。

1991年

3月　5日，研发生产12号猎枪弹。

4月　4日，成立职工业余高中。

6月　12日，厂工会、团委下发《关于在全厂女工中开展“四有”“四自”女性为“八五”计划建功活动的意见》。

12月　2日，对生产分厂进行调整。

12月　11日，实行“考勤证”制度。

是年　全年开展“质量、品种、效益年”活动，调整军品的产品结构，降低亏损。

1992年

7月　22—24日，在二厂召开003型7.62×39毫米铅芯弹、004型7.62×39毫米软尖弹生产鉴定会。

8月　28日，成立枪弹产品开发试制领导小组。

11月　6日，成立工厂易地改造调整领导小组。

11月　10日，第一次向淄博市塑料工业集团公司提出易地技术改造总体调迁方案。

12月　1日，通过并执行浮动转固定增资方案。

12月　14日，成立山东东方实业总公司。

1993年

1月　2日，成立医改领导小组，制定医疗制度改革方案。

2月　9日，对全体中层干部实行聘用制。

2月　10日，进行机构调整。

12月　2日，活络扳手生产线停产报废。

1994年

11月　1日，在各生产单位实行计件工资制度。

11月　26日，实行全员劳动合同制。

12月　6日，为满足磁电机生产需要，增设五分厂，以加大磁电机的生产经营。

1995年

8月　淄博市委组织部、淄博塑料工业集团总公司任命王明章为厂长、党委书记。

12月　1日，成立厂内银行，制定《厂内银行管理条例（暂行）》。

12月　3日，成立生产安全科、供销科、物资公司，撤销原组织科、供应科、销售科、经营科、生产计划科、技安科、总务科。

12月　25日，下发文件，自1996年1月1日起执行《浮动转固定工资晋级实施方案》。

1996年

4月　10日，撤销宣传科，成立政工科。

4月　19日，实行《厂内退养暂行规定》。

6月　10日，实行职工缴纳养老保险基金制度。

6月　17日，实行《机关科室管理制度》。

1997年

4月　29日，厂长办公会研究决定，成立领导小组，对山东东方实业总公司所有物资进行冻结，全面清查经营情况。

7月　28日，下发《关于进行质量体系认证的通知》。

7月　29日，一分厂接到复产1000万发“五六”式7.62毫米枪弹生产任务。

9月　9日，工会第五届职工代表大会召开。

11月　13日，新上生产精密铸造项目。

12月　28日，开始实施精减、安置富余工作人员。

是年　上报山东第二机械厂整体搬迁工作实施方案。

1998年

1月　7日，决定撤销原所有机构，重新设置28个生产、管理处室。

2月　25日，304名离退休人员工资由社会统一发放。

3月　5日，研发生产报警锁、捆秧机2个民用产品。

6月　23日，下发质量保证体系《程序文件汇编》，并规定自1998年7月1日执行。

7月　17日，向淄博市人民政府上报《关于民品生产线易地租赁和筹建职工宿舍方案的请示》。

8月　24日，成立再就业服务中心。

12月　3日，中共淄博市委组织部下发淄组建〔1998〕85号文件，将山东第二机械厂党委划归淄博市委工业委员会管理。

12月　30日，淄博市长张建国主持召开第七次市长办公会议，同意山东第二机械厂搬迁方案。

1999年

1月　2日，山东省副省长韩寓群到二厂视察。

1月　28日，成立民爆器材厂，撤销产品开发办公室和实验中心。

2月　与淄博市交警支队办理湖田厂区的部分交接。

4月　30日，成立化工厂。

6月　25日，淄博市政府办公厅下发有关落实山东第二机械厂搬迁享受优惠政策的通知。

7月　13日，提出《关于职工住房建设和职工住房建设筹资方案》。

10月　15日，成立制药模具厂、轴套厂、搬迁筹建处、购销比价办公室、厂内结算中心。

12月　13日，向淄博市土地局提出在付家镇征购60亩土地作为职工宿舍用地的报告。.

2000年

4月　6日，淄博市人民政府将山东第二机械厂搬迁列入市重点工程。

4月　29日，按照工厂搬迁工作的整体要求，确定职工住户的户型和户数。

5月　6日，二厂与总装备部轻武器论证研究所共同签订5.8毫米空包弹及枪口助退器研制合同。

5月　职工宿舍区开始动工，建筑面积3.3万平方米。

7月　19日，成立清欠办公室。

2001年

3月　27日，第五届职工代表大会第四次会议通过职工新建住宅楼分配方案。

4月　17日，在北京通过58K和XZ58国家鉴定。

4月　29日，山东省副省长韩寓群召开专题会议，批准给予山东第二机械厂调迁资金952万元。

10月　12日，启动职工户口迁移工作，共有1997人。

10月　25日，根据山东省国防科工办有关销毁报废枪械、弹药的要求，对报废品种进行销毁。

是年　与清华大学精密仪器研究所联合开发柔性组合夹具。

2002年

1月　19日，成立搬迁专业领导小组，并成立户口迁移、设备搬迁、宿舍搬迁、人员分流4个专业小组。

3月　20日，成立搬迁工作领导小组，确定“团结协作，同心同德”的搬迁方针。

3月　23日，为确保搬迁期间国有资产不流失，成立资产处置委员会。

4月　2日，户口迁移工作开始，实际迁出538户，计1649人。

5月　27日，为加强张店宿舍区的物业管理工作，成立小区物业管理公司。

10月　26日，搬迁工作正式开始，共搬出设备183台。

11月　11日，下料投产58K，并实现首批订货。

2003年

1月　15日，企业调迁后，二厂申请使用新的邮政信箱——山东省淄博市第188号信箱。

3月　31日，召开全体中层干部会议，厂长王明章提出“三年脱困、五年脱贫”的奋斗目标。

4月　8日，成立“非典”预防工作小组。

6月　19日，将离退休人员的养老保险金由沂源转入淄博市劳动保险事业处。

7月　17日，职工宿舍二期工程开工。

9月　13日，根据《武器装备科研生产单位保密资格审查认证管理办法》要求，成立保密委员会和保密办公室。

12月　26日，印发《2004年质量工作计划》，确定工厂的质量方针和质量目标。

2004年

4月　7—9日，质量体系认证中心现场审核组，对二厂进行现场9000认证审核并通过。

4月　20日，在解放军驻淄某旅举办全军5.8毫米枪弹及助退器使用培训班。

4月　26日，制定工资、住房待遇等多种优惠政策，大力引进各类人才。

5月　8日，决定开发铣床主要配件，成立铣床进给箱、主轴变速箱领导小组。

9月　6日，向淄博市医疗保险事业处提出申请，要求加入城镇职工保险体系。

10月　16日，实现全厂工资由银行集中发放。

10月　58K和XZ58的研制成果获总装备部某部颁发的三等奖。

2005年

1月　17日，取得军工产品质量体系认证证书。

3月　26日，创刊《九四五》厂报，于4月28日建厂纪念日发行创刊号。

5月　5日，北京第一机床总厂铣床部、技术质量部、铣床科研所的领导和专家组成联合审核组，对二厂变速箱生产过程的质量控制、外购件配套、质量体系、质量控制记录及现场管理等进行检查。

6月　22日，第三次党员大会闭幕，选举产生了新一届党委会和新一届纪律检查委员会。

8月　15日，实施定员定岗管理办法。

8月　22日，在全体党员中广泛开展争创“五个好”活动。

9月　24日，举行中层干部竞聘上岗演讲会。

12月　5日，实行岗位工资制，共分9个岗级，中层以上干部实行职务工资。

12月　27日，定员定岗，全厂有303名职工对98个岗位进行岗位竞聘。

2006年

1月　5日，开始对生产管理现场进行考核。

2月　24日，通过三级保密资格审查认证。

3月　24日，首次获得军方科研经费支持的DFB07式5.8毫米橡皮弹产品，通过设计定型，并完成初样机研制及评审。

3月　30日，全面实施《绩效考核管理办法》。

7月　11—12日，二厂民品变速箱、进给箱质量体系通过审核，并获取GB/T19001-2000质量管理体系认证证书。

10月　实施土门厂区改造工程。

是年　民品两箱体项目实现全年产值1050万元，成为该厂建厂以来第一个超过1000万元的民品项目。

2007年

1月　19日，二厂被列入全国201户企业兼并破产之列。

3月　20日，二厂承担研制开发的58K完成正样机试制，9月11日完成产品设计定型，10月底完成产品定型图样、技术文件鉴章及归档。.

4月　20日，职工代表大会表决通过山东第二机械厂的破产方案。

6月　5日，王明章当选淄博市第十次党代会代表。

8月　10日，淄博市经贸委下发《关于成立山东第二机械有限公司的批复》(淄经贸发〔2007〕101号)，破产后新成立的山东第二机械有限公司于2007年12月1日正式运行。

10月　27日，第二届全省军工质量文化建设演讲比赛在济南举行，单洪玲、孟向荣获三等奖，该厂获优秀组织奖。

10月　30日，民品分厂提前2个月完成生产任务，年产量较去年翻番。

12月　21日，通过总装备部武器装备承制单位资格审查。

是年　工业总产值和销售收入双双突破4000万元大关，创建厂以来最好成绩。

2008年

1月　5日，在淄博天乐园皇家酒店召开2008年产品配套洽谈会。

2月　14日，调整机构设置，设军品分厂、民品分厂、生产部、供销部、人力资源部、技术部、质量部、财审部、安全保卫部、综合部、驻京办共11个单位。

3月　29日，实行全员绩效考核管理办法。

4月　25日，公司研制的58K获得产品技术鉴定和设计定型，公司成立产品试生产领导小组。

5月　1日，王文昌被淄博市总工会授予“振兴淄博劳动奖章”。

5月　16—22日，620余人为汶川地震捐款2.6万元，企业援助抗震物资价值20万元。

5月　29日，通过三级保密资格认证。

7月　15日，总装备部某局在该厂主持召开58K首批产品质量评审会。

7月　17日，对民品分厂为黄山皖南机床有限公司配套研制的首批10套立铣头产品进行生产定型。

8月　公司新上粉末冶金项目。

10月　党委书记、厂长王明章被授予“山东军工十佳先进个人”。

是年　总产值超6000万元，销售收入超5000万元，创历史最高纪录。

2009年

9月　8日，国防科工局与总装备部组成联合专家组，对公司军品科研生产工作进行现场审查，获得武器装备科研生产资格。

9月　12日，总装备部某局对该单位装备承制单位资格举行授牌仪式。

11月　4日，山东省国防科工办军工产品质量监督检查组对该公司批生产质量控制、质量管理队伍建设和基础环境等进行监督检查。

11月　15日，对家属区进行暖气、天然气改造。

11月　18日，完成扩股工作，公司注册资本由500万元增至1000万元。

12月　10日，召开山东第二机械有限公司第一届股东大会。

12月　14日，第一届董事会召开第一次会议，选举王明章为董事长、法人代表。

12月　16日，第一届董事会召开第二次会议，成立第一届公司经理班子，聘任王明章为总经理。

是年　投资近百万元对军品分厂总装车间的基础设施进行改造；通过山东省国防科工办组织的军工产品质量监督检查；全年工业总产值和销售收入双双超过6000万元，创历史新高。

2010年

6月　19日，公司一次性报销拖欠职工10余年的职工医药费。

6月　国家国防科技工业局为公司颁发《武器装备科研生产许可证》，公司正式具备从事武器装备科研生产活动的资格。

9月　18日，召开2010年度第一次临时股东大会，通过《山东第二机械有限公司股权转让管理办法》。

9月　18日，召开表彰大会，表彰在军品会战中作出突出贡献的5个先进集体和38名先进个人。

9月　19日，中国新时代认证中心审核　组对公司军品质量管理体系进行第二次监督审核和换版审核。

10月　12日，特邀原总装备部专家到公司作专题学术研究报告。

是年　公司工业总产值突破7000万元，军品分厂、民品分厂双双突破3000万产值。

2011年

3月　5日，公司股东大会在湖田厂区召开，

150名股东参加会议。

8月　17日，公司成立新任经理班子，赵国柱任总经理。

8月　制定实施新干部管理规定。

10月　研制开发的X52W型铣床通过鉴定。

11月　16日，成立发展规划部、新产品开发办公室。

是年　公司总产值突破9000万元，其中民品产值突破4000万元；投资300 余万元，新建占地面积5130余平方米的军品机加工房；启动4项军品科研项目研发，部分科研项目完成试制工作；通过军、民品质量管理体系等审查。

2012年

2月　按8%的上调标准，增加员工工资。

4月　企业会计电算化管理正式运行。

4月　庆祝企业搬迁10周年系列庆祝活动。

5月　粉末冶金产品首次取得军品配套批量订单。

10月　军品半成品工序由土门厂区搬迁至湖田厂区。

10月　公司的新产品二代破拆工具实现批量订货。

是年　全年完成投资800余万元，对基础设施和设备进行改造。

2013年

4月　15日，举行“山东理工大学教学科研实践基地”揭牌仪式。

4月　18日，成立C10催泪弹外贸产品项目组。

5月　25日，淄博市人民政府下发淄政字〔2013〕49号《淄博市人民政府关于同意山东第二机械厂实施政策性破产的批复》，对山东第二机械厂实施政策性破产。

10月　29日，805军品生产线搬迁和军品部分尺寸调整通过军方鉴定。

10月　公司与珠海珠江金属有限公司成立合资公司。

11月　19日，通过151XT立项。

11月　28日，粉末冶金新产品获湖北江华机械有限公司新产品开发奖。

11月　成立山东军沃科技有限公司（简称军沃公司），下设山东第二机械有限公司、淄博前沿机电有限公司、淄博腾力经贸有限公司3个子公司。

2014年

3月　14日，山东第二机械有限公司通过武器装备科研生产单位三级保密资格认证。

4月　30日，军沃公司选举产生第一届董事会和监事会。

6月　18日，完成151XT工程样机研制。

7月　18日，山东第二机械有限公司与深圳前沿有限公司合作正式运行。

8月　全面开展装备产品“精品工程”活动。

10 月　4日，成立新厂区筹建工作领导小组。

11月　钨合金155环状预制破片生产线投产并通过复产鉴定。

12月　山东第二机械有限公司质量管理体系第二次监督和扩大范围审核顺利通过。

是年　年内粉末冶金分厂年产值超过600万元；开展“大干100天，确保完成2600万”活动，月产量突破600万，确保军品生产任务圆满完成；全面启动安全生产标准化达标工作。

2015年

3月　17日，通过装备承制资格现场续审。

3月　18日，公司成立新厂区筹建处，下设5个工作组。

3月　开始举办建厂50周年系列庆祝活动。

6月　3日，151XT产品通过设计定型。

6月　30日，127CR产品研制工作竞标取得成功，签订研制合同。

9月　23日，通过武器装备科研生产许可现场续审。

10月　10日，上调员工工资。

10月　16日，注册成立淄博军沃新材料公司、山东成海军沃海洋装备工程有限公司，新研发的水下打桩机进行正样机评审。

12月　9日，通过装备质量体系第三次监督审核。

是年　销售收入首次突破1亿元大关。

2016年

3月　6日，在淄博市高新区举行新厂区奠基仪式。

5月　10日，通过127CR方案评审。

8月　投资10万余元对职工公寓进行全面改造。

10月　28日，达成YGJ合作协议，通过研制能力验收。

11月　27日，通过安全生产标准化三级评审。

12月　9日，通过质量体系综合评议及扩大范围审核。

是年　钨合金生产线产值突破2000万元。

2017年

6月　实施员工带薪休假制度。

10月　通过技术攻关，实现橡皮弹包敷壳体生产自制，并通过军方鉴定试验。

11月　“12·7”项目进入工程样机鉴定试验阶段，参与低贯弹项目竞标。

12月　通过荧光剂科研项目工艺评审；接到拒止器产品首批订单。

2018年

1月　按8%的标准上调员工工资。

4月　28日，通过武器装备承制单位资格两证合一审查。

6月　开展安全风险分级管控和隐患排查治理双重预防体系建设工作。

7月　23日，公司民用产品通过国标体系换版审核。

8月　15日，全部完成新厂区投入使用前的工程验收项目。

10月　粉末冶金产品进入航空、轻武器等领域，并形成批量生产。

12月　鉴定试验完成“12·7”项目工程样机，签订51弹研制合同并全面进行研制。

是年　因公司军民融合工作成效显著，分别获得山东省科技厅和山东省国防科工办资金扶持及奖励；全年工业总产值、销售收入首次实现双过亿。

2019年

3月　11—14日，通过质量管理体系换版审核。

4月　1日，通过三级保密资格续审。

4月　11日，启动新厂区搬迁工作。

12月　9—11日，通过安全生产标准化复评审。

是年　53产品年产量首次突破5000万，装备产品订货量、订货种类创历史新高；完成YGJ状态鉴定审查；“12·7”项目转段进入鉴定定型阶段，基地试验准备工作完成。

2020年

4月　1日，召开股东大会并选举产生新一届董事会、监事会。

4月　20日，完成《采矿许可证》续审。

9月　17日，正式启用公司新厂区。

11月　30日，通过武器装备科研生产许可证延续审查。

12月　15日，公司新研项目ZWQ通过状态鉴定。

12月　17日，通过武器装备科研生产单位二级保密资格审查。

12月　28日，通过YGJ列装定型。

是年　被上级批准为省级经济动员中心、省级军民融合企业、市级工程研究中心。58K、58X通过技术状态变更审查；新型XZ58通过列装定型审查。装备订货首次突破5000万元；151XT实现装备首次订货。

2021年

3月　25日，127ZD项目通过中央军委科学技术委员会年度节点评估。

7月　24日，公司承担的2018年省重点研发项目通过省科技厅验收。

12月　粉末冶金项目完成产值1500万，实现翻番目标；151XT、PCJ等2个项目通过公安部某检测中心检测。

是年　山东第二机械有限公司顺利通过装备承制资格审查和三级国防计量机构审查；山东军沃科技有限公司被认定为山东省高新技术企业，并取得质量管理体系及装备科研生产备案凭证；公司与防化研究院共同研制的ZWQ作战试验批顺利交付。

2022年

4月　军沃公司通过国军标质量体系扩大范围审核；军用机器人被纳入武器装备科研生产备案生产目录。

5月　军沃公司被山东省工信厅评为“专精特新”中小企业；被科技部评为“科技型”中小企业。

7月　通过51P外贸设计定型审查；58XZ订货实现历史性突破，首批订单顺利交付；127ZD项目顺利通过第二年度节点评估。

11月　二机公司完成安全生产标准化预评审。

12月　ZWQ通过列装定型。

是年　克服新冠肺炎疫情影响，实现产值同比增长40%；销售收入同比增长67%；清障自动化装置实现当年设计、当年批量订货。

2023年

3月　调整全员工资标准，增长10%以上。

4月　山东军沃科技有限公司取得二级保密资质。

5月　山东第二机械有限公司取得安全生产标准化三级证书；军沃公司通过国军标质量体系年度监督审核。

7月　军委科技委重大专项127ZD项目顺利结题。

8月　二机公司通过国军标质量体系年度监督审核。

11月　完成58K、58X和YGJ 3个产品定委鉴章。

是年　新设备固定资产投入500余万元；58XZ产品和清障自动化装置2项产品订单、产值均创新高；企业总产值突破1.4亿元。

附　录

再次创业的领头人——王明章

1970年，17岁的王明章被分配到一厂机动科电工班当学徒。王明章进厂后就跟着师傅们进入高频炉制造小组，边学边干，电工、钳工、钣金，用到什么就学什么。第二年，王明章以优异的成绩出徒。1974年，他考入上海机械学院(上海大学)电气专业学习，毕业后回到一厂工作，成为电气维修的技术骨干。1978年，调到机动科任技术员，并被山东省军工局团委评为先进个人。1983—1987年，先后任机动科副科长、科长。1990年，升任二厂副总工程师，1993年任分管生产的副厂长。

20世纪80年代末90年代初，山东“小三线”军工厂进入调整转型、下放地方和异地搬迁的改造时期。二厂最终没有搭上搬迁的“末班车”。

1995年，王明章被任命为党委书记、厂长时，二厂仍留在大山中苦苦挣扎。军品任务逐年减少，民品开发方面没有形成主打产品、拳头产品。企业资金捉襟见肘，技术、管理人员流失。刚主持工作不久的王明章参加了山东省国防工办在泰安召开的三线工厂搬迁总结会议，该次会议提出目前没有搬迁开工的军工不再搬迁，就地改造。这意味着二厂彻底没有了搬迁的希望。心急如焚的王明章第二天就跑到淄博市，向领导力陈二厂的历史贡献和现状。报告呈报上去一次又一次，终是没有任何实质性的进展。

等待的日子令人煎熬。企业举步维艰，职工生活困苦不堪，企业人心涣散。“没有钱，没有产品，无法出山”，前景一片暗淡。刚刚接过重担的王明章作为企业的领头人，肩负上千人的前途命运，其压力可想而知。

1996年，王明章到山东省国防工办向领导汇报情况，说到职工的工作生活状况时，哽咽难言。他恳请领导将二厂再收归省国防科工办。领导们当然很清楚当前的政策，也理解该厂的难处，对王明章说："我们请省政府协调，请省长帮助，一起努力吧！"

带着这样的一线希望，王明章一方面争取军品任务，组织开发民品，尽最大努力进行生产自救，另一方面将争取搬迁作为第一要务。1996—1998年，在厂内创新管理办法，以时间换空间，赢得企业喘息机会，激发职工积极性和创造力。生产运营上实行"小承包，大放活"的经营模式，对职工提出"下岗人员要振奋精神，下岗不失志；在岗人员要坚守，安心工作"的要求，使工厂的生产经营工作逐步恢复。先后上马精密铸造、报警锁、捆秧机、窑炮窑弹、金属管壳等十几个民品项目，对稳定队伍、增加收入、树立信心起到了关键作用。

王明章后来回忆这段时期时，"希望与失望短时交替，感动与沮丧随时而来，在外边想着厂里的艰难，在厂里想着未来的茫然。往前走，看不到路；往后退，万丈深渊。""只有前进，是唯一的生路！要相信党和政府，相信全厂干部职工。当好班长，带好队伍，别无选择。"

精诚所至，金石为开。二厂的搬迁工作，在省、市政府及省、市主管部门的关心支持下终于有了曙光。1998年12月，淄博市政府第七次市长办公会议，研究同意二厂搬迁方案。自此，二厂的搬迁各项工作开始了实质性的进展。1999年1月，山东省副省长韩寓群到二厂视察，走访困难职工家庭，对搬迁工作作出重要指示；2月，二厂与市交警支队办理厂区交接手续；6月，淄博市政府办公厅落实二厂搬迁享受优惠政策；10月，二厂成立搬迁筹建处。2000 年5月，职工宿舍区在张店湖田开始动工兴建。2002年，厂区和宿舍建设如期完工；10月，工厂正式启动搬迁工作。除军品生产线外，全厂十几条民品生产线及500多户、1100多名职工陆续搬迁到张店。

前后7年时间，二厂终于走出大山。2002年，是二厂发展史上的重大转折点，也是二厂人二次创业的新起点。新的挑战，接踵而来。解决企业的生存和职工生活最低保障，依然面临巨大的压力。工厂出山了，职工进城了，但新厂区占地面积小，军品设备留在老厂无法搬迁，"一穷二白"的窘况照旧，1000余人的"吃饭"问题成了第一要务。既然走出了第一步，往后的路再难，也要想尽办法走下去。王明章坚信，凭着二厂人身上几十年来"不怕困难，百折不挠，团结奋进，勇于奉献"的军工精神，将来的路一定会走得更好、更扎实。

2003年3月，王明章提出"三年脱困、五年脱贫"的奋斗目标（"三年脱困"指：2004—2006年工资能按时足额发放，职工收入达到全市平均水平，有条件时补发拖欠的工资；"五年脱贫"指：到2008年，工厂销售收入突破5000万元，职工收入超过全市平均水平的10%）。二厂人咬紧牙关，砥砺前行。厂里没钱买材料，职工自发集资。这在当时二厂职工家家都有负债、吃饭都困难的情况下，几十万的资金，对他们来说那是天文数字。

在生产经营方面，王明章提出"军品为本，民品兴业，军品靠品种，民品靠规模"的发展思路，设立专门的军品科研机构，配备专职从事军品研发的科研人员，加大军品研发力度。同时，加大民品市场调研，寻找适合企业的项目。在管理方面，提出"三个队伍"和"三个机制"建设目标。经过几年的坚持和努力，先后研制出多项优质军品，并获军队科技进步三等奖、华东地区军械装备优质产品等多种奖项。民品方面，开发出两种铣床用变速箱。2005年，与北京第一机床厂签订协议。形成批量供货后，又先后与南通科技、黄山皖南机床厂等多家单位建立长期合作关系。很快，两种铣床变速箱在国内市场上占据一定份额。

军品、民品齐头并进，企业经营状况逐步稳定。但由于历史负担重，企业的整体经营状况还是得不到彻底扭转。当时正好赶上国家为解决军工企业困难问题而实施兼并破产政策。2007年1月，山东省人民政府国有资产监督管理委员会下发鲁国字企改函〔2007〕3号文件，《转发全国企业兼并破产和职工再就业工作领导小组关于下达九江船用机械厂等201户企业破产项目的通知》，二厂名列其中。但山东省国防科工局规定，破产的企业不予发放生产许可证。针对这种情况，二厂当年召开职工代表大会，通过破产方案，随即成立山东第二机械有限公司，并顺利取得军品产品生产经营许可证。

在王明章的带领下，全厂干部职工上下齐心，克服一个又一个困难，一步一个脚印稳步前行，企业规模和实力与日递增，企业总产值从2003年的1028万元发展到2008年的6321万元，增长了6.3倍，职工收入超过全市平均水平，“三年脱困、五年脱贫”的奋斗目标圆满实现。2008年，王明章被授予“山东军工十佳先进个人”“淄博市优秀共产党员”荣誉称号。

军品生产稳步增长，民品产业步入发展的快车道。先后开发成功铣床两箱体、铣床立铣头、铣床主机、粉末冶金、高比重钨合金等产品。2011年，“两箱体”产值达到3102万元。着眼于企业的未来发展，2013年，已临近退休年龄的王明章再次果断决策，在淄博高新区征地106亩，用于建设新厂区。同时，与南方先进企业广泛开展合作，并实施集团化发展战略。与珠海珠江金属有限公司合作，成立合资公司1个；同时，注册成立山东军沃科技有限公司，下设3个全资子公司。2015年，销售收入首次突破亿元大关，与2002年搬迁时相比，销售收入增长26倍。

企业搬迁后，经过十几年的历难克艰、奋发图强，从一个一穷二白、几近倒闭的三线时期的旧企业，发展成为一个军民融合发展的大型集团化企业。王明章在大半生的军工生涯中，见证了二厂由盛及衰、从弱到强的发展轨迹，也在二厂濒临消亡到起死回生中，兑现了他的诺言。二厂的发展史，创造了山东军工企业发展史上的奇迹。

军工精神的传承者——赵国柱

赵国柱的父母，是1965年二厂建厂时就扎根大山的第一代军工人。那年，年仅2岁的赵国柱也随父母从山东海阳搬迁到沂源。他是在军工文化的浸润与熏陶下长大的。六七十年代，二厂工人每天在军号声中上下班。少年时期的赵国柱，也在这嘹亮的军号声中，耳濡目染着叔叔阿姨们的执着、韧劲和那份热情，从而早早扎下了一颗军工梦的种子。

1982年，赵国柱从山东省国防工业军工技校毕业，被分配到山东工模具厂，也成为一名军工人。第二年，他被调回二厂，进入机动科从事钳工工作。凭着对军工事业的满腔热忱，赵国柱处处严以律己、刻苦钻研，不久，他就成了钳工班组独当一面的技术“大拿”，还被提拔为工段长。因为表现出色，1988年，他被批准加入中国共产党。1991年，开始负责机动科生产调度；1994年任供应科副科长；1995年任供销公司副经理；1996年任工具科科长，翌年兼任机动科科长；1997年9月，担任副厂长，主抓生产管理。这段时间，正是二厂被“遗忘”在大山中，搬迁无着落，企业经营极为困难的时期。他与领导班子一起苦苦求索前行。

2002年，二厂从沂源搬迁到张店，负债累累，经营艰难。作为主抓生产管理的副厂长，深知产品质量是企业发展的核心要素。赵国柱组织一班人制订出一套切实可行的《质量工作计划》，将“科技创新、追求卓越、服务真诚、持续改进”作为质量方针；将“每3年新产品开发不少于1~2项，并投放市场，产品销售收入不低于500万元，顾客满意度达到90%以上”作为目标。翌年4月，通过质量体系认证。

2006年，二厂被列入破产企业。2007年，为保证工厂破产不停产，成立山东第二机械有限公司继续运营。企业转型后，为适应新的市场环境和需求，赵国柱带领生产单位不断探索提质、增效的新方法和新途径，每争取到一笔军品订单，都会精心部署，举全厂之力保障产品按时交付。

“军工产品，质量第一”，这是嵌入到军工人骨子里的信念。赵国柱深知军品质量不仅关系到企业的生死存亡，更关系到国防一线战士们的生命安危。不论酷暑还是严冬，每天早上一上班，赵国柱第一个雷打不动的动作就是换上工作服下车间巡视，在生产线上的每一道工序中，工人们总能看到他的身影。

2011年，赵国柱担任山东第二机械有限公司总经理。随着企业的发展，开始推行集团化运营模式。2013年，成立山东军沃科技有限公司，并在高新区建新厂区。2016年，赵国柱担任山东军沃科技有限公司董事长。

赵国柱将“举军工旗帜，走规范化道路，实现三个提高”（企业整体实力提高、经济效益提高、员工收入提高）作为发展目标；将“以诚信谋发展，以质量求生存，以管理增效益，以规范树形象”作为企业经营的基本理念。

针对企业管理中存在的弊端，按照现代化企业制度的要求进行规范管理，建立一套科学合理的法人治理结构，明确议事规则和决策程序，健全各项激励和约束机制，完善母、子公司体制，形成有序健康的集团发展模式。通过深化企业人事、劳动和分配制度改革，实施全员覆盖、精准考核、有效激励的绩效考核管理办法，实现考核出效益、管理上水平、企业添活力的目标。

发展依靠职工，发展为了职工。赵国柱不忘上千名二厂工人在企业最困难的时候，不离不弃，跟随着他们一班人从大山中走到城市这一路上的艰辛和不易。随着企业效益的提升，作为全厂几千人的“大家长”“主心骨”，始终把职工的冷暖和利益挂在心上，不定期为员工提高薪资待遇和福利水平，每年组织全员进行体检。2024年春节前，补发1998年拖欠的3—4月的工资，早已退休或离岗的职工纷纷感叹说：“真没想到还会补20多年前的工资啊！”

经营企业，面临着来自多方面的压力和挑战，特别是新冠疫情三年，经济下行给企业的生产经营带来极大冲击。针对特殊时期导致的物资采购、产品销售、试验器材运输等方面的困难，想方设法协调解决原材料供应紧张的问题。同时，对生产订单进行合理调整，将各种不利影响降到最低。2022年冬，重庆一家供应商因种种原因无法按时供应原材料，严重制约了生产进度，在多次电话协调未果的情况下，当时正值新冠疫情的封控期，赵国柱顾不得这些，亲自前往协调。临行前，汽车后背箱里带足了沂源煎饼、火腿肠、方便面等，为降低被感染新冠肺炎的风险，全程吃、住在车上。经过一周的来回奔波，供应难题迎刃而解。

自主创新能力，是企业可持续发展的根本。

在科研开发上，公司遵循军品与民品并重、开发与预研并行的“两条腿走路”发展策略。加大新产品核心技术研发投入，相继研发出XZ58、51P、ZWQ、YGJ等多款具有自主知识产权的新型装备产品。2019—2023年，对老产品进行优化升级，完成58K、58X两种产品的技术改进。在加大军品科研开发力度的同时，也加大了民品的市场开拓力度，陆续推出航空航天、医疗器械等系列产品，多项产品填补了国内空白。2022年，聚焦关键领域，集中优势资源，挖掘国家电网市场需求，开发出清障自动化装置系列项目，到2024年，已实现批量供货，成为该企业新的经济增长点。

2018年，公司工业总产值、销售收入首次实现双过亿。2023年，企业实现主要经济指标再创历史新高，产值同比涨幅高达77%。

山东新华翻砂厂

扫码听书

记忆沂源·小三线建设卷

概　况

山东新华翻砂厂，始建于1966年，位于济南市钢城区汶源街道（原沂源县黄庄镇，后划归莱芜市）南部山区，处沂源县城西南约60公里，青杨崮南麓。其厂部设在大上峪村，各个车间分布在大上峪、小上峪、青冶行、灰菜峪和东峪5个行政村的9条山峪中，总占地面积1900余亩，其中生产区占地面积1340余亩，非生产区占地面积560余亩，职工最多时达4000余人。该厂曾是山东省小三线军工建设规模最大的常规武器生产基地之一，县团级编制，属国营地方军工企业，主要生产工业硝铵炸药、“五三”式82毫米迫击炮稀土铸铁杀伤榴弹、“六三”式60毫米迫击炮稀土铸铁杀伤榴弹等军品。

1984年，开始转产民品，生产缝纫机、自行车和柴油机等配件和各种包装木箱、纸箱等。1998年1月，整厂迁往泰安。2004年9月，企业破产。2017年，在该厂旧址建成“9363军工遗址”公园主题教育基地、洞室生产车间复原场景、新华军工纪念馆等主要景点，发展军工遗址旅游，打造影视基地、国防教育基地和红色文化旅游基地，并被列为省级文物保护单位，成为济南市面积最大的一处工业遗产。

9363军工遗址公园

历史沿革

1966年，在沂源县黄庄公社大上峪大队的北山坡建厂，厂名为“山东沂源八二迫弹厂”，内部称为“国营九三六三厂”，对外称“国营山东新华翻砂厂”（简称新华厂），属山东省机械工业厅二局，又称军事工业局（简称军工局）。1969年，属山东省国防工业办公室（简称省国防工办）。同年，属山东省革委、山东省军区和省国防工办。1974年1月，三线军工厂管理体制改变，属山东省第二机械工业局（又称山东省军事工业局，简称省军工局）。1984年1月，省国防工办改称山东省国防科学技术工业办公室（简称省国防科工办），该厂属之。

1987年4月，下放至临沂地区，由临沂地区机械工业公司管理。1990年1月，沂源县划归淄博市，该厂随之划归淄博市机械工业管理局管理。1991年，划归泰安市，属山东省国防科学技术工业办公室。1998年4月，更名为山东新华机器厂。2004年9月，企业实施政策性破产。

建设发展

建厂背景

20世纪60年代，针对复杂的国际形势和来自多方面的战争威胁，毛主席发出“要备战、备荒、为人民”“三线建设要抓紧”“现在不为、后悔无及”等一系列指示。1964—1965年，山东省相继建立了5个军工厂，主要承担生产半自动步枪、枪弹、手榴弹、地雷、迫击炮、硝铵炸药等军工产品。目的是一旦爆发大规模战争导致交通中断，各省可以立即装备起地方部队和民兵武装，做到独立作战。

1966年，立足于打大仗、打恶仗，各大行政区形成独立的军事体系，华东局和山东省委决定再在沂蒙山区建立4个军工厂，山东新华翻砂厂就是其中之一。因前几批军工厂的建设仍距离城市较近，不利于隐蔽，因此在该厂选址上遵照国务院国防工业办公室精神，贯彻“靠山、隐蔽、分散”方针，离开大城市和主要交通干线，建在地形隐蔽的地方。同时，在厂区平面布局上，要求厂与厂之间相距30～50里，车间与车间之间相距3～5里，且考虑要有打洞的工程地质条件。大上峪、小上峪、青冶行、灰菜峪和东峪一带为可溶性石灰岩地区，岩石裸露，山体海拔在540米左右，相对高度120米左右，四面环山。该地区距离沂源县城60公里、莱芜县城30公里、新泰县城21公里。在地质地貌、周边环境、交通条件等方面比较符合“靠山、隐蔽、分散”的建厂要求和山洞开挖的工程条件，经过反复勘察、选择，最后将厂址定在沂源县黄庄公社大上峪及青冶行一带。

选址筹建

选址布局 1966年5月26日，厂长马相礼和闫志爽、刘茂孚、曲德明、姜绍谦、孔繁荣、付信光等有关干部及技术人员组成的筹建组到达沟壑纵横、群山连绵的青杨崮一带，开始筹备建厂。5月29日，在山东省后方建设现场指挥部的领导下，着手进行选址定点工作。7月，将山东新华翻砂厂的建厂地点定在沂源县与新泰、莱芜三县交界处的黄庄公社大上峪、小上峪、灰菜峪、东峪和青冶行大队的9条山峪中，105车间在徐家庄火车站东南1500米处。这里水源比较丰富，西靠莱新干线公路、磁莱支线铁路，交通比较方便。厂部设在大上峪村后的北山坡，整个厂区设计呈星状分散式布局。

在进行选址的同时，在大上峪进行了建厂的初步设计工作，确立建设的方向和规模。按照华东局和山东省委建设“小三线”的指示精神，结合铸造、机械加工和火工、木工共存的特点及山东省机械工业厅下达的设计任务，在建厂方案总体布局上采取了“进洞、分散、民众化”的形式。土建工程由山东省建筑设计院设计，工艺由山东省机械工业厅设计研究院设计。

为加快建厂进程，采取边选址、边论证、边设计、边调整的办法，同时立项，同时组织进场，紧锣密鼓地进行各项建厂筹备工作。筹建组用3个月的时间完成该厂的地质勘探、项目论证、规划调整、工程立项、工业设计等工作。

筹建 随着建厂地点的确定，1966年7月开始建厂筹备工作。11月，组建工地指挥部，建立工地临时党委，指挥部设在大上峪。在工地指挥部的领导下，1967年2月开始大规模的工程建设。

1966年10月，沂源、新泰两县2000余人的施工大军奔赴青杨崮，拉开了新华翻砂厂基础建设的序幕。11月，组建工地党委和工地指挥部，设在大上峪村，下设施工、财务、行政、工艺等小组，各小组负责人现场指挥、监督检查工程质量。

在组织建厂的同时，积极做好人才队伍的组织准备，确保尽快投入生产，保证工厂建成即投产。在专业技术人员和工人队伍上，分别从西南地区“大三线”工程二八二厂、济南四五六厂以及济南、青岛、东北等地的军工企业中，选拔4批技术骨干、管理人员、熟练技工，在北京、济南、青岛以及全国各地招收一批大、中专院校毕业生、军工企业专业人才、退休转业军人等。1966年12月底，170多人开始陆续进厂，为安装设备并尽快投入生产创造条件。同时，组成一批批实习队，前往湖南二八二厂（生产迫击炮榴弹的军工企业）进行岗前培训。

工程基本建设

山东新华翻砂厂的基建工程，大致分为三个阶段，即1966年开始的初建阶段、1968—1969年期间的扩大初步设计阶段、1971年以后的改造和扩建阶段。

初建阶段 1967年2月，在工地指挥部的领导下，开始了大规模的工程建设。初期的工作条件异常艰苦，厂筹建组住民房，喝井水，爬山越岭，现场指挥办公，曾先后在红房子、大上峪、青冶行、北山等地临时居住，指挥工程的顺利进行。白天自己做饭，夜晚一盏油灯。没有道路，唯一的一辆苏制嘎斯汽车只能在小河沟里通行。

1967年2月，沂源县民工营400人负责厂区内的“四通一平”（通水、通电、通路、通电话和平整场地）工程。新泰县施工营1400人、青岛建筑公司170人、济南安装公司170人及其他地方的民工营分片施工，多头并进。经过4个多月奋战，修建厂内简易公路1.01万米、桥涵35座，完成平整场地土石方工程量2.3万立方米，建筑房屋337座、23391平方米。其中，工房、库房10987平方米，非生产性建筑（包括办公室、食堂、宿舍、医务室、托儿所）共662间、10404平方米。洞室施工由山东省煤炭局工程队、省安装公司负责。1967年4月，土建工程全面开工。由山东省煤炭局工程队、省安装公司负责洞室施工，7月底完成鹞子峪至解放峪的洞室贯通工程和楚峪成品库洞室工程。到12月，共完成洞室工程施工1748平方米，其中楚峪成品库洞室637.3平方米。鹞子峪至解放峪的洞室最后总面积为1249.9平方米。1967年8月以后，除进设备、调进人员以外，主要进行设备安装和生产准备工作。

山东新华翻砂厂洞室车间通道

扩大设计阶段 1968—1969年初建时期，全厂总建筑面积4万余平方米。其中生产性建筑1.9万平方米、非生产性建筑2.3万平方米，主要厂房分布在一、二、三、四、五车间和汽车队。同时建二级泵水池1000立方米，高位水池300立方米。

改造、扩建阶段 1969年基建工程初具规模后，随着全厂生产能力的不断扩大和任务的逐年增加，有关生产车间、科室的房屋也做了部分改造和扩建，有些是大规模的重建。

生产性建筑：1970年11月7日，开工建设800米长的专用铁路，次年2月19日竣工。1971年，在老工人的带动下，山东新华翻砂厂职工自己动手，开挖山洞1216.8平方米。同年，102车间原先和机修车间在老洞内生产，因场地狭小、潮湿，在老洞南洞口右边400米处，重新打洞室3318.52平方米，全部82毫米迫弹机加工进洞生产，洞外环山建电泳涂漆工房2634.71平方米。后因生产工艺没有批准，未投入使用。1979年，为适应“军转民”需要，在原大礼堂西加盖工房1326平方米，连同礼堂一并作为缝纫机生产工房。1984年年底，缝纫机生产工房改产“山东195”柴油机曲轴。

机修车间所在老洞潮湿，对人身和设备影响很大。为搬迁出洞，在102车间单身宿舍楼右侧建工房2392平方米。由于工厂准备调整搬迁，未投入使用。

1980年，101车间原工房不适应大批量生产的需要，重建工房696.76平方米。1982年，105车间改、扩建工房1万余平方米，用于生产缝纫机台板，部分用作成品仓库。

经过多年的不断新建、扩建和改造，布局相对趋向合理。到1986年底，全厂共建工房71068平方米，投资总额为3422.59万元，占地面积1902.97亩，其中可耕地595.2亩、非可耕地1307.77亩。生产区占地面积76958平方米，非生产区占地面积249456平方米。

主要生产工房建筑面积55343平方米。其中101车间11617平方米（包括办公室375.6平方米）、102车间12972平方米（包括办公室195平方米）、103车间2310平方米（包括办公室152.14平方米）、104车间5330平方米（包括办公室155平方米）、105车间15495平方米（包括办公室1226.32平方米）、工具科976平方米、设备动力科1001平方米、汽车队1665平方米（包括办公室87.72平方米）、楚峪成品库2907平方米、厂中心仓库1095.2平方米、一级和二级水泵泵房337平方米、靶场623平方米、总务科冷库253平方米。此外，修厂区8米宽的沥

山东新华翻砂厂102车间电泳涂漆工房

青公路9149米、工厂铁路专用线508米。

非生产性建筑：1976年，投资4万元建造冷库261.99平方米，解决了职工副食品供应的困难。一、二、三、四车间和机关食堂全部进行改造，总竣工面积2099.84平方米。1979年，陆续建设一批职工家属宿舍和单身职工宿舍。宿舍为达到隐蔽的目的，最大限度地缩小长度、跨度、高度。尽量做到与当地群众居住的建筑相协调，布置成阶梯化、乡土化、村落化的民居形式。

截至1986年底，共建成非生产性厂房51377平方米。其中，办公楼2663.64平方米、电大教室180.34平方米、子弟学校教研室1733.3平方米。建托儿所4处，建筑面积8863.15平方米；职工浴池6处，总建筑面积1785.36平方米；职工医院楼1座，建筑面积1618平方米；家属宿舍楼13栋，总建筑面积19450.5平方米；农场宿舍和105库宿舍总面积4383平方米；电视转播室1座，面积19.98平方米；露天舞台1处，面积2250平方米。

改革转型期 1992年开始，山东新华机器厂（原山东新华翻砂厂）在泰山区万贯路以南、104国道以东的大白峪前灌社村征地159亩，在徐家楼乡大官庄征地320亩筹建新厂。1997年11月，搬迁至泰安市泰山区，主要开展铸造、化工生产。铸造产品有薄壁铸铁件、球铁件、有色金属铸件和手拉器多功能轮式起重机。铵锑炸药生产线随同全厂由黄庄搬迁至泰安新厂，按年产9000吨产能扩建，并新建一条年产能力5000吨乳化炸药生产线。

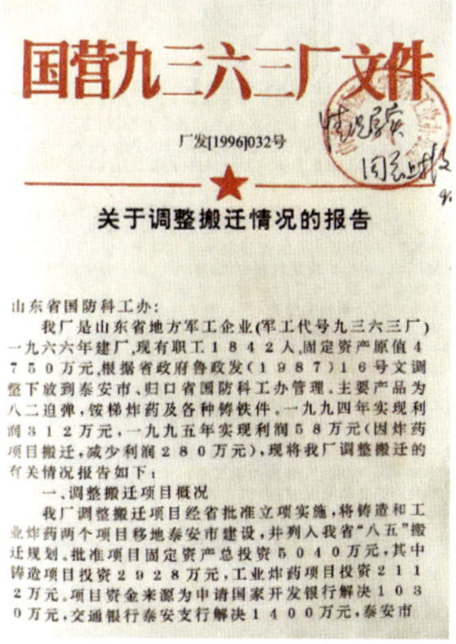
国营九三六三厂文件

厂发[1996]032号

关于调整搬迁情况的报告

山东省国防科工办：

我厂是山东省地方军工企业(军工代号九三六三厂)一九六六年建厂，现有职工1842人，固定资产原值4750万元，根据省政府鲁政发(1987)16号文调整下放到泰安市、归口省国防科工办管理。主要产品为八二迫弹，铵梯炸药及各种铸铁件。一九九四年实现利润312万元，一九九五年实现利润58万元(因炸药项目搬迁，减少利润280万元)，现将我厂调整搬迁的有关情况报告如下：

一、调整搬迁项目概况

我厂调整搬迁项目经省批准立项实施，将铸造和工业炸药两个项目移地泰安市建设，并列入我省“八五”搬迁规划。批准项目固定资产总投资5040万元，其中铸造项目投资2928万元，工业炸药项目投资2112万元。项目资金来源为申请国家开发银行解决1030万元，交通银行泰安支行解决1400万元，泰安市

山东新华翻砂厂调整搬迁报告

企业搬迁后，总占地面积达到36万平方米，建筑面积4.9万平方米。企业下设化工、机械、工器具、锻冲压、铸造等5个分公司（其中铸造为合作公司），职工人数1900余人。企业资产总额1.3亿元，流动资金4300万元，拥有各类生产设备1372台（套），主要生产设备759台（套），总动力3400千瓦时，是泰安市经济开发区重点骨干企业之一。全厂职工发扬军工优良传统，克服重重困难、逐步恢复生产。

由于搬迁投资数额巨大，除少部分金融机构借款外，大部分靠山东新华翻砂厂自筹解决，使企业背上了沉重的债务包袱，生产经营和新产品开发难以为继，多次陷入停产、半停产的状态。

2004年，根据上级文件精神，山东省经委同意山东省9家地方军工企业上报破产预案，国务院批准山东新华翻砂厂破产。9月6日，山东新华翻砂厂宣告破产。破产后的厂区对外租赁和买卖。

其他保障设施

电力保障 从建厂初期到1983年10月，由莱芜钢铁厂线路供电（转供）。1981年6月，因供电量严重不足，加上线路年久失修，投资95.6万元新架设供电线路1条，外接新泰变电站，改由泰安电业局供电。高压线路全长14.8公里，输入高压35千伏，在101车间路口建降压站，下设配电室10处。降压站以6.6千伏电压输向各配电室，全厂输电线路总长46.25公里，日用电量1.7万度。

供水保障 按建厂初期的设计，为达到隐蔽的要求，厂内不建水塔。1966年8月，山东地质队801队开始在厂区内打机井。至1967年3月，先后机凿深井5眼，日提供工业用水和生活饮水1179吨。全厂另建有大口井2眼，建泵房7座，分为北、南2处水源地。

北水源地：利用水井与水池之间绝对高度179米的地形落差，分别建低水位水池和高水位水池各1座，采用三级供水。一级泵房建在黄庄公社丈八丘大队境内，使用DA1—125×5离心泵2台，最大抽水量每小时100立方米；二级泵房建在黄良安后山坡，使用DA1-125×5和5DA-8×5水泵各1台，将井水抽入低位水池。解放峪泵房使用75TSW—7、DA1—80×9水泵各1台，再将井水抽送到高位水池。高位水池在解放峪西山坡上，容

积300立方米。

南水源地：先后建2座高位水池。大上峪泵房使用5DA—8×5、5DA—8×46和JD—28深井泵各1台，最大抽水量为每小时50立方米，高位水池300立方米。随着新华翻砂厂生产能力的提高，以上水源已不能满足需要。1981年，在上峪泵房南2500米处打深井1眼，建容量3000立方米的高位水池1座。使用250JQ140×6潜水泵1台、DA1—125×5多级泵1台、DA1—150×4多级泵2台，最大抽水量每小时120立方米。

通信保障 厂内使用150门电话总机，外线接莱芜邮电局总机和沂源县大上峪邮电局分机，并设有专线与莱芜钢铁厂联系。1982年6月15日，设置无线电话对讲机1对，与靶场联络。

生产经营

1968年7月27日，山东新华翻砂厂开始军品试产，先后研制生产3种迫击炮弹。1969年6月1日，正式投产硝铵炸药。在生产军品的过程中，为完成上级下达的指令性生产任务，该厂先后多次开展“大会战”。1970年8月9日，成立“380”产品会战指挥部，并提出“革命加拼命，苦干加巧干，掉它十斤肉，流出几身汗，完不成任务不下火线！”“全厂总动员，奋战六十天，完成‘380’，打击帝修反，为中国和世界革命作出较大贡献！”等激励职工加快生产步伐的口号。

1979年以后，军品任务逐年减少，按照“军民结合、以民养军”的方针，该厂开始转型开发民品，改、扩建生产工房，增设民品生产线，主要开发生产的民品有2个品种。到1986年底，开发生产缝纫机零部件、曲轴等民品及各种包装木箱等配套产品，职工总人数达到1890人，固定资产净值达到2000余万元。

企业在生产建设和经营的过程中，围绕提高产品的产量、质量和经济效益，大力开展技术革新、增产节约、安全生产等各种形式的劳动竞赛。投产后，先后开展20多个工种、95次劳动技术竞赛，有756人次参赛，涌现出一批技术能手、厂级劳动模范及各类先进人物。

军品生产

设计和工装 1966年5月26日至6月底，第一批人员进厂后，开始设计工作。8月25日，五机部第五设计院工作组在济南作出《山东九三六三厂扩大初步设计的若干建议》。1967年3月，山东省机械工业厅批准土建和工艺设计。生产任务书规定生产3种产品：“五三”式82毫米迫击炮稀土铸铁杀伤榴弹（产品图WB300简称82毫米迫弹）和“六三”式60毫米迫击炮稀土铸铁杀伤弹（产品图WB304B简称60毫米迫弹），年产量50万发；硝铵炸药年产2000吨。1967年年底，主要生产工房建成后，开始安装设备。

硝铵炸药 1969年3月10日，开始试生产硝铵炸药。主要有2号岩石硝铵炸药，适用于无瓦斯及矿尘爆破危险的爆破工程；2号抗水煤矿硝铵炸药，适用于有瓦斯或煤尘爆炸危险、有水的矿井爆破工程。山东木材厂按照规格要求生产加工硝铵炸药包装木箱的板材，再由山东新华翻砂厂组装。5月21日，省国防工办组织鉴定，批准从6月正式批量生产，当年计划生产1000吨，到年底生产1007吨，创工业总产值111万元，实现利润13万元。1970年，生产2672吨。1973年1月，60毫米迫击炮弹进行完成生产鉴定后，军品生产能力不断扩大。1983年，进行扩建、技术改造。1985年，硝铵炸药由年产量1000吨增长到6000吨。1969—1986年，共生产硝铵炸药6.3万余吨。

“五三”式82毫米迫击炮稀土铸铁杀伤榴弹 1968年7月27日开始试制。弹体直径82毫米，全弹重3.158公斤，有效杀伤半径30米，最大射程3040米。

1969年4月12—16日，在七三二厂潍北靶场进行第一次试验。共用82毫米迫击炮弹151发（装药106发、砂弹45发），5个项目试验用120发、调炮15发、配药16发。强度试验、装药安定性、爆炸完全性、破片、散布精度均合格。平均初速每秒210米。该次试验中，由于工装存在一定问题，存在尾翅毛刺较多、空弹体容积不均（最小258.4立方厘米、最大340.4立方厘米）、空弹体普遍偏轻（低于下限公差40克左右）以及化学成分、机械加工性能不稳定等工装问题。在1969年12月4日之前，先后试产82毫米迫击炮弹27炉，均无合格产品。

1969年12月4日—1970年1月9日，通过认真总结经验，改进工艺措施，试产3批共计4500发。经试验全部合格，主要性能达到产品技术要求。到1970年4月底，共交验6批、12000发合格产品。

1970年5月10—24日，省国防工业办公室组织鉴定委员会，对试制的82毫米迫击炮弹进行鉴定定型，并批准从6月起正式批量生产。当年计划10万发，提前两个半月超额完成计划。1978年停止生产。1970—1977年共生产155.31万发。

“五三”式82毫米迫击炮稀土增重弹 1971年6月23日开始研制，产品图WB300B简称82迫稀土增重弹。该弹是在原82毫米迫弹的基础上，不改变内外弹道参数，增加空弹体重量100克。散布精度、破片性能等完全符合战术要求后，经五机部三局批准，新华翻砂厂自1978年开始生产82毫米迫击炮稀土增重弹。1979年8月21—28日，经省军工局、济南军区军事代表办事处组织进行产品鉴定，炮定委以〔79〕炮定字73号文批准82迫稀土增重弹生产定型，并把山东新华翻砂厂定为82迫稀土增量弹底图厂。该产品成为新华翻砂厂的主导产品，至1986年年底共生产246.19万发。

“六三”式60毫米迫击炮稀土铸铁杀伤弹 1971年11月15日开始试生产。弹体直径60毫米，全弹重1.5公斤，杀伤半径15米，最大射程1500米。

1972年1月12日，济南军区后勤部设备部、六七二厂、九三五四厂、九三六三厂及各厂军代表组成鉴定委员会，对“六三”式60毫米迫击炮弹进行鉴定，由于在鉴定前和鉴定中出现近弹的情况，鉴定工作停止。其后7个月，检查近弹的原因，进行3次大型靶场试验，共试验192组、2460发。最后查明造成近弹的主要原因是修车弹带后圆柱和钻药室底致使全弹重心偏移。经过机加工进行解剖测量、靶场试验，直到各项性能基本符合产品图和技术要求，11月15日投入试产。1973年1月21日，省国防工办、济南军区后勤部装备部对“六三”式60毫米迫击炮弹进行生产鉴定。年计划生产20万发，年底完成生产20.38万发。从此全厂生产能力不断扩大，军品生产能力由年产10万发增长到年产58万发。1976年停止生产，共生产86.63万发。

包装箱 包括木箱和纸箱，主要用于3种迫击炮弹、硝铵炸药等的包装，部分供应外协单位的军品包装。1971年以后由专门的木工车间生产，木箱铁件由家属工厂生产。至1986年年底，共生产各种木箱539万个。纸箱主要用于硝铵炸药包装。1980年以后，也用于缝纫机台板及其他产品的包装。1984—1986年，家属工厂生产硝铵炸药包装纸箱53万个、塑料袋407万个。

迫击炮弹包装箱

民品

缝纫机零部件 1980年，省军工局组织部分军工企业联合开发生产缝纫机。新华翻砂厂以铸造、机械加工、木工车间为主，生产JB—2家用缝纫机零部件，其中生产铸件10种、焊接件1种、缝纫机台板1种、包装箱1种。

1981年，建成缝纫机零部件、铸造、机加、台板、纸箱等民品生产线，并形成年产10万件配套产品的生产能力。至1983年，共生产缝纫机台板19万块、边角15万件、方架8万件、车壳36万件、底板33万件、摇杆18万根、大轮6万件、缝纫机台板包装箱21万个。1984年，停止生产缝纫机零部件。1985年，恢复生产缝纫机台板，是木工车间的主导产品，年生产能力达10万块。1986年6月9日，天津缝纫机工业公司对7个生产厂家的缝纫机台板进行评比，该厂的缝纫机台板被评为第一名。

“山东195”曲轴 1984年，开发生产“山东195”曲轴，形成从铸造到机械加工的生产能力。至1986年，共生产“山东195”曲轴成品1万余根，年生产能力达到3万根，成为该厂主要民用产品之一。

组织建设

1966年11月15日，成立工地临时党委，王占山任临时党委书记，刘士耕、王培滋任临时党委副书记。11月17日，第一次工地党委会决定组建工地指挥部，马相礼任总指挥。工地指挥部组建后，由山东省后方建设现场指挥部统一领导，并在临时工地党委的领导下，进行厂区基础设施建设及设备安装和试生产等工作。

1968年，党的领导被群众组织和革委会代替。厂革委会由15名委员组成，其中常委7人，刘广湖任主任，王占山、赵思英、张可志任副主任。1968年9月，革委会下设“三部一室”，即政治部、后勤部、生产指挥部和厂革委会办公室。1969年，沈景隆被任命为厂革委会主任，增补盛战斗、马相礼为革委会常委，韩金普为委员。1971年，增补王延祥、张学超2名军代表为厂革委会常委，于炳正、王毅志2名军代表为厂革委会委员。

1970年4月1日，成立党的核心领导小组，由沈景隆、王占山、马相礼等3人组成，沈景隆任组长。10月，开始整党建党、整团建团工作，党的领导地位和党、团组织建设逐步得到恢复。

1971年9月27—28日，召开第一次党员代表大会，选举产生山东新华翻砂厂第一届党委会，成员有沈景隆、王占山、李广彦、马相礼、王延祥、边秀云、赵启文、于炳正、刘士耕、刘成义、孙兆玉、李传家、李笃君、李德仁、张学超、庞志浩、盛战斗、韩金普、潘安堂等19人。沈景隆任党委书记，王占山、李广彦任党委副书记。厂党委成立后，先后组建工会、共青团委等群团组织和武装部等。各群团组织在厂党委的领导下，逐步完善职工代表大会、工会会员代表大会制度，建立群众性监督、议事机制。

党的十一届三中全会后，遵循“党委集体领导，职工民主管理、厂长行政指挥”的基本原则，实行厂党委领导下的厂长负责制，全厂生产得到迅速发展。1979年12月31日，成立中共山东新华翻砂厂纪律检查委员会，委员会由刘士耕、庄会章、王书勤、高京端、冀道诚等5人组成，刘士耕任纪律检查委员会书记。1983年8月10日，设立厂党委办公室，作为全厂党务管理和日常工作的常设机构。

1984年5月，山东新华翻砂厂第二次党代会代表合影

1984年5月16—17日，召开第二次党员代表大会。选举张家法任党委书记，冀道诚任党委副书记。1984年11月21日，山东省国防科工办党委批复新华翻砂厂第二届党委会由孔繁杰、孙卿一、李开贵、彭宗雨、韩士元、冀道诚等6人组成，任命李开贵担任党委书记，冀道诚担任党委副书记兼纪律检查委员会书记。

1985年，共有14个党支部、79个党小组，党员476人。

历任党组织主要负责人

机构名称	负责人姓名	职务	任职时间
工地临时党委	王占山	临时党委书记	1966.11—1970.04
党的核心领导小组	沈景隆	组长	1970.04—1971.09
党委	沈景隆	党委书记	1971.09—1973.02
党委	王占山	党委书记	1973.06—1979.06
党委	刘士耕	党委书记	1979.08—1983.12
党委	张家法	党委书记	1983.12—1984.11
党委	李开贵	党委书记	1985—1989
党委	吴继方	党委书记	1989—1993
党委	于嘉峰	党委书记	1993—2004
党委	宋百善	党委书记	2004—2007

企业文化

广播室

始建于1967年，配40瓦扩音器1台。广播范围只限于北山，由群众组织具体管理。宣传报道的稿件，由政治处负责审查后进行广播，上下班号及电台节目的转播等一般事项的广播，由广播室负责，时间较为固定。广播室有兼职广播员2人、专职电工1人，电工负责线路维修及开关广播机。因广播范围小，均为临时线路。

1969年1月，增购上海产275×2广播机2台，安装在招待所院内的2间广播室。广播范围扩大到各车间，线路也由原来的临时线路更换为常设线路。因厂区分散，为节约线杆，有的与电话线同杆，有的与照明线同杆，也有的专设水泥线杆。1973年，由工会负责管理。20世纪80年代，厂区广播线路30余里，更新25瓦喇叭15只，广播室内设有录音机、电唱机等广播器材，形成较完善的广播系统。

对于建在山沟中的工厂，广播在职工的文化生活中具有重要的作用，是职工日常生活不可缺少的一部分。自从广播室建立后，一直坚持每日广播3次。早上从起床号开始，连续广播到职工上班；中午下班开始广播，午休后再进行班前广播；晚上进行班后广播。

1980年前，每天转播早上的中央人民广播电台节目和晚上的《新闻联播》节目，使职工及时知晓国家大事。其他厂内的广播稿件由各车间、科室的宣传组或宣传员负责提供，宣传科负责收集和审阅。1980年后，群众文化生活水平提高，电视机不断增多，晚上的《新闻联播》不再转播。公休假日为每天广播2次。

图书阅览

图书室是职工业余文化生活的重要组成部分。1972年，建立由工会管理的图书室，并由专人负责图书的购置、管理和借阅，每星期六下午和星期天为借阅开放时间，每次开放时间的借阅人数都在百人以上。1986年年底，图书室随着工会搬到招待所院内，占用2间房子，自制书橱、书架，图书增加到6889册。

除图书室外，二车间、五车间、工具科、综合服务公司和消防队等单位也设有图书阅览点，各单位由1人在业余时间负责管理，一般晚上5—8点、星期日10—12点为阅览时间。各车间共有图书700余册，另外还有《人民日报》《工人日报》《大众日报》等报刊和部分画报、杂志等。

文娱活动

山东新华翻砂厂建成初期，厂区地处偏僻山

区，远离城镇，文化生活比较贫乏。建厂后，随着人员的增多和生产的发展，文化生活也不断丰富起来。每逢重大节日，都要举行文艺会演。到1986年年底，累计举办文艺会演40余次、游艺晚会5次。初期，文艺活动的组织由政治处负责，自1973年建立厂工会后由工会负责，有关部门协助组织。

20世纪70年代，文艺宣传队的女队员在演出

由于厂区分散，大部分节目以车间为单位进行排练，然后由工会统一组织会演。为参加山东省军工局组织的文艺会演，曾组织文艺宣传队到其他省内“小三线”企业进行演出，也到宁阳县、沂源县、莱钢、莱芜县等地的驻军单位演出。文艺演出队伍不固定，会演完成便自动解散。工会购置部分乐器，也分配给各车间一部分。所有车间党支部、团支部都组建各自的宣传队，由文体委员具体负责，除在本车间演出外，在节假日参加厂工会统一组织的文艺会演。二、四、五车间和工具科、动力科等单位的文艺节目颇受职工好评。

1973年，成立由7名委员组成的文体委员会，由一名副厂长任主任，工会主席任副主任。文体委员会具体组织全厂的文娱活动。厂工会购买电子琴、电吉他、扬琴、手风琴、京胡、二胡、提琴、锣鼓等声乐器材，组织乐队和文艺宣传队。另外，团委还积极组织团员青年参加舞会、游艺会等，各种文娱活动丰富多彩。

1973年后，长清县、莱芜县、新泰县、沂源县、莱芜钢铁厂、莱芜驻军、全国总工会文工团等单位的剧团、说唱团、文艺宣传队等，多次到新华翻砂厂慰问演出，极大地丰富了职工的文娱生活。

山东新华翻砂厂文艺宣传队乐队

1974年，购买35毫米“甘光”牌电影放映机1套。1976年，增购“长江”牌16毫米电影放映机1台。厂工会专设放映员3人，除在北山露天舞台放映外，还到车间放映。生产紧张时，为了让上夜班的职工看上电影，电影队深夜到车间为职工放电影，受到职工好评。除此之外，厂工会领导还多次带领电影队到宁阳县蒋集公社靶场驻地、沂源县鲁村公社北官庄大队和王家石沟大队等知青点驻地进行慰问演出，受到当地群众的好评。

1984年，又购买“井冈山”牌 35 毫米电影放映机1套、2台，同时购买泰安产三镜头幻灯机。除每年放映电影50余场外，将厂内发生的好人好事制成幻灯片，在电影放映前播放。

1980年后，电视逐步普及，因地处山区，收看效果不好。1982年，先后购买10瓦差转机2台。1984年7月，建电视转播室1处，后在北山和向阳峪各建电视卫星地面接收站1处，使全厂都能看到清晰的电视图像。1985年，厂工会购买日本产370型录像机1台，使用差转机放映录像节目，进一步丰富职工的文化生活。

体育活动

自建厂开始，就积极开展篮球、羽毛球等运动项目的群众性体育活动。1967年春，厂房、职工宿舍尚未建成，进厂人员暂时住在大上峪大队社员的民房中，在村南场院架起第一副篮球架，工地指挥部、参建单位、小上峪大队的教师和青年社员之间进行篮球比赛活动。

1973年，随着工厂的发展、人员增多，成立了厂文体委员会，具体组织开展文体活动。1976年，进一步增强体育活动的组织领导力量，单独成立厂体育委员会。在活动场地受限和体育器械缺乏的情况下，发动职工自己动手开山平地，焊制篮球、排球、羽毛球架，制作乒乓球台和单、双杠等，在一、二、三、四、五车间和工具科、动力科、汽车队、北山机关等处建起篮球场。在党支部、团支部的领导和组织下，积极开展多种球类比赛活动。

1976年，成立篮球队，先后参加省军工局、莱芜钢铁厂、沂源县组织的篮球比赛。1979年、1985年、1986年，先后成立乒乓球队、排球队和羽毛球队，参加省军工局组织的比赛活动。1984年，在北山104车间和一车间附近建灯光球场和水泥地面球场各1处，承办省军工局组织的系统内篮球比赛。

1986年1月，对厂体委进行改选，进一步充实领导班子，开展各项体育活动。在厂统一组织活动的影响下，各车间经常组织班组进行友谊比赛。全厂开展体育活动的项目越来越多，范围越来越广。

核心理念

新华人以“好人好马上三线，奉献青春献终生，献了终生献子孙”为理念，创造了一个又一个奇迹。

艰苦奋斗、无私奉献　这是新华翻砂厂最为显著的企业文化特征。从建厂初期到整体工程竣工，工人们克服缺乏水电、道路不通、物资匮乏等重重困难，用双手和简陋的工具在山洞中开凿出生产车间，为国防建设作出了巨大贡献。

团结协作、勇于创新　新华翻砂厂生产过程中，需要各个车间、各个工种的紧密配合，这种团结协作的精神是企业文化的重要组成部分。同时，面对复杂而精细的军工产品生产和恶劣的生产环境，工人们勇于创新，不断改进生产工艺，提高产品质量。

精忠报国、不计得失　新华翻砂厂的军工人怀着强烈的报国之心，不计较个人得失，甘愿在荒无人烟的大山中默默奉献，为国家的国防事业贡献自己的力量。

军地共建

建设“五七”农场

1978年1月，为解决部分职工长期两地分居的问题，山东新华翻砂厂建设“五七”农场。经协议，大上峪大队给“五七”农场可耕地150亩、荒山地84亩、荒山430亩。为补偿大上峪大队土地减少之后的集体收益损失，山东新华翻砂厂支援大上峪大队“泰山”25型拖拉机1台、硝铵化肥45吨、水泥60吨、球磨机1台、起动机1台、变压器1台。

“五七”农场建成后，为沂源县黄庄公社的一个农业生产单位，受黄庄公社和厂党委、革委会的双重领导。农场生产的粮、油、棉等，除按地亩定产的标准和现行税率照数上交国家外，其余均由农场自行支配。

对换土地建子弟学校

经厂方与大上峪大队协商，并经黄庄公社革委会同意，双方于1977年5月9日和8月5日两次达成协议。山东新华翻砂厂将位于大上峪村东的2处子弟学校教室32间，总面积650平方米，外加水炉房1处、校园用地9亩6分，对换大上峪大队耕地25亩，另建厂子弟学校。校址对折后，保证不减少耕地面积和不影响征购任务，大上峪大队还需造地15亩4分。厂方将校舍用地补差作价，支付给大上峪大队1.95万元，用于该大队造地还田费用。

支援知青驻地村

1974—1975年，山东新华翻砂厂知识青年王森林、郅友常、张西英等25人，先后分3批到沂源县鲁村公社王家石沟大队插队。王家石沟大队在村中心广场新建宿舍10间、办公室1间、伙房和储藏室各2间。大队干部王强始、陈玉栋负责管理知识青年，王银始负责知识青年伙食，生活、生产等一切费用都由大队供给。知识青年们被安排到林业队、试验队等，与社员们一起参加生产劳动。

1977年春，山东新华翻砂厂知识青年办公室为王家石沟大队购买25马力拖拉机1台，用于生产队耕地和运输。春节前，山东新华翻砂厂赠送王家石沟大队彩色电视机1台。

后勤保障

在“靠山、分散、隐蔽”的建厂指导原则下，厂址定在山沟里，交通不便，远离城镇，又处在沂蒙山区的贫困县境内，物资供应不足，生活比较艰苦，业余文化生活非常单调。在上级领导和当地政府的关怀下，随着工厂的逐步发展，职工物质生活和文化生活都有了较大的变化。

食宿

职工宿舍 由于厂区过于分散，为方便职工生产、生活，职工宿舍的建设随生产区分布建在13个点上。1979年前，全厂职工宿舍面积为31189.54平方米，其中单身职工宿舍面积11403.52平方米、家属宿舍面积19786.02平方米。1979—1986年，改建工房和职工宿舍楼，拆除建厂初期建设的“干插缝”草房宿舍14952.26平方米，新增宿舍面积22124.72平方米。至1985年，全厂职工宿舍面积38362平方米。

山东新华翻砂厂职工宿舍

1977年前，单身宿舍和家属宿舍建筑地点过于分散，不便管理，故采用车间和部门两级管理方式。厂总务科负责业务指导，按时提出修建计划，制定分配方法，配备室内用具，会同车间安排宿舍。车间具体管理本单位宿舍，总务科直接管理北山机关宿舍区和向阳峪宿舍区。其中，单身宿舍配备两抽桌、水桶、方凳和取暖炉具，每人一块床板和草席等；家属宿舍配备两抽桌，中专以上专业技术人员每人一把椅子和一个书橱。

1977年10月13日，首次建立宿舍管理制度。1981年7月16日，制定职工住房分配管理规定。1985年11月19日，制定有关住房、调房问题的暂行规定，并对水、电、暖等有关管理事项予以明确规定，全厂的房产管理制度进一步得到完善。

职工食堂 建厂初期，厂区建成了“满天星”。1967年，为方便职工就餐，一至五车间、工具动力科、汽车队、消防队分别在各个点上建立食堂。1968年，建立机关食堂。1970年，建立靶场食堂。1979年，建立综合服务公司食堂、招待所食堂。

食堂实行总务科和车间两级管理。每个车间都有1名分管生活的副主任，食堂配备司务长、会计各1人。食堂的行政领导归车间，业务领导和生活物资供应归总务科。食堂一般每餐两个菜，多时三四个菜，星期天吃一顿大包子就算改善生活。1978年后，食堂工作有了较大改进。主、副食质量不断提高，饭菜花样不断增加。主食由过去的1～2种增加到5种，菜由过去的2～3种增加到8～9种，有时达到每餐10余个菜。食堂的粮食盈亏不超过1%、金额盈亏不超过2%，连续多年被评为山东省军工局第四竞赛组第一名。

1979年4月，在北山新建冷库253立方米，1980年投入使用。该冷库可容纳肉、鱼50吨，每周开1～2次冷库，向食堂和家属出售肉、鱼，对改善和调剂职工的生活发挥了重要作用。

交通

厂区建在济南—临沂公路和磁窑—莱芜铁路支线以东，布局分散，有的车间靠近公路、铁路，有的则距离较远。其中，五车间在济南—临沂公路的高庄停车点和徐家庄火车站附近，三车间距车站12华里，而且是山坡路，交通极不方便。建厂初期，山上的职工坐车出门，需要有人用自行车送，或有顺路的汽车捎到火车站和高庄停车点。节假日坐车就变得更加困难，每逢春节放假，都是厂里派车接、送到济南、潍坊、聊城、郯城、莒南、兖州、张店、南麻等地。

1978年后，上级有关部门为解决“三线”厂职工乘车难问题，将许多班车延伸到“三线”厂发车，为职工带来很大方便。延伸到新华翻砂厂的班车线有3个：济南一莱芜班车，运行2年多后，因客流量少、亏损大等原因而停运；张店一厂区班车，每天往返1次；南麻一厂区班车，每天往返1次，有时2辆车同时跑。后来徐家庄火车站进行扩建，每天南北往返的火车有2次。济南一临沂、泰安一新泰一孙村、莱芜一新泰一孙村、博山一孙村、张店一邹县一平邑、青岛一孙村等，每天路经“红房子”的过路车有10余个班次。职工乘车除了在招待所乘坐直发南麻或张店的班车外，到其他地方去就到“红房子”的高庄停车点乘坐过路车，或到徐家庄火车站坐火车。厂交通专用车每天通至火车站，按时接送。济临公路修直加宽并铺设沥青路面后，职工出行交通条件更加便利。

医疗卫生

1969年4月，在北山机关所在地建中心医务室1处，面积384平方米，由总务科管理。根据车间和生活区较为分散的特点，在卫生室的设置布局上，既要考虑炮弹总装车间、炸药车间和木材车间等易燃、易爆物品较集中区域的安全性，又要考虑让职工和家属就近得到基本的医疗保障，先后在一、二、三、四、五车间和工具科、动力科设立医务室。各医务室利用职工宿舍或办公室，配备基本的医疗器械和常用药品。各医务室分别配备1～2名医务人员，配领部分常用药品和简单的医疗器械，可为职工处理一般的外伤和常见病的诊疗，较重的伤病员转往厂中心医务室诊治。根据生产形势的变化，动力科由洞北迁到洞南后，原工具科、动力科医务室撤销。1979年4月，在北山机关原中心医务室北新建医院楼1座，楼高3层，面积1618平方米，设立病床30张。1966—1969年，全厂共有医务人员15人，到1979年达到40人。

1980年10月15日，厂中心医务室从总务科析出，单独成立卫生科和职工医院。1986年有医务人员45人，其中大专学历以上10人、中专学历9人，医师10人、医士9人。职工医院设有中医科、内科、外科、妇产科、放射科、化验室、理疗室、心电图室、门诊注射室、病房及药库等机构。1984年前，先后购进X光机、手术台、牙科综合治疗机等13台检查和治疗设备。由于该厂生产危险品，又远离大医院，为能及时抢救治疗伤病员，1969年工厂投产后，购买南京产救护车1辆，1983年更换1辆天津产救护车。

厂职工医院长期贯彻以防为主的方针，经常利用黑板报、广播等形式宣传传染病、多发病的防治等卫生知识。由于是军品生产单位，有害有毒作业较多，医院经常在全厂内组织开展职业病防治和检查，并配有一名工业卫生人员专抓该项工作，定期为从事有害作业的职工进行查体，发现问题及时治疗。自建厂以后，职工家属子女看病药费报销50%。医生昼夜有人值班坐诊，或出诊看病，为职工和家属就医提供保障。

随着医疗卫生工作不断发展，内科已能有效地治疗小儿高烧抽风，并可一天就能治愈菌痢，被称为“一日疗法”；外科能够做男女结扎、甲状腺病、疝气和阑尾炎等小型手术；中医除正常用中草药防治常见疫病外，还开展推拿、按摩、拔火罐等康复理疗项目；妇产科能实施接生、流产、戴环取环和常见的妇科疾病诊疗；五官科能拔牙、补牙、镶牙、验光配镜等；护理方面，除正常的护理伤病员外，小儿头皮针技术比较过硬。通过医护人员的积极努力，在大力开展防病、治病的基础上，为职工、家属和农村社员治好了许多疑难病症。

教育

托儿所 1967—1968年，为方便职工接送幼儿，二至五车间在各个点上建立托儿所。1968年秋，在北山建立一个2间共40平方米的托儿所，机关和一车间职工的幼儿在此入托。1971年，再建面积为178.12平方米的托儿所，并建有伙房，准备办常托，后因房子狭窄、地面不平等原因而改作他用。1982年，在“五七”工厂利用4间宿舍，办2个班的托儿所，农场子女和部分职工的幼儿在此入托。1983年3月，建托、教综合楼1座，楼高3层，共1156平方米，1—2楼作为托儿所，3楼用于教育科教学、办公。

子弟学校 1966年建厂初期，没有教学人员、场地和设施，职工子女主要分散到附近农场的几所学校就读。截至厂子弟学校成立前，在外就读的中、小学生400余人。

1969年，开始与地方进行联合办学，厂社结合，工助民办。校址在大上峪大队，由厂方出资兴建学校1所，建筑面积647.56平方米。厂代表与地方学区负责人驻校分管，设教导主任1名，教职工20余人，其余大多由地方教师或民办教师任课。在东峪、黄粮安、“红房子”设3个教学点，二、三、四、五车间和工具科、动力科的职工子女在各教学点就读，其他的在联办学校就读。厂、社联合办学1年多时间，毕业一届高小生，共计35人。

1971年8月，因厂社联办学校管理水平低、教学质量差、校舍面积太小，经与地方协商后，分开办学，正式成立厂子弟学校，仍保留3个教学点。子弟学校建校初期，师资缺乏，抽调有一定文化水平的工人和从事过教育工作的职工任教。设置小学一至五年级，初中2个年级，设校长1名。1972年，增设高中班。1980年，因生源不足、师资匮乏、省军工技校招生增加等原因，撤销高中班。

1977年9月，子弟学校校址由大上峪大队搬到北山。1975—1985年，先后建成校舍119间、建筑面积1672平方米，其中平房教室32间共667平方米、办公楼12间共265平方米、教学楼2栋75间共740平方米。子弟学校购置小型电影机、投影仪、收录机等教学设备，配备理化实验仪器和手风琴、风琴、电子琴、电唱机等音乐器材，设置单杠、双杠、乒乓球台、篮球排球架、山羊等体育器材，成立图书阅览室，藏书3500余册。

自1982年始，用3辆客车接送学生至“红房子”、黄粮安和向阳峪。1984年，学校有教职工50余人，其中党支部书记1人、校长1人、副校长1人、教师48人。实行小学五年、初中三年学制，全校共有学生691人。

1985年9月，设立技工班，学习车工专业，配备正式教师3人，兼职教师多人，学生25名，隶属省军工技校。

1994年，山东新华机器厂（“军转民”后改名）在徐家楼乡灵芝小区新建子弟技工学校1处，共有10个班，在校生500余人。企业搬迁到泰安后，原学校教师被分流到当地各学校。

“七·二一”工人大学 教育科成立前的1976年6月，新华翻砂厂举办“七·二一”工人大学，共招收学员16人，其中女学员6人，全部毕业。当时教学内容是按机械专业大专教学大纲进行的，学制二年，厂长成安之兼任校长，设12门课程。学员实习阶段，适逢生产民品，学员在实习中为缝纫机制造非标设备33台。按照“从哪里来，到哪里去”的原则，毕业学员分配到原单位，后来多数成为各个岗位的生产骨干，其中4人担任车间管理人员。1978年，“七·二一”大学停办。

扫盲教育 据1983年统计，新华翻砂厂共有文盲61人，其中35岁以下的青年工人17人。1983年12月27日—1984年4月30日，教育科举办扫盲学习班，共有45人参加，分两期进行，其余16人年龄4 0岁以上，有的因关键性工序脱离不开，有的因健康状况不好而未参加学习。学习结束，参训人员经考试后全部脱盲。

电视大学 1982年举办，先后办文科班、理科班和企业管理专业中专班、统计干部函授班、党校函授大专班。1982级文科班录取10人，大部分是1968年以后的初中毕业生，文化底子差。后经聘请莱芜钢铁厂的教师予以辅导，全部顺利毕业。1984级理工班招收学员14人，毕业后有4人分配到管理岗位，4人在教育科担任教师。1985年，分别设企业管理电视中专班、统计干部函授班和中央党校函授大专班。企业管理电视中专班共招收学员16人，中途调走2人，其余14人全部按期毕业；统计干部函授班招收学员12人，学制三年，设置课程11门；中央党校函授大专班招收学员16人，学制三年，主要学习党政管理专业。另外，在博山七三二厂、山东第一机械修配厂代培大专学生6人、中专学生3人。

综合服务公司

1967年下半年，有几名家属在厂领导的支持下，自发组织起来，带上自己的缝纫机，成立缝纫组，为职工做衣服和拆补工作服。后来随着工厂的发展，职工家属人数逐年增多，1971年成立家属委员会。在家属委员会的组织领导下，以缝纫组为基础，发展成为家属工厂，生产、服务项目逐步增多。1977年年底，大上峪大队划拨部分土地，成立“五七”农场，并迁入老职工在农村的子女23户。1978年初，将家属工厂和“五七”农场合并为“五七”工厂，办公室由北山厂部搬到南山农场。在经营方式上，“五七”工厂实行自主经营、独立核算、自负盈亏。1983年8月，将“五七”工厂改为劳动服务公司，次年8月改称综合服务公司。

综合服务公司占地114亩，其中可耕地87亩。70亩可耕地分给农业户口的23户职工子女耕种，收获作为自己的口粮；10亩可耕地作为承包地，承包给个人，每亩交集体15元承包费，其他收入归自己；7亩可耕地作为蔬菜园地，由集体耕种，专门为综合服务公司食堂提供蔬菜，如有剩余，再统一零售给个人。

该公司使用建筑总面积6135平方米，其中工房面积2789平方米，宿舍面积3346平方米。到1986年，拥有主要设备34台，职工总数151人，其中正式职工15人、家属工115人、待业青年6人、临时工15人。该公司主要为生产车间提供82毫米弹包装箱件、各种钢丝刷、芯管、铅封、封钓和硝铵炸药纸箱、塑料袋等7种产品，同时为社会上其他企事业单位生产瓦托、木箱、纸箱和木制家具等。主要生产能力为年产各种纸箱50万套、塑料袋200万个。另外，还为本厂加工工作服、皮手套和口罩等劳保产品。1984—1986年，经营产值164万元、利润15.64万元。

公司建有党支部、团支部、工会分会等组织，设经理、生产调度、财务、供销、技术质量、青年服务社等办公室。主要管理人员16人，其中正式职工11人、家属工5人，党支部书记、经理、生产调度、统计、会计、出纳、技术员、设备管理员、成品库保管员、材料保管员、产品销售兼司务长各1人，另外有采购员2人、青年服务社3人。公司下设的青年服务社，自筹资金15万元，开设门市部4个，建筑面积584.8平方米，主要经营烟、酒、副食品等，年营业额20余万元、利润8000元。

澡堂

由于厂区分散，澡堂的建设随生产车间分布在各个点上，并随工房的改造、扩建而不断改建。

1967—1982年，先后建一车间、三车间、四车间、向阳峪、五车间和北山机关澡堂共6处澡堂。其中一车间澡堂1967年修建，总面积154.7平方米，1980年扩建缝纫机工房时被拆除，另建420.3平方米的澡堂；三车间澡堂1967年修建，总面积274.7平方米，1985年1月报废但未拆除，一直沿用至工厂搬迁；四车间澡堂1967年修建，总面积279.38平方米，1984年11月报废，另建381.6平方米的澡堂；向阳峪澡堂为二车间、检验科、工具科和动力科共用，1968年修建，由二车间管理，总面积仅有92.16平方米，1982年10月改建为297.56平方米；五车间澡堂于1970年5月修建，总面积151.04平方米，1983年扩建为449.04平方米，由五车间、木材科的职工共用；北山机关澡堂于1982年3月修建，总面积297.56平方米，由职工医院管理，供机关职工和北山宿舍区的家属使用。北山澡堂只在冬季开放，职工在其他时间到车间去洗澡。

所有澡堂都分男堂和女堂，每个澡堂都配备联椅、更衣橱等，并由专人负责管理，有明确的管理制度和岗位责任制，规定开堂时间、入池人员范围、卫生冲刷、换水等，女堂全部采用喷头淋浴。

企业人物

王承训，男，1936年出生，山东济南人，中共党员。1956年参加工作，1966年到新华翻砂厂参加工厂筹建和军品生产线的设计安装。被评为省军工系统先进工作者、劳动模范，山东省劳动模范，山东“三线”建设优秀军工工匠。

赵兴禄，男，1943年出生，山东沂源人，中共党员。山东新华翻砂厂锻造车间炉前工，莱芜市人大代表。1963年入伍，1970年转业。先后被评为厂劳动模范、优秀共产党员、兵器工业部劳动模范。

刘　军，男，1964年出生，山东昌乐人。山东新华翻砂厂四车间装药甲班副班长。1985年12月，先后被省国防科工办团委、共青团山东省委评为青年突击手、新长征突击手。1986年4月，被山东省人民政府授予省劳动模范称号。

三线往事

“新华舞台”记忆

山东新华翻砂厂建厂后两年，在厂部所在地——北山西侧建成一个露天的集会场所，职工们都叫它“新华舞台”。

“新华舞台”旧址

“新华舞台”依山坡南面而建，背风向阳。在山坡的最下面用石头搭建起一个舞台。职工们坐在山坡上，俯视观看文艺节目或者电影，抑或聆听领导的讲话。后来，在观众席上修建几排石头台子，当作观众座位，职工们在观看节目时再也不用自备马扎或者小板凳。

1969年4月1日晚，全厂在“新华舞台”庆祝党的九大胜利召开。各车间职工喜气洋洋地来到这个露天舞台参加庆祝大会。在大会即将开始的一刻，各种颜色的信号弹从东、西、南、北四个方向腾空而起，霎时间把舞台周围照得通亮，整个会场一片欢腾。

1976年9月18日下午3点，伟大领袖毛主席追悼大会在北京举行。全体职工集中在新华舞台聆听了北京追悼大会的实况转播。正当喇叭里响起庄严雄壮的《国际歌》时，天上下起雨来，淋湿了所有开会的人们，仿佛老天也在为伟人垂泪。与此同时，厂里唯一的一套扩音设备突然失灵，竟然连《国际歌》也没能播送完，宛如悲痛的人群一样痛哭失声。

1968—1976年，每个星期六晚上都在这里放映一场电影，偶尔看一些革命样板戏电影。最初的电影是北京电视台从电视上翻拍下来的黑白影片。有时候为了看电影要等上大半夜，因为要从几十里以外的七〇一厂（莱芜钢铁厂的前身）来回“跑片子”，常常要等上20多分钟甚至半个小时。当看到公路上“跑片子”的212北京吉普车亮着灯由远而近的时候，整个场子里一片欢呼声！朝鲜电影《卖花姑娘》反映了穷苦人花妮一家的悲惨遭遇，深深打动了观众的心。等了大半夜才等来的这部电影在上演的时候，全场哭声一片，其声浪甚至盖过了电影的音乐和配音。

每到周六晚饭时分，各车间的喇叭里就会响起厂部播音员的观影通知，各车间职工三三两两地往北山走去。当时，厂内有几句形容各国电影特点的顺口溜：“越南电影飞机大炮，朝鲜电影哭哭笑笑，阿尔巴尼亚电影莫名其妙，罗马尼亚电影搂搂抱抱，中国电影新闻简报。”

在这个“新华舞台”上，曾多次组织各车间的文艺会演和厂业余文艺宣传队的汇报演出，也接待过不少兄弟军工企业的交流演出，还有临沂地区文艺团体的演出等。来到新华翻砂厂演出规格最高的是全国总工会文工团说唱团。20世纪80年代初，全国总工会文工团说唱团高英培、范振钰两位相声表演艺术家率团到厂慰问演出。他们表演的相声小段《反正话》以及传统段子《俏皮话》等，令全场观众捧腹大笑。《俏皮话》里劝人不要过分哀痛而使用过的“千万不要狗熊钻烟筒——太难过了”“也不要坐在坛子上放屁——响（想）不开”等俏皮话，成为厂内的经典流行语。

1992年，“新华舞台”随着工厂搬迁而退出了历史舞台。

试制缝纫机

1979年底，王承训接受了厂里试制缝纫机的任务。在上海学习期间，他白天到厂里参观学习，晚上抓紧时间把白天看到的设备画成草图，一心扑在工作上，根本顾不上去看繁华的上海都市。

回厂后，王承训立即开始制造设备。随着春节的临近，他为了不影响工作，腊月二十七回到农村家中安排好家务，大年初一就赶回厂里投入工作。王承训的文化程度不高，加上制造设备又缺乏图纸资料，困难很大。在没有图纸资料的情况下，仅凭参观学习时的记录和多年的实践经验，边琢磨边干，一次不行就再来一次。没有材料自己找，缺乏部件就用废旧设备改装后代用。为尽快制成设备，他上班想办法，下班找措施。有时在宿舍里想出了新方法，马上赶到车间去试验。

在赶制缝纫机设备的日子里，王承训即使在周末也照常干，没白没黑地工作，常常耽误了吃饭，顾不上休息。他患有慢性肾炎，一劳累就容易复发。有时犯了病，他总是忍着病痛坚持干。在制作喷漆流水线时，他带领十几个青年工人，既当指挥，又甩开膀子实干。在7、8月高温酷暑季节，盘起火炉，加工流水线轨道。为保证工作质量，王承训总是站在火炉边干，汗水湿透了衣服，又被火炉烤干，身上被烤得火辣辣地痛，但他全然不顾。在制作流水线挂具时，王承训的右手被大锤砸伤，缝了6针。医生和工友们劝阻他，让他伤好了以后再工作，可他在做了伤口包扎后，吊起右臂坚持走进车间，仍用一只胳膊干。后来伤臂肿胀，晚上疼得连觉也睡不着，就吊着胳膊在外边转，第二天照常上班。在王承训的带动和坚持不懈地努力下，这条流水线一次性试车成功。

在缝纫机的试制过程中，王承训带领全班制造设备7台，改装设备7台，制作安装喷漆烘干流水线1条、抽尘设备1套，还为生产工序制作产品转运车和货架等。经过反复试验，产品终于研制成功并很快转入批量生产，性能达到上海购买产品的同等效能。

临危不惧，奋力排险

1985年11月8日下午，四车间新安装的硝铵炸药包装生产线正紧张有序地运转着，职工们干得热火朝天，准备提前完成全年生产任务。突然，7号装药机药斗内冒烟起火，顷刻间呛人的硝烟把7号装药机笼罩起来，一场难以设想的重大恶性爆炸事故就要发生，直接威胁着国家财产和车间里几百名职工的生命安全。

这一险情首先被装药甲班副班长刘军发现。在千钧一发的危急关头，只有4年工龄的青年工人刘军以大无畏的革命精神和主人翁的责任意识，临危不惧、沉着果断地采取了一系列排险措施。刘军飞身跳上车台，踮着脚尖，用力推紧药斗上面的进药闸门，一下子切断了火源。紧接着，他迅速跳下车台，在令人窒息的硝烟中，竭力卸下了便于药斗通风、以防产生高压后炸药爆炸的装药钢管。同时，他向同伴们大喊："快关搅龙！快关搅龙！"但在机器的隆隆声中，他的喊声被淹没了。此时的刘军脸上已挂满了汗水，硝烟熏得他喘不过气来，手也被迸出的燃烧物燎起了几个泡。刘军已经顾不得这些伤痛，奋力蹬上高达3米的输送器平台，迅速关闭输送器启动开关，停止了搅龙的运转。在及时关闭了进料闸门和输送器开关后，熊熊燃烧的火焰没有进一步蔓延。在车间同伴们的积极配合下，经过紧张的排险，大火被扑灭，浓烟逐渐消失，险情被排除，整个车间生产线上的4吨多硝铵炸药和职工们的生命安全得到了保障。

为表彰刘军的英勇事迹，新华翻砂厂给刘军晋升一级工资。厂党委、团委发出通知，号召全厂职工和广大青少年开展向刘军学习的活动。1985年12月，省国防科工办团委作出决定，授予刘军"临危不惧、奋勇排险的青年突击手"荣誉称号；共青团山东省委授予刘军"省级机关新长征突击手"荣誉称号。1986年4月，山东省人民政府批准刘军为省劳动模范。

瓜棚避雨

山东新华翻砂厂厂长成安之是新中国成立前就在滨海军区参加革命的老军工。1947年10月，被华东总部政治处供给部记三等功1次。1956年，他参加全国第二机械工业部先进生产者代表会议时受到毛主席接见。1976年2月，成安之从国营七三二

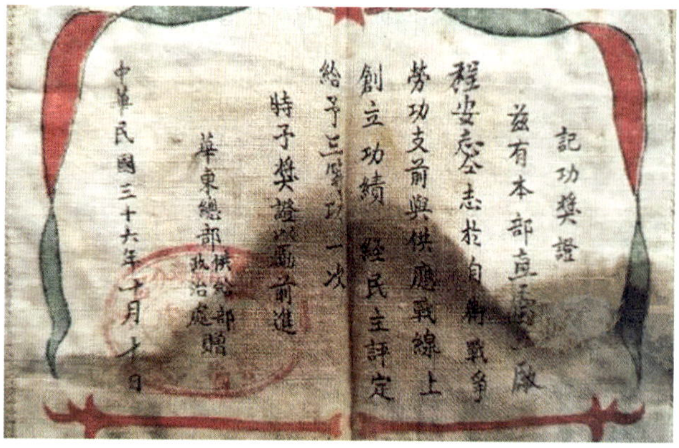

1947年，成安之被华东总部政治处、供给部记三等功1次

厂调至山东新华翻砂厂，先后担任厂革委会副主任、党委副书记、厂长。

企业的工作琐碎而具体。成安之从不坐办公室听汇报、下指令，而是常常深入车间、班组了解情况，掌握第一手资料。在厂区检查工作一圈，需要往返20余里，而他都是靠双腿步行走，经常半夜三更才回家。一天的检查工作回到家，腿都跑肿了。妻子于可训见了心疼，劝他少跑点路，到车间去检查工作，即使不坐汽车，骑辆自行车也行啊！他根本不听。无奈，妻子只得等他半夜回来后用中药为其泡脚消肿。

有次夜间天降大雨，成安之下半夜还没到家，办公室主任召集几位年轻人打着手电四处寻找。找了好长时间，直到在104车间周围时，发现有个瓜棚里的灯还亮着，并传出说话声。大家前去询问时发现，成安之正在瓜棚里与看瓜老农聊天。原来当晚突降大雨，他没带雨具，就在这瓜棚里避雨。大家虚惊一场。瓜农听说与自己说话的竟是厂长，感叹不已，连连称赞："共产党的干部就是好，没有一点官架子。"从此，两人便成了好朋友。

大事记

1966年

5月　26日，马相礼等人组成的筹建组进入青杨峝一带，开始筹备建厂。

7月　5日，华东局计委、山东省国防工办批准建厂。

8月　15日，启用"国营九三六三厂""国营山东新华翻砂厂"印模。

8月　25日，五机部第五设计院工作组在济南作出《山东九三六三厂扩大初步设计的若干建议》。

8月　山东省地质队801队开始在厂区内打机井。

10月　14日，山东省机械工业厅二局转发地方军工产品代号。

10月　16日，山东省机械工业厅设计研究院对设计总图布置作了若干修改说明。

10月　沂源、新泰两县的2000余人相继进入工地，开始建厂施工。

11月　15日，成立工地临时党委。

11月　17日，成立工地指挥部。

1967年

3月　4日，山东省机械工业厅批准建洞有效面积1883.2平方米。

4月　15日，土建工程全面开工。

5月　5日，山东省机械工业厅二局转发五机部更改地方军工产品代号的通知。

5月　调入4批职工，来源分别是济南四五六厂等部分"三线"厂、济南市和青岛有关单位人员。

12月　共完成洞室施工1748平方米。

1968年

4月　26日，实行军事管制。

7月　27日，开第一炉试产"五三"式82毫米迫击炮杀伤榴弹。后又分别于8月17日、9月11日开第二炉、第三炉，试产均不合格。

8月　31日，解除军事管制，成立厂革委会。次日，厂革委会作出实行一元化领导的决定。

9月　25日，赵启文赴京参加国庆观礼。

9月　厂革委会办事机构改为"三部一室"（政治部、生产指挥部、后勤部、办公室）。

11月　1日，中国人民解放军警卫部队进驻厂区。

11月　6日，厂革委会精简机构，下放科室人员，把"三部一室"改为一个办公室。全厂生产车间按照军事编制改为7个连队。

1969年

3月　10日，初次试生产“520”产品。5月，上报“520”产品定型生产鉴定并开始批量生产。

4月　1日，在东峪村南厂区第一次打靶，试打82迫击炮弹20余发，向党的第九次代表大会献礼。

4月　12日，山东省国防工办下达自制设备生产计划。

4月　12日，在潍北732靶场进行第一次82毫米迫击炮弹打靶试验，结果良好并提出鉴定申请报告。

6月　26日，山东省国防工办批准硝铵炸药正式投入批量生产。

7月　7日，厂革委恢复“三部一室”建制。

9月　26日，韩金普进京参加国庆观礼。

10月　3日，将靶场定在宁阳县蒋集公社大湖大队附近。

12月　4日，第28炉82毫米迫击炮弹试产成功。

1970年

1月　27日，成立基建办公室。

4月　1日，成立厂革命委员会核心领导小组。

6月　9日，济南军区、山东省军区国防工办批准82毫米稀土迫击炮弹投入批量生产。

7月　4日，鲁中木材厂划归新华翻砂厂。

7月　20日，军代表驻厂常规兵器验收组成立。

10月　25日，进行整党建党、整团建团工作。

11月　7日，开工建设全长800米的专用铁路，翌年2月19日竣工，4月6日验收交接。

1971年

8月　厂自办学校。

9月　27日，召开山东新华翻砂厂第一届党代会，成立中共国营山东新华翻砂厂委员会。

11月　14日，启用“中国共产党国营山东新华翻砂厂委员会”和“中国共产党国营九三六三厂委员会”印章，原“中国共产党国营山东新华翻砂厂革命委员会核心小组”印章停止使用。

11月　15日，开始试产“六三”式60毫米迫击炮弹。

12月　27日，厂革命委员会提出“六三”式60毫米迫击炮稀土铸铁杀伤弹产品鉴定申请报告。

是年　在老工人的带动下，该厂职工自己动手，打山洞1216.8平方米。

1972年

1月　12日，对“六三”式60毫米迫击炮弹进行鉴定，由于出现近弹原因，鉴定工作中断。

1月　12日，建立厂保密委员会。撤销原六连。

1月　22日，建立检验连队。

3月　1日，原“山东济南第（二）23号邮政信箱”改为“山东沂源14号邮政信箱”。

3月　15日，建立厂治保委员会。

3月　解放军某部驻厂警卫部队撤走。

6月　29日，厂党委开展“开门整风”活动。

8月　9日，对82毫米迫击炮弹稀土铸铁增重杀伤榴弹进行内部鉴定，为进一步正式鉴定做准备。

10月　6日，开展增产节约活动。

10月　14日，开展以优质、高产、低耗和安全为内容的社会主义劳动竞赛。

12月　28日，济南军区、省国防工办对“六三”式60毫米迫击炮弹进行鉴定。次年1月3日，产品鉴定合格。

1973年

1月　31日，济南军区后勤装备部、省国防工办邀请六七二厂及驻各厂军代表20余人组成鉴定委员会，第二次对“六三”式60毫米迫击炮弹进行鉴定，结果为合格。

2月　1日，“六三”式60毫米迫击炮弹投入批量生产。

2月　15日，对厂内几个单位实行代号。

2月　28日，召开第一届工会会员代表大会，成立山东新华翻砂厂工会委员会。

3月　9日，增设汽车队。

3月　29日，制定并实行《爆炸物品管理规则》。

4月　9日，成立民兵团。

4月　12日，厂革委会机构设置为15个科室（处）。

6月　18日，建35千伏变电站。

7月　3日，驻厂常规兵器验收组改称军代表室。

1974年

2月　24日，建立专职消防队。

9月　购置35毫米、16毫米放映机各1套。

1975年

2月　18日，成立厂社联防委员会。

5月　19日，成立民兵小分队。

7月　15日，增设修建科。

11月　4日，公布战备生产拉练组织机构编制方案。

11月　24日，厂党委对各党支部进行整风和改选。

1976年

1月　3日，厂党委决定对“以工代干”干部补办任职手续。

3月　24日，成立计划生育、知识青年上山下乡、支援农业和修建等4个办公室。12月24日，将4个办公室合并成立群众工作办公室。

4月　汽车队被山东省军工局评为1975年“工业学大庆”先进集体。

5月　5日，召开“贯彻‘鞍钢宪法’，深入开展‘工业学大庆’群众运动”职工代表会议。

6月　17日，成立“七·二一”工人大学。

8月　12日，厂党委传达山东省“工业学大庆”经验交流会议精神。

8月　25日，根据上级指示，厂革委会布置防震抗震工作。

1977年

1月　汽车队被中共山东省委、省革命委员会授予“工业学大庆”先进集体称号。

3月　26日，召开职工代表会议。

4月　9日，成立增产节约办公室。

4月　20日，汽车队荣获全国“工业学大庆”先进集体称号，李善信作为先进集体代表出席全国“工业学大庆”会议。5月14日，受到党和国家领导人接见并合影。

6月　4日，山东省军工局下达1978年民用产品生产计划。

7月　28日，五机部下发新华翻砂厂82毫米迫击炮弹生产用图的通知。

9月　17日，山东省军工局在新华翻砂厂召开安全生产现场会。

9月　厂办中学由大上峪搬至北山。

1978年

1月　19日，五机部转发炮定委批复“五三”式82毫米炮弹（半钢性稀土）产品图纸函的通知。

3月　2日，沂源县革委同意从小上峪大队拨给山东新华翻砂厂耕地150亩、荒山地84亩、荒山430亩办“五七”农场。

4月　汽车队、一车间、生产计划科被山东省军工局授予先进单位称号。

8月　7日，五机部批准山东新华翻砂厂使用杨木制作包装箱。

8月　17日，停办“七·二一”工人大学。

11月　1日，成立工艺研究所，撤销技术革新办公室。

11月　26日，成立卫生科、工人医院，一套机构两个牌子。

12月　24日，全厂400户职工用上液化气。

12月　27日，厂党委上报《关于82迫击炮弹弹尾点焊发生严重质量事故的检查处理报告》。

1979年

1月　1日，重新启用“国营山东新华翻砂厂”“国营九三六三厂”印章；原“国营山东新华翻砂厂革命委员会”“国营九三六三厂革命委员会”印章同时作废。

3月　12日，召开全厂职工代表大会。

4月　25日，厂属各单位自即日起使用新图章，原图章同时作废。新图章取消“革命委员会”5个字。

5月　8日，山东省军工局批准建立职工农场。

8月　18日，山东省军工局、济南军区后勤部军代表办事处对“五三”式82毫米迫击炮稀土铸铁增重弹进行生产定型鉴定。

9月　15日，五机部发文指定山东新华翻砂厂为82毫米铸铁稀土增重弹的第一底图厂。

10月　25日，炮兵军工产品定型委员会同意“五三”式82毫米迫击炮铸铁稀土增重杀伤榴弹生产定型。

12月　厂档案室被山东省军工局评为先进档案室。

是年　与山东第一机械修配厂联营，生产缝纫机作为厂主导产品。

1980年

3月　17—21日，先后召开第五届职工代表大会和第二次工会代表会议。

6月　3日，荣获山东省军工局82毫米迫击炮稀土铸铁增重弹技改二等奖。

6月　14日，山东省军事工业局批准新华翻砂厂购置缝纫机台板生产设备。

7月　18日，山东省军工局批准对铸造车间进行改造，改造投资99.7万元。

9月　17日，再次成立厂保密委员会。

9月　“82”产品被山东省国防工办、省经委评为“山东省优质产品”。山东省国防工办、省标准局批准82产品使用优质产品标志。

11月　15日，成立科学技术干部技术职称评定委员会。

11月　20日，技术科和工艺研究所合并为技术科。

1981年

4月　1日，召开全厂第六届职工代表大会。

5月　20日，成立房产管理委员会。

6月　22日，建立输电线路变电所，全部工程投资95.6万元。

6月　29日，汽车队党支部被山东省军工局党委评为先进党支部。

7月　16日，制定职工住房分配管理规定。

12月　30日，厂建立民兵团。

12月　“82”产品被五机部评为1981年优质产品。

1982年

1月　19日，山东省军工局决定自1月1日起，将105仓库移交给山东新华翻砂厂。

2月　25日，召开全厂第七届职工代表大会。27日，颁布山东新华翻砂厂厂规厂纪。

4月　23日，临沂地区公安处同意组建厂经济民警分队。

4月　28日，成立教育管理委员会。

6月　15日，临沂地区无线电管理委员会批准该厂设置无线电话机。

7月　7日，开始进行企业全面整顿。

7月　25日，山东省军工局批复该厂《对82毫米迫弹弹体毛坯第四炉击碎试验结果的请示》。

8月　29日，对五车间进行改造，土建面积10072平方米，投资141万元。

11月　14日，制订《1982—1985年新技术推广规划》。

12月　山东省委、省政府授予山东新华翻砂厂计划生育先进集体，授予一车间先进集体。

1983年

1月　29日，公布《设备使用、维护保养、检修暂行制度》。

1月　公布《关于设备事故与故障的暂行规定》《关于完好设备考核标准》。

3月　9日，山东省军工局下发《关于“82”弹毛坯表面生锈处理问题的批复》。

3月　22日，召开全厂第七届三次职工代表大会。

5月　4日，制定《国营工厂厂长工作暂行条例实施细则》。

5月　9日，成立工程师办公室。

6月　8日，成立社会科学专业干部业务职称评定委员会。

6月　22日，成立全面质量管理领导小组并开展工作。

7月　16日，制定有关新华子弟学校学生招收、留级和报考高中、中专的《暂行规定》。

7月　23日，武装部与保卫科合并成立武保科。

7月　27日，建立厂三级节能网。

7月　29日，公布《全面质量管理暂行奖励办法》。

8月　将“五七”工厂改为劳动服务公司，次年8月改称综合服务公司。

9月　3日，发放“国营九三六三厂”厂徽。

10月　子弟学校少先队荣获共青团中央和中国少年报社颁发的“全国红领巾读书读报先进单位”称号。

1984年

1月　25日，制定《1985年标准化工作意见》。

1月　全质办荣获山东省国防科工办1983年国防科技质量奖。

3月　12日，召开全厂第八届职工代表大会。次日，掀起“比、学、赶、帮、超”的社会主义劳动竞赛新高潮。

3月　山东新华翻砂厂被山东省国防科工办评为1983年保卫工作先进单位。

4月　27日，省国防科工办批准《关于1983年调整工资实施方案》。

5月　16日，召开山东新华翻砂厂第二次党员代表大会，选举产生第二届厂党委和厂纪委。

6月　25日，武保科分设为武装部、保卫科。

8月　26日，修订《社会主义劳动竞赛意见》，制定进一步贯彻知识分子政策的若干规定。

12月　24日，公布《厂币试行办法》。

1985年

1月　31日，用自有资金实行厂内职工浮动升级。

2月　1日，山东新华翻砂厂获得兵器工业部颁发的《民用爆破器材生产企业凭照》。

5月　29日，撤销五车间工段。

6月　17日，全厂开展质量大检查。

7月　29日，进行企业管理基础工作整顿和工业普查。

8月　1日，济南汽车制造总厂与山东新华翻砂厂签订联合生产黄河汽车铸件的协议。9月6日，成立联营规划实施领导小组。

11月　27日，四车间刘军临危不惧、奋勇排险救火，避免一场重大火灾事故。

1986年

6月　9日，生产的缝纫机台板在天津缝纫机工业公司评比中荣获第一名。

6月　30日，增设计划销售科、审计科和产品开发办公室。原生产计划科改为生产调度科、供销科改为供应科。

7月　10日，北京工业学院力学工程系与山东新华翻砂厂签订有偿技术转让协议书。

8月　15日，召开庆祝建厂20周年全厂职工大会，表彰在厂工作满20年的干部职工16人。

8月　26日，组建灭火弹生产车间。

1987年

4月　1日，划归临沂地区机械工业公司。

1990年

1月　划归淄博市机械工业管理局。

1991年

划归泰安市，属山东省国防科工办。

1992年

在泰山区大白峪前灌社村征地159亩，在徐家楼乡大官庄村征地320亩，用于筹建新厂。

1994年

泰山区计委批复在徐家楼灵芝小区新建技工学校1处。

1998年

1月　搬迁至泰安市泰山区。

4月　山东新华翻砂厂改称山东新华机器厂。

2004年

9月　企业实施政策性破产。

12月　在灵芝小区成立留守处，处理破产后的遗留问题。

山东裕华机器厂

记忆沂源·小三线建设卷

扫码听书

概　况

山东裕华机器厂原名国营山东裕华修配厂，军工代号九三五四厂。20世纪60年代中期，根据国家三线建设部署，在沂源县唐山公社滑石峪大队及其周边地带兴建，当地及周边人习惯将其简称为裕华厂。

该厂系国有中型军工企业，属于山东省地方国营小三线兵工厂，拥有独立的整套指挥、生产、后勤保障系统，是20世纪60—70年代山东省16家常规武器军工企事业单位之一。

工厂拥有固定资产2100万元，占地1230.109亩，建筑面积8.645万平方米，鼎盛时期，职工人数超过1500人。办公区、生产区、生活区、家属区、文体活动区等，分布在滑石峪大队及周边不同的山峪中。

建厂初期，配置团级建制，属于半军事化管理，以生产军工常规轻武器等配备产品火工引信、底火等为主。主要产品有迫—1甲引信、电—2引信、60毫米和82毫米迫击炮弹基本药管与药包、7.62毫米和12.7毫米枪弹底火、D—6底火、12.7毫米枪弹曳光管等。1992年8月，企业迁址山东省日照市东港区。2004年，改制更名为日照裕鑫动力有限公司。2017年10月，进行第二次改制，日照裕鑫动力有限公司作为集团母公司，推行集团化和板块化经营，拥有山东先锋摩托车有限公司、山东先锋裕鑫车辆有限公司、日照裕华机械有限公司等子公司。

1980年和1982年，山东裕华修配厂先后两次被山东省委、省政府表彰为计划生育先进单位。1983年5月，该厂所产“电—2”引信军品获得国家兵器工业部组织的产品质量检查评比第一名。1986年3月，该厂被国家计生委表彰为全国计划生育先进集体。

历史沿革

1965年12月，山东省后方建设指挥部决定在沂蒙山区建立迫击炮弹引信厂。厂名暂定为国营山东沂源火工引信厂，归属山东省机械工业厅第二机械工业局领导和管理。

1966年8月，报经国家五机部和山东省后方建设指挥部批准，正式确定对外名称为“国营山东裕华修配厂”，军工代号“国营九三五四厂”，属山东省地方军工（俗称小三线）企业。

1969年8月后，先后归属济南军区国防工业办公室、山东省军区国防工业办公室、山东省革命委员会军事工业局、山东省国防科技工业办公室、兵器工业局管理。1973年11月，归属山东省革命委员会第二机械工业局领导和管理。1975年8月，隶属山东省革命委员会军事工业局。1979年12月，隶属山东省革委军事工业局。1983年7月，划归山东省国防科学技术工业办公室管理。1987年，下放至临沂地区，实行属地管理。1988年9月1日，经山东省经济委员会批准，国营山东裕华修配厂更名为山东裕华机器厂，军工代号九三五四不变。1992年8月，搬迁到日照，由日照市属地管理。1995年6月，该厂整体并入中国轻骑集团，更名为中国轻骑集团日照摩托车公司。2004年10月，进行第一次改制，成立日照裕鑫动力有限公司，由国有企业改为民营企业。

国营山东裕华修配（机器）厂隶属关系变更一览表

企业名称	时间	隶属机关名称
国营山东沂源火工引信厂	1965.12—1966.08	山东省机械工业厅第二机械工业局
国营山东裕华修配厂	1966.08—1968	山东省机械工业厅第二机械工业局
	1968—1969	济南军区国防工业办公室

续表

企业名称	时间	隶属机关名称
国营山东裕华修配厂	1969—1970	山东省军区国防工业办公室
	1970—1973.11	山东省革委国防工办、兵器工业局
	1973.11—1975.08	山东省革命委员会第二机械工业局
	1975.08—1979.12	山东省革命委员会军事工业局
	1979.12—1983.07	山东省革委军事工业局
	1983.07—1987	山东省国防科学技术工业办公室
	1987—1988.09.01	临沂地区
山东裕华机器厂	1988.09.01—1992.08	临沂地区
	1992.08—1995.06	日照市第二轻工业局
中国轻骑集团日照摩托车公司	1995.06—2004.10	中国轻骑集团
日照裕鑫动力有限公司	2004.10—	日照市

建设发展

建设阶段

1965年底，中华人民共和国第五机械工业部、中国人民解放军济南军区、山东省国防工业办公室（简称省国防工办）决定在沂蒙山区建立迫击炮弹引信厂，主要任务是为在当地同期建设的山东第二机械修配厂（军工代号九四五）、山东民丰机械厂（军工代号九三八一）、山东新华翻砂厂（军工代号九三六三）等军工企业提供引信、底火配套。按照华东局和山东省委指示，由山东省机械工业厅下达建厂设计任务书，归属山东省机械工业厅第二机械工业局领导和管理。

1966年5月，第一批被抽调的筹建人员到山东省机械工业厅第二机械工业局报到。6月初，陆续到沂蒙山区开展选址、定址工作。在山东省后方建设现场指挥部直接领导下，邢德君、徐先华、吴敦太、王兆祥、王培义、李国松、李春良等选址人员先后在沂源、蒙阴、沂水3个县境内的6个公社、10多个村庄进行多次勘察。其中有沂源县的王家庄子、梭背岭、燕崖、沟泉，蒙阴县的贾庄等地。在选址过程中，根据火工军品生产所需的自然安全条件，最初选定的是位于蒙阴县贾庄公社上旺大队的秤钩子峪，因为水源问题无法解决，只得放弃。随后经过反复调查、多轮对比，最终定址在沂源县南部山区的唐山公社滑石峪大队及周边部分地区。这里地域辽阔，人口居住分散，山脉纵横、沟壑密布，地势跌宕起伏，既能保证战时隐蔽生产，又能兼顾战时与和平时期生产协作。7月，参加筹建的指挥部人员全部集合完毕，在济南组建起工程建设临时筹备处。筹建初期，条件极其艰苦，白天翻山越岭勘察地形，确定建设方案。饿了就吃自带的煎饼或者啃干馒头，渴了就趴在山沟中喝一口山涧泉水；晚上就借住在当地老乡的茅草屋中，点上油灯继续研究讨论第二天的工作计划。

在选址和定点的同时，同步开展工厂的设计工作。1966年8月，山东省机械工业厅设计研究院在蒙阴县东指大队，设计完成“国营九三五四厂扩大初步设计”方案。经国家五机部批准，厂名由国营山东沂源火工引信厂更名为国营山东裕华修配厂，军工代号为九三五四，军工系统内部称之九三五四厂，属山东省地方军工（俗称小三线）企业。9月，临时筹备处转为工地建设指挥部，进驻沂源县境内，在滑石峪大队任家洼的一间茅草屋内设立办公室。10月25—28日，在沂源县滑石峪大队、辛庄大队等地开工建设，成立工地建设临时党委和指挥部，拉开建设序幕。12月，山东省建设厅建筑设计院设计完成《国营山东九三五四厂工程设计总图》，确定了工厂建设规模和方向。

当时，工地建设指挥部人员，大多数来自参加过全国各地大军工单位建设的生产技术骨干和军工干部，具备多年的军工单位建设经验。其中，有很多人员都是早期参加革命，南征北战一二十年后加入国家三线建设队伍中，在不同的军工建设单位来回调动，哪里需要就调往哪里工作，无怨无悔。来自临沂地区的沂南县、莒县、蒙阴县、沂源县以及淄博地区部分区县的建设人员，都是通过层层政审和严格筛选出来的。山东省机械工业厅根据工厂生产特点，从全省具有多年成熟安装经验的单位调集人员组成施工安装队伍。

山东裕华修配厂的建设立足于战争的基础上，根据“靠山、分散、隐蔽”以及不占高产田、少占可耕地、不迁居民、便利居民的建设总要求，在建厂组成和总体布局上采取进洞、分散、民众化形式的建厂方案，充分考虑生产的合理性，以化整为零为主体思路，采取大分散、小集中的原则进行。

来自蒙阴县、沂南县、莒县和沂源县当地的民工队伍，以及淄博建筑公司、临沂建筑公司的施工大军先后进入基建工地。一时间，滑石峪东西两庄、辛庄、犁掩沟等地的几条山峪中几乎同时涌进了包括民工、管理人员、技术人员等3000多人，并在此安营扎寨，国营山东裕华修配厂正式开始破土动工。

建设地段主要集中分布在滑石峪、杨家峪、辛庄等大队及周边，四面环山，交通不便，仅有的一条通往县城的山间小道也是土路，坑坑洼洼，晴天一身土、雨天一身泥，方圆几十公里不见其他工厂。由于地处偏僻，到处荒草杂生，荆棘遍布，乱石挡道，又因分散建设，每个生产点都得建设专用交通路线和专用供水、供电设施，加大了工程建设的复杂程度和难度。战备形势紧迫，按照党中央“三线建设要抓紧”的指示，自进入沂蒙山区以来，工地建设指挥部的人员披星戴月、风餐露宿，辗转住过岱崮、上旺、东指、杨家峪、滑石峪等地，每到一处都是现场指挥、现场办公。

各个生产和加工车间依山就势，建在文明峪、大秋峪、滑石峪、柴崮峪、荆山峪以及涝沟等3个公社的10个生产大队的“五峪一沟”地带中。厂区建设连绵数公里，建设有7个基本生产车间和2个辅助车间。其中，901车间为军品引信零件机加车间，因战备和防御需要，设在涝沟防空洞内；902车间为引信零件冲压车间，设在涝沟半山腰；903车间为引信零件表面处理车间，设在涝沟山腰；904车间为引信塑合件、缠簧和压铸车间，设在涝沟山腰；905车间为两种引信总装车间，设在涝沟中部；907车间为60、82迫击炮药管药包车间，设在柴崮峪；908车间为底火车间，设在大秋峪；909车间为工具制造车间，设在柴崮峪；910车间为设

工地建设指挥部所在地——任家洼

902车间

903车间

904车间

905车间

907车间

大秋峪（908车间）火工部分

大秋峪（908车间）机加部分

909车间

910车间

裕华机械厂车间

备动力管理和维修车间，主管供水、供电及蒸汽锅炉等，设在涝沟。靶场设在荆山峪。厂部办公区集中在涝沟。

建设要求所建厂房结构“三度”要小，跨度一般不得超过7米，单体结构长度一般不得超过20米，高度统一在3米左右。生活福利设施不搞集中建设，家属区与宿舍根据生产区域划分单独设置，要以乡土化、村落化的形式，分散“插村”建设在滑石峪、文明峪、辛庄等地的山坡之上，掺杂于当地住户之中，同村民们相邻而居。所建房舍一般采用草苫屋顶，墙体就地取材，采用不规则的石块垒垛，墙皮则是抹上一层石灰泥浆，当地人称之“干插缝”。除了火工品仓库外，厂区不允许建设围墙、四垛、四灯、一大两小三扇门的大门，厂房和生活区全部是清一色的平房建筑。为了改善空气条件、适应战时隐蔽的目的，厂区内部和周围都种植高大的树木。在这样的布局下，如果单从外貌看，远看像村庄，近看像民房，看不出任何工程的痕迹，宛如一座座隐蔽的地堡，悄然地隐藏在不同的山坳当中。

为了便于管理和有效推动各项工作开展，所有建设人员严格按部队编制和纪律进行管理，分设2个营、12个连、59个班，分片区施工。根据山东省后方建设现场指挥部的总体规划和战略部署，在建设阶段，按照部队作战方式划分为三大战役。第一大战役为土建工程，第二大战役为大规模基础建设，第三大战役为设备安装。根据战役的需要，又专门成立施工组、财务组、材料供应组、行政组和工艺组等5个职能部门，在工地现场指挥部的统一指挥下做好后勤保障工作，集中力量打歼灭战。

1966年10月28日，第一大战役打响。建设队伍由筑路队伍和建筑队伍两部分组成，筑路队伍1730人，建筑队伍655人。目标是在年底封冻之前

国营山东裕华修配厂涝沟厂区

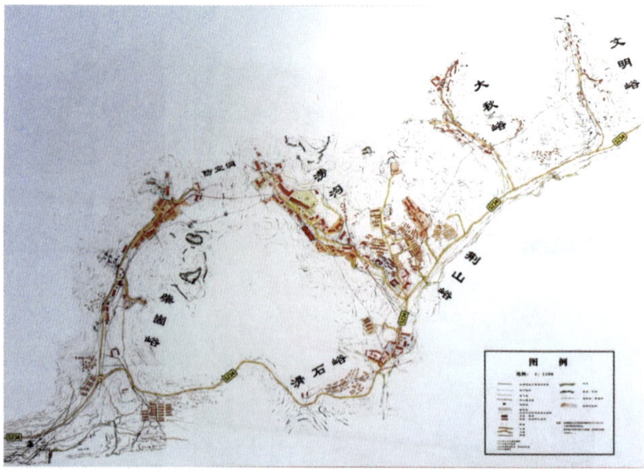

九三五四厂总平面图（1966年）

争取完成基础建设的通水、通电、通路、通电话和平整好场地“四通一平”任务，并建筑一部分房屋，开采厂房石料，为明年的大规模建设做好准备。

10月25日，筑路工程开工，经过1个月的紧张施工，11月25日，共修建干线公路4.7公里、厂内道路4.18公里、干线桥涵7座、厂内道路桥涵8座，除通往大秋峪的道路外，其他线路基本通车。11月20日，建筑工程开始动工，主要负责厂房、宿舍，以及除道路修建外的其他基础设施建设。12月10日，完成土石方开挖4055.6立方米，开采石料3660立方米。其中，开采山洞石料200立方米、房屋建筑用石料3460立方米。10月30日，房屋建设开工，12月10日，完成173间，建筑面积3404.08平方米。其中，仓库25间519.12平方米，非生产性建筑148间2884.96平方米，包括食堂、办公室、宿舍、托儿所等。其他战线建设，如位于涝沟、大秋峪的防空山洞开挖，高压线路和电话线路的铺设，地上、地下管道的安装等也分别由山东省煤炭工程队、当地的电业部门和淄博建筑公司同步铺开施工。在此期间，购进用于施工的建筑材料包括木材128.92立方米、水泥110.5吨、钢材55.94吨、山草30.47万公斤、高粱秸11.78万公斤、瓦13万片、石灰62.5吨。

1967年，春节刚过，第二大战役提前全面展开。按照《国营山东九三五四厂工程设计总图》，第二大战役除继续完成“四通一平”任务外，还需要大规模铺开厂房建设和生活设施建设。因为还是冬天，山沟里刺骨的寒风吹得人浑身打寒战，有时狂风来袭，围在工棚外边的草席和玉米秸会被吹走几十米。到了晚上，更是寒气逼人，彻夜难眠，由于没有火炉取暖，几个人穿着棉衣挤在一张地铺上艰难地熬过一宿。3月13日，省国防工办派人来到施工现场对设计及施工进度进行督促检查。为了加快工程进度，针对全省小三线建设工作中存在的共性问题，3月14日，山东省革委会生产指挥部下发《关于动员民工支援三线建设的通知》〔67〕第10号文件，对带队干部的配备和所调民工的政治条件、口粮补助、工资待遇、劳动保护等作出明确规定。

当时的建设条件异常艰难，各个施工营和有关职能小组的吃住基本是在山沟里临时围起的草席棚中，没有水、电，做饭、烧水用的炉灶也是就地取材用几块石头简单支起来，上边架上一口大铁锅就开始生火烧水、做饭。干部职工吃的是统一在临时搭起的棚子里排队买的大锅饭，喝水得自己去周围的山沟或井里挑。吃饭时没有座位，就在工地上席地而坐，随便吃上几口玉米或地瓜窝头和咸菜。如因天气等原因采购不进这么多食品，也经常会出现吃了上顿没下顿的窘境。由于长期缺少油水和蔬菜，许多人因此患上便血、低血糖等病症。晚上睡觉也只能几个人蜷缩在简易工棚里搭起的地铺上，干草铺或者自家中带来的被褥，就是休息睡觉的地方。那个时候塑料布还是稀缺物品，只配发有限的老油布，夏天雨季到来时被褥都是湿的。山洪暴发时，工棚还经常会被冲毁。但就是在这样极其艰苦的条件下，建设者们风餐露宿，披星戴月，用艰辛、汗水乃至生命与时间赛跑，同恶劣的地形作战。在机械设备一时无法全部到位的情况下，大部分基建工程都是依靠人力进行建设，没有挖掘机就用洋镐凿，运输车辆不够就用木车推，没有装载机就用铁锨铲。依靠坚强的意志和战天斗地的大无畏精神，建设者们用镐凿镢刨，历时近一年的时间，硬生生地在人迹罕至的山峪中挖出了一块块用于建设的平地，在柴崮峪山涧和大秋峪半山腰处掏出了两座贯穿整个山体、洞室面积达2545平方米、洞长1000多米的防空洞穴，用肩扛手抬一步步把一片荒山沟壑变成了国防工业厂房。

生产车间的墙体大多用当地石头垒成。那个年代，当地物资匮乏，附近没有很多的红砖，基础建设全靠从厂区及周边的山头上开采的石头。为了方便从柴崮山开山采石，还专门修了一条通往大涝沟及周边的崎岖小路。建筑工人们用独轮小推车从各个石窝往外推运石块，因山高坡陡，路面崎岖不平，部分陡坡路段超过30多度，得需要几个人前拉后推才能前进。下坡时独轮小推车很难掌控平衡，时常会发生装载有石块的木制推车翻滚坡下的情景。据山东省后方建设现场指挥部通报，仅在1967年3月，就发生过民工谢兴仁开石砸断腿骨、电工齐洪增高空架线时不幸坠亡、淄博建筑公司“亦工亦农”木工石家兴手掌严重受伤、莒县民工李文长打石蹦伤眼珠等伤亡事故。面对困难和牺牲，建设者们没有退缩，据1967年7月14日的“国营山东裕华修配厂基建情况总结和今后工作意见”中记载，沂南县施工营的2个运输班，推着20多辆木车，自从抽调支援建设以来，常常是早晨站着队唱着歌、群情激昂地奔向工地，一副垫子多次浸着水循环使用，既保证了运送石材任务超额完成，还保证了运输工具的完整无损，未发生一次因运输工具损坏误工现象。在他们施工营内曾经有这么一句口号“毛泽东思想闪金光，小车是我一支枪，爱护武器如珍宝，保证多打漂亮仗。”还有一位65岁的建筑工人王正权，人老志不老，干起活来烟都顾不上吸一口，每天砌石头墙超过1.2米，工程进度不比青壮年差。莒县和沂南县张哨、蒲王2个区的施工队，分别承担砌体和建设结构复杂的厂房任务，在任务重、技工少的情况下，加班加点，顺利保质保量完成了任务。建设者们就是在这种极其困难的条件下，用了不到半年的时间，赶在雨季来临之前，采运石材数万方，在涝沟、大秋峪、文明峪、犁掩沟等地段首先建设成了厂部办公楼、生产厂房和部分宿舍。

在新的生活区还未建立起来之时，临时生活区就是十几座匆忙用石头或用红砖加泥土垒砌的平房。

从7月开始，设备开始陆续进厂。根据供水、供电、采暖、通风、生产等需要，对所需设备安装任务进行分门别类排列顺序，按照先室外后室内，先水源、电源、气源后车间，先复杂后一般，先安排有条件的项目、后安排无条件的项目，先配合预制、预埋后施工的原则，建设进入了设备安装与土建收尾工程同步进行的第三大战役阶段。在安装队伍人员严重不足、设备安装分散的情况下，通过实施指挥人员到现场、政治工作到现场、技术工作到现场、物资供应到现场、生活服务到现场的“五到现场”措施，突击攻坚，顺利完成了第一阶段482台土建设备和主体生产设备的安装任务，占全厂总安装设备的84.1%，确保在10月30日前904、905车间2条生产线顺利试产。

由于厂区横跨沂源、蒙阴2个县，因此，在建设过程中，山东裕华修配厂得到了两地政府的大力支持，除无偿划拨土地，调用建设用木材、石材等物资外，其间互相支持，互相谅解，各负责任，动员了成千上万的民兵、社员参与建设和物资运输。

在试投产建设阶段，针对1969年全省小三线建设工程量较大的实际情况，4月22日，山东省革命委员会生产指挥部、山东省军区国防工业办公室联合发出《关于继续动员民工支援小三线建设的通知》，进一步动员和组织了当地一部分民工加入支援三线建设中来。5月5日，临沂地区革命委员会生产组对沂南县、沂源县、蒙阴县革命委员会生产组同时发出通知，为了加快工程进度，便于分工协作，要求沂南县承担裕华修配厂当年非生产性的建筑，需要民工的数量、进厂的时间由沂南县与裕华厂共

柴崮峪

涝沟洞东口

涝沟洞西口

文明峪

裕华厂部分旧貌

同商定。而场地平整、防洪护坡等任务，根据施工地点，由所在蒙阴、沂源2个县组织民工完成。

在那个特殊时期和物资极度匮乏的年代，建设者们众志成城，用顽强的毅力，不畏困难，不怕流血牺牲，发扬“只争朝夕”的精神，在相对短的时间内按照“先生产、后生活，生产从严、生活从简”的原则顺利完工。历经三年的时间，帮助工厂完成滑石峪、辛庄和柴崮峪等地平房宿舍、部分厂房和3个厂区近6000米的围墙建设任务。1968年，沂南县建设队伍完成初期建设任务后撤回，后由沂源县唐山公社接管了后续工程建设。1970年，裕华厂大规模基建工程基本完成。

截至1970年，国营山东裕华修配厂在一片“五峪一沟”中悄然矗立起来。

调整阶段

20世纪80年代以后，随着国际形势的变化和国民经济工作重点的转移，三线企业逐渐失去了曾经的战略意义，全国的三线企业建设也随之结束。自1980年开始，山东裕华修配厂的军品任务开始“吃不饱”，军工订单急剧减少，计划生产任务占比不到1979年的一半。国家针对三线军工企业提出了“调整改造、发挥作用”八字方针，有计划地进行三线调整。把部分困难企业从交通不便、信息不通的环境中转移出来，各地军工企业纷纷“军转民”，山东裕华修配厂开始走上“保军转民”的二次创业之路。该厂按照国家“军民结合、平战结合、军品优先、以民养军”方针，提出“军品不足民品补”的口号，专门组建3个民品攻关班子，开始突破单一军品生产的禁区，大力挖掘企业内部潜力，搞好民品生产开发，走军品、民品相结合的突围路线。面对刚刚融入市场经济的诸多困难，工厂尝试着与山外市场接轨，陆续进行生产重心调整，融入改革开放大潮中。凭借军工优势和现有机械加工能力，广开渠道，对外揽活，积极开展了米筛、小型电机、电风扇、缝纫机零件等民品的研发、设计和试产工作。在较短的时间内，研制出几十种民用样品，大至沙发、压水机、折叠椅、落地灯，小至猎枪弹壳、垫肩、鞋垫、刺绣等产品，并抓住时机举办多期民品展览会。在广泛收集群众意见和建议的基础上，确定台风扇、米筛、折叠椅、鼓风机为工厂的主导民用产品。自此，企业迈出了由单纯生产军品转向军品、民品一起走的第一步。其中，当年完成米筛2.04万片的出口订货合同，家庭用小型鼓风机193台。但在多种因素影响下，裕华厂的民品项目只有两三个进行过批量生产，其他的大多是边开发边放弃。

与此同时，山东省军工局根据军转民过程中普遍存在的各自为战的实际情况，按照原有军品指令性计划的生产管理模式，又统筹对全省的小三线军工企业下达了民品生产计划。1980年，按照省军工局下达的民品生产计划，山东裕华修配厂为山东缝纫机厂（原国营山东第一机械修配厂，军工代号九七六）生产的“双喜”牌JB—2缝纫机进行配套，主要配套生产挑线机构、面板、铰链、针距旋钮和夹紧簧5种产品；为山东自行车厂（原国营山东工模具厂，军工代号九四二九）生产的“金象”牌ZA—80自行车进行配套，主要配套生产车把、前闸和保险叉3种产品。当年，两种配套产品的8种零配件全部完成试制并投入批量生产。在此基础上，还曾为国营山东机器厂（军工代号七三二）加工生产过绕线壳、托架、压盖、面板等缝纫机零件。

民品的生产，拓宽了企业的生产经营范围，使工厂在短时间内继续呈现出生机蓬勃的气象。1980年，超额完成工业总产值计划的24.3%，八项经济技术考核指标全面完成计划目标。但是，由于民品多为非标设备的制造，虽然上马速度比较快，然而很难立即投入大批量生产，造成效率低、质量差，虽超额完成国家下达的生产计划指标，但当年同时出现了69.3万元的严重亏损。

1981年，军品生产任务基本空白，工厂被迫全面转入民品生产，但民品生产亏损的问题仍未解决，成本居高不下，产品合格率不高，劳动生产率低，当年亏损额高达275.8万元。其中，生产民品出现的亏损高达265.8万元。1980—1982年，企业亏损总额累计达到514.1万元，成为全省29个亏损大户之一。工厂总体生产经营状况十分严峻，亏损严重，经济效益不好，职工待遇随之出现下降。很多职工，尤其是生产技术骨干相继提出调离或离职申请，工厂人才出现严重流失现象。

为了有效解决工厂在调整过程中出现的问题，从1982年3月开始，山东省军工局派出蹲点调查组指导帮助，围绕提高经济效益这个中心，狠抓以领导班子建设、经济责任制完善、劳动纪律强化、财务制度健全、劳动组织改进等五项重点工作为主要内容的全面整顿。通过整顿，厂级领导班子职数由原来的9职减少为6职，建立了在厂党委集体领导下的以厂长为首的全厂行政指挥系统和职工代表大会制度，实现党委与行政分工。

在进行领导班子建设和整顿的同时，试行逐级负责制的经济目标责任制改革，实行目标管理制度和全面质量管理，把整顿劳动纪律、提升工作全面质量管理和建立岗位责任制结合起来同时进行。为了提高每个单位和职工的工作自觉性和积极性，实行利润、费用双包干经济核算体制，建立和完善厂、车间、班组三级经济活动分析制度。通过各项制度的建立健全，有效克服了无章可循和有章不循的混乱状况，形成了一套比较完整的经济责任制考核体系。对行政管理岗位人员按照工作质量标准进行定责定编，对全厂的2210道生产工序全部纳入定员定额管理，实行人定岗、岗定责、责定分、分定奖的办法，解决了困扰国营军工企业发展过程中人员、质量、消耗等老大难问题。通过整顿，全厂管理和生产经营活动发生显著变化，各项工作出现新局面。军品一次交验合格率比整顿前提高27.07%，综合良品率提高4.8%。当年完成技术攻关项目36项，实现技术革新项目和技术改造项目31项，解决了39处生产薄弱环节。精减富余人员136人，全员劳动生产率比历史最好水平的1976年翻了一番。自行车零件定额提高29.55%，缝纫机零件定额提高53.58%，军品定额也都超过历史最好水平。其中，电—2引信提高28.33%，迫—1甲引信提高26.36%，同期可比成本平均下降19.02%。

1983年，适应产品开发、更新换代和产品转轨变型的需要，在企业内部继续实施全面综合治理整顿工作。提前10天全面完成全年701万元的生产计划，全年实际完成1101万元，完成计划的144.2%。其中，民品产值达到352万元，比1982年增长37.6%，实现盈利220万元，再次摘掉亏损大户帽子，各项经济指标均超过建厂以来的最好水平，受到科工办党委嘉奖和表彰。

在企业全面整顿取得良好效果的基础上，1984年7月，山东裕华修配厂被山东省国防科技工业办公室列为全面改革试点，推行以厂长经济承包制为主要内容的改革方案。通过以深入落实经济责任制为中心的一系列改革措施，职工技术素养和产品质量不断提升。在军品生产中，电—2引信一次交验合格率达到88.6%，迫—乙引信一次交验合格率达到100%；电—2引信综合良品率达到92.9%，迫－乙引信综合良品率达到93.7%。同时产品成本逐年降低，电—2引信销售价格为22元，工厂成本价为15.19元；迫－乙引信销售价格为7.20元，工厂成本价为4.67元；82药管药包销售价格为2.30元，工厂成本价为2.02元。各项经济指标全面超额完成上级下达的任务，当年实现利润119.4万元，超考核计划指标的2.6%。

在此期间，民品米筛成为取代军品后的支撑产品，也是企业在此期间赖以生存的关键保证。1979年，仅生产一种型号的米筛。1984年，增加到13个品种。当年，就为外贸加工生产32万多片。与此同时，工厂还组建纺织产品摇架研发团队，研发生产“裕华”牌弹簧加压摇架和气动加压摇架。摇架产品的成功研发和小批量生产，为工厂的三线转型发展夯实了基础。1983—1984年，该厂军品、民品生产取得过不错的成绩，连续两年累计实现盈利281.1万元，在山东省小三线军工企业中名列前茅。

1970—1974年，连续5年亏损，亏损额达306.1万元；1980—1982年，由于军品任务大幅度缩减，民品刚刚开始生产，连续3年亏损，亏损额达514.1万元。这两个阶段的重大亏损，给企业背上了沉重的债务负担。截至1984年底，全厂职工总数1499人。其中，工人1086人、工程技术人员78人、管理人员180人。管理人员占全厂总数的12.1%。全员劳动生产率达到7460元/人，拥有固定资产2199万元。主要生产设备包括专用设备122台(套)，其他通用设备933台(套)。

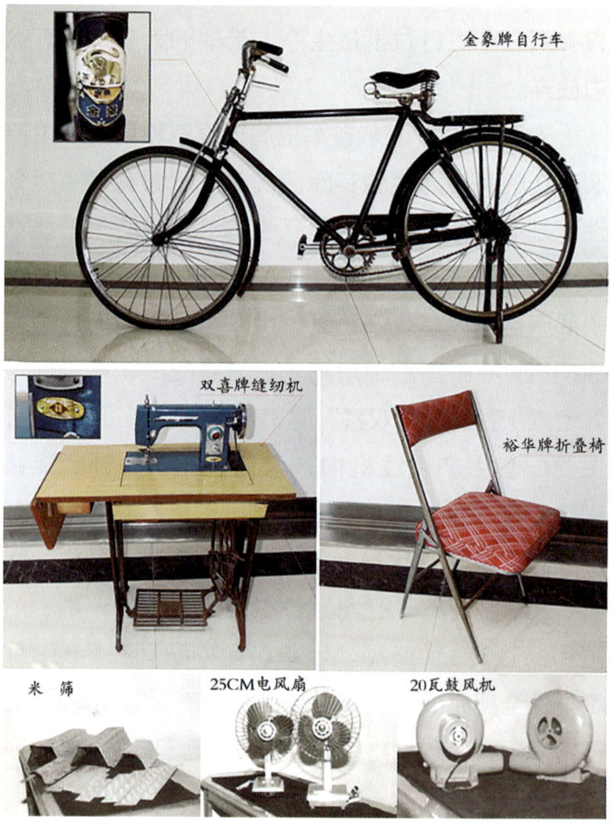

军转民时期，生产的部分民品

1985年，工厂再次转为亏损状态。为了适应军转民后小三线军工企业的发展，4月，国务院国防科工委批准山东小三线军工厂整体搬离山区，融入铁路沿线城市，建立民用产品生产基地，山东裕华修配厂开始外出选址搬迁出山。

1987年4月，山东裕华修配厂划归地方管理，不再归属省属企业。企业由生产型转变为生产经营型，由专一生产军工产品转变为军民结合型企业。为了便于同市场经济接轨，1988年9月1日，经山

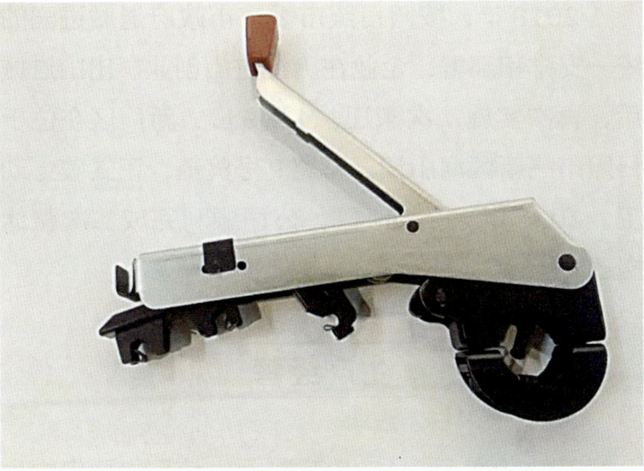

企业转型期间生产的第一代纺织摇架

东省经济委员会批准，对外更名为山东裕华机器厂。从此，企业逐步脱离军工行业，生产产品由军品转为民品。

由于经营持续困难和脱离国家计划经济的“靠山”，工厂内部职工开始人心动荡，出现了大批职工申请调动、下岗、买断工龄、外出打工等现象，工厂一度萧条，甚至濒临倒闭的危险。其间，在国家纺织工业部、山东省纺织工业厅的支持帮助下，企业加入纺织机械行业，开始转向纺织机械的研发和生产。在此阶段，“裕华”牌INA—V型气动摇架在国内率先研发成功、YJ2—142A弹簧加压细纱摇架和DA2122P型气动加压V型牵伸摇架研发并投产，奠定了企业在行业内的地位。与此同时，按照国家政策，企业调整工作重点，坚持两手抓，一手抓生产经营不放松，一手抓工厂的调整搬迁。在那个大浪淘沙的年代，山东裕华机器厂顽强地生存了下来。

转型发展

搬迁出山后，既为企业发展提供了机遇，也给企业发展提出了新的课题。如何恢复军品生产，如何推动民品开发，是关乎企业生存和发展的关键。在此期间，为拓宽企业经营渠道，增强企业活力，企业发挥保留底火生产线这一优势，并经中国兵器工业总公司批准，短时间内曾经恢复过底火军品生产，为山东第二机械修配厂（代号945）配套生产7.62毫米枪弹无锈蚀底火产品，并被列入1993年试制计划。

此阶段支撑工厂生存的主要产品仅为米筛，但规模较小，无法支撑起庞大的企业运转。军品几乎“断粮”，工厂进入艰难的生存和发展瓶颈期。

1995年6月，山东裕华机器厂整体并入中国轻骑集团，开始转产“轻骑”摩托车及其零部件，同时更名为中国轻骑集团日照摩托车公司。第一辆跨骑式御马QM100摩托车的成功下线，标志着企业转变了计划经济模式，向市场经济转型发展迈出了坚实的一步。

并入轻骑集团后，企业完全融入了市场经济竞争大潮中。为了提升企业管理水平和员工的专业技术水平，分批派遣相关人员前往日本铃木公司研修学习。此阶段具备年产10万辆摩托车的生产能力，成为江北为数不多的具备两轮、三轮、电动三轮生产资质的摩托车制造企业之一，实现了公司产品、经营理念、管理模式的一次重要转型。在此期间，“踏上轻骑，马到成功”的广告语家喻户晓，企业连续被当地日照市委、市政府表彰为先进单位、明星企业、管理示范企业，国家、省市领导多次来公司视察指导工作，并对公司的发展提出殷切期望。

20世纪90年代末，轻骑集团总公司因资金链断裂，发展形势急转直下，效益逐年下滑，诉讼官司缠身，职工上访不断，资本市场受到严重冲击，下属企业纷纷脱离或倒闭。受其影响，中国轻骑集团日照摩托车公司同样深陷其中，短短几年便由盛而衰。

2004年10月，公司改制为日照裕鑫动力有限公司，完成了从国有企业到民营企业的又一次身份转变，经营方式彻底从计划经济模式转向市场经济模式。干部职工在经历了多年的风风雨雨后，每个人的思想观念也随之发生了根本性变化，从单纯指望国家扶持，到不再怨天尤人、放下身架融入市场经济，为企业今后的改革和发展，奠定了体制基础和思想基础。11月，公司按照多品并举、多向发展的思路对产业进行了整合，新组建成立了日照裕华机械有限公司，具有独立法人资格，专业从事纺织专件的研发与制造。在此期间，公司积极引进消化吸收国外先进技术，率先在国内研制开发出了QYJ2-114A型气动平面牵伸摇架（同瑞士P2P型）产品，推动了公司在纺织机械领域影响力的提升，公司的摇架产品、紧密纺产品市场占有率和品牌知名度位居国内同行业首位。其中，“裕华”牌气动加压摇架自2003年连续多年获“山东标志产品”称号，并荣获山东省名牌产品称号。经过多年的产品创新与发展，公司已成为国内最大的气动摇架生产基地，已形成气动粗纱摇架、气动细纱摇架和弹簧加压摇架等三大系列10余个品种，具备年产摇架280万锭的生产能力，是经纬机械股份有限公司主机厂的主要配套厂商。

与此同时，公司对日照摩托车公司进行了重组，重新组建山东先锋摩托车有限公司，开启了三轮摩托车的生产制造，形成了二轮、三轮摩托车并驾齐驱的良好发展局面。

公司积极加强对外合作，2015年12月与西班牙品特凯普集团共同投资组建了日照品特裕华纺织科技有限公司，正式进军纺织信息化和特色纺纱领域。通过合资合作，加快了单锭在线监测系统、段彩纱、包芯纱等装置的国产化进程，开创了智能纺纱新领域。

为了适应新形势的发展，进一步建立科学合理的内部股权结构，2017年10月日照裕鑫动力有限公司进行了第二次改制，日照裕鑫动力有限公司作为集团母公司，以产品类别组建具有独立法人资质的二级经营实体，开启推行集团化板块经营战略，赋予各公司更多经营自主权，自我积累、自负盈亏、自我发展，调动各公司积极性和主动性。

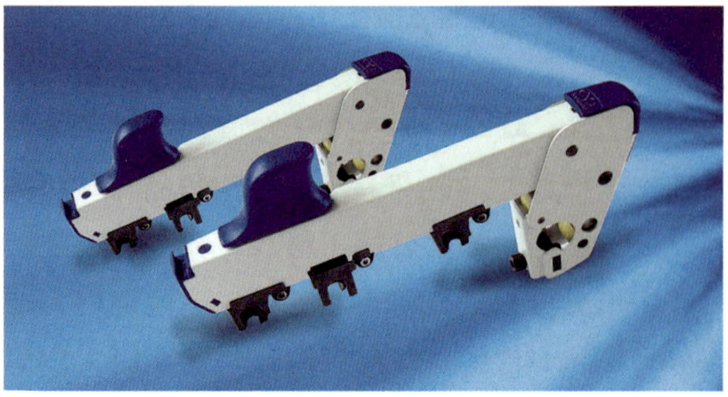

企业转产民品后的内气囊细纱摇架

2019年，按照日照市委、市政府退城进园的统一安排和部署，企业在历经进山创业、出山进城后，再次实施二次搬迁。4月9日，新厂区在位于日照市高新区河山镇云萃路9号奠基，正式破土动工。2022年11月21日，公司顺利完成二次整体搬迁。

生产经营

1968年8月—1983年11月，该厂主要集中生产军工产品，主要包括底火系列、引信系列、药管药包系列三大类。底火系列在908车间（时称第4连队）生产，包含7.62毫米枪弹底火、12.7毫米枪弹底火、D—6底火（原名KBM—3底火，又改名D—2A底火，后又改为D—6底火）和7.62毫米枪弹通用底火4个规格品种。引信系列在901—905车间（时称第1连队）生产，包括迫—1甲引信和电—2引信2个规格品种。药管药包系列在907车间（原名第5连队）生产，包括60毫米和82毫米迫击炮药管药包2个规格品种。

山东裕华修配厂正式投产前，国家五机部、济南军区、山东省国防工业办公室从全国各地对口军工企业基地和部队中抽调大批专业技术人员和管理人员，先后赴西安八四四厂、重庆四五一厂、齐齐哈尔六七二厂、吉林五二四厂、沈阳七二四厂等单位进行先期培训，迅速掌握军工生产技术。来自青岛、烟台、济南、临沂，以及四川、重庆、西安和东北三省的工人、干部、知识分子、解放军官兵等，打起背包，告别亲人，从祖国的四面八方跋山涉水来到该厂，成为到厂后独当一面的生产技术骨干。

1966年12月，该厂又先后从济南、青岛、烟台、德州、威海等地招收500多名城市青年，其中有军事院校刚毕业的学生、机械学院的技工、上山下乡的知青，还有刚刚走出校园的初、高中毕业生，大多是刚刚脱去一脸青涩、满脸稚嫩的青年男女。他们从全省各地乘坐火车到淄博，再换乘敞篷卡车，沿着蜿蜒连绵的盘山沙土路，一路颠簸而来，成为该厂第一批正式招录职工。

三线军工厂不同于一般生产民用产品的企业，企业有着严格的接近于军队管理的制度和模式。建厂初期，实行严格的军事化管理，工厂中设有军代表，政委、指导员等政工干部大多来自军队或部队复员转业军人，行政和技术干部来自地方。工厂党委书记兼任政委，中层设有教导员和指导员，生产管理有军事主管。生产车间是以连为单位，车间主任称为连长、车间支部书记为指导员。汇聚在一起的职工队伍，有着不同背景和经历，他们中有的是军转干部，甚至是经历过抗日战争和解放战争的部队老战士，为工厂带来严格的军事管理经验和严谨的部队作风；参与具体一线生产操作的职工，大多数是一些复退转业军人和青工，组成了一个团结紧张、严肃活泼的军工生产体。

根据山东省机械工业厅〔66〕东机字第214号文批复和国家五机部第五设计院《关于山东省引信厂（九三五四厂）若干建议》，山东省机械工业厅设计研究院于1967年对1966年8月设计的“国营九三五四厂扩大初步设计”进行调整、修改和补充，确定该厂军工产品生产方向为100—3迫击炮引信、60毫米和82毫米迫击炮弹基本药管与药包、KBM—3底火、7.62毫米枪弹底火和12.7毫米枪弹底火、12.7毫米枪弹曳光管等。另外，还设计有3号铝壳雷管的生产。在后期的实际生产过程中，3号铝壳雷管因国家计划调整未能投入生产，12.7毫米枪弹曳光管的生产，1972年移交到国营九三八一厂。

在试产阶段，面临人才缺乏、技术空白、设备难以调试等诸多困难，济南军区和省军工办从全国各地抽调大量专业工程技术人员，从各类高等院校中选调相关专业大中专毕业生，特别是从先期已开工生产的沈阳七二四厂、山东第一机械修配厂（九七六厂）、第二机械修配厂（九四五厂）、山东民丰机械厂（九三八一厂）、山东泰山机械厂（五八零八厂）、山东掖县轴瓦厂，以及外省的西安东方机械厂（八四四厂）、长治三四二厂等军工单位中抽调人员援建。全体职工奉行革命加拼命精神，提出“发扬大庆精神和铁人精神”“自己动手自力更生”“抓革命促生产”的口号。参与安装设备和调试生产的人员没有8小时工作制的概念，也没有人歇过星期天，日夜连轴转。尽管没有一分钱的加班费，甚至没有一顿免费的加餐，人们却都像上满弦的发条，家中放下碗筷就朝车间里赶。在全厂职工加班加点共同努力下，终于在1968年9月底之前试制出首批7.62毫米枪弹底火产品，圆满完成向国庆9周年献礼的光荣任务。同年12月23日和26日，7.62毫米和12.7毫米底火两种产品分别通过成型质量鉴定，投入批量生产，标志着工厂正式具备军品生产的能力，并由此揭开国营山东裕华修配厂生产军品的序幕。其他产品仍处于准备试制阶段，工厂的主要任务仍是基建。1970—1971年，两年都超额完成基建任务，为新产品试制打下坚实基础。

1970—1972年，底火系列产品D—6底火和7.62毫米枪弹通用底火、82毫米药管药包和60毫米药管药包产品，陆续完成试制，相继通过成型质量鉴定，投入批量生产。

在工厂正式投入生产前期，正处于“文化大革命”时期，生产进展比较缓慢，甚至出现停滞、徘徊的局面。1967年7月，由群众组织，通过大联合成立“革命工人造反指挥部”，出现派性斗争和武斗现象，原掌握管理职能的“当权派”靠边站，工厂一度出现混乱局面，拖了试生产后腿，致使工厂没有按时完成当年设计、当年施工、当年安装、当年投产的目标任务。为了稳定局势，解放军驻厂分队进厂，设置军代表，配合和协助搞好工厂管理，确保军品生产任务的完成。在此基础上，1968年4月，济南军区派驻武装部队对工厂实施接管，启用“中国人民解放军山东裕华修配厂军事管制委员会公章”。驻厂部队中设有军管会主任，代替厂长全面负责工厂思想政治工作和生产经营管理。同期，工厂隶属关系由山东省机械工业厅第二机械工业局转为山东省革委济南军区国防工业办公室，同年再次变更为山东省革委和山东省军区国防工业办公室。1968年12月9日，成立由军代表、革命领导干部和群众代表参加的国营山东裕华修配厂革命委员会，代替中国人民解放军国营山东裕华修配厂管制委员会全面负责工厂生产管理工作。此后不久，“反复旧”运动把矛头指向刚刚成立的工厂革委会，17名委员中有9人被点名、揪斗和停职工作，驻厂军代表也被实际架空，工厂的管理开始处于瘫痪和无政府状态。

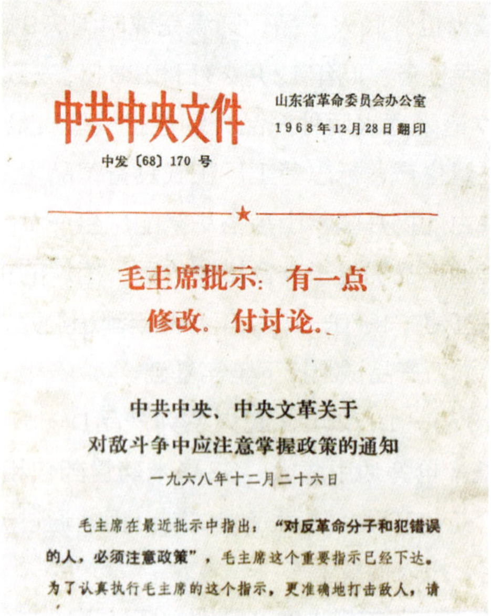
中共中央文件

山东省革命委员会办公室
1968年12月28日翻印

中发〔68〕170号

毛主席批示：有一点
修改。付讨论。

中共中央、中央文革关于
对敌斗争中应注意掌握政策的通知
一九六八年十二月二十六日

毛主席在最近批示中指出：“对反革命分子和犯错误的人，必须注意政策”，毛主席这个重要指示已经下达。为了认真执行毛主席的这个指示，更准确地打击敌人，请

中共中央、中央“文革”关于对敌斗争中应注意掌握政策的通知（1968年12月）

1969年3月25日—4月5日，山东省小三线抓革命促生产会议在沂源县召开。在此次会议上，山东省革命委员会、中国人民解放军山东省军区国防工业办公室要求各个小三线工厂大学解放军，坚决走政治建厂道路，要把大兴三八作风、发扬三大民主、开展四好连队建设等一整套政治建军做法，运用到国防工业建设中，要在斗批改的基础上，逐步推广把车间建设为连队的行之有效的做法。

1969年8月1日，山东省军区发布命令，自即日起由山东省军区对山东裕华修配厂实施军事管制，成立军事管制委员会，并任命栾志勤为主任，孙义臣为副主任。军管会在省军区国防工业办公室领导下，对全厂革命、生产实行统一领导。解放军驻厂分队、配属军管会，在军管会统一领导下进行工作。军管会进厂后，原工人、解放军毛泽东思想宣传队随即撤出整训；要求全体干部职工，要提高警惕，严防敌人挑拨军政、军民关系，煽动利用资产阶级派性和无政府主义，制造武斗、停工停产现象。与

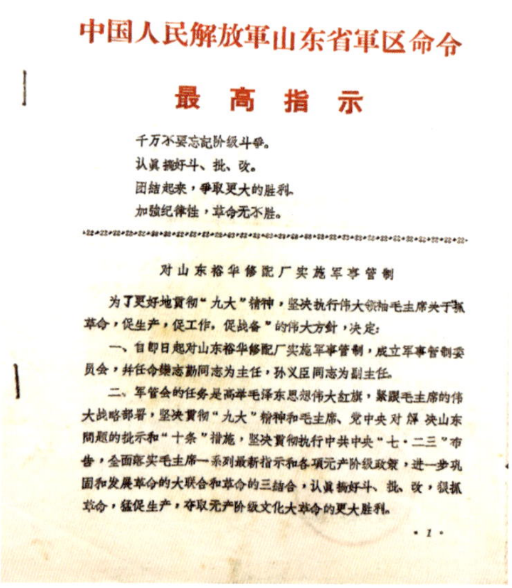
中国人民解放軍山东省軍区命令

最高指示

千万不要忘記阶级斗爭。
认真搞好斗、批、改。
团結起来，爭取更大的胜利。
加強纪律性，革命无不胜。

对山东裕华修配厂实施军事管制

为了更好地貫彻“九大”精神，坚决执行伟大领袖毛主席关于“抓革命，促生产，促工作，促战备”的伟大方针，决定：

一、自即日起对山东裕华修配厂实施军事管制，成立军事管制委员会，并任命栾志勤同志为主任，孙义臣同志为副主任。

二、军管会的任务是高举毛泽东思想伟大紅旗，紧跟毛主席的伟大战略部署，坚决貫彻“九大”精神和毛主席、党中央对解决山东問題的批示和“十条”措施，坚决貫彻执行中共中央“七·二三”布告，全面落实毛主席一系列最新指示和各項无产阶级政策，进一步巩固和发展革命的大联合和革命的三結合，认真搞好斗、批、改，狠抓革命，猛促生产，夺取无产阶级文化大革命的更大胜利。

·1·

中国人民解放军山东省军区对山东裕华修配厂实施军事管制文件（1969年）

此同时，驻厂军管会按照部队管理体制对内部生产机构和人事安排进行了重新设置和调整，将所有生产车间改为连队。引信车间改为1连，902车间改为2连，908车间改为4连，907车间改为5连，909车间改为6连，910车间改为7连，相应地由连长和指导员取代了车间主任和党支部书记职务。

为了逐步解决“反复旧”运动中所遗留下来的问题，由军管会主持，举办厂革委成员、两派群众参加的毛泽东思想学习班，通过“团结—批评和自我批评—团结”的指导思想，特别是“各自多作自我批评”的方式，妥善加以解决。1969年9月8日，中国人民解放军山东裕华修配厂军事管制委员会发布第3号公告，根据中央、省革委核心领导小组、省军区国防工办指示，决定撤销裕华厂东方红兵团及其下属组织，厂革委成员、车间领导班子一律恢复“反复旧”运动前的领导班子及其职务。任何人不得以任何借口重拉队伍，另立山头，四处串通，今后的活动一律按车间、班（组）进行。

1970年1月，山东裕华修配厂隶属关系再次发生变更，由济南军区、山东省革委国防工办、兵器工业局共同管理。在军管会和革命委员会的双重管理下，重新恢复党的领导，成立国营山东裕华修配厂党的核心领导小组。特别是1970年11月的整党

运动后，才使党的领导地位被重新确立。此后，对厂内闹资产阶级派性、搞无政府主义，无全局观念、抱着小山头不放的错误进行了纠正和批判，各项生产工作管理制度得到恢复执行和加强。1971年12月，中国共产党国营山东裕华修配厂第一届党代会召开，选举产生了第一届党委会。从此以后，工厂党委成为该厂的最高领导组织。在党委的领导下，全厂职工在设备、人员不足的情况下，积极进行产品试制。到1973年，7个主要军品全部完成了成型质量鉴定并投入批量生产。与此同时，生产规模一年年扩大，技术水平一年年提高，先后有6个车间上马生产。

长期驻扎在裕华厂的军代表合影

1969年，珍宝岛事件后，在愈加严峻的国际形势下，根据党中央“要准备打仗”的战斗号召，以及战场情况和需要，1970年国家确定在山东省新建“新40火箭”项目，“电—2”引信属于该建设项目之一，五机部定名为五八一四厂。为了统筹资源，节省建设资金，山东省国防工办决定不再新建厂址，将该项目纳入山东裕华修配厂进行扩建。1971年5月20日，完成“九三五四厂电—2引信项目扩大初步设计”方案，对有关生产线作了调整，经试制后于1976年进行鉴定并投入批量生产。

1969年12月投入正式生产后，山东裕华修配厂所生产的军品，均严格按照国家统一调配的军需计划进行，根据国家五机部（后改为国家兵器工业部）下达的生产计划，由工厂进行组织生产。1970年7月20日，济南军区后勤部在国营山东裕华修配厂设立驻厂验收组，生产出的军品须经解放军驻厂军事代表验收合格后才能出厂。

军工产品的质量在你死我活的战场上直接关系到战士们的生命安全和战争的胜败。由于工厂的管理人员大多是以前在战场上摸爬滚打过来的老革命战士，所以对产品质量的要求特别严格。但是，由于受当时“文革”因素的影响，工厂内没有一套切实可行的规章制度，操作无规章，质量无检查，消耗无定额，出勤无考核，经济无预算，劳动效率低，工艺执行不严，材料浪费严重，质量事故不断出现。1970年3月10日，山东省革委会国防工办、兵器工业局组织产品验收小组对1—2月生产的两种产品进行首次抽查验收，结果发现12.7毫米枪弹底火出现严重的质量事故，尺寸不符合产品图要求，同时压药高度也超过规定，致使12.7毫米枪弹底火全部不能出厂。1971年6月，生产的7.62毫米枪弹底火第16批，在验收时出现瞎火现象，最终导致产品成批报废。另外，在第34批抽验中又出现瞎火5个，后经加倍试验才符合技术条件规定，同意出厂。1972年，迫—甲引信共生产34个批次。其中，第29批因投掷试验瞎火1发，不能验收；第24批因2号件外观颜色问题，没有验收。另外由于漏水、漏气等质量问题，大拆、重装、反检共19批23次，造成人力、物力的极大浪费。在上半年的迫—1甲生产中，7号件销子错用了原材料，不符合产品图要求，也造成了很大浪费。7.62毫米枪弹底火的生产在1972年的第二、第七两批验收试验中又出现瞎火9个，超出技术要求的规定，经将产品带到六六一厂加倍试验后才验收出厂。针对频繁出现的质量问题，1972年6月成立整顿产品质量企业改革办公室；7月，颁布自建厂以来首套比较完整、系统的15项企业管理制度。

15项企业管理制度，在一定程度上对产品质量提升有一定保证。但是，由于长久形成的惯性生产方式和制度执行过程中的不严格，特别是“文革”运动的持续影响，在次年的生产管理过程中仍发生多次产品质量事故。1973年5月，生产的12.7毫米枪弹底火第32、第33两批出现瞎火3个的现

部分军品检测仪器

象，经加倍试验仍有瞎火现象，最后只好处理出厂。在生产第35批7.62毫米限用底火时，试验超过技术条件规定，而进行了大量扩展测试。落锤下限试验原为200个，扩大为2000个，在射击试验中，步枪增加五倍试验、冲锋枪增加三倍试验、轻机枪增加三倍试验。经过大量测试后方才出厂。特别是在8月的一次抽检过程中，发现迫—1甲引信6号件错用量具和直径2.2＋0.25孔漏检的质量事故。经查证，自1971年11月以来就一直错用量具。另外，直径2.2＋0.25孔长期也没有检验。频繁的质量事故不但给国家造成浪费，也损害了工厂的产品信誉。

1974年，“批林批孔”运动，使生产更加混乱，基本上处于停产状态。在各种产品都已投入批量生产且生产任务饱和的情况下，纪律松弛，生产效率大幅下降，月月完不成计划，成本大幅度提高。其中，迫—1甲引信每发成本高达27.29元，相当于我国先进水平的10倍之多。只有两个产品完成了计划目标，全年工业总产值仅为83万元，只完成了全年计划的29.1%。

连年接续不断的政治运动，造成职工队伍思想上动荡不安，影响工厂生产的正常进行。特别是质量的低劣，直接影响到产品成本和经济效益，企业连年亏损。1970—1974年，该厂连续5年亏损，亏损额高达306.1万元，成为山东省军工三线的“重灾户”。截至1974年，贷款累计210万元，因不能按时付款而被罚款就达上千元。每月职工发放工资只能靠四处借贷，企业处于严重的危机状态。其间，经同沂源县革委、国营九四五厂革委协商，打算联合建设一座小型水泥厂，今后使用水泥计划实现自给。

1975年，是工厂发展史上走出困境的关键一年。在这一年中，工厂狠抓质量整顿，从抓班组规范化管理入手，对各个产品的每一道工序都进行细化和责任把控，建立起详细的当班操作生产记录，涵盖操作人姓名、操作时间、生产批次、自我检验等主要内容。车间一线管理进行层层“道检”，军代表则会在每批次产品完工后进行专项抽检。如果出了质量问题，严格追究责任，对责任人进行纪律或行政处分。在紧抓质量管理的同时，工厂还重点围绕降低成本进行了群众性的技术革命、技术革新活动，全年实现技术革新项目18项。其中，仅迫－1甲引信4号件，原来用2台床子4名工人操作仍难完成的生产任务，革新后改为只用1台床子、1人操作就可完成生产任务。这些革新项目的实现，把笨重的劳动变为机械化或半机械化操作，不仅提高了工作效率，而且还大量节省了人力、物力，降低了产品成本，保证了安全生产，有效避免了安全事故发生。质量与科技创新同抓，大打翻身仗，产品质量上升，材料消耗降低，成本大幅下降，提前95天完成全年生产计划，工业总产值比1974年增长2倍，比历史最好水平的1972年增长22.4%，全员劳动生产率比1974年提高2倍多，各方面工作出现良好转机。首次实现自建厂以来的扭亏为盈，实现利润23.1万元，摘掉了长期戴在头上“连续5年不能全面完成国家计划、亏损、贷款”三项落后帽子。

1976年，成立双革办公室，进行革新挖潜。全年实现革新改造项目27项，产品成本进一步大幅度下降。1974年，迫—1甲引信每发27.29元，1975年下降为每发8.63元，1976年又下降为每发7.28元。其中，7.62毫米枪弹底火、12.7毫米枪弹底火和82药管药包分别超过设计能力20%、5.6%和2%。基建任务方面，当年共完成基建投资53.61万元，比1975年增长5.7倍。全年完成工业总产值446万元，超过计划的3.7%，比1975年增长68.9%；实现利润72.1万元，超额完成计划指标的22%，比1975年增长了1.9倍。1976年3月28日，在山东省革委军工局贯彻鞍钢宪法、“工业学大庆”先进集体个人代表会议上，山东裕华修配厂有18名先进代表参加了会议，908车间党支部代表山东裕华修配厂在大会上作了题为“认真学习革命理论，把无产阶级专政的任务落实到基层”的典型发言。

1977年上半年，由于主要原材料出现很大缺口，供应严重不足，每个月生产都未能按时完成任务。1—7月，仅完成全年计划的36.9%，没有达到时间过半、完成任务过半的要求，欠产较大。为了按时完成国家任务，工厂成立会战指挥部，自下而上建立以岗位责任制为中心内容的各项规章制度，初步扭转管理混乱的局面，生产打乱仗、吃大锅饭现象得到明显改观。继续开展采用新工艺、新技术实现自动化、联动化的双革活动，效果明显的革新项目就有11项，终于提前一个月超额完成了国家计划。当年完成工业总产值411万元，超过全年计划的1.9%，上缴利润144.33万元，超额完成计划的49.8%。

1978年7月，召开全厂科技会议，落实党的知识分子政策，明确职称和技术岗位责任制，进一步掀起群众性技术革命、技术革新热潮。全年共实现革新项目14项。其中，双革办公室与901车间合作革新半自动铣口机，实现一机多能，提高工效3倍多；903车间采用远红外线烘干新技术提高工效50%，节电50%。特别是在全国质量月活动的推动下，通过“九查九整”运动，908车间生产的7.62毫米枪弹底火共10个批次，1000万发，一次交验合格，达到历史最好水平。当年完成工业总产值459万元，实现利润151.1万元，比1977年度又有较大幅度提高。与此同时，适应发展需要，还制订厂区改造8年规划，将原建于柴崮峪的907、909车间先后迁至涝沟主体厂区。至此，分散布局的厂区开始逐渐向涝沟主体厂区汇拢聚集。

党的十一届三中全会后，各项工作重点转移到社会主义现代化建设上来。1979年，企业进行第一次全面整顿工作，工厂日常管理由党委统揽负责制转向党委集体领导下的厂长分工负责制。为了有利于企业的经营管理，对全厂内部机构进行调整。其中，设备科和动力科合并为机械动力科，压铸、塑合件、缠簧等生产线单独组建成立904车间，供销科和车队合并为供运科。通过整顿，工厂的各项工作再上一个新台阶，全年完成工业总产值496万元，比1978年增长8%，8项经济考核指标第一次全面完成上级下达的计划任务，5种军品的一次交验合格率和综合良品率都达到或超过计划指标，实现利润95.1万元，是全年计划的3.17倍。

老军工对产品进行质量检验

验证底火产品

1975—1979年，是山东裕华修配厂军品生产的鼎盛时期，人心稳定，生产持续增长，连续5年均超额完成上级下达的生产任务，军品生产基本达到或超过设计能力，产品质量不断提高，成本不断降低，不仅摘掉自建厂以来持续亏损的帽子，还累计实现利润462.5万元，为国家作出了应有的贡献。生产的发展也促进了其他各项工作的进展，工厂出现安定团结的政治局面。

该厂汇聚了从全国各地抽调过来的各方面专业技术人才195名。其中，高级工程师8人、技师1人、高级政工师4人、高级会计师3人，全国兵器工业学会理事、中国火炮学会理事、山东兵器工业学会和华东兵器工业学会理事2人、会员41人。20世纪70年代末80年代初，该厂所有军工产品都已相当成熟。其中，电一2引信产品在国家兵器工业部组织的全国同类产品质量检查评比中位列第1名；7.62毫米、12.7毫米底火和60毫米、82毫米迫击炮弹基本药管药包产品等分别通过国家级质量技术鉴定，达到国内同行业先进水平；1972年研发制定的“光面量规”工艺，被国家第五机械工业部纳入指导性技术文件。生产的军品不但大量配套给全国各地的枪弹生产军工企业，还援助给其他友好国家。

组织建设

山东裕华机器厂的机构设置和组织建设，在不同的历史发展阶段都有过不同的设置。基本包括行政管理系统、党组织建设、民主管理和群团组织4个部分。

行政管理系统

建设初期，成立由厂领导和各县施工队带队干部共同参与的工地指挥部，厂长邢德君任总指挥，在临时工地党委的领导下开展工作，具体负责统筹协调工程建设。指挥部下设施工组、财务组、材料组、行政组、工艺组5个职能部门。

1968年，工厂成立革命委员会，将相关职能部门调整为办公室、政宣组、生产组和后勤组。1969年，撤组设部，成立政治部、生产指挥部、后勤部和革委办公室。其中，政治部具体负责人事组织、保卫、宣传、青工、妇女、家委会和群众工作等；生产指挥部下设6个小组，包括计划调度、统计、劳力分配组，技术检验组，材料组，财务组，基建组和工具、动力组；后勤部具体负责生活管理、房产管理、学校、托儿所、招待所、办公用品和医疗卫生等；革委办公室负责打字收发、会议记录、文书档案、总机室等。

1972年，工厂内设机构再次调整，取消生产指挥部，将分设的各小组改为职能科室；后勤部改为行政管理科；增设卫生科。之后，革命委员会撤销，根据企业在不同发展阶段的历史需求，相应机构设置也不断调整和补充，逐渐形成一整套机构比较完善、规模比较齐全的党政工团管理体系。

山东裕华机器厂的行政管理系统包括相关职能科室和生产车间，在厂部统一领导下运行。厂部对全厂生产车间和行政管理科室实行统一管理。厂部由厂长、副厂长、副总工程师等人员组成。厂长是工厂的行政主要负责人，受国家指派全面负责工厂生产和经营管理，各车间、科室在厂部领导下完成各项工作任务。

根据工作性质和职责划分，设置有厂部办公室、财务科、劳资科、生产计划科、全面质量管理办公室、技术科、检验科、动力科、供运科、基建科、科研所、总务科、卫生科、教育科、“五七”办公室等行政职能科室。其中，厂部办公室是常设办事机构，在厂部直接领导下负责日常工作。

生产车间包括前方车间和后方车间两部分。前方车间包括7个军品生产车间，后方车间为2个辅助生产车间。1969年，在全国三线军工单位大学解放军活动中，逐步推广把车间建设为连队的做法，将各生产车间改为连队管理。1972年，将连队重新恢复为车间，以数字代替生产车间称号。901车间为机加车间，由原一连划出，主要进行机械加工，内设计调组、技术组、材料组、机修组、收发班和10个生产班组。902车间为冲压车间，原为第二连队，内设冲压、搬运、热处理、机修、酸洗、检验、辅助等12个生产班组。903车间为电镀车间，由原一连划出，内设电镀、检验、包装、车把机加、车把检验、维修、配电、污水处理、缝纫和民品等13个班组。904车间为压铸车间，由原一连的901车间、903车间部分生产线划出，内设机修、压铸、压铸机加、压铸检验、塑合件压型、机加、外观修整、检验、塑料挤出9个班组。905车间为装配车间，由原一连划出，内设6个生产班组，2个检验班和1个维修班。907车间为药管药包车间，原称为五连，下设若干生产班组。908车间为底火车间，原称4连，内设有冲压班、酸洗半检班、点胶班、制药班、装配1班、2班、成检班、机修班、搬运班。909车间和910车间为辅助车间，原分别称6连和7连，主要担负全厂的工具工装、模具生产，负责水、电、暖、通等工作任务。1981年后，车间中不再设置政治指导员，改为党支部书记。

党组织建设

1966年，工厂建设初期，工作条件非常艰苦，为了加强党的统一领导，成立临时工地党委，直接接受山东省后方建设现场指挥部的统一领导和指挥，曲跃庭任党委书记，徐先华任副书记。1967年后，党组织受到破坏，党的领导被群众组织、革委会代替。1970年，成立党的核心领导小组，党的领导逐步重新恢复起来；11月，开始整党建党，党的领导地位被重新确立。

1971年12月，工厂召开第一届党员代表大会，选举产生第一届党委会成员，吴荣为党委书记，李国胜、宋协贵为副书记。从此，党委作为最高领导组织，全面参与到工厂生产经营管理中。

党的十一届三中全会后，实现党政分工，健全党组织领导系统，党组织监督和保证作用得到充分发挥。1982年8月，成立党委办公室，作为党委直接领导下的常设办事综合机构，开始承担起全厂的党务工作。与此同时，基层党组织建设也得到加强，先后成立15个基层党支部，包括8个生产车间党支部和7个机关党支部、后勤党支部，即901车间党支部、902车间党支部、903车间党支部、904车间党支部、905车间党支部、907车间党支部（908车间党支部）、工具科党支部、机械动力科党支部、检验科党支部、供运科党支部、总务科党支部，以及机关党支部、子弟学校党支部、退休办党支部和“五七”办党支部等，党支部下设党小组至班组，具体开展相关组织活动。在此基础上，工厂还专门成立组织科、宣传科、保卫科、武装部等机构，作为党委的下属部门，受党委直接领导。

1984年3月，工厂召开第二届党员代表大会，进一步明确党委在企业中的主要任务和职责，即对贯彻执行党的方针、政策和思想政治工作方面的领导，监督和保证企业坚持社会主义方向，保证企业各项政治任务和经济任务的完成，保证国家、企业、职工三者利益的不断增长。选举产生新一届党委会成员和第一届纪律检查委员会成员，选举李树义为党委书记，苏桂芝为副书记，陈尚福为纪律检查委员会书记。

截至1984年底，山东裕华修配厂党委下设15个基层党支部，59个党小组，共有正式党员400人，预备党员22人。其中，抗日战争时期入党的有5人，解放战争时期入党的13人，其他的均为新中国成立后发展的党员。

企业转为民营后，党的组织建设完全融入行政管理中，一般不再单列党的组织机构，党委办公室与厂部办公室合并。

党组织机构设置示意图

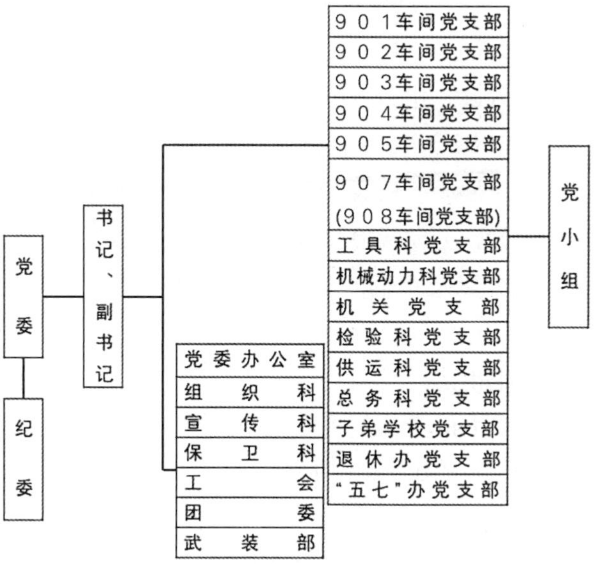

民主管理

职工代表大会是国营山东裕华修配厂实行民主管理的基本形式，是职工行使民主管理权利的机构。

建厂初期，由于制度不完善，一直没有民主管理机构。1979年6月8日，召集第一届职工代表大会，职工代表大会制度正式被确定为工厂的最高权力机构，并按照民主集中制原则开展实质运行。

在工厂内部设置工会机构，具体负责职工代表的选举，加强职工代表的管理；会同党委办公室、厂部办公室等做好召开职工代表大会的各项筹备工作；做好会议期间秘书的各项工作；负责收集、汇总、整理召开职工代表大会的提案工作；维护职工的民主权利和物质利益，受理职工代表和职工群众对侵犯职工民主权利和物质利益的控告和申诉；教育职工代表和广大职工，树立主人翁责任感，正确行使民主权利，处理好国家、企业、个人三者的关系；做好职工代表大会和主席团交办的各项工作。除做好上述工作以外，工会还要认真倾听群众意见和要求，替职工说话办事，维护职工的合法权益，真正成为职工之家。

1973年4月，第一届工会会员代表大会召开。大会通过关于《把工会建成共产主义的学校》的决议；成立工会委员会，选举产生首届19名工会委员会委员，鹿天亮担任工会主任。1979年6月，第二届工会会员代表大会和第一届职工代表大会合并召开，出席这次会议的代表共142人，是建厂以来代表人数最多、规模最大的一次职工代表和工会会员代表大会，也标志着工厂民主管理制度从此步入正轨。1982年12月，召开第三届工会会员代表大会和第三届职工代表大会，选举产生厂工会劳动保护委员会、劳动保险委员会、经济委员会、经济审查委员会以及女工工作委员会等10个专门工作委员会。

群团组织

工厂的群团组织主要由共青团、民兵、女工委员会和学术团体等相应机构组成。

共青团　共青团山东裕华修配厂委员会，是在厂党委领导下的一支非常重要的先进青年的群团组织，同时接受共青团上级组织领导。1972年7月，第一次团员代表大会举行，正式成立国营山东裕华修配厂共产主义青年团。选举杨位功为第一任团委书记，阎玉旺为副书记。第二届团员代表大会于1977年召开，选举阎庆国任书记，高志强任副书记。1980年7月26日，召开第三届团员代表大会，选举高志强任书记，侯志芳、李建国任副书记。第四届团员代表大会于1983年7月22日召开，选举高志强任书记，林木森任副书记。以后，团员代表大会不定期召开。共青团组织在工厂的生产经营活动中，充分发挥党的有力助手和先锋模范作用，在企业不同历史发展阶段，始终带领全厂广大青年，紧跟党走，以党的基本路线为指针，通过开展形式多样的劳动竞赛和争创新长征突击手等活动，引导青年职工岗位学习、岗位成才、岗位奉献，提高文化素质、技术素质和政治素质，助推企业中心工作顺利实现和完成，在推动企业改革和发展过程中发挥了重要的作用。先后有4人次被共青团山东省委表彰为新长征突击手、28人次被山东省科工办团委表彰为新长征突击手、281人次被厂党委表彰为新长征突击手。团组织建设也多次受到共青团山东省委和山东省科工办团委的表彰与奖励。

民兵　国营山东裕华修配厂民兵团成立于1972年，是不穿军装、不受正规部队训练的工厂群众组织，担负着保护工厂安全的任务。工厂设置有民兵编制团1个，下设8个连队、16个排、32个班，民兵人数在330人左右。配备有“五六”式半自动步枪、“五六”式冲锋枪、“五六”式班用轻机枪、“五四”式手枪等武器，装备有子弹、手榴弹等弹药。刚成立时，由李国胜兼任民兵团团长，吴荣兼任政治委员，崔锡午兼任参谋长，范振鲁兼任政治处主任，鹿天亮兼任后勤处处长。各个连队设有连长、副连长、政治指导员和副指导员。民兵团受厂党委的直接领导，以后改为武装部。

女工委员会　国营山东裕华修配厂妇女工作委员会是在厂工会直接领导下的妇女群众组织，成立于1979年。女工委员会按时组织妇女进行妇女病普查和防治、定期为女工检查身体，对处于“四期”的女职工给予应有的照顾和帮助等。成立以来，女工委员会在保护好女职工权益的基础上，还开展了争当“三八红旗手”“三八红旗集体”活动。受到全国和山东省表彰的“三八红旗手”各1人，受到厂党委表彰的“三八红旗手”184人次。

学术团体 中国兵工学会九三五四厂委员会成立于1980年3月21日，属于在工厂党委领导下的学术研究团体，是动员科学技术工作者在企业技术创新和文化创新中发挥作用的一支重要力量。首届会员41人，主任委员由姚明德兼任，副主任委员苏桂芝、刘树章，委员包玉重、郭英德、顾本祥、刘生。

职工队伍

职工队伍包括干部、科技队伍和工人队伍三支重要力量。

干部队伍 包括厂级领导干部、中层领导干部和一般基层干部。厂级领导干部主要包括党委书记、副书记，厂长、副厂长，总工程师、总经济师和工会主任等职。工会主任由职工代表大会选举报上级主管部门批准任命。其他厂级干部的来源，在建厂初期，均由上级主管部门直接下达调令或任职决定；后期，转为由本企业自行考察拟提拔对象，经厂党委会集体研究后，提报上级主管部门批准任命。干部管理权限均为上级主管部门。中层领导干部包括职能科室的行政正职和副职，生产车间的正、副主任，以及党委领导下的各基层党支部书记、团委书记、女工委员会主任等职，干部来源渠道具有多样化，一部分是由厂部或党委直接任命，一部分是经过代表大会选举产生。干部人选大多来自生产一线中的优秀骨干分子。干部管理权限，除了中层正职起初为上级主管部门、后下放至企业外，其他的均由企业组织科负责管理。一般基层干部包括生产车间的班组长、统计员、调度员、核算员，后勤服务单位的负责人等，干部来源渠道更加广泛，一般由单位提出使用报告，报厂党委研究批准后由组织科公布职务。1984年春节后，一般干部管理权限下放，由车间或各部门领导直接提名使用，报劳资科备案。

科技队伍 包括生产一线、职能科室的各类专业技术人员，以及子弟学校、医疗卫生等单位的教师、医生、护士等，主要来源于各类院校的大中专毕业生，以及从其他科研单位调入的知识分子、专业工程技术人员等。在党的知识分子政策落实后，科技人员普遍实行职称评审制度，由工厂专业职务评审委员会对科技人员自行申报的专业技术职务进行综合评定，由工厂聘任。

工人队伍 是职工队伍中人数最多的组成部分，从事生产一线的具体工作。1966年，筹备建厂时，陆续从外单位调入部分工人。中、后期，根据国家批准的劳动计划指标，由工厂人事劳资科在上级指定的地区进行招收工人。在招录的工人队伍中，青工人数占据很大比例。由于招工进厂时年龄大多比较小，且处于“文革”时期，文化程度普遍存在偏低现象。

“根正苗红进三线、青春年华向党献”，这是20世纪70年代在裕华厂广泛传颂的口号。由于小三线军工企业的特殊性，每位职工被招录或者调入时，都需要进行严格的家庭出身和社会关系政审，家庭历史背景不清楚、阶级成分不好或者革命意志不坚定的一律不得进入。有资本主义背景的工人或者技术人员，技术再好都被排除在外。当时调入或分配到裕华厂工作的，都是业务水平高、政治立场坚定的大中专毕业生和复退军人等。新招录职工，必须是根红苗正的革命家庭、贫下中农的子女。对新招录职工和新调入职工，首先接受像新兵连那样的强化训练，人手一本红皮保密手册，统一接受保密制度、安全制度和厂规厂纪的“三大教育”，经全部考核合格后，才会被分配到各个连队及班组。对新分配工作的职工实行学徒工制度，并根据不同工种制定不同的学徒年限，安排老师傅对其言传身

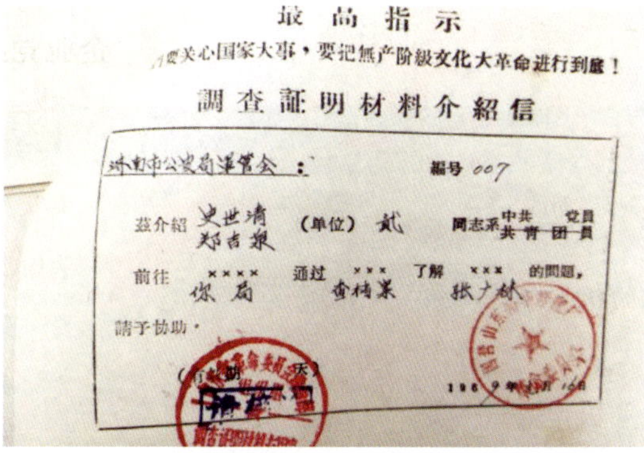
最高指示

要关心国家大事，要把無产阶級文化大革命进行到底！

調查証明材料介紹信

编号 007

茲介紹 史世清 郑吉泉 （单位） 贰 同志系中共党員

前往 ×××× 通过 ××× 了解 ××× 的問題，

請予协助。

招工时的调查证明材料介绍信（1989年）

教、以老带新，目的是使新工人能够快速熟悉生产设备，掌握生产技能，尽快成为独当一面的熟练工人。

职工队伍管理 对职工队伍正常上下班均实行严格的考勤制度，无论是干部、科技人员，还是工人，都按考勤计发工资。与此同时，根据职工在劳动和工作中的表现，工厂还会给予相应的表彰奖励或纪律处分。表彰奖励形式分为大会表扬、通报表扬、记功授奖等，纪律处分包括记过、撤职、降职降薪、留厂察看和开除等。职工队伍的退职、退休、离职、离休，严格按照上级部门的有关规定办理。

企业历任主要负责人

机构名称	姓名	职务	任职时间
国营山东裕华修配厂	邢德君	厂长	1966.05—1968.04
	黄君武	军管会主任	1968.04—1969.08（其间，郑国一短暂任主任）
	栾志勤	军管会主任	1969.08—1969.11
	李国胜	军管会主任	1969.11—1969.12
	李国胜	革委会主任	1969.12—1971.10
	吴　荣	革委会主任	1971.10—1973.02
	程锡德	革委会主任	1973.02—1975.07
	董传明	革委会主任	1975.07—1978.10
	于延芝	厂长、顾问	1978.10—1982.10
	姚明德	厂长	1982.10—1985.07
	曾宪魁	厂长	1985.07—1988.09
国营山东裕华机器厂	曾宪魁	厂长	1988.09—1992.08
	苏桂之	厂长	1992.08—1995.06
中国轻骑集团日照摩托车公司	尹延斌	总经理	1995.06—1999.11
	马　岩	总经理	1999.11—2000.09
	郝　强	总经理	2000.09—2001.06
	刘爱华	总经理	2001.06—2004.10
日照裕鑫动力有限公司	刘爱华	董事长	2004.10—2014.02
	张彦涛	董事长	2014.02—

企业党组织历任主要负责人

机构名称	姓名	职务	任职时间
工地临时党委	曲跃庭	书记	1966.11—1967
党的核心领导小组	李国胜	组长	1970.01—1971.10
	吴　荣	组长	1971.10—1972.01
国营山东裕华修配厂	吴　荣	党委书记	1972.01—1973.02
	程锡德	党委书记	1973.02—1975.07

续表

机构名称	姓名	职务	任职时间
国营山东裕华修配厂	董传明	党委书记	1975.07—1978.10
	刘佳禹	党委书记	1978.10—1982.10
	王树国	党委书记	1982.10—1983.12
	李树义	党委书记	1984.03—1985.06
国营山东裕华机器厂	苏桂之	党委书记	1985.07—1995.06
中国轻骑集团日照摩托车公司	尹延斌	党委书记	1995.06—2001.06
	刘爱华	党委书记	2001.06—2004.10
日照裕鑫动力有限公司	刘爱华	党委书记	2004.10—2014.02
	张彦涛	党委书记	2014.02—

企业文化

裕华厂具有自成体系的军工文化特色。在裕华厂区，到处都能感受到如同军队般严谨的作风、严明的纪律和严格的管理。经过几十年的建设和发展，铸就了“艰苦奋斗、拼搏奉献，团结协作、勇于创新”的裕华精神。

在滑石峪岭山腰处，工厂建设一座4000余平方米的三层文化楼，丰富职工文化生活。第二、第三层主要是职工学习场地，设置电视大学、军工技校、业余高中教室、电教室、图书阅览室和退休职工活动室等功能室，配备相关教学设备。其中，位于一楼最东边的教室为技校，是很多职工子女接受专业技术教育的地方；一楼南半部分是职工文化娱乐场所，有电子游戏室、乒乓球室、麻将室、台球室、棋类室等，职工下班后在这里下棋、打麻将等。文化楼二楼的文化礼堂，主要是召开大型会议、职工代表大会和演出的场所。

位于文化广场附近的原文化楼外景

职工教育

裕华厂的职工教育包括文化教育和专业技术教育两部分，分为全日制教育和业余教育两种形式。起初，工厂专门成立教育科，具体负责实施。1981年，归口工会管理，在职工教育专业委员会的领导下开展具体工作。从纵的方面看，有扫盲教育、小学教育、初中教育、高中教育、大学教育；从横的方面看，不仅有文化课程教育，还有专业技术教育、企业管理知识教育、法制教育等，形成较为完整的系统。

全日制教育 建厂初期，陆续从各地调入或招入大量职工，以青年工人数量较多。那个时期，社会上“读书无用论”盛行，致使有相当部分职工文化水平偏低，技术水平跟不上军工产品生产的需要。工厂曾举办过多种不同形式的全日制教育班，提高职工文化和技术水平。

“七·二一”工人大学 1975—1979年，曾举办过两届全日制“七·二一”工人大学，学制为二年。学习内容为机械专业，以基础课为主、专业和基础课相结合的方式，共计学习12门课程。1977年9月，第一届24名学员全部按时毕业。当时按哪儿来回哪儿去的原则，均分配回原所在车间、班组参加劳动。第二期学员共20名。由于学员之间的文化基础参差不齐，学习效果差距较大，特别是受“文化大革命”影响，学习和教学无法正常开展，学员的学习效果受到限制。但是，通过此次教育，不仅为工厂培养出了一批专业技术人员，同时，也在全厂范围内树立起了一种学习知识、重视文化教育的良好氛围。

军工技校　国营山东裕华修配厂军工技校属于山东省军工技工技校的分支机构，隶属山东省军事工业局。1979年建校，位于文化楼一楼、二楼东侧，是很多职工及其子女接受教育的地方。学校面向工厂职工及其子女进行招生，纳入全省统招序列，培养方向是为工厂提供高水平专业技术人才。开设专业主要包括车工、钳工、电工、电镀工等。1983年6月，山东省军工技工学校更名为山东省国防工业技工学校，隶属山东省国防科工办。国营山东裕华修配厂军工技校也随即变更为国营山东裕华修配厂国防工业技工学校，成为山东省国防工业技工学校的分校，在校生最多时80人。1990年5月，山东省临沂地区行政公署决定，山东省国防工业技工学校与山东省临沂地区劳动局技校合并，国营山东裕华修配厂国防工业技工学校随之撤销。建校以来，为工厂培养了大量的一线技术工人，是工厂发展过程中一支重要的技术力量。

广播电视大学　中央广播电视大学山东裕华修配厂教学班，成立于1979年1月，纳入全国统一招考范围。其间，共招收过1979级电大工科机械专业班、1980级电大英语单科班、1982级电大理科班、1982级电大文科班、1986级电大理科班、1989级电大理科班、1992级电大理科班、1995级电大理科班等，招收该厂学员近200名。学制三年，经全国统一考试后获取毕业证书。毕业后，有多名学员被安排到中层领导管理岗位和车间技术岗位，后均成为企业管理和技术工作中的骨干力量。

业余教育　在进行专项全日制教育的同时，工厂还大面积普及职工业余教育，形式以短期学习班和培训班等方式为主。

扫盲班　建厂初期，正值新中国成立10余年期间，在调入和招录的职工中存有一定数量的文盲或半文盲，文化水平低，难以适应工厂建设与发展的要求。面对职工文化程度和技术等级偏低的状况，工厂专门举办过2期扫盲班。1979年9月，举办第一期扫盲班，在对全厂职工文化普查的基础上，分门别类编印了高小、初中、高中复习提纲，开展了全厂性的业余文化学习扫盲和提升班。这次文化普及与提升教育，是裕华厂建厂以来第一次系统的职工业余教育活动，激发了广大职工学习文化的积极性，为进一步开展职工文化教育提升工作打下了基础。第二次扫盲班于1980年12月—1981年4月举办，为专项脱产扫盲，共有34人参加学习。通过近4个月的学习，基本达到了脱盲标准。

“双补”教育　“文革”期间，许多青壮年职工未能受到正规教育，实际文化程度普遍低于学历水平。1980年，工厂开展针对青工的初中文化和初级技术知识补课的“双补”教育。规定在1968—1980年调入和新招的初中毕业生职工中，凡是实际文化水平达不到初中毕业程度，以及未经专业技术培训的三级工以下职工，均应参加补课。文化补课内容为初中语文、数学、物理、化学等课程；专业技术补课，主要是学习工人技术等级标准规定的三级工应知应会内容，开展岗位练兵。“双补”教育合格者发给证书，并将其纳入职工档案作为工资晋级的依据之一。据统计，工厂“双补”对象达到427人。截至1984年，三门功课全部合格的共316人，占全厂“双补”对象的81.4%，超额完成上级下达的“双补”指标。

职工业余高中班　1984年初，在“双补”教育基础上，工厂开办职工业余高中班，进一步提高职工文化知识水平。经过自愿报名，统一考试，择优录取50人。其中，旁听生10人。由于参加学习的职工文化基础较差，再加上是业余学习，第一学期期末考试三门功课成绩平均合格率仅为50%。第二学期，采取增加学习时间、加强学习辅导工作等措施，提高教学质量。1985年期末，正式学员完成所有规定课程，经过考试，全部按时毕业。

工业统计电视讲座　1982年下半年，开办业余电视统计班，主要招收对象是各车间、科室的统计人员，共有20人报名参加学习。跟随中央广播电视大学1983级电大经济班专业学习。由于参加学习人员文化程度不同，有11人通过毕业考试，名列军工系统五个单位第2名，列沂源县10个教学班第4名。

职工培训 在对职工进行文化教育和技术教育的基础上，工厂还专门开展全员培训工作，提高职工岗位操作能力和技术水平。

全员技术培训　1979年，在全面摸底的基础上，先后举办机械制图培训班、电子计算机培训班、企业管理培训班等，为企业培养出一批技术和管理力量骨干。1984年，本着“干什么、学什么，缺什么、补什么，企业发展需要什么就组织学什么”的原则，再次对全厂工人、技术人员、干部进行全员培训。成立技术考核委员会，把考核和晋级密切结合起来，提升职工全员参加培训积极性。考核内容以三机部颁发的《工人技术等级标准》为基础，按本人工资等级进行高一级的应知应会考试，提高了职工技术理论水平和实际操作能力。

企业管理培训　1983年9月，开办企业管理训练班，提高中层干部企业管理知识和企业整体管理水平。培训内容为现代企业管理的相关专业知识。参加培训对象均为具有高中以上文化程度的中层领导干部、技术人员、班组长等。培训班共举办4期，累计130余人。主要方式是收听企业管理录音磁带，听完后座谈。通过培训学习，许多中层干部能够把学到的知识运用到实际工作中去，促进了企业改革与发展。

青工政治轮训　1984—1986年，根据《国营企业职工思想政治工作纲要》要求，通过脱产上大课的形式，对全厂619名青壮年职工，分期分批进行政治理论和思想教育轮训。主要培训内容为《中国近代史》《科学社会主义常识》《中国工人阶级》3门课程。在此基础上，有计划地组织学习《马列主义毛泽东思想基本知识》《社会主义民主与法制》《共产主义道德》《马克思主义审美观》《中华人民共和国在世界上》《当代科学技术最新成就》等课程。

文体设施 小三线工厂的生活也不完全是单调的，作为企业文化的重要组成部分，工厂专门建设了以文化楼、旱冰场、露天舞台等为主体的文化中心，活跃职工业余文化生活。

广播站　1967年，利用厂区内1间草房，成立工厂广播站，作为宣传工作的重要组成部分。起初，广播站使用1000瓦扩音机，从文明峪到东指水泵房，铺设绵延10余公里的广播临时线路，安装喇叭20余只。1969年4月，重新架设水泥电线杆、铁线通信线路。1972年，广播站迁入新建成的广播室，归口宣传科具体负责管理。1983年后，正式迁入厂部办公大楼四楼，配置有比较完善的扩音机、录音机、电唱机等广播器具。

广播在职工的文化生活中具有不可替代的作用，由于身处山区，信息来源缺少，对于裕华军工厂来说其作用更为显著。广播站成立后，一直坚持每日三次播放，播放起床号、上操号、休息号、中央广播电台《新闻联播》以及由宣传科提供的厂内新闻等。声音清脆悠远，在山谷中回荡，传播着来自国际、国内和工厂的内部新闻。每天定时收听广播，从早晨听着广播起床，到晚上听着广播歇息，成了全厂职工特有的生活方式。附近几个村庄的老百姓一边干着农活，一边收听着国内国际新闻，这种待遇也是很多农村没有的。

广播室曾使用过的广播器具

露天舞台 20世纪70年代，厂团委发动全厂职工，特别是团员青年，靠人挑肩扛搭建而成。露天舞台位于文化楼前，是工厂放映露天电影、举办

位于文化广场旁的原电影放映室和露天舞台

各种大型演出和召开全厂职工大会的场地。工厂文化活动丰富多彩，经常举办各种会演，有演唱会、曲艺表演、戏剧演出等。工厂还有电影放映队，几乎每一个星期都会放映几场电影。在电视还没普及的年代，工厂就配备了一台彩色电视机，后又添加了录像放映机。每逢周末，会定期拉起银幕，搭起露天电影院。在电影片头新闻简报后，放映的多是《南征北战》《地雷战》《地道战》《红色娘子军》《英雄儿女》等抗日战争或解放战争片。偶尔也有苏联、阿尔巴尼亚等几个少数社会主义国家的影片，如《列宁在十月》《列宁在1918》《宁死不屈》等。20世纪70年代后期，上映的前南斯拉夫电影《瓦尔特保卫萨拉热窝》，曾轰动一时。这些老电影片头上是雄赳赳气昂昂、万丈光芒的工农兵雕像，连同保家卫国、奋勇杀敌的英雄场面，在每个裕华军工人的记忆中留下了深刻的印象，许多影片中人物的经典台词，也成为家喻户晓、脍炙人口的日常生活对白，甚至到今天也会浮现出某个场景。那时候，职工很难从其他渠道获取到国家时事新闻，一部简短的电影就能瞬间激发起激昂的革命热情和饱满的工作状态。“观影后感”成为各个车间、部门必不可少的爱国主义、集体主义思政教育课。夏天的夜晚更是热闹，除了本厂的职工会演外，有时还会有文艺团体前来慰问演出，省级的、国家级的歌唱家、曲艺家、舞蹈演员很多都踏上过这个舞台。国家五机部、临沂地区、山东省军工局、山东歌舞团、青岛文工团、淄博京剧团、沂水京剧团、南京剧团等演出团体，都曾到该厂进行过慰问演出。每有放映或演出活动，周围村庄的群众就会成群结队前来观看，人群熙熙攘攘，好不热闹。孩子们更是兴奋不已，早早地搬上板凳，坐在舞台或银幕前等候。在那个精神食粮匮乏的年代，露天电影和舞台演出极大地丰富了人们的精神世界，也给周围乡村带来了现代文明。

图书阅览室　1973年厂工会成立后，建立起厂图书室，配备专人负责图书购置、管理和借读。图书种类和数目逐年增多，室藏各类图书万余册。新盖文化楼后，图书室和阅览室分开，由原来的平房迁至文化楼二楼。阅览室征订全国各地报纸16份、各种刊物63份，阅览开放时间为每星期一、二、四和星期日晚，借书时间为星期三、五晚和星期日上午。每月到图书室借书人数平均1500余人次，阅览人数达数千人次。

灯光球场　山区里单调的生活节奏没有泯灭青工们对美好生活的憧憬，也没有浇灭他们身上热爱运动的天性。文化楼前200多平方米的灯光球场内常年活跃着职工矫健的身影，每到傍晚或周末，总能看到生龙活虎的他们。在单身宿舍周边，经常会有肌肉发达的年轻职工屈腿预蹲，用力将杠铃提至胸前；会有滑步、直拳、躲闪约战的两位拳手决一胜负；也有的在双杠上起伏摆动，空中还能做出几个造型。篮球是多数职工和家属们喜欢的运动项目，除了工厂设置有男女篮球队外，每个车间也都有自己的男女篮球队伍。不同规模和不同类别的篮球邀请赛、对抗赛、友谊赛等也时常举行。参加军工系统运动会的运动员，也会经常在这里进行训练。下班后，职工和家属们会经常到球场打篮球、羽毛球、排球、乒乓球等，有时还会在宽阔的场地里踢足球。旱冰场建成后，则成了爱好溜冰的职工们和孩子们的乐园，每年都会举办由幼儿园小朋友和学校学生参加的旱冰速滑比赛。每当此时，四周都会围满观众和啦啦队，无论是场内的表演者还是场外的观赏者，都尽情享受着滑行带来的快乐。工会每年组织春季、秋季运动会，比赛的项目有田径、球类、棋类、投弹、射击、拔河等。

文艺宣传队 工厂设有文艺宣传队，下设舞蹈队、乐队等，归属厂团委管理。每次生产大会战结束后，团委都会组织文艺宣传队进行庆祝演出活动，表演节目有舞蹈、歌唱、器乐演奏、说唱表演、快板书、三句半等，演出地点大多选择在文化广场中的露天舞台。除了放映电影、文艺演出等以外，厂工会、团委还经常性地开展体育比赛、歌咏比赛、演讲、书法、摄影展览、手工剪纸等活动，丰富职工的业余文化生活。

师傅称谓 对新入厂职工，无论是在后勤机关，还是一线生产车间，工厂一直沿用传统的师傅带徒弟方式，由老师傅对新入厂职工同步传授技术技能和工作技能。无论是在工作中，还是生活中，师傅都具有严格的名分。后来，师傅作为一种通用的尊称，逐步在企业内部拓展了称呼范围，而不再单纯是传统意义上的师承关系。在工厂内部，不分男女老幼，不论岗位和职务，都可以统称为师傅。如果不熟悉，遇到年轻人也可以称其为师傅。如果需要问事情，迎面走来的即使是知识分子，称呼师傅也不失礼。在厂部办公大楼，先称呼师傅再问事情是普遍现象，即使厂长他也会欣然应答。“三人行必有我师”，在工厂中得到充分体现。

婚恋选择 来自五湖四海的军工人，带着自己的乡音来到裕华厂，各操口音，南腔北调。子弟们在学校里长大，学的都是普通话，后来普通话逐渐成了军工二代或三代的通用语言。但乡音难忘，经常是回家说家乡话，出门说普通话。普通话说得也不纯正，多多少少夹带着沂蒙山区或是家乡口音。裕华厂里的恋爱婚姻多半是在厂内悄然进行的。来自相同或相似城市的青工，共同的经历和工作中的朝夕相处，孕育了他们的爱情。青岛、济南、烟台等地的城市青年，渐渐地成双成对，开始一起独处、一起看电影、一起串门、一起在宿舍里吃饭。军工二代的子弟们，年龄大的也逐渐进入谈婚论嫁阶段，多是在子弟范围内寻找目标，能找到一个城市青年恋爱结婚，是子弟们渴望的喜事。

文化遗产 2020年12月24日，国营山东裕华修配厂旧址作为特殊时期的历史见证，具有重要的爱国主义教育意义和历史文化价值，被沂源县人民政府公布为不可移动文物。2023年8月26日，为弘扬三线军工精神，传承三线优良传统，由日照裕鑫动力有限公司（原山东裕华修配厂）冠名的“裕华”杯首届全国三线军工文化旅游节在山东蒙阴岱崮三线军工文化园开幕。

军地共建

裕华厂从建厂到搬迁出山，在柴崮山下整整26个年头。在这特定的地域里，裕华军工人在长期的建设和生产生活中，与当地政府和人民群众形成了水乳交融的亲密关系。裕华厂的到来，给当地的人们带来了先进的思想文化、便利的交通条件、快速的经济发展。同时裕华厂军工人也从老区人民身上学到了热情、忠厚、诚信、朴实的优秀品质。

裕华厂建设初期，当地生产大队就组织大量劳动力支援工厂建设。为了保证工程顺利建设，唐山公社还专门发出倡议，要求支援前线民工、居住在工地附近的群众，坚决做到“三要四不要”：要支援国家建设，不要拿工地一砖一瓦；要保护工厂安全，不要泄露国家机密；要增强工农团结，不要打扰现场施工、不要提高分文物价。当裕华厂需要蔬菜供应时，社员们在自己还没有解决温饱的情况下，各个生产队都专门抽出10亩地种植蔬菜，专供裕华职工所需，一直到1982年为止。改革开放前，很多职工家属是老家的农业户口，为了让职工们安心工作，当地生产队还专门为他们办理了落户手续，与社员享受同等待遇，同样分配口粮。仅滑石峪大队就落户15户40多口人，直到为他们办理了农转非手续返城为止。

群众支援军工企业建设，军工企业也支持群众生产和生活。每天，工厂广播都会定时播放“三大纪律八项注意”革命歌曲，时刻提醒每位职工要注意同人民群众的关系。将学校、医院、电影院、体育场向周边群众开放。每到农忙时节，裕华厂组织军工们帮助生产队抢收、抢种。麦收时，厂里派工人们到生产队帮助割麦子；秋天，到队里帮助刨地瓜。队上只管白开水不管饭，他们照样干劲十足，没有一个偷懒的，与一起出工的社员关系相处得其乐融融。1968年，无偿赠送给滑石峪大队一台12马力拖拉机。1969年，出资帮助滑石峪大队，在庄前河道上修筑起一座蓄水2000多立方米的拦河坝；建成东山输水管道1000余米；修建南到庙子垵、北到枕头地的一条灌溉水渠，总长1200米，灌溉土地160亩左右。1977年，修建莱韩公路，裕华厂积极支持，主动配合，将裕华厂子弟学校运动场、油库以及两段供水干线等设施进行拆除。

裕华厂职工来自全国各地，天南地北的文化汇聚于此，思想先进、风气开化，其思想观念和生产、生活方式都对当地农村产生了积极影响。在那个信息相对封闭和落后的年代，一些逸闻趣事和国际国内新闻，一度成为这里人们茶余饭后的重要谈资。青工们的发型和衣着打扮，引领着当地青年人的时装潮流和行为模式。每逢附近村庄集市，操着各种口音、衣着各异的军工们，跻身于不同的摊位前，谈质论价，精挑细选。当时，滑石峪大队及其周边村落整日里车水马龙，工农相互融合交流、相互影响，别是一番热闹景象。

山东裕华修配厂的建成，对当地经济社会发展起到了巨大的推动作用。当地老百姓很早就走上了水泥路，用上了照明电、自来水和液化气。更重要的是，培养带动了一批当地经济能人。受企业先进文化的影响，让世辈从事农耕的山区人民，开阔了眼界，见到了更为精彩的外界。附近村民有的招工进了工厂，有的可以到厂里干合同工、临时工，经济上也开始富裕起来。从1993年开始，滑石峪大队利用裕华厂留下的丰富工业遗产，陆续办起包装厂、塑料厂、食品厂等，成立了裕华实业有限公司，村集体经济得到较快发展。依靠山东裕华厂发展起来的其他民营企业，年产值可达数千万元，解决当地1000余人就业问题。依靠裕华员工发展起来的商业一条街，当地人开设的百货店、饭店、旅馆有80多家。

裕华厂搬迁出了沂源县，但“裕华”这个名字仍然在当地沿用。1995年，经山东省人民政府批准，原滑石峪村更名为裕华村，这是裕华厂留给当地最珍贵的礼物。

后勤保障

在企业发展过程中，特殊的工作和生活环境，促使工厂承担了更多的社会功能。职工们只要干好自己的工作，生活问题都由工厂来解决，基本是衣食无忧，以厂为家在这里得到充分体现。

工厂地处偏僻山区，远离城市，生活十分不便。建厂时，职工大多来自繁华城市，他们放弃了优越的生活条件，服从国家分配来到山区工作。悬殊的地域位置差异、落后的生产生活方式以及贫乏的物质生活，在比较长的一段时间内影响着他们的工作热情和积极性。山东裕华修配厂鼎盛时期，在此工作和生活的职工及其家属子女超过5000人。企业在搞好生产经营的同时，努力把后勤保障工作纳入日常工作的重要内容，解决职工的后顾之忧。

住房

建厂初期，家属区的建设靠近各个主体生产车间，主要分布在辛庄、滑石峪和柴崮峪等地。其中，在辛庄建设28套81间职工家属区，在滑石峪建设69套182间职工家属区，在柴崮峪建设41套96间职工家属区。虽然条件简陋，但基本能满足职工及家属居住需求。随着职工及家属增多，企业还开辟东风家属区和荆山家属区。其中，东风家属区建于1969年，共86套208间；荆山家属区建于1971年，共94套215间宿舍。

1972年，国际形势趋于缓和，工厂基础设施建设不再过分强调隐蔽性。20世纪70年代中前期，建造少数低矮的职工宿舍楼。1978年，工厂制订改造8年规划，逐步对生产区和生活区进行收缩战线。1979年，开始在荆山峪与涝沟中间地段集中建设职工家属宿舍楼。职工住房分配实行打分制，按工龄、学历、职务、是否双职工、获得荣誉等项目，由工会和职工代表进行综合评分分配。家属院、家属楼等实行免费居住制度，所消耗水、电等实行定额管

在滑石峪家属区，保存相对完整的一处职工家属院

理，鼓励节约、反对浪费，每家每户结余有奖，超标补缴。每年冬天，工厂还会为每家每户发放2吨的烧火、取暖煤炭。截至1984年，共建家属宿舍楼11栋，建筑面积为14040平方米，实用面积7581.5平方米；职工家属院318套782间，建筑面积为12889.8平方米，实用面积7976.8平方米。职工家属住房要求基本满足。

单身宿舍最初分布于小秋峪、涝沟、柴崮峪和靶场等地段。随着适龄婚配男女的增加和单身职工的逐年减少，不少单身宿舍改为家属宿舍或临时家属宿舍。工会不定期组织人员到单身宿舍检查，发现没有随时关灯、水管有跑冒滴漏现象的给予处罚。

食堂

1967年，按照生活设施必须服务于一线生产需要的要求，分别在大秋峪、涝沟和柴崮峪建立3个职工食堂。因为当时职工人数少，建设的食堂比较窄小和简陋。1972年，企业又新建3座食堂，满足职工就餐需求。其中，大秋峪食堂建筑面积261平方米，配套一个181.6平方米的库房；涝沟食堂建筑面积523.3平方米，配套一个90平方米的库房；柴崮峪食堂建筑面积为523.2平方米，实用面积为366平方米。原来3个食堂改作他用。职工食堂每天早、中、晚三餐集中供应馒头、米饭、花卷、油条、炸鱼、炖肉、炒菜等，节假日和周末也不例外。职工和家属凭饭票、菜票购买饭菜。食堂的馒头长条形，纯手工，每个足有0.4斤。随着企业整体规划，部分生产军品车间迁至涝沟，职工就餐全部集中于涝沟食堂，涝沟职工宿舍区内建有招待所。1983年12月和1984年10月，大秋峪食堂和柴崮峪食堂相继撤销。

厂区内还建有五七饭店，是职工举行婚礼或者其他重大宴请的首选。1972年，在厂部办公大楼附近建设新招待所，平房25间，床位45个，主要职能为公务接待等。1977年，在加强职工食堂管理的基础上，建成一座700多平方米的冷库，改善职工生活。

在物资比较匮乏的年代，工厂配备专门车队，每天从诸城、泰安、胶东等地采购新鲜蔬菜、水果及生活日用品，供应职工食堂和本厂职工，也供家属选购，满足职工生活需要。职工购买粮油和副食品，按照持有的城镇职工粮油供应证，统一实行定量供给和平价供应制度。裕华商店内物资种类多、品种全，甚至有一些在县城买不到的东西，是职工购买日用物资和生活品的地方。每逢春节或中秋节，工厂还会为职工免费发放猪下货、新鲜海鲜及南方时令水果等。

医疗

职工及家属子女就医看病凭借公费医疗证，实行免费医疗和外出就医按比例报销制度。建厂初期，工厂共配备建设3个医务室。其中，柴崮峪医务室建筑面积128.8平方米，大秋峪医务室建筑面积78.1平方米，涝沟医务室开始暂借用职工宿舍。1972年，建成500平方米的工厂中心医务室。工厂设立卫生所，对医务室和职工外出就医实行统一管理。职工及其家属和子女，平时看病、吃药、打针基本不用出厂门，在医务室实行免费诊断和医疗。需要外出就医的，专门配备一辆救护车。根据病情，大多数送往位于蒙阴县岱崮公社走马坪大队的山东省军事工业局中心医院（后改为山东省国防工业中心医院）就医，有的送往蒙阴县岱崮医院、沂源县人民医院、中国人民解放军第27野战医院（后改为沂源县中医医院）进行救治和医疗，根据工龄长短按比例报销药费和治疗费。1983年6—10月，大秋峪医务室、柴崮峪医务室相继撤销，医务人员全部合并到涝沟医务室，总称裕华厂职工医院。增设病房、X光室、心电图室、理疗室、中医门诊、传染病门诊、注射室等，方便职工就医和节约医疗费开支。针对火工军品生产实际，定期为从事有毒有害作业的职工查体。

教育

1968年，工厂建立托儿所，共设6个班。其中，柴崮峪3个班，滑石峪、靶场宿舍、大秋峪各1个班，入托儿童180多人，保育人员18人。1973年，发展为3个哺乳室、18个托儿班。其中，涝沟5个班，东风宿舍4个班，靶场、大秋峪、滑石峪各3个班，入托儿童增加到300多人，保育人员65人。1978年9月，开办日托班，并在涝沟建立中心幼儿园，只配备保育员。1979年，开设语言、计算、常识、美工、音乐、体育等幼儿教育课程，配备幼儿教师，对幼儿进行文化和素质教育；排练节目，在工厂重大活动和节日庆典中，参加各种文艺会演。1982年，根据工厂规划调整，大秋峪托儿所和东风托儿所相继撤并到涝沟中心幼儿园。托儿所（幼儿园）为全托，按规定收费。

建厂初期，职工子女少，工厂没有设立专门教学机构，职工子女上学大部分在地方学校就近插班借读。其中，初中学生在蒙阴岱崮中学（蒙阴四中）、沂源刘家庄中学（沂源十六中）和月庄联中等学校借读，小学生在辛庄小学、滑石峪小学、犁掩沟小学和东风小学借读，工厂给予接收学校一定物质支援。1967年5月，滑石峪小学搬迁到滑石峪职工家属区一处四合院内，厂内大部分适龄儿童集中到该校区就读。

1969年2月，17名职工子女考入月庄联中；9月，分别在滑石峪西山鞍处、滑石峪职工家属区和辛庄大队设3个教学点，招生范围辐射到东风、滑石峪、辛庄和文明峪大队的适龄农村籍学生。随着职工子女数量增多，1971年放牛山教学区建成，初中教学区和小学教学区相继合并，建立专门的职工子弟学校，解决地方学校班容量小、职工子女上学困难问题。学校几易校址，从最初的几间小草屋，到后来的四合院，再到最后的小学部、中学部分设；从最初的几名学生入学，到几百名学生同时入校就读，规模不断壮大。

建校初期，中学和小学分处两地，虽然沿袭与地方联合办学模式，但是学校管理主体已由原先的地方负责、裕华厂给予支援，改变为工厂内部设置机构、自主负责。与地方联合办学范围也仅限于工厂附近的滑石峪、辛庄2个大队。

1975年，将位于西转山凹处的小学部原址移交给家属委员会使用。工厂在中学部院内独立办学，包括子弟小学和子弟中学两部分。在管理体制上统一接受一个党支部领导，内外统称国营山东裕华厂职工子弟学校。小学采用五年学制，共7个班，一至三年级各1个班，四至五年级各2个班。初中采用二年学制，共4个班，初一、初三各1个班，初二2个班，1980年后改为三年学制。1972—1980年，开设七届高中班，共培养高中毕业生200余人。机构设置上除设有书记、校长办公室外，还设有教导处，根据不同年级、学科教学属性，相应设置7个教研组和1个后勤组。20世纪80年代中期，教职工总数达到45人，师资配备除音体美等少数教师为工厂内部职工调配外，多数来自高等师范、中等师范和初级师范的省直分配毕业生。

职工家属安置

1967年7月，工厂专门成立家属委员会，后改名“五七”办公室，负责职工家属安置工作。成立初期，家属人数较少，资金困难，主要工作是为工厂提供临时性服务，如平整场地、洗刷管子、洗手套、烧水炉等。后来，职工家属人数增多，人员大多数安排在“五七”饭店、托儿所和招待所工作。同时，成立缝纫组、酱菜组、铝制品组、维修组、木工组、理发室等，主要为工厂和职工服务。1983年，统一纳入厂服务公司管理，并改名为综合加工厂，添置印刷机和织造手套机，扩大生产经营范围和规模。截至1984年底，全厂职工家属133人，除已经退休的50人之外，其余83人全部安排了工作。

其他配套设施

完善的生活配套设施和商业网点，分布在厂区内部和周围。向南跨过韩莱公路，汇聚着车队大院、粮站、邮局、工商银行裕华代办处、副食品商店、

位于荆山峪的原裕华厂宿舍区

位于涝沟的原裕华厂职工食堂

屠宰站等；设有修鞋、理发、成衣零售等众多服务场所。这些部门和场所，随着裕华厂的建设应运而生，军民共处，熙来攘往，形成一座繁华的小镇，呈现出一派繁荣景象，构成一个完整的军民和谐统一生态体系。

企业人物

在那个火热的“三线建设”年代，裕华厂涌现出一批劳动模范和先进典型人物。据不完全统计，出席全国会议代表4人次、出席山东省革命委员会军事工业局级以上先进代表会25人次；被表彰为全国“三八红旗手”1人，获得山东省“三八红旗手”称号2人；被评为山东省工会积极分子1人、省质量先进个人2人；省市级以上优秀共产党员、劳动模范、先进工作者、优秀专职团干部、新长征突击手、工会积极分子153人次；厂级优秀共产党员，先进生产（工作）者、工会积极分子3809人次。

沙永利，男，1930年出生。山东省优秀党员、省总工会积极分子。

王奎绪，男，1931年出生。山东省首届活学活用毛泽东思想积极分子。

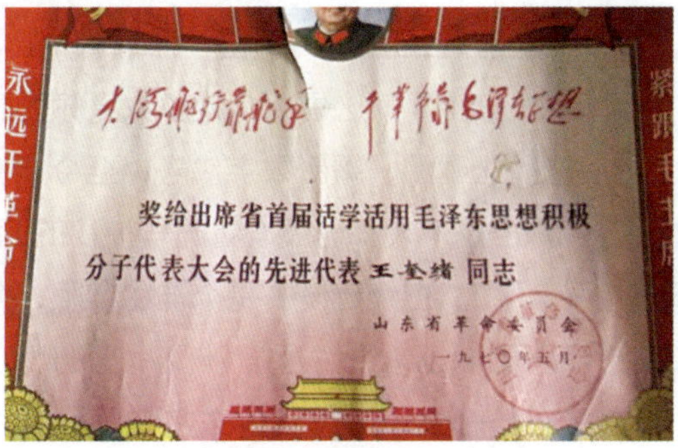

王奎绪先进代表奖状（1970年5月）

韩秀英，女，1934年出生，曾任山东裕华修配厂计划生育委员会主任。全国“三八红旗手”，山东省先进生产（工作）者、省总工会积极分子。

刘树章，男，1935年出生。山东省优秀党员，全国优秀工会积极分子。

崔荣祥，男，1938年出生。山东省优秀党员。

王宝岫，男，1939年出生。山东省科工会积极分子、省总工会积极分子。

郭英德，男，1939年出生。山东省先进生产（工作）者、省优秀党员。

王步云，男，1942年出生。山东省省级质量先进个人。

蹇木厚，男，1942年出生。山东省优秀党员、省先进生产（工作）者。

赵荣贵，男，1945年出生。山东省省级质量先进个人。

张茂花，女，1946年出生。山东省“三八红旗手”、省优秀党员。

冯立华，男，1956年出生。山东省新长征突击手。

孙玉明，男，1947年出生。山东省优秀党员。

赵　秀，女，1949年出生。山东省优秀党员。

王兰余，男，1956年出生。山东省优秀党员、省总工会积极分子。

林木森，男，1957年出生。山东省优秀专职团干部。

三线往事

代号“国营九三五四”解密

“国营九三五四”，这是一个大多数人颇为陌生的数字。冠着“国营”、缀着数字代号，至今拥有这样数字厂名的企业，大多也都披着同样神秘的面纱。在那个特殊年代，“三线建设”是个神秘字眼，属于国家机密。出于保密需要，所有涉及军工的厂、所等，对内只有一个三位数或四位数字的简称，山东裕华修配厂也不例外。

代号用于厂名，源于部队的“番号”。这些厂都有着极其严格的保密要求，地处偏僻，门口有持枪的岗哨，严禁闲杂人员和无关人员进入，具体生产产品外人不知。若进入厂区，必须经过厂领导批准，持个人真实证件，在相关人员的带领下才准许进入。“国营九三五四”是在20世纪60年代山东裕华修配厂的代号厂名。这样的代号厂是一个时代的重音符，拥有这样代号的三线厂，都担负着国之重任。

其实，人们所称呼的山东裕华修配厂，仅是对它的外界称呼，更准确地说，它曾拥有三个厂名。第一厂名为山东沂源火工引信厂，主要是延续老一辈军工人口碑传承下来的传统称呼，从工厂属性制造“火药”工具而来。火工产品在很多行业人口中也称“火具”，指的是装有火药或炸药，受外界刺激后产生燃烧或爆炸，以引燃火药、引爆炸药或做机械功的一次性使用的元器件和装置的总称。建厂初期，工厂内部员工基本以火工引信厂自称居多；第二厂名称作山东裕华修配厂（后期改为山东裕华机器厂），为官方对地方公开的统一称呼，也是工厂方便对外联络、大门悬挂的外部标识字样。之所以用“修配厂”命名，目的是隐蔽和迷惑外界，不涉及具体业务指向和经营范围；第三厂名“国营第九三五四厂”，属于当年国家第五机械工业部对内统一颁布的军工代号，也称军工番号，一般不为外人所知。“九”，通常是指省属小三线军工厂，“三”则有区域属性，后面的一位数或两位数，代表不同的产品，“五”代表火药、炸药，“四”代表火工产品和引信。在军工系统内，上级单位和首长一般不会按照火工厂和山东裕华修配厂的名称进行下达指令或任务，他们进行指示或下达计划任务时的抬头就是“九三五四”。当时，很少有人知道这代号的来历和划分，包括在工厂工作多年的老职工也不知情，职工的工作证上也只有代号，具体内情只有上面主管部门清楚。

国营九三五四厂保密手册

裕华厂内部有两种介绍信，一种是对外厂名的，一种是代号厂名的。代号厂名介绍信一般只对军工系统内部使用，特殊情况下也曾对外使用过。那个时期，具有代号的工厂就意味着担负共和国神圣的使命，相应地，能在有代号的工厂上班也是一种荣耀。1965年，中华人民共和国第五机械工业部对此专门下发文件，“地方军工厂在使用厂代号印鉴时，文件上不允许同时署名第二厂名，或用印有第二厂名的信笺或公文用纸，以严防泄密。地方军工厂对外办理非机密性的文件、资料，一律使用第二厂名。”

代号九三五四的神秘，极大地激发了那个时代人们的想象力，也曾让当地人骄傲的国家安保意识在此深深刻下了烙印。九三五四的名称在当年是完全保密的，别说在所有公开的媒体宣传中根本见不到，就是所有参与建设的人们，也不允许向外界甚至亲属透露工作性质、住址等一切有关信息。那时，每个裕华军工人都接受过“上不传老，下不传小”军工教育，不该说的秘密不说，不该问的秘密不问，不该看的秘密不看，不该带的涉密文件不带，不该传的秘密不传，不该记的秘密不记，不该存的秘密不存；问你是干什么的——不知道，问你在哪儿工作——不知道，问你的单位地址——不知道，“一问三不知”成为那时人际交往的常态。曾经有过年轻人因恋爱对象的家庭成员涉密政审不合格，被迫分手；也有过已经结婚成家并有了孩子的家庭，因为夫妇一方政审不合规定而不能调到一起，只能两地分居。九三五四厂的保密还表现在企业内部的生产经营不准媒体报道，企业中的许多先进事迹不准采访，而只能通过每年一次的军工先进代表会进行内部交流。如今，昔日曾经保密的常规武器已经“落伍”，已经失去保密价值，在网上可以任意查到当时工厂的名称和代号，也可以查到所产军工的名称和性能。

山东省国防工业办公室转发的《关于军事装备物资不印毛主席像和语录请示的通知》和国家兵器工业部下发的有关外贸运输管理办法等文件

16号信箱记忆

山东裕华修配厂，从建厂始便被确定为国家一级保密单位，配备了机要电台，外界不能直接和工厂接触，不但工厂名称为数字代号，对外地址也一律通过编号邮箱进行。1972年，裕华厂的通讯地址是“济南（10）25号信箱”。1973年初，改为“山东沂源16号信箱”。电话联系方式是山东蒙阴县岱崮18号，电报挂号为山东蒙阴3865。

建厂初期，工厂设有山东蒙阴岱崮18号专线电话，不对外开展业务。另外，厂区内部设立有专门的150门电话总机，外接蒙阴县岱崮总机和沂源县滑石峪邮电局分机，便于工厂一般业务和职工生活通信联系。1967年1月，专门在厂区通往南岭家属区的中间路段设立滑石峪邮电支局；2月，山东省邮电管理局向涉及各县发出密报，凡为备战迁入各县的工厂及对外迁厂全部使用密局名，此局名除营业和报房相关人员掌握外，不得转知其他无关人员，包括各地邮电局，切实做好地址保密工作；4月1日，有关与沂源县外迁厂使用电报通讯联系者，均改用“山东三四（支）”，即不要再写所在县“蒙阴”县名。并明确规定，如无关人员或外地邮电局询问三四（支）在何县时，只回答在“山东”。为有利于保密，在使用密局名之日起，重新核发新挂号字样。

1967年9月，在柴崮峪、滑石峪、大秋峪、文明峪分别设立邮政信箱，解决工厂住处分散、信件来往传递不便问题。为了便于识别来往信件，在厂直属各业务组范围内人员寄送信件时，除继续沿用山东济南第（10）25邮政信箱外，将柴崮峪、滑石峪、大秋峪和文明峪邮政信箱分别编号为25支1号箱、25支2号箱、25支3号箱和25支4号箱。要求各单位、各部门在寄送信件时，一律注明山东济南（10）25支×邮政信箱字样，不得载明其他信息。

1968年6月，专门架设梭背岭至滑石峪的中继杆路，成为来自天南地北、五湖四海裕华军工人连接亲情、友情、爱情的纽带，也是连接企业与外界联络、接发公务信函的桥梁。全国各地的来信都由这个信箱传递。

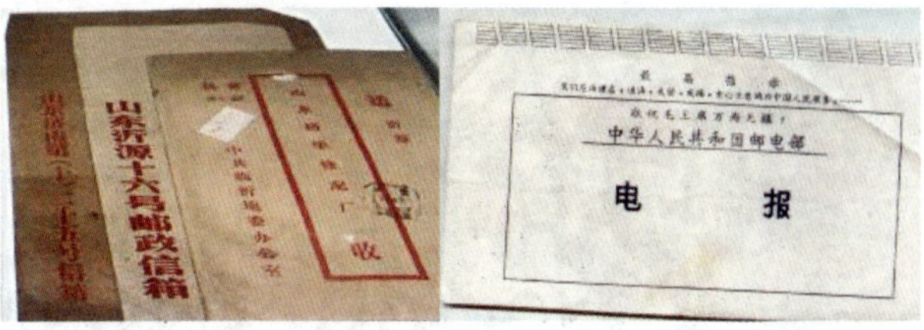

工厂对外联络使用过的信封、电报封面

“16号信箱”，即使住在离厂不远的村民，也并不知道这些保密单位的名称，同样代之以几号信箱来称呼。那时没有私人电话或公用电话，厂子里的职工与远方的家人联系，只能是通过书信传递方式，1分钱两张信纸，信封是1分钱一个，再贴上一张8分钱的邮票，不过信封上基本不会出现地址，大多只写“内详”两字。

十天半个月还不知道信件是否收到。遇有急事，只能是到邮政局去发电报。20世纪70年代，每个字0.07元。20世纪80年代，每个字0.135元，“加急电报”费用略微贵点。通讯地址用的是邮政信箱代码。裕华厂的通讯地址最初是“山东省济南市第（10）25号邮政信箱”，因为涉及保密，不允许职工对任何人告诉具体坐落位置，曾经有的职工亲属家眷探亲拿着信封跑到了济南去，下车后找遍各个邮局，四处打听不到亲人所在的厂子在哪儿，只好遗憾恼怒地返回。后来，改换成“山东省沂源县第16号邮政信箱”，许多尴尬局面随之减少。

1994年1月，滑石峪邮电支局撤销，伴随着山东裕华机器厂的16号信箱也成为历史。

裕华厂职工子弟学校往事

小学教学区，原位于滑石峪家属院，后搬迁至与蒙阴县交界处的西转山半山腰的西鞍旦。师资以山东裕华修配厂籍教师为主，配备10余名中等师范学校毕业生，李桂兰任校长。滑石峪大队教师王家荣、王加安、刘宽安曾先后在该校任教。招收学生对象多为裕华厂职工适龄子女，以及滑石峪大队社员适龄子女。1975年，村校、厂校“分家”。1992年8月，学校随工厂整体搬离。

裕华子弟小学五年级毕业合影（1982年4月）

中学教学区，位于滑石峪大队的放牛山半山腰处，距离厂部办公楼约计150米，为独立大院，院内皆为平房，面积20亩以上。南面紧邻韩莱公路，西面和北面为小山丘。校园内中间一排平房属于教师办

裕华子弟学校1981届部分初中学生与教师合影留念

公室，南北两侧是教学区，操场和篮球场位于校园的最北边。因为学校是独立院落，非常安静，周围环境也比较好。刚开始成立时，王荣任裕华子弟学校的指导员，郑玉英任校长，统一管理子弟学校的中小学部。师资配备大多属于参加省直分配的泰安师专、昌潍师专等大中专师范类院校毕业生、工农兵大学生，个别音体美老师则是从工厂职工中借调过来。

裕华厂的职工子女大都在这里读完初中。因为父母工作和认知原因，子弟学校的职工子女大多选择继续在本系统内的军工技校就读，也有部分学习成绩突出的学生，考上中专或者沂源县内的高中学校。

裕华中学第二届高中毕业师生合影（1976年7月）

难忘的知青岁月

1974年8月—1978年10月，在“农村是一个广阔的天地，在那里是可以大有作为的”时代背景感召下，山东裕华修配厂92名知识青年，积极响应党中央“上山下乡”号召，分5批插队落户到原唐

山公社梭背岭大队、苗庄大队接受贫下中农再教育锻炼。第一批30人，自1974年8月—1976年11月结束；第二批是1976年，共7人；第三批是1976年，共24人；第四批是1977年，共21人；第五批是1978年，共10人。他们中年龄最大的21岁，最小的16岁。

为给知青在第一线劳动锻炼创造条件，两个大队党支部专门盖了3排22间红瓦房供他们居住。根据每个人的爱好特长、身体状况，分别作了不同的安排。有的被安排在村办学校教学，有的被安排到大队卫生室，还有的被安排到林业队、副业队。与大队社员同吃、同劳动，一同挣工分。

“知青”在插队期间，正逢“农业学大寨”活动高潮。春天，同社员一起到田间刨地、推粪施肥、挑水种地瓜；夏天，农活最多，锄地、割麦、运麦、种玉米、追肥、拔草……天天顶着烈日在农田里忙碌；秋天，俗话说“三春不如一秋忙”，既要收获庄稼，又要抢时间播种小麦，时间紧、农活累。分到生产队的“知青”和社员一道，披星戴月，掰玉米、倒茬子、刨地、挑粪、撒粪、调畦垄、拉耩子，有的学着扶犁耕地，样样农活抢在前。被安排到林业队的职工，天天和社员一起在果园除了刨地、追肥，就是喷药、修剪果枝、垒堰，常年绕着果园转，尽心尽责培育果树的成长。

秋收结束后，很快投入“大寨田”修建中，在刺骨的严寒中，“知青”同社员们一起修整土地。经过三个冬天的艰苦奋战，将原来猴子毛都不生长的地方整成了一层层梯田，为改革开放后栽植各种果树打下了基础。

欢送“上山下乡”知识青年大会现场（1974年12月）

“知青”在插队期间，实行记工分制度，根据每天出勤情况和劳动力大小，一般每日记10分或者8分工，由生产队记工员记在账本上，年终报大队，作为考核“知青”优秀等级的依据。

第一批下乡知青胸戴红花在前排就座（1974年）

打靶归来

“日落西山红霞飞，战士打靶把营归。胸前的红花映彩霞，愉快的歌声满天飞……”无论是不爱红装爱武装的飒爽英姿女工，还是力量是铁、力量是钢的男工，每个人都有这么一段愉快的时光，这么一段难忘的回忆。靶场设在荆山峪，同时还配有打靶房，为了保证军品在战场上的质量，工厂每生产一批产品都需要在靶场进行抽检打靶试验。站在靶场的瞭望哨上，耳畔似乎还会回响起子弹或炮弹穿过谷底时尖利呼啸的声音，以及清脆响亮的报靶声。

打靶纪念

军工大会战

20世纪70年代，在沂蒙山区的各个三线军工厂子里，流行着这样一种茶具——“搪瓷缸子”。白色搪瓷大茶缸子上面印有类似“一九七七年百日会战纪念”等红色大字。

“东风吹，战鼓擂。现在世界上究竟谁怕谁？不是人民怕美帝，而是美帝怕人民。”在那个年代，全省整个军工系统，在省国防工业办公室（军工局）领导下，为了完成生产任务，经常开展一些“献礼”军工生产大会战。计划经济时期，工厂的生产订单相当多，生产任务十分繁忙。为了保证按时完成军工生产任务，厂里经常组织试车会战、百日会战等，各个生产车间也都会组织劳动竞赛，厂工会和团委也都会成立青年突击队攻克技术难关，加班加点突击生产任务。有时晚上加班干到很晚，就到大食堂会餐，吃炸馒头干。党委、工会和团委利用广播、黑板报等宣传形式，广泛宣传大会战中出现的好人好事。轰轰烈烈的军工大会战，每次都会超额完成任务。1977年，会战活动结束后，为表彰广大职工的辛勤努力，工厂特制了这种搪瓷茶缸“纪念品”，发给全体参与会战职工用作留念。当时，这种大茶缸子风靡流行于全厂，生产车间、班组里到处可见工人师傅们端着这种大茶缸沏茶、喝水。

“一九七七年百日会战”纪念品——搪瓷茶缸

那时，每次完成大会战任务都要举办一次庆功活动，由工厂文艺宣传队或邀请外地演职人员进行慰问演出。军工大会战的盛况场景，对曾经的裕华军工人们来说，已是过去时，早已成过眼云烟、飘散不见了。但三线军工人奋力击擂战鼓大会战的身影，在生活中、梦萦里历历在目。

自学成才木匠多

裕华厂建厂初期就有家属，家具是必需的添置品。餐桌、写字台、五斗橱、高低柜、大衣橱都不可或缺。当时，柴崮峪有3个车间，最高处是901车间，中间是工具科，低处是907车间，最下面是木工房和锻工房。那时，各车间还没安排生产任务，因为距离木工房较近，工友们就掀起了“学木工”热潮。

一些初懂手艺的“三脚猫”，在“实战”中练习手艺。他们东拼西凑找来一些木头，一有空闲便在家里忙活起来。刨板、划线、锯割、胶粘、开榫……这种实木家具，虽说做工粗糙，样式却很时尚，也很实用。他们打制的小椅子、小炕桌、菜橱、酒柜等都很结实、漂亮。

有时候，这些木匠“三脚猫”也被别人请去做家具，当“师傅”。木工是体力劳动，很辛苦。但是，那时候不时兴有偿服务，大家都是要好的朋友，又加上是“偷手艺”学成的技术。完工后，主人弄个三荤四素的饭菜招待一番，算是对“师傅”的回报，同时也加深了朋友间的友情。

露天舞台自己搭

1973年，厂团委号召各车间轮流到3公里处的社庄大队搬运石材。

来到石材场，大家根据自己的体力选择一块合适的石块，扛起来就走。女工友们也不甘示弱，选择的石块不比男工友们小多少。俗话说“远道无轻载”，扛着石块走不了多远，就感觉肩膀被压得生痛。实在累得走不动了，就坐下来休息一会儿。肩膀压疼了，就把石块抱在胸前走。一路下来，抱一会儿、扛一会儿，经过几次倒腾，终于将石块弄到篮球场前边。团委安排专人负责对石块进行称量和记录。

每个车间都有几位退伍老兵，他们向附近大队的社员借来独轮车，三人一伙、两人一组，连推带拉，运输效率有了明显提高。一辆独轮车顶得上七八个人。没找到手推车的，还得继续肩扛手抱。有的女职工把自己的工装也拿来垫在肩上，肩膀压肿了也不叫一声苦，坚持和男同事一道完成团委安排的运石材任务。

后来，在堆放石块的地方建起了露天舞台。

煤油炉子煮地瓜

刚建厂那阵子，职工们的吃菜问题不好解决。有些职工就在房前屋后开垦点荒地，种点蔬菜、地瓜、花生等农作物。有了地瓜，还要有炉火才行，在这种背景下，工厂内引发了一阵制作煤油炉子的“热潮”。

制作煤油炉子的工序都是钣金活，有钣金基础的更是制作煤油炉子的积极分子。

干钣金没有砧子不行，他们在车间里找一根六分的铁管，用钢锯拉个斜面，就做成了一个简易的砧子。

做煤油炉子，首先要做油箱，并且要解决油箱漏油问题。有的人钣金活技术不过关，做的油箱有缝隙，漏油，他们只好用焊锡来补救。

然后做风罩。在0.5毫米厚的镀锌铁皮上，用直径0.5毫米的冲头冲出小孔，再把铁皮卷起来咬好口，风罩就做好了。

攻克了油箱和风罩难关后，其他问题就好解决了。如果周日没别的什么事，每人一天就能制作一个煤油炉子。

用煤油炉子煮出来的地瓜，总有一股淡淡的煤油味。

大事记

1965年

12月　决定在沂蒙山区建立国营山东沂源火工引信厂，归属山东省机械工业厅第二机械工业局领导和管理。

1966年

5月　参加筹建的第一批抽调人员到山东省机械工业厅第二机械工业局报到。同期，赴沂蒙山区开始选址。

6月　经过多地勘测，最终选址在沂源县南部山区原唐山公社滑石峪大队境内及周边部分地区。

7月　工程建设临时筹备处在济南成立。

8月　正式确定对外名称为“国营山东裕华修配厂”，军工代号为“国营九三五四厂”，属山东省地方军工（俗称小三线）企业。

9月　临时筹备处转为工地建设指挥部，进驻沂源县境内，在滑石峪大队任家洼一处农户的茅草屋内设立办公室；9日，启用山东济南第（10）25号邮政信箱，代号日戳为济南69支2。

10月　25—28日，在沂源县滑石峪大队、辛庄大队等地开工建设，成立工地建设临时党委和指挥部，国营山东裕华修配厂的建设序幕正式拉开。

12月　山东省建设厅建筑设计院完成《国营山东九三五四厂工程设计总图》的设计。

1967年

3月　14日，山东省革委生产指挥部下发《关于动员民工支援三线建设的通知（〔67〕10号），对带队干部的配备和所调民工的政治条件、口粮补助、工资待遇、劳动保护等作出明确规定。

5月　工厂开始大批调入工程专业技术人员，组成赴西安、重庆、沈阳、齐齐哈尔等地的实习队，进行外出培训。

5月　山东省机械工业厅设计研究院对1966年8月设计的“国营九三五四厂扩大初步设计”进行调整、修改和补充，确定该厂的军工产品生产方向为100－3迫击炮引信、60毫米和82毫米迫击炮弹基本药管与药包、KBM－3底火、7.62毫米和12.7毫米枪弹底火、12.7毫米枪弹曳光管、3号铝壳雷管等。

7月　群众组织通过第一次大联合，成立革命工人造反指挥部。中国人民解放军驻厂分队进厂，设置军代表，配属军管会，配合和协助工厂搞好管理，确保完成军品生产任务。

是年　与滑石峪大队小学、辛庄大队小学实施联合办学，初中学生由蒙阴岱崮中学（蒙阴四中）、沂源刘家庄中学（沂源十六中）代为培养，解决职工子女入学问题。

1968年

4月　群众组织第二次大联合，原掌握管理职能的“当权派”靠边站，工厂再次出现失控局面。济南军区派驻武装部队对工厂实施军事管制。

5月　13日，启用“中国人民解放军国营山东裕华修配厂管制委员会”公章，原国营山东裕华修配厂公章作废。

9月　试制出首批7.62毫米枪弹底火产品。

12月　9日，成立国营山东裕华修配厂革命委员会，负责工厂的生产管理。11日，启用“国营山东裕华修配厂革命委员会”公章，原中国人民解放军国营山东裕华修配厂军事管制委员会印章作废。

1969年

3月　改属济南军区和山东省革命委员会国防工业办公室管理和领导。

4月　山东省国防工业办公室工人、解放军毛泽东思想宣传队进入工厂，对全体干部职工进行整训。

8月　1日，中国人民解放军山东省军区对该厂实施军事管制。

8月　21日，再次启用“中国人民解放军山东裕华修配厂军事管制委员会”印章。将所有生产车间改为连队。解放军驻厂分队和配属军管会，在管制委员会统一领导下进行工作。

9月　8日，山东裕华修配厂军事管制委员会发布第3号公告，决定撤销裕华厂东方红兵团及其下属组织，厂革委成员、车间领导班子一律恢复“反复旧”运动前的领导班子及其职务。

12月　23日，山东省国防工业办公室组成鉴定委员会对7.62毫米底火产品进行成型质量鉴定。

12月　26日，对12.7毫米底火产品进行成型质量鉴定，标志着该厂具备军品批量生产能力。

是年　帮助滑石峪大队修筑拦河坝1座，蓄水2000余立方米，配套水泵房1座，建设输水管道1000米，修筑1200米的水渠，灌溉土地160亩左右；捐赠给滑石峪大队12马力拖拉机1台。

1970年

1月　13日，成立国营山东裕华修配厂战备领导小组。

1月　19日，成立国营山东裕华修配厂党的核心领导小组，恢复了党的领导。

1月　27日，由山东省革命委员会、济南军区国防工业办公室批准，7.62毫米、12.7毫米枪弹底火军品投入批量生产。

3月　遵照党中央和省革委、省国防工业办公室指示，开展打击现行反革命破坏活动，反对贪污盗窃、投机倒把、铺张浪费的“一打三反”运动。

7月　14日，山东省国防工业办公室决定将“新40火箭”项目纳入国营山东裕华修配厂，企业进行扩建。

7月　20日，济南军区后勤部在该厂设立驻厂验收组。

9月　23日，山东省军区撤销该厂军事管制。

11月　13日，山东省革命委员会、济南军区国防工业办公室组织鉴定委员会对工厂研制生产的12.7毫米穿燃曳光弹、曳光管进行鉴定。

11月　25日，成立国营山东裕华修配厂治安保卫委员会。

11月　27日，12.7毫米穿燃曳光弹、曳光管投入批量生产。

11月　进行整党建、整团建团工作。各项生产工作制度得到恢复执行。

12月　27日，山东省革命委员会、济南军区国防工业办公室组织鉴定委员会对工厂研制生产的82迫击炮基本药管药包和D—6底火进行鉴定，批准进行批量生产。

1971年

5月　20日，九三五四厂电-2引信项目扩大初步设计方案完成。

9月　13日，迫-1甲引信军品通过山东省国防工业办公室鉴定。

10月　8日，专门成立基建新40党支部和6连临时党支部，加快“新40火箭”项目进度。

10月　26日，工厂生产指挥部对部分产品标志进行修改。

11月　25日，国营山东裕华修配厂产品验收暂行办法实施。

12月　30日，中国共产党国营山东裕华修配厂第一届代表大会召开，选举产生中共国营山东裕华修配厂第一届委员会。

是年　帮助辛庄大队修筑拦河坝1座，灌溉土地50亩左右。

是年　建成工厂子弟学校，分为中学校区和小学校区两部分。

1972年

1月　5日，工厂党委任免各连队负责人。

6月　成立整顿产品质量、企业改革办公室。

7月　首次颁布该厂第一部系统的15项企业管

理制度。

7月　共青团山东裕华修配厂代表大会召开，选举产生第一届山东裕华修配厂共青团委员会。

8月　25日，成立民兵团，下设连队、独立排和班。

8月　28日，对内部机构设置进行调整，重新将各生产连队改为生产车间。

11月　18日，山东省国防工业办公室批准60炮发射装药投入批量生产。

12月　5日，山东省国防工业办公室鉴定委员会对“五三”式、“五六”式7.62毫米枪弹通用底火进行鉴定。

12月　将12.7毫米穿燃曳光弹、曳光管移交到国营九三八一厂生产。

1973年

1月　1日，山东省国防工业办公室批准“五三”式、“五六”式7.62毫米枪弹通用底火投入批量生产。

3月　召开第一届工会会员代表大会，成立山东裕华修配厂工会委员会。

11月　隶属山东省革命委员会第二机械工业局领导和管理。

1974年

2月　针对工厂中存在的安全漏洞，对全厂爆炸物品管理进行大检查。

9月　10日，成立专职消防队。

1975年

1月　山东省委工作组进厂。

6月　30日，新40火箭引信军品试制成功。

7月　21日，成立动力车间。

9月　10日，针对持续存在的产品质量问题，山东裕华修配厂制定和颁布质量管理制度。

10月　9日，开展清仓查库工作。

10月　21日，开展战备生产拉练。

11月　11日，山东省军事工业局对新40火箭引信军品进行鉴定。

11月　30日，举办“721”工人业余大学开班仪式。

12月　23日，经山东省革委军事工业局批准，新40火箭引信军品投入批量生产。

1976年

3月　28日，该厂18名先进代表参加山东省革委军事工业局贯彻鞍钢宪法、工业学大庆先进集体和先进个人代表会议，908车间党支部在会上作典型发言。

3月　29日，增设内部机构修建科，具体承担工厂土木工程修建任务。

3月　制订建设大庆式企业长远规划。

3月　举办阶级教育展览会。

3月　成立双革办公室，具体负责工厂技术革命和技术创新工作。

7月　12日，厂党委颁布关于加强自身革命化建设的几条规定。

1977年

3月　20日，成立国营山东裕华修配厂工业学大庆委员会。

5月　对全厂设备进行大普查。

7月　4日，首次成立工厂防汛领导小组。

9月　10日，为了按时完成国家任务，成立生产会战指挥部。

1978年

2月　开展百日无重大事故安全生产竞赛活动。

4月　25日，制订厂区改造8年规划。

5月　开展安全月活动，成立安全委员会。

5月　成立工厂环境保护领导小组，将原环境保护科与技安科合并为技安环保科。

7月　召开全厂科技会议，落实党的知识分子政策，成立落实政策办公室，颁布科技发展规划。

9月　19—24日，召开党委扩大会议，开展整风运动。

9月　组织第一次质量月活动，开展质量大检查、大整顿；组织开展爱国卫生运动突击月活动。

1979年

3月，开展第二次质量月活动；组织民品试制调研工作。

6月　8日，召开第一届职工代表大会、第二届工会会员代表大会。

7月　11日，颁布实施国营山东裕华修配厂五年发展规划。

9月　18日，成立纪律检查委员会。

9月　举办国营山东裕华修配厂电视大学开班仪式。

10月　组织清产核资工作。

1980年

3月　21日，成立中国兵工学会九三五四厂委员会。

7月　15日，按照国家军转民要求，组建山东裕华修配厂民品生产核心指挥领导班子。开始组织生产缝纫机、自行车零部件。

7月　山东省军事工业局到厂对产品质量整顿工作进行验收。

8月　24日，召开第二届职工代表大会，山东裕华修配厂开始实施“军转民”。

9月　举办民品样品展销会。

12月　26日，成立专业技术干部技术职称评定委员会。

12月　成立全面质量管理办公室，全面负责工厂产品质量管理工作。

是年　全国小三线建设结束。

1981年

3月　10日，成立节约能源领导小组，下设节约能源办公室。

6月　23日，成立职工教育委员会。

11月　22日，召开第三届职工代表大会。

1982年

3月　11日，908车间与903车间合并；成立退休职工管理委员会。

3月　21日，山东省军工局派出蹲点调查组进驻工厂，对企业实施全面整顿工作。

5月　21日，成立安全委员会。

8月　30日，成立党委办公室。

11月　1日，恢复908车间建制。

1983年

1月　7日，颁布试行关于健全机关工作责任制和提高工作效率的几项规定。

3月　10日，山东省军事工业局组织开展全省军工系统厂际食堂、托儿所、医务室业务竞赛活动，山东裕华修配厂分获三项第一名。

3月　30日，决定在901、902车间开展经济责任制承包试点。

5月　5日，在国家兵器工业部总后军械部组织的全国同类产品质量检查评比中，电-2引信军品位列第一名。

5月　9日，修订后的山东裕华修配厂厂规颁布实施。

5月　19日，成立服务公司，新设置生活管理科、房产管理科、卫生科和综合加工厂。

5月　20日，印发山东裕华修配厂1983年度“11810”奋斗目标；成立全面经济核算领导小组，建立经济活动定期分析制度。

5月　颁布工作质量标准。

6月　24日，12.7毫米、7.62毫米枪弹底火恢复生产，成立鉴定小组。

6月　山东省国防工业技工学校（原山东省军工技工学校）在山东裕华修配厂设立分校。

7月　划归山东省国防科学技术工业办公室管理。

8月　4日，颁布合理化建议和技术改进奖励条例实施细则。

9月　29日，颁布经济责任制试行草案。

10月　成立调整工资办公室。

11月　5日，印发安全生产劳动保护工作守则。

12月　在山东省国防科学技术工业办公室对全省军工系统安全生产年终评比中，山东裕华修配厂获得地方军工第一名、军工系统第二名。

1984年

4月　3日，厂党委印发关于领导作风和工作方法的6条规定。

5月　22日，成立科研所。

8月　26日，制定企业改革试行意见。

11月　5日，保卫科被沂源县公安局记集体三等功。

11月　10日，举行第四次质量管理小组成果发表会暨第一次质量管理学术交流会。

1985年

1月　集中解决企业内部知识分子“农转非”问题，开启“农转非”工作。

4月　国务院国防科工委批准，山东裕华修配厂进入外出选址、搬迁出山阶段。

12月　向蒙阴县人民政府提交报告，解决建厂初期占地遗留问题。

1986年

6月　落实中央、省委普及法律常识五年规划，布置开展普法工作。

12月　贯彻落实国家机械工业委员会下发的兵器外贸产品验收工作条例。

1987年

4月　根据山东省人民政府部署，将山东裕华修配厂调整至临沂地区实行属地管理，不再隶属山东省国防科学技术工业办公室。

7月　5日，经报批，对搬迁方案进行调整。

1988年

8月　日照市对拟征用土地批复，同意在日照市建设，搬迁新址。

9月　1日，经山东省经济委员会批准，更名为山东裕华机器厂，军工代号九三五四不变。

9月　YJ1摇架产品设计试制计划完成。

10月　23日，举行山东裕华机器厂日照新厂建设开工典礼。

10月　报送YJ1摇架产品项目建议书。

1989年

2月　在日照设立山东裕华机器厂筹建处。

8月　21日，承担的山东省经委技术开发项目“DA2122P”气动加压摇架技术，通过省级生产鉴定。

1992年

8月　山东裕华机器厂整建制搬迁至日照市，隶属山东省日照市第二轻工业局管理。

1993年

10月　生产的“裕华”牌碾米机筛片系列产品荣获省优、部优金奖。

1995年

6月　8日，山东裕华机器厂并入到中国轻骑集团，重组成立中国轻骑集团日照摩托车公司。11月28日，公司正式投产，产品为源自日本铃木技术的QX100型摩托车。

8月　24日，公司转产研制开发的7.62毫米民用枪弹通用无锈蚀底火产品，通过国家兵器工业部总后军械部军品局组织的设计定型鉴定，技术指标达到国内先进水平。

1998年

中国轻骑集团日照摩托车公司成为江北为数不多的具备二轮、三轮、电动三轮生产资质的摩托车生产企业。

1999年

12月　通过中国质量认证中心（CQC）的ISO9001:1994质量管理体系认证。

2004年

1月　原归属山东裕华机器厂的纺织摇架业务从中国轻骑集团日照摩托车公司剥离，单独组建日照裕华机械有限公司。

10月　通过“债转股”方式重新组建成立日照裕鑫动力有限公司，完成了从国有企业到民营企业的转变。

2006年

4月　公司对原中国轻骑集团日照摩托车公司进行重组，成立山东先锋摩托车有限公司，开启三轮摩托车的生产制造。

2009年

企业被认定为省级企业技术中心。

2014年

企业被认定为高新技术企业。

2015年

12月　日照裕华机械有限公司与西班牙品特凯普集团共同投资组建日照品特裕华纺织科技有限公司，正式进军纺织信息化、智能化和特色纺纱领域，实现了智能纺纱领域新的突破。

2016年

10月　日照裕鑫动力机械有限公司举行裕鑫动

力（原裕华厂）建厂50周年隆重庆典活动。

2017年

10月　日照裕鑫动力有限公司进行二次改制，实施集团化经营战略，推行产品公司形式的板块化经营模式。

2019年

4月9日　按照日照市委、市政府统一规划，在日照经济技术开发区内的新厂区建设破土动工，日照裕鑫动力有限公司开启“退城进园”进程。

2022年

11月　4—21日，实施退城进园整体二次搬迁，顺利迁址日照市高新技术开发区。

2023年

8月　26日，由日照裕鑫动力有限公司冠名的“裕华杯”首届全国三线军工文化旅游节在山东蒙阴岱崮三线军工文化园盛大开幕。

附　录

企业荣誉

1976年3月，在山东省革委军事工业局召开的“贯彻鞍钢宪法、工业学大庆先进代表”会议上，908车间被表彰为先进集体。另外，18名同志被表彰为先进个人。

1978年7月，党委书记、革委会主任董传明代表山东裕华修配厂参加全国兵器工业学大庆会议，受到时任党和国家领导人华国锋、叶剑英、邓小平、李先念、汪东兴等领导人接见。

1976年出席省革委军工局工业学大庆的先进集体和个人合影

1980年，被山东省委、省政府表彰为计划生育先进单位。

1981年，被临沂地区表彰为先进单位。

1982年12月，被山东省军事工业局表彰为安全生产先进单位。

1982年，被山东省委、省政府表彰为计划生育先进单位。

1983年1月，被山东省军事工业局授予科技质量奖。

1983年5月，电–2引信军品在国家兵器工业部组织的全国同类产品质量检查评比中荣获第一名。

1983年12月，受到山东省国防科技工业办公室嘉奖和表彰。

1983年12月，在山东省军事工业局组织的安全生产年终评比中，荣获地方军工第一名、军工系统第二名。

1986年3月，被国家计生委表彰为全国计划生育先进集体。

1989年9月，被山东省国防科学技术工业办公室表彰为体育先进单位。

1990年2月，在山东省第二工业厅组织的“百龙竞赛”活动中，荣获优胜企业称号。

兵器部电–2引信评优小组于九三五四厂留影（1983年6月）

“裕华”情结

裕华村，原名滑石峪村，地处沂源县唐山公社政府驻地以西，属山岭地带，因境内柴崮山下多产滑石而得名，四面环山，好似一处大庭院。南侧任家洼方向，有两座突兀隆起的山头几乎一模一样，又名东转山、西转山，呈东西相望态势，酷似守门的两尊雄狮。明朝万历年间建村，已有400余年历史。相传，最初尹姓人首先到此定居，后不知何故迁去邻村西柳峪。张、王、赵、刘、任、牛等多个姓氏家族散落分居在域内4个自然村，人口最多时达800多人。世代多依靠耕种山岭薄地维持生活。

20世纪60年代，山东裕华修配厂选址此处，这个不到4平方公里的小山庄顿时一下子就“洋气”了起来。“裕华厂”“裕华商店”“裕华饭店”“裕华集”“裕华粮店”“裕华邮电局”“裕华车队”等一系列与“裕华”有关的元素和字眼，渐渐替代了原来默默无闻的滑石峪名称。特别是你中有我、我中有你的居住生活环境，更使二者成为无话不说的一家人。你帮我割麦子，我帮你供应蔬菜；你帮我安装电灯，我帮你运石料；你帮我吃上自来水，我帮你家属落户。良好的军民和工农关系，已经不分彼此，逐渐融为一体。在山东裕华修配厂的影响和带动下，滑石峪村村民们的生活方式、思想观念等，也发生了巨大的变化。从20世纪80年代后期开始，滑石峪村人在劳务输出的同时，调整农业产业结构，从“以种植粮食为主”变为“以生产林果为主”，建成果园1000多亩。同时兴办多家村办企业。很快，滑石峪村便摘掉了贫穷帽子。

从西里镇政府驻地沿332省道西行约12公里，有一条400米左右的店铺林立、商贸繁华的街道，这便是呈西南—东北走向的裕华商业街。街北

裕华村新景

面为三山环抱的“两沟夹一梁”地形。北靠凸崮子山，中间那条南北走向的山梁叫“顺水梁”，是裕华村连接中庄镇的通道；梁的西侧是涝沟，涝沟西侧是放牛山；东侧是荆山子沟，荆山子沟东侧是荆山子。沟内植被茂密，沟底水流长年不断。两条小河沟在村前汇成一条小清河，小河伴着华龙路（裕华至龙湾）缓缓向村南流出。这里便是当年裕华厂生活战斗过26年的地方。因政策原因和企业发展需要，1992年8月，裕华厂与滑石村人在恋恋不舍地告别声中整体异地搬迁。但是，“裕华”这个伴随了滑石峪村26年的代名词却没有消失，而是像融进了这方山水的血脉一样。为此，经过全体村民申请，经沂源县人民政府批准，1996年11月正式将滑石峪村更名为“裕华村”。掩映在绿水青山中的裕华村新景，赓续着“裕华”血脉，重温峥嵘岁月，让人很难忘却这里曾是国之骄傲的“小三线”军工企业所在地。

柴崮隐藏的故事

柴崮位于山东裕华修配厂主体厂区西北、蒙阴县岱崮镇柴崮峪以东，是沂源县与蒙阴县的界山，海拔543米，属于著名的沂蒙七十二崮之一。山体面积约1平方公里，地势呈南北走向，由石灰岩、页岩构成，因多产柴草而得名。远远望去，崮体四面峭壁，高20米以上，险峻峭拔，势如虎踞龙盘，气势非凡。从远处看，柴崮就像一顶乌纱官帽，南北两边对称矗立着两个小崮顶，貌似官帽的两翅。当地人喻为官运亨通之意。

站在崮顶瞭望，整个裕华厂区旧址尽收眼底。在柴崮峪口有裕华厂的部分工人宿舍，峪中有裕华厂的一些建筑设施，保存尚好。其他厂房和生活区大多设在柴崮以东的裕华村境内。顺着崮体下行至半山腰处有一个人工开凿的山洞。洞东西长800多米，贯穿整个山体，顶部有通风开口，连接着裕华和柴崮峪，当年裕华厂的901车间就设在洞里。

裕华厂没有搬迁之前，周末柴崮山上经常有职工前来休闲和观景。久而久之，山的南北踩出了两

柴崮全景

条清晰的羊肠小道。家里养着兔子的，还可以到山上去割草，或者采松球回来用于冬天点煤炉。工厂搬走后，再上山的人已经寥寥无几了，那山间的小道也在风刮雨淋中逐渐被荒草湮没。

徘徊在厂区内，仍能感受到老一辈军工人生活的印记。进山的公路与30年前相比已经有了很大的变化，贯穿生产区和生活区的韩莱省道早已铺上了柏油路面，通往柴崮山的蜿蜒山路，经过整修、混凝土硬化，坡度比原来平缓了。附近的田野、村庄依稀还是从前的样子。厂区内则是旧貌换新颜，办公楼还存在并且继续使用，但早已物是人非，不过外表已经有了大的改观，旁边矗立的几棵雪松和塔柏似乎更加高大了，遮天蔽日，见证着工厂的发展与变迁。位于厂区北部的文化大楼还在，不过记忆深处的露天球场、旱冰场，以及露天舞台则改建成了大型冷库，成为裕华军工人永远的遗憾。留下的老旧生活区的部分家属楼、宿舍楼、单身平房和散落在不同山峪中的生活设施则荒废在那里，掩映在荒芜的杂草之中，默默地诉说着往昔的岁月。原来的职工食堂改为鲁中职工之家。唯独那座连接辛庄和涝沟两区的荆山大桥，除了栏杆有部分损坏外，基本还保持着原来的模样。

原裕华厂办公大楼

虽然位于沂源县的原址已不复当年的旧貌，甚或生活区也面临着渐渐荒废的命运，但仍然让人们不禁想起那个曾经的辉煌年代。走近它，总会令人在脑海中呈现出那成千上万人的队伍浩浩荡荡上班的情景。如今，这里已成为山东裕华厂人的寻根之地，也成为沂源赓续红色血脉的文化之所，这是裕华厂留给老区沂源人民的遗产和精神传承。

山东半导体厂

记忆沂源·小三线建设卷

扫码听书

概　况

山东半导体厂创建于1970年5月，原称山东省半导体器件所、山东半导体研究所，军工代号“国营第八〇七〇厂”，位于沂源县城西南25公里，在鲁村镇杨庄、小张庄、月庄3个村之间的深山坳里。厂区总面积315亩，职工最多时达到840人。组织机构设厂党委、政工、后勤等处。共设有6个车间，其中一至四车间为主要生产车间，六车间、七车间是维修车间和制版、检验科。主要生产硅半导体晶体三极管、硅单晶、硅外延片，还试制过PMOS集成电路和硅晶体管收音机，其晶体管广泛用于军用雷达、电台、卫星、火箭等。1975年，我国发射的第一颗返回式人造地球卫星使用了该厂生产的高频反压晶体管，由此受到了国防科工委的表彰奖励。1980年5月18日，在我国向太平洋预定海域成功发射的第一枚远程运载火箭上，使用了该厂生产的晶体管。21日，中共中央、国务院、中央军委专门为该厂发贺电。20世纪80年代初，工厂实行“军转民”。1983年，搬迁至潍坊地区安丘县，改称山东半导体总厂，主营电工电气和电子元器件。

山东半导体厂先后荣获“工业学大庆先进集体”“省级先进企业”“国家二级企业”“省质量管理奖”等荣誉称号和奖项。

国营第八〇七〇厂部分公章

历史沿革

1970年5月16日，济南军区和山东省革委会党的核心领导小组决定成立山东省半导体器件所筹委会，由山东省国防工业办公室（以下简称山东省国防工办）管辖。6月，山东省国防工办成立“山东省半导体器件所指挥部”。9月30日，山东省半导体器件所正式成立。1971年4月，改称山东半导体研究所，代号“国营第八〇七〇厂”，隶属山东省国防工办。该厂实行军管，行政级别为县团级。

1973年，山东省半导体研究所归山东省电子工业局管理。1974年4月，山东半导体研究所改为山东半导体厂，“国营第八〇七〇厂”代号不变，为省电子工业局下属的普通县团级国营企业。

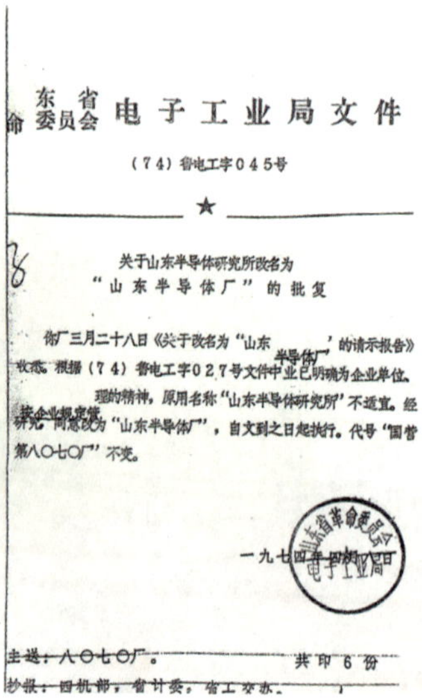

东省革命委员会电子工业局文件

（74）鲁电工字045号

★

关于山东半导体研究所改名为
“山东半导体厂”的批复

你厂三月二十八日《关于改名为“山东半导体厂”的请示报告》收悉。根据（74）鲁电工字027号文件中业已明确为企业单位、按企业规定管理的精神，原用名称“山东半导体研究所”不适宜。经研究，同意改为“山东半导体厂”，自文到之日起执行。代号“国营第八〇七〇厂”不变。

山东省革命委员会电子工业局
一九七四年四月八日

主送：八〇七〇厂。　　共印6份
抄报：四机部，省计委，省工交办。

1974年4月，山东省电子工业局批复改名“山东半导体厂”的文件复印件

1980年10月，工厂全部停产，等待搬迁。1982年1月，山东省政府批准山东半导体厂搬迁至潍坊地区安丘县，与安丘无线电厂、安丘无线电元件厂合并成立山东半导体总厂，并由安丘县政府直接领导。企业“军转民”，并保留“国营第八〇七〇厂”代号，仍为县团级，由安丘县人民政府直接领导。1983年3—4月，完成搬迁工作。2002年7月，山东半导体总厂因经营困难而停产倒闭。

建设发展

建厂背景

新中国成立不久，为保卫国家安全、维护世界和平，根据中共中央、中央军委决定，我国开始发展国防尖端技术。1956年，党中央发出了“向科学进军”的伟大号召。1957年10月4日，苏联成功发射人类第一颗人造地球卫星。应苏联科学院的要求，中国科学院在全国范围内组织观测。中国科学院副院长竺可桢、力学研究所所长钱学森、地球物理所所长赵九章等向中央建议，借此开展中国自己的卫星研究工作。1958年5月，中国共产党第八次全国代表大会第二次会议召开，正值苏联第三颗卫星发射成功。毛泽东主席在这次会议的讲话中明确提出：“苏联人造卫星上天，我们也要搞人造卫星。”吹响了中国人进军太空的号角。

晶体二极管、三极管等半导体元器件，在20世纪六七十年代是一种高科技应用电子产品，被广泛应用于卫星、运载火箭、导弹等地面回收和遥感设备及飞行控制系统、制导系统等。根据国外发展电子器件的进程，党中央提出了中国也要研究半导体科学，把半导体技术列为国家四大紧急措施之一。

1970年，根据党中央“靠山、分散、隐蔽”的“小三线”军工厂建设方针，济南军区和山东省革委决定在沂蒙山区建一处半导体器件制造军工厂。经过勘察选址，将厂址选在了沂源县西部的鲁村区杨庄、小张庄、月庄一带。

选址筹建

1970年5月20日，济南军区和山东省革委决定，从山东生建八三厂（位于淄博市周村区王村）分迁部分设备和人员筹建半导体器件厂，并取名为山东半导体器件所。山东省国防工办某部副主任刘保珠兼任主任，副主任和政委由胡荣堂、魏志俊、李殿及沂源县派出一人、省建设部门派出一人担任。

随后，魏志俊陪同济南军区副司令员成少甫进山选址。沂源县鲁村区杨庄、小张庄、月庄一带山高林密，交通闭塞，完全符合“靠山、分散、隐蔽”的建设要求。厂址确定后，按照边设计、边施工、边投产的建厂方针，开始了紧张地设计筹备和建厂工作。

1970年6月3日，山东省国防工办在沂源县招待所宣布成立山东省半导体器件所建设指挥部。省国防工办电讯局副局长刘保珠兼任总指挥，胡荣堂、魏志俊任副总指挥。指挥部下设政工、基建、后勤3个组。同月，成立建设指挥部临时党委。陈寿贤（军代表）任书记，刘保珠、胡荣堂任副书记。

厂区设计和平面布局 1970年6月16日，几十人组成的山东半导体器件所工程建设队伍进驻杨庄大队，紧锣密鼓地开始了勘察、设计。

7月，在无专业设计人员的情况下，由生建八三厂人员、建筑单位技术人员和研究所工人组成的设计班子，在济建二营、六营一连和804队的协助下，仅用5天时间完成厂区平面设计，7天完成生产楼房的设计。后将设计图纸去掉76%的双层窗和全部的油漆墙，以加快施工进度。

8月中旬，山东半导体器件所水、电、暖、气和道路等各项基建任务全面开工，施工承建单位是济南第四建筑公司，解放军某部官兵和当地民工也积极参与建设。

杨庄大队是山东半导体器件所所在地，整个工厂建在一处“U”形山坳里。村子北面是一片北高南低的山场，山场的北面、东面和西面是3座连在一起的大山。工厂大门向北是一片逐渐隆起的山坡，整个厂办公区和生产车间都建在这个山坡上。在中央位置有3排宽大的石砌平房，是工厂的中枢机关——厂部，厂党委书记、厂长、副书记、副厂长和办公室、政治处、财务科、生产科、供销科、团委等科室负责人的办公室都在此处。

厂部周边是一条环形公路，环形路东边是厂区。全厂规划建设6个车间，其中一车间为材料车间，计划生产单晶硅、多晶硅、硅外延片，二、三、四车间计划生产平面晶体三极管，五车间是制版和测试车间，六车间是一个面积很大的金加工房和各类用气、用水、用热供应车间。

氢氧站，是一座专门为氢制备设计的建筑，面积500余平方米。厂区东北角地势最高的建筑是一座1200平方米的3层楼房，因其呈“L”形，被称作“拐角楼”，主要用于曲融法拉单晶生产。

工厂大门西侧山坡上建有20余排、100余间青石红瓦的平房，作为单身职工的集体宿舍，被称之为西山。厂大门东边是一片较缓的坡地，建有二三十排石头平房，是职工家属宿舍区，被称之为东山。

食堂建于西山单身宿舍下边，西南150米处是厂医院和汽车队。厂医院有几名医生和护士，有几间病房；汽车队有一台军用吉普车和十几辆卡车。东边与篮球场相邻，食堂南下方是露天电影院。东山下面建了一条通向鲁村区驻地和沂源县城的大路，方便生产运输和职工出行。

出厂门向南50米路东侧是招待所，路西侧为小卖部和邮局。

人员构成　山东半导体器件所作为军工企业，在成立初期，编制体制实行军队建制，设6个连，每个连相当于一个车间，车间主任称为连长。车间下设几个工段，工段长为排长。1970年9月，大批员工开始陆续入厂。由山东省的临沂、济南、烟台、胶州、青岛等招收的应届初、高中毕业生450余人、“八三厂”96人，以及各地调来的领导干部、大中专毕业生、转复军人、各地支援三线建设的技术工人以及其他工作人员也分批入厂。最高峰时，全厂有正式员工840余人，加上家属及其他人员共有1200余人。

刚建厂时，上级党委派遣的领导干部，大都是新中国成立前就参加工作的老革命，年龄一般在40岁左右，阶级成分好，组织能力强，工作作风硬。专业技术人员一部分是从生建八三厂调来的，专业技术能力强，工作经验丰富，年龄大都在25岁左右，有些尚未成婚。还有一部分是从哈尔滨军事工程学院、山东大学等各高等院校直接分配来的应届毕业生，构成了半导体研发的主要科研力量。大批的转业、退伍军人，大都安排在汽车队、食堂等后勤部门。

来自济南、临沂、烟台、胶州等4个地、市（县）的学员组成4个学员队，学员年龄大都在十七八岁。后来，又从当地村庄和职工家属及其子女中招收一部分工人。由于职工宿舍没有建好，临沂和烟台学员队，分散住在小张庄大队的老乡家中，济南和胶州的学员分散住在月庄大队的小学校或老乡家中。十几个人挤在一个屋内打地铺，因地面潮湿，学员经常闹肚子，铺盖下面的麦秸都发了霉，落下的麦粒也生出了麦芽。

建成投产

1970年12月，全厂完成基建工程。工厂分为生产区和生活区，总建筑面积15132平方米。其中，生产区建筑面积6456平方米、生活区建筑面积8676平方米，总投资870万元。

1971年3月，在广大建设者们夜以继日的拼搏奋斗下，占地315亩的工厂初具规模，并开始组建生产线。最早建成的二、三、四车间，是一座3层青石砌筑的大楼，也是全厂最大、最宏伟的建筑，其中二车间是全厂最大、最主要的半导体器件生产车间，能生产各种大、小功率晶体管，人员最多时达到130多名。12月，检验科和四车间相继建成，主要生产大功率晶体管和照相制版。1972年9月28日，山东省国防工办撤销挖山洞建车间计划，同意增建机加工车间500平方米。11月，制氧机试车投产。

生产经营

生产研发

拉制出第一支硅单晶棒　1970年8月25日，魏志俊传达济南军区副司令员成少甫的指示，国庆节前一定要拿出产品来，整个建厂工程年内全部完成。

自9月3日始，从山东生建八三厂抽调的96名技术人员和106台仪器设备，用时26天全部搬迁到位，从济南、烟台、临沂、胶县等地招收的第一批学员陆续进所。从其他各地调来的领导干部、大中专毕业生、转业退伍军人，全国各地支援“小三线”建设的技术工人及其他人员陆续抵达。

为尽快掌握生产工艺，选派技术骨干到济南、杭州等地学习。为解决工艺难题，工程技术人员废寝忘食、通宵达旦反复试验。1970年9月30日，山东半导体器件所拉制出第一支制造晶体管、二极管等半导体器件的基础材料硅单晶棒。所里召开了隆重的庆祝大会，山东省国防工办领导、沂源县、鲁村公社、附近大队和兄弟单位的负责人到会祝贺。同时，正式成立山东半导体器件所。

产品试制 从建厂到1973年底，整个工厂处于边劳动边学习、边调试边试制新产品的阶段。

1970年11月29日，制成超高频低噪声CG35晶体管48支。1971年3月，建成一连（材料车间），二连、三连、四连（晶体管车间）4个生产连队。5月，继生产出硅单晶样品后，山东半导体研究所又制成超高频低噪声CG30晶体管10支、高反压高频小功率3DG3晶体管10支。1972年5月，四机部副部长齐一丁到厂视察指导工作并给予高度评价。他说：“在我所到过的小三线厂子，你们这个单位是比较好的。”

塑料封装、金属封装中、大功率三极管

1972年6月中旬，国务院、中央军委向全国军工企业发出特急指示，要求大抓产品质量问题，山东半导体研究所紧急动员职工找出影响产品质量的各种问题。同月，制成平面低频大功率晶体管。8月，进行机构改革，机关设10个科室，基层设7个车间。9月，又开始试制3DK4硅平面开关晶体三极管。

1972年，四机部（电子工业部）第十设计院对山东半导体研究所《建厂设计任务书》进行调整，调整后的建设目标为年产各类晶体管90万支、集成电路10万块，全厂建筑面积32191平方米，全厂职工总人数846人，生产用设备、仪器、仪表总数507台（件），建厂总投资968.94万元。

1973年春，由于种种原因，二车间处于半停产状态。山东半导体研究所成立劳动连，组织员工学习和劳动，帮助驻地生产大队抗旱、修路，为工厂砸石子。

1973年4月底，二车间正式开始生产3DK4硅平面开关晶体三极管和CG36硅平面超高频低噪声晶体三极管，三车间试制3AX锗合金晶体三极管。同时，成立一个新的车间，组建收音机生产线，从二车间抽调15人去济南广播器材厂培训学习。其间，二、四车间成功生产了CG36硅平面晶体三极管和3DD硅平面低频大功率晶体三极管。

生产TF型晶体三极管 1974年，山东半导体厂的发展步入快车道，各车间都具备一定的生产规模。但在上级对该厂进行财务审计时，发现建厂（所）4年来，企业亏损达145万元。为尽快摆脱亏损的被动局面，经过反复考察论证并按照上级安排，决定生产出口香港的TF型晶体三极管。TF型晶体三极管，广泛应用于程控电话机、计算机、简易通信设备等。生产任务由二车间承担，是工厂实现出口创汇的一项重大政治任务，全厂上下格外重视。

1974年春节过后，开始试制该产品。主要工序在山东生建八三厂有经验的师傅带领下，配备多名专业技术人员，具体操作人员以烟台、济南、临沂学员为主。试制期间，厂主要领导现场督导，工人生产热情空前高涨。投产的硅片尺寸1.4×1.6厘米，每次投入十几片，十几天完成一支合格产品。后来车间采用弹性工作法，即某一批产品发现存在报废的可能时，第一道工序马上重新投入，不受上下班时间的限制，从而为制成品赢得了时间。

经过一周时间的紧张实验，终于试制成功，产出第一批合格产品。此后，开始批量生产TF型晶体三极管。

从1974年3月起，各车间相继成功试制其他类型的晶体三极管。1975年，工厂生产的产品有3CG74高频中功率晶体三极管。由于TF型晶体三极管合同未兑现，仅此一项损失20万元，但年度亏损额下降到62万元。

经营发展

生产研发的顺利开展，使山东半导体厂插上了腾飞的翅膀。1976年3月，又制成2G210、2G211高频小功率低噪声晶体三极管，同时还生产光刻线条只有3微米的3DG56、3DG80高频晶体三极管等。其中，有些产品用在地面卫星回收设备或远程运载火箭上。

1975年11月，我国发射的第一颗返回式人造地球卫星，使用了该厂生产的3DG3高频反压晶体管。1976年，山东半导体厂受到国防科工委的表彰奖励，三车间被山东省电子工业局授予“工业学大庆先进集体”称号，并出席全省工业学大庆先进代表会议。同年，工厂实现自建厂以来首次扭亏为盈，盈利6万余元。

1977年5月，王兆斌和柳耀谦代表山东半导体厂出席全国工业学大庆先进代表大会，受到国务院总理赵紫阳亲切接见。9月，厂办“七·二一”工人大学试制成功PNP低频大功率晶体管。10月22日，济南市革委工商行政管理局批准山东半导体厂晶体管“双环”商标注册登记。10月，宋成修、罗蒲生出席四机部召开的全国电子工业学大庆会议。

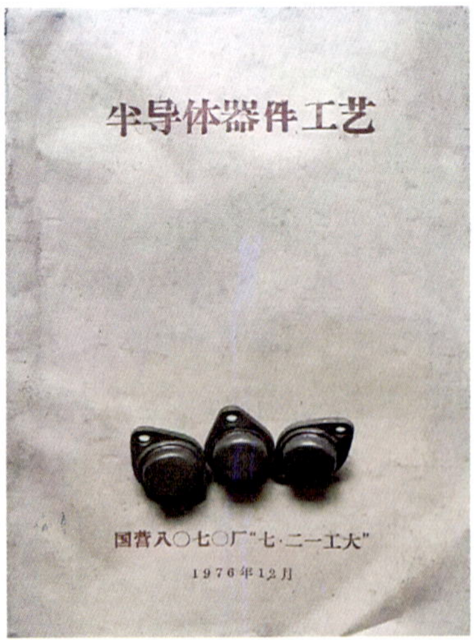

山东半导体“七·二一”工人大学学员生产的大功率三极管

1977年，是山东半导体厂历史上经济效益最好的一年。全年实现工业总产值1640.6万元，利润144.6万元，上缴利税100万元，全员劳动生产率达2.5万元。

1978年前后，在改革开放的大潮下，开始逐渐从计划经济向商品经济、市场经济转型，职工思想出现动摇，开始有大批人员陆续调离半导体厂，各车间生产线出现严重缺员现象。8月，为弥补生产人员的空缺，半导体厂在当地招收30余名高中毕业生和职工家属补充到生产一线。是年，工厂再次实现扭亏为盈。

1979年上半年，根据国务院文件要求，全厂进行清仓查库、清资核资工作，达到账、卡、物相符并通过验收。下半年，国务院着手解决全国“三线”工厂存在的种种弊端及大面积严重亏损问题，提出“关、停、并、转、迁”的指导方针。各省配套的“小三线”工厂，不再严格控制人员调动，一时间人员大量外流，生产受到严重影响。1980年，半导体厂职工由原来的840多人锐减到不足300人，全厂生产基本处于半停产状态。

1980年5月18日，我国向太平洋预定海域成功发射第一枚远程运载火箭，火箭使用了该厂生产的晶体管。5月21日，中共中央、国务院、中央军委专门为国防建设作出贡献的山东半导体厂发来贺电。该厂召开庆祝大会，厂党委书记戴照锡向全厂干部职工宣读贺电全文：

贺　电

参与我国发射运载火箭的全体科学工作者、工程技术人员、工人、解放军指战员和一切从事试验的同志们：

我们热烈祝贺你们向太平洋海域发射运载火箭成功的巨大胜利。

这次试验，标志着我国运输火箭技术达到了高的水平，这对于发展我国科学技术，加速实现四个现代化，具有重大意义，对于为四化建设而忘我劳动的全国各族人民会是一个很大的鼓舞。

这次试验的成功，是参加研制、生产和试验的全国各地区、各部门、各部局，坚决执行党中央规定的路线、方针、政策，发扬自力更生、艰苦奋斗的革命精神，团结一致、大力协同、刻苦钻研、辛勤劳动、精心组织、精心指导的结果。

希望你们认真总结经验，戒骄戒躁，再接再厉，为加快发展我国尖端科学技术事业作出更大的贡献。

中共中央　国务院　中央军委

1980年5月20日

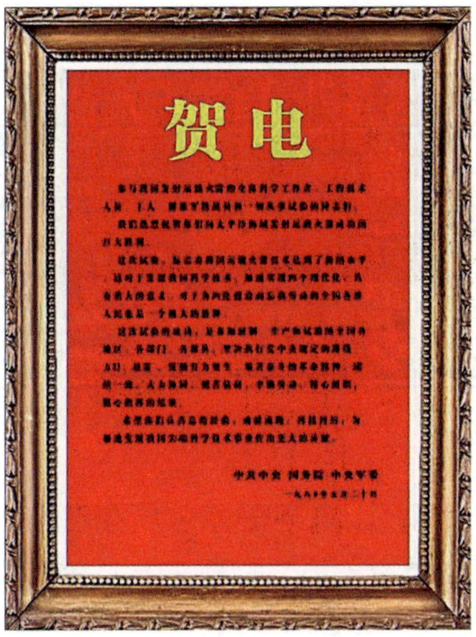

1980年5月，中共中央、国务院、中央军委给山东半导体厂发来贺电

停产搬迁

1980年9月，半导体厂党委向山东省电子工业局、省经委作出书面报告：“自1970年建厂以来，国家投资1530万元，10年来共收入1216.5万元。银行贷款124.5万元，国家虽补贴302.15万元，但由于各方面因素，仍未能扭转被动局面。目前，设备、厂房、宿舍严重失修，加上职工思想不稳定等各类实际情况，已无法维持生产。”

10月，山东省电子工业局党组决定，山东半导体厂停产待调，按“关、停”企业处理。11月14日，厂党委召开全厂中层干部会议，传达省电子工业局决定，宣布从15日起正式停产。当晚，所有车间一律封门，除清查物资人员外，任何人不准再进入车间。

1981年秋，根据省政府的统一安排，山东半导体厂向省电子工业局提请整体搬迁至潍坊地区安丘县的报告。省电子工业局上报山东省人民政府《关于山东半导体厂调整下放到潍坊地区的请示报告》(〔81〕省电工办字第239号)。1982年1月21日，山东省人民政府在〔82〕鲁政函12号文件《关于同意将山东半导体厂下放到潍坊地区的批复》中，要求山东半导体厂人、财、物除永久建筑外，全部搬迁到潍坊地区安丘县，与安丘无线电厂、安丘无线电元件厂合并成立山东半导体总厂，仍为团县级企业，由安丘县人民政府直接领导。党组织由县委领导，并纳入地方财政预算管理。

1982年12月3日，山东省经委召开半导体厂搬迁协调会议，会议由省经委副主任王怀君主持，山东省公安厅、省电子工业局、潍坊地区行署和沂源县、安丘县以及银行等有关领导参加会议，半导体厂领导列席会议。此次会议，办理了半导体厂的整体移交手续。省电子工业局赵宣东、半导体厂副厂长张敬亭代表移交方，安丘县的丁杰和沂源县的周统玉、崔庆新代表接收方，省经委的张正康代表监交单位，分别在移交文件上签字。

根据山东省政府12号文件，一次性拨给安丘县搬迁安置费90万元，其中省财政拨付60万元、省电子工业局拨付30万元。

1983年3月10日，山东半导体厂开始搬迁，历时29天结束，半导体厂动产以及316名职工和职工家属全部搬迁完毕，260多名工人得到安置。

改革转型

旧址利用　半导体厂搬迁至潍坊安丘后，原有厂房、场地等闲置。为利用闲置资源，发挥其应有作用，沂源县人民政府决定由县经委接管山东半导体厂旧址，成立沂源县塑料制品厂，并要求当年投产。

塑料制品厂紧锣密鼓地从天津购进拉丝机1台、从常州购进圆织机4台。1985年11月，沂源县塑料制品厂正式投产。刘新芳任厂长，董继廉任党支部书记，共有职工150余人，大多数职工从邻近村招收。建厂初期，该厂主要生产化肥包装内外袋。后来逐步扩大生产规模，新上拉丝机3台、圆织机24

台、吹膜机1台，另外购买打包机、缝纫机等设备，职工人数达350余人。1986年，产品改为外贸加工，所生产的编织袋、沙袋，主要出口到日本。

1990年，沂源县塑料制品厂迁至沂源县城，原址成立杨庄分厂，主要生产聚丙烯编织袋、聚氯乙烯人造革、聚乙烯薄膜、维棉纸复合袋、打包袋、撕裂膜等，年产2000吨。其中，聚丙烯编织袋出口日本、韩国等国家。1999年1月8日，企业进行改制，注册成立淄博新力塑编有限公司。

2002年6月，杨庄分厂改为沂源凤凰塑编有限公司，干部职工达600多人。同年，公司采用进口原料，利用国际先进技术设备，严格按照ISO9001国际质量标准，组织生产圆柱和方形袋体各种规格的柔性集装袋、沙袋及中型塑料编织袋，年产各类塑编产品6000吨。公司拥有员工900余人，固定资产达到5000万元，年产值6000万元。产品远销美国、加拿大和欧盟，年出口创汇600万美元。后又增加塑料带、塑料绳和塑料线等产品。2006年，沂源凤凰塑编有限公司生产塑料编织袋11792吨。

2016年6月30日，淄博新力塑编有限公司由沂源县兴国集团重组，成立山东兴国新力集团。

原山东半导体厂的厂房设施除一小部分建筑被利用外，大部分处于闲置荒废状态。2020年12月，沂源县文化和旅游局为更好地做好“小三线”旧址的保护工作，根据《中华人民共和国文物保护法》《文物认定管理暂行办法》有关规定，将“国营山东半导体厂旧址”认定为不可移动文物。

山东半导体总厂 1983年3月，山东半导体厂迁入安丘县县府路96号（现安丘市人民路193号）。

新成立的山东半导体总厂，总占地面积6万平方米，其中生产厂房为3.8万平方米，拥有固定资产6517万元，是电子工业部定点生产半导体分立器件的大型骨干企业之一。该厂还是军工定点企业，技术力量雄厚，职工总人数上千人，工程技术人员占30%以上，企业技术、工艺先进，设备精良，检测手段齐全。主导产品分为12大系列、300多个品种。产品有低频大功率晶体管（1-500W），中小功率晶体管（100MW-1W），达林顿晶体管（DL50-DL300）和功率开关，其中3DD200、3DD201、3DD175、3DD176、3DG141、3DD15晶体管均获山东省优质产品称号，3DD200、3DD142晶体管荣获全国评比二等奖（一等奖空缺），3DD175、3DD176低频大功率晶体管、3DK55、DK55低频大功率晶体管、3DD870彩电用高反压大功率晶体管荣获山东省优秀新产品奖，产品畅销军工、交通、邮电、科研、能源、民用等领域，销往全国28个省、市、自治区，并出口创汇。

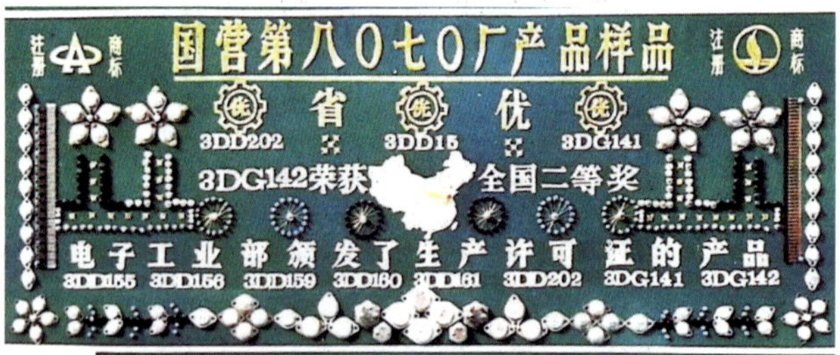

山东半导体厂生产的3DD200等晶体管荣获全国二等奖

1985年，山东半导体总厂在“七五”技术改造期间，总投资1700万元，从香港引进设备16台（套），国内配套设备34台（套），引进一条TO-92型塑料封装三极管生产线，设计能力为2400万支/年，大大提高了工厂半导体件生产的自动化水平。

另外，山东半导体总厂还生产卫星地面接收设备、全频道闭路电视系统设备与部件、高效节能灯、场效应治疗仪、电子镇流器、客货电梯等产品，均产生了良好的经济效益和社会效益。

1987年，山东半导体总厂加大技改投入，从美国、日本、德国等国家引进关键技术设备17台（套），总投资3200万元。1989年完成试车投产，同时试制成功用于彩电开关电源电路的3DD820和用于彩电行输出的3DD869两种低频高反压晶体管，当年完成15万支，1990年通过省级鉴定，年产30万支。

1988年10月，工厂被山东省人民政府授予省级先进企业。1989年9月，晋升为国家二级企业；12月，被机电部授予商情信息先进单位。1990年8月，被机电部授予国家节能二级企业；12月，被山东省经委、省质协授予山东省质量管理奖。

1991年，完成工业总产值6000万元，利税472万元，产品深受国际市场欢迎。1994年，直接出口创汇140万美元，间接出口1000万人民币，企业跨入全国同行业先进水平。1月，被山东省电子工业局评为明星企业，被中国企业管理协会评为产值物耗率最佳企业；5月，被山东省电子工业局评为“七五”期间技术改造优秀企业。

1995年，山东半导体总厂与山东工业大学签署《关于联合开发、生产半导体激光器件的协议》，总投资2981万元（含外汇162万美元），引进半导体激光器件生产制造关键设备39台（套），购置国内设备51台（套），建成一条半导体激光器件生产线，年产半导体激光器件150万支。当年，全厂完成销售收入5520万元，利税518万元，利润302万元。

1997年4月，山东半导体总厂与山东工业大学签订《关于联合申请成立山东光电子工程技术研究中心的协议书》。12月，山东省科委批复成立山东省半导体光电子技术研究中心。

1997年11月26日，与中科院半导体研究所、光电子器件国家工程研究中心签署《关于670纳米量子阱激光器技术的转让协议》。随后，中科院半导体研究所派专家到厂指导产品研发生产。

1998年3月23日，山东半导体总厂与潍坊上市公司华光集团有限责任公司共同出资，成立华光集团下属公司华光半导体器件有限责任公司，继续生产小功率塑封晶体管、金属封装的低频大功率晶体管、激光二极管以及微电子器件等。由于所生产的产品单一化，企业开始走下坡路。同月，山东半导体总厂编写并向国家发展和计划委员会申报《半导体发光器件外延材料及激光二极管生产线技术改造项目建议书》。

1999年5月29日，潍坊华光集团与山东大学、山东工业大学三方在济南签署《潍坊华光集团有限责任公司与山东大学、山东工业大学共同出资经营华光光电子有限责任公司的合同》，山东华光光电子有限公司在济南高新区天辰大街1835号成立，同时组织实施半导体发光器件外延工艺及管芯技术项目。2001年9月，全厂职工达到1200余人。2002年7月，工厂被迫停产。

组织建设

1970年6月，济南军区、山东省国防工办党委成立山东省半导体器件所建设指挥部临时党委，由军代表陈寿贤任临时党委书记。

1972年1月5—7日，召开山东半导体研究所第一届党员大会，选举产生第一届党委会，委员会由杨玉华、李殿、魏志俊、朱军、王俊英、解克敬、杨永利（工人代表）7人组成。13日，济南军区、山东省国防工办党委同意中共山东半导体研究所委员会成立，杨玉华暂代理党委书记，李殿任党委副书记。3月3日，原临时党委书记陈寿贤调回部队，济南军区、山东省国防工办党委批准该所成立革命委员会，委员会由15人组成，杨玉华任主任，李殿、魏志俊任副主任。

1971年，工厂建设基本就绪，7个车间陆续投产，随之设立党委办公室、政工处、团委、生产处、后勤处等组织部门。

1973年8月，山东半导体研究所党委代理书记杨玉华调回部队。济南军区、山东省国防工办党委任命魏志俊为山东半导体研究所革委会主任，胡荣堂为副书记、副主任。1975年，山东半导体厂党委书记李殿调任济南403仓库党委书记。11月，反击“右倾”翻案风开始，厂内有人趁机闹事，发生哄抢厂党委会记录的事件。1976年4月，山东省革委生产指挥部工交办公室党的核心领导小组任命王兆斌为中共山东半导体厂委员会书记，厂党委书记胡荣堂调离。在厂党委领导下，设立6个车间党支部，车间党支部书记为专职干部，全厂党员有50余人。厂团委下设8个团支部，有团员500余人。

1983年工厂搬迁至安丘后，成立山东半导体总厂，刘德士、孙太然、孙洪熙、王琳先后担任党委书记。

历任党政主要负责人

机构名称	职务	姓名	任职时间
山东半导体器件所筹委会	主任	刘保珠	1970.05—1970.06
山东半导体器件所建设指挥部	总指挥	刘保珠	1970.06—1970.07
山东半导体器件所	临时党委书记	陈寿贤	1970.06—1972.01
山东半导体研究所	代理党委书记	杨玉华	1972.01—1973.08
	革委会主任	杨玉华	1972.03—1973.08
	革委会主任	魏志俊	1973.08—1974.06
山东半导体厂	党委书记	李　殿	1974.06—1975.09
	党委书记	胡荣堂	1975.09—1978.06
	党委书记	王兆斌	1978.06—1979.11
	厂长	白腾雨	1978.06—1983.10
	党委书记	戴照锡	1979.11—1983.10
山东半导体总厂	党委书记	刘德士	1984.01—1984.09
	厂长	高耀华	1983.11—1993.33
	党委书记	孙太然	1985.02—1987.11
	党委书记	孙洪熙	1987.12—1993.11
	厂长	韩　丽	1993.11—1999.09
	厂长	张宝华	1999.09—2001.04
	党委书记	王　琳	1999.12—2001.02

截至2021年7月，张乃彪、史淮民、董秀成、尹建友、赵杰、严成江、陈淑海、公维平、林相喜、董照书、费洪民、历连云、宋广松、尚明玉、匡立中、李培中、尹世清、黄传达、张相德、庄景富、陈德友、黄利等获颁“光荣在党50年”纪念章。

企业文化

小喇叭广播

建厂后，在厂办公区设立广播站，在各车间周边适当位置安装广播喇叭。每天除播放起床号、吃饭号、上班号、下班号以外，还播放《东方红》《大海航行靠舵手》《歌唱祖国》等革命歌曲及时事新闻等。小喇叭广播还宣传厂内好人好事、先锋模范事迹，并播放厂内重要通知。1983年3月，厂整体外迁后广播站停止广播。

灯光球场

位于“西山”的灯光篮球场，是山东半导体厂职工们主要的体育活动场所。每当夜幕降临，工人们吃罢晚饭就迫不及待地来到灯光球场，或打半篮，或来一场甲、乙两队友谊赛。厂里每年都组织车间篮球、乒乓球比赛，有时还要和当地的学校、工厂、机关搞联谊比赛。山东“小三线”各军工企业之间经常举办体育比赛，厂篮球队也曾和济南军区篮球队进行过友谊赛。

文艺演出

文艺演出活动场地主要在食堂举行。建厂初期，食堂未配置餐桌和板凳，为排练节目和搞大型文艺演出提供了较为合适的场地。为丰富职工文化生活，厂里购买各种乐器，成立宣传队、器乐队。每到“七一”“八一”和元旦等重要节假日，就组织开展群众性娱乐活动，举办歌咏比赛、诗歌朗诵会等，有时与外单位联谊演出，培养了一批声乐、器乐和舞蹈人才。

有位姓高的职工，因笛子吹得好，厂宣传队要；他身高1.85米，篮球技术过硬，厂篮球队抢着要；他乒乓球打得好，多次参加上级组织的乒乓球比赛，厂乒乓球队要；而他又是车间的生产骨干，生产离不开他，车间不放。所以就成了全厂职工心目中的“明星”，被称作“三要一不放”。

职工们在各种娱乐活动中，充实了精神生活，增添了生产干劲。一旦有重要演出，职工们都会积极参与。1978年，全国总工会相声演员高英培、范振钰来厂慰问演出。全厂职工放假半天，附近大队的社员群众也到现场观看，观众足有三四千人。

电影

半导体厂建在大山中，为丰富职工生活，每周放一次电影。20世纪70年代播放的影片主要以战争题材为主，如《地道战》《地雷战》《渡江侦察记》《南征北战》《列宁在十月》等，有时也放映故事片《创业》《青松岭》《金光大道》。《白毛女》《沙家浜》《红色娘子军》等革命样板戏演出最多。每周到了放电影的日子，职工们就像过年一样热闹。大家有的在晚饭前就把自己的椅子、凳子摆到露天电影院去占地方，更有甚者在上午就去占座位。有一次，厂里要放一个罗马尼亚的电影，由于是和沂源县城跑片子，职工们等到凌晨4点还看得津津有味。

政治学习

20世纪70年代，政治理论学习是全厂干部职工学习的重要组成部分。日常的政治学习，主要由各车间党支部组织，学习内容有《毛主席语录》《毛泽东选集》和“两报一刊”的社论文章。除了厂党委给各车间订阅《人民日报》《大众日报》《参考消息》等报纸外，厂部办的油印小报和各车间的黑板报是企业内部文化建设的主要形式。厂里鼓励各车间为厂报、黑板报投稿，各车间办的黑板报定期评比，奖品一般是钢笔、笔记本等学习用品。

厂里的黑板报、宣传栏大都以刊登时事政治、车间生产、好人好事、本行业新闻等为主，偶尔也刊登职工喜闻乐见的小诗歌、小故事。

围棋和图书室

围棋作为传承已久的文化瑰宝，在山东半导体厂得到大力发扬，成为职工业余文化生活的一大特色。到1980年，全厂围棋棋手已达100余人，职工们还自发地组织全厂围棋冠军赛。

此外，厂里建起80余平方米的图书阅览室，藏书4300余册，以国防军事、半导体专业技术、历史和中外文学名著等为主。

后勤保障

子弟学校

随着工厂的建成投产，职工人数逐渐增加，需要解决大量的职工子女上学问题。建厂初期，职工子女都被安排在附近的杨庄大队小学插班就读。这些来自全国各地的孩子，年龄大小不一，受教育层次也参差不齐，与当地农村孩子相处总有一些隔阂。职工们为孩子上学的事产生顾虑，甚至影响到正常工作。1971年春，县内外的其他“小三线”军工厂陆续建起自己的子弟学校，半导体研究所决定委托政治处主任程连魁着手创办子弟学校。

山东半导体厂子弟学校

程连魁和王同武一起物色教师的人选和学校的选址等事宜。1971年6月，将“西山”职工食堂西侧的7间平房作为临时校舍。其中，1间为办公室，2间为五年级教室，小学一、二年级和三、四年级为复式班，各占2间。学校条件十分简陋，当时连件像样的课桌也没有。

直到1976年，学校才搬到“拐角楼”，实现一班一教室，并增设初中部，由魏务群担任校长。20余名教师都是从本厂职工中挑选，按照国家教育部教学大纲进行教学。尽管条件艰苦，但教师们的干劲很足。他们夜以继日地忘我工作，换来了丰硕成果，学校在全省“小三线”军工企业子弟学校考试比赛中成绩名列前茅。学校先后培养近十届学生，有的学生最后考入北京大学、厦门大学等全国知名高校。

“七·二一”工人大学

1976年7月21日，山东半导体厂创办“七·二一”工人大学，招收学生20余人。“七·二一”工人大学实行全日制脱产学习，学制一年。厂党委书记王兆斌兼任校长，翟清涟主持校务工作，王同武、梁复明、高素英、王树刚等为专职教师。教学中采取能者为师和开门办学、边学边生产的办法，对全厂职工进行《半导体器件设计原理》《半导体器件工艺》《保密制度》《职工守则》等方面培训。姚俊强、梁佃生、李荣海、杨伟民、王康祥等曾到该校课堂讲课。通过学习培训，这些学员后来都成为厂技术骨干。1976年9月，学员们试制成功PNP低频大功率晶体管，就是工人大学的学习成果之一。

企业人物

戴照锡（1927—2001），男，山东省平度人，中共党员。1945年参军，正团级，曾任山东半导体厂党委书记、山东半导体总厂调研员。

陈寿贤（1927—2016），男，江苏省盐城人，中共党员。1942年参加革命，曾任山东省半导体器件所临时党委书记。

王兆斌，男，1925年出生，山东省肥城人，中共党员。曾任山东半导体厂党委书记、山东电子工程技术学院党委书记兼院长。1978年，参加全国工业学大庆会议，曾受到华国锋等领导的接见。

宋成修，男，1925年出生，山东省沂源人，中共党员。1944年8月参军，曾任解放军某部连指导员、山东半导体厂副厂长。二等甲级伤残军人，1955年被授予解放奖章。

魏志俊，男，1928年出生，山东省东营人，中共党员。曾任山东半导体研究所和山东半导体厂革委会主任、山东电子研究所所长，国内电子工业领域专家。

白腾雨，男，1928年出生，江苏省涟水人，中共党员。1947年9月参加工作，曾任山东半导体厂厂长。

梁佃生，男，1943年出生，山东省聊城人，中共党员。曾任山东半导体厂车间主任、山东半导体总厂总工程师、济南历泰电子产品有限公司总工。1983年研发出共用天线接收机。1987年获山东省“富民兴鲁”劳动奖章。

王存吉，男，1945年出生，山东省莒县人，中共党员。山东半导体厂高级工程师，带领团队完成技改项目20余项。1986年被山东省政府评为省劳动模范。

杨伟民，男，1948年出生，安徽省人，中共党员。毕业于山东大学，二车间技术骨干，曾任山东省质监局副厅级巡视员。参加过2Z211和2Z210高频三极管的设计制造。

卢光明，男，1951年出生，山东省济南人，中共党员。曾任沂源县第八届人大代表、山东省信息产业厅某处副处长。

狄正华，男，1951年出生，山东省沂源人，中共党员。曾任山东半导体厂车间技术组长、专职技术员，高级工程师。连续三届当选沂源县政协常委。

李庆年，男，1953年出生，山东省济南人，中共党员。曾任山东省纪委驻山东省经信委纪检组副厅级检察员。

赵沂波，男，1954年出生，山东省日照人，中共党员，副县级。曾任山东半导体厂一车间连部文书，并参与半导体材料单晶研制。

薛　克，男，1955年出生，山东省临沂人，中共党员，正厅级。山东半导体厂技术骨干，参与我国火箭、卫星用超高频晶体管的制版和总测。曾任山东省发改委党组副书记。

杨 玲，女，1955年出生，山东省郯城人，中国民主同盟盟员。厂技术骨干，曾任临沂银雀山汉墓竹简博物馆研究室主任，先后出版学术著作10余部。临沂市十二、十三届政协委员。

李克宁，女，1955年出生，山东省临沂人，中共党员。厂技术骨干，曾任临沂市质监局副局长。

三线往事

成副司令员赔鸡钱

1970年初秋的一天，天下着大雨，山路被大雨冲得泥泞难行。一辆吉普车在山间小路上颠簸前行，济南军区副司令员成少甫，冒雨到山东半导体器件所视察指导工作。

当吉普车经过小张庄大队时，车子一打滑，正巧压死了老乡的一只鸡。成副司令员让随行人员下车打听是谁家的鸡，并说老百姓养只鸡不容易，说不定全靠它下蛋卖钱，换取油盐酱醋，所以一定要赔偿。司机穿上雨衣一连问了好几家，都说不是他们的。这时，陪同的半导体器件所领导胡荣堂赶忙说：“成司令，别找了，雨这么大，我们还是先赶路吧，等过后由我们所里负责赔偿老乡。”

成副司令员摇摇头说：“不行，鸡是我的车压死的，哪能由你们赔？”司机见成副司令员不肯，只好提着鸡继续四处寻找。在距离吉普车300多米远的一农户家，一位80多岁的老大娘认出是她家的鸡。司机赶快跑了回来，报告了成副司令员。成副司令员从口袋里掏出5元钱，让战士给老大娘送去。

在那个年代，对于一位80多岁的农村老人来说，5元钱不是一个小数目。有村民对大娘说：“您不该收司令员的钱。”还认为她觉悟低、贪财。老大娘很委屈地辩解道：“当时俺也不知道是司令员的车压死了俺家的鸡，再说这钱是那个小战士硬塞给俺的，怎么能怨俺呢？”老大娘攥着这5元钱，久久不能平静。事后，成副司令员赔鸡钱的事在当地被传为一段佳话。

卫星“报喜”

1975年11月26日，中国第一颗返回式遥感卫星在酒泉卫星发射中心顺利发射升空，准确进入预定轨道，卫星在太空飞行47圈后，安全返回祖国大地，中国成为世界上第三个掌握卫星回收技术的国家。

在这颗卫星上，使用了山东半导体厂三车间生产的高频反压晶体管。1976年春的一天，山东省国防工办打来报喜电话，告知这一喜讯。紧接着，国防科工委发来贺信，表彰奖励该厂。在此之前，半导体厂从上到下，谁也不知道干了这么一件惊天动地的事情。

由于是军工产品，出于保密需要，半导体厂不允许公开宣传。最初，先是厂党委书记胡荣堂召开连长（车间主任）会议传达这一喜讯。然后由连长（车间主任）传达到车间职工。由于不许搞放鞭炮等庆祝活动，喜讯后来才陆续在全厂职工和家属中传开。半导体厂为表彰三车间作出的突出贡献，为三车间颁发了奖状。

一张奖状，使三车间的全体职工兴奋不已。尽管厂里要求不让搞庆祝活动，但他们三五人为一伙，或在自己家里，或在集体宿舍中好好地热闹了一番。

自己研制的产品能够用在遨游太空的卫星上，让每一个参与其中的干部职工一生都深感自豪。山东半导体厂生产的晶体管被应用在卫星上的事传开后，该厂产品曾一度供不应求。

火箭惊雷

1980年5月18日，对每一个中国人来说，都是一个值得扬眉吐气、欢欣鼓舞的日子。这一天，我国首次向太平洋预定海域发射远程运载火箭，在高空顺利完成火箭级间分离、发动机关机和火箭头体分离等一系列程序，精确地沿着预定轨道飞完全程，最后在预定区域准确入海，发射取得圆满成功。这是我国在尖端科学技术领域取得的又一重大成就。我国也成为世界上第三个拥有远程运载火箭的国家，标志着我国拥有了第一代洲际战略导弹。

远程运载火箭的制造与发射，需要成千上万的部件，需要成百上千的部门协作完成。1977年初春，山东半导体厂到河南安阳签订了3DG3和CG35型号晶体管的火箭配套部件供应合同。合同签订后，半导体厂立即组织精兵强将，进行相关晶体管的研制生产。

1980年5月18日，我国自行研制、装有山东半导体厂晶体管的远程运载火箭从酒泉卫星发射中心点火升空。火箭划破云天碧海，直刺浩瀚的南太平洋，准确击中9500公里之外的目标。与此同时，在南太平洋预定海域，以“远望”号测量船为主的18艘舰船组成的大型特混船队展开了紧张的作业，圆满完成了远程运载火箭的落区测量和数据仓体打捞任务，实现我国航天测控网从陆地延伸到海洋的跨越。

火箭回收后，多数器件都已损坏，但山东半导体厂生产的晶体管仍完好无损，仍能正常工作，产品质量非常过硬。

5月21日，中共中央、国务院、中央军委发出贺电，热烈祝贺向太平洋海域发射运载火箭成功的巨大胜利，并指出：“这次实验，标志着我国运载火箭技术达到了新的水平。”

贺电传到山东半导体厂后，全厂上下一片欢腾，人们从工厂即将停产、搬迁的阴霾中走了出来，隆重庆祝这一光荣而自豪的时刻。尽管山东半导体厂走过了十年的艰辛路，但卫星和火箭两项大国重器都用过它的产品，实属难得！在共和国奋进的里程碑上，将会永远镌刻下它的名字。

对比分析显差距

从1970年6月大队人马进驻杨庄、小张庄、月庄，到1980年11月全面停产，山东半导体厂在沂源历经10年时间。其间，国家花费大量资金，半导体厂广大干部职工和技术人员也付出了无数心血，但企业除1976年和1977年两年盈利外，其余都在亏损。

究其原因有以下几点：一是生产管理粗放。由于各生产车间没有建立一套完整的生产责任制，每个管型的生产都没有一册完整的工艺文件。生产仅凭工人自己确定工艺条件，自行操作，出了问题也不追究生产者的责任，只是车间干部和技术人员到现场分析一下原因，接下来继续干。二是生产场所达不到清洁要求。工厂的生产车间楼都是用石头建造的，没有进行密封处理。生产环境的清洁程度很差，根本无法保证生产环境要求，影响了产品质量。三是全厂很多职工不安心在山沟里工作，都想调到大城市或一个生活、工作环境更好的地方去。

由于以上问题，山东半导体厂的生产水平与当时上海、北京、济南等地半导体厂家的差距逐渐拉大。二车间生产的高频小功率晶体管，从投片到出管成品率最好时才达到10%，而当时上海的半导体厂生产的同类晶体管成品率是30%左右，国际上已达到90%以上。

1979年，国务院四机部组织了一次全国性的国内半导体生产工业水平与国际先进水平实物对比分析活动。山东半导体厂受省电子工业局委派参加了分析活动。解剖从日本进口的电视机用C1070高频小功率晶体管和国内生产的晶体管，从中对比分析出其中的差距，取出小米粒大的管芯在显微镜下观看其表面情况，结果表明，日本已广泛使用离子注入的PN结生成技术，清澈的光刻线条，整齐的管芯边沿，令在场的所有人员深感汗颜。从1970—1979年的10年间，中国的半导体工业与日本拉开了巨大差距，大家在吃惊的同时又十分伤心。

分析小组最终的结论是目前中国的半导体生产技术已落后日本10~15年，这种落后也标志着中国电子生产设备技术，在属于原子物理范畴的粒子加速和注入技术、激光实用技术、机械制造，特别是高精密机械设备和仪器的制造技术、冶金工业技术、化学工业的提纯技术等科技领域已全方位落后。

光刻、蒸发工序

光刻工序在两间房子里进行，一间明亮，一间黑暗。黑暗房间里的灯光是红色的，有空调、除湿机、光刻机、烧杯、干燥塔，窗帘一面红色一面黑色。新员工每天站在旁边看师傅配比试剂，处理片子（单晶硅片，上面有多个管心），对版，曝光，滴胶甩胶，腐蚀脱胶，烘干……每道工序都要仔细记录下来，记在脑海里。在显微镜底下完成操作需要稳、准、快，滴胶甩胶也是一个技术含量较高的工作。学习一段时间后，新员工能够按照所有工艺流程准确熟练掌握后，才能独立完成操作。

蒸发工序房间里有两台蒸发机。黄色的台子上面有一个大玻璃罩，台子上有多个按钮和指示灯。有两个玻璃坛子（干燥塔），里面各泡着好多缠绕好的钨丝和金灿灿的金丝，工人把高纯度的金丝挂在钨丝上。八〇七〇厂搬迁至安丘后，蒸发的材料由金丝变成银，后又换成铝丝。

大事记

1970年

5月　16日，济南军区、山东省革委会党的核心领导小组决定成立山东省半导体器件所筹委会。

6月　3日，山东省国防工办在鲁村公社的杨庄、小张庄、月庄附近成立山东省半导体器件所建设指挥部。

6月　济南军区、省国防工办成立中共山东省半导体器件所建设指挥部临时党委。

7月　完成厂区平面设计和生产楼房设计。8月，基建工程全面开工。

8月　从临沂、烟台、济南、胶州新招收的学员和生建八三厂的工人陆续入厂。

9月　26日，成立山东省半导体器件所临时党委。

9月　30日，生产出第一炉合格的单晶硅产品。工厂召开大会，宣布成立山东省半导体器件所。

11月　29日，试制出工厂的主导产品，超高频低噪声CG35硅平面半导体晶体三极管48支。

12月　完成基建工程，总建筑面积15132平方米。

1971年

3月　建成一连、二连、三连、四连4个生产连队。

4月　17日，山东省半导体器件所改为山东半导体研究所。

5月　制成超高频低噪声CG30晶体管2支、高反压高频小功率3DG3晶体管10支。

6月　10日，山东省国防工办批准山东半导体研究所《建厂设计任务书》。

10月　建立检验连。

12月　建立四连。

12月　半导体研究所科研楼竣工，建筑面积3000平方米。

1972年

1月　5—7日，召开第一届党员大会，选举产生中共山东半导体研究所委员会。

1月　13日，成立中共山东半导体研究所革命委员会。杨玉华代理书记，李殿任副书记。

3月　成立山东半导体研究所革命委员会，委员会由15人组成。杨玉华任主任，李殿、魏志俊任副主任。

5月　四机部副部长齐一丁到厂视察指导工作。

6月　试制成功平面低频大功率晶体管。

8月　进行机构改革，机关设10个科室，基层设7个车间。

11月　制氧机试车投产。

12月　国务院第四机械工业部（后来的电子工业部）第十设计院给工厂下达年产各类晶体管90万支、集成电路10万块的生产计划。

年底　厂党委书记陈寿贤调回部队，杨玉华接任。

1973年

2月　厂邮政信箱号码由济南第（2）37号邮政信箱改为山东省沂源县第12号邮政信箱。

8月　魏志俊任山东半导体研究所革委会主任，胡荣堂任中共山东半导体研究所委员会副书记、革委会副主任，军代表杨玉华调回部队。

1974年

1月　试制出口香港的TF晶体管。

3月　28日，工厂给山东省电子工业局提请报告，将山东半导体研究所更名为山东半导体厂。

4月　8日，山东半导体研究所改为山东半导体厂。

11月　制成3DD15晶体管50支。

是年　由二车间试制的TF型硅平面晶体三

极管正式出口香港。山东半导体研究所由省国防工办管理，改为省电子工业局下属的普通县团级国营企业。

1975年

9月　厂党委书记李殿调任电子工业部济南403仓库党委书记。

11月　我国发射的第一颗返回式人造地球卫星，使用了该厂生产的高频反压晶体管。

1976年

3月　制成2G210和2G211高频小功率晶体管。

4月　王兆斌任中共山东半导体厂党委书记。

7月　21日，厂办“七·二一”工人大学开学。

7月　三车间被山东省电子工业局授予“工业学大庆先进集体”称号，并出席全省工业学大庆先进代表表彰大会。

是年　中国发射的第一颗返回式人造卫星使用了八〇七〇厂的3DG晶体管，国防科工委来信表扬和祝贺。

1977年

5月　王兆斌和柳耀谦代表山东半导体厂出席全国工业学大庆先进代表大会。

10月　山东半导体厂生产的晶体管使用“双环”商标注册登记。

11月　宋成修、罗蒲生出席四机部召开的全国电子工业学大庆大会。

1978年

3月　宋成修、张敬亭任山东半导体厂副厂长。

11月　戴照锡任八〇七〇厂党委书记，王兆斌调往济南。白腾雨任山东半导体厂厂长，魏志俊调往济南。

1980年

5月　18日，我国向太平洋预定海域成功发射的第一枚远程运载火箭上使用了该厂生产的晶体管。21日，中共中央、国务院、中央军委专门为山东半导体厂发来贺电。

10月　山东省电子工业局批准工厂全部停产，等待搬迁。

1982年

1月　31日，山东省政府发文批准山东半导体厂搬迁至潍坊地区安丘县，与该县的两个工厂合并，成立山东半导体总厂。

2月　安丘县经委主任刘德士担任山东半导体总厂党委书记，安丘县工业局局长高耀华担任厂长。

12月　山东省经委召开八〇七〇厂搬迁协调会议，省经委副主任王怀君主持。

1988年

10月　被山东省人民政府授予省级先进企业，被机电部授予商情信息先进单位。

1989年

9月　晋升为国家二级企业。

1990年

8月　被机电部授予国家节能二级企业、省质量管理奖等荣誉称号。

12月　被山东省经委、省质协授予山东省质量管理奖。

1991年

1月　被山东省电子工业局评为明星企业，被中国企业管理协会评为产值物耗率最佳企业。

2月　被国家档案局授予国家二级档案管理企业荣誉称号。

5月　被山东省工商局授予重合同守信用单位。

1998年

3月　23日，山东半导体总厂与潍坊华光集团合资，成为其下属公司。

2002年

7月　山东半导体总厂因经营困难，停产倒闭。

六一八战备电台

记忆沂源·小三线建设卷

扫码听书

概　况

六一八战备电台位于沂源县鲁村镇峨峪村北山中。距县城20公里，离青兰高速鲁村出口3公里，西距省城济南120公里。占地面积265亩，建筑面积2820平方米，海拔400米。1966年8月由济南军区司令员杨得志亲自选址、山东人民广播电台兴建的战备电台，历时8年建成，是迄今为止华东地区保存最大、最完整的一处小三线时期建设的战备电台旧址。

2003—2006年，淄博市广播电视总台（局）对战备坑道内外进行复原整修，建设成为国家AAA级旅游景区、山东省党史教育基地、山东省国防教育基地、山东省红色研学教育基地、淄博市爱国主义教育基地等。

历史沿革

1961年上半年，山东人民广播电台把中心机房、发射台、电视试验台、广播干扰台、收测台等各台由实名改为代号。1966年8月建台时，取名“六一八战备电台”，军工代号618。1972年6月，隶属山东广播事业局。1985年，六一八战备电台不再承担战备任务，改称六一八电台；11月，山东省广播电视厅将六一八电台移交临沂地区广播电视处。1990年1月，沂源县划归淄博市，六一八电台属淄博市广播电视局。1999年5月，由沂源县人民政府代管，县政府委托县广播电视局实施管理。2002年，由山东省广播电视局和淄博市广播电视局共管，为公益二类事业单位。

2003—2006年，淄博市广播电视总台（局）对战备坑道内外进行复原整修，重新对外开放。尘封了40年的战备电台向世人揭开了神秘的面纱。

基本建设

建台背景

20世纪60年代，新中国面临内忧外患的危险境地。内部国民党妄图反攻大陆，特务活动猖獗；外部，美国对越南北方的侵略战争逐步扩大，周边形势日趋紧张。在这样的形势下，战争一触即发，备战成为重中之重。面对紧张复杂的国际政治局势，毛泽东同志发出“要准备打仗”“备战备荒为人民”“深挖洞，广积粮，不称霸”的口号。毛泽东同志还对广播战线发出指示：“努力办好广播，为全中国人民和全世界人民服务”“不论在什么情况下，一定要让全世界人民听到我们的声音”。为此，经过多方考察选址后，山东人民广播电台最终确定在沂源县峨峪村筹备一处战备电台。因为这里地处沂蒙山腹地，群山环绕相对隐蔽，同时海拔高无线信号覆盖面广，花岗岩山体可以有效抵御炸弹冲击。

开放后的南洞口入口处（2017年）

建台初期

坑道建设　1966年8月20日，解放军工程兵某部悄然进驻沂源县鲁村镇峨峪村北岭渣石山，开始挖掘工作。因山体结构是花岗岩，无形中给挖掘工作带来更大的难度。

当时的建设是在绝密的状态下进行的，参与施工的工程兵各个连队拿到的都是分解后的施工图，没有人知道完整的施工布局。广大官兵在不知实情的情况下依然全心投入到艰苦的施工中。

按照施工要求，工程兵先将整个实体花岗岩的山体打通，之后为了广播设备能正常安装使用，又在洞壁浇筑水泥形成被覆层。所谓被覆就是在刚刚打完的坑道里形成一个拱形的安全支撑，为广播电视设备进入阵地创造良好的环境，这也是战备坑道施工的最后一道工序。官兵们在狭小的空间内作业，对体能和技能都是一个极大的考验。由于空间狭小，他们大多数时候只能爬进施工现场，并且被覆层的施工从打第一车水泥浆开始，必须在这一个作业面把全部混凝土连续性浇筑完才能停，其间不能中断。作业面混凝土在固化的过程中产生的热量很大，温度能超过50℃，一般人难以承受。和拱顶作业面相比，侧墙捣固施工难度更大，质量标准要求也更高。整个作业面十分狭窄，到处都是裸露在外的钢筋和铁丝。为不影响整体作业进度，连队专门挑选一批身手灵活的党员作为突击队员进行侧墙混凝土捣固。历时3年多的时间，东西走向总长度350米的坑道一期工程顺利竣工。

1972—1974年，完成二期南北走向工程。总长200米，洞中水平面比一期工程下沉了10余米，山洞的被覆层在70米以上才能有效防止原子弹爆炸。因为南北向山体厚度不够，所以下落了高度，于是山洞的东西向洞和南北向洞就在洞内交会。

坑道一期工程下沉后与二期工程交会处（2023年）

坑道布局 电台分布在山中坑道内。坑道全长550米、宽5.5米、高5.0米。坑道走廊两边建有大小房屋70间，可同时容纳百人。坑道第二个拐弯处的一个弧形厚重复合材料门扇，可以防核爆炸冲击波，再往里是一条笔直的水泥发碹的拱形坑道。坑道拱洞的中间是1.5米左右宽的走廊，两侧则被水泥墙壁间隔成大小不一、功能各异的生活、工作房间，有警卫室、作战室、会议室、食堂、洗漱间、播音室等。

在坑道尽头沿阶而上，是一条横向坑道，两条坑道一高一低，总体呈“T”形排列。横向坑道洞内主要是电视发射装置以及柴油发电机、鼓风机、直流电瓶室、空气净化等大型设备，还有台长室、职工宿舍、洗浴室、维修用的车床和水池等。走廊墙壁上镶嵌的木床放下可以休息，收起不耽误走路。电视录播用的设备是老式暖水瓶一般粗细的大型电子管，坑道出口处也是厚重的防冲击波的门扇。

东洞口一期工程完成（1968年）

坑道内隐藏着整个电台的所有设备，以及人员办公区域和生活设施，广播电台功能一应俱全。战时关闭坑道内厚重的大门，就是一个能防核武器的、功能完备的、持续播送人民心声的广播电视台。

后期发展

151米天线拉线塔（1999年）

1968年，建拉线塔1座，高151米，为918kHz与1143kHz双频共塔。2006年，建拉线塔1座，高76米，为756kHz与1557kHz双频共塔。2座拉线塔共占地40亩，周边建有约2米高的围墙，与峨峪村接壤，围墙外是土坡。

1974年，六一八电台坑道内建成发射机房、柴油发电机房、柴油储备库、洞内水库，六一八电台建台是作为省台战备台设计，与济南六一二电台作为镜像台站。转播山东省人民广播电台节目，主机电子管50kW，备机电子管10kW，频率594kHz。1991年，改频率为918kHz。发射机由10kV高压专线供电，自备发电机组放置在西坑道区，远离发射设备区域，以减少柴油发电机噪声及燃烧不充分产生的有害气体。

高压配电控制设备安装在东坑道区靠近发射机，方便操作。信号源使用坑道山顶的微波天线和西坑道调频接收设备，接收泰山616台信号，通过发射机进行功率放大经过馈线传输至151米天线进行发射转播。

六一八电台作为省战备台，发射机功率为50kW，是全省4处大功率台站之一（省台612、618台、莱阳台、潍坊台），其他功率多为10kW或1kW。

1974年，200余米的电视中心山洞建成，计划依次进行内部装修。把洞内各个小山洞确定为演播室、导播室、电视电影室、字幕间、电影胶片洗印间、剪辑配音合成间等。

战备台为了适应战时之需，必须起到“三防”的作用。所谓三防，是指对核武器、化学武器、生物武器的防护。一旦发生战争，即便是核战争，要求战备电台依然可以发挥正常的作用。洞内建筑适应战时要求，设计有抗击原子弹冲击波的防护门、自动关闭进风闸、抗冲击消波室、喷淋滤毒滤尘室和可进行内外循环的通风系统等。进坑道要拐一个弯，这个弯是为了减缓炸弹爆炸后的强大冲击力；坑道内装有三道弧形拱门，厚30厘米，用来防核冲击波，由钢筋水泥制成，门上安装有自动装置，需输入密码才能进入。

防核冲击波防护门（2020年）

进入大门后，有消波洞是用来放鹅卵石的。当冲击波进来后，经过消波室1米多高的鹅卵石多方向反射，减弱冲击波的力量，不至于构成威胁。如果敌方在外面放毒气，也设置了专门的防毒气设施。大门落锁后，洞口完全密封，毒气进不来。在通风口处，设置一道关卡，毒气进来，先经过鹅卵石的过滤，然后经过化学物理过滤，再经过水的喷淋、沙网过滤……经过层层的过滤后，再厉害的毒气也能

缓冲炸弹冲击波的消波洞（2008年）

化解。因为洞内设备都是精密仪器，对外部环境的要求很严格，所以设置专门的通风系统后，洞里的空气四季恒温，保证机器的使用寿命，保障播出的质量。

即使发生战争，洞中大小5个水库的水也够山洞的人们生活饮用。这些水都是天然的矿泉水，水中含有多种对人体有益的微量元素。因为洞内温度恒定，就像放在一个天然的大冰箱里，水库的水就不会变质。在保证自建柴油库燃料供应的前提下，洞内一直使用这几个水库的水。

地下水库（2001年）

电台播音室内安装木地板，木地板下安装弹簧，人踩上去感觉地板都有弹性，周围都是特殊材料制成的吸音板，即使外面有敌机轰炸，播音员在里面播音也不受影响，没有回音，音质好。播音室的木地板依然完好无损。

1999年6月，改造、修建机房1座，面积528平方米。2001—2005年，先后投资250余万元，新建机房办公楼1座，播出设备由原来的电子管全部更新为全固态机。

2005年，中央实施“村村通”工程，为使沂蒙老区的人民早日看上电视，听上广播，尽快脱贫致富，淄博广电总台（局）党委接管六一八电台，并拨专款修草埠村到六一八电台的公路。

经营管理

中波转播台

1994年，坑道内电子管发射机搬出坑道，到院内平房机房继续安全播出。1999年，六一八电台正式转播淄博人民广播电台新闻频道，功率为10kW，频率为1143kHz，自此沂源周边群众能听到淄博电台节目。

六一八电台发射机最早是电子管乙类板帘调制，此时的发射机采用分立元件电子管及附属设备构成，整机效率低，只有40%左右，能耗高。随着时代进步，为了降低耗能，在科研人员的努力下将板帘同调发射改为PSM发射机。运营几年后，随着新技术半导体的发展，生产出性能更加先进的PDM发射机，该发射机采用合成元件工艺，使发射机整机效率提高到70%左右，降低耗能。2021年，六一八电台逐步将所有发射机全部更换为技术更加先进的DAM发射机，效率提高到85%左右。

2023年，在山东省传输保障中心协调下，六一八台、六一二台、六一六台解决同频干扰问题，使服务区听众收听质量大幅度提高。

带有吸音材料的电台播音室（2008年）

发射机房一角（2024年）

六一八电台发射机设备逐年更新换代，转播节目也相应增加。截至2024年，六一八电台使用2座发射天线（151米、76米）转播三套节目：山东广播电视台综合广播，主备机为50kW；中央人民广播电台中国之声，主备机为10kW；淄博广播电视台综合广播，主备机为10kW。所有发射机均是数字调制，发射效率由电子管发射机的40%提升到85%。

2024年，六一八电台成为全省第一个实现“有人留守、无人值班”的试点台站。

红色教育基地

2003—2006年，淄博市广播电视台在六一八电台旧址投资1000余万元，对原坑道内外设施进行整修复原；建成六一八电台红色教育基地和淄博广电旅游度假村。2006年对外开放，截至2023年累计接待游客约60万人次。

六一八战备电台旧址（2024年）

坑道内开放展室有40余间，其中布展启用的有战时指挥所、电视演播室、电台操作室、电台展室、收音机展室、电视机展室等37间展室，陈列图片240余幅，陈列实物资料570余件。

第一个主题陈列室，展出20世纪60—80年代的电视机，包括上级拨给六一八电台的青岛牌电视机，这是当时沂源县第一台电视机。收音机展室内展出20世纪60—80年代的红灯、上海、红星、熊猫、凯歌等品牌收音机。

沂源县第一台青岛牌电视机（1972年）

电台陈列室左侧是一橱窗，展示《英雄儿女》中王成的剧照和一台同一型号的“七一”型报话机。“七一”型报话机是中国20世纪50年代生产的短波电台，重16公斤。因时代太久远，当年销毁报废制度太严格，“七一”型报话机已经成为收藏中的精品。另外，电台展览室内还展出多个型号的战场移动电台，如20世纪80年代的“硅两瓦”等。电台展室隔壁设有电台操作室，游客可进行电台模拟操作，从体验当年“永不消逝的电波”中感受不可遗忘的红色记忆。

战时指挥所（2007年）

永不消逝的电台（2022年）

坑道内设有电视演播室，室内摄像机、导播等设备齐全，四周墙壁铺设20世纪70—80年代最先进的吸音材料。电视演播室的作用主要是在战争爆发后，一旦敌人对山东境内的电视台、电台实施破坏，六一八电台的电视演播室就会立刻投入使用，以确保控制战时舆论主导权。

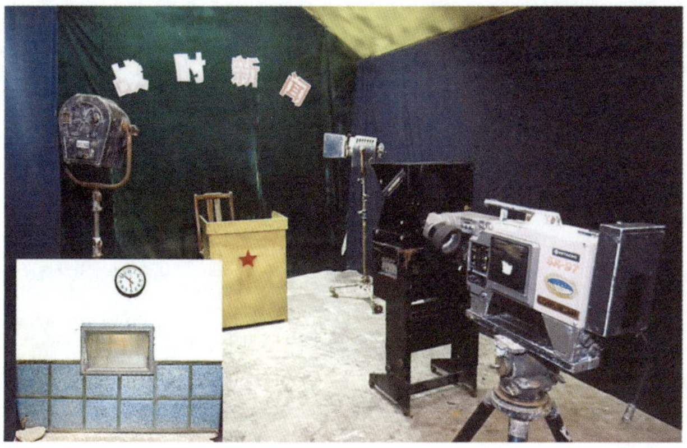

带有吸音板材料的电视演播室（2008年）

以此为依托，同时建设一处集餐饮、住宿、会议为一体的接待中心。有可容纳80人的会议室和容纳20人的接待室各一处，两栋公寓楼共25套房间，老营房3个独立小院、6个房间，餐厅楼可同时容纳180人就餐。

2010年始，六一八电台抓住机遇求发展，在搞好安全播出的同时，利用独特的红色资源优势，发展旅游产业，传承红色基因。

2022年，对六一八电台通道进行整修复原，重新设计布展，丰富更新展品，增设“山东广电系统艰苦奋斗史展厅”，提升展陈管理水平，成立山东广播电视系统红色教育基地。同时，与淄博三院、山东技师学院、山东商业技术学院马克思主义学院等单位建立党员共建关系，与多个高校合作建立六一八电台大学生思政教育基地，形成集党性教育、国防教育、旅游体验和大、中、小学生研学、教育等功能为一体的综合性军事文化体验基地。

2023年，六一八战备电台最新推出电影党史课《光影铸魂》，通过影视作品＋PPT＋主讲人讲述的形式贯穿百年党史，从新民主主义革命时期、社会主义革命和建设时期、改革开放和社会主义现代化建设新时期、中国特色社会主义新时代四个阶段讲述。通过光和影的交织让广大党员干部群众进一步读懂党的百年历史。

小学生接受爱国主义教育（2018年）

电影党史课《光影铸魂》（2024年）

组织建设

1972年8月，成立六一八战备电台党支部，由张廷杰、韩西录、刘志三、刘其祥、黄启霖组成支部委员会。张廷杰任党支部书记。

2021年7月，张波、苗永伦、孙树业、段超荣、江玉礼、郑玉贵、刘启祥获颁“光荣在党50年”纪念章。

截至2024年，六一八电台党支部有在职党员12人，离退休党员9人。

六一八电台行政历任主要负责人

机构名称	姓名	职务	任职时间	备注
六一八战备电台（1966.01—1985.11）	刘同堂	组长	1966.01—1972.07	
	张廷杰	组长	1972.07—1979.06	
	柳玉堂	组长	1979.06—1984.04	
	魏传芹	台长	1984.04—1985.11	
六一八电台（1985.12—）	傅云才	副台长（主持工作）	1985.12—1986.02	
	张　波	党支部书记（主持工作）	1986.07—1986.10	
	冯秀兰	台长	1986.10—1989.12	
	张　波	台长	1992.07—1999.05	
	刘伟东	台长	1999.05—2003.10	
	刘东卿	台长	2003.10—2006.08	
	白道海	副台长（主持工作）	2006.08—2007.11	
	白道海	台长	2007.11—2022.12	
	刘　刚	党支部书记（主持工作）	2022.12—2023.11	
	黄　晋	党支部书记（主持工作）	2023.11—	

六一八（战备）电台党组织历任主要负责人

机构名称	姓名	职务	任职时间	备注
六一八战备电台（1966.01—1985.11）	韩西录	整党建党领导小组成员	1971.06—1972.08	
	张廷杰	党支部书记	1972.08—1976.05	
	柳玉堂	党支部书记	1980.08—1984.04	
	冯秀兰	党支部书记	1984.04—1985.11	
六一八电台（1985.11—）	冯秀兰	党支部书记	1985.11—1986.07	
	张　波	党支部书记	1986.07—2003.10	
	刘东卿	党支部书记	2003.10—2008.11	
	白道海	党支部书记	2011.11—2022.12	
	刘　刚	党支部书记	2022.12—2023.11	
	黄　晋	党支部书记	2023.11—	

红色记忆

一片荒山、一支部队、一个坑道

20世纪60年代前，沂源县鲁村镇峨峪村北山，群山环绕，山高树密，荒无人烟。坑道施工条件异常艰苦，吃饭睡觉都是问题，部队官兵和泥巴，制成土坯垒成墙，上面再搭上草席，建成简陋的棚子用来住宿。如果遇上阴天下雨，外面下大雨，草席子里下小雨。

因当时的施工是在绝密状态下进行，连队拿到的都是分解后的施工图。施工工具都很简陋，整个的施工工程不能有大的爆破，所以整个施工过程基本靠人工开挖。要将一座花岗岩结构的大山掏空，

工程兵某部开挖电台坑道（1966年）

坑道内的发射机房（2007年）

还得保证施工进度和工程质量，这基本上是不可能完成的任务。

他们在开凿的过程中，遇到一块巨大的花岗岩石，单靠人工凿是很困难的，一人一铁钳，一人一铁锤，一点一点地凿，一天只打十几米，严重影响工程进度。战士们商议后，决定用炸药炸，炸药量要比平时用得多，可能会存在危险。爆破安全完成后，周围散落很多的石块。一位战士正在搬运的时候，突然之间有一大块石头向他迎面滚下山来。危急时刻，旁边的几个战士立即跑过去，硬生生地用手挡住了大石头，避免了一场伤亡事故的发生。因为施工条件简陋、难度大，双手经常擦伤。受伤的战士在吃饭的时候，手抖得拿不住筷子。

在当时的艰苦条件下，战士们靠着双手，用3年的时间，秘密地完成了几百米长的坑道施工任务。

夫妻间的秘密

六一八战备电台的第一代工作人员，由山东人民广播电台组织的一批技术骨干和部分解放军复员战士组建而成。20世纪70年代初，选拔人员时，都是在秘密状态下进行。

王爱国是当时广播方面的技术能手，被选中到六一八战备电台进行秘密工作。当时，他只有24岁，而且刚结婚不久。上级要求进入六一八战备电台后，都必须严格保守秘密，不能对任何人提起，包括自己的家人。

王爱国的妻子杨梅也是一位广播工作者，而且也被选中到六一八战备电台工作。但他们都得保守秘密，相互之间谁也不知道。在接到组织上的调令时，王爱国只是跟杨梅说接到一项组织委派的任务，需要外出工作，时间不定。

第二天，王爱国、杨梅两人就在保密的情况下，各自到六一八战备电台报到。工作的第一天，要进入坑道进行安装调试无线发射设备，大家各自忙碌着。突然，王爱国远远地看到坑道的另一头有一个熟悉的影子，但他怎么也不敢相信，她竟是自己的妻子！此时，杨梅也同时发现了王爱国。两人远远地相视着，谁也不敢相信，他们竟是在执行着同一项任务，来到了同一个地方。这或许是组织上给他们的惊喜。从此，他们成了电台中的“夫妻档”，多年共同坚守在这座鲜为人知的大山中。

勇擒特务、永保电台

1971年，在六一八战备电台的技术人员当中有一对年轻的情侣。一天的工作结束之后，两人约好去附近的小树林散步聊天。在散步过程中，突然看见不远处的草丛里有个黑影一闪而过。起初两人以为是狼，男同志掏出火柴刚要点燃，却发现在黑影的地方也有一束微弱的亮光在晃动。他们意识到可能有情况，于是男同志让女友去向领导报告情况，自己在此蹲守。很快，六一八战备电台所有的壮小伙们赶来，一举将那个“黑影”抓获。

后经查实，那是一个台湾特务，在鲁村煤矿伪装成矿工，潜伏已有3年之久。他为了摸清战备电台的位置，昼伏夜出。经过多次潜伏查找，那天晚上终于摸清战备电台的准确位置，正准备发射信号弹的时候，却被电台的工作人员擒获。

午夜哭声

1975年，六一八战备电台已经开始转播山东人民广播电台的信号，山东电台的电波每天通过六一八的设备传遍沂蒙山区。

一天深夜，值班室的电话突然响起，值班员接起电话，只听到电话那头有一个女人抽抽噎噎地哭声，当值班员追问对方是谁的时候，电话却挂断了。

第二天晚上，值班员又接到这个“陌生女人”打来的电话，还是听见哭声之后就挂断。一连三天，都是在午夜时分接到这个诡异的电话，令人毛骨悚然。值班员将这个情况报告给领导，台领导敏感地意识到，这一定有情况！

电台采取措施增加夜间值班人员，加大夜间巡逻力度。果然，巡逻队伍到西洞口柴油库附近的时候，就听见有一种若有若无的奇怪声音。他们断定这不是机器发出的声音。经过搜寻，发现在柴油库的旁边有一个黑匣子。经过专业设备测试后，原来这是一枚定时炸弹！电台领导迅速向上级有关部门汇报，派来爆破专家进行拆除。在定时炸弹的引爆装置被拆除时，距离爆炸的时间已经不足20秒。

“公开”的密信

六一八战备电台建台后，保密工作非常严格，书信是工作人员对外联络唯一的方式，但也是最安全的方式。而在六一八战备电台中，出于保密的需要，家信作为每个人的私密空间，却是需要经过审查的。

“六一八”，对外是不存在的，信件往来的地址，不写具体的地址，只写“沂源县10号信箱”。若是有家人、亲朋好友来信，先由保密员统一取走，由保密员和领导统一审查。所以电台内的收信人拿到信时，信封是开着的。往外寄信也是同样，先不能封口，需经审查后由保密员统一发走。恋爱中的年轻人，信内偶尔有一句甜言蜜语，便会被职工们“取笑”好长一段时间。时间长了，大家相互之间也都没有了秘密。

绝密使命后的再相逢

六一八战备电台建设，是按照国家绝密等级来保密的，所以很多战士到复员也不知道自己是在什么地方施工。

2013年，有一位复员的老战士到六一八战备电台参观，途中有说有笑，跟别的游客没有区别，但来到地下水库时，他突然扑在了栏杆上，泪流满面。景区的解说员和周围的人们很是不解。经过一番劝解，当询问后才得知其中的原委。

原来这位旅客曾是20世纪60年代参军的一名解放军工程兵某部战士，当年修建过一个坑道，但不知在什么地方。时隔40多年后，当他作为旅客来到这个地方，看到坑道内的地下水库时，才发现这正是当年他所施工的地方。

大家以为他离这个地方很远，便问他是哪里人，令所有人都没有想到的是，他就是本县石桥镇的人。此时，大家才知道他为什么激动得哭起来。

他参军到部队后，在解放军工程兵驻济南某部的大院里待了3天，然后就上了一辆解放卡车。走的时候是晚上，卡车厢周边的篷布都放下来了，在山里转了一个晚上。第二天早上，到底来到了什么地方谁也不知道。直到施工完成离开的时候，也不知道自己的施工地是哪里。干了3年的工程兵，也挖了3年的坑道，但他万万没想到的是，这里竟然距离自己的家有这么近。

大事记

1961年

是年　山东人民广播电台各台由实名改为代号。

1966年

1月　18日，省计委〔66〕计财货王字第5号、财政厅〔66〕财予字第5号文件批准。预算经费70万元，开建六一八工程。

6月　解放军某部14分队进入六一八电台建设工地修路、建房。

6月　六一八工程指挥部同沂源县供电管理所签订施工合同，架设6000kV高压线路。

8月　正式组建六一八战备电台。

8月　坑道掘进开始。

9月　20日，中共中央华东局无线电管理委员会批复六一八工程。

1968年

1月　施工部队轮换，新进场施工的解放军某部继续在东西坑道掘进和被覆作业。

11月　22日，中央广播事业局工程队到六一八工地架设拉线塔1座，塔高151米，该塔为918kHz与1143kHz双频共塔。27日竣工。

1969年

8月　长350米的东西坑道竣工。

1970年

3月　28日，六一八战备电台工地同蛾峪大队拟定征用土地协议书。征用大队可耕地、山地共计42.86亩，非可耕地、荒山坡约100亩。具体范围包括营房住区、南部大院工程、蛾峪大队公路西侧。

6月　9日，沂源县革命委员会生产指挥部批准征用峨峪大队可耕地42.86亩、非耕地100亩。

12月　2日，沂源县革命委员会生产指挥部，批复征用草埠、丁家庄、西官庄可耕地2.85亩，用于工程办公室、修建公路等。

1971年

6月　19日，山东省广播事业局政工组任命韩西录为六一八台整党建党领导小组成员。

1972年

5月　9日，山东省广播事业局党的核心领导小组任命张廷杰为六一八台党的核心领导小组组长。

6月　开始试播山东人民广播电台节目。

8月　26日，山东省广播事业局党的核心领导小组通知，由张廷杰、韩西录、刘志三、刘启祥、黄启霖组成支部委员会，张廷杰任党支部书记。

8月　成立六一八电台第一届党支部。

是年　开始二期南北走向的坑道工程。

1973年

2月　工程兵某部开始对南北坑道实施掘进作业。

1974年

1月　山东省广播事业局拨款85万元，从铜川某厂购进两部50kW中波发射机。

7月　1日，50kW中波发射机正式转播山东人民广播电台播音节目。

1975年

12月　13日，山东省广播事业局党的核心领导小组任命张廷杰、蒋健、刘志三、赵西江、徐谓元等5人组成六一八台战备电台党支部委员会。张廷杰任党支部书记。

1976年

1月　完成收音自动化、抽水自动化、坑道南门自动化3项技术改革。

1977年

9月　22日，机房实现无人值班，在宿舍区可遥测机器30多个工作数据及指示讯号。

1979年

6月　14日，中共山东省广播事业局党组任命柳玉堂为六一八战备电台组长。

11月　30日，购进10kW中波发射机1台，10kW调频发射机调拨给德州台。

1980年

8月　30日，中共山东省广播事业局机关委员会通知，由柳玉堂、赵西江、王英湖、徐刚等4人组成六一八战备电台党支部委员会。柳玉堂任党支部书记。

9月　26日，投资1.9万元，购进1.6吨汽车1辆。

12月　18日，购进北京吉普车1辆。

1982年

7月　9日，征用南麻镇一大队土地4亩，建电视服务部、电视插转台和职工宿舍。

9月　4日，中共山东省广播事业局机关委员会通知由柳玉堂、王英湖、徐刚等3人组成六一八战备电台党支部委员会，柳玉堂任党支部书记。

10月　10日，开始转播山东人民广播电台第一套播音节目。

11月　总投资9万元，在南麻建家属宿舍，平房29间，总面积761平方米。

1984年

4月　山东省广播电视厅党组任命魏传芹为六一八战备电台台长，冯秀兰为副台长。

6月　山东省广播电视厅机关党委批准，六一八战备电台党支部由冯秀兰、徐刚、王英湖3位同志组成，冯秀兰任党支部书记。

1985年

11月　接省政府文件，六一八战备电台由山东省广播电视厅移交临沂地区广播电视处管理，移交后的六一八战备电台由付云才同志负责主持工作。

是年　六一八战备电台不再承担战备任务，改名为六一八电台。

1986年

7月　投资21.5万元，建南麻宿舍楼、办公楼、服务部，总建筑面积1380平方米。

7月　张波任六一八电台党支部书记，主持工作。

10月　冯秀兰任六一八电台台长。

1990年

1月　电台移交淄博市广播电视局管理。

1992年

7月　张波任六一八电台台长。

1994年

4月　10kW电子管发射机搬出坑道，到六一八院内平房机房继续安全播出。

1999年

5月　21日，六一八电台由沂源县人民政府代管，县广电局管理。

5月　刘伟东任六一八电台台长，张波任党支部书记。

10月　正式转播淄博人民广播电台新闻频道，功率为10kW，频率为1143kHz。

2001年

3月　开挖六一八电台院内生活饮水井。

7月　与县广电局分离，各自办公，由市广电局管理。

7月　刘东卿任副台长并主持工作。

是年　先后投资250余万元，新建机房办公楼，播出设备也由原来的电子管全部更新为全固态机。

2002年

是年　实行由山东省广播电视局和淄博市广播电视局具体管理的体制。管理模式为省市共管，公益二类事业单位。

2003年

4月　刘东卿任六一八电台党支部书记。

5月　投资10万元，与峨峪村共建草埠至峨峪村公路。

是年　投资1000余万元，建成红色教育基地。

是年　淄博市广播电视局投资对六一八电台坑道整修复原。

2004年

8月　淄博广电旅游度假村开始建设。

2005年

5月　机房从平房搬至新机房楼。

11月　维护151米天线拉线塔。

是年　实施中央“村村通”工程，淄博广电总台（局）拨专款修草埠村到六一八电台的公路。

2006年

6月　被评为国家AAA级旅游景区。

9月　坑道对外开放，售票处正式售票。

9月　白道海任六一八电台副台长并主持工作。

9月　10kW电子管发射机搬至坑道展览。

10月　16日，建拉线塔一座，高76米，为756kHz与1557kHz双频共塔。

是年　度假村景区、机房全部完工。

2007年

5月　18日，25kW TSD-25型全固态数字调制中波发射机918kHz安装验收。

11月　白道海任六一八电台台长。

2009年

4月　9日，PDM1kW GZ-G1K中波广播发射机756kHz安装验收。

4月　14日，D10kWE-Ⅱ循环调制数字中波广播发射机756kHz安装验收。

4月　中央台1kW发射机安装调试，频率为756kHz。

2010年

1月　被评为山东省国防教育基地。

7月　对151米、76米天线拉线塔进行维护。

2011年

11月　白道海任六一八台台长兼书记。

2014年

3月　17日，被评为淄博市文物保护单位。

2017年

8月，购买200kW柴油发电机组。

2018年

1月　被评为山东省党史学习教育基地。

8月　北京崇信众城公司到六一八电台安装自动化设备。

10月　六一八电台景区被命名为沂源县地名文化遗产。

2019年

6月　新建高压备用电路。

6月　机房安装新配电柜。

2020年

1月　28日，将淄博广电旅游度假村移交给沂源县疫情防控指挥部。

1月　30日，沂源县疫情防控指挥部下发给淄博广电旅游度假村征用函。

4月　10kW发射机安装使用。

7月　安装10kW中央台备机，频率756kHz。

2021年

6月　被评为山东省红色研学教育基地。

6月　更换10kW新发射机用于1557kHz实验台。

6月　购买2台发射机：50kW发射机作为主机，10kW发射机作为备机。

2022年

1月　被评为山东省文物保护单位。

5月　疫情防控指挥部撤离。

5月　淄博市广播电视台成立专班，对坑道进行提升改造。

是年　六一八电台正式挂牌成为山东广播电视系统红色教育基地。

2023年

1月　刘刚调至六一八电台主持工作。

9月　1143kHz发射机和918kHz双频网络改造。

11月　黄晋调至六一八电台主持工作。

是年　六一八电台最新推出电影党史课《光影铸魂》。

2024年

6月　六一八电台党支部被中共淄博市委市直机关工作委员会表彰为市直机关先进基层党组织。

是年　六一八电台成为全省第一个实现“有人留守、无人值班”的试点台站。

附　录

以苦作乐、奉献青春

六一八战备电台因为当时特殊的使命，复杂的环境，保密是电台第一代工作者必须遵守的纪律，所以当时进入到六一八战备电台工作的每一位工作者都必须与外界切断联系，工作、生活都在这片深山之中。那是一段艰苦枯燥并且充满危险的日子，老前辈们靠坚强的毅力一直坚持下来。

六一八电台工作的老苗同志说起当年的情景，依然很激动、很自豪，更没有感觉到那是一段痛苦的岁月。老苗同志坚定地说：如果再选择一次，只要组织需要，他还会到六一八战备电台工作，而且会将组织交给的任务完成得更漂亮。

他们刚到六一八战备电台基地工作的时候，眼前是一片荒山野岭，没有人烟，好在之前的工程兵部队在院子里建了几间小房子可以住，值班时住在战备坑道里。在坑道内工作非常艰苦，坑道内常年温度18℃左右，里面没有阳光，十分阴冷潮湿，坑道内值班的女同志身上穿五六层衣服，防止长时间在阴冷潮湿的环境下关节疼。战备电台坑道内噪声也很大，柴油发电机需要3台同时运转，加上广播发射设备的声音大，平时同志们对话基本上要靠喊，一天下来嗓子都哑了。吃饭更是困难，组织上派发的粮食都是固定的，当时除了工作以外，必须加强体能训练，男同志的食量比较大，经常会吃不饱饭，粮食不够吃，大家就省着吃。在空闲时间同志们到山上挖野菜、拾蘑菇、打野兔等，用打来的动物皮毛做成毛皮裤子、坎肩、棉袄等，大家在坑道内工作的时候就可以穿；缺了劳动工具，便自己动手研制……值班的时候工作人员就住在战备坑道内，一待就是15天。就是在这样艰苦的生活下，老一辈工作者依旧是积极生活、认真工作。对他们来说，守护坑道不仅仅是责任，更是使命。

当时的老一辈工作者有很多才华横溢的人，他们会唱歌、跳舞、吹口琴、变魔术，为了丰富大家的业余生活，会经常联合峨峪村村民共同举办一些娱乐晚会。

丰富多彩的业余生活（1972年）

因为举办娱乐晚会的缘故，峨峪村小学的王老师与六一八电台工作人员刘启祥一见钟情，确定了恋爱关系，后来组建了家庭。

六一八战备电台的老一辈工作者一直在这里坚守着自己的工作岗位，默默奉献着，很多人都是从年轻一直干到退休，将自己的青春年华都无私奉献在六一八战备电台。春去秋来，老一辈工作者们用赤诚的爱国之心，在平凡的岗位上坚守，将最美的青春年华献给广播事业，书写了一段平凡又非凡的人生。

（苗永伦提供资料）

两代人的六一八之缘

两代人甚至三代人的六一八之缘有很多，他们为了守护好六一八战备电台，一代又一代的六一八人自觉传承弘扬六一八战备电台精神，在前进的道路上勇往直前。

故事一　1969年2月，段超荣参加六一八电台招工，临走时他的父亲嘱咐他：“大号（大儿子），你无论到哪里干活，别牵挂家、踏踏实实地干活，实实在在地做人。”他郑重地点点头，因为他知道，父亲没文化，不知道什么是家训，只知道教育好自己的儿子。他带着父亲的嘱咐走进了六一八电台。

刚进六一八电台，执行的任务是——安装无线发射设备。当时每个系统安装任务都很重要，发电机、变压器等坑道设备都很笨重，只能靠肩扛、手提。因为保密的缘故，安装、调试按分解图纸，各自组装。1969年3月12日下午，在安装机器时不小心，一个零部件掉下来，正好砸到段超荣的左脚上，疼得他满地打滚。脚背砸出了一道血口，不一会变得又青又肿，当时没有止血药，同事们用土拉面（地面上的尘土）撒在伤口上，用布包扎起来。休息了一会儿，他试着能站起来，慢慢地和同事们继续干。

当时生活很艰苦，2分钱1份菜，有白菜、萝卜、南瓜之类，饭是地瓜面、玉米面窝窝头；晚上睡在坑道里。虽说生活苦，但心里乐，愿意干。在坑道内组装设备，一干就是40多天，想家也得忍着。

他当时没什么追求，只是把父亲的嘱咐记在心上，干好自己的本职工作。虽说在坑道里工作，离家很远，也很难跟外界打交道。但他热爱这个地方，热爱这个地方的人，和六一八电台结下了不解之缘。他把对六一八电台的热情和父亲的嘱咐传给儿子，让儿子段新庆继续选择在六一八电台工作。段超荣经常叮嘱儿子：“你要拿出我当年的干劲就行。”儿子段新庆现在和父亲一样传承着家训，默默地为六一八电台奉献着一切。

（段新庆提供资料）

故事二　六一八电台，在苗霞小时候的记忆里，是一个神秘的存在。那时她的父亲苗永伦在六一八电台上班，家也安在六一八电台的职工宿舍里（现在的位置已经改建成红色教育基地餐厅1号住宿楼）。在苗霞的记忆里，家是一个有着红瓦的石头房子，房子前后各有一个门，住在半山腰里，视野比较开阔。夏天的时候，把所有的门打开，来自山野的清风带着青草的芬芳，从屋里吹过，既清新又凉爽。为了改善当时的贫困生活，她们家喂养了几只鸡和一只羊。蓝天白云下，芦花鸡、小黄鸡、小黑鸡在自由地奔跑觅食，苗霞则牵着小羊，漫步在长满青草的山野上，羊儿啃食着青草，她随手采摘着五颜六色的野花，累了就枕着野花躺在柔软的草丛里，望着天上流过的云，好不惬意。

父母的日子就没有那么轻松了。那时苗霞的母亲在六一八电台下边的村子里当小学老师，教双重复式班。由于那时乡村教师奇缺，两个年级在一个班里上课。上课时，先给一个年级布置作业，然后再给另一个年级讲课，讲完了课再反过来给另一个年级上课。而且班里还有一个聋哑学生，需要特殊教育，工作非常繁忙辛苦。父亲上班的地方对于苗霞来说是一个神秘的存在。他总是背着一个装满了各种钳子、扳手等五花八门的工具皮包，和他的同事们一起沿着一条山路爬上后山，然后就消失不见了。到吃饭的时候他和他的同事们就一起有说有笑地回来了。有时候正吃着饭，屋外院子里的警铃突然响了，苗霞的父亲立刻把馒头一扔，背上工具包，拼命地往后山跑，她好奇地跟出来看，他的同事们也一样拼命地往后山跑。有时候很快就能回来，有时候整夜都不回来，回来时总是疲惫不堪而且身上很脏。出于孩子的好奇心，总是问父亲，他们去了哪里？干的什么工作？父亲的回答只有两个字：保密。就连家属也不能去他们工作的地方。

有一次他们又拼命往后山跑的时候，苗霞悄悄地跟在后面，到了一个据说是东洞口的地方，他们全部钻进了一个黑乎乎的洞里去，然后大门紧锁，只听到里面传来机器的轰鸣和嘈杂的人声。苗霞进不去，只能扒在门缝里往里看，山洞内一片乌黑，啥也看不见，只能悻悻地回家了。

待苗霞中专毕业的时候，有幸分配到六一八电台工作，和她的父亲成为同事。这时的她才知道六一八电台是在毛泽东同志号召“深挖洞，广积粮，不称霸”的时代建立的一个战备电台，肩负着山东人民广播电台和淄博市人民广播电台的转播任务，维护和值守发射机是他们的工作，高高的发射塔是发射天线。

现在的苗霞和父亲一样，只要院子里警铃响的时候，是值班的工作人员告诉待班的工作人员发射机出了故障，需要紧急维修。她也会毫不犹豫地背起工具包拼命往山洞跑，争分夺秒地检修机器。因为有严格的工作纪律，每年要求极低的停播率。虽然有主机备份，但是为了确保万无一失，哪怕一个机器坏了，都要立刻投入检修，直到修好为止。

苗霞和她的同事们平时的主要工作就是值班，监护发射机的正常运转。有一次她值夜班，天空电闪雷鸣，下起了大雨，狂风卷着暴雨仿佛要把屋顶掀翻，感觉整个屋顶都在抖。突然一道闪电照亮整个夜空，紧接着一个炸雷震耳欲聋，顿时整个机房一片漆黑，苗霞立即判断出是干线上落雷导致配电盘空气开关跳闸，所以停电了。她立刻拿着应急灯冲进雨夜里去送电，配电室离机房还挺远的，外面电闪雷鸣，暴雨如注，雨水瞬间湿透了全身，冻得她直打哆嗦。来到配电室，那时还是使用的老式配电设备，沉重的空气开关怎么也推不上去，试了无数次，用尽全身力气终于把配电空气开关给合了上去，顿时灯火通明，她又立刻返回到机房恢复了发射机的正常工作，那一年她才刚满19岁。在这个漆黑且暴雨如注的夜里，苗霞用她弱小的身躯保障了发射机的平稳运行，她为自己感到骄傲。

后来按照上级的工作安排，机房搬出了山洞，搬到外面平房里。再后来，机房搬到宽敞明亮的新大楼里。发射机也由过去笨重易坏的电子管发射机换成了轻便且可靠性更高的集成模块发射机，机房里也安装了空调，值班条件比过去好了太多。过去用过的山洞机房，也开发成了景点。告别了那些冬天滴水成冰，洗把脸，水也被冻在盆底；夏天，汗流浃背，苍蝇、蚊子一起进攻的值班的日子。还有食堂，不用再自己带饭。不变的是值班纪律越来越严，工作越来越忙。如果发生故障依然是彻夜地抢修，又增加了中央人民广播电台等新的发射频率，发射机越来越多。而且新发射机是数字集成，全新的技术，对值班工作和维修工作提出更高的要求，要求值班员有更高的工作能力和技术能力。

（苗霞提供资料）

“拉稀”密码锁

坑道刚刚建成的时候，门上没有密码装置。工作的时候，要想出入坑道，就必须两个人一起到门口，一人出去之后，另一人需要把门锁上，门外人回来之后重新开启。这样非常的麻烦，浪费时间。某一天晚上，其中一位同志拉肚子，一晚上出去上了7次厕所。他感到非常不好意思，于是就想，如果设计一个装置能从外面把门打开，而且外来人员看到也没有办法进来的装置就好了。

以后的每一天，只要有时间他就思考、琢磨这个事儿。有一次，他在更换设备上的接触器时受到了启发，便火急火燎地找来了10个交流接触器、10个按钮，利用接触器的线圈自锁和互锁，设置了一套密码锁。工作人员要想进入坑道，按正确的顺序按动按钮，自动门便在机械装置的带动下打开。若是密码按动顺序错误，工作区的电铃会被触发，工作人员就知道有外人入侵，便可做出相应的处置。密码装置成功安装，得到领导和职工一致好评，也被同事们戏称为“拉稀”密码锁。

密码锁（2007年）

（宋志国提供资料）

山东东风化肥厂

记忆沂源·小三线建设卷

扫码听书

概 况

山东东风化肥厂坐落在沂源县南麻镇永兴官庄村东侧、田庄水库北岸、小田庄村以西、塔山南麓。1965年1月29日，由山东省人民委员会批准批复山东省重工业厅建设，建厂时期名称为山东沂源化肥厂。1970年2月，更名为山东东风化肥厂。厂区占地总面积403亩，包括厂区、办公区、家属区。职工总人数最多时有775人。主要产品有合成氨、硝酸铵和浓硝酸。

该厂以“在沂蒙山腹地建设‘平战结合、军民结合’的保障型化工厂，和平年代生产民用化工产品，战争年代生产军工产品”为建厂宗旨，生产的“东风牌”产品畅销海内外。东风牌工业硝酸铵、工业硝酸钠获省、部优产品称号。工业硝酸铵广泛应用于全国民用爆破、军工行业；铵梯、铵油炸药为全国大型水利建设工程、化学矿山建设工程、农田水利基本建设工程、填海工程等提供爆破材料；硝酸系列产品、工业纯碱、农用化肥等产品为全国各地工农业生产提供生产保障。

山东东风化肥厂先后获得国务院“大庆式企业”，石化部全国小氮肥战线“百面红旗单位”，山东省委、省革委“学大庆标杆单位”等荣誉称号。

山东东风化肥厂原貌

历史沿革

1965年1月29日，由山东省人民委员会批准建设山东沂源化肥厂。施工图工程号是801，通讯地址是山东济南第（2）三十五号信箱，后来改为山东沂源四号信箱。电报挂号2639。

1970年2月，山东省革委会生产指挥部工交办公室〔70〕工化字第69号函复批准山东沂源化肥厂更名为山东东风化肥厂。1972年2月8日，临沂地区革委会政治部、生产指挥部通知，企业规格升为县级单位，隶属关系由省属改为临沂地区区属。1990年1月，隶属关系由临沂地区划归淄博市市属。1998年4月，隶属关系由淄博市市属管理调整为隶属沂源县管理，启动厂区易地搬迁。2001年4月，进行全面体制改革。2003年4月，沂源县企业产权改革，成立山东联合化工有限公司，由国有企业转为民营企业。2006年2月，山东联合化工有限公司整体改制，公司名称变更为山东联合化工股份有限公司（简称山东联合化工）。2013年10月，山东东风化肥厂老厂区全面停产。2014年4月，山东联合化工与江西合力泰科技股份有限公司重组，次月改称合力泰科技股份有限公司。2016年12月，上市公司注册成立山东合力泰化工有限公司（简称山东合力泰公司）。2021年12月，山东合力泰化工有限公司成为福建省和信科工集团有限公司全资子公司。

东风化肥厂生产区大门（20世纪80年代初）

建设发展

建厂初期（1965—1966）

20世纪60年代，服务于战备需要，在沂蒙山区选择靠山、靠水、隐蔽、交通相对便利、有发展前途的沂源县建设“小三线”军工企业。经临沂地区行署审批，1965年2月，山东省人委和省重工业厅在田庄水库以北、永兴官庄村以东、小田庄村以西、塔山南阳征地，成立筹建指挥部，筹建山东沂源化肥厂；3月，党支部成立，成为全面建设工作的领导核心。

选定的厂址是一片不毛之地，东西长1.5公里，南北宽0.5公里，厂区面积约400亩，是一片名副其实的荆棘丛生、石头遍野的贫瘠山地。然而，就是在这样一处荒山野地，第一批“东风人”义无反顾地在此安营扎寨，开启了创业之旅。

基建施工现场（1965年）

缺乏必需的重型机械设备，大家齐心协力靠人工完成。施工场地上，风餐露宿、挑灯夜战、加班加点成为劳动常态。全体干部职工凝心聚力奋战在建设施工一线，工程有条不紊地向前推进。1965年5月17日，合成氨生产装置主厂房奠基；10月1日，合成氨生产装置开始安装；12月28日8时，合格氨水顺利产出；12月31日，临沂地委、行署致电祝贺。

在特殊历史条件下，山东沂源化肥厂从立项、批复、筹建到投产，全部压缩在一年时间里完成，当年规划、当年设计、当年施工、当年投产的“四个当年”建设目标全部实现。

成长发展期（1966—2000）

1967—1969年，工厂规模不断扩大，职工人数增至390人，工业基础和产能进一步夯实与提升。1970年2月16日，改厂名为山东东风化肥厂；6月，TNT炸药生产项目和生产车间开始落地筹建。

1970年6月，在刘家大峪村北后山沟内建82号车间，一直未投产，1973年撤销；TNT（三硝基甲苯）项目随着国家政策的调整而下马。

1971年，在厂区塔山前怀的一条山沟里建84号车间，1980年停产。1973年8月6日，全厂开展年度设备大检修。各个车间以“新思想、新作风、新干劲”精神风貌，本着“比风格、比质量、比团结、比安全”原则，深入细致地对设备进行了检修，完成大修工作。

1976年4月2日，省化学石油工业局批复临沂地区计委、化工局，就山东东风化肥厂合成车间和硝铵车间技术改造方案中的有关问题予以批复：合成车间的实际生产能力按年产1.5万吨合成氨平衡（由原两套改造后的3000吨系统扩到四炉十四机，由原常压变换改为加压流程）；硝铵车间的生产能力

氨水销售（1965年12月）

大检修战前动员会现场（1973年）

按1.5万吨的能力平衡（由原5000吨硝铵系统，加一套万吨加压系统综合利用，同时生产硝钠和亚硝酸钠）。合成氨投资120万元，硝铵车间投资260万元，要求年底建成投产。

脱硫工段铜洗塔吊装施工

1977年，厂党委提出“修旧利废多贡献，每人节约一百元”号召，掀起增产节约运动。开展节约一滴油、一两煤、一两碱、一块棉纱、一寸焊条、一两钢材、一度电、一颗颜色片、一块电石、一根螺柱“十个一”节约活动，当年修旧利废价值15万元，年均每人节约170多元。

硝铵车间综合实力稳居国内同行业先进水平。为全国十几个省、自治区、直辖市的18家企业先后培训化工专业技术人员800多人。多次被厂党委评为“学大庆先进集体”，工厂被化工部命名为“学大庆红旗单位”。1989年12月，东风牌硝酸铵（结晶）产品被评为“山东省优质产品”。

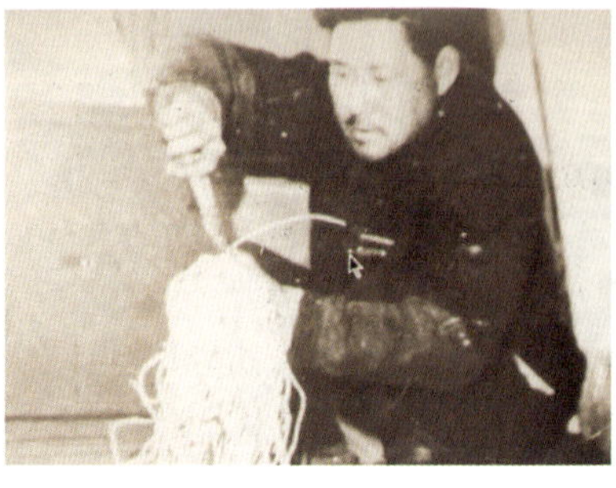
变废为宝，利用副班修旧利废

洗棉纱

1990年11月，造气系统进行技术改造，单炉制气量提高，合成氨生产主要技术指标达到全国同行业先进水平。

技术开发和应用，是企业发展壮大、做大做强的力量支撑。1994年，与中石化合作开发的“硫化异丁烯产品生产装置”，获“山东省科技进步三等奖”“市科技进步一等奖”。硫化异丁烯产品填补了国内空白；9月，该产品通过中石化组织的联合鉴定，被认定为与美国A33产品质量相当。

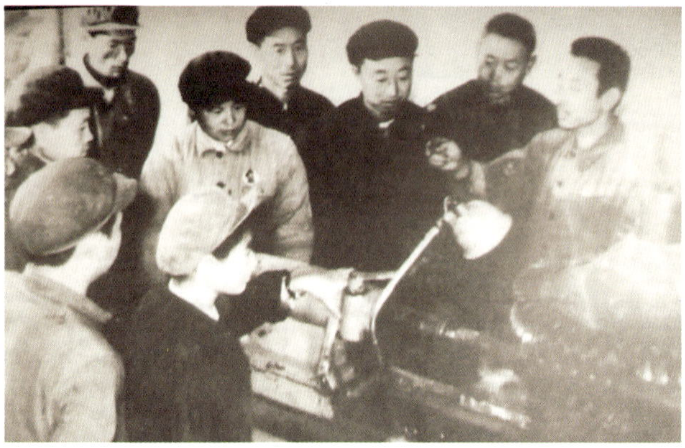
技术革新改造讲座（1990年）

改革转型期（2001—）

2001年1月18日，企业首次获得北京天一正质量认证中心颁发的“ISO9002质量管理体系证书”；4月28日，对中层管理岗位进行调整缩编；5月，建立各车间、分厂经济责任制考核体系，打破职工工资分配大锅饭模式，激发企业活力，为企业后续改革创造条件。

2003年4月1日，创立“山东联合化工有限公司”；7月，公司接管原沂源县化肥厂。公司进入

"淄博市百强企业"。

2004年8月，"东风牌"商标被评为"山东省著名商标"。2005年10月16日，公司启动上市工作。2006年3月28日，公司进入"2005年度中国石油和化学工业肥料制造业百强"和"综合效益百强"；8月，公司首次进入"中国化工企业500强"。2008年2月20日，公司首次发行的A股股票在深圳证券交易所正式挂牌上市，成为山东省2008年第一家上市公司。2014年5月4日，经国家工商行政管理总局核准，公司名称由"山东联合化工股份有限公司"变更登记为"合力泰科技股份有限公司"。

生产经营

生产研发

该厂适应形势发展，根据国家计划和不同历史时期的市场需求，对建厂初期的老装置进行大面积技术改造和扩产扩容。截至2000年，合成氨生产规模提高到年产4万吨、增建单塔流程硝酸装置1套、低压法硝酸2套、全中压法硝酸1套、新建浓硝酸装置2套、改造硝盐装置1套、硝酸总氧化能力提高到12万吨（折100%计）、硝铵能力增加到年产5万吨，开发液体硝酸铵新品种；增加浓硝酸装置2套，年生产能力3万吨；新建硝酸盐装置1套，硝酸盐产能提高到3万吨；新建、扩建联合制碱装置1套，工业纯碱、氯化铵年生产能力均达3万吨；新建气流工艺铵梯炸药1套，使硝铵炸药的总产能达到了1.3万吨；开发T2201柴油十六烷值改进剂（化学名称硝酸异辛酯）、T321润滑油极压抗磨剂（化学名称硫化异丁烯）、十八烷胺3个精细化工新产品和复合肥等。生产规模的扩大，生产技术的提高，新产品的开发，让企业产业链拉长，抵御市场风险能力提高。企业逐步发展成为以无机化工原料为基础，多产品、多品种的综合性化工联合企业。

主要产品

山东东风化肥厂是20世纪60年代国家批准建设的全国14套小硝酸生产厂家之一，也是山东省同期批准建设的4个同类产品生产企业中投产最早的厂家。

建厂初期，有年产5000吨合成氨生产装置、4000吨硝酸装置、5000吨硝铵装置、3000吨硝铵炸药装置各1套；有硝酸尾气回收产品硝钠、亚钠（"两钠"）生产装置。后峪厂区有浓硝酸、TNT（三硝基甲苯）实验装置各1套。

产品的多样性和工艺流程的先进性，奠定了该厂在国内同行业中的前列地位，脱硫、脱碳、稀硝酸、硝盐等工序上的成熟技术，为全国各地（辽宁、黑龙江、新疆、河北、江苏、浙江、云南、广西等省区和本省各地）的化工企业培训了大批专业技术人才。

生产研发

变换、脱硫工段

1966—2013年山东东风化肥厂主要经济指标

年份	产值（万元）	销售收入（万元）	收益（万元）	税收（万元）	固定资产（万元）	新增固定资产（万元）	员工人数（人）	主要产品	产量（吨）
1966	—	93.34	8.39	4.71	—	—	—	合成氨	—
1967	—	146.48	−9.18	7.50	—	—	—	合成氨	—
1968	—	143.66	19.14	7.40	—	—	—	合成氨	—
1969	—	101.59	−50.76	5.13	—	—	—	合成氨	—
1970	—	194.29	−22.44	9.78	—	—	—	合成氨	—
1971	—	284.73	23.31	14.28	—	—	—	合成氨	—
1972	—	356.04	20.41	17.80	—	—	—	合成氨	
1973	—	470.95	58.47	15.93	—	—	—	合成氨	
1974	—	268.83	38.63	9.34	—	—	—	合成氨	
1975	—	461.11	13.52	16.69	—	—	—	合成氨	
1976	—	672.37	45.21	24.29	—	—	—	合成氨	
1977	—	808.66	21.09	29.64	—	—	—	合成氨	
1978	—	929.65	168.87	26.27	—	—	—	合成氨	
1979	—	825.08	91.97	6.62	—	—	—	合成氨	
1980	—	855.48	48.12	5.03	—	—	—	合成氨	
1981	—	610.35	−121.01	1.59	—	—	—	合成氨	
1982	—	777.96	−48.12	58.26	—	—	—	合成氨	
1983	—	1032.07	30.80	37.12	—	—	—	合成氨	
1984	—	1161.01	4.03	5.78	—	—	—	合成氨	
1985	—	1147.71	37.35	40.42	—	—	—	合成氨	
1986	—	1817.51	18.14	116.28	—	—	—	合成氨	
1987	—	2153.29	42.06	121.06	—	—	—	合成氨	
1988	—	2515.77	221.19	164.43	—	—	—	合成氨	
1989	—	3321.20	268.81	243.19	—	—	—	合成氨	
1990	—	2320.90	2.01	131.29	—	—	—	合成氨	
1991	—	3332.60	25.00	193.53	—	—	—	合成氨	
1992	—	3269.28	28.19	186.87	—	—	—	合成氨	
1993	—	4248.10	14.85	245.96	—	—	—	合成氨	
1994	—	4537.42	32.34	100.20	—	—	—	合成氨	
1995	—	6004.42	181.92	413.70	—	—	—	合成氨	
1996	—	6043.91	120.95	319.98	—	—	—	合成氨	
1997	—	6227.32	187.06	359.87	—	—	—	合成氨	
1998	—	5813.54	15.63	372.38	—	—	—	合成氨	

续表

年份	产值（万元）	销售收入（万元）	收益（万元）	税收（万元）	固定资产（万元）	新增固定资产（万元）	员工人数（人）	主要产品	产量（吨）
1999	—	6155.86	24.83	442.56	—	—	—	合成氨	
2000	—	8306.97	5.64	524.78	7289.68	74.00	—	合成氨	90062.88
2001	—	9916.66	-400.78	560.09	7226.34	10	—	合成氨	102729.99
2002	—	12443.82	23.51	714.39	12514.98	5288.64	—	合成氨	118253.37
2003	—	17906.77	1004.29	1082.27	6869.92	1104	—	合成氨	98881.60
2004	—	34794.55	3025.82	1966.74	8808.38	1938.46	—	合成氨	167084.38
2005	—	58356.48	8600	3677.69	9864.02	1055.64	—	合成氨	248038.85
2006	—	66700.00	7570	3330	14667.01	5824.18	1182	合成氨	369883.94
2007	—	84300	8455	5345	26172.72	12499.66	1228	合成氨	369883.94
2008	—	118700	18800	7300	32934.35	6890.93	1360	合成氨	521131.47
2009	69630	94200	9965	2435	27230.95	38.15	1354	合成氨、硝酸铵、硝酸、三聚氰胺	556271.69
2010	101486	128100	11800	4900	61783.42	36257.17	1841	合成氨、硝酸铵、硝酸、三聚氰胺	718943.20
2011	140943	100449.2	15492.02	5627.69	63208.97	2435.12	1915	合成氨、硝酸铵、硝酸、三聚氰胺	1165262.15
2012	213851	86297.07	2644.9	4682.92	66765.95	4633.24	1851	合成氨、硝酸铵、硝酸、三聚氰胺	1107578.51
2013	207574	74054.86	-2084.67	1385.17	91931.49	27143.51	1619	合成氨、硝酸铵、硝酸、三聚氰胺	1099854.04

组织建设

山东东风化肥厂是中型（一）企业，县团级，先后隶属临沂地区行署、淄博市管理和沂源县管理。

1965年3月7日，经中共临沂地委批准，山东沂源化肥厂建立党支部，张学礼任党支部书记。1971年1月17日，成立中共山东东风化肥厂革委核心领导小组，负责工厂的生产经营和管理工作。1976年，成立党委，实行党委领导下的行政负责制。党委设书记1人、副书记2人、委员8人，副书记按党内分工分管全厂生产和行政工作。厂党委下设党委办公室、组织科、纪委和政工宣传科。1978年以前，企业工作总体是党委书记一把抓，分管生产行政事务的以指挥部负责人、生产负责人、行政负责人冠名。

党的十一届三中全会以后，山东东风化肥厂全面实行厂长负责制，实行厂内部管理改革实施方案，建立各车间各分厂经济责任制考核体系。

厂行政系统设立行政、生产系统、经营管理系

全体党员大会

统和群团组织四大部门。行政设厂部办公室、企业管理科、劳动人事科、总务科和武装保卫科。生产系统设总工办公室、生产调度科、安全科、质量管理科、技术设备科和计量管理科，下设生产车间9个，有供气车间、合成车间、硝铵车间、联碱车间、机修车间、原料车间、精化车间、油品分厂和硝酸分厂。经营管理系统设财务科、审计科、供应科、销售科、物资管理科和汽车队。群团组织设工会、团委、职工医院、招待所和子弟学校。

职工医院为职工诊疗

山东东风化肥厂党组织历任负责人

姓名	职务	任职时间
张学礼	党委书记	1965.03—1975.10
徐志顺	党委书记	1975.10—1982.07
刘保安	党委书记	1982.07—1984.04
徐茂祥	党委书记	1984.04—1990.10
李春洲	党委书记	1990.10—1993.08
蔡成元	党委书记	1993.08—2001.04
王宜明	党委书记	2001.04—2016.01
李德军	党委书记	2016.01—2019.01
郑　澍	党委书记	2019.01—2019.11
李德军	党委书记	2019.11—

山东东风化肥厂历任负责人

姓名	职务	任职时间
葛敬学	厂长	1965.03—1975.11
郭友驷	厂长	1975.11—1980.02
吕从义	厂长	1980.02—1984.05
傅学泉	厂长	1984.05—1986.07
徐茂祥	厂长	1986.07—1990.10
蔡成元	厂长	1990.10—2001.04
王宜明	厂长	2001.04—2008.07
王宜明	董事长	2003.04—2014.05
庞世森	总经理	2008.07—2014.05
李德军	总经理	2014.05—2018.02
李德军	董事长	2014.05—
李　峰	总经理	2018.02—

企业文化

企业核心价值观

正直 公正无私、刚直坦率。

务实 实事求是、身体力行。

责任 敢于担当、恪尽职守。

奉献 勤奋忠诚、爱岗敬业。

企业工作作风

严谨 即严谨的工作习惯。遵章守纪，严密认真，科学细致。

主动 即主动的工作态度。自动自发，坚守承诺，绝不找借口。

高效 即高效的工作理念。直面问题，快速反应，果断决策，执行到位。

创新 即创新的思维方式。突破定势，内向思维，数字说话，成果导向。

文化生活

1971年12月，成立“东风化肥厂毛泽东思想文艺宣传队”，编排样板戏《沙家浜》《红灯记》《智取威虎山》等京剧剧目。另外，还将厂里的好人好事编成故事搬上舞台。

1972年2月16日，厂宣传队30多人开始奔赴小三线等企业演出。历时2个多月，先后在沂蒙冶炼厂、光明机械厂、民丰机修厂、前进机械厂、济南化工厂、博山矿机厂、土门一厂、土门二厂、发电厂、草埠煤矿、新华制药厂、柴油机厂、内燃机厂等企业演出。

20世纪80年代末，工厂还组建职工业余歌舞团和乐队，与县直机关和委属学校组团联合演出，多次举办大型文艺晚会和慰问演出。1991年6月，在淄博市石油化学医药公司组织的庆“七一”歌咏比赛中，厂合唱团获二等奖。

职工文娱活动

每年国庆节和春节期间，全厂都会举办文艺会演。每个连队都会表演自己编排的节目；元旦假日，举行登山（塔山）比赛。元宵节、“三八”节、“五一”国际劳动节等，举办猜灯谜、打扑克、拔河、跳绳、篮球、乒乓球、羽毛球、跳绳、自行车骑行等形式多样的活动。

厂职工篮球队多次参加临沂地区工交系统的比赛，成绩名列前茅。在淄博市石油化工系统的篮球比赛中，获得过亚军。

1976年7月16日，在田庄水库举办纪念毛主席畅游长江10周年水上项目比赛，参赛的有山东东风化肥厂、土门一厂、土门二厂、红旗厂、柴油机厂、药厂以及县体委。

大礼堂

厂里先后购买了16毫米、32

职工文娱活动

毫米和8毫米放映机，以及大屏幕投影电视，每周放映3~4场，保证周周都有最新的电影看，甚至于晚上12点还特意为下夜班的职工补放一场，丰富职工文化生活。

职工和家属看电影入场

厂里的图书室，收藏古今中外文学名著1万余册，报刊50余份，丰富充实业余文化生活。

继续教育

1976年8月，成立“七二一工人大学”，针对从工人、农民中选拔出来的优秀学员进行培训学习。厂里技术骨干充当授课老师，学员培训合格后充实到生产劳动第一线，缓解了企业因扩大生产而劳动力不足的难题。

繁忙紧张的工作之余，厂领导班子带动和引领广大职工参加成人学历教育学习。以各种形式，提升职工的素养。

工厂与县电大开展联合办学教育，先后开设过大专班和中专班，鼓励大家利用业余时间加强自身学习。开阔职工眼界，促进企业生产。与县职工中专达成办学合作，让更多职工有了学习机会。

革命传统教育和国防教育

军地共建

东风化肥厂落地沂源后，一直与周边村庄的百姓保持着融洽的关系，企业通过帮扶促进当地农业生产的发展，当地的百姓也在工厂最需要支持时，及时提供宝贵的无私支援。

工厂除了在农业肥料方面给予必要的直接支持外，企业的各个连队都有具体帮扶的村庄。各连队与侯家官庄、大田庄、南埠东、高庄、永兴官庄、小田庄、刘家大峪、泉子官庄、崮山等村队结对帮扶。

遇上旱灾时，厂里会派汽车拉水协助抗灾；紧张的收获季到来时，工厂又会抽调精干劳动力帮助收割。

老百姓也不会忘记帮扶之恩。侯家官庄大队每年都会将收获的大白菜、萝卜等青菜，挑选最好的无偿送给东风化肥厂，与职工分享；崮山大队的黄金桃采摘后，也忘不了让东风化肥厂职工第一个尝鲜。每个村子都以自己不同的形式表达着对东风人的感恩之情。

每年企业大修或春节安全守护期间，周围村庄都会无偿地提供全力支持。保证企业生产正常推进和节假日安全防护万无一失。

企业人物

龚洪涛（1944—2016），男，河北高碑店市人，中共党员。全国石油化学工业劳动模范，全国“五一劳动奖章”获得者。

宋开忠（1949.10—2024.06），男，山东日照市人，中共党员。全国化学工业劳动模范。

蔡成元，男，1949年3月出生，山东日照市人，中共党员。曾任山东东风化肥厂厂长、党委书记、县政协副主席。全国石油化学工业学大庆先进代表。

高化忠，男，1952年3月出生，山东平邑县人，中共党员，总工程师。山东省石油化学工业劳动模范。

王宜明，男，1965年出生，山东日照市人，中共党员。曾任山东东风化肥厂厂长、党委书记，山东联合化工股份有限公司党委书记、董事长、总经理。山东省富民兴鲁劳动奖章获得者，山东省劳动模范。

三线往事

“东风”，铭记一生的记忆

20世纪60—70年代，塔山脚下，沂河源头，闪烁着一颗璀璨的明珠——山东东风化肥厂（山东沂源化肥厂）。

这是一个值得一生铭记的名字，它以自力更生、艰苦创业的辉煌经历响彻齐鲁大地，蜚声大江南北。本着平战结合、军民融合的原则，遵循备战备荒、准备打仗，严格贯彻“靠山、分散、隐蔽”和“小型化、专业化”的方针，1965年3月，小三线军工配套厂——山东东风化肥厂的建设工作全面铺开。从它筹划的那一刻起，拓荒创业的东风人，便于风餐露宿中，以披荆斩棘的大无畏勇气，克服了重重困难，义无反顾地走上了一条艰辛的创业之路。

那时，全厂干部群众上下一心、风雨同舟，以“当年规划、当年设计、当年施工、当年投产”的决心和勇气，书写了沂源小三线军工企业发展史上的一段传奇，创造了一个令世人惊叹和瞩目的奇迹。

一丝不苟，精心设计

在建厂40多年的时间里，东风人本着“咬定青山不放松”的精神，始终本着科学、合理、立足长远的发展原则，扎扎实实地做大做强“扩建工作”的文章，保证了工业生产突飞猛进的发展势头。它从最初单一的合成氨起步，到快速扩张为拥有硝酸铵、纯碱等10余种产品生产线，事业发展蒸蒸日上，成为具备了相当规模的全省化工原料生产基地。“系统联合生产，资源再生利用，结构科学合理”，成为循环经济发展的典范，创造了无数个同行第一，填补了多项国内市场空白，打造了硝酸铵等省、部优名牌，并担负过82号、84号等军工产品生产的历史重任。

东风化肥厂在自我壮大的同时，积极响应上级号召，认真参与对省内外的技术骨干培训，无偿地为同行业输出了上万人的优秀专业技术人才，正是这份无私的奉献之心，让很多风雨飘摇中的化工企业浴火重生，再迎事业发展的春天。

骄人的发展业绩，让它在同行业中迅速脱颖而出，谱写着一曲曲气壮山河的创业之歌。当时的东风化肥厂还有一个化工“小黄埔”的美誉。受化工部全权技术指导的“化工部东风技术指导组”，踏遍万水千山，不远万里送技术到家，他们远及贵州省的遵义化肥厂，近到省内的各个角落。这里藏龙卧虎，这里英才辈出，这里的技术优势耀眼夺目。吸引着大批国内顶尖级院校毕业的专业佼佼者参与企业的发展，这些身怀绝技的科班工匠以及业务技术团队，在各个领域大显身手，大放异彩。正是通过他们智慧的双手，以及大量的心血付出，才实现了向省内外特别是临沂地区化工系统输送大批出类拔萃的管理精英、技术骨干的光荣任务。

“哪里新建化肥厂，哪里就有东风人”，东风人的奉献精神俨然成为那个时代一块响亮的标牌。出类拔萃的东风人中既走出了一大批优秀的企业家，还培养出不计其数优秀的党政管理干部，这一切都是东风人引以为荣的自豪和骄傲。东风化肥厂的优秀干部职工中，有出席过新中国成立以来规格最高、规模最大的全国“工业学大庆”会议的先进代表。企业因此被国务院授予“大庆式企业”的光荣称号，厂代表受到了党和国家最高领导人华国锋、叶剑英等的亲切接见，并荣领国家《光荣册》，东风化肥厂因之载入国家史册。

东风人的奋力拼搏换来的荣誉接踵而至。继“大庆式企业”的光荣称号之后，它又获得了石化部授予的“全国小氮肥战线百面红旗单位”称号，参加了全国化工先进典型事迹报告团、东风创业故事国内巡讲团。科学先进的管理经验在同行业中深入推广。东风化肥厂还是省委、省革委树立的“学大庆标杆单位”之一，“远学大庆、近学东风”的响亮口号闻名遐迩，慕名而来的学习参观者络绎不绝。打造“东风样板”“跑步学大庆”，不断推动企业管理再上新台阶。省级宣传媒体争相报道东风化肥厂的发展盛况。“高举大庆旗，当好排头兵”，省石化厅颁发的锦旗题词成为东风人不断赶超自我的强大动力。山东东风化肥厂领跑齐鲁氮肥方阵，在山东化工创业史上留下了浓墨重彩的一笔。

施工现场

学习东风经验，弘扬东风精神，地委、地革委对企业发展寄予了厚望，现场会、观摩会络绎不绝。东风红旗插遍全区工业的角角落落，东风精神遍地开花，为沂蒙老区的工农业生产作出了卓越的贡献。

尽管企业地处深山，条件简陋，但东风人积极向上你追我赶的创业精神的万丈光芒影响着大山内外。那时，高产拉练报喜的锣鼓声此起彼伏，打擂比武的场面热火朝天，岗位练兵活动如火如荼，检修扩建的战场上红旗猎猎，鼓劲的喇叭声震耳欲聋，物资供销的线路上车水马龙，振奋人心的文体竞赛场上龙腾虎跃，一幅幅激动人心的场景共同组成了东风人干群一心、争速度、抢时间、拼奉献的壮丽画卷。

（王海生提供资料）

“东风人”二三事

义务劳动

工厂从建成投产开始，角角落落都有需要改造的地方，繁忙紧张的生产根本抽不出更多的劳动力去参与改善生活和生产环境，于是，义务劳动便化为一份常态，成为一种“时尚”。

为解决职工平日休闲和观看电影没有场地的困境，机关工作自发开始了长达一个月的义务劳动。

他们选择了进大门左边的半山坡为施工工地。从此，每天下班后，大家就自觉地去工地参加劳动。那时根本没有重型机械的支持，所持的工具就是镢头、铁锨、洋镐，唯一支持的机械就是一台12马力的拖拉机，由它将整出的石块、杂草等搬运出去。尽管条件简陋，但一点不影响大家劳动的热情。长空大干，短空小干，人人以劳动为荣，没有以各种理由躲避劳动的。

日复一日的劳动持续了一个月之久，终于在乱石丛生的半山坡上硬生生开出了一片舒适、平坦、开阔的场地。成为大家休闲放松的佳处，也成为露天电影最佳的放映场。

那时，既有大规模义务劳动的壮观场景，也有以车间为单位的义务劳动付出。硝酸铵车间50多米高的酸吸收塔竖起后，车间潘维根挑头组成了青年突击队，他们勇挑重担，在繁重的生产任务之余，挤出时间将吸引塔四周的地面做了硬化。

当时，成为“时尚”的义务劳动，出之自然，流动在东风的每一个角落。

自力更生，义务劳动场景

化工“小黄埔”

诞生于特殊历史年代的东风化肥厂，荟萃了许多高级专业技术人才，也产生了大量的国家、省、地各级劳动模范，还有多人接受过国家领导人接见。

东风的优秀人才中有毕业于大连理工大学、天津大学、厦门大学的，还有毕业于北京医科大学的等。正是他们的加入，强化了东风的技术力量，让东风的事业蒸蒸日上。当时的硝酸铵车间，成为全国各地慕名前来取经学习的对象。在培训外来技术人员的同时，受国家化工部委托，东风又组织了自己的“开作队”，主动输出技术，向急需技术支持的全国各地化肥厂，提供技术支持服务。远到新疆、广西和贵州，都留下过他们的足迹。

当时受到东风技术支援的企业，省外有十几家，省内多达几十家。为此，东风化肥厂也有了化工“小黄埔”的称誉，“远学大庆，近学东风”的盛誉可谓实至名归。

那时，为了让前来接受培训的外省技术人员有宾至如归的感觉，满足他们不同口味的饮食习惯。东风食堂特设了广西风味窗口、新疆风味窗口等，多样化的餐饮风格也成了东风食堂生活的一道风景。

干群无间，党员干部冲锋在前

干群无间一直是东风的优良传统。从厂级领导开始，人人都下车间带班。“工人三班倒，班班见领导”，干部参加劳动就像一道无声的命令，高效带动和影响着群众的一言一行。正常的生产劳动，领导不讲派头、不摆架子；而在危险关头，领导更是冲在前头。

那一年，水中浮船的水泵出现故障。当时正值深秋天气，秋水砭人肌骨，为了将对生产的影响降到最小，厂里迅速组织开展抢修作业，抢修施工最重要的一个环节是在水中架设管道。当时的厂长吕从义，设备动力科的刘善仓科长等，毫不犹豫地跳入水中，与大家一道参与抢修，指挥岗变成了与大家并肩作战的劳动岗位，劳动激情高涨，大家通力协作，顺利完成了抢修任务，并获得了通报嘉奖。

硝酸铵酸吸收塔吊装时，也遇到同样惊险的一幕。酸吸收塔塔高五十余米，因为没有相应的机械参与，全程依靠人推手拽十几盘绞磨来完成。吊装的场面壮观，险象环生。起吊时，手推的绞磨上，忽然有根钢丝绳出现断裂的险情。事发突然，情况危急。徐志顺书记不顾个人安危，积极组织排险，于千钧一发的危急关头，他大喊“党委班子成员靠前站”，自己带头站在了最危险的位置上。

企业出事故难免。也是在一次事故排除中，当时的徐茂祥书记一直亲临抢修现场，和参与抢修的职工在一起，整整两天两夜，没有合过眼。

（王海生提供资料）

机修车间的前尘往事

机修车间，是一个紧张、忙碌而又任务繁重的车间。因为，维修的故障随时会出现，即时就要展开，容不得丝毫马虎和拖延，那种规律性的作息对车间来说，俨然就是一份可望而不可即的奢侈。

铆焊班抢修64小时

2008年7月，公司东部厂区一年一度的大修开始了。

硝酸二车间40吨锅炉64根埋管的更换工作，成为此次检修工作中艰巨而又急迫的任务。为把此次检修工作对生产造成的影响降到最低，公司给机修车间下达了要在64小时内完成任务的要求。

能否在规定的时间内如期完成检修任务，关系到东部厂区整个检修工作能否全面展开，也直接关系着硝酸生产系统能否顺利开车。工期短，压力巨大，但机修车间的干部职工毫不犹豫地接下了任务。他们针对实际情况，快速制定出了检修方案：人员分两班，每班4套电气焊，轮流二十四小时连续作战。

7月8日上午8时，40吨锅炉停车待修。下午2点，铆焊班全体人员进入检修现场。由于炉膛内依旧高温炙人，正常的清理工作无法开展，一直到晚上8点，基建组人员才勉强进入炉内，开始清理埋管西端的耐火水泥。

清理工作从晚上8点开始，一直持续到凌晨3点，清理工作才告一段落。这时，机修车间铆焊班的人员，接着开始了埋管的拆除工作。此时，炉内温度依然居高不下，炉膛内的管子及四周的耐火砖墙十分烫手，整个炉膛绝似一个闷热的蒸笼，烤得人大汗淋漓。尤其是炉膛内的炉灰被引风机一抽，四处飞扬，施工环境十分恶劣。铆焊班人员克服了重重困难，在炉灰飞扬的炉膛内紧张作业。汗水瞬间打湿了他们的衣服，炉灰使每个人都变成了灰头灰脸的人。大家不喊苦、不叫累，挥汗如雨地工作着，一班一干就是十二个小时。更换的每根管子重达100多斤，每对焊一根管子大约用时1个小时，工作任务之重不言而喻。就是在这样的艰苦条件下，参战的全部人员歇人不歇工，连续大战60多个小时，比预定的工期提前3个多小时完成了任务。40吨锅炉埋管的更换工作按时保质地全部完工，并打压成功，为硝酸二车间的顺利开车赢得了宝贵的时间。

气柜抢修

2008年10月18—21日，公司停车检修。

这次抢修的重点对象是气柜。由于气柜的钟罩部分锈蚀严重，出现多处漏点，已经影响到企业的正常生产，公司决定要对钟罩锈蚀严重的部位进行焊补堵漏。

精心焊接

这是一件非常辛苦的工作，技术要求也高。气柜钟罩很重，在停车状态下，只有想办法将钟罩支撑在空中，后续的工作才能得以进行。最后，大家决定采用风机充气的办法，将钟罩浮在空中后再进行铆焊施工作业。

10月18—19日，整整两天，铆焊检修人员20多人，围着气柜，开始了紧张有序地施工作业。有的负责在下边下料，有的负责往上吊装运料，有的负责在气柜钟罩上点对钢板，还有的专门焊接焊缝。两天紧张忙碌的工作过后，大大小小几十个漏点，绝大多数都对上了钢板，剩下的任务就是焊接焊缝了。

临到焊接焊缝时，新的问题又出现了。由于钟罩是用风机连续充气托起来的，刚开始补焊时，因为焊缝多，而从焊缝处泄漏出的风量也小，施工几乎没对焊接效果产生什么影响，但当大部分焊缝焊完后，随着焊缝越来越少，从焊缝间隙冲出的风量也越来越大，致使熔化在焊缝上的药水瞬间就被吹出的强风给吹散了，焊花随之也被吹出几米远，焊接进程受到严重影响。面对眼前的困境，接下来的工作怎么办？时间一分一秒地过去了，大家都焦急万分。李学庄立即组织相关技术人员，共同商量解决问题的办法。有的说，先用石棉绳塞住焊缝再焊；有的说，可将角铁扣在焊缝上，把角铁里面塞满棉纱，堵住风再焊；还有的说，将漏点焊上螺帽，然后用螺栓紧住再焊……大家热烈地讨论着，商定了最后的施工方案。方案一定，大家又开始了夜以继日地紧张施工，再经两天两夜没白没黑地连轴抢修后，全部焊接任务于22日8时全部完工。

这次检修工作同样给人们留下了难忘的印象。由于时间紧、任务重，压力可谓山大，但大家发扬不怕苦、不怕累的无私奉献精神，带伤不下火线，全力奋战，及时完成了这项光荣而又艰巨的任务。

“大抢修”在除夕夜

2011年腊月二十九，正值农历大年三十。机修车间的员工除了留下的值守人员外，大家都已陆续放假回家，与家人安享着新年团聚的幸福与欢乐。

然而，就在大年三十下午4点，机修车间忽然接到了要抢修三胺二车间过滤器的任务。李学庄怀着复杂的心情，将电话一一打给了每一个人。紧张的抢修任务就是命令，机修车间参与抢修的每一个人，悉数归来，没有一个人以任何理由拒绝归队。看着眼前齐刷刷到场的兄弟们，内心无比的激动和感激之情溢于言表。

机修车间很快定下了抢修工作方案：人员分三班，每班12人，保证24小时不间断作业。

夜幕降临，欢度新春的爆竹声，此起彼伏地响起。千家万户正在共享着欢声笑语、合家团聚庆新年的欢乐时刻，机修车间的职工却逆行而上，全力去抢修设备，火树银花、鞭炮声声的除夕夜，丝毫没有转移他们专注施工的注意力。

三胺二车间的过滤器检修是在滤波器内进行的，抢修环境恶劣。过滤器内共有320多根管网架，每根管网架长3.5米，重约几十斤，管网架的过滤布上沾满了厚厚的一层三胺产品废渣，拆除这些管网架的时候，附着在过滤布上的三胺废渣，像下雨一样纷纷扬扬地落在抢修人员的身上，弥漫在狭小的空间里。检修人员头上套着防护披肩，口戴防尘口罩，小心翼翼地站在狭窄的架板上，一根接一根地往下拆着管网架，细密的粉尘迷得他们睁不开眼睛，氨气呛得他们透不过气来。虽然外面寒风刺骨，但在里面作业的人员却个个汗流浃背。大家有条不紊地在各自的岗位上忙碌着，完全忘记了今晚就是万家灯火、喜庆团圆的大年除夕夜。就这样所有参战人员三班倒，一直忙碌到正月初二零点，机修车间的全体检修人员历经两天两夜的连续奋战，终于完成了三胺二车间过滤器的抢修工作，并且比平时提前了两个班（16个小时），按时出色地完成了抢修任务，创下了三胺二车间过滤器管网架拆安的最快纪录。

机修车间，是一个特殊的团队。它的特殊之处在于所接任务的突发性，造成了他们很少有规律性的作息时间；在于工作的作业环境差，几乎次次都是又苦又累又备具挑战性的作业环境；在于大家向心力强、凝聚力强，再大的困难在大家齐心协力下也能找到解决的办法。

（李学庄提供资料）

大山里的广播声

在那个火红的年代，政治挂帅，思想领先，又红又专是对企业员工素质的基本要求，而对职工进行思想教育和影响的厂广播室也便应运而生。一部扩音机，一部录音机，一位播音员，半间防震棚，条件虽显简陋，但有声有色的宣传却是无可替代的。

每天清晨6:30，“东风化肥厂广播室现在开始播报”，伴随着女播音员字正腔圆的声音响起，工厂新的一天便开始了。

学做广播体操的序曲过后，中央人民广播电台的“新闻和报纸摘要”节目如期开始，将最新的国内外大事，传送到工厂的每一个角落，让最偏远的山区也能及时聆听到党中央的声音，满足了大家了解天下事的心，又保证了每个人都拥有了一份与祖国同呼吸共命运的民族自豪感。食堂早餐生活开始，伴随人们就餐的脚步响起的则是省人民广播电台“每周一歌”的教唱节目，日久天长，来来回回的进餐路上，自己竟然也能哼唱出几句时新的歌词来，那是一段让人十分享受和怀念的时光。

每天上午和晚上下班后，工厂自办的“东风劲吹红旗飘”栏目也按时开播。报道内容多以播发厂里新闻，表彰好人好事，弘扬奉献精神，抵制歪风邪气等内容为主。

那时，广播室在厂里并设有相应的主管部门，科室、车间和班组都有自己的兼职通讯报道员，组成了系统有力的三级宣传团队，保证了信息稿件源源不断地供给。

在那个思想纯正的年代，一旦谁的名字上了广播，那可是件相当荣光的事，也是让同事们十分羡慕的事。等到年度评先树标时，上过广播自然还会成为重要的加分项。

最热闹的时候，当属设备大检修期间了，为了营造热火朝天的劳动气氛，广播室会直接搬至检修现场办公。随时播发工厂的指令，播报工程的进度，表扬涌现的先进人物的先进事迹。每日头顶正能量的歌声缭绕不断，响彻云霄，振奋人心的鼓励加油声，你追我赶的挑战报喜声此起彼伏、不绝于耳，交织成一首大干快上、多快好省建设社会主义的凯歌，至今想来，依然让人心潮澎湃，难以忘怀。

难忘大碗茶

每年的设备大检修，一般都会安排在夏天，那也是厂里最忙碌的日子。划片包段、分任务、定时间、保质量、促安全等已是抢修中的战斗常态。大检修期间，机关后勤人员都要到检修现场，全力配合检修工作，有的直接参加一线劳动，有的则做服务保障性工作，给人们印象最深的莫过于大检修现场的大碗茶供水服务了。

在计划经济年代，食品物资供应严重匮乏，为了给一线汗流浃背、挥汗如雨操作的一线工人，提供最好的后勤保障服务，后勤工作人员千方百计购买了茶叶、绿豆、山楂片、生姜等，用它们熬制解暑茶水，供应一线工人喝。

茶水炉灶就支在现场，四周是并排而立的几个大水缸和保温桶，还有盛放茶水的大白碗，大白碗往往一摆就是四五十只，整齐地码放在桌子上，场面十分壮观。分别熬制的茶水，盛放于不同的水缸和保温桶中。

为了给饮水的工友们节省时间，服务人员提前把茶水盛在碗里温好，保持一个适中的温度，不烫口正好饮。那时，茶水都是分门别类而又整齐有序摆放在桌案上的，方便大家选饮。

当大汗淋漓的检修工友们从高空作业的塔架上下来，或者从抹着油灰的沟池中走出，聚在茶水前，各端着不同口味的茶水，咕咚咕咚喝个痛快。天气炎热，有的一气能喝下两碗三碗不止，舒爽的感觉远胜玉液琼浆。特色茶水，一时成为难得的解热祛暑、清凉败火、暖胃舒腹的佳品。碗儿放下，服务人员就迅速洗刷，再注入新的茶水，静候工友光临。服务现场，暖意融融，让人难忘。

至今职工们还清晰地记得，氨水销售组长杨忠英，是茶水供水点的负责人，那时，为保证入水的山楂片干干净净。他戴着老花镜，用簸箕筛着少数虫蚀的山楂片，反复地捡，一遍遍地筛，那一丝不苟、细致入微的劲儿，至今还历历在目，宛然“可亲。

适口爽心大碗茶的出现，融进了厂领导对抢修工人的关切之情，也表现了机关后勤人员对一线工友们的全力支持。它看似小事并不小，那可是东风人上下一心无私奉献精神的一种生动体现。

（王海生提供资料）

多姿多彩的文化生活

在计划经济年代，作为国企，东风人的文化生活相较而言还是丰富多彩的。那时，职工礼堂隔三岔五会放映电影，而灯光球场、图书阅览室、职工俱乐部等也是追求多样化文化生活的职工们的重要选择和去处。

20世纪70年代末，每个车间还都有自己固定的电视放映室，并且有专人管理。那个时候的东风职工，物质生活简单稳定，精神生活上丰富充实。进入20世纪80年代后期，厂工会还组织近40人的职工业余艺术团，有专门的演出乐队，配备有架子

放映员专心致志播放影片

鼓、长号、小号、二胡、萨克斯、电子琴、电贝斯等，乐器配置齐全，不少节目都是由职工们自编、自导、自演。每逢重大节假日，都面向职工、家属和附近村庄的村民进行文艺演出，每回演出，场场爆满，演出盛况空前。尤其是那些反映发生在职工身边生活中的新人新事、好人好事类的节目，更是受到大家的热烈欢迎。

厂工会、团委在每年的“五一”“五四”“十一”以及春节等时间段，都会定期组织篮球比赛、羽毛球比赛、拔河比赛、登山比赛等文体活动，广大职工踊跃参与。印象最深的是拔河大赛。那时，好多部门负责人和车间主任都会亲自参与，他们多担任自己一方的队长，率领大家喊号子，紧张、激烈、刺激的拔河现场，山崩地裂，地动山摇。比赛经常辛苦了队员，也伤及了喊号子的队长们。一场比赛过后，因嗓子喊哑了的缘故，他们好几天都说不出话来，嗓子发不了音，出不了声，人与人见了面，只好用点点头、笑一笑、摆摆手这种最原始的无声的方式打招呼。

东风生活的清晨也清新亮丽，有特色。一大早，生产区内机器的轰鸣声与厂区外生活区内广播站清亮悠扬的喇叭声神奇地融汇在一起，合辙押韵，舒心养气，赋予了每一位东风人对新一天生活的美好憧憬和期待。

那个年代，虽然物质条件有限，但东风人的精神生活异常丰盈充实，也成为让昔日东风人至今值得一生回味和难以割舍的一笔宝贵财富。

（陈晞提供资料）

难忘的84号车间生活

东风化肥厂的84号车间，是生产炸药的车间。当年设计、当年施工、当年投产，前后历时仅10个月。那时车间里最响亮的口号就是，“苦干巧干拼命干，保质保量保安全”“豁上几斤肉流上几斤汗，誓把任务提前完”。

当时筹建组成员有葛近学（时任厂长）、李成杰、孙学信、王相贞、陈玉高、吴善玉、腾秀海等，正是他们带领大家夜以继日地工作，84号车间才得以提前完成。

筹建规划场景

84号车间的员工由以下几部分组成：一是当兵复员的子弟兵；二是上山下乡的知识青年；三是社会招工。在经过严格的业务培训和思想学习后，才能正式上岗。

为了更好地推进工作，东风化肥厂采用军队管理模式。当时的84号车间编组为六连，连长陈玉高，指导员李成杰，下设2个排，后增设3排，一排长常道瑞，二排长陈克余，三排长郝纪平，车间采取半军事化管理。

工作中，大家不分领导群众、不分男女，脏活累活抢着干，没有一个有怨言。

齐云是一位女同志，负责化验工作，她看到配料岗位的同事忙着扛袋子、用枣木槌砸硝酸铵，一会儿工夫便累得浑身是汗，工作服也湿透了，不得已就跑到室外凉快一下，回来接着干，她被眼前的一幕深深打动了。当本职工作结束后，她就到配料岗，帮同事一起干活。因为工作繁重，再加上时间紧、任务重，晚上经常加班加点，很多像齐云一样的同事，都会主动前来找活干，哪个岗上缺人手，就去哪个岗上帮忙。

炸药填装岗是一个重体力岗位，劳动强度大，工作环境粉尘也多。24层的口罩戴两个，一天下来还会满嘴生涩发苦。齐登宽、陈桂森两位同志，不怕苦、不怕累，工作中比着干，5分钟可以填装100管炸药，除了吃饭、上厕所，几乎没有休息时间。一天下来，从头到脚变成了一个白色的人儿。

包装岗位有排盒蘸蜡、一次包装、剔沥青、二次包装、封口装箱、运输等多道工序，因工作强度相对小，粉尘也少一些，包装岗大多安排女同志，只有1名男同志负责最后的运输工作。虽然这儿的工作相对轻松，但也有不轻松的工序。蜡锅和沥青锅必须常年要保持80度以上的温度，操作员和热源的距离也仅有10厘米左右，这道工序不能持续时间太长，必须经常轮班换人，包装岗上的女同志都自觉地前来轮班。展现了包装岗所有女同志团结协作、互帮互助的高尚精神。

尽管工作非常辛苦，但是大家都干得很开心。包装岗位的男同志身强力壮，拉着1吨重的产品入库，就是一路跑着走。常常令后面跟着去仓库卸货的女同志追也追不上，当气喘吁吁到了仓库时，男同志早已将货卸了大半。每到工间短暂休息时，激情飞扬的大家也忘不了寻开心，而摔跤比赛就是经常上演的项目。有一次，三位女同志合力把一个男同志给摔倒了，让大家笑得前仰后合。

在那个思想纯正的年代，大家的集体观念强，责任意识突出，再重的担子也能担得起，再苦再累的活儿也能受得了，开开心心、快快乐乐地劳动，永远有使不完的劲。

84号车间的生活，是生命中无法忘怀的一段经历，越陈越香，越咀嚼越出味。

（郝纪平提供资料）

“大架子”安家记

重任加身

1976年，为响应上级号召，东风化肥厂接到一个紧急扩大生产的任务——把硝酸铵产量由原来的5000吨提高到15000吨。这既是一项政治任务，也是扩大产能、提升产业能级的一次突破和考验。

为此，急需制作一个主架高50米、4米见方，尾架高4.7米、1米见方的钢结构框架，以便安装符合产能的大型酸吸收塔，东风人称之为“大架子”。

没有任何经验可资借鉴，一切从零开始。工作量大、时间紧、任务重，又值隆冬，嗖嗖的西北风，吹得人脸像针扎一样痛，虽然戴着厚厚的棉帽，但耳朵仍有被冻掉的感觉。

战前动员

接到任务后，厂里第一时间成立了领导小组，厂长郭友驷任组长，成员有动力科书记邵付怀、主任刘善仓、钳工班长牛培堂、铆焊班长张付柱、安全科长王顺一、保卫科长孙长太，工程技术人员有李其炯、龚洪涛、夏润芳等。

开工前，党委书记徐志顺作了动员讲话。他讲到，咱每个人都要发扬东风大检修的精神，保质保量保安全地完成任务。大检修是在夏天叫斗酷暑，这项工作在隆冬就叫战严寒。尤其是在晚上，风雪交加，还有野兽出没，也要注意安全。咱们要不怕苦、不怕累，誓让硝铵产量突破15000！现场响起经久不息的掌声，大家的信心和斗志一下被激发和调动起来。

遭遇第一难

大架子体积过于庞大，在厂内无法制作，又受困于当时的条件，无法实现立式逐层焊接搭建。经过充分讨论，最后决定先进行横置预搭建，再通过吊装，将大架子立起来。

然而问题来了，到哪里去寻找适宜预搭建的地方呢？一番考察过后，发现只有北围墙外的一处山坡，有符合条件的空地。“拆墙，先搭一个平台出来！”指挥部斩钉截铁地作出了决定。大家一边平整土坡，一边建好了砖墩子，在很短时间内，完成了一个横向水平、纵向依靠山势形成30°角的大架子制作平台。

艰难的材料搬运

把50多吨的材料一一搬运上山，又成为横在眼前的一道坎。山上没有路，不要说汽车帮不上忙，就是地排子车也用不上。机械帮不上，只能全靠人力了。

当时，84号车间抽调了14人，罗希明、齐登义分到了起吊组。郝纪平、宋中庭分到了钳工组。最后，各个施工组的人员全部下场，支援搬运组。重的槽钢角铁两头拴上绳子，用两根木杠子四个人抬，轻的两个人抬，再轻的一个人扛。就这样通过人抬肩扛，一点点、一趟趟把50多吨的材料一一搬运到了千米以外的山坡上。

一天下来，两个肩膀都被压肿了。其间，有的工友的耳朵都冻出了疮，化了脓，但没有一个人叫苦喊累。

制作大架子

大架子的制作有条不紊地开始了。首先按照图纸放好线，找好角度，再铺金属件。四根立柱是用角铁组成的，每根立柱用四根角铁背对背点焊而成，从截面看就是十字花，用这种结构制作优点是重量轻、强度大，同时又节省原材料。

在整个制作过程中，建厂元老牛培堂负责指挥工作。他拿着图纸，认真校对每段金属件的尺寸，要求四个边及对角线的误差必须控制在1毫米左右，50米总长误差不超过5毫米。由于长时间暴露在外边工作，手冻得发抖，经常没有知觉，再加上长久躬身测量，一天下来，下班时腰都累得直不起来。就这样历时一个半月，塔架的组装工作终于保质保量地提前完成了。

惊险地起吊

起吊这样一个庞然大物同样没经验，厂里研究决定，请县水利局王局长亲临现场，做总指挥。

王局长来后同指挥部商量定出了起吊方案：一台主绞磨，安放在南侧钢材库。东西各安放一台副绞磨和一台封缆绳绞磨。北边安放一台牵引绳绞磨。汪杰起、顾发营、罗希明、齐登义领着固定钢丝绳，检查地锚绞磨是否坚固安全。待起吊设备完全符合起吊要求时，总指挥一声令下，东西两台绞磨同时发力，缓缓地将大架子提起，主绞磨同时慢慢收紧绳索。

原计划当东西两台绞磨将大架子拉到50°时，主绞磨再开始用力，当时因抱杆矮，只能拉到40°，不能再拉了，这时主绞磨必须再次用力拉。

起吊大架子

突然，捆绑架子的绳索抖了一下。“马上停下！”指挥部果断下达了命令。大家的心也跟着紧绷了起来。总指挥立即拿着30倍的望远镜仔细查看着每一个环节。“绳索有问题，不能再继续起吊，否则承受不住，一旦发生坍塌，会前功尽弃。”指挥部安排人员去水利局，借来了直径50毫米的钢丝绳重新捆绑，险情处理完后，太阳落山了，大家的心也随之放下了。

平稳安家

第二天一上班，迎着风雪，各工序的人员全部到场，大家各司其职，各就各位，等候着指挥部的命令。随着“开始”的一声令下，负责主绞磨的狄文刚、蔡成员带领硝铵车间的全体青壮年劳力一鼓作气，将大架子这个庞然大物稳稳当当地立了起来！

现场一片欢呼！

（郝纪平提供资料）

合成氨车间试车记

1965年年底，是山东东风化肥厂实现“四个当年”政治任务的关键时间。省、地领导已经调集了大批有生力量赶赴工地，济南二化分批调来七八名老师，淄博硫酸厂等大企业也调来师傅参战。

当时，山东省化工设计院出图的年产2000吨合成氨的方案，是全国独创，为以后推广到全国各县市的化肥生产，有着极其重要的战略意义。

11月末，厂内土建及设备安装工程基本完工。

进入12月，寒风顺着山沟劲吹，气温逐步降到零下十几摄氏度，造气工段一楼已成滑冰场，自动机通往室外的液压水管也被冻结。那几天，工程师曾庆纯和大家一起，拿着橡胶蒸汽管，一根一根地吹化管内结冰。一天下来，大家的棉裤都冻成了直筒，那天下午，曾工已经累得精疲力竭，一屁股坐在冰溜的墙角，面色蜡黄，大家将他劝回。那个时代，东风人和大庆人一样，为了人民事业，拼命地工作。

试产那天，上午9时许，田厂长命令职工刘西容开车造气置换气柜。这是合成氨车间开车的第一道命令，刘西容看着造气炉口像一头雄狮一样喷着阵阵烈火，听着夹套气包止回阀哒哒地出气声，现场紧张的气氛把空气都凝固了。毕竟，大家在5个月的实习中，只摸过三次自动机的挡把，总时间不超过1个小时，现在有了他们自己的设备，刘西容的心里又高兴，又恐惧，因为他是一个既可爱又危险的家伙。

刘西容做好开车前的准备后，来到操作自动机的岗位，济南二化的张玉慧老师站在他的对面，监视着他的动作，他胸有成竹地拉开了空气吹风挡把，就在同时听到一声沉闷的炸裂声，嗵、咣、当地连响，他迅速将挡把推入安全位置。当时，张师傅额头上的汗珠滴了下来，脸色苍白，问：“小刘，你听到的是哪里的响声？”刘西容说：“好像是楼下”。惊恐中，刘西容想这玩龙玩虎，不如玩二亩土。果园能把人脸晒脱一层皮，化工能把人吓掉魂呢。

不一会，楼下有人来报告，说是泵房暖气包爆炸与本系统无关。唉，事情就这么巧，早不炸，晚不炸，为什么和刘西容的操作同步呢？噢，可能与85kW鼓风机送气时的高频啸叫有关，幸亏爆炸的碎片没有伤到人。庆幸啊，就算为开车放的礼炮吧！

从此，气柜升起来了，它里面装的不是气体，而是大家为实现四个当年任务的希望。

年底，大家圆满地完成了领导交给的任务，受到省、地、县各级领导的嘉奖。山东东风化肥厂大门上的红旗，迎风招展。

（刘西容提供资料）

拜师学艺

1967年春天，根据工作需要，职工刘西容走进了机修车间的铆焊班，学习气焊，铆工。

5月，正是石榴花开的时候，刘西容拜见了他的师傅张夫祝，他是原淄博硫酸厂的高级气焊工。张师傅身材较高，瘦长脸，大眼睛，双眼皮，美国人式的大鼻子，不时还打着鼾声，可能是淄博水土和硫酸厂的环境，使他脸色灰暗，全身骨瘦如柴。

张师傅的技术绝活是气焊铅管，已是技师水平。他时任铆焊班的班长。张师傅对刘西容很好，没对他发过一次火。叫刘西容时，就奶声奶气地：“刘哎。”一口的博山地方腔，很是亲切。工艺车间

铜洗工段

检修时，刘西容是师傅的向导，因为刘西容熟知工艺流程，所以动火过程都是相安无事。张师傅的业余爱好是无线电，刘西容少年时也热爱无线电，二人相遇一拍即合，他俩常把组装的收音机唱响宿舍全屋。

铆焊，顾名思义就是把金属材料先造型，再通过铆接或焊接的方法，使其成为设备或构件。

气焊的内容分为气割和焊接两部分，是用氧炔焰产生的3000度以上的高温，去熔化金属以后所得到的效果。尤其是气割时火花飞溅，犹如火龙戏珠，让人心花怒放。

电焊是用特制的焊条，在两电极碰触时产生的电弧将工件连接在一起。其电弧中心，温度达6000度以上。

铆工，现代工程铆接的机会较少，大多是用铁锤把金属材料按几何要求，捶打成型，这是一个高强度体力劳动，又得有高中数学基础，十分有趣。

两年以后，刘西容可以把板材做成直角、弯头、锥帽、天圆地方，钢塔，还可以经过测绘在车间里预制构件，运到现场经吊装合拢，而结合面尺寸准确无误。这些手艺和技术，可通用于石油、化工、造船、桥梁、航天航空等工业。在外行人眼里看似粗糙、笨重的工作，实际上需要非常高超的技艺。

有人问师傅“你们能造轮船吗？”师傅说：“能！”

“你们能造火箭吗？”师傅说：“能”！

师傅还说：“原子弹也能造，只是没有铀。”

师傅的胸怀，使刘西容脑洞大开，世上没有不能造的，只有想不到的。东风人敢想敢干的精神，是在塔山脚下炼成的，以后几年，刘西容转战全厂各个工地和车间，合成、硝铵、联碱84号、82号都留下了刘西容的脚印和汗水。

铆焊工作成了刘西容终生的爱好和手艺。

（刘西容提供资料）

浮船打捞记

水是化工企业生产的命脉，供水一旦出现故障将会引发重大安全事故，造成不可估量的损失。

1974年12月28日（农历十一月十五）凌晨四五点，天气十分寒冷，田庄水库岸边晃动着两只手电筒，那是浮船值班人员在巡查。

“浮船呢？”值班人员惊叫起来，“浮船不见了！”浮船是全厂生产供水的关键所在，一旦出现问题，后果不堪设想。

浮船沉水，一下惊动了全厂。由党委书记徐志顺、厂长郭友驷、生产指挥部负责人田宝民、安全科长王顺一、保卫科长孙长太以及合成车间领导、机修车间领导等共同组成了抢修临时领导小组，郭友驷担任组长。领导小组召开了紧急会议，并做了相应部署，大家根据会议部署，迅速分头行动。

84号车间立即抽调20人，由连长陈玉高带队，9人分3组站岗，其余人员听从机修车间调度安排，哪里需要哪里去，搬运物资、推绞磨等重体力活大家都抢着干。

从12月29日到31日，人员各就各位，抢修设备陆续运抵打捞现场。1975年元旦，这对东风化肥厂来说，是个难忘的日子。当其他人正在欢度元旦、庆祝新年的时候，钳工班长牛培堂、铆焊班长张付柱、电仪班长胡振教等，正在打捞浮船。当时，天寒地冻，寒风凛冽，大家已经顾不得这些了。

打捞过程中，新的问题又来了，原准备利用牵引将浮船吊起，但尝试多次，始终无法将钢丝绳拴在沉船上。经厂领导和技术专家研判，只能由潜水员下水拴钢丝绳。于是，厂部决定，向临沂水务局请求援助。

因为正值元旦，很多人员都放假在家，但临沂水务局在接到求助后，局领导高度重视，马上抽调了两名潜水员前来支援。1975年1月2日，潜水员到达现场，经过调研之后，决定1月3日下水。

当时的潜水衣是苏式三代，特别笨重，铜头盔、铅鞋，前胸铅饼配重外加衣服足有200多斤，下一次水需要5个人配合才能完成。下水时，1个人扶着铜头盔，2个人架住潜水员胳膊，2个人抬着脚，缓缓将潜水员放入水中，同时还需要8个人分两组进行人工打气供氧。

水底因长年累月的淤积，煤灰和其他杂物积了厚厚一层，给固定钢丝绳带来很大难度，一直忙碌到晚间，才将钢丝绳固定住船身，因天色已晚，为安全起见，决定第二天起吊。

1月4日，在起吊工汪杰起、顾发营的熟练指挥下，84号的同志们齐心协力、一鼓作气将浮船拖上岸，吊装工作圆满完成。

供水设备安装组，则在建厂元老们的带领下，不分昼夜历时七天七夜，于1月6日顺利完成了设备调试，并重新正常供水。

面对突遇的急难险重问题，厂领导从容不迫、镇定自若地组织抢险，抢险人员从领导到普通职工，大家同心协力克服重重困难及时完成了抢险任务，充分体现了东风人不怕苦不怕累、排除万难、勇往直前的东风精神。

（郝纪平提供资料）

大事记

1965年

1月　29日，山东省人民委员会批复山东省重工业厅：同意新建山东沂源化肥厂，厂址设在沂源县田庄水库北侧、永兴官庄村以东，规模为年产合成氨2000吨，投资总额控制在500万元内，要求在1965年年内建成。

1月　30日，省人委以“鲁计字〔65〕14号文件”批复“省重工业厅”同意成立厂筹建机构，所需名额为29人。

2月　山东沂源化肥厂筹建指挥部成立，筹建人员陆续到位，筹建工作展开。

3月　7日，山东沂源化肥厂党支部成立，张学礼任党支部书记，葛敬学任厂长。

5月　17日，合成氨生产装置主厂房奠基。

10月　1日，合成氨生产装置开始安装。

12月　28日，上午8时，产出合格氨水，实现“当年规划、当年设计、当年施工、当年投产”要求。

12月　31日，中共临沂地委、行署发来贺电，对产出合格氨水表示祝贺。

1966年

6月　12日，合成车间、硝铵车间、机电修车间党支部成立，全厂共有党员49人。其中，中共预备党员2名。

1967年

年末　职工人数304人。

是年　生产合成氨3300吨。

1968年

年末　职工人数311人。

是年　生产合成氨3086吨。

1969年

12月　16日，临沂地革委以“临革发〔69〕第157号”文件批准，厂革委会由18人组成。陈吉仁为主任，张学礼、马德顺、周杰林为副主任。

年末　职工人数390人。

是年　生产合成氨2008吨，

1970年

2月　16日，省革委会生产指挥部工交办公室〔70〕工化字第69号函，同意山东沂源化肥厂更名为山东东风化肥厂。

6月　TNT炸药生产项目生产车间开始筹建。

1971年

8月　4日，核心小组召开扩大会议，落实新上TNT项目（济南军区司令员杨得志主持会议研究决定）。初步确定投资250万元，1972年下半年建成投产。

1972年

10月　17日，临沂地区在该厂召开工业系统财务经验现场会。总结该厂领导重视、部门主动、发动群众、各方协同四条经验。

10月　22日，临沂地区在该厂召开化肥生产现场会。

12月　8日，临沂地区革委会将企业规格升为县级单位。

1973年

5月　23日，召开全厂职工抓革命、促生产誓师大会，沂源县委领导、全县各公社党委书记参加大会。

8月　6日，核心小组召开扩大会议，研究部署年度设备大修工作。

1974年

1月　29日，核心小组召开扩大会议决定：进一步严格管理，加强劳动纪律；做好青年工作，发挥骨干作用；为实现1974年全国生产3000万吨化肥而奋斗。

1975年

3月　26日，经中共临沂地委同意，该厂临时党委由张学礼、徐志顺、郭友驷等7人组成。张学礼任临时党委书记，徐志顺、郭友驷任临时党委副书记。

10月　张学礼调任临沂地区化工局局长，不再担任该厂党委书记，党委工作由徐志顺主持。

11月　郭友驷任东风化肥厂厂长。

1976年

2月　5日，石油化学工业部部长张珍副到厂检查工作，听取厂党委汇报，对该厂工作给予肯定。

4月　2日，省化学石油工业局批复临沂地区计委、化工局，批复该厂合成车间和硝铵车间技术改造方案中的有关问题。

6月　12日，召开临时党委扩大会议。徐志顺主持会议，临沂地区化工局局长张学礼参加会议，讨论筹建新党委；为搞好“亦工亦农”合同工的招收工作，成立专门班子。

11月　30日，召开临时党委扩大会议。临沂地区化工局局长张学礼和化工局驻厂工作组刘宝安参加会议。徐志顺主持会议。讨论通过硝酸铵扩建、酸吸收塔大架起吊、安装方案。

12月　15日，召开中共山东东风化肥厂第一次代表大会。46名中共党员参加会议。

12月　28日，中共临沂地委批准徐志顺任厂党委书记，郭友驷、吕从义任副书记。

1977年

1月　27日，硝铵车间扩建改造工程完成，一次开车成功。

1月　厂党委在全省工业学大庆先进代表会议上作《全心全意依靠工人阶级，坚持斗争学大庆，艰苦创业不停步》经验介绍。该厂被省委命名为大庆式企业。

3月　落实全省化肥增产节约会议精神，厂党委发出“修旧利废，多贡献，每人节约一百元”号召，全厂掀起增产节约“十个一”运动。

7月　7日，省化学石油工业局批复同意该厂建设万吨联碱装置，设计规模定为年产纯碱1万吨、氯化铵1万吨，总投资323万元。

9月　25日，该厂首届团代会召开，选举产生首届团委会，周杰林任书记，张慧琴（女）任副书记。

10月　13日，山东省委书记厉日耐、省委常委宋庆友到该厂检查工作。

10月　28日，厂党委召开扩大会议，传达山东省委第一书记白如冰和省委书记厉日耐对山东东风化肥厂的批示。

10月　厂党委在全省化学石油工业整顿企业经验交流会上作《抓纲治厂搞整顿，继续革命争上游》经验介绍。

11月　23日，该厂向临沂地区化工局递交年产5000吨合成氨成套项目的申请报告。

1978年

3月　29日，省计委、省财政局、省化学石油工业局批复同意该厂TNT产品由年产2000吨扩建为年产1万吨，产品纳入省计划。

5月　10日，召开全厂职工大会，欢送徐志顺、蔡成元赴大庆出席全国石油化学工业学大庆先进代表大会。

5月　30日，厂党委决定，在全厂开展向学大庆先进集体硝铵车间学习的活动。

6月　30日，15吨重的龙门架被大风刮倒，厂党委、厂部组织全厂职工连夜抢修，7月1日21时开车，恢复生产。

1979年

1月　13日，厂党委召开会议，决定举办全厂党员干部学习党的十一届三中全会文件培训班。

10月　联碱车间建成投产一次开车成功，纯碱、氯化铵产品生产纳入省化工厅和化工部计划。

1980年

2月　25日，吕从义任山东东风化肥厂厂长。

1981年

4月　25日，厂党委制定了《关于进一步开展“五讲四美”活动的意见》，号召在全厂开展文明礼貌活动，促进社会主义精神文明建设。

12月　17日，厂首届职工代表大会召开，正式代表85名，列席人员10名。

1982年

7月　6日，厂党委书记徐志顺调往地区经委工作，刘保安任厂党委书记。

1983年

10月　14日凌晨3时10分，合成车间变换岗位饱和塔发生责任爆炸事故，直接损失1.8万余元。

1984年

2月　15日，省计委批复同意该厂将联碱1万双吨/年规模扩大到1.5万双吨/年，总投资控制在260万元以内。

4月　26日，厂党委书记刘保安调到临沂化工局工作，徐茂祥任党委书记。

5月　14日，傅学泉任厂长，吕从义不再担任厂长职务。

8月　淘汰2D型压缩机群。采用H12压缩机，合成氨装备技术水平提高到一个新台阶。

12月　17日，中共山东东风化肥厂第二次代表大会召开。出席会议的代表共35人。

12月　28日，招收第一批城镇合同工，实行合同制管理，缴纳养老保险、失业保险。

1985年

4月　18日，厂第二届职工代表大会第一次会议召开，正式代表106人，列席人员13人。

5月　23日，厂第二届团代会召开，选举产生厂第二届团委会，陈军任书记，齐登国任副书记。

12月　2日，厂党委决定，号召全厂职工开展向合成车间压缩工段长、全国化工系统劳动模范宋开忠学习活动。

12月　28日，在厂礼堂召开建厂20周年庆祝大会。

1986年

5月　20日，厂党委决定，在全厂范围开展普及法律常识工作，增强职工法律观念，促进两个文明建设。

1987年

2月　厂团委在临沂地区开展的“振兴沂蒙杯”活动中，成绩突出，被团临沂地委授予“新长征突击队”称号。

6月　15日，临沂地区经委、化学工业公司批复同意该厂《关于纯碱煅烧炉更新改造实施方案》。

7月　16日，傅学泉调往临沂化工局工作，徐茂祥任山东东风化肥厂厂长。

1988年

5月　30日，上报国家物资部，请示续建年产5000吨浓硝酸工程项目。

6月　27日，中共山东东风化肥厂第三次代表大会召开，参会代表55人。

1989年

4月　被评为山东省档案管理先进单位。

9月　1日，厂总工程师龚洪涛被化工部命名为“全国石油化学工业劳动模范”。

12月　厂党委召开扩大会议，主要议题是关于厂行政区域划归后（沂源县划归淄博市）辖属事宜。

12月　“东风”牌硝酸铵（结晶）产品评为山东省优质产品。

1990年

3月　27日，厂党委决定，对全厂35岁以下青年职工进行政治轮训，以“三基”教育为主要内容，培养“四有”职工队伍。

5月　1日，厂总工程师龚洪涛荣获全国“五一劳动奖章”。

10月　16日，蔡成元任山东东风化肥厂厂长。

10月　李春洲任山东东风化肥厂党委书记。

11月　改造造气系统，实现“两炉供两机”目标，单炉制气量提高，合成氨生产主要经济技术指标达到全国同行业平均先进水平。

1991年

7月　15日，淄博市石油化学工业公司向省化工厅呈报“山东东风化肥厂《合成氨蒸气自给及硝铵余热利用节能技改》和《生产用两水闭路循环技改》的报告”。

7月　20日，中共山东东风化肥厂第四次党员大会召开，199名中共党员参加大会。

1992年

6月　柴油十六烷值改进剂产品中试成功，该产品生产装置搬迁扩建完成，实现连续化生产，产能达到年产200吨。

11月　山东东风化肥厂划为中（一）型企业。

1993年

8月　5日，蔡成元任山东东风化肥厂党委书记，李春洲不再担任党委书记职务。

是年　与中石化联合实验开发硫化异丁烯产品。

1994年

6月　与中石化合作开发的硫化异丁烯产品生产装置，填补国内空白，获山东省科技进步三等奖、市科技进步一等奖。

9月　硫化异丁烯产品通过中石化组织的联合鉴定，认定该产品质量与美国A33产品相当。

1995年

9月　1日，中共山东东风化肥厂第五次党员大会召开，参加大会的中共党员有206人。

12月　28日，在厂礼堂召开建厂30周年庆祝大会。

1996年

1月　自1月1日起，实行全厂职工养老保险缴费个人账户记账办法。

9月　实施合成氨全低变、MDEA脱碳技术改造、合成工段流程和合成氨蒸汽自给改造。

1997年

1月　召开1996年度工作总结大会，表彰一批先进集体和个人。

1998年

4月　15日，厂党委、厂部召开联席会议，研究企业搬迁，将已安装改造基本完成的3万吨硝酸新装置搬迁至县城以东新址，并新上浓硝、硝盐项目。

4月　山东东风化肥厂由淄博市市属管理调整为隶属沂源县管理。

10月　28日，成立东厂区易地改造办公室，负责改造工程协调与日常工作。

1999年

1月　13日，厂部研究决定，实行《山东东风化肥厂内部改革实施方案》。在全厂重新设置机构、岗位、编制，实行厂内退休、病休、待岗机制。

9月　1日，在东厂区（新址）成立硝酸分厂。

12月　3万吨硝盐工程竣工。因缺少启动资金及市场因素，没有投产。

2000年

10月　1日，全厂职工参加企业职工工伤保险，保险缴费比例2%，个人不缴费。

2001年

1月　18日，首次获得北京天一正质量认证中心颁发的ISO9002质量管理体系证书。

4月　28日，王宜明任山东东风化肥厂厂长。

5月　30日，施工建设35吨/小时循环流化床锅炉项目。

5月　建立各车间、分厂经济责任制考核体系。职工工资由原来的固定工资制改变为固定工资和效益工资。

12月　35吨/小时循环流化床锅炉安装完毕，投入正常运行。

2002年

3月　14日，全厂科室合并精简，中层干部岗位缩编，中层管理人员由任命制改为聘任制，打破干部铁交椅制度。

9月　硝酸分厂10吨循环流化床锅炉项目开工建设。

10月　实施山东东风化肥厂定岗定编定级工资分配改革方案，生产车间由四班制改为三班制。

2003年

4月　1日，召开山东联合化工有限公司创立大会暨第一届股东代表大会。会议选举产生董事会和监事会。王宜明为董事长，辛军为监事会主席。同日，董事会聘任王宜明为总经理，高化忠为常务副总经理，庞世森、赵西允、房敬为副总经理。

7月　接管已破产的原沂源县化肥厂。

9月　26日，中共山东东风化肥厂委员会更名为中共山东联合化工有限公司委员会，王宜明任书记。

12月　9日，以租赁经营的方式，成立沂源联合化肥有限公司。

是年　公司进入淄博市百强企业。

附　录

徐茂祥的“东风”情缘

创业之艰

徐茂祥，1965年参加工作。入职时年仅17岁，是刚刚走出日照七中的一位初中毕业生。

工厂初创时，条件非常艰苦。1965年10月，他们8人来东风时，居住条件十分简陋，没有房子，他们便住在了帆布棚里。在滴水成冰的严寒天气，他们就一直居住在帐篷里。10几个人挤在一处，用一种信念、热情和精神抗拒着寒冬的考验。尽管工作、生活条件简陋，但是人人热情饱满，活力四射。当时厂里的指导思想就是“先生产，后生活”，压力再大大家风雨同舟共同扛着，没有例外，没有特殊。

有一年的年夜饭，他迟去了食堂一点点。结果到了食堂后才发现，一毛钱一份的菜，早已见了底。无奈之下，只好买了一点6毛一斤的花生米，外加2个大馒头，充了年夜饭。

当时居住条件最好的小平房，也是用石板垒成的石头房，里面只是用泥巴简单地抹了一抹，里外透风，与帆布棚相比，实在也优越不到哪里去。

深爱无边

徐茂祥走上领导岗位后，在紧抓生产的同时，也时刻不忘对职工进行爱国主义传统教育。他认为，思想觉悟的提高，也是职工爱岗敬业的重要思想支撑。20世纪80年代初，他就邀请过朱彦夫到厂里作爱国主义传统教育的报告，也是在这个过程中，他了解到朱彦夫生活的困难，并向他提供了帮助。冬天，为他送去取暖的煤炭。并设法为他的3个孩子解决了就业问题，最大程度地减轻了朱彦夫一家的生活困难。

作为一位领导，他深知，只有将职工的利益切实放在心上，才能引领大家把企业不断做大做强，唯此，也才能成为让群众信赖的人。

20世纪80年代，东风化肥厂因出色的生产业绩，赢得了临沂地委的充分肯定，厂领导班子为此获得了3.5万元的奖励。但他们经过讨论，一致同意把这份本属他们领导班子的奖金，全部用在了厂托儿所的修缮和改造上。蒸蒸日上的生产效益，让他们在第二年又得到了5万元的奖励。他们依然毫无保留地把奖金用在了厂子弟学校建设上。用徐书记的话说，工作都是职工们干出来的，他们没有理由占有这些钱。

题字“趣事”

1985年，东风化肥厂不知不觉走过了20周年，厂领导班子决定组织一个“20周年庆”活动，全厂上下都在为这场盛事开始了有条不紊地准备。

当时，徐茂祥还想为周年庆做一件锦上添花的有意义的事。思前想后，他想到了工厂大门口一直没有一块像样的厂名题字。他便与时任山东省委书记的高启云取得联系，在表达了他的想法后，高书记爽快地答应了。因为，高书记博学多才，能诗善画，尤以书法著称，是中国书法家协会名誉理事、中国老年书画研究会顾问、山东书法家协会名誉主席、山东老年书法研究会会长。

高书记的爽快答应到底是一喜。事后，在安排办公室庄光霆主任赶赴济南取字时，他们随身携带的一份心意仅仅就是两个棉槐筐的沂蒙山苹果（棉槐筐可是打着时代印记的老物件，盛放苹果时，里边还要再加一个蒲包，以防磕碰）。

在那个风清气正的年代，人们思想觉悟之高，干群关系之融洽，无私为公节操之高尚，都是让人永生难忘的。领导带班下车间，练技能；机关人员积极参加义务劳动；“八小时内拼命干，八小时外作奉献”的劳动口号；“学大庆全国十面红旗第一名”的骄人成绩……

（宋以民提供资料）

无悔的青春岁月

东风有一句“八小时内拼命干，八小时外做奉献”的响亮口号。人人都有八小时外无私奉献的劳动经历，对张慧琴来说，印象最深的莫过于在泉子官庄打井建蓄水池和在合成车间造气岗上的背煤劳动了。

打水井建水池

20世纪70年代初，厂里决定在永兴官庄以西的泉子官庄大队打深水井和建蓄水池，让职工喝上安全健康的饮用水。

施工条件极其简陋，所有的活儿都靠人工来完成。打井开挖出的土石，都是靠人工搬运。一般两人抬的时候居多。那时，不甘落后的张慧琴，心里总有一种不服输的劲头，认为男同志能干的，她们女同志也能干，而且能比男同志干得更好。她内心一直还有另一个想法，渴望用自己扎扎实实地付出，早日实现成为一名中国共产党员的梦想。于是，干活总爱与男同志搭档，因为男同志的筐子承重大，更具挑战性。张慧琴经常与男同志比着干。肩膀肿得实在受不了时，张慧琴就自己挑着筐子继续搬运泥土。那时候干活，大家谁也不想落后。当她的肩膀连担子也挑不起来时，不甘落后的张慧琴，就用手挎着筐子搬运泥土。打井的工地上一波就是三四十个人同时劳动，在那种你追我赶的劳动气氛下，水井很快挖成了。

接下来，就是用石头砌井壁和建蓄水池。所用的石块都是从山上开采的。搬运石块的劳动同样不轻松，但大家从没有叫苦喊累的，大家用肩抬、肩扛和手抱的法子，发扬蚂蚁啃骨头的精神，把石头一一运下了山。

工程顺利完工，张慧琴因为出色的表现，被领导们称为郭凤莲式的“铁姑娘”，被评为“工业学大庆标兵”，代表山东东风化肥厂参加省工业学大庆先进代表大会。这次劳动，让张慧琴的腰部受了伤，成为一直无法痊愈的顽疾。

背煤上楼

合成车间是山东东风化肥厂的龙头车间，造气岗位则是生产合成氨的第一道工序。先用电葫芦把无烟煤块吊装到几十米高的煤气发生炉中，再经高温燃烧，产生出优质合格的煤气，并将其输送到下一道工序，这是保证优质化肥生产的关键环节之一。

然而在生产过程当中，电葫芦时常出现故障，无法保证无烟煤块及时吊装到造气炉中，进而影响正常的生产。这种情况出现时，车间经常采取的措施是，动员大家人工背煤上楼。张慧琴在当时的合成分析室上班，每次故障出现，张慧琴都会自告奋勇，加入背煤的队伍中去。

造气楼高出地面几十米，简易楼梯由角钢焊成，十分陡峭。冬天滴水成冰，又险又滑。夏日气温高达40℃。负重上楼十分艰苦。好胜心强的张慧琴，仍然用男同志负重的量来要求自己，甚至还重于他们。张慧琴背的重量一般在四五十斤。登楼快不得、慢不得，体力消耗非常大。张慧琴与每一位参与者，本着为国防军工事业建设、为农业高产丰收高度负责的精神，克服困难背煤上楼，从未因为故障耽误过正常的生产。

总工程师陈俊明

总工程师陈俊明早期在厂部化验室工作。当时的厂部化验室除了产品检验、各车间化验室的溶液配制外，还肩负着车间分析仪器的革新和改造，以及硝酸磷肥中试等新产品开发，工作量很大。

他不为名不为利，一心扑在科研上，潜心于研究，获得过大量的荣誉，拥有众多的专利。个人事迹曾在1978年12月15日的《大众日报》上登载。同年，他研制的合成分析一氧化碳、二氧化碳微量自动分析仪、气象色谱仪等科研成果参加了山东省科技大会。

缠线圈

有一次，工作中急需一个小变压器，多方求而不得。最后，陈师傅决定自己做。他先是安排了两名员工来帮忙。但这活儿是个技术活，特别是缠线圈的技术要求特别高，更需要耐心来支持。两个员工忙碌了一下午，最终也以失败而告终。

为了不影响工作，陈师傅只好亲自动手做。忙碌了一天后，大家陆续下班回家了，厂部化验室里只剩下了他一个人。很快，他便开始了最复杂的缠线圈的活儿。屋漏偏逢连阴雨，正巧当天晚上化验室又停电。无奈之下，陈师傅只好将手电筒悬吊起来，借助手电筒的光，用了整整一夜的时间，将变压器的线圈缠好。

第二天，当同事们看到陈师傅因为熬夜而变得通红的双眼和憔悴的面容时，大家心里又感动，又为他心疼，他就是这样一位为了工作而拼命硬干的人。

惜时如金

陈师傅惜时如金、废寝忘食的忘我工作精神，在厂里家喻户晓。好多时候，吃饭的事都是在路上完成的。比如，他去工厂食堂买上饭菜后，就边走边吃，人一到家，自己那一份也就吃完了，然后再放下给家人买的那一份，转身又向厂部化验室走去。在陈师傅那里，根本就没有节假日、星期天。一天的生活，除了吃饭和睡觉，所有的时间都是在化验室度过的。

有一次，他家里嫂子让他去厂里买些煤渣做燃料。走时讲得好好的，买上速回，家里等着用。然而当陈师傅到了后，才发现前边排队买燃料的还有十几个人。对陈师傅而言，这等待的过程无疑就是时间的浪费。于是，他又想起了化验室里的工作。便悄悄转身，又去了化验室做起了化验。做着，做着，就将自己家里等煤渣做饭的事忘得一干二净。

一“痴”天下无难事

当年，在一氧化碳、二氧化碳微量自动分析仪组装调试期间，为了保证调试顺利进行，早日得到想要的结果，他恨不得吃睡都在化验室。

有一天，晚饭后他又脚不沾地急匆匆向化验室赶去。可是到了化验室，才发现自己又忘了带钥匙。当时调试正在紧张地进行中，如果回家取钥匙，他又心疼路上浪费的时间。思前想后，他做出了一个石破天惊的决定——从天窗上直接跳进去。结果，第二天上班时，当人们看到他一瘸一拐地在实验平台上坚持工作时，大家都一头雾水，昨天还好好的一个人，怎么一夜间就成了这个模样？大家悄悄打听，才知道了昨天晚上发生的一幕。

专注于科研，发生于他身上的这种出人意料的事例数不胜举。

陈师傅这份专注忘我的工作精神，让他收获了不计其数的荣誉，他的科技成果和发明专利，在化工行业可谓首屈一指。正是他们这样的默默无闻的奉献者，才有力地推动了国家建设事业日新月异的发展。

无私奉献的陈师傅永远是东风人的自豪和骄傲，也将是东风人不求回报、拼搏进取精神学习和传承的楷模。

（齐云提供资料）

无悔青春里的“东风”岁月

1976年12月，李会琴由原籍沂南县进入山东东风化肥厂工作。

1977年4月，她从动力科被调到供销科担任仓库保管员，分管小五金，包括劳保、刀具、化验仪器等5大类，共计1000多个物品。

当时，工业学大庆成为时代潮流。全国上下高举毛泽东思想伟大旗帜，多快好省地建设社会主义。在单位的物资管理方面，大庆也有值得学习的榜样。当时，大庆仓库保管员中有个叫齐丽丽的优秀女工，她把物资管理做到了极致，能将分管的所有物品准确无误地一口说出它的库存、数量、功能、用途、用量和摆放位置等。

对李会琴来说，经手的物资多达1000多个品种，并且每天每时也都处在变化中，做到时刻精准地掌握并非易事。但李会琴相信，“只要功夫深，铁杵磨成针”。别人能做到的，李会琴也能做到。从此，李会琴便开始了加班加点地学习。早晨上班比别人早去一小时，下午下班比别人晚走一小时，李会琴还坚持着“下班之前看一遍，走在路上想一遍，睡觉之前背一遍，上班之后对一遍”的学习习惯。勤学苦练，加上师傅和工友们的大力支持，终于在不长的时间里，李会琴也练就了像齐丽丽那样的物资管理的绝技。得到了领导的肯定和表扬，被誉为东风的“活账本”“东风的齐丽丽”。

来厂参观学习的人络绎不绝。1978年，李会琴还去青岛参加了山东省化工局物资工作学大庆先进工作者表彰大会。会议期间，李会琴还现场为大家进行了岗位练兵表演——活账本展示。当时，李会琴随身携带的账本有5大本，涵盖1000多种物品，但随机提出的10多个问题，李会琴都做到了对答如流、毫厘不差，台下响起了经久不息的雷鸣般掌声。同年，李会琴还接受了《大众日报》社记者采访，个人事迹在《大众日报》上刊发。

厂供应科仓库分别有4个大库。在杨爱国师傅的领导下，在英凤湘和李兴举工友们的合作帮助之下，李会琴和工友们在“账账相对、账物相对、账物与金额相对”上苦下功夫，力求做到准确无误、毫厘不差，力求做到人人都是活账本，能闭灯发货，更能做到散装物资一把抓准确无误等。保证八小时内外全天候完成发货任务。

在大家的共同努力之下，仓库也荣获了许多荣誉，被评为“物资管理学大庆先进集体”，成就了化工行业物资管理方面“远学大庆、近学东风”的一段佳话。李会琴和杨爱国师傅也被评为“物资管理学大庆先进个人”。

时光荏苒，几十年前的劳动场面仍历历在目。伟大领袖毛主席的谆谆教导言犹在耳，“比学赶帮超”的劳动热情依然在心头澎湃。怀念那些火热的青春岁月，怀念那些令人激情飞扬的年代。所幸的是共和国轰轰烈烈的建设事业之中有过大家一砖一瓦的无私奉献和付出！

（李会琴提供资料）

好人李善良

“东风”岁月里的春夏之交，走进厂区的时候，会时常看到一位头戴绒线帽的中年人。他叫李善良，是厂仓库管理组的组长。你一定会感到奇怪，人们都马上要换夏装了，他为啥还戴顶绒线帽？这事还真有来头。

1977年夏天的一个中午，艳阳高照，烈日当头。人们热得透不过气来。厂区南侧的田庄水库，烟波浩瀚、碧水荡漾、凉爽宜人。正在休班的工友们三五成群地涌向水库，尽情地在水中游泳嬉戏。突然，有人发现一位青年女工不见了踪影，大家疑其溺水。于是，十几名工友轮番潜水寻找，也没有结果。时间一分一秒地流逝，岸上的人们也都急得不知如何是好。

李善良出差归来，刚进工厂，听说有人溺水了。旅途的劳顿霎时不见了踪影，他把手提包随手一扔，飞身奔向出事地点，边跑边甩掉身上的衣服，到了岸边，也顾不得擦一把脸上的汗水，一头扎入水中，在水底一遍又一遍搜寻着。凭借着早年在青岛海边长大熟识水性的优势，终于从昏暗的水底将溺水者托出了水面……而他自己却因带着热汗下水，又加上受深水压迫的影响，从此落下了一个难以治愈的病——着凉就痛得头疼，以至于夏天将要到来的时候，他还不得不戴着绒帽避风御凉。

事隔几年之后，再问李善良当时的情景，他说他也有些后怕。当时，他几次深潜，体力消耗一次比一次大。另外，他说在水下看溺水的人，样子很可怕，特别吓人，但那时已经顾不得那么多了，救人要紧。

类似见义勇为的好事他不知做过多少次。当国家的财产受到威胁的时候，不顾个人安危、挺身而出就是他毅然决然的选择。

有一年的冬天，厂汽车队的一位青年司机发动装载机时，违章点燃柴草，用明火给油箱加温，结果把油箱中的柴油引燃。现场火光冲天，浓烟滚滚，周围都是汽车和油库，油箱一旦爆炸，后果不堪设想。

上班路过的李善良见此情景，不顾一切地跑了上去，找来一个灭火器，不顾浓烟熏呛，冒着油箱随时爆炸的危险，靠近装载机，打开灭火栓，对着烈火一阵喷射，及时扑灭了大火。

还有一次炸药车间的木粉烘干处起火，烈火熊熊，烟雾笼罩着整个车间，情况十分危急。偶遇紧急火情，李善良没有多想，拎起水桶，一次次冲进、冲出火场。地上的碎玻璃把他的脚踝处划了一道深深的口子，鲜血直流，他仍然坚持带伤救火，当大火被扑灭的时候，他的鞋里也已积满了血水。

救人救火本不关乎他的本职，但他基于善良和对国家对集体利益高度负责的精神，还是义无反顾地冲了上去，让他平凡的人生闪耀出了不平凡的光芒。

（卞文君、陈军、张长翔提供资料）

研发路上的执着探索者——总工程师龚洪涛

“碳酸丙烯酯脱碳法”技术攻关

东风化肥厂，属小氮肥企业。当时国外的氮肥合成氨技术都已采用了先进的碳酸丙烯酯脱碳法，而受困于技术限制，国内仍停留在水洗脱碳的陈旧技术上。

龚总一直尝试着解决这一难题，为让碳酸丙烯酯脱碳技术早日走出试验室，整个实验过程中，为采集到最准确的数据，他一直坚持在一线顶班操作，深入车间班组，了解全厂设备的现状性能。这样一丝不苟地操作，斗转星移间，就过去了两年。中间的疲惫、劳顿、困惑和迷茫，都在他执着如一、初心不改的坚守中一一被化解。他根据亲身操作得来的数据，再比对国内外相关的资料，最终写成了10多万字的合成氨技术改造方案论文。论文的成功发表，也意味着新的脱碳技术落地的开始，并应用于生产。

碳酸丙烯酯脱碳技术的运用，成效显著，吨氨耗电直降300多度，技术也填补了国内空白，为国家节省投资180多万元，生产线减少操作工人200多人，生产效率大大提高。

“混凝土防冻添加剂技术”的最后突破

龚总是一位科研攻关路上永远不知疲倦的探索者，他带领的研发团队，又开始攻关混凝土防冻添加剂技术。

当时正值三伏天，骄阳似火，然而冷冻室的气温却在-15℃。从外边的大汗淋漓，到冷冻室内的寒冷刺骨，就是在这样一个四十几度的温差内，忘我工作的龚总一待就是一两个小时。身上的毛孔，因为一下被刺骨的冷气刺激，身体一直被感冒纠缠着。为了不影响研发进程，更早让研发成果落地，他拖着日渐憔悴的身体，一直坚持进出冷冻室，带领大家开展试制工作，力保每个试制环节不出任何问题。

日复一日，月复一月，不知不觉间，几个月的光阴悄悄远逝。终于有一天，龚总瘦削的脸上露出了欣慰的笑容，混凝土防冻添加剂试制项目顺利完成了所有测试。

当年冬季，前来东风求购防冻剂的顾客络绎不绝，然而谁又能知道龚总在这个过程中的巨大付出呢？

“取经”路上

十六烷值柴油改进剂中试阶段，对龚总来说，无疑又是一个让他魂牵梦萦、挥之不去的研发难题。

为了保证自己的研发做到万无一失，他决心外出“取经”，希望借他山之石寻找科研突破的灵感。经过反复考量，他最后选定了去山东齐鲁石化和其他几家重点高校的研究院所考察学习。当时已身兼技术厂长的龚总，并没有乘坐应当享有的专车，而是选择了乘坐公共汽车赶路。由于没有座，龚总只能一路站着，迢迢长途，一路坎坷和颠簸，一直站立的龚总晕倒在了颠簸的公共汽车上。除了身边的同事，谁又懂得龚总在科研道路上的身心付出呢？

正是此次考察学习，让他获得了解决十六烷值柴油改进剂中试难题的灵感。学成归来，他带领大家重新调整研发思路，如愿以偿地解决了十六烷值柴油改进剂中试中遇到的所有问题，将研发长途中的又一座高峰踩到了脚下。

龚总的一生，就是兢兢业业奉献科研的一生，就是享受短暂成功快乐尔后矢志不渝地继续在研发路上前行的一生。他是大家敬重和钦佩的典型，也是大家心中学习的榜样。

（张长翔提供资料）

后　记

20世纪六七十年代，一场轰轰烈烈的三线建设拉开了帷幕。在“好人好马上三线，备战备荒为人民”的时代精神感召下，成千上万的建设者打起背包，跨越山海，赶赴沂源，赴一场小城之约，报一场大国之梦。

五湖四海的建设者们在大山里安了家，面对恶劣的自然环境和简陋的生活条件，他们披星戴月、风餐露宿，攻坚克难、创业创新。没有电，他们就点着煤油灯工作；没有路，就肩挑手扛，将设备和物资运进山沟。他们以山洞为工房，以草棚为宿舍，在艰苦的环境中，以高昂的斗志和顽强拼搏的精神，建起一座座厂房、攻克一项项技术、解决一件件难题，掀起了一场轰轰烈烈的军工建设高潮，实现了“当年设计、当年土建、当年安装、当年试产”的壮举，创造了令人惊叹的建设速度。九七六厂、九四五厂等军工厂的建立，不仅为山东小三线建设开了一个好头，更在全国范围内产生了积极的影响，成为三线建设的典范。他们用辛勤的汗水和心血，为国家军工建设、经济发展、科技进步、文化繁荣谱写出独属于三线人的奉献之歌，也为沂源这座山城奠定了工业基础，带来了丰富多彩的工业文化与城市文明。

小三线建设的历史，是新中国国防建设史上浓墨重彩的一笔。它见证了中国人民在面对困难时的坚韧与顽强，见证了中国共产党领导下的军工事业从无到有、从小到大的发展历程。这段历史，将永远激励着我们，为实现中华民族伟大复兴而不懈奋斗。

时光流逝，当年发生在深山里的往事也渐渐在“保密”的时光侵蚀中不断风化、模糊。但是，这里曾经发生的军工故事和“艰苦创业、无私奉献、团结协作、勇于创新”的三线精神，将永远停留在人们的记忆之中，铭刻在沂源人民记忆深处。

如今，小三线建设的历史已经落下帷幕，但它们留下的不仅是肉眼可见的军工遗址，更是心灵深处的三线乡愁。为永远铭记那段艰苦创业、无私奉献的岁月，讲述三线奋斗者的故事，传承好三线精神，激励后人砥砺前行，沂源县委宣传部、县文联组织20人，分成8个小组，分头走访座谈，查阅档案资料，众手成书，最终完成了《记忆沂源·小三线建设卷》。全书40余万字，收录图片210余张，全面、具体记述了沂源县小三线企业建设发展、生产经营、调整搬迁、勇闯市场等波澜壮阔的发展历程，系统、立体地呈现了沂源县小三线的奋斗史、发展史、改革史。《记忆沂源·小三线建设卷》，记录的是一段充满热血与奉献的军工历史，承载的是一代人的青春与梦想，见证的是新中国国防建设道路上的坚实足迹。这段历史，如同深山中隐匿的宝藏，虽历经岁月的尘封，但其光芒却愈发耀眼，值得我们用文字去铭记，用心灵去感悟。

在编写《记忆沂源·小三线建设卷》的过程中，我们得到了多方面的协助和具体指导。8家小三线建设单位和钢城区文旅局、日照档案馆等单位给予了大力支持，袁文清、单洪玲、李跃荣、王茂宝、周士安、李建军、王勇、贾萍、宋波、王同武、卢光明、杨伟民、滕新军、李荣海、白如彬、徐爱民、任爱国、徐茂祥、高化忠、王健等为我们提供了宝贵的文字和图片资料，本书编辑过程中还参考了部分书目，在此，我们向以上单位和个人表示衷心的感谢。

由于编者水平有限，加之年代久远、资料匮乏，很多档案尚未完全解密等原因，书中遗漏、不当之处，在所难免，诚望读者批评指正。

编　者

2024年10月